Schwind/Böhm/Jehle/Laubenthal (Hrsg.)
Strafvollzugsgesetze – Bund und Länder
De Gruyter Kommentar

Schwind/Böhm/Jehle/Laubenthal (Hrsg.)

Strafvollzugsgesetze – Bund und Länder

—

Kommentar

7., neu bearbeitete und erweiterte Auflage

herausgegeben von
Hans-Dieter Schwind,
Alexander Böhm (†),
Jörg-Martin Jehle,
Klaus Laubenthal

DE GRUYTER

Stand der Bearbeitung: August 2019

Zitiervorschlag: z.B.: Baier/Laubenthal Kap. 4 B Rn. 5

Sachregister: Christian Klie

Gesetzesanhang mit Verweisen: Christian Klie

ISBN 978-3-11-053517-4
e-ISBN (PDF) 978-3-11-053657-7
e-ISBN (EPUB) 978-3-11-053524-2

Library of Congress Control Number: 2019945526

Bibliografische Information der Deutschen Nationalbibliothek
Die Deutsche Nationalbibliothek verzeichnet diese Publikation in der Deutschen Nationalbibliografie;
detaillierte bibliografische Daten sind im Internet über http://dnb.d-nb.de abrufbar.

© 2020 Walter de Gruyter GmbH, Berlin/Boston
Datenkonvertierung und Satz: jürgen ullrich typosatz, Nördlingen
Druck und Bindung: Beltz Bad Langensalza GmbH, Bad Langensalza

www.degruyter.com

Vorwort zur siebten Auflage

Nach einer langen Vorgeschichte war vor vier Jahrzehnten mit dem Strafvollzugsgesetz des Bundes endlich eine einheitliche gesetzliche Grundlage des Strafvollzugs geschaffen worden. In der Folge haben das Bundesgesetz und die bundeseinheitlich vereinbarten Verwaltungsvorschriften sowie die dazu ergangene Judikatur ein sicheres Fundament hergestellt, auf der sich eine bewährte Vollzugspraxis entfalten konnte. Die Föderalismusreform des Jahres 2006 hat die Gesetzgebungskompetenz den Bundesländern zugewiesen, was sachlich vollkommen unnötig war und infolge der daraus resultierenden Unterschiede zwischen den Ländern zu einer neuen Unübersichtlichkeit des Vollzugsrechts führt. Gleichwohl handelt es sich eher um eine formale Zäsur, welche die materielle Kontinuität des Strafvollzugsrechts nicht zerstört. Die inzwischen in allen sechzehn Bundesländern in Kraft getretenen Landesgesetze und der von zehn Bundesländern erarbeitete Musterentwurf zeugen davon, dass es bei den Prinzipien und Zielen, Strukturen und Methoden bleibt, die das Strafvollzugsgesetz modellhaft festgelegt hat. Soweit die Landesgesetze Besonderheiten aufweisen, handelt es sich weniger um grundsätzliche Abweichungen, vielmehr im Wesentlichen eher um Unterschiede in der Gesetzestechnik, um Gewichtungsunterschiede im Verhältnis der Sicherungsaufgabe zum Wiedereingliederungsziel, um strukturelle Aspekte und Detailfragen. Indessen sind diese Unterschiede auch auf der Folie des StVollzG zu interpretieren. Deshalb ist es nach wie vor sachlich geboten, das Bundesgesetz als zentralen Bezugspunkt auch für die Kommentierung der Landesgesetze zu nehmen.

Bereits in der sechsten Auflage musste die Konzeption des Kommentars durch Einarbeitung der Landesvollzugsgesetze von Bayern, Hamburg, Niedersachsen, Baden-Württemberg und Hessen sowie des Musterentwurfs vom 23.8.2011 abgeändert werden. Die Landesvollzugsgesetze und der Musterentwurf waren in der Weise eingearbeitet worden, dass nach der Kommentierung jedes Paragraphen des StVollzG ein zusätzlicher Abschnitt „Landesgesetze und Musterentwurf" angefügt wurde. Nachdem nunmehr alle Länder durch eigene Gesetze das StVollzG (partiell) ersetzt haben, ließ sich die Struktur der Kommentierung gemäß der Gliederung und Reihenfolge der Paragraphen des StVollzG nicht mehr aufrechterhalten. Vielmehr galt es die Materie nach Regelungsgebieten zu ordnen und die betreffenden Landesvorschriften in diesem Kontext zu kommentieren.

Soweit das StVollzG nicht ohnehin weiter gilt, wie in den Bereichen des Rechtsschutzes und der besonderen Haftformen, sondern durch Landesrecht ersetzt worden ist, wird in dreifacher Weise auf das StVollzG Rekurs genommen: Einmal lehnt sich die jetzt getroffene Einteilung in Abschnitte weithin an die Gliederung des StVollzG an. Zum zweiten haben sich die Landesgesetze bei den Einzelregelungen ganz überwiegend am StVollzG orientiert, ja einzelne Bestimmungen sogar im Wortlaut übernommen. Dies bedeutet zugleich, dass die zum StVollzG ergangene Rechtsprechung nicht obsolet ist, sondern auch bei der Auslegung der Landesvorschriften herangezogen werden kann. Zum dritten bildet die Kommentierung den Gegenstandsbereich ab, der dem StVollzG zugrunde liegt: hauptsächlich den Vollzug der Freiheitsstrafe sowie den Vollzug besonderer Haftformen, wie Strafarrest und Zivilhaft, und rudimentär den Vollzug der Maßregeln nach §§ 63 und 64 StGB.

Dagegen bleiben wichtige Formen der Freiheitsentziehung ausgeklammert: der Vollzug der Jugendstrafe und der Untersuchungshaft, den die große Mehrheit der Länder in eigenständigen Gesetzen geregelt hat. Der Vollzug der Sicherungsverwahrung, der durchweg in eigenständigen Landesgesetzen geregelt ist, findet nur insofern Beachtung, als er auf den Strafvollzug ausstrahlt.

Vorwort zur siebten Auflage

Der Kommentar hat den Anspruch, die geltenden Vorschriften des Bundes- und Landesrechts umfassend zu behandeln. Um für die Nutzer die Arbeit mit dem Kommentar zu erleichtern, sind vor den einschlägigen Kapiteln und Abschnitten die jeweils betroffenen Landesvorschriften sowie die Paragraphen des StVollzG aufgeführt. Zudem sind alle Landesgesetze im Anhang abgedruckt; Verweise unter den einzelnen Paragraphen führen zu den Fundstellen der jeweiligen Kommentierung. Damit können auch die nur am einschlägigen Landesrecht interessierten Nutzer einen schnellen Zugang zu den jeweiligen Kommentarstellen finden.

Das grundlegende Verständnis der Herausgeber ist indessen seit der ersten Auflage gleichgeblieben: Es handelt sich um einen Kommentar für die Praxis, der zugleich für sich in Anspruch nimmt, die Auseinandersetzung mit Rechtsprechung und wissenschaftlichen Auffassungen angemessen zu führen. Dies drückt sich in der Zusammensetzung der Autoren und Herausgeber aus, auch wenn seit der letzten Auflage einige Veränderungen eingetreten sind: Thomas Ullenbruch ist verstorben; aus beruflichen oder Altersgründen standen Rudolf Egg, Jens Grote, Klaus Koepsel, Bernd Maelicke, Monica Steinhilper und Bernd Wischka nicht mehr zur Verfügung. Neu gewonnen werden konnten Helmut Baier, Carsten Dee, Axel Dessecker, Stefan Harrendorf, Christiane Jesse, Kristine Kurth, Christine Morgenstern und Martin Rettenberger. Die Bearbeitung bringt den Kommentar auf den neuesten Stand (August 2019). Neben den erwähnten Landesgesetzen wurden die seit der letzten Auflage veröffentlichte Rechtsprechung und Literatur sowie Forschung und Statistiken berücksichtigt; auch die bundesgesetzliche Novelle zu Fixierungen im Maßregel- und Strafvollzug vom 19. Juni 2019 ist eingearbeitet. Die Kommentierungen zu den vollzuglichen Datenschutzbestimmungen werden in einem gesonderten Ergänzungsband erfolgen.

Für die gute Zusammenarbeit bei diesem Unterfangen bedanken wir uns bei allen Mitarbeitern und Mitarbeiterinnen dieses Bandes sowie nicht zuletzt bei den Partnern vom de Gruyter Verlag. Besonderen Dank schulden wir Herrn Dr. Lorenz Bode für die reibungslose Organisation der Redaktionsarbeit. Bei den redaktionellen Arbeiten, namentlich beim Korrekturlesen, haben uns tatkräftig unterstützt: Jana Anders, Theresa Braun, Gloria Kaiser, Kathrin Kutzner, Melissa Mache, Fenna Meinke, Patrizia Neifert, Alexander Schenk, Dr. Stephanie Schwab und Alexandra Völlink-Castro.

Schließlich möchten wir an dieser Stelle betonen, dass wir uns über eine ganze Reihe freundlicher Rezensionen zu den Vorauflagen gefreut haben, und hoffen, dass sich dieser Standardkommentar weiterhin als hilfreich erweist.

Göttingen, Würzburg, im August 2019   *Jörg-Martin Jehle, Klaus Laubenthal*

Vorwort zur ersten Auflage

Das Strafvollzugsgesetz (StVollzG) ist vor nunmehr sechs Jahren (am 1.1.1977) in Kraft getreten. Zahlreiche Verbesserungen der Vollzugssituation sind seither in den Bundesländern erreicht worden. Gleichwohl darf nicht verkannt werden, daß viele Erwartungen enttäuscht worden sind: insbesondere derjenigen, die eine weit raschere Verwirklichung der Reform des Vollzuges vom Verwahrvollzug zum Behandlungsvollzug erhofft hatten. Ein Vollzug, wie ihn das Strafvollzugsgesetz anstrebt, kann aber schon der erforderlichen erheblichen finanziellen Mittel wegen nicht von heute auf morgen erreicht werden.

Die beträchtlichen Anstrengungen zur Verwirklichung des Reformgedankens können sich weithin nur deshalb nicht erwartungsgemäß auswirken, weil die Gefangenenzahlen von Jahr zu Jahr steigen und dem Vollzug damit zusätzliche Belastungen bringen. In einer erheblich überbelegten Justizvollzugsanstalt wird der vom Strafvollzugsgesetz postulierte Behandlungsvollzug schon durch die räumliche Enge erschwert. Hinzu treten Personalprobleme. Der Behandlungsvollzug erfordert naturgemäß eine größere Zahl von Mitarbeitern als sie der Verwahrvollzug hatte; notwendig ist vor allem die Verstärkung der Fachdienste (Psychologen, Werkbeamte, Sozialarbeiter usw.), die inzwischen wesentlich vorangetrieben wurde. Allerdings stellen sich nun Schwierigkeiten in der Zusammenarbeit zwischen dem allgemeinen Vollzugsdienst und den Fachdiensten ein, sie bleiben auch zwischen den erfahrenen älteren und den noch unerfahrenen jüngeren Mitarbeitern nicht aus (Rollenkonflikte, Zielkonflikte, Generationsprobleme usw.).

Diese, wie viele andere Schwierigkeiten, die zum Alltag des heutigen Vollzuges gehören, werden oft – insbesondere von Außenstehenden – nicht erkannt. Auch mancher Vollzugswissenschaftler übersieht sie in seiner verständlichen Reformungeduld. Ohne Berücksichtigung derartiger Hintergrundinformationen aus der Vollzugspraxis erscheint indessen eine Kommentierung der Strafvollzugsvorschriften gewagt, da die Gefahr unrealistischer Entscheidungen gegeben ist.

Die rechtlichen Probleme des Vollzuges und deren Auswirkungen in der Praxis sind realistisch nur für denjenigen zu ermessen, der im Vollzug oder seiner Verwaltung selbst tätig war oder ist. Ziel dieses Kommentars war die praxisnahe Darstellung durch ein Team von Praktikern, die im Vollzug Verantwortung tragen oder wenigstens für einige Jahre getragen haben. Die Herausgeber stellen mit Zufriedenheit fest, daß es gelungen ist, namhafte Vollzugsexperten für die Bearbeitung zu gewinnen. Unter ihnen befinden sich allein acht amtierende bzw. ehemalige Anstaltsleiter, so daß wohl von einem Praktikerkommentar gesprochen werden darf.

Anliegen aller Mitarbeiter des Werkes war es, die Vorschriften des Strafvollzugsgesetzes vor dem Hintergrund der Realitäten des Vollzuges zu erläutern und auch einschlägige Informationen über die Situation der Praxis in die Erörterungen einzubringen. Diese werden als Allgemeine Hinweise jeweils unter I der eigentlichen Kommentierung (II) vorangestellt. Zur weiteren Förderung des Verständnisses werden am Schluß der Kommentierung zahlreicher zentraler Vorschriften typische Beispiele aus dem Vollzugsalltag angeführt (III). Dabei wurde der Begriff des Beispiels bewußt weit gefaßt verstanden, etwa auch zur Vermittlung von Zusatzinformationen über die ärztliche Sprechstunde u. dgl. Jeweils anschließend an den Gesetzestext sind (deutlich durch Kursivdruck hervorgehoben) die Verwaltungsvorschriften (VV) abgedruckt.

Zu Einzelfragen des Strafvollzugsgesetzes gibt es teilweise sehr umfangreiches Schrifttum, das nicht vollständig dokumentiert ist. Um den Kommentar übersichtlich und für den Praktiker gut lesbar und leicht benutzbar zu gestalten, wurden nur grundsätzliche oder praxiserhebliche Veröffentlichungen erfaßt. Unter Gesichtspunkten der

Vorwort zur ersten Auflage

Praxis wurde der Kommentierung auch solcher Vorschriften breiter Raum eingeräumt, die in anderen Werken weniger ausführlich behandelt werden, die aber für den modernen Strafvollzug von Bedeutung sind; so etwa die Vorschriften zum ärztlichen Dienst (§§ 21, 56–66, 92, 158, sowie § 101), über die Seelsorge (§§ 53–55), die Entlassenenhilfe (§§ 74, 75) und zur kriminologischen Vollzugsforschung (§ 166), die nicht nur dem Praktiker des Vollzuges, sondern auch dem verantwortlichen Politiker (Ressortminister) die Rückmeldung über Erfolg oder Mißerfolg der investierten Mittel bringen kann.

Rechtsprechung und Literatur sind bis einschließlich Januar 1983 berücksichtigt.

Hannover/Bochum und Mainz, im Februar 1983   Hans-Dieter Schwind
Alexander Böhm

Bearbeiterverzeichnis

Prof. Dr. **Helmut Baier**
Apl. Professor an der Julius-Maximilians-Universität Würzburg

Dr. **Peter Best**
Ministerialrat (a.D.) in der Niedersächsischen Staatskanzlei
Lehrbeauftragter an der Leibniz Universität Hannover

Carsten Dee
Ministerialrat im Niedersächsischen Justizministerium

Prof. Dr. **Axel Dessecker**
Stv. Direktor der Kriminologischen Zentralstelle, Wiesbaden
Apl. Professor an der Georg-August-Universität Göttingen

Prof. Dr. **Rudolf Egg**
Ehemaliger Direktor der Kriminologischen Zentralstelle, Wiesbaden
Apl. Professor an der Friedrich-Alexander-Universität Erlangen-Nürnberg

Prof. Dr. **Brigitta Goldberg**
Professorin an der Ev. Hochschule Rheinland-Westfalen-Lippe, Bochum

Jens Grote
Präsident der Landesaufnahmebehörde Niedersachsen
Ehemals Ministerialrat im Niedersächsischen Justizministerium

Prof. Dr. **Stefan Harrendorf**
Professor an der Universität Greifswald

Dr. **Anika Hoffmann**
Wiss. Mitarbeiterin an der Kriminologischen Zentralstelle, Wiesbaden

Prof. Dr. Dr. h.c. **Jörg-Martin Jehle**
Professor em. an der Georg-August-Universität Göttingen

Christiane Jesse
Ministerialdirigentin im Niedersächsischen Justizministerium

Dr. **Klaus Koepsel**
Präsident des Justizvollzugsamts Rheinland (a.D.)

Kristine Kurth
Ministerialrätin im Niedersächsischen Justizministerium

Prof. Dr. **Klaus Laubenthal**
Professor an der Julius-Maximilians-Universität Würzburg
Richter am Bayerischen Obersten Landesgericht

Bearbeiterverzeichnis

Dr. **Tina-Angela Lindner**
Richterin am Amtsgericht Hannover

PD Dr. **Christine Morgenstern**
Research Fellow am Trinity College, University of Dublin
Privatdozentin an der Universität Greifswald

Prof. Dr. **Nina Nestler**
Professorin an der Universität Bayreuth

Stephanie Pfalzer (LL.M)
Oberregierungsrätin an der Justizvollzugsanstalt München

Prof. Dr. **Martin Rettenberger**
Direktor der Kriminologischen Zentralstelle, Wiesbaden
Apl. Professor an der Johannes Gutenberg-Universität Mainz

Prof. Dr. **Karl Heinrich Schäfer**
Direktor beim Hessischen Rechnungshof (a.D.), Präses (a.D.)
Honorarprofessor an der Ev. Hochschule Darmstadt

Prof. Dr. **Hans-Dieter Schwind**
Professor em. an der Ruhr-Universität Bochum
Ehemaliger Niedersächsischer Minister der Justiz

Dr. **Monica Steinhilper**
Ministerialdirigentin (a.D.) im Niedersächsischen Justizministerium

Thomas Ullenbruch †
Ehemals Richter am Amtsgericht Emmendingen

Wolfgang Wirth
Leitender Regierungsdirektor, Leiter des Kriminologischen Dienstes
des Landes Nordrhein-Westfalen

Bernd Wischka
Psychologiedirektor und Leiter der Sozialtherapeutischen Anstalt
bei der Justizvollzugsanstalt Lingen (a.D.)

Inhaltsübersicht

Vorwort —— **V**
Bearbeiterverzeichnis —— **IX**
Inhaltsverzeichnis —— **XIII**
Abkürzungsverzeichnis —— **XIX**

1. Kapitel
Anwendungsbereich und Vollzugsgrundsätze —— **1**

2. Kapitel
Aufnahme, Planung, Unterbringung —— **75**

3. Kapitel
Sozial- und psychotherapeutische Behandlung —— **179**

4. Kapitel
Arbeit und Bildung —— **225**

5. Kapitel
Freizeit —— **401**

6. Kapitel
Grundversorgung und Gesundheitsfürsorge —— **521**

7. Kapitel
Soziale Hilfe, Entlassungsvorbereitung, nachgehende Betreuung —— **591**

8. Kapitel
Religionsausübung —— **743**

9. Kapitel
Interne Kontakte zur Außenwelt —— **777**

10. Kapitel
Vollzugsöffnende Maßnahmen —— **845**

11. Kapitel
Sicherheit und Ordnung —— **993**

12. Kapitel
Rechtsbehelfe —— **1185**

13. Kapitel
Anstaltsorganisation —— **1303**

14. Kapitel
Frauenstrafvollzug —— **1411**

Inhaltsübersicht

15. Kapitel
Besondere Vollzugsformen —— **1441**

16. Kapitel
Kriminologische Forschung —— **1483**

Anhang: Strafvollzugsgesetze —— **1495**
Sachregister —— **2151**

Inhaltsverzeichnis

Vorwort —— V
Bearbeiterverzeichnis —— IX
Inhaltsübersicht —— XI
Abkürzungsverzeichnis —— XIX

1. Kapitel
Anwendungsbereich und Vollzugsgrundsätze —— 1
A. Einführung (*Jehle*) —— 1
B. Anwendungsbereich (*Jehle*) —— 11
C. Ziel und Aufgaben des Vollzuges (*Jehle*) —— 18
D. Gestaltung des Vollzuges (*Jehle*) —— 37
E. Stellung des Gefangenen, Behandlung, Rechtsbeschränkungen (*Jehle*) —— 53

2. Kapitel
Aufnahme, Planung, Unterbringung —— 75
A. Aufnahmeverfahren (*Morgenstern/Wischka*) —— 75
B. Diagnoseverfahren und Behandlungplanung (*Morgenstern/Wischka*) —— 85
C. Vollzugsplan (*Morgenstern/Wischka*) —— 111
D. Verlegung, Überstellung, Ausantwortung (*Lindner*) —— 137
E. Unterbringung im Tagesablauf (*Laubenthal*) —— 146
F. Ausgestaltung und Ausstattung des Haftraums (*Laubenthal*) —— 167

3. Kapitel
Sozial- und psychotherapeutische Behandlung —— 179
A. Verlegung in eine sozialtherapeutische Anstalt (*Rettenberger/Hoffmann/Egg*) —— 181
B. Sozialtherapeutische Anstalten und Abteilungen (*Rettenberger/Hoffmann/Egg*) —— 203
C. Urlaub zur Vorbereitung der Entlassung (*Rettenberger/Hoffmann/Egg*) —— 205
D. Aufnahme auf freiwilliger Grundlage (*Rettenberger/Hoffmann/Egg*) —— 213
E. Nachgehende Betreuung (*Rettenberger/Hoffmann/Egg*) —— 219

4. Kapitel
Arbeit und Bildung —— 225
A. Zuweisung (*Baier/Laubenthal*) —— 229
B. Arbeitspflicht (*Baier/Laubenthal*) —— 245
C. Freistellung von der Arbeitspflicht (*Baier/Laubenthal*) —— 255
D. Vergütung der Arbeit (*Baier/Laubenthal*) —— 264
E. Unterricht (*Baier/Laubenthal*) —— 302
F. Zeugnisse über Bildungsmaßnahmen (*Baier/Laubenthal*) —— 310
G. Ausbildungsbeihilfe (*Baier/Laubenthal*) —— 312
H. Freies Beschäftigungsverhältnis, Selbstbeschäftigung (*Baier/Laubenthal*) —— 317
I. Verwendung finanzieller Leistungen (*Baier/Laubenthal*) —— 329
J. Arbeitsbeschaffung, Gelegenheit zur beruflichen Bildung (*Baier/Laubenthal*) —— 392
K. Arbeitsbetriebe und Bildungseinrichtungen (*Baier/Laubenthal*) —— 395

5. Kapitel
Freizeit —— 401
- A. Allgemeines (*Goldberg*) —— 403
- B. Zeitungen und Zeitschriften (*Goldberg*) —— 441
- C. Hörfunk und Fernsehen, Informations- und Unterhaltungselektronik (*Goldberg*) —— 457
- D. Besitz von Gegenständen für die Freizeitbeschäftigung (*Goldberg*) —— 497

6. Kapitel
Grundversorgung und Gesundheitsfürsorge —— 521
- A. Kleidung (*Laubenthal*) —— 521
- B. Anstaltsverpflegung (*Nestler*) —— 526
- C. Einkauf (*Laubenthal*) —— 531
- D. Gesundheitsfürsorge (*Nestler*) —— 541
- E. Gesundheitsuntersuchungen, medizinische Vorsorgeleistungen (*Nestler*) —— 555
- F. Krankenbehandlung (*Nestler*) —— 560
- G. Aufenthalt im Freien (*Nestler*) —— 586
- H. Benachrichtigung bei Erkrankung oder Todesfall (*Nestler*) —— 589

7. Kapitel
Soziale Hilfe, Entlassungsvorbereitung, nachgehende Betreuung —— 591
- A. Grundsatz (*Best*) —— 594
- B. Hilfe bei der Aufnahme (*Best*) —— 613
- C. Hilfe während des Vollzuges (*Best*) —— 628
- D. Hilfe zur Entlassung (*Best*) —— 649
- E. Entlassungsbeihilfe (*Best*) —— 730

8. Kapitel
Religionsausübung —— 743
- A. Seelsorge (*Schäfer*) —— 744
- B. Religiöse Veranstaltungen (*Schäfer*) —— 753
- C. Weltanschauungsgemeinschaften (*Schäfer*) —— 760
- D. Seelsorgerinnen und Seelsorger (*Schäfer*) —— 762

9. Kapitel
Interne Kontakte zur Außenwelt —— 777
- A. Grundsatz (*Dessecker/Schwind*) —— 780
- B. Besuche (*Dessecker/Schwind*) —— 782
- C. Schriftwechsel (*Dessecker/Schwind*) —— 811
- D. Telekommunikationsdienste (*Dessecker*) —— 832
- E. Pakete (*Dessecker/Schwind*) —— 838

10. Kapitel
Vollzugsöffnende Maßnahmen —— 845
- A. Offener Vollzug und Einrichtungen für die Entlassung (*Lindner*) —— 845
- B. Vorbemerkungen zu den vollzugsöffnenden Maßnahmen (*Harrendorf*) —— 856
- C. Vollzugsöffenende Maßnahmen zur Erreichung des Vollzugsziels (*Harrendorf/Ullenbruch*) —— 864

D. Vollzugsöffnende Maßnahmen aus wichtigem
   Anlass *(Harrendorf/Ullenbruch)* —— 938
E. Weisungen *(Harrendorf/Ullenbruch)* —— 952
F. Widerruf und Rücknahme *(Harrendorf/Ullenbruch)* —— 960
G. Vorbemerkungen zu den Entlassungsvorschriften *(Harrendorf)* —— 973
H. Offener Vollzug und vollzugsöffnende Maßnahmen zur Entlassungs-
   vorbereitung *(Harrendorf/Ullenbruch)* —— 974
I. Entlassungszeitpunkt *(Harrendorf/Ullenbruch)* —— 985

11. Kapitel
Sicherheit und Ordnung —— 993
A. Grundsatz *(Harrendorf/Ullenbruch)* —— 993
B. Verhaltensvorschriften *(Harrendorf/Ullenbruch)* —— 1003
C. Persönlicher Gewahrsam, Eigengeld *(Harrendorf/Ullenbruch)* —— 1013
D. Durchsuchungen; Maßnahmen zur Feststellung von Sucht-
   mittelgebrauch *(Harrendorf/Ullenbruch)* —— 1029
E. Sichere Unterbringung *(Harrendorf/Ullenbruch)* —— 1046
F. Erkennungsdienstliche Maßnahmen, Lichtbilder und andere
   datenschutzrechtliche Regelungen mit Bezug zu Sicherheit und Ordnung
   (Harrendorf) —— 1051
G. Festnahmerecht *(Harrendorf/Ullenbruch)* —— 1053
H. Überflugverbot *(Harrendorf)* —— 1056
I. Besondere Sicherungsmaßnahmen *(Baier/Grote)* —— 1059
J. Ersatz von Aufwendungen *(Baier/Laubenthal)* —— 1093
K. Unmittelbarer Zwang *(Baier/Koepsel)* —— 1103
L. Zwangsmaßnahmen auf dem Gebiet der Gesundheits-
   fürsorge *(Nestler)* —— 1138
M. Disziplinarmaßnahmen *(Laubenthal)* —— 1146

12. Kapitel
Rechtsbehelfe —— 1185
A. Beschwerderecht *(Laubenthal)* —— 1189
B. Antrag auf gerichtliche Entscheidung *(Laubenthal)* —— 1195
C. Zuständigkeit *(Laubenthal)* —— 1217
D. Elektronische Aktenführung *(Laubenthal)* —— 1220
E. Beteiligte *(Laubenthal)* —— 1222
F. Antragsfrist. Wiedereinsetzung *(Laubenthal)* —— 1223
G. Vornahmeantrag *(Laubenthal)* —— 1230
H. Aussetzung der Maßnahme *(Laubenthal)* —— 1232
I. Gerichtliche Entscheidung *(Laubenthal)* —— 1238
J. Rechtsbeschwerde *(Laubenthal)* —— 1256
K. Zuständigkeit für die Rechtsbeschwerde *(Laubenthal)* —— 1265
L. Form. Frist. Begründung *(Laubenthal)* —— 1266
M. Entscheidung über die Rechtsbeschwerde *(Laubenthal)* —— 1272
N. Strafvollzugsbegleitende gerichtliche Kontrolle bei angeordneter
   oder vorbehaltener Sicherungsverwahrung *(Laubenthal)* —— 1274
O. Entsprechende Anwendung anderer Vorschriften *(Laubenthal)* —— 1286
P. Kosten des Verfahrens *(Laubenthal)* —— 1293
Q. Gerichtliche Zuständigkeit bei dem Richtervorbehalt unterliegenden
   Maßnahmen *(Laubenthal)* —— 1297

R. Gerichtliches Verfahren bei dem Richtervorbehalt unterliegenden
   Maßnahmen (*Laubenthal*) —— 1301

13. Kapitel
Anstaltsorganisation —— 1303

A. Justizvollzugsanstalten (*Dee*) —— 1303
B. Trennung des Vollzuges (*Dee*) —— 1306
C. Differenzierung (*Wirth*) —— 1310
D. Größe und Gestaltung der Anstalten (*Kurth/Grote*) —— 1325
E. Größe und Ausgestaltung der Räume (*Kurth/Grote*) —— 1329
F. Vollzugsgemeinschaften (*Jesse/Laubenthal*) —— 1340
G. Aufsichtsbehörden (*Jesse/Steinhilper*) —— 1341
H. Vollstreckungsplan und Zuständigkeit für Verlegungen
   (*Jesse/Koepsel*) —— 1349
I. Zusammenarbeit (*Pfalzer*) —— 1358
J. Vollzugsbedienstete (*Pfalzer*) —— 1366
K. Anstaltsleitung (*Pfalzer*) —— 1372
L. Konferenzen (*Pfalzer*) —— 1383
M. Gefangenenmitverantwortung (*Pfalzer*) —— 1390
N. Hausordnung (*Pfalzer*) —— 1399
O. Beirat (*Pfalzer*) —— 1403

14. Kapitel
Frauenstrafvollzug —— 1411

A. Vorbemerkung: Die besondere Situation inhaftierter Frauen
   (*Morgenstern*) —— 1411
B. Bestimmungen zu Schwangerschaft und Mutterschaft (*Morgenstern*) —— 1423
C. Unterbringung mit Kindern (*Morgenstern*) —— 1431
D. Sicherungsverwahrung in Frauenanstalten (*Morgenstern*) —— 1438

15. Kapitel
Besondere Vollzugsformen —— 1441

A. Unterbringung in einem psychiatrischen Krankenhaus und in einer
   Entziehungsanstalt (*Jehle*) —— 1441
B. Sicherungsverwahrung (*Jehle*) —— 1457
C. Vollzug des Strafarrests in Justizvollzugsanstalten (*Jehle*) —— 1469
D. Vollzug von Ordnungs-, Sicherungs-, Zwangs- und Erzwingungs-
   haft (*Jehle*) —— 1474

16. Kapitel
Kriminologische Forschung (*Dessecker/Jehle*) —— 1483

Anhang
Gesetz über den Vollzug der Freiheitsstrafe und der freiheitsentziehenden
Maßregeln der Besserung und Sicherung (Strafvollzugsgesetz – StVollzG) —— 1495
– Gesetzbuch über den Justizvollzug in Baden-Württemberg
   (Justizvollzugsgesetzbuch – JVollzGB) —— 1539
– Gesetz über den Vollzug der Freiheitsstrafe und der Jugendstrafe
   (Bayerisches Strafvollzugsgesetz – BayStVollzG) —— 1600

- Gesetz über den Vollzug der Freiheitsstrafe in Berlin
  (Berliner Strafvollzugsgesetz – StVollzG Bln) —— **1647**
- Gesetz über den Vollzug der Freiheitsstrafe, der Jugendstrafe
  und der Untersuchungshaft im Land Brandenburg
  (Brandenburgisches Justizvollzugsgesetz – BbgJVollzG) —— **1679**
- Bremisches Strafvollzugsgesetz
  (BremStVollzG) —— **1717**
- Gesetz über den Vollzug der Freiheitsstrafe
  (Hamburgisches Strafvollzugsgesetz – HmbStVollzG) —— **1749**
- Hessisches Strafvollzugsgesetz
  (HStVollzG) —— **1781**
- Gesetz über den Vollzug der Freiheitsstrafe in Mecklenburg-Vorpommern
  (Strafvollzugsgesetz Mecklenburg-Vorpommern – StVollzG M-V) —— **1811**
- Niedersächsisches Justizvollzugsgesetz
  (NJVollzG) —— **1842**
- Gesetz zur Regelung des Vollzuges der Freiheitsstrafe in Nordrhein-Westfalen
  (Strafvollzugsgesetz Nordrhein-Westfalen – StVollzG NRW) —— **1893**
- Landesjustizvollzugsgesetz
  (LJVollzG) —— **1925**
- Gesetz über den Vollzug der Freiheitsstrafe im Saarland
  (Saarländisches Strafvollzugsgesetz – SLStVollzG)
  (Art. 1 des Gesetzes) —— **1957**
- Gesetz über den Vollzug der Freiheitsstrafe und des Strafarrests
  im Freistaat Sachsen (Sächsisches Strafvollzugsgesetz – SächsStVollzG) —— **1989**
- Justizvollzugsgesetzbuch Sachsen-Anhalt
  (JVollzGB LSA) —— **2023**
- Gesetz über den Vollzug der Freiheitsstrafe in Schleswig-Holstein
  (Landesstrafvollzugsgesetz Schleswig-Holstein – LStVollzG SH) —— **2078**
- Thüringer Justizvollzugsgesetzbuch
  (ThürJVollzGB) —— **2112**

Sachregister —— **2151**

Abkürzungsverzeichnis

a.A.	anderer Ansicht
aaO	am angegebenen Ort
abgedr.	abgedruckt
abl.	ablehnend
ABl.	Amtsblatt
Abs.	Absatz
abw.	abweichend
a.E.	am Ende
AE	Alternativentwurf
AE-StVollzG	Alternativ-Entwurf eines Strafvollzugsgesetzes, vorgelegt von einem Arbeitskreis deutscher und schweizerischer Strafrechtslehrer, Tübingen 1973
a.F.	alte Fassung
AFG	Arbeitsförderungsgesetz
AFKG	Arbeitsförderungs-Konsolidierungsgesetz
AfP	Zeitschrift für Medien-und Kommunikationsrecht; früher Archiv für Presserecht
AG	Amtsgericht
AGGVG	Gesetz zur Ausführung des Gerichtsverfassungsgesetzes
AGVwGO	Ausführungsgesetz zur Verwaltungsgerichtsordnung
AK-(*Bearbeiter*)	Feest/Lesting/Lindemann (Hrsg.), Kommentar zum Strafvollzugsgesetz (Reihe Alternativkommentare), 7. Aufl., Köln 2017
allg. M.	allgemeine Meinung
Alt.	Alternative
a.M.	andere Meinung
amtl. Begr.	Amtliche Begründung
Anh.	Anhang
Anm.	Anmerkung
AnwK UHaft-(*Bearbeiter*)	König (Hrsg.), Anwaltkommentar Untersuchungshaft, Bonn 2011
AnwBl	Anwaltsblatt
arg.	Argument aus
Arloth/Krä	Arloth/Krä, Strafvollzugsgesetz. Kommentar, 4. Aufl., München 2017
Art.	Artikel
AT	Allgemeiner Teil
Auernhammer	Auernhammer, Bundesdatenschutzgesetz, 5. Aufl., Köln/Berlin/Bonn/München 2017
Aufl.	Auflage
AuslG	Ausländergesetz
AV	Ausführungsvorschrift
Az.	Aktenzeichen
b.	bei
BAföG	Bundesausbildungsförderungsgesetz
BAG	Bundesarbeitsgericht
BAnz	Bundesanzeiger
Baumbach/Lauterbach/Hartmann/Albers	Baumbach/Lauterbach/Hartmann/Albers, Zivilprozessordnung. Kommentar, 75. Aufl., München 2017
BayDSG	Bayerisches Datenschutzgesetz
BayGVBl.	Bayerisches Gesetz und Verordnungsblatt
BayLSG	Bayerisches Landessozialgericht
BayObLG	Bayerisches Oberstes Landesgericht; auch Entscheidungssammlung des BayObLG in Strafsachen
BayStVollzG	Bayerisches Strafvollzugsgesetz
BayVerfGH	Bayerischer Verfassungsgerichtshof

Abkürzungsverzeichnis

BayVGH	Bayerischer Verwaltungsgerichtshof
BayVVStVollzG	Bayerische Verwaltungsvorschriften zum Strafvollzugsgesetz
BB	Brandenburg
BBG	Bundesbeamtengesetz
BbgJVollzG	Brandenburgisches Justizvollzugsgesetz
BBiG	Berufsbildungsgesetz
Bd.	Band
BDSG	Bundesdatenschutzgesetz
BE	Berlin
BeamtStG	Beamtenstatusgesetz
BeckOK-Bearbeiter	Beckscher Online-Kommentar Strafvollzugsrecht: Bund und Länder
Beck-Rs	Beck-Rechtsprechung
BefrVO	Befreiungsverordnung
Begr.	Begründung
Bek.	Bekanntmachung
ber.	berichtigt
BerHG	Beratungshilfegesetz
Beschl.	Beschluss
Bew.	Bewährung, auch in Zusammensetzung, z.B. BewHelfer
BewHi	Zeitschrift für „Bewährungshilfe"
BFH	Bundesfinanzhof
BGB	Bürgerliches Gesetzbuch
BGBl.	Bundesgesetzblatt
BGH	Bundesgerichtshof
BGHSt	Entscheidungen des BGH in Strafsachen
BGHZ	Entscheidungen des BGH in Zivilsachen
BKA	Bundeskriminalamt (Wiesbaden)
BlGefK	Blätter für Gefängniskunde
BlStV	Blätter für Strafvollzugskunde (Beilage zum Vollzugsdienst)
BMI	Bundesministerium des Innern
BMJ	Bundesministerium der Justiz
Böhm	Böhm., Strafvollzug, 3. Aufl., Neuwied und Kriftel 2003
BRAGO	Bundesrechtsanwaltsgebührenordnung
BremStVollzG	Bremisches Strafvollzugsgesetz
BR-Drucks.	Bundesratsdrucksache
Brunner/Dölling	Brunner/Dölling, Jugendgerichtsgesetz. Kommentar, 12. Aufl., Berlin/New York 2011
BSeuchG	Bundesseuchengesetz
BSG	Bundessozialgericht
BSGE	Entscheidungen des Bundessozialgerichts
BSHG	Bundessozialhilfegesetz
bspw.	beispielsweise
BT-Drucks.	Bundestagsdrucksache
BtM(G)	Betäubungsmittel(gesetz)
Buchst.	Buchstabe
Bürgerschafts-Drucks.	Bürgerschaftsdrucksache
BUrlG	Bundesurlaubsgesetz
BVerfG(K)	Bundesverfassungsgericht, Kammerentscheidung
BVerfGE	Entscheidungen des Bundesverfassungsgerichts
BVerfGK	Kammerentscheidungen des Bundesverfassungsgerichts
BVerfSchG	Gesetz über die Zusammenarbeit des Bundes und der Länder in den Angelegenheiten des Verfassungsschutzes und über das Bundesamt für Verfassungsschutz
BVerwG	Bundesverwaltungsgericht
BVerwGE	Entscheidung des Bundesverwaltungsgerichts
BVerfGG	Bundesverfassungsgerichtsgesetz

BW	Baden-Württemberg
BY	Bayern
bzgl.	bezüglich
BZRG	Bundeszentralregistergesetz
bzw.	beziehungsweise
ca.	circa
Calliess	Calliess, Strafvollzugsrecht, 3. Aufl., München 1992
C/MD	Calliess/Müller-Dietz, Strafvollzugsgesetz, 11. Aufl., München 2008
CR	Computer und Recht
DÄBl.	Deutsches Ärzteblatt
dass.	dasselbe
DAV	Deutscher Anwaltsverein
DB	Der Betrieb
ders.	derselbe
d.h.	das heißt
dies.	Dieselbe(n)
Diss.	Dissertation
div.	diverse
DÖV	Die Öffentliche Verwaltung
DOG	Dienstordnung für das Gesundheitswesen
DRiZ	Deutsche Richterzeitung
DStRE	Deutsches Steuerrecht Entscheidungsdienst
DSVollz	Dienst-und Sicherheitsvorschriften für den Strafvollzug
DuD	Datenschutz und Datensicherung
DVBl.	Deutsches Verwaltungsblatt
DVJJ	Deutsche Vereinigung für Jugendgerichte und Jugendgerichtshilfe e.V.
DVO	Durchführungsverordnung
DVollzO	Dienst-und Vollzugsordnung der Länder
E	Entwurf
Eds.	englisch für Herausgeber
EG	Einführungsgesetz
EU	Europäische Union
EGGVG	Einführungsgesetz zum Gerichtsverfassungsgesetz
EGMR	Europäischer Gerichtshof für Menschenrechte
EGStGB	Einführungsgesetz zum Strafgesetzbuch
Eisenberg	Eisenberg, Jugendgerichtsgesetz, 19. Aufl., München 2017
Einl.	Einleitung
EKD	Evangelische Kirche in Deutschland
EMRK	Europäische Konvention zum Schutz der Menschenrechte und Grundfreiheiten
ERJuKoG	Gesetz über elektronische Register und Justizkosten für Telekommunikation
et al.	und andere
EuGH	Europäischer Gerichtshof
EuGRZ	Europäische Grundrechte-Zeitschrift
EuStVollzGrds	Europäische Strafvollzugsgrundsätze
e.V.	eingetragener Verein
Eyermann/Fröhler- (*Bearbeiter*)	Eyermann, Verwaltungsgerichtsordnung, Kommentar, 14. Aufl., München 2014
f, ff	folgende (r, s)
FAZ	Frankfurter Allgemeine Zeitung
FamFG	Gesetz über das Verfahren in Familiensachen und in den Angelegenheiten der freiwilligen Gerichtsbarkeit

Abkürzungsverzeichnis

FamRZ	Zeitschrift für das gesamte Familienrecht
FEVG	Gesetz über das gerichtliche Verfahren bei Freiheitsentziehungen
FG	Festgabe
FH	Fachhochschule
Fischer	Fischer, Strafgesetzbuch und Nebengesetze, 64. Aufl., München 2017
Fn.	Fußnote
FPPK	Forensische Psychiatrie, Psychologie und Kriminologie (Zeitschrift)
FPR	Familie, Partnerschaft, Recht. Interdisziplinäres Fachjournal für die Praxis
FreihEntzG	Gesetz über die Entziehung der Freiheit geisteskranker, geistesschwacher, rauschgift- oder alkoholsüchtiger Personen
FS	Forum Strafvollzug (bis einschließlich 2006 ZfStrVo)
FS SH	Forum Strafvollzug Sonderheft
FS Name	Festschrift
g	Gramm
GA	Goltdammer's Archiv für Strafrecht
GBl.	Gesetzblatt
Geb.	Geburtstag
GefKostVO	Verordnung über die Kostenbeteiligung der Gefangenen (Niedersachen)
gem.	gemäß
GG	Grundgesetz für die Bundesrepublik Deutschland
ggf.	gegebenenfalls
GKG	Gerichtskostengesetz
GMV	Gefangenenmitverantwortung
GOÄ	Gebührenordnung für Ärzte
Gola/Schomerus	Gola/Schomerus, Bundesdatenschutzgesetz mit Erläuterungen, 12. Aufl., München 2015
Grdl.	Grundlagen
GS	Gedächtnisschrift
GSSt.	Großer Senat für Strafsachen
GUV	Gemeindeunfallversicherungsverbände
GVBl.	Gesetz-und Verordnungsblatt
GVG	Gerichtsverfassungsgesetz
H.	Heft
Halbbd	Halbband
Halbs.	Halbsatz
HB	Bremen
Hdb.	Handbuch
HE	Hessen
Hess	Hessisch/hessischer/hessischen
Hess.Verf.	Hessische Verfassung
HH	Hambrug
h.L.	herrschende Lehre
h.M.	herrschende Meinung
HmbDSG	Hamburgisches Datenschutzgesetz
HmbJStVollzG	Hamburgisches Jugendstrafvollzugsgesetz
HmbStVollzG	Hamburgisches Strafvollzugsgesetz
Höflich/Schriever	Höflich/Schriever/Bartmeier, Grundriss Vollzugsrecht. Das Recht des Strafvollzugs, der Untersuchungshaft und des Jugendvollzugs, 4. Aufl., Berlin/Heidelberg/New York 2014
HRRS	Höchstrichterliche Rechtsprechung in Strafsachen
Hrsg.	Herausgeber
HS.	Halbsatz
HStVollzG	Hessisches Strafvollzugsgesetz

IAO	Internationale Arbeitsorganisation
i.d.Bek.	in der Bekanntmachung
i.d.F.	in der Fassung
i.d.R.	in der Regel
i.d.S.	in diesem Sinne
i.e.S.	im engeren Sinne
info also	Informationen zum Arbeitslosenrecht und Sozialhilferecht
insg.	insgesamt
InsO	Insolvenzordnung
IRG	Gesetz über die internationale Rechtshilfe in Strafsachen
i.S.	im Sinne
i.S.d.	im Sinne des
i.V.	in Verbindung
i.V.m.	in Verbindung mit
JGG	Jugendgerichtsgesetz
JGH	Jugendgerichtshilfe
JHG	Jugendhilfegesetz
JMBl.	Justizministerialblatt (z.B. NW = für Nordrhein-Westfalen)
JR	Juristische Rundschau
JStrVK	Jugendstrafvollzugskommission
jur.	juristisch(e)
Jura	Juristische Ausbildung
JuS	Juristische Schulung
JVA(en)	Justizvollzugsanstalt(en)
JV KostO	Verordnung über Kosten im Bereich der Justizverwaltung
JVollzDSG	Gesetz über den Datenschutz im Justizvollzug
JVollzGBG	Gesetzbuch über den Justizvollzug in Baden-Württemberg
JVollzGB LSA	Gesetzbuch über den Justizvollzug in Sachsen-Anhalt
JVollzGE	Entwurf eines Jugendstrafvollzugsgesetzes
JWG	Jugendwohlfahrtsgesetz
JZ	Juristenzeitung
Kamann	Kamann, Handbuch für die Strafvollstreckung und den Strafvollzug, 2. Aufl., Recklinghausen 2008
KD	Kriminologischer Dienst
KE	Kommissionsentwurf
KG	Kammergericht
Kissel/Mayer	Kissel, Gerichtsverfassungsgesetz, 8. Auflage, München 2015
KJHG	Kinder-und Jugendhilfegesetz
KK-(*Bearbeiter*)	Hannich(Hrsg.), Karlsruher Kommentar zur Strafprozessordnung und zum Gerichtsverfassungsgesetz mit Einführungsgesetz, 7. Aufl., München 2013
K/K/S-(*Bearbeiter*)	Kaiser/Kerner/Schöch. Strafvollzug, 4. Aufl., Heidelberg 1992
Kopp/Schenke	Kopp/Schenke, Verwaltungsgerichtsordnung. Kommentar, 23. Aufl., München 2017
Kopp/Ramsauer	Kopp/Ramsauer, Verwaltungsverfahrensgesetz. Kommentar, 17. Aufl., München 2016
KrimGegfr.	Kriminologische Gegenwartsfragen
KrimJ	Kriminologisches Journal
KrimPäd	Kriminalpädagogische Praxis
KrimZ	Kriminologische Zentralstelle e.V. (Wiesbaden)
krit.	kritisch
KritJ	Kritische Justiz
K/S-(*Bearbeiter*)	Kaiser/Schöch, Strafvollzug, 5. Aufl., Heidelberg 2002
KVLG	Gesetz über die Krankenversicherung für Landwirte
KZfSS	Kölner Zeitschrift für Soziologie und Sozialpsychologie

Abkürzungsverzeichnis

LAG	Landesarbeitsgericht
Laubenthal	Laubenthal, Strafvollzug, 7. Aufl., Berlin/Heidelberg/New York 2015
Laubenthal/Nestler/ Neubacher/Verrel	Strafvollzugsgesetze, 12. Auflage, München 2015
LDSG	Landesdatenschutzgesetz
LG	Landgericht
Litwinski/Bublies	Litwinski/Bublies, Strafverteidigung im Strafvollzug, München 1989
LJVollzG	Landesjustizvollzugsgesetz Rheinland-Pfalz
LK-(Bearbeiter)	Strafgesetzbuch, Leipziger Kommentar, 12. Aufl., Berlin/New York 2006–2010
LKA	Landeskriminalamt
LPartG	Gesetz über die Eingetragene Lebenspartnerschaft
LR-(Bearbeiter)	Löwe/Rosenberg, Die Strafprozessordnung und das Gerichtsverfassungsgesetz, 26. Aufl., Berlin/New York 2006–2012
Ls	Leitsatz
LSA	Land Sachsen-Anhalt
LSG	Landessozialgericht
LStVollzG SH	Landesstrafvollzugsgesetz Schleswig-Holstein
LT	Landtag
LT-Drucks.	Landtagsdrucksache
LV, LVerf	Landesverfassung
m.	mit
Maunz/Dürig- (Bearbeiter)	Maunz/Dürig, Grundgesetz. Kommentar, München, 78. Auflage, Stand: September 2016
MDR	Monatsschrift für Deutsches Recht
ME-Begründung	Begründung des Musterentwurfs zum Landesstrafvollzugsgesetz
MedR	Medizinrecht
ME-StVollzG	Musterentwurf zum Landesstrafvollzugsgesetz
Meyer-Goßner/ Schmitt	Meyer-Goßner/Schmitt, Strafprozessordnung, Gerichtsverfassungsgesetz, Nebengesetze. Kommentar, 62. Aufl., München 2019
Minima	Europäische Strafvollzugsgrundsätze, überarbeitete europäische Fassung der Mindestgrundsätze für die Behandlung der Gefangenen –Entschließung des Ministerkomitees des Europarates vom 12.2.1987 bei der 404. Tagung der Ministerstellvertreter (Empfehlung Nr. R [87] 3), Heidelberg 1988
MiStra	Anordnung über Mitteilungen in Strafsachen
MJ	Ministerium der Justiz
MR	Mutterschaftsrichtlinien
MRK	(Europäische) Konvention zum Schutz der Menschenrechte und Grundfreiheiten
MRVG	Maßregelvollzugsgesetz (Landesgesetze)
MschrKrim	Monatsschrift für Kriminologie und Strafrechtsreform
Müko/StGB	Joecks/Miebach (Hrsg.), Strafgesetzbuch, Münchner Kommentar, 3. Auflage, München 2017(Band 4 bis 8 noch nichtin neuster Auflage erschienen)
MuSchG	Mutterschutzgesetz
MV	Mecklenburg-Vorpommern
m.w.N.	mit weiteren Nachweisen
NAV	Niedersächsische Ausführungsvorschrift
nds.	niedersächsisch
NDSG	Niedersächsisches Datenschutzgesetz
Nds MVollzG	Niedersächsisches Maßregelvollzugsgesetz
NdsRpfl.	Niedersächsische Rechtspflege
NDV	Nachrichtendienst des Deutschen Vereins für öffentliche und private Fürsorge
NI	Niedersachsen
NJ	Neue Justiz

n.F.	neue Fassung
NJOZ	Neue Juristische Online-Zeitschrift
NJVollzG	Niedersächsisches Justizvollzugsgesetz
NJW	Neue Juristische Wochenschrift
NJW-RR	Neue Juristische Wochenschrift-Rechtsprechungs-Report
NK	Neue Kriminalpolitik
Nr.	Nummer
NW	Nordrhein-Westfalen
NStE	Neue Entscheidungssammlung für Strafrecht
NStZ	Neue Zeitschrift für Strafrecht
NStZ-RR	NStZ-Rechtsprechungsreport
NVwZ	Neue Zeitschrift für Verwaltungsrecht
NVwZ-RR	Neue Zeitschrift für Verwaltungsrecht-Rechtsprechungs-Report
NZA	Neue Zeitschrift für Arbeitsrecht
NZI	Neue Zeitschrift für das Recht der Insolvenz und Sanierung
NZS	Neue Zeitschrift für Sozialrecht
o.ä.	oder ähnliches
OEG	Gesetz über die Entschädigung für Opfer von Gewalttaten
o.J.	ohne Jahresangabe
OK	Organisierte Kriminalität
OLG	Oberlandesgericht
OLG-NL	OLG-Rechtsprechung Neue Länder
OLGSt	Entscheidungen der Oberlandesgerichte in Straf-, Ordnungswidrigkeiten und Ehrengerichtssachen
OVG	Oberverwaltungsgericht
OWiG	Ordnungswidrigkeitengesetz
Palandt-(*Bearbeiter*)	Palandt, Bürgerliches Gesetzbuch, Kommentar, 76. Auflage, München 2017
PAG	Polizeiaufgabengesetz
PFA	Polizeiführungsakademie (Hiltrup)
PKS	Bundeskriminalamt (Hrsg.), Polizeiliche Kriminalstatistik Bundesrepublik Deutschland 2016, Wiesbaden 2017
Prot.	Protokolle der Sitzungen des Bundestags-Sonderausschusses für die Strafrechtsreform (Deutscher Bundestag, 7. Wahlperiode, Stenographischer Dienst)
PsychKG	Gesetz über Hilfen und Schutzmaßnahmen bei psychischen Krankheiten (Landesgesetze)
RBerG	Rechtsberatungsgesetz
RDG	Rechtsdienstleistungsgesetz
RdJ	Recht der Jugend und des Bildungswesens
Rdn.	Randnummer
RDV	Recht der Datenverarbeitung
RE, RegE	Entwurf eines Gesetzes über den Vollzug der Freiheitsstrafe und freiheitsentziehenden Maßregeln der Besserung und Sicherung (Regierungsentwurf)
REC	Europäische Strafvollzugsgrundsätze 2006 des Ministerkomitees des Europarates, von diesem verabschiedet als „Recommendation Rec (2006) 2 on the European Prison Rules"
RG	Reichsgericht
RGBl.	Reichsgesetzblatt
RGSt	Entscheidungen des RG in Strafsachen
RiStBV	Richtlinien für das Strafverfahren und das Bußgeldverfahren
RiVASt	Richtlinien für den Verkehr mit dem Ausland in strafrechtlichen Angelegenheiten
RK	Konkordat zwischen dem Heiligen Stuhl und dem Deutschen Reich (Reichskonkordat) vom 20.7.1933
RP	Rheinland-Pfalz

Abkürzungsverzeichnis

R&P	Recht und Psychiatrie
Rpfleger	Der Deutsche Rechtspfleger
RPflG	Rechtspflegergesetz
Rspr.	Rechtsprechung
RV	Rundverfügung
RVG	Rechtsanwaltsvergütungsgesetz
RVO	Reichsversicherungsordnung
Rz.	Randziffer
s.	siehe
S.	Seite
SA	Sonderausschuss (Bericht und Antrag des Bundestags-Sonderausschusses für die Strafrechtsreform)
sächs.	sächsisch(e)
SächsStVollzG	Sächsisches Strafvollzugsgesetz
SchlHA	Schleswig-Holsteinische Anzeigen
SchlußB	Schlussbericht (der JStrVK, hrsg. vom BMJ, 1980)
Schnellhorn/Hohm/ Schneider	Schnellhorn/Hohm/Schneider (Hrsg.), Kommentar zum SGB XII, 19. Aufl. 2015
Schüler-Springorum	Schüler-Springorum, Strafvollzug im Übergang. Studien zum Stand der Vollzugsrechtslehre, Göttingen 1969
SchwbG	Gesetz zur Sicherung der Eingliederung Schwerbehinderter in Arbeit, Beruf und Gesellschaft (Schwerbehindertengesetz)
Schwind/Blau	Schwind/Blau (Hrsg.), Strafvollzug in der Praxis. Eine Einführung in die Probleme und Realitäten des Strafvollzugs und der Entlassenenhilfe, 2. Aufl., Berlin/New York 1988
Seebode	Seebode, Strafvollzug I, Lingen 1997
SG	Sozialgericht
SGB I–XI	Sozialgesetzbuch (1. bis 11. Buch)
SH	Schleswig-Holstein
Simitis-(Bearbeiter)	Simitis, Kommentar zum Bundesdatenschutzgesetz, 8. Aufl., Baden-Baden 2014
sog.	so genannte(r)
SL	Saarland
SLStVollzG	Saarländisches Strafvollzugsgesetz
SN	Sachsen
SSW-StGB-(Bearbeiter)	Satzger/Schluckebier/Widmaier (Hrsg.), Strafgesetzbuch. Kommentar, 4. Auflage, Köln 2016
SozR	Sozialrecht. Rechtsprechung und Schrifttum, bearbeitet von den Richtern des BSG
ST	Sachsen-Anhalt
StGB	Strafgesetzbuch
StPO	Strafprozessordnung
StrÄndG	Strafänderungsgesetz
StraFo	Strafverteidiger Forum
StVStat	Statistisches Bundesamt (Hrsg.), Rechtspflege. Fachserie 10, Reihe 3. Strafverfolgung 2015, Wiesbaden 2017 (nur online verfügbar unter www.destatis.de/)
StVoS Bd.4.1	Statistisches Bundesamt (Hrsg.), Rechtspflege. Fachserie 10, Reihe 4.1. Strafvollzug – Demographische und kriminologische Merkmale der Strafgefangenen zum Stichtag 31. 3. 2015 sowie 31. 3. 2016, Wiesbaden 2016 (nur online verfügbar unter www.destatis.de)
StVoS Bd.4.2	Statistisches Bundesamt (Hrsg.), Rechtspflege. Fachserie 10, Reihe 4.2. Strafvollzug – Bestand der Gefangenen und Verwahrten in den deutschen Justizvollzugsanstalten am 31. August 2011, Wiesbaden 2011 (nur online verfügbar unter www.destatis.de
StrVK	Strafvollzugskommission
StV	Strafverteidiger
StVK	Strafvollstreckungskammer

StVollstrO	Strafvollstreckungsordnung
StVollzFG	Strafvollzugsfortentwicklungsgesetz
StVollzG	Strafvollzugsgesetz
StVollzGÄndG	Gesetz zur Änderung des StVollzG
StVollzG Bln	Strafvollzugsgesetz Berlin
StVollzG M-V	Strafvollzugsgesetz Mecklenburg-Vorpommern
StVollzG NRW	Strafvollzugsgesetz Nordrhein-Westfalen
StVollzO	Strafvollzugsordnung
StVollzVergO	Strafvollzugsvergütungsordnung
s.u.	siehe unten
TH	Thüringen
ThürJVollzG	Thüringer Justizvollzugsgesetzbuch
u.a.	unter anderem
u.ä.	und ähnliche
UHaft	Untersuchungshaft
UHaftVollzO	Untersuchungshaftvollzugsordnung
UJ	Unsere Jugend, Zeitschrift für Jugendhilfe in Wissenschaft und Praxis
UnterbrG	Gesetz über die Unterbringung psychisch Kranker und deren Betreuung
unzutr.	unzutreffend
Urt.	Urteil
usw.	und so weiter
u.U.	unter Umständen
ÜVerfBesG	Gesetz über den Rechtsschutz bei überlangen Gerichtsverfahren und strafrechtlichen Ermittlungsverfahren
UVollzO	Untersuchungshaftvollzugsordnung (bundeseinheitlich)
UZwG	Gesetz über den unmittelbaren Zwang bei Ausübung öffentlicher Gewalt durch Vollzugsbeamte des Bundes
v.	vom, von
VerfGH	Verfassungsgerichtshof
VerpflG	Gesetz über die förmliche Verpflichtung nichtbeamteter Personen (Verpflichtungsgesetz)
VertrV	Verordnung über die gerichtliche Vertretung des Freistaates Bayern und über das Abhilfeverfahren
VG	Verwaltungsgericht
VGH	Verwaltungsgerichtshof
vgl.	vergleiche
VGO	Vollzugsgeschäftsordnung
vH	von Hundert
VO	Verordnung
VollzD	Der Vollzugsdienst (Zeitschrift)
Vorb.	Vorbemerkung
VuR	Verbraucher und Recht
VV	Verwaltungsvorschriften (zum Strafvollzugsgesetz)
VVG	Gesetz über den Versicherungsvertrag
VVJug.	Bundeseinheitliche Verwaltungsvorschriften für den Jugendstrafvollzug
VVStVollzG	Bundeseinheitliche Verwaltungsvorschriften zum Strafvollzugsgesetz
VwGO	Verwaltungsgerichtsordnung
VwVfG	Verwaltungsverfahrensgesetz
Walter	Walter, Strafvollzug. Lehrbuch, 2. Aufl., Stuttgart/München/Hannover 1999
WRV	Weimarer Reichsverfassung
WsFPP	Forensische Psychiatrie und Psychotherapie: Werkstattschriften
WStG	Wehrstrafgesetz

Abkürzungsverzeichnis

WPKG	Wissenschaft und Praxis in Kirche und Gesellschaft
WzM	Wege zum Menschen
ZAR	Zeitschrift für Ausländerrecht und Ausländerpolitik
z.B.	zum Beispiel
Zbl.	Zentralblatt für Jugendrecht und Jugendwohlfahrt
ZevKR	Zeitschrift für evangelisches Kirchenrecht
ZfSH/SGB	Zeitschrift für Sozialhilfe und Sozialgesetzbuch
ZfStrVo	Zeitschrift für Strafvollzug und Straffälligenhilfe
ZfStrVo SH	Zeitschrift für Strafvollzug und Straffälligenhilfe Sonderheft
ZFU	Staatliche Zentralstelle für Fernunterricht
zit.	zitiert
ZIS	Zeitschrift für Internationale Strafrechtsdogmatik
ZJJ	Zeitschrift für Jugendkriminalrecht und Jugendhilfe
ZPO	Zivilprozessordnung
ZRP	Zeitschrift für Rechtspolitik
ZStW	Zeitschrift für die gesamte Strafrechtswissenschaft
z.T.	zum Teil
zul. g.	zuletzt geändert
zust.	zustimmend
zutr.	zutreffend
z.Z.	zur Zeit

1. KAPITEL
Anwendungsbereich und Vollzugsgrundsätze

A. Einführung

Schrifttum

Bachmann Bundesverfassungsgericht und Strafvollzug. Eine Analyse aller veröffentlichten Entscheidungen, Berlin 2015; *Bode* Anspruch auf Internet im Gefängnis? Zugleich eine Besprechung von EGMR, Urt. v. 17.1.2017 – 21575/08, in: ZIS 2017, 348 ff; *Dressel* Das Hamburger Strafvollzugsgesetz: Chance oder Risiko, Berlin 2008; *Dünkel/Pörksen* Stand der Gesetzgebung zum Jugendstrafvollzug und erste Einschätzungen, in: NK 2007, 55 ff; *Eisenberg* Jugendstrafvollzugsgesetze der Länder – eine Übersicht in: NStZ 2008, 250 ff; *Jehle* Menschenrechtliche und grundrechtliche Schranken im Umgang mit gefährlichen Straftätern, in: Annales Universitatis Scientiarum Budapestinensis, Budapest 2014, 165 ff; *ders.* Anordnung und Vollzug der Untersuchungshaft, in: FS 2016, 88 ff; *Kammeier/Pollähne* Maßregelvollzugsrecht, 3. Auflage, Berlin/Boston 2018; *König* Anwaltkommentar Untersuchungshaft, Bonn 2011; *Mittermaier* Gefängniskunde: Ein Lehrbuch für Studium und Praxis, Berlin 1954; *Müller-Dietz* Der Strafvollzug in der Weimarer Zeit und im Dritten Reich, in: Busch/Krämer (Hrsg.) Strafvollzug und Schuldproblematik, Pfaffenweiler 1988, 15 ff; *Ostendorf* Jugendstrafvollzugsgesetze: Neue Gesetze – neue Perspektiven? in: ZRP 2008, 14 ff; *ders.* Gesetzliche Grundlage für den Jugendstrafvollzug – verfassungsrechtlich geboten! in: NJW 2006, 2073 ff; *ders.* Untersuchungshaft und Abschiebehaft. Anordnung, Vollzug, Rechtsmittel, Baden-Baden 2012; *ders.* Jugendstrafvollzugsrecht 3. Auflage, Baden-Baden 2016; *Radbruch* Der Mensch im Recht, Göttingen 1957; *Schmidt* Einführung in die Geschichte der deutschen Strafrechtspflege, Göttingen 1995; *Schüler-Springorum* Was stimmt nicht mit dem Strafvollzug, Hamburg 1970; *Schwind* „Chancenvollzug" am Beispiel von Niedersachsen, in: Böse/Sternberg-Lieben (Hrsg.), FS Amelung, Berlin 2009, 775 ff; *Volckart/Grünebaum* Maßregelvollzug, 8. Auflage, Köln 2015; *Wachsmann* Gefangen unter Hitler: Justizterror und Strafvollzug im NS-Staat, München 2006; *Winzer/Hupka* Das neue niedersächsische Justizvollzugsgesetz: Vom Haftrichter zum Vollzugsrichter im Untersuchungshaftvollzug, in: DRiZ 2008, 146 ff.

Übersicht

I. Der Weg zu einem Strafvollzugsgesetz —— 1–7
II. Föderalismusreform und ihre Folgen —— 8–13
  1. Strafvollzug —— 9
  2. Jugendstrafvollzug —— 10
  3. UHaftvollzug —— 11
  4. Sicherungsverwahrung —— 12
  5. Vollzug der Unterbringung in einem psychiatrischen Krankenhaus und einer Entziehungsanstalt —— 13
III. Status und Anwendungsbereich der Landesgesetze zum Strafvollzug —— 14
IV. Verfassungsrechtliche und menschenrechtliche Leitlinien für den Strafvollzug —— 15–17
V. Zum Aufbau des Kommentars —— 18–20

I. Der Weg zu einem Strafvollzugsgesetz

Nach einer langen Vorgeschichte (s. Rdn. 2) war vor vier Jahrzehnten mit dem Strafvollzugsgesetz des Bundes endlich eine einheitliche gesetzliche Grundlage des Strafvollzugs geschaffen worden. In der Folge haben das Bundesgesetz und die bundeseinheitlich vereinbarten Verwaltungsvorschriften sowie die dazu ergangene Judikatur ein sicheres Fundament hergestellt, auf dem sich eine bewährte Vollzugspraxis entfalten konnte. Die Föderalismusreform des Jahres 2006 (s. Rdn. 8) hat die Gesetzgebungskompetenz den Bundesländern zugewiesen, was sachlich vollkommen unnötig war und infolge der daraus resultierenden Unterschiede zwischen den Ländern zu einer neuen Unübersichtlichkeit des Vollzugsrechts führt. Gleichwohl handelt es sich eher um eine formale Zäsur, welche die **materielle Kontinuität des Strafvollzugsrechts** nicht zerstört. Die inzwischen in allen Bundesländern in Kraft getretenen Landesgesetze und der von zehn Bundesländern erarbeitete Musterentwurf zeugen davon, dass es bei den Prinzipien und Zielen, Strukturen und Methoden bleibt, die das Strafvollzugsgesetz modellhaft festgelegt hat. Soweit die Landesgesetze Besonderheiten aufweisen, handelt es sich weniger um grundsätzliche Abweichungen, vielmehr im Wesentlichen eher um Unterschiede in der Gesetzestechnik, um Gewichtungsunterschiede im Verhältnis der Sicherungsaufgabe zum Wiedereingliederungsziel, um strukturelle Aspekte und Detailfragen. Indessen sind diese Unterschiede auch auf der Folie des StVollzG und der dazu ergangenen Judikatur zu interpretieren. Deshalb ist es nach wie vor sachlich gerechtfertigt, das **Bundesgesetz als zentralen Bezugspunkt** auch für die Kommentierung der Landesgesetze zu nehmen (s. Rdn. 14 ff).

2   Die Notwendigkeit einer umfassenden und einheitlichen rechtlichen Regelung des Strafvollzugs trat bereits im **19. Jhdt.** in das allgemeine Bewusstsein.[1] In den deutschen Partikularstaaten hatten die Territorien divergierende Formen der Inhaftierung entwickelt und unterschiedliche Strafgesetzbücher in Kraft gesetzt, die jedoch die Ausgestaltung der Freiheitsstrafe weitgehend dem Ermessen der Verwaltung überließen. Das **Reichsstrafgesetzbuch** (RStGB) von 1871, welches wesentlich auf dem Preußischen StGB von 1851 aufbaute, enthielt nur partiell Regelungen zur Ausgestaltung freiheitsentziehender Sanktionen. Neben der Todesstrafe kannte das Gesetz Zuchthausstrafe, Gefängnisstrafe, lebenslängliche oder zeitige Festungshaft, eintägige bis sechswöchige Haft für Übertretungen sowie die vorläufige Entlassung aus dem Zuchthaus mit der Möglichkeit anschließender Nachhaft in einem Arbeitshaus.[2] Mangels rechtseinheitlicher Regelungen zum Strafvollzug verblieb es bei divergierenden Regelungen in Form von landesrechtlichen Strafvollzugsordnungen als Verwaltungsvorschriften. Auf die Versuche, ein einheitliches Strafvollzugsrecht zu kodifizieren, wirkte sich auch der Ausbruch des sog. „Schulenstreits" lähmend aus, bei dem es insbesondere darum ging, ob mit der Strafe auch bessernde Zwecke gegenüber dem Täter verfolgt werden sollten.[3]

3   Während der Zeit der **Weimarer Republik** begann sich der Gedanke der Erziehung und Besserung im Strafvollzug zu etablieren. So stellte das Jugendgerichtsgesetz von 1923 nicht nur den Erziehungsgedanken in den Mittelpunkt, sondern gliederte zudem den Jugendstrafvollzug aus dem allgemeinen Strafvollzug aus. Im gleichen Zeitraum wurden zwischen den Ländern Reichsratsgrundsätze für den Vollzug von Freiheitsstrafen vereinbart. Die angestrebte erzieherische Einwirkung auf die Gefangenen sollte durch einen sog. Stufenvollzug erreicht werden, der schrittweise Lockerungen zur Vorbereitung auf ein Leben in Freiheit vorsah. In der Praxis entwickelte sich das System indes auch zu einem Mittel anstaltsinterner Disziplinierung.[4] Im Jahr 1927 wurde schließlich der Entwurf eines Reichsstrafvollzugsgesetzes erarbeitet, jedoch aufgrund einer Änderung der politischen Verhältnisse nicht verabschiedet.[5]

4   Im **Nationalsozialismus** fand wieder ein Umschwung vom Erziehungsvollzug der Weimarer Republik zum Sicherungs- und Abschreckungsvollzug statt.[6] Vergeltung und Generalprävention waren die primären Ziele des Strafvollzugs im Nationalsozialismus, ergänzt um die negative Spezialprävention in Form der Sicherungsverwahrung, die mit

---

1   *Mittermaier* 1954, 23; *Schmidt* 1995, 193; *Müller-Dietz* 1988, 15, 18.
2   *Schmidt* 1995, 343–344, 346 ff.
3   *Laubenthal* 2015 Rdn. 105 ff; K/S-*Kaiser* 2002 § 2 Rdn. 24 ff; *Walter* 1999 Rdn. 11 ff, *Kett-Straub/Streng* 2016, 11 ff.
4   *Radbruch* 1957, 59; *Laubenthal* 2015 Rdn. 120; *Müller-Dietz* 1988, 15, 18.
5   *Walter* 1999 Rdn. 13.
6   *Wachsmann* 2006, 68.

dem Gesetz gegen gefährliche Gewohnheitsverbrecher und über Maßnahmen der Sicherung und Besserung („Gewohnheitsverbrechergesetz") 1933 eingeführt wurde.

Nach dem **Ende des Zweiten Weltkriegs** leitete die Kontrollratsdirektive Nr. 19 vom 12.11.1945 eine Neuordnung des Strafvollzugs ein. Die Richtlinien griffen abermals den Erziehungs- und Besserungsgedanken auf und waren als Bestandteil des Besatzungsrechts allgemein verbindlich. Infolge der Teilung Deutschlands beschritt das Vollzugswesen jedoch unterschiedliche Wege. In der Bundesrepublik Deutschland knüpften Vollzugspraktiker zunächst an die Reformtendenzen der Weimarer Zeit an. Forderungen nach einem einheitlichen Strafvollzugsgesetz blieben ohne Gehör, da eine Erneuerung des materiellen Strafrechts als vorrangig angesehen wurde. Im Übrigen erschien eine gesetzliche Regelung des Strafvollzugs nicht notwendig, da nach der herrschenden Lehre vom besonderen Gewaltverhältnis alle für die Zwecke der Strafanstalt notwendigen Maßnahmen zu Lasten des Inhaftierten ohne eine gesetzliche Eingriffsgrundlage legitimiert waren.[7]

Zu einer Rechtsvereinheitlichung trug indessen die im Jahr 1961 als reine Verwaltungsvereinbarung der Bundesländer in Kraft getretene **Dienst- und Vollzugsordnung** (DVollzO) bei. Sie beinhaltete bereits detaillierte Regelungen zur Rechtsstellung des Gefangenen. In den Folgejahren setzten erneut Bestrebungen ein, eine Strafvollzugsreform durchzuführen. Der Weg dahin wurde durch das Erste und Zweite Strafrechtsreformgesetz im Jahr 1969 geebnet, welche das strafrechtliche Sanktionssystem neu gestalteten. Im Gesamtsystem der Strafzumessung, der Auswahl der Sanktionen und deren Vollstreckung wurde der Gedanke der positiven Spezialprävention, der Resozialisierung, verankert; die bisherige Differenzierung in Gefängnis- und Zuchthausstrafen wurde abgeschafft und die Einheitsstrafe geschaffen sowie der (Rest-)Aussetzung der Vollstreckung der Freiheitsstrafe breiteren Raum gegeben.[8] Mit Entscheidung vom 14.3.1972 stellte das BVerfG fest, dass die Figur des besonderen Gewaltverhältnisses keine verfassungsrechtlich zulässige Rechtsgrundlage darstelle, vielmehr ein förmliches Strafvollzugsgesetz notwendig sei.[9] 1975 setzte das BVerfG dem Gesetzgeber eine letzte Frist bis zum 1.1.1977.

Am 1.1.1977 trat dann schließlich das **Gesetz über den Vollzug der Freiheitsstrafe und der freiheitsentziehenden Maßregeln der Besserung und Sicherung** (StVollzG) in Kraft. Der Geltungsbereich erstreckt sich gem. Art. 8 des Einigungsvertrages mit dem Beitritt der neuen Bundesländer zur Bundesrepublik Deutschland am 3.10.1990 auch auf das Gebiet der ehemaligen DDR. Die Bundesländer führten das Strafvollzugsgesetz allerdings als eigene Angelegenheit aus; die Verwaltungshoheit lag insoweit bei ihnen. Als verwaltungsinterne Entscheidungshilfe haben die Landesjustizverwaltungen bundeseinheitliche Regelungen erlassen: **Verwaltungsvorschriften zum Strafvollzugsgesetz** (VVStVollzG), Dienst- und Sicherheitsvorschriften für den Strafvollzug (DSVollz) sowie die Vollzugsgeschäftsordnung (VGO).

II. Föderalismusreform und ihre Folgen

Im Jahr 2003 wurde die „Kommission von Bundestag und Bundesrat zur Modernisierung der bundesstaatlichen Ordnung" eingesetzt mit dem Ziel, die legislatorischen Kompetenzen von Bund und Ländern in verschiedenen Bereichen neu zu regeln. Ohne sachlichen Anlass und fachlichen Grund hat sich die Föderalismuskommission des Vollzugs

---

7 *Laubenthal* 2015 Rdn. 124 ff; K/S-*Kaiser* 2002 § 2 Rdn. 60 ff; *Walter* 1999 Rdn. 14 f, *Kett-Straub/Streng* 2016, 14.
8 *Kett-Straub/Streng* 2016, 14.
9 Vgl. dazu schon *Schüler-Springorum* 1970.

von Freiheitsentziehungen bemächtigt und vorgeschlagen, die Gesetzgebungskompetenz den Ländern zuzuweisen.[10]

Auf dieser Basis wurde mit dem **Föderalismusreformgesetz** vom 28.8.2006[11] das Grundgesetz dahingehend geändert, dass die Gebiete des Strafvollzugs (insbesondere Vollzug der Freiheitsstrafe, der Jugendstrafe und der freiheitsentziehenden Maßregeln der Besserung und Sicherung) sowie des UHaftvollzugs – sowohl für Erwachsene als auch für Jugendliche und Heranwachsende – der konkurrierenden Gesetzgebung entzogen und der Kompetenz der Landesgesetzgebung zugeordnet werden. Die Länder waren befugt, jeweils eigene Strafvollzugsgesetze zu verabschieden. Das als Bundesrecht erlassene Strafvollzugsgesetz galt gem. Art. 125a Abs. 1 GG in den einzelnen Bundesländern nur noch solange fort, bis diese ein eigenes Landesgesetz erließen. Diese Grundgesetzänderung war nicht durch eine breite fachliche Diskussion vorbereitet, kam vielmehr überraschend und lief dem einhelligen Votum der Fachwelt zuwider.[12] Nicht nur der Strafvollzug, sondern auch die anderen strafrechtlich veranlassten Freiheitsentziehungen sind von dieser Kompetenzregelung betroffen. Infolge dessen haben alle Bundesländer nach und nach zu den verschiedenen Formen der Freiheitsentziehung eigene Gesetze erlassen:

9   **1. Strafvollzug.** Als erste Länder hatten zunächst **Bayern**, **Hamburg** und **Niedersachsen** von ihrer neuen Gesetzgebungskompetenz Gebrauch gemacht. Diese drei Landesgesetze sind zum 1.1.2008 in Kraft getreten. Es folgten die Landesgesetze von **Baden-Württemberg** (1.1.2010) und **Hessen** (1.11.2010). Unter der Federführung Thüringens hatten ferner die Bundesländer **Berlin**, **Brandenburg**, **Bremen**, **Mecklenburg-Vorpommern**, **Rheinland-Pfalz**, **Saarland**, **Sachsen**, **Sachsen-Anhalt**, **Schleswig-Holstein** und **Thüringen** einen gemeinsamen **Musterentwurf** erarbeitet. Der Entwurf vom 23.8.2011 diente als Grundlage für die weitere Gesetzgebungsarbeit der Länder; im Laufe der Gesetzgebungsverfahren haben die beteiligten Länder allerdings zum Teil erhebliche Veränderungen vorgenommen; zuletzt ist das Landesgesetz von **Schleswig-Holstein** in Kraft getreten. **Nordrhein-Westfalen** hat am 13.1.2015 sein Strafvollzugsgesetz verabschiedet. Solange die Länder noch kein eigenes Strafvollzugsgesetz erlassen hatten, galt gem. Art. 125a Abs. 1 Satz 1 GG nach wie vor das StVollzG. Einzelne Vorschriften des **StVollzG** haben aber heute noch **Gültigkeit**, soweit dies im jeweiligen Landesgesetz ausdrücklich normiert ist bzw. das Landesgesetz den im StVollzG geregelten Vollzug bestimmter Haftarten ihrem Anwendungsbereich nach nicht erfasst.[13] Im Übrigen unterfallen alle Vorschriften zum gerichtlichen Verfahren (§§ 109 ff StVollzG) der konkurrierenden Gesetzgebung; insoweit gilt das StVollzG weiter.

10   **2. Jugendstrafvollzug.** Die politische Grundsatzentscheidung der Zuweisung der Gesetzgebungskompetenz an die Länder traf zusammen mit dem im gleichen Zeitraum ergangenen Urteil des BVerfG vom 31.5.2006,[14] das dem Gesetzgeber aufgetragen hatte, bis zum Ablauf des Jahres 2007 den Jugendstrafvollzug auf eine verfassungsgemäße gesetzliche Grundlage zu stellen, da dieser bisher nur im JGG mit wenigen Bestimmungen gesetzlich geregelt war. Das BVerfG stellte fest, dass die bisher für den Jugendstrafvoll-

---
10 *Laubenthal* 2015 Rdn. 131.
11 BGBl. I 2006, S. 2034.
12 So *C/MD* 2008 Einl. Rdn. 52, m.w.N.; *Laubenthal/Nestler/Neubacher/Verrel* 2015 A Rdn. 12; ebenso *Schwind* 2009, 763, 773 m.w.N., der die Kompetenzänderung sogar für „sach- und systemwidrig" hält.
13 *Laubenthal* 2015 Rdn. 15.
14 BVerfG NJW 2006, 2093.

zug bestehenden Bestimmungen des JGG keine ausreichende Gesetzesgrundlage für Grundrechtseingriffe darstellten. Darüber hinaus genügten die untergesetzlichen Verwaltungsvorschriften in keiner Weise den verfassungsrechtlich gebotenen spezifischen Anforderungen an den Freiheitsentzug für Jugendliche. Das Gericht wies insbesondere darauf hin, dass für den Jugendstrafvollzug das Ziel der Befähigung zu einem straffreien Leben in Freiheit besonders hohes Gewicht besitze, so dass die zu schaffenden gesetzlichen Regelungen der besonderen Situation der inhaftierten Jugendlichen vor dem Hintergrund des Vollzugsziels der sozialen Integration hinreichend Rechnung zu tragen haben. Dieser gesteigerten Verantwortung könne durch eine Vollzugsgestaltung entsprochen werden, die in besonderer Weise auf Förderung – vor allem auf soziales Lernen sowie die Ausbildung von Fähigkeiten und Kenntnissen, die einer künftigen beruflichen Integration dienen – ausgerichtet sei.[15]

Alle Bundesländer waren auf diese Weise gezwungen, innerhalb einer kurzen Frist ein Landesgesetz zum Jugendstrafvollzug zu erarbeiten. Eine ganze Reihe von Ländern schloss sich zur Erarbeitung einer gemeinsamen Konzeption zusammen (sog. 9er Gruppe); die anderen größeren Länder sind jeweils einen eigenen Weg gegangen.[16] Vor diesem Hintergrund sind die Landes-Strafvollzugsgesetze in Bayern, Hamburg[17] und Niedersachsen bereits am 1.1.2008 in Kraft getreten. Sie haben nicht nur den Jugendstrafvollzug, sondern zugleich auch den Vollzug der Freiheitsstrafe und (zunächst auch) der Sicherungsverwahrung gesetzlich geregelt. Diesem Modell der kombinierten Regelung von Freiheits- und Jugendstrafe sind anschließend Baden-Württemberg, Brandenburg, Rheinland-Pfalz, Sachsen-Anhalt und Thüringen gefolgt. Die gemeinsame Behandlung des Vollzugs der Freiheitsstrafe und der Jugendstrafe trägt der berechtigten fachlichen Forderung nach eigenständigen Gesetzen für die verschiedenen Materien in keiner Weise Rechnung,[18] ist aber, wie schon der Blick auf das StVollzG zeigte, das neben der Freiheitsstrafe auch der Vollzug der Maßregeln sowie andere Haftformen regelte, wohl zulässig und verfassungsrechtlich nicht zu beanstanden.[19] Das BVerfG hat den Gesetzgeber in seinem Urteil[20] zwar dazu verpflichtet, ein eigenständiges, den Besonderheiten des Jugendstrafvollzugs entsprechendes Resozialisierungskonzept zu entwickeln. Es hat indes keine Vorgaben gemacht, wie dieses Ziel gesetzgeberisch umzusetzen ist, insbesondere hat es kein eigenständiges Gesetz gefordert.[21]

3. UHaftvollzug. Niedersachen hat als erstes Bundesland innerhalb seines am 1.1. 2008 in Kraft getretenen Niedersächsischen Justizvollzugsgesetz landesrechtliche Regelungen zum UHaftvollzug getroffen. Das Gesetz ist allerdings insoweit novelliert worden,

11

---

15 BVerfG NJW 2006, 2093 ff.
16 Dazu *Dünkel/Pörksen* NK 2007, 55 ff; *Eisenberg* NStZ 2008, 250 ff; *Ostendorf* ZRP 2008, 14 ff; *ders.* NJW 2006, 2073 ff; eine umfassende Darstellung findet sich in *Ostendorf* 2016 § 1 Rdn. 1 ff.
17 Hamburg hat diesen Schritt durch eine Novellierung des HmbStVollzG zurückgenommen; zum alten Stand *Dressel* 2008.
18 So *C/MD* 2008 Einl. Rdn. 52, m.w.N.; *Laubenthal/Nestler/Neubacher/Verrel* 2015 A Rdn. 14 ff; AK-*Feest/Lesting/Lindemann* 2017 Teil I Einl. Rdn. 21 ff.
19 NI LT-Drucks. 15/3565, S. 78.
20 BVerfG NJW 2006, 2093.
21 Ebenso *Arloth/Krä* 2017 Art. 1 BayStVollzG Rdn. 1a; freilich ist *C/MD* zuzustimmen, dass spezielle Gesetze den vom BVerfG entwickelten Grundsätzen zur gesetzlichen Ausgestaltung des Jugendstrafvollzugs besser entsprochen hätten: *C/MD* 2008 Einl. Rdn. 52; *Laubenthal/Nestler/Neubacher/Verrel* 2015 A Rdn. 36; AK-*Lindemann* 2017 Teil II § 1 Rdn. 11; so auch die Begründung zum überarbeiteten HmbStVollzG: „Die Gesetzestrennung stellt die besonderen Anforderungen des Vollzuges von Jugendstrafen an Jugendlichen und ihnen gleichstehenden Heranwachsenden deutlich heraus" [Bürgerschafts-Drucks. 19/2533, S. 1].

als es kompetenzrechtliche und praktische Probleme hinsichtlich der Differenzierung nach verfahrens- und vollzugsrechtlichen Aspekten, z.B. bei der Briefkontrolle,[22] aufgeworfen hatte. Diese Änderungen, die v.a. den nach § 117 StPO zuständigen Haftrichter auch für Vollzugsfragen für zuständig erklären, sind zum 1.3.2009 in Kraft getreten.[23]

Unter der Federführung von Berlin und Thüringen hatten sodann insgesamt 12 Bundesländer den Entwurf eines Untersuchungshaftvollzugsgesetzes erarbeitet. Damit sollten auch Forderungen des Europäischen Ausschusses zur Verhütung von Folter und unmenschlicher oder erniedrigender Behandlung oder Strafe sowie des Europäischen Gerichtshofs für Menschenrechte umgesetzt werden. Vorgelegt wurde ein in sich geschlossener Entwurf, der den Besonderheiten dieses Vollzuges Rechnung trägt und auch den Vollzug der UHaft an jungen Gefangenen einbezieht. Mittlerweile haben alle Bundesländer – entweder auf Grundlage des Entwurfs oder eigenständig – den Vollzug der UHaft in einem selbständigen UHaftvollzugsgesetz oder als Teil eines umfassenden Justizvollzugsgesetz geregelt (s. auch B Rdn. 13).[24]

12 **4. Sicherungsverwahrung.** Mit Urteil vom 4.5.2011 hat das BVerfG die materiellrechtlichen Vorschriften des StGB zur Sicherungsverwahrung für verfassungswidrig erklärt. Es hat vor allem darauf abgestellt, dass der derzeitige Vollzug der Sicherungsverwahrung zu sehr dem Strafvollzug ähnele und deshalb das Abstandsgebot verletze. Es bedürfe einer deutlichen Besserstellung der Sicherungsverwahrten und eines therapiegerichteten und freiheitsorientierten Vollzugs der Sicherungsverwahrung. In Konsequenz dieses Urteils war es Sache des Bundesgesetzgebers, Grundsätze zum Vollzug der Sicherungsverwahrung im StGB zu verankern, was mit der Vorschrift des § 66c StGB geschehen ist; Sache der Länder war es, darauf abgestimmte Landesgesetze zum Sicherungsverwahrungsvollzug zu erlassen. Dies ist in allen Bundesländern erfolgt (s. näher 15 B). Vorschriften zur Sicherungsverwahrung haben auch eine direkte Wirkung auf den Strafvollzug. Denn nach § 66c Abs. 2 StGB müssen in besonderem Maß Strafgefangenen mit einer drohenden Sicherungsverwahrung Behandlungsmaßnahmen angeboten werden – mit dem Ziel, die Vollstreckung der Unterbringung oder deren Anordnung möglichst entbehrlich zu machen (s. näher 15 B).[25]

13 **5. Vollzug der Unterbringung in einem psychiatrischen Krankenhaus und einer Entziehungsanstalt.** Von den freiheitsentziehenden Maßregeln der Besserung und Sicherung wird lediglich die Sicherungsverwahrung in Justizvollzugsanstalten vollzogen, die anderen Formen werden dagegen nach Landesrecht von der Sozial- und Gesundheitsverwaltung durchgeführt. Daher war auch nur die Sicherungsverwahrung in den §§ 129–135 StVollzG detaillierter geregelt worden. Die Bestimmungen zur Unterbringung in einem psychiatrischen Krankenhaus (§ 136 StVollzG) und einer Entziehungsanstalt (§ 137 StVollzG) legen im Wesentlichen die Ziele und Aufgaben der Unterbringung gem. §§ 63, 64 StGB fest, § 138 überlässt aber die Detailregelungen des Vollzugs den Landesgesetzen.[26]

Mit Ausnahme von **Baden-Württemberg** hat kein Bundesland die §§ 136 bis 138 StVollzG ersetzt, sodass die **bundesrechtlichen Regelungen fortgelten.** Auch der Mus-

---

22 Vgl. dazu OLG Oldenburg, Beschl. v. 12.2.2008 – 1 Ws 87/08.
23 Vgl. zu dieser Problematik *Winzer/Hupka* DRiZ 2008, 146 ff; s. auch *Jehle* FS 2016, 88 ff.
24 Zum Ganzen die Kommentierung von *König* 2011; *Ostendorf* 2012.
25 SSW-StGB-*Jehle/Harrendorf* § 66c Rdn. 1 ff; Sch/Sch-*Kinzig* § 66c Rdn. 1.
26 S. dazu *Kammeier/Pollähne* 2018 Rdn. C 42 ff; *Volckart/Grünebaum* 2015 I. Teil Rdn. 14 ff, 24 ff, III. Teil Rdn. 3 ff.

terentwurf traf hierzu keine Bestimmung. In Baden-Württemberg wurden §§ 136, 137 StVollzG durch die nahezu identischen **BW** §§ 104, 105 III ersetzt. **BW** § 106 III verweist im Wesentlichen auf § 138 StVollzG (s. näher 15 A).

III. Status und Anwendungsbereich der Landesgesetze zum Strafvollzug

Nach Art. 125a GG hatte das StVollzG als altes Bundesrecht solange weitergegolten, **14** bis es durch Landesrecht ersetzt wurde. Da inzwischen alle Bundesländer eigene Landesbestimmungen getroffen haben, gilt das StVollzG nur noch insoweit, als bundesgesetzliche Kompetenz besteht oder dessen Fortgeltung ausdrücklich in den Landesgesetzen bestimmt worden ist (s. B Rdn. 5). Überwiegend haben die Länder eigene Gesetze zum Vollzug der Freiheitsstrafe (teilweise einschließlich des Strafarrests, s. dazu 15 C) erlassen; einige Länder haben jedoch auch die Haftformen des Jugendstrafvollzugs und der Untersuchungshaft in einer einheitlichen Gesetzesmaterie mit einbezogen. **Baden-Württemberg** hat ein umfassendes Gesetzbuch über den Justizvollzug in Baden-Württemberg erlassen. Neben Buch 3: Strafvollzug, das den Vollzug der Freiheitsstrafe regelt, wird der Vollzug der Jugendstrafe, der Untersuchungshaft und weiterer freiheitsentziehender Formen nach der StPO und ZPO sowie Sicherungsverwahrung und anderer Maßregeln geregelt: Gesetzbuch über den Justizvollzug in Baden-Württemberg.

In anderen Ländern sind folgende Haftformen betroffen:

Bayern: Gesetz über den Vollzug der Freiheitsstrafe und der Jugendstrafe; 10.12.2007
Berlin: Gesetz über den Vollzug der Freiheitsstrafe in Berlin; verkündet am 4.4.2016
Brandenburg: Gesetz über den Vollzug der Freiheitsstrafe, der Jugendstrafe und der Untersuchungshaft im Land Brandenburg; verkündet am 24.4.2013
Bremen: Bremisches Strafvollzugsgesetz (Vollzug der Freiheitsstrafe und des Strafarrests); verkündet am 25.11.2014
Hamburg: Gesetz über den Vollzug der Freiheitsstrafe; verkündet am 14.7.2009
Hessen: Hessisches Strafvollzugsgesetz (Vollzug der Freiheitsstrafe); verkündet am 28.6.2010
Mecklenburg-Vorpommern: Gesetz über den Vollzug der Freiheitsstrafe in Mecklenburg-Vorpommern; verkündet am 7.5.2013
Niedersachsen: Niedersächsisches Justizvollzugsgesetz (Vollzug der Freiheitsstrafe, Jugendstrafe und Untersuchungshaft); verkündet am 14.12.2007; abgeändert am 1.3.2009
Nordrhein-Westfalen: Gesetz zur Regelung des Vollzuges der Freiheitsstrafe in Nordrhein-Westfalen; verkündet am 13.5.2015
Rheinland-Pfalz: Landesjustizvollzugsgesetz (Vollzug der Freiheitsstrafe, Jugendstrafe, Untersuchungshaft und des Strafarrests); verkündet am 8.5.2013
Saarland: Gesetz über den Vollzug der Freiheitsstrafe im Saarland; verkündet am 24.4.2013
Sachsen: Gesetz über den Vollzug der Freiheitsstrafe und des Strafarrests im Freistaat Sachsen; verkündet am 16.5.2013
Sachsen-Anhalt: Justizvollzugsgesetz Sachsen-Anhalt (Vollzug der Freiheitsstrafe, Jugendstrafe, Untersuchungshaft und des Strafarrests); verkündet am 18.12.2015
Schleswig-Holstein: Gesetz über den Vollzug der Freiheitsstrafe in Schleswig-Holstein (Vollzug der Freiheitsstrafe und des Strafarrests); verkündet am 21.7.2016
Thüringen: Thüringer Justizvollzugsgesetzbuch (Vollzug der Freiheitsstrafe, Jugendstrafe, Untersuchungshaft und des Strafarrests); verkündet am 27.2.2014

Allerdings ersetzen die Landesstrafvollzugsgesetze in ihrem jeweiligen Geltungsbereich das Bundesstrafvollzugsgesetz nicht komplett. So liegt insbesondere die Ausgestaltung des gerichtlichen Rechtsschutzes in Vollzugssachen gem. §§ 109 ff StVollzG nach wie vor gem. Art. 74 Abs. 1 Nr. 1 GG im **Kompetenzbereich des Bundes** (s. näher Kapitel 12). Darüber hinaus umfassen die Anwendungsbereiche der jeweiligen Gesetze – mit Ausnahme von Baden-Württemberg – nicht den Vollzug der stationären Maßregeln der §§ 63, 64 StGB (15 A). Insoweit gelten die bundesrechtlichen Vorschriften §§ 136 bis 138 StVollzG fort. Dasselbe gilt für zivil- oder ordnungsrechtliche Haftformen (s. 15 D).

IV. Verfassungsrechtliche und menschenrechtliche Leitlinien für den Strafvollzug

15 Die in § 2 Satz 1 StVollzG und den ihm entsprechenden Landesvorschriften formulierte Zielsetzung des Strafvollzugs, die Gefangenen zu befähigen, künftig in sozialer Verantwortung ein Leben ohne Straftaten zu führen, lässt sich nach ständiger Rspr. des BVerfG unmittelbar aus der **Verfassung** ableiten; das Resozialisierungsprinzip folgt aus dem Gebot der Achtung der **Menschenwürde** und dem Sozialstaatsgrundsatz. Die mit der Freiheitsentziehung verbundenen Einschränkungen sind an das Rechtsstaatsprinzip, insbesondere die Verhältnismäßigkeit, gebunden und müssen aus Gründen der Menschenwürde die grundlegenden Voraussetzungen individueller und sozialer Existenz den Inhaftierten belassen.[27] Gerade Einschränkungen von Grundrechten, die über die bloße Freiheitsentziehung hinausgehen, bedürfen der gesetzlichen Grundlage und sind stets am **Maßstab der Grundrechte** zu legitimieren. Dies ergibt sich bereits aus Art. 1 Abs. 3 GG, der sowohl die Legislative als auch die Vollzugsbehörden unmittelbar an die Gewährleistungen der Grundrechte bindet, sowie aus Art. 19 Abs. 1 GG, der seinerseits eine formelle Gesetzesgrundlage für hoheitliche Eingriffe in Grundrechte fordert. Sind aber auch im Strafvollzug grundrechtliche Garantien für den Alltag bindend, kann von einer verfassungsrechtlichen Durchwobenheit aller vollzuglichen Bereiche gesprochen werden.[28] So kommt etwa der Informationsfreiheit aus Art. 5 Abs. 1 Satz 1 2. Alt. GG, wonach eine ungehinderte Unterrichtung aus allgemein zugänglichen Quellen gewährleistet wird, eine wichtige „Vermittlerrolle" zwischen außenweltlichem Geschehen und innervollzuglicher Behandlung zu (s. 5 C Rdn. 1 und 9 D Rdn. 11). Aber auch die freie Religionsausübung nach Art. 4 Abs. 2 GG (s. näher 8 A Rdn. 5), die Arbeitspflicht nach Art. 12 Abs. 3 GG (s. näher 4 B Rdn. 3) oder der in Art. 6 Abs. 4 GG zum Ausdruck kommende Mutterschutz (14 B Rdn. 2) sind zu beachten, wobei diese Rechtspositionen ihrerseits nähere Ausformung durch Interpretationen des BVerfG erfahren.[29] Daran gemessen ist der Sichtweise von *Bachmann* zuzustimmen, wenn er dem BVerfG eine Funktion als „Lotse des Strafvollzugs" zuweist.[30] Die Grundrechte sind neben ihrer primär abwehrrechtlichen Dimension („status negativus") schließlich auch originäre Leistungsrechte („status positivus") zu begründen im Stande (s. E Rdn. 1 ff). Eine zugunsten von Gefangenen bestehende leistungsrechtliche Verpflichtung der Behörde hat z.B. die Gewährleistung einer adäquaten Gesundheitsversorgung zum Gegenstand.[31] So kann die Geltung der Grundrechte vollzugliche Anpassungen „erforderlich machen", also unmittelbar zu einer „grundrechtsfreundlicheren Vollzugsgestaltung" zwingen.[32]

---

27 Vgl. nur BVerGE 45, 228, 239.
28 *Jehle* 2014, 165–166; s. ausführlich *Bachmann* 2015, 165.
29 Eine umfassende Übersicht zu vollzuglichen Beschränkungen für die Grundrechtsbetätigung findet sich bei AK-*Goerdeler* 2017 Teil II § 4 Rdn. 28–31.
30 *Bachmann* 2015, 26.
31 AK-*Goerdeler* 2017 Teil II § 4 Rdn. 28.
32 AK-*Goerdeler* 2017 Teil II § 4 Rdn. 27.

Über das nationale Verfassungsrecht hinaus sind auch **internationale menschen-** 16
rechtliche Grundsätze zu beachten; die EMRK – durch Bundesgesetz in nationales
Recht transformiert – setzt Grenzen für staatliche Eingriffe in die Rechtssphäre der in
Freiheitsentziehung befindlichen Personen; insbesondere verbietet sie Folter und andere
unmenschliche oder erniedrigende Strafen oder Behandlung;[33] ein entsprechendes Verbot findet sich auch in dem ebenfalls rechtlich verbindlichen internationalen Pakt über
bürgerliche und politische Rechte der Vereinten Nationen von 1966. Zusätzlich abgesichert wird der Schutz Inhaftierter dadurch, dass im Rahmen des Europäischen Übereinkommens zur Verhütung von Folter und unmenschlicher und erniedrigender Behandlung und Strafe von 1987 ein sog. Antifolter-Ausschuss regelmäßig Inspektionen in
Gefängnissen durchführt und darüber berichtet.[34] Zudem hat Deutschland entsprechend
den UN-Übereinkommen gegen Folter (Zustimmungsgesetz von 2008) eine nationale
Stelle zur Verhütung von Folter[35] sowie eine Länderkommission eingerichtet.

Dabei haben sich aus menschenrechtlicher Sicht vor allem folgende Erwägungen als
bedeutsam für die Rechtsstellung des Gefangenen erwiesen: Art. 3 EMRK und die darauf
bezogene Judikatur des EGMR setzen Mindestvoraussetzungen für den Strafvollzug (s.
näher 1 E Rdn. 18).[36] Dies gilt etwa für die Größe und Ausstattung der Crafträume unter
dem Gesichtspunkt der Menschenwürde (s. näher 13 E Rdn. 1ff). Von besonderer Bedeutung sind überdies die im Zuge jüngster Entscheidungen des EGMR[37] zu Art. 10 EMRK
dargelegten Erwägungen, wonach der Informationsfreiheit über das Internet ein besonderer Bedeutungsgehalt auch für Strafgefangene eingeräumt wird (dazu auch 5 C Rdn. 1
und 9 D Rdn. 11). Auch hinsichtlich Art. 8 EMRK, in dem das Recht auf Achtung des Privat- und Familienlebens zum Ausdruck kommt, hat sich der EMGR zur Verhältnismäßigkeit im Rahmen von Ausweisungsverfahren verhalten und anhand verschiedener Beurteilungskriterien einen eigenen „Schutzstandard" etabliert (s. 7 D Rdn. 13). Insoweit
sorgt die Rechtsprechung des EGMR mit – aktuell – zunehmender Tendenz für Entwicklungsprozesse auf Ebene der nationalen Vollzugsgestaltung.

Lediglich Empfehlungscharakter haben die Europäischen Strafvollzugsgrundsätze 17
von 2006.[38] Sie schreiben Mindeststandards vor, die denen des StVollzG ähneln,[39] und
entfalten insofern rechtliche Bedeutung, als sie als Prüfmaßstab des Europäischen Antifolterausschusses und der EGMR-Rechtsprechung herangezogen werden.[40] Zum Einfluss
der Europäischen Strafvollzugsgrundsätze auf einzelne Bereiche der Vollzugsgestaltung
siehe nur 2 A Rdn. 2, 2 B Rdn. 3, 2 C Rdn. 1, 5 C Rdn. 1, 7 D Rdn. 13, 9 D Rdn. 11, 13 E
Rdn. 1ff.

V. Zum Aufbau des Kommentars

Bereits in der sechsten Auflage musste die **Konzeption des Kommentars** durch Ein- 18
arbeitung der Landesvollzugsgesetze von Bayern, Hamburg, Niedersachsen, Baden-Württemberg und Hessen sowie des Musterentwurfs vom 23.8.2011 abgeändert werden.
Die Landesvollzugsgesetze und der Musterentwurf waren in der Weise eingearbeitet worden, dass nach der Kommentierung jedes Paragraphen des StVollzG ein zusätzlicher Ab-

---

33 S. *Laubenthal* 2015 Rdn. 34; AK-*Lindemann* 2017 Teil I Einl. Rdn. 6.
34 https://www.coe.int/en/web/conventions/full-list/-/conventions/rms/090000168007a69b.
35 http://www.antifolter-stelle.de.
36 Vgl. AK-*Lindemann* 2017 Teil I Rdn. 6.
37 S. nur *Bode*, ZIS 2017, 348 ff.
38 Hrsg. vom BMJ 2007; vgl. dazu *Dünkel* 2010, 202.
39 AK-*Lindemann* 2017 Teil I Einl Rdn. 10.
40 *Laubenthal* 2015 Rdn. 38.

schnitt „Landesgesetze und Musterentwurf" angefügt wurde. Nachdem nunmehr alle Länder durch eigene Gesetze das StVollzG (partiell) ersetzt haben, ließ sich die Struktur der Kommentierung gemäß der Gliederung und Reihenfolge der Paragraphen des StVollzG nicht mehr aufrechterhalten. Vielmehr galt es die Materie nach Regelungsgebieten zu ordnen und die betreffenden Landesvorschriften in diesem Kontext zu kommentieren.

Dabei wird in dreifacher Weise **auf das StVollzG Rekurs** genommen: Einmal lehnt sich die jetzt getroffene Einteilung in Abschnitte weithin an die **Gliederung** des StVollzG an. Zum zweiten haben sich die Landesgesetze bei den Einzelregelungen ganz überwiegend am StVollzG orientiert, ja einzelne **Bestimmungen** sogar im Wortlaut übernommen. Dies bedeutet zugleich, dass die zum StVollzG ergangene Rechtsprechung nicht obsolet ist, sondern auch bei der Auslegung der Landesvorschriften herangezogen werden kann. Zum dritten bildet die Kommentierung den **Gegenstandsbereich** ab, der dem StVollzG zugrunde liegt: hauptsächlich den Vollzug der **Freiheitsstrafe** sowie den **Vollzug besonderer Haftformen**, wie Strafarrest, Ordnungs-, Sicherungs- und Zivilhaft(15C und D), und rudimentär den Vollzug der **Maßregeln** nach §§ 63 und 64 StGB (15A).

19   Dagegen bleiben wichtige Formen der Freiheitsentziehung **ausgeklammert**: der Vollzug der **Jugendstrafe** und der **UHaft**, den die große Mehrheit der Länder in eigenständigen Gesetzen geregelt hat. Der Vollzug der **Sicherungsverwahrung**, der durchweg in eigenständigen Landesgesetzen geregelt ist, findet nur insofern Beachtung, als er auf den Strafvollzug ausstrahlt (s. 15 B).

20   Im **Zentrum** der Kommentierung steht also der „**Vollzug der Freiheitsstrafe** in Justizvollzugsanstalten" (§ 1 StVollzG und die gleichlautenden Landesvorschriften). Behandelt wird die Gesamtheit der landes- und bundesrechtlichen Normen zur Durchführung der Freiheitsstrafe: Die Ausgestaltung des Vollzugs in den verschiedenen Bereichen und die personelle und organisatorische Vollzugsstruktur. Den konkreten Regelungsbereichen vorangestellt sind im 1. Kapitel die **Vollzugsaufgaben** und die wesentlichen **Gestaltungsprinzipien**. Sie verpflichten die Vollzugsanstalt dazu, unter Beachtung des Schutzes der Allgemeinheit die Resozialisierung des Inhaftierten zu fördern und die hierfür erforderlichen Maßnahmen zu ergreifen. Einschränkungen der Rechte der Gefangenen sind konkret gesetzlich geregelt, andernfalls aber nur zulässig, wenn sie für die Aufrechterhaltung der Sicherheit oder zur Abwendung einer schwerwiegenden Störung der Anstaltsordnung unerlässlich sind. Im Lichte dieser Grundsätze müssen auch die **Einzelbereiche** gesehen und die spezifischen Regelungen interpretiert werden: die Vollzugsplanung (2. Kapitel) und die Behandlung (3. Kapitel); Arbeit und Bildung (4. Kapitel) sowie Freizeit (5. Kapitel); Grundversorgung und Gesundheitsfürsorge (6. Kapitel); Soziale Hilfe (7. Kapitel) und Religionsausübung (8. Kapitel); interne Kontakte zur Außenwelt (9. Kapitel) und vollzugsöffnende Maßnahmen (10. Kapitel); schließlich Sicherheit und Ordnung (11. Kapitel). In all diesen Einzelbereichen gilt es in einer Zusammenschau die Gemeinsamkeiten und Unterschiede der Landesbestimmungen auf der Folie des StVollzG und der dazu ergangenen Judikatur zu analysieren. Dagegen ist der Abschnitt über die **Rechtsbehelfe** (12. Kapitel) bundesgesetzlich geprägt; insoweit sind in Kraft gebliebene Bestimmungen des StVollzG zu kommentieren. Das 13. Kapitel befasst sich mit der **Anstaltsorganisation** und das Sonderkapitel 14 mit dem **Frauenstrafvollzug**. Kapitel 15 widmet sich schließlich schwerpunktmäßig den **besonderen Vollzugsformen,** für die das StVollzG entsprechend gilt. Den Abschluss bildet das 16. Kapitel zur **kriminologischen Forschung**, die im Hinblick auf die Zweckorientierung des Strafvollzugs von besonderer Bedeutung ist. Der ursprünglich als Schlusskapitel vorgesehene Abschnitt über den **Datenschutz** wird ausgegliedert und in einem Ergänzungsband veröffentlicht, sobald die infolge der Umsetzung der Europäischen Richtlinie erforderlich gewordenen Novellierungen feststehen.

B. Anwendungsbereich

§ 1 StVollzG, BW § 1 I JVollzGB; BY Art. 1 BayStVollzG; BE § 1 StVollzG Bln; BB § 1 BbgJVollzG; HB § 1 BremStVollzG; HH § 1 HmbStVollzG; HE § 1 HStVollzG; MV § 1 StVollzG M-V; NI § 1 NJVollzG; RP § 1 RhPfLJVollzG; SL § 1 SLStVollzG; SN § 1 SächsStVollzG; ST § 1 JVollzGB LSA; SH § 1 LStVollzG SH; TH § 1 ThürJVollzG; ME § 1 ME-StVollzG

Schrifttum

Böhm/Feuerhelm Einführung in das Jugendstrafrecht 4. Auflage, München 2004; *Eisenberg* Jugendstrafvollzugsgesetze der Länder – eine Übersicht in: NStZ 2008, 250 ff; *Jehle/Werner* Jugendstrafvollzug – eine Bestandsaufnahme, in: Hilgendorf/Rengier (Hrsg.), FS Heinz, Baden-Baden 2012, 426 ff; *Kammeier/Pollähne* Maßregelvollzugsrecht, 3. Auflage, Berlin/Boston 2018; *König* Anwaltkommentar Untersuchungshaft, Bonn 2011; *Ostendorf* Untersuchungshaft und Abschiebehaft. Anordnung, Vollzug, Rechtsmittel, Baden-Baden 2012; *ders.* Jugendstrafvollzugsrecht, 3. Auflage, Baden-Baden 2016; *Volckart/Grünebaum*, Maßregelvollzug, 8. Auflage, Köln 2015; *Werner* Jugendstrafvollzug in Deutschland, Frankfurt am Main u.a. 2012; s. auch A.

Übersicht

I. Allgemeine Hinweise —— 1–5
  1. Zum Begriff des Vollzugs —— 1
  2. Vollzugsformen und Justizvollzugsanstalten —— 2
  3. Statistische Angaben zum Justizvollzug —— 3
  4. Gesetzliche Regelung des Vollzugs der Freiheitsstrafe in den Ländern —— 4
  5. Fortbestehen bundesgesetzlicher Bestimmungen —— 5
II. Erläuterungen —— 6–16
  1. Freiheitsstrafe i.S.d. Strafvollzugsgesetze —— 6–9
  2. Geltung für aus dem Jugendstrafvollzug „Herausgenommene" —— 10, 11
  3. Entsprechende Anwendung des StVollzG auf Strafarrest und Zivilhaft —— 12
  4. Keine Geltung für den Vollzug der Jugendstrafe —— 13
  5. Keine Geltung für Untersuchungsgefangene —— 14
  6. Geltung des StVollzG bei freiheitsentziehenden Maßregeln der Besserung und Sicherung —— 15, 16
III. Freiheitsstrafe und Jugendhaft der DDR —— 17

I. Allgemeine Hinweise

1. Zum Begriff des Vollzugs. Der **Vollzug der Freiheitsstrafe** oder anderer frei- 1
heitsentziehender Sanktionsformen ist vom Begriff der Strafvollstreckung zu unterscheiden. Die **Strafvollstreckung** stellt den letzten Teil des Strafprozesses dar und dient der Durchsetzung des staatlichen Strafanspruchs; die Staatsanwaltschaft als Vollstreckungsbehörde sorgt dafür, dass (nicht nur freiheitsentziehende) Sanktionen des Strafgerichts nach deren Rechtskraft gemäß den Vorschriften der StPO (§§ 449 ff) und der Strafvollstreckungsordnung vollstreckt werden.[41] Was die Freiheitsstrafen betrifft, stellt die Staatsanwaltschaft die Vollstreckbarkeit (z.B. aufgrund von Rechtskraft der unbedingten Freiheitsstrafe oder nach Widerruf der Strafaussetzung zur Bewährung durch das erkennende Gericht) fest und lädt den in Freiheit befindlichen Verurteilten zum Strafantritt bzw. veranlasst die Überführung des bereits Inhaftierten in die zuständige Vollzugsanstalt. Ferner überwacht sie die Art und Dauer des Vollzugs und beteiligt sich

---

41 Dazu grundsätzlich *Graalmann-Scheerer*, Löwe-Rosenberg (Hrsg.), Vor § 449 Rdn. 1 ff.

an den gerichtlichen Verfahren zur Aussetzung des Strafrests zur Bewährung.[42] Der **Strafvollzug** hingegen beginnt erst mit der Aufnahme des Verurteilten in der Justizvollzugsanstalt und endet mit seiner Entlassung. Während das Ob und die Dauer des Strafvollzugs also Sache der Strafvollstreckung sind, betrifft der Strafvollzug das Wie der Sanktionen, also die praktische Durchführung des Vollzugs unter den institutionellen Bedingungen einer Justizvollzugsanstalt. Die vollzugliche Ausgestaltung nach Maßgabe der Strafvollzugsgesetze ist Sache des Anstaltsleiters, dessen Entscheidungen allerdings richterlicher Kontrolle durch die Strafvollstreckungskammer unterliegen (s. näher 12. Kapitel).

2   **2. Vollzugsformen und Justizvollzugsanstalten.** § 1 StVollzG bestimmte positiv, für welche **Vollzugsformen die** im StVollzG enthaltenen **Regelungen gelten**. Das ist in der Hauptsache der Vollzug der Freiheitsstrafe, nicht dagegen der UHaft und der Jugendstrafe, die gleichfalls in Justizvollzugsanstalten vollzogen werden. Von den freiheitsentziehenden Maßregeln der Besserung und Sicherung wird lediglich die Sicherungsverwahrung (s. 15 B) in **Justizvollzugsanstalten** vollzogen, die anderen Formen werden dagegen in Einrichtungen der Gesundheits- und Sozialverwaltung durchgeführt und richten sich nach Landesrecht (s. 15 A). Mithin sind die von den Strafvollzugsgesetzen betroffenen Gefangenen und Untergebrachten nicht identisch mit den Insassen, die in den organisatorischen Einheiten der Justizvollzugsanstalten zusammenkommen. Es bringt erhebliche praktische Schwierigkeiten mit sich, wenn eine Justizvollzugsanstalt verschiedenen Zwecken dient, z.B. der Durchführung von UHaft und der Vollstreckung kurzer Freiheitsstrafen zugleich, oder wenn besondere Einrichtungen für einen Bezirk zentral geschaffen sind (Anstaltskrankenhaus; s. 6 F), in die Gefangene aller Art vorübergehend gelangen. Oft wird aber auch in derselben Anstalt im Anschluss an oder in Unterbrechung der UHaft Freiheitsstrafe vollzogen oder nach Beendigung der Freiheitsstrafe Abschiebungshaft vollstreckt. Vor allem in Justizvollzugsanstalten für weibliche Gefangene sind meistens alle Frauen eines Bezirks untergebracht, gegen die Freiheitsentzug irgendwelcher Art vollstreckt wird (s. 14. Kapitel).

3   **3. Statistische Angaben zum Justizvollzug.** Die verschiedenen im Justizvollzug zu vollstreckenden Formen der Freiheitsentziehung haben unterschiedliches quantitatives Gewicht. Die größte Gruppe der Insassen stellen die eine Freiheitsstrafe Verbüßenden mit derzeit (Stichtag 30.11.2017) rund 45.000 Personen dar, gefolgt von den Insassen in Untersuchungshaft (rund 14.000) und in einer Jugendstrafanstalt (rund 4000). Personen in Sicherungsverwahrung (rund 550) und in sonstigen Formen der Freiheitsentziehung (rund 1500) bilden demgegenüber kleine Gruppen.

Bestand und Art des Justizvollzugs[43]

Art des Vollzugs	insgesamt	männlich	weiblich
insgesamt	62 808	59 250	3 558
Untersuchungshaft	13 963	13 227	736
Jugendstrafe	3 591	3 453	138

42 Näher SSW-StGB-*Mosbacher/Claus* § 57 Rdn. 1 ff.
43 Quelle: Statistisches Bundesamt, Bestand der Gefangenen und Verwahrten, Stand 2017 (Stichtag 30.11.2017).

Art des Vollzugs	insgesamt	männlich	weiblich
Freiheitsstrafe (einschließlich Ersatzfreiheitsstrafe)	44 724	41 973	2 751
Sicherungsverwahrung	547	546	1
sonstige Freiheitsentziehung	1 526	1 433	93
Davon:			
– Strafarrest	0	0	0
– Abschiebungshaft	129	119	10

Seit dem Jahr 2003, als die Stichtagszählung auf den 31.3. jeden Jahres verlegt worden ist, haben die Belegungszahlen deutlich abgenommen; und zwar in ähnlicher Weise bei den verschiedenen Haftformen. Während 2003 der Gesamtbestand bei 81.176 Insassen lag, ist er bis zum Jahr 2013 auf 64.414 zurückgegangen. Seither hat er sich auf diesem Niveau stabilisiert, wobei bei den einzelnen Haftarten unterschiedliche Entwicklungen zu beobachten sind: Einerseits hat die Zahl der Insassen in Untersuchungshaft zuletzt wieder leicht zugenommen; andererseits ist die Zahl der Freiheitsstrafe Verbüßenden und der Insassen im Jugendstrafvollzug weiter leicht zurückgegangen. Gegenüber der Belegungssituation Anfang der 2000er Jahre ist mithin eine deutliche Entlastung eingetreten, sodass auch der grundsätzliche Anspruch der Gefangenen auf Einzelunterbringung in der Praxis verwirklicht werden kann (s. 2 C).

4. Gesetzliche Regelung des Vollzugs der Freiheitsstrafe in den Ländern. Da 4 seit der Föderalismusreform (s. A Rdn. 8 ff) das Gebiet des Strafvollzugs der Landesgesetzgebung zugeordnet ist, haben mittlerweile alle Länder Landesgesetze zum Strafvollzug erlassen. Die Reichweite und die Gesetzgebungstechnik unterscheiden sich allerdings beträchtlich. **BE** § 1, **HB** § 1, **MV** § 1, **SL** § 1, **SN** § 1 und **SH** § 1 folgen dem ME § 1 und treffen nur Regelungen für den Vollzug der Freiheitsstrafe und des Strafarrests, wohingegen **HH** § 1 und **HE** § 1 sich nur auf den Vollzug der Freiheitsstrafe beschränken und für die Regelung des Strafarrests das Bundesgesetz (s. 15 C) fortgelten lassen; das gilt auch für **NW**, das allerdings den Anwendungsbereich (nur) durch die präzise Überschrift „zur Regelung des Vollzugs der Freiheitsstrafe" bestimmt. Einige Länder regeln zusammen in einem Gesetz den Vollzug der Freiheitsstrafe und der Jugendstrafe: **BY** Art. 1, **BB** § 1, **NI** § 1, **RP** § 1, **ST** § 1, **TH** § 1 zudem den Untersuchungshaftvollzug.

Die meisten Länder haben indes den vorzuziehenden Weg gewählt, für den Vollzug der Jugendstrafe und der Untersuchungshaft jeweils eigene Gesetze zu erlassen (s.o. A Rdn. 10 und 11). Eine besondere Struktur hat der Gesetzgeber in **Baden-Württemberg** gewählt. Das Gesetzbuch über den Justizvollzug ist in mehrere Bücher aufgeteilt, wobei das erste Buch (JVollzGB I) gemeinsame Regelungen trifft und die folgenden Bücher für den Vollzug der verschiedenen vom Anwendungsbereich umfassten Haftformen (**BW** § 1 I) der Untersuchungshaft und anderen Freiheitsentziehungen gem. StPO- und ZPO-Bestimmungen, der Freiheitsstrafe und des Strafarrests (Buch III), der Jugendstrafe, der Sicherungsverwahrung sowie anderer Maßregeln der Besserung und Sicherung jeweils spezifische Regelungen treffen.

5. Fortbestehen bundesgesetzlicher Bestimmungen. Außer **BB** und **MV** haben 5 alle Landesgesetze ausdrückliche Bestimmungen zur Fortgeltung des Bundesrechts getroffen. Sie sind zum einen eine Konsequenz der grundgesetzlich fortbestehenden Bundeskompetenz: Dies betrifft vor allem den gerichtlichen Rechtsschutz (§§ 109 bis 121 StVollzG), die Regelungen über den Pfändungsschutz (§ 43 Abs. 11 Satz 2, § 50 Abs. 2 Satz 5, 51 Abs. 4 und 5, 75 Abs. 3 StVollzG) sowie den Vollzug der Zivilhaft (s. 15 D). Darüber hinaus ist die Fortgeltung des StVollzG davon abhängig, inwieweit der jeweilige Landesgesetzgeber von seiner Kompetenz Gebrauch gemacht hat, so hinsichtlich des Strafarrests (s. 15 C) und der Maßregeln der Unterbringung in einem psychiatrischen Krankenhaus und einer Entziehungsanstalt (s. 15 A). Was schließlich die Sicherungsverwahrung betrifft, hat **BW** als einziges Land die Regelung deren Vollzugs in ein Justizvollzugsgesetzbuch (Buch V) integriert. Die übrigen Länder haben jeweils eigenständige Sicherungsverwahrungsvollzugsgesetze erlassen (s.o. A Rdn. 12; sowie 15 B).

II. Erläuterungen

6   **1. Freiheitsstrafe i.S.d. Strafvollzugsgesetze.** Vollzug der **Freiheitsstrafe** im Rahmen des Justizvollzugs meint die Freiheitsstrafe i.S.v. § 38 StGB, also diejenige **im engeren Sinne.** Andere freiheitsentziehende strafrechtliche Sanktionen mit Strafcharakter, wie etwa die Jugendstrafe, Jugendarrest oder Strafarrest nach dem WStG, werden nicht erfasst.[44] Freiheitsstrafe im engeren Sinne ist auch die Ersatzfreiheitsstrafe nach § 43 StGB, also der Freiheitsentzug, der an den Verurteilten vollzogen wird, die ihre Geldstrafe nicht bezahlen.

7   Ist der in UHaft befindliche Gefangene rechtskräftig zu Freiheitsstrafe verurteilt, die Vollstreckbarkeitsbescheinigung nach § 451 StPO aber noch nicht erteilt, so sollten in dieser „Zwischenhaft" nach Nr. 91 UVollzO die Vorschriften des StVollzG zur Anwendung kommen, was – sobald die Rechtskraft zweifelsfrei feststeht – folgerichtig ist. Die UVollzO ist mittlerweile durch die Landesgesetze zum Untersuchungshaftvollzug abgelöst worden. Zur Klarstellung wäre eine gesetzliche Regelung der Zwischenhaft sinnvoll gewesen;[45] allerdings haben lediglich Baden-Württemberg in § 7 Abs. 3 JVollzGB II, Bayern in Art. 10 Abs. 3 BayUVollzG und Nordrhein-Westfalen in § 9 Abs. 3 UVollzG NRW sowie Rheinland-Pfalz in **RP** § 1 Abs. 4 und 5 Regelungen getroffen.

Die Vorschriften über den Vollzug der Freiheitsstrafe gelten auch für die „**Organisationshaft**", d.h. für den Zeitraum, in dem ein Inhaftierter nach rechtskräftigem Urteil darauf wartet, dass der Vollzug seiner Maßregel, die neben einer Freiheitsstrafe angeordnet ist und vorab vollstreckt werden soll, beginnen kann.[46] Umstritten ist, ob überhaupt oder für wie lange Zeit diese Organisationshaft als gesetzmäßig angesehen werden kann. Die Verwaltung darf einerseits nicht die Verwirklichung eines Urteils von den Belegungsmöglichkeiten abhängig machen. Andererseits sind kurze Wartezeiten unumgänglich, „um in einer Maßregelvollzugsanstalt mit der auch sonst in Haftsachen vorgeschriebenen Beschleunigung einen geeigneten Haftplatz lokalisieren und die Überführung des Verurteilten dorthin bewerkstelligen" zu können.[47] Von der Rechtsprechung war den Vollstreckungsbehörden früher stets eine Organisationsfrist von bis zu drei Monaten eingeräumt worden.[48] Dieser von Vollstreckungsbehörden und Fachgerichten häufig ausgenutzten Frist erteilte das BVerfG eine Absage und stellte klar, dass die Organisationshaft immer dann verfassungswidrig wird, wenn die Vollstreckungsbehörden nicht auf den

---

44 MüKo/StGB-*Radtke* § 38 Rdn. 2; AK-*Lindemann* 2017 Teil II § 1 Rdn. 5.
45 Vgl. *Seebode* 1997, 47.
46 *Volckart/Grünbaum* 2015 II. Teil Rdn. 54.
47 OLG Brandenburg NStZ 2000, 500 ff mit Anm. *Rautenberg* 502; OLG Celle NStZ-RR 2002, 349 f; OLG Hamm StV 2004, 274 f.
48 OLG Düsseldorf NStZ 1981, 366; OLG Celle NStZ-RR 2002, 346.

B. Anwendungsbereich

konkreten Behandlungsbedarf unverzüglich reagieren und in beschleunigter Form die Überstellung des Verurteilten in eine geeignete Einrichtung – und sei es in einem anderen Bundesland – herbeiführen.[49] Eine gesetzliche Regelung dieser unumgänglichen Organisationshaft (einschließlich der Bestimmung einer Höchstdauer) erscheint erforderlich.[50] Die Landesgesetze haben hierzu gleichwohl keine Regelungen getroffen.

Wird jemand, der zu einer Freiheitsstrafe i.S.v. § 38 StGB verurteilt worden ist, gemäß § 114 JGG in den **Jugendstrafvollzug „hineingenommen"** und in eine Jugendstrafanstalt verlegt, so bleiben gleichwohl die Regelungen für den Vollzug der Freiheitsstrafe auf ihn anwendbar. Auch die Jugendstrafanstalt ist eine Justizvollzugsanstalt, und aus § 114 JGG ergibt sich nicht, dass besondere Vollzugsbestimmungen gelten sollen.[51] Auch weil diese unterschiedliche Gesetzeszuständigkeit in einer Anstalt zu Schwierigkeiten führt, wird in der Praxis von der keineswegs als Ausnahme formulierten Vorschrift des § 114 JGG sehr selten Gebrauch gemacht (am 30.11.2017 bei 37 Personen). 8

Der Vollzug der Freiheitsstrafe wird nach dem Wortlaut des § 1 durch das StVollzG und ihm folgend sämtlicher Landesgesetze nur insoweit geregelt, als er **in Justizvollzugsanstalten** (zum Begriff s. 13 A) stattfindet. Andernorts vollzogene Formen der Freiheitsstrafe, wie wir sie in Form eines elektronisch überwachten Hausarrests z.B. in Skandinavien oder den Niederlanden finden,[52] sind bisher nicht vorgesehen. So kommen nur die Ausnahmen des Strafarrests, der üblicher Weise durch die Bundeswehr selbst vollzogen wird (s. näher 15 C), und der Verlegung in ein Krankenhaus außerhalb des Vollzugs (s. näher 6 F) in Frage. Hierbei trifft der Anstaltsleiter mit der Krankenhausleitung Absprachen, die die Sicherheit der Verwahrung des erkrankten Gefangenen, die Belange des Krankenhauses und die erforderliche Krankenbehandlung berücksichtigen. Eine analoge Anwendung der Vollzugsgesetze darüber hinaus kommt nicht in Betracht. 9

2. Geltung für aus dem Jugendstrafvollzug „Herausgenommene". Gemäß § 89b Abs. 1 Satz 1 JGG kann an einem zu **Jugendstrafe Verurteilten, der** das 18. Lebensjahr vollendet hat und **sich nicht für den Jugendstrafvollzug eignet,** die Jugendstrafe statt nach den Vorschriften für den Jugendstrafvollzug nach den Vorschriften des Strafvollzugs für Erwachsene vollzogen werden. Insoweit gelten auch die Regelungen der §§ 109 ff über die gerichtliche Entscheidung gegen Vollzugsmaßnahmen.[53] Über diese Ausnahme aus dem Jugendstrafvollzug entscheidet gem. § 91 Abs. 2 JGG der Jugendrichter als Vollstreckungsleiter. Durch diese Rechtsfolgenverweisung werden ca. ein Viertel der zu Jugendstrafe verurteilten Insassen den Regelungen des Erwachsenenvollzugs unterstellt (1.319 am 30.11.2017); es handelt sich dabei ganz überwiegend um Jungerwachsene, wobei das durchschnittliche Alter der Herausnahme regional stark streut.[54] 10

Zu **Jugendstrafe Verurteilte, die** – ohne gem. § 89b Abs. 1 JGG aus dem Jugendstrafvollzug herausgenommen zu sein – **zeitweise in einer Justizvollzugsanstalt,** die keine Jugendstrafanstalt ist, **untergebracht sind,** etwa anlässlich eines Transportes, einer Verlegung zur Vorführung, einer Krankenbehandlung oder aus besonderen Sicherheitsgründen, unterliegen dagegen nicht den Vorschriften des Strafvollzugs für Erwachsene, sondern den für den Vollzug der Jugendstrafe geltenden Bestimmungen. 11

---

49 BVerfG StV 2006, 420, 422; vgl. auch SSW-StGB-*Jehle* § 67 Rdn. 31 f.
50 *Laubenthal/Nestler/Neubacher/Verrel* 2015 B Rdn. 7; AK-*Lindemann* 2017 Teil II § 1 Rdn. 14.
51 *Böhm/Feuerhelm* 2004, 266; *Laubenthal/Nestler/Neubacher/Verrel* 2015 B Rdn. 2, 11; a.A. *Ostendorf* JGG § 114 Rdn. 6, § 110 Rdn. 1.
52 SSW-StGB-*Jehle* § 68b Rdn. 16.
53 § 92 Abs. 6 JGG.
54 Vgl. *Jehle/Werner* 2012, 426, 434 ff; *Werner* 2012, 61 ff.

12   **3. Entsprechende Anwendung des StVollzG auf Strafarrest und Zivilhaft.** Entsprechend gelten die Vorschriften über den Vollzug der Freiheitsstrafe auch für den Vollzug des **Strafarrests,** soweit er in den Justizvollzugsanstalten stattfindet (§ 167 StVollzG; s. näher 15 C). Sofern die Landesgesetze den Vollzug des Strafarrests eigenständig regeln, gelten die landesgesetzlichen Bestimmungen zum Vollzug der Freiheitsstrafe; sofern nicht, gelten die Vorschriften des StVollzG entsprechend, so dass in diesem Spezialfall das StVollzG noch Geltung besitzt, wo es ansonsten durch Landesrecht ersetzt worden ist. Dasselbe gilt auch für den Vollzug von **Ordnungs-, Sicherungs-, Zwangs- und Erzwingungshaft** (und zwar unabhängig davon, ob er in Justizvollzugsanstalten oder andernorts stattfindet). Auch hier gelten die Vorschriften zum Vollzug der Freiheitsstrafe entsprechend, soweit nicht Zweck und Eigenart der Haft entgegenstehen oder in §§ 172–175 StVollzG besondere Regelungen vorgesehen sind; für die entsprechende Anwendung kommt hier allerdings nur das StVollzG in Betracht, weil insoweit keine Kompetenz des Landesgesetzgebers besteht (s. näher 15 D). Für den – früher häufig im Wege der Amtshilfe in Justizvollzugsanstalten stattfindenden – Vollzug der **Abschiebungshaft** gem. § 62 AufenthG galten nach § 422 Abs. 4 FamFG wiederum die Vorschriften des Strafvollzugsgesetzes über den Vollzug von Ordnungs-, Sicherungs-, Zwangs- und Erzwingungshaft entsprechend. Inzwischen ist aber höchstrichterlich[55] entschieden, dass nach Art. 16 Abs. 1 der EU-Rückführungsrichtlinie (2008/115/EG) Abschiebungshaft in speziellen Haftanstalten zu vollziehen ist (s. 15 D Rdn. 4). Im Übrigen kann Abschiebungshaft als „Überhaft" parallel zu Straf- oder Untersuchungshaft angeordnet werden.[56]

13   **4. Keine Geltung für den Vollzug der Jugendstrafe.** Die Vorschriften zum Vollzug der Freiheitsstrafe gelten nicht für in Justizvollzugsanstalten untergebrachte zu **Jugendstrafe Verurteilte** – (3.591 am 30.11.2017), soweit sie nicht aus dem Jugendstrafvollzug gem. § 89b JGG herausgenommen sind (s. Rdn. 9). Für den Vollzug der Jugendstrafe galten vor Erlass der Landesgesetze zum Jugendstrafvollzug die §§ 89b, 115 JGG, §§ 23 ff EGGVG, §§ 176, 178 StVollzG (Arbeitsentgelt und unmittelbarer Zwang in Justizvollzugsanstalten). Als Verwaltungsvorschrift galt die VVJug, die sich viel zu stark am StVollzG orientierte und nur in einigen Teilen (etwa bei den Voraussetzungen für Vollzugslockerungen) den Besonderheiten des Jugendstrafvollzugs Rechnung trug.

Veranlasst durch das oben (s. A Rdn. 6) genannte Urteil des BVerfG und infolge der durch die Föderalismusreform erlangten Gesetzgebungskompetenz haben inzwischen alle Bundesländer **Jugendstrafvollzugsgesetze** erlassen, überwiegend als separate Gesetze. In Baden-Württemberg, Bayern, Brandenburg, Niedersachsen, Rheinland-Pfalz, Sachsen-Anhalt und Thüringen wurde der Jugendstrafvollzug in Justizvollzugsgesetze integriert, sei es, dass innerhalb der einzelnen Normen Absätze zum Jugendstrafvollzug eingefügt sind, sei es, dass ein separater Abschnitt bzw. ein separates Buch des Gesetzes dem Jugendstrafvollzug gewidmet ist (A Rdn. 10).[57]

14   **5. Keine Geltung für Untersuchungsgefangene.** Untersuchungsgefangene machen mehr als 18% (am 30.11.2017) der im Justizvollzug befindlichen Personen aus. Für diese galten bis zum 31.12.2009 die Vorschriften der StPO (§ 119) – bei jungen Menschen ergänzend § 93 JGG –, §§ 23 ff EGGVG und die **Untersuchungshaftvollzugsordnung**

---

55 BGH, Beschl. v. 4.12.2014 – VZB 77/14 auf der Grundlage von EUGH, Urt. v. 17.7.2014 – C-473/13, C-514/13.
56 Vgl. näher AK-*Graebsch* 2017 Teil VII 1 Rdn. 70.
57 Zum Ganzen *Ostendorf* JGG § 1 Rdn. 1 ff.

(UVollzO) als Verwaltungsvorschrift.[58] Aus dem StVollzG galten für Untersuchungsgefangene § 177 (Arbeitsentgelt, wenn der Untersuchungsgefangene eine ihm zugewiesene Arbeit, Beschäftigung oder Hilfstätigkeit ausübt) und § 178 (unmittelbarer Zwang in den Justizvollzugsanstalten). Die UVollzO bestimmte zwar in Nr. 76, dass in Ergänzung der UVollzO „die Vorschriften über den Strafvollzug" sinngemäß gelten, soweit nicht in der UVollzO etwas Anderes bestimmt ist oder Wesen und Zweck der UHaft entgegenstehen. Diese Bestimmung hatte aber keine besondere Bedeutung. Die UVollzO enthielt eine ziemlich vollständige Regelung der UHaft; sie war im Übrigen nur eine Art Vorschlag für den zuständigen Richter, der die Haftbedingungen im Rahmen des § 119 StPO weitgehend gestalten konnte.[59]

Diese gesetzlichen und untergesetzlichen Bestimmungen genügten ersichtlich nicht den Vorgaben des BVerfG-Urteils vom 31.5.2006[60] an die gesetzliche Grundlage für Freiheitsentziehungen. Infolge ihrer neu erlangten Gesetzgebungskompetenz (s. A Rdn. 11) haben deshalb die Länder **Vollzugsgesetze zur UHaft** erlassen, ganz überwiegend als selbständige Gesetze; in Baden-Württemberg, Brandenburg, Niedersachsen, Rheinland-Pfalz, Sachsen-Anhalt und Thüringen integriert in ein umfassendes Justizvollzugsgesetz.[61] Die hier für erforderlich gehaltene Regelung zur Organisationshaft enthält keines der Untersuchungshaftvollzugsgesetze (s. Rdn. 7). Die Zwischenhaft (s. Rdn. 7) wurde lediglich von Baden-Württemberg und Nordrhein-Westfalen gesetzlich verankert.

6. Geltung des StVollzG bei freiheitsentziehenden Maßregeln der Besserung 15
und Sicherung. Die **Sicherungsverwahrung** (§§ 129–135 StVollzG) war als einzige der freiheitsentziehenden Maßregeln der Besserung und Sicherung abschließend im StVollzG geregelt (547 Verwahrte am 30.11.2017). Diese Maßregel der Besserung und Sicherung wird nur in Justizvollzugsanstalten vollzogen. Aufgrund der Entscheidung des BVerfG zur Sicherungsverwahrung[62] war erforderlich geworden, wesentliche Grundzüge des Vollzugs der Sicherungsverwahrung bundesgesetzlich zu regeln (§ 66c StGB) und im Übrigen landesgesetzliche Vollzugsbestimmungen zu erlassen, die dem vom BVerfG statuierten Abstandsgebot und der Therapieorientierung des Vollzugs entsprechen (s. näher A Rdn. 11; 15 B). Dem sind alle Länder mit eigenständigen Sicherungsverwahrungsvollzugsgesetzen gefolgt (15B Rdn. 17). Darüber hinaus haben sie in den Strafvollzugsgesetzen Sonderbestimmungen für Strafgefangene mit drohender Sicherungsverwahrung getroffen (15B Rdn. 26).

Die beiden anderen freiheitsentziehenden Maßregeln der Besserung und Sicherung 16
(**Entziehungsanstalt**, § 64 StGB, und **Psychiatrisches Krankenhaus**, § 63 StGB) werden nicht in Justizvollzugsanstalten und nicht durch Justizvollzugsbeamte vollzogen (s. näher 15 A). Die Einrichtungen, in denen diese Verwahrten untergebracht sind, gehören nicht zum Justizressort. Die weiterhin geltenden bundesrechtlichen Bestimmungen (mit Ausnahme von **BW**, s. A Rdn. 13; 15 A) der §§ 136 und 137 StVollzG enthalten nur eine Beschreibung des Vollzugsziels dieser Maßregeln, und § 138 StVollzG erklärt, dass sich die Unterbringung nach Landesrecht richtet, soweit nicht Bundesgesetze etwas anderes bestimmen. Nach § 138 Abs. 2 StVollzG gelten § 51 Abs. 4 und 5, § 75 Abs. 3 StVollzG (Pfändungsschutz des Überbrückungsgeldes und der Überbrückungsbeihilfe) sowie §§ 109 bis 121 StVollzG (gerichtlicher Rechtsschutz) für die Unterbringung entsprechend.

---

58 Vgl. *Böhm* 2003 Rdn. 443–464; K/S-*Schöch* 2002 § 5 Rdn. 104–129.
59 BVerfGE 15, 288, 293 ff.
60 BVerfG NJW 2006, 2093.
61 Vgl. hierzu *König* 2011; *Ostendorf* 2012.
62 BVerfGE 109, 133, 174 = NJW 2004, 739 – 2 BvR 2029/01.

Darüber hinaus regelte das StVollzG entgegen dem Wortlaut von § 1 die Durchführung dieser Maßregeln gerade nicht. Es war hier auch nicht entsprechend anwendbar.[63]

17   **III. Freiheitsstrafe und Jugendhaft der DDR**

Gem. Art. 8 des Einigungsvertrags ist mit dem Beitritt der neuen Bundesländer zur Bundesrepublik Deutschland der Geltungsbereich des bundesdeutschen StVollzG zum 3.10.1990 auch auf das Gebiet der ehemaligen DDR erstreckt worden. Auf dieser Grundlage ist § 202 StVollzG eingeführt worden; er bestimmt, dass ab dem Stichtag bei Jugendlichen und Heranwachsenden die in der DDR verhängten Freiheitsstrafen nach den Vorschriften für den Vollzug der Jugendstrafe und die dort verhängte Jugendstrafe nach den Vorschriften über den Vollzug des Jugendarrests vollzogen werden. Im Übrigen gelten für die in der DDR verhängten Freiheitsstrafen und Haftstrafen die Vorschriften des Strafvollzugsgesetzes über den Vollzug der Freiheitsstrafe. Da bis auf Sachsen, das die Fortgeltung von § 202 StVollzG explizit geregelt hat, **SN** § 120 Satz 2 Nr. 5, die Landesstrafvollzugsgesetze keine diesbezüglichen Bestimmungen getroffen haben, gilt § 202 StVollzG weiter. Freilich dürften davon infolge des Zeitablaufs, wenn überhaupt, nur noch wenige Einzelfälle betroffen sein, bei denen eine in der DDR verhängte lebenslange Freiheitsstrafe nach über 28 Jahren immer noch vollstreckt wird.

C. Ziel und Aufgaben des Vollzuges

§ 2 StVollzG, BW § 2 I, § 1 III JVollzGB; BY Art. 2 BayStVollzG; BE § 2 StVollzG Bln; BB § 2 BbgJVollzG; HB § 2 BremStVollzG; HH § 2 HmbStVollzG; HE § 2 HStVollzG; MV § 2 StVollzG M-V; NI § 5 NJVollzG; NW §§ 1, 6 Abs. 1 StVollzG NRW; RP § 2 RhPfLJVollzG; SL § 2 SLStVollzG; SN § 2 SächsStVollzG; ST § 2 JVollzGB LSA; SH §§ 2, 5 LStVollzG SH; TH § 2 ThürJVollzG; ME § 2 ME-StVollzG

Schrifttum

Arloth Strafzwecke im Strafvollzug, in: GA 1988, 403 ff; *Bayer u.a.* Tatschuldausgleich und vollzugliche Entscheidungen, in: MschrKrim 1987, 167 ff; *Bemmann* Über das Ziel des Strafvollzugs, in: Kaufmann u.a. (Hrsg.), FS Bockelmann, München 1979, 891 ff; *ders.* „Im Vollzug der Freiheitsstrafe soll der Gefangene fähig werden, künftig in sozialer Verantwortung ein Leben ohne Straftaten zu führen", in: BewHi 1988, 448 ff; *Berckhauer/Hasenpusch* Legalbewährung und Strafvollzug, in: Schwind/Steinhilper (Hrsg.), Modelle zur Kriminalitätsvorbeugung und Resozialisierung, Heidelberg 1982, 281 ff; *Bock* Zur dogmatischen Bedeutung unterschiedlicher Arten empirischen Wissens bei prognostischen Entscheidungen im Strafrecht, in: NStZ 1990, 457 ff; *Böhm* Strafzwecke und Vollzugsziele, in: Busch/Krämer (Hrsg.), Strafvollzug und Schuldproblematik, Pfaffenweiler 1988, 129 ff; *ders.* Bemerkungen zum Vollzugsziel, in: Prittwitz u.a. (Hrsg.), FS Lüderssen, Baden-Baden 2002, 807 ff; *ders.* 25 Jahre Strafvollzugsgesetz, in: BewHi 2002, 92 ff; *Böhm/Eberhard* Strafrestaussetzung und Legalbewährung. Ergebnisse einer Rückfalluntersuchung in zwei hessischen Justizvollzugsanstalten mit unterschiedlicher Strafrestaussetzungspraxis, Wiesbaden 1984; *Dolde* Vollzugslockerungen im Spannungsfeld zwischen Resozialisierungsversuch und Risiko für die Allgemeinheit, in: Busch/Edel/Müller-Dietz (Hrsg.), Gefängnis und Gesellschaft, Pfaffenweiler 1994, 109 ff; *Dolde/Grübl* Verfestigte „kriminelle Karriere" nach Jugendstrafvollzug? Rückfalluntersuchungen an ehemaligen Jugendstrafgefangenen in Baden-Württemberg, in: ZfStrVo 1988, 29 ff; *Dünkel* Sicherheit und Strafvollzug – Empirische Daten zur Vollzugswirklichkeit unter besonderer Berücksichtigung der Entwicklung bei den Vollzugslockerungen, in: Albrecht u.a. (Hrsg.), FS Schüler-Springorum, Köln 1993, 641 ff;

---

63   C/MD 2008 § 138 Rdn. 1; *Laubenthal/Nestler/Neubacher/Verrel* 2015 B Rdn. 4; AK-*Pollähne* 2017 Teil IV Vor 136 Rdn. 7.

ders. Riskante Freiheit? – Offener Vollzug, Vollzugslockerungen und Hafturlaub zwischen Resozialisierung und Sicherheitsrisiko, in: Kawamura/Reindl (Hrsg.), Wiedereingliederung Straffälliger. Eine Bilanz nach 20 Jahren Strafvollzugsgesetz, Freiburg 1998, 42 ff; *ders.* (Hrsg.) Humanisierung des Strafvollzugs – Konzepte und Praxismodelle, Mönchengladbach 2008; *Endres* Die Kriminalprognose im Strafvollzug, in: ZfStrVo 2000, 67 ff; *Freimund* Vollzugslockerungen – Ausfluss des Resozialisierungsgedankens?, Mainz 1990; *Goeckenjan* Straftaten im Strafvollzug, in: Müller (Hrsg.), FS Eisenberg, München 2009, 705 ff; *Heghmanns* Offener Strafvollzug, Vollzugslockerungen und ihre Abhängigkeit von individuellen Besonderheiten, in: NStZ 1998, 279 ff; *Jehle/Albrecht/Hohmann-Fricke/Tetal* Legalbewährung nach strafrechtlichen Sanktionen. Eine bundesweite Rückfalluntersuchung 2010 bis 2013 und 2004 bis 2013, Berlin 2016; *Jehle/Hohmann-Fricke* Legalbewährung Strafentlassener. Ergebnisse aus der bundesweiten Legalbewährungsuntersuchung, in: FS 2017, 116 ff; *Kerner u.a.* Evaluierung des hessischen Jugendstrafvollzugs, Tübingen und Marburg 2015; *Kerner/Janssen* Langfristverlauf im Zusammenspiel von soziobiographischer Belastung und krimineller Karriere, in: Kerner/Dolde/Mey (Hrsg.), Jugendstrafvollzug und Bewährung 1996, 137 ff; *Kudlich* Der Strafvollzug im Spannungsverhältnis zwischen Vollzugsziel und Sicherheit, in: JA 2003, 704 ff; *Köhne* Resozialisierungsunfähige Strafgefangene, in: ZRP 2003, 207 ff; *Köhler* Psychische Störungen bei jungen Straftätern, Hamburg 2004; *Müller-Dietz* Strafzwecke und Vollzugsziel. Ein Beitrag zum Verhältnis von Strafrecht und Strafvollzugsrecht, Tübingen 1973; *ders.* (Re-)Sozialisierungsziel und Sicherungsaufgaben des Strafvollzugs – Zur Problematik der Zielkonflikte und ihrer Lösung –, in: *ders.* (Hrsg.), Grundfragen des strafrechtlichen Sanktionensystems, Heidelberg/Hamburg 1979, 107 ff; *Preusker* Humanität im Strafvollzug?, in: ZfStrVo 2003, 229 ff; *Schäfer/Sander/van Gemmeren* Praxis der Strafzumessung, München 2008; *Schneider* Kriminalpolitik an der Schwelle zum 21. Jahrhundert, Berlin 1998; *Scholz* 10 Jahre Strafvollzugsgesetz, in: BewHi 1986, 361 ff; *Schüler-Springorum* Tatschuld im Strafvollzug, in: Philipps/Scholler (Hrsg.), Jenseits des Funktionalismus. Arthur Kaufmann zum 65. Geburtstag, Heidelberg 1989, 63 ff; *ders.* Was stimmt nicht mit dem Strafvollzug, Hamburg 1970; *Schwind* Kurzer Überblick über die Geschichte des Strafvollzugs, in: Schwind/Blau (Hrsg.), Strafvollzug in der Praxis, 2. Auflage, Berlin/New York 1988, 1 ff; *Seebode* Aktuelle Fragen zum Justizvollzug 2000 und seiner Reform, in: Herrfahrt (Hrsg.), Strafvollzug in Europa, Hannover 2001, 47 ff; *Steindorfer* Behandlung im Strafvollzug und Schutz der Allgemeinheit, in: ZfStrVo 2003, 3 ff; *Stelly/Thomas* Evaluation des Jugendstrafvollzugs in Baden-Württemberg. Bericht 2015/2016, Adelsheim 2018; *Wiegand* Schulische und berufliche Bildung, in: Schwind/Blau (Hrsg.), Strafvollzug in der Praxis, 2. Auflage, Berlin/New York 1988, 276 ff; *Wulf* Opferbezogene Vollzugsgestaltung, in: ZfStrVo 1985, 67 ff.

Übersicht

I. Grundsätzliches —— 1–13
  1. Gerichtliche Strafzumessung und Vollzugsziel —— 2, 3
  2. Rechtseinschränkung, Vollzugsziel und Strafzwecke —— 4–7
  3. Zielkonflikt zwischen resozialisierender Behandlung und Sicherheit —— 8–13
    a) Rangordnung im StVollzG —— 8–10
    b) Rangordnung nach den Landes-Strafvollzugsgesetzen —— 11–13
II. Erläuterungen —— 14–27
  1. Vollzugsziel der Resozialisierung —— 14–22
    a) Betroffener Personenkreis —— 17, 18
    b) Erreichen des Vollzugsziels durch Freiheitsentzug —— 19
    c) Fähigwerden zu einem Leben ohne Straftaten in sozialer Verantwortung —— 20, 21
    d) Bedeutung der „Schuldeinsicht" —— 22
  2. Schutz der Allgemeinheit —— 23–27
    a) Bedeutung —— 23, 24
    b) Behinderung des Vollzugsziels der Resozialisierung durch Gewährleistung von Sicherheit —— 25, 26
    c) Lösungsmöglichkeiten für den Zielkonflikt —— 27

I. Grundsätzliches

§ 2 StVollzG und ihn nahezu wörtlich übernehmend die Mehrheit der Landesbestimmungen (s. näher Rdn. 12) lautet: „Im Vollzug der Freiheitsstrafe soll der Gefangene fähig werden, künftig in sozialer Verantwortung ein Leben ohne Straftaten zu führen (Vollzugsziel). Der Vollzug der Freiheitsstrafe dient auch dem Schutz der Allgemeinheit

1

vor weiteren Straftaten." Die Vorschrift enthält die gesetzliche Beschreibung (Legaldefinition) des **Vollzugsziels** der Resozialisierung (Rdn. 14) und beschäftigt sich mit der Schutzaufgabe des Vollzuges (Rdn. 23). Sie versucht zugleich, einen den Vollzug belastenden und erschwerenden **„Zielkonflikt"** (Rdn. 8 ff, 25 ff) wenn nicht zu beheben, so doch zu vermindern. Mit dieser abschließenden Ziel- und Aufgabenbestimmung wird klargestellt, dass der Vollzug der Freiheitsstrafe darüber hinaus keinen weiteren Strafzwecken dient und insbesondere der Schuldausgleich keinen differenzierenden Einfluss auf die Vollzugsgestaltung nehmen darf (Rdn. 4 ff).

2   **1. Gerichtliche Strafzumessung und Vollzugsziel.** Die Freiheitsstrafe ist zu vollziehen, wenn ihr ein rechtskräftiges Strafurteil zugrunde liegt. Das Strafgericht verhängt Freiheitsstrafen nach den Vorschriften des StGB. Danach sind für das „ob" und das „wie lange" einer Freiheitsstrafe die **Schwere der** vom Täter begangenen **Rechtsverletzung** – sie führt zu dem verbindlichen gesetzlichen Strafrahmen – und innerhalb des so gefundenen Strafrahmens vornehmlich das **Maß der Schuld** des Täters (§ 46 StGB) bestimmend. Erst nach Auffinden eines solchen „Schuldrahmens" werden auch im Bereich der gerichtlichen Strafzumessung Überlegungen **spezialpräventiven Inhalts** („Folgen der Verurteilung für den Täter", § 46 Abs. 2 StGB, Schutz der Allgemeinheit durch zeitweise Einsperrung des Täters und – § 47 Abs. 1, § 56 Abs. 1 und Abs. 2 StGB – vermuteter Resozialisierungserfolg) wirksam.[64] Bei der Vollstreckung von Freiheitsstrafen bis zwei Jahren hängt es allerdings in erster Linie von den spezialpräventiven Gesichtspunkten der erwarteten Legalbewährung ab, ob der Verurteilte als Bewährungsproband in Freiheit bleibt oder die Strafe im Strafvollzug verbüßen muss. Über zwei Jahre Strafdauer lassen indes eine Strafaussetzung zur Bewährung nicht zu; und deshalb werden im Strafvollzug Freiheitsstrafen auch an Tätern vollzogen, die **weder resozialisiert werden müssen noch für die Allgemeinheit gefährlich** sind. Zu denken ist dabei an Verurteilte, die in Konfliktsituationen schwere Verbrechen begangen haben und mitunter erst Jahre nach der Tat, inzwischen wohleingegliedert und unauffällig lebend, als Täter ermittelt worden sind. Ähnlich ist es bisweilen bei Personen, die im Zusammenhang mit ihrem Beruf bestehende Möglichkeiten zu umfangreichen Vermögensstraftaten missbraucht haben, nach Entdeckung und Entfernung aus der von ihnen kriminell genutzten Position aber in der Lage und meistens auch bereit sind, ihr Brot in dem erlernten Beruf rechtschaffen zu erwerben.[65] Auch in zahlreichen anderen Fällen wird jedenfalls die Strafhöhe nicht vorrangig nach den Erfordernissen der Aufgaben des Strafvollzuges bemessen. Selbstverständlich sind aber diese Freiheitsstrafen rechtens und müssen vollzogen werden, auch wenn weder ein Resozialisierungsbedürfnis noch eine Gefahr für die Allgemeinheit besteht, also der Vollzug im Sinne seiner spezifischen Aufgaben überflüssig erscheint.

Hier verbleibt es bei der „bloßen" Entziehung der Freiheit als Strafe im Sinne der Vergeltung des schuldhaft begangenen Unrechts und – generalpräventiv gesprochen – im Sinne der Bestätigung der Rechtsordnung.[66] Freilich droht auch bei solchen Gefangenen im Laufe einer langen Haftzeit die Gefahr der Entsozialisierung; auch bei ihnen

---

[64] Im Einzelnen LK-*Theune* 2006 § 46 Rdn. 19 ff; K/S-*Schöch* 2002 § 6 Rdn. 51; *Laubenthal* 2015 Rdn. 176 ff; *Schäfer/Sander/van Gemmeren* 2008 Rdn. 473 ff.
[65] Eindrucksvolles Beispiel BGHSt 29, 319 ff – allerdings bedürfen auch oft solche Täter resozialisierender Behandlung: *Seebode* 2001, 53.
[66] So auch *Arloth/Krä* 2017 § 2 StVollzG Rdn. 6; Gleiches gilt auch für resozialisierungsunfähige Gefangene, so es solche überhaupt geben sollte, a.A. *Köhne* ZRP 2003, 207, 210, der dann den Vollzug für verfassungswidrig hält.

muss also im Sinne der späteren Reintegration in die Gesellschaft schädlichen Folgen des Freiheitsentzugs mit entsprechenden Maßnahmen entgegengewirkt werden.

Ganz generell können dem Verurteilten die ihn durch den Vollzug der Freiheitsstrafe treffenden Beschränkungen und Belastungen niemals allein (oder auch nur überwiegend) aus den Aufgaben des Strafvollzugs und schon gar nicht aus dem Vollzugsziel erklärt werden. Denn „wäre die Freiheitsstrafe eben nicht als Strafe unentbehrlich, würde sie kaum als Behandlung eingeführt werden".[67] Schöch ist zuzustimmen, dass die erheblichen Rechtsbeschränkungen der Freiheitsstrafe nicht Aufgabe des Vollzugs, sondern als Reflex der im richterlichen Strafurteil angeordneten Sanktion dessen (häufig störende, vom Gesetzgeber aber gewollte) Rahmenbedingung sind.[68] In die Beschreibung der Aufgaben des Strafvollzugs gehört dieser Sachverhalt deshalb auch nicht. Das Problem ist aber, dass der Leser der Strafvollzugsgesetze an keiner Stelle erfährt, was wirklich „Sache ist".[69] Zu den Rechtsbeschränkungen im Strafvollzug vgl. E Rdn. 18 ff.

2. Rechtseinschränkung, Vollzugsziel und Strafzwecke. Die – vergeltende – 4 **Rechtseinschränkung** ist Freiheitsentzug unter den belastenden Bedingungen eines Anstaltsaufenthalts[70] in dem durch die Strafvollzugsgesetze **gesteckten Rahmen**. Das Maß vergeltender Rechtseinschränkung realisiert sich in der Zuweisung von Mitteln für den Strafvollzug. Hieraus ergeben sich Grenzen für die „Leistungen" des Vollzugs: Die knapp gehaltenen Sätze für Essensverpflegung, die begrenzte Größe der Haftäume, die aufgrund beschränkten Personals geringe Mindestdauer der Besuche von ein oder zwei Stunden monatlich, viel weniger als in jeder anderen sozialen Einrichtung. Hier wird eine Rolle spielen, dass die Lebenshaltung anderer sozial zu unterstützender Gruppen in der Allgemeinheit höher angesehen wird als die der Strafgefangenen. Die gegenüber Strafgefangenen gewährten besseren Bedingungen für Sicherungsverwahrte tragen dem Umstand Rechnung, dass diese Verurteilten die ihnen für ihre Straftaten zugemessene Freiheitsstrafe schon verbüßt haben und nun darüber hinaus nur noch festgehalten werden, weil sie als zu gefährlich für die Allgemeinheit gelten.[71] Die gegenüber dem Vollzug der Freiheitsstrafe günstigeren Haftbedingungen der Insassen, an denen Strafarrest vollzogen wird, hängen damit zusammen, dass Strafarrest seinem Anlass nach die weniger einschneidende Strafe ist.[72] Schließlich hat die Untersuchungsgefangenen gewährte bessere Lebenshaltung ihren Grund in der Unschuldsvermutung.[73]

Das Vollzugsziel entspricht dem Strafzweck der **positiven Spezialprävention**, der 5 (Re-)Sozialisierung, von Schüler-Springorum für die im Strafvollzug Befindlichen zutreffend als **„Ersatzsozialisation"** bezeichnet.[74] Die in Satz 2 formulierte weitere Aufgabe des Vollzugs entspricht dem Strafzweck der **negativen Spezialprävention**, dem Sicherungszweck. Der ebenfalls zur Spezialprävention zu rechnende Warneffekt der Strafe (Individualabschreckung) wird durch den Vollzug der Freiheitsstrafe fraglos verwirklicht, ist aber weder Teil des Vollzugsziels noch (weitere) Aufgabe. Er wird durch den gesetzmäßigen Vollzug der Freiheitsstrafe erfüllt und im Einzelfall Bedeutung erlangen, eine eigenständige Berücksichtigung findet er nicht. Auch die (positive wie negative)

---

67 *Mayer* in: Busch/Edel (Hrsg.), Entziehung zur Freiheit durch Freiheitsentzug, Neuwied 1969, 199, 211.
68 K/S-*Schöch* 2002 § 6 Rdn. 10.
69 Vgl. hierzu *Seebode* 1997, 78 ff; *Böhm* 2003 Rdn. 22.
70 *Böhm* 2003 Rdn. 2.
71 Dies ist eine Konsequenz des „Abstandsgebots"; vgl. nur BVerfG, Urt. v. 4.5.2011 – 2 BvR 2365/09 Rdn. 108, 115; AK-*Feest/Lesting* 2012 § 131 Rdn. 1.
72 C/MD 2008 § 167; *Laubenthal* 2015 Rdn. 967 ff.
73 BVerfGE 35, 311, 320.
74 *Schüler-Springorum* 1970, 49.

Generalprävention ist weder Ziel noch Aufgabe des Vollzuges, wird vielmehr durch den gesetzmäßigen Vollzug der Freiheitsstrafe bewirkt, ohne dass sie bei der Ausgestaltung des Vollzugs im Rahmen des Gesetzes insgesamt oder bei der Behandlung des Gefangenen im Einzelfall Beachtung finden dürfte.[75]

6   Dies gilt ebenso für die Vergeltung oder die **Schwere der Schuld**. Diese Gesichtspunkte werden bei der Verhängung und Bemessung der Strafe berücksichtigt. Es versteht sich von selbst, dass eine unterschiedliche Vollzugsgestaltung bei gleichlangen Strafen wegen verschieden zu bewertender Schuldschwere ein systemfremder und rechtswidriger Eingriff der Vollzugsbehörde wäre, eine nachträgliche Korrektur einer der rechtsprechenden Gewalt vorbehaltenen Bewertung.[76] Nun ermöglicht es das Gesetz aber umgekehrt, die Freiheitsstrafe im geschlossenen Vollzug zu vollziehen, das Übel des Freiheitsentzuges aber auch in einem durch Strafurlaube und Arbeit im freien Beschäftigungsverhältnis gestalteten offenen Vollzug weitgehend zurückzunehmen. Diesen unterschiedlichen Vollzugsgestaltungen sind die Gefangenen, unabhängig von der Strafdauer und weitgehend abhängig von unverschuldeten persönlichen und sozialen Entwicklungen und Verhältnissen, ausgesetzt. Die für die Versagung von Lockerungen maßgebliche Missbrauchsgefahr kann oft von den Gefangenen selber schlecht beeinflusst werden.[77] Die in diesem Sachverhalt liegende Ungerechtigkeit: die der Schuld angemessene Strafe wird je nach (weitgehend) unverschuldeter Gefährlichkeit mehr oder weniger einschneidend vollzogen, widerspricht indessen nicht der allgemeinen Strafrechtsordnung; ähnliche Regelungen gelten für die Frage, ob eine (kurze) Freiheitsstrafe (§ 47 StGB) vollzogen werden muss oder zur Bewährung ausgesetzt werden kann (§ 56 StGB), vor allem aber für die Entlassung zur Bewährung nach Verbüßung von zwei Dritteln der Strafe (§ 57 StGB). Man hätte, ähnlich wie bei den Vollstreckungsentscheidungen nach § 57 StGB, für die Gewährung weitgehender Vollzugslockerungen Zeitgrenzen (etwa Ablauf eines Viertels oder eines Drittels der Strafzeit) gesetzlich festlegen können. Das StVollzG – und ihm folgend die Landesgesetze – ist aber diesen Weg nicht gegangen.[78] Deshalb erscheint auch eine Korrektur seitens der Vollzugsbehörde unter Zugrundelegung des Gebotes der Gleichbehandlung[79] nicht zulässig.

7   **Bei der lebenslangen Freiheitsstrafe** darf Urlaub in der Regel erst nach Verbüßung von 10 Jahren gewährt werden.[80] Zudem führt, wie sich aus § 57a StGB ergibt, die besondere Schwere der Schuld zu einer erst nach Teilvollstreckung der Strafe festzulegenden Mindestverbüßungsdauer. Von daher stellt sich die Frage, ob nicht ausnahmsweise der Gesichtspunkt der Schwere der Schuld bei der Vollzugsgestaltung Berücksichtigung finden kann. In Extremfällen, etwa beim Vollzug lebenslanger Freiheitsstrafen gegen Verurteilte, die in Vernichtungslagern oder als verantwortliche Leiter von sog. Einsatzgruppen in Polen und Russland grausam und mitleidlos Tausende von Menschen ermordet hatten, nach Kriegsende jahrelang und unauffällig in ordentlichen Verhältnissen gelebt hatten, weder rückfallverdächtig noch fluchtgefährdet waren, mochte es unerträglich erscheinen, Vollzugslockerungen, die diesem Personenkreis gegenüber natürlich keine Behandlungsmaßnahmen, sondern willkommene Hafterleichterungen dar-

---

75 So OLG Frankfurt NStZ 2002, 53f, mit krit. Anm. *Arloth* 280 gegen OLG Frankfurt NStZ 1983, 140, mit krit. Anm. *Feest* und *Kaiser*.
76 Vgl. BVerfGE 109, 176f; *Laubenthal* 2015 Rdn. 187.
77 *Seebode* 2001, 49f.
78 Was vielleicht vernünftig gewesen wäre: *Heghmanns* NStZ 1998, 279f; *Seebode* 2001, 51; K/S-*Schöch* 2002 § 6 Rdn. 49.
79 So die einhellige Meinung der Literatur vgl. nur *Laubenthal* 2015 Rdn. 188; *Laubenthal/Nestler/Neubacher/Verrel* 2015 B Rdn. 45 f).
80 K/S-*Schöch* 2002 § 6 Rdn. 45; vgl. aber hierzu *Laubenthal* 2015 Rdn. 188.

stellen, nur unter spezialpräventiven Kriterien zu betrachten und nicht auch Aspekte der **besonderen Schwere der Schuld** zu bedenken. Diesen Überlegungen des OLG Karlsruhe[81] hatte das BVerfG – obwohl es dies im konkreten Fall hätte dahingestellt lassen können – zugestimmt.[82] Über diese Extremfälle hinaus hatten später einige Oberlandesgerichte die Schwere der Schuld auch bei der Gewährung von Vollzugslockerungen in Fällen von Freiheitsstrafen von mehr als 10 Jahren[83] und bei geringfügigen Rücknahmen des Strafübels[84] berücksichtigt, freilich die beantragte Lockerung meist bewilligt. Die Vollzugsverwaltungen einiger Bundesländer hatten verallgemeinernde Richtlinien zur – weitgehenden – Berücksichtigung der Schwere der Schuld erlassen[85] oder in Einzelfällen entsprechendes Handeln nahe gelegt. Bestrebungen, den Gesichtspunkt der Schuld als weiteres Entscheidungskriterium in §§ 2 oder 4 StVollzG einzufügen, haben bei der Mehrzahl der Bundesländer keine Zustimmung gefunden; sie haben sich auch nicht in den Landes-Strafvollzugsgesetzen niedergeschlagen (s.u. Rdn. 21 ff). Auch in der Rechtsprechung hat sich eine Abkehr vollzogen; danach stellt die Schwere der Schuld kein Abwägungskriterium im Strafvollzug dar.[86] Dem entspricht die herrschende Literaturmeinung.[87] Die noch in der Vorauflage vertretene Auffassung, dass in extremen Fällen die Schwere der Schuld bei Vollzugsentscheidungen berücksichtigt werden könne, wird hier explizit aufgegeben. Die Gesetzesbestimmung, dass bei lebenslangen Freiheitsstrafen erst nach Verbüßung von 10 Jahren (§ 13 Abs. 3 StVollzG und vergleichbare landesgesetzliche Bestimmungen s. 10 D) Urlaub gewährt wird, kann nicht als Argument für die Berücksichtigung der Schuldschwere herangezogen werden. Wie *Laubenthal*[88] überzeugend herleitet, handelt es sich dabei um eine Verfahrenserleichterung für die Vollzugspraxis unter dem Gesichtspunkt der Fluchtgefahr. Dass unabhängig von Tat und Schuld den besser Sozialisierten, den ohnehin Bevorzugten, durch Vollzugslockerungen wesentlich günstigere Bedingungen eingeräumt werden als den „armen Teufeln",[89] muss andere Konsequenzen haben als die Berücksichtigung von Schuldschwere bei Lockerungsentscheidungen. Der ernst zu nehmende Gedanke der Strafgerechtigkeit muss zu verstärkten Behandlungsangeboten gegenüber den als gefährlich geltenden Strafgefangenen führen[90] sowie zu besseren Lebensverhältnissen im geschlossenen Vollzug. So hilft den gegenwärtig Benachteiligten wohl am ehesten eine stärkere Ausrichtung des gesamten Vollzugssystems am Vollzugsziel und die stärkere Gewichtung der Erreichung des Vollzugsziels im Einzelfall gegenüber der Missbrauchsbefürchtung.[91] Zur Berücksichtigung von „Schuldverarbeitung" vgl. Rdn. 22.

---

81 OLG Karlsruhe ZfStrVo **SH** 1978, 9 ff; ebenso früher OLG Frankfurt ZfStrVo **SH** 1979, 28 ff; NStZ 1981, 157; ZfStrVo 1984, 373.
82 BVerfGE 64, 261, 275 mit abl. Votum von Mahrenholz.
83 OLG Nürnberg, Beschl. vom 18.7.2011 – 1 Ws 151/11, lebenslange Freiheitsstrafe; OLG Nürnberg ZfStrVo 1984, 114 – 14 Jahre, Totschlag; OLG Frankfurt ZfStrVo 1983, 120 – 11 Jahre, Notzucht.
84 OLG Stuttgart ZfStrVo 1984, 252 und ZfStrVo 1986, 117 – Ausgang; OLG Frankfurt ZfStrVo 1987, 111 f – 1 Tag Urlaub.
85 Vgl. *Schüler-Springorum* 1989, 66 für Bayern.
86 So OLG Frankfurt NStZ 2002, 53 ff mit krit. Anm. *Arloth*, 280; vgl. auch BVerfGE 109, 176 f.
87 *C/MD* 2008 Rdn. 8; *Laubenthal/Nestler/Neubacher/Verrel* 2015 B Rdn. 45; *AK-Lindemann* 2017 Teil II § 2 Rdn. 5; *K/S-Schöch* 2002 § 6 Rdn. 40–48; *Calliess* 1992, 28–31; *Laubenthal* 2015 Rdn. 181–195; *Walter* 1999 Rdn. 55–58.
88 *Laubenthal* 2015 Rdn. 188 ff.
89 Ein Hauch von „Klassenjustiz"? vgl. *Böhm* 1988, 132; *Freimund* 1990; *Scholz* BewHi 1986, 361, 363; vgl. auch *Müller-Dietz* 1986, 331 ff, 335 f.
90 So auch *Müller-Dietz* 1986, 335 f.
91 Vgl. *Böhm* 1988, 132, 133; vgl. auch *Bock* NStZ 1990, 457, 462, 463.

3. Zielkonflikt zwischen resozialisierender Behandlung und Sicherheit

8 **a) Rangordnung im StVollzG.** Die **Zielkonflikte** hatte das StVollzG nicht beseitigt. Der Wortlaut des § 2 StVollzG lässt keinen Zweifel, dass das Vollzugsziel der Resozialisierung (s. Rdn. 14) Vorrang genießen soll. Das Bundesverfassungsgericht hat in ständiger Rechtsprechung[92] die herausragende Bedeutung dieses Vollzugsziels betont und ihm verfassungsrechtlichen Rang verliehen, abgeleitet aus dem Gebot zur Achtung der Menschenwürde und dem Sozialstaatsprinzip. Dieser Bedeutung entsprechend hat der Bundesgesetzgeber die Resozialisierung als alleiniges Vollzugsziel bestimmt,[93] so dass die **Sicherheit der Allgemeinheit** (Rdn. 23 f) vor Straftaten während des Vollzugs nur „auch" – also in zweiter Linie – eine Aufgabe des Vollzuges ist.[94]

9 Diese Rangordnung wurde aber schon im Gesetz selber nicht eingehalten. So waren die **Vollzugslockerungen** davon abhängig, dass „nicht zu befürchten ist, dass der Gefangene sich dem Vollzug der Freiheitsstrafe entziehen oder die Lockerungen des Vollzuges zu Straftaten missbrauchen werde" (§ 11 Abs. 2 StVollzG und die vergleichbaren landesgesetzlichen Regelungen s. 10 B). Wenn eine solche Befürchtung besteht, darf auch die zur Resozialisierung notwendigste Lockerung nicht angeordnet werden. Ja wenn die einzige Chance einer Resozialisierung darin bestünde, eine riskante Lockerung zu gewähren, so wäre das nach § 11 Abs. 2 StVollzG verboten (s. näher Rdn. 25ff). Es findet keine gesetzliche Abwägung zwischen der Bedeutung der Lockerung für die Resozialisierung und der Schwere der bei Gewährung der Lockerung befürchteten Straftaten statt. Der **Vorrang der Sicherheit** ist eindeutig festgeschrieben. Diese Umkehr der Aufgabengewichtung ist bedauerlich.[95] Der Gesetzgeber hätte den Zielkonflikt, der unvermeidlich ist, offener ins Auge fassen müssen und mit mehr Mut zum Risiko eine Abwägung der Aufgaben im Einzelfall unter Angabe von Bewertungsgesichtspunkten strukturieren sollen. Wenn aber die Resozialisierung als alleiniges Vollzugsziel Priorität vor der Sicherungsaufgabe genießen soll, sind im Einzelfall vertretbare Risiken einzugehen. Man wird also die Wichtigkeit der Lockerung für die Resozialisierung in Beziehung zur Schwere der allenfalls drohenden Straftaten setzen und bei herannahendem Entlassungszeitpunkt die Bedeutung der Missbrauchsgefahr bei Lockerungen geringer veranschlagen müssen[96] (s. Rdn. 27).

10 Bei den **anderen Vollzugsmaßnahmen** hat das Bundesgesetz der Sicherheitsaufgabe des Vollzugs nicht so eindeutig den Vorrang eingeräumt. Allerdings wird in der Praxis auch hier das Sicherheitsziel besonders stark beachtet. Obendrein werden Sachmittel und Personal in erster Linie für die Sicherungsaufgabe eingesetzt. Seit einigen Jahren ist die Bedeutung der **Sicherheit zunehmend stärker** in den Vordergrund gerückt.[97] Praktisch ist sie heute das wichtigste Gestaltungsmittel im Strafvollzug.

11 **b) Rangordnung nach den Landes-Strafvollzugsgesetzen.** Auch die inzwischen erlassenen **Landesgesetze** haben bezüglich des **Zielkonflikts**, der im Vollzugsalltag regelmäßig auftritt, keine echte Lösung gefunden. Vielmehr bleibt es bei einem Nebeneinander beider Ziele bzw. Aufgaben, wobei überwiegend dem StVollzG folgend der Re-

---

92 S. v.a. das sog. Lebach-Urteil; BVerfGE 35, 235.
93 Vgl. *Laubenthal* 2015 Rdn. 149; AK-*Lindemann* 2017 Teil II § 2 Rdn. 7; *Laubenthal/Nestler/Neubacher/Verrel* 2015 B Rdn. 28.
94 Dazu *Kudlich* JA 2003, 704.
95 „Unehrlich": *Seebode* 2001, 56.
96 So auch *Laubenthal* 2015 Rdn. 174.
97 So auch *Laubenthal* 2015 Rdn. 174.

sozialisierung ein Vorrang eingeräumt, vereinzelt der Schutzaufgabe Gleichrangigkeit zugesprochen und ausnahmsweise Vorrang eingeräumt wird.

Der Musterentwurf hat sich in ME § 2 am § 2 StVollzG orientiert: „Der Vollzug dient dem Ziel, die Gefangenen zu befähigen, künftig in sozialer Verantwortung ein Leben ohne Straftaten zu führen. Er hat die Aufgabe, die Allgemeinheit vor weiteren Straftaten zu schützen." Selbst wenn hier auf den Zusatz „auch" verzichtet wurde, ist mit der Reihenfolge und den differenzierenden Begriffen von Ziel und Aufgabe klargestellt, dass es bei dem tradierten **Vorrang der Resozialisierung** bleiben soll. Die Formulierung des ME haben wörtlich BE § 2, BB § 2, HB § 2, MV § 2, RP § 2, SN § 2, ST § 2, TH § 2 übernommen; SL § 2 hat die Formulierung von § 2 StVollzG wörtlich übernommen. Noch stärker betonen die Landesgesetze von Nordrhein-Westfalen, Schleswig-Holstein und Hessen die Resozialisierung als alleiniges Ziel: **NW** § 1 benennt als Vollzugsziel die Resozialisierung und ergänzt diese Bestimmung durch **NW** § 3 Behandlungsvollzug, der Grundsätze der Behandlung beschreibt. Erst in **NW** § 6 Abs. 1 folgt der Schutz der Allgemeinheit nachrangig („auch"). Vergleichbares gilt für Schleswig-Holstein, wo in **SH** § 2 als Ziel des Vollzugs die Resozialisierung bezeichnet wird und in **SH** § 5 die Sicherheitsaufgabe nachrangig („auch") geregelt wird. **HE** § 2 besitzt in Abs. 1 eine Legaldefinition des „Vollzugsziels der Resozialisierung", die dem Bundesgesetz entspricht und unterscheidet in Abs. 2 zwischen einem „Eingliederungsauftrag" und einem „Sicherungsauftrag", welche beide dem Schutz der Allgemeinheit dienen. In der Gesetzesbegründung wird ausgeführt, dass beide Belange als gleichrangige Vollzugsziele nebeneinander stünden, wobei zwischen beiden kein Gegensatz bestehe, weil die Verwirklichung des Resozialisierungsziels zugleich auch dem Schutz der Allgemeinheit vor weiteren Straftaten diene. Allerdings erwartet der Gesetzgeber, dass die Änderung gegenüber § 2 StVollzG bei der Anwendung und Auslegung einzelner Vorschriften zu beachten ist.[98]

Keinen eindeutigen Vorrang der Resozialisierung räumen die Landesgesetze von Baden-Württemberg, Bayern und Niedersachsen ein. Während **HH** § 2 dem Vollzug „gleichermaßen" die Aufgabe des Schutzes der Allgemeinheit zuweist, ist **NI** § 5 mit „Vollzugsziele" überschrieben, die die Resozialisierung und dem Schutz der Allgemeinheit „zugleich" betreffen.

BW § 1 III baut auf dem Resozialisierungskonzept des Strafvollzugsgesetzes auf.[99] Den Schutz der Allgemeinheit enthält dagegen quasi vor die Klammer gezogen **BW** § 2 Abs. 1 I. Im Endeffekt soll wohl aber keine Verschiebung des Vollzugsziels gewollt sein.[100] **BY Art. 2** stellt in Aufbau und Gliederung den Schutz der Allgemeinheit dem Vollzugsziel der Resozialisierung voran. Das Ziel der sozialen Integration wird erst im Nachsatz genannt und somit „herabgestuft";[101] **BY** Art. 4 bestätigt dies, der die sichere Unterbringung an erster Stelle nennt. Dazu heißt es in der Gesetzesbegründung des Bayrischen Landtags, es werde klargestellt, dass der Schutz der Allgemeinheit nicht der Resozialisierungsaufgabe nachgestellt sei, eine Änderung der bisherigen Rechtslage sei damit aber nicht verbunden.[102] Bayern verzichtet in **BY** Art. 2 auf eine Benennung von vollzuglicher Zielsetzung als „Vollzugsziel" und überschreibt die Bestimmungen mit „Aufgaben" des Vollzugs, wobei der „Behandlungsauftrag" (**BY** Art. 2 Satz 2) durch eine konkretisierte Beschreibung von Behandlungsmaßnahmen in **BY** Art. 3 ergänzt wird.[103] Mit diesen Ab-

---

98 NI LT-Drucks. 15/3565, S. 87.
99 Vgl. Gesetzesbegründung LT-Drucks. 14/5012, S. 209.
100 AK-*Lindemann* 2017 Teil II § 2 Rdn. 20.
101 So *C/MD* 2008 § 2 Rdn. 19; nicht mehr genau so *Laubenthal/Nestler/Neubacher/Verrel* 2015 B Rdn. 36.
102 BY LT-Drucks. 15/8101, S. 49.
103 *Laubenthal* 2015 Rdn. 151.

weichungen von Wortlaut und Systematik des § 2 StVollzG ist fraglos eine **Verschiebung der Gewichte zugunsten der Sicherheit** beabsichtigt. C/MD hält die Gesetzesbegründungen, die jeweils von der Gleichwertigkeit bzw. Gleichrangigkeit der Vollzugsaufgaben sprechen, für Versuche, die Zurückstellung des Integrationsziels zu kaschieren.[104] Er befürchtet, dass hier nunmehr praktisch der Grundsatz: im Zweifel Sicherheit vor Resozialisierung gelte, und meint, die neuen Ländergesetze entsprächen nicht den durch das BVerfG aufgestellten verfassungsrechtlichen Anforderungen und seien somit verfassungswidrig.[105] Der Vorwurf der Verfassungswidrigkeit geht sicher zu weit. Wollte man aus der Verfassung bzw. der Verfassungsgerichtsrechtsprechung einen absoluten Vorrang der Resozialisierung ableiten, so müsste man bereits § 11 Abs. 2 StVollzG, der bei Lockerungen der Sicherheit den Vorrang gibt (s.u. 10 D), für verfassungswidrig halten. Auch wenn man in diesen Änderungen eine andere rechts- und kriminalpolitische Konzeption erblicken mag,[106] ist *Laubenthal* zuzustimmen, wenn er meint, diese landesrechtlichen Vorgaben änderten nichts daran, dass es sich bei dem Sozialisationsziel um ein verfassungsrechtlich begründetes Gebot handele, das für die staatliche Gewalt verbindlich sei.[107] Allerdings ist zu befürchten, dass von den Vollzugsbehörden angenommene Erfordernisse des Gesellschaftsschutzes den Alltag in den Vollzugsanstalten künftig noch nachhaltiger prägen.[108] Dass *Arloth* in dieser vom bayerischen Landesgesetzgeber getroffenen Rangfolge kein Problem sieht, ist konsequent, geht er doch schon für das Bundesgesetz von einer grundsätzlichen Gleichrangigkeit der Vollzugs*aufgaben* in § 2 StVollzG aus.[109] Sein Argument, Resozialisierung und Schutz der Allgemeinheit seien ohnehin kein Gegensatz, sondern „zwei Seiten derselben Medaille", welches er auf die Rspr. des BVerfG stützt,[110] geht allerdings fehl, denn diese harmonisierende Auffassung betrifft nur die Zeit nach der Entlassung, nicht aber die hier in Rede stehende Zeit während des Vollzugs. Das BVerfG hat ja in der erwähnten Entscheidung lediglich gesagt, dass sich die Notwendigkeit, den Strafvollzug am Ziel der Resozialisierung auszurichten, auch aus der staatlichen Schutzpflicht für die Sicherheit aller Bürger ergibt.[111]

II. Erläuterungen

14   **1. Vollzugsziel der Resozialisierung.** Unabhängig davon, ob von Vollzugsziel oder Aufgabe, Behandlungs- oder Eingliederungsauftrag die Rede ist, stimmen die Landesgesetze in der Zielsetzung überein, die Gefangenen zu befähigen, **künftig in sozialer Verantwortung ein Leben ohne Straftaten zu führen**. Während in der Literatur[112] für diese Zielsetzung der Begriff der **Resozialisierung** verwendet wird, taucht er in § 2 StVollzG und den entsprechenden landesgesetzlichen Bestimmungen (**BB** § 2, **BE** § 2, **BW** § 1 III, **BY** Art. 2, **HB** § 2, **HH** § 2, **MV** § 2, **NI** § 5, **NW** § 1, **RP** § 2, **SL** § 2, **SN** § 2, **ST** § 2 und **TH** § 2) nicht auf; lediglich **HE** § 2 spricht vom „Vollzugsziel Resozialisierung". Im Übrigen wird der Begriff Resozialisierung vor allem im Zusammenhang mit der Sozialtherapie gesetz-

---

104 C/MD 2008 § 2 Rdn. 19; genauso *Laubenthal/Nestler/Neubacher/Verrel* 2015 B Rdn. 38.
105 C/MD 2008 § 2 Rdn. 20; genauso *Laubenthal/Nestler/Neubacher/Verrel* 2015 B Rdn. 37.
106 C/MD 2008 § 2 Rdn. 20; *Laubenthal/Nestler/Neubacher/Verrel* 2015 B Rdn. 37.
107 BVerfGE 33, 10f; *Laubenthal* 2015 Rdn. 151; *Schwind* 2009, 763, 779.
108 *Laubenthal* 2015 Rdn. 174.
109 *Arloth/Krä* 2017 § 2 StVollzG Rdn. 10 unter Bezugnahme auf die Stellungnahme der früheren BReg zum BR-Entwurf, BT-Drucks. 15/778 Anlage 2.
110 BVerfGE 116, 69; *Arloth/Krä* 2017 Art. 2 BayStVollzG u. § 5 NJVollzG.
111 BVerfG aaO.
112 Vgl. nur *Laubenthal* 2015 Rdn. 140ff; *Kett-Straub/Streng* 2016, 20ff; K/S-*Schöch* 2002 § 6 Rdn. 10f; *Walter* 1999, Rdn. 52; *Böhm* 2003, 8.

lich verwendet (s. 3. Kapitel). Was die Zielsetzung der Resozialisierung bedeutet, hat das Bundesverfassungsgericht im grundlegenden Lebach-Urteil[113] so ausgedrückt: „Dem Gefangenen sollen Fähigkeit und Willen zu verantwortlicher Lebensführung vermittelt werden, er soll lernen, sich unter den Bedingungen einer freien Gesellschaft ohne Rechtsbruch zu behaupten, ihre Chancen wahrzunehmen und ihre Risiken zu bestehen." Diese Zielsetzung hat mithin Personen im Auge, die bisher nicht (hinreichend) zu einem sozialadäquaten Verhalten fähig sind, sondern insoweit Defizite aufweisen. Wie die Forschung zeigt (s. Rdn. 17 ff), weist ein großer Teil der Strafgefangenen eine Vielzahl von Sozialisationsmängeln, Verhaltensauffälligkeiten und mehr oder weniger stark ausgeprägte Persönlichkeitsstörungen auf. Insofern wird zu Recht davon gesprochen, dass es sich vielfach nicht um eine Re-Sozialisierung, sondern um eine Ersatz-Sozialisation handeln muss.[114] Zugleich setzt die Zielsetzung voraus, dass die Insassen nicht nur lernbedürftig, sondern auch lernfähig und lernwillig sind (Rdn. 17; ausführlich 3. Kapitel) und dass solche Einwirkung auf Gefangene mit Behandlungsmaßnahmen unter den Bedingungen der Unfreiheit (s. Rdn. 18) gelingen kann. Die feststellbaren Defizite bedeuten indessen nicht, dass der Gefangene sich nicht für die von ihm begangenen Straftaten verantworten muss (s. zur Schuldeinsicht Rdn. 22), dass er sie nicht vermeiden konnte. Aber verbesserte soziale Kompetenzen werden es ihm in Zukunft erleichtern, seine Lebensziele ohne Begehung von Straftaten zu verwirklichen.[115] Die erforderliche Befähigung erstreckt sich nicht nur auf die Vermittlung von sozialen Kompetenzen, sondern auch auf die vielfältigen inneren Voraussetzungen eines straffreien Lebens.[116]

Das Vollzugsziel ist einerseits **maßgeblich für die Gestaltung des Vollzugssystems**: Auswahl, Ausbildung, Einsatz und Zusammenarbeit der Vollzugsbediensteten sind ihm ebenso verpflichtet wie Einrichtung und Struktur der Vollzugsanstalten. Das Klima muss resozialisierungsfreundlich sein. Andererseits muss das Vollzugsziel im Einzelfall Leitlinie für den Umgang mit dem Gefangenen sein.[117] Die Erreichung des Vollzugsziels verlangt auch Entscheidungen, die den Wünschen von Gefangenen zuwiderlaufen, etwa bei der beruflichen Ausbildung[118] oder bei der Festlegung der Höhe des dem Zugriff der Gläubiger entzogenen Überbrückungsgeldes.[119] Das Ziel, den Gefangenen zu befähigen, künftig in sozialer Verantwortung ein Leben ohne Straftaten zu führen, gebietet es, ihm ein **Mindestmaß an Achtung der Rechtsgüter anderer** zu vermitteln,[120] Briefverkehr zu unterbinden, der den Gefangenen veranlassen soll, den vor der Verhaftung gepflegten kriminellen Lebensstil fortzusetzen (s. näher 9 C)[121] oder der ihn in dem Ausländerhass bestärkt, der Triebfeder der Straftat war,[122] oder die Verfügung über das Hausgeld zu beschränken, solange der Einkauf noch nicht abgebucht ist, weil es dem

15

---

113 BVerfGE 25, 202, 235.
114 So bereits *Schüler-Springorum* 1969, 160 ff.
115 Vgl. hierzu *Seebode* 1997, 108; *Böhm* 2002, 807.
116 *Seebode* 1997, 122 f; so ist etwa deutlich zu machen, dass Gewalt kein Mittel zur Lösung von Konflikten ist: OLG Karlsruhe ZfStrVo 2004, 249 f.
117 Z.B. bei Verlegungen s. 2 D.
118 OLG Frankfurt ZfStrVo 1983, 245 f; näher Laubenthal 2015, Rdn. 426; s. auch 4 A Rdn. 19 ff.
119 OLG Hamm ZfStrVo 1985, 380; freilich wird die Höhe des Überbrückungsgeldes durch allgemeine VV geregelt.
120 OLG Bamberg NStZ 1994, 406 f: Nichtbeförderung eines Briefes mit beleidigendem Inhalt; OLG Karlsruhe ZfStrVo 2004, 249 f: Anhalten eines zur Veröffentlichung bestimmten Schreibens, in dem der Gefangene zum bewaffneten revolutionären Kampf aufruft; s. auch C Rdn. 20, D Rdn. 20.
121 BVerfG NStZ 1996, 55.
122 BVerfG ZfStrVo 1996, 174; KG Berlin NStZ-RR 2007, 125 f: Einbehaltung von Briefeinlagen in Form von ausländerfeindlichen Aufklebern; KG Berlin, Beschl. v. 9.5.2006 – 5 Ws 140/06 Vollz, juris: Vorenthalten der HNG-Nachrichten; zur Vorenthaltung entsprechenden Schrifttums: BVerfG ZfStrVo 1996, 175; s. auch 9 C.

Vollzugsziel widerspricht, wenn es dem Gefangenen möglich wäre, durch mehrfache Verwendung seiner Mittel „soziale Konflikte zu verursachen und den sozialen Frieden zu stören"[123] (s. auch 6 C). Einerseits, um zu erreichen, dass der Gefangene das Verbrecherische seines Handelns einsieht, wodurch die inneren Voraussetzungen für eine spätere straffreie Lebensführung geschaffen werden, andererseits, weil sonst bei ihm der Eindruck erweckt wird, dass ihm **neue Straftaten** nicht schaden und dass die Vollzugsbehörde das Erreichen des Vollzugsziels selber nicht ernst nimmt, muss auf während der Haft verübte neue Straftaten reagiert werden.[124] Ob sich die Vollzugsbehörde in diesen Fällen auf Behandlungsmaßnahmen beschränkt, disziplinarisch vorgeht oder die Strafverfolgung betreibt, ist Sache des Einzelfalls. Bei schweren Taten wird allerdings – ungeachtet innerdienstlicher Weisungen, die dies ohnehin vorschreiben – auf jeden Fall eine Strafanzeige erfolgen müssen. Die Dienstpflichtverletzung, die eine Unterlassung einer Anzeige dann bedeuten würde, stellt aber nicht die Verletzung einer Garantenpflicht i.S.v. § 13 StGB dar, da hierzu der Rückgriff auf allgemeine Zielvorgaben des Strafvollzugs nicht genügt.[125]

16 Bei der **Auslegung des Gesetzes** und bei der **Ausübung des Ermessens** spielt das Vollzugsziel eine wichtige Rolle.[126] Was der Erreichung des Vollzugsziels dienlich ist, soll im Rahmen der Möglichkeiten gewährleistet werden: Nutzung des Freigangs auch für Selbstbeschäftigung und Studium (s. näher 4 H), „abstrakte" Entscheidung über die Zulassung zum Freigang (s. näher 10 B), Ansparen von Taschengeld, ohne dass dies die Bedürftigkeit mindert,[127] Berücksichtigung des Vertrauens des Gefangenen auf eine ihm einmal eingeräumte Rechtsposition, solange er mit dem ihm entgegengebrachten Vertrauen verantwortungsbewusst umgeht,[128] Stärkung des Bezuges des Gefangenen zur Außenwelt, weshalb es unzulässig ist, die Ablehnung eines Antrages auf Ausführung gem. § 11 StVollzG ausschließlich damit zu begründen, dass der Gefangene Besuchskontakte hat und Briefe schreiben kann,[129] oder die Telefonzeit auf 20 Minuten pro Monat zu beschränken, wenn ein Strafgefangener über einen Zeitraum von drei Monaten keinen Besuch erhalten hat.[130] Kostenintensive Behandlungsmaßnahmen (Bezahlung eines Fernlehrgangs fürs Abitur), die über die schulische Grundversorgung hinausgehen, können aber nicht verlangt werden.[131] Das Vollzugsziel ist auch bei die Resozialisierung betreffenden Entscheidungen nach Strafentlassung zu beachten.[132]

17 **a) Betroffener Personenkreis.** Der Gesetzgeber nimmt an, viele Insassen der Strafanstalten bedürften einer **Stärkung ihrer Fähigkeiten und ihres Willens, in sozialer Verantwortung ein Leben ohne Straftaten zu führen**, könnten aber diese Fähigkeiten im Vollzug der Freiheitsstrafe erwerben. Dabei orientiert sich der Gesetzgeber an dem wiederholt rückfälligen Vermögensstraftäter aus ungünstigen sozialen Verhältnissen,

---

123 OLG Koblenz NStZ 1991, 151.
124 BayObLG BlStV 1/1996, 2: Verstoß gegen das BtmG; OLG Hamburg ZfStrVo 1996, 371, 373 mit insoweit unzutr. Anm. *Kubnik* 375 f.
125 BGH NStZ 1997, 597 ff mit zust. Anm. *Rudolphi*; dazu auch *Laubenthal* 2015 Rdn. 258; *Laubenthal/Nestler/Neubacher/Verrel* 2015 B Rdn. 22.
126 *Laubenthal* 2015 Rdn. 139.
127 BGH NStZ 1997, 205 f mit Anm. *Rotthaus*.
128 BVerfG NStZ 1994, 100.
129 LG Arnsberg ZfStrVo 2002, 367.
130 LG Fulda NStZ-RR 2007, 387 f.
131 OLG Hamburg NStZ 1995, 568; s. auch 4 A Rdn. 19 ff.
132 Gewährung von Sozialhilfe: VG Braunschweig ZfStrVo 1992, 384 ff mit Anm. *Nix*; Festlegung eines Schmerzensgeldes bei Veröffentlichung lange zurückliegender Straftaten unter Namensnennung des Täters, dessen Wiedereingliederung dadurch gefährdet werden kann: LG Berlin ZfStrVo 1995, 375 ff.

emotional gestörten oder unvollständigen Familien mit mangelhaften schulischen Kenntnissen und ohne angemessene berufliche Eingliederung in den Arbeitsprozess. Nach Untersuchungen aus den 70er Jahren befanden sich bis zu 80% solcher mehr oder weniger benachteiligter Personen in Strafhaft.[133] Man darf annehmen, dass sich das Bild nicht entscheidend verändert hat.[134] Neuere Untersuchungen an Jugendstrafgefangenen zeigen, dass die Betroffenen in hohem Maße solche Belastungen und Defizite aufweisen.[135] Allerdings hat die Ausweitung ambulanter Maßnahmen (Geldstrafe und Strafaussetzung zur Bewährung) zu einer Verschärfung der Mängellagen bei den verbliebenen Gefangenen geführt.[136] Mit den zahlreichen drogenabhängigen Gefangenen, den aus fremden Kulturkreisen stammenden Verurteilten und den der organisierten Kriminalität zuzurechnenden Insassen sind zudem zunehmend Personengruppen aufgetreten, auf deren sachdienliche Behandlung sich die Anstalten noch stärker einstellen müssen.[137] Das Vollzugsziel gilt auch für sie.[138] Der Strafvollzug hat sich schon immer auf neue Tätergruppen einstellen müssen, und es wird dann immer wieder notwendig (und oft schwierig), zweckmäßige und erfolgversprechende Behandlungsangebote zu entwickeln. Es besteht aber kein Anlass, solche Gruppen als vom Vollzugsziel nicht erfasst oder erfassbar anzusehen.[139] Mitunter wird angenommen, die Insassen seien nur zum Teil resozialisierungsfähig[140] und resozialisierungswillig. Das mag zwar für einzelne zutreffen, (in Grenzen) lernfähig ist aber jeder Mensch bis ins hohe Lebensalter, und die Ablehnung von Resozialisierungsbemühungen durch Gefangene weist kaum je auf mangelnden Willen zur Veränderung hin. Hinter einer solchen Ablehnung kann die Angst stehen, wieder zu versagen. Sie kann Ausdruck von Resignation sein, auf der Verinnerlichung erlernter Ausweich- und Überlebenstechniken beruhen oder auch die richtige Erkenntnis widerspiegeln, dass das konkrete Resozialisierungsangebot unangemessen oder nutzlos ist. Deshalb ist es Teil der Aufgabe, den Insassen für das Vollzugsziel **zu motivieren** und ihn zu ermuntern, trotz der früheren entmutigenden Erfahrungen sich auf einen neuen, oft für den Insassen mit vielen Unannehmlichkeiten verbundenen Versuch einzulassen (s. näher D Rdn. 7). Man wird also grundsätzlich davon ausgehen dürfen, dass die große Mehrzahl der Strafgefangenen mehr oder weniger unfähig zu einer sozial zu tolerierenden Lebensführung ist, diese Unfähigkeit aber jedenfalls vermindern kann und das auch will oder doch zu Anstrengungen in dieser Richtung zu motivieren ist.[141] Wer dieses Vertrauen in eine (wenn auch vielleicht begrenzte) Lernfähigkeit und Lernbereitschaft des bestraften Mitbürgers nicht hat, wessen Menschenbild einem statischen Modell verhaftet ist, kann weder im Strafvollzug vernünftig arbeiten noch das Gesetz im Sinne des Gesetzgebers richtig anwenden.

Richtig ist vielmehr die unterdessen in der Rechtsprechung herrschende Meinung, **18** dass bei Entscheidungen in Vollzugsfragen neben der Persönlichkeitsentwicklung, den Straftaten und zurückliegenden Auffälligkeiten im Vollzug immer und besonders sorgfältig auf die **Entwicklung im Vollzug** und neuere Beobachtungen von Einstellungsän-

---

133 Vgl. *Wiegand* 1988, 277 f; *Berckhauer/Hasenpusch* 1982, 281 ff, 295–297.
134 Einen Forschungsbericht bietet *Göppinger* Der Täter in seinen sozialen Bezügen. Ergebnisse aus der Tübinger Jungtäter-Vergleichsuntersuchung, Berlin/Heidelberg/New York/Tokyo 1983, m.w.N.
135 S. näher *Stelly/Thomas* 2017; *Kerner u.a.* 2015.
136 Auch psychische Auffälligkeiten werden häufiger berichtet: s. z.B. *Köhler* 2004, 67 ff; 81 ff.
137 Ähnlich *Laubenthal* 2015 Rdn. 141.
138 OLG Frankfurt ZfStrVo 1981, 247 f: Strafgefangene fremder Nationalität.
139 AK-*Lindemann* 2017 Teil II § 2 Rdn. 12; *Laubenthal/Nestler/Neubacher/Verrel* 2015 B Rdn. 29; *Böhm* BewHi 2002, 92, 100.
140 *Seebode* 1997, 110 hinsichtlich schwer persönlichkeitsgestörter Gewalttäter.
141 Vgl. auch *Laubenthal/Nestler/Neubacher/Verrel* 2015 B Rdn. 42.

derungen des Insassen eingegangen werden muss. Die Ablehnung von Vollzugsmaßnahmen allein mit dem Hinweis auf länger zurückliegende Vorfälle ist grundsätzlich unzulässig (s. näher 10 B Rdn. 53). Welche Bedeutung das Vollzugsverhalten einschließlich der beanstandungsfreien Bewältigung von Vollzugslockerungen gegenüber den Taten, die zur Verurteilung geführt haben, hat, ist jeweils sorgfältig zu ermitteln. Im Einzelfall kann durchaus auch länger zurückliegende Straffälligkeit entscheidend sein, zumal insbesondere das Bestehen von Vollzugslockerungen nicht immer ein verlässliches Anzeichen dafür ist, dass der Gefangene die völlig anderen Belastungen und Gefährdungen, die mit der Entlassung aus dem Strafvollzug und der vollen Verantwortung für die Lebensführung in Freiheit eintreten, bewältigt.[142] Dass das BVerfG prüft, ob bei der Verweigerung begehrter Vollzugslockerungen das Grundrecht des Gefangenen auf Resozialisierung verletzt sein könnte,[143] rechtfertigt nicht die Aussage, die Beachtung des Vollzugsziels sei eine „Dienstleistung ausschließlich zu Gunsten des Straffälligen".[144] Denn auch die Resozialisierung dient in erster Linie der Allgemeinheit; sie ist der beste Schutz vor künftigen Straftaten des Gefangenen.[145] Deshalb hat die Vollzugsbehörde auch in jedem Einzelfall festzustellen, was zur Erleichterung des Vollzugsziels notwendig ist, und hat dies dem Verurteilten nahe zu bringen. Das Aushändigen eines Blattes, auf dem die Angebote der Anstalt aufgelistet sind, für die sich der Gefangene bewerben darf (und abzuwarten, ob dies geschieht), reicht nicht aus.[146]

19 **b) Erreichen des Vollzugsziels durch Freiheitsentzug.** Der Gesetzgeber geht auch davon aus, dass der Insasse, der zu einem gesetzmäßigen Leben (noch) nicht fähig ist, diese Fähigkeit im Vollzug der Freiheitsstrafe erwerben könne. Diese Hoffnung begleitet den Strafvollzug mindestens seit dem ersten, der Resozialisierung dienenden Zuchthaus in Amsterdam (1594).[147] Sicher sind die Zusammenfassung vieler erheblich straffälliger Personen in einer Anstalt, die künstliche Atmosphäre einer Einrichtung, in der fast alle Lebensbereiche bis ins Einzelne geregelt sind, und die Trennung der Insassen von den Menschen und den Fragen, mit denen sie es „draußen" zu tun haben, keine günstigen Voraussetzungen für **soziales Lernen**. Aber auf der anderen Seite war – wie sich an dem ständigen Rückfall oft mehr als deutlich zeigt – auch die Freiheit für viele Insassen kein guter Lehrmeister. Vielleicht bietet gerade das **„Schonklima"** des Freiheitsentzugs ein besseres **Übungsfeld** zum Nachholen versäumter Lernschritte.[148] Nach ersten Erfolgen wäre die Übung dann im Rahmen gelockerten Vollzugs fortzusetzen. Außerdem erfolgt die Verurteilung zu Freiheitsstrafe nicht deshalb, weil der Gesetzgeber oder das Gericht den Strafvollzug für ein besonders gutes Lernfeld für soziales Verhalten halten. Es geht vielmehr darum, die Zeit der Strafverbüßung zur Resozialisierung zu nutzen. Das ist möglich und nötig. Bei allen Zweifeln, den Strafvollzug als geeignetes Lern- und Trainingsfeld zu begreifen,[149] ist die Auffassung, im Vollzug der Freiheitsstrafe könne das Vollzugsziel überhaupt nicht gefördert werden, für die Verhältnisse in der Bundesrepublik Deutschland weder dargetan noch überhaupt zu vermuten.[150] Dass etwa die Hälfte der aus Freiheits-

---

142 Bedenklich deshalb OLG Bremen NStZ 2000, 671f und BVerfG NStZ 2000, 109ff mit – zu Recht – krit. Anm. *Kröber* 613f; vgl. auch *Endres* ZfStrVo 2000, 67, 80.
143 BVerfG ZfStrVo 1998, 180, 183.
144 *Steindorfner* 2003, 3.
145 BVerfGE 35, 202.
146 OLG Nürnberg ZfStrVo 2003, 95f; s. näher E Rdn. 10ff.
147 S. hierzu *Schwind* 1988, 1ff.
148 Vgl. auch *Laubenthal/Nestler/Neubacher/Verrel* 2015 B Rdn. 41; *Laubenthal* 2015 Rdn. 44.
149 S. dazu insbesondere AK-*Lindemann* 2017 Teil II Vor § 2 Rdn. 5ff.
150 Ebenso K/S-*Schöch* 2002 § 6 Rdn. 18.

strafvollzug entlassenen Männer (40% der Frauen) innerhalb von 5 Jahren nach der Entlassung wieder zu Freiheitsstrafe (mit oder ohne Bewährung) verurteilt werden müssen,[151] hat für sich allein wenig zu bedeuten. Bei der Menge schwer benachteiligter Insassen ist mit einer sehr hohen Erfolgsquote vernünftigerweise nicht zu rechnen. Aus der bundesweiten Untersuchung der Legalbewährung[152] hat sich ergeben, dass in den auf die Entlassung folgenden drei Jahren zwar die Mehrzahl erneut verurteilt wird, aber 75% der aus dem Vollzug der Freiheitsstrafe Entlassenen nicht wieder in den Vollzug zurückkehren; erweitert man den Beobachtungszeitraum auf 6 bzw. 9 Jahre nach Entlassung, so wächst zwar der Anteil der Wiederkehrer, bleibt aber immer noch unter 40%.[153] Umgekehrt erhöht sich die Prozentzahl der „Aussteiger" aus der kriminellen Karriere, wenn man untersucht, wie viele der Entlassenen etwa nach 10 Jahren noch immer „ein Leben mit Straftaten" führen.[154] Auf der anderen Seite ist nicht gewiss, ob fast die Hälfte ehemaliger Gefangener gerade wegen, trotz oder ganz unabhängig von der Verbüßung einer Freiheitsstrafe bereits im ersten Jahrfünft nach der Entlassung einigermaßen straffrei leben. Untersuchungen – vor allem an aus sozialtherapeutischen Anstalten Entlassenen und vergleichbaren Gefangenengruppen aus dem Normalvollzug – deuten jedenfalls darauf hin, dass ein Vollzug, der sich durch eine besondere Fülle und Dichte resozialisierender Angebote auszeichnet, bessere Erfolge hat als ein **„Verwahrvollzug"** (s. dazu im einzelnen 3 A). So ist die optimistische Haltung des Gesetzgebers auch hinsichtlich der Möglichkeit des Erreichens des Vollzugsziels im Vollzug der Freiheitsstrafe durchaus begründbar.[155] Sie muss auch die Praxis des Vollzuges und die Interpretation des StVollzG bestimmen.

c) Fähigwerden zu einem Leben ohne Straftaten in sozialer Verantwortung. 20

Das Ziel, „ein Leben ohne Straftaten in sozialer Verantwortung" zu führen, bedeutet nicht, dass von dem Gefangenen unangemessene moralische und sittliche Leistungen verlangt werden. **„Soziale Verantwortung"** bezeichnet die Haltung, in der eben eine straffreie Lebensführung am ehesten erwartet werden kann. Empirisch-kriminologisch scheint die mangelhafte Befolgung sozialer Normen häufig mit Rückfallkriminalität einherzugehen.[156] Diese Erkenntnis muss bei der Erreichung des Vollzugsziels natürlich beachtet werden.[157] Davon ausgehend ist „das Bewusstsein einer sozialen Verantwortung gegenüber Angehörigen im Besonderen und der Gesellschaft im Allgemeinen ein notwendiges Zwischenziel von Resozialisierung",[158] das in die Anerkennung und Übernahme gesellschaftlicher Pflichten mündet.[159] Der Begriff „in sozialer Verantwortung" lässt sich aber auch dahin deuten, dass das Leben „ohne Straftaten" nicht aus Angst vor Strafe oder aufgrund von Dressur geführt wird, sondern in der richtigen Erkenntnis, dass die rechtlichen Regeln dem gedeihlichen Zusammenleben in der staatlichen Gemeinschaft dienen.[160] Das hat praktische Bedeutung für den Vollzug, weil die Berücksichtigung übertriebener Ordnungsvorstellungen, die früher einmal den „guten Gefangenen" ausgemacht haben, einem solchen Vollzugsziel wesensfremd wären. Selbst das Aufbegeh-

---

151 Vgl. Übersicht bei *Göppinger* 2008, 740.
152 *Jehle u.a.* 2010, 2013, 2016; genauer *Hohmann-Fricke/Jehle* FS 2017, 116 ff.
153 *Jehle u.a.* 2016, 206, 207.
154 Jugendstrafe betreffend: *Dolde/Grübl* ZfStrVo 1988, 29 ff; *Göppinger* 2008, 665 ff; *Kerner/Janssen* 1996, 137 ff.
155 Vgl. auch K/K/S-*Kerner* 1992 § 20 Rdn. 28–49.
156 *Göppinger* 2008, 3. Teil, § 13 und 4. Teil.
157 K/S-*Schöch* 2002 § 6 Rdn. 13; *Laubenthal* 2015 Rdn. 153; *Walter* 1999 Rdn. 273.
158 *Laubenthal/Nestler/Neubacher/Verrel* 2015 B Rdn. 43.
159 *Walter* 1999 Rdn. 273.
160 *Bemmann* 1979, 896.

ren gegen die Vollzugsordnung, auch soweit es als „schlechte Führung" nicht hingenommen werden kann, darf nicht unbesehen als Anzeichen dafür gewertet werden, dass ein Insasse seinen Urlaub zu Straftaten oder dazu missbraucht, nicht wieder in die Strafanstalt zurückzukehren.[161] Man kann schließlich den Hinweis auf die „soziale Verantwortung" als Aufforderung ansehen, neben der Stärkung der persönlichen und beruflichen Fähigkeiten auch an die Verantwortung für Angehörige und durch die Straftat Geschädigte zu denken. So ist eine Erweiterung der Angebote in Richtung auf eine **„opferbezogene Vollzugsgestaltung"** wünschenswert[162] (s. näher D Rdn. 17).

21   Ein **Leben ohne Straftaten** ist im Wortsinn kaum zu erwarten. Vergehen, wie Beleidigung, üble Nachrede, Erschleichen der Beförderung in öffentlichen Verkehrsmitteln, Betrügereien – jedenfalls solche kleineren Umfangs – bei Zoll oder Steuer begeht (meist unentdeckt) fast jeder Bürger einmal. Ein aus der Strafhaft zur Bewährung entlassener Gefangener, der in der Bewährungszeit ein solches – ja auch unter Umständen ein schwereres – Delikt begeht, wird oft weiter unter Bewährung bleiben und nicht den Widerruf mit der Folge der Verbüßung der Reststrafe riskieren müssen, weil das Begehen einer neuen Straftat nur zum Widerruf führt, wenn es zeigt, dass der Verurteilte die Erwartung, die der Strafaussetzung zur Bewährung zugrunde lag, enttäuscht hat (§ 56f Abs. 1 StGB). Erfolgt wegen einer während der Bewährungszeit begangenen Straftat eine erneute Verurteilung zu Geldstrafe, so wird so gut wie nie ein Widerruf ausgesprochen. Bei einer erneuten Verurteilung zu Freiheitsstrafe zur Bewährung wird – regelmäßig allenfalls – die Bewährungszeit verlängert.[163] Diese Praxis ist auch angemessen, wenn die neue Straftat des Entlassenen zeigt, dass die Kriminalität nachlässt bzw. im Abklingen begriffen ist. Gemeint ist mit einem „Leben ohne Straftaten" ein solches ohne erhebliche (schwere) Straftaten und ohne ständige Kleinkriminalität.[164]

22   **d) Bedeutung der „Schuldeinsicht".** Ob die Erreichung des Vollzugszieles regelmäßig,[165] im Einzelfall[166] oder jedenfalls dann, wenn der Verurteilung des Gefangenen schwerste Straftaten zugrunde liegen,[167] eine Auseinandersetzung mit der Tat, **Schuldeinsicht und Schuldverarbeitung** verlangt, ist zweifelhaft.[168] Für den Regelfall wird man das nicht sagen können. Einem Rückfall kann auch wirksam vorgebeugt werden, wenn der Gefangene eine neue Lebensperspektive und neue Interessen entwickelt oder aus dem alten kriminellen Umfeld herauswächst. Freilich wäre es im Sinne eines straffreien Lebens in sozialer Verantwortung optimal, wenn der Gefangene sich nicht nur künftig verantwortlich verhält, sondern bereits für die früheren Straftaten erkennt, welche Folgen diese für die Opfer gezeitigt haben, und dafür **Verantwortung** übernimmt. In diese Richtung zu wirken, verpflichten inzwischen die meisten Landesgesetze den Strafvollzug (s. näher D Rdn. 17). Soweit aber eine Auseinandersetzung mit der Tat und eine Schuldverarbeitung angezeigt erscheinen, kann damit nicht eine Rechtsbeschränkung begründet werden.[169] Unzutreffend wurde dagegen in Entscheidungen gleichwohl ange-

---

161 OLG Saarbrücken ZfStrVo 1978, 182; s. näher 10 B 53.
162 Bereits *Wulf* 1985, 67 ff; ebenso K/S-*Schöch* 2002 § 6 Rdn. 14; zu den hier durch die Vollzugssituation gezogenen Grenzen: *C/MD* 2008 § 2 Rdn. 29; *Laubenthal* 2015 Rdn. 165–170.
163 *Böhm/Erhard* 1988, 92 f.
164 AK-*Lindemann* 2017 Teil II § 2 Rdn. 13.
165 So noch OLG München ZfStrVo **SH** 1979, 67, 69; OLG Bamberg ZfStrVo 1979, 122.
166 OLG Koblenz ZfStrVo 1986, 314; so wohl auch *C/MD* 2008 § 2 Rdn. 25.
167 OLG Nürnberg ZfStrVo 1980, 122.
168 *Arloth* GA 1988, 415.
169 SchlH OLG SchlHA 2007, 542–544; s. auch *Schwind* BewHi 1981, 351; *Laubenthal* 2015 Rdn. *191–194*; *Seebode* 1997, 123.

nommen, bei einer Mordtat sei eine Schuldverarbeitung nur möglich, wenn der Täter lange im nicht durch Lockerungen erleichterten, geschlossenen Vollzug einsitze,[170] oder zur Schuldverarbeitung sei es nötig, Genehmigungen zu versagen.[171] Hier erscheint – bewusst oder unbewusst – die Vorstellung, ein so schuldig gewordener Mensch verdiene die Lockerung oder die erbetene Genehmigung (noch) nicht, also der Gedanke der Vergeltung oder des gerechten Schuldausgleichs zu einer Resozialisierungsvoraussetzung verfälscht worden zu sein.[172] Zudem ist es mit Gewissheit nicht festzustellen, ob ein Gefangener in seiner augenblicklichen Lage überhaupt fähig ist, Schuld zu verarbeiten, ob dies zur Resozialisierung jetzt oder später unerlässlich ist und in welcher Weise er ggf. zu einer solchen Auseinandersetzung veranlasst werden kann. Ja es ist nicht einmal sicher auszumachen, ob sich jemand mit seiner Schuld auseinandersetzt.[173] Eindeutige Handlungen (Wiedergutmachungsleistung unter Konsumverzicht) sollten gefördert werden. Gesprächsangebote, Anregungen, Vorschläge, ja Ermahnungen sind angebracht (s. näher D Rdn. 17 ff). Von Gefangenen als Schikane empfundene Rechtseinschränkungen sind aber nicht nur unzulässig, sie dürften obendrein Schuldverarbeitung eher verhindern.[174]

2. Schutz der Allgemeinheit

a) Bedeutung. Der Vollzug der Freiheitsstrafe dient (auch) dem Schutz der Allgemeinheit vor weiteren Straftaten. Mit dieser weiteren Aufgabe des Vollzuges wird nicht noch einmal das Vollzugsziel (s. oben Rdn. 12 ff) umschrieben. Das könnte man denken, denn ein Verurteilter, der fähig gemacht worden ist, künftig ein Leben ohne Straftaten zu führen, und der diese Fähigkeit dann auch nützt (wovon im Regelfall ausgegangen werden kann), ist der beste Schutz der Allgemeinheit vor weiteren Straftaten.[175] Die Aufgabe, die hier zu erörtern ist, kann auch nicht als Ermunterung zu einem Abschreckungsvollzug verstanden werden, etwa der Art, dass harte Vollzugsmaßnahmen den Verurteilten vor neuem Straffälligwerden warnen, zu Straftaten bereite Bürger außerhalb des Strafvollzuges von illegalen Verhaltensweisen abschrecken und die rechtstreue Bevölkerung in ihrer Haltung bestätigen. Wie oben (Rdn. 4, 5) erörtert, werden diese Wirkungen (wenn sie überhaupt erzielt werden können, empirische Nachweise sind sehr schwer zu erbringen!) allein durch den Vollzug der verhängten Strafe entsprechend dem Gesetz herbeigeführt. Zur Ausgestaltung des Vollzugs dürfen sie nicht herangezogen werden.

So beschränkt sich die Aufgabe auf den Inhalt, dass **während der Vollzugszeit** durch sichere Verwahrung des Insassen, gute Aufsicht, Kontrolle der Außenkontakte und sorgfältige Strukturierung der Vollzugslockerungen eine Gefährdung der Allgemeinheit durch **weitere Straftaten des Gefangenen verhindert** werden soll.[176] Dagegen lässt sich nicht einwenden, der Schutz der Allgemeinheit vor Straftaten durch sichere Verwahrung des Verurteilten sei kein durch die Strafrechtsordnung gedeckter Zweck der

23

---

170 OLG Nürnberg ZfStrVo 1980, 122; OLG Bamberg ZfStrVo 1979, 122; ähnliche Gedanken in anderem Zusammenhang auch OLG Bamberg NStZ 1989, 389 f mit Anm. *Müller-Dietz* StV 1990, 29 ff.
171 OLG München ZfStrVo **SH** 1979, 67, 69; in ähnliche Richtung weisend OLG Hamm ZfStrVo 1986, 117, 119, das es für zulässig hält, die erteilte Genehmigung zum Betreiben eines Fernsehgeräts im Haftraum zur „Erreichung des Vollzugsziels" zu widerrufen, weil der Insasse von einem ihm gewährten Strafurlaub nicht freiwillig zurückgekehrt ist.
172 So auch *Schüler-Springorum* 1989, 71 f; vgl. auch *Walter* 1999 Rdn. 287; *Bemmann* 1988, 455.
173 *Schüler-Springorum* 1989, 70.
174 *Wulf* 1985, 72; vgl. auch *Schneider* 1998, 47–49.
175 So BVerfGE 98, 200; 116, 85 f.
176 AK-*Lindemann* 2017 Teil II § 2 Rdn. 20; „Minimal-Aufgabe": C/MD 2008 § 2 Rdn. 5.

Freiheitsstrafe.[177] Vielmehr ist es ein wichtiger Teilaspekt der Spezialprävention bei der Freiheitsstrafe, die Allgemeinheit vor dem Täter zu schützen.[178] Im Rahmen der schuldangemessenen Strafe kann der Richter auch anderen Strafzwecken, so dem der Sicherung, Raum geben:[179] Das Gericht ist, solange die Sicherung durch die schuldangemessene Strafe bewirkt werden kann, was vor allem bei langen Freiheitsstrafen der Fall sein wird, an der Anordnung der Sicherungsverwahrung – sollten ihre formalen Voraussetzungen vorliegen – gehindert, weil deren materielle Voraussetzung gerade ist, dass nicht schon die schuldangemessene Freiheitsstrafe zur Sicherung der Allgemeinheit vor dem gefährlichen Täter ausreicht. Die Sicherungsaufgabe des Freiheitsentzugs kann deshalb nicht nur der Sicherungsverwahrung zugewiesen werden.[180]

24 Die Vorschrift des § 2 Satz 2 StVollzG und die ihr folgenden landesgesetzlichen Bestimmungen, **BB** § 2 Satz 2, **BE** § 2 Satz 2, **BW** § 2 Abs. 1 Satz 1 I, **BY** Art. 2 Satz 1, **HB** § 2 Satz 2, **HE** § 2 Abs. 2 Satz 2; **HH** § 2 Satz 2, **MV** § 2 Satz 2, **NW** § 6 Abs. 1, **RP** § 2 Satz 2, **SH** § 5, **SN** § 2 Satz 2, **ST** § 2 Satz 2 sowie **TH** § 2 Satz 2, formulieren generalklauselartig die Schutzaufgabe des Vollzugs und damit die Sicherungsfunktion der Freiheitsstrafe im Kontext der Vollzugsgestaltung,[181] wobei Bayern und Nordrhein-Westfalen die Sicherungsmaßnahmen näher bezeichnen: So spricht **NW** § 6 Abs. 2 von baulich-technischen Vorkehrungen, organisatorischen Regelungen und deren Umsetzung sowie sozialen und behandlungsförderlichen Strukturen; und **BY** Art. 4 spricht von sicherer Unterbringung und sorgfältiger Beaufsichtigung, gründlicher Prüfung vollzugsöffnender Maßnahmen sowie geeigneter Behandlungsmaßnahmen. In besonders gefährdeten Bereichen, bei Außenkontakten und vollzugsöffnenden Maßnahmen wird diese Sicherungsfunktion gesetzlich konkretisiert (s. namentlich 9 B und 10 B); darüber hinaus gestattet die Generalklausel des § 4 Abs. 2 Satz 2 StVollzG und der vergleichbaren Landesregelungen Beschränkungen zur Aufrechterhaltung der Sicherheit, welche den Schutz der Allgemeinheit umfasst (s. näher E Rdn. 25 ff).

25 **b) Behinderung des Vollzugsziels der Resozialisierung durch Gewährleistung von Sicherheit.** Die Wahrnehmung der Sicherungsaufgabe stört nicht unbedingt die Erreichung des Vollzugsziels: Natürlich soll der Gefangene sein strafbares Tun nicht fortsetzen, dadurch wird er auch nicht fähig, künftig ohne Straftaten zu leben. So entspricht die Kontrolle von Brief- und Besuchsverkehr, die das Ziel verfolgt, Straftaten des Gefangenen zu verhindern, auch dem Vollzugsziel der Resozialisierung, ebenso die Versagung einer Dauertelefongenehmigung, wenn die Gefahr besteht, dass mit ihrer Hilfe Straftaten aus der Anstalt heraus begangen werden. Kritisch wird es aber dann, wenn **Vollzugsziel und weitere Aufgabe des Vollzugs miteinander in Widerspruch** stehen, wenn die behandelnde Maßnahme, die die Chance des Verurteilten, künftig ein Leben ohne Straftaten zu führen, erhöht, zugleich das Risiko des Missbrauchs mit sich bringt: Zur Resozialisierung ist der enge Kontakt zu der Familie notwendig. Das legt es nahe, Besuche nicht abzuhören und Briefe nicht zu lesen. Es besteht aber die Gefahr, dass der Gefangene mit Hilfe seiner Besuche oder Briefe Kontakte für ein kriminelles Treiben etwa betrügerischer Art fortsetzt. Eine qualifizierte Berufsausbildung nachzuholen, ist ein wichtiger

---

177 So aber *C/MD* 2008 § 2 Rdn. 5.
178 K/S-*Schöch* 2002 § 6 Rdn. 24 f; *Laubenthal* 2015 Rdn. 171 f.
179 BGHSt 20, 264, 267.
180 Wie hier BVerfG NJW 2004, 739, 748: „So wie das Gericht im Rahmen der schuldangemessenen Strafzumessung den Strafzweck der Sicherung berücksichtigen darf, ist diese Sicherung auch Aufgabe des Vollzugs".
181 *Walter* 1995, 198; *Laubenthal* 2015 Rdn. 173.

und erfolgversprechender Beitrag des Strafvollzugs zur Verbesserung der Chancen eines Inhaftierten, künftig straffrei zu leben. Aber viele Ausbildungsgänge machen es nötig, Insassen Werkzeuge in die Hand zu geben, mit denen sie auch Straftaten begehen können. Die Kontrolle bei vielen Ausbildungsgängen ist weniger gut möglich als bei Hilfsarbeiten. Teile der Ausbildung können vielleicht nur im Freigang absolviert werden, wobei die Situation der mangelnden Aufsicht zu Straftaten genützt werden kann. Vollzugslockerungen sind zur Erreichung des Vollzugsziels zu gewähren, um die sozialen Beziehungen des Inhaftierten nicht zu gefährden und um die in Richtung auf Erfüllung des Vollzugsziels durchgeführten Maßnahmen außerhalb der geschlossenen Einrichtung auf ihre Nützlichkeit hin zu erproben. Auch hierbei müssen **vertretbare Risiken**, die Sicherung der Allgemeinheit vor weiteren Straftaten des Verurteilten betreffend, eingegangen werden (s. näher Rdn. 27).[182] Zur Allgemeinheit gehören auch die Anstaltsbediensteten und die Mitgefangenen.[183] Die Vollzugsgestaltung muss deshalb auch darauf ausgerichtet sein zu verhindern, dass Gefangene durch Straftaten anderer Gefangener geschädigt werden. Diese Gefahren[184] verlangen sorgfältige Auswahl der Insassen, die – etwa beim „Umschluss" – für längere Zeit unbeaufsichtigt in einem Haftraum eingeschlossen werden, und die unmittelbare Beaufsichtigung der Gefangenen im geschlossenen Vollzug bei gemeinsamer Arbeit und Freizeit. Diese Notwendigkeiten binden personelle und sächliche Ressourcen. Allerdings sind diese Maßnahmen auch unerlässlich, um die Voraussetzungen zur Erreichung des Vollzugsziels zu schaffen.[185]

Wie oben (Rdn. 10) schon erwähnt, neigt die Praxis dazu, selbst dort, wo der Vorrang der Resozialisierung gesetzlich festgelegt ist (s.o. Rdn. 11), das in erster Linie **zu verfolgende Vollzugsziel durch die** nur in zweiter Linie **zu beachtende Sicherheitsaufgabe** übermäßig **einzuengen** und **zu behindern**. Dabei spielt eine Rolle, dass sich ein Misserfolg bei der auf die vollzugliche Gegenwart bezogenen Sicherheitsaufgabe sofort deutlich und schmerzlich zeigt (jedenfalls in der Regel, natürlich werden mitunter Straftaten eines pünktlich zurückgekehrten „Urlaubers" erst später entdeckt), während die Erreichung des Vollzugsziels erst in vielen Jahren (vielleicht) erwiesen oder wenigstens wahrscheinlich ist, dann nämlich, wenn der Entlassene mit seinem Leben in Freiheit besser zurecht kommt und keine Straftaten mehr begeht. Das Risiko einer Vollzugsmaßnahme für die Sicherheit der Allgemeinheit ist also leicht festzustellen und zu belegen. Die Notwendigkeit dieser Vollzugsmaßnahme zur Erreichung des Vollzugsziels im Einzelfall ist dagegen viel unsicherer zu begründen. Außerdem begünstigt der Glaube an die Veränderbarkeit von Einstellungen und Verhaltensweisen, an ein dynamisches Menschenbild, die Bevorzugung des Vollzugsziels, während die Vorstellung, jemand bleibe so (gefährlich), wie er war, die Sicherheitsaufgabe stärker in den Vordergrund rückt. Ist bei einer Vollzugslockerung „etwas passiert", so werden aus den Akten und dem Vorleben des Verurteilten gerne Vorfälle hervorgekramt, die den jetzt geschehenen ähnlich sind. Sie hätten einer Lockerungsentscheidung entgegenstehen müssen, heißt es dann. Dass sich ein Mensch ändern kann und dass gerade diese Idee dem Strafvollzug zugrunde liegt, wird in solchen Fällen leicht übersehen. Exakte Feststellungen über die in Strafanstalten, aus der Strafanstalt heraus oder von entwichenen Gefangenen began-

---

182 *Laubenthal* 2015 Rdn. 174; K/S-*Schöch* 2002 § 6 Rdn. 50.
183 K/S-*Schöch* 2002 § 6 Rdn. 24; *Laubenthal* 2015 Rdn. 172.
184 *Preusker* ZfStrVo 2003, 229 f; *Walter* 1999 Rdn. 271; *Böhm* 2003 Rdn. 175; speziell zu Gewalt unter Gefangenen *Laubenthal/Nestler/Neubacher/Verrel* 2015 B Rdn. 21.
185 Zur Entschädigung verletzter Gefangener durch die Vollzugsbehörde – Aufopferungsanspruch – bzw. nach dem OEG: K/S-*Schöch* 2002 § 7 Rdn. 206–210; fragwürdig BSG ZfStrVo 2002, 50, 54 – Straftäter haben gefängnistypische Schädigungen gem. § 2 Abs. 1 OEG selbst verschuldet.

gene Straftaten fehlen.[186] Über in Zusammenhang mit Vollzugslockerungen begangene Straftaten liegen dagegen Untersuchungen vor, die keine beunruhigende Gefährdung der Allgemeinheit belegen.[187] Verletzen Vollzugsbedienstete bei der Gewährung von Lockerungen ihre Sorgfaltspflichten schuldhaft (etwa Nichtbeachtung evidenter Risikofaktoren) und schädigt der Gefangene einen Bürger, so hat die Vollzugsbehörde, wenn der Geschädigte vom Täter keinen Ersatz erlangen kann, gem. Art. 34 GG i. V. mit § 839 BGB Schadensersatz zu leisten und kann bei grober Fahrlässigkeit des Bediensteten bei diesem Regress nehmen (s. näher 10 B).

27   **c) Lösungsmöglichkeiten für den Zielkonflikt.** Die Lösung dieses Zielkonflikts (oder doch seine Ordnung) ist eine der wichtigsten und schwierigsten Aufgaben der vollzuglichen Praxis. Im Einzelfall ist es zunächst erforderlich, die Bedeutung der – sicherheitsgefährdenden – Maßnahme für die Erfüllung des Vollzugsziels festzustellen.[188] Statt Mitarbeiter der Fachdienste zu Stellungnahmen zur Missbrauchsgefahr zu veranlassen, erscheint es sachdienlich zu prüfen, ob die Vollzugsmaßnahme wirklich notwendig ist, ob ein weniger sicherheitsgefährdender Ersatz nicht gleiche oder ähnliche Dienste leistet, ob vorbereitende Maßnahmen nötig sind und welche Gefahren für die Erreichung des Vollzugsziels drohen, wenn die Maßnahme nicht durchgeführt wird. Ferner ist zu prüfen, welche Folgen das Scheitern der Maßnahmen wegen Missbrauchs für das Vollzugsziel hat. Zu große Überforderungen des Verurteilten sind auch für seine Entwicklung schädlich.

Auf der anderen Seite ist zu prüfen, für welche Rechtsgüter einzelner oder der Allgemeinheit bei Gewährung der Vollzugsmaßnahme Gefahr droht und welchen Grad diese Gefahr erlangt. Man wird hier eine **Abwägung** anstellen müssen und dafür den Rechtsgedanken von § 57 StGB heranziehen können, d.h. das Sicherheitsinteresse der Allgemeinheit je nach **Gewicht des bedrohten Rechtsguts** unterschiedlich berücksichtigen. Danach kann eine für den Gefangenen günstige Entscheidung umso eher verantwortet werden, je geringer das Gewicht der bedrohten Rechtsgüter ist.[189] Gefahr für die Ehre einzelner Bürger, weil der Verurteilte leicht unbeschwert schimpft, hat natürlich einen anderen Stellenwert als Gefahr für Leben und Gesundheit von Menschen. Die Gefahr von Zechprellerei, Ladendiebstahl und Fahren ohne Fahrerlaubnis ist eher hinzunehmen als die Gefahr von Raubüberfällen und Einbruchsdiebstählen. Dann ist zu bedenken, welche Maßnahmen ergriffen werden können, um die Gefahren zu vermindern und doch die Vollzugslockerungen, die Ausbildung oder die besondere Freizeitgestaltung zu gewähren. In Betracht kommen Auflagen und stützende Hilfen. Wichtig ist auch – vor allem bei Lockerungen – die Nähe des voraussichtlichen Entlassungstermins. Je näher der Zeitpunkt rückt, an dem der Verurteilte ohnehin in die Freiheit gelangt, desto weniger kann die Gefahr des Missbrauchs Berücksichtigung finden.[190] Dem entgegen neigen Vollzugsbehörden heute dazu, bis zum letzten Tag der Haft keine Lockerungen zu gewähren, damit in ihrem Verantwortungsbereich kein Missbrauch stattfindet.[191] Sie stellen nicht in Rechnung, dass ein solches Verhalten die Rückfallgefahr nach der Entlassung erhöhen kann.

---

186   *Böhm* 2003 Rdn. 37.
187   *Dolde* 1994; *Dünkel* 1993 und *ders.* 1998, 55 ff; *ders.* 2016.
188   BVerfG NStZ 1998, 430 f.
189   Vgl. auch BVerfG NJW 2000, 502; BVerfG, Beschl. v. 8.11.2006 – 2 BvR 578/02.
190   So schon *Kerner* ZfStrVo 1977, 74, 83.
191   Vgl. *Laubenthal* 2015 Rdn. 561.

D. Gestaltung des Vollzuges

§§ 3, 141 StVollzG; BW §§ 2, 5, 97–103 III JVollzGB; BY Art. 2, 5, 78, 159–163, 167 BayStVollzG; BE § 3 StVollzG Bln; BB §§ 7, 8 BbgJVollzG; HB § 3 BremStVollzG; HH §§ 3, 93–97 HmbStVollzG; HE §§ 3, 5, 66 HStVollzG; MV § 3 StVollzG M-V; NI §§ 2, 107–112b, 173 NJVollzG; NW §§ 2, 91, 92 StVollzG NRW; RP §§ 7, 8 RhPfLJVollzG; SL § 3 SLStVollzG; SN § 3 SächsStVollzG; ST §§ 7, 8 JVollzGB LSA; SH §§ 3, 95–99 LStVollzG SH; TH §§ 7, 8 ThürJVollzG; ME § 3 ME-StVollzG

Schrifttum

Arloth Der Angleichungsgrundsatz des § 3 Abs. 1 StVollzG: Gestaltungsprinzip oder Leerformel? in: ZfStrVo 1987, 328 ff; *Bachmann* Bundesverfassungsgericht und Strafvollzug. Eine Analyse aller veröffentlichten Entscheidungen, Berlin 2015; *Baier/Bergmann* Gewalt im Strafvollzug – Ergebnisse einer Befragung in fünf Bundesländern, in: FS 2013, 76 ff; *Bemmann* Über den Angleichungsgrundsatz des § 3 Abs. 1 StVollzG, in: Küper u.a. (Hrsg.), FS Lackner, Berlin 1987, 1047 ff; *Bennefeld-Kersten* Suizide von Gefangenen in der Bundesrepublik Deutschland in den Jahren 2000–2008, in: BewHi 2009, 396 ff; *Eisenberg* „Dann bleiben wir halt hier". Das Gefängnis als Lebensform, in: psychosozial 1996, 95 ff; *Goerdeler* Gewalt im Strafvollzug, in: Puschke (Hrsg.), Strafvollzug in Deutschland, Berlin 2011, 105 ff; *Hürlimann* Führer und Einflussfaktoren in der Subkultur des Strafvollzugs, Pfaffenweiler 1993; *Köhne* Alkohol im Strafvollzug, in: ZRP 2002, 168 ff; *ders.* Die „allgemeinen Lebensverhältnisse" im Angleichungsgrundsatz des StVollzG, in: BewHi 2003, 250 ff; *ders.* Eigene Kleidung im Strafvollzug?, in: ZRP 2003, 60 ff; *ders.* Drogenkonsum im Strafvollzug, in: ZRP 2010, 220 ff; *Lesting* Normalisierung im Strafvollzug, Pfaffenweiler 1988; *Laubenthal* Gefangenensubkulturen, in: APuZ 2010, 34 ff; *Neubacher* Gewalt hinter Gittern, Stuttgart 2008; *Rössner* Wiedergutmachen statt Übelvergelten, in: Marks/Rössner (Hrsg.), Täter-Opfer-Ausgleich, Bonn 1990, 7 ff; *Schöch* Rechtliche Aspekte einer Opferorientierung im Strafvollzug, in: FS 2016, 274 ff; *Schüler-Springorum* Strafvollzug und Strafvollzugsgesetz, in: Kaufmann u.a. (Hrsg.), FS Bockelmann, München 1979, 869 ff; *Schwind* Tiere im Strafvollzug, in: Schneider u.a. (Hrsg.), FS Seebode zum 70. Geburtstag 2008, 551 ff; *Walther* Möglichkeiten und Perspektiven einer opferbezogenen Gestaltung des Strafvollzugs, Herbolzheim 2002; *Weis* Die Subkultur der Strafanstalt, in: Schwind/Blau (Hrsg.), Strafvollzug in der Praxis, 2. Auflage Berlin/New York 1988, 239 ff; *Suhling/Rabold* Gewalt im Gefängnis – Normative, empirische und theoretische Grundlagen, in: FS 2013, 70 ff; *Wirth* Gewalt unter Gefangenen. Kernbefunde einer empirischen Studie im Strafvollzug des Landes Nordrhein-Westfalen, in: BewHi 2007, 185 ff; *Wulf* Opferbezogene Vollzugsgestaltung – Grundzüge eines Behandlungsansatzes, in: ZfStrVo 1985, 67 ff.

Übersicht

I. Allgemeine Hinweise —— 1–3
II. Erläuterungen —— 4–28
   1. Angleichungsgrundsatz —— 4–10
     a) Bedeutung —— 4
     b) Anwendungsschwierigkeiten —— 5
     c) Negative und positive Ausprägungen des Angleichungsgrundsatzes —— 6, 7
     d) Vergleichsmaßstab —— 8, 9
     e) Nachrangigkeit des Angleichungsgrundsatzes —— 10
   2. Gegensteuerungsgrundsatz —— 11–13
   3. Integrationsgrundsatz, Öffnungsgrundsatz —— 14, 15
   4. Differenzierungsgrundsatz —— 16
   5. Auseinandersetzung mit Tat und Tatfolgen, Opferbezug —— 17–25
   6. Grundsätze zur angeordneten und vorbehaltenen Sicherungsverwahrung —— 26–28

I. Allgemeine Hinweise

Der Bundesgesetzgeber hatte in § 3 StVollzG drei **Gestaltungsgrundsätze** des Vollzugs aufgestellt, den **„Angleichungs-"**, den **„Gegensteuerungs-"** und den **„Integrationsgrundsatz"**.[192] Diese Grundsätze haben die Landesstrafvollzugsgesetze durchweg

---

[192] Die einprägsamen Bezeichnungen stammen von *C/MD* 2008 § 3 Rdn. 1.

übernommen, die meisten in (fast) wörtlicher Übereinstimmung, so **BB** § 7 Abs. 1 und 2 sowie § 8 Abs. 2, **BW** § 2 Abs. 2, 3 und 4 III, **BY** Art. 5 Abs. 1–3, **HH** § 3 Abs. 1, **HE** § 3 Abs. 1–3, **MV** § 3 Abs. 2, 4 und 5, **RP** § 7 Abs. 1 und 2 sowie § 8 Abs. 2, **SL** § 3 Abs. 2, 4 und 5, **SN** § 3 Abs. 2, 4 und 5. Lediglich Niedersachsen **NI** § 2 Abs. 3 hat mit der Betonung der Mitarbeitsbereitschaft der Gefangenen beim Integrationsgrundsatz einen deutlich anderen Akzent gesetzt, der sich auch in der Idee eines „Chancenvollzugs", **NI** § 6, niederschlägt (s. näher u. E Rdn. 13).

2   Die meisten Landesgesetze gehen indessen über die bundesgesetzlichen Bestimmungen hinaus. Einerseits werden die genannten Gestaltungsgrundsätze näher konkretisiert (s. Rdn. 4 ff, 11 ff, 14 ff), andererseits werden ihnen **weitere Grundsätze** zur Seite gestellt: Dazu zählen die Achtung der Grund- und Menschenrechte der Gefangenen (Rdn. 14), die Differenzierung nach unterschiedlichen Bedürfnissen und Behandlungserfordernissen (s. Rdn. 15 ff), die Tataufarbeitung bzw. Opferorientierung (s. Rdn. 16 ff) sowie die Sonderbehandlung von Gefangenen mit drohender Sicherungsverwahrung (s. Rdn. 25 ff). Aufs Ganze gesehen handelt es sich bei diesen Konkretisierungen und Erweiterungen nicht um inhaltliche Novitäten, vielmehr um die Akzentuierung und Hervorhebung bestimmter Gestaltungsaspekte, die bereits bisher von den Vollzugsaufgaben und allgemeinen Gestaltungsprinzipien abgeleitet worden sind. Insofern indizieren die verschiedenen Gesetzesfassungen keine elementaren Unterschiede in der Vollzugsgestaltung zwischen den Ländern. Sie sollen einerseits den Ausbau und die Organisation des Vollzuges der Freiheitsstrafe insgesamt bestimmen. Andererseits sollen sie dann bedacht werden, wenn bei einer Einzelfallentscheidung Raum für die Ausübung von Ermessen bleibt oder ein Beurteilungsspielraum gegeben ist. Jeder, der mit dem Vollzug befasst ist, soll sein Handeln an diesen Grundsätzen ausrichten. Unmittelbar können Gefangene aus den Gestaltungsgrundsätzen keine Rechte herleiten.[193] Spezielle gesetzliche Regelungen gehen ihnen vor.

3   Die Beachtung der Gestaltungsgrundsätze dient der Erreichung des Vollzugsziels und der Erfüllung der Vollzugsaufgaben. Es ist aber nötig, das **Verhältnis der Gestaltungsgrundsätze zu den Aufgaben des Vollzuges und zu einander** zu bestimmen. Was das Vollzugsziel angeht, so lassen sich ihm alle drei zentralen Gestaltungsgrundsätze nutzbar machen. Um das Vollzugsziel zu erreichen, nämlich unter den Bedingungen der Unfreiheit die Gefangenen auf eine sozialverantwortliche Lebensführung ohne Straftaten in Freiheit vorzubereiten, müssen die Verhältnisse im Vollzug so gestaltet werden, dass sie möglichst wenig von den Lebensbedingungen in der Außenwelt abweichen. Zugleich muss zur Verbesserung der Eingliederungschancen, aber auch zum Schutz des Gefangenen den schädlichen Wirkungen der Inhaftierung entgegengewirkt werden. Mit den Worten des Bundesverfassungsgerichts[194] sollen „dem Gefangenen Fähigkeiten und Willen zu verantwortlicher Lebensführung vermittelt werden". Weiter soll „er es lernen […], sich unter den Bedingungen einer freien Gesellschaft ohne Rechtsbruch zu behaupten, ihre Chancen wahrzunehmen und ihre Risiken zu bestehen". Ein solcher Lernprozess, der oft eine langfristige Fehlentwicklung des Insassen berücksichtigen und „umkehren" muss, kann allerdings nicht ausschließlich mit Angleichung und Gegensteuerung bestritten werden kann. Der Angleichungsgrundsatz wird zudem nur umsichtig angewendet werden können. Das ergibt sich schon daraus, dass es zur Erreichung des Vollzugziels notwendig ist, Rechte des Gefangenen einzuschränken (s. E Rdn. 6), also „Angleichung" gerade zu vermeiden. Diese Gegenläufigkeit setzt sich auf

---
193 KG ZfStrVo 1998, 308; C/MD 2008 § 3 Rdn. 2; *Laubenthal/Nestler/Neubacher/Verrel* 2015 B Rdn. 49; *Laubenthal* 2015 Rdn. 196.
194 BVerfGE 35, 235.

der Ebene des Ermessens fort. Dabei geht die Erreichung des Vollzugsziels dem Angleichungsgrundsatz vor. Eine Angleichung dient der Erreichung des Vollzugsziels nicht, wenn der Verurteilte – wie vielleicht sein Scheitern und Straffälligwerden gezeigt haben – den „allgemeinen Lebensverhältnissen" (noch) nicht gewachsen ist und den in der Vollzugsanstalt geschaffenen künstlichen „Schonraum" für erste Lernschritte benötigt. Das wird vor allem bei der Organisation von schulischer und beruflicher Ausbildung (s. näher 4. Kapitel) zu bedenken sein, die – gerade im Gegensatz zu der den allgemeinen Lebensverhältnissen entsprechenden –, soll sie Erfolg haben, besonders die durch enttäuschende Vorerfahrungen und mangelndes Selbstvertrauen des Insassen entstandene Lage berücksichtigen muss. Auch der Gegensteuerungsgrundsatz macht mitunter ein Abweichen von dem im allgemeinen Leben Üblichen notwendig. Eine unkontrollierte und unbeobachtete Kommunikation der Insassen ist oft nicht nur aus Sicherheitsgründen, sondern auch deswegen unangebracht, weil der Außenseiter in der Gefangenengruppe gequält oder ausgenützt wird (s. näher Rdn. 13). Der Angleichungsgrundsatz wird also nur dann herangezogen werden dürfen, wenn seine Verwirklichung im Allgemeinen oder im Einzelfall weder dem Vollzugsziel noch der Aufgabe, die Allgemeinheit vor Straftaten zu schützen, entgegenläuft und sich mit dem Gebot des Gegensteuerungsgrundsatzes vereinbaren lässt.

II. Erläuterungen

1. Angleichungsgrundsatz. § 3 Abs. 1 StVollzG; **BW** § 2 Abs. 2 III JVollzGB; **BY** Art. 2 **4** Satz 1 BayStVollzG; **BE** § 3 Abs. 3 StVollzG Bln; **BB** § 7 Abs. 1 BbgJVollzG; **HB** § 3 Abs. 4 BremStVollzG; **HH** § 3 Abs. 1 Satz 1 HmbStVollzG; **HE** § 3 Abs. 1 Satz 1 HStVollzG; **MV** § 3 Abs. 4 StVollzG M-V; **NI** § 2 Abs. 1 NJVollzG; **NW** § 2 Abs. 1 Satz 1 StVollzG NRW; **RP** § 7 Abs. 1 Satz 1 RhPfLJVollzG; **SL** § 3 Abs. 4 SLStVollzG; **SN** § 3 Abs. 4 SächsStVollzG; **ST** § 7 Abs. 1 JVollzGB LSA; **SH** § 3 Abs. 3 LStVollzG SH; **TH** § 7 Abs. 1 ThürJVollzG

a) Bedeutung. Nach § 3 Abs. 1 StVollzG – und ihm folgend **BW** § 2 Abs. 2 III, **BY** Art. 2 Satz 1, **NI** § 2 Abs. 1, **ST** § 7 Abs. 1 – „soll" das Leben im Vollzug den allgemeinen Lebensverhältnissen soweit als möglich angeglichen werden. Dem gegenüber „ist" in allen anderen Ländern, **BE** § 3 Abs. 3, **BB** § 7 Abs. 1, **HB** § 3 Abs. 4, **HH** § 3 Abs. 1 Satz 1, **HE** § 3 Abs. 1 Satz 1, **MV** § 3 Abs. 4, **NW** § 2 Abs. 1 Satz 1, **RP** § 7 Abs. 1 Satz 1, **SL** § 3 Abs. 4, **SN** § 3 Abs. 4, **SH** § 3 Abs. 3 und **TH** § 7 Abs. 1, der Vollzug den allgemeinen Lebensverhältnissen anzugleichen, aber auch hier nur soweit möglich. Aus der unterschiedlichen Fassung ergeben sich keine Unterschiede.[195] In beiden Fällen, als Ist- oder Soll-Vorschrift, wird die Anstalt auf die Beachtung des Angleichungsgrundsatzes verpflichtet und in beiden Fällen kann der Gefangene daraus keine Rechtsansprüche ableiten.[196] Der „Angleichungsgrundsatz" dient nach dem Willen der Gesetzgeber dazu, „Besonderheiten des Anstaltslebens, die den Gefangenen lebensuntüchtig machen können", zurückzudrängen. In dieser negativen Form ist der Bezug zum Vollzugsziel, aber auch eine Nähe zum Gegensteuerungsgrundsatz ohne Weiteres gegeben. Schwierig ist es dagegen positiv zu bestimmen, was die Angleichung an die allgemeinen Lebensverhältnisse meint. Eine wesentlich bessere Beschreibung des mit dem etwas „vollmundigen" Angleichungsgrundsatz Gemeinten ist in Nr. 65 EuStVollzGrds gelungen.[197] Danach muss si-

---

[195] So auch AK-*Feest/Lesting* 2017 Teil II § 3 Rdn. 22.
[196] Einhellige Auffassung, *Laubenthal/Nestler/Neubacher/Verrel* 2015 B Rdn. 49, *Arloth/Krä* 2017 § 3 StVollzG Rdn. 8, *Laubenthal* 2015 Rdn. 196, AK-*Feest/Lesting* 2017 Teil II § 3 Rdn. 22.
[197] Ähnlich *Laubenthal* 2015 Rdn. 198.

chergestellt sein, „dass die Lebensbedingungen mit der Menschenwürde vereinbar und mit den allgemein anerkannten Normen der Gesellschaft vergleichbar sind" und andererseits „die schädlichen Wirkungen des Vollzugs und die Unterschiede zwischen dem Leben im Vollzug und in der Freiheit, welche die Selbstachtung oder die Eigenverantwortung des Gefangenen beeinträchtigen können, auf ein Mindestmaß herabgesetzt werden". Der erste Aspekt bringt zum Ausdruck, dass die Lebensbedingungen im Vollzug der **Menschenwürde** des Gefangenen gemäß sind und den allgemein anerkannten sozialen Regeln entsprechen. Dieser Aspekt des Angleichungsgrundsatzes hat BW III § 2 Abs. 1 – unter Bezugnahme auf Art. 1 GG und Art. 3 EMRK – als eigenständigen Behandlungsgrundsatz ganz nach vorne gestellt: „Die Gefangenen sind unter Achtung ihrer Grund- und Menschenrechte zu behandeln. Niemand darf unmenschlicher erniedrigender Behandlung unterworfen werden." Der zweite Aspekt betrifft die Reduzierung der Unterschiede zwischen dem Leben in Freiheit und dem Freiheitsentzug auf ein **Mindestmaß**, d.h. soweit nach Maßgabe der spezifischen Erfordernisse des Strafvollzugs möglich. Die wichtigste Begrenzung ergibt sich aus der Vollzugsaufgabe des **Schutzes der Allgemeinheit** (s.o. B Rdn. 23ff) sowie aus der elementaren Voraussetzung für die innere **Sicherheit** und das geordnete Zusammenleben in der Anstalt. Explizit bringen HH § 3 Abs. 2 Satz 1 sowie HE § 3 Abs. 1 Satz 2 „Sicherheit und Ordnung der Anstalt" als die übrigen Gestaltungsgrundsätze beschränkenden Aspekt zum Ausdruck, wobei HH § 3 Abs. 2 Satz 1 zusätzlich den vagen Begrenzungsaspekt „Belange der Allgemeinheit" einführt, mit dem aber richtiger Weise nichts anderes als die Sicherungsaufgabe des Vollzugs gemeint sein kann. Wie *Neubacher*[198] zu Recht meint, sind diese Regelungen entbehrlich, zeigen aber die rechtspolitische Tendenz der Verstärkung der Sicherheitsbelange gegenüber Behandlungsgedanken.

5   **b) Anwendungsschwierigkeiten.** Der Angleichungsgrundsatz ist zwar in § 3 StVollzG als erster Grundsatz erwähnt und scheint dadurch besonders hervorgehoben. *Schüler-Springorum*[199] weist ihm auch entscheidende Bedeutung für die Erreichung des Vollzugsziels zu.[200] Dem ist aber aus den oben (Rdn. 3) erwähnten und den folgenden Gründen nicht ohne Weiteres zu folgen.[201]

Die Praxis hat bei der Anwendung des Grundsatzes Schwierigkeiten, weil er **nicht eindeutig ist**. So soll es den allgemeinen Lebensverhältnissen entsprechen, dass während der mehrere Tage in Anspruch nehmenden Abrechnung der für den Einkauf verwendeten Hausgeldbeträge die Gefangenen nicht über ihre Konten verfügen dürfen,[202] dass die Anstalt die Obliegenheit trifft, sich durch Einholen von Preisvergleichen darüber zu versichern, dass der Anstaltskaufmann seine Waren zu marktgerechten Preisen anbietet[203] oder dass Strafgefangene mit langen Freiheitsstrafen (im Gegensatz zu anderen) einen Wellensittich im Haftraum halten dürfen.[204] Die Kontrolle des angleichungswidrigen Monopols des Kaufmanns und die Lockerung des angleichungswidrigen Verbots der Kleintierhaltung bei Langstrafigen, die darunter besonders leiden, entspricht

---

198 *Laubenthal/Nestler/Neubacher/Verrel* 2015 B Rdn. 63.
199 *Schüler-Springorum* 1979, 879.
200 Ähnlich: AK-*Feest/Lesting* 2017 Teil II § 3 Rdn. 22; *Walter* 1999 Rdn. 390.
201 Zutr.: *Arloth* ZfStrVo 1987, 330; ähnlich K/S-*Schöch* 2002 § 5 Rdn. 9.
202 OLG Koblenz ZfStrVo 1991, 50ff.
203 LG Hamburg ZfStrVo 1992, 258, 260; vgl. auch OLG Frankfurt ZfStrVo 2004, 180 betr. Kabelgebühr beim Fernsehen; OLG Nürnberg, Beschl. v. 1.3.2007 – 2 Ws 73/07, juris betr. Energiekostenbeitrag für Anschluss des privaten Fernsehgerätes an anstaltseigene Antennenanlage.
204 OLG Karlsruhe ZfStrVo 2002, 373ff; OLG Saarbrücken ZfStrVo 1994, 51; zur günstigen Wirkung tiergestützter Pädagogik allgemein, s. *Schwind* FS Seebode 2008, 551ff.

dem Gegensteuerungsgrundsatz. Die Heranziehung des Angleichungsgrundsatzes leuchtet nicht ein. Das OLG Frankfurt[205] sieht in der aus Sicherheitsgründen ergangenen Anordnung, allein zu duschen, eine Sonderbehandlung mit diskriminierendem Charakter, die den Gefangenen in seinen Rechten beschränkt, obgleich doch gerade dieser Gefangene – vielleicht als einziger in der Anstalt – sich unter Bedingungen säubern darf, die den allgemeinen Lebensverhältnissen entsprechen. Es ist auch auffällig, dass gerade der Angleichungsgrundsatz herangezogen wird, um Ermessensüberlegungen der Vollzugsbehörde zu stützen, die zur Ablehnung von Anträgen von Gefangenen führen: kein Anspruch auf Beibehaltung kostenlosen Gemeinschaftsrundfunkprogramms, weil der Staat auch „draußen" keine „überlebten sozialen Begünstigungen" aufrecht erhalte,[206] Verweis auf noch zur Verfügung stehende Urlaubstage statt Gewährung des beantragten Ausgangs, weil in Freiheit kein Arbeitnehmer während der Arbeitszeit Dienstbefreiung erhalte, um seinen Anwalt in einer Rechtsangelegenheit aufsuchen zu können,[207] kein Anrecht auf die Gewährung von Sonderurlaub für einen Inhaftierten für die Erledigung von steuerlichen Angelegenheiten, weil auch kein Arbeitnehmer Sonderurlaub für solche Angelegenheiten erhalten würde,[208] Anrechnung der vom Staat geleisteten Unterkunft und Verpflegung bei der Berechnung des pfändbaren Einkommens des Gefangenen, weil er sonst besser stünde als ein freier Bürger und das doch dem Angleichungsgrundsatz widerspreche,[209] Beteiligung an Strom-[210] und Telefonkosten,[211] Einführung der Praxisgebühr im Strafvollzug.[212]

Alle diese Entscheidungen lassen sich **aus anderen Gründen** rechtfertigen. Die Sorge einer ungerechtfertigten Privilegierung der Gefangenen leuchtet weniger ein. Der Angleichungsgedanke verstellt eben auch den Blick darauf, dass manche mit dem Freiheitsentzug notwendig verbundenen Beschränkungen durch günstigere Gestaltung auf anderen Gebieten kompensiert werden müssen, um die Freiheitsstrafe noch verhältnismäßig sein zu lassen. Dies ist dann Gegensteuerung, die gerade nicht Angleichung, sondern Besserstellung verlangt.[213]

c) Negative und positive Ausprägungen des Angleichungsgrundsatzes. Dem Angleichungsgrundsatz widersprechen die Pflicht, Anstaltskleidung zu tragen,[214] die Unterbringung in einem Raum mit zum Wohn- und Schlafteil unabgetrenntem WC, für den zentral das Licht ein- und ausgeschaltet wird, das kleinliche Verbot des Besitzes eigener Sachen,[215] die Ausgabe der Abendkost aus „organisatorischen Gründen" um 11.30 Uhr,[216] eine restlos durchorganisierte Versorgung, ein extrem aufgegliederter Tagesablauf, in dem für individuelle Entfaltung der Insassen kein Raum bleibt, und die Hinterlassung des nach § 84 Abs. 1 StVollzG durchsuchten Haftraums in unaufgeräumtem Zustand mit achtlos auf dem Fußboden verstreutem persönlichem Besitz des Gefangenen. 6

---

205 OLG Frankfurt, Beschl. v. 16.7.1993 – 3 Ws 283–285/93.
206 OLG Koblenz NStZ 1994, 103.
207 OLG Hamburg, Beschl. v. 7.2.1997 – 3 Vollz 44/96.
208 OLG Zweibrücken, Beschl. v. 27.5.2010 – 1 Ws 103/10 Vollz, 1 W 103/10.
209 OLG Frankfurt NStZ 1993, 559; OLG Hamburg ZfStrVo 1995, 370.
210 OLG Naumburg FS 2013, 58.
211 LG Stendal FS 2015, 62.
212 Vgl. OLG Frankfurt FS 2013, 62.
213 Im Ergebnis wie hier AK-*Feest/Lesting* 2017 Teil II § 3 Rdn. 28.
214 Weitergehend zu dieser Problematik *Köhne* ZRP 2003, 60 ff.
215 Beispiel etwa OLG Naumburg nach *Roth* NStZ 2012, 435.
216 LG Hamburg ZfStrVo **SH** 1978, 22, 23.

7   Dagegen **entspricht** es **dem Angleichungsgrundsatz**, das bei Zulassung eines Rundfunkgerätes mit UKW-Empfangsbereich oder eines CD-Players „verbleibende Sicherheitsrisiko, das sich nur als eine allgemeine Befürchtung darstellt, zugunsten einer den allgemeinen Lebensverhältnissen angeglichenen Informationsmöglichkeit hinzunehmen".[217] Dem gegenüber wird mit heutigen elektronischen Geräten häufig eine abstrakte Gefahr für die Sicherheit und Ordnung der Anstalt verbunden (s. näher 5 C Rdn. 24ff).[218] Aus dem Angleichungsgrundsatz folgt auch, dass sich die Überwachungsmaßnahmen der JVAen entsprechend der technischen Entwicklung solcher neuen medialen Endgeräte angepasst weiterentwickeln müssen.[219] Es entspricht ferner dem Angleichungsgrundsatz, Beträge vom Haus- und Taschengeld, wenn es der Gefangene wünscht, auf dessen Girokonto zu überweisen[220] und die von dem Gefangenen durch Vermittlung der Anstalt bezogenen Zeitungen möglichst am Tage ihres Erscheinens auszuhändigen.[221] Die Bediensteten dürfen (ja müssen) jederzeit die Haftträume betreten. Sie müssen aber (Ausnahme: Eilbedürftigkeit, besondere Erfordernisse der Anstaltssicherheit) anklopfen. Danach brauchen sie keine Antwort abzuwarten, sondern dürfen unmittelbar eintreten, womit auch überraschende Haftraumkontrollen möglich bleiben. In Wahrheit geht es hier nicht um „Angleichung",[222] sondern um die Frage, wieweit unter den besonderen Bedingungen des Vollzugs die Menschenwürde des Gefangenen im Umgang mit ihm zu achten ist.[223]

8   **d) Vergleichsmaßstab.** Das Gesetz lässt offen, wie weit die Angleichung gehen kann und muss (s. Rdn. 10); insbesondere bleibt unklar, was die allgemeinen Lebensverhältnisse sein sollen, auf die sich die Angleichung bezieht. Gewiss ist damit nicht die **Lebenswelt der Gefangenen** vor ihrer Verurteilung gemeint. Manche Insassen leben in ausgesprochen kriminogenen Verhältnissen. Diese sind etwa gekennzeichnet durch unregelmäßige und unqualifizierte Arbeit, mangelnde Planung der Lebensführung, hemmungslose Ausnützung gutmütiger oder eingeschüchterter Bezugspersonen und von massivem Alkoholkonsum begleitetes unstrukturiertes Freizeitverhalten. Niemand kann verlangen, solche „allgemeinen Lebensverhältnisse" im Vollzug der Freiheitsstrafe vorzufinden.[224] Auch kann der Angleichungsgrundsatz nicht gebieten, das traditionelle wohlbegründete Alkoholverbot im Strafvollzug aufzuheben[225] und die „Null-Toleranz-Strategie" gegen Drogenkonsum im Strafvollzug aufzugeben – mit dem Argument, dass in Freiheit bei bloßem Konsum regelmäßig von Strafverfolgung abgesehen werde.[226]

9   Auch die **Vergleichsgrößen** sind unsicher.[227] Abgesehen von dem den allgemeinen Lebensverhältnissen entgegenstehenden und nie aufzuhebenden Umstand, dass der

---

217 So schon OLG Frankfurt, Beschl. v. 14.11.1979 – 3 Ws 331/78 und ZfStrVo 1989, 245.
218 S. bezogen auf eine Playstation KG, ZfStrVo 2005, 300ff; zu späteren Entscheidungen s. *Bode* Zum Spannungsverhältnis von Internet und Strafvollzug, in: Boers (Hrsg.), Kriminologische Welt in Bewegung, Mönchengladbach 2018.
219 OLG Naumburg, Beschl. v. 20.7.2011 – 1 Ws 70/11.
220 KG NStZ 2002, 53; auch OLG Naumburg nach *Roth* NStZ 2012, 435.
221 OLG Nürnberg ZfStrVo 1993, 116.
222 So aber OLG Celle ZfStrVo 1994, 174, weil die Höflichkeitsregeln, die allgemein gelten, beachtet werden müssen. – Betritt man aber „draußen" einen fremden Raum ohne ausdrückliche Erlaubnis?.
223 OLG Frankfurt ZfStrVo 1994, 302ff; BVerfG NStZ 1996, 511.
224 OLG München ZfStrVo **SH** 1979, 67, 69; *Seebode* 1997, 137.
225 Anders aber *Köhne* ZRP 2002, 168f; auch AK-*Feest/Lesting* 2017 Teil II § 3 Rdn. 33.
226 So *Köhne* ZRP 2010, 220ff.
227 Vgl. auch *Laubenthal* 2015 Rdn. 197.

Haftraum im geschlossenen Vollzug über Nacht und oft über viele Stunden des Tages abgeschlossen ist, bleibt unklar, wie der Haftraum – jenseits der Mindestbedingungen[228] – auszustatten ist, d.h. ob er im Übrigen einem Hotelzimmer, einem in einem Privathaushalt gemieteten möblierten – oder teilmöblierten – Zimmer, den Zimmern einer Wohngemeinschaft oder gar der eigenen Familie „anzugleichen" ist. Je nachdem könnten mehr oder weniger eigene Gegenstände eingebracht, z.B. private Bettwäsche,[229] oder Einrichtungsgegenstände anders angeordnet werden (Einzelheiten s. 2 E und F). Der Grundsatz versagt bei Prüfung der Frage, ob die Tierhaltung in einer Anstalt gestattet werden sollte,[230] während sich hier mit der Erreichung des Vollzugsziels im Einzelfall und dem Gegensteuerungsgrundsatz argumentieren ließe. Ob ein beschränkt arbeitsfähiger Frührentner der Arbeitspflicht unterliegt, lässt sich eher aus dem Zweck der Arbeitspflicht, die auf diesen Personenkreis möglicherweise nicht zugeschnitten ist, als aus dem Angleichungsgrundsatz[231] erklären. Die Anwendung der Pfändungsschutzvorschriften auf den Anspruch des Gefangenen auf Auszahlung seines Eigengeldes, auch soweit dieses aus gutgeschriebener Arbeitsentlohnung besteht, ist angesichts der besonderen Lage des Gefangenen mit dem Angleichungsgrundsatz nicht zu rechtfertigen.[232] Und was besagt dieser Grundsatz für oder gegen die Gleichbehandlung arbeitender und unverschuldet nicht arbeitender Gefangener beim Einkauf? Zur Angleichung gehört gewiss, dass den Insassen gestattet wird, ihre individuellen Wünsche zu befriedigen und Neigungen auszuleben, soweit dies in einer Zwangsgemeinschaft möglich ist.[233] Dabei ist aber darauf zu achten, dass sich von Haus aus finanziell gut Gestellte nicht besonders bequeme Haftbedingungen verschaffen. Die Belastungen der Freiheitsstrafe sollen die Verurteilten nicht nach Vermögensverhältnissen völlig ungleich treffen.[234] Die weitgehende Gleichbehandlung der Gefangenen ist im Hinblick auf die Strafgerechtigkeit, d.h., dass die zu Freiheitsstrafe Verurteilten ein vergleichbares Strafübel erleiden, erforderlich und widerspricht dem Angleichungsgrundsatz nicht.[235] Wie einerseits Nivellierung auf niedrigem Niveau vermieden, andererseits offenbare Ungerechtigkeit ausgeschlossen werden kann, hängt von den jeweiligen Vollzugsverhältnissen ab. Jedenfalls erscheint es nicht unangemessen, wenn einige Länder Selbstverpflegung durch Bezug der Mahlzeiten von einer Speisegaststätte ganz ausschließen (s. näher 6 B Rdn. 4).[236]

e) Nachrangigkeit des Angleichungsgrundsatzes. Die Einschränkung „**soweit möglich**" und „**soll**" ist ursprünglich eingeführt worden, damit Insassen aus dem Grundsatz **keine unmittelbaren Rechte** herleiten können (s. oben Rdn. 4).[237] Als Grundsatz, der die Ausübung von Ermessen bei einer Einzelfallentscheidung beeinflusst, muss der Angleichungsgrundsatz aber auch in seiner eingeschränkten Formulierung beachtet werden. Da der Insasse Anspruch auf eine ermessensfehlerfreie Entscheidung hat,[238]

10

---

228 Vgl. hierzu BVerfG R&P 2016, 122 m. Anm. *Lesting*; *Bachmann* 2015, 119, 249.
229 OLG Zweibrücken, Beschl. v. 27.1.2003 – 1 VAs 5/02, juris.
230 OLG Koblenz ZfStrVo 1983, 315f.
231 So aber OLG Frankfurt NStZ 1985, 429 mit krit. Anm. *Müller-Dietz*.
232 BGH ZfStrVo 2004, 369ff, 371.
233 *Seebode* 1997, 138.
234 *Böhm* 2003 Rdn. 18.
235 *Böhm*, FS Schwind 2006, 533, 546.
236 A. A. AK-*Feest/Lesting* 2017 Teil II § 3 Rdn. 32.
237 BT-Drucks. 7/3998, S. 6.
238 Gerichtliche Überprüfung der Ermessensentscheidung § 115 StVollzG.

kann er im Ergebnis aus dem Angleichungsgrundsatz ebenso – mittelbar – Rechte herleiten wie aus den anderen Vollzugsgrundsätzen. Auch die Einschränkung „soweit möglich" betrifft alle Vollzugsgrundsätze. Mit dieser Einschränkung sind nicht nur die durch die Schutzaufgabe gezogenen Grenzen gemeint[239] – der Sicherungsaufgabe muss ja sogar das Vollzugsziel Tribut zollen –, sondern auch die finanziellen und personellen[240] Möglichkeiten der Vollzugsbehörde. Aus dem Recht, eine Bücherei zu benutzen, folgt nicht der Anspruch des Gefangenen, dass die Anstaltsbücherei als Freihandbibliothek eingerichtet wird.[241] Bei all dem spielen die baulichen und personellen Möglichkeiten der Anstalt eine Rolle, die auch in der Entscheidung frei ist, ob sie die Benutzung der Bücherei verbessert oder z.B. das Sportangebot erhöht. Gesetzliche Aufgaben dürfen nicht im Hinblick auf fehlende Mittel vernachlässigt werden. Das Ausmaß ihrer Erfüllung hängt aber natürlich von den zur Verfügung stehenden Mitteln ab, bei deren Einsatz vor allem das Vollzugsziel zu beachten ist.[242]

11 **2. Gegensteuerungsgrundsatz.** § 3 Abs. 2 StVollzG; **BW** § 2 Abs. 3 Satz 1 III JVollzGB; **BY** Art. 5 Abs. 2 BayStVollzG; **BE** § 3 Abs. 4 StVollzG Bln; **BB** § 7 Abs. 2 BbgJVollzG; **HB** § 3 Abs. 5 BremStVollzG; **HH** § 3 Abs. 1 Satz 2 HmbStVollzG; **HE** § 3 Abs. 1 Satz 2 HStVollzG; **MV** § 3 Abs. 5 StVollzG M-V; **NI** § 2 Abs. 2 NJVollzG; **NW** § 2 Abs. 1 Satz 4 StVollzG NRW; **RP** § 7 Abs. 2 Satz 1 RhPfLJVollzG; **SL** § 3 Abs. 5 SLStVollzG; **SN** § 3 Abs. 5 SächsStVollzG; **ST** § 7 Abs. 2 JVollzGB LSA; **SH** § 3 Abs. 4 LStVollzG SH; **TH** § 7 Abs. 2 ThürJVollzG.

Der Gegensteuerungsgrundsatz, wie er in § 3 Abs. 2 StVollzG formuliert wurde, findet sich wortgleich in allen Landesstrafvollzugsgesetzen; **BB** § 7 Abs. 2, **BE** § 3 Abs. 4, **BW** § 2 Abs. 3 Satz 1, **BY** Art. 5 Abs. 2, **HB** § 3 Abs. 5, **HH** § 3 Abs. 1 Satz 2, **HE** § 3 Abs. 1 Satz 2, **MV** § 3 Abs. 5, **NI** § 2 Abs. 2, **NW** § 2 Abs. 1 Satz 4, **RP** § 7 Abs. 2 Satz 1, **SL** § 3 Abs. 5, **SN** § 3 Abs. 5, **SH** § 3 Abs. 4, **ST** § 7 Abs. 2, **TH** § 7 Abs. 2: „Schädlichen Folgen des Freiheitsentzugs ist entgegenzuwirken." Der Gegensteuerungsgrundsatz ist in der Praxis das wichtigste Prinzip. Er hat auch für die Insassen Bedeutung, für die das Vollzugsziel nicht verwirklicht werden muss oder kann (s.o. C Rdn. 3). „**Schädlich**" sind Wirkungen des Freiheitsentzugs, die die Erreichung des Vollzugsziels (s.o. C Rdn. 14) behindern, aber auch Wirkungen, die die Lebensmöglichkeiten der bereits zu Beginn der Haft Eingegliederten verschlechtern. Zu denken ist an das Verlernen beruflicher Fähigkeiten, das Nicht-auf-dem-laufenden-Bleiben, Verlust oder Lockerung menschlicher Beziehungen, Nichtwahrnehmung von Rechten und Verdienstmöglichkeiten. Deshalb ist bei der Zuweisung von Arbeit und Ausbildung auf Kenntnisse und Fähigkeiten zu achten, sind Weiterbildungsmöglichkeiten zu gewähren (s. 4. Kapitel), sind die Kontakte mit der Außenwelt zu pflegen und ist der Gefangene in seinen persönlichen und geschäftlichen Angelegenheiten zu beraten. Zur Konkretisierung der Beratung vgl. insbesondere 7 C. In allen diesen Punkten überschneidet sich der Gegensteuerungsgrundsatz mit dem Integrationsgrundsatz. Dem Gegensteuerungsgrundsatz entspricht es, dass Gefangenen mit sehr langen Strafen zur Einrichtung des Haftraums und zur Gestaltung der Freizeit weitergehende Genehmigungen erteilt werden als den anderen Insassen.[243] Ob die Substitu-

---

239 So offenbar *C/MD* 2008 § 3 Rdn. 4; *Laubenthal/Nestler/Neubacher/Verrel* 2015 B Rdn. 53.
240 Zu Kriterien der vorzunehmenden Abwägung der Interessen: OLG Koblenz ZfStrVo 1987, 246f.
241 OLG Nürnberg ZfStrVo 1993, 311ff; *Arloth/Krä* 2017 § 3 StVollzG Rdn. 3; a.A. *C/MD* 2008 § 3 Rdn. 1.
242 Vgl. auch *Arloth/Krä* 2017 § 3 StVollzG Rdn. 5.
243 Gestattung der sonst in der Anstalt untersagten Tierhaltung für Langstrafige: OLG Karlsruhe ZfStrVo 2002, 373ff; OLG Saarbrücken ZfStrVo 1994, 51; zur günstigen Wirkung tiergestützter Pädagogik allgemein, s. *Schwind* 2008, 551ff.

tionsbehandlung einer drogenabhängigen Gefangenen fortgesetzt oder abgebrochen wird, richtet sich dagegen nicht nach dem Gegensteuerungsgrundsatz, sondern nach medizinischen Gesichtspunkten.[244]

Aber der Vollzug der Freiheitsstrafe hat noch ganz typische Gefahren. Sie werden in der vollzugskundlichen Wissenschaft mit den Schlagworten **„Prisonisierung"** und (negative) **„Subkultur"**[245] umschrieben. In der Vollzugsanstalt entsteht infolge der Zwangsgemeinschaft von Personen mit z.T. problematischen Verhaltensweisen unter der Bedingung von Haftdeprivation und des Mangels an Konsumgütern eine Art Subkultur, die von (latenter) Gewalt geprägt ist[246] und illegale Tauschgeschäfte organisiert. Dieser Gegenwelt entgegenzuwirken, gebietet schon das Vollzugsziel, ist aber auch ein Gebot der Aufrechterhaltung der Sicherheit und Ordnung. **12**

Unvermeidbar wird der individuelle Gefangene zahlreichen negativen Situationen ausgesetzt; er lebt zusammen mit anderen Menschen, die gelernt haben, Konflikte mit Aggression zu lösen. Diese Gemeinschaft ist geprägt von einer Art informeller Hackordnung,[247] in der vulnerable Insassen gefährdet sind, **Opfer von Misshandlung und Unterdrückung** zu werden. Deshalb gehört es im Zusammenhang mit dem Gegensteuerungsgrundsatz zu den Aufgaben der Vollzugsanstalt, Gefangene **vor Übergriffen** Mitgefangener zu **schützen**, wie es ausdrücklich in **BW** § 2 Abs. 3 Satz 2 und in **BB** § 7 Abs. 3 bestimmt ist, und „ein besonderes Augenmerk auf die Schaffung und Bewahrung eines gewaltfreien Klimas zu richten" (**HH** § 3 Abs. 2 Satz 3).

Der Vorgang der Prisonisierung, vor allem an den Einlieferungsprozeduren beschrieben, geht mit dem Verlust von Selbstwertgefühl einher; der Gefangene fühlt sich als Objekt, nicht oder gering geachtet, weniger wertvoll. Der Insasse gerät in ein **System totaler Versorgung**, in dem ihm keine Eigenbetätigung mehr möglich ist. Die Folge dieser totalen Versorgung ist unter anderem das Verlernen, für die eigenen Dinge Verantwortung zu tragen, und das – mitunter als angenehm erlebte – Sichabfinden mit dieser Situation.[248] Gegensteuerung fordert eine Vollzugsentwicklung, in der der Insasse (oder die Insassengruppe) für Versorgung und Pflege der Person und der eigenen Sachen verantwortlich ist, wo nicht jeden Tag alles geregelt wird, wo der Insasse selbst bestimmt, wann und wie oft er sich reinigt, seine Kleider pflegt, seine Wäsche wechselt und an Wochenenden isst und wie die dafür bereitstehenden Mittel zu verwenden sind, und in der er angstfrei leben kann. In seinen Angelegenheiten soll er beraten werden, aber in einer Weise, dass er die Dinge selbst zu erledigen lernt und nicht bequem auf andere abschieben kann. Bei längeren Strafen kann auch eine Illusionsbildung eintreten. Es geht in der genauen Ordnung alles gut. Der Gefangene meint, dann würden auch draußen wohl keine Probleme auftreten. Vollzugslockerungen und Verlegung in den offenen Vollzug dienen deshalb auch der Gegensteuerung.[249] Gerade bei langjährig Inhaftierten besteht auch die Gefahr deformierender **Persönlichkeitsveränderungen**.[250] Solchen in der Haft entstandenen deformierenden **13**

---

244 A. A. OLG Hamburg StV 2002, 265 mit krit. Anm. *Kubnik* 266 ff und *Ullmann* 293 ff.
245 Ausführlich *Laubenthal* 2015 Rdn. 199–233; vgl. auch *Weis* 1988, 239 ff; *Walter* 1999 Rdn. 258–266, 271; *Hürlimann* 1993.
246 Dazu besonders *Neubacher* 2008; *Wirth* BewHi 2007, 185.
247 *Laubenthal* 2015 Rdn. 203.
248 *Eisenberg* psychosozial 1996, 95 ff.
249 So schon OLG Celle ZfStrVo 1986, 114.
250 BVerfGE 45, 187, 238; 98, 169, 200; 131, 268, 287; vgl. auch *Lübbe-Wolff* Die Rechtsprechung des Bundesverfassungsgerichts zum Strafvollzug und Untersuchungshaftvollzug, Baden-Baden 2016, 55.

Persönlichkeitsveränderungen muss gegebenenfalls auf dem Wege anstaltsexterner Behandlung entgegengewirkt werden.[251] Darüber hinaus bestehen erhebliche Gefahren für die körperliche und psychische Gesundheit, denen durch geeignete Gegenmaßnahmen zu begegnen ist (s. näher u. 6 F). Besonderes Augenmerk ist persönlichen Krisen[252] zu schenken, da sie auch mit **Suizidgefährdung** verbunden sein können. **BB** § 7 Abs. 3, **RP** § 7 Abs. 2 Satz 2, **ST** § 7 Abs. 2 Satz 2 sowie **TH** § 7 Abs. 2 Satz 2 verpflichten den Vollzug ausdrücklich auf die Verhütung von „Selbsttötungen", aber selbstverständlich gilt dieses Gebot auch in den anderen Bundesländern.

14 **3. Integrationsgrundsatz, Öffnungsgrundsatz.** § 3 Abs. 3 StVollzG; **BW** § 2 Abs. 4 III JVollzGB; **BY** Art. 5 Abs. 3 BayStVollzG; **BE** § 3 Abs. 2 StVollzG Bln; **BB** § 8 Abs. 2 BbgJVollzG; **HB** § 3 Abs. 2 BremStVollzG; **HH** § 3 Abs. 1 Satz 3 HmbStVollzG; **HE** § 5 Abs. 1 Satz 4 HStVollzG; **MV** § 3 Abs. 2 StVollzG M-V; **NW** § 2 Abs. 1 Satz 2 StVollzG NRW; **RP** § 8 Abs. 2 RhPfLJVollzG; **SL** § 3 Abs. 2 SLStVollzG; **SN** § 3 Abs. 2 SächsStVollzG; **ST** § 8 Abs. 2 JVollzGB LSA; **SH** § 3 Abs. 2 LStVollzG SH; **TH** § 8 Abs. 2 ThürJVollzG.

Der Integrationsgrundsatz, wie er in § 3 Abs. 3 StVollzG und ihm folgend in **BW** § 2 Abs. 4, **BY** Art. 5 Abs. 3, **HH** § 3 Abs. 1 Satz 3 formuliert ist, deckt sich weithin mit dem Vollzugsziel (s. oben C Rdn. 14 ff). Er bedeutet aber darüber hinaus, dass auch der bereits Eingegliederte oder der anscheinend nicht Eingliederungswillige[253] der Hilfe bedarf, sich nach der Haft wieder in die Gesellschaft einzugliedern. Dem ME folgend betonen **BB** § 8 Abs. 2, **BE** § 3 Abs. 2, **HB** § 3 Abs. 2, **HH** § 3 Abs. 1 Satz 3, **HE** § 5 Abs. 1 Satz 4, **MV** § 3 Abs. 2, **NW** § 2 Abs. 1 Satz 2, **RP** § 8 Abs. 2, **SL** § 3 Abs. 2, **SN** § 3 Abs. 2, **ST** § 8 Abs. 2, **SH** § 3 Abs. 2 sowie **TH** § 8 Abs. 2, dass der Vollzug **von Beginn an** auf die Eingliederung der Gefangenen in das Leben in Freiheit ausgerichtet ist. Damit soll gewährleistet werden, dass die Gefangenen die Entlassung nicht unvorbereitet trifft und sie nicht überfordert. Hilfen zur Wiedereingliederung sind also von Beginn der Haft an, nicht erst gegen deren Ende, zu leisten. Der Freiheitsentzug ist notwendigerweise eine „Ausgliederung" auf Zeit, die möglichst reibungslos wieder in die Freiheit übergeleitet werden muss. Es ist deshalb auch nur folgerichtig, dass für jede Freiheitsentziehung die Vollzugsgrundsätze gelten, unabhängig vom Vollzugsziel.[254]

15 Ein wichtiger Baustein für das Wiedereingliederungsziel stellt dar, dass die Gefangenen den Bezug zur Außenwelt nicht verlieren, sondern im Gegenteil unterstützt werden, den Bezug aufrechtzuerhalten bzw. neu herzustellen. Dieser auch als **Öffnungsgrundsatz**[255] bezeichnete Gedanke wird nach dem Vorbild des ME § 3 Abs. 5 in **BB** § 8 Abs. 5, **BE** § 3 Abs. 5, **HB** § 3 Abs. 6, **MV** § 3 Abs. 6, **RP** § 8 Abs. 4, **SL** § 3 Abs. 6, **SH** § 3 Abs. 7, **SN** § 3 Abs. 6, **ST** § 8 Abs. 4 sowie **TH** § 8 Abs. 4 zum Ausdruck gebracht, indem allgemein „der Bezug der Gefangenen zum gesellschaftlichen Leben (...) zu wahren und zu fördern" ist; dies betrifft die Kontakte zu Personen, insbesondere durch Besuche, Schriftverkehr und Telefonate, aber auch durch Medien. Konkret sollen „Personen und Einrichtungen außerhalb des Vollzugs in den Vollzugsalltag einbezogen werden". Neben Familienangehörigen und Freunden ist hier insbesondere an ehrenamtliche Mitarbeiter zu denken, die in **HH** § 7 sowie **SN** § 3 Abs. 6 Satz 2 ausdrücklich erwähnt sind. Schließ-

---

251 BVerfG NStZ 1996, 614.
252 *Laubenthal/Nestler/Neubacher/Verrel* 2015 B Rdn. 56; AK-*Feest/Lesting* 2017 Teil II § 3 Rdn. 34.
253 Insofern weicht Niedersachsen mit seinem Konzept des „Chancenvollzugs" ab, s. dazu kritisch E Rdn. 13.
254 Beispiel: Zivilhaft 15 D Rdn. 3 ff.
255 AK-*Feest/Lesting* 2017 Teil II § 3 Rdn. 40 ff; *Laubenthal/Nestler/Neubacher/Verrel* 2015 B Rdn. 62.

lich ist „den Gefangenen (...) sobald wie möglich die Teilnahme am Leben in der Freiheit zu gewähren". Dies bedeutet eine Öffnung von drinnen nach draußen,[256] die mit dem offenen Vollzug (s. 10 A), mit Lockerungen wie Freigang und Urlaub (s. 10 B), aber auch durch Teilnahme an Veranstaltungen außerhalb der Anstalt erreicht werden kann. Da all diese vollzugsöffnenden Ansätze dem Wiedereingliederungsziel dienen, ist der Vollzug auch in den Bundesländern, die diesen Gedanken nicht gesondert normiert haben, wie **BW, BY, HH, HE, NI, NW**, verpflichtet, entsprechende Maßnahmen vorzusehen.[257] Hier wie in den Ländern, die den Öffnungsgrundsatz gesetzlich verankert haben, kommt es indessen entscheidend darauf an, dass die Praxis sinnvolle Maßnahmen nicht durch vorrangige Beachtung von Sicherheitsbelangen verhindert, sondern dass zugunsten des Wiedereingliederungsziels vertretbare Risiken eingegangen werden (s.o. C Rdn. 27).

4. Differenzierungsgrundsatz. § 141 Abs. 1 StVollzG; **BW** § 5 I JVollzGB; **BY** Art. 167 **16** BayStVollzG; **BE** § 3 Abs. 6 StVollzG Bln; **BB** § 7 Abs. 4 BbgJVollzG; **HB** § 3 Abs. 7 BremStVollzG; **HH** § 3 Abs. 2 HmbStVollzG; **HE** § 3 Abs. 4 HStVollzG; **MV** § 3 Abs. 7 StVollzG M-V; **NI** § 173 NJVollzG; **RP** § 7 Abs. 3 RhPfLJVollzG; **SL** § 3 Abs. 7 SLStVollzG; **SN** § 3 Abs. 7 SächsStVollzG; **ST** § 3 Abs. 5 JVollzGB LSA; **TH** § 7 Abs. 3 ThürJVollzG

Soll der Vollzug der Freiheitsstrafe erfolgreich im Sinne der Resozialisierungsbemühungen sein, darf er nicht gleichförmige Maßnahmen für alle Gefangenen vorsehen, sondern muss „eine auf die unterschiedlichen Bedürfnisse der Gefangenen abgestimmte Behandlung" gewährleisten, wie es in § 141 Abs. 1 StVollzG hieß. Der Bundesgesetzgeber normierte das Differenzierungsprinzip im Rahmen der Anstaltsorganisation, machte aber keine weiteren Vorgaben für eine demgemäß erforderliche Binnendifferenzierung, anders als bei der externen Differenzierung nach Sicherheitsgesichtspunkten in Anstalten des geschlossenen und offenen Vollzugs (§ 141 Abs. 2 StVollzG). Dieser bundesgesetzlichen Verortung der **Behandlungsdifferenzierung** im Rahmen der Vollzugsorganisation folgen **BY** Art. 167 sowie **NI** § 173, wobei letzterer nur ganz allgemein die Gewährleistung der Ziele und Aufgaben des Vollzugs anspricht. Die übrigen Länder ziehen das Differenzierungsprinzip nach vorne in die Vollzugsgestaltung. Während **BW** § 5 I und **HH** § 3 Abs. 2 nur die unterschiedlichen Lebenslagen und/oder Bedürfnisse männlicher und weiblicher Gefangenen adressieren, spricht **HE** § 3 Abs. 4 die **unterschiedlichen Betreuungs- und Behandlungserfordernisse**, „insbesondere im Hinblick auf Alter, Geschlecht und Herkunft" an und **NW** § 2 Abs. 2 S. 2 nennt als weitere Differenzierungskriterien neben Alter und Geschlecht „Zuwanderungshintergrund, Religion, Behinderung und sexuelle Identität". Alle übrigen Länder lehnen sich an ME § 3 Abs. 6 an, der die unterschiedlichen Bedürfnisse „im Hinblick auf Alter und Herkunft" zu berücksichtigen fordert, und zwar im Allgemeinen und im Einzelfall: **BB** § 7 Abs. 4, **BE** § 3 Abs. 6, **HB** § 3 Abs. 7, **MV** § 3 Abs. 7, **RP** § 7 Abs. 3, **SL** § 3 Abs. 7, **SN** § 3 Abs. 7, **ST** § 3 Abs. 5 und **TH** § 7 Abs. 3, wobei vereinzelt noch Behinderung und sexuelle Identität (**RP** § 7 Abs. 3) sowie Religion (**BB** § 7 Abs. 4) bzw. Glauben (**SN** § 3 Abs. 7) genannt werden. Die Berücksichtigung der genannten Aspekte ergibt sich schon aus verfassungs- und menschenrechtlichen Diskriminierungsverboten,[258] ist aber auch aus dem Resozialisierungsgebot abzuleiten, das notwendiger Weise individuell abgeleitete Maßnahmen fordert, die im Vollzugsplan (s. 2 C) und der Behandlungsplanung (s. 2 B) zu konkretisieren sind. Infolge dessen ist allen Landesgesetzen, unabhängig vom Konkretisierungsgrad der Differenzierungserfordernisse, der Differenzierungsgrundsatz inhärent.

---

256 AK-*Feest/Lesting* 2017 Teil II § 3 Rdn. 43.
257 So auch AK-*Feest/Lesting* 2017 Teil II § 3 Rdn. 43.
258 *Laubenthal/Nestler/Neubacher/Verrel* 2015 B Rdn. 61.

Vgl. ausführlich unter 13 C zur Differenzierung nach Lebenslagen und -bedürfnissen, Behandlungsbedarfen sowie Sicherheitserfordernissen.

17   **5. Auseinandersetzung mit Tat und Tatfolgen, Opferbezug. BW** § 2 Abs. 5 III JVollzGB; **BY** Art. 78 Abs. 2 BayStVollzG; **BE** § 3 Abs. 1 StVollzG Bln; **BB** § 8 Abs. 1 Satz 1 BbgJVollzG; **HB** § 3 Abs. 1 BremStVollzG; **HH** § 4 Satz 3 HmbStVollzG; **HE** § 5 Satz 4 HStVollzG; **MV** § 3 Abs. 1 StVollzG M-V; **NW** § 7 Abs. 2 StVollzG NRW; **RP** § 8 Abs. 1 Satz 2 RhPfLJVollzG; **SL** § 3 Abs. 1 SLStVollzG; **SN** § 8 Abs. 1 Satz 2 SächsStVollzG; **ST** § 3 Abs. 1 Satz 1 JVollzGB LSA; **SH** § 3 Abs. 1 LStVollzG SH; **TH** § 8 Abs. 1 Satz 2 ThürJVollzG; **ME** § 3 Abs. 1 ME-StVollzG

Das StVollzG kannte keinen eigenständigen Grundsatz der Vollzugsgestaltung, der auf die Auseinandersetzung der Gefangenen mit ihren Straftaten abstellt; auch der Begriff des Opfers kam nicht vor. Bis auf Niedersachsen haben nunmehr alle Landesgesetze einen solchen Grundsatz normiert; die Mehrzahl folgt insoweit der Formulierung des Musterentwurfs ME § 3 Abs. 1: „Der Vollzug ist auf die Auseinandersetzung der Gefangenen mit ihren Straftaten und ihren Folgen auszurichten; so **BB** § 8 Abs. 1 Satz 1, **BE** § 3 Abs. 1, **HB** § 3 Abs. 1, **MV** § 3 Abs. 1, **RP** § 8 Abs. 1 Satz 1, **SL** § 3 Abs. 1 (der konkreter von „Folgen für die Opfer" spricht), **SN** § 3 Abs. 1, **ST** § 3 Abs. 1 Satz 1, **SH** § 3 Abs. 1 sowie **TH** § 3 Abs. 1 Satz 1. Während mit den „Folgen" der Straftaten die Opfer nur implizit angesprochen werden, stellen einige dieser Landesgesetze ergänzend ausdrücklich auch auf die Opfer ab; es soll „das Bewusstsein für die den Opfern zugefügten Schäden" geweckt werden, so **BB** § 8 Abs. 1 Satz 2, **RP** § 8 Abs. 1 Satz 2, **SN** § 8 Abs. 1 Satz 2 sowie **TH** § 8 Abs. 1 Satz 2. **HH** § 4 Satz 3, formuliert kompakt: „Auseinandersetzung der Gefangenen mit den eigenen Straftaten, deren Ursachen und Folgen, insbesondere für die Opfer (...)". Die übrigen Landesgesetze verknüpfen die zu bewirkende „Einsicht" des Gefangenen in die Tatfolgen für das Opfer mit einem anzustrebenden Tatfolgenausgleich, **BW** § 2 Abs. 5 III, **BY** Art. 78 Abs. 2, **HE** § 5 Satz 4, **NW** § 7 Abs. 2. Exemplarisch lautet die hessische Vorschrift, **HE** § 5 Abs. 1 Satz 4: „die Einsicht des Gefangenen in das Unrecht der Tat und die beim Opfers verursachten Tatfolgen soll vermittelt und durch geeignete Maßnahmen zum Ausgleich der Tatfolgen vertieft werden."

18   Die Ausformung der **Auseinandersetzung mit der Straftat** als eigenen Vollzugsgrundsatz, der in den dem Musterentwurf folgenden Landesgesetzen sogar an oberster Stelle steht, ist neu; dagegen sind die damit verfolgten Intentionen nicht neu, sondern lassen sich ohne weiteres dem Vollzugsziel der Resozialisierung zuordnen. Ausdrücklich verknüpft die baden-württembergische Vorschrift, **BW** § 2 Abs. 5 III, diese Intentionen mit dem Vollzugsziel („zur Erreichung des Vollzugsziels"). Soll Resozialisierung gelingen und der Gefangene künftig ein Leben ohne Straftaten in sozialer Verantwortung führen, muss ihm zunächst bewusst (gemacht) werden, was ihn in der Vergangenheit zu den Straftaten geführt hat, aus welchen sozialen und situativen Umständen sie entstanden sind und welche Verhaltensmängel und Fehlhaltungen ihnen zu Grunde liegen. Erst ein solches Bewusstsein schafft die Voraussetzung für die künftige Vermeidung kriminalitätsträchtiger Situationen und Verhaltensweisen und die dafür notwendigen Anstrengungen in Richtung auf eine Verhaltensänderung. Denn solange der Verurteilte widrige Umstände und Benachteiligungen für sein Verhalten verantwortlich macht oder gar dem Opfer (Mit)Schuld dafür zuweist, solange er nicht seinen Anteil an der kriminellen Entwicklung erkennt, wird er nicht einsehen, dass er an seinem Verhalten arbeiten muss.

19   Förderlich für die Resozialisierung ist aber auch die **Auseinandersetzung mit den Tatfolgen**. Gemeint sind nicht die nachteiligen Folgen für den Gefangenen selbst, der als Konsequenz seiner Tat die Freiheitsentziehung erleidet. Vielmehr geht es um die Folgen

für andere, seien es Freunde und Angehörige, die durch die Verurteilung und Freiheitsentziehung des Gefangenen auf vielerlei Weise in Mitleidenschaft gezogen werden, seien es Opfer. Von zentraler Bedeutung ist das Bewusstsein dafür, was die Taten dem Opfer an materiellen, physischen und psychischen Schäden zugefügt haben. Denn die Einsicht, dass das eigene Fehlverhalten soziale Folgekosten verursacht hat und man dafür zur Verantwortung gezogen wurde, kann helfen, künftig die Folgen potentieller Straftaten zu bedenken und so zur Vermeidung von Rückfälligkeit beizutragen. Dazu bedarf es nicht zwingend einer echten Opferempathie und einer Auseinandersetzung mit der Straftat im Sinne echter Schuldverarbeitung. Gewiss vermögen die Schuldeinsicht des Verurteilten und die daraus resultierende „aktive Übernahme seiner Verantwortung"[259] einen wichtigen Beitrag zur Wiedereingliederung zu leisten. Sie können aber nicht zu einer notwendigen Bedingung für die Resozialisierung erhoben werden; vielmehr handelt es sich bei der Schuldverarbeitung um eine freiwillige Leistung, die nicht durch Zwang herbeigeführt werden kann.[260] Deshalb dürfen an die mangelnde Schuldeinsicht auch keine negativen Konsequenzen geknüpft werden (s.o. C Rdn. 22).[261]

Ein wesentliches Element eines Lebens in sozialer Verantwortung stellt die „**Achtung der Rechte anderer**" dar, so ausdrücklich HE § 5 Satz 3. Soweit das hessische Vollzugsgesetz in HE § 5 Abs. 2 und 3 indessen der Anstalt die Aufgabe auferlegt, „ein an den verfassungsrechtlichen Grundsätzen ausgerichtetes Werteverständnis" zu vermitteln und „die Bereitschaft zu einer eigenverantwortlichen und gemeinschaftsfähigen Lebensführung" zu fördern, ist dies am Idealbild eines musterhaften Bürgers orientiert. Eine solche Aufgabe, wenn sie denn mehr als ein bloßer Programmsatz sein soll, würde die Vollzugspraxis überfordern und bedeutete eine Art Erziehungsprogramm, das über das Vollzugsziel hinausreicht. Denn anzustreben ist ein Leben ohne Straftaten, mithin Legalbewährung. In sozialer Verantwortung bedeutet nur, dass damit regelmäßig die Anerkennung sozialer Pflichten einhergeht (siehe oben C Rdn. 20). Darüber hinaus kann keine ethisch oder sozial wertvolle Lebensführung verlangt werden. 20

Aus der Einsicht in die schädlichen Tatfolgen für das Opfer kann das Bedürfnis erwachsen, den **Schaden wiedergutzumachen**. Darauf hinzuwirken statuieren **BB** § 11 Abs. 2 Satz 1, **BW** § 2 Abs. 5 III, **BY** Art. 78 Abs. 2, **HB** § 5 Abs. 2, **HE** § 5 Abs. 1 Satz 4, **HH** § 8 Abs. 2 Nr. 5, **MV** § 5 Satz 2, **NI** § 69 Abs. 2 Satz 2 und 3, **RP** § 11 Abs. 2, **SH** § 22, **SL** § 5 Abs. 2, **SN** § 5 Abs. 2, **ST** § 11, **TH** § 12 Abs. 2, inhaltsgleich **NW** § 7 Abs. 2 Satz 3, **BE** § 6 Abs. 3, teils unmittelbar an den Grundsatz der Auseinandersetzung mit der Straftat anknüpfend oder systematisch im Bereich von sozialer Hilfen angesiedelt (s. auch 7 A). Soweit von „Ausgleich der Tatfolgen" die Rede ist, so HE § 5 Abs. 4, bedeutungsgleich BW § 5 Abs. 5 III, ist es wichtig, zunächst zwischen dem materiellen und immateriellen Ausgleich zu unterscheiden. 21

Was den **Ausgleich des materiellen Schadens** angeht, sah bereits § 73 StVollzG die Verpflichtung vor, den Gefangenen in seinem Bemühen, (...) einen durch seine Straftat verursachten Schaden zu regeln (...), zu unterstützen. Dies stößt allerdings schnell an Grenzen. Für die große Mehrheit der Gefangenen kommt ein Schadensausgleich während der Haft nicht in Betracht, weil sie leistungsunfähig bzw. überschuldet sind und sich mit der niedrigen Entlohnung von Gefangenenarbeit die finanziellen Voraussetzun- 22

---

259 *Laubenthal/Nestler/Neubacher/Verrel* 2015 B Rdn. 60.
260 Bereits *Peters* 1978, 180; so auch *Laubenthal* 2015 Rdn. 191 ff.
261 Etwas Anderes gilt freilich, wenn der Gefangene in seiner Fehlhaltung verharrt, die auch für sein künftiges Verhalten Kriminalitätsrisiken begründet; dies kann bei Lockerungsentscheidungen berücksichtigt werden.

gen für eine hinreichende Wiedergutmachung nicht erarbeiten können.[262] Freilich hat sich in der Praxis die Möglichkeit entwickelt, dass zur Schuldenregulierung private Wiedergutmachungsfonds eingesetzt werden, welche den materiellen Ausgleich gegen eine teilweise oder symbolische Wiedergutmachungsleistung des Gefangenen übernehmen; freilich trifft dies in der Regel die Zeit nach der Strafentlassung, schließt aber natürlich nicht aus, dass die Voraussetzungen bereits während des Strafvollzugs geschaffen werden (s. ausführlich 7. Kapitel).[263]

23   Über den genannten materiellen Schadensausgleich hinaus sehen die Landesgesetze weitere Ausgleichsleistungen vor. Implizit (**BW** § 2 Abs. 5 III, **BE** § 6 Abs. 2, **HE** § 5 Abs. 1 Satz 4, **NW** § 7 Abs. 2) oder explizit (**BY** Art. 78 Abs. 2 Satz 3, **NI** § 69 Abs. 2 Satz 3) wird auch der **Täter-Opfer-Ausgleich** angesprochen. Diesem wird zu Recht eine hohe sozialintegrative Wirkung zuerkannt.[264] Er hat vor allem im Vorverfahren Bedeutung erlangt und ermöglicht nach erfolgreicher Durchführung das Absehen von Verfolgung (§ 45 Abs. 2, 3 JGG), Verfahrenseinstellung gemäß § 153a StPO und Strafverzicht oder Strafmilderung gemäß § 46a StGB.[265] Indessen ist fraglich, inwieweit unter den Bedingungen des Strafvollzugs geeignete Voraussetzungen für den Täter-Opfer-Ausgleich zu schaffen sind. Vielfach dürfte es bereits an der erforderlichen Ausgleichsbereitschaft der Opfer fehlen. Gerade Gewaltopfer sind regelmäßig dankbar, dass sie mit den Täter nicht mehr unmittelbar in Kontakt treten müssen; auch die materielle Entschädigung der Opfer nach dem Opferentschädigungsgesetz mindert ihr Ausgleichsinteresse.[266] So kommt wohl nur in wenigen „geeigneten Fällen" (**BY** Art. 78 Abs. 2) ein Täter-Opfer-Ausgleich in Frage. Notwendige Voraussetzung dafür ist indessen, dass die JVA über die Anschrift des Opfers verfügt, um mit diesem einen Erstkontakt herzustellen. Ist die Adresse nicht in den Akten und gibt die Staatsanwaltschaft sie nicht preis,[267] so laufen allerdings die Täter-Opfer-Ausgleichsbemühungen ins Leere. Gleichwohl schreiben die meisten Landesgesetze vor, dass der Vollzugsplan Aussagen zum Ausgleich der Tatfolgen enthalten soll, **BB** § 15 Abs. 1 Nr. 21, **BE** § 10 Abs. 1 Nr. 9, **HB** § 9 Abs. 1 Nr. 20, **HE** § 10 Abs. 4 Nr. 9, **MV** § 9 Abs. 1 Nr. 20, **NI** § 69 Abs. 3, **NW** § 10 Abs. 1 Nr. 12, **RP** § 15 Abs. 1 Nr. 20, **SL** § 9 Abs. 1 120, **SN** § 9 Abs. 1 Nr. 20 sowie **TH** § 15 Abs. 1 Satz 1 Nr. 20, **HH** § 8 Abs. 2 Nr. 5.

24   Über die Aspekte des Ausgleichs zu Gunsten der Opfer hinaus sollen nun auch **berechtigte Belange des Opfers** Berücksichtigung finden. Am weitesten dabei gehen Berlin und Nordrhein-Westfalen; deren Landesstrafvollzugsgesetze haben eine eigenständige Vorschrift geschaffen, die als opferbezogene bzw. verletztenbezogene Gestaltung firmiert und Maßnahmen des Opferausgleichs und des Opferschutzes bündelt, **BE** § 6, **NW** § 7. Soweit es um die **Informationsinteressen** des Opfers geht, findet sich die einschlägige Regelung in den Opferschutzvorschriften der Strafprozessordnung, § 406d Abs. 2 Nr. 3 und 4 StPO. Legt das Opfer ein berechtigtes Auskunftsinteresse dar und kann der Täter kein überwiegendes schutzwürdiges Interesse dagegen geltend machen, muss dem Opfer auf seinen Antrag hin die Beendigung einer freiheitsentziehenden Maßnahme, aber auch schon die Gewährung von Lockerungen und Urlaub bei einem noch Inhaftierten mitgeteilt werden.[268] Über diese Informationsverpflichtung hinaus sollen die

---

262 *Laubenthal* 2015 Rdn. 434 ff.
263 Vgl. hierzu zum Beispiel die Stiftung „Resozialisierungsfonds Dr. Traugott Bender" in Baden-Württemberg, http://www.resofonds-bw.de/.
264 Vgl. näher *Rössner* 1990, 7 ff.
265 S. näher *Schöch* FS 2016, 274 ff.
266 So eingehend *Laubenthal* 2015 Rdn. 165 ff.
267 Zu Recht erkennt *Schöch* FS 2016, 274, 277, gem. § 474 i.V.m. § 155a StPO, eine Verpflichtung der Staatsanwaltschaft, einem diesbezüglichen Auskunftsanspruch der JVA nachzukommen.
268 *Meyer-Goßner/Schmitt* § 406d Rdn. 4a.

Opferbelange bei der Gewährung und Gestaltung von Vollzugslockerungen bzw. vollzugsöffnenden Maßnahmen Berücksichtigung finden, **BE** § 6 Abs. 1, **BB** § 48 Abs. 1 Satz 2, **HH** § 12 Abs. 5, **MV** § 40 Satz 2, **NW** § 7 Abs. 1, **RP** § 47 Satz 2, **SL** § 40 Satz 2, **SN** § 40 Satz 2, **ST** § 40 Abs. 3 Satz 3 sowie **TH** § 48 Abs. 2. Sollen die Opfer vor weiteren Straftaten geschützt werden, wird diesem Aspekt bereits dadurch Rechnung getragen, dass bei Missbrauchsgefahr vollzugsöffnende Maßnahmen ausgeschlossen sind; einer eigenen opferbezogenen Vorschrift hätte es also nicht bedurft. Der weitergehende Regelungsgehalt betrifft also die Frage, wie während der vollzugsöffnenden Maßnahme eine **Begegnung des Täters mit dem Opfer vermieden** werden kann, wenn dies dem Opfer nicht zumutbar ist. Das kann in der Regel nicht zum Ausschluss der vollzugsöffnenden Maßnahme führen, wenn ansonsten die Maßnahme aus Resozialisierungsgründen angezeigt ist und Missbrauchs- und Fluchtgefahr nicht entgegenstehen. Allenfalls kann es darum gehen, die vollzugsöffnenden Maßnahmen durch entsprechende Auflagen und Weisungen so zu gestalten, dass eine solche Begegnung vermieden wird. Keinesfalls darf aber die Berücksichtigung von Opferbelangen dazu führen, dass gleichsam durch die Hintertür Schuldaspekte und Vergeltungsbedürfnisse, die ihren ausschließlichen Platz in der richterlichen Strafzumessung haben (s.o. C Rdn. 6), in die Vollzugsgestaltung einziehen.

Die Vorstellungen eines **opferbezogenen Strafvollzugs** sind bereits seit längerem 25 in Diskussion.[269] Sie haben unter den Aspekten des Tatfolgenausgleichs und des Opferschutzes in den Landesstrafvollzugsgesetzen, wie eben gezeigt, ihren Ausdruck gefunden. Die Vorschriften des **NW** § 7 und **BE** § 6 gehen aber deutlich darüber hinaus und begegnen **kritischen Einwänden**.[270] Nach **NW** § 7 Abs. 1 und **BE** § 6 Abs. 1 sind **berechtigte Belange des Opfers** nicht nur bei vollzugsöffnenden Maßnahmen, sondern auch „bei der **Eingliederung und Entlassung** zu berücksichtigen". Hinsichtlich der Entlassung und der darauffolgenden Eingliederung hat die Vollzugsbehörde aber keine Entscheidungskompetenz. Soweit hier Opferschutzbelange in Spiel kommen, ist es Sache des Gerichts, das über die Strafrestaussetzung zu entscheiden hat; es kann diese Bewährungsentscheidung gegebenenfalls mit opferschützenden Auflagen und Weisungen verknüpfen; hier kann die Stellungnahme der Anstalt allenfalls Hinweise geben. Entsprechende richterliche Anordnungen kommen bei der Führungsaufsicht nach Vollverbüßung in Betracht; in allen übrigen Fällen endet mit Vollverbüßung das staatliche Regime. Problematisch ist auch die Formulierung von **NW** § 7 Abs. 3: „Maßnahmen des Opferschutzes und des Tatausgleichs sind mit dem Ziel der Eingliederung der Gefangenen in Einklang zu bringen". Bereits der Ausdruck Tatausgleich (den auch **BE** § 6 Abs. 4 verwendet) ist unglücklich gewählt, weil er Assoziationen zu dem tatproportionalen Schuldausgleich hervorruft, der im Strafvollzug nichts verloren hat. Man wird allerdings den Zusammenhang mit dem vorangehenden Abs. 2 beachten und deshalb Tatausgleich als Tatfolgenausgleich, als Schadensausgleich oder Wiedergutmachungsleistung, verstehen können. Die Formulierung, dass ein solcher Tatfolgenausgleich mit dem Ziel der Wiedereingliederung in Einklang zu bringen ist, erweckt den Eindruck, es handle sich um gegenläufige Interessen. Wie jedoch oben (Rdn. 18) gezeigt hat, dient ein gelungener Tatfolgenausgleich, der freilich eher eine Ausnahme darstellt, in optimaler Weise dem Resozialisierungsziel. Widersprüchliche Interessenlagen wird es indessen hinsichtlich des Opferschutzes geben. Soweit der Schutz vor Straftaten bei Lockerungen betroffen ist, gelten die generellen Zielkonflikte zwischen Resozialisierungsinteresse und Sicherheit (s.o. C Rdn. 25; vgl. auch unten 10 B). Soweit damit Informationsrechte des Opfers ge-

---

269 Bereits *Wulf* ZfStrVo 1985, 67 ff, *Rössner* 1990, 7 ff; *Walther* 2002.
270 Vgl. auch AK-*Feest/Lesting* 2017 Teil II § 3 Rdn. 6.

meint sind, befriedigen die Schutzvorschriften des § 406d Abs. 2 und 3 das Verletzteninteresse. Freilich geht Nordrhein-Westfalen in **NW** § 115 Abs. 3 noch darüber hinaus, indem diese Vorschrift den Opfern Auskunft über die Entlassungsadresse und über die Vermögensverhältnisse des Gefangenen gewährt, soweit dies für die Durchsetzung von Rechtsansprüchen aus der Straftat erforderlich ist. Kritisch zu diesen und weiteren Auskunftsrechten siehe *Böhm/Schwind//Jehle/Laubenthal*, Strafvollzugsgesetze. Ergänzungsband zum Datenschutz im Strafvollzug, 2020.

26   **6. Grundsätze zur angeordneten und vorbehaltenen Sicherungsverwahrung.** StVollzG; **BW** §§ 97–103 III JVollzGB; **BY** Art. 159–163 BayStVollzG; **BE** § 3 Abs. 7 StVollzG Bln; **BB** § 8 Abs. 4 BbgJVollzG; **HB** § 3 Abs. 3 BremStVollzG; **HH** §§ 93–97 HmbStVollzG; **HE** § 66 HStVollzG; **MV** § 3 Abs. 3 StVollzG M-V; **NI** §§ 107–112b NJVollzG; **NW** §§ 91, 92 StVollzG NRW; **RP** § 8 Abs. 3 RhPfLJVollzG; **SL** § 3 Abs. 3 SLStVollzG; **SN** § 3 Abs. 3 SächsStVollzG; **ST** § 8 Abs. 3 JVollzGB LSA; **SH** §§ 95–99 LStVollzG SH; **TH** § 8 Abs. 3 ThürJVollzG.

Die Sicherungsverwahrung wird in Justizvollzugsanstalten vollzogen und war im StVollzG in einer Gesetzesmaterie zusammen mit dem Vollzug der Freiheitsstrafe geregelt worden, so dass in großem Umfang die gleichen Regeln für Sicherungsverwahrte und Strafgefangene galten. Dem ist durch das Urteil des BVerfG,[271] das die materiellrechtlichen Vorschriften des StGB zur Sicherungsverwahrung für verfassungswidrig erklärt hat, ein Ende bereitet worden. Danach fordert das Abstandsgebot eine deutliche Besserstellung der Sicherungsverwahrten und einen therapiegerichteten und freiheitsorientierten Vollzug der Sicherungsverwahrung. Der Bundesgesetzgeber hat von diesem Urteil Grundsätze für den Vollzug der Sicherungsverwahrung abgeleitet und in § 66c StGB verankert.[272] Sache der Länder war es, darauf abgestimmte Landesgesetze zu erlassen; dies ist in allen Bundesländern geschehen (s. näher 15 B).

27   Das BVerfG hat aber darüber hinaus **bereits im Strafvollzug** besondere Bemühungen bei Gefangenen mit drohender Sicherungsverwahrung gefordert, „um die Gefährlichkeit des Verurteilten zu reduzieren" und auf diese Weise den späteren Vollzug der Sicherungsverwahrung entbehrlich zu machen.[273] Damit kommt es entscheidend auf den vorausgehenden Aufenthalt im Strafvollzug an. Von daher entfalten die Regelungen, die der Bundesgesetzgeber dem Bundesverfassungsgericht folgend in § 66c Abs. 2 StGB getroffen hat, direkte Auswirkungen auf den Umgang mit Strafgefangenen, denen gegenüber Sicherungsverwahrung angeordnet oder vorbehalten worden ist. Dementsprechend haben die Landesstrafvollzugsgesetze „besondere Vorschriften bei angeordneter oder vorbehaltener Sicherungsverwahrung" geschaffen, einige in einem eigenen Abschnitt, **BW** §§ 97–103 III, **BY** Art. 159–163; **HH** §§ 93–97, **HE** § 66, **NI** §§ 107–112b, **NW** §§ 91, 92, **SH** §§ 95–99; die übrigen Länder haben dem Musterentwurf folgend eine generelle Bestimmung, die die bundesgesetzliche Bestimmung in § 67c StGB aufgreift, in die Vollzugsgrundsätze aufgenommen: „Gefangene mit angeordneter oder vorbehaltener Sicherungsverwahrung sind individuell und intensiv zu betreuen, um ihre Unterbringung in der Sicherungsverwahrung entbehrlich zu machen. Soweit standardisierte Maßnahmen nicht ausreichen oder keine Erfolge versprechen, sind individuelle Maßnahmen zu entwickeln", **BB** § 8 Abs. 4, **BE** § 3 Abs. 7, **HB** § 3 Abs. 3, **MV** § 3 Abs. 3, **RP** § 8 Abs. 3, **SL** § 3 Abs. 3, **SN** § 3 Abs. 3, **ST** § 8 Abs. 3, **TH** § 8 Abs. 3. Über diese generellen Grundsätze hin-

---

271 BVerfG, Urt. v. 4.5.2011 – 2 BvR 2365/09.
272 S. Sch/Sch-*Kinzig* § 66c Rdn. 1; SSW-StGB-*Jehle/Harrendorf* § 66c Rdn. 1ff.
273 BVerfGE 128, 326, 379.

aus finden sich besondere Regelungen in den jeweiligen für alle Strafgefangenen geltenden Vollzugsbereichen.

Der Bundesgesetzgeber hat bezüglich der privilegierten Behandlung von Gefangenen mit drohender Sicherungsverwahrung nach § 66 Abs. 2 StGB auf die für die Sicherungsverwahrten geltenden Grundsätze der Betreuung gem. § 66c Abs. 1 StGB verwiesen. Insofern wirkt die Gestaltung der Sicherungsverwahrung in den Strafvollzug hinein. Daher ist es sinnvoll, die besonderen Vorschriften bei angeordneter und vorbehaltener Sicherungsverwahrung im Gesamtzusammenhang mit dem Vollzug der Sicherungsverwahrung zu behandeln, s. dazu ausführlich unten 15 B. 28

E. Stellung des Gefangenen, Behandlung, Rechtsbeschränkungen

§ 4 StVollzG; BW § 3 III JVollzGB; BY Art. 6 BayStVollzG; BE § 4 StVollzG Bln; BB §§ 4, 6 BbgJVollzG; HB § 4 BremStVollzG; HH §§ 5, 6 HmbStVollzG; HE §§ 4, 6 HStVollzG; MV § 4 StVollzG M-V; NI §§ 3, 6 NJVollzG; NW §§ 2, 4 StVollzG NRW; RP §§ 4, 6 RhPfLJVollzG; SL § 4 SLStVollzG; SN § 4 SächsStVollzG; ST §§ 4, 6 JVollzGB LSA; SH § 4 LStVollzG SH; TH §§ 4, 6 ThürJVollzG; ME § 4 ME-StVollzG

Schrifttum

Breuer/Gerber/Endres Kurzintervention zur Motivationsförderung im Strafvollzug, in: BewHi 2012, 359 ff; *Dessecker* Behandlung im Vollzugsrecht, in: ders. u.a. (Hrsg.), Rechtspsychologie, Kriminologie und Praxis, Wiesbaden 2013, 113 ff; *Egg* Die Entwicklung des Behandlungsgedankens im Strafvollzug in der Bundesrepublik Deutschland von 1949 bis heute, in Kury (Hrsg.), Gesellschaftliche Umwälzung, Freiburg i. Br. 1992, 85 ff; *Feest* Chancen im Vollzug oder „Chancenvollzug"? Ein Kommentar zum Niedersächsischen Justizvollzugsgesetz, in: StV 2008, 553 ff; *Franke* Vom Behandlungsvollzug zum Rechtsvollzug? in: BlStV 1/1981, 1 ff; *Göppinger* Angewandte Kriminologie, Mönchengladbach 1988; Haberstroh Die Mitwirkung des Gefangenen an seiner Behandlung – Sanktionierung und Belohnung, in: Zf StrVo 1982, 259 ff; *Jung* Behandlung als Rechtsbegriff, in: ZfStrVo 1987, 38 ff; *Kruis/Cassardt* Verfassungsrechtliche Leitsätze zum Vollzug von Straf- und Untersuchungshaft, in: NStZ 1995, 521 ff; *Kruis/Wehowsky* Fortschreibung der verfassungsrechtlichen Leitsätze zum Vollzug von Straf- und Untersuchungshaft, in: NStZ 1998, 593 ff; *Mey* Zum Begriff der Behandlung im Strafvollzugsgesetz (aus psychologischer Sicht), in: ZfStrVo 1987, 42 ff; *Meyer* Zehn Jahre Strafvollzugsgesetz – Das Gesetz im Rückblick, in: ZfStrVo 1987, 4 ff; *Müller-Dietz* Grundfragen des strafrechtlichen Sanktionensystems, Heidelberg/Hamburg 1979, 130 ff; *Müller-Dietz* Die Rechtsprechung der Strafvollstreckungskammern zur Rechtsgültigkeit der VVStVollzG, in: NStZ 1981, 409 ff; ders. Zehn Jahre Strafvollzugsgesetz – Bilanz und Perspektiven, in: BewHi 1986, 331 ff; *Rehn* Behandlung im Strafvollzug: unzeitgemäß?, in: Müller-Dietz/Walter (Hrsg.), Strafvollzug in den 90er Jahren, Pfaffenweiler 1995, 69 ff; *Rotthaus* Der Schutz der Grundrechte im Gefängnis, in: ZfStrVo 1996, 3 ff; *Rössner* Wiedergutmachen statt Übelvergelten, in: Marks/Rössner (Hrsg.), Täter-Opfer-Ausgleich, Bonn 1990, 7 ff; *ders.* Erlernte Hilflosigkeit und Soziales Training, in: Justizministerium Baden-Württemberg (Hrsg.), Wiedergutmachung statt Übelvergelten, Stuttgart 1984, 14 ff; *Schwind* „Rationale" Kriminalpolitik als Zukunftsaufgabe, in: ders. u.a. (Hrsg.), FS Blau, Berlin/New York 1985, 573 ff; *ders.* Strafvollzug in der Konsolidierungsphase, in: ZfStrVo 1988, 259 ff; *ders.* „Chancenvollzug" am Beispiel von Niedersachsen, in: Böse/Sternberg-Lieben (Hrsg.), FS Amelung, Berlin 2009, 763 ff; *Suhling/Cottonaro* Motivation ist alles? Formen und Bedingungen von Veränderungs- und Behandlungsbereitschaft bei Inhaftierten, in: ZJJ 2005, 385 ff; *Würtenberger* Kriminalpolitik im sozialen Rechtsstaat, Stuttgart 1970.

Übersicht

I. Allgemeine Hinweise Status des Gefangenen —— 1, 2
II. Erläuterungen —— 3–32
  1. Integrationsstatus —— 3–17

  a) Achtung der Persönlichkeit; Selbständigkeit im Vollzugsalltag —— 3
  b) Der Behandlungsbegriff —— 4

c) Gesetzlicher Umfang der Mitwirkungspflicht —— 5–9
d) Pflicht der Vollzugsbehörde zur Motivierung des Gefangenen —— 10–14
e) Auswirkungen der Mitwirkungsbereitschaft auf Vollzugsentscheidungen —— 15, 16
f) Mitwirkungsrecht des Gefangenen —— 17
2. Abwehrstatus —— 18–31
a) Rechtsbeschränkungen durch Gesetz —— 19
b) Keine Beschränkungen durch untergesetzliche Vorschriften —— 20–23

c) Rechtsbeschränkung durch die Generalklausel —— 24–31
aa) Aufrechterhaltung der Sicherheit —— 25
bb) Schwerwiegende Störung der Ordnung —— 26
cc) „Soweit das Gesetz eine besondere Regelung nicht enthält" —— 27–29
dd) Unerlässlichkeit der Rechtsbeschränkung —— 30
ee) Legitimation allgemeiner Sicherungsmaßnahmen —— 31
3. Zitiergebot bei Grundrechtseinschränkungen —— 32

I. Allgemeine Hinweise

1   Wie das BVerfG im Hinblick auf den Status des Gefangenen wiederholt festgestellt hat, ist auch der Strafgefangene ein Bürger, für den die **Rechtsgarantien des Grundgesetzes** gelten. Er ist in seinen Grundrechten nur soweit beschränkbar, als dies die Verfassung in der Form und in der Sache erlaubt.[274] Die ihm nach dem Sozialstaatsprinzip geschuldete resozialisierende Behandlung[275] verpflichtet den Gesetzgeber einerseits, den Strafvollzug auf das Ziel der Resozialisierung hin auszurichten. Hierbei wird ihm ein weiter Gestaltungsraum zugebilligt.[276] Andererseits begründet dies für den einzelnen Gefangenen aber auch einen grundrechtlichen Anspruch darauf, dass dieser Zielsetzung bei ihn belastenden Maßnahmen genügt wird.[277] Dieses **„Grundrecht auf Resozialisierung"** begrenzt die Rechte anderer Personen oder Institutionen.[278] Resozialisierende Behandlung kann zwar auch zur Beschränkung von Rechten der Gefangenen führen, ist aber keine „Gehirnwäsche" oder „Zwangsbehandlung", die der Verurteilte in einer Objektstellung zu erdulden hätte, sondern bezieht den Gefangenen als zu informierende, zu beteiligende und zu aktivierende Person positiv ein.[279] Damit sind der **„Abwehrstatus"** (s.u. Rdn. 12ff) des Gefangenen (Grenzen der Eingriffe in seine Rechte) und der **„Integrationsstatus"**[280] umschrieben.[281]

2   Der Bundesgesetzgeber hatte in § 4 StVollzG die beiden die Stellung des Gefangenen maßgeblich prägenden Grundsätze zusammengespannt. Alle Landesgesetze nehmen diese Grundsätze wieder auf, allerdings zum Teil erweitert oder stärker ausgeformt. **BW** § 3 III und **HH** § 5 übernehmen die bundesgesetzliche Formulierung, Hessen ebenfalls, aber aufgeteilt auf zwei Paragraphen **HE** § 4 „Mitwirkung" und **HE** § 6 „Stellung der Gefangenen". Auch Bayern übernimmt in **BY** Art. 6 die Vorschrift des § 4 StVollzG mit leicht abgeändertem Wortlaut, widmet aber außerdem eine eigenständige Vorschrift der „Behandlung im Vollzug", **BY** Art. 3. Viele Landesgesetze folgen dem Musterentwurf, der einerseits hinsichtlich der Rechtseinschränkungen die Formulierung des § 4 Abs. 2

---

274 BVerfGE 33, 1 ff; 40, 276 ff.
275 BVerfGE 35, 202, 235.
276 BVerfGE 98, 169, 201; ähnlich schon BVerfGE 40, 276, 284.
277 BVerfG ZfStrVo 1998, 242, 245; BVerfG NStZ 1998, 430.
278 BVerfGE 35, 202, 235 – Verbot der Fernsehberichterstattung über eine länger zurückliegende schwere Straftat wegen Gefährdung der Resozialisierung des Täters.
279 BVerfG ZfStrVo 2003, 183; so auch *Seebode* 1997, 95.
280 Stellung des Insassen im Behandlungsprozess, Rdn. 2ff.
281 *Würtenberger* 1970, 223; *C/MD* 2008 § 4 Rdn. 1.

StVollzG übernimmt, andererseits die Beteiligung und Mitwirkung des Gefangenen stärker ausformt, in identischer Weise: **BB** § 4, **BE** § 4, **HB** § 4, **MV** § 4, **SH** § 4, **SL** § 4, **SN** § 4, **ST** § 4; Rheinland-Pfalz und Thüringen folgen ebenfalls dem Musterentwurf, aber aufgeteilt auf zwei Paragraphen, **RP** § 4, **TH** § 4 „Stellung der Gefangenen" und **RP** § 6, **TH** § 6 „Mitwirkung im Vollzug der Freiheitsstrafe". Die übrigen Länder haben etwas andere Akzente gesetzt: Nordrhein-Westfalen hat in die Grundsätze der Vollzugsgestaltung die bundesgesetzliche Formulierung des § 4 Abs. 2 StVollzG zu den Rechtseinschränkungen aufgenommen, **NW** § 2 Abs. 4, dann aber mit **NW** § 4 „Mitwirkung und Motivierung, soziale Hilfe" dem Behandlungsauftrag eine ausführliche Bestimmung gewidmet. Am stärksten unterscheidet sich Niedersachsen: Zum einen gehen die Voraussetzungen der Generalklausel bezüglich der Rechtseinschränkungen über die der anderen Landesgesetze hinaus, **NI** § 3 Satz 2 (vgl. näher Rdn. 26, 30); zum anderen wird bezüglich der „Mitwirkung der Gefangenen", **NI** § 6, eine Art „Chancenvollzug" konzipiert, der möglicherweise zur Folge hat, dass schwiegrige Gefangene von der Behandlung ausgeschlossen werden, **NI** § 6 Abs. 2 Satz 2 (dazu kritisch Rdn. 13).

II. Erläuterungen

1. Integrationsstatus

a) Achtung der Persönlichkeit; Selbständigkeit im Vollzugsalltag. Nach ME § 4 **3** Abs. 1 – und ihm folgend **BB** § 4 Abs. 1, **BE** § 4 Abs. 1, **HB** § 4 Abs. 1, **MV** § 4 Abs. 1, **RP** § 4 Abs. 1, **SL** § 4 Abs. 1, **SN** § 4 Abs. 1, **ST** § 4 Abs. 1, **SH** § 4 Abs. 1, **TH** § 4 Abs. 1 – ist die Persönlichkeit der Gefangenen zu achten und ihre Selbständigkeit im Vollzugsalltag so weit wie möglich zu erhalten und zu fördern. Dies als Programmsatz[282] der Stellung des Gefangenen voranzustellen, ist begrüßenswert; es entspricht sinngemäß Nr. 65 Europäische Strafvollzugsgrundsätze, wonach sicherzustellen ist, dass „die Lebensbedingungen mit der Menschenwürde vereinbar und mit den allgemein anerkannten Normen der Gesellschaft vergleichbar sind" und andererseits „die schädlichen Wirkungen des Vollzugs und die Unterschiede zwischen dem Leben im Vollzug und in der Freiheit, welche die Selbstachtung oder die Eigenverantwortung des Gefangenen beeinträchtigen können, auf ein Mindestmaß herabgesetzt werden". Der erste Aspekt drückt positiv die Rechtsstellung des Gefangenen als Träger von Grund- und Menschenrechten[283] aus und verpflichtet die Anstalt darauf, den Vollzug „menschenwürdig auszugestalten";[284] dies hat **BW** § 2 Abs. 1 III ausdrücklich formuliert: „Die Gefangenen sind unter Beachtung ihrer Grund- und Menschenrechte zu behandeln. Niemand darf unmenschlicher erniedrigender Behandlung unterworfen werden". Die hiermit statuierte Subjektstellung des Gefangenen bildet zugleich eine Grenze für Behandlungsmaßnahmen; eine „Zwangstherapie" gegen den Willen des Gefangenen kann jenseits der allgemeinen Pflichten (z.B. Arbeitspflicht) nicht erfolgen (siehe näher unten Rdn. 7). Der zweite Aspekt der **Selbständigkeit des Gefangenen** im Vollzugsalltag folgt einerseits aus der Achtung seiner Persönlichkeit, weist andererseits eine große Nähe zum Angleichungsgrundsatz und Gegensteuerungsgrundsatz auf. Indem dem Gefangenen nicht alles vorgeschrieben wird, sondern ihm Entscheidungs- und Gestaltungsspielräume – soweit es der Schutz der Allgemeinheit sowie Sicherheit und Ordnung der Anstalt erlauben – verbleiben, nähern sich die

---
282 Vgl. AK-*Goerdeler* 2017 Teil II § 4 Rdn. 32 ff.
283 Grundlegend dazu das sog. Lebach Urteil des BVerfG, Urt. v. 5.6.1973 – 1 BvR 536/72, vgl. auch ausführlich AK-*Goerdeler* 2017 Teil II § 4 Rdn. 21.
284 BVerfGE 131, 268, 287.

Anstaltsverhältnisse den externen Bedingungen an (s.o. D Rdn. 6); zugleich wird dem Verlernen selbständigen Handelns entgegengewirkt (s.o. D Rdn. 14). Insoweit ergibt sich aus diesen Gestaltungsgrundsätzen die Förderung der Selbständigkeit im Vollzugsalltag auch in jenen Ländern, die diesen Programmsatz nicht ausdrücklich gesetzlich niedergelegt haben.

ME § 4 Abs. 2 – und ihm folgend **BB** § 4 Abs. 2, **BE** § 4 Abs. 2, **HB** § 4 Abs. 2, **MV** § 4 Abs. 2, **RP** § 4 Abs. 2, **SL** § 4 Abs. 2, **SN** § 4 Abs. 2, **ST** § 4 Abs. 2, **SH** § 4 Abs. 2, **TH** § 4 Abs. 2 – geht noch einen Schritt darüber hinaus; die Gefangenen sind auch an der **Gestaltung des Vollzugsalltags** zu **beteiligen** (Satz 1). Über diesen allgemeinen Programmsatz hinaus macht die Gesetzesbestimmungen keine weiteren Vorgaben – anders als bei dem formalisierten Verfahren im Rahmen der Vollzugs- und Behandlungsplanung (s. näher 2 B und C). Ebenso bleibt unbestimmt, wann und wie **vollzugliche Maßnahmen** den Gefangenen **zu erläutern** sind (Satz 2). Gewiss würde es die Vollzugsbediensteten überfordern, jede einzelne Anordnung zu begründen, worauf zu Recht ME-Begründung S. 70 hinweist; die mit der „Erläuterung" verbundene Intention, den Gefangenen eine Maßnahme nach Möglichkeit nachvollziehbar, im Idealfall sogar akzeptabel erscheinen zu lassen, ihn also nicht als bloßen „Befehlsempfänger" zu behandeln, ist im Sinne der Achtung seiner Persönlichkeit und der Erhaltung seiner Selbständigkeit zu begrüßen.

4   **b) Der Behandlungsbegriff.** Behandlung ist ein zentrales Konzept des Strafvollzugsrechts. Es findet sich im Zusammenhang mit dem Vollzugsziel, den Gestaltungsgrundsätzen, dem Differenzierungsprinzip, der Vollzugsplanung sowie in vielen Vollzugsbereichen. Wie seine Verwendung in den verschiedenen Gesetzesbestimmungen zeigt, ist der Begriff der Behandlung weit auszulegen. Er bedeutet jede Art von Einflussnahme und Tätigkeit, die mit dem Ziel stattfindet, den Gefangenen auf die Zeit nach der Entlassung aus der Haft vorzubereiten, den schädlichen Wirkungen des Freiheitsentzuges gegensteuert und hilft, den Insassen in das freie Leben wieder einzugliedern.[285] Dazu gehören die Art des Umgangs der Bediensteten mit dem Gefangenen, die Unterbringung, die Arbeit, die Aus- und Weiterbildung, das Freizeitangebot, die Lockerungen, die Förderung der Außenkontakte, die Entlassungsvorbereitungen, aber auch Therapie im engeren Sinne wie Gesprächstherapie, Gruppentherapie und medizinische Behandlung.[286] Letztlich zählen zur Behandlung alle Maßnahmen, welche die persönlichen Fähigkeiten, Fertigkeiten, Haltungen und Werte der Gefangenen fördern, um die Chancen für ein Leben ohne Straftaten zu verbessern.[287]

Das Bundesstrafvollzugsgesetz hatte auf eine Definition des Behandlungsbegriffs verzichtet; ebenso fehlt diese im Musterentwurf und den ihm folgenden Ländergesetzen, **BB, BE, HB, MV, RP, SL, SN, ST, SH, TH**. Auch **BW** trifft keine Definition der Behandlung; **BW** § 2 III ist zwar mit Behandlungsgrundsätze überschrieben, die jedoch den sonst so benannten Grundsätzen der Vollzugsgestaltung entsprechen. Die übrigen Länder beziehen die Behandlung unmittelbar auf das Vollzugsziel der Resozialisierung und verstehen darunter **Maßnahmen, die geeignet sind, „auf eine künftige deliktfreie Lebensführung hinzuwirken"** (**BY** Art. 3 Satz 1) bzw. „auf eine künftige Lebensführung ohne Straftaten hinzuwirken" (**HE** § 5 Abs. 1 Satz 1) bzw. „Chancen zur Förderung ihrer Eingliederung in ein Leben in sozialer Verantwortung ohne Straftaten zu vermitteln und ihre Fähigkeiten zur Selbsthilfe zu stärken" (**HH** § 4 Satz 1) bzw. Maßnahmen, die dem

---

285   *Laubenthal/Nestler/Neubacher/Verrel* 2015 B Rdn. 78.
286   OLG Karlsruhe StV 2005, 337; im Einzelnen: *Jung* 1987, 39, 40; *Mey* 1987, 42; *Calliess* 1992, 22, 23; *Walter* 1999 Rdn. 280–285; *Laubenthal* 2015 Rdn. 158.
287   Vgl. AK-*Goerdeler* 2017 Teil II § 4 Rdn. 40; ähnlich OLG Karlsruhe StV 2005, 337.

Gefangenen „die Chance eröffnen, sich nach Verbüßung der Strafe in die Gesellschaft einzugliedern" (**NI** § 6 Abs. 2 Satz 1); **NW** § 3 Abs. 1 Satz 1 bezeichnet die Behandlung als „Grundlage der Erreichung des Vollzugsziels". Nur Bayern und Nordrhein-Westfalen benennen die Felder, auf die sich Behandlung bezieht, konkreter. Nach **BY** Art. 3 Satz 3 geht es „insbesondere um schulische und berufliche Bildung, Arbeit, psychologische und sozialpädagogische Maßnahmen, seelsorgerische Betreuung und Freizeitgestaltung; nach **NW** § 3 Abs. 2 umfasst die Behandlung „namentlich Maßnahmen zum Erwerb sozialer Kompetenzen, therapeutische Angebote, schulische Förderung, die Vermittlung beruflicher Fähigkeiten und Qualifikationen, Motivations- und Beratungsangebote für Suchtkranke sowie Schuldnerberatung". Beachtlich ist, dass nach **NW** § 3 Abs. 2 Satz 3 „die Behandlung und die ihr zugrundeliegende Diagnostik (...) **wissenschaftlichen Erkenntnissen** zu genügen" haben. Damit ist nicht gemeint, dass alle Bediensteten, die Diagnose- und Behandlungsmaßnahmen durchführen, eine wissenschaftliche Qualifikation aufweisen müssen; vielmehr müssen die angewandten Methoden und Maßnahmen selbst empirisch evaluiert sein.[288] Eine allgemeingültige oder auch nur für ausgewählte Delinquentengruppen angezeigte Behandlungsmethode ist gesetzlich nicht festgelegt. Als ein verbindender Rahmen für die Behandlung einzelner Gefangener kommen das „soziale Training",[289] der Vollzug in Wohngruppen und das Ideal der „problemlösenden Gemeinschaft", in deren Konzept wiederum eine Vielfalt von Methoden zur Anwendung kommt,[290] in Frage. Die faktisch begrenzten Möglichkeiten führen zu einer Favorisierung des defizitorientierten sozialen Trainings.[291] Verbunden mit dem Abbau sozialer Defizite geht es darum, soziale Kompetenzen zu erlernen.[292]

Wie die Begründung zum BayStVollzG zu Recht ausführt, bleibt indes der **Behandlungsbegriff gesetzlich offen** und die Fortentwicklung der verschiedenen Behandlungsmethoden ist weiterhin Aufgabe von Wissenschaft und Praxis. Soweit im Einzelfall die Rechte und Pflichten eines Gefangenen im Hinblick auf sie bestimmt werden, ist die Behandlung ein gerichtlich voll nachprüfbarer, unbestimmter Rechtsbegriff.[293]

c) Gesetzlicher Umfang der Mitwirkungspflicht. Im Strafvollzug befindet sich der 5 Gefangene nicht freiwillig. Es handelt sich um ein Zwangssystem, das den Gefangenen für die Dauer des Freiheitsentzugs in vielerlei Weise in seiner Handlungsfreiheit einengt. Diese Einengungen haben ihre Gründe in der Sicherung des Gewahrsams und des Lebens und der Gesundheit der in der Anstalt befindlichen Menschen (Sicherheit der Anstalt), in der Notwendigkeit, das Zusammenleben in der Anstalt einigermaßen erträglich zu organisieren (Ordnung der Anstalt; 11 A), in der Verpflichtung, während des Vollzugs der Freiheitsstrafe die Allgemeinheit vor Straftaten des Insassen zu schützen (Aufgabe des Vollzuges s.o. C), aber auch in der Vorstellung, im Vollzug Verhältnisse zu schaffen, die die Erreichung des Vollzugsziels ermöglichen.

Rechtsbeschränkungen aus diesem zuletzt genannten Grund sind nicht nur zuläs- 6 sig, sondern für einen geordneten Strafvollzug **unerlässlich**.[294] Das Vollzugsziel kann „nicht nur Ansprüche des Gefangenen begründen, sondern unter Umständen auch grundrechtsbeschränkende Maßnahmen rechtfertigen, die erforderlich sind, um die in-

---

288 Ähnlich AK-*Goerdeler* 2017 Teil II § 4 Rdn. 41.
289 *Walter* 1999 Rdn. 283; *Laubenthal* 2015 Rdn. 164 f.
290 C/MD 2008 § 4 Rdn. 6; *Laubenthal* 2015 Rdn. 161–163.
291 S. ausführlich *Laubenthal* 2015 Rdn. 164 f.
292 So bereits instruktiv *Rössner* 1984, 14 ff; vgl. *Laubenthal* 2015 Rdn. 164.
293 KG, Beschl. v. 17.9.1992 – 5 Ws 240/92.
294 BVerfGE 40, 276.

neren Voraussetzungen für eine spätere straffreie Lebensführung des Gefangenen zu fördern".[295] Deshalb finden sich in verschiedenen Vollzugsbereichen Hinweise darauf, dass dem Gefangenen Beschränkungen in seinen Rechten auch auferlegt werden, um das Vollzugsziel nicht zu gefährden oder die Eingliederung der Insassen nicht zu behindern, so etwa hinsichtlich Besuchen, Schriftwechsel, Telefonaten, Printmedien oder Gegenständen zur Freizeitbeschäftigung.[296] Aus Gründen der Behandlung kann der Anstaltsleiter dem Gefangenen bei der Gewährung von Lockerungen Weisungen erteilen (s. 10 B). Der Gefangene ist mindestens auch deshalb generell in der Anstalt zur Arbeit verpflichtet (so das StVollzG und die meisten Landesgesetze) oder jedenfalls dann, wenn dies nach der Vollzugsplanung für erforderlich gehalten wird (so **HB** und **MV**; s. näher u. 4 B). Aber auch die Einhaltung von Verhaltensvorschriften dient nicht nur der Sicherheit und Ordnung (s. näher 11 B), sondern auch dem Vollzugsziel. So hat der Gefangene sich an eine Tagesstruktur zu gewöhnen, auf andere Rücksicht zu nehmen, in seinem Haftraum Ordnung zu halten und Körperhygiene zu pflegen. In diesem **in Einzelbestimmungen gezogenen Umfang** trifft den Gefangenen eine **Mitwirkungspflicht an seiner Behandlung** in dem Sinne, dass er die im Einzelfall angeordneten Beschränkungen zu dulden, der Arbeitspflicht, den Anordnungen und den Weisungen nachzukommen hat. Lehnt er sich gegen diese Beschränkungen auf, so handelt er gegen seine Pflichten und setzt sich – schuldhaftes Verhalten vorausgesetzt – disziplinarischer Zurechtweisung aus. Die Befürchtung, dass ein solcher Zwang entgegen dem Ziel des Vollzuges nur einen „guten Gefangenen" schaffe, der für die Freiheit nicht tauge,[297] erscheint nicht begründet. Ist schon der Entzug der Freiheit oft notwendig, um das „Schonklima" (s.o. C Rdn. 14) für die erforderlichen Lernschritte zu schaffen, so ist auch der zwangsweise Ausschluss besonderer Gefährdungen unerlässlich, freilich nicht ausreichend, um das Vollzugsziel zu erreichen.[298] Auf eine solche zwangsweise Ausgestaltung des Vollzuges kann vielleicht dann verzichtet werden, wenn die Gefährdungen durch Gespräche z.B. in einem „therapeutischen" Wohngruppenvollzug aufgearbeitet werden. Diese Entwicklung ist anzustreben (s. näher 11 M).

7 **Weitergehende Mitwirkung.** Jenseits der ausdrücklichen Bestimmungen des Gesetzes, die gewissermaßen den dem Gesetzgeber unverzichtbar erscheinenden **Behandlungsrahmen** darstellen, besteht aber für den Gefangenen **keine Pflicht**, an seiner Behandlung **mitzuwirken**. Dass der Gefangene „mitwirkt", ist vielmehr der berechtigte Wunsch des Gesetzgebers, denn die Mitwirkung ist zur Erreichung des Vollzugsziels notwendig. Um das Ziel eines selbstverantworteten Lebens in Freiheit erreichen zu können, bedarf es der Mitwirkung des Gefangenen an Behandlungsmaßnahmen; die Mitarbeit stellt einen wesentlichen Teil des Behandlungsvollzugs dar.[299] Wenn auch der Bundesgesetzgeber – und ihm folgend **BW** § 3 Abs. 1 III – die erwähnte Mitwirkung im Indikativ ausdrückt („wirkt mit", § 4 Abs. 1 Satz 1 StVollzG), so zeigt bereits das unmittelbar folgende Motivierungsgebot (§ 4 Abs.1 Satz 2 StVollzG), dass mit einer solchen Mitwirkung des Gefangenen nicht ohne Weiteres zu rechnen ist. Deshalb ist es sinnvoll, die Mitwirkung als **objektive Notwendigkeit** zu formulieren, wie es ME § 4 Abs. 3 – und ihm folgend **BE** § 4 Abs. 3, **BB** § 4 Abs. 3, **HB** § 4 Abs. 3, **MV** § 4 Abs. 3, **RP** § 6 Abs. 1, **SL**

---

295 Vgl. auch BVerfG NStZ 1996, 55; ZfStrVo 1996, 174, 175.
296 Vgl. auch *Laubenthal* 2015 Rdn. 239; *Seebode* 1997, 93–95.
297 *C/MD* 2008 § 4 Rdn. 3, 4; *Laubenthal/Nestler/Neubacher/Verrel* 2015 B Rdn. 70 freilich bezogen auf Behandlungsmaßnahmen im engeren Sinne; ablehnend auch in Hinblick auf die Arbeitspflicht, AK-*Galli* 2017 Teil II Vor § 19.
298 OLG Bamberg, Beschl. v. 1.10.1981 – Ws 491/81.
299 *Laubenthal/Nestler/Neubacher/Verrel* 2015 B Rdn. 71; *Laubenthal* 2015 Rdn. 238.

§ 4 Abs. 3, **SN** § 4 Abs. 3, **SH** § 4 Abs. 3, **TH** § 6 Abs. 1 – tut: „Zur Erreichung des Vollzugsziels bedarf es der Mitwirkung des Gefangenen." Dem gegenüber drücken andere Landesgesetze die **Erwartung der Mitwirkung** aus: Die Gefangenen **sollen** mitwirken „an der Gestaltung ihrer Behandlung und an der Erfüllung des Behandlungsauftrags" (**BY** Art. 6 Abs. 1 Satz 1), „an Maßnahmen zu ihrer Wiedereingliederung" (**HE** § 4 Satz 1), „an der Erreichung des Vollzugsziels" (**NI** § 6 Abs. 1 Satz 1), „an der Gestaltung der Behandlung und an der Erreichung des Vollzugsziels" (**NW** § 4 Abs.1 Satz 1). Die Vorschriften gleichen sich inhaltlich, auch wenn einmal eher auf Behandlung, zum anderen auf Wiedereingliederung abgestellt wird. Die Formulierung als **Sollvorschrift** macht deutlich, dass es sich um keine echte und damit durchsetzbare Verpflichtung handelt.[300] Hierin unterscheiden sich die Bestimmungen in Hamburg und in Sachsen-Anhalt; danach sind die Gefangenen **verpflichtet**, „an der Gestaltung ihrer Behandlung und an der Erfüllung des Vollzugsziels" (**HH** § 5 Abs. 1 Satz 1) bzw. „an der Erreichung des Vollzugsziels" mitzuwirken. Offensichtlich ist hiermit eine echte Verpflichtung gemeint; denn wenn die Gefangenen ihrer Mitwirkungspflicht nicht nachkommen, können Lockerungen versagt werden (**HH** § 12 Abs. 2; **ST** § 45 Abs. 3 Satz 2). Da **HH** zugleich die Möglichkeit vorsieht, Mitwirkung zu belohnen (**HH** § 6 Abs. 2), erscheinen Lockerungen als ein Instrument positiver (Gewährung) und negativer (Versagung) Sanktionierung der Mitwirkung, ähnlich *Neubacher*,[301] der von einem „System von Belohnung und Strafe" spricht. Dafür sind aber Lockerungen nicht da; die (fehlende) Mitwirkung kann systemimmanent nur in Anschlag gebracht werden, soweit sie die Missbrauchsgefahr begründet und die Resozialisierungsförderung der Lockerung tangiert[302] (s. näher u. Rdn. 11). Allerdings wird nach **HH** § 85 Satz 2 und **ST** § 98 Abs. 1 die fehlende Mitwirkung nicht zu den disziplinarisch zu ahndenden Verstößen gezählt. Hierin zeigt sich, dass es sich letztlich doch nicht um eine echte, nämlich durchsetzbare Pflicht handelt.[303]

Wie sich aus der Pflicht der Anstalt zur Motivierung des Gefangenen (s. Rdn. 10) ergibt, gehen die Gesetzgeber aber – und damit wird eine Erfahrung aus dem Vollzugsalltag berücksichtigt – nicht davon aus, dass der Gefangene vom Beginn des Vollzugs an bereit ist, an der Gestaltung seiner Behandlung (Rdn. 6) und an der Erreichung des Vollzugsziels mitzuwirken. Deshalb muss seine Bereitschaft hierzu geweckt und ständig gefördert werden. Das Einsetzen einer resozialisierenden Behandlung ist also nicht von der anfänglichen Mitwirkung oder Zustimmung des Gefangenen abhängig. Der Gefangene hat kein Recht darauf, sich den resozialisierenden Maßnahmen im Vollzug zu entziehen. Das Recht, gegen Absitzen der Strafzeit ein Verbrecher bleiben zu dürfen, in Ruhe gelassen zu werden, neue Kräfte für einen antisozialen Lebenswandel zu sammeln, besteht nicht.[304] Deshalb müssen die Behandlungsuntersuchung (s.u. 2 B) und die Erstellung, Durchführung und Fortschreibung des Vollzugsplans (s.u. 2 C) immer stattfinden, und zwar auch bei jenem Gefangenen, der seine Mitwirkung völlig verweigert. Und es ist rechtswidrig, den Gefangenen in eine Arbeit, eine Wohngruppe oder eine Maßnahme der Weiterbildung einzuteilen, die nach der Erkenntnis der Vollzugsbehörde der Erreichung des Vollzugsziels schadet (etwa Gemeinsamkeit mit anderen Insassen, die aufeinander einen schlechten Einfluss haben können), auch dann, wenn der Gefangene diese Gestaltung seiner Behandlung will. Die Verantwortung für die Erreichung des Vollzugsziels und die Gestaltung der Behandlung liegt bei der Vollzugsbehörde. Sie besteht unabhän-

8

---

[300] So zu Recht die Begründung des bayerischen Strafvollzugsgesetzes; LT-Drucks. 15/8101, S. 50.
[301] *Laubenthal/Nestler/Neubacher/Verrel* 2015 B Rdn. 83.
[302] So auch AK-*Goerdeler* 2017 Teil II § 4 Rdn. 49.
[303] Im Ergebnis auch AK-*Goerdeler* 2017 Teil II § 4 Rdn. 49.
[304] *Müller-Dietz* 1979, 149, 155.

gig von der Bereitschaft oder Fähigkeit des Gefangenen, sich zu beteiligen. Vgl. zur Mitwirkung bei der Behandlungsuntersuchung 2 B.

9   Behandlung ist nicht nur mit Zustimmung des zu Behandelnden auf der **Ebene der Freiwilligkeit** möglich. Menschen bewähren sich, leben und lernen seit eh und je in Situationen und unter Bedingungen, die sie nicht ausgewählt haben und in die sie unwillentlich geraten.[305] Widerstand und Unlust von Gefangenen beruhen oft auf eingeschliffenen Verhaltenstechniken, die der Lebensbewältigung dienen,[306] auch auf angesichts unangenehmer Vorerfahrungen durchaus nachzuempfindendem Misstrauen, werden aber auch überhaupt bei erheblich straffällig gewordenen Personen häufig festgestellt.[307] Mit Zustimmung und Bereitschaft zu resozialisierenden Maßnahmen wird man daher anfangs oft nicht rechnen dürfen. Sie werden deshalb für den Behandlungsprozess richtigerweise nicht vorausgesetzt, in seinem Verlauf aber angestrebt. Dabei gibt es Behandlungsmaßnahmen, die ohne Zustimmung, ja **gegen den Willen des Gefangenen** begonnen werden, und andere, die notwendigerweise sein Einverständnis, mindestens eine Art Duldung, voraussetzen. So ist der Einsatz des Gefangenen in der Anstaltsschreinerei, der zur Erreichung des Vollzugsziels sinnvoll erscheint, auch ohne seine Zustimmung zulässig, ja vielleicht geboten. Das Eingehen eines Ausbildungsverhältnisses in der Schreinerwerkstatt bedarf aber der Zustimmung des Gefangenen, wobei in vielen Fällen die Bereitschaft zur Mitarbeit im Laufe der Zeit entsteht und wächst. Der zunächst widerwillig in der Schreinerei Tätige findet Gefallen an der Arbeit, Sympathie für den Meister und erkennt zugleich, dass ihm der erwünschte und bequeme Job in der Hofkolonne ohnehin konsequent verweigert wird.

10   **d) Pflicht der Vollzugsbehörde zur Motivierung des Gefangenen.** Die Fähigkeit und Bereitschaft des Insassen zur Mitwirkung **zu wecken** und **zu fördern**, ist eine der wichtigsten **Pflichten aller Vollzugsbediensteten**. Eine entsprechende Motivierungspflicht, die bereits in § 4 Abs. 1 Satz 2 StVollzG statuiert wurde, erlegt der ME § 4 Abs. 3 Satz 2 – und ihm folgend: **BE** § 4 Abs. 3 Satz 2, **BB** § 6 Abs. 1 Satz 2, **HB** § 4 Abs. 3 Satz 2, **HH** § 5 Abs. 1 Satz 2; **MV** § 4 Abs. 3 Satz 2, **RP** § 6 Abs. 1 Satz 2, **SL** § 4 Abs. 3 Satz 2, **SN** § 4 Abs. 3 Satz 2, **ST** § 6 Satz 2, **SH** § 4 Abs. 3 Satz 2, **TH** § 6 Abs. 1 Satz 2 – der Vollzugsbehörde auf; eine inhaltsgleiche Bestimmung findet sich in **BW** § 3 Abs. 1 Satz 2 III, **BY** Art. 6 Abs. 1 Satz 2, **HE** § 4 Satz 2, **NW** § 4 Abs. 1 Satz 2. Die Erfahrung lehrt, dass die Bereitschaft des Insassen nicht kontinuierlich wächst, sondern Schwankungen unterliegt, sodass immer wieder von neuem Motivationsarbeit zu leisten ist. In diesem Sinne konkretisiert **NW** § 4 Abs. 1 Satz 3 die Motivierungsarbeit: Danach sollen die Gefangenen „fortwährend an die gebotenen Behandlungsmaßnahmen herangeführt" werden. Die Erfahrung lehrt auch, dass es nie zu spät ist, d.h., dass auch bei scheinbar unwilligen Insassen die Bereitschaft zur Mitwirkung am Vollzugsziel zu erreichen ist. Insofern ist es kritisch zu sehen, wenn nach **NI** § 6 Abs. 2 Satz 2 und **HE** § 5 Abs. 3 Satz 1 eine Maßnahme beendet werden soll, sofern ihr Zweck „dauerhaft nicht erreicht werden" kann (s. näher Rdn. 13). Auch mit den Bezugspersonen des Insassen empfiehlt es sich, insoweit zusammenzuarbeiten.

11   Die **Motivationsarbeit** darf nicht dem Sozialdienst überlassen sein, sie ist Sache aller Bediensteten an allen Stellen, die Hand in Hand arbeiten müssen. Der Umstand, dass es Vollzugsanstalten gibt, bei denen bei durchaus ähnlicher Insassenschaft der Anteil der Insassen, die sich etwa einer dem Vollzugsziel dienlichen Ausbildung unterziehen,

---

305 *Grunau/Tiesler* 1982 Rdn. 1.
306 *Laubenthal/Nestler/Neubacher/Verrel* 2015 B Rdn. 75.
307 *Göppinger* 1988, 104 f.

extrem unterschiedlich ist, beweist, dass die Fragen der Mitarbeit der Insassen, der Resozialisierungsfähig- und willigkeit in erheblichem Maße von der Motivierungsarbeit der Bediensteten und der Art und Weise der gemachten Angebote abhängen. Viel zu rasch wird oft der Versuch eingestellt, die Mitwirkungsbereitschaft zu wecken und zu fördern. Viel zu schnell wird der Insasse als „unwillig" und „unfähig" eingeordnet, statt zu bedenken, ob denn das Behandlungsangebot für den Insassen nach seiner ganzen bisherigen Entwicklung und seiner gegenwärtigen Verfassung zumutbar und brauchbar ist.

Das spricht auch dagegen, von dem Begriff „Behandlung" abzugehen und (nur) **12** „Chancen" zu eröffnen.[308] Denn viele Gefangene sind ohne geduldige Motivationsarbeit der Bediensteten gar nicht in der Lage, „Chancen" zu nutzen. Was den Gefangenen betrifft, ist der Begriff „Chance" insoweit richtig, als dessen Mitwirkung (Wahrnehmen der Angebote) und Verantwortung für seine Entwicklung im Vollzug angesprochen sind. Für die Vollzugsbehörde könnte **„Chancenvollzug"**[309] aber die Abkehr vom zu verwirklichenden Behandlungsvollzug und die Rückkehr zum Verwahrvollzug der Zeit vor dem StVollzG bedeuten, indem auf die konsequente Verwirklichung des Behandlungsvollzugs verzichtet und sich darauf zu beschränkt wird, den resozialisierungsfähigen und -willigen Gefangenen Behandlungsangebote zu machen und abzuwarten, ob sie sich dafür interessieren.[310]

In diese Richtung scheinen anders als die übrigen Landesgesetze und der Muster- **13** entwurf, die das Grundkonzept des StVollzG beibehalten, die Landesgesetze von **Hessen** und **Niedersachsen** zu gehen. So sollen nach **HE** § 5 Abs. 2 „gezielt Maßnahmen angeboten werden, die ihnen [den Gefangenen] die Möglichkeit eröffnen, sich nach Verbüßung der Strafe in die Gesellschaft einzugliedern, soweit sie solcher Maßnahmen bedürfen und solche für sich nutzen können". Ähnlich formuliert **NI** § 6 Abs. 2 Satz 1: „Der oder dem Gefangenen sollen geeignete Maßnahmen angeboten werden, die ihr oder ihm die Chance eröffnen, sich nach Verbüßung der Strafe in die Gesellschaft wieder einzugliedern." Mit der Verwendung des Begriffs Maßnahmenangebot könnte die Auffassung verbunden sein, der „durch Behandlung intendierte soziale Lernprozess" habe „lediglich einen Angebotscharakter" und ziele auf „Chancenverbesserung" ab.[311] Auch wenn der niedersächsische Gesetzgeber ausdrücklich vom Chancenvollzug spricht, heißt es in der Begründung zum Gesetzentwurf des NJVollzG, dass es sich beim Konzept des Chancenvollzugs nicht um eine Abkehr vom Konzept der Behandlung handele, sondern nur um eine Akzentverschiebung: Der Wille des Gefangenen zur Mitarbeit und damit seine Eigenverantwortung würden betont und gleichzeitig – nur – klargestellt, dass niemand ohne seinen Willen zur Änderung seiner Einstellung und seines Verhaltens und ohne seine Mitwirkung durch die Vollzugsbehörde sozial integriert werden könne. Dass es durch die im Gesetz vorgesehenen Formulierungen zu einer Verschärfung der Vollzugsbedingungen, evtl. sogar zu einem bloßen „Verwahrvollzug" für nicht mitarbeitsbereite oder -fähige Gefangene kommen könne, sei nicht zu befürchten. In § 3 Abs. 3 sowie in § 6 Abs. 1 Satz 2 sei ausdrücklich die Verpflichtung der Vollzugsbehörden vorgesehen, die Mitarbeitsbereitschaft der Gefangenen im Vollzug zu fördern sowie ihre Bereitschaft zur Mitwirkung am Vollzugsziel der sozialen Integration zu wecken und zu fördern. Hierbei handele es sich um kontinuierliche Pflichten der Vollzugsbehörden, die in jedem Fall auch für – anfangs – nicht mitarbeitsbereite oder -fähige Gefangene gelten. Die Voll-

---

308 So *Meyer* ZfStrVo 1987, 4, 9; „spezielles Chancenangebot im Rahmen des Behandlungsvollzuges"; ähnlich *Schwind* 2009, 763 ff.
309 Erstmals verwendet diesen Begriff *Schwind* 1985, 573, 590.
310 Was natürlich nicht ausreicht: OLG Nürnberg ZfStrVo 2003, 95, 96.
311 So *Laubenthal/Nestler/Neubacher/Verrel* 2015 B Rdn. 78.

zugsbehörden seien also verpflichtet, sich nachhaltig und fortgesetzt um *alle* Gefangenen zu bemühen.[312] Dieser gesetzgeberische Wille ändert freilich nichts daran, dass das Gesetz nun der Vollzugsbehörde nicht nur das Recht gibt, sondern sogar als regelmäßige Pflicht auferlegt, eine **Maßnahme zu beenden, wenn „der Strafgefangene nicht hinreichend daran mitarbeitet"** (**NI** § 6 Abs. 2 Satz 2 NJVollzG). Ähnlich soll nach **HE** § 5 Abs. 3 Satz 1 eine vollzugliche Maßnahme beendet werden, wenn ihr Zweck „dauerhaft nicht erreicht werden" kann. Insofern ist die Gefahr nicht von der Hand zu weisen, dass es für Verweigerer auf einen Verwahrvollzug oder, wie es *Schwind* in seiner differenzierenden Betrachtung[313] besser bezeichnet, auf eine Grundversorgung (Verwahrvollzug und Arbeitspflicht) hinauslaufen kann.[314]

14   Als zusätzlichen Anreiz für die Mitwirkungsbereitschaft sieht ME – und ihm folgend **BB** § 66 Abs. 1 Nr. 3, **BE** § 62, **HB** § 55 Abs. 1 Nr. 1, **HH** § 41 Abs. 3, **MV** § 55 Nr. 3, **RP** § 65 Abs. 1 Nr. 1, **SH** § 38, **SN** § 55 Abs. 1 Nr. 1, **ST** § 64 Abs. 2, **TH** § 66 Abs. 2 – eine **Motivation durch Belohnung** in Form einer **Vergütung der Teilnahme an Behandlungsmaßnahmen** vor (s. näher 4 D Rdn. 14). Hamburg gibt dieser Möglichkeit sogar grundsätzliche Bedeutung mit der Regelung in **HH** § 5 Abs. 2: „Die Bereitschaft zur Mitwirkung kann durch Maßnahmen der Belohnung und Anerkennung gefördert werden". In den meisten eine Vergütung vorsehenden Landesgesetzen ist Voraussetzung, dass durch die betreffenden Behandlungsmaßnahmen den Gefangenen Arbeitsvergütung bzw. Ausbildungsbeihilfe entgeht. Damit werden die Behandlungsbemühungen den Ausbildungsbemühungen gleichgestellt, die bisher schon mit einer Vergütung verknüpft waren. Brandenburg, Bremen, Rheinland-Pfalz und Sachsen verzichten sogar auf den Bezug zur Arbeitszeit und gewähren eine Vergütung, wenn die Behandlungsmaßnahmen „zwingend erforderlich oder Teil des Behandlungsprogramms der Sozialtherapie" sind. Die Landesstrafvollzugsgesetze von Baden-Württemberg, Bayern, Hessen, Niedersachsen, Nordrhein-Westfalen und Saarland sehen hingegen keine derartige Vergütung für die Teilnahme an Behandlungsmaßnahmen vor.

Grundsätzlich ist eine positive Anerkennung der betreffenden Bemühungen des Gefangenen zu begrüßen, wird doch Motivation günstiger durch Belohnung als durch Druck beeinflusst.[315] Freilich wird darauf zu achten sein, dass es nicht bei dem sekundären finanziellen Motiv bleibt, sondern dass dieses einer primären intrinsischen Motivation weicht, durch die Behandlung Lernfortschritte und Verhaltensänderungen im Sinne des Vollzugsziels erreichen zu wollen.[316]

15   **e) Auswirkungen der Mitwirkungsbereitschaft auf Vollzugsentscheidungen.** Da eine Rechtspflicht, an der Erreichung des Vollzugsziels mitzuwirken, dem Gefangenen nicht auferlegt worden ist (Rdn. 7), ist es **unzulässig**, gegen ihn eine **Disziplinarmaßnahme** anzuordnen, weil er sich weigert, einen für seine Eingliederung nützlichen Fortbildungskurs zu besuchen oder an einer Gesprächsgruppe teilzunehmen. Das gilt auch für Hamburg, das in **HH** § 12 Abs. 2 Versagung von Lockerungen wegen fehlender Mitwirkungspflicht vorsieht. Schwieriger ist schon die Frage zu beantworten, ob die **Mitwirkung** an der Erreichung des Vollzugsziels **bei anderen Vollzugsentscheidungen**

---

312   NI LT-Drucks. 15/3563, S. 89.
313   *Schwind* 2009, 763, 775.
314   Kritisch dazu auch AK-*Goerdeler* 2017 Teil II Rdn. 50; *Laubenthal/Nestler/Neubacher/Verrel* 2015 B Rdn. 87.
315   Zu Methoden der Motivationsförderung s. *Breuer/Gerber/Endres* BewHi 2012, 359 ff; *Suhling/Cottonaro* ZJJ 2005, 385.
316   Ähnlich AK-*Goerdeler* 2017 Teil II § 4 Rdn. 52.

eine Rolle spielen darf. Für die Gewährung von Vollzugslockerungen bestimmte VV Nr. 6 Abs. 1 Satz 2 zu § 11 StVollzG ausdrücklich, dass zu berücksichtigen ist, „ob der Gefangene durch sein Verhalten im Vollzug die Bereitschaft gezeigt hat, an der Erreichung des Vollzugszieles mitzuwirken". Die Strafvollzugsgesetze von Hamburg und Sachsen-Anhalt sehen nun ausdrücklich vor, dass **Lockerungen versagt** werden können, wenn die Gefangenen ihren Mitwirkungspflichten (s.o. Rdn. 7) nicht nachkommen. Diese Regelung ist insoweit bedenklich, als sie als negative Sanktionierung der fehlenden Mitwirkungsbereitschaft verstanden werden könnte, was bei fehlender echter, nämlich disziplinarisch durchsetzbarer Mitwirkungspflicht unzulässig wäre. Dagegen ist es zulässig, die (mangelnde) Mitwirkung zu berücksichtigen, sofern sie sich auf die Voraussetzungen der Lockerungen, namentlich die Missbrauchsgefahr und die Resozialisierungsförderlichkeit, auswirken. Insofern besteht die Möglichkeit, in Einzelfallentscheidungen die (fehlende) Mitarbeit zu berücksichtigen. Dabei geht es eher darum, Mitarbeit zu „belohnen" als Verweigerungen zu „bestrafen". Letzteres ist vor allem dann unangebracht, wenn die in Frage stehende Vollzugslockerung der Resozialisierung dienen kann und die Befürchtungen eines Missbrauchs nicht bestehen.[317] Ähnliches gilt für andere Vollzugsmaßnahmen: Bei der Einordnung in die Vergütungsstufen für die Entlohnung der Ausbildung können trotz Erreichung des Ausbildungsziels oder des Schulabschlusses störendes Sozialverhalten während des Unterrichts oder mangelhafte Mitarbeit Berücksichtigung finden.[318] Aber auch bei der Zulassung zu Freizeitgruppen mit begrenzter Teilnahmemöglichkeit und bei der Zuweisung besonders begehrter Arbeitsplätze ist zu bedenken, dass es vielleicht zur Motivationsarbeit gehört, Insassen, die an ihrer Sozialisierung mitwirken, nach Möglichkeit entgegenzukommen.[319] Berücksichtigt man aber deren Engagement bei den genannten Entscheidungen positiv, so wirkt sich für den (derzeit) Resozialisierungsunwilligen seine mangelnde Bereitschaft negativ aus.[320]

Bei der Gewährung von **Lockerungen** spielt die **mangelnde Bereitschaft, an der Erreichung des Resozialisierungsziels** mitzuarbeiten, dann eine entscheidende Rolle, wenn sie die Gefahr begründet, der Insasse werde die Lockerung zur Flucht oder zur Begehung neuer Straftaten missbrauchen. Das ist in manchen Fällen wohl kaum von der Hand zu weisen: Erachtet man zur Erreichung des Ziels, dass der Verurteilte fähig wird, ein Leben ohne Straftaten zu führen, Maßnahmen für erforderlich, an denen mitzuwirken der Verurteilte sich weigert, dann ist im Augenblick das Ziel nicht erreichbar und die Gefahr künftiger Straftaten gegeben.[321] Das macht die Gewährung der Lockerungen riskanter als bei einem an seiner Resozialisierung mitarbeitenden Insassen. Freilich kann, wenn das **Missbrauchsrisiko** angesichts besonderer Umstände verantwortbar erscheint, die Gewährung der Lockerung den resozialisierungsunwilligen Gefangenen vielleicht zu einer positiveren Einstellung hinsichtlich der Erreichung des Vollzugszieles gerade veranlassen; dann ist ein Vertrauensvorschuss durchaus angezeigt.[322] Die von den meisten Insassen erstrebte Entlassung zur Bewährung verlangt nach § 57 StGB eine **positive Entlassungsprognose.**[323] Diese Prognose wird von den Erkenntnissen über das Erreichen des Vollzugsziels entscheidend beeinflusst.[324] Dabei geht es natürlich nicht um das beanstandungslose Verhalten des Gefangenen im Vollzug und die Erfüllung der Arbeits-

16

---

317 OLG Zweibrücken StV 1992, 598; s. näher 10 B Rdn. 68.
318 Versagung einer möglichen Höhergruppierung: KG ZfStrVo 1983, 309; OLG Hamburg NStZ 1995, 303.
319 K/S-*Schöch* 2002 § 5 Rdn. 78; *Müller-Dietz* 1979, 140; *Walter* 1999 Rdn. 295.
320 So OLG Stuttgart ZfStrVo 2004, 51, 52: Ablehnung eines Langzeitbesuches.
321 OLG Karlsruhe ZfStrVo 1985, 245, 247.
322 OLG Hamm NStZ 1985, 573.
323 Vgl. nur SSW-StGB-*Mosbacher/Claus* § 57 Rdn. 12; Sch/Sch-*Kinzig* § 57 Rdn. 9.
324 BVerfG NStZ 2000, 109, 110.

pflicht (die „gute Führung"). Solches Verhalten ist lobenswert, ist aber prognostisch in der Regel von geringer Bedeutung. Mit der Bereitschaft, an der Erreichung des Vollzugsziels mitzuwirken, ist vielmehr das Abarbeiten des an den individuellen Resozialisierungsnotwendigkeiten des Gefangenen orientierten Vollzugsplans gemeint. Ist dieser gesetzmäßig erarbeitet und fortgeschrieben, so ist die **Weigerung** des Verurteilten **mitzuwirken**, regelmäßig **prognostisch ungünstig**. Die Vollzugsbehörde ist verpflichtet, in ihrer Stellungnahme wahrheitsgemäß zu berichten, dass der Insasse sich beharrlich geweigert hat, an den Maßnahmen mitzuwirken, die zur Erreichung des Vollzugsziels für erforderlich gehalten worden sind. Aus dieser Mitteilung wird das Gericht häufig den Schluss ziehen müssen, dass eine Entlassung zur Bewährung nicht verantwortet werden kann, während umgekehrt ein Insasse, der sich an solchen Maßnahmen bereitwillig beteiligt, seine Chancen, vorzeitig entlassen zu werden, merklich steigert. So wird auf den Insassen wegen der mittelbaren Wirkungen, die von seiner Weigerung ausgehen, ein starker Druck ausgeübt, an der Erreichung des Vollzugsziels mitzuarbeiten.[325] Dass keine Pflicht postuliert ist, beschränkt sich somit darauf, dass gegen den nicht mitwirkungsbereiten Gefangenen keine Disziplinarmaßnahmen verhängt werden und ihm keine unabhängig von seiner Mitwirkungsbereitschaft zustehenden Rechte verkürzt werden.[326]

17   **f) Mitwirkungsrecht des Gefangenen.** Der Gefangene kann zwar **keine bestimmte resozialisierende Behandlung** verlangen.[327] Er hat aber ein Recht darauf, über die zur Erreichung des Vollzugsziels bei ihm für notwendig erachteten Vollzugsmaßnahmen **unterrichtet** zu werden.[328] Die im Vollzugsplan vorgesehenen Maßnahmen (s. näher 2 C) sind mit ihm zu **erörtern,** am besten mit ihm zu **erarbeiten.** Auch wenn er zunächst nicht zur Mitwirkung bereit ist, sind ihm die Gründe verständlich zu machen, warum die eine oder andere Maßnahme ergriffen, ihm gewisse Angebote unterbreitet oder bestimmte von ihm vorgebrachte Wünsche zur Gestaltung seiner Behandlung abgeschlagen werden. Er soll eigene Vorstellungen darüber, wie das Vollzugsziel zu erreichen ist, vortragen und darf erwarten, dass sie ernst genommen, bei Erfolgsaussicht möglichst verwirklicht und mit ihm erörtert werden. Über seine entsprechenden Anträge entscheidet die Vollzugsbehörde nach pflichtgemäßem Ermessen. Insoweit hat er ein **Recht** darauf, **an seiner Behandlung mitzuwirken**.[329] Der Gefangene ist nicht das Objekt von Manipulationen oder gar von einer Art „Gehirnwäsche" – beides verstieße gegen seine in Art. 1 GG geschützte Menschenwürde und gegen den Resozialisierungsbegriff des Strafvollzugsrechts[330] –, sondern ein für den notwendigen Lernprozess zu gewinnender Partner (s.o. Rdn. 3). Auch über die eigentlichen Behandlungsmaßnahmen hinaus sollten auch sonstige Anordnungen von Vollzugsbediensteten, denen der Gefangene Folge leisten muss, nachvollziehbar erscheinen; in diesem Sinne bestimmt ME § 4 Abs. 2 Satz 2, dass dem Gefangenen vollzugliche Maßnahmen zu erläutern sind; ebenso **BB** § 4 Abs. 2, **BE** § 4 Abs. 2, **HB** § 4 Abs. 2, **MV** § 4 Abs. 2, **RP** § 4 Abs. 2, **SN** § 4 Abs. 2, **ST** § 4 Abs. 2, **SH** § 4 Abs. 2, **TH** § 4 Abs. 2. Dabei bleibt freilich offen, in welcher Form und Intensität dies geschehen soll; eine Begründung der Anordnung ist jedenfalls nicht erforderlich.[331]

---

325   Hierzu eingehend: *Müller-Dietz* 1986, 331 ff, 341 f; *Jung* 1987, 40, 41; *Laubenthal* 2015 Rdn. 240.
326   OLG Celle ZfStrVo 1980, 184; K/S-*Schöch* 2002 § 5 Rdn. 78; vgl. auch *Haberstroh* ZfStrVo 1982, 259 ff.
327   KG, Beschl. v. 29.1.1979 – 2 Ws 145/78; OLG Nürnberg NStZ 1982, 399; vgl. aber BVerfG NStZ 1996, 614; OLG Karlsruhe NStZ 1998, 638 f und NStZ-RR 2004, 287 f.
328   Recht auf Einsichtnahme in die schriftliche Fassung des Vollzugsplanes und seiner Fortschreibungen: BVerfG ZfStrVo 2003, 183.
329   K/S-*Schöch* 2002 § 5 Rdn. 78.
330   *Müller-Dietz* 1979, 138, 139.
331   ME-Begründung, S. 70.

2. Abwehrstatus. Der „Abwehrstatus" ist in der Weise verwirklicht, dass die **Ein-** 18
schränkungen der Freiheit des Gefangenen in den Strafvollzugsgesetzen im Einzelnen
genau dargestellt sind. Dieses Prinzip hatte der Bundesgesetzgeber in § 4 Abs. 2 Satz 1
StVollzG zum Ausdruck gebracht: „Der Gefangene unterliegt den in diesem Gesetz vorgesehenen Beschränkungen seiner Freiheit". Dem sind fast alle Landesgesetze (bis auf
die Verwendung des Plurals von Gefangenen) wortgleich gefolgt, **BB** § 4 Abs. 3 Satz 1, **BE**
§ 4 Abs. 3 Satz 1, **BY** Art. 6 Abs. 2 Satz 1, **HB** § 4 Abs. 4 Satz 1, **HE** § 6 Abs. 1 Satz 1, **HH** § 5
Abs. 3 Satz 1, **MV** § 4 Abs. 4 Satz 1, **NW** § 2 Abs. 4 Satz 1, **NI** § 3 Satz 1, **RP** § 4 Abs. 3 Satz 1,
SH § 4 Abs. 3 Satz 1, **SL** § 4 Abs. 4 Satz 1, **SN** § 4 Abs. 4 Satz 1, **ST** § 4 Abs. 3 Satz 1, **TH** § 4
Abs. 3 Satz 1. Nur Baden-Württemberg verzichtet auf diese positive Feststellung; allerdings kommt in dem Satz „Soweit das Gesetz eine besondere Regelung nicht enthält
(...)", **BW** III § 3 Abs. 2, der die Generalklausel einleitet, derselbe Gedanke zum Ausdruck.
Mit diesem Prinzip werden die Befugnisse der Vollzugsbehörde auf die gesetzlich bestimmten Eingriffe in die Rechte der Gefangenen begrenzt. Das bedeutet selbstverständlich nicht, dass der Insasse im Übrigen unbeschränkte Freiheiten hätte. Er unterliegt
vielmehr zahlreichen weiteren Beschränkungen, die in anderen Gesetzen festgelegt sind.
Aber in seiner Eigenschaft als „Gefangener" treffen ihn darüber hinaus nur die in den
Strafvollzugsgesetzen erwähnten Rechtsbeschränkungen. Damit ist der Gesetzgeber von
der vom BVerfG[332] für verfassungswidrig erachteten Figur des „besonderen Gewaltverhältnisses" abgegangen, die die Rechtsstellung des Gefangenen bis dahin bestimmt hatte und alle Rechts-(auch Grundrechts-)beschränkungen gestattete, die zur Erreichung
der nach dem StGB vorausgesetzten Strafzwecke (Abschreckung, Sühne, Vergeltung,
Sicherheit, Resozialisierung) erforderlich erschienen. Er hat aber auch nicht den für den
Jugendstrafvollzug (§§ 91, 92, 115 JGG a.F.) und die Untersuchungshaft (§ 119 StPO a.F.)
gewählten Weg beschritten, die Rechtsstellung der Insassen durch wenige, etwas spezifizierte Generalklauseln zu kennzeichnen, obwohl dies nach der früheren Rechtsprechung des BVerfG[333] für zulässig erachtet worden war. Insoweit wird der Rechtsschutz
der Gefangenen durch das StVollzG besonders gut gewährleistet und hat Modell gestanden für die Gesetze zum Untersuchungshaftvollzug und zum Jugendstrafvollzug, dessen
genaue gesetzliche Ausformung vom BVerfG[334] unter Abänderung seiner Rechtsprechung
verlangt worden war (vgl. auch A Rdn. 10).

a) Rechtsbeschränkungen durch Gesetz. Die Beschränkungen der Freiheit müs- 19
sen sich im Einzelnen **aus dem Gesetz** ergeben. Dieses **Enumerationsprinzip** ist Ausdruck des verfassungsrechtlichen Grundsatzes des Gesetzesvorbehalts und der Geltung
der Grundrechte auch im Strafvollzug.[335] Rechte der Gefangenen, die nicht ausdrücklich
eingeschränkt werden, bleiben erhalten.[336] So darf die Vollzugsbehörde nicht andere
Eingriffe in Rechte anordnen als die im Gesetz formulierten. Unzulässig ist z.B. die im
Gesetz nicht vorgesehene Urlaubssperre[337] und das generelle Verbot der Benützung von
Sportstätten und Freizeiträumen für die in einer besonderen Anstaltsabteilung untergebrachten Arbeitsverweigerer statt der Verhängung entsprechender Disziplinarmaßnahmen in jedem Einzelfall.[338]

---

332 BVerfGE 33, 1 ff.
333 BVerfGE 57, 170, 177 für die Untersuchungshaft.
334 BVerfGE NJW 2006, 2093.
335 AK-*Goerdeler* 2017 Teil II § 4 Rdn. 56; *Laubenthal/Nestler/Neubacher/Verrel* 2015 B Rdn. 90.
336 AK-*Goerdeler* 2017 Teil II § 4 Rdn. 56; *Laubenthal/Nestler/Neubacher/Verrel* 2015 B Rdn. 90.
337 OLG Bremen NStZ 1982, 84; OLG Celle ZfStrVo 1985, 374.
338 OLG Nürnberg ZfStrVo 1980, 250.

20 **b) Keine Beschränkungen durch untergesetzliche Vorschriften.** Im Gesetz müssen die Freiheitsbeschränkungen geregelt sein. Das bedeutet, dass die zu den Strafvollzugsgesetzen erlassenen **VV oder ministeriellen Erlasse nicht weitere Beschränkungen** enthalten können.[339] Auch die **Hausordnung** (s. näher 11 B) darf keine Einschränkungen vorsehen, die über die gesetzlich bestimmten Befugnisse hinausgehen; sie bildet keine selbständige Eingriffsgrundlage.[340] Ohne Prüfung des Einzelfalls darf eine ablehnende Entscheidung mit dem bloßen Hinweis auf in den VV enthaltene Beispiele nicht ergehen.[341] Die VV versuchen entweder, den Gesetzeswortlaut auszulegen (tatbestandsinterpretierende Auslegungsrichtlinien) oder Hinweise für eine gleichartige Ausübung des Ermessens zu geben (Entscheidungshilfen). Zur Ermessensausübung durch die Behörde (12 B Rdn. 10ff). Bezogen auf das StVollzG des Bundes enthielten die **VV** der Landesjustizverwaltungen **weitergehende konkretisierende Einschränkungen**, insbesondere im Bereich von Lockerungen und Urlaub, die im Bundesgesetz keinen Ausdruck gefunden hatten. Dafür ist die „Reststrafenregelung" beim Urlaub ein gutes Beispiel. Nach VV Nr. 4 Abs. 2a zu § 13 StVollzG sollte Urlaub in der Regel erst innerhalb der letzten 18 Monate vor Strafende gewährt werden,[342] Baden-Württemberg und Bayern haben diese Regelung in ihre auf das jeweilige Landesgesetz bezogenen Verwaltungsvorschriften übernommen.[343] Indessen ist die bloße Länge des verbleibenden Strafrests kein hinreichendes Indiz, dass sich der Gefangene dem Vollzug entziehen oder den Urlaub zu Straftaten missbrauchen werde. Deshalb sollte – wie *Kaiser/Schöch*[344] schreiben – die betreffende VV als bloße Erinnerungshilfe für die Vollzugsbehörde aufgefasst werden, bei einer mehr als 18 monatigen Reststrafe die Eignung für den Hafturlaub besonders gründlich und einzelfallbezogen zu prüfen (s. näher u. 12 B Rdn. 12ff und I Rdn. 22).

21 Um das Vollzugsziel zu erreichen, ist es nötig, bei jeder Entscheidung vorrangig den **Einzelfall** zu bedenken. Deshalb sind die Vollzugsentscheidungen fast durchweg der fachnahen Vollzugsbehörde übertragen und in weitem Umfang von Ermessensüberlegungen abhängig gemacht, in die die nach den Vollzugsgrundsätzen jeweils erforderlichen, den Einzelfall betreffenden Vorstellungen eingehen müssen. Die von den Aufsichtsbehörden erlassenen VV versuchen demgegenüber eine **gewisse Einheitlichkeit der Entscheidungen** zu gewährleisten, wobei mehr an äußeren aktenkundigen und formalen Merkmalen festgehalten ist als an einer Gesamtbewertung des Einzelfalls, bei der jeweils unterschiedliche Merkmale und Geschehnisse ein unterschiedliches Gewicht haben. Durch diese formalen Richtlinien wird ein Druck auf die nachgeordneten Vollzugsbehörden ausgeübt, in jedem Einzelfall der zu prüfenden Formalie besonderes und vorrangiges Gewicht beizumessen. Sie kann und darf die Einzelfallentscheidung nicht ersetzen oder erübrigen, drängt sie aber doch erfahrungsgemäß in eine bestimmte Richtung. Der Versuch, Ermessensausübung zu vereinheitlichen, ist nicht von vornherein abzulehnen.[345] Große Anstalten, in denen sich jede Entscheidung schnell herumspricht, geraten in Unordnung und Unruhe, wenn nicht eine gewisse schematische, an Äußer-

---

339 So schon OLG Koblenz ZfStrVo 1981, 246; vgl. auch 12 B Rdn. 10ff.
340 *Arloth/Krä* 2017 § 161 StVollzG Rdn. 1; *Laubenthal/Nestler/Neubacher/Verrel* 2015 N Rdn. 57; AK-*Goerdeler* 2017 Teil II § 4 Rdn. 59.
341 So schon OLG Frankfurt ZfStrVo 1981, 122.
342 Diese Regelung, die sich im Gesetzgebungsverfahren nicht durchsetzen konnte, war mit dem Willen des Bundesgesetzgebers nicht vereinbar und wurde deshalb überwiegend als rechtswidrig betrachtet; so bereits OLG Frankfurt NJW 1978, 334; s. auch *Laubenthal/Nestler/Neubacher/Verrel* 2015 E Rdn. 180; *Laubenthal* 2015 Rdn. 549; *Arloth/Krä* 2017 § 13 StVollzG Rdn. 22; vgl. u. 10 D.
343 Vgl. dazu *Laubenthal/Nestler/Neubacher/Verrel* 2015 E Rdn. 191, 192.
344 K/S-*Schöch* 2002 § 7 Rdn. 59; so auch *Laubenthal* 2015 Rdn. 549.
345 So auch AK-*Goerdeler* 2017 Teil II § 4 Rdn. 58.

lichkeiten festzumachende „gleiche" Behandlung der Insassen stattfindet. Besondere Experimente im Einzelfall können das gesamte Klima der Anstalt so belasten, dass wieder die Resozialisierung im Einzelfall behindert ist. Insgesamt ist aber eine Vollzugsgestaltung anzustreben, die mehr und mehr auf den Einzelfall zugeschnittene Entscheidungen ermöglicht.

Die **Gerichte** setzen einen stärkeren Schwerpunkt bei dem Einzelfall, wirken also der 22 Dynamik von an allgemeinen Merkmalen ausgerichteten Richtlinien entgegen, ohne die Berechtigung der Aufsichtsbehörden, auf gewisse Vereinheitlichung hinzuwirken, ganz zu leugnen.[346] Diese vermittelnde, bei den jeweiligen Bestimmungen im Einzelnen dargestellte Haltung erscheint angemessen. Zur Bedeutung der VV für das Gericht (12 I Rdn. 24).

Dort, wo die VV über den Gesetzeswortlaut hinaus dem Gefangenen Möglichkeiten 23 der Vollzugsgestaltung einräumen, gewähren sie ihm über die Rechtsfigur der **„Selbstbindung der Verwaltung"** einen durchsetzbaren Anspruch (s. näher 12 I Rdn. 24).[347]

c) Rechtsbeschränkung durch die Generalklausel. Die Generalklausel des § 4 24 Abs. 2 Satz 2 StVollzG wurde – mit Ausnahme von Niedersachsen und Nordrhein-Westfalen (s. Rdn. 22) – von allen Landesgesetzen übernommen: „Soweit das Gesetz eine besondere Regelung nicht enthält, dürfen ihnen [den Gefangenen] nur Beschränkungen auferlegt werden, die zur Aufrechterhaltung der Sicherheit oder zur Abwendung einer schwerwiegenden Störung der Ordnung der Anstalt unerlässlich sind", **BB** § 4 Abs. 3 Satz 2, **BE** § 4 Abs. 3 Satz 2, **BW** § 3 Abs. 2, **BY** Art. 6 Abs. 2 Satz 2, **HB** § 4 Abs. 4 Satz 1, **HE** § 6 Abs. 1 Satz 2, **HH** § 5 Abs. 3 Satz 2, **MV** § 4 Abs. 4 Satz 2, **RP** § 4 Abs. 3 Satz 2, **SH** § 4 Abs. 3 Satz 2, **SL** § 4 Abs. 4 Satz 2, **SN** § 4 Abs. 4 Satz 2, **ST** § 4 Abs. 3 Satz 2, **TH** § 4 Abs. 3 Satz 2. Mit dieser Bestimmung werden noch weitere Rechtseinschränkungen dann gestattet, wenn sie, obwohl für sie in den einzelnen gesetzlichen Bestimmungen keine Grundlage zu finden ist, **unerlässlich** (Rdn. 25) sind, um die **Sicherheit** aufrecht zu erhalten (Rdn. 21) oder eine schwerwiegende Störung der **Ordnung** in der Anstalt (Rdn. 22) abzuwenden. Ohne dass für die Notwendigkeit einer solchen Einschränkungsermächtigung überzeugende Beispiele vorgebracht worden wären, hatte man sich im Gesetzgebungsverfahren auf Drängen des Bundesrats auf diese „Angstklausel"[348] geeinigt, die nunmehr in die Landesstrafvollzugsgesetze Eingang gefunden hat. Sie ist nach dem Willen des Gesetzgebers für seltene Ausnahmefälle schwerer Gefahrenlagen gedacht, die der Gesetzgeber nicht vorausgesehen und deshalb nicht geregelt hat.[349] Die Auslegung der Vorschrift bereitet Schwierigkeiten und ist umstritten.

aa) Aufrechterhaltung der Sicherheit. Während *Neubacher* und *Goerdeler* einen 25 **zusätzlichen Schutz** von „Sicherheit und Ordnung" der Anstalt für beabsichtigt halten, d.h. an Sicherheit gegen Entweichung/Ausbruch nach außen (evtl. gewaltsames Eindringen von außen) und gegen Meuterei und Widerstandshandlungen im **Innenbereich** denken,[350] ist unter „Sicherheit" hier mehr, nämlich **auch die Sicherheit der Allgemeinheit** vor weiteren Straftaten des Verurteilten während des Vollzugs (s.o. C Rdn. 23ff) zu verstehen.[351] **NI** § 3 Satz 3 hat dies ausdrücklich formuliert: „Die Sicherheit

---

346 So schon OLG Koblenz ZfStrVo 1978, 123, 124 und ZfStRVo 1981, 319, 320; *Müller-Dietz* 1981, 417; K/S-*Schöch* 2002 § 7 Rdn. 10f; vgl. *Laubenthal* 2015 Rdn. 42f.
347 So bereits OLG Karlsruhe NStZ 1981, 455, 456; s. näher 12 I.
348 *C/MD* 2008 § 4 Rdn. 20.
349 Vgl. auch AK-*Goerdeler* Teil 2017 Teil II § 4 Rdn. 60.
350 *Laubenthal/Nestler/Neubacher/Verrel* 2015 B Rdn. 100; ebenso AK-*Goerdeler* 2017 Teil II § 4 Rdn. 69 ff.
351 So schon K/S-*Schöch* 2002 § 6 Rdn. 27–31; krit. hierzu *Müller-Dietz* 1979, 116, 117.

der Anstalt umfasst auch den Schutz der Allgemeinheit vor Straftaten des Gefangenen". Dies gilt aber auch in allen übrigen Landesgesetzen, die keine explizite Bestimmung getroffen haben.[352] Schon der Wortlaut der Vorschrift, die den Begriff Sicherheit von der Anstaltsordnung trennt und nicht in der sonst üblichen Formulierung „Sicherheit oder Ordnung der Anstalt" verwendet, legt dies nahe.[353] Beschränkungen nach der Generalklausel sind dann etwa denkbar, wenn Tatsachen den nahen Verdacht begründen, dass ein Insasse den ihm gewährten Besuchs- oder Briefverkehr zur Begehung von strafbaren Taten missbrauchen will. So könnte die Überwachung des Besuchs (im Einzelfall auch ein Verbot des Besuchs) angeordnet werden, wenn zu befürchten steht, dass der Gefangene seinen Besucher angreift und verletzt, ohne dass dies anders verhindert werden könnte, oder ihn betrügt oder zu einer Straftat anstiftet oder – bewusst oder unbewusst – als Kurier zur Übermittlung von Nachrichten verwendet, die strafbare Taten verursachen sollen.[354] § 27 Abs. 1 StVollzG erlaubt die Überwachung von Besuchen normalerweise nur aus Gründen der Behandlung oder der Sicherheit und Ordnung in der Anstalt. Zwar lässt sich die Meinung vertreten, die Behandlung des Gefangenen lege es nahe, ihn daran zu hindern, während der Strafverbüßung Straftaten zu begehen,[355] und eine Verletzung eines Besuchers würde auch die Sicherheit der Anstalt gefährden.[356] Dass aber die Achtung der Rechtsgüter Dritter durch die Vollzugsbehörde nur in dieser „mittelbaren" Weise möglich sein soll, entspricht nicht der Bedeutung dieser weiteren Schutzaufgabe des Vollzuges. Ein Besuchsverbot gegenüber Angehörigen, die zur Übermittlung von Straftaten veranlassenden Nachrichten missbraucht werden sollen, wäre über den Umweg „aus Gründen der Behandlung" nach § 25 Nr. 2 StVollzG und dem entsprechenden Landesvorschriften auch gar nicht möglich.[357] Näheres bei 9 B Rdn. 33ff, 45.

26   **bb) Schwerwiegende Störung der Ordnung.** In Frage kommen auch schwerwiegende Störungen der Ordnung. Unter Ordnung der Anstalt können die Bedingungen eines geordneten und menschenwürdigen Zusammenlebens in dieser Institution verstanden werden.[358] Da damit ein Komplex von tatsächlichen Gegebenheiten, Vollzugsabläufen und Verhaltensregularien gemeint ist, fällt es schwer, dem Begriff der Ordnung konkrete Konturen zu verleihen. Umso mehr ist es notwendig, die Ermächtigung zu Eingriffen auf **schwere Gefährdungen** der Ordnung zu begrenzen. Als schwerwiegend sind also nur Störungen zu begreifen, welche die wesentlichen Funktionen der Anstalt so stark beeinträchtigen, dass ein ordnungsmäßiger Betrieb der Anstalt nicht mehr garantiert ist.[359] Der nötige Schweregrad der Störung wird in der **Rechtsprechung** nicht immer hinreichend beachtet. So hatte das OLG Nürnberg die Weisung des Anstaltsleiters an einen Gefangenen, ein mit einem anderen Gefangenen gemeinsam unterhaltenes **Bankkonto** aufzuheben, als durch § 4 Abs. 2 Satz 2 StVollzG gedeckt angesehen.[360] Ob hier überhaupt eine Störung der Anstaltsordnung vorliegt und diese „schwerwiegend" ist,

---

352   S. auch *Laubenthal* 2015 Rdn. 247; *Arloth/Krä* 2017 § 4 StVollzG Rdn. 7.
353   BGH NJW 2004, 1398 f.
354   K/S-*Schöch* 2002 § 6 Rdn. 30; ebenso *Arloth/Krä* 2017 § 4 StVollzG Rdn. 7; *Laubenthal* 2015 Rdn. 247 f; *Seebode* 1997, 173; *Hauf* 1994, 53, 57 f.
355   OLG Koblenz ZfStrVo **SH** 1979, 45.
356   So AK-*Goerdeler* 2017 Teil II § 4 Rdn. 70.
357   K/S-*Schöch* 2002 § 6 Rdn. 30.
358   Inhaltsgleich *Laubenthal* 2015 Rdn. 248; AK-*Goerdeler* 2017 Teil II § 4 Rdn. 71; *Laubenthal/Nestler/Neubacher/Verrel* 2015 B Rdn. 10.
359   Ähnlich AK-*Goerdeler* 2017 Teil II § 4 Rdn. 71; *Laubenthal/Nestler/Neubacher/Verrel* 2015 B Rdn. 101; *Laubenthal* 2015 Rdn. 248.
360   OLG Nürnberg ZfStrVo 1981, 57.

erscheint mehr als zweifelhaft.[361] Eine schwerwiegende Störung der Ordnung der Anstalt kann entstehen, wenn ein Gefangener geschäftsmäßig für andere Schriftsätze fertigt und dadurch unerwünschte Abhängigkeiten eintreten. Im Einzelfall kann dann das Verbot, für andere Schriftsätze anzufertigen, unerlässlich sein.[362] Auch **rechtsberatende Tätigkeiten** der Strafgefangenen untereinander sind geeignet, die Ordnung der Vollzugsanstalt zu stören.[363] Die Führung eines Geschäfts aus der geschlossenen Anstalt mag im Einzelfall Formen annehmen, die es aus Gründen der Sicherheit und Ordnung unerlässlich erscheinen lassen, Einschränkungen anzuordnen.[364] Dass die Überweisung von Eigengeld an Angehörige eines Mitgefangenen eine schwerwiegende Störung der Anstaltsordnung darstellen soll, ist dagegen schwer vorstellbar.[365] Andererseits sollen einverständliche **Tätowierungen** unter den Gefangenen schwerwiegende Ordnungsverstöße darstellen, weil hierdurch ein Infektionsrisiko entstünde, sodass das geordnete Zusammenleben in der Anstalt gefährdet würde.[366]

Drohende **leichtere Störungen** der Ordnung, die nicht von den generellen Verhaltensvorschriften und speziellen Eingriffstatbeständen erfasst sind, müssen ggf. **hingenommen** werden; Maßnahmen dagegen können sich nicht auf die Generalklausel stützen. Viel zu weit geht nunmehr NI § 3 Satz 2, der den Anwendungsbereich der Generalklausel auf **jegliche Störung der Ordnung** ausweitet. Was unter den unbestimmten Rechtsbegriff der Ordnung der Anstalt im Einzelfall zu subsumieren ist, wann eine Störung der Ordnung vorliegt, ob und ggf. welche Art von Maßnahmen zur Beseitigung oder Verhinderung der Störung erforderlich erscheint, ist völlig unbestimmt. So besteht die Gefahr, dass die Ordnungsvorstellungen der Vollzugsbehörde zum Maßstab für Rechtseinschränkungen der Gefangenen werden, was verfassungsrechtlich nicht hinnehmbar wäre.[367]

cc) **„Soweit das Gesetz eine besondere Regelung nicht enthält"**. Diese Formel 27 bedeutet, dass auf die Generalklausel als Ermächtigungsgrundlage für Rechtseinschränkungen nur dann zurückgegriffen werden darf, wenn die konkrete **Gefahrenlage nicht von einem besonderen Eingriffstatbestand** erfasst ist, wenn also der Gesetzgeber den angesprochenen Bereich überhaupt nicht oder nur partiell geregelt hat. Die Rechtseinschränkung ist nur ausnahmsweise dann möglich, wenn nicht den geschützten Belangen ohnehin durch eine besondere Regelung des Gesetzes Rechnung getragen ist. Deshalb findet sich zumeist eine Spezialregelung: Die Anordnung, dass ein betäubungsmittelabhängiger Gefangener Pakete nur durch Vermittlung verlässlicher Stellen und nicht direkt von seinen Angehörigen zugeschickt erhalten darf, war bereits als Einzelausgestaltung des Anspruchs aus § 33 Abs. 1 StVollzG zulässig.[368] Über den Antrag, in

---

361 Laubenthal/Nestler/Neubacher/Verrel 2015 B Rdn. 107 verneinen bereits eine Störung der Anstaltsordnung.
362 OLG Saarbrücken ZfStrVo 1982, 249.
363 OLG Celle, Beschl. v. 26.9.2008 – 1 Ws 477/08; *Laubenthal* 2015 Rdn. 248; Laubenthal/Nestler/Neubacher/Verrel 2015 B Rdn. 101.
364 LG Bonn NStZ 1988, 245; vgl. auch *Laubenthal* 2015 Rdn. 250; a.A. Laubenthal/Nestler/Neubacher/Verrel 2015 B Rdn. 107, wonach §§ 39, 67 StVollzG anzuwenden seien, die aber auf den Sachverhalt nicht recht passen.
365 OLG Koblenz ZfStrVo 1991, 120.
366 LG Traunstein, Beschl. v. 11.12.2008 – 1 Qs 140/08.
367 Vgl. auch *Feest* StV 2008, 553, 558; AK-*Goerdeler* 2017 Teil II § 4 Rdn. 72; Laubenthal/Nestler/Neubacher/Verrel 2015 B Rdn. 115 sehen hierin einen Verstoß gegen das Bestimmtheitsgebot.
368 OLG München NStZ 1981, 248 f.

der Freizeit ein Fernstudium betreiben zu dürfen, war nach § 67 StVollzG zu entscheiden. Er konnte im Rahmen des dort eröffneten Ermessens auch abgelehnt werden.[369]

28 Auch dann ist kein Raum für die Anwendung der Generalklausel, wenn der Gesetzgeber die zu entscheidende Frage unter offenbarer Abwägung der widerstreitenden Rechte und Interessen **abschließend** geregelt hat. Dabei kann der Umstand, dass eine Rechtseinschränkung unter bestimmten Voraussetzungen geregelt ist, kein stärkeres Indiz für die „abschließende" Regelung sein als das gänzliche Fehlen einer gesetzlichen Spezialvorschrift, ein Recht einzuschränken. In beiden Fällen kann der Gesetzgeber nämlich „abschließend" davon ausgegangen sein, dass ein Eingriff in die gewährte Rechtsposition unter allen Umständen unzulässig sein soll. Umgekehrt kann eine planwidrige Regelungslücke sowohl dann vorliegen, wenn der Gesetzgeber eine Gefahrenlage in einem Vollzugsbereich völlig übersehen hat, als auch, wenn er eine typische Gefahrenlage geregelt, eine atypische, nicht vorhersehbare aber nicht bedacht hat. Letzteres führt nicht – wie *Goerdeler*[370] meint – zu einer Erweiterung der Spezialermächtigung (das wäre in der Tat unzulässig), sondern dazu, gegebenenfalls auf die Generalklausel als Ermächtigungsgrundlage zurückzugreifen.

29 Vielfach hat die **Rechtsprechung** vorschnell auf die Generalklausel zurückgegriffen und die einschlägige Spezialnorm übersehen: Eine mit Entkleidung verbundene **körperliche Durchsuchung** des Gefangenen nach dem Besuch konnte der Anstaltsleiter allgemein anordnen (§ 84 Abs. 3 StVollzG), vor dem Besuch aber nur im Einzelfall gem. § 84 Abs. 2 StVollzG.[371] Die Verwendung einer **Trennscheibe** beim unüberwachten Verteidigerbesuch, um die Übergabe von Schriftstücken oder anderen Gegenständen zu verhindern, hatte der Gesetzgeber in § 29 Abs. 1 StVollzG i.V.m. § 148 Abs. 2 Satz 3 StPO abschließend geregelt. In anderen als in diesen Fällen darf die Übergabe von Schriftstücken beim Verteidigerbesuch nicht mittels Trennscheibe verhindert werden.[372] Ein Trennscheibenbesuch würde aber auch einen Angriff des Gefangenen auf den Verteidiger verhindern können. Die gesetzliche Regelung betrifft diesen Gesichtspunkt nicht und schließt deshalb bei Vorliegen seiner sonstigen Voraussetzungen die Anwendung der Generalklausel nicht aus.[373] Die unkontrollierte Übergabe von Schriftstücken müsste allerdings ermöglicht werden.[374] Für die **Überwachung der Besuche**, die keine Verteidigerbesuche sind, galt ausschließlich § 27 StVollzG. Lässt sich ein Einschmuggeln von Rauschgift durch Besuchskontrollen nicht verhindern, so dass der Besuch nach § 25 Nr. 1 StVollzG untersagt werden könnte, ist der Anstaltsleiter nicht gehindert, einen „Besuch" unter Verwendung der Trennscheibe anzubieten.[375] BVerfGE 89, 315, 322ff wandte hier § 27 StVollzG an, hielt also die Trennscheibenbegegnung für einen Besuch und die Verwendung der Trennscheibe selbst für eine optische Überwachungsmaßnahme.[376] Für die Anordnung der Abgabe einer **Urinprobe** galt allein als spezifische Regelung der Gesundheitsfürsorge § 56

---

369 OLG Celle, Beschl. v. 28.11.2002 – 1 Ws 336/02 (Vollz).
370 AK-*Goerdeler* 2017 Teil II § 4 Rdn. 66.
371 BVerfG NStZ 2004, 227.
372 BGHSt 30, 38 gegen OLG München NStZ 1981, 36 mit Anm. *Höflich* 38; OLG Hamm ZfStrVo 1980, 57, 59; OLG Celle NStZ 1981, 116 und OLG Nürnberg ZfStrVo 1981, 186 ff.
373 BGH NJW 2004, 1398 f – befürchtete Geiselnahme; LG Köln, Beschl. v. 14.1.2009 – StVollz 1163/08, FS 2011, 1.
374 Vgl. BVerfG NStZ-RR 2003, 95.
375 KG NStZ 1984, 94 und NStZ 1995, 103, 104.
376 Ebenso *Arloth/Krä* 2017 § 27 StVollzG Rdn. 3; vgl. aber hierzu *Laubenthal/Nestler/Neubacher/Verrel* 2015 B Rdn. 106; *Böhm* 2003 Rdn. 262; *Laubenthal* 2015 Rdn. 517.

Abs. 2 StVollzG.[377] Die akustische Überwachung von Telefongesprächen gem. § 32 darf nicht durch **Aufzeichnung** und spätere Auswertung der **Telefongespräche** ersetzt werden.[378] Auch erweitert die Generalklausel nicht die Befugnis der Anstalt – unabhängig von § 32 StVollzG – Telefongespräche zu überwachen und Telefondaten bei einem sog. Telefonkontensystem zu erheben.[379] Auch wenn eine Zeitschrift regelmäßig das Ziel des Vollzuges gefährdet, ist ein generelles **Bezugsverbot** nicht zulässig. § 68 Abs. 2 Satz 2 StVollzG verlangte für jede Ausgabe eine eigene Entscheidung[380] und stellte – auch im Kontext mit § 68 Abs. 2 Satz 1 StVollzG – eine abschließende Regelung dar. Die Wegnahme von **Elektrogeräten** auf die Generalklausel zu stützen, weil der Gefangene die Stromkosten nicht bezahlen will und so anderen Gefangenen ebenso zu einer Weigerung bringen könnte, ist abwegig.[381] Die Zulassung konnte nach dem StVollzG wie bei Fernsehgeräten von einer Beteiligung an den Stromkosten abhängig gemacht werden, wie es inzwischen in allen Landesgesetzen auch ausdrücklich geregelt ist (s. näher 5 C).

dd) Unerlässlichkeit der Rechtsbeschränkung. Die auf die Generalklausel gestützte Rechtseinschränkung muss, wie jede Maßnahme im Strafvollzug, nicht nur verhältnismäßig sein, sondern muss darüber hinaus **unerlässlich** sein,[382] die Sicherheit aufrechtzuerhalten oder eine schwerwiegende Störung der Ordnung in der Anstalt zu verhindern. Sie ist also auf den äußersten Notfall beschränkt, **ultima ratio**,[383] muss die „letzte aller denkbaren Möglichkeiten" sein.[384] 30

Außer den oben erörterten Beispielen (Rdn. 29) käme das Anhalten des Schreibens eines Gefangenen, in dem dieser Mitteilungen macht, die die **Sicherheit einer anderen Anstalt** als der, aus der er den Brief absendet, gefährdet (Verrat von Schwachstellen der Sicherung, die eine Befreiungsaktion von außen ermöglichen), in Betracht. Das OLG Hamburg[385] hielt ein Anhalten des Schreibens gem. § 31 Abs. 1 Nr. 1 StVollzG in diesem Fall nicht für zulässig, weil diese Vorschrift ersichtlich nur die Anstalt meine, in der sich der Briefschreiber gerade aufhalte. Der Gesetzgeber hat den zu entscheidenden Fall offenbar nicht bedacht; eine abschließende Regelung liegt nicht vor. Unerlässlich wäre ein Anhalten des Briefes freilich nur, wenn mit einer Warnung der Anstalt, deren Sicherheitslücken verraten werden, nicht der gleiche Zweck erfüllt werden könnte (etwa deshalb, weil die Beseitigung des Sicherheitsmangels nicht sofort möglich ist). Auch der **anstaltsinterne Schriftwechsel** zwischen den Gefangenen fällt nicht unter die Spezialvorschriften der Briefkontrolle, §§ 28 ff StVollzG, so dass die Rechtsprechung die Kontrolle – jedenfalls in Anstalten mit hoher Sicherheitsstufe – als unerlässlich angesehen und deshalb auf die Generalklausel gestützt hat.[386]

---

377 OLG Zweibrücken NStE Nr. 5 zu § 56; OLG Hamburg, Beschl. v. 2.3.2004 – 3 Vollz (Ws) 128/03; *Bühring* ZfStrVo 1994, 271, 272; K/S-*Schöch* 2002 § 5 Rdn. 69; *Arloth/Krä* 2017 § 56 StVollzG Rdn. 9; *Laubenthal* 2015 Rdn. 249; a.A. – § 4 Abs. 2 Satz 2 ist einschlägig – LG Freiburg NStZ 1988, 151; LG Kleve NStZ 1989, 48; dagegen OLG Koblenz NStZ 1989, 550, 551, das die Befugnis zur Vornahme einer Urinkontrolle aus § 101 Abs. 1 StVollzG – nicht vertretbar – bzw. – zutreffend – aus § 56 Abs. 2 StVollzG ableitet.
378 OLG Frankfurt NStZ-RR 2003, 219, 221.
379 OLG Hamm, Beschl. v. 21.10.2008 – 1 Vollz (Ws) 635/08.
380 OLG Jena NStZ-RR 2004, 317, 318.
381 So aber OLG Koblenz ZfStrVo 2006, 179.
382 OLG Hamm, Beschl. v. 1.4.2014 – III-1 Vollz (Ws) 337/13, juris.
383 OLG Frankfurt ZfStrVo 1979, 58 und ZfStrVo **SH** 1979, 51, 54.
384 OLG Dresden NStZ 1995, 151; vgl. auch AK-*Goerdeler* 2017 Teil II § 4 Rdn. 72; *Laubenthal/Nestler/Neubacher/Verrel* 2015 B Rdn. 112.
385 OLG Hamburg NStZ 1981, 239.
386 OLG Hamm, Beschl. v. 1.4.2014 – III-1 Vollz (Ws) 337/13; nach OLG Koblenz NStZ 1999, 444 ist aber eine generelle Untersagung nicht unerlässlich.

Dem ultima-ratio-Charakter der Generalklausel wird es nicht gerecht, wenn die Unerlässlichkeit des Eingriffs durch eine bloße **„Erforderlichkeit"** ersetzt wird, wie dies in **NI** § 3 Satz 2 und **NW** § 4 Abs. 4 Satz 2 geschehen ist. Hier besteht die Gefahr, dass die Schwelle für Rechtseingriffe, die sich nicht gemäß dem Bestimmtheitsgebot und dem ihm folgenden Enumerationsprinzip auf spezielle Ermächtigungen stützen, abgesenkt und damit der absolute Ausnahmecharakter aufgeweicht wird; dies gilt vor allem für Niedersachsen, wo bereits eine einfache Störung der Anstaltsordnung für einen Eingriff ausreicht (s.o. Rdn. 26).

31   **ee) Legitimation allgemeiner Sicherheitsvorkehrungen.** Die Strafvollzugsgesetze sprechen nur von sicherer Unterbringung (s. 13 C und D), enthalten aber keine ausdrücklichen Bestimmungen über die generellen Sicherheitsvorkehrungen. Daraus kann nicht der Schluss gezogen werden, dass Fenster- und Türsicherungen, Häufigkeit von Anwesenheitskontrollen usw. nur unter den besonderen Voraussetzungen der Generalklausel zulässig seien. Dass diese allgemeinen Einrichtungen und Maßnahmen der Anstalt der Sicherungsaufgabe des Strafvollzugs nach innen und nach außen dienen und damit zum Freiheitsentzug an sich gehören, ergibt sich schon daraus, dass die Gesetze nur einige allgemeine und „besondere Sicherungsmaßnahmen" regeln (s.u. 11 D bis I). Ein „Grenzfall" ist die Verwendung der **Sichtspione** in den Haftraumtüren wegen des besonders belastenden Eindringens in die Privatsphäre des Gefangenen. Wenn deshalb nicht im Einzelfall die Voraussetzungen des § 4 Abs. 2 Satz 2 StVollzG vorliegen, ist nach Ansicht des BGH[387] dem Gefangenen zu gestatten, den Spion zu verhängen. Die Vorschrift des § 4 Abs. 2 Satz 2 StVollzG passt hier aber ebenso wenig wie bei der Frage, ob Bedienstete vor Betreten des Haftraums anklopfen müssen.[388] Sowohl das Betreten des Haftraums wie die – weniger belastende – Einsichtnahme in diesen sind durch das **Hausrecht** der Vollzugsbehörde zu jeder Zeit gedeckt. Bei der Ausübung dieses Rechts sind allerdings der Verhältnismäßigkeitsgrundsatz ebenso wie das Schamgefühl und die Intimsphäre des Gefangenen zu beachten, was, von Eil- und Notfällen abgesehen, vorheriges Anklopfen erforderlich macht und die Verwendung des klassischen „Spions", mit dessen Hilfe jede vor dem Haftraum befindliche Person, ohne dass der Insasse es bemerken kann, jederzeit ihn zu beobachten vermag, ausschließt. Auch das Anbringen eines Namensschildes an der Außenseite der Haftraumtür ist kein Fall des § 4 Abs. 2 Satz 2.[389] Der Sachverhalt ist jetzt ebenso wie die früher streitige Frage der Verpflichtung des Gefangenen, einen Lichtbildausweis innerhalb der Anstalt mit sich zu führen,[390] in den datenschutzrechtlichen Bestimmungen geregelt.[391]

32   **3. Zitiergebot bei Grundrechtseinschränkungen.** Gemäß dem Zitiergebot des Art. 19 Abs. 1 Satz 2 GG hat § 196 StVollzG festgehalten, dass die Grundrechte auf körperliche Unversehrtheit, Art. 2 Abs. 2 Satz 1 GG, – bei Anwendung unmittelbaren Zwangs, bei Schusswaffengebrauch und Zwangsernährung –, der Freiheit der Person, Art. 2 Abs. 2 Satz 2 GG – durch den Freiheitsentzug –, sowie das Brief-, Post- und Fernmeldegeheimnis eingeschränkt werden. Diese Zitierung hat ME § 106 – und ihm folgend **HB** § 127, **HH** § 129, **HE** § 82, **MV** § 117, **RP** § 119, **SH** § 147, **SL** § 117 – übernommen. Einige

---

387   BGH JR 1992, 173 mit krit. Anm. *Böhm*.
388   BVerfG NStZ 1996, 511.
389   OLG Frankfurt NStZ 1995, 207; BVerfG ZfStrVo 1997, 111.
390   *Laubenthal/Nestler/Neubacher/Verrel* 2015 B Rdn. 107.
391   S. dazu den Ergänzungsband zum Datenschutz *Schwind/Böhm/Jehle/Laubenthal/* Strafvollzugsgesetze 2020 (in Vorbereitung).

Bundesländer haben noch zusätzlich weitere Grundrechte aus dem GG oder der eigenen Landesverfassung zitiert. **BB** § 141, **SN** § 117, **ST** § 119 sowie **TH** § 141 erwähnen die informationelle Selbstbestimmung bzw. den Datenschutz unter Bezugnahme auf die jeweilige Landesverfassung, wobei Sachsen noch zusätzlich die Freizügigkeit nach Art. 11 Abs. 1 GG und Brandenburg die Meinungsfreiheit nach Landesverfassung ansprechen. **BW** § 94 I zitiert zusätzlich Art. 2 Abs. 1, die freie Entfaltung der Persönlichkeit. **BY** Art. 207 führt als eingeschränktes Rechtsgut „Leben" (wohl im Hinblick auf den Schusswaffengebrauch) an; **NI** zitiert Art. 6 Abs. 3 GG, das Elternrecht, und **NW** benennt zusätzlich die Informationsfreiheit, Art. 5 Abs. 1 Satz 1 GG.

Soweit Grundrechte nicht ausdrücklich gesetzlich zitiert werden, bedeutet dies nicht, dass sie schrankenlos gelten würden. Vielmehr sind nach ständiger Rechtsprechung des BVerfG[392] überkommene Einschränkungen von Grundrechten nicht zitierungsbedürftig. Bereits aus der Verfassung ergeben sich Einschränkungsmöglichkeiten. So wird der Arbeitszwang nach § 41 StVollzG in Art. 12 Abs. 3 GG ausdrücklich für zulässig erklärt. Zugleich schränkt das StVollzG die Freiheit der Berufsausübung gem. Art. 12 Abs. 1 Satz 2 GG ein.

Soweit die Grundrechte auf freie Meinungsäußerung sowie auf Informationsfreiheit (Art. 5 Abs. 1 Satz 1 GG) beschränkt sind, weil den Insassen z.B. Teile von Zeitungen vorenthalten werden können, wenn sie etwa das Ziel des Vollzugs erheblich gefährden, bedarf es eines besonderen Hinweises auf die Beschränkung eines Grundrechts nicht. Es steht unter dem Vorbehalt des Gesetzes, und die Landesstrafvollzugsgesetze sind ein solches allgemeines Gesetz nach Art. 5 Abs. 2 GG.[393] Rechtseinschränkungen müssen behutsam und unter Beachtung der Bedeutung dieses Informationsrechts aus Art. 5 GG vorgenommen werden.[394] Eine absolute Schranke bildet hier – wie bei allen Grundrechten mit Gesetzesvorbehalt – die Wesensgehaltssperre des Art. 19 Abs. 2 GG.

Die durch den Freiheitsentzug bedingte Einschränkung der Bewegungsfreiheit entfaltet Annexwirkungen, die die Gefangenen faktisch in der Ausübung bestimmter Grundrechte beschränken. Insofern wirken sich die Beschränkungen der unter Gesetzesvorbehalt stehenden Freiheitsrechte auch auf die Ausübung anderer, zum Teil schrankenlos gewährter Rechte aus. Dies gilt zum einen für Rechte, deren Ausübung Bewegungs- und Betätigungsfreiheit voraussetzen, insbesondere Versammlungsfreiheit (Art. 8) und Freizügigkeit (Art. 11), aber auch die Koalitionsfreiheit (Art. 9). Zumindest teilweise sind durch die mangelnde Bewegungsfreiheit faktisch auch Art. 4 (Glaubensfreiheit – hinsichtlich Gottesdienstbesuchen), Art. 6 (eheliche Lebensgemeinschaft; Kindererziehung) in ihrer Ausübung beschränkt.[395] Freilich ist die Bedeutung dieser Grundrechte bei der Gestaltung der Anstaltsverhältnisse und bei Einzelfallentscheidungen zu berücksichtigen, damit im Rahmen des Möglichen die Ausübung dieser Grundrechte verwirklicht werden kann.[396]

Ganz grundsätzlich sind auch die nicht unter Gesetzesvorbehalt stehenden Grundrechte nicht „schrankenlos", sondern nur im Rahmen der grundgesetzlichen Wertordnung gewährleistet.[397] Einschränkungen können sich bei Kollisionen mit Grundrechten Dritter oder zum Schutz anderer Rechtsgüter mit Verfassungsrang ergeben.[398]

---

392 BVerfGE 35, 185, 189.
393 BVerfG ZfStrVo 1981, 63.
394 OLG Hamburg ZfStrVo 1980, 59, 60; OLG Nürnberg ZfStrVo 1983, 190, 191.
395 Vgl. *Laubenthal/Nestler/Neubacher/Verrel* 2015 B Rdn. 97; AK-*Goerdeler* 2017 Teil II § 4 Rdn. 24 ff.
396 Vgl. auch AK-*Feest/Bung* 2012 Rdn. 19; AK-*Goerdeler* 2017 Teil II § 4 Rdn. 28 ff.
397 OLG Nürnberg ZfStrVo 1989, 374.
398 Vgl. AK-*Goerdeler* 2017 Teil II § 4 Rdn. 21; *Laubenthal/Nestler/Neubacher/Verrel* 2015 B Rdn. 96 ff.

2. KAPITEL
Aufnahme, Planung und Unterbringung

A. Aufnahmeverfahren

Bund	§ 5 StVollzG;
Baden-Württemberg	BW § 4 JVollzGB III;
Bayern	BY Art. 7 BayStVollzG;
Berlin	BE § 7 StVollzG Bln;
Brandenburg	BB § 12 BbgJVollzG;
Bremen	HB § 6 BremStVollzG;
Hamburg	HH § 6 HmbStVollzG;
Hessen	HE § 8 HStVollzG;
Mecklenburg-Vorpommern	MV § 6 StVollzG M-V;
Niedersachsen	NI § 8 NJVollzG;
Nordrhein-Westfalen	NW § 8 StVollzG NRW;
Rheinland-Pfalz	RP § 12 LJVollzG;
Saarland	SL § 6 SLStVollzG;
Sachsen	SN § 6 SächsStVollzG;
Sachsen-Anhalt	ST § 12 JVollzGB LSA;
Schleswig-Holstein	SH § 6 LstVollzG SH;
Thüringen	TH § 12 ThürJVollzGB;
Musterentwurf	§ 6 ME

Schrifttum

Bennefeld-Kersten Was kann die Technik zur Suizidprävention beitragen, in: FS 2010, 341 ff; *Fazel/Baillargeon* The health of prisoners. Lancet 2011, 956 ff; *Goffman* Asyle, Frankfurt a.M. 1973; *Harbordt* Die Subkultur des Gefängnisses, 2. Aufl., Stuttgart 1972; *Hürlimann* Führer und Einflussfaktoren in der Subkultur des Strafvollzugs, Pfaffenweiler 1993; *Hötter* Der Vollzugsplan – Ein Instrument zur Verbesserung des Anstaltsklimas, in: ZfStrVo 1993, 143 f; *Liebling/Ludlow* Suicide, distress and the quality of prison life, in: Jewkes/Crewe/Bennett (Hrsg.) Handbook on prisons, 2. Aufl. 2016, London: Routledge, 224 ff; *Konrad* Psychiatrie des Strafvollzuges, in: Kröber/Dölling/Leygraf/Sass (Hrsg.), Handbuch der Forensischen Psychiatrie, Bd. 3, Darmstadt 2006, 234 ff; *ders./Opitz-Welke* Psychiatrische Probleme im Justizvollzug, in: Venzlaff/Foerster (Hrsg.), Psychiatrische Begutachtung, 6. Aufl. München/Jena 2015, 351 ff; *Lohner/Pecher* Teilnehmer der Sozialtherapie als „Listeners" im Rahmen der Suizidprävention – Hilfe für „beide Seiten", in: Wischka/Pecher/van den Boogaart (Hrsg.), Behandlung von Straftätern, Freiburg 2012, 581 ff; *Maruna* Reentry as a rite of passage, Punishment and Society 2010, 1 ff; *Opitz-Welke/Bennefeld-Kersten/Konrad/Welke* Prison suicides in Germany from 2000 to 2011. International Journal of Law and Psychiatry 2013, 386 ff; *Otto* Nichtmitarbeitsbereite Gefangene und subkulturelle Haltekräfte, in: KrimPäd 1998, 34 ff; *Schmidt*, (In)justice in prisons, in: Reeves (Hrsg.) Experiencing Imprisonment, London/New York 2016, 63 ff; *Schulz von Thun* Miteinander reden: Störungen und Klärungen, Reinbek bei Hamburg 1981; *Vissenebert/Veenhof* Projektspot „Haftreduzierungshilfen und Kriminalprävention"; Präsentation auf dem 18. Deutscher Präventionstag 22. & 23. April 2013 in Bielefeld. www.praeventionstag.de/dokumentation/download.cms?id=1403 (Zugriff am 1.2.2018); *Weis* Zur Subkultur der Strafanstalt, in: Schwind/Blau 239 ff; *WHO* Suizidprävention – Ein Leitfaden für Mitarbeiter des Justizvollzugsdienstes 2007, Online http://whqlibdoc.who.int/publications/2007/9789241595506_ger.pdf (Zugriff: 2.2.2018).

2. Kapitel. Aufnahme Planung und Unterbringung

Übersicht

I. Allgemeine Hinweise —— 1–3
   1. Rechtliche und behandlungs-
      orientierte Ausgestaltung des Aufnahme-
      verfahrens —— 1
   2. Aufnahmesituation —— 2
   3. Umfang des Aufnahmeverfahrens —— 3
II. Erläuterungen —— 4–9
   1. Zugangsgespräch, Zeitpunkt —— 4
   2. Abwesenheit anderer Gefangener
      im Aufnahmeverfahren —— 5
   3. Information der Gefangenen —— 6–8
   4. Ärztliche Untersuchung —— 9
   5. Vorstellung bei der Anstaltslei-
      tung —— 10–11
   6. Akutmaßnahmen zur Regelung häus-
      licher Angelegenheiten —— 12
   7. Ersatzfreiheitsstrafen —— 13
   8. Rechtsschutz —— 14

I. Allgemeine Hinweise

1. Rechtliche und behandlungsorientierte Ausgestaltung des Aufnahmeverfahrens. Das Aufnahmeverfahren war im StVollzG im Gegensatz nicht im Einzelnen geregelt. Die Vollzugsbehörde gestaltete es in inhaltlicher Hinsicht nach pflichtgemäßem Ermessen.[1] Festgelegt war lediglich, was für die **Rechtsstellung** des Gefangenen bzw. für eine **behandlungsorientierte Ausgestaltung** des **Aufnahmeverfahrens** maßgeblich ist (zum Behandlungsziel § 4 Rdn. 6). Die Unterteilung in Aufnahmeverfahren (§ 5), Behandlungsuntersuchung (§ 6), Vollzugsplan (§ 7) und weitere Durchführung des Vollzuges war letztlich formal. Diese Vorgänge als in sich abgeschlossene, jeweils gesonderte Leistungen des Vollzuges aufzufassen, hieße den Strafvollzug als einen ganzheitlichen, fortlaufenden Prozess von der Aufnahme bis zur Entlassung zu verkennen. In den Landesgesetzen sind deshalb z. T. andere Unterteilungen dieses Prozesses vorgenommen worden; teilweise regeln sie deutlich mehr als die Vorschriften des Bundesgesetzes.

	Aufnahme-verfahren	Behandlungs-untersuchung	Vollzugs-planung
Bund (StVollzG)	§ 5	§ 6	§ 7
Baden-Württemberg (JVollzGB III)		§ 4	§ 5
Bayern (BayStVollzG)	Art. 7	Art. 8	Art. 9
Berlin (StVollzG Bln)	§ 7	§ 8	§ 9
Brandenburg (BbgJVollzG)	§ 12	§ 13	§§ 14–16
Bremen (Bremisches StVollzG)	§ 6	§ 7	§§ 8–9
Hamburg (HmbStVollzG)	§ 6	§ 7	§ 8
Hessen (HStVollzG)	§ 8	§ 9	§ 10
Mecklenburg-Vorpommern (StVollzG M-V)	§ 6	§ 7	§§ 8–9
Niedersachsen (NJVollzG)	§ 8		§ 9
Nordrhein-Westfalen (StVollzGNRW)	§ 8	§ 9	§ 10

---

1 OLG Koblenz ZfStrVo 1988, 310; zur Gesetzgebungsgeschichte der Vorschriften im StVollzG KG v. 5.4.2004 – 5 Ws 666/03 Vollz = NStZ 2004, 516 f.

	Aufnahme-verfahren	Behandlungs-untersuchung	Vollzugs-planung
Rheinland-Pfalz (LJVollzG R-P)	§ 6	§ 7	§§ 8–9
Saarland (SLStVollzG)	§ 6	§ 7	§§ 8–9
Sachsen (SächsStVollzG)	§ 6	§ 7	§§ 8–9
Sachsen-Anhalt (JVollzGB LSA)	§ 12	§ 13	§§ 14–16
Schleswig-Holstein (LStVollzG SH)	§ 6	§ 7	§§ 8–9
Thüringen (ThürJVollzGB)	§ 12	§ 13	§§ 14–16
Musterentwurf (ME)	§ 6	§ 7	§§ 8–9

Welche Formalitäten in der **Aufnahmeverhandlung** durchzuführen sind (Personal- und Vollstreckungsblatt, Sozialversicherung, Haftkosten, Strafzeitberechnung, erkennungsdienstliche Maßnahmen, Mitteilungen an Einweisungsbehörde, Landeskriminalamt, Ausländerbehörde und Jugendamt, Aufnahmeuntersuchung, Vorstellung zum Anstaltsleiter, Habe, Lebenslauf, Fragebogen) war bundeseinheitlich in der VGO festgelegt, die nun nach und nach durch entsprechende Ländervorschriften ersetzt wird. Hinzu treten die Verwaltungsvorschriften, die ebenfalls von den Ländern nach und nach an die neuen Ländervollzugsgesetze angepasst werden. Die **Aufnahme von Verurteilten über die Belegungsfähigkeit hinaus** darf die Vollzugsbehörde ablehnen.[2] Die in der Aufnahmeverhandlung erhobenen Daten werden Bestandteil einer öffentlichen Urkunde. Falsche Angaben sind deshalb nicht nur eine Ordnungswidrigkeit (§ 111 OwiG), sondern als mittelbare Falschbeurkundung nach § 271 StGB strafbar.[3] Zu den zu beachtenden Datenschutzvorschriften s. unten 15. Die Einleitung der Vollstreckung der Freiheitsstrafe richtet sich nach §§ 27, 28 StVollstrO, bei einer Anschlussvollstreckung nach § 43 Abs. 3 StVollstrO.

2. Aufnahmesituation. Ist der Gefangene nicht bereits in Untersuchungshaft gewesen oder hat eine andere Freiheitsstrafe verbüßt, an die sich die aktuelle Freiheitsstrafe direkt anschließt, ist das Eintreffen in der Anstalt der erste Schritt in den Vollzug und dadurch von erheblicher Bedeutung. Die Art der Aufnahme kann für die Wahrnehmung der Verfahrensfairness,[4] das vollzugliche Verhalten und die **Mitwirkung an der Behandlung** entscheidend sein[5] und dürfte dadurch auch Einfluss auf das **Anstaltsklima** insgesamt haben. Der Eintritt in eine „totale Institution" ist subjektiv mit Erniedrigungen, Demütigungen und Entwürdigungen, „Degradierungszeremonien"[6] verbunden, die zum Verlust der gewohnten Rolle führen.[7] Der Statuswandel wird durch die mit Ent- und Bekleidung verbundene Aufnahmeprozedur, die Wegnahme der persönlichen Habe und die (leihweise) Aushändigung von Ersatzgegenständen eingeleitet. Besonders bei erstmalig Inhaftierten kann dies zu intensiv erlebter Unsicherheit und Angst führen.

Die **Suizidgefährdung** kurz nach der Aufnahme ist besonders groß.[8] In den Jahren 2000 bis 2011 haben sich bundesweit 934 männliche und 26 weibliche Gefangene selbst

---

2 *Laubenthal/Nestler/Neubacher/Verrel* 2015 C § 5 Rdn. 7; AK-*Feest/Joester* 2017 § 6 Rdn. 6.
3 *Böhm* 2003 Rdn. 160.
4 *Schmidt* 2016, 64 f m.w.N.
5 *Seebode* 1997, 61.
6 K/S-*Schöch* 2002 § 13 Rdn. 7; *Laubenthal* 2015 Rdn. 315; *Maruna* 2010, 9.
7 *Goffman* 1973.
8 *Bennefeld-Kersten* 2010, 342; *Konrad/Opitz-Welke* 2015, 357; WHO 2007.

getötet, davon etwa ein Drittel im ersten Haftmonat.[9] Die weitaus meisten der Suizidfälle betrafen Untersuchungsgefangene (in einer Erhebung im Berliner Justizvollzug 64%).[10] Suizid ist in westlichen Gefängnissen die häufigste Todesursache;[11] die Suizidrate liegt wesentlich höher als bei in Freiheit lebenden Menschen.[12] Dabei bietet die in der Regel praktizierte Suizidmethode (85% der Betroffenen erhängen sich) geringe Rettungschancen.[13] Wenn auch das Aufnahmeverfahren auf die Geschäftszeiten der Verwaltung beschränkt bleibt, so ist ein **Zugangsgespräch** zur Abklärung der Suizidgefährdung mit entsprechenden Reaktionen, zur Reduzierung subkultureller Einflüsse und zur Mitwirkung i. S. d. Vollzugsziels unbedingt am Aufnahmetag, *vor* der Zuweisung eines Haftraumes bzw. einer Wohngruppe, geboten (vgl. zu den unterschiedlichen Länderregelungen zum Zeitpunkt des Gesprächs u. Rdn. 4).

Qualitative Verbesserungen der Haftbedingungen (ausreichender Personalschlüssel, keine Überbelegung, Nachtdienste) können die Anzahl der Selbsttötungen senken.[14] Zur Abklärung der Suizidgefährdung sind Screeningverfahren nützlich, die den Blick auf Risikofaktoren suizidalen Verhaltens richten. Dies sind z.B. psychische Störungen, Suizidankündigungen, konkrete Suizidvorstellungen, vorbereitende Handlungen, frühere Suizidversuche, Verlusterlebnis, beeinträchtigte Fähigkeiten im Umgang mit Trauer, Frustrationen oder Aggressionen, Tatvorwurf Aggressions- oder Sexualdelikt.[15] Bei Verdachtsmomenten ist eine genauere Abklärung durch den psychologischen oder ärztlichen Dienst erforderlich und es müssen geeignete Gegenmaßnahmen ergriffen werden (entsprechend auch Nr. 47.2 der Europäischen Strafvollzugsgrundsätze). In Betracht zu ziehen sind Gemeinschaftsunterbringung oder die Unterbringung in einem besonders gesicherten Haftraum.[16] Vor allem sollten alle Möglichkeiten ergriffen werden, dem Kommunikationsbedürfnis in dieser kritischen Phase Rechnung zu tragen. Neben Gesprächen mit dem Vollzugspersonal (das nicht immer, insb. zu Nachtzeiten, ansprechbar ist) können die Erkenntnisse aus erfolgreichen Projekten zur Suizidprävention herangezogen werden, wie die Einrichtung von Telekommunikationsmöglichkeiten[17] oder die Unterstützung durch besonders geeignete Mitgefangene.[18]

Wie jede Form der Kommunikation haben die rituellen Handlungen des Aufnahmeverfahrens neben dem sachlichen Aspekt noch weitere Botschaften: Die Institution offenbart sich, sie sagt etwas über sich selbst aus, sie definiert die Beziehung zu dem neuen Insassen und sie vermittelt Erwartungen.[19] Diese kritische und prägende Phase bietet grundsätzlich die Chance, den neu aufgenommenen Gefangenen an die Anstaltsregeln, die Vollzugsziele sowie Personen zu binden und die Vermittlung von Sicherheit, Zugehörigkeit und neuer Identität nicht der Gefangenensubkultur zu überlassen. Die Achtung der Persönlichkeitsrechte der Gefangenen und der Schutz der Intimsphäre drückt sich durch das **Verbot der Anwesenheit anderer Gefangener** während des Aufnahmever-

---

9 *Opitz-Welke/Bennefeld-Kersten/Konrad/Welke* 2013, 390.
10 *Konrad* 2006, 236.
11 *Fazel/Baillargeon* 2013, 956 ff; *Liebling/Ludlow* 2017, 224 ff.
12 *Opitz-Welke/Bennefeld-Kersten/Konrad/Welke* 2013: bei Strafgefangenen im Jahr 2011 ca. 4 mal, bei U-Gefangenen bis zu 15 mal.
13 *WHO* 2007.
14 *Walter* 1999 Rdn. 270, *Opitz-Welke/Bennefeld-Kersten/Konrad/Welke* 2013, 388.
15 *Konrad/Opitz-Welke* 2015, 357.
16 Kritisch dazu *Bennefeld-Kersten* 2010.
17 *Bennefeld-Kersten* 2010.
18 *Lohner/Pecher* 2012.
19 Ausführlich *Schultz von Thun* 1981.

fahrens aus. Zur praktischen Bedeutung und teilweise unterschiedlichen Behandlung in den Landesgesetzen vgl. Rdn. 5 f.

3. Umfang des Aufnahmeverfahrens. Das Aufnahmeverfahren umfasst die Vorgänge von der Zuführung zur Vollzugsgeschäftsstelle über die Umkleidung bis zur Vorstellung beim Leiter der Anstalt bzw. der Aufnahmeabteilung mit Unterrichtung über Rechte und Pflichten (u. Rdn. 6) und ärztlicher Untersuchung (u. Rdn. 7).[20] Die Abgabe und Registrierung der Habe gehört zum Aufnahmeverfahren und erfordert daher prinzipiell die Abwesenheit von Mitgefangenen (u. Rdn. 5), auch die der auf der Hauskammer beschäftigten Gefangenen.[21] 3

II. Erläuterungen

1. Zugangsgespräch, Zeitpunkt. Das Zugangsgespräch ist sowohl für die Anstalt als auch für den Gefangenen insofern essentiell, als die Anstalt notwendige Informationen über den aufzunehmenden Gefangenen, dessen **gegenwärtige Lebenssituation** (so auch ausdrücklich **BE** § 7 Abs. 1, **BB** § 12 Abs. 1, **HB** § 6 Abs. 1, **HE** § 8 Abs. 1, **MV** § 6 Abs. 1, **NW** § 8 Abs. 1 S. 1, **RP** § 12 Abs. 1, **SL** § 6 Abs. 1, **SN** § 6 Abs. 1, **ST** § 12 Abs. 1, **SH** § 6 Abs. 1 S. 2, **TH** § 12 Abs. 1; **ME** § 6 Abs. 1 S. 1) und seine gesundheitliche (insbesondere seine seelische) Verfassung erhält. Dies ist akut wichtig, um in der allerersten Phase und vor allem bei Erstinhaftierten adäquat reagieren zu können (insbesondere bei erheblichen psychischen Problemen, s. Rdn. 2). Aus Sicht der Gefangenen geht es ebenfalls um das Kennenlernen und den Erhalt eines Orientierungsrahmens für die Haft.[22] Zu begrüßen ist die Formulierung in den soeben genannten Gesetzen, dass eine „**Erörterung**" der Lebenssituation des Gefangenen stattfindet, die nahe legt, dass er dabei eine teilnehmende, aktive Rolle spielen soll. Die Landesgesetze unterscheiden sich in Bezug auf den Zeitpunkt eines Zugangsgesprächs: **BW** § 4 spricht nicht ausdrücklich von einem „Zugangsgespräch", sondern von der Vorstellung bei der Anstaltsleitung (s. unten Rdn. 10). Die dem ME folgenden und noch weitere Landesgesetze fordern ein „unverzügliches" Zugangsgespräch „nach der Aufnahme" (**BE** § 7, **BB** § 12, **HB** § 6, **HE** § 8, **HH** § 6, **MV** § 6, **NI** § 8, **RP** § 12, **SL** § 6, **SN** § 6, **ST** § 12, **TH** § 12, **ME** § 6). Nach **BY** § 7 Abs. 2 wird zwar ein Zugangsgespräch mit dem Gefangenen geführt, ein Zeitvorgabe fehlt jedoch. **NW** § 8 Abs. 1 fordert ein Zugangsgespräch „möglichst am Tag der Aufnahme". Eine präzisierende und differenzierende Regelung findet sich in **SH** § 6 Abs. 1: Hier muss „unmittelbar nach dem Eintreffen in der Anstalt" ein „Sofortgespräch" geführt werden. Ein ausführlicheres Gespräch, in dem die Lebenssituation erörtert wird und Informationen über Rechte und Pflichten erfolgen (das eigentliche Zugangsgespräch) hat dann bis spätestens drei Tage nach dem Zugang Zeit. Dies erscheint eine pragmatische und sachgerechte Lösung, weil einerseits akute Probleme sofort besprochen werden können (das gilt z.B. für Anzeichen von Suizidalität), andererseits die wichtigen weiteren Punkte, die vom Gefangenen auch Aufmerksamkeit verlangen, mit etwas mehr Ruhe erörtert werden können. 4

2. Abwesenheit anderer Gefangener im Aufnahmeverfahren. Das **Recht des Gefangenen,** das Aufnahmeverfahren **ohne die Gegenwart anderer Gefangener** zu ab- 5

---

20 *Laubenthal/Nestler/Neubacher/Verrel* 2015 C Rdn. 7; AK-*Feest/Joester* 2017 § 6 Rdn. 4.
21 KG Berlin v. 5.4.2004 – 5 Ws 666/03 Vollz = NStZ 2004, 516 f.
22 Vgl. zu diesen Zielsetzungen auch die Begründung zu § 6 ME (Aufnahmeverfahren), Musterentwurf zum Landesstrafvollzugsgesetz vom 23. August 2011.

solvieren, soll einerseits die Verletzung der Intimsphäre des neu aufgenommenen Gefangenen, andererseits eine unkontrollierte Einflussnahme auf den Neuankömmling durch bereits länger einsitzende Gefangene verhindern, um damit einer unerwünschten raschen Anpassung an die **Subkultur** in einer JVA entgegenzuwirken.[23] Gleichzeitig soll dadurch auch ein möglichst unbeeinflusster Kontakt des Gefangenen zu den Mitgliedern des Vollzugsstabes hergestellt werden.[24]

Der mit den Vorschriften angestrebte **Schutz der Intimsphäre** des Gefangenen wird in der Praxis selbst bei Vorliegen günstiger baulicher, räumlicher und personeller Verhältnisse oft schwer zu realisieren sein. Dennoch verbieten die meisten Landesgesetze ohne Einschränkungen oder Ausnahmen die Anwesenheit anderer Gefangener beim Aufnahmeverfahren (**BE** § 7 Abs. 2; **BB** § 12 Abs. 2, **HB** § 6 Abs. 2; **HE** § 8 Abs. 1, **MV** § 6 Abs. 2, **RP** § 12 Abs. 2, **SN** § 6 Abs. 3, **ST** § 12 Abs. 2; **TH** § 12 Abs. 2; **ME** § 6 Abs. 2).

Andere Gesetze lassen die Anwesenheit andere Gefangener ausnahmsweise zu, insbesondere, wenn es Verständigungsschwierigkeiten gibt und verlässliche Gefangene helfen können: In **BW** (§ 4 Abs. 1 S. 3) und **NW** (§ 8 Abs. 2 S. 2) hängen Ausnahmen von der Zustimmung des betroffenen aufzunehmenden Gefangenen ab. In **SH** (§ 6 Abs. 2) wird dies noch einmal dahingehend präzisiert, dass eine Einwilligung nur dann in Rede steht, wenn die Zuziehung anderer Gefangener wegen Verständigungsschwierigkeiten akut geboten ist, hinzugezogen werden darf nur ein „zuverlässiger Gefangener". Ob die Regelung in **NI** § 8 Abs. 3, die zwar die Ausnahmesituation bei Verständigungsschwierigkeiten skizziert, aber keine Zustimmung des Betroffenen erfordert, dem Grundgedanken des Schutzes der Intimsphäre gerecht wird, ist fraglich. Jedenfalls soll ausweislich der Gesetzesbegründung die Zuziehung anderer Gefangener „die seltene Ausnahme bilden" und die Regel darf nicht „aus Gründen der Bequemlichkeit oder zur Einsparung von Dolmetscherkosten durchbrochen werden".[25] Die Gesetze von **HH** (§ 6 Abs, 3) und **SL** (§ 6 Abs. 2) formulieren ebenfalls nur, dass andere Gefangene „in der Regel nicht" anwesend sein dürfen.[26] Offen ist auch die Regelung in **BY** Art. 7 Abs. 1, die lediglich postuliert, dass im Aufnahmeverfahren das „Persönlichkeitsrecht der Gefangenen in besonderem Maße zu wahren" sei. Ausweislich der Gesetzesbegründung[27] soll jedenfalls der besonders belastenden Situation in der ersten Phase der Inhaftierung Rechnung getragen werden. Zur Anwesenheit andere Gefangener verhält sich das Gesetz gar nicht; aus dem Hinweis auf das Persönlichkeitsrecht dürfte sich aber ebenfalls ein prinzipielles Verbot mit der Möglichkeit der skizzierten Ausnahmeregeln ergeben.

Unter dem informellen Druck von Mitgefangenen,[28] evtl. noch verstärkt durch Überbelegung, wird der Neuankömmling oft gezwungen, seine persönlichen Verhältnisse zu offenbaren. Dem kann nur durch organisatorische Maßnahmen entgegengewirkt werden, die eine unmittelbare und ständige **Betreuung der Zugänge** in kleinen Gruppen durch Bedienstete garantieren.[29] Dadurch wird auch das Informationsbedürfnis des neu eintretenden Gefangenen über offizielle Kontakte befriedigt. Ein der Absicht der Vorschriften (Schutz vor Zwang zur persönlichen Preisgabe; Information über die neue Situation; Entwicklung von positiven Beziehungen zum Stab) entsprechendes Aufnahmever-

---

23 Zur Gefangenensubkultur *Böhm* 2003 Rdn. 170–177; *Harbordt* 1972; *Hürlimann* 1993; *Laubenthal* 2015 Rdn. 211 ff; *Walter* 1999 Rdn. 255–266; *Weis* 1988; zu subkulturellen Aktivitäten Gefangener s. *Otto* 1998.
24 *Laubenthal/Nestler/Neubacher/Verrel* 2015 C Rdn. 8.
25 **NI** LT-Drucks. 15/3565, 91.
26 Arloth/*Krä* 2017 § 6 HmbStVollzG Rdn. 2: Zuziehung bei Verständigungsschwierigkeiten.
27 LT-Drucks. 15/8101, 51.
28 *Weis* 1988, 247 ff.
29 *Hötter* 1993, 143.

fahren erfordert eine straffe und stets kontrollierte organisatorische Planung. Die Anwesenheit anderer Gefangener, auch bei Verständigungsschwierigkeiten, muss in jedem Fall von einer Zustimmung der Betroffenen abhängig gemacht werden.

3. Information der Gefangenen. Alle Landesgesetze formulieren den Anspruch der Gefangenen auf **Unterrichtung über die Rechte und Pflichten**. Erst eine umfassende Information hierüber vermittelt dem Gefangenen Orientierung in seinem neuen Status (s. Rdn. 2) und kann Gefühle der Unsicherheit mit daraus folgender Aggressionsentwicklung und Orientierung an Subkulturführern verhindern. Sie entspricht auch Anforderungen an die Verfahrensfairness und ist zur Förderung der Mitwirkung (*compliance*) der Gefangenen erforderlich.[30] Umstritten ist, welchen **Umfang** die Unterrichtung haben muss. Die Europäischen Strafvollzugsgrundsätze sehen hierzu vor, dass Regelungen über die „Disziplin in der Anstalt" (Nr. 15.2, Nr. 30)[31] und über ihre „Rechte und Pflichten in der Anstalt" erfolgen müssen und dass sie diese Informationen schriftlich zu ihrer Habe nehmen dürfen. Zu beachten ist danach für ausländische Gefangene außerdem, dass sie prinzipiell darüber informiert werden müssen, dass sie mit der diplomatischen oder konsularischen Vertretung ihres Staates in Verbindung treten dürfen (wobei dies in aller Regel vor allem im Untersuchungshaftvollzug relevant ist) und ferner, dass sie einen Antrag auf Überstellung zur Strafvollstreckung in einen anderen Staat stellen können (Nr. 31.1 und 37.5). Die Pflicht zur Unterrichtung des Gefangenen geht jedenfalls über das kommentarlose Zugänglichmachen eines Exemplars des Strafvollzugsgesetzes und der Hausordnung oder anderer Broschüren hinaus, denn mit dem Text des Strafvollzugsgesetzes und der Hausordnung können Gefangene mitunter wenig anfangen, das gilt gerade für sprachunkundige Ausländer oder solche, denen das Lesen offensichtlich schwer fällt. Die Erwägung, dass der bloße Gesetzestext wegen Sprachbarrieren zu Missverständnissen und in der Folge zu neuen Konflikten, Ängsten und Aggressionen führen könnte, zieht das Erfordernis der Aushändigung nicht in Zweifel, sondern macht zusätzliche mündliche Erläuterungen notwendig.[32] Jedenfalls genügt es nicht, den Gefangenen auf den möglichen Erwerb des Gesetzestextes, das Einbringen des Textes mittels Paket oder die kostenpflichtige Erstellung von entsprechenden Kopien zu verweisen. Die Pflicht zur Unterrichtung des Gefangenen umfasst vielmehr den Anspruch des Gefangenen auf Antrag den Text des für ihn relevanten StVollzG so zur Verfügung gestellt zu bekommen, dass er jederzeit darauf zurückgreifen kann, weil der effektive Rechtsschutz, den §§ 119 ff. StVollzG gewährleisten sollen, die Unterrichtung über den Wortlaut des Gesetzes voraussetzt.[33] Strafvollzugsgesetz und Hausordnung konkurrieren nicht miteinander, da die Hausordnung nur Teilbereiche des Vollzuges regelt. Die **Verpflichtung zur Unterrichtung** ist nicht einmalig – zumal die Aufnahmefähigkeit in der oft als belastend erlebten Aufnahmephase begrenzt und selektiv ist – sondern muss ein **ständiges Angebot** der JVA sein, das auch eine möglichst umfassende Darstellung der Organisation, der

6

---

30 Näher *Schmidt* 2016.
31 Im Originaltext: „regulations governing prison discipline"; die quasi-amtliche deutsche Übersetzung „Disziplinarvorschriften" ist hier nicht korrekt, weil sie den Regelungsbereich zu eng fasst; es geht um das Gefängnisregime insgesamt.
32 OLG Celle NStZ 1987, 44; enger wohl *Laubenthal* 2015 Rdn. 314, der in der Aushändigung des Gesetzestextes die primäre Informationspflicht als erfüllt ansieht und
Laubenthal/Nestler/Neubacher/Verrel 2015 C Rdn. 10, die aber davon ausgeht, dass eine darüber hinausgehende mündliche Unterrichtung erfolgen „kann und sollte".
33 OLG Naumburg Beschl. v. 14.10.2013 – 1 Ws 526/13 (= NStZ 2014, 230).

alltäglichen Abläufe und des Behandlungsangebots einschließt und ggf. auch auf externe Informationsquellen hinweist.[34]

7 Unter den **Rechten und Pflichten**, über die die Gefangenen zu unterrichten sind, kann zwischen denjenigen, die die Stellung des Gefangenen in der Binnenstruktur des Vollzuges betreffen (etwa: Anfechtungsmöglichkeit von Vollzugsmaßnahmen)[35] und denjenigen, die sich aus den Beziehungen zwischen ihm und der Gesellschaft außerhalb des Vollzuges ergeben, differenziert werden.[36] Zu ersteren gehört auch die Information, dass die Gefangenen in eine ihrem Wohnsitz entsprechend Anstalt zu verlegen sind, wenn sie innerhalb der ersten zwei Wochen einen entsprechenden Antrag stellen.[37] Die Unterrichtung muss nicht ohne die Gegenwart anderer Gefangener geschehen;[38] **Gruppenveranstaltungen** in der Aufnahmephase, in denen keine personenbezogenen Daten offenbart werden, sind nicht nur ökonomisch, sondern auch sinnvoll, weil das umfassende Verständnis durch die Gruppeninteraktion gefördert wird.

8 **Die Landesgesetze** ähneln einander in diesem Punkt und gehen überwiegend über die bisherige Regelung des § 5 Abs. 2 StVollzG etwas hinaus, der die Unterrichtung der Gefangenen über Rechte und Pflichten nicht weiter ausführte. Lediglich **BY** Art. 7 Abs. 2 und **NI** § 7 Abs. 1 belassen es dabei, werden jedoch jeweils ergänzt von einer Vorschrift, die anordnet, dass die Gefangenen einen Abdruck der Hausordnung erhalten (**BY** Art. 184 Abs. 3 bzw. **NI** § 183 Abs. 3, wonach ein Abdruck auf Verlangen auszuhändigen und im Übrigen gut zugänglich auszuhängen ist). **BW** § 4 Abs. 1 S. 1 präzisiert, dass die Unterrichtung der aufzunehmenden Gefangenen „in einer für sie verständlichen Form" zu erfolgen hat und verlangt somit, dass sich das Personal bei der Vermittlung dieser Informationen auf deren jeweilige intellektuelle und sprachliche Fähigkeiten einzustellen hat.[39]

ME § 6 Abs. 1 sieht vor, dass den Gefangenen zur Information über ihre Rechte und Pflichten ein Exemplar der Hausordnung ausgehändigt wird. Darüber hinaus bestimmt Abs. 1 Satz 3, dass das jeweilige Landesvollzugsgesetz, „die von ihm in Bezug genommenen Gesetze sowie die zu seiner Ausführung erlassenen Rechtsverordnungen und Verwaltungsvorschriften" den Gefangenen „auf Verlangen zugänglich zu machen" sind. Dieser Vorgabe folgen **HB** § 6 Abs. 1, **MV** § 6 Abs. 1, **RP** § 12 Abs. 1, **SL** § 6 Abs. 1, **SN** § 6 Abs. 1, **ST** § 12 Abs. 1 und **TH** § 12 Abs. 1 wörtlich. **BE** § 7 Abs. 1 und **BB** § 12 Abs. 1 führen zusätzlich aus, dass bei Bedarf Sprachmittlerinnen bzw. in **BB** Gebärdendolmetscher hinzuziehen sind.

HE § 8 Abs. 2 und **NW** § 8 Abs. 1 verlangen sowohl für das jeweilige Vollzugsgesetz als auch für die Hausordnung nur, dass sie zugänglich zu machen sind. **HE** § 8 Abs. 1 Satz 4 enthält eine Besonderheit, als er an dieser Stelle die Zulässigkeit der Erhebung personenbezogener Daten regelt – danach sind die Gefangenen „verpflichtet, die für die Planung des Vollzuges erforderlichen Angaben zu machen." Zu den konstruktiven Vorschriften über das Aufnahmeverfahren zu zählen ist außerdem **HE** § 9 Abs. 1, wonach den Gefangenen im Gefolge der Aufnahme die Aufgaben des Vollzugs sowie die vorhandenen Beschäftigungs-, Bildungs-, Ausbildungs- und Freizeitmaßnahmen erläutert werden. In der Gesetzesbegründung zu § 9 Abs. 1 HStVollzG wird die Notwendigkeit der Ver-

---

34 AK-*Feest/Joester* 2017 § 6 Rdn. 9; 14; § 72 Rdn. 3 ff.
35 OLG Frankfurt NStZ 1989, 144.
36 *Laubenthal/Nestler/Neubacher/Verrel* 2015 C Rdn. 9.
37 § 24 StrVollstrO, vgl. AK-*Feest/Joester* 2017 § 6 Rdn. 10.
38 *Seebode* 1997, 63.
39 Dass hierdurch die Bedeutsamkeit der Zugänglichmachung des Gesetzestextes bei der Unterrichtung relativiert wird (so Arloth/*Krä* JVollzGB III § 4 Rdn. 1) ist zu bezweifeln.

deutlichung des Eingliederungsauftrags und der Transparenz des Vollzugsgeschehens herausgestellt. Gefangene sollen in die Lage versetzt werden, die Vollzugsabläufe in ihrer Gesamtheit nachzuvollziehen und sich entsprechend einzubringen. Gleichzeitig wird ihnen hierdurch vermittelt, dass sie als Person ernst und mit ihren eigenen Wünschen und Vorstellungen wahrgenommen werden, sie also kein bloßes „Behandlungsobjekt" des Vollzugs darstellen (s. dazu schon o. Rdn. 4). Respekt, Transparenz und Konsequenz gegenüber den Gefangenen sind äußerst wichtig. „Gleichzeitig soll aber frühzeitig deutlich gemacht werden, was von den Gefangenen erwartet wird. Der Motivation zur Mitarbeit wird es förderlich sein, wenn die Gefangenen die Grundprinzipien und Leitlinien, an denen sich die Anstalt orientiert, erkennen können, und sie hierdurch ein Verständnis vom Anstaltsgefüge erhalten. Die Veranschaulichung der Ziele des Vollzugs sowie die umfassende inhaltliche Darstellung der Fördermaßnahmen sollen den Gefangenen verdeutlichen, dass der Vollzug eine Chance zur Änderung ihres bisherigen Lebens darstellt".[40]

Auch **HH** § 6 Abs. 2 weicht insofern von den anderen Gesetzen ab, als es an dieser Stelle mit der Unterrichtung über Rechte und Pflichten ausdrücklich die Information über die Pflicht zur Mitwirkung (unter Verweis auf **HH** § 5 Absatz 1) aufnimmt. **SH** § 6 Abs. 1 enthält ebenfalls eine Abweichung im Detail, als klargestellt wird, dass die im Übrigen dem ME folgende Unterrichtung beim Zugangs-, nicht beim Sofortgespräch erfolgen muss (s. Rdn. 4).

4. Ärztliche Untersuchung. In StVollzG § 5 Abs. 3 war das **Recht** des Gefangenen 9 auf **ärztliche Untersuchung** festgelegt. Ihm folgen die Landesgesetze weitgehend; die Unterschiede sind geringfügig und beziehen sich auf die Formulierung des Zeitpunkts: **ME** § 6 Abs. 3 formuliert ebenso wie § 5 Abs. 3 StVollzG, dass die ärztliche Untersuchung „alsbald" nach dem Zugang zu erfolgen hat. Die wörtliche Entsprechung findet sich in **BW** § 4 Abs. I S. 2, **BY** Art. 7 Abs. 3, **BE** § 7 Abs. 3, **BB** § 12 Abs. 3, **HB** § 6 Abs. 3, **HE** § 8 Abs. 2, **MV** § 6 Abs. 3, **NI** § 8 Abs. 1 S. 3, **RP** § 12 Abs. 3, **SL** § 6 Abs. 3, **SN** § 6 Abs. 4, **ST** § 12 Abs. 3, **TH** § 12 Abs. 3. In der Sache etwas dringender formuliert das **HH** § 6 Abs. 1 S. 2, dass die ärztliche Untersuchung „umgehend" zu erfolgen habe. Lediglich in **SH** § 6 Abs. 3 wird wie dem ausführlichen Zugangsgespräch (s. Rdn. 4) auch der ärztlichen Untersuchung eine Frist von maximal drei Tagen eingeräumt. Zweck der Vorschriften ist die Prüfung der Vollzugstauglichkeit (§ 455 StPO) und die Sicherstellung der Voraussetzungen für eine das Leben und die Gesundheit erhaltende Behandlung im Vollzug. Sie ist für die Vollzugsbehörde auch ein Schutz vor möglichen späteren Schadensersatzansprüchen aus Haftfolgeschäden. Für den Gefangenen bildet sie umgekehrt die Grundlage für etwaige Ansprüche.[41] Die Untersuchung muss durch einen Arzt vorgenommen werden, eine Untersuchung durch Beamte des Sanitätsdienstes genügt nicht.[42]

Zu den Zielen der ärztlichen Untersuchung gehört auch eine Einschätzung der **Suizidgefährdung** (Rdn. 1), die bei der Beurteilung, ob ausnahmsweise Bedenken gegen eine Einzelunterbringung bestehen, zu berücksichtigen ist. Die ärztliche Untersuchung kann auch zwangsweise durchgeführt werden, allerdings nicht mit Hilfe eines körperlichen Eingriffs (s. Kapitel 11 L, Zwangsmaßnahmen auf dem Gebiet der Gesundheitsfürsorge). Sie kann ggf. auch einen HIV-Test umfassen.[43] Die Tatsache, dass die ärztliche

---

40 **HE** LT-Drs. 18/1396, 80 f.
41 *Laubenthal/Nestler/Neubacher/Verrel* 2015 C Rdn. 11.
42 *Laubenthal/Nestler/Neubacher/Verrel* 2015 C Rdn. 11.
43 Zur Frage der stets notwendigen Dokumentation solcher Untersuchungen BVerfG, Beschl. v. 20.5.2014 – 2 BvR 2512/13 zu **BY** Art. 7 Abs. 3.

Untersuchung „alsbald" zu erfolgen hat, ist als Aufforderung zu verstehen, das Aufnahmeverfahren zu beschleunigen. An den unbestimmten Rechtsbegriff „alsbald" sind strenge Maßstäbe anzulegen. Eine Frist von drei Tagen sollte auf keinen Fall überschritten werden.[44]

10   **5. Vorstellung bei der Anstaltsleitung.** Als Abschluss des Aufnahmeverfahrens ist die Vorstellung bei der Anstaltsleitung oder der Leitung der Zugangsabteilung vorgesehen.[45] Die Vorstellung sollte sich nicht nur auf eine rein formale Begrüßung beschränken, sondern die persönliche Begegnung ist zum Kern des Aufnahmeverfahrens zu zählen.[46] Eine konstruktive Gestaltung dieses Teils des Aufnahmerituals kann z.B. durch eine sinnvolle Verbindung von gründlicher Information und Diskussion über das Strafvollzugsgesetz innerhalb einer Zugangsgruppe gelingen, die mit der Vorstellung bei der Anstaltsleitung verbunden werden kann. Eine solche Gestaltung fördert das Einleben des Gefangenen und sein Vertrautwerden mit den Verhältnissen in der JVA. Sie soll sinnvollerweise auch dafür sorgen, dass der Gefangene eine Vorstellung von Verantwortlichkeiten der Personen, an die sie sich bei Beschwerden oder anderen Bedürfnissen wenden können, bekommen.[47] Dass ein Anstaltsleiter alle neu aufgenommenen Gefangenen tatsächlich persönlich kennenlernt, ist allerdings bei der Tendenz zu großen Vollzugsanstalten und Zusammenschlüssen kleinerer Anstalten unter einer Anstaltsleitung bei oft mehr als 1000 Aufnahmen pro Jahr unrealistisch. Insofern ist es – auch angesichts des Gebots der zügigen Beendigung des Aufnahmeverfahrens – vertretbar, diese Aufgabe zu delegieren.

11   Die **Landesgesetze** haben nur wenige ausdrückliche Regelungen zu den Zuständigkeiten bei diesen Vorstellungen getroffen. Lediglich das ansonsten in dieser Hinsicht besonders knapp gestaltete Gesetz in **BW** legt fest, dass die Vorstellung bei der Anstaltsleiterin oder dem Anstaltsleiter zu erfolgen hat; auch hier ist aber die Delegation an einen „beauftragten Bediensteten" möglich (**BW** § 4 Abs. 1 Satz 2). Aus den Gesetzesmaterialien der übrigen Länder ergibt sich ebenfalls, dass die Zuständigkeit recht frei delegiert werden kann,[48] lediglich in **SH** präzisiert in der Gesetzesbegründung zu § 6, dass das Zugangsgespräch durch Vollzugsabteilungsleiterin oder der Vollzugsabteilungsleiter zu führen ist.[49]

12   **6. Akutmaßnahmen zur Regelung häuslicher Angelegenheiten.** Die Landesgesetze haben z.T. die früher in § 72 StVollzG geregelte Hilfe bei der Aufnahme überwiegend in die Vorschriften zum Aufnahmeverfahren einbezogen. Er lautet: „(1) Bei der Aufnahme wird dem Gefangenen geholfen, die notwendigen Maßnahmen für hilfsbedürftige Angehörige zu veranlassen und seine Habe außerhalb der Anstalt sicherzustellen. (2) Der Gefangene ist über die Aufrechterhaltung einer Sozialversicherung zu beraten." Etwas variiert durch den ME (**ME** § 6 Abs. 4) sollen die Gefangenen nach dem Grundsatz der Hilfe zur Selbsthilfe dabei unterstützt werden „notwendige Maßnahmen für hilfsbedürftige Angehörige, zur Erhaltung des Arbeitsplatzes und der Wohnung und zur Sicherung ihrer Habe außerhalb der Anstalt zu veranlassen." Diese Vorschrift findet

---

44 *Laubenthal/Nestler/Neubacher/Verrel* 2015 C Rdn. 14.
45 AK-*Feest/Joester* 2017 § 6 Rdn. 17, *Laubenthal/Nestler/Neubacher/Verrel* 2015 C Rdn. 13.
46 *Laubenthal/Nestler/Neubacher/Verrel* 2015 C Rdn. 14.
47 Ähnlich AK-*Feest/Joester* 2017 § 6 Rdn. 9, 17.
48 Z.B. **BY** LT-Drucks. 8101, 51; Begründung zu § 6 ME (Aufnahmeverfahren), Musterentwurf zum Landesstrafvollzugsgesetz vom 23. August 2011.
49 **SH** LT-Drs. 18/3153, 98.

sich so als **Grundsatz der Hilfe zur Selbsthilfe** in den Vorschriften zum Aufnahmeverfahren in **BE** § 7 Abs. 4, **BB** § 12 Abs. 4, **HB** § 6 Abs. 1, **HE** § 8 Abs. 3, **MV** § 6 Abs. 4, **RP** § 12 Abs. 4, **SL** § 6 Abs. 4, **SN** § 6 Abs. 5, **ST** § 12 Abs. 4, **SH** § 6 Abs. 4, **TH** § 12 Abs. 4. In **HH** § 6 Abs. 2 wird die Vorschrift des § 72 StVollzG komplett übernommen, d.h. hier ist auch die Fürsorgepflicht der Anstalt insofern betont, als der Gefangene über die Möglichkeiten der Aufrechterhaltung einer Sozialversicherung unterrichtet werden muss, das ist in den übrigen erwähnten Ländern nicht der Fall.

BW § 41, **BY** Art. 77, **NI** § 69 Abs. 3 regeln diesen Grundsatz der Hilfe zur Selbsthilfe hingegen bei den Sozialen Hilfen (s. Kapitel 7 C).

7. Ersatzfreiheitsstrafen. Neu ist die in vielen Landesgesetzen aufgenommene Vorschrift, nach der bei Gefangenen, die eine Ersatzfreiheitsstrafe verbüßen, im Aufnahmeverfahren die Möglichkeiten der Abwendung der Vollstreckung durch freie Arbeit oder ratenweise Tilgung der Geldstrafe zu erörtern und zu fördern sind, um so auf eine möglichst baldige Entlassung hinzuwirken (**BE** § 7 Abs. 5, **BB** § 12 Abs. 7, **HB** § 6 Abs. 5, **HH** § 6 Abs. 4, **HE** § 8 Abs. 4, **MV** § 6 Abs. 5, **RP** § 12 Abs. 7, **SL** § 6 Abs. 5, **SN** § 6 Abs. 6, **ST** § 12 Abs. 7, **SH** § 6 Abs. 5, **TH** § 12 Abs. 7). Sie fehlt in **BW**, **BY**, **NI** und **NW**. Die Vorschriften bringen zum Ausdruck, dass es sowohl im Interesse des Gefangenen und auch im Interesse der Strafvollzugsverwaltung ist (Haftplatzkosten), dafür Sorge zu tragen, die **Ersatzfreiheitsstrafe** sobald wie möglich wieder zu beenden und greifen die Regelungen des Art. 293 Abs. 1 EGStGB und die Länderverordnungen über die Tilgung uneinbringlicher Geldstrafen durch freie Arbeit auf. Sie ist insofern sinnvoll, als sie die Arbeit auch bereits bestehende Haftvermeidungsprojekte strukturell und zeitlich verortet und damit stärkt.[50]

13

8. Rechtsschutz. Der Anspruch darauf, den relevanten Gesetzestext (das jeweilige Landesstrafvollzugsgesetz) zur Verfügung gestellt zu bekommen, ist im Beschwerdeverfahren (§§ 109 ff. StVollzG) durchsetzbar.[51] Nach h. Rspr. ist eine gesonderte Belehrung über die Voraussetzungen des Antrags auf gerichtliche Entscheidung, insbesondere die einzuhaltenden Fristen (§ 112 Abs. 1 StVollzG) nicht geboten, sofern eine allgemeine Belehrung über die Anfechtbarkeit von Vollzugsentscheidungen stattgefunden hat.[52]

14

B. Diagnoseverfahren und Behandlungsplanung

Bund	§ 6 StVollzG;
Baden-Württemberg	BW JVollzGB III § 4 Abs. 2;
Bayern	BY Art. 8 BayStVollzG;
Berlin	BE § 8 StVollzG Bln;
Brandenburg	BB § 13 BbgJVollzG;
Bremen	HB § 7 BremStVollzG;
Hamburg	HH § 7 HmbStVollzG;
Hessen	HE § 9 HStVollzG;
Mecklenburg-Vorpommern	MV § 7 StVollzG M-V;
Niedersachsen	NI § 9 NJVollzG;
Nordrhein-Westfalen	NW § 9 StVollzG NRW;

---

50   Vgl. zu einer entsprechenden Initiative in der JVA Bielefeld-Brackwede z.B. *Fissenebert/Veenhoff* 2013.
51   OLG Celle NStZ 1987, 144; OLG Naumburg Beschl. v. 14.10.2013 – 1 Ws 526/13 (= NStZ 2014, 230).
52   BVerfG, Beschl. v. 5.8.2009 – 2 BvR 2365/08; OLG Jena, Beschluss vom 13.11.2009 – 1 Ws 307/09; OLG Koblenz Beschl. v. 4.9.2013 – 2 Ws 459/13 (Vollz).

Rheinland-Pfalz	RP § 13 LJVollzG;
Saarland	SL § 7 SLStVollzG;
Sachsen	SN § 7 SächsStVollzG;
Sachsen-Anhalt	ST § 13 JVollzGB LSA;
Schleswig-Holstein	SH § 7 LstVollzG SH;
Thüringen	Thür JVollzGB § 13;
Musterentwurf	ME § 7

Schrifttum

Alex, Nachträgliche Sicherungsverwahrung – ein rechtsstaatliches und kriminalpolitisches Debakel, 2. Aufl., Holzkirchen 2013; *Alexander* Sexual offender treatment efficacy revisited. Sexual Abuse 11, 1999, 101 ff; *Andrews/Bonta* The Psychology of criminal conduct. 5th ed. New Providence, NJ 2010; *Andrews/Zinger/Hodge/Bonta/Gendreau/Cullen* Does correctional traetment work? A clinically relevant und psychologically informed meta-analysis. Criminology, 1990, 369 ff; *Andrews/Bonta/Wormith* The Risk-Need-Responsivity (RNR) Model. Does Adding the Good Lives Model Contrubute to Effective Crime Prevention? Criminal Justice and Behaviour 2011, 735 ff; *Arbeitskreis Sozialtherapeutische Anstalten im Justizvollzug e.V.* Sozialtherapeutische Anstalten und Abteilungen im Justizvollzug Mindestanforderungen an Organisation und Ausstattung sowie Indikation zur Verlegung – Revidierte Empfehlungen (Stand 2016). Forum Strafvollzug 2016, 37 ff; *Bock* Wenn die „Welt" zur „Anstalt" schrumpft. Ein Beitrag zur kriminalprognostischen Bedeutung des Haftverhaltens, ForensPsychiatrPsycholKriminol 2018, 61; *Bonta/Andrews* Risk-need-Responsivity: Model for offender assessment and rehabilitation. Public Safety Canada (https://www.publicsafety.gc.ca/cnt/rsrcs/pblctns/rsk-nd-rspnsvty/index-en.aspx; Zugriff am 1.2.2018); *Born/Gonzalez Cabeza* „Psychopathy" – Entwurf eines Behandlungskonzepts, in: Müller-Isberner/Gonzalez Cabeza (Hrsg.), Forensische Psychiatrie, Mönchengladbach 1998, 99 ff; *Boetticher/Kröber/Müller-Isberner/Böhm/Müller-Metz* Mindestanforderungen für Prognosegutachten, ForensPsychiatrPsycholKriminol 2007, 90 ff u. KrimPäd 2011, 23 ff; *Daffern/Jones/Shine* (Eds.) Offence paralleling behavior, Chicester 2010; *Dahle* Therapiemotivation hinter Gittern, Regensburg 1995; *ders.* Grundlagen und Methoden der Kriminalprognose, in: Kröber u.a. (Hrsg.), Handbuch der Forensischen Psychiatrie, Band 3: Psychiatrische Kriminalprognose und Kriminaltherapie, Darmstadt 2006, 1 ff; *ders.* Psychologische Kriminalprognose, 2. Aufl. Freiburg i. Br. 2010; *ders.* Aktuarische Prognoseinstrumente, in: Volbert/Steller (Hrsg.), 2008, 453 ff; *ders.* Methodische Grundlagen der Kriminalprognose, ForensPsychiatrPsycholKriminol 2007, 101 ff; *ders./Harwardt/Schneider-Njepel* LSI-R, Inventar zur Einschätzung des Rückfallrisikos und des Betreuungs- und Behandlungsbedarfs von Straftätern, Göttingen 2012; *ders./Lehmann* Zum prognostischen Mehrwert einer integrativen nomothetisch-idiografischen kriminalpsychologischen Prognosebeurteilung – Eine empirische Untersuchung an männlichen Gewalt- und Sexualstraftätern, ForensPsychiatrPsycholKriminol 2018, 37 ff; *Dessecker* Das neu geweckte Interesse an Behandlung, FS 2017, 7 ff; *ders.* Behandlung im Vollzugsrecht, in: Dessecker/Sohn (Hrsg.): Rechtspsychologie, Kriminologie und Praxis. Festschrift für Rudolf Egg zum 65. Geburtstag, Wiesbaden 2013, 113 ff; *Dolde* Kriminologischer Dienst – Aufgaben und Probleme, in: Egg (Hrsg.), Strafvollzug in den neuen Bundesländern, Wiesbaden 1999, 205 ff; *Dreßing/Foerster* Forensisch-psychiatrische Untersuchung, in: Venzlaff/Foerster (Hrsg.), Psychiatrische Begutachtung, 6. Aufl. München/Jena 2015, 15 ff; *Dünkel* Vollzugslockerungen und offener Vollzug – die Bedeutung entlassungsvorbereitender Maßnahmen für die Wiedereingliederung, FS 2009, 192 ff; *ders./Drenkhahn* Behandlung im Strafvollzug: von „nothing works" zu „something works". in: Berweswil/Greve (Hrsg.): Forschungsthema Strafvollzug, Baden-Baden 2001, 387 ff; *ders./Pruin/Beresnatzki/Treig* Vollzugsöffnende Maßnahmen und Entlassungsvorbereitung – Gesetzgebung und Praxis in den Bundesländern, NK 2018, 3 ff.; *Egg* Prognosebegutachtung im Straf- und Maßregelvollzug – Standards und aktuelle Entwicklungen, in: Kühne/Jung/Kreuzer/Wolters (Hrsg.), FS Rolinski, Baden-Baden 2002; *ders.* Sozialtherapeutische Anstalten und Abteilungen im Justizvollzug: Mindestanforderungen an Organisation und Ausstattung, Indikation zur Verlegung, Forum Strafvollzug 2007, 100 ff; *ders.* Sozialtherapeutische Einrichtungen, in: Volbert/Steller (Hrsg.), 2008, 119 ff; *ders.* Behandlung von Sexualstraftätern, in: Volbert/Steller (Hrsg.) 2008, 152 ff; *Egg/Kälberer/Specht/Wischka* Bedingungen der Wirksamkeit sozialtherapeutischer Maßnahmen, in: ZfStrVo 1998, 348 ff; *Eher/Rettenberger/Matthes* Aktuarische Prognose bei Sexualstraftätern, in: MschrKrim 2009, 18 ff; *Eisenberg/Hackethal* „Gesetz zur Bekämpfung von Sexualdelikten und anderen gefährlichen Straftaten" vom 26.1.1998, ZfStrVo 1998, 196 ff; Endres/Haas Behanldungserfolg in der Sozialtherapie, FS 2017, 21 ff; *Endres/Schwanengel/Behnke* Diagnostische und Prognostische Beurteilung in der Sozialtherapie, in: Wischka/Pecher/van den Boogaart (Hrsg.), 2012, 101 ff; *Feelgood* Das „gute Leben": Die effektive Beandlung von Hochrsikostraftätern. In: Dünkel/Jesse/Pruin/von der Wense (Hrsg.) Die Wiedereingliederung von Hochrisikotätern in Europa, Mönchengladbach 2016, 185 ff; *Feest/Lesting* Der Angriff auf die Lockerungen, ZfStVo 2005, 76 ff; *Foerster/Dreßing* Die Erstattung des Gutachtens, in: Venzlaff/Foerster (Hrsg.), Psychiatrische Begutachtung, 6. Aufl. München/Jena 2015a, 61 ff; *dies.* Fehlermöglichkeiten beim psychiatrischen Gutachten, in: Venzlaff/Foerster (Hrsg.), Psychiatrische Begutachtung, 6. Aufl. München/Jena 2015b, 71 ff; *Freese* Die Psychopathy Checklist (PCL-R und PCL:SV) von R.D. Hare und Mitarbeitern in der Praxis, in: Müller-Isberner/Conzalez Cabeza (Hrsg.), Forensische Psychiatrie, Mönchengladbach 1998, 81 ff; *Gairing/de Tribolet-Hardy/Vohs/ Habermeyer* Diagnostische und kriminalprognostische Merkmale von Sicherungsverwahrten und ihre Bedeutung für das Therapieunterbringungsgesetz, MschrKrim 2011, 243; *Gretenkord* Sollte der Therapeut zu „63er-Patienten" Beurteilungen abgeben?, in: Beier/Hinrichs (Hrsg.), Psychotherapie mit Straffälligen, Stuttgart 1995, 124 ff; *Hahn* Bedeutung und Gewicht protektiver Faktoren in Diagnostik und Behandlung von Sexualstraftätern, in: Wischka/Pecher/v. d. Boogaart (Hrsg.), 2012, 510 ff; *Hanson/Bourgon/Helmus/ Hodgson* The principles of effective correctional treatment also apply to sexual offenders: A meta-analysis. Criminal Justice and Behavior, 2009, 865 ff; *Hanson/Bussière* Predicting Relapse: A meta-analysis of sex offender recidivism studies, in: Journal of Consulting and Clinical Psychology 1998, 348 ff; *Hare* Manual for the Hare Psychopathy Checklist-Revised, Toronto 1991; *ders.* The Hare psychopathy checklist-revised technical manual, 2. Aufl., Toronto 2003; *Harrendorf* Rückfälligkeit und kriminelle Karrieren von Gewalttätern, Göttingen 2007; *ders.* Wo sind die Adressaten der Sicherungsverwahrung? JR 2008, 6; *Hart/Cox/Hare* The Hare PCL: SV. Psychopathy Checklist: Screening Version, Toronto 1996; *Heß* Struktur und Inhalte der Einweisungsuntersuchungen im Strafvollzug, in: ZfStrVo 1998, 335 ff; *Heinz/Jehle* (Hrsg.), Rückfallforschung, Wiesbaden 2004; *Hofinger* „Desistance from Crime" – eine Literaturstudie, Wien 2012; *Jehle/ Albrecht/Hohmann-Fricke/Tetal* Legalbewährung nach strafrechtlichen Sanktionen Eine bundesweite Rückfalluntersuchung 2010 bis 2013 und 2004 bis 2013, Berlin 2016; *Kaiser/Schöch/Kinzig* Kriminologie, Jugendstrafrecht, Strafvollzug, 8. Aufl. München 2015; *Kalus* Zur Aussagekraft von Neuroimaging-Befunden im Strafprozess, in: ForensPsychiatrPsycholKriminol 2012, 41 ff; *Konicar/Veit/Birbaumer* Neurobiologie und Gewaltstraftaten, in: Wischka/Pecher/v.d. Boogaart (Hrsg.), 2012, 331 ff; *Kröber* Kriminalprognostische Begutachtung, in: Kröber u.a. (Hrsg.), Handbuch der Forensischen Psychiatrie, Band 3: Psychiatrische Kriminalprognose und Kriminaltherapie, Darmstadt 2006, 69 ff; *ders.* Lebensverlauf, Zufall und individuelle Kriminalprognose, in: ForensPsychiatrPsycholKriminol 2018, 73 ff; Forens Psychiatr Psychol Kriminol 12:73–82 *Landenberger/Lipsey* The positive effects of cognitive-behavioral programs for offenders: A metaanalysis of factors associated with effective treatment, Journal of Experimental Criminology, 1, 2005, 451 ff; *Leygraf* Die Begutachtung der Gefährlichkeitsprognose, in: Venzlaff/Foerster (Hrsg.), Psychiatrische Begutachtung, 6. Aufl. München/Jena 2015, 413 ff; *Lösel* Behandlung oder Verwahrung? Ergebnisse und Perspektiven der Interventionen bei „psychopathischen" Straftätern, in: Rehn/Wischka/Lösel/Walter (Hrsg.), 2001, 36 ff; *ders.* Wie wirksam ist die Straftäterbehandlung im Justivollzug? in Rettenberger/Dessecker (Hrsg.) Behandlung im Justizvollzug, Wiesbaden 2016, 17 ff; *Lösel/Bender*, Protektive Faktoren gegen Delinquenzentwicklungen, in Jehle (Hrsg.), Täterbehandlung und neue Sanktionsformen, 2000, 117; *Lösel/Schmucker* The effectiveness of treatment for sexual offenders: A comprehensive meta-analysis, Journal of Experimental Criminology, 2005, 117 ff; *Lürßen/Gerlach* Behandlungsvollzug – was geht? FS 2017, 6; *McGuire* What works in correctional intervention? Evidence and practical implications, in: Bernfeld/Farrington/Leschied (Eds.), Offender rehabilitation in practice: Implementing and evaluating effective programs, Chicester 2001, 25 ff; *Martinson* What works? – questions and answers about prison reform, The Public Interest 35, 1974, 22 ff; *Maruna* Making good. How ex-convicts reform and rebuild their lives. Washington, D.C 2001; *ders.* Desistance, in: McLaughlin/Muncie (Hrsg.), The Sage dictionary of criminology, London 2006, 123 ff; *Mey* Erfahrungen mit Einweisungs- und Auswahlanstalten, in: Busch/Edel/Müller-Dietz (Hrsg.), Gefängnis und Gesellschaft. GS Krebs, Pfaffenweiler 1994, 125 ff; *ders.* Gutachten und Sicherheit im Strafvollzug, in: Müller-Dietz/Walter (Hrsg.), Strafvollzug in den 90er Jahren. Perspektiven und Herausforderungen, Pfaffenweiler 1995, 203 ff; *Müller* Forensische Psychiatrie im Lichte neurobiologischer Befunde, BewHi 2010, 261 ff; *Müller-Dietz* Differenzierung und Klassifizierung im Strafvollzug, in: ZfStrVo 1977, 18 ff; *Müller-Isberner/Conzalez-Cabeza/Eucker* Die Vorhersage sexueller Gewalttaten mit dem SVR 20, Haina 2000; *Müller-Isberner/ Jöckel/Conzalez-Cabeza* Die Vorhersage von Gewalttaten mit dem HCR 20, Haina 1998; *Nedopil* Therapierelevante Kriminalprognose, in: Wischka/Jesse/Klettke/Schaffer (Hrsg.), Justizvollzug in neuen Grenzen: Modelle in Deutschland und Europa, Lingen 2002a, 168 ff; *ders.* Prognostizierte Auswirkungen der Gesetzesänderungen vom 26.1.1998 auf die Forensische Psychiatrie und was daraus geworden ist, in: MschrKrim 2002b, 208 ff; *ders.* Prognosen in der Forensischen Psychiatrie, 3. Aufl., Lengerich 2006; *ders.* Risiko und Sicherheit – Prognoseforschung zur bedingten Entlassung aus Straf- und Maßregelvollzug, in: ZJJ 2010, 283 ff; *ders./Müller*, Forensische Psychiatrie, 4. Aufl., 2012; *Nowara* Gefährlichkeitsprognosen bei psychisch kranken Straftätern, München 1995; *Nuhn-Naber/Rehder/Wischka* Behandlung von Sexualstraftätern mit kognitiv-behavioralen Methoden: Möglichkeiten und Grenzen, in: MschrKrim 2002, 271 ff; *Pecher* (Hrsg.) Justizvollzug in Schlüsselbegriffen, Stuttgart 2004; *Rehder* Ziel und Umfang der Behandlungsuntersuchung, in: Wischka/Jesse/Klettke/Schaffer (Hrsg.), Justizvollzug in neuen Grenzen: Modelle in Deutschland und Europa, Lingen 2002, 180 ff; *Rehn/Wischka/Lösel/Walter* (Hrsg.), Behandlung „gefährlicher Straftäter", 2. Aufl., Herbolzheim 2001; *Rehder/Wischka* Prognosen im Strafvollzug, in: KrimPäd 46, 2009, 38 ff; *Rehder/Wischka/Foppe* Das Behandlungsprogramm für Sexualstraftäter (BPS): Entwicklung, Aufbau, Praxis, in: Wischka/Pecher/van den Boogaart (Hrsg.), 2012, 418 ff; *Rehn* Sozialtherapie im Justizvollzug – eine kritische Bilanz, in: Wischka/Pecher/v. d. Boogaart (Hrsg.), 2012, 32 ff; *Reichel/Marneros* Prognostische Validität der PCL:SV zur Vorhersage krimineller Rückfälle bei deutschen Straftätern, in: MschrKrim 2008, 405 ff; *Rettenberger* Intuitive, klinisch-idiographische und statistische Kriminalprognosen im Vergleich – die Überlegenheit wissenschaftlich strukturierten Vorgehens. ForensPsychiatrPsycholKriminol 2018, 28 ff; *ders./Bockshammer* Die Bedeutung aktueller neurobiologischer und neuropsychologischer Befunde für die Identifizierung von Hoch-Risiko-Klienten. Bewährungshilfe 2014, 145 ff; *ders./Eher* Aktuarische Prognosemethoden und Sexualdelinquenz: Die deutsche Version des SORAG, in: MschrKrim 2007, 484 ff; *Saimeh* Biologische und psychodynamische Aspekte der Dissozialität im Einklang, in: Wischka/Pecher/v. d. Boogaart (Hrsg.), 2012, 351 ff; *Saß* Willensfreiheit, Schuldfähigkeit und Neurowissenschaften, in: ForensPsychiatrPsycholKriminol 2007, 237 ff; *Schäfer*, Der Therapiewunsch und die Realität der Vollzugsanstalt. ForensPsychiatrPsycholKriminol 2013, 147 ff; *Schmucker* Kann Therapie Rückfälle verhindern? Metaanalytische Befunde zur Wirksamkeit der Sexualstraftäterbehandlung, Herbolzheim 2004; *ders./Lösel* Does sexual offender treatment work? A systematic review of outcome evaluations. Psicothema, 20, 2008, 10 ff; *Schneider* Rückfallprognose bei Sexualstraftätern, in: MschrKrim 2002, 251 ff; *Schöch* Das Gesetz zur Bekämpfung von Sexualdelikten und anderen gefährlichen Straftaten" vom 26.1.1998, in: NJW 1998, 1257 ff; *Schüler-Springorum* Emotionale Kriminalpolitik, in: KrimPäd 2002, 77 ff; *ders.* Sexualstraftäter-Sozialtherapie, in: GA 2003, 575 ff; *Specht* Die Zukunft der sozialtherapeutischen Anstalten, in: Forensische Psychiatrie heute, Berlin 1986, 108 ff; *ders.* Sozialtherapeutische Anstalten und Abteilungen, in: Pecher (Hrsg.), 2004, 267 ff; *Schwerdtner* Neurobiologische Befunde bei Psychopathie, in: KrimPäd 2011, 19 ff; *Steller* Sozialtherapie statt Strafvollzug, Köln 1977; *Steller/Volbert* (Hrsg.), Psychologie im Strafverfahren, Bern 1997; *Stock* Behandlungsuntersuchung und Vollzugsplan. Zum Instrumentarium einer an Rückfallverhinderung orientierten Ausgestaltung des Strafvollzuges in der Bundesrepublik Deutschland, Engelsbach u.a. 1993; *Stolpmann et al.* Biologische Faktoren bei forensisch-psychiatrischen Prognosen, in: MschrKrim 2010, 300 ff; *Suhling/Pucks/Bielenberg* Ansätze zum Umgang mit Gefangenen mit geringer Veränderungs- und Behandlungsmotivation, in: Wischka/Pecher/v. d. Boogaart (Hrsg.), 2012, 233 ff; *ders./Rehder* Zur Validität des Prognoseinstruments „Rückfallrisiko bei Sexualstraftätern", Forens Psychiatr Psychol Kriminol 2012, 17 ff; *ders./Wischka* Indikationskriterien für die Verlegung von Sexualstraftätern in eine sozialtherapeutische Einrichtung, in: MschrKrim, 91 2008, 210–226; *Urbaniok* FOTRES: Forensisches Operationalisiertes Therapie-Risiko-Evaluations-System, 3. Aufl. Berlin 2016; *Villmar* Prognosezentrum im niedersächsischen Justizvollzug bei der JVA Hannover, in: KrimPäd 46, 2009, 20 ff; *Volbert/Steller* (Hrsg.), Handbuch der Psychologie, Bd. 9: Handbuch der Rechtspsychologie, Göttingen 2008; *Walter* Verfeinerung der Prognoseinstrumente in einer neuen Kontrollkultur: Fortschritt oder Gefahr?, in: ZJJ 2010, 244 ff; *Ward* Good lives and the rehabilitation of offenders: Promises and problems. Aggression and Violent Behavior 2002, 513 ff; *ders./Collie/Bourke* Models of offender rehabilitation: the good lives model and the risk-needs-responsivity model, in: Beech et al. (Hrsg) Assessment and treatment of sex offenders, Chichester 2009; *ders./Maruna* Rehabilitation, London/New York 2007; *Werner/Grotjohann* Die Entwicklung und Umsetzung von Qualitätsstandards für die Diagnostik gefährlicher Straftäter – Das Diagnosezentrum im Justizvollzug in M–V, in: KrimPäd 46, 2009, 15 ff; *Wirth* Legalbewährung nach Jugendstrafvollzug: Probleme und Chancen von Aktenanalyse, Wirkungsanalyse und Bedingungsanalyse, in: Kerner/Dolde/Mey (Hrsg.), Jugendstrafvollzug und Bewährung, Bonn 1996, 467 ff; *Wischka* Die Faktoren Milieu, Beziehung und Konsequenz in der stationären Therapie von Gewalttätern, in: Rehn/Wischka/Lösel/Walter (Hrsg.), 2001, 125 ff; *ders.* Wohngruppenvollzug, in: Pecher (Hrsg.), 2004, 335 ff; *ders.* Das Behandlungsprogramm für Sexualstraftäter (BPS) in der Praxis, in: Wischka/Rehder/Specht/Foppe/Willems (Hrsg.), Sozialtherapie im Justizvollzug: Aktuelle Konzepte, Erfahrungen und Kooperationsmodelle, Lingen 2005, 208 ff; *ders.* Therapie von Straftätern braucht Erprobungsräume innerhalb und außerhalb der Mauern! KrimPäd 2011, 37 ff; *ders.* Zur Notwendigkeit von Erprobungsräumen bei der Behandlung von Straftätern innerhalb und außerhalb der Mauern, in: Wischka/Pecher/v. d. Boogaart (Hrsg.), 2012, 487 ff; *Wischka/Pecher/v. d. Boogaart* (Hrsg.), Behandlung von Straftätern. Freiburg 2012; *Wischka/Specht* Integrative Sozialtherapie – Mindestanforderungen, Indikation und Wirkfaktoren, in: Rehn/Wischka/Lösel/Walter (Hrsg.), 2001, 249 ff; *Wößner* Wie kann man in der Sozialtherapie Therapieerfolg feststellen oder messen? ForensPsychiatrPsycholKriminol 2014, 49 ff.

Übersicht
I. Behandlungsuntersuchung, Diagnoseverfahren —— 1–33
  1. Überblick —— 1
  2. Zweck der Behandlungsuntersuchung —— 2
  3. Beteiligte und Verfahren —— 3–6
  4. Grenzen —— 7–12
    a) Grundrechte —— 7
    b) sachliche Beschränkungen —— 8
    c) zeitliche Beschränkungen —— 9–12
  5. Inhalte des diagnostischen Verfahrens —— 13–16
    a) Orientierung am Vollzugsziel —— 13
    b) Einbeziehung protektiver Faktoren, Perspektive der Eingliederung —— 14
    c) Klassifizierung —— 15
    d) Einbeziehung von Opferinteressen —— 16
  6. Methoden und Ablauf des diagnostischen Verfahrens —— 17–27
    a) Berücksichtigung aktueller Forschung —— 17, 18
    b) Untersuchungsstruktur —— 19–23
    c) Prognose der Rückfallgefahr —— 24–26
    d) Gestaltung von Gutachten und Dokumentation —— 27
  7. Besonderheiten für Gefangene mit vorbehaltener oder angeordneter Sicherungsverwahrung —— 28
  8. Verlegung in die Sozialtherapie, Sexualstraftäter —— 29, 30
  9. Verfahrensgarantien —— 31, 32
    a) Behandlungsakten —— 31
    b) Rechtsschutz —— 32
  10. Schweige- und Offenbarungspflicht —— 33
II. Beteiligung der Gefangenen —— 34–37
  1. Mitwirkung —— 34
  2. Erörterung der Diagnostik und Behandlungsplanung —— 35
  3. Akteneinsicht/Aushändigung von Untersuchungsbefunden —— 36, 37
III. Behandlungsmethoden —— 38–41
  1. Überblick —— 38
  2. Risiko-, Bedürfnis- und Ansprechbarkeitsprinzip (RNR) —— 39
  3. Good-Lives-Model —— 40
  4. Möglichkeiten und Grenzen der Behandlung im deutschen Justizvollzug —— 41

I. Behandlungsuntersuchung, Diagnoseverfahren

1. Überblick. Eine Behandlungsuntersuchung bzw. in einem **umfassenderen Ansatz ein Diagnoseverfahren** ist in allen Landesgesetzen vorgesehen und steht in engem Zusammenhang mit der Vollzugsplanung (vgl. zur unterschiedlichen Strukturierung in den Landesgesetzen A I Rdn. 1). Dabei wird zumeist über die Regelung des § 6 Abs. 2 StVollzG hinausgegangen, die Landesgesetze machen mehr oder weniger detaillierte Vorgaben in Bezug auf den Zweck (nachfolgend I.2.), die Qualifikation der Untersuchenden und ihre Methoden (I.3), zeitliche und sachliche Beschränkungen des Untersuchungsgegenstandes (I.4.), die Inhalte (I.5.), sowie die heranzuziehenden Methoden (I.6.). Die Landesgesetze unterscheiden sich auch in Bezug auf die Form der Beteiligung der Gefangenen (unten II.). Dabei ist grundsätzlich das Bekenntnis zu einer behandlungsorientierten Vollzugsgestaltung auszumachen (zu Behandlungsmethoden unten III). Ausführliche Regelungen zu einem **Diagnoseverfahren** mit Unterschieden im Detail finden sich zu einen in den Ländern, die dem **ME** folgen (**BE** § 8 Abs. 1–6, **BB** § 13 Abs. 1–7, **HB** § 7 Abs. 1–5, **MV** § 7 Abs. 1–6, **RP** § 13 Abs. 1–7, **SL** § 7 Abs. 1–6, **SN** § 7 Abs. 1–6, **ST** 1

§ 13 Abs. 1–8, **SH** § 7 Abs. 1–4,**TH** § 13 Abs. 1–8, **ME** § 7 Abs. 1–5). Ebenfalls recht umfassend sind das hamburgische Gesetz (**HH** § 7 Abs. 1–5) und die Version aus Nordrhein-Westfalen (**NW** § 9 Abs. 1–3), die beim Terminus „**Behandlungsuntersuchung**" bleiben. Deutlich knapper fallen die stärker an das StVollzG angelehnten Regelungen zu Behandlungsuntersuchung in **BY** § 8 Abs. 1–2 und **HE** § 9 Abs. 1–4 aus. Das gilt umso mehr für Niedersachsen, das die Vorgaben zur Untersuchung in die Vorschrift zur Vollzugsplanung integriert (**NI** § 9 Abs. 2) und Baden-Württemberg, wo sie in der Vorschrift zum Aufnahmeverfahren untergebracht sind (**BW** § 4 Abs. 2). Alle bedeutsamen Unterschiede zwischen den Landesgesetzen werden im Sachzusammenhang erörtert.

2   **2. Zweck der Behandlungsuntersuchung.** Mit der **Behandlungsuntersuchung** beginnt der Vorgang der **Behandlung**.[53] Es besteht ein **funktionaler Zusammenhang** zwischen der Behandlungsuntersuchung, der Diagnose, der Planung des Vollzuges und der eigentlichen Behandlung im Vollzug zur **Erreichung des Vollzugsziels,** diese einheitliche Betrachtung wird gut in **HH** § 7 Abs. 1 zum Ausdruck gebracht: „Die Behandlung der Gefangenen beginnt mit der fachkundigen Erforschung ihrer Persönlichkeit und ihrer Lebensverhältnisse (Behandlungsuntersuchung)." Eine ähnliche Zweckbestimmung enthalten die Europäischen Strafvollzugsgrundsätze, die in Nr. 16 lit. e) vorsehen, dass „so bald wie möglich nach der Aufnahme" „alle verfügbaren Informationen über die soziale Situation des/der Gefangenen auswertet [werden], um den unmittelbaren persönlichen Bedürfnissen und dem Behandlungsbedarf des/der Gefangenen zu entsprechen; [...]". Für Strafgefangene wird dies in Grundsatz Nr. 103.2 wiederholt (vgl. auch unten C Rdn. 11). Es entspricht dem Stand der Wirksamkeitsforschung keine einmaligen Querschnittsdiagnosen, sondern ein dynamisches Vorgehen bei der Diagnostik anzustreben, in dem immer wieder Veränderungen im Behandlungsverlauf ermittelt und zur Fortschreibung der Behandlungsplanung herangezogen werden.[54] Die Behandlungsuntersuchung ist daher als **Eingangsdiagnostik** zu verstehen, die durch eine **Verlaufsdiagnostik** während des gesamten Vollzuges zu präzisieren und zu modifizieren ist (zum Inhalt Rdn. 13 ff).

3   **3. Beteiligte und Verfahren.** Die Behandlungsuntersuchung findet in der **Aufnahmeabteilung** der nach dem Vollstreckungsplan zuständigen Anstalt (s. unten 13 H) statt; spezielle Einweisungsanstalten sind nur in wenigen Landesgesetzen vorgesehen (**HE** § 71 Abs. 2; **NI** § 185; **NW** § 104).[55] Wegen des engen Zusammenhangs zwischen Klassifizierung (= Einteilung der Gefangenen in Gruppen mit gleichen oder ähnlichen Behandlungsbedürfnissen) und Differenzierung (= Bereitstellung von Anstalten, Abteilungen, Vollzugseinheiten, Wohngruppen mit bestimmten Behandlungsangeboten; s. noch unten Rdn. 15) wurde die Einrichtung von zentralen Klassifizierungszentren (Auswahl- oder Einweisungsanstalten) immer wieder gefordert bzw. verteidigt.[56] Die Annahme war, dass bei der Konzentration der Behandlungsuntersuchung auf solche Einweisungsanstalten die **Qualifizierung und Professionalisierung des dort tätigen Personals** in Behandlungsfragen steigt und Erkenntnisse für die weitere Differenzierung der Anstalten und

---

53   *Laubenthal/Nestler/Neubacher/Verrel* 2015 C Rdn. 17; zu den aus der Medizin entlehnten Begriffen der Behandlung und Diagnose kritisch AK-*Feest/Joester* § 7 Rdn. 2; mit Blick auf das Vollzugsziel 1 C Rdn 14 ff.
54   *Egg* u.a. 1998, 350; *Lösel* 2001, 48; *McGuire* 2001; *Wischka/Specht* 2001, 259.
55   In Niedersachsen beispielsweise ist die Aufgabe der Behandlungsuntersuchung (Erstbegutachtung) aller erwachsener männlicher Gefangener, bei denen eine Maßregel nach § 63 StGB angeordnet oder Sicherungsverwahrung angeordnet oder vorbehalten ist sowie bei Personen, bei denen bereits Sicherungsverwahrung vollzogen wird, dem Prognosezentrum bei der JVA Hannover übertragen worden.
56   K/S-*Kaiser* 2002 § 10 Rdn. 30.

sogar die kriminologische Forschung gewonnen werden können.[57] Bedenken gab es jedoch wegen möglicher Defizite des Personals an allgemeiner Vollzugserfahrung, jedenfalls bei langem Einsatz in reinen Einweisungsanstalten. Da die entsprechende Behandlungsprofessionalisierung nun in Bezug auf die gesamte Vollzugsplanung, d.h. das gesamte Vollzugsgeschehen verlangt wird, ist die Abkehr von spezialisierten Einweisungseinheiten folgerichtig.

Die Behandlungsuntersuchung muss in **unmittelbarem Anschluss an die Aufnahme** in den Strafvollzug beginnen.[58] Die Vollzugsbehörde hat die organisatorischen Maßnahmen dafür zu treffen, dass die Behandlungsuntersuchung direkt nach der Aufnahme stattfinden kann. So ist es unzulässig, wenn ein Strafgefangener aus Kapazitätsgründen zunächst in einer Untersuchungshaftabteilung untergebracht wird und keine Behandlungsuntersuchung und Vollzugsplanung erfolgt.[59] Von besonderer Bedeutung ist hier die Aufnahme in den offenen Vollzug. Ein Verurteilter hat aber keinen Rechtsanspruch auf sofortige Ladung in den offenen Vollzug, sondern das Ergebnis der Behandlungsuntersuchung, in dem die Voraussetzungen dafür geprüft werden, muss abgewartet werden.[60] Die Möglichkeit, insb. bei kürzeren Freiheitsstrafen, den Arbeitsplatz zu erhalten, ist aber in gebotener Weise zu berücksichtigen, indem zügig (innerhalb von zwei Wochen) über eine Verlegung in den offenen Vollzug entschieden wird.[61] Anzustreben ist grundsätzlich eine möglichst schnelle Verlegung in den Normalvollzug. Zwei Monate werden als die längstmögliche **Dauer der Behandlungsuntersuchung** angesehen: Dies ergab sich zuvor konkludent aus § 17 Abs. 3 Nr. 2 StVollzG, wonach während der Behandlungsuntersuchung Gefangene höchstens für diese Dauer von der regelmäßigen gemeinsamen Unterbringung während Arbeit und Freizeit ausgenommen werden konnten.[62] Bei rationeller Organisation von Aufnahmeverfahren, Behandlungsuntersuchung und Vollzugsplankonferenz kann aber diese Vollzugsphase schon früher abgeschlossen sein.[63] Nunmehr sehen die Landesgesetze überwiegend **zwei Monate bzw. acht Wochen** für die Erstellung des Vollzugsplans als Ergebnis der Behandlungsuntersuchung vor: **BW** § 14 Abs. 2 Nr. 2, **BY** Art. 19 Abs. 3 Nr. 2, **NI** § 19 Abs. 3 Nr. 1, **NW** § 14 Abs. 2 Nr. 3 lehnen sich an die alte bundesgesetzliche Regelung an und regeln die Höchstdauer nur mittelbar, in Hessen muss der Vollzugsplan „alsbald" erstellt werden (**HE** § 10 Abs. 1), es findet sich aber die entsprechende Regelung zur Ausnahme von der gemeinschaftlichen Teilnahme an Arbeit und Freizeit zur Behandlungsuntersuchung bis maximal zwei Monaten Dauer (**HE** § 18 Abs. 2 Nr. 2). Die dem ME folgenden Landesgesetze fordern überwiegend in den ersten Vorschriften zur Vollzugsplanung ein Resultat des Diagnoseverfahrens „regelmäßig" binnen acht Wochen (**BB** § 14 Abs. 2, **MV** § 8 Abs. 2, **RP** § 14 Abs. 2, **SL** § 8 Abs. 2, **SN** § 8 Abs. 2, **ST** § 13 Abs. 2, **SH** § 8 Abs. 2, **TH** § 14 Abs. 2, **ME** § 8 Abs. 2). Lediglich Hamburg und Berlin verlangen ein schnelleres Vorgehen. Für die in **HH** § 7 Abs. 1 Satz 1 StVollzG allgemein gebliebene Regelung, nach dem Aufnahmeverfahren mit der Erforschung der Persönlichkeit und der Lebensverhältnisse zu beginnen, war zunächst eine Regelfrist von höchstens sechs Wochen für die Dauer der Untersuchung ein-

---

57 *Dolde* 1999, 206 ff.
58 LG Berlin ZfStrVo 2003, 184.
59 OLG Hamburg, Beschl. v. 10.6.2005 – 3 Vollz (Ws) 41/05 = NStZ 2006, 58.
60 OLG Jena, Beschl. v. 3.12.2003 – VAs 11/03, ZfStrVo 2004, 300 f.
61 BVerfG v. 27.9.2007 – 2 BvR 725/07; OLG Zweibrücken v. 6.11.2009 – 1 VAs 2/09.
62 LG Berlin ZfStrVo 2003, 184; *Laubenthal/Nestler/Neubacher/Verrel* 2015 C Rdn. 20; Arloth/*Krä* 2017 § 6 Rdn. 1; AK-*Feest/Joester* § 7 Rdn. 4; *Laubenthal* 2015 Rdn. 316.
63 Ähnlich schon § 53 Abs. 1 AE-StVollzG; Beispiele von Organisationsformen bei *Stock* 1993, 94 ff; *Heß* 1998, 336 ff; *Villmar* 2009; *Werner/Grotjohann* 2009; zu Vor- und Nachteilen praktizierter Einweisungsverfahren *Höflich/Schriever* 2014, 29 ff.

geführt, sie wurde zur Frist für die Aufstellung des Vollzugsplans als Resultat der Behandlungsuntersuchung (**HH** § 8 Abs. 1). Damit wird einerseits eine zügige Aufnahmeuntersuchung zugesichert, andererseits bleibt berücksichtigt, dass bei Strafantritt nicht immer die für die Untersuchung wichtigen Unterlagen und Auskünfte vorliegen.[64] **BE** § 9 Abs. 2 trifft eine entsprechende Regelung. Dagegen muss in Bremen das Ergebnis erst nach drei Monaten vorliegen (**HB** § 8 Abs. 1 S. 1).

5   Schon unter dem StVollzG wurde davon ausgegangen, dass die Durchführung der Behandlungsuntersuchung einzelnen **diagnostisch befähigten Mitarbeitern** (z.B. Psychologen, Sozialarbeitern) obliegt. Ein Vorgehen nach wissenschaftlichen Standards und die entsprechende „**wissenschaftliche Qualifikation**" des untersuchenden Personals ist in verschiedenen Landesgesetzen nun ausdrücklich festgeschrieben, „insbesondere" bei Gefangenen mit latenter Sicherungsverwahrung (**BE** § 8 Abs. 2, **BB** § 13 Abs. 2, **HB** § 7 Abs. 2, **MV** § 7 Abs. 2, **RP** § 13 Abs. 2, **SL** § 7 Abs. 2, **SN** § 7 Abs. 2, **ST** § 13 Abs. 2, **TH** § 13 Abs. 2). Der **ME** enthielt diese Festlegung noch nicht. **SH** § 7 Abs. 1 geht auf das Personal nicht ein und schreibt „wissenschaftliche Standards" auch nur als Soll-Vorschrift fest. Eine Orientierung an wissenschaftlichen Standards der Behandlungsforschung und der Einsatz entsprechend qualifizierten Personals muss als Vorgabe jedoch für alle Bundesländer gelten.[65] Voraussetzung für eine erfolgreiche Mitwirkung in der Behandlungsuntersuchung sind gute diagnostische Ausbildung und Befähigung dieser Bediensteten sowie ausreichende Vollzugserfahrung. Die Behandlungsuntersuchung erfordert allerdings nicht in jedem Fall die Mitwirkung von psychologischen Fachkräften. Der Anstalt wurde jedenfalls nach altem Recht insoweit ein Beurteilungsspielraum eingeräumt.[66]

6   Grundsätzlich sind zur Feststellung des notwendigen Maßnahmenbedarfs alle geeigneten Informationsquellen heranzuziehen, d.h. es sind ggf. Erkenntnisse anderer Behörden und ggf. vor allem der **Bewährungshilfe oder der Führungsaufsichtsstellen** einzubeziehen (ausdrücklich erwähnt in **BE** § 8 Abs. 3, **BB** § 13 Abs. 3, **HB** § 7 Abs. 3, **MV** § 7 Abs. 3, **RP** § 13 Abs. 3, **SL** § 7 Abs. 3, **SN** § 7 Abs. 3, **ST** § 13 Abs. 3, **SH** § 7 Abs. 2; **TH** § 13 Abs. 3, **ME** § 7 Abs. 2, **ME** § 7 Abs. 3; außerdem in **HH** 7 Abs. 2 S. 2; **HE** § 9 Abs. 2 und **NW** § 9 Abs. 1 S. 5 „nach Möglichkeit").

4. Grenzen

7   **a) Grundrechte.** Die erzwungene Persönlichkeitsdiagnose tangiert die Grundrechte der Gefangenen. Zu wahren ist die **Menschenwürde durch Anerkennung der Subjektstellung der Betroffenen**[67] und ein transparentes Verfahren, das sie als Akteure anerkennt (vgl. zur Beteiligung der Gefangenen unten A II). Diagnosen aus der Behandlungsuntersuchung und Klassifizierung sind zwar zur Sicherung der Behandlung im Strafvollzug notwendig, beinhalten aber gerade bei standardisierter Vorgehensweise die **Gefahr der Etikettierung, Stigmatisierung und unbeabsichtigten Entmutigung** durch Festschreibung einer negativen Prognose und ggf. auch die Verlegung auf eine (als solche erlebte) „Endstation".[68] Durch die Verwendung moderner und inzwischen gebräuchlicher Prognoseverfahren, die nicht nur statische (nicht mehr veränderbare, durch biographische Daten bedingte), sondern auch die dynamischen (veränderbaren) Risikofaktoren berücksichtigen (Rdn. 24), ist diese Gefahr eher gestiegen. Es ist deshalb

---

[64] Bürgerschafts-Drucks. 18/6490, 32f.
[65] AK-*Feest/Joester* 2017 § 7 Rdn. 7.
[66] OLG Hamburg 13.6.2007 – 3 Vollz (Ws) 26.
[67] *Laubenthal* 2015 Rdn. 31 und 320.
[68] *Walter* 1999 Rdn. 180; *Kaiser/Schöch* 2006, 92.

notwendig, protektiven Faktoren besonderes Augenmerk zu schenken (Rdn. 14), Aussagen zur Legalprognose und zur Sozialprognose mit konkreten Verhaltenserwartungen zu verbinden und entsprechende Rahmenbedingungen und Behandlungsmaßnahmen anzubieten, die in der Lage sind, diese Prognose zu verbessern. Der offene Umgang mit negativen Prognosen ist dann unschädlich oder sogar förderlich, wenn es gelingt, den Gefangenen den „Ernst der Lage" begreiflich zu machen und Chancen zu eröffnen; auch so werden sie als Akteure wahrgenommen und angesprochen.

b) Sachliche Beschränkungen. Der Umfang der **Behandlungsuntersuchung** ist sowohl aus ökonomischen als auch aus Gründen des **Datenschutzes** auf die Erreichung der für die Aufstellung des Behandlungs- und Vollzugsplans notwendigen Inhalte und Ausmaße zu beschränken (vgl. unten 15 C).[69] Schematische Wiederholungen früherer Untersuchungen sind zu vermeiden.[70] Statt dessen muss die Behandlungsuntersuchung als Längsschnittuntersuchung angelegt werden, in die die Ergebnisse früherer Untersuchungen – ggf. vergleichend – einzubeziehen sind. Nicht nur Störungen und Defizite sollten festgestellt werden, sondern auch Ressourcen, die gefördert und zur Unterstützung der Eingliederung eingesetzt werden können (vgl. unten Rdn. 14).[71] Die Gefahr einer Persönlichkeitserforschung über das notwendige Maß hinaus dürfte bislang in der Praxis selten sein.[72] Dennoch muss auf die Problematik hingewiesen werden, die entsteht, wenn als Ergebnis der Untersuchung Defizite und Störungen benannt werden und (in gut gemeinter Absicht) Behandlungsmaßnahmen zur Reduzierung der Rückfälligkeit und/oder Lockerungseignung als notwendig erachtet werden, die in den Anstalten aber nicht umgesetzt werden können. Dies wird häufig nicht nur dazu führen, dass die empfohlene Maßnahme nicht durchgeführt wird, sondern – weil die Prognose nicht verbessert werden konnte – dass auch keine oder sehr spät Vollzugslockerungen gewährt werden und dass geringere Chancen auf eine Strafrestaussetzung zur Bewährung bestehen. Eine zu umfangreiche Behandlungsuntersuchung und überzogene Folgerungen daraus werden dann mehr schaden als nutzen.[73] Auf der anderen Seite müssen die Vollzugsanstalten aber auch dazu angeregt werden, nicht vorhandene aber erforderliche Behandlungsangebote zu entwickeln und die dazu notwendigen Rahmenbedingungen zu schaffen.

c) Zeitliche Beschränkungen. Schon in § 6 Abs. 1 Satz 2 StVollzG wurde in Verbindung mit den VV zu § 6 versucht **Behandlungsuntersuchung** und **Vollzugsdauer** aufeinander abzustimmen. Danach konnte von einer Behandlungsuntersuchung abgesehen werden, wenn eine solche „mit Rücksicht auf die Vollzugsdauer nicht geboten erscheint", dies wurde nach den VV bei Vollzugsdauern unter einem Jahr angenommen. Unter Vollzugsdauer ist dabei der Strafrest bis zur Entlassung ohne Berücksichtigung einer möglichen Strafrestaussetzung, aber ausschließlich einer angerechneten Untersuchungshaft zu verstehen.[74] Grundsätzlich besteht die Pflicht zur Behandlungsuntersuchung stets, denn zwischen dem Strafmaß und dem Ausmaß von Persönlichkeitsstörungen oder sozialen Defiziten und somit der Behandlungsnotwendigkeit besteht kein direkter Zusammenhang. Ergebnisse einer Behandlungsuntersuchung können für den

---

69 K/S-*Schöch* 2002 § 13 Rdn. 9; *Rehder/Wischka* 2009.
70 *Böhm* 2003 Rdn. 185, 186.
71 AK-*Feest/Joester* 2017 § 7 Rdn. 9; *Hahn* 2012.
72 *Böhm* 2003 Rdn. 187.
73 *Rehder/Wischka* 2009.
74 *Laubenthal/Nestler/Neubacher/Verrel* 2015 C Rdn. 18.

Gefangenen auch dann von Bedeutung sein, wenn aus zeitlichen Gründen die Verlegung in eine sozialtherapeutische Einrichtung nicht angezeigt ist, aber Behandlungsangebote im Normalvollzug in Betracht zu ziehen sind oder Entlassungsvorbereitungen und Hilfen nach der Entlassung geboten erscheinen (Prinzip der Verzahnung des Vollzuges mit nachfolgenden Betreuungsinstanzen). Der Bundesgesetzgeber wollte auch gerade keine generelle Ausnahme bei Kurzstrafern.[75] Dennoch haben sowohl der Bundesgesetzgeber seinerzeit[76] als auch die Landesgesetzgeber jetzt Abweichungen von diesem Grundsatz zugelassen und gehen davon aus, dass angesichts der schwierigen Personalsituation im Vollzug eine Behandlungsuntersuchung bei kurzen Strafen eine entbehrliche Arbeitsbelastung darstellen kann. Die **Landesgesetze machen dabei aber unterschiedliche Vorgaben** in Bezug auf die Vollzugsdauer und die Frage, ob von der Behandlungsuntersuchung ganz abgesehen werden kann oder sie zumindest in Grundzügen vorgenommen werden muss:

10   **BW** § 4 Abs. II S. 2 und **BY** Art. 8 Abs. 1 haben die frühere Bundesregelung übernommen haben, d.h. dort gibt es ausdrücklich keine weitere Vorgaben zur Vollzugsdauer und dem Erfordernis zumindest einer rudimentären Untersuchung. Die Gesetzesbegründungen machen deutlich, dass wie zuvor von einer Schwelle von einem Jahr Vollzugsdauer ausgegangen wird, in der bayerischen Begründung wird aus der bundesgesetzlichen Ermessensvorschrift eine Regelvermutung, wonach eine Behandlungsuntersuchung und auch ein Vollzugsplan bei einer Vollzugsdauer bis zu einem Jahr „in der Regel nicht geboten" sei.[77]

Aus **NI** § 9 Abs. 1 S. 2 ergibt sich, dass eine Datenerhebung zu Persönlichkeit und Lebensverhältnissen und eine Untersuchung der Ursachen und Folgen der Straftat dann unterbleibt, wenn kein Vollzugsplan erstellt werden muss – das ist erst bei einer Vollzugsdauer von einem Jahr der Fall. Dennoch geht aus S. 1 der Vorschrift hervor, dass für alle Gefangenen eine Vollzugsplanung durchzuführen ist, insofern also auch entsprechende Grundlagen der Planung bekannt sein müssen und in irgendeiner Form zu erheben sind, dies sei – so die Gesetzesbegründung „im Hinblick auf das für alle Gefangenen geltende verfassungsrechtlich ableitbare Gebot der sozialen Integration erforderlich", nicht erforderlich sein hingegen, „dass für alle Gefangenen, also auch für solche mit kürzesten Ersatzfreiheitsstrafen, ein umfassendes Planungsverfahren durchgeführt werden müsste."[78]

11   In den dem **ME** folgenden Landesgesetzen wird immer eine Behandlungsuntersuchung verlangt, in der Regel jedoch zugelassen, dass bei einer **voraussichtlichen Vollzugsdauer von bis zu einem Jahr** das Diagnostikverfahren auf die Erlangung von Kenntnissen, die „für eine angemessene Vollzugsgestaltung unerlässlich" und „für die Eingliederung erforderlich" sind, beschränkt werden kann, der Schwerpunkt der Überlegungen soll dann auf Fragen der Eingliederung liegen.[79] Eine entsprechende Einschränkung ergibt sich für diejenigen, die ausschließlich **Ersatzfreiheitsstrafen** verbüßen, die in aller Regel ohnehin deutlich kürzer als ein Jahr sind (**BE** § 8 Abs. 5, **BB** § 13 Abs. 4, **HB** § 7 Abs. 5, **MV** § 7 Abs. 5, **RP** § 13 Abs. 5, **SL** § 7 Abs. 5, **SN** § 7 Abs. 5, **ST** § 13 Abs. 6, **SH** § 7 Abs. 4; **TH** § 13 Abs. 6, **ME** § 7 Abs. 3). Eine entsprechende Regelung gibt es in **HH** § 7 Abs. 4. Dies gilt in Bezug auf die Vollzugsdauer auch für **HE** § 9 Abs. 3, wo jedoch Ersatz-

---

75   K/S-*Schöch* 2002 § 13 Rdn. 11.
76   BT-Drucks. 7/918, 49 und BT-Drucks. 7/3998, 7.
77   **BY** LT-Drucks. 15/8101, 51.
78   **NI** LT-Drs. 15/3565, 91.
79   Stellvertretend für die Begründungen **SH** LT-Drs. 18/3153, 100.

freiheitsstrafen nicht angesprochen sind, und **NW** § 9 Abs. 2, der von einer „Kurzdiagnostik" spricht und ebenfalls für Ersatzfreiheitsstrafen keine Vorgaben macht.

In allen Bundesländern gilt weiter, was schon für das StVollzG herausgearbeitet 12 war: Die Umstände des Einzelfalls sind immer zu berücksichtigen; **zu erfassen ist jedenfalls, was für eine sinnvolle Strukturierung der Zeit im Vollzug mit Blick auf das Vollzugsziel notwendig ist.** Lediglich wenn durch sie keine Kenntnisse zu erlangen sind, die für eine planvolle Behandlung des Gefangenen im Vollzug notwendig sind, weil die Vollzugsdauer zu kurz ist, ist eine umfassende Behandlungsuntersuchung entbehrlich.[80] Bei einer schematischen Anwendung der Jahres-Regel erhielten nach älteren Erhebungen ca. 40% der Gefangenen gar keine Behandlungsuntersuchung.[81] Das ausdrückliche Erfordernis der Kurzdiagnostik in den genannten Ländern ist daher als Fortschritt zu betrachten.

5. Inhalte des diagnostischen Verfahrens

a) Orientierung am Vollzugsziel. Inhaltlich muss sich die Behandlungsuntersu- 13 chung am Vollzugsziel orientieren, d.h. es geht um die Feststellung des Bedarfs und die Auswahl der geeigneten Maßnahmen, die zur „zielgerichteten und wirkungsorientierten Vollzugsgestaltung" und für eine spätere Wiedereingliederung notwendig sind (**ME** § 7 Abs. 2). Einig ist man sich dabei, dass weder ein Rückgriff auf Prozessakten,[82] noch ein allgemeines auf Alltagstheorien gegründetes Vorgehen ausreicht; es geht auch nicht um eine moralische Persönlichkeitsbeurteilung, sondern um eine psychosoziale Diagnostik.[83] Sie ist einerseits durch die genannten Erfordernisse, andererseits durch grundrechtliche Vorgaben (dazu o. Rdn. 7) umrissen bzw. begrenzt. Zu den Inhalten machen zumindest die Landesgesetze, die dem ME folgen, detailliertere Vorgaben für Ausrichtung und Inhalt des Diagnoseverfahrens als das StVollzG. Das Erfordernis der Diagnostik zur **Persönlichkeit**, zu den **Lebensverhältnissen** und den **Ursachen und Umständen der Straftat** werden ausdrücklich genannt (**BE** § 8 Abs. 3, **BB** § 13 Abs. 3, **HB** § 7 Abs. 3, **MV** § 7 Abs. 3, **RP** § 13 Abs. 3, **SL** § 7 Abs. 3, **SN** § 7 Abs. 3, **ST** § 13 Abs. 3, **SH** § 7 Abs. 2; **TH** § 13 Abs. 3, **ME** § 7 Abs. 3). Diese Elemente finden sich auch in **HH** 7 Abs. 2 S. 1; **HE** § 9 Abs. 2, dort ist zusätzlich die „Entwicklung der Straffälligkeit" als Erkenntnisgegenstand genannt. **NW** § 9 Abs. 1 S. 4 ist ähnlich formuliert; das gilt auch für **NI** § 9 Abs. 2. Im Einzelnen notwendige Inhalte der Behandlungsuntersuchung bzw. des gesamten fortlaufenden diagnostischen Verfahrens ergeben sich außerdem aus den Anforderungen der Landesgesetze an den zu erstellenden Vollzugsplan, namentlich zur Fragen der geeigneten Unterbringung, zu therapeutischen Bedürfnissen, zu Fragen von Arbeit, Ausbildung, Freizeit, Pflege der Außenbeziehungen und weiteren Fragen des sozialen Empfangsraums (vgl. hierzu ausführlicher unten C.).

b) Einbeziehung protektiver Faktoren, Perspektive der Eingliederung. Eine be- 14 grüßenswerte Fortentwicklung ist, dass die Mehrheit der Landesgesetze mit Blick auf die zu erhebenden Inhalte ausdrücklich verlangt, dass **auch Erkenntnisse über protektive Faktoren**[84] („Ressourcen") von Inhaftierten zu ermitteln sind, die als „Umstände, deren Stärkung einer erneuten Straffälligkeit entgegenwirken kann" (**BE** § 8 Abs. 4 S. 2) be-

---

80 *Laubenthal/Nestler/Neubacher/Verrel* 2015 C Rdn. 19; *Böhm* 2003 Rdn. 183; *Höflich/Schriever* 2014, 54.
81 *Böhm* Rdn. 183.
82 *Laubenthal/Nestler/Neubacher/Verrel* 2015 C Rdn. 16.
83 *Laubenthal* 2015 Rdn. 317.
84 *Nedopil* 2000, 122 ff; ferner *Lösel/Bender* 2000, 117 ff.

schrieben werden (ebenso oder in der Formulierung ähnlich **BB** § 13 Abs. 4 S, 2, **HB** § 7 Abs. 4 S. 2, **HH** § 7 Abs. 3 S. 2; **MV** § 7 Abs. 4 S. 2, **NW** § 9 Abs. 1 S. 4; **RP** § 13 Abs. 4 S. 2, **SL** § 7 Abs. 4 S. 2, **SN** § 7 Abs. 4 S. 2, **ST** § 13 Abs.4 S. 2, **SH** § 7 Abs. 3 S. 2; **TH** § 13 Abs. 4 S. 2, **ME** § 7 Abs. 3; entsprechende Hinweise fehlen in den Gesetzen von **BW, BY, HE** und **NI**). Dies wird auch und gerade für die fortlaufende Diagnostik relevant, insbesondere wenn die Gefangenen an Behandlungsmaßnahmen oder an sonstigen Resozialisierungsangeboten teilnehmen. In nahezu allen Landesgesetzen wird darüber hinaus § 6 Abs. 2 S. 1 StVollzG folgend das Thema der **Eingliederung** ausdrücklich angesprochen (**BW** § 4 Abs. 2, **BY** Art. 8 Abs. 2, **BE** § 8 Abs. 3, **BB** § 13 Abs. 3, **HB** § 7 Abs. 3, **HH** 7 Abs. 2 S. 1; **HE** § 9 Abs. 2, **MV** § 7 Abs. 3, **NW** § 9 Abs. 1 S. 4, **RP** § 13 Abs. 3, **SL** § 7 Abs. 3, **SN** § 7 Abs. 3, **ST** § 13 Abs. 3, **SH** § 7 Abs. 2; **TH** § 13 Abs. 3, **ME** § 7 Abs. 3, lediglich in **NI** § 9 Abs. 2 in der Fassung vom 8. April 2014 fehlt dieses Element inzwischen, obwohl es im Gesetzentwurf noch enthalten war)[85]: Im Sinne des Resozialisierungsauftrags soll die **Vollzugsgestaltung von Anfang an auf die Zeit nach der Haft hinarbeiten, d.h. bereits bei der anfänglichen Diagnostik ist das spätere Leben in Freiheit bzw. die mögliche Lebensumstände (sozialer Empfangsraum) einzubeziehen.** Insgesamt erweitert die Einbeziehung solcher dynamischer Faktoren die klassische statistische Prognose hin zu Behandlungs- und Interventionsprognosen.[86]

15   c) **Klassifizierung.** Die aus der **Behandlungsuntersuchung** resultierenden Diagnosen ermöglichen eine **Klassifizierung** der Gefangenen und eine differenzierte Unterbringung (zur Differenzierung s. unten 13 C). Nur bei einer strikt individuellen Klassifizierungsdiagnose kann Behandlung im Vollzug wirksam werden.[87] Zu beachten ist auch hier das **Individualisierungsprinzip**.[88] Aus Gründen der Behandlung können Abweichungen von formalen Kriterien (insbesondere dem Vollstreckungsplan) erfolgen. Dabei sind Stigmatisierungen zu vermeiden, die i. S. einer sich selbst erfüllenden Prophezeiung wirken können. Es müssen vielmehr Veränderungsziele gemeinsam entwickelt und Wege zu deren Erreichung ermöglicht werden.[89] Der Strafvollzugsaufbau der einzelnen Bundesländer und die von ihnen eingerichteten Vollzugsgemeinschaften müssen beachten, dass die sich aus individueller Diagnose und Klassifizierung ergebenden Behandlungsempfehlungen durch die Bereitstellung von geeigneten Vollzugseinrichtungen tatsächlich erfüllbar sind. Die Zielsetzung des Strafvollzuges und die Ansprüche, die durch die Neugestaltung der Vorschriften zur Diagnostik und Vollzugsplanung an die Arbeit des Strafvollzugsformuliert werden, bleiben inhaltsleer, wenn sie nicht in der inneren und äußeren Organisation des Vollzuges ihren Ausdruck findet.[90] Vor allem sehr aufwändige Einweisungsverfahren sind dann bedenklich und provozieren Enttäuschungen, wenn die Genauigkeit der mitgeteilten diagnostischen Erkenntnisse und Behandlungs-

---

85   In der Gesetzesbegründung heißt es mit Bezug auf den Beschluss des BVerfG v. 25.9.2006 – 2 BvR 2132/05 = NStZ-RR 2008, 60 = JR 2007, 468 mit Bespr. *Pollähne*), dass an der elementaren Gewichtung der Vollzugsplanung für die Erreichung des Vollzugszieles der sozialen Integration festgehalten werden soll. Eine Beschränkung auf die wesentlichen Vorschriften und eine redaktionelle Straffung erscheine aber möglich (**NI** LT-Drucks. 15/3565, 91).
86   Kaiser/Schöch/Kinzig/*Schöch* 2015, 145 f; Kindhäuser/Neumann/Paeffgen/*Dünkel* § 57 StGB Rdn. 124.
87   *Müller-Dietz* 1977, 19 mit Hinweis auf Wechselwirkung zwischen Klassifizierung und Ausgestaltung des Vollzuges; zu den hochkomplexen Bedingungen der Wirkung vollzuglicher Behandlung innerhalb der besonderen Situationsstruktur Strafvollzug s. *Wirth* 1996, 467 ff und unten 13 C.
88   *Müller-Dietz* 1977, 19, *Laubenthal* 2015 Rdn. 307.
89   So schon *Müller-Dietz* 1977, 22.
90   K/S-*Kaiser* 2002 § 10 Rdn. 20, AK-*Feest/Joester* 2017 § 7 Rdn. 9.

empfehlungen in keinem angemessenen Verhältnis zu den Behandlungsmöglichkeiten der für den Strafvollzug zuständigen Anstalt steht.[91]

d) Einbeziehung von Opferinteressen. Tatfolgen für die Verletzten spielen in den 16 Landesgesetzen ausdrücklich kaum eine Rolle für die Behandlungsuntersuchung. Lediglich der ansonsten knappe **NI** § 9 Abs. 2 nennt als Untersuchungsgegenstand die „Folgen der Straftat". Nach der Gesetzesbegründung für **BY** Art. 8 sollten in geeigneten Fällen ebenfalls eventuell auszugleichende Tatfolgen untersucht werden, um auch Opferinteressen während des Vollzugs angemessen berücksichtigen zu können.[92]

6. Methoden und Ablauf des diagnostischen Verfahrens

a) Berücksichtigung aktueller Forschung. Dass die Behandlungsuntersuchung 17 methodisch dem **Stand der wissenschaftlichen Forschung** zu entsprechen und dort entwickelten Kriterien zu folgen hat, wird in den Landesgesetzen oder Begründungen überwiegend direkt oder indirekt eingefordert (s. schon Rdn. 5): Nach **HH** § 7 Abs. 1 beginnt die Aufnahmeuntersuchung mit einer *fachkundigen* Erforschung der Persönlichkeit und Lebensverhältnisse der Gefangenen; in den dem ME folgenden Ländern wird von einem „wissenschaftlichen Erkenntnissen genügenden" Diagnostikverfahren gesprochen (**BE** § 8 Abs. 2, **BB** § 13 Abs. 2, **HB** § 7 Abs. 2, **MV** § 7 Abs. 2, **RP** § 13 Abs. 2, **SL** § 7 Abs. 2, **SN** § 7 Abs. 2, **ST** § 13 Abs. 2, **SH** § 7 Abs. 1, **TH** § 13 Abs. 2; im **ME** selbst findet sich diese Formulierung noch nicht). Auch die Konkretisierungen der Ziele und Inhalte der Untersuchung nach **HE** § 9 Abs. 2 und **NW** § 9 Abs. 1 lassen erkennen, dass die Erkenntnisse der **Behandlungs- und Rückfallforschung** der letzten Dekade berücksichtigt worden sind, die zur Effektivität der Behandlungsmaßnahmen im Strafvollzug beitragen können. In Baden-Württemberg soll die Behandlungsuntersuchung ausweislich der Gesetzesbegründung zu **BW** § 4 Abs. 2 nach *„anerkannten Kriterien landesweit einheitlich"* erfolgen, dort wird festgehalten, dass sie, soweit möglich, auf der Grundlage anerkannter und mit der vollzuglichen Praxis im Rahmen des Projekts „Dokumentation, Prognose, Planung" basieren soll.[93]

Dem Stand der wissenschaftlichen Forschung entspricht darüber hinaus eine stärke- 18 re Berücksichtigung von Erkenntnissen aus den **Neurowissenschaften**. Die Forschungslage hat sich hier in den letzten Jahren erheblich weiterentwickelt und kann gerade für Straftäter mit problematischen Diagnosen und hohem Gefährlichkeitspotenzial (**antisoziale Persönlichkeitsstörung, Psychopathie, posttraumatische Belastungsstörung, hyperkinetisches Syndrom**) neue Anregungen für Diagnostik und Therapie zur Verfügung stellen.[94]

b) Untersuchungsstruktur. Die Behandlungsuntersuchung mit der dabei zu stel- 19 lenden Diagnose sollte sich auf vier methodische Schritte stützen, zunächst auf Erhebungen zur Vorgeschichte (Anamnese), sowie – teilweise fortlaufend – Verhaltensbeobachtungen, Durchführung von standardisierten Untersuchungsmethoden (Tests, Prognoseverfahren) und (vgl. schon o. Rdn. 4) erörternde und beratende Gespräche zwischen dem Gefangenen und den diagnostisch tätigen Bediensteten. Dieser Schritt

---

91 *Walter* 1999 Rdn. 181; *Rehder/Wischka* 2009.
92 LT-Drucks. 15/8101, 51; vgl. auch *Arloth/Krä* 2017 Rdn. 2 zu Art. 8 BayStVollzG.
93 **BW** LT-Drucks. 14/5012, 210.
94 *Kalus* 2012; *Konicar/Veit/Birbaumer* 2012; *Müller* 2010 ; *Rettenberger/Bockshammer* 2014, *Saß* 2007; *Saimeh* 2012; *Schwerdtner* 2011; *Stolpmann et al.* 2010.

schließt **Stellungnahmen des Gefangenen** zu den bisher über ihn vorliegenden Befunden sowie Erkundung der Vorstellungen, Planungen und Wünsche des Gefangenen hinsichtlich seines weiteren Aufenthaltes im Vollzug und nach der Entlassung ein.

20   Die **Erhebungen zur Vorgeschichte (Anamnese)** beinhalten vor allem die Auswertung aktenkundiger Daten im Vergleich mit den Angaben des Gefangenen. Aus den Akten übernommene Daten sollten aber nie als festgeschrieben hingenommen werden. Übernommene Daten sind vielmehr mit dem Gefangenen zu erörtern und ggf. nach seinen Angaben zu ergänzen bzw. zu korrigieren, er ist als primäre Erkenntnisquelle zu betrachten und ernst zu nehmen (zur Beteiligung noch unten II Rdn. 34 ff).[95] Bei der Aufnahme der Vorgeschichte können standardisierte Anamnesebögen hilfreich sein, um einmal die Vollständigkeit der Erhebung, zum anderen ihre eventuell geplante statistische Auswertung in anonymisierter Form zu sichern (vgl. hierzu unten 15 A, C und H). Auch bei der Erhebung zur Vorgeschichte ist das Verhalten des Gefangenen wie in allen anderen Situationen während der Behandlungsuntersuchung sorgfältig zu beobachten und zu protokollieren. Wichtige **Informationsquellen zur Persönlichkeit** des Gefangenen und zu seiner sozialen Situation können im Urteil zu finden sein, in ggf. vorliegenden Berichten der Gerichtshilfe und der Bewährungshilfe sowie in Sachverständigengutachten. Die Einbeziehung dieser Quellen sind in den Landesgesetzen teilweise ausdrücklich vorgeschrieben (vgl. o. Rdn. 6). Für die Stellung einer Verlaufsdiagnose sind die Personalakten aus früheren Aufenthalten in einer JVA heranzuziehen (zur zulässige Beiziehung vgl. unten 15 B). Unverzichtbar ist in bestimmten Fällen die Anforderung von **Sachverständigengutachten**; sie sind leicht zu organisieren.[96] Sachverständigengutachten zur Persönlichkeit des Strafgefangenen, die im Verfahren der aktuellen Vollstreckung erstattet worden sind, sollen gemäß § 31 Abs. 2 StVollstrO mit den Vollstreckungsunterlagen an die zuständige Justizvollzugsanstalt übersandt werden.[97]

21   Die Organisationsstruktur der Anstalt muss dafür Sorge tragen, dass ganz allgemein, insbesondere aber zur Durchführung der Behandlungsuntersuchung eine **systematische Verhaltensbeobachtung der Gefangenen möglich ist.** Da der allgemeine Vollzugsdienst und der Werkdienst die häufigsten Kontakte mit den Gefangenen haben, muss das hier eingesetzte und der Zugangsabteilung fest zugeordnete Personal für diese Aufgabe besonders ausgebildet werden. Aber auch alle übrigen an der Behandlungsuntersuchung beteiligten Bediensteten sind dazu anzuhalten, den Gefangenen während der Kontakte mit ihnen zu beobachten und die Beobachtungen schriftlich festzuhalten. Das Verhalten des Gefangenen in Gruppen kann z.B. schon während der Informationsveranstaltungen für Zugänge beobachtet werden (vgl. oben A Rdn. 6, 7). Zwischen dem Verhalten des Gefangenen als Einzelperson und als Mitglied einer Gruppe treten oft gravierende Unterschiede auf. Situationen zu intensiver Verhaltensbeobachtung finden sich bei Sport, Spiel und Freizeitbeschäftigung. Auch das Verhalten in dem vor der Behandlungsuntersuchung liegenden Vollzugsverlauf ist in die Beurteilung einzubeziehen.[98]

22   **Standardisierte Untersuchungsverfahren (Tests)** zur Erfassung der Persönlichkeit des Gefangenen werden durch den psychologischen Dienst zweckmäßigerweise möglichst in Gruppen durchgeführt. Es empfiehlt sich daher, die unbedingt notwendigen und in der Gruppe durchführbaren Verfahren zu einer Untersuchungseinheit zusammenzufassen (z.B. Intelligenztests, Persönlichkeitsfragebogen, Schulleistungstests). An

---

95   *Laubenthal* Rdn. 318.
96   *Böhm* 2003 Rdn. 185.
97   Zur Praxis von Aktenauswertung und Anamnese z.B. *Dreßing/Foerster* 2015, *Endres/Schwanengel/Behnke* 2012; *Kröber* 2006.
98   KG Berlin v. 23.5.2007 – 2/5 Ws 599/06.

die Stelle projektiver Testverfahren (z.B. Rorschach-Test; T.A.T.) sind im Methodenverständnis der heutigen Psychologie verstärkt Persönlichkeitsfragebögen getreten. Testergebnisse sind dabei genauso wie alle anderen Teilbefunde lediglich Bausteine für einen Gesamtbefund, deren Verwendung erst nach Einzelgewichtung mit Plausibilitätsprüfung **im Zusammenhang mit allen anderen Einzelbefunden zum Gesamtergebnis der Behandlungsuntersuchung beiträgt.**[99] Bei der **Auswahl angemessener Testverfahren** sind zunächst die „klassischen Gütekriterien" zu beachten: Reliabilität (Grad der Genauigkeit; Reproduzierbarkeit der Ergebnisse), Validität (Übereinstimmung zwischen Messergebnis und zu messendem Merkmal) und Objektivität (Unabhängigkeit der Ergebnisse vom Untersucher). Wichtige Kriterien sind außerdem Ökonomie (Gruppenverfahren, geringe Auswertungsdauer, geringe Kosten) und Nützlichkeit (bedeutsamer Zusammenhang zu wichtigen Fragestellungen). Problematisch sind allerdings oft die zur Interpretation notwendigen Normierungen, weil sie häufig auf Stichproben von Nicht-Straffälligen beruhen.[100]

Erst nach der Exploration kann eine **Schlussberatung** erfolgen, welche die erhobe- 23 nen Befunde, die Bedürfnisse des Gefangenen und vorhandene Angebote des Vollzuges so aufeinander abstimmt, dass mit einem **Gutachten** und den sich daraus ergebenden Empfehlungen einer sinnvollen Planung der weiteren Behandlung näher getreten werden kann (zur Einbeziehung der Gefangenen unten II).[101]

c) Prognose der Rückfallgefahr. Ein entscheidendes Merkmal der diagnostischen 24 Verfahren im Vollzug gerade angesichts des gesellschaftlichen bzw. kriminalpolitischen Präventionsbedarfs ist die Einschätzung der Gefährlichkeit einer Person bzw. der Rückfallgefahr. Solche Prognosen werden immer mit Unwägbarkeiten verbunden sein, weil menschliches Verhalten nie allein durch Merkmale der Person, sondern auch durch das Verhalten von interagierenden Personen und durch situative Bedingungen bestimmt ist. Dass Gefährlichkeitsprognosen bislang häufig erhebliche Mängel hatten, hat *Nowara* (1995) eindrucksvoll nachgewiesen, jüngere Belege zu Fehleinschätzungen der Gefährlichkeit sind gerade mit Blick auf die Klientel der Sicherungsverwahrung bekannt geworden.[102] In der Verwendung von **Prognosemethoden** hat sich seit den 1970er-Jahren jedoch ein bedeutsamer Wandel vollzogen. Ihr charakteristischstes Merkmal ist die Relativierung der klinischen Prognose zugunsten von Risiko-Checklisten. Die Ermittlung von Rückfallprädiktoren beruht auf groß angelegten Untersuchungen der Beziehung zwischen Tätermerkmalen und Rückfälligkeit.[103] Damit gelingt die Identifikation von Rückfalltätern wesentlich besser, so dass die Nicht-Berücksichtigung entsprechender Instrumente als „Kunstfehler" zu bezeichnen ist,[104] ohne dass ein klinisch-idiographisches

---

99 Insofern geht auch grundsätzliche die Kritik von *Stock* (1993, 177 f) an der Anwendung von Tests in der Behandlungsuntersuchung fehl; soweit in der Praxis Checklisten dominant werden, ist aber durchaus Skepsis angebracht, vgl.. auch AK-*Feest/Joester* § 7 Rdn. 10 und sogleich u. Rdn. 24 ff.
100 *Rehder* 2002, 182; Übersichten gebräuchlicher Leistungs- und Persönlichkeitstests z.B. *Endres/Schwanengel/Behnke* 2012.
101 Zur Gutachtenerstellung grundsätzlich *Boetticher et al.* 2007, *Dahle* 2010, *Endres/Schwanengel/Behnke* 201); *Foerster/Dreßing* 2015a; *Leygraf* 2015; *Müller-Isberner/Gonzales-Cabeza* 1998; *Nedopil* 2006; *Rehder/Wischka* 2009; *Nedopil/Müller* 2012.
102 *Alex* 2013, 117, 144; *Harrendorf* 2008, 7 ff.
103 Z.B. *Hanson/Bussiére* 1998; s. auch *Egg* 2002; *Freese* 1998; *Rehder* 2002, 186 f; *Rehder/Wischka* 2009; *Schneider* 2002, 252f; zur Rückfallforschung in Deutschland s. *Harrendorf* 2007; *Heinz/Jehle* 2004; *Jehle* et al. 2016.
104 *Nedopil* 2002a, 170; ähnlich *Rettenberger* 2018, 35; vgl. aber OLG Karlsruhe , Beschl. v. 18. 7. 2013 – 1 Ws 14-15/13 (= NStZ 2014, 22): Unterlassen der Verwendung von statistischen Verfahren nicht „per se" ein Verstoß gegen die Mindeststandards.

Vorgehen damit entbehrlich würde: Erforderlich ist ein am Einzelfall ausgerichtete wissenschaftlich-strukturierter Ansatz.[105] Zu beachten ist außerdem stets, dass die Grundlagen für die Prognose teilweise aus dem Haftverhalten selbst stammt, mithin aus einer ganz anderen Lebenswelt als in Freiheit.[106]

Ermitteln lassen sich so **statische und dynamische Risikofaktoren**, die nicht nur zur Einschätzung der Rückfallgefahr, sondern auch zur Entwicklung von Behandlungszielen und zur **Einschätzung der Behandlungsaussichten** herangezogen werden. Üblicherweise werden inzwischen unterschieden:[107]

- Statische (unveränderbare) Risikofaktoren: anamnestische Daten, persönlichkeitsgebundene Dispositionen und kriminologische Faktoren. Sie bilden die Grundlage für eine aktuarische Risikoeinschätzung.
- Dynamische (veränderbare) Risikofaktoren, die weiter unterschieden werden können in fixierte dynamische Risikofaktoren: z.B. Fehlhaltungen und -einstellungen, risikoträchtige Reaktionsmuster und
- aktuelle, sich ändernde Risikofaktoren: z.B. klinische Symptomatik, Einstellungen und Verhalten in bestimmten Situationen, Verleugnen von Gewalttaten, Fehlen von Schuldeinsicht und Reue, unrealistische Zukunftspläne, Alkoholmissbrauch, fehlende Mitarbeitsbereitschaft.

Im deutschsprachigen Raum eingesetzte Prognoseverfahren auf dieser Grundlage[108] sind z.B. die „Psychopathy Checklist" (PCL-R)[109] und ihre Screening-Version (PCL: SV),[110] das „Historical Clinical Risk Management-20 HCR-20",[111] der „Sexual Offender Risk Appraisal Guide SORAG" und seine Screening-Version (*Rettenberger/Eher* 2007), das „Sexual Violence Risk SVR-20",[112] das Prognoseinstruments „Rückfallrisiko bei Sexualstraftätern RRS",[113] das „Forensische Operationalisiertes Therapie-Risiko-Evaluations-System FOTRES",[114] oder das „Level of Service Inventory-Revised LSI-R".[115]

25 Bei Überwiegen statischer Risikofaktoren werden auch intensiven Behandlungsmaßnahmen wenige Chancen zur Verbesserung der Prognose eingeräumt. Damit werden grundsätzlich **Grenzen der Behandelbarkeit** angesprochen.[116] Prognosemethoden auf dieser theoretischen Grundlage sind nicht nur bei der Behandlungsuntersuchung und Indikationsstellung für die Verlegung in eine sozialtherapeutische Einrichtung gebräuchlich, sondern auch bei Begutachtungen zur **Strafrestaussetzung** nach § 454 Abs. 2 StPO und im Rahmen des Strafverfahrens und spielen bei allen Fragen der **Sicherungsverwahrung** nach §§ 66ff StGB[117] (u. Rdn. 28) eine Rolle. Inzwischen gibt es durch-

---

105 Zusammenfassend *Dahle/Lehmann* 2018, *Kröber* 2018, *Rettenberger* 2018; sehr kritisch zu den statistisch-aktuarischen Methoden *Bock* 2018.
106 Zur Problematik *Bock* 2018 61f und *Ullenbruch/Morgenstern* in: Münchener Kommentar zum StGB, 3. Aufl. 2016, § 66a Rdn. 26f und 101.
107 *Nedopil* 2002a, 170f; 2010, 284.
108 Zusammenfassungen und Übersichten finden sich bei *Dahle* 2008, Kindhäuser/Neumann/Paeffgen/ *Dünkel* § 57 StGB Rdn. 124ff, *Endres/Schwanengel/Behnke* 2012, *Nedopil* 2006, *Rettenberger* 2018.
109 *Hare* 1991 und 2003.
110 *Hart* et al. 1996.
111 Webster/Douglas/Hart SD HCR-20: Assessing risk of violence, Vancouver, 2. Aufl. 1997 und 3. Aufl. 2013; die deutsche Version stammt von *Müller-Isberner* et al. 1998
112 Die deutsche Version von *Müller-Isberner* u.a. 2000.
113 Hierzu *Suhling/Rehder* 2012.
114 *Urbaniok* 2016.
115 *Dahle/Harwardt/Schneider-Njepel* 2012.
116 *Lösel* 2001; *Nuhn-Naber* et al. 2002, 277f.
117 *Ullenbruch/Drenkhahn/Morgenstern* in: Münchener Kommentar zum StGB, 3. Aufl. 2016, § 66 Rdn. 110ff und 202ff.

aus auch **kritische Studien zur Vorhersagekraft** dieser Instrumente.[118] Wenn sie für die Praxis auch unverzichtbar sind, so ist jedenfalls ein kritischer Umgang damit zu fordern, denn es wird tendenziell zu ungünstig prognostiziert und nicht immer angemessen berücksichtigt, dass nicht nur die Risikovariablen der Persönlichkeit eine Rolle spielen, sondern auch die Bewährungssituation.[119] Da menschliches Verhalten immer, aber in variierender Gewichtung, sowohl durch Persönlichkeitsmerkmale als auch durch situative Variablen bedingt ist, ist für prognostische Aussagen zu fordern, dass deutlich gemacht wird, für welchen Zeitraum und für welche Situationen die Aussagen gelten sollen und wie Risikokonstellationen begegnet werden kann. Der Vorteil der Kriterienkataloge liegt daher vor allem darin, dass sie zu einer Erweiterung der Kenntnisse über die Einschätzung des Einzelfalles beitragen und bewirken können, dass wichtige Aspekte bei der Risikoabwägung nicht übersehen werden und dass die gutachterlichen Einschätzungen für die anderen Akteure leichter nachvollziehbar wird.

Für die **Planung von Behandlungsprozessen** ist die Identifizierung von Rückfall- 26 prädiktoren besonders dann sinnvoll, wenn „**deliktparalleles Verhalten**" aufgedeckt und Strategien zu dessen Veränderung geplant und durchgeführt werden. In deliktparallelem Verhalten finden sich Einstellungen, Ziele oder Verhaltensskripts wieder, die dem kriminellen Verhalten ähnlich sind und die gleiche Funktion haben, aber selbst nicht strafbar sind.[120] Dazu sind **Erprobungsräume innerhalb und außerhalb der JVA** sowie ständige Rückmeldungen und Verhaltenskorrekturen erforderlich.[121]

d) Gestaltung von Gutachten und Dokumentation. Zur Verbesserung der forma- 27 len und inhaltlichen **Gestaltung von Gutachten** und gutachtlichen Äußerungen empfiehlt es sich, in den Vollzug eintretende Fachdienste während der Einführung in ihr Berufsfeld in Seminaren zur Berichts- und Gutachtengestaltung **spezifisch auszubilden**. Hinweise für die Auswahl von Untersuchungsmethoden, den Umfang der Untersuchung von Sexualstraftätern und die inhaltliche Gestaltung von psychologischen Stellungnahmen sind der entsprechenden Fachliteratur zu entnehmen.[122] Mit Blick auf den Umfang der Behandlungsuntersuchung und ihrer **Dokumentation** ist auch zu berücksichtigen, dass durch § 454 Abs. 2 StPO im Falle der Erwägung einer Strafrestaussetzung durch die Strafvollstreckungskammer eine Gefährlichkeitsprognose durch einen (i.d.R. externen) **Sachverständigen** zu erstellen ist. Er hat zu beurteilen, **ob und was sich an der Eingangsdiagnose nachvollziehbar verändert hat**.[123]

7. Besonderheiten für Gefangene mit vorbehaltener oder angeordneter Siche- 28 **rungsverwahrung.** Die Einhaltung wissenschaftlicher Standards auf der Höhe der Zeit (o. Rdn. 17 f) **wird in verschiedenen Landesgesetzen „insbesondere"** bei Gefangenen

---

118 *Eher u.a.* 2009; *Reichel/Marneros* 2008.
119 *Walter* 2010.
120 *Daffern* et al. 2010; *Endres/Schwanengel/Behnke* 2012, 106 f; *Nedopil* 2010, 287.
121 *Wischka* 2011, 2012.
122 Hinweise z.B. bei *Endres/Schwanengel/Behnke* 2012; *Rehder* 2002, *Rehder/Wischka* 2009. Generell zur forensischen Gutachtenerstellung und Fehlermöglichkeiten s. *Boetticher u.a.* (2007, 2011); *Dahle* 2007 und 2010; *Foerster/Dreßing* (2015 a, b); *Kröber* 2006, 2018; zu den Mindestanforderungen aus Sicht der höchstrichterlichen Rechtsprechung z.B. OLG Karlsruhe , Beschl. v. 18. 7. 2013 – 1 Ws 14-15/13 (= NStZ 2014, 22).
123 Zur Problematik der Formulierung des Gutachtenauftrages, sich dazu zu äußern, ob „keine Gefahr mehr" besteht, dass die durch die Tat zutage getretene Gefährlichkeit fortbesteht s. *Eisenberg/Hackethal* 1998; *Nedopil* 2002 b; *Leygraf* 2015; *Schöch* 1998, Kindhäuser/Neumann/Paeffgen/*Dünkel* § 57 StGB Rdn. 108.

mit latenter Sicherungsverwahrung gefordert (**BE** § 8 Abs. 2, **BB** § 13 Abs. 2, **HB** § 7 Abs. 2, **MV** § 7 Abs. 2, **RP** § 13 Abs. 2, **SL** § 7 Abs. 2, **SN** § 7 Abs. 2, **ST** § 13 Abs. 2, **TH** § 13 Abs. 2), damit ist deren Sonderstellung angesprochen. Sie ergibt sich aus **§ 66c Abs. 2 StGB.**[124] Das nach den Vorgaben des BVerfG[125] beschlossene Gesetz zur bundesrechtlichen Umsetzung des Abstandsgebotes im Recht der Sicherungsverwahrung[126] bestimmt in § 66c Abs. 1 Nr. 1a StGB i.V.m. Abs. 2, dass dem Betreffenden auf der Grundlage einer umfassenden Behandlungsuntersuchung und eines regelmäßig fortzuschreibenden Vollzugsplans eine Betreuung angeboten wird, „die individuell und intensiv sowie geeignet ist, seine Mitwirkungsbereitschaft zu wecken und zu fördern,[127] insbesondere eine psychiatrische, psycho- oder sozialtherapeutische Behandlung, die auf den Untergebrachten zugeschnitten ist, soweit standardisierte Angebote nicht Erfolg versprechend sind". Beim Vollzug der Sicherungsverwahrung selbst haben diese Vorgabe die Landesgesetze zum Vollzug der Sicherungsverwahrung umzusetzen; in Bezug auf die vorangehende Strafhaft jedoch die Landesstrafvollzugsgesetze.[128] Das durch das BVerfG betonte *ultima ratio*-Prinzip gilt nicht nur für die Anordnung der Sicherungsverwahrung, sondern auch für den Vollzug sowohl der Sicherungsverwahrung als auch für das vorangehende Stadiums des Strafvollzugs – auch er muss alle Möglichkeiten nutzen, angeordnete oder vorbehaltene Sicherungsverwahrung am Ende entbehrlich zu machen. Das BVerfG hat hier gefordert, dass therapeutische Maßnahmen, die „oftmals auch bei günstigem Verlauf mehrere Jahre in Anspruch nehmen, zeitig beginnen, mit der gebotenen hohen Intensität durchgeführt und möglichst vor dem Strafende abgeschlossen werden."[129] Damit ist die Vollzugsbehörde in der Verpflichtung, schon durch die Behandlungsuntersuchung die Weichen für eine langfristige Vollzugsplanung zu stellen, um die Voraussetzungen dafür zu schaffen, dass die Vollstreckung der Maßregel möglichst bald zur Bewährung ausgesetzt oder sie für erledigt erklärt werden kann (§ 66c Abs. 1b, StGB). So kann die Behandlungsuntersuchung z.B. ergeben, dass die Verlegung in eine sozialtherapeutische Einrichtung erst dann angezeigt ist, wenn die sprachlichen Fähigkeiten (Deutschunterricht) bzw. die Gemeinschaftsfähigkeiten erweitert worden sind, um an den dortigen therapeutischen Maßnahmen und am Wohngruppenvollzug teilnehmen zu können.

29   8. Die Frage einer **Verlegung in die Sozialtherapie** (ausführlich hierzu unten 3 A) als Inhalt der Behandlungsuntersuchung wird im Zusammenhang mit der Behandlungsuntersuchung § 6 Abs. 2 S. 2 StVollzG folgend nur noch in **BW** § 4 Abs. 2, **BY** Art.8 Abs. 2 S. 2 und **NW** § 9 Abs. 1 S. 3 genannt; in den dem **ME** folgenden Bundesländern und **NI** wird sie erst mit Blick auf die konkrete Vollzugsplanung angesprochen (siehe dort C Rdn. 25).

30   Besondere Gefangenengruppen, namentlich **Sexualstraftäter,** werden von den Landesgesetzen **nicht mehr für die Notwendigkeit einer besonderen Intensität der**

---

124 „Hat das Gericht die Unterbringung in der Sicherungsverwahrung im Urteil (§ 66), nach Vorbehalt (§ 66a Absatz 3) oder nachträglich (§ 66b) angeordnet oder sich eine solche Anordnung im Urteil vorbehalten (§ 66a Absatz 1 und 2), ist dem Täter schon im Strafvollzug eine Betreuung im Sinne von Absatz 1 Nummer 1, insbesondere eine sozialtherapeutische Behandlung, anzubieten mit dem Ziel, die Vollstreckung der Unterbringung (§ 67c Absatz 1 Satz 1 Nummer 1) oder deren Anordnung (§ 66a Absatz 3) möglichst entbehrlich zu machen."
125 BVerfGE v. 4.5.2011 – 2 BvR 2365/09 (= BVerfGE 128, 326).
126 BT-Drucks. 689/12.
127 Zur grundsätzlichen Zulässigkeit von „aufgezwungenen Motivationsversuchen" OLG Hamm, Beschl. v. 1.2.2016 – III – 1 Vollz (Ws) 466/15.
128 Hierzu im Überblick *Morgenstern/Drenkhahn* in: Münchener Kommentar zum StGB, 3. Aufl. 2016, § 66c Rdn. 66 ff.
129 BVerfGE v. 4.5.2011 – 2 BvR 2365/09 (= BVerfGE 128, 326, 378), Rdn. 112.

Behandlungsuntersuchung genannt. Damit wird die seit dem 31.1.1998 in Kraft getretenen Novellierung des StVollzG durch das Gesetz zur Bekämpfung von Sexualdelikten und anderen gefährlichen Straftaten erfolgte Hervorhebung dieser Tätergruppe zumindest ein wenig korrigiert. Dass die Gefährlichkeit eines Täters für die Allgemeinheit fundiert untersucht werden muss, versteht sich ohnehin von selbst und Bedarf dieser Hervorhebung besteht nicht. Diese seinerzeit kriminalpolitischen Erwägungen geschuldete Schwerpunktverlagerung wurde fachlich heftig kritisiert.[130] Auch die Ursachen und Rückfallrisiken bei anderen Straftaten (z.B. Gewaltdelikten) müssen sorgfältig untersucht werden. Es ist sichtbar, dass die spätestens seit dem genannten Gesetz deutlich zutage getretene Tendenz zu restriktiver Sicherung und Risikovermeidung auf die besondere Gründlichkeit der Diagnosen zur Genehmigung behandlungssensibler Vollzugsmaßnahmen bei Sexualstraftätern die Verteilung derartiger Entscheidungen einseitig negativ beeinflussen kann. Die Risikoscheu vieler Diagnostiker wird durch diese Betonung (tw. auch durch die VV) besonders angesprochen und verstärkt. Auch forensische Gutachter gelangen allzu leicht in die Gefahr, dem öffentlichen Druck nachzugeben;[131] dies mag allerdings vom Bundesgesetzgeber gewollt oder jedenfalls billigend in Kauf genommen worden sein. Die Freiheitsinteressen des Einzelnen und die Sicherheitsinteressen der Allgemeinheit i.S.d. „kalkulierten Risikos" sind jeweils sorgfältig abzuwägen.[132] Im Ergebnis nimmt die Lockerungsquote seit Jahren ab (im Ländervergleich mit teilweise erheblichen Unterschieden) und behindert damit erforderliche Erprobungen und Maßnahmen der Entlassungsvorbereitungen.[133] Der Einwand, dass dadurch die Risiken für die Allgemeinheit in der Zeit nach der Entlassung steigen können, wird dabei nicht immer angemessen berücksichtigt.

9. Verfahrensgarantien

a) Behandlungsakten. Die in der Behandlungsuntersuchung anfallenden **Unterlagen** werden nicht Teil der Gefangenenpersonalakte. Sie sind gesondert und gegen unbefugte Kenntnisnahme sorgfältig **gesichert aufzubewahren** (z.B. Regelung in NRW durch Richtlinien für das Einweisungsverfahren; danach bleiben Untersuchungsunterlagen als Hausakten bei der Einweisungsanstalt). Bei Verlegung in eine **sozialtherapeutische Anstalt** werden entsprechend der Mindestanforderungen des Arbeitskreises Sozialtherapeutischer Anstalten e.V.[134] i.d.R. getrennte Behandlungsakten geführt, zu denen diese Unterlagen gegeben werden können. Zu Zugangsmöglichkeiten zum Inhalt von Gefangenenpersonalakten und zur Sicherung von Therapieakten oder Unterlagen aus psychologischen Untersuchungen und Begutachtungen s. unten 15 D; zur Akteneinsicht unten II Rdn. 36 f.

b) Rechtsschutz. Die Beteiligung an der Vorbereitung des Vollzugsplans ist ein Recht der Gefangenen (s. unten II); sie haben dementsprechend einen Anspruch nicht nur darauf, *dass* eine (ggf. weniger umfangreiche, vgl. oben Rdn. 9 ff) Behandlungsuntersuchung stattfindet, sondern auch auf die Beteiligung hieran. Insgesamt stellt die Untersuchung eine Maßnahme zur Regelung einzelner Angelegenheiten auf dem Gebiet

---

130 *Schüler-Springorum* 2002, 2003.
131 *Nedopil* 2002b, 214.
132 BVerfG, Beschl. v. 30.4.2009 – 2 BvR 2009/08 (= NJW 2009, 1941).
133 *Dünkel* 2009; *Dünkel/Pruin/Beresnatzki/Treig* 2018; *Feest/Lesting* 2005; *Wischka* 2011, 2012.
134 *Arbeitskreis Sozialtherapeutischer Anstalten e.V.* 2016, 37 ff.

des Strafvollzugs dar und ist dementsprechend mit § 109 StVollzG anfechtbar.[135] Einweisungsentscheidungen sind ebenfalls nach § 109 StVollzG anfechtbar,[136] nicht aber zugrunde liegende Gutachten der Einweisungskommission.[137]

33   **10. Schweige- und Offenbarungspflicht.** Für die mitwirkenden Psychologen besteht ein Spannungsverhältnis zwischen **Schweige-** und **Offenbarungspflicht**. Siehe hierzu unten 15 D mit Hinweisen auf die Schwierigkeit der Abgrenzung zwischen einerseits psychotherapeutisch tätigen und andererseits mit Diagnostik bzw. mit allgemeiner Behandlung und Betreuung befassten Psychologen.[138]

II. Beteiligung der Gefangenen

34   **1. Mitwirkung.** Die Gefangenen sind zur Duldung der Behandlungsuntersuchung verpflichtet, jedoch nicht zur aktiven Mitwirkung (zu den Regelungen zur Mitwirkungspflicht in Hamburg und Sachsen-Anhalt vgl. 1 D Rdn. 7).[139] Die aktive Mitwirkung der Gefangenen ist jedoch eine notwendige Voraussetzung dafür, dass die Behandlungsuntersuchung verwertbare Ergebnisse erbringt. Da der Gefangene hier eine sehr starke Blockademöglichkeit durch sein „Veto" hat, kommt es wie auch später entscheidend darauf an, die Motivation des Gefangenen zur Mitarbeit an der Erreichung des Vollzugsziels zu fördern und zu erhalten (s. zur Mitwirkungspflicht grundsätzlich 1 E Rdn. 5ff). Die Gelegenheit, sich mit einem kritisch-interessierten Gegenüber unabhängig vom Ausgang des Verfahrens über seine Person und das Delikt zu äußern, ist häufig erwünscht und wird selten verweigert.[140] Es ist aber nicht davon auszugehen, dass die zunächst während der Behandlungsuntersuchung erreichte Motivation des Gefangenen zur Absolvierung bestimmter Behandlungsmaßnahmen späterhin ständig gleich bleibt. Mit mehr oder minder starken Motivationsschwankungen ist erfahrungsgemäß zu rechnen. Verweigert ein Gefangener die Behandlungsuntersuchung, ist diese Haltung zwar zu respektieren, darf aber auch in die Ermessenserwägungen hinsichtlich der Erstellung eines Vollzugsplanes einfließen.[141] Die Subjektstellung der Gefangenen erfordert jedenfalls, dass ihre Mitwirkung aktiv gesucht wird (s. oben A Rdn. 2 und 6; B Rdn. 7);[142] insbesondere, weil sie in eigener Sache die wichtigste Informationsquelle sind und die auf Resozialisierung zielende Bestandsaufnahme sich auch an der Selbstdefinition der Gefangenen, ihren Vorstellungen und ihrem Beratungsbedarf orientiert (dies berücksichtigen ausdrücklich **BE** § 9 Abs. 4 S. 2; **NW** § 10 Abs. 4. **SH** § 8 Abs. 4

35   **2. Erörterung der Diagnostik und der Behandlungsplanung.** Die Landesgesetze greifen ganz überwiegend die Vorschrift des § 6 Abs. 3 StVollzG auf, wonach die Planung der Behandlung mit den Gefangenen zu erörtern ist. Die dem Musterentwurf folgenden Landesgesetze differenzieren hier jedoch nach der Besprechung der Ergebnisse der Be-

---

135 *Laubenthal/Nestler/Neubacher/Verrel* 2015 C Rdn. 25; OLG Hamburg, Beschl. v. 13.6.2007 – 3 Vollz (Ws) 26–28, 36/07.
136 KG, Beschl. v. 21.7.2011 – 2 Ws 176/11; OLG Celle, Beschl. v. 12.1.2005 – 1 Ws 416/04 (StrVollz).
137 OLG Hamm ZfStrVo 1987, 26.
138 S. schon *Gretenkord* 1995.
139 *Laubenthal/Nestler/Neubacher/Verrel* 2015 C Rdn. 37.
140 *Heß* 1998, 338.
141 OLG Stuttgart, Beschl. v. 30.10.2006 – 4 Ws 334/06 = NStZ 2007, 172f.
142 Zur grundsätzlichen Zulässigkeit von „aufgezwungenen Motivationsversuchen" OLG Hamm, Beschl. v. 1.2.2016 – III – 1 Vollz (Ws) 466/15.

handlungsuntersuchung (**BE** § 8 Abs. 6, **BB** § 13 Abs. 7, **HH** § 7 Abs. 5; **MV** § 7 Abs. 6, **RP** § 13 Abs. 7, **SL** § 7 Abs. 6, **SN** § 7 Abs. 6, **ST** § 13 Abs. 8, **SH** § 8 Abs. 4; **TH** § 13 Abs. 8, **ME** § 7 Abs. 3) und der Erörterung der Behandlungsplanung, die erst in der die Vollzugsplanung folgenden Vorschrift folgt. Teilweise werden beide Aspekte jedoch nur im Zusammenhang mit der Vollzugsplanung geregelt und das Ergebnis der Diagnostik nicht einzeln als Erörterungsgegenstand genannt (**BW** § 5 Abs. 3, **BY** Art. 9 Abs. 4, **HB** § 8 Abs. 3 und Abs. 7, **HE** § 10 Abs. 2 und Abs. 5, **NI** § 9 Abs. 5, **NW** § 10 Abs. 4). Vorzugswürdig ist die getrennte Regelung, da zwar Ergebnis der Diagnostik und Vollzugsplanung sachlich eng zusammen hängen; die Untersuchungsergebnisse, die Auskunft über Vorgefundenes geben und die Planung, die in die Zukunft gerichtet ist, aber zweierlei sind. Am deutlichsten wird in **HH** § 7 Abs. 5 formuliert, der den Rechtsanspruch auf **Erörterung eines schriftlich dokumentierten Ergebnisses der Aufnahmeuntersuchung festhält**. Er lautet: „Die Ergebnisse der Untersuchung sind zu dokumentieren und mit dem Gefangenen zu erörtern".

3. Akteneinsicht/Aushändigung von Untersuchungsbefunden. Die Behandlungsuntersuchung geht mit der Anfertigung des **Abschlussgutachtens** und einer darauf aufbauenden Planungsberatung bereits konkret in Behandlung über. Die Mitarbeitsbereitschaft des Gefangenen wird gefördert, wenn er die Schlussfolgerungen und Empfehlungen der Behandlungsuntersuchung nachvollziehen kann. Das Gespräch nach Abschluss der Untersuchung kann dem Ziel dienen, den Gefangenen über den Gesamtbefund angemessen zu informieren und ihm zu helfen, die für ihn wichtigen Erkenntnisse zu akzeptieren und so die für die Mitwirkung bei der Behandlung notwendigen Aktivitäten zu entwickeln. Das **Gesamtergebnis der Behandlungsuntersuchung** und die darin ausgesprochenen Behandlungsempfehlungen (das Abschlussgutachten) auszuhändigen ist deshalb sinnvoll. Die Gefangenen haben darauf auch einen Anspruch,[143] dies ist inzwischen auch im Landesgesetz **RP** bestätigt worden, danach hat der Strafgefangene ein Recht auf Überlassung von Fotokopien der im Diagnoseverfahren gem. **RP** § 13 erstellten Basisdiagnostik.[144] 36

Zur Wahrnehmung der eigenen rechtlichen Interessen wird das Eröffnen oder einmalige Lesen komplexer Darstellungen mit darin enthaltenen psychologischen Fachtermini für einen Laien nicht ausreichend verständlich sein und auch nicht ausreichend dauerhaft erinnert werden können. Auch wenn das Ergebnis der Behandlungsuntersuchung nur Empfehlungs- und keinen Regelungscharakter hat, kann nur dann beurteilt werden, ob die **Ergebnisse der Behandlungsuntersuchung im Vollzugsplan ermessensfehlerfrei berücksichtigt worden** sind, wenn diese im Detail bekannt sind; insofern ist dies ggf. auch für den weiteren Rechtsschutz entscheidend. Eine jederzeitige Gewährung von Akteneinsicht und Aushändigung von Einzelbefunden aus der Behandlungsuntersuchung ist jedoch unzweckmäßig, weil gerade bei einer noch nicht abgeschlossenen Behandlungsuntersuchung die unkommentierte Bekanntgabe von Teilergebnissen zu zusätzlichen und unnötigen Konflikten führen kann. Die Einsichtnahme in Aufzeichnungen persönlicher Eindrücke und Hypothesen ist deshalb nur ausnahmsweise in Betracht zu ziehen; es müsste dargelegt werden, dass ohne diese Einsicht bestimm- 37

---

143 OLG Celle NStZ 1982, 136; zur Bekanntgabe des vollständigen Wortlauts eines Prognosegutachtens OLG Nürnberg 3.5.2005 – 1 Ws 457/05, ZfStrVo 2005, 297 und KG, Beschl. v. 4.12.2006 – 5 Ws 102/06 Vollz (m. Anm. Zimmermann in FD-StrafR 2007, 218325), beide Gerichte bejahten die Aushändigungspflicht, im Falle des KG handelte es sich jedoch um ein Gefährlichkeitsgutachten in Verbindung mit einer Krankenakte, so dass es vor allem um Patientenrechte ging.
144 OLG Koblenz, Beschl. v. 19. Februar 2015 – 2 Ws 704/14 (Vollz) = NStZ 2016, 246 f.

te Rechte nicht geltend gemacht werden können.[145] Dass die **Einsichtnahme in Testergebnisse,** die im Rahmen der Behandlungsuntersuchung ermittelt worden sind, zur Wahrnehmung der Rechte erforderlich sind, wird in der Regel nicht plausibel begründet werden können. Die Interpretation von Testergebnissen erfordert Sachverstand; sie müssen stets im Zusammenhang mit anderen Befunden gesehen und gewichtet werden.

III. Behandlungsmethoden

38 **1. Überblick.** Die Ergebnisse der Behandlungsuntersuchung, die Haltung des Gefangenen dazu und die Behandlungsmöglichkeiten begründen die individuelle Behandlungsprognose. Ihr Erfolg hängt entscheidend von der **Wahl der Behandlungsmethoden** ab; hier gibt es seit den 1990er Jahren eine beachtliche Erweiterung der Kenntnisstands. Dabei ist bemerkenswert, wie sehr der Optimismus von Praxis und Forschung hinsichtlich der Behandelbarkeit von Straffälligen schwankt. Nach einer „euphorischen Phase" Ende der 60er und der 70er (in der Zeit der Entstehung des Strafvollzugsgesetzes) waren die 80er sehr viel stärker von Behandlungspessimismus gekennzeichnet. Erste Meta-Evaluationsergebnisse der Behandlungsforschung wie die von *Martinson* 1974 sind zur Formel „nothing works" überinterpretiert worden.[146] Es folgten in den 90er eine Vielzahl von Meta-Analysen vorliegender Studien, die zu genauen Überprüfungen führten, welche Behandlungsmethoden als wirksam anzusehen sind.[147] Da die Diskussion um die Konsequenzen dieser Studien weitgehend der Fachwelt vorbehalten blieb, war die 2011 mit den **Urteil des BVerfG zur Sicherungsverwahrung**[148] **wieder aufkeimende Therapieoptimismus, der auch als „verordnet" empfunden werden kann,** erstaunlich.[149] Sie betrifft primär den Vollzug der Sicherungsverwahrung, in zweiter Linie aber auch den Strafvollzug in verschiedener Hinsicht: Zum einen ist dies der Fall, weil diejenigen Strafgefangenen, bei denen Sicherungsverwahrung angeordnet oder vorbehalten ist, alle Behandlungsangebote bekommen müssen, die die Sicherungsverwahrung am Ende entbehrlich machen können; zum anderen, weil erhofft wird, dass neue Behandlungsmethoden und personelle Ressourcen auch auf den Bereich des Normalvollzugs ausstrahlen können. Allerdings sind viele skeptisch, dass es angesichts der **beschränkten Ausstattung des Strafvollzugs** diese Ausstrahlungswirkung tatsächlich geben kann.[150]

39 **2. Risiko-, Bedürfnis- und Ansprechbarkeitsprinzip (RNR).** Inzwischen lassen die zahlreichen Forschungsergebnisse zur Behandelbarkeit die Frage, ob Behandlung inhaftierter Täter möglich und sinnvoll ist, gar nicht mehr zu. Es kann eigentlich nur noch um

---

145 *Arloth/Krä* § 185 Rdn. 5 ff.
146 Zu dieser Überinterpretation und dem resultierenden Schaden für die Sache instruktiv *Andrews et al.* 1990, *Dünkel/Drenkhahn* 2001, *Feelgood* 2016, 186 f.
147 *Andrews et al.* 1990.
148 BVerfGE v. 4.5.2011 – 2 BvR 2365/09 (= BVerfGE 128, 326).
149 *Morgenstern/Drenkhahn* in: Münchener Kommentar zum StGB, 3. Aufl. 2016, § 66c Rdn. 31; vgl. auch *Dessecker* 2017, 7 ff, *Gairing et al.* MschrKrim 2011, 243 und *Schäfer* 2013, 159 ff.
150 Zu den Problemen der Privilegierung gegenüber dem „Normalvollzug" *Morgenstern/Drenkhahn* in: Münchener Kommentar zum StGB, 3. Aufl. 2016, § 66c Rdn. 35 und 68; *Boetticher*, Die Idee der Wiederbelebung des alten § 65 StGB, in *Höffler* (Hrsg.), Brauchen wir eine Reform der freiheitsentziehenden Sanktionen? Göttingen 2015, 81 ff; *Schäferskipper/Grote* NStZ 2013, 453 sowie *Jehle*, Wie wirkt die Neugestaltung der Sicherungsverwahrung auf den Normalvollzug zurück? in *Höffler* (Hrsg.), Brauchen wir eine Reform der freiheitsentziehenden Sanktionen? Göttingen 2015, 68 ff; zur Frage inwieweit dieser Ausstrahlungswirkung ein frommer Wunsch bleibt *Schäfer* 2013, 162 f.

die Frage gehen, wie bei wem Behandlung einsetzen muss. *Andrews/Bonta*, die mit der Identifizierung des **Risiko-, Bedürfnis- und Ansprechbarkeitsprinzips (RNR)** einen ganz entscheidenden Beitrag zum Verständnis wirksamer Behandlungsmaßnahmen geleistet haben, bringen diese Entwicklung in ihrem 2010 in fünfter Auflage erschienen Standardwerk „The psychology of criminal conduct" auf den Punkt, wenn sie sagen: „In applied terms, prevention and corrections have moved from ‚nothing works' through ‚what works' to ‚making what works work'".[151]

Die von ihnen seit 1990 entwickelte Unterscheidung zwischen Risiko-, Bedürfnis- und Ansprechbarkeit (risk-, need-, responsivity principle) zur Qualifizierung von Behandlungsmaßnahmen hat sich als sehr bedeutsam für die Weiterentwicklung von Behandlungskonzepten erwiesen.[152] Das RNR-Modell ist das vielleicht einflussreichste Modell für die Diagnostik und Behandlung von Straftätern.[153] RNR sind als „Kernprinzipien" effektiver Behandlung anzusehen und können durch zahlreiche Untersuchungen als empirisch gesichert gelten. Kurz gefasst heißt dies für das
- **Risikoprinzip:** Wähle das Niveau der Maßnahme nach dem Risiko, rückfällig zu werden.
- **Bedürfnisprinzip:** Stelle die kriminogenen Bedürfnisse fest und ziele in der Behandlung darauf ab.
- **Ansprechbarkeitsprinzip:** maximiere die Fähigkeit des Täters, von der Rehabilitationsmaßnahme zu profitieren durch den Einsatz **kognitiv-behavioraler Methoden** und passe die Maßnahme dem Lernstil, der Motivation, der Fähigkeiten und Stärken des Täters an.

Erläutert werden **acht zentrale Risiko-/Bedürfnisprinzipien,** von denen sieben in der nachfolgenden Tabelle beschrieben sind:[154]

Hauptrisko-/ Bedürfnisfaktor	Indikatoren	Behandlungsziele
Antisoziales Persönlichkeitsmuster	Impulsivität, abenteuerliche Vergnügungssucht, rastlos aggressiv und irritierbar	Aufbau von Selbstmanagement-Fähigkeiten, Erlernen von Ärgermanagement
Pro-kriminelle Einstellungen	Rechtfertigungen für Kriminalität, negative Einstellungen zum Gesetz	Entgegenwirken mit prosozialen Einstellungen, Aufbau einer prosozialen Identität
Soziale Unterstützung für Kriminalität	Kriminelle Freunde, Isolation von prosozialen Anderen	Ersetzen prokrimineller Freunde durch Verbindungen mit prosozialen Freunden
Drogenmissbrauch	Missbrauch von Alkohol und/oder Drogen	Reduzierung von Drogenmissbrauch, Erweitern von Alternativen zu Drogenmissbrauch
Familiäre/eheliche	Unangemessene elterliche Kontrolle und Disziplinie-	Vermittlung von Erziehungsfähigkeiten, Erweiterung von

---
151 *Andrews/Bonta* 2010, iii.
152 *Andrews* et al. 1990; *Andrews/Bonta* 2010.
153 *Bonta/Andrews* 2007; *Wischka* 2012.
154 *Bonta/Andrews* 2007; *Wischka* 2012.

Hauptrisko-/ Bedürfnisfaktor	Indikatoren	Behandlungsziele
Beziehungen	rung, schwache familiäre Beziehungen	Wärme und Fürsorglichkeit
Schule/Arbeit	Schwache Leistungen, geringer Grad von Befriedigung	Ausbau von Arbeits-/Lernfähigkeiten, Fördern interpersoneller Beziehungen im Kontext von Arbeit und Schule
Prosoziale Freizeitaktivitäten	Fehlende Einbindung in prosoziale Erholungs-/Freizeitaktivitäten	Ermutigung zur Teilnahme an prosozialen Freizeitaktivitäten, Vermittlung von prosozialen Hobbys und Sport

Zu diesen sieben dynamischen, also veränderbaren Risiko-/Bedürfnisfaktoren gibt es noch einen achten, statischen, nicht mehr veränderbaren Faktor, der aus der kriminellen Vorgeschichte besteht. Dieser Faktor wird zusammen mit den Faktoren „antisoziales Persönlichkeitsmuster", „prokriminelle Einstellungen" und „soziale Unterstützung für Kriminalität" als die „Big Four" bezeichnet, die anderen als „Moderate Four". Insgesamt spricht man von den „Central Eight".

Kognitive soziale Lernstrategien sind nach *Bonta/Andrews* (2007) am effektivsten, ungeachtet des Tätertypus (z.B. weibliche Täter, Täter mit der Diagnose Psychopathie, Sexualstraftäter). **Kernveränderungspraktiken sind prosoziales Modellieren, die angemessene Verwendung von Verstärkung und Missbilligung und Problemlösen.** Neben dieser generellen **Ansprechbarkeit** ist zur „Feinabstimmung" die spezifische Ansprechbarkeit bei kognitiv-behavioralen Interventionen zu beachten, die Stärken, kognitive Fähigkeiten, Lernstil, Persönlichkeit, Motivation und bio-soziale Merkmale des Individuums (z.B. Geschlecht, ethnische Zugehörigkeit) in Rechnung zu stellen. Zu berücksichtigen sind dabei auch die Ansprechbarkeitsaspekte bei der Psychopathie.[155]

Als weitere **Kernprinzipien** geben *Andrews/Bonta* (2010) die Empfehlung,
- nicht auf die Wirkung von Bestrafung, Abschreckung oder Wiedergutmachung und andere, im Justizsystem vorhandene Grundsätze zu vertrauen,
- sich möglichst auf mehrere kriminogene Bedürfnisse einzustellen,
- auch die Stärken des Betreffenden zu erkunden, um die Prognose und spezifische Ansprechbarkeitseffekte zu verbessern,
- eine strukturierte Diagnostik einzusetzen, dabei validierte Erhebungsinstrumente zu verwenden, um Stärken sowie Risiko-, Bedürfnis- und Ansprechbarkeitsfaktoren zu ermitteln und Diagnostik und Interventionen zu integrieren.

Als **übergreifende Prinzipien** bezeichnen sie schließlich
- **Respekt für die Person und den normativen Kontext:** Die Behandlungsangebote sollen respektvoll, auch mit Respekt vor der persönlichen Autonomie angeboten werden („firm but fair"). Sie sollen menschlich, ethisch angemessen, gerecht, zurückhaltend und auch auf andere Weise normativ sein. Dabei können Regeln durch bestimmte Settings, in denen sie gelten, angepasst werden (z.B. bei jungen, psychiatrisch auffälligen oder weiblichen Straftätern).

---

155 *Andrews/Bonta* 2010, 46.

- Psychologische Theorie: Programme sollen auf eine solide, **empirische Basis** gegründet werden. Empfohlen wird ein genereller Persönlichkeits- und kognitiv-sozialer Lernansatz, der die (antisoziale) Verhaltensgeschichte, kriminalitätsbegünstigende Kognitionen (Einstellungen, Werte, Überzeugungen, Rationalisierungen) und die soziale Unterstützung für Kriminalität (Selbststeuerungs- und Problemlösungsfähigkeiten, Impulsivität, Gefühllosigkeit, Risikobereitschaft) berücksichtigt.
- Generelle Verbesserung der **Kriminalitätsprävention**: Die RNR-Prinzipien sollten auf Institutionen innerhalb und außerhalb des Justizsystems ausgeweitet werden. Darüber hinaus beschreiben sie den Bedarf an **effektive Organisationsprinzipien** (Settings, Personalführung und Management):
- Ambulante Behandlungsmaßnahmen sollten bevorzugt eingesetzt werden. Die Verwendung der RNR-Prinzipien hat aber gleichermaßen für die Behandlung in Institutionen Gültigkeit.
- Kernprinzipien bei der Praxis des Behandlungsteams: Die Effektivität der Behandlung steigt, wenn sie von Therapeuten und Basispersonal mit hohen Beziehungsfähigkeiten in Verbindung mit hohen Strukturierungsfähigkeiten angeboten wird. Qualitativ hochwertige Beziehungen sind gekennzeichnet durch Respekt, Zuwendung, Einsatzfreude, umfassende Zusammenarbeit und Wertschätzung der persönlichen Autonomie. Strukturierte Angebote beinhalten prosoziales Modelllernen, effektive Verstärkung und Missbilligung, Aufbau von Fähigkeiten, Problemlösungen, wirksamer Einsatz von Autorität, Einsatz für die Interessen des Klienten und Vermittlung, kognitive Umstrukturierung und motivierende Gesprächsführung.
- Management: Förderung der Auswahl, des Trainings und Supervision des Personals im Sinne der RNR-Prinzipien, Einführung von Mitbeobachtung der Durchführung von Behandlungsmaßnahmen (Monitoring), Rückmeldungen und Korrekturen. Aufbau eines Systems und einer Kultur, in welchem effektive Praktiken und eine kontinuierliche Betreuung unterstützt werden. Es sollten Programmmanuale verfügbar sein, der Behandlungsprozess und inzwischen erfolgte Veränderungen sollten evaluiert und Forscher einbezogen werden.

Im anglo-amerikanischen Raum gibt es inzwischen **zahlreiche Studien, die bestätigen,** dass die zugrunde liegenden Annahmen richtig sind. *Andrews/Bonta* (2010) werteten 374 Studien aus, von denen 101 aus dem offiziellen Kriminaljustizsystem stammten. Hier zeigte sich ein moderater Anstieg der Rückfälligkeit (r = −.03). Bei den 274 übrigen Studien, die den Effekt von Veränderungsprogrammen ermittelten, zeigte sich eine durchschnittliche Effektstärke von .12. Bei Behandlungsmaßnahmen stieg sie auf .26, wenn alle drei Prinzipien erfüllt waren, und auf .28, wenn auf ein breiteres Spektrum kriminogener Bedürfnisse eingegangen wurde (*bredth*). Wurde besonderer Wert auf die Qualität des Behandlungspersonals gelegt durch Auswahl, Training und Supervision (*staffing*), waren die Effekte noch deutlich höher. *Hanson et al.* (2009) schlussfolgern aus einer Metaanalyse von 23 Studien zur Behandlung von Sexualstraftätern, dass die Einhaltung der RNR-Prinzipien auch für die Behandlung von Sexualstraftätern gelten. Sie sollten vorrangig bei der Entwicklung und Implementierung von Behandlungsprogrammen für Sexualstraftäter berücksichtigt werden. Als besonders wirksam haben sich in der Straftäterbehandlung **kognitiv-behaviorale Methoden** bewährt. Die Überlegenheit gegenüber anderen Behandlungsmethoden zeigt sich sowohl in Meta-Analysen von Rückfallstudien generell[156] als auch in der Behandlung von Sexualstraftätern.[157]

---

156 *Landenberger/Lipsey* 2005.
157 *Alexander* 1999; *Lösel/Schmucker* 2005; *Schmucker* 2004; *Schmucker/Lösel* 2008.

Ziele einer kognitiv-behavioralen Therapie von Straftätern sind insbesondere **kognitive Verzerrungen aufzulösen, Rechtfertigungsstrategien zu verändern, ein Bewusstsein für Risikosituationen zu entwickeln oder Verharmlosungen der Leiden der Opfer aufzulösen**.[158] Am Ende steht ein **Rückfallpräventionsplan**, der angibt, welche Situationen und emotionale Zustände künftig vermieden bzw. wie sie bewältigt werden müssen. Der entlassene Straftäter sollte wissen, welche Stimmungen und Gefühle für ihn gefährlich sind, welche Situationen und Personen ihn in Risikosituationen bringen und einen Rückfall wahrscheinlicher machen, welche Berufe, Interessen oder Freizeitgestaltungen ihn gefährden, wie er sich in welcher Situation verhalten sollte und wer ihn bei seinen Vorsätzen unterstützen kann (Helferkreis). Diese Rückfallpräventionsplanung bietet gute Anschlussmöglichkeiten an Institutionen der **Nachsorge**. Damit kognitive Veränderungen verhaltenswirksam werden, müssen externe und interne Erprobungsräume zur Verfügung stehen und verstärkende bzw. korrigierende Rückmeldungen und Reaktionen.[159] Dies ist vor allem dann möglich, wenn die Gefangenen in Wohngruppen untergebracht sind und der Vollzug schrittweise geöffnet wird.

Bei der Behandlungsuntersuchung sollten diese, sich in der Praxis immer mehr durchsetzenden Erkenntnisse aus Forschung und Praxis **bereits in der Untersuchungsplanung handlungsleitend** sein. Inzwischen stellt auch die deutschsprachige Fachliteratur spezielle Instrumente zum „**Risk-Need-Assessment**" bereit.[160]

40   **3. Good-Lives-Model.** Ein weiteres Behandlungskonzept aus dem anglo-amerikanischen Raum, das „Good-Lives-Model" wird mitunter als Konkurrenz, in der Regel aber als **Ergänzung** zum RNR-Konzept betrachtet.[161] Es basiert auf Vorstellungen der sog. „positiven Psychologie" und kriminologisch auf der Forschung zur Aufgabe krimineller Karrieren, die vor allem die Entscheidung des Betreffenden und die unterstützenden Faktoren (*desistance*) in den Blick nimmt.[162] Das Verfahren konzentriert sich nicht nur auf die Behandlung der Störung bzw. Beseitigung der Defizite, sondern bezieht sich auf die Verbesserung der Lebensqualität (bei psychologischer Behandlung im Allgemeinen) bzw. die **Verbesserung der Möglichkeiten Lebenziele zu erreichen und persönliche Bedürfnisse umzusetzen** (bei Gefangenen).[163] Es besteht bei der Entwicklung von Strategien, dies ohne Straffälligkeit zu erreichen, eine erhebliche Überschneidung mit den oben für das RNR-Modell angesprochenen Faktoren. Dennoch ist es deutlich **weniger defizitorientiert**.[164] Diese Perspektive führt nach neueren Studienergebnissen mit Blick auf die **Mitwirkungsbereitschaft (*compliance*)** zu besseren Ergebnissen.[165] Zentral sind für diesen Behandlungsansatz, der auch in Deutschland inzwischen Eingang in die Sozialtherapie gefunden hat, aber auch für den Normalvollzug tauglich ist, ein Motivationsprogramm und ein modularisiertes Selbstmanagementprogramm; Ziel der Behandlung ist die Entwicklung eines „Zukunfts-Ichs."[166]

---

158   *Wischka* 2005; *Rehder/Wischka/Foppe* 2012.
159   *Wischka* 2011, 2012.
160   *Dahle* 2010, 50 ff; *Dahle/Harwardt/Schneider-Njepel* 2012.
161   *Andrews/Bonta/Wormith* 2011 stellen den zusätzlichen Nutzen des Modells in Frage; die wichtige Ergänzungsfunktion wird beschrieben bei *Ward* 2002 und *Ward/Maruna*, vgl. auch *Feelgood* 2016.
162   Überblick bei *Maruna* 2006 und in deutscher Sprache bei *Hofinger* 2012.
163   *Maruna* 2001, *Ward* 2002.
164   *Ward/Collie/Bourke* 2009.
165   *Ward/Collie/Bourke* 2009.
166   *Feelgood* 2016 für die Sozialtherapeutische Einrichtung in der JVA Brandenburg.

4. Möglichkeiten und Grenzen der Behandlung im deutschen Justizvollzug.

Wegen der neu geweckten Interesses an der Behandlung im Justizvollzug und die inzwischen langjährige Erprobung eines Teils der Behandlungskonzepte ist die Praxis auch (wieder) stärker mit der Frage nach der Umsetzung und dem Erfolg der Behandlung konfrontiert.[167] Grundsätzlich können nach allgemeiner Einschätzung Behandlungsprogramme von Nutzen sein und die Wiedereingliederungschancen spürbar erhöhen,[168] andererseits stellt sich schon die Frage, wie „Erfolg" überhaupt gemessen werden kann; manche Ergebnisse erscheinen ernüchternd und die Möglichkeiten im Vollzug erkennbar eingeschränkt.[169] Zu konstatieren ist außerdem, dass sich die Behandlungsanstrengungen auf die Sozialtherapie und die von Sicherungsverwahrung (zukünftig) Betroffenen konzentrieren und die im Normalvollzug ebenfalls erforderlichen Behandlungsprogramme offenbar oft fehlen oder an mangelnden Ressourcen leiden.[170]

C. Vollzugsplan

Bund	§ 7 StVollzG;
Baden-Württemberg	BW JVollzGB III § 5;
Bayern	BY Art. 9 BayStVollzG;
Berlin	BE §§ 9, 10 StVollzG Bln;
Brandenburg	BB §§ 14, 15 BbgJVollzG;
Bremen	HB §§ 8, 9 BremStVollzG;
Hamburg	HH § 8 HmbStVollzG;
Hessen	HE § 10 HStVollzG;
Mecklenburg-Vorpommern	MV §§ 8, 9 StVollzG M-V;
Niedersachsen	NI § 9 NJVollzG;
Nordrhein-Westfalen	NW § 10 StVollzG NRW;
Rheinland-Pfalz	RP §§ 14, 15 LJVollzG;
Saarland	SL §§ 8, 9 SLStVollzG;
Sachsen	SN §§ 8, 9 SächsStVollzG;
Sachsen-Anhalt	ST §§ 14, 15 JVollzGB LSA;
Schleswig-Holstein	SH §§ 8, 9 LstVollzG SH;
Thüringen	Thür JVollzGB §§ 14, 15;
Musterentwurf	ME §§ 8, 9

Schrifttum

Bachmann Bundesverfassungsgericht und Strafvollzug. Eine Analyse aller veröffentlichten Entscheidungen, Berlin 2015; *Egg/Schmitt* Sozialtherapie im Justizvollzug: Synopse der sozialtherapeutischen Einrichtungen, in: Egg (Hrsg.), Sozialtherapie in den 90er Jahren, Wiesbaden 1993, 113 ff; *Cornel* Resozialisierungsangebote für alle Gefangenen, in: Cornel/Kawamura-Reindl/Sonnen (Hrsg.), Resozialisierung. Handbuch, Baden-Baden 2018, 310 ff; *Dünkel/Pruin/Berensnatzki/Treig* Vollzugsöffende Maßnahmen und Entlassungsvorbereitung – Gesetzgebung und Praxis in den Bundesländern, Neue Kriminalpolitik 2018, 21 ff; *Endres/Haas* Behandlungserfolg in der Sozialtherapie, FS 2017, 21 ff; *Gretenkord* Sollte der Therapeut zu „63er-Patienten" Beurteilungen abgeben?, in: Beier/Hinrichs (Hrsg.), Psychotherapie mit Straffälligen, Stuttgart 1995, 124 ff; *Hürlimann* Führer und Einflußfaktoren in der Subkultur des Strafvollzugs, Pfaffenweiler 1993; *Kerner/Dolde/Mey* (Hrsg.), Jugendstrafvollzug und Bewährung – Analysen zum Vollzugsverlauf und zur Rück-

---

167 Vgl. das Schwerpunktheft zum Behandlungsvollzug, Forum Strafvollzug 1/2017, *Lürßen/Gerlach* 2017, 6.
168 *Lösel* 2016, 17 ff, *Dessecker* 2017, 8.
169 Z.B. *Wößner* 2014, 55 f; *Endres/Haas* 2017, 21 ff.
170 *Lürßen/Gerlach* 2017, 6; *Schäfer* 2013, 162 f.

fallentwicklung, Bonn 1996; *Lohse* Konsequenz als Handlungsmaxime in einer Sozialtherapeutischen Einrichtung, in: KrimPäd 1993, Heft 34, 49 ff; *Lübbe*-Wolf Die Rechtsprechung des Bundesverfassungsgerichts zum Strafvollzug und Untersuchungshaftvollzug, Bielefeld 2016; *Müller-Dietz* Sozialstaatsprinzip und Strafverfahren, in: Hanack/Rieß/Wendisch (Hrsg.), Festschrift für Hans Dünnebier, Berlin/New York 1982, 75 ff; *Otto* Nichtmitarbeitsbereite Gefangene und subkulturelle Haltekräfte, in: KrimPäd 1998, 34 ff; *Pollähne* Mindeststandards der Vollzugsplanung (§ 7 StVollzG) – zugleich Anmerkungen zum Beschluss des BVerfG vom 25.9.2006, JR 2007, 446 ff; *Pruin*, Gestaltung von Übergängen, in: Cornel/Kawamura-Reindl/Sonnen (Hrsg.), Resozialisierung. Handbuch, Baden-Baden 2018, 572 ff; *dies./Treig* Kurze Freiheitsstrafen und Ersatzfreiheisstrafen als Herausforderung an den Strafvollzug – Möglichkeiten und Grenzen, in: Maelicke/Suhling (Hrsg.), Das Gefängnis auf dem Prüfstand, Wiesbaden 2018, 313 ff; *Rehn/Wischka/Lösel/Walter (Hrsg.)*, Behandlung „gefährlicher Straftäter", 2. Aufl., Herbolzheim 2001; *Steller* Sozialtherapie statt Strafvollzug, Köln 1977; *Schmucker* Kann Therapie Rückfälle verhindern? Herbolzheim 2004; *Specht* Die Zukunft der sozialtherapeutischen Anstalten, in: Pohlmeier/Deutsch/Schreiber (Hrsg.), *Forensische Psychiatrie heute*. Berlin 1986, 108 ff; *Stock* Behandlungsuntersuchung und Vollzugsplan, Engelsbach u.a. 1993; *Walter, J.* Moralische Entwicklung im Jugendstrafvollzug oder: Demokratie lernen, in: KrimPäd 1998, 13 ff; *Wirth* Prävention durch Wiedereingliederung in den Arbeitsmarkt: Cui bono? Kongreßbericht Bundesarbeitsgemeinschaft für Straffälligenhilfe, in: Kawamura/Helms (Hrsg.), Straffälligenhilfe als Prävention, Freiburg 1998, 55 ff; *Ullmann* Länderstrafvollzugsgesetze im Vergleich. Eine Analyse auf der Grundlage der Rechtsprechung des Bundesverfassungsgerichts, Hamburg 2012; *Wischka* Die Faktoren Milieu, Beziehung und Konsequenz in der stationären Therapie von Gewalttätern, in: Rehn/Wischka/Lösel/Walter (Hrsg.), 2001, 125 ff; *Wischka* Wohngruppenvollzug, in: Pecher (Hrsg.), Justizvollzug in Schlüsselbegriffen, Stuttgart 2004, 335 ff; *Wischka/Specht* Integrative Sozialtherapie – Mindestanforderungen, Indikation und Wirkfaktoren, in: Rehn/Wischka/Lösel/ Walter (Hrsg.), 2001, 249 ff *van Zyl Smit* Regulations of prison conditions, Crime&Justice 2010, 503 ff.

s. auch Angaben zum Schrifttum unter B.

Übersicht

I. Allgemeine Hinweise —— 1–3
   1. Zweck und Wesen des Vollzugsplans —— 1, 2
   2. Definitorische Abgrenzung —— 3
   3. Vollzugsplanung in den Strafvollzugsgesetzen —— 4–6
     a) Verrechtlichung des Vollzugs oder Werkzeug für die Praxis? —— 4, 5
     b) Gestaltung durch die Landesgesetzgeber —— 6

II. Erläuterungen —— 7–44
   1. Das Verfahren der Vollzugsplanung —— 7–21
     a) Das Recht auf Vollzugsplanung —— 7, 8
     b) Dokumentation und Begründung —— 9
     c) Fristen für die Erstellung des Vollzugsplans —— 10
     d) Die Fortschreibung des Vollzugsplans —— 11–13
     e) Vollzugsplankonferenz —— 14–16
     f) Beteiligung der Gefangenen —— 17–19
     g) Weitere Beteiligte —— 20, 21
   2. Inhalt des Vollzugsplans —— 22–37
     a) Grundsätzliches —— 22
     b) Regelungen zur Unterbringung —— 23, 24
     c) Unterbringung in der Sozialtherapie —— 25
     d) Vorläufiger Entlassungszeitpunkt —— 26, 27
     e) Vollzugsöffnende Maßnahmen, Lockerungen, Ausführungen —— 28
     f) Motivation und Wahlmöglichkeiten der Gefangenen —— 29, 30
     g) Medizinische und Therapeutische Maßnahmen —— 31, 32
     h) Ausbildung und Arbeit, Trainings —— 33
     i) Freizeit —— 34
     j) Außenkontakte, familienunterstützende Maßnahmen —— 35
     k) Schuldnerberatung und sonstige Unterstützungsmaßnahmen —— 36
     l) Berücksichtigung von Opferinteressen —— 37
   3. Besonderheiten für Gefangene mit drohender Sicherungsverwahrung —— 38, 39
   4. Entlassungsvorbereitung und Nachsorge —— 40, 41
   5. Selbstbindung der Verwaltung und Rechtsschutz —— 42, 43
     a) Verbindlichkeit des Vollzugsplans —— 42
     b) Anfechtung des Vollzugsplans —— 43

I. Allgemeine Hinweise

1. Zweck und Wesen des Vollzugsplans

1

Im Vollzug muss auf die Befähigung der Gefangenen hingearbeitet werden, **in Zukunft ein Leben ohne Straftaten in sozialer Verantwortung zu führen** (zum Vollzugsziel s. 1 B). Eine gleich lautende Formulierung findet sich in den Europäische Strafvollzugsgrundsätzen (Nr. 102), wo es außerdem heißt: „Die Freiheitsstrafe ist allein durch den Entzug der Freiheit eine Strafe. Der Strafvollzug darf daher die mit der Freiheitsstrafe zwangsläufig verbundenen Einschränkungen nicht verstärken." Zur Fortführung dieses Gedankens findet sich im nächsten Grundsatz 103, dass „sobald wie möglich nach der Aufnahme" über die Strafgefangenen „Berichte über ihre Lebensverhältnisse, über die Vollzugsplangestaltung und die Planung der Entlassungsvorbereitung" zu erstellen sind. Diese eminent wichtige Verbindung zwischen Resozialisierungsziel und Vollzugsplanung ist in der Natur des ersteren begründet – das Strafvollzugsrecht muss auf seiner sozialstaatlichen Grundlage möglichst umfassende Sozialisations- bzw. Wiedereingliederungshilfe leisten,[171] die strukturiert werden muss. Auch das BVerfG hat wiederholt betont, dass der Vollzugplan als **zentrales Element eines am Resozialisierungsziel ausgerichteten Vollzuges** gelten muss,[172] zuletzt ist dies durch das OLG Koblenz mit entsprechendem Wortlaut betont worden: „„Der Vollzugsplan [...] dient der Konkretisierung des Vollzugsziels für den einzelnen Gefangenen und bildet mit **richtungsweisenden Grundentscheidungen zum Vollzugs- und Behandlungsablauf einen Orientierungsrahmen sowohl für den Gefangenen als auch für die Vollzugsbediensteten**. Dies setzt voraus, dass der Plan auf die Entwicklung des Gefangenen und die in Betracht kommenden Behandlungsansätze in zureichender, Orientierung ermöglichender Weise eingeht."[173] Das gilt auch für diejenigen, die eine lebenslange Freiheitsstrafe verbüßen.[174] In einer Entscheidung des BVerfG von 1993 wird das Wesen des Vollzugsplans durch das Erfordernis eines konzentrierten Zusammenwirkens „aller an der Resozialisierung Beteiligten" charakterisiert, das umfasse „sowohl die Mitwirkung des Gefangenen, als auch die der Vollzugsbehörde. Die erforderlichen Maßnahmen müssen von Beginn des Aufenthaltes in der Vollzugsanstalt an aufeinander abgestimmt und auch veränderten Verhältnissen immer wieder angepaßt werden. Dies setzt eine gewisse Planung voraus."[175]

Damit ist der Vollzugsplan das **wichtigste Ergebnis der Aufnahmephase** und individualisiert das Resozialisierungsziel. Er will Planungssicherheit vermitteln und kann im günstigen Fall eine stabilisierende Gegenerfahrung zu einem planlosen Leben vor der Inhaftierung sein.[176] Vorschriften zur Vollzugsplanung hat es zwar in Nr. 58 Abs. 4 DVollzO bereits gegeben, sie wurden jedoch erst im StVollzG eingehender gestaltet und begründen auch erst seitdem das Recht des Gefangenen auf eine ihm angemessene Vollzugsplanung. Der Vollzugsplan konkretisiert die Erreichung des Vollzugsziels im Einzelfall in Form eines Rahmenplanes. Er beschränkt sich nicht auf die Beurteilung eines bestimmten Zeitpunktes und die Anordnung der zum gegenwärtigen Zeitpunkt erforder-

---

171 *Müller-Dietz* 1982, 77 f, *Cornel* 2018, Kapitel 18 Rdn. 13.
172 BVerfG Beschl. v. 25.1.2006 – 2 BvR 2137/05 = NStZ-RR 2008, 61 f, dazu *Lübbe-Wolff* 2016, 72 und *Ullmann* 2012, 103.
173 OLG Koblenz, Beschl. v. 31. Januar 2014 – 2 Ws 689/13 (Vollz) = FS 2015, 67.
174 BVerfG Beschl. v. 25.9.2006 – 2 BvR 2132/05 = NStZ-RR 2008, 60 = JR 2007, 468; Beschl. v. 3.7.2006 – 2 BvR 1383/03 = BVerfGK 8, 319; Beschl. v. 25.1.2006 – 2 BvR 2137/05 = NStZ-RR 2008, 61 f; Beschl. v. 21.1.2003 – 2 BvR 406/02 = NStZ 2003, 620.
175 Beschl. v. 16.2.1993 – 2 BvR 594/92 = StV 1994, 93.
176 *Böhm* 2003 Rdn. 178 und 184.

lichen Maßnahmen, sondern er enthält auch Überlegungen über zukünftige Maßnahmen und entwirft Perspektiven zur Erreichung des Vollzugsziels, weswegen er in dem dem ME folgenden Landesgesetzen nun auch „Vollzugs- und Eingliederungsplan" heißt (siehe sogleich unten).[177] Er muss erkennen lassen, dass neben einer Beurteilung des bisherigen Behandlungsverlaufs auch eine Auseinandersetzung mit den zukünftig erforderlichen Maßnahmen stattgefunden hat.[178] Aus kriminologischer und psychologischer Sicht erfüllt eine **sorgsame Vollzugsplanung, die die Gefangenen einbezieht, damit auch Anforderungen an die Verfahrensfairness** und ist zur Förderung der Mitwirkung (*compliance*) der Gefangenen erforderlich.[179]

2 In vielen **Landesgesetzen findet sich nunmehr eine ausdrückliche Zweckbestimmung**; in den dem ME folgenden Landesgesetzen heißt es über den Vollzugs- und Eingliederungsplan: „Er zeigt den Gefangenen bereits zu Beginn der Strafhaft unter Berücksichtigung der voraussichtlichen Vollzugsdauer die zur Erreichung des Vollzugsziels erforderlichen Maßnahmen auf. Daneben kann er weitere Hilfsangebote und Empfehlungen enthalten. Auf die Fähigkeiten, Fertigkeiten und Neigungen der Gefangenen ist Rücksicht zu nehmen." (die Formulierungen weichen teilweise etwas voneinander ab, zitiert hier nach **BE** § 9 Abs. 1; entsprechend **BB** § 14 Abs. 1; **HB** § 8 Abs. 1; **MV** § 8 Abs. 1; **RP** § 14 Abs. 1; **SL** § 8 Abs. 1; **SN** § 8 Abs. 1; **ST** § 14 Abs. 1; **SH** § 8 Abs. 1; **TH** § 14 Abs. 1). Etwa vergleichbar ist auch **NW** § 10 Abs. 1 S. 2.

Eher eine Zielformulierung enthält **HH** § 8 in Abs. 3: „Die Gefangenen werden darin unterstützt, ihre persönlichen, wirtschaftlichen und sozialen Schwierigkeiten zu beheben. Sie sollen dazu angeregt und in die Lage versetzt werden, ihre Angelegenheiten selbst zu regeln, insbesondere eine Schuldenregulierung herbeizuführen. Sie sollen angehalten werden, den durch die Straftat verursachten materiellen und immateriellen Schaden wiedergutzumachen."

3 **2. Definitorische Abgrenzung.** Zu unterscheiden ist der **Vollzugsplan** vom **Behandlungsplan** und vom **Vollstreckungsplan.** Der Vollstreckungsplan bestimmt, in welche Anstalt der einzelne Gefangene einzuweisen ist (s. näher unten 15 H).[180] Der Vollzugsplan legt hingegen für jeden Gefangenen fest, was mit ihm während seiner Vollzugszeit in der jeweiligen Anstalt geschehen soll.[181] Aus der Begründung zum RE StVollzG stammt der Begriff des Behandlungsplans.[182] Er stellt einen besonderen Teil des Vollzugsplans dar, wird als Regelung der auf den Gefangenen anzuwendenden therapeutischen Behandlung durch Fachdienste aufgefasst[183] und konkretisiert einzelne Elemente des Vollzugsplans.[184] Im Gesetz ist der Behandlungsplan nicht besonders geregelt. Die Benutzung der Begriffe Behandlungsuntersuchung, Planung der Behandlung, Vollzugsplan und Behandlungsplan führt leicht zu terminologischer Verwirrung, durch zusätzlich eingeführte Begriffe in den Landesgesetzen („Maßnahmenbedarf", **HE** § 9, „Diagnoseverfahren" in den dem ME folgenden Gesetzen) ist die terminologische Vielfalt noch vergrößert worden.[185] Inzwischen wird auch der Behandlungsbegriff oft umfassend verstanden und bezieht das gesamte Lebensfeld innerhalb und außerhalb der Einrich-

---

177 OLG Hamburg Beschl. v. 13.6.2007 – 3 Vollz (Ws) 26/07.
178 BVerfG Beschl. v. 25.9.2006 – 2 BvR 2132/05 = NStZ-RR 2008, 60 = JR 2007, 468.
179 Näher *Schmidt* 2016.
180 *Laubenthal* 2015 Rdn. 305.
181 K/S-*Schöch* 2002 § 7 Rdn. 15.
182 BT-Drucks. 7/918, 49.
183 K/S-*Schöch* 2002 § 13 Rdn. 12.
184 *Laubenthal/Nestler/Neubacher/Verrel* 2015 C Rdn. 29.
185 Kritisch erläuternd dazu *Stock* 1993, 69 und 110 f, Anm. 229.

tung ein, wenn ein therapeutisches Klima hergestellt werden kann und wenn psychotherapeutische, pädagogische und arbeitstherapeutische Maßnahmen miteinander verknüpft werden.[186] Zwar stellte der Bundesgesetzgeber in BT-Drucks. 7/918, 49 fest, dass der Vollzugsplan als Rahmenplan die am Vollzug Beteiligten zur Zusammenarbeit anregt. Dennoch verbleibt es trotz dieser Erkenntnis bei der Unterscheidung zwischen Vollzugsplan und Behandlungsplan. Der gesetzlich ungeregelte Begriff des Behandlungsplans hat den Vorteil, dass dadurch die Anwendung und Erprobung vielfältiger Behandlungsmethoden möglich ist. Diese Möglichkeit ist auch im Rahmen verschiedener sozialtherapeutischer Konzepte genutzt worden.

3. Vollzugsplanung in den Strafvollzugsgesetzen

a) **Verrechtlichung des Vollzugs oder Werkzeug für die Praxis?** Das **deutsche** **4** **Strafvollzugsrecht gilt als besonders ausdifferenziert,**[187] das konnte auch für den Vollzugsplanung und die aus ihren Grundgedanken resultierenden Konsequenzen des Individualanspruchs des Gefangenen, den Anfechtungsmöglichkeiten bzw. der Selbstbindung des Vollzugs (s. unten Rdn. 42 f) bereits gesagt werden. Durch die teilweise deutlich ausführlichere Fassung der Vorschriften in den Landesvollzugsgesetzen dürfte diese Verrechtlichung noch verstärkt worden sein. In der Praxis hat sich hingegen trotz der rechtlichen Ausgestaltung und der Betonung der Wichtigkeit durch die Rechtsprechung seine **Gestaltung** ähnlich wie die der Behandlungsuntersuchung in den Bundesländern und auch in den einzelnen Anstalten sehr unterschiedlich entwickelt. Die Qualität der Vollzugsplanungen hat sich insgesamt im Vergleich zur Zeit der Einführung des StVollzG deutlich verbessert. An der Durchsetzung des Rechts auf einen Vollzugsplan sind jedoch viele Gefangene nicht (weiter) interessiert, wenn grundlegende Entscheidungen getroffen oder in Aussicht gestellt worden sind (akzeptabler Arbeitsplatz und Unterbringung, Vollzugslockerungen). Die so hergestellte Unverbindlichkeit entspricht dann häufig einem bisherigen, auf momentane Bedürfnisse ausgerichteten Lebensstil, dem durch eine planvolle Vorgehensweise aber gerade entgegengewirkt werden soll.[188] Eine Rolle dürfte auch spielen, dass sich die Behandlungsanstrengungen und die entsprechende Planung oft auf die Sozialtherapie und die von Sicherungsverwahrung (zukünftig) Betroffenen konzentrieren, spät im Vollzugsverlauf beginnen[189] und im Normalvollzug weniger Ressourcen zur Verfügung stehen (s. schon oben B Rdn. 40).[190] Ähnlich wie dies für die Behandlungsuntersuchung gilt (oben B Rdn. 8), hat die Vollzugsplanung zu berücksichtigen, dass eine zu ambitionierte Planung und überzogene Folgerungen daraus zu enttäuschten Erwartungen führen können.[191] Auf der anderen Seite müssen die Vollzugsanstalten und übergeordnete Behörden aber auch dazu angeregt werden, nicht vorhandene aber erforderliche Behandlungsangebote zu entwickeln und die dazu notwendigen Rahmenbedingungen zu schaffen.

Diesen Überlegungen folgend ist zu konstatieren, dass die Vollzugsplanung grund- **5** sätzlich auf eine Reihe von **strukturellen Problemen der Gefangenenpopulation** mit ihren Ressourcen und Möglichkeiten reagieren und daher vielfältige Optionen vorhalten

---

186   *Specht* 1986, 110; *Steller* 1977, 13; *Wischka/Specht* 2001, 254; zu einem umfassenden Behandlungsbegriff auch *Laubenthal/Nestler/Neubacher/Verrel* 2015 B Rdn. 78.
187   *van Zyl Smit* 2010, 537 ff; *Dessecker* 2017, 8 f.
188   *Böhm* 2003 Rdn. 184.
189   Kritisch *Endres/Haas* 2017, 21 ff.
190   *Lürßen/Gerlach* 2017, 6; *Schäfer* 2013, 162 f.
191   *Rehder/Wischka* 2009.

muss: Zu nennen sind mehr zu verbüßende lange Freiheitsstrafen – die eine nachhaltige Planung mit sinnvoll gestaffelten Vorgaben erfordert –; eine oft hohe Arbeitslosenquote und viele gering qualifizierte Insassen; ein erheblicher Anteil von Insassen mit Suchtmittelmissbrauch oder -abhängigkeit; ein steigender Anteil alter Gefangener; zunehmende Relevanz der Verschuldung von Gefangenen; erhebliche gesundheitliche Probleme von Diabetes bis HIV-Infektionen; ein deutlich gestiegener Anteil nicht-deutscher Strafgefangener und solcher mit Migrationshintergrund, der zumindest teilweise zu Sprach- und kulturellen Problemen führt; mehr Ersatzfreiheitsstrafen;[192] eine Veränderung der Anlassdelikte mit mehr Gefangenen, die wegen Betäubungsmittel- oder Gewaltdelikten inhaftiert sind.[193]

6   **b) Gestaltung durch die Landesgesetzgeber.** Die Bundesländer haben in ihren Strafvollzugsgesetzen **unterschiedlich** auf die verfassungsgerichtliche Rechtsprechung und die geschilderten Erkenntnisse zu einem behandlungsorientierten strukturierten Vollzug reagiert (s. auch **Übersicht über die Struktur der Regelungen oben A Rdn. 1**). Einige Länder haben sich mit der ausdrücklichen Übernahme dieser Standards in das Gesetz **zurückgehalten** und sich mehr oder weniger stark an das StVollzG angelehnt; hier sind Vorgaben zum Verfahren der Vollzugsplanung und zum Inhalt des Vollzugsplans selbst auch in einer Vorschrift zusammengefasst (**BW** § 8, **HH** § 8, **NI** § 9). Sie greifen weitgehend die Mindestangaben zum Inhalt des Vollzugsplans aus § 7 Abs. 2 StVollzG auf, die acht Einzelposten umfassten (in **HH** § 8 Abs. 2 und **NI** § 9 Abs. 1 sind es sieben).

Bayerns Gesetz ist insofern als **Schritt rückwärts** zu bezeichnen, als es den Inhalt des Vollzugsplans nur noch umschreibt („Angaben über vollzugliche, pädagogische und sozialpädagogische sowie therapeutische Maßnahmen") und die nähere Bestimmung einer Verwaltungsvorschrift überlässt (**BY** Art. 9 Abs. 1).[194] Die Verschiebung der Mindestangaben, die ein Vollzugsplan zu enthalten hat, auf die Ebene der Verwaltungsvorschriften ist angesichts der erheblichen Bedeutung, die der Vollzugsplanung in der zitierten Rechtsprechung des BVerfG zukommt, zu kritisieren.[195]

Die dem ME folgenden Landesgesetze sind deutlich ausführlicher und trennen zwischen Verfahren und Ergebnis, d.h. dem Vollzugsplan und dessen Inhalt, hier werden 20 bis 23 einzelne Punkte vorgegeben (**BE** §§ 9, 10; **BB** §§ 14, 15; **HB** §§ 8, 9; **MV** §§ 8, 9; **RP** §§ 14, 15; **SL** §§ 8, 9; **SN** §§ 8, 9; **ST** §§ 14, 15; **SH** §§ 8, 9; **TH** §§ 14, 15; **ME** §§ 8, 9). Bei grundsätzlicher Vergleichbarkeit dieser zehn Gesetze gibt es doch einige Unterschied im Detail.

Das hessische Gesetz fasst ebenfalls die Vollzugsplanung und den Inhalt des Plans in einer Vorschrift zusammen (**HE** § 10) und nennt elf notwendige Angaben „je nach Stand des Vollzugs". Ebenfalls in einer Vorschrift regelt **NW** die Vollzugsplanung, trifft aber recht ausführliche Regelungen und enthält bei den insgesamt 18 „regelmäßig" erforderlichen Angaben auch einige, die sonst fehlen, insbesondere zur Opferorientierung (vgl. unten Rdn. 37).

Alle bedeutsamen Unterschiede zwischen den Landesgesetzen werden im Sachzusammenhang erörtert.

---

192 Hierzu *Pruin/Treig* 2018, 313 ff.
193 Vgl. Cornel 2018 Kapitel 18 Rdn. 16 ff.
194 Verwaltungsvorschriften zum Bayerischen Strafvollzugsgesetz (VVBayStVollzG): Bekanntmachung des Bayerischen Staatsministeriums der Justiz vom 1. Juli 2008 Az.: 4430 – VII a –4696/08 (JMBl S. 89) BayVV Gliederungsnummer 3122.2.2-J zu Art. 9 Abs. 1; hier werden 14 Einzelmaßnahmen genannt.
195 *Arloth/Krä* 2017 Rdn. 1 zu Art. 9 BayStVollzG sowie *Pollähne* JR 2007, 446 ff.

II. Erläuterungen

1. Das Verfahren der Vollzugsplanung

a) Das Recht auf Vollzugsplanung. Nach der Logik des idealtypischen Aufnahmeverfahrens wird „auf Grund der Behandlungsuntersuchung ein Vollzugsplan erstellt", § 7 Abs. 1 StVollzG folgend gibt es entsprechende Regelungen in fast allen Landesgesetzen: **BW** § 5 Abs. 1; **BY** Art. 9 Abs. 1, **BE** § 9 Abs. 1; **BB** § 14 Abs. 1; **HB** § 8 Abs. 1; **HH** § 8 Abs. 1; **HE** § 10 Abs. 1; **MV** § 8 Abs. 1; **NW** § 10 Abs. 1; **RP** § 14 Abs. 1; **SL** § 8 Abs. 1; **SN** § 8 Abs. 1; **ST** § 14 Abs. 1; **SH** § 8 Abs. 1; **TH** § 14 Abs. 1). Nicht in allen Ländern erfolgt jedoch eine Behandlungsuntersuchung bei Kurzstrafern und solchen Gefangenen, die eine Ersatzfreiheitsstrafe verbüßen, tatsächlich; manchmal gibt es nicht einmal Vorgaben für eine Kurzdiagnostik (s. oben B I Rdn. 9 ff). Deutlich ist insofern das in der Aufzählung noch nicht genannte niedersächsische Gesetz, dass in **NI** § 9 Abs. 1 feststellt, *dass* eine Vollzugsplanung (immer) durchzuführen ist, nicht unbedingt aber ein Vollzugsplan erstellt werden muss; dies kann unterbleiben, wenn die Vollzugsdauer nicht mehr als ein Jahr beträgt.

Für die alte Rechtslage war entwickelt worden, dass Gefangene unter der Voraussetzung, dass eine Behandlungsuntersuchung gemäß § 6 StVollzG durchgeführt wurde, ein **Recht auf die Erstellung eines Vollzugsplans** haben; dies ist vom BVerfG bestätigt worden.[196] Dieses Recht bezieht sich auf einen vollständigen, sorgfältig erarbeiteten, auf die Situation des Gefangenen abgestellten, zukunftsorientierten und sich nicht auf „Leerformeln" beschränkenden oder sich in Selbstverständlichkeiten erschöpfenden Vollzugsplan und dessen Fortschreibung.[197] Für Gefangene, bei denen mit **Rücksicht auf die Vollzugsdauer** eine Behandlungsuntersuchung nicht geboten erscheint, liegt die Erstellung eines Vollzugsplans im pflichtgemäßen Ermessen der Vollzugsbehörde.[198] Seine Ausgestaltung ist dann nach Art und Umfang auf die Kürze der zur Verfügung stehenden Strafzeit abzustellen, wenigstens ein „rudimentärer Vollzugsplan" soll erstellt werden.[199] Insbesondere zur Steuerung von Maßnahmen zur Entlassungsvorbereitung sind Planungen gefordert.[200] Unzulässig ist und bleibt es jedenfalls, wenn ein Strafgefangener aus Kapazitätsgründen zunächst in einer Untersuchungshaftabteilung untergebracht wird und dort keine Behandlungsuntersuchung und Vollzugsplanung erfolgt.[201] Der *status quo* lässt sich nach der verfassungsgerichtlichen Rechtsprechung daher so beschreiben, dass immer ein Recht auf Vollzugsplanung besteht, nicht jedoch immer das Recht auf einen detaillierten Vollzugsplan.

Die Rechtslage hat sich hingegen zum Besseren geändert, wo – wie in den dem **ME (§ 7 Abs. 4)** folgenden Ländern – in jedem Falle eine, wenngleich reduzierte, Behandlungsuntersuchung in Form einer Kurzdiagnostik erfolgt. Das ist der Fall nach **BE** § 8 Abs. 5, **BB** § 13 Abs. 4, **HB** § 7 Abs. 5, **HH** § 7 Abs. 4, **MV** § 7 Abs. 5, **RP** § 13 Abs. 5, **SL** § 7 Abs. 5, **SN** § 7 Abs. 5, **ST** § 13 Abs. 6, **SH** § 7 Abs. 4; **TH** § 13 Abs. 6 (s. oben B Rdn. 11). Dort kann sich bei einer voraussichtlichen Vollzugsdauer von bis zu einem Jahr und bei denjenigen, die ausschließlich Ersatzfreiheitsstrafe verbüßen, das Diagnostikverfahren auf die Erlangung von Kenntnissen, die „für eine angemessene Vollzugsgestaltung unerlässlich sind", beschränken; der Schwerpunkt der Überlegungen soll dann auf Fragen der

---

[196] OLG Nürnberg ZfStrVo 1982, 308; LG Berlin StV 1982, 476; BVerfG Beschl. v. 25.9.2013 – 2 BvR 1582/13 = NStZ-RR 2013, 389; dazu *Lübbe-Wolf* 2016, 72 und *Bachmann* 2015, 184.
[197] *Böhm* 2003 Rdn. 180, *Lübbe-Wolf* 2016, 72.
[198] OLG Stuttgart 30.10.2006 – 4 Ws 334/06, 4 Ws 338/06, NStZ 2007, 172 f.
[199] AK-*Feest/Joester* 2017 § 8 Rdn. 9.
[200] *Wirth* 1998.
[201] OLG Hamburg 10.6.2005 – 3 Vollz (Ws) 41/05.

Eingliederung liegen. Eine entsprechende Regelung gibt es in **HE** § 9 Abs. 3, wo jedoch bei Ersatzfreiheitsstrafen von weniger als 180 Tagen von der Erstellung eines Vollzugsplans abgesehen werden kann (**HE** § 10 Abs. 4 S. 3), und in **NW** § 9 Abs. 2, der von einer „Kurzdiagnostik" spricht und für Ersatzfreiheitsstrafen keine weiteren Vorgaben macht. Sinnvoll erscheint die ausdrückliche Regelung in **BE** § 10 Abs. 4, nach der bei einer voraussichtlichen Vollzugsdauer von bis zu einem Jahr nur diejenigen Maßnahmen aufzunehmen sind, „die für die Erreichung des Vollzugsziels als zwingend erforderlich erachtet werden", sogleich aber die Maßnahmen, die für die Eingliederungsplanung nach **BE** § 10 Abs. 3 zu prüfen sind (hierzu unten Rdn. 40 f), mitbedacht werden müssen. An sich ergibt sich diese Notwendigkeit aus dem oben Gesagten, die Festschreibung im Gesetz erscheint zur Verdeutlichung des Anspruchs der Gefangenen jedoch sinnvoll.

Inwiefern eine strukturierte Vollzugsplanung, die in Übereinstimmung mit dem Bundesverfassungsgericht als zentrales Element des Resozialisierungsvollzugs gelten muss, ganz ohne einen Vollzugsplan möglich ist, ist zweifelhaft: Die niedersächsische Regelung mag einen Kompromiss darstellen, in der bayerischen und derjenigen aus Baden-Württemberg ist jedoch nicht einmal grundsätzlich auf das Recht auf rudimentär strukturierte Vollzugsplanung festgeschrieben. Das kann für Ersatzfreiheitsstrafen von Tagen oder wenigen Wochen hinnehmbar sein, nicht aber für Strafhaft bis zu einem Jahr.[202]

9 **b) Dokumentation und Begründung.** Der Vollzugsplan muss schriftlich niedergelegt werden und wegen seiner zentralen Bedeutung für die Realisierung des Vollzugsziels nicht nur für den Gefangenen verständlich sein und ihm und dem Vollzug als Leitlinie für die Ausrichtung seines Verhaltens dienen können. Es muss auch eine den Anforderungen des Art. 19 Abs. 4 GG genügende **gerichtliche Kontrolle** daraufhin möglich sein, ob die Rechtsvorschriften für das Aufstellungsverfahren beachtet wurden und das inhaltliche Gestaltungsermessen der Behörde rechtsfehlerfrei ausgeübt worden ist (hierzu unten Rdn. 42, 43).[203] Die Nachvollziehbarkeit der rechtserheblichen Abläufe und Erwägungen ist daher durch geeignete Dokumentation sicherzustellen. Diese Erfordernis ist in einigen der Gesetze zumindest für die Durchführung der Maßnahmen im Vollzugsverlauf (d.h. die Fortschreibung der Vollzugspläne) ausdrücklich festgehalten (**BE** § 9 Abs. 3; **BB** § 14 Abs. 3; **HB** § 8 Abs. 2, **HH** § 7 Abs. 4, **MV** § 8 Abs. 4, **RP** § 14 Abs. 3, **SL** § 8 Abs. 3, **SN** § 8 Abs. 3, **ST** § 14 Abs. 3, **TH** § 14 Abs. 3). Als einziges Bundesland hat **HH** in § 8 Abs. 2 S. 2 eine Begründungspflicht „in Grundzügen" zu den „Angaben" im Vollzugsplan, d.h. den getroffenen Entscheidungen bzw. festgelegten Maßnahmen, festgeschrieben; dies ist mit Blick auf die Transparenz der Entscheidungen und ihre gerichtliche Kontrolle zu begrüßen. Es ist jedoch allgemein anerkannt, dass der Vollzugsplan erkennen lassen muss, warum die Anstalt Maßnahmen befürwortet und warum sie Maßnahmen verwirft.[204] Das BVerfG[205] hat in einer Leitentscheidung von 2006 als Minimalstandards für den Vollzugsplan festgeschrieben, dass er
– für den Gefangenen verständlich sein und ihm als Leitlinie für die Ausrichtung seines künftigen Verhaltens dienen können muss;
– erkennen lassen muss, dass neben einer Beurteilung des bisherigen Behandlungsverlaufs auch eine Auseinandersetzung mit den zukünftig erforderlichen Maßnahmen stattgefunden hat.

---

202 Entsprechend *Bachmann* 2015, 184; *Pruin/Treig* 2018, 330.
203 BVerfG 25.9.2006 – 2 BvR 2132/05 = NStZ-RR 2008, 60 = JR 2007, 468.
204 *Laubenthal/Nestler/Neubacher/Verrel* 2015 C Rdn. 34.
205 BVerfG, Beschl. v. 25.9.2006 – 2 BvR 2132/05 = NStZ-RR 2008, 60 = JR 2007, 468, dazu *Pollähne* 2007, 444 ff, *Lübbe-Wolff* 2016, 73; *Bachmann* 2015, 184 und *Ullmann* 2012, 103.

- Die tragenden Gründe, die die JVA zur Befürwortung oder Verwerfung bestimmter Maßnahmen veranlasst haben, sind wenigstens in groben Zügen darzustellen.
- Im Fall der lebenslangen Freiheitsstrafe muss die Planung besonders auf die Vermeidung schädigender Auswirkung lang dauernden Freiheitsentzug Freiheitsentzuges ausgerichtet sein.

Die Form der Dokumentation ist zweitrangig, soweit jedenfalls die dem Gefangenen einsehbaren Dokumente eine ausreichende Auseinandersetzung mit seiner Person im Rahmen einer der Vollzugsplanung gewidmeten Konferenz erkennen lassen.

c) Fristen für Erstellung des Vollzugsplans. Der Vollzugsplan soll einerseits auf einer sorgfältigen, den Umständen angepassten Behandlungsuntersuchung basieren, andererseits für Planungssicherheit sorgen. D. h. er darf nicht überstürzt erstellt werden, darf jedoch angepasst an die Vollzugsdauer auch nicht so spät erstellt werden, dass Gefangene sich möglicherweise schon auf ihre Weise in der Anstalt eingelebt haben. Auf diese Situation reagieren mit flexiblen Formulierungen **HE** § 9 Abs. 1 („alsbald") und **NW** § 10 Abs. 1 („unverzüglich"), während **BW, BY** und **NI** weder im Gesetz noch in den VV zeitliche Vorgaben machen. In weiteren Bundesländern beträgt die Erstellungsfrist für den Regelfall acht Wochen, bei Vollzugsdauern von unter einem Jahr vier Wochen (**BB** § 14 Abs. 2; **MV** § 8 Abs. 1, **RP** § 14 Abs. 2, **SL** § 8 Abs. 2, **SN** § 8 Abs. 2, **ST** § 14 Abs. 2, **SH** § 8 Abs. 2; **TH** § 14 Abs. 2, **ME** § 8 Abs. 2). Hamburg und Berlin fordern für den Regelfall eine Vollzugsplanung binnen sechs Wochen, für die kurzen Vollzugsdauern bleibt es bei vier Wochen (**BE** § 9 Abs. 2, **HH** § 8 Abs. 1). In Bremen wird der Erstellung des Vollzugsplans im Regelfall eine Frist von drei Monaten eingeräumt, bei den Vollzugsdauern von unter einem Jahr sind es vier Wochen (**HB** § 8 Abs. 1). In der Praxis dürften Fristüberschreitungen nicht selten vorkommen, dies ist auf durch OLG-Rechtsprechung dokumentiert.[206]

d) Die Fortschreibung des Vollzugsplans. Eine zu vorsichtige oder zu pessimistische Vollzugsplanung zu Beginn kann für sowohl für den Gefangenen als auch für den Vollzugsalltag eine Belastung werden, wenn dadurch seine Mitwirkungsbereitschaft eingeschränkt wird. Es muss daher verhindert werden, dass der Vollzugsplan eine negative Festschreibungsfunktion erhält. Er ist mit der **Entwicklung des Gefangenen** und den weiteren Ergebnissen der Persönlichkeitserforschung in **Einklang zu halten,** wobei bereits **im Vollzugsplan individuell angemessene Fristen zu seiner Überprüfung** festzulegen sind. Der Vollzugsplan und seine Fortschreibung ist ein dynamischer, die gesamte Dauer des Strafvollzuges begleitender Prozess. Die Fortschreibungen ersetzen den Vollzugsplan nicht, sondern bauen auf ihm auf. Sie modifizieren ihn unter Berücksichtigung der weiteren Entwicklung des Gefangenen.[207] Es muss der Gefahr begegnet werden, dass der Gefangene mit der Diagnose aus der Behandlungsuntersuchung unveränderlich abgestempelt bleibt.[208] Dabei ist es entbehrlich, diejenigen Regelungen lediglich abzuschreiben, für deren Änderung kein Anlass besteht.[209] Auch die Europäischen Strafvollzugsgrundsätze for-

---

206 Z.B. OLG Rostock, Beschluss vom 23. Juni 2017 – 20 Ws 181/17 (LG Rostock), NJ 2017, 335; OLG Hamm, Beschl. v. 26.10.2017 – 1 Vollz (Ws 437/17), NStZ 2019, 50.
207 Z.B. OLG Hamburg 13.6.2007 – 3 Vollz (Ws) 26/07.
208 Vgl. hierzu OLG Koblenz, Beschl. v. 24. August 2016 – 2 Ws 294/16 (Vollz): „Ist der Fortschreibung des Vollzugs- und Eingliederungsplans für einen seit mehr als zwölf Jahren inhaftierten Strafgefangenen nicht zu entnehmen, dass sich die Vollzugsbehörde mit der Frage der Erhaltung der Lebenstüchtigkeit befasst hat, unterliegt die Vollzugsplanfortschreibung der Aufhebung, soweit Ausführungen abgelehnt worden sind." (Rdn. 11 f.).
209 KG Berlin NStZ 2001, 410 f.

dern geeignete Mechanismen zur regelmäßigen Fortschreibung der Vollzugspläne, die an die Entwicklungen der Gefangenen angepasst sind und eine Würdigung der Gesamtsituation unter Hinzuziehung des maßgeblich beteiligten Personals enthalten (Nr. 104.2).

12   Bislang gab es aus Literatur und Rechtsprechung Hinweise, wie die **Überprüfungsfrequenz** zu gestalten sei;[210] auch hier haben die Landesgesetzgeber inzwischen teilweise Vorgaben gemacht, die in der Regel **zwischen sechs und zwölf Monaten** liegen. ME § 8 Abs. 3 lautet dementsprechend: „Der Vollzugs- und Eingliederungsplan sowie die darin vorgesehenen Maßnahmen werden regelmäßig alle sechs Monate, spätestens aber alle zwölf Monate überprüft und fortgeschrieben. Die Entwicklung der Gefangenen und die in der Zwischenzeit gewonnenen Erkenntnisse sind zu berücksichtigen." Ihm folgen **BE** § 9 Abs. 3; **BB** § 14 Abs. 3; **HB** § 8 Abs. 2, **RP** § 14 Abs. 3, **SL** § 8 Abs. 3, **SN** § 8 Abs. 3, **ST** § 14 Abs. 3, **SH** § 8 Abs. 3, **TH** § 14 Abs. 3. Auch **NW** § 8 Abs. 2 trifft diese Regelung. Abweichend sehen **HH** § 7 Abs. 4 und **MV** § 8 Abs. 4 die Fortschreibung alle sechs Monate vor; in **HH** verlängert sich die Frist auf zwölf Monate, wenn die Vollzugsdauer mehr als drei Jahre beträgt. Zwölf Monate betragen die Fortschreibungsfristen auch in Hessen (**HE** § 10 Abs. 3) und Bayern (**BY** Art. 9 Abs. 2). Fristen fehlen in den Gesetzen von **BW** („regelmäßig"), und **NI** § 9 Abs. 3, hier wird die Festschreibung einer „angemessenen Frist" dem individuellen Vollzugsplan überlassen. Kürzere Fristen sind im Bedarfsfall, z.B. bei kurzen Strafen oder in der Entlassungsphase sinnvoll (dazu noch unten Rdn. 40 f). Längere Fristen als sechs Monate sind in aller Regel unangemessen.[211]

13   Vollzugspläne behalten grundsätzlich auch nach **Verlegung ihre Gültigkeit** und sind in der neuen Anstalt fortzuschreiben.[212] Er kann zwar entsprechend der Entwicklung des Gefangenen und den besonderen therapeutischen Möglichkeiten der (sozialtherapeutischen) Anstalt abgeändert werden. Unzulässig ist aber eine beliebige Neuplanung, die die Behandlung für den Gefangenen unberechenbar macht.[213] Der Vollzug in der neuen Anstalt baut auf dem in der alten auf. Die Vollzugsbehörde darf einem Gefangenen nicht erst verweigern, günstige Voraussetzungen für seine Vollzugsplanung zu schaffen (Nachweis der Drogenabstinenz durch Urinkontrollen) und anschließend unter Berufung darauf, dass eine nachgewiesene Drogenabstinenz nicht vorliege, eine erfolgversprechende Behandlung (Wohngruppenvollzug in einer anderen Anstalt) ablehnen.[214] In der Praxis ergeben sich durch Verlegungen jedenfalls **oftmals Probleme für die kontinuierliche Planung und Planungssicherheit**.[215]

14   **e) Vollzugsplankonferenz.** Die Rechtsprechung hatte schon für das alte Recht herausgearbeitet, dass der Vollzugsplan auf einer Beratung in einer Konferenz nach § 159 StVollzG (s. unten 13 L) beruhen und in schriftlicher Form fixiert werden muss.[216] In den Landesgesetzen wird die Vollzugsplankonferenz überwiegend ausdrücklich festgeschrieben, ME § 8 Abs. 5 lautet: „Zur Erstellung und Fortschreibung des Vollzugs- und Eingliederungsplans führt der Anstaltsleiter eine Konferenz mit den an der Vollzugsgestaltung maß-

---

210 *Laubenthal/Nestler/Neubacher/Verrel* 2015 C Rdn. 40; AK-*Feest/Joester* § 9 Rdn. 22; *Arloth/Krä* § 7 Rdn. 9 m.w.N.
211 *Laubenthal/Nestler/Neubacher/Verrel* 2015 C Rdn. 40; AK-*Feest/Joester* § 9 Rdn. 22; *Arloth/Krä* § 7 Rdn. 9 hält bei zehnjährigen oder lebenslangen Freiheitsstrafen eine Überprüfung innerhalb Jahresfrist für angemessen, s.a. *Höflich/Schriever* 2014, 52.
212 *Laubenthal/Nestler/Neubacher/Verrel* 2015 C Rdn. 35.
213 OLG Zweibrücken Beschl. v. 6.5.1988 – 1 Vollz (Ws) 4/88 = NStZ 1988, 431.
214 KG Berlin 23.5.2007 – 2/5 Ws 599/06.
215 Z.B. BVerfG, Beschl. v. 30.11.2016 – 2 BvR 1519/14; BVerfG Beschl. v. 30.6.2015 – 2 BvR 1857/14, 2 BvR 2810//14 = NStZ-RR 2015, 389, 392; OLG Zweibrücken Beschl. v. 6.5.1988 – 1 Vollz (Ws) 4/88 = NStZ 1988, 431.
216 OLG Hamm ZfStrVo 1979, 63.

geblich Beteiligten durch." Eine entsprechende Vorschrift findet sich in **BE** § 9 Abs. 5, **BB** § 14 Abs. 5, **HB** § 8 Abs. 4, **HH** § 8 Abs. 6, **MV** § 8 Abs. 5, **RP** § 14 Abs. 5, **SL** § 8 Abs. 5, **SN** § 8 Abs. 5, **ST** § 14 Abs. 5, **SH** § 8 Abs. 6, **TH** § 14 Abs. 5. Auch **HE** § 10 Abs. 2, **NI** § 9 Abs. 4 und **NW** § 11 Abs. 3 schreiben eine Vollzugsplankonferenz vor; **BW** § 5 Abs. 3 setzt sie voraus. Bayern weicht von dieser Linie deutlich ab: Das Gesetz schweigt, die VV zu Art. 9 bestimmen, dass das Verfahren für die Aufstellung und Fortschreibung des Vollzugsplans von der Aufsichtsbehörde festgelegt wird und dass es die Anstaltsleitung ist, die „bestimmt, wer den Vollzugsplan aufstellt und ändert sowie wer die Durchführung des Vollzugsplans überwacht". Eine Gremienentscheidung ist damit nicht zwingend vorgesehen und das Gesetz unterschreitet die bislang herausgearbeiteten Leitlinien der Rechtsprechung (s. sogleich).

Konferenzteilnehmer sind die an der Behandlung „**maßgeblich Beteiligten.**" Dazu 15
gehören (zu weiteren Beteiligten unten Rdn. 20 f) die **Anstaltsleitung**, die allerdings nicht persönlich teilnehmen muss, sondern von ihren Delegationsmöglichkeiten Gebrauch machen kann. Der Begriff der Anstaltsleitung ist nicht persönlich, sondern funktional aufzufassen.[217] Maßgeblich an der Behandlung beteiligt sind **alle im Vollzug tätigen Bediensteten, die genaue persönliche Kenntnisse über den Gefangenen haben.** Hierzu gehört auch dessen **Einzeltherapeut**. Eine nur schriftliche Unterrichtung der übrigen Konferenzteilnehmer durch den Einzeltherapeuten über das Ergebnis der Behandlung erfüllt die Anforderungen nicht. *Gretenkord* (1995) setzt sich mit der Zurückhaltung von Therapeuten auseinander, Beurteilungen über ihre Klienten abzugeben, weil sie eine strikte **Trennung der Funktion von Therapeut und Beurteiler** für zwingend halten. Er kommt nachvollziehbar zu dem Ergebnis, dass es vor allem notwendig ist, transparent zu machen, wer in welcher Eigenschaft welche Informationen weitergibt. Je mehr die Behandlungsbedürftigkeit durch Störungen der Sozialisation, Reifeverzögerungen oder psychopathische Züge begründet ist, desto mehr sind klare Strukturen mit eindeutigen Beziehungsmustern und die Mitwirkung aller, auch der Therapeuten, an Entscheidungen geboten.

Die Vertretung eines „an der Behandlung maßgeblich Beteiligten" setzt voraus, dass 16
der Vertreter nicht nur über eine vergleichbare Qualifikation verfügt, sondern auch über den Kenntnisstand des Vertretenen. Die Aufspaltung des Entscheidungsprozesses in zwei getrennte Gremien (vorbereitende Konferenz unter Beteiligung des psychologischen Dienstes ohne Anstaltsleiter und sodann die Entscheidung tragende Besprechung der Anstaltsleitung mit leitenden Mitarbeitern) entspricht nicht dem Erfordernis einer Konferenz als einem **Entscheidungsprozess, der durch Gedankenaustausch und gemeinsame Beratung geprägt ist**,[218] was nicht heißt, dass nicht vorbereitende Gespräche geführt werden können.[219] Es ist umgekehrt nicht erforderlich, dass alle Konferenzteilnehmer an der Behandlung des Gefangenen beteiligt gewesen und mit ihm persönlichen Kontakt gehabt haben müssen.[220] In der Unterlassung der Konferenzbeteiligung liegt ein Rechtsfehler in der Ausübung des Anstaltsermessens.[221] Der Anforderung, eine Konferenz durchzuführen, ist nicht genügt, wenn ein Vollzugsbediensteter den Plan entwirft und die Dienstvorgesetzten sich auf Überprüfung des Entwurfs beschränken.[222] Ein Verstoß gegen das Konferenzerfordernis bei der Aufstellung des Vollzugsplans führt grundsätzlich auch zur Rechtswidrigkeit der in ihm enthaltenen Einzelmaßnahmen (s. auch

---

217 OLG Celle 22.1.2009 – 1 Ws 591/08.
218 KG Berlin 18.4.2011 – 2 Ws 500/10 Vollz.
219 AK-*Feest/Joester* § 9 Rdn. 14.
220 OLG Hamburg 13.6.2007 – 3 Vollz (Ws) 26.
221 KG Berlin ZfStrVo 1999, 119; StraFo 2004, 362 f; BVerfG 25.9.2006 – 2 BvR 2132/05 = NStZ-RR 2008, 60 = JR 2007, 468; *Arloth/Krä* 159 Rdn. 2.
222 KG Berlin NStZ 1995, 360.

Rdn. 44).[223] **Zeit, Ort und Teilnehmer** sowie der wesentliche Inhalt der Vollzugsplankonferenz sind **aktenkundig** zu machen. Die für den Gefangenen einsehbaren Unterlagen müssen eine hinreichende Auseinandersetzung mit der Person des Betroffenen im Rahmen der seiner Person gewidmeten Konferenz erkennen lassen.[224]

17   **f) Beteiligung der Gefangenen.** Die **Anhörung** des Gefangenen vor Erlass des Vollzugsplanes ist ein Gebot rechtsstaatlicher Fairness und entspricht der Forschung zu *compliance* und Verfahrensgerechtigkeit (s. auch oben A I Rdn. 6).[225] Während Gefangenen und/oder ihren Anwälten **kein Recht auf Anwesenheit in der Vollzugsplankonferenz** zugestanden wurde,[226] wurde sie dennoch für zulässig, sinnvoll und im Einzelfall zwingend erachtet.[227] Die Teilnahme der Gefangenen an der Vollzugsplankonferenz erleichtert das Verständnis der in Aussicht genommenen Maßnahmen und kann damit gleichzeitig die Motivation und *compliance* fördern. Das durch das Bundesverfassungsgericht klargestellte **Beteiligungsrecht** der Gefangenen beschränkt sich jedoch gem. § 6 Abs. 3 StVollzG darauf, dass die Planung mit ihm erörtert wird.[228] Er hat gleichzeitig die Pflicht, am Erörterungstermin teilzunehmen.[229] Der Gefangene hat kein Recht zu verlangen, dass bestimmte Behandlungsmaßnahmen in den Vollzugsplan aufgenommen werden;[230] er hat keinen Anspruch auf Festsetzung des Beginns einer Behandlungsmaßnahme[231] und auch keinen Anspruch auf Zuteilung eines Behandlers seiner Wahl.[232] Insoweit hat er nur einen Anspruch auf fehlerfreie Ausübung des der Vollzugsanstalt zustehenden Ermessens. Einzelanordnungen müssen allerdings mit den im Vollzugsplan enthaltenen Angaben über Behandlungsmaßnahmen in Einklang stehen.[233]

18   Der Gefangene hat einen Anspruch, über den Vollzugsplan so unterrichtet zu werden, dass ihm die Mitwirkung an seiner Behandlung möglich ist und er seine Rechte wahrnehmen kann. „Federführer" und Gefangener **erörtern die erhobenen Befunde** sowie noch offene Fragen und die sich daraus ergebenden Konsequenzen. Der Gefangene wird veranlasst, seine Einstellungen zu seiner Vergangenheit, seiner jetzigen Situation und zu seinen Perspektiven für die Zukunft darzulegen. Schließlich versuchen beide gemeinsam, die sich aus dem Gesamtbefund ergebenden Aussichten und Möglichkeiten zu definieren sowie Motivation für notwendige Veränderungen zu wecken.

Über die **Aushändigung des Vollzugsplans** bestand Streit.[234] Dass der Gefangene ein Exemplar des Vollzugsplans zur Wahrnehmung seiner rechtlichen Interessen benötigt,

---

223   OLG Frankfurt 1.3.2007 – 3 Ws 1051/06.
224   BVerfG 25.9.2006 – 2 BvR 2132/05 = NStZ-RR 2008, 60 = JR 2007, 468.
225   AK-*Feest/Joester* § 8 Rdn. 16, zu procedural justice als bedeutsamem Aspekt im Strafvollzug im Überblick *Schmidt* 2016.
226   OLG Stuttgart NStZ 2001, 392; ZfStrVo 2001, 367; OLG Hamm 15.7.2008 – 2 Vollz (Ws) 312/08; OLG Celle 14.4.2010 – 1 Ws 143/10.
227   AK-*Feest/Joester* § 8 Rdn. 16.
228   BVerfG NStZ-RR 2002, 25.
229   *Laubenthal/Nestler/Neubacher/Verrel* 2015 C Rdn. 36.
230   OLG Hamm ZfStrVo 1979, 63; OLG Nürnberg ZfStrVo 1982, 308; OLG Frankfurt ZfStrVo 1983, 245 = NStZ 1983, 381 mit Anm. *Rotthaus*; OLG Celle ZfStrVo 1985, 243: OLG Karlsruhe 10.3.2009 – 1 Ws 292/08 L.
231   KG Berlin ZfStrVo 1987, 245; OLG Karlsruhe ZfStrVo 1989, 310; *Laubenthal/Nestler/Neubacher/Verrel* 2015 C Rdn. 30.
232   OLG Karlsruhe 25.11.2004 – 1 Ws 186/04.
233   OLG Celle NStZ 1982, 136.
234   Ablehnend OLG Karlsruhe ZfStrVo 1989, 310; OLG München Beschl. v. 30.7.2008 (4 Ws 073/08), ablehnend hierzu *Bung* StV 2009, 201 ff. Das Bundesverfassungsgericht hatte in Beschl. v. 21. Januar 2003 – 2 BvR 406/02 die Frage einer Aushändigungspflicht offen gelassen. Dem Gefangenen muss danach jedenfalls die Möglichkeit gegeben werden Kenntnis von dem Inhalt des Vollzugsplans zu erhalten; kritisch hierzu *Bachmann* 2015, 180.

war aber schon nach der alten Rechtslage ausnahmslos zu bejahen, soll seine Funktion als zentrales Element eines rechtsförmigen und am Resozialisierungsziel ausgerichteten Vollzuges ernst genommen werden. Er soll Orientierung und Sicherheit geben und das Verhalten auf die Behandlungsziele ausrichten. Das Aufstellungsverfahren und die enthaltenen Einzelmaßnahmen müssen einer gerichtlichen Überprüfung standhalten. Dass beide „Vertragspartner" ihren Verpflichtungen nachkommen und sich an die schriftlich fixierten Vereinbarungen halten, ist für das Ziel einer Verantwortungsübernahme im Vollzugsgeschehen und nach der Entlassung fundamental. Im Übrigen ist die Aushändigung des Vollzugsplans ist für die Vollzugsverwaltung auch einfacher als die Gewährung von **Akteneinsicht**. Auf sie hat der Gefangene einen Anspruch, wenn er darlegen kann, dass er hierauf angewiesen ist und kein Ausschlussgrund nach § 19 Abs. 4 BDSG vorliegt.[235]

Die **Landesgesetze** haben die Vorgaben der Rechtsprechung überwiegend in das **19** Gesetz aufgenommen, teilweise sind sie, etwa was die Beteiligung der Gefangenen an der Vollzugsplankonferenz und die Aushändigung des Vollzugsplans angeht, darüber hinausgegangen:

In allen Landesgesetzen ist festgelegt, dass die Vollzugsplanung mit dem Gefangenen **erörtert** wird (**BW** § 5 Abs. 3, **BY** Art. 9 Abs. 4, **HH** § 8 Abs. 5, **HE** § 10 Abs. 5, und **NI** § 9 Abs. 5); in manchen Landesgesetzen mit dem als Ausdruck Verstärkung des Gedankens der Stärkung von Mitwirkung und Autonomie der Gefangenen begrüßenswerten Zusatz, dass bei der Erörterung der Vollzugsplanung ihre „Anregungen und Vorschläge einzubeziehen sind, soweit sie der Erreichung des Vollzugsziels dienen" (**BE** § 9 Abs. 4, **BB** § 14 Abs. 4, **HB** § 8 Abs. 3, **MV** § 8 Abs. 3, **NW** § 10 Abs. 4, **RP** § 14 Abs. 4, **SL** § 8 Abs. 4, **SN** § 8 Abs. 4, **ST** § 14 Abs. 4, **SH** § 8 Abs. 4, **TH** § 14 Abs. 5, **ME** § 8 Abs. 4).

In den meisten Gesetzen findet sich Vorgaben zu **Erläuterung des Vollzugsplans** im Zusammenhang mit der **Vollzugsplankonferenz**, was die Forderung nach Anhörung (o Rdn. 17) aufnimmt: Nach **BW** § 5 Abs. 3 wird den Gefangenen „Gelegenheit gegeben, eine Stellungnahme in der Vollzugsplankonferenz abzugeben"; in **ME** § 8 Abs. 5 S. 3 heißt es: „Den Gefangenen wird der Vollzugs- und Eingliederungsplan in der Konferenz eröffnet und erläutert.", dem folgen **BE** § 9 Abs. 5, **BB** § 14 Abs. 5, **HB** § 8 Abs. 4, **MV** § 8 Abs. 5, **RP** § 14 Abs. 5, **SL** § 8 Abs. 5, **SN** § 8 Abs. 5, **ST** § 14 Abs. 5, **SH** § 8 Abs. 6, **TH** § 14 Abs. 5. Ähnlich schreibt **HE** § 10 Abs. 5 fest, dass in der Vollzugsplankonferenz die „Anregungen und Vorschläge" der Gefangenen angemessen einbezogen werden, was eine gewissen Interaktion und nicht nur die Entgegennahme der Erläuterungen impliziert. Ähnlich ist es nach **NW** § 10 Abs. 4.

Auch die **Aushändigung** einer Abschrift des Vollzugsplans ist nun in nahezu allen Ländern vorgesehen, überwiegend ist er gesetzlich geregelt (**BE** § 9 Abs. 8, **BB** § 14 Abs. 8, **HB** § 8 Abs. 7, **HH** § 8 Abs. 5, **HE** § 10 Abs. 5, **MV** § 8 Abs. 8, **NI** § 9 Abs. 5, **NW** § 10 Abs. 4, **RP** § 14 Abs. 8, **SL** § 8 Abs. 8, **SN** § 8 Abs. 8, **ST** § 14 Abs. 8, **SH** § 8 Abs. 9, **TH** § 14 Abs. 8, **ME** § 8 Abs. 8). In Bayern werden wenig nachvollziehbar die Hürden durch die VV zu Art. 9 etwas erhöht, danach ist ein Abdruck des Vollzugsplans und jeder Fortschreibung „auf Antrag gegen Nachweis auszuhändigen." Nur in **BW** fehlen sowohl gesetzliche Vorschrift als auch eine entsprechende VV.

Unterschiedlich weit gehen die Landesgesetz mit Blick auf die **Beteiligung der Gefangenen an der Vollzugsplankonferenz selbst**. Während die meisten der Landesgesetze die oben genannten Vorschriften zur Vollzugsplankonferenz (Rdn. 14) mit dem Zusatz ergänzen, dass Gefangene auch über die Erläuterung hinaus „an der Konferenz beteiligt werden können", ist diese Möglichkeit in **Sachsen** deutlich stärker betont: Nach

---

235 K/S-*Schöch* 2002 § 7 Rdn. 17.

SN § 8 Abs. 5 „**sollen**" **sie beteiligt werden,** darüber hinaus ist ihren **Verteidigern** die Teilnahme an der Vollzugsplankonferenz zu gestatten.

20   **g) Weitere Beteiligte.** Manche Landesgesetze sehen darüber hinaus noch weitere mögliche Beteiligte für die Vollzugsplankonferenz vor. Diese Vorschriften tragen dem Gedanken Rechnung, dass die die verschiedenen Institutionen, die bei der Vollstreckung ambulanter Maßnahmen tätig werden, im Sinne der durchgehenden Hilfen bzw. der durchgehenden Betreuung sinnvoll vernetzt sein sollen. Dies wird als unerlässlich für die Wiedereingliederung und das konkrete Entlassung- und Übergangsmanagement angesehen[236] und greift auch den **Öffnungsgrundsatz** (s. 1 D Rdn. 14f) auf. Dementsprechend können an der Vollzugsplankonferenz die bislang zuständigen **Bewährungshelfer** beteiligt werden, wenn der Gefangene zuvor unter Bewährungshilfe oder Führungsaufsicht stand. Auch **weitere „an der Eingliederung mitwirkende Personen"** können mit Zustimmung der Gefangenen beteiligt werden. Wer dies sein kann, führt die Gesetzesbegründung aus **SH** aus, danach kommen Mitarbeiter von Behörden oder Fachkräfte freier Träger in Frage, aber auch Privatpersonen, die in der Zeit nach der Entlassung eine wichtige Rolle spielen können; ggf. auch Familienmitglieder.[237] In diese Aufzählung müssen dann auch **Verteidiger** aufgenommen werden, sofern sie die Gefangenen während der Vollzugszeit vertreten und auch nach der Entlassung voraussichtlich eine Rolle spielen werden. Mit der Einbeziehung soll auf eine frühzeitige günstige Gestaltung des **sozialen Empfangsraums** hingearbeitet werden, insbesondere indem reale soziale Netzwerke mit möglichst hoher Verbindlichkeit geschaffen und auf die anstehende Situation vorbereitet werden.

Schließlich gilt die Teilnahmemöglichkeit bei der Vollzugsplanfortschreibung im letzten Jahr der voraussichtlichen Verbüßungszeit auch für den **zukünftigen Bewährungshelfer**, sofern dessen Einsatz in Frage kommt; hier sind die Gesetze auch verbindlicher formuliert, als ihm die Teilnahme *zu ermöglichen ist* und die Vollzugspläne und ihre Fortschreibungen *zuzuschicken sind*. Entsprechende Regelungen finden sich in **BE** § 9 Abs. 5–7; **BB** § 14 Abs. 5–7; **HB** § 8 Abs. 4–6; **HH** § 8 Abs. 6–7, aber ohne die Beteiligungsmöglichkeit Externer; **MV** § 8 Abs. 5–7, **NW** § 10 Abs. 3, für alle potenziell an der Entlassungsvorbereitung und Eingliederung Mitwirkenden als Soll-Vorschrift); **RP** § 14 Abs. 5–7, **SL** § 8 Abs. 5–7, **SN** § 8 Abs. 5–7 (zur Teilnahme des Verteidigers s.o.), **ST** § 14 Abs. 5–7, **SH** § 8 Abs. 5–8, **TH** § 14 Abs. 5–7, **ME** § 8 Abs. 5–7. In **BW, BY, HH, NI** fehlen solche ausdrücklichen Regelungen.

21   Eine Besonderheit, die der Planungssicherheit für die Vollzugsanstalt und die Gefangenen erschweren kann, hat das Gesetz in **BW** aufzuweisen: Nach **BW** 5 Abs. 4 S. 2 kann sich die Aufsichtsbehörde in bestimmten Fällen vorbehalten, dass der Vollzugsplan erst mit ihrer Zustimmung wirksam wird. Ausweislich der VV zu § 5 muss der Gefangene über diesen **Zustimmungsvorbehalt der Aufsichtsbehörde** belehrt werden. Die Einflussnahme auf sensible Entscheidungen mit Außenwirkung (vollzugsöffnende Maßnahmen) wird durch diese gesetzliche Regelung besonders hervorgehoben. Andere Länder haben bislang Zustimmungsvorbehalte durch Verwaltungsvorschriften geregelt.

---

236 Im Überblick *Pruin* 2018.
237 **SH** LT-Drs. 18/3153, S. 100.

2. Inhalt des Vollzugsplans

a) Grundsätzliches. § 7 Abs. 2 StVollzG regelte den **inhaltlichen Mindestumfang** 22
des Vollzugsplans. Festgehalten war dazu, dass sich der Plan nicht darin erschöpfen
darf, die § 7 Abs. 2 Nr. 1–8 StVollzG getroffenen einzelnen Entscheidungen aufzuzählen,
sondern darüber hinaus auch erkennen lassen muss, dass die Entscheidungen aus dem
Ergebnis der Behandlungsuntersuchung abgeleitet worden sind.[238] Ein Vollzugsplan
oder eine Fortschreibung, deren inhaltliche Begründung in einem Missverhältnis zu den
in ihnen vorgesehenen oder abgelehnten Maßnahmen steht, genügen den gesetzlichen
Anforderungen ebenso wenig wie ein Vollzugsplan, der sich auf „Leerformeln" beschränkt oder nur die Mindestvoraussetzungen dürftig umschreibt.[239] Er muss insb. auf
die Entwicklung des Gefangenen eingehen, seine Einbindung in angebotene Beschäftigungen verzeichnen, den bisherigen Behandlungsverlauf beurteilen und auf die in Betracht kommenden Behandlungsansätze eingehen bzw. sich mit den zukünftig erforderlichen Maßnahmen auseinandersetzen. Die Beschreibung des Ist-Zustandes genügt
nicht. Wenn eine „positive Entwicklung" bescheinigt wird, muss deutlich werden, worin
diese Entwicklung liegt und ob sie auf die Resozialisierung gerichtet ist. Der Behandlungsverlauf muss vollständig dargelegt werden und sei es durch Bezugnahme auf frühere Vollzugsplanfortschreibungen oder andere, auch dem Gefangenen zugängliche
Dokumente.[240] Die Verwendung eines **Vollzugsplan-Formulars** verleitet zu einer Reduzierung wesentlicher Erkenntnisse auf Stichworte. Es birgt die **Gefahr**, dass die Darstellung individuell erforderlicher Schwerpunkte und Entwicklungsverläufe verhindert wird
und dass Routinepläne entstehen.[241]

Die **Aufstellung eines Zeitplans** für einen sinnvoll abgestimmten Verlauf des Vollzuges ist sowohl aus Behandlungs- wie auch aus organisatorischen Gründen notwendig,
aber auch schwierig.[242] Insbesondere bei Gefangenen mit langen Strafen wird es noch
nicht möglich sein, zu allen Punkten (vgl. zu den teils sehr umfangreichen Landesregelungen sogleich Rdn. 23 ff) unmittelbar nach der Behandlungsuntersuchung konkrete
Aussagen zu machen. Auch dies muss in den Vollzugsplan aufgenommen werden, mit
dem Hinweis auf die Inaussichtnahme des Zeitpunkts einer späteren Entscheidung.[243]
Bereits aus diesen Gründen sind Fortschreibungsfristen individuell festzulegen, s. oben
Rdn. 11.[244]

Die **Landesgesetze** machen ebenfalls alle durch die Benennung von zu berücksichtigen Punkten Vorgaben für den Vollzugsplan, deren Anzahl zwischen sieben (**HE** und
NI) und 23 (**BB** und **SH**) liegt. Die **Vorgaben sind verbindlich,** lediglich **NW** § 10 Abs. 1
formuliert flexibler und benennt die „regelmäßig" einzubeziehenden Angaben. Keines
der Landesgesetze spricht jedoch in diesem Zusammenhang noch von „Behandlungsmaßnahmen", sondern es wird neutral der Terminus „Angaben" gewählt. Bayern nimmt
insofern eine Sonderrolle ein, als die einzelnen Vorgaben für den Vollzugsplan den VV
vorbehalten bleiben (vgl. schon oben Rdn. 6); die VV nennen 14 verschiedene Punkte.[245]

---

238 OLG Karlsruhe 13.2.2004 – 1 Ws 165/03.
239 KG Berlin 6.2.2006 – 5 Ws 573/05.
240 BVerfG 25.1.2006 – 2 BvR 2137/05; 25.9.2006 – 2 BvR 2132/05 = NStZ-RR 2008, 60 = JR 2007, 468; OLG
Koblenz 7.7.2010 – 2 Ws 247/10 Vollz.
241 Laubenthal 2015 Rdn. 325; weniger kritisch *Arloth/Krä* § 7 Rdn. 7.
242 AK-*Feest/Joester* § 9 Rdn. 6.
243 OLG Hamm ZfStrVo 1979, 63; OLG Zweibrücken 4.2.2004 – 1 Ws 513/03.
244 OLG Celle ZfStrVo 1985, 244.
245 Genannt werden die Unterbringung im geschlossenen oder offenen Vollzug; Zuweisung zu einer
Wohngruppe; Arbeitseinsatz; Freizeitgestaltung; Lockerungen des Vollzugs und Urlaub; Berufliche Aus-

In den dem ME folgenden Ländern finden sich separat weitere Vorgaben für die Entlassungsvorbereitung, die bestimmte Anforderungen an die letzten Fortschreibungen der Vollzugspläne formulieren (unten Rdn. 40 f).

23 **b) Regelungen zur Unterbringung.** Wichtig ist zunächst die Angabe, ob die Unterbringung im **offenen oder geschlossenen Vollzug** erfolgen soll. Dass sich der **offene Vollzug** entgegen den Absichten des Bundesgesetzgebers faktisch beklagenswerterweise nicht zum **Regelvollzug** entwickelt hat, ist bekannt; ausweislich der Strafvollzugsstatistik liegt der Durchschnittswert aller im offenen Vollzug Untergebrachten stichtagsbezogen bei ca. 17%; in manchen Bundesländern liegen die Werte deutlich niedriger.[246] Dass die Frage, ob der Gefangene im offenen Vollzug untergebracht werden soll, in der Vollzugsplanung in allen Landesgesetzen noch immer einen wichtigen Platz einnimmt, wird daran wahrscheinlich nichts ändern. Die Frage wird aber gerade in den Fortschreibungen relevant und ist sorgfältig zu prüfen (**BW** § 5 Abs. 2 Nr. 1; **BY** VV zu Art. 9; **BE** § 10 Abs. 1 Nr. 3; **BB** § 15 Abs. 1 Nr. 3; **HB** § 9 Abs. 1 Nr. 3; **HH** § 8 Abs. 2 Nr. 1; **HE** § 10 Abs. 4 Nr. 2, hier wird allerdings nur die „Art der Unterbringung" genannt und der Begriff des offenen Vollzugs kommt nicht vor; **MV** § 9 Abs. 1 Nr. 3, **NI** § 9 Abs. 1 Nr. 1, **NW** § 10 Abs. 1 Nr. 2; **RP** § 15 Abs. 1 Nr. 3, **SL** § 9 Abs. 1 Nr. 3, **SN** § 9 Abs. 1 Nr. 3, **ST** § 15 Abs. 1 Nr. 3; **SH** § 9 Abs. 1 Nr. 3, **TH** § 15 Abs. 1 Nr. 3, **ME** § 9 Abs. 1 Nr. 3). Zu inhaltlichen Fragen s. unten 13 D.

24 § 7 Abs. 2 Nr. 3 **StVollzG** schrieb die Zuweisung zu **Wohngruppen** zwingend vor und sah darin eine **Behandlungsmaßnahme;**[247] der sog. Wohngruppenvollzug sollte in allen Anstalten die Regel sein. Ob die Zuweisung zu einer Wohngruppe das Individualisierungsprinzip der Behandlung erfüllt, mag dahingestellt bleiben. Die Unterbringung der Gefangenen in Wohngruppen ist jedoch Voraussetzung dafür, das Leben in der Anstalt zu einem natürlichen sozialen Trainingsfeld zu gestalten und folgt damit dem Angleichungsgrundsatz. Erreicht werden soll die Annäherung an das Klima einer problemlösenden Gemeinschaft[248] und die Einführung und Einübung demokratischer Strukturen.[249] Diese Aufgaben stellen erhöhte Anforderungen an das Personal. Jeder Bedienstete muss gerade im Wohngruppenvollzug das Verhältnis von Distanz und Nähe zum Gefangenen besonders sorgfältig austarieren. Einer aus Behandlungsgründen geschaffenen Wohngruppe kommt keine Rechtspersönlichkeit zu; sie kann somit weder Träger von Rechten und Pflichten sein, noch von einem Gefangenen vertreten werden. Antragsberechtigt i.S. § 109 StVollzG können nur natürliche Personen oder vom Gesetz ausdrücklich dazu befähigte Personenmehrheiten (z.B. Anstaltsbeirat oder Gefangenenmitverantwortung) sein, soweit ihre ureigensten Interessen betroffen sind.[250] Gegen Entscheidungen der Anstaltsleitung hat eine Wohngruppe somit kein Widerspruchsrecht.[251] Kommt die Zuweisung zu einer Wohngruppe aus individuellen oder organisatorischen Gründen nicht in Betracht, so hat der Vollzugsplan eine Begründung dafür zu enthalten. Individuelle Gründe liegen z.B. vor, wenn befürchtet werden muss, dass die

---

und Weiterbildung; Trainingsmaßnahmen zur sozialen Kompetenz; Vorbereitung einer Schuldenregulierung; Suchtberatung; Entlassungsvorbereitung; Unterbringung in einer sozialtherapeutischen Einrichtung; Unterbringung in einer Behandlungsabteilung; Einzeltherapie und Gruppentherapie.
246 Hierzu kritisch *Dünkel* u.a. 2018, 26 ff.
247 *Laubenthal/Nestler/Neubacher/Verrel* 2015 C § 7 Rdn. 31.
248 *Walter* 1999 Rdn. 284; *Lohse* 1993; *Wischka* 2001, 2004.
249 *J. Walter* 1998.
250 OLG Hamm NStZ 1993, 512.
251 *Laubenthal/Nestler/Neubacher/Verrel* 2015 P § 109 Rdn. 34.

mit dem Wohngruppenvollzug verbundenen Freiräume zu subkulturellen Aktivitäten und zur Unterdrückung von Mitgefangenen missbraucht werden.[252] Anerkannt ist, dass die Verlegung eines Gefangenen in den behandlungsorientierten Wohngruppenvollzug eine begünstigende Maßnahme darstellt, die nur unter den gesetzlichen Voraussetzungen zurückgenommen werden kann (vgl. noch unten Rdn. 42).[253]

Die **Landesgesetze** sind in Bezug auf den Wohngruppenvollzug zurückhaltender und sprechen nicht mehr von der Zuweisung zu einer Wohngruppe, sondern neutraler von der Angabe, ob eine Unterbringung in einer Wohngruppe bzw. grundsätzlich im Wohngruppenvollzug in Betracht kommt. Während Behandlungsgruppen zumeist nicht mehr genannt werden (Ausnahmen **BW** § 5 Abs. 2 Nr. 3, **HH** § 8 Abs. 2 Nr. 2, **NW** § 10 Abs. 1 Nr. 4), kommen Wohngruppen noch fast überall vor (**BW** § 5 Abs. 2 Nr. 3, **BY** VV zu Art. 9; **BB** § 15 Abs. 1 Nr. 4, „Wohneinheit"; **HB** § 9 Abs. 1 Nr. 5; **HH** § 8 Abs. 2 Nr. 2; **HE** § 10 Abs. 4 Nr. 2, hier wird allerdings nur die „Art der Unterbringung" genannt; **MV** § 9 Abs. 1 Nr. 5, **NI** § 9 Abs. 1 Nr. 3, ergänzt um die Angabe „andere Gruppe, die der Erreichung des Vollzugsziels dient", **NW** § 10 Abs. 1 Nr. 4; **RP** § 15 Abs. 1 Nr. 5, **SL** § 9 Abs. 1 Nr. 5, **SN** § 9 Abs. 1 Nr. 5, **ST** § 15 Abs. 1 Nr. 4; **SH** § 9 Abs. 1 Nr. 4, **TH** § 15 Abs. 1 Nr. 5, **ME** § 9 Abs. 1 Nr. 3). In **BE** fehlt die Angabe im Gesetz.

c) Unterbringung in der Sozialtherapie. Ein wichtiger Punkt im Vollzugsplan war 25 und ist die Verlegung in die Sozialtherapie (§ 7 Abs. 2 Nr. 2 StVollzG). Bemerkenswert ist zunächst, dass Sexualstraftäter als besondere Gruppe in den Gesetzen im Zusammenhang mit der Vollzugsplanung nicht mehr vorkommen (s. auch oben B Rdn. 30). Die **Indikation für eine sozialtherapeutische Behandlung** muss sich aus dem Resultat der Behandlungsuntersuchung ergeben. In den Landesgesetzen ist unterschiedlich geregelt, wann entschieden wird, ob die **Verlegung in eine sozialtherapeutische Einrichtung** angezeigt ist.

Nur § 4 JVollzGB III Abs. 2 Satz 3 und Art. 8 Abs. 2 Satz 2 BayStVollzG bestimmen eine Prüfungspflicht im Rahmen der Behandlungsuntersuchung (siehe o. Rdn. 29). In den übrigen Regelungen der Länder und im Musterentwurf erfolgt die Festlegung im Rahmen der Vollzugsplanung auf der Basis der Empfehlungen in der Behandlungsuntersuchung (**BW** § 5 Abs. 2 Nr. 2, **BY** VV zu Art. 9; **BE** § 10 Abs. 1 Nr. 5; **BB** § 15 Abs. 1 Nr. 7; **HB** § 9 Abs. 1 Nr. 6; **HH** § 8 Abs. 2 Nr. 3; **HE** § 10 Abs. 4 Nr. 2; **MV** § 9 Abs. 1 Nr. 6, **NI** § 9 Abs. 1 Nr. 2, **NW** § 10 Abs. 1 Nr. 5; **RP** § 15 Abs. 1 Nr. 6, **SL** § 9 Abs. 1 Nr. 6, **SN** § 9 Abs. 1 Nr. 6, **ST** § 15 Abs. 1 Nr. 5; **SH** § 9 Abs. 1 Nr. 5, **TH** § 15 Abs. 1 Nr. 6, **ME** § 9 Abs. 1 Nr. 5). Haben die Diagnostiker lediglich Empfehlungskompetenzen und treffen die Verwaltungskräfte im Vollzug die Entscheidung im Rahmen der Vollzugsplanung wie die Empfehlungen der Fachkräfte zu interpretieren sind, ist die Gefahr wohl größer, dass nicht der Bedarf die Anzahl der Behandlungsplätze bestimmt, sondern dass umgekehrt eine Indikationsstellung nach den vorhandenen Plätzen erfolgt. Jedenfalls aber beinhalten die gesetzlichen Regelungen die Aufforderung an die Bundesländer, **Behandlungsplätze in sozialtherapeutischen Einrichtungen in dem Ausmaß zu schaffen, wie Indikationen gestellt werden,** und nicht umgekehrt, die Indikationsquote an den vorhandenen Plätzen auszurichten. Dazu ist es erforderlich, dass sich bundesweit ähnliche Maßstäbe bei der Indikationsstellung entwickeln. Der *Arbeitskreis Sozialtherapeutische Anstalten e.V.* hat **Indikationskriterien** veröffentlicht, die den derzeitigen Konsens in den sozialtherapeutischen Einrichtungen wiedergeben.[254] Wird die Indikation festge-

---

252   *Hürlimann* 1993; *Otto* 1998; *Wischka* 2004, 342 ff.
253   KG Berlin 4.6.2004 – 5 Ws 227/04 Vollz, ZfStrVo 2005, 121 f.
254   *Arbeitskreis Sozialtherapeutischer Anstalten e. V.* 2016, 7 ff.

stellt, erhält der vom MJ bestellte Koordinator oder die Koordinatorin für die sozialtherapeutischen Einrichtungen eine Mitteilung und trifft die Entscheidung, in welcher sozialtherapeutischen Einrichtung die Behandlung durchzuführen ist. Es handelt sich hierbei nicht um eine Maßnahme, die unmittelbar Außenwirkung entfaltet, weil ihr lediglich vorbereitender vollzugsinterner Charakter zukommt. Sie ist deshalb nicht isoliert anfechtbar.[255] Zur Indikationsstellung und anderen Fragen der Verlegung in die Sozialtherapie näher 3 A.

26   **d) Vorläufiger Entlassungszeitpunkt.** Es ist erforderlich – unter Berücksichtigung einer möglichen Strafrestaussetzung nach § 57 StGB –, den **voraussichtlichen Entlassungszeitpunkt** in den Vollzugsplan aufzunehmen, denn von ihm hängt die weitere Planung, namentlich der Lockerungen, ganz maßgeblich ab. Dabei muss berücksichtigt werden, dass die Entscheidung, ob im Vollzugsplan vom notierten Strafende oder von einer Strafrestaussetzung ausgegangen wird, häufig im Sinne einer **„sich selbst erfüllenden Prophezeiung"** wirkt. Werden besondere Behandlungsmaßnahmen, die Verlegung in eine sozialtherapeutische Einrichtung, Ausbildungsmaßnahmen oder Vollzugslockerungen so terminiert, dass von einer Entlassung zum Strafende ausgegangen wird, werden mit großer Wahrscheinlichkeit die Voraussetzungen, die eine Strafrestaussetzung nach § 57 StGB begründen können, zu diesem Zeitpunkt noch nicht vorliegen. Für die Richter der Strafvollstreckungskammern hat die Erprobung in Vollzugslockerungen jedoch eine zentrale Bedeutung.[256] Auch bei erheblicher krimineller Vorbelastung sollten Behandlungsmaßnahmen deshalb so geplant werden, dass bei günstigem Verlauf eine Strafrestaussetzung zur Bewährung oder eine Erprobung im offenen Vollzug möglich sind. Es ist beanstandungsfrei geblieben, von einer Entlassung zum Ende der notierten Freiheitsstrafe auszugehen, wenn der Verurteilte unzureichende oder falsche Angaben über den Verbleib der aus der Tat erlangten Beute macht.[257] Die Landesgesetze sind der Forderung nach einer gesetzlichen Vorgabe für die Aufnahme des vorläufigen Entlassungszeitpunkts in den Vollzugsplan überwiegend nachgekommen (**BE** § 10 Abs. 1 Nr. 2; **BB** § 15 Abs. 1 Nr. 2; **HB** § 9 Abs. 1 Nr. 2; **MV** § 9 Abs. 1 Nr. 2; **NW** § 10 Abs. 1 Nr. 17; **RP** § 15 Abs. 1 Nr. 2, **SL** § 9 Abs. 1 Nr. 2, **SN** § 9 Abs. 1 Nr. 2, **ST** § 15 Abs. 1 Nr. 2; **SH** § 9 Abs. 1 Nr. 2, **TH** § 15 Abs. 1 Nr. 2, **ME** § 9 Abs. 1 Nr. 2).

27   Für die Anstalt ist die Bestimmung des vorläufigen Entlassungszeitpunkt schwierig, da sie zum einen selbst prognostizieren muss, wie sich der Gefangene entwickeln wird, zum anderen vorhersehen muss, wie die Strafvollstreckungskammer entscheidet. Zu berücksichtigen sind die für § 57 Abs. 1 S. 2 StGB maßgeblichen Kriterien.[258] Der Festlegung des vorläufigen Entlassungszeitpunkts kommt ebenso wie den Lockerungen eine erhebliche **Bedeutung mit Blick auf die Entlassung- und Eingliederungsaussichten** des betroffenen Gefangenen zu: Er wirkt sich insofern direkt auf die Situation des Gefangenen aus, als von seiner Terminierung der Zugang zu therapeutischen Maßnahmen und zu Lockerungen abhängt; er ist damit nicht eine unverbindliche Angabe für die Zukunft, sondern maßgeblicher Faktor für die aktuelle Stellung des Gefangenen im Vollzugsleben. Er stellt damit eine Maßnahme zur Regelung einzelner Angelegenheiten i. S. des § 109 Abs. 1 StVollzG dar, das als vollzugsbehördliches Handeln, das im Einzelfall auf eine Gestaltung von Lebensverhältnissen mit zumindest auch rechtlicher Wirkung ge-

---

255   OLG Celle 15.9.2011 – 1 Ws 346/11.
256   AK-*Feest/Joester* § 9 Rdn. 6; BVerfG Beschl. v. 30.4.2009 – 2 BvR 2009/08 (= NJW 2009, 1941).
257   OLG Zweibrücken 1 Ws 513/03 – Vollz, NStZ 1999, 104, OLG Zweibrücken 4.2.2004 – 1 Ws 513/03.
258   Näher AK-*Feest/Joester* § 9 Rdn. 6.

richtet ist, verstanden wird.[259] Ebenso wie der Frage der (Nicht-)Gewährung von Lockerungen im Vollzugsplan[260] ist seine Festlegung daher **gerichtlich überprüfbar**.[261]

e) Vollzugsöffnende Maßnahmen, Lockerungen, Ausführungen. 28

Ebenso wie § 7 Abs. 2 Nr. 7 StVollzG schreiben alle Landesgesetze vor, dass der Vollzugsplan Angaben über Lockerungen enthält. Teilweise wird zusätzlich geregelt, dass begleitete Vollzugsöffnungen, namentlich die Ausführung ebenfalls aufzunehmen sind (**BE** § 10 Abs. 1 Nr. 15 und 16; **BB** § 15 Abs. 1 Nr. 17 und 18; **HB** § 9 Abs. 1 Nr. 16 und 17; **MV** § 9 Abs. 1 Nr. 16 und 17; **RP** § 15 Abs. 1 Nr. 16 und 17, **SL** § 9 Abs. 1 Nr. 16 und 17, **SN** § 9 Abs. 1 Nr. 16 und 17, **ST** § 15 Abs. 1 Nr. 16; **SH** § 9 Abs. 1 Nr. 20 und 21, **TH** § 15 Abs. 1 Nr. 16 und 17, **ME** § 9 Abs. 1 Nr. 14 und 15); teilweise werden werden vollzugsöffnende Maßnahmen einheitlich geregelt (**BW** § 5 Abs. 2 Nr. 7, **BY** VV zu Art. 9; **HH** § 8 Abs. 2 Nr. 6; **HE** § 10 Abs. 4 Nr. 7; **NI** § 9 Abs. 1 Nr. 7 **NW** § 10 Abs. 1 Nr. 19).

Im Zusammenhang mit der – mitunter pauschalen, im Vollzugsplan festgeschrieben – Versagung von Lockerungen gibt es auffällig viele Entscheidungen des Bundesverfassungsgerichts. Dies zeigt zum einen die besondere Grundrechtssensibilität des Themas mit Blick auf das Resozialisierungsziel, zum anderen auch eine gewissen Scheu der Fachgerichte, den Anstalten hierzu Vorgaben zu machen. Zu den bedeutsamen Grundlegungen des BVerfG zählen Entscheidungen zu Lockerungen bei Langstrafern bzw. Gefangenen mit lebenslanger Freiheitsstrafe. Wenn der voraussichtliche Entlassungszeitpunkt noch nicht absehbar ist, weil die **besondere Schwere der Schuld** festgestellt worden ist, kann in der Vollzugsplanung dennoch nicht jegliche Lockerungsperspektive mit der Begründung versagt werden, eine konkrete Entlassungsperspektive stehe noch aus. Auch dem Vollzug der **lebenslangen Freiheitsstrafe** hat der Gesetzgeber ein Behandlungs- und Resozialisierungskonzept zugrunde gelegt. Besonders bei langjährig Inhaftierten ist es geboten, schädlichen Auswirkungen des Freiheitsentzuges entgegenzuwirken und die Lebenstüchtigkeit zu erhalten.[262]

Wenn weitergehenden Lockerungen eine Flucht- und Missbrauchsgefahr entgegensteht, können Ausführungen geboten sein, bei denen durch die Aufsicht diesen Gefahren hinreichend begegnet werden kann, sofern nicht eine konkrete Gefahr besteht, z.B. ein geplanter Befreiungsversuch im Rahmen organisierter Kriminalität. Der damit verbundene personelle Aufwand ist hinzunehmen. Der Staat ist verpflichtet, Vollzugsanstalten in der zur Wahrung der Grundrechte erforderlichen Weise auszustatten.[263] Zunehmend gibt es jedoch nun auch Rechtsprechung der Fachgerichte: Das Gebot, die Lebenstüchtigkeit zu erhalten, greift dabei nicht erst dann, wenn der Gefangene bereits Anzeichen einer haftbedingten Deprivation aufweist.[264] Die Versagung von Lockerungen in der Vollzugsplanfortschreibung sind nur dann frei von Ermessensfehlern und verhältnismäßig,

---

259 OLG Karlsruhe Beschl. v. 25.6.2004 – 3 Ws 3/04 = ZfStrVo 2003, 251.
260 Z.B. OLG Hamm, Beschluss vom 29.9.2015 – 1 Vollz (Ws) 411/15, ebenso OLG Karlsruhe Beschl. v. 25.6.2004 – 3 Ws 3/04 = ZfStrVo 2003, 251: „Dass die im Vollzugsplan getroffene Festlegung, Vollzugslockerungen wegen fortbestehender Missbrauchsgefahr nicht zu gewähren, danach eine die Rechtssphäre des Gefangenen berührende Regelung enthält, unterliegt keinen Zweifeln."
261 Anders OLG Frankfurt NStZ 1995, 520; *Arloth/Krä* § 7 Rdn. 13.
262 BVerfG, Beschl. v. 25.9.2006 – 2 BvR 2132/05 = NStZ-RR 2008, 60 = JR 2007, 468, dazu *Lübbe-Wolff* 2016, 73; *Bachmann* 2015, 184.
263 BVerfG 25.9.2006 – 2 BvR 2132/05 = NStZ-RR 2008, 60 = JR 2007, 468; 10.9.2008 – 2 BvR 719/08; 5.8.2010 – 2 BvR 729/08; 26.10.2011 – 2 BvR 1539/09 = StV 2012, 678; 29.2.2012 – 2 BvR 368/10 = StV 2012, 681.
264 OLG Brandenburg 17.4.2012 – 2 Ws 58/12.

wenn die Gründe hierfür nicht pauschal, sondern lockerungsbezogen abgefasst sind.[265] Zu inhaltlichen Fragen der vollzugsöffnenden Maßnahmen vgl. 10 B bis D.

29   f) **Motivation und Wahlmöglichkeiten der Gefangenen.** Wenn auch das Gesetz keine **Mitwirkungspflicht** kennt, die durch formelle oder informelle Sanktionen erzwungen werden darf (oben 1 D 4 und B II Rdn. 30)[266] hat der Gefangene kein Recht, sich resozialisierenden Maßnahmen zu entziehen. Insofern kann die Mitwirkung des Gefangenen an den im Vollzugsplan festgelegten Maßnahmen z.B. Auswirkungen auf die **Beurteilung der Missbrauchsgefahr** bei Vollzugslockerungen haben. Gleiches gilt für die Prognoseerstellung im Rahmen der Strafrestaussetzung gem. § 57 StGB. Damit hat das Merkmal „mangelnde Kooperation" zur Beurteilung des Missbrauchsrisikos und der Rückfallgefahr zumindest indizielle Wirkung,[267] jedenfalls aber ist dies für die Beurteilung, ob sich deliktrelevante Einstellungen und Verhaltensmuster verändert haben oder ob soziale Kompetenzen zur Bewältigung von Konflikten und Alltagsschwierigkeiten erworben wurden, der Fall, denn dies wird ohne aktive Mitwirkung kaum möglich sein. Die **Bereitschaft zur Mitwirkung ist daher zu wecken und zu fördern;** Maßnahmen, die diese Mitwirkungsbereitschaft fördern sollen, sind daher ist nach einem Teil der Landesgesetze ebenfalls in den Vollzugsplan aufzunehmen (**BB** § 15 Abs. 1 Nr. 9; **HB** § 9 Abs. 1 Nr. 8; **MV** § 9 Abs. 1 Nr. 8; **RP** § 15 Abs. 1 Nr. 4, **SL** § 9 Abs. 1 Nr. 4, **SN** § 9 Abs. 1 Nr. 4, **ST** § 15 Abs. 1 Nr. 6; **SH** § 9 Abs. 1 Nr. 20 und 21, **TH** § 15 Abs. 1 Nr. 4).

30   Eine Neuerung stellt die in **BB** § 14 Abs. 1 Nr. 1, **RP** § 15 Abs. 1 Nr. 4 zu findenden Vorschrift dar, wonach die Gefangenen ein **Wahlrecht** habe, wenn mehrere gleich geeignete Maßnahmen zur Erreichung des Vollzugsziels verfügbar sind. Wann dies im Einzelnen der Fall ist, dürfte schwer zu bestimmen sein und die Norm eher von symbolischem Wert – entscheidend ist, dass den Gefangenen Mitsprache eingeräumt wird.

31   g) **Medizinische und Therapeutische Maßnahmen. Psychologische und psychotherapeutische Behandlung,** teilweise mit verschiedenen Vorschlägen zu Einzel- oder Gruppentherapie oder „psychologischer Intervention" (z.B. **HB** § 9 Abs. 1 Nr. 7) sind in allen Landesgesetzen als Inhalt des Vollzugsplans vorgesehen; mitunter allerdings nur in pauschalen Benennungen wie „besondere Hilfs- und Behandlungsmaßnahmen" (**BW** § 5 Abs. 2 Nr. 6, **NI** § 9 Abs. 1 Nr. 5). Teilweise kommen **psychiatrische** Behandlungsmaßnahmen gesondert hinzu (**BE** § 10 Abs. 1 Nr. 4; **BB** § 15 Abs. 1 Nr. 5; **HB** § 9 Abs. 1 Nr. 4; **MV** § 9 Abs. 1 Nr. 4; **RP** § 15 Abs. 1 Nr. 4, **SL** § 9 Abs. 1 Nr. 8 **SN** § 9 Abs. 1 Nr. 8, **ST** § 15 Abs. 1 Nr. 7, **TH** § 15 Abs. 1 Nr. 8); vereinzelt werden auch Maßnahmen der Gesundheitsfürsorge oder medizinische Maßnahmen separat genannt (**BE** § 10 Abs. 1 Nr. 7, **HE** § 10 Abs. 5). Dies ist angesichts der immer älter werdenden Klientel und des oftmals schlechten Gesundheitszustands sicherlich in vielen Fällen sinnvoll.

32   In allen Landesgesetzen ist die Berücksichtigung der Vielzahl von Gefangenen, die Substanzmissbrauch betreiben oder abhängig sind, entweder von den genannten pauschalen therapeutischen Angeboten erfasst oder mit Blick auf die Behandlung von **Suchtmittelabhängigkeit** gesondert angesprochen.[268] In **NW** § 10 Abs. 4 Nr. 16 ist von

---

265 OLG Koblenz, Beschl. v. 31. Januar 2014 – 2 Ws 689/13 (Vollz) = FS 2015, 67.
266 *Laubenthal/Nestler/Neubacher/Verrel* 2015 B Rdn. 71; *Seebode* 1997, 156.
267 AK-*Goerdeler* § 4 Rdn. 45.
268 Kritisch diesbezüglich AK-*Feest/Joester* § 9 Rdn. 12, die davon ausgehen, dass betroffene Gefangene selbst auf eine Aufnahme in den Vollzugsplan drängen müssen bzw. eine solche beantragen sollten, auch um die Frage der Strafunterbrechung nach § 35 BtmG berücksichtigen zu lassen.

"Suchtberatung" die Rede, in **SH** § 9 Abs. 1 Nr. 8 ist zusätzlich die Frage der Substitution genannt. Vgl. im Einzelnen unten 6 E.

h) Ausbildung und Arbeit, Trainings. Die **Zuweisung von Arbeit** ist – unabhängig von der Frage, ob nach den Landesgesetzen eine Arbeitspflicht besteht, hierzu unten 4 A und B – nach allen Vollzugsgesetzen in den Vollzugsplänen anzusprechen. Die **schulische Ausbildung** ist ebenfalls überall zu finden; in den meisten der dem **ME** folgenden Ländern findet sich ein Hinweis auf **Alphabetisierungs- und Deutschkurse**, was angesichts des hohen Ausländeranteils in deutschen Gefängnissen zu begrüßen ist (**BE** § 10 Abs. 1 Nr. 10; **BB** § 15 Abs. 1 Nr. 12; **HB** § 9 Abs. 1 Nr. 11; **MV** § 9 Abs. 1 Nr. 11; **RP** § 15 Abs. 1 Nr. 11, **SN** § 9 Abs. 1 Nr. 11, **ST** § 15 Abs. 1 Nr. 11, **SL** § 9 Abs. 1 Nr. 14, **TH** § 15 Abs. 1 Nr. 11, **ME** § 9 Abs. Nr. 9). **Arbeitstherapeutische** Maßnahmen und Maßnahmen der **beruflichen Ausbildung** werden ebenfalls in den meisten Landesgesetzen genannt.

Maßnahmen zur **Verbesserung der sozialen Kompetenz** oder soziale Trainingskurse sind ebenfalls in den dem **ME** folgenden Landesgesetzen enthalten, im Übrigen dürfte es von den pauschaleren Festlegungen der besonderen Hilfsangebote erfasst sein. Sollten diesbezüglich Zweifel bestehen, müssen entsprechende Festschreibungen beantragt werden.

i) Freizeit. Maßnahmen zur strukturierten Freizeitgestaltung mit einem besonderen Augenmerk auf der Teilnahme am **Sport** müssen nach allen Landesgesetzen in den Vollzugsplan aufgenommen werden (s. näher unten 5 A).

j) Außenkontakte, familienunterstützende Maßnahmen. Mit Blick auf die Wiedereingliederung und den sozialen Empfangsraum besonders wichtig ist, dass die Gefangenen Kontakte zu Angehörigen und Freunden halten. Insofern ist es erfreulich, dass die meisten Landesgesetze anders als § 7 StVollzG vorschreiben, dass dieser Punkt – **Aufrechterhaltung, Förderung und Gestaltung** von Außenkontakten – im Vollzugsplan zu berücksichtigen ist (**BE** § 10 Abs. 1 Nr. 17; **BB** § 15 Abs. 1 Nr. 19; **HB** § 9 Abs. 1 Nr. 18; **HE** § 9 Abs. 4 Nr. 8; **MV** § 9 Abs. 1 Nr. 18; **NW** § 10 Abs. 4 Nr. 10; **RP** § 15 Abs. 1 Nr. 18, **SN** § 9 Abs. 1 Nr. 18, **ST** § 15 Abs. 1 Nr. 17, **SL** § 9 Abs. 1 Nr. 18, **TH** § 15 Abs. 1 Nr. 18, **ME** § 9 Abs. Nr. 16). Erfasst sind Besuche, Briefe, ggf. Päckchen sowie Telefonate (vgl. hierzu unten 9 B bis E). Hier dürfte auch der nur im Gesetz von **NW** § 10 Abs. 1 Nr. 11 erwähnte Punkt der **ehrenamtlichen Betreuung** eine Rolle spielen, sofern keine Außenkontakte des Gefangenen ersichtlich sind. Auch **SH** § 9 Abs. 1 Nr. 12 enthält insofern eine Besonderheit, als er – ebenfalls begrüßenswert – „**familienunterstützende Maßnahmen**" als Planungsposten (vgl. 14 C3 Rdn. 17) aufnimmt.

k) Schuldnerberatung und sonstige Unterstützungsmaßnahmen. Wegen der häufig prekären finanziellen Lage vieler Strafgefangener ist eine Schuldnerberatung im Vollzug ein wichtiges Unterstützungsangebot. Für die erstrebte Übernahme sozialer Verantwortung ist darüber hinaus auch die Erfüllung von **Unterhaltspflichten** wichtig. Folgerichtig ist „Schuldnerberatung, Schuldenregulierung und Erfüllung von Unterhaltspflichten" in den dem ME folgenden Landesgesetzen und in **NW** § 10 Abs. 1 Nr. 14 als Unterstützungsangebot im Vollzugsplan festzuhalten; in den anderen Bundesländern ist dieser Aspekt von den allgemeinen Hilfs- und Unterstützungsangeboten erfasst. Die Bildung von **Überbrückungsgeld**, für die Phase nach der Entlassung und damit für die gelingende Wiedereingliederung unter Umständen von besonderer Bedeutung, ist hingegen nur in **SN** § 9 Abs. 1 Nr. 19 als Pflichtpunkt im Vollzugsplan zu berücksichtigen. Zu den sonstigen Unterstützungsmaßnahmen sollte ggf. auch die Frage nach rechtlicher

Unterstützung bei laufenden Rechtsstreitigkeiten zählen, die sich ausdrücklich aber nirgendwo findet.[269]

37   l) **Berücksichtigung von Opferinteressen.** Im Gegensatz zum StVollzG sind in den dem ME folgenden Landesgesetzen sowie **HH** § 8 Abs. 2 Nr. 5, **HH** § 8 Abs. 4 Nr. 9 auch die Berücksichtigung von Verletzteninteressen insofern festgehalten, als der Vollzugsplan Angaben zum **Ausgleich von Tatfolgen** enthalten muss. Darüber hinausgehend zeigt das Gesetz in **NW** eine besondere Opferorientierung: **NW** § 10 Abs. 1 Nr. 12 und 13 enthalten nicht nur den Hinweis auf den Schadensausgleich oder Täter-Opfer-Ausgleich sondern auch „Maßnahmen zur Sicherung berechtigter Schutzinteressen von Opfern oder gefährdeten Dritten." Dies dürfte innerhalb des Vollzugs jedoch zu weitgehend sein und lässt eher eine besondere **Sicherheitsorientierung** erkennen, wie sie sich auch in Nr. 3 der Vorschrift, die die – im Ländervergleich einmalige – Aufnahme von „Sicherheitshinweisen" in den Vollzugsplan vorschreibt, erkennen lässt.

38   **3. Besonderheiten für Gefangene mit drohender Sicherungsverwahrung.**
Viele Landesgesetzgeber haben besondere Vorgaben für den Vollzugsplan von Gefangenen, bei denen Sicherungsverwahrung droht. Diese Sonderstellung ergibt sich aus § 66c Abs. 2 StGB (siehe schon oben B I Rdn. 28). Das nach den Vorgaben des BVerfG[270] beschlossene Gesetz zur bundesrechtlichen Umsetzung des Abstandsgebotes im Recht der Sicherungsverwahrung[271] bestimmt in § 66c Abs. 1 Nr. 1a StGB i.V.m. Abs. 2, dass dem Betreffenden auf der Grundlage einer umfassenden Behandlungsuntersuchung und eines regelmäßig fortzuschreibenden Vollzugsplans eine **Betreuung angeboten wird, „die individuell und intensiv sowie geeignet ist, seine Mitwirkungsbereitschaft zu wecken und zu fördern,**[272] insbesondere eine **psychiatrische, psycho- oder sozialtherapeutische Behandlung, die auf den Untergebrachten zugeschnitten ist,** soweit standardisierte Angebote nicht Erfolg versprechend sind". Beim Vollzug der Sicherungsverwahrung selbst haben diese Vorgabe die Landesgesetze zum Vollzug der Sicherungsverwahrung umzusetzen; in Bezug auf die vorangehende Strafhaft jedoch die Landesstrafvollzugsgesetze.[273] Das durch das BVerfG betonte *ultima ratio*-Prinzip gilt nicht nur für die Anordnung der Sicherungsverwahrung, sondern auch für den Vollzug sowohl der Sicherungsverwahrung als auch für das vorangehende Stadiums des Strafvollzugs – auch er muss alle Möglichkeiten nutzen, angeordnete oder vorbehaltene Sicherungsverwahrung am Ende entbehrlich zu machen. Das BVerfG hat hier gefordert, dass therapeutische Maßnahmen, die „oftmals auch bei günstigem Verlauf mehrere Jahre in Anspruch nehmen, **zeitig beginnen**, mit der gebotenen hohen Intensität durchgeführt und möglichst vor dem Strafende abgeschlossen werden."[274] Damit ist die Vollzugsbehörde in der Verpflichtung, die gesamte Vollzugsplanung so auszurichten, dass die Vollstreckung der Maßregel möglichst bald zur Bewährung ausgesetzt oder sie für erledigt erklärt werden kann (§ 66c Abs. 1b, StGB).
Daraus ist auch abzuleiten, dass die Vollzugsplanung für Gefangene mit anschließender oder vorbehaltener Sicherungsverwahrung regelmäßig von einem Entlassungs-

---

269   AK-*Feest/Joester* § 9 Rdn. 29.
270   BVerfGE v. 4.5.2011 – 2 BvR 2365/09 (= BVerfGE 128, 326).
271   BT-Drucks. 689/12.
272   Zur grundsätzlichen Zulässigkeit von „aufgezwungenen Motivationsversuchen" OLG Hamm, Beschl. v. 1.2.2016 – III – 1 Vollz (Ws) 466/15.
273   Hierzu im Überblick *Morgenstern/Drenkhahn* in: Münchener Kommentar zum StGB, 3. Aufl. 2016, § 66c Rdn. 66 ff.
274   BVerfGE v. 4.5.2011 – 2 BvR 2365/09 (= BVerfGE 128, 326, 378), Rdn. 112.

zeitpunkt ausgehen muss, der den Vollzug der Sicherungsverwahrung nicht mehr erforderlich macht. Die Behandlungsmaßnahmen und Maßnahmen zur Motivierung der Gefangenen sind zeitlich so zu planen, dass das Vollzugsziel rechtzeitig erreicht werden kann. Die Anstalt ist in der Pflicht, für die strafvollzugsbegleitende gerichtliche Kontrolle (§ 119a StVollzG) nachvollziehbar begründen zu können, dass sie alles Mögliche getan hat, um den Vollzug oder die Anordnung der Maßregel entbehrlich zu machen. Sie muss dies tun um zu vermeiden, dass der Fall des **§ 67c Abs. 1 S. 1 Nr. 2** StGB eintritt, wonach die Maßregel zur Bewährung auszusetzen ist, wenn die Unterbringung in der Sicherungsverwahrung unverhältnismäßig wäre, weil dem Täter bei einer **Gesamtbetrachtung des Vollzugsverlaufs ausreichende Betreuung im Sinne des § 66c nicht angeboten worden ist.** Zwar waren die Gerichte bislang sehr zurückhaltend, diese Konsequenz tatsächlich zu ergreifen,[275] für die Anstalt bedeutet dies jedoch unter Umständen einen erheblichen Druck. Insofern ist eine sorgsame Vollzugsplanung von Anfang an – d.h. mit der Aufstellung des Vollzugsplans – notwendig.

Die **Landesgesetze** reagieren auf dieses Erfordernis sämtlich mit **Sonderregelungen**, die allerdings **nur teilweise im Zusammenhang mit dem Vollzugsplan** zu finden sind und regelmäßig sowohl **zusätzliche Maßnahmen** wie auch einen Verweis auf **§ 119a StVollzG** enthalten, der durch eine strafvollzugsbegleitende gerichtliche Kontrolle bei angeordneter oder vorbehaltener Sicherungsverwahrung Planungssicherheit bei den Vollzugsbehörden schaffen soll (**BW** § 99; **BY** Art. 161, **BE** § 10 Abs. 2 S. 2, **BB** § 15 Abs. 2, **HB** § 9 Abs. 2, **HH** § 8 **HE** § 86 Abs. 5, **MV** § 9 Abs. 2; **NI** § 110; **NW** § 92 Abs. 5, **RP** § 15 Abs. 2, **SL** § 9 Abs. 2, **SN** § 9 Abs. 2, **ST** § 15 Abs. 1 S. 2, **SH** § 97 ff, **TH** § 15 Abs. 1 S. 2). 39

4. Entlassungsvorbereitung und Nachsorge. Ein eminent wichtiger Punkt, der in vielen Landesgesetzen auch erheblichen Raum einnimmt, ist die konkrete Entlassungsplanung und Planung der Übergangszeit in Freiheit. Da die Vollzugsplanung von vornherein auch **Wiedereingliederungsplanung** sein soll und in den den ME folgenden Landesgesetzen der entsprechend Plan auch Vollzugs- und Wiedereingliederungsplan heißt (s. Rdn. 2), ist dies folgerichtig. Die Bedeutung des Entlassungsmanagements werden auch in Nr. 103.4 der Europäischen Strafvollzugsgrundsätze hervorgehoben. Dabei hat der Vollzug bei der Planung der **Maßnahmen zur Vorbereitung der Entlassung**[276] zunächst damit zu kämpfen, dass die Auswirkungen des Gesetzes zur Bekämpfung von Sexualdelikten und anderen gefährlichen Straftaten zu berücksichtigen sind. Die restriktiveren Kriterien bei der Strafrestaussetzung gem. § 57 StGB und die erhebliche Erweiterung des Personenkreises, bei dem eine Begutachtung gem. § 454 Abs. 2 StPO erforderlich wird, machen den Entlassungszeitpunkt sowohl für den Gefangenen als auch für die Vollzugsbehörde schwerer kalkulierbar. Das kann die Probleme erhöhen, Gefangene zu einer aktiven Mitarbeit zu motivieren und die Vollzugsplanung verlässlich einzuhalten (zur Problematik des § 454 StPO und zur Prognose s. oben B Rdn. 24 ff). Um so wichtiger ist es, auf der Basis einer sorgfältigen Behandlungsuntersuchung die Vollzugsplanung, deren Umsetzung, die dabei erzielten Ergebnisse und die daraus gezogenen Schlussfolgerungen für die Entlassungsprognose so zu dokumentieren, dass sie für den Gutachter und die Strafvollstreckungskammer nachvollziehbar sind. Hilfreich ist in diesem Zusammenhang die Klarstellung des BVerfG, dass auch die Berücksichtigung des Sicherheitsinteresses der Allgemeinheit (§ 57 Abs. 1 Satz 1 Nr. 2 StGB), ebenso wie schon die 40

---

275 *Morgenstern/Drenkhahn* in: Münchener Kommentar zum StGB, 3. Aufl. 2016, § 66c Rdn. 72 ff.
276 Zur aktuellen Praxis in Deutschland *Dünkel* u.a. 2018, 21 ff und *Pruin* 2018.

Klausel der Verantwortbarkeit der Erprobung (§ 57 StGB a.F.) es einschließt, dass ein vertretbares Restrisiko eingegangen wird.[277]

41 § 7 Abs. 3 Nr. 8 StVollzG war hier mit der Vorgabe, dass der Vollzugsplan „notwendige Maßnahmen zur Vorbereitung der Entlassung" enthalten muss, eher sparsam. Dieser Konzeption bzw. die grobe Vorgabe, „Entlassung und Nachsorge" im Vollzugsplan zu berücksichtigen, sind **BW, BY, HH, HE, NI** und **NW** gefolgt, wobei hier in **NW** § 10 Abs. 1 Nr. 18 noch „frühzeitige Vorlagefristen" gefordert werden. Deutlich elaborierter sind die dem **ME** folgenden Landesgesetzgeber vorgegangen, was ausdrücklich zu begrüßen und als bundesweiter Standard zu fordern ist: Danach gibt es spätestens ein Jahr vor dem voraussichtlichen Entlassungszeitpunkt einen **eigenständigen Eingliederungsplan**, der den schon bislang vorhandenen Punkt der **„Vorbereitung von Entlassung, Eingliederung und Nachsorge" konkretisiert**. Nunmehr ist nochmals besonders die Unterbringung in den offenen Vollzug zu prüfen; die Zusammenarbeit mit Bewährungshilfe bzw. forensischen Ambulanzen sowie Einrichtungen der freien Straffälligenhilfe ist aufzunehmen oder zu intensivieren; es geht um Unterkunft und Arbeit/Ausbildung nach der Entlassung, um das Besorgen notwendiger Dokumente und Unterstützung bei Behördengängen sowie ggf. Vermittlung in nachsorgende Maßnahmen und/oder nachgehende Betreuung durch Vollzugsbedienstete oder Ehrenamtliche.

5. Selbstbindung der Verwaltung und Rechtsschutz

42 a) **Verbindlichkeit des Vollzugsplans.** Die Aufnahme einer Maßnahme in den Vollzugsplan bewirkt bei Ermessensentscheidungen eine anspruchsvolle **Selbstbindung der Verwaltung**.[278] Ist sie in den Vollzugsplan aufgenommen, muss sie auch sachgerecht durchgeführt werden,[279] es sei denn, sie wird im Sinne der Vollzugsplanfortschreibung wegen bestimmter Entwicklungen der Gefangenen änderungsbedürftig. Die **Änderung** muss ermessensfehlerfrei **begründet** werden.[280] So verlangt die Aufhebung bislang gewährter Vollzugslockerungen Begründungen i.S.d. § 14 Abs. 2 StVollzG bzw. seiner Nachfolgeregelungen in den LandesStVollzG.[281] Unzulässig ist auch die Einschränkung von im Vollzugsplan vorgesehenen Behandlungsmaßnahmen allein aus personalwirtschaftlichen Gründen. Treten Gründe ein, die das Personal an der Erfüllung gebotener Behandlungsmaßnahmen hindert, müssen sie konkret benannt und in ihrer Bedeutung den Belangen des Behandlungsvollzugs im Einzelfall gegenübergestellt und gewichtet werden.[282] Die Versagung einer im Vollzugsplan vorgesehenen Ausbildungsstelle etwa darf nicht mit Gründen gerechtfertigt werden, die bei der Erstellung des Vollzugsplans bereits bekannt waren.[283] Wenn abzusehen ist, dass sich ein ursprünglich seitens der Anstalt vorgesehener Behandlungsansatz aus tatsächlichen oder rechtlichen Gründen nicht verwirklichen lassen wird, hat die Vollzugsanstalt zu prüfen, welche anderen Behandlungsmaßnahmen in Betracht kommen.[284]

Ein als **„vorläufig" bezeichneter Vollzugsplan** eröffnet der Vollzugsanstalt nicht die Möglichkeit einer gänzlich neuen Ermessensausübung. So kann eine Lockerungspla-

---

277 BVerfG 22.3.1998 – 2 BvR 77/97; 22.10.2009 – 2 BvR 2549/08.
278 AK-*Feest/Joester* § 8 Rdn. 8; *Arloth/Krä* § 7 Rdn. 4.
279 *Laubenthal/Nestler/Neubacher/Verrel* 2015 C Rdn. 35.
280 OLG Frankfurt ZfStrVo 1985, 111, 114; OLG Karlsruhe ZfStrVo 1989, 310; OLG Karlsruhe 18.8.2005 – 2 Ws 159/04; KG Berlin 6.2.2006 – 5 Ws 573/05; *Laubenthal/Nestler/Neubacher/Verrel* 2015 C Rdn. 35.
281 OLG Celle ZfStrVo 1989, 116; OLG Karlsruhe 18.8.2005 – 2 Ws 159/04.
282 OLG Karlsruhe StraFo 2004, 362f = NStZ 2005, 53f = ZfStrVo 2005, 125.
283 OLG Karlsruhe 2.6.2008 – 2 Ws 2/08.
284 OLG Karlsruhe – 1 Ws 13.2.2004 – 165/03 = StV 2004, 555f = ZfStrVo 2005, 246f.

nung, die unter dem Vorbehalt der Abklärung des voraussichtlichen Entlassungszeitpunktes mit der Strafvollstreckungskammer und der Vollstreckungsbehörde (Staatsanwaltschaft) nach ihrer Durchführung nicht zu einer gänzlich anderen Entscheidung führen als im Vollzugsplan vorgesehen. Eine vorherige Abstimmung mit anderen Behörden sehen die Strafvollzugsgesetze nämlich nicht vor. Es besteht auch kein praktisches Bedürfnis für eine solche Konstruktion. Kann der Entlassungszeitpunkt z.B. wegen weiterer Ermittlungs- und Strafverfahren nicht zuverlässig prognostiziert werden, ist die Vollzugsbehörde nicht gehindert, den Zeitpunkt möglicher Lockerungen zunächst offen zu lassen.[285]

Zumeist drehen sich gerichtliche Auseinandersetzungen um die Frage der Vollzugslockerungen. Werden **Maßnahmen nicht in den Vollzugsplan aufgenommen (z.B. Vollzugslockerungen),** enthebt dies die Vollzugsbehörde nicht von der Verpflichtung, einen konkreten Antrag auch konkret zu bescheiden. Vollzugsplan und Einzelmaßnahme des Vollzuges stehen zueinander im Verhältnis von Grundsatz und Einzelakt. Trotz der eine Maßnahme grundsätzlich befürwortenden oder ablehnenden Planung vermag im Einzelfall eine Maßnahme gleichwohl verweigert oder gewährt werden. Die Existenz des Vollzugsplans beeinflusst insoweit die Begründungslast dahin, dass Abweichungen von der generellen Planung im Einzelfall gesondert zu begründen sind.[286] Schon der Vollzugsplan selbst und nicht erst die im Einzelfall zu gewährende Lockerung hat sich am Maßstab des § 11 StVollzG bzw. der entsprechenden Regelungen in den Landesgesetzen zu orientieren. Die notwendigerweise stärkere Generalisierung der Vollzugsplanung kann nicht von dem Erfordernis einer hinreichenden Konkretisierung der Umstände befreien, die die Versagung von Lockerungen rechtfertigen sollen.[287]

So unterliegt die Feststellung des Vollzugsplanes, keine Vollzugslockerungen zu gewähren, der gerichtlichen Überprüfung. Der Gefangene kann also nicht darauf verwiesen werden, zunächst bei der JVA einen Antrag auf Gewährung von Lockerungen zu stellen und erst gegen eine mögliche Ablehnung des Antrags gerichtlich vorgehen zu können. Der Vollzugsplan hat deshalb nicht nur den pauschalen Hinweis auf **Flucht- und Missbrauchsgefahr** zu enthalten. Es ist auch keine ausreichende Feststellung, dass eine Missbrauchsgefahr nicht mit der erforderlichen Sicherheit ausgeschlossen werden kann.[288] Maßstab für Lockerungen ist nicht die Gefährlichkeit nach der Entlassung, sondern ob konkrete gewichtige Anhaltspunkte dafür sprechen, der Gefangene werde Lockerungen zur Flucht oder Begehung von Straftaten missbrauchen.[289]

Zumindest in groben Zügen sind die **tragenden Gründe für die Entscheidung** darzulegen.[290] Dabei sind konkrete Tatsachen zu nennen, dass ein Missbrauch sogar unter den Einschränkungen und Kontrollen befürchtet werden muss, denen der Gefangene bei der Gewährung von Lockerungen unterworfen ist. Nur durch diese Kenntnis wird die Planung für den Gefangenen nachvollziehbar und verständlich, so dass er sein künftiges

---

285   OLG Karlsruhe 18.8.2005 – 2 Ws 159/04.
286   OLG Schleswig-Holstein 8.4.2008 – 2 VollzWs 123/08; 28.10.2009 – 2 VollzWs 342/08; KG Berlin 22.12.2009 – 2 Ws 560/09 Vollz.
287   OLG Schleswig-Holstein 28.2.2009 – 2 VollzWs 342/08, Rdn. 20.
288   BVerfG 5.8.2010 – 2 BvR 729/08; BVerfG 29.2.2012 – 2 BvR 368/10; KG Berlin 8.6.2009 – 2 Ws 20/09 Vollz; OLG Karlsruhe 10.3.2009 – 1 Ws 292/08.
289   OLG Karlsruhe 16.10.2008 – 2 Ws 253/08.
290   Thüringer Oberlandesgericht, Beschl. v. 17. Mai 2016 – 1 Ws 454/15; BVerfG, Beschl. v. 4.5.2015 – 2 BvR 1753/14 und OLG Hamm, Beschl. v. 9. Juni 2016 – III-1 Vollz (Ws) 150/16, jeweils mit Ausführungen dazu, dass die Versagung von Lockerungen in der Vollzugsplanfortschreibung nur dann frei von Ermessensfehlern und folglich nur dann verhältnismäßig ist, wenn die Gründe „lockerungsbezogen" abgefasst sind.

Verhalten darauf einstellen und eigene Fehler korrigieren kann (s auch oben Rdn. 9). Ob die Anstalt von dem ihr zustehenden Ermessen rechtsfehlerfrei Gebrauch gemacht hat, ist nur bei Kenntnis der dargelegten Gründe überprüfbar.[291]

43   **b) Anfechtung des Vollzugsplans.** Der Vollzugsplan stellt in seiner Gesamtheit in der Regel keine Maßnahme i. S. d. § 109 dar.[292] Das BVerfG wertet es aber als Verletzung des durch Art. 19 Abs. 4 GG garantierten Anspruchs auf eine möglichst effektive gerichtliche Kontrolle, wenn eine Strafvollstreckungskammer einen auf **Anfechtung des Vollzugsplans als Ganzes** gerichteten Antrag als unzulässig verwirft. Es kann sich vor allem darum handeln, dass das **Aufstellungsverfahren fehlerhaft** ist und dass der Plan nicht den **gesetzlichen Mindestanforderungen** genügt, etwa nicht auf die Entwicklung des Gefangenen und die in Betracht kommenden Behandlungsansätze in zureichender, Orientierung ermöglichender Weise eingeht (s. oben Rdn. 9). Hieran hat sich auch durch die Neufassung der gesetzlichen Regelungen in den Landesgesetzen nichts geändert.[293] Dies gilt auch für die zu lebenslanger Freiheitsstrafe Verurteilten angesichts der Verpflichtung, auch ihnen eine Chance zur Wiedererlangung ihrer Freiheit zu eröffnen. Unabhängig davon, ob sich ein Entlassungszeitpunkt bereits konkret abzeichnet, muss jedenfalls die Vollzugsplanung besonders auch auf die Vermeidung schädigender Auswirkungen lang dauernden Freiheitsentzuges als ein wesentliches Teilelement des Resozialisierungsauftrages ausgerichtet sein.[294]

Ein erheblicher Mangel ist auch eine fehlende **Frist zur Vollzugsplanfortschreibung**.[295] Das Aufstellungsverfahren ist ebenfalls fehlerhaft, wenn **zeitgleich zwei Fortschreibungen** des Vollzugsplans erstellt werden (inhaltliche Abweichungen zwischen der Vollzugsplanung in den Akten und der Planung, die dem Gefangenen ausgehändigt worden ist), ohne dass deutlich wird, welche von beiden Rechtswirkung entfalten soll.[296] Der Vollzugsplan ist als Ganzes anfechtbar, wenn bereits getilgte Voreintragungen im Bundeszentralregister verwertet worden sind. § 51 Abs. 1 BZRG begründet ein absolutes Verwertungsverbot. Bei der Behandlungsplanung ist auch bei Sexualstraftätern eine Ausnahme nicht zu rechtfertigen. Die damit einhergehenden Beeinträchtigungen bei der Wahrheitsermittlung sind zur Verwirklichung des mit dem Verwertungsverbot verfolgten Zieles der Resozialisierung Straffälliger hinzunehmen.[297]

---

291   BVerfG 3.7.2006 – 2 BvR 1383/03; BVerfG 5.8.2010 – 2 BvR 729/08; BVerfG 30.4.2009 – 2 BvR 2009/08; OLG Karlsruhe 25.6.2004 – 3 Ws 3/04; 13.10.2006 – 2 Ws 236/06; StraFo 2007, 39f, StV 2007, 200; 2.10.2007 – 1 Ws 64/07 L; OLG Hamburg 13.6.2007 – 3 Vollz (Ws) 26; OLG Frankfurt 1.3.2007 – 3 Ws 1051/06; OLG Celle 31.10.2008 – 1 Ws 538/08, NdsRpfl 2009, 15ff; KG Berlin 8.6.2009 – 2 Ws 20/09 Vollz.
292   OLG München 30.9.2010 – 4 Ws 126/10(R).
293   Eine der Leitentscheidung des BVerfG (s. oben Rdn. 9) entsprechende Entscheidung stammt vom OLG Koblenz, Beschl. v. OLG Koblenz, Beschl. v. 31. Januar 2014 – 2 Ws 689/13 (Vollz) = FS 2015, 67.
294   BVerfG 16.2.1993 – BvR 594/92 StV 1994, 93; 301; StV 1994, 94; BVerfG NStZ-RR 2008, 60f; BVerfG 25.9.2006 – 2 BvR 2132/05; OLG Celle NStZ 1999, 444; OLG Hamburg StrFo 2007, 390; *Laubenthal* 2015 Rdn. 327; a.A. s. KG Berlin ZfStrVo 1984, 370; OLG Koblenz ZfStrVo 1990, 116; KG Berlin ZfStrVo 1987, 245; OLG Koblenz ZfStrVo 1992, 322.
295   OLG Karlsruhe StV 2004, 555ff.
296   OLG Karlsruhe 13.2.2004 – 1 Ws 165/03, StV 2004, 555f = ZfStrVo 2005, 246f.
297   OLG Celle 5.8.2011 – 1 Ws 282/11 (StrVollz).

D. Verlegung, Überstellung, Ausantwortung

Bund	§ 8 StVollzG
Baden-Württemberg	BW § 6 III JVollzGB
Bayern	BY Art. 10 BayStVollzG
Berlin	§ 17 StVollzG Bln
Brandenburg	BB § 24 BbgJVollzG
Bremen	HB § 16 BremStVollzG
Hamburg	HH § 9 HmbStVollzG
Hessen	HE § 11 HStVollzG
Mecklenburg-Vorpommern	MV § 16 StVollzG M-V
Niedersachsen	NI § 10 NJVollzG
Nordrhein-Westfalen	NW § 11 StVollzG NRW
Rheinland-Pfalz	RP § 23 LJVollzG
Saarland	SL § 16 SLStVollzG
Sachsen	SN § 16 SächsStVollzG
Sachsen-Anhalt	ST § 23 JVollzGB LSA
Schleswig-Holstein	SH § 17 LStVollzG SH
Thüringen	TH § 23 ThürJVollzGB

Übersicht

I. Allgemeine Hinweise —— 1–3
II. Erläuterungen —— 4–16
   1. Verlegung —— 4
     a) Ermessen der Vollzugsbehörde —— 5
     b) Die Verlegung zur Förderung der Behandlung des Gefangenen oder seiner Eingliederung nach der Entlassung —— 6
     c) Die Verlegung aus Gründen der Vollzugsorganisation oder anderen wichtigen Gründen —— 7, 8

     d) Rück- und Weiterverlegung —— 9
     e) Zuständigkeit und Verfahren —— 10
     f) Durchführung der Verlegung —— 11
     g) Auswirkungen der Verlegung —— 12, 13
     h) Gerichtliche Entscheidung —— 14
   2. Überstellung —— 15
   3. Ausantwortung —— 16

I. Allgemeine Hinweise

Die Landesjustizverwaltungen bestimmen über den **Vollstreckungsplan,** in welcher **1** Vollzugsanstalt des Landes ein Verurteilter seine Freiheitsstrafe zu verbüßen hat (s. 13 H). Die gesetzlichen Vorschriften der Länder über die Verlegung regeln in **BE** § 17, **BW** § 6 III, **BY** Art. 10, **BB** § 24, **HB** § 16, **HH** § 9, **HE** § 11, **MV** § 16, **NI** § 10, **NW** § 11, **RP** § 23, **SH** § 17, **SL** § 16, **SN** § 16, **ST** § 23, **TH** § 23 unter welchen Voraussetzungen ein Gefangener abweichend hiervon in eine andere Anstalt verlegt oder überstellt werden kann. Die Verlegungsvorschriften sind jedoch nicht abschließend. Sondervorschriften regeln die Verlegung in eine sozialtherapeutische Anstalt (s. 3 A), die Verlegung in den offenen Vollzug (s. 10 A), die Verlegung zur Vorbereitung der Entlassung (s. 10 F), zur besseren Krankenbehandlung (s. 6 F), zur Entbindung (s. 14 D) und zur sicheren Unterbringung (s. 11 I).

Zu Beginn des Strafvollzugs ist für die Verlegung von Gefangenen in Abweichung **2** vom Vollstreckungsplan zudem **§ 24 Abs. 2 StVollstrO** von praktischer Bedeutung. Nach dieser Verwaltungsvereinbarung zwischen den Bundesländern kann ein Gefangener binnen zwei Wochen nach Vollzugsbeginn beantragen, in die für seinen Wohnort zuständige Anstalt verlegt zu werden, wenn eine Strafe mit einer Vollzugsdauer von mehr als sechs Monaten vollzogen wird. Wohnort ist gem. § 24 Abs. 1 StVollstrO der Ort, an dem der Verurteilte den Schwerpunkt seiner Lebensbeziehungen hat. Auf diese Weise kann ein Gefangener, der z.B. in einem von seiner Heimat entfernten Bundesland verurteilt wurde, auf einfache Weise erreichen, zur Verbüßung seiner Strafe in eine Anstalt verlegt zu werden, die seinem Lebenskreis näher liegt.

3   Ein geordneter Vollzug ist nur möglich, wenn die Gefangenen in der Regel in der nach dem Vollstreckungsplan zuständigen Anstalt untergebracht sind.[298] Zudem ist zu berücksichtigen, dass der **Anstaltswechsel** für den betroffenen Gefangenen, der sein gewohntes Umfeld verliert, einen **schwerwiegenden Eingriff** bedeuten kann.[299] Gleichwohl müssen der Vollzugsbehörde aber Verlegungen z.B. aus organisatorischen Gründen möglich sein, etwa wenn Anstalten vorübergehend über- oder unterbelegt sind oder anderweitig genutzt werden sollen. Es kann aber auch im Interesse des einzelnen Gefangenen liegen, zur Förderung der Behandlung oder Wiedereingliederung in eine andere Anstalt verlegt zu werden. Bei der gesetzlichen Regelung der Verlegung gilt es daher widerstreitende Interessen zu berücksichtigen.

II. Erläuterungen

4   **1. Verlegung** ist der **auf Dauer angelegte Anstaltswechsel**. Ein Wechsel der Unterbringung innerhalb der Anstalt in eine sog. Zweiganstalt ist keine Verlegung, auch wenn er mit einem Ortswechsel verbunden ist. Doch können bei der Entscheidung und Überprüfung einer solchen Maßnahme die Rechtsgedanken der Regelungen zur Verlegung herangezogen werden, wenn der Ortswechsel ähnliche Folgen wie eine Verlegung hat.[300] Die Verlegung darf **nur** in eine dem **Vollzug von Freiheitsstrafe dienende Anstalt** erfolgen, nicht also in Anstalten, die nur dem Vollzug von Jugendstrafe, von Untersuchungshaft oder Sicherungsverwahrung dienen, und – nach dieser Vorschrift – auch nicht in eine psychiatrische Klinik oder eine andere Einrichtung, in der die Behandlung mit Freiheitsentzug verbunden ist.

Die gesetzlichen Regelungen zur Verlegung sind auch anwendbar, wenn sich der Gefangene bereits in einer nach Vollstreckungsplan unzuständigen Anstalt befindet und von hier aus weiterverlegt werden soll.[301]

5   **a) Ermessen der Vollzugsbehörde.** Die Bestimmung zur Verlegung sind in allen Ländern als „Kannvorschrift" gefasst. Es besteht also kein Anspruch auf eine Verlegung, jedoch ein Recht auf eine **fehlerfreie Ermessensausübung**. Die Vollzugsbehörde muss bei ihrer Ermessensentscheidung den Sachverhalt umfassend würdigen und dem verfassungsrechtlich gesicherten Resozialisierungsziel und den für die Erreichbarkeit dieses Ziels maßgebenden Umständen Rechnung tragen.[302] Raum für die Ermessensentscheidung ist dabei erst dann, wenn zuvor das Vorliegen eines gesetzlichen Verlegungsgrundes festgestellt wurde.[303] Die Verlegung setzt keinen Antrag des Gefangenen voraus. Die

---

298   BT-Drucks. 7/918, 49.
299   BT-Drucks. aaO; BVerfG NStZ 1993, 300f; Beschl. vom 26.8.2008 – 2 BvR 679/07; OLG Stuttgart NStZ 1998, 431f.
300   AK-*Weßels/Böning* Teil II § 16 Rdn. 16.
301   BVerfG Beschl. vom 26.8.2008 – 2 BvR 679/07.
302   BVerfGK 8, 36ff.
303   OLG Bremen StV 1984, 166ff m. Anm. Volckart.

Vollzugsbehörde muss das Vorliegen der tatsächlichen Voraussetzungen von Amts wegen prüfen. Die Verlegungsgründe sind **von den Gerichten uneingeschränkt überprüfbar**.[304] Bei der Verlegung gegen den Willen des Gefangenen ist im Rahmen des Ermessens zu prüfen, ob als milderes Mittel eine Überstellung in Betracht kommt.[305]

b) Die Verlegung zur Förderung der Behandlung des Gefangenen, der Erreichung des Vollzugziels oder seiner Eingliederung nach der Entlassung regeln BE § 17 Abs. 1 Nr. 1, BW § 6 Abs. 1 Nr. 1 III, BY Art. 10 Abs. 1 Nr. 1, BB § 24 Abs. 2, HB § 16 Abs. 1, HH § 9 Abs. 1, HE § 11 Abs. 1 Nr. 1, MV § 16 Abs. 1, NI § 10 Abs. 1 Nr. 1, NW § 11 Abs. 1 Nr. 1, RP § 23 Abs. 2, SH § 12 Abs. 1, SL § 16 Abs. 1 Nr. 1, SN § 16 Abs. 1 Nr. 1, ST § 23 Abs. 2, TH § 23 Abs. 2. 6

In der Praxis werden viele Verlegungsanträge auf diesen Tatbestand gestützt und mit der Erwartung begründet, dass die eigene Behandlung oder Eingliederung nach der Entlassung in einer anderen als der an sich zuständigen Anstalt besser gefördert werden könne. Am häufigsten ist der Antrag auf **Verlegung zur Erleichterung des Kontakts zu Angehörigen** und Freunden an einen Ort, der näher an deren Wohnsitz liegt. Die Rspr. war bei derartigen Gründen bislang zurückhaltend. Übliche Erschwernisse von Besuchen sollten mit Blick auf den geordneten Vollzug hinzunehmen sein.[306] Dem ist das BVerfG[307] nicht gefolgt: Der Wortlaut des § 8 Abs. 1 Nr. 1 StVollzG fordert nicht, dass die Verlegung für den Gefangenen aus Resozialisierungsgründen unerlässlich ist, sondern eine Verlegung kommt bereits dann in Betracht, wenn die Behandlung oder die Eingliederung nach der Entlassung hierdurch gefördert wird. Bei der Ermessensentscheidung bedarf es einer Gesamtwürdigung der Umstände des Einzelfalls, bei der das Resozialisierungsinteresse des Betroffenen und das Grundrecht des Art. 6 GG gegenüber der Ordnungsfunktion des Vollstreckungsplans angemessen zu gewichten sind.

Insbesondere dürfen finanzielle oder gesundheitliche Probleme der Kontaktpersonen nicht ohne Betrachtung des Einzelfalls generell als Erschwernisse des Strafvollzugs gewertet werden, die von den Betroffenen hinzunehmen sind.[308] Eine Verlegung zur Förderung der Besuchskontakte kann nicht ohne Weiteres unter Verweis auf Kapazitätsprobleme der aufnehmenden Anstalt versagt werden; insbesondere ist laut BVerfG zu prüfen, ob räumliche und personell bedingte Engpässe durch den Einsatz von Überstunden aufgefangen werden können, ob eine Überschreitung der Belegungsfähigkeit vor dem Hintergrund des Resozialisierungsinteresses des Einzelnen vertretbar ist oder ob andere Gefangene verlegt werden können.[309] Der Vollzug hat der Belastung und Gefährdung persönlicher Beziehungen schließlich nicht nur bei familiären Beziehungen vor dem Hintergrund des Art. 6 GG, sondern auch bei anderen Kontakten unter Rücksicht auf das verfassungsrechtlich geschützte Resozialisierungsinteresse des Gefangenen entgegenzuwirken.[310] Die familiären Kontakte sind auch dann zu fördern, wenn nach Haftende kein Verbleib des Gefangenen, z.B. wegen drohender Abschiebung, im Wohnbe-

---

304 OLG Bremen aaO; *Arloth/Krä* § 8 StVollzG Rdn. 10; a.A. OLG Hamm NStZ 1984, 141 f: Vollzugsbehörde hat Beurteilungsspielraum.
305 BVerfG Beschl. vom 28.2.1993 – 2 BvR 196/92; LG Marburg, Beschl. vom 16.5.2011 – 7 a StVK 59/11, 7 a StVK 60/11.
306 OLG Hamm aaO.
307 BVerfGK 8, 36 ff.
308 BVerfG aaO und auch Beschl. vom 20.6.2017 – BvR 345/17; OLG Thüringen Beschl. vom 5.4.2007 – 1 Ws 73/07.
309 BVerfG StV 2008, 424 ff.
310 BVerfGK 8, 36 ff.

reich der Familie bzw. keine Resozialisierung im Inland zu erwarten ist.[311] Nach der Rspr. soll Art. 6 Abs. 1 GG bei Eheleuten, die beide im Strafvollzug, aber in verschiedenen Anstalten untergebracht sind, zur Verlegung zwecks Erleichterung der Besuchszusammenführung anhalten.[312] Dies gilt nicht, wenn eine Ehegattenzusammenführung aus baulichen oder sonstigen organisatorischen Gründen bei der derzeitigen Ausgestaltung des Vollzugs nicht möglich ist und die Umstände nicht durch zumutbare Maßnahmen angepasst werden können.[313]

Im Rahmen der **Ermessensausübung** kann es rechtmäßig sein, wenn ein Gefangener zur Ermöglichung von Besuchen nicht verlegt, sondern auf die Möglichkeit von gelegentlichen Besuchsüberstellungen in eine wohnsitznahe Anstalt verwiesen wird.[314] Als Dauerlösung ist allerdings zur Wahrung des Resozialisierungsinteresses eine Verlegung veranlasst, wenn keine Gründe entgegenstehen, etwa Sicherheitsgründe oder bessere Behandlungsmöglichkeiten.[315] Die Überstellung hat gesetzestechnisch gegenüber der Verlegung einen Ausnahmecharakter.[316] Zudem sind kurzfristige Überstellungen regelmäßig mit erhöhten Belastungen wie langen Transportzeiten mit Durchlauf verschiedener Anstalten, ggf. unter Unterbrechung resozialisierender Maßnahmen, und oftmals mit einem Aufenthalt in nicht gut angegliederten und ausgestatteten Bereichen der aufnehmenden Anstalt verbunden.[317] Überstellungen sind indessen angebracht, wenn der Gefangene seine Verlegung nicht begehrt, weil er z.B. an einer beruflichen oder schulischen Bildungsmaßnahme teilnimmt.

Um das Vollzugsziel zu erreichen, kann es notwendig sein, Mittäter – auch auf heimatfernere Anstalten – zu verteilen.[318] Weitere Beispiele für die Anwendung dieser Fallgruppe sind die Verlegung in eine andere Anstalt zur beruflichen oder schulischen Förderung,[319] wenn bei der anderen Anstalt zwar keine besondere Zuständigkeit für eine solche Maßnahme begründet ist, diese Einzelmaßnahme aber aus tatsächlichen Gründen nur dort durchführbar ist. Auch die Aussicht auf bessere individuelle berufliche Integration im Rahmen der Entlassungsvorbereitung in einer bestimmten Region soll in die Abwägung einzustellen sein.[320]

7 **c) Die Verlegung aus Gründen der Vollzugsorganisation oder anderen wichtigen Gründen** regeln **BE** § 17 Abs. 1 Nr. 3, **BW** § 6 Abs. 1 Nr. 4 III, **BY** Art. 10 Abs. 1 Nr. 2, **BB** § 24 Abs. 1, **HB** § 16 Abs. 1, **HH** § 9 Abs. 1, **HE** § 11 Abs. 1 Nr. 3 und 4, **MV** § 16 Abs. 1, **NI** § 10 Abs. 1 Nr. 5, **NW** § 11 Abs. 1 Nr. 3, **RP** § 23 Abs. 1, **SH** § 12 Abs. 1, **SL** § 16 Abs. 1 Nr. 1, **SN** § 16 Abs. 1 Nr. 2, **ST** § 23 Abs. 1, **TH** § 23 Abs. 1.

Infolge von Änderungen der Gefangenenzahlen ergeben sich **organisatorische Gründe** häufig. So hat die Verwaltung bei Überbelegung oft kein anderes Mittel zur Verfügung als den Belegungsausgleich durch Verlegung von Gefangenen aus überbelegten

---

311 BVerfG Beschl. vom 20.6.2017 – BvR 345/17.
312 OLG Saarbrücken ZfStrVo 1983, 379; OLG München Beschl. vom 8.11.2008 – 4 Ws 106/08 (R); kritisch *Arloth/Krä* § 8 StVollzG Rdn. 5.
313 OLG München aaO.
314 OLG Koblenz aaO; OLG Hamm ZfStrVo 2002, 315 f; *Arloth/Krä* § 8 StVollzG Rdn. 5.
315 BVerfG Beschl. vom 20.6.2017 – BvR 345/17 OLG Hamm NStZ 1985, 573.
316 BVerfG aaO.
317 Vgl. OLG Koblenz Beschl. vom 26.2.2014 – 2 Ws 660/13.
318 LG Stuttgart ZfStrVo 1990, 184; a.A. für Ehegatten OLG München aaO; kritisch AK-*Lesting* Teil II § 15 Rdn. 7.
319 OLG Koblenz ZfStVO **SH** 1979, 86, *Laubenthal/Nestler/Neubacher/Verrel* D Rdn. 24.
320 OLG Koblenz Beschl. vom 26.2.2014 – 2 Ws 660/13.

in weniger stark genutzte Anstalten.[321] Allerdings erlaubt diese Vorschrift einer Anstalt nicht die Verlegung eines Gefangenen, weil sie ihrerseits einen einzigen zusätzlichen Gefangenen aufnehmen musste.[322] Andere Beispiele für Gründe der Vollzugsorganisation sind Vollstreckungsplanänderungen zum Belegungsausgleich in einem Land,[323] Teilschließungen bei Umbauarbeiten oder Stilllegungen von Anstalten bei sinkenden Gefangenenzahlen. Oft handelt es sich um Sachverhalte, die eine Vielzahl Gefangener in gleicher Weise betreffen. Die Voraussetzungen der Nr. 2 sind darum von den Vollzugsbehörden leicht darzulegen. Bei Ausübung des Rechtsfolgeermessens ist ggf. eine Auswahl zu treffen. Gesichtspunkte wie Außenkontakte, Qualifikations- und Behandlungsmöglichkeiten sowie Entwicklungsstand können hier eine Rolle spielen.

Bei der **Verlegung aus wichtigem Grund** ist umstritten, ob auch Gründe, die auf das **individuelle Verhalten des Gefangenen** oder dessen **persönliche Situation** zurückgehen, **eine Verlegung** rechtfertigen. Dagegen wird argumentiert, es müssten immer Gründe der Vollzugsorganisation vorliegen, die Vorschrift sei mit Blick auf den gesetzlichen Richter sonst zu unbestimmt.[324] Dieser einschränkenden Auslegung des Wortlauts kann nicht gefolgt werden,[325] zumal sich Interessen des Gesamtvollzugs und individuelle Interessen nicht systematisch trennen lassen. In einer Gemeinschaft wie dem Strafvollzug ist ständig nach einem Ausgleich zwischen den Interessen des Einzelnen und der Gefangenen in ihrer Gesamtheit zu suchen. Das Recht des Gefangenen auf den Verbleib in einer Anstalt, die an sich für seine Behandlung die richtige ist, endet, wenn er dort – allerdings in schwerwiegender Weise – stört. So hat die Rechtsprechung die Verlegung von Gefangenen als Verlegung aus wichtigem Grund gebilligt, bei denen Anhaltspunkte für die Beteiligung am Drogenhandel vorlagen.[326] Wenn die im Einweisungsverfahren erstellte Gefährlichkeitsprognose sich als unzutreffend erweist, weil der Gefangene Vollzugslockerungen zur Begehung neuer Straftaten missbraucht hat, so soll hiernach auch die Verlegung in eine Anstalt mit höheren Sicherheitsvorkehrungen in Betracht kommen.[327] Die Regelung gilt schließlich auch für die nicht ganz seltenen Fälle, in denen ein Gefangener zu seiner eigenen Sicherheit verlegt werden muss, weil nur dies ihn z.B. vor den Racheakten anderer Gefangener schützen kann.[328] Regelungen zur Verlegung des Störers sind in diesen Fällen nicht anwendbar, weil die Gefahr gerade nicht von dem bedrohten Gefangenen ausgeht.[329] Dabei ist allgemeinen Grundsätzen folgend allerdings zunächst stets zu prüfen, ob Abhilfe durch Maßnahmen gegen den Störer geschaffen werden kann.[330] Vorrangig ist auch immer anzustreben, Konflikte in der bestehenden Vollzugsgemeinschaft zu bearbeiten.[331] In der Praxis gibt es jedoch nicht selten Fälle, in denen dies nicht zum Erfolg führt und ein Verbleib des Gefangenen daher nicht verantwortet werden kann oder Gefangene wegen der Bedrohung durch Mitgefangene selbst den Wunsch äußern, verlegt zu werden.[332]

8

---

321 LG Marburg StV 2003, Rdn. 25; *Laubenthal/Nestler/Neubacher/Verrel* D Rdn. 25.
322 OLG Hamm NStZ 1984, 141f.
323 OLG Frankfurt ZfStrVo 1982, 189.
324 So AK-*Weßels/Böning* Teil II § 16 Rdn. 9; *C/MD* 2008, § 10 StVollzG Rdn. 5.
325 *Arloth/Krä* § 8 StVollzG Rdn. 6; *Laubenthal/Nestler/Neubacher/Verrel* D Rdn. 26.
326 LG Hamburg ZfStrVo 1983, 300; LG Stuttgart NStZ 1981, 405f.
327 OLG Hamm NStZ 1997, 102f.
328 Vgl. KG Beschl. vom 27.8.2007 – 2/5 Ws 376/06 Vollz.
329 KG aaO.
330 BVerfG Beschl. vom 30.11.16 – 2 BvR 1519/14 hier Anstaltsarzt als „Störer"; NI LT-Drucks. 15/3565, 94; BVerfGK 8, 307ff.
331 *Laubenthal/Nestler/Neubacher/Verrel* D Rdn. 26.
332 *Wagner* Das „einheitliche Strafvollzugskonzept" in Hessen, in: ZRP 2002, 34.

Einige **Bundesländer** haben wegen der genannten Unklarheiten neue Verlegungsgründe in ihre Gesetze aufgenommen: **Hessen** erlaubt in **HE** § 11 Abs. 1 mit einer sehr weit gefassten Regelung allgemein die Verlegung von Gefangenen aus Gründen der Sicherheit oder Ordnung.[333] In **Hamburg** können Gefangene gem. **HH** § 9 Abs. 2 verlegt werden, wenn ihre Kontakte zu anderen Gefangenen eine Gefahr für die Sicherheit oder Ordnung der Anstalt darstellen. **Niedersachsen** erlaubt in **NI** § 10 Abs. 1 Nr. 3 und 4 die Verlegung, wenn das Verhalten eines Gefangenen oder sein Zustand eine Gefahr für die Sicherheit der Anstalt oder eine schwer wiegende Störung der Ordnung darstellt oder verhaltens- und zustandsunabhängig eine Gefahr für die Sicherheit oder eine schwerwiegende Störung der Ordnung der Anstalt nicht anders abgewehrt werden kann.

In **BE** § 17 Abs. 1 Nr. 2 und **TH** § 13, **NW** § 11 Abs. 1 Nr. 2 haben die jeweiligen Gesetzgeber den Regelungsinhalt des § 85 StVollzG bei den Regelungen zur Verlegung mitaufgenommen, wonach ein Gefangener verlegt werden kann, wenn sein Verhalten oder Zustand eine Gefahr für die Sicherheit oder Ordnung der Anstalt darstellt.

Niedersachsen hat zudem in **NI** § 10 Abs. 1 Nr. 2 eine Regelung aufgenommen, die eine Verlegung von Gefangenen nach unterschiedlicher Sicherheitseinstufung erlaubt.

9 **d) Rück- und Weiterverlegung.** Der Grund einer Verlegung kann nachträglich fortfallen, z.B. im Fall einer Verlegung zur Entlastung einer Anstalt nach Beendigung eines größeren Prozesses,[334] bei einer Verlegung zur Wahrnehmung einer beruflichen Fortbildungsmaßnahme[335] oder bei vorheriger Verlegung aus Sicherheitsgründen.[336] In solchen Fällen darf die **Rückverlegung in die frühere Anstalt,** auch wenn es sich um die nach Vollstreckungsplan eigentlich zuständige Anstalt handelt, wegen des vollständigen Abbruchs der Beziehungen zu dieser Anstalt nicht „automatisch" erfolgen.[337] Auch genügt es nach der Rspr. des BVerfG nicht, dass wichtige Gründe der Rückverlegung des Gefangenen in die eigentlich zuständige Anstalt nicht entgegenstehen.[338] Es bedarf vielmehr einer Verlegungsentscheidung entsprechend der gesetzlichen Verlegungstatbestände.[339] Das BVerfG fordert selbst bei der Rückverlegung eines zuvor aus Sicherheitsgründen (Verdacht des Versteckens einer Schusswaffe) verlegten Gefangenen gegen seinen Willen in die ursprünglich zuständige Anstalt eine umfassende Gesamtabwägung aller Umstände des Einzelfalls, bei der den Resozialisierungsinteressen angemessen Rechnung getragen wird. Dabei soll zu prüfen sein, wie sich die geplante Rückverlegung auf die Resozialisierungsmöglichkeiten des Gefangenen auswirkt, ob z.B. die im Vollzugsplan vorgesehenen Maßnahmen in der neuen Anstalt zeitnah durchgeführt werden können.[340] Sehr weit geht das BVerfG damit, die Argumentation, eine sozialtherapeutische Behandlung in der abgebenden Anstalt sei zeitnah ohnehin nicht zu gewährleisten, weil Therapieplätze fehlten, für unzulässig zu erklären mit dem Hinweis, der Staat sei verpflichtet, den Vollzug zur Wahrung der Grundrechte in erforderlicher Weise auszustatten. Denn diese Ausstattungspflicht träfe die aufnehmende Anstalt ebenso. Nach hier vertretener Auffassung sollten bei einer Verlegung von Gefangenen aus Gründen der Sicherheit an die spätere Rückverlegung keine überzogenen Ansprüche gestellt werden, da die Bereit-

---

333 Nach Ansicht von *Laubenthal/Nestler/Neubacher/Verrel* D Rdn. 27 zu weitgehend.
334 OLG Bremen ZfStrVo 1996, 310 f.
335 OLG Frankfurt/a.M. NStZ-RR 1996, 188 f.
336 BVerfG NStZ-RR 2015, 389 ff.
337 BVerfG Beschl. vom 26.8.2008 – 2 BvR 679/07, NStZ-RR 2015, 389 ff; OLG Bremen aaO.
338 So noch OLG Rostock FS 2014, 201 ff; *Laubenthal/Nestler/Neubacher/Verrel* D Rdn. 26; unter Rückgriff auf §§ 48, 49 VwVfG AK-*Weßels/Böning* Teil II § 16 Rdn. 12.
339 BVerfG Beschl. vom 26.8.2008 – 2 BvR 679/07, NStZ-RR 2015, 389 ff; OLG Bremen aaO.
340 BVerfG NStZ-RR 2015, 389 ff.

schaft anderer Bundesländer zur Übernahme solcher – oftmals in der Betreuung besonders personalintensiver – Gefangener erhalten bleiben muss. Dies kann insbesondere Gefangenen, die durch ihr eigenes Verhalten die Verlegung notwendig gemacht haben, im Interesse der erleichterten Reaktionsfähigkeit der Vollzugsanstalten auf Gefährdungslagen auch zugemutet werden.

Ein in einer unzuständigen Anstalt untergebrachter Gefangener kann Anspruch auf Schutz des Vertrauens auf die ihm zu Unrecht eingeräumte Rechtsposition haben. Die Belange des Allgemeinwohls und die Interessen des Gefangenen am Fortbestand der Rechtslage sind vor dem Hintergrund des Resozialisierungsziels abzuwägen.[341]

Wiederholte Verlegungen sind wegen des verfassungsrechtlich garantierten Resozialisierungsziels möglichst zu vermeiden.[342]

e) Zuständigkeit und Verfahren. Soll ein Gefangener in eine an sich nicht zuständige Anstalt verlegt werden, müssen bei der **Verlegungsentscheidung mehrere Vollzugseinrichtungen zusammenwirken**. In der Regel sind das drei: die abgebende Anstalt, die aufnehmende Anstalt und ggf. die gemeinsame Aufsichtsbehörde, soweit die Landesgesetze wie **HB** § 102 Abs. 2, **BE** § 109 Abs. 3, **NI** § 184 Abs. 2, **MV** § 101 Abs. 2, **BB** § 115 Abs. 3, **RP** § 112 Abs. 2, **SL** § 101 Abs. 2, **SN** § 114 Abs. 1, **SH** § 141 Abs. 2, **ST** § 114 Abs. 2 einen Zustimmungsvorbehalt vorsehen und hiervon Gebrauch gemacht wird.

Besonders kompliziert wird das Verfahren, wenn ein Gefangener von einem **Bundesland in ein anderes Bundesland verlegt** werden soll. Gesetzliche Regelungen hierzu fehlen überwiegend. Nur **NI** § 11 und **ST** § 23 Abs. 4 treffen hierzu eine Regelung. Der Gefangene muss auch in diesem Fall seinen Antrag an die Anstalt richten, in der er untergebracht ist. Hält diese Anstalt und ebenso die übergeordnete Landesjustizverwaltung den Antrag für begründet, so muss sich Letztere um das Einverständnis des anderen Bundeslandes bemühen, § 26 Abs. 2 S 3 StVollstrO.[343] In **NI** § 11 wird zudem klargestellt, wie mit erworbenen Rechtspositionen umzugehen ist.

Über eine **Rückverlegung** oder die Verlegung in die zuständige Einrichtung entscheidet die Anstalt, in der der Gefangene untergebracht ist.[344]

f) Durchführung der Verlegung. Wird der Gefangene durch die Verlegung beschwert, ist ihm in der Regel rechtliches Gehör zu gewähren[345] und ihm ist der Verlegungszeitpunkt rechtzeitig bekannt zu geben, soweit dem Sicherheitsbelange nicht entgegenstehen.

Die Art und Weise der Verlegung richtet sich nach der von den Ländern vereinbarten **Gefangenentransportvorschrift (GTV)**.

g) Auswirkungen der Verlegung. Wird der Gefangene verlegt, setzt die aufnehmende Anstalt die Behandlung unter Verwertung der bisherigen Ergebnisse fort. Der Vollzugsplan wird fortgeschrieben, nicht völlig neu erstellt.[346]

---

341 BVerfG NStZ 1993, 300 ff; Beschl. vom 26.8.2008 – 2 BvR 679/07; vgl. auch OLG Stuttgart NStZ 1998, 431 f.
342 BVerfG Beschl. vom 20.10.1995 – 2 BVR 2866/14 und vom 30.6.2015 – 2 BvR 1857/14.
343 *Laubenthal/Nestler/Neubacher/Verrel* D Rdn. 30; Brandenburgisches OLG ZfStrVo 2004, 179; OLG Hamm ZfStrVo 2004, 110 f.
344 OLG Hamm NStZ 1994, 608: auch nach Abschluss des Einweisungsverfahrens; abweichend OLG Stuttgart ZfStrVo 1995, 251, das wegen eines Zustimmungserfordernisses nach Verwaltungsvorschrift den Leiter der Einweisungskommission für zuständig hält.
345 OLG München ZfStrVo **SH** 1978, 87; AK-*Weßels/Böning* Teil II § 16 Rdn. 17; Berlin hat dies in **BE** § 17 Abs. 3 gesetzlich geregelt.
346 OLG Koblenz NStZ 1986, 92.

13 Eine wichtige Auswirkung des Anstaltswechsels ist die **Änderung der Zuständigkeit der Strafvollstreckungskammer**, die dann eintritt, wenn der Gefangene in einen anderen Landgerichtsbezirk verlegt wird. Regelmäßig änderte sich die Zuständigkeit auch, wenn der Gefangene während eines laufenden Verfahrens nach §§ 109 ff StVollzG verlegt wurde.[347] Ausnahmsweise tritt ein Zuständigkeitswechsel nicht ein, wenn die Verlegung auf den Streitgegenstand keinen Einfluss hat.[348] Ebenso ist es im Verfahren zur Anfechtung der Verlegungsverfügung selbst.[349] Die Verlegung führt zur Erledigung der Hauptsache, wenn sich durch sie eine für die Beurteilung des Falles maßgebliche Veränderung der Verhältnisse ergeben hat.[350]

14 **h) Gerichtliche Entscheidung.** Bei dem Antrag auf gerichtliche Entscheidung nach einem abgelehnten Antrag auf Verlegung sind drei Grundfälle zu unterscheiden:
Zunächst gibt es den Fall, dass die **beiden Anstalten demselben Bundesland** angehören und ermächtigt sind, einvernehmlich zu entscheiden. Der Antrag ist an die Anstalt zu richten, in der sich der Gefangene befindet. Hat der Antrag keinen Erfolg, weil die aufnehmende Anstalt abgelehnt hat, so ist der Antrag auf gerichtliche Entscheidung dennoch gegen den Bescheid der abgebenden Anstalt zu richten. Die für diese zuständige Strafvollstreckungskammer prüft die Entscheidung der aufnehmenden Anstalt mit.[351]
Gehören die beiden Anstalten demselben Bundesland an, hat sich die **Landesjustizverwaltung aber die Verlegungsentscheidung vorbehalten** oder sie einer zentralen Stelle übertragen, so ist die Strafvollstreckungskammer am Sitz der obersten Landesbehörde oder der zentralen Stelle zuständig.[352]
Sind dagegen **zwei Landesjustizverwaltungen beteiligt**, so kann der Gefangene gezwungen sein, die ablehnende Entscheidung in zwei Verfahren vor zwei Gerichten anzufechten. In dem ersten Verfahren wird nur die ablehnende Entscheidung der Heimatanstalt überprüft.[353] Das zweite Verfahren richtet sich gegen die Entscheidung der Justizverwaltung des Landes, das den Gefangenen aufnehmen soll.[354] Diese Entscheidung ist nach §§ 23 ff EGGVG anfechtbar.[355]

15 2. Die **Überstellung** gem. **BE** § 17 Abs. 2, **BW** § 6 Abs. 1 III, **BY** Art. 10 Abs. 2, **BB** § 24 Abs. 2, **HB** § 16 Abs. 2, **HH** § 9 Abs. 3, **HE** § 11 Abs. 1, **MV** § 16 Abs. 2, **NI** § 10 Abs. 2, **NW** § 11 Abs. 1 Nr. 3, **RP** § 23 Abs. 1, **SH** § 17 Abs. 2, **SL** § 16, **SN** § 16, **ST** § 23 Abs. 1, **TH** § 23 Abs. 1 ist die befristete Überführung eines Gefangenen in eine andere Justizvollzugsanstalt. Sie darf regelmäßig (anders **Hessen** und **Baden-Württemberg**) nur aus **wichtigem Grund** erfolgen. Beispiele für wichtige Gründe sind die Besuchszusammenführung, Ausführung, Ausgang, Vorführung, Ausantwortung und Begutachtung oder ärztliche Untersuchungen am Ort einer anderen Anstalt (vgl. mit Beispielen **BE** § 17 Abs. 2, **NW** § 11

---

347 BGH NStZ 1989, 196 f: Vollzugslockerungen; BGH NStZ 1990, 205 m. krit. Anm. Volckart: Einzelfernsehempfang; OLG Stuttgart NStZ 1989, 496: Anhalteverfügung.
348 OLG Celle NStZ 1990, 428: Disziplinarmaßnahme.
349 LG Stuttgart ZfStrVo 1990, 307; *Laubenthal/Nestler/Neubacher/Verrel* D Rdn. 33.
350 KG NStZ 1997, 429.
351 BVerfG, StV 2008, 88 f; BGH NStZ 1996, 207 f.
352 OLG Frankfurt ZfStrVo 1985, 111.
353 KG NStZ-RR 2007, 124 f.
354 KG aaO; OLG Thüringen Beschl. vom 24.7.2008 – 1 VAs 2/08; offen hier BVerfG StV 2008, 88 f; a.A. *Arloth/Krä* § 8 StVollzG Rdn. 11, der sich im Interesse effektiven Rechtsschutzes für eine inzidente Prüfung ausspricht; so auch *Laubenthal/Nestler/Neubacher/Verrel* D Rdn. 33.
355 KG aaO und ZfStrVo 1995, 112 ff; OLG Thüringen aaO; OLG Hamm NStZ 2002, 53; OLG Stuttgart NStZ 1997, 103 f; § 109 Rdn. 8; hingegen immer eine Maßnahme nach § 109 StVollzG bejahend: OLG Hamm ZfStrVo 1979, 91; OLG Zweibrücken ZfStrVo 1983, 248.

Nr. 3). In **Baden-Württemberg** ist in **BW** § 6 Abs. 1 III ist gesetzlich festgelegt, dass eine Überstellung zur Prüfung der Eignung für die Behandlung in einer sozialtherapeutischen Einrichtung (Nr. 2) und zur Durchführung einer kriminalprognostischen Begutachtung (Nr. 3) erfolgen kann.

Die Förderung einer Briefbekanntschaft ist kein wichtiger Grund für eine Überstellung zur Besuchszusammenführung.[356] Das OLG Karlsruhe[357] sieht aber in der Teilnahme an einem landesweiten Sportwettbewerb in einer anderen Anstalt einen wichtigen Grund. Die Überstellung zur Teilnahme an einem Zivilprozess setzt zur Annahme eines wichtigen Grundes nicht die Anordnung des persönlichen Erscheinens oder gar ein Vorführungsersuchen voraus, vielmehr ist zu fragen, ob das Interesse des Gefangenen an der Wahrnehmung des auswärtigen Termins hinreichend sachlich fundiert ist, um als wichtiger Grund gewertet zu werden.[358] Dies wird in der Regel der Fall sein.

Zu prüfen ist, ob anstatt der Überstellung aus Gründen der Verhältnismäßigkeit eine Ausführung oder eine Verlegung geboten ist.[359]

Im Einzelfall kann unklar sein, ob eine Überstellung oder eine Verlegung vorliegt. Die Frage hat z.B. Bedeutung für die Zuständigkeit der Strafvollstreckungskammer. Bei der Überstellung verbleibt die Zuständigkeit für Vollzugsmaßnahmen anders als bei der Verlegung, bei der Ursprungsanstalt, es sei denn, der Gefangene wendet sich gegen Maßnahmen der aufnehmenden Anstalt im Rahmen der Überstellung.[360] Nimmt ein Gefangener über ca. zwei Jahre an einer Berufsausbildung in einer anderen Anstalt teil, so handelt es sich um eine Verlegung.[361]

Überstellungen sind nur im Einvernehmen der beteiligten Anstalten zulässig. Verweigert die Anstalt, die den Gefangenen aufnehmen soll, die Zustimmung, so ist ein Antrag auf gerichtliche Entscheidung auch dann, wenn die abgebende Anstalt den Überstellungsantrag unterstützt hatte, gegen diese zu richten. Die Mitwirkungsentscheidung der aufnehmenden Anstalt unterliegt jedenfalls bei Anstalten desselben Bundeslandes der gerichtlichen Mitprüfung, wenn die von der Heimatanstalt lediglich übermittelte ablehnende Entscheidung angefochten wird.[362] Dies gilt nach zutreffender Auffassung *Böhms*[363] auch bei Überstellung in ein anderes Bundesland, weil die Überstellung anders als die Verlegung nicht in die von der Landesjustizverwaltung aufzustellende Gesamtordnung des Vollstreckungsplans eingreift.[364]

3. Die Ausantwortung regeln **BW** § 6 Abs. 2 III, **BY** Art. 10 Abs. 3, **NI** § 10 Abs. 3, **NW** § 11 Abs. 4. Die Verwaltungstradition kennt die Übergabe eines Strafgefangenen an die Polizeibehörde zu Vernehmungen, Gegenüberstellungen oder zur Durchführung von Ortsterminen. Ein praktisches Bedürfnis für diese Ausantwortung ist anzuerkennen. Sie wurde bislang und wird in den meisten Bundesländern weiterhin ohne gesetzliche Regelung praktiziert. Problematisch ist dabei nicht die Pflicht des Gefangenen, dem Ausantwortungsgesuch nachzukommen. Denn seine Teilnahmepflicht an Zeugenvernehmun-

---

356 OLG München ZfStrVo 1979, 63.
357 OLG Karlsruhe, NStZ-RR 2002, 315 f.
358 OLG Hamm ZfStrVo 1993, 242 f.
359 BVerfG NStZ-RR 2015, 389 ff.
360 OLG Hamburg Beschl. vom 23.2.2015 – 2VAs 2/15 mit weiteren Ausführungen zur Abgrenzung; *Arloth/Krä* § 8 StVollzG Rdn. 7.
361 OLG Celle ZfStrVo **SH** 1979, 86.
362 OLG Hamm JR 1997, 83 ff; vgl. für den Fall der Verlegung Rdn. 14.
363 Anm. zu OLG Hamm aaO.
364 A. A. *C/MD* 2008, § 8 Rdn. 6 (anders jetzt *Laubenthal/Nestler/Neubacher/Verrel* D Rdn. 33); OLG Thüringen NStZ 1997, 455 f.

gen etc. richtet sich nach den allgemeinen gesetzlichen Regelungen.[365] Regelungsbedürftig ist das Institut der Ausantwortung jedoch, weil mit der Übergabe des Gefangenen eine erhebliche Verantwortung übertragen wird.[366] Der niedersächsische Gesetzgeber hat dabei in **NI** § 10 Abs. 3 klargestellt, dass die Behörde, die die Ausantwortung begehrt, die Verantwortung für die Prüfung der Zulässigkeit und die Sicherung des Gewahrsams trägt.

E. Unterbringung im Tagesablauf

Schrifttum

Busch Das Strafvollzugsgesetz in sozialpsychologischer Sicht, in: ZfStrVo 1977, 63 ff; *Dünkel/Kunkat* Zwischen Innovation und Restauration. 20 Jahre Strafvollzugsgesetz – eine Bestandsaufnahme, in: NK 2/1997, 24 ff; *Eichinger* Verschuldensunabhängige Ersatzleistung bei menschenunwürdiger Unterbringung, in: JR 2012, 57 ff; *Gazeas* Die Menschenwürde ist zu teuer – Zu Entschädigungsansprüchen eines Strafgefangenen wegen menschenunwürdiger Unterbringung, in: HRRS 5/2005, 171 ff; *Köhne* Mehrfachbelegung von Haftäumen in Neubauten von Strafvollzugsanstalten, in: BewHi 2007, 270 ff; ders. Menschen(un)würdige Unterbringung von Strafgefangenen, in: StV 2009, 215 ff; ders. „Die Entscheidung ist eine Tat!" – Fünfzig Jahre Rechtsprechung zur Mehrfachbelegung von Haftäumen, in: JR 2018, 434 ff; *Kretschmer* Die Mehrfachbelegung von Haftäumen im Strafvollzug in ihrer tatsächlichen und rechtlichen Problematik, in: NStZ 2005, 251 ff; ders. Die menschen(un)würdige Unterbringung von Strafgefangenen, in: NJW 2009, 2406 ff; *Lindemann* Die Pflicht zur menschenwürdigen Unterbringung Strafgefangener als „Kardinalpflicht der Justizvollzugsorgane", in: JR 2010, 469 ff; *Nitsch* Die Unterbringung von Gefangenen nach dem Strafvollzugsgesetz, Münster 2006; *Pohlreich* Die Rechtsprechung des EGMR zum Vollzug von Straf- und Untersuchungshaft, in: NStZ 2011, 560 ff; *Preusker* Humanität im Strafvollzug, in: ZfStrVo 2003, 229 ff; *Radbruch* Die Psychologie der Gefangenschaft, in: ZfStrVo 1952/53, 140 ff; *Rixen* Die Würde des Strafgefangenen ist unantastbar – auch im Staatshaftungsrecht?, in: Boers u.a. (Hrsg.), FS Kerner, Tübingen 2013, 803 ff; *Rösch* Häftling erstreitet sich Einzelzelle vor Gericht, in: BlStV 2/1999, 1 f; *Stuth* Vereinsamung und Selbsttötung in Haftanstalten, in: BlStV 2/81, 7 f; *Theile* Menschenwürde und Mehrfachbelegung im geschlossenen Vollzug, in: StV 2002, 670 ff; *Unterreitmeier* Geldentschädigung bei menschenunwürdiger Unterbringung, in: NJW 2005, 475 ff; ders. Grundrechtsverletzung und Geldentschädigung – kein zwingendes Junktim?, in: DVBl. 2005, 1235 ff.

I. Grundsätzliches

1   Nach dem Muster des Bundes-Strafvollzugsgesetzes (§§ 17, 18 StVollzG) differenziert ein Teil der Vollzugsgesetze der Länder zwischen **Arbeitszeit, Freizeit und Ruhezeit** (**BW** §§ 13, 14 III, **BY** Art. 19, 20, **HH** §§ 19, 20, **HE** § 18 Abs. 1 und 2, **NI** §§ 19, 20, **NW** § 14 Abs. 1 und 2), während ein anderer Teil an die **Einschlusszeiten** anknüpft und unterschiedliche Regelungen für die Unterbringung während und außerhalb dieses Zeitabschnitts enthält (**BE** §§ 12, 13, **BB** §§ 18, 19, **HB** §§ 11, 12, **MV** §§ 11, 12, **RP** §§ 18, 19, **SL** §§ 11, 12, **SN** §§ 11, 12, **ST** §§ 18, 19, **TH** §§ 18, 19). Als von der zweiten Normengruppe abweichend stellt sich die Rechtslage in Schleswig-Holstein dar; dort wird nach Nachtzeit und sonstiger Zeit unterschieden (**SH** §§ 12, 13). Das erstgenannte Regelungsmodell greift den in Freiheit üblichen dreiteiligen Lebensrhythmus auf und mag deshalb dem Angleichungsgrundsatz am ehesten entsprechen,[367] aber auch die Unterscheidung zwischen Tag- und Nachtzeit korrespondiert mit Gegebenheiten außerhalb der Anstalten. Die Mehrzahl der Gesetze (Bundes-Strafvollzugsgesetz sowie diejenigen in den Ländern Ba-

---

365   *Arloth/Krä* § 8 StVollzG Rdn. 8.
366   NI LT-Drucks. 15/3565, S. 93.
367   S. *Laubenthal/Nestler/Neubacher/Verrel* D Rdn. 45.

den-Württemberg, Bayern, Berlin, Hamburg, Mecklenburg-Vorpommern, Nordrhein-Westfalen, Saarland, Sachsen, Schleswig-Holstein, Thüringen) differenziert zwischen geschlossenem und offenem Vollzug, die übrigen nehmen diese Unterscheidung nicht vor (Brandenburg, Bremen, Hessen, Niedersachsen, Rheinland-Pfalz, Sachsen-Anhalt).

II. Unterbringung während der Arbeit und Freizeit

Bund	§ 17 StVollzG
Baden-Württemberg	BW § 14 III JVollzGB
Bayern	BY Art. 19 BayStVollzG
Berlin	BE § 13 StVollzG Bln
Brandenburg	BB § 19 BbgJVollzG
Bremen	HB § 12 BremStVollzG
Hamburg	HH § 19 HmbStVollzG
Hessen	HE § 18 Abs. 2 HStVollzG
Mecklenburg-Vorpommern	MV § 12 StVollzG M-V
Niedersachsen	NI § 19 NJVollzG
Nordrhein-Westfalen	NW § 14 Abs. 2 und 3 StVollzG NRW
Rheinland-Pfalz	RP § 19 LJVollzG
Saarland	SL § 12 SLStVollzG
Sachsen	SN § 12 SächsStVollzG
Sachsen-Anhalt	ST § 19 JVollzGB LSA
Schleswig-Holstein	SH §§ 12, 13 Abs. 2 und 3 LStVollzG SH
Thüringen	TH § 19 ThürJVollzGB

Übersicht
1. Allgemeine Hinweise —— 2–4
2. Erläuterungen —— 5–15
   a) Unterbringung bei der Arbeit —— 5, 6
   b) Unterbringung in der Freizeit —— 7, 8
   c) Einschränkungen der gemeinsamen Unterbringung —— 9–15
3. Beispiel —— 16

1. Allgemeine Hinweise. Die Gefangenen sollen die tägliche Arbeitszeit in Gemeinschaft verbringen und frei entscheiden können, ob sie ihre Freizeit ganz oder teilweise in Gemeinschaft mit anderen verleben oder für sich allein bleiben. Dieses Prinzip liegt allen Gesetzen zugrunde, unabhängig von der jeweils vorgenommenen Einteilung des Tagesablaufs. Denn das Vollzugsziel kann nur erreicht werden, wenn es der Gefangene lernt, mit anderen zusammenzuarbeiten und erträglich zusammenzuleben. Das strenge **Einzelhaftsystem** (sog. pennsylvanisches System), das darauf bedacht war, die schlechten Einflüsse, die Gefangene aufeinander haben können, durch konsequente Trennung zu verhindern, hat sowohl die für sich allein gelassenen Gefangenen unzumutbar belastet, als sie auch lebensuntüchtig gemacht; „Einzelhaft macht schwächer".[368] 2

Da viele Gefangene ein vernünftiges Miteinander bei Arbeit, Freizeit und Sport wegen ihrer Sozialisationsmängel nicht zu leisten vermögen und weil bei den vielen schwierigen Persönlichkeiten auch eine gegenseitige schlechte Beeinflussung nicht ausgeschlossen werden kann, ist Aufsicht, Beobachtung und Beratung sicherzustellen, weil Gemeinschaft gelernt werden muss.[369] Deshalb sollen die Arbeitsgruppen, die 3

---
368 Radbruch ZfStrVo 1952/53, 140, 151; s. dazu Böhm Rdn. 62, 217; vgl. auch Laubenthal Rdn. 101 f; Schwind, in: Schwind/Blau 1 ff.
369 Busch ZfStrVo 1977, 63, 67.

Wohngruppen und die Freizeitgruppen nicht zu groß sein. Und die Entwicklung der Beziehungen der Gefangenen zueinander muss beobachtet und mit den Insassen besprochen werden. Dem entsprechen die Arbeitsbedingungen in den sozialtherapeutischen Anstalten mit ihren am Modell der problemlösenden Gemeinschaft[370] orientierten Wohn- und Kommunikationsstrukturen. Auch im Normalvollzug wird in einigen Anstalten in vergleichbarer Weise gearbeitet, wobei offen bleibt, ob das erwähnte Modell für alle Gefangenen geeignet erscheint.[371] Während Arbeit, Ausbildung und sonstige Beschäftigung in der Arbeitszeit gemeinschaftlich stattfinden, erlaubte § 201 Nr. 2 StVollzG für die Anstalten, mit deren Bau vor dem 1.1.1977 begonnen wurde, eine weitreichende Einschränkung hinsichtlich gemeinschaftlicher Unterbringung während der Freizeit.[372] Dies ist überholt, nachdem keines der Landesgesetze einen entsprechenden Vorbehalt übernommen hat.[373]

4   Nahezu alle Vollzugsgesetze enthalten ausdrückliche Regelungen zum Aufenthalt in Gemeinschaft. Solche fehlen aber in Baden-Württemberg. Der Gesetzgeber hat dort entsprechend der Vollzugspraxis vorausgesetzt, die Gefangenen würden ihre Arbeits- und Freizeit regelmäßig gemeinsam verbringen, und darauf verzichtet, diese vermeintliche Selbstverständlichkeit in das Gesetz aufzunehmen.[374] Hier wie in allen übrigen Ländern findet sich aber die Befugnis zur Beschränkung der Gemeinschaft näher umschrieben. Die Länder, die dem Musterentwurf folgen, sprechen ebenso wenig ausdrücklich das Erfordernis gemeinschaftlicher Arbeit und vergleichbarer Tätigkeit aus, sondern beschränken sich auf die Aussage, die Gefangenen dürften sich außerhalb der Einschlusszeiten (gem. **SH** § 12 der Nachtzeit) in Gemeinschaft aufhalten (**BE** § 13 Abs. 1, **BB** § 19 Abs. 1, **HB** § 12 Abs. 1, **MV** § 12 Abs. 1, **RP** § 19 Abs. 1, **SL** § 12 Abs. 1, **SN** § 12 Abs. 1, **ST** § 19 Abs. 1, **TH** § 19 Abs. 1). Da Arbeits- und Freizeit außerhalb der Einschlusszeiten[375] (bzw. der Nachtzeit) liegen, besteht in diesen Phasen die Gelegenheit zum Leben in Gemeinschaft. Das folgt auch ausdrücklich aus der Regelung in Nordrhein-Westfalen (**NW** § 14 Abs. 2 Satz 1).

2. Erläuterungen

5   **a) Unterbringung bei der Arbeit.** Die Gefangenen arbeiten nach einem Teil der Gesetze gemeinsam, § 17 Abs. 1 Satz 1 StVollzG, **BY** Art. 19 Abs. 1 Satz 1, **HE** § 18 Abs. 2 Satz 1, **NI** § 19 Abs. 1 Satz 1. Ob dies dem Angleichungsgrundsatz entspricht,[376] erscheint fraglich. Es gibt – im Zeitalter moderner Kommunikationstechniken noch zunehmend – zahlreiche Arbeitsplätze, bei denen nicht gemeinsam gewirkt wird. Dem trägt man in Hamburg Rechnung, indem die gemeinschaftliche Arbeit von den Anforderungen der Arbeitsplätze abhängig gemacht wird (**HH** § 19 Abs. 1 Satz 1).[377] Eher ist wohl ein soziales Training Leitbild der Regelungen.[378] Schreckbild stellt die früher weit verbreitete, meistens auch auf langweilige und primitive Heimarbeit zugeschnittene Zellenarbeit dar, mit der sich der Insasse während der Arbeitszeit in seinem Haftraum allein beschäftigen musste. Nicht nur die Arbeit im engeren Sinn findet danach in Gemeinschaft statt, son-

---

370 Dazu *Laubenthal* Rdn. 161 ff.
371 *Walter* Rdn. 284.
372 Krit. *Arloth/Krä* § 17 StVollzG Rdn. 1.
373 Für Bayern s. LT-Drucks. 15/8101, 55: „„... kein Bedürfnis mehr ...".
374 **BW** LT-Drucks. 14/5012, 215; vgl. auch *Arloth/Krä* § 14 Buch 3 **BW** JVollzGB Rdn. 1.
375 S. *Laubenthal* Rdn. 378, 379.
376 OLG Frankfurt, Beschl. vom 16.11.1978 – 3 Ws 462/78 (StVollzG) = ZfStrVo 1979, 121; *Arloth/Krä* § 17 StVollzG Rdn. 2; BeckOK-*Setton* § 17 StVollzG Rdn. 3; *Laubenthal/Nestler/Neubacher/Verrel* D Rdn. 45, 47.
377 Vgl. **HH** LT-Drucks. 18/6490, 37.
378 Vgl. auch AK-*Weßels/Böning* Teil II § 12 LandesR Rdn. 2.

dern auch die **anstelle von Arbeit und in der Arbeitszeit stattfindenden Beschäftigungen**.[379] Eine solche Gleichstellung fehlt in Hessen, wobei es sich wohl um ein Redaktionsversehen handelt.[380] In der Aufzählung des § 17 Abs. 1 Satz 2 StVollzG, **BY** Art. 19 Abs. 1 Satz 2, **HH** § 19 Abs. 1 Satz 2 bleibt allerdings der Unterricht ausgespart, während in **NI** § 19 Abs. 1 Satz 2 schulische Bildung genannt wird. In der Tat sollten die Möglichkeit des bei besonders schulisch Vernachlässigten jedenfalls zeitweilig nötigen Einzelunterrichts und der Wechsel von alleinigem Studium im Haftraum und gemeinsamer Arbeit in der Gruppe während des Schultages offengelassen werden.

Die Selbstbeschäftigung, soweit sie nicht im Wege des Freigangs stattfindet, kann 6 überwiegend nur allein im Haftraum geleistet werden. Und ebenso gibt es in der Anstalt Arbeitsstellen, an denen der Insasse meistens allein arbeitet (z.B. in der Waschküche, in der Heizung oder der Bücherei – überhaupt bei den begehrten Hausarbeitertätigkeiten). Diese Art von Arbeit ist unter der Voraussetzung zulässig, dass der Gefangene **zustimmt** (§ 17 Abs. 3 Nr. 4 StVollzG, **BW** § 14 Nr. 4 III, **BY** Art. 19 Abs. 3 Nr. 4, **HH** § 19 Abs. 3 Nr. 4, **HE** § 18 Abs. 2 Satz 2 Nr. 4). Die Zustimmung darf der Inhaftierte ohne Angabe von Gründen jederzeit widerrufen.[381] Zur Arbeit in ihrem Haftraum sind in den Ländern mit Arbeitspflicht die Gefangenen verpflichtet, deren gemeinschaftliche Unterbringung während der Arbeitszeit aus den in § 17 Abs. 3 Nr. 1–3 StVollzG, **BW** § 14 Nr. 1–3 III, **BY** Art. 19 Abs. 3 Nr. 1–3, **BE** § 13 Abs. 2 Nr. 1 und 2, **HB** § 12 Abs. 2, **HH** § 19 Abs. 3 Nr. 1–3, **HE** § 18 Abs. 2 Satz 2 Nr. 1–3, **MV** § 12 Abs. 2, **NI** § 19 Abs. 3, **NW** § 14 Abs. 2 Satz 2, **ST** § 19 Abs. 2 Nr. 1–3, **TH** § 19 Abs. 2 Nr. 1–3 genannten Gründen eingeschränkt ist.[382] Der Gefangene hat aber keinen Anspruch darauf, dass ihm eine Einzelarbeit zugewiesen wird.[383]

b) Unterbringung in der Freizeit. Die Dauer der täglichen Freizeit ergibt sich aus 7 der Hausordnung. Sie ist nicht nur die Zeit, in der in der Anstalt gemeinschaftliche Veranstaltungen angeboten werden, sondern z.B. die meiste Tageszeit an Wochenenden. Nicht in allen Anstalten ist es möglich, den Insassen für die ganze Freizeit die freie Wahl einzuräumen, entweder in Gemeinschaft zu leben oder allein im Haftraum zu sein. Das setzt regelmäßig die Aufgliederung der Anstalt in abtrennbare, selbständige Wohngruppen voraus, für deren Betreuung genug Personal zur Verfügung stehen müsste. Auch wo diese Voraussetzungen erfüllt sind, beschränkt sich das Recht auf Gemeinsamkeit häufig auf die Mitglieder der Wohngruppen bzw. die Teilnehmer an den darüber hinaus angebotenen Kursen und Veranstaltungen. Nur in diesem organisatorischen Rahmen vermag sich der Gefangene seinen Umgang auszusuchen. Die Anstaltsleitung kann Aufschluss für eine bestimmte Tageszeit gewähren, der allerdings auf bestimmte abgegrenzte Einheiten (z.B. Abteilungen) beschränkt bleibt. Die gesamte Anstalt nach innen zu öffnen, kann wegen der **subkulturellen Einflüsse** der Gefangenen aufeinander nicht befürwortet werden.[384] Wenn darauf hingewiesen wird, dass die Gefangenensubkultur dem Selbstschutz diene und einen repressionsfreien Anstaltsbetrieb gewährleiste,[385] so wi-

---

379 *Laubenthal/Nestler/Neubacher/Verrel* D Rdn. 45.
380 Vgl. *Arloth/Krä* § 18 HStVollzG Rdn. 2; **HE** LT-Drucks. 18/1396, 90: „Arbeit und Maßnahmen der Aus- und Weiterbildung ...".
381 OLG Hamm, Beschl. vom 21.12.1989 – 1 Vollz (Ws) 171/89 = NStZ 1990, 206, 207; AK-*Weßels/Böning* Teil II § 12 LandesR Rdn. 12.
382 OLG Hamm, Beschl. vom 21.12.1989 – 1 Vollz (Ws) 171/89 = NStZ 1990, 206, 207; LG Stuttgart, Beschl. vom 18.1.1990 – StVK 412/89 = ZfStrVo 1990, 304.
383 *Arloth/Krä* § 17 StVollzG Rdn. 2; BeckOK-*Setton* § 17 StVollzG Rdn. 4.
384 Ebenso *Arloth/Krä* § 17 StVollzG Rdn. 3; BeckOK-*Setton* § 17 StVollzG Rdn. 7; *Laubenthal/Nestler/Neubacher/Verrel* D Rdn. 48; vgl. auch *Dünkel/Kunkat* NK 2/1997, 24, 29.
385 So AK-*Weßels/Böning* Teil II § 17 LandesR Rdn. 4.

dersprechen dem die derzeit im geschlossenen (und teilweise auch im offenen) Vollzug vorgefundenen Verhältnisse. Auf der subkulturellen Ebene sind körperliche und sexuelle Angriffe, das Unterdrücken Mitinhaftierter, Nötigungen und Erpressungen fast alltäglich.[386] Es ist rechtswidrig (und der Erreichung des Vollzugsziels abträglich), durch organisatorische Maßnahmen, wie es eine weitgehende Öffnung der Anstalt nach innen bei fehlenden Kontrollmöglichkeiten darstellt, Gefangene noch vermehrt solchen entwürdigenden Situationen auszusetzen. Deshalb ist es auch richtig, den Gefangenen keinen Anspruch auf eine solche bedenkliche Ermöglichung von Gemeinsamkeit einzuräumen.[387]

8 Solange die baulichen und personellen Voraussetzungen (selbständige Wohngruppen) für ein gemeinschaftliches Verbringen der gesamten Freizeit nicht geschaffen sind, ist es notwendig und ausreichend, jeweils für bestimmte Zeiten am Tage und an Wochenenden den Gefangenen die Möglichkeit zu geben, an Gemeinschaftsveranstaltungen in der Freizeit teilzunehmen und die Freizeit mit (einigen) anderen Insassen zu verbringen.[388] Auch der sog. **Umschluss** – zwei oder mehr Insassen werden auf ihren Wunsch für einige Zeit in den Haftraum eines der beiden eingeschlossen – ermöglicht Freizeit in Gemeinschaft. § 17 Abs. 2 StVollzG, **BY** Art. 19 Abs. 2, **BE** § 13 Abs. 1, **BB** § 19 Abs. 1, **HB** § 12 Abs. 1, **HH** § 19 Abs. 2, **HE** § 18 Abs. 2 Satz 1, **MV** § 12 Abs. 1, **NI** § 19 Abs. 2, **NW** § 14 Abs. 2 Satz 1, **RP** § 19 Abs. 1, **SL** § 12 Abs. 1, **SN** § 12 Abs. 1, **ST** § 19 Abs. 1, **TH** § 19 Abs. 1 geben dem Insassen keinen Anspruch darauf, seine ganze Freizeit – oder auch nur deren überwiegenden Teil – mit anderen gemeinsam zu verbringen. Er hat **nur das Recht auf gemeinsame Freizeit überhaupt**,[389] wobei für ein möglichst umfassendes Angebot an Veranstaltungen ebenso wie für einen großzügig bemessenen Zeitraum für nicht organisierte, gemeinsame Freizeit zu sorgen ist. Beide Möglichkeiten gemeinschaftlicher Freizeit sind einzuräumen. Die Vollzugsbehörde hat insoweit einen Ermessensspielraum.[390] Sie kann auch, wie sich aus § 17 Abs. 2 Satz 2 StVollzG, **BY** Art. 19 Abs. 2 Satz 2, **HH** § 19 Abs. 2 Satz 2, **NW** § 14 Abs. 3 ergibt, aus wichtigen Gründen vorübergehend oder auf Dauer die Zeiten für die gemeinsame Freizeit wieder einschränken, etwa um Überstunden der Bediensteten abzubauen.[391] Eine entsprechende Regelung fehlt in Baden-Württemberg, Berlin, Brandenburg, Bremen, Hessen, Mecklenburg-Vorpommern, Niedersachsen, wo man eine Verwaltungsvorschrift als ausreichend ansah,[392] Rheinland-Pfalz, Saarland, Sachsen, Sachsen-Anhalt, Schleswig-Holstein und Thüringen. Hier kommt aber eine Einschränkung der Gemeinschaft aus Gründen der Sicherheit und Ordnung der Anstalt (Rdn. 13) in Betracht.[393] Der Gefangene ist **nicht verpflichtet**, seine Freizeit mit anderen Gefangenen zu verbringen.[394] Er darf sich, selbst wenn das aus Gründen der Behandlung vielleicht unerwünscht ist, in der gesamten Freizeit allein in seinem Haftraum aufhalten.

---

386 *Böhm* Rdn. 175; *Laubenthal* Rdn. 213 ff; *Preusker* ZfStrVo 2003, 229, 230 f.
387 OLG Koblenz, Beschl. vom 24.9.1985 – 2 Vollz (Ws) 75/85 = ZfStrVo 1986, 122; *Arloth/Krä* § 17 StVollzG Rdn. 3; *Laubenthal/Nestler/Neubacher/Verrel* D Rdn. 48.
388 OLG Koblenz, Beschl. vom 24.9.1985 – 2 Vollz (Ws) 75/85 = ZfStrVo 1986, 122 f; Beschl. vom 31.5.1994 – 3 Ws 290/94 = ZfStrVo 1995, 243.
389 BeckOK-*Setton* § 17 StVollzG Rdn. 6; *Laubenthal* Rdn. 379.
390 OLG Celle, Beschl. vom 15.7.1980 – 3 Ws 259/80 (StrVollz), bei *Franke* NStZ 1981, 214; OLG Frankfurt, Beschl. vom 4.12.1980 – 3 Ws 714/80 (StVollz) = BlStV 6/1981, 7; OLG Koblenz, Beschl. vom 31.5.1994 – 3 Ws 290/94 = ZfStrVo 1995, 243.
391 KG, Beschl. vom 22.1.1996 – 5 Ws 424/95 Vollz = ZfStrVo 1998, 310 ff; s. auch OLG Dresden, Beschl. vom 4.10.2000 – 2 Ws 496/00, bei *Matzke* NStZ 2001, 412.
392 S. **NI** LT-Drucks. 15/3565, 108.
393 So OLG Schleswig, Beschl. vom 23.3.2017 – 1 Vollz Ws 99/17, 119/17 = SchlHA 2017, 231.
394 *Arloth/Krä* § 17 StVollzG Rdn. 3; *Laubenthal/Nestler/Neubacher/Verrel* D Rdn. 48.

c) Einschränkungen der gemeinsamen Unterbringung. § 17 Abs. 3 StVollzG, **BW** 9
§ 14 III, **BY** Art. 19 Abs. 3, **BE** § 13 Abs. 2, **BB** § 19 Abs. 2 Nr. 1–3, **HB** § 12 Abs. 2, **HH** § 19
Abs. 3, **HE** § 18 Abs. 2 Satz 2, **MV** § 12 Abs. 2, **NI** § 19 Abs. 3, **NW** § 14 Abs. 2 Satz 2, **RP** § 19
Abs. 2 Nr. 1–3, **SL** § 12 Abs. 2, **SN** § 12 Abs. 2, **ST** § 19 Abs. 2 Nr. 1–3, **SH** § 13 Abs. 2 und 3,
TH § 19 Abs. 2 Nr. 1–3 erlauben die Einschränkung der gemeinschaftlichen Unterbringung während der Arbeits- und Freizeit. Die hierfür im Gesetz formulierten Anordnungsvoraussetzungen unterliegen als unbestimmte Rechtsbegriffe der **uneingeschränkten gerichtlichen Nachprüfung**,[395] während auf der Rechtsfolgenseite **Ermessen** eingeräumt ist.[396] Wird ein Gefangener für mehrere Monate aus dem Aufschluss herausgenommen, findet dies seine Rechtsgrundlage in den genannten Normen.[397]

Erlaubt ist nur eine **Einschränkung**. Das bedeutet, dass die Qualität der – an stren- 10
gere Voraussetzungen geknüpften – Einzelhaft nicht erreicht wird. Die Einschränkung
ist auch gegen die Disziplinarmaßnahmen der Beschränkung der Teilnahme an gemeinschaftlichen Veranstaltungen und der getrennten Unterbringung abzugrenzen. Einzelhaft ist die unausgesetzte Trennung eines Insassen von seinen Mitgefangenen, die allenfalls durch Teilnahme am Gottesdienst und der täglichen Freistunde unterbrochen wird.
Die Einschränkung gem. § 17 Abs. 3 StVollzG, **BW** § 14 III, **BY** Art. 19 Abs. 3, **BE** § 13
Abs. 2, **BB** § 19 Abs. 2 Nr. 1–3, **HB** § 12 Abs. 2, **HH** § 19 Abs. 3, **HE** § 18 Abs. 2 Satz 2, **MV**
§ 12 Abs. 2, **NI** § 19 Abs. 3, **NW** § 14 Abs. 2 Satz 2, **RP** § 19 Abs. 2 Nr. 1–3, **SL** § 12 Abs. 2, **SN**
§ 12 Abs. 2, **ST** § 19 Abs. 2 Nr. 1–3, **TH** § 19 Abs. 2 Nr. 1–3 muss dem Insassen also **mehr an Kommunikation** erlauben, etwa durch Beschränkung nur auf Arbeitszeit oder Freizeit;
Freizeit allein bis auf eine Stunde Umschluss am Tag oder bis auf Teilnahme am Sport
oder an einem bestimmten Fortbildungs- oder Freizeitkurs.[398] Aus dem Wortlaut der
schleswig-holsteinischen Regelung, die lediglich eine Befugnis zum Einschluss der Gefangenen außerhalb der Nachtzeit verleiht (**SH** § 13 Abs. 2), ergeben sich die vorbezeichneten Grundsätze zwar nicht zwingend; in den Materialien ist jedoch klargestellt, dass es
auch hier zu prüfen gilt, für welchen Zeitraum der Einschluss nötig wird, und dass dieser
das Ausmaß von Einzelhaft bzw. Arrest nicht erreichen darf.[399]

Auch die **Zeit der Behandlungsuntersuchung bzw. des Diagnoseverfahrens** ge- 11
stattet Einschränkungen nach § 17 Abs. 3 Nr. 2 StVollzG, **BW** § 14 Nr. 2 III, **BY** Art. 19
Abs. 3 Nr. 2, **HH** § 19 Abs. 3 Nr. 1, **HE** § 18 Abs. 2 Satz 2 Nr. 2, **NI** § 19 Abs. 3 Nr. 1, **NW** § 14
Abs. 2 Satz 2 Nr. 3 (nur bei besonderen Umständen) bis zu zwei Monaten bzw. acht Wochen (**MV** § 12 Abs. 2 Nr. 3, **RP** § 19 Abs. 2 Nr. 3, **SL** § 12 Abs. 2 Nr. 3, **ST** § 19 Abs. 2 Nr. 3,
TH § 19 Abs. 2 Nr. 3), gem. **BB** § 19 Abs. 2 Nr. 3 bis zu sechs Wochen. Dieser Zeitraum ist
lang bemessen, zwei bis vier Wochen genügen in der Regel. Nicht verständlich bleibt es
deshalb, wenn das Gesetz in Bremen (**HB** § 12 Abs. 2 Nr. 3) gar keine zeitliche Begrenzung
kennt, während in Schleswig-Holstein der Einschluss auf zwei Wochen nach Erstaufnahme, und das auch nur im geschlossenen Vollzug beschränkt bleibt (**SH** § 13 Abs. 2
Nr. 1, Abs. 3). Der Zweck der Trennung besteht darin, der Anstalt zunächst zu ermöglichen, ein umfassendes Bild vom Gefangenen zu gewinnen, bevor sie entscheidet, welche

---

395 OLG Bremen, Beschl. vom 14.11.1984 – Ws 137/84 (BL 193/84) = ZfStrVo 1985, 178, 179; OLG
Frankfurt, Beschl. vom 21.1.1980 – 3 Ws 1084/79 (StVollz) = GA 1981, 173; OLG Hamburg, Beschl. vom
27.5.1982 – Vollz (Ws) 11/82 = ZfStrVo 1983, 187; AK-*Weßels/Böning* Teil II § 12 LandesR Rdn. 8, 10;
Arloth/Krä § 17 StVollzG Rdn. 3; *Laubenthal/Nestler/Neubacher/Verrel* D Rdn. 50.
396   OLG Hamm, Beschl. vom 28.2.1994 – 1 Vollz (Ws) 279/93 = ZfStrVo 1995, 181; *Arloth/Krä* § 17 StVollzG
Rdn. 4; BeckOK-*Setton* § 17 StVollzG Rdn. 10.
397   OLG Schleswig, Beschl. vom 29.8.2011 – 1 Vollz Ws 311/11 = FS 2012, 113.
398   Vgl. OLG Frankfurt, Beschl. vom 16.11.1978 – 3 Ws 462/78 (StVollzG) = ZfStrVo 1979, 121f; LG
Hamburg, Beschl. vom 17.11.1980 – (98) Vollz 146/80, bei *Franke* NStZ 1981, 214.
399   **SH** LT-Drucks. 18/3153, 106.

Art der Unterbringung und welche Form der Binnendifferenzierung erforderlich sind,[400] wohingegen der Gesetzgeber in Schleswig-Holstein primär an das Erfordernis einer Ausnüchterung oder ähnliches gedacht hat.[401] Die Unterbringung darf ebenfalls nicht zur Einzelhaft verkümmern, sondern muss wenigstens etwas an gemeinsamer Arbeit oder Freizeit bereithalten. Keine Einschränkung der Gemeinschaft während des Diagnoseverfahrens ist in Berlin und Sachsen vorgesehen.

12 Ein Unterschied zu auf Trennung von anderen abzielenden Disziplinarmaßnahmen besteht vor allem im Anlass. Die Disziplinarmaßnahmen können den Insassen auch treffen, wenn er keinen schädlichen Einfluss auf andere ausübt. Sie sind Antwort auf eine schuldhafte Pflichtverletzung (11 M Rdn. 18 ff). Dagegen ist die Einschränkung nach § 17 Abs. 3 Nr. 1 StVollzG, **BW** § 14 Nr. 1 III, **BY** Art. 19 Abs. 3 Nr. 1, **BE** § 13 Abs. 2 Nr. 1, **BB** § 19 Abs. 2 Nr. 2, **HB** § 12 Abs. 2 Nr. 1, **HH** § 19 Abs. 3 Nr. 3, **HE** § 18 Abs. 2 Satz 2 Nr. 1, **MV** § 12 Abs. 2 Nr. 1, **NI** § 19 Abs. 3 Nr. 2, **NW** § 14 Abs. 2 Satz 2 Nr. 1, **RP** § 19 Abs. 2 Nr. 2, **SL** § 12 Abs. 2 Nr. 1, **SN** § 12 Abs. 2 Nr. 1, **ST** § 19 Abs. 2 Nr. 2, **SH** § 13 Abs. 2 Nr. 2, Abs. 3 (für geschlossenen wie offenen Vollzug), **TH** § 19 Abs. 2 Nr. 2 zulässig, wenn befürchtet werden muss, dass der Gefangene einen **schädlichen Einfluss** auf andere ausübt. Schädlicher Einfluss bedeutet hier sowohl krimineller Einfluss, der sich gegen die Erreichung des Vollzugszieles richtet, als auch Einfluss, der andere Insassen schädigt, etwa Streitereien, Schlägereien oder sexuelle Belästigungen provoziert.[402] Zum schädlichen Einfluss zu rechnen ist etwa auch die gegenseitige Unterstützung beim Hungerstreik. Die bloße Tatsache, dass ein Gefangener ein unbelehrbarer Überzeugungstäter ist und deshalb schädlichen Einfluss auf andere ausüben könnte, genügt noch nicht.[403] Ausreichend ist ein begründeter Verdacht schädlichen Einflusses (etwa des Besitzes oder Konsums von Drogen).[404] Die Rechtmäßigkeit der Einschränkung der gemeinschaftlichen Unterbringung wird nicht davon berührt, ob sich die Befürchtung später bestätigt.[405] In Hessen ist die Isolierung von agitatorischen **Extremisten** nunmehr als besondere Sicherungsmaßnahme möglich (**HE** § 50 Abs. 3 Satz 2).

13 Ein Ausschluss von gemeinsamer Arbeit, auch in Form des vorläufigen Entzugs zugewiesener Arbeit,[406] und/oder Freizeit ist auch zulässig, wenn die **Sicherheit oder Ordnung der Anstalt** es erforderlich machen, § 17 Abs. 3 Nr. 3 StVollzG, **BW** § 14 Nr. 3 III, **BY** Art. 19 Abs. 3 Nr. 3, **BE** § 13 Abs. 2 Nr. 2, **BB** § 19 Abs. 2 Nr. 1, **HB** § 12 Abs. 2 Nr. 2, **HH** § 19 Abs. 3 Nr. 2, **HE** § 18 Abs. 2 Satz 2 Nr. 3, **MV** § 12 Abs. 2 Nr. 2, **NI** § 19 Abs. 3 Nr. 3, **NW** § 14 Abs. 2 Satz 2 Nr. 2, **RP** § 19 Abs. 2 Nr. 1, **SL** § 12 Abs. 2 Nr. 2, **SN** § 12 Abs. 2 Nr. 2, **ST** § 19 Abs. 2 Nr. 1, **SH** § 13 Abs. 2 Nr. 3, Abs. 3 (für geschlossenen wie offenen Vollzug), **TH** § 19 Abs. 2 Nr. 1. Dies betrifft etwa grobe Störungen bei gemeinsamen Veranstaltungen, bei der Gefahr von Gewalttätigkeiten gegen Bedienstete oder gefährlicher Unbeherrschtheit beim Gemeinschaftssport sowie zur Sicherung vor Entweichungen.[407] Der schuldlos

---

400 So bereits ME-Begründung 81; weiter etwa **HB** LT-Drucks. 18/1475, 81.
401 **SH** LT-Drucks. 18/3153, 106; vgl. aber auch *Arloth/Krä* § 13 **SH** LStVollzG Rdn. 2.
402 Wie hier *Arloth/Krä* § 17 StVollzG Rdn. 5; differenzierend aber AK-*Weßels/Böning* Teil II § 12 LandesR Rdn. 9; *Laubenthal/Nestler/Neubacher/Verrel* D Rdn. 51.
403 OLG Hamburg, Beschl. vom 27.5.1982 – Vollz (Ws) 11/82 = ZfStrVo 1983, 187; *Laubenthal/Nestler/Neubacher/Verrel* D Rdn. 51; vgl. aber OLG Hamm, Beschl. vom 28.2.1994 – 1 Vollz (Ws) 279/93 = ZfStrVo 1995, 181, 182; *Arloth/Krä* § 17 StVollzG Rdn. 5.
404 Ebenso *Arloth/Krä* § 17 StVollzG Rdn. 5; a.A. LG Trier, Beschl. vom 31.10.1989 – 57 StVollz 109/89 = NStE § 17 StVollzG Nr. 2; *Laubenthal/Nestler/Neubacher/Verrel* D Rdn. 51.
405 OLG Zweibrücken, Beschl. vom 3.9.1993 – 1 Ws 175 u. 379/93 Vollz = NStZ 1994, 102; *Arloth/Krä* § 17 StVollzG Rdn. 5.
406 OLG Naumburg, Beschl. vom 13.7.2015 – 1 Ws (RB) 110/14 = FS SH 2016, 62, 63.
407 OLG Celle, Beschl. vom 22.5.1986 – 3 Ws 238/86 = ZfStrVo 1986, 377; Versagung von Umschluss wegen Ausbruchsversuchs: OLG Celle, Beschl. vom 23.1.1985 – 3 Ws 496/84 (StrVollz) = ZfStrVo 1986, 123 f.

in eine Schlägerei mit Mitgefangenen Verwickelte gefährdet in der Regel die Ordnung der Anstalt nicht.[408] Schuldhaftes Verhalten verlangen § 17 Abs. 3 Nr. 3 StVollzG, **BW** § 14 Nr. 3 III, **BY** Art. 19 Abs. 3 Nr. 3, **BE** § 13 Abs. 2 Nr. 2, **BB** § 19 Abs. 2 Nr. 1, **HB** § 12 Abs. 2 Nr. 2, **HH** § 19 Abs. 3 Nr. 2, **HE** § 18 Abs. 2 Satz 2 Nr. 3, **MV** § 12 Abs. 2 Nr. 2, **NI** § 19 Abs. 3 Nr. 3, **NW** § 14 Abs. 2 Satz 2 Nr. 2, **RP** § 19 Abs. 2 Nr. 1, **SL** § 12 Abs. 2 Nr. 2, **SN** § 12 Abs. 2 Nr. 2, **ST** § 19 Abs. 2 Nr. 1, **SH** § 13 Abs. 2 Nr. 3, Abs. 3, **TH** § 19 Abs. 2 Nr. 1 aber nicht. Auch eine veränderte Belegungssituation, Personalmangel oder Umbauten können die Einschränkung gemeinsamer Unterbringung aus Gründen der Sicherheit oder Ordnung erfordern.

Die Möglichkeit, von gemeinsamer Unterbringung des Gefangenen mit dessen **Zu-** **14** **stimmung** abzusehen, besteht nicht nur während der Arbeit, sondern auch in der Freizeit. Die Länder, die dem Musterentwurf folgen, sehen keine entsprechende Regelung vor (Berlin, Brandenburg, Bremen, Mecklenburg-Vorpommern, Rheinland-Pfalz, Saarland, Sachsen, Sachsen-Anhalt, Thüringen), ebenso wenig Nordrhein-Westfalen. Allerdings kommt auch dort eine Einschränkung des gemeinschaftlichen Aufenthalts z.B. auf Wunsch eines Gefangenen, der Übergriffe befürchtet, in Betracht.[409] Das gilt ebenfalls in Niedersachsen, wo man die Vorschrift über die Zustimmung als entbehrlich einstufe.[410] In Berlin ist als weiterer Fall der Beschränkbarkeit der Gemeinschaft die Zeit **stationärer Behandlung** im Justizvollzugskrankenhaus genannt (**BE** § 13 Abs. 2 Nr. 3). Der Gesetzgeber ging davon aus, dass das Zusammentreffen unterschiedlicher Insassen im Krankenhaus aus Gründen der Sicherheit und Ordnung nicht geduldet werden könne.[411] Die Regelung wäre aber nicht notwendig gewesen, weil eine so motivierte Beschränkung bereits nach **BE** § 13 Abs. 2 Nr. 2 herbeigeführt werden kann.[412]

Es war zulässig, die Ausschlussgründe des § 17 Abs. 3 StVollzG mit den räumlichen **15** und personellen Verhältnissen nach § 201 Nr. 2 StVollzG zu kombinieren; beispielsweise wenn die Gefahr des Missbrauchs einer Freizeitveranstaltung zur Flucht auch deshalb bestand, weil dort nur wenig Aufsichtspersonal eingesetzt werden konnte; das ist obsolet. Auch **über längere Zeit** sind Einschränkungen von gemeinschaftlicher Arbeit und Freizeit in einer Anstalt zulässig,[413] etwa wenn es nötig ist, den dort bestehenden Drogenmarkt auszutrocknen.[414] Die Einschränkungen wegen schädlichen Einflusses auf Mitinhaftierte sowie der Erfordernisse von Sicherheit und Ordnung bleiben zeitlich nur so lange zulässig, wie die jeweiligen Befürchtungen begründet sind. Eine Einschränkung i.S.v. § 17 Abs. 3 StVollzG, **BW** § 14 III, **BY** Art. 19 Abs. 3, **BE** § 13 Abs. 2, **BB** § 19 Abs. 2 Nr. 1–3, **HB** § 12 Abs. 2, **HH** § 19 Abs. 3, **HE** § 18 Abs. 2 Satz 2, **MV** § 12 Abs. 2, **NI** § 19 Abs. 3, **NW** § 14 Abs. 2 Satz 2, **RP** § 19 Abs. 2 Nr. 1–3, **SL** § 12 Abs. 2, **SN** § 12 Abs. 2, **ST** § 19 Abs. 2 Nr. 1–3, **SH** § 13 Abs. 2 u. 3, **TH** § 19 Abs. 2 Nr. 1–3 liegt nicht vor, wenn dem Gefangenen gemeinschaftliche Arbeit und Freizeit nur unter der Bedingung gestattet wird, dass er Anstaltskleidung trägt.[415] Wird ein Gefangener nach den genannten Normen von der gemeinschaftlichen Unterbringung während der Arbeitszeit ausgeschlossen, ist er bei Vor-

---

408 OLG Bremen, Beschl. vom 21.9.1995 – BL 264/94, Ws 12/95 = Beck-Rs 1995, 31133166.
409 *Arloth/Krä* § 12 SächsStVollzG Rdn. 1; ferner § 14 NRW StVollzG Rdn. 2 unter wenig schlüssiger Bezugnahme auf eine für die Unterbringung in der Ruhezeit geltende Norm.
410 **NI** LT-Drucks. 15/3565, 108.
411 S. **BE** LT-Drucks. 17/2442, 203.
412 So auch *Arloth/Krä* § 13 Bln StVollzG Rdn. 1.
413 OLG Hamburg, Beschl. vom 15.8.2008 – 3 Vollz (Ws) 44/08 = FS 2010, 52; *Arloth/Krä* § 17 StVollzG Rdn. 6.
414 LG Hamburg, Beschl. vom 17.11.1980 – (98) Vollz 146/80, bei *Franke* NStZ 1981, 214.
415 OLG Bremen, Beschl. vom 14.8.1984 – Ws 137/84 (BL 193/84) = ZfStrVo 1985, 178, 179.

liegen von Arbeitspflicht nach dem jeweiligen Gesetz zur Zellenarbeit verpflichtet.[416] Kann die Anstalt den Gefangenen in seinem Einzelhaftraum nicht mit Arbeit versorgen und hat der Gefangene (im Falle eines Verdachts, der sich nicht erweisen lässt) seine Ablösung von der gemeinschaftlichen Arbeit nicht verschuldet, steht ihm Anspruch auf Taschengeld zu.[417]

16   **3. Beispiel.** X ist verärgert, weil sein Antrag auf Gewährung einer Vollzugslockerung abgelehnt wurde. Er verweigert die ihm zugewiesene Pflichtarbeit. Nachdem die Disziplinarmaßnahme, die aus diesem Grund gegen ihn verhängt wurde, vollzogen ist, verweigert er die Arbeit erneut. Wieder wird eine Disziplinarmaßnahme (Arrest) verhängt und vollzogen. Nachdem er nun noch weiter die Arbeit verweigert, verlegt ihn der Anstaltsleiter in eine besondere Abteilung der Anstalt. In dieser Abteilung befinden sich nur sog. hartnäckige Arbeitsverweigerer. Sie sind in Einzelhafträumen untergebracht und dürfen Freizeitveranstaltungen nicht besuchen. Es ist ihnen nicht gestattet, auf dem anstaltseigenen Sportplatz Sport zu treiben; sie haben auch keinen Umschluss. Nur zur gemeinsamen Freistunde verlassen sie ihre Hafträume. Der Anstaltsleiter begründet diese Maßnahme mit dem schädlichen Einfluss auf andere Gefangene sowie den Erfordernissen von Sicherheit und Ordnung der Anstalt. Die Arbeitsverweigerer übten auf die anderen Insassen einen schlechten Einfluss aus. Es sei auch nötig, durch diese Maßnahme auf die Arbeitsverweigerer selber einzuwirken. Arbeitsverweigerer würden erfahrungsgemäß häufiger rückfällig.

Die Maßnahme ist unzulässig. Befürchtungen, jemand könnte als schlechtes Beispiel wirken, sind viel zu allgemein. Als Antwort auf schuldhafte Pflichtverletzungen kommen Disziplinarmaßnahmen in Betracht.[418] Eine Einschränkung der gemeinsamen Unterbringung darf nicht zu einer Umgehung der Voraussetzungen für die Anordnung von Disziplinarmaßnahmen führen. Die vom Anstaltsleiter angeordnete Unterbringung in der Abteilung für Arbeitsverweigerer wäre zudem deshalb unzulässig, weil es sich nicht mehr um eine Einschränkung nach § 17 Abs. 3 StVollzG, **BW** § 14 III, **BY** Art. 19 Abs. 3, **BE** § 13 Abs. 2, **BB** § 19 Abs. 2 Nr. 1–3, **HB** § 12 Abs. 2, **HH** § 19 Abs. 3, **HE** § 18 Abs. 2 Satz 2, **MV** § 12 Abs. 2, **NI** § 19 Abs. 3, **NW** § 14 Abs. 2 Satz 2, **RP** § 19 Abs. 2 Nr. 1–3, **SL** § 12 Abs. 2, **SN** § 12 Abs. 2, **ST** § 19 Abs. 2 Nr. 1–3, **SH** § 13 Abs. 2 u. 3, **TH** § 19 Abs. 2 Nr. 1–3, sondern um strenge Einzelhaft handelt und deren Voraussetzungen nicht vorliegen.

III. Unterbringung während der Ruhe-, Einschluss- oder Nachtzeit

Bund	§ 18 StVollzG
Baden-Württemberg	BW § 13 III JVollzGB
Bayern	BY Art. 20 BayStVollzG
Berlin	BE § 12 StVollzG Bln
Brandenburg	BB § 18 BbgJVollzG
Bremen	HB § 11 BremStVollzG
Hamburg	HH § 20 HmbStVollzG
Hessen	HE § 18 Abs. 1 HStVollzG
Mecklenburg-Vorpommern	MV § 11 StVollzG M-V

---

416 LG Stuttgart, Beschl. vom 18.1.1990 – StVK 412/89 = ZfStrVo 1990, 304; *Laubenthal* Rdn. 378 a.E.
417 OLG Zweibrücken, Beschl. vom 3.9.1993 – 1 Ws 175 u. 379/93 Vollz = NStZ 1994, 102 f.
418 OLG Nürnberg, Beschl. vom 3.4.1980 – Ws 815/79 = ZfStrVo 1980, 250; ähnlich LG Hamburg, Beschl. vom 19.6.2000 – 605 Vollz 63/00 = ZfStrVo 2001, 50 ff; vgl. auch *Laubenthal* Rdn. 378.

E. Unterbringung im Tagesablauf

Niedersachsen	NI § 20 NJVollzG
Nordrhein-Westfalen	NW § 14 Abs. 1 StVollzG NRW
Rheinland-Pfalz	RP § 18 LJVollzG
Saarland	SL § 11 SLStVollzG
Sachsen	SN §§ 11, 121 Abs. 4 SächsStVollzG
Sachsen-Anhalt	ST §§ 18, 164 Abs. 1 JVollzGB LSA
Schleswig-Holstein	SH §§ 11, 13 Abs. 1 LStVollzG SH
Thüringen	TH §§ 18, 143 Abs. 2 ThürJVollzGB

Übersicht

1. Allgemeine Hinweise —— 17–29
   a) Nächtliche Einzelunterbringung als wichtiger Grundsatz —— 17
   b) Anforderungen der Menschenwürdegarantie —— 18–22
   c) Der Grundsatz nicht zureichend verwirklicht —— 23–28
   d) Entschädigung bei menschenwürdewidriger Unterbringung —— 29
2. Erläuterungen —— 30–37
   a) Einzelunterbringung gilt für Ruhe-, Einschluss- bzw. Nachtzeit —— 30, 31
   b) Ausnahme für hilfsbedürftige und gefährdete Gefangene —— 32, 33
   c) Belegung von Gemeinschaftshafträumen —— 34
   d) Nächtliche Unterbringung im offenen Vollzug —— 35, 36
   e) Ausnahmen auch im geschlossenen Vollzug —— 37

1. Allgemeine Hinweise

a) Nächtliche Einzelunterbringung als wichtiger Grundsatz. Jeder Gefangene ist **17** während der Ruhezeit, Einschlusszeit oder Nachtzeit prinzipiell in einem gesonderten Haftraum unterzubringen, § 18 Abs. 1 Satz 1 StVollzG, **BW** § 13 Abs. 1 Satz 1 III, **BY** Art. 20 Abs. 1 Satz 1, **BB** § 18 Abs. 1, **HB** § 11 Abs. 1, **HH** § 20 Satz 1, **HE** § 18 Abs. 1 Satz 1, **NI** § 20 Abs. 1 Satz 1, **NW** § 14 Abs. 1 Satz 1, **RP** § 18 Abs. 1, **SL** § 11 Abs. 1, **SN** § 11 Abs. 1, **ST** § 18 Abs. 1, **SH** § 11 Abs. 1, **TH** § 18 Abs. 1 sowie **BE** § 12 Abs. 1 Satz 1, **MV** § 11 Abs. 1 nur für den geschlossenen Vollzug. Ein Inhaftierter muss einen **Rest von Privatsphäre** behalten, eine Rückzugsmöglichkeit haben, in der seine Intimsphäre gewahrt wird. Das entspricht der Achtung der Persönlichkeit und schafft Voraussetzungen für die Erreichung des Vollzugsziels,[419] denn die Einzelunterbringung dient zugleich dem Schutz vor subkulturellen Einflüssen.[420] Die gesonderte Unterbringung der Inhaftierten während der Ruhezeit ist die notwendige Ergänzung der (überwachten und begleiteten) Gemeinschaft bei der Arbeit und der Freizeit.[421] Sie entspricht auch den EuStVollzGrds 2006, die in Nr. 18.5 vorschreiben, dass Gefangene i.d.R. bei Nacht in Einzelhafträumen unterzubringen sind. Die Vollzugsbehörde hat zu beachten, dass die Unterbringung keine besondere Übelszufügung bedeuten darf.[422]

b) Anforderungen der Menschenwürdegarantie. Dem behördlichen Ermessen **18** werden vor allem Grenzen gezogen durch das Grundrecht auf Achtung der Menschen-

---

[419] OLG Celle, Beschl. vom 5.11.1998 – 1 Ws 200/98 (StrVollz) = NStZ 1999, 216 m. Anm. *Ullenbruch* NStZ 1999, 429; AK-*Weßels/Böning* Teil II § 11 LandesR Rdn. 2; *Laubenthal/Nestler/Neubacher/Verrel* D Rdn. 46.
[420] *Arloth/Krä* § 18 StVollzG Rdn. 2; BeckOK-*Setton* § 18 StVollzG Rdn. 1; *Laubenthal* Rdn. 380; *Köhne* JR 2018, 434.
[421] *Busch* ZfStrVo 1977, 63, 67.
[422] So bereits BT-Drucks. 7/918, 93.

würde (Art. 1 Abs. 1 GG) sowie das **Verbot unmenschlicher Behandlung**, Art. 3 EMRK.[423] Daran zu messen ist zunächst die Unterbringung in einem **Einzelhaftraum**. Die Judikatur hat hierzu bisher folgende Grundsätze aufgestellt: Das OLG Frankfurt akzeptierte einen Luftraum von 19,25 m³ bei einer Bodenfläche von 6,11 m².[424] Das BVerfG bezeichnete zunächst einen Raum von nur wenig über 6 m² als „an der unteren Grenze des Hinnehmbaren liegend",[425] um später eine mehrwöchige Unterbringung in einem etwa 4,5 m² großen Raum als menschenwürdewidrig einzustufen.[426] Der Aufenthalt auf 5,25 m² für ca. 17 Stunden täglich ist zulässig nur während einer von vornherein begrenzten zweiwöchigen Übergangsfrist, nicht aber über drei Monate.[427] Eine räumliche Abtrennung und gesonderte Entlüftung des Sanitärbereichs gilt bei Einzelunterbringung als zur Wahrung der Menschenwürde nicht per se unabdingbar.[428] In der jüngsten Rechtsprechung wird allerdings betont, es komme für die Beurteilung auf eine Gesamtschau aller Umstände an, z.B. Bodenfläche, hygienische Verhältnisse und Situation der Sanitäranlagen, namentlich Abtrennung und Belüftung der Toilette, Dauer der täglichen Einschlusszeiten, Lage und Größe des Fensters, Ausstattung und Belüftung des Raumes.[429]

19 Das Verbot einer unmenschlichen Behandlung ist weiter gerade auch bei einer **gemeinschaftlichen Unterbringung** mehrerer Gefangener in einem Haftraum zu beachten und setzt insoweit dem Ermessen der Vollzugsbehörde Grenzen.[430] Eine bloße gemeinsame Unterbringung ohne Vorliegen gesetzlich normierter Ausnahmekriterien vom Prinzip der Einzelhaft kann ohne Hinzutreten erschwerender, den Gefangenen benachteiligender Umstände aber noch nicht als Verstoß gegen die Menschenwürde angesehen werden.[431] Wann eine **Verletzung der Menschenwürde** durch Unterschreiten etwa einer bestimmten Haftraummindestgröße infolge Mehrfachbelegung vorliegt, ist bislang

---

[423] BVerfG, Beschl. vom 27.2.2002 – 2 BvR 553/01 = ZfStrVo 2002, 176; Beschl. vom 13.3.2002 – 2 BvR 261/01 = ZfStrVo 2002, 178; Beschl. v. 13.11.2007 – 2 BvR 2201/05 = BVerfGK 12, 417, 419; KG, Beschl. vom 25.9.2007 – 2/5 Ws 189/05 Vollz = StraFo 2007, 521, 523; OLG Celle, Urt. vom 2.12.2003 – 16 U 116/03 = StV 2004, 84, 85; OLG Frankfurt, Beschl. vom 15.8.1985 – 3 Ws 447/85 (StVollz) = StV 1986, 27 m. Anm. *Lesting*; OLG Hamm, Beschl. vom 7.4.1992 – 1 VAs 4/92 = NStZ 1992, 352; Urt. vom 18.2.2009 – 11 U 88/08 = FS 2009, 206, 207 m. Anm. *Krä* FS 2009, 215 ff; OLG Karlsruhe, Beschl. vom 13.1.2004 – 1 Ws 27/03 = ZfStrVo 2004, 304; OLG Naumburg, Beschl. vom 3.8.2004 – 4 W 20/04 = NJW 2005, 514; OLG Zweibrücken, Beschl. vom 17.2.1982 – 1 Vollz (Ws) 78/81 = NStZ 1982, 221 f.
[424] OLG Frankfurt, Beschl. vom 28.10.2003 – 3 Ws 957/03 (StVollz) = NStZ-RR 2004, 29.
[425] BVerfG, Beschl. vom 7.11.2012 – 2 BvR 1567/11 = BVerfGK 20, 125; vgl. schon BVerfG, Beschl. vom 19.10.1993 – 2 BvR 1778/93 = ZfStrVo 1994, 377, 378 (für UHaft).
[426] BVerfG, Beschl. vom 23.3.2016 – 2 BvR 566/15 = NStZ 2017, 111, 113 m. Anm. *Laubenthal*.
[427] VerfGH Berlin, Beschl. vom 3.11.2009 – VerfGH 184/07 = StV 2010, 374; zust. BVerfG, Beschl. vom 14.7.2015 – 1 BvR 1127/14 = NJW 2016, 389, 390; a.A. KG, Beschl. vom 25.9.2007 – 2/5 Ws 189/05 Vollz = StraFo 2007, 521, 523 f.
[428] BVerfG, Beschl. v. 13.11.2007 – 2 BvR 939/07 = BVerfGK 12, 422, 426; VerfGH Berlin, Beschl. vom 3.11.2009 – VerfGH 184/07 = StV 2010, 374, 375; KG, Beschl. vom 25.9.2007 – 2/5 Ws 189/05 Vollz = StraFo 2007, 521, 524; OLG Hamm, Beschl. vom 13.6.2008 – 11 W 43/08 (juris); OLG Zweibrücken, Beschl. vom 17.2.1982 – 1 Vollz (Ws) 78/81 = NStZ 1982, 221 f.
[429] So BVerfG, Beschl. vom 23.3.2016 – 2 BvR 566/15 = NStZ 2017, 111, 113 m. Anm. *Laubenthal*; VerfGH Berlin, Beschl. vom 3.11.2009 – VerfGH 184/07 = StV 2010, 374, 375.
[430] BVerfG, Beschl. vom 27.2.2002 – 2 BvR 553/01 = ZfStrVo 2002, 176; Beschl. vom 13.3.2002 – 2 BvR 261/01 = ZfStrVo 2002, 178; Beschl. v. 13.11.2007 – 2 BvR 2201/05 = BVerfGK 12, 417, 419 ff; s. auch *Kretschmer* NStZ 2005, 251, 253 f; *ders.* NJW 2009, 2406, 2410; *Theile* StV 2002, 670 ff; *Ullenbruch* NStZ 1999, 430.
[431] BGH, Beschl. vom 28.9.2006 – III ZB 89/05 = NStZ 2007, 172; OLG Celle, Beschl. vom 3.7.2003 – 1 Ws 171/03 (StrVollz) = StV 2003, 567, 568; *Arloth/Krä* § 18 StVollzG Rdn. 1; BeckOK-*Setton* § 18 StVollzG Rdn. 2; *Laubenthal* Rdn. 384; *Laubenthal/Nestler/Neubacher/Verrel* D Rdn. 46; a.A. AK-*Weßels/Böning* Teil II § 11 LandesR Rdn. 6; *Köhne* StV 2009, 215, 217 f für jede gemeinschaftliche Unterbringung ohne freiwillige Zustimmung; so wohl auch *Bachmann* 2015, 232.

nicht eindeutig geklärt[432] und lässt sich auch nicht abstrakt-generell klären. Die Frage, wann räumliche Verhältnisse in einer Justizvollzugsanstalt derart beengt sind, dass die Unterbringung Art. 1 Abs. 1 GG verletzt, kann nach überwiegender Auffassung nicht allein auf Grund einer bestimmten Mindesthaftraumgröße festgelegt werden. Lediglich vereinzelt findet sich ausgesprochen, dass 4 m² keinen Verstoß[433] bzw. 5 m² einen solchen bedeuten.[434] Vielmehr sind auch andere **konkrete Gesamtumstände der Art der Unterbringung** mit einzubeziehen.[435] Neben der Situation der sanitären Anlagen[436] erlangen die täglichen Einschlusszeiten Bedeutung.[437] So hat z.B. das OLG Frankfurt festgestellt, „dass eine solche Verletzung jedenfalls vorliegt, wenn – kumulativ – der Haftraum mit einer nicht abgetrennten oder nicht gesondert entlüfteten Toilette ausgestattet ist, und ein gewisses Mindestmaß für jeden Gefangenen an Luftraum (16 m³) oder Bodenfläche (6 bzw. 7 m²) unterschritten ist".[438] Das BVerfG hat jedoch im **offenen Vollzug** bei vollständigem Verzicht auf die Unterverschlussnahme der Gefangenen sowie anderenorts eingerichtetem Toiletten- und Duschraum eine Unterschreitung dieser Maße (13,6 m³, 5,85 m²) akzeptiert.[439] Nach dem OLG Karlsruhe verstößt „die dauerhafte Unterbringung zweier Strafgefangener in einem gemeinsamen Haftraum nicht gegen die Menschenwürde, wenn dieser über eine Größe von 9 m² verfügt und mit einer räumlich abgetrennten und durch eine Tür verschließbaren Nasszelle mit Toilette und Waschbecken von 1,3 m² Grundfläche ausgestattet ist".[440] Für das OLG Hamm verletzt „die gemeinsame Unterbringung zweier Gefangener in einem nur 8,8 m² großen Haftraum mit freistehender, nur mit einer beweglichen Schamwand verdeckten und nicht gesondert entlüfteten Toilette die Menschenwürdegarantie und das Verbot der unmenschlichen oder erniedrigenden Behandlung".[441] Schon früh hatte dies das OLG Frankfurt für die Belegung eines

---

432 Dazu jüngst BVerfG, Beschl. vom 20.5.2016 – 1 BvR 3359/14 = StV 2017, 725, 726 f m. Anm. *Köhne*; Beschl. vom 28.7.2016 – 1 BvR 1695/15, StV 2018, 621; s. ferner BVerfG, Beschl. vom 13.11.2007 – 2 BvR 2354/04 = BVerfGK 12, 410, 415 ff; eingehend *Nitsch* 2006, 114 ff; *Bachmann* 2015, 224 ff; krit *Köhne* JR 2018, 436.
433 So OLG München, Beschl. vom 10.11.2014 – 1 W 1314/14; vom 12.11.2014 – 1 W 2058/14 und vom 8.12.2014 – 1 W 2163/14, sämtlich FS 2015, 61.
434 OLG Düsseldorf, Beschl. vom 16.11.2011 – I-18 W 31/11 = Beck-Rs 2015, 05047; a.A. OLG München, Beschl. vom 27.1.2015 – 1 W 58/15 = FS SH 2016, 61.
435 BVerfG, Beschl. v. 13.11.2007 – 2 BvR 2201/05 = BVerfGK 12, 417, 419 ff; BGH, Urt. vom 11.3.2010 – III ZR 124/09 = FS 2010, 235 m. Anm. *Krä* FS 2010, 238 f; KG, Urt. vom 14.8.2012 – 9 U 121/11 = Beck-Rs 2012, 17473; OLG Hamm, Urt. vom 18.2.2009 – 11 U 88/08 = FS 2009, 206, 207 (wo aber letztlich [208 f] doch nur auf die Raumgröße abgestellt wird) m. Anm. *Krä* FS 2009, 215 ff; OLG München, Beschl. vom 8.12.2014 – 1 W 2163/14 = Beck-Rs 2015, 20842; krit. *Rixen* 2013, 807 f.
436 Ausschließlich relevant nach KG, Beschl. vom 16.6.2004 – 5 Ws 212/04 Vollz, bei *Matzke* NStZ 2006, 18.
437 BVerfG, Beschl. vom 22.2.2011 – 1 BvR 409/09, NJW-RR 2011, 1043, 1044; BGH, Urt. vom 4.7.2013 – III ZR 342/12 = NJW 2013, 3176.
438 OLG Frankfurt, Beschl. vom 21.2.2005 – 3 Ws 1342-1343/04 (StVollz) = NStZ-RR 2005, 155, 156; ebenso OLG Karlsruhe, Beschl. vom 16.1.2004 – 3 Ws 7/04, bei *Matzke* NStZ 2006, 18 f; Beschl. vom 9.1.2006 – 1 Ws 147/05 = StV 2006, 706; s. auch BGH, Beschl. vom 11.10.2005 – 5 ARs (Vollz) 54/05 = BGHSt 50, 234, 239 f; OLG Frankfurt, Beschl. vom 18.7.2003 – 3 Ws 578/03 (StVollz) = NJW 2003, 2843, 2845; ähnlich OLG Koblenz, Beschl. vom 16.9.2004 – 2 Ws 231/04 = OLGSt § 18 StVollzG Nr. 4; LG Halle, Beschl. vom 8.11.2004 – 27 StVK 462/04 = StV 2005, 342; zum Ganzen auch BVerfG, Beschl. v. 13.11.2007 – 2 BvR 939/07 = BVerfGK 12, 422, 425 f.
439 BVerfG, Beschl. v. 13.11.2007 – 2 BvR 2201/05 = BVerfGK 12, 417, 418 ff; noch großzügiger für halboffenen Vollzug OLG Karlsruhe, Beschl. vom 21.7.2004 – 3 Ws 168/04, bei *Matzke* NStZ 2006, 19.
440 OLG Karlsruhe, Beschl. vom 31.1.2005 – 1 Ws 279/04 = NStZ-RR 2005, 224; a.A. OLG Hamm, Urt. vom 18.2.2009 – 11 U 88/08 = FS 2009, 206, 208 m. Anm. *Krä* FS 2009, 215 ff; Beschl. vom 25.3.2009 – 11 W 106/08 = NStZ-RR 2009, 326, 327.
441 OLG Hamm, Beschl. vom 20.1.2005 – 1 Vollz (Ws) 147/04 = StV 2006, 152; s. auch OLG Hamm, Urt. vom 19.11.2010 – 11 U 11/10 = Beck-Rs 2011, 21430; Urt. vom 26.1.2011 – 11 U 122/10 = Beck-Rs 2011, 21431; Urt. vom 26.1.2011 – 11 U 181/09 = Beck-Rs 2011, 21435; ebenso OLG Hamburg, Urt. vom 14.1.2005 – 1 U

entsprechend gestalteten Raumes von 11,54 m² mit drei Gefangenen entschieden.[442] Bei dieser Raumgröße soll wegen der fehlenden Bewegungsmöglichkeit der Inhaftierten die feste Abtrennung der Toilette nichts ändern.[443] Menschenunwürdigkeit wurde ferner angenommen für die zwar nur wenige Tage, aber 23 Stunden täglich andauernde Unterbringung von fünf Gefangenen auf 16 m² ohne abgetrennte Nasszelle.[444] Bei der gemeinsamen Unterbringung von Rauchern und Nichtrauchern erlangt der (Nicht-)Erlass eines Rauchverbots Bedeutung.[445] Das OLG Karlsruhe hat die vorbezeichneten Grundsätze auf den nur kurzzeitigen (10 bis 96 Minuten) Aufenthalt in einem **Durchgangsgruppenraum** übertragen und eine Menschenwürdeverletzung bei einer Unterbringungssituation von weniger als 1 m² pro Gefangenem bejaht, wobei die Rechtswidrigkeit zusätzlich auf die Missachtung des Nichtraucherschutzes gestützt wurde.[446]

20 Ein **Verzicht** der Inhaftierten auf die Wahrung ihrer Menschenwürde durch Einwilligung in unwürdige Unterbringungsbedingungen dürfte nicht in Betracht kommen.[447] Nicht unproblematisch erscheint deshalb die Regelung in **BW** § 8 Abs. 2 I, der zufolge in Altanstalten mit schriftlicher, jederzeit widerrufbarer Zustimmung der Betroffenen eine gemeinsame Unterbringung nicht nur bei Unterschreiten der in **BW** § 7 Abs. 2 Satz 1 I vorgeschriebenen Mindestfläche pro Gefangenem, sondern sogar bei Fehlen einer baulich abgetrennten und gesondert entlüfteten Sanitäreinrichtung (**BW** § 7 Abs. 4 I) zulässig bleibt. Es erscheint zumindest hinsichtlich des letzteren Aspekts fraglich, ob eine „ansonsten menschenwürdig[e]" Unterbringung[448] dann überhaupt denkbar ist. Möglich wird allerdings das Einverständnis mit einzelnen Beeinträchtigungen sein, die – wie das Rauchen im mehrfach belegten Haftraum – nicht schon für sich alleine, sondern höchstens im Zusammenspiel mit anderen Faktoren die Menschenwürde zu tangieren sich eignen.

21 Der **Europäische Gerichtshof für Menschenrechte** hat hinsichtlich der Verletzung des Verbotes von Folter, unmenschlicher und erniedrigender Behandlung oder Strafe gem. Art. 3 EMRK in Überbelegungsfällen die Möglichkeit einer Kompensation geringer Haftraumgröße durch die dem Gefangenen innerhalb des Vollzugs zustehende Bewegungsfreiheit anerkannt und sich mit 4 m² Raum pro Gefangenem bei Mehrfachbelegung begnügt.[449] In einem neueren Urteil wurde darauf abgestellt, ob jeder Häftling über einen

---

43/04 = Beck-Rs 2011, 17215 (ca. 8,6 m², 13,3 m³); ferner OLG Koblenz, Urt. vom 15.3.2006 – 1 U 1286/05 = Beck-Rs 2006, 04320; OLG Naumburg, Beschl. vom 3.8.2004 – 4 W 20/04 = NJW 2005, 514; LG Oldenburg, Beschl. vom 25.3.2004 – 15 StVK 1080/04 = StV 2004, 610 f bei jeweils ca. 9,5 m²; OLG Zweibrücken, Beschl. vom 8.9.2004 – 1 Ws 276/04 (Vollz) = Beck-Rs 2004, 09809; LG Braunschweig, Beschl. vom 15.4.1983 – 50 StVK 555/82 = NStZ 10984, 286; LG Hamburg, Urt. vom 20.2.2004 – 303 O 544/02, bei *Matzke* NStZ 2006, 19 für jeweils etwa 8 m²; OLG Schleswig, Urt. vom 19.6.2008 – 11 U 24/07 = SchlHA 2009, 267 f (7,5 m², 22m³).
442 OLG Frankfurt, Beschl. vom 15.8.1985 – 3 Ws 447/85 (StVollz) = StV 1986, 27 f m. Anm. *Lesting*; ebenso LG Gießen, Beschl. vom 14.3.2003 – 2 StVK Vollz 189/03 = NStZ 2003, 624 (über zwei Monate Dauer).
443 OLG Frankfurt, Beschl. vom 21.2.2005 – 3 Ws 1342-1343/04 (StVollz) = NStZ-RR 2005, 155, 156; ebenso OLG Hamm, Beschl. vom 13.6.2008 – 11 W 85/07 = NJW-RR 2008, 1406 ff sogar für die Nettoraumgröße von 12 m² zuzüglich fest abgetrennter Toilette.
444 LG Hannover, Urt. vom 15.7.2003 – 17 O 338/02 = StV 2003, 568 m. Anm. *Lesting*.
445 S. BVerfG, Beschl. vom 17.12.2007 – 2 BvR 1987/07 = Beck-Rs 2008, 30832; s. auch OLG Hamm, Beschl. vom 24.8.2017 – 1 Vollz (Ws) 288/17 = Beck-Rs 2017, 142839; OLG München, Beschl. vom 8.12.2014 – 1 W 2163/14 = Beck-Rs 2015, 20842.
446 OLG Karlsruhe, Beschl. vom 9.11.2018 – 2 Ws 225/18, 2 Ws 226/18.
447 S. KG, Urt. vom 14.8.2012 – 9 U 121/11 = Beck-Rs 2012, 17473; OLG Zweibrücken, Urt. vom 27.6.2013 – 6 U 33/12 = StV 2015, 707; LG Heidelberg, Urt. vom 24.9.2012 – 1 O 96/11 = NJW-RR 2013, 471; *Arloth/Krä* § 144 StVollzG Rdn. 2 a.E.; *Laubenthal/Nestler/Neubacher/Verrel* D Rdn. 63 a.E.; *Rixen* 2013, 809.
448 So aber *Arloth/Krä* § 8 Buch 1 **BW** JVollzGB Rdn. 1 a.E.
449 EGMR Urt. v. 12.7.2007 – 20877/04 (Testa ./. Kroatien) = EuGRZ 2008, 21, 23; weitere Nachweise aus der Judikatur des EGMR bei BVerfG, Beschl. vom 7.11.2012 – 2 BvR 1567/11 = BVerfGK 20, 125, 126; s. auch *Pohlreich* NStZ 2011, 560 ff.

Schlafplatz in der Zelle und 3 m² Gesamtfläche verfüge und sich zwischen dem Mobiliar frei bewegen könne. Sei dies gegeben, komme es weiter auf das (Nicht-)Vorhandensein von Tageslicht, natürlicher Luft, Lüftung, angemessener Heizung, Toilettenbenutzung unter Wahrung der Privatsphäre sowie angemessenen sanitären und hygienischen Vorkehrungen an.[450] Die Anforderungen nahezu sämtlicher deutscher Gerichte reichen darüber hinaus.[451]

Kann nicht jedem Gefangenen ein Einzelhaftraum zur Verfügung gestellt werden, hat die Anstaltsleitung ihr **Organisationsermessen** pflichtgemäß auszuüben. Denn ein Gefangener hat keinen Anspruch, sich einen bestimmten anderen Gefangenen als Mitbewohner auszusuchen.[452] Die Einrichtung muss ihre Auswahlentscheidung für die einzeln oder gemeinsam unterzubringenden Inhaftierten nachvollziehbar und unter Beachtung von mit dem jeweiligen Strafvollzugsgesetz zu vereinbarenden Kriterien treffen. Das sind neben ggf. vorrangig zu beachtenden Einzelfallaspekten vor allem das vollzugliche Sozialisationsziel, der Gegensteuerungsgrundsatz sowie Gesichtspunkte der Sicherheit und Ordnung. Hinzu kommen das Gleichbehandlungsprinzip sowie die Berücksichtigung der jeweiligen Strafdauer.[453] Bei einem an Hepatitis C erkrankten Gefangenen ist primär die Zusammenlegung mit ebenfalls hiermit Infizierten zu erwägen.[454] Die gemeinsame Unterbringung von **Nichtrauchern** mit rauchenden Mitgefangenen ist ohne die „in gesicherter vollkommener Freiwilligkeit" erteilte Zustimmung ersterer unzulässig.[455]

22

c) Der Grundsatz nicht zureichend verwirklicht. Das Einzelhaftprinzip als **gesetzliche Forderung** für die Ruhezeit ist nicht eingelöst. Für die vor dem 1.1.1977 bestehenden oder im Bau befindlichen Anstalten gestattete bereits § 201 Nr. 3 StVollzG eine zeitlich unbeschränkte Abweichung, „solange die räumlichen Verhältnisse der Anstalt dies erfordern". Diese durch die Schaffung von Landesrecht obsolet gewordene Vorschrift wurde allerdings in Bayern und Niedersachsen übernommen, ferner in Hamburg und im Saarland lediglich für den offenen Vollzug, aber jeweils ohne Beschränkung der Anwendbarkeit nur auf Altanstalten bzw. Charakterisierung als Übergangsbestimmung (**BY** Art. 20 Abs. 2 Alt. 3, **HH** § 20 Satz 2 Nr. 2, **NI** § 20 Abs. 2 Alt. 3, **SL** § 11 Abs. 3).[456] Die Regelungen gelten damit dauerhaft und vermögen so nicht die Bereitstellung der zur Verwirklichung des Prinzips der Einzelunterbringung erforderlichen Mittel zu erzwingen;[457] gleichwohl wurde **BY** Art. 20 als verfassungskonform beurteilt.[458]

23

---

450 EGMR, Urt. vom 10.1.2012 – 42525/07 und 60800/08 (Ananyev u.a. ./. Russland) = NVwZ-RR 2013, 284, 288.
451 *Laubenthal* NStZ 2017, 113, 114.
452 KG, Beschl. vom 14.1.2003 – 5 Ws 662/02 Vollz, bei *Matzke* NStZ 2004, 611; OLG Frankfurt, Beschl. vom 24.9.2013 – 3 Ws 768/13 (StVollz) = NStZ-RR 2014, 191, 192.
453 OLG Celle, Beschl. vom 1.6.2004 – 1 Ws 102/04 (StrVollz) = StV 2006, 151; OLG Frankfurt, Beschl. vom 9.8.2000 – 3 Ws 596, 597/00 = ZfStrVo 2001, 55, 56; OLG Hamm, Urt. vom 18.2.2009 – 11 U 88/08 = FS 2009, 206, 207 m. Anm. *Krä* FS 2009, 215 ff; OLG Karlsruhe, Beschl. vom 25.10.2018 – 1 Ws 220/18 Rdn. 9 f (juris); OLG Nürnberg, Beschl. vom 9.9.2008 – 2 Ws 416/08 = Beck-Rs 2008, 21890.
454 OLG Nürnberg, Beschl. vom 9.9.2008 – 2 Ws 416/08 = FS 2009, 42 (nur Ls).
455 BVerfG, Beschl. vom 20.3.2013 – 2 BvR 67/11 = NJW 2013, 1943, 1945; Beschl. vom 18.5.2017 – 2 BvR 249/17 = Beck-Rs 2017, 112719 Rdn. 4; OLG Hamm, Beschl. vom 3.7.2014 – 1 Vollz (Ws) 135/14 = FS 2015, 62; AK-*Weßels/Böning* Teil II § 11 LandesR Rdn. 6 a.E.; vgl. auch OLG Hamm, Beschl. vom 18.7.2017 – 1 Vollz (Ws) 274/17 = NStZ-RR 2017, 328.
456 Vgl. **NI** LT-Drucks. 15/3565, 108.
457 S. auch *Arloth/Krä* Art. 20 BayStVollzG Rdn. 4: „eine Art Fiskalvorbehalt"; abl. *Köhne* Fünf Landesstrafvollzugsgesetze – ein „Wettbewerb der besten Praxis"?, in: JR 2012, 14, 16.
458 BayVerfGH, Entscheidung vom 12.5.2009 – Vf. 4-VII-08 = FS 2009, 267, 269 f.

24   Eine **Übergangsregelung** nach Art von § 201 Nr. 3 StVollzG findet sich einzig in Sachsen, Sachsen-Anhalt und Thüringen. So lange die räumlichen Verhältnisse in einer zum 3.10.1990 bereits bestehenden Anstalt (**SN**) oder einer solchen, mit deren Errichtung vor diesem Tag begonnen wurde (**ST, TH**), dies erfordern, dürfen bis zu zwei (**ST, TH** ab 1.1.2025) bzw. drei (**SN**) oder sechs Gefangene (**TH** bis zum 31.12.2024) gemeinschaftlich untergebracht werden (**SN** § 121 Abs. 4 Satz 1, **ST** § 164 Abs. 1 Halbs. 1, **TH** § 143 Abs. 2). Gleiches gilt in Sachsen für die am 1.6.2013 (Zeitpunkt des Inkrafttretens des sächsischen Gesetzes) schon bestehenden Abteilungen des offenen Vollzugs, **SN** § 121 Abs. 4 Satz 2. Der sächsische Gesetzgeber trägt damit der Tatsache Rechnung, dass nach der Vereinigung noch solche Abteilungen mit Mehrpersonenräumen errichtet worden sind.[459] Selbst wenn die Bestimmungen in Sachsen und letztlich auch in Thüringen unbefristet gelten, verbietet es der aus dem Rechtsstaatsprinzip abzuleitende Grundsatz der Normwahrheit, einer vom Gesetzgeber ausdrücklich als Übergangsregelung bezeichneten Bestimmung Wirksamkeit auf beliebige Dauer zuzumessen.[460] In Sachsen-Anhalt besteht dieses Problem nicht: Die Anwendbarkeit der Ausnahme endet mit dem 31.12.2024 (**ST** § 164 Abs. 1 Halbs. 2). Die Frage, ob die räumlichen Verhältnisse wirklich der Einzelunterbringung entgegenstehen, unterliegt der gerichtlichen Nachprüfung im Verfahren gem. §§ 109 ff StVollzG.[461]

25   Obwohl der Grundsatz einer Einzelunterbringung von Strafgefangenen bei Nacht zu den wesentlichen Voraussetzungen eines modernen Behandlungsvollzugs zählt, stellt die Unterbringung in Gemeinschaftszellen in Deutschland **keineswegs eine seltene Ausnahme** dar. Von den am 31.3.2018 belegungsfähigen 73.603 Haftplätzen waren 19.083 (25,9%) für eine gemeinsame Unterbringung vorgesehen. Gemeinsam untergebracht waren zu diesem Zeitpunkt 16.619 Gefangene.[462] Verglichen mit den Zahlen aus dem Jahr 2011, als noch gut 30% der Haftplätze gemeinschaftliche waren,[463] hat sich die Situation aber etwas entspannt.

26   In Baden-Württemberg und Bayern ist der Grundsatz der Einzelunterbringung zudem nur in einer **Soll-Vorschrift** niedergelegt (**BW** § 13 Abs. 1 Satz 1 III, **BY** Art. 20 Abs. 1 Satz 1). Dadurch soll den Anstalten die nötige Flexibilität an die Hand gegeben werden, um im Bedarfsfall einer hohen Belegung Rechnung tragen und eine zeitnahe Vollstreckung von verhängten Freiheitsstrafen gewährleisten zu können.[464] In Bayern dürfen in Anknüpfung an § 201 Nr. 3 Satz 2 StVollzG bis zu acht Gefangene gemeinschaftlich untergebracht werden (**BY** Art. 20 Abs. 3), nach **BW** § 7 Abs. 5 I im geschlossenen Vollzug maximal sechs Gefangene, in Hessen unabhängig von der Vollzugsform maximal drei (**HE** § 18 Abs. 1 Satz 4). Allerdings sind in Baden-Württemberg Anstalten des geschlossenen Vollzugs, mit deren Errichtung nach dem Inkrafttreten des JVollzGB (1.1.2010) begonnen wurde, auf Einzelunterbringung in der Ruhezeit auszurichten (**BW** § 7 Abs. 3 Satz 1 I). Diese Vorschrift richtet sich aber an die Planer neuer Anstalten und dürfte deshalb auch in diesen den Verzicht auf Einzelunterbringung gem. **BW** § 13 Abs. 1 Satz 1 III nicht ausschließen, zumal gerade beabsichtigt war, den nach dem Bundesgesetz beste-

---

459   S. **SN** LT-Drucks. 5/10920, 156 f; *Arloth/Krä* § 121 SächsStVollzG Rdn. 4.
460   So zu § 201 StVollzG BVerfG, Beschl. vom 17.12.2007 – 2 BvR 1987/07 = BVerfGK 13, 67, 69; vgl. auch OLG Frankfurt, Beschl. vom 9.8.2000 – 3 Ws 596, 597/00 (StVollz) = ZfStrVo 2001, 55.
461   Zu 201 StVollzG OLG Koblenz, Beschl. vom 24.9.1985 – 2 Vollz (Ws) 75/85 = ZfStrVo 1986, 122.
462   *Statistisches Bundesamt* Bestand der Gefangenen und Verwahrten in den deutschen Justizvollzugsanstalten, Stichtag 31. März 2018, S. 10.
463   S. Voraufl. § 18 Rdn. 2.
464   **BW** LT-Drucks. 14/5012, 214 f; OLG Karlsruhe, Beschl. vom 25.10.2018 – 1 Ws 220/18 Rdn. 8 (juris); krit. AK-*Weßels/Böning* Teil II § 11 LandesR Rdn. 4.

E. Unterbringung im Tagesablauf

henden Wertungswiderspruch, dass in Alteinrichtungen eher gemeinschaftliche Unterbringung als in neuen möglich ist, zu beseitigen.[465]

Errichtung bedeutet Beginn der Bauarbeiten.[466] Für in Planung befindliche Anstalten, mit deren Bau vor dem Inkrafttreten des Gesetzes noch nicht begonnen worden war, gilt keine Ausnahme. **BW** § 7 Abs. 3 Satz 1 I, **ST** § 164 Abs. 1 Halbs. 1, **TH** § 143 Abs. 2 finden keine Anwendung, wenn die Vollzugsbehörde für andere Zwecke vorgesehene Räumlichkeiten ankauft oder anmietet, mit deren Errichtung vor dem Stichtag begonnen wurde. Diese dürfen als Vollzugsanstalten vielmehr erst in Betrieb genommen werden, wenn sie in einer dem Vollzugsgesetz entsprechenden Weise umgebaut und eingerichtet sind.[467] **BW** § 7 Abs. 3 Satz 1 I gilt auch für **Teilneubauten**, die als Teile einer bestehenden Anstalt nach dem Inkrafttreten des JVollzGB errichtet werden. Abzustellen ist insoweit auf den Gesamtzustand der Anstalt.[468] Eine nach alten und neuen Häusern differenzierende Auslegung würde sonst zu unterschiedlichen Rechtslagen innerhalb einer Justizvollzugsanstalt führen. Für diese Lösung hat sich aber der sächsische Gesetzgeber entschieden, indem die Übergangsregelungen nicht für nach dem 1.6.2013 neu errichtete oder grundlegend umgebaute Anstaltsbereiche gelten (**SN** § 121 Abs. 4 Satz 3). 27

An weiteren **Ausnahmeregelungen** sind zu nennen: Gem. **BE** § 102 Abs. 3 darf vorübergehend und mit Zustimmung der Aufsichtsbehörde im geschlossenen Vollzug ein Haftraum mit mehr als zwei Gefangenen (**BE** §§ 12 Abs. 1 Satz 2, 102 Abs. 2) belegt werden. Dasselbe gilt ohne Beschränkung auf den geschlossenen Vollzug nach **BB** § 108 Abs. 3 i.V.m. Abs. 2. Eine **Maximalbelegung** ist nicht vorgesehen. Dies wird als Versehen interpretiert und deshalb die analoge Anwendung von § 201 Nr. 3 Satz 2 StVollzG (acht Gefangene) vorgeschlagen.[469] In Bremen (vgl. **HB** §§ 11, 95), Hamburg (s. **HH** §§ 20, 103), Mecklenburg-Vorpommern (**MV** §§ 11, 94), Niedersachsen (**NI** §§ 20, 174), Nordrhein-Westfalen (**NW** §§ 14 Abs. 1, 95), Rheinland-Pfalz (**RP** §§ 18, 105), Saarland (**SL** §§ 11, 94) und Schleswig-Holstein (**SH** §§ 11, 129), wo die Gesetze gar keine Belegungszahlen nennen, dürfte dies ebenfalls die Grenze einer zulässigen Maximalbelegung bilden.[470] 28

d) Entschädigung bei menschenwürdewidriger Unterbringung. Eine Menschenrechtsverletzung wegen mit der Menschenwürde nicht in Einklang stehender Einzel- oder Mehrfachunterbringung von Strafgefangenen begründet nicht zwangsläufig eine **Wiedergutmachung** durch Geldentschädigung im Rahmen eines Amtshaftungsanspruchs gem. § 839 BGB i.V.m. Art. 34 GG.[471] Bereits die gerichtliche Feststellung der Rechtswidrigkeit der Unterbringung im strafvollzugsrechtlichen Verfahren kann im Einzelfall eine ausreichend gerechte Entschädigung darstellen, so dass eine weiter gehende 29

---

465 S. *Arloth/Krä* § 13 Buch 3 **BW** JVollzGB Rdn. 1.
466 *Arloth/Krä* § 201 StVollzG Rdn. 1.
467 Vgl. schon zum StVollzG KG, Beschl. vom 3.12.2002 – 5 Ws 507/02 Vollz = NStZ-RR 2003, 125 f.
468 Zu § 201 StVollzG s. BGH, Beschl. vom 11.10.2005 – 5 ARs (Vollz) 54/05 = BGHSt 50, 234 ff; *Arloth/Krä* § 201 StVollzG Rdn. 1; *Laubenthal* Rdn. 380; a.A. KG, Beschl. vom 10.12.1997 – 5 Ws 327/97 Vollz = NStZ-RR 1998, 191, 192; LG Halle, Beschl. vom 8.11.2004 – 27 StVK 462/04 = StV 2005, 342, 343; s. aber auch KG, Beschl. vom 29.2.2008 – 2 Ws 529/07 Vollz = StV 2008, 366, 367; *Köhne* BewHi 2007, 270, 272 f.
469 So näher *Arloth/Krä* § 102 Bln StVollzG Rdn. 1, § 108 BbgJVollzG Rdn. 1.
470 S. **HH** LT-Drucks. 18/6490, 37 f; *Arloth/Krä* § 20 HmbStVollzG Rdn. 2, § 20 NJVollzG Rdn. 4.
471 BVerfG, Beschl. vom 14.7.2015 – 1 BvR 1127/14 = NJW 2016, 389, 390; BGH, Urt. vom 4.11.2004 – III ZR 361/03 = NJW 2005, 58 ff m. Anm. *Deiters* JR 2005, 327; Urt. vom 11.3.2010 – III ZR 124/09 = FS 2010, 235 m. Anm. *Krä* FS 2010, 238 f; OLG Celle, Urt. vom 2.12.2003 – 16 U 116/03 = StV 2004, 84, 86; OLG Köln, Urt. vom 8.10.2009 – 7 U 48/09 = FS 2010, 108 m. abl. Anm. *Neubacher/Eichinger*; dazu *Gazeas* HRRS 5/2005, 171, 172 ff; *Kretschmer* NJW 2009, 2406, 2409; *Lindemann* JR 2010, 469 ff; *Nitsch* 2006, 219 ff; *Unterreitmeier* NJW 2005, 475 ff; *ders.* DVBl. 2005, 1235 ff. Zu weiteren möglichen Anspruchsgrundlagen s. *Eichinger* JR 2012, 57 ff.

Entschädigung für den erlittenen, immateriellen Schaden nicht mehr geboten erscheint.[472] Allerdings steht es dem Entschädigungsanspruch nicht entgegen, wenn die menschenunwürdige Unterbringung der Ermöglichung einer sonst nicht durchführbaren Ausbildungsmaßnahme diente.[473] Jedoch setzt der Anspruch gem. § 839 Abs. 3 BGB voraus, dass der Gefangene nicht ersichtlich aussichtslose Rechtsschutzmöglichkeiten (§§ 109 ff StVollzG, § 455a StPO) gegen die menschenunwürdige Unterbringung ergriffen hat,[474] worunter bei Verstößen von Mitgefangenen gegen ein Rauchverbot auch das Verlangen nach Abhilfe bei der Vollzugsbehörde zählen soll.[475] Besteht nach allem ein Anspruch auf Geldentschädigung, scheidet die **Aufrechnung** der Justizverwaltung mit der Gegenforderung auf Erstattung von Strafverfahrenskosten nach Meinung der Judikatur aus Gründen von Treu und Glauben (§ 242 BGB) aus.[476] Ein Entschädigungsanspruch gem. Art. 5 Abs. 5 EMRK kommt aber nicht in Betracht.[477]

2. Erläuterungen

30 **a) Einzelunterbringung gilt für Ruhe-, Einschluss- bzw. Nachtzeit.** Die Einzelunterbringung bezieht sich in den Ländern Baden-Württemberg, Bayern, Hamburg, Hessen, Niedersachsen, Nordrhein-Westfalen sowie im Geltungsbereich des Bundes-Strafvollzugsgesetzes auf die **Ruhezeit**, die in der Hausordnung festgelegt wird und nicht nur die Zeit der Nachtruhe umfassen muss.[478] So kann z.B. die Ruhezeit von 20.00 Uhr bis 7.00 Uhr, die Zeit der Nachtruhe von 22.00 bis 6.00 Uhr festgelegt sein. Einzelunterbringung heißt hier nicht unbedingt Einschluss, d.h. es sind Anstalten oder Abteilungen in Anstalten denkbar, in denen die Haftträume nicht verschlossen werden.[479] In Schleswig-Holstein ergibt sich im Umkehrschluss aus **SH** § 13 Abs. 1 Satz 1, Abs. 3, dass die Inhaftierten im offenen Vollzug sogar nachts grundsätzlich nicht eingeschlossen werden.[480] Ruhezeit bedeutet auch nicht lautloses Stillschweigen.[481] Schon gar nicht muss in der Zeit der Nachtruhe das Licht im Haftraum ausgeschaltet sein.[482] Das gilt ebenso bei Einzelunterbringung während der **Einschlusszeiten** in Berlin, Brandenburg, Bremen, Mecklenburg-Vorpommern, Rheinland-Pfalz, Saarland, Sachsen, Sachsen-Anhalt und Thüringen. Diese umfassen die Periode, in denen die Gefangenen die Haftträume nicht verlassen können, und werden ebenfalls von der Anstalt festgelegt,[483] nach

---

472   BVerfG, Beschl. vom 27.12.2005 – 1 BvR 1359/05 = StV 2006, 708, 709 m. abl. Anm. *Ostendorf/Nolte*; BGH, Urt. vom 4.11.2004 – III ZR 361/03 = NJW 2005, 58, 59 m. insoweit abl. Anm. *Deiters* JR 2005, 327 f; OLG Karlsruhe, Urt. vom 19.7.2005 – 12 U 300/04 = NJW-RR 2005, 1267, 1269; LG Heidelberg, Urt. vom 24.9.2012 – 1 O 96/11 = NJW-RR 2013, 471, 472; krit. *Laubenthal/Nestler/Neubacher/Verrel* D Rdn. 64; *Rixen* 2013, 811 ff.
473   OLG Zweibrücken, Urt. vom 27.6.2013 – 6 U 33/12 = StV 2015, 707.
474   BVerfG, Beschl. vom 22.2.2011 – 1 BvR 409/09 = NJW-RR 2011, 1043, 1045 f; BGH, Urt. vom 11.3.2010 – III ZR 124/09 = FS 2010, 235, 236 ff m. Anm. *Krä* FS 2010, 238 f; OLG München, Beschl. vom 10.8.2006 – 1 W 1314/06 = NJW 2007, 1986, 1987; dazu auch *Rixen* 2013, 814 f; *Roth* Aus der Rechtsprechung zum Strafvollzug, NStZ 2012, 430, 431 f.
475   OLG München, Beschl. vom 12.11.2014 – 1 W 2058/14 und vom 8.12.2014 – 1 W 2163/14 = FS 2015, 61.
476   BGH, Urt. vom 1.10.2009 – III ZR 18/09 = NJW-RR 2010, 167; OLG Hamm, Urt. vom 18.2.2009 – 11 U 88/08 = FS 2009, 206, 214 m. insoweit abl. Anm. *Krä* FS 2009, 216 f; OLG Karlsruhe, Urt. vom 16.12.2008 – 12 U 39/08 = Versicherungsrecht 2009, 360; *Lindemann* JR 2010, 469, 470, 472 f; a.A. *Krä* FS 2010, 239.
477   BGH, Urt. vom 4.7.2013 – III ZR 342/12 = NJW 2013, 3176, 3178 f.
478   Ebenso *Arloth/Krä* § 18 StVollzG Rdn. 2; *Laubenthal/Nestler/Neubacher/Verrel* D Rdn. 46.
479   AK-*Weßels/Böning* Teil II § 11 LandesR Rdn. 3.
480   So auch *Arloth/Krä* § 13 **SH** LStVollzG Rdn. 2 a.E.
481   Anders noch *Grunau/Tiesler* Strafvollzugsgesetz, 2. Aufl., Köln u.a. 1982, § 18 Rdn. 1.
482   OLG Celle, Beschl. vom 3.3.1981 – 3 Ws 410/80 StrVollz = NStZ 1981, 238.
483   Vgl. **SN** LT-Drucks. 5/10920. 98, *Arloth/Krä* § 11 SächsStVollzG Rdn. 1.

BE § 12 Abs. 1 Satz 3 unter Beachtung der vollzuglichen Grundprinzipien. Das Gesetz in Schleswig-Holstein stellt auf die **Nachtzeit** ab, deren Dauer die Aufsichtsbehörde durch Erlass festsetzt (**SH** § 13 Abs. 1 Satz 2), wobei sie zwischen Werktagen, Wochenende und Feiertagen differenzieren und an Nicht-Werktagen die Nachtzeit ausdehnen, etwa ihren Beginn bereits bis 17 Uhr vorziehen darf.[484] In der Nachtzeit werden die Gefangenen im geschlossenen Vollzug in den Haftträumen eingeschlossen (**SH** § 13 Abs. 1 Satz 1), so dass letztlich kein Unterschied zu den Gesetzen, die auf die Einschlusszeit abheben, besteht.

Die Einzelunterbringung **im geschlossenen Vollzug** erfolgt unabhängig von den Wünschen der Insassen.[485] Von einer Einschränkung dieses Grundsatzes wurde zu Recht abgeraten.[486] An dieser Empfehlung, die lediglich in Hamburg (**HH** § 20) verwirklicht ist, haben sich die übrigen Landesgesetze aber nicht orientiert, indem sie eine gemeinsame Unterbringung nicht nur im offenen Vollzug, sondern auch in geschlossenen Einrichtungen zulassen.[487] Gem. **BW** § 13 Abs. 1 Satz 2 III, **BY** Art. 20 Abs. 1 Satz 2 darf dafür ebenfalls keine schädliche Beeinflussung zu besorgen sein, nach **BE** § 12 Abs. 1 Satz 2 1. Halbs., **BB** § 18 Abs. 2 Satz 1 Nr. 1, **HB** § 11 Abs. 2 Satz 1, **HE** § 18 Abs. 1 Satz 2, **MV** § 11 Abs. 2 Satz 1, **NI** § 20 Abs. 1 Satz 2, **NW** § 14 Abs. 1 Satz 2 Nr. 6, **RP** § 18 Abs. 2 Satz 1, **SL** § 11 Abs. 2 Satz 1, **SN** § 11 Abs. 2 Nr. 1, **ST** § 18 Abs. 2 Satz 1, **SH** § 11 Abs. 2 Satz 1, **TH** § 18 Abs. 2 Satz 1 ist darüber hinaus die Zustimmung bzw. der auf dem freien, von Dritten unbeeinflussten Willen beruhende,[488] gem. **SN** § 11 Abs. 2 Satz 2 jederzeit widerrufliche Antrag (**BB, NW, SH**) sämtlicher Gefangener nötig. Werden Antrag bzw. Zustimmung widerrufen, muss der jeweilige Gefangene wieder einzeln untergebracht werden.[489] Nur in Nordrhein-Westfalen ist darüber hinaus die Eignung der Gemeinschaft zur Verwirklichung des Gegensteuerungsgrundsatzes als Grund für ein Abweichen vom Grundsatz der Einzelunterbringung genannt (**NW** § 14 Abs. 1 Satz 2 Nr. 7). In Anstalten, in denen die Gemeinschaft bei der Arbeit und die Möglichkeit der Gemeinschaft in der Freizeit verwirklicht sind, wird gemeinschaftliche Unterbringung während der Ruhezeit aber weniger gewünscht.[490] 31

b) Ausnahme für hilfsbedürftige und gefährdete Gefangene. Eine Ausnahme von der Einzelunterbringung auch im geschlossenen Vollzug sehen § 18 Abs. 1 Satz 2 StVollzG, **BW** § 13 Abs. 2 III, **BY** Art. 20 Abs. 2 Alt. 1 und 2, **BB** § 18 Abs. 2 Satz 1 Nr. 2, **HB** § 11 Abs. 2 Satz 2, **HH** § 20 Satz 2 Nr. 1, **HE** § 18 Abs. 1 Satz 3, **MV** § 11 Abs. 2 Satz 2, **NI** § 20 Abs. 2 Alt. 1 und 2, **NW** § 14 Abs. 1 Satz 2 Nr. 1 und 2, **RP** § 18 Abs. 2 Satz 2, **SL** § 11 Abs. 2 Satz 2, **SN** § 11 Abs. 2 Nr. 2, **ST** § 18 Abs. 2 Satz 2, **TH** § 18 Abs. 2 Satz 2 vor, wenn ein Gefangener so **hilfsbedürftig** ist, dass er in der Ruhezeit nicht allein gelassen werden kann (unter erheblicher körperlicher Behinderung bzw. unter überraschend auftretenden Anfällen leidend) oder wenn eine konkrete **Gefahr für Leben** (nicht ausdrücklich genannt in **MV**) **oder Gesundheit** des Gefangenen besteht (Selbstmord- oder Selbstbeschädigungsgefahr). Bei richtiger Auslegung handelt es sich um eine Sonderregelung für Krankenabteilungen der Vollzugsanstalten und für Vollzugskrankenhäuser.[491] Denn der ge- 32

---

484 So **SH** LT-Drucks. 18/3153, 105; *Arloth/Krä* § 13 **SH** LStVollzG Rdn. 1.
485 *Böhm* Rdn. 190; vgl. aber *Arloth/Krä* § 18 StVollzG Rdn. 2; *Laubenthal/Nestler/Neubacher/Verrel* D Rdn. 54, die einen Verzicht der Gefangenen für möglich halten; dagegen *Nitsch* 2006, 60 ff.
486 *Rösch* BlStV 2/1999, 1, 2; a.A. *Ullenbruch* NStZ 1999, 429, 431.
487 Krit. *Laubenthal/Nestler/Neubacher/Verrel* D Rdn. 54.
488 So **NW** LT-Drucks. 16/5413, 98; *Arloth/Krä* § 14 NRW StVollzG Rdn. 1.
489 Für **SH** LT-Drucks. 18/3153, 104; *Arloth/Krä* § 11 **SH** LStVollzG Rdn. 1.
490 *Böhm* Rdn. 194.
491 A. A. OLG Hamm, Beschl. vom 5.3.2013 – III-1 Vollz (Ws) 15/13 = FS 2014, 63, dem zufolge der Grundsatz der Einzelunterbringung in derartigen Einrichtungen von vornherein nicht gilt; *Arloth/Krä* § 18 StVollzG Rdn. 2; BeckOK-*Setton* § 18 StVollzG Rdn. 5; *Laubenthal/Nestler/Neubacher/Verrel* D Rdn. 55.

nannte Personenkreis ist fachkundig zu betreuen und zu versorgen. Das gilt besonders für selbstmordgefährdete Insassen, deren „Behandlung" durch Gemeinschaftshaft in der Ruhezeit mehr als fragwürdig erscheint.[492] Jedenfalls widerspricht es der Bedeutung des Grundsatzes der Einzelunterbringung als eines wichtigen Rechtes des Gefangenen, ihn zur gemeinschaftlichen Unterbringung in der Ruhezeit mit einem oder mehreren Hilfsbedürftigen oder Gefährdeten zu zwingen. Nur diese dürfen danach gegen ihren Willen in Gemeinschaftshaft verlegt werden. Wer mit ihnen die Gemeinschaft teilt und damit ggf. eine gewisse Verantwortung übernimmt, muss dazu – notfalls durch Gespräche motiviert – bereit sein.[493] **BB** § 18 Abs. 2 Satz 2, **HB** § 11 Abs. 2 Satz 2, **HH** § 20 Satz 2 Nr. 1, **MV** § 11 Abs. 2 Satz 2, **RP** § 18 Abs. 2 Satz 2, **SL** § 11 Abs. 2 Satz 2, **ST** § 18 Abs. 2 Satz 2, **TH** § 18 Abs. 2 Satz 2 statuieren insoweit ein Zustimmungserfordernis. Die Regelungen in Baden-Württemberg, Bayern, Hessen und Niedersachsen können nach ihrem eindeutigen Wortlaut so allerdings nicht ausgelegt werden, indem dort in problematischer Weise ausdrücklich auf die Zustimmung aller beteiligten Gefangenen verzichtet wird.

33   In Berlin sind die **Voraussetzungen** für die Gemeinschaftsunterbringung – prinzipiell nur zu zweit – **enger** gezogen; hier reicht Hilfsbedürftigkeit nicht, sondern es bedarf der Lebens- oder ernsthaften Gesundheitsgefahr sowie der Zustimmung beider,[494] also sogar des gefährdeten Gefangenen, wobei schädliche Einflüsse auch hier nicht zu befürchten sein dürfen (**BE** § 12 Abs. 1 Satz 2 HS. 2 i.V.m. 1). Letzteres ist auch in Nordrhein-Westfalen Voraussetzung. Nach beiden Gesetzen scheidet die Interpretation aus, es handele sich um eine Sonderregelung für Krankeneinrichtungen. Denn die Möglichkeit einer (nicht konsentierten) Gemeinschaftsunterbringung auch von mehr als zwei Betroffenen während der stationären Behandlung im Vollzugskrankenhaus ist gesondert festgeschrieben (**BE** § 12 Abs. 2 Satz 1 Alt. 2, **NW** § 14 Abs. 1 Satz 2 Nr. 4[495] mit Erstreckung auf Kranken- oder Pflegeabteilungen, wiederum unter der Prämisse der Unschädlichkeit). In Berlin beruft man sich hier auf den Angleichungsgrundsatz, weil auch in Freiheit die Unterbringung im Krankenhaus meist in Mehrbettzimmern erfolge.[496] Nach Meinung des hessischen Gesetzgebers ist diese Konstellation von der Ausnahmevorschrift für den wichtigen Grund gemeinschaftlicher Unterbringung in **HE** § 18 Abs. 1 Satz 5 erfasst.[497] Nicht gesondert geregelt ist die Konstellation in Schleswig-Holstein. Der Gesetzgeber geht davon aus, dass der Antrag eines gefährdeten Gefangenen auf Gemeinschaftsunterbringung einzuholen sei.[498] Stellt er diesen nicht, bleibt nur eine gemeinsame Unterbringung aus zwingendem Grund (**SH** § 11 Abs. 3) oder die Anordnung besonderer Sicherungsmaßnahmen zu erwägen.[499]

34   **c) Belegung von Gemeinschaftshafträumen.** Solange eine gemeinschaftliche Unterbringung in der Ruhezeit zugelassen ist, gehört es zu den schwierigsten, und – angesichts der durch unüberwachbare, nächtliche Gemeinschaft sowohl dem Vollzugsziel im Einzelfall als auch Sicherheit und Ordnung der Vollzugsanstalt drohenden Gefahren – wichtigsten vollzuglichen Entscheidungen, welche Gefangenen in welcher Zusammensetzung nachts gemeinschaftlich untergebracht werden. Auch hier muss das Vollzugs-

---

492 *Böhm* Rdn. 191; *Stuth* BlStV 2/1981, 9, 10.
493 Ähnlich AK-*Weßels/Böning* Teil II § 11 LandesR Rdn. 9; BeckOK-*Setton* § 18 StVollzG Rdn. 5; *Laubenthal/Nestler/Neubacher/Verrel* D Rdn. 55; a.A. *Arloth/Krä* § 18 StVollzG Rdn. 2.
494 S. **BE** LT-Drucks. 17/2442, 202; *Arloth/Krä* § 12 Bln StVollzG Rdn. 1.
495 Konsequent im Lichte von OLG Hamm, Beschl. vom 5.3.2013 – III-1 Vollz (Ws) 15/13 = FS 2014, 63.
496 **BE** LT-Drucks. 17/2442, 203.
497 S. **HE** LT-Drucks. 18/1396, 90; ebenso *Arloth/Krä* § 18 HStVollzG Rdn. 1 a.E.
498 **SH** LT-Drucks. 18/3153, 104 f.
499 Krit. deshalb *Arloth/Krä* § 11 **SH** LStVollzG Rdn. 2; a.A. AK-*Weßels/Böning* Teil II § 11 LandesR Rdn. 9.

ziel bedacht werden. Entscheidend ist zum einen, welche Folgen die gemeinschaftliche Unterbringung in ihrer konkreten Zusammensetzung für die (Re-)Sozialisierung der betreffenden Insassen hat. Auch ist der Gegensteuerungsgrundsatz zu bedenken. Zudem sind weitere vollzugliche Überlegungen (Sicherheit und Ordnung) anzustellen. Für die ausnahmsweise gemeinschaftlich unterzubringenden Gefangenen sind als gewaltpräventive Vorkehrungen das Einverständnis der betroffenen Inhaftierten sowie eine gründliche Verträglichkeitsprüfung durch Vollzugsbedienstete unerlässlich. Die Verträglichkeitsprüfung wird am kompetentesten im Aufnahme- bzw. Diagnoseverfahren durchgeführt. Als vorläufige Maßnahme erfolgt sie im Falle der Eilbedürftigkeit einer Entscheidung auch bei der Einlieferung eines Gefangenen in die Anstalt durch erfahrene Kräfte des allgemeinen Vollzugsdienstes. Gewaltpräventive Aspekte haben bei der Entscheidungsfindung ein besonderes Gewicht. Unter Beteiligung der Fachdienste, namentlich der Psychologen und Psychiater, sind die Anamnese und die Diagnose zu erstellen. Die Dokumentation hierüber hat jederzeit aktuell zu sein und zur Verfügung zu stehen. Sie muss eindeutig erkennen lassen, mit wem und mit wem nicht der Gefangene zusammengelegt werden kann, und sei es in allgemeiner, aber nachvollziehbarer Form. Die gemeinschaftliche Unterbringung muss auch in den Fällen, in denen sie zulässig ist, in dafür geeigneten und zumutbaren Räumen erfolgen. Ob Einzelhafträume mit zwei Gefangenen belegt werden dürfen, hängt im Übrigen von ihrer Größe (Luftraum) ab (s. auch Rdn. 18 ff). Wo es irgendwie geht, sollte der entschiedene Wunsch eines Insassen, in der Ruhezeit allein untergebracht zu sein, aber berücksichtigt werden.

d) Nächtliche Unterbringung im offenen Vollzug. Im offenen Vollzug dürfen die 35 Gefangenen gem. § 18 Abs. 2 Satz 1 StVollzG, **BW** § 13 Abs. 1 Satz 2 III, **BY** Art. 20 Abs. 1 Satz 2, **BB** § 18 Abs. 2 Satz 1 Nr. 1, **HB** § 11 Abs. 2 Satz 1, **HE** § 18 Abs. 1 Satz 2, **NI** § 20 Abs. 1 Satz 2, **RP** § 18 Abs. 2 Satz 1, **SL** § 11 Abs. 2 Satz 1, **SN** § 11 Abs. 2 Nr. 1, **ST** § 18 Abs. 2 Satz 1, **TH** § 18 Abs. 2 Satz 1 mit ihrer **Zustimmung** bzw. **(BB)** auf Antrag gemeinschaftlich in der Ruhezeit untergebracht werden, wenn eine **schädliche Beeinflussung** nicht zu befürchten ist (oben Rdn. 12). Soweit die Regelung gegenüber dem geschlossenen Vollzug anders ausgefallen ist, erklärt sich dies mit fiskalischen Gründen und um die Ausweitung des offenen Vollzugs nicht zu verhindern. Sie ist hier aber auch sachlich eher zu vertreten. Im offenen Vollzug ist es meist möglich, auf den Nachtverschluss zu verzichten. Daher befinden sich Wasch- und Toilettenräume in den offenen Einrichtungen häufig nicht unmittelbar im Haftraum. Die Sicherheitsgefährdung durch die Insassen ist geringer. Bei ihrer Auswahl soll auch bedacht sein, dass sie keinen schlechten Einfluss auf andere Gefangene ausüben. Die freiere Lebensgestaltung im offenen Vollzug wirkt zudem den subkulturellen Strukturen der Gefängnisgesellschaft entgegen, ebenso die meist bereits in greifbare Nähe gerückte Entlassung. Wegen der Gewährleistung einer Privatsphäre und einer Rückzugsmöglichkeit ist jedoch auch im offenen Vollzug für alle Insassen die nächtliche Einzelunterbringung anzustreben.[500] Der Gefangene, der einer gemeinschaftlichen Unterbringung nicht zustimmt, hat Anspruch auf einen Einzelhaftraum, sofern kein anderer Ausnahmetatbestand eingreift. Er darf nicht, weil er diesen Anspruch geltend macht, von der Verlegung in den offenen Vollzug ausgeschlossen oder zurückgestellt werden.[501]

Nach anderen Gesetzen darf die gemeinschaftliche Unterbringung im offenen Voll- 36 zug unter der Voraussetzung nicht zu besorgender schädlicher Einflüsse **ohne Zustim-**

---

500 AK-*Weßels/Böning* Teil II § 11 LandesR Rdn. 4; s. auch BE LT-Drucks. 17/2442, 202f.
501 KG, Beschl. vom 3.12.2002 – 5 Ws 507/02 Vollz = ZfStrVo 2003, 176; BeckOK-*Setton* § 18 StVollzG Rdn. 8.

mung der Inhaftierten erfolgen (**BE** § 12 Abs. 2 Satz 1 Alt. 1, Satz 2, **NW** § 14 Abs. 1 Satz 2 Nr. 5, **SH** § 11 Abs. 4). In Berlin wird dabei anders als im geschlossenen Vollzug auch die Unterbringung von mehr als zwei Gefangenen zusammen möglich; Schleswig-Holstein nennt als zusätzliche Voraussetzung die Selbstverständlichkeit, dass die baulichen Verhältnisse die Mehrfachunterbringung gestatten müssen. Auch Hamburg und das Saarland setzen die Zustimmung der Betroffenen nicht voraus; ebenso wenig stellen die Regelungen auf die Gefahr schädlicher Beeinflussung ab, machen die Möglichkeit gemeinschaftlicher Unterbringung aber von den räumlichen Erfordernissen der Anstalt abhängig (**HH** § 20 Satz 2 Nr. 2, **SL** § 11 Abs. 3; vgl. Rdn. 8). Gar keine Einschränkungen für den offenen Vollzug kennt **MV** § 11, nachdem dort bereits im Grundsatz die Einzelunterbringung nur für den geschlossenen Vollzug vorgesehen ist.[502]

37   **e) Ausnahmen auch im geschlossenen Vollzug.** § 18 Abs. 2 Satz 2 StVollzG, **BE** § 12 Abs. 2 Satz 1 Alt. 3, **BB** § 18 Abs. 3, **HE** § 18 Abs. 1 Satz 5, **MV** § 11 Abs. 3, **NW** § 14 Abs. 1 Satz 2 Nr. 3, **RP** § 18 Abs. 3, **SL** § 11 Abs. 4, **SN** § 11 Abs. 3, **ST** § 18 Abs. 3, **SH** § 11 Abs. 3, **TH** § 18 Abs. 3 erlauben im geschlossenen, in Brandenburg, Bremen, Hessen, Rheinland-Pfalz, Sachsen, Sachsen-Anhalt, Thüringen auch im offenen Vollzug die gemeinschaftliche Unterbringung zur Ruhezeit ohne Einverständnis der Inhaftierten **nur vorübergehend und aus zwingenden** (in Hessen wichtigen) **Gründen** bzw. für Brandenburg – ohne Unterschied in der Sache[503] – zur Überwindung einer nicht vorhersehbaren Notlage über die ausdrücklich geregelten Fälle hinaus. Es ist an vorübergehende Notlagen (z.B. plötzlich durch notwendig gewordene Schließung einer anderen Anstalt entstandene Überbelegung, Ausfall der Heizung in einem Teil der Anstalt, unaufschiebbare Baumaßnahmen[504]) gedacht. In Hessen ist die Durchführung von Baumaßnahmen im Gesetz beispielhaft erwähnt; Unaufschiebbarkeit wird hier angesichts der zurückhaltenderen Gesetzesformulierung nicht zu verlangen sein. Anders als plötzliche Belegungsspitzen,[505] die Schleswig-Holstein ebenso wie die Nichtbelegbarkeit von Haftäumen als Beispiel nennt, ist dagegen die anhaltende, allgemeine Überbelegung kein zwingender Grund,[506] auch wenn die Normen nach ihrem Sachzusammenhang in den Gesetzen nur den Umgang mit einzelnen Gefangenen betreffen und nicht so zu verstehen sind, dass sie die permanente Überbelegung einer Anstalt untersagen.[507] Für die Auswahl der Insassen, die vorübergehend zur Ruhezeit gemeinschaftlich untergebracht werden müssen, gilt das zu Rdn. 19 Gesagte. „**Vorübergehend**" wird nur in Schleswig-Holstein auf in der Regel drei Monate begrenzt; eine längere Gemeinschaftsunterbringung bleibt ausnahmsweise möglich.[508] Zu beachten bleibt stets: Auch Notlagen rechtfertigen nicht eine mit der Menschenwürde unvereinbare Unterbringung.[509]

---

502   Vgl. **MV** LT-Drucks. 6/1337, 78.
503   *Arloth/Krä* § 18 BbgJVollzG Rdn. 1; *Laubenthal/Nestler/Neubacher/Verrel* D Rdn. 56.
504   OLG Celle, Beschl. vom 30.11.2004 – 1 Ws 341/04 (StrVollz) = NStZ-RR 2005, 156, 157.
505   S. **BE** LT-Drucks. 17/2442, 203; *Arloth/Krä* § 18 HStVollzG Rdn. 1; *Laubenthal/Nestler/Neubacher/Verrel* D Rdn. 56.
506   OLG Celle, Beschl. vom 5.11.1998 – 1 Ws 200/98 (StrVollz) = NStZ 1999, 216 m. Anm. *Ullenbruch* NStZ 1999, 429; Beschl. vom 3.7.2003 – 1 Ws 171/03 (StrVollz) = StV 2003, 567; OLG Hamm, Beschl. vom 20.1.2005 – 1 Vollz (Ws) 147/04 = StV 2006, 152; OLG München, Beschl. vom 10.10.2008 – 4 Ws 144/08 = Beck-RS 2008, 22651; LG Halle, Beschl. vom 8.11.2004 – 27 StVK 462/04 = StV 2005, 342; LG Kassel, Beschl. vom 20.6.2000 – 2 StVK 125/00 = ZfStrVo 2001, 119; LG Oldenburg, Beschl. vom 25.3.2004 – 15 StVK 1080/04 = StV 2004, 610, 611; *Arloth/Krä* § 18 StVollzG Rdn. 3; offengelassen von OLG Zweibrücken, Beschl. vom 8.9.2004 – 1 Ws 276/04 (Vollz) = Beck-Rs 2004, 09809.
507   So *Arloth/Krä* § 18 StVollzG Rdn. 3; a.A. AK-*Weßels/Böning* Teil II § 11 LandesR Rdn. 10.
508   **SH** LT-Drucks. 18/3153, 105; *Arloth/Krä* § 11 **SH** LStVollzG Rdn. 3.
509   Vgl. nur BVerfG, Beschl. vom 27.2.2002 – 2 BvR 553/01 = ZfStrVo 2002, 176 f.

F. Ausgestaltung und Ausstattung des Haftraums

Bund	§ 19 StVollzG
Baden-Württemberg	BW § 15 III JVollzGB
Bayern	BY Art. 21 BayStVollzG
Berlin	BE § 52 Abs. 1 StVollzG Bln
Brandenburg	BB § 57 BbgJVollzG
Bremen	HB § 48 BremStVollzG
Hamburg	HH § 22 HmbStVollzG
Hessen	HE § 19 HStVollzG
Mecklenburg-Vorpommern	MV § 48 StVollzG M-V
Niedersachsen	NI § 21 NJVollzG
Nordrhein-Westfalen	NW § 15 Abs. 2 StVollzG NRW
Rheinland-Pfalz	RP § 56 LJVollzG
Saarland	SL § 48 SLStVollzG
Sachsen	SN § 48 SächsStVollzG
Sachsen-Anhalt	ST § 56 JVollzGB LSA
Schleswig-Holstein	SH § 65 LStVollzG SH
Thüringen	TH § 57 ThürJVollzGB

Schrifttum

Böhm Strafvollzug und „Strafübel", in: Feltes u.a. (Hrsg.), FS Schwind, Heidelberg 2006, 533 ff; *Franke* „Entwicklung der Rechtsprechung zum Strafvollzugsgesetz", in: BlStV 4–5/1980, 7 ff; *Köhne* Der „angemessene Umfang" der Eigenausstattung des Haftraums, in: StraFo 2002, 351 ff; *ders.* Die Gefährlichkeit von Gegenständen im Strafvollzug, in: ZfStrVo 2005, 280 ff; *Schwind* Tiere im Strafvollzug, in: Schneider u.a. (Hrsg.), FS Seebode, Berlin 2008, 551 ff; *U./Sieland* Es piept im Haftraum!, in: FS 2015, 169 f; *Vogelgesang* Kleintierhaltung im Strafvollzug, in: ZfStrVo 1994, 67 f; *Wolf* Rückfallprävention durch den Umgang mit Tieren im Strafvollzug der Bundesrepublik Deutschland, Hamburg 2014.

Übersicht

I. Allgemeine Hinweise —— 1, 2
  1. Bedeutung der Vorschriften für die Resozialisierung —— 1
  2. Keine abschließende Regelung —— 2
II. Erläuterungen —— 3–17
  1. Begrenzte Möglichkeit zur Ausstattung bzw. Nutzung der Räume —— 3–5
  2. Angemessener Umfang —— 6–8
  3. Ausschluss gefährlicher Gegenstände —— 9
  4. Beschränkungen zugunsten der Übersichtlichkeit —— 10, 11
  5. Weitere Ausschlussgründe —— 12–14
    a) Gefährdung des Vollzugsziels —— 12
    b) Straf- oder Bußbewehrung —— 13
    c) Weitere Gegenstände (Sachsen-Anhalt) —— 14
  6. Ausübung von Ermessen —— 15, 16
  7. Nachträgliche Vornahme von Beschränkungen —— 17

I. Allgemeine Hinweise

1. Bedeutung der Vorschriften für die Resozialisierung. Zu den die Haftdeprivationen[510] bedingenden Faktoren des Geschehens in den Justizvollzugsanstalten zählt der Entzug materieller Güter. Zwar kann der Besitzverlust in der Strafhaft durch die Gesamtheit der Regelungen über den Besitz von Gegenständen nicht aufgefangen werden. Den-

---

510 Dazu *Laubenthal* Rdn. 201 ff; *Walter* Rdn. 268; *Weis* in: Schwind/Blau 239, 245.

noch ist den Haftdeprivationen und der damit verbundenen Akkulturation an die devianten Verhaltensweisen der Insassensubkulturen weitmöglichst entgegenzuwirken. Dies ist zur Erreichung des Vollzugsziels und in Beachtung des Gegensteuerungsgrundsatzes erforderlich.[511] Zudem entspricht die Ermöglichung der Ausstattung des Haftraums mit eigenen Sachen durch den Gefangenen bzw. weitergehend auch die Aufbewahrung solcher Gegenstände an diesem Ort in Berlin, Brandenburg, Bremen, Mecklenburg-Vorpommern, Rheinland-Pfalz, Saarland, Sachsen, Sachsen-Anhalt, Schleswig-Holstein, Thüringen den allgemeinen Lebensverhältnissen.[512] Damit wird der Angleichungsgrundsatz durch § 19 Abs. 1 Satz 1 StVollzG, **BW** § 15 Satz 1 III, **BY** Art. 21 Abs. 1 Satz 1, **BE** § 52 Abs. 1 Satz 1, **BB** § 57 Satz 1, **HB** § 48 Satz 1, **HH** § 22 Abs. 1 Satz 1, **HE** § 19 Abs. 1 Satz 1, **MV** § 48 Satz 1, **NI** § 21 Satz 1, **NW** § 15 Abs. 2 Satz 1, **RP** § 56 Satz 1, **SL** § 48 Satz 1, **SN** § 48 Satz 1, **ST** § 56 Abs. 1 Satz 1, **SH** § 65 Satz 1, **TH** § 57 Satz 1 bestätigt.[513] Der Inhaftierte darf seinen Haftraum als einen Rest von Privatsphäre[514] zur Verwirklichung eines gewissen allgemeinen Lebenskomforts mit eigenen Gegenständen ausstatten. Er hat aber keinen Anspruch auf Zuteilung eines bestimmten Haftraums.[515] Zwar dürfte ein Raum ohne durchgehende Stromversorgung oder gar elektrischen Anschluss überhaupt im 21. Jahrhundert kaum mehr den Anforderungen des Angleichungsgrundsatzes genügen.[516] Gleichwohl lässt sich aus den Vorschriften über die Ausstattung des Haftraums kein Anspruch auf die Vornahme von Baumaßnahmen ableiten, so dass es im Ermessen der Anstalt steht, ob sie den Einbau (zusätzlicher) Steckdosen vornimmt.[517]

2   **2. Keine abschließende Regelung.** Die in Rdn. 1 aufgezählten Normen regeln den Besitz eigener Sachen nicht abschließend. Dem Gefangenen kann der Besitz eigener Kleidung gestattet werden. Er hat ein Recht auf den Besitz religiöser Schriften und Gegenstände, darf Zeitungen und Zeitschriften beziehen, ein Rundfunk- und ein Fernsehgerät im Haftraum nutzen, Gegenstände zur Freizeitgestaltung besitzen[518] und durch Vermittlung der Anstalt Sachen einkaufen. Im Rahmen der Gesetze ist es ihm gestattet, Gegenstände in Paketen zu empfangen. Prozessakten, die der Insasse zu seiner Verteidigung benötigt und die weder unter Haftraumausstattung noch unter Gegenstände zur Freizeitbeschäftigung zu subsumieren sind, darf er in seinem Haftraum aufbewahren.[519] Nach dem Musterentwurf und den ihm folgenden Gesetzen (Berlin, Brandenburg, Bremen, Mecklenburg-Vorpommern, Rheinland-Pfalz, Saarland, Sachsen, Sachsen-Anhalt, Schleswig-Holstein, Thüringen) gewinnt in diesem Zusammenhang allerdings nicht die Abgrenzung zu Gegenständen der Freizeitbeschäftigung Bedeutung, sondern diejenige zwischen Haftraumausstattung und Geräten der Informations- und Unterhaltungselekt-

---

511   Ähnlich AK-*Knauer* Teil II § 48 LandesR Rdn. 1.
512   OLG Celle, Beschl. vom 7.10.1982 – 3 Ws 332/82 (StrVollz) = ZfStrVo 1983, 181; BeckOK-*Setton* § 19 StVollzG Rdn. 1.
513   BeckOK-*Setton* § 19 StVollzG Rdn. 1; vgl. auch *Köhne* StraFo 2002, 351 f.
514   Vgl. OLG Saarbrücken, Beschl. vom 1.12.1992 – Vollz (Ws) 3/92 = NStZ 1993, 207; OLG Celle, Beschl. vom 12.5.1993 – 1 Ws 75/93 = ZfStrVo 1994, 174; ferner BVerfG, Beschl. vom 30.5.1996 – 2 BvR 727 und 884/94 = NStZ 1996, 511.
515   KG, Beschl. vom 14.1.2003 – 5 Ws 662/02 Vollz, bei *Matzke* NStZ 2004, 611; OLG Frankfurt, Beschl. vom 24.9.2013 – 3 Ws 768/13 (StVollz) = NStZ-RR 2014, 191, 192; *Arloth/Krä* § 19 StVollzG Rdn. 2.
516   Vgl. OLG Stuttgart, Beschl. vom 23.6.1988 – 4 Ws 168/88 = NStZ 1988, 574, 575, das sogar ein Recht auf Verlegung in einen Haftraum mit Steckdose gewähren will; *Arloth/Krä* § 19 StVollzG Rdn. 2; zurückhaltender aber noch OLG Celle, Beschl. vom 3.3.1981 – 3 Ws 410/80 = NStZ 1981, 238; OLG Koblenz, Beschl. vom 30.3.1990 – 2 Vollz (Ws) 11/90 = ZfStrVo 1991, 53.
517   Vgl. OLG Hamburg, Beschl. vom 9.11.1990 – 3 Vollz (Ws) 47/90 = NStZ 1991, 103.
518   Allgemein zur Abgrenzung *Laubenthal* Rdn. 617.
519   OLG Karlsruhe, Beschl. vom 11.4.2002 – 3 Ws 10/02 = NStZ 2002, 612.

ronik. Denn nach der Konzeption des Musterentwurfs gehören nichtelektronische Gegenstände der Freizeitbeschäftigung zur Haftraumausstattung.[520] Der Strafgefangene darf aber – von einer möglichen geringfügigen Ausnahme abgesehen – nur Sachen in Gewahrsam haben, deren Besitz ihm von der Vollzugsbehörde ausdrücklich erlaubt wurde. Hat er einen Gegenstand durch ein unerlaubtes Geschäft von einem Mitgefangenen erworben, so kann ihm die Ausstattung seines Haftraums mit diesem untersagt werden, auch wenn die Sache angemessen im Sinne der Normen ist, etwa ein Radiowecker.[521]

II. Erläuterungen

1. Begrenzte Möglichkeit zur Ausstattung bzw. Nutzung der Räume.

Der Haftraum des Gefangenen ist der Raum, der ihm zum Gebrauch während der Ruhe-, Einschluss- oder Nachtzeit zur Verfügung steht.[522] Nicht zum Haftraum gehört die Außenseite der Zellentür.[523] Die Vollzugsbehörde stellt ihn dem Achtungsanspruch von Art. 1 Abs. 1 GG entsprechend beschaffen[524] und **wohnlich ausgestaltet,** also vollständig möbliert, zur Verfügung. Da die Hafträume nicht besonders groß sind, ist für weitere Einrichtungsgegenstände oder Lagermöglichkeiten kaum Platz. In Betracht kommen ggf. ein zusätzlicher kleiner Tisch, ein Bücherregal oder ein bequemer Stuhl. Unter Ausstattung versteht man auch das Anbringen von Vorhängen und Gardinen, obwohl dies nach Ansicht des OLG Hamm aus Gründen der Sicherheit und Sauberkeit bei männlichen Gefangenen allgemein untersagt werden kann,[525] sowie Wandschmuck. Die Normen finden auch Anwendung, wenn zwei oder mehr Gefangenen ein **gemeinschaftlicher Haftraum** zugewiesen wird.[526]

3

Nicht zum Regelungsbereich der eingangs aufgezählten Vorschriften gehört der **Austausch** der von der Vollzugsbehörde zur wohnlichen Ausgestaltung des Haftraums zur Verfügung gestellten Gegenstände gegen eigene Sachen des Gefangenen.[527] Von einem Teil der Rechtsprechung wird dagegen der Austausch der von der Vollzugsbehörde gestellten Bettwäsche gegen eigene in diesem Zusammenhang behandelt,[528] was auch deshalb fraglich erscheint, weil eigene Bettwäsche nach den Gesetzen (§§ 169, 173 StVollzG, **BW** § 110 III, **BY** Art. 192, **BE** § 115 Abs. 5, **BB** § 120 Abs. 5, **HB** § 106 Abs. 5, **MV** § 105 Abs. 5, **RP** § 117 Abs. 5, **SL** § 105 Abs. 5, **SN** § 118 Abs. 5, **ST** § 121 Abs. 5, **SH** § 145 Abs. 5, **TH** § 118 Abs. 5, ferner **HH** § 130 Nr. 4, **HE** § 83 Nr. 5, **NW** § 110 Nr. 8, jeweils i.V.m. § 169 StVollzG) nur besonderen aus Rechtsgründen privilegierten Gefangenengruppen

4

---

520 Treffend AK-*Knauer* Teil II § 48 LandesR Rdn. 5 unter Verweis auf ME-Begründung 117 („Schriften"); s. auch **SN** LT-Drucks. 5/10920, 120, wo Bücher ausdrücklich genannt sind.
521 OLG Hamm, Beschl. vom 26.2.2002 – 1 Vollz (Ws) 323/01 = ZfStrVo 2002, 309 f; ebenso *Arloth/Krä* § 19 StVollzG Rdn. 5.
522 Vgl. OLG Celle, Beschl. vom 4.10.1982 – 3 Ws 329/82 = NStZ 1983, 190.
523 KG, Beschl. vom 18.5.1983 – 5 Ws 119/83 Vollz = BlStV 3/1984, 4; *Arloth/Krä* § 19 StVollzG Rdn. 3.
524 Dazu BVerfG, Beschl. vom 15.7.2010 – 2 BvR 1023/08 = NJW 2011, 137 f.
525 OLG Hamm, Beschl. vom 8.3.1984 – 1 VAs 21/84 = ZfStrVo 1985, 128; Beschl. vom 4.8.1994 – 1 Vollz (Ws) 147/94, bei *Bungert* NStZ 1995, 381 (auch für Rollos); wie hier aber AK-*Knauer* Teil II § 48 LandesR Rdn. 4.
526 AK-*Knauer* Teil II § 48 LandesR Rdn. 3; BeckOK-*Setton* § 19 StVollzG Rdn. 6, 11; für entsprechende Anwendung *Arloth/Krä* § 19 StVollzG Rdn. 3.
527 Ebenso *Arloth/Krä* § 19 StVollzG Rdn. 9; BeckOK-*Setton* § 19 StVollzG Rdn. 8 f.
528 OLG Karlsruhe, Beschl. vom 3.4.2001 – 3 Ws 33/01 = ZfStrVo 2002, 54; OLG Zweibrücken, Beschl. vom 4.2.2003 – 1 VAs 07/02 = ZfStrVo 2003, 250; so auch *Laubenthal/Nestler/Neubacher/Verrel* D Rdn. 65; zu Recht zweifelnd OLG Nürnberg, Beschl. vom 9.7.2002 – Ws 648/02 = BlStV 4-5/2002, 3 f; wie hier *Böhm* 2006, 539 ff.

(Strafarrestanten und Zivilgefangenen) allgemein gestattet ist. Es ist allerdings bei Vorliegen besonderer Gründe zulässig, Freiheitsstrafe verbüßenden Gefangenen die Benutzung eigener Bettwäsche zu gestatten und – angebracht vor allem bei Gefangenen mit langen Strafen – den Austausch eines beweglichen anstaltseigenen Möbelstücks gegen ein entsprechendes eigenes zu erlauben. Wo es der Bauweise entspricht, kann auch das Tapezieren der Wände erlaubt werden.[529]

5   Bei Durchführung des Wohngruppenvollzugs wird einer bestimmten Gefangenengruppe **weiterer Haftraum** (Freizeitraum, Fernsehraum, Teeküche) **zur gemeinsamen Benutzung** zugewiesen. Schon wegen der unterschiedlichen Interessen können hier die Vorschriften über die Ausstattung des Haftraumes nicht – auch nicht entsprechend – angewendet werden. Das schließt nicht aus, dass den Gefangenen erlaubt wird, die Gemeinschaftsräume mit eigenen Sachen auszustatten.[530] Trotz auf der Hand liegender Schwierigkeiten ist es in geeigneten Fällen angebracht, im Miteigentum mehrerer, in der Wohngruppe lebender Gefangener stehende Gegenstände (Gefrierschrank)[531] zuzulassen. Derartige Entscheidungen liegen im pflichtgemäßen Ermessen des Anstaltsleiters, das sich an den Vollzugsgrundsätzen und den Erfordernissen von Sicherheit und Ordnung orientiert.

6   **2. Angemessener Umfang.** Ausdrücklich genannt sind im Bundes-Strafvollzugsgesetz, in Bayern und Hamburg **Lichtbilder** nahestehender Personen, nicht nur Verwandter und Verschwägerter,[532] und **Erinnerungsstücke** von persönlichem Wert (§ 19 Abs. 1 Satz 2 StVollzG, **BY** Art. 21 Abs. 1 Satz 2, **HH** § 22 Abs. 1 Satz 2). In den übrigen Landesgesetzen fehlt eine besondere Regelung für diese Gegenstände. Auch hier ist ihr Besitz nach der Generalklausel zulässig; der besonderen Bedeutung hat man bei der Auslegung des Merkmals „in angemessenem Umfang" Rechnung zu tragen.[533] Zulässig ist die Anordnung, Bilder (nur) an einer Pinnwand anzubringen.[534]

7   Daneben hat die Rechtsprechung zahlreiche Arten von **Gegenständen einfachen Wohnkomforts**[535] für unbedenklich erachtet: z.B. Stoffdecke zum Abdecken des Bettes am Tag,[536] Leselampe,[537] Gurkenschneider, Schneebesen und Haarsieb zum Herrichten zusätzlich eingekaufter Nahrungsmittel,[538] verschließbarer, aber futterloser und nicht mit doppeltem Boden versehener Aktenkoffer, wenn die Vollzugsbehörde den Zweitschlüssel erhält,[539] elektrische Kaffeemaschine,[540] Bildhalter,[541] Blumentöpfe mit entspre-

---

529 So auch AK-*Knauer* Teil II § 48 LandesR Rdn. 3; *Köhne* StraFo 2002, 351, 352; a.A. *Arloth/Krä* § 19 StVollzG Rdn. 4.
530 OLG Celle, Beschl. vom 4.10.1982 – 3 Ws 329/82 = NStZ 1983, 190f; s. auch BeckOK-*Setton* § 19 StVollzG Rdn. 11.
531 Vgl. OLG Hamm, Beschl. vom 4.5.1993 – 1 Vollz (Ws) 1/93 = JR 1994, 210 mit Anm. *Böhm*.
532 *Arloth/Krä* § 19 StVollzG Rdn. 4; *Laubenthal/Nestler/Neubacher/Verrel* D Rdn. 65.
533 So **NI** LT-Drucks. 15/3565, 109; *Arloth/Krä* § 15 **BW** JVollzGB Buch 3 Rdn. 1; *Laubenthal/Nestler/Neubacher/Verrel* D Rdn. 65 a.E.; vgl. auch **NW** LT-Drucks. 16/5413, 99.
534 KG, Beschl. v. 12.5.2005 – 5 Ws 166/05 Vollz = NStZ-RR 2005, 281, 282.
535 Ebenso *Arloth/Krä* § 19 StVollzG Rdn. 4; *Laubenthal/Nestler/Neubacher/Verrel* D Rdn. 65; großzügiger AK-*Knauer* Teil II § 48 LandesR Rdn. 8; BeckOK-*Setton* § 19 StVollzG Rdn. 6.
536 OLG Koblenz, Beschl. vom 22.10.1979 – 2 Vollz (Ws) 33/79 = ZfStrVo SH 1979, 85.
537 OLG Celle, Beschl. vom 3.3.1981 – 3 Ws 410/80 = NStZ 1981, 238; OLG Koblenz, Beschl. vom 30.3.1990 – 2 Vollz (Ws) 11/90 = ZfStrVo 1991, 53; OLG Stuttgart, Beschl. vom 23.6.1988 – 4 Ws 168/88 = NStZ 1988, 574; OLG Zweibrücken, Beschl. vom 3.9.1993 – 1 Ws 378/93 (Vollz) = NStZ 1994, 151, 152; enger OLG Hamm, Beschl. vom 1.9.1987 – 1 Vollz (Ws) 221/87 = BlStV 2/1988, 2 (nur bei medizinischer Notwendigkeit).
538 OLG Frankfurt 3.5.1978 – 3 Ws 143/78; vgl. *Franke* BlStV 4-5/1980, 11 Nr. 10.1.
539 OLG Celle, Beschl. vom 8.2.1990 – 1 Ws 423/89 (StrVollz) = ZfStrVo 1991, 123f.
540 OLG Hamm, Beschl. vom 7.11.1989 – 1 Vollz (Ws) 173/89 = NStZ 1990, 151.
541 OLG Zweibrücken, Beschl. vom 22.8.1994 – 1 Ws 270/94 Vollz = ZfStrVo 1995, 374.

chenden Pflanzen.[542] Der angemessene Umfang richtet sich nach Art, Größe und Einrichtung des Haftraums.[543] Auch die Haftdauer spielt eine Rolle. Je länger der Gefangene in dem ihm zur Verfügung gestellten Haftraum wird leben müssen, desto mehr erscheint eine persönliche Ausstattung als angemessen.[544] Erforderlich ist jeweils eine Einzelfallprüfung unter Beachtung der Vollzugsgrundsätze und des Umstandes, dass in der Art der Unterbringung kein zusätzliches Strafübel liegen soll.[545] Ist der Haftraum mit mehreren Gefangenen belegt, so gilt es im Rahmen der Angemessenheit auch zu prüfen, ob der beantragte Gegenstand den anderen Insassen des Mehrpersonenhaftraums zuzumuten ist oder ihre Ansprüche auf den Besitz eigener Sachen behindert. Ist nach diesen Überlegungen die Genehmigung eines Gegenstandes möglich, so darf die Aushändigung nicht deshalb versagt werden, weil der Gefangene den Gegenstand nach Auffassung der Vollzugsbehörde nicht (dringend) benötigt.[546] Der Erwerb von Gegenständen, mit denen der Gefangene seinen Haftraum ausstatten darf, muss ihm ermöglicht werden, etwa einer zusätzlichen Tasse.[547] Bei Zulassung elektrischer Geräte sehen einige Gesetze die Überbürdung der Kosten für die technische Sicherheitsüberprüfung vor; zudem kennen alle Landesgesetze die Beteiligung des Gefangenen an den Stromkosten. Umgekehrt kann das Erfordernis einer menschenwürdigen Unterbringung bei zu großer Hitze die unentgeltliche Überlassung von Ventilatoren bedingen.[548]

Die Genehmigung (**NI** § 21 Satz 1, **NW** § 15 Abs. 2 Satz 2: „Erlaubnis", ferner **ST** § 56 Abs. 2 i.V.m. § 54 Abs. 1 Satz 1: „Zustimmung der Anstalt") erfolgt nur für einen bestimmten Haftraum und – bei einem Einzelhaftraum – unter der (stillschweigenden) Voraussetzung, dass dieser nicht mit mehreren Insassen belegt werden muss. Wurde einem Gefangenen ein bestimmter Gegenstand bewilligt, so muss bei einer Verlegung in eine Anstalt gleicher Sicherheitsstufe und erst recht bei einer Umsetzung in einen anderen Haftraum innerhalb derselben Anstalt das Gebot des Vertrauensschutzes beachtet werden.[549] Das gilt nicht bei Verlegung aus dem Maßregel- in den Strafvollzug.[550] Verbleibt der Gefangene in seinem Haftraum und ändert sich nichts an dessen Belegung, so kann der bewilligte Gegenstand gem. **BY** Art. 115a,[551] ggf. i.V.m. Art. 48 ff VwVfG Bayern, **BE** § 98, **BB** § 104, **HB** § 91, **HH** § 92, **HE** § 5 Abs. 3 Satz 2 i.V.m. §§ 48 ff VwVfG Hessen, **MV** § 90, **NI** § 100, **NW** § 83, **RP** § 101, **SL** § 90, **SN** § 94, **ST** § 102, **SH** § 122, **TH** § 102 – und sofern das einschlägige Gesetz keine vorrangig anzuwendende Vorschrift über die Aufhebung von Maßnahmen kennt – unter den Voraussetzungen des § 4 Abs. 2 Satz 2 StVollzG, **BW** § 3 Abs. 2 III dem Gefangenen wieder entzogen werden.[552] Diese Grundsätze gelten

8

---

542 KG, Beschl. vom 10.12.1980 – 2 Ws 3/80 Vollz = BlStV 1/1982, 5.
543 A. A. *Köhne* StraFo 2002, 351, 352.
544 AK-*Knauer* Teil II § 48 LandesR Rdn. 8; BeckOK-*Setton* § 19 StVollzG Rdn. 3; *Köhne* StraFo 2002, 351; *Laubenthal/Nestler/Neubacher/Verrel* D Rdn. 65.
545 *Laubenthal* Rdn. 383.
546 BVerfG, Beschl. vom 30.10.2000 – 2 BvR 736/00 = StV 2001, 38, 39; OLG Celle, Beschl. vom 7.10.1982 – 3 Ws 332/82 (StrVollz) = ZfStrVo 1983, 181; Beschl. vom 28.5.1990 – 1 Ws 145/90 (StrVollz) = ZfStrVo 1992, 258; OLG Koblenz, Beschl. vom 10.2.2004 – 1 Ws 681/03 = ZfStrVo 2004, 311, 312.
547 OLG Zweibrücken, Beschl. vom 12.2.1986 – 1 Vollz (Ws) 22/86 = NStZ 1986, 477 f.
548 OLG Stuttgart, Beschl. vom 7.7.2015 – 4 Ws 38/15 (V) = FS SH 2016, 96; *Arloth/Krä* § 19 StVollzG Rdn. 4.
549 BVerfG, Beschl. vom 10.2.1994 – 2 BvR 2687/93 = ZfStrVo 1995, 50; OLG Hamm, Beschl. vom 7.11.1989 – 1 Vollz (Ws) 173/89 = NStZ 1990, 151; Beschl. vom 2.1.2018 – III-1 Vollz (Ws) 532 – 533/17; *Arloth/Krä* § 19 StVollzG Rdn. 6.
550 OLG Celle, Beschl. vom 18.8.2016 – 1 Ws 323/16 (StrVollz) = NdsRpfl. 2017, 50.
551 Zur Anwendbarkeit in diesem Fall *Arloth/Krä* Art. 21 BayStVollzG Rdn. 1.
552 OLG Zweibrücken, Beschl. vom 3.9.1993 – 1 Ws 378/93 (Vollz) = NStZ 1994, 151; OLG Karlsruhe, Beschl. vom 2.11.2000 – 2 Ws 152/00 = ZfStrVo 2001, 312; BeckOK-*Setton* § 19 StVollzG Rdn. 12; a.A. *Arloth/Krä* § 19 StVollzG Rdn. 6 (Rechtsgedanke der §§ 14 Abs. 2, 70 Abs. 3 StVollzG).

auch für den Entzug anstaltseigener Gegenstände zur Haftraumausstattung, für die aber – die Vorschriften beziehen sich auf eigene Sachen – § 19 StVollzG, **BW** § 15 III, **BY** Art. 21, **BE** § 52 Abs. 1, **BB** § 57, **HB** § 48, **HH** § 22, **HE** § 19, **MV** § 48, **NI** § 21, **NW** § 15 Abs. 2, **RP** § 56, **SL** § 48, **SN** § 48, **ST** § 56, **SH** § 65, **TH** § 57 nicht anwendbar sind.[553] Nahezu alle Landesgesetze enthalten allerdings Spezialvorschriften insbesondere für den Fall, dass der Ausschlussgrund erst nachträglich erkannt oder eingetreten ist (Rdn. 17).

9   **3. Ausschluss gefährlicher Gegenstände.** Nach § 19 Abs. 2 Alt. 2 StVollzG, **BW** § 15 Satz 2 Alt. 2 III, **BY** Art. 21 Abs. 2 Alt. 2, **BE** § 52 Abs. 1 Satz 2 Alt. 1, **BB** § 57 Satz 2 Nr. 1, **HB** § 48 Satz 2 Alt. 1, **HH** § 22 Abs. 2 Alt. 2, **HE** § 19 Abs. 2 Alt. 3, **MV** § 48 Satz 2 Alt. 2, **NI** § 21 Satz 2 Alt. 2, **NW** § 15 Abs. 2 Satz 3 Alt. 3, **RP** § 56 Satz 2 Nr. 1, **SL** § 48 Satz 2 Alt. 1, **SN** § 48 Satz 2 Alt. 1, **ST** § 56 Abs. 1 Satz 2 Nr. 1, **SH** § 65 Satz 2 Alt. 1, **TH** § 57 Satz 2 Nr. 1 können oder müssen Gegenstände und Vorrichtungen ausgeschlossen werden bzw. sind ausgeschlossen,[554] welche die **Sicherheit und Ordnung** der Anstalt gefährden, wobei strittig ist, ob die Gefährlichkeit abstrakt oder unter Berücksichtigung der Person des jeweiligen Gefangenen zu beurteilen ist.[555] Als inkriminiert gelten nach der Rspr. etwa Weihnachtsbäume[556] und elektrische Geräte, die wie Backhaube,[557] Tauchsieder, Höhensonne oder Haartrockner Brand- oder Verletzungsgefahr begründen[558] oder das Stromnetz überlasten könnten,[559] oder Gegenstände, die als Waffen oder Fluchtmittel verwendet werden können, etwa Textilien mit Gummizügen,[560] ein Lattenrost,[561] ein elektronisches Muskelstimulationsgerät,[562] Nagelschere,[563] Hornhautraspel und -hobel[564] oder langstielige Reinigungsutensilien (Schrubber, Besen), mit deren Hilfe sich Mauerkronensicherungen überwinden lassen.[565] Zudem können hierunter elektronische Speichermedien wegen der Gefahr unkontrollierten Datenaustauschs mit Mitgefangenen oder Außenwelt fallen.[566] Beanstandet fanden sich ferner Tesafilm-Rollen,[567] ein Wecker bei Gefahr der Verwendung zum Sprengsatz(attrappen)bau[568] und provozierende Plakate[569] oder Kleidungsstü-

---

553   OLG Karlsruhe, Beschl. vom 2.11.2000 – 2 Ws 152/00 = ZfStrVo 2001, 312.
554   Zur Frage des Vorliegens von Ermessen Rdn. 15 f.
555   Für ersteres OLG Celle, Beschl. vom 12.2.2009 – 1 Ws 42/09 (StrVollz) = StraFo 2009, 172; Beschl. vom 18.8.2016 – 1 Ws 323/16 (StrVollz) = NdsRpfl. 2017, 50, 51; OLG Hamburg, Beschl. vom 7.9.2008 – 3 Vollz (Ws) 48/09 = FS 2010, 54; a.A. OLG Koblenz, Beschl. vom 10.2.2004 – 1 Ws 681/03 = ZfStrVo 2004, 311, 312; LG Freiburg, Beschl. vom 22.1.1993 – XIII StVK 112/92 = BlStV 4–5/1994, 2, 3; wohl auch *Höflich/Schriever* S. 65.
556   KG, Beschl. vom 20.1.2005 – 5 Ws 654/04 Vollz = Beck-Rs 2005, 02120.
557   S. OLG Celle, Beschl. vom 28.5.1990 – 1 Ws 145/90 (StrVollz) = ZfStrVo 1992, 258.
558   OLG Frankfurt, Beschl. vom 5.12.1978 – 3 Ws 716/78 (StVollz) = ZfStrVo 1979, 186; OLG München, Beschl. vom 25.6.1980 – 1 Ws 520/80, bei *Franke* NStZ 1981, 214; zur Wahrung des Brandschutzes für alle ME-Begründung 117.
559   LG Freiburg, Beschl. vom 22.1.1993 – XIII StVK 112/92 = BlStV 4-5/1994, 2 f: Kühlschrank; OLG Hamm, Beschl. vom 7.11.1989 – 1 Vollz (Ws) 173/89 = NStZ 1990, 151: Kaffeemaschine; OLG Koblenz, Beschl. vom 30.3.1990 – 2 Vollz (Ws) 11/90 = ZfStrVo 1991, 53: Leselampe.
560   OLG Zweibrücken, Beschl. vom 3.7.2003 – 1 VAs 4/03 = ZfStrVo 2004, 315.
561   OLG Hamburg, Beschl. vom 1.2.2011 – 1 Vollz (Ws) 807/10 = Beck-Rs 2013, 05851.
562   LG Stendal, Beschl. vom 28.7.2015 – 509 StVK 328/15 = FS SH 2016, 112.
563   Vgl. OLG Hamm, Beschl. vom 2.1.2018 – III-1 Vollz (Ws) 532 – 533/17 Rdn. 14 (juris).
564   OLG Celle, Beschl. vom 18.8.2016 – 1 Ws 323/16 (StrVollz) = NdsRpfl. 2017, 50.
565   OLG Karlsruhe, Beschl. vom 2.11.2000 – 2 Ws 152/00 = ZfStrVo 2001, 312.
566   So OLG Celle, Beschl. vom 12.2.2009 – 1 Ws 42/09 (StrVollz) = StraFo 2009, 172; OLG Frankfurt, Beschl. vom 19.4.2013 – 3 Ws 87/13 (StVollz) = NStZ-RR 2013, 325, 326; BeckOK-*Setton* § 19 StVollzG Rdn. 17a; krit. AK-*Knauer* Teil II § 48 LandesR Rdn. 13; *Bachmann* 2015, 323 f.
567   LG Gießen, Beschl. vom 23.1.2012 – 2 StVK Vollz 1278/11 = Beck-Rs 2012, 06893.
568   OLG Hamm, Beschl. vom 5.7.1982 – 7 Vollz (Ws) 66/82, bei *Franke* NStZ 1983, 306 = Beck-Rs 2016, 20378; eher krit. AK-*Knauer* Teil II § 48 LandesR Rdn. 14.
569   Vgl. LG Saarbrücken, Beschl. vom 2.1.1984 – I StVK 852/83 = ZfStrVo 1984, 175.

cke (Aufnäher: „Ich bin stolz Deutscher zu sein")[570] sowie solche mit gewaltverherrlichenden Slogans und Symbolen.[571] Nicht ausreichend ist es jedoch, wenn Gegenstände in den Augen der Bediensteten nur wertlosen Müll darstellen.[572] Es wird als zulässig erachtet, die Vogelhaltung (hier Wellensittich) nur wenigen langstrafigen Insassen zu gestatten, weil die Tiere regelmäßig tierärztlich überprüft werden müssen und die Ordnung der Anstalt gefährdet wäre, wenn unbeschränkt viele Gefangene Vögel halten dürften.[573] Selbst ein ausnahmsloses Verbot von **Vogelhaltung** soll zulässig sein.[574] Angemessener Umfang, Übersichtlichkeit, Gefährdung von Sicherheit und Ordnung i. S. von § 19 StVollzG, **BW** § 15 III, **BY** Art. 21, **BE** § 52 Abs. 1, **BB** § 57, **HB** § 48, **HH** § 22, **HE** § 19, **MV** § 48, **NI** § 21, **NW** § 15 Abs. 2, **RP** § 56, **SL** § 48, **SN** § 48, **ST** § 56, **SH** § 65, **TH** § 57 sind **unbestimmte Rechtsbegriffe**, die voller gerichtlicher Nachprüfung unterliegen.[575]

4. Beschränkungen zugunsten der Übersichtlichkeit. Nach § 19 Abs. 2 Alt. 1 **10** StVollzG, **BW** § 15 Satz 2 Alt. 1 III, **BY** Art. 21 Abs. 2 Alt. 1, **BE** § 52 Abs. 1 Satz 2 Alt. 1, **BB** § 57 Satz 2 Nr. 1, **HB** § 48 Satz 2 Alt. 1, **HH** § 22 Abs. 2 Alt. 1, **HE** § 19 Abs. 1 Satz 2, **MV** § 48 Satz 2 Alt. 1, **NI** § 21 Satz 2 Alt. 1, **NW** § 15 Abs. 2 Satz 3 Alt. 1, **RP** § 56 Satz 2 Nr. 1, **SL** § 48 Satz 2 Alt. 1, **SN** § 48 Satz 2 Alt. 1, **ST** § 56 Abs. 1 Satz 2 Nr. 1, **SH** § 65 Satz 2 Alt. 1, **TH** § 57 Satz 2 Nr. 1 können Gegenstände, die an sich angemessen wären, ausgeschlossen werden, wenn sie die Übersichtlichkeit des Haftraums behindern bzw. beeinträchtigen, vor allem die im geschlossenen Vollzug in kurzen Zeitabständen vorgeschriebene Durchsuchung (unzumutbar) erschweren (ausdrücklich **HE** § 19 Abs. 1 Satz 2 unter Verweis auf § 46 Abs. 1, **NW** § 15 Abs. 2 Satz 3 Alt. 2).[576] Die Rechtsprechung trennt nicht immer scharf und behandelt dieses Tatbestandsmerkmal im Rahmen der Sicherheitsgefährdung. So hat das OLG Koblenz[577] eine gefütterte Tagesdecke für bedenklich gehalten, ebenso wie das LG Lüneburg[578] den Besitz eines Lederkissens, das OLG Hamm[579] eine Latex- bzw.

---

570 OLG Hamburg, Beschl. vom 13.11.1987 – 3 Vollz (Ws) 21/87 = NStZ 1988, 96.
571 OLG Frankfurt, Beschl. vom 21.12.1981 – 3 Ws 807/81 (StVollz) = ZfStrVo 1982, 185 (fünfzackiger roter Stern als Symbol der RAF); OLG Celle, Beschl. vom 3.5.2013 – 1 Ws 117/13 (StrVollz) = NStZ-RR 2013, 262 f (T-Shirts u.a. mit den Aufdrucken „A.C.A.B.", „Nationalist Deutschland" und der Darstellung von Schlagringen); BeckOK-*Setton* § 19 StVollzG Rdn. 18 a.E.
572 KG, Beschluss v. 12.5.2005 – 5 Ws 166/05 Vollz = NStZ-RR 2005, 281, 282.
573 LG Stuttgart, Beschl. vom 27.5.1980 – 3 StVK 295/80 = ZfStrVo 1980, 250; s. auch *Laubenthal* Rdn. 387.
574 So OLG Frankfurt, Beschl. vom 20.4.1983 – 3 Ws 163/83 = NStZ 1984, 239 f; KG, Beschl. vom 22.4.1983 – 5 Ws 110/83 Vollz = Beck-Rs 2015, 17692; OLG Koblenz, Beschl. vom 16.5.1983 – 2 Vollz (Ws) 3/83 = ZfStrVo 1983, 315 ff; OLG Dresden, Beschl. vom 4.11.1999 – 2 Ws 401/99 = Beck-Rs 1999, 30080467; großzügiger bei Wellensittich für einen zu lebenslanger Haft Verurteilten: OLG Saarbrücken, Beschl. vom 25.5.1993 – Vollz (Ws) 10/92 = ZfStrVo 1994, 51; zum Salomonenkakadu OLG Karlsruhe, Beschl. vom 11.4.2002 – 3 Ws 53/02 = ZfStrVo 2002, 373 ff; allgemein zu der in den Anstalten sehr unterschiedlichen Handhabung der Erlaubnis, Tiere zu halten: *Schwind* 2008, 551 ff; *U./Sieland* FS 2015, 169; *Vogelgesang* ZfStrVo 1994, 67 f; *Wolf* 2014, 44 ff.
575 OLG Celle, Beschl. vom 4.10.1982 – 3 Ws 329/82 = NStZ 1983, 190, 191; OLG Stuttgart, Beschl. vom 23.6.1988 – 4 Ws 168/88 = NStZ 1988, 574; OLG Hamm, Beschl. vom 7.11.1989 – 1 Vollz (Ws) 173/89 = NStZ 1990, 151; OLG Koblenz, Beschl. vom 30.3.1990 – 2 Vollz (Ws) 11/90 = ZfStrVo 1991, 53, 54; OLG Karlsruhe, Beschl. vom 11.4.2002 – 3 Ws 10/02 = NStZ 2002, 612; OLG Zweibrücken, Beschl. vom 4.2.2003 – 1 VAs 07/02 = ZfStrVo 2003, 250; KG, Beschl. vom 20.1.2005 – 5 Ws 654/04 Vollz = Beck-Rs 2005, 02120; *Arloth/Krä* § 19 StVollzG Rdn. 10; *Laubenthal* Rdn. 387; *Laubenthal/Nestler/Neubacher/Verrel* D Rdn. 65, 67; vgl. auch 12 I Rdn. 21 ff.
576 Zur Problematik KG, Beschl. vom 12.5.2005 – 5 Ws 166/05 Vollz = NStZ-RR 2005, 281 f.
577 OLG Koblenz, Beschl. vom 22.10.1979 – 2 Vollz (Ws) 33/79 = ZfStrVo SH 1979, 85, 86.
578 LG Lüneburg, Beschl. vom 5.8.1982 – 17 StVK 386/82, bei *Laubenthal/Nestler/Neubacher/Verrel* D Rdn. 70.
579 OLG Hamm, Beschl. vom 1.2.2011 – 1 Vollz (Ws) 807/10 = Beck-Rs 2013, 05851.

Kaltschaummatratze, das LG Gießen[580] eine gefütterte CD-Versandtasche, das LG Regensburg[581] eine Thermoskanne und das LG Freiburg[582] einen Kühlschrank, weil diese Gegenstände Versteckmöglichkeiten bieten. Das KG meint, dass auch Blumentöpfe bei bestimmten Gefangenengruppen – etwa ehemaligen Drogenabhängigen – ausgeschlossen werden könnten.[583] Die Ausstattung des Haftraumes mit einem Teppichboden[584] oder die Genehmigung eines eigenen Kopfkissens können wegen der dadurch geschaffenen zusätzlichen **Versteckmöglichkeiten** untersagt werden.[585] Dagegen behindern weder Bilder im Format 40 x 30 cm[586] noch 20 Bücher, 5 Leitzordner und 5 Schnellhefter die Übersichtlichkeit. Es geht bei der Übersichtlichkeit einmal um Gegenstände, die – wie Vorhänge – die Sicht auf das Fenster verstellen, dessen Vergitterung regelmäßig geprüft werden muss. Dazu genügt aber nicht ein Blick von der Tür her, weswegen Vorhänge aus diesem Grunde kaum abgelehnt werden dürften.[587]

11 Vor allem aber geht es um die **Gesamtmenge**[588] dessen, was der Gefangene in seinem Haftraum aufbewahrt (ausdrücklich BE § 52 Abs. 1 Satz 2: „einzeln oder in ihrer Gesamtheit"). Deshalb sind alle zur Ausgestaltung des Haftraums von der Vollzugsbehörde bereitgestellten Einrichtungsgegenstände und alle dem Gefangenen zustehenden Sachen[589] bei dieser Prüfung zu berücksichtigen. Es muss dem Gefangenen dann, wenn die Übersichtlichkeit des Haftraums behindert ist, nicht ein bestimmter (sonst angemessener und nicht Sicherheit oder Ordnung gefährdender Gegenstand) verwehrt werden, vielmehr darf der Gefangene diesen nur in seinem Haftraum haben, wenn er einen anderen dafür aus dem Haftraum entfernt. Deshalb ist ein in Rheinland-Pfalz entwickeltes System besonders sachdienlich: Unter Zugrundelegung des für eine gründliche Haftraumdurchsuchung erforderlichen Zeitaufwandes ist für jeden Gegenstand ein **Punktwert** errechnet. Jeder Gefangene darf in seinem Haftraum Sachen bis zur Erreichung einer für jeden gleich hoch festgesetzten Punktsumme (die einem Kontrollaufwand von vier Stunden entspricht) im Besitz haben.[590] So kann er auf einer nachvollziehbaren Grundlage entscheiden, welche eigenen Gegenstände er in diesem Rahmen im Haftraum nutzen möchte. Wird ihm Gelegenheit gegeben, nach Bedarf den einen Gegenstand gegen den anderen auszutauschen, darf die Anstalt regelmäßig so verfahren.[591] Nur ausnahmsweise, etwa bei Gefangenen mit Behinderung, oder hinsichtlich zur Verteidigung benötigter Akten[592] wird mehr Besitz im Haftraum zugestanden.

---

580 LG Gießen, Beschl. vom 23.1.2012 – 2 StVK Vollz 1278/11 = Beck-Rs 2012, 06893.
581 LG Regensburg, Beschl. vom 19.1.1978 – 2 StVK 251/77, bei *Laubenthal/Nestler/Neubacher/Verrel* D Rdn. 70; vgl. *Franke* BlStV 4-5/1980, 11 Nr. 10.4.
582 LG Freiburg, Beschl. vom 22.1.1993 – XIII StVK 112/92 = BlStV 4–5/1994, 2, 3.
583 KG, Beschl. vom 10.12.1980 – 2 Ws 3/80 Vollz = BlStV 1/1982, 5.
584 KG, Beschluss vom 26.11.1980 – 2 Ws 120/80 Vollz = BlStV 1/1982, 5 f.
585 OLG Hamm, Beschl. vom 4.8.1994 – 1 Vollz (Ws) 147/94, bei *Bungert* NStZ 1995, 381.
586 OLG Zweibrücken, Beschl. vom 22.8.1994 – 1 Ws 270/94 Vollz = ZfStrVo 1995, 374, 375.
587 S. Rdn. 3; ferner *Laubenthal/Nestler/Neubacher/Verrel* D Rdn. 68; a.A. OLG Hamm, Beschl. vom 8.3.1984 – 1 VAs 21/84 = ZfStrVo 1985, 128.
588 OLG Koblenz, Beschl. vom 30.3.1990 – 2 Vollz (Ws) 11/90 = ZfStrVo 1991, 53, 54; OLG Celle, Beschl. vom 12.2.2009 – 1 Ws 42/09 (StrVollz) = StraFo 2009, 172.
589 Rdn. 2.
590 OLG Koblenz, Beschl. vom 21.1.2002 – 2 Ws 1156/01, bei *Matzke* NStZ 2003, 592; Beschl. vom 10.2.2004 – 1 Ws 681/03 = ZfStrVo 2004, 311f; vgl. auch **RP** LT-Drucks. 16/1910, 137; *Arloth/Krä* § 70 StVollzG Rdn. 2; BeckOK-*Setton* § 19 StVollzG Rdn. 22 ff.
591 OLG Zweibrücken, Beschl. vom 19.12.2000 – 1 Ws 605/00 (Vollz) = ZfStrVo 2001, 308 f; *Böhm* Rdn. 197.
592 OLG Karlsruhe, Beschl. vom 11.4.2002 – 3 Ws 10/02 = NStZ 2002, 612.

5. Weitere Ausschlussgründe

a) Gefährdung des Vollzugsziels. Namentlich die dem Musterentwurf folgenden **12** Gesetze sehen nach Art von § 70 Abs. 2 Nr. 2 Alt. 1 StVollzG einen Ausschluss von Gegenständen vor auch bei Gefährdung des Vollzugsziels (**BE** § 52 Abs. 1 Satz 2 Alt. 2, **BB** § 57 Satz 2 Nr. 2, **HB** § 48 Satz 2 Alt. 2, **MV** § 48 Satz 2 Alt. 3, **NW** § 15 Abs. 2 Satz 3 Alt. 4, **RP** § 56 Satz 2 Nr. 2, **SL** § 48 Satz 2 Alt. 2, **SN** § 48 Satz 2 Alt. 2, **ST** § 56 Abs. 1 Satz 2 Nr. 2, **SH** § 65 Satz 2 Alt. 2, **TH** § 57 Satz 2 Nr. 2) bzw. der Eingliederung (**HE** § 19 Abs. 2 Alt. 2). Ausreichen soll hierfür bereits die **abstrakte Gefahr**, die allerdings „in nachprüfbarer Weise" festgestellt sein muss.[593] Beispielhaft finden sich als auszuschließende Dinge genannt an sich nicht verbotene Gegenstände, die die Neigung von Gefangenen zu einer verfassungsfeindlichen oder gewaltverherrlichenden Ideologie zu fördern sich eignen,[594] der nordrhein-westfälische Gesetzgeber denkt zudem an nicht-pornographische Bilder nackter Kinder im Besitz von Sexualstraftätern.[595] Zudem ist nach den einschlägigen Gesetzen nunmehr in diesem Zusammenhang die früher zu § 70 StVollzG geführte Diskussion über den Ausschluss von Schriften wegen vollzugsfeindlicher Tendenzen aufzugreifen.[596] Bei dem Merkmal der Gefährdung des Vollzugsziels handelt es sich um einen gerichtlich voll überprüfbaren unbestimmten Rechtsbegriff.[597]

b) Straf- oder Bußbewehrung. In Hessen ist als weiterer Ausschlussgrund genannt, **13** dass Besitz, Überlassung oder Benutzung von Gegenständen mit Strafe oder Geldbuße bewehrt sind (**HE** § 19 Abs. 2 Alt. 1). Die Regelung, die § 70 Abs. 2 Nr. 1 StVollzG aufgreift, betrifft etwa Waffen, Betäubungsmittel oder kinder- und jugendpornographische Schriften. Insoweit wird aber regelmäßig bereits der Ausschlussgrund der Gefährdung von Sicherheit und Ordnung der Anstalt eingreifen.[598] Das Vorliegen der Voraussetzungen des Ausschlussgrundes ist gerichtlich voll überprüfbar.[599]

c) Weitere Gegenstände (Sachsen-Anhalt). Wie sich aus der Verweisung in **ST** § 56 **14** Abs. 2 (auch) auf **ST** §§ 54 Abs. 2, 55 Abs. 3 ergibt, gehören hier ebenfalls nicht zur Haftraumausstattung Nahrungs- und Genussmittel, Kameras, Computer und technische Geräte, namentlich solche, die das Speichern und Übertragen von Daten gestatten. Die meisten dieser Objekte ließen sich auch unter dem Blickwinkel der Anstaltssicherheit ausschließen.

6. Ausübung von Ermessen.
Die Vollzugsbehörde **kann** nach einigen Vollzugsge- **15** setzen bei Behinderung der Übersichtlichkeit und wegen Gefährdung der Sicherheit und Ordnung der Anstalt Gegenstände ausschließen, § 19 Abs. 2 StVollzG, **BY** Art. 21 Abs. 2, **HH** § 22 Abs. 2, **NI** § 21 Satz 2 (Widerruf der Erlaubnis). Im Rahmen der Ermessensaus-

---

593 Z.B. **BE** LT-Drucks. 17/2442, 234; **BB** LT-Drucks. 5/6437, Begründung S. 60; **SL** LT-Drucks 15/386, 98; **ST** LT-Drucks. 6/3799, 200; **TH** LT-Drucks. 5/6700, 119; ohne Hinweis auf Art der Gefahr **MV** LT-Drucks. 6/1337, 103; a.A. (konkrete Gefahr erforderlich) für § 70 Abs. 2 Nr. 2 StVollzG *Köhne* ZfStrVo 2005, 280, 281.
594 Etwa **BE** LT-Drucks. 17/2442, 234; **NW** LT-Drucks. 16/5413, 99; **RP** LT-Drucks. 16/1910, 137; **SN** LT-Drucks. 5/10920, 120; **SH** LT-Drucks. 18/3153, 138; krit. AK-*Knauer* Teil II § 48 LandesR Rdn. 20.
595 **NW** LT-Drucks. 16/5413, 99 f.
596 Vgl. AK-*Knauer* Teil II § 48 LandesR Rdn. 19.
597 So auch AK-*Knauer* Teil II § 48 LandesR Rdn. 24; zu § 70 Abs. 2 Nr. 2 StVollzG schon OLG Koblenz, Beschl. vom 1.4.1980 – 2 Vollz (Ws) 1/80 = ZfStrVo 1980, 190.
598 Vgl. AK-*Knauer* Teil II § 48 LandesR Rdn. 18.
599 So auch AK-*Knauer* Teil II § 48 LandesR Rdn. 24.

übung vermag ausnahmsweise eine Rolle zu spielen, ob der Insasse den Gegenstand auch benötigt.[600] Es ist zulässig, Gegenstände, die schwer kontrollierbare Versteckmöglichkeiten bieten, in Anstalten allgemein auszuschließen[601] oder Wertgrenzen[602] festzusetzen. Eine niedrigere Wertgrenze für die Ersatzbeschaffung widerspricht aber möglicherweise dem Gleichheitssatz.[603] Bei der Ausübung des in jedem Einzelfall eröffneten Ermessens[604] sollte auch bedacht werden, dass der Gefangene seine eigenen Sachen eher pflegt und schont und sich in einem teilweise selbst ausgestatteten Haftraum wohler fühlt. Das wird in vielen Fällen mehr zu Sicherheit und Ordnung beitragen als eine sterile Übersichtlichkeit. In Hamburg ermächtigt **HH** § 22 Abs. 3 die Anstaltsleitung, unter Beachtung des Angleichungsgrundsatzes sowie der Erfordernisse wohnlicher Ausstattung nähere Regelungen über die statthafte Haftraumausstattung zu treffen und für Armbanduhren, Schmuck und Elektrogeräte Wertgrenzen festzusetzen, was aber nicht von einer Einzelfallprüfung entbindet.[605]

16 Nach den meisten Gesetzen ist aber **kein Ermessen mehr** eingeräumt, sondern es handelt sich um eine zwingende Regelung, wie sich aus dem Wortlaut („... dürfen nicht ...") sowie aus den Gesetzesmaterialien bzw. in Hessen und Mecklenburg-Vorpommern weiter dem Gesetzestext, denen zufolge Gegenstände ausgeschlossen oder auszuschließen „sind",[606] ergibt (**BW** § 15 III Satz 2, **BE** § 52 Abs. 1 Satz 2, **BB** § 57 Satz 2 Alt. 1, **HB** § 48 Satz 2, **HE** § 19 Abs. 2, **MV** § 48 Satz 2, **NW** § 15 Abs. 2 Satz 3, **RP** § 56 Satz 2 Alt. 1, **SL** § 48 Satz 2, **SN** § 48 Satz 2, **ST** § 56 Abs. 1 Satz 2 Alt. 1, **SH** § 65 Satz 2, **TH** § 57 Satz 2 Alt. 1). Obwohl die Einräumung von Ermessen sich bewährt hatte, wird man die Verschärfung der Rechtslage auf der Rechtsfolgenseite schwerlich kompensieren können, indem auf der Tatbestandsseite an das Vorliegen des jeweiligen Ausschlussgrundes gesteigerte Anforderungen gestellt werden.[607] Vielmehr ist der Prüfung der **Verhältnismäßigkeit** besondere Bedeutung beizulegen.[608]

17 **7. Nachträgliche Vornahme von Beschränkungen.** Die meisten Landesgesetze (Ausnahmen: Baden-Württemberg, Bayern, Hamburg) bedenken ausdrücklich den Fall, dass ein Gegenstand bereits in den Haftraum eingebracht worden ist, obwohl er nicht zulässig gewesen wäre. Sie ermöglichen dann den Widerruf der Erlaubnis (**NI** § 21 Satz 2, wobei nicht diese Norm, sondern **NI** § 100 angewendet wird, wenn die Sache zulässiger

---

600 OLG Celle, Beschl. vom 4.10.1982 – 3 Ws 329/82 = NStZ 1983, 190 f.
601 *Arloth/Krä* § 19 StVollzG Rdn. 7, 10; *Laubenthal/Nestler/Neubacher/Verrel* D Rdn. 68: jedenfalls in Anstalten mit besonderen Sicherheitsvorkehrungen.
602 Z.B. für Fernsehgeräte: OLG Nürnberg, Beschl. vom 24.5.2007 – 2 Ws 299/07 = NStZ 2008, 345, 347; für Uhren: OLG München, Beschl. vom 14.3.1989 – 1 Ws 1196/88 = ZfStrVo 1989, 377 m. Anm. *H. Böhm*; krit. *Köhne* StraFo 2002, 351, 353.
603 BVerfG, Beschl. vom 30.10.2000 – 2 BvR 736/00 = StV 2001, 38 f; *Laubenthal* Rdn. 386; *Laubenthal/Nestler/Neubacher/Verrel* D Rdn. 67; a.A. wegen fehlenden Affektionsinteresses *Arloth/Krä* § 19 StVollzG Rdn. 10.
604 Vgl. hierzu OLG Celle, Beschl. vom 3.3.1981 – 3 Ws 410/80 = NStZ 1981, 238; OLG Stuttgart, Beschl. vom 23.6.1988 – 4 Ws 168/88 = NStZ 1988, 574, 575; OLG Hamm, Beschl. vom 7.11.1989 – 1 Vollz (Ws) 173/89 = NStZ 1990, 151; OLG Saarbrücken, Beschl. vom 25.5.1993 – Vollz (Ws) 10/92 = ZfStrVo 1994, 51, 52; OLG Zweibrücken, Beschl. vom 22.8.1994 – 1 Ws 270/94 Vollz = ZfStrVo 1995, 374; OLG Karlsruhe, Beschl. vom 11.4.2002 – 3 Ws 53/02 = ZfStrVo 2002, 373, 375; zur Ermessensausübung durch die Behörde 12 I Rdn. 20 f.
605 Dazu **HH** LT-Drucks. 18/6490, 38; *Arloth/Krä* § 22 HmbStVollzG Rdn. 1.
606 Z.B. **BE** LT-Drucks. 17/2442, 234; **BB** LT-Drucks. 5/6437, Begründung S. 60; nicht thematisiert in **BW** LT-Drucks. 14/5012, 215.
607 So aber AK-*Knauer* Teil II § 48 LandesR Rdn. 21.
608 Vgl. *Laubenthal* Rdn. 619 a.E. m.w.N.

Weise im Einkauf erworben wurde[609]) bzw. ordnen die **Entfernung des** fraglichen **Gegenstandes** an. Nur in Niedersachsen besteht insoweit Ermessen der Vollzugsbehörde, im Übrigen ist die Entfernung zwingend vorgeschrieben (**BE** § 52 Abs. 1 Satz 3, **BB** § 57 Satz 2 Alt. 2, **HB** § 48 Satz 2, **MV** § 48 Satz 2, **RP** § 56 Satz 2 Alt. 2, **SL** § 48 Satz 2, **SN** § 48 Satz 2, **ST** § 56 Abs. 1 Satz 2 Alt. 2, **SH** § 65 Satz 2, **TH** § 57 Satz 2 Alt. 2). Das wird im Ergebnis auch in Nordrhein-Westfalen gelten, wo das Recht der Gefangenen zum Gewahrsam insgesamt unter Erlaubnisvorbehalt steht (**NW** § 15 Abs. 2 Satz 2)[610] und eingebrachte Sachen, die sie nicht in Gewahrsam haben dürfen, grundsätzlich für sie aufbewahrt werden (**NW** § 15 Abs. 3 Satz 1). In Hessen gestattet **HE** § 20 Abs. 1 Satz 2 Rücknahme oder Widerruf einer Besitzerlaubnis, wenn sich ein Gegenstand nachträglich als sicherheitsgefährdend erweist oder in Unkenntnis seiner Gefährlichkeit zugelassen wurde.[611] Es handelt sich hierbei um eine gebundene Entscheidung. **HE** § 20 Abs. 1 Satz 3 regelt mit der Folge des Erlöschens einer Besitzerlaubnis die Konstellation, dass Gefangene an Gegenständen Veränderungen vornehmen, die geeignet sind, Sicherheit oder Ordnung der Anstalt zu gefährden. Gedacht ist etwa daran, dass ein Löffel angespitzt wird, um ihn als Waffe zu verwenden.[612]

---

609 OLG Celle, Beschl. vom 12.11.2012 – 1 Ws 459/12 StrVollz = NStZ-RR 2013, 93; *Arloth/Krä* § 21 NJVollzG Rdn. 1; *Laubenthal/Nestler/Neubacher/Verrel* D Rdn. 61.
610 **NW** LT-Drucks. 16/5413, 99; *Arloth/Krä* § 15 NRW StVollzG Rdn. 2.
611 **HE** LT-Drucks. 19/2058, 22.
612 S. **HE** LT-Drucks. 19/2058, 22; *Arloth/Krä* § 20 HStVollzG Rdn. 1.

3. KAPITEL
Sozial- und psychotherapeutische Behandlung

Schrifttum

Albrecht Die Determinanten der Sexualstrafrechtsreform, in: ZStW 1999, 863 ff; *Arbeitskreis Sozialtherapeutische Anstalten im Justizvollzug* Mindestanforderungen an Sozialtherapeutische Einrichtungen, in: MschrKrim 1988, 334 f; *ders.* Mindestanforderungen an Organisationsform, räumliche Voraussetzungen und Personalausstattung Sozialtherapeutischer Einrichtungen, in: ZfStrVo 2001, 178 f, in: Forum Strafvollzug 2007, 100 ff sowie in: FS 2016, 37 f; *ders.* Sozialtherapie und Sicherungsverwahrung – Empfehlungen, in KrimPäd 2011, 68 ff; *Böhm* Zur Sozialtherapie, in: NJW 1985, 1813 ff; *Bundeszusammenschluß für Straffälligenhilfe* (Hrsg.), Sozialtherapie und sozialtherapeutische Anstalt, Bad Godesberg 1973; *ders.* Sozialtherapeutische Anstalten – Konzepte und Erfahrungen, Bonn/Bad Godesberg 1977; *ders.* Sozialtherapie als kriminalpolitische Aufgabe, Bonn 1981; *Bussmann/Seifert/Richter* Probanden im sozialtherapeutischen Strafvollzug: Delinquenzbelastung, Biographie und Persönlichkeitsmerkmale, in: MschrKrim, 2008, 6 ff; *Clarke/Simmons/Wydall* Delivering cognitive skills programmes in prison: a qualitative study. Home Office, London 2004; *Cullen/Jones/Woodward* (Eds.) Therapeutic Communities for Offenders, Chichester 1997; *Dessecker* Veränderungen im Sexualstrafrecht, in: NStZ 1998, 1 ff; *ders.* Behandlung von Sexualstraftätern im Strafvollzug und in Freiheit – Ein Überblick zu den neuen gesetzlichen Grundlagen, in: Egg (Hrsg.), Behandlung von Sexualstraftätern im Justizvollzug. Folgerungen aus den Gesetzesänderungen, Wiesbaden 2000, 27 ff; *Dahle/Schneider/Ziethen* Standardisierte Instrumente zur Kriminalprognose, in: Forensische Psychiatrie, Psychologie, Kriminologie, 2007, 15 ff; *Dessecker* in: MschrKrim 1998, 368 ff, *ders.* Sanktionsrechtliche Sonderregeln für Sexualstraftäter und ihre Berechtigung, in: Görgen et al. (Hrsg.), FS Kreuzer zum 70. Geburtstag, Bd. 1, Frankfurt 2008, 103 ff; *Dessecker/Spöhr* Entwicklung der Sozialtherapie in Deutschland und im Rahmen der sozialtherapeutischen Behandlung angewandte Diagnoseverfahren, in: Praxis der Rechtspsychologie, 2007, 305 ff; *Deutsche Gesellschaft für Sexualforschung* Stellungnahme zum „Gesetz zur Bekämpfung von Sexualdelikten", in: MschrKrim 1998, 368 ff; *Dolde* Untersuchungen zur Sozialtherapie und Wirksamkeit der Behandlung in der Sozialtherapeutischen Anstalt Ludwigsburg, Sitz Hohenasperg, in: Bundeszusammenschluß für Straffälligenhilfe (Hrsg.), Sozialtherapie als kriminalpolitische Aufgabe, Bonn-Bad Godesberg 1981, 96 ff; *dies.* Effizienzkontrolle sozialtherapeutischer Behandlung im Vollzug, in: Göppinger/Bresser (Hrsg.), Sozialtherapie. Grenzfragen bei der Beurteilung psychischer Auffälligkeiten im Strafrecht, Stuttgart 1982, 47 ff; *dies.* Kriminelle Karrieren von Sexualstraftätern, in: ZfStrVo 1997, 323 ff; *Drenkhahn* Endlich Therapie für alle? Die Bundesländer und ihre sozialtherapeutischen Einrichtungen, in NK 2003, 62–65; *Drenkhahn* Sozialtherapeutischer Strafvollzug in Deutschland, Mönchengladbach 2007; *Driebold/Egg/Nellessen/Quensel/Schmitt* Die sozialtherapeutische Anstalt, Göttingen 1984; *Dünkel* Legalbewährung nach sozialtherapeutischer Behandlung. Eine empirische vergleichende Untersuchung anhand der Strafregisterauszüge von 1503 in den Jahren 1971–74 entlassenen Strafgefangenen in Berlin-Tegel, Berlin 1980; *Dünkel/Geng* Rückfall und Bewährung von Karrieretätern nach Entlassung aus dem sozialtherapeutischen Behandlungsvollzug und aus dem Regelvollzug, in: Steller/Dahle/Basqué (Hrsg.), 1994, 35 ff; *Egg* Straffälligkeit und Sozialtherapie, Köln 1984; *ders.* Sozialtherapie und Rückfälligkeit im längerfristigen Vergleich, in: MschrKrim 1990, 358 ff; *ders.* (Hrsg.), Sozialtherapie in den 90er Jahren – Gegenwärtiger Stand und aktuelle Entwicklungen im Justizvollzug, Wiesbaden 1993; *ders.* Sozialtherapeutische Einrichtungen im Strafvollzug – konzeptionelle und strukturelle Probleme, in: Steller/Dahle/Basqué (Hrsg.), 1994, 186 ff; *ders.* Zur Situation in den sozialtherapeutischen Einrichtungen – Ergebnisse einer Umfrage, in: ZfStrVo 1996, 276 ff; *ders.* Zur Rückfälligkeit von Sexualstraftätern, in: Kröber/Dahle (Hrsg.), Sexualstraftaten und Gewaltdelinquenz, Heidelberg 1998, 57 ff; *ders.* (Hrsg.), Behandlung von Sexualstraftätern im Justizvollzug – Erfahrungen aus den Gesetzesänderungen, Wiesbaden 2000; *ders.* Sozialtherapie im Justizvollzug. Entwicklung und aktuelle Situation einer Sonderform der Straftäterbehandlung in Deutschland, in: Gutiérrez-Lobos/Katschnig/Pilgram (Hrsg.), 25 Jahre Maßnahmenvollzug – eine Zwischenbilanz, Baden-Baden 2002, 119 ff; *ders.* Zur Rückfälligkeit von Sexualstraftätern, in: Osterheider (Hrsg.), 17. Eickelborner Fachtagung. Forensik 2002. Wie sicher kann Prognose sein? Therapie, Prognose und Sicherheit im Maßregelvollzug, Dortmund 2003, 8 ff; *ders.* (Hrsg.), Ambulante Nachsorge nach Straf- und Maßregelvollzug. Konzepte und Erfahrungen, Wiesbaden 2004; *ders.* Entwicklung und Perspektiven der sozialtherapeutischen Einrichtungen in Deutschland, in: Wischka et al. (Hrsg.),

3. Kapitel. Sozial- und psychotherapeutische Behandlung

Sozialtherapie im Justizvollzug: Aktuelle Konzepte, Erfahrungen und Kooperationsmodelle, Lingen 2005, 18 ff; *ders.* Wie erfolgreich ist der Strafvollzug? Ergebnisse der Rückfallforschung, in: Koop/Kappenberg (Hrsg.), Hauptsache ist, dass nichts passiert?: Selbstbild und Außendarstellung des Justizvollzuges in Deutschland, Lingen 2006, 65 ff; *ders.* Sozialtherapeutische Anstalt, in: Kröber et al. (Hrsg.), Handbuch der Forensischen Psychiatrie, Bd. 3, Darmstadt 2006, 221 ff; *ders.* Behandlung von Sexualstraftätern, in: Schneider (Hrsg.), Internationales Handbuch der Kriminologie, Bd. 1, Berlin 2007, 1011 ff; *ders.* Rückfälligkeit nach Straf- und Maßregelvollzug, in: Lösel/Bender/Jehle (Hrsg.), Kriminologie und wissensbasierte Kriminalpolitik: Entwicklungs-und Evaluationsforschung, Mönchengladbach 2007, 247 ff; *ders.* Sozialtherapeutische Anstalten und Abteilungen im Justizvollzug. Mindestanforderungen an Organisation und Ausstattung. Indikationen zur Verlegung, in: Forum Strafvollzug, 2007, 100 ff; *ders.* Behandlung von Sexualstraftätern, in: Volbert/Steller (Hrsg.), Handbuch der Rechtspsychologie, Göttingen 2008, 152 ff; *ders.* Die sozialtherapeutische Anstalt als Alternative zur forensischen Psychiatrie, in: Forensische Psychiatrie und Psychotherapie, 2008, 19 ff; *ders.* Sozialtherapie – quo vadis?, in: Schüler-Springorum/Nedopil (Hrsg.), Festschrift für Hisao Katoh, Lengerich 2008, 122 ff; *ders.* Sozialtherapeutische Einrichtungen, in: Volbert/Steller (Hrsg.), Handbuch der Rechtspsychologie, Göttingen 2008, 119 ff; Egg/Pearson/Cleland/Lipton Evaluation von Straftäterbehandlungsprogrammen in Deutschland. Überblick und Meta-Analyse, in: Rehn/Wischka/Lösel/Walter (Hrsg.), 2001, 321 ff; *Egg/Schmitt* Sozialtherapie im Justizvollzug. Vorbemerkungen zur Synopse 1992, in: Egg (Hrsg.), Sozialtherapie in den 90er Jahren, Wiesbaden 1993, 113 ff; *Egg/Schmidt* Sozialtherapie im Justizvollzug 1997. Ergebnisse der Stichtagserhebung vom 31.3.1997, in: ZfStrVo 1998, 131 ff; *Egg/Spöhr* Sozialtherapie im deutschen Justizvollzug. Aktuelle Entwicklungen und Versorgungsstand, in: Forensische Psychiatrie, Psychologie, Kriminologie, 2007, 200 ff; *Elz* Legalbewährung und kriminelle Karrieren von Sexualstraftätern – Sexuelle Mißbrauchsdelikte, Wiesbaden 2001; *dies.* Legalbewährung und kriminelle Karrieren von Sexualstraftätern – Sexuelle Gewaltdelikte, Wiesbaden 2002; *Endres* Die Kriminalprognose im Strafvollzug. Grundlagen, Methoden und Probleme der Vorhersage von Straftaten, in ZfStrVo 2000, 67 ff; *Etzler* Sozialtherapie im Strafvollzug. Ergebnisübersicht zur Stichtagserhebung 2017. Wiesbaden 2017; *Friendship/Mann/Beech* The prison-based sex offender treatment programme – an evaluation. Home Office London 2003; *Goderbauer* Die Nachsorge. Wirksamere Resozialisierung durch Kooperation mit Trägern der Straffälligenhilfe, in: ZfStrVo, 2005, 338 ff; *ders.* Die Nachsorge als wichtiger Baustein der Resozialisierung, in: BewHi, 2008, 115 f; *ders.* Erst Sozialtherapie und dann: „Aus den Augen, aus dem Sinn?" Die Nachsorge ist ein Teil der Behandlung, in: FoStVollz 2008, 22 ff; *Gregório Hertz/Breiling/Schwarze/Klein/Rettenberger* Extramurale Behandlung und Betreuung von Sexualstraftätern: Ergebnisse einer bundesweiten Umfrage zur Nachsorge-Praxis 2016. BM-Online, Band 13. Wiesbaden 2017; *Gretenkord* Das Reasoning and Rehabilitation Programm (R&R), in: MüllerIsberner/Gretenkord (Hrsg.) Psychiatrische Kriminaltherapie 1, Lengerich 2002, 29 ff; *Hosser et al.* Sozialtherapeutische Behandlung von jungen Sexualstraftätern. Ergebnisse einer Evaluationsstudie, in: R & P 2006, 125 ff; *Jehle/Heinz/Sutterer* Legalbewährung nach strafrechtlichen Sanktionen: eine kommentierte Rückfallstatistik, Berlin 2003; *Jehle/Albrecht/Hohmann-Fricke/Tetal* Legalbewährung nach strafrechtlichen Sanktionen. Eine bundesweite Rückfalluntersuchung 2004 bis 2007; *dies.* Legalbewährung nach strafrechtlichen Sanktionen. Eine bundesweite Rückfalluntersuchung 2010 bis 2013 und 2004 bis 2013, Berlin 2016; *Konrad* Sexualstraftäter und Sozialtherapeutische Anstalt: Nach der Gesetzesänderung, in: ZfStrVo 1998, 265 ff; *Kröger/van Beek* Behandlung von Rechtsbrechern in den Niederlanden, in: Kröber et al. (Hrsg.) Handbuch der Forensischen Psychiatrie, 3, Darmstadt 2006, 412 ff; *Lösel* Meta-analytische Beiträge zur wiederbelebten Diskussion des Behandlungsgedankens, in: Steller/Dahle/Basqué (Hrsg.), 1994, 13 ff; *ders.* Ist der Behandlungsgedanke gescheitert? Eine empirische Bestandsaufnahme, in: ZfStrVo 1996, 259 ff; *ders.* Evaluation der Kriminaltherapie – unter besonderer Berücksichtigung der Behandlung von Sexualstraftätern, in: Salzgeber/Stadler/Willutzki (Hrsg.), Polygraphie – Möglichkeiten und Grenzen der psychophysiologischen Aussagebegutachtung, Köln 2000, 69 ff; *Lösel/Köferl/Weber* Meta-Evaluation der Sozialtherapie. Qualitative und quantitative Analysen zur Behandlungsforschung in sozialtherapeutischen Anstalten des Justizvollzuges. Stuttgart 1987; *Lösel/Schmucker* Evaluation der Straftäterbehandlung, in: Volbert/Steller (Hrsg.) Handbuch der Rechtspsychologie, Göttingen 2008, 160 ff; *Mann* The sex offender treatment programme HM Prison Service England & Wales, in: Höfling et al. (Hrsg.) Auftrag Prävention. Offensive gegen sexuellen Kindesmißbrauch, Augsburg 1999, 346 ff; *Mushoff* Sozialtherapie am Ende? Gegenreform im Strafvollzug, in: FoR 2005, 132 ff; *Ortmann* Sozialtherapie im Strafvollzug. Eine experimentelle Längsschnittstudie zu den Wirkungen von Strafvollzugsmaßnahmen auf Legal- und Sozialbewährung, Freiburg i. Br. 2002; *Ortmann et al.* Sexualstraftäter in sozialtherapeutischen Abteilungen des

A. Verlegung in eine sozialtherapeutische Anstalt

Freistaates Sachsen. Skizze einer Evaluationsstudie, Freiburg i. Br. 2004; *Pitzing* Psychotherapeutische Ambulanz für Sexualstraftäter – Grundlagen, Konzeption, Darstellung, Stuttgart 2002; *Rasch* (Hrsg.), Forensische Sozialtherapie – Erfahrungen in Düren, Karlsruhe 1977; *Rasch/Kühl* Psychologische Kriterien für die Unterbringung in einer sozial-therapeutischen Anstalt, in: Rasch (Hrsg.), Forensische Sozialtherapie. Karlsruhe, 1977; *Rasch/Kühl* Psychologische Befunde und Rückfälligkeit nach Aufenthalt in der sozialtherapeutischen Modellanstalt Düren. BewHi 1978, 44 ff; *Rehn* Behandlung im Strafvollzug. Ergebnisse einer vergleichenden Untersuchung der Rückfallquote bei entlassenen Strafgefangenen, Weinheim 1979; *ders.* Konzeption und Praxis der Wohngruppenarbeit in sozialtherapeutischen Einrichtungen, in: ZfStrVo 1996, 281 ff; *ders.* Chancen und Risiken. Erwartungen an das Gesetz zur Bekämpfung von Sexualdelikten und anderen gefährlichen Straftaten, in: Rehn/Wischka/Lösel/Walter (Hrsg.) 2001, 26 ff; *ders.* Die sozialtherapeutische Anstalt – das andere Gefängnis? in: KrimJ 2008, 42 ff; *Rehn/Wischka/Lösel/Walter* (Hrsg.), Behandlung „gefährlicher Straftäter", Herbolzheim 2001; *Rettenberger/Keßler/Bockshammer* Die dezentral organisierte Versorgungsstruktur ambulanter Nachsorge entlassener Sexualstraftäter: Methodische Aspekte, Wirksamkeit und Möglichkeiten der Verbesserung. BewHi 2017 162 ff; *Schmitt*, Sozialtherapie im Strafvollzug 1997. Arbeitsbericht zur Stichtagserhebung vom 31.3.1997, Wiesbaden 1997; *Schmucker* Kann Therapie Rückfälle verhindern? Metaanalytische Befunde zur Wirksamkeit der Sexualstraftäterbehandlung, Herbolzheim 2004; *Schwind* Zur Zukunft der Sozialtherapeutischen Anstalt. Was soll (kann) aus der Sozialtherapeutischen Anstalt werden?, in: NStZ 1981, 121 ff; *Specht* Arbeitskreis Sozialtherapeutische Anstalten im Justizvollzug, in: Egg (Hrsg.) 2000, 19 ff; *Spöhr* (2009) Sozialtherapie von Sexualstraftätern im Justizvollzug: Praxis und Evaluation, Mönchengladbach 2009; *Steller/Dahle/Basqué* (Hrsg.), Straftäterbehandlung – Argumente für eine Revitalisierung in Forschung und Praxis, Pfaffenweiler 1994; *Suhling* Zur Untersuchung der allgemeinen und differentiellen Wirksamkeit sozialtherapeutischer Behandlung im Justizvollzug. Konzepte aus Niedersachsen, in: BewHi 2006, 240 ff; *Suhling/Wischka* Indikationskriterien für die Verlegung von Sexualstraftätern in eine sozialtherapeutische Einrichtung, in: MschrKrim, 2008, 210 ff; *Volp* Einsatz der elektronischen Überwachung im ambulanten Bereich, in: Forum Strafvollzug 59, 335 ff; *Weber/Narr* Zur aktuellen Debatte über Strafschärfungen für Sexualstraftäter, in: BewHi 1997, 73 ff; *Wischka/Pecher/van den Boogaart* (Hrsg.) Behandlung von Straftätern: Sozialtherapie, Maßregelvollzug, Sicherungsverwahrung, Freiburg 2012; *Wischka/Rehder/Specht/Foppe/Willems* (Hrsg.) Sozialtherapie im Justizvollzug Aktuelle Konzepte, Erfahrungen und Kooperationsmodelle, Lingen 2005.

A. Verlegung in eine sozialtherapeutische Anstalt

Bund	§ 9 StVollzG
Baden-Württemberg	BW § 8 III JVollzGB
Bayern	BY Art. 11 BayStVollzG
Berlin	BE §§ 18, 19 StVollzG Bln
Brandenburg	BB § 25 BbgJVollzG
Bremen	HB § 17 BremStVollzG
Hamburg	HH § 10 HmbStVollzG
Hessen	HE § 12 HStVollzG
Mecklenburg-Vorpommern	MV § 17 StVollzG M-V
Niedersachsen	NI § 104 NJVollzG
Nordrhein-Westfalen	NW § 13 StVollzG NRW
Rheinland-Pfalz	RP § 24 LJVollzG
Saarland	SL § 17 SLStVollzG
Sachsen	SN § 17 SächsStVollzG
Sachsen-Anhalt	ST § 24JVollzGB LSA
Schleswig-Holstein	SH § 18 LStVollzG SH
Thüringen	TH § 24 ThürJVollzG
Musterentwurf	ME § 19 ME-StVollzG

3. Kapitel. Sozial- und psychotherapeutische Behandlung

Schrifttum

S. vor A.

Übersicht

I. Allgemeine Hinweise —— 1–11
  1. Entstehung der gesetzlichen Grundlagen der Sozialtherapie —— 1, 2
  2. Bedeutung der Sozialtherapie —— 3
  3. Bestand und Bedarf an Behandlungsplätzen —— 4–6
  4. Organisatorische Strukturen und Rahmenkonzepte für die Behandlung —— 7
  5. Unterbringung in der Sozialtherapie —— 8–10
  6. Der Erfolg sozialtherapeutischer Behandlung —— 11

II. Erläuterungen —— 12–26
  1. Zustimmungserfordernis —— 12–14
  2. Aufnahme nach Fallgruppen —— 15–18
  3. Sachliche Zuständigkeit —— 19
  4. Zeitpunkt der Unterbringung in der Sozialtherapie —— 20
  5. Sozialtherapie bei anschließender Sicherungsverwahrung —— 21
  6. Motivation —— 22
  7. Die Rückverlegung aus der Sozialtherapie —— 23–25
  8. Alternativen zur Sozialtherapie —— 26

I. Allgemeine Hinweise

1   **1. Entstehung der gesetzlichen Grundlagen der Sozialtherapie.** Als **gesetzliche Grundlage** für die sozialtherapeutische Anstalt, die ein wesentlicher Bestandteil der Strafrechtsreform werden sollte, hat das Zweite Gesetz zur Reform des Strafrechts im Jahre 1969 den § 65 in das **Strafgesetzbuch** eingefügt. Danach sollte die auf den Schutz der Allgemeinheit hin orientierte Sicherungsverwahrung ein behandlungsorientiertes Gegenstück erhalten, eine zeitlich unbestimmte Verwahrung zum Zwecke therapeutischer Behandlung (sog. **Maßregellösung**).[1] Durch mehrere Verschiebegesetze wurde der Zeitpunkt des Inkrafttretens dieser Bestimmung mehrfach hinausgeschoben und schließlich durch das StVollzÄndG im Jahre 1984 aufgehoben. Einzige Grundlage für die Behandlung in einer sozialtherapeutischen Anstalt war danach das **StVollzG (§§ 9, 123–126, Vollzugslösung)**.

Anfang des Jahres 1998 brachte das **Gesetz zur Bekämpfung von Sexualdelikten und anderen gefährlichen Straftaten** vom 26.1.1998 tiefgreifende Änderungen der gesetzlichen Grundlagen der Sozialtherapie.[2] Die Vorschrift des § 9 StVollzG wurde neu gefasst, um im Rahmen des rechtlich und tatsächlich Möglichen die ‚Zwangstherapie' für Sexualstraftäter zu verwirklichen. Für die Verlegung dieser Tätergruppe war danach weder die Zustimmung des Gefangenen noch die des Leiters der sozialtherapeutischen Anstalt erforderlich, wobei die vom Bundesrat gegen diese Neufassung erhobenen wohlbegründeten Bedenken weitgehend unberücksichtigt blieben.[3]

Die Neufassung von § 9 StVollzG bedeutete einen **radikalen Wandel für die sozialtherapeutischen Anstalten**. Während die alte Fassung der Vorschrift ein Angebot an behandlungsbedürftige Straftäter enthielt, die sich auf Grund eigenen Entschlusses für die Aufnahme in die Sozialtherapie entscheiden konnten, bestimmte die Neufassung in Abs. 1 die verpflichtende Aufnahme eines eng umrissenen Kreises von Sexualstraftätern in die sozialtherapeutische Anstalt. Für die anderen behandlungsbedürftigen Verurteilten blieb das Angebot des früheren ersten Absatzes zwar bestehen (nun in Abs. 2), doch

---

1 Krit. *Schwind* NStZ 1981, 121 ff, der sich schon damals für eine „angereicherte Vollzugslösung" aussprach und der sozialtherapeutischen Anstalt damit eine Vorreiterrolle des Behandlungsvollzuges im Rahmen des Regelvollzuges geben wollte.
2 BGBl. I, 160.
3 BT-Drucks. 13/8586, 12.

zeigte sich erwartungsgemäß, dass für diese Gefangenen die Aussichten auf einen Behandlungsplatz zurückgingen.[4]

Zudem warf die neue Fassung des § 9 StVollzG eine **Anzahl von Rechtsfragen** auf, denn unabhängig von seiner kriminalpolitischen Fragwürdigkeit war die Novelle auch gesetzestechnisch nicht ausgereift und wurde häufig zum Gegenstand gerichtlicher Entscheidungen. Während die vorherige Vorschrift des § 9 Abs. 1 StVollzG a.F. den Gefangenen nur eine schwache Position einräumte, war das durch die Neuregelung grundlegend verändert worden. Schon bald haben einige als Sexualstraftäter Verurteilte Ansprüche auf Verlegung und auf therapeutische Behandlung geltend gemacht, wenngleich nicht immer in der von ihnen gewünschten Weise entschieden wurde:[5] Die Verfahren haben jedenfalls zur Klärung einiger wichtiger Rechtsfragen (z.B. Anspruch auf Behandlung, Behandlungsunfähigkeit, Voraussetzungen für die Verlegung, örtliche Zuständigkeit) beigetragen.

Bezweifelt wurde außerdem, dass die Länder angesichts knapper Kassen in der Lage sein werden, den erforderlichen Ausbau der sozialtherapeutischen Einrichtungen unter Beachtung von Mindeststandards vorzunehmen.[6]

Tatsächlich zeigt die Rückfallforschung, dass die einschlägige **Rückfälligkeit von** 2 **Sexualstraftätern** eher geringer ist als bei anderen Tätergruppen. So ergab eine von der KrimZ in Wiesbaden durchgeführte bundesweite Studie, dass lediglich etwa 20% der untersuchten pädosexuellen Täter und sexuellen Gewalttäter innerhalb eines Beobachtungszeitraumes von sechs Jahren erneut wegen eines Sexualdelikts verurteilt wurden.[7] Nach *Dolde* kehrten nur etwa 20% der von ihr untersuchten Gefangenen wegen eines einschlägigen Deliktes wieder in den Strafvollzug zurück.[8] Auch die 2003, 2010 vom BMJ und 2016 vom BMJV vorgelegten bundesweiten Rückfalluntersuchungen ergaben, dass die Rückfallwahrscheinlichkeit von Tätern mit schwerer Eigentumsdelinquenz (Einbruchdiebstahl, räuberische Handlungen) deutlich über der von Sexualstraftätern liegt.[9] Die Bevorzugung dieses Täterkreises bei der verpflichtenden Einweisung in die sozialtherapeutische Anstalt ist deshalb jedenfalls nicht mit dem Hinweis auf eine vermeintlich besonders hohe Rückfälligkeit zu rechtfertigen.[10]

Auf der anderen Seite bot das damals neue Strafvollzugsgesetz aber auch **Chancen für eine konstruktive Fortentwicklung** des sozialtherapeutischen Konzepts, die ohne diese Neuregelung nicht möglich gewesen wäre.[11] So wurde in der Vergangenheit wiederholt kritisiert, dass die Zahl der Behandlungsplätze in sozialtherapeutischen Einrichtungen nur knapp 1% aller im Justizvollzug verfügbaren Haftplätze ausmacht und damit insgesamt zu klein ist. Vor der Gesetzesänderung gab es zwar einige Pläne für Neubauten oder Erweiterungen, große Veränderungen waren aber nicht zu erkennen.[12] Dies hat sich seit 1998 grundlegend geändert (s. Rdn. 4). Außerdem führte die Neuregelung zur

---

4   *Etzler* 2017, 29.
5   Z.B. LG Aachen 33 Vollz 134/05.
6   Zu den Mindeststandards im Allgemeinen siehe *Arbeitskreis Sozialtherapeutische Anstalten im Justizvollzug* MschrKrim 1988, 2001, 2007, 2016 sowie zu diesem und weiteren Kritikpunkten *Albrecht* ZStW 1999, 863ff; *Dessecker* 1998; *Deutsche Gesellschaft für Sexualforschung* MschrKrim 1998, 368ff; *Drenkhahn* NK 2003, 62ff; *Weber/Narr* BewHi 1997, 73ff.
7   *Egg* 2003; *Elz* 2001, 202ff; *Elz* 2002, 217ff.
8   *Dolde* ZfStrVo 1997, 327f.
9   *Jehle/Heinz/Sutterer* 2003, 69f; *Jehle/Albrecht/Hohmann-Fricke/Tetal* 2010, 118ff; *Jehle/Albrecht/Hohmann-Fricke/Tetal* 2016, 108ff.
10 *Dessecker* 2008.
11 Vgl. *Dessecker* 2000, 30f.
12 Vgl. *Egg* 1994.

Definition klarer Maßstäbe, unter welchen Voraussetzungen die Behandlung in einer sozialtherapeutischen Anstalt angezeigt ist und wann nicht. Daraus ergab sich auch die Möglichkeit der Weiterentwicklung und Erprobung diagnostischer und therapeutischer Maßnahmen. Auf dieser Grundlage konnte außerdem die Erforschung der Rückfälligkeit bzw. der für den Rückfall maßgeblichen Faktoren einschließlich der Wirksamkeit rückfallpräventiver Maßnahmen intensiviert und verbessert werden.[13]

3 **2. Bedeutung der Sozialtherapie.** Die hohe Bedeutung, die der Sozialtherapie auch von Seiten der Landesgesetzgeber beigemessen wird, zeigt sich besonders bei den Ländern, deren Regelungen sich an dem Musterentwurf (ME § 17 Abs. 1) orientierten. So enthalten **BE** §§ 18, 19; **BB** § 25; **HB** § 17; **MV** § 17; **RP** § 14; **SL** § 17; **SN** § 17; **ST** § 24; **SH** § 18; **TH** § 24 eine klärende Begriffsbestimmung. Dort heißt es: „Sozialtherapie dient der Verringerung einer erheblichen Gefährlichkeit der Gefangenen. Auf der Grundlage einer therapeutischen Gemeinschaft bedient sie sich psychotherapeutischer, sozialpädagogischer und arbeitstherapeutischer Methoden, die in umfassenden Behandlungsprogrammen verbunden werden. Personen aus dem Lebensumfeld der Gefangenen außerhalb des Vollzugs werden in die Behandlung einbezogen." Diese Begriffsbestimmung der Sozialtherapie ist auch in den entsprechenden Landesregelungen dem Text als Präambel vorangestellt.

Diese Definition entspricht der theoretischen Konzeption einer integrativen sozialtherapeutischen Straftäterbehandlung, wie sie in den vergangenen Jahrzehnten im deutschen Justizvollzug entwickelt wurde und auch in der einschlägigen Literatur ausführlich dargestellt ist.[14] Auch die vom Arbeitskreis für Sozialtherapeutische Anstalten[15] entwickelten Mindestanforderungen reflektieren diese Entwicklung.

Die Präambel wurde von neun Ländern (**BE** §§ 18, 19; **BB** § 25; **HB** § 17; **MV** § 17; **RP** § 14; **SL** § 17; **SN** § 17; **ST** § 24; **TH** § 24) fast wortgetreu übernommen. Darunter auch Thüringen (**TH** § 24), welches zudem die Auflistung der im Rahmen der Sozialtherapie anzuwendenden Methoden um den Begriff der psychologischen Methoden ergänzt hat. Und auch Mecklenburg-Vorpommern (**MV** § 17) hat mit der Ergänzung „insbesondere" auf die Bandbreite möglicher Maßnahme verwiesen.

Nur Schleswig-Holstein (**SH** § 18), das sich mit seinem Landesgesetz am weitesten von dem ME entfernte, verzichtete vollends auf die Übernahme der Präambel.

4 **3. Bestand und Bedarf an Behandlungsplätzen.** Nach Verkündung des Zweiten Strafrechtsreformgesetzes richteten die meisten Länder der alten Bundesrepublik Erprobungsanstalten ein.[16]

Bis zum Scheitern der Maßregellösung im Jahre 1984 (s. Rdn. 1) entstanden 13 sozialtherapeutische Anstalten und Abteilungen mit insgesamt rund 670 Haftplätzen.[17] In der Folgezeit kam es lediglich an einigen Orten zu einem geringen Ausbau verfügbarer Plätze. Eine am 31.3.1997 durchgeführte Stichtagserhebung der KrimZ ergab einen Bestand von 888 Plätzen in 20 sozialtherapeutischen Einrichtungen.[18] Diese Situation änderte sich erwartungsgemäß sehr deutlich durch das Gesetz zur Bekämpfung von Sexualdelikten und anderen gefährlichen Straftaten vom 26.1.1998 (s. Rdn. 2). Nachdem

---

13 Siehe *Spöhr* 2009; *Wischka/Pecher/van den Boogaart* 2012.
14 *Driebold et al.* 1984, *Egg* 1984, *Egg* 1993, *Wischka et al.* 2005, *Wischka et al.* 2012.
15 MschrKrim 1988, 334 f.
16 *Bundeszusammenschluß für Straffälligenhilfe* (Hrsg.) 1977.
17 *Egg/Schmitt* 1993, 122.
18 *Egg/Schmidt* ZfStrVo 1998, 131 ff.

es in allen Ländern teilweise umfangreiche Planungen zur Erweiterung der Behandlungsmöglichkeiten für Sexualstraftäter gab,[19] die in kleineren Ländern (z.B. Bremen, Saarland) verständlicherweise geringer und bescheidener ausfielen als in großen Ländern, wurde seit 1998 die Belegungskapazität sozialtherapeutischer Einrichtungen stark erhöht. Nach der am 31.3.2017 durchgeführten Stichtagserhebung der Kriminologischen Zentralstelle standen zu diesem Zeitpunkt 2.453 Haftplätze in insgesamt 71 sozialtherapeutischen Einrichtungen zur Verfügung (Einzelheiten siehe folgende Tabelle).[20] Dieser Trend wird sich voraussichtlich noch einige Jahre fortsetzen, da die neu geschaffenen Jugendstrafvollzugsgesetze der Länder ebenfalls sozialtherapeutische Einrichtungen vorsehen. Zudem wurden in Bayern an mehreren Orten sozialtherapeutische Abteilungen für die Gruppe der (nicht sexuell motivierten) Gewaltstraftäter eingerichtet.

Sozialtherapeutische Einrichtungen Geordnet nach Ländern	Verfügbare Haftplätze am 31.3.2017		Belegung am 31.3.2017	
	Männer	Frauen	Männer	Frauen
Baden-Württemberg				
Adelsheim	24	0	24	0
Asperg	60	0	54	0
Offenburg	60	0	47	0
Rottweil	16	0	10	0
Bayern				
Aichach	0	16	0	11
Amberg	32	0	31	0
Bayreuth (S)	32	0	31	0
Bayreuth (G)	16	0	16	0
Bernau	24	0	17	0
Ebrach	16	0	12	0
Erlangen	41	0	41	0
Kaisheim (S)	16	0	16	0
Kaisheim (G)	16	0	15	0
Landsberg	21	0	21	0
Laufen-Lebenau	16	0	14	0
München (S)	24	0	21	0
München (G)	16	0	14	0
Neuburg-H. (S)	16	0	14	0
Neuburg-H. (G)	16	0	14	0
Straubing	24	0	21	0
Würzburg	24	0	23	0
Berlin				
Berlin-Tegel	154	0	120	0
Berlin-Neukölln	0	21	0	19
Berlin (JSA)	50	0	35	0

---

19 Vgl. *Egg* 2002.
20 *Etzler* 2017, 53.

3. Kapitel. Sozial- und psychotherapeutische Behandlung

Sozialtherapeutische Einrichtungen Geordnet nach Ländern	Verfügbare Haftplätze am 31.3.2017		Belegung am 31.3.2017	
	Männer	Frauen	Männer	Frauen
Brandenburg				
Brandenburg	70	0	59	0
Wriezen	21	0	14	0
Bremen				
Bremen	20	0	20	0
Hamburg				
Hamburg	145	0	111	0
HH-Hahnöfersand	18	0	12	0
Hessen				
Frankfurt am Main	0	15	0	10
Kassel	139	0	133	0
Rockenberg	18	0	17	0
Mecklenburg-Vorpommern				
Neustrelitz	24	0	14	0
Waldeck	50	0	36	0
Niedersachsen				
Celle	10	0	7	0
Hameln	62	0	39	0
Hannover	51	0	46	0
Lingen	46	0	44	0
Meppen	30	0	23	0
Rosdorf	30	0	27	0
Uelzen	32	0	26	0
Vechta	0	20	0	12
Vechta	25	0	24	0
Wolfenbüttel	20	0	20	0
Nordrhein-Westfalen				
Aachen	34	0	33	0
Bochum	15	0	15	0
Detmold	15	0	15	0
Euskirchen	16	0	17	0
Gelsenkirchen	57	0	56	0
Herford	26	0	18	0
Schwerte	15	0	15	0
Siegburg	52	0	41	0
Werl	30	0	17	0
Willich I	24	0	19	0
Willich II	0	16	0	15
Wuppertal-Ronsdorf	29	0	27	0
Rheinland-Pfalz				
Diez	13	0	13	0

A. Verlegung in eine sozialtherapeutische Anstalt

Sozialtherapeutische Einrichtungen Geordnet nach Ländern	Verfügbare Haftplätze am 31.3.2017		Belegung am 31.3.2017	
	Männer	Frauen	Männer	Frauen
Ludwigshafen	66	0	54	0
Schifferstadt	20	0	17	0
Wittlich	20	0	18	0
Ottweiler	10	0	7	0
Saarbrücken	36	0	29	0
Chemnitz	0	12	0	8
Regis-Breitingen	11	0	0	0
Waldheim	106	0	68	0
Sachsen-Anhalt				
Burg	60	0	59	0
Raßnitz	24	0	12	0
Schleswig-Holstein				
Lübeck	39	0	37	0
Schleswig	22	0	22	0
Thüringen				
Arnstadt	18	0	17	0
Tonna	70	0	66	0
Gesamt	**2.353**	**100**	**1977**	**75**

Die Länder gingen beim **Ausbau der Sozialtherapie** unterschiedliche Wege. Überwiegend wurden nicht die schon bestehenden Einrichtungen erweitert, sondern neue sozialtherapeutische Einrichtungen geschaffen, wobei es sich fast ausschließlich um unselbständige sozialtherapeutische Abteilungen handelt. Damit wurde der in § 123 Abs. 2 StVollzG geregelte Ausnahmefall faktisch zur Regel; eine Entwicklung, die aus Finanzgründen zwar plausibel erscheint, wegen der strukturellen Nachteile von Abteilungen aber zu bedauern ist. Nachvollziehbar ist auch, dass die neu geschaffenen Plätze lange Zeit nahezu ausschließlich Sexualstraftätern vorbehalten waren, denn für diese galt ja das Verlegungskonzept von § 9 Abs. 1 StVollzG. Demgemäß stieg die Zahl der (jeweils am Stichtag 31.3. der KrimZ-Erhebung) in sozialtherapeutischen Einrichtungen befindlichen Verurteilten nach Sexualdelikten zwischen 1997 und 2017 von 191 auf 988.[21] Bedenklich ist jedoch, dass dieser Anstieg nicht nur einen relativ höheren Prozentsatz von sozialtherapeutisch behandelten Sexualstraftätern (48,1% statt 23,2%) bedeutet, sondern zugleich mit einem Rückgang an Verurteilten nach anderen Delikten verbunden war. So ging zwischen 1997 und 2006 die Zahl der (oft gewaltsamen) Eigentums- und Vermögenstäter in sozialtherapeutischen Einrichtungen von 367 auf 199, d.h. um rund 33%, zurück.[22] Die Zahl der Verurteilten nach anderen Delikten ist jedoch in den letzten Jahren wieder leicht angestiegen (2017: 298), und das jetzige Verhältnis von knapp 50% Sexualstraftätern, über 20% Verurteilte nach Tötungsdelikten, knapp 15% Eigentums- und Vermögensdelikten und ca. 13% anderen Delikten bleibt unter Schwankungen konstant. Sechs der 71 sozialtherapeutischen Einrichtungen nehmen Frauen auf (Aichach,

---

21 Etzler 2017, 73.
22 Etzler 2017, 73.

Berlin, Chemnitz, Frankfurt am Main, Vechta und Willich II); die dort insgesamt verfügbaren 100 Plätze entsprechen 4,1% aller Haftplätze in der Sozialtherapie. Demgegenüber liegt der Anteil weiblicher Gefangener im Strafvollzug insgesamt bei 5,8%.[23] Besonders stark hat sich dagegen in den letzten Jahren die Situation im Jugendstrafvollzug verändert. Während sich § 9 Abs. 1 StVollzG lediglich auf Verurteilte mit „zeitiger *Freiheitsstrafe* von mehr als zwei Jahren" bezog und somit für Verurteilte mit Jugendstrafen nicht unmittelbar anzuwenden war, erfolgte seit 1998 auch hier ein deutlicher Ausbau sozialtherapeutischer Haftplätze, ab 2008 primär als Folge des BVerfG-Urteils vom 31.5.2006, das die Länder veranlasste, eigene Jugendstrafvollzugsgesetze zu schaffen.[24] Diese sehen ausnahmslos – wenngleich teilweise unterschiedliche – Vorschriften für die sozialtherapeutische Behandlung junger Straftäter vor. Zwischen 1997 und 2017 stieg die Zahl der Plätze in sozialtherapeutischen Einrichtungen des Jugendstrafvollzuges von 86 auf 477 Plätze, also um gut 450%. Ihr Anteil an den insgesamt verfügbaren Plätzen in der Sozialtherapie erhöhte sich von 9,2% auf 19,4%; dies ist fast doppelt so hoch wie der prozentuale Anteil aller Jugendstrafgefangenen im Strafvollzug.[25]

6 Erfreulicherweise ist der Gedanke der intensiven Behandlung rückfallgefährdeter Straftäter trotz der erschwerten Bedingungen im Vollzug und einer verstärkten Betonung des Sicherheitsdenkens in der Kriminalpolitik lebendig geblieben.[26] Dies gilt nicht nur für Deutschland, sondern auch **international**.[27] So wurden bereits in den 1990er Jahren in England und Wales in zahlreichen Gefängnissen spezielle Behandlungsprogramme für Straftäter implementiert, die sich überwiegend an lerntheoretischen Konzepten orientieren. Dazu zählt vor allem das „Sexual Offender Treatment Programme" (ferner die Programme „Reasoning and Rehabilitation"[28] und „Enhanced Thinking Skills".[29] Auch in den Niederlanden, die in der Vergangenheit wegen der strikten Trennung von Strafe und Behandlung kriminaltherapeutische Maßnahmen lediglich in forensisch-psychiatrischen Einrichtungen vorsahen, setzte sich die Erkenntnis durch, dass auch im regulären Strafvollzug die Behandlung psychisch gestörter Straftäter möglich und sinnvoll ist. Ziel ist dabei keine umfassende Heilung der Täter, sondern die spezifische Behandlung von Risikofaktoren der Rückfälligkeit gemäß der Devise „no cure but control".[30]

7 **4. Organisatorische Strukturen und Rahmenkonzepte für die Behandlung.** Die sozialtherapeutischen Anstalten in Deutschland haben sich unterschiedliche, aber klare **organisatorische Strukturen** gegeben und ebenso unterschiedliche Rahmenkonzepte für die Behandlung entwickelt, die kontinuierlich fortgeschrieben werden. Sie haben in ihrer Arbeit Sicherheit gewonnen und wissen, dass Konflikte und selbst schwere Störungen im Anstaltsleben unvermeidbar sind, dass sie diese Schwierigkeiten aber bewältigen können. Sie scheuen sich nicht mehr, Angehörige der vollzuglichen Problemgruppen, der Verurteilten mit grober Gewalt im Delikt, der Sexualstraftäter und der Alkohol- oder Drogenabhängigen aufzunehmen. Die im Rahmen einer Evaluationsstudie der KrimZ erstellte Übersicht über die damalige Praxis der sozialtherapeutischen Einrichtungen vermittelt ein anschauliches Bild dieser Vielfalt.[31]

---

23 Vgl. Statistisches Bundesamt, www.destatis.de.
24 2 BvR 1673/04.
25 Für das Jahr 2017: 11,3%, Quelle: Statistisches Bundesamt, www.destatis.de.
26 Vgl. *Mushoff* FoR 2005, 132 ff.
27 Z.B. *Cullen* u.a. 1997, *Lösel/Schmucker* 2008.
28 *Gretenkord* 2002.
29 *Clarke et al.* 2004.
30 Zum Ganzen: *Kröger/van Beek* 2006.
31 *Spöhr* 2009.

Bei aller Verschiedenartigkeit der Konzepte herrscht über die **wesentlichen Kriterien der Sozialtherapie doch Übereinstimmung**. Der seit 1983 bestehende Arbeitskreis Sozialtherapeutische Anstalten im Justizvollzug[32] hat dazu verschiedene Mindestanforderungen ausgearbeitet, die teils breite Akzeptanz gefunden haben und nach den Ergebnissen der jährlichen KrimZ-Stichtagserhebungen zumindest im Ansatz[33] erfüllt werden.[34] Diese Anforderungen beziehen sich zum einen auf grundsätzliche Aspekte wie Zielsetzung, Aufnahme, Personal, Methoden und allgemeine Gestaltung,[35] zum anderen wurden Mindestkriterien bezüglich Organisationsform, räumlicher und personeller Ausstattung sowie Dokumentation und Evaluation formuliert.[36] Danach sollen u.a. folgende Grundsätze beachtet werden: Sozialtherapeutische Einrichtungen sollen als kleine Einheiten von nicht weniger als 20 und nicht mehr als 60 Plätzen – möglichst als selbständige Anstalten – angelegt werden. Die vom Bundesgesetz an anderer Stelle festgelegte Höchstgrenze von 200 Plätzen (§ 143 Abs. 3 StVollzG) ist zu hoch. Als Grundeinheiten sind Wohngruppen für 8–12 Gefangene einzurichten. Sozialtherapeutische Abteilungen sollen organisatorisch, räumlich und personell unabhängige Einheiten mit eigenen Finanzmitteln sein. Für die Behandlung muss ausreichend Personal zur Verfügung stehen. Für die Anzahl der Personalstellen des Allgemeinen Vollzugsdienstes soll grundsätzlich eine Stelle auf zwei Gefangene vorhanden sein. Für Personalstellen der besonderen Fachdienste wird folgendes empfohlen: jeweils eine Stelle des höheren Dienstes (in der Regel Psychologen) für 10 Gefangene und eine Stelle des gehobenen Dienstes (in der Regel Diplom-Sozialpädagogen) für 10 Gefangene. Dabei soll die Stelle des Leiters nicht angerechnet werden. Bei den Psychologen sollen vorzugsweise solche mit Approbation für Psychologische Psychotherapie eingestellt werden. Für Psychologen, die diese Approbation anstreben, soll die sozialtherapeutische Einrichtung die Anerkennung als Praktikumsstätte gem. § 2 Abs. 2, Nr. 2 der Ausbildungs- und Prüfungsverordnung für Psychologische Psychotherapeuten (PsychTh-AprV) erlangen. Besonders die **Arbeit auf den kleinen Wohngruppen**[37] die durchschnittlich nicht mehr als 10 Insassen umfassen dürfen, ist sehr personalintensiv. Bei der schwierigen und kriminell stark gefährdeten Klientel muss das Wohngruppenleben, solange die Haftraumtüren offen stehen, vom Personal gewissermaßen durchtränkt werden. Andernfalls würde sich eine negative Subkultur bilden können, die zur Unterdrückung der schwächeren Gruppenmitglieder führen und die kriminelle Ansteckung begünstigen würde. Innerhalb der Wohngruppen ist eine beständige von Fachkräften geleitete Wohngruppenarbeit sicherzustellen, an der jeder Gefangene teilnehmen muss. Diese Wohngruppenarbeit schafft die Grundlage für die ‚problemlösende Gemeinschaft'. Psychotherapie kann, braucht aber nicht das Kernstück der sozialtherapeutischen Behandlung zu sein. Besser als die zunächst bevorzugten analytischen oder gesprächstherapeutischen Methoden haben sich kognitive, behaviorale Programme bewährt.[38] Weitere Behandlungsangebote sind die schulische und berufliche Weiterbildung, die gründliche Entlassungsvorbereitung, zu der auch ein Außentraining mit Vollzugslockerungen gehört, und die Nachbetreuung.[39]

---

[32] *Specht* 2000.
[33] Andere Ansicht AK-*Rehn/Alex* 2017 Teil VI 2 Rdn. 36.
[34] Zuletzt: *Etzler* KrimZ 2017.
[35] *Arbeitskreis Sozialtherapeutische Anstalten im Justizvollzug* MschrKrim 1988, 334 f.
[36] *Arbeitskreis Sozialtherapeutische Anstalten im Justizvollzug* MschrKrim 1988, 2001, 2007, 2016; *Egg* 2007.
[37] *Rehn* ZfStrVo 1996, 281 ff.
[38] *Lösel* ZfStrVo 1996, 265; *Lösel/Schmucker* 2008.
[39] Vgl. § 126 StVollzG.

Die Entscheidung, ob im Einzelfall die Behandlung in einer sozialtherapeutischen Anstalt angezeigt ist, setzt eine **gründliche Diagnostik** voraus.[40] Auch dafür ist qualifiziertes Fachpersonal erforderlich, das ggf. erst durch besondere Maßnahmen, insbesondere durch spezielle Fortbildungen, geschaffen werden muss.

8   **5. Unterbringung in der Sozialtherapie.** Aus sozialtherapeutischer Sicht ist als Voraussetzung für die Aufnahme in eine sozialtherapeutische Anstalt eine Mindestreststrafe notwendig, die überwiegend bei 18 bis 24 Monaten liegt.[41] Außerdem soll der Gefangene nach Abschluss der Behandlung nach Möglichkeit nicht bei Strafende, sondern vorzeitig zur Bewährung entlassen und zur Sicherung des Behandlungserfolgs der Aufsicht eines Bewährungshelfers unterstellt werden. Daher sind 18 bis 24 Monate ein Minimum.[42] Auch die Gefangenen, die nur noch einen geringeren Strafrest zu verbüßen haben, sind deshalb von der Sozialtherapie – von Ausnahmen abgesehen – auszuschließen. Ihre Zahl ist nicht klein, weil die meisten Sexualstraftäter, die zu einer Freiheitsstrafe von mehr als zwei Jahren verurteilt werden, längere Zeit in Untersuchungshaft verbringen. Von der Rechtskraft des Urteils an vergeht zwangsläufig eine Zeit, bis der Vollzugsanstalt die vollständigen Vollstreckungsunterlagen vorliegen. Oft müssen die für eine gründliche Diagnostik erforderlichen früheren Gutachten und Vorgänge anderer Behörden wie z.B. der Jugendämter oder von psychiatrischen Kliniken beigezogen werden. Nach allem haben erst Verurteilte mit Strafen von mehr als drei Jahren eine realistische Aussicht für die Aufnahme in die Sozialtherapie. Sie müssen – etwa bis zu einer Strafzeit von sechs Jahren – möglichst schnell verlegt werden. Sollte die Behandlung vor dem Zeitpunkt der (vorzeitigen) Entlassung abgeschlossen sein, lassen sich Maßnahmen der Entlassungsvorbereitung (offener Vollzug, soziales Training) sinnvoll anschließen.

Problematisch sind die **zu Strafen von mehr als sechs Jahren Verurteilten**. Es stellt sich die Frage, ob sie zu Beginn der Strafzeit in die sozialtherapeutische Anstalt aufgenommen und nach Abschluss der Behandlung in eine ‚normale Verbüßungsanstalt' verlegt werden sollen.

Hier könnte man den Rechtsgedanken aus § 67 Abs. 2 S. 2 StGB heranziehen. Dort wird bei der Unterbringung in einer Entziehungsanstalt bei Freiheitsstrafen von über drei Jahren von der Regel des Vorwegvollzugs der Maßregeln abgesehen und zunächst ein Teil der Strafe vollzogen mit dem Ziel, die Betreffenden direkt aus der Maßregelunterbringung in die Freiheit entlassen zu können.

Andererseits geht eine zunächst vorhandene Behandlungsmotivation im Laufe eines längeren Vollzuges oft verloren. Somit gestaltet sich der Umgang mit Gefangenen mit Strafen von mehr als sechs Jahren etwas komplexer. Meist wird ein möglichst früher Beginn der Behandlung angezeigt sein.[43] Dann müssen dem Gefangenen bereits mit der Entscheidung über die Verlegung in die Sozialtherapie für die Zeit nach Abschluss der Behandlung Perspektiven für eine positive Ausgestaltung des sich anschließenden ‚Normalvollzuges' aufgezeigt werden: z.B. ein Arbeitsplatz oder eine Fortbildungsmaßnahme, die seinen Fähigkeiten und Neigungen (§ 37 Abs. 2 StVollzG) entsprechen, offener Vollzug. Wird der Beginn der Behandlung auf einen späteren Zeitpunkt festgelegt, ist in der ‚normalen Verbüßungsanstalt' eine fachliche Betreuung zur Aufrechterhaltung der – etwa vorhandenen – Therapiemotivation erforderlich.

---

40 Dazu ausführlich *Konrad* ZfStrVo 1998, 265 ff. Für die Verwendung unterschiedlicher Testverfahren in der Praxis siehe *Dessecker/Spöhr*, 2007, S. 306.
41 *Egg* (Hrsg.) 1993, 150 ff; *Spöhr* 2009, 69.
42 Vgl. aber *Konrad* ZfStrVo 1998, 265 ff.
43 I.d.S. KG Berlin NJW 2001, 1806 ff.

9 Eine Sondergruppe bilden **Sexualstraftäter mit anschließender Sicherungsverwahrung**. Für diese Fälle gilt seit langem die Forderung, dass bei gegebener Behandlungsindikation die sozialtherapeutische Behandlung so rechtzeitig begonnen werden muss, dass sie – voraussichtlich – spätestens bei Strafende beendet ist. Diese Sichtweise wurde durch das Urteil des Bundesverfassungsgerichts (BVerfG) vom 4. Mai 2011 bestätigt.[44] Allerdings wurden bei dieser Entscheidung die Vorschriften des StGB über die Unterbringung in der Sicherungsverwahrung insgesamt für nicht mit dem Grundgesetz vereinbar erklärt. Mit der Einführung des Gesetzes zur bundesrechtlichen Umsetzung des Abstandsgebotes im Recht der Sicherungsverwahrung vom 5.12.2012,[45] in Kraft getreten am 1.6.2013 wurde eine entsprechende Gesetzesänderung vorgenommen.

Um die vom BVerfG geforderte Therapieausrichtung der zukünftigen Sicherungsverwahrung zu gewährleisten, wird darin die Aufgabe der für die Unterbringung zuständigen Einrichtungen hervorgehoben, den Untergebrachten eine intensive und individuell zugeschnittene, seine Mitwirkungsbereitschaft weckende und fördernde Betreuung anzubieten, insbesondere eine psychiatrische, psychologische oder sozialtherapeutische Behandlung (s. dazu näher 15 B).

Aus der Konkretisierung des vom BVerfG hervorgehobenen Ultima-Ratio-Prinzips, wonach die Unterbringung in der Sicherungsverwahrung lediglich als letztes Mittel angeordnet werden darf, folgt, dass bereits der Vollzug der vorangehenden Strafhaft alle Möglichkeiten einer individuellen und intensiven Betreuung und Behandlung auszuschöpfen hat, um die Gefährlichkeit des Verurteilten zu reduzieren. Dies betrifft insbesondere auch das Angebot einer sozialtherapeutischen Behandlung. Entspricht der Vollzug der Strafhaft bei einer Gesamtbetrachtung nicht diesen Anforderungen, kann eine anschließende Sicherungsverwahrung nicht vollstreckt werden, weil diese dann unverhältnismäßig wäre. Deshalb wurden die maßgeblichen Leitlinien für den einer Sicherungsverwahrung vorangehenden Strafvollzug in § 66c Absatz 2 StGB normiert und durch einen neuen Prüfungsmaßstab für die Zulässigkeit der anschließenden Maßregelvollstreckung ergänzt (s. dazu näher 15 B). Auch auf Länderebene wurden entsprechende Vorschriften zur Neuregelung des Vollzugs der Unterbringung in der Sicherungsverwahrung geschaffen, die die vom BVerfG festgelegten Prinzipien umsetzen und konkretisieren. Vor dem Hintergrund dieser Neuregelungen ist für die Praxis der sozialtherapeutischen Einrichtungen zu erwarten, dass sich der Anteil der Insassen mit angeordneter oder bereits zu vollstreckender Sicherungsverwahrung in den nächsten Jahren weiter erhöhen wird. Dieser lag nach der von der KrimZ seit 1997 durchgeführten jährlichen Stichtagserhebung bis 2004 bei maximal 2–3% und erhöhte sich bis 2017 auf rund 10%.[46]

10 Aber nicht nur für Sicherungsverwahrte, sondern auch für alle **andere Gefangene** sehen die allgemeine Vorschriften oder Vollzugszielbestimmungen der Landesstrafvollzugsgesetzen häufig bereits die aktive Mitwirkung des Justizvollzugs bei der Förderung der Therapiemotivation von Strafgefangenen vor. Aus psychologischer Sicht zu begrüßen ist die in einigen Bundesländern zusätzlich gesetzlich normierte Verpflichtung des Vollzugs zur Unterstützung des Gefangenen auch im Rahmen von Maßnahmen zur **Vorbereitung der Sozialtherapie**. So enthalten die Regelungen von Baden-Württemberg (**BW** § 8 Abs. 2 III), Bayern (**BY** Art. 11 Abs. 3), Nordrhein-Westfalen (**NW** § 13 Abs.4) und Schleswig-Holstein (**SH** Art. 18 Abs. 3) eine ausdrückliche Bestimmung zur Weckung und

---

[44] 2 BvR 2365/09 u.a.
[45] BGBl. I S. 2425.
[46] Vgl. *Etzler* 2017, 24.

Förderung der Bereitschaft Strafgefangener für die Teilnahme an therapeutischen Maßnahmen. Die Förderung soll schon zeitlich vor Verlegung bzw. Unterbringung beginnen.

11 **6. Der Erfolg sozialtherapeutischer Behandlung.** Wegen ihres hohen Kostenaufwandes – vergleichbare psychiatrische Einrichtungen berechnen Pflegesätze von 250 Euro täglich und mehr – stand die Sozialtherapie von Anbeginn an unter einem starken Rechtfertigungsdruck. Insbesondere wurde an sie mit großer Dringlichkeit die Frage nach dem Behandlungserfolg gerichtet. Die ursprünglich sehr hochgespannten Erwartungen blieben dabei freilich unerfüllt. Auch heute gilt die Frage nach dem Erfolg von Behandlung nicht abschließend beantwortet, wenngleich inzwischen zahlreiche Ergebnisse vorgelegt wurden, die für einen positiven Behandlungseffekt sprechen. Bereits 1987 stellte *Lösel* in einer Meta-Evaluationsstudie der Sozialtherapie, die alle bis dahin publizierten einschlägigen Forschungsarbeiten umfasste, einen moderaten Haupteffekt der Sozialtherapie fest, der „bei den Probanden aus sozialtherapeutischen Anstalten im Durchschnitt um 8–14% häufiger positive Veränderungen (z.B. kein Rückfall)" erwarten lässt als bei den Probanden des „Normalvollzuges".[47] Während die dabei berücksichtigten Legalbewährungsstudien von *Dolde* (1981, 1982), *Dünkel* (1980), *Rasch/Kühl* (1977, BewHi 1978, 44 ff) sowie *Rehn* (1979) sich noch auf Behandlungszeiträume zwischen 1970 und 1974 bezogen, also lediglich die Anfangszeit der Modellversuche erfassten und dabei meist auch nur Follow-up-Zeiträume zwischen drei und vier Jahren betrafen, analysierten spätere Arbeiten auch längerfristige Effekte der Sozialtherapie.[48] Die Integration dieser neueren Befunde in den Datenpool der von *Lösel* durchgeführten Meta-Evaluation führte zu einem nur wenig veränderten Gesamteffekt.[49] Die in der Sozialtherapie behandelten Straftäter erreichten danach im Durchschnitt um etwa 11% günstigere Werte (insbesondere geringere Rückfälligkeit) als Vergleichspersonen im Regelvollzug. Eine seit den 1980er Jahren vom Max-Planck-Institut in Freiburg mit großem Aufwand und hoher methodischer Präzision durchgeführte experimentelle Längsschnittstudie zur Sozialtherapie in Nordrhein-Westfalen kommt dagegen zu einem weniger günstigen Ergebnis. Der Erfolg der sozialtherapeutischen Behandlung ist danach „alles in allem gering bis sehr gering, aber nicht null".[50] Freilich ergibt sich auch hier ein mittlerer Effekt von etwa 5 Prozentpunkten zu Gunsten der Sozialtherapie (Follow-up-Intervall: fünf Jahre, Rückfalldefinition: mehr als drei Monate Freiheitsstrafe oder mehr als 90 Tagessätze). Zudem sollte die Aussagekraft einer einzigen Studie nicht überschätzt werden, sondern im Kontext des übrigen Forschungsstandes betrachtet werden. So gelangt eine im Rahmen des US-amerikanischen CDATE-Programms erstellte Meta-Evaluation von acht deutschsprachigen Studien zur Sozialtherapie unter Einschluss der neueren Ergebnisse des MPI Freiburg zu dem Ergebnis, dass die (sozialtherapeutische) Versuchsgruppe im Durchschnitt um 12,3% erfolgreicher ist als die Kontrollgruppe.[51]

Insgesamt darf nach allen vorliegenden wissenschaftlichen Arbeiten und nicht zuletzt nach den vielfältigen teilweise jahrzehntelangen praktischen Erfahrungen bezüglich der Bewertung der Sozialtherapie von einem **vorsichtigen Optimismus** ausgegangen werden. Freilich ist auch vor dem Hintergrund der internationalen Behandlungsforschung, die zum Teil erhebliche Wirkungsunterschiede aufzeigte und auf spezifische

---

47 *Lösel* u.a. 1987, 263.
48 Vgl. dazu *Dünkel/Geng* 1994; *Egg* MschrKrim 1990, 358 ff.
49 *Lösel* 1994.
50 *Ortmann* 2002, 332.
51 *Egg* u.a. 2001.

Wirkfaktoren der Straftäterbehandlung aufmerksam machte,[52] zu prüfen, in welcher Weise die derzeit angewandten sozialtherapeutischen Behandlungsprogramme weiter entwickelt und verbessert werden können. Eine von *Schmucker*[53] vorgelegte Metaanalyse, in die auch Studien aus dem deutschsprachigen Raum einbezogen wurden, ergab positive Effekte für kognitiv-behaviorale Programme, während andere psychosoziale Interventionen geringere, teilweise sogar negative Effekte zeigten. Die positive Wirkung intramuraler Behandlungsprogramme konnte in weiteren Studien grundsätzlich bestätigt werden.[54]

II. Erläuterungen

1. Zustimmungserfordernis. Ob die Aufnahme in die Sozialtherapie einer vorherigen **Zustimmung der Anstaltsleitung** bedarf, wurde in den Bundesländern unterschiedlich geregelt. Der größte Teil der Bundesländer verzichtet vollends auf die Zustimmung der Anstaltsleitung. 12

Ein vollständiger Verzicht auf die Zustimmung der Anstaltsleitung findet sich in den Regelungen von Bayern (**BY** Art. 11), Brandenburg (**BB** § 25;), Bremen (**HB** § 17), Hessen (**HE** § 12), Mecklenburg-Vorpommern (**MV** § 17), Niedersachsen (**NI** § 104), Rheinland-Pfalz (**RP** § 24), Saarland (**SL** § 17), Sachsen (**SN** § 17), Sachsen-Anhalt (**ST** § 24), Schleswig-Holstein (**SH** § 18) und Thüringen (**TH** § 24).

In Berlin (**BE** § 18 Abs. 3 Satz 2) und Hamburg (**HH** § 10 Abs. 2) wurde keine einheitliche Regelung getroffen, sondern zwischen der Aufnahme von Sexualstraftätern und „sonstigen Gefangenen" differenziert. Während bei der Aufnahme von Sexualstraftätern die Zustimmung der Anstaltsleitung nicht notwendig ist, bedarf es ihrer im Fall der Aufnahme eines „anderen Gefangenen". Die Differenzierung trägt der mit der neuen Landesregelung einhergehenden Erweiterung des Adressatenkreises der Sozialtherapie Rechnung und räumt den sozialtherapeutischen Anstalten und Einrichtungen entsprechend mehr Beteiligungsmöglichkeiten ein.

In Baden-Württemberg (**BW** § 8 Abs. 1 Satz 2 III) bedarf es ebenfalls der Zustimmung der Anstaltsleitung der sozialtherapeutischen Einrichtung. Lediglich in den Fällen, in denen „die Entscheidung über Verlegungen in eine sozialtherapeutische Einrichtung einer zentralen Stelle übertragen" ist, entfällt das Erfordernis dieser Zustimmung (**BW** § 8 Abs. 1 Satz 2 III).

Nordrhein-Westfalen geht einen Sonderweg. So fordert die rechtliche Regelung des **NW** § 13 Abs. 3 für den Fall der Aufnahme in die Sozialtherapie zwar grundlegend eine Anstalts-Zustimmung, jedoch bedarf es der Zustimmung der aufnehmenden Einrichtung nur in Fällen, in denen die Entscheidung nicht von einer Einweisungsanstalt oder Einweisungsabteilung getroffen wurde.

Auf die Zustimmung des Gefangenen verzichtet ein Großteil der Bundesländer. Eine solche fordert lediglich noch Hamburg (**HH** § 10 Abs. 2) und Nordrhein-Westfalen (**NW** § 13 Abs. 2), dies jedoch auch nur für den Fall, dass es sich bei dem Gefangenen nicht um einen Sexualstraftäter handelt.

Umstritten war lange, ob für die Verlegung in die sozialtherapeutische Anstalt die **Zustimmung des Gefangenen** notwendig ist. Nach alter Rechtslage wurde eine solche

---

52 Vgl. *Lösel* 2000.
53 Vgl. *Schmucker* 2004.
54 Z.B. *Bussmann et al.* MschrKrim 2008, 6 ff, *Hosser et al.* R&P 2006, 125 ff, *Ortmann et al.* 2004, *Suhling* BewHi 2006, 240 ff, zusammenfassend: *Spöhr* 2009.

nur bei „anderen Gefangenen" (§ 9 Abs. 2 StVollzG), nicht aber bei Sexualstraftätern (§ 9 Abs. 1 StVollzG) verlangt.

Auch nach aktueller Gesetzeslage verzichtet der Großteil der Bundesländer auf die Zustimmung des Gefangenen. Eine solche erfordert lediglich noch Hamburg (**HH** § 10 Abs. 2) und Nordrhein-Westfalen (**NW** § 13 Abs. 2), dies jedoch auch nur für den Fall, dass es sich bei dem Gefangenen nicht um einen Sexualstraftäter handelt.

13 Die unter dem Stichwort „**Zwangstherapie**" von Sexualstraftätern geforderte oder kritisierte Neuerung bereitet aber in der Praxis wohl keine Schwierigkeiten. Kaum einer der für die Verlegung in Betracht kommenden Sexualstraftäter hat eine Vorstellung von Therapie und vom Leben in einer sozialtherapeutischen Anstalt. Es ist deshalb sinnvoll und vertretbar, diese Gefangenen auch **gegen ihren Willen** an die Therapie heranzuführen und sie gründlich und anschaulich zu informieren.[55] Ein Teil von ihnen wird dadurch die Notwendigkeit einer solchen Behandlung erkennen und die für die Therapie erforderliche Motivation zur Mitarbeit entwickeln. Daher kann der Ansicht von *Arloth/Krä*[56] behandlungsunmotivierte Gefangene seien für die Sozialtherapie weniger geeignet als Gefangene, die zu einer Teilnahme an der Behandlungsmaßnahme bereit seien, nicht pauschal gefolgt werden. Denn auch umgekehrt sind Gefangene, die vor der Aufnahme in die sozialtherapeutische Anstalt – auch durchaus aufrichtig – ihre Behandlungsmotivation bekunden, keine sicheren Behandlungserfolge. Nicht selten kommt es vor, dass zunächst gut motivierte Gefangene die Mitarbeit in der Therapie einstellen, wenn sie erfahren, welche schmerzhaften und Angst auslösenden Forderungen die notwendige Umstrukturierung ihrer Persönlichkeit an sie stellt.

14 So hat die Teilnahmebereitschaft des Gefangenen auch Bedeutung bei der (erneuten) Prüfung der **Behandlungsindikation**. Hier ist einerseits der Wille des Gesetzgebers, möglichst alle Sexualstraftäter sozialtherapeutisch zu behandeln, zu berücksichtigen. Andererseits müssen bereits frühzeitig und nicht erst nach einem erfolglosen Behandlungsversuch zur Behandlung ungeeignete Gefangene identifiziert und von der Verlegung ausgeschlossen werden. Als Kriterium der **Behandlungsunfähigkeit** ist dabei eine auf Dauer angelegte und nicht korrigierbare Mitarbeit der Gefangenen an der Behandlung anzusehen bzw. eine mit therapeutischen Mitteln nicht erreichbare Persönlichkeitsstörung.[57]

Eine therapeutische Behandlung ist ohne aktive Mitarbeit des Klienten nicht möglich. Es widerspricht dem Berufsethos von Therapeuten, Zwang auszuüben. Eine Verletzung von Grundrechten (Art. 1, 2 GG) ist zwar nicht zu befürchten, doch ist auch einer sozialtherapeutischen Anstalt – wie im Strafvollzug allgemein – Zwang notwendigerweise immanent. Es ist die Aufgabe der Behandler, diese Problematik, etwa im Rahmen von Mitarbeiterbesprechungen und Supervision, ständig im Auge zu behalten und dafür Sorge zu tragen, dass auf keinen Insassen in rechtlich unzulässiger und therapeutisch schädlicher Weise Druck ausgeübt wird.

15 **2. Aufnahme nach Fallgruppen.** Bei der Erstellung des Vollzugsplanes für einen Gefangenen ist in jedem Fall zu prüfen, ob dieser in eine sozialtherapeutische Anstalt zu verlegen ist. Dies gilt nicht nur für Sexualstraftäter, sondern auch für alle anderen Gefangenen.[58] Bevor die Länder über die Landesgesetze eigene Regelungen zur Aufnahme

---

55 Zur Einführung in die sozialtherapeutische Anstalt: *Driebold* u.a. 1984, 134 ff.
56 Vgl. *Arloth/Krä* 2017 § 9 StVollzG Rdn. 12.
57 OLG Celle 1 Ws 91/07, 1 Ws 294/07; OLG Frankfurt 3 Ws 845/04; OLG Schleswig-Holstein 2 Vollz Ws 415/05; LG Aachen 33 Vollz 134/05.
58 Der „Bestandsgarantie" (*Böhm 1985*) des § 9 Abs. 1 StVollzG wurde inhaltlich auch (weiterhin) durch die neugeschaffenen Landesregelungen Rechnung getragen.

in die Sozialtherapie geschaffen haben, begründete § 9 Abs. 1 und 2 StVollzG einen Anspruch auf Verlegung, sofern die dort genannten Voraussetzungen vorlagen.[59] Die Regelung erfasste zwei Zielgruppen für die Aufnahme: Gefangene, die wegen bestimmter Sexualstraftaten (§§ 174 bis 180 oder 182 des StGB) zu einer Freiheitsstrafe von mehr als zwei Jahren verurteilt worden sind (§ 9 Abs. 1 StVollzG) sowie andere Gefangene, ihre Zustimmung vorausgesetzt (§ 9 Abs. 2 StVollzG). Bei beiden Fällen musste zudem eine entsprechende Behandlung (auch zur Resozialisierung) angezeigt sein.

Und auch heute noch sehen die Landesgesetze die Erweiterung auf andere Gefangene vor. Dabei haben die Bundesländer entweder Regelungen geschaffen, die einheitliche Voraussetzungen für alle Gefangenen erhalten, oder aber sie differenzieren zwischen der Gruppen von Sexualstraftätern und „anderen Gefangenen", so dass für die Aufnahme letzterer in die Sozialtherapie in der Regel andere (weitergehende) Voraussetzungen vorliegen müssen. Eine solche Differenzierung vorgenommen haben **BY** Art. 11, **BE** §§ 18, 19, **HB** § 17, **HH** § 10, **MV** § 17, **NI** § 104, **SL** § 17; **SN** § 17; **ST** § 24; **SH** § 18;

Keine diesbezügliche Differenzierung haben dagegen **BW** § 8 III; **BB** § 25, **HE** § 12, **RP** § 24, **TH** § 24, **ST** § 24. Regelungen, mit einem dem Grunde nach fast identischen Regelungsgehalt, trotz kleiner redaktioneller Unterschiede, stellen die Vorschriften **BE** §§ 18, 19; **BB** § 25; **HB** § 17; **MV** § 17; **RP** § 14; **SL** § 17; **SN** § 17; **ST** § 24; **SH** § 18; **TH** § 2 dar. Danach sind Gefangene in einer sozialtherapeutischen Abteilung unterzubringen, „wenn ihre Teilnahme an den dortigen Behandlungsprogrammen zur Verringerung ihrer erheblichen Gefährlichkeit angezeigt ist". Entscheidendes Kriterium für eine Verlegung in die Sozialtherapie sollen danach nicht einzelne Straftatbestände und bestimmte Mindeststrafen sein, sondern ausschließlich eine **Behandlungsindikation zur Reduzierung** einer bestehenden „**erheblichen Gefährlichkeit**". Diese wird im jeweiligen Absatz 2 Satz 2 näher definiert, der ausnahmslos auch von allen am Musterentwurf beteiligten Ländern inhaltlich übernommen wurde. Sie liegt vor, „wenn schwerwiegende Straftaten gegen Leib oder Leben, die persönliche Freiheit oder gegen die sexuelle Selbstbestimmung zu erwarten sind". Die Bestimmung dieser Gefährlichkeit setzt eine fundierte Kriminalprognose voraus. Die Verlegung in eine sozialtherapeutische Einrichtung ist in diesen Fällen für den Justizvollzug verpflichtend; für einen Gefangenen besteht bei Vorliegen der genannten Voraussetzung somit ein Rechtsanspruch auf Sozialtherapie. Aus kriminologischer Sicht erscheint diese Lösung günstiger als die ehemalige, zu sehr an formale Vorgaben geknüpfte Formulierung von § 9 Abs. 1 StVollzG, zumal dadurch der Kreis der betroffenen Gefangenen nicht auf Verurteilte nach Sexualdelikten begrenzt bleibt. Eine angemessene Umsetzung erfordert freilich entsprechende Diagnosestationen im Justizvollzug, die – wie z.B. in Baden-Württemberg – auch in einer einzigen Einrichtung zentralisiert sein können.

Ergänzend dazu können **andere Gefangene** aber auch unter geringeren Anforderungen in die Sozialtherapie aufgenommen werden. So sehen die Regelungen auch für diese die Möglichkeit der Aufnahme bei niedrigschwellige Voraussetzungen vor: So genügt es bei **BB** § 25 Abs. 3; **HB** § 17 Abs. 3, **MV** § 17 Abs. 3, **RP** § 14 Abs. 3, **SL** § 17 Abs. 3, **SN** § 17 Abs. 3, **ST** § 24 Abs. 3, **SH** § 18 Abs. 3, **TH** § 24 Abs. 3, wenn die bloße Teilnahme „**zur Erreichung des Vollzugsziels**" angezeigt ist". Ebenfalls möglich ist das in Berlin, hier wird jedoch nach **BE** § 18 Abs. 3 die Zustimmung des Anstaltsleiters vorausgesetzt. In **BW** § 8 Abs. 1 III wird ebenfalls auf die Beschränkung auf Sexualstraftäter verzichtet und es wurde eine einheitliche Regelung geschaffen.

---

[59] OLG Celle, 1 Ws 224/06.

Maßgeblich für eine Verlegung sind hier jedoch neben der Behandlungsindikation („die Erforderlichkeit und Geeignetheit einer sozialtherapeutischen Behandlung") auch zusätzlich die **Rückfall-** (das Risiko erneuter erheblicher Straftaten „ohne Behandlung") und entsprechende **Erfolgswahrscheinlichkeit.** Eine Verpflichtung zur Verlegung bzw. ein entsprechender Rechtsanspruch von Gefangenen besteht dagegen, anders als im StVollzG geregelt, nicht. Gefangene haben danach lediglich einen Anspruch auf ermessensfehlerfreie Entscheidung.[60]

17 In Bayern regelt **BY** Art. 11 Abs. 1 die Voraussetzungen für Sexualstraftäter. Demnach bedarf es dort, gleichermaßen wie auch in der entsprechenden Regelung von **HH** § 10 Abs.1, **HE** § 12 Abs. 1, für die Aufnahme in die sozialtherapeutische Einrichtung einer Freiheitsstrafe von mehr als zwei Jahren sowie der Notwendigkeit der Behandlung. **BY** Art. 11 Abs. 2 lautet: „Andere Gefangene, von denen schwerwiegende Straftaten gegen Leib oder Leben oder gegen die sexuelle Selbstbestimmung zu erwarten sind, sollen in eine sozialtherapeutische Einrichtung verlegt werden, wenn deren besondere therapeutische Mittel und soziale Hilfen zu ihrer Resozialisierung angezeigt sind." Diese Soll-Vorschrift galt bis einschließlich 31.12.2012 lediglich als Kann-Bestimmung (**BY** Art. 210 Abs. 2). Grundlage für die Verlegung ist eine prognostische Einschätzung der Gefährlichkeit des Gefangenen. Insgesamt verstärkt diese Vorschrift die Anwendungsmöglichkeit sozialtherapeutischer Maßnahmen für „andere Gefangene", gleichzeitig wird der dafür in Frage kommende Personenkreis enger gefasst.

Für Hamburg finden sich die Voraussetzungen in **HH** § 10, der zwar konsequent von sozialtherapeutischen Einrichtungen spricht, die jedoch nach **HH** § 99 „eigenständige Anstalten oder getrennte Abteilungen" sein können. **HH** § 10 Abs. 3 bezieht sich nicht nur auf eine mögliche Zurückverlegung, sondern erweitert dessen Anwendung auch auf eine damit zu versagende Verlegung. Demnach gilt für die Verlegung von Gefangenen nach Abs. 1 eine regelmäßig neu zutreffende Entscheidung „jeweils spätestens nach Ablauf von sechs Monaten".

Eine Besonderheit hinsichtlich der Rückverlegung findet sich in **BY** Art. 11 Abs. 3 und **HH** § 10 Abs. 3. So beziehen sich die Regelungen nicht nur auf eine mögliche Rückverlegung, sondern erweitern den Geltungsbereich der genannten Voraussetzungen auch auf **eine damit zu versagende (grundlegende Erst-) Verlegung**. Für diesen Fall bedarf es in Hamburg einer regelmäßig neu zu treffenden Entscheidung „jeweils spätestens nach Ablauf von sechs Monaten".

Nach **HE** § 12 Abs. 1 sind Verurteilte nach Sexualdelikten bei entsprechender Behandlungsindikation in eine sozialtherapeutische Anstalt zu verlegen; es besteht also ein entsprechender Rechtsanspruch bei Erfüllung der Voraussetzungen. Andere Gefangene (**HE** § 12 Abs. 1 Satz 2) *sollen* ebenfalls verlegt werden, sofern dies für die Eingliederung „angezeigt" ist. **HE** § 12 Abs. 2 gilt für beide Personengruppen und enthält eine Konkretisierung („insbesondere"). Inhaltliche Kriterien sind eine Verurteilung zu einer Gesamtstrafe von „mehr als zwei Jahren". Durch diese Anforderung werden einerseits auch Verurteilte erfasst, bei denen erst durch die Bildung einer Gesamtstrafe diese 2-Jahres-Grenze überschritten wird, ferner Verurteilte mit einer lebenslangen Freiheitsstrafe, die § 9 StVollzG noch ausschloss („zeitige Freiheitsstrafe").

Das zweite Kriterium ist „eine erhebliche Störung der sozialen und persönlichen Entwicklung", was die bereits in Satz 1 genannte Behandlungsindikation spezifiziert und indirekt auch die Notwendigkeit einer entsprechenden diagnostischen und prognostischen Beurteilung festgelegt.

---

60 *Arloth/Krä* 2017 § 8 StVollzG Rdn. 1.

NI § 104 Abs. 1 gilt ebenfalls für Sexualstraftäter (Ziffer 1) sowie für Personen, die wegen „eines Verbrechens gegen das Leben, die körperliche Unversehrtheit oder die persönliche Freiheit oder nach den §§ 250, 251, auch in Verbindung mit den §§ 252 und 255, StGB verurteilt worden" sind (Ziffer 2).

Des Weiteren ist die Verlegung davon abhängig, dass „die dortige Behandlung zur Verringerung einer erheblichen Gefährlichkeit der oder des Gefangenen für die Allgemeinheit angezeigt ist." Diese an § 66b StGB angelehnte Formulierung impliziert eine **zweifache prognostische Beurteilung:**
a) die Wahrscheinlichkeit neuer erheblicher Straftaten (Gefährlichkeit) und
b) eine durch die sozialtherapeutische Behandlung zu erwartende Verringerung dieser Gefährlichkeit (Behandlungsindikation).

Durch das Erheben der Wiederholungsgefahr zum Tatbestandsmerkmal wird nicht nur das Ziel der Sozialtherapie präzisiert, sondern auch der Vollzugsbehörde erleichtert, ungeeignete Gefangen von vornherein von der Verlegung auszuschließen.[61]

Für „**Andere Gefangene**" genügt nach **NI** § 104 Abs. 2, dass Einsatz der besonderen **18** therapeutischen Mittel und sozialen Hilfen der Anstalt zur Erreichung des Vollzugszieles nach § 5 Satz 1 angezeigt ist."

NW § 13 stellt zusammen mit den **NW** §§ 88–90 die vollzugliche Grundlage für die Sozialtherapie dar. Dabei muss nach **NW** § 13 Abs. 1 die Verlegung eines Gefangenen in eine sozialtherapeutische Anstalt zu dessen Eingliederung nicht nur angezeigt sondern auch „erfolgsversprechend" erscheinen. Zudem stellt **NW** § 13 Abs. 2, der ebenfalls eine Erweiterung der Regelung auf andere Strafgefangene enthält, hier eine **Soll**-Bestimmung dar. Dabei knüpft er nicht an die Verurteilung an, sondern, neben der Bedeutung für die Resozialisierung des Gefangenen, auch an das Merkmal der vom Gefangenen ausgehenden **Gefahren für die Allgemeinheit.**

Aufgrund der vagen und auslegungsbedürftigen Formulierung in den meisten Landesgesetzen (oftmals bis auf den Wegfall des Zustimmungsbedürfnisses wortgleich mit Art. 9 Abs. 2 StVollzG) ist eine **Rechtskontrolle** auch heute noch schwierig. Schon für die Indikation nach § 9 Abs. 1 Satz 1 StVollzG (a.F.) hatte das OLG Celle erwogen, „dass der Vollzugsbehörde in Anlehnung an die Rechtsprechung des BGH zur Gefahrenprognose nach § 11 Abs. 2 StVollzG[62] ein Beurteilungsspielraum zusteht".[63] Bejaht das Gericht die Indikation, so kann bei der Ausübung des Folgeermessens die Entscheidung immer noch negativ ausfallen, weil die für den konkreten Gefangenen erforderlichen therapeutischen Mittel und Hilfen in der zuständigen Einrichtung nicht zur Verfügung stehen,[64] oder einfach deshalb, weil die Behandlungsplätze auf absehbare Zeit besetzt sind.[65] Vor allem finanzielle und personelle Kapazitäten spielen dabei eine entscheidende Rolle.

Für eine detaillierte Kommentierung zur alten Rechtslage, insbesondere der Voraussetzungen nach den beiden Varianten siehe die Vorauflage.[66]

3. Sachliche Zuständigkeit. Zuständig für die Entscheidung der Aufnahme in die **19** Sozialtherapie ist die ‚abgebende' Anstalt, die dabei mit der aufnehmenden sozialthera-

---

61 **NI**, LT-Drucks. 715/3565. 95.
62 NStZ 1982, 173.
63 NStZ 1984, 142; zutreffend dagegen i. S. uneingeschränkter gerichtlicher Kontrolle AK-*Kamann/ Spaniol* 2012 § 115 Rdn. 27 ff.
64 LG Aachen NStZ 1993, 149.
65 Zur Indikation vgl. auch OLG Karlsruhe NStZ 1997, 302 und § 6 Rdn. 33.
66 *Egg* 2013 § 9, insb. Rdn. 14–18.

peutischen Einrichtung eng kooperieren muss. Nur durch eine solche enge Zusammenarbeit lassen sich Misserfolge in der Behandlung und Rückverlegungen auf ein Mindestmaß reduzieren. Aus der Zuständigkeit der ‚abgebenden' Anstalt folgt auch, dass für eine gerichtliche Überprüfung stets jene Strafvollstreckungskammer zuständig ist, in deren Bereich diese JVA ihren Sitz hat.[67] Ferner kann ein Gefangener nicht verlangen, dass sich die jeweilige sozialtherapeutische Einrichtung mit seinem Aufnahmewunsch befasst, wenn die „Stammanstalt" eine Verlegung ablehnt.

Die früheren Verfahrensweisen, die der sozialtherapeutischen Anstalt die Entscheidung überließen oder wenigstens großen Einfluss einräumten, hatten ihre Grundlage bereits in § 9 Abs. 2 StVollzG a.F.;[68] die Verlegung bedurfte „der Zustimmung des Leiters der sozialtherapeutischen Anstalt". Diese Regelung war in Abs. 1 des StVollzG nicht aufgenommen worden, so dass die Verlegungsentscheidung über § 152 StVollzG erfolgen musste, bzw. entsprechend an eine zentrale Stelle übertragen wurde.[69]

Grundsätzlich kann eine **Zuständigkeitsverlagerung** dazu beitragen, dass nicht Gefangene mit einer zu unsicheren Behandlungsindikation in die sozialtherapeutische Anstalt gelangen. Auch können schwierige, verhaltensauffällige Gefangene, die die abgebende Anstalt vielleicht gern loswerden möchte, so aus der Sozialtherapie herausgehalten werden. Die Anstalt hat nicht mehr die Möglichkeit, Gefangene, die ihr schwierig erscheinen, von sich fernzuhalten. Das ist berechtigt, zumal den sozialtherapeutischen Einrichtungen gelegentlich der Vorwurf gemacht wurde, sich primär ‚pflegeleichte' Gefangene auszusuchen, um sichere Behandlungserfolge zu erzielen und sich Schwierigkeiten, wie sie der Alltag des Vollzuges überall mit sich bringt, zu ersparen. Andererseits gehört es zur Kooperation zwischen den abgebenden Anstalten zur Entscheidung berufenen Stelle und der Sozialtherapie, dass der Leiter der sozialtherapeutischen Einrichtung die Grenzen der Therapie aufzeigt. Doch wäre eine bestimmende Einflussnahme des Leiters der sozialtherapeutischen Einrichtung im Einzelfall nicht mit dem Gesetz zu vereinbaren.

Unabhängig von den rechtlichen Anforderungen, sollte aus psychologischer Sicht die **Entscheidung über die Aufnahme (und entsprechend über die Rückverlegung) nie ein „einsamer Entschluss"** der Anstaltsleitung darstellen. Zu den Grundelementen sozialtherapeutischer Arbeit gehört im Gegenteil, dass alle wichtigen Entscheidungen in Konferenzen getroffen werden.[70] Gerade bei den Entscheidungen über Aufnahme und Rückverlegung ist der Anstaltsleiter auf einen möglichst breiten Konsens unter den Mitarbeitern angewiesen. Die Behandlung wird kaum erfolgreich anlaufen können, wenn die Mehrzahl der Mitarbeiter der Aufnahme des Gefangenen ablehnend gegenübersteht. Umgekehrt kann der Abbruch der sozialtherapeutischen Behandlung gegen den Willen der Mitarbeiter zu Spannungen und zu Krisen in der Zusammenarbeit führen, weil durch die Verlegungsentscheidung Beziehungen der Mitarbeiter zum Klienten zerschnitten werden.

20 **4. Zeitpunkt der Unterbringung in der Sozialtherapie.** Eine erfolgreiche Sozialtherapie benötigt Zeit. Nach einer Empfehlung des „Arbeitskreises Sozialtherapeutische Anstalten im Justizvollzug e.V." ist eine Verlegung in die Sozialtherapie so zu planen, dass einerseits genügend Zeit für das sozialtherapeutische Vorgehen zur Verfügung steht und andererseits die Entlassung unmittelbar aus der sozialtherapeutischen Einrichtung erfolgen kann.[71]

---

67 BGH 2 ARs 307/04.
68 *Egg* (Hrsg.) 1993, 150 ff.
69 Vgl. *C/MD* 2008 § 9 Rdn. 11.
70 OLG Celle NStZ 1984, 142.
71 Arbeitskreis Sozialtherapeutische Anstalten im Justizvollzug MschrKrim 1988, 2001, 2007.

In § 17 Abs. 4 ME StVollzG ist dementsprechend vorgesehen, dass „die Unterbringung zu einem Zeitpunkt erfolgen [soll], der entweder den Abschluss der Behandlung zum voraussichtlichen Entlassungszeitpunkt erwarten lässt oder die Fortsetzung der Behandlung nach der Entlassung ermöglicht". Diese Empfehlung fand wörtlich Berücksichtigung in den Gesetzestexten **BE** § 18 Abs. 4, **BB** § 25 Abs. 4, **HB** § 17 Abs. 4, **MV** § 17 Abs. 4, **NW** § 13 Abs. 5, **RP** § 24 Abs. 4, **SL** § 17 Abs. 4; **SN** § 17 Abs. 4; **ST** § 24 Abs. 4, **SH** § 18 Abs. 4, **TH** § 24 Abs. 4.

Die Anwendbarkeit des zweiten Kriteriums setzt freilich voraus, dass entsprechende Nachsorgeeinrichtungen bestehen, die eine anstaltsintern begonnene Behandlung extramural systematisch fortsetzen (können). Hierfür sollte eine enge Vernetzung und Abstimmung der intern und extern angebotenen Programme und Maßnahmen gegeben sein. Zudem sollte eine enge Zusammenarbeit mit den forensischen Ambulanzen oder anderen ambulanten Nachsorgeeinrichtungen erfolgen. Brandenburg (**BB** § 25 Abs. 4 Satz 2) hat eine entsprechende Formulierung sogar in den Gesetzestext aufgenommen.

Niedersachsen (**NI** § 104 Abs.3) und Hessen (**HE** § 12 Abs. 2 Satz 2) stellen allein darauf ab, dass die Verlegung zu einem Zeitpunkt erfolgen soll, „der den Abschluss der Behandlung zum voraussichtlichen Entlassungszeitpunkt erwarten lässt."[72]

In der Gesetzesbegründung von Niedersachsen heißt es zum Sinn des **NI** § 104 Abs. 3: „Er schärft den Blick für den passenden Zeitpunkt des Beginns der Sozialtherapie: Diese soll auf die Entlassung hinführen, weil sie ihre Wirkung nach der Entlassung und nicht im Vollzug und für diesen entfalten soll. Sie darf darum nicht zu früh beginnen. Sie darf aber auch nicht verspätet beginnen, damit die Therapie noch während des Vollzuges abgeschlossen werden kann. Damit kommt eine Verlegung in eine sozialtherapeutische Einrichtung bei Gefangenen mit einer Vollzugsdauer von weniger als zwei Jahren in der Regel nicht in Betracht. Die Verlegung soll so geplant werden, dass der Abschluss der Therapie zum voraussichtlichen Entlassungszeitpunkt zu erwarten ist und der Gefangene aus der Sozialtherapie heraus entlassen wird".[73]

In den Ländergesetzen von Baden-Württemberg (**BW** § 8), Bayern (**BY** Art. 11) und Hamburg (**HH** § 10) sind, § 9 StVollzG folgend, hinsichtlich des Zeitpunkts der Unterbringung in eine sozialtherapeutische Abteilung keine Festlegungen enthalten.

5. Sozialtherapie bei anschließender Sicherungsverwahrung. Für die bezüglich 21 des Entlassungszeitpunktes besonders schwierige Gruppe von Gefangenen, bei denen im Urteil **Sicherungsverwahrung** angeordnet oder vorbehalten ist, enthalten **BE** § 1, **BB** § 25, **HB** § 17, **RP** § 24, **SL** § 17, **SN** § 17, **ST** § 24, **SH** § 18 und **TH** § 24 jeweils in Abs. 4 Satz 2 (Ausnahme **BB** § 25 Abs. 4 Satz 3) eine zeitliche Vorgabe. Demnach „soll die Unterbringung zu einem Zeitpunkt erfolgen soll, der den Abschluss der Behandlung noch während des Vollzugs der Freiheitsstrafe erwarten lässt". Dies entspricht **ME** § 17 Abs. 4 Satz 2. Den von *Arloth/Krä*[74] diesbezüglich genannten Bedenken ist insofern Rechnung zu tragen, dass namentlich bei der Behandlung von Verurteilten mit langen zeitigen oder lebenslangen Freiheitsstrafen sowie bei Gefangenen, bei denen zusätzlich Sicherungsverwahrung angeordnet wurde, geeignete Konzepte zu entwickeln bzw. anzuwenden sind, die einen optimalen Behandlungserfolg gewährleisten, z.B. spezielle behandlungsorientierte Abteilungen im Normalvollzug zur Vorbereitung auf bzw. Motivation zur Behandlung in einer sozialtherapeutischen Einrichtung.

---

72 NI LT-Drucks. 15/3565, 95 f.
73 NI LT-Drucksache 15/3565, 95 f.
74 Vgl. *Arloth/Krä* 2017 § 9 StVollzG Rdn. 12.

Die Länder setzten insoweit eine Regelung um, die nach dem Urteil des Bundesverfassungsgerichts vom 4.5.2011 durch den Gesetzgeber zu beachten ist (BVerfG, 2 BvR 2365/09, Rdn. 112), nämlich dass bei Personen mit angeordneter Sicherungsverwahrung „schon während des Strafvollzugs alle Möglichkeiten ausgeschöpft werden (müssen), um die Gefährlichkeit des Verurteilten zu reduzieren". Insbesondere muss danach „gewährleistet sein, dass etwa erforderliche psychiatrische, psycho- oder sozialtherapeutische Behandlungen, die oftmals auch bei günstigem Verlauf mehrere Jahre in Anspruch nehmen, zeitig beginnen, mit der gebotenen hohen Intensität durchgeführt und möglichst vor dem Strafende abgeschlossen werden (ultima-ratio-Prinzip)" (s. näher 15 C).

22 **6. Motivation.** Allgemeine Vorschriften oder Vollzugszielbestimmungen in den Landesstrafvollzugsgesetzen sehen die aktive Mitwirkung des Justizvollzugs bei der Förderung der Therapiemotivation von Strafgefangenen vor. Aus psychologischer Sicht zu begrüßen ist die in einigen Bundesländern zusätzlich gesetzlich normierte Verpflichtung des Vollzugs zur Unterstützung des Gefangenen auch im Rahmen von Maßnahmen zur Vorbereitung der Sozialtherapie. So enthalten die Regelungen von Baden-Württemberg (**BW** § 8 Abs. 2 III), Bayern (**BY** Art. 11 Abs. 3), Nordrhein-Westfalen (**NW** § 13 Abs.4) und Schleswig-Holstein (**SH** § 18 Abs. 3) eine ausdrückliche Bestimmung zur Weckung und Förderung der Bereitschaft Strafgefangener für die Teilnahme an therapeutischen Maßnahmen. Die Förderung soll schon zeitlich vor Verlegung bzw. Unterbringung beginnen.

23 **7. Die Rückverlegung aus der Sozialtherapie.** Wie bereits das Strafvollzugsgesetz (in § 9 Abs. 1 Satz 2 StVollzG) halten auch die Landesgesetze für den Fall des Scheiterns der Sozialtherapie die Möglichkeit der Rückverlegung in die allgemein zuständige Anstalt offen. So sind Gefangene zurückzuverlegen (**BW** § 8 Abs. 3 III, **BY** Art. 11 Abs. 3, 2. Halbsatz, **HH** § 10 Abs. 3, **HE** § 12 Abs. 3, **NI** § 104 Abs. 4), bzw. die Sozialtherapie (**SH** § 28) oder ihre Unterbringung (**BE** § 18 Abs. 5, **BB** § 25 Abs. 5, **HB** § 17, **MV** § 17 Abs. 5, **NW** § 13 Abs. 6, **RP** § 24 Abs. 5, **SL** § 17 Abs. 5, **SN** § 17 Abs. 5, **ST** § 24 Abs. 5, **TH** § 24 Abs. 5) wird beendet, wenn der Zweck der Behandlung aus **Gründen, die in ihrer Person** liegen, nicht erreicht werden kann". In **HE** § 12 Abs. 3 Satz 1 findet sich zudem ein direkter Verweis auf **HE** § 11, nach dem die dort angeführten Verlegungsgründe unberührt bleiben.

Niedersachsen stellt zusätzlich zur Behandlungsunwilligkeit auch auf die Anstaltsordnung ab. So heißt es in **NI** § 104 Abs. 4 Satz 2: „Die oder der Gefangene kann zurückverlegt werden, wenn sie oder er durch ihr oder sein Verhalten den Behandlungsverlauf anderer erheblich und nachhaltig stören." Damit soll nach der Gesetzesbegründung die therapeutische Arbeit in der Einrichtung, also das gesamte Setting und die Behandlung anderer Gefangener, abgesichert werden.[75]

24 Schleswig-Holstein hat in **SH** § 28 Satz 1, 1. Halbsatz eine positive Zielerreichung definiert, diese aber auch um die Möglichkeit der Beendigung einer sozialtherapeutischen Behandlung durch Gründe, die im Verhaltens des Gefangenen liegen (**SH** § 28 Satz 2), erweitert.

Die Formulierung „**Gründe, die in ihrer Person liegen**" stellt einen auslegungsbedürftigen Rechtsbegriff dar. Hier ist zunächst daran zu denken, dass der Gefangene hartnäckig bei seiner Entscheidung gegen die Therapie bleibt oder dass er seine Mitarbeit dabei einstellt. Wie aber ist bei schweren Verstößen gegen die Hausordnung zu verfahren, wenn der Gefangene in der Anstalt gewalttätig wird oder gegen andere fundamenta-

---

75 NI LT-Drucks. 15/3565, 96.

le Verhaltensregeln wie das Alkoholverbot oder das Drogenverbot verstößt? Derartige Verhaltensweisen sind im Blick auf den Zweck der Behandlung zu bewerten. Sind es durch die Behandlung ausgelöste Reaktionen, die im Zuge weiterer Behandlung aufgearbeitet werden können, so sollte eine Rückverlegung nicht erfolgen. Etwas anderes gilt, wenn die genannten Störungen deutliche Hinweise auf die Behandlungsunfähigkeit sind. In der Vergangenheit führten Konflikte, wie oben beispielhaft genannt, zur Verlegung und damit dazu, dass die sozialtherapeutische Anstalt dieses Problem loswurde und dem ‚Normalvollzug' überließ (s. Rdn. 8). Nun muss in solchen Fällen zunächst und verstärkt nach Lösungsmöglichkeiten im Rahmen der Therapie gesucht werden. Nicht möglich ist dagegen eine Rückverlegung aus Zweckmäßigkeitserwägungen oder Belegungsschwierigkeiten der sozialtherapeutischen Einrichtung, etwa bei einer beabsichtigten Unterbrechung einer Therapie eines therapiewilligen und -fähigen Gefangenen mit einer langen Haftstrafe.[76] Auch aus therapeutischen Gründen ist eine derartige Unterbrechung und spätere Wiederaufnahme einer Therapie abzulehnen. Die Sorge, dass sich durch solche Gefangene Probleme für die Anstalten ergeben werden, weil diese Therapieplätze auf Dauer blockieren könnten, ist jedoch unbegründet.

Die entsprechenden Regelungen zur Rückverlegung verlangen nicht, dass ein Gefangener auch nach erfolgreich beendeter Behandlung in der sozialtherapeutischen Anstalt verbleiben muss, vielmehr ist dann ein legitimer Grund (Zweckerreichung) für die Verlegung in eine andere Anstalt gegeben. Allerdings sollte dort durch eine entsprechende Nachbetreuung, am besten durch das Personal der sozialtherapeutischen Anstalt, der Erfolg der Therapie stabilisiert und gesichert werden.

Die **Rückverlegung** eines zur Behandlung aufgenommenen Insassen **in den ‚Normalvollzug'** ist ein Problem, das die sozialtherapeutischen Anstalten von Beginn an begleitete.[77] Einerseits müssen Gefangene, die gegen Basisregeln des Zusammenlebens grob oder wiederholt verstoßen oder andere Hinweise auf Behandlungsunfähigkeit oder Behandlungsunwilligkeit zeigen, aus der sozialtherapeutischen Einrichtung verlegt werden, damit sie die kostbaren Plätze dort nicht blockieren. Kommt eine Rückverlegung in Betracht, dürfen Insassen ebenso wie Behandler nicht übereilt handeln. Schwankungen in Motivation und Mitarbeit gehören zur Entwicklung eines jeden Klienten in der Psychotherapie. Selbst schwere Verstöße gegen die Basisregeln können Anzeichen einer vorübergehenden Krise sein. Das Problem kann aber auch bei den Therapeuten liegen. Bei Behandlungskrisen projiziert das Personal bisweilen Störungen der Zusammenarbeit auf den Gefangenen und betreibt die Verlegung in der Hoffnung, auf diese Weise die eigenen Schwierigkeiten zu bewältigen. Vor der Verlegungsentscheidung sind deshalb die Auswirkungen der Verlegung für den Gefangenen und für die Anstalt sorgfältig abzuwägen. Manchmal ist es besser, die Therapieziele neu und bescheidener zu formulieren. Besonders wenn der Zeitpunkt der Entlassung nicht mehr fern liegt, sollte von einer Rückverlegung abgesehen werden. Dann wird die sozialtherapeutische Anstalt immerhin noch eine sorgfältigere Entlassungsvorbereitung durchführen können als die meisten personell weniger gut besetzten Vollzugsanstalten. Die Rückverlegung gegen den Willen des Insassen darf nur aus zwingenden Gründen erfolgen. Sie kann nämlich zu der weiteren Stigmatisierung führen, selbst in der Sozialtherapie versagt zu haben. Rückfalluntersuchungen zeigen, dass Rückverlegte besonders schnell und schwer rückfällig werden.[78]

---

76 LG Stuttgart NStZ-RR 2001, 255 f.
77 Für den von Anstalt zu Anstalt unterschiedlichen Umfang der Rückverlegungen von 20–60% *Egg* 1993, Synopse der sozialtherapeutischen Einrichtungen Tabelle 20, Zurückverlegung in den Normalvollzug, S. 176 f.
78 *Lösel* ZfStrVo 1996, 259 ff.

Dem Antrag des Gefangenen, der ernsthaft und nachdrücklich seine Rückverlegung in den Normalvollzug verlangt, ist, den Überlegungen zur Freiwilligkeit der Aufnahme entsprechend, zu folgen. Geschieht das zu einem Zeitpunkt, an dem der Insasse über die Inhalte therapeutischer Behandlung und das Leben in der sozialtherapeutischen Anstalt umfassend informiert ist, ist die Rückverlegung auch sachlich gerechtfertigt.

Sofern die jeweilige Landesregelung das Zustimmungserfordernis der Leitung der sozialtherapeutischen Anstalt für die Aufnahme beibehalten hat (so **BW** § 8 III, sofern keine Übertragung an zentrale Stelle), liegt auch der **actus contrarius**, die Rückverlegung, in ihrem pflichtmäßigen Ermessen. Voraussetzung für die Rückverlegung war, dass mit den besonderen therapeutischen Mitteln und sozialen Hilfen in der sozialtherapeutischen Anstalt voraussichtlich kein Erfolg erzielt werden konnte.

Von den Fällen der voraussichtlichen Erfolglosigkeit der Behandlung abgesehen, konnte ein Gefangener auch nach den allgemeinen Vorschriften des § 8 StVollzG oder nach § 85 StVollzG in eine „zu seiner sicheren Unterbringung besser geeignete Anstalt" verlegt werden.

26 **8. Alternativen zur Sozialtherapie.** Bereits bevor die Länder eigene Regelungen geschaffen haben, gab es auf vielfältige Ansätze um Sexualstraftätern zu einer Behandlung zu verhelfen. Ein Weg, der sich in vielen Anstalten bereits früh bewährt hat, ist die therapeutische Behandlung eines Gefangenen in der für ihn allgemein zuständigen Anstalt durch behandlungsorientierte Gruppenprogramme, die auch von externen Therapeuten geleitet werden können. Damit kann auch dem zurzeit im Vollzug noch herrschenden Mangel an einschlägig erfahrenen Therapeuten begegnet werden. Auch wenn die Psychotherapie in den Händen eines Therapeuten von draußen liegt, genügt es nicht, lediglich den technischen Rahmen der Behandlung in der Anstalt zu organisieren. Die betreffenden Gefangenen müssen durch einen Psychologen oder eine andere Fachkraft in der Anstalt begleitet und betreut werden.

Diese **Organisationsform nach dem 'Importmodell'**[79] war keine Notlösung an Stelle der damals (noch) nicht durchführbaren Verlegung in eine sozialtherapeutische Einrichtung. Sie kann durchaus Vorteile haben. Der Gefangene bleibt in einer Anstalt, die vielleicht heimatnäher gelegen ist oder die günstigere Voraussetzungen für seine berufliche Beschäftigung oder für seine Fortbildung bietet. Auch für die Vollzugsorganisation des Landes sind Vorteile denkbar. Andere behandlungsbedürftige Gefangene als Sexualstraftäter können einen Platz in einer sozialtherapeutischen Einrichtung erhalten. Die Einrichtungen selbst werden nicht zu therapeutischen ‚Monokulturen', die überwiegend oder gar ausschließlich mit behandlungsbedürftigen Sexualstraftätern belegt sind. Derartige Spezialeinrichtungen könnten nämlich für die Gestaltung des Alltags spezifische Schwierigkeiten mit sich bringen. Auf jeden Fall ist das Leben dort noch weiter von Normalität (§ 3 Abs. 1 StVollzG) entfernt als das in anderen Vollzugsanstalten.

Im Anschluss an diese Möglichkeiten einer Therapie im Normalvollzug stellt sich die grundlegende Frage, ob diese Art der Behandlung von Sexualstraftätern die Verlegung dann ersetzen kann, wenn in den sozialtherapeutischen Einrichtungen ein Behandlungsplatz zur Verfügung steht. Die Frage ist grundsätzlich zu bejahen. Wenn ein Gefangener **ebenso gut oder besser anderswo als in der Sozialtherapie behandelt werden kann, so ist die „Behandlung in einer sozialtherapeutischen Anstalt" nicht angezeigt.**

---

79 *Egg* 1984, 121.

Die Indikation der Sozialtherapie für Sexualstraftäter ist nach wie vor nur gegeben, wenn sie zur Erreichung des Vollzugsziels (§ 2 Satz 1 StVollzG) erforderlich ist. Von der Verlegung sind also nicht nur Gefangene auszuschließen, die nicht behandlungsfähig sind. Dasselbe gilt für diejenigen von ihnen, die – aus welchen Gründen auch immer – einer Behandlung in einer sozialtherapeutischen Einrichtung nicht bedürfen.[80]

Die alte Regelung des StVollzG differenzierte bei der Notwendigkeit der Zustimmung des Gefangenen zur Verlegung. Lediglich bei „anderen Gefangenen" (nach § 9 Abs. 2 StVollzG) war eine solche Voraussetzung für die Sozialtherapie. Dieser Grundsatz wurde von allen sozialtherapeutischen Einrichtungen beachtet, bevor er durch das StVollzÄndG von 1984 („mit seiner Zustimmung") ausdrücklich festgelegt wurde.[81] Entsprechendes muss auch für die einzelnen Behandlungsangebote, insbesondere für die Psychotherapie, gelten.

B. Sozialtherapeutische Anstalten und Abteilungen

Bund	§ 123 StVollzG
Baden-Württemberg	BW § 94 III JVollzGB
Bayern	BY Art. 117 BayStVollzG
Berlin	BE § 19 StVollzG Bln
Brandenburg	BB § 107 BbgJVollzG
Bremen	HB § 94 BremStVollzG
Hamburg	HH § 99 HmbStVollzG
Hessen	HE § 70 HStVollzG
Mecklenburg-Vorpommern	MV § 93 StVollzG M-V
Niedersachsen	NI § 103 NJVollzG
Nordrhein-Westfalen	NW § 93 StVollzG NRW
Rheinland-Pfalz	RP § 104 LJVollzG
Saarland	SL § 93 SLStVollzG
Sachsen	SN § 106 SächsStVollzG
Sachsen-Anhalt	ST § 105 JVollzGB LSA
Schleswig-Holstein	SH § 127 LStVollzG SH
Thüringen	TH § 105 ThürJVollzG

Schrifttum

S. vor A.

Übersicht

I. Allgemeine Hinweise —— 1, 2
II. Erläuterungen und landesgesetzliche Besonderheiten —— 3

I. Allgemeine Hinweise

§ 123 Abs. 1 StVollzG verpflichtete die Landesjustizverwaltungen im Sinne einer in- 1
stitutionellen Bestandsgarantie, „getrennte sozialtherapeutische Anstalten vorzusehen",

---

80 So auch der Bericht des Rechtsausschusses vom 13.11.1997, BT-Drucks. 13/9062, 13.
81 Hierzu krit. *Böhm* NJW 1985, 1813 ff.

sagte aber nichts darüber, welche Gefangenen dort mit welchen Methoden zu behandeln sind,[82] wie die Anstalten – insbesondere personell – ausgestattet werden sollen und wie viel Behandlungsplätze im Verhältnis zur Gefangenenzahl des Landes vorzuhalten sind. Gleichwohl stand es den Ländern nicht frei, Anstalten beliebig als sozialtherapeutische Einrichtungen zu etikettieren. In den vergangenen fünf Jahrzehnten hat die Praxis ein hinreichend deutliches Bild der sozialtherapeutischen Anstalt entwickelt. Diese Tradition wurde bei der Landesgesetzgebung zum Strafvollzug beachtet.

2   Anstelle sozialtherapeutischer Anstalten konnten „aus besonderen Gründen" sozialtherapeutische Abteilungen eingerichtet werden (§ 123 Abs. 2 Satz 1 StVollzG). Besondere Anstalten sind jedoch vorzuziehen, weil das vollzugliche Klima der Gesamtanstalt auf die sozialtherapeutische Abteilung ausstrahlt und die Entwicklung der therapeutischen Gemeinschaft behindert. Unschädlich ist es freilich, wenn eine sonst selbständige sozialtherapeutische Anstalt mit einer benachbarten Vollzugsanstalt gemeinsame Versorgungseinrichtungen benutzt. Doch müssen die Leitung und das Behandlungsteam einschließlich der Beamten des allgemeinen Vollzugsdienstes klar von dem Personal der anderen Anstaltsbereiche geschieden sein. Im Bereich der Arbeitsbetriebe wird von Fall zu Fall zu entscheiden sein. Die üblichen „Knast"-Beschäftigungen sind ein Fremdkörper in der sozialtherapeutischen Behandlung. Doch könnte eine Berufsausbildung und ein Belastungstraining in einem Werkbetrieb, der vergleichbare Anforderungen wie „draußen" stellt, vertretbar sein.[83]

Die Landesjustizverwaltungen wichen in den letzten Jahren jedoch meistens auf das Modell der sozialtherapeutischen Abteilung aus. Nach der Vorstellung des Bundesgesetzgebers[84] darf die Belegungsfähigkeit der sozialtherapeutischen Anstalt maximal 200 Haftplätze betragen. Die aufwendige Neuerrichtung einer Anstalt mit nur 200 Haftplätzen ist angesichts der angespannten Haushaltslage und der Priorität des Ausbaus der eigentlichen sozialtherapeutischen Behandlungskapazitäten schwer finanzierbar.[85] Dem entsprechend sehen die Landesgesetze alternativ zu eigenen Anstalten sozialtherapeutische Abteilungen oder sogar nur solche Abteilungen vor. Die gesetzliche „Abkehr von der selbstständigen Anstalt"[86] zeigt sich bereits daran, dass nur noch vier Ländern den Begriff „Sozialtherapeutische Anstalt" gesondert aufführen.[87]

Dies ist aber aus kriminologischer Sicht wegen der bei unselbständigen Abteilungen ungleich schwierigeren Umsetzbarkeit einer „integrativen Sozialtherapie" dennoch als Rückschritt zu betrachten.[88]

II. Erläuterungen und landesgesetzliche Besonderheiten

3   In der Praxis hat sich das in der Ordnungsnorm des § 123 StVollzG zum Ausdruck kommende Regel-Ausnahme-Verhältnis von Anstalten zu Abteilungen erkennbar umgekehrt.[89] So nehmen die meisten Länder, wie auch schon ME § 17, in ihren Formulierun-

---

82 Vgl. *Laubenthal/Nestler/Neubacher/Verrel* 2015 J Rdn. 38.
83 Vgl. zum Ganzen auch die organisatorischen und strukturellen Mindestanforderungen an sozialtherapeutische Abteilungen des „Arbeitskreises Sozialtherapeutische Anstalten im Justizvollzug" e.V. FS 2016.
84 Entsprechende Vorstellungen vertreten auch heute noch AK-*Alex/Rehn* 2017 Teil II § 17 Rdn. 3 f sowie Arbeitskreis Sozialtherapeutische Anstalten im Justizvollzug e.V. FS 2016.
85 *Arloth/Krä* 2017 § 123 StVollzG Rdn. 2.
86 AK-*Rehn/Alex* 2017 Teil VI 2 Rdn. 14.
87 AK-*Rehn/Alex* 2017 Teil VI 2 Rdn. 14.
88 *Egg* 1984, vgl. AK-*Rehn/Alex* 2017, Teil VI 2 Rdn. 14.
89 *Arloth/Krä* 2017 § 124 StVollzG Rdn. 2.

gen Abstand von dem Anstaltsbegriff und sehen „nur" noch Abteilungen in anderen Anstalten oder Einrichtung vor. Lediglich in **BB** § 107, **HH** § 99, **HE** § 70 und **NI** § 103 findet sich noch der Begriff der "Sozialtherapeutischen Anstalt".

Von den insgesamt 69 sozialtherapeutischen Einrichtungen haben aktuell ganze 62 den Status von Abteilungen.[90] Die dem StVollzG zugrundeliegende Regelform einer getrennten Anstalt wird nur in **HE** § 70 befolgt. Im Übrigen stellen die Landesvorschriften von **BW** § 94 III, **BE** § 19, **BY** Art. 117, **HH** § 99 Abs. 2 und **NI** § 103 sozialtherapeutische Abteilungen gleich oder sehen wie die Landesvorschrift von **BB** § 107, **HB** § 94, **MV** § 93, **RP** § 104, **SL** § 93, **SN** § 106, **ST** § 105 und **TH** § 105 nur sozialtherapeutische Abteilungen vor. Auf den Begriff einer sozialtherapeutischen Einrichtung verzichten im Rahmen der Organisationsnormen völlig **NW** § 93 Abs. 2 sowie **SH** § 127. Allerdings sind dort mit dem Abstellen auf Behandlungsdifferenzierung implizit auch sozialtherapeutische Einrichtungen angesprochen, die im Rahmen der Regelung einer sozialtherapeutischen Behandlung dann auch explizit genannt werden (**NW** § 13, **SH** § 18).

Zur **Ausstattung** sozialtherapeutischer Einrichtungen findet sich in **BE** § 19 eine vorbildliche Konkretisierung dahingehend, dass die sozialtherapeutische Einrichtung „in überschaubaren Wohngruppen, deren Ausgestaltung an den Grundsätzen sozialtherapeutischer Behandlung auszurichten ist" organisiert wird. Zudem werden die Berufsgruppen spezifiziert, die die Wohngruppen betreuen („Mitarbeiterinnen oder Mitarbeiter des Sozialdienstes, Psychologinnen oder Psychologen und fest zugeordnete Bedienstete des allgemeinen Vollzugsdienstes"). **BE** § 19 Abs. 3 benennt die notwendige räumliche Ausstattung und legt dar, dass auch zur gemeinsamen Nutzung vorgesehene Räume wie Küchen oder Aufenthaltsräume notwendig sind. Diese Spezifizierungen sind zu begrüßen, da sie zumindest einzelne Bestandteile der für die therapeutische Arbeit relevanten Rahmenbedingungen explizit benennen.[91]

Entsprechende Konkretisierungen finden sich in anderen Landesgesetzen nicht. Aber immerhin statuieren **HB** § 94 Abs. 2, **MV** § 93 Abs. 3 und **ST** § 105 Abs. 3 das Erfordernis einer „bedarfsgerechten Anzahl und Ausstattung von Plätzen für sozialtherapeutische Maßnahmen". **NW** § 93 Abs. 4 und 5 spricht darüber hinaus den für das sozialtherapeutische Arbeiten zentralen Wohngruppenansatz an.[92] Zur Organisation s. auch 13 D.

C. Urlaub zur Vorbereitung der Entlassung

Bund	§ 124 StVollzG
Baden-Württemberg	BW § 89 Abs. 4 III JVollzGB
Bayern	BY Art. 118, 17 BayStVollzG
Berlin	BE § 46 StVollzG Bln
Brandenburg	BB § 50 BbgJVollzG
Bremen	HB § 42 BremStVollzG
Hamburg	HH § 15 HmbStVollzG
Hessen	HE § 16 Abs. 3 HStVollzG
Mecklenburg-Vorpommern	MV § 42 StVollzG M-V
Niedersachsen	NI § 105 NJVollzG
Nordrhein-Westfalen	NW § 89 StVollzG NRW
Rheinland-Pfalz	RP § 49 LJVollzG

---

90 AK-*Rehn/Alex* 2017 Teil VI 2 Rdn. 34.
91 Arbeitskreis Sozialtherapeutische Anstalten im Justizvollzug e.V. FS 2016, 37.
92 Arbeitskreis Sozialtherapeutische Anstalten im Justizvollzug e.V. FS 2016, 37f.

Saarland	SL § 42 SLStVollzG
Sachsen	SN § 42 SächsStVollzG
Sachsen-Anhalt	ST § 49 JVollzGB LSA
Schleswig-Holstein	SH § 59 LStVollzG SH
Thüringen	TH § 50 ThürJVollzG

Schrifttum

S. vor A.

Übersicht

I. Allgemeine Hinweise —— 1–4
   1. Entlassungsvorbereitende Maßnahmen —— 1–3
   2. Verhältnis des Sonderurlaubs zur Strafrestaussetzung nach § 57 StGB —— 4

II. Erläuterungen —— 5–8
   1. Urlaub zur Vorbereitung der Entlassung —— 6
   2. Weisungen —— 7
   3. Widerruf der Beurlaubung —— 8

I. Allgemeine Hinweise

1. Entlassungsvorbereitende Maßnahmen.

a) Schon früh erkannte der Gesetzgeber, dass auch im Rahmen der Sozialtherapie der fachgerechten **Entlassungsvorbereitung** Bedeutung für einen langfristigen Therapieerfolg zukommt. So war entlassungsvorbereitender Urlaub bereits in der a.F. des StVollzG vom 16.3.1976, gültig ab 1.1.1977, bis 31.12.1984 im 16. Kap. „Sozialtherapeutische Anstalten" und hier in § 124 StVollzG enthalten.

Die hohe Bedeutung, die der sozialen und beruflichen (Wieder-)Eingliederung auch im Rahmen der Sozialtherapie zukommt, haben auch die Landesregierungen erkannt. Die meisten Bundesländer (außer Bayern, Niedersachsen und Nordrhein-Westfalen) haben die Vorbereitung der Entlassung in einem eigenen Kapitel (meist Abschnitt 8, **BW** III Abschnitt 13, **SH** Abschnitt 9, **HE** § 13) „Vorbereitung der Eingliederung, Entlassung und nachgehende Betreuung ..." geregelt und darin festgelegt, dass zur Vorbereitung der Entlassung vollzugsöffnende Maßnahmen gewährt werden sollen. Derartige vollzugsöffnende Maßnahmen dienen der Eingliederung der Gefangenen und sollen schädlichen Folgen des Freiheitsentzugs entgegenwirken.[93] Unter anderem können sie geeignete Mittel sein, um Sozialkontakte aufrecht zu erhalten. Vollzugsöffnende Maßnahmen können jedoch nicht als Selbstzweck gewährt werden. Sie sind vielmehr in jedem Fall am Eingliederungsauftrag zu orientieren. Den Gefangenen steht aber kein Rechtsanspruch auf Gewährung von vollzugsöffnenden Maßnahmen zu, sondern nur ein Anspruch auf ermessensfehlerfreie Entscheidung. Wenn die Gefangenen allerdings die Voraussetzungen (v.a. keine Flucht- und Missbrauchsgefahr) erfüllen, wird sich das Ermessen der Anstalt reduzieren.

In den entsprechenden Paragraphen wird regelmäßig auch klargestellt, dass alle Maßnahmen der Wiedereingliederung der Gefangenen am voraussichtlichen Zeitpunkt der Entlassung ausgerichtet sein müssen. Damit ist der Zeitpunkt gemeint, zu dem die Anstalt im Rahmen ihrer Prüfung und Vollzugsplanung von der Entlassung der Gefangenen ausgeht. Dies kann ein Zeitpunkt nach §§ 57, 57a StGB sein, aber auch der Endstrafenzeitpunkt.

---

[93] Vgl. *Arloth/Krä* 2017 § 10 StVollzG Rdn. 1.

Ausnahmslos wurde auch die bis dahin in § 124 StVollzG normierte Dauerbeurlaubung von einer Zeitspanne bis zu sechs Monaten in die jeweiligen Landesgesetze übernommen (**BW** § 89 Abs. 4 III, **BY** Art. 118 Abs. 1, **BE** § 46 Abs. 4, **BB** § 50 Abs. 5, **HB** § 42 Abs. 4, **HH** § 15 Abs. 1, **HE** § 16 Abs. 3, **MV** § 42 Abs. 4, **NI** § 105 Abs. 1, **NW** § 89 Abs. 1, **RP** § 49 Abs. 4, **SL** § 42 Abs. 4, **SN** § 42 Abs. 4, **ST** § 49 Abs. 4, **SH** § 59 Abs. 4, **TH** § 50 Abs. 4).[94] Darüber hinaus wurde der personelle Geltungsbereich über die Sexualstraftäter hinaus in den meisten Ländern (Ausnahme **BW, BY, HH, NI, NW**) auch auf andere geeignete Gefangene erweitert.

b) Der Urlaub zur Vorbereitung der Entlassung stellt einen **Sonderurlaub eigener Art dar.** Zwischen dem durch Freigang, Ausgang (10 H) und Urlaub (10 D, E und H) gelockerten (Übergangs-)Vollzug und der Entlassung bot das Strafvollzugsgesetz für die Insassen einer sozialtherapeutischen Anstalt als weitere Zwischenstufe die Möglichkeit einer besonderen Art des Urlaubs zur Vorbereitung der Entlassung. Während im Übergangsvollzug Bedingungen nach Art einer „Nachtklinik" geschaffen werden konnten, ermöglichte diese Vorschrift dem Insassen, das in der Sozialtherapie Gelernte in fast völliger Freiheit für bis zu sechs Monate zu erproben. Die Vorschrift trug der Erfahrung Rechnung, dass die Insassen der Sozialtherapie in sehr vielen Fällen nach ihrer Entlassung wieder in Schwierigkeiten oder Krisen kommen, in denen sozialtherapeutische Hilfe angebracht ist. Darüber hinaus ist aus der empirischen Literatur zu Rückfallverläufen bekannt, dass der Großteil der Rückfälle in den ersten beiden Jahren nach der Entlassung erfolgt, so dass die erste Phase nach der Entlassung aus dem Justizvollzug als besonders sensibel eingestuft werden muss. Im Falle der Beurlaubung nach dieser Vorschrift bestand noch ein Band zur Anstalt, das die Vermittlung der notwendigen Hilfen ermöglichte. In der Praxis der sozialtherapeutischen Einrichtungen spielte diese Vorschrift freilich stets eine äußerst geringe Rolle, deren Umfang – ähnlich wie bei anderen selbstständigen Lockerungen – auch in den letzten Jahren weiter rückläufig ist. Während die jährliche Stichtagserhebung der KrimZ 1997 noch bei 7,9% der Sozialtherapie-Klientel eine Zulassung zu einem Urlaub zur Entlassungsvorbereitung registrierte, ging diese Zahl auf Werte unter 3% zurück – eine Tendenz, die bis heute anhält.[95]

c) Einzelne Bundesländer haben darüber hinaus weitere **Lockerungen/vollzugsöffnende Maßnahmen** normiert, um die Entlassung vorzubereiten. In **BW** § 89 Abs. 2 III können Gefangene in eine **Einrichtung des offenen Vollzugs** verlegt werden, wenn dies der Vorbereitung der Entlassung dient.

In mehreren Ländern (**BB** § 50 Abs.4, **BE** § 46 Abs. 3, **MV** § 42 Abs. 3, **RP** § 49 Abs. 3, **SL** § 42 Abs. 3, **SN** § 42 Abs. 3, **ST** § 49 Abs. 3, **SH** § 59 Abs. 3) können Gefangenen Aufenthalte in (geeigneten) Einrichtungen außerhalb des Vollzugs **(Übergangseinrichtungen)** gewährt werden, wenn dies zur Vorbereitung der Eingliederung erforderlich ist. **ST** § 49 Abs. 3 Satz 1 fordert zusätzlich, dass der Strafgefangene „für diese Maßnahme geeignet ist, insbesondere keine tatsächlichen Anhaltspunkte die abstrakte Gefahr begründen, dass er sich dem Vollzug der Freiheitsstrafe ... entziehen oder die Möglichkeiten des Aufenthaltes in diesen Einrichtungen zu Straftaten oder auf andere Weise missbrauchen wird".

In **BB** § 50 Abs. 4 Satz 3 kann Gefangenen, die sich mindestens sechs Monate im Vollzug befunden haben, ein zusammenhängender **Langzeiturlaub** bis zu sechs Monaten gewährt werden, wenn dies zur Vorbereitung der Eingliederung erforderlich ist. Ver-

---

94 *AK-Rehn/Alex* 2017 Teil VI 2 Rdn. 14.
95 *Etzler*, 2017, 93.

gleichbare Regelungen haben **HB** § 42 Abs. 3, **RP** § 49 Abs. 3 Satz 3, **SL** § 42 Abs. 3 Satz 3, **SN** § 42 Abs. 3 Satz 3, **ST** § 49 Abs. 3 Satz 2, **SH** § 59 Abs. 3 Satz 2 (nur alternativ zur Unterbringung in einer Übergangseinrichtung nach **SH** § 59 Abs. 3 S. 1), **TH** § 50 Abs. 3 Satz 1. In **BB** § 50 Abs. 4 Satz 3 kann der Urlaub „zur Unterbringung in einer **Einrichtung freier Träger** auch darüber hinaus" gewährt werden. In Hessen sind die vollzugsöffnendem Maßnahmen umfassend in **HE** § 13 (Geschlossener Vollzug und vollzugsöffnende Maßnahmen), **HE** § 14 (Weisungen, Rücknahme und Widerruf) und **HE** § 16 (Entlassungsvorbereitung) geregelt; nach **HE** § 16 Abs. 3 kann für Insassen sozialtherapeutischer Einrichtungen Freistellung aus der Haft von bis zu sechs Monaten gewährt werden, wobei auf diese Zeit die bereits nach der allgemeineren Vorschrift von **HE** § 13 Abs. 3 Nr. 4 gewährte Freistellung („bis zu 21 Kalendertage in einem Vollstreckungsjahr") angerechnet wird. In **NW** § 59 Abs. 2 kann – unabhängig von der Unterbringung in einer sozialtherapeutischen Einrichtung – Insassen innerhalb von drei Monaten vor der voraussichtlichen Entlassung „Langzeitausgang bis zu zehn Tagen gewährt werden, wenn dies zur Eingliederung der Gefangenen erforderlich ist". Nach Ziffer 4.6 der Richtlinien betreffend die Verlegung in den offenen Vollzug und vollzugsöffnende Maßnahmen vom 29. Januar 2015 (4511 – IV. 19) erhalten die Gefangenen/Untergebrachten nach entsprechender Belehrung einen sog. Langzeitausgangsschein, in dem, soweit erforderlich, auferlegte Weisungen aufgeführt sind. In Bayern verweist **BY** Art. 17 Abs. 3 Satz 1 darauf, dass innerhalb von drei Monaten vor der Entlassung Sonderurlaub bis zu einer Woche gewährt werden kann, um die Entlassung angemessen vorzubereiten.

4   **2. Verhältnis des Sonderurlaubs zur Strafrestaussetzung nach § 57 StGB.** Zeit des Strafvollzuges spürbar zu verkürzen, weil auch dieser Urlaub auf die Strafzeit angerechnet wird (§ 13 Abs. 5 StVollzG).[96] Der/die Anstaltsleiter/-in wirkte auf diese Weise in weit stärkerem Maße, als das sonst bei Urlaubsgewährung vorgesehen ist, in den Bereich der richterlichen Gewalt hinein. Eine Abstimmung mit der Strafvollstreckungskammer sehen weder das Gesetz noch die VV zu § 14 Nr. 1 StVollzG vor, sie ist aber wenigstens dann geboten, wenn gegen Ende des Urlaubs die Strafrestaussetzung nach § 57 StGB empfohlen werden soll. In diesen Fällen sollte sich die Anstalt durch Anhörung der Strafvollstreckungskammer vergewissern, ob dort die Bereitschaft besteht, im Falle des erfolgreichen Verlaufs des Urlaubs die Entlassung zur Bewährung anzuordnen. Dies gilt umso mehr, als die Strafvollstreckungskammern gem. § 454 Abs. 2 StPO verpflichtet sind, vor der Strafrestaussetzung ein Gutachten über die Gefährlichkeit des Gefangenen einzuholen. Andernfalls könnte der für die Behandlung des Insassen äußerst belastende Fall eintreten, dass dieser trotz Bewährung in dem sechsmonatigen Urlaub wieder in die Anstalt zurückkehren müsste. Verwaltungsvorschriften verpflichten deshalb die Anstalt in manchen Bundesländern, eine Stellungnahme der Strafvollstreckungskammer herbeizuführen. Eine solche Anhörung der Strafvollstreckungskammer ist nicht unproblematisch, da das Gericht von der Verwaltungsbehörde nicht zur Abgabe einer Stellungnahme verpflichtet werden kann.[97] Nimmt die Strafvollstreckungskammer aber Stellung, stellt sich die Frage, ob das zu dem späteren Zeitpunkt der Entscheidung über die Strafrestaussetzung zur Bewährung nach § 57 StGB möglicherweise anders besetzte Gericht an die Stellungnahme gebunden ist. Sie war früher zu verneinen. Inzwischen hat das BVerfG (NJW 1992, 2952) zur Frage der Aussetzung einer lebenslangen Freiheitsstrafe nach § 57a StGB entschieden, dass die Festlegung des möglicherweise weit in der Zu-

---

96 Hierzu krit. *Böhm* NJW 1985, 1816.
97 So für das Gnadenverfahren: *Knauth* DRiZ 1981, 302 ff; vgl. auch OLG Frankfurt NStZ 1982, 260.

kunft liegenden Entlassungstermins durch die Strafvollstreckungskammer ein später mit der Sache befasstes Vollstreckungsgericht – soweit sich der Sachverhalt nicht geändert hat – bindet. Diese Rechtsgedanken müssen für den Fall des Sonderurlaubs für Gefangene in sozialtherapeutischen Anstalten wenigstens dann entsprechend gelten, wenn die Strafvollstreckungskammer die Stellungnahme als förmlichen Beschluss abgegeben hat. Diese Rechtslage erleichtert es den Anstalten, die sinnvolle Einrichtung des Sonderurlaubs im Interesse einer möglichst erfolgreichen Behandlung zu nutzen. – Falls eine Verwaltungsvorschrift außerdem für Urlaub dieser Art die Zustimmung der Aufsichtsbehörde fordert, ergeben sich ähnliche Probleme wie nach Nr. 3 Abs. 1 Buchst. a und d, Abs. 2 VV zu § 13 StVollzG. Der Sache nach ist eine **Information** der Aufsichtsbehörde über Urlaubsentscheidungen dieser Art sinnvoll, ihr gewissermaßen das letzte Wort zu überlassen erscheint hingegen wenig zweckmäßig. Der Anstaltsleiter, der den Insassen der durchweg kleinen sozialtherapeutischen Einrichtungen oder Abteilungen persönlich kennt, kann am besten die Verantwortung für die Entscheidung tragen.

II. Erläuterungen

Die **Vorbereitung der Eingliederung** ist in **BB** § 50, **BE** § 46, **HB** § 42, **HE** § 16, **MV** 5
§ 42, **RP** § 49, **SL** § 42, **SN** § 42, **ST** § 49 und **SH** § 59 in einem eigenen Paragraphen dahingehend präzisiert, dass jeweils in Abs. 1 festgelegt ist, dass „die Maßnahmen zur sozialen und beruflichen Eingliederung auf den Zeitpunkt der voraussichtlichen Entlassung in die Freiheit abzustellen sind". Dies umfasst ausdrücklich auch die Vermittlung nachsorgender Maßnahmen. In Abs. 2 ist festgelegt, dass die Anstalt dazu frühzeitig mit unterschiedlichen Personen, Behörden und Einrichtungen außerhalb des Vollzugs zusammenarbeitet, um zu erreichen, dass die Gefangenen nach ihrer Entlassung über eine geeignete Unterkunft und eine Arbeits- oder Ausbildungsstelle verfügen. Darüber hinaus sind Bewährungshilfe und ggf. Führungsaufsicht frühzeitig an der sozialen und beruflichen Eingliederung zu beteiligen. In einigen Ländern finden sich ergänzende Regelungen: In **HE** § 16 Abs. 1 Satz 3 ist die Bewährungshilfe schon während des Vollzugs zu einer Zusammenarbeit verpflichtet. In **RP** § 42 Abs. 1 Satz 3 hat die Nachsorge in enger Abstimmung mit dem Kompetenzzentrum für ambulante Resozialisierung und Opferhilfe zu erfolgen. In **MV** § 42 Abs. 1 Satz 4 ist das Landesamt für ambulante Straffälligenarbeit ein Jahr vor dem voraussichtlichen Entlassungszeitpunkt zu beteiligen.

Urlaub zur Vorbereitung der Entlassung

a) Die Regelungen für den Urlaub zur Vorbereitung der Entlassung sind in den meis- 6
ten Bundesländern Teil der die Entlassungsvorbereitung/Vorbereitung der Eingliederung/Entlassung regelnden Artikel/Paragraphen: **BW** § 89 Abs. 4 III, **BE** § 46 Abs. 4, **BB** § 50 Abs. 5, **HB** § 42 Abs. 4, **HH** § 15 Abs. 1 Satz 2, 2. Strichaufzählung), **HE** § 16 Abs. 3, **MV** § 42 Abs. 3, **RP** § 49 Abs. 4, **SL** § 42 Abs. 4, **SN** § 42 Abs. 4, **ST** § 49 Abs. 4, **SH** § 59 Abs. 4, **TH** § 50 Abs. 4. Lediglich in § 124 StVollzG, **BY** Art. 118, **NI** § 105, **NW** § 89 sind sie in einem eigenen Artikel bzw. Paragraphen (Urlaub/Langzeitausgang zur Vorbereitung der Entlassung) normiert.

b) Die Zuständigkeit für die Gewährung von Sonderurlaub bis zu sechs Monaten zur Vorbereitung der Entlassung lag gem. § 124 StVollzG (ebenso ME § 124 Abs. 1 Satz 1) beim Anstaltsleiter. Dies wurde auch in **BW** § 89 Abs. 4 Satz 1 III („Die Anstaltsleiterin oder der Anstaltsleiter kann Gefangenen ... Freistellung aus der Haft von bis zu sechs Monaten gewähren") und **BY** Art. 118 Abs. 1 Satz 1 („Gefangenen kann zur Vorbereitung der Entlassung von dem Anstaltsleiter oder der Anstaltsleiterin Sonderurlaub bis zu sechs Monaten gewährt werden") so übernommen. In **BB** § 50 Abs. 3 Satz 2 ist die Vollstreckungsleiterin/der Vollstreckungsleiter zu hören, in **NI** § 105 Abs. 1 Satz 1 wird der Urlaub von der Vollzugsbehörde erst „nach Anhörung der Vollstreckungsbehörde" gewährt. In der Gesetzesbegründung heißt es dazu: „Da es sich bei den Gefangenen in den sozialtherapeutischen Einrichtungen um Personen handelt, die wegen sehr schwer wiegender Straftaten verurteilt worden sind, erscheint es aber nach wie vor angezeigt, die Vollstreckungsbehörde in die Entscheidung über einen langfristigen Sonderurlaub vor der Entlassung einzubeziehen" (**NI** LT-Drucks. 15/3565, 156). Die übrigen Bundesländer haben die Zuständigkeit für den Urlaub zur Vorbereitung der Entlassung nicht explizit festgelegt.

c) In § 124 StVollzG Abs. 1 Satz 1, **BY** Art. 118 Abs. 1 und **NI** § 5 Abs. 1 wird der Begriff „Sonderurlaub" verwendet, während **BW** § 89 Abs. 4 III, **HH** § 15 Abs. 1 und **HE** § 16 Abs. 3 den Begriff „Freistellung von (bzw. aus) der Haft" benutzen. **BE** § 46 Abs. 4, **BB** § 50 Abs. 5, **HB** § 42 Abs. 4, **MV** § 42 Abs. 4 und **NW** § 89 Abs. 1 verwenden die Formulierung Langzeitausgleich. **RP** § 49 Abs. 4, **SL** § 42 Abs. 4, **SN** § 42 Abs. 4, **ST** § 49 Abs.4, **SH** § 59 Abs. 4 und **TH** § 50 Abs. 4 haben die Formulierung „erforderliche Lockerungen" des **ME** § 42 Abs. 4 übernommen und schließen dabei den zusammenhängenden Langzeitausgang im jeweiligen Abs. 3 ein.

d) Als Zweck des Sonderurlaubs/Langzeitausgangs wird überwiegend die „Vorbereitung der Eingliederung" genannt. **BW** § 89 Abs. 4 III, **BY** Art. 118 Abs. 1, **HH** § 15 Abs. 1, **NI** § 105 Abs.1 verwenden den Begriff „Vorbereitung der Entlassung".

e) Die Gewährung des Urlaubs zur Vorbereitung der Entlassung ist vereinzelt als „Kann-Bestimmung" ohne weitere ausdrückliche Beschränkung/Voraussetzung (ausgenommen der zeitlichen Vorgabe) formuliert (§ 124 StVollzG Abs. 1 S. 1, **BW** § 89 Abs. 4 III, **BY** Art. 118 Abs. 1, **HE** § 16 Abs. 3, **HH** § 15 Abs. 1, **NI** § 105 Abs. 1. In **NW** § 89 Abs. 1 gilt dies einschränkend „insbesondere wenn ihre Unterkunft gesichert, ein Arbeits- oder Weiterbildungsplatz vorhanden und das soziale Umfeld für ihre Eingliederung förderlich ist".
In **BE** § 46 Abs. 4, **BB** § 50 Abs. 5, **MV** § 42 Abs. 4, **RP** § 49 Abs. 4, **SN** § 42 Abs. 4, **ST** § 49 Abs. 4, **SH** § 59 Abs. 4, **TH** § 50 Abs. 4 **sind** Lockerungen, darunter auch ein zusammenhängender Langzeiturlaub, zu gewähren, und in **SL** § 42 Abs. 4 **sollen** Lockerungen gewährt werden.

f) Die Gewährung des Urlaubs zur Vorbereitung der Entlassung ist in den meisten Ländern (**BE** § 46 Abs. 4, **BB** § 50 Abs. 5, **HB** § 42 Abs. 4, **RP** § 49 Abs. 4, **SL** § 42 Abs. 4, **SN** § 42 Abs. 4, **SH** § 59 Abs. 4, **TH** § 50 Abs. 4 lediglich an die Voraussetzungen geknüpft, dass die Lockerungen zur Vorbereitung der Eingliederung „erforderlich" sind und nicht mit hoher Wahrscheinlichkeit zu erwarten ist, dass die Gefangenen sich dem Vollzug der Freiheitsstrafe entziehen oder die Lockerungen zu Straftaten missbrauchen werden". Damit ist der Prüfmaßstab der Anstalt bei der Entscheidung über Lockerungen im entlassungsnahen Zeitraum herabgesetzt. Liegen diese herabgesetzten Voraussetzungen vor, so haben die Gefangenen einen Anspruch auf Lockerungen. Der Anspruch der Gefangenen findet seine Grenze darin, dass die Lockerungen zum Zweck der Eingliederung erforderlich sein müssen.

Nach **BY** Art. 15 ist bei Gewalt- und Sexualstraftätern die Gewährung von Urlaub besonders gründlich zu prüfen, nach **BE** § 46 Abs. 4 sind sechs Monate vor der voraussichtlichen Entlassung dem Gefangenen die zur Vorbereitung der Eingliederung erforderlichen Lockerungen zu gewähren, sofern keine hohe Wahrscheinlichkeit des Lockerungsmissbrauchs vorliegt. **ST** § 49 Abs. 4 Satz 1 fordert ergänzend, dass der Strafgefangene „für diese Maßnahme geeignet ist, insbesondere keine tatsächlichen Anhaltspunkte die abstrakte Gefahr begründen, dass er sich dem Vollzug der Freiheitsstrafe ... entziehen wird". Während also in den übrigen Landesvorschriften auf den Wahrscheinlichkeitsbegriff rekurriert wird, wird hier von der Begründung einer abstrakten Gefahr gesprochen.

In **HE** § 16 Abs. 3 (eingefügt mit der Änderung durch Artikel 2 des Gesetzes vom 5. März 2013 (GVBl. S. 46) kann die Gewährung davon abhängig gemacht werden, dass „die Überwachung erteilter Weisungen mit Einwilligung der Gefangenen durch den Einsatz elektronischer Überwachungssysteme („elektronische Fußfessel") unterstützt wird". Damit wird eine gesetzliche Grundlage für die Anwendung dieser in der Vergangenheit bislang nur in Modellversuchen erprobten Kontrollmöglichkeit geschaffen.[98] Besonders restriktiv ist die Regelung in Mecklenburg-Vorpommern (**MV** § 42 Abs. 4), wonach nur die „zur Vorbereitung der Eingliederung **zwingend** erforderlichen Lockerungen" (darunter auch der Langzeitausgang) zu gewähren sind. Keine besonderen Beschränkungen/Voraussetzungen bestehen in Baden-Württemberg, Hamburg, Niedersachsen und Nordrhein-Westfalen.

g) Die Dauer des Sonderurlaubs/Langzeitausgangs betrug gem. § 124 StVollzG Abs. 1 Satz 1 **bis zu** sechs Monaten. Diese Zeitspanne wurde von allen Bundesländern übernommen. In **BE** § 46, **BB** § 50, **HB** § 42, **MV** § 42, **RP** § 49, **SL** § 42, **ST** § 49, **SH** § 59, **TH** § 50 ist festgelegt, dass den Strafgefangenen Lockerungen (darunter auch Sonderurlaub) „in einem Zeitraum von sechs Monaten vor der voraussichtlichen Entlassung ..." zu gewähren sind. **HH** § 15 Abs. 2 legt fest, dass neben weiteren Lockerungen den Gefangenen zur Vorbereitung der Entlassung „weitere Freistellung von der Haft bis zu sechs Monaten vor der Entlassung" gewährt werden kann.

2. Weisungen

a) Im Erwachsenenstrafvollzug bedarf es der Möglichkeit für die Anstalt, auf die Zeiträume der Gewährung vollzugsöffnender Maßnahmen durch Weisungen gestaltenden Einfluss zu nehmen. Entsprechend der Regelungssystematik in § 56c StGB erschien es erforderlich, die sehr unbestimmte Vorschrift des § 14 Abs. 1 StVollzG in den entsprechenden Ländergesetzen durch eine nicht abschließende Aufzählung der wichtigsten in Betracht kommenden Weisungen zu ergänzen. Dies soll die Rechtsanwendung erleichtern und die Transparenz für die Gefangenen erhöhen. Zugleich wird dadurch auch der Tatsache Rechnung getragen, dass Weisungen mit einer nicht unerheblichen Eingriffsintensität verbunden sein können.

b) Während § 14 Abs. 1 StVollzG den/die Anstaltsleiter/-in lediglich ermächtigte, dem Insassen für den Urlaub Weisungen zu erteilen, verpflichtete § 124 Abs. 2 StVollzG die Anstalt mit einer Sollvorschrift, dem Insassen solche Verhaltensanordnungen mit auf den Weg zu geben.

Die unterschiedliche Regelung hatten ihren Sinn darin, dass die Bindungen des Insassen während der Zeit dieses Urlaubs im Unterschied zur Entlassung noch eng und

---

[98] Siehe *Volp* FS 2010, 335 f.

intensiv erhalten bleiben sollten. Nicht zuletzt kann der entlassungsvorbereitende Urlaub ungleich länger dauern.[99] Die therapeutische Arbeit sollte in lockerer, gleichwohl aber intensiver Form fortgeführt werden. Waren Weisungen nicht sinnvoll, kam eine Beurlaubung nach dieser Vorschrift regelmäßig nicht in Betracht. Die Anstalt sollte stattdessen die Entlassung nach § 57 StGB oder auf Grund eines Gnadenerweises empfehlen.[100]

Beispiele für Weisungen nannte das Gesetz. Das wurde allgemein so verstanden, dass derartige Beschränkungen dem Insassen nicht auferlegt werden konnten, sondern mit ihm vereinbart werden mussten. So konnte die Fortsetzung regelmäßiger psychotherapeutischer Sitzungen oder beratender Gespräche durch derartige Weisungen sichergestellt werden. Weisungen enthalten auch stets ein Element der Kontrolle, wobei aus therapeutischer Sicht Wert darauf zu legen ist, dass Verlauf und Inhalt der Gespräche nicht aktenmäßig festgehalten werden, während die bloße Tatsache, dass ein Proband ordnungsgemäß an den Sitzungen teilgenommen hat, unproblematisch dokumentiert werden kann.

c) Nach § 124 StVollzG sollten auch für den Fall einer Urlaubsgewährung/Freistellung aus der Haft zur Vorbereitung der Entlassung Weisungen erteilt werden, und zwar „insbesondere, sich einer von der Anstalt bestimmten Betreuungsperson zu unterstellen und jeweils für kurze Zeit in die Anstalt zurückzukehren". Diese Soll-Formulierung wurde inhaltlich von verschiedenen Bundesländern (**BY** Art. 118 Abs. 2 Satz 1, **HH** § 15 Abs. 5 Satz 1, **NI** § 105 Abs. 2 Satz 1 und **NW** § 89 Abs. 2 Satz 1 übernommen, wobei in **NW** § 89 Abs. 2 Satz 2 die Formulierung: „für eine bestimmte Zeit" gewählt wurde. **HH** § 15 Abs. 5 spricht abweichend von „Betreuungspersonal".

Abweichend von der Soll-Bestimmung des § 124 StVollzG haben **BW** § 89 Abs. 4 Satz 3 III („Gefangene können insbesondere angewiesen werden, ...") und **HE** § 14 Abs. 1 Satz 1 („Für vollzugsöffnende Maßnahmen können Weisungen erteilt werden") eine **Kann**-Bestimmung festgelegt. **HE** § 14 spricht dabei von „geeigneten Weisungen", die in Abs. 1 „insbesondere" aufgeführt sind. Außerdem ist in **HE** § 16 Abs. 3 Satz 6 festgelegt, dass die Gefangenen während der Entlassungsfreistellung „durch die Anstalt betreut" werden. Spezifika dieser Betreuung werden dabei im Gesetz nicht näher ausgeführt.

In den Länderregelungen von Berlin, Brandenburg, Bremen, Mecklenburg-Vorpommern, Rheinland-Pfalz, Saarland, Sachsen, Sachsen-Anhalt, Schleswig-Holstein, Thüringen sind keine Hinweise auf entsprechende Weisungen enthalten.

3. Widerruf der Beurlaubung/Freistellung

8 **a)** Nach § 124 Abs. 3 Satz 2 StVollzG konnte Anstaltsleiter diesen Urlaub unter denselben Voraussetzungen wie Urlaub anderer Art widerrufen. Wenn es „für die Behandlung des Gefangenen notwendig" war, musste der Sonderurlaub widerrufen werden. Dabei war die Generalklausel von Satz 2 so weit gefasst, dass sie sich mit den wichtigsten Widerrufsgründen nach § 14 Abs. 2 Nr. 2 und 3 StVollzG – Urlaubsmissbrauch und Verstoß gegen Weisungen – überschnitt.

Insbesondere musste die Anstalt den Urlaub dann widerrufen, wenn die Gefahr erkennbar wurde, dass der Beurlaubte erneut Straftaten begehen könnte. Durch die Erteilung dieses Urlaubs hat die Anstalt ein hohes Maß von Verantwortung übernommen, das

---

[99] *Laubenthal/Nestler/Neubacher/Verrel* 2015 J Rdn. 46.
[100] *C/MD* 2008 § 124 Rdn. 5.

sie im Krisenfall auch zum Handeln verpflichtete. Ein Vorteil des Urlaubs gegenüber der Entlassung war gerade, dass die Anstalt schnell handeln konnte, indem sie den Urlaub widerrief und für die Rückkehr des Beurlaubten in die Anstalt sorgte. Notfalls, wenn der Beurlaubte uneinsichtig oder flüchtig war, musste sie die Festnahme (§ 87 Abs. 1 StVollzG) veranlassen. Allerdings ist selbst dann, wenn der Beurlaubte versagt und der Urlaub widerrufen werden muss, die Urlaubszeit verbüßte Strafzeit (vgl. § 13 Abs. 5 StVollzG).

b) Fünf Bundesländer haben im Zusammenhang mit dem Urlaub zur Vorbereitung der Entlassung explizit eine entsprechende Widerrufsregelung für den Fall aufgenommen, dass dies aus Gründen der Behandlung der Gefangenen erforderlich ist: **BW** § 89 Abs. 4 Satz 4 III, **BY** Art. 118 Abs. 3 Satz 2, **NI** § 105 Abs. 3 Satz 2, **NW** § 89 Abs. 3. In **HE** § 14 wird zwischen der Rücknahme bereits anfänglich rechtswidriger Bewilligungen und dem Widerruf zunächst rechtmäßiger Gewährungen unterschieden. Nach Abs. 2 „können vollzugsöffnende Maßnahmen widerrufen werden, wenn 1. auf Grund nachträglich eingetretener Umstände die Maßnahmen hätte versagt werden können, 2. die Maßnahmen missbraucht werden oder 3. Weisungen nicht befolgt werden". Ergänzend dazu können gem. Abs. 2 vollzugsöffnende Maßnahmen „zurückgenommen werden, wenn die Voraussetzungen für ihre Bewilligung nicht vorgelegen haben".

D. Aufnahme auf freiwilliger Grundlage

Bund	§ 125 StVollzG
Baden-Württemberg	BW § 96 III JVollzGB
Bayern	BY Art. 120 BayStVollzG
Berlin	BE § 49 StVollzG Bln
Brandenburg	BB § 53 BbgJVollzG
Bremen	HB § 45 BremStVollzG
Hamburg	HH § 18 Abs. 3 HmbStVollzG
Hessen	HE § 12 Abs. 5 HStVollzG
Mecklenburg-Vorpommern	MV § 45 StVollzG M-V
Niedersachsen	NI § 106 NJVollzG
Nordrhein-Westfalen	NW § 90 StVollzG NRW
Rheinland-Pfalz	RP § 52 LJVollzG
Saarland	SL § 45 SLStVollzG
Sachsen	SN § 45 SächsStVollzG
Sachsen-Anhalt	ST § 52 JVollzGB LSA
Schleswig-Holstein	SH § 62 LStVollzG SH
Thüringen	TH § 53 ThürJVollzG
Musterentwurf	ME § 45 ME-StVollzG

Schrifttum

S. vor A.

Übersicht

I. Allgemeine Hinweise —— 1
II. Erläuterungen —— 2–8
   1. Voraussetzungen der Aufnahme —— 3
   2. Antragssteller —— 4
   3. Widerruflichkeit —— 5
   4. Unmittelbarer Zwang —— 6
   5. Beendigung des Aufenthalts —— 7
   6. Kosten der Unterbringung —— 8

I. Allgemeine Hinweise

1   Mit der Entlassung eines früheren Gefangenen muss die Sozialtherapie nicht zwangsläufig enden.

Die Fürsorgepflicht der Anstalt erstreckt sich insofern auch noch auf die Zeit nach der Haft, als dass alle Länder nicht nur die bestehende Notwendigkeit einer „weitergehenden Behandlung" gesehen, sondern auch entsprechende rechtliche Grundlagen[101] dafür geschaffen haben. Damit besteht in allen Bundesländern die grundlegende Möglichkeit, einen früheren Gefangenen auch nach regulärer Entlassung vorübergehend wieder in die sozialtherapeutische Anstalt aufzunehmen, sofern die in den Landesrechten entsprechend vorgesehenen Voraussetzungen vorliegen.

Gegen Ende der Behandlung wird der Vollzug in einer sozialtherapeutischen Anstalt in den meisten Fällen durch Freigang, Ausgang und Urlaub (s. C Rdn. 1,6) so gelockert, dass der Freiheitsentzug gegenüber der Hilfe zurücktritt. Es ist deshalb konsequent, einen Entlassenen auf freiwilliger Grundlage wieder aufzunehmen, wenn das Ziel seiner Behandlung erneut bzw. ansonsten gefährdet ist. Diese Möglichkeit der Wiederaufnahme ist ein Hilfsangebot, das zugleich der Vorbeugung vor neuen Straftaten dient.[102]

In der Praxis hatte die Möglichkeit der Aufnahme auf freiwilliger Grundlage allerdings so gut wie keine Bedeutung erlangt; die Zahl der pro Jahr freiwillig Aufgenommenen lag seit 1998 fast durchwegs im einstelligen Bereich. Zwar zeigte sich diesbezüglich zwischenzeitlich ein leichter Anstieg ab,[103] aktuell muss aber wieder von einer abnehmenden Tendenz gesprochen werden.[104] Dies kann freilich auch mit dem verstärkten Ausbau extramuraler Betreuungs- und Behandlungseinrichtungen für ehemalige Strafgefangene im Zusammenhang stehen,[105] weshalb die intramurale Versorgung im Vergleich weniger naheliegend und attraktiv erscheinen mag. Die geringe Nutzung kann auch daran liegen, dass ein Antrag auf Wiederaufnahme zum einen ein hohes Maß von Einsicht in die eigene Lage voraussetzt, die den Entlassenen wohl oft gerade dann fehlt, wenn eine Krisenintervention notwendig ist. Außerdem scheuen sie in der Regel vor dem Bekenntnis zurück, dass sie das Ziel der Behandlung doch noch nicht erreicht haben. Sie haben Hemmungen, ihren ehemaligen Mitinsassen und dem Personal in der sozialtherapeutischen Anstalt als „Gescheiterte" wiederzubegegnen. Schließlich tut der äußere Eindruck vieler Einrichtungen, die oft in alten Gefängnisgebäuden untergebracht sind, ein Übriges, um den Entlassenen den Entschluss zur Rückkehr zu erschweren.

Begibt sich ein ehemals Gefangener jedoch auf eigenen Wunsch (erneut) in eine sozialtherapeutische Einrichtung, so ist dem Umstand, dass er dies auf freiwilliger Basis tut, auch während seines Aufenthalts entsprechend zu berücksichtigen. Dies zeigt sich ausnahmslos in allen Bundesländern bei den rechtlichen Vorschriften zu dem Umgang mit ihm während des Aufenthalts (Verbot von unmittelbarem Zwang, Unterbringung in besonderem Raum) und zu dessen Beendigung (jederzeit mögliche Entlassung).

---

101 Bereits das Strafvollzugsetz des Bundes enthielt seit der Fassung vom 16.3.1976 eine entsprechende Vorschrift. Zuletzt wurde die Aufnahme auf freiwilliger Grundlage in § 125 StVollzG geregelt.
102 RegE, BT-Drucks. 7/918, 143.
103 Für 2010: 29 Aufnahmen; für 2011: 22 Aufnahmen; siehe *Niemz* 2011.
104 *Etzler* 2017, 91.
105 *Gregório Hertz et al.* 2017, *Rettenberger et al.* 2017.

II. Erläuterungen

Für die Aufnahme auf freiwilliger Grundlage besteht, in Fortführung der alten 2
Rechtslage, kein Rechtsanspruch; es besteht lediglich ein Anspruch auf ermessensfehlerfreie Entscheidung unter Berücksichtigung der entsprechenden Kriterien (insb. vorhandene räumliche und personelle Kapazität der Anstalt) des jeweiligen Landesgesetzes.[106]

Zwar wird deutlich, dass alle Länder die Bedeutung einer nachgehenden Betreuung, insbesondere der Möglichkeit einer ggf. notwendigen erneuten Aufnahme auf freiwilliger Grundlage, anerkennen, jedoch lässt sich bereits anhand der engen Voraussetzungen der **erwünschte Ausnahmecharakter** für das Hilfsangebot der ambulanten (Wieder-) Aufnahme erkennen.

Er kommt aber auch in den jeweiligen Formulierungen der Landesgesetze zum Ausdruck. So findet sich in **BE** § 49, **BB** § 53, **MV** § 45, **RP** § 52, **SL** § 45, **SA** § 45; **SH** § 62, **TH** § 53 im jeweiligen Abs. 1 Satz 1 bereits der Begriff „ausnahmsweise". In Hessen verweist **HE** § 12 Abs. 5 Satz 2 zumindest für den Fall des Abschlusses begonnener Bildungsmaßnahmen auf **HE** § 29 Abs. 1 Var. 4, der ebenfalls diese Formulierung enthält.

1. Voraussetzungen der Aufnahme. Hinsichtlich der Voraussetzungen, die an die 3
freiwillige Aufnahme gestellt werden, gibt es auf landesrechtlicher Ebene nur geringe Unterschiede. So fordern die Länder Baden-Württemberg (**BW** § 96 III Abs. 1 Satz 1), Bayern (**BY** § Art. 120 1 Satz 1), Hessen (**HE** § 12 Abs. 5 Satz 1) und Nordrhein-Westfalen (**NW** § 90 Abs. 1 Satz 1), dass „Ziel/Erfolg der Behandlung gefährdet und ein Aufenthalt in der Einrichtung aus diesem Grund gerechtfertigt" sein muss.

Auch Berlin, Brandenburg, Bremen, Mecklenburg-Vorpommern, Rheinland-Pfalz, Saarland, Sachsen, Sachsen-Anhalt, Schleswig-Holstein und Thüringen stellen bei der Bewertung der Notwendigkeit auf die Erfolgschancen ab. Auch hier muss die Eingliederung gefährdet und ein Aufenthalt aus diesem Grund gerechtfertigt sein. Darüber hinaus verweisen diese Gesetzestexte (**BE** § 49 Abs. 1 Satz 1, **BB** § 52 Abs. 1 Satz 1, **HB** § 45 Abs. 1 Satz 1, **MV** § 45 Abs. 1 Satz 1, **RP** § 52 Abs. 1 Satz 1, **SL** § 45 Abs. 1 Satz 1, **SN** § 45 Abs. 1 Satz 1, **ST** § 52 Abs. 1 Satz 1, **SH** § 62 Abs. 1 Satz 1, **TH** § 53 Abs. 1 Satz 1) aber auch auf die Notwendigkeit ausreichender Kapazitäten der Einrichtung („sofern es die Belegungssituation zulässt").

Hamburg bietet in **HH** § 18 Abs. 1 Satz 1 unter der allgemeinen Überschrift „Unterstützung nach der Entlassung" ebenfalls ehemaligen Gefangenen die Möglichkeit einer nachträglichen Aufnahme. Voraussetzung für diese Hilfestellung ist, dass „diese nicht anderweitig zur Verfügung steht und der Erfolg der Behandlung gefährdet erscheint".

Im Gegensatz zu diesen Regelungen nimmt Niedersachsen in **NI** § 106 Abs. 1 Satz 1 bei den geforderten Voraussetzungen Bezug auf die Art der zu verhindernden Straftaten. So dient die erneute Aufnahme auf freiwilliger Basis dem Schutz der Allgemeinheit vor weiteren Sexualdelikten („wenn dadurch erhebliche Straftaten der in § 104 Abs. 1 genannten Art vorgebeugt werden kann"). Dies stellt eine bewusste Distanzierung vom Regelungsgehalt des vorherigen § 125 StVollzG dar, der auch eine grundlegende Gefährdung des Erfolgs der Sozialtherapie ausreichen ließ. Der Aufnahmegrund der Zielgefährdung der sozialtherapeutischen Behandlung ist nach der niedersächsischen Gesetzesbegründung „schon deswegen auszuschließen", weil nach **NI** § 104 Abs. 3 „die Verlegung in eine sozialtherapeutische Einrichtung zeitlich so zu planen ist, dass sie auch abgeschlossen werden kann." Weiter heißt es dazu: „Vielmehr geht es [...] allein darum,

---

106 *Laubenthal/Nestler/Neubacher/Verrel* 2015 J Rdn. 53.

durch die Aufnahme der Begehung von schwer wiegenden Straftaten vorzubeugen [...] Damit wird deutlich, dass es sich bei der Aufnahme früherer Gefangener um eine seltene Ausnahme handeln muss".[107]

4   **2. Antragssteller.** Ein wesentlicher Unterschied zwischen den Landesregelungen betrifft die Anforderungen an die Antragsbefugnis. Antragsteller für die erneute Aufnahme auf freiwilliger Grundlage nach § 125 StVollzG konnten alle ehemaligen Gefangenen sein. Es reichte der Status als ehemaliger Gefangener der Anstalt, deren Aufnahme man begehrte, auch dann, wenn man nicht aus dieser entlassen wurde.[108]

Den Einbezug aller Strafgefangenen, also auch solcher aus einer sozialtherapeutischen Anstalt bzw. mit angeordneter bzw. vorbehaltener Sicherungsverwahrung, sehen alle die Bundesländer (**BE** § 49; **BB** § 53; **HB** § 45; **MV** § 45; **RP** § 52; **SL** § 45; **SN** § 44, **ST** § 52; **SH** § 62; **TH** § 53) vor, deren Regelungen auf Grundlage des Musterentwurfs ME § 45 basieren.

Auch wenn sich der Anwendungsbereich für die (erneute) Aufnahme auf freiwilliger Grundlage durch die Regelungen auf Länderebene auf den ersten Blick grundlegend erweitert hat, ergeben sich vereinzelt Restriktionen durch Bezugnahme und Verweise auf die jeweils allgemeinen Regelungen zur Sozialtherapie. So z.B. in Hessen, wo Antragsteller nach **HE** § 12 Abs. 5 „frühere Gefangene" sein können, jedoch bereits an die Erstaufnahme in die Sozialtherapie hohe Anforderung gestellt werden. **HE** § 12 Abs. 2 sieht hier bereits eine „Haftdauer mehr als zwei Jahre und erhebliche Störung der sozialen und persönliche Entwicklung" vor.

5   **3. Widerruflichkeit.** Grundlegend bedarf es zur Aufnahme auf freiwilliger Grundlage eines Antrags durch den (ehemaligen) Gefangenen. Dieser ist nach allgemeinen Grundsätzen frei und somit „jederzeit" widerruflich. Lediglich in den Bundesländern Baden-Württemberg (**BW** § 96 Abs. 1 Satz 2 III) und Bayern (**BY** Art. 120 Abs. 1 Satz 2) ist dies anders. Die dort in die entsprechende gesetzliche Regelung aufgenommene Vorschrift, dass der Antrag nicht zur Unzeit widerrufen werden kann, dient wohl dazu, befürchtete unnötig entstehende Kosten zu vermeiden. Es wird jedoch in der Praxis kaum zu einschlägigen praktischen Anwendungsfällen bei erwachsenen Betroffenen kommen, da der Aufenthalt ohnehin auf eigenen Wunsch stattfindet. Anders mag es sich ggf. in Fällen des Jugendvollzugs darstellen, wo aufgrund der noch mangelnden Reife oder Einsichtsfähigkeit das Verständnis der ehemals Gefangenen, dass ein Aufenthalt nicht zwangsläufig „unverzüglich", so z.B. bei Nacht, beendet werden kann, noch nicht vorhanden ist.[109]

6   **4. Unmittelbarer Zwang.** Bei Fällen der Aufnahme auf freiwilliger Grundlage handelt es sich nicht um einen gerichtlich angeordneten Freiheitsentzug und somit auch nicht um Strafvollzug, so dass die grundlegende Anwendung unmittelbaren Zwangs bereits von vornherein extrem eingeschränkt ist. Unabhängig von den ansonsten auch verhältnismäßig engen rechtlichen Voraussetzungen für die Anwendungen unmittelbaren Zwangs scheint gerade im Falle einer akuten Krisenintervention die Anwendung auch aus sozialpsychologischer Sicht nicht ratsam. So können z.B. damit verbundene negative Erfahrungen des Gefangenen seine Bereitschaft, sich in der Zukunft bei akuter Gefahr eines Rückfalls erneut Hilfe zu suchen, verringern.

---

107   NI LT-Drucks. 15/3565, 156.
108   *Laubenthal/Nestler/Neubacher/Verrel* 2015 J Rdn. 50.
109   Vgl. **BY** LT-Drucks. 15/8101, 79.

Wie schon der ehemalige § 125 Abs. 2 StVollzG verbieten auch ausnahmslos alle Ländergesetze die Anwendung unmittelbaren Zwangs zur Durchsetzung von Maßnahmen im Rahmen des freiwilligen Aufenthaltes von ehemals Gefangenen. Mit Ausnahme des Bundeslands Hessen haben alle die entsprechende Regelung direkt in die Vorschriften zum Verbleib oder der Aufnahme auf freiwilliger Grundlage bzw. zur Unterstützung nach der Entlassung (**HH** § 18) integriert. Sie finden sich in **BW** 96 Abs. 2 III, **BY** Art. 120 Abs. 2 Satz 1, **BE** § 49 Abs. 2; **BB** § 53 Abs. 3 Satz 2, **HB** § 45 Abs. 2, **HH** § 18 Abs. 3 Satz 3, **HE** § 12 Abs. 5, **MV** § 45 Abs. 2, **NI** § 106 Abs. 2 Satz 1, **NW** § 62 Abs. 2, **RP** § 52 Abs. 3, **SL** § 45 Abs. 2, **SN** § 45 Abs. 2, **ST** § 52 Abs. 3, **SH** § 62 Abs. 2, **TH** § 53 Abs. 3.

Hessen hat als einziges Bundesland einen anderen Weg gewählt. Hier findet sich in **HE** § 12 Abs. 1 Satz 2 ein Verweis auf die Regelungen zum Abschluss im Vollzug begonnener Bildungsmaßnahmen (**HE** § 29 Abs. 2 und 3), wobei auch hier ein grundlegendes Verbot der Anwendung unmittelbaren Zwangs zur Durchsetzung von Vollzugsmaßnahmen enthalten ist.

Anders verhält es sich bei der Anwendung unmittelbaren Zwangs im Rahmen anderer Zusammenhänge, insbesondere, wenn aus Gründen der Sicherheit Maßnahmen des unmittelbaren Zwangs notwendig sind, wie z.B. zur Durchsetzung des Hausrechts nach allgemeinen Grundsätzen. In den Gesetzen von Baden-Württemberg (**BW** § 96 Abs. 2, Satz 2 III), Bayern (**BY** Art. 120 Abs. 2 (Halb-)Satz 2), Hamburg (**HH** § 18 Abs. 3 Satz 4) und Niedersachsen (**NI** § 2 Satz 2) ist das durch Verweis auf den jeweiligen Abschnitt zu unmittelbaren Zwang im allgemeinen Vollzugsrecht ausdrücklich klargestellt.

So eröffnet z.B. in Baden-Württemberg der Verweis (**BW** § 96 Abs. 2 S. 2 III) auf die allgemeinen Regelungen des **BW** § 73 Abs. 2 und 3 III die Anwendung in Fällen der versuchten Gefangenenbefreiung, des widerrechtlichen Eindringens sowie bei unbefugtem Aufenthalt in dem Anstaltsbereich (**BW** § 72 Abs. 2 III) auch Fälle sonstiger rechtlicher Regelungsgrundlagen (**BW** § 72 Abs. 3 III).

5. Beendigung des Aufenthalts. Der Aufenthalt auf freiwilliger Grundlage kann 7 entweder auf Wunsch des ehemaligen Gefangenen oder durch die Anstalt beendet werden. In der Regel wird dem Wunsch nach Entlassung, gleichermaßen wie bereits dem Aufnahmebegehren (actus contrarius) mit einem Antrag des Gefangenen nachgekommen. Nordrhein-Westfalen hat das Antragserfordernis in **NW** § 62 Abs. 3 explizit aufgeführt und auch der Regelung von Hamburg (**HH** § 18 Abs. 3 Satz 3) und Sachsen-Anhalt (**ST** § 52 Abs. 5) lässt sich das Antragserfordernis unmittelbar der gewählten Formulierung entnehmen.

Hinsichtlich der Beendigung auf Wunsch des Betroffenen gibt es (mit Ausnahme der Einschränkung des Widerrufes zu Unzeiten) keine Besonderheiten.

Jedoch können in den Ländern, in denen der Verbleib bzw. die Aufnahme auf vertraglicher Basis geregelt ist (**BE** § 49 Abs. 1 Satz 3, **BB** § 53 Abs. 3, **HB** § 45 Abs. 1, **MV** § 45 Abs. 1 Satz 2, **RP** § 52 Abs. 1 Satz 2, **SL** § 45 Abs. 1 Satz 2, **ST** § 52 Abs. 1 Satz 2, **SH** § 62 Absatz 1 Satz 2, **TH** § 53 Abs. 3 Satz 1), individuelle Regelungen (so z.B. zur Höchstdauer der Behandlung) getroffen werden.

Da die Fortführung der Behandlung auf freiwilliger Basis erfolgt, kann auch bei einer negativen Prognose der Behandelnden nur der Versuch unternommen werden, positiv auf den Betroffenen einzuwirken. Für eine weitere Behandlung oder den Verbleib gegen seinen Willen mangelt es bereits an einer entsprechenden rechtlichen Grundlage.

Eine Entlassung kann aber auch durch die Anstalt erfolgen. Dafür bedarf es nach der Regelung von Hamburg (**HH** § 18 Abs. 3) keines besonderen Grundes. Die Regelungen von Berlin (**BE** § 49 Abs. 3), Brandenburg (**BB** § 53 Abs. 4), Bremen (**HB** § 45 Abs. 3), Mecklenburg-Vorpommern (**MV** § 45 Abs. 2), Rheinland-Pfalz (**RP** § 52 Abs. 4), Saarland

(SL § 45 Abs. 3), Sachsen (SN § 45 Abs. 3), Sachsen-Anhalt (ST § 52 Abs. 4), Schleswig-Holstein (SH § 62 Abs. 3) und Thüringen (TH § 53 Abs. 3 Satz 3) sehen eine Beendigung im Falle der Störung des Anstaltsbetriebs oder aus vollzugsorganisatorischen Gründen vor. Dabei eröffnet der Begriff „vollzugsorganisatorische Gründe" einen weiten Anwendungsbereich, so dass darunter auch mangelnde personelle oder finanzielle Kapazitäten fallen dürften.

Einen weiteren Grund für die Beendigung stellt der Zeitaspekt dar. Diesbezügliche Regelungen, die die Aufnahme auf freiwilliger Grundlage von vornherein auf eine bestimmte Dauer beschränken (so z.B. in Berlin, wo die „nachgehende Betreuung" nach BE § 49 Abs. 1 Satz 2 auf höchstens sechs Monate nach der Entlassung beschränkt ist), finden sich sonst nicht. Deutlich ist aber, dass auch hier die Anstalten und Einrichtungen den Ausnahmecharakter der akuten Hilfestellung entsprechend berücksichtigen, so dass ein mehrmonatiger Aufenthalt eher die Ausnahme darstellen wird. In HH darf der freiwillige Aufenthalt (im Falle unmittelbaren Verbleibens bei fehlender Sicherstellung einer sonstigen Unterkunft) die Dauer von fünf Tagen nicht überschreiten.[110]

8 **6. Kosten der Unterbringung.** Eine Sozialtherapie ist stets mit einem erheblichen Kostenaufwand verbunden. Dies ist nicht anders, wenn sich ehemalige Gefangene nachträglich erneut in Behandlung begeben. Es liegt daher im Interesse der Einrichtungen, darauf hinzuarbeiten, dass sich die getroffenen Maßnahmen nicht zu kosten- und zeitintensiv gestalten und die ehemals Gefangenen baldmöglichst wieder stabilisiert in die Freiheit zurückkehren können.

Hinsichtlich der Frage nach der praktischen Umsetzung der Kostenverteilung sind die Länder bei ihren Regelungen zwei verschiedene Wege gegangen. So regelt ein Teil der Bundesländer die Aufnahme auf freiwilliger Grundlage auf vertraglicher Basis (BE § 49 Abs. 1 Satz 3, BB § 53 Abs. 3, HB § 45 Abs. 1, MV § 45 Abs. 1 Satz 2, RP § 52 Abs. 1 Satz 2, SL § 45 Abs. 1 Satz 2, ST § 52 Abs. 1 Satz 2, SH § 62 Abs. 1 Satz 2, TH § 53 Abs. 3 Satz 1).

Die Ausgestaltung der Kostenübernahme in privatrechtlicher Vertragsform hat den Vorteil, dass die zu regelnden Aspekte im Rahmen einer individuellen Vereinbarung zwischen Anstalt und ehemaligem Gefangenen erfolgt. Dementsprechend kann den Umständen des Einzelfalls Rechnung getragen werden und die Vereinbarung auch eine anteilige Übernahme der Kosten durch die Entlassenen oder externe Kostenträger einschließen.

In Sachsen-Anhalt gibt es hinsichtlich der Kostenfrage eine Besonderheit. Hier wird in ST § 52 Abs. 1 S. 3 die Frage der Übernahme der entstehenden Kosten für die Unterbringung dahingehend geklärt, dass der Entlassene selbst zunächst diese zu übernehmen hat. Satz 4 sieht vor, dass die Anstalt die Kosten in begründeten Fällen in angemessenem Umfang übernehmen kann, sollte er dazu nicht in der Lage und kein Dritter leistungspflichtig sein.

Im Gegensatz dazu verweist Baden-Württemberg (BW § 96 Abs. 3 III) auf die Regelung des Haftkostenbeitrags nach BW § 51 Abs. 3 III, die entsprechend gilt.

Bayern, Hamburg, Hessen und Niedersachsen sehen im Gegensatz dazu für die Kostenverteilung bei der Aufnahme auf freiwilliger Grundlage keine gesonderten Reglungen vor, so dass auf allgemeine Regeln zurückzugreifen ist (vertraglich oder Gebührenrecht).

In Baden-Württemberg findet sich in BW § 96 Abs. 3 III der direkte Verweis auf die allgemeine Haftkostenregelung des BW § 51 III; in Nordrhein-Westfalen verweist NW § 62 Abs. 4 ebenfalls auf die allgemeinen Regelungen des NW § 39 Abs. 3 und 4.

---

110 AV der Behörde für Justiz und Gleichstellung Nr. 28/2014 (Az. 4400/73).

Problematischer als die Kostenübernahme für Unterkunft und Fortführung der Behandlung ist die Frage nach ggf. anfallenden Arzt- und Behandlungskosten im Bereich der Gesundheitsfürsorge. Grundsätzlich gilt, dass die Anstalt nur zu einer Notfallversorgung verpflichtet sein kann. Ansonsten bestünde stets die Gefahr, dass ein Entlassener allein zur Vermeidung von Arztkosten in die Anstalt zurückkehren könnte.[111]

E. Nachgehende Betreuung

Bund	§ 126 StVollzG
Baden-Württemberg	BW § 95 III JVollzGB
Bayern	BY Art. 119 BayStVollzG
Berlin	BE § 48 StVollzG Bln
Brandenburg	BB § 52 BbgJVollzG
Bremen	HB § 44 BremStVollzG
Hamburg	HH § 18 HmbStVollzG
Hessen	HE § 12 Abs. 6 HStVollzG
Mecklenburg-Vorpommern	MV § 44 StVollzG M-V
Niedersachsen	NI § 112 a NJVollzG
Nordrhein-Westfalen	NW § 90 Abs. 1, 2 StVollzG NRW
Rheinland-Pfalz	RP § 51 LJVollzG
Saarland	SL § 44 SLStVollzG
Sachsen	SN § 44 SächsStVollzG
Sachsen-Anhalt	ST § 51 JVollzGB LSA
Schleswig-Holstein	SH § 61 LStVollzG SH
Thüringen	TH § 52 ThürJVollzG
Musterentwurf	ME § 44 ME-StVollzG

Schrifttum

S. vor A.

Übersicht

I. Allgemeine Hinweise —— 1
II. Erläuterungen —— 2–8
   1. Verhältnis zu anderen Betreuungsformen —— 3
   2. Gefährdung der Eingliederung —— 4
   3. Zustimmung/Einverständnis —— 5
   4. Weitere Vorgaben —— 6–8

I. Allgemeine Hinweise

Eine effektive Straftäterbehandlung, insbesondere die Therapie persönlichkeitsgestörter und schwieriger Gefangener, wie sie in den sozialtherapeutischen Einrichtungen zu finden sind, darf sich nicht nur auf intramurale, also stationäre Maßnahmen beschränken.[112] Vielmehr bedarf es regelmäßig einer sorgfältig vorbereiteten und schrittweisen Überleitung in Freiheit, einschließlich einer ggf. auch mehrjährigen nachsorgenden Betreuung. Zwar endet grundsätzlich die Zuständigkeit der sozialtherapeutischen Einrichtung oder Anstalt mit der Entlassung eines Gefangenen und die weitergehende Betreuung wird von außervollzuglichen Institutionen wahrgenommen, jedoch sollte die 1

---

111 BY LT-Drucks. 15/8101, 79.
112 *Goderbauer* 2005, 2008.

wichtige Aufgabe der Sozialtherapie zweckmäßigerweise durch das Personal der Einrichtung selbst erfolgen. Wenn möglich sollten dafür sogar eigene Räumlichkeiten zur Verfügung stehen. So hat die nachgehende Betreuung durch die Anstalt viele Vorteile. Im Falle unvorhersehbarer Umstände (z.B. bei verfrühter Entlassung oder persönlichem Schicksalsschlag) kann die mit dem ehemals Gefangenen vertraute Anstalt solche schneller erkennen und flexibel darauf reagieren. Die „klassische" Bewährungshilfe oder eine Beratungsstelle außerhalb des Vollzuges dürften zudem bei dem ungewöhnlich schwierigen Personenkreis in der Regel überfordert sein, jedenfalls ohne die tatkräftige Unterstützung durch die sozialtherapeutische Einrichtung im Sinne eines Netzwerkes.

Vermutlich in diesem und dem Wissen um die in der Praxis vorhandenen beschränkten Kapazitäten haben einige Bundesländer für ehemalige Gefangene auch die Möglichkeit einer nachgehenden Betreuung außerhalb der Anstalt vorgesehen (siehe unten Rdn. 6–7).

Bekanntlich ist die Ausstattung der sozialtherapeutischen Anstalten für die Behandlung ihrer Insassen außerordentlich aufwändig, namentlich die Personalkosten sind nicht unerheblich (siehe A Rdn. 11). Es verwundert daher nicht, dass bei der fälschlicherweise oft als bloß zusätzliche Leistung angesehenen Nachsorge gespart wird. Allerdings besteht dabei die Gefahr, dass ohne qualifizierte nachgehende Betreuung die in der stationären Therapie erzielten Behandlungsfortschritte keine nachhaltige Wirkung entfalten können.[113]

Erfreulicherweise ist die Zahl der in Nachsorge befindlichen Personen in den letzten Jahren stark angestiegen; so zeigt die jährliche Stichtagserhebung der KrimZ[114] eine Zunahme der betroffenen Personen von 270 (2011) auf 406 (2016), um im Jahr 2017 wieder auf 301 zu sinken. Auch gibt es an manchen Orten ermutigende Modelle, die fortentwickelt und bundesweit angewandt werden sollten.[115] Insgesamt besteht freilich nach wie vor ein großer Bedarf an Bereitstellung und Ausbau nachsorgender Maßnahmen

II. Erläuterungen

2   Inhaltliche Veränderungen bei den gesetzlichen Grundlagen zur nachgehenden Betreuung gingen zu Lasten der Sozialtherapie. Bereits mit der Einführung des § 126 StVollzG kam es zu einer wesentliche Einengung in diesem Bereich, da aufgrund der Subsidiaritätsklausel nun im Zweifel bei der Zuständigkeit für eine nachgehende Betreuung auch auf andere Institutionen verwiesen werden konnte. Ursprünglich war einst sogar vorgesehen, dass den sozialtherapeutischen Anstalten Heime zur Betreuung von beurlaubten, bedingt entlassenen und anderen ehemaligen Untergebrachten angegliedert werden sollen (§ 127 Abs. 2 StVollzG a.F.), doch wurde diese Bestimmung, die am 1.1.1986 in Kraft treten sollte, durch das StVollzÄndG vom 20.12.1984[116] wieder gestrichen und konnte somit nie Wirkung entfalten. Es ist zu bedauern, dass finanzielle Überlegungen offensichtlich dafür maßgebend waren, diese wichtigen Elemente des sozialtherapeutischen Behandlungskonzepts auf das jetzige Minimalniveau zu reduzieren. Die gesetzliche Festschreibung einer konkreten (Mindest-)Zahl erforderlicher Fachkräfte zur nachgehenden Betreuung ist bedauerlicherweise auch durch die Landesgesetzgeber unterblieben.[117]

---

113 *Egg* MschrKrim 1990, 358.
114 *Etzler* 2017, 91.
115 *Goderbauer* 2008, *Pitzing* 2002, vgl. auch *Egg* 2004.
116 BGBl. I 1654.
117 *Laubenthal/Nestler/Neubacher/Verrel* 2015 J Rdn. 58.

Die nachgehende Betreuung ist in allen Landesgesetzen vorgesehen. Geregelt wird sie in den meisten Fällen auch unter gleichlautender, eigener Überschrift (so in **BW** § 95 III, **BE** § 48, **BB** § 52, **HB** § 44, **MV** § 44, **NI** § 112a, **NW** § 90, **RP** § 51, **SL** § 44 Satz 1, **SN** § 44 Satz 1, **SH** § 61, **TH** § 52), zum Teil aber auch unter den Oberbegriffen „Zur Nachsorge" (**BY** Art. 119) bzw. „Unterstützung nach der Entlassung" (**HH** § 18) oder aber sie ist wie in Hessen unmittelbar im allgemeinen Abschnitt zur Sozialtherapie (**HE** § 12 Abs. 6) integriert. In **NI** § 112a wird unter der Überschrift „Nachgehende Betreuung" im Text allerdings nur noch von „Hilfestellung gewähren" gesprochen.

Grundlegende Unterschiede gibt es bei den landesrechtlichen Regelungen zur nachgehenden Betreuung nur wenige. Ein wesentlicher betrifft die unterschiedliche Ausgestaltung der Vorschriftsart des Hilfsangebotes. So sind die rechtlichen Regelungen zur nachgehenden Betreuung in den meisten Fällen als **Kann**-Bestimmung und somit als Ermessensentscheidung formuliert.

Lediglich Baden-Württemberg (**BW** § 95 III), Bayern (**BY** Art. 119), Niedersachsen (**NI** § 112) und Nordrhein-Westfalen (**NW** § 90 Abs. 1) haben sich für eine **Soll**-Bestimmung entschieden, weswegen in diesen Bundesländern zwar ein hohes Maß an Verbindlichkeit vorgesehen wurde, eine originäre Rechtspflicht zur Sicherstellung sowie etwaige Leistungsansprüche gegenüber den Vollzugsbehörden bzw. vorherigen sozialtherapeutischen Einrichtungen werden damit nicht begründet.

Jedoch müssen im Falle eines vorliegenden Antrages alle Möglichkeiten, die zur Verhinderung bzw. Entschärfung der akuten Krisensituation des Betroffenen dienlich sind, überprüft werden. Fünf Bundesländer (**BW** § 95 III, **BY** Art. 119, **NI** § 112, **NW** § 90 Abs. 1, **HH** § 18 Abs. 2 haben das Angebot der nachgehenden Betreuung auf zeitlicher Ebene (als „vorübergehend" beschrieben, vgl. unten Rdn. 7–8) eingeschränkt. Damit kommt deutlich zum Ausdruck, dass mit dem vollzuglichen Angebot auch das Ziel verbunden ist, den Übergang zu anderen, externen Betreuungsformen zu fördern.[118] Auch Hamburg nennt explizit die zeitliche Einschränkung.

In Schleswig-Holstein gibt es neben der allgemeinen Regelung zur nachgehenden Betreuung (**SH** § 61) noch eine **Sonderregelung** für sozialtherapeutische Einrichtungen: **SH** § 29 enthält als Spezialvorschrift für Klienten der Sozialtherapie erleichterte Voraussetzungen.[119] Die Regelung dient dazu, eine vorzeitige Unterbrechung der therapeutischen Betreuung bei Entlassung zu verhindern. Nach **SH** § 29 Abs. 1 können auch ehemalige Gefangene weiterhin an entsprechenden Programmen der sozialtherapeutischen Einrichtung teilnehmen, „wenn die Behandlung bis zur Entlassung nicht abgeschlossen werden konnte". **SH** § 29 Abs. 2 ermöglicht zudem einzelfallabhängig auch eine darüber hinausgehende therapeutische Nachsorge, sofern der Einzelfall das gebietet und Maßnahmen externer Anbieter nicht zur Verfügung stehen („sofern diese angezeigt ist und nicht anderweitig sichergestellt werden kann").

In Nordrhein-Westfalen (**NW** § 90 Abs. 2) kann die nachgehende Betreuung in sozialtherapeutischen Nachsorgeambulanzen in den sozialtherapeutischen Einrichtungen durchgeführt werden.

1. Verhältnis zu anderen Betreuungsformen. Ähnlich wie bei der Aufnahme auf freiwilliger Grundlage (vgl. unter D) stellt die vollzugsinterne nachgehende Betreuung bzw. die durch sozialtherapeutische Einrichtungen/Anstalten der Länder eine Hilfestellung dar, die vorwiegend in bzw. für Ausnahmesituationen vorgesehen ist.

---

118 Vgl. **BY** LT-Drucks. 15/8101, 67.
119 *Arloth/Krä* 2017 § 29 **SH** LStVollzG Rdn. 1.

Bereits § 126 StVollzG enthielt eine dies zum Ausdruck bringende Subsidiaritätsklausel („soweit diese [Betreuung] anderweitig nicht sichergestellt werden kann"), die die vollzugs- bzw. einrichtungsinternen Betreuung gegenüber anderen Maßnahmen als nachrangig beschrieb.

Diese gesetzgeberische Wertung lässt sich zum großen Teil auch noch den Ländergesetzen entnehmen. Wörtlich zum Ausdruck kommt das Unterordnungsverhältnis in den entsprechenden Vorschriften von Baden-Württemberg (**BW** § 95 III), Bayern (**BY** Art. 119), Hamburg (**HH** § 18 Abs. 2), Hessen (**HE** § 12 Abs. 6) sowie in Nordrhein-Westfalen (**NW** § 90 Abs. 1).

4 **2. Gefährdung der Eingliederung.** Mit Ausnahme von Bayern und Baden-Württemberg stellen alle landesrechtlichen Regelungen auf „die Gefährdung der Eingliederung" (**BE** § 48 StVollzG, **BB** § 52, **HB** § 44, **MV** § 44, **NI** § 112a, **RP** § 51, **SN** § 44, **ST** § 51, **SH** § 61, **TH** § 52) bzw. „des Erfolgs" (**HH** § 18 Abs. 3) oder „Ziels" (**NW** § 90 Abs. 2) der Behandlung ab.

Hessen hat eine abgeschwächte Formulierung gewählt, so dass nach **HE** § 12 Abs. 6 die grundlegende Möglichkeit der nachgehenden Betreuung der Gefangenen bereits offen steht, wenn sie diesbezüglich der „besseren Eingliederung" dient.

5 **3. Zustimmung/Einverständnis.** Als Voraussetzung für die nachgehende Betreuung sehen viele Länder die **Zustimmung der Anstalt/Anstaltsleitung** vor (**BE** § 48, **BB** § 52, **HB** § 44, **MV** § 44, **RP** § 51, **SL** § 44, **SN** § 44, **ST** § 51, **SH** § 61 und § 29, **TH** § 52 jeweils in Satz 1).

Darüber hinaus erfordert die Regelung von Sachsen-Anhalt (**ST** § 51 Satz 1) neben einer Gestattung der Leitung auch die Zustimmung der **Bediensteten**. Eine solche bedarf es auch in Berlin. So enthält **BE** § 48 Satz 4 einen direkten Verweis auf die entsprechende Regelung (**BE** § 49 Abs. 1 und 3), ist jedoch auf Fälle anstaltsinterner Betreuung beschränkt. Diese Berücksichtigung des Einvernehmens der Behandelnden ist auch aus sozialpsychologischer Sicht zu begrüßen, denn gerade die wechselseitige akzeptierte und anerkannte Fortsetzung auf der Basis eines bereits bestehenden Vertrauensverhältnisses erleichtert und verkürzt ggf. sogar die weitergehende Behandlung.

In den entsprechenden Regelungen von Mecklenburg-Vorpommern (**MV** § 44), Rheinland-Pfalz (**RP** § 51), Saarland (**SL** § 44), Sachsen-Anhalt (**ST** § 51), Schleswig-Holstein (**SH** § 61) und Thüringen (**TH** § 52) wird auch die notwendige Zustimmung der ehemaligen **Gefangenen** explizit angesprochen. Hamburg (**HH** § 18 Abs.2), Hessen (**HE** § 12 Abs. 6) und Niedersachsen (**NI** § 112a) setzen einen entsprechenden Antrag der entlassenen Gefangenen voraus.

4. Weitere Vorgaben

6 **a) Zeitliche Befristung.** Die nachgehende Betreuung durch die ehemalige sozialtherapeutische Einrichtung ist bereits aus Kostengründen zeitlich befristet. Dabei sehen die zehn Bundesländer, die sich am Musterentwurf orientieren, für den Regelfall eine Beschränkung auf die die ersten sechs Monate nach der Entlassung vor (**BE** § 48, **BB** § 52, **HB** § 44, **MV** § 44, **RP** § 51, **SL** § 44, **SN** § 44, **ST** § 51, **SH** § 61 und § 29 **TH** § 52).

Sachsen-Anhalt verzichtet auf die Originalformulierung „in der Regel" (**ME** § 44 Satz 2) und sieht in **ST** § 51 Satz 2 die Behandlung in allen Fällen „nur" innerhalb der ersten sechs Monate vor. In den übrigen Bundesländern findet sich eine derartige zeitliche Festlegung nicht, wobei in **BW** § 95 III, **BY** Art. 119, **NI** § 112a, **NW** § 90 Abs. 1 und **HH** § 18 Abs. 2 die zeitliche vorgesehene Befristung durch den Begriff „vorübergehend" zum Ausdruck kommt. Hessen verzichtet in § 12 Abs. 6 ganz auf eine zeitliche Beschränkung.

b) Räumliche Vorgaben. Die Durchführung einer nachgehenden Betreuung ist in den meisten Bundesländern räumlich nicht an die Einrichtung gebunden. In **BE** § 48, **BB** § 52, **HB** § 44, **MV** § 44, **RP** § 51, **SL** § 44, **SN** § 44, **ST** § 51, **SH** § 61 und **TH** § 52 wird jeweils in Satz 2 ausdrücklich zum Ausdruck gebracht, dass die nachgehende Betreuung „auch außerhalb der Anstalt" erfolgen kann. In **BW** § 95 III, **BY** Art. 119, **HH** § 18, **HE** § 12 Abs. 6, **NI** § 112a und **NW** § 90 finden sich keine derartigen Festlegungen, wobei **NW** § 90 Abs. 2 allerdings darauf verweist, dass die nachgehende Betreuung „in sozialtherapeutischen Nachsorgeambulanzen in den sozialtherapeutischen Einrichtungen" durchgeführt werden kann. 7

Inwieweit eine nachgehende Behandlung ggf. ambulant innerhalb der Anstalt erfolgen kann, wird nicht näher bestimmt. Eine längerfristige „stationäre" Behandlung wird nach den Regeln einer Aufnahme auf freiwilliger Grundlage (siehe dazu Kap. D) zu erfolgen haben.

c) Fortsetzung einer Behandlung. Einzelne Länder knüpfen die nachgehende Betreuung ausschließlich oder teilweise an das Erfordernis einer bereits bestehenden Behandlung. So sollen die sozialtherapeutischen Einrichtungen in Baden-Württemberg (**BW** § 95 III) für die „während des Freiheitsentzugs sozialtherapeutisch behandelten Gefangenen eine vorübergehende nachgehende Betreuung gewährleisten", in Bayern (**BY** Art. 119 „nach Entlassung der Gefangenen die im Vollzug begonnene Betreuung vorübergehend fortführen", in Hamburg (**HH** § 18 Abs. 2) „eine im Vollzug begonnene Betreuung nach der Entlassung vorübergehend" fortführen und in Nordrhein-Westfalen (**NW** § 90 Abs. 1) „nach Entlassung der Gefangenen die in der Einrichtung begonnene Betreuung und Behandlung auf Antrag der Gefangenen vorübergehend fortführen". Voraussetzung ist auch hier jeweils, dass („soweit") diese nicht anderweitig durchgeführt/sichergestellt werden kann. 8

4. KAPITEL
Arbeit und Bildung

Schrifttum

Arloth/Geiger Der deutsche Strafvollzug nach der Föderalismusreform, in: Maelicke/Suhling (Hrsg.), Das Gefängnis auf dem Prüfstand, Wiesbaden 2018, 73; *Bader* RESTART – Reintegration (ehemaliger) Straffälliger in Arbeit oder Ausbildung, in: BewHi 2009, 62; *Bayer. Staatsministerium der Justiz* Justizvollzug in Bayern, München 2016; *Bechtold* Arbeitsplätze für Haftentlassene; ein praxisbezogenes Denkmodell, in: ZfStrVo 1989, 288; *Bemmann* Anmerkung zum Urteil des BVerfG vom 1.7.1998, StV 1998, 604; *Bierschwale* „Lernen ermöglichen" Die Ordnung des vollzuglichen Lernens, in: FS 2008, 199; *Boll/Röhner* Resozialisierung durch Ausbeutung? Arbeit und Gewerkschaftsbildung in deutschen Gefängnissen, in: KritJ 2017, 195; *Borchert* Pädagogik im Strafvollzug. Grundlagen und reformpädagogische Impulse, Weinheim/Basel 2016; *Brämer/Otte/Schuler/Pendon* Berufsbildungsmaßnahmen im Frauenvollzug, in: ZfStrVo 1986, 330; *Braun-Heintz/Schradin/Wehle* Weiterbildung im Strafvollzug, 3 Bände, AfeB-Taschenbücher Weiterbildung, Heidelberg 1981; *Bundesvereinigung der Anstaltsleiter* Stellungnahme zur Verfassungsmäßigkeit der Arbeitsentgeltregelungen des StVollzG, in: ZfStrVo 1993, 180; *Calliess* Ausbildung und Therapie – Zur Konkretisierung eines Anspruches auf Resozialisierung, in: Baumann (Hrsg.), Die Reform des Strafvollzuges, München 1974, 55; *Clever/Ommerborn* Fernstudium in deutschen Haftanstalten, in: ZfStrVo 1996, 80; *Cornel* Zur Situation, Funktion und Perspektive des Schulunterrichts im Justizvollzug heute, in: ZfStrVo 1994, 344; *Cyprian* Berufliche Resozialisation. Literatur und Forschungsprojekte. Literaturdokumentation zur Arbeitsmarkt- und Berufsforschung, Sonderheft 10 (Lit Dok ABS 10), Nürnberg 1981; *Dahmen* Die Verpflichtung zur Arbeit im Strafvollzug, Frankfurt a.M. 2011; *Degen* Die Eingliederung entlassener Strafgefangener in Arbeit und Beruf. Wesentlicher Faktor der Resozialisierung, in: Deimling/Häußling (Hrsg.) Straffälligenhilfe. Aktuelle und historische Aspekte der Strafvollzugsreform durch Staat und engagierte Bürger, Wuppertal 1977, 123; *Deutsche Evangelische Arbeitsgemeinschaft für Erwachsenenbildung* (Hrsg.) Bildungsarbeit in Vollzugsanstalten (Erfahrungen und Anregungen), Karlsruhe 1979; *Eberle* Didaktische Grundprobleme der Bildungsarbeit im Justizvollzug, in: ZfStrVo 1982, 99; *Els* Der inhaftierte Schuldner im (Verbraucher-)Insolvenzverfahren: Praktische Zugriffsmöglichkeiten und deren Abwehr, in: VuR 2013, 208; *Entorf/Sieger* Unzureichende Bildung: Folgekosten durch Kriminalität 2010 (www.bertelsmann-stiftung.de); *Feest/Galli* Gefangenengewerkschaften, in: FS 2016, 20; *Graebsch* Gefangenenmitverantwortung – Interessenvertretung für Gefangene?, in: FS 2016, 22; *Hammerschick* Arbeit und Bildung im Strafvollzug als Herausforderung für das Vollzugssystem, in: FS 2012, 207; *Hammerschick* Digitale Medien und E-Learning im Strafvollzug, in: NK 2019, 46; *Hammerschick/Pilgram* (Hrsg.) Arbeitsmarkt, Strafvollzug und Gefangenenarbeit, Baden-Baden 1997; *Hardes* Berufliche Bildung der Gefangenen nach dem Arbeitsförderungsgesetz (AFG) unter Berücksichtigung der durch das Arbeitsförderungs-Konsolidierungsgesetz (AFKG) bedingten Änderungen, in: ZfStrVo 1982, 167; *ders.* Gesetzliche Grundlagen der beruflichen Bildung für Gefangene, in: ZfStrVo 1995, 273; *Heyer* Strafgefangene im Insolvenz- und Restschuldbefreiungsverfahren, in: NZI 2010, 81; *Hilkenbach* Schule und berufliche Bildung im Strafvollzug – seit Inkrafttreten des Strafvollzugsgesetzes, in: ZfStrVo 1987, 49; *Hillebrand* Organisation und Ausgestaltung der Gefangenenarbeit in Deutschland, 2. Aufl., Mönchengladbach 2009; *Hirdes* Vom Arbeitstraining zur Beruflichen Grundbildung, in: FS 2012, 221; *Hüttenrauch* Die Arbeit als Resozialisierungsfaktor, Baden-Baden 2015; *Jehle* Arbeit und Entlohnung von Strafgefangenen, in: ZfStrVo 1994, 259; *Jeske* Das Ende der Klötzchenbude: Arbeitstherapie im Strafvollzug im Wandel, in: FS 2009, 320; *Joppe* Arbeitsförderungsgesetz und Strafvollzugsgesetz – ein System der beruflichen Resozialisierung –, in: Soziale Arbeit 1977, 1; *Jung* Weiterbildung der Strafgefangenen – eine Aufgabe des Vollzugs, in: ZfStrVo 1975, 136; *Kamann* Das Urteil des Bundesverfassungsgerichts vom 1.7.1998 zur Gefangenenentlohnung, ein nicht kategorischer Imperativ für den Resozialisierungsvollzug, in: StV 1999, 348; *Kett-Straub* Die Gefangenenarbeit im Strafvollzug – Konzeption, Ausgestaltung und Ziele oder die große Kluft zwischen Anspruch und Wirklichkeit, in: ZStW 2013, 883; *Kett-Straub/Streng* Strafvollzugsrecht, München 2016; *Koch* Gefangenenarbeit und Resozialisierung, Stuttgart 1969; *Kofler* Qualifizierung des Schulunterrichts im Justizvollzug als Gegenstand der Rehabilitierungswissenschaft – oder: Die Suche der Lehrer im Justizvollzug nach festen Punkten im Berufsfeld, in: ZfStrVo 1994, 206; *Krebs* Zur Entwicklung der Erwachsenenbildung in deutschen Strafanstalten, in: ZStW 1972, 559; *Kunz* Soziales Lernen ohne Zwang, in: ZStW 1989, 75; *Laubenthal* Arbeitsverpflichtung und Arbeitsentlohnung des Strafgefangenen, in: Schlüchter (Hrsg.), FS Geerds, Lübeck 1995, 337; *ders.* Vollzugliche Ausländerproblematik und Internationalisierung der Strafverbüßung, in: Feuerhelm u.a. (Hrsg.), FS Böhm, Berlin/New York 1999, 307; *Leder* Arbeitsentgelt im Strafvollzug der Bundesrepublik Deutschland. Paradigma für fehlende soziologische Problemsicht, Rheinstetten 1978; *Lenske* Arbeitsmarktpolitik und Strafvollzug, in: ZfStrVo 1979, 155; *Lohmann* Arbeit und Arbeitsentlohnung des Strafgefangenen, Frankfurt a.M. 2002; *Luzius* Möglichkeiten der Resozialisierung durch Ausbildung im Jugendstrafvollzug, Heidelberg/Karlsruhe 1979; *Matzke* Der Leistungsbereich bei Jugendstrafgefangenen, Diss. jur., Berlin 1982; *Mey* Auswirkungen schulischer und beruflicher Bildungsmaßnahmen während des Strafvollzuges, in: ZfStrVo 1986, 265; *Müller* „/Mein kleines Zimmer ist ein Riesenreich/" (R. Ausländer). Zur Zukunft von Bildung im Strafvollzug, in: FS 2018, 285; *Müller-Dietz* Berufsausbildung und Strafvollzug. Zur Rolle berufsbildender Maßnahmen im künftigen Behandlungsvollzug, in: Die Deutsche Berufs- und Fachschule 1973, 243; *ders.* Strafvollzug: Erwachsenenbildung, in: Sieverts/Schneider (Hrsg.), Handwörterbuch der Kriminologie, Band 5, Lieferung 1, Berlin 1983, 222; *ders.* Bildungsarbeit im Strafvollzug – grenzübergreifend –, in: ZfStrVo 1993, 259; *ders.* Arbeit und Arbeitsentgelt für Strafgefangene, in: JuS 1999, 952; *Nebe/Heinrich* Behandlung und Ausbildung, in: ZfStrVo 1993, 276; *Neufeind* Karriere und Wirksamkeit der Empfehlung berufsbildender Maßnahmen im nordrhein-westfälischen Strafvollzug, Diss. jur., Bonn 1981; *Ommerborn/Schuemer* Fernstudium im Strafvollzug, Pfaffenweiler 1999; *Pendon* Berufliche Ausbildung im Strafvollzug. Grundproblematik der Motivation von Gefangenen sowie deren Einschränkungen und Grenzen, in: ZfStrVo 1979, 158; *ders.* Die Rolle berufsbildender Maßnahmen im Vollzug – Bedeutung und Erfolg im Hinblick auf die Wiedereingliederung Straffälliger, in: ZfStrVo 1992, 31; *ders.* Lernziele im Vollzug, in: ZfStrVo 1994, 204; *Petran/Weber* Die Organisation von beruflicher und schulischer Bildung im Jugendstrafvollzug, in: FS 2008, 210; *Pfister* Die Freistellung des Strafgefangenen von der Arbeitspflicht (§ 42 StVollzG), in: NStZ 1998, 117; *Preusker* Zur Situation der Gefängnisarbeit, in: ZfStrVo 1988, 92; *Reichardt* Recht auf Arbeit für Strafgefangene, Frankfurt a.M. 1999; *Rieder-Kaiser* Vollzugliche Ausländerproblematik und Internationalisierung der Strafverbüßung, Frankfurt a.M. 2004; *Rotthaus* Die Bedeutung des Strafvollzugsgesetzes für die Reform des Strafvollzugs, in: NStZ 1987, 1; *Schirmer* Soziale Sicherung von Strafgefangenen, Berlin 2008; *Schüler* Eine staatliche Schule in der Anstalt, in: ZfStrVo 1988, 137; *Schweinhagen* Arbeitstherapie im geschlossenen Erwachsenenvollzug, in: ZfStrVo 1987, 95; *Sigel* Freistellung von der Arbeitspflicht nach § 42 StVollzG, in: ZfStrVo 1985, 276; *Stentzel* Berufserziehung straffälliger Jugendlicher und Heranwachsender, Frankfurt a.M. 1990; *Stiebig* Die Vereinbarkeit aufenthaltsbeschränkender Vollstreckungsmaßnahmen mit europäischem Recht, in: ZAR 2000, 127; *ders.* Vollstreckungsverzicht und Grundfreiheiten. Ein Beitrag zur Entwicklung des europäischen Strafrechts, Frankfurt a.M. 2003; *Streng* Strafrechtliche Sanktionen, 3. Aufl., Stuttgart 2012; *Supe* Strafgefangene und Schule, München 1980; *Szczekalla* Anmerkung zum Beschluss des OLG Celle vom 13.2.2002, in: StV 2002, 324; *Theine/Elgeti-Starke* Bildung und Qualifizierung, in: Maelicke/Suhling (Hrsg.), Das Gefängnis auf dem Prüfstand, Wiesbaden 2018, 109; *Vogel* Zum Stand der Alphabetisierung im Justizvollzug der Bundesrepublik Deutschland, in: ZfStrVo 1992, 112; *Wattenberg* Arbeitstherapie hinter Gittern, in: ZfStrVo 1984, 343; *ders.* Arbeitstherapie im Jugendstrafvollzug – Eine Bestandsaufnahme, 3. Aufl., Frankfurt 1990; *Wiegand* Schulische und berufliche Bildung, in: Schwind/Blau, 276; *Wirth* Arbeit und Bildung im Strafvollzug: Von der Arbeitspflicht zur Arbeitsmarktintegration, in: FS 2012, 195.

S. auch bei D.

Vorbemerkungen

1   Die Abschnitte der Gesetze über Arbeit, Arbeitstherapie und -training sowie Bildungsmaßnahmen enthalten einen zentralen Regelungsbereich, da sie insoweit die normativen Zielvorstellungen für die sozialen Lernfelder Arbeit, Ausbildung und Weiterbildung darlegen und die Erreichung des Vollzugsziels anhand wesentlicher Behandlungsmittel des Strafvollzugs konkretisieren (vgl. zur Bedeutung der Bildung im Strafvollzug die EuStVollzGrds 2006, Nr. 28; deutlich auch **HH** § 34 Abs. 1 Satz 1, **HE** § 27 Abs. 1 Satz 1). Die gesetzlichen Regelungsinhalte gründen letztlich auf der mit dem *John Howard* zugeschriebenen Satz „Make men diligent and they will be honest" klassisch beschriebenen Vermutung, es gebe zwischen (Nicht-)Arbeit und Straffälligkeit einen kausalen Zusammenhang, so dass mit „Erziehung zur Arbeit" Legalbewährung gefördert

werden könne.¹ Ein monokausaler positiver Zusammenhang von aktivem Arbeitsverhalten im Vollzug und der Legalbewährung nach der Entlassung lässt sich zwar ebenso wenig empirisch nachweisen wie in negativer Hinsicht ein solcher von (Aus-)Bildungsmangel und Straffälligkeit.² Ungeachtet der **nicht eindeutigen kriminologischen Einschätzung** der Rolle der Arbeit (und der Bildung) als „Resozialisierungsfaktor ersten Ranges"³ bzw. „ein wichtiges Mittel auf dem Weg zur Resozialisierung"⁴ ist allerdings weithin anerkannt, dass die mit Bildung und Arbeitstraining verbundenen Einwirkungen auf den einzelnen Menschen seine gesamte Persönlichkeitsentwicklung erfassen und in hervorragender Weise dazu beitragen können, ihn in seinem Selbstwertgefühl und in seinen sozialen Verhaltensweisen im Sinne auch einer gesellschaftlichen Stabilisierung **positiv zu verändern**.⁵ Es erscheint deshalb unangebracht, in der Gefangenenarbeit lediglich die negativ konnotierte Einübung von Sekundärtugenden (Pünktlichkeit, Fleiß, Ausdauer) zu vermuten⁶ oder die mit der Erschöpfung der Gefangenen einhergehende Entlastung der Bediensteten⁷ über Gebühr hervorzuheben. Darüber hinaus mag eine verbesserte Berufsbildung dem Gefangenen bei der Entlassung günstigere praktische Möglichkeiten verschaffen, auf dem Arbeitsmarkt vermittelt zu werden, und damit Gelegenheit, seinen Lebensunterhalt durch eigene Arbeit sicherzustellen. In den Ländern, die keine Arbeitspflicht mehr kennen (Brandenburg, Rheinland-Pfalz, Saarland, Sachsen), soll es sich bei der Beschäftigung aber nicht um einen zentralen Baustein des Resozialisierungskonzepts handeln.⁸ Allerdings sagt das BVerfG, es erscheine „zweifelhaft", dass in diesen Ländern die Arbeit „kein gewichtiges Resozialisierungsmittel mehr darstellt", denn therapeutische, psychiatrische sowie Trainings- und Qualifizierungsmaßnahmen würden den Alltag in der Regel nicht ausfüllen.⁹

Dennoch bleibt der Stellenwert der Arbeit der Gefangenen nach den meisten Gesetzen nicht frei von Widersprüchen,¹⁰ weil Arbeit als **Bestandteil des Behandlungskonzepts** zugleich auch als nach Art. 12 Abs. 3 GG zulässiges Zwangsmittel einen **Teil des durch die Freiheitsentziehung auferlegten Strafübels** darstellt,¹¹ wie insbesondere bei bildungs- und/oder arbeitsmäßig hinreichend ausgestatteten Straftätern (etwa der Wirtschafts- und/oder Organisierten Kriminalität) deutlich wird. Den Inhaftierten trifft dabei in den meisten Ländern nicht nur eine Pflicht zur Arbeit, deren schuldhafte Verletzung u.U. mit Disziplinarmaßnahmen geahndet werden kann. Umgekehrt lässt sich der Entzug der zugewiesenen Arbeit als eine Strafverschärfung interpretieren,¹² indem er zu 2

---

1 Vgl. *Jehle* ZfStrVo 1994, 259 f; *Pendon* ZfStrVo1992, 31 f; *Wirth* FS 2012, 195 ff.
2 *Arloth/Krä* § 37 StVollzG Rdn. 1; *Laubenthal* Rdn. 423; s. jedoch *Entorf/Sieger* 2010.
3 So *Blau* Arbeit im Gefängnis, in: Rollmann [Hrsg.], Strafvollzug in Deutschland, Situation und Reform, Frankfurt a.M. 1967, 75.
4 BVerfGE 98, 169, 172; vgl. auch BVerfG NStZ 2004, 514: „für das Resozialisierungskonzept des Strafvollzugsgesetzes von zentraler Bedeutung"; s. ferner *Eisenberg/Kölbel* Kriminologie, 7. Aufl., Tübingen 2017, § 35 Rdn. 72 ff; *Hillebrand* 2009, 57 ff; *Matzke* 1982, 192 ff; *Mey* ZfStrVo 1986, 265 ff; *Müller-Dietz* 1983, 226 f; zur Einschätzung von Gefangenen selbst *Hüttenrauch* 2015, 173 ff.
5 *Stentzel* 1990, 10 ff m.w.N.; s. auch Bundesvereinigung der Anstaltsleiter ZfStrVo 1993, 180; *Arloth/Krä* § 37 StVollzG Rdn. 1; *Laubenthal/Nestler/Neubacher/Verrel* F Rdn. 14.
6 So aber AK-*Galli* Teil II Vor § 19 Rdn. 6.
7 Vgl. *Kett-Straub* ZStW 2013, 891 f.
8 Vgl. LT-Drucks. **RP** 16/190, 127; VerfGH **RP**, Beschl. vom 8.6.2015 – VGH B 41/14 ua, NJW 2016, 391, 392; OLG Koblenz, Beschl. vom 19.3.2014 – 2 Ws 17/14 (Vollz), Rdn. 17; *Laubenthal* Rdn. 394.
9 BVerfG, Beschl. vom 16.12.2015 – 2 BvR 1017/14, NStZ 2016, 236, 237 m. Anm. *Arloth*.
10 S. auch *Calliess* Theorie der Strafe im demokratischen und sozialen Rechtsstaat, Frankfurt a.M. 1974, 37 ff; *Kunz* ZStW 1989, 84 f; *Walter* Rdn. 470; zur historischen Entwicklung *de Jonge* Strafarbeit, in: Hammerschick/Pilgram 1997, 35 f.
11 So *Seebode* Rdn. 87 ff; s. auch *Böhm* Rdn. 289 ff.
12 *Böhm* Rdn. 292.

den gesetzlich zugelassenen Disziplinarmaßnahmen zählt (außer in Brandenburg und Nordrhein-Westfalen). Wegen des Entfallens der Entlohnung kann insoweit der Entzug der Arbeit indirekt auch zur Arbeitstätigkeit motivieren. Arbeitsleistung vermag in den meisten Ländern sogar zu einer faktischen Verkürzung der Inhaftierung zu führen. Auch hinsichtlich Arbeit und Ausbildung stellt sich die grundsätzliche Frage, ob diese Bereiche nicht im Sinne von die Freiheitsentziehung legitimierenden Behandlungsmaßnahmen, sondern zurückhaltender im Sinne eines die Chancen der Gefangenen im Rahmen legaler Sozialbehauptung nach der Entlassung im Regelfall verbessernden Angebotes begriffen werden sollten.[13] Denn zum einen liegt das Verhältnis positiver Auswirkungen von Arbeit und Ausbildung zu schädigenden Wirkungen des Strafvollzuges und damit ihre Bedeutung als „Resozialisierungsfaktor" einerseits oder als schadensbegrenzendes Merkmal vernünftiger Vollzugsgestaltung andererseits im Dunkeln; zum anderen bedürfen einige Gefangene offensichtlich nicht der Ausbildung oder des Arbeitstrainings im Vollzug für künftiges Legalverhalten.

3   Die Gesetze normieren die verschiedenen **Arten der Beschäftigung** von Strafgefangenen **während der Arbeitszeit**. Dabei ist zu unterscheiden zwischen solchen Arbeitstätigkeiten, die im öffentlich-rechtlichen Rechtsverhältnis ausgeübt werden, und solchen, bei denen der Betätigung eine privatrechtliche Vereinbarung zugrunde liegt oder die eine Art selbständige Tätigkeit darstellen. Zu den Beschäftigungen im **öffentlich-rechtlichen** Verhältnis zwischen Inhaftiertem einerseits und Vollzugsbehörde andererseits zählen die wirtschaftlich ergiebige Arbeit, die angemessene und die arbeitstherapeutische Beschäftigung, das Arbeitstraining sowie Hilfstätigkeiten in der Anstalt. Hinzu kommen solche Maßnahmen der beruflichen Aus- und Weiterbildung, die auf der Basis der öffentlich-rechtlichen Beziehungen erfolgen, in denen der Inhaftierte zum Staat steht. Die Ausübung von Tätigkeiten auf öffentlich-rechtlicher Grundlage gibt dem Einzelnen als bezahlte Freistellung von der Arbeitspflicht einen Anspruch auf Gewährung von Erholungs„urlaub". Die Entlohnung oder finanzielle Förderung richtet sich nach dem Strafvollzugsrecht. Arbeitet der Gefangene dagegen in einem freien Beschäftigungsverhältnis oder befindet er sich auf der Grundlage eines solchen in einer beruflichen Aus- bzw. Weiterbildungsmaßnahme, geht er dieser Betätigung im Rahmen eines **privatrechtlich** gestalteten Rechtsverhältnisses nach. Dementsprechend gelten die vollzugsextern vereinbarten Urlaubsregelungen und auch die Entlohnung bzw. finanzielle Beihilfe richtet sich nach den außervollzuglichen Vereinbarungen. Eine **selbständige** Tätigkeit kann dem Gefangenen gestattet werden. Ist er – unverschuldet – **arbeitslos**, kommt die Gewährung eines Taschengeldes in Betracht.

4   Neben den Beschäftigungsarten, der Freistellung von der Arbeitspflicht und der Entlohnung und finanziellen Unterstützung erlangen Bedeutung zudem Regelungen über die Verwendung von an den Strafgefangenen gezahlten finanziellen Leistungen. Ferner ist normiert, ob und inwieweit von einem Gefangenen ein Haftkostenbeitrag erhoben wird. Anders als im Bundesgesetz finden sich die Regelungen über Vergütung und Gelder in vielen neueren Gesetzen in einem gesonderten Abschnitt.

5   Im Einzelnen gilt im Hinblick auf das **Landesrecht**: In Baden-Württemberg stellen die arbeits- und arbeitsentlohnungsbezogenen Bestimmungen den 8. Abschnitt des JVollzGB III dar (§§ 42 bis 56). In Bayern enthalten Art. 39 bis 54 BayStVollzG für den Freiheitsstrafenvollzug den Bereich von Arbeit, Ausbildung und Weiterbildung sowie die Verwendung von an die Strafgefangenen gezahlten Geldern. In Hamburg regeln §§ 34 bis 49 HmbStVollzG Arbeit, Aus- und Weiterbildung sowie die Gelder der Gefangenen. In

---

13 Vgl. *Kunz* ZStW 1989, 80 ff; *Matzke* 1982, 199 ff; s. auch *Müller-Dietz* ZfStrVo 1993, 265.

Hessen finden sich diese Bereiche in §§ 27 und 28 sowie in §§ 38 bis 44 HStVollzG. In Niedersachsen sind Arbeit, Ausbildung, Weiterbildung sowie die Gefangenengelder betreffende Bestimmungen hinsichtlich des Erwachsenenvollzugs im Fünften und Sechsten Kapitel (§§ 35 bis 52 NJVollzG) enthalten. Für die Länder, die dem Musterentwurf gefolgt sind, gilt, dass die Regelungen in unterschiedlichen Abschnitten zu finden sind: Arbeit und Beschäftigung regeln **BE** §§ 20 bis 27, **BB** §§ 27 bis 32, **HB** §§ 19 bis 24, **MV** §§ 19 bis 24, **RP** §§ 26 bis 31, **SL** §§ 19 bis 24, **SN** §§ 19 bis 24, **ST** §§ 26 bis 31, **TH** §§ 26 bis 32, Vergütung und Gelder **BE** §§ 61 bis 69, **BB** §§ 66 bis 73, **HB** §§ 55 bis 62, **MV** §§ 55 bis 61, **RP** §§ 65 bis 71, **SL** §§ 55 bis 61, **SN** §§ 55 bis 62, **ST** §§ 64 bis 72, **TH** §§ 66 bis 72. In **NW** sind einschlägig §§ 29 bis 39, in **SH** §§ 31 bis 40 und 72 bis 78.

A. Zuweisung

Bund	§ 37 StVollzG
Baden-Württemberg	BW § 42 III JVollzGB
Bayern	BY Art. 39, 44 BayStVollzG
Berlin	BE §§ 20 bis 23, 25 StVollzG Bln
Brandenburg	BB §§ 27 bis 30 BbgJVollzG
Bremen	HB §§ 19 bis 22 BremStVollzG
Hamburg	HH §§ 34, 35 HmbStVollzG
Hessen	HE §§ 27 bis 29 HStVollzG
Mecklenburg-Vorpommern	MV §§ 19 bis 21 StVollzG M-V
Niedersachsen	NI § 35 NJVollzG
Nordrhein-Westfalen	NW §§ 29, 30 StVollzG NRW
Rheinland-Pfalz	RP §§ 26 bis 29 LJVollzG
Saarland	SL §§ 19 bis 22 SLStVollzG
Sachsen	SN §§ 19 bis 22 SächsStVollzG
Sachsen-Anhalt	ST §§ 26 bis 29 JVollzGB LSA
Schleswig-Holstein	SH §§ 31 bis 34 LStVollzG SH
Thüringen	TH §§ 26 bis 30 ThürJVollzG

Schrifttum

S. vor A.

Übersicht

I. Allgemeine Hinweise —— 1–5
 1. Verhältnis von Bildung zu Arbeit —— 1–3
 2. Zusammenarbeit mit außervollzuglichen Einrichtungen —— 4
 3. Informationen zur beruflichen Bildung —— 5
II. Erläuterungen —— 6–38
 1. Berufsbildung und Arbeit, Arbeitstraining und Arbeitstherapie als Teile des Vollzugsziels —— 6–11
 2. Zuweisung von Arbeit —— 12–14
 3. Berücksichtigung individueller Voraussetzungen —— 15–17
 4. Das Bildungsgebot —— 18–30
 5. Angemessene Beschäftigung —— 31–33
 6. Arbeits- und Beschäftigungstherapie —— 34
 7. Ablösung von Arbeits- oder Bildungsmaßnahme —— 35–37
 8. Folgen des öffentlich-rechtlichen Verhältnisses —— 38

4. Kapitel. Arbeit und Bildung

I. Allgemeine Hinweise

1. Verhältnis von Bildung zu Arbeit. Die Gesetze enthalten Regelungen über die berufliche Aus- und Weiterbildung, die Arbeit, die arbeitstherapeutische Beschäftigung und das Arbeitstraining der Gefangenen. Unter **Arbeit** versteht man dabei jede regelmäßige, erwerbs- und leistungsorientierte Betätigung, die auf die Produktion von Ergebnissen abzielt.[14]

a) Zutreffend wurde zwar der **Zusammenhang zwischen beruflicher Bildung und Arbeit** hergestellt, unklar geblieben ist aber in manchen Gesetzen die zeitliche Zuordnung von beruflicher Bildung und Arbeit bzw. Beschäftigung entsprechend der Persönlichkeitsentwicklung und der Lebensgestaltungssituation des einzelnen Gefangenen (§ 37 StVollzG, **BW** § 42 III, **BY** Art. 39, **HH** § 34, **HE** § 27 Abs. 3, **MV** § 22 Satz 1 i.V.m. § 9 Abs. 2 Satz 1, Abs. 1 Satz 1 Nr. 11 und 13, **NI** § 35, **NW** §§ 29, 30). Berufsausbildung sollte, (zumindest) wenn sie zuvor nicht erfolgte, aber noch möglich erscheint und die Erreichung des Vollzugszieles fördert, einem Arbeitseinsatz vorangehen.[15] Nach **HH** § 34 Abs. 2a Satz 4 und 5 kann auch bei drohender oder gerade vollstreckter Ersatzfreiheitsstrafe eine begonnene Ausbildungsmaßnahme fortgeführt werden und geht dann gemeinnütziger Arbeit (zur Abwendung bzw Verkürzung der Ersatzfreiheitsstrafe) vor.

b) Die Gesetzgeber haben sich nur partiell für eine **rangfolgeähnliche Zuordnung** entsprechend den Feststellungen im Vollzugsplan entschieden (**BE** § 24 Abs. 1 S. 2 i.V.m. § 10 Abs. 2, Abs. 1 Satz 1 Nr. 10, **BB** § 30 Abs. 1 i.V.m. § 15 Abs. 2, Abs. 1 Satz 1 Nr. 12, **HB** § 22 Satz 2 i.V.m. § 9 Abs. 2, Abs. 1 Satz 1 Nr. 11, **RP** § 29 Abs. 1 Satz 2 i.V.m. § 15 Abs. 2, Abs. 1 Satz 1 Nr. 11, **SL** § 22 Satz 5 i.V.m. § 9 Abs. 2, Abs. 1 Satz 1 Nr. 11, **ST** § 15 Abs. 2, Abs. 1 Satz 1 Nr. 11, **SH** § 35 Abs. 1 Satz 1, **TH** § 29 Abs. 1 Satz 3 i.V.m. § 15 Abs. 2, Abs. 1 Satz 1 Nr. 11; zurückhaltender **SN** § 22 Abs. 3 Satz 1 i.V.m. § 9 Abs. 2 Satz 2 und 4, Abs. 1 Satz 1 Nr. 11: Vorrang nach Ermessen). Eine solche erscheint aber im Bereich der Zuweisung von Beschäftigungen zur Wertung, Verstärkung und Durchsetzung der anlässlich der Persönlichkeitserforschung erhobenen individuellen Bedürfnisse des einzelnen Gefangenen unabdingbar. So können die in der Praxis teilweise beobachteten gegenseitigen Behinderungen und wenig behandlungsorientierten Konkurrenzen der Bereiche Behandlung, Berufsbildung und Arbeit vermieden werden.

2. Zusammenarbeit mit außervollzuglichen Einrichtungen. Berufliche Bildung und Arbeit machen in verhältnismäßig großem Umfang eine Zusammenarbeit der Vollzugsverwaltung mit außervollzuglichen Einrichtungen, Behörden, Organisationen, Verbänden, Vereinen und Einzelpersonen erforderlich. Das Zusammenarbeitsgebot findet hier einen weiten Anwendungsbereich, der in der Praxis auch umfassend genutzt wird. Weil die Justizverwaltung aber nicht in der Lage ist, die notwendige Berufsbildung allein durchzuführen, sind die Arbeitsagenturen ebenso tätig geworden wie Bildungseinrichtungen der Unternehmensverbände, Gewerkschaften, Kirchen und Parteien. Ferner soll im Arbeitsbereich unternehmerisches Risiko nicht in allen Branchen von der Justizverwaltung getragen werden bzw. es kann auch wegen der Struktur der öffentlichen Haushalte nicht immer getragen werden. Daher gibt es in den Anstalten neben den Eigenbetrieben des Vollzugs zahlreiche Zweigbetriebe freier Unternehmer (vgl. unten K Rdn. 9).

---

14 Vgl. AK-*Galli* Teil II § 22 Rdn. 3.
15 Vgl. auch *Arloth/Krä* § 37 StVollzG Rdn. 9; *Laubenthal/Nestler/Neubacher/Verrel* F Rdn. 14; zur Kombination von Arbeit und Bildungsmaßnahmen *Hammerschick* FS 2012, 207 ff.

Damit ist auch die Möglichkeit eröffnet, den Gefangenen nach der Entlassung im Stammunternehmen außerhalb der Anstalt weiter zu beschäftigen.

3. Informationen zur beruflichen Bildung. Über die Bildungsmaßnahmen (Allgemeinbildung und berufliche Grundbildung, Berufsausbildung, berufliche Weiterbildung) in Justizvollzugsanstalten der Bundesrepublik Deutschland finden sich im Internet keine Angaben an zentraler Stelle; die Bundesagentur für Arbeit listet entsprechende Angebote nicht mehr auf ihren Seiten. Unter http://kursnet-finden.arbeitsagentur.de/kurs/index.jsp können mit dem Suchkriterium: E-Learning/Selbststudium zwar u.U. interessante Angebote abgefragt werden, die aber technische Rahmenbedingungen voraussetzen, welche den meisten Gefangenen bereits fehlen dürften. Informationen über Bildungsstätten, Zugangsvoraussetzungen, Unterrichtsformen und -dauer, Bildungsinhalte und -schwerpunkte, Abschlüsse, Aufnahmemöglichkeiten, Aufnahmekriterien und dergleichen müssen also bei der Vollzugsverwaltung des jeweiligen Landes in Erfahrung gebracht werden. Immerhin informieren sich die Landesjustizverwaltungen laufend gegenseitig über Aus- und Fortbildungsmöglichkeiten in ihren Bereichen, um zur besseren Ausnutzung der jeweiligen Bildungseinrichtungen der Länder Gefangene unter Umständen überstellen oder verlegen zu können. 5

II. Erläuterungen

1. Berufsbildung und Arbeit, Arbeitstraining und Arbeitstherapie als Teile des Vollzugsziels

a) In § 37 Abs. 1 StVollzG, **BW** § 42 Abs. 1 III, **BY** Art. 39 Abs. 1, **BE** § 20 Satz 1, **HH** § 34 Abs. 1 Satz 2, **HE** § 27 Abs. 1 Satz 2, **NI** § 35 Abs. 1, **NW** § 29 Abs. 1 Satz 1, **SH** § 31 wird jener Teil des allgemeinen Vollzugszieles, der durch berufliche Bildung, Arbeit und Beschäftigung erreicht werden soll, spezifiziert und konkreter beschrieben. Diese Gesetze sprechen vom Gebot, **Fähigkeiten für eine Erwerbstätigkeit nach der Entlassung** zu vermitteln, zu erhalten oder zu fördern bzw. zu verbessern. In Brandenburg, Bremen, Mecklenburg-Vorpommern, Rheinland-Pfalz, Saarland, Sachsen, Sachsen-Anhalt sowie Thüringen gilt dies nicht hinsichtlich der Arbeit selbst, sondern nur für die Qualifizierungsmaßnahmen (**BB** § 29 Abs. 1 Satz 1, **HB** § 21 Abs. 1 Satz 1, **MV** § 21 Abs. 1 Satz 1, **RP** § 28 Abs. 1 Satz 1, **SL** § 21 Abs. 1 Satz 1, **SN** § 21 Abs. 1 Satz 1, **ST** § 28 Abs. 1 Satz 1, **TH** § 28 Abs. 1 Satz 1). In Bremen und im Saarland bezweckt man mit Arbeit zurückhaltender die Heranführung an ein strukturiertes Arbeitsleben (**HB** § 22 Satz 1, **SL** § 22 Satz 1) und trägt damit der Tatsache Rechnung, dass Gefangenenarbeit mit derjenigen in Freiheit nicht gleichzusetzen ist. Nichtsdestotrotz zeigt sich die Reihenfolge, in der die Bedürfnisse des einzelnen Gefangenen geprüft werden müssen: zuerst die Notwendigkeit einer beruflichen Bildung, dann die Möglichkeit eines geeigneten Arbeitseinsatzes und – wenn beides noch nicht möglich ist – schließlich das Gebot einer arbeitstherapeutischen Beschäftigung oder eines Arbeitstrainings. Feststellungen und Hinweise dazu hat der Vollzugsplan aufgrund der Behandlungsuntersuchung bzw. des Diagnoseverfahrens zu enthalten. 6

b) Der Hinweis auf die **Erwerbstätigkeit nach der Entlassung** enthält zwei wesentliche Aussagen: Der Gefangene soll zum einen in die Lage versetzt werden, den Unterhalt für sich und ggf. seine Familienangehörigen durch seine Arbeit sichern zu können, zum anderen soll er dazu vor allem nach der Entlassung fähig sein. Ohne Unterschied in der Sache spricht man in Berlin deshalb zusätzlich aus, dass die Beschäftigung den **Erfordernissen des Arbeitsmarktes** Rechnung tragen müsse (**BE** § 20 Satz 2). Alle voll- 7 zuglichen Bemühungen sind mithin **zukunftsorientiert**. Sie verwirklichen auf diese Weise sowohl das Eingliederungsgebot als auch den Angleichungsgrundsatz und die Hilfe zur Selbsthilfe als frühzeitige Entlassungsvorbereitung.

8   **c)** Indem das Wort „**insbesondere**" verwendet ist, lassen § 37 Abs. 1 StVollzG, **BW** § 42 Abs. 1 III, **BY** Art. 39 Abs. 1, **BE** § 20 Satz 1, **HH** § 34 Abs. 1 Satz 2, **HE** § 27 Abs. 1 Satz 2, **NI** § 35 Abs. 1, **NW** § 29 Abs. 1 Satz 1, **SH** § 31 die Möglichkeit offen, dass berufliche Aus- und Weiterbildung, Arbeit, Arbeitstraining und arbeitstherapeutische Beschäftigung im Einzelfall auch anderen Zielen dienen können, als lediglich Fähigkeiten für eine spätere Erwerbstätigkeit zu vermitteln, zu erhalten oder zu fördern. Dabei ist z.B. an eine physische oder psychische Stabilisierung, an eine Verbesserung des Selbstwertgefühls oder an eine die Haftzeit überbrückende therapeutische Beschäftigung zu denken, z.B. bei drogenabhängigen, alten oder in hoch qualifizierten oder Spezialberufen fertig ausgebildeten Gefangenen.

9   **d)** Mit dem Begriff **arbeitstherapeutische Beschäftigung** (§ 37 Abs. 1 StVollzG, ebenso **BW** § 42 Abs. 1 III, **BY** Art. 39 Abs. 1, **HH** § 34 Abs. 1 Satz 1, **HE** § 27 Abs. 1 Satz 1, **NI** § 35 Abs. 1) hatte der Bundesgesetzgeber versucht, definitorische Unsicherheiten zu verdecken. Man unterscheidet Arbeits- und Beschäftigungstherapie (wobei die Grenzen jedoch fließend sind).[16] Die dem Musterentwurf folgenden Gesetze verzichten einerseits auf den Begriff der arbeitstherapeutischen Beschäftigung, differenzieren andererseits aber zwischen **arbeitstherapeutischen Maßnahmen** (**BE** § 21, **BB** § 27, **HB** § 19, **MV** § 19, **RP** § 26, **SL** § 19, **SN** § 19, **ST** § 26, **SH** § 32 Abs. 1, **TH** § 26) sowie **Arbeitstraining** (**BE** § 22, **BB** § 28, **HB** § 20, **MV** § 20, **RP** § 27, **SL** § 20, **SN** § 20, **ST** § 27, **SH** § 32 Abs. 2, **TH** § 27). Nordrhein-Westfalen kennt nur arbeitstherapeutische Maßnahmen (**NW** § 29 Abs. 1 Satz 1). Die genannten Gesetze mit Ausnahme des nordrhein-westfälischen definieren diese Angebote legal. Zum Arbeitsentgelt bei Arbeitstherapie und -training s. D. Rdn. 11 f.

10   **e) Arbeitstherapie** dient unmittelbar der Herstellung einer Arbeitsfähigkeit des Gefangenen. Die Gesetze benennen als ihr Ziel, Eigenschaften wie Selbstvertrauen, Durchhaltevermögen und Konzentrationsfähigkeit einzuüben, um die Gefangenen stufenweise an die Grundanforderungen des Arbeitslebens heranzuführen. Sie soll also zu einem positiven Arbeits- und Leistungsverhalten führen, insbesondere die Durchhaltefähigkeit an einem Arbeitsplatz über mehrere Stunden einüben. Über zunächst einfache Tätigkeiten und Erfolgserlebnisse wird versucht, die Ängste vor Arbeitsmisserfolgen abzubauen, Begabungen zu finden und so mit Aussicht auf Erfolg eine Hineinnahme in berufliche Bildungsmaßnahmen oder eine dauerhafte Arbeitsaufnahme in einem Arbeitsbetrieb zu ermöglichen. Im Raum steht somit die Vermittlung für Arbeitsaufnahme erforderlicher sozialer Grundfähigkeiten einschließlich strukturierter Tageseinteilung.[17] Das Arbeitsentgelt für arbeitstherapeutische Beschäftigung beträgt häufig 75% des Grundlohnes der Vergütungsstufe I (vgl. D Rdn. 78). Jenen Gefangenen, die zu der stärker zielgerichteten Arbeitstherapie noch nicht in der Lage sind, dient die **Beschäftigungstherapie** (z.B. als Vorstufe der Arbeitstherapie) dazu, in Unterbrechung der sonst zu langen täglichen freien Zeit durch meist sehr leichte und sich wiederholende Tätigkeiten sich psychisch zu stabilisieren und einen zeitlichen Tagesablauf einzuüben, der den allgemeinen Lebensverhältnissen außerhalb der Anstalt möglichst entspricht.

---

16   Vgl. *Schweinhagen* 1987; *Wattenberg* 1984 und 1990.
17   AK-*Galli* Teil II § 19 Rdn. 2 f; *Laubenthal/Nestler/Neubacher/Verrel* F Rdn. 52; ferner *Jeske* FS 2012, 323.

f) Verfügt ein Gefangener bereits über die Grundkompetenzen, die in der Arbeitstherapie vermittelt werden, ist er aber noch nicht in der Lage, einer regelmäßigen und erwerbsorientierten Beschäftigung nachzugehen, kommt **Arbeitstraining** in Betracht. Unter Vermittlung für den Arbeitsmarkt zur Zeit relevanter Qualifikationen sollen Fähigkeiten und Fertigkeiten vermittelt werden, die eine Eingliederung in das leistungsorientierte Arbeitsleben fördern. Das Ziel stellt es damit dar, Arbeitsleistungen unter Bedingungen zu erbringen, die den in Wirklichkeit anzutreffenden ähneln.[18] Eine trennscharfe Abgrenzung zur Arbeitstherapie wird praktisch nicht immer möglich sein, zumal einschlägige Maßnahmen unter anderem Namen auch in den Ländern angeboten werden, deren Gesetze das Arbeitstraining nicht ausdrücklich nennen.[19] **11**

2. Zuweisung von Arbeit

a) Trifft den Gefangenen eine Arbeitspflicht (unten B Rdn. 1f), entspräche dem die grundsätzliche Verpflichtung der Vollzugsanstalt, ihm auch Arbeit zuzuweisen. Ein **Recht** auf Zuweisung von Arbeit ist dem Gefangenen aber **nicht zugestanden**. Nicht einmal eine Soll-Vorschrift für den Vollzug enthalten insoweit die Gesetze in Berlin, Bremen, Mecklenburg-Vorpommern, Schleswig-Holstein und Thüringen.[20] Denn bei pragmatischer Beurteilung können die Schwierigkeiten nicht übersehen werden, die aus der Abhängigkeit der Arbeitsverwaltungen in den Vollzugsanstalten vom allgemeinen Arbeitsmarkt erwachsen. In Zeiten der Vollbeschäftigung außerhalb der Anstalten könnte ein Recht der Gefangenen auf Arbeit zwar weitgehend erfüllt werden. Allgemeine wirtschaftliche Rezessionen, Auftragsmangel und Arbeitslosigkeit außerhalb der Anstaltsmauern sind hingegen schnell und überproportional im Bereich der Gefangenenarbeit zu spüren. Der Anteil der wegen Arbeitsmangels unbeschäftigten Gefangenen steigt dann erheblich an. In der vollzuglichen Praxis herrscht seit Jahren Arbeitsmangel.[21] Wird einem Gefangenen **keine Beschäftigung zugewiesen**, trifft ihn auch keine Arbeitspflicht.[22] **12**

b) Dem Gefangenen soll nach § 37 Abs. 2 StVollzG, **BW** § 42 Abs. 2 III, **BY** Art. 39 Abs. 2 Satz 1, **HH** § 34 Abs. 5, **NI** § 35 Abs. 2 Satz 1, **NW** § 29 Abs. 2 Satz 2, **ST** § 29 Abs. 1 Satz 1 **wirtschaftlich ergiebige Arbeit** zugewiesen werden, d.h. Arbeit, deren Verrichtung außerhalb der JVA (unter normalen Bedingungen) einen Verdienst ermöglichen würde, unabhängig davon, ob es sich um Dienstleistungen oder um handwerkliche oder industrielle Fertigungen handelt. Auch in Schleswig-Holstein soll Arbeit wirtschaftlich ergiebig sein (**SH** § 35 Abs. 1 Satz 3). Das Arbeitsprodukt soll mit einem Erlös verwertbar sein, der nach Möglichkeit auch einen Gewinn enthält. Dabei gehen die Gesetze erkennbar davon aus, dass die wirtschaftliche Ergiebigkeit ein Indiz für eine sinnvolle Arbeit ist. **Verzichten** die Regelungen in Berlin, Brandenburg, Bremen, Hessen, Mecklenburg-Vorpommern, Rheinland-Pfalz, Saarland, Sachsen und Thüringen auf die ausdrückliche Nennung des Kriteriums wirtschaftlicher Ergiebigkeit, trägt man insoweit unter Hintanstellung des Ideals den Defiziten, die viele Inhaftierte im Leistungsbereich aufweisen, Rechnung. Allerdings lässt sich das Bestreben, die Gefangenen wirtschaftlich **13**

---

18 Vgl. *Arloth/Krä* § 20 SächsStVollzG Rdn. 1; *Laubenthal/Nestler/Neubacher/Verrel* F Rdn. 53.
19 AK-*Galli* Teil II § 20 Rdn. 3; vgl. auch *Hirdes* FS 2012, 221.
20 Krit. *Schaerff* Das neue Strafvollzugsgesetz für Nordrhein-Westfalen, in: ZStW 2016, 194, 229.
21 Die wohl neuesten Zahlen bei *Hillebrand* 2009, 176 ff.
22 OLG Hamm, Beschl. vom 14.1.2016 – III-1 Vollz (Ws) 595/15, FS **SH** 2017, 38, 39; OLG Saarbrücken, Beschl. vom 28.2.1979 – Ws 453/78, ZfStrVo **SH** 1979, 57.

ergiebig arbeiten zu lassen, bereits auf den allgemeinen Angleichungsgrundsatz stützen.[23]

14   c) Es ist nicht erforderlich, dass die Arbeit nach Auffassung des Gefangenen einträglich genug und abwechslungsreich erscheint, einem bestimmten **Niveau** entspricht oder weder zu schwer noch zu schmutzig ist. Alle außerhalb der Anstalten anzutreffenden Arbeiten sind für Gefangene geeignet. Auch wenn unproduktive und abstumpfende Verrichtungen ausgeschlossen sein sollen,[24] sind dennoch monotone Tätigkeiten sowie Fließband- und Akkordarbeit nicht unzulässig.[25] Zur **Arbeitszeit** galten VV Nr. 4 zu § 37 StVollzG. Danach sollte sich die Arbeitszeit der Strafgefangenen nach der regelmäßigen wöchentlichen Arbeitszeit im öffentlichen Dienst (des jeweiligen Bundeslandes) richten. Mittlerweile reichen die Soll-Wochenarbeitszeiten in den Ländern von 33 (Sachsen-Anhalt) bzw. 34 (Hamburg)[26] bis 41 Stunden (Nordrhein-Westfalen mit näherer Regelung in §§ 1 Abs. 1, 5 Abs. 4, 6 Abs. 4 Landesvollzugsvergütungsverordnung,[27] auch zur Arbeitszeit bei Bildungsmaßnahmen).[28] Eine gesetzliche Regelung, die VV Nr. 4 Abs. 2 zu § 37 StVollzG aufgreift, findet sich mit dem Verbot von Sonntags-, Feiertags- und Samstagsarbeit in **NW** § 29 Abs. 5 Satz 1. Die Norm trägt (in Übereinstimmung mit VV Nr. 4 Abs. 4 Satz 1 zu § 37 StVollzG) in Satz 2 weiter Art. 4 GG Rechnung, indem sie Gefangenen aus religiösen Gründen einen Anspruch auf Arbeitsbefreiung an Arbeitstagen gibt. Kommt es zu **Arbeitsunterbrechungen**, so ist im Hinblick auf eine Anrechnung auf die Arbeitszeit (und die Frage der Entlohnung) zu differenzieren: Wird die Arbeitszeit aus personenbezogenen Gründen unterbrochen (z.B. Arzttermin, Besuchsempfang, Disziplinarverhandlung oder richterliche Anhörung), muss keine Anrechnung erfolgen, während bei Unterbrechungen zu Anstaltszwecken (z.B. Heranziehung als Dolmetscher für ausländische Strafgefangene durch die Vollzugsbehörde) die fehlende Arbeitszeit angerechnet wird. Die Mitwirkung an der Gefangenenmitverantwortung wird nicht per se als Arbeit gelten (dazu noch unten D Rdn. 10);[29] insbesondere sind die Regelungen für Betriebsratstätigkeit nicht übertragbar.

3. Berücksichtigung individueller Voraussetzungen

15   a) Die **Fähigkeiten, Fertigkeiten und Neigungen** des einzelnen Gefangenen sollen bei der Zuweisung von Arbeit an ihn berücksichtigt werden (§ 37 Abs. 2 StVollzG, **BW** § 42 Abs. 2 III, **BY** Art. 39 Abs. 2 Satz 1, **BE** § 24 Abs. 1 Satz 3, **HH** § 34 Abs. 2 Satz 1, Abs. 2a Satz 2, **HE** § 27 Abs. 3 Satz 1, **NI** § 35 Abs. 2 Satz 1, **ST** § 29 Abs. 1 Satz 1, **SH** § 35 Abs. 1 Satz 2); **NW** § 29 Abs. 2 Satz 1 spricht von Fähigkeiten und Interessen. Diesem **Individualisierungsgebot** folgend wird bei der Zuweisung einer wirtschaftlich ergiebigen Tätigkeit den individuellen Bedürfnissen und Fähigkeiten Rechnung getragen. Mit der Vorgabe der personenbezogenen Prüfung und persönlichkeitsangepassten Zuweisung soll erreicht werden, dass die auszuübende Arbeit dem aktuellen Stand der Persönlichkeitsentwicklung hinreichend entspricht, der Gefangene weder unter- noch überfordert wird und dadurch die Arbeitsmotivation und das Durchhaltevermögen verliert. Es soll eine

---

23   So für Hessen LT-Drucks. 14/5012, 223.
24   Vgl. BT-Drucks. 7/918, 65.
25   Allg. M., etwa *Arloth/Krä* § 37 StVollzG Rdn. 8; AK-*Galli* Teil II § 22 Rdn. 4.
26   Geregelt in § 1 Abs. 1 Hamburgische Vollzugsvergütungsordnung vom 26.3.2015, GVBl. 57.
27   Vom 31.8.2017, GVBl. 778.
28   Siehe AK-*Galli* Teil II § 55 Rdn. 1.
29   Näher *Arloth/Krä* § 37 StVollzG Rdn. 8; a.A. AK-*Galli* Teil II § 22 Rdn. 8; *Laubenthal/Nestler/Neubacher/Verrel* F Rdn. 21.

Arbeit zugewiesen werden, zu der der Gefangene eine positive Einstellung gewinnt und die er deshalb möglicherweise nach der Entlassung in einer freien Arbeitsstelle fortzuführen bereit ist. Verzichtet werden kann auf derartige Vorgaben in den Ländern, in denen keine Arbeitspflicht besteht (Brandenburg, Rheinland-Pfalz, Saarland, Sachsen); hier darf der jeweilige Gefangene sich auf die Übernahme von Tätigkeiten beschränken, die seinen Fähigkeiten und Neigungen entsprechen.

b) Den beschriebenen Prinzipien stehen in der **Vollzugspraxis** erhebliche Hindernisse entgegen.[30] Oft gelingt es dem Leiter der Arbeitsverwaltung einer Vollzugsanstalt nur sehr schwer, überhaupt Aufträge für die Anstaltsbetriebe und damit Arbeit für die Gefangenen zu beschaffen. Es ist ihm häufig lediglich in wenigen Fällen möglich, dem Individualisierungsgebot auch nur annähernd Rechnung zu tragen. Die dem einzelnen Gefangenen in der Anstalt angebotene Tätigkeit richtet sich daher im Allgemeinen mehr nach der Art, dem Umfang und der vereinbarten Produktionszeit für den von der Anstalt übernommenen Auftrag als nach den individuellen Möglichkeiten der Inhaftierten. Einige Anstalten bzw. Bundesländer versuchen Abhilfe zu schaffen, indem sie die hergestellten Produkte selbst, auch über das Internet, vermarkten (s. etwa für Bayern www.haftsache.de, für Nordrhein-Westfalen www.knastladen.de).[31] 16

c) Unter Berücksichtigung der vorstehenden Ausführungen ist der Rechtsprechung darin zuzustimmen, dass sie den Vollzugsorganen bei der Regelung des Arbeitseinsatzes der Gefangenen einschließlich deren Auswahl für vorhandene Arbeitsstellen ein **weitgehendes Ermessen** einräumt.[32] Dieses Ermessen ist fehlerhaft ausgeübt, wenn die Vollzugsbehörde die ihr durch die Norm vorgegebenen gesetzlichen Grenzen überschreitet oder wenn sie von dem ihr eingeräumten Ermessen nicht im Sinne des Gesetzes oder der in der Norm zum Ausdruck kommenden Zweckbestimmung Gebrauch macht.[33] Ein solcher Fehlgebrauch liegt z.B. dann vor, wenn bei der Entscheidung über eine Arbeitsplatzzuweisung von unrichtigen tatsächlichen Grundlagen ausgegangen wurde.[34] 17

4. Das Bildungsgebot

a) § 37 Abs. 3 StVollzG, **BW** § 42 Abs. 4 III, **BY** Art. 39 Abs. 4 Satz 1, **HH** § 34 Abs. 4 Satz 1, **HE** § 27 Abs. 3 Satz 2, **NI** § 35 Abs. 2 Satz 3, **NW** § 30 Abs. 1 Satz 1 stellen die **Maßnahmen der Aus- und Weiterbildung** der Zuweisung einer ergiebigen Arbeit gleich.[35] Seitens der Gefangenen bedarf es hierfür gem. § 41 Abs. 2 Satz 1 StVollzG, **BW** § 47 Abs. 2 Satz 1 III, **BY** Art. 39 Abs. 4 Satz 2, **HH** § 38 Abs. 2 Satz 1, **NI** § 35 Abs. 2 Satz 3 ihrer Zustimmung. In Hessen und Nordrhein-Westfalen zählt demgegenüber auch die berufliche Aus- und Weiterbildung zur Beschäftigung, zu der Gefangene verpflichtet sind (**HE** § 27 Abs. 2 Satz 1 mit Abs. 1 Satz 1, **NW** § 29 Abs. 1 Satz 1 und 2). Das Bildungsgebot umfasst insbesondere die Verpflichtung, geeigneten Gefangenen Berufsausbildung, berufliche Weiterbildung und sonstige aus- oder weiterbildende Maßnahmen anzubieten, in Baden-Württemberg namentlich auch Umschulung. 18

---

30 Rechtstatsächlich zur Gefangenenarbeit etwa *Kett-Straub* ZStW 2013, 884 f.
31 S. auch AK-*Galli* Teil II § 22 Rdn. 6; *Kett-Straub* ZStW 2013, 899 f; *Kett-Straub/Streng* 2016, 92 f.
32 OLG Nürnberg, Beschl. vom 23.1.1981 – Ws 986/80, NStZ 1981, 200; Beschl. vom 30.8.1990 – Ws 919/90, ZfStrVo 1991, 245; *Arloth/Krä* § 37 StVollzG Rdn. 3; *Laubenthal* Rdn. 399; *Laubenthal/Nestler/Neubacher/Verrel* F Rdn. 19; weitergehend AK-*Galli* Teil II § 22 Rdn. 12 f.
33 Zur Ermessensausübung s. *Laubenthal* Rdn. 809 ff.
34 OLG Celle, Beschl. vom 19.3.1979 – 3 Ws 7/79 (StrVollz), ZfStrVo **SH** 1979, 57.
35 Vgl. BT-Drucks. 7/918, 65.

19 **b)** Die Länder, die dem Musterentwurf folgen, behandeln **schulische und berufliche Qualifizierungsmaßnahmen**, verstanden als schulische wie berufliche Aus- und Weiterbildung im Vollzug nebst (außer in Mecklenburg-Vorpommern) vorberuflicher Qualifizierung, zusammen. Jene haben das Ziel, die Fähigkeiten der Gefangenen zur Eingliederung und zur Aufnahme einer Erwerbstätigkeit nach der Haftentlassung zu vermitteln, zu verbessern oder zu erhalten (**BE** § 23 Abs. 1 Satz 1, **BB** § 29 Abs. 1 Satz 1, **HB** § 21 Abs. 1 Satz 1, **MV** § 21 Abs. 1 Satz 1, **RP** § 28 Abs. 1 Satz 1, **SL** § 21 Abs. 1 Satz 1, **SN** § 21 Abs. 1 Satz 1, **ST** § 28 Abs. 1 Satz 1, **TH** § 28 Abs. 1 Satz 1, ähnlich auch **SH** § 31). Derartige Qualifizierungsmaßnahmen sind somit der Arbeit vorrangig. Denn sie erweisen sich als grundlegend für den weiteren beruflichen Werdegang. Erst durch eine entsprechende Qualifizierung haben die Gefangenen nach der Entlassung überhaupt Chancen auf dem Arbeitsmarkt. Deshalb **soll** geeigneten Gefangenen die Teilnahme an einer beruflichen Ausbildung **ermöglicht werden** (**BB** § 29 Abs. 4, **HB** § 21 Abs. 3, **MV** § 21 Abs. 3, **RP** § 28 Abs. 3, **SL** § 21 Abs. 3, **SN** § 21 Abs. 3, **ST** § 28 Abs. 3, **TH** § 28 Abs. 3), in Berlin und Schleswig-Holstein zudem an entsprechender Weiterbildung (**BE** § 23 Abs. 3, **SH** § 33 Abs. 1 Satz 1). Dabei gilt es für den Arbeitsmarkt relevante Qualifikationen zu vermitteln (**BE** § 23 Abs. 2, **BB** § 29 Abs. 6, **HB** § 21 Abs. 2, **MV** § 21 Abs. 2, **RP** § 28 Abs. 5, **SL** § 21 Abs. 2, **SN** § 21 Abs. 2, **ST** § 28 Abs. 5, **SH** § 33 Abs. 2, **TH** § 28 Abs. 5). Ein ausdrückliches **Zustimmungserfordernis** des Inhaftierten ist außer in **SH** § 33 Abs. 1 Satz 3 nicht vorgesehen; seines Einverständnisses bedarf es aber schon wegen des Angebotscharakters der Maßnahmen und weil keine Teilnahmepflicht besteht. Anders verhält sich dies in Thüringen; hier sind die Inhaftierten verpflichtet, jeder (legal nicht definierten) Beschäftigung nachzugehen, **TH** § 29 Abs. 1 Satz 1.

20 **c)** Diesem Bildungsgebot liegen die in der Praxis vielfach bestätigten Erkenntnisse zugrunde, dass eine überdurchschnittlich große Zahl von Gefangenen **keinen erfolgreichen Schulabschluss und/oder keine abgeschlossene Berufsausbildung** besitzt;[36] von den im Jahr 2013 in bayerischen Strafanstalten einsitzenden Verurteilten verfügten nach einer dort durchgeführten Erhebung nur etwa 52% der Erwachsenen über eine abgeschlossene Berufsausbildung, bei den Jugendlichen sogar lediglich 15%.[37] Hinzu kommt die Auffassung, dass fehlende schulische und berufliche Bildung wegen ihrer desozialisierenden Wirkung und der damit verbundenen Lebensschwierigkeiten in einer modernen Leistungsgesellschaft in engem Zusammenhang mit strafrechtlich auffälligem Verhalten steht. Deshalb wird davon ausgegangen, dass eine Verbesserung der schulischen und beruflichen Bildung wesentlich dazu beitragen kann, die Gefangenen zu befähigen, das Vollzugsziel zu erreichen.[38] Die Erfüllung der gesetzlichen Forderung bereitet den Vollzugsorganen jedoch erhebliche Schwierigkeiten, weil hier **stark differenziert** werden muss, denn die Gefangenen weisen Bildungsdefizite sehr unterschiedlicher Form und unterschiedlichen Grades auf. Die Vollzugseinrichtungen bieten berufliche Aus- und Weiterbildung entweder in Lehrwerkstätten, in den Arbeitsbetrieben der Vollzugsanstalten oder in besonderen (teilweise gemeinsam mit den Arbeitsagenturen eingerichteten) Umschulungsstätten an und zwar sowohl als Einzelmaßnahme als auch in Form geschlossener Lehrgänge.

21 **d)** Bei den berufsbezogenen **Bildungsmaßnahmen** handelt es sich regelmäßig um Vollzeitmaßnahmen (vgl. **BE** § 23 Abs. 1 Satz 2, **BB** § 29 Abs. 1 Satz 3, **HB** § 21 Abs. 1 Satz 2,

---

36 Vgl. etwa *Borchert* 2016, 11 ff; K/S-*Schöch* § 12 Rdn. 10; *Laubenthal* Rdn. 423; *Theine/Elgeti-Starke* 2018, 110; *Wiegand* 1988, 277 f; *Wirth* FS 2012, 199.
37 *Bayerisches Staatsministerium der Justiz* Justizvollzug in Bayern, München 2016, 23.
38 Dazu *Theine/Elgeti-Starke* 2018, 110 ff.

MV § 21 Abs. 1 Satz 2, **RP** § 28 Abs. 1 Satz 3, **SL** § 21 Abs. 1 Satz 2, **SN** § 21 Abs. 1 Satz 2, **ST** § 28 Abs. 1 Satz 3, **SH** § 33 Abs. 1 Satz 2, **TH** § 28 Abs. 1 Satz 3), die an die Stelle der Zuweisung von Arbeit treten und insoweit eine (nach Landesrecht bestehende) Arbeitspflicht des Inhaftierten entfallen lassen. Die Gesetze benennen zwar die Maßnahmen der Aus- und Weiterbildung sowie der Teilnahme an anderen aus- und weiterbildenden Maßnahmen. Die Oberbegriffe der Aus- und Weiterbildung werden aber nicht näher abgegrenzt und definiert; nur teilweise ist die Rede davon, sie sollten zu einem anerkannten Abschluss führen (**BE** § 23 Abs. 3, **BB** § 29 Abs. 4, **HB** § 21 Abs. 3, **MV** § 21 Abs. 3, **NW** § 30 Abs. 1 Satz 2, **RP** § 28 Abs. 3, **SL** § 21 Abs. 3, **SN** § 21 Abs. 3, **ST** § 28 Abs. 3, **SH** § 33 Abs. 3, **TH** § 28 Abs. 3) bzw. die Gefangenen in die Lage versetzen, nach der Entlassung auf erworbenen Qualifikationen aufzubauen (**HE** § 27 Abs. 5 Satz 2). Ihre Bedeutung ergibt sich aus dem BBiG sowie aus dem SGB III – Arbeitsförderung. Nach § 1 Abs. 3 BBiG hat die **Berufsausbildung** eine breit angelegte berufliche Grundbildung und die für die Ausübung einer qualifizierten beruflichen Tätigkeit notwendigen fachlichen Fertigkeiten und Kenntnisse in einem geordneten Ausbildungsgang zu vermitteln. Zudem soll der Erwerb der erforderlichen Berufserfahrungen ermöglicht werden. Zur **beruflichen Weiterbildung** gehören Fortbildungs- und Umschulungsmaßnahmen. Gem. § 1 Abs. 4 BBiG soll eine berufliche Fortbildung dazu dienen, die vorhandenen beruflichen Kenntnisse und Fertigkeiten zu erhalten, zu erweitern, der technischen Entwicklung anzupassen oder beruflich aufzusteigen, während die berufliche Umschulung nach § 1 Abs. 5 BBiG die Befähigung zu einer anderen beruflichen Tätigkeit bezweckt.

e) Angesichts der nur begrenzten vollzuglichen Möglichkeiten zur Aus- und Weiterbildung sowie der – häufig auch durch kurze Haftzeiten bedingten – Ungeeignetheit vieler Inhaftierter für Aus- und Weiterbildungsmaßnahmen von längerer Dauer spielen in der vollzuglichen Praxis die **anderen aus- und weiterbildenden Maßnahmen** eine größere Rolle und dabei vor allem diejenigen der Berufsausbildungsvorbereitung.[39] Nach § 1 Abs. 2 BBiG dienen diese dem Ziel, durch Vermittlung von Grundlagen für den Erwerb beruflicher Handlungsfähigkeit an eine Berufsausbildung in einem anerkannten Ausbildungsberuf heranzuführen. Eine **Förderung** durch die Bundesagentur für Arbeit kann für Maßnahmen der Berufsausbildung (§§ 56 ff SGB III) ebenso wie für diejenigen der beruflichen Weiterbildung (§§ 81 ff SGB III) und der Berufsvorbereitung (§§ 51 ff SGB III) erfolgen. Zwar enthält das SGB III – abgesehen von § 26 Abs. 1 Nr. 4 zur Frage einer Versicherungspflicht – keine speziellen Regelungen für den Strafvollzug. Jedoch kann auch der Strafgefangene nach den im SGB III genannten Voraussetzungen Leistungen der traditionellen Förderung (z.B. Gewährung von Berufsausbildungsbeihilfe, Übernahme von Maßnahmekosten) erhalten bzw. die Anstalt eine institutionelle Förderung (z.B. finanzielle Zuschüsse zur Schaffung von Ausbildungsplätzen) erfahren.

f) Primär die Gesetze, die sich am Musterentwurf orientieren, versuchen den Spannungen, die sich aus der Haftdauer ergeben können, Rechnung zu tragen, indem sie vorgeben, dass solche Maßnahmen gewählt werden, die die Gefangenen entweder während der Inhaftierung abschließen oder **nach der Entlassung fortsetzen** können. Darf die Anstalt hierzu auch mit außervollzuglichen Trägern zusammenarbeiten (**BE** § 23 Abs. 4, s. auch **HE** § 27 Abs. 5 Satz 3), kommt aber alternativ ebenso die Fortsetzung einer Ausbildung in Betracht, indem der Entlassene während der Arbeitszeit in die Einrichtung zurückkehrt. Das scheidet aus, wenn ausschließlich die Kooperation mit extramuralen

---

39 *Arloth/Krä* § 37 StVollzG Rdn. 13.

Einrichtungen vorgesehen ist (**BB** § 29 Abs. 7, **HB** § 21 Abs. 4, **MV** § 21 Abs. 4, **RP** § 28 Abs. 6, **SL** § 21 Abs. 4, **SN** § 21 Abs. 4, **ST** § 28 Abs. 6, **SH** § 33 Abs. 4, **TH** § 28 Abs. 6). In Berlin und Schleswig-Holstein ist die Anstalt nur im Wege einer Soll-Vorschrift aufgefordert, für die nachvollzugliche Fortsetzung der Berufsbildungsmaßnahme Sorge zu tragen. Schleswig-Holstein trifft eine differenziertere Regelung und gestattet sowohl die Fortsetzung einer im geschlossenen Vollzug begonnenen Maßnahme nach Verlegung in den offenen Vollzug als auch die **Weiterführung einer Maßnahme in der Anstalt** nach Haftentlassung (**SH** § 33 Abs. 5 und 6). Vorausgesetzt werden jeweils ein Antrag des Gefangenen sowie Subsidiarität insofern, als Alternativen bei der Ausbildung Vorrang genießen; auch dürfen Gründe der Sicherheit und Ordnung nicht entgegenstehen. In Hamburg und Hessen sehen **HH** § 35 Abs. 1 Satz 1, **HE** § 29 Ähnliches vor: Als ultima ratio[40] kann eine Bildungsmaßnahme auf schriftlichen Antrag bei engem zeitlichen Zusammenhang mit dem Haftende bis zum Abschluss fortgeführt werden, wenn dies alternativlos ist, zur Eingliederung erforderlich bleibt und Gründe von Sicherheit und Ordnung nicht entgegenstehen. Unter diesen Voraussetzungen kommt sogar ein freiwilliges Verbleiben in der Einrichtung in Betracht (**HH** § 35 Abs. 1 Satz 2, **HE** § 29 Abs. 1 Satz 2).[41]

24   g) Berufliche Bildung soll nur **geeigneten** Gefangenen angeboten werden. Entgegen dieser ausgrenzenden Formulierung wäre es vom Vollzugsziel her sinnvoller, Maßnahmen anzubieten, die sich für die Gefangenen eignen und auf deren Ausgangsbasis abstellen.[42] Die dem Musterentwurf folgenden Gesetze schreiben deshalb vor, die Bedürfnisse bzw. Besonderheiten der jeweiligen Kohorte bei der Festlegung von Inhalten, Methoden und Organisationsformen zu berücksichtigen (**BE** § 23 Abs. 1 Satz 3, **BB** § 29 Abs. 1 Satz 2, **HB** § 21 Abs. 1 Satz 3, **MV** § 21 Abs. 1 Satz 3, **RP** § 28 Abs. 1 Satz 2, **SL** § 21 Abs. 1 Satz 3, **SN** § 21 Abs. 1 Satz 3, **ST** § 28 Abs. 1 Satz 2, **SH** § 33 Abs. 1 Satz 3, **TH** § 28 Abs. 1 Satz 2), halten aber am Eignungserfordernis fest. Zu unterscheiden ist zwischen persönlicher, fachlicher und vollzuglicher Eignung.[43] Zur **persönlichen Eignung** sind das Vorliegen entsprechender Bildungsdefizite (Bildungsbedürftigkeit) und die notwendigen körperlichen, geistigen und charakterlichen Voraussetzungen für eine berufliche Bildung (Bildungsfähigkeit und -willigkeit) zu rechnen. So kann einem Gefangenen, der eine qualifizierte Berufsausbildung und den Realschulabschluss hat, eine weitere Ausbildung ohne für ihn praktische Bedeutung versagt werden.[44] In vergleichbarer Weise hat man unter Berufung auf das Vollzugsziel einem Mittvierziger die Zulassung zum Fernstudium der Wirtschaftswissenschaften versagt, weil der Gefangene nach seiner Entlassung mit dieser Qualifikation auf dem freien Arbeitsmarkt schlechtere Wiedereingliederungschancen habe,[45] sowie die persönliche Eignung eines Gefangenen, der sowohl dieses als auch ein anderes Studium früher bereits abgebrochen hatte, für das Medizinstudium verneint, zumal bei der langjährigen Strafe wegen Handels mit Betäubungsmitteln die spätere Erteilung der Approbation unwahrscheinlich blieb.[46] Die **fachliche Eignung** umfasst alle psychischen und physischen Fähigkeiten, die für die vorgesehene konkrete Berufsbildungsmaßnahme erforderlich sind, um sie durchzustehen und

---

40   HH LT-Drucks. 20/6795, 79.
41   Die sich hieraus ergebenden Folgen und die Möglichkeiten vorzeitiger Beendigung der Ausbildung wie der Unterbringung sind in **HH** § 35 Abs. 1 Satz 3 und 4, Abs. 2 und 3 bzw. **HE** § 29 Abs. 2 und 3 geregelt.
42   Ebenso kritisch hierzu *Böhm* Rdn. 308; *Walter* Rdn. 458.
43   So auch *Rotthaus* Anm. zu OLG Frankfurt, Beschl. vom 12.1.1983 – 3 Ws 857/82, NStZ 1983, 382, 383.
44   OLG Celle, Beschl. vom 21.2.1986 – 3 Ws 71/86 (StrVollz), BlStV 1/1987, 5.
45   OLG Nürnberg, Beschl. vom 30.8.1990 – Ws 919/90, ZfStrVo 1991, 245; zum Fernstudium s. unten Rdn. 29.
46   OLG Frankfurt, Beschl. vom 12.1.1983 – 3 Ws 857/82, NStZ 1983, 381 f.

erfolgreich abzuschließen. Zur **vollzuglichen Eignung** gehören im Wesentlichen die Sicherheitsaspekte, ob z.B. die mit der Bildungsmaßnahme verbundenen Lockerungen (etwa Ausgang, Freigang) dem einzelnen Gefangenen entsprechend seinem Vollzugsplan gewährt werden können.

h) Welches Ausbildungsangebot in den einzelnen Justizvollzugsanstalten bereitgestellt wird, steht im Ermessen der jeweiligen Vollzugsbehörden. Bei dem Merkmal der Eignung auf der Tatbestandsseite handelt es sich um einen unbestimmten Rechtsbegriff. Denn bei der Feststellung der Eignung geht es um ein Wahrscheinlichkeitsurteil, das auf einem Bündel objektiver und subjektiver Umstände beruht. Aufgrund der erforderlichen persönlichen Wertungen steht der Anstaltsleitung eine Einschätzungsprärogative zu. Die Entscheidung innerhalb des ihr eingeräumten **Beurteilungsspielraums** bleibt gerichtlich nur eingeschränkt überprüfbar.[47] Davon geht auch die Rechtsprechung aus, die zudem zu Recht als entscheidungserheblichen Gesichtspunkt die Bedeutung der fraglichen Maßnahme für die Erreichung des Vollzugsziels betont, aber insoweit z. T. fälschlich von Ermessen spricht.[48] Sind für einen Aus- oder Weiterbildungsplatz mehrere Strafgefangene geeignet, kommt der Anstaltsleitung auf der Rechtsfolgenseite zudem ein **Auswahlermessen** zu.[49]

25

i) Um für die förderungsbedürftigen und -fähigen Gefangenen möglichst eine Vielzahl von geeigneten ausbildenden Angeboten bereitzuhalten – was die einzelnen Anstalten regelmäßig überfordert –, haben die Bundesländer im Hinblick auf die Verlegungsmöglichkeiten verabredet, sich laufend gegenseitig über Aus- und Fortbildungsangebote für Gefangene in ihren Bereichen zu informieren. Eine **Verlegung** kommt vor allem in Betracht, wenn die aufnehmende Einrichtung individuell geeignetere Aus- und Weiterbildung bietet.[50] Dann kann zum Zweck der Behandlung ein vom Vollstreckungsplan abweichender Anstaltswechsel erfolgen.[51]

26

j) Im Zusammenhang mit ihren Berufsbildungsangeboten sind die Vollzugsbehörden bereits nach allgemeinen Grundsätzen verpflichtet, bei den Gefangenen **für die Berufsbildung** zu **werben**, die notwendige Motivation zu vermitteln, zu fördern oder zu erhalten. Die Anstalt hat für eine geeignete und wirksame Orientierung mit abschließender Berufsfindung Sorge zu tragen. Bei der Ausbildungsvermittlung muss auf der organisatorischen Ebene sichergestellt sein, dass die Bundesagentur für Arbeit die ihr insoweit obliegenden Aufgaben in den Einrichtungen durchführen kann. Viele Gefangene müssen jedoch zunächst eine Orientierungsphase in justizeigenen Arbeits- und/oder Lehrwerkstätten durchlaufen, um durch Erlangen oder Verbessern einer Motivation die Notwendigkeit einer beruflichen Bildung einzusehen.

27

---

47 Arloth/Krä § 37 StVollzG Rdn. 15; K/S-*Schöch* § 7 Rdn. 7; *Laubenthal* Rdn. 426, 813; *Laubenthal/Nestler/Neubacher/Verrel* F Rdn. 48; anders und nicht ganz klar AK-*Galli* Teil II § 22 Rdn. 21: Beurteilungsspielraum nur hinsichtlich der Fähigkeiten unter Ausschluss bildungsmäßiger Eignung.
48 So BVerfG, Beschl. vom 17.2.2002 – 2 BvR 1862/01, NStZ-RR 2002, 155; OLG Frankfurt, Beschl. vom 12.1.1983 – 3 Ws 857/82, NStZ 1983, 381; OLG Nürnberg, Beschl. vom 30.8.1980 – Ws 919/90, ZfStrVo 1991, 245; wie hier OLG Celle, Beschl. vom 21.2.1986 – 3 Ws 71/86 (StrVollz), BlStV 1/1987, 5.
49 OLG Celle, Beschl. vom 19.2.1979 – 3 Ws 400/78 (StrVollz), ZfStrVo **SH** 1979, 59; OLG Karlsruhe, Beschl. vom 2.6.2008 – 2 Ws 2/08, StraFo 2008, 524.
50 *Laubenthal* Rdn. 359.
51 Zur Frage der Anordnung der vorzeitigen Rückverlegung eines Gefangenen wegen Verstoßes gegen Sicherheitsinteressen in seine „Heimatanstalt" aus der Vollzugsanstalt, in die er zum Zwecke der Berufsausbildung aufgenommen wurde, OLG Zweibrücken ZfStrVo 1983, 55 m. Anm. *Rotthaus* ZfStrVo 1983, 256; zur Frage der Rückführung des Gefangenen nach Abschluss der Ausbildungsmaßnahme OLG Frankfurt NStZ-RR 1996, 188.

28   **k)** Die berufliche Bildung kann durch eine **Berufsausbildung** in anstaltseigenen Produktions- und Lehrwerkstätten entsprechend den Richtlinien der außervollzuglich zuständigen Institutionen (z.B. Berufsbildungsausschüsse bei den Industrie- und Handelskammern bzw. Handwerkskammern) erfolgen. Sie kann auch eine **Weiterbildungsmaßnahme** gem. §§ 81 ff SGB III sein, die ebenfalls in den Anstaltsbetrieben oder in einem geschlossenen **Lehrgang,** zumeist in besonderen **Werkstätten,** durchgeführt wird. Nach §§ 56 ff bzw. §§ 81 ff SGB III werden unter bestimmten Voraussetzungen Maßnahmen der beruflichen Aus- und Weiterbildung durch die Bundesagentur für Arbeit gefördert. Diese übernimmt individuelle Kosten (z.B. Honorare der Lehrkräfte, Lehr- und Lernmittel, Verbrauchsmaterial, Unterhaltsgeld, Verwaltungskostenanteile) und beteiligt sich teilweise darüber hinaus auch an den institutionellen Kosten (z.B. Einrichtung der Werkstätten, Ausstattung der Ausbildungsplätze, Geräte und Werkzeug).

29   **l)** Berufsbildung wird auch mit Hilfe von **Fernunterricht und Fernstudien** durchgeführt, die neben der Fernuniversität Hagen verschiedene, in diesem Bereich außerhalb der Anstalten tätige Bildungsinstitute anbieten (Hinweise über persönliche Voraussetzungen, Lehr- und Studienangebote, gesetzliche Grundlagen und finanzielle Förderung s. Ratgeber für Fernunterricht, zu beziehen bei der Staatlichen Zentralstelle für Fernunterricht (ZFU) in 50676 Köln, Peter-Welter-Platz 2 bzw. im Internet unter www.zfu.de oder beim Bundesinstitut für Berufsbildung (BIBB) in 53142 Bonn, Postfach 201264 bzw. im Internet unter www.bibb.de). Ein Fernunterricht bzw. -studium beruht auf schriftlich vermittelter Kommunikation zwischen dem Lernenden und den Lehrkräften der Fernlehrorganisation, wobei die Kurse vorproduziert sind und die Interaktion vor allem medienvermittelt stattfindet – i.d.R. hauptsächlich aus der Lösung, der Korrektur und Kommentierung vom Einsendeaufgeber.[52] Ein Fernunterricht bzw. -studium stellt dann eine Maßnahme der Berufsbildung dar, wenn der Inhaftierte für sein Ausbildungsvorhaben von der Arbeitspflicht freigestellt wird[53] und er Ausbildungsbeihilfe erhält. Eine fernunterrichtliche Ausbildung kann zwar den individuellen Berufswünschen und Bedürfnissen eines einzelnen Gefangenen weitgehend gerecht werden. Eine erfolgreiche Durchführung setzt neben den intellektuellen Voraussetzungen (etwa in Form des Abitur- oder Fachhochschulreifenachweises) aber große Arbeitsdisziplin, erhöhtes Leistungsstreben, starkes Durchhaltevermögen und eigenkontrollierte Stetigkeit voraus, an denen es den meisten Gefangenen mangelt. Zudem bedarf es der im Einzelfall erforderlichen vollzugsbezogenen Gegebenheiten, d.h. im Idealfall räumliche Unterbringung mit geeignetem Platz zum Lernen, u.U. mit EDV-Unterstützung einschließlich unabdingbarer Internetnutzung,[54] und mit Bibliothek sowie Betreuung durch Mentoren.[55] Bei hinlänglich konkretem Vortrag zur benötigten Literatur ist die Nutzung der Gefangenenfernausleihe zu gestatten.[56] Erforderlichenfalls muss eine Eignung für Urlaub oder Ausgang gegeben sein bzw. kann eine Überstellung in eine andere Anstalt[57] zum Ablegen einer Prüfung in Betracht kommen. Insbesondere für im geschlossenen Vollzug unterzubringende Gefangene bedarf es der Verlegung in eine solche Vollzugseinrichtung, in der bislang Studienzentren für inhaftierte Fernstudenten eingerichtet wurden (z.B. in den

---

52 *Ommerborn/Schuemer* 1999, 3 f.
53 KG ZfStrVo 2003, 178.
54 Zum Anspruch auf Internetnutzung VerfGH Sachsen, Beschl. vom 27.5.2019 – Vf. 64-IV-18, StraFo 2019, 344, 347 (Sicherungsverwahrung); zu E-Learning *Hammerschick* NK 2019, 49 ff.
55 Vgl. *Clever/Ommerborn* ZfStrVo 1996, 82 ff; ferner *Arloth/Krä* § 37 StVollzG Rdn. 15; AK-*Galli* Teil II § 21 Rdn. 8.
56 OLG Schleswig, Beschl. vom 6.9.2016 – 1 VollzWs 325/16 (200/16), SchlHA 2017, 370.
57 OLG Karlsruhe ZfStrVo 1988, 369.

Justizvollzugsanstalten Geldern, Hannover, Freiburg, Würzburg), welche als Instrumente zur Kompensation von Kommunikationsdefiziten in der Fernlehre fungieren.[58] Für die organisatorische Durchführung mit einem Fernunterricht zwangsläufig verbundener Maßnahmen ist die Vollzugsbehörde im Falle ihrer Zustimmung zur Aufnahme des Studiums/Fernlehrgangs verantwortlich.[59] Dabei kann Urlaub über die im jeweiligen Gesetz vorgesehenen Möglichkeiten hinaus nicht gewährt werden.[60] Auch ist die Vollzugsbehörde nicht verpflichtet, den Gefangenen an Begleitveranstaltungen teilnehmen zu lassen, deren Gegenstand vom Kernbereich des Studiums so weit entfernt erscheint, dass bei Nichtteilnahme eine Gefährdung des Studienziels nicht zu befürchten ist.[61] Schließlich ergibt sich aus den Bestimmungen über die berufliche Bildung kein Anspruch auf Übernahme von Kosten eines Fernlehrgangs oder -studiums.[62]

m) Die Frage, ob in jeder größeren JVA den Gefangenen Gelegenheit zu beruflicher 30 Bildung gegeben werden soll oder ob nur wenige Anstalten als **Zentren zur beruflichen Bildung** einzurichten sind (so stellt z.B. die JVA Geldern die zentrale Bildungsstelle in Nordrhein-Westfalen für erwachsene männliche Strafgefangene mit 224 Ausbildungsplätzen für 13 Berufe dar – s. www.jva-geldern.nrw.de/aufgaben/arbeit_ausbildung/index.php), ist umstritten. Die Dauer beruflicher Bildung erfordert wegen der Aufrechterhaltung der sozialen Bezüge der Gefangenen möglichst seine Unterbringung in der Nähe seines Lebensmittelpunktes, um seine Bildungsbereitschaft zu fördern bzw. zu erhalten. Weite Verlegungen zur Durchführung von Bildungsmaßnahmen sollten möglichst vermieden werden. Andererseits erlauben es die in den einzelnen Justizvollzugsanstalten vorhandenen Strukturen nicht, überall berufliche Bildungsmaßnahmen einzurichten. Ferner ist bei der Initiierung von Umschulungsmaßnahmen aus Kostengründen eine Mindestzahl von Gefangenen bei Beginn des Umschulungskurses erforderlich, die nicht einmal in jeder größeren Anstalt erreicht werden dürfte. Auch im Bereich der dualen Ausbildung sind zudem nicht in jeder Anstalt zweckentsprechende Ausbildungsbetriebe und eine entsprechende Ausstattung mit Ausbildungspersonal vorhanden. Schließlich sprechen bei beiden Formen der Berufsausbildung wirtschaftliche Überlegungen für eine möglichst weitgehende Konzentration (z.B. möglichst optimales Ausnutzen von Gebäuden und Ausstattungen, wirksamer Einsatz von Personal). Außerdem kann bei der Konzentration letztlich auch die notwendige Verbindung mit dem Ausbildungs- und Arbeitsbereich außerhalb der JVA am besten gewährleistet werden, z.B. durch genügend Praktikumsplätze, nebenamtliche und ehrenamtliche Mitarbeiter, leistungsfähige und breit gefächerte Berufsschulen, bereitwillige und aufgeschlossene Maßnahmenträger, zu besonderer Mitarbeit bereite und engagierte Arbeitsagenturen, aufgeschlossene Industrie- und Handelskammern, Handwerkskammern sowie Innungen, gute und rechtzeitige Vermittlung auf dem freien Arbeitsmarkt in industriellen Ballungsgebieten. SH § 34 Abs. 1 Satz 1 schreibt die Einrichtung einer zentralen Ausbildungsanstalt für Berufsabschlüsse im dualen Ausbildungssystem ausdrücklich vor.

---

58 *Ommerborn/Schuemer* ZfStrVo 1999, 9 ff.
59 OLG Hamm ZfStrVo 1986, 376.
60 OLG Frankfurt NStZ 1986, 189 m. Anm. *Dopslaff*.
61 OLG Koblenz ZfStrVo 1987, 246.
62 OLG Nürnberg ZfStrVo 1991, 245; OLG Hamburg, Beschl. vom 29.5.1995 – 3 Vollz (Ws) 5/95, NStZ 1995, 568; *Arloth/Krä* § 37 StVollzG Rdn. 13; *Laubenthal/Nestler/Neubacher/Verrel* F Rdn. 41.

5. Angemessene Beschäftigung

31 **a)** Einem Gefangenen wird gem. § 37 Abs. 4 StVollzG, **NI** § 35 Abs. 2 Satz 1 Alt. 2 dann eine angemessene Beschäftigung zugeteilt, wenn ihm eine wirtschaftlich ergiebige Arbeit nicht zugewiesen und eine Gelegenheit zur Aus- und Weiterbildung ebenfalls nicht gegeben werden kann. Die meisten **Landesgesetze** kennen keine solche, jedenfalls noch in Niedersachsen und Thüringen, das allgemein von einer „sonstigen Beschäftigung" spricht (**TH** § 29 Abs. 1 Satz 1), bestehende Möglichkeit. Nicht ganz eindeutig ist die Situation in Hamburg und Hessen: Sowohl **HH** § 34 Abs. 2 Satz 1 als auch **HE** § 27 Abs. 2 Satz 1 nennen „sonstige Beschäftigung", definieren Beschäftigung aber jeweils in Abs. 1 Satz 1 der genannten Normen abweichend vom bundesgesetzlichen Verständnis.[63] Wurde von den Ländern § 37 Abs. 4 StVollzG ganz überwiegend nicht aufgegriffen, liegt dies an fehlender praktischer Bedeutung angemessener Beschäftigung neben Arbeit, Arbeitstherapie und -training sowie Ausbildung.[64] Gerade in Phasen hohen Arbeitsmangels dürfte die Vollzugsbehörde zur Vermeidung von Arbeitslosigkeit nicht die Durchführung sinnloser Tätigkeiten durch die Inhaftierten veranlassen. Denn das Verbot sinnloser und unproduktiver Verrichtungen (s. Rdn. 14) gilt auch hier.

32 **b)** Die angemessene Beschäftigung ist **subsidiär** zu Berufsbildung und wirtschaftlich ergiebiger Arbeit. Da die faktischen Gegebenheiten in den Vollzugseinrichtungen nicht immer und für alle in Betracht kommenden Insassen die Zuteilung einer qualifizierten Arbeitsstelle ermöglichen und auch nur ein Teil der Gefangenen für eine Aus- oder Weiterbildungsmaßnahme geeignet erscheint, sollen die beiden Normen einer drohenden bzw. einer schon bestehenden Arbeitslosigkeit im Strafvollzug entgegenwirken.[65] Eine Beschäftigung ist nach VV Nr. 2 zu § 37 StVollzG angemessen, wenn ihr Ergebnis wirtschaftlich verwertbar ist und in einem vertretbaren Verhältnis zum Aufwand steht. Diese objektiven Voraussetzungen reichen jedoch nicht aus. Auch die subjektiven Bedingungen wie berufliche Qualifikation, Fertigkeiten, Leistungsfähigkeit und Neigung des Gefangenen sind bei der Abwägung der Angemessenheit zu berücksichtigen.[66] Der Einzelne hat keinen Rechtsanspruch auf Zuteilung einer Beschäftigung, dies liegt vielmehr im Ermessen der Anstaltsleitung.[67]

33 **c)** Voraussetzung für die **Zuteilung** einer angemessenen Beschäftigung ist die Arbeitsfähigkeit der Gefangenen, d.h. nach ärztlicher Auffassung die körperliche und seelisch-geistige Fähigkeit, sich den mit der Arbeit verbundenen Belastungen auf Dauer ohne Gesundheitsbeeinträchtigungen zu stellen. Bereits die nach dem Strafantritt im Rahmen der Aufnahmedurchführung erfolgende ärztliche Untersuchung dient auch der Prüfung, ob und in welchem Umfang der Gefangene arbeitsfähig ist.

34 **6. Arbeits- und Beschäftigungstherapie.** Einem Gefangenen soll gem. § 37 Abs. 5 StVollzG, **BW** § 42 Abs. 3 III, **BY** Art. 39 Abs. 3, **HH** § 34 Abs. 5, **HE** § 27 Abs. 3 Satz 1, **NI** § 35 Abs. 3, **NW** § 29 Abs. 2 Satz 3 Arbeits- oder – falls notwendig – Beschäftigungstherapie angeboten werden, wenn er zu wirtschaftlich ergiebiger Arbeit (noch) nicht fähig

---

63 Anders für Hessen *Laubenthal/Nestler/Neubacher/Verrel* F Rdn. 25.
64 S. beispielhaft für **BW** LT-Drucks. 14/5012, 223; ferner *Arloth/Krä* § 37 StVollzG Rdn. 16.
65 Vgl. *Lohmann* 2002, 66 f.
66 *Laubenthal* Rdn. 406.
67 *Arloth/Krä* § 37 StVollzG Rdn. 16; für ein Recht auf angemessene Beschäftigung dagegen *Reichardt* 1999, 123 ff.

erscheint⁶⁸ (zur Begrifflichkeit s. Rdn. 10), in Sachsen-Anhalt darüber hinaus auch Arbeitstraining (**ST** § 29 Abs. 1 Satz 2 i.V.m. §§ 26, 27). Die Normen stellen primär auf Arbeitstherapie ab, in der der Gefangene befähigt werden soll, möglichst bald eine Berufsausbildung zu beginnen oder eine wirtschaftlich ergiebige Arbeit zu leisten. Die Verwirklichung dieser Bestimmung macht die Einstellung ausreichenden arbeitstherapeutischen Fachpersonals durch die Vollzugsbehörden erforderlich. Dabei entstehen in der Praxis teilweise große Schwierigkeiten, weil entsprechende Planstellen nicht in dem notwendigen Ausmaß von den Bundesländern bereitgestellt werden, andererseits jedoch auch erfahrene Arbeitstherapeuten auf dem Arbeitsmarkt selten zur Verfügung stehen.

7. Ablösung von Arbeits- oder Bildungsmaßnahme

a) Erweist sich ein Gefangener im Verlaufe einer Berufsbildungsmaßnahme oder einer zugewiesenen Arbeit als ungeeignet (zur Eignung bei beruflichen Bildungsmaßnahmen s. Rdn. 24), kann ein **Ausschluss** des Gefangenen **von der weiteren Teilnahme** bzw. eine Ablösung erfolgen, und zwar bei Fehlen einer speziellen Regelung wie in Baden-Württemberg in entsprechender Anwendung des § 49 Abs. 2 Nr. 3 VwVfG.⁶⁹ Denn dann liegt ein nachträglich eingetretener Umstand vor, aufgrund dessen der Anstaltsleiter berechtigt war, die begünstigende Maßnahme nicht zu erlassen. Ein solcher Widerruf kommt insbesondere bei verhaltensbedingten Gründen in Betracht, welche die Eignung des Inhaftierten für die zugewiesene Arbeit oder die Aus- oder Weiterbildung aufheben, wozu Arbeitsverweigerung, intensive Störung des Betriebsfriedens sowie Sicherheitsgefährdungen zählen.⁷⁰ Das gilt unabhängig davon, ob Arbeitspflicht besteht oder nicht. Erhebliche Fehlzeiten (hier: 56%) gestatten die Ablösung von einer Bildungsmaßnahme.⁷¹

b) Etliche Gesetze haben die Konstellation gesondert geregelt. In **Bayern** existiert mit **BY** Art. 44 eine spezielle Rechtsgrundlage für die Ablösung eines Gefangenen von einer Beschäftigung. Diese kann erfolgen aus Gründen der Sicherheit oder Ordnung, Gesichtspunkten der Behandlung bzw. wenn der Betreffende den mit der Tätigkeit verbundenen Anforderungen nicht genügt. Eine vergleichbare Regelung enthält für **Hessen** **HE** § 28 Abs. 1; ausdrücklich wird hier noch die Verweigerung der Aufnahme oder Ausübung der Beschäftigung angeführt. Am Maßstab der Norm zu messen ist auch die Umsetzung des Gefangenen in einen anderen Werkbetrieb.⁷² **Berlin** nennt als Grund weiter einen wiederholten Verstoß gegen die Beschäftigungsvorschriften trotz Abmahnung (**BE** § 25 Abs. 2). Hier gilt **BE** § 98 ergänzend, etwa beim Widerruf der Zuweisung aus betrieblichen Gründen wie Arbeitsmangel.⁷³ In **Niedersachsen** verweist **NI** § 100 auf das Ver-

---

68 Vgl. OLG Celle, Beschl. vom 1.11.2012 – 1 Ws 426/12, NStZ-RR 2013, 94.
69 BVerfG, Beschl. vom 27.12.2007 – 2 BvR 1061/05, BVerfGK 13, 137, 146; OLG Celle NStZ-RR 2008, 125; OLG Frankfurt NStZ-RR 2005, 189; OLG Karlsruhe NStZ-RR 2005, 389; OLG Brandenburg, Beschl. vom 13.11.2008 – 2 Ws (Vollz) 194/08, bei *Roth* NStZ 2010, 439 f; Beschl. vom 21.7.2011 – 2 Ws (Vollz) 49/11, bei *Roth* NStZ 2012, 433; OLG Hamm, Beschl. vom 29.10.2009 – 1 Vollz (Ws) 641/09, bei *Roth* NStZ 2010, 440; OLG Naumburg, Beschl. vom 13.7.2015 – 1 Ws (RB) 110/14, FS SH 2016, 62, 63.
70 BVerfG, Beschl. vom 23.10.2013 – 2 BvR 1541/13, Beck-Rs 2013, 59945; OLG Zweibrücken ZfStrVo 1983, 55; OLG Celle NStZ 2000, 465; OLG Frankfurt ZfStrVo 2001, 372; OLG Karlsruhe NStZ-RR 2005, 389; OLG Brandenburg, Beschl. vom 13.11.2008 – 2 Ws (Vollz) 194/08, bei *Roth* NStZ 2010, 439 f; OLG Hamm, Beschl. vom 29.10.2009 – 1 Vollz (Ws) 641/09, bei *Roth* NStZ 2010, 440.
71 KG, Beschl. vom 12.1.2018 – 2 Ws 161/17 Vollz (juris).
72 OLG Frankfurt, Beschl. vom 21.4.2016 – 3 Ws 723/15 (StVollz), NStZ-RR 2016, 295.
73 **BE** LT-Drucks. 17/2442, 213; *Arloth/Krä* § 25 Bln StVollzG Rdn. 3.

waltungsverfahrensgesetz des Landes. In Brandenburg, Bremen, Hamburg, Mecklenburg-Vorpommern, Nordrhein-Westfalen, Rheinland-Pfalz, Saarland, Sachsen, Sachsen-Anhalt, Schleswig-Holstein und Thüringen (**BB** § 104, **HB** § 91, **HH** § 92 Abs. 2, **MV** § 90, **NW** § 83, **RP** § 101, **SL** § 90, **SN** § 94, **ST** § 102, **SH** § 122, **TH** § 102) gelten die Vorschriften über die **Aufhebung vollzuglicher Maßnahmen**; Widerrufsgründe finden sich in Abs. 3 der genannten Normen, und nach Abs. 4 bedarf es der Abwägung mit dem schutzwürdigen Vertrauen der Betroffenen.

37 c) Eine dauerhafte[74] Ablösung von der Arbeit setzt eine ausreichende **Sachverhaltsermittlung** durch die Vollzugsbehörde voraus.[75] Es bedarf der Anhörung des Betroffenen;[76] so ausdrücklich **BE** § 25 Abs. 3 Satz 1. Schon eine verhaltensbedingte Eignungsbeeinträchtigung kann genügen, wenn diese zur Folge hat, dass andere unbeschäftigte Strafgefangene nunmehr für die konkrete Maßnahme als besser geeignet erscheinen.[77] Bei Ablösung aus Sicherheitsgründen steht der Anstalt ein Beurteilungsspielraum zu.[78] Wie der Anstaltsleiter letztlich auf störendes Verhalten eines Gefangenen reagiert (Ablösung und/oder Disziplinarmaßnahme), steht in seinem **Ermessen**.[79] Ein Widerruf der Arbeitszuweisung darf nicht nur bei personenbedingten, sondern auch bei betriebsbedingten Gründen (z.B. Mangel an Arbeitsaufträgen für die Eigenbetriebe, Abbau von Arbeitsplätzen in Unternehmerbetrieben) erfolgen.[80] Allerdings kann eine rechtswidrig erfolgte Ablösung eines Strafgefangenen von einem entlohnten Arbeitsplatz einen Anspruch des Betroffenen auf Ersatz des ihm dadurch entstandenen Schadens aus § 839 BGB begründen.[81] – Begehrt umgekehrt der Gefangene aus **Krankheitsgründen** eine Ablösung von der Arbeit, reicht es, wenn er sich mit diesem Verlangen an den Anstaltsarzt wendet.[82]

38 8. **Folgen des öffentlich-rechtlichen Verhältnisses.** Soweit Arbeit, Aus- und Weiterbildung nicht in einem freien Beschäftigungsverhältnis stattfinden oder eine Selbstbeschäftigung gestattet wurde, ist das Arbeits- bzw. Aus- und Weiterbildungsverhältnis öffentlich-rechtlicher Natur, und zwar unabhängig davon, ob Arbeitspflicht besteht oder nicht (s. Vorbemerkungen Rdn. 3). Zwischen Gefangenem und Arbeits- oder Ausbildungsbetrieb der Vollzugsanstalt werden keine Arbeits- oder Ausbildungsverträge abgeschlossen. Arbeit und Bildung stehen insoweit unter der öffentlich-rechtlichen Verantwortung der Vollzugsbehörden.[83] Demgemäß haben die Betroffenen **keinen Anspruch auf eine tarifliche Bezahlung**[84] **oder Mindestlohn**, denn das Mindestlohngesetz gilt nach seinem § 22 Abs. 1 Satz 1 nur für Arbeitnehmer.[85] Insbesondere finden die Regeln

---

74 Zur vorläufigen Ablösung s. OLG Naumburg, Beschl. vom 13.7.2015 – 1 Ws (RB) 110/14, FS SH 2016, 62.
75 BVerfG, Beschl. vom 27.12.2007 – 2 BvR 1061/05, BVerfGK 13, 137, 146.
76 OLG Frankfurt, Beschl. vom 21.4.2016 – 3 Ws 723/15 (StVollz), NStZ-RR 2016, 295; *Arloth/Krä* § 37 StVollzG Rdn. 5; *Laubenthal/Nestler/Neubacher/Verrel* F Rdn. 30.
77 *Arloth/Krä* § 37 StVollzG Rdn. 4; *Laubenthal/Nestler/Neubacher/Verrel* F Rdn. 30.
78 OLG Zweibrücken, Beschl. vom 19.9.2017 – 1 Ws 269/16 (Vollz), FS SH 2018, 90.
79 OLG Frankfurt ZfStrVo 1987, 114.
80 AK-*Galli* Teil II § 22 Rdn. 17.
81 OLG Bremen, Beschl. vom 21.9.1995 – BL 264/94, Ws 12/95, Beck-Rs 1995, 31133166; OLG Karlsruhe StV 2008, 90.
82 BVerfG, Beschl. vom 19.1.2017 – 2 BvR 476/16, Zeitschrift für Medizinstrafrecht 2018, 31, 32.
83 BVerfGE 98, 169, 209.
84 OLG Hamm NStZ 1993, 381.
85 VerfGH **RP**, Beschl. vom 8.6.2015 – VGH B 41/14 ua, NJW 2016, 391, 393; OLG Hamburg, Beschl. vom 15.7.2015 – 3 Ws 59/15 Vollz, StV 2016, 583, 584 m. krit. Anm. *Köhne*; OLG Karlsruhe, Beschl. vom 4.3.2016 –

des allgemeinen Arbeitsrechts mit den daraus abzuleitenden Ansprüchen des Arbeitnehmers bzw. des Auszubildenden keine Anwendung. Dies hat auch zur Folge, dass für Streitigkeiten zwischen den im öffentlich-rechtlichen Verhältnis in Arbeit, Bildungsmaßnahme oder arbeitstherapeutischer Beschäftigung befindlichen Gefangenen und der Vollzugsbehörde **nicht der Rechtsweg zu den Arbeitsgerichten** eröffnet ist.[86] Will ein Inhaftierter gerichtlich gegen die Nichtzuweisung einer Tätigkeit vorgehen oder eine solche bzw. seine Ablösung verhindern, hat er den Rechtsweg gem. §§ 109 ff StVollzG zu beschreiten. **Vereinigungen** von Gefangenen mit dem Ziel besserer Entlohnung oder Arbeitsbedingungen sind zwar im Hinblick auf die Vereinigungsfreiheit (Art. 9 Abs. 1 GG) erlaubt, können aber mangels Arbeitnehmereigenschaft der Mitglieder nicht als Gewerkschaften i.S.v. Art. 9 Abs. 3 GG gelten,[87] zumal das Entgelt sich aus Rechtsvorschriften ergibt und damit nicht zwischen „Tarifparteien" aushandelbar ist. Eine werbende Tätigkeit der Vertreter einer „Gefangenengewerkschaft" während der Arbeitszeit kann die Anstalt zur Wahrung der Arbeitsabläufe auf der Basis des Direktionsrechts beschränken.[88]

B. Arbeitspflicht

Bund	§ 41 StVollzG
Baden-Württemberg	BW § 47 III JVollzGB
Bayern	BY Art. 43 BayStVollzG
Berlin	BE § 24 StVollzG Bln
Brandenburg	Keine Entsprechung
Bremen	HB § 22 Satz 2 BremStVollzG
Hamburg	HH § 38 HmbStVollzG
Hessen	HE § 27 Abs. 2 HStVollzG
Mecklenburg-Vorpommern	MV § 22 Satz 1 StVollzG M-V
Niedersachsen	NI § 38 NJVollzG
Nordrhein-Westfalen	NW § 29 Abs. 1 Satz 2, Abs. 3 StVollzG NRW
Rheinland-Pfalz	Keine Entsprechung
Saarland	Keine Entsprechung
Sachsen	SN § 22 Abs. 2 SächsStVollzG
Sachsen-Anhalt	ST § 29 Abs. 2 JVollzGB LSA
Schleswig-Holstein	SH § 35 LStVollzG SH
Thüringen	TH § 29 Abs. 1 ThürJVollzG

Schrifttum

S. vor A.

---

2 Ws 570/15, NStZ 2017, 119, 120; *Arloth/Krä* § 37 StVollzG Rdn. 6; krit. AK-*Feest/Galli* Teil II Vor § 55 Rdn. 13 ff.
86 BAG ZfStrVo 1987, 300; BSG ZfStrVo 1992, 134; KG NStZ 1990, 607; LAG Berlin-Brandenburg, Beschl. vom 3.6.2009 – 13 Ta 1102/09; AK-*Galli* Teil II § 22 Rdn. 20; *Arloth/Krä* § 37 StVollzG Rdn. 6; *Laubenthal/Nestler/Neubacher/Verrel* F Rdn. 16.
87   KG, Beschl. vom 28.4.2015 – 2 Ws 132/15 Vollz, FS 2015, 280, 281; *Arloth/Krä* § 37 StVollzG Rdn. 6; a.A. OLG Hamm, Beschl. vom 2.6.2015 – III-1Vollz (Ws) 180/15, StV 2017, 745; AK-*Feest/Galli* Teil II Vor § 55 Rdn. 21 f; *Boll/Röhner* KritJ 2017, 203 ff; dazu weiter *Feest/Galli* FS 2016, 20 ff; *Graebsch* FS 2016, 25 f.
88   KG, Beschl. vom 28.4.2015 – 2 Ws 132/15 Vollz, FS 2015, 280, 282 f.

Übersicht

I. Allgemeine Hinweise —— 1–6
  1. Gesetzliche Entwicklung —— 1–4
  2. Übereinstimmung mit internationalen Rechtsgrundsätzen —— 5, 6
II. Erläuterungen —— 7–29
  1. Fähigkeiten, die zugewiesene Arbeit auszuüben —— 7–11
  2. Pflicht zur Teilnahme an Arbeitstherapie, Arbeitstraining, Berufsbildung und Unterricht —— 12, 13
  3. Heranziehung zu Hilfstätigkeiten —— 14–18
  4. Ausnahmen von der Arbeitspflicht —— 19–21
  5. Arbeitszeit und Leistungsanforderungen —— 22
  6. Zustimmung des Gefangenen —— 23–28
  7. Ablösung von der Arbeit —— 29

I. Allgemeine Hinweise

1. Gesetzliche Entwicklung

1 **a)** Nach § 41 Abs. 1 StVollzG bestand für die Gefangenen **grundsätzlich Arbeitspflicht**. Im Gesetzgebungsverfahren waren zwar mehrere Alternativen erörtert worden.[89] Nach eingehender Abwägung hatte sich der Bundesgesetzgeber jedoch für die allgemeine Arbeitspflicht entschieden[90] und damit den bis dahin auf der Grundlage der Dienst- und Vollzugsordnung geltenden Rechtszustand aufrechterhalten, obwohl die Arbeitspflicht im Hinblick auf die nach alter Rechtslage fehlende Verpflichtung zur Berufsaus- und Weiterbildung oder schulischen Bildung (vgl. A. Rdn. 18) sowie unter Berücksichtigung des Umstandes, dass Beschäftigungen von pädagogisch geringem Wert (wie z.B. die Tätigkeit als Hausarbeiter; vgl. Rdn. 14 ff) nicht selten mit der Erforderlichkeit intensiver sozialer und/oder therapeutischer Hilfestellungen kollidieren, **kritisiert** wurde.[91]

2 **b)** Vergleichbare Bestimmungen finden sich nunmehr in den **meisten Ländern** mit **BW** § 47 Abs. 1 III, **BY** Art. 43, **BE** § 24 Abs. 1 Satz 1, **HB** § 22 Satz 2 i.V.m. § 9 Abs. 2, **HH** § 38 Abs. 1, **HE** § 27 Abs. 2, **MV** § 22 i.V.m. § 9 Abs. 2, **NI** § 38 Abs. 1, **NW** § 29 Abs. 1 Satz 2, **ST** § 29 Abs. 2, **SH** § 35 Abs. 1 Satz 1, **TH** § 29 Abs. 1. In Bremen und Mecklenburg-Vorpommern folgt aus der Verknüpfung mit dem Vollzugsplan, dass die Arbeitspflicht nur besteht, soweit sie nach dem Diagnoseverfahren als **zur Erreichung des Vollzugsziels zwingend erforderlich** erscheint.[92] Findet sich ein Strafgefangener zu einer bestimmten Arbeitstätigkeit bereit oder strebt er diese sogar ausdrücklich an, schließt das deren Einordnung als Pflichtarbeit nicht aus.[93] **Keine Arbeitspflicht** mehr besteht – jedenfalls dem Grunde nach – in Brandenburg, Rheinland-Pfalz, Saarland und Sachsen.[94] Insoweit greift das Saarland die Motivationsaufgabe des Vollzugs (**SL** § 4 Abs. 3 Satz 2) auf und verpflichtet ihn, die Gefangenen zur Ausübung einer körperlich angemessenen Arbeit anzuhalten (**SL** § 22 Satz 2).

---

89 Prot. S. 1897 f.
90 BT-Drucks. 7/3998, 20 f.
91 S. zur Problematik *Arloth/Krä* § 41 StVollzG Rdn. 1; *Böhm* Rdn. 289 ff; *Kett-Straub* ZStW 2013, 903 f; vgl. auch *Calliess* Theorie der Strafe im demokratischen und sozialen Rechtsstaat, Frankfurt 1974, 163 ff; AK-*Galli* Teil II § 22 Rdn. 19; krit. *Bemmann* StV 1998, 604 f.
92 Dazu etwa HB LT-Drucks. 18/1475, 55; *Arloth/Krä* § 22 BremStVollzG Rdn. 1, § 22 M-V StVollzG Rdn. 1; *Laubenthal/Nestler/Neubacher/Verrel* F Rdn. 79; *Mariksen* NK 2018, 55.
93 BVerfG, Beschl. vom 27.12.2007 – 2 BvR 1061/05, BVerfGK 13, 137, 143.
94 Ablehnend *Arloth/Geiger* 2018, 79.

c) Die genannten Vorschriften behandeln **in verfassungsgemäßer Weise** die Frage **3** der Arbeitspflicht für Gefangene während des Freiheitsentzugs. Zwangsarbeit ist bei gerichtlich angeordneter Freiheitsentziehung gem. Art. 12 Abs. 3 GG zulässig. Das Grundrecht der Berufs- und Erwerbsfreiheit nach Art. 12 Abs. 1 GG erfährt insoweit eine Beschränkung.[95] Auch ohne Zustimmung des Gefangenen angeordnete Pflichtarbeit in einem in der Anstalt angesiedelten Unternehmerbetrieb,[96] in dem nur die technische und fachliche Leistung in den Händen der Angehörigen des Privatunternehmens liegt (unten K. Rdn. 9), sofern der Betrieb unter der öffentlich-rechtlichen Verantwortung der Vollzugsbehörde verbleibt, hält sich in den Grenzen der Ermächtigung, die Art. 12 Abs. 3 GG dem Gesetzgeber erteilt, im Strafvollzug Arbeitspflicht anzuordnen.[97]

d) Es verstieß deshalb weder gegen die Verfassung, dass der in § 41 Abs. 3 Satz 1 **4** StVollzG vorgesehene **Zustimmungsvorbehalt** für die Beschäftigung in einem solchen privaten Unternehmensbetrieb nicht in Kraft gesetzt wurde, noch macht es die Landesgesetze verfassungswidrig, dass sie ein solches Zustimmungskonzept nicht aufgegriffen haben. Der Gefangene bleibt auch bei Tätigkeiten im Unternehmerbetrieb im Rahmen eines zwischen Anstalt und Unternehmer abgeschlossenen Arbeitsverhältnisses[98] in seiner öffentlich-rechtlichen Beziehung mit dem Staat kraft gerichtlicher Verurteilung, in welcher seine Tätigkeit vom Vollzugspersonal überwacht, beaufsichtigt und angewiesen wird.[99] Verletzt ein Gefangener durch Arbeitsverweigerung in einem Unternehmerbetrieb schuldhaft seine Arbeitspflicht, dürfen deshalb gegen ihn – sofern das anwendbare Gesetz dies zulässt – Disziplinarmaßnahmen angeordnet werden.[100]

2. Übereinstimmung mit internationalen Rechtsgrundsätzen

a) Die auf der Grundlage der öffentlich-rechtlichen Beziehung zwischen Strafgefan- **5** genem und Staat beruhende Arbeitspflicht des Inhaftierten ist **keine Zwangs- oder Pflichtarbeit** (Verdingung) im Sinne des Übereinkommens Nr. 29 der Internationalen Arbeitsorganisation (ILO) vom 28.6.1930 über Zwangs- und Pflichtarbeit, dem die Bundesrepublik Deutschland durch Gesetz vom 11.6.1956[101] beigetreten ist.[102] Denn das ILO-Übereinkommen bezweckt, voraussetzungslosen Handel mit menschlicher Arbeitskraft zu unterbinden, und zielt auf eine Verhinderung der Formen von Zwangs- und Sklavenarbeit gefangener Personen. Nach den Vorschriften des Abkommens gelten als Zwangs- oder Pflichtarbeit nicht Arbeiten oder Dienstleistungen, die man von einer Person aufgrund einer gerichtlichen Verurteilung verlangt, wenn sie unter Überwachung

---

95 BVerfGE 98, 169, 206; s. auch *Bachmann*, 278 f; *Dahmen* 2011, 125 ff; *Schirmer* 2008, 60 ff.
96 S. dazu BVerfG, Beschl. vom 27.12.2007 – 2 BvR 1061/05, BVerfGK 13, 137 ff.
97 BVerfGE 98, 169, 209 ff.
98 Vgl. auch OLG Hamm NStZ 1993, 381; KG NStZ 1990, 607; *Laubenthal* Rdn. 404.
99 So BVerfGE 98, 169, 211; BVerfG, Beschl. vom 27.12.2007 – 2 BvR 1061/05, BVerfGK 13, 137, 140 ff; s. auch *Lübbe-Wolff/Frotz* Neuere Rechtsprechung des BVerfG zum Straf-, Untersuchungshaft- und Maßregelvollzug – Teil 2, NStZ 2009, 677, 681.
100 OLG Hamburg ZfStrVo 1992, 69.
101 BGBl. II, 640.
102 Zu den Bedenken der ILO gegen die Beschäftigung von Gefangenen in Unternehmerbetrieben und zu den Hintergründen des Zustimmungserfordernisses in § 41 Abs. 3 StVollzG und seinem Verhältnis zu Art. 2 Nr. 2 Buchstabe c des Übereinkommens Nr. 29 der ILO vom 28.6.1930 vgl. BT-Drucks. 7/916, 64; BT-Drucks. 7/3998, 21; OLG Hamburg NStZ 1992, 54 m. Anm. *Krahl* NStZ 1992, 207 f und Anm. *Kleszcewski* NStZ 1992, 351 f; OLG Hamm, Beschl. vom 20.9.2012 – III-1 Vollz (Ws) 456/12, Rdn. 23 (juris); ferner *Bachmann*, 280 f; *Dahmen* 2011, 213 ff, 236; *Schirmer* 2008, 77 ff, die einen Verstoß gegen Übereinkommen Nr. 29 bejahen.

und Aufsicht der öffentlichen Behörden ausgeführt werden und der Verurteilte nicht an Einzelpersonen oder private Vereinigungen verdingt oder ihnen sonst zur Verfügung gestellt wird.[103]

6 **b)** Die Arbeitspflicht steht mit Nr. 105.2 der **Europäischen Strafvollzugsgrundsätze 2006** im Einklang, wo klargestellt ist, dass Strafgefangene entsprechend ihrer vom Anstaltsarzt festgestellten körperlichen und geistigen Eignung zur Arbeit verpflichtet werden können. Auch gegen die **EMRK** verstößt die Arbeitspflicht nicht, denn Art. 4 Abs. 3 Buchstabe a) EMRK schließt aus, dass die Arbeitspflicht bei Strafgefangenen als unzulässige Zwangs- oder Pflichtarbeit i.S. von Art. 4 Abs. 2 EMRK anzusehen ist. Das gilt nach Meinung des EGMR sogar dann, wenn – anders als nach den deutschen Gesetzen – Pflichtarbeit über das allgemeine Rentenalter hinaus zu leisten ist.[104]

II. Erläuterungen

1. Fähigkeiten, die zugewiesene Arbeit auszuüben

7 **a)** Der Gefangene ist gem. § 41 Abs. 1 Satz 1 StVollzG, **BW** § 47 Abs. 1 Satz 1 III, **BY** Art. 43 Satz 1, **HB** § 22 Satz 2, **HH** § 38 Abs. 1 Satz 1, **MV** § 22 Satz 1, **ST** § 29 Abs. 1 Satz 1, **TH** § 29 Abs. 1 Satz 1 verpflichtet, eine ihm zugewiesene Arbeit auszuüben, wenn sie seinen **körperlichen Fähigkeiten angemessen** bzw. er körperlich dazu in der Lage ist. Andere Gesetze sprechen ohne Unterschied in der Sache allgemein davon, dass die Verpflichtung sowohl dem Grunde als auch dem Umfang nach nur im Rahmen der Möglichkeiten des Gefangenen gilt (**BE** § 24 Abs. 1 Satz 1, ähnlich **SH** § 35 Abs. 1 Satz 1) oder ihm zumutbar sein muss (**NW** § 29 Abs. 1 Satz 2, Abs. 2 Satz 1). In Hessen und Niedersachsen fehlt eine solche Beschränkung gänzlich (**HE** § 27 Abs. 2 Satz 1, **NI** § 38 Abs. 1). Das ändert in der Sache aus den zu Rdn. 9 dargelegten Grundsätzen nichts.

8 **b)** Klargestellt wird in einigen Gesetzen zudem der **Vorrang anderer Festsetzungen im Vollzugsplan** (**BE** § 24 Abs. 1 Satz 2, **HB** § 22 Satz 2, **NI** §§ 38 Abs. 2 Satz 1, 111a Abs. 1 [bei drohender Sicherungsverwahrung], **ST** § 15 Abs. 2, **SH** § 9 Abs. 2, **TH** § 29 Abs. 1 Satz 3). Soweit ein solcher Vorrang besteht, trifft den Gefangenen selbst bei Erfüllung der körperlichen Voraussetzungen keine Pflicht zur Arbeit. Das kommt nicht nur der Berufsausbildung zugute (dazu bereits oben A. Rdn. 1ff), sondern je nach (unterschiedlicher) Ausgestaltung des Landesgesetzes etwa sozialtherapeutischen und -pädagogischen Maßnahmen, Suchttherapie oder psychiatrischer Behandlung, in Niedersachsen generell besonderen Hilfs- und Therapiemaßnahmen (**NI** § 9 Abs. 1 Satz 2 Nr. 5), ferner beim Strafvollzug vor angeordneter oder vorbehaltener Sicherungsverwahrung neben Behandlungsmaßnahmen auch solchen, die erst die Mitwirkungsbereitschaft hieran wecken sollen (**NI** § 110 Abs. 1 Nr. 1, 2 und 5). Darüber hinaus sollen hier sonstige vollzugliche Maßnahmen bei überwiegendem Interesse des Gefangenen oder aus sonstigem wichtigen Grund während der Arbeitszeit zugelassen werden (**NI** § 38 Abs. 2 Satz 2). Es kommt also darauf an, ob die Durchführung der Maßnahme gerade während der Arbeitszeit erforderlich ist;[105] insoweit steht der Anstalt ein Beurteilungs-

---

103 BVerfGE 98, 169, 206; BVerfG, Beschl. vom 3.3.2011 – 2 BvR 176/11, Beck-Rs 2011, 49214; OLG Hamburg NStZ 1992, 53f.
104 EGMR, Urt. vom 9.2.2016 – 10109/14.
105 NI LT-Drucks. 17/7414, 23f.

spielraum zu. Unter umgekehrten Vorzeichen (Vorrang von Arbeit, Ausbildung und vergleichbaren Maßnahmen vor anderen Maßnahmen) steht aber **HE** § 27 Abs. 3 Satz 3.

c) Die Ablehnung von angemessener Pflichtarbeit stellt eine Pflichtverletzung dar, die bei schuldhaftem Verhalten ggf. disziplinarrechtlich geahndet werden und/oder eine Ablösung von der zugewiesenen Arbeit (s. A Rdn. 35 ff) zur Folge haben kann. Der Gefangene hat keinen Anspruch auf Zuweisung einer bestimmten Arbeit. Demzufolge kann ein Gefangener auch nicht verlangen, in seinem erlernten Beruf beschäftigt zu werden,[106] wenngleich Ausbildung und Eignung des Inhaftierten nach Möglichkeit bei der Arbeitszuweisung zu berücksichtigen sind. Denn nicht nur auf die körperliche Konstitution des Gefangenen soll Rücksicht genommen werden.[107] Auch eine länger andauernde Über- (oder Unter-)forderung, die dem Behandlungsziel widersprechen würde, ist zu vermeiden.[108] Ergänzend ergibt sich aus dem Individualisierungsgrundsatz (oben A. Rdn. 15) wie dem allgemeinen Rechtsprinzip, dass niemand über sein Können hinaus verpflichtet werden darf: Neben der körperlichen Verfassung des Gefangenen müssen auch seine **geistigen Fähigkeiten**, seine emotionalen Möglichkeiten und sein **psychischer Zustand** berücksichtigt werden (so ausdrücklich die Gesetze in Bayern und Sachsen-Anhalt).[109] Geschieht das nicht in ausreichendem Maße, stellt eine mögliche Arbeitsverweigerung des Gefangenen keinen schuldhaften Pflichtverstoß dar und führt auch nicht zu einer verschuldeten Arbeitslosigkeit.[110]

d) § 41 Abs. 1 Satz 1 StVollzG erstreckt die Arbeitspflicht auf eine **sonstige Beschäftigung**. Der Begriff „sonstige Beschäftigung" findet sich in § 37 StVollzG nicht. Es handelt sich hierbei im Unterschied zur wirtschaftlich ergiebigen Arbeit (§ 37 Abs. 2 StVollzG) um die angemessene Beschäftigung des § 37 Abs. 4 StVollzG (vgl. oben A Rdn. 31 ff). Gleiches gilt in Niedersachsen (**NI** § 38 Abs. 1 i.V.m. § 35 Abs. 2 Satz 1 Alt. 2). Obwohl **HH** § 34 Abs. 2 Satz 1 von sonstiger Beschäftigung spricht, wird dies in **HH** § 38 nicht aufgegriffen. Allerdings verpflichtet auch **HE** § 27 Abs. 2 Satz 1 zur Übernahme sonstiger Beschäftigung (dazu oben A Rdn. 31); ähnlich verhält es sich in Thüringen mit der Verpflichtung zur Ausübung sonstiger, nicht im Gesetz definierter Beschäftigung (**TH** § 29 Abs. 1 Satz 1). Damit erscheint im Rahmen des Zumutbaren auch die Zuweisung einer weiteren Tätigkeit neben einer hauptsächlich ausgeübten Arbeit nicht ausgeschlossen.[111]

e) Zur Übernahme der Arbeit bzw. ihr gleichgestellten Beschäftigung ist der Gefangene nur verpflichtet, wenn er zu deren Verrichtung aufgrund seines (**körperlichen**) **Zustandes** in der Lage ist, § 41 Abs. 1 Satz 1 a.E. StVollzG, **BW** § 47 Abs. 1 Satz 1 a.E. III, **TH** § 29 Abs. 1 Satz 1, ferner **BY** Art. 43 Satz 1, **ST** § 29 Abs. 2 Satz 1 a.E. unter zusätzlichem Verweis auf die geistigen Fähigkeiten. Dabei geht es hier um seinen aktuellen Gesundheitszustand in Abgrenzung zu seinen allgemeinen (körperlichen) Fähigkeiten. Im Zweifelsfall ist die Frage der Einsatzfähigkeit durch den Arzt zu klären. In der Sache kein Unterschied besteht nach den Gesetzen, die generell darauf abstellen, der Gefangene

---

106 OLG Nürnberg NStZ 1981, 200.
107 So schon BT-Drucks. 7/918, 66; BT-Drucks. 7/3998, 20.
108 Siehe aber *Arloth/Krä* § 41 StVollzG Rdn. 3: kein Verbot der Unterforderung.
109 Dazu *Marisken* NK 2018, 54.
110 Vgl. zur Arbeitsverweigerung wegen Bedrohung durch Mitgefangene OLG Saarbrücken, Beschl. vom 2.4.1984 – Vollz (Ws) 7/84, BlStV 6/1984, 11; zur religiös begründeten Weigerung der Entkleidung bei Rückkehr aus Werkbetrieb OLG Koblenz NStZ 1986, 238 m. Anm. *Rassow*.
111 Siehe BVerfG, Beschl. vom 27.12.2007 – 2 BvR 1061/05, BVerfGK 13, 137, 144.

müsse zur Arbeit usw. in der Lage sein (etwa **BE** § 24 Abs. 1 Satz 1 a.E., **HH** § 38 Abs. 1 Satz 1 a.E., **SH** § 35 Abs. 1 Satz 1), oder nicht zwischen den körperlichen Fähigkeiten und dem körperlichen Zustand differenzieren (etwa **HB** § 22 Satz 2, **MV** § 22 Satz 1).

2. Pflicht zur Teilnahme an Arbeitstherapie, Arbeitstraining, Berufsbildung und Unterricht

12 **a)** Der Gefangene ist nach § 41 Abs. 1 Satz 1 StVollzG, **BW** § 47 Abs. 1 Satz 1 III, **BY** Art. 43 Satz 1, **HH** § 38 Abs. 1 Satz 1, **HE** § 27 Abs. 2 Satz 1, Abs. 1 Satz 1, **NI** §§ 38 Abs. 1, 35 Abs. 3, **NW** § 29 Abs. 1 Satz 1 und 2 ggf. auch verpflichtet,[112] eine ihm zugewiesene **arbeitstherapeutische Beschäftigung** auszuüben (zur arbeitstherapeutischen Beschäftigung vgl. oben A. Rdn. 10). Das gilt ebenso in Berlin, Sachsen-Anhalt, Schleswig-Holstein und Thüringen, wo zudem zur Teilnahme am Arbeitstraining (zum Arbeitstraining näher oben A. Rdn. 11) verpflichtet werden kann, **BE** § 24 Abs. 1 Satz 1, **ST** § 29 Abs. 2 Satz 1 i.V.m. §§ 26, 27, **SH** § 35 Abs. 1 Satz 1, **TH** § 29 Abs. 1 Satz 1 i.V.m. §§ 26, 27. Keine derartige Pflicht besteht in Bremen und Mecklenburg-Vorpommern.

13 **b)** Nur wenige Länder kennen eine Pflicht zur Teilnahme an Maßnahmen der **Berufsaus- oder -weiterbildung** sowie der schulischen Bildung. Eine solche ergibt sich namentlich aus **HE** § 27 Abs. 2 Satz 1 wegen der Verweisung auf Abs. 1 Satz 1. Nach **NW** § 29 Abs. 1 Satz 2, Abs. 1 Satz 1 erstreckt sich die Pflichttätigkeit auf schulische wie berufliche Bildung. Verpflichtet Thüringen in **TH** § 29 Abs. 1 Satz 1 zur Ausübung jeder Beschäftigung, bleibt unklar, ob darunter auch schulische und berufliche Qualifizierungsmaßnahmen (**TH** § 28) fallen oder der Begriff wie im StVollzG zu verstehen ist. Als Erklärung für die in den übrigen Ländern fehlende Verpflichtung kann die Erwägung dienen, dass derartige Maßnahmen nur dann Erfolg versprechen, wenn bei den Gefangenen eine Motivation hierzu besteht, die sich zwar fördern, aber nicht erzwingen lässt.

3. Heranziehung zu Hilfstätigkeiten

14 **a)** Gem. § 41 Abs. 1 Satz 2 StVollzG, **BW** § 47 Abs. 1 Satz 2 III, **NI** § 35 Abs. 2 Satz 2 1. HS., **NW** § 29 Abs. 3, **ST** § 29 Abs. 2 Satz 2, **TH** § 29 Abs. 1 Satz 2 kann jeder Gefangene **bis zu drei Monaten im Jahr** zu Hilfstätigkeiten in der Anstalt verpflichtet werden. Eine derartige Verpflichtungsbefugnis findet sich auch in **BY** Art. 43 Satz 2 und **HH** § 38 Abs. 1 Satz 2. Es handelt sich um eine Ermächtigung an die Vollzugsbehörden. Eine Sonderrolle kommt **Sachsen** zu: Obwohl das Land keine Arbeitspflicht kennt, besteht hier die Pflicht der Gefangenen, im Rahmen ihrer körperlichen und geistigen Fähigkeiten an Arbeiten der Versorgung, der Sauberkeit und Ordnung in der Anstalt mitzuwirken (**SN** § 22 Abs. 2). Eine zeitliche Limitierung ist danach nicht vorgesehen. In **Hessen** soll die nach **HE** § 27 Abs. 2 Satz 1, Abs. 3 Satz 1 verpflichtend zuweisbare „sonstige Beschäftigung" auch derartige Hilfstätigkeiten umfassen.[113] Dem ist nicht zu folgen wegen des Erfordernisses spezieller gesetzlicher Ermächtigung (Rdn. 16), zumal **HE** § 27 Abs. 1 Satz 1 „Beschäftigung" legal definiert. Die Gesetze der übrigen Länder enthalten keine entsprechenden Bestimmungen.

15 **b)** Solche Hilfstätigkeiten fallen in allen Bereichen einer Vollzugsanstalt **vielfältig** an, z.B. in der Küche, in der Kleiderkammer, in der Krankenabteilung, in den Unterkünf-

---

112 Dazu OLG Frankfurt, Beschl. vom 2.12.1996 – 3 Ws 771/96, NStZ-RR 1997, 152, 153.
113 HE LT-Drucks. 18/1396, 94; *Arloth/Krä* § 27 HStVollzG Rdn. 2; *Laubenthal* Rdn. 408.

ten, im Freigelände. Es geht zumeist um die Erfüllung von Gemeinschaftsaufgaben, die das Mitverantwortungsgefühl der Gefangenen für ihr Zusammenleben in der Anstalt stärken können. Während jeder Gefangene seinen eigenen Haftraum selbst zu reinigen hat, werden z.B. die Reinigungen der Gemeinschaftsräume und Verkehrsflächen in einer Wohngruppe, einer Station bzw. einem Haus im wöchentlichen oder monatlichen Wechsel von jenen Gefangenen erledigt, die zu diesen Hilfstätigkeiten eingeteilt sind. Falls es kein rotierendes System gibt, werden zu solchen Hilfsarbeiten häufig Gefangene herangezogen, die noch ohne Arbeitserfahrung sind, die keiner qualifizierten Beschäftigung nachgehen können oder noch keine Vollzugslockerungen haben. Neben dem beschäftigungstherapeutischen Aspekt und der Funktion als eine Art innerer Vollzugslockerung dienen solche Hilfstätigkeiten auch dazu, Zeiten großen Auftragsmangels in den Anstaltsbetrieben zu überbrücken und der Arbeitslosigkeit von Gefangenen entgegenzuwirken. Es ist besser, Gefangene in Form verdeckter Arbeitslosigkeit mit Hilfstätigkeiten zu beschäftigen, als sie arbeitslos zu lassen.

c) Die **Hilfstätigkeiten** als sog. Kalfaktorenposten[114] erfüllen regelmäßig nicht die Anforderungen, die an eine zuzuweisende Arbeit gestellt werden müssen. Hilfsarbeiten können allerdings als angemessene Beschäftigung (A Rdn. 31) zugeteilt werden.[115] Abgesehen von dem möglichen Einüben sozialer Verhaltensweisen und der sichtbaren Verantwortung für die Gemeinschaft sind die anfallenden Hilfsarbeiten nur selten spezifisch behandlungsorientiert. Es bedurfte daher der gesetzlichen Ermächtigung der Vollzugsbehörde, Gefangene für solche Arbeiten zu verpflichten.[116] Deshalb ist die nicht konsentierte Heranziehung zu derartigen Tätigkeiten in allen Ländern ohne besondere Regelung unstatthaft. Um die im Vollzug an sich notwendige Behandlung des Gefangenen nicht zu lange zu behindern, bleibt die **zeitliche Dauer** der Verpflichtung grundsätzlich auf drei Monate beschränkt. Damit wird der Charakter einer Notlösung betont.[117] Hiernach sollten die Aufsichtsbehörden und die Wirtschafts- sowie Arbeitsverwaltungen der Anstalten bestrebt sein, die Zahl jener mit Hilfstätigkeiten beschäftigten Gefangenen niedrig zu halten. Die sog. Hausarbeiterquote (Höchstzahl der Gefangenen mit Hilfstätigkeiten im Verhältnis zur Gesamtzahl der beschäftigten Gefangenen) ist in den Bundesländern verschieden hoch festgelegt. Sie beträgt durchschnittlich ca. 10 bis 15%. **16**

d) Es kommen ausschließlich Tätigkeiten **in der Anstalt** in Betracht und nur solche, die keine **subkulturellen Unzuträglichkeiten** im Verhältnis der Gefangenen untereinander bzw. zwischen Gefangenen und Bediensteten entstehen lassen und Belangen des Datenschutzes Rechnung tragen (vgl. schon VV Nr. 5 zu § 37 StVollzG). Arbeiten, die Einblick in persönliche Verhältnisse oder in Personal-, Gerichts- bzw. Verwaltungsakten eröffnen, dürfen einem Insassen auch aus Gründen des Persönlichkeitsschutzes nicht übertragen werden. Das hat zur weitgehenden Beseitigung der sog. Gefangenenschreiber als Helfer der Stationsbeamten geführt. Für die **Ablösung** von einer Hilfstätigkeit gilt das zu A. Rdn. 35ff Dargelegte.[118] **17**

e) Mit seiner **Zustimmung** kann der Gefangene **über drei Monate hinaus** mit Hilfstätigkeiten beschäftigt werden (s. auch **NI** § 35 Abs. 2 Satz 2 2. HS.); ein Widerspruch zu **18**

---
114 Zum Begriff s. *Laubenthal* Lexikon der Knastsprache, 2001, 94.
115 K/S-*Schöch* § 7 Rdn. 136.
116 Für das StVollzG BT-Drucks. 7/918, 66.
117 So BT-Drucks. 7/3998, 20.
118 Vgl. OLG Brandenburg, Beschl. vom 21.7.2011 – 2 Ws (Vollz) 49/11, bei *Roth* NStZ 2012, 433.

den Empfehlungen und Angaben im Vollzugsplan darf aber nicht entstehen. Wird ein Gefangener länger als drei Monate mit Hilfstätigkeiten beschäftigt, vermag er die Zustimmung nicht willkürlich zurückzunehmen und die Arbeit niederzulegen, ohne der Anstalt Gelegenheit zu geben, für ihn einen Ersatz zu finden, weil die Gewährleistung des Gemeinschaftslebens und die Aufrechterhaltung wichtiger Funktionsabläufe häufig auf den Hilfstätigkeiten einzelner Gefangener beruhen.[119] Umgekehrt genießt der Gefangene **Vertrauensschutz**, wenn ihm eine Hilfstätigkeit ohne erkennbare Befristung zugewiesen war;[120] diese nachträglich vorzusehen ist nur im Rahmen des zu A II. 7. Gesagten möglich. – In Bayern normiert **BY** Art. 43 Satz 3, dass Hilfstätigkeiten prinzipiell nicht über drei Monate jährlich hinausgehen sollen, eine vergleichbare Bestimmung enthält **HH** § 38 Abs. 1 Satz 3. – Es ist allerdings nicht zu übersehen, dass die Hilfstätigkeiten nicht nur geringe Bedeutung für die Erreichung des Vollzugsziels haben. Sie sind auch im Laufe zunehmender Liberalisierung der Vollzugsgestaltung nach außen sowie vermehrter Öffnung der Anstalten nach innen uninteressanter geworden, weil nicht mehr das Privileg einer größeren Bewegungs- und Kontaktfreiheit für die Betroffenen lockt.[121]

4. Ausnahmen von der Arbeitspflicht

19 a) Nach § 41 Abs. 1 Satz 3 StVollzG, **BW** § 47 Abs. 1 Satz 3 III, **BY** Art. 43 S. 4, **ST** § 29 Abs. 2 Satz 3 Nr. 3 gelten die Arbeitspflicht und ggf. die Verpflichtung zur Übernahme von Hilfstätigkeiten in der Anstalt nicht für **über 65 Jahre alte Gefangene,** da dies bisher das Renteneintrittsalter darstellte. Wurde dieses im Wege einer schrittweisen Annäherung an den 67. Geburtstag heraufgesetzt (§§ 35 Satz 2, 235 SGB VI) und diskutiert man bereits ein weiteres Hinausschieben des Ruhestands, tragen dem andere Gesetze Rechnung, indem ohne Altersnennung auf das Erreichen des **gesetzlichen Rentenalters** abgestellt wird (**BE** § 24 Abs. 2, **HH** § 38 Abs. 1 Satz 4, **SH** § 35 Abs. 2, **TH** § 29 Abs. 1 Satz 4). Hierauf heben auch Niedersachsen und Nordrhein-Westfalen ab und stellen zudem klar, dass dies für den Gefangenen aber kein Beschäftigungsverbot mit sich bringt (**NI** § 35 Abs. 4, **NW** § 29 Abs. 4).[122] In Hessen endet umgekehrt die Arbeitspflicht bereits mit dem 65. Geburtstag (**HE** § 27 Abs. 2 Satz 1). Allerdings relativiert sich die Arbeitspflicht in der Praxis faktisch auch bereits bei jüngeren Gefangenen durch das Kriterium der individuellen Arbeitsfähigkeit. Darüber hinaus gebietet es der Angleichungsgrundsatz, Gefangene, die gem. § 43 Abs. 2 SGB VI als voll erwerbsgemindert gelten und deshalb Rente beziehen, von der Arbeitspflicht auszunehmen,[123] ebenso **Schwerbehinderte** ab 63 Jahren (wie nach § 37 SGB VI).[124] In der Vollzugspraxis werden Hilfstätigkeiten jedoch gerade von älteren, in den Arbeitsbetrieben nicht mehr voll einsatz- und leistungsfähigen Gefangenen – auch solchen über 65 Jahre – gern übernommen.

20 b) Die Verpflichtungen gelten nach den in Rdn. 19 aufgeführten Normen (Bund, **BW, BY, BE, SH**) sowie **HH** § 38 Abs. 1 Satz 5, **HE** § 27 Abs. 2 Satz 2, **NI** § 71 Abs. 1 Satz 2, **NW** § 86 Abs. 2 Satz 2, **ST** § 29 Abs. 2 Satz 3 Nr. 1 und 2 ferner nicht für **werdende und stillende Mütter,** soweit gesetzliche Beschäftigungsverbote zum Schutz erwerbstätiger Mütter bestehen

---

119 LG Karlsruhe ZfStrVo 1979, 125.
120 BVerfG, Beschl. vom 3.5.2012 – 2 BvR 2355/10, 2 BvR 1442/10, Beck-Rs 2012, 51753.
121 *Walter* Rdn. 478.
122 Siehe auch OLG Dresden, Beschl. vom 27.6.2012 – 2 Ws 132/12, NStZ 2013, 361; *Arloth/Krä* § 35 NJVollzG Rdn. 2.
123 OLG Frankfurt NStZ 1985, 425 m. Anm. *Müller-Dietz.*
124 *Laubenthal/Nestler/Neubacher/Verrel* F Rdn. 89; a.A. *Arloth/Krä* § 41 StVollzG Rdn. 5.

(Mutterschutzgesetz). Keine ausdrücklichen Regelungen hierzu finden sich in Bremen und Mecklenburg-Vorpommern; im Rentenalter und unter Geltung des Mutterschutzes bleibt Arbeit gerade nicht zur Erreichung des Vollzugsziels (s. Rdn. 2) unerlässlich.

c) Der Pflicht zur Verrichtung sonstiger Arbeit unterliegen nunmehr in Hamburg Gefangene nicht, die zur Abwendung der Vollstreckung von Ersatzfreiheitsstrafe im Vollzug **gemeinnützige Arbeit** leisten (**HH** § 34 Abs. 1a), denn dies steht der Erfüllung der Arbeitspflicht gleich (**HH** § 38 Abs. 1 Satz 4), ohne dass dafür Arbeitsentgelt gezahlt wird, wie im Umkehrschluss aus **HH** § 40 Abs. 2 Satz 1 folgt. Auf diesem Weg kann nicht nur während des Vollzugs einer Freiheitsstrafe die nachnotierte Ersatzfreiheitsstrafe vermieden, sondern auch während einer bereits in Vollstreckung begriffenen Ersatzfreiheitsstrafe diese verkürzt werden; das folgt zudem aus **HH** § 6 Abs. 4. Im Jahr 2019 wurden die Bestimmungen dahin ergänzt, dass Gefangenen während der Verbüßung von Ersatzfreiheitsstrafe Arbeit oder sonstige Beschäftigung nur zugewiesen werden soll, wenn keine Möglichkeit zu gemeinnütziger Arbeit besteht (**HH** § 34 Abs. 2 Satz 1, Abs. 2a Satz 2). Zur Abwendung der weiteren Vollstreckung der Ersatzfreiheitsstrafe soll letztere angeboten werden (**HH** § 34 Abs. 2a Satz 1). Gleiches gilt für Strafhaft, bei der Ersatzfreiheitsstrafe nachnotiert ist (**HH** § 34 Abs. 2a Satz 3). Die gemeinnützige Tätigkeit wird nicht vergütet (**HH** § 40 Abs. 1 Satz 3). Mit der Neuregelung will man verhindern, dass Gefangene die Aufnahme einer bezahlten Arbeit zu Lasten der Vermeidung oder Abkürzung der Ersatzfreiheitsstrafe wählen und so vermeidbare Haftkosten anfallen.[125] Zum Verhältnis zu Ausbildungsmaßnahmen bereits A. Rdn. 2. 21

5. Arbeitszeit und Leistungsanforderungen. Aus vielfältigen Gründen haben die Gesetzgeber davon abgesehen, die Arbeitszeit sowie Arbeits- und Leistungsanforderungen im Einzelnen zu regeln (s. aber A. Rdn. 14). Die VV Nr. 3 und 4 zu § 37 StVollzG enthielten dazu einige Hinweise.[126] Teilweise wird die Selbstverständlichkeit ausgesprochen, dass die von der Anstalt festgelegten **Beschäftigungsbedingungen** gelten (**BE** § 25 Abs. 1 Satz 1, **HB** § 22 Satz 3, **MV** § 22 Satz 2, **ST** § 29 Abs. 3 Satz 1, **SH** § 35 Abs. 1 Satz 4, **TH** § 29 Abs. 3 Satz 1), teilweise auf die Vorschriften des Mutterschutzgesetzes über die Gestaltung des Arbeitsplatzes Bezug genommen (§ 76 Abs. 1 Satz 2 StVollzG, **BW** § 37 Abs. 1 Satz 2 III, **BY** Art. 82 Abs. 1 Satz 2, **BE** § 25 Abs. 1 Satz 2, **HE** § 27 Abs. 2 Satz 2, **NI** § 71 Abs. 1 Satz 2, **NW** § 86 Abs. 2 Satz 2), teilweise die Beachtung von Arbeitsschutz- und Unfallverhütungsvorschriften angeordnet (dazu K Rdn. 6). Die Festsetzung der Arbeitszeit steht im pflichtgemäßen Ermessen der Vollzugsbehörde. Dabei verstößt eine **unterschiedliche Arbeitsregelung** in einer Sozialtherapeutischen Anstalt und dem übrigen Bereich einer Justizvollzugsanstalt bzw. des Vollzugs innerhalb des Geschäftsbereichs einer Landesjustizverwaltung nicht gegen den Grundsatz der Gleichbehandlung, wenn die unterschiedliche Behandlung der Gefangenen auf dem Einsatz der besonderen therapeutischen Mittel und sozialen Hilfen der Sozialtherapie beruht.[127] 22

6. Zustimmung des Gefangenen

a) Besteht in **Brandenburg, Rheinland-Pfalz, Saarland und Sachsen** keine Arbeitspflicht, so dürfen die Inhaftierten dort auf freiwilliger Basis gleichwohl arbeiten, arbeitstherapeutische Angebote wahrnehmen oder eine Berufsausbildung absolvieren, 23

---

125 Dazu **HH** LT-Drucks. 21/16525, 1, 4.
126 Dazu auch KG NStZ 1989, 445 m. Anm. *Gerhart*.
127 LG Berlin 14.3.1990 – 546 StVK (Vollz) 25/90.

sofern sie dazu körperlich und geistig in der Lage sind und nicht nach dem Vollzugsplan vorrangige Maßnahmen tangiert werden. Ihnen soll Arbeit angeboten und auf Antrag bzw. mit ihrer Zustimmung zugewiesen werden (**BB** § 30 Abs. 1, **RP** § 29 Abs. 1, **SN** § 22 Abs. 1, Abs. 3 Satz 1; vgl. auch **SL** § 22 Satz 5). Entsprechendes gilt, sofern in Bremen und Mecklenburg-Vorpommern keine Arbeitspflicht besteht (Rdn. 2). Die Zuweisung freiwilliger Arbeit dient keiner spezifisch behandlerischen Zielsetzung.[128] Positive Effekte verbinden sich allerdings insofern mit ihr, als der Inhaftierte Geld verdient, das er für Unterhaltsleistungen oder Schuldentilgung einsetzen kann, er sich Erfolgserlebnisse verschafft und einen strukturierten Tagesablauf erlebt.[129]

24   Nehmen die Gefangenen eine Arbeit auf, gelten die von der Anstalt festgelegten Bedingungen (**BB** § 30 Abs. 2 Satz 1, **RP** § 29 Abs. 2 Satz 1, **SL** § 22 Satz 3, **SN** § 22 Abs. 3 Satz 2) und die Arbeit darf **nicht zur Unzeit niedergelegt** werden (**BB** § 30 Abs. 2 Satz 2, **RP** § 29 Abs. 2 Satz 2, **SL** § 22 Satz 4, **SN** § 22 Abs. 3 Satz 3, ebenso – trotz Arbeitspflicht – **ST** § 29 Abs. 3 Satz 2, **TH** § 29 Abs. 3 Satz 2). Insoweit wird der „störungsfreien Organisation der Anstaltsbetriebe" Rechnung getragen (so **MV** § 22 Satz 3). Das gilt umso mehr, sofern die Anstalten auf die Einrichtung von Unternehmerbetrieben angewiesen bleiben. Denn private Firmen sind im Allgemeinen zur Einrichtung solcher Zweigbetriebe in der Anstalt und zu den damit verbundenen Investitionen nur bereit, wenn die Vollzugsbehörde ihnen eine gewisse Laufzeit, einen beständigen Produktionsumfang und eine möglichst verlässliche Auftragsausführung und Leistungshöhe zusagt.

25   **b)** Die Heranziehung zu **Hilfstätigkeiten** in der Anstalt **über drei Monate hinaus** (s. Rdn. 18) lassen einige Gesetze mit Zustimmung des Gefangenen zu (§ 41 Abs. 1 Satz 2 StVollzG, **BW** § 47 Abs. 1 Satz 2 III, **NI** § 35 Abs. 2 Satz 2. HS. 2, **NW** § 29 Abs. 3, **ST** § 29 Abs. 2 Satz 2, **TH** § 29 Abs. 1 Satz 2). Ein Widerruf ist nicht zur Unzeit möglich (**NI** § 35 Abs. 5 Satz 1); an die einmal erteilte Zustimmung bleibt der Gefangene so lange gebunden, bis von der Anstalt nach einem Widerruf die Organisation von Ersatz erwartet werden kann.[130] Zur Orientierung mag eine Frist von zwei Wochen dienen, auch wenn die Anlehnung an § 622 Abs. 3 BGB (Probezeit) eher fernliegt.[131]

26   **c)** Nach § 41 Abs. 2 Satz 1 StVollzG, **BW** § 47 Abs. 2 Satz 1 III, **BY** Art. 39 Abs. 4 Satz 2, **HH** § 38 Abs. 2 Satz 1, **NI** § 35 Abs. 2 Satz 3, **SH** § 33 Abs. 1 Satz 4 bedarf im **Bereich der beruflichen Aus- und Weiterbildung** die Teilnahme des Gefangenen an einer solchen Maßnahme seiner Zustimmung. Die übrigen Länder kennen entweder keinen ausdrücklichen Zustimmungsvorbehalt, sprechen aber von der Freiwilligkeit implizierenden Ermöglichung der Maßnahmen oder sehen gerade umgekehrt auch hier eine Teilnahmepflicht vor (vgl. oben A. Rdn. 18 ff). Die eben genannten Vorschriften konkretisieren den Mitwirkungsgrundsatz, denn die Chancen für einen erfolgreichen Ablauf und Abschluss erhöhen sich gerade, wenn die Aus- und Weiterbildungsmaßnahmen auf **Freiwilligkeit und Selbstverantwortlichkeit** gestützt werden. Diese Zustimmung ist ggf. schriftlich zu erteilen und zur Gefangenenpersonalakte zu nehmen. Die damit bezweckte Selbstbindung des Gefangenen ist zudem erforderlich, weil mit den Bildungsmaßnahmen erhebliche organisatorische Arbeiten, ein verstärkter personeller Einsatz und hohe Kosten verbunden sind, die nicht zuletzt aus Wirtschaftlichkeitsgründen sonst ohne große Not wieder infrage gestellt oder sogar bei leichtfertigem Abbruch fehlinvestiert wären.

---

[128] *Laubenthal* Rdn. 397.
[129] Vgl. **RP** LT-Drucks. 16/1910, 128.
[130] *Laubenthal/Nestler/Neubacher/Verrel* F Rdn. 89.
[131] So aber *Arloth/Krä* § 41 StVollzG Rdn. 4.

Deshalb darf der Gefangene gem. § 41 Abs. 2 Satz 2 StVollzG, **BW** § 47 Abs. 2 Satz 2 **27**
III, **BY** Art. 39 Abs. 4 Satz 3, **HH** § 38 Abs. 2 Satz 2, **NI** § 35 Abs. 5 S. 1, **SH** § 33 Abs. 1 Satz 5
seine **Zustimmung** auch **nicht zur Unzeit widerrufen**. Im Hinblick auf den Charakter
der Maßnahmen kommt es zur Ausfüllung des Begriffs „Unzeit" hier nicht auf die organisatorischen Interessen der Anstalt, sondern die Gestaltung der Ausbildung an, so dass
etwa das Ende eines Moduls den „rechten" Zeitpunkt abgibt.[132]

Damit der Abschluss einer Bildungsmaßnahme möglichst noch in der Haftzeit er- **28**
reicht werden kann, wird in Einzelfällen ein **Verzicht auf eine bedingte Entlassung**
gem. § 57 StGB bei Beginn der Bildungsmaßnahme verlangt, wenn sonst zu befürchten
ist, dass der Gefangene die begonnene Maßnahme nach seiner Entlassung nicht fortsetzt
und so das angestrebte Ziel der schulischen oder beruflichen Qualifikation nicht erreicht
wird. Zwar bleibt der Gefangene später an diesen Verzicht rechtlich nicht gebunden und
kann seine erforderliche Einwilligung in die Strafrestaussetzung zur Bewährung trotzdem geben. Das Vollstreckungsgericht wird den drohenden Abbruch der begonnenen
Bildungsmaßnahme dann allerdings prognostisch zu werten haben. Einen anderen –
vorzugswürdigen – Weg stellt ein Angebot an Haftentlassene dar, die in der Anstalt begonnene Ausbildung dort auch bis zum Abschluss fortsetzen zu können.

7. Ablösung von der Arbeit. Die Ablösung von der Arbeit stellt **keine Aufhebung** **29**
der gesetzlichen Arbeitspflicht dar. Sie hat Bedeutung hinsichtlich der sich daraus
ergebenden finanziellen Folgen für den Gefangenen, der lediglich im Falle seiner
Schuldlosigkeit am Arbeitsplatzverlust Anspruch auf Zahlung von Taschengeld hat,
wenn die sonstigen Voraussetzungen vorliegen (s. unten I Rdn. 3ff; vgl. auch **BE** § 25
Abs. 3 Satz 3). Ein Grund für die Ablösung kann nicht nur die Tatsache sein, dass sich ein
Inhaftierter für die zugewiesene Tätigkeit als ungeeignet erweist. In Betracht kommt als
Rechtsgrundlage auch der Vollzugsplan, wenn sich die Ablösung (in Form eines Arbeitsplatzwechsels) als Maßgabe der dort vorgesehenen Behandlungsmaßnahmen darstellt.
Auch die Beschränkung gemeinschaftlicher Unterbringung mag eine Ablösung rechtfertigen. Eine solche ist z.B. möglich, wenn ein Betroffener aus Erfordernissen der Sicherheit und Ordnung der Anstalt (z.B. bei besonderer Fluchtgefahr) von der Arbeit auszuschließen und ihm gleichzeitig Zellenarbeit zuzuweisen ist.[133] Zu den Rechtsgrundlagen
der Ablösung im Übrigen s. A Rdn. 35 ff.

C. Freistellung von der Arbeitspflicht

Bund	§ 42 StVollzG
Baden-Württemberg	BW § 48 III JVollzGB
Bayern	BY Art. 45 BayStVollzG
Berlin	BE § 27 StVollzG Bln
Brandenburg	BB § 32 BbgJVollzG
Bremen	HB § 24 BremStVollzG
Hamburg	HH § 39 HmbStVollzG
Hessen	HE § 27 Abs. 9 HStVollzG
Mecklenburg-Vorpommern	MV § 24 StVollzG M-V
Niedersachsen	NI § 39 NJVollzG
Nordrhein-Westfalen	NW § 33 StVollzG NRW

---

132 *Arloth/Krä* § 41 StVollzG Rdn. 6.
133 Vgl. LG Stuttgart ZfStrVo 1990, 304.

Rheinland-Pfalz	RP § 31 LJVollzG
Saarland	SL § 24 SLStVollzG
Sachsen	SN § 24 SächsStVollzG
Sachsen-Anhalt	ST § 31 JVollzGB LSA
Schleswig-Holstein	SH § 39 LStVollzG SH
Thüringen	TH § 31 ThürJVollzG

Schrifttum

S. vor A.

Übersicht

I. Allgemeine Hinweise —— 1–3
II. Erläuterungen —— 4–23
   1. Rechtsanspruch auf Freistellung —— 4, 5
   2. Voraussetzung einer Mindestdauer der Tätigkeit —— 6–13
   3. Inhalt des Freistellungsanspruchs —— 14, 15
   4. Anrechnung eines gewährten Urlaubs —— 16
   5. Freistellung als Behandlungsmaßnahme —— 17
   6. Weiterzahlung von Bezügen —— 18–20
   7. Geltung für nicht zur Arbeit Verpflichtete —— 21, 22
   8. Vollzugsexterne Beschäftigungsverhältnisse —— 23

I. Allgemeine Hinweise

1   **a)** Das Institut einer **Freistellung von der Arbeitspflicht** regeln § 42 StVollzG, **BW** § 48 III, **BY** Art. 45, **BE** § 27, **BB** § 32, **HB** § 24, **HH** § 39, **HE** § 27 Abs. 9, **MV** § 24, **NI** § 39, **NW** § 33, **RP** § 31, **SL** § 24, **SN** § 24, **ST** § 31, **SH** § 39, **TH** § 31. Die meisten Gesetze kennen darüber hinausgehend und unabhängig von den in den eben genannten Normen festgelegten Voraussetzungen auch die Möglichkeit einer Freistellung von der Arbeit als eine **nicht-monetäre Komponente der Entlohnung** zugewiesener Pflichtarbeit, § 43 StVollzG, **BW** § 49 Abs. 1 III, **BY** Art. 46 Abs. 1, **BE** § 63, **HB** § 55 Abs. 7, **HH** § 40 Abs. 3, **HE** § 39, **MV** § 55 Abs. 7, **NI** § 40 Abs. 5, **NW** § 34, **TH** § 32. Diese kann außer in Mecklenburg-Vorpommern zusätzlich zur arbeitsfreien Zeit i.S.d. eingangs aufgeführten Bestimmungen als Arbeitsurlaub bzw. Langzeitausgang genutzt werden. **SH** § 40 sieht nur die Anrechnung auf den Entlassungszeitpunkt vor. § 43 Abs. 6 Satz 2 StVollzG, **BW** § 49 Abs. 6 Satz 2 III, **BY** Art. 46 Abs. 6 Satz 2, **BE** § 63 Abs. 3 Satz 1, **HB** § 55 Abs. 7 Satz 2, **HH** § 40 Abs. 3 Satz 2 1. HS., **HE** § 39 Abs. 2 Satz 1, **MV** § 55 Abs. 7 Satz 1, **NI** § 40 Abs. 5 Satz 2, **NW** § 34 Abs. 1 Satz 1, **TH** § 32 Abs. 2 Satz 2 stellen klar, dass eine Freistellung als Teil des Arbeitsentgelts unabhängig von der hier behandelten zu beachten ist.

2   **b)** Das Rechtsinstitut der Freistellung von der Arbeitspflicht entspricht dem **bezahlten Urlaub im Arbeitsleben** außerhalb des Vollzugs und ist somit eine Konkretisierung des allgemeinen Angleichungsgrundsatzes im Bereich der Arbeitswelt. Die Regelung geht davon aus, dass der Strafgefangene ebenso wie jeder in Freiheit arbeitende Mensch der körperlichen, geistigen und seelischen **Erholung** bedarf, wenn er längere Zeit hintereinander gearbeitet hat. Die arbeitsfreie Ferienzeit soll dem Ausruhen, der Entspannung und der Regeneration dienen und damit der Erhaltung von Arbeitskraft. Der Gefangene soll darüber hinaus an den normalen Arbeitsrhythmus außerhalb des Vollzugs gewöhnt bleiben (oder werden) und damit die Fähigkeiten für seine soziale Eingliede-

rung in das Arbeitsleben nach der Entlassung stärken.[134] Zugleich stellt die Freistellung von der Arbeitspflicht eine Gegenleistung für erbrachte und – bei Fortdauer des Vollzugs – weiterhin zu erbringende Arbeit dar.[135]

c) Die Freistellung von der Arbeit deckt sich **nicht** mit dem **Urlaub aus der Haft**. **3** § 42 StVollzG, **BW** § 48 III, **BY** Art. 45, **BE** § 27, **BB** § 32, **HB** § 24, **HH** § 39, **HE** § 27 Abs. 9, **MV** § 24, **NI** § 39, **NW** § 33, **RP** § 31, **SL** § 24, **SN** § 24, **ST** § 31, **SH** § 39, **TH** § 31 lassen offen, ob der Gefangene die Zeit der Freistellung innerhalb oder außerhalb der Anstalt verbringt. Um die Anstalt während der Freistellungszeit verlassen zu können, müssen zusätzlich die besonderen Voraussetzungen für eine Gewährung entsprechender Vollzugslockerungen, für einen Hafturlaub oder sonst nach dem einschlägigen Gesetz vorgesehene extramurale Aufenthalte gegeben sein.

II. Erläuterungen

1. Rechtsanspruch auf Freistellung

a) Der arbeitende, Hilfstätigkeiten verrichtende oder sich in Aus- bzw. Weiterbildung **4** bzw. in Arbeitstherapie oder -training befindliche Gefangene (s. auch **NW** § 33 Abs. 5 Satz 1) hat bei Vorliegen der Voraussetzungen einen Rechtsanspruch auf Freistellung von der Arbeitspflicht und somit auf bezahlte arbeitsfreie Zeit.[136] Das gilt allerdings nach einigen Gesetzen für Arbeitstherapie, Arbeitstraining sowie Aus- und Weiterbildung nur, sofern derartige Tätigkeiten den **Umfang der regelmäßigen wöchentlichen Arbeitszeit erreichen** (**BE** § 27 Abs. 5, **BB** § 32 Abs. 5, **HB** § 24 Abs. 6, **MV** § 24 Abs. 5, **RP** § 31 Abs. 5, **SL** § 24 Abs. 5, **SN** § 24 Abs. 5, **ST** § 31 Abs. 6), also nicht bei Maßnahmen, die den Gefangenen in geringerem zeitlichen Umfang beanspruchen. In Brandenburg scheidet zudem ein Freistellungsanspruch bei **Arbeitstherapie** gänzlich aus, in Rheinland-Pfalz und Saarland weiter bei **Arbeitstraining** (**RP** § 31 Abs. 5, **SL** § 24 Abs. 5). Das leuchtet angesichts der in der Regel wenig belastbaren Zielgruppe solcher Maßnahmen nicht ein.[137] **HH** § 39 Abs. 1 Satz 1 i.V.m. § 34 Abs. 2 und 2a Satz 2 schließt eine Freistellung bei gemeinnütziger Arbeit (**HH** § 34 Abs. 1a und 2a Satz 1) aus.

b) In den meisten Ländern ist ein **Verfall** des Anspruchs gesetzlich vorgesehen. Die **5** Freistellung muss innerhalb eines Jahres (**BE** § 27 Abs. 1 Satz 3, **BB** § 32 Abs. 1 Satz 1, **HB** § 24 Abs. 1 Satz 3, **MV** § 24 Abs. 1 Satz 3, **NI** § 39 Abs. 1 Satz 2, **NW** § 33 Abs. 1 Satz 1, **RP** § 31 Abs. 1 Satz 3, **SL** § 24 Abs. 1 Satz 3, **SN** § 24 Abs. 1 Satz 3, **ST** § 31 Abs. 1 Satz 3, **SH** § 39 Abs. 1 Satz 3) oder sogar binnen eines halben Jahres (**HH** § 39 Abs. 2 Satz 1, **HE** § 27 Abs. 9 Satz 5, **TH** § 31 Abs. 1 Satz 3) seit Ende des jeweiligen Berechnungszeitraums vollständig genommen werden. Das korrespondiert im Grundsatz mit den in Freiheit anzutreffenden Gegebenheiten. Fehlt in Baden-Württemberg und Bayern eine derartige Regelung jedenfalls außerhalb von Verwaltungsvorschriften (vgl. schon VV Nr. 4 Abs. 1 zu § 37 StVollzG), kann der Anspruch bis zur Verwirkung geltend gemacht werden.[138] Die Geltendmachung des Anspruchs kann zudem gegen den auch im öffentlichen Recht geltenden Grundsatz von Treu und Glauben verstoßen, wenn der Gefangene sich nach Entste-

---

134 BVerfGE 66, 199 = NStZ 1984, 572 m. Anm. *Großkelwing*.
135 OLG Nürnberg NStZ 1991, 102.
136 OLG Karlsruhe NStZ 1981, 455.
137 Krit. auch *Arloth/Krä* § 32 BbgJVollzG Rdn. 1, § 31 RhPf LJVollzG Rdn. 1, § 24 SLStVollzG Rdn. 1, § 31 LSA JVollzGB Rdn. 1, § 31 ThürJVollzGB Rdn. 1.
138 Vgl. AK-*Galli* Teil II § 24 Rdn. 9.

hen des Anspruchs beharrlich weigert, einer bestehenden Arbeitspflicht weiterhin nachzukommen.[139]

2. Voraussetzung einer Mindestdauer der Tätigkeit

6   a) Voraussetzung des Freistellungsanspruchs ist teilweise eine **einjährige Tätigkeit** der in Rdn. 4 genannten Art (§ 42 Abs. 1 Satz 1 StVollzG, **BW** § 48 Abs. 1 Satz 1 III, **BY** Art. 45 Abs. 1 Satz 1, **NI** § 39 Abs. 1 Satz 1, **NW** § 33 Abs. 1 Satz 1). Andere Gesetze lassen bereits ein **halbes Jahr** bzw. sechs Monate genügen (**BE** § 27 Abs. 1 Satz 1, **BB** § 32 Abs. 1 Satz 1, **HB** § 24 Abs. 1 Satz 1, **HH** § 39 Abs. 1 Satz 1, **HE** § 27 Abs. 9 Satz 1, **MV** § 24 Abs. 1 Satz 1, **RP** § 31 Abs. 1 Satz 1, **SL** § 24 Abs. 1 Satz 1, **SN** § 24 Abs. 1 Satz 1, **ST** 31 Abs. 1 Satz 1, **SH** § 39 Abs. 1 Satz 1, **TH** § 31 Abs. 1 Satz 1). Insoweit gilt nicht das Kalenderjahr, sondern die Frist beginnt mit dem Tag, an dem der Gefangene die ihm zugewiesene Beschäftigung erstmals aufnimmt (vgl. auch VV Nr. 1 zu § 42 StVollzG; s. zur Berechnung noch VV Nr. 2 und 3), also bei jedem Gefangenen jeweils individuell mit der Arbeitsaufnahme, weil es anders als nach § 1 BUrlG **keine Gleichsetzung von Urlaubs- und Kalenderjahr** gibt.[140] Eine anteilige Freistellung des Gefangenen vor Verstreichen der (Halb-)Jahresfrist scheidet aus.[141] – In Hamburg und Hessen (**HH** § 39 Abs. 1 Satz 1, **HE** § 27 Abs. 9 Satz 1) wird eine zusammenhängende Beschäftigung verlangt. Dafür ist nicht erforderlich, dass der Gefangene an allen Arbeitstagen tatsächlich gearbeitet hat, also etwa nie krank war, sondern eine Beschäftigung durchgängig oder mehrere Beschäftigungen in jeweils unmittelbarem Anschluss ausgeübt hat.[142] Zur Berücksichtigung von Untersuchungshaft in Niedersachsen und Nordrhein-Westfalen s. Rdn. 22.

7   b) Die auf das individuelle Beschäftigungsjahr **anrechenbaren arbeitsfreien Zeiten,** die so berücksichtigt werden, als hätte der Gefangene tatsächlich gearbeitet, sind umstritten. Gesetzlich ist bestimmt, dass (§ 42 Abs. 1 Satz 2 StVollzG, **BW** § 48 Abs. 1 Satz 2 III, **BY** Art. 45 Abs. 1 Satz 2, **NI** § 39 Abs. 1 Satz 3 Nr. 1, **NW** § 33 Abs. 2 Satz 1) bis zu sechs Wochen oder 30 Arbeitstage jener Zeiten auf das Jahr bzw. (**BE** § 27 Abs. 1 Satz 2, **BB** § 32 Abs. 1 Satz 2, **HB** § 24 Abs. 1 Satz 2, **HH** § 39 Abs. 1 Satz 2, **HE** § 27 Abs. 9 Satz 2, **MV** § 24 Abs. 1 Satz 2, **RP** § 31 Abs. 1 Satz 2, **SL** § 24 Abs. 1 Satz 2, **SN** § 24 Abs. 1 Satz 2, **ST** § 31 Abs. 1 Satz 2, **SH** § 39 Abs. 1 Satz 2, **TH** § 29 Abs. 1 Satz 2) bis zu drei Wochen respektive bis zu 15 Arbeitstage auf das Halbjahr angerechnet werden, in denen der Gefangene infolge **Krankheit** an seiner Arbeitsleistung verhindert war. Damit wirken sich bis zu 30 krankheitsbedingte Ausfalltage im Jahr auf den Freistellungsanspruch nicht verzögernd aus.

8   Neben dieser allgemein geltenden, verbindlichen und abschließenden Regelung der zwingenden Anrechnung einer Arbeitsverhinderung durch Krankheit ist jedoch eine mögliche Berücksichtigung **sonstiger Fehlzeiten nicht ausgeschlossen**.[143] So sind z.B. nach Auffassung des OLG Nürnberg[144] Zeiten, in denen der Unterricht aus von den Strafgefangenen nicht zu vertretenden Gründen ausfällt, bei der Berechnung des Freistellungsanspruchs zu berücksichtigen, da neben dem Unterricht auch die „häusliche" Beschäftigung mit dem Lehrmaterial als Ausbildung anzusehen ist. Inwieweit sonstige

---

139   LG Regensburg NStZ 1981, 40 auch unter Hinweis auf die Gesetzesmaterialien sowie NStZ 1990, 303; ebenso OLG Nürnberg NStZ 1991, 102 m. zust. Anm. *Molketin*; mit anderer Begründung AK-*Galli* Teil II § 24 Rdn. 6; zu Disziplinarmaßnahmen bei beharrlicher Arbeitsverweigerung 11 M Rdn. 12, 14.
140   LG Hamburg NStZ 1992, 103; AK-*Galli* Teil II § 24 Rdn. 3.
141   OLG Koblenz, Beschl. vom 25.7.1986 – 2 Vollz (Ws) 62/86, BlStV 2/1987, 8.
142   *Arloth/Krä* § 27 HStVollzG Rdn. 4.
143   A.A. OLG Hamm ZfStrVo 1982, 53.
144   NStZ 1995, 382.

Fehlzeiten berücksichtigt werden, steht im **pflichtgemäßen Ermessen** der Vollzugsbehörden (**NI** § 39 Abs. 1 Satz 4, **NW** § 33 Abs. 1 Satz 2),[145] welches durch die über die gesetzliche Regelung hinausgehenden Tatbestände in VV nach Art der Nr. 2 zu § 42 StVollzG jedoch grundsätzlich gebunden ist, wobei in einigen Ländern deren Inhalte in das Gesetz transferiert wurden. So kommt es etwa zu einer Anrechnung von Zeiten, in denen der Inhaftierte gem. § 47 Abs. 6 SGB VII Verletztengeld bezogen hat (ausdrücklich **NI** § 39 Abs. 1 Satz 3 Nr. 2 ohne Begrenzung; **NW** § 33 Abs. 2 Satz 1 unter Begrenzung auf 30 Arbeitstage). Soweit es angemessen erscheint, können ferner Zeiten einer Freistellung von der Arbeitspflicht und Hafturlaub in der Arbeitszeit, Freistellungen und Arbeitsurlaub angerechnet werden. VV Nr. 2 Buchstabe b) zu § 42 StVollzG zog die Grenze der Angemessenheit bei drei Wochen; nach **NI** § 39 Abs. 1 Satz 3 Nr. 3 und 4 erfolgt insoweit zwingend die Anrechnung ohne zeitliche Begrenzung, nach **NW** § 33 Abs. 2 Satz 1 für maximal 30 Arbeitstage. Die Rechtsprechung hielt es für statthaft, bei gesetzlich nicht geregelten Ausfallgründen im Ausnahmefall sogar bis zu 30 Arbeitstage im Jahr anzurechnen.[146] Eine großzügigere Anrechnung ohne ausdrückliche gesetzliche Anordnung verbietet sich aber, da die genannte Grenze schon bei krankheitsbedingten Ausfalltagen, in denen die Fehltage unter Umständen zu keiner oder nur geringer Erholung führen konnten (zum Zweck der Vorschrift Rdn. 2), zu beachten ist.[147]

Auch **verschuldete Fehlzeiten** (z.B. durch Arrestvollzug versäumte Arbeitszeit) **9** dürfen zumindest dann nicht zur Versagung der Freistellung führen, wenn bei dem Verhältnis der Dauer von Arbeitsleistung (Anwartschaftszeit) und Arbeitssäumnis sowie dem Zeitpunkt Letzterer im Einzelfall die Verweigerung bezahlten Arbeitsurlaubs willkürlich und unverhältnismäßig wäre.[148] Anderenfalls käme die Versagung in solchen Fällen einer zusätzlichen Sanktion für Fehlverhalten gleich, obwohl die Gesetze die zulässigen Disziplinarmaßnahmen bei schuldhaften Pflichtverstößen abschließend regeln und der Entzug des Freistellungsanspruchs dabei nicht aufgeführt ist.[149] I.d.R. wird die Anrechnung verschuldeter Fehlzeiten (insbesondere Arbeitsverweigerung, Disziplinarverstöße und -maßnahmen) allerdings nicht angemessen sein (vgl. schon VV Nr. 2 Buchstabe b zu § 42 StVollzG). Hinzu kommt, dass die Nichtanrechnung einer Fehlzeit regelmäßig nicht die Jahresfrist unterbricht,[150] was eine zurückhaltende Ausweitung der Anrechnungsmöglichkeiten rechtfertigt.[151]

c) Für den Fall, dass mehr als sechs bzw. drei Wochen aus Krankheitsgründen (Rdn. 7) **10** und/oder nicht anrechenbare Tage aus anderen als Krankheitsgründen (Rdn. 8, 9) zu Fehlzeiten führen, welche eine Arbeitszeit von weniger als einem bzw. einem halben Jahr (Rdn. 6) ergeben, sehen die Gesetze **keine anteilige Freistellung** vor (ausdrücklich **NI** § 39 Abs. 1 Satz 1 HS. 2).[152] Insoweit führt eine bloße Addierung von geleisteten Arbeitstagen bis

---

145 Vgl. dazu BGHSt 35, 95, 98; OLG Celle StV 1982, 28, 29; OLG Karlsruhe ZfStrVo 1982, 52, 53; *Arloth/Krä* § 42 StVollzG Rdn. 4; *Laubenthal* Rdn. 411; *Laubenthal/Nestler/Neubacher/Verrel* F Rdn. 100.
146 OLG Stuttgart ZfStrVo 1987, 298.
147 So auch *Laubenthal/Nestler/Neubacher/Verrel* F Rdn. 100; a.A. AK-*Galli* Teil II § 24 Rdn. 14; vgl. ferner OLG Koblenz ZfStrVo 1992, 197.
148 BVerfGE 66, 199 = NStZ 1984, 572 m. Anm. *Großkelwing*.
149 So auch *Laubenthal/Nestler/Neubacher/Verrel* F Rdn. 102.
150 BGHSt 35, 95.
151 *Arloth/Krä* § 42 StVollzG Rdn. 4; großzügiger wohl **NW** LT-Drucks. 16/5413, 115.
152 So schon für § 42 StVollzG BGHSt 35, 93; dazu *Pfister* NStZ 1988, 117 f; s. auch OLG Hamm NStZ 1986, 527; OLG Stuttgart ZfStrVo 1987, 298; *Arloth/Krä* § 42 StVollzG Rdn. 3; *Laubenthal* Rdn. 412; *Laubenthal/Nestler/Neubacher/Verrel* F Rdn. 99; *Sigel*, ZfStrVo 1985, 276; a.A. OLG Koblenz, Beschl. vom 25.7.1986 – 2 Vollz (Ws) 62/86, BlStV 2/1987, 8; AK-*Galli* Teil II § 24 Rdn. 5.

zum Erreichen einer für ein (halbes) Jahr erforderlichen Summe ohne Rücksicht auf die Dauer der Fehlzeiten zu keiner automatischen Gewährung einer Freistellung.

11 Jedoch führt die Überschreitung von an sich anrechenbaren Fehlzeiten oder das Vorhandensein von nicht anrechenbaren (verschuldeten; s. Rdn. 9) Fehlzeiten nicht zur Unterbrechung der Jahresfrist mit Verlust der bis dahin erarbeiteten Anwartschaftszeiten und neuem Lauf. Vielmehr tritt eine **Hemmung der Jahresfrist** ein, so dass der Gefangene durch zeitlich entsprechende Fortsetzung seiner Tätigkeit die Voraussetzung für den Freistellungsanspruch noch erfüllen kann.[153] Ausdrücklich geregelt ist dies in Hessen, und zwar hinsichtlich sämtlicher nicht krankheitsbedingter Fehlzeiten, egal ob verschuldet oder unverschuldet[154] (**HE** § 27 Abs. 9 Satz 3), ferner in Niedersachsen und Nordrhein-Westfalen (**NI** § 39 Abs. 1 Satz 5, **NW** § 33 Abs. 2 Satz 3 HS. 1).

12 Anderes gilt, wenn die geleistete Arbeit auch bei großzügiger Betrachtungsweise nicht mehr den Zusammenhang mit dem maßgeblichen Zeitraum von einem bzw. einem halben Jahr wahrt[155] bzw. in Hamburg und Hessen es an einer zusammenhängenden Beschäftigung fehlt (Rdn. 6).[156] Anderenfalls würden die mit dem Institut der Freistellung verfolgten Zielsetzungen der Periodisierung des Arbeitslebens und der Erholung (s. Rdn. 2) außer Acht gelassen. In der Sache vergleichbar regeln dies Niedersachsen und Nordrhein-Westfalen, indem **statt der Hemmung eine Unterbrechung** eintritt, sofern die Fehlzeit unter Berücksichtigung des Vollzugsziels außer Verhältnis zur bereits erbrachten Arbeitsleistung steht (**NI** § 39 Abs. 1 Satz 6, **NW** § 33 Abs. 2 Satz 3 HS. 2), mithin die resozialisierungsfördernde Wirkung der Abfolge Arbeit/Urlaub nicht mehr einzutreten vermag.[157] Nicht erforderlich ist dafür, dass der arbeitsfreie Zeitraum länger als derjenige der Arbeit war.[158]

13 d) Der Gefangene muss die vorausgesetzten Tätigkeiten ein Jahr lang auch **tatsächlich ausgeübt** haben. Eine bloße Arbeitsbereitschaft genügt aus den unter Rdn. 2 dargelegten Gründen nicht.[159] Während der sog. **Betriebsferien** in Eigen- oder Unternehmerbetrieben der Anstalten, in denen nicht oder nur teilweise gearbeitet wird, sind die Gefangenen nicht von einer ihnen zugewiesenen Tätigkeit freigestellt. Vielmehr sind sie in dieser Zeit unbeschäftigt, weil eine Beschäftigung nicht möglich ist. Infolgedessen fehlt es auch an einer Pflicht zur Weiterzahlung der früheren Bezüge.[160] Eine Freistellung könnte nur im Einzelfall bei Vorliegen aller Voraussetzungen vor dem Beginn der Betriebsferien für diese Zeit erfolgen.

3. Inhalt des Freistellungsanspruchs

14 a) Der **Umfang** des Freistellungsanspruchs fällt je nach Gesetz **unterschiedlich** aus. Teilweise umfasst er nur 18 Werktage pro Jahr (§ 42 Abs. 1 Satz 1 StVollzG, **BW** § 48 Abs. 1 Satz 1 III, **BY** Art. 45 Abs. 1 Satz 1), was bei Erlass des StVollzG dem Mindesturlaubsanspruch im BUrlG entsprach. Als Werktage gelten dabei alle Kalendertage, die nicht Sonn- oder gesetzliche Feiertage sind, also auch Samstage.[161] Mithin kann der Gefangene bei in

---

153 Für § 42 StVollzG BGHSt 35, 95.
154 **HE** LT-Drucks. 18/6068, 111.
155 OLG Hamm ZfStrVo 1989, 312.
156 *Arloth/Krä* § 27 HStVollzG Rdn. 4; BeckOK-*Kunze* § 27 HStVollzG Rdn. 26.
157 Vgl. *Arloth/Krä* § 39 NJVollzG Rdn. 3.
158 So aber AK-*Galli* Teil II § 24 Rdn. 15.
159 *Arloth/Krä* § 42 StVollzG Rdn. 3; *Laubenthal/Nestler/Neubacher/Verrel* F Rdn. 99; a.A. LG Essen NStZ 2008, 680.
160 OLG Saarbrücken, Beschl. vom 28.2.1979 – Ws 453/78, ZfStrVo SH 1979, 57.
161 OLG Stuttgart ZfStrVo 1982, 127; OLG Hamm ZfStrVo 1983, 124; *Arloth/Krä* § 42 StVollzG Rdn. 5.

den Freistellungszeitraum fallenden arbeitsfreien Samstagen, die kein gesetzlicher Feiertag sind, eine Vergütung nicht verlangen.[162] Andere Gesetze haben die Erhöhung des Mindesturlaubs in Freiheit auf nunmehr 24 Werktage, also vier Wochen jährlich nachvollzogen. So verhält es sich in Niedersachsen, das im Wege dynamischer Verweisung[163] auf § 3 Abs. 1 BUrlG Bezug nimmt (**NI** § 39 Abs. 1 Satz 1). Dem entsprechen 20 Arbeitstage pro Jahr in **NW** (§ 33 Abs. 1 Satz 1). In ähnlicher Weise gewähren andere Länder zehn Arbeitstage pro Halbjahr (**BE** § 27 Abs. 1 Satz 1, **BB** § 32 Abs. 1 Satz 1, **HB** § 24 Abs. 1 Satz 1, **HE** § 27 Abs. 9 Satz 1, **MV** § 24 Abs. 1 Satz 1, **RP** § 31 Abs. 1 Satz 1, **SL** § 24 Abs. 1 Satz 1, **SN** § 24 Abs. 1 Satz 1, **ST** § 31 Abs. 1 Satz 1, **SH** § 39 Abs. 1 Satz 1, **TH** § 31 Abs. 1 Satz 1). Das entspricht 12 Werktagen bzw. zwei Wochen; auf das Jahr gerechnet ergibt sich kein Unterschied zu den Regelungen in Niedersachsen und Nordrhein-Westfalen. Hamburg ist mit elf Arbeitstagen pro Halbjahr, maximal 22 Arbeitstagen im Jahr (**HH** § 39 Abs. 1 Satz 1, Abs. 2 Satz 2) am großzügigsten. Eine darüber hinausgehende – etwa für Schwerbehinderte nach § 125 SGB IX – Freistellung ist ausgeschlossen. Körperlichen Behinderungen ist im Strafvollzug dadurch Rechnung zu tragen, dass dem Gefangenen eine seinen körperlichen Fähigkeiten entsprechende Arbeit zugewiesen wird.[164]

b) Weitere Regelungen enthalten die meisten Gesetze nicht; nur vereinzelt findet man die an sich selbstverständliche, auch in VV Nr. 6 zu § 42 StVollzG enthaltene Anordnung, dass der Urlaubstermin auf betriebliche Belange, etwa termingebundene Aufträge oder Vertretungsmöglichkeiten, abzustimmen ist (**HB** § 24 Abs. 3, **NI** § 39 Abs. 2, **NW** § 33 Abs. 1 Satz 2, **ST** § 31 Abs. 2). In Nordrhein-Westfalen ist ggf. der Stand einer Bildungsmaßnahme zu berücksichtigen (**NW** § 33 Abs. 5 Satz 2); es kann also nicht etwa während eines Prüfungszeitraums Freistellung beansprucht werden. **15**

4. Anrechnung eines gewährten Urlaubs. Auf die Freistellungszeit wird nach § 42 Abs. 2 StVollzG, **BW** § 48 Abs. 2 III, **BY** Art. 45 Abs. 2, **BE** § 27 Abs. 2, **BB** § 32 Abs. 2, **HB** § 24 Abs. 2, **HH** § 39 Abs. 1 Satz 3, **HE** § 27 Abs. 9 Satz 6, **MV** § 24 Abs. 2, **NI** § 39 Abs. 3, **NW** § 33 Abs. 3, **RP** § 31 Abs. 2, **SL** § 24 Abs. 2, **SN** § 24 Abs. 2, **ST** § 31 Abs. 3, **SH** § 39 Abs. 2, **TH** § 31 Abs. 2 gewährter Urlaub oder bewilligte Freistellung aus der Haft bzw. **Langzeitausgang** angerechnet, soweit dies in die Arbeitszeit fällt. Hat der Gefangene seinen Regelurlaub z.B. jedoch auf seinen Antrag – wie in vielen Fällen üblich – ausschließlich am Sonnabend und Sonntag bzw. über gesetzliche Feiertage genommen, entfällt mithin eine Anrechnung. Sie unterbleibt nach den genannten Normen ferner beim Sonderurlaub bzw. Langzeitausgang **aus wichtigem Anlass** dann, wenn der Grund hierfür eine lebensgefährliche Erkrankung oder der Tod eines – in **BE, BB, HB, MV, NW, RP, SL, SN, ST, SH, TH**: nahen – Angehörigen war. Nach allen Gesetzen wird man sich insoweit an § 11 Abs. 1 Nr. 1 StGB orientieren dürfen.[165] In Hamburg und Hessen ist die Rechtslage für die Gefangenen günstiger: Hier werden Lockerungen aus wichtigem Anlass (**HH** § 13, **HE** § 15) gar nicht mehr angerechnet. Ebenso wenig werden im Falle der **Erkrankung** eines Gefangenen während der Freistellung von der Arbeitspflicht die Tage der krankheitsbedingten Arbeitsunfähigkeit auf die Zeit der Freistellung angerechnet (so schon VV Nr. 3 Abs. 2 zu § 42 StVollzG); ansonsten würde ihr Zweck verfehlt.[166] **16**

---

162 OLG Schleswig, Beschl. vom 11.2.2013 – 1 Vollz Ws 38/13 (26/13), FS 2014, 63.
163 *Arloth/Krä* § 39 NJVollzG Rdn. 1.
164 OLG Koblenz ZfStrVo 1987, 187.
165 Vgl. *Arloth/Krä* § 42 StVollzG Rdn. 6; BeckOK-*Walther* § 42 StVollzG Rdn. 10.
166 AK-*Galli* Teil II § 24 Rdn. 18; *Laubenthal/Nestler/Neubacher/Verrel* F Rdn. 106.

17 **5. Freistellung als Behandlungsmaßnahme.** Die Freistellung ist eine Behandlungsmaßnahme und darf im konkreten Fall nicht im Widerspruch zu anderen Behandlungsmaßnahmen stehen. Es bedarf, worauf auch VV Nr. 6 zu § 42 StVollzG schon hinwies, einer Einbeziehung in die Vollzugsplanung mit der möglichen Folge im Einzelfall, dass bei (etwa wiederholter) Gewährung von Urlaub für einen Arbeitstag je Woche auch auf Antrag des Gefangenen der Freistellungsanspruch auf die einzelnen Urlaubstage verteilt werden kann – und zwar entgegen dem sog. **Stückelungsverbot** des Urlaubsanspruchs (vgl. § 7 Abs. 2 BUrlG).[167] Auch nicht lockerungsfähige Gefangene bleiben nicht auf das Prinzip der zusammenhängenden Freistellungsgewährung verwiesen.[168] Bei solchen freigestellten Inhaftierten, die die Anstalt während der Freistellungszeit nicht im Wege von Vollzugslockerungen oder Hafturlaub verlassen können (Rdn. 3), sollte für eine sinnvolle Freizeitgestaltung in der Anstalt Sorge getragen werden; das ist für einzelne Tage sogar eher zu leisten als für einen längeren Zeitraum.

6. Weiterzahlung von Bezügen

18 **a)** Nach § 42 Abs. 3 StVollzG, **BW** § 48 Abs. 3 III, **BY** Art. 45 Abs. 3, **BE** § 27 Abs. 3, **BB** § 32 Abs. 3, **HB** § 24 Abs. 4, **HH** § 39 Abs. 3, **HE** § 27 Abs. 9 Satz 4, **MV** § 24 Abs. 3, **NI** § 39 Abs. 4 Satz 1, **NW** § 33 Abs. 4, **RP** § 31 Abs. 3, **SL** § 24 Abs. 3, **SN** § 24 Abs. 3, **ST** § 31 Abs. 4, **SH** § 39 Abs. 3, **TH** § 31 Abs. 3 erhält der Gefangene für die Zeit der Freistellung seine zuletzt gezahlten Bezüge weiter. Darunter fallen sowohl **Arbeitsentgelt** als auch **Ausbildungsbeihilfe** (vgl. auch **BE** § 27 Abs. 5, **BB** § 32 Abs. 5, **HB** § 24 Abs. 6, **MV** § 24 Abs. 5, **NI** § 39 Abs. 4 Satz 1, **NW** § 33 Abs. 5 Satz 1, **RP** § 31 Abs. 5, **SL** § 24 Abs. 5, **SN** § 24 Abs. 5, **ST** § 31 Abs. 4, **TH** § 31 Abs. 5).

19 **b)** Der Begriff „zuletzt gezahlt" lässt den **Abrechnungszeitraum** ausdrücklich offen, der je nach der vorhandenen Betriebs-, Arbeitsverwaltungs- oder Anstaltsorganisation eine oder mehrere Wochen, aber auch Tage oder Monate betragen kann. Einem davon abweichenden Abrechnungszeitraum steht nicht entgegen, dass aus anderen Gründen (z.B. wegen des zumeist monatlichen Zusatzeinkaufs und des dazu benötigten Hausgeldes) Teilbeträge des Arbeitsentgelts als periodische Abschlagszahlungen geleistet werden. **NI** § 39 Abs. 4 Satz 2 und **NW** § 33 Abs. 4 greifen VV Nr. 7 zu § 42 StVollzG auf und legen fest, dass der Berechnung der Bezüge der **Durchschnitt der letzten drei abgerechneten Monate vor der Freistellung** zugrunde zu legen ist.[169] Eine noch nicht abgerechnete Periode bleibt außer Betracht, selbst wenn in ihr eine Entgelterhöhung erfolgt ist.[170] Bei der Ermittlung des täglichen Durchschnittsarbeitsentgelts ist nicht die Soll-Arbeitszeit, sondern die tatsächlich erbrachte Arbeitszeit des betreffenden Strafgefangenen ausschlaggebend; allerdings sind vom Gefangenen nicht zu vertretende Ausfallzeiten (z.B. Besuchszeiten, Behandlungsgespräche, Anhörungen) nicht zu seinem Nachteil zu verwerten.[171] Ähnlich gestaltet sich der vom OLG Celle favorisierte Berechnungsmodus: Die Summe des Entgelts in den letzten drei Monaten, dividiert durch die Zahl der tatsächlichen Arbeitstage (bzw. die geringere Zahl der Regelarbeitstage) in diesem Zeitraum, ergibt das durchschnittliche Tagesentgelt, das mit der Zahl der Regelarbeitstage im Freistellungszeitraum multipliziert wird. Nicht berücksichtigt im Abrech-

---

167 A.A. *Laubenthal/Nestler/Neubacher/Verrel* F Rdn. 106; zweifelnd *Arloth/Krä* § 42 StVollzG Rdn. 6.
168 A.A. Vorauflage § 42 Rdn. 12; AK-*Galli* Teil II § 24 Rdn. 19.
169 Vgl. die Formel bei *Arloth/Krä* § 42 StVollzG Rdn. 7.
170 OLG Brandenburg, Beschl. vom 31.1.2017 – 2 Ws (Vollz) 39/16 (juris).
171 OLG Hamm ZfStrVo 1996, 47.

nungszeitraum werden Zahlungen, die kein Entgelt für tatsächlich erbrachte Arbeit darstellen, etwa Freistellungsvergütung.[172]

c) Ob die Freistellung sich auf **Werktage oder Arbeitstage** bezieht, wirkt sich bei der Berechnung der Bezüge nicht aus, weil das Urlaubsentgelt dasjenige für geleistete Arbeit nicht übersteigen darf. Werden Arbeitstage vergütet, beträgt das Entgelt für eine Woche fünf Tagessätze der durchschnittlichen Vergütung in der unmittelbaren Vergangenheit. Bei der Vergütung von Werktagen wird der Verdienst von fünf Arbeitstagen durch sechs Werktage geteilt; in einer Woche werden dann sechsmal 5/6 ersetzt.[173] 20

7. Geltung für nicht zur Arbeit Verpflichtete

a) Wird Gefangenen, die aus den oben B. Rdn. 19 f dargelegten Gründen **oder im Vollzug von Zivilhaft nach § 175 StVollzG** nicht zur Arbeit verpflichtet sind, gleichwohl auf ihren Wunsch eine Tätigkeit zugewiesen, so gelten für sie die Regelungen über die bezahlte Freistellung entsprechend. Darauf hat bereits VV Nr. 8 zu § 42 StVollzG ausdrücklich hingewiesen und Brandenburg, Rheinland-Pfalz, Saarland und Sachsen sehen zwar keine Arbeitspflicht vor, wohl aber Freistellung von einer freiwillig ausgeübten Beschäftigung. 21

b) Strafgefangene haben grundsätzlich keinen Anspruch auf Anrechnung von während vorangegangener **Untersuchungshaft** geleisteter freiwilliger Arbeit.[174] Der BGH hat sich insoweit auf das in § 42 Abs. 1 Satz 1 StVollzG normierte Erfordernis einer Tätigkeit nach § 37 StVollzG bzw. einer Hilfstätigkeit gem. § 41 Abs. 1 Satz 2 StVollzG berufen. Die Zuweisung zu diesen Beschäftigungen korrespondiert mit der Arbeitspflicht. Übt der Untersuchungsgefangene eine Arbeit aus, handelt es sich nicht um eine Tätigkeit i. S. d. zur Arbeit verpflichtenden Normen des Landesrechts. Freilich hat diese formalistische Argumentation durch den Verzicht auf die Arbeitspflicht in einigen Ländern unter Beibehaltung der Freistellung an Überzeugungskraft eingebüßt. Auch das BVerfG ging davon aus, dass der Gesetzgeber mit Rücksicht auf die unterschiedliche Bedeutung der Arbeit nach den Zweckbestimmungen von Straf- bzw. Untersuchungshaft nicht gehalten ist, die von erwachsenen Untersuchungsgefangenen geleistete Arbeit in gleicher Weise wie die Arbeit von Strafgefangenen anzuerkennen.[175] Dies ist dem Gesetzgeber allerdings auch nicht verboten. Für eine Gleichbehandlung spricht insbesondere, dass aus Arbeit in der Untersuchungshaft in gleicher Weise ein Regenerationsbedürfnis erwächst.[176] Deshalb hat **Niedersachsen** nunmehr sowohl einen Freistellungsanspruch für Untersuchungsgefangene geschaffen (**NI** § 152a) als auch angeordnet, dass auf die Jahresfrist gem. **NI** § 39 Abs. 1 Satz 1 die Zeit angerechnet wird, in der der Gefangene eine angebotene Arbeit oder angemessene Beschäftigung während des Vollzuges der vorausgehenden Untersuchungshaft ausgeübt hat (**NI** § 39 Abs. 1 Satz 3 Nr. 5 n.F.). Aus dem Wort „vorausgehend" wie auch aus dem Zweck der Regelung ergibt sich, dass der Gefangene ohne Unterbrechung von der Untersuchungs- in die Strafhaft übergetreten sein muss. Eine 22

---

172 OLG Celle, Beschl. vom 7.4.2016 – 1 Ws 183/16 (MVollz), FS SH 2017, 22 ff.
173 KG, Beschl. vom 19.7.2000 – 5 Ws 440/00 Vollz, NStZ 2001, 413; AK-*Galli* Teil II § 24 Rdn. 16.
174 BGHSt 35, 112 = NStZ 1988, 150 mit Besprechung *Pfister* NStZ 1988, 117, 118; *Arloth/Krä* § 42 StVollzG Rdn. 2; *Laubenthal* Rdn. 410; krit. AK-*Galli* Teil II § 24 Rdn. 8; allgemein zur Arbeit in Untersuchungshaft s. *Willsch*, in: Ostendorf (Hrsg.) Untersuchungshaft und Abschiebehaft 2012, 145 ff; *Schlothauer/Weider/Nobis* Untersuchungshaft, 5. Aufl. 2016, Rdn. 1106 ff.
175 BVerfG NStZ 2004, 514 m. Anm. *Rotthaus*.
176 NI LT-Drucks. 17/7414, 24.

vergleichbare Regelung hat **Nordrhein-Westfalen** eingeführt: Aus **NW** § 13 Abs. 3 Satz 3 und 5 Untersuchungshaftvollzugsgesetz[177] resultiert ein Freistellungsanspruch des Untersuchungsgefangenen, der unter Anwendung von **NW** § 33 StVollzG denselben Regeln wie derjenige des Strafgefangenen folgt, wobei ggf. Freistellungsansprüche aus der Untersuchungshaft zu denjenigen nach dem StVollzG hinzugerechnet werden.[178]

23   8. **Vollzugsexterne Beschäftigungsverhältnisse.** Urlaubsregelungen der Beschäftigungsverhältnisse außerhalb des Strafvollzugs bleiben gem. § 42 Abs. 4 StVollzG, **BW** § 48 Abs. 4 III, **BY** Art. 45 Abs. 4, **BE** § 27 Abs. 4, **BB** § 32 Abs. 4, **HB** § 24 Abs. 5, **HH** § 39 Abs. 4, **MV** § 24 Abs. 4, **NI** § 39 Abs. 5, **NW** § 33 Abs. 6, **RP** § 31 Abs. 4, **SL** § 24 Abs. 4, **SN** § 24 Abs. 4, **ST** § 31 Abs. 5, **SH** § 39 Abs. 4, **TH** § 31 Abs. 4 **unberührt.** Dies gilt für die freien Beschäftigungsverhältnisse mit ihren jeweiligen vertraglichen Vereinbarungen und arbeitsrechtlichen Regelungen. Die Bestimmung ist auch im Interesse der Arbeitgeber bzw. Ausbilder in den Betrieben außerhalb des Vollzugs notwendig, deren betriebliche Organisation nicht mit Rücksicht auf den Gefangenen geändert werden kann. Deshalb stellen die Vorschriften zudem klar, dass der Gefangene in ein freies Beschäftigungsverhältnis keine Urlaubsansprüche aus zugewiesener Arbeit mitbringt.[179]

D. Vergütung der Arbeit

Bund	§§ 43, 200 StVollzG
Baden-Württemberg	BW § 49 III JVollzGB
Bayern	BY Art. 46 BayStVollzG
Berlin	BE §§ 61 bis 63 StVollzG Bln
Brandenburg	BB § 66 BbgJVollzG
Bremen	HB § 55 BremStVollzG
Hamburg	HH §§ 40, 41 Abs. 3 HmbStVollzG
Hessen	HE §§ 38, 39 HStVollzG
Mecklenburg-Vorpommern	MV § 55 StVollzG M-V
Niedersachsen	NI § 40 NJVollzG
Nordrhein-Westfalen	NW §§ 32, 34 StVollzG NRW
Rheinland-Pfalz	RP § 65 LJVollzG
Saarland	SL § 55 SLStVollzG
Sachsen	SN § 55 SächsStVollzG
Sachsen-Anhalt	ST § 64 JVollzGB LSA
Schleswig-Holstein	SH §§ 37, 38, 40 LStVollzG SH
Thüringen	TH §§ 32, 66 ThürJVollzG

Schrifttum

Arloth Anmerkung zum Beschluss des BVerfG vom 16.12.2015, in: NStZ 2016, 238; *Britz* Leistungsgerechtes Arbeitsentgelt für Strafgefangene?, in: ZfStrVo 1999, 195; *Butzke* Anmerkung zum Beschluss des LG Mannheim vom 23.1.1985, in: ZfStrVo 1985, 255; *Butzkies* Die Pfändbarkeit von Geldforderungen an Strafgefangene, in: ZfStrVo 1996, 345; *Calliess* Die Neuregelung des Arbeitsentgelts im Strafvollzug, in: NJW 2001, 1692; *Fluhr* Zur Pfändbarkeit der Forderungen des Strafgefangenen, in: ZfStrVo 1989, 103; *ders.* Die Pfändbarkeit der Forderungen eines zum Freigang zugelassenen Strafgefangenen, in: NStZ 1994, 115; *Hagemann*

---

177 Vom 27.10.2009, GVBl. 540, geändert durch Art. 2 Gesetz vom 7.4.2017, GVBl. 511, 529.
178 Siehe **NW** LT-Drucks. 16/13470, 301f.
179 *Arloth/Krä* § 42 StVollzG Rdn. 8; BeckOK-*Walther* § 42 StVollzG Rdn. 12.

D. Vergütung der Arbeit

Leistungsgerechte Entlohnung im Strafvollzug: das Hamburger Modell, in: MschrKrim 1995, 341; *Hardes* Förderung der beruflichen Weiterbildung im Justizvollzug nach den Vorschriften des SGB III, in: ZfStrVo 1998, 147; *Jehle* Lohnt sich die Gefangenenarbeit? Grundsätzliche Fragen zu Arbeit und Entlohnung im Strafvollzug, in: Häußling/Reindl (Hrsg.), GS Busch, Pfaffenweiler 1995, 493; *Kaiser* Good Time-Regelungen im Strafvollzug, Hamburg 2007; *Konrad* Pfändbarkeit der Geldforderungen von Strafgefangenen, in: ZfStrVo 1990, 203; *Krüger/Rauscher* (Hrsg.) Münchener Kommentar zur Zivilprozessordnung, Bd. 2, 5. Aufl., München 2016; *Kruis/Wehowsky* Fortschreibung der verfassungsrechtlichen Leitsätze zum Vollzug von Straf- und Untersuchungshaft, in: NStZ 1998, 593; *Landau/Kunze/Poseck* Die Neuregelung des Arbeitsentgelts im Strafvollzug, in: NJW 2001, 2611; *Laubenthal* Arbeitsverpflichtung und Arbeitsentlohnung des Strafgefangenen, in: Schlüchter (Hrsg.), FS Geerds, Lübeck 1995, 337; *Lohmann* Arbeit und Arbeitsentlohnung des Strafgefangenen, Frankfurt a.M. 2002; *Marisken* Arbeit und Arbeitsentlohnung in den Länderstrafvollzugsgesetzen – Vollzugsrechtliche, verfassungs- und menschenrechtliche Aspekte, in: NK 2018, 51; *Musielak/Voit* (Hrsg.) Kommentar zur Zivilprozessordnung, 15. Aufl., München 2018; *Neu* Wirtschaftsfaktor: Gefängnis, in: NK 2/1995, 35; *ders.* Betriebswirtschaftliche und volkswirtschaftliche Aspekte einer tariforientierten Gefangenenentlohnung, Berlin 1995a; *ders.* Ökonomische Aspekte einer leistungsorientierten Arbeitsentlohnung im Strafvollzug – Gesetzliche Regelungen und derzeitige Realität, in: Kawamura/Reindl (Hrsg.), Wiedereingliederung Straffälliger: eine Bilanz nach 20 Jahren Strafvollzugsgesetz, Freiburg i. Br. 1998, 101; *ders.* Arbeitsentgelt im Strafvollzug: Neuregelung auf dem kleinsten Nenner, in: BewHi 2002, 83; *Pörksen* Neuregelung der Gefangenen-Entlohnung, in: NK 1/2001, 5; *Prütting/Gehrlein* (Hrsg.) Zivilprozessordnung Kommentar, 10. Aufl., Köln 2018; *Radtke* Die Zukunft der Arbeitsentlohnung von Strafgefangenen, in: ZfStrVo 2001, 4; *Schäfer* Nicht-monetäre Entlohnung von Gefangenenarbeit, Frankfurt a.M. u.a. 2005; *Schäferskupper* Anmerkung zum Beschluss des BVerfG vom 16.12.2015, in: StV 2016, 582; *Schriever* Praktische Erfahrungen mit § 43 StVollzG, in: ZfStrVo 2002, 86; *Schüler-Springorum* Angemessene Anerkennung als Arbeitsentgelt, in: Feuerhelm u.a. (Hrsg.), FS Böhm, Berlin – New York 1999, 219; *Seidler/Schaffner/Kneip* Arbeit im Vollzug; neue Wege in der Betriebsführung, in: ZfStrVo 1988, 328; *Sigel* Alternative Überlegungen zur Verbesserung der Gefangenenentlohnung, in: ZfStrVo 1995, 81; *Ullenbruch* Neuregelung des Arbeitsentgelts für Strafgefangene – Sand in die Augen des BVerfG?, in: ZRP 2000, 177; *Volckart* Anmerkung zum Beschluss des OLG Karlsruhe vom 8.2.1985, in: NStZ 1985, 431. S. auch vor A.

Übersicht

I. Allgemeine Hinweise —— 1–9
II. Arbeitsentgelt (monetäre Komponente) —— 10–29
  1. Rechtsanspruch auf Arbeitsentgelt —— 10–16
  2. Berechnungsmaßstab —— 17
  3. Bemessung von Tages- und Stundensatz —— 18–20
  4. Stufung des Arbeitsentgelts —— 21–23
  5. Beispiel: Berechnung des Arbeitsentgelts für das Jahr 2019 —— 24
  6. Anwendbarkeit auf andere Haftarten —— 25
  7. Schriftliche Mitteilung —— 26
  8. Zweckgebundene Aufteilung der Einkünfte —— 27
  9. Pfändbarkeit des Arbeitsentgelts —— 28, 29
III. Nicht-monetäre Komponente —— 30–69
  1. Allgemeines —— 30
  2. Arbeitsurlaub und Anrechnung der Freistellung auf den Entlassungszeitpunkt —— 31–68
    a) Freistellung von der Arbeit —— 32–41
    b) Arbeitsurlaub —— 42–44
    c) Entgeltfortzahlung —— 45–47
    d) Monetäres Substitut —— 48
    e) Anrechnung auf Entlassungszeitpunkt —— 49–52
    f) Ausgleichsentschädigung —— 53–64
    g) Besondere Regelungen —— 65–68
  3. Erlass der Verfahrenskosten —— 69
IV. Verordnungen über Vergütungsstufen —— 70–92
  1. Rechtsgrundlagen —— 70–72
  2. Inhalt der Verordnungen —— 73–89
  3. Weitere Fragen —— 90–92
V. Ausfallentschädigung —— 93

I. Allgemeine Hinweise

Die Gesetze regeln die **Anerkennung** der von Strafgefangenen **geleisteten (Pflicht-) Arbeit**. Die Regelung in § 43 StVollzG in der zuletzt gültigen Fassung bildete die Konse- **1** quenz aus der Entscheidung des BVerfG vom 1.7.1998, in welcher das Gericht die zuvor geltende Bemessung des Arbeitsentgelts als mit dem Resozialisierungsgebot unvereinbar erklärt und die Legislative zu einer angemessenen Anerkennung geleisteter Pflichtarbeit verpflichtet hatte.[180]

2   Mit der **Einführung eines Anspruchs auf Arbeitsentgelt** bei Ausübung zugewiesener Arbeit, sonstiger Beschäftigung oder einer Hilfstätigkeit i.S.d. § 41 Abs. 1 Satz 2 StVollzG war der Bundesgesetzgeber davon ausgegangen, „dass der Vollzug der Freiheitsstrafe keine weiteren Einschränkungen für den Gefangenen mit sich bringen soll, als es für den Freiheitsentzug und die für die künftige straffreie Lebensführung erforderliche Behandlung notwendig ist. Die Gewährung eines echten Arbeitsentgelts ist darüber hinaus als wesentliches Mittel der Behandlung selbst zu verstehen, weil sie dem Gefangenen die Früchte seiner Arbeit vor Augen führt. Sie dient zugleich der Eingliederung, weil sie dem Gefangenen ermöglicht, zum Lebensunterhalt seiner Angehörigen beizutragen, Schaden aus seiner Straftat wieder gutzumachen und Ersparnisse für den Übergang in das normale Leben zurückzulegen".[181] Die Arbeit in den Justizvollzugsanstalten ist jedoch im Gegensatz zu den Verhältnissen in der freien Wirtschaft Einschränkungen ausgesetzt, welche die Produktivität im Ergebnis verringern. Teilweise veraltete Betriebseinrichtungen, ein vollzugsbedingter häufiger Wechsel von Arbeitskräften, Einsatz an berufsfremden Arbeitsplätzen, die organisatorisch nicht zu vermeidende Durchführung besonderer Behandlungsmaßnahmen – auch während der Arbeitszeit – bedingen eine unterschiedliche Rentabilität. Der Bundesgesetzgeber hielt daher die Festschreibung einer Entlohnung von Gefangenenarbeit nach ortsüblichen Tarifen für unangebracht und stellte eine niedrigere Bemessung durch Anknüpfung an das jeweilige durchschnittliche Arbeitsentgelt aller in der gesetzlichen Rentenversicherung der Arbeiter und Angestellten (ohne Auszubildende) Versicherten i.S.d. § 18 SGB IV her. Damit erhöhte sich (mit einem Rückstand von zwei Jahren) der Arbeitslohn entsprechend den allgemeinen Einkommenssteigerungen.

3   Der Gefangene erhielt jedoch bis zur Neuregelung der Arbeitsentlohnung durch das 5. StVollzGÄndG lediglich eine Eckvergütung, die nach § 200 Abs. 1 StVollzG a.F. mit nur fünf vom Hundert der Bemessungsgröße nach § 18 SGB IV festgesetzt wurde. Der zweihundertfünfzigste Teil dieser Eckvergütung ergab dann den Tagessatz, wobei dieser im Jahr 2000 bei nur 10,75 DM (5,50 EUR) lag. Die aus § 200 Abs. 1 StVollzG a.F. folgende **niedrige Entlohnung der Gefangenenarbeit** aus Rücksicht auf die Länderhaushalte sollte eigentlich vier Jahre nach In-Kraft-Treten des StVollzG ihr Ende finden. So bestimmte § 200 Abs. 2 StVollzG a.F., dass über eine Erhöhung des fünfprozentigen Anteils an der Bezugsgröße i.S.d. § 18 SGB IV bis zum 31. Dezember 1980 befunden werden musste. Dieser eigenen Verpflichtung kam die Legislative allerdings nicht nach, so dass die ursprünglich geplante Zahlung des 250. Teils von 80% des durchschnittlichen Arbeitsentgelts aller Versicherten der Rentenversicherung nicht realisiert wurde. Sämtliche Anläufe zur Erhöhung des Prozentsatzes scheiterten.[182] Selbst eine geringfügige Anhebung auf 6% ließ sich nicht durchsetzen.[183] Da § 200 Abs. 2 StVollzG a.F. jedoch eine bloße Selbstbindung des Gesetzgebers enthielt, konnten die Strafgefangenen aus dieser Norm keinen Anspruch auf einen höheren Arbeitslohn herleiten.[184] Eine Verbesserung des Arbeitsentgelts wurde allerdings über Jahre hinweg anhand unterschiedlicher Mo-

---

180 BVerfGE 98, 169.
181 BT-Drucks. 7/918, 67.
182 Siehe z.B. BT-Drucks. 8/3335, BR-Drucks. 637/80.
183 So BT-Drucks. 11/3694, 6, 13.
184 KG NStZ 1990, 608.

delle diskutiert[185] bzw. erprobt.[186] Die Möglichkeiten einer tatsächlich entscheidenden Reform zugunsten der Betroffenen blieben jedoch angesichts der fiskalischen Situation der Länderhaushalte eingeschränkt. Das geringere Arbeitsentgelt gem. §§ 43, 200 StVollzG a.F. hatte mehrere Gefangene dazu veranlasst, Verfassungsbeschwerden einzulegen, nachdem Anträge auf tarifgerechte Entlohnung der jeweils von ihnen erbrachten Tätigkeiten erfolglos blieben. Eine Strafvollstreckungskammer legte dem BVerfG zudem im Wege des konkreten Normenkontrollverfahrens nach Art. 100 Abs. 1 Satz 1 GG die Frage der Arbeitsentlohnung zur Entscheidung vor. Das BVerfG fasste die Verfahren zu einer einheitlichen, am 1.7.1998 ergangenen Entscheidung zusammen.[187]

Das **BVerfG** geht in seinem Urteil von der Zulässigkeit von Zwangsarbeit im Vollzug als Resozialisierungsmittel aus. Aus Art. 2 Abs. 1 i.V.m. Art. 1 Abs. 1 GG folgert es allerdings, dass nur unter bestimmten Voraussetzungen die Auferlegung von Zwangsarbeit zur Resozialisierung dienen kann: „Arbeit im Strafvollzug, die dem Gefangenen als Pflichtarbeit zugewiesen wird, ist nur dann ein wirksames Resozialisierungsmittel, wenn die geleistete Arbeit angemessene Anerkennung findet. Diese Anerkennung muss nicht notwendig finanzieller Art sein. Sie muss freilich geeignet sein, dem Gefangenen den Wert regelmäßiger Arbeit für ein künftiges eigenverantwortetes und straffreies Leben in Gestalt eines für ihn greifbaren Vorteils vor Augen zu führen. Nur wenn der Gefangene eine solchermaßen als sinnvoll erlebbare Arbeitsleistung erbringen kann, darf der Gesetzgeber davon ausgehen, dass durch die Verpflichtung zur Arbeit einer weiteren Desozialisation des Gefangenen entgegengewirkt wird und dieser sich bei der Entwicklung beruflicher Fähigkeiten sowie bei der Entfaltung seiner Persönlichkeit auf ein positives Verhältnis zur Arbeit zu stützen vermag."[188] Dem **Gesetzgeber** wurde vom BVerfG ein weiter **Spielraum** eingeräumt, wie er seiner Verpflichtung nachzukommen hatte, der Gefangenenarbeit die **angemessene Anerkennung** zuzugestehen. In erster Linie kommt die Gewährung eines finanziellen Entgelts in Betracht. Dieses muss eine Höhe erreichen, die den Einsatz der Arbeitsleistung zur Bestreitung des Lebensunterhalts als sinnvoll erscheinen lässt.[189] Allerdings dürfen auch die Marktferne der Gefangenenarbeit, deren Kosten und die Konkurrenz mit dem normalen Markt Berücksichtigung finden.[190] Das BVerfG lässt die Einführung von Elementen und Mechanismen des normalen Arbeitsmarkts zur **Differenzierung zwischen Tätigkeiten unterschiedlicher Art und Qualität** auch im Bereich des Strafvollzugs zu. Damit soll dem Angleichungsgrundsatz Rechnung getragen werden. Freilich dürfen insoweit nicht zu hohe Anforderungen an die Gefangenen gestellt werden, da diese vielfach erst das Arbeiten üben müssen.[191] Eine Einteilung in verschiedene Lohngruppen oder leistungsorientierte Entlohnung sieht das BVerfG als zulässig an, wenn eine sachgerechte Auswahl der Gefangenen nach ihrer Qualifikation erfolgt und Weiterbildungsangebote für geeignete Inhaftierte bereitgestellt werden.[192] Das BVerfG führt in seinem Urteil weiter aus, dass der Gesetzgeber sich bei einer Regelung der Arbeitsentlohnung auch für ein Konzept entscheiden darf, in dem die Arbeitsleistung neben oder anstelle einer Lohnzahlung **andere Formen der Anerkennung** erfährt.[193] Als Möglichkeiten für nicht-monetäre Komponenten schlug das Gericht

---

185 Vgl. *Jehle* ZfStrVo 1994, 266; *Neu* 1995a, 105 ff; *Sigel* ZfStrVo 1995, 81 ff.
186 S. *Hagemann* MschrKrim 1995, 343 ff.
187 BVerfGE 98, 169.
188 BVerfGE 98, 169, 201.
189 BVerfGE 98, 169, 202.
190 BVerfGE 98, 169, 203.
191 Vgl. dazu *Schüler-Springorum* 1999, 222.
192 BVerfGE 98, 169, 203.
193 Zweifelnd insoweit das Minderheitsvotum, *Kruis* BVerfGE 98, 169, 218.

vor: den Aufbau einer sozialversicherungsrechtlichen Anwartschaft; Hilfen zur Schuldentilgung; neuartige Formen der Anerkennung bei der Gestaltung des Vollzugs und der Entlassungsvorbereitung, möglicherweise auch unter Einbeziehung privater Initiativen; Verkürzung der Haftzeit („good time"), sofern general- oder spezialpräventive Gründe nicht entgegenstehen, sowie sonstige Erleichterung der Haftzeit.

5   Als Reaktion auf die Entscheidung des BVerfG fasste der Gesetzgeber im **5. StVollzG-ÄndG** die §§ 43, 200 StVollzG als die wesentlichen Normen zur Entlohnung von Gefangenenarbeit neu.[194] Die danach geltende Fassung dieser Normen stellte das Resultat eines im Vermittlungsausschuss erzielten Kompromisses dar.[195] Dabei wurde zwar die **Eckvergütung** des § 200 StVollzG von 5% auf 9% **erhöht**. Unter Ablehnung des sog. Bruttoprinzips mit Gewährung einer an einer externen Vergleichsgröße orientierten leistungsadäquaten Entlohnung verbunden mit Abzug von Haftkostenbeiträgen blieb es im Ergebnis bei einer niedrigen finanziellen Vergütung der Pflichtarbeit ohne Erhebung von Haftkostenbeiträgen. Die Entlohnung von Inhaftierten für die Verrichtung der ihnen zugewiesenen Pflichtarbeiten enthielt neben der monetären Komponente sowie der Befreiung der Betroffenen von den Haftkosten als Anreiz für kontinuierliches Erbringen von Arbeitsleistungen eine **nicht-monetäre Komponente**. Der Bundesgesetzgeber entschied sich dafür, zugewiesene Pflichtarbeit zusätzlich durch Freistellung von der Arbeit anzuerkennen. Hatte der Gefangene zwei Monate zusammenhängend seine Tätigkeit ausgeübt, wurde ihm dies in Form einer zusätzlichen Freistellung von der Arbeitspflicht anerkannt. Lagen die allgemeinen Voraussetzungen für eine Gewährung von Hafturlaub vor, konnte diese Freistellungszeit auch als Urlaub aus der Haft (Arbeitsurlaub) genutzt werden (§ 43 Abs. 1 StVollzG). Anderenfalls erfolgte eine Anrechnung der Tage auf den Entlassungszeitpunkt. Blieb ausnahmsweise eine solche Anrechnung nicht möglich, erhielt der Betroffene stattdessen eine Ausgleichsentschädigung in Form einer Entgeltzahlung. Eine grundlegende am Sozialisationsziel des § 2 Satz 1 StVollzG orientierte Neugestaltung des vollzuglichen Arbeitswesens hatte das 5. StVollzGÄndG somit nicht geleistet. Die Legislative hatte sich lediglich bemüht, eine Lösung innerhalb des verfassungsrechtlich eingeräumten weiten Einschätzungsspielraums[196] zu finden.[197]

6   Die **Landesgesetzgeber** haben sich bei der Abfassung ihrer Regelungen zumindest im Wesentlichen am Inhalt der §§ 43, 44 und 200 StVollzG orientiert, soweit **Arbeitspflicht** besteht. Das betrifft die Länder Baden-Württemberg (**BW** §§ 49, 50 III), Bayern (**BY** Art. 46, 47), Berlin (**BE** §§ 61, 63), Bremen (**HB** § 55), Hamburg (**HH** §§ 40, 41), Hessen (**HE** §§ 38, 39), Mecklenburg-Vorpommern (**MV** § 55), Niedersachsen (**NI** §§ 40, 41), Nordrhein-Westfalen (**NW** §§ 32, 34), Schleswig-Holstein (**SH** §§ 37, 40) und Thüringen (**TH** §§ 66, 32). Mecklenburg-Vorpommern und Schleswig-Holstein haben dabei einen Sonderweg eingeschlagen. In Mecklenburg-Vorpommern wird die Freistellung von der Arbeit nicht bezahlt (**MV** § 55 Abs. 7) und in Schleswig-Holstein kommt anstatt dieser nur die Anrechnung auf den Entlassungszeitpunkt in Betracht (**SH** § 40). Sachsen-Anhalt kennt trotz Arbeitspflicht gar **keine nicht-monetäre Vergütungskomponente** (**ST** § 64). An einer solchen fehlt es auch in den Ländern ohne Pflichtarbeit (**BB** § 66, **RP** § 65, **SL** § 55, **SN** § 55).

---

194   Dazu *Calliess* NJW 2001, 1692 ff; *Landau/Kunze/Poseck* NJW 2001, 2611 ff; *Neu* BewHi 2002, 83 ff; *Pörksen* NK 2001, 5 f; *Ullenbruch* ZRP 2000, 177 ff.
195   S. dazu BT-Drucks. 14/4898; 14/4943; BR-Drucks. 812/00; ferner *Arloth/Krä* § 43 StVollzG Rdn. 3; Synopse der Vorschläge bei *Kaiser* 2007, 340 f.
196   BVerfGE 98, 169, 203.
197   Zur Verfassungsmäßigkeit s. OLG Frankfurt NStZ-RR 2002, 93; OLG Hamburg StV 2002, 376; OLG Hamm ZfStrVo 2002, 121 m. zustimmender Anm. *Lückemann* ZfStrVo 2002, 121 ff.

Die Entlohnung fällt insgesamt **zu niedrig** aus. Zwar erscheinen Forderungen als zu 7
weitgehend, die Inhaftierten nach ortsüblichen Tarifen[198] oder unter (entsprechender)
Anwendung des Mindestlohngesetzes[199] zu bezahlen, denn die Arbeit in den Justizvollzugsanstalten ist im Gegensatz zu den Verhältnissen in der freien Wirtschaft Einschränkungen ausgesetzt, welche die Produktivität im Ergebnis verringern. Selbst unter Berücksichtigung der Marktferne der Gefangenenarbeit wie ihrer zusätzlichen nichtmonetären Honorierung und der asymmetrischen Verteilung der geleisteten Beiträge zur Arbeitslosenversicherung (dazu unten I Rdn. 134) eignen sich die praktizierten Modelle nicht mehr, den Gefangenen den Eindruck zu vermitteln, ein Arbeitsleben in Freiheit lohne sich.[200] Stattdessen empfinden sie die Arbeitsbedingungen als „ausbeuterisch".[201] Dem dürfte auch der Einwand nicht abhelfen, arbeitenden Gefangenen verbleibe letztlich ein Betrag, wie er in Freiheit Beziehern von Mindestlohn unter Berücksichtigung der Beiträge zur Sozialversicherung und der Lebenshaltungskosten zustehe.[202] Denn die geringe Höhe der finanziellen Entlohnung der Gefangenen führt zu Bedenken im Hinblick auf den **Angleichungsgrundsatz**, wonach das Leben im Vollzug den allgemeinen Lebensverhältnissen so weit als möglich angeglichen werden soll. Während der Arbeitnehmer in Freiheit sich durch seine Arbeit einen Anspruch auf eine Gegenleistung zur Bestreitung seines Lebensunterhalts verdient, reduziert die vollzugliche Regelung die Zahlungen auf eine Art bloße Arbeitsbelohnung. Damit kann der Betroffene kein auf der eigenen Leistung beruhendes Selbstbewusstsein als eine Voraussetzung für eine erfolgreiche Wiedereingliederung entwickeln. Die geringe Eckvergütung tangiert auch den **Gegensteuerungsgrundsatz**, wonach schädlichen Folgen des Strafvollzugs entgegenzuwirken ist. Sie führt zu Belastungen der Gefangenen, die keine notwendigen Konsequenzen des Freiheitsentzugs darstellen.

An der **Verfassungskonformität** des Entgeltsystems bestehen mittlerweile eben- 8
falls **Zweifel**.[203] Hatte das BVerfG im Jahr 2002 die Bemessung der Vergütung als „noch verfassungsgemäß" eingestuft,[204] so bleibt fraglich, ob dies 15 Jahre später bei Anstieg des allgemeinen Preisniveaus zumal im Licht der teilweise beachtlichen Wertschöpfung durch Gefangenenarbeit[205] selbst unter Berücksichtigung fiskalischer Interessen nach wie vor gelten kann. Allerdings soll die mit früherem Bundesrecht in weiten Teilen identische Sachlage in Bayern und Hamburg nach der Judikatur verfassungskonform sein.[206] Die Beurteilung ist auch deshalb schwierig, weil die Wochenarbeitszeiten, von denen der Stundenlohn abhängt, divergieren, einige Länder etwas höhere Vergütungen in Geld zahlen bzw. neue Formen der nicht-monetären Anerkennung kreiert haben oder die Möglichkeit vorsehen, Zulagen zu gewähren, die es nach Bundesrecht so nicht gab. Zudem bleibt fraglich, inwieweit derartige Boni Berücksichtigung finden dürfen, denn schon der Grundlohn selbst muss verfassungsrechtlichen Anforderungen genügen.

---

198 So aber *Neu* 1995a, 105 ff.
199 Dazu bereits oben A. Rdn. 38.
200 Siehe auch AK-*Feest/Galli* Teil II Vor § 55 Rdn. 6 ff; *Dahmen* 2011, 151; *Laubenthal* Rdn. 441 f; *Lohmann* 2002, 325 ff.; *Radtke* ZfStrVo 2001, 9; für „moderate" Erhöhung ferner *Kett-Straub/Streng* 2016, 91.
201 So das Zitat eines Gefangenen bei *Boll/Röhner* KritJ 2017, 195.
202 So OLG Hamburg, Beschl. vom 15.7.2015 – 3 Ws 59/15 Vollz, StV 2016, 583, 584.
203 So auch *Bachmann*, 287; a.A. OLG Hamm Beschl. vom 20.9.2012 – III-1 Vollz (Ws) 456/12, Rdn. 21 (juris); Beschl. vom 7.1.2013 – III-1 Vollz (Ws) 570/12, NStZ 2013, 366, 367; *Arloth/Krä* § 43 StVollzG Rdn. 5.
204 BVerfG, StV 2002, 375.
205 Vgl. die Angaben bei AK-*Feest/Galli* Teil II Vor § 55 Rdn. 11; *Boll/Röhner* KritJ 2017, 196; *Kett-Straub* ZStW 2013, 891.
206 BayVerfGH, Entscheidung vom 9.8.2010 – Vf. 16-VIII-09, FS 2011, 54; OLG Hamburg, Beschl. vom 15.7.2015 – 3 Ws 59/15 Vollz, StV 2016, 583, 584 m. abl. Anm. *Köhne*.

9 Die **Bedenken verstärken** sich, wenn wie in Sachsen-Anhalt gänzlich auf die Würdigung von Pflichtarbeit über Geldzahlung hinaus verzichtet wird[207] oder in Mecklenburg-Vorpommern (zu) hohe Voraussetzungen für jene zu erfüllen sind. Schafft dies ein Gefangener, erhält er keine Entgeltfortzahlung (dazu unten Rdn. 45). Zu kritisieren ist aber ebenso der Verzicht auf nicht-monetäre Honorierung (**BB** § 66, **RP** § 65, **SL** § 55, **SN** § 55) nach Abschaffung der Arbeitspflicht. Beruft man sich insoweit darauf, das BVerfG habe 1998 nur eine verbesserte Entlohnung von Pflichtarbeit vorgeschrieben,[208] ändert diese formale Betrachtung nichts daran, dass ein zu niedriges Entgelt sich zur sinnvollen Einwirkung auf den Gefangenen nicht eignet, möglicherweise sogar bewirkt, dass ein Inhaftierter die Chance, die in der Übernahme von Arbeit für seine Resozialisierung läge, gar nicht ergreift. Zudem bleibt die Ausübung indirekten Zwangs unberücksichtigt, indem der Gefangene nach Ablehnung einer ihm angebotenen Arbeit kein Taschengeld erhält bzw. seine Aussichten auf die Gewährung von Vollzugslockerungen oder Strafrestaussetzung vermindert.[209] Weiter ist zu bedenken, dass nicht mehr alle Länder auf die Erhebung eines Haftkostenbeitrags bei arbeitenden Gefangenen verzichten (dazu unten I Rdn. 42). Zudem hat das BVerfG mittlerweile klargestellt: Das verfassungsrechtliche Resozialisierungsgebot verpflichtet auch zur angemessenen Entlohnung von freiwilliger Arbeit, denn diese bleibt gleichwohl ein **gewichtiges Resozialisierungsmittel**. Letztlich war das Gericht nur aus formellen Gründen daran gehindert, einer Verfassungsbeschwerde, die sich gegen das rheinland-pfälzische Entlohnungssystem richtete, stattzugeben.[210] Das ändert aber nichts daran, dass ein solches Entgeltsystem (9% Eckvergütung ohne Freistellungstage) als verfassungswidrig bewertet werden muss, weil es sich nicht einmal mehr innerhalb des weiten Gestaltungsspielraums des Gesetzgebers hält.[211]

II. Arbeitsentgelt (monetäre Komponente)

1. Rechtsanspruch auf Arbeitsentgelt

10 **a)** Einen Rechtsanspruch auf Arbeitsentgelt, d.h. auf Gutschrift desselben (und nicht auf Auszahlung),[212] begründen § 43 Abs. 2 Satz 1 StVollzG, **BW** § 49 Abs. 2 Satz 1 III, **BY** Art. 46 Abs. 2 Satz 1, **BE** § 61 Abs. 1 Nr. 1, **BB** § 66 Abs. 1 Nr. 1, **HB** § 55 Abs. 1 Nr. 3 i.V.m. § 9 Abs. 1 Satz 1 Nr. 13, **HH** § 40 Abs. 2 Satz 1, **HE** § 38 Abs. 1 Satz 1, **MV** § 55 Abs. 1 Nr. 2, **NI** § 40 Abs. 1 Satz 1, **NW** § 32 Abs. 1 Satz 1, **RP** § 65 Abs. 1 Nr. 3, **SL** § 55 Abs. 1 Nr. 2, **SN** § 55 Abs. 1 Nr. 3, **ST** § 64 Abs. 1 Nr. 1, **SH** § 37 Abs. 1 Nr. 1, **TH** §§ 32 Abs. 1, 66 Abs. 1 Satz 1 dann, wenn der Gefangene eine zugewiesene oder angebotene **Arbeit** (s. A. Rdn. 12 ff) ausübt. Gleiches gilt bei Übertragung **sonstiger Beschäftigung** im Sinne von § 41 Abs. 1 Satz 1 StVollzG, **HH** § 34 Abs. 2 Satz 1, **HE** § 27 Abs. 3 Satz 1, **NI** § 35 Abs. 2 Satz 1 (s. A. Rdn. 31) oder einer **Hilfstätigkeit** nach § 41 Abs. 1 Satz 2 StVollzG, **BW** § 47 Abs. 1 Satz 2 III, **BY** Art. 43 Satz 2, **HH** § 38 Abs. 1 Satz 2, **NI** § 35 Abs. 2 Satz 2, **NW** § 29 Abs. 3, **ST** § 29 Abs. 2 Satz 2 (s. B. Rdn. 14 ff), nicht aber bei Verrichtung gemeinnütziger Arbeit (**HH** §§ 34

---

207 Vgl. *Arloth/Krä* § 43 StVollzG Rdn. 5a; *Schäferskupper* StV 2016, 583.
208 Etwa **BB** LT-Drucks. 5/6437, 65 f; **RP** LT-Drucks. 16/1910, 139.
209 *Arloth/Krä* § 43 StVollzG Rdn. 5a; AK-*Galli* Teil II § 55 Rdn. 49.
210 BVerfG, Beschl. vom 16.12.2015 – 2 BvR 1017/14, NStZ 2016, 236, 237 m. Anm. *Arloth* NStZ 2016, 238 und m. Anm. *Schäferskupper* StV 2016, 582.
211 So auch *Arloth* NStZ 2016, 238; *Arloth/Geiger* 2018, 79 f; *Marisken* NK 2018, 59; *Schäferskupper* StV 2016, 583; a.A. VerfGH **RP**, Beschl. vom 8.6.2015 – VGH B 41/14 ua, NJW 2016, 391, 392 f; OLG Koblenz, Beschl. vom 19.3.2014 – 2 Ws 17/14 (Vollz), Rdn. 13 ff (juris) = FS 2015, 62 (nur Ls).
212 Siehe *Fluhr* NStZ 1994, 115 f.

Abs. 1a, Abs. 2a Satz 1 und 3, 40 Abs. 1 Satz 3). In Thüringen sind sonstige Beschäftigung und Hilfstätigkeiten (**TH** § 29 Abs. 1 Satz 1 und 2) zwar für nicht-monetäre Honorierung erfasst (**TH** §§ 31 Abs. 1 Satz 1, 32 Abs. 2 Satz 1), aber nicht ausdrücklich als zu entgelten bezeichnet; nachdem sich aus den Materialien[213] nicht ergibt, dass diese Tätigkeiten im Übrigen unentgeltlich auszuüben wären, dürfte es sich um ein Redaktionsversehen handeln. Wie die vergüteten Tätigkeiten zu behandeln ist auch diejenige im Rahmen der Gefangenenmitverantwortung während der Arbeitszeit (A Rdn. 14), die – sofern nach dem anwendbaren Gesetz möglich – als sonstige Beschäftigung[214] oder, richtiger, als Hilfstätigkeit angesehen wird,[215] aber auch in den übrigen Ländern einen Anspruch auf Arbeitsentgelt begründet.[216]

b) Übt der Gefangene dagegen eine ihm zugewiesene **arbeitstherapeutische Beschäftigung** aus, erhält er gem. § 43 Abs. 4 StVollzG, **BW** § 49 Abs. 4 III, **BY** Art. 46 Abs. 4, **HH** § 40 Abs. 2 Satz 2, **NI** § 40 Abs. 3 Satz 1, **NW** § 32 Abs. 3 nur ein Arbeitsentgelt, soweit dies der Art seiner Beschäftigung und seiner Arbeitsleistung entspricht. Bei der Arbeits- und Beschäftigungstherapie entscheiden nach diesen Normen mithin der Produktionswert der Arbeit und das Leistungsergebnis des Gefangenen über den Anspruch auf Arbeitsentgelt.[217] Rheinland-Pfalz gewährt nicht Arbeitsentgelt, sondern finanzielle Anerkennung, und dies bloß dann, wenn die Maßnahme im Vollzugs- und Eingliederungsplan als zwingend erforderlich eingestuft wurde (**RP** § 65 Abs. 1 Nr. 1 i.V.m. § 15 Abs. 1 Satz 1 Nr. 12). Ohne derartige Einschränkungen wird für Arbeitstherapie in den übrigen Ländern ein Entgelt gezahlt (**BE** § 61 Abs. 1 Nr. 1, **HB** § 55 Abs. 1 Nr. 3 i.V.m. § 9 Abs. 1 Satz 1 Nr. 12, **HE** § 38 Abs. 1 Satz 1 i.V.m. § 27 Abs. 3 Satz 1, **MV** § 55 Abs. 1 Nr. 2, **SN** § 55 Abs. 1 Nr. 3, **ST** § 64 Abs. 1 Nr. 1, **SH** § 37 Abs. 1 Nr. 1, **TH** § 66 Abs. 1 Satz 1). Das gilt auch in Brandenburg und im Saarland, wo es sich allerdings nicht um Arbeitsentgelt, sondern um Ausbildungsbeihilfe handelt (**BB** § 66 Abs. 1 Nr. 2, **SL** § 55 Abs. 1 Nr. 1 i.V.m. § 9 Abs. 1 Satz 1 Nr. 12).

c) Diejenigen Länder, deren Gesetze ausdrücklich das **Arbeitstraining** kennen, honorieren die Mitwirkung hieran wie die Übernahme arbeitstherapeutischer Beschäftigung (**BE** § 61 Abs. 1 Nr. 1, **HB** § 55 Abs. 1 Nr. 3 i.V.m. § 9 Abs. 1 Satz 1 Nr. 12, **MV** § 55 Abs. 1 Nr. 2, **RP** § 65 Abs. 1 Nr. 1 i.V.m. § 15 Abs. 1 Satz 1 Nr. 12, **SL** § 55 Abs. 1 Nr. 1 i.V.m. § 9 Abs. 1 Satz 1 Nr. 12, **SN** § 55 Abs. 1 Nr. 3, **ST** § 64 Abs. 1 Nr. 1, **SH** § 37 Abs. 1 Nr. 1, **TH** § 66 Abs. 1 Satz 1), wobei in Brandenburg und im Saarland wiederum Ausbildungsbeihilfe gezahlt wird, in Rheinland-Pfalz finanzielle Anerkennung unter der identischen Einschränkung wie bei der Arbeitstherapie (Rdn. 11). In den übrigen Ländern kommt eine Honorierung je nach Einordnung als Arbeitstherapie oder Ausbildungsmaßnahme in Betracht.[218]

d) Der Gefangene erhält Entgelt nur für **tatsächlich ausgeübte** Arbeit oder sonstige zu vergütende Tätigkeit.[219] Dies gilt selbst dann, wenn der Gefangene aus organisationsbedingten Gründen in seinem Ausbildungs- bzw. Arbeitsbetrieb nicht arbeiten kann.[220]

---

213 **TH** LT-Drucks. 5/6700, 102 und 124.
214 LG Mannheim ZfStrVo 1985, 254 m. Anm. *Butzke*.
215 So *Butzke* ZfStrVo 1985, 256.
216 Vgl. AK-*Galli* Teil II § 55 Rdn. 3.
217 BT-Drucks. 7/918, 68.
218 AK-*Galli* Teil II § 55 Rdn. 8; vgl. schon oben A. Rdn. 11.
219 *Arloth/Krä* § 43 StVollzG Rdn. 7; *Laubenthal* Rdn. 443; *Laubenthal/Nestler/Neubacher/Verrel* F Rdn. 110.
220 KG NStZ 1989, 197; ZfStrVo 1992, 386; OLG Hamm, Beschl. vom 9.2.2017 – III-1 Vollz (Ws) 563/16 (juris); LG Stendal, Beschl. vom 30.11.2017 – 509 StVK 374/17, FS 2018, 87.

In Hamburg ist dies in § 1 Abs. 2 der Vollzugsvergütungsordnung[221] ausgesprochen; nach deren § 6 können allerdings nicht zu vertretende Abwesenheiten vom Arbeitsplatz mit Ausnahme von Betriebsruhe und Krankheit bis zu drei Stunden pro Woche bei der Bemessung der Vergütung unberücksichtigt bleiben. Im Übrigen gibt es aber keine Entgeltfortzahlung im Krankheitsfall; § 45 StVollzG ist nicht in Kraft gesetzt worden. Auch für Feiertage, die auf Werktage fallen, steht dem Inhaftierten Arbeitsentgelt nicht zu. Darin liegt jedoch keine Schlechterstellung, weil der Grundlohn sich nach der Eckvergütung bemisst, in der die gesetzlichen Feiertage, die auf einen Werktag fallen, schon verrechnet sind.[222] Dem Gefangenen steht kein Anspruch auf Entgelt zu, wenn und soweit er der Arbeit fernbleibt, etwa wegen Hafturlaubs (es sei denn, es liegt eine bezahlte Freistellung vor). Steht ihm deshalb für bestimmte Teilzeit kein Arbeitsentgelt zu, ist dieses in analoger Anwendung des Rechtsgedankens aus § 44 Abs. 3 StVollzG, **BW** § 50 Abs. 3 III, **BY** Art. 47 Abs. 3, **BE** § 62, **BB** § 66 Abs. 1 Nr. 3, **HB** § 55 Abs. 1 Nr. 1, **HH** § 41 Abs. 3, **MV** § 55 Abs. 1 Nr. 3, **NI** § 40 Abs. 3 Satz 2, **RP** § 65 Abs. 1 Nr. 1, **SN** § 55 Abs. 1 Nr. 1, **ST** § 64 Abs. 2, **SH** § 38, **TH** § 66 Abs. 2 entsprechend zu kürzen. Dies kann jedoch nicht in kleineren Einheiten als Stunden vorgenommen werden.[223] Anderes gilt für Hessen und Nordrhein-Westfalen (Rdn. 19).

14 e) Als Ergänzung des Prinzips, dem zufolge geleistete Arbeit bezahlt wird, lässt sich die in einigen Gesetzen – nicht im StVollzG, in Baden-Württemberg, Bayern, Hessen und im Saarland – vorgesehene **Honorierung der Teilnahme an Behandlungs- und Therapiemaßnahmen** interpretieren (**BE** § 62, **BB** § 66 Abs. 1 Nr. 3, **HB** § 55 Abs. 1 Nr. 1, **HH** § 41 Abs. 3, **MV** § 55 Abs. 3 [Maßnahmen zur Förderung der persönlichen Entwicklung], **NI** §§ 40 Abs. 3 Satz 2, 111a Abs. 2, **NW** § 1 Abs. 3 Satz 1 Landesvollzugsvergütungsverordnung (LVollzVergVO),[224] **RP** § 65 Abs. 1 Nr. 1, **SN** § 55 Abs. 1 Satz 1, **ST** § 64 Abs. 2, **SH** § 38, **TH** § 66 Abs. 2).[225] Finden in Niedersachsen sonstige vollzugliche Maßnahmen i.S.v. **NI** § 38 Abs. 2 Satz 2 während der Arbeitszeit statt, begründet dies keinen Entschädigungsanspruch gem. **NI** § 40 Abs. 3 Satz 2. Je nach Ausgestaltung und Bezeichnung des Anspruchs im Einzelnen ergibt sich im Übrigen, ob es sich um finanzielle Anerkennung für die Teilnahme an einer Behandlungsmaßnahme oder um einen Ausgleich für den Verlust von Arbeitsentgelt in diesem Fall handelt.[226] Nordrhein-Westfalen hat eine andere Konstruktion gewählt, indem eine Anrechnung als Arbeitszeit erfolgt.

15 Die **Voraussetzungen im Einzelnen** divergieren: Teilweise müssen die Maßnahmen nur im Vollzugsplan angegeben sein (**NI** § 40 Abs. 3 Satz 2), teilweise nach der Vollzugs- und Eingliederungsplanung zwingend erforderlich erscheinen (**BE** § 62; **NI** § 111a Abs. 2 bei drohender Sicherungsverwahrung) oder alternativ einen Teil des Behandlungsprogramms in der Sozialtherapie bilden (Brandenburg, Bremen, Rheinland-Pfalz, Sachsen, Thüringen). In Sachsen-Anhalt werden Behandlungsmaßnahmen in der Sozialtherapie vorausgesetzt. Nach einigen Gesetzen müssen die Maßnahmen zudem **während der Arbeits- oder regulären Beschäftigungszeit** stattfinden (Berlin, Niedersachsen, Sachsen-Anhalt, Schleswig-Holstein, Thüringen). Findet die Maßnahme außerhalb dieser Zeit statt oder kann die Arbeit verlegt werden, ist keine Entschädigung zu leisten; die

---

221 Hamburgische Vollzugsvergütungsordnung vom 26.3.2015, GVBl. 57.
222 *Arloth/Krä* § 43 StVollzG Rdn. 7; *Laubenthal/Nestler/Neubacher/Verrel* F Rdn. 110; a.A. AK-*Galli* Teil II § 55 Rdn. 10.
223 OLG Frankfurt ZfStrVo 1982, 55, das offen lässt, ob bei kürzerer Abwesenheit wenigstens um einen Stundenanteil gekürzt werden kann.
224 Vom 31.8.2017, GVBl. 778.
225 De lege ferenda für generelle Vergütung dieser „Arbeit an sich selbst" AK-*Galli* Teil II § 55 Rdn. 53.
226 Vgl. auch **NI** LT-Drucks. 17/7414, 24 f.

Gefangenen haben keinen Anspruch auf Durchführung derartiger Maßnahmen gerade während der Arbeitszeit. Nordrhein-Westfalen berücksichtigt nur in einer Sozialtherapie untergebrachte Gefangene und solche mit angeordneter oder vorbehaltener Sicherungsverwahrung; die Zeit der Teilnahme an Behandlungsmaßnahmen kann (Ermessen!) ihnen bis zu einem Anteil von 20 Prozent der Sollarbeitszeit als Arbeitszeit angerechnet und damit vergütet werden (§ 1 Abs. 3 Satz 3 LVollzVergVO).

Meist wird nur **Fortzahlung des Entgelts** in voller Höhe **bzw. Entschädigung** gewährt (Berlin, Hamburg, Mecklenburg-Vorpommern, Niedersachsen, Nordrhein-Westfalen, Sachsen-Anhalt, Schleswig-Holstein, Thüringen), so dass der Gefangene sich prinzipiell in Arbeit oder sonstiger Beschäftigung (Arbeitstherapie, -training, Ausbildung) befinden muss. Das gilt im Ergebnis auch in Sachsen, wo von finanzieller Anerkennung die Rede ist. **MV** § 55 Abs. 1 Nr. 3 verlangt zudem die Freistellung von der Beschäftigung für die Maßnahme, nach **ST** § 64 Abs. 2 gilt dies in Anbetracht von schulischen und beruflichen Qualifizierungsmaßnahmen. Vergütet wird aber nur die tatsächliche Dauer der Maßnahme, nicht die darüber hinausgehende organisatorisch bedingte Zeit des Arbeitsausfalls.[227] Die Berechnung der Entschädigung erfolgt gem. **NI** § 40 Abs. 3 Satz 3 i.V.m. § 39 Abs. 4 Satz 2 nach dem durchschnittlichen Entgelt der letzten drei Abrechnungsmonate. 16

2. Berechnungsmaßstab. Das Arbeitsentgelt für die Gefangenen wird nach dem durchschnittlichen Arbeitsentgelt aller Versicherten der Rentenversicherung der Arbeiter und Angestellten ohne Auszubildende des vorvergangenen Kalenderjahres bemessen. Einen entsprechenden Berechnungsmaßstab enthält § 18 SGB IV. Es ist laut Einigungsvertrag[228] für alle Gefangenen diejenige Bemessungsgrundlage anzuwenden, die in dem Gebiet gilt, in welchem das Grundgesetz für die Bundesrepublik Deutschland bereits vor dem Beitritt der ehemaligen DDR gegolten hat. Der in §§ 43 Abs. 2 Satz 2, 200 StVollzG, **BW** § 49 Abs. 2 Satz 2 III, **BY** Art. 46 Abs. 2 Satz 2, **BE** § 61 Abs. 2 Satz 1, **BB** § 66 Abs. 2 Satz 1, **HB** § 55 Abs. 2 Satz 1, **HH** § 40 Abs. 2 Satz 3 Nr. 1 HS. 1, **HE** § 38 Abs. 2 Satz 1, **MV** § 55 Abs. 2 Satz 1, **NI** § 40 Abs. 1 Satz 2, **NW** § 32 Abs. 1 Satz 1, **RP** § 65 Abs. 2 Satz 1, **SL** § 55 Abs. 2 Satz 1, **SN** § 55 Abs. 2 Satz 1, **ST** § 64 Abs. 3 Satz 1, **SH** § 37 Abs. 2 Satz 1, **TH** § 66 Abs. 3 bundeseinheitlich bestimmte Satz von 9% dieses Bruttojahresarbeitsentgelts stellt die sog. **Eckvergütung** dar. Auf diese Eckvergütung hat der Gefangene einen Anspruch, wenn es sich um eine Arbeit mit durchschnittlichen Anforderungen handelt und die Leistungen des Gefangenen diesen auch in genügender Art und Weise entsprechen. Grundlage der konkreten Berechnung des Arbeitsentgelts ist die jährlich erfolgende, jeweils im BGBl. Teil I veröffentlichte Verordnung der Bundesregierung über maßgebende Rechengrößen der Sozialversicherung – Sozialversicherungs-Rechengrößenverordnung. 17

3. Bemessung von Tages- und Stundensatz

a) In § 43 Abs. 2 Satz 3 HS. 1 StVollzG – in **NI** noch anwendbar über **NI** § 201 Abs. 1, **BW** § 49 Abs. 2 Satz 3 HS. 1 III, **BY** Art. 46 Abs. 2 Satz 3 HS. 1, **BE** § 61 Abs. 2 Satz 2 HS. 1, **BB** § 66 Abs. 2 Satz 2 HS. 1, **HB** § 55 Abs. 2 Satz 2 HS. 1, **HH** § 40 Abs. 2 Satz 3 Nr. 1 HS. 2, **HE** § 38 Abs. 2 Satz 2 HS. 1, **MV** § 55 Abs. 2 Satz 2 HS. 1, **NW** § 32 Abs. 1 Satz 2, **RP** § 65 Abs. 2 Satz 2 HS. 1, **SL** § 55 Abs. 2 Satz 2 HS. 1, **SN** § 55 Abs. 2 Satz 2 HS. 1, **ST** § 64 Abs. 3 Satz 2 HS. 1, **SH** § 37 Abs. 2 Satz 2 HS. 1, **TH** § 66 Abs. 3 wird festgelegt, dass ein **Tagessatz** des Arbeitsentgelts – also jenes Entgelt, das ein Gefangener täglich verdienen kann – der 250. Teil der Eckvergütung ist. Dabei geht der Gesetzgeber von durchschnittlich 250 18

---

227 LG Stendal, Beschl. vom 30.11.2017 – 509 StVK 374/17, FS 2018, 87.
228 BGBl. 1990 II, 889, 959.

Arbeitstagen pro Jahr aus. Sofern sich die Arbeitszeit sowie die Verteilung der Arbeit auf die Wochentage nach der regelmäßigen wöchentlichen Arbeitszeit im öffentlichen Dienst richten (s. A Rdn. 14), darf in Einrichtungen mit Tagessatzsystem diese ohne eine Erhöhung des Tagessatzes bis hin zur Grenze der jeweiligen regelmäßigen Arbeitszeit des öffentlichen Dienstes ausgeweitet werden.[229] Übt ein Gefangener auf Anordnung der Anstaltsleitung über die übliche Arbeitszeit, für die ein Entgelt nach Tagessätzen bemessen wird, hinausgehend Arbeiten bzw. Bereitschaftsdienste aus, so hat er hierfür sogar einen über den Tagessatz hinausgehenden Anspruch auf Arbeitsentgelt.[230]

19   b) Die Gesetze lassen es zu, dass das Arbeitsentgelt auch nach einem **Stundensatz**, alleine in Hessen und Nordrhein-Westfalen nach Stunden- oder Minutensatz, bemessen wird, § 43 Abs. 2 Satz 3 HS. 2 StVollzG, auch i.V.m. **NI** § 201 Abs. 1, **BW** § 49 Abs. 2 Satz 3 HS. 2 III, **BE** § 61 Abs. 2 Satz 2 HS. 2, **BB** § 66 Abs. 2 Satz 2 HS. 2, **HB** § 55 Abs. 2 Satz 2 HS. 2, **HH** § 40 Abs. 2 Satz 3 Nr. 1 HS. 3, **HE** § 38 Abs. 2 Satz 2 HS. 2, **NW** § 32 Abs. 4 Satz 3 (mit Verordnungsermächtigung), **RP** § 65 Abs. 2 Satz 2 HS. 2, **SL** § 55 Abs. 2 Satz 2 HS. 2, Abs. 3 Satz 2, **SN** § 55 Abs. 2 Satz 2 HS. 2, **ST** § 64 Abs. 3 Satz 2 HS. 2, **SH** § 37 Abs. 2 Satz 2 HS. 2, Abs. 3 Satz 2.[231] **BY** Art. 46 Abs. 2 Satz 3 HS. 2, **MV** § 55 Abs. 2 Satz 2 HS. 2 schreiben die Bemessung nach Stundensatz ausdrücklich vor. Nicht vorgesehen ist die Bemessung nach Stundensatz in Thüringen. Da es sich aber letztlich nur um eine unterschiedliche Berechnungsweise handelt, wird auch dort die Bemessung nach Stunden möglich sein.[232] Nordrhein-Westfalen und Rheinland Pfalz ordnen minutengerechte Abrechnung an (**NW** § 1 Abs. 2 Satz 2 bis 4, 8 und 9 Landesvollzugsvergütungsverordnung [LVollzVergVO],[233] **RP** § 1 Abs. 3 Satz 2 der Landesverordnung über die Vergütungsstufen[234]).

20   Dabei ergibt sich der Stundensatz, indem der Tagessatz durch die der Arbeitszeit im öffentlichen Dienst entsprechende Zahl der täglichen Soll-Arbeitsstunden **dividiert** wird. Für den Minutensatz ist der sechzigste Teil eines Stundensatzes zu ermitteln. Der Inhaftierte erhält dann diesen Satz entsprechend seiner tatsächlich geleisteten Arbeitszeit. Dies kann allerdings zur Folge haben, dass ein Gefangener trotz voller Arbeitsbereitschaft und ohne eigenes Verschulden dann ein geringeres Arbeitsentgelt als den gesetzlichen Tagessatz erhält, wenn die tatsächliche Arbeitszeit in der Anstalt oder in einem einzelnen Betrieb nach unten hin von der Soll-Arbeitszeit abweicht.[235] Ob das Tagessatz- oder Stundensatzsystem in einer Anstalt zur Anwendung gelangt, steht im **Ermessen** der Vollzugsbehörde.[236] Wie bereits in VV Nr. 2 Abs. 1 zu § 43 StVollzG vorgesehen war und auch aus **NW** § 32 Abs. 4 Satz 3 folgt, darf das Arbeitsentgelt statt in Form des Zeitlohnes auch als **Leistungslohn** ermittelt werden.[237] **NW** § 1 Abs. 2 Satz 5 bis 10 LVollzVergVO enthält genaue Vorgaben für die Berechnung des Leistungslohnes. In Hessen kommt ein solcher grundsätzlich bei Tätigkeiten in Unternehmerbetrieben zur

---

229 KG NStZ 1989, 445.
230 OLG Hamburg StraFo 2008, 221.
231 Favorisiert von *Arloth/Krä* § 43 StVollzG Rdn. 8; a.A. AK-*Galli* Teil II § 55 Rdn. 12.
232 Siehe *Arloth/Krä* § 66 ThürJVollzGB Rdn. 1.
233 Vom 31.8.2017, GVBl. 778.
234 Vom 24.5.2013, GVBl. 155.
235 OLG Dresden NStZ 2000, 391.
236 *Arloth/Krä* § 43 StVollzG Rdn. 8; *Laubenthal/Nestler/Neubacher/Verrel* F Rdn. 116 f.
237 OLG Hamm, Beschl. vom 5.5.2014 – III-1 Vollz (Ws) 158/14, FS 2015, 62; Beschl. vom 8.10.2015 – III-1 Vollz (Ws) 428 und 429/15, FS 2016, 77; OLG Karlsruhe, Beschl. vom 4.3.2016 – 2 Ws 570/15, NStZ 2017, 119, 120; *Arloth/Krä* § 43 StVollzG Rdn. 8; AK-*Galli* Teil II § 55 Rdn. 12; *Laubenthal/Nestler/Neubacher/Verrel* F Rdn. 116.

Anwendung, **HE** § 38 Abs. 3 Satz 2 i.V.m. § 2 HStVollzVergVO.[238] War die Einstufung der Tätigkeit in die Leistungs- oder Zeitlohngruppe fehlerhaft, ist die **Umstufung** als Rücknahme einer begünstigenden Maßnahme nur entsprechend § 48 VwVfG (vgl. **BY** Art. 115a Satz 2, **HE** § 5 Abs. 3 Satz 2, **NI** § 100) bzw. nach **BE** § 98 Abs. 2 und 4, **BB** § 104 Abs. 2 und 4, **HB** § 91 Abs. 2 und 4, **HH** § 92 Abs. 3, **MV** § 90 Abs. 2 und 4, **NW** § 83 Abs. 2 und 4, **RP** § 101 Abs. 2 und 4, **SL** § 90 Abs. 2 und 4, **SN** § 94 Abs. 2 und 4, **ST** § 102 Abs. 2 und 4, **SH** § 122 Abs. 2 und 4, **TH** § 102 Abs. 2 und 4 zulässig.[239] Eine nach Stundensätzen erfolgende Entlohnung von Gefangenen, die letztlich die gleiche Leistung zu erbringen haben, dafür aber unterschiedlich viel Zeit eingeräumt bekommen, setzt einen sachlichen Grund zur Differenzierung voraus.[240]

4. Stufung des Arbeitsentgelts

a) Je nach der **Leistung** des Gefangenen **und** der **Art** der Arbeit bzw. sonst vergüte- 21
ten Maßnahme kann das Arbeitsentgelt gestuft werden (§ 43 Abs. 3 Satz 1 StVollzG, **BW** § 49 Abs. 3 Satz 1 III, **BY** Art. 46 Abs. 3 Satz 1, **BE** § 61 Abs. 3 Satz 1, **BB** § 66 Abs. 3 Satz 1, **HB** § 55 Abs. 3 Satz 1, **HH** § 40 Abs. 2 Satz 3 Nr. 2 HS. 1, **HE** § 38 Abs. 3 Satz 1, **MV** § 55 Abs. 3 Satz 1, **NI** § 40 Abs. 2 Satz 1, **NW** § 32 Abs. 4 Satz 1, **RP** § 65 Abs. 3 Satz 1, **SL** § 55 Abs. 3 Satz 1, **SN** § 55 Abs. 3 Satz 1, **ST** § 64 Abs. 4 Satz 1, **SH** § 37 Abs. 3 Satz 1, **TH** § 66 Abs. 4 Satz 1 HS. 1).

b) Die meisten Gesetze kennen eine **Mindestvergütung**. Nicht gesetzlich geregelt ist 22
dies in Hessen (**HE** § 38). Ansonsten darf ein bestimmter Prozentsatz der Eckvergütung entweder gar nicht (Berlin, Brandenburg, Bremen, Mecklenburg-Vorpommern, Rheinland-Pfalz, Saarland, Sachsen, Sachsen-Anhalt, Schleswig-Holstein, Thüringen) oder lediglich dann unterschritten werden, wenn die Arbeitsleistungen des Gefangenen den Mindestanforderungen nicht genügen (Bund, Baden-Württemberg, Bayern, Hamburg, Niedersachsen, Nordrhein-Westfalen). Jener Satz beläuft sich meist auf 75% (§ 43 Abs. 3 Satz 2 StVollzG, **BW** § 49 Abs. 3 Satz 2 III, **BY** Art. 46 Abs. 3 Satz 2, **BE** § 61 Abs. 3 Satz 2, **BB** § 66 Abs. 3 Satz 2, **HH** § 40 Abs. 2 Satz 3 Nr. 2 HS. 2, **NI** § 40 Abs. 2 Satz 2, **NW** § 32 Abs. 4 Satz 2, **SL** § 55 Abs. 3 Satz 2, **ST** § 64 Abs. 4 Satz 2), bisweilen aber nur auf 60% (**HB** § 55 Abs. 3 Satz 2, **MV** § 55 Abs. 3 Satz 2, **RP** § 65 Abs. 3 Satz 2, **SN** § 55 Abs. 3 Satz 2, **SH** § 37 Abs. 3 Satz 2, **TH** § 66 Abs. 4 Satz 1 HS. 2). Das Mindestentgelt liegt somit in der Regel bei 60% oder 75% der Eckvergütung. Einzelheiten ergeben sich aus den Verordnungen über die Vergütungsstufen (näher s. unten Rdn. 70 ff). Das für **arbeitstherapeutische Beschäftigung und Arbeitstherapie** (dazu A Rdn. 10 f) zu zahlende Arbeitsentgelt beträgt danach mindestens 75% des Grundlohnes der Vergütungsstufe I, die **Teilnahme an Behandlungsmaßnahmen** (Rdn. 14 ff) wird mit bis zu 100% der Eckvergütung honoriert.

c) Weitere **Einzelregelungen** zur Unterscheidung von Zeitlohn und Leistungslohn, 23
zur Verringerung der Vergütung während der Dauer von Einarbeitungszeiten, zur Abstufung für den Fall, dass der Gefangene den Anforderungen der jeweiligen Vergütungsstufe nicht genügt, und zum Zulagensystem enthalten namentlich die Strafvollzugsvergütungsordnungen (vgl. Rdn. 70 ff).

---

238 Hessische Strafvollzugsvergütungsverordnung vom 23.11.2011, GVBl. I 2011, 751.
239 Vgl. OLG Hamm, Beschl. vom 5.5.2014 – III-1 Vollz (Ws) 158/14, FS 2015, 62.
240 OLG Hamm, Beschl. vom 8.10.2015 – III-1 Vollz (Ws) 428 und 429/15, FS 2016, 77.

24   **5. Beispiel: Berechnung des Arbeitsentgelts für das Jahr 2019.** Die Bezugsgröße i. S. d. § 18 Abs. 1 SGB IV beträgt nach § 2 Abs. 1 der Sozialversicherungs-Rechengrößenverordnung 2019[241] des Bundesministeriums für Arbeit und Soziales 37.380 EUR (= Durchschnittsentgelt der gesetzlichen Rentenversicherung im vorvergangenen Kalenderjahr 2017, aufgerundet auf den nächsthöheren, durch 420 teilbaren Betrag). Die Eckvergütung liegt bei 9% dieser Bemessungsgröße: 3.364,20 EUR. Der Tagessatz als 250ster Teil der Eckvergütung macht einen Betrag von 13,57 EUR aus. Bei einer Gewährung des Arbeitsentgelts nach Stunden beträgt der Satz hierfür 1,70 EUR (bei einer wöchentlichen Soll-Arbeitszeit von 40 Stunden) bzw. 1,76 EUR (bei Soll-Arbeitszeit von 38,5 Stunden). Wird je nach Anforderung der Tätigkeit und der Qualifikation des Inhaftierten der Grundlohn des Arbeitsentgelts nach fünf Vergütungsstufen (75, 88, 100, 112, 125 vom Hundert der Eckvergütung) festgesetzt, beträgt demgemäß der Arbeitslohn der Strafgefangenen im Jahr 2019:

Vergütungs-stufe	Tagessatz	Stundensatz bei 38,5-Std.-Woche	Stundensatz bei 40-Std.-Woche
I	10,18	1,32	1,27
II	11,94	1,55	1,49
III	13,57	1,76	1,70
IV	15,20	1,97	1,90
V	16,96	2,20	2,12

25   **6. Anwendbarkeit auf andere Haftarten.** Gem. §§ 167, 171 StVollzG, **BW** §§ 108 Satz 1, 113 III, **BY** Art. 190 Satz 1, 208, **BE** §§ 114 Abs. 1, 117 Nr. 6, **BB** § 119 Abs. 1, **HB** §§ 105 Abs. 1, 128 Satz 2 Nr. 4, **HH** § 130 Nr. 4 und 5, **HE** § 83 Nr. 5 und 6, **MV** § 104 Abs. 1, **NW** § 110 Nr. 8 und 9, **RP** § 116 Abs. 1, **SL** §§ 104 Abs. 1, 118 Satz 2 Nr. 4, **SN** §§ 117 Abs. 1, 120 Satz 2 Nr. 4, **ST** §§ 120 Abs. 1, 166 Nr. 5, **SH** § 144 Abs. 1, **TH** §§ 117 Abs. 1, 142 Satz 2 Nr. 5 gilt diese monetäre Entlohnung auch für arbeitende Inhaftierte im **Strafarrest** bzw. im Vollzug einer gerichtlich angeordneten **Ordnungs-, Sicherungs-, Zwangs- und Erzwingungshaft** sowie gem. § 422 Abs. 4 FamFG für Zurückweisungs- oder Abschiebungsgefangene in Justizvollzugsanstalten. Für die Bemessung der **Ausbildungsbeihilfe** verweisen § 44 Abs. 2 StVollzG, **BW** § 50 Abs. 2 III, **BY** Art. 47 Abs. 2, **HH** § 41 Abs. 2 Nr. 1, **NI** § 41 Satz 3, **NW** § 32 Abs. 2 Satz 2 ebenfalls auf die Regelungen über das Arbeitsentgelt. Dasselbe ergibt sich aus **BE** § 61 Abs. 1 Nr. 2, **BB** § 66 Abs. 1 Nr. 2, **HB** § 55 Abs. 1 Nr. 2, **HE** § 27 Abs. 2 und 3, **MV** § 55 Abs. 1 Nr. 1, **RP** § 65 Abs. 1 Nr. 2, **SL** § 55 Abs. 1 Nr. 1, **SN** § 55 Abs. 1 Nr. 2, **ST** § 64 Abs. 1 Nr. 2, **SH** § 37 Abs. 1 Nr. 2, **TH** § 66 Abs. 1 Satz 2.

26   **7. Schriftliche Mitteilung.** § 43 Abs. 5 StVollzG, **BW** § 49 Abs. 5 III, **BY** Art. 46 Abs. 5, **BE** § 61 Abs. 5, **BB** § 66 Abs. 5, **HB** § 56 Abs. 5, **HH** § 40 Abs. 2 Satz 3 Nr. 3, **HE** § 38 Abs. 4, **MV** § 55 Abs. 5, **NI** § 40 Abs. 4, **NW** § 32 Abs. 6, **RP** § 65 Abs. 5, **SL** § 55 Abs. 5, **SN** § 55 Abs. 5, **ST** § 64 Abs. 6, **SH** § 37 Abs. 5, **TH** § 66 Abs. 5 stellen eine Konkretisierung des Angleichungsgrundsatzes dar.[242] Die vorgeschriebene schriftliche Mitteilung des Arbeitsentgelts oder der entsprechenden Vergütung in Form einer spezifischen Aufstellung an den Gefangenen dient der Überprüfbarkeit durch den Leistungsempfänger und damit zugleich auch der Gewährleistung des erforderlichen Rechtsschutzes. Der Gefangene

---

241   Vom 27.11.2018, BGBl. I, 2024.
242   Vgl. schon BT-Drucks. 7/918, 68.

kann den Rechtsanspruch auf Zahlung des ihm rechtmäßig zustehenden Arbeitsentgelts nur verwirklichen, wenn ihm die Berechnungsgrundlagen einschließlich der Bewertungskriterien im Wege einer **vollständigen und nachvollziehbaren Abrechnung** bekannt gemacht sind.[243] Zudem gibt die schriftliche Bekanntgabe den Betroffenen Unterlagen in die Hand, um Freistellungsansprüche geltend zu machen bzw. um ggf. Ansprüche bei Arbeitslosigkeit zu realisieren. Deshalb erscheint es nicht unbedenklich, wenn in Baden-Württemberg, Berlin, Brandenburg, Hessen, Mecklenburg-Vorpommern, Niedersachsen, Nordrhein-Westfalen, Rheinland-Pfalz, Saarland, Sachsen, Sachsen-Anhalt, Schleswig-Holstein und Thüringen nur die Mitteilung der **Höhe** der Vergütung vorgeschrieben ist.

8. Zweckgebundene Aufteilung der Einkünfte. Im Rahmen der Entlohnungsregelungen steht dem Strafgefangenen, der in öffentlich-rechtlichem Rechtsverhältnis zugewiesene Arbeit verrichtet oder einer sonstigen vergüteten Beschäftigung im weitesten Sinne nachgeht, ein Rechtsanspruch auf das gesetzlich vorgesehene Entgelt – d.h. auf dessen Kontogutschrift – zu. Nicht betroffen von der gesetzlichen Regelung über den Arbeitslohn sind diejenigen Gefangenen, die im Wege der Außenbeschäftigung oder des Freigangs in einem freien Beschäftigungsverhältnis stehen. Diese erhalten i.d.R. den vereinbarten ortsüblichen Tariflohn. Bei der Ausübung zugewiesener Pflichtarbeit ist der Anspruch auf Arbeitsentgelt dagegen – wie das Arbeitsverhältnis selbst – **öffentlich-rechtlicher Natur**.[244] Der Gefangene darf über das ihm auf seinem Konto gutgeschriebene Arbeitsentgelt nicht nach Belieben verfügen. Vorgesehen ist vielmehr eine zweckgebundene Aufteilung der Einkünfte, so dass diese im Hinblick auf eine Erreichung des Vollzugsziels bestimmten Bindungen unterliegen. So werden drei Siebtel der Bezüge dem Hausgeldkonto zugeführt. Aus den anderen vier Siebteln ist ggf. das Überbrückungsgeld zu bilden; erst danach verbleibende Beträge sind dem Eigengeld zuzuschreiben (zum Ganzen unten I). 27

9. Pfändbarkeit des Arbeitsentgelts. Die Pfändbarkeit des Anspruchs des Gefangenen auf Arbeitsentgelt, der mit Kontogutschrift infolge Erfüllung entsprechend § 362 BGB erlischt,[245] richtet sich nach **§§ 850 ff ZPO**.[246] Streitig ist hierbei, ob es sich beim Arbeitsentgelt um Arbeitseinkommen i.S. von § 850 Abs. 1 ZPO handelt[247] mit der Folge, dass der Anspruch auf Gutschrift des Arbeitsentgelts nur nach Maßgabe der §§ 850a bis 850k ZPO (insbesondere unter Beachtung der Pfändungsgrenzen der §§ 850c und 850d ZPO) gepfändet werden kann,[248] oder aber ob der Anspruch des Gefangenen auf Gutschrift seines Arbeitsentgelts gem. § 399 1. Alt. BGB unübertragbar und damit nach § 851 Abs. 1 ZPO generell unpfändbar ist.[249] Nachdem § 850 Abs. 2 ZPO den Begriff des Ar- 28

---

243 OLG Frankfurt, Beschl. vom 10.9.2007 – 3 Ws 1138-1142/06, FS 2008, 189.
244 KG NStZ 1990, 197; *Laubenthal* Rdn. 438.
245 BGH StV 2004, 558, 559; Beschl. vom 20.6.2013 – IX ZB 50/12, NJW 2013, 3312.
246 Vgl. zum Meinungsstand insgesamt *Konrad* ZfStrVo 1990, 203 ff.
247 Verneinend BFH, Urt. vom 16.12.2003 – VII R 24/02, ZfStrVo 2005, 57, 58; OLG Karlsruhe Rechtspfleger 1994, 370; OLG Nürnberg, Beschl. vom 3.4.1995 – Ws 1445/94, BlStV 2/1996 5, 7; *Arloth/Krä* § 43 StVollzG Rdn. 10; Musielak/Voit-*Becker* 2018, § 850 Rdn. 8.
248 So OLG Celle NStZ 1988, 334; OLG Hamm NStZ 1988, 479; OLG Frankfurt NStZ 1993, 559; KG ZfStrVo 1990, 55; AK-*Galli* Teil II § 56 Rdn. 12; K/S-*Schöch* § 7 Rdn. 151; *Laubenthal* Rdn. 444; *Laubenthal/Nestler/Neubacher/Verrel* F Rdn. 122.
249 So BGH StV 2004, 558, 559; Beschl. vom 20.6.2013 – IX ZB 50/12, NJW 2013, 3312; Beschl. vom 1.7.2015 – XII ZB 240/14, NJW 2015, 2493, 2496; *Arloth/Krä* § 43 StVollzG Rdn. 10; *Fluhr* ZfStrVo 1989, 103 ff mit einem Überblick über den Meinungsstand und die jeweiligen Konsequenzen; *Fluhr* NStZ 1994, 115 ff; Prütting/Gehrlein-*Ahrens* 2018, § 850 Rdn. 24; wohl auch MünchKomm ZPO/*Smid* 2016, § 850 Rdn. 24.

beitseinkommens sehr weit fasst, kann nicht bezweifelt werden, dass auch Gefangene solches erzielen. Zudem gehen § 50 Abs. 2 Satz 5 StVollzG, **BW** § 49 Abs. 2 Satz 4 III davon aus, dass ein Teil der Bezüge pfändbar ist. Folgt danach die Anwendbarkeit der §§ 850a ff ZPO, so ist weiter umstritten, ob bei Berechnung der Pfändungsfreigrenze i.S.d. § 850c Abs. 1 Satz 1 ZPO gem. § 850e Nr. 3 ZPO dem Arbeitseinkommen der Wert der Naturalleistungen hinzuzurechnen bleibt, die der Gefangene für seinen Unterhalt erhält (Unterkunft, Verpflegung, Bekleidung, medizinische Betreuung). Für eine derartige Berücksichtigung wird die Gefahr einer Besserstellung des inhaftierten gegenüber dem in Freiheit befindlichen Schuldner vorgebracht, weshalb der fiktive, in Wirklichkeit nicht erhobene Haftkostenbeitrag in Ansatz gebracht werden soll.[250] Dagegen spricht aber, dass die Vollzugsbehörde die Sachleistungen nicht als Teil der Arbeitsentlohnung für verrichtete Tätigkeiten erbringt, sondern diese als notwendige Folgen des Freiheitsentzugs allen, auch den nicht arbeitenden Inhaftierten gewährt werden.[251] Der Streit hat jedoch letztlich nur geringe praktische Bedeutung, denn selbst unter Zugrundelegung des maximalen Haftkostenbeitrags und des höchsterreichbaren Arbeitsentgelts wird die zurzeit (2019) gültige Pfändungsfreigrenze von wenigstens 1.178,59 EUR monatlich (§ 850c Abs. 1 Satz 1 ZPO) nicht überschritten.[252] Damit verlagert sich die Problematik zur Frage der aus dem Arbeitsentgelt gebildeten Guthaben (dazu unten I Rdn. 31ff, 93ff, 113f). Keine Besonderheiten bezüglich der Anwendbarkeit der §§ 850ff ZPO bestehen in Ansehung solcher Gefangener, die in einem freien Beschäftigungsverhältnis stehen, sofern die Vollzugsbehörde nicht Überweisung des Entgelts zur Gutschrift verlangt hat.[253] Insoweit greift allerdings zusätzlich zu den zivilprozessualen Bestimmungen ggf. der besondere Schutz des Überbrückungsgeldes (§ 51 Abs. 4 StVollzG).

29 Für **Einwendungen** gegen die Rechtmäßigkeit von Pfändungs- und Überweisungsbeschlüssen ist allein das Vollstreckungsgericht nach **§ 766 ZPO** zuständig (s. auch I II. 2. c] cc]). Geht es nicht um eine mögliche Fehlerhaftigkeit des Pfändungs- und Überweisungsbeschlusses, sondern vielmehr um die Frage, ob sich die Vollzugsbehörde an den Inhalt des Beschlusses gehalten oder irrig Beträge vom Guthaben des Gefangenen abgebucht habe, die nicht gepfändet werden sollten, ist der Rechtsweg nach § 109 StVollzG eröffnet.[254]

III. Nicht-monetäre Komponente

30 **1. Allgemeines.** Die meisten Bundesländer kennen als nicht-monetäre Komponente des Entgelts für Arbeit oder sonstige vergütete Beschäftigung den Erwerb von zusätzlichen Freistellungstagen, sei es als Arbeitsurlaub und/oder als Verkürzung der Haftzeit durch Anrechnung auf den Entlassungszeitpunkt. Dies scheidet nur in Sachsen-Anhalt und den Ländern ohne Arbeitspflicht (Brandenburg, Rheinland-Pfalz, Saarland, Sachsen) aus.[255] Als Anerkennung zugewiesener Arbeit lässt sich ebenfalls der **Verzicht auf die Erhebung von Haftkosten** interpretieren, selbst wenn der Gefangene noch über andere Einkünfte verfügt. Das ist aber neben § 50 Abs. 1 S. 2 Nr. 1 StVollzG nur noch in **BW** § 51 Abs. 1 Satz 1 Nr. 3 III, **BY** Art. 49 Abs. 1 Satz 2 Nr. 1, **HH** § 49 Abs. 1 Satz 2 Nr. 1, **HE**

---

250 So OLG Frankfurt NStZ 1993, 560; *Arloth/Krä* § 43 StVollzG Rdn. 10; AK-*Galli* Teil II § 56 Rdn. 12; MünchKomm ZPO/*Smid* 2016, § 850e Rdn. 38.
251 BFH, Urt. vom 16.12.2003 – VII R 24/02, ZfStrVo 2005, 57, 59; *Laubenthal* Rdn. 444; *Laubenthal/Nestler/Neubacher/Verrel* F Rdn. 123; *Volckart* NStZ 1985, 431, 432.
252 Nr. 1 Pfändungsfreigrenzenbekanntmachung 2019 vom 4.4.2019, BGBl. I, 443; siehe auch *Arloth/Krä* § 43 StVollzG Rdn. 10.
253 Musielak/Voit-*Becker* 2018, § 850 Rdn. 8.
254 OLG Nürnberg, Beschl. vom 3.4.1995 – Ws 1445/94, BlStV 2/1996, 5, 6.
255 Dazu und zu verfassungsrechtlichen Bedenken bereits oben Rdn. 6ff.

§ 43 Abs. 2 Nr. 1, **NI** § 52 Abs. 2 Satz 1 Nr. 1 so geregelt; in den übrigen Ländern werden andere Bezüge als diejenigen nach den Gesetzen für Arbeit oder gleichgestellte Tätigkeiten, etwa aus Kapitalvermögen, zur Geltendmachung eines Haftkostenbeitrags herangezogen (näher I Rdn. 42). Der allgemeine Verzicht darauf, vom Arbeitsentgelt Haftkostenbeiträge einzubehalten, stellt gerade keine über dessen Gewährung hinausreichende Anerkennung dar; die Erhebung von Beiträgen würde umgekehrt die Wertschätzung relativieren. Hamburg und Hessen honorieren Arbeit weitergehend, indem den Gefangenen die Möglichkeit eröffnet wird, hierdurch bzw. durch Schadenswiedergutmachung aus den Bezügen einen **(Teil-)Erlass der Verfahrenskosten** zu erlangen (**HH** § 40 Abs. 1 Satz 2, Abs. 8, **HE** § 39 Abs. 1 Satz 3, Abs. 5; dazu unten Rdn. 69).

2. Arbeitsurlaub und Anrechnung der Freistellung auf den Entlassungszeit- 31 **punkt.** Nach den nur in einigen Gesetzen formulierten Grundsatznormen (§ 43 Abs. 1 StVollzG, **BW** § 49 Abs. 1 III, **BY** Art. 46 Abs. 1, **HH** § 40 Abs. 1, **HE** § 39 Abs. 1, **TH** § 32 Abs. 1 und 9) erfolgen nicht-monetäre Leistungen: Der arbeitende Strafgefangene kommt unter den Voraussetzungen von § 43 Abs. 6 bis 9 StVollzG, **BW** § 49 Abs. 6 bis 9 III, **BY** Art. 46 Abs. 6 bis 9, **BE** § 63 Abs. 1 und 3, **HB** § 55 Abs. 7 bis 10 Satz 1, **HH** § 40 Abs. 3 bis 5 Satz 1, **HE** § 39 Abs. 2, **MV** § 39 Abs. 7, **NI** § 40 Abs. 5 bis 8, **NW** § 34 Abs. 1 und 4, **TH** § 32 Abs. 2 bis 5 in den Genuss von Zeit,[256] in welcher er **nicht arbeiten muss**. Der Inhaftierte kann die Freistellung von der Arbeit in der Anstalt verbringen oder in Form von Urlaub aus der Haft bzw. Langzeitausgang (Arbeitsurlaub) nutzen, wenn er für diese Vollzugslockerung geeignet ist (§ 43 Abs. 7 StVollzG, **BW** § 43 Abs. 7 III, **BY** Art. 46 Abs. 7, **BE** § 63 Abs. 1 Satz 2, **HB** § 55 Abs. 8, **HH** § 40 Abs. 4, **HE** § 39 Abs. 2 Satz 2, **NI** § 40 Abs. 6, **NW** § 34 Abs. 1 Satz 1 Nr. 2, **TH** § 32 Abs. 3; nicht geregelt in **MV**). Stellt er keinen Antrag auf Freistellung von der Arbeit oder auf Gewährung von Arbeitsurlaub bzw. wird Arbeitsurlaub nicht gewährt, so ist die Freistellung von der Arbeit auf den **Entlassungszeitpunkt** des Betroffenen **anzurechnen**; in Schleswig-Holstein ist alleine letzteres vorgesehen (§ 43 Abs. 9 StVollzG, **BW** § 49 Abs. 9 III, **BY** Art. 46 Abs. 9, **BE** § 63 Abs. 3, **HB** § 55 Abs. 10 Satz 1, **HH** § 40 Abs. 5 Satz 1, **HE** § 39 Abs. 1 Satz 2, Abs. 2 Satz 3, **MV** § 55 Abs. 7 Satz 3, **NI** § 40 Abs. 8, **NW** § 34 Abs. 1 Satz 2 und 3, **SH** § 40 Abs. 1, **TH** § 32 Abs. 5). In Fällen, in denen eine Anrechnung nach § 43 Abs. 10 StVollzG, **BW** § 49 Abs. 10 III, **BY** Art. 46 Abs. 10, **BE** § 63 Abs. 4, **HB** § 55 Abs. 10 Satz 2, **HH** § 40 Abs. 5 Satz 2, **HE** § 39 Abs. 3, **MV** § 55 Abs. 8, **NI** § 40 Abs. 9, **NW** § 34 Abs. 2, **SH** § 40 Abs. 2, **TH** § 32 Abs. 6 ausgeschlossen bleibt, erhält der Verurteilte (spätestens) bei seiner Entlassung als **Ausgleichsentschädigung** für seine Tätigkeit zusätzlich 15% (in Schleswig-Holstein: 30%) des ihm gewährten Entgelts, der ihm zustehenden Ausbildungsbeihilfe oder der sonst gezahlten Vergütung (§ 43 Abs. 11 StVollzG, **BW** § 49 Abs. 11 III, **BY** Art. 46 Abs. 11, **BE** § 63 Abs. 5, **HB** § 55 Abs. 11, **HH** § 40 Abs. 6 und 7, **HE** § 39 Abs. 4, **MV** § 55 Abs. 9, **NI** § 40 Abs. 10, **NW** § 34 Abs. 3, **SH** § 40 Abs. 3, **TH** § 32 Abs. 8). **Berlin** trifft insofern eine Sonderregelung, als der Gefangene anstatt der nicht-monetären Vergütung **für monetäre optieren** darf. Nach **BE** § 63 Abs. 2 kann er die Abgeltung nicht genommener Freistellungstage durch Gutschrift gleichwertiger Vergütung auf sein Hausgeldkonto beantragen.

a) Freistellung von der Arbeit

aa) Ausgangspunkt für die Anerkennung geleisteter Pflichtarbeit durch **nichtmone-** 32 **täre Leistungen** ist die **Grundregel** von § 43 Abs. 6 Satz 1 StVollzG, **BW** § 49 Abs. 6 Satz 1

---

256 Dazu *Schüler-Springorum* 1999, 227.

III, **BY** Art. 46 Abs. 6 Satz 1, **BE** § 63 Abs. 1 Satz 1, **HB** § 55 Abs. 7 Satz 1, **HH** § 40 Abs. 3 Satz 1, **HE** § 39 Abs. 2 Satz 1, **MV** § 55 Abs. 7 Satz 1, **NI** § 40 Abs. 5 Satz 1 HS. 1, **NW** § 34 Abs. 1 Satz 1, **TH** § 32 Abs. 2 Satz 1. Danach wird der Gefangene auf seinen Antrag hin von der Arbeit freigestellt, wenn er eine **gewisse Zeit lang zusammenhängend Pflichtarbeit erbracht** hat. Nach dem StVollzG, in Baden-Württemberg, Bayern, Hamburg, Niedersachsen und Thüringen gibt es für zwei Monate kontinuierlicher Arbeit einen Freistellungstag. In Berlin, Bremen, Hessen, Mecklenburg-Vorpommern und Nordrhein-Westfalen erarbeitet sich der Inhaftierte dagegen mit drei Monaten Arbeit zwei freie Tage. Hier fallen bei kontinuierlicher Tätigkeit acht Freistellungstage pro Jahr an, während es in den übrigen Ländern – mit Ausnahme von Schleswig-Holstein (dazu unten Rdn. 49) – maximal sechs sind.

33   Der Arbeit werden dabei von den Gesetzen **andere Tätigkeiten gleichgestellt**. Das ergibt sich meist aus den Umschreibungen des Anwendungsbereichs oder Verweisungen auf Bestimmungen über Beschäftigung und Ausbildung bzw. reziprok, indem auf die Freistellung verwiesen wird (**NI** § 41 Satz 3, **NW** § 34 Abs. 4, **TH** § 32 Abs. 9), und betrifft etwa arbeitstherapeutische Beschäftigung,[257] Arbeitstraining, Ausbildung und Weiterbildung, angemessene Beschäftigung und Hilfstätigkeiten, soweit das einschlägige Gesetz die jeweilige Tätigkeit kennt. Auch diejenigen Gefangenen, die solcher Art beschäftigt sind, kommen also in den Genuss der zusätzlichen Freistellungstage. An **Ausnahme** von diesem Grundsatz ist zu nennen: **BW** § 49 Abs. 6 Satz 1 III erfasst nur zugewiesene und Hilfstätigkeiten und damit keine Maßnahmen der Aus- und Weiterbildung; das folgt auch aus der unterschiedlichen Formulierung in **BW** § 48 Abs. 1 Satz 1 III. Ob derlei auch in Hamburg gelten soll, ergibt sich nicht eindeutig: Einerseits verweist **HH** § 40 Abs. 3 Satz 1 u.a. (nur) auf **HH** § 34 Abs. 2 und nicht wie **HH** § 39 Abs. 1 Satz 1 auf **HH** § 34, der in Abs. 4 Aus- und Weiterbildung regelt, andererseits lässt sich unter Beschäftigung nach **HH** § 34 Abs. 2 wegen der Definition in Abs. 1 auch Aus- und Weiterbildung subsumieren. Nicht erfasst ist jedenfalls gemeinnützige Arbeit, **HH** § 40 Abs. 1 Satz 3. In Thüringen benennt **TH** § 32 Abs. 1 nur Arbeit; aus dem Verweis auf **TH** § 66 Abs. 1, wo auch Arbeitstherapie und -training erfasst sind, folgt jedoch, dass auch hierfür Freistellung gewährt wird, zumal sogar die Teilnahme an Maßnahmen der schulischen Bildung belohnt wird (**TH** § 32 Abs. 9 i.V.m. § 28). Eine ähnliche Problematik ergibt sich für Arbeitstherapie in Nordrhein-Westfalen (**NW** §§ 34 Abs. 1 Satz 1, Absatz 4, 32 Absatz 2 einerseits, **NW** § 29 Abs. 1 andererseits).[258]

34   § 43 Abs. 6 Satz 2 StVollzG, **BW** § 49 Abs. 6 Satz 2 III, **BY** Art. 46 Abs. 6 Satz 2, **HB** § 55 Abs. 7 Satz 2, **HH** § 40 Abs. 3 Satz 2 HS. 1, **HE** § 39 Abs. 2 Satz 1, **MV** § 55 Abs. 7 Satz 1, **NI** § 40 Abs. 5 Satz 2, **TH** § 32 Abs. 2 Satz 2 stellen klar, dass eine solche Freistellung als nicht-monetäre Komponente der Entlohnung zugewiesener Pflichtarbeit unabhängig von derjenigen der § 42 StVollzG, **BW** § 48 III, **BY** Art. 45, **BE** § 27, **HB** § 24 Abs. 1, **HH** § 39, **HE** § 27 Abs. 9, **MV** § 24 Abs. 1, **NI** § 39, **TH** § 31 (s. oben C.) zu betrachten und **zusätzlich** zu dieser zu gewähren ist (so ausdrücklich **BE** § 63 Abs. 1 Satz 1, **NW** § 34 Abs. 1 Satz 1). Ebenso wie dort die einjährige Tätigkeit sich nicht nach dem Kalenderjahr bemisst, sondern mit dem Tag beginnt, an dem der Gefangene die ihm zugewiesene Tätigkeit erstmals aufnimmt (s. C. Rdn. 6), kommt es auch hier nicht auf Kalendermonate an, sondern die Monate rechnen sich ab dem Tag der Tätigkeitsaufnahme. Das ergibt sich ferner aus dem Wort „lang", welches alle Gesetze außer **MV** § 55 Abs. 7, **NW** § 34 Abs. 1 Satz 1 verwenden. Ein Freistellungstag fällt jedoch nur an, wenn die Tätigkeit über zwei bzw. drei Monate hinweg **zusammenhängend** ausgeübt wurde. Da sich die Arbeitszeit der Gefangenen nach der regelmäßigen wöchentlichen Arbeitszeit im öffentlichen Dienst richtet

---

257 Vgl. auch Arloth/Krä § 43 StVollzG Rdn. 18.
258 Eher gegen Freistellung in diesem Fall AK-Galli Teil II § 55 Rdn. 23.

und an gesetzlichen Feiertagen und Samstagen die Arbeit ruht, stehen zwei arbeitsfreie Tage pro Woche sowie Feiertage einer kontinuierlichen Erbringung von Pflichtarbeit in diesem Sinne nicht entgegen.

Eine Freistellung erfolgt nach dem Wortlaut der meisten Gesetze an **Werktagen** (so 35 die Formulierung im StVollzG, in Baden-Württemberg, Bayern, Hessen, Mecklenburg-Vorpommern, Niedersachsen). Wie schon VV Nr. 5 Abs. 2 Satz 1 zu § 43 StVollzG insoweit klargestellt hatten, fallen hierunter nicht Sonntage, gesetzliche Feiertage oder Samstage. Allerdings kann mit Zustimmung des Inhaftierten die Freistellung auch an anderen Tagen gewährt werden (so schon VV Nr. 5 Abs. 2 Satz 2 i.V.m. Nr. 6 Abs. 2 zu § 43 StVollzG). Dies ist in der Praxis vor allem für Inhaftierte mit vom Regelfall abweichenden Arbeitszeiten (z.B. Küchenpersonal) bedeutsam.[259] Andere Gesetze benennen als Gegenstand der Freistellung deshalb **Beschäftigungstage** (Berlin), Arbeitstage (Bremen, Thüringen), Kalendertage (Hamburg) oder gar nur Tage (Nordrhein-Westfalen), ohne dass dies in der Sache zu Abweichungen führen würde.

bb) Das Tatbestandsmerkmal der **zusammenhängend** ausgeübten Tätigkeit erfährt 36 in § 43 Abs. 6 Satz 3 StVollzG, **BW** § 49 Abs. 6 Satz 3 III, **BY** Art. 46 Abs. 6 Satz 3, **BE** § 63 Abs. 3 Satz 2, **HB** § 55 Abs. 7 Satz 3, **HH** § 40 Abs. 3 Satz 3, **NI** § 40 Abs. 5 Satz 3, **NW** § 34 Abs. 1 Satz 4, **TH** § 32 Abs. 2 Satz 3 eine gesetzliche **Konkretisierung**: Die Frist wird gehemmt durch Zeiten, in denen der Gefangene **ohne sein Verschulden** durch Krankheit, Ausführung, Ausgang, Hafturlaub/Freistellung von der Haft/Langzeitausgang, Freistellung von der Arbeit oder sonstige nicht von ihm zu vertretende Gründe an der Arbeitsleistung gehindert ist. In derartigen Fällen verlängert sich der Zeitraum zur Erfüllung der zwei bzw. drei Monate um die Anzahl der ausgefallenen Arbeitstage (so schon VV Nr. 4 Abs. 2 zu § 43 StVollzG). Auch Ausfalltage infolge der Durchführung von Vollzugslockerungen, Behandlungsmaßnahmen, Ladung zu gerichtlichen Terminen, Arbeitsunfähigkeit infolge von Krankheit oder Verletzungen, Betriebsurlaub oder Ablösung von der Arbeitsstelle können als unverschuldete Ereignisse die Zwei-Monats-Frist hemmen.[260] Gleiches gilt, wenn ein Gefangener nach den Vorschriften seines Glaubensbekenntnisses an bestimmten Tagen nicht arbeiten darf und er insoweit von der Arbeit befreit wurde. Die Praxis scheint im Zweifel von fehlendem Verschulden des Gefangenen auszugehen.[261]

Hemmen nicht zu vertretende Ausfalltage die Frist, folgt daraus umgekehrt, dass 37 **verschuldete Ausfalltage** diese Frist **unterbrechen** (ausdrücklich **NI** § 40 Abs. 5 Satz 4).[262] Denn den Gesetzgebern kam es auf eine kontinuierliche Arbeitstätigkeit für den Erwerb von Anwartschaftszeiten für eine Freistellung an.[263] Schon VV Nr. 4 Abs. 1 zu § 43 StVollzG hatte insoweit klargestellt, dass in einem solchen Fall die bis zum Unterbrechungszeitraum ausgeübte Tätigkeit von weniger als zwei Monaten unberücksichtigt bleibt und mit einer erneuten Arbeitsaufnahme die Frist von neuem zu laufen beginnt. Dies kommt vor allem in Betracht bei Fehlzeiten infolge Arbeitsverweigerung, Entweichung aus der Anstalt, Nicht- oder verspäteter Rückkehr von Vollzugslockerungen, Arbeitsverweigerung, vom Inhaftierten zu vertretender Ablösung von der Arbeit oder Vollzug von Disziplinar- bzw. Sicherungsmaßnahmen.[264]

---

259 *Arloth/Krä* § 43 StVollzG Rdn. 20; *Laubenthal/Nestler/Neubacher/Verrel* F Rdn. 125, 128.
260 Vgl. auch *Arloth/Krä* § 43 StVollzG Rdn. 20.
261 Siehe *Kaiser* 2007, 348 f.
262 Ebenso *Laubenthal/Nestler/Neubacher/Verrel* F Rdn. 127.
263 Vgl. *Schäfer* 2005, 63.
264 Vgl. *Arloth/Krä* § 43 StVollzG Rdn. 20; *Laubenthal/Nestler/Neubacher/Verrel* F Rdn. 127; a.A. AK-*Galli* Teil II § 55 Rdn. 28: nur bei Pflichtverstößen im Zusammenhang mit der Arbeit.

38 Anders verhält sich dies in **Hessen:** Verweist **HE** § 39 Abs. 6 auf **HE** § 27 Abs. 9 Satz 3, aber nicht auf **HE** § 27 Abs. 9 Satz 2, der mit Krankheit gerade einen Fall nichtverschuldeter Verhinderung betrifft, hemmen hier weitergehend sämtliche Fehlzeiten, egal ob verschuldet oder nicht, die Frist.[265] In **Mecklenburg-Vorpommern** (**MV** § 55 Abs. 7) fehlt jegliche Regelung, also auch bzgl. unverschuldeter Fehlzeiten. Hier soll nach der Intention des Gesetzgebers nicht etwa die Regelung für die Freistellung von der Arbeit in **MV** § 24 Abs. 1 Satz 2 entsprechend gelten, sondern es uneingeschränkt beim Erfordernis dreimonatiger zusammenhängender Tätigkeit bleiben.[266] Ist der Gefangene in einem Vierteljahr nur an einem Arbeitstag krank oder herrscht kurzzeitig Auftragsmangel mit der Folge von Arbeitseinstellung, erhält er also keinerlei Freistellung als nichtmonetäre Vergütung. Eine solch strikte Regelung entwertet das Konzept faktisch und gibt begründeten Anlass zu Zweifeln an der Verfassungskonformität des Entlohnungsmodells auch in diesem Bundesland.[267]

39 Da mit der Gewährung zusätzlicher Freistellung als nicht-monetäre Komponente der Anerkennung von Pflichtarbeit die kontinuierlich erbrachte Arbeitsleistung honoriert werden soll, bleibt in verfassungskonformer Weise[268] nach § 43 Abs. 6 Satz 4 StVollzG, **BW** § 49 Abs. 6 Satz 4 III, **BY** Art. 46 Abs. 6 Satz 4, **BE** § 63 Abs. 3 Satz 3, **HB** § 55 Abs. 7 Satz 4, **HH** § 40 Abs. 3 Satz 4, **MV** § 55 Abs. 7 Satz 2, **NI** § 40 Abs. 5 Satz 1 HS. 2, **NW** § 34 Abs. 1 Satz 5, **TH** § 32 Abs. 2 Satz 4 ein **Beschäftigungszeitraum** von nur weniger als zwei bzw. drei (Berlin, Bremen, Mecklenburg-Vorpommern, Nordrhein-Westfalen) Monaten **unberücksichtigt**. Durch das Erfordernis längerer Beschäftigung bis zur Freistellung relativiert sich der Vorteil, der mit der Gewährung von acht statt sechs Freistellungstagen in etlichen Ländern zunächst verbunden zu sein scheint.

40 Die Freistellung setzt einen **Antrag** des Inhaftierten voraus. Wird dieser nicht oder nicht fristgerecht (Rdn. 41) gestellt, erfolgt eine Anrechnung der Freistellungstage auf den Entlassungszeitpunkt (§ 42 Abs. 9 StVollzG, **BW** § 49 Abs. 9 III, **BY** Art. 46 Abs. 9, **BE** § 63 Abs. 3 Satz 1, **HB** § 55 Abs. 10 Satz 1, **HH** § 40 Abs. 5 Satz 1, **HE** § 39 Abs. 1 Satz 2 i.V.m. Satz 1 Nr. 3, **MV** § 55 Abs. 7 Satz 3, **NI** § 40 Abs. 8, **NW** § 34 Abs. 1 Satz 2 und 3, **TH** § 32 Abs. 5). In Berlin gilt dies auch für das monetäre Substitut der Freistellung nach **BE** § 63 Abs. 2. In Hessen stellt **HE** § 39 Abs. 2 Satz 3 klar, dass auch gewährte, aber nicht wahrgenommene Freistellungstage einschließlich der für Arbeitsurlaub vorgesehenen auf den Entlassungszeitpunkt angerechnet werden.

41 cc) Bezüglich der **weiteren Modalitäten** einer Freistellungsgewährung finden sich nur partiell gesetzliche Regelungen. Die Freistellung kann in manchen Ländern alleine innerhalb eines Jahres nach Vorliegen der Gestattungsvoraussetzungen in Anspruch genommen werden (**BY** Art. 46 Abs. 9, **BE** § 63 Abs. 3 Satz 1, **HB** § 55 Abs. 10 Satz 1, **HH** § 40 Abs. 5 Satz 1, **MV** § 55 Abs. 7 Satz 3, **NW** § 34 Abs. 1 Satz 3). Damit will man verhindern, dass Gefangene durch Ansparen bis Haftende eine nicht vorgesehene Kombination von bezahlter Freistellung und Vorverlegung der Entlassung herbeiführen.[269] In Berlin muss auch die alternativ mögliche zusätzliche Vergütung (**BE** § 63 Abs. 2) in der **Jahresfrist** beantragt worden sein; hierdurch will der Gesetzgeber nach längerer Zeit schwierig

---

265 Anders, aber ohne nähere Würdigung *Arloth/Krä* § 40 HStVollzG Rdn. 4; *Laubenthal/Nestler/Neubacher/Verrel* F Rdn. 127.
266 *Arloth/Krä* § 55 M-V StVollzG Rdn. 7; wohl auch *Laubenthal/Nestler/Neubacher/Verrel* F Rdn. 127.
267 Ähnlich *Arloth/Krä* § 55 M-V StVollzG Rdn. 7/8.
268 *Arloth/Krä* § 43 StVollzG Rdn. 20.
269 Vgl. **BY** LT-Drucks. 15/8101, 60; *Arloth/Krä* § 43 StVollzG Rdn. 20; a.A. KG, Beschl. vom 21.6.2005 – 5 Ws 574/04 Vollz, NStZ 2006, 60, 61 Rdn. 10; BeckOK-*Kuhn* § 43 StVollzG Rdn. 55.

zu entscheidenden Streitigkeiten hinsichtlich der Ausübung des Wahlrechts vorbeugen.[270] In Verwaltungsvorschriften kann eine solche Ausschlussfrist aber nicht wirksam angeordnet werden.[271] Im Übrigen gilt: Der Gefangene muss die Freistellung rechtzeitig zuvor schriftlich beantragt haben (nach VV zu § 43 StVollzG: ein Monat). Bei der Entscheidung über die Festsetzung des Freistellungszeitpunktes sind betriebliche Belange zu berücksichtigen (ausdrücklich **NI** § 40 Abs. 7 i.V.m. § 39 Abs. 2). Tage der Arbeitsunfähigkeit infolge von Erkrankung des Gefangenen während der Durchführung einer Freistellung von der Arbeitspflicht werden nach Sinn und Zweck des Instituts nicht auf die Zeit der Freistellung angerechnet.

b) Arbeitsurlaub

aa) Fallen Freistellungstage an, so kann der Inhaftierte diese in der Anstalt verbringen. Liegen aber zugleich die Voraussetzungen für eine Gewährung von Hafturlaub/Freistellung aus bzw. von der Haft/Langzeitausgang vor, darf nach § 43 Abs. 7 StVollzG, **BW** § 49 Abs. 7 Satz 1 III, **BY** Art. 46 Abs. 7 Satz 1, **BE** § 63 Abs. 1 Satz 2, **HB** § 55 Abs. 7 Satz 1, **HH** § 40 Abs. 4 Satz 1, **HE** § 39 Abs. 1 Satz 1 Nr. 2, Abs. 2 Satz 2 HS. 2, **NI** § 40 Abs. 6 Satz 1, **NW** § 34 Abs. 1 Satz 1 Nr. 2, **TH** § 32 Abs. 3 Satz 1 die Freistellung auch als Arbeitsurlaub genutzt werden. Der Arbeitsurlaub wird als zusätzliche Vergütung **nicht auf den regelmäßigen Hafturlaub** oder Langzeitausgang bzw. die reguläre Freistellung aus der Haft nach § 13 StVollzG, **BW** § 9 Abs. 2 Nr. 3 III, **BY** Art. 14 Abs. 1 Satz 1, **HH** § 12 Abs. 1 Satz 1 Nr. 4, **HE** § 13 Abs. 3 Nr. 4, **NI** § 13 Abs. 1 Nr. 3, **NW** § 54 Abs. 1 Satz 1 **angerechnet** (ausdrücklich nur **NW** § 34 Abs. 1 Satz 6; schon VV Nr. 6 Abs. 1 Satz 1 zu § 43 StVollzG). Vor allem für Gefangene, die vom Regelfall abweichend an Samstagen, Sonntagen und Feiertagen arbeiten, kann der Arbeitsurlaub mit ihrer Zustimmung auch an solchen Tagen gewährt werden. Das ergibt sich ohne weiteres nach den Gesetzen, die die Freistellung auf Arbeits-, Beschäftigungs-, Kalender- oder schlicht Tage beziehen (Rdn. 35).

42

bb) § 43 Abs. 7 Satz 2 StVollzG, **BW** § 49 Abs. 7 Satz 2, **BY** Art. 46 Abs. 7 Satz 2, **BE** § 63 Abs. 1 Satz 2 HS. 2, **HB** § 55 Abs. 7 Satz 2, **HH** § 40 Abs. 4 Satz 1, **HE** § 39 Abs. 2 Satz 2 HS. 2, **NI** § 40 Abs. 6 Satz 2, **NW** § 34 Abs. 1 Nr. 2, **TH** § 32 Abs. 3 Satz 2 stellen klar, dass für den Arbeitsurlaub die **allgemeinen gesetzlichen Regelungen** für die Gewährung von Hafturlaub/Freistellung/Langzeitausgang (§§ 11 Abs. 2, 13 Abs. 2 bis 5, 14 StVollzG, **BW** §§ 9 Abs. 1, 3 und 4, 11, 12 III, **BY** Art. 13 Abs. 2, 14 Abs. 2, 3 und 5, 15, 16, **BE** § 42 Abs. 2 und 3, **HB** §§ 38 Abs. 2 bis 4, 40, **HH** § 12, **HE** §§ 13 Abs. 2 und 4 bis 7, 14, **NI** §§ 13 Abs. 2 bis 6, 15, **NW** §§ 53, 54, 56, **TH** §§ 46 Abs. 2 bis 5, 48) **entsprechend** gelten. Damit bedarf es nicht nur einer Prüfung der spezifischen Kriterien des Arbeitsurlaubs sowie des Nichtvorliegens einer Flucht- oder Missbrauchsgefahr und der weiteren Lockerungsvoraussetzungen auf der Tatbestandsebene, sondern der Anstaltsleitung steht auch im Bereich der Gewährung von Arbeitsurlaub ein **Ermessen** auf der Rechtsfolgenseite zu.[272] Abgesehen von solchen Ermessenserwägungen im Einzelfall ist jedoch davon auszugehen, dass eine bereits erfolgte Gewährung von Hafturlaub bei Fortbestehen der Tatbestandsvoraussetzungen dieser Norm eine Gestattung von Arbeitsurlaub indiziert.

43

cc) Eine Bestimmung hinsichtlich der Gewährung von Arbeitsurlaub existiert nicht in **Mecklenburg-Vorpommern** (**MV** § 55 Abs. 7). Dies wird damit erklärt, dass der Lang-

44

---

270 Vgl. **BE** LT-Drucks. 17/2442, 241f; *Arloth/Krä* § 63 Bln StVollzG Rdn. 5.
271 KG, Beschl. vom 21.6.2005 – 5 Ws 574/04 Vollz, NStZ 2006, 60, 61.
272 So auch *Arloth/Krä* § 43 StVollzG Rdn. 21; *Laubenthal/Nestler/Neubacher/Verrel* F Rdn. 130.

zeitausgang nach **MV** § 38 Abs. 1 Nr. 3 anders als der Hafturlaub in anderen Ländern nicht auf eine bestimmte Zahl von Tagen beschränkt bleibt, so dass Arbeitsurlaub dem Gefangenen keinen Vorteil bringen würde.[273] Damit kann auch der Gefangene in Mecklenburg-Vorpommern unter den Voraussetzungen von **MV** §§ 38, 40 die Freistellungstage außerhalb der Einrichtung verbringen.[274] Sehen mit Berlin, Bremen und Thüringen Länder, die ebenfalls unbegrenzten Langzeitausgang kennen, die Möglichkeit des Arbeitsurlaubs gleichwohl ausdrücklich vor (Rdn. 42), käme ihren Regelungen insoweit nur klarstellender Charakter zu.

45   c) **Entgeltfortzahlung.** Der Gefangene erhält für die Zeit der Freistellung von der Arbeit, die er in der Anstalt oder als Arbeitsurlaub außerhalb der Einrichtung verbringt, seine zuletzt gezahlten **Bezüge** weiter. Dies ergibt sich aus § 43 Abs. 8 StVollzG, **BW** § 49 Abs. 8 III, **BY** Art. 46 Abs. 8, **BE** § 63 Abs. 1 Satz 1, **HB** § 55 Abs. 9, **HH** § 40 Abs. 4 Satz 2, **HE** § 39 Abs. 6, **NI** § 40 Abs. 7, die auf die jeweilige Regelung für die Freistellung von der Arbeit (§ 42 Abs. 3 StVollzG, **BW** § 48 Abs. 3 III, **BY** Art. 45 Abs. 3, **BE** § 27 Abs. 3, **HB** § 24 Abs. 4, **HH** § 39 Abs. 3, **HE** § 27 Abs. 9 Satz 4, **NI** § 39 Abs. 4 Satz 1) verweisen, ferner ohne Verweisung direkt aus **NW** § 34 Abs. 1 Satz 1, **TH** § 32 Abs. 4. Eine entsprechende Regelung fehlt aber in Mecklenburg-Vorpommern; **MV** § 55 Abs. 7 nimmt auch keinen Bezug auf **MV** § 24 Abs. 3.

46   Die Freistellung als nicht-monetäre Komponente der Arbeitsentlohnung ist **nur an Arbeitstagen** zu gewähren, also bei üblicher Wocheneinteilung nur an Werktagen, die nicht Samstage sind (so schon VV Nr. 5 Abs. 2 zu § 43 StVollzG; vgl. aber oben Rdn. 35). Die **Berechnung** des Vergütungssatzes je Freistellungstag kann beispielsweise durch die Anwendung folgender Formel erfolgen,[275] wobei nur in **NI** § 40 Abs. 7 i.V.m. § 39 Abs. 4 Satz 2 im Gesetz die Heranziehung des Durchschnittsentgelts der letzten drei Abrechnungsmonate vorgeschrieben ist.

Vergütungssatz je Freistellungstag =

$$\frac{\text{Bruttobezüge der letzten drei abgerechneten Monate}}{\text{geleistete Stunden in diesen drei Monaten}} \times \frac{\text{tatsächliche regelmäßige wöchentliche Arbeitszeit}}{5}$$

47   In Betracht kommt es aber auch, das Durchschnittsentgelt bezogen auf den Zeitraum, in dem der Anspruch auf Freistellung erworben wurde,[276] nach obiger Formel zu berechnen. Werden zwei Monate Arbeit mit einem Freistellungstag belohnt, ist die Formel so zu modifizieren, dass auf der linken Seite sowohl im Zähler als auch im Nenner drei durch zwei ersetzt wird. Erfolgt keine Freistellung von der Arbeit und kommt es deshalb zu einer Anrechnung der Freistellung auf den Entlassungszeitpunkt, wird für diese Tage **ab dem Zeitpunkt der Entlassung** kein Entgelt weitergezahlt.[277] Dies folgt in allen Ländern aus der Systematik der Vorschriften, indem die Vorschriften über bzw. Verweise auf die Vergütung keinen Bezug zu den Bestimmungen über die Anrechnung auf die Entlassung aufweisen, stattdessen letzteren regelmäßig vorangestellt sind.[278]

---

273 *Arloth/Krä* § 55 M-V StVollzG Rdn. 6.
274 Anders wohl *Laubenthal* Rdn. 449.
275 Siehe auch *Arloth/Krä* § 43 StVollzG Rdn. 22; *Laubenthal/Nestler/Neubacher/Verrel* F Rdn. 131.
276 So OLG Düsseldorf, Beschl. vom 7.8.2012 – 2 Ws 268/12, FS 2013, 57.
277 BT-Drucks. 14/4452, 17.
278 Beispielhaft *Arloth/Krä* § 43 StVollzG Rdn. 22.

D. Vergütung der Arbeit

d) Monetäres Substitut. Nur in **Berlin** findet man die Besonderheit, dass der Gefangene sich auf Antrag die nicht-monetäre Anerkennung in Form von Freistellung oder Langzeitausgang durch Geldzahlung ablösen lassen kann, **BE** § 63 Abs. 2. Auch dies setzt mindestens dreimonatige zusammenhängende Tätigkeit voraus. Anstelle der Freistellungstage erhält der Betroffene dann „gleichwertige" Vergütung nach **BE** § 27 Abs. 3, die dem Hausgeldkonto gutzuschreiben und damit unpfändbar[279] ist. Da auch während der Freistellung die Bezüge weitergezahlt würden, bedeutet dies im Ergebnis, dass der Gefangene eine **verdoppelte Geldzahlung** statt der Freistellung erhält. Erhöhung der Vergütung um 15 vom Hundert in entsprechender Anwendung von **BE** § 63 Abs. 5 Satz 1 sieht das Gesetz gerade nicht vor. Der Antrag muss binnen Jahresfrist gestellt werden, **BE** § 63 Abs. 3 Satz 1 (zur Frist Rdn. 41). 48

e) Anrechnung auf Entlassungszeitpunkt

aa) Gem. § 43 Abs. 9 StVollzG, **BW** § 49 Abs. 9 III, **BY** Art. 46 Abs. 9, **BE** § 63 Abs. 3 Satz 1, **HB** § 55 Abs. 10 Satz 1, **HH** § 40 Abs. 5 Satz 1, **HE** § 39 Abs. 1 Satz 1 Nr. 3, Satz 2, Abs. 2 Satz 3, **MV** § 55 Abs. 7 Satz 3, **NI** § 40 Abs. 8, **NW** § 34 Abs. 1 Satz 2 und 3, **TH** § 32 Abs. 5 erfolgt eine **automatische Anrechnung** der angefallenen Freistellungstage für geleistete Pflichtarbeit auf den Entlassungszeitpunkt, wenn der Inhaftierte Freistellung nicht oder nicht rechtzeitig beantragt hat, keinen Antrag auf Gewährung von Arbeitsurlaub gestellt hat, wenn ein beantragter Arbeitsurlaub usw. wegen Nichtvorliegens der Voraussetzungen für die Gewährung eines Hafturlaubs usw. abgelehnt wurde, wenn – so ausdrücklich in Hessen und Nordrhein-Westfalen – die Tage nicht in Anspruch genommen worden sind, etwa der Gefangene wegen Auftragsspitzen an einem Freistellungstag doch gearbeitet hat oder wenn – nur in Berlin – auch die Geldentschädigung (**BE** § 63 Abs. 2) nicht beantragt worden ist. In **Schleswig-Holstein** bildet die frühere Entlassung die einzige[280] Anerkennung von Pflichtarbeit; **SH** § 40 Abs. 1 gewährt für zwei Monate zusammenhängenden Vergütungsbezugs i.S.v. **SH** § 37 eine Haftverkürzung von zwei Tagen. Hier führt ein Jahr Vergütungsbezug somit zum bundesweiten Spitzenwert von zwölf Tagen Haftverkürzung. Abgestellt wird also nicht auf kontinuierliche Arbeit, sondern entsprechenden Bezug einer Vergütung. Eine solche wird nach **SH** § 37 Abs. 1 nicht nur für Arbeit, sondern auch für die Teilnahme an Arbeitstraining und -therapie, ggf. (**SH** § 37 Abs. 6) an schulischen und beruflichen Ausbildungsmaßnahmen gewährt. 49

bb) Mit der Anerkennung geleisteter Pflichtarbeit durch Anrechnung der Freistellung zur Vorverlegung des Entlassungszeitpunkts hat sich der Gesetzgeber **innerhalb des** ihm **vom BVerfG eingeräumten weiten Spielraums** gehalten, wie er seiner Verpflichtung nachzukommen hatte, der Gefangenenarbeit angemessene Anerkennung zuzugestehen. Insoweit stellte das Gericht fest, dass die Legislative nicht gehindert ist zu regeln, „dass der Gefangene – sofern general- oder spezialpräventive Gründe nicht entgegenstehen – durch Arbeit seine Haftzeit verkürzen (,good time') oder sonst erleichtern kann".[281] Die Gesetze gehen davon aus, dass die vorgezogene Wiedererlangung der persönlichen Freiheit angesichts der Schwere des Grundrechtseingriffs, den der Vollzug der Freiheitsstrafe für den Betroffenen bedeutet, einen besonders nachhaltigen Vorteil darstellt, der geeignet ist, die Inhaftierten zur regelmäßigen Arbeit zu motivieren. Zudem kommt der Vorteil einer früheren Entlassung auch denjenigen Gefangenen zugute, wel- 50

---

279 *Arloth/Krä* § 63 Bln StVollzG Rdn. 4.
280 Ablehnend insoweit bereits *Kaiser* 2007, 397.
281 BVerfGE 98, 169, 202; krit. AK-*Galli* Teil II § 55 Rdn. 34.

che die Voraussetzungen für die Gewährung von Hafturlaub, Freistellung aus/von der Haft oder Langzeitausgang nicht erfüllen.[282]

51 cc) Die **antragsunabhängige** Entlassungsvorverlegung erfordert – anders als § 57 Abs. 1 Satz 1 Nr. 2 StGB bei der Strafrestaussetzung zur Bewährung – nicht das Vorliegen einer günstigen Sozialprognose. Denn bei der Vorverlegung handelt es sich um eine **vollzugsrechtliche Maßnahme** und nicht um eine solche vollstreckungsrechtlicher Art,[283] so dass sie weder Auswirkungen auf die Berechnung des Halb- oder Zwei-Drittel-Strafzeitpunkts i.S.d. § 57 StGB noch sonst auf die Strafzeitberechnung zeitigt.[284] Die Anrechnung auf den Entlassungszeitpunkt erfolgt in der Weise, dass Sonn- und Feiertage sowie Samstage bei der vom Entlassungszeitpunkt aus beginnenden Rückrechnung mitzählen.[285] Die Vorverlegung bezieht sich immer auf das Ende der Strafvollstreckung. Die vorzuverlegende **Entlassung** verlangt deshalb, dass der unmittelbare Zugriff der Vollstreckungsbehörde auf den Verurteilten entfällt. Eine Vorverlegung der Entlassung mit der Folge früheren Beginn des Maßregelvollzugs kommt damit bei noch zu vollstreckender Unterbringung im psychiatrischen Krankenhaus (§ 64 StGB) oder in der Sicherungsverwahrung nicht in Frage.[286] In den Fällen der Anschlussvollstreckung weiterer Freiheitsstrafe(n) bezieht sich der Entlassungszeitpunkt auf die jeweils letzte Freiheitsstrafe.[287]

52 Probleme kann im Einzelfall die **Kollision** zwischen einer Vorverlegung der Entlassung im Wege der Anrechnung von Freistellungstagen und einer **Vorverlegung aus anderen Gründen**, etwa wegen Feiertagen (dazu 10 I Rdn. 5ff), aufwerfen. Hier soll (entsprechend VV Abs. 1c zu § 16 StVollzG) die Freistellung von der Arbeit auf den Entlassungszeitpunkt vorrangig angerechnet werden.[288] Einem damit möglicherweise verbundenen Verlust von Freistellungstagen kann der Betroffene dann nur dadurch entgehen, dass er sich rechtzeitig von der Arbeit freistellen lässt bzw. die Freistellungstage als Arbeitsurlaub nutzt.[289] Dieser Ausweg bleibt allerdings in Schleswig-Holstein mangels sonstiger Freistellungsmöglichkeit versperrt. Tritt danach im Einzelfall die mit der Vorverlegung des Entlassungszeitpunkts bezweckte Honorierung nicht ein und kommt es so zu einer faktischen Gleichbehandlung arbeitender und nichtarbeitender Gefangener, erscheint dies verfassungsrechtlich nicht unbedenklich.

f) Ausgleichsentschädigung

53 aa) Von der nicht-monetären Anerkennung haben die Gesetze einige Gruppen arbeitender Strafgefangener ausgenommen und sie auf eine Ausgleichsentschädigung nach § 43 Abs. 11 StVollzG, **BW** § 49 Abs. 11 III, **BY** Art. 46 Abs. 11, **BE** § 63 Abs. 5, **HB** § 55

---

[282] So schon BT-Drucks. 14/4452, 17; zur Verfassungsmäßigkeit dieser nicht-monetären Komponente s. BVerfG StV 2002, 375.
[283] *Schäfer* 2005, 33.
[284] BT-Drucks. 14/4452, 11; KG NStZ 2004, 228; OLG Saarbrücken, Beschl. vom 21.1.2015 – 1 Ws 8/15, NStZ-RR 2015, 189; *Arloth/Krä* § 43 StVollzG Rdn. 23; *Laubenthal* Rdn. 450.
[285] KG FS 2009, 341; *Arloth/Krä* § 43 StVollzG Rdn. 23; AK-*Galli* Teil II § 55 Rdn. 37.
[286] Siehe OLG Nürnberg, Beschl. vom 9.6.2009 – 2 Ws 284/09 Vollz, FS 2010, 53; LG Berlin, Beschl. vom 11.4.2007 – 544 StVK (Vollz) 1267/06, NStZ-RR 2007, 286; *Arloth/Krä* § 43 StVollzG Rdn. 23; AK-*Galli* Teil II § 55 Rdn. 36.
[287] KG NStZ 2005, 291.
[288] Vorauf. § 43 Rdn. 25; *Kaiser* 2007, 354; *Laubenthal/Nestler/Neubacher/Verrel* F Rdn. 133.
[289] Siehe auch *Arloth/Krä* § 43 StVollzG Rdn. 23; AK-*Galli* Teil II § 55 Rdn.37, der mit Recht einen entsprechenden Hinweis der Anstalt verlangt.

Abs. 11, **HH** § 40 Abs. 6, **HE** § 39 Abs. 4, **MV** § 55 Abs. 9, **NI** § 40 Abs. 10, **NW** § 34 Abs. 3, **SH** § 40 Abs. 3, **TH** § 32 Abs. 8 verwiesen. Haben diese Inhaftierten keinen Antrag auf Freistellung von der Arbeit oder auf Gewährung von Arbeitsurlaub gestellt bzw. konnte ihnen dieses – in Schleswig-Holstein schon mangels gesetzlicher Möglichkeiten – nicht gewährt werden und kommt auch eine Anrechnung auf den Entlassungszeitpunkt nicht in Betracht, kann ihre Arbeitsleistung nicht über die nicht-monetäre Komponente Anerkennung finden. Die Anerkennung erfolgt vielmehr auf der monetären Ebene durch eine **Erhöhung der finanziellen Arbeitsentlohnung**. Die Ausnahmetatbestände von der Anrechenbarkeit angefallener Freistellungstage auf den Entlassungszeitpunkt normieren § 43 Abs. 10 StVollzG, **BW** § 49 Abs. 10 III, **BY** Art. 46 Abs. 10, **BE** § 63 Abs. 4, **HB** § 55 Abs. 10 Satz 2, **HH** § 40 Abs. 5 Satz 2, **HE** § 39 Abs. 3, **MV** § 55 Abs. 8, **NI** § 40 Abs. 9, **NW** § 34 Abs. 2, **SH** § 40 Abs. 2, **TH** § 32 Abs. 6.

bb) Eine besondere Regelung für Gefangene, die eine **lebenslange Freiheitsstrafe** 54 verbüßen, enthalten § 43 Abs. 10 Nr. 1 StVollzG, **BW** § 49 Abs. 10 Nr. 1 III, **BY** Art. 46 Abs. 10 Nr. 1, **BE** § 63 Abs. 4 Nr. 1, **HB** § 55 Abs. 10 Satz 2 Nr. 1, **HH** § 40 Abs. 5 Satz 2 Nr. 5, **HE** § 39 Abs. 3 Nr. 5, **MV** § 55 Abs. 8 Nr. 1, **NI** § 40 Abs. 9 Nr. 1, **NW** § 34 Abs. 2 Nr. 1, **SH** § 40 Abs. 2 Nr. 1, **TH** § 32 Abs. 6 Nr. 1. Gleiches gilt nach dem StVollzG sowie in Baden-Württemberg für diejenigen, die **Sicherungsverwahrung** verbüßen, in Berlin, Bremen, Mecklenburg-Vorpommern und Niedersachsen in Fällen angeordneter oder vorbehaltener Sicherungsverwahrung, ebenso in Nordrhein-Westfalen, wo die Voraussetzung allgemeiner formuliert ist (Entlassungszeitpunkt nach Art der Strafe noch nicht bestimmt). Betroffen sind jedoch nur die Gefangenen bzw. Sicherungsverwahrten, bei denen noch kein Entlassungszeitpunkt feststeht. Ist der Entlassungszeitpunkt eines Lebenszeitgefangenen bzw. Sicherungsverwahrten bestimmt, unterfällt er nicht mehr den genannten Ausnahmetatbeständen. Dann erfolgt automatisch die Anrechnung der seit dem letzten Zehn-Jahres-Zeitpunkt angesparten Freistellungstage auf den Entlassungszeitpunkt, es sei denn, es liegt ein anderer Ausschließungsgrund vor.

Die genannten Normen sind im Zusammenhang mit § 43 Abs. 11 Satz 3 StVollzG, **BW** 55 § 49 Abs. 11 Satz 3 III, **BY** Art. 46 Abs. 11 Satz 3, **BE** § 63 Abs. 5 Satz 4 und 5, **HB** § 55 Abs. 11 Satz 3 und 4, **HH** § 40 Abs. 7, **HE** § 39 Abs. 4 Satz 3, **MV** § 55 Abs. 9 Satz 3, **NI** § 40 Abs. 10 Satz 4, **NW** § 34 Abs. 3 Satz 4 und 5, **SH** § 40 Abs. 3 Satz 4, **TH** § 32 Abs. 8 Satz 3 zu sehen. Danach erhalten die Betroffenen, die keine Freistellung in der Haft und keinen Arbeitsurlaub in Anspruch nehmen oder dies nicht können, jeweils **nach** einer Verbüßungs- bzw. Unterbringungsdauer von **zehn Jahren eine Ausgleichszahlung** zur Gutschrift auf dem Eigengeldkonto. Mit dieser Gutschrift sind die in dem jeweiligen Zehn-Jahres-Abschnitt erarbeiteten Freistellungstage verbraucht; das ist mit der außer in Hessen stets angeordneten entsprechenden Geltung von § 57 Abs. 4 StGB gemeint. Erfolgt später eine Strafaussetzung zur Bewährung, kann die Zahlung nicht in Freistellungstage rücküberführt werden.[290]

Der **Zweck** dieser komplizierten Regelungen besteht schlicht darin, „Schwerverbre- 56 cher" weder nach Ansparen zahlreicher Freistellungstage erheblich früher entlassen noch ihnen bei der Entlassung erhebliche Geldmittel an die Hand geben zu müssen.[291] Für bereits länger inhaftierte Lebenszeitgefangene bzw. Sicherungsverwahrte sind die Ansprüche zwar erstmals mit Inkrafttreten des 5. StVollzGÄndG am 1.1.2001 entstanden. Da die Strafvollzugsgesetze bezüglich der Berechnung der Zeitintervalle auf eine Verbü-

---

290 AK-*Galli* Teil II § 55 Rdn. 42, krit. zum gesetzlichen Automatismus.
291 Ausführlich dazu *Arloth/Krä* § 43 StVollzG Rdn. 25.

ßung von jeweils zehn Jahren abstellen, ist gleichwohl die **tatsachliche Verbüßungsdauer maßgeblich;**[292] allerdings ohne Untersuchungshaft,[293] es sei denn aus dem anwendbaren Untersuchungshaftgesetz ergibt sich Gegenteiliges. Sofern die Landesnorm auf Sicherungsverwahrte Anwendung findet, zählt also die vorher verbüßte Strafhaft auch bei Anschlussvollstreckung mehrerer Freiheitsstrafen mit.[294] Bedeutungslos bleibt, wann § 43 StVollzG durch eine entsprechende Landesregelung ersetzt wurde.[295]

57   cc) § 43 Abs. 10 Nr. 2 StVollzG, **BW** § 49 Abs. 10 Nr. 2 III, **BY** Art. 46 Abs. 10 Nr. 2, **BE** § 63 Abs. 4 Nr. 2, **HB** § 55 Abs. 10 Satz 2 Nr. 2, **HH** § 40 Abs. 5 Satz 2 Nr. 2, **HE** § 39 Abs. 3 Nr. 1, **MV** § 55 Abs. 8 Nr. 2, **NI** § 40 Abs. 9 Nr. 2, **NW** § 34 Abs. 2 Nr. 2, **SH** § 40 Abs. 2 Nr. 2, **TH** § 32 Abs. 6 Nr. 2 regeln den Fall, dass bei einer **Aussetzung** der Vollstreckung des Rests einer Freiheitsstrafe oder (nur StVollzG, **BW**, **NI**) einer Sicherungsverwahrung zur Bewährung in der (zu kurzen) Zeitspanne von der gerichtlichen Entscheidung bis zum Entlassungszeitpunkt eine Anrechnung der Freistellungstage ganz oder teilweise („soweit") **faktisch unmöglich** bleibt.

58   Einen Ausschluss der Anrechnung sehen § 43 Abs. 10 Nr. 3 StVollzG, **BW** § 49 Abs. 10 Nr. 3 III, **BY** Art. 46 Abs. 10 Nr. 3, **BE** § 63 Abs. 4 Nr. 3, **HB** § 55 Abs. 10 Satz 2 Nr. 3, **HH** § 40 Abs. 5 Satz 2 Nr. 1, **HE** § 39 Abs. 3 Nr. 2, **MV** § 55 Abs. 8 Nr. 3, **NI** § 40 Abs. 9 Nr. 3, **NW** § 34 Abs. 2 Nr. 3, **SH** § 40 Abs. 2 Nr. 3, **TH** § 32 Abs. 6 Nr. 3 für die Fälle vor, in denen das Vollstreckungsgericht wegen der Lebensverhältnisse des Gefangenen oder der Wirkungen, die von der Aussetzung für ihn zu erwarten sind, eine sog. **punktgenaue Entlassung** für erforderlich erachtet (z.B. für den Verurteilten steht ein Platz in einer Therapieeinrichtung oder in einem betreuten Wohnheim erst zu einem bestimmten Zeitpunkt zur Verfügung). Gem. § 454 Abs. 1 Satz 5 StPO muss jeder Beschluss über eine Aussetzung des Strafrests zur Bewährung auch die Entscheidung enthalten, ob eine Anrechnung hiernach ausgeschlossen wird. Fehlt diese Entscheidung, bleibt es bei der Anrechnungsmöglichkeit, weil die Anwendung des Ausnahmetatbestands ausdrücklich angeordnet sein muss.[296]

59   Faktisch unmöglich ist eine Anrechnung von erarbeiteten Freistellungstagen auf den Entlassungszeitpunkt auch in den Fällen einer **Auslieferung**, **Überstellung** oder **Ausweisung** nach § 456a Abs. 1 StPO. Dem tragen § 43 Abs. 10 Nr. 4 StVollzG, **BW** § 49 Abs. 10 Nr. 4 III, **BY** Art. 46 Abs. 10 Nr. 4, **BE** § 63 Abs. 4 Nr. 4, **HB** § 55 Abs. 10 Satz 2 Nr. 4, **HH** § 40 Abs. 5 Satz 2 Nr. 4, **HE** § 39 Abs. 3 Nr. 3, **MV** § 55 Abs. 8 Nr. 4, **NI** § 40 Abs. 9 Nr. 4, **NW** § 34 Abs. 2 Nr. 4, **SH** § 40 Abs. 2 Nr. 4, **TH** § 32 Abs. 6 Nr. 4 Rechnung.[297] Dem soll aber nicht der Fall gleichstehen, dass sich an die Strafhaft Auslieferungshaft anschließt.[298]

60   Eine Verlegung des Entlassungszeitpunkts vor den vom Gnadenträger im Fall einer **Begnadigung** festgesetzten Termin hielten die meisten Gesetzgeber für mit dem Wesen

---

292 KG NStZ-RR 2006, 123; OLG Celle, Beschl. vom 24.9.2008 – 1 Ws 467/08, StraFo 2008, 484; OLG Karlsruhe, Beschl. vom 25.2.2008 – 1 Ws 262/07, Beck-Rs 2016, 16730; OLG Rostock NStZ-RR 2008, 62; *Arloth/Krä* § 43 StVollzG Rdn. 30; a.A. OLG Hamm, Beschl. vom 23.6.2005 – 1 Vollz (Ws) 60/05, NStZ 2006, 61.
293 So *Arloth/Krä* § 43 StVollzG Rdn. 30; AK-*Galli* Teil II § 55 Rdn. 40; a.A. KG, Beschl. vom 28.9.2012 – 2 Ws 440/12 Vollz, Beck-Rs 2013, 04050; OLG Karlsruhe, Beschl. vom 25.2.2008 – 1 Ws 262/07, Beck-Rs 2016, 16730; LG Frankfurt/Main, Beschl. vom 9.3.2004 – 5/19 StVK 375/03, NStZ 2005, 55.
294 KG, Beschl. vom 28.9.2012 – 2 Ws 440/12 Vollz, Beck-Rs 2013, 04050; OLG Hamburg, Beschl. vom 8.4.2010 – 3 Vollz (Ws) 8/10, StraFo 2010, 302f.
295 *Arloth/Krä* § 43 StVollzG Rdn. 30; AK-*Galli* Teil II § 55 Rdn. 40.
296 *Arloth/Krä* § 43 StVollzG Rdn. 27; *Laubenthal* Rdn. 451.
297 Siehe auch BT-Drucks. 14/4452, 18.
298 OLG Hamm, Beschl. vom 21.2.2017 – III-1 Vollz (Ws) 29/17, FS 2018, 83.

des Gnadenrechts unvereinbar.²⁹⁹ Deshalb schließen § 43 Abs. 10 Nr. 5 StVollzG, **BY** Art. 46 Abs. 10 Nr. 5, **BE** § 63 Abs. 4 Nr. 5, **HB** § 55 Abs. 10 Satz 2 Nr. 5, **HH** § 40 Abs. 5 Satz 2 Nr. 3, **HE** § 39 Abs. 3 Nr. 4, **MV** § 55 Abs. 8 Nr. 5, **NI** § 40 Abs. 9 Nr. 5, **NW** § 34 Abs. 2 Nr. 5, **TH** § 32 Abs. 6 Nr. 5 bei Entlassungen aufgrund von Gnadenerweisen eine Anrechnung von Freistellungstagen aus. Nach **BW** § 49 Abs. 10 Nr. 5 III gilt dies nur unter vergleichbarer Voraussetzung wie bei Nr. 2, d.h. soweit im Zeitraum zwischen Gnadenerweis und Entlassung eine Anrechnung nicht mehr möglich bleibt. Schleswig-Holstein (**SH** § 40 Abs. 2) hat auf eine Ausnahme bei Begnadigung gänzlich verzichtet.

§ 43 Abs. 10 StVollzG, **BW** § 49 Abs. 10 III, **BY** Art. 46 Abs. 10, **BE** § 63 Abs. 4, **HB** § 55 **61** Abs. 10 Satz 2, **HH** § 40 Abs. 5 Satz 2, **HE** § 39 Abs. 3, **MV** § 55 Abs. 8, **NI** § 40 Abs. 9, **NW** § 34 Abs. 2, **SH** § 40 Abs. 2, **TH** § 32 Abs. 6 stellen **keine abschließende Regelung** dar.³⁰⁰ Dies gilt vor allem für die Fälle faktischer Anrechnungsunmöglichkeit (z.B. Erfüllung der Voraussetzungen erst am Tag vor der regulären Entlassung; Zahlung der Geldstrafe während der Vollstreckung der Ersatzfreiheitsstrafe; in Schleswig-Holstein ferner bei zu kurzer Zeitspanne zwischen Begnadigung und Entlassung). Das OLG Hamm hat die Ausgleichszahlung auch nach Verbüßung von zehn Jahren zeitiger Freiheitsstrafe bei nachfolgender Sicherungsverwahrung, also vor deren Vollstreckungsbeginn gewährt;³⁰¹ in diesem Sinne lässt sich nunmehr **NW** § 34 Abs. 2 Nr. 1 auslegen. Auch bei **Überstellung** ausländischer Gefangener zur weiteren Strafvollstreckung in ihren Heimatländern ist abzugelten; europäisches Recht (Art. 17 Rahmenbeschluss 2008/909/JI) gebietet nicht die Strafverkürzung im Vollstreckungsstaat durch Anrechnung von Arbeit, die der Betroffene vorher im Vollzug des überstellenden Staates geleistet hat.³⁰² Aus Rechtsgründen ausscheiden wird eine Abkürzung bei der Vollstreckung von Freiheitsstrafen, die vom Internationalen Strafgerichtshof verhängt worden sind.³⁰³ Nicht erforderlich ist die analoge Anwendung der Normen bei Zurückstellung der Strafvollstreckung gem. **§ 35 BtMG**: Kommt es nach der Therapie zur Fortsetzung des Strafvollzugs, mag der Betroffene Freistellung auch für vor Therapiebeginn erworbene Tage beantragen, wird die Reststrafe nach der Therapie ausgesetzt (§ 35 BtMG), kann er Abgeltung nach Nr. 2 (Rdn. 57) verlangen.³⁰⁴

dd) Die **Modalitäten** der Gewährung einer **Ausgleichsentschädigung** sind in § 43 **62** Abs. 11 StVollzG, **BW** § 49 Abs. 11 III, **BY** Art. 46 Abs. 11, **BE** § 63 Art. 5, **HB** § 55 Abs. 11, **HH** § 40 Abs. 6, **HE** § 39 Abs. 4, **MV** § 55 Abs. 9, **NI** § 40 Abs. 10, **NW** § 34 Abs. 3, **SH** § 40 Abs. 3, **TH** § 32 Abs. 8 geregelt. Gem. **Satz 1** darf sie nur dann geleistet werden, wenn und soweit eine Anrechnung von erarbeiteten Freistellungstagen auf den Entlassungszeitpunkt wegen Vorliegens eines Ausnahmefalls ausgeschlossen bleibt. Inhaftierten, die keinen Ausnahmetatbestand erfüllen, kommt damit **kein Wahlrecht** zwischen Vorverlegung der Entlassung oder einem finanziellen Ausgleich zu.³⁰⁵ Eine Entscheidung über

---

299 Dazu BT-Drucks. 14/4452, 18.
300 So im Ergebnis auch OLG Hamm, Beschl. vom 21.2.2017 – III-1 Vollz (Ws) 29/17, FS 2018, 83; *Arloth/Krä* § 43 StVollzG Rdn. 24, 26, 28; *Laubenthal/Nestler/Neubacher/Verrel* F Rdn. 134; *Schäfer* 2005, 94; a.A. *C/MD* § 43 Rdn. 4.
301 OLG Hamm, Beschl. vom 4.9.2012 – III-1 Vollz (Ws) 291/12, FS 2013, 57; a.A. KG, Beschl. vom 28.9.2012 – 2 Ws 440/12 Vollz, Beck-Rs 2013, 04050; *Arloth/Krä* § 43 StVollzG Rdn. 25.
302 EuGH, Urt. vom 8.11.2016 – Rs. C-554/14, EuGRZ 2016, 627, 630, 631.
303 Näher *Kaiser* 2007, 448 ff.
304 KG, Beschl. vom 25.10.2004 – 5 Ws 560/04 Vollz, NStZ 2005, 291, allerdings unter analoger Anwendung von Nr. 2; OLG Hamm, Beschl. vom 10.7.2014 – 1 Vollz (Ws) 314/14, NStZ-RR 2015, 159; *Arloth/Krä* § 43 StVollzG Rdn. 26.
305 *Arloth/Krä* § 43 StVollzG Rdn. 30; *Laubenthal* Rdn. 452.

die Gewährung einer Ausgleichsleistung erübrigt sich auch bei den Gefangenen, die trotz Erfüllung der Voraussetzungen eines Ausnahmetatbestands bereits ihren Anspruch auf Freistellung von der Arbeit bzw. den Arbeitsurlaub in Anspruch genommen haben. Die Ausgleichsleistung stellt ein **Surrogat** für die in den Ausnahmefällen ausgeschlossene nicht-monetäre Anerkennung dar. Der Gefangene erhält zum Zeitpunkt seiner **Entlassung** für die Ausübung der ihm zugewiesenen Arbeit, sonstigen Beschäftigung oder Hilfstätigkeit zusätzlich zum Arbeitslohn 15, nur in Schleswig-Holstein **30 vom Hundert** des ihm gewährten Entgelts, der der ihm zukommenden Ausbildungsbeihilfe oder der ihm sonst gewährten monetären Vergütung bzw. Anerkennung. Dabei sind das Entgelt bzw. die Beihilfe für den Zeitraum zugrunde zu legen, der bei Nichtvorliegen eines Ausschlussgrundes zu einer Anrechnung geführt hätte. Angesichts des zur Ermittlung dieser individuellen Basis des Arbeitsentgelts unverhältnismäßig hohen Verwaltungsaufwands kann außer in Niedersachsen und Nordrhein-Westfalen zur Ermittlung der Ausgleichsentschädigung für den Freistellungstag folgende Formel herangezogen werden:[306]

$$\frac{\text{Bruttobezüge der letzten drei abgerechneten Monate vor der Entlassung}}{\text{geleistete Stunden in diesen drei Monaten}} \times \frac{\text{tatsächliche regelmäßige wöchentliche Arbeitszeit}}{5} = \text{Vergütungssatz je Freistellungstag}$$

$$\times\ 42\ \text{Arbeitstage} \times \frac{15}{100} = \text{Ausgleichsentschädigung für den Freistellungstag}$$

63 ee) Kann ein Gefangener nachweisen, dass sich diese Formel zu seinen Nachteilen auswirkt, weil er vor den zurückliegenden drei abgerechneten Monaten höhere Arbeitsentgelte erzielt hat, so steht ihm ein **Anspruch auf eine individuelle Berechnung** zu.[307] Führt diese dann aber zu einem für den Gefangenen ungünstigeren Ergebnis, hat es hiermit sein Bewenden.[308] Anderes gilt in **Niedersachsen**; die einfachere Berechnung auf der Basis der letzten drei Monate ist hier vorgeschrieben (NI § 40 Abs. 10 Satz 2 i.V.m. § 39 Abs. 4 Satz 2). Einen dritten Weg hat nunmehr **Nordrhein-Westfalen** eingeschlagen, indem die Berechnung nicht in der vereinfachten Weise, sondern genau auf der Basis derjenigen Bezüge erfolgt, die der Gefangene in dem Zeitraum erhalten hat, in dem er sich die abzugeltenden Freistellungstage jeweils verdient hat (**NW § 34 Abs. 3 Satz 1**). Der Gesetzgeber weist darauf hin, dass die Daten der Arbeitsverwaltung inzwischen taggenau auch für länger zurückliegende Zeiträume gespeichert und genutzt werden könnten, weshalb ein Rückgriff auf Hilfswerte entbehrlich geworden sei.[309] Auf die Anzahl der (fiktiv) erworbenen Freistellungstage kommt es auch dann nicht an, wenn das Landesrecht deren Zahl gegenüber dem StVollzG erhöht hat.[310]

64 ff) Der **Anspruch entsteht** erst mit der Entlassung, § 43 Abs. 11 Satz 2 HS. 1 StVollzG, **BW** § 49 Abs. 11 Satz 2 HS. 1 III, **BY** Art. 46 Abs. 11 Satz 2, **BE** Art. 63 Abs. 5 Satz 2, **HB** § 55

---

306 Siehe auch *Arloth/Krä* § 43 StVollzG Rdn. 30.
307 So *auch Arloth/Krä* § 43 StVollzG Rdn. 30.
308 *Arloth/Krä* § 43 StVollzG Rdn. 30; BeckOK-*Kuhn* § 43 StVollzG Rdn. 79; vorsichtiger AK-*Galli* Teil II § 55 Rdn. 39.
309 NW LT-Drucks. 16/13470, 322.
310 OLG Frankfurt, Beschl. v. 28.2.2017 – 3 Ws 381/16 (StVollz), FS SH 2018, 23 f.

Abs. 11 Satz 2, **HH** § 40 Abs. 6 Satz 3, **MV** § 55 Abs. 9 Satz 2, **NI** § 40 Abs. 10 Satz 3 HS. 1, **NW** § 34 Abs. 3 Satz 2, **SH** § 40 Abs. 3 Satz 2 1. Alt., **TH** § 32 Abs. 8 Satz 2 HS. 1. So ist auch die Regelung in Hessen (**HE** § 39 Abs. 4 Satz 1) zu verstehen. Da die Ausgleichsentschädigung ein Surrogat für den nicht zu realisierenden persönlichen Freiheitsanspruch darstellt, bestimmt § 43 Abs. 11 Satz 2 HS. 2 StVollzG, dass der Anspruch hierauf **vor der Entlassung weder verzinslich noch abtretbar noch vererblich** ist. Eine gleichwohl erfolgte Abtretung ist unwirksam (§ 134 BGB).[311] Soweit die Ländergesetze entsprechende Bestimmungen enthalten (**BW** § 49 Abs. 11 Satz 2 HS. 2 III, **BE** § 63 Abs. 5 Satz 3, **HH** § 40 Abs. 6 Satz 3, **NI** § 40 Abs. 10 Satz 3 HS. 2, **NW** § 34 Abs. 3 Satz 3 nur bzgl. Verzinsung, **SH** § 40 Abs. 3 Satz 3, **TH** § 32 Abs. 8 Satz 2 HS. 2), sind diese mangels Gesetzgebungskompetenz für das Bürgerliche Recht und den Pfändungsschutz unwirksam; es verbleibt bei der Regelung im StVollzG (s. auch **BY** Art. 208, **BE** § 117 Nr. 1, **NW** § 110 Nr. 2).[312] Nichts anderes gilt, sofern ein Landesgesetz diesbezüglich nicht einmal eine Weitergeltungsanordnung für das Bundesrecht vorsieht (etwa **HB** § 128, **HE** § 83, **MV**); die fehlende Gesetzgebungskompetenz des Landes würde auch die (stillschweigende) Aufhebung von § 43 Abs. 11 Satz 2 HS. 2 StVollzG hindern.[313] Bei der Ausgleichsentschädigung handelt es sich **nicht** um **Bezüge i. S. d. Strafvollzugsgesetze**. Es erfolgt weder eine Gutschrift zum Eigengeld noch handelt es sich um Entgelt, das ggf. zur Bildung von Überbrückungsgeld zu berücksichtigen ist. Die Ausgleichsentschädigung wird bei der Entlassung regelmäßig in bar ausgezahlt; eines Antrags bedarf es nicht. Ab der Auszahlung ist das Geld in vollem Umfang pfändbar. Zu den Besonderheiten der Gewährung von Ausgleichsentschädigung bei Lebenszeitgefangenen und Sicherungsverwahrten s. Rdn. 53 ff.

g) Besondere Regelungen. Da abweichend vom StVollzG Brandenburg, Rheinland- 65 Pfalz, das Saarland, Sachsen und Sachsen-Anhalt **auf** eine **nicht-monetäre Vergütungskomponente verzichtet** haben, erwachsen hieraus neue Fragestellungen, einerseits im Hinblick auf das Schicksal bereits erworbener Freistellungsansprüche bei Verlegung in den Vollzug eines der eingangs genannten Länder, andererseits im Hinblick auf Freistellungstage, die nach dem StVollzG in einem dieser Länder vor seiner Ersetzung durch Landesrecht angesammelt worden sind.

aa) Bestimmungen für den Fall, dass der Gefangene aus einem Land mit nicht- 66 monetärer Anerkennung in ein solches **verlegt** wird, das diese Entlohnungskomponente nicht kennt, finden sich nur in **Berlin und Schleswig-Holstein**. In Berlin schreibt **BE** § 63 Abs. 6 Satz 1 für diesen Fall vor, dass die erworbenen Freistellungstage durch Gewährung der erhöhten Vergütung nach **BE** § 63 Abs. 2 (dazu Rdn. 48) abzugelten sind. Der Gefangene hat einen entsprechenden Antrag gem. **BE** § 63 Abs. 6 Satz 2 spätestens am Tag der Verlegung zu stellen, sofern er in ein Land verlegt wird, das nach seinem Landesrecht keine erhöhte Vergütung i.S.v. **BE** § 63 Abs. 2 kennt; dies trifft momentan für alle anderen Länder zu. Sollte ein Bundesland künftig eine vergleichbare Regelung vorsehen, hat der Anspruch des Gefangenen auch im neuen Land Bestand; es kommt also zu keiner Abgeltung durch die Anstalt in Berlin.[314] Weniger umständlich ist die Regelung in Schleswig-Holstein. Nach **SH** § 40 Abs. 3 Satz 2 erhält der Gefangene mit Verlegung in ein Land, das keine Anrechnung auf den Entlassungszeitpunkt kennt, als Ausgleichsent-

---

311 Siehe auch OLG Hamburg, Beschl. vom 8.4.2010 – 3 Vollz (Ws) 8/10, StraFo 2010, 302, 304.
312 Siehe *Arloth/Krä* Art. 46 BayStVollzG Rdn. 1, § 63 BlnStVollzG Rdn. 6; BeckOK-*Kuhn* § 43 StVollzG Rdn. 82/1.
313 Im Ergebnis auch *Arloth/Krä* § 55 BremStVollzG Rdn. 6.
314 Zum Ganzen **BE** LT-Drucks. 17/2442, 242; *Arloth/Krä* § 64 BlnStVollzG Rdn. 7.

schädigung die um 30% erhöhte Vergütung (dazu Rdn. 62). Eines Antrags bedarf es hierfür nicht. Entsprechendes wird – in analoger Anwendung der jeweiligen Entschädigungsregelung – auch in den Ländern zu gelten haben, die eine ausdrückliche gesetzliche Regelung der Verlegungsfrage (noch) nicht kennen.[315]

67 **bb)** Ist in Brandenburg, Rheinland-Pfalz, Saarland, Sachsen und Sachsen-Anhalt mit Inkrafttreten des jeweiligen Landesgesetzes die Regelung des **§ 43 StVollzG entfallen**, bleibt fraglich, was aus Freistellungsansprüchen wird, die zu diesem Zeitpunkt **bereits erworben**, aber noch nicht abgegolten waren. Ausdrücklich bedacht hat man dies nur im Saarland, in Sachsen und Sachsen-Anhalt. Nach **SN** § 121 Abs. 3 gilt insoweit § 42 Abs. 6 bis 11 StVollzG fort; die Gefangenen können weiter Freistellung, Arbeitsurlaub, vorzeitige Entlassung oder Ausgleichsentschädigung in Anspruch nehmen. **ST** § 164 Abs. 6 erklärt nur § 43 Abs. 9 bis 11 StVollzG für weiter anwendbar; hier kommen also vorzeitige Entlassung und Ausgleichsentschädigung in Betracht. Nicht ganz klar ist, ob auch die Freistellung nach § 43 Abs. 6 StVollzG weiter möglich bleiben sollte. Nur die Freistellung innerhalb des Vollzuges und die Anrechnung auf den Entlassungszeitpunkt gem. § 43 Abs. 6 und 9 StVollzG sind im Saarland statthaft;[316] scheidet letztere nach § 43 Abs. 10 StVollzG aus, wird eine Ausgleichsentschädigung (§ 43 Abs. 11 StVollzG) nicht gewährt. **SL** § 119 Abs. 3 erklärt diese Norm gerade nicht für anwendbar.

68 Fehlt in Brandenburg und Rheinland-Pfalz eine Übergangsregelung, müssen aus Gründen des **Vertrauensschutzes** vor Inkrafttreten der Landesgesetze erworbene Ansprüche auf Freistellung bzw. Arbeitsurlaub oder auf Vorverlegung des Entlassungszeitpunkts ebenfalls Bestand haben.[317] Hinsichtlich des Abgeltungsanspruchs ist zwar zu bedenken, dass dieser vor Entlassung nicht entstanden wäre (§ 43 Abs. 11 Satz 2 HS. 1 StVollzG). Fällt die Möglichkeit des Entstehens weg, egal ob durch ausdrückliche Neuregelung wie im Saarland oder ohne solche wie in Brandenburg und Rheinland-Pfalz, handelt es sich also um ein Problem unechter Rückwirkung, weil ein noch nicht abgeschlossener Lebenssachverhalt neu geordnet wird.[318] Eine solche ist nach der Judikatur des BVerfG nur zulässig, falls sie zur Förderung des Gesetzeszwecks geeignet und erforderlich ist und wenn bei einer Gesamtabwägung zwischen dem Gewicht des enttäuschten Vertrauens und dem Gewicht und der Dringlichkeit der die Rechtsänderung rechtfertigenden Gründe die Grenze der Zumutbarkeit gewahrt bleibt.[319] Weil für den Wegfall der Ausgleichsentschädigung höchstens fiskalische Gründe ersichtlich sind und bereits der Verzicht auf eine nicht-monetäre Entgeltkomponente seinerseits verfassungsrechtlich zweifelhaft ist, wird man von unzulässiger Rückwirkung auszugehen haben.[320] **SL** § 119 Abs. 3 dürfte insoweit verfassungswidrig sein.

69 **3. Erlass der Verfahrenskosten.** In **Hamburg** (nicht bei gemeinnütziger Arbeit zur Abwendung einer Ersatzfreiheitsstrafe, **HH** § 40 Abs. 1 Satz 3) **und Hessen** können die Gefangenen auf Antrag als weitere nicht-monetäre Vergütungskomponente, also zusätz-

---

315 Vgl. *Arloth/Krä* § 43 StVollzG Rdn. 23b.
316 Siehe **SL** LT-Drucks. 15/386, 132; *Arloth/Krä* § 119 SLStVollzG Rdn. 1.
317 So auch OLG Koblenz, Beschl. vom 14.5.2014 – 2 Ws 137/14 (Vollz), FS 2015, 62; *Arloth/Krä* § 43 StVollzG Rdn. 23a; a.A. KG, Beschl. vom 21.10.2013 – 2 Ws 251/13 Vollz, FS 2015, 63 (betreffend Sicherungsverwahrung).
318 Vgl. BVerfG, Beschl. vom 15.10.1996 – 1 BvL 44, 48/92, BVerfGE 95, 64, 86; Urt. vom 3.4.2001 – 1 BvR 1681, 2491/94 und 24/95, BVerfGE 103, 271, 287.
319 BVerfG, Beschl. vom 7.7.2010 – 2 BvL 14/02, 2/04, 13/05, BVerfGE 127, 1.
320 Im Ergebnis wohl auch OLG Koblenz, Beschl. vom 30.1.2015 – 2 Ws 484/14 Vollz Rdn. 9 (juris; insoweit in FS 2016, 78 nicht abgedruckt).

lich zu Freistellung bzw. Freistellung aus/von der Haft und Vorverlegung der Entlassung, in den Genuss des Erlasses der Verfahrenskosten gelangen (**HH** § 40 Abs. 1 Satz 2, Abs. 8, **HE** § 39 Abs. 1 Satz 3, Absatz 5). Der Anspruch erstreckt sich auf diejenigen vom Gefangenen zu tragenden Kosten des Strafverfahrens (§ 464a StPO), deren Gläubiger Hamburg bzw. Hessen ist (**HH** § 38 Abs. 8 Satz 2, **HE** § 39 Abs. 5). Über Ansprüche anderer Gläubiger können die Länder nicht disponieren, sehen aber ebenso wenig vor, dass sich der Gefangene einen Anspruch gegen das Land auf Freistellung von Forderungen Dritter, etwa Nebenklägern, erarbeitet. Es bestehen stattdessen zwei Möglichkeiten, die sich auch kombinieren lassen. Für **sechs Monate zusammenhängender Beschäftigung** werden Verfahrenskosten in Höhe der letzten Monatsvergütung (Hamburg) bzw. der gesamten Vergütung für den Halbjahreszeitraum (Hessen) erlassen, maximal aber fünf Prozent der zu tragenden Kosten (**HH** § 40 Abs. 8 Satz 2 Nr. 1, **HE** § 39 Abs. 5 Nr. 1). Theoretisch können so nach zehnjähriger Beschäftigung die erfassten Verfahrenskosten zur Gänze abgelöst sein. In Hessen ist insoweit zudem angeordnet, dass Fehlzeiten den Lauf der sechsmonatigen Frist hemmen, aber Tage der Freistellung von der Arbeit gem. **HE** § 27 Abs. 9 Satz 1 mitzählen (**HE** § 39 Abs. 6 i.V.m. § 27 Abs. 9 Satz 3 und 4). Leisten die Gefangenen von dem verdienten Arbeitsentgelt bzw. ihrer Ausbildungsbeihilfe unter Vermittlung der Anstalt **Schadenswiedergutmachung**, können sie sich zudem Befreiung von den Verfahrenskosten in ganzer (Hessen) bzw. hälftiger (Hamburg) Höhe derart geleisteten Ersatzes verdienen (**HH** § 40 Abs. 8 Satz 2 Nr. 2, **HE** § 39 Abs. 5 Nr. 2). Die Regelung in Hessen stellt sich somit als die für den Gefangenen vorteilhaftere der beiden dar. Die Gesetzgeber versprechen sich zumal im Hinblick auf langjährig inhaftierte Gefangene einen zusätzlichen positiven Aspekt für die Wiedereingliederung, da sich die Schuldenbelastung nicht unwesentlich verringern lässt.[321]

IV. Verordnungen über Vergütungsstufen

1. Rechtsgrundlagen

a) Sämtliche Strafvollzugsgesetze enthalten eine Ermächtigung für den Erlass von Rechtsverordnungen zur Durchführung der Vorschriften über Arbeitsentgelt und Ausbildungsbeihilfe. Dadurch soll gewährleistet werden, dass im Geltungsbereich des jeweiligen Gesetzes einheitliche Vergütungsstufen für die Vergütung der Gefangenen festgesetzt werden. Das Bundesministerium der Justiz hatte im Einvernehmen mit dem damaligen Bundesminister für Arbeit und Sozialordnung und mit Zustimmung des Bundesrates von der Ermächtigungsnorm des **§ 48 StVollzG** Gebrauch gemacht und die am 1. Februar 1977 in Kraft getretene „**Verordnung über die Vergütungsstufen des Arbeitsentgelts und der Ausbildungsbeihilfe nach dem Strafvollzugsgesetz – Strafvollzugsvergütungsordnung (StVollzVergO)**" erlassen,[322] die zuletzt durch Gesetz vom 13.12.2007[323] geändert wurde. Darin sind die Vergütungsstufen festgelegt, beschrieben und Einzelheiten zur Durchführung der §§ 43 bis 45 StVollzG geregelt worden. 70

b) Die Ermächtigungsgrundlagen in Hessen und Nordrhein-Westfalen umfassen ausdrücklich auch noch andere Gegenstände als die Vergütungsstufen, ihre Bemessung und das Zulagensystem. Unbedenklich ist es, wenn die Landesverordnung vorher nach 71

---
321 Vgl. **HE** LT-Drucks. 18/1396, 103.
322 BGBl. I, 57; abgedruckt in der Vorauft., S. 1351f.
323 BGBl. I, 2894.

der StVollzVergO vorgesehene Zulagen nicht übernommen hat; insoweit gibt es keinen **Bestandsschutz.**[324] Anders verhält sich dies in Mecklenburg-Vorpommern und Sachsen, wo ausdrücklich die Weitergeltung von Altregelungen, die für den einzelnen Gefangenen günstiger sind, bis zum Ende des jeweiligen Beschäftigungsverhältnisses angeordnet wurde (**MV** § 4 JVollzVergVO, **SN** § 5 JVollzVergVO). Folgende Länder haben bereits eigene Verordnungen erlassen:

– **Baden-Württemberg** auf der Basis von **BW** § 55: „Verordnung des Justizministeriums über die Vergütungsstufen des Arbeitsentgelts und der Ausbildungsbeihilfe nach dem Justizvollzugsgesetzbuch (Justizvollzugsvergütungsordnung – JVollzVergO)" vom 30.11.2009,[325]

– **Bayern** gem. **BY** Art. 48: „Verordnung über die Vergütungsstufen des Arbeitsentgelts und der Ausbildungsbeihilfe nach dem Bayerischen Strafvollzugsgesetz (Bayerische Strafvollzugsvergütungsverordnung – BayStVollzVergV)" vom 15.1.2008,[326]

– **Brandenburg** nach **BB** § 66 Abs. 3 Satz 3: „Verordnung über die Vergütungsstufen der Ausbildungsbeihilfe, des Arbeitsentgelts und der finanziellen Anerkennung nach dem Brandenburgischen Justizvollzugsgesetz und nach dem Brandenburgischen Sicherungsverwahrungsvollzugsgesetz (Brandenburgische Justizvollzugs- und Sicherungsverwahrungsvollzugsvergütungsordnung – BbgJVollzSVVergO)" vom 22.5.2013,[327]

– **Hamburg** auf Grund von **HH** § 43: „Verordnung über die Vergütung von Arbeit und Bildung im Rahmen des Justizvollzuges (Hamburgische Vollzugsvergütungsordnung – HmbVollzVergO)" vom 26.3.2015,[328]

– **Hessen** nach **HE** § 38 Abs. 3 Satz 2: „Hessische Verordnung zur Festsetzung von Vergütungsstufen für die Arbeit der Gefangenen (Hessische Strafvollzugsvergütungsverordnung – HStVollzVergVO)" vom 23.11.2011,[329] geändert durch Art. 3 der Verordnung vom 20.7.2016,[330] in Kraft bis 31.12.2021 (§ 4 HStVollzVergVO),

– **Mecklenburg-Vorpommern** gem. **MV** § 55 Abs. 3 Satz 3: „Verordnung über die Vergütungsstufen des Arbeitsentgeltes und der Ausbildungsbeihilfe im Justizvollzug Mecklenburg-Vorpommern (Justizvollzugsvergütungsverordnung – JVollzVergVO M-V)" vom 16.9.2013,[331]

– **Nordrhein-Westfalen** auf der Basis von **NW** § 32 Abs. 4 Satz 3: „Verordnung über die Vergütung und die Ausbildungsbeihilfe nach den Vollzugsgesetzen des Landes Nordrhein-Westfalen für Gefangene und in der Sicherungsverwahrung Untergebrachte (Landesvollzugsvergütungsverordnung Nordrhein-Westfalen – LVollzVergVO NRW)" vom 31.8.2017, in Kraft bis zum 31.8.2023 (§ 7 LVollzVergVO),[332]

– **Rheinland-Pfalz** auf der Grundlage von **RP** § 65 Abs. 3 Satz 3: „Landesverordnung über die Vergütungsstufen in Justizvollzug und Sicherungsverwahrung (LVergVollzVO)" vom 24.5.2013,[333]

– **Sachsen** nach **SN** § 55 Abs. 3 Satz 3: „Verordnung des Sächsischen Staatsministeriums der Justiz über die Vergütungsstufen des Arbeitsentgelts, der Ausbildungsbeihilfe

---

[324] LG Gießen, Beschl. vom 24.1.2013 – 2 StVK – Vollz 596/12 (juris).
[325] GBl., 765.
[326] GVBl., 25.
[327] GVBl. II, Nr. 42.
[328] GVBl., 57.
[329] GVBl. I, 751.
[330] GVBl., 134.
[331] GVBl., 548.
[332] GVBl., 778, ber. 800.
[333] GVBl., 155.

und der finanziellen Anerkennung im Justizvollzug (Sächsische Justizvollzugsvergütungsverordnung – SächsJVollzVergVO)" vom 5.7.2016,[334]
– **Sachsen-Anhalt** gem. **ST** § 66: „Verordnung über die Vergütungsstufen des Arbeitsentgelts und der Ausbildungsbeihilfe nach dem Justizvollzugsgesetzbuch Sachsen-Anhalt (Justizvollzugsvergütungsverordnung – JVollzVergVO)" vom 21.1.2016[335] sowie
– **Schleswig-Holstein** auf Grund von **SH** § 37 Abs. 3 Satz 3: „Landesverordnung über die Vergütungsstufen des Arbeitsentgelts und der Ausbildungsbeihilfe nach dem Landesstrafvollzugsgesetz Schleswig-Holstein, dem Jugendstrafvollzugsgesetz, dem Untersuchungshaftvollzugsgesetz sowie dem Gesetz über den Vollzug der Sicherungsverwahrung in Schleswig-Holstein (Vollzugsvergütungsverordnung – VollzVergVO **SH**)" vom 4.10.2016, in Kraft bis 31.12.2021 (§ 6 VollzVergVO).[336]

Bestimmungen, die in den Gesetzen der aufgeführten Länder die übergangsweise Weitergeltung der StVollzVergO des Bundes vorsehen (etwa **NW** § 111, **SN** § 121 Abs. 1, **ST** § 164 Abs. 4), sind damit gegenstandslos.

c) In den Ländern Berlin, Bremen, Niedersachsen, Saarland und Thüringen ist von 72 der Verordnungsermächtigung (**BE** § 61 Abs. 3 Satz 3, **HB** § 55 Abs. 3 Satz 3, **NI** § 44, **SL** § 55 Abs. 3 Satz 3, **TH** § 66 Abs. 4 Satz 2) – soweit ersichtlich – noch kein Gebrauch gemacht worden; hier **gilt** vorerst die **StVollzVergO** des Bundes **fort**. Ausdrücklich bekräftigt ist dies in **HB** § 129, **NI** § 201 Abs. 1, **SL** § 119 Abs. 1, **TH** § 143 Abs. 1. Zumindest in Berlin und Thüringen ist nach Auskunft der Ministerien in absehbarer Zeit der Erlass eigener Verordnungen geplant.

2. Inhalt der Verordnungen

a) Gem. § 1 Abs. 1 StVollzVergO, **BW** § 1 Abs. 1 JVollzVergO, **BY** § 1 Abs. 1 BayStVollz- 73 VergV, **HE** § 1 Abs. 1 HStVollzVergVO, **NW** § 2 Abs. 1 LVollzVergVO, **ST** § 1 Abs. 1 JVollzVergVO, **SH** § 1 Abs. 1 VollzVergVO wird der **Grundlohn** des Arbeitsentgelts nach **fünf Vergütungsstufen** festgesetzt: Vergütungsstufe I (gem. § 1 Abs. 2 StVollzVergO, **BW** § 1 Abs. 2 JVollzVergO, **BY** § 1 Abs. 2 BayStVollzVergV, **HE** § 1 Abs. 2 HStVollzVergVO, **NW** § 2 Abs. 2 LVollzVergVO, **ST** § 1 Abs. 2 und 3 Satz 1 JVollzVergVO, **SH** § 1 Abs. 2 VollzVergVO 75% des Grundlohns) gilt für Arbeiten einfacher Art, die keine Vorkenntnisse und nur eine kurze Einweisungszeit erfordern und die nur geringe Anforderungen an die körperliche oder geistige Leistungsfähigkeit oder an die Geschicklichkeit stellen. Vergütungsstufe II (= 88% des Grundlohns) ist für Arbeiten der Stufe I vorgesehen, die eine Einarbeitungszeit erfordern. Arbeiten, die eine Anlernzeit notwendig machen und durchschnittliche Anforderungen an die Leistungsfähigkeit und die Geschicklichkeit stellen, werden nach Vergütungsstufe III (= 100% des Grundlohns) entlohnt. Vergütungsstufe IV (= 112% des Grundlohns, in Sachsen-Anhalt 115%) ist für Arbeiten vorgesehen, die die Kenntnisse und Fähigkeiten eines Facharbeiters erfordern oder gleichwertige Kenntnisse und Fähigkeiten voraussetzen. Schließlich gilt Vergütungsstufe V (= 125% des Grundlohns, in Sachsen-Anhalt 128%) für Arbeiten, die über die Anforderungen der Stufe IV hinaus ein besonderes Maß an Können, Einsatz und Verantwortung verlangen. In **Hessen** sind die Anforderungen für die jeweilige Vergütungsgruppe teilweise präziser formuliert (z.B. III: Tätigkeiten im Bereich der Qualitätskontrolle, als Vorarbeiter oder als ungelernte Kraft bei der Erbringung von Leistungen, die denen einer Fachkraft ver-

---

334 GVBl., 380.
335 GVBl., 45.
336 GVBl., 838.

gleichbar sind, V: Meisterbrief oder vergleichbarer Abschluss). In **Sachsen** entsprechen die Vergütungsstufen II bis VI (§ 2 Abs. 1 SächsJVollzVergVO) in etwa denjenigen nach der StVollzVergVO, auch die Vergütung ist insoweit identisch (§ 2 Abs. 2 SächsJVollzVergVO).

74   In **Brandenburg** (§ 1 Abs. 1 BbgJVollzSVVergO) und **Hamburg** (§ 2 Abs. 1 HmbVollzVergO) gibt es lediglich **drei Vergütungsstufen** bei Arbeitsentgelt, wobei diese etwa den Stufen I, II bis III und IV bis V nach dem System der anderen Länder entsprechen. In Brandenburg beträgt der Grundlohn insoweit 80, 100 und 120% der Eckvergütung (§ 1 Abs. 2 BbgJVollzSVVergO), in Hamburg 75, 100 und 125% (§ 2 Abs. 2 HmbVollzVergO). Nach vier, sechs und acht Monaten zusammenhängender Tätigkeit und mindestens durchschnittlicher Arbeitsleistung **erhöht sich der Grundlohn** in Hamburg auf 88, 113 und 138% (§ 2 Abs. 3 HmbVollzVergO); Hemmung und Unterbrechung des Fristlaufs, auch bei Krankheit, werden im Einzelnen in § 2 Abs. 4 HmbVollzVergO geregelt. Großzügiger noch fällt die Regelung in **Sachsen-Anhalt** aus: Nach einer dreimonatigen Einarbeitungszeit steigt bei Erfüllung durchschnittlicher Anforderungen die Vergütung je nach Stufe auf 85, 99, 113, 126 und 141% der Eckvergütung (**ST** § 1 Abs. 3 Satz 2 i.V.m. Abs. 2 JVollzVergVO).

75   **Mecklenburg-Vorpommern** differenziert sogar zwischen sechs Vergütungsstufen. Wesentliches Abgrenzungskriterium bildet dabei neben den Anforderungen an Leistungsfähigkeit wie Geschicklichkeit sowie dem Erfordernis von Kommunikation und Zusammenarbeit die legal definierte und nach objektiven Maßstäben zu beurteilende (§ 1 Abs. 1 Satz 2 und 3 JVollzVergVO M-V) Anlernzeit (keine, bis zu einer Woche, vier Wochen, drei Monaten, sechs Monaten bzw. einem Jahr), § 1 Abs. 1 Satz 1 JVollzVergVO M-V. Die Vergütungsstufen betragen 60,[337] 75, 88, 100, 112 und 125% (§ 1 Abs. 2 JVollzVergVO M-V).

76   **Rheinland-Pfalz** (§ 1 Abs. 1 LVergVollzVO) kennt zwar fünf Vergütungsstufen, nur die Vergütungsstufen 2, 3, 4 und 5 betreffen aber Arbeit. Auf die Anlernzeit wird hier nicht abgehoben; die Stufen sind im Wesentlichen vergleichbar mit den Stufen I, III, IV und V nach der StVollzVergO. Die Grundvergütung beträgt 85, 100, 112 und 125% (§ 1 Abs. 2 LVergVollzVO).

77   Eine **Unterschreitung** des Grundlohns nach der jeweiligen Vergütungsstufe ist in einigen Ländern statthaft, wenn die Arbeitsleistungen hinter den Anforderungen der jeweiligen Vergütungsstufe zurückbleiben (§ 1 Abs. 3 Satz 1 StVollzVergO, **BW** § 1 Abs. 3 Satz 1 JVollzVergO, **BY** § 1 Abs. 3 Satz 1 BayStVollzVergV, **MV** § 1 Abs. 4 Satz 1 JVollzVergVO, **NW** § 2 Abs. 3 Satz 1 LVollzVergVO, **SN** § 2 Abs. 3 Satz 1 SächsJVollzVergVO, **SH** § 1 Abs. 3 VollzVergVO), in Sachsen nur bis zum Niveau der vorhergehenden Stufe (§ 2 Abs. 3 Satz 2 SächsJVollzVergVO). Rheinland-Pfalz gestattet eine Minderung bei dauerhafter körperlicher oder geistiger sowie altersbedingter Beeinträchtigung der Leistungsfähigkeit (§ 2 Abs. 6 LVergVollzVO). Auch während einer **Einarbeitungs- oder Anlernzeit** darf der Grundlohn verringert werden, allerdings nur um maximal 20% (§ 1 Abs. 3 Satz 2 StVollzVergO, **BW** § 1 Abs. 3 Satz 2 JVollzVergO, **BY** § 1 Abs. 3 Satz 2 StVollzVergV, **MV** § 1 Abs. 4 Satz 2 JVollzVergVO, **NW** § 2 Abs. 3 Satz 2 LVollzVergVO). Sachsen verbietet umgekehrt in dieser Phase ausdrücklich eine Kürzung (§ 2 Abs. 5 SächsJVollzVergVO). Hessen gestattet während einer maximal einmonatigen Anlernzeit nur die Eingruppierung in die nächst niedrigere Vergütungsgruppe (§ 1 Abs. 1 Satz 4 HStVollzVergVO) und trifft Bestimmungen für die Nichterfüllung des Solls im Leistungslohn (§ 2 Abs. 2

---

337   *Marisken* NK 2018, 58 schlägt vor, im Wege der verfassungskonformen Auslegung von dieser Vergütungsstufe jedenfalls bei Pflichtarbeit keinen Gebrauch zu machen.

Satz 3 HStVollzVergVO). Soweit in den Gesetzen Regelungen über die Mindestvergütung zu finden sind, gehen diese (natürlich) vor, § 1 Abs. 3 Satz 3 StVollzVergO, **BW** § 1 Abs. 3 Satz 3 JVollzVergO, **BY** § 1 Abs. 3 Satz 3 BayStVollzVergV, **MV** § 1 Abs. 4 Satz 3 JVollzVergVO).Im Hinblick auf die insgesamt niedrige Vergütungshöhe und die demotivierende Wirkung sollten Kürzungen zurückhaltend erfolgen; vorrangig bleibt ein Wechsel der Arbeitsstelle zu erwägen.[338] Eine Unterschreitung ist nicht vorgesehen in Brandenburg, Hamburg und Sachsen-Anhalt.

b) Hinsichtlich des Arbeitsentgelts für **arbeitstherapeutische Beschäftigung sowie Arbeitstraining** und für die Ausbildungsbeihilfe sehen die Verordnungen teilweise besondere Regelungen vor: Ein arbeitstherapeutisch beschäftigter Gefangener erhält in der Regel 75% des Grundlohns der Vergütungsstufe I, also 56,25% der Eckvergütung (§ 3 StVollzVergO, **BW** § 3 JVollzVergO, **BY** § 3 BayStVollzVergV, **HH** § 4 HmbVollzVergO, **HE** § 1 Abs. 3 HStVollzVergVO, **NW** § 4 Abs. 1 Satz 2 LVollzVergVO, **ST** § 3 Abs. 1 i.V.m. § 1 Abs. 2 Nr. 1 JVollzVergVO, auch bei Arbeitstraining). In Sachsen und Schleswig-Holstein gibt es für Arbeitstherapie 60% der Eckvergütung, in Sachsen zudem für Arbeitstraining (**SN** § 2 Abs. 1 Nr. 1 Buchstabe b, Abs. 2 Nr. 1 JVollzVergVO, **SH** § 3 Nr. 1 VollzVergVO). Eine Höherstufung des Entgelts nach drei Monaten wie bei Arbeit ist in Sachsen-Anhalt ausdrücklich ausgeschlossen (**ST** § 1 Abs. 3 Satz 3 JVollzVergVO). Nordrhein-Westfalen leistet in der Werkphase der Arbeitstherapie maximal den Grundlohn nach Vergütungsstufe I, **NW** § 4 Abs. 1 Satz 3 LVollzVergVO. Hier sind Zulagen für Mehrarbeit und im letzten Stadium der Therapie auch für besondere Leistungen möglich, **NW** § 4 Abs. 3 LVollzVergVO. In anderen Ländern, etwa Brandenburg, gelten die Bestimmungen über Ausbildungsmaßnahmen.

c) Ein in Ausbildung befindlicher Inhaftierter erhält vorbehaltlich ihm zustehender anderweitiger Leistungen zum Lebensunterhalt (s. G Rdn. 8) eine **Ausbildungsbeihilfe**.

aa) Diese richtet sich nach Bundesrecht, in Baden-Württemberg, Bayern, Sachsen-Anhalt und Schleswig-Holstein nach der **Vergütungsstufe III**, wenn keine Einstufung in Vergütungsstufen II oder IV erfolgt, § 4 Abs. 1 StVollzVergO, **BW** § 4 Abs. 1 JVollzVergO, **BY** § 4 Abs. 1 BayStVollzVergV, **ST** § 4 Abs. 1 JVollzVergVO, **SH** § 4 Abs. 1 VollzVergVO. Gem. § 4 Abs. 2 StVollzVergO, **BY** § 4 Abs. 2 BayStVollzVergV, **ST** § 4 Abs. 2 JVollzVergVO, **SH** § 4 Abs. 2 VollzVergVO kommt eine **Höhergruppierung** in Vergütungsstufe IV nach der Hälfte der Gesamtdauer der Maßnahme bei hinlänglichem Ausbildungserfolg in Betracht, auf der Basis von **BW** § 4 Abs. 2 JVollzVergO nach zwei Jahren. Eine **Herabstufung** in Vergütungsstufe II (**BW:** I oder II) ist möglich für die Teilnahme an einem Unterricht oder an Maßnahmen der Berufsfindung, ggf. (**BW**) auch an sozialem Training oder Deutschkursen, wenn dies wegen der Kürze oder des Ziels der Maßnahme gerechtfertigt erscheint, § 4 Abs. 3 StVollzVergO, **BW** § 4 Abs. 3 JVollzVergO, **BY** § 4 Abs. 3 BayStVollzVergV, **SH** § 4 Abs. 3 VollzVergVO. In **Sachsen-Anhalt** greift bei nicht abschlussorientierten Bildungsmaßnahmen, Orientierungs- und Qualifizierungsmaßnahmen und sonstigen Maßnahmen zur Förderung der beruflichen und persönlichen Entwicklung stets Vergütungsgruppe II Platz, **ST** § 4 Abs. 3 JVollzVergVO. Zudem ist hier zu beachten, dass nach dreimonatiger Teilnahme an Ausbildungsmaßnahmen bei Erfüllung durchschnittlicher Anforderungen ebenfalls die erhöhten Sätze der jeweiligen Vergütungsstufe gewährt werden, **ST** § 4 Abs. 4 Satz 1 i.V.m. § 1 Abs. 3 Satz 1 und 2 JVollzVergVO.

---

338 Siehe *Laubenthal/Nestler/Neubacher/Verrel* F Rdn. 120.

81 **bb)** Andere Länder unterscheiden auch hinsichtlich der Ausbildungsbeihilfe zwischen **mehreren Vergütungsstufen**. **Brandenburg** (§ 3 Abs. 1 BbgJVollzSVVergO) kennt deren vier: Die erste umfasst Arbeitstherapie und -training sowie schulische und berufliche Qualifizierungsmaßnahmen mit geringen Leistungsanforderungen, die zweite Fortschritte beim Arbeitstraining, Qualifizierungsmaßnahmen nach der Hälfte der Dauer bei hinlänglichem Lernfortschritt sowie derartige Maßnahmen, die zusätzliche Leistungen erfordern, ohne zu formalen Abschlüssen hinzuführen. In der dritten finden sich Qualifizierungsmaßnahmen der zweiten Gruppe nach der Hälfte der Zeit bei entsprechendem Fortschritt sowie Maßnahmen, die zu formalen Abschlüssen führen oder diese vorbereiten, in der vierten Maßnahmen der zuletzt genannten Art nach der Hälfte der Dauer. Die Ausbildungsbeihilfe beträgt 80, 90, 100 und 110% der Eckvergütung (§ 3 Abs. 2 BbgJVollzSVVergO). Ein ähnliches System kennt man in **Sachsen**. § 3 Abs. 1 und 2 SächsJVollzVergVO stellt weiter auf die Art des Schulabschlusses ab und legt die Ausbildungsbeihilfe auf 75, 90, 100 und 110% der Eckvergütung fest.

82 **Hamburg** differenziert unter Anwendung der Vergütungsstufen für Arbeit nach dem Fortschritt der Maßnahme, für die Ausbildungsbeihilfe gewährt wird: während der ersten beiden Monate Stufe I, bis zum achten Monat Stufe II und danach Stufe III, sofern die Leistungen des Gefangenen den Anforderungen genügen (§ 5 Abs. 1 HmbVollzVergO). Klargestellt ist, dass der Berechnungszeitraum mit jeder neuen Maßnahme erneut beginnt (§ 5 Abs. 2 Satz 2 HmbVollzVergO). Nicht Ausbildungsbeihilfe, sondern die bisherige Vergütung wird weitergezahlt bei bloßer Unterbrechung der bisherigen Verwendung zu Ausbildungszwecken von nicht mehr als drei Monaten (§ 5 Abs. 4 HmbVollzVergO). – In **Hessen** findet sich nur eine kursorische Regelung (§ 1 Abs. 1 Satz 1 HStVollzVergVO). Es gelten die Bestimmungen für das Arbeitsentgelt, ohne dass die Verordnung auf die Besonderheiten von Ausbildungsmaßnahmen eingeht. – **Mecklenburg-Vorpommern** wendet Vergütungsstufe 3 an (§ 3 Abs. 1 JVollzVergVO), wobei schulische oder berufliche Qualifizierungsmaßnahmen bei geringer Dauer oder weniger anspruchsvoller Zielsetzung Stufe 2 zugeschlagen werden (§ 3 Abs. 2 JVollzVergV). – In **Rheinland-Pfalz** kommen je nach Art und Anforderungen einer Qualifizierungsmaßnahme die Vergütungsstufen 2, 3 oder 4 zur Anwendung (im Einzelnen § 1 Abs. 1 LVergVollzVO).

83 **Nordrhein-Westfalen** unterscheidet zwischen beruflicher (**NW** § 5 LVollzVergVO) und schulischer Bildung (**NW** § 6 LVollzVergVO). Es sind jeweils vier Vergütungsstufen mit 75, 88, 100 und 112 Prozent eingerichtet (**NW** §§ 5 Abs. 2, 6 Abs. 2 LVollzVergVO). Sehr ausführlich sind die Anforderungen an jede Stufe und dabei getrennt nach Wesen der Bildungsmaßnahme umschrieben (**NW** §§ 5 Abs. 1, 6 Abs. 1 LVollzVergVO). Stufe 1 umfasst Berufsvorbereitungs- und -orientierungsmaßnahmen einerseits, schulische Grundbildung unter Einschluss von Sprach- und Alphabetisierungskursen andererseits. In Stufe 2 finden sich kurze Maßnahmen der beruflichen Bildung (bis zu sechs Monaten) bzw. Stütz- und Fördermaßnahmen wie Integrationskurse mit mindestens dreimonatiger Dauer. Auf beruflicher Ebene sind die Maßnahmen bei Stufe 3 dadurch charakterisiert, dass sie nicht zu Stufe 2 oder 4 zählen, während im Schulsektor solche Kurse gemeint sind, die zu einem Abschluss (etwa der Hauptschule nach Klasse 9 oder Europäischer Computerführerschein) hinführen. Höhergesteckte Bildungsziele einschließlich des Fernstudiums zählen zu Stufe 4, im beruflichen Bereich Maßnahmen in der zweiten Hälfte ihrer Dauer bei hinlänglichem Ausbildungsstand bzw. Lernbereitschaft. Privilegiert durch höhere Einordnung werden gem. **NW** § 5 Abs. 1 Satz 2 bis 4 LVollzVergVO u.a. Maßnahmen im Berufsbildungszentrum der JVA Geldern (dazu oben A. Rdn. 30).

cc) Soweit die anwendbare Vergütungsordnung der Anstalt bei der Einordnung 84
Spielraum lässt, darf die **Arbeitshaltung** des Gefangenen berücksichtigt werden,[339] also
die Art der Arbeitsweise insbesondere bei der Ausführung praktischer Arbeiten, weil
diese für das Erreichen des beruflichen Ausbildungszieles bedeutsam ist. Hingegen erscheint es nicht vertretbar, im Schulunterricht generell auch das **soziale Verhalten** des
Gefangenen zu berücksichtigen. Dieses ist zwar sozialprognostisch im Hinblick auf die
Erreichung des Vollzugszieles von Bedeutung und daher zu fördern, nicht aber für den
Erwerb des Schulabschlusses an sich maßgeblich.[340] Absolviert der Inhaftierte ein Studium, so kann die Ausbildungsbeihilfe jedoch nicht nach der Zeit bemessen werden, die
der Gefangene hierfür aufwendet, denn der zeitliche Aufwand für ein Erfolg versprechendes Studium hängt nicht vom Studienfach, sondern vor allem von der individuellen
Befähigung des Studenten ab. Zudem vermag nicht überprüft zu werden, wie lange sich
der Einzelne seinem Studium widmet.[341]

d) Kennen die Gesetze finanzielle Anerkennung oder Kompensation für die **Teil-** 85
nahme an sonstigen Behandlungsmaßnahmen (dazu oben Rdn. 14 ff), ist auch deren
Höhe in den Verordnungen festgelegt. Sie beträgt in Brandenburg 100% der Eckvergütung; die Gewährung von Zulagen ist nicht vorgesehen (§ 4 BbgJVollzSVVergO). In
Rheinland-Pfalz findet Vergütungsstufe 1.1 mit einer Grundvergütung von 60% Anwendung (§ 1 Abs. 1 und 2 LVergVollzVO). Im Ergebnis genauso verhält es sich in Sachsen
(§ 2 Abs. 1 Nr. 1 Buchstabe a, Abs. 2 Nr. 1 JVollzVergVO), wo allerdings „in besonders begründeten Ausnahmefällen" die Einordnung in eine höhere Vergütungsstufe statthaft
bleibt (§ 2 Abs. 4 JVollzVergVO). Nordrhein-Westfalen schließt Zulagen aus (**NW** § 3
Abs. 1 Satz 3 LVollzVergVO).

e) § 2 StVollzVergO, **BW** § 2 JVollzVergO, **BY** § 2 BayStVollzVergV, **NW** § 3 LVollz- 86
VergVO, **RP** § 2 LVergVollzVO, **SN** § 4 JVollzVergVO, **ST** § 2 JVollzVergVO, **SH** § 2 VollzVergVO legen **Zulagen** fest, die den Gefangenen zusätzlich zum Grundlohn gewährt
werden können. Es handelt sich gem. Abs. 1 (Sachsen: Abs. 2 und 6) der Vorschriften um
sog. **Umständezulagen**, die für Arbeiten unter arbeitserschwerenden Umgebungseinflüssen, zu ungünstigen Zeiten (z.B. von 18, 21 oder 22 bis 6 Uhr, samstags [in Sachsen:
ab 13 Uhr], sonn- und feiertags)[342] und (nicht in Rheinland-Pfalz) für Zeiten, die über die
festgesetzte Arbeitszeit hinausgehen, bis zu insgesamt 35% (Rheinland-Pfalz: 10%) vom
Grundlohn betragen dürfen. Darüber hinaus können nach Abs. 2 (Rheinland-Pfalz:
Abs. 3) Nr. 1 (ohne Nr. in **NW**) der eingangs genannten Normen **Leistungszulagen** im
sog. Zeitlohn (d.h. ein Gefangener hat eine bestimmte Stundenzahl am Tag zu arbeiten)
bis zu 30% vom Grundlohn gewährt werden unter Berücksichtigung von Arbeitsmenge
und -güte, Umgang mit Betriebsmitteln und Arbeitsmaterialien, Leistungsbereitschaft
und Ausmaß von Fehlzeiten; gem. Nr. 2 (ohne Nr. in **NW**) im sog. Leistungslohn (d.h. ein
Gefangener hat eine bestimmte Leistung innerhalb einer festgesetzten Arbeitszeit zu
erbringen) bis zu 15% vom Grundlohn unter Berücksichtigung von Arbeitsgüte sowie
Umgang mit Betriebsmitteln und Arbeitsmaterialien. Der Gesichtspunkt der Arbeitsgüte
verlangt eine über das normale Maß hinausgehende Qualität; bloß mengenmäßige Mehr-

---

339 KG ZfStrVo 1983, 309.
340 *Laubenthal/Nestler/Neubacher/Verrel* F Rdn. 142; a.A. OLG Hamburg NStZ 1995, 303; *Arloth/Krä* § 44 StVollzG Rdn. 3.
341 KG NStZ 2004, 610; *Arloth/Krä* § 44 StVollzG Rdn. 3; *Laubenthal/Nestler/Neubacher/Verrel* F Rdn. 143.
342 *Arloth/Krä* § 43 StVollzG Rdn. 16.

leistung genügt nicht.³⁴³ In **Sachsen** wurde das System umgedreht: Hier kommt im Leistungslohn ein Bonus von bis zu 30% in Betracht, im Zeitlohn ein solcher von bis zu 15% (§ 4 Abs. 3 und 7 JVollzVergVO), bei selbstverschuldeten Fehlzeiten scheiden Leistungszulagen aus (§ 4 Abs. 8 JVollzVergVO).

87   Bei der **Gewährung** von Leistungszulagen handelt es sich – anders als bei Mehrarbeitszulagen³⁴⁴ – zwar nicht um einen begünstigenden, laufende Geldleistung gewährenden Dauerverwaltungsakt mit der Eignung, **Vertrauensschutz** zugunsten des Betroffenen zu entfalten (ausdrücklich **HH** § 3 Abs. 1 Satz 2 HmbVollzVergO, indem monatliche Überprüfung und Begründung vorgeschrieben ist).³⁴⁵ Es geht eben nicht um ein festes Entgelt, sondern um eine an bestimmte Voraussetzungen geknüpfte Zulage, deren Entziehung gleichwohl auf Ermessensfehler überprüfbar bleibt. Fiskalische Gründe geben dabei keine sachgerechte Erwägung ab.³⁴⁶

88   In **Brandenburg** werden lediglich Umständezulagen, ebenfalls in einem Ausmaß von bis zu insgesamt 35%, anerkannt (§ 2 BbgJVollzSVVergO). – **Hamburg** kennt eine Leistungszulage von 10% für dauerhaft weit überdurchschnittliche Leistungen sowie eine Umständezulage von jeweils 5% für Arbeiten zwischen 22 und 6 Uhr, an Wochenenden und Feiertagen (§ 3 HmbVollzVergO). – In **Hessen** ist einerseits eine nicht als Zulage bezeichnete Übererfüllung des Solls im Leistungslohn geregelt (§ 2 Abs. 2 Satz 3 HStVollzVergVO), andererseits eine Leistungszulage im Zeitlohn von 5, 10, 15 oder 20% unter der Voraussetzung überdurchschnittlicher Arbeitsqualität oder -menge ohne selbstverschuldete Fehlzeiten im Abrechnungszeitraum (§ 3 Abs. 2 Nr. 3, Abs. 3 HStVollzVergVO). Zudem gibt es Umständezulagen von 5% für Schweißtätigkeiten, das Beseitigen von Verstopfungen in Kanalisation und Toiletten sowie vergleichbar schmutzige und eklige Tätigkeiten (§ 3 Abs. 1 HStVollzVergVO). – In **Mecklenburg-Vorpommern** sind nur Leistungszulagen von maximal 10% vorgesehen; die Voraussetzungen ähneln denjenigen gem. § 2 Abs. 2 StVollzVergO (**MV** § 2 JVollzVergVO). – **Nordrhein-Westfalen** sieht – wohl inspiriert von ähnlichen Bestimmungen für den öffentlichen Dienst – eine gestaffelte Struktur mit Obergrenzen für die Vergabe von Zulagen vor (**NW** § 3 Abs. 3 LVollzVergVO). Danach können maximal 50 Prozent der Gefangenen in den Genuss von Zulagen kommen, wobei z.B. die höchstmögliche Zulage nur bis zu 10 Prozent der Inhaftierten gewährt werden darf.

89   **f)** Nach § 4 Abs. 4 StVollzVergO, **BW** § 4 Abs. 4 JVollzVergO, **BY** § 4 Abs. 5 BayStVollzVergV, **BB** § 3 Abs. 3 BbgJVollzSVVergO, **HH** § 5 Abs. 3 HmbVollzVergO, **MV** § 3 Abs. 3 JVollzVergVO, **ST** § 4 Abs. 4 Satz 2 JVollzVergVO, **SH** § 4 Abs. 4 VollzVergVO gilt das jeweilige System der Zulagenvergütung **entsprechend für die Gewährung von Ausbildungsbeihilfe**. Rheinland-Pfalz und Sachsen sehen unter Berücksichtigung von u.a. Lernverhalten und -ergebnissen nur Leistungszulagen bis zu 30% vor (**RP** § 2 Abs. 2 LVergVollzVO, **SN** § 4 Abs. 4 JVollzVergVO). Das gilt im Ergebnis auch in Nordrhein-Westfalen (**NW** §§ 5 Abs. 5, 6 Abs. 5 LVollzVergVO). Die Bestimmungen über Leistungszulagen sind auch auf **Fernstudien** (s. hierzu A Rdn. 29) anwendbar,³⁴⁷ soweit diese als Aus- oder Weiterbildungsmaßnahme i.S.d. Gesetze durchgeführt werden. Dabei ist das

---

343   OLG München, Beschl. vom 7.8.2009 – 4 Ws 50/09 (R), FS 2010, 54.
344   OLG Frankfurt, Beschl. vom 10.9.2007 – 3 Ws 1138-1142/06, FS 2008, 189, 190.
345   KG, Beschl. vom 27.7.1981 – 2 Ws 127/81 Vollz, 2 Ws 128/81, ZfStrVo 1982, 315; Beschl. vom 3.12.2001 – 5 Ws 738/01 Vollz, NStZ 2002, 336; OLG Hamburg ZfStrVo 2002, 254; LG Aachen, Beschl. vom 14.2.2005 – 33 Vollz 396/04, ZfStrVo 2005, 252; BeckOK-*Kuhn* § 43 StVollzG Rdn. 31; *Höflich/Schriever* S. 85; a.A. *Arloth/Krä* § 43 StVollzG Rdn. 17; AK-*Galli* Teil II § 55 Rdn. 17.
346   Siehe *Arloth/Krä* § 43 StVollzG Rdn. 17.
347   KG NStZ 2003, 593.

Merkmal der Leistungsbereitschaft regelmäßig erfüllt, wenn sich der Gefangene den vorgesehenen Leistungskontrollen und Prüfungen erfolgreich unterzieht. Ein sparsamer Umgang mit Betriebs- und Arbeitsmitteln liegt bei Fernstudierenden vor, wenn sie sich ihre Arbeitsmittel selbst beschaffen, weil es so zu einer größtmöglichen Schonung der Betriebs- und Arbeitsmittel der Anstalt kommt, da diese keinerlei Abnutzung unterliegen. Das Merkmal der Arbeitsgüte wird jedenfalls dann erfüllt, wenn der Gefangene überdurchschnittliche Leistungen erbringt.[348] **Ausgeschlossen** ist die Gewährung von Leistungszulagen im Zeitlohn bei Bildungsmaßnahmen und arbeitstherapeutischer Beschäftigung in Hessen, § 3 Abs. 2 HS. 2 Nr. 1 und 2 HStVollzVergVO.

3. Weitere Fragen

a) Das Zulagensystem der Verordnungen ist nicht abschließend. So können in Ausprägung des Angleichungsgrundsatzes neben dem Arbeitsentgelt seitens der Anstalt **zusätzliche Prämien für betriebliche Verbesserungsvorschläge** gezahlt werden (so schon VV Nr. 3 zu § 43 StVollzG), selbst wenn diese die Abläufe in privaten Anstaltsbetrieben betreffen.[349] Diese Regelung trägt dem gleichen Anliegen Rechnung, das auch dem System der Prämien für Verbesserungsvorschläge in der öffentlichen Verwaltung bzw. den Regelungen über Arbeitnehmererfindungen zugrunde liegt. Der Mitarbeiter soll motiviert werden, die Betriebsabläufe, an denen er beteiligt ist, mit daraufhin zu überprüfen, ob technische oder organisatorische Verbesserungen möglich sind. An der auf diese Weise möglicherweise zu erzielenden Verbesserung der Rentabilität soll er beteiligt werden.

90

b) Die Zuordnung einer Tätigkeit zu einer Vergütungsstufe steht im **Ermessen** der Anstalt.[350] Erhebt ein Gefangener Einwendungen gegen die Höhe des Entgelts, hat die StVK unter Berücksichtigung der jeweiligen Bemessungsfaktoren für das Rechtsbeschwerdegericht nachvollziehbar darzulegen, welches die tragenden Erwägungen der JVA für die Eingruppierung in die angenommene Vergütungsstufe waren.[351] Ein Automatismus, dem zufolge eine Tätigkeit in der Gefangenenmitverantwortung stets der höchsten Vergütungsstufe zugeordnet wird,[352] ist angesichts der hierfür zu erfüllenden Voraussetzungen schon aus Gründen der Gleichbehandlung der Gefangenen nicht anzuerkennen.

91

c) Bei der Berechnung des Arbeitsentgelts ergeben sich Schwierigkeiten, wenn ein Gefangener während eines Abrechnungszeitraums Tätigkeiten verrichtet, die **verschiedenen Vergütungsstufen** zuzuordnen sind. Nach VV Nr. 1 Abs. 1 Satz 1 zu § 43 StVollzG war in diesen Fällen das Arbeitsentgelt jener Vergütungsstufe zu entnehmen, die dem überwiegenden Teil der Tätigkeiten entspricht. Das galt aber nur, wenn der Gefangene diese unterschiedlichen Tätigkeiten im gleichen Betrieb ausführte (VV Nr. 1 Abs. 1 Satz 2 zu § 43 StVollzG). Bei einem Betriebswechsel war stets eine neue Einstufung vorzunehmen und das Arbeitsentgelt neu zu ermitteln. Diese Festsetzungen wird man weiter anwenden dürfen. Verrichtet ein Gefangener nur vorübergehend eine anders bewertete

92

---

348 KG NStZ 2003, 593.
349 *Arloth/Krä* § 43 StVollzG Rdn. 16; *Laubenthal/Nestler/Neubacher/Verrel* F Rdn. 120.
350 AK-*Galli* Teil II § 55 Rdn. 13; *Laubenthal/Nestler/Neubacher/Verrel* F Rdn. 119.
351 OLG Hamm, Beschl. vom 7.1.2013 – III-1 Vollz (Ws) 570/12, NStZ 2013, 366, 367; OLG Karlsruhe, Beschl. vom 4.3.2016 – 2 Ws 570/15, NStZ 2017, 119, 120.
352 So AK-*Galli* Teil II § 55 Rdn. 15.

Tätigkeit, so bleibt es bei der bisherigen Einstufung.[353] Andernfalls ist er mit Beginn des nächsten Abrechnungszeitraums in die neue, entsprechende Vergütungsstufe umzugruppieren (so schon VV Nr. 1 Abs. 2 zu § 43 StVollzG). In diesem Fall gebietet es der Grundsatz des Vertrauensschutzes, den Gefangenen sogleich zumindest mündlich über die geänderte Entlohnung zu informieren.[354]

V. Ausfallentschädigung

§ 45 StVollzG

Schrifttum

Kintrup Ausfallentschädigung für Strafgefangene im Strafvollzug, in: NStZ 2001, 127.

93   Eine Regelung hierzu gab es in § 45 StVollzG. Die Vorschrift ist bisher **nicht in Kraft getreten**. Dazu bedürfte es gem. § 198 Abs. 3 StVollzG eines besonderen Bundesgesetzes, dessen Erlass nicht mehr zu erwarten steht. An vollzugsspezifischer sozialer Sicherung in Form eines Rechtsanspruchs des Gefangenen auf Zahlung einer Ausfallentschädigung bei unverschuldeter Arbeitslosigkeit, unverschuldeter längerer Krankheit, Schwangerschaft, Geburt und Stillzeit fehlt es somit. Durch eine solche Vorsorgeregelung würde der Gefangene grundsätzlich in gleicher Weise sozial sichergestellt sein wie ein freier Arbeitnehmer.[355] Auch auf landesrechtlicher Ebene sieht aus fiskalischen Gründen keines der Gesetze eine Ausfallentschädigung vor.

E. Unterricht

Bund	§ 38 StVollzG
Baden-Württemberg	BW §§ 43, 46 III JVollzGB
Bayern	BY Art. 40 BayStVollzG
Berlin	BE § 23 StVollzG Bln
Brandenburg	BB § 29 BbgJVollzG
Bremen	HB § 24 BremStVollzG
Hamburg	HH §§ 34 Abs. 3, 4 und 6, 35 HmbStVollzG
Hessen	HE § 27 Abs. 3 Satz 2, Abs. 5, 6 und 7, § 29 HStVollzG
Mecklenburg-Vorpommern	MV § 21 StVollzG M-V
Niedersachsen	NI §§ 35 Abs. 2 Satz 3, Abs. 5, 41 Satz 1 NJVollzG
Nordrhein-Westfalen	NW § 30 StVollzG NRW
Rheinland-Pfalz	RP § 28 LJVollzG
Saarland	SL § 21 SLStVollzG
Sachsen	SN § 21 SächsStVollzG
Sachsen-Anhalt	ST § 28 JVollzGB LSA
Schleswig-Holstein	SH §§ 31, 33, 34 LStVollzG SH
Thüringen	TH § 28 ThürJVollzG

---

353 OLG Naumburg, Beschl. vom 30.3.2015 – 1 Ws (RB) 44/15, FS 2016, 73; anders AK-*Galli* Teil II § 55 Rdn. 13 (nur bei niedrigerer Einstufung).
354 OLG Naumburg, Beschl. vom 30.3.2015 – 1 Ws (RB) 44/15, FS 2016, 73.
355 BT-Drucks. 7/918, 69.

E. Unterricht

Schrifttum

S. vor A.

Übersicht

I. Allgemeine Hinweise —— 1–8
  1. Gesetzessystematik und Regelungstechnik —— 1, 2
  2. Angleichungsgrundsatz und vollzugsspezifische Bedingungen —— 3–7
  3. Sog. anstaltsgebundene Schulen —— 8
II. Erläuterungen —— 9–23
  1. Geeignetheit des Gefangenen —— 9
  2. Sonderschulunterricht und Realschulabschluss —— 10–12
  3. Berufsschulunterricht —— 13, 14
  4. Deutsch- und Integrationsunterricht —— 15, 16
  5. Unterricht und Arbeit —— 17, 18
  6. Organisation des Unterrichts —— 19–23

I. Allgemeine Hinweise

1. Gesetzessystematik und Regelungstechnik. Alle Gesetze enthalten Bestim- 1
mungen zu Unterricht bzw. schulischen Qualifizierungsmaßnahmen. Teilweise ist die
Materie in eigenen Normen geregelt (§ 38 StVollzG, **BW** §§ 43, 46 III, **BY** Art. 40, **HH** § 34
Abs. 3 und 6), überwiegend aber im Zusammenhang mit beruflicher Bildung (**BE** § 23
Abs. 1 und 3, **BB** § 29 Abs. 1 und 4, **HB** § 21 Abs. 1 und 3, **HH** § 34 Abs. 4 Satz 2, **HE** § 27
Abs. 1 Satz 2, **MV** § 21 Abs. 1 und 3, **NI** § 35 Abs. 2 Satz 3, **NW** § 30, **RP** § 28 Abs. 1 und 3, **SL**
§ 21 Abs. 1 und 3, **SN** § 21 Abs. 1 und 3, **ST** § 28 Abs. 1 und 3, **SH** § 33 Abs. 1 und 3, **TH** § 28
Abs. 1 und 3). Letzteres erscheint systematisch vorzugswürdig. Alle Vorschriften verdeutlichen allerdings die gesetzliche **Gleichstellung von Arbeit sowie schulischer und
beruflicher Ausbildung**, welche insoweit an die Stelle der Arbeit tritt. Niedersachsen
erwähnt Unterricht zusätzlich bei der Vergütungsregelung (**NI** § 41 Satz 1). Nach vielen
Gesetzen sind zudem im **Vollzugsplan** Feststellungen zu Maßnahmen der schulischen
Bildung zu treffen (**BW** § 5 Abs. 2 Nr. 4 III, **BY** Art. 9 Abs. 1 Satz 2 [pädagogische Maßnahmen], **BE** § 10 Abs. 1 Satz 1 Nr. 10, **BB** § 15 Abs. 1 Satz 1 Nr. 12, **HB** § 9 Abs. 1 Satz 1
Nr. 11, **HH** § 8 Abs. 2 Satz 1 Nr. 4, **HE** § 10 Abs. 4 Satz 1 Nr. 3, **MV** § 9 Abs. 1 Satz 1 Nr. 11, **NI**
§ 9 Abs. 1 Satz 2 Nr. 4, **NW** § 10 Abs. 1 Satz 4 Nr. 6, **RP** § 15 Abs. 1 Satz 1 Nr. 11, **SL** § 9 Abs. 1
Satz 1 Nr. 11, **SN** § 9 Abs. 1 Satz 1 Nr. 11, **ST** § 15 Abs. 1 Satz 1 Nr. 11, **SH** § 9 Abs. 1 Satz 1
Nr. 14, **TH** § 15 Abs. 1 Satz 1 Nr. 11).

Gerade in den Bestimmungen der ersten Gruppe finden sich **nur punktuelle Rege-** 2
lungen zu den schulischen Angeboten für Gefangene, welche trotz der regelmäßig bestehenden Notwendigkeit schulischer Bildung unvollständig bleiben. Insoweit lassen sie
sowohl **Ergänzungen** im Realschul- und Gymnasialbereich zu als insbesondere auch
solche durch Berufsfachschulangebote, mit deren erfolgreicher Beendigung teilweise die
Abschlüsse allgemein bildender Schularten verbunden sind bzw. werden können.[356] Die
Diskussion, ob die Rechtsgrundlage hierfür in § 38 StVollzG, **BW** § 43 III, **BY** Art. 40, **HH**
§ 34 Abs. 3 und 6 oder aber in § 37 Abs. 3 StVollzG, **BW** § 42 Abs. 4 III, **BY** Art. 39 Abs. 4,
HH § 34 Abs. 4 Satz 1 zu finden ist,[357] hat nur theoretische Bedeutung. Für die übrigen
Gesetze bleibt die Frage erst recht unerheblich, denn sie heben nicht auf bestimmte Angebote ab, sondern sprechen **in allgemeiner Weise** von schulischer Ausbildung. Unerwähnt bleibt außer in **NW** § 30 Abs. 2 Satz 1 zudem in etlichen Gesetzen der im Vollzug
nicht selten erforderliche Einzel- oder Kleinstgruppenunterricht etwa für **Analphabe-**

---

[356] Siehe hierzu z.B. *Schüler* ZfStrVo 1988, 137.
[357] Vgl. *Arloth/Krä* § 38 StVollzG Rdn. 1; *Laubenthal/Nestler/Neubacher/Verrel* F Rdn. 35a.

ten[358] (vgl. aber **BE** § 10 Abs. 1 Satz 1 Nr. 10, **BB** § 15 Abs. 1 Satz 1 Nr. 12, **HB** § 9 Abs. 1 Satz 1 Nr. 11, **MV** § 9 Abs. 1 Satz 1 Nr. 11, **RP** § 15 Abs. 1 Satz 1 Nr. 11, **SL** § 9 Abs. 1 Satz 1 Nr. 11, **SN** § 9 Abs. 1 Satz 1 Nr. 11, **ST** § 15 Abs. 1 Satz 1 Nr. 11, **SH** § 9 Abs. 1 Satz 1 Nr. 14, **TH** § 15 Abs. 1 Satz 1 Nr. 11 zu entsprechenden Festsetzungen im Vollzugsplan) oder solche Betroffenen, die ohne gezielte Förderung in einzelnen Lernfeldern für eine allgemein bildende oder berufliche Schulung ungeeignet sind. Dies gilt vor allem auch für nichtdeutsche Strafgefangene, denen in den Einrichtungen Deutsch- oder Integrationsunterricht angeboten wird (dazu Rdn. 15 f).[359] In den eingangs Rdn. 1 genannten Normen sind nur Schulmaßnahmen während der Arbeitszeit behandelt.[360]

2. Angleichungsgrundsatz und vollzugsspezifische Bedingungen

3   **a)** Unterricht im Strafvollzug soll sich zwar entsprechend dem Angleichungsgrundsatz möglichst eng an entsprechende Unterrichte außerhalb der Anstalten anlehnen (**HE** § 27 Abs. 5 Satz 1 Alt. 2), um ggf. die Prüfungsabnahme als „Externe" zu sichern und einen gleichwertigen und in der freien Gesellschaft anerkannten und somit gut verwertbaren Abschluss bzw. Bildungsstand zu gewährleisten. Insbesondere die dem Musterentwurf folgenden Gesetze legen deshalb ebenso wie für berufliche Ausbildungsmaßnahmen fest, dass mit dem Unterrichtsangebot das **Ziel** verfolgt wird, die Fähigkeiten des Gefangenen zur Eingliederung und zur Aufnahme einer Erwerbstätigkeit nach Entlassung zu verbessern (**BE** § 23 Abs. 1 Satz 1, **BB** § 29 Abs. 1 Satz 1, **HB** § 21 Abs. 1 Satz 1, **HH** § 34 Abs. 1 Satz 2, **HE** § 27 Abs. 1 Satz 1, Abs. 5 Satz 2, **MV** § 21 Abs. 1 Satz 1, **RP** § 28 Abs. 1 Satz 1, **SL** § 21 Abs. 1 Satz 1, **SN** § 21 Abs. 1 Satz 1, **ST** § 28 Abs. 1 Satz 1, **SH** § 31, **TH** § 28 Abs. 1 Satz 1; ähnlich **NI** § 35 Abs. 1, **NW** § 29 Abs. 1 Satz 1).

4   Es handelt sich jedoch nicht bloß um eine nachzuholende Schule. Vielmehr sind vollzugsspezifische Anliegen und Bedingungen ebenso zu berücksichtigen wie die Tatsache, dass die Gefangenen überwiegend nicht mehr im schulpflichtigen Alter stehen.[361] Es muss daher **nach den Grundsätzen der Erwachsenenbildung** auf der Grundlage der in der Behandlungsuntersuchung erhobenen individuellen Bedürfnisse und der entsprechenden Festlegungen im Vollzugsplan sowie unter Berücksichtigung der – soweit nach Landesrecht statuierten – Arbeitspflicht und -freistellung vorgegangen werden. Letzteres bedeutet, dass mangels sachlicher Notwendigkeit und gesetzlicher Grundlage keine Übertragung der allgemeinen Ferienregelungen an öffentlichen Schulen, die dem besonderen Erholungsbedürfnis von Schulkindern dienen, auf die Ausbildung der Gefangenen im Strafvollzug in Betracht kommt.[362] Die am Unterricht teilnehmenden Gefangenen dürfen in Bezug auf ihre freie Zeit weder schlechter noch besser gestellt werden als Inhaftierte, die arbeiten und hierdurch einen Freistellungsanspruch erwerben. Daraus folgt, dass durch Unterricht geförderten Gefangenen in den Unterrichtsferien auch Arbeit in einem Anstaltsbetrieb zugewiesen werden kann. Anderes mag (neben möglichst auf unterrichtsfreie Zeit zu legender Freistellungszeit) nur gelten, wenn Gefangene während der unterrichtsfreien Tage etwa mit der Anfertigung schriftlicher unterrichtsbe-

---

358 Dazu *Borchert* 2016, 111 ff.
359 Zur vollzuglichen Ausländerfrage und der Problematik der Sprachbarriere *Laubenthal* 1999, 310; *Rieder-Kaiser* 2004, 42 ff.
360 Zu den Unterrichtsangeboten in der Freizeit einschließlich Sport- und Fernunterricht vgl. 5 A. Rdn. 25.
361 Zur Vollzugspädagogik *Bierschwale* 2008, 199 ff; *Borchert* 2016, 73 ff; *Müller* FS 2018, 286 f; *Theine/Elgeti-Starke* 2018, 114 ff.
362 Wie hier *Arloth/Krä* § 38 StVollzG Rdn. 4.

zogener Arbeiten betraut sind.[363] Ist dies nicht der Fall und kann keine Arbeit zugeteilt werden, gilt der Inhaftierte als zeitweilig nicht beschäftigt, was insoweit seinen Anspruch auf Ausbildungsbeihilfe entfallen lässt.

b) Die **Unterrichtsangebote** dürfen nicht isoliert gesehen werden. Sie sind mit den übrigen nach dem Vollzugsplan gebotenen Behandlungsmaßnahmen zu verzahnen, insbesondere mit vorgesehenem sozialen Training, mit dem Wecken von Freizeitinteressen, mit Angeboten zur stärkeren sportlichen Betätigung und einer intensiven Entlassungsvorbereitung einschließlich z.B. Hilfe bei der Schuldenregulierung, Arbeits- und Wohnungssuche.[364]

c) Schwierigkeiten bestehen darin, dass nach den meisten Gesetzen die Beteiligung am Unterricht **freiwillig** ist, und zwar sowohl für schulischen als auch für Begleitunterricht zur beruflichen Aus- und Weiterbildung. Nach einigen Gesetzen ergibt sich dies aus einem Zustimmungserfordernis (§ 37 Abs. 3 i.V.m. § 41 Abs. 2 StVollzG, **BW** § 42 Abs. 4 i.V.m. § 47 Abs. 2 Satz 1, **BY** Art. 39 Abs. 4 Satz 2, **HH** § 34 Abs. 4 i.V.m. § 38 Abs. 2 Satz 1, **NI** § 35 Abs. 2 Satz 3, **SH** § 33 Abs. 1 Satz 4), nach anderen aus dem Angebotscharakter der Maßnahmen (**BE** § 23 Abs. 3, **BB** § 29 Abs. 4, **HB** § 21 Abs. 3, **MV** § 21 Abs. 3, **RP** § 28 Abs. 3, **SL** § 21 Abs. 3, **SN** § 21 Abs. 3, **ST** § 28 Abs. 3). Viele der Gefangenen sind dabei zunächst nicht mehr schulungsbereit. Das hängt häufig mit individuellen schulischen Problemen in ihrem bisherigen Leben zusammen. Die Motivationsarbeit ist schwierig; die Organisation von Bildungsmaßnahmen wird dadurch behindert. Hinzu kommt, dass oft keine geschlossene Unterbringung der Gefangenen des jeweiligen Kurses (Klasse) in überschaubaren Wohngruppen möglich ist und manchmal nur notdürftige bzw. unzulängliche Unterrichtsräume mit mangelhafter Ausstattung und fehlendem Lehr- und Lernmaterial zur Verfügung stehen.

Teilnahmepflicht an Maßnahmen der schulischen Aus- und Weiterbildung besteht allerdings in Hessen (**HE** § 27 Abs. 2 Satz 1 i.V.m. Abs. 1) und Nordrhein-Westfalen (**NW** § 29 Abs. 1 Satz 2 i.V.m. Satz 1), in Bayern nunmehr an Deutsch- und Integrationsunterricht (**BY** Art. 40 Abs. 2 und 3; dazu Rdn. 16). Für Thüringen (**TH** § 29 Abs. 1 Satz 1) ist die Rechtslage unklar (s. oben B. Rdn. 13).

3. Sog. anstaltsgebundene Schulen. Der Unterricht kann sowohl durch hauptoder nebenamtlich bestellte Anstaltslehrer (**BY** Art. 180 Abs. 1 Satz 1 und 2 Alt. 1) als auch gem. §§ 149 Abs. 3, 154 Abs. 2 StVollzG, **BW** § 16 Abs. 2 Satz 1 I, **BY** Art. 180 Abs. 1 Satz 2 Alt. 2, **BE** § 104 Satz 4, **HH** § 105 Abs. 1 Satz 2, **HE** § 76 Abs. 1 Satz 2 und 3, **NI** § 177 Abs. 1 Satz 2, 181 Abs. 1, **NW** § 96 Abs. 1 Satz 2, **SN** § 109 Abs. 1 Satz 2, **ST** §§ 108 Abs. 1 Satz 2, 109, **SH** § 133, **TH** § 108 Abs. 1 Satz 2 durch Dritte erteilt werden.[365] Umstritten ist, ob in stärkerem Umfang Versuche mit sog. **anstaltsgebundenen Schulen** in den Vollzugsanstalten gemacht werden sollten, die mit Genehmigung des Kultusministeriums eine selbständige Organisation mit eigenem Zeugnis- und Versetzungsrecht und vom Anstaltsleiter unabhängigem Schulleiter haben. Die Möglichkeit dazu sehen Landesschulgesetze teilweise vor (z.B. § 1 Abs. 5 Satz 1 Nr. 1 des Niedersächsischen Schulgesetzes[366]). Eine solche Schule stellt dann allerdings – u.a. auch wegen der völlig anderen Dienstverhältnisse der Lehrkräfte, mit Dienstzeit- und Ferienregelungen entsprechend

---

363 *Laubenthal/Nestler/Neubacher/Verrel* F Rdn. 43.
364 Vgl. auch *Cornel* ZfStrVo 1994, 344.
365 *Arloth/Krä* § 38 StVollzG Rdn. 2.
366 I.d.F. v. 3.3.1998, GVBl. S. 137.

denen für Lehrkräfte an allgemeinbildenden Schulen außerhalb des Vollzugs – eine „Anstalt" in der Vollzugsanstalt dar; jedoch sind einzelne Erfahrungsberichte ermutigend.[367] – In Hessen soll den Gefangenen bei Erfüllung der Voraussetzungen hierfür **extramuraler Schulbesuch** im Rahmen des Freigangs gestattet werden (**HE** § 27 Abs. 7 Satz 1).

II. Erläuterungen

9   **1. Geeignetheit des Gefangenen.** Eine Zulassung zum Unterricht setzt voraus: Der Gefangene muss für die vorgesehene Unterrichtsmaßnahme geeignet sein (§ 38 Abs. 1 Satz 1 StVollzG, **BW** § 43 Abs. 1 Satz 1 III, **BY** Art. 40 Abs. 1 Satz 1, **BE** § 23 Abs. 3, **BB** § 29 Abs. 4, **HB** § 21 Abs. 3, **HH** § 34 Abs. 6 Satz 1, **HE** § 27 Abs. 3 Satz 2, **MV** § 21 Abs. 3, **NW** § 30 Abs. 1 Satz 1, **RP** § 28 Abs. 3, **SL** § 21 Abs. 3, **SN** § 21 Abs. 3, **ST** § 28 Abs. 3, **SH** § 33 Abs. 1 Satz 1, Abs. 3, **TH** § 28 Abs. 3) bzw. in Niedersachsen umgekehrt die Maßnahme für den Gefangenen (**NI** § 35 Abs. 2 Satz 3).[368] Für diejenigen Gefangenen, die den Abschluss der Hauptschule (in Hamburg: den ersten allgemeinbildenden Schulabschluss) nicht erreicht haben, sind Unterrichtsangebote auf **Sonder- bzw. Förderschul- oder Hauptschulniveau** vorzusehen (§ 38 Abs. 1 Satz 1 StVollzG, **BW** § 43 Abs. 1 Satz 1 III, **BY** Art. 40 Abs. 1 Satz 1, **HH** § 34 Abs. 6 Satz 1). Im bayerischen Schulrecht gibt es allerdings die Hauptschule nicht mehr; sie heißt nunmehr Mittelschule.[369] Die Vollzugsbehörden sind zu solchen Angeboten verpflichtet. Der Gefangene hat jedoch kein Recht, in bestimmter Weise schulisch gefördert zu werden, mit Ausnahme der verhältnismäßig wenigen Gefangenen, die ihrer Schulpflicht nach dem jeweiligen Landesschulgesetz noch nicht genügt haben (z.B. wenn bis zur Vollendung des 21. Lebensjahres während einer Berufsausbildung Berufsschulpflicht besteht).

2. Sonderschulunterricht und Realschulabschluss

10   **a)** Auch der **Sonderschulunterricht** sollte den Abschluss dieser Schulform anstreben, selbst wenn er in der Praxis teilweise als Analphabetenkurs oder Stützunterricht für Lese- und Rechtschreibschwache durchgeführt werden muss.[370] Zwar könnte die für Haupt- und Sonderschule unterschiedliche Gesetzesformulierung in § 38 Abs. 1 Satz 1 StVollzG, **BW** § 43 Abs. 1 Satz 1 III, **BY** Art. 40 Abs. 1 Satz 1 den Schluss nahe legen, ein Sonderschulabschluss sei nicht erwünscht. Das trifft jedoch schon wegen des damit verbundenen Erfolgserlebnisses, der im Einzelfall möglichen Steigerung des Selbstwertgefühls des Gefangenen, wegen der erzielten Leistungen und wegen der Bedeutung des Sonderschulabschlusses außerhalb der Anstalt nicht zu.[371]

11   **b)** In einigen Vollzugsanstalten wird Unterricht in den zum Realschulabschluss führenden Fächern angeboten. Kurse zur Erlangung der Fachoberschul- bzw. Fachhochschulreife sind Folge des Individualisierungsgebots. Diejenigen Vorschriften, die nur von Haupt- und Sonderschulunterricht sprechen, sehen lediglich die obligatorische schulische Grundversorgung der Gefangenen vor. Denn man erachtete es für vordring-

---

367 Vgl. *Schüler* ZfStrVo 1988, 137 ff.
368 Zum Begriff der Eignung A Rdn. 24 sowie zur Eignung als unbestimmtem Rechtsbegriff mit Beurteilungsspielraum A Rdn. 25.
369 *Kett-Straub/Streng* 2016, 94; siehe auch *Bader* BewHi 2019, 70 f.
370 Zum Analphabetismus im Justizvollzug s. *Vogel* ZfStrVo 1992, 112 ff.
371 So auch *Laubenthal/Nestler/Neubacher/Verrel* F Rdn. 46.

lich, den Inhaftierten überhaupt einen Schulabschluss zu verschaffen, bewertete aber weitergehende Schulbildung kriminalpräventiv nicht als unabdingbar.[372] Alle Gesetze **schließen** gleichwohl **weitere**, darüber hinausgehende **Schulangebote nicht aus**. So hat sich in der Praxis z.B. auch schon Unterricht in den zum Abschluss der zweijährigen Handelsschule führenden Fächern bewährt (= Berufsfachschule Wirtschaft). Entsprechendes gilt für Angebote zur Erlangung der allgemeinen Hochschulreife (etwa durch externe Kollegs, den Einrichtungen des Zweiten Bildungsweges zur Abiturprüfung; zur Frage der diesbezüglichen Kostenübernahme s. A. Rdn. 29 a.E.).

c) In den dem Musterentwurf folgenden Gesetzen ergibt sich aus der Vorgabe, bei der Festlegung von Inhalten, Methoden, und Organisationsformen der Angebote die **Bedürfnisse und Besonderheiten der jeweiligen Zielgruppe** zu berücksichtigen (**BE** § 23 Abs. 1 Satz 3, **BB** § 29 Abs. 1 Satz 2, **HB** § 21 Abs. 1 Satz 3, **MV** § 21 Abs. 1 Satz 3, **RP** § 28 Abs. 1 Satz 2, **SL** § 21 Abs. 1 Satz 3, **SN** § 21 Abs. 1 Satz 3, **ST** § 28 Abs. 1 Satz 2, **SH** § 33 Abs. 1 Satz 3, **TH** § 28 Abs. 1 Satz 2), zwanglos die Möglichkeit, alle auch in Freiheit vorhandenen Formen und Niveaustufen von Beschulung zur Anwendung zu bringen. Dabei soll ein anerkannter Abschluss angestrebt werden (**BE** § 23 Abs. 3, **BB** § 29 Abs. 4, **HB** § 21 Abs. 3, **MV** § 21 Abs. 3, **RP** § 28 Abs. 3, **SL** § 21 Abs. 3, **SN** § 21 Abs. 3, **ST** § 28 Abs. 3, **SH** § 33 Abs. 3, **TH** § 28 Abs. 3; im Ergebnis auch **BW** § 43 Abs. 1 Satz 1 a.E. III, **HH** § 34 Abs. 6 Satz 1, **NW** § 30 Abs. 1 Satz 2; vgl. auch **HE** § 27 Abs. 5 Satz 2). **12**

3. Berufsschulunterricht

a) Bei der beruflichen Ausbildung ist **berufsbildender Unterricht** vorzusehen (§ 38 Abs. 1 Satz 1 HS. 1 StVollzG, **BW** § 43 Abs. 1 Satz 2 HS. 1 III, **BY** Art. 40 Abs. 1 Satz 2 HS. 1, **HH** § 34 Abs. 4 Satz 2 HS. 1); das folgt auch aus den generalklauselartigen Formulierungen der übrigen Gesetze. Dieser Unterricht wird vielfach durch nebenamtliche/nebenberufliche Lehrkräfte durchgeführt, die im Hauptamt an den örtlichen Berufsschulen der Gebietskörperschaften tätig sind. Dies hat erhebliche Nachteile, da der Berufsschulunterricht oft in Einzelstunden am späten Nachmittag über mehrere Tage der Woche verteilt und nicht in einem Block an einem Berufsschultag erteilt wird. Das entspricht nicht der Situation außerhalb der Anstalt. Auch um dem Angleichungsgrundsatz zu genügen, muss daher erreicht werden, dass die örtlichen Berufsschulen in der JVA ihres Bezirks vermehrt Außenstellen einrichten (Filialsystem), in denen Berufsschullehrer im Rahmen ihrer Pflichtstunden im Hauptamt unterrichten. Ihre Eignung und Neigung sind entsprechend zu berücksichtigen und durch sozialpädagogische Weiterbildungsmaßnahmen zu unterstützen. Hauptamtlich ausschließlich bei einer JVA tätige Berufsschullehrkräfte sind aus Gründen der notwendigen Berufsfeldvielfalt, wegen der Vertretungsmöglichkeiten durch Kollegen/Kolleginnen der entsprechenden Fachrichtungen, wegen der notwendigen pädagogischen und fachlichen Innovationen und wegen der Grenzen der Belastbarkeit durch ausschließliche Unterrichtserteilung in einer JVA in der Praxis nicht anzustreben.[373] **13**

b) Das zu Rdn. 13 Dargelegte gilt gem. § 38 Abs. 1 Satz 2 HS. 2 StVollzG, **BW** § 43 Abs. 1 Satz 2 HS. 2 III, **BY** Art. 40 Abs. 1 Satz 2 HS. 2, **HH** § 34 Abs. 4 Satz 2 HS. 2 sowie aufgrund der offenen Formulierungen in den anderen Gesetzen auch im Falle einer **be- 14**

---

372 So OLG Hamburg, Beschl. vom 29.5.1995 – 3 Vollz (Ws) 5/95, NStZ 1995, 568; *Arloth/Krä* § 37 StVollzG Rdn. 13.
373 Ebenso *Laubenthal/Nestler/Neubacher/Verrel* F Rdn. 45.

ruflichen Weiterbildung, soweit die Art der Fortbildungsmaßnahme dies erfordert. Entscheidende Kriterien sind dabei die zugrunde liegenden Lehrpläne und das angestrebte Fortbildungsziel.

15   **4. Deutsch- und Integrationsunterricht.** Einige Gesetze sehen ausdrücklich nicht nur Alphabetisierungskurse für illiterate deutsche Gefangene vor (Rdn. 2), sondern auch Deutschkurse **für ausländische Inhaftierte.** Hessen verpflichtet[374] die Anstalten zu deren Durchführung, um ggf. die Voraussetzungen für die Übernahme einer Arbeit bzw. gleichgestellter Beschäftigung oder die Aufnahme schulischer oder beruflicher Ausbildung im Vollzug zu schaffen (**HE** § 27 Abs. 6 i.V.m. Abs. 3), also nicht, um auf ein Leben in Deutschland nach der Entlassung vorzubereiten. Demgegenüber soll nach **BW** § 46 III, **HH** § 34 Abs. 3 ein Angebot aus Gründen der Integration und zur Förderung der mündlichen wie schriftlichen Sprachkompetenz erfolgen.[375] Kombiniert dürfte die Zielrichtung in Nordrhein-Westfalen ausfallen (**NW** § 30 Abs. 2 Satz 2).[376] Andere Gesetze benennen Deutschkurse nur als im Vollzugsplan festzusetzende Maßnahme (**BE** § 10 Abs. 1 Satz 1 Nr. 10, **BB** § 15 Abs. 1 Satz 1 Nr. 12, **HB** § 9 Abs. 1 Satz 1 Nr. 11, **MV** § 9 Abs. 1 Satz 1 Nr. 11, **RP** § 15 Abs. 1 Satz 1 Nr. 11, **SL** § 9 Abs. 1 Satz 1 Nr. 11, **SN** § 9 Abs. 1 Satz 1 Nr. 11, **ST** § 15 Abs. 1 Satz 1 Nr. 11, **SH** § 9 Abs. 1 Nr. 14, **TH** § 15 Abs. 1 Satz 1 Nr. 11).

16   **BY** Art. 40 Abs. 2 statuiert sogar eine **Teilnahmepflicht** körperlich und geistig dazu befähigter Gefangener, wenn ihre Sprachkenntnisse nicht ausreichen, um sich nach der Entlassung fließend in deutscher Sprache zu verständigen, aber keine Pflicht der Anstalt zur Abhaltung einschlägiger Veranstaltungen. Man wird allerdings an das Merkmal fließender Verständigung keine überhöhten Anforderungen zu stellen haben. Obwohl auf die Integration wie die Verständigung nach Entlassung abgehoben wird, soll es nach dem Willen des Gesetzgebers für die Teilnahme keine Rolle spielen, ob aufenthaltsbeendende Maßnahmen in Betracht kommen.[377] Dasselbe gilt für den in Bayern nunmehr vorgeschriebenen, ebenfalls verpflichtenden Integrationsunterricht für Gefangene mit **Integrationsdefiziten** (**BY** Art. 40 Abs. 3 Satz 1), der nach **BY** Art. 40 Abs. 3 Satz 2 den in Art. 1 des Bayerischen Integrationsgesetzes[378] genannten Zielen dient, mithin gem. dessen Satz 2 der Förderung der Integration durch Unterstützung zur Erleichterung des Lebens in einem zunächst fremden und unbekannten Land, wobei die Betroffenen zugleich zur Achtung der „Leitkultur" und zu eigenen Integrationsanstrengungen angehalten werden sollen.

17   **5. Unterricht und Arbeit.** Eine ausdrückliche Regelung fehlt in Hessen, Niedersachsen und Nordrhein-Westfalen. Die Bestimmungen in § 38 Abs. 2 StVollzG, **BW** § 43 Abs. 2 III, **BY** Art. 40 Abs. 4, **HH** § 34 Abs. 6 Satz 2, dass der **Unterricht in der Arbeitszeit** stattfinden soll und insoweit an die Stelle der Arbeit tritt, zu der der Gefangene ggf. verpflichtet ist, verdeutlicht die grundsätzliche Gleichstellung von Unterricht und Arbeit (s. schon Rdn. 1). Zum selben Ergebnis gelangen die Gesetze, die vorschreiben, Schulausbildung in der Regel als **Vollzeitmaßnahmen** durchzuführen (**BE** § 23 Abs. 1 Satz 2, **BB** § 29 Abs. 1 Satz 3, **HB** § 21 Abs. 1 Satz 2, **MV** § 21 Abs. 1 Satz 2, **RP** § 28 Abs. 1 Satz 3, **SL** § 21 Abs. 1 Satz 2, **SN** § 21 Abs. 1 Satz 2, **ST** § 28 Abs. 1 Satz 3, **SH** § 33 Abs. 1 Satz 2, **TH** § 28 Abs. 1 Satz 3). Denn es wird im Allgemeinen unterschieden zwischen Vollzeitunterricht,

---

374 Siehe **HE** LT-Drucks. 18/1396, 94; *Arloth/Krä* § 27 HStVollzG Rdn. 3.
375 Vgl. **BW** LT-Drucks. 14/5012, 224; *Arloth/Krä* § 48 JVollzGB Buch 3 Rdn. 1.
376 **NW** LT-Drucks. 16/5413, 112 nennt sowohl Eingliederung als auch vollzugsinterne Beschäftigung.
377 **BY** LT-Drucks. 17/11362, 27.
378 Vom 13.12.2016, GVBl. 335.

d.h. Unterricht während der gesamten täglichen Arbeitszeit (z.B. in Lehrgängen zur Erlangung des Abschlusses der Sonder-, Haupt- und Realschule), aber auch Unterricht ohne Abschlussziel (wie z.B. Sonderschul- und Analphabetenunterricht), und **Teilzeitunterricht** mit und ohne Abschluss nur während eines Teils der Arbeitszeit (z.B. vormittags Unterricht, nachmittags Arbeit). Auch Integrations- und Deutschkurse werden vielfach nur stundenweise angeboten und können dann neben der Arbeit wahrgenommen werden.[379] In diesem Fall kann ggf. zusätzlich zu arbeiten sein.[380]

Die endgültige Rangfolge richtet sich dabei im Einzelfall nach den **Festlegungen im Vollzugsplan**. Viele Gesetze kennen einen Vorrang für schulische und andere Ausbildungsmaßnahmen (vgl. **BE** § 10 Abs. 2 i.V.m. Abs. 1 Satz 1 Nr. 10, **BB** § 15 Abs. 2 i.V.m. Abs. 1 Satz 1 Nr. 12, **HB** § 9 Abs. 2 i.V.m. Abs. 1 Satz 1 Nr. 11, **MV** § 9 Abs. 2 i.V.m. Abs. 1 Satz 1 Nr. 11, **RP** § 15 Abs. 2 i.V.m. Abs. 1 Satz 1 Nr. 11, **SL** § 9 Abs. 2 i.V.m. Abs. 1 Satz 1 Nr. 11, **ST** § 15 Abs. 2 i.V.m. Abs. 1 Satz 1 Nr. 11, **TH** § 15 Abs. 2 i.V.m. Abs. 1 Satz 1 Nr. 11; zurückhaltender **SN** § 9 Abs. 2 Satz 2 und 3 i.V.m. Abs. 1 Satz 1 Nr. 11, **SH** § 9 Abs. 2; s. ferner Nr. 28.4 der EuStVollzGrds 2006). Zum Verhältnis von Ausbildung und gemeinnütziger Arbeit in Hamburg oben A. Rdn. 2.   18

6. Organisation des Unterrichts

a) Die Organisation des Unterrichts ist in den einzelnen Bundesländern unterschiedlich.[381] Während im Jugendstrafvollzug[382] die schulische Bildung überwiegend durch Lehrer im Justizvollzugsdienst durchgeführt wird, die in der Anstaltsschule Klassen zum Sonderschul- bzw. Hauptschulabschluss führen und Gefangene auf die Prüfung für den Realschulabschluss vorbereiten sowie Förder- und Analphabetenunterricht erteilen, wird der Unterricht im Erwachsenenvollzug häufig mit Hilfe sog. Maßnahmenträger durchgeführt. Das sind Volkshochschulen, ländliche Erwachsenenbildung, örtliche Bildungswerke und andere Erwachsenenbildungsinstitutionen. Hier liegt das Schwergewicht bei Lehrgängen zur Erlangung des nachträglichen Abschlusses einer Förder-, Haupt- oder Realschule. Daneben wird jedoch auch im Erwachsenenvollzug Fremdsprachen- und Einzelfachunterricht erteilt.   19

b) Die Organisation von Unterrichtsangeboten verlangt im Allgemeinen die Prüfung folgender Kriterien: erforderliche Anzahl geeigneter Mitarbeiter, Vollzugssituation in der JVA, Unterbringung, Maßnahmenträger, Lehr- und Lernmaterial, Auswahl der Teilnehmer, Terminierung und Dauer. Die **Lehrgangsteilnehmer** sollten möglichst in geschlossenen Wohngruppen untergebracht sein. Soweit dies nicht verwirklicht werden kann, ist ihre zusammenfassende Unterbringung anzustreben. Dabei ist eine intensive vollzugliche Behandlung und Betreuung sicherzustellen.   20

c) Um zu verhindern, dass Gefangene bei zeitlich festgelegten Bildungsmaßnahmen Wartezeiten ungenutzt verstreichen lassen müssen und um dem daraus nicht selten erwachsenden Verzicht auf ein solches Angebot zu begegnen,[383] sollte die Aufnahme eines Betroffenen auch in laufende Lehrgänge erfolgen, wenn dies der Bildungsstand des Gefangenen zulässt. Im Einzelfall darf auch ein geeigneter Gefangener in eine andere JVA   21

---

379 Vgl. **NW** LT-Drucks. 16/5413, 112.
380 Siehe *Arloth/Krä* § 38 StVollzG Rdn. 4.
381 Vgl. *Theine/Elgeti-Starke* 2018, 121 ff.
382 Siehe dazu auch *Petran/Weber* 2008, 210 ff.
383 Vgl. zur Problematik *Matzke* 1982, 41 ff.

mit einem entsprechenden Bildungsangebot verlegt werden, wenn dessen zeitlicher Ablauf günstiger erscheint. Ferner kann durch eine zeitlich versetzte Abschlussprüfung und durch die Teilnahme an externen Abschlussprüfungen der Maßnahmenträger in deren Bereich ein besser der Vollzugszeit angepasster Lehrgangsabschluss erreicht werden.

22 **d)** Die in einigen Bundesländern als besondere pädagogische **Zentren** (z.B. JVA Münster) oder Berufsbildungszentren (z.B. JVA Geldern) eingerichteten Institutionen sind in der Vollzugspraxis nicht unumstritten. Im Gegensatz zu der aus praktischen Gründen gebotenen weitgehenden Konzentration der beruflichen Bildung sollte jede größere Anstalt ihren Strafgefangenen mit einer gewissen Mindest-Vollzugsdauer schulische Bildungsmaßnahmen ermöglichen. Zu Unterrichtsangeboten erforderliche Verlegungen in eine andere JVA können dagegen die Motivation eher beeinträchtigen. Gleichwohl sieht Schleswig-Holstein sogar gesetzlich vor, dass sowohl für die Erlangung von allgemeinbildenden Schulabschlüssen als auch für Berufsabschlüsse im dualen System eine zentrale Ausbildungsanstalt eingerichtet wird, **SH** § 34 Abs. 1. Diese befindet sich in der JVA Neumünster.[384]

23 **e)** Eine **Ablösung** vom Unterricht ist möglich unter denselben Voraussetzungen wie eine Ablösung von der Arbeit (dazu oben A Rdn. 35ff).[385] Ausdrücklich geregelt ist das in **BY** Art. 44, der auch für den neuen Deutsch- und Integrationsunterricht gilt,[386] **BE** § 25 Abs. 2 i.V.m. Abs. 1 Satz 1, **HE** § 28 Abs. 1 i.V.m. § 27 Abs. 1.[387] Ersetzt der Unterricht nach dem jeweiligen Gesetz Pflichtarbeit, kommt ggf. die Verhängung einer Disziplinarmaßnahme bei schuldhaftem Fernbleiben in Betracht.[388] Weiter sehen etliche Gesetze vor, dass der Unterricht während der Haftzeit zum vorgesehenen Abschluss führen soll. Wie bei berufsbildenden Maßnahmen enthalten sie dann aber Regeln für die **Fortführung** der schulischen Ausbildung **über das Vollzugsende hinaus**, sei es durch Sicherstellung einer Kooperation mit externen Partnern oder durch Beendigung der Maßnahme in der vollzuglichen Einrichtung. Insoweit sei auf die Ausführungen zu A. Rdn. 23 verwiesen.

F. Zeugnisse über Bildungsmaßnahmen

Bund	§ 40 StVollzG
Baden-Württemberg	BW § 44 III JVollzGB
Bayern	BY Art. 41 BayStVollzG
Berlin	BE § 23 Abs. 5 StVollzG Bln
Brandenburg	BB § 29 Abs. 8 BbgJVollzG
Bremen	HB § 21 Abs. 5 BremStVollzG
Hamburg	HH § 37 HmbStVollzG
Hessen	HE § 27 Abs. 8 HStVollzG
Mecklenburg-Vorpommern	MV § 21 Abs. 5 StVollzG M-V
Niedersachsen	NI § 37 NJVollzG
Nordrhein-Westfalen	NW § 30 Abs. 3 StVollzG NRW
Rheinland-Pfalz	RP § 28 Abs. 7 LJVollzG

---

384 Dazu **SH** LT-Drucks. 18/3153, 119; *Arloth/Krä* § 34 LStVollzG **SH** Rdn. 1.
385 S. OLG Frankfurt, Beschl. vom 20.2.1980 – 3 Ws 1125/79 (StVollz), ZfStrVo 1981, 247, 248.
386 **BY** LT-Drucks. 17/11362, 27.
387 Siehe *Arloth/Krä* § 28 HStVollzG Rdn. 1.
388 LG Trier, Beschl. vom 13.11.1989 – 57 Vollz 117/89, NStE Nr. 1 zu § 38 StVollzG; *Arloth/Krä* § 38 StVollzG Rdn. 3; BeckOK-*Walther* § 38 StVollzG Rdn.4.

Saarland	SL § 21 Abs. 5 SLStVollzG
Sachsen	SN § 21 Abs. 5 SächsStVollzG
Sachsen-Anhalt	ST § 28 Abs. 7 JVollzGB LSA
Schleswig-Holstein	SH § 33 Abs. 7 LStVollzG SH
Thüringen	TH § 28 Abs. 7 ThürJVollzG

Schrifttum

S. vor A.

Die Vorschriften enthalten ein konkretes Beispiel für die sinnvolle Anwendung der **Gestaltungsgrundsätze** des Vollzugs. Sie verdeutlichen an einem Einzelfall insbesondere den Gegensteuerungsgrundsatz, mit dem schädlichen Folgen des Freiheitsentzuges entgegengewirkt werden soll, und den Integrationsgrundsatz, auf den der Vollzug von Beginn an ausgerichtet sein muss. 1

Wegen des in der Gesellschaft verbreiteten Misstrauens gegen Strafentlassene und der vorhandenen Vorurteile gegen sie könnte die **Gefahr** bestehen, dass sie bei der Suche nach einem Arbeitsplatz **benachteiligt** würden,[389] wenn aus den Zeugnissen über Bildungsmaßnahmen während des Vollzugs die frühere Gefangenschaft erkennbar sein würde. Das soll durch das Verbot in den Bestimmungen vermieden werden. Auf die Erteilung eines neutralen Zeugnisses hat der Inhaftierte deshalb einen Anspruch.[390] 2

Der **Begriff** Abschlusszeugnis (§ 40 StVollzG), der ansonsten nur noch in **NI** § 37 Verwendung findet, ist im Hinblick auf das Vollzugsziel nicht fachspezifisch im Sinne der Definition im Kultusbereich zu verstehen. Auch sonst in der freien Gesellschaft verwertbare und deshalb Außenwirkung entfaltende Zwischenzeugnisse, Teilnahmebescheinigungen, Abgangszeugnisse und sonstige schriftliche Leistungsbewertungen fallen unter diese Vorschriften, es sei denn, es handelt sich um ausschließlich vollzugsinterne Erfolgsmessungen, die in anschließende Beurteilungen eingehen. Die Gesetze der anderen Länder sprechen deshalb von Zeugnissen über Bildungs- oder Qualifizierungsmaßnahmen bzw. noch umfassender von entsprechenden **Nachweisen** im Sinne aller im Arbeitsleben üblicher Bescheinigungen. Nicht zum Anwendungsbereich der eingangs aufgeführten Normen zählen aber bloße Arbeitszeugnisse, denn sie müssten Angaben enthalten, die die Gefangeneneigenschaft offenlegen.[391] 3

Die Vollzugsbehörden tragen dem Anliegen der Normen in der Praxis dadurch Rechnung, dass sie außervollzugliche Einrichtungen und Organisationen als Träger der Bildungsmaßnahmen zu gewinnen suchen. Daneben werden auch Einzelpersonen als Aussteller der Zeugnisse und Nachweise zugelassen, wenn jene eine anerkannte Prüfungsbefugnis mit Zeugniserteilungsrecht haben und die konkrete Zeugniserteilung nach Möglichkeit im Zusammenwirken mit einer einschlägigen Fachstelle erfolgt, z.B. Werkmeister und Handwerkskammer, Gewerbelehrer und Berufsschule oder Lehrer im Justizvollzug mit Schulaufsichtsamt. So erfolgt z.B. in Bayern der Berufsschulunterricht aufgrund einer Vereinbarung mit dem Kultusministerium in enger Zusammenarbeit mit der jeweils örtlich zuständigen Sprengel-Berufsschule, die dann neutrale Abschlusszeugnisse erstellt.[392] 4

---

[389] BT-Drucks. 7/3998, 19 f.
[390] *Arloth/Krä* § 40 StVollzG Rdn. 3; *Laubenthal/Nestler/Neubacher/Verrel* F Rdn. 77.
[391] OLG Frankfurt, Beschl. vom 21.3.2013 – 3 Ws 1258/11 StVollz, NStZ 2014, 232; *Arloth/Krä* § 40 StVollzG Rdn. 1; *Laubenthal/Nestler/Neubacher/Verrel* F Rdn. 78; a.A. AK-*Galli* Teil II § 21 Rdn. 15.
[392] Vgl. *Bayer. Staatsministerium der Justiz* Justizvollzug in Bayern, 2016, 26.

G. Ausbildungsbeihilfe

Bund	§ 44 StVollzG
Baden-Württemberg	BW § 50 III JVollzGB
Bayern	BY Art. 47 BayStVollzG
Berlin	BE § 61 Abs. 1 Nr. 2, Abs. 6 StVollzG Bln
Brandenburg	BB § 66 Abs. 1 Nr. 2, Abs. 6 BbgJVollzG
Bremen	HB § 55 Abs. 1 Nr. 2, Abs. 6 BremStVollzG
Hamburg	HH § 41 HmbStVollzG
Hessen	HE § 38 Abs. 1 Satz 2 HStVollzG
Mecklenburg-Vorpommern	MV § 55 Abs. 1 Nr. 3, Abs. 6 StVollzG M-V
Niedersachsen	NI § 41 NJVollzG
Nordrhein-Westfalen	NW § 32 Abs. 2 StVollzG NRW
Rheinland-Pfalz	RP § 65 Abs. 1 Nr. 2, Abs. 6 LJVollzG
Saarland	SL § 55 Abs. 1 Nr. 1, Abs. 6 SLStVollzG
Sachsen	SN § 55 Abs. 1 Nr. 2, Abs. 6 SächsStVollzG
Sachsen-Anhalt	ST § 64 Abs. 1 Nr. 2 JVollzGB LSA
Schleswig-Holstein	SH § 37 Abs. 1 Nr. 2, Abs. 6 LStVollzG SH
Thüringen	TH § 66 Abs. 1 Satz 2 ThürJVollzG

Schrifttum

S. vor A und bei D.

Übersicht

I. Allgemeine Hinweise —— 1
II. Erläuterungen —— 2–15
  1. Voraussetzungen für die Gewährung —— 2–9
  2. Umfang der Ausbildungsbeihilfe —— 10–15

I. Allgemeine Hinweise

1   Die Vorschriften geben dem Gefangenen unter bestimmten Voraussetzungen einen **Rechtsanspruch** auf Gewährung einer Ausbildungsbeihilfe. Damit soll sichergestellt werden, dass der an Bildungsmaßnahmen Teilnehmende keine Nachteile gegenüber demjenigen erleidet, der für die Erledigung zugewiesener Arbeit das entsprechende Arbeitsentgelt erhält. Diese Regelung ist eine Folge der grundsätzlichen Gleichwertigkeit von Ausbildung und Arbeit.[393] Die frühere Praxis hatte gezeigt, dass sich Gefangene davon abhalten ließen, eine als Ergebnis der Persönlichkeitserforschung im Vollzugsplan vorgeschlagene Bildungsmaßnahme zu durchlaufen, wenn sie auf das in der gleichen Zeit andernfalls zu erzielende Arbeitsentgelt vollständig verzichten mussten.[394] Um diese Behinderung der Bildung zu beseitigen und um die Motivation zur Teilnahme an schulischer oder beruflicher Bildung zu unterstützen, wurde die Ausbildungsbeihilfe vorgesehen. Sie tritt an die Stelle des entgangenen Arbeitsentgelts. Für die **Pfändbarkeit** der Ausbildungsbeihilfe gilt das zu D Rdn. 28 f Gesagte entsprechend; es handelt sich wegen ihres Lohnersatzcharakters nicht um gem. § 850a Nr. 6 ZPO unpfändbare Bezüge nach Art einer Studienbeihilfe.[395]

---

[393] *Laubenthal* Rdn. 455.
[394] Vgl. BT-Drucks. 7/918, 68 f.
[395] LG Kleve, Beschl. vom 4.2.2013 – 4 T 12/13, Zeitschrift für das gesamte Insolvenzrecht 2013, 836; im Ergebnis a.A. *Arloth/Krä* § 44 StVollzG Rdn. 1 a.E.

II. Erläuterungen

1. Voraussetzungen für die Gewährung

a) Voraussetzung für die Gewährung von Ausbildungsbeihilfe ist nach einigen Ge- 2
setzen zunächst die Teilnahme an einer **Berufsausbildung, beruflichen Weiterbildung**
(§ 37 Abs. 3 StVollzG, **BW** § 42 Abs. 4 III, **BY** Art. 39 Abs. 4, **NI** § 35 Abs. 1 Satz 3) oder an
einem **Unterricht** (§ 38 StVollzG, **BW** § 43 III, **BY** Art. 40, **NI** § 41 Satz 1). Zur Berufsausbildung zählen dabei auch Motivations-, Berufsorientierungs-, Berufsfindungs- und Berufsvorbereitungsmaßnahmen (erwähnt nur in **NW** § 32 Abs. 2 Satz 1).[396] In Hamburg und Nordrhein-Westfalen ist die Rede von Maßnahmen der beruflichen oder schulischen Aus- und Weiterbildung (**HH** § 41 Abs. 1 Satz 1, **NW** § 32 Abs. 2 Satz 1), in Hessen darüber hinaus von anderen aus- oder weiterbildenden Maßnahmen (**HE** § 38 Abs. 1 Satz 2 i.V.m. § 27 Abs. 3 Satz 2). Die dem Musterentwurf folgenden Gesetze knüpfen ohne Unterschied in der Sache an die Teilnahme an **schulischen und beruflichen Qualifizierungsmaßnahmen** an (**BE** § 61 Abs. 1 Nr. 2, **BB** § 66 Abs. 1 Nr. 2, **HB** § 55 Abs. 1 Nr. 2, **MV** § 55 Abs. 1 Nr. 1, **RP** § 65 Abs. 1 Nr. 2, **SL** § 55 Abs. 1 Nr. 1, **SN** § 55 Abs. 1 Nr. 2, **ST** § 64 Abs. 1 Nr. 2, **SH** § 37 Abs. 1 Nr. 2), wobei es in Thüringen Bildungsmaßnahme heißt (**TH** § 66 Abs. 1 Satz 2).

Dazu rechnen in den sich am Musterentwurf orientierenden Ländern auch **Alphabe-** 3
tisierungs- und Deutschkurse. Teilweise wird dies durch Verweisung ausdrücklich klargestellt (**BE** § 61 Abs. 1 Nr. 2 i.V.m. § 10 Abs. 1 Satz 1 Nr. 10, **HB** § 55 Abs. 1 Nr. 2 i.V.m. § 9 Abs. 1 Satz 1 Nr. 11, **MV** § 55 Abs. 1 Nr. 1 i.V.m. § 9 Abs. 1 Satz 1 Nr. 11, **SL** § 55 Abs. 1 Nr. 1 i.V.m. § 9 Abs. 1 Satz 1 Nr. 11, **SN** § 55 Abs. 1 Nr. 2 i.V.m. § 9 Abs. 1 Satz 1 Nr. 11), verhält sich nach dem Willen der Gesetzgeber jedenfalls in Brandenburg, Rheinland-Pfalz und Schleswig-Holstein aber auch ohne eine solche so.[397] In Bayern wird für die Teilnahme an Deutsch- und Integrationskursen (**BY** Art. 40 Abs. 2 und 3) wegen der Verweisung in **BY** Art. 47 ebenso ggf. Ausbildungsbeihilfe geleistet.[398] Mangels Einbeziehung in die Normen über den Unterricht bzw. aufgrund fehlender Verweisung dürften in Baden-Württemberg und Hessen Deutschkurse (**BW** § 46 III, **HE** § 27 Abs. 6) aber keinen Anspruch auf jene auslösen;[399] in Hamburg wird nunmehr die Teilnahme mit Arbeitsentgelt vergütet (**HH** § 40 Abs. 2 Satz 1 i.V.m. § 34 Abs. 3).[400] Brandenburg und das Saarland gewähren für die Teilnahme an **Arbeitstherapie oder -training** demgegenüber Ausbildungsbeihilfe statt Arbeitsentgelt (**BB** § 66 Abs. 1 Nr. 2, **SL** § 55 Abs. 1 Nr. 1 i.V.m. § 9 Abs. 1 Satz 1 Nr. 12).

Wie für Arbeitsentgelt ist auch für Ausbildungsbeihilfe die **tatsächliche Teilnahme** 4
an der Bildungsmaßnahme erforderlich. Die bloße Bereitschaft dazu reicht nicht aus, selbst wenn der Gefangene aus organisatorischen Gründen in seinem Ausbildungsbetrieb nicht arbeiten kann.[401] Auch eine für sonstige Maßnahmen gewährte Vergütung setzt die Teilnahme an diesen voraus.

---

396 Vgl. auch VV zu § 44 StVollzG, nach der als Berufsfindungsmaßnahme darüber hinaus die Teilnahme eines Gefangenen an einem Einweisungsverfahren in einer zentralen Einweisungseinrichtung in Betracht kam; s. dazu LG Stuttgart ZfStrVo 2002, 184.
397 Vgl. **BB** LT-Drucks. 5/6437, Begründung S. 66; **RP** LT-Drucks 16/1910, 140; **SH** LT-Drucks. 18/3153, 120; unklar **ST** LT-Drucks. 6/3799, 204; **TH** LT-Drucks. 5/6700, 124.
398 **BY** LT-Drucks. 17/11362, 27.
399 Vgl. auch **BW** LT-Drucks. 14/5012, 225; **HE** LT-Drucks. 18/1396, 102 zum abschließenden Charakter der Entgeltregelung.
400 Siehe **HH** LT-Drucks. 21/11906, 39.
401 KG NStZ 1989, 197; KG, ZfStrVo 1992, 386; *Laubenthal/Nestler/Neubacher/Verrel* F Rdn. 139.

5   **b)** Nach einigen Gesetzen gilt: Der Gefangene muss gem. § 44 Abs. 1 Satz 1 StVollzG, **BW** § 50 Abs. 1 Satz 1 III, **BY** Art. 47 Abs. 1 Satz 1 zum Zweck der Teilnahme an der Bildungsmaßnahme von der **Arbeitspflicht freigestellt** sein. Diese Formulierung ist missverständlich. Es handelt sich nicht um eine Freistellung von der Arbeitspflicht gem. § 42 StVollzG, **BW** § 48 III, **BY** Art. 45, sondern um die Gelegenheit zur Teilnahme an einer aufgrund des Vollzugsplans notwendigen Bildungsmaßnahme **anstelle der Zuweisung** einer Pflichtarbeit bzw. sonstigen Beschäftigung. Mit dem in § 37 Abs. 1 StVollzG, **BW** § 42 Abs. 1 III, **BY** Art. 39 Abs. 1 betonten allgemeinen Grundsatz der Gleichwertigkeit von Bildung und Arbeit (Rdn. 1) wäre eine „Freistellung von der Arbeit" zur Teilnahme an Bildungsmaßnahmen und die darin zu sehende Subsidiarität von Bildung gegenüber Arbeit unvereinbar. In Niedersachsen wird deshalb ausdrücklich auf die Zuweisung der Bildungsmaßnahme abgehoben (**NI** § 41 Satz 1).

6   **Andere Gesetze** (Berlin, Brandenburg, Bremen, Hamburg, Hessen, Mecklenburg-Vorpommern, Nordrhein-Westfalen,[402] Sachsen-Anhalt, Schleswig-Holstein, Thüringen) verzichten deshalb bei den Anspruchsvoraussetzungen für Entgelt auf die Freistellung von der Arbeitspflicht; das Verhältnis von Arbeit und Bildung wird dort anderenorts, überwiegend bereits im Kontext der Rangfolge der Festsetzungen im Vollzugsplan, klargestellt. Hessen, Nordrhein-Westfalen und Sachsen-Anhalt (**HE** § 38 Abs. 1 Satz 2, **NW** § 32 Abs. 2 Satz 1, **ST** § 64 Abs. 1 Nr. 2) verlangen ausdrücklich die Teilnahme an der Ausbildung während der Arbeitszeit; Nordrhein-Westfalen stellt klar, dass die Teilnahme an einer Ausbildungsmaßnahme auch nur während eines Teiles der Arbeitszeit die Beihilfeleistung auszulösen vermag. Keine Auslegungsprobleme treten in den Ländern ohne Arbeitspflicht auf (Brandenburg, Rheinland-Pfalz, Saarland, Sachsen).

7   **Kein Anspruch** auf Ausbildungsbeihilfe steht danach aber demjenigen Inhaftierten zu, der arbeitslos ist und aus eigener Initiative ein Fernstudium aufnimmt.[403] Die Anstaltsleitung kann die Zulassung zu einer Ausbildung (z.B. Fernlehrgang) sowie die Zahlung einer Ausbildungsbeihilfe von einer bis zu sechs Monaten dauernden Probezeit abhängig machen, in der die Bildungsmaßnahme neben der Arbeitstätigkeit absolviert und nicht vergütet wird.[404] Aus § 44 Abs. 1 Satz 1 StVollzG, **BW** § 50 Abs. 1 Satz 1 III, **BY** Art. 47 Abs. 1 Satz 1, **HH** § 41 Abs. 1 Satz 1, **HE** § 38 Abs. 1 Satz 2, **NI** § 41 Satz 1, **NW** § 32 Abs. 2 Satz 1 folgt, dass der in einem freien Beschäftigungsverhältnis nach § 39 Abs. 1 StVollzG, **BW** § 45 Abs. 1 III, **BY** Art. 42 Abs. 1, **HH** § 36, **HE** § 27 Abs. 7, **NI** § 36 Abs. 1, **NW** § 31 Abs. 1 an einer Bildungsmaßnahme teilnehmende Strafgefangene keine Ausbildungsbeihilfe erhält. Gleiches gilt nach **BE** § 61 Abs. 1 Nr. 2, **BB** § 66 Abs. 1 Nr. 2, **HB** § 55 Abs. 1 Nr. 2, **MV** § 55 Abs. 1 Nr. 1, **RP** § 65 Abs. 1 Nr. 2, **SL** § 55 Abs. 1 Nr. 1, **SN** § 55 Abs. 1 Nr. 2, **ST** § 64 Abs. 1 Nr. 2, **SH** § 37 Abs. 1 Nr. 2, **TH** § 66 Abs. 1 Satz 2, weil auf die entsprechenden Vorschriften (**BE** § 10 Abs. 1 Satz 1 Nr. 13, § 26, **BB** § 15 Abs. 1 Satz 1 Nr. 15, § 31, **HB** § 9 Abs. 1 Satz 1 Nr. 14, § 23, **MV** § 9 Abs. 1 Satz 1 Nr. 14, § 23, **RP** § 15 Abs. 1 Satz 1 Nr. 14, § 30, **SL** § 9 Abs. 1 Satz 1 Nr. 14, § 23, **SN** § 9 Abs. 1 Satz 1 Nr. 14, § 23, **ST** § 15 Abs. 1 Satz 1 Nr. 14, § 30, **SH** § 9 Abs. 1 Nr. 17, § 36, **TH** § 15 Abs. 1 Satz 1 Nr. 14, § 30) nicht verwiesen wird.

8   **c)** Der Gefangene erhält nur dann eine **Ausbildungsbeihilfe**, soweit ihm keine Leistungen zum Lebensunterhalt zustehen, die freien Personen aus solchem Anlass gewährt

---

[402] Nach OLG Hamm, Beschl. vom 28.4.2017 – 1 Vollz (Ws) 127/17, FS 2017, 352 bleibt es beim Erfordernis der Freistellung von der Arbeitspflicht.
[403] KG NStZ 2000, 465; OLG Hamm, Beschl. vom 28.4.2017 – 1 Vollz (Ws) 127/17, FS 2017, 352 f m. insoweit krit. Anm. *Bode*; *Arloth/Krä* § 44 StVollzG Rdn. 2; AK-*Galli* Teil II § 55 Rdn. 5.
[404] OLG Hamburg, Beschl. vom 19.7.2010 – 3 Vollz (Ws) 38/10, FS 2011, 55.

werden. Der Anspruch gegen die Vollzugsbehörde ist somit **nachrangig** (§ 44 Abs. 1 Satz 1 StVollzG, **BW** § 50 Abs. 1 Satz 1 III, **BY** Art. 47 Abs. 1 Satz 1, **BE** § 61 Abs. 6, **BB** § 66 Abs. 6, **HB** § 55 Abs. 6, **HH** § 41 Abs. 1 Satz 1, **HE** § 27 Abs. 1 Satz 2, **MV** § 55 Abs. 6, **NI** § 41 Satz 1, **NW** § 32 Abs. 2 Satz 1, **RP** § 65 Abs. 6, **SL** § 55 Abs. 6, **SN** § 55 Abs. 6, **ST** § 64 Abs. 1 Nr. 2, **SH** § 37 Abs. 6, **TH** § 66 Abs. 1 Satz 2). Er tritt insbesondere hinter Leistungen der Arbeitsförderung nach dem SGB III oder dem BAföG zurück.[405] Allerdings werden die Leistungen nach dem SGB III dem Gefangenen lediglich bis zur Höhe der Ausbildungsbeihilfe gewährt (§ 22 Abs. 3 SGB III), denn § 22 Abs. 1 SGB III bestimmt, dass Leistungen der aktiven Arbeitsförderung nur erbracht werden dürfen, wenn nicht andere Leistungsträger oder andere öffentlich-rechtliche Stellen zur Erbringung gleichartiger Leistungen gesetzlich verpflichtet sind. Die finanzielle Fremdförderung einer Bildungsmaßnahme modifiziert nicht den Charakter einer zugewiesenen Aus- oder Weiterbildungsstelle bzw. eines Unterrichtsplatzes auf öffentlich-rechtlicher Grundlage.

d) Der **Nachrang der Sozialhilfe** nach § 2 Abs. 2 SGB XII bleibt gem. § 44 Abs. 1 **9** Satz 2 StVollzG, **BW** § 50 Abs. 1 Satz 2, **BY** Art. 47 Abs. 1 Satz 2, **HH** § 41 Abs. 1 Satz 2, **NI** § 41 Satz 2 bestehen. Der Anspruch des Gefangenen gegen die Vollzugsbehörde geht mithin vor. Eine derartige Bestimmung fehlt in Berlin, Brandenburg, Bremen, Hessen, Mecklenburg-Vorpommern, Nordrhein-Westfalen, Rheinland-Pfalz, Saarland und Schleswig-Holstein, denn es dürfte insoweit schon an der Gesetzgebungskompetenz der Länder fehlen.[406] Für weiter anwendbar erklärt wird § 44 Abs. 1 Satz 2 StVollzG durch **SN** § 120 Satz 2 Nr. 1, **ST** § 166 Nr. 1, **TH** § 142 Satz 2 Nr. 1.

2. Umfang der Ausbildungsbeihilfe

a) Die Ausbildungsbeihilfe tritt an die Stelle des Arbeitsentgelts, so dass die Rege- **10** lungen hierzu unmittelbar bzw. analog anwendbar sind.[407] Für die Bemessung der Ausbildungsbeihilfe als **monetäre Leistung** gelten nach § 44 Abs. 2 StVollzG, **BW** § 50 Abs. 2 III, **BY** Art. 47 Abs. 2, **HH** § 41 Abs. 2 Satz 1, **NI** § 41 Satz 3, **NW** § 32 Abs. 2 Satz 2 folgende Normen entsprechend: § 43 Abs. 2 und 3 StVollzG, **BW** § 49 Abs. 2 und 3 III, **BY** Art. 46 Abs. 2 und 3, **HH** § 40 Abs. 2, **NI** § 40 Abs. 1, **NW** § 32 Abs. 1. Zum Gleichlauf kommt es auch in den übrigen Ländern, in denen die diversen Formen der Vergütung einheitlich geregelt sind (**BE** § 61, **BB** § 66, **HB** § 55, **HE** § 38, **MV** § 55, **RP** § 65, **SL** § 55, **SN** § 55, **ST** § 64, **SH** § 37, **TH** § 66). **Einzelheiten** ergeben sich aus den auf der Basis von § 48 StVollzG, **BW** § 50 III, **BY** Art. 48, **BB** § 66 Abs. 3 Satz 3, **HH** § 43, **HE** § 38 Abs. 3 Satz 2, **MV** § 55 Abs. 3 Satz 3, **NW** § 32 Abs. 4 Satz 3, **RP** § 65 Abs. 3 Satz 3, **SN** § 55 Abs. 3 Satz 3, **ST** § 64, **SH** § 37 Abs. 3 Satz 3 erlassenen **Vergütungsordnungen**, die auch Vorschriften zur Bemessung der Ausbildungsbeihilfe umfassen (s. dazu D. Rdn. 79 ff).

b) Während § 44 StVollzG nicht auf die Pflicht zur **schriftlichen Bekanntgabe** des **11** Entgelts (§ 43 Abs. 5 StVollzG) verweist, treffen einige Ländergesetze hierzu Regelungen. Nach **BE** § 61 Abs. 5, **BB** § 66 Abs. 5, **HB** § 55 Abs. 5, **HE** § 38 Abs. 4, **MV** § 55 Abs. 5, **NI** § 41 Satz 3 i.V.m. § 40 Abs. 4, **NW** § 32 Abs. 6, **RP** § 66 Abs. 5, **SL** § 55 Abs. 5, **SN** § 55 Abs. 5, **ST** § 64 Abs. 6, **SH** § 37 Abs. 5, **TH** § 66 Abs. 5 ist auch die Höhe der Ausbildungsbeihilfe dem Gefangenen schriftlich mitzuteilen.

---

405 Dazu *Hardes* ZfStrVo 1998, 147.
406 *Arloth/Krä* § 44 StVollzG Rdn. 2 a.E.
407 S. auch *Arloth/Krä* § 44 StVollzG Rdn. 1; *Laubenthal* Rdn. 457.

12   **c)** Freistellung zu **Erholungszwecken** (dazu oben C) unter Fortzahlung der Ausbildungsbeihilfe wird grundsätzlich auch demjenigen Gefangenen gewährt, der eine Ausbildung absolviert oder einen Unterricht besucht. Denn hierdurch wird ebenfalls ein Erholungsbedürfnis ausgelöst. Zudem stellen § 42 Abs. 1 Satz 1 StVollzG, **BW** § 48 Abs. 1 Satz 1 III, **BY** Art. 45 Abs. 1 Satz 1, **HE** § 27 Abs. 9 Satz 1, **NI** § 39 Abs. 1 Satz 1 auf (zugewiesene) Tätigkeit bzw. Beschäftigung ab. Darunter fallen Maßnahmen der Aus- und Weiterbildung ebenso wie Unterricht, §§ 37 Abs. 1 und 3, 38 StVollzG, **BW** § 42 Abs. 1 III, **BY** Art. 39 Abs. 1 und 4, 40, **HE** § 27 Abs. 3 Satz 2, **NI** § 35 Abs. 2 Satz 3.[408] In Hamburg, Nordrhein-Westfalen und Thüringen wird in Ansehung von Bildungsmaßnahmen auf die Urlaubsregelungen verwiesen (**HH** § 41 Abs. 2 Satz 2, **NW** § 33 Abs. 5 Satz 1, **TH** § 31 Abs. 5), in Schleswig-Holstein findet sich eine ausdrückliche Regelung (**SH** § 39 Abs. 1 Satz 1). Einige Länder gewähren bezahlte Freistellung von Maßnahmen der Aus- und Weiterbildung aber nur, sofern derartige Tätigkeiten den **Umfang der regelmäßigen wöchentlichen Arbeitszeit erreichen** (**BE** § 27 Abs. 5, **BB** § 32 Abs. 5, **HB** § 24 Abs. 6, **MV** § 24 Abs. 5, **RP** § 31 Abs. 5, **SL** § 24 Abs. 5, **SN** § 24 Abs. 5, **ST** § 31 Abs. 6).

13   **d)** § 43 Abs. 6 Satz 1 StVollzG, **BW** § 49 Abs. 6 Satz 1 III, **BY** Art. 46 Abs. 6 Satz 1, **BE** § 63 Abs. 1 Satz 1 gewähren Freistellungstage u.a. bei zugewiesener Tätigkeit oder Beschäftigung, wozu gem. § 37 Abs. 1 und 3 StVollzG, **BW** § 42 Abs. 1 und 4 III, **BY** Art. 39 Abs. 1 und 4, **BE** § 23 auch die Maßnahmen der Aus- und Weiterbildung gehören. Die Einbeziehung der an einer Berufsausbildung, beruflichen Weiterbildung oder an einem Unterricht anstelle der Zuweisung zu einer Arbeit bzw. sonstigen Beschäftigung teilnehmenden Gefangenen in den Bereich der **nicht-monetären Komponente** bestätigen zudem § 43 Abs. 11 Satz 1 StVollzG, **BW** § 49 Abs. 11 Satz 1 III, **BY** Art. 46 Abs. 11 Satz 1, **HH** § 40 Abs. 6 Satz 2, **MV** § 55 Abs. 9 Satz 1. Dort ist hinsichtlich der Berechnung einer Ausgleichsentschädigung die Ausbildungsbeihilfe ausdrücklich benannt.[409] In Hamburg, Niedersachsen, Nordrhein-Westfalen und Thüringen erklären die Gesetze die Vorschriften über nicht-monetäre Honorierung expressis verbis für anwendbar (**HH** § 41 Abs. 2 Satz 2 i.V.m. § 40 Abs. 3 bis 7, **NI** § 41 Satz 3 i.V.m. § 40 Abs. 5 bis 10, **NW** § 34 Abs. 4 i.V.m. Abs. 1 bis 3, **TH** § 32 Abs. 9 i.V.m. Abs. 1 bis 8 und § 28). In Bremen, Hessen und Mecklenburg-Vorpommern folgt dasselbe Resultat aus der Verweisung auf die Vorschrift über schulische und berufliche Bildungs- bzw. Qualifizierungsmaßnahmen (**HB** § 55 Abs. 7 Satz 1 i.V.m. § 21, **HE** § 39 Abs. 2 Satz 1 i.V.m. § 27 Abs. 3 Satz 2, **MV** § 55 Abs. 7 Satz 1 i.V.m. § 21). Schleswig-Holstein knüpft für die Anrechnung auf den Entlassungszeitpunkt an den Bezug von Vergütung an, wozu auch Ausbildungsbeihilfe für die Teilnahme an schulischen und beruflichen Qualifizierungsmaßnahmen zählt (**SH** § 40 Abs. 1 i.V.m. § 37 Abs. 1 Nr. 2). Die nicht-monetäre Anerkennung der Teilnahme an einer Aus- oder Weiterbildungsmaßnahme bleibt auch dann bestehen, wenn diese drittfinanziert (z.B. nach dem SGB III) wird. Die Länder, die keine nicht-monetäre Entlohnung mehr kennen (Brandenburg, Rheinland-Pfalz, Saarland, Sachsen, Sachsen-Anhalt), gewähren eine solche natürlich auch für Ausbildungsmaßnahmen nicht.

14   **e)** Nach § 44 Abs. 3 StVollzG, **BW** § 50 Abs. 3 III, **BY** Art. 47 Abs. 3 erhält der Gefangene die **in Höhe des ihm entgehenden Arbeitsentgelts** anteilige Ausbildungsbeihilfe, wenn er während der Arbeitszeit stunden- oder tageweise am Unterricht oder an einer beruflichen Bildung teilnimmt. Gleiches gilt in Mecklenburg-Vorpommern (**MV** § 55

---

[408] Vgl. *Arloth/Krä* § 42 StVollzG Rdn. 2.
[409] Zur Anwendung der nicht-monetären Entgeltkomponente auch *Arloth/Krä* § 44 StVollzG Rdn. 2; AK-*Galli* Teil II § 55 Rdn. 23.

Abs. 1 Nr. 3), wobei die Regelung in diesem Land weitergehend auch die Teilnahme an Maßnahmen zur Förderung der persönlichen Entwicklung umfasst (zur Honorierung der Mitwirkung an Behandlungsmaßnahmen oben D Rdn. 14 ff). An diesen Bestimmungen, die Bedeutung erlangen, wenn die Arbeitstätigkeit des Gefangenen besser vergütet wird,[410] zeigt sich die Gleichwertigkeit beider Bereiche noch einmal. Der niedersächsische Gesetzgeber hat die Regelung bewusst nicht rezipiert, weil er die Meinung war, dass es mit der Zahlung der üblichen Ausbildungsbeihilfe sein Bewenden haben solle.[411] So ist auch **NW** § 32 Abs. 2 Satz 1 zu verstehen. Sachsen gewährt nur finanzielle Anerkennung i.S.v. **SN** § 55 Abs. 1 Nr. 1.

f) Nach den Regelungen in Berlin, Hamburg, Mecklenburg-Vorpommern, Sachsen- 15 Anhalt, Schleswig-Holstein und Thüringen (**BE** § 62, **HH** § 41 Abs. 3, **MV** § 55 Abs. 1 Nr. 3, **ST** § 64 Abs. 2, **SH** § 38, **TH** § 66 Abs. 2) wird Gefangenen für die **Teilnahme** an bestimmten, nach dem Vollzugsplan vordringlichen bzw. zwingend erforderlichen **Behandlungsmaßnahmen** (Berlin, Thüringen), an im Gesetz aufgezählten therapeutischen oder Trainingsmaßnahmen (Hamburg, Schleswig-Holstein), an Maßnahmen zur Förderung auch der persönlichen Entwicklung (Mecklenburg-Vorpommern) bzw. an Behandlungsmaßnahmen in der Sozialtherapie (Sachsen-Anhalt, Thüringen) während der Arbeits- oder regulären Beschäftigungszeit eine gewährte Ausbildungsbeihilfe fortgezahlt, so wie das auch bei Arbeitsentgelt der Fall wäre (dazu oben D. Rdn. 16). Sachsen gewährt stattdessen auch hier nur finanzielle Anerkennung (**SN** § 55 Abs. 1 Nr. 1).

H. Freies Beschäftigungsverhältnis, Selbstbeschäftigung

Bund	§ 39 StVollzG
Baden-Württemberg	BW § 45 III JVollzGB
Bayern	BY Art. 42 BayStVollzG
Berlin	BE § 26 StVollzG Bln
Brandenburg	BB § 31 BbgJVollzG
Bremen	HB § 23 BremStVollzG
Hamburg	HH § 36 HmbStVollzG
Hessen	HE § 27 Abs. 4 und 7 HStVollzG
Mecklenburg-Vorpommern	MV § 23 StVollzG M-V
Niedersachsen	NI § 36 NJVollzG
Nordrhein-Westfalen	NW § 31 StVollzG NRW
Rheinland-Pfalz	RP § 30 LJVollzG
Saarland	SL § 23 SLStVollzG
Sachsen	SN § 23 SächsStVollzG
Sachsen-Anhalt	ST § 30 JVollzGB LSA
Schleswig-Holstein	SH § 36 LStVollzG SH
Thüringen	TH § 30 ThürJVollzG

Schrifttum

S. vor A.

---

410 Vgl. *Arloth/Krä* § 44 StVollzG Rdn. 4.
411 **NI** LT-Drucks. 15/3565, 124 f.

Übersicht

I. Allgemeine Hinweise —— 1
II. Erläuterungen —— 2–29
   1. Freies Beschäftigungsverhältnis —— 2–18
      a) Unmittelbares Vertragsverhältnis —— 2
      b) Inhalt des Beschäftigungsverhältnisses —— 3–5
      c) Ausübung außerhalb der Anstalt; unechter Freigang —— 6, 7
      d) Ermessen der Vollzugsbehörde —— 8–10
      e) Möglichkeit von Vollzugslockerungen —— 11–18
   2. Selbstbeschäftigung —— 19–27
      a) Inhalt der Selbstbeschäftigung —— 19–21
      b) Maßstäbe für die Ermessensentscheidung —— 22–25
      c) Beispiele für Selbstbeschäftigung —— 26
      d) Genehmigungswiderruf —— 27
   3. Behandlung des Arbeitslohnes —— 28, 29

I. Allgemeine Hinweise

1   Die Vorschriften haben vor allem im Hinblick auf die noch immer unzulänglichen Bezüge nach den Strafvollzugsgesetzen (s. oben D Rdn. 7 ff) **große finanzielle Bedeutung** für Gefangene. Denn sie ermöglichen, im Wege eines freien Beschäftigungsverhältnisses (Rdn. 2 bis 18) oder der Selbstbeschäftigung (Rdn. 19 bis 27) hinreichendes Arbeitsentgelt zu erzielen, das im Einzelfall gestatten mag, neben der Erfüllung der Unterhaltspflichten die nicht selten hohen Schulden zu verringern oder gar abzutragen.[412] Darüber hinaus haben im freien Beschäftigungsverhältnis (oder in der Selbstbeschäftigung) befindliche Gefangene **größere Chancen, zum Zeitpunkt der Entlassung** aus der Haft über einen Arbeitsplatz zu verfügen oder einen solchen zu finden.[413] Letzterer Befund gewinnt umso größere Bedeutung, als nach der Rspr. des BAG das Arbeitsverhältnis eines verurteilten Straftäters durch den Arbeitgeber fristlos gekündigt werden kann, wenn die Arbeitsleistung für nicht unerhebliche Zeit unmöglich ist, weil die dem Arbeitgeber grundsätzlich fürsorgehalber im Rahmen des Zumutbaren obliegende Mitwirkung an der Erlangung des Freigängerstatus scheitert.[414] Reziprok kann allerdings bereits die Staatsanwaltschaft als Vollstreckungsbehörde gehalten sein, den Verurteilten abweichend vom Vollstreckungsplan in den offenen Vollzug zu laden, wenn sich nur auf diese Weise das Arbeitsverhältnis erhalten lässt.[415]

II. Erläuterungen

1. Freies Beschäftigungsverhältnis

2   **a) Unmittelbares Vertragsverhältnis.** Das freie Beschäftigungsverhältnis in § 39 Abs. 1 StVollzG, **BW** § 45 Abs. 1 III, **BY** Art. 42 Abs. 1, **BE** § 26 Abs. 1 Satz 1 Alt. 1, **BB** § 31 Abs. 1 Satz 1 Alt. 1, **HB** § 23 Abs. 1 Satz 1 Alt. 1, **HH** § 36 Abs. 1 Alt. 1, **HE** § 27 Abs. 7, **MV** § 23 Abs. 1 Satz 1 Alt. 1, **NI** § 36 Abs. 1, **NW** § 31 Abs. 1, **RP** § 30 Abs. 1 Satz 1 Alt. 1, **SL** § 23 Abs. 1 Satz 1 Alt. 1, **SN** § 23 Abs. 1 Satz 1 Alt. 1, **ST** § 30 Abs. 1 Satz 1 Alt. 1, **SH** § 36 Abs. 1

---

[412] Vgl. auch *Preusker* ZfStrVo 1988, 94 f; *Rotthaus* NStZ 1987, 1, 4; zur Situation Strafgefangener im Insolvenz- und Restschuldbefreiungsverfahren *Els* VuR 2013, 208 ff; *Heyer* NZI 2010, 81 ff.
[413] Siehe etwa *Matzke* 1982, 123; vgl. auch BVerfGE 98, 169, 210.
[414] BAG ZfStrVo 1997, 50, auch zu Ausnahmen von der Mitwirkungspflicht des Arbeitgebers; BAG, Urt. vom 22.10.2015 - 2 AZR 381/14, NZA 2016, 482, 483 f; zur ordentlichen personenbedingten Kündigung BAG, Urt. vom 25.11.2010 - 2 AZR 984/08, NJW 2011, 1896; Urt. vom 24.3.2011 - 2 AZR 790/09, NJW 2011, 2825; vgl. auch BAG, Urt. vom 23.5.2013 - 2 AZR 120/12, NJW 2013, 3325.
[415] BVerfG, Beschl. vom 27.9.2007 – 2 BvR 725/07, BVerfGK 12, 210, 220 ff; OLG München, Beschl. vom 21.4.2015 – 5 VAs 19/15, Beck-Rs 2015, 17750 Rdn. 13 ff.

Satz 1 Alt. 1, **TH** § 30 Abs. 1 Satz 1 Alt. 1 setzt ein **unmittelbares Vertragsverhältnis zwischen dem Gefangenen und dem Dritten außerhalb des Vollzuges**, z.B. Ausbilder oder Arbeitgeber, voraus. Solche Beziehungen können zwar von den Vollzugsbehörden vermittelt werden; diese sind aber nicht Vertragspartner. Die Verwaltungsvorschriften legen nähere Einzelheiten zur Vertragsausgestaltung fest: Es ist regelmäßig ein schriftlicher, privatrechtlicher Vertrag (Arbeitsvertrag, Berufsausbildungsvertrag) abzuschließen. Die gegenseitigen Kündigungsmöglichkeiten – auch die fristlosen – sind vertraglich besonders zu regeln; namentlich ist das Beschäftigungsverhältnis auflösend bedingt durch den Wegfall des Freigängerstatus auszugestalten. Insoweit sind die Bestimmungen der Vollzugsgesetze als leges speciales zum arbeitsrechtlichen **Kündigungsschutz** zu sehen.[416] Die Bezüge des Gefangenen und die sonstigen – ggf. auch solche aufgrund öffentlich-rechtlicher Bestimmungen – Zuwendungen seines Ausbilders/Arbeitgebers können häufig mit befreiender Wirkung nur auf ein mit der Anstalt vereinbartes Konto gezahlt werden. Die Bezüge werden für bestimmte Zwecke verwendet (vgl. auch Rdn. 29).

b) Inhalt des Beschäftigungsverhältnisses. Als Inhalt des freien Beschäftigungsverhältnisses können ein **Arbeitsverhältnis** oder eine **Berufsausbildung bzw. berufliche Weiterbildung** vereinbart werden (so Bund, **BW, BY, BE, HB, HH, MV, NI, NW, SL, SN**).[417] Eine Teilzeittätigkeit ist nicht ausgeschlossen.[418] Andere Gesetze sprechen von Arbeit bzw. schulischen und beruflichen Qualifizierungsmaßnahmen (**BB, RP, ST, SH, TH**, ähnlich **HE**, wo weiter die Umschulung ausdrücklich genannt ist). Beim durch Immatrikulation begründeten Studium, das nicht zugewiesen wurde und für das keine Ausbildungsbeihilfe gezahlt wird, handelt es sich um eine Selbstbeschäftigung, da diesem keine privatrechtliche Vereinbarung zugrunde liegt.[419] Gleiches wird prinzipiell für **schulische Qualifizierungsmaßnahmen** zu gelten haben (vgl. aber Rdn. 4). 3

Maßgeblich für die Zuordnung ist, dass das Beschäftigungsverhältnis durch einen **privatrechtlichen Vertrag** oder einen **vertragsähnlichen Akt** mit den üblichen Rechten und Pflichten begründet wird. Eine abhängige Tätigkeit im Sinne einer Weisungsgebundenheit und/oder einer unmittelbaren wirtschaftlichen Abhängigkeit[420] muss ebenso wenig vorliegen wie eine Bezahlung der Tätigkeit, z.B. im Falle eines ehrenamtlichen Pflegepraktikums.[421] Danach könnte man auch diejenigen schulischen Qualifizierungsmaßnahmen hierunter fassen, die von privaten Trägern auf der Basis vertraglicher Vereinbarung mit den Schülern, eventuell sogar für diese kostenpflichtig, abgehalten werden. Letztlich kann deren genaue Einordnung aber dahinstehen, weil nach den Gesetzen aller Länder, die Maßnahmen der schulischen Weiterbildung an dieser Stelle nennen, die Voraussetzungen für das freie Beschäftigungsverhältnis und die Selbstbeschäftigung identisch sind. Hingegen dürfen nicht berufsbezogene allgemeinbildende Maßnahmen (z.B. Hobbymalkurs) nicht im Wege eines freien Beschäftigungsverhältnisses durchgeführt werden, sondern stellen solche zur Freizeitbeschäftigung dar.[422] 4

---

416 Vgl. LAG Baden-Württemberg NStZ 1989, 141; LAG Hamm NStZ 1991, 445, jeweils m. w. N; *Arloth/Krä* § 39 StVollzG Rdn. 3; a.A. AK-*Galli* Teil II § 23 Rdn. 24.
417 Zum (Fach-)Hochschulstudium als freies Beschäftigungsverhältnis OLG Celle ZfStrVo 1986, 183; LG Frankfurt StV 1987, 301.
418 Vgl. *Arloth/Krä* § 39 StVollzG Rdn. 4; AK-*Galli* Teil II § 23 Rdn. 17.
419 Lediglich als Maßnahme der Aus- bzw. Weiterbildung erachten das Hochschulstudium dagegen KG NStZ 2003, 593; *Arloth/Krä* § 39 StVollzG Rdn. 4; s. auch Rdn. 26.
420 So OLG Hamm NStZ 1986, 428.
421 OLG Hamm, Beschl. vom 14.1.2016 – III-1 Vollz (Ws) 595/15, FS SH 2017, 38; LG Göttingen NStZ 1991, 408; *Arloth/Krä* § 39 StVollzG Rdn. 4 a.E.
422 *Laubenthal/Nestler/Neubacher/Verrel* F Rdn. 57.

5   Im freien Beschäftigungsverhältnis kann der Gefangene den vereinbarten Lohn bzw. den außerhalb der Anstalt in der freien Wirtschaft **ortsüblichen Lohn,** jedenfalls aber den **Mindestlohn, Tariflohn** oder gar übertarifliche Bezahlung nebst Lohnfortzahlung im Krankheitsfall,[423] die Ausbildungsvergütung bzw. -beihilfe oder – bei Vorliegen der Voraussetzungen – Ausbildungsförderung nach dem BAföG oder Unterhaltsgeld nach dem SGB III erhalten. Lohnsteuer und Arbeitnehmeranteil an den Sozialabgaben werden vom Arbeitgeber einbehalten.[424] Ist der Gefangene krankenversichert, wovon schon wegen der allgemeinen Versicherungspflicht gem. § 193 Abs. 3 VVG auszugehen ist, hat er Anspruch auf Leistungen durch die Krankenkasse. Gem. § 62a StVollzG, **BW** § 35 Abs. 2 III, **BY** Art. 64, **BE** § 74 Abs. 2, **BB** § 78 Abs. 2, **HB** § 67 Abs. 2, **HH** § 65 Abs. 2, **HE** § 24 Abs. 6, **MV** § 66 Abs. 2, **NI** § 60, **NW** § 45 Abs. 2, **RP** § 76 Abs. 2, **SL** § 66 Abs. 2, **SN** § 67 Abs. 2, **ST** § 77 Abs. 2, **SH** § 81, **TH** § 77 Abs. 2 ruhen während der Dauer der durch das freie Beschäftigungsverhältnis begründeten **Krankenversicherung** die Ansprüche auf Gesundheitsfürsorge nach den Vollzugsgesetzen.

6   **c) Ausübung außerhalb der Anstalt; unechter Freigang.** Das freie Beschäftigungsverhältnis ist nur möglich, wenn die Arbeit, Berufsausbildung, berufliche Weiterbildung oder Umschulung **außerhalb der Anstalt** stattfinden.[425] Abgesehen davon, dass mit der Zulassung eines freien Beschäftigungsverhältnisses innerhalb der Anstalt der Grundsatz der Arbeitszuweisung, ggf. die gesetzliche Arbeitspflicht und die Arbeitsentgeltregelung berührt würden und zumindest teilweise unterlaufen werden könnten, müssten auch unter den Gefangenen eines Betriebes Spannungen und Unruhen befürchtet werden, wenn ein Teil von ihnen als auf der Grundlage des öffentlich-rechtlichen Rechtsverhältnisses Tätige das geringe Arbeitsentgelt nach den Strafvollzugsgesetzen erhalten würden und andere auf privatrechtlicher Basis den außerhalb der Anstalt ortsüblichen Tariflohn.[426] Ein solches Zweiklassensystem wäre für die Gefangenen unerträglich. Innerhalb der Anstalt bleibt daher die Ausübung einer Tätigkeit im freien Beschäftigungsverhältnis unzulässig. Eine analoge Anwendung der in Rdn. 2 genannten Vorschriften auf anstaltsinterne Beschäftigung scheidet aus.[427]

7   Dagegen kann – in engen Grenzen – dem Gefangenen eine von der Vollzugsbehörde bei einem freien Unternehmer vermittelte und organisierte Arbeit außerhalb der Anstalt zugewiesen werden, die der Gefangene im **sog. unechten Freigang** – auf der Grundlage des öffentlich-rechtlichen Verhältnisses – ohne Aufsicht eines Vollzugsbeamten ausübt. In diesem Fall bestehen vertragliche Beziehungen nur zwischen dem privaten Unternehmer und der Vollzugsbehörde. Der Unternehmer zahlt einen vereinbarten Betrag an die Anstalt. Diese stellt die Arbeitskraft des Gefangenen zur Verfügung und entlohnt den Gefangenen nach dem jeweiligen Vollzugsgesetz. Die Gestattung dieses unechten Freigangs bietet im Hinblick auf den Angleichungsgrundsatz zwar Vorteile gegenüber der Pflichtarbeit innerhalb der Anstalt (z.B. besteht die Möglichkeit einer Übernahme nach der Entlassung durch den jeweiligen Unternehmer). Die Betroffenen bleiben aber in arbeitsrechtlicher Hinsicht **weitgehend rechtlos** gestellt (so könnten Betriebe etwa zugewiesene Inhaftierte nach Gutdünken austauschen).[428] Sog. unechter Freigang kommt

---

423 LAG Baden-Württemberg NStZ 1989, 141.
424 *Laubenthal/Nestler/Neubacher/Verrel* F Rdn. 58.
425 BGHSt 37, 85, 87.
426 Siehe auch BT-Drucks. 7/918, 67.
427 *Arloth/Krä* § 39 StVollzG Rdn. 6; AK-*Galli* Teil II § 23 Rdn. 21; *Laubenthal* Rdn. 415; *Laubenthal/Nestler/Neubacher/Verrel* F Rdn. 59.
428 Siehe *Kamann* StV 1999, 349.

daher mit Zustimmung des Betroffenen nur in Betracht, wenn trotz Unterstützung durch die Anstalt einem zum (echten) Freigang geeigneten Gefangenen keine Arbeit in einem freien Beschäftigungsverhältnis geboten werden kann. Darüber hinaus muss auch bei der Tätigkeit als unechter Freigänger in einem privaten Unternehmen die Ausgestaltung des Vertrages zwischen Anstalt und Unternehmer so präzise sein, dass ein Mindestmaß an organisierter öffentlich-rechtlicher Verantwortung für den Inhaftierten gewährleistet bleibt. Von Verfassungs wegen ist die Vollzugsbehörde jedoch gehalten, die Möglichkeit eines freien Beschäftigungsverhältnisses insbesondere im Hinblick auf dessen besondere Resozialisierungschancen zu prüfen.[429] Dabei bleiben aber Gestaltungen ausgeschlossen, als deren Folge die grundrechtserheblichen Belange der Inhaftierten weder durch privatrechtliche Ansprüche gegenüber dem Unternehmer noch durch öffentlich-rechtliche Verantwortlichkeiten der Anstalt geschützt würden, weshalb es gerade nicht angeht, dass die Anstalt sich ohne weiteres auf die Weigerung des Unternehmers, einen Gefangenen weiter zu beschäftigen, zurückzieht.[430]

d) Ermessen der Vollzugsbehörde. Die Vollzugsbehörde **soll** (nicht nur: kann!) **8** dem Gefangenen auf dessen **Antrag** hin[431] das Eingehen eines freien Beschäftigungsverhältnisses **gestatten**, wenn es dem Ziel dient, Fähigkeiten für eine Erwerbstätigkeit nach der Entlassung zu vermitteln, zu erhalten oder zu fördern (so Bund, **BW, BY, HH, NI, NW** [nur erhalten und fördern]). Andere Gesetze verlangen bloß die **Eignung** der Beschäftigungsstelle (**BE, BB, HB, MV, RP, SL, SN, SH, TH**). Mit diesem unbestimmten Rechtsbegriff dürfte im Ergebnis nichts anderes gemeint sein, weil hiermit ersichtlich an die im jeweiligen Landesgesetz enthaltene Zielnorm bezüglich der Beschäftigung angeknüpft wird und dort die generell mit Arbeit und Ausbildung verfolgte Absicht sämtlich in ähnlicher Weise umschrieben wird wie das Ziel der freien Beschäftigung in den dem Muster des StVollzG folgenden Gesetzen. Sachsen-Anhalt (**ST** § 30 Abs. 1 Satz 1) bietet kumulativ beide Formulierungen; in der Sache ändert das nach dem Gesagten nichts. In Hessen (**HE** § 27 Abs. 7 Satz 1) wird gar keine dieser Voraussetzungen benannt.

Jedenfalls besteht eine Verpflichtung des Anstaltsleiters zur vorrangigen Prüfung, **9** wenn eine derartige Tätigkeit in Einklang mit dem **Vollzugsplan** steht (zum Erfordernis entsprechender Festsetzungen vgl. **BE** § 10 Abs. 1 Satz 1 Nr. 13, **BB** § 15 Abs. 1 Satz 1 Nr. 15, **HB** § 9 Abs. 1 Satz 1 Nr. 14, **MV** § 9 Abs. 1 Satz 1 Nr. 14, **RP** § 15 Abs. 1 Satz 1 Nr. 14, **SL** § 9 Abs. 1 Satz 1 Nr. 14, **SN** § 9 Abs. 1 Satz 1 Nr. 14, **ST** § 15 Abs. 1 Satz 1 Nr. 14, **SH** § 9 Abs. 1 Nr. 17, **TH** § 15 Abs. 1 Satz 1 Nr. 14) und die weiteren Voraussetzungen gegeben sind. Damit ist der **Ermessensspielraum** durch das Resozialisierungsgebot erheblich eingeschränkt,[432] wobei hiermit jedoch ein Recht des Gefangenen auf Zulassung zum freien Beschäftigungsverhältnis nicht korrespondiert.[433] Wohl aber steht ihm ein Recht auf Antragsprüfung und fehlerfreie Ermessensausübung im Rahmen der Entscheidungsfindung zu.[434] Ein Ermessensfehler kann insoweit im Hinblick auf das entgangene Gehalt zu einer Schadensersatzpflicht der Vollzugsbehörde gem. § 839 BGB, Art. 34 GG führen.[435] Nicht ermessensfehlerhaft ist die Versagung einer Tätigkeit, wenn das vereinbarte **Entgelt** so

---

429 BVerfGE 98, 169, 210f; s. auch *Arloth/Krä* § 39 StVollzG Rdn. 2; AK-*Galli* Teil II § 23 Rdn. 12, 29f; *Laubenthal/Nestler/Neubacher/Verrel* F Rdn. 56.
430 BVerfG, Beschl. vom 27.12.2007 – 2 BvR 1061/05, BVerfGK 13, 137, 145f.
431 AK-*Galli* Teil II § 23 Rdn. 7; *Laubenthal/Nestler/Neubacher/Verrel* F Rdn. 60.
432 BVerfGE 98, 169, 210; OLG Hamburg NStZ 2000, 615; OLG Frankfurt ZfStrVo 2002, 118.
433 Vgl. OLG Frankfurt ZfStrVo 2002, 117; LG Göttingen StV 1990, 359; *Laubenthal* Rdn. 417.
434 OLG Dresden, Beschl. vom 27.6.2012 – 2 Ws 132/12, NStZ 2013, 361; *Arloth/Krä* § 39 StVollzG Rdn. 5; *Laubenthal/Nestler/Neubacher/Verrel* F Rdn. 67; krit. AK-*Galli* Teil II § 23 Rdn. 11.
435 OLG Hamm StV 1989, 543.

gering ausfiele, dass der Arbeitsvertrag sittenwidrig (§ 138 BGB) wäre oder den Tatbestand des Lohnwuchers (§ 291 Abs. 1 Satz 1 Nr. 3 StGB) erfüllen würde; das gilt auch bei Gefangenen im Rentenalter.[436] Zu weitgehend erscheint aber wegen der Möglichkeit von Defiziten im Leistungsbereich bei Gefangenen und der in der Praxis heute häufig fehlenden Tarifbindung der Arbeitgeber die Versagung bei Bezahlung in Höhe von ca. 70% des Tariflohns.[437] Nur der Mindestlohn darf nicht unterschritten werden.

10 Voraussetzung für ein freies Beschäftigungsverhältnis ist ferner, dass ihm nicht **überwiegende Gründe des Vollzugs** entgegenstehen, § 39 Abs. 1 Satz 1 a.E. StVollzG, **BW** § 45 Abs. 1 Satz 1 a.E. III, **BY** Art. 42 Abs. 1 Satz 1 a.E., **BE** § 26 Abs. 1 Satz 1 a.E., **BB** § 31 Abs. 1 Satz 1 a.E., **HB** § 23 Abs. 1 Satz 1 a.E. **HH** § 36 Abs. 1 a.E., **MV** § 23 Abs. 1 Satz 1 a.E., **NI** § 36 Abs. 1 Satz 1 a.E., **NW** § 31 Abs. 1 Satz 1 a.E., **RP** § 30 Abs. 1 Satz 1 a.E., **SL** § 23 Abs. 1 Satz 1 a.E., **SN** § 23 Abs. 1 Satz 1 a.E., **ST** § 30 Abs. 1 Satz 1 a.E., **SH** § 36 Abs. 1 Satz 1 a.E., **TH** § 30 Abs. 1 Satz 1 a.E.; nicht genannt in Hessen. Dabei muss es sich um gewichtige Vollzugsbelange handeln.[438] In den Ausschussberatungen zum StVollzG[439] wurde das Interesse an einer langfristigen Sicherung der Zweigbetriebe freier Unternehmer in den Anstalten genannt. Rein fiskalische Erwägungen im Zusammenhang mit dem Aufrechterhalten der Produktionseigenbetriebe der Vollzugsarbeitsverwaltung sollten jedoch bei der Entscheidung der Anstaltsleitung keine Rolle spielen.[440] Zu berücksichtigen ist allerdings, ob die organisatorischen, baulichen und personellen Möglichkeiten der Anstalt ausreichen, um die Gefangenen mit freien Beschäftigungsverhältnissen möglichst getrennt von anderen Gefangenen unterzubringen, zu versorgen und zu betreuen (vgl. schon VV Nr. 2 Abs. 1 zu § 39 StVollzG).[441] Die Anstalten sollen durch das Zulassen freier Beschäftigungsverhältnisse nicht in zusätzliche, größere und schwer zu bewältigende Schwierigkeiten geraten, z.B. dadurch, dass Vollzugsbediensteten unlösbare Kontrollpflichten – die sich am jeweiligen Berufsbild der geplanten Tätigkeit zu orientieren haben[442] – auferlegt werden (welcher Umstand insbesondere bei Arbeit im Betrieb eines Angehörigen zu prüfen ist[443]) oder dass aus Sicherheitsgründen freie Beschäftigungsverhältnisse bei bestimmten Gefangenen nur im Wege der Außenbeschäftigung gestattet werden könnten, es jedoch an dem dafür erforderlichen Aufsichtspersonal mangelt. Die Verweigerung eines bestimmten Vertragsverhältnisses schließt es allerdings nicht aus, dass dem Betroffenen die Eingehung eines anderen freien Beschäftigungsverhältnisses gestattet wird, gegen welches die ursprünglich erhobenen Bedenken nicht bestehen.[444]

e) Möglichkeit von Vollzugslockerungen

11 **aa)** Bedingung für die Gestattung eines freien Beschäftigungsverhältnisses ist gem. § 39 Abs. 1 Satz 2 StVollzG, **BW** § 45 Abs. 1 Satz 2 III, **BY** Art. 42 Abs. 1 Satz 2, **HH** § 36 Abs. 2, **HE** § 27 Abs. 3 Satz 1, **NI** § 36 Abs. 1 Satz 2, **NW** § 31 Abs. 1 Satz 2 zudem die Zulassung des Gefangenen entweder (außer in Hessen) zu einer **Außenbeschäftigung** (10 C. Rdn. 9ff)

---

436 OLG Dresden, Beschl. vom 27.6.2012 – 2 Ws 132/12, NStZ 2013, 361.
437 So aber OLG Hamm, Beschl. vom 22.9.1987 – 1 Vollz (Ws) 267/87, NStZ 1988, 245, 246 m. Anm. *Wegener*; noch restriktiver AK-*Galli* Teil II § 23 Rdn. 17; *Höflich/Schriever* S. 83, letztere aber differenzierend zwischen West- und Ostdeutschland.
438 BVerfGE 98, 169, 210.
439 Prot. S. 2134.
440 *Arloth/Krä* § 39 StVollzG Rdn. 5; AK-*Galli* Teil II § 23 Rdn. 10; K/S-*Schöch* § 7 Rdn. 130.
441 A.A. AK-*Galli* Teil II § 23 Rdn. 10.
442 OLG Dresden, Beschl. vom 27.6.2012 – 2 Ws 132/12, NStZ 2013, 361; LG Göttingen StV 1990, 359.
443 Vgl. LG Wuppertal NStZ 1988, 426; aber auch AK-*Galli* Teil II § 23 Rdn. 11.
444 OLG Frankfurt ZfStrVo 2000, 117.

oder zum **Freigang** (10 C. Rdn. 27 ff) nach § 11 Abs. 1 Nr. 2 StVollzG, **BW** § 9 Abs. 2 Nr. 1 III, **BY** Art. 13 Abs. 1 Nr. 1, **HH** § 12 Abs. 1 Satz 1 Nr. 5, **HE** § 13 Abs. 3 Nr. 2, **NI** § 13 Abs. 1 Nr. 1, **NW** § 53 Abs. 2 Nr. 4. Denn eine freie Beschäftigung kann bloß außerhalb der Anstalt ausgeübt werden und eine regelmäßige externe Beschäftigung ist nur in Form dieser zwei Vollzugslockerungen möglich.[445] Die für die jeweilige Vollzugslockerung notwendigen Voraussetzungen müssen gesondert geprüft werden und vorliegen. Die Vorschriften über das freie Beschäftigungsverhältnis verdrängen diejenigen über Außenbeschäftigung und Freigang nicht und geben damit nicht die alleinige Rechtsgrundlage für die Gestattung eines freien Beschäftigungsverhältnisses ab.[446] Aus dem Wortlaut der Gesetze ergibt sich, dass die Bestimmungen über die beiden Vollzugslockerungen **unberührt bleiben** und nicht jeweils nur entsprechend gelten. Sie sind somit selbständig zu prüfen.

Gemäß dem Tatbestand von § 11 Abs. 2 StVollzG, **BW** § 9 Abs. 1 III, **BY** Art. 13 Abs. 2, **NW** § 53 Abs. 1 können die Lockerungen Außenbeschäftigung (externe Tätigkeit unter Aufsicht eines Vollzugsbediensteten) oder Freigang (ohne Aufsicht eines Vollzugsbediensteten) nur mit **Zustimmung des Gefangenen** angeordnet werden. Zudem darf nicht zu befürchten sein, dass der Inhaftierte sich dem Vollzug der Freiheitsstrafe entzieht oder die Lockerungen des Vollzuges missbraucht (nur insoweit **HH** § 12 Abs. 1 Satz 2, **HE** § 13 Abs. 2 Satz 1, **NI** § 13 Abs. 2). Es bedarf damit einer Prognoseentscheidung der Anstaltsleitung.[447] Zwar lässt der Gesetzgeber ein gewisses Risiko des Lockerungsfehlschlags zu.[448] Jedoch darf das einzugehende Risiko nicht höher sein als das für eine Strafrestaussetzung zur Bewährung gem. § 57 Abs. 1 Satz 1 Nr. 2 StGB relevante.[449] Danach muss das **Risiko** – unter Berücksichtigung des Sicherheitsinteresses – verantwortbar bleiben, ob der Gefangene neue Straftaten begeht oder etwa unberechtigt dem Arbeits- oder Ausbildungsplatz mehrfach fernbleibt. Kann eine zureichende Prognose nicht gestellt werden, kommt die Gewährung einer Lockerung nicht in Betracht und damit auch keine Genehmigung eines freien Beschäftigungsverhältnisses. Allerdings ist auch bei der Prüfung der genannten Klauseln im Zusammenhang mit der Frage der Gestattung eines freien Beschäftigungsverhältnisses zu beachten, dass diese im Hinblick auf das Vollzugsziel und auf dessen Grundprinzipien interpretiert werden muss. Denn die Gewährung der Vollzugslockerungen dient letztlich einer Vorbereitung des Inhaftierten auf seine Entlassung. Das Bestehen der mit einer Rückkehr in die Freiheit verbundenen Belastungen und Schwierigkeiten soll gerade erprobt werden.[450] Verwiesen wird in einigen Gesetzen zudem auf besonders zu prüfende Voraussetzungen bzw. Ausschlussgründe oder Zuständigkeiten (**BW** § 12 III, **BY** Art. 15, **HH** §§ 12 Abs. 1 Satz 3, Abs. 2, 11 Abs. 3, **HE** § 13 Abs. 2 Satz 3, Abs. 4 bis 6, **BB** § 48 Abs. 2, **HB** § 40 Satz 3).

Einfacher konstruiert ist die Voraussetzung in den Gesetzen, die dem Musterentwurf folgen. Diese stellen für die Möglichkeit der freien Beschäftigung darauf ab, dass der Gefangene bereits **zum Freigang zugelassen ist** (**BE** § 26 Abs. 1 Satz 1 i.V.m. § 42 Abs. 1 Nr. 4, **BB** § 31 Abs. 1 Satz 1 i.V.m. § 46 Abs. 1 Satz 1 Nr. 4, **HB** § 23 Abs. 1 Satz 1 i.V.m. § 38 Abs. 1 Nr. 4, **MV** § 23 Abs. 1 Satz 1 i.V.m. § 38 Abs. 1 Nr. 4, **RP** § 30 Abs. 1 Satz 1 i.V.m. § 45 Abs. 1 Satz 1 Nr. 4, **SL** § 23 Abs. 1 Satz 1 i.V.m. § 38 Abs. 1 Nr. 4, **SN** § 23 Abs. 1 Satz 1 i.V.m. § 38 Abs. 1 Nr. 4, **ST** § 30 Abs. 1 Satz 1 i.V.m. § 45 Abs. 1 Nr. 6, **TH** § 30 Abs. 1 Satz 1 i.V.m.

12

13

---

445 Vgl. *Laubenthal* Rdn. 526 f.
446 BVerfGE 98, 169, 210; OLG Celle, Beschl. vom 28.8.1980 – 3 Ws 232/80 (StrVollz), ZfStrVo 1981, 244, 245; *Lohmann* 2002, 62 f.
447 Zu den Prognosemethoden s. *Streng* 2012, 385 ff.
448 BVerfG NStZ 1998, 403.
449 K/S-*Schöch* § 7 Rdn. 48; *Laubenthal* Rdn. 535.
450 Dazu *Laubenthal* Rdn. 534.

§ 46 Abs. 1 Satz 1 Nr. 4). Insoweit sind die Voraussetzungen dieser Vollzugslockerung in einem ersten Schritt vorrangig zu untersuchen. Hat der Gefangene den Freigängerstatus erhalten, bedarf es vor der Genehmigung der freien Beschäftigung insoweit keiner erneuten Prüfung. In Schleswig-Holstein (**SH** § 36 Abs. 1 Satz 1) fehlt jede Anknüpfung an die Zulassung zum Freigang (**SH** § 55 Abs. 1 Nr. 4), auch wenn der Gesetzgeber an diesen gedacht hat.[451] Insoweit erlangt das besondere Merkmal der **Eignung des Gefangenen** eigenständige Bedeutung, weil es als Einfallstor für die Berücksichtigung von Flucht- und Missbrauchsgefahr zu dienen vermag.

14   **bb)** Verwiesen wird ferner in vollem Umfang auf § 14 StVollzG, **BW** § 11 III, **BY** Art. 16, **NI** § 15. Danach darf der Anstaltsleiter dem Gefangenen für die Außenbeschäftigung bzw. den Freigang **Weisungen erteilen** (§ 14 Abs. 1 StVollzG, **BW** § 11 Abs. 1 III, **BY** Art. 16 Abs. 1, **NI** § 15 Abs. 1), damit die als günstig bewertete Prognose einer fehlenden Flucht- und Missbrauchsgefahr nicht beeinträchtigt wird. So kann dem Gefangenen etwa der Besuch eines bestimmten Lokals, der Genuss von Alkohol, der Kontakt mit einzelnen Personen untersagt oder der Verbleib an der Arbeitsstelle bis zum Abholen, der Kontakt mit einer Bezugsperson am Arbeitsplatz, die unverzügliche Rückkehr nach Arbeitsschluss in die JVA oder die Vorlage von Leistungsnachweisen auferlegt werden. Ggf. sollte die Anstalt mit dem Arbeitgeber vereinbaren, dass dieser bestimmte Verhaltensverstöße des Gefangenen, etwa Nichterscheinen, mitzuteilen hat.[452] Trotz der Bedeutung der Möglichkeit, ein Kraftfahrzeug zu benutzen, für die berufliche Tätigkeit eines Freigängers bleibt eine Weisung im Einzelfall denkbar, während der Vollzugslockerung keinen Wagen zu führen.[453] Nur auf die Erteilung von Weisungen beziehen sich **BE** § 26 Abs. 1 Satz 2 i.V.m. § 44, **BB** § 31 Abs. 1 Satz 2 i.V.m. § 48 Abs. 1, **HB** § 23 Abs. 1 Satz 2 i.V.m. § 40 Satz 1 und 2, **HH** § 36 Abs. 2 i.V.m. § 12 Abs. 4, **MV** § 23 Abs. 1 Satz 2 i.V.m. § 40, **RP** § 30 Abs. 1 Satz 2 i.V.m. § 47, **SL** § 23 Abs. 1 Satz 2 i.V.m. § 40, **SN** § 23 Abs. 1 Satz 2 i.V.m. § 40, **ST** § 30 Abs. 1 Satz 2 i.V.m. § 47, **SH** § 36 Abs. 1 Satz 2 i.V.m. § 57, **TH** § 30 Abs. 1 Satz 2 i.V.m. § 48. Eine ausdrückliche Regelung fehlt in Hessen und Nordrhein-Westfalen; über **HE** § 13 Abs. 3 Satz 1 Nr. 4, **NW** § 53 lassen sich gleichwohl die für vollzugsöffnende Maßnahmen geltenden Vorschriften (**HE** § 14 Abs. 1, **NW** § 57) anwenden.

15   **cc)** Unter den Voraussetzungen des § 14 Abs. 2 StVollzG, **BW** § 11 Abs. 2 III, **BY** Art. 16 Abs. 2, **NI** § 15 Abs. 2 und 3 kann ein **Widerruf** oder eine **Rücknahme** von Außenbeschäftigung bzw. Freigang erfolgen, etwa wenn ein Gefangener die Zulassung zum Freigang und die Gestattung des freien Beschäftigungsverhältnisses mit gefälschten Papieren erwirkt und somit seine Unzuverlässigkeit dargetan hat.[454] Als ausreichend hierfür wurde auch die Aufforderung des Gefangenen an den Arbeitgeber angesehen, das Gehalt (entgegen dem zu Rdn. 28 dargelegten) nicht auf ein Konto der Anstalt zu überweisen.[455] Auch ein Gewerbeuntersagungsverfahren gegen den Arbeitgeber wegen persönlicher Unzuverlässigkeit soll den Widerruf gestatten.[456] Widerruf bzw. Rücknahme führen dazu, dass zugleich die Grundlage für die weitere Gestattung des freien Beschäftigungsverhältnisses erlischt.

---

451   SH LT-Drucks. 18/3153, 120.
452   *Arloth/Krä* § 39 StVollzG Rdn. 4.
453   Dazu OLG Frankfurt NStZ 1991, 407.
454   KG, Beschl. vom 17.9.1992 – 5 Vollz (Ws) 240/92, NStZ 1993, 100, 102.
455   OLG Hamm, Beschl. vom 22.9.1987 – 1 Vollz (Ws) 267/87, NStZ 1988, 245 f m. Anm. *Wegener*.
456   So KG, Beschl. vom 27.6.1996 – 5 Ws 313/96 Vollz, NStZ 1997, 426; a.A. AK-*Galli* Teil II § 23 Rdn. 23.

In Bayern besteht mit **BY** Art. 44 eine **spezielle Rechtsgrundlage** für die Ablösung **16**
u.a. von der Tätigkeit in einem freien Beschäftigungsverhältnis. Dies kann aus Gründen
der Sicherheit oder Ordnung der Anstalt bzw. von Behandlungsnotwendigkeiten erfolgen, ebenso wenn sich herausstellt, dass der Betroffene den Anforderungen nicht genügt. In den Ländern, deren Gesetze eine allgemeine Vorschrift zur Aufhebung von
Maßnahmen kennen, findet diese Anwendung (**BE** § 98, **BB** § 104, **HB** § 91, **HH** § 92 Abs. 2
und 3, **MV** § 90, **NW** § 83, **RP** § 101, **SL** § 90, **SN** § 94, **ST** § 102, **SH** § 122, **TH** § 102). In Hessen fehlt wiederum eine ausdrückliche Regelung; analog wie zu Rdn. 14 a.E. dargetan,
bleibt auch **HE** § 14 Abs. 2 und 3 anwendbar, so dass es des Rückgriffs auf **HE** § 5 Abs. 3
Satz 2 nicht bedarf. **HE** § 28 passt nicht, weil es sich nicht um zugewiesene Beschäftigung
handelt.

Das **Entfallen der Möglichkeit zur Ausübung der Tätigkeit** aus vom Freigänger **17**
nicht zu vertretenden Gründen (z.B. Kündigung durch Arbeitgeber, Betriebsschließung)
bewirkt im geschlossenen Vollzug zugleich eine Beendigung des Freigangs.[457] Denn in
der geschlossenen Anstalt gibt es nach der Gesetzeslage gem. dem StVollzG, in Baden-
Württemberg, Bayern, Hamburg, Hessen, Niedersachsen und Nordrhein-Westfalen keinen abstrakten Freigängerstatus oder eine generelle Freigängereignung an sich.[458] Anders verhält sich dies nach der Konstruktion der Gesetze aber in Berlin, Brandenburg,
Bremen, Mecklenburg-Vorpommern, Rheinland-Pfalz, Saarland, Sachsen, Sachsen-
Anhalt sowie Thüringen und erst recht in Schleswig-Holstein, wo ausdrücklich gar nicht
an den Freigängerstatus angeknüpft wird (oben Rdn. 13). Eine Zulassung zum Freigang
kann jedenfalls trotz extern verursachtem Beschäftigungsende **im offenen Vollzug aufrechterhalten** werden, um dem Betroffenen die Suche nach einer anderen Tätigkeit zu
erleichtern.

Vollzugslockerungen können grundsätzlich nur zum Aufenthalt innerhalb des Gel- **18**
tungsbereichs des GG gewährt werden. Sinn dieser Regelung ist, dass der Gefangene
auch während der Lockerung weiterhin den besonderen, in der Freiheitsstrafe begründeten Begrenzungen unterliegt, die Vollzugsbehörde den außerhalb der Anstalt Befindlichen jederzeit überwachen kann und ein hoheitlicher Zugriff auf den Betroffenen besteht, der etwa im Fall eines Widerrufs von Bedeutung ist. Demgemäß wird davon
ausgegangen, dass ein freies Beschäftigungsverhältnis **nur im Inland** ausgeübt werden
kann.[459] Vor dem Hintergrund, dass die aktuelle oder ehemalige Tätigkeit im Rahmen
eines freien Beschäftigungsverhältnisses – anders als das anstaltsvermittelte Beschäftigungsverhältnis[460] – durch die europäischen Grundfreiheiten geschützt wird, erscheint
es gleichwohl im Einzelfall durchaus vertretbar, die Gestattung vollzuglicher Arbeitstätigkeit auf das Ausland zu erweitern.[461] Das gilt auch in Nordrhein-Westfalen; **NW** § 31
Abs. 1 Satz 2 erklärt nicht **NW** § 53 Abs. 7 für anwendbar.

2. Selbstbeschäftigung

a) **Inhalt der Selbstbeschäftigung.** Einem Gefangenen kann nach § 39 Abs. 2 **19**
StVollzG, **BW** § 45 Abs. 2 III, **BY** Art. 42 Abs. 2, **BE** § 26 Abs. 1 Satz 1 Alt. 2, **BB** § 31 Abs. 1

---

457 OLG Koblenz ZfStrVo 1978, 18; *C/MD* § 11 Rdn. 12; *Laubenthal* Rdn. 527;
Laubenthal/Nestler/Neubacher/Verrel F Rdn. 63; a.A. AK-*Lesting/Burkhardt* Teil II § 38 Rdn. 40.
458 A.A. OLG Hamm NStZ 1990, 607; KG, Beschl. vom 17.9.1992 – 5 Vollz (Ws) 240/92, NStZ 1993, 100;
Arloth/Krä § 39 StVollzG Rdn. 6; AK-*Galli* Teil II § 23 Rdn. 23.
459 OLG Celle ZfStrVo 2002, 244; *Arloth/Krä* § 39 StVollzG Rdn. 5; AK-*Galli* Teil II § 23 Rdn. 18; krit.
Szczekalla StV 2002, 324 ff.
460 Vgl. *Stiebig* ZAR 2000, 127 ff; *ders*. 2003, 87 ff.
461 Wie hier *Laubenthal/Nestler/Neubacher/Verrel* F Rdn. 65.

Satz 1 Alt. 2, **HB** § 23 Abs. 1 Satz 1 Alt. 2, **HH** § 36 Abs. 1 Alt. 2, **HE** § 27 Abs. 4 Satz 1, **MV** § 23 Abs. 1 Satz 1 Alt. 2, **NI** § 36 Abs. 2, **NW** § 31 Abs. 2, **RP** § 30 Abs. 1 Satz 1 Alt. 2, **SL** § 23 Abs. 1 Satz 1 Alt. 2, **SN** § 23 Abs. 1 Satz 1 Alt. 2, **ST** § 30 Abs. 1 Satz 1 Alt. 2, **SH** § 36 Abs. 1 Satz 1 Alt. 2, **TH** § 30 Abs. 1 Satz 1 Alt. 2 gestattet werden, sich selbst zu beschäftigen. Diese Selbstbeschäftigung ist vor allem **freiberufliche Tätigkeit** (Rdn. 26) während der Arbeitszeit, bei der der Gefangene weder eine zugewiesene Arbeit, arbeitstherapeutische Beschäftigung, Arbeitstraining oder Aus- und Weiterbildung wahrnimmt noch in einem freien Beschäftigungsverhältnis steht. Die Selbstbeschäftigung wird **innerhalb der Anstalt oder außerhalb** der Einrichtung ausgeübt.[462] Ausdrücklich geregelt ist dies in Hamburg und Schleswig-Holstein. Auch in Niedersachsen folgt aus **NI** § 36 Abs. 2 Satz 2, dass die Selbstbeschäftigung intern wie extern erfolgen darf. Dabei muss es sich nicht notwendigerweise um eine Tätigkeit zur Erzielung eines Erwerbs handeln.

20 Die **externe** Selbstbeschäftigung verlangt das Vorliegen der erforderlichen **Lockerungsvoraussetzungen**. Das folgt in Hamburg, Niedersachsen und Nordrhein-Westfalen ausdrücklich aus dem Gesetz (**HH** § 36 Abs. 2 i.V.m. § 12 Abs. 1 Satz 1 Nr. 5, **NI** § 36 Abs. 2 Satz 2 i.V.m. §§ 13 Abs. 1 Nr. 1, Abs. 2, 15, **NW** § 31 Abs. 2 Satz 2 i.V.m. Abs. 1 Satz 2, § 53 Abs. 1, Abs. 2 Nr. 4). In Berlin, Brandenburg, Bremen, Mecklenburg-Vorpommern, Rheinland-Pfalz, Sachsen, Sachsen-Anhalt und Thüringen muss der Gefangene wie für die freie Beschäftigung zum Freigang zugelassen, in Schleswig-Holstein geeignet sein (dazu oben Rdn. 13). Wie das freie Beschäftigungsverhältnis unterfällt die Selbstbeschäftigung dem Anwendungsbereich der europäischen Grundfreiheiten,[463] so dass sich ihre Ausübung auch im Ausland erwägen lässt.

21 **Fraglich** ist nunmehr allerdings, ob eine Selbstbeschäftigung **innerhalb** der Einrichtung in Berlin, Brandenburg, Bremen, Mecklenburg-Vorpommern, Rheinland-Pfalz, Saarland, Sachsen, Sachsen-Anhalt und Thüringen möglich bleibt. Die jeweiligen Vorschriften nennen ausdrücklich nur die Selbstbeschäftigung außerhalb der Anstalt. Allerdings werden die Normen so zu verstehen sein, dass sie einer Selbstbeschäftigung innerhalb der Einrichtung nicht entgegenstehen.[464] Dafür spricht ihre Konstruktion, bei der die Voraussetzungen der externen Selbstbeschäftigung parallel zu denen der nur extramural möglichen freien Beschäftigung ausgestaltet sind. Sah man hierfür besondere Voraussetzungen als erforderlich an, lässt sich daraus keine bewusste Entscheidung gegen die unter Sicherheits- und Missbrauchsaspekten weniger problematische Selbstbeschäftigung in der Einrichtung selber herleiten. Das gilt umso mehr in den Ländern, die keine Arbeitspflicht mehr kennen; hier müsste die Selbstbeschäftigung umgekehrt untersagt sein, weshalb die Gesetzgeber in Brandenburg und Sachsen die intramurale Selbstbeschäftigung als unproblematisch möglich einstuften.[465]

22 **b) Maßstäbe für die Ermessensentscheidung.** Zunächst ist danach zu differenzieren, ob die Selbstbeschäftigung ermöglicht werden soll oder ob dies nur erfolgen kann. Handelt es sich um eine **Soll-Bestimmung** (so in **BE, BB, HB, HH, MV, NW, RP, SL, SN, ST, SH, TH**), gelten die zu Rdn. 8f dargelegten Erwägungen entsprechend; die Selbstbe-

---

462 BGH, Beschl. vom 26.6.1990 – 5 AR Vollz 19/89, NStZ 1990, 452; AK-*Galli* Teil II § 23 Rdn. 34; K/S-*Schöch* § 7 Rdn. 133; *Laubenthal* Rdn. 420; für **NW** LT-Drucks. 16/5413, 113; ersteres sogar als Regelfall ansehend *Laubenthal/Nestler/Neubacher/Verrel* F Rdn. 69.
463 Vgl. *Stiebig* ZAR 2000, 127 ff; *ders.* 2003, 87 ff.
464 So auch *Arloth/Krä* § 23 SächsStVollzG Rdn. 1; AK-*Galli* Teil II § 23 Rdn. 34; a.A. wohl *Laubenthal* Rdn. 420; unklar **BE** LT-Drucks. 17/2442, 213; **HB** LT-Drucks. 18/1475, 92f; **MV** LT-Drucks. 6/1337, 86; **RP** LT-Drucks. 16/1910, 128; **SL** LT-Drucks. 15/386, 84; **ST** LT-Drucks. 6/3799, 181; **TH** LT-Drucks. 5/6700, 101.
465 **BB** LT-Drucks. 5/6437, Begründung S. 40; **SN** LT-Drucks. 5/10920, 105; vgl. auch *Laubenthal/Nestler/Neubacher/Verrel* F Rdn. 73.

schäftigung ist bei Erfüllung der Voraussetzungen in der Regel zu gestatten. Größeren Spielraum erhält die Anstaltsleitung, sofern die Tätigkeit nur gestattet werden kann (so nach StVollzG, in **BW, BY, NI**). Am restriktivsten fällt – im Anschluss an die bisherige Judikatur und Praxis (Rdn. 24) – die Regelung in **Hessen** aus; gem. **HE** § 27 Abs. 4 Satz 1 kann die Gestattung nur ausnahmsweise erfolgen.

Bei ihrer Ermessensausübung im Rahmen einer **Kann-Bestimmung** über die Gestattung einer Selbstbeschäftigung hat sich die Anstaltsleitung an den Beschäftigungsgrundsätzen im Vollzug zu orientieren und die Interessen des Gefangenen und entgegenstehende Belange des Vollzugs miteinander abzuwägen. Finanzielle Erwägungen dürfen dabei jedoch nicht ausschlaggebend sein. Die Gestattung einer Selbstbeschäftigung kommt in Betracht, wenn die Zuweisung einer möglichst sinnvollen Arbeit oder Beschäftigung unter Berücksichtigung der individuellen Fähigkeiten und Fertigkeiten des Gefangenen im Rahmen des Beschäftigungsangebots der Anstalt nicht möglich ist[466] oder besonderer Anlass zur Vermittlung, Erhaltung oder Förderung einer bestimmten Erwerbstätigkeit besteht, die nur im Wege der Selbstbeschäftigung realisiert werden kann, weil vor allem hierdurch die Wiedereingliederung nach der Entlassung gefördert wird (ausdrücklich in diesem Sinne **HE** § 27 Abs. 4 Satz 1). Die Vollzugsbehörde ist nicht gehindert, bei ihrer Entscheidung einen strengen Maßstab anzulegen.[467] Das gilt insbesondere im Hinblick darauf, dass das Verhalten des Gefangenen außerhalb der Anstalt schwer zu beaufsichtigen ist.[468] Dieser Aspekt gewinnt noch an Gewicht, wenn der Inhaftierte seine Straftaten im Rahmen der beruflichen Tätigkeit begangen hat und die Möglichkeit besteht, dass er erneut einschlägige Delikte in diesem Zusammenhang verübt.[469] 23

Man war im Anschluss an VV Nr. 3 zu § 39 StVollzG davon ausgegangen, dass die Selbstbeschäftigung u.a. regelmäßig nur gestattet werden soll, wenn sie aus wichtigem Grund geboten erscheint und im Rahmen des Vollzugsplans insbesondere den mit Beschäftigung verfolgten Zielen dient. Es erscheint aber außer in Hessen schlicht **nicht** gesetzeskonform, die Gestattung einer Selbstbeschäftigung **auf seltene Ausnahmefälle zu beschränken**.[470] Gleichwohl ist es nicht ohne weiteres ermessensfehlerhaft, wenn die vom Gefangenen beantragte Selbstbeschäftigung versagt wird, um ihn – unter Berücksichtigung seines bisherigen Lebensweges, seiner persönlichen Qualifikation und Leistungsfähigkeit sowie einer Arbeitsfehlhaltung in der Vergangenheit – zunächst mittels zugewiesener Arbeit an regelmäßiges Arbeitsverhalten heranzuführen und zu gewöhnen.[471] Die Erlaubnis zur Selbstbeschäftigung ist keine Lockerung einer gegebenen Arbeitspflicht des Gefangenen.[472] Vielmehr handelt es sich um eine Ergänzung der Arbeits- und Beschäftigungsmöglichkeiten für Inhaftierte auf der Grundlage einer bestehenden Arbeitspflicht. Allerdings wird in der Praxis die Genehmigung zur Selbstbeschäftigung nur selten erteilt.[473] 24

Gem. § 50 Abs. 4 StVollzG, **BW** § 51 Abs. 4 III, **BY** Art. 49 Abs. 3, **NI** § 36 Abs. 2 Satz 3, **NW** § 39 Abs. 4 kann die Selbstbeschäftigung davon abhängig gemacht werden, dass der Gefangene einen **Haftkostenbeitrag** monatlich im Voraus entrichtet. In anderen Geset- 25

---

466 OLG Karlsruhe ZfStrVo 1979, 54.
467 BGH NStZ 1990, 453.
468 OLG Frankfurt ZfStrVo 2002, 117.
469 *Arloth/Krä* § 39 StVollzG Rdn. 7.
470 So auch AK-*Galli* Teil II § 23 Rdn. 33; *C/MD* § 39 StVollzG Rdn. 5; *Böhm* Rdn. 323; a.A. OLG Frankfurt ZfStrVo 2002, 117, 119; *Arloth/Krä* § 39 StVollzG Rdn. 1; K/S-*Schöch* § 7 Rdn. 132; *Laubenthal* Rdn. 419; *Laubenthal/Nestler/Neubacher/Verrel* F Rdn. 75; Voraufl. § 39 Rdn. 15.
471 OLG Hamm NStZ 1993, 208.
472 So aber OLG Bremen, Beschl. vom 18.5.1979 – Ws 135/79, ZfStrVo SH 1979, 57.
473 Vgl. *Lohmann* 2002, 65.

zen ist nur vorgesehen, dass er nach Ermessen der Anstalt monatlich ganz oder teilweise im Voraus gefordert werden kann (**BE** § 69 Abs. 1 Satz 3, **HB** § 62 Abs. 1 Satz 2, **MV** § 61 Abs. 1 Satz 2, **SL** § 61 Abs. 1 Satz 2, **SN** § 61 Abs. 1 Satz 2, **SH** § 78 Abs. 1 Satz 2). Ferner ist der Inhaftierte anzuhalten, seiner Steuerpflicht nachzukommen. Erfüllt er seine diesbezügliche Anzeigepflicht nicht, so ist an den Widerruf der Erlaubnis zur Selbstbeschäftigung zu denken.[474]

26   **c) Beispiele für Selbstbeschäftigung.** Für eine Selbstbeschäftigung kommen insbesondere freiberufliche oder gewerbliche Tätigkeiten wie diejenigen von Schriftstellern, Journalisten, Künstlern, Wissenschaftlern, Gewerbetreibenden, Geschäftsinhabern, Architekten und Unternehmern in Betracht, wenn ihnen ein entsprechendes freies Beschäftigungsverhältnis nicht angeboten werden kann. Die genannten Berufsgruppen können sich vorübergehend oder auf Dauer sinnvoller und produktiver selbst beschäftigen als durch eine zugewiesene Arbeit. Der **Geschäftsführer einer GmbH**, der nicht freiberuflich tätig ist, kommt ebenfalls für Selbstbeschäftigung in Betracht. Da die Immatrikulation an einer Hochschule keinen vertragsähnlichen Akt bedeutet und das Studium von weitgehender Weisungsunabhängigkeit gekennzeichnet ist, kann ferner das **Hochschulstudium** eine Selbstbeschäftigung darstellen.[475] Fällt auch Nichterwerbsarbeit unter den Bereich der Selbstbeschäftigung, zählt ferner der besondere **„Frauenfreigang"** von Müttern (oder Vätern) zur Versorgung und Betreuung ihrer Kinder hierzu.[476] Die für die Selbstbeschäftigung geltenden Bestimmungen sind entsprechend heranzuziehen bei der Führung eines Unternehmens durch einen Inhaftierten in der Freizeit. Eine genehmigte und unter Einsatz von Investitionen auf stetigen Erwerb gerichtete Tätigkeit kommt dem gesetzlichen Bild der Selbstbeschäftigung auch dann nahe, wenn sie neben einer Pflichtarbeit in der Freizeit ausgeübt wird.[477]

27   **d) Genehmigungswiderruf.** Die Genehmigung der Selbstbeschäftigung ist eine **begünstigende Vollzugsmaßnahme**. Diese ist nicht frei widerruflich: Ein Widerruf der Gestattung kann – in Baden-Württemberg, Hessen und Niedersachsen (**NI** § 100) – entsprechend § 49 Abs. 2 VwVfG erfolgen, wenn nachträglich Umstände eingetreten sind, deren Vorliegen zum Zeitpunkt der Gestattung eine Versagung gerechtfertigt hätte.[478] Dabei ist aber der Grundsatz der Verhältnismäßigkeit zu beachten und zunächst zu prüfen, ob Abmahnungen oder Weisungen genügen.[479] Wird die Selbstbeschäftigung anstaltsextern ausgeübt und kommt es zu einem Widerruf oder einer Rücknahme der Lockerungsgewährung, lässt das zugleich die Erlaubnis zur Selbstbeschäftigung erlöschen, wenn diese nicht anstaltsintern möglich ist. In Bayern gilt auch für die Ablösung von einer Selbstbeschäftigung die spezielle Rechtsgrundlage des **BY** Art. 44, in den übrigen 13 Ländern die jeweilige Norm über die Aufhebung von Maßnahmen (Rdn. 16).[480]

---

474 Siehe auch *Arloth/Krä* § 39 StVollzG Rdn. 7; *Laubenthal/Nestler/Neubacher/Verrel* F Rdn. 73.
475 *Böhm* Rdn. 325; K/S-*Schöch* § 7 Rdn. 133; *Laubenthal* Rdn. 421; s. auch Rdn. 3.
476 Dazu *Laubenthal* Rdn. 421, 686; ferner AK-*Galli* Teil II § 23 Rdn. 32: auch für Hausmänner.
477 KG, Beschl. vom 9.7.2009 – 2 Ws 95/09 Vollz, NStZ-RR 2009, 391; AK-*Galli* Teil II § 23 Rdn. 38; *Laubenthal/Nestler/Neubacher/Verrel* F Rdn. 72; vgl. aber auch LG Bonn, Beschl. vom 20.11.1987 – 52 Vollz 100/87, NStZ 1988, 245; *Arloth/Krä* § 39 StVollzG Rdn. 7.
478 *Arloth/Krä* § 39 StVollzG Rdn. 7; *Laubenthal/Nestler/Neubacher/Verrel* F Rdn. 76; a.A. KG, Beschl. vom 9.7.2009 – 2 Ws 95/09 Vollz, NStZ-RR 2009, 391; OLG Bremen, Beschl. vom 18.5.1979 – Ws 135/79, ZfStrVo SH 1979, 57, 58; *Höflich/Schriever* S. 82: entsprechende Anwendung von § 14 Abs. 2 StVollzG.
479 OLG Frankfurt NStZ 1981, 159; *Laubenthal/Nestler/Neubacher/Verrel* F Rdn. 76.
480 Siehe auch AK-*Galli* Teil II § 23 Rdn. 36 f.

3. Behandlung des Arbeitslohnes. Nach § 39 Abs. 3 StVollzG, **BY** Art. 42 Abs. 3, **HH** 28
§ 36 Abs. 3, **HE** § 27 Abs. 4 Satz 2, Abs. 7 Satz 2, **NI** § 36 Abs. 3, **NW** § 31 Abs. 3, **RP** § 30
Abs. 2 kann die Vollzugsbehörde sowohl beim freien Beschäftigungsverhältnis als auch
bei der Selbstbeschäftigung verlangen, dass ihr das Arbeitsentgelt oder die sonstigen
Zuwendungen bzw. Erlöse zur **Gutschrift** für den Gefangenen auf ein **besonderes (Anstalts-)Konto** überwiesen werden. Nach **BW** § 45 Abs. 3 III, **BB** § 31 Abs. 2, **HB** § 23 Abs. 2,
MV § 23 Abs. 2, **SL** § 23 Abs. 2, **SN** § 23 Abs. 2, **ST** § 30 Abs. 2, **SH** § 36 Abs. 2, **TH** § 30
Abs. 2 ist dies sogar zwingend vorgeschrieben.[481] Gem. **BE** § 26 Abs. 3 bildet den Normalfall die Überweisung an die Anstalt, die nur in geeigneten Fällen hiervon Ausnahmen
zulassen kann, also bei verlässlichen und im Umgang mit Finanzmitteln hinlänglich
versierten, nicht verschwenderischen Inhaftierten.

Denn die Einkünfte sollen neben der **Erfüllung** der sich aus den Vollzugsgesetzen 29
ergebenden **Pflichten sinnvoll** für gesetzliche Unterhaltspflichten, Schuldenregulierungen und Entlassungsvorsorge **eingesetzt** werden. Falls der Gefangene nicht allein zu
einer zweckmäßigen und wirtschaftlichen Verwendung der Beträge in der Lage ist, muss
ihm bei der Etatplanung im Rahmen eines Selbständigkeitstrainings geholfen werden
mit dem Ziel, insbesondere den bestehenden Zahlungsverpflichtungen nachzukommen
und für die Entlassung vorzusorgen: Zu den Zahlungsverpflichtungen gehören die Leistung eines **Haftkostenbeitrags** gem. § 50 Abs. 1 Satz 1 StVollzG, **BW** § 51 Abs. 1 Satz 1
Nr. 1 und 2 III, **BY** Art. 49 Abs. 1 Satz 1, **BE** § 69 Abs. 1 Satz 1, **BB** § 72 Abs. 1 Satz 1, **HB** § 62
Abs. 1, **HH** § 49 Abs. 1 Satz 1, **HE** § 43 Abs. 1, **MV** § 61 Abs. 1 Satz 1, **NI** § 52 Abs. 1, **NW** § 39
Abs. 1, **RP** § 71 Abs. 1 Satz 1, **SL** § 61 Abs. 1 Satz 1, **SN** § 61 Abs. 1 Satz 1, **ST** § 72 Abs. 1, **SH**
§ 78 Abs. 1 Satz 1, **TH** § 72 Abs. 1 Satz 1 sowie ggf. die Bildung von Überbrückungsgeld.
Die Vollzugsbehörde kann aber auch dem Gefangenen die Überweisung der Bezüge auf
ein bei einer Bank eingerichtetes Konto gestatten. Das gilt insbesondere, wenn der Anstalt unwiderruflich eine Mit- oder Alleinverfügungsbefugnis eingeräumt ist, wodurch
das Risiko vermieden wird, dass Dritte – zumal bei Selbstbeschäftigung – unnötig von
der Inhaftierung des Betroffenen erfahren.[482]

I. Verwendung finanzieller Leistungen

Übersicht

I. Taschengeld —— 1–20
II. Hausgeld —— 21–34
III. Unterhaltsbeitrag —— 35
IV. Haftkostenbeitrag —— 36–63
V. Überbrückungsgeld, Eingliederungsgeld —— 64–99

VI. Eigengeld, Konten, Bargeld —— 100–120
VII. Sondergeld, zweckgebundene Einzahlungen —— 121–127
VIII. Sozialversicherung; Einbehaltung von Beitragsteilen —— 128–138

I. Taschengeld

Bund	§ 46 StVollzG
Baden-Württemberg	BW § 53 Abs. 1 III JVollzGB
Bayern	BY Art. 54 BayStVollzG
Berlin	BE § 65 StVollzG Bln
Brandenburg	BB § 68 BbgJVollzG
Bremen	HB § 58 BremStVollzG

---

481 Krit. zum Ganzen AK-*Galli* Teil II § 23 Rdn. 22, 35.
482 *Arloth/Krä* § 39 StVollzG Rdn. 8; *Laubenthal/Nestler/Neubacher/Verrel* F Rdn. 68.

Hamburg	HH § 46 HmbStVollzG
Hessen	HE § 41 HStVollzG
Mecklenburg-Vorpommern	MV § 57 StVollzG M-V
Niedersachsen	NI § 43 NJVollzG
Nordrhein-Westfalen	NW § 35 StVollzG NRW
Rheinland-Pfalz	RP § 67 LJVollzG
Saarland	SL § 57 SLStVollzG
Sachsen	SN § 57 SächsStVollzG
Sachsen-Anhalt	ST § 65 JVollzGB LSA
Schleswig-Holstein	SH § 73 LStVollzG SH
Thüringen	TH § 68 ThürJVollzG

Schrifttum

S. bei D.

Übersicht

1. Allgemeine Hinweise —— 1, 2
2. Erläuterungen —— 3–20
   a) Voraussetzungen für die Gewährung —— 3–14
      aa) Antrag —— 3
      bb) Kein Arbeitsentgelt und keine Ausbildungsbeihilfe —— 4
      cc) Kein Verschulden des Gefangenen —— 5–7
      dd) Dauer des Ausschlusses —— 8, 9
      ee) Bedürftigkeit des Gefangenen —— 10–14
   b) Rechtsanspruch bei Vorliegen der Voraussetzungen —— 15, 16
   c) Weitere Modalitäten —— 17, 18
   d) Verwendung des Taschengeldes —— 19
   e) Unpfändbarkeit des Taschengeldanspruchs —— 20

1. Allgemeine Hinweise

1 Die dem Sozialhilferecht entlehnte **Taschengeldregelung** in § 46 StVollzG war **nicht in Kraft getreten.** Dazu hätte es gem. § 198 Abs. 3 StVollzG eines besonderen Bundesgesetzes bedurft. Deshalb galt als allein maßgebliche Vorschrift die in § 199 Abs. 1 Nr. 1 StVollzG vorgesehene **Übergangsfassung.** Sie stellte eine **finanzielle Mindestausstattung** derjenigen Strafgefangenen sicher, die sonst schuldlos ohne einen verfügbaren Geldbetrag gewesen wären und dadurch besonders anfällig für behandlungsfeindliche subkulturelle Abhängigkeiten von Mitgefangenen.[483] Die **Landesgesetze** knüpfen insoweit an die Übergangsfassung von § 46 StVollzG an, als sie ebenfalls die Gewährleistung des Existenzminimums bezwecken. Sie gehen aber teilweise über die Regelung im StVollzG hinaus, indem die Voraussetzungen bzw. Ausschlussgründe detaillierter gefasst und auch die Höhe des Anspruchs selbst im Gesetz festgesetzt wurde. Das Taschengeld bildet eine wichtige soziale Mindestsicherung **durch die Vollzugsbehörde** zur Befriedigung von Bedürfnissen, die über die auf Existenzsicherung zielende Versorgung des Einzelnen durch die Anstalt hinausgehen. Damit ist es nicht vereinbar, wenn nahezu das gesamte Taschengeld aufgewendet werden muss, um einen Mindestbedarf der Teilhabe am Radio- und Fernsehprogramm zu befriedigen.[484]

2 Einer Gewährung von **Sozialhilfe** (SGB XII) für Strafgefangene durch den zuständigen Sozialhilfeträger steht der Nachranggrundsatz des § 2 SGB XII entgegen, so dass kein

---

[483] Ebenso AK-*Galli* Teil II § 57 Rdn. 3; *Laubenthal/Nestler/Neubacher/Verrel* F Rdn. 145.
[484] OLG Stuttgart, Beschl. vom 20.7.2015 – 4 Ws 298/14, Die Justiz 2017, 201.

ergänzender Sozialhilfeanspruch besteht. Das gilt angesichts der abschließenden Regelung im jeweiligen Vollzugsgesetz auch dann, wenn die Vollzugsbehörde Taschengeld nicht gewährt.[485] Eine Übertragung der Erwägungen, mit denen das BSG nunmehr Hilfe zum Lebensunterhalt analog § 27b Abs. 2 SGB XII in der UHaft zuerkennt, auf die Strafhaft erscheint nach der Begründung der Entscheidung jedoch nicht ausgeschlossen.[486] Allerdings ist dem Grunde nach anerkannt, dass Personen in Strafhaft unter anderem Blickwinkel als demjenigen der Taschengeldaufstockung Ansprüche nach dem SGB XII, etwa auf Hilfe zur Überwindung besonderer sozialer Schwierigkeiten (§§ 67f SGB XII) durch Übernahme der Wohnungsmiete für die Haftzeit, haben können.[487] Leistungen der **Grundsicherung für Arbeitsuchende** (SGB II) scheiden gem. § 7 Abs. 4 Satz 2 und 3 Nr. 2 SGB II allerdings prinzipiell aus. Denn hierfür wäre Voraussetzung, dass der zum Vollzug richterlich angeordneter Freiheitsentziehung in einer stationären Einrichtung Untergebrachte gleichwohl unter den üblichen Bedingungen des allgemeinen Arbeitsmarktes mindestens 15 Stunden wöchentlich erwerbstätig ist; die Absicht, eine solche Erwerbstätigkeit – etwa nach Haftentlassung – aufnehmen zu wollen, reicht nicht aus.[488] Auch Freigänger bleiben vom Leistungsanspruch ausgenommen.[489] An einem Aufenthalt in einer stationären Einrichtung zum Vollzug von Freiheitsentziehung fehlt es aber bei einer Haftunterbrechung (§ 455 Abs. 4 StPO)[490] ebenso wie bei Langzeitausgang (10 C. Rdn. 18 ff) oder extramuralem Probewohnen (10 H. Rdn. 9), etwa in der Entlassungsvorbereitung.[491]

2. Erläuterungen

a) Voraussetzungen für die Gewährung

aa) Antrag. Das Taschengeld wird nur auf Antrag gewährt. Es soll keinem Gefangenen „aufgedrängt" werden. Dies folgt nur teilweise aus den Gesetzen selbst (**BY** Art. 54 Satz 1, **BB** § 68 Abs. 1 Satz 1, **HB** § 58 Abs. 1 Satz 1, **HH** § 46 Satz 1, **HE** § 41 Abs. 1, **MV** § 57 Abs. 1 Satz 1, **NI** § 43 Satz 1, **NW** § 35 Abs. 1 Satz 1, **RP** § 67 Abs. 1 Satz 1, **SL** § 57 Abs. 1 Satz 1, **SN** § 57 Abs. 1 Satz 1, **ST** § 65 Abs. 1, **SH** § 73 Abs. 1 Satz 1, **TH** § 68 Abs. 1), ist aber auch im Übrigen anzunehmen, war bereits in VV Nr. 1 zu § 46 StVollzG so vorgesehen und ergibt sich zudem daraus, dass die Anstalt die Bedürftigkeit des Betroffenen man-

3

---

485 OVG Münster ZfStrVo 1988, 364; VGH München, Beschl. vom 9.6.1999 – 12 ZC 98.3518, NStZ-RR 1999, 380; LSG Nordrhein-Westfalen, Urt. vom 20.6.2011 – L 20 SO 76/08, Beck-Rs 2013, 68167; OLG Celle, Beschl. vom 25.9.2013 – 1 Ws 375/13 (StrVollz), NStZ 2014, 537; *Laubenthal/Nestler/Neubacher/Verrel* F Rdn. 145; vgl. aber auch AK-*Galli* Teil II § 57 Rdn. 2; a.A. AK-*Grühn* Teil V Rdn. 21 für die Kostenbeteiligung bei ärztlichen Maßnahmen.
486 Vgl. BSG, Urt. vom 14.12.2017 - B 8 SO 16/16 R, FS 2018, 234, 235 ff.
487 BSG, Urt. vom 12.12.2013 – B 8 SO 24/12 R, Beck-Rs 2014, 69042 Rdn. 15 ff; LSG Bayern, Beschl. vom 17.9.2009 – L 18 SO 111/09 B ER, Beck-Rs 2009, 74619; LSG Berlin-Brandenburg, Beschl. vom 3.9.2009 – L 15 SO 41/09 B PKH, Beck-Rs 2009, 72583; Beschl. vom 4.5.2010 – L 23 SO 46/10 B ER, info also 2010, 182, 183; LSG Nordrhein-Westfalen, Urt. vom 20.6.2011 – L 20 SO 76/08, Beck-Rs 2013, 68167; LSG Sachsen, Urt. vom 4.3.2015 – L 3 AS 94/15 B ER, Beck-Rs 2016, 72169 Rdn. 42; s. auch *Arloth/Krä* § 71 StVollzG Rdn. 1a; AK-*Grühn* Teil V Rdn. 22 f, 46 ff.
488 BSG, Urt. vom 24.2.2011 – B 14 AS 81/09 R, Beck-Rs 2011, 74028 Rdn. 25; LSG Sachsen, Urt. vom 4.3.2015 – L 3 AS 94/15 B ER, Beck-Rs 2016, 72169 Rdn. 24 ff; s. auch AK-*Grühn* Teil V Rdn. 10 ff.; *Korte/Thie* in: Münder (Hrsg.), SGB II, 6. Aufl., Baden-Baden 2017, § 7 Rdn. 120 f.
489 S. BT-Drucks. 18/8909, 29; LSG Bayern, Beschl. vom 21.1.2019 - L 7 AS 24/19 B ER, info also 2019, 79, 82.
490 Dazu LSG Sachsen-Anhalt, Urt. vom 30.6.2016 – L 2 AS 260/15, NZS 2016, 744; LSG Niedersachsen-Bremen, Urt. vom 26.2.2019 – L 11 AS 474/17 Rdn 58 (juris).
491 LSG Bayern, Beschl. vom 21.1.2019 - L 7 AS 24/19 B ER, info also 2019, 79, 81; LSG Nordrhein-Westfalen, Beschl. vom 25.2.2019 - L 21 AS 2118/18 B ER, L 21 AS 2119/18 B Rdn. 6 ff (juris), jeweils zum Maßregelvollzug.

gels Kenntnis von seinen Vermögenswerten in Freiheit von Amts wegen nicht beurteilen kann. Der Antrag ist spätestens **während des laufenden Monats** zu stellen; für zurückliegende Monate werden wie im Unterhalts- und Sozialrecht keine Leistungen gewährt.[492] Anders verhält es sich in Nordrhein-Westfalen mit der rückwirkenden Gewährung während des Strafvollzugs (**NW** § 35 Abs. 1 Satz 1). Ist hier der Gefangene etwa im Januar mittellos, hat er aber im Februar Arbeitseinkommen, kann er gleichwohl im Februar erfolgreich Taschengeld für Januar beantragen,[493] nicht aber, wenn er stattdessen Ende Januar entlassen wurde. In den Ländern, die das Taschengeld im Voraus zahlen (Rdn. 17), bedingt dies die Stellung des Antrags im Vormonat und die Anstalt hat eine Prognoseentscheidung zu treffen. Unzutreffend erscheint es aber, dass mit Haftentlassung ein Rechtsstreit über das Taschengeld stets erledigt sein soll.[494] Dann könnte die Anstalt bei nahendem Entlassungszeitpunkt einfach von Taschengeldzahlung absehen, ohne dass der Gefangene sich hiergegen zur Wehr zu setzen vermöchte.

4 **bb) Kein Arbeitsentgelt und keine Ausbildungshilfe.** Nach einem Teil der Gesetze bildet es eine gesonderte Voraussetzung, dass der Gefangene kein Arbeitsentgelt und keine Ausbildungsbeihilfe erhält (§ 46 StVollzG, **BW** § 53 Abs. 1 Satz 1 III, **BY** Art. 54 Satz 1, **HH** § 46 Satz 1, **SH** § 73 Abs. 1 Satz 1 i.V.m. § 37 Abs. 1). In Hessen gilt mit dem Erfordernis, dass die Gefangenen keiner Tätigkeit nach **HE** § 27 Abs. 3 (Arbeit, arbeitstherapeutische Beschäftigung, Aus- oder Weiterbildung) nachgehen, letztlich dasselbe (**HE** § 41 Abs. 1). Nordrhein-Westfalen verlangt, dass sie keine Vergütung beanspruchen können. In Sachsen wird darauf abgehoben, ob die genannten Leistungen nicht ausreichend sind (**SN** § 57 Abs. 1 Satz 1). Letzteres hat auch in den anderen Ländern zu gelten, so dass **anteilig** Taschengeld gewährt wird, falls Arbeitsentgelt oder Ausbildungsbeihilfe hinter dem Taschengeld zurückbleiben.[495] Deutlich wird dies etwa auch in **HE** § 41 Abs. 2, **NW** § 35 Abs. 2 Satz 1 („soweit").[496] Diese Nachrangigkeit des Taschengelds verdeutlicht seine Funktion als finanzielle Mindestausstattung (Rdn. 1) und ähnelt damit dem Subsidiaritätsprinzip im Bereich der Sozialhilfe. In den anderen Gesetzen handelt es sich bei fehlenden Bezügen ausschließlich um Aspekte der Bedürftigkeitsprüfung.

5 **cc) Kein Verschulden des Gefangenen.** Voraussetzung ist nach einem Teil der Gesetze weiter, dass der Gefangene ohne sein Verschulden keine Bezüge nach dem jeweiligen Gesetz erhält, weil ihm aus Gründen, die er nicht zu vertreten hat, weder Arbeit bzw. Beschäftigung zugewiesen noch eine Berufsbildung oder schulische Bildung ermöglicht noch ggf. eine Hilfstätigkeit in der Anstalt übertragen werden kann (§ 46 StVollzG, **BW** § 53 Abs. 1 Satz 1 III, **BY** Art. 54 Satz 1, **HH** § 46 Satz 1; ähnlich auch **HE** § 41 Abs. 1, **SH** § 73 Abs. 1 Satz 1 i.V.m. Abs. 2).[497] Die übrigen Gesetze – auch diejenigen der Länder ohne Arbeitspflicht – behandeln diesen Aspekt als Unterpunkt der Bedürftigkeit und stellen darauf ab, dass der Betroffene eine zugewiesene bzw. angebotene zumutbare Arbeit nicht angenommen bzw. eine ausgeübte Arbeit verschuldet wieder verloren hat (**BE** § 65 Abs. 2, **BB** § 68 Abs. 2 Satz 1, **HB** § 58 Abs. 2, **MV** § 57 Abs. 2 Satz 1, **RP** § 67 Abs. 2 Satz 1,

---

492 OLG Frankfurt, Beschl. vom 12.10.2006 – 3 Ws 680/06 (StVollzG), NStZ-RR 2007, 62; OLG Schleswig, Beschl. vom 19.11.2015 – 1 VollzWs 418/15 (244/15), SchlHA 2016, 326 f; *Arloth/Krä* § 46 StVollzG Rdn. 7; AK-*Galli* Teil II § 57 Rdn. 25.
493 Vgl. **NW** LT-Drucks. 16/5413, 118; *Arloth/Krä* § 35 NRW StVollzG Rdn. 2.
494 So OLG Zweibrücken, Beschl. vom 11.6.2015 – 1 Ws 107/15 Vollz, FS 2016, 79; a.A. wohl OLG Hamm, Beschl. vom 29.3.2016 – 1 Vollz (Ws) 453/14 Rdn. 12 (juris).
495 AK-*Galli* Teil II § 57 Rdn. 7; für **SH** s. auch *Arloth/Krä* § 73 **SH** LStVollzG Rdn. 1.
496 Vgl. *Arloth/Krä* § 41 HStVollzG Rdn. 1.
497 A.A. bzgl. Bildungsmaßnahmen in **SH** *Arloth/Krä* § 73 **SH** LStVollzG Rdn. 3.

SL § 57 Abs. 2, **SN** § 57 Abs. 3, **ST** § 65 Abs. 2, **TH** § 68 Abs. 2). **MV** § 57 Abs. 2 Satz 2 stellt der Arbeit ausdrücklich schulische und berufliche Qualifizierungsmaßnahmen gleich, **SN** § 57 Abs. 3 nunmehr Qualifizierungsmaßnahmen (**SN** § 9 Abs. 1 Satz 1 Nr. 11). In **NI** § 43 Satz 1, **NW** § 35 Abs. 1 Satz 1 wird knapper auf unverschuldete Bedürftigkeit abgehoben. Wurde dem Betroffenen von vornherein keine Arbeit angeboten bzw. zugewiesen, weil die Anstalt ihn wegen Suchtproblemen hierfür nicht als geeignet ansah, steht das der Nichtannahme eines Arbeitsangebots nicht gleich.[498]

Als unverschuldete Gründe kommen wirtschaftliche Rezession mit **Auftragsmangel** 6 und Arbeitslosigkeit ebenso in Betracht wie fehlende Arbeits- und Ausbildungsplätze sowie **Arbeitsunfähigkeit** des Gefangenen infolge Krankheit, Alter oder Gebrechlichkeit.[499] An Verschulden fehlt es, sofern der Inhaftierte nach rechtswidriger Ablösung von seinem bisherigen Arbeitsplatz die Aufnahme einer anderen Tätigkeit ablehnt.[500] Taschengeld wird nicht gezahlt, wenn der Gefangene schuldhaft mittellos ist, weil ihm aus einem **von ihm zu vertretenden Grund** keine Arbeit zugewiesen werden kann, z.B. im Falle der Arbeitsverweigerung, obwohl der Arzt die Arbeitsfähigkeit attestiert hat,[501] während des Vollzugs des Arrestes[502] oder wegen Arbeitsverlustes aufgrund eines durch den Gefangenen verschuldeten Sicherheitsrisikos wie Ausbruch,[503] versuchte Gefangenenbefreiung[504] oder Verlegung in eine besonders gesicherte Anstalt oder in den Sicherheitsbereich einer Anstalt (vgl. aber a.E. der Rdn.).[505] Die Anordnung einer besonderen Sicherungsmaßnahme reicht alleine nicht aus.[506] Zu vertreten hat der Inhaftierte aber die Ablösung von der Arbeit, die durch die auf islamisches Recht gegründete Weigerung verursacht wird, sich nach Rückkehr aus dem Arbeitsbetrieb bei einer körperlichen Durchsuchung vollständig zu entkleiden, obwohl die Durchsuchung aus Sicherheitsgründen unabdingbar bleibt.[507] Gleiches gilt bei Verweigerung der Abgabe einer Urinprobe durch einen Suchtgefährdeten, wenn aus Sicherheitsgründen die konkrete Tätigkeit in berauschtem Zustand nicht ausgeübt werden darf.[508] Das Fehlverhalten des Gefangenen muss stets **kausal** für eine Ablösung gewesen sein; daran fehlt es, wenn er seine Arbeit ohnehin verloren hätte.[509] Kann dem Inhaftierten aufgrund Verlegung keine Arbeit zugewiesen werden, darf der Taschengeldanspruch aber nur versagt werden, wenn und soweit sich die Beschäftigungslosigkeit des Gefangenen als eine unvermeidbare, ihm zuzurechnende Folge der Verlegung darstellt. Dies ist dann nicht mehr der Fall, falls die Anstalt keine Arbeitsmöglichkeiten in dem Unterbringungsbereich geschaffen hat oder sie es lediglich für nicht vertretbar hält, in diesem (Sicherheits-)Bereich untergebrachte Gefangene zur Arbeit einzusetzen.[510]

Die Nichtgewährung von Taschengeld führt zu besonders einschneidenden Einschränkungen des Inhaftierten in der Anstalt. Verfügt er über keine anderen Mittel, bleibt er auf die Versorgung durch die Institution angewiesen und hat keinerlei Möglichkeit zum 7

---

498 OLG Koblenz, Beschl. vom 30.3.2015 – 2 Ws 16/15 Vollz, Beck-Rs 2016, 21077 Rdn. 9.
499 Vgl. zum Letzten auch BT-Drucks. 7/918, 69.
500 OLG Frankfurt, Beschl. vom 21.4.2016 – 3 Ws 723/15 (StVollz), NStZ-RR 2016, 295, 296.
501 OLG Hamm NStZ 1985, 429.
502 KG ZfStrVo 1985, 252; *Laubenthal/Nestler/Neubacher/Verrel* F Rdn. 149; a.A. AK-*Galli* Teil II § 57 Rdn. 20.
503 OLG Koblenz NStZ 1987, 576.
504 OLG Koblenz NStZ 1989, 342 m. Anm. *Rotthaus*.
505 *Laubenthal/Nestler/Neubacher/Verrel* F Rdn. 149.
506 Vgl. OLG Karlsruhe, Beschl. vom 11.4.2005 – 1 Ws 506/04, NStZ 2006, 63, 64.
507 *Arloth/Krä* § 46 StVollzG Rdn. 2; a.A. OLG Koblenz NStZ 1986, 238 m. Anm. *Rassow*; Voraufl. § 46 Rdn. 4; AK-*Galli* Teil II § 57 Rdn. 18; *Laubenthal/Nestler/Neubacher/Verrel* F Rdn. 148.
508 Vgl. OLG Koblenz, Beschl. vom 30.3.2015 – 2 Ws 16/15 Vollz, Beck-Rs 2016, 21077 Rdn. 9.
509 OLG Hamm, Beschl. vom 27.3.2007 – 1 Vollz (Ws) 191/07, Beck-Rs 2008, 05502; OLG Zweibrücken, Beschl. vom 3.9.1993 – 1 Ws 375, 379/93 (Vollz), NStZ 1994, 102, 103; AK-*Galli* Teil II § 57 Rdn. 18.
510 Vgl. auch OLG Koblenz NStZ 1987, 576; NStZ 1989, 342.

Erwerb von darüber hinaus notwendigen Gegenständen (z.B. von Briefmarken zur Aufrechterhaltung schriftlicher Kommunikation). Deshalb setzt der Ausschluss oder Verlust des Anspruchs auf Taschengeld voraus, dass das **Verschulden** des Gefangenen an der Maßnahme, die seine Arbeitslosigkeit begründet, **positiv festgestellt** ist. Ein bloßer Verdacht (als hinreichende Grundlage für Sicherheitsmaßnahmen) reicht für die Versagung von Taschengeld nicht aus, weil die Formulierung „ohne sein Verschulden" keine Umkehr der Beweislast zum Nachteil des Betroffenen bedeutet.[511] Dementsprechend hat auch das BVerfG[512] angesichts der Folgen für das Leben des bedürftigen Gefangenen im Vollzug bei Nichtgewährung von Taschengeld festgestellt, dass der Sachverhalt einer schuldhaften Arbeitsverweigerung der Klärung durch eine **hinreichende Tatsachenfeststellung** bedarf. Eine seitens des Gefangenen nicht wahrgenommene ärztliche Untersuchung genügt in der Regel nicht für die Annahme der Arbeitsfähigkeit des Gefangenen, wenn nicht die ernsthafte Weigerung eines Gefangenen, sich ärztlich untersuchen zu lassen, im Einzelfall einen anderen Rückschluss zulässig macht. Die Versagung von Taschengeld ist nur dann gerechtfertigt, wenn das Verhalten des Gefangenen (z.B. Urlaubsmissbrauch) auch kausal für seine Arbeitslosigkeit war bzw. ist.[513] Nicht vorwerfbar und mithin unverschuldet ist die Mittellosigkeit aufgrund von verweigerter Haftraumarbeit, sofern nicht die gemeinschaftliche Unterbringung während der Arbeitszeit in zulässiger Weise eingeschränkt war.[514] Des Weiteren dürfen **Urlaubs- und Ausgangstage** bei der Gewährung des Taschengelds nicht in Abzug gebracht werden, weil dem Gefangenen die Wahrnehmung gewährter Vollzugslockerungen als gesetzliche Behandlungsmaßnahmen nicht vorgeworfen werden darf und diese daher auch nicht schuldhaft sein kann.

8   **dd) Dauer des Ausschlusses.** Die meisten Gesetze regeln nicht die Frage, ob und wie lange einem Gefangenen Taschengeld vorenthalten werden darf, wenn er durch sein Verschulden seinen Arbeitsplatz verloren hat, sich danach jedoch wieder als arbeitswillig bzw. -fähig erweist, ihm aber kein Arbeitsplatz zugewiesen werden kann. Für die Fälle schuldhaften Arbeitsverlustes und nachfolgender Beschäftigungslosigkeit aufgrund Arbeitsmangels gilt, dass zwar einerseits angesichts des Vorverhaltens nicht wieder sofort ein Taschengeldanspruch entsteht,[515] andererseits aber der **Ausschluss** des Taschengeldanspruchs **zeitlich nicht unbegrenzt** erfolgen darf. Eine sofortige Taschengeldzahlung bei beendeter Arbeitsunwilligkeit würde die verschuldensbedingte Sanktionswirkung der Normen aushöhlen.[516] Ein zeitlich nicht limitierter Taschengeldverlust käme jedoch einer nicht vertretbaren Verschärfung des Vollzugs gleich.[517] Unter Bezugnahme auf die 12-Wochen-Sperrfrist des § 159 Abs. 3 (früher: § 144 Abs. 3) SGB III bei verschuldeter Arbeitslosigkeit wird daher eine Sperrung des Taschengeldes für die Dauer von drei Monaten für angemessen gehalten.[518]

9   Ausdrücklich in diesem Sinne,[519] allerdings unter Eröffnung einer individuellen Verhältnismäßigkeitsprüfung beantwortet ist die Frage in **Berlin, Saarland und Sachsen (BE**

---

511 OLG Zweibrücken, Beschl. vom 3.9.1993 – 1 Ws 375, 379/93 (Vollz), NStZ 1994, 102.
512 BVerfG ZfStrVo 1996, 314.
513 OLG Frankfurt, Beschl. vom 9.12.1986 – 3 Ws 1007, 1008/86 (StVollz), BlStV 4-5/1987, 8.
514 OLG Hamm NStZ 1990, 206.
515 A.A. AK-*Galli* Teil II § 57 Rdn. 19.
516 *Arloth/Krä* § 46 StVollzG Rdn. 2.
517 OLG Koblenz NStZ 1987, 576.
518 So auch OLG Hamm NStZ 1985, 429; ZfStrVo 1988, 369; OLG Koblenz ZfStrVo 1990, 118; LG Krefeld, Beschl. vom 22.12.1986 – 33 Vollz 42/86, BlStV 4-5/1987, 8 f; *Arloth/Krä* § 46 StVollzG Rdn. 2; *Laubenthal/Nestler/Neubacher/Verrel* F Rdn. 150.
519 Vgl. **BE** LT-Drucks. 17/2442, 243.

§ 65 Abs. 2 Alt. 2 i.V.m. § 25 Abs. 3 Satz 3, Abs. 2 Nr. 2 und 4, **SL** § 57 Abs. 2, **SN** § 57 Abs. 3). In Berlin steht der Anstalt Ermessen zu, bis zu einer Dauer von drei Monaten das Taschengeld zu versagen, wenn der Gefangene von einer Beschäftigung verschuldet abgelöst wird, weil er trotz Abmahnung wiederholt gegen die Beschäftigungsbedingungen verstoßen hat oder die Ablösung aufgrund seines schuldhaften Verhaltens aus Gründen der Sicherheit und Ordnung der Anstalt erforderlich ist. Gem. **BE** § 65 Abs. 2 gilt weitergehend dasselbe, wenn ein Inhaftierter einer ihm zumutbaren zugewiesenen Arbeit, Arbeitstherapie oder -training bzw. schulischen oder beruflichen Qualifizierungsmaßnahme nicht nachgeht; auch insoweit besteht lediglich eine auf drei Monate befristete fakultative Versagungsmöglichkeit. Dies ist nach der sächsischen Regelung unter Berücksichtigung des Angebotscharakters der Maßnahmen ebenso der Fall, während im Saarland die Norm nur von Arbeit spricht und knapper verlangt, dass der Gefangene eine zumutbare solche nicht angenommen oder verschuldet wieder verloren hat. Im Saarland ist die Versagung des Taschengelds zwingend; allerdings hat die Anstalt Ermessen, ob sie es für einen, zwei oder drei Monate kappen will. Insoweit mag man sich entsprechend § 159 Abs. 4 SGB III am Maß des Verschuldens[520] bzw. daran orientieren, zum wievielten Mal der Inhaftierte seine Mittellosigkeit verschuldet hat.

ee) **Bedürftigkeit des Gefangenen.** Um als schuldlos Beschäftigungsloser Taschengeld zu erhalten, muss der Gefangene bedürftig sein (§ 46 a.E. StVollzG, **BW** § 53 Abs. 1 Satz 1 a.E. III, **BY** Art. 54 Satz 1 a.E., **BE** § 65 Abs. 1 Satz 1, **BB** § 68 Abs. 1 Satz 1, **HB** § 58 Abs. 1 Satz 1, **HH** § 46 Satz 1 a.E., **HE** § 41 Abs. 1 a.E., **MV** § 57 Abs. 1 Satz 1, **NI** § 43 Satz 1 a.E., **NW** § 35 Abs. 1 Satz 1 a.E., **RP** § 67 Abs. 1 Satz 1, **SL** § 57 Abs. 1 Satz 1, **SN** § 57 Abs. 1 Satz 1 a.E., **ST** § 65 Abs. 1 a.E., **SH** § 73 Abs. 1 Satz 1, **TH** § 68 Abs. 1 a.E.). Eine **gesetzliche Definition** der Bedürftigkeit gibt es nur in einigen Gesetzen. Nach VV Abs. 3 zu § 46 StVollzG galt ein Gefangener als bedürftig, wenn ihm im laufenden Monat aus Hausgeld und Eigengeld nicht wenigstens ein Betrag zur Verfügung steht, der der Höhe des Taschengelds entspricht. Daran haben die Gesetzgeber in Berlin, Brandenburg, Bremen, Hamburg, Hessen, Mecklenburg-Vorpommern, Nordrhein-Westfalen, Rheinland-Pfalz, Saarland, Sachsen, Sachsen-Anhalt, Schleswig-Holstein und Thüringen angeknüpft (**BE** § 65 Abs. 1 Satz 2, **BB** § 68 Abs. 1 Satz 2, **HB** § 58 Abs. 1 Satz 2, **HH** § 40 Satz 1, **HE** § 41 Abs. 2, **MV** § 57 Abs. 1 Satz 2, **NW** § 35 Abs. 2 Satz 1, **RP** § 67 Abs. 1 Satz 2, **SL** § 57 Abs. 1 Satz 2, **SN** § 57 Abs. 1 Satz 2, **ST** § 65 Abs. 1, **SH** § 73 Abs. 1 Satz 2, **TH** § 68 Abs. 1). Nach einem Teil der Gesetze wird bei verschuldeter Mittellosigkeit systematisch fehlende Bedürftigkeit fingiert (oben Rdn. 4).

Bevor einem Inhaftierten Taschengeld gewährt werden kann, muss er somit zunächst die ihm im Antragsmonat zur Verfügung stehenden Geldmittel aufzehren. Dies betrifft auch **außerhalb des Vollzugs verfügbare Geldmittel**, welche auf das Eigengeldkonto eingezahlt werden könnten.[521] Deutlich drückt dies die Regelung in Hamburg und Thüringen aus („auch im Übrigen bedürftig"). Insoweit trifft den Gefangenen eine **Darlegungslast** für seine Bedürftigkeit mit der Folge, dass sich eine mangelnde Mitwirkung bei der Ermittlung der Vermögensverhältnisse zu seinen Lasten auswirkt.[522] Dienen die Mittel dem Erhalt einer Wohnung, steht dies ihrer Berücksichtigung prinzipiell nicht entgegen.[523] Unberücksichtigt bleiben aber sozialhilferechtlich als Schonvermögen (§ 90

---

520 Dafür generell BeckOK-*Kuhn* § 46 StVollzG Rdn. 22.
521 BVerfG ZfStrVo 1996, 315; OLG Koblenz ZfStrVo 1996, 118; LG Kassel, Beschl. vom 29.1.2013 – 3 StVK 239/12 (juris).
522 BVerfG ZfStrVo 1996, 315; OLG Celle NStZ-RR 2009, 261; OLG Frankfurt, Beschl. vom 23.6.2016 – 3 Ws 326/15 Vollz, FS 2017, 73; LG Kassel, Beschl. vom 29.1.2013 – 3 StVK 239/12 (juris); *Arloth/Krä* § 46 StVollzG Rdn. 4; *Bachmann*, 294; *Kruis/Wehowsky* NStZ 1998, 595; *Laubenthal* Rdn. 463.
523 Näher LG Kassel, Beschl. vom 29.1.2013 – 3 StVK 239/12 Rdn. 32f (juris).

Abs. 2 und 3 SGB XII) geltende Werte,[524] das **Überbrückungsgeld** des § 51 StVollzG, **BW** § 52 III, **BY** Art. 51, **HB** § 56, **HH** § 47, **HE** § 42, **NI** § 47, **NW** § 37, **SN** § 62, **ST** § 69, **SH** § 77[525] sowie das **gesperrte Eigengeld** (§ 83 Abs. 2 Satz 3 HS. 2 StVollzG, **BW** § 63 Abs. 2 Satz 3 HS. 2 III, **BY** Art. 52 Abs. 2 HS. 2, **HB** § 57 Abs. 1 HS. 2, **HH** § 48 Abs. 2 Satz 1, **HE** § 44 Abs. 1 Satz 2 HS. 2, **NI** § 48 Abs. 3 Satz 1 HS. 2, **NW** § 38 Satz 2 HS. 2, **SN** § 56 Abs. 2 Satz 1 HS. 2, **ST** § 70 Abs. 3 Satz 1, **SH** § 72 Abs. 2 Satz 1 HS. 2, näher unten VI. 2. b] aa]),[526] weil beides der freien Verfügung des Gefangenen während der Haft entzogen ist, sowie zweckbestimmte Bezüge.[527]

12 Unberücksichtigt bleibt weiter **nicht verbrauchtes Taschengeld** aus früheren Monaten (ausdrücklich **BW** § 53 Abs. 1 Satz 2 III, **NW** § 35 Abs. 2 Satz 2).[528] Darf der Gefangene darüber nach Belieben verfügen, kann er es auch sparen, ohne dass ihm dies zum Nachteil gereichen soll. Nach **BE** § 65 Abs. 1 Satz 2 gilt dies nur bis zur Höhe des Taschengeldbetrags, so dass der Gefangene maximal über 200% des Taschengelds verfügt. In diesem Umfang bleiben danach in Berlin weiter unberücksichtigt **zweckgebundene Einzahlungen für Maßnahmen der Eingliederung** (**BE** § 65 Abs. 1 Satz 2 i.V.m. § 68 Abs. 1 Satz 1), während sie in Mecklenburg-Vorpommern generell dem Taschengeldanspruch nicht entgegenstehen (**MV** § 57 Abs. 1 Satz 3 i.V.m. § 60). Letzteres gilt ohne besondere Regelung für solche Mittel auch in Rheinland-Pfalz (**RP** § 70 Abs. 1) und ebenso in den übrigen Ländern, die jene vorsehen (**BB** § 71, **HB** § 61, **SL** § 60, **SN** § 60, **ST** § 71, **SH** § 76, **TH** § 71), weil durch gesetzliche Zweckbindung und Ausschluss freier Verfügbarkeit eine deutliche Parallele zum Überbrückungsgeld vorliegt.[529] Nicht so eindeutig ist die Sachlage in Hessen; hier können zweckgebundene Einzahlungen auch und gerade dem Einkauf und damit dem zeitnahen Konsum dienen (**HE** § 44 Abs. 2 HS. 2).[530] Darüber hinaus – wohl in doppelt analoger Anwendung der VV Nr. 3 Satz 1 zu § 83 StVollzG, der zufolge zu Eingliederungszwecken eingezahltes Eigengeld nicht dem Überbrückungsgeld zugeschlagen wird – generell zweckgebundene Zuwendungen Dritter auszunehmen, besteht kein Anlass,[531] wie schon die Existenz besonderer Vorschriften zeigt. Ggf. mag die Auslegung dann ergeben, dass die Zuwendung unter einer auflösenden Bedingung stand und zurückzugewähren ist.

13 Die Prüfung der Bedürftigkeit richtet sich nach den finanziellen Umständen in demjenigen **Zeitraum, für den die Bedürftigkeit festzustellen ist** (deutlich **HE** § 41 Abs. 2). Danach zugeflossene Mittel bleiben prinzipiell unberücksichtigt.[532] Das bringt in Nordrhein-Westfalen auch **NW** § 35 Abs. 2 Satz 1 zum Ausdruck. Steht ein Strafgefangener in einem auf regelmäßige Ausübung angelegten Beschäftigungsverhältnis, ist das Arbeitsentgelt dem Zeitraum zuzurechnen, in dem er es verdient hat (z.B. das Entgelt für Januar dem Monat Januar). Dies gilt selbst dann, wenn es ihm nicht während dieses Zeitraums, sondern erst kurz danach ausgezahlt wird (z.B. der Arbeitslohn für Januar zu Anfang des

---

524 *Arloth/Krä* § 46 StVollzG Rdn. 4; AK-*Galli* Teil II § 57 Rdn. 7; BeckOK-*Kuhn* § 46 StVollzG Rdn. 15.
525 S. OLG Hamm, Beschl. vom 29.3.2016 – 1 Vollz (Ws) 453/14 Rdn. 24 (juris).
526 Dazu OLG Hamm, Beschl. vom 18.5.1995 – 1 Vollz (Ws) 117/95, BlStV 2/1996, 7.
527 *Arloth/Krä* § 46 StVollzG Rdn. 4.
528 BGH, Beschl. vom 6.11.1996 – 5 AR Vollz 43/95, NJW 1997, 751 m. Anm. *Rotthaus* NStZ 1997, 206; *Laubenthal/Nestler/Neubacher/Verrel* F Rdn. 147; AK-*Galli* Teil II § 57 Rdn. 11; vgl. ferner **BW** LT-Drucks. 14/5012, 227.
529 Im Ergebnis auch OLG Koblenz, Beschl. vom 8.6.2015 – 2 Ws 96/15 Vollz, FS 2016, 78; z.B. für **SN** *Arloth/Krä* § 57 SächsStVollzG Rdn. 2.
530 Die Materialien (**HE** LT-Drucks. 18/1396, 105) geben hierüber keinen Aufschluss.
531 Wie hier OLG Koblenz, Beschl. vom 19.9.2013 – 2 Ws 483/13, FS 2015, 63; *Arloth/Krä* § 46 StVollzG Rdn. 4; a.A. Voraufl. § 46 Rdn. 6; AK-*Galli* Teil II § 57 Rdn. 10.
532 OLG Dresden NStZ 1998, 399; OLG Hamburg ZfStrVo 2000, 313; OLG Frankfurt, Beschl. vom 12.10.2006 – 3 Ws 680/06 (StVollzG), NStZ-RR 2007, 62.

Monats Februar). Insoweit bleibt ein Taschengeldanspruch ausgeschlossen.[533] Der mit der Taschengeldgewährung verbundene Zweck (Rdn. 1) wird in diesem Fall aber die Gewährung eines Vorschusses auf das Arbeitsentgelt gebieten (s. auch Rdn. 17).[534] Eine ausdrückliche Regelung hierzu gibt es nur in Nordrhein-Westfalen. Hier kann ausnahmsweise ein **Vorschuss** in Form von Taschengeld vor der erstmaligen Gewährung von Arbeitsentgelt, Ausbildungsbeihilfe oder Taschengeld gewährt werden, allerdings nur in Höhe von maximal 50% des üblichen Taschengelds. Der Vorschuss wird mit der folgenden regulären Zahlung verrechnet (**NW** § 35 Abs. 3).

Berlin lässt Arbeitsentgelt für die Teilnahme an **arbeitstherapeutischen Maßnahmen oder Arbeitstraining** bis zur Höhe des Taschengeldbetrags unberücksichtigt (**BE** § 65 Abs. 1 Satz 2), um den Anreiz zur Teilnahme an solchen Maßnahmen zu erhöhen,[535] Brandenburg, Bremen, Rheinland-Pfalz, Sachsen die finanzielle Anerkennung für die **Teilnahme an** bestimmten, vordringlichen **Behandlungsmaßnahmen** (**BB** § 68 Abs. 1 Satz 3 i.V.m. § 66 Abs. 1 Nr. 3, **HB** § 58 Abs. 1 Satz 3 i.V.m. § 55 Abs. 1 Nr. 1, **RP** § 67 Abs. 1 Satz 3 i.V.m. § 65 Abs. 1 Nr. 1, **SN** § 57 Abs. 1 Satz 3 i.V.m. § 55 Abs. 1 Nr. 1). Zu den die Bedürftigkeit vermindernden Mitteln zählten gem. VV Abs. 2 Satz 2 zu § 46 StVollzG auch nicht Geldeinzahlungen zum sog. Ersatzeinkauf anstelle eines Paketempfangs. Erhält ein Strafgefangener bei einem Sommerfest kein Sachgeschenk, sondern dürfen Besucher für ihn einkaufen, soll dies ebenfalls unberücksichtigt bleiben.[536] Nicht verbrauchtes Arbeitsentgelt aus dem Vormonat darf allerdings bei der Bedürftigkeitsprüfung berücksichtigt werden.[537]

b) Rechtsanspruch bei Vorliegen der Voraussetzungen. Hat der Gefangene das 15 Taschengeld beantragt und liegen die Voraussetzungen der jeweiligen Norm vor, steht ihm ein Rechtsanspruch auf die Gewährung zu (s. Rdn. 3). Allerdings ist die Zuwendung von Taschengeld abhängig von einer monatlich neu zu prüfenden Bedürftigkeit des Gefangenen, so dass aus einem in der Vergangenheit bewilligten Taschengeld kein Anspruch darauf erwächst, es gleich bleibend auch zukünftig zu erhalten.[538] Der Monatsbetrag des Taschengeldes **verringert sich anteilmäßig**, wenn in einem Kalendermonat weniger als ein Monat Strafe zu vollziehen ist (z.B. der Eintritt der Rechtskraft und Übergang von der Untersuchungshaft zur Strafhaft bzw. der Strafantritt oder die Entlassung in den Lauf eines Kalendermonats fallen).

Die Höhe des Taschengelds soll nach § 46 StVollzG, **BW** § 53 Abs. 1 Satz 1 III, **BY** 16 Art. 54 Satz 1, **NI** § 43 Satz 1 **angemessen** sein. Die Angemessenheit wird nur in einem Teil der Gesetze näher umschrieben. Eine Bindung an die in Anstalten und Heimen außerhalb des Vollzugs üblichen angemessenen Taschengeldsätze ist nicht zwingend. Um in der Praxis eine einheitliche Festsetzung zu erreichen, bestimmte VV Abs. 2 Satz 1 zu § 46 StVollzG, dass **14% der Eckvergütung** als angemessenes Taschengeld anzusehen sind. Dies wurde in Berlin, Brandenburg, Bremen, Hamburg, Mecklenburg-Vorpommern, Nordrhein-Westfalen, Rheinland-Pfalz, Saarland, Sachsen, Sachsen-Anhalt, Schleswig-Holstein und Thüringen gesetzlich festgeschrieben (**BE** § 65 Abs. 3 Satz 1, **BB** § 68 Abs. 4 Satz 1, **HB** § 58 Abs. 3 Satz 1, **HH** § 40 Satz 1, **MV** § 57 Abs. 3 Satz 1, **NW** § 35 Abs. 1 Satz 2, **RP** § 67 Abs. 4 Satz 1, **SL** § 57 Abs. 3 Satz 1, **SN** § 57 Abs. 2 Satz 1, **ST** § 67 Abs. 4 Satz 1, **SH** § 73 Abs. 3 Satz 1, **TH** § 68 Abs. 4 Satz 1). Für das Jahr 2019 errechnen sich so 39,25 EUR

---

533 KG NStZ-RR 1999, 286; *Arloth/Krä* § 46 StVollzG Rdn. 3.
534 *Arloth/Krä* § 46 StVollzG Rdn. 3.
535 **BE** LT-Drucks. 17/2442, 243.
536 OLG Hamburg ZfStrVo 2005, 380.
537 OLG Celle, Beschl. vom 7.5.2010 – 1 Ws 123/10 (StrVollz), FS 2011, 55; *Arloth/Krä* § 46 StVollzG Rdn. 4.
538 BVerfG ZfStrVo 1996, 315.

monatlich. In Hessen geben die 14% das Maximum ab (**HE** § 41 Abs. 2: „bis zu"), in Bayern setzen VV zu **BY** Art. 46 den zweidreiviertelfachen Tagessatz der Eckvergütung an; das ergibt in 2019 37,32 EUR. Von der Ermächtigung, die Höhe durch Verordnung zu regeln (**NI** § 44), hat man in Niedersachsen noch nicht Gebrauch gemacht, weshalb insoweit VV zu § 46 StVollzG weiter zur Anwendung kommt.[539] Da dem Taschengeld nur eine Ausgleichsfunktion zukommt (Rdn. 1) und es nicht wie das Arbeitsentgelt dazu dient, dem Gefangenen den Wert regelmäßiger Arbeit für ein künftiges eigenverantwortliches und straffreies Leben vor Augen zu führen, ist die im Verfahren gem. §§ 109 ff StVollzG überprüfbare[540] Höhe des Taschengeldes aber nicht zwingend an die Höhe der Eckvergütung für arbeitstätige Inhaftierte gekoppelt.[541] Eine Erhöhung bei Erwerbsminderung entsprechend § 30 Abs. 1 SGB XII scheidet gleichwohl aus.[542] In **Sachsen** kann die Anstalt das Taschengeld nach pflichtgemäßem Ermessen **erhöhen**, wenn Gefangene gemeinnützige Arbeit leisten (**SN** § 57 Abs. 5).

17   c) **Weitere Modalitäten.** In Berlin, Brandenburg, Bremen, Mecklenburg-Vorpommern, Niedersachsen, Rheinland-Pfalz, Saarland, Sachsen-Anhalt, Schleswig-Holstein und Thüringen ist ausdrücklich geregelt, dass das Taschengeld zu Monatsbeginn **im Voraus** zu gewähren ist (**BE** § 65 Abs. 3 Satz 2, **BB** § 68 Abs. 4 Satz 2, **HB** § 58 Abs. 3 Satz 2, **MV** § 57 Abs. 3 Satz 2, **NI** § 43 Satz 2, **RP** § 67 Abs. 4 Satz 2, **SL** § 57 Abs. 3 Satz 2, **ST** § 65 Abs. 4 Satz 2, **SH** § 73 Abs. 3 Satz 2, **TH** § 68 Abs. 4 Satz 2). Es muss also am Ersten zur Verfügung des Gefangenen stehen.[543] Gem. **SN** § 57 Abs. 2 Satz 2 kann das Taschengeld im Voraus gewährt werden, im ersten Monat des Vollzugs soll dies geschehen.[544] Ohne derartige Regelung mag die Zahlung erst erfolgen, wenn die Bedürftigkeit sicher feststeht, nämlich im Folgemonat. Gleichwohl erscheint die Gewährung zumindest eines **Vorschusses** spätestens zum ersten Einkauf im Vormonat geboten, um subkulturelle Abhängigkeiten in der Folge einer Darlehensaufnahme des mittellosen Gefangenen zu verhindern.[545] Nordrhein-Westfalen sieht einen Vorschuss ausdrücklich vor (**NW** § 35 Abs. 3; Rdn. 13). Dass Taschengeld erst gezahlt zu werden braucht, wenn die Bedürfnisprüfung hinsichtlich aller Gefangenen abgeschlossen ist,[546] überzeugt nicht; weder geht es um die Aufteilung eines festen Gesamtbetrags noch wäre es billig, alle anderen Gefangenen darunter leiden zu lassen, dass die Prüfung in einem Fall besonders zeitaufwändig ausfallen muss.

18   Erhält in den Ländern, die eine Zahlung im Voraus kennen, der Gefangene im Laufe des Monats zu berücksichtigende Zahlungen, wird zum Ausgleich hiervon ein Betrag bis zur Höhe des gewährten Taschengelds **einbehalten** (**BE** § 65 Abs. 3 Satz 3, **BB** § 68 Abs. 4 Satz 3, **HB** § 58 Abs. 3 Satz 3, **MV** § 57 Abs. 3 Satz 3, **NI** § 43 Satz 3, **NW** § 67 Abs. 4 Satz 3, **RP** § 67 Abs. 4 Satz 3, **SL** § 57 Abs. 3 Satz 3, **SN** § 57 Abs. 2 Satz 3, **ST** § 65 Abs. 4 Satz 3, **SH** § 73 Abs. 3 Satz 3, **TH** § 68 Abs. 4 Satz 3). Zudem ordnet ein Teil der Gesetze an, das Taschengeld dem **Hausgeldkonto** gutzuschreiben (**BE** § 65 Abs. 4 Satz 2, **BB** § 68 Abs. 5

---

539   OLG Celle, Beschl. vom 25.9.2013 – 1 Ws 375/13 (StrVollz), NStZ 2014, 537.
540   BVerfG, Beschl. vom 29.10.2008 – 2 BvR 1268/07, Beck-Rs 2008, 40879.
541   BVerfG NStZ 2003, 109.
542   OLG Celle, Beschl. vom 25.9.2013 – 1 Ws 375/13 (StrVollz), NStZ 2014, 537; *Arloth/Krä* § 46 StVollzG Rdn. 5.
543   Etwa OLG Koblenz, Beschl. vom 4.11.2014 – 2 Ws 499/14 (Vollz), NStZ-RR 2015, 124, 125; *Arloth/Krä* § 65 Bln StVollzG Rdn. 3, § 68 BbgJVollzG Rdn. 3, jeweils m.w.N.
544   Vgl. *Arloth/Krä* § 57 SächsStVollzG Rdn. 3.
545   Vgl. OLG Celle, Beschl. vom 16.10.2014 – 1 Ws 406/14 (StrVollz), NStZ-RR 2014, 389, 390; *Arloth/Krä* § 46 StVollzG Rdn. 4; AK-*Galli* Teil II § 57 Rdn. 22f; weitergehend LG Bamberg, Beschl. vom 22.3.2012 – 1 StVK 37/12, FS 2013, 61.
546   So aber OLG Celle, Beschl. vom 16.10.2014 – 1 Ws 406/14 (StrVollz), NStZ-RR 2014, 389, 390.

Satz 2, **HB** § 58 Abs. 4 Satz 2, **HH** § 40 Satz 2, **MV** § 57 Abs. 4 Satz 2, **NI** § 46 Abs. 1 Nr. 2, **SL** § 57 Abs. 4 Satz 2, **SN** § 57 Abs. 4 Satz 2, **ST** § 65 Abs. 5 Satz 2, **SH** § 73 Abs. 4 Satz 2, **TH** § 68 Abs. 5 Satz 2), während in Rheinland-Pfalz ein eigenes Taschengeldkonto geführt wird (**RP** § 68 Abs. 1). Diesem und nicht dem Eigengeldkonto ist auch bei einem Ausgang nicht verbrauchtes Taschengeld gutzuschreiben.[547] In **Niedersachsen** ist nunmehr im Gesetz geregelt, dass während einer Vollzugslockerung nicht verbrauchte Gelder wieder dem Konto gutzuschreiben sind, von dem sie ausgezahlt wurden (**NI** § 45 Abs. 1 Satz 3). Das entspricht dem Resozialisierungsgebot und belohnt den sparsamen Gefangenen, der darauf verzichtet, übrig gebliebene Gelder sinnlos zu verschwenden.[548]

d) Verwendung des Taschengeldes. Der Gefangene darf das Taschengeld für den 19 Einkauf oder anderweitig, also nach seinem freien Belieben im Rahmen der Möglichkeiten der Gesetze, verwenden (§ 47 Abs. 1 StVollzG, **BW** § 53 Abs. 2 III, **BY** Art. 54 Satz 2, **HH** § 40 Satz 2; ähnlich **NI** § 46 Abs. 3), etwa zum Erwerb von Briefmarken bzw. Bestreiten von Telefonkosten, zum Sparen oder auch zur Unterstützung von Unterhaltsberechtigten. Nichts anderes gilt nach den Normen, die dem Gefangenen die Verfügung **im Rahmen des jeweiligen Gesetzes** gestatten (**BE** § 65 Abs. 4 Satz 1, **BB** § 68 Abs. 5 Satz 1, **HB** § 58 Abs. 4 Satz 1, **MV** § 57 Abs. 4 Satz 1, **RP** § 67 Abs. 5, **SL** § 57 Abs. 4 Satz 1, **SN** § 57 Abs. 4 Satz 1, **ST** § 65 Abs. 5 Satz 1, **SH** § 73 Abs. 4 Satz 1, **TH** § 68 Abs. 5 Satz 1, ähnlich **NW** § 36 Abs. 1).[549] Hinsichtlich der Beschränkungen gilt dasselbe wie für das Hausgeld (unten Rdn. 27 f). Im Gegensatz zu den anderen Bezügen darf das Taschengeld **in voller Höhe** verwendet werden, da es einen wesentlich geringeren Betrag darstellt, als dies regelmäßig bei Arbeitsentgelt oder Ausbildungsbeihilfe der Fall ist.

e) Unpfändbarkeit des Taschengeldanspruchs. Der Anspruch auf **Taschengeld** 20 bleibt in entsprechender Anwendung des § 17 Abs. 1 Satz 2 SGB XII, wonach Sozialhilfeleistungen weder abtretbar noch pfändbar sind, **unpfändbar;**[550] er ist ebenso wenig abtretbar oder aufrechenbar. Auch ist die **Aufrechnung von Verfahrenskosten** in entsprechender Anwendung des § 121 Abs. 5 StVollzG gegen den Taschengeldanspruch **unzulässig.**[551]

II. Hausgeld

Bund	§ 47 StVollzG
Baden-Württemberg	BW § 53 Abs. 2 und 4 III JVollzGB
Bayern	BY Art. 50 BayStVollzG
Berlin	BE § 67 StVollzG Bln
Brandenburg	BB § 70 BbgJVollzG
Bremen	HB § 60 BremStVollzG
Hamburg	HH § 45 HmbStVollzG
Hessen	HE § 40 HStVollzG
Mecklenburg-Vorpommern	MV § 59 StVollzG M-V
Niedersachsen	NI §§ 46, 50 Abs. 1 NJVollzG

---

547 OLG Koblenz, Beschl. vom 26.4.2016 – 2 Ws 28/16 Vollz, FS 2017, 75; vgl. auch OLG Bamberg, Beschl. vom 1.8.2018 – 1 Ws 191/2018, FS SH 2019, 5, 6.
548 Vgl. **NI** LT-Drucks. 17/7414, 27 f.
549 Vgl. OLG Koblenz, Beschl. vom 26.4.2016 – 2 Ws 28/16 Vollz, Beck-Rs 2016, 09648 Rdn. 13.
550 *Butzkies* ZfStrVo 1996, 345; OLG Koblenz, Beschl. vom 26.4.2016 – 2 Ws 28/16 Vollz, Beck-Rs 2016, 09648 Rdn. 12.
551 BVerfG NStZ 1996, 615 m. Anm. *Rotthaus* NStZ 1997, 206.

Nordrhein-Westfalen	NW § 36 StVollzG NRW
Rheinland-Pfalz	RP § 69 LJVollzG
Saarland	SL § 59 SLStVollzG
Sachsen	SN § 59 SächsStVollzG
Sachsen-Anhalt	ST § 68 JVollzGB LSA
Schleswig-Holstein	SH § 75 LStVollzG SH
Thüringen	TH § 70 ThürJVollzG

Schrifttum

Stange/Rilinger Pfändbarkeit von Geldforderungen Strafgefangener, in: Rechtspfleger 2002, 610; s. ferner bei D.

Übersicht

1. Allgemeine Hinweise —— 21, 22
2. Erläuterungen —— 23–34
   a) Höhe des Hausgeldes —— 23–26
   b) Verwendungsmöglichkeiten des Hausgeldes —— 27–30
   c) (Un-)Pfändbarkeit —— 31–34

21   **1. Allgemeine Hinweise.** § 47 StVollzG war in ursprünglicher Form nicht in Kraft getreten, denn das nach § 198 Abs. 3 StVollzG hierzu erforderliche Bundesgesetz wurde nie erlassen. Deshalb galt die in § 199 Abs. 1 Nr. 2 StVollzG vorgesehene **Übergangsregelung**. Die Einräumung der Verfügbarkeit eines Teils der Gefangenenbezüge knüpfte zunächst an die reale Situation an, die bis zum 1.1.1977 auf der Grundlage des Arbeitsbelohnungssystems der DVollzO bestand, und verhinderte damit mangels Verringerung des Hausgeldes ein Nachlassen der Motivation der Gefangenen zu Ausbildung und Arbeit (in der unmittelbaren Zeit) nach dem In-Kraft-Treten des StVollzG. Die Übergangsfassung trug dann der Tatsache Rechnung, dass das Arbeitsentgelt (§ 43 StVollzG) und die Ausbildungsbeihilfe (§ 44 StVollzG) durch die in § 200 Abs. 1 StVollzG a.F. festgelegte geringe Eckvergütung bis zur Neuregelung des Arbeitsentgelts durch das 5. StVollzGÄndG nicht jene Höhe hatten, die ein System der Beschränkung auf einen geringen Teil des Entgelts notwendig machte, wie es in Abs. 1 und 2 der suspendierten Fassung vorgesehen war. Die durch Art. 1 Nr. 8 a 5. StVollzGÄndG erfolgte Änderung der Übergangsfassung bildete die Konsequenz der verfassungsgerichtlichen Forderung, die von Strafgefangenen geleistete Pflichtarbeit angemessen anzuerkennen.[552] Während jedoch ab 1.1.2001 der monetäre Teil des Arbeitsentgelts um 80% angehoben wurde, betrug die Erhöhung beim Hausgeld lediglich 15,7%. Damit bezweckte der Gesetzgeber, dass das zusätzliche Arbeitsentgelt nicht nur dem Einkauf zugute kommt, sondern auch andere Leistungen erfolgen können wie Opferentschädigung, Tilgung von Schulden oder das Ansparen eines zureichenden Überbrückungsgeldes.[553]

22   Die meisten **Länder** haben sich an § 47 StVollzG in der geltenden Übergangsfassung orientiert, insbesondere was die Höhe des Hausgeldes angeht. Die Bestimmungen entsprechen Nr. 26.11 der EuStVollzGrds 2006, nach der den Gefangenen zu gestatten ist, wenigstens einen Teil ihres Verdienstes für zugelassene und zum eigenen Gebrauch bestimmten Gegenstände auszugeben und einen Teil ihrer Familie zukommen zu lassen.

---

552   BVerfGE 98, 169, 201 f.
553   Vgl. BT-Drucks. 14/4763; BR-Drucks. 405/00; zur Verfassungsmäßigkeit der Neuregelung s. BVerfG NJW 2002, 2023; OLG Hamm ZfStrVo 2002, 121; OLG Saarbrücken ZfStrVo 2002, 121 m. Anm. *Lückemann*.

2. Erläuterungen

a) Höhe des Hausgeldes

aa) Das Hausgeld wird nach § 47 Abs. 1 StVollzG, **BW** § 53 Abs. 2 III, **BY** Art. 50 **23** Abs. 1, **BE** § 67 Abs. 1, **BB** § 70 Abs. 1, **HB** § 60 Abs. 1, **HH** § 45 Abs. 1 Satz 1, **HE** § 40 Abs. 1, **MV** § 59 Abs. 1, **NI** § 46 Abs. 1, **NW** § 36 Abs. 1, **RP** § 69 Abs. 1, **SL** § 59 Abs. 1, **SN** § 59 Abs. 1, **ST** § 68 Abs. 1 Satz 1 Nr. 1, **SH** § 75 Abs. 1, **TH** § 70 Abs. 1 aus **Arbeitsentgelt** (§ 43 StVollzG, **BW** § 49 III, **BY** Art. 46, **BE** § 61 Abs. 1 Nr. 1, **BB** § 66 Abs. 1 Nr. 1, **HB** § 55 Abs. 1 Nr. 3, **HH** § 40, **HE** § 38 Abs. 1 Satz 1, **MV** § 55 Abs. 1 Nr. 2, **NI** § 46 Abs. 1 Nr. 1 Alt. 1, **NW** § 32 Abs. 1 und 3, **RP** § 65 Abs. 1 Nr. 3, **SL** § 55 Abs. 1 Nr. 2, **SN** § 55 Abs. 1 Nr. 3, **ST** § 64 Abs. 1 Nr. 1, **SH** § 37 Abs. 1 Nr. 1, **TH** § 66 Abs. 1 Satz 1) und **Ausbildungsbeihilfe** (§ 44 StVollzG, **BW** § 50 III, **BY** Art. 47, **BE** § 61 Abs. 1 Nr. 2, **BB** § 66 Abs. 1 Nr. 2, **HB** § 55 Abs. 1 Nr. 2, **HH** § 41 Abs. 1, **HE** § 38 Abs. 1 Satz 2, **MV** § 55 Abs. 1 Nr. 1, **NI** § 46 Abs. 1 Nr. 1 Alt. 2, **NW** § 32 Abs. 2, **RP** § 65 Abs. 1 Nr. 2, **SL** § 55 Abs. 1 Nr. 1, **SN** § 55 Abs. 1 Nr. 2, **ST** § 64 Abs. 1 Nr. 2, **SH** § 37 Abs. 1 Nr. 2, **TH** § 66 Abs. 1 Satz 2) gebildet, da es eine Ausfallentschädigung (§ 45 StVollzG) noch nicht gibt und das Taschengeld (§ 46 StVollzG, **BW** § 53 Abs. 1 III, **BY** Art. 54, **BE** § 65, **BB** § 68, **HB** § 58, **HH** § 46, **HE** § 41, **MV** § 57, **NW** § 35, **RP** § 67, **SL** § 57, **SN** § 57, **SH** § 73, **TH** § 68) gesondert behandelt wird. Lediglich in Niedersachsen und Sachsen-Anhalt wird letzteres ausdrücklich und dann in voller Höhe dem Hausgeld zugeschlagen (**NI** § 46 Abs. 1 Nr. 2, **ST** § 68 Abs. 1 Nr. 2). In Berlin, Brandenburg, Bremen, Hamburg, Mecklenburg-Vorpommern, Rheinland-Pfalz, Sachsen und Thüringen geben auch die für Teilnahme an Behandlungsmaßnahmen gewährte **finanzielle Anerkennung bzw.** währenddessen **fortgezahlte Vergütung** (**BE** § 62, **BB** § 66 Abs. 1 Nr. 3, **HB** § 55 Abs. 1 Nr. 1, **HH** § 41 Abs. 3, **MV** § 55 Abs. 1 Nr. 3, **RP** § 65 Abs. 1 Nr. 1, **SN** § 55 Abs. 1 Nr. 1, **TH** § 66 Abs. 2) die Basis für das Hausgeld ab, trotz nicht ganz eindeutiger Regelung wohl auch in Sachsen-Anhalt und Schleswig-Holstein (**ST** § 64 Abs. 2, **SH** § 38). Von den aufgeführten Bezügen bilden **drei Siebtel** monatlich das Hausgeld, nur in Sachsen **sechs Zehntel** und in Thüringen **vier Siebtel**. Ein höherer Betrag kann von den genannten Bezügen nicht als **Hausgeld** zur Verfügung gestellt werden.

Einzig in **Sachsen-Anhalt** ist geregelt, dass die Summe der Beträge, die als Haus- **24** geld aus Arbeitsentgelt, Ausbildungsbeihilfe, einem freien Beschäftigungsverhältnis oder einer Selbstbeschäftigung herrühren, den Taschengeldbetrag in voller Höhe nicht unterschreiten dürfen (**ST** § 68 Abs. 1 Satz 2). Der Sinn dieser Anordnung erschließt sich nicht ohne weiteres.[554] Wäre gemeint, dass das Hausgeldkonto arbeitender Gefangener stets einen positiven Saldo in Höhe einer Taschengeldrate aufweisen muss, läge hierin eine Benachteiligung gegenüber denjenigen, die nur Taschengeld erhalten. Deshalb dürfte eher die Interpretation zutreffen, dass einerseits der angemessene Gutschriftbetrag aus freier oder Selbstbeschäftigung in der Höhe mindestens dem Taschengeld entsprechen muss und andererseits aus Arbeitsentgelt oder Ausbildungsbeihilfe ggf. mehr als drei Siebtel dem Hausgeld zuzuschlagen sind, wenn drei Siebtel davon weniger als den üblichen Taschengeldsatz ergeben würden.

bb) Eine **Sonderregelung** gilt nach § 47 Abs. 2 StVollzG, **BW** § 53 Abs. 4 III, **BY** **25** Art. 50 Abs. 2, **BE** § 67 Abs. 2 Alt. 1 und 2, **BB** § 70 Abs. 2 Alt. 1 und 2, **HB** § 60 Abs. 2 Alt. 1 und 2, **HH** § 45 Abs. 2, **HE** § 40 Abs. 2, **MV** § 59 Abs. 2, **NI** § 46 Abs. 1 Nr. 3, **NW** § 36 Abs. 2, **RP** § 69 Abs. 2 Alt. 1 und 2, **SL** § 59 Abs. 2 Alt. 1 und 2, **SN** § 59 Abs. 2 Alt. 1 und 2, **ST** § 68 Abs. 1 Nr. 3, **SH** § 75 Abs. 2 Alt. 1 und 2, **TH** § 70 Abs. 2 Alt. 1 und 2 für Gefangene, die in

---

[554] Kaum hilfreich **ST** LT-Drucks. 6/3799, 207.

einem **freien Beschäftigungsverhältnis** stehen (dazu oben H. Rdn. 2ff) oder denen es gestattet ist, **sich selbst zu beschäftigen** (dazu oben H. Rdn. 19ff). Gleich behandelt werden in einigen Ländern Gefangene, die zwar keine hinreichende Vergütung nach dem jeweiligen Gesetz erzielen, aber über **Eigengeld** (dazu unten VI.) verfügen (**BE** § 67 Abs. 3, **BB** § 70 Abs. 3, **HB** § 60 Abs. 3, **MV** § 59 Abs. 3, **RP** § 69 Abs. 3, **SL** § 59 Abs. 3, **SN** § 59 Abs. 3, **ST** § 68 Abs. 2, **SH** § 75 Abs. 3, **TH** § 70 Abs. 3); in Berlin, Brandenburg, Bremen, Niedersachsen, Nordrhein-Westfalen, Rheinland-Pfalz, im Saarland, in Schleswig-Holstein und Thüringen zudem diejenigen mit anderen **regelmäßigen Einkünften** (**BE** § 67 Abs. 2 Alt. 3, **BB** § 70 Abs. 2 Alt. 3, **HB** § 60 Abs. 2 Alt. 3, **NI** § 46 Abs. 1 Nr. 4, **NW** § 36 Abs. 2, **RP** § 69 Abs. 2 Alt. 3, **SL** § 59 Abs. 2 Alt. 3, **SN** § 59 Abs. 2 Alt. 3, **SH** § 75 Abs. 2 Alt. 3, **TH** § 70 Abs. 2 Alt. 3). Zu denken gilt es insoweit namentlich an (gesetzliche) Renten, Erträge aus Vermietung und Verpachtung oder Kapitalvermögen. Können solche Einkünfte auch dem Hausgeld gutgeschrieben werden, dürfen sie für die Deckung des persönlichen Bedarfs ihres Beziehers in der Haft verwendet werden. Anderenfalls wären diese extramural erzielten Einkünfte der Verfügung der Betroffenen bis zur vollständigen Ansparung des Überbrückungsgeldes entzogen, womit trotz der Existenz eigener Mittel so lange ein Taschengeldanspruch bestünde.[555] Gleiches würde für diejenigen gelten, die zwar keine regelmäßigen Einkünfte beziehen, aber ein gut gefülltes Eigengeldkonto aufweisen; zumal durch die Kumulation beider Konstellationen kann der Vollzug erreichen, dass zum Einkauf Eigenmittel der Gefangenen eingesetzt werden müssen.

26 Aus solchen Bezügen oder Beträgen wird ein **angemessenes Hausgeld** festgesetzt. Die Regelung betrifft diejenigen Gefangenen, die im Allgemeinen erheblich höhere Einkünfte oder Mittel haben und bei denen drei Siebtel davon ein Mehrfaches des Hausgeldes der übrigen Gefangenen betragen würde. Dadurch ergäben sich im engen Zusammenleben in der Anstalt unter Umständen störende große Unterschiede hinsichtlich der Einkaufsmöglichkeiten, die ihrerseits zur Bildung unerwünschter subkultureller Abhängigkeiten führen könnten. Die Regelung soll deshalb eine gewisse, als notwendig erachtete Einheitlichkeit des Lebensstandards in der Anstalt gewährleisten. Demzufolge wird das Hausgeld in der Regel als **angemessen** anzusehen sein, wenn sich dessen Höhe am durchschnittlich zur Verfügung stehenden Hausgeldbetrag der Mitgefangenen orientiert.[556] Das OLG Koblenz hat eine Ausrichtung am Taschengeldsatz gebilligt.[557]

b) Verwendungsmöglichkeiten des Hausgeldes

27 **aa)** Das Hausgeld kann der Gefangene für den **Einkauf** (§ 22 Abs. 1 StVollzG, **BW** § 18 III, **BY** Art. 24 Abs. 1, **HH** § 45 Abs. 1 Satz 2 i.V.m. § 25, **NI** § 46 Abs. 3 HS. 2 i.V.m. § 24) verwenden. Dieser in einigen Gesetzen enthaltene Hinweis geht von den bekannten praktischen Erfahrungen im Vollzug aus, dass die Inhaftierten ihr Hausgeld zum weit überwiegenden Teil und oft nahezu ausschließlich zum Zusatzeinkauf von Nahrungs- und Genussmitteln sowie Körperpflegeartikeln ausgeben. Das Hausgeld muss jedoch nicht hierfür verwendet werden. Die Formulierung „oder anderweitig" soll deutlich machen, dass der Gefangene über das Hausgeld **frei verfügen** kann (vgl. „im Rahmen ... dieses Gesetzes": **BE** § 67 Abs. 4 Satz 1, **BB** § 70 Abs. 4 Satz 1, **HB** § 60 Abs. 4 Satz 1, **MV** § 59 Abs. 4 Satz 1, **NW** § 36 Abs. 1, **RP**

---

[555] NI LT-Drucks. 17/7414, 28.
[556] So auch *C/MD* § 47 Rdn. 3; *Laubenthal* Rdn. 465; ähnlich *Höflich/Schriever* S. 87 (ca. 110%); anders AK-*Galli* Teil II § 59 Rdn. 18; *Arloth/Krä* § 47 StVollzG Rdn. 4; BeckOK-*Kuhn* § 47 StVollzG Rdn. 7: die höchste Vergütungsstufe (i. d. R. V).
[557] OLG Koblenz, Beschl. vom 25.6.2018 – 2 Ws 254/18 Vollz, FS SH 2019, 16.

§ 69 Abs. 4 Satz 1, **SL** § 59 Abs. 4 Satz 1, **SN** § 59 Abs. 4 Satz 1, **ST** § 68 Abs. 3, **SH** § 75 Abs. 4 Satz 1, **TH** § 70 Abs. 4 Satz 1; ähnlich auch **NI** § 46 Abs. 3 HS. 1), soweit nicht Behandlungsgebote in seinem Vollzugsplan, Beschränkungen durch Disziplinarmaßnahmen, die Aufrechterhaltung von Sicherheit und Ordnung in der Anstalt, die Inanspruchnahme eines Teils des Hausgeldes für den Ersatz von Aufwendungen nach § 93 StVollzG, **BW** § 72 III, **BY** Art. 89, **HH** § 77, **HE** § 52, **NI** § 51 Abs. 1, **NW** § 110 Nr. 4 i.V.m. § 93 StVollzG, **ST** § 122 oder allgemeine gesetzliche Schranken (z.B. §§ 134, 138 BGB), vor allem strafrechtlicher Art, dem entgegenstehen.[558] In Hessen ist keine Verwendungsmöglichkeit im Gesetz (**HE** § 40 Abs. 1) benannt; das ändert in der Sache aber nichts.[559]

Eine faktische Beschränkung in der freien Verfügbarkeit über das Hausgeld kann für **28** den Gefangenen eintreten, wenn er davon eine **Geldstrafe** bezahlt. Begehrt er Zahlungserleichterungen (§ 459a StPO), reicht es nach Auffassung des OLG Hamburg aus, wenn ihm monatlich 110 % des Taschengeldes bzw. der dreifache Tagessatz der Eckvergütung verbleiben.[560] – Einige Länder sehen die **Unübertragbarkeit** des Anspruchs auf Auszahlung vor (**BE** § 67 Abs. 4 Satz 2, **BB** § 70 Abs. 4 Satz 2, **HB** § 60 Abs. 4 Satz 2, **MV** § 59 Abs. 4 Satz 2, **NI** § 50 Abs. 1, **RP** § 69 Abs. 4 Satz 2, **SL** § 59 Abs. 4 Satz 2, **SN** § 59 Abs. 4 Satz 2, **ST** § 68 Abs. 4, **SH** § 75 Abs. 4 Satz 2, **TH** § 70 Abs. 4 Satz 2). Für diese Regelung haben die Länder Gesetzgebungskompetenz.[561]

bb) Für jeden Strafgefangenen wird ein **Hausgeldkonto** eingerichtet. Diesem führt **29** die Anstalt den in Rdn. 23 genannten Bruchteil der Vergütung bei Tätigkeiten im öffentlich-rechtlichen Verhältnis oder der finanziellen Anerkennung bzw. den als angemessen festgesetzten Betrag der im freien Beschäftigungsverhältnis Stehenden oder sich selbst Beschäftigenden bzw. der über andere regelmäßige Einkünfte oder Eigengeld Verfügenden zu. Zuwendungen, die ein Gefangener als **Ersatzleistungen** für entgangene Bezüge erhält (z.B. Zeugenentschädigung, Verletztengeld), sind wie diese zu behandeln und nicht per se dem Eigengeldkonto zuzuführen.[562] Gleiches gilt für nicht verbrauchtes Hausgeld, das der Gefangene von Ausgang oder Urlaub wieder mitbringt.[563] Irrig vom Hausgeldkonto abgebuchte Überzahlungen werden diesem wieder gutgeschrieben.[564] Als (pfändbares) Eigengeld zu buchen sein sollen aber vom Hausgeldkonto getätigte notwendige Auslagen in einem Rechtsstreit, die dem Gefangenen nach Obsiegen von der Landeskasse erstattet werden, weil es sich nicht um denselben Leistungsgegenstand handele.[565] Diese formale Betrachtung lässt außer Acht, dass wirtschaftlich betrachtet Identität vorliegt und zudem nicht einzusehen ist, warum die Gläubiger des Betroffenen davon profitieren sollen, wenn er von einem Grundrecht (Art. 19 Abs. 4 GG) Gebrauch macht. Selbst mit Entlassung des Gefangenen wandelt sich Hausgeld nicht in Eigengeld um.[566] – Das Hausgeldkonto gibt den Betroffenen als eine Art der anderweitigen Verwendung auch die Möglichkeit zum **Sparen**, was gerade mit dem Vollzugsziel und dem

---

558 Vgl. *Arloth/Krä* § 47 StVollzG Rdn. 2.
559 Vgl. **HE** LT-Drucks. 18/1396, 104; *Arloth/Krä* § 40 HStVollzG Rdn. 1.
560 OLG Hamburg, Beschl. vom 11.8.2011 – 2 Ws 75/11, Beck-Rs 2012, 02844.
561 A.A. *Arloth/Krä* § 59 SächsStVollzG Rdn. 1; vgl. aber Rdn. 31.
562 AK-*Galli* Teil II § 59 Rdn. 10; a.A. für Verletztengeld LSG Baden-Württemberg, Urt. vom 24.7.2015 – L 8 U 633/15, NStZ 2015, 760, das aber schon im Ansatz unzutreffend annimmt, Arbeitsentgelt bilde stets Eigengeld (nur in Beck-Rs 2015, 70794 Rdn. 84 f).
563 *Höflich/Schriever* S. 101; zur selben Problematik bei Taschengeld s. oben I. 1. c) Rdn. 18.
564 OLG Celle, Beschl. vom 25.3.2013 – 1 Ws 57/13 (StrVollz), StraFo 2013, 304.
565 OLG Celle, Beschl. vom 14.10.2014 – 1 Ws 404/14 (StrVollz), NStZ 2015, 116 m. abl. Anm. *Ahmed*.
566 OLG Zweibrücken, Beschl. vom 21.3.1986 – 1 Vollz (Ws) 87/85, BlStV 2/1987, 8, 9.

Eingliederungsgrundsatz korrespondiert.⁵⁶⁷ Das Konto darf während der Abwicklung des monatlichen Einkaufs zur Verhinderung von weiteren Verfügungen des Gefangenen über sein Hausgeld mit der möglichen Folge, dass der bestellte Einkauf nicht mehr bezahlt werden kann, gesperrt werden; dabei kann aber die Abwicklungsphase schwerlich mit einem halben Monat angesetzt werden.⁵⁶⁸

30 **Niedersachsen** trifft eine besondere Regelung hinsichtlich **Einzahlungen auf das Hausgeldkonto (NI** § 46 Abs. 2; dazu unten Rdn. 125). Die **Kosten** für eine Ausführung aus wichtigem Anlass müssen allerdings nicht vom Hausgeld bestritten werden,⁵⁶⁹ so dass die JVA nicht befugt ist, die Ausführungskosten ohne Zustimmung des Gefangenen von dessen Hausgeldkonto abzubuchen; allein in der Zustimmung des Gefangenen zu jener Maßnahme ist keine Abbuchungsgenehmigung zu sehen.

c) (Un-)pfändbarkeit

31 **aa)** Nach herrschender Auffassung ist das **Hausgeld unpfändbar**.⁵⁷⁰ In den in Rdn. 28 genannten Ländern ergibt sich dies ohne weiteres daraus, dass der Anspruch auf Hausgeld nicht übertragbar und damit gem. § 851 Abs. 1 ZPO der Pfändung entzogen ist; die Kompetenz eines Landes zur Regelung der (Un-)Übertragbarkeit seiner Gesetzgebungszuständigkeit unterliegender öffentlich-rechtlicher Ansprüche liegt vor.⁵⁷¹ Im Übrigen unterscheiden sich jedoch die **Begründungen**, zumal die übrigen Gesetze keine ausdrückliche Regelung hierzu getroffen haben: Ganz überwiegend wird die Unpfändbarkeit im Rahmen der §§ 850 ff ZPO – die zur Anwendung gelangen, weil das Hausgeld aus dem Arbeitsentgelt gebildet wird – teils auf die Pfändungsgrenzen des § 850c ZPO wie beim Anspruch auf Gutschrift des Arbeitsentgelts (wobei die Grenzen bei der gegenwärtigen Höhe des Hausgeldes praktisch nicht erreicht werden), teils auf § 850d Abs. 1 Satz 2 ZPO gestützt, da Hausgeld (und Taschengeld) zum notwendigen Unterhalt gehöre.⁵⁷² Nach Auffassung des OLG Celle soll das Hausgeld, wenn es aus der Ausbildungsbeihilfe gebildet wurde, nach § 850a Nr. 6 ZPO unpfändbar sein.⁵⁷³ Die gänzliche Unpfändbarkeit des Hausgeldes gem. § 851 ZPO i.V.m. § 399 BGB ergibt sich bereits in vollzugsrechtlicher Sicht aufgrund der **spezifischen Zweckbindung** des Hausgeldes zugunsten der Betroffenen.⁵⁷⁴ Dabei bleibt es selbst gegenüber **bevorrechtigten Unterhaltsgläubigern** wie minderjährigen und privilegiert volljährigen Kindern; das Haus-

---

567 Vgl. BGH, Beschl. vom 6.11.1996 – 5 AR Vollz 43/95, NJW 1997, 751 m. Anm. *Rotthaus* NStZ 1997, 206 a.A. wohl OLG Koblenz, Beschl. vom 25.6.2018 – 2 Ws 254/18 Vollz, FS SH 2019, 16.
568 So aber OLG Koblenz ZfStrVo 1991, 50; einschränkend AK-*Galli* Teil II § 59 Rdn. 7; krit. *Arloth/Krä* § 83 StVollzG Rdn. 8 a.E.; Vorauf. § 83 Rdn. 9.
569 OLG Frankfurt NStZ 1991, 152; NStZ 1997, 426; *Laubenthal/Nestler/Neubacher/Verrel* F Rdn. 159.
570 S. auch BFH, Urt. vom 16.12.2003 – VII R 24/02, ZfStrVo 2005, 57, 58; OLG Frankfurt, Beschl. vom 14.12.1990 – 3 Ws 675/90 (StVollz), NStZ 1992, 378; AG Freiburg NStZ 1993, 150 m. zust. Anm. *Ullenbruch*; Musielak/Voit-*Becker* 2018, § 850 Rdn. 8; MünchKomm ZPO/*Smid* 2016, § 850e Rdn. 38; *Stange/Rilinger* Rechtspfleger 2002, 612.
571 Vgl. **BY** LT-Drucks. 15/8101, 62; BayVerfGH, Entscheidung vom 12.5.2009 – Vf. 4-VII-08, FS 2009, 267, 271; *Arloth/Krä* § 50 NJVollzG Rdn. 1, Art. 53 BayStVollzG Rdn. 5.
572 So BGHSt 36, 80; OLG Hamm MDR 2001, 1260; OLG Karlsruhe NStZ 1985, 430 m. Anm. *Volckart*; OLG Stuttgart NStZ 1986, 47; OLG München NStZ 1987, 45 m. Anm. *Seebode*; OLG Celle NStZ 1988, 334; ZfStrVo 1992, 261; AK-*Galli* Teil II § 59 Rdn. 14; *C/MD* § 47 Rdn. 1; *Konrad* ZfStrVo 1990, 206.
573 NStZ 1981, 78 m. Anm. *Ballhausen* und NStZ 1988, 334.
574 OLG Hamm, Beschl. vom 22.3.2001 – 28 W 98/00, ZfStrVo 2003, 184; LG Münster Rechtspfleger 2000, 509; AK-*Galli* Teil II § 59 Rdn. 14; *Arloth/Krä* § 43 StVollzG Rdn. 11; *Fluhr* ZfStrVo 1989, 105 und NStZ 1994, 115; *Seebode* in Anm. zu OLG München NStZ 1987, 47.

geld gibt i. d. R. den dem arbeitenden Gefangenen zu belassenden Selbstbehalt ab.[575] Anderes gilt bei Gefangenen im freien Beschäftigungsverhältnis; hier wird zudem der Haftkostenbeitrag zu berücksichtigen sein.[576]

bb) Problematisch erscheint dagegen eine differenzierende Ansicht. Danach soll sich die Frage der Pfändbarkeit nach den §§ 850 bis 850i ZPO richten, soweit der Anspruch des Gefangenen auf Gutschrift des Hausgeldes (aus dem Arbeitsentgelt) betroffen ist. Davon unterschieden wird der Anspruch des Gefangenen auf Auszahlung des Hausgeldes, da der Anspruch auf das Arbeitsentgelt mit der Gutschrift auf dem Hausgeldkonto gem. § 362 Abs. 1 BGB erlischt.[577] Insoweit sollen die §§ 850 bis 850i ZPO unanwendbar bleiben mit der Folge der **prinzipiellen Pfändbarkeit** des Hausgeldes. Der Gefangene müsste dann entsprechend § 850k ZPO den – allerdings beschränkten – **Pfändungsschutz** beantragen. Dies würde ihm jedoch die Möglichkeit zum Ansparen von Hausgeld – etwa für größere Anschaffungen – nehmen.[578] 32

cc) Wendet sich ein Gefangener gegen eine unzulässige Auszahlung von Hausgeld zur Ausführung eines Pfändungs- und Überweisungsbeschlusses durch die Vollzugsbehörde, so ist – wenn die Geldforderung des Gefangenen nach den Bestimmungen der ZPO gepfändet und überwiesen werden soll und die Rechtmäßigkeit der Pfändung angegriffen wird – nicht der Rechtsweg zur Strafvollstreckungskammer des Landgerichts nach §§ 109 ff StVollzG gegeben. Zuständig zur Entscheidung über **Einwendungen** eines Inhaftierten **gegen die Rechtmäßigkeit von Pfändungs- und Überweisungsbeschlüssen** sowie andere Fragen einer Zwangsvollstreckung ist vielmehr nach **§ 766 ZPO** das Vollstreckungsgericht.[579] 33

dd) Ungeachtet der umstrittenen Frage der Pfändbarkeit des Hausgeldes gestatten § 93 Abs. 2 StVollzG, **BW** § 72 Abs. 2 III, **BY** Art. 89 Abs. 2, **HH** § 77 Abs. 2, **HE** § 52 Abs. 2 Satz 2, **NI** § 51 Abs. 1 i.V.m. § 93 Abs. 1 Satz 1 StVollzG, **NW** § 110 Nr. 4 i.V.m. § 93 Abs. 2 StVollzG, **ST** § 122 Abs. 2 der **Vollzugsbehörde**, zum **Ersatz von** bestimmten **Aufwendungen** einen den dreifachen Tagessatz der Eckvergütung übersteigenden Teil des Hausgeldes in Anspruch zu nehmen. Gleiches gilt gem. § 121 Abs. 5 StVollzG für die **Kosten des Verfahrens nach §§ 109 ff StVollzG**; des Verweises in **NI** § 51 Abs. 1 bedürfte es insoweit nicht.[580] In **Sachsen-Anhalt** kann Hausgeld, das die entsprechende Grenze übersteigt, zudem für Ansprüche auf den Haftkostenbeitrag oder die Beteiligung des Gefangenen an den Kosten für Gerätebetrieb und -überlassung in Anspruch genommen werden (**ST** § 72 Abs. 6), in **Hessen** für die Beteiligung an Kosten der medizinischen Versorgung (**HE** § 24 Abs. 3 Satz 2 i.V.m. § 52 Abs. 2 Satz 2). In doppelter Hinsicht erweitert sind die Möglichkeiten in **Niedersachsen** (**NI** § 52 Abs. 5 Satz 3): Zum einen kennt das 34

---

575 BGH, Beschl. vom 1.7.2015 – XII ZB 240/14, NJW 2015, 2493; OLG Düsseldorf, Beschl. vom 28.3.2014 – II-3 UF 291/13, Beck-Rs 2015, 12513; OLG Koblenz, Beschl. vom 8.5.2014 – 7 UF 844/13, FamRZ 2015, 147 f; OLG München, Urt. vom 16.6.2009 – 4 UF 350/08, FamRZ 2010, 127; *Prütting/Gehrlein-Ahrens* 2018, § 850 Rdn. 24; anders OLG Hamm, Urt. vom 26.10.2010 – II-2 UF 55/10, FamRZ 2011, 732.
576 OLG Hamm, Urt. vom 14.1.2004 – 11 UF 89/03, FamRZ 2004, 1743.
577 KG, Beschl. vom 16.6.1983 – 5 Ws 108/83 Vollz, Beck-Rs 2016, 16717; Beschl. vom 25.8.1987 – 5 Ws 209/87 Vollz, Beck-Rs 2016, 16718; so auch *Fluhr* ZfStrVo 1989, 103.
578 So auch *Arloth/Krä* § 43 StVollzG Rdn. 11; *Laubenthal/Nestler/Neubacher/Verrel* F Rdn. 161.
579 Vgl. OLG Hamm ZfStrVo 1988, 115; KG NStZ 1991, 56; OLG Hamburg, Beschl. vom 7.12.2010 – 3 Vollz (Ws) 72/10, NStZ-RR 2011, 126, 127; OLG Nürnberg, Beschl. vom 3.4.1995 – Ws 1445/94, BlStV 2/1996, 5, 6; *Laubenthal* Rdn. 767.
580 Vgl. *Arloth/Krä* § 51 NJVollzG Rdn. 1.

Gesetz keinen Schonbetrag, zum anderen gestattet es die Aufrechnung zur Durchsetzung von Kostenbeiträgen für sämtliche Leistungen i. S. d. **NI** § 52 Abs. 3 (z.B. Aufwendungen für die Durchführung von Vollzugslockerungen, Kostenbeteiligungen im Bereich der Gesundheitsfürsorge, Kosten im Zusammenhang mit eingebrachten Sachen, dem Betrieb oder der Überlassung von Geräten, Kommunikationsaufwendungen). Die gesetzlichen Erweiterungen der Aufrechnungsmöglichkeiten mit dem Hausgeldkonto sind wegen ihres Charakters als Ausnahmevorschriften auf andere behördliche Ansprüche gegen Strafgefangene nicht analog anwendbar.[581]

III. Unterhaltsbeitrag

§ 49 StVollzG

35 Es gibt hierzu **keine in Kraft befindliche Norm**. Die Vorschrift des § 49 StVollzG wurde nicht in Kraft gesetzt und keines der Länder hat eine entsprechende Bestimmung geschaffen. Die Zahlung eines Unterhaltsbeitrages an unterhaltsberechtigte Angehörige bleibt zwar auch ohne besondere gesetzliche Regelung möglich, kommt jedoch für solche Strafgefangene, die Bezüge nach einem der Vollzugsgesetze erhalten, praktisch kaum in Betracht, weil die gezahlte Entlohnung nur einen geringen Teil des leistungsgerechten Arbeitsentgelts ausmacht, von dem § 49 StVollzG ausging (vgl. auch oben Rdn. 21 a.E.).

IV. Haftkostenbeitrag

Bund	§ 50 StVollzG
Baden-Württemberg	BW § 51 III JVollzGB
Bayern	BY Art. 49 BayStVollzG
Berlin	BE § 69 StVollzG Bln
Brandenburg	BB § 72 BbgJVollzG
Bremen	HB § 62 BremStVollzG
Hamburg	HH § 49 HmbStVollzG
Hessen	HE § 43 HStVollzG
Mecklenburg-Vorpommern	MV § 61 StVollzG M-V
Niedersachsen	NI § 52 NJVollzG
Nordrhein-Westfalen	NW § 39 StVollzG NRW
Rheinland-Pfalz	RP § 71 LJVollzG
Saarland	SL § 61 SLStVollzG
Sachsen	SN § 61 SächsStVollzG
Sachsen-Anhalt	ST § 72 JVollzGB LSA
Schleswig-Holstein	SH § 78 LStVollzG SH
Thüringen	TH § 72 ThürJVollzG

Schrifttum

Keck Die systematische Einordnung von Haftkosten, in: NStZ 1989, 309; *Köhne* Die Erhebung von Stromkosten im Strafvollzug, in: NStZ 2012, 16; *Köhne/Feest* Die Stromkostenbeteiligung von Strafgefangenen, in: ZfStrVo 2006, 74; *s. auch vor A.*

---

581 BGHSt 36, 80; *Arloth/Krä* § 47 StVollzG Rdn. 3.

Übersicht

1. Allgemeine Hinweise —— 36–38
2. Erläuterungen —— 39–54
   a) Begriff; Ausnahmen von der Erhebung —— 39–42
   b) Verpflichtung zur Erhebung —— 43–48
   c) Höhe des Haftkostenbeitrags —— 49–53
   d) Zuständigkeitsfragen —— 54
3. Weitere Kostenbeteiligungen —— 55–63
   a) Überblick —— 55
   b) Beteiligung an Betriebskosten —— 56–60
   c) Weitergehende Regelungen —— 61–63

1. Allgemeine Hinweise

§ 50 Abs. 1 StVollzG hatte bis zu seiner Änderung durch Art. 11 des Gesetzes über elektronische Register und Justizkosten für Telekommunikation (ERJuKoG) vom 10.12.2001[582] festgelegt, dass von Gefangenen, die Bezüge nach dem StVollzG erhalten, Haftkosten nicht erhoben wurden. Diese Regelung trug der Tatsache Rechnung, dass es den Gefangenen bei der geringen Höhe ihrer im StVollzG geregelten Bezüge nicht möglich war, aus ihren Einkünften einen finanziellen Beitrag zu den zu Lasten des öffentlichen Haushalts entstehenden Haftkosten zu leisten. Arbeitsentgelt bzw. Ausbildungsbeihilfe reichten nicht aus, um neben dem Hausgeld und dem Überbrückungsgeld noch nennenswerte Unterhaltsbeiträge für Familienangehörige zu leisten (vgl. III.) oder wesentliche Beiträge zur Schuldenregulierung zu verwenden. Das Resozialisierungsgebot sowie das Sozialstaatsprinzip legen aber mit Blick auf die notwendige Anerkennung von Gefangenenarbeit nahe, im Widerstreit des staatlichen Interesses an Kostendeckung mit den wirtschaftlichen Interessen des Gefangenen den Haftkostenbeitrag so zu bemessen, dass dem Gefangenen von der Vergütung jedenfalls ein gewisser Betrag verbleibt.[583] Durch die alte Fassung des § 50 StVollzG konnte daher nur sehr begrenzt dem unter dem Gesichtspunkt des **Angleichungsprinzips** zuzustimmenden Grundsatz Rechnung getragen werden, dass der Gefangene aus seinen Einkünften zu den Kosten seiner Haft bis zu der Höhe beizutragen hat, die in etwa den Aufwendungen für seinen Lebensunterhalt entspricht.[584]

Zwar bestimmte § 50 Abs. 1 Satz 1 StVollzG i.d.F. des Art. 11 Nr. 1 ERJuKoG, dass die Vollzugsanstalt als zuständige Behörde einen Haftkostenbeitrag zu erheben hat. Aufgrund der in § 50 Abs. 1 Satz 2 StVollzG normierten Einschränkungen blieb jedoch **in der Praxis** die Heranziehung eines Inhaftierten zu den Vollzugskosten im Geltungsbereich des StVollzG weiterhin die **Ausnahme**. Diese für den Kostenansatz relevanten Regelungen sind nach § 138 Abs. 2 StVollzG weiterhin entsprechend auf den **Vollzug der Maßregeln nach §§ 63, 64 StGB** anzuwenden.

Auf der **landesgesetzlichen Ebene** enthalten die Strafvollzugsgesetze ebenfalls Bestimmungen über die Erhebung von Haftkostenbeiträgen. Teilweise sind dabei verglichen mit dem StVollzG in größerem Ausmaß extramurale Einkünfte anzusetzen. Zudem finden sich – in unterschiedlicher Ausprägung – Rechtsgrundlagen für die **Beteiligung** von Strafgefangenen **an anderen Kosten** des Vollzugs. Das betrifft etwa Aufwendungen für die Ausführung eines Inhaftierten oder für die Aufbewahrung, Entfernung, Verwertung bzw. Vernichtung der vom Verurteilten in die Anstalt eingebrachten Gegenstände, deren Aufbewahrung ausgeschlossen bleibt. Es erfolgen zudem Kostenbeteiligungen für Leistungen bei der vollzuglichen Krankenbehandlung sowie für **Stromkosten**, die durch die Nutzung von Elektrogeräten anfallen, usw. (s. Rdn. 56 ff). Zur Kostenbeteiligung bei der Gesundheitsfürsorge s. Rdn. 55 sowie 6 H Rdn. 50.

---

582 BGBl. I, 3422.
583 BVerfGE 98, 169, 212 f.
584 BT-Drucks. 7/918, 70.

2. Erläuterungen

39 **a) Begriff; Ausnahmen von der Erhebung.** § 50 Abs. 1 Satz 1 StVollzG, **BW** § 51 Abs. 1 Satz 1 III, **BY** Art. 49 Abs. 1 Satz 1, **HH** § 49 Abs. 1 Satz 1, **HE** § 43 Abs. 1, **NW** § 39 Abs. 1 beziehen sich auf § 464a Abs. 1 Satz 2 StPO, wonach die Kosten der Vollstreckung einer Rechtsfolge der Tat zu den **Verfahrenskosten** gehören, die ein strafgerichtlich Verurteilter gem. § 465 Abs. 1 Satz 1 StPO zu tragen hat. Teil der Vollstreckungskosten sind die Haftkosten, welche als Haftkostenbeitrag erhoben werden. Ein Verweis auf das vorrangige Bundesrecht fehlt in Berlin, Brandenburg, Bremen, Mecklenburg-Vorpommern, Niedersachsen, Rheinland-Pfalz, Saarland, Sachsen, Sachsen-Anhalt, Schleswig-Holstein und Thüringen. Allerdings ist die Bezeichnung Haftkosten insoweit ungenau, als die Normen nicht die Gesamtheit aller der durch das Vollzugsgesetz im Einzelfall veranlassten Ausgaben (einschließlich personeller und sächlicher Aufwendungen abzüglich Einkommen) betreffen, sondern nur die **Ausgaben für den Lebensunterhalt** des Gefangenen als Teilmenge der Haftkosten.[585] Schon diese Beschränkung der Kostentragungspflicht auf Aufwendungen für den Lebensunterhalt (Verpflegung und Unterbringung; ausdrücklich NI § 52 Abs. 1 Satz 1) des Inhaftierten folgt aus der Erkenntnis der Gesetzgeber, nicht durch weiter gehende finanzielle Inanspruchnahme die soziale Reintegration Verurteilter zu gefährden.[586]

40 Dementsprechend normieren § 50 Abs. 1 Satz 2 StVollzG, **BY** Art. 49 Abs. 1 Satz 2, **HH** § 49 Abs. 1 Satz 2, **HE** § 43 Abs. 2, **NI** § 52 Abs. 2 Satz 1, **NW** § 39 Abs. 2 Satz 1 weiter auch **Ausnahmen** von der Erhebung des Haftkostenbeitrags für Verpflegung und Unterbringung. Eine Heranziehung entfällt nach **Nr. 1**, wenn der Inhaftierte **Arbeitsentgelt oder Ausbildungsbeihilfe erhält**, womit der Gesetzgeber der geringen finanziellen Entlohnung der Gefangenenarbeit Rechnung trägt. Es bleibt deshalb im Rahmen von Nr. 1 bedeutungslos, ob dem Pflichtarbeit verrichtenden Inhaftierten noch andere Einkünfte als diejenigen nach dem jeweiligen StVollzG zufließen.[587] Anders ist es in Nordrhein-Westfalen, **NW** § 39 Abs. 2 Satz 2 (Rdn. 42). Von der Beitragspflicht freigestellt ist gem. **Nr. 2** ferner ein Gefangener, der **ohne sein Verschulden nicht arbeiten** kann. Dabei entspricht das Merkmal des fehlenden Verschuldens demjenigen bei der Entscheidung über die Gewährung von Taschengeld (s. oben Rdn. 5ff). Eine Beitragserhebung erfolgt gem. **Nr. 3** (**HE, NW**: ebenfalls Nr. 2) grundsätzlich auch nicht bei Inhaftierten, welche nicht arbeiten, weil sie **zur Arbeit nicht verpflichtet** sind. Dies betrifft Gefangene, die im Rentenalter stehen und (werdende) Mütter nach den Vorschriften des Mutterschutzgesetzes (näher B Rdn. 19ff). In diesem Sinne arbeitet ein Gefangener, der einfache Hausarbeiten bei auch therapeutischer Zielsetzung verrichtet.[588] In den Fällen von Nr. 2 und 3 darf der Betroffene, der keine Einkünfte nach dem jeweiligen Gesetz erzielt, dennoch unter den Voraussetzungen von Sätzen 3 und 4 (**HE, NI**: Satz 2 und 3, **NW**: Satz 2 bis 4) zur Entrichtung von Haftkostenbeiträgen herangezogen werden, wenn er während eines zusammenhängenden Zeitraums von mehr als einem Monat auf diese Zeit entfallende **Einkünfte von außerhalb des Vollzugs** hat, wie z.B. Rente,[589] Zinsen, Mietein-

---

[585] Zur Unterscheidung *Keck* NStZ 1989, 309 f.
[586] Vgl. schon BR-Drucks. 339/01, 10; ferner AK-*Galli* Teil II § 61 Rdn. 2.
[587] KG StV 2006, 596.
[588] OLG Dresden, Beschl. vom 23.2.2015 – 2 Ws 528/14, FS 2016, 73; vgl. auch OLG Frankfurt, Beschl. vom 21.5.2013 – 3 Ws 1077/12 (StVollz), NStZ-RR 2013, 260 unter Anerkennung eines Beurteilungsspielraums.
[589] OLG Celle NStZ-RR 2008, 294; OLG Koblenz, Beschl. vom 20.10.2014 – 2 Ws 495/14 (Vollz), Beck-Rs 2015, 01832.

nahmen. Für einen längeren Zeitraum gezahlte Einkünfte (z.B. Zinsen, Dividende) werden auf den einzelnen Monat umgerechnet.[590]

Ein Teil der Gesetze trägt dem Regel-Ausnahme-Verhältnis bei der Erhebung von **41** Haftkostenbeiträgen dadurch Rechnung, dass nicht Ausnahmen von der Leistungspflicht statuiert sind, sondern **die zur Leistung verpflichtenden Tatbestände** aufgezählt werden. Erfasst werden zunächst Gefangene, die in einem **freien Beschäftigungsverhältnis** stehen (**BW** § 51 Abs. 1 Satz 1 Nr. 1 III, **BE** § 69 Abs. 1 Satz 1 Alt. 1, **BB** § 72 Abs. 1 Satz 1 Alt. 1, **HB** § 62 Abs. 1 Satz 1 Alt. 1, **MV** § 61 Abs. 1 Satz 1 Alt. 1, **RP** § 71 Abs. 1 Satz 1 Alt. 1, **SL** § 61 Abs. 1 Satz 1 Alt. 1, **SN** § 61 Abs. 1 Satz 1 Alt. 1, **ST** § 72 Abs. 1 Satz 1 Alt. 1, **SH** § 78 Abs. 1 Satz 1 Alt. 1, **TH** § 72 Abs. 1 Satz 1 Alt. 1) oder **sich selbst beschäftigen** (**BW** § 51 Abs. 1 Satz 1 Nr. 2 III, **BE** § 69 Abs. 1 Satz 1 Alt. 2, **HB** § 62 Abs. 1 Satz 1 Alt. 2, **MV** § 61 Abs. 1 Satz 1 Alt. 2, **SL** § 61 Abs. 1 Satz 1 Alt. 2, **SN** § 61 Abs. 1 Satz 1 Alt. 2, **SH** § 78 Abs. 1 Satz 1 Alt. 2), ferner wie in § 50 Abs. 1 Satz 3 StVollzG diejenigen, die während eines zusammenhängenden Zeitraums von mehr als einem Monat zwar kein Entgelt für Arbeit oder Ausbildung beziehen, aber andere Einkünfte erzielen (**BW** § 51 Abs. 1 Nr. 3 III). Insoweit besteht kein Unterschied zum StVollzG.

Anderes gilt nach den Gesetzen, denen zufolge alle Gefangenen zum Kostenbeitrag **42** verpflichtet sind, die über **anderweitige** (extramurale) **regelmäßige**, wenn auch nicht notwendig gleichbleibende **Einkünfte** verfügen, somit auch in dem Fall, in dem sie in der Anstalt Arbeitseinkommen oder Ausbildungsbeihilfe beziehen (**BE** § 69 Abs. 1 Satz 1 Alt. 3, **BB** § 72 Abs. 1 Satz 1 Alt. 2, **HB** § 62 Abs. 1 Satz 1 Alt. 3, **MV** § 61 Abs. 1 Satz 1 Alt. 3, **NW** § 39 Abs. 2 Satz 2 i.V.m. Satz 1 Nr. 1, **RP** § 71 Abs. 1 Satz 1 Alt. 2, **SL** § 61 Abs. 1 Satz 1 Alt. 3, **SN** § 61 Abs. 1 Satz 1 Alt. 3, **ST** § 72 Abs. 1 Satz 1 Alt. 2, **SH** § 78 Abs. 1 Satz 1 Alt. 3, **TH** § 72 Abs. 1 Satz 1 Alt. 2). Brandenburg, Rheinland-Pfalz, Sachsen-Anhalt und Thüringen nennen die **Selbstbeschäftigung nicht ausdrücklich**;[591] das gibt zu Zweifeln an der Heranziehbarkeit dadurch erzielter Einkünfte Anlass, weil hier mit periodisch wiederkehrenden (= regelmäßigen) Eingängen gerade nicht gerechnet werden kann.[592] Bleiben Vergütungen (**BE**: und zusätzliche Anerkennungen; Klarstellung ohne sachlichen Unterschied) nach dem jeweiligen Gesetz, also ggf. auch finanzielle Anerkennung für die Teilnahme an Behandlungsmaßnahmen, außer Betracht (**BE** § 69 Abs. 1 Satz 2, **BB** § 72 Abs. 1 Satz 2, **HB** § 62 Abs. 1 Satz 3, **MV** § 61 Abs. 1 Satz 3, **RP** § 71 Abs. 1 Satz 2, **SL** § 61 Abs. 1 Satz 3, **SN** § 61 Abs. 1 Satz 3, **ST** § 72 Abs. 1 Satz 2, **SH** § 78 Abs. 1 Satz 3, **TH** § 72 Abs. 1 Satz 2), müssen die Gefangenen diese Gelder nicht zur Deckung des Haftkostenbeitrags einsetzen. Nicht eindeutig ist das Gesetz in Nordrhein-Westfalen (**NW** § 39 Abs. 2); es dürfte aber ebenso zu interpretieren sein.

b) Verpflichtung zur Erhebung

aa) Die Vollzugsanstalt ist nach § 50 Abs. 1 Satz 1 StVollzG, **BW** § 51 Abs. 1 Satz 1 III, **43** **BY** Art. 49 Abs. 1 Satz 1, **BE** § 69 Abs. 1 Satz 1, **BB** § 72 Abs. 1 Satz 1, **HB** § 62 Abs. 1 Satz 1, **HH** § 49 Abs. 1 Satz 1, **HE** § 43 Abs. 1, **MV** § 61 Abs. 1 Satz 1, **NI** § 52 Abs. 1 Satz 1, **NW** § 39 Abs. 1, **RP** § 71 Abs. 1 Satz 1, **SL** § 61 Abs. 1 Satz 1, **SN** § 61 Abs. 1 Satz 1, **ST** § 72 Abs. 1 Satz 1, **SH** § 78 Abs. 1 Satz 1, **TH** § 72 Abs. 1 Satz 1 verpflichtet, bei Nichtvorliegen von Ausnahmetatbeständen bzw. Erfüllung der Voraussetzungen die Haftkostenbeiträge zu erheben. Das betrifft in der Praxis auch nach StVollzG, in Bayern, Hamburg, Hessen,

---

590 *Arloth/Krä* § 50 StVollzG Rdn. 7.
591 Unbehelflich **BB** LT-Drucks. 5/6437, Begründung, S. 70 f; **RP** LT-Drucks. 16/1910, 142; **ST** LT-Drucks. 6/3799, 208, **TH** LT-Drucks 5/6700, 128.
592 Anders wohl *Arloth/Krä* § 72 ThürJVollzGB Rdn. 1.

Niedersachsen und Nordrhein-Westfalen diejenigen, die in einem **freien Beschäftigungsverhältnis** stehen und deshalb regelmäßig über mehr finanzielle Mittel verfügen als solche, die einer zugewiesenen Pflichtarbeit nachkommen. Auch bei der **Selbstbeschäftigung** ist der Betroffene zur Beitragsleistung heranzuziehen (vgl. aber Rdn. 42). Insoweit kann die Anstaltsleitung nach etlichen Gesetzen – angesichts unregelmäßiger Einkünfte – zur Sicherung des Anspruchs auf Haftkostenbeitrag die Gestattung der Selbstbeschäftigung von einer monatlichen Vorausentrichtung abhängig machen bzw. dessen Leistung ganz oder teilweise im Voraus verlangen (dazu H Rdn. 25).

44 Der Beitragspflicht unterfallen nach StVollzG, in Bayern, Hamburg, Hessen, Niedersachsen und Nordrhein-Westfalen die **schuldhaft arbeitslosen** Strafgefangenen.[593] Dabei sind jedoch bei Fehlen tatsächlicher Einkünfte auch die durch die Resozialisierungsklausel gezogenen Grenzen (Rdn. 47 f) zu beachten.[594] In Baden-Württemberg, Berlin, Brandenburg, Bremen, Mecklenburg-Vorpommern, Rheinland-Pfalz, Saarland, Sachsen, Sachsen-Anhalt, Schleswig-Holstein und Thüringen genügt verschuldete Arbeitslosigkeit nicht; der jeweilige Gefangene muss tatsächlich anderweitige Einkünfte erzielen, die als Grundlage für die Erhebung des Haftkostenbeitrags dienen.[595]

45 bb) Ist von der Anstaltsleitung ein Haftkostenbeitrag zu erheben, **begrenzen** § 50 Abs. 1 Satz 4 StVollzG, **BW** § 51 Abs. 1 Satz 2 HS. 1 III die Höhe dahin gehend, als dem Betroffenen Einkünfte verbleiben müssen, die dem mittleren Arbeitsentgelt in den Vollzugsanstalten des Landes entsprechen. Diese Vorschrift hat man zum Zweck einer praktischen Handhabung so zu interpretieren, dass die Eckvergütung als das mittlere Arbeitsentgelt zu betrachten ist.[596] Die übrigen Gesetze sprechen das klar aus (**BY** Art. 49 Abs. 3 Satz 4, **HH** § 49 Abs. 1 Satz 4, **NI** § 52 Abs. 2 Satz 3) bzw. ordnen dementsprechend an, dass dem Gefangenen täglich ein **Tagessatz** in Höhe der Eckvergütung verbleiben muss (**BE** § 69 Abs. 1 Satz 4, **BB** § 72 Abs. 1 Satz 3, **HB** § 62 Abs. 1 Satz 4, **HE** § 43 Abs. 2 Satz 3, **MV** § 61 Abs. 1 Satz 4, **NW** § 39 Abs. 2 Satz 4, **RP** § 71 Abs. 1 Satz 3, **SL** § 61 Abs. 1 Satz 4, **SN** § 61 Abs. 1 Satz 4, **ST** § 72 Abs. 1 Satz 3, **SH** § 78 Abs. 1 Satz 4, **TH** § 72 Abs. 1 Satz 3). Sollen hierdurch die betroffenen Gefangenen nicht schlechter gestellt werden als die in der Anstalt arbeitenden,[597] besteht umgekehrt kein Anlass zu einer Privilegierung, so dass mit einem Tag nicht der Kalender-, sondern der Arbeitstag (so **HE** § 43 Abs. 2 Satz 3, **NW** § 39 Abs. 2 Satz 4) gemeint ist. Die Regelungen finden aber nur Anwendung, wenn der Gefangene überhaupt Einkünfte erzielt, also nicht, wenn das anwendbare Gesetz verschuldet Arbeitslose ohne sonstige Einkünfte beitragspflichtig stellt (ausdrücklich **BW** § 51 Abs. 1 Satz 2 HS. 2 III).[598]

46 cc) Erschwert wird die Möglichkeit der Anstalt zur Beitragserhebung, weil der Gefangene nach nahezu allen Gesetzen **nicht verpflichtet** ist, **Angaben** über seine extramuralen Einkünfte zu erteilen.[599] Anders verhält es sich nur nach **BW** § 51 Abs. 3 Satz 1 III mit strikter Zweckbindung hinsichtlich der Angaben gem. Satz 2.[600] Hat der Gefangene die Existenz solcher Zuflüsse eingeräumt, soll er als verpflichtet gelten, vorzutragen und

---

[593] Zur Praxis der Erhebung von Haftkosten bei Arbeitsverweigerern s. *Lohmann* 2002, 147 ff; vgl. auch **BW** LT-Drucks. 14/5012, 226.
[594] Siehe BVerfG, Beschl. vom 17.3.2009 – 2 BvR 1466/07, BVerfGK 15, 207, 214.
[595] Siehe *Arloth/Krä* § 61 SächsStVollzG Rdn. 2.
[596] *Arloth/Krä* § 50 StVollzG Rdn. 8.
[597] Etwa **SN** LT-Drucks. 5/10920, 128.
[598] Vgl. *Arloth/Krä* § 50 StVollzG Rdn. 8.
[599] BeckOK-*Kuhn* § 50 StVollzG Rdn. 19.
[600] **BW** LT-Drucks. 14/5012, 227.

nachzuweisen, dass ihm im Lichte des geforderten Beitrags der Selbstbehalt (Rdn. 45) nicht verbleibt.[601]

dd) Die **Resozialisierungsklausel** in § 50 Abs. 1 Satz 5 StVollzG, **BW** § 51 Abs. 1 Satz 3 III, **BY** Art. 49 Abs. 1 Satz 5, **BE** § 69 Abs. 1 Satz 5, **BB** § 72 Abs. 1 Satz 4, **HB** § 62 Abs. 1 Satz 5, **HH** § 49 Abs. 1 Satz 5, **MV** § 61 Abs. 1 Satz 5, **NW** § 39 Abs. 3, **RP** § 71 Abs. 1 Satz 4, **SL** § 61 Abs. 1 Satz 5, **SN** § 61 Abs. 1 Satz 5, **SH** § 78 Abs. 1 Satz 5, **TH** § 72 Abs. 1 Satz 4 ermächtigt die Vollzugsbehörde, von der Geltendmachung des Haftkostenbeitrags abzusehen, soweit dies notwendig ist, um die Wiedereingliederung des Betroffenen in die Gemeinschaft nicht zu gefährden. Das Wort „soweit" impliziert die Zulässigkeit **sowohl eines vollständigen wie eines partiellen Verzichts** (ausdrücklich NW § 39 Abs. 3). Ein Verzicht erfolgt ebenso dann, wenn während der Teilnahme an Bildungsmaßnahmen die Gewährung von Bezügen nach anderen öffentlich-rechtlichen Bestimmungen von einem solchen Verzicht abhängig gemacht wird (so schon VV Nr. 2 zu § 50 StVollzG). Allerdings reicht der allgemeine Sachverhalt, jede finanzielle Besserstellung könne der Resozialisierung förderlich sein, noch nicht aus.[602] Ein Verzicht wegen Gefährdung der Reintegration kommt z.B. in Betracht bei Unterhaltspflichtverletzern mit Wohnmietzinsverpflichtung und geringem Arbeitseinkommen, wenn Wohnung und Unterhaltszahlung sonst gefährdet sind; bei Verpflichtung des Gefangenen zur Zahlung von Schmerzensgeld an Opfer, wenn diese Leistung sonst gefährdet ist; bei hohen Schulden, die der Gefangene in Teilzahlungen ernsthaft abzutragen versucht, wenn diese Bemühung sonst zu scheitern droht, wobei überhaupt der Aspekt der Höhe von Schulden als ein für die Wiedereingliederungsperspektive bedeutsamer Umstand zu berücksichtigen ist.[603] Hinsichtlich der Frage einer Resozialisierungsgefährdung steht der Anstaltsleitung ein – nur eingeschränkt gerichtlich überprüfbarer – **Beurteilungsspielraum** zu.[604]

Hessen (**HE** § 43 Abs. 3) verlangt besondere Gründe und nennt beispielhaft Förderung von Unterhaltszahlungen, Schadenswiedergutmachung, sonstige Schuldenregulierung und besondere Aufwendungen zur Eingliederung. Zudem räumt die Bestimmung der Anstalt Ermessen ein; das bleibt im Hinblick auf die Judikatur des BVerfG nicht unproblematisch.[605] Zumindest müssen die verfassungsgerichtlichen Vorgaben die Ermessensausübung bestimmen. – In **Niedersachsen und Sachsen-Anhalt** (**NI** § 52 Abs. 5 Satz 1, **ST** § 72 Abs. 5 Satz 1) wird ohne sachlichen Unterschied von der Kostenerhebung abgesehen, soweit dies notwendig ist, um das Vollzugsziel (NI § 5 Satz 1, ST § 2 Abs. 1 Satz 1) nicht zu gefährden, welches ebenfalls in Resozialisierung besteht. Zudem ist prinzipiell von der Erhebung von Kostenbeiträgen für Zeiten abzusehen, in denen der Gefangene unverschuldet bedürftig ist (**NI** § 52 Abs. 5 Satz 2, **ST** § 72 Abs. 5 Satz 2). Die Klausel erlangt für den Haftkostenbeitrag kaum Bedeutung, weil unter dieser Prämisse bereits keine Pflicht besteht, einen solchen zu leisten.

---

601 OLG Koblenz, Beschl. vom 20.10.2014 – 2 Ws 495/14 (Vollz), NStZ-RR 2015, 127 f.
602 OLG Hamm NStZ 2009, 218; *Arloth/Krä* § 50 StVollzG Rdn. 9; AK-*Galli* Teil II § 61 Rdn. 7.
603 BVerfG, Beschl. vom 17.3.2009 – 2 BvR 1466/07, BVerfGK 15, 207, 213; OLG Hamm, Beschl. vom 22.9.2016 – III-1 Vollz (Ws) 298/16, FS SH 2018, 32, 33 f.
604 OLG Karlsruhe NStZ-RR 2007, 389; OLG Celle NStZ-RR 2008, 294; OLG Hamm NStZ 2009, 218; Beschl. vom 22.9.2016 – III-1 Vollz (Ws) 298/16, FS SH 2018, 32.
605 *Arloth/Krä* § 43 HStVollzG Rdn. 1.

c) Höhe des Haftkostenbeitrags

49 aa) Für die Höhe des Haftkostenbeitrags (s. noch Rdn. 51) ist der Betrag maßgebend, der nach **§ 17 Abs. 1 Nr. 4 SGB IV** durchschnittlich zur Bewertung der Sachbezüge festgesetzt wird, § 50 Abs. 2 Satz 1 StVollzG, **BW** § 51 Abs. 2 Satz 1 III, **BY** Art. 49 Abs. 2 Satz 1, **BE** § 69 Abs. 2 Satz 1, **BB** § 72 Abs. 2 Satz 1, **HB** § 62 Abs. 2 Satz 1, **HH** § 49 Abs. 2 Satz 1, **HE** § 43 Abs. 4 Satz 1, **MV** § 61 Abs. 2 Satz 1, **NI** § 52 Abs. 1 Satz 1, **NW** § 39 Abs. 4 Satz 1, **RP** § 71 Abs. 2 Satz 1, **SL** § 61 Abs. 2 Satz 1, **SN** § 61 Abs. 2 Satz 1, **ST** § 72 Abs. 2 Satz 1, **SH** § 78 Abs. 2 Satz 1, **TH** § 72 Abs. 2 Satz 1. Dabei handelt es sich um jenen Satz, den man in der Sozialversicherung als rechnerische Größe verwendet, um den Wert von Sachbezügen (vor allem Unterkunft und Verpflegung) für die Beiträge zur Sozialversicherung bewerten zu können. Der Satz für diese Sachbezüge wird von der Bundesregierung auf der Grundlage des statistisch (anhand des Preisindexes für die Lebenshaltung aller privaten Haushalte) ermittelten tatsächlichen Verkehrswertes für freie Kost und Wohnung im Voraus für jedes Kalenderjahr bestimmt. Die Bindung des Haftkostenbeitrags an diese außerhalb des Vollzugs für den gleichen Sachverhalt geltende Rechengröße entspricht dem Angleichungsgrundsatz und erscheint sachgerecht.[606] Nach § 50 Abs. 2 Satz 2 StVollzG stellt das Bundesministerium der Justiz und für Verbraucherschutz aus den in den Bundesländern unterschiedlichen Sätzen den **Durchschnittsbetrag** für jedes Kalenderjahr nach den am 1.10. des vorhergehenden Jahres geltenden Bewertungen der Sachbezüge fest und macht ihn im Bundesanzeiger bekannt. Einige Ländergesetze enthalten eine Ermächtigung für eine Stelle im jeweiligen Land (Justizministerium), entsprechende Feststellungen zu treffen (**BE** § 69 Abs. 2 Satz 2, **HH** § 49 Abs. 2 Satz 2, **HE** § 43 Abs. 4 Satz 2, **MV** § 61 Abs. 2 Satz 2, **NW** § 39 Abs. 4 Satz 2). Das wird Bedeutung erlangen, sofern das Bundesjustizministerium dies zukünftig nicht mehr tun sollte.

50 Der Haftkostenbeitrag stellt einen **Pauschalbetrag** ungeachtet der tatsächlich entstehenden Kosten im Einzelfall dar. Daher orientiert man sich hinsichtlich der Unterkunft an der festgesetzten Belegungsfähigkeit des Haftraums, nicht aber der ständigen Schwankungen unterworfenen tatsächlichen Belegung, § 50 Abs. 2 Satz 4 StVollzG, **BW** § 51 Abs. 2 Satz 3 III, **BY** Art. 49 Abs. 2 Satz 3, **BE** § 69 Abs. 2 Satz 4, **BB** § 72 Abs. 2 Satz 3, **HB** § 62 Abs. 2 Satz 3, **HH** § 49 Abs. 2 Satz 4, **MV** § 61 Abs. 4 Satz 4, **NI** § 52 Abs. 1 Satz 3, **NW** § 39 Abs. 4 Satz 4, **RP** § 71 Abs. 2 Satz 3, **SL** § 61 Abs. 2 Satz 3, **SN** § 61 Abs. 2 Satz 3, **ST** § 72 Abs. 2 Satz 3, **SH** § 78 Abs. 2 Satz 3, **TH** § 72 Abs. 2 Satz 3. Zudem sind Haftkostenbeiträge für die Unterkunft auch dann zu erheben, wenn sich Gefangene wegen Urlaubs oder aus sonstigen in ihrer Person liegenden Gründen nicht in der Anstalt aufhalten, zumal der Platz belegt bleibt.[607]

51 bb) Die Durchschnittssätze der gem. § 17 Abs. 1 S. 1 Nr. 4 SGB IV bewerteten Sachbezüge wurden vom Bundesministerium der Justiz und für Verbraucherschutz für das Jahr 2019 durch Bekanntmachung vom 6.12.2018 für das gesamte Bundesgebiet einheitlich – so dass § 50 Abs. 3 StVollzG keine Bedeutung mehr erlangt – wie folgt festgesetzt:[608]

für Unterkunft
1. für Gefangene bis zur Vollendung des 18. Lebensjahres und für Auszubildende
   bei Einzelunterbringung   158,20 €
   bei Belegung mit zwei Gefangenen   67,80 €

---

606 Vgl. auch BT-Drucks. 7/918, 70.
607 *Arloth/Krä* § 50 StVollzG Rdn. 10; BeckOK-*Kuhn* § 50 StVollzG Rdn. 24.
608 Siehe Bundesanzeiger AT 21.12.2018 B 1.

bei Belegung mit drei Gefangenen	45,20 €
bei Belegung mit mehr als drei Gefangenen	22,60 €
2. für alle übrigen Gefangenen	
bei Einzelunterbringung	192,10 €
bei Belegung mit zwei Gefangenen	101,70 €
bei Belegung mit drei Gefangenen	79,10 €
bei Belegung mit mehr als drei Gefangenen	56,50 €
für Verpflegung	
Frühstück	52,00 €
Mittagessen	97,00 €
Abendessen	97,00 €

cc) Die in den vorstehenden Festsetzungen angegebenen Beträge beziehen sich jeweils auf einen **Monat**. Für kürzere Zeiträume ist für jeden Tag ein Dreißigstel der aufgeführten Beträge zugrunde zu legen. Bei **Selbstverpflegung** eines Strafgefangenen entfallen nach § 50 Abs. 2 Satz 3 StVollzG, **BW** § 51 Abs. 2 Satz 2 III, **BY** Art. 49 Abs. 2 Satz 2, **BE** § 69 Abs. 2 Satz 3, **BB** § 72 Abs. 2 Satz 2, **HB** § 62 Abs. 2 Satz 2, **HH** § 49 Abs. 2 Satz 3, **MV** § 61 Abs. 2 Satz 3, **NI** § 52 Abs. 1 Satz 2, **NW** § 39 Abs. 4 Satz 3, **RP** § 71 Abs. 2 Satz 2, **SL** § 61 Abs. 2 Satz 2, **SN** § 61 Abs. 2 Satz 2, **ST** § 72 Abs. 2 Satz 2, **SH** § 78 Abs. 2 Satz 2, **TH** § 72 Abs. 2 Satz 2 die für die Verpflegung vorgesehenen Beträge. Ist die Selbstverpflegung gestattet, können bei der Entrichtung des Haftkostenbeitrags nicht sog. Bereitstellungskosten für nicht eingenommene Mahlzeiten in Rechnung gestellt werden.[609]

dd) Der Haftkostenbeitrag darf auch vom **unpfändbaren Teil der Bezüge** einbehalten werden (**§ 50 Abs. 2 Satz 5 StVollzG**), jedoch nicht zu Lasten des Hausgeldes oder von Ansprüchen unterhaltsberechtigter Angehöriger (s. auch **HH** § 49 Abs. 2 Satz 5, **NI** § 52 Abs. 5 Satz 4). Diese Regelung stellt einen Eingriff in die allgemeinen Pfändungsschutzvorschriften der §§ 850ff ZPO dar. Ein solcher ist vor dem Hintergrund der Tatsache zu sehen, dass der Haftkostenbeitrag den existenzsichernden Lebensunterhalt des Gefangenen (Unterkunft und Verpflegung) in der Anstalt gewährleisten soll und dass er für seinen sonstigen persönlichen Unterhalt – anders als der Bedürftige außerhalb der Anstalt – nur das Hausgeld benötigt, weil er im Übrigen nach Ansicht des Gesetzgebers umfassend versorgt wird.[610] Aufgrund seiner besonderen Zweckbestimmung (s. Rdn. 64) bleibt ein Rückgriff auf das Überbrückungsgeld zur Leistung eines Haftkostenbeitrags ausgeschlossen.[611] Diese dem Zivilprozessrecht zuzurechnende Bestimmung gilt mangels Gesetzgebungskompetenz der Länder fort (vgl. **BY** Art. 208, **BE** § 117 Nr. 1, **HB** § 128 Satz 2 Nr. 1, **HH** § 130 Nr. 1, **HE** § 83 Nr. 1, **NW** § 110 Nr. 2, **RP** Art. 4 Nr. 1 Landesgesetz zur Weiterentwicklung von Justizvollzug, Sicherungsverwahrung und Datenschutz,[612] **SL** § 118 Satz 2 Nr. 1, **SN** § 120 Satz 2 Nr. 1, **ST** § 166 Nr. 1, **TH** § 142 Satz 2 Nr. 1);[613] der genannten Regelungen in Hamburg und Niedersachsen hätte es nicht bedurft. Sachsen-Anhalt gestattet der Anstalt darüber hinaus die Verrechnung mit dem den dreifachen Tagessatz der Eckvergütung übersteigenden Teil des Hausgeldes (**ST** § 72 Abs. 6).

---

609 OLG Hamburg ZfStrVo 2002, 314.
610 BT-Drucks. 7/3998, 23.
611 *Arloth/Krä* § 50 StVollzG Rdn. 10.
612 Vom 8.5.2013, GVBl. 79, 131.
613 *Arloth/Krä* § 50 StVollzG Rdn. 10 a.E.

54   **d) Zuständigkeitsfragen.** Zuständig zur Erhebung des Haftkostenbeitrags war nach § 50 Abs. 1 Satz 1 StVollzG die Vollzugsanstalt. § 50 Abs. 5 StVollzG hatte den Ländern die Möglichkeit eröffnet, durch Rechtsverordnung abweichende Zuständigkeitsregelungen zu treffen.[614] Diese Regelung ist obsolet, zumal in allen Ländern die Zuständigkeit der Anstalt beibehalten wurde (ausdrücklich **NI** § 52 Abs. 6 Satz 1; s. ferner Rdn. 43). Gleichgültig, ob die Haftkostenentscheidung von der Anstaltsleitung oder von einer anderen Behörde (z.B. Staatsanwaltschaft) getroffen wird, ist gegen sie der **Rechtsweg** zur Strafvollstreckungskammer nach §§ 109 ff StVollzG eröffnet (§ 50 Abs. 5 Satz 2 StVollzG; vgl. **NI** § 52 Abs. 6 Satz 2, **SL** § 118 Satz 2 Nr. 2, **SN** § 120 Satz 2 Nr. 1 a.E., **TH** § 142 Satz 2 Nr. 3).

3. Weitere Kostenbeteiligungen

55   **a) Überblick.** Während das StVollzG über den Haftkostenbeitrag hinaus kaum weitere Zahlungspflichten vorsah (vgl. noch §§ 20 Abs. 2 Satz 2, 35 Abs. 3 Satz 2), haben die Landesgesetze ganz überwiegend solche in größerem Umfang eingeführt. Neben den Betriebskosten für elektrische Geräte (unten b]) betrifft dies insbesondere eine Beteiligung an **Kosten der Krankenbehandlung** (**BW** § 33 Abs. 3 III, **BY** Art. 63 Abs. 2, **BE** § 70 Abs. 2, **BB** § 74 Abs. 2, **HB** § 63 Abs. 2, **HH** § 60 Abs. 2 und 3, **HE** § 24 Abs. 3 Satz 1, **MV** § 62 Abs. 2 und 3, **NI** § 52 Abs. 3 Satz 2 Nr. 2 i.V.m. §§ 4 und 5 GefKostVO, **NW** § 45 Abs. 3, **RP** § 72 Abs. 2 und 3, **SL** § 62 Abs. 2 und 3, **SN** § 63 Abs. 2 und 3, **ST** § 73 Abs. 2 und 3, **SH** § 79 Abs. 2 und 3, **TH** § 73 Abs. 2 und 3), wobei die **ärztliche Behandlung zur sozialen Eingliederung** – anders als nach § 63 Satz 2 StVollzG, wo nur unter bestimmten Voraussetzungen eine Selbstbeteiligung gefordert wurde – nunmehr jedenfalls im Grundsatz ganz auf Kosten der Gefangenen erfolgt (**BW** § 36 Satz 3 III, **BY** Art. 65 Satz 2, **BB** § 76 Satz 2, **HB** § 65 Satz 2, **HH** § 61 Satz 2, **MV** § 64 Satz 2, **NI** § 6 GefKostVO, **NW** § 48 Satz 2, **RP** § 74 Satz 2, **SL** § 64 Satz 2, **SN** § 65 Satz 2, **ST** § 75 Satz 2, **SH** § 82 Satz 2, **TH** § 75 Satz 2). Einige Gesetze kennen auch die Kostentragung der Gefangenen für die technische **Sicherheitsüberprüfung von** eingebrachten **Elektrogeräten** (**BE** §§ 52 Abs. 2, 56 Abs. 3, **HE** § 20 Abs. 1 Satz 5, **MV** § 51 Abs. 2 Satz 2 und 3, **NI** § 52 Abs. 3 Satz 1 und 2 Nr. 6,[615] nunmehr i.V.m. § 8 Abs. 2 GefKostVO, **NW** § 51 Abs. 3, **ST** § 72 Abs. 3; schon VV Nr. 5 zu § 69 StVollzG).[616] In der hessischen Regelung ist allgemein die Rede von vorzunehmenden Sicherheitsmaßnahmen. Darunter versteht der Gesetzgeber neben der eigentlichen Überprüfung weiter die Unbrauchbarmachung von Anschlüssen (z.B. USB) und die Versiegelung der Geräte (für **NI** § 8 Abs. 2 Nr. 2 und 3 GefKostVO).[617] Namentlich Hessen und Niedersachsen sehen zudem Kostenbeteiligungen in noch größerem Umfang vor (unten Rdn. 61 ff).

b) Beteiligung an Betriebskosten

56   **aa)** Das StVollzG enthielt keine Ermächtigung der Vollzugsbehörde, die Gefangenen an den Betriebskosten der von ihnen unterhaltenen elektrischen Geräte zu beteiligen. Einige Anstalten vereinbarten dies gleichwohl mit den Gefangenen im Wege des **öffentlich-rechtlichen Vertrags**, was von der Rechtsprechung akzeptiert wurde.[618] Ob das

---

614 Bedenken *bei Arloth/Krä* § 50 StVollzG Rdn. 12.
615 Siehe OLG Celle, Beschl. vom 7.12.2017 – 3 Ws 559/17, NdsRpfl. 2018, 170 ff.
616 Dazu OLG Brandenburg, Beschl. vom 3.1.2005 – 1 Ws (Vollz) 18/04, NStZ-RR 2005, 284; LG Braunschweig, Beschl. vom 11.11.2005 – 50 StVK 733/05, NdsRpfl. 2006, 96, 97; krit. im Hinblick auf Art. 5 GG Voraufl. § 69 Rdn. 11.
617 **HE** LT-Drucks. 19/2058, 22 f.
618 OLG Frankfurt, Beschl. vom 25.5.2004 – 1 Ws 69/04 (StrVollz), NStZ 2005, 288; OLG Jena, Beschl. vom 11.7.2005 – 1 Ws 111/05, StV 2005, 593, 594 m. Anm. *M. Walter*; OLG Koblenz, Beschl. vom 22.2.2006 –

I. Verwendung finanzieller Leistungen

Billigung verdient, mag dahinstehen, nachdem in allen Landesgesetzen nunmehr ausdrückliche gesetzliche Regelungen zu finden sind (**BW** § 9 Abs. 2 I, **BY** Art. 71 Abs. 1 Satz 2, 73, **BE** § 56 Abs. 3 Satz 1 unter Beschränkung auf Geräte für den Hörfunk- und Fernsehempfang, **BB** § 72 Abs. 3, **HB** § 62 Abs. 3, **HH** §§ 49 Abs. 3, 52 Abs. 1 Satz 2 und 3, **HE** § 43 Abs. 5 Satz 1 und 2, **MV** § 61 Abs. 3, **NI** § 52 Abs. 3 Satz 1 und 2 Nr. 4, **NW** § 51 Abs. 3 nur für Radios und Fernseher sowie Haftraummediensysteme, **RP** § 71 Abs. 3, **SL** § 61 Abs. 3, **SN** § 61 Abs. 3, **ST** § 72 Abs. 3 und 4, **SH** § 78 Abs. 3, **TH** § 72 Abs. 3). In Umsetzung des **Angleichungsgrundsatzes** – auch in Freiheit sind Betriebskosten von den Nutzern zu tragen – bestehen prinzipiell keine Einwände gegen die gesetzlichen Regelungen.[619] Ein Gefangener kann durch schlüssiges Verhalten (Betrieb des Gerätes) die Anstalt ermächtigen, den hierfür anfallenden Betrag von seinem Konto abzubuchen.[620]

bb) Im Detail weisen die genannten Bestimmungen einige Unterschiede auf. Teilweise sind die Kosten **zwingend** zu erheben (**BE, ST**), teilweise nach **Ermessen** der Anstalt (**BW, BY**,[621] **BB, HB, HH, HE, MV, NI, NW, RP, SL, SN, SH, TH**), teilweise nur **in angemessener Höhe** (**BY, HH** § 49 Abs. 3, **HE, NI**), teilweise ohne eine solche ausdrückliche Beschränkung (**BE, ST** § 72 Abs. 4 Satz 3). Die Überbürdung sämtlicher Kosten scheidet ebenfalls aus, wenn im Gesetz nur von Beteiligung die Rede ist (**BW, BY, BB, HB, NI, NW, RP, SL, SN, ST, SH, TH**);[622] ansonsten wäre die Umlage anzuordnen gewesen. Einige Gesetze handeln lediglich von **Stromkosten** (**BY** Art. 73, **HH** § 49 Abs. 3, **NI**), andere von **Betriebskosten** (**BW, BY** Art. 71 Abs. 1 Satz 2 für Hörfunk- und Fernsehgeräte, **BB, HB, HH** § 52 Abs. 1 Satz 2, **HE, MV, RP, SL, SN, ST, SH, TH**; ferner **BE, NW, ST** unter gesonderter Nennung der Kosten für die Bereitstellung des Empfangs bzw. der Überlassung der Geräte, so auch **NI** § 52 Abs. 3 Satz 2 Nr. 6). Der Begriff der Betriebskosten ist weiter und beinhaltet nicht nur die Ausgaben für Strom, sondern auch andere Nutzungsentgelte wie etwa Kabelgebühren.[623] Die Kosten einer sicherheitstechnischen Überprüfung von Geräten lassen sich aber ohne gesonderte Nennung schwerlich hierunter subsumieren;[624] sie fallen nicht während des laufenden Betriebs, sondern im Gegenteil vor dessen Beginn an.

Ist (nur) eine Beteiligung statthaft, wird der Weg zur Erhebung einer **Pauschale** frei, sofern diese unter den bei einem durchschnittlichen Gefangenen als Gerätebenutzer anfallenden tatsächlichen Kosten bleibt.[625] Für den Betrieb eines Fernsehgeräts wurden 2 EUR/Monat als akzeptabel gewertet,[626] für den Betrieb von Fernseher, Radio, Leselampe

---

2 Ws 840/05, ZfStrVo 2006, 177; OLG Naumburg, Beschl. vom 8.6.2012 – 2 Ws 96/12, Beck-Rs 2012, 15515 (nicht in NStZ-RR 2013, 62); vgl. ferner OLG Celle, Beschl. vom 25.5.2004 – 1 Ws 69/04 (StrVollz), ZfStrVo 2005, 178; OLG Nürnberg, Beschl. vom 1.3.2007 – 2 Ws 73/07, FS 2009, 40; ebenso *Laubenthal* Rdn. 616; ablehnend AK-*Galli* Teil II § 61 Rdn. 16; *Laubenthal/Nestler/Neubacher/Verrel* D Rdn. 72; *Köhne/Feest* ZfStrVo 2006, 76.
619   *Arloth/Krä* § 9 **BW** JVollzGB Buch 1 Rdn. 2; *Laubenthal* Rdn. 616; vgl. auch **BY** LT-Drucks. 15/8101, 61; a.A. AK-*Galli* Teil II § 61 Rdn. 15; *Laubenthal/Nestler/Neubacher/Verrel* D Rdn. 71, 73; *Köhne* NStZ 2012, 16 ff.
620   OLG München, Beschl. vom 15.10.2008 – 4 Ws 118/08, FS 2009, 43; OLG Hamburg, Beschl. vom 4.2.2011 – 3 Vollz (Ws) 3/11, Beck-Rs 2011, 03220.
621   S. OLG München, Beschl. vom 15.10.2008 – 4 Ws 118/08, FS 2009, 43.
622   A.A. OLG Stuttgart, Beschl. vom 20.7.2015 – 4 Ws 298/14 (V), FS 2016, 76.
623   *Arloth/Krä* § 9 **BW** JVollzGB Buch 1 Rdn. 2; *Laubenthal/Nestler/Neubacher/Verrel* G Rdn. 26.
624   A.A. *Arloth/Krä* § 69 StVollzG Rdn. 7, § 52 HmbStVollzG Rdn. 2; im Ergebnis wie hier AK-*Galli* Teil II § 61 Rdn. 17.
625   OLG Hamburg, Beschl. vom 4.2.2011 – 3 Vollz (Ws) 3/11, FS 2012, 120; OLG Karlsruhe, Beschl. vom 20.8.2014 – 2 Ws 277/14, NStZ-RR 2014, 389; *Arloth/Krä* § 9 **BW** JVollzGB Buch 1 Rdn. 2; krit. *Laubenthal/Nestler/Neubacher/Verrel* D Rdn. 73; *Köhne* NStZ 2012, 17, a.A. OLG Stuttgart, Beschl. vom 20.7.2015 – 4 Ws 298/14(V), FS 2016, 76.
626   OLG Koblenz, Beschl. vom 5.1.2016 – 2 Ws 579/15 Vollz, FS 2017, 75; bereits OLG Frankfurt, Beschl. vom 8.1.2004 – 3 VAs 46/03, NStZ 2004, 513 (für UHaft).

und Tauchsieder bzw. Wasserkocher 6 EUR, worin ein Zuschlag von 15% auf den seinerseits mit einem Pauschalbetrag pro Kilowattstunde berücksichtigten Strompreis für Nebenkosten (Leitungsvorhaltung, Gebühren, Reparaturen) enthalten sein darf.[627] Als ermessensfehlerhaft anzusehen ist aber eine Regelung des Inhalts, wonach drei Geräte nach Wahl des Gefangenen kostenlos betrieben werden dürfen und darüber hinaus pro Gerät 1 EUR entrichtet wird.[628] Als unverhältnismäßig gilt weiter eine Pauschale von unterschiedslos 2 EUR pro Gerät; eine solch unzulässige Regelung kann auch nicht wirksam durch Vereinbarung zwischen Anstalt und Gefangenem begründet werden.[629] Das BVerfG hat die Erhebung von Strom- bzw. Betriebskostenpauschalen dem Grunde nach zwar gebilligt, jedoch betont, dieses Vorgehen dürfe nicht zu Gewinnerzielung der Anstalt führen. Auf die offensichtlich unsubstantiierte entsprechende Behauptung eines Gefangenen hin wurden deshalb bei einem Betrag von 3 EUR/Monat für die Nutzung einer Satellitenempfangsanlage sowie die Stromkosten des Fernsehers und sämtlicher anderer Elektrogeräte die Fachgerichte verpflichtet, über die tatsächlich anfallenden Kosten Beweis zu erheben;[630] das erscheint lebensfremd.

59   cc) **Berlin** kompensiert die Zahlungspflicht insofern, als die Anstalt die Kosten ausnahmsweise für bedürftige Gefangene übernehmen kann (**BE** §§ 52 Abs. 2 Satz 2, 56 Abs. 3 Satz 2). – Auch **Sachsen-Anhalt** ermöglicht es, von Kostenbeiträgen abzusehen: ohne Ausnahme, um die Vollzugszielerreichung nicht zu gefährden (**ST** § 72 Abs. 5 Satz 1), regelmäßig für die Dauer unverschuldeter Bedürftigkeit des Gefangenen (**ST** § 72 Abs. 5 Satz 2). Das Gesetz enthält zudem eine Verordnungsermächtigung zur Regelung von Voraussetzungen und Höhe der Beiträge, Pauschalen und Überbürdung der tatsächlich anfallenden Kosten (**ST** § 72 Abs. 4). Eine Aufrechnung gegen den Anspruch auf Auszahlung des Hausgeldes bleibt hier gem. **ST** § 72 Abs. 5 möglich. – In **Hamburg** ist die Materie auf zwei Vorschriften aufgeteilt: **HH** § 52 Abs. 1 Satz 2 und 3 betrifft Rundfunk- und andere Geräte der Informations- und Unterhaltungselektronik, deren Betriebskosten umgelegt werden können, **HH** § 49 Abs. 3 die im Besitz der Gefangenen befindlichen Gegenstände, bei denen in angemessenem Umfang eine Stromkostenbeteiligung möglich bleibt. Insoweit wird man **HH** § 52 als lex specialis zu **HH** § 49 zu interpretieren haben, nachdem die Strom- einen Teil der Betriebskosten bilden. – In **Niedersachsen** kommt die Beteiligung nur in Betracht, wenn dabei das für eine angemessene Grundversorgung erforderliche Maß überschritten wird; der Betrieb lediglich der üblichen Geräte wie Fernseher, Radio und Wasserkocher löst die Beitragspflicht nicht aus.[631] § 10 Abs. 1 Satz 2 GefKostVO stellt zudem von Stromkosten beitragsfrei Satellitendecoder, Rasierapparat, Haarschneider, Föhn, Kühlfach, zwei Kochplatten, Leselampe, elektrische Zahnbürste und Munddusche. Jedes andere Gerät kostet einen EUR, § 10 Abs. 2 GefKostVO. Kosten für die Überlassung von Hörfunk- und Fernsehgeräten dürfen hier nicht erhoben werden, soweit die Gefangenen diese anstelle von eigenen Geräten benutzen müssen und die eröffneten Nutzungsmöglichkeiten über eine die Informationsfreiheit gewährleistende Grundversorgung nicht hinausreichen (**NI** § 52 Abs. 3 Satz 3, § 9 Abs. 1 Satz 2 GefKostVO), ansonsten dürfen für die Überlassung maximal 8 EUR pro Monat ver-

---

627 OLG Stuttgart, Beschl. vom 20.7.2015 – 4 Ws 298/14 (V), Beck-Rs 2015, 13090 Rdn. 22 ff (insoweit nicht in FS 2016, 76); Nebenkostenzuschlag auch gebilligt von OLG Karlsruhe, Beschl. vom 20.8.2014 – 2 Ws 277/14, NStZ-RR 2014, 389, das allerdings Feststellungen zu den von der Anstalt tatsächlich zu entrichtenden Stromkosten verlangt (insoweit nur in Beck-Rs 2014, 17030 Rdn. 12, 14 f).
628 OLG Hamburg, Beschl. vom 4.2.2011 – 3 Vollz (Ws) 3/11, Beck-Rs 2011, 03220.
629 OLG Naumburg, Beschl. vom 8.6.2012 – 2 Ws 96/12, NStZ-RR 2013, 62.
630 BVerfG, Beschl. vom 16.5.2018 – 2 BvR 635/17, NJW 2018, 2467 f.
631 **NI** LT-Drucks. 15/3565, 131; *Arloth/Krä* § 52 NJVollzG Rdn.3.

langt werden (§ 9 Abs. 2 GefKostVO). Die Bereitstellung von Kabel- oder Satellitenfernsehanschlüssen zur Grundversorgung bleibt kostenlos, darüber hinaus fallen zwei bzw. ein EUR an (§ 11 GefKostVO). Im Übrigen ist wie in Sachsen-Anhalt Bestandteil des Gesetzes die Aufrechenbarkeit mit dem Hausgeld (Rdn. 34).

Keine Einigkeit besteht in der Rechtsprechung, ob es sich bei der niedersächsischen 60 Regelung um den Ausdruck eines allgemeinen Rechtsgrundsatzes handelt, mithin Stromkosten nur geltend gemacht werden dürfen, soweit sie bei Nutzungen anfallen, die über den von der Anstalt **unentgeltlich bereitzustellenden Grundbedarf** zur Gewährleistung des Existenzminimums hinausgehen (so auch in HE § 43 Abs. 5 Satz 1). Während das OLG Hamburg dies bejaht,[632] ist das OLG Koblenz etwa der Auffassung, Gefangene könnten die kostenfreie Nutzung eines eigenen Fernsehgeräts nicht beanspruchen,[633] sondern nur diejenige eines Radios.[634] Letzteres ist überholt, nachdem das BVerfG Fernsehempfang in den Informationsgrundbedarf einbezieht.[635] Nach Meinung des OLG Naumburg umfasst der Grundbedarf elektrische Energie für die Nutzung von Rasierer,[636] Zahnbürste, Wasserkocher, Radio und Fernseher, wobei die Anstalt das Bedürfnis des Gefangenen nach heißem Wasser und Information auch anders befriedigen darf als dadurch, ihn kostenlos die nötigen Geräte selbst betreiben zu lassen.[637] Auch aus anderen Gründen kann sich ein Anspruch auf kostenlosen Betrieb eines Geräts ergeben, etwa für einen Ventilator aus dem Anspruch auf menschenwürdige Unterbringung.[638]

c) Weitergehende Regelungen. In Hessen und Niedersachsen sind über das bisher 61 Beschriebene hinausreichende Möglichkeiten der Kostenbeteiligung vorgesehen. In **Hessen** sieht HE § 43 Abs. 5 Satz 1 vor, dass Gefangene generell an den über die Grundversorgung der Anstalt hinausgehenden Vollzugskosten angemessen beteiligt werden können. Zudem haben sie die Kosten zu tragen, die durch die Inanspruchnahme gewünschter Leistungen der Anstalt oder von ihr vermittelter Leistungen Dritter entstehen, HE § 43 Abs. 5 Satz 3. Die Gesetzesbegründung führt dazu aus, bei der Kostenbeteiligung handele es sich zumeist nicht um die Übernahme der tatsächlichen Kosten, sondern im Hinblick auf die eingeschränkten finanziellen Möglichkeiten der Gefangenen lediglich um einen angemessenen pauschalen Anteil daran.[639]

Der Landesgesetzgeber in **Niedersachsen** hat mit NI § 52 Abs. 3 versucht, eine sys- 62 tematische Konzentration sämtlicher die Kostenbeteiligung betreffender Regelungen herbeizuführen.[640] So gestattet die Vorschrift nach Satz 1, die Gefangenen in angemessener Höhe nach Ermessen an weiteren Kosten des Landes für vollzugliche Leistungen zu beteiligen. Das betrifft neben den bereits genannten Konstellationen die Kosten für Ausführungen aus wichtigem Anlass oder zu gerichtlichen Terminen im überwiegenden Interesse des Gefangenen (Satz 2 Nr. 2 i.V.m. § 14 Abs. 1 und 3), für die Aufbewahrung, Ent-

---

632 OLG Hamburg, Beschl. vom 4.2.2011 – 3 Vollz (Ws) 3/11, FS 2012, 120; OLG Karlsruhe, Beschl. vom 20.8.2014 – 2 Ws 277/14, Beck-Rs 2014, 17030 Rdn. 6; ebenso bereits OLG Frankfurt, Beschl. vom 25.5.2004 – 1 Ws 69/04 (StrVollz), NStZ 2005, 288; OLG Jena, Beschl. vom 11.7.2005 – 1 Ws 111/05, StV 2005, 593, 594 m. Anm. *M. Walter*; wohl auch OLG Dresden, Beschl. vom 27.6.2007 – 2 Ws 38/07, StV 2008, 89; ferner AK-*Galli* Teil II § 61 Rdn. 15; a.A. noch OLG Koblenz, Beschl. vom 22.2.2006 – 2 Ws 840/05, ZfStrVo 2006, 177.
633 OLG Koblenz, Beschl. vom 5.1.2016 – 2 Ws 579/15 Vollz, FS 2017, 75.
634 OLG Koblenz, Beschl. vom 1.3.2006 – 2 Ws 794/05, ZfStrVo 2006, 179.
635 BVerfG, Beschl. vom 16.5.2018 – 2 BvR 635/17, NJW 2018, 2467, 2469.
636 A.A. OLG Koblenz, Beschl. vom 1.3.2006 – 2 Ws 794/05, ZfStrVo 2006, 179, 180.
637 OLG Naumburg, Beschl. vom 30.1.2015 – 1 Ws (RB) 36/14, FS 2016, 74; ähnlich auch OLG Stuttgart, Beschl. vom 20.7.2015 – 4 Ws 298/14 (V), FS 2016, 76.
638 Vgl. OLG Stuttgart, Beschl. vom 7.7.2015 – 4 Ws 38/15 (V), FS 2016, 76.
639 HE LT-Drucks. 18/1396, 105.
640 Vgl. dazu **NI** LT-Drucks. 15/3565, 129 f.

fernung, Verwertung oder Vernichtung eingebrachter Sachen (Satz 2 Nr. 3) sowie für Schriftwechsel, Telekommunikation und Paketverkehr (Satz 2 Nr. 5). Der Gesetzgeber denkt hier ausdrücklich an Portokosten.[641] Insoweit muss die Anstalt bei der Ausübung ihres Ermessens aber der Bedeutung des jeweiligen Kommunikationsvorgangs für die Resozialisierung besondere Bedeutung beimessen.[642] Für die vorstehend genannten Sachverhalte sowie die Anfertigung von Passbildern und Haarschnitte sehen §§ 7, 8 Abs. 1 und 12 Abs. 1 Satz 1 GefKostVO allerdings auf der Basis von **NI** § 52 Abs. 4 Satz 3 die Überbürdung sämtlicher angefallener Kosten vor. Eine Fotokopie kostet 0,05 EUR (§ 12 Abs. 2 GefKostVO), ein Haarschnitt pro Monat ist kostenlos (§ 12 Abs. 1 Satz 2 GefKostVO).

63 **NI** § 52 Abs. 4 macht mit der **Verordnungsermächtigung** eine detaillierte gesetzliche Regelung von Voraussetzungen und Höhe der Kostenbeiträge entbehrlich; bis zum Erlass der Verordnung über die Kostenbeteiligung der Gefangenen (GefKostVO)[643] blieb es bei den Grundsätzen, die nach dem StVollzG galten (**NI** § 201 Abs. 2). Deshalb bestanden gegen die nicht abschließende („insbesondere") Regelung des **NI** § 52 Abs. 3 keine Bedenken im Hinblick auf den Bestimmtheitsgrundsatz.[644] § 2 GefKostVO regelt näher die Fälligkeit der Kostenbeiträge. Nach **NI** § 52 Abs. 5 Satz 1 hat man zwingend von der Erhebung von Kostenbeiträgen abzusehen, soweit dies notwendig ist, um das Vollzugsziel nach **NI** § 5 Satz 1 nicht zu gefährden. Für Zeiten, in denen die oder der Gefangene unverschuldet bedürftig ist, soll davon abgesehen werden (**NI** § 52 Abs. 5 Satz 2). Unverschuldet bedürftig ist der Taschengeldempfänger; eine von der gesetzlichen Regelung der Kostenbeiträge abweichende vertragliche Vereinbarung scheidet aus.[645] § 3 Abs. 1 GefKostVO ermöglicht es der Anstalt darüber hinaus, einem Inhaftierten selbst bei verschuldeter Bedürftigkeit einen Betrag in Höhe des Taschengelds zu belassen. Arbeitenden Gefangenen soll jedenfalls der sechsfache Tagessatz der Eckvergütung verbleiben (§ 3 Abs. 2 GefKostVO) und die Ansprüche Unterhaltsberechtigter und Verletzter genießen Vorrang (§ 3 Abs. 3 GefKostVO). Zur Durchsetzung eines Anspruchs nach **NI** § 52 Abs. 3 kann die Vollzugsbehörde (ohne Beschränkung) gegen den Anspruch auf Auszahlung des Hausgeldes **aufrechnen**, **NI** § 52 Abs. 5 Satz 3. Das wäre ansonsten wegen Unübertragbarkeit dieses Anspruchs (**NI** § 50 Abs. 1) und daraus resultierender Unpfändbarkeit (§ 851 Abs. 1 ZPO) nicht statthaft (§ 394 Satz 1 BGB).[646]

V. Überbrückungsgeld, Eingliederungsgeld

Bund	§ 51 StVollzG
Baden-Württemberg	BW § 52 III JVollzGB
Bayern	BY Art. 51 BayStVollzG
Berlin	BE § 68 Abs. 2 StVollzG Bln
Brandenburg	BB § 73 BbgJVollzG
Bremen	HB § 56 BremStVollzG
Hamburg	HH § 47 HmbStVollzG
Hessen	HE § 42 HStVollzG
Mecklenburg-Vorpommern	Keine Regelung
Niedersachsen	NI § 47 NJVollzG

---

641 **NI** LT-Drucks. 15/3565, 131.
642 S. auch *Laubenthal/Nestler/Neubacher/Verrel* E Rdn. 64 a.E.
643 Vom 13.8.2018, **NI** GVBl. 2018, 169 ff.
644 Verkannt von AK-*Galli* Teil II § 61 Rdn. 14 a.E.
645 OLG Celle, Beschl. vom 7.12.2017 – 3 Ws 559/17, StV 2018, 641 (Ls) = NdsRpfl. 2018, 170, 172f.
646 *Arloth/Krä* § 52 NJVollzG Rdn. 7.

I. Verwendung finanzieller Leistungen

Nordrhein-Westfalen	NW § 37 StVollzG NRW
Rheinland-Pfalz	RP § 70 Abs. 2 LJVollzG
Saarland	Keine Regelung
Sachsen	SN § 62 SächsStVollzG
Sachsen-Anhalt	ST § 69 JVollzGB LSA
Schleswig-Holstein	SH § 77 LStVollzG SH
Thüringen	Keine Regelung

Schrifttum

Dick Einkommen oder Vermögen: Überbrückungsgeld und zweckgebundene Einzahlungen, in: info also 2015, 110; *Hornung* Pfändung der Bezüge und Gelder von Gefangenen, in: Rechtspflegerjahrbuch 1985, 371; *Knickrehm/Kreikebohm/Waltermann* (Hrsg.), SGB II, 5. Aufl. München 2017; *Kusch* Überbrückungsgeld – Sparraten im Langstrafen-Vollzug?, in: ZfStrVo 1984, 145; *Seebode* Anmerkung zum Beschluss des OLG Celle vom 23.2.1984, in: NStZ 1984, 335; *Stefanopoulou* Vorzeitige Freigabe von Überbrückungsgeld zum Freikauf vom Militärdienst – Anmerkung zu OLG Celle, Beschl. v. 7.11.2017 – 3 Ws 543/17, in: HRRS 3/2019, 96; *Volckart* Überbrückungsgeldprobleme, in: ZfStrVo 1983, 41; s. auch bei D.

Übersicht

1. Allgemeine Hinweise —— 64–66
2. Überbrückungsgeld —— 67–96
   a) Höhe des Überbrückungsgeldes —— 67–71
   b) Bildung des Überbrückungsgeldes —— 72–77
   c) Auszahlung des Überbrückungsgedes —— 78–86

   d) Verwendung vor der Entlassung —— 87–92
   e) Grundsatz der Unpfändbarkeit —— 93–95
   f) Rechtsweg —— 96
3. Freiwilliges Überbrückungsgeld —— 97, 98
4. Eingliederungsgeld —— 99

1. Allgemeine Hinweise. Mit dem **Überbrückungsgeld** (§ 51 StVollzG, BW § 52 III, BY Art. 51, HB § 56, HH § 47, HE § 42, NI § 47, NW § 37, ST § 69, SH § 77) sollen zur sozialen Reintegration des Gefangenen erforderliche **wirtschaftliche Mittel** sichergestellt und damit gewährleistet werden, dass der Gefangene in der hinsichtlich der Rückfallgefährdung besonders schwierigen **Phase unmittelbar nach der Strafentlassung** nicht sofort in (neue) wirtschaftliche Not gerät. Die Regelung ist damit eine **Schutzvorschrift für** den **Gefangenen**. Zugleich entlastet sie den öffentlichen Haushalt, da ohne dieses „Zwangssparen" des einzelnen Gefangenen in weitaus größerem Umfang von dem Sozialhilfeträger notwendiger Lebensunterhalt[647] bzw. hilfsweise von der Anstalt Entlassungsbeihilfe zu finanzieren wäre. Die eigentliche Bedeutung der Vorschriften liegt daher in der Mitwirkung und stärkeren Eigenverantwortung des Gefangenen an seiner materiellen Entlassungsvorsorge.[648]

Die Länder **Berlin, Brandenburg, Mecklenburg-Vorpommern, Rheinland-Pfalz, Saarland, Sachsen und Thüringen** haben auf die Verpflichtung zur Bildung eines Überbrückungsgeldes **verzichtet**. Man hielt ein solches für überflüssig, weil die Sicherung des Lebensunterhalts dank der Regelungen in SGB II und XII gewährleistet bleibt, Leistungen nach diesen Gesetzen bereits aus der Haft heraus beantragt werden können und nach Haftentlassung das sozialhilferechtliche Prinzip des Vorrangs anderer Leistungen und damit auch derjenigen des Vollzugs nicht mehr Platz greift. Eine Rolle bei der Entschei-

64

65

---

[647] S. BVerwG NJW 1991, 189; OLG Celle, Beschl. vom 26.11.2015 – 1 Ws 533/15 (StrVollz), NdsRpfl. 2016, 67; OLG Karlsruhe, Beschl. vom 23.6.2016 – 1 Ws 107/16, Beck-Rs 2016, 13047 Rdn. 6; *Laubenthal/Nestler/Neubacher/Verrel* F Rdn. 173; a.A. AK-*Galli* Teil II § 56 Rdn. 26.
[648] So *Seebode* NStZ 1984, 334 f; krit. *Arloth/Krä* § 51 StVollzG Rdn. 1.

dung gegen ein Überbrückungsgeld hat auch die Erwägung gespielt, dass es u.U. auf Sozialleistungen anzurechnen war;[649] diese Überlegung ist durch Schaffung von § 11a Abs. 6 Satz 1 SGB II (Rdn. 86) obsolet geworden.[650] Allerdings stehen den Inhaftierten ohne Pflicht zum Ansparen weitere Mittel für Schuldenregulierung und Schadenswiedergutmachung zur Verfügung.[651] In **Sachsen** kann den Gefangenen nach pflichtgemäßem Ermessen die Bildung eines **freiwilligen Überbrückungsgeldes** gestattet werden (**SN** § 62), wodurch sie bei entsprechender Motivation das Sparen einzuüben in die Lage versetzt werden.[652] Berlin wie **Brandenburg** und seit 2018 auch **Rheinland-Pfalz** ermöglichen den Gefangenen stattdessen zur Erleichterung des Starts in die Freiheit, **Eingliederungsgeld auf freiwilliger Basis** zu bilden (**BE** § 68 Abs. 2, **BB** § 73, **RP** § 70 Abs. 2). Die übrigen Länder ohne Überbrückungsgeld kennen ebenso wenig das Eingliederungsgeld.

66   Diejenigen Länder, die das Institut des Überbrückungsgeldes nicht übernommen haben, sehen z. T. **Übergangsbestimmungen für bereits gebildete Mittel** vor. In **Berlin** konnten die Gefangenen binnen sechs Wochen nach Inkrafttreten des Gesetzes entscheiden, ob und in welcher Höhe das Überbrückungsgeld als Eigen- oder Eingliederungsgeld weitergeführt werden sollte. Bei Unterlassen einer Entscheidung war eine Gutschrift auf dem Eigengeldkonto vorzunehmen (**BE** § 118 Abs. 1). Die Vorschrift hat wegen Zeitablaufs nur noch als Rechtsgrundlage für solche Gutschriften Bedeutung. – Im **Saarland** wurde geregelt, dass bereits gebildetes Überbrückungsgeld während des Vollzugs nur für Aufgaben der Entlassungsvorbereitung verwendet werden darf (**SL** § 119 Abs. 2 Satz 1). Den Betrag von 1.436 EUR als seinerzeitigen Regelsatz übersteigendes Überbrückungsgeld konnten sich die Gefangenen bis zum 31.12.2013 in Eigengeld überführen lassen (**SL** § 119 Abs. 2 Satz 2); ist dies nicht beantragt worden, bleibt es bei der Regelung in Satz 1. – Ähnliches gilt in **Sachsen**: In zur Vorbereitung der Entlassung erforderlicher Höhe (**SN** § 62 Abs. 1) bereits gebildetes Überbrückungsgeld dient(e) nur für Ausgaben zur Entlassungsvorbereitung, zur Vermeidung der Vollstreckung von Ersatzfreiheitsstrafen sowie zur Opferentschädigung, SN § 121 Abs. 2 Satz 1 i.V.m. § 62 Abs. 2 und 3. War die bis zur Entlassung erforderliche Höhe schon überschritten, konnte die Gutschrift des überschießenden Betrags zum Eigengeld bis zum 30.6.2014 verlangt werden (**SN** § 121 Abs. 2 Satz 2). Hatte der Gefangene nicht dafür optiert, wurde bzw. wird das Geld als freiwilliges Überbrückungsgeld weitergeführt. War die erforderliche Höhe noch nicht erreicht, konnte der Gefangene wählen, ob er es dabei bewenden lassen oder auf freiwilliger Basis weiter ansparen wollte.[653] – **Brandenburg, Mecklenburg-Vorpommern und Rheinland-Pfalz** haben keine gesetzliche Übergangsregelung getroffen. Hier gilt für bereits angespartes Überbrückungsgeld § 51 StVollzG einschließlich der Auszahlungsmöglichkeiten und des Pfändungsschutzes nach § 51 Abs. 4 und 5 StVollzG (**RP** Art. 4 Nr. 1 Landesgesetz zur Weiterentwicklung von Justizvollzug, Sicherungsverwahrung und Datenschutz[654]) fort,[655] ebenso in **Thüringen** kraft ausdrücklicher gesetzlicher Regelung (**TH** § 143 Abs. 4, der § 51 Abs. 2 StVollzG entspricht, ferner TH § 142 Nr. 1 i.V.m. § 51 Abs. 4 und 5 StVollzG). Dieser Bestands- und Pfändungsschutz umfasst nur das vor Inkrafttreten des Landesgesetzes bereits angesparte Überbrückungsgeld, nicht aber das Eigengeld bis zur Höhe des noch nicht erreichten (und nicht mehr zu bildenden) ursprünglichen Überbrückungs-

---

649   Vgl. **BE** LT-Drucks. 17/2442, 245 f; **TH** LT-Drucks. 5/6700, 125; ME-Begründung, 125 f.
650   Ebenso *Arloth/Krä* § 68 Bln StVollzG Rdn. 1.
651   Zum Ganzen etwa **RP** LT-Drucks. 16/1990, 140 f; **SN** LT-Drucks. 5/10920, 128.
652   S. **SN** LT-Drucks. 5/10920, 128.
653   Zum Ganzen **SN** LT-Drucks. 5/10920, 155; *Arloth/Krä* § 121 SächsStVollzG Rdn. 2.
654   Vom 8.5.2013, GVBl. 79, 131.
655   Für **RP** ebenso OLG Zweibrücken, Beschl. vom 23.9.2014 – 1 Ws 209/14 Vollz, NJOZ 2015, 742 f.

geld-Solls.[656] In Brandenburg wurde allerdings durch Ministerialerlass angeordnet, erworbenes Überbrückungsgeld künftig als Eingliederungsgeld (Rdn. 99) zu behandeln.[657] Die Weitergeltung des Pfändungsschutzes ist im Saarland und in Sachsen ausdrücklich angeordnet (**SL** § 118 Satz 2 Nr. 1, **SN** § 120 Satz 2 Nr. 1 und 2).

2. Überbrückungsgeld

a) Höhe des Überbrückungsgeldes

aa) Gem. § 51 Abs. 1 StVollzG, **BW** § 52 Abs. 1 III, **BY** Art. 51 Abs. 1, **HB** § 56 Abs. 1, **HH** § 47 Abs. 1 Satz 1, **HE** § 42 Abs. 1, **NI** § 47 Abs. 1 Satz 1, **NW** § 37 Abs. 1 Satz 1, **ST** § 69 Abs. 1 Satz 1, **SH** § 77 Abs. 1 ist aus den Bezügen des Gefangenen nach dem jeweiligen Vollzugsgesetz (§§ 43, 44 StVollzG, **BW** §§ 49, 50 III, **BY** Art. 46, 47, **HB** § 55 Abs. 1, **HH** §§ 40, 41, **HE** § 38, **NI** § 47 Abs. 1 Satz 1 Nr. 1 i.V.m. § 40, **NW** § 34, **ST** § 69 Abs. 1 Satz 1 Nr. 1 i.V.m. § 64, **SH** §§ 37, 38) oder aufgrund eines freien Beschäftigungsverhältnisses (§ 39 Abs. 1 StVollzG, **BW** § 45 Abs. 1 III, **BY** Art. 42 Abs. 1, **HB** § 23 Abs. 1 Satz 1 Alt. 1, **HH** § 36 Abs. 1 Alt. 1, **HE** § 27 Abs. 7, **NI** § 47 Abs. 1 Satz 1 Nr. 2 Alt. 1 i.V.m. § 36 Abs. 1, **NW** § 31 Abs. 1, **ST** § 69 Abs. 1 Satz 1 Nr. 2 Alt. 1 i.V.m. § 30 Abs. 1 Satz 1 Alt. 1, **SH** § 36 Abs. 1 Satz 1 Alt. 1) oder einer Selbstbeschäftigung (§ 39 Abs. 2 StVollzG, **BW** § 45 Abs. 2 III, **BY** Art. 42 Abs. 2, **HB** § 23 Abs. 1 Satz 1 Alt. 1, **HH** § 36 Abs. 1 Alt. 2, **HE** § 27 Abs. 4, **NI** § 47 Abs. 1 Satz 1 Nr. 2 Alt. 2 i.V.m. § 36 Abs. 2, **NW** § 31 Abs. 2, **ST** § 69 Abs. 1 Satz 1 Nr. 2 Alt. 2 i.V.m. § 30 Abs. 1 Satz 1 Alt. 2, **SH** § 36 Abs. 1 Satz 1 Alt. 2) Überbrückungsgeld zu bilden. Zu den Bezügen zählen nicht nur Arbeitsentgelt und Ausbildungsbeihilfe, sondern auch finanzielle Anerkennung für die bzw. Fortzahlung der Vergütung bei der Teilnahme an Behandlungsmaßnahmen, sofern das anwendbare Gesetz derartige Leistungen vorsieht. Ersatzleistungen wie Verletztengeld werden ebenfalls berücksichtigt.[658] Das Überbrückungsgeld soll den **notwendigen Lebensunterhalt** des Gefangenen und seiner Unterhaltsberechtigten für die ersten vier Wochen nach seiner Entlassung sichern (neben den eingangs dieser Rdn. genannten Normen **HH** § 47 Abs. 2 Satz 1, **NI** § 47 Abs. 2 Satz 1, **ST** § 69 Abs. 2 Satz 1).[659] Die Höhe richtet sich mithin danach, was der Gefangene und seine in Freiheit befindlichen, unterhaltsberechtigten Familienangehörigen in den ersten vier Wochen nach der Entlassung benötigen, um ausreichend wohnen, essen und sich kleiden zu können. In dieser Zeit verfügt der Gefangene erfahrungsgemäß noch nicht über hinreichende Einkünfte, weil insbesondere die Eingliederung in den Arbeitsprozess eine gewisse Zeit in Anspruch nimmt.

67

In den Gesetzen ist davon abgesehen worden, einen festen Betrag oder einen bestimmten Bruchteil der Bezüge des Gefangenen für die Festsetzung des Überbrückungsgeldes zugrunde zu legen;[660] es ist vielmehr nur dem Grunde nach bestimmt. Damit soll der Vollzugsanstalt ermöglicht werden, unter Berücksichtigung der konkreten Lebensverhältnisse des einzelnen Gefangenen und seines mutmaßlichen Bedarfs eine **individuell angemessene Entscheidung** zu treffen (vgl. **NI** § 47 Abs. 2 Satz 2, **ST** § 69 Abs. 2 Satz 2). So muss sich beispielsweise das Überbrückungsgeld-Soll eines nach der Strafverbüßung in sein Heimatland abzuschiebenden Türken nach den dortigen (preisgünstigeren) Lebensumständen bestimmen.[661] Oft wird allerdings während der Phase, in der

68

---
656 OLG Jena, Beschl. vom 27.4.2015 – 1 Ws 531/15, FS 2016, 73.
657 Siehe OLG Brandenburg, Beschl. vom 7.2.2017 – 2 Ws (Vollz) 227/16 (juris).
658 *Arloth/Krä* § 51 StVollzG Rdn. 3; BeckOK-*Kuhn* § 51 StVollzG Rdn. 6.
659 Vgl. BT-Drucks. 7/918, 70.
660 Dazu bereits BT-Drucks. 7/918, 71.
661 OLG Celle NStZ 1983, 239.

das Überbrückungsgeld anzusparen ist, noch nicht feststehen, ob es zur Aufenthaltsbeendigung kommt. Eine dergestalt abgewogene Entscheidung ist gleichwohl nach Möglichkeit erforderlich, da jede über den Vier-Wochen-Bedarf hinausgehende Festsetzung von Überbrückungsgeld rechtswidrig bleibt (zum Rechtsweg s. Rdn. 96), weil sie einerseits die Verfügungsbefugnis des Gefangenen über seine Bezüge, andererseits die Pfändungsmöglichkeit von Gläubigern (vgl. dazu Rdn. 93 ff) in gesetzwidriger Weise beschränken würde.[662] Ist die Höhe des Überbrückungsgeldes durch die beschriebene Zweckbestimmung indirekt vorgegeben und muss die Anstaltsleitung diese nach den Lebensumständen, die den Verurteilten nach seiner Entlassung erwarten, – unter Einbeziehung der allgemeinen wirtschaftlichen Verhältnisse – bestimmen, so steht ihr hierfür **kein Ermessen** zu.[663] Der Vollzugsbehörde ist insoweit auch **kein Beurteilungsspielraum** eröffnet.[664] Denn hierbei handelt es sich um keine Entscheidung, hinsichtlich deren die Anstaltsleitung aufgrund des persönlichen Umgangs mit den Inhaftierten und eines spezifischen Fachwissens sich einen sachnäheren Eindruck verschaffen könnte mit der Folge einer ihr zustehenden Entscheidungsprärogative.[665]

69   **bb)** Müsste nach der Intention des Gesetzgebers der anzusparende Betrag individuell bestimmt werden, setzt demgegenüber in der Praxis schon wegen des mit individuellen Ermittlungen verbundenen erheblichen Aufwands[666] die Landesjustizverwaltung (**HH:** die Aufsichtsbehörde, § 47 Abs. 1 Satz i.V.m. § 111) die **angemessene Höhe** des Überbrückungsgeldes jeweils pauschalisiert fest (so schon VV Nr. 1 Abs. 2 Sätze 1 und 2 zu § 51 StVollzG). Nicht klar wird, ob dies in Sachsen-Anhalt möglich bleiben soll, wenn dort die Zuständigkeit zur Festsetzung beim Anstaltsleiter angesiedelt ist (**ST** § 69 Abs. 2 Satz 2). Gem. VV Nr. 1 Abs. 2 Satz 2 zu § 51 StVollzG i.d.F. von 2001 sollte dabei das **Vierfache des** nach § 22 BSHG festgesetzten **monatlichen Mindestbetrags des Sozialhilferegelsatzes** nicht unterschritten werden. An die Stelle von § 22 BSHG ist zum 1.1.2005 § 28 SGB XII getreten. Die monatlichen Mindestbeträge des Regelsatzes werden jeweils von den Landessozialverwaltungen aufgrund des § 28 SGB XII bemessen (etwa **BW** Nr. 1.1 Satz 2 VV zu § 52 III), wobei Grundlage die tatsächlichen statistisch ermittelten Verbrauchsausgaben von Haushalten in unteren Einkommensgruppen sind. § 31 Nr. 2 VV zum HStVollzG orientieren sich am vierfachen Regelsatz gem. § 20 Abs. 2 Satz 1 SGB II (Regelbedarfsstufe 1). Die jährliche Änderung der Regelsätze hat eine entsprechende Änderung des Überbrückungsgeld-Solls zur Folge. Zwar erscheinen hiernach die von den Landesjustizverwaltungen festgesetzten Beträge in der Regel sachgerecht. Jedoch besteht ungeachtet des Widerspruchs zur Intention des Gesetzgebers, individuell angemessene Einzelfallentscheidungen zu treffen (s. Rdn. 68),[667] die Gefahr, dass in untypischen, vom Durchschnittsfall abweichenden Konstellationen das Überbrückungsgeld zu hoch oder zu niedrig festgesetzt wird.

70   Für den letzten Fall sah bereits VV Nr. 1 Abs. 2 Satz 3 zu § 51 StVollzG unter Berücksichtigung der Umstände des Einzelfalles auch die **Festsetzung eines höheren Betrages** vor. Umgekehrt muss aber wegen der erforderlichen Einzelfallentscheidung und des auch bei

---

662   OLG Hamm ZfStrVo 1985, 380.
663   OLG Hamm NStZ 1989, 360; OLG Karlsruhe ZfStrVo 2003, 251; AK-*Galli* Teil II § 56 Rdn. 18.
664   So auch OLG Karlsruhe ZfStrVo 2003, 251; Beschl. vom 4.11.2014 – 2 Ws 344/14, NStZ-RR 2015, 92; *C/MD* § 51 Rdn. 2; *Laubenthal/Nestler/Neubacher/Verrel* F Rdn. 179; a.A. *Arloth/Krä* § 51 StVollzG Rdn. 4; BeckOK-*Kuhn* § 51 StVollzG Rdn. 10.
665   Zur Problematik *Laubenthal* Rdn. 813.
666   Vgl. OLG Karlsruhe, Beschl. vom 4.11.2014 – 2 Ws 344/14, NStZ-RR 2015, 92, 93; *Arloth/Krä* § 51 StVollzG Rdn. 4.
667   Ebenso krit. *Volckart* ZfStrVo 1983, 41 f; *Seebode* NStZ 1984, 335.

dem Eingriff der Vollzugsbehörde in die Verfügungsbefugnis des Gefangenen über sein Geld (vgl. Rdn. 68) zu beachtenden Grundsatzes der Verhältnismäßigkeit **die Festsetzung einer geringeren Überbrückungsgeldhöhe** möglich sein,[668] wenn etwa aufgrund außerhalb der Anstalt erzielten ausreichenden Einkommens (z.B. eines in der Anstalt arbeitenden Rentners, Rdn. 72) oder Vermögens oder aber wegen Abschiebung des Strafgefangenen nach Strafverbüßung in sein Heimatland (s. Rdn. 68) Anhaltspunkte dafür vorliegen, dass ein Überbrückungsgeld in der üblichen Höhe nicht erforderlich ist.[669] Vollkommen verzichtet werden kann auf die Bildung eines Überbrückungsgeldes jedoch nicht (s. Rdn. 72).[670] Vom Normalfall abweichende Einzelfallentscheidungen darf der Anstaltsleiter nur treffen, wenn ihm die Lebensverhältnisse des Gefangenen hinreichend bekannt sind. So hat er den Gefangenen selbst zu befragen sowie ggf. durch den sozialen Dienst der Anstalt die notwendigen tatsächlichen Grundlagen evtl. in Zusammenarbeit mit der Gerichtshilfe, den Sozialbehörden oder einem früheren Bewährungshelfer zu ermitteln.

Eine detaillierte gesetzliche Regelung findet sich nur in **Nordrhein-Westfalen**. Zu den Mitteln für den Gefangenen, die sich nach dem in Rdn. 69 Gesagten bemessen, sollen solche für Unterhaltsberechtigte in Höhe mindestens des zweifachen monatlichen Mindestbetrags hinzutreten (**NW** § 37 Abs. 1 Satz 2). Das Land greift damit auf, was bis zum Jahr 2001 nach den VV a.F. zu § 51 StVollzG praktiziert wurde. Freilich hat man seinerzeit von einer **Berücksichtigung Angehöriger** gerade Abstand genommen, weil Gefangene je nach Interessenlage deren Existenz vorgespiegelt oder verschwiegen hatten und die Kosten eines Alleinstehenden für die Wiedereingliederung höher sein mögen als diejenigen eines Anderen, der etwa in die Familienwohnung zurückkehrt.[671] Der Landesgesetzgeber betont, der Nachweis vorhandener Angehöriger obliege in erster Linie den Gefangenen selbst. Die Anstalt könne sich zur Überprüfung insbesondere des Urteils, vorhandener Sozialberichte sowie der Auskünfte von Meldeämtern am letzten bekannten Wohnsitz und Ausländerbehörden bedienen.[672] 71

b) Bildung des Überbrückungsgeldes. Das Überbrückungsgeld ist in jedem Fall zu bilden. Das gilt auch in Ansehung von Inhaftierten, die z.B. als Rentner nicht der Arbeitspflicht unterliegen, gleichwohl aber auf freiwilliger Basis arbeiten können.[673] Damit wird die Bedeutung dieser wirtschaftlichen Vorsorge für die Übergangszeit von der Haft in die Freiheit noch einmal besonders betont. Bestehende Vermögenswerte oder Einkünfte unterliegen – bis zu den gesetzlichen Pfändungsfreigrenzen – Pfändungsrisiken, so dass sie nicht stets mit Gewissheit zur Sicherung des notwendigen Lebensunterhalts in den ersten vier Wochen nach der Entlassung dienen können.[674] Auch eine beabsichtigte Abschiebung des Gefangenen nach Strafverbüßung ins Ausland (s. dazu Rdn. 68) befreit weder die Vollzugsanstalt noch den Gefangenen von der Bildung eines Überbrückungsgeldes, denn die Normen unterscheiden nicht zwischen solchen Inhaftierten, die nach ihrer Strafverbüßung in Deutschland eingegliedert werden sollen und 72

---

668 Wie hier *Arloth/Krä* § 51 StVollzG Rdn. 4; AK-*Galli* Teil II § 56 Rdn. 18.
669 Ähnlich *Arloth/Krä* § 51 StVollzG Rdn. 4; s. auch OLG Celle, Beschl. vom 27.5.2011 – 1 Ws 179/11 (StrVollz), Rechtspfleger 2011, 565.
670 OLG Karlsruhe, Beschl. vom 23.6.2016 – 1 Ws 107/16, Beck-Rs 2016, 13047 Rdn. 7; *Laubenthal/Nestler/Neubacher/Verrel* F Rdn. 181.
671 Zum Ganzen *Arloth/Krä* § 51 StVollzG Rdn. 4.
672 **NW**-LT-Drucks. 16/5413, 119; vgl. dazu auch KG, Beschl. vom 12.9.2011 – 2 Ws 294/11 Vollz, FS 2012, 114.
673 OLG Celle, Beschl. vom 27.5.2011 – 1 Ws 179/11 (StrVollz), Rechtspfleger 2011, 565, 566; OLG Frankfurt, Beschl. vom 23.7.2015 – 3 Ws 30/15 (StVollz), FS 2016, 73; anders noch OLG Celle, Beschl. vom 13.11.2007 – 1 Ws 377/07, NStZ-RR 2008, 294.
674 *Arloth/Krä* § 51 StVollzG Rdn. 4.

(z.B. abzuschiebenden) Ausländern sowie Deutschen, die nach ihrer Strafverbüßung in das Ausland ausreisen bzw. auswandern.

73   **aa)** Aus den in Rdn. 67 aufgeführten Vorschriften folgt, dass zur Bildung des Überbrückungsgeldes **alle Bezüge** des Gefangenen – mit Ausnahme des Taschengeldes – nach dem jeweiligen Vollzugsgesetz und das Entgelt aus einem freien Beschäftigungsverhältnis oder der Selbstbeschäftigung in Anspruch zu nehmen sind. Dementsprechend bestimmte bereits VV Nr. 1 Abs. 1 Satz 1 zu § 51 StVollzG, dass bis zur Erreichung der angemessenen Höhe des Überbrückungsgeldes (**HH:** § 47 Abs. 1 Satz 1) diesem das Arbeitsentgelt oder die Ausbildungsbeihilfe in der Höhe zugeführt wird, in der diese Bezüge nicht als Hausgeld zur Verfügung gestellt werden müssen. – Im Anschluss an § 104 Abs. 3 StVollzG sehen einige Landesgesetze vor, dass **Hausgeld** dem Überbrückungsgeld hinzugerechnet wird, wenn es für einen Zeitraum anfällt, in dem die Befugnis zur Verfügung über das Hausgeld als **Disziplinarmaßnahme** beschränkt oder entzogen ist (**BW** § 83 Abs. 3 III, **BY** Art. 111 Abs. 3, **HH** § 87 Abs. 3 Satz 1, **HE** § 56 Abs. 3 Satz 3, **NI** § 47 Abs. 1 Satz 2 HS. 1, **NW** § 82 Abs. 3, **ST** § 69 Abs. 1 Satz 2 HS. 1). Die Vorschriften stellen klar, dass das Geld dem Gefangenen erhalten bleibt und die Verfügungsbeschränkung nicht die Wirkungen einer verkappten Geldstrafe mit sich bringt. Unzulässig wäre die Umbuchung des Hausgeldes zum (pfändbaren!) Eigen- statt zum Überbrückungsgeld.[675] Bei dem Gesagten hat es selbst dann sein Bewenden, wenn die Hinzurechnung ein Überschreiten der festgesetzten Höhe des Überbrückungsgeldes bewirkt (ausdrücklich nur **NI** § 47 Abs. 1 Satz 2 HS. 2, **ST** § 69 Abs. 1 Satz 2 HS. 2).[676] **HH** § 87 Abs. 3 Satz 2 schreibt insoweit vor, die Festsetzung des Überbrückungsgeldsolls an das Ist anzupassen. – **Sachsen** ordnet abweichend die Gutschrift des Hausgeldes zum Eigengeld an (**SN** § 91 Abs. 3), nachdem dort die Bildung von Überbrückungsgeld nicht mehr vorgeschrieben ist (Rdn. 65). Wurde dem Gefangenen die Bildung freiwilligen Überbückungsgeldes (Rdn. 97) gestattet und ist dessen Soll noch nicht erreicht, bleibt auch der nach **SN** § 91 Abs. 3 gutgeschriebene Betrag unpfändbar (vgl. Rdn. 98).[677]

74   Im Falle verzinslich angelegten Überbrückungsgeldes (s. Rdn. 80) dürfen die erwachsenen **Zinsen und Zinseszinsen** nicht dem Überbrückungsgeld zugerechnet werden, da es sich hierbei um sog. unmittelbare Rechtsfrüchte der von der Anstalt dem Geldinstitut zeitweise überlassenen Geldsumme i.S. von § 99 Abs. 2 BGB,[678] nicht aber um Bezüge des Gefangenen handelt.[679] Zinsen und Zinseszinsen sind also mangels gesetzlicher (Eingriffs-)Grundlage keine Quelle des „Zwangssparens" und können daher allenfalls (vgl. Rdn. 80 a.E.) dem Eigengeldkonto des Gefangenen gutgeschrieben werden (vgl. Rdn. 104). Entsprechendes gilt für Eigengeld, welches weder ganz noch teilweise als Überbrückungsgeld unmittelbar behandelt noch als solches herangezogen werden kann; Umbuchungen vom Eigengeld- auf das Überbrückungsgeldkonto sind unzulässig.[680] In Baden-Württemberg ist hinsichtlich des Sondergeldes die Umwidmung nach **BW** § 54 Abs. 3 Satz 1 III zu beachten.

---

675   LG Karlsruhe, Beschl. vom 30.12.1981 – StVK 657/81, NStZ 1982, 263; zum Ganzen auch Voraufl. § 104 Rdn. 4; *Arloth/Krä* § 104 StVollzG Rdn. 3.
676   So auch OLG Hamm, Beschl. vom 31.7.2012 – III-1 Vollz (Ws) 326/12, Beck-Rs 2012, 18689; *Laubenthal/Nestler/Neubacher/Verrel* M Rdn. 227.
677   Ebenso *Arloth/Krä* § 91 SächsStVollzG Rdn. 4.
678   S. Palandt-*Ellenberger* § 99 Rdn. 3.
679   So auch AK-*Galli* Teil II § 56 Rdn. 21; BeckOK-*Kuhn* § 51 StVollzG Rdn. 20; *Laubenthal/Nestler/Neubacher/Verrel* F Rdn. 182; a.A. *Arloth/Krä* § 51 StVollzG Rdn. 8.
680   OLG Hamm, Beschl. vom 19.11.1987 – 1 Vollz (Ws) 82/87, NStZ 1988, 247; *Arloth/Krä* § 51 StVollzG Rdn. 5 a.E.

bb) (1) Die Inanspruchnahme des Arbeitsentgelts oder der Ausbildungsbeihilfe für 75 die Bildung des Überbrückungsgeldes ist **in der Regel** auf **vier Siebtel der Bezüge** begrenzt, weil drei Siebtel von ihnen dem Gefangenen als Hausgeld zur Verfügung zu stellen sind (oben Rdn. 23; deutlich auch **HH** § 47 Abs. 1 Satz 1). Bei Gefangenen, die in einem freien Beschäftigungsverhältnis stehen oder denen eine Selbstbeschäftigung gestattet ist, wird der dem Überbrückungsgeld zuzuführende Anteil an den Bezügen vom Anstaltsleiter frei (**NI** § 47 Abs. 1 Satz 1 Nr. 2, **ST** § 69 Abs. 1 Satz 1 Nr. 2: zu einem angemessenen Teil) bestimmt. Jedoch sollte bei Gefangenen in freien Beschäftigungsverhältnissen der für das Überbrückungsgeld vorgesehene Anteil den Betrag des Hausgeldes nicht unterschreiten (vgl. auch VV Nr. 1 Abs. 1 Satz 2 zu § 51 StVollzG).[681]

(2) Im Hinblick auf den Umstand, dass das Überbrückungsgeld in der Regel erst zur 76 Entlassung des Gefangenen zur Verfügung stehen soll (s. Rdn. 78, zur Ausnahme Rdn. 87 ff), hat sich in der Rechtsprechung die Tendenz herausgebildet, dass das Überbrückungsgeld im Wege von bestimmten **Sparraten**, die kleiner sind als der dafür zur Verfügung stehende Teil der Bezüge nach Abzug des Hausgeldes, anzusparen ist, wenn die voraussichtliche Zeit der Strafverbüßung ausreicht, um den festgesetzten Überbrückungsgeldbetrag mit diesen niedrigen Sparraten zu erreichen.[682] Allerdings folgt dann aus dem Zweck des Überbrückungsgeldes nicht, dass die zu erbringenden Raten so niedrig bemessen sein müssen, dass das Überbrückungsgeld zum voraussichtlichen Entlassungszeitpunkt gerade rechnerisch erreicht wird. Vielmehr ist bei der Festsetzung der Ansparraten allen denkbaren Eventualitäten Rechnung zu tragen, die ein weiteres Ansparen verhindern oder eine Inanspruchnahme des Überbrückungsgeldes mit sich bringen könnten.[683] Diese insbesondere für Gefangene mit längeren Freiheitsstrafen und solchen im freien Beschäftigungsverhältnis Befindlichen entwickelte **Rechtsprechung** wird vor allem damit begründet, dass bei einem Zwang zu einer vor der Strafentlassung erfolgten, vorzeitigen Ansparung des Überbrückungsgeldes sowohl der Inhaftierte (der über das sonst jeweils übrig bleibende Geld als Eigengeld verfügen könnte) als auch Gläubiger (denen sonst der Zugriff auf das nicht als Überbrückungsgeld notwendige Eigengeld offen stünde) unverhältnismäßig eingeschränkt würden.[684] Wenngleich es zutrifft, dass fast alle Gesetze keine Bestimmung enthalten, in welchem Zeitraum das Überbrückungsgeld anzusparen ist, insbesondere keine Vorschrift besagt, dass jeweils volle vier Siebtel der monatlichen Bezüge dem Überbrückungsgeldkonto gutzuschreiben sind, kann dem Ausgangspunkt der sog. Sparraten-Rechtsprechung im Kern **nicht gefolgt** werden: Entgegen der Behauptung,[685] wonach sich aus dem „variablen Spar-Soll" für das Überbrückungsgeld ergeben solle, was pfändungsfrei sei bzw. der Pfändung unterliege, regelt **§ 51 Abs. 4 Satz 2 StVollzG** eindeutig, dass der Anspruch auf Auszahlung des Eigengeldes in Höhe des Unterschiedsbetrages zur festgesetzten Höhe des Überbrückungsgeldes unpfändbar ist, mithin also von vornherein ungeachtet des jeweiligen Vollzugsstandes Überbrückungsgeld (§ 50 Abs. 4 Satz 1 StVollzG), hilfsweise Eigengeld (§ 50 Abs. 4 Satz 2 StVollzG), nicht als variable Größe, sondern in Höhe des Endsolls unpfändbar ist.[686] Die im Wesentlichen anhand des § 83 Abs. 2 Satz 3 StVollzG entwickelte

---

681 Zustimmend *Arloth/Krä* § 51 StVollzG Rdn. 5.
682 OLG Celle ZfStrVo 1983, 307; OLG Koblenz ZfStrVo 1986, 185.
683 OLG Koblenz ZfStrVo 1993, 309; OLG Hamburg ZfStrVo 2003, 118; a.A. OLG Frankfurt, Beschl. vom 22.2.2006 – 3 Ws 762-763/05 (StVollz), NStZ-RR 2006, 156: nur bei entsprechender konkreter Gefahr.
684 So bereits OLG Celle ZfStrVo 1983, 307.
685 S. *Volckart* ZfStrVo 1983, 42 f.
686 So zu Recht auch *Arloth/Krä* § 51 StVollzG Rdn. 5.

Sparraten-Rechtsprechung[687] hat zur Folge, dass der Gefangene über als Überbrückungsgeld nicht notwendiges Eigengeld verfügen kann, das gem. § 51 Abs. 4 Satz 2 StVollzG jedoch (noch) der Unpfändbarkeit unterliegt;[688] das ist ein unhaltbares Ergebnis, weil die Schutzfunktion des § 51 Abs. 4 Satz 2 StVollzG (s. hierzu noch Rdn. 93) ins Leere ginge. In Niedersachsen und Sachsen-Anhalt hat man dem deshalb durch Modfikation der Regelung abzuhelfen versucht (unten Rdn. 106).

77 In **Nordrhein-Westfalen** wurde allerdings unter ausdrücklicher Berufung auf die Judikatur die **Sparraten-Rechtsprechung in das Gesetz übernommen**. NW § 37 Abs. 2 ordnet dort nunmehr an, das Überbrückungsgeld in durch die Anstalt festzusetzenden angemessenen, auf den voraussichtlichen Entlassungszeitpunkt abgestimmten Beträgen anzusparen. Dabei ist die Höhe der Teilbeträge regelmäßig zu überprüfen und bei grundlegenden Veränderungen anzupassen. Sagt der Gesetzgeber, der die festgesetzte Rate übersteigende Betrag stehe zur Verfügung der Gefangenen, aber auch dem Zugriff der Gläubiger offen,[689] wird die nicht zur Disposition der Länder stehende (Rdn. 95) Unpfändbarkeit des Überbrückungsgeldsolls (Rdn. 93) in toto außer Acht gelassen. In den anderen Ländern sollte trotz dieser „Aufwertung" der Judikatur bei **verschuldeten Gefangenen** das Überbrückungsgeld so bald als möglich vollständig angespart werden, damit sodann die ebenso resozialisierungsförderliche Entschuldung beginnen kann.[690]

c) Auszahlung des Überbrückungsgeldes

78 **aa)** Das Überbrückungsgeld wird dem Gefangenen gem. § 51 Abs. 2 Satz 1 StVollzG, **BW** § 52 Abs. 2 Satz 1 III, **BY** Art. 51 Abs. 2 Satz 1, **HB** § 56 Abs. 2 Satz 1, **HH** § 47 Abs. 2 Satz 2, **HE** § 42 Abs. 2 Satz 1, **NI** § 47 Abs. 3 Satz 1, **NW** § 37 Abs. 3 Satz 1, **ST** § 69 Abs. 3 Satz 1, **SH** § 77 Abs. 2 Satz 1, **TH** § 143 Abs. 4 Satz 1 erst **bei seiner Entlassung in die Freiheit** ausgezahlt. Diese Voraussetzung ist nicht erfüllt, wenn der Gefangene unmittelbar im Anschluss an eine Verbüßung von Strafhaft in Untersuchungshaft, in eine andere Haftform oder in eine andere Art der Freiheitsentziehung (z.B. nach § 126 a StPO oder § 63 StGB) genommen wird. Eine Notwendigkeit für die vom Gesetz bezweckte finanzielle Stützung in der ersten Zeit nach der Entlassung besteht in diesen Fällen nicht.[691] Ist Voraussetzung für die Fälligkeit des Überbrückungsgeldes die Entlassung des Verurteilten und dient es der Förderung eines möglichst konfliktfreien Übergangs in das Leben außerhalb des Strafvollzugs, besteht kein Anspruch auf Auszahlung, wenn der Gefangene nicht entlassen wird, sondern sich der weiteren Inhaftierung durch Flucht entzieht.[692] Der Anspruch des Betroffenen auf Auszahlung des Überbrückungsgeldes wird nicht dadurch berührt, dass die schuldende JVA eine Umbuchung (in Höhe des angesparten Überbrückungsgeldes) nach Flucht des Gefangenen aus dem Vollzug zugunsten des Landeshaushalts vorgenommen hat; demgemäß muss nach Wiederergreifen des Gefangenen für eine entsprechende Rücküberweisung auf dessen Überbrückungsgeldkonto Sorge getragen werden.[693]

---

687 S. OLG München ZfStrVo 1980, 122; OLG Zweibrücken NStZ 1984, 479; OLG Frankfurt ZfStrVo 1986, 380; OLG Hamm, Beschl. vom 19.11.1987 – 1 Vollz (Ws) 82/87, NStZ 1988, 247; OLG Hamburg ZfStrVo 2003, 118.
688 Zutreffend *Kusch* ZfStrVo 1984, 146; vgl. auch *Seebode* NStZ 1984, 335; a.A. OLG Frankfurt, Beschl. vom 5.8.2011 – 3 Ws 13/11 (StVollz), NStZ-RR 2012, 127, 128.
689 NW-LT-Drucks. 16/13470, 323.
690 OLG Karlsruhe, Beschl. vom 23.6.2016 – 1 Ws 107/16, Beck-Rs 2016, 13047 Rdn. 8; *Arloth/Krä* § 51 StVollzG Rdn. 5 a.E.
691 OLG Schleswig ZfStrVo 1980, 62; OLG Bremen NStZ 1992, 376; OLG Bamberg, Beschl. vom 1.8.2018 – 1 Ws 191/2018, FS SH 2019, 5.
692 OLG Celle NStZ-RR 2007, 95.
693 OLG Koblenz ZfStrVo 1988, 371.

(1) Vor Auszahlung besteht das **Überbrückungsgeld** lediglich aus einem noch nicht 79
fälligen Zahlungsanspruch des Gefangenen gegen die Anstalt bzw. das Bundesland, das
sie unterhält.[694] Der Gefangene kann nicht darüber verfügen (**HH** § 47 Abs. 3 Satz 1) und
hat deshalb keinen Rechtsanspruch auf Übertragung des Überbrückungsgeldes auf ein
auf seinen Namen lautendes Sparkonto, da diese Art der Geldverwaltung auf eine
vorzeitige und damit gesetzwidrige Erfüllung des Anspruchs hinausliefe.[695]

(2) Darüber hinaus hat der Gefangene weder kraft Gesetzes noch aus Fürsorgepflicht 80
einen Anspruch auf **zinsbringende Anlage** des Überbrückungsgeldes bis zur Auszahlung, also auch nicht auf Einzahlung des Überbrückungsgeldes auf ein verzinsliches
Sparkonto der Justizvollzugsanstalt.[696] Die Strafvollzugsgesetze sehen für Gelder, die ein
Gefangener nicht in seinem Gewahrsam haben darf, lediglich die Verpflichtung zur Aufbewahrung, d.h. zur Erhaltung der vorhandenen Werte vor (vgl. § 83 Abs. 2 StVollzG, **BW**
§ 63 Abs. 2 III, **BY** Art. 90 Abs. 2, **HB** § 59 Abs. 3, **HH** § 69, **HE** § 20 Abs. 2, **NI** § 45 Abs. 1
Satz 2, **ST** § 67, **SH** § 73), nicht aber die Verpflichtung, für eine Vermehrung durch verzinsliche Aufbewahrung des Geldes zu sorgen. Jedoch hat der Inhaftierte aufgrund einer
aus dem Angleichungsgrundsatz ableitbaren Fürsorgepflicht der Vollzugsbehörde einen
Anspruch auf pflichtgemäße Ermessensentscheidung über den Antrag auf verzinsliche Anlage des Überbrückungsgeldes. Hiernach ist es regelmäßig ermessensfehlerfrei,
wenn die Anstalt das Überbrückungsgeld (erst) auf Antrag bei einem von ihr bestimmten Geldinstitut durch eine von ihr ausgewählte Geldanlageform im eigenen Namen
(Rdn. 79),[697] aber auf Rechnung des Strafgefangenen verzinslich anlegt. Allerdings darf
die Vollzugsbehörde bei der Ausübung ihres Ermessens auch im Hinblick auf die Höhe
der anzulegenden Beträge unter dem Gesichtspunkt der Verhältnismäßigkeit den jeweiligen Verwaltungsaufwand berücksichtigen.[698] Aktuell lassen sich Renditen nur bei Wahl
riskanterer bzw. komplexerer Anlageformen überhaupt noch erzielen; die Tätigung solcher Geschäfte kann von der Anstalt nicht verlangt werden.

(3) Probleme ergeben sich bei der **Verlegung** des Gefangenen **aus einem Land, das** 81
kein Überbrückungsgeld mehr kennt, in ein solches, in dem es zu bilden ist, sowie in
der umgekehrten Konstellation. Im ersten Fall wird das Ansparen ggf. neu begonnen,
obwohl in der restlichen Haftdauer u.U. kein hoher Betrag mehr gebildet werden kann.
Die Umwandlung von Eigengeldguthaben in Überbrückungsgeld ist ohne Rechtsgrundlage hierfür grundsätzlich unzulässig. Nur **Nordrhein-Westfalen** regelt, dass Gelder, die
die Gefangenen vor der Verlegung für die Sicherung des Lebensunterhalts angespart
haben, mit der Gutschrift in der aufnehmenden nordrhein-westfälischen Anstalt als
Überbrückungsgeld behandelt werden (**NW** § 37 Abs. 5). Allerdings setzt das voraus, dass
sich im Recht des abgebenden Landes keine **kollidierenden Bestimmungen** finden, die
bereits aus Gründen der zeitlichen Priorität die Zuweisung zum Überbrückungsgeld ver-

---

694 OLG Hamm ZfStrVo 1983, 309; OLG Celle ZfStrVo 1988, 251.
695 OLG Hamm ZfStrVo 1983, 309; OLG Celle, Beschl. vom 24.1.2013 – 1 Ws 479-481/12 (StrVollz), StraFo 2013, 172; *Laubenthal* Rdn. 474; anders wohl OLG Koblenz, Beschl. vom 14.10.2002 – 1 Ws 325/02, ZfStrVo 2003, 178.
696 A.A. AK-*Galli* Teil II § 56 Rdn. 21; BeckOK-*Kuhn* § 51 StVollzG Rdn. 20 im Anschluss an OLG Braunschweig, Beschl. vom 21.2.1968 – VAs 4/67, NJW 1968, 1344.
697 OLG Celle, Beschl. vom 24.1.2013 – 1 Ws 479-481/12 (StrVollz), StraFo 2013, 172; AK-*Galli* Teil II § 56 Rdn. 21; BeckOK-*Kuhn* § 51 StVollzG Rdn. 20; a.A. Voraufl. § 51 Rdn. 10; *Arloth/Krä* § 51 StVollzG Rdn. 8: auch auf den Namen des Gefangenen.
698 Vgl. auch OLG Hamm, Beschl. vom 19.11.1987 – 1 Vollz (Ws) 82/87, NStZ 1988, 247; *Arloth/Krä* § 51 StVollzG Rdn. 8; *Laubenthal/Nestler/Neubacher/Verrel* F Rdn. 184.

hindern würden. So ist in **Berlin** vorgesehen, dass Eingliederungsgeld bei Verlegung in ein Land, welches jenes nicht kennt, dem Eigengeld gutgeschrieben wird (**BE** § 68 Abs. 2 Satz 3). Bei Verlegung in ein Land, das die Bildung von Überbrückungsgeld vorsieht, können die Berliner Gefangenen spätestens zum Tag der Verlegung erklären, dass ihr Eingliederungsgeld vom aufnehmenden Land als Überbrückungsgeld behandelt werden soll; geben sie bis zur Verlegung keine solche Erklärung ab, wird das Eingliederungsgeld ihrem Eigengeldkonto gutgeschrieben (**BE** § 68 Abs. 2 Satz 4). Nachdem die Gefangenen so gerade die bisherige Zweckbestimmung aufheben, liegen die Voraussetzungen von **NW** § 37 Abs. 5 nicht mehr vor. Weniger problematisch dürfte mangels kollidierenden Rechts die Umwandlung von aus Brandenburg, Rheinland-Pfalz oder Sachsen mitgebrachtem Eingliederungsgeld bzw. freiwilligem Überbrückungsgeld sein, obwohl diese Mittel jeweils zum Eigengeld zählen (Rdn. 97, 99).[699]

82 Wird der Gefangene **aus einem Land, das Überbrückungsgeld vorsieht**, in ein solches verlegt, das jenes nicht mehr kennt, kommt eine Inanspruchnahme des angesparten Betrags nach den für die Verwendung vor der Entlassung geltenden Grundsätzen in Betracht (dazu Rdn. 87 ff). Macht der hierüber belehrte Gefangene von dieser Möglichkeit keinen Gebrauch, bleibt bei Aufnahme in Berlin, Brandenburg, Rheinland-Pfalz oder Sachsen die Fortführung als Eingliederungs- bzw. freiwilliges Überbrückungsgeld möglich; im Übrigen besteht für das aufnehmende Land keine Alternative dazu, die Mittel als Eigengeld zu behandeln und so zu buchen.[700]

83 **bb)** Die Auszahlung des Überbrückungsgeldes erfolgt in der Regel am Entlassungstage in bar an den Gefangenen. Die Vollzugsbehörde wird jedoch durch § 51 Abs. 2 Satz 2 StVollzG, **BW** § 52 Abs. 2 Satz 2 III, **BY** Art. 51 Abs. 2 Satz 2, **HB** § 56 Abs. 2 Satz 2, **HH** § 47 Abs. 2 Satz 3, **HE** § 42 Abs. 2 Satz 2, **NI** § 47 Abs. 3 Satz 2, **NW** § 37 Abs. 3 Satz 2, **ST** § 69 Abs. 3 Satz 2, **SH** § 77 Abs. 2 Satz 2, **TH** § 143 Abs. 4 Satz 2 ermächtigt, nach ihrem Ermessen und ohne Zustimmung des Betroffenen den Betrag ganz oder teilweise **dem Bewährungshelfer oder** (nicht in Hessen) **einer mit der Entlassungsbetreuung befassten Stelle zu überweisen**. In Hessen wird dafür das Vorliegen von Anhaltspunkten vorausgesetzt, der Gefangene werde das Geld nicht zweckentsprechend verwenden; diese Präzisierung wird kaum Unterschiede in der Handhabung bewirken. Nordrhein-Westfalen nennt an Stelle der Bewährungshilfe den ambulanten Sozialen Dienst der Justiz; die Überweisung an eine andere Stelle der Entlassungsvorbereitung setzt hier die Einwilligung des Gefangenen voraus. Die berechtigten Stellen entscheiden dann, wie das Geld an den Gefangenen innerhalb der ersten vier Wochen nach der Entlassung ausgezahlt wird. Gerade bei labilen oder suchtkranken Gefangenen bietet es sich an, z.B. einen Teilbetrag, der die geschätzten Lebenshaltungskosten unter Berücksichtigung der konkreten Entlassungsverhältnisse für drei bis vier Tage abdeckt, am Entlassungstag an ihn persönlich auszuzahlen und den Rest dem Bewährungshelfer bzw. der Betreuungsstelle zu überweisen. Bewährungshilfe meint auch diejenige als Organ der Führungsaufsicht (§ 68a StGB).[701]

84 **cc)** Der Bewährungshelfer oder die Betreuungsstelle sind nach § 51 Abs. 2 Satz 3 StVollzG, **BW** § 52 Abs. 2 Satz 3 III, **BY** Art. 51 Abs. 2 Satz 3, **HB** § 56 Abs. 2 Satz 3, **HH** § 47 Abs. 2 Satz 4, **NI** § 47 Abs. 3 Satz 3, **ST** § 69 Abs. 3 Satz 3, **SH** § 77 Abs. 2 Satz 3, **TH** § 143 Abs. 4 Satz 3 verpflichtet, das Überbrückungsgeld von ihrem Konto gesondert zu halten.

---

699 Vgl. auch *Arloth/Krä* § 73 BbgJVollzG Rdn. 2 a.E.
700 Zum Ganzen *Arloth/Krä* § 51 StVollzG Rdn. 7 a.E., 9a.
701 Vgl. *Arloth/Krä* § 42 HStVollzG Rdn. 1.

In Nordrhein-Westfalen bildet dies die Voraussetzung für die Überweisung an die betreffende Stelle (**NW** § 37 Abs. 3 Satz 2 HS. 2). Die damit vorgeschriebene **treuhänderische Verwaltung** des Überbrückungsgeldes auf einem Sonderkonto ist dem Andergeldkonto des Notars nachgebildet. Durch die Auszüge über das Sonderkonto soll die notwendige Überschaubarkeit über die Geldbewegungen gewährleistet werden. Zugleich dient die Regelung dem Schutz des Überbrückungsgeldes bei einer eventuellen Zwangsvollstreckung in das Vermögen des Bewährungshelfers bzw. der Betreuungsstelle.[702] Bewährungshelfer bzw. Betreuungsstelle sind verpflichtet, das ihnen überwiesene Überbrückungsgeld spätestens nach vier Wochen auszuzahlen. Es darf von ihnen nicht anderweitig verwendet werden. In Hessen fehlt eine entsprechende Regelung.

dd) Der Gefangene kann ferner gem. § 51 Abs. 2 Satz 4 StVollzG, **BW** § 52 Abs. 2 Satz 4 III, **BY** Art. 51 Abs. 2 Satz 4, **HB** § 56 Abs. 2 Satz 4, **HH** § 47 Abs. 3 Satz 5, **NI** § 47 Abs. 3 Satz 4, **NW** § 37 Abs. 3 Satz 3, **ST** § 69 Abs. 3 Satz 4, **SH** § 77 Abs. 2 Satz 4, **TH** § 143 Abs. 4 Satz 4 zustimmen (**NW**: einwilligen, also die Zustimmung – aus Datenschutzgründen[703] – zwingend nur im Vorhinein erteilen), dass eine Überweisung des Überbrückungsgeldes an den (**TH**: oder die) **Unterhaltsberechtigten** erfolgt. Das kommt vornehmlich dann in Betracht, wenn der Gefangene in seine Familie zurückkehrt, in der – unter Verwendung des Überbrückungsgeldes – sein notwendiger Lebensunterhalt gesichert ist. Ein solches Verfahren setzt ein erhebliches Vertrauen der Vollzugsbehörde und des Gefangenen in den Unterhaltsberechtigten voraus, denn dieser ist nicht an dieselben Beschränkungen wie Bewährungshelfer oder Stelle der Entlassungsbetreuung gebunden. Die Zustimmung des Inhaftierten soll regelmäßig schriftlich erfolgen. In Hessen ist die Überweisung an Unterhaltsberechtigte nicht mehr vorgesehen. 85

ee) Bis zur Einfügung von **§ 11a Abs. 6 Satz 1 SGB II** mit Wirkung vom 1.8.2016[704] war das ausgezahlte Überbrückungsgeld bei der Gewährung von Arbeitslosengeld nach dem SGB II bzw. von Grundsicherungsleistungen nach dem SGB XII als zu berücksichtigendes Einkommen für die ersten vier Wochen nach Haftentlassung grundsätzlich bedarfsmindernd einzusetzen.[705] Der Gesetzgeber hat in Abweichung davon und im Vergleich zu § 11a Abs. 3 Satz 1 SGB II spezieller[706] nunmehr angeordnet, dass Überbrückungsgeld nach § 51 StVollzG oder entsprechenden landesrechtlichen Regelungen (Rdn. 65) nicht als Einkommen zu berücksichtigen ist, soweit es den Bedarf der leistungsberechtigten Person für 28 Tage übersteigt. Die Berücksichtigung des danach verbleibenden Teils des Überbrückungsgeldes als Einkommen erfolgt gem. § 11 Abs. 3 SGB II, indem der Betrag auf einen Zeitraum von sechs Monaten gleichmäßig verteilt wird, damit es **nicht zu einem Ausschluss von Sozialleistungen**, namentlich solchen der Eingliederung in Arbeit nach dem SGB II, während der 28 Tage mit zu berücksichtigendem Einkommen kommt (§ 11a Abs. 6 Satz 2 SGB II). Dank der Neuregelung wird auch sofortiger Krankenversicherungsschutz gewährleistet.[707] Gilt § 11a Abs. 6 Satz 1 SGB II für alle dem Überbrückungsgeld vergleichbaren Leistungen nach landesrechtlichen Rege- 86

---

702 BT-Drucks. 7/3998, 14.
703 **NW** LT-Drucks. 16/13470, 323.
704 Durch Art. 1 Nr. 9 Neuntes Gesetz zur Änderung des SGB II usw. vom 26.7.2016, BGBl. I, 1824.
705 Vgl. BSG, Urt. vom 6.10.2011 – B 14 AS 94/10 R, Beck-Rs 2012, 68669, Rdn. 15 ff; Urt. vom 22.8.2013 – B 14 AS 78/12 R, NJOZ 2014, 1957, 1958 ff; Urt. vom 28.10.2014 – B 14 AS 36/13 R, BSGE 117, 179, 181 ff; Urt. vom 24.4.2015 – B 4 AS 22/14 R, NJW 2015, 3803 f; dazu *Dick* info also 2015, 111 f; noch weitergehend BVerwG NJW 1991, 1989; a.A. *Arloth/Krä* § 195 StVollzG Rdn. 5a; AK-*Galli* Teil II § 56 Rdn. 26.
706 S. Knickrehm/Kreikebohm/Waltermann-*G. Becker* 2017, § 11a Rdn. 25.
707 Zum Ganzen BT-Drucks. 18/8041, 34; *Arloth/Krä* § 51 StVollzG Rdn. 1a, § 195 StVollzG Rdn. 5a a.E.

lungen, fällt bei Entlassung ausgezahltes freiwilliges Überbrückungsgeld bzw. Eingliederungsgeld (Rdn. 97 ff) auch unter die Vorschrift.[708] Trotz insoweit im Vergleich zum Überbrückungsgeld großzügigerer Verfügungsmöglichkeiten während der Inhaftierung folgt die Vergleichbarkeit aus der identischen Zielrichtung, zumal wenn die Mittel bei Haftentlassung noch vorhanden sind.

d) Verwendung vor der Entlassung

87 aa) Der Anstaltsleiter kann nach § 51 Abs. 3 StVollzG, **BW** § 52 Abs. 3 III, **BY** Art. 51 Abs. 3, **HB** § 56 Abs. 3 Satz 1, **HE** § 42 Abs. 3 Satz 1, **NI** § 47 Abs. 4, **NW** § 37 Abs. 4, **ST** § 69 Abs. 4, **SH** § 77 Abs. 3 gestatten, dass das Überbrückungsgeld für Ausgaben in Anspruch genommen wird, die der Eingliederung des Gefangenen dienen.[709] Das darf jedoch **vor der Entlassung** während der Haft nur **ausnahmsweise** und nur in ganz engen Grenzen erfolgen; der Schutzzweck des Überbrückungsgeldes darf nicht ausgehöhlt werden.[710] Der Anstaltsleiter soll von der Ermächtigung nur und insoweit Gebrauch machen, als zu erwarten ist, dass dem Gefangenen bei seiner Entlassung gleichwohl noch ein Überbrückungsgeld in angemessener Höhe zur Verfügung steht (so schon VV Nr. 2 Abs. 1 zu § 51 StVollzG; ausdrücklich nur **NW** § 37 Abs. 4 a.E. für alle zulässigen Verwendungsmöglichkeiten).[711] Deshalb ist es jedenfalls bei noch nicht anstehender Entlassung rechtsfehlerhaft, das Überbrückungsgeld-Soll um den Entnahmebetrag herabzusetzen.[712] Es wurde sogar als ermessensfehlerfrei gewertet, wenn der Anstaltsleiter wegen des Ausnahmecharakters von § 51 Abs. 3 StVollzG die Inanspruchnahme des Überbrückungsgeldes deshalb abgelehnt hat, weil der Gefangene über ausreichendes Eigengeld verfügte.[713] Ausgaben, die der Eingliederung dienen, sind insbesondere Aufwendungen **zur Erlangung eines Arbeitsplatzes und einer Unterkunft** für die Zeit nach der Entlassung (vgl. schon VV Nr. 2 Abs. 2 zu § 51 StVollzG). Von der Ermächtigung sollte der Anstaltsleiter – vor allem in der Vorbereitungszeit auf eine nahe bevorstehende Entlassung – lediglich dann Gebrauch machen, wenn die Aufwendungen aus Gründen der Eingliederung nicht mehr aufgeschoben werden sollten, bei der Entlassung ohnehin notwendig würden und dann weniger wirksam sein könnten.[714] Der Begriff der **Eingliederungsdienlichkeit** gilt als gerichtlich voll überprüfbar.[715]

88 **Hamburg** hat mit **HH** § 47 Abs. 3 Satz 2 eine detaillierte Regelung unter Aufstellung eng umgrenzter, abschließender[716] Ausnahmefälle geschaffen, wobei als gemeinsame Voraussetzung die jeweilige Maßnahme ohne Rückgriff auf das Überbrückungsgeld gefährdet sein muss. Nr. 1 betrifft Aufwendungen zur Erlangung eines Arbeitsplatzes oder

---

708 Vgl. schon **BE** LT-Drucks. 17/2442, 246; **BB** LT-Drucks. 5/6475, Begründung S. 71 f.
709 Zur Verfassungskonformität OLG Karlsruhe, Beschl. vom 23.6.2016 – 1 Ws 107/16, Beck-Rs 2016, 13047 Rdn. 17.
710 Vgl. auch OLG Celle, Beschl. vom 17.11.2017 – 3 Ws 543/17 (StrVollz), FS SH 2018, 16, 17; OLG Karlsruhe, Beschl. vom 23.6.2016 – 1 Ws 107/16, Beck-Rs 2016, 13047 Rdn. 9; OLG Nürnberg, Beschl. vom 18.7.2007 – 2 Ws 416/07, Beck-Rs 2016, 16736; OLG Zweibrücken, Beschl. vom 23.9.2014 – 1 Ws 209/14 Vollz, NJOZ 2015, 742, 743; *Arloth/Krä* § 51 StVollzG Rdn. 10.
711 In diesem Sinne auch OLG Karlsruhe, Beschl. vom 6.5.2013 – 1 Ws 33/13 L, Beck-Rs 2015, 20190; *Laubenthal/Nestler/Neubacher/Verrel* F Rdn. 187.
712 OLG Celle, Beschl. vom 26.11.2015 – 1 Ws 533/15 (StrVollz), NdsRpfl. 2016, 67.
713 So OLG Frankfurt ZfStrVo 1979, 187.
714 BT-Drucks. 7/918, 71; so auch OLG Karlsruhe NStZ 1989, 360; OLG Celle, Beschl. vom 26.11.2015 – 1 Ws 533/15 (StrVollz), NdsRpfl. 2016, 67.
715 OLG Karlsruhe, Beschl. vom 6.5.2013 – 1 Ws 33/13 L, Beck-Rs 2015, 20190; a.A. *Stefanopoulou* HRRS 2019, 98.
716 S. *Arloth/Krä* § 47 HmbStVollzG Rdn. 1.

einer Unterkunft unter bewusstem Verzicht auf eine zeitliche Grenze.[717] Nr. 2 will sicherstellen, dass die Aufnahme eines freien Beschäftigungsverhältnisses oder einer externen Selbstbeschäftigung nicht an fehlenden Mitteln des Inhaftierten namentlich für Kleidung und Fahrtkosten scheitert, und beschränkt die Inanspruchnahme des Überbrückungsgeldes auf die ersten beiden Monate der Tätigkeit; danach sollen die Einnahmen hierfür eingesetzt werden. Nr. 3 betrifft die Kostenbeteiligung an einer Krankenbehandlung i.S.v. **HH** § 60 Abs. 2 und 3. Zu den genannten Zwecken darf auch das sog. **gesperrte Eigengeld** verwendet werden, falls das Überbrückungsgeld-Soll noch nicht erreicht ist (**HH** § 48 Abs. 2 Satz 1 i.V.m. § 47 Abs. 3 Satz 2). Eine derartige Klarstellung hinsichtlich des Einsatzes gesperrten Eigengeldes kennen auch Niedersachsen, Nordrhein-Westfalen und Sachsen-Anhalt (**NI** § 48 Abs. 3 Satz 2 i.V.m. § 47 Abs. 4, **NW** § 38 Satz 3 i.V.m. § 37 Abs. 4, **ST** § 70 Abs. 3 Satz 2 i.V.m. § 69 Abs. 4).

In **Hamburg, Niedersachsen und Nordrhein-Westfalen** gestatten **HH** § 47 Abs. 3 **89** Satz 3 2. Alt., **NI** § 47 Abs. 4, **NW** § 37 Abs. 4 i.V.m. § 7 (vgl. zudem **BB** § 73 Abs. 2 Satz 2, **SN** § 62 Abs. 3) nunmehr in systemwidriger Weise auch die Verwendung zur Opferentschädigung (**HH**), der Wiedergutmachung des durch die Straftat(en) verursachten materiellen oder immateriellen Schadens bzw. des **Tatausgleichs**, unabhängig davon, ob dies der Eingliederung des Inhaftierten dient. Die Vorschriften bilden damit den Ausdruck eines opferorientierten Vollzugskonzepts.[718] Problematisch bleibt dies zudem, weil der Pfändungsschutz des Überbrückungsgeldes (Rdn. 93ff) bei dessen Verwendung zur Entschädigung von Tatopfern ggf. dazu führt, dass sie gegenüber anderen Gläubigern des Gefangenen privilegiert werden. Angesichts derartiger zivil- bzw. vollstreckungsrechtlicher Wirkungen erscheint nicht einmal die Gesetzgebungskompetenz der Länder unzweifelhaft.

Die Voraussetzungen für die **Inanspruchnahme des Überbrückungsgeldes** wäh- **90** rend der Haft wurden in der Rechtsprechung **bejaht** für die Finanzierung einer länger dauernden Ausbildung,[719] für Reparaturkosten eines Radiogerätes mit Kassettenteil, das überwiegend zur Teilnahme an einem Sprachkurs und zur Verwendung von Lehrkassetten der Fernuniversität Hagen benötigt wird;[720] **nicht aber** für „reine Konsumhandlungen"[721] wie die Beschaffung einer Fernsehantenne,[722] den Erwerb eines Fernsehgerätes[723] oder eines Wasserkochers,[724] die Bezahlung von Rechnungen für den Bezug von Zeitungen und Zeitschriften,[725] den Erwerb von Nahrungsergänzungsmitteln und nicht verschreibungspflichtigen Arzneien[726] oder denjenigen einer Sehhilfe bei mehrjährigem Restvollzug.[727] Die Inanspruchnahme wurde zudem **bejaht** für die Beschaffung von Kleidung für den Ausgang[728] bzw. für begleitete Ausgänge,[729] für die Kosten der Ausführung eines zur Ausreise Verpflichteten zu seiner Auslandsvertretung zwecks Beantragung

---

717 *Arloth/Krä* § 47 HmbStVollzG Rdn. 1.
718 Zum Ganzen **NI** LT-Drucks. 17/7414, 30.
719 OLG Frankfurt ZfStrVo 1979, 186.
720 OLG Frankfurt NStZ 1989, 424.
721 OLG Karlsruhe, Beschl. vom 6.5.2013 – 1 Ws 33/13 L, Beck-Rs 2015, 20190.
722 OLG Hamm NStZ 1988, 399; krit. AK-*Galli* Teil II § 56 Rdn. 29; vgl. auch OLG Bamberg, Beschl. vom 1.8.2018 – 1 Ws 191/2018, FS SH 2019, 5f.
723 OLG Celle ZfStrVo 1992, 261; OLG Nürnberg, Beschl. vom 18.7.2007 – 2 Ws 416/07, Beck-Rs 2016, 16736; krit. AK-*Galli* Teil II § 56 Rdn. 29.
724 OLG Brandenburg, Beschl. vom 21.5.2003 – 1 Ws (Vollz) 3/03, OLG-NL 2003, 264.
725 LG Bayreuth, Beschl. vom 17.3.1977 – 1 StVK 9/77, ZfStrVo SH 1977, 28.
726 OLG Karlsruhe, Beschl. vom 23.6.2016 – 1 Ws 107/16, Beck-Rs 2016, 13047 Rdn. 4, 11ff.
727 OLG Celle, Beschl. vom 26.11.2015 – 1 Ws 533/15 (StrVollz), NdsRpfl. 2016, 67.
728 OLG Frankfurt ZfStrVo 1983, 310.
729 OLG Karlsruhe ZfStrVo 2006, 113.

eines Ausweispapiers,[730] für die Finanzierung eines Urlaubs[731] und unter Umständen auch bei Geldzahlungen an Not leidende, in der Türkei lebende Angehörige eines im Anschluss an die Strafverbüßung abzuschiebenden Türken,[732] grundsätzlich aber nicht für Geldzahlungen des Gefangenen an seine Kinder,[733] u.U. jedoch für die Kosten bei Ausführungen zur Vornahme reproduktionsmedizinischer Maßnahmen (zweifelhaft).[734] Eine vorzeitige Inanspruchnahme des Überbrückungsgeldes wird **verneint** für die Bezahlung von Verfahrenskosten bei Rechtsstreitigkeiten, zumal wenn die Gewährung von Prozesskostenhilfe beantragt werden kann,[735] sowie zur Begleichung von Anwaltskosten,[736] es sei denn dessen Beauftragung dient unmittelbar der Wiedereingliederung,[737] ferner für die Leistung einer Ausgleichszahlung zur Befreiung von ausländischem Wehrdienst.[738]

91   bb) Die Zulässigkeit der Inanspruchnahme von Überbrückungsgeld nach § 51 Abs. 3 StVollzG, **BW** § 52 Abs. 3 III, **BY** Art. 51 Abs. 3, **NI** § 47 Abs. 4, **ST** § 69 Abs. 4, **SH** § 77 Abs. 3 zur **Bezahlung einer Geldstrafe** und somit zur **Abwendung der Vollstreckung der Ersatzfreiheitsstrafe** ist umstritten.[739] Grundsätzlich wird eine derartige Inanspruchnahme nur dann der „Eingliederung des Gefangenen dienen", wenn die längere Haft (durch Vollstreckung der Ersatzfreiheitsstrafe) die Wiedereingliederung erschweren würde. Es ist jedoch zu bedenken, dass hierdurch Gefangene unter Umständen auf Sozialleistungen[740] und/oder auf Entlassungsbeihilfe angewiesen würden mit der Folge, dass die öffentliche Hand mittelbar die Geldstrafe und damit die frühere Entlassung des Gefangenen finanziert. Daher dürfte es bei ausreichender Zeit und unter Berücksichtigung der Voraussetzungen des § 459d StPO richtiger sein, wenn stattdessen der Anstaltsleiter zunächst eine gerichtliche Entscheidung auf Anordnung des teilweisen oder vollständigen Unterbleibens der Vollstreckung der Geldstrafe anregt und erst dann je nach Ausgang dieses Verfahrens erforderlichenfalls über eine Inanspruchnahme des Überbrückungsgeldes befindet. Das wird auch in den **Ländern** gelten, die **deklaratorisch**[741] anordnen, dass das Überbrückungsgeld für die Zahlung einer Geldstrafe genutzt werden kann (**HB** § 56 Abs. 3 Satz 2, **HE** § 42 Abs. 3 Satz 2, **NW** § 37 Abs. 4 i.V.m. § 4 Abs. 5; vgl. auch **SN** § 62 Abs. 2 Satz 2). Hierher gehört nach Änderung des Gesetzes jetzt auch Hamburg (**HH** § 47 Abs. 3 Satz 3 1. Alt.).

92   cc) Ist einem Gefangenen **vorzeitig** ein Teil seines ersparten Überbrückungsgeldes **freigegeben** worden, ohne dass die Voraussetzungen der aufgezählten Ausnahmeregelungen vorlagen,[742] bleibt eine Vereinbarung über die ratenweise Rückzahlung dieses Betrages vom Hausgeld des Gefangenen unzulässig. Aufgrund einer derartigen Verein-

---

730   OLG Nürnberg, Beschl. vom 9.6.2016 – 2 Ws 244/16, Beck-Rs 2016, 12379 Rdn. 16.
731   OLG Hamm ZfStrVo 1993, 55.
732   OLG Celle ZfStrVo 1983, 307.
733   LG Karlsruhe ZfStrVo 1979, 125.
734   OLG Karlsruhe, Beschl. vom 6.5.2013 – 1 Ws 33/13 L, Beck-Rs 2015, 20190; AK-*Galli* Teil II § 56 Rdn. 29.
735   OLG Hamm NStZ 1995, 433; OLG Zweibrücken, Beschl. vom 23.9.2014 – 1 Ws 209/14 Vollz, NJOZ 2015, 742, 743.
736   KG NStZ 2001, 413.
737   Vgl. OLG Zweibrücken, Beschl. vom 23.9.2014 – 1 Ws 209/14 Vollz, NJOZ 2015, 742, 743 f.
738   OLG Celle, Beschl. vom 17.11.2017 – 3 Ws 543/17 (StrVollz), FS SH 2018, 16 f; a.A. *Stefanopoulou* HRRS 2019, 98 ff.
739   Ablehnend *Arloth/Krä* § 51 StVollzG Rdn. 10; bejahend AK-*Galli* Teil II § 56 Rdn. 30; BeckOK-*Kuhn* § 51 StVollzG Rdn. 30; wie hier *Laubenthal/Nestler/Neubacher/Verrel* F Rdn. 188.
740   Vgl. BVerwG NJW 1991, 189.
741   *Arloth/Krä* § 56 BremStVollzG Rdn. 1.
742   S. hierzu auch OLG Karlsruhe ZfStrVo 1988, 371.

barung vorgenommene Umbuchungen entbehren einer Rechtsgrundlage und sind daher rückgängig zu machen. Irrtümlich vorzeitig ausgezahltes Übergangsgeld kann nicht zurückgefordert werden.[743]

e) Grundsatz der Unpfändbarkeit

aa) Der Anspruch des Gefangenen auf Auszahlung des Überbrückungsgeldes ist gem. 93 § 51 Abs. 4 Satz 1 StVollzG unpfändbar. Nur so kann die beabsichtigte Funktion der Existenzsicherung des Entlassenen für eine Übergangszeit von mindestens vier Wochen erfüllt werden.[744] Auch das Eigengeld wird nach **§ 51 Abs. 4 Satz 2 StVollzG** in jener Höhe in den Pfändungsschutz einbezogen, in der das tatsächlich angesammelte Überbrückungsgeld unter seiner Sollhöhe geblieben ist.[745] Diese Bestimmung korrespondiert mit der Regelung in § 83 Abs. 2 Satz 3 StVollzG, **BW** § 63 Abs. 2 Satz 3 III, **BY** Art. 52 Abs. 2, **HH** § 48 Abs. 3, **HE** § 44 Abs. 1 Satz 2, **NI** § 48 Abs. 3 Satz 1, **NW** § 38 Satz 2, **ST** § 70 Abs. 3 Satz 1, **SH** § 72 Abs. 2 Satz 1, nach der der Gefangene in der Verfügung über sein Eigengeld beschränkt bleibt, soweit dies als Überbrückungsgeld notwendig ist. Schließlich ist nach **§ 51 Abs. 4 Satz 3 StVollzG** auch das Bargeld unpfändbar, das dem Gefangenen bei der Entlassung in Erfüllung des Anspruchs auf Auszahlung des Überbrückungsgeldes in der Zahlstelle der Anstalt übergeben worden ist. Der Pfändungsschutz dauert insoweit folgerichtig ebenfalls vier Wochen. Es ist jedoch der Teil des Bargeldes sofort pfändbar, der die Sollhöhe des Überbrückungsgeldes übersteigt.[746] Alle Teilregelungen des § 51 Abs. 4 StVollzG stellen zusammen einen umfassenden Pfändungsschutz für die Geldmittel dar, die zum notwendigen Lebensunterhalt in den ersten vier Wochen in der Freiheit benötigt werden.

bb) Eine **Einschränkung** des in § 51 Abs. 4 StVollzG festgelegten Pfändungsschutzes 94 enthält **§ 51 Abs. 5 Satz 1 StVollzG** zugunsten der in § 850d Abs. 1 Satz 1 ZPO bezeichneten **Unterhaltsansprüche**. Darin liegt jedoch keine Systemwidrigkeit.[747] Das Überbrückungsgeld dient auch der Sicherung der Unterhaltsberechtigten des Gefangenen. Aus den Erfahrungen in der Praxis hat sich die Befürchtung ergeben, dass die Schutzfunktion des Überbrückungsgeldes bezüglich der Unterhaltsberechtigten nicht immer durch freiwillige Zahlungen des Entlassenen erfüllt wird.[748] Nach **§ 51 Abs. 5 Satz 2 StVollzG** ist ihm jedoch auch bei der Pfändung zugunsten der Unterhaltsansprüche so viel zu belassen, wie er selbst für seinen notwendigen Lebensunterhalt bis zum Ablauf von vier Wochen nach der Entlassung benötigt (Eigenanteil am Überbrückungsgeld), und ferner jener Betrag, den die Erfüllung sonstiger gesetzlicher Unterhaltspflichten erfordert. Auch hierfür gilt die Begrenzung auf vier Wochen.

cc) § 51 Abs. 4 und 5 StVollzG gelten auch nach der Föderalismusreform **fort**; den 95 Ländern würde hinsichtlich des Pfändungsschutzes als Teil des Zivilprozessrechts die Gesetzgebungskompetenz fehlen.[749] Teilweise wird dies deklaratorisch bekräftigt (**BY** Art. 208, **HB** § 128 Satz 2 Nr. 1, **HH** § 130 Nr. 1, **HE** § 83 Nr. 1, **NW** § 110 Nr. 2, **ST** § 166 Nr. 1,

---

743 OLG Celle ZfStrVo 1992, 261; *Arloth/Krä* § 51 StVollzG Rdn. 7.
744 BT-Drucks. 7/3998, 24.
745 *Laubenthal* Rdn. 474.
746 *Laubenthal/Nestler/Neubacher/Verrel* F Rdn. 175.
747 So auch BGH, Beschl. vom 1.7.2015 – XII ZB 240/14, NJW 2015, 2493, 2497; *Laubenthal/Nestler/Neubacher/Verrel* F Rdn. 176.
748 Vgl. auch BT-Drucks. 7/3998, 24.
749 *Arloth/Krä* § 51 StVollzG Rdn. 11; a.A. BGH, Beschl. vom 20.6.2013 – IX ZB 50/12, NJW 2013, 3312, 3313; **NI** LT-Drucks. 15/4325, 15.

SH § 77 Abs. 4);[750] teilweise haben die Länder gleichwohl identische Pfändungsschutzvorschriften geschaffen (**BW** § 52 Abs. 4 und 5 III, **NI** § 50 Abs. 2 und 3). Das war unnötig, schadet aber auch nicht.[751]

96 **f) Rechtsweg.** Gegen die Festsetzung des Überbrückungsgeld-Solls als Maßnahme der Vollzugsbehörde ist der Rechtsweg nach §§ 109 ff StVollzG gegeben.[752] Gleiches gilt für die Festlegung der Höhe der Ansparraten.[753] Der vollzugliche Rechtsweg ist nicht eröffnet hinsichtlich der Wahl eines Kreditinstituts für die verzinsliche Anlage des Überbrückungsgeldes bzw. für die Wahl der Zinsanlage selbst durch die Anstalt,[754] ferner auch nicht für die Anfechtung eines etwaigen Pfändungs- und Überweisungsbeschlusses (vgl. Rdn. 33). Ein solcher ist nicht nichtig, sondern nur mit der Erinnerung nach § 766 Abs. 1 ZPO anfechtbar. Diese kann auch der Anstaltsleiter einlegen; zur Vermeidung von Kostennachteilen sollte er dies alsbald und nicht erst bei Fälligkeit der Auszahlung tun, jedenfalls vor Erhebung der Drittschuldnerklage.[755]

3. Freiwilliges Überbrückungsgeld

97 In **Sachsen** ermöglicht **SN** § 62 Abs. 1 Satz 1 den Gefangenen die Bildung eines Überbrückungsgeldes **auf freiwilliger Basis**, sofern die Anstalt dies nach pflichtgemäßem Ermessen gestattet. Die Gefangenen sind über diese Möglichkeit frühzeitig zu informieren (**SN** § 62 Abs. 1 Satz 2); auch gilt es diesbezügliche Festsetzungen in den Vollzugs- und Eingliederungsplan aufzunehmen (**SN** § 9 Abs. 1 Satz 1 Nr. 19). Gestattet die Anstalt die Anlage eines Überbückungsgeldes, entscheidet sie ebenso nach pflichtgemäßem Ermessen über dessen zur Vorbereitung der Entlassung erforderliche Höhe.[756] Die Gestattung kann mit Auflagen und Weisungen verbunden sein; über das **Ansparen** sollen Vereinbarungen getroffen werden. Diese beinhalten mangels gesetzlicher Festlegung auch die Höhe der monatlichen Sparrate, wobei als Quelle die Vergütung (**SN** § 55) ebenso in Betracht kommt wie Einkünfte aus freiem Beschäftigungsverhältnis oder Selbstbeschäftigung.[757] Werden Weisungen vom Gefangenen missachtet, kann die Gestattung der Bildung von Überbrückungsgeld mit Wirkung für die Zukunft widerrufen werden (**SN** § 94 Abs. 3 Nr. 3); das bisher Angesparte bleibt erhalten.[758] In besonderen Fällen darf die Gestattung auch davon abhängig gemacht werden, dass das Geld nach Entlassung an den Bewährungshelfer oder eine ähnliche Stelle ausgezahlt wird (vgl. Rdn. 83).[759] Das Überbrückungsgeld ist Teil des Eigengelds (**SN** § 56 Abs. 2 Satz 1) und wird auf dem Eigengeldkonto geführt (**SN** § 58 Abs. 1).

98 Die **Verwendung** bestimmt sich nach **SN** § 62 Abs. 2 und 3. Nach **SN** § 62 Abs. 2 Satz 1 ist es dem Gefangenen im Unterschied zum Überbrückungsgeld gem. § 51 StVollzG i. d. R. so zur Verfügung zu stellen, dass er **vor Haftentlassung** Ausgaben zur Entlassungsvorbereitung damit zu tätigen vermag, etwa eine Mietkaution stellen kann.[760] Auch

---

750 Zu entsprechenden Anordnungen in Übergangsbestimmungen oben Rdn. 66 a.E.
751 Siehe *Arloth/Krä* § 52 Buch 3 **BW** JVollzGB Rdn. 1, § 50 NJVollzG Rdn. 1.
752 OLG Celle NStZ 1984, 334 m. Anm. *Seebode*; OLG Karlsruhe ZfStrVo 2003, 251.
753 S. OLG Hamburg ZfStrVo 2003, 119.
754 OLG Celle ZfStrVo 1988, 251.
755 Zum Ganzen LG Fulda, Urt. vom 18.3.2016 – 1 S 3/16, Beck-Rs 2016, 6889.
756 *Arloth/Krä* § 62 SächsStVollzG Rdn. 2.
757 **SN** LT-Drucks. 5/10920, 128 f.
758 **SN** LT-Drucks. 5/10920, 129.
759 **SN** LT-Drucks. 5/10920, 129.
760 **SN** LT-Drucks. 5/10920, 128, 129.

die Zahlung einer Geldstrafe zum Zweck der Vermeidung einer Ersatzfreiheitsstrafe kommt in Betracht (**SN** § 62 Abs. 2 Satz 1). Nach **SN** § 62 Abs. 3 ist dem Gefangenen prinzipiell zu gestatten, das Überbrückungsgeld ganz oder teilweise zur **Opferentschädigung** zu verwenden (Soll-Vorschrift; zu Bedenken Rdn. 89). **Pfändungsschutz** besteht auch in Ansehung des freiwilligen Überbrückungsgeldes und ggf. des Eigengeldes, und zwar unter Fortgeltung von § 51 Abs. 4 und 5 StVollzG (**SN** § 120 Satz 2 Nr. 1) in gleichem Umfang wie in Rdn. 93f dargetan.[761] Deshalb ist bei der Gestattung der Anlage von Überbrückungsgeld Sorge zu tragen, dass dies nicht allein um der Gläubigerbenachteiligung willen erfolgt.[762]

4. Eingliederungsgeld. In **Berlin, Brandenburg** und seit einer Gesetzesänderung 99 2018 auch in **Rheinland-Pfalz** haben die Gefangenen kraft Gesetzes einen Anspruch,[763] für Zwecke der Eingliederung ein angemessenes Guthaben zu bilden (**BE** § 68 Abs. 2 Satz 1, **BB** § 73 Abs. 1 Satz 1, **RP** § 70 Abs. 2 S. 1 und 3). Einer Gestattung der Anstalt im Einzelfall bedarf es damit nicht. Das Guthaben wird in angemessener Höhe gebildet; Festsetzungen hierzu wie zu den Ansparraten ergeben sich aus dem Vollzugs- und Eingliederungsplan (**BE** § 10 Abs. 1 Nr. 20, **BB** § 15 Abs. 1 Satz 1 Nr. 22, **RP** § 15 Abs. 1 S. 1 Nr. 21 [Maßnahme der Eingliederungsvorbereitung][764]). Man geht dabei von im Vergleich zum (früheren) Überbrückungsgeld niedrigerer Höhe aus.[765] Die finanzielle Basis geben die Vergütung nach dem jeweiligen Gesetz oder Einkünfte aus freier bzw. Selbstbeschäftigung ab. Das Eingliederungsgeld gehört in Brandenburg zum Eigengeld und wird auf dem entsprechenden Konto geführt (**BB** §§ 67 Abs. 1, 69 Abs. 1), während es in Berlin und Rheinland-Pfalz ein gesondertes Eingliederungsgeldkonto gibt (**BE** § 66 Abs. 1, **RP** § 68 Abs. 1). Die Verfügungsmöglichkeiten sind im Vergleich zu § 51 StVollzG erweitert; insbesondere dürfen die Gefangenen die Mittel bereits **vor Haftentlassung einsetzen** (**BE** § 68 Abs. 2 Satz 1, **BB** § 73 Abs. 2 Satz 1, **RP** § 70 Abs. 2 S. 2). Auch hier wird als Beispiel die Stellung einer Mietkaution genannt.[766] In Brandenburg kann der Anstaltsleiter nach pflichtgemäßem Ermessen die Verwendung zur Opferentschädigung gestatten (**BB** § 73 Abs. 2 Satz 2).Das soll ohne explizite Regelung nach Vorstellung des Gesetzgebers in Rheinland-Pfalz ebenso gelten wie zudem die Verwendbarkeit zur Geldstrafentilgung[767] (vgl. aber Rdn. 89, 91). Der Anspruch auf Auszahlung ist **nicht übertragbar** (**BE** § 68 Abs. 2 Satz 2, **BB** § 73 Abs. 1 Satz 3, **RP** § 70 Abs. 2 S. 4). Daraus folgt gem. § 851 Abs. 1 ZPO die **Unpfändbarkeit**.[768] Kompetenzrechtliche Bedenken bestehen insoweit nicht (vgl. Rdn. 28). Zu den Auswirkungen einer Verlegung s. Rdn. 81f.

VI. Eigengeld, Konten, Bargeld

Bund	§§ 52, 83 Abs. 2 Satz 2 und 3 StVollzG
Baden-Württemberg	BW §§ 53 Abs. 3, 63 Abs. 2 Satz 2 und 3 III JVollzGB
Bayern	BY Art. 52 BayStVollzG

---

761 *Arloth/Krä* § 62 SächsStVollzG Rdn. 4; **SN** LT-Drucks. 5/10920, 129.
762 **SN** LT-Drucks. 5/10920, 129.
763 *Arloth/Krä* § 73 BbgJVollzG Rdn. 1.
764 Siehe **RP** LT-Drucks. 17/6470, 11.
765 Siehe **BE** LT-Drucks. 17/2442, 246; **BB** LT-Drucks. 5/6475, Begründung S. 72; **RP** LT-Drucks. 17/6470, 11.
766 **BE** LT-Drucks. 17/2442, 246; **BB** LT-Drucks. 5/6475, Begründung S. 72; **RP** LT-Drucks. 17/6470, 11.
767 **RP** LT-Drucks. 17/6470, 11.
768 Siehe auch KG, Beschl. vom 25.9.2017 – 2 Ws 145/17 Vollz, StraFo 2017, 521, 522.

Berlin	BE §§ 64, 66 StVollzG Bln
Brandenburg	BB §§ 67, 69 BbgJVollzG
Bremen	HB §§ 57, 59 BremStVollzG
Hamburg	HH §§ 44, 48 HmbStVollzG
Hessen	HE § 44 Abs. 1 HStVollzG
Mecklenburg-Vorpommern	MV §§ 56, 58 StVollzG M-V
Niedersachsen	NI §§ 45, 48 NJVollzG
Nordrhein-Westfalen	NW § 38 StVollzG NRW
Rheinland-Pfalz	RP §§ 66, 68 LJVollzG
Saarland	SL §§ 56, 58 SLStVollzG
Sachsen	SN §§ 56, 58 SächsStVollzG
Sachsen-Anhalt	ST §§ 67, 70 JVollzGB LSA
Schleswig-Holstein	SH §§ 72, 74 LStVollzG SH
Thüringen	TH §§ 67, 69 ThürJVollzG

Schrifttum

Hötter Anwendbarkeit des § 850 c ZPO auf das „freie" Eigengeld des Strafgefangenen, in: ZfStrVo 1997, 207; s. *ferner bei D und vor A.*

Übersicht

1. Allgemeine Hinweise —— 100
2. Eigengeld —— 101–115
   a) Bildung des Eigengeldes —— 101–104
   b) Verwendung des Eigengeldes und Beschränkungen —— 105–112
   c) Pfändbarkeit —— 113, 114
   d) Rechtsweg —— 115
3. Konten —— 116
4. Bargeld —— 117–120

100   **1. Allgemeine Hinweise.** Während im StVollzG die Bestimmungen über das Eigengeld mit §§ 52 und 83 auf zwei Vorschriften in unterschiedlichem Sachzusammenhang verteilt waren, haben die meisten Länder unter Wahrung des inhaltlichen Bezugs die Materie in nur einer Vorschrift behandelt. Ein Teil der Ländergesetze enthält anders als das StVollzG eine ausdrückliche Regelung über den Besitz von Bargeld. Zudem findet sich im Landesrecht vielfach eine Norm über die für den Gefangenen jeweils zu führenden Konten; auch dies war im Bundesgesetz nicht gesondert behandelt.

2. Eigengeld

a) Bildung des Eigengeldes

101   **aa)** § 52 StVollzG, **BW** § 53 Abs. 3 III, **BY** Art. 52 Abs. 1 Satz 1 Nr. 2, **BE** § 64 Abs. 1 Alt. 3, **BB** § 67 Abs. 1 Alt. 3, **HB** § 57 Abs. 1 Alt. 3, **HH** § 48 Abs. 1 Nr. 3, **HE** § 44 Abs. 1 Satz 1 Alt. 1, **MV** § 56 Abs. 1 Alt. 3, **NI** § 48 Abs. 1 Satz 1 i.V.m. § 45 Abs. 1 Satz 1, **NW** § 38 Satz 1 Alt. 3, **RP** § 66 Abs. 1 Alt. 3, **SL** § 56 Abs. 1 Alt. 3, **SN** § 56 Abs. 1 Alt. 3, **ST** § 70 Abs. 1 i.V.m. § 67 Abs. 1 Satz 1, **SH** § 72 Abs. 1 Alt. 3, **TH** § 67 Abs. 1 Alt. 3 kommt in der Regel praktische Bedeutung nur bei längeren Haftzeiten oder bei im freien Beschäftigungsverhältnis befindlichen Gefangenen zu, weil vornehmlich in diesen Fällen über vorrangige finanzielle Bindungen des Gefangenen hinaus (Bildung von Hausgeld und ggf. Überbrückungs- oder Eingliederungsgeld sowie Leistung eines Haftkostenbeitrags) ein **Rest aus den Bezügen** bleibt, der dem Eigengeld zugeschlagen wird. Als Bezüge des Gefangenen kom-

men hier nicht nur Arbeitsentgelt, Ausbildungsbeihilfe oder finanzielle Anerkennung in der Vollzugsanstalt in Betracht, sondern auch die Einkünfte aus einem freien Beschäftigungsverhältnis und aus einer Selbstbeschäftigung, ferner Ersatzleistungen für diese Bezüge.

Darüber hinaus wird den Inhaftierten gem. § 83 Abs. 2 Satz 2 StVollzG, **BW** § 63 Abs. 2 Satz 2 III, **BY** Art. 52 Abs. 1 Satz 1 Nr. 1, **BE** § 64 Abs. 1 Alt. 1, **BB** § 67 Abs. 1 Alt. 1, **HB** § 57 Abs. 1 Alt. 1, **HH** § 48 Abs. 1 Nr. 1, **HE** § 44 Abs. 1 Satz 1 Alt. 2, **MV** § 56 Abs. 1 Alt. 1, **NI** § 48 Abs. 1 Satz 1 i.V.m. § 45 Abs. 1 Satz 2 Alt. 1, **NW** § 38 Satz 1 Alt. 1, **RP** § 66 Abs. 1 Alt. 1, **SL** § 56 Abs. 1 Alt. 1, **SN** § 56 Abs. 1 Alt. 1, **ST** § 70 Abs. 1 i.V.m. § 67 Abs. 1 Satz 2 Alt. 1, **SH** § 72 Abs. 1 Alt. 2, **TH** § 67 Abs. 1 Alt. 1 als Eigengeld dasjenige Geld gutgeschrieben, das sie **einbringen**, d.h. bei Strafantritt in die Anstalt mitbringen;[769] ferner jene Geldbeträge, die während der Haft **für den Gefangenen** i. d. R. von Dritten **eingehen** (**BY** Art. 52 Abs. 1 Satz 1 Nr. 3, **BE** § 64 Abs. 1 Alt. 2, **BB** § 67 Abs. 1 Alt. 2, **HB** § 57 Abs. 1 Alt. 2, **HH** § 48 Abs. 1 Nr. 2, **HE** § 44 Abs. 1 Satz 1 Alt. 3, **MV** § 56 Abs. 1 Alt. 2, **NI** § 48 Abs. 1 Satz 1 i.V.m. § 45 Abs. 1 Satz 2 Alt. 2, **NW** § 38 Satz 1 Alt. 2, **RP** § 66 Abs. 1 Alt. 2, **SL** § 56 Abs. 1 Alt. 2, **SN** § 56 Abs. 1 Alt. 2, **ST** § 70 Abs. 1 i.V.m. § 67 Abs. 1 Satz 2 Alt. 2, **SH** § 72 Abs. 1 Alt. 2, **TH** § 67 Abs. 1 Alt. 2), soweit hierfür keine Sonderregelungen existieren (dazu unten VII.).[770] Stellt eine JVA aus Gründen der Rationalisierung und Kostenersparnis ihr Buchungsverfahren auf Computertechnik um, muss der Gefangene hinnehmen, dass Geldbeträge für ihn **nur bargeldlos eingezahlt** werden können.[771] Briefmarken sehen die Gesetze als Ersatzzahlungsmittel und damit Eigengeldbestandteil nicht vor.[772]

bb) Eigengeld ist ein Guthaben, hinsichtlich dessen ein **Anspruch** gegen das jeweilige Bundesland als Träger der Strafanstalt besteht (ausdrücklich **NI** § 45 Abs. 1 Satz 1, **ST** § 67 Abs. 1 Satz 1). Über dieses kann der Strafgefangene – im Rahmen rechtlicher Grenzen (**NI** § 45 Abs. 2) – **außerhalb der Anstalt** wirkende **Verfügungen treffen** (z.B. Geldanlage) oder es können ihm bestimmte Beträge für Verwendungen innerhalb der Einrichtung überlassen werden (§ 83 Abs. 2 Satz 3 Alt. 2 StVollzG, **BW** § 63 Abs. 3 Satz 3 Alt. 2 III, **BY** Art. 52 Abs. 2, **BE** § 64 Abs. 2, **BB** § 67 Abs. 2, **HB** § 57 Abs. 2, **HH** § 48 Abs. 2 bis 5, **HE** § 44 Abs. 1 Satz 2, **MV** § 56 Abs. 2, **NI** § 48 Abs. 2 und 3, **NW** § 38 Satz 2, **RP** § 66 Abs. 2, **SL** § 56 Abs. 2, **SN** § 56 Abs. 2, **ST** § 70 Abs. 2 und 3, **SH** § 72 Abs. 2, **TH** § 67 Abs. 2).

Die Bezüge des Gefangenen sind dem für ihn eingerichteten und geführten **Eigengeldkonto** (ausdrücklich **BE** § 66 Abs. 1, **BB** § 69 Abs. 1, **HB** § 59 Abs. 1, **HH** § 44 Satz 1, **MV** § 58 Abs. 1, **NI** § 45 Abs. 1 Satz 1, **RP** § 68 Abs. 1 Satz 1, **SL** § 58 Abs. 1, **SN** § 58 Abs. 1, **ST** § 67 Abs. 1 Satz 1, **SH** § 74 Abs. 1, **TH** § 69 Abs. 1 Alt. 1) **gutzuschreiben**, wenn und soweit sie nicht als Hausgeld, Haftkostenbeitrag oder Überbrückungsgeld, auch als freiwilliges Überbrückungsgeld in Sachsen oder Eingliederungsgeld in Berlin, Brandenburg und Rheinland-Pfalz, in Anspruch genommen werden. Die Eigengeldbildung ist mithin **subsidiär**. Bis zur Auszahlung besteht das Eigengeld in Form eines von der Anstalt verwalteten, nach ihrem pflichtgemäßen Ermessen[773] – was zur Zeit kaum möglich bleibt – zinsbringend angelegten Kontoguthabens. In Hamburg soll die externe Anlage durch **HH** § 44 Satz 1 (außer für Freigänger, **HH** § 44 Satz 2) vermieden werden.[774] Die Vollzugsbe-

---

769   S. auch OLG Koblenz, Beschl. vom 26.4.2016 – 2 Ws 28/16 Vollz, Beck-Rs 2016, 09648 Rdn. 9.
770   Vgl. auch OLG Hamm ZfStrVo 1981, 251.
771   OLG Frankfurt, Beschl. vom 19.4.1978 – 3 VAs 3/78, ZfStrVo SH 1979, 82.
772   OLG Koblenz ZfStrVo 1980, 251.
773   Weitergehend AK-*Galli* Teil II § 56 Rdn. 11; *Laubenthal/Nestler/Neubacher/Verrel* F Rdn. 192; a.A. *Arloth/Krä* § 52 StVollzG Rdn. 3.
774   Vgl. *Arloth/Krä* § 44 HmbStVollzG Rdn. 1.

hörde ist zu Auskünften über den Stand des Kontos an den Inhaftierten verpflichtet, wofür regelmäßig die Aushändigung von **Kontoauszügen** genügt.[775] Dabei hat der Betroffene aber keinen Anspruch gegen die Anstaltsleitung, dass ihm nach jedem Buchungsvorgang auf dem Eigengeldkonto ein Kontoauszug erteilt wird.[776] Belege, die bei der im Auftrag des Gefangenen von der Anstalt an Dritte vorgenommenen Überweisung vom Eigengeldkonto entstehen, dürfen entsprechend den Vorschriften der Landeshaushaltsordnung von der Anstalt zurückbehalten werden; dem Gefangenen können aber als Nachweis für Verfügungen über sein Eigengeld beglaubigte Abschriften ausgehändigt werden.[777]

b) Verwendung des Eigengeldes und Beschränkungen

105   **aa)** Befindet sich aus den Bezügen bzw. aus den bei Strafantritt eingebrachten oder während der Strafverbüßung von Dritten zugewendeten Geldbeträgen ein Betrag auf dem Eigengeldkonto, ist zu unterscheiden zwischen dem **freien Eigengeld** (§ 83 Abs. 2 Satz 3 StVollzG, **BW** § 63 Abs. 2 Satz 3 III, **BY** Art. 52 Abs. 2, **HB** § 57 Abs. 2, **HH** § 48 Abs. 3, **HE** § 44 Abs. 1 Satz 2, **NI** § 48 Abs. 3 Satz 1, **NW** § 38 Satz 2, **SN** § 56 Abs. 2 Satz 1, **ST** e contrario § 70 Abs. 3 Satz 1, **SH** § 72 Abs. 2 Satz 1) und dem **gesperrten Eigengeld** (§ 83 Abs. 2 Satz 3 HS. 2 StVollzG, **BW** § 63 Abs. 2 Satz 3 HS. 2 III, **BY** Art. 52 Abs. 2 HS. 2, **HB** § 57 Abs. 1 HS. 2, **HH** § 48 Abs. 2 Satz 1, **HE** § 44 Abs. 1 Satz 2 HS. 2, **NI** § 48 Abs. 3 Satz 1 HS. 2, **NW** § 38 Satz 2 HS. 2, **SN** § 56 Abs. 2 Satz 1 HS. 2, **ST** § 70 Abs. 3 Satz 1, **SH** § 72 Abs. 2 Satz 1 HS. 2, jeweils i.V.m. § 51 Abs. 4 Satz 2 StVollzG). Wurde das Überbrückungsgeld-Soll noch nicht in voller Höhe angespart, besteht ein Verfügungsverbot des Insassen über das sog. qualifizierte Eigengeld, solange es zur Bildung von Überbrückungsgeld benötigt wird.[778]

106   In **Niedersachsen** und **Sachsen-Anhalt** wurde hinsichtlich des **gesperrten Eigengeldes** vom bundesgesetzlichen Regelungsmodell abgewichen. Nach **NI** § 48 Abs. 3 Satz 1, **ST** § 70 Abs. 3 Satz 1 ist – sofern das Überbrückungsgeld-Soll noch nicht erreicht wurde – die Verfügung des Gefangenen über das Eigengeldguthaben nur in Höhe des Unterschiedsbetrags ausgeschlossen. Sinn und Zweck dieser Bestimmungen ist es, die Verfügungsbeschränkung der Gefangenen parallel zum Pfändungsschutz zu führen, damit den Inhaftierten wie ihren Gläubigern in gleicher Weise den Zugriff auf das Eigengeld zu ermöglichen und so die Bedenken gegen die Sparraten-Rechtsprechung (oben Rdn. 76) auszuräumen.[779]

107   Der Gefangene kann also nur **vorbehaltlich** dieser und anderer gesetzlicher **Verfügungsbeschränkungen** über sein Eigengeld **frei disponieren**. Davon zu unterscheiden ist vollzugsexternes Vermögen; mangels Rechtsgrundlage kann die Anstalt dem Gefangenen keine Vorgaben machen, hierüber nicht oder nur in bestimmter Weise zu verfügen.[780] Nach dem Angleichungsgrundsatz ist ihm stattdessen die Einrichtung eines Giro-

---

775 OLG Koblenz ZfStrVo 1993, 118.
776 OLG Frankfurt NStZ-RR 2004, 316.
777 OLG Celle, Beschl. vom 18.1.1988 – 3 Ws 589/87 (StrVollz), NStZ 1989, 424; AK-*Galli* Teil II § 56 Rdn. 4; zur Zulässigkeit der Abwicklung über ein Girokonto der Anstalt OLG Naumburg, Beschl. vom 27.12.2011 – 1 Ws 804, 806/10, FS 2012, 114.
778 Schon OLG Hamburg, Beschl. vom 11.12.1980 – Vollz (Ws) 8/80, NStZ 1981, 120; OLG Brandenburg, Beschl. vom 21.5.2003 – 1 Ws (Vollz) 3/03, OLG-NL 2003, 264; s. auch *Arloth/Krä* § 52 StVollzG Rdn. 1; *Laubenthal* Rdn. 477; *Laubenthal/Nestler/Neubacher/Verrel* M Rdn. 33.
779 Dazu **NI** LT-Drucks. 15/3565, 127 f; *Arloth/Krä* § 48 NJVollzG Rdn. 2.
780 OLG Hamburg, Beschl. vom 7.12.2010 – 3 Vollz (Ws) 72/10, NStZ-RR 2011, 126 (keine Pflicht, die Rente an die Anstalt überweisen zu lassen); LG Wuppertal, Beschl. vom 10.3.1988 – 1 Vollz 110, 183/87, NStZ

kontos zu ermöglichen.⁷⁸¹ In Hamburg ermöglicht **HH** § 44 Satz 2 darüber hinaus, auch zur Vermeidung von Überweisungsgebühren Gelder von Freigängern nach Ermessen der Anstaltsleitung auf externen Bankkonten unter Kontrolle der Anstalt anzulegen.⁷⁸²

Dabei fungiert auch **Eigengeld,** das **nicht aus den** im jeweiligen Vollzugsgesetz geregelten **Bezügen**, einem freien Beschäftigungsverhältnis oder einer Selbstbeschäftigung herrührt, als Überbrückungsgeldquelle bei noch nicht erreichtem Soll. Das gilt jedenfalls, sofern bei planmäßiger Aufstockung bis zum Vollzugsende der vorgesehene Betrag nicht erreicht werden kann.⁷⁸³ Denn es kann von der Anstalt nicht verlangt werden hinzunehmen, dass der Gefangene sein Eigengeld verschleudert, um sodann Entlassungsbeihilfe und Sozialleistungen in Anspruch zu nehmen, auch wenn ein solcher **Missbrauch** in Ansehung vollzugsexterner Mittel nicht verhindert werden könnte. Die damit verbundene Verwendungssperre kann ausgesetzt werden, wenn der Gefangene das zur Bildung des Überbrückungsgeldes erforderliche Eigengeld für Ausgaben in Anspruch nehmen will, die seiner Eingliederung dienen (dazu oben Rdn. 87 ff). **108**

Die **Unterscheidung** zwischen freiem und gesperrtem Eigengeld ist **nicht** in Mecklenburg-Vorpommern, Rheinland-Pfalz, Saarland und Thüringen vorzunehmen, weil es dort kein Überbrückungsgeld gibt.⁷⁸⁴ Anders verhält es sich in Sachsen, obwohl hier nur auf freiwilliger Basis Überbrückungsgeld gebildet wird. Das Eingliederungsgeld in Berlin und Brandenburg zählt nicht zum Eigengeld (**BE** § 64 Abs. 1, **BB** § 67 Abs. 1), selbst wenn es in Brandenburg auf dem Eigengeldkonto geführt wird (**BB** § 69 Abs. 1). **109**

bb) Eine **Beschränkung der freien Verfügbarkeit** des Gefangenen über sein Eigengeld ist auch aufgrund § 4 Abs. 2 Satz 2 StVollzG bzw. einer entsprechenden Generalklausel möglich.⁷⁸⁵ So kann der Antrag auf Überweisung an Angehörige eines Mitgefangenen abgelehnt werden, allerdings nur, sofern konkrete Anhaltspunkte für die beabsichtigte **Vertuschung eines unerlaubten Geschäftes** unter Gefangenen gegeben sind, etwa im Fall der angeblich beabsichtigten Zusendung eines Paketes an einen Gefangenen ohne eigene Angehörige.⁷⁸⁶ Über solch gesetzlich geregelte Beschränkungen hinaus sind in engen Grenzen weitere Beschränkungen des Verfügungsrechts des Gefangenen über sein Eigengeld zulässig, etwa durch unabdingbare vollzugsbedingte organisatorische Gegebenheiten. Nicht statthaft ist aber die durch Hausverfügung der Vollzugsbehörde angeordnete Einschränkung, allgemein zugelassene, für den persönlichen Bedarf bestimmte Lichtbilder nur vom Hausgeld zu bezahlen.⁷⁸⁷ Für eine Regelung, Kosten für Freizeitgestaltung in Form der Teilnahme an einem Sportfest lediglich vom Haus- oder Taschengeld zu bestreiten, ist ebenso wenig eine Rechtsgrundlage ersichtlich, solange das Eigengeld nicht gepfändet wurde.⁷⁸⁸ – In **Mecklenburg-Vorpommern** beschränkt **MV** § 56 Abs. 2 Satz 1 HS. 2 i.V.m. § 9 Abs. 1 Satz 1 Nr. 19 bis 21 die Verfügbarkeit, soweit **110**

1989, 425 f; s. auch *Arloth/Krä* § 58 SächsStVollzG Rdn. 2; *Laubenthal/Nestler/Neubacher/Verrel* M Rdn. 32; **BY** LT-Drucks. 15/8101, 61; **SN** LT-Drucks. 5/10920, 126.
781 OLG Naumburg, Beschl. vom 27.12.2011 – 1 Ws 804, 806/10, FS 2012, 114.
782 S. **HH** LT-Drucks. 20/6795, 80.
783 OLG Karlsruhe ZfStrVo 1981, 380; OLG Frankfurt, Beschl. vom 22.2.2006 – 3 Ws 762/763/05 (StVollz), NStZ-RR 2006, 156; *Arloth/Krä* § 83 StVollzG Rdn. 8 m.w.N.; *Laubenthal* Rdn. 473; zum Ansparen in Raten näher oben Rdn. 76.
784 S. auch *Laubenthal* Rdn. 475.
785 Ebenso *Arloth/Krä* § 83 StVollzG Rdn. 8; AK-*Galli* Teil II § 56 Rdn. 8; *Laubenthal/Nestler/Neubacher/Verrel* M Rdn. 34; s. auch **NI** LT-Drucks 15/3565, 128.
786 OLG Koblenz ZfStrVo 1991, 120 f.
787 OLG Frankfurt NStZ 1993, 382.
788 A.A. OLG Koblenz, Beschl. vom 19.9.2013 – 2 Ws 483/13 (Vollz), NStZ-RR 2014, 191; wie hier AK-*Galli* Teil II § 56 Rdn. 7.

Festsetzungen im Vollzugsplan hinsichtlich Schuldenregulierung, Erfüllung von Unterhaltspflichten, Tatfolgenausgleich, Entlassungsvorbereitung, Eingliederung und Nachsorge beeinträchtigt würden. Da dies etwa bei hohen Schulden eine völlige Entziehung der Verfügungsmöglichkeit über das Eigengeld nach sich ziehen könnte, sollte von der Ermächtigung zurückhaltend Gebrauch gemacht werden.[789]

111   cc) Bei der Verfügung über das Eigengeld ist für die Betroffenen häufig die Möglichkeit des **Einkaufs** gem. § 22 StVollzG, **BW** § 18 III, **BY** Art. 24, **BE** § 59, **BB** § 63 Abs. 2, **HB** § 53 Abs. 2, **HH** § 25, **MV** § 53 Abs. 2, **NI** § 24, **NW** § 17, **RP** § 62 Abs. 2, **SL** § 53 Abs. 2, **SN** § 53 Abs. 2, **ST** § 61 Abs. 2 bis 5, **SH** § 70 Abs. 2, **TH** § 63 Abs. 2 von besonderem Interesse. Die **sehr unterschiedliche Ausstattung** der Gefangenen mit Eigengeld und die deshalb sehr verschiedene Verfügungsmöglichkeit des Einzelnen über sein Eigengeld lassen aber einen Zielkonflikt deutlich werden: Der Angleichungsgrundsatz würde verlangen, dass die unterschiedlichen Einkaufsmöglichkeiten der Gefangenen mit und ohne Eigengeld sowohl in diesem Rahmen als auch bei der Anschaffung von Einrichtungsgegenständen, Rundfunkgeräten oder Kleintieren in vollem Umfange zugelassen werden, weil die Unterschiede zwischen „Arm und Reich" den allgemeinen Lebensverhältnissen außerhalb der Anstalten entsprechen. Andererseits birgt das enge, nicht immer kontrollierte und kontrollierbare Zusammenleben in der Anstalt die Gefahr, dass unerwünschte subkulturelle Abhängigkeiten entstehen, denen die Gefangenen sich teilweise wegen der Gruppenzwänge auch dann nicht mehr entziehen können, wenn sie es wollen.[790]

112   Viele Gesetze enthalten deshalb genauere Bestimmungen zum **Einsatz des Eigengelds beim Einkauf**. Das betrifft etwa diejenigen Gefangenen, die unverschuldet weder über Haus- noch über Taschengeld bzw. nicht über spezielle Mittel (**BW**) verfügen (§ 22 Abs. 3 StVollzG, **BW** § 18 Abs. 3 III, **BY** Art. 24 Abs. 3, **HH** § 48 Abs. 3 HS. 2 nur hinsichtlich freien Eigengelds, **HE** § 22 Abs. 3, **NI** § 48 Abs. 2 Satz 2, **NW** § 17 Abs. 2, **ST** § 70 Abs. 2 Satz 2), oder den Einsatz des Eigengeldes in angemessenem Umfang für den Erwerb von anderen Gegenständen als Nahrungs-, Genuss- oder Körperpflegemittel (**BE** § 64 Abs. 2 Satz 2 i.V.m. § 59 Abs. 2, **BB** § 67 Abs. 2 Satz 2 i.V.m. § 63 Abs. 2 Satz 4, **HB** § 57 Abs. 2 Satz 2 i.V.m. § 53 Abs. 2 Satz 4, **MV** § 56 Abs. 2 Satz 2 i.V.m. § 53 Abs. 2 Satz 4, **RP** § 66 Abs. 2 Satz 2 i.V.m. § 62 Abs. 2 Satz 5, **SL** § 56 Abs. 2 Satz 2 i.V.m. § 53 Abs. 2 Satz 4, **SN** § 56 Abs. 2 Satz 2 i.V.m. § 53 Abs. 2 Satz 4, **SH** § 72 Abs. 2 Satz 2 i.V.m. § 70 Abs. 2 Satz 4, **TH** § 67 Abs. 2 Satz 2 i.V.m. § 63 Abs. 2 Satz 4; vgl. auch VV Nr. 2 zu § 22 StVollzG). Geben die Gesetze dem Gefangenen einen **Anspruch** auf Einkauf vom Eigengeld, darf die Anstalt dessen Freigabe nicht von einem näher begründeten Bedarf abhängig machen.[791] Niedersachsen und Sachsen-Anhalt stellen klar, dass im Übrigen das Eigengeld gerade nicht dem Einkauf dient (**NI** § 48 Abs. 2 Satz 1, **ST** § 70 Abs. 2 Satz 1). In Berlin und Hamburg ist geregelt, dass beim sog. Zugangseinkauf nach Aufnahme in die Anstalt auch Nahrungs- und Genussmittel vom Eigengeld erworben werden können (**BE** § 59 Abs. 2 Satz 2, **HH** § 48 Abs. 2 Satz 3), weil die Gefangenen zu diesem Zeitpunkt noch nicht über Vorräte oder andere Geldmittel verfügen.[792] In Sachsen kann dreimal im Jahr ein Zusatzeinkauf von Nahrungs-, Genuss- und Körperpflegemitteln gestattet werden, bei dem dann Eigengeld Verwendung finden darf (**SN** § 53 Abs. 3 Satz 1 und 2).

---

789 So auch *Arloth/Krä* § 56 M-V StVollzG Rdn. 1 unter Heranziehung von Art. 14 GG.
790 Vgl. hierzu *Laubenthal* Rdn. 211 ff.
791 OLG Zweibrücken, Beschl. vom 21.2.2017 – 1 Ws 216/16 Vollz, NStZ 2018, 174.
792 Vgl. **BE** LT-Drucks. 17/2442, 238; **HH** LT-Drucks. 19/2533, 57; *Arloth/Krä* § 59 Bln StVollzG Rdn. 2, § 48 HmbStVollzG Rdn. 2.

I. Verwendung finanzieller Leistungen

c) Pfändbarkeit. Das Eigengeld ist, soweit es anstelle nicht angesparten Überbrückungsgeldes gesichert werden muss, vorbehaltlich § 51 Abs. 5 StVollzG gem. **§ 51 Abs. 4 Satz 2 StVollzG unpfändbar.**[793] **Im Übrigen** bleibt das Eigengeld **grundsätzlich pfändbar**, und zwar auch dann, wenn es auf Renteneinkünften des Gefangenen beruht,[794] und steht dem Zugriff der Gläubiger offen, weil der spezifischen Situation des Inhaftierten durch die Pfändungsbeschränkungen des § 51 Abs. 4 und 5 StVollzG hinreichend Rechnung getragen wird.[795] Einzahler-Zweckbestimmungen sind insoweit unbeachtlich.[796] Zwar sah VV Nr. 3 zu § 83 StVollzG vor, dass für einen Inhaftierten zu einem bestimmten Zweck einbezahltes Eigengeld dann nicht als Überbrückungsgeld zu behandeln ist, wenn der Verwendungszweck der Eingliederung des Betroffenen dient. Dies bleibt hinsichtlich der Pfändbarkeit jedoch unbeachtlich, weil Strafgefangener und Dritter ebenso wenig wie die Landesjustizverwaltung mittels Verwaltungsvorschrift die gesetzlichen Pfändungsmöglichkeiten beeinträchtigen können.[797] Anderes gilt nur bei wirksamen gesetzlichen Gestaltungen (dazu unten Rdn. 127).

113

Wird vertreten, dass auch derjenige Teil des Eigengeldes, der aus Resten des Arbeitsentgelts (oder dessen Surrogaten) stammt, dem Pfändungsschutz der **§§ 850ff ZPO** unterfallen soll,[798] steht dem allerdings entgegen, dass der Anspruch des Gefangenen auf Zahlung des Arbeitsentgelts mit der Gutschrift auf dem Eigengeldkonto schon erloschen ist. Zwar stammt der Anspruch auf Auszahlung des Gutgeschriebenen aus dem Arbeitsentgelt, er stellt jedoch keinen Anspruch auf das Arbeitseinkommen dar. Es bleibt deshalb auch eine entsprechende Anwendung des § 850k ZPO auf den dem Eigengeldkonto zugeführten Arbeitslohn ausgeschlossen.[799] Die Pfändungsfreigrenzen des § 850c ZPO finden nach Sinn und Zweck dieser Pfändungsschutzvorschrift ebenso weder unmittelbar noch mittelbar Anwendung.[800] **Anwendbar** bleibt aber **§ 765a ZPO**; allerdings bringt die Pfändung von Eigengeld wegen der Versorgung des Inhaftierten durch die Anstalt

114

---

793 Zu den bei der Formulierung einer Pfändungs- und Einziehungsverfügung deshalb zu beachtenden Besonderheiten VG Düsseldorf, Gerichtsbescheid vom 22.7.2013 – 6 K 3059/11, Beck-Rs 2013, 54210.
794 OLG Koblenz, Beschl. vom 18.4.2017 – 2 Ws 629/16, FS SH 2018, 60.
795 BT-Drucks. 7/918, 71; so auch BFH, Urt. vom 16.12.2003 – VII R 24/02, ZfStrVo 2005, 57, 58; BGH StV 2004, 558; Beschl. vom 20.6.2013 – IX ZB 50/12, NJW 2013, 3312; Beschl. vom 1.7.2015 – XII ZB 240/14, NJW 2015, 2493, 2494; KG, Beschl. vom 8.3.2013 – 2 Ws 56/13, NStZ-RR 2013, 294, 295; OLG Schleswig NStZ 1994, 511; OLG Karlsruhe ZfStrVo 1995, 114; OLG Hamburg, Beschl. vom 30.1.2009 – 3 Vollz (Ws) 73/08, bei *Roth* NStZ 2010, 440; OLG Frankfurt, Beschl. vom 5.8.2011 – 3 Ws 13/11 (StVollz), NStZ-RR 2012, 127; OLG Koblenz, Beschl. vom 9.9.2015 – 2 Ws 103/15 Vollz, FS 2016, 74; *Arloth/Krä* § 52 StVollzG Rdn. 4; K/S-*Schöch* § 7 Rdn. 159; *Laubenthal* Rdn. 477; *Laubenthal/Nestler/Neubacher/Verrel* F Rdn. 196; vgl. auch BayVerfGH, Entscheidung vom 24.9.2018 – Vf. 2-VII-17, Rdn. 34f (juris).
796 OLG Nürnberg NStZ 1985, 354; KG, Beschl. vom 8.3.2013 – 2 Ws 56/13, NStZ-RR 2013, 294, 295; s. auch OLG Hamm NStZ 1997, 426; a.A. AK-*Galli* Teil II § 56 Rdn. 13.
797 *Arloth/Krä* § 52 StVollzG Rdn. 4; *Laubenthal/Nestler/Neubacher/Verrel* F Rdn. 196; a.A. im Ergebnis OLG Frankfurt ZfStrVo 2004, 316; AK-*Galli* Teil II § 60 Rdn. 5; wohl auch OLG Koblenz, Beschl. vom 19.9.2013 – 2 Ws 483/13 (Vollz), NStZ-RR 2014, 191.
798 So OLG Frankfurt NStZ 1993, 559; OLG Hamburg ZfStrVo 1995, 370; AK-*Galli* Teil II § 56 Rdn. 12; *Konrad* ZfStrVo 1990, 206.
799 BGH, Beschl. vom 20.6.2013 – IX ZB 50/12, NJW 2013, 3312, 3313; Beschl. vom 1.7.2015 – XII ZB 240/14, NJW 2015, 2493, 2496; OLG Koblenz, Beschl. vom 8.5.2014 – 7 UF 844/13, FamRZ 2015, 147, 148; OLG Schleswig NStZ 1994, 511; LG Münster, Beschl. vom 29.11.2016 – 5 T 758/16, Beck-Rs 2016, 115188; VG Düsseldorf, Gerichtsbescheid vom 22.7.2013 – 6 K 3059/11, Beck-Rs 2013, 54210.
800 BFH, Urt. vom 16.12.2003 – VII R 24/02, ZfStrVo 2005, 57, 58f; BGH StV 2004, 558; Beschl. vom 20.6.2013 – IX ZB 50/12, NJW 2013, 3312, 3313; Beschl. vom 1.7.2015 – XII ZB 240/14, NJW 2015, 2493, 2494; LG Aschaffenburg, Beschl. vom 4.4.2011 – 43 T 29 und 31/11, Beck-Rs 2011, 14009; LG Münster, Beschl. vom 29.11.2016 – 5 T 758/16, Beck-Rs 2016, 115188; VG Düsseldorf, Gerichtsbescheid vom 22.7.2013 – 6 K 3059/11, Beck-Rs 2013, 54210; *Hötter* ZfStrVo 1997, 207; Musielak/Voit-*Becker* 2018, § 850 Rdn. 8; Prütting/Gehrlein-*Ahrens* 2018, § 850 Rdn. 25; a.A. MünchKommZPO-*Smid* 2016 § 850e Rdn. 38.

per se gerade keine mit den guten Sitten nicht zu vereinbarende Härte mit sich.[801] Erwogen wurde die Heranziehung der Vorschrift, um die Absolvierung einer ersten Ausbildung zu ermöglichen,[802] nicht aber um des Erwerbs einer Fahrerlaubnis willen.[803] Erst recht wird die Menschenwürde des Gefangenen durch die Pfändung nicht verletzt, da seinen lebensnotwendigen Bedürfnissen durch das Überbrückungsgeld und das ihm zustehende Hausgeld in ausreichendem Umfang Rechnung getragen ist.[804] Verfügt ein Rente beziehender Gefangener jedoch unverschuldet weder über Haus- noch über Taschengeld, soll der zum Einkauf dienende Teil des Eigengelds (**HH § 48 Abs. 3**) nach **§ 811 Abs. 1 Nr. 8 ZPO** unpfändbar bleiben.[805]

115   **d) Rechtsweg.** Der Rechtsweg bei Streitigkeiten über die Auszahlung von Eigengeld richtet sich danach, ob die behauptete Rechtsverletzung in einer von der Anstalt zu verantwortenden Handlung gesehen wird (dann **§§ 109 ff StVollzG**; so etwa bei Auszahlung von Eigengeld an einen Abtretungsgläubiger[806] oder Missachtung des Inhalts des Pfändungs- und Überweisungsbeschlusses bzw. Abführung nicht gepfändeter Mittel[807]) oder ob es sich um Einwendungen gegen die Zulässigkeit der Zwangsvollstreckung überhaupt oder einer bestimmten Vollstreckungsmaßnahme handelt. In letzterem Fall ist gem. **§§ 766 oder 767 ZPO** vorzugehen,[808] so etwa, wenn der Gefangene meint, dass die Auszahlung einzustellen sei, weil das aus seinem Arbeitsentgelt gebildete Eigengeld unter die Pfändungsfreigrenzen der §§ 850 ff ZPO falle,[809] oder dass zweckgebundene, für den Einkauf eingezahlte Geldbeträge von einer Pfändung nicht erfasst würden.[810] Das gilt auch, wenn die Unpfändbarkeit (vermeintlich) „klar auf der Hand liegt".[811] Rechnet die Justizverwaltung mit einem eigenen zivilrechtlichen Anspruch in vollzuglichen Angelegenheiten (z.B. Schadensersatz wegen Beschädigung der Haftraumausstattung) gegen das Eigengeld des Strafgefangenen auf, ist für Einwendungen gegen diese **Aufrechnung** aber nicht der Zivilrechtsweg, sondern der Rechtsweg nach §§ 109 ff StVollzG eröffnet. Dies betrifft sowohl die Aufrechnung an sich[812] als auch die Prüfung der Rechtmäßigkeit der gegen den Inhaftierten geltend gemachten zivilrechtlichen Forderung als Vorfrage (näher 11 J Rdn. 11). Anders verhält es sich bei einer Aufrechnung der **Justizkasse** wegen Forderungen, die keinen Bezug zum Strafvollzug aufweisen, etwa aus einem Zivilrechtsstreit resultieren. Hier fehlt es an einer von der Anstalt zu verantwortenden Handlung und die Gerichtskasse wird nicht dadurch zur Vollzugsbehörde, dass der Kostenschuldner Strafgefangener ist, so dass die Erinnerung nach § 66 Abs. 1 GKG gegeben ist.[813]

---

801 BGH, Beschl. vom 20.6.2013 – IX ZB 50/12, NJW 2013, 3312, 3314; *Heyer* NZI 2010, 84.
802 LG Berlin, Beschl. vom 23.8.2004 – 81 T 18/04, NStZ 2005, 590, 591 (hier gerade nicht gegeben).
803 LG Münster, Beschl. vom 29.11.2016 – 5 T 758/16, Beck-Rs 2016, 115188.
804 BVerfG NStZ 1982, 300.
805 OLG Hamburg, Beschl. vom 7.12.2010 – 3 Vollz (Ws) 72/10, NStZ-RR 2011, 126, 127 für 43 EUR.
806 OLG Hamm NStZ 1988, 479.
807 OLG Jena, Beschl. vom 27.4.2015 – 1 Ws 531/15, FS 2016, 73; OLG Zweibrücken, Beschl. vom 21.3.1986 – 1 Vollz (Ws) 87/85, BlStV 2/1987, 8 f; anders wohl KG, Beschl. vom 8.3.2013 – 2 Ws 56/13, NStZ-RR 2013, 294.
808 BGHSt 37, 176; vgl. auch OLG München, Beschl. vom 21.6.2018 – 1 Ws 502/18, FS SH 2019, 27 (UHaft).
809 KG NStZ 1991, 56.
810 OLG Stuttgart ZfStrVo 1988, 369.
811 A.A. OLG Hamburg, Beschl. vom 7.12.2010 – 3 Vollz (Ws) 72/10, NStZ-RR 2011, 126, 127.
812 Etwa KG, Beschl. vom 9.5.2003 – 3 Ws 135/03 Vollz, NStZ-RR 2003, 317; OLG Hamburg, Beschl. vom 30.1.2009 – 3 Vollz (Ws) 73/08, bei *Roth* NStZ 2010, 442; OLG Koblenz, Beschl. vom 9.9.2015 – 2 Ws 103/15 Vollz, FS 2016, 74; OLG Stuttgart, Beschl. vom 19.2.2018 – 4 Ws 424/17, StV 2018, 646, 647; wohl auch OLG Hamm, Beschl. vom 22.12.1980 – 1 Vollz (Ws) 70/80 (juris); a.A. noch KG, Beschl. vom 8.1.1985 – 5 Ws 408/84 Vollz, BlStV 3/1986, 10, 11.
813 Vgl. OLG Nürnberg, Beschl. vom 29.1.1999 – Ws 1531/98, ZfStrVo 1999, 302, 303.

3. Konten. Im StVollzG, Baden-Württemberg, Bayern, Hessen und Nordrhein- **116** Westfalen gibt es keine Regelungen hierzu. Die übrigen Länder sehen zumindest die Führung von **Hausgeld- und Eigengeldkonten** zwingend vor (**BE** § 66 Abs. 1, **BB** § 69 Abs. 1, **HB** § 59 Abs. 1, **HH** § 44 Satz 1, **MV** § 58 Abs. 1, **NI** § 45 Abs. 1 Satz 1, **RP** § 68 Abs. 1, **SL** § 58 Abs. 1, **SN** § 58 Abs. 1, **ST** § 67 Abs. 1 Satz 1, **SH** § 74 Abs. 1, **TH** § 69 Abs. 1). Ausdrücklich vorgeschrieben ist weiter in Berlin und Rheinland-Pfalz die Anlage eines Eingliederungsgeldkontos (**BE** § 66 Abs. 1, **RP** § 68 Abs. 1), in Hamburg, Niedersachsen, Sachsen-Anhalt und Schleswig-Holstein die Führung eines **Überbrückungsgeldkontos** (**HH** § 44 Satz 1, **NI** § 45 Abs. 1 Satz 1, **ST** § 67 Abs. 1 Satz 1, **SH** § 74 Abs. 1). **Taschengeld** wird meist auf dem Hausgeldkonto verbucht (**BE** § 65 Abs. 4 Satz 2, **BB** § 68 Abs. 5 Satz 2, **HB** § 58 Abs. 4 Satz 2, **HH** § 46 Satz 2, **MV** § 57 Abs. 4 Satz 2, **NI** § 46 Abs. 1 Nr. 2, **SL** § 57 Abs. 4 Satz 2, **SN** § 57 Abs. 4 Satz 2, **ST** §§ 65 Abs. 5 Satz 2, 68 Abs. 1 Nr. 2, **SH** § 73 Abs. 4 Satz 2, **TH** § 68 Abs. 5 Satz 2), nur Rheinland-Pfalz sieht hierfür ein eigenes Konto vor (**RP** § 68 Abs. 1). Es bleibt aber möglich, ohne gesetzliche Regelung weitere Konten zu führen, wie dies etwa für Bremen mit dem Überbrückungsgeldkonto berichtet wird.[814]

4. Bargeld. Der **Besitz** von Bargeld ist im Strafvollzug grundsätzlich **nicht gestat-** **117** tet. Das ist teilweise ausdrücklich geregelt, wobei Ausnahmen zugelassen werden können (**BE** § 66 Abs. 2 Satz 1, **BB** § 69 Abs. 2, **HB** § 59 Abs. 2, **MV** § 58 Abs. 2, **RP** § 68 Abs. 2, **SL** § 58 Abs. 2, **SN** § 58 Abs. 2, **ST** § 67 Abs. 3, **SH** § 74 Abs. 2, **TH** § 69 Abs. 2). In Berlin ist die Möglichkeit abweichender Gestaltung nur für den offenen Vollzug eröffnet (**BE** § 66 Abs. 2 Satz 2). Dieser wird auch in den anderen Ländern den Hauptanwendungsfall von Besitzgestattung abgeben, selbst wenn weitere **Ausnahmen** vom Verbot etwa im Zusammenhang mit der Gewährung von Vollzugslockerungen denkbar bleiben.[815]

Ohne spezielle Bestimmung folgt das Bargeldverbot daraus, dass der Gefangene **118** nur Sachen in Gewahrsam haben darf, die ihm von der Vollzugsbehörde oder mit ihrer Zustimmung überlassen werden, und Geld als Eigengeld (unbar) gutgeschrieben wird (§ 83 Abs. 1 Satz 1, Abs. 2 Satz 2 StVollzG, **BW** § 63 Abs. 1 Satz 1, Abs. 2 Satz 2 III, **BY** Art. 52 Satz 1 Nr. 1, 90 Abs. 1 Satz 1, **HH** §§ 44 Satz 1, 69 Abs. 1 Satz 1, **HE** §§ 20 Abs. 1 Satz 1, 44 Abs. 1 Satz 1, **NI** §§ 45 Abs. 1 Satz 2, 76 Abs. 1 Satz 1, **NW** § 38 Satz 1).[816] – In **Hamburg** ergibt sich das Bargeldverbot mittelbar zudem aus der Regelung in **HH** § 48 Abs. 5, welche Bargeld betrifft, das ein Gefangener unerlaubt in die Anstalt eingebracht oder einzubringen versucht hat oder das er in der Anstalt unerlaubt in Besitz hatte. Solche Mittel werden als Eigengeld gutgeschrieben, ohne dass der Gefangene dann in dieser Höhe über Eigengeld verfügen darf.

Durch das Bargeldverbot soll unmittelbar der **Subkulturbildung** und mittelbar Ge- **119** fahren für die Erreichung des Vollzugsziels einerseits, für die Sicherheit und Ordnung der Anstallt andererseits entgegengewirkt werden, indem Geschäfte unter den Gefangenen und die daraus drohenden Abhängigkeiten unterbunden werden.[817] Im Hinblick auf vollzugsinterne Ersatzwährungen (z.B. Kaffee, Tabak, Betäubungsmittel) und die Möglichkeit, vollzugsexterne Erfüllung, auch durch Dritte, zu vereinbaren, dürfen die tatsächlichen Vorteile des Bargeldverbots aber nicht überschätzt werden.[818]

---

814 S. AK-*Galli* Teil II § 58 Rdn. 2; a.A. *Arloth/Krä* § 58 SächsStVollzG Rdn. 2.
815 Vgl. **SN** LT-Drucks. 5/10920, 126; *Arloth/Krä* § 58 SächsStVollzG Rdn. 3; großzügiger AK-*Galli* Teil II § 58 Rdn. 3.
816 S. auch *Arloth/Krä* § 83 StVollzG Rdn. 1, 7; AK-*Galli* Teil II § 58 Rdn. 3; *Laubenthal/Nestler/Neubacher/Verrel* M Rdn. 24.
817 Etwa **SN** LT-Drucks. 5/10920, 126.
818 Vgl. auch AK-*Galli* Teil II § 58 Rdn. 3.

4. Kapitel. Arbeit und Bildung

120 Bargeld in **Fremdwährung** wird aufgrund ausdrücklicher gesetzlicher Regelung in einigen Ländern (**BE**: nur in der Regel) zur Habe genommen (**BE**: oder in der Zahlstelle verwahrt), **BE** § 66 Abs. 3, **BB** § 69 Abs. 3, **HB** § 59 Abs. 3, **RP** § 68 Abs. 3, **SL** § 58 Abs. 3, **SN** § 58 Abs. 3, **ST** § 67 Abs. 4, **TH** § 69 Abs. 3. So sollen ein zeitaufwändiger Umtausch und Streitigkeiten über den Wechselkurs vermieden werden.[819] Ob in allen übrigen Ländern ebenso zu verfahren ist,[820] erscheint im Hinblick auf die Fürsorgepflicht der Anstalt jedenfalls bei hohen Geldbeträgen, langer Haftdauer und der konkreten Gefahr eines erheblichen Wertverlusts fraglich.

VII. Sondergeld, zweckgebundene Einzahlungen

Bund	Keine Regelung
Baden-Württemberg	BW § 54 III JVollzGB
Bayern	BY Art. 53 BayStVollzG
Berlin	BE § 68 Abs. 1 StVollzG Bln
Brandenburg	BB § 71 BbgJVollzG
Bremen	HB § 61 BremStVollzG
Hamburg	HH § 48 Abs. 4 HmbStVollzG
Hessen	HE § 44 Abs. 2 HStVollzG
Mecklenburg-Vorpommern	MV § 60 StVollzG M-V
Niedersachsen	NI § 46 Abs. 2 NJVollzG
Nordrhein-Westfalen	Keine Regelung
Rheinland-Pfalz	RP § 70 Abs. 1 LJVollzG
Saarland	SL § 60 SLStVollzG
Sachsen	SN § 60 SächsStVollzG
Sachsen-Anhalt	ST § 71 JVollzGB LSA
Schleswig-Holstein	SH § 76 LStVollzG SH
Thüringen	TH § 71 ThürJVollzG

Übersicht
1. Grundsatz —— 121
2. Einzelne Regelungen —— 122–126
3. Unpfändbarkeit —— 127

121 **1. Grundsatz.** Bis auf Nordrhein-Westfalen haben alle Länder Vorschriften erlassen, um Einzahlungen von außen zu besonderen Zwecken zu ermöglichen. Während diese Mittel als Beträge, die die Gefangenen während der Haftzeit erhalten, in den meisten Ländern dem Eigengeld zuzurechen sind, in Niedersachsen dem Hausgeld, kennen Baden-Württemberg und Bayern hierfür die Kategorie des Sondergeldes. Ihren Ursprung hatten die älteren Normen im Bestreben, den **Wegfall des** nach § 33 Abs. 1 Satz 1 StVollzG möglichen **Empfangs von Lebensmittelpaketen** zu kompensieren;[821] gerade die auf dem Musterentwurf basierenden Gesetze haben sich aber hiervon gelöst.

122 **2. Einzelne Regelungen.** In **Baden-Württemberg** ermöglicht **BW** § 54 Abs. 1 III die monatliche Einzahlung eines Betrages in angemessener Höhe, der sich wie Hausgeld nutzen, also für beliebige statthafte Zwecke einsetzen lässt, etwa Einkauf, Kommunika-

---

[819] SN LT-Drucks. 5/10920, 126.
[820] So AK-*Galli* Teil II § 58 Rdn. 4.
[821] Siehe *Arloth/Krä* § 46 NJVollzG Rdn. 2; *Laubenthal* Rdn. 478; *Laubenthal/Nestler/Neubacher/Verrel* F Rdn. 198.

tionskosten, Betrieb eines Fernsehgeräts.[822] Nach **BW** § 54 Abs. 3 Satz 1 und 2 III darf ein solches Guthaben nur bis zu drei Monaten angespart werden; übersteigende Beträge werden dem Überbrückungsgeld oder – ist ein solches schon bis zum Soll gebildet – dem Eigengeld zugeschrieben. – Zusätzlich darf nach **BW** § 54 Abs. 2 III Sondergeld zweckgebunden in angemessener Höhe eingezahlt werden, und zwar für Maßnahmen der Eingliederung, namentlich solche der Gesundheitsfürsorge (vgl. **BW** § 36 III) und der Aus- und Fortbildung (Nr. 1) sowie Maßnahmen zur Förderung sozialer Beziehungen, etwa Telefon- und Fahrtkosten (Nr. 2). Kann Sondergeld zu dem vorgesehenen Zweck nicht verwendet werden, weil z.B. eine Vollzugslockerung nicht gewährt wird und damit keine Fahrtkosten anfallen, sind die Mittel primär an den Einzahler zurückzuerstatten, hilfsweise dem Eigengeld zuzuschreiben (**BW** § 54 Abs. 3 Satz 3 III). – Im Wege der **Disziplinarmaßnahme** kann die Verfügung über das Sondergeld beschränkt oder entzogen werden (**BW** § 82 Abs. 1 Nr. 2 III); es wird für diese Zeit dem Überbrückungsgeld zugeschlagen (**BW** § 83 Abs. 3 III; dazu oben Rdn. 73).

Bayern erlaubt die Einzahlung von Sondergeld (**BY** Art. 53 Satz 2) nur zum Zwecke des dreimal jährlich möglichen Sondereinkaufs (**BY** Art. 25) sowie für die Kosten einer Krankenbehandlung (**BY** Art. 63 Abs. 2, 65 Satz 2), **BY** Art. 53 Satz 1. Diese Zweckbeschränkung verstößt nicht gegen den Gleichheitssatz.[823] Kann das Geld nicht oder nicht vollständig zu dem vorgesehenen Zweck verwendet werden, ist es nicht zurückzuerstatten, sondern dem Eigengeld zuzuschreiben (**BY** Art. 53 Satz 3). – In **Hamburg** kommt nur die Einzahlung von Eigengeld zum dreimaligen Sondereinkauf (**HH** § 25 Abs. 2) in Betracht (**HH** § 48 Abs. 4 Satz 1); wird es beim nächsten Zusatzeinkauf nicht oder nicht vollständig zu diesem Zweck verwendet, entfällt die Zweckbindung des Eigengeldes (**HH** § 48 Abs. 4 Satz 2). 123

In **Hessen** gestattet **HE** § 44 Abs. 2 HS. 1 zweimal jährlich die Einzahlung von Geld für den Sondereinkauf (**HE** § 22 Abs. 2 Satz 1), wobei dies ebenso von der Genehmigung der Anstalt abhängt wie Einzahlungen Dritter, also nicht des Gefangenen selbst, zum Zweck des Zugangseinkaufs, der medizinischen Versorgung, der Gewährleistung der Informationsfreiheit (etwa für ein Zeitungsabonnement oder die Miete eines Fernsehgeräts) oder der Eingliederung, **HE** § 44 Abs. 2 HS. 2. Es handelt sich kraft ausdrücklicher gesetzlicher Regelung um Eigengeld. Mit dem Erlaubnisvorbehalt soll vermieden werden, dass die eingezahlten Beträge zu hoch oder zu niedrig ausfallen und dadurch vermeidbarer Verwaltungsaufwand generiert wird.[824] 124

In **Niedersachsen** kann nunmehr bis zu zwölf Mal jährlich ein zusätzlicher Geldbetrag auf das Hausgeldkonto überwiesen oder eingezahlt werden (**NI** § 46 Abs. 2 Satz 1). Die Summe der Beträge darf den zwölffachen Tagessatz der Eckvergütung (**NI** § 40 Abs. 1 Satz 2) pro Jahr nicht übersteigen (**NI** § 46 Abs. 2 Satz 2). Im Vergleich zur Rechtslage vor der Änderung der Norm im Jahr 2017 wird zum einen klargestellt, dass die Einzahlung nicht nur von Dritten, sondern auch vom Inhaftierten selbst getätigt werden kann, und zum anderen durch größere Bandbreite der Einzahlungsmöglichkeiten bei identischem Jahreshöchstbetrag für Personen mit geringen Mitteln höhere Flexibilität geschaffen oder umgekehrt die Möglichkeit eröffnet, zu Beginn des Vollzugs eine größere Summe zum Erwerb der „Erstausstattung" bereitzustellen.[825] Allerdings braucht der Gefangene die eingezahlten Mittel nicht zum Einkauf zu verwenden, sondern kann sie auf dem Hausgeldkonto ansparen und so letztlich der Pfändbarkeit entziehen (vgl. Rdn. 31).[826] 125

---

822   S. **BW** LT-Drucks. 14/5012, 227 f; *Arloth/Krä* § 54 **BW** JVollzGB Buch 3 Rdn. 1.
823   BayVerfGH, Entscheidung vom 24.9.2018 – Vf. 2-VII-17 (juris).
824   S. **HE** LT-Drucks. 18/6068, 112.
825   **NI** LT-Drucks. 17/7414, 28 f.
826   Krit. deshalb *Arloth/Krä* § 46 NJVollzG Rdn. 2.

126 In **Berlin, Brandenburg, Bremen, Mecklenburg-Vorpommern, Rheinland-Pfalz, Saarland, Sachsen, Schleswig-Holstein und Thüringen** wird unter strikter Zweckbindung (jeweils Satz 2) die Einzahlung von Mitteln für Maßnahmen der Eingliederung gestattet (**BE** § 68 Abs. 1 Satz 1, **BB** § 71 Satz 1, **HB** § 61 Satz 1, **MV** § 60 Satz 1, **RP** § 70 Abs. 1 Satz 1, **SL** § 60 Satz 1, **SN** § 60 Satz 1, **SH** § 76 Satz 1, **TH** § 71 Satz 1). Die Aufzählung der Verwendungsmöglichkeiten entspricht derjenigen in **BW** § 54 Abs. 2 III (Rdn. 122). In **Sachsen-Anhalt** gilt dies ebenso, wobei das Land das einzige der in diesem Absatz besprochenen Gruppe bildet, das zudem dreimal jährlich Sondereinkauf unter Verwendung derartiger Mittel vorsieht (**ST** § 71 Satz 1 i.V.m. § 61 Abs. 3). Die Einzahlungen sind auf dem Eigengeldkonto zu verbuchen;[827] Umbuchungen sind nicht vorgesehen. In **Sachsen** dürfen externe Dritte nach Gestattung durch die Anstalt zum Zwecke des Sondereinkaufs (**SN** § 53 Abs. 3 Satz 1, Rdn. 112) dreimal im Jahr Einzahlungen auf das Hausgeldkonto des Gefangenen leisten (**SN** § 53 Abs. 3 Satz 3); die Versagung dieser Einzahlung wird schon aus Gleichbehandlungsgründen regelmäßig nicht in Betracht kommen.[828]

127 **3. Unpfändbarkeit.** In Baden-Württemberg wird Sondergeld nach **BW** § 54 Abs. 1 und 2 III ausdrücklich für unpfändbar erklärt, **BW** § 54 Abs. 4 III. Diese Regelung dürfte mangels Gesetzgebungskompetenz des Landes unwirksam sein.[829] Eine derartige Vorschrift fehlt in Bayern; hier gehen der Gesetzgeber wie das Landesverfassungsgericht davon aus, dass die Forderung des Gefangenen wegen ihrer besonderen Zweckbindung nicht übertragbar (§ 399 BGB) und damit unpfändbar ist (§ 851 Abs. 1 ZPO), es sei denn nach Übertragung zum Eigengeld.[830] In Hessen geht man in entsprechender Weise im Anschluss an Judikatur des OLG Frankfurt von Unpfändbarkeit aus.[831] Die Lösung in Niedersachsen mit Zuordnung zum Hausgeld führt zu Unpfändbarkeit (Rdn. 31). In Berlin, Brandenburg, Bremen, Mecklenburg-Vorpommern, Rheinland-Pfalz, Saarland, Sachsen, Sachsen-Anhalt, Schleswig-Holstein und Thüringen ist die Unübertragbarkeit ausdrücklich angeordnet (**BE** § 68 Abs. 1 Satz 3, **BB** § 71 Satz 3, **HB** § 61 Satz 3, **MV** § 60 Satz 3, **RP** § 70 Abs. 1 Satz 3, **SL** § 60 Satz 3, **SN** § 60 Satz 3, **ST** § 71 Satz 3, **SH** § 76 Satz 3, **TH** § 71 Satz 3); daraus folgt gem. § 851 Abs. 1 ZPO die Unpfändbarkeit.[832]

VIII. Sozialversicherung; Einbehaltung von Beitragsteilen

Bund	§§ 190–193, 195 StVollzG
Baden-Württemberg	BW § 56 III JVollzGB
Bayern	BY Art. 206 BayStVollzG
Berlin	BE § 61 Abs. 4 StVollzG Bln
Brandenburg	BB § 66 Abs. 4 BbgJVollzG
Bremen	HB § 55 Abs. 4 BremStVollzG

---

827 OLG Koblenz, Beschl. vom 8.6.2015 – 2 Ws 96/15 Vollz Rdn. 16 (juris); *Arloth/Krä* § 60 SächsStVollzG Rdn. 1.
828 Vgl. *Arloth/Krä* § 53 SächsStVollzG Rdn. 3.
829 Vgl. *Arloth/Krä* § 54 **BW** JVollzGB Buch 3 Rdn. 5.
830 S. **BY** LT-Drucks. 15/8101, 62; BayVerfGH, Entscheidung vom 12.5.2009 – Vf. 4-VII-08, FS 2009, 267, 271; Entscheidung vom 24.9.2018 – Vf. 2-VII-17, Rdn. 32 (juris); vgl. auch *Arloth/Krä* Art. 53 BayStVollzG Rdn. 3.
831 **HE** LT-Drucks. 18/1396, 105 unter Verweis auf OLG Frankfurt NStZ-RR 2004, 128.
832 S. auch OLG Koblenz, Beschl. vom 26.4.2016 – 2 Ws 28/16 Vollz, Beck-Rs 2016, 09648 Rdn.14.

Hamburg	HH § 42 HmbStVollzG
Hessen	HE § 38 Abs. 5 HStVollzG
Mecklenburg-Vorpommern	MV § 55 Abs. 4 StVollzG M-V
Niedersachsen	NI § 42 NJVollzG
Nordrhein-Westfalen	NW § 32 Abs. 5 StVollzG NRW
Rheinland-Pfalz	RP § 65 Abs. 4 LJVollzG
Saarland	SL § 55 Abs. 4 SLStVollzG
Sachsen	SN § 55 Abs. 4 SächsStVollzG
Sachsen-Anhalt	ST § 64 Abs. 5 JVollzGB LSA
Schleswig-Holstein	SH § 37 Abs. 4 LStVollzG SH
Thüringen	TH § 66 Abs. 6 ThürJVollzG

Schrifttum

Dopatka Anmerkung zum Beschluss des OLG Koblenz vom 8.10.1984, in: StV 1985, 334; *Hardes* Die Unfallversicherung der Gefangenen, in: ZfStrVo 1984, 6; *Pawlita* Die Gefangenenentlohnung und ihre Bedeutung für das Sozialrecht, in: ZFSH/SGB 1999, 67; *Schäferskupper* Die Arbeitslosenversicherung der Gefangenen – Grundlagen und aktueller Streit –, in: NZS 2013, 446; *Schäferskupper* Ein Machtwort des Bundessozialgerichts, in: FS 2017, 321; *Schäferskupper/Bließen* Aktuelles aus der Arbeitslosenversicherung der Gefangenen, in: NZS 2017, 327; *Schorn* Sozialversicherung im Strafvollzug, in: NZS 1995, 444; *Steiner* Strafgefangene im System der gesetzlichen Sozialversicherung, Frankfurt a.M. 2005; *Winkler,* Schafft Arbeit in Haft amputierte Anwartschaft?, in: info also 2013, 92; *Wunder/Diehm,* Die soziale (Nicht-)Sicherung von Strafgefangenen, in: Soziale Sicherheit 2009, 74; s. auch vor A.

Übersicht

1. Hinweise zu §§ 190 bis 193 StVollzG —— 128–131
2. Unfallversicherung —— 132
3. Einbehaltung von Beitragsteilen zur Arbeitslosenversicherung —— 133–138

a) Grundsatz —— 133
b) Beitragspflicht —— 134–137
c) Anwartschaftszeit —— 138

1. Hinweise zu §§ 190 bis 193 StVollzG. Die durch §§ 190 bis 193 StVollzG vorgesehene **128** Einbeziehung der Gefangenen in die **Kranken- und Rentenversicherung**[833] entspräche dem Angleichungsgrundsatz und wäre überdies sozialstaatlich geboten, um eine soziale Mindestsicherung für den Gefangenen und seine Angehörigen zu gewährleisten. Die geplante Sozialversicherung für Gefangene, die durch §§ 190 bis 193 StVollzG bereits formuliert wurde, hätte aber gem. § 198 Abs. 3 StVollzG durch ein besonderes Bundesgesetz in Kraft gesetzt werden müssen. Entsprechende Gesetzesinitiativen der Bundesregierung sind jeweils am Widerstand des Bundesrates wegen der in den Bundesländern entstehenden erheblichen finanziellen Auswirkungen gescheitert.[834] Daran hat auch ein Beschluss der Justizministerkonferenz vom Juni 2018 nichts geändert.[835] Demzufolge gehören **Strafgefangene** auch bei einer Tätigkeit in einem Unternehmerbetrieb[836] oder im Rahmen der Aus- und Weiterbildung[837] (ebenso wie Untersuchungsgefangene, nach § 126a StPO einstweilen Untergebrachte oder in einer freiheitsentziehenden Maßregel der Besserung und Sicherung

---

833 BT-Drucks. 7/918, 104 und 7/3998, 50.
834 S. BT-Drucks. 8/3335; 9/566.
835 Dazu BT-Drucks. 19/8234, 2; vgl. auch Pressemitteilung des Berliner Justizsenators, FS 2019, 56.
836 Ausführlich *Schirmer* 2008, 96 ff, auch zur Gegenansicht.
837 BSG, Urt. vom 6.5.2010 – B 13 R 118/08 R, Beck-Rs 2010, 74233 Rdn. 26; LSG Baden-Württemberg, Urt. vom 25.9.2008 – L 10 R 4743/07, NZS 2009, 677, 678 f; *Wunder/Diehm* Soziale Sicherheit 2009, 75.

Befindliche; vgl. § 16 Abs. 1 Nr. 4 Satz 2 SGB V) **nicht** zum Kreis der **krankenversicherungspflichtigen** Personen; sie sind auch **nicht rentenversicherungspflichtig**. Behauptet ein Angehöriger des genannten Personenkreises, seine Tätigkeit müsse aus verfassungsrechtlichen Gründen rentenversicherungspflichtig sein, kann er sein Anliegen nicht im Verfahren nach §§ 109 ff StVollzG, sondern nur vor den Sozialgerichten verfolgen.[838]

129 Wenngleich sich die (noch) fehlende Einbeziehung der Gefangenen in die Rentenversicherung bei der jeweiligen späteren Rentenberechnung als **resozialisierungsfeindliche Spätfolge** der Freiheitsstrafe auswirkt,[839] weil die Strafzeit auch nicht als Ausfallzeit der Rentenversicherung zählt,[840] ist die Vorschrift des § 198 Abs. 3 StVollzG verfassungsrechtlich nicht zu beanstanden, wonach die Einbeziehung der Strafgefangenen in die gesetzliche Altersrentenversicherung einem besonderen, eben bisher ausgebliebenen Bundesgesetz vorbehalten ist, auf das Gefangene keinen bei der Sozialgerichtsbarkeit einklagbaren Anspruch haben.[841] Denn eine solche Einbeziehung stellt sich als Element eines **vom Gesetzgeber frei gestaltbaren** Resozialisierungskonzepts dar, die weder vom verfassungsrechtlichen Resozialisierungsgebot gefordert[842] noch vom Gleichheitssatz gem. Art. 3 Abs. 1 GG geboten ist,[843] noch sich aus europäischem (Gemeinschafts- bzw. Unions-)Recht herleiten lässt.[844] Auch ein Verstoß gegen das Diskriminierungsverbot des Art. 14 EMRK i.V.m. Art. 1 des Zusatzprotokolls[845] oder das Übereinkommen Nr. 102 der IAO über Mindestnormen sozialer Sicherheit liegt nicht vor.[846] Der Gesetzgeber hat bei gewährender Staatstätigkeit, insbesondere dann, wenn es sich um erstmals gegenüber einem Personenkreis (hier: Gefangene) zu erbringende freiwillige Leistungen des Staates aus sozialpolitischen Motiven handelt, weitgehende Gestaltungsfreiheit. Mag aktuell eine schlechte Kassenlage öffentlicher Haushalte zwar nicht als Argument taugen, bleibt die Reform und damit die Umsetzung der in Nr. 26.17 EuStVollzGrds 2006 ausgesprochenen Empfehlung zur Einbeziehung arbeitender Gefangener in das Sozialversicherungssystem doch auf unbestimmte Zeit nicht zu erwarten,[847] zumal das BVerfG in seinem Urteil zum Arbeitsentgelt[848] an der vorstehend dargelegten grundgesetzlichen Sicht festgehalten hat.

130 Haben Strafgefangene aufgrund allgemeiner Bestimmungen – etwa als krankenversicherte Rentner oder als freiwillig Versicherte – Anspruch auf **Krankenversicherungsleistungen**, so ruht dieser Anspruch gem. § 16 Abs. 1 Nr. 4 SGB V während des Vollzuges, um Doppelleistungen zu verhindern. Vor der Inhaftierung mitversicherte Familienangehörige, denen die Gesundheitsfürsorge der JVA nicht zugutekommt und die weiterhin

---

838 OLG Hamburg, Beschl. vom 4.9.2015 – 3 Ws 74/15 Vollz, NStZ-RR 2015, 392.
839 AK-*Grühn* Teil V Rdn. 7; *Laubenthal* Rdn. 479; *Rotthaus* NStZ 1987, 1, 4; *Wunder/Diehm* Soziale Sicherheit 2009, 76; a.A. *Arloth/Krä* § 190 StVollzG Rdn. 3.
840 BSG, Urt. vom 26.5.1988 – 5/5 b RJ 20/87, NJW 1989, 190, 191; LSG Berlin-Brandenburg, Urt. vom 19.4.2007 – L 21 R 1362/05, Beck-Rs 2007, 45388; *Schirmer* 2008, 154 ff; vgl. auch BVerfG, Beschl. vom 14.11.2000 – 1 BvL 9/89, NZS 2001, 255, 256; krit. *Bachmann*, 303.
841 BSG SozR 3–1500 § 51 Nr. 23.
842 A.A. *Bachmann*, 301; *Schorn* 1995, 446.
843 BVerfGE 98, 169 m. Anm. *Bemmann* StV 1998, 604; so auch *Pawlita* 1999, 67 ff; *Schirmer* 2008, 184 ff, auch zu Art. 6 Abs. 1 GG.
844 Zu letzterem LSG Rheinland-Pfalz, Urt. vom 13.8.2008 – L 4 R 67/08, Beck-Rs 2008, 56816.
845 EGMR, Urt. vom 7.7.2011 – 37452/02 (Stummer ./. Österreich), NJOZ 2012, 1897 ff.
846 Dazu *Dahmen* 2011, 240 ff, die aber (173, 258, 270, 288) einen Verstoß gegen Art. 14 Abs. 1 GG, Art. 14 EMRK i.V.m. Art. 1 1. Zusatzprotokoll, Art. 26 des Internationalen Paktes über bürgerliche und politische Rechte sowie Art. 9 i.V.m. Art. 2 des Internationalen Paktes über wirtschaftliche, soziale und kulturelle Rechte (jeweils vom 19.12.1966, BGBl. 1973 II, 1534 und 1569) bejaht.
847 *Arloth/Krä* § 190 StVollzG Rdn. 1; *Laubenthal* Rdn. 479.
848 BVerfGE 98, 169.

nicht eigenständig krankenversichert sind, haben bei Vorliegen der Voraussetzungen des § 5 Abs. 1 Nr. 13 SGB V einen Anspruch auf Versicherungsschutz (Auffangversicherung), wenn sie dies bei der Krankenkasse anzeigen. Unter bestimmten Bedingungen besteht dann gegen den zuständigen Sozialhilfeträger ein Anspruch auf Übernahme der Beiträge zur Krankenversicherung. Die Bestimmungen über die Auffangversicherung können auch Verurteilten nach ihrer Entlassung aus der Strafhaft zugute kommen.[849] Umgekehrt gilt, dass bei in einem freien Beschäftigungsverhältnis befindlichen Freigängern deren Anspruch auf Leistungen der Gesundheitsfürsorge ruht (oben H Rdn. 5). – Den Strafgefangenen zustehende **Leistungen aus der Rentenversicherung** sind auch während der Strafhaft zu gewähren. Unter bestimmten Voraussetzungen können Gefangene die vor Inhaftierung bestehende Rentenversicherung durch freiwillige Zahlungen aufrechterhalten.

§§ 190 bis 193 StVollzG kommt momentan keine Bedeutung zu. § 190 Nr. 11 und 12 StVollzG ist insofern obsolet, als die dort betroffene Materie mittlerweile im SGB VII ihre Regelung findet (näher Rdn. 132) und hätte der Klarheit halber vom Gesetzgeber aufgehoben werden sollen. Aber auch §§ 190 Nr. 1 bis 10 und 13 bis 18, 191 bis 193 StVollzG könnten – sollte der Gesetzgeber sich zur Einbeziehung der Gefangenen in weitere Bereiche der Sozialversicherung entschließen – nicht einfach in Kraft gesetzt werden. Denn die in Bezug genommenen Normen der RVO, des Angestelltenversicherungsgesetzes, des Reichsknappschaftsgesetzes sowie des Gesetzes über die Krankenversicherung der Landwirte hat die Legislative mittlerweile im Zuge der umfassenden **Neukodifizierung des Sozialrechts und dessen Gesamtdarstellung im SGB** aufgehoben. Es bedürfte also der Erstreckung des Anwendungsbereichs der einschlägigen Vorschriften des SGB, um die Gefangenen in Kranken- und Rentenversicherung zu integrieren. Demgemäß lautet der in § 198 Abs. 3 StVollzG erteilte (Selbst-)Auftrag nunmehr dahin gehend, die dort genannten Vorschriften erst an inzwischen vorgenommene Gesetzesänderungen anzupassen, bevor sie in Kraft gesetzt werden. Hat der Gesetzgeber §§ 190 ff StVollzG bei der Neukodifikation des Sozialrechts unbeachtet gelassen, erscheint dies aus Gründen der Arbeitsersparnis verständlich. Es handelt sich bei diesem Vorgehen aber um ein weiteres Indiz dafür, dass mit einer Verbesserung des sozialrechtlichen Schutzes der Inhaftierten in einem überschaubaren Zeitraum nicht gerechnet werden darf. – In keinem der **Ländergesetze** sind Regelungen über die Einbeziehung der Gefangenen in die Renten- oder Krankenversicherung getroffen; das erscheint schon deshalb folgerichtig, weil es den Gliedstaaten nach Art. 72 Abs. 1, 74 Abs. 1 Nr. 12 GG an der Gesetzgebungskompetenz in Fragen der **Sozialversicherungsmitgliedschaft** fehlt.[850]

2. Unfallversicherung. Lediglich § 190 Nr. 11 und 12 StVollzG ist bereits am 1. Januar 1977 in Kraft getreten (vgl. § 198 Abs. 1 und 3 StVollzG). Durch diese Vorschriften wurden Bestimmungen der RVO, denen zufolge der Gefangene Anspruch auf Leistungen der gesetzlichen Unfallversicherung hatte, geändert. Seit dem 1.1.1997 gelten insoweit die Bestimmungen des **SGB VII**. In die Unfallfürsorge, die es für Gefangene bereits seit dem Jahre 1900 gibt,[851] sind mit Ausnahme der in einem freien Beschäftigungsverhältnis täti-

---

849 S. dazu LSG Baden-Württemberg, Urt. vom 16.6.2010 – L 5 KR 5046/09, Beck-Rs 2011, 68040; BSG, Urt. vom 21.12.2011 – B 12 KR 13/10 R, Beck-Rs 2012, 67973; *Arloth/Krä* § 190 StVollzG Rdn. 2; AK-*Grühn* Teil V Rdn. 5.
850 BayVerfGH, Entscheidung vom 9.8.2010 – Vf. 16-VII-09, FS 2011, 54; OLG Hamburg, Beschl. vom 4.9.2015 – 3 Ws 74/15 Vollz, NStZ-RR 2015, 392; *Arloth/Krä* § 190 StVollzG Rdn. 1; *Schäferskupper/ Bließen* NZS 2017, 328.
851 S. den geschichtlichen Überblick bei *Hardes* ZfStrVo 1984, 6; *Schirmer* 2008, 23 ff.

gen Gefangenen alle in der Anstalt arbeitenden oder an beruflichen Bildungsmaßnahmen teilnehmenden Gefangenen (§ 2 Abs. 2 Satz 2 SGB VII) einbezogen. Im Falle eines Arbeitsunfalls kann der Gefangene ein Übergangsgeld (§§ 49ff SGB VII) und ein Verletztengeld (§§ 45ff SGB VII) geltend machen. Anspruchsgegner ist nicht die JVA, sondern der Unfallversicherungsträger, so dass der Rechtsweg nicht nach §§ 109ff StVollzG, sondern zu den Sozialgerichten eröffnet ist.[852]

3. Einbehaltung von Beitragsteilen zur Arbeitslosenversicherung

133 **a) Grundsatz.** § 195 StVollzG hatte nur Auswirkungen für die Beiträge zur Arbeitsagentur, weil die Einbeziehung der Gefangenen in die Kranken- und Rentenversicherung nicht erfolgt ist. Beschränken sich die Länder sämtlich auf eine Regelung bzgl. der Beiträge zur Bundesagentur für Arbeit (**BW** § 56 III, **BY** Art. 206, **BE** § 61 Abs. 4, **BB** § 66 Abs. 4, **HB** § 55 Abs. 4, **HH** § 42, **HE** § 38 Abs. 5, **MV** § 55 Abs. 4, **NI** § 42, **NW** § 32 Abs. 5, **RP** § 65 Abs. 4, **SL** § 55 Abs. 4, **SN** § 55 Abs. 4, **ST** § 64 Abs. 5, **SH** § 37 Abs. 4, **TH** § 66 Abs. 6), belegt auch dies, dass man mit einer Einbeziehung der Inhaftierten in weitere Zweige der Sozialversicherung nicht rechnen sollte. Zur Arbeitslosenversicherung, deren Beiträge ausschließlich das für die Vollzugsanstalt zuständige Land und nicht der einzelne Gefangene zu tragen hat (§ 347 Nr. 3 SGB III), existiert damit eine **Ermächtigungsgrundlage** für die Vollzugsbehörden, **sich beim Gefangenen schadlos zu halten**.[853] Von dieser Ermächtigung haben die Bundesländer Gebrauch gemacht: Schon die Verwaltungsvorschrift zu der Ermessensnorm des § 195 StVollzG bestimmte, dass die auf den Gefangenen entfallenden Beitragsanteile zur Arbeitslosenversicherung einzubehalten seien.[854] Die meisten Länder haben die Ermessensregelung im Gesetz beibehalten (**BW, BE, BB, HB, HH, MV, RP, SL, SN, ST, SH, TH**); andere sehen nunmehr den Rückgriff zwingend (**BY, NI**) oder doch regelmäßig (**HE, NW** mit Soll-Vorschriften) vor; der Gesetzgeber in Nordrhein-Westfalen betont im Anschluss an VV Satz 2 zu § 195 StVollzG ausdrücklich, nur in Fällen unbilliger Härte hiervon absehen zu wollen.[855] Angesichts der geringen Beträge, die hier betroffen sind (Rdn. 134), wird eine solche nur schwierig zu begründen sein.

134 **b) Beitragspflicht.** Der Gefangenenbeitrag entspricht dem Anteil am Beitrag, der zu entrichten wäre, wenn der Gefangene seine Bezüge als Arbeitnehmer erhielte. Der Beitrag beträgt für die Jahre 2019 bis 2022 **2,5%**, § 341 Abs. 2 SGB III i.V.m. § 1 Beitragssatzverordnung 2019.[856] Ihn tragen im privaten Arbeitsverhältnis Arbeitgeber und Arbeitnehmer hälftig, § 346 Abs. 1 Satz 1 SGB III. Als **Bemessungsgrundlage** für die Gefangenenbeiträge gilt ein Arbeitsentgelt in Höhe von 90% der Bezugsgröße nach § 18 SGB IV (§ 345 Nr. 3 SGB III). Das sind für das Jahr 2019 in den alten Bundesländern 33.642 EUR jährlich bzw. 2.803,50 EUR monatlich; auf der Basis dieser Beträge und nicht auf derjenigen des den Gefangenen tatsächlich gezahlten weit geringeren Entgelts werden also Beiträge zur Arbeitslosenversicherung entrichtet. **Rückgriff** beim Gefangenen wird aber nur in Höhe des hälftigen Beitragsanteils **für seine tatsächlichen Bezüge** gehalten, also etwa bei einem Verdienst von 13,57 EUR pro Tag in Höhe von 1,25% hiervon (= 0,17 EUR).

---

852 Betreffend Verletztengeld OLG Jena ZfStrVo 2000, 379; s. auch AK-*Grühn* Teil V Rdn. 4.
853 Vgl. OLG Koblenz StV 1985, 333 m. krit. Anm. *Dopatka*.
854 Krit. zu diesem Fall des Ermessensmangels *Dopatka* StV 1985, 334f; s. auch OLG Hamburg ZfStrVo 1992, 329, welches die VV zutreffend für rechtswidrig hielt; a.A. *Arloth/Krä* § 195 StVollzG Rdn. 3.
855 NW LT-Drucks. 16/5413, 114.
856 Vom 18.12.2018, BGBl. I, 2663.

Ermöglicht die gesetzliche Regelung nach Haftentlassung somit höhere Sozialleistungen als nach dem tatsächlichen Verdienst im Vollzug zu erwarten und leistet der Staat den Löwenanteil der dafür erforderlichen Beiträge, bildet dies eine weitere Komponente des nicht-monetären Entlohnungskonzepts.

Auf der Basis der Ermächtigungsnorm in § 352 Abs. 3 SGB III hat das Bundesministerium für Arbeit und Soziales die **Gefangenen-Beitragsverordnung** vom 3.3.1998[857] erlassen und in ihr eine **Pauschalberechnung** für die Beiträge der Gefangenen vorgeschrieben.[858] Nach § 1 der Verordnung ist die jährliche Beitragsbemessungsgrundlage zu multiplizieren mit der Summe aller Tage, an denen die versicherungspflichtigen Gefangenen eines Bundeslandes im Kalenderjahr Arbeitsentgelt oder Ausbildungsbeihilfe erhalten haben, dividiert durch 250. Das Ergebnis wird mit dem jeweiligen Beitragssatz, dividiert durch 100, multipliziert. § 2 sieht eine Fälligkeit der an die Bundesanstalt (nunmehr: Bundesagentur) für Arbeit zu zahlenden (§ 349 Abs. 2 SGB III) Beiträge drei Monate nach Ablauf des Kalenderjahres vor, wobei in dem Jahr, in dem die Ansprüche entstanden sind, vierteljährlich angemessene Abschläge zu leisten sind. **135**

Als die Beitragspflicht auslösende **Bezüge** kommen nach allen Gesetzen nur Arbeitsentgelt oder Ausbildungsbeihilfe in Betracht, da weder der Bezug von Taschengeld noch von finanzieller Anerkennung für die Teilnahme an Behandlungsmaßnahmen eine Beitragspflicht gem. §§ 24 ff SGB III auslösen, so dass beides in den Normen über die Einbehaltung von Beitragsanteilen in konsequenter Weise nicht erwähnt wird und keine Abzüge ermöglicht. Zeiten der Freistellung von der Arbeit unter Fortzahlung der Bezüge sind aber beitragspflichtig.[859] **Geringfügig beschäftigte** Gefangene, die gem. § 27 Abs. 2 Satz 1 SGB III versicherungsfrei wären, unterliegen ebenfalls der Beitragspflicht. Denn sie sind nicht als Beschäftigte beitragspflichtig[860] und der allgemeine Gleichheitsgrundsatz gebietet es nach Auffassung des BVerfG[861] nicht, von einer Beitragsbeteiligung abzusehen, da anders als bei einem gering verdienenden freien Arbeitnehmer bei einem Strafgefangenen nicht die Gefahr besteht, dass er wegen seines Beitragsanteils seinen Lebensunterhalt nicht mehr bestreiten kann, weil er zur Erfüllung seiner materiellen Grundbedürfnisse nicht auf seinen Lohn angewiesen ist. Die **Ungleichbehandlung** von Gefangenen, die einer zugewiesenen Arbeit oder sonstigen Beschäftigung und somit einer beitragspflichtigen Beschäftigung i. S. d. § 26 Abs. 1 Nr. 4 SGB III nachgehen, und Gefangenen, die keine solche ausüben, ist im Rahmen der gesetzlichen Sozialversicherung gerechtfertigt. Eine Behandlung der gesamten Zeit der Verbüßung einer Strafhaft gleichsam als Beitragszeit, wenn einem Strafgefangenen aus von ihm nicht zu vertretenden Gründen keine Arbeit zugewiesen werden konnte, ist verfassungsrechtlich nicht geboten.[862] **136**

Die Heranziehung zur Bundesagentur für Arbeit trifft auch zur Ausreise verpflichtete ausländische Strafgefangene[863] sowie zu lebenslanger Freiheitsstrafe verurteilte Gefangene, selbst wenn bei letzteren eine vorzeitige Entlassung vor Erreichen der Regelaltersgrenze und damit die Inanspruchnahme von Arbeitslosengeld oder Arbeitslosengeld II unwahrscheinlich bleibt.[864] – Anderes gilt wiederum für Arbeitnehmer in einem **freien Beschäftigungsverhältnis**. Sie sind Beschäftigte gem. §§ 25, 26 Abs. 3 Satz 2 SGB III und **137**

---

857 BGBl. I, 430.
858 Ausführlich dazu *Schäferskipper* NZS 2013, 448 f.
859 *Schäferskipper* NZS 2013, 447.
860 *Schäferskipper* NZS 2013, 447 f.
861 BVerfG ZfStrVo 1995, 312.
862 BSG, Beschl. vom 5.12.2001 – B 7 AL 74/01 B, Beck-Rs 2001, 30409166.
863 BVerfG NStZ 1993, 556; OLG Hamburg ZfStrVo 1992, 329.
864 LSG Baden-Württemberg ZfStrVo 1993, 378.

die Vorschriften über die Arbeitslosenversicherung deshalb direkt anwendbar. Verpflichtet zur Abführung der Beiträge ist der private Arbeitgeber.[865]

138   c) **Anwartschaftszeit.** Um die Anwartschaftszeit für den Bezug von Arbeitslosengeld zu erfüllen, muss man in einer Rahmenfrist von zwei Jahren mindestens **12 Monate** (= 360 Tage, § 339 Satz 2 SGB III) im Versicherungspflichtverhältnis gestanden sein (§§ 142 f SGB III). Schreibt § 1 Abs. 1 Nr. 2 der Gefangenen-Beitragsverordnung (Rdn. 135) vor, die Summe der Tage, an denen Gefangene im Kalenderjahr Arbeitsentgelt oder Ausbildungsbeihilfe erhalten haben, durch 250 (Arbeitstage im Kalenderjahr) zu teilen, hatte die Bundesagentur für Arbeit daraus zwischenzeitlich gefolgert, ein Gefangener stehe mit dem Kalenderjahr kein volles Jahr im Versicherungsverhältnis, sondern dieses dauere (bei normalen Arbeitszeiten) nur jeweils von Montag bis Freitag an. Mithin hätten Gefangene 360 Tage netto, also etwa 17 Monate lang arbeiten müssen, um Arbeitslosengeld beziehen zu können.[866] Darin liegt ein Verstoß gegen den allgemeinen Gleichheitsgrundsatz (Art. 3 Abs. 1 GG) – bei Arbeitnehmern in Freiheit reicht ein Arbeitsjahr mit üblicher Fünf-Tage-Woche – und zudem sind die allgemein arbeitsfreien Tage durch die Beiträge der Länder bereits mitfinanziert, wie gerade aus der Wahl des Divisors 250 statt 360 erhellt.[867] Deshalb hat der Gesetzgeber[868] § 26 Abs. 1 Nr. 4 Satz 1 HS. 2 SGB III eingefügt und ausdrücklich angeordnet, dass das **Versicherungsverhältnis während arbeitsfreier Samstage, Sonntage und gesetzlicher Feiertage** als **fortbestehend** gilt, wenn diese Tage innerhalb eines zusammenhängenden Arbeits- oder Ausbildungsabschnitts liegen. Damit können diese Zeiten nun für die Erfüllung der Anwartschaft Berücksichtigung finden. Die Regelung ist entsprechend anzuwenden auf andere Wochentage der Freistellung bei am Wochenende arbeitenden Gefangenen.[869] Die Neuregelung bleibt auch für Versicherungszeiten vor dem 1.8.2016 zu beachten.[870]

J. Arbeitsbeschaffung, Gelegenheit zur beruflichen Bildung

Bund	§ 148 StVollzG
Bayern	BY Art. 39 Abs. 2 Satz 2, 175 Abs. 3 BayStVollzG
Berlin	BE § 46 Abs. 2 Satz 1 StVollzG Bln
Brandenburg	BB § 50 Abs. 2 Satz 1 BbgJVollzG
Hamburg	HH §§ 34 Abs. 2 Satz 2, 107 Abs. 2 HmbStVollzG
Niedersachsen	NI § 181 Abs. 1 Satz 1 NJVollzG
Schleswig-Holstein	SH §§ 130 Abs. 2 und 3, 131 Abs. 2 Satz 1 LStVollzG SH

---

865 S. *Laubenthal* Rdn. 482 a.E.
866 Dazu *Schäfersküpper* NZS 2013, 450 ff; *Schäfersküpper/Bließen* NZS 2017, 328; *Winkler* info also 2013, 93.
867 So BSG, Urt. vom 12.9.2017 – B 11 AL 18/16 R, FS 2018, 231, 233; SG Duisburg, Urt. vom 29.1.2014 – S 33 AL 363/13, FS 2014, 419 m. Anm. *Schäfersküpper*; s. auch *Schäfersküpper/Bließen* NZS 2017, 331 f; *Winkler* info also 2013, 93; a.A. LSG Nordrhein-Westfalen, Urt. vom 20.6.2016 – L 20 AL 135/14, NZS 2016, 751, 753.
868 Durch Art. 1 Nr. 3 Buchstabe a) Arbeitslosenversicherungsschutz- und Weiterbildungsstärkungsgesetz vom 18.7.2016, BGBl. I, 1710; dazu auch *Arloth/Krä* § 195 StVollzG Rdn. 3a.
869 Treffend *Schäfersküpper/Bließen* NZS 2017, 329.
870 Dafür zu Recht BSG, Urt. vom 12.9.2017 – B 11 AL 18/16 R, FS 2018, 231 ff; LSG Thüringen, Urt. vom 6.4.2016 – L 10 AL 1150/13, Beck-Rs 2016, 73700, Rdn. 31; SG München, Urt. vom 20.10.2014 – S 35 AL 613/13, Beck-Rs 2016, 67083; wohl auch LSG Berlin-Brandenburg, Beschl. vom 11.9.2015 – L 18 AL 177/15 B PKH, Beck-Rs 2016, 66541; im Ergebnis schon SG Duisburg, Urt. vom 29.1.2014 – S 33 AL 363/13, FS 2014, 419 m. Anm. *Schäfersküpper*. Zu den Konsequenzen für die Vollzugspraxis *Schäfersküpper* FS 2017, 322 ff.

Übersicht
I. Allgemeine Hinweise —— 1, 2
II. Erläuterungen —— 3–7

Schrifttum

S. vor A.

I. Allgemeine Hinweise

Durch § 148 Abs. 1 StVollzG, **BY** Art. 39 Abs. 2 Satz 2, **HH** § 34 Abs. 2 Satz 2, Abs. 2a Satz 6, **SH** § 130 Abs. 2 soll auf der vollzugsorganisatorischen Ebene sichergestellt werden, dass jeder Gefangene entsprechend seinen individuellen Bedürfnissen und Möglichkeiten (s. A. Rdn. 15 ff) eine berufliche Förderung durch sinnvollen Arbeitseinsatz oder Aus- und Weiterbildung erfährt, so dass er nach der Entlassung insoweit möglichst günstige Wiedereingliederungsvoraussetzungen hat. Die Vorschriften stehen in engem Zusammenhang mit den Regelungen über Arbeit, ihre Zuweisung und die Einrichtung von Betrieben. Sie verpflichten die Vollzugsbehörden dazu, alle personellen, baulichen und organisatorischen Möglichkeiten zur Arbeitsbeschaffung für Gefangene auszuschöpfen, dabei auch eigene werbewirksame Aktivitäten außerhalb der Vollzugsanstalt zu entfalten und die Zusammenarbeit mit den einschlägigen Institutionen außerhalb des Vollzuges zu suchen. Die Bestimmung fordert mithin eine **aktive Arbeitsbeschaffungspolitik** der Anstalten und Aufsichtsbehörden. Hierbei ist zwar kein Konkurrenzverbot für die Eigenbetriebe zu beachten,[871] jedoch wegen der sonst tangierten Belange der heimischen Wirtschaft eine gewisse Zurückhaltung mit (insbesondere aggressiver) Werbung für Produkte von Eigenbetrieben politisch geboten.[872] Allerdings wirken sich negative Entwicklungen auf dem Arbeitsmarkt auf die Gefangenenarbeit besonders stark aus. Deshalb steht die Arbeitsverwaltung der Vollzugsbehörden in Zeiten einer schlechten Konjunkturlage in besonderem Maße vor der ohnehin schwierigen Aufgabe der Arbeitsbeschaffung, zumal konkurrierende Arbeitgeber bzw. Unternehmen (ebenso wie Arbeitnehmer und Gewerkschaften) in der Regel wenig geneigt sind, sich für die Gefangenenarbeit einzusetzen.

Keine entsprechenden Regelungen finden sich in Baden-Württemberg, Berlin, Brandenburg, Bremen, Hessen, Mecklenburg-Vorpommern, Niedersachsen, Nordrhein-Westfalen, Rheinland-Pfalz, Saarland, Sachsen, Sachsen-Anhalt und Thüringen. In **Hessen** und **Nordrhein-Westfalen** greift das allgemeine Gebot zur Zusammenarbeit der Anstalten mit vollzugsexternen Einrichtungen Platz (**HE** § 7, **NW** § 5 Abs. 1 Satz 1); hierunter fallen auch die Agenturen für Arbeit, Einrichtungen für berufliche Bildung und Arbeitgeber.[873] In den anderen Ländern ist im Rahmen der **Entlassungsvorbereitung** ebenfalls eine Zusammenarbeit mit externen Stellen u.a. zur Bereitstellung eines Arbeitsplatzes vorgesehen (**BW** § 87 III, **BE** § 46 Abs. 2 Satz 1, **BB** § 50 Abs. 2 Satz 1, **MV** § 42 Abs. 2 Satz 1, **NI** § 68 Abs. 3 i.V.m. § 69 Abs. 3 Satz 3, **NW** § 58 Abs. 2 Satz 1 und 2, **RP** § 49 Abs. 2 Satz 1, **SL** § 42 Abs. 2 Satz 1, **SN** § 42 Abs. 2 Satz 1, **ST** § 49 Abs. 2 Satz 1, **TH** § 50 Abs. 2 Satz 1).

---

[871] *Arloth/Krä* § 148 StVollzG Rdn. 2.
[872] S. *Arloth/Krä* § 148 StVollzG Rdn. 2; *Laubenthal/Nestler/Neubacher/Verrel* F Rdn. 202.
[873] **HE** LT-Drucks. 18/1396, 79.

II. Erläuterungen

3 Das **Sorgen für Arbeit** kann in vielfältiger Form zum Ausdruck kommen und auf verschiedene Weise verwirklicht werden. Die Gesetzesregelung legt keinen bestimmten Weg fest.[874] In den Bundesländern ist deshalb der Bereich der Gefangenenarbeit unterschiedlich organisiert. Es sind zu unterscheiden:[875] **Eigenbetriebe** (etwa als „verlängerte Werkbank" privater Unternehmen[876] sowie sog. Hilfs- oder Versorgungsbetriebe, die den Eigenbedarf der Anstalt selbst decken), d.h. Arbeitsbetriebe, die in den Anstalten von der Vollzugsverwaltung selbst eingerichtet und geführt werden (zur Verpflichtung dazu vgl. unten K Rdn. 3), und **Unternehmerbetriebe,** d.h. Arbeitsbetriebe, die von freien Unternehmern außerhalb des Vollzuges meistens als Zweigbetrieb, Außenstelle oder Niederlassung ihres Hauptbetriebes innerhalb einer Anstalt eingerichtet und geführt werden (zur personellen Führung der Unternehmerbetriebe s. K Rdn. 9). Hinzu kommen reine **Ausbildungsbetriebe** entweder in eigener Regie der Vollzugsbehörden – vornehmlich im Jugendstrafvollzug – oder auch unter Regie freier Träger (Arbeitgeberverbände, Innungen, Berufsfortbildungswerke der Gewerkschaften), die ihrerseits sehr eng mit der Bundesagentur für Arbeit und den örtlichen Agenturen für Arbeit kooperieren – vornehmlich bei der Umschulung im Erwachsenenstrafvollzug. Die größeren vollzugseigenen Arbeits- und Ausbildungsbetriebe sind – in den Bundesländern unterschiedlich – entweder auf Anstalts-, Regional- oder auch Landesebene zu Wirtschaftsbetrieben gemäß den Landeshaushaltsordnungen zusammengefasst.[877]

4 Die Arbeitsbeschaffung durch die Vollzugsbehörden soll im **Zusammenwirken mit den (externen) Vereinigungen und Stellen des Arbeits- und Wirtschaftslebens** (also neben der Bundesagentur für Arbeit z.B. Handwerks- sowie Industrie- und Handelskammern, Berufsschulen und anderen externen Trägern beruflicher Bildung sowie vor allem auch privaten Betrieben) erfolgen. Die Bestimmung ist ein weiteres Beispiel für die Konkretisierung des Angleichungsgrundsatzes. Das Gebot des Zusammenwirkens eröffnet Chancen, weil der Bereich „Arbeit" im Vollzug zum Teil über die örtlichen Agenturen für Arbeit z.B. auch mit Konjunkturprogrammen und anderen Wirtschaftsförderungsmaßnahmen verbunden werden kann. Dabei versuchen die Vollzugsbehörden jedoch nach wie vor die Arbeitsbeschaffung so zu organisieren, dass neben den konjunkturanfälligeren Unternehmerbetrieben in ausreichender Zahl auch Eigenbetriebe vorhanden sind, zumal nach Möglichkeit Arbeit für jeden arbeitsfähigen Gefangenen zu beschaffen ist.

5 Nach einigen Gesetzen soll **wirtschaftlich ergiebige Arbeit** ausgeübt werden (s. dazu A Rdn. 13). Ob dies eher in Eigenbetrieben des Vollzuges möglich ist, die zwar etwas weniger konjunkturanfällig sind, dafür aber auch in schwächer ausgeprägter Managementführung eher nicht einen den allgemeinen Verhältnissen außerhalb des Vollzugs angepassten Arbeitsablauf und Produktionsrhythmus haben, oder eher in Unternehmerbetrieben, in denen häufig wenig beliebte, einfachere Hilfstätigkeiten mit geringeren Anforderungen an die Arbeitnehmer ausgeführt werden, ist nicht eindeutig. Allerdings unterliegt das Arbeitsangebot von Eigenbetrieben auch in Zeiten wirtschaftlicher Rezession geringeren Schwankungen (vgl. aber Rdn. 1) als Unternehmerarbeit, welche erfahrungsgemäß dann vorrangig eingestellt wird mit der Folge höherer Arbeitslosigkeit in den Anstalten.[878]

---

874 Vgl. aber *C/MD* § 148 Rdn. 1f.
875 S. dazu *Laubenthal* Rdn. 401 ff.
876 Dazu *Arloth/Krä* § 148 StVollzG Rdn. 2.
877 Überblick bei *Hillebrand* 2009, 148 ff.
878 Vgl. *Laubenthal/Nestler/Neubacher/Verrel* F Rdn. 205.

Die Verpflichtung der Vollzugsbehörde, zur beruflichen **Förderung, Beratung und** 6
Vermittlung beizutragen, soll deutlich machen, dass in diesem Bereich eine enge Verzahnung mit denjenigen Einrichtungen und Stellen zu erfolgen hat, die wegen anderer gesetzlicher Grundlagen in erster Linie Träger solcher Bemühungen sind. Der Strafvollzug soll verbunden sein mit den Zwecken und Zielen, die z.B. mit dem SGB III – Arbeitsförderung, dem Berufsbildungsgesetz und dem Bundesausbildungsförderungsgesetz verfolgt werden. Neben den aufgrund dieser Gesetze zuständigen staatlichen Stellen ist es daher erforderlich, dass Arbeitgeber- und Arbeitnehmerorganisationen mit dem Justizvollzug kooperieren.

Da der **Zusammenarbeit mit der Bundesagentur für Arbeit** (**BE** § 46 Abs. 2 Satz 1, 7
BB § 50 Abs. 2 Satz 1, **NI** § 181 Abs. 1 Satz 1, **SH** § 131 Abs. 2 Satz 1) eine ganz besondere Bedeutung zukommt, werden die Vollzugsbehörden (**HH, SH**: die Anstalt[en]) in § 148 Abs. 2 StVollzG, **BY** Art. 175 Abs. 3, **HH** § 107 Abs. 2, **SH** § 130 Abs. 3 verpflichtet, durch geeignete organisatorische Maßnahmen sicherzustellen, dass die Agenturen für Arbeit die Berufsberatung sowie Ausbildungs- und Arbeitsvermittlung möglichst wirksam durchführen können. Das hat zur Einrichtung von regelmäßigen Sprechstunden für die Arbeits-, Berufs- und Förderungsberater der Agenturen für Arbeit in den Justizvollzugsanstalten geführt. Teilweise kommt es seitens größerer Agenturen für Arbeit auch zum Einsatz besonders ausgebildeter Kontakt- bzw. Resozialisierungsberater für Gefangene. Die fachkompetenten Mitarbeiter der Agenturen für Arbeit werden von den Vollzugsbehörden zur Beratung und Hilfe in allen Bereichen der Berufsbildung, Arbeitsbeschaffung und Vermittlung von Freigängern sowie bei Fragen zur Beurteilung der Entwicklungen auf dem Arbeitsmarkt herangezogen.

K. Arbeitsbetriebe und Bildungseinrichtungen

Bund	§ 149 StVollzG
Baden-Württemberg	BW §§ 11 Abs. 1 und 2, 12 Abs. 2 I JVollzGB
Bayern	BY Art. 39 Abs. 2 Satz 3 und Abs. 5 BayStVollzG
Berlin	BE § 101 Abs. 2 StVollzG Bln
Brandenburg	BB § 107 Abs. 2 Satz 1 und Abs. 4 BbgJVollzG
Bremen	HB § 94 Abs. 2 Satz 1 und Abs. 4 BremStVollzG
Hessen	HE § 73 HStVollzG
Mecklenburg-Vorpommern	MV § 93 Abs. 2 Satz 1 und Abs. 4 StVollzG M-V
Niedersachsen	NI § 178 NJVollzG
Nordrhein-Westfalen	NW § 94 StVollzG NRW
Rheinland-Pfalz	RP § 104 Abs. 2 Satz 1 und Abs. 4 LJVollzG
Saarland	SL § 93 Abs. 2 Satz 1 und Abs. 4 SLStVollzG
Sachsen	SN § 106 Abs. 2 Satz 1 und Abs. 4 SächsStVollzG
Sachsen-Anhalt	ST §§ 29 Abs. 1 Satz 3, 105 Abs. 3 Satz 1, 109 Abs. 3 JVollzGB LSA
Schleswig-Holstein	SH § 130 Abs. 1, 4 und 5 LStVollzG SH
Thüringen	TH § 105 Abs. 2 Satz 1 und Abs. 4 ThürJVollzG

Schrifttum

Schäferskupper Anmerkung zum Urteil des VG Minden vom 5.8.2015, in: FS 2015, 349; s. auch vor A und bei D.

4. Kapitel. Arbeit und Bildung

Übersicht

I. Allgemeine Hinweise —— 1, 2
II. Erläuterungen —— 3–10
  1. Notwendiger Umfang von Einrichtungen und Betrieben —— 3–5
  2. Beachtung der Arbeitsschutz- und Unfallverhütungsvorschriften —— 6
  3. Einrichtungen privater Unternehmen —— 7–10

I. Allgemeine Hinweise

1   Die Verpflichtung gem. § 149 Abs. 1 StVollzG, bauliche und organisatorische Voraussetzungen zu schaffen, damit die Bildungs- und Beschäftigungsgebote verwirklicht werden können, machte **erhebliche Investitionen** und die Bereitstellung der dafür erforderlichen Mittel in den Länderhaushalten **notwendig**. Deshalb war der Zeitpunkt des In-Kraft-Tretens der Vorschrift auf den 1.1.1980 verschoben worden. In dieser Zeit unternahmen die Landesjustizverwaltungen in den alten Bundesländern erhebliche Anstrengungen, in den Anstalten Arbeitstherapiezentren, Berufsausbildungseinrichtungen und Arbeitsbetriebe zu schaffen. Nach 1990 kamen besondere Schwierigkeiten für die neuen Bundesländer hinzu, die den Umgestaltungsprozess nach dem Wegfall der sozialistischen Planwirtschaft, welche es ermöglicht hatte, den Gefangenen Arbeitsplätze in dem jeweils benötigten Umfang zuzuweisen, hin zum (nicht durchgehend befriedigenden) altbundesrepublikanischen Durchschnittsstandard der Anstaltsangebote durchlaufen mussten. Insgesamt hat sich der Auftrag zur Schaffung der notwendigen Arbeitsbetriebe und der erforderlichen Einrichtungen für berufliche Bildung und Arbeitstherapie bis heute nicht zureichend realisieren lassen.[879] Denn dem sind im Vollzug **Grenzen** gesetzt: Werkstätten und Arbeitsbetriebsgebäude bleiben aufgrund der räumlichen Gegebenheiten häufig nur bedingt erweiterungsfähig; Konjunkturschwankungen treffen die Arbeit im Justizvollzug als das verletzlichste Subsystem der Volkswirtschaft am empfindlichsten.[880]

2   Die meisten **Länder** haben § 149 StVollzG jedenfalls im Wesentlichen vergleichbare Regelungen vorgesehen, vielfach unter Erstreckung des Vorhaltungsauftrags auf Einrichtungen der schulischen Bildung sowie ggf. des Arbeitstrainings (**BW** § 11 Abs. 1 I, **BE** § 101 Abs. 2 Satz 1, **BB** § 107 Abs. 2 Satz 1, **HB** § 94 Abs. 2 Satz 1, **HE** § 73 Abs. 1, **MV** § 93 Abs. 2 Satz 1, **NW** § 94 Abs. 1, **RP** § 104 Abs. 2 Satz 1, **SL** § 93 Abs. 2 Satz 1, **SN** § 106 Abs. 2 Satz 1, **ST** § 105 Abs. 3 Satz 1, **SH** § 130 Abs. 1, **TH** § 105 Abs. 2 Satz 1). In Bayern und Niedersachsen lässt sich die Verpflichtung zur Schaffung von Betrieben und Bildungseinrichtungen nur mittelbar daraus folgern, dass die Anstalt den Gefangenen Arbeit usw. zuweisen bzw. anbieten soll (**BY** Art. 39 Abs. 2 bis 4, **NI** § 35 Abs. 2 und 3). In Hamburg gilt dies ebenfalls; der Landesgesetzgeber hielt eine § 149 StVollzG entsprechende Vorschrift für unnötig, weil die Vollzugsbehörde ihre Pflichten gem. **HH** § 34 nur erfüllen könne, wenn die dafür nötigen Ressourcen geschaffen würden.[881] Unbeschadet der derzeit erfreulichen konjunkturellen Situation machen gleichwohl die finanziellen Altlasten der öffentlichen Haushalte die Bemühungen der Vollzugsbehörden nicht einfacher, den Intentionen der Gesetze[882] zu entsprechen und jedem arbeitswilligen Gefangenen einen Arbeitsplatz zur Verfügung zu stellen bzw. jedem geeigneten Gefangenen eine individuell angemessene schulische oder berufliche Ausbildung zu ermöglichen.

---

879   So auch *Arloth/Krä* § 149 StVollzG Rdn. 1; *Laubenthal/Nestler/Neubacher/Verrel* F Rdn. 207.
880   *Lohmann* 2002, 86 ff; *Neu* Produktivität der Gefängnisarbeit: eingemauert auf bescheidenem Niveau?, in: Hammerschick/Pilgram 1997, 97 ff.
881   Siehe **HH** LT-Drucks. 18/6490, 41.
882   Für **SN** nach LT-Drucks. 5/10920, 151 ein Muss; krit. *Arloth/Krä* § 106 SächsStVollzG Rdn. 3.

II. Erläuterungen

1. Notwendiger Umfang von Einrichtungen und Betrieben. Nach § 149 Abs. 1 3
StVollzG, **BW** § 11 Abs. 1 I, **HE** § 73 Abs. 1, **NW** § 94 Abs. 1, **SH** § 130 Abs. 1 müssen Einrichtungen und Betriebe in dem **notwendigen** bzw. **erforderlichen** oder (**NW, SH**) in ausreichendem Umfang vorgesehen werden. Das ist auch gemeint, wenn die dem Musterentwurf folgenden Gesetze in nicht völlig identischen, aber in der Sache ähnlichen Formulierungen bedarfsgerechte Einrichtungen verlangen (**BE** § 101 Abs. 2 Satz 1, **BB** § 107 Abs. 2 Satz 1, **HB** § 94 Abs. 2 Satz 1, **MV** § 93 Abs. 2 Satz 1, **RP** § 104 Abs. 2 Satz 1, **SL** § 93 Abs. 2 Satz 1, **SN** § 106 Abs. 2 Satz 1, **ST** § 105 Abs. 3 Satz 1). Einzig in **Thüringen** ist dieses Postulat nur als Soll-Vorschrift formuliert (**TH** § 105 Abs. 2 Satz 1). Die Bedeutung der Erfüllung der Vorgaben auf der organisatorischen Ebene zur Umsetzung des verfassungsrechtlichen Resozialisierungsgebots im Bereich der vollzuglichen Pflichtarbeit hat das BVerfG in seiner grundlegenden Entscheidung zur angemessenen Anerkennung der Arbeitstätigkeit von Strafgefangenen hervorgehoben.[883] Diese gesetzliche Forderung hat eine quantitative und eine qualitative Komponente.

a) Die vorzusehenden Einrichtungen zur beruflichen, ggf. schulischen Bildung, ar- 4
beitstherapeutischen Beschäftigung und zum Arbeitstraining sowie Arbeitsbetriebe müssen in **quantitativer** Hinsicht in der Lage sein, die jeweils für diese Bereiche in Betracht kommenden Gefangenen zahlenmäßig aufnehmen zu können. Bauliche Gestaltung und Organisation müssen mit Rücksicht auf die dynamische Entwicklung sowohl im Ausbildungs- als auch im Arbeitsbereich sehr flexibel sein. Es ist zu vermeiden, dass Gefangenen nur deshalb eine angemessene (oben A Rdn. 31) oder gar keine Beschäftigung zugeteilt wird, weil die notwendigen bzw. erforderlichen Einrichtungen fehlen, um Behandlungsmaßnahmen (Arbeit, Berufsausbildung, Weiterbildung, Arbeitstherapie oder -training) durchführen zu können.[884] Für Inhaftierte, die zugewiesene Tätigkeiten verrichten sollen, werden Eigenbetriebe der Anstalt oder Unternehmerbetriebe eingerichtet. Ein **Eigenbetrieb** (oder Regiebetrieb) wird von der Anstalt selbst unterhalten. Bei ihr liegt die Arbeitsorganisation. Geräte und ggf. benutzte Rohstoffe stehen im Eigentum der öffentlichen Hand. In den Eigenbetrieben werden – auf eigene Rechnung der Anstalt – entweder auf Bestellung von außerhalb Waren produziert bzw. verarbeitet, oder die darin vorgenommenen Tätigkeiten dienen der Befriedigung anstalts- und behördeninterner Bedürfnisse wie z.B. Wäscherei, Bäckerei, Druckerei, Gärtnerei oder Schreinerei. In der Praxis erfolgt der Bezug von Leistungen der Eigenbetriebe auch durch Vollzugsbedienstete, wobei der Einsatz der Gefangenen für Mitarbeiter der Justizvollzugsanstalten auf landesrechtlicher Ebene geregelt ist.[885] Zum Unternehmerbetrieb siehe Rdn. 7 ff.

b) Qualitativ müssen die Betriebe in den Anstalten den allgemeinen Betriebs- und 5
Produktionsverhältnissen in vergleichbaren Wirtschaftsbetrieben außerhalb des Vollzuges entsprechen, damit die Gefangenen eine realistische Berufsausbildungs- und Arbeitswelt erleben, die es ihnen nach der Entlassung ermöglicht, sich in das Erwerbsleben einzugliedern. Dabei müssen zwischen Eigen- und Unternehmerbetrieben nicht notwendigerweise qualitative Unterschiede bei der Betriebseinrichtung, bei der Ausstattung mit Produktionsmitteln und beim technischen Stand der Fertigungsmethoden bestehen;

---

883 BVerfGE 98, 169, 206 ff.
884 Vgl. auch *Laubenthal/Nestler/Neubacher/Verrel* F Rdn. 209.
885 Dazu *Eisenberg* Über Gefangenenarbeit für Bedienstete zu Vorzugspreisen, in: MschrKrim 1999, 256 ff.

modern eingerichtete Eigenbetriebe verdienen den Vorzug gegenüber Unternehmerbetrieben, in denen monotone Hilfsarbeiten verrichtet werden.[886] Demgemäß enthalten § 149 Abs. 2 Satz 1 StVollzG, **BW** § 11 Abs. 2 Satz 1 I, **NW** § 94 Abs. 2 Satz 1, **SH** § 130 Abs. 4 Satz 1 eine **spezialisierte Wiederholung des allgemeinen Angleichungsgrundsatzes**, die von den Gesetzgebern an dieser Stelle für erforderlich gehalten wurde, weil im Interesse einer wirklichkeitsnahen Rehabilitation die Abschottung in den Vollzugsanstalten besonders bei der Berufsausbildung und beim Arbeitstraining beseitigt werden sollte.

6   **2. Beachtung der Arbeitsschutz- und Unfallverhütungsvorschriften.** Gem. § 149 Abs. 2 Satz 2 StVollzG, **BW** § 11 Abs. 1 Satz 2 I, **BY** Art. 39 Abs. 2 Satz 3, **NW** § 94 Abs. 2 Satz 2, **ST** § 29 Abs. 1 Satz 3, **SH** § 130 Abs. 4 Satz 2 sind die **Arbeitsschutz- und Unfallverhütungsvorschriften** zu beachten. Das ist eine Selbstverständlichkeit und gilt auch in allen anderen Ländern, deren Gesetze dies nicht ausdrücklich aussprechen. Dem Inhaftierten kommt ein subjektiver Anspruch auf Beachtung dieser Vorschriften zu.[887] Deren Missachtung kann im Einzelfall sogar eine Arbeitsverweigerung rechtfertigen.[888] Umgekehrt müssen die Gefangenen bei hygienerelevanten Tätigkeiten, etwa in der Küche, die durch Rechtsvorschriften (hier: EG-Verordnung) vorgeschriebene Kleidung tragen.[889]

7   **3. Einrichtungen privater Unternehmen.** In § 149 Abs. 3 StVollzG, **BY** Art. 39 Abs. 5 Satz 1, **HE** § 73 Abs. 2, **NW** § 94 Abs. 3 Satz 1, **SN** § 106 Abs. 4 Satz 1, **SH** § 130 Abs. 5 Satz 1 weist der Gesetzgeber zum Zwecke einer noch stärkeren Verzahnung ausdrücklich darauf hin, dass **berufliche Bildung und (arbeitstherapeutische) Beschäftigung** (nebst der dort zulässigen Arbeit) auch in geeigneten **Einrichtungen privater Unternehmen** erfolgen können, die entweder innerhalb oder außerhalb der Anstalten vorhanden sind. Das ergibt sich in Baden-Württemberg aus **BW** § 12 Abs. 2 I, wenn die Erledigung nicht hoheitlicher Aufgaben freien Trägern und privaten Dienstleistern übertragen werden darf, in Niedersachsen aus der ähnlichen Regelung in **NI** § 178, in Berlin aus **BE** § 101 Abs. 2 Satz 2, wo gemeinnützige freie Träger besonders erwähnt werden. Berlin gestattet die Tätigkeit Privater auch in Anbetracht der schulischen Bildung und des im Landesrecht gesondert genannten Arbeitstrainings. In Hessen und Nordrhein-Westfalen ist nur allgemein von Bildung die Rede, also auch von schulischer. Sachsen nennt neben der schulischen Qualifizierung ausdrücklich weiter das Arbeitstraining und stellt zudem klar, dass die technische und fachliche Leitung hierbei den Privaten übertragen werden kann. Eine entsprechende Regelung fehlt in Brandenburg, Bremen, Hamburg, Mecklenburg-Vorpommern, Rheinland-Pfalz, Saarland, Sachsen-Anhalt und Thüringen.

8   Die Zuweisung einer Tätigkeit in einem **externen Unternehmerbetrieb** kommt nur mit Zustimmung des Gefangenen in Betracht, wenn sich einem zum Freigang Geeigneten trotz Bemühungen der Anstaltsleitung keine Arbeit in einem freien Beschäftigungsverhältnis bietet (s. B Rdn. 3ff). Dann muss jedoch ein Mindestmaß organisierter öffentlich-rechtlicher Verantwortung der Anstalt für den Betroffenen gewährleistet sein.[890] Fraglich erscheint es allerdings, ob die Zuweisung einer solchen Tätigkeit in denjenigen Ländern statthaft bleibt, deren Gesetze ausdrücklich auf von privaten Unternehmen unterhaltene

---

886 *Arloth/Krä* § 149 StVollzG Rdn. 3.
887 *Arloth/Krä* § 149 StVollzG Rdn. 4; *Laubenthal/Nestler/Neubacher/Verrel* F Rdn. 211.
888 LG Bonn NStZ 1988, 575.
889 OLG Celle, Beschl. vom 8.5.2018 – 3 Ws 64/18, NStZ 2019, 54 (zur Sicherungsverwahrung).
890 BVerfGE 98, 169, 211.

Betriebe in Anstalten abheben (**BB** § 107 Abs. 4, **HB** § 94 Abs. 4, **MV** § 93 Abs. 4, **RP** § 104 Abs. 4, **SL** § 93 Abs. 4, **ST** § 109 Abs. 3, **TH** § 105 Abs. 4).

Bei einem **anstaltsinternen Unternehmerbetrieb** liegt das wirtschaftliche Risiko 9
bei einem externen Arbeitgeber, der zumeist in von der Anstalt zur Verfügung gestellten Räumlichkeiten eine Fabrikation errichtet. Solche von privater Seite unterhaltenen Betriebe lassen die Gesetze – mit Ausnahme von Hamburg, wo es keine Bestimmung hierüber gibt – in § 149 Abs. 4 StVollzG, **BY** Art. 39 Abs. 5 Satz 1 und 2, **BE** § 101 Abs. 2 Satz 1 und 2, **BB** § 107 Abs. 4, **HB** § 94 Abs. 4, **HE** § 73 Abs. 2, **MV** § 93 Abs. 4, **NW** § 94 Abs. 3 Satz 1 und 2, **RP** § 104 Abs. 4, **SL** § 93 Abs. 4, **SN** § 106 Abs. 4 Satz 1 und 2, **ST** § 109 Abs. 3, **SH** § 130 Abs. 5 Satz 1 und 2, **TH** § 105 Abs. 4 wegen des Fehlens ausreichender Eigenbetriebe ausdrücklich zu und ermöglichen dabei die **Übertragung der technischen und fachlichen Leitung** auf Angehörige dieser Firmen. In Baden-Württemberg gestattet dies wiederum **BW** § 12 Abs. 2 I, in Niedersachsen **NI** § 178. Trotz sehr kursorischer Regelung kommt auch in Hessen keine weiterreichende Ermächtigung Privater in Frage. Es soll Missdeutungen vorgebeugt werden, denn nicht zum Vollzugsdienst gehörende Mitarbeiter von freien Unternehmerbetrieben haben im Rahmen der Freiheitsentziehung keine hoheitlichen Aufgaben zu erfüllen. Der Gefangene bleibt, auch wenn er zugewiesene Arbeit in einem privat unterhaltenen Betrieb verrichtet, unbeschadet einer möglichen technischen und fachlichen Betriebsleitung durch Unternehmensangehörige unter der **öffentlich-rechtlichen Verantwortung der Vollzugsbehörden**, nicht anders als bei einem Einsatz in Eigenbetrieben der Anstalt oder bei einer Befassung mit sonstigen Beschäftigungen oder Hilfsdiensten innerhalb oder außerhalb der Einrichtung. Sowohl die Beaufsichtigung als auch die Entscheidung über die Ablösung des Inhaftierten von der Tätigkeit müssen – selbst bei Nebentätigkeiten – in der Zuständigkeit der Vollzugsbediensteten liegen.[891] Unter diesen Voraussetzungen hält sich die Pflichtarbeit des Gefangenen in den Grenzen der Ermächtigung, die Art. 12 Abs. 3 GG dem Gesetzgeber erteilt, im Strafvollzug Arbeitspflicht vorzusehen.

Ein Gefangener hat bei Tätigkeit in einem Unternehmerbetrieb keinen Anspruch auf 10
Ausstellung eines neutralen, nicht die Anstalt als Urheber ausweisenden (qualifizierten) **Arbeitszeugnisses**, da in diesem nicht nur der Arbeitgeber, der der Private gerade nicht ist, sondern auch die ausgeführte Tätigkeit wahrheitsgemäß benannt sein muss.[892] – Erfolgreich war allerdings das Begehren eines ehemaligen Gefangenen auf **Auskunftserteilung über die Höhe der Vergütung**, die die Anstalt von einem Privatunternehmen für seine im Wege des unechten Freigangs geleistete Arbeit erhalten hatte.[893] Die Rechtsgrundlage hierfür lässt sich zwar nicht in den Vollzugsgesetzen oder in § 29 (analog) des jeweiligen Landes-VwVfG finden,[894] sondern soll – sofern existent – aus dem Informationsfreiheitsgesetz des Bundeslandes (hier: § 4 des nordrhein-westfälischen Gesetzes) sich ergeben. Dem ist allerdings zu widersprechen, weil es sich angesichts des Verhandlungsspielraums der anstaltsinternen Arbeitsverwaltung gegenüber potentiellen Auftraggebern um ein Geschäftsgeheimnis handelt und damit ein Informationszugang gerade nicht begehrt werden kann (so § 8 Satz 1 des genannten Gesetzes).[895]

---

891 BVerfG, Beschl. vom 27.12.2007 – 2 BvR 1061/05, BVerfGK 13, 137 ff; *Arloth/Krä* § 149 StVollzG Rdn. 6; *Laubenthal* Rdn. 402.
892 OLG Frankfurt, Beschl. vom 21.3.2013 – 3 Ws 1258/11 StVollz, NStZ 2014, 232.
893 VG Minden, Urt. vom 5.8.2015 – 7 K 2267/13, FS 2015, 347 ff m. Anm. *Schäferskupper*.
894 S. OLG Hamm, Beschl. vom 7.1.2013 – III-1 Vollz (Ws) 570/12, NStZ 2013, 366 f.
895 *Schäferskupper* FS 2015, 349, 350 f.

5. KAPITEL
Freizeit

Schrifttum

Ansorge Naikan im Vollzug. Wie ist der Stand der Dinge?, in: FS 2010, 222 ff; *Arndt/Weber* winterREISE – HipHopOperTheater im Jugendknast, in: BewHi 2014, 258 ff; *Bammann/Feest* Kunst und Kreativität in Haft – Folgerungen aus einer Umfrage, in: NK 2007, 42 ff; *Bauer* Boxen im Jugendstrafvollzug?, in: FS 2015, 153 f; *Bauer/Lipka* Plastisches Gestalten – Das Erlernen einer neuen Sprache, in: ZfStrVo 1988, 335 ff; *Baumann* Art. 5 GG versus §§ 68 II 2 und 70 II 2 StVollzG, in: StV 1992, 331 ff; *Behnke* Sport im Strafvollzug, in: ZfStrVo 1980, 25 ff; *Beisel/Dölling* (Hrsg.): Soziales Training „Recht im Alltag". Ein Übungs- und Erfahrungsfeld für Inhaftierte und Studierende, Aachen 2000; *Berger/Opaschowski* Animative Freizeitpädagogik als notwendige Ergänzung einer präventiven Kriminalpolitik, in: Schwind/Berckhauer/Steinhilper (Hrsg.): Präventive Kriminalpolitik, Heidelberg 1980, 209 ff; *Beyler* Das Recht des Strafgefangenen auf Besitz von Gegenständen nach § 70 (i.V.m. § 69 II) StVollzG unter besonderer Berücksichtigung der allgemeinen technischen Entwicklung, in: ZfStrVo 2001, 142 ff; *Bierschwale/Detmer/Köhler/Kramer* Freizeitgestaltung im niedersächsischen Strafvollzug, in: ZfStrVo 1995, 83 ff; *Bode* Zum Spannungsverhältnis von Internet und Strafvollzug, in: Boers/Schaerff (Hrsg.): Kriminologische Welt in Bewegung, Mönchengladbach 2018, 579 ff; *ders.* Anspruch auf Internet im Gefängnis?, in: ZIS 2017, 348 ff; *Bode* Freizeitgestaltung im Strafvollzug – Möglichkeiten der Freizeitgestaltung, in: Schwind/Blau 1988, 313 ff; *Böhm* 25 Jahre Strafvollzugsgesetz, in: BewHi 2002, 92 ff; *Bosold/Lauterbach* Leben ohne Gewalt organisieren. Evaluation eines Trainings für Gewalttäter im Jugendstrafvollzug, in: FPPK 2010, 269 ff; *Boxberg/Bosold* Soziales Training im Jugendstrafvollzug: Effekte auf Sozial- und Legalbewährung, in: FPPK 2009, 237 ff; *Brandenburgischer Kulturbund eV/Helmes* Seelenbilder, JVA Brandenburg 2000; *Brauer* Theaterprojekt in der JVA Rohrbach, in: FS 2015, 170 f; *Brüssel* Rap auf Ballett. Zwei Welten prallen aufeinander und vereinigen sich zu einem großartigen Projekt, in: BewHi 2014, 5 ff; *Chyle* Ein effektiver Ansatz der Gewaltprävention im Strafvollzug. Das Anti-Gewalt-Training nach e|m|o processing®, in: FS 2011, 182 ff; *Dannebaum* Viel Sport für Viele und warum es in der JVA Oldenburg keinen Kraftsport gibt, in: FS 2015, 155 f; *Dathe-Morgeneyer/Pfeffer-Hoffmann* BLiS – Blended Learning im Strafvollzug, in: BewHi 2010, 42 ff; *Deu* Gefängnistheater. Theater zwischen Freizeitbeschäftigung, Kunst, Persönlichkeitsförderung und Resozialisierung, Saarbrücken 2004; *Drenkhahn* Arbeit, Ausbildung und Freizeit im Langstrafenvollzug. Ausgewählte Ergebnisse einer internationalen Untersuchung zur Menschenrechtssituation im Vollzug langer Freiheitsstrafen, in: MschrKrim 2010, 258 ff; *Dreßing* Das Anti-Aggressivitätstraining als Maßnahme der Jugendhilfe und Jugendstrafrechtspflege, Münster 2016; *Drewitz* (Hrsg.): Schatten im Kalk – Lyrik und Prosa aus dem Knast, Stuttgart 1979; *Dünkel* Empirische Forschung im Strafvollzug, Bonn 1996; *Eberle* Didaktische Grundprobleme der Bildungsarbeit im Justizvollzug, in: ZfStrVo 1982, 99 ff; *Echtermeyer* „Ein halber Quadratmeter Freiheit" – Bilder aus der Haft, in: BewHi 2014, 73 ff; *Esser* Internet für Strafgefangene – Neue Impulse durch den EGMR, in: NStZ 2018, 121 ff; *Freericks/Hartmann/Stecker* Freizeitwissenschaft. Handbuch für Pädagogik, Management und nachhaltige Entwicklung, München 2010; *Frielinghaus* Hörfunk und Fernsehen in Strafhaft (§ 69 StVollzG) – technische, rechtstatsächliche, strafvollzugsrechtliche und verfassungsrechtliche Gesichtspunkte, in: BlStV 4/5/1979, 1 ff; *Funken* Eine engagierte Betrachtung zu „Freizeit im Knast" eines Inhaftierten der JVA Tegel, in: Informationsdienst Straffälligenhilfe 2011, 28 ff; *Gebhard* 40 Jahre „Theater hinter Gittern" in Hessen, in: BewHi 2014, 30 ff; *Gerken* Handball hinter Gittern – damit das Leben wieder lebenswert wird, in: ZfStrVo 1990, 33 f; *Goldberg* Freizeit und Kriminalität bei Jugendlichen. Zu den Zusammenhängen zwischen Freizeitverhalten und Kriminalität, Baden-Baden 2003; *Gurkasch* Leben Reloaded: Wie ich durch Yoga im Knast die Freiheit entdeckte, München 2013; *Gurkasch* YuMiG – Yoga und Meditation im Gefängnis, in: BAG-S Informationsdienst Straffälligenhilfe 2/2014, 9 f; *Halbhuber-Gassner* Freier Raum für inhaftierte Frauen, in: FS 2009, 230 ff; *dies.* Frei-Raum vor der Haftentlassung, in: BewHi 2009, 52 ff; *dies./Kappenberg* (Hrsg.): Mit Kunst Brücken bauen. Die Bedeutung von Kunst(projekten) in der Arbeit mit Straffälligen, Freiburg 2017; *Hammer* Kunsttherapie im Jugendstrafvollzug Rheinland-Pfalz, in: BewHi 2014, 43 ff; *Hartmann* „Bücher brechen Mauer" – Eine Justizvollzugsanstalt sucht neue Wege, in: FS 2015, 166 f; *Haselbauer* Sport fällt im Knast genauso oft aus wie in der Schule, in: FS 2007, 196 f; *Hassemer* Kommunikationsfreiheit in der Haft, in: ZRP 1984, 292 ff; *Helmhold* Kunst im Knast, in: FS 2012, 242 f; *Hendricks* Thematische Einführung, in: Institut für Bildung in der Informationsgesellschaft e.V. Digitale Medien und Internetanwendungen im Strafvollzug. Bricht über die

Fachtagung am 7. April 2011. Berlin 2011, 5–11 [http://www.ibi.tu-berlin.de/images/Veroffentlichungen/IBI_BLiS_Fachtagung_2011.pdf (Abruf 4.1.2018)]; *Herkert* Freizeitgestaltung im Jugendstrafvollzug, in: Tagungsberichte der Jugendstrafvollzugskommission, Bonn 1978, Bd. IV, 1 ff; *Herrmann* Freizeit und Bildung im Strafvollzug, in: Rollmann (Hrsg.): Strafvollzug in Deutschland, Frankfurt 1967, 87 ff; *Hölktemeyer-Schwick/Riedel/Exner/Zahn* Crime is a young man's game – no more! Lebensältere im Strafvollzug. Das Konzept der JVA Detmold, in: BAG-S Informationsdienst Straffälligenhilfe 3/2014, 19 ff; *Hötter* Gefangene und die Regeln des Sports, in: ZfStrVo 1986, 94 ff; *Hoffmann* Gefängnis – Kunst – Gesellschaft, in: BewHi 2014, 12 ff; *Hucht* DLRG-Rettungswache mit jugendlichen Strafgefangenen, in: ZfStrVo 1986, 92 ff; *Immerfall/Wasner* Freizeit, Opladen u.a. 2011; *Ingeborg-Drewitz-Literaturpreis für Gefangene* (Hrsg.): Risse im Fegefeuer, Hagen 1989; *ders.* Gemeinsam einsam, Münster 2015; *Jumpertz* Freizeitgestaltung als Behandlungsauftrag – eine empirische Bestandsaufnahme, in: WsFPP 2006, 57 ff; *Katz* Mauerblumen – 30 Jahre Fotokurse im Frauengefängnis, in: BewHi 2014, 35 ff; *Kellerhals* Sportlehrgänge für Insassen von Jugendvollzugsanstalten, in: ZfStrVo 1982, 13 ff; *Klein/Koch* (Hrsg.): Gefangenenliteratur. Sprechen, Schreiben, Lesen in deutschen Gefängnissen, Hagen 1988; *Kling* Gesund in Haft, in: FS 2016, 316 ff; *Knauer* Strafvollzug und Internet. Rechtsprobleme der Nutzung elektronischer Kommunikationsmedien durch Strafgefangene, Berlin 2006; *Knobloch* Information oder Unterhaltung?, in: NK 2/1997, 6; *Köhne* Die Erhebung von Stromkosten im Strafvollzug, in: NStZ 2012, 16 ff; *ders.* Strafverkürzung durch Lesen?, in: NK 2013, 3 ff; *Kofler* Sport und Resozialisierung, Schorndorf 1976; *Koscinski* Yoga im Strafvollzug – Ein Überblick über den Forschungsstand, in: Neubacher/Bögelein (Hrsg.): Krise – Kriminalität – Kriminologie, Mönchengladbach 2016, 379 ff; *Kruis/Wehowsky* Fortschreibung der verfassungsrechtlichen Leitsätze zum Vollzug von Straf- und Untersuchungshaft, in: NStZ 1998, 593 ff; *Kudlacek/Drossel* Studentische Haftgruppen. Ein alternatives Lehrangebot in der Kriminologie, in: FS 2012, 51 ff; *Kullinat* Nikolausgrüße aus dem Knast. Inhaftierte lesen Geschichten für ihre Kinder, in: FS 2014, 158 f; *Landgraf/Weilandt/Galli* Guerilla Gardening und Schneckenzucht – Natur im Vollzug, in: FS 2015, 48 ff; *Laubenthal* Alterskriminalität und Altenstrafvollzug, in: FS Seebode, Berlin 2008, 498 ff; *Lenk* Voraussetzungen für eine sinnvolle Umsetzung des Sports im Strafvollzug, in: ZfStrVo 2006, 76 ff; *Lewrick-Gönnecke/Kammann/Heinrichs/Hosser* Zur Differenzierung zwischen unsicheren und aggressiven Teilnehmern beim Gruppentraining Sozialer Kompetenzen (GSK) im Straf- und Maßregelvollzug, in: FPPK 2009, 47 ff; *Lindhorst* Über die Zulässigkeit des Besitzes und der Nutzung einer Sony-Playstation 2 im Haftraum während der Verbüßung von Strafhaft, in: StV 2006, 274 ff; *Maurer/Höner-Wysk* „Hundebande", in: FS 2014, 312 ff; *Möller* Fünf Jahre Radsporttätigkeit in der Jugendarrestanstalt Kaufungen. Erlebnisse – Erfahrungen – Ergebnis, in: ZfStrVo 1986, 234 ff; *Mörs* Das Freizeitproblem im deutschen Erwachsenenstrafvollzug, Stuttgart 1969; *Müller* Anforderungen an die Gestaltung des Vollzugs langer Freiheitsstrafen, in: FPPK 2011, 100 ff; *Müller-Ebeling* Naikan – neue Wege im Justizvollzug, in: FS 2008, 183 ff; *Müller-Marsell* Ehrenamtliche Arbeit im Strafvollzug, in: ZfStrVo 2003, 161 ff; *Muth/Schwämmlein/Bethge/Tietz* Haftraummediensystem in der neuen Thüringer JSA Arnstadt, in: FS 2014, 157 f; *Nass* Kraftsport im Strafvollzug in der JVA Bremen, in: FS 2015, 154 f; *Nickolai/Sperle* Resozialisierung durch Bergsteigen?, in: ZfStrVo 1980, 34 ff; *dies.* Erlebnispädagogik mit Jugendlichen im Strafvollzug, in: ZfStrVo 1993, 162 ff; *Noll/U./Drechsler* Klappern gehört zum Handwerk – in der Justizvollzugsanstalt Tonna auch mit Stricknadeln, in: FS 2015, 168; *Nolle* Spielfilmpädagogik mit jungen Strafgefangenen in der JVA Wiesbaden, in: BewHi 2014, 56 ff; *Ommerborn/Schuemer* Einige empirische Befunde und Empfehlungen zur Weiterentwicklung des Fernstudiums im Strafvollzug, in: ZfStrVo 1997, 195 ff; *Opaschowski* Pädagogik der freien Lebenszeit, 3. Aufl., Opladen 1996; *Pätzel* Einzelfernsehen im Strafvollzug, in: BlStV 6/1993, 1 ff; *Paluszak* Sportpädagogische Projekte in der JVA Schwalmstadt (Hessen) – Ausbildung von Inhaftierten zum C-Trainer, in: FS 2014, 402 f; *Pöge* „Freie Zeit gestalten" – Eine Untersuchung der Freizeitmaßnahmen und Behandlungsprogramme im Jugendstrafvollzug, in: BewHi 2014, 87 ff; *dies./Haertel* Freizeitgestaltung unter Vollzugsbedingungen. Kriminologisch aufbereitete Impulse aus der Freizeitwissenschaft, in: FS 2015, 157 ff; *dies.* Über das Potential der Freizeitgestaltung im Jugendstrafvollzug, in: ZJJ 2015, 140 ff.; *Prahl* Soziologie der Freizeit, in: Kneer/Schreoer (Hrsg.): Handbuch spezielle Soziologien, Wiesbaden 2010, 405 ff; *Radtke* Gefängnistheater, in: Koch/Streisand (Hrsg.): Wörterbuch der Theater-Pädagogik, Berlin 2003, 113 ff; *Reinhardt* Freizeit Monitor 2016. Stiftung für Zukunftsfragen, Hamburg 2016 [www.freizeitmonitor.de (Abruf 2.1.2018)]; *Remky* Wandmalereien hinter Gittern, in: ZfStrVo 1994, 91 ff; *Roggenthin* Künstlerisches Arbeiten hinter Gittern als Selbsterfahrung und soziales Lernen, in: FS 2016, 53 f; *Rohr* Anstoß für ein neues Leben – Wie gelingt das Projekt in der Praxis?, in: FS 2015, 150 ff; *Roth* Ingeborg-Drewitz-Literaturpreis für Gefangene: Gemeinsam einsam. Literatur aus dem deutschen Strafvollzug, in: FS 2015, 198 ff; *Rotthaus* Partner im sozialen Umfeld des Vollzuges – Möglichkeiten und Grenzen der Zusammenarbeit, in: Kury (Hrsg.): Strafvollzug und Öffentlichkeit, Freiburg 1980, 155 ff; *Roy* Podknast – Neue Medien im Strafvollzug, in: BewHi 2014, 50 ff; *Ruf* Das Freizeit- und Kulturprogramm der Sozialtherapeutischen Anstalt Ludwigshafen, in: ZfStrVo 1992, 179 ff; *Ruppelt* Kontaktgruppen im Strafvollzug, in: ZfStrVo 1980, 216 ff; *Sandberger* Theater in geschlossener Gesellschaft. Analyse des Gefängnistheaterprojektes in der Justizanstalt Garsten, Saarbrücken 2008; *Schaede/Neubacher* Podknast.de – Ein Internetprojekt im Jugendstrafvollzug, in: FS 2010, 347 ff; *Schaefer* Engagement nach Feierabend. Der Verein Mitgefangen e.V., in: BAG-S Informationsdienst Straffälligenhilfe 3/2014, 46 ff; *Scharr* Theater als Medium in der Straffälligenhilfe. Entwicklung und Durchführung einer Theatereinheit im Strafvollzug, in: Evangelische Fachhochschule Rheinland-Westfalen-Lippe (Hrsg.): Prämierte Abschlussarbeiten 2013, Bochum 2014, 360 ff [https://www.evh-bochum.de/publikationen.html?file=files/Dateiablage/hochschule/Presse/publikationen/denken_u_handeln/DuH_Band_13.pdf (Abruf 6.1. 2018)]; *Schliermann/Kern* Sport im Strafvollzug: Eine repräsentative Bestandsaufnahme von Sport- und Bewegungsprogrammen in deutschen Justizvollzugsanstalten, in: Neue Praxis 2011, 243 ff; *Schröder* Chancen und Möglichkeiten des Einsatzes von Spiel, Sport und Bewegung im Strafvollzug, in: ZfStrVo 1987, 140 ff; *ders.* Gesundheit und Sport im Justizvollzug, in: ZfStrVo 1992, 352 ff; *ders.* Zur Situation des Sports in den Niedersächsischen Justizvollzugsanstalten, in: ZfStrVo 1997, 143 ff; *ders.* Vom Kraftsport zum Fitness- und Gesundheitssport im Justizvollzug, in: ZfStrVo 2001, 21 ff; *ders.* Bewegung, Spiel und Sport in der Sozialtherapie, in: ZfStrVo 2005, 332 ff; *ders.* Sport im Justizvollzug, in: FS 2015, 140 ff; *Schriever* Behandlungsvollzug – Anforderungen und Herausforderungen, in: ZfStrVo 2001, 329 ff; *Schumann* Anstoß für ein neues Leben: Fußball, Arbeit, Beruf und Soziales, in: FS 2013, 48 f; *Schwind* Hörfunk und Fernsehen im Strafvollzug (§ 69 StVollzG), in: ZfStrVo 1990, 361 f; *ders.* Tiere im Strafvollzug, in: FS Seebode, Berlin 2008, 551 ff; *Schwingenheuer/Wirth* Gewaltprävention im Strafvollzug aus der Sicht der Gefangenen, in: BewHi 2011, 147 ff; *Sellinger/Stiels-Glenn/Witt* Konfrontative Trainings zur Gewaltprävention – unwirksam, aber erfolgreich?, in: BewHi 2008, 388 ff; *dies.* Konfrontative Trainings zur Gewaltprävention. Voraussetzungen für ein wirksames Vorgehen, in: BewHi 2009, 58 ff; *Sieland/Drechsler* Vogelvoliere – Projektvorstellung, in: FS 2015, 168 f; *Sonnenbaum* Knastkultur – Ein kreativer Weg, in: BewHi 2014, 46 ff; *Spitzer/Meier* Die Hauswirtschaftsgruppe als Modul integrativer sozialtherapeutischer Behandlung in der Justizvollzugsanstalt Straubing oder: „Leichte Kost für schwere Jungs", in: FS 2009, 318 f; *Stadtmüller/Klocke/Lipsmeier* Lebensstile im Lebenslauf – Eine Längsschnittanalyse des Freizeitverhaltens verschiedener Geburtskohorten im SOEP, in: ZfS 2013, 262 ff; *Steindorff-Classen* Resozialisierung durch Bücher? Neue Perspektiven durch Literaturprojekte, in: BewHi 2014, 19 ff; *Stieglitz* Theater in der SOTHA. Ein Projekt in der JVA Kassel II, in: ZfStrVo 1990, 231 f; *Swierkowska* Malbuchprojekt der JVA Herford zur Aufklärung über gefährdete Meeresschildkröten, in: BewHi 2014, 78 ff; *Vogelsang* Kleintierhaltung im Strafvollzug. Das Ergebnis einer Umfrage, in: ZfStrVo 1994, 67 f; *Voigt* Literatur als Kunst-Form des Lebens, in: ZfStrVo 1986, 228 ff *Voigt-Rubio* Kunst und Kreativität während der Haft. Therapeutische Potenzen der Kunst, in: ZfStrVo 1986, 20 ff; *dies.* Literatur als Kunst-Form des Lebens, in: ZfStrVo 1986, 228 ff; *dies./Schmalenberg* Kunst und Kultur im Strafvollzug, in: ZfStrVo 1988, 203 ff; *Waldmann* Internetzugang für Jugendstrafgefangene – notwendig oder zu hohes Sicherheitsrisiko?, in: ZJJ 2019, 271 ff; *Walkenhorst* Animative Freizeitgestaltung im Strafvollzug als pädagogische Herausforderung, in: DVJJ-Journal 2000, 265 ff; *Walter* Resozialisierung durch darstellendes Spiel in der Vollzugsanstalt, Diss. jur., Hamburg 1970; *Wattenberg* Kreatives Training und künstlerisches Gestalten als Behandlungsmaßnahme in der Sozialtherapie, in: ZfStrVo 1992, 181 ff; *ders.* Kunst im Strafvollzug – 16 Jahre Erfahrung in der Arbeits- und Beschäftigungstherapie, in: ZfStrVo 1994, 288 ff; *Weiß* Radrennsport im Rudolf-Sieverts-Haus, in: ZfStrVo 1988, 211 ff; *ders.* Sozialtherapie und Erlebnispädagogik – Eine Alpentour mit jugendlichen Strafgefangenen, in: ZfStrVo 1992, 177 f; *Weiss/Pöge* Freizeit und Mediennutzung, in: Reinecke/Stemmler/Wittenberg (Hrsg.): Devianz und Delinquenz im Kindes- und Jugendalter. Wiesbaden 2016, 117 ff; *Wrzesinski* Anstoß für ein neues Leben – Mit Fußball zurück in die Gesellschaft, in: FS 2015, 146 ff; *Zahn* Die Lebensälterenabteilung der JVA Detmold, in: FS 2014, 404 ff; *Zeuch/Hillecke* Zur musiktherapeutischen Entspannung im Strafvollzug als vitales Medium zur Gestaltung des Alltagslebens, in: ZfStrVo 2003, 265 ff.

A. Allgemeines

Bund	§ 67 StVollzG
Baden-Württemberg	BW § 57 III JVollzGB
Bayern	BY Art. 69 BayStVollzG

5. Kapitel. Freizeit

Berlin	BE § 60 StVollzG Bln
Brandenburg	BB § 65 BbgJVollzG
Bremen	HB § 54 BremStVollzG
Hamburg	HH § 50 HmbStVollzG
Hessen	HE §§ 30, 31 HStVollzG
Mecklenburg-Vorpommern	MV § 54 StVollzG M-V
Niedersachsen	NI § 64 NJVollzG
Nordrhein-Westfalen	NW § 50 StVollzG NRW
Rheinland-Pfalz	RP § 64 LJVollzG
Saarland	SL § 54 SLStVollzG
Sachsen	SN § 54 SächsStVollzG
Sachsen-Anhalt	ST § 63 JVollzGB LSA
Schleswig-Holstein	SH § 71 LStVollzG SH
Thüringen	TH § 65 ThürJVollzG
Musterentwurf	ME § 54 ME-StVollzG

Übersicht

I. Allgemeine Hinweise —— 1–7
  1. Regelung der Freizeit in der Unfreiheit —— 1
  2. Der Begriff der Freizeit —— 2
  3. Die kriminologische Bedeutung der Freizeit —— 3
  4. Die Tradition von Freizeitbeschäftigung im deutschen Strafvollzug —— 4
  5. Die aktuelle Lage der Freizeitgestaltung im Strafvollzug —— 5
  6. Bedeutung der Gestaltungsgrundsätze —— 6
  7. Notwendigkeit einer umfassenden Freizeitkonzeption —— 7

II. Erläuterungen —— 8–35
  1. Überblick über die Regelungen in den Bundesländern —— 8
  2. Die allgemeine Regelung zur Freizeitbeschäftigung —— 9–12
    a) Das Recht zur Freizeitbeschäftigung —— 10
    b) Die Verpflichtung, ein Freizeitangebot zu machen —— 11
    c) Motivationspflicht —— 12
  3. Das Freizeitangebot als Behandlungsmaßnahme —— 13–17
    a) Die Unfähigkeit der Gefangenen, sich in der Freizeit zu beschäftigen —— 14
    b) Die Gefahr des Tagträumens —— 15
    c) Knastkünstler und Rechtsbeistände —— 16
    d) Die Gefahr des Zeit-Totschlagens —— 17
  4. Regelungen zum Vorhalten von Freizeitangeboten —— 18–23
    a) Rechtsnatur der Regelungen zum Vorhalten von Freizeitangeboten —— 19
    b) Ermessensanspruch auf Teilnahme —— 20
    c) Unterschiedliche Bedürfnisse verschiedener Gruppen von Inhaftierten —— 21
    d) Freizeitangebote abends und am Wochenende —— 22
    e) Durchführung der Freizeitangebote auch durch Externe —— 23
  5. Die einzelnen Freizeitangebote —— 24–32
    a) Bildungsangebote —— 25
    b) Freizeitgestaltung durch Sport —— 26
    c) Freizeitgruppen und Gruppengespräche —— 27
      aa) Freizeitgruppen —— 28
      bb) Gruppengespräche während der Freizeit —— 29
    d) Kulturelle Betätigung und Veranstaltungen; Künstlerisch-kreative und musische Entfaltung; sonstige Formen der Freizeitgestaltung —— 30
    e) Neue Medien; neue Formen der Telekommunikation —— 31
    f) Nutzung von Büchereien, Mediatheken und Fernleihe —— 32
  6. Zeitlich flexible Handhabung von Arbeit und Freizeit —— 33
  7. Das Verbot von Rechtsnachteilen durch Freizeitausschluss —— 34
  8. Kosten —— 35

III. Landesgesetzliche Besonderheiten —— 36–49
  1. Länder, die sich am ME-StVollzG orientieren —— 37–43
    a) Bremen, Saarland, Sachsen, Schleswig-Holstein, Thüringen —— 38
    b) Berlin —— 39

c) Brandenburg —— 40
d) Mecklenburg-Vorpommern —— 41
e) Rheinland-Pfalz —— 42
f) Sachsen-Anhalt —— 43
2. Baden-Württemberg —— 44

3. Bayern —— 45
4. Hamburg —— 46
5. Hessen —— 47
6. Niedersachsen —— 48
7. NRW —— 49

I. Allgemeine Hinweise

1. Regelung der Freizeit in der Unfreiheit. Das Strafvollzugsgesetz fasste in den §§ 67–70 StVollzG vier Regelungen unter dem Titel **Freizeit** zusammen: in § 67 StVollzG eine allgemeine Regelung zur Freizeitbeschäftigung, in § 68 StVollzG Vorgaben für den Bezug von Zeitungen und Zeitschriften, in § 69 StVollzG die Regelung zum Empfang von Hörfunk und Fernsehen und in § 70 StVollzG eine Vorschrift zum Besitz von Gegenständen für die Freizeitbeschäftigung. Regelungen zu diesen Themenbereichen finden sich nun in allen Landesgesetzen, teilweise wie im alten StVollzG in einem eigenen Abschnitt zur „Freizeit" (**BW, BY, HH, HE, NI, NW**), häufig aber wie im ME-StVollzG zusammengefasst mit Vorschriften zum Einbringen von Gegenständen, zur Ausstattung des Haftraumes, zur Kleidung sowie zu Verpflegung und Einkauf in einem Abschnitt „Grundversorgung und Freizeit" (**BE, BB, HB, MV, RP, SL, SN, SH, TH**; ähnlich auch **ST**: „Persönlicher Besitz, Einkauf und Verpflegung, Freizeit"). In Anlehnung an die Systematik des StVollzG werden in diesem Kapitel nun die traditionell unter dem Titel „Freizeit" zusammengefassten Regelungsbereiche kommentiert, auch wenn ein enger systematischer Zusammenhang mit den Vorschriften zur Grundversorgung besteht (zu diesen s. 2 F und 6 A–C). In diesem Abschnitt geht es um die allgemeinen Regelungen (§ 67 StVollzG), unter B finden sich Ausführungen zu Zeitungen und Zeitschriften (§ 68 StVollzG), unter C folgen Erläuterungen zu Hörfunk, Fernsehen und anderen Geräten der Informations- und Unterhaltungselektronik (§§ 69, 70 StVollzG)[1] sowie unter D solche zum Besitz von nichtelektronischen Gegenständen für die Freizeitbeschäftigung (§ 70 StVollzG).

Neben den hier besprochenen Regelungen sowie denen zur Grundversorgung betreffen bei näherem Hinsehen eine Vielzahl von weiteren Vorschriften der Strafvollzugsgesetze den Freizeitbereich der Inhaftierten, z.B. die Regelungen zur Vollzugsplanung (2 B und C), zur Verlegung (2 D), zur Unterbringung im offenen oder geschlossenen Vollzug und zu Vollzugslockerungen (10), zur Entlassungsvorbereitung (7 D), zum Kontakt mit der Außenwelt (Besuche, Schriftwechsel, Telefonate, Pakete, dazu 9), zur Religionsausübung (8), zur sozialen Hilfe (7), zur Sicherheit und Ordnung (11) und zur Gefangenenmitverantwortung (13 M). Mittelbar betreffen auch die Vorschriften zur organisatorischen und baulichen Gestaltung der Anstalten sowie zum bereitgehaltenen Anstaltspersonal die Freizeit der Gefangenen, denn sie stecken die Grenzen der Freizeitbeschäftigung für die Inhaftierten ab.

Ebenso wie die früheren Regelungen im StVollzG entsprechen fast alle landesgesetzlichen Regelungen inhaltlich vollauf den Empfehlungen des Europarates, vgl. die Ziffern 27.1 bis 27.7 sowie 28.1 bis 28.7 der REC vom 11. Januar 2006. Anders ist dies bei der niedersächsischen Regelung (Rdn. 48).

2. Der Begriff der Freizeit. Freizeit ist ein Menschenrecht – Art. 24 der Allgemeinen Erklärung der Menschenrechte normiert, dass jeder „das Recht auf Erholung und Frei-

---

[1] Die Systematik der Kommentierung weicht hier (in Anlehnung an die Systematik des ME) von der des StVollzG ab; vgl. dazu ausführlich D Rdn. 2.

zeit" hat. Mit dem Begriff der Freizeit werden viele verwandte Begriffe assoziiert, z.B. die Begriffe freie Zeit, Erholung, Unterhaltung, Zerstreuung, Vergnügen, Hobby, Spiel, Sport, Bildung oder Kultur.[2] Freizeit ist also sehr vielgestaltig und wird unterschiedlich verstanden. Nach *Opaschowski* muss bei der täglich zur Verfügung stehenden Zeit zwischen **Graden der Verpflichtung** unterschieden werden. Die „Determinationszeit" ist dabei die fremdbestimmte Zeit (z.B. Arbeit, Ausbildung), die „Obligationszeit" ist eine zweckbestimmte Zeit (beispielsweise für Putzen, Aufräumen, Einkauf) und nur die „Dispositionszeit" ist eine frei verfügbare, selbstbestimmte Zeit.[3] Gerade dem Aspekt der Selbstbestimmung wird heute in Bezug auf die Freizeit eine große Rolle zugeschrieben.[4] Damit wird deutlich, dass es in einer „totalen Institution"[5] wie dem Gefängnis im Grunde keine wirkliche Freizeit geben kann, denn selbst während der Dispositionszeit ist die Selbstbestimmung und sind die Gestaltungsmöglichkeiten sehr eingeschränkt. Im **Strafvollzug** wird die tägliche Zeit regelmäßig dreigeteilt in Arbeitszeit, Freizeit und Ruhezeit[6] (vgl. § 82 Abs. 1 S. 1 StVollzG; auch heute noch findet sich diese Einteilung in den Landesgesetzen von **BW** § 62 Abs. 1 III, **BY** Art. 88 Abs. 1, **HH** § 68 Abs. 2 Nr. 1, **HE** § 79 Abs. 2, **NI** § 75 Abs. 2 Satz 1, **NW** § 102, **ST** § 113 Abs. 2 Nr. 2, **SH** § 140).[7] Im Musterentwurf sowie zahlreichen Landesgesetzen (**BE, BB, HB, MV, RP, SL, SN, TH**) wurde diese Unterscheidung jedoch aufgegeben zugunsten einer Differenzierung nach Unterbringung während der Einschlusszeiten und dem Aufenthalt außerhalb der Einschlusszeiten.[8]

In der Freizeitwissenschaft wird zwischen verschiedenen **Funktionen der Freizeit** unterschieden:[9]
- Rekreation: „Erholung, Gesundheit und Wohlbefinden" (z.B. Ausruhen, Schlafen);
- Kompensation: „Ausgleich, Zerstreuung und Vergnügen" (z.B. Entlastung von Anordnungen und Regeln; Wunsch nach Zwanglosigkeit);
- Edukation: „Kennenlernen, Lernanregung und Weiterlernen" (z.B. Rollenwechsel, Bedürfnis nach Selbstbestätigung);
- Kontemplation: „Ruhe, Muße und Selbstbestimmung" (z.B. sich auf sich selbst besinnen, Identitätsfindung);
- Kommunikation: „Mitteilung, Kontakt und Geselligkeit" (z.B. Wunsch nach vielfältigen sozialen Beziehungen);
- Integration: „Zusammensein, Gemeinschaftsbezug und Gruppenbildung" (z.B. Suche nach sozialer Geborgenheit; Lernen in und mit der Gruppe);
- Partizipation: „Beteiligung, Engagement und soziale Selbstdarstellung" (z.B. Mitsprache, Mitbestimmung, Mitentscheidung, Mitverantwortung);
- Enkulturation: „kreative Entfaltung, produktive Betätigung und Teilnahme am kulturellen Leben" (z.B. Durchsetzung eigener Ideen).

Von diesen Funktionen werden im Strafvollzug vor allem die ersten beiden (Rekreation und Kompensation) erfüllt, dies sind für die Gefangenen die vorrangigen Bedürfnisse.[10] Vielen Gefangenen geht es in erster Linie um Ablenkung im tristen Haftalltag und

---

2 *Goldberg* 2003, 36.
3 *Opaschowski* 1996, 27; s. auch *Pöge/Haertel* FS 2015, 157.
4 *Freericks/Hartmann/Stecker* 2010, 23.
5 Zum Begriff der „totalen Institution" s. *Goffman* Asyle, Frankfurt/Main 1973, 13 ff.
6 *Ostendorf* § 5 Rdn. 23; BeckOK-*Knauss* § 67 Rdn. 9.
7 Zum Teil findet sich diese Dreiteilung der Zeiten in Anlehnung an § 82 StVollzG in den „Verhaltensvorschriften", z.T. aber auch bei der Unterbringung oder der Regelung zur Hausordnung.
8 AK-*Knauer* Teil II § 54 Rdn. 1.
9 *Opaschowski* 1996, 93 ff; ähnlich *Immerfall/Wasner* 2011, 14 f.
10 *Bierschwale/Detmer/Köhler/Kramer* ZfStrVo 1995, 89; *Jumpertz* WsFPP 2006, 67.

einen effektiven Zeitvertreib.[11] Insoweit weist *Boetticher*[12] zu Recht darauf hin, dass Gefangene nicht ständig behandelt werden wollen und ihnen (ebenso wie in den allgemeinen Lebensverhältnissen – Angleichungsgrundsatz, s. 1 D Rdn. 4 ff) reine Zerstreuung gebührt (vgl. Rdn. 6). Doch auch die anderen Funktionen spielen für die Gefangenen eine Rolle. Manchen geht es bei den Freizeitbeschäftigungen um einen Zuwachs an Autonomie und Freiheit, anderen eher um die Geselligkeit, wieder anderen um die Möglichkeit „Dampf abzulassen".[13] Insgesamt sollten bei der Planung von Freizeitangeboten im Vollzug also alle Funktionen im Auge behalten werden, denn jede ist für die Resozialisierung bedeutsam. Freizeitbeschäftigungen können den schädlichen Folgen des Vollzuges entgegenwirken (Gegensteuerungsgrundsatz, s. dazu 1 D Rdn. 11ff und Rdn. 6) und sie stellen ein wichtiges Feld sozialen Lernens dar.[14] Da etwa 70% aller menschlichen Lernprozesse informell erfolgen,[15] sollte das Freizeitverhalten auch im Hinblick auf den dadurch möglichen Kompetenzerwerb als wichtiger Bestandteil in die Behandlungsmaßnahmen einbezogen werden.

Das konkrete Freizeitverhalten einer Person wird von verschiedenen **Determinanten** bestimmt.[16] Erstens ist die Arbeitssituation relevant (z.B. Arbeitszeiten, Anforderungen, Bedingungen). Zweitens bestimmt die gesellschaftliche Situation das Freizeitverhalten, z.B. Normen und Werte, Traditionen und Gewohnheiten, Stile und Bezugsgruppen. Drittens spielt die persönliche Situation eine wichtige Rolle, d.h. Geschlecht, Alter, Familienstand, sozio-ökonomischer Status, Gesundheitszustand und Persönlichkeit. Viertens hängen die Freizeitaktivitäten von der Wohnsituation ab (u.a. von der Wohnungsausstattung und -lage). Und fünftens ist die Freizeitsituation beachtlich, also wieviel Zeit zur freien Verfügung steht und welche Freizeitangebote vorhanden und erreichbar sind. Da das Freizeitverhalten eng mit dem Lebensstil einer Person zusammenhängt, ist nach dem Habituskonzept von *Bourdieu*[17] davon auszugehen, dass es einen hohen Grad an Stabilität im Lebenslauf aufweist. Allerdings beeinflussen bestimmte Ereignisse im Lebensverlauf (wie z.B. Geburt eines Kindes, Trennung vom Partner, Auszug der Kinder aus dem Haus, Ruhestand) das Freizeitverhalten.[18] Insofern ist es durchaus wahrscheinlich, dass auch eine Inhaftierung und die während dieser Zeit erlebten Freizeitaktivitäten das (nachfolgende) Freizeitverhalten beeinflussen kann.

3. Die kriminologische Bedeutung der Freizeit. Aus der Betrachtung der Delinquenz bei Jugendlichen ist bekannt, dass diese einen starken Freizeitbezug aufweist.[19] Zunächst einmal ist festzuhalten, dass die meisten Straftaten Jugendlicher in der Freizeit begangen werden und das Motiv ist nicht selten die Befriedigung von Freizeitwünschen.[20] Zudem unterscheiden sich delinquente und nichtdelinquente junge Menschen zum Teil deutlich in ihrem Freizeitverhalten. Während viele delinquente Jugendliche überwiegend konsumorientierte, unbeaufsichtigte, unstrukturierte und gesellige Aktivitäten (wie das ziellose Umherfahren, das Nichtstun oder den Besuch von Kneipen, Disko-

---

11 *Pöge/Haertel* ZJJ 2015, 143 f auf der Grundlage von qualitativen Interviews mit Jugendstrafgefangenen.
12 AK-*Boetticher* 2012 § 67 Rdn. 5.
13 *Pöge/Haertel* ZJJ 2015, 143 f.
14 AK-*Knauer* Teil II § 52 Rdn. 1; *Laubenthal* Rdn. 608; *Laubenthal/Nestler/Neubacher/Verrel* G Rdn. 1.
15 *Pöge/Haertel* FS 2015, 159.
16 Vgl. *Goldberg* 2003, 45 ff; *Prahl* 2010, 412 f.
17 *Bourdieu* Die feinen Unterschiede. Kritik der gesellschaftlichen Urteilskraft, Frankfurt 1987.
18 *Stadtmüller/Klocke/Lipsmeier* ZfS 2013, 264.
19 Vgl. *Goldberg* 2003, 99 ff.
20 *Goldberg* 2003, 97.

theken sowie Spielstätten) bevorzugen, beschäftigen sich nichtdelinquente Jugendliche in ihrer Freizeit häufig auch organisiert bzw. strukturiert (z.B. Mitgliedschaft in Vereinen, häusliche Freizeitbeschäftigungen, Bildung).[21] Schon *Göppinger* hatte in seinen Studien bei delinquenten jungen Männern ein charakteristisches „Freizeit-Syndrom" festgestellt, d.h., dass die Freizeit zulasten des Leistungsbereichs ausgeweitet wird und überwiegend Freizeittätigkeiten mit völlig offenen Abläufen nachgegangen wird.[22] Es ist anzunehmen, dass diese Erkenntnisse nicht nur für junge straffällige Menschen gelten, sondern zumindest teilweise auch auf Erwachsene übertragbar sind. Folglich ist das Freizeitverhalten für die Legalbewährung bedeutsam. Das Erlernen einer sinnvollen Strukturierung und Gestaltung der frei verfügbaren Zeit während des Vollzuges kann die Voraussetzungen schaffen, auch nach der Entlassung entsprechenden Freizeitbeschäftigungen nachzugehen, zumal infolge von Arbeitslosigkeit oft reichlich Zeit vorhanden ist. Insofern sind alle Maßnahmen zur Freizeitgestaltung im Vollzug zu den Behandlungsmaßnahmen zu zählen (vgl. Rdn. 13 ff).

4   **4. Die Tradition von Freizeitbeschäftigung im deutschen Strafvollzug.** Vor Inkrafttreten des Strafvollzugsgesetzes wurden Strafgefangene in vielen geschlossenen Justizvollzugsanstalten in ihrer arbeitsfreien Zeit oft nur in ihre Haftraume eingesperrt und hatten neben der „Bewegung im Freien" wenige Angebote zur Freizeitgestaltung. Das Lesen von Büchern, in geringem Umfang das Basteln und der Besuch von Gottesdiensten oder anderen religiösen Gruppen waren die wenigen Möglichkeiten, Freizeit aktiv zu verbringen. Im Blick auf diese Tradition der „quälenden Langeweile"[23] setzte § 67 StVollzG neue Akzente hinsichtlich der Freizeitgestaltung der Strafgefangenen. Der Konzeption des Gesetzgebers lag die Erkenntnis zu Grunde, dass Menschen, denen es gelingt, ihre Freizeit mit sie zufriedenstellender Beschäftigung zu füllen, eine größere Chance haben, ein straffreies Leben zu führen, als Menschen, die sich in ihrer Freizeit nicht oder nur schlecht selbst beschäftigen können.[24] Für die meisten Strafgefangenen ist eine als sinnvoll empfundene Freizeitbeschäftigung etwas neu zu Erlernendes (vgl. Rdn. 3).[25] Sie sollen nach ihrer Entlassung Möglichkeiten kennen, einer zufriedenmachenden Freizeitbeschäftigung nachzugehen. Dies wird die Gefahr mindern, sich in Gruppen Gleichgesinnter zu flüchten. In solchen Gruppen werden – wie langjährige Erfahrungen bei der Durchführung von Behandlungsuntersuchungen in der Einweisungsanstalt Hagen/Westfalen ergaben – vielfach neue Straftaten geplant.

Unter Beachtung solcher Erkenntnisse vergrößerten die Anstaltsverwaltungen nach Inkrafttreten des Strafvollzugsgesetzes das Freizeitangebot beträchtlich. Seit den 1990er Jahren war diese Entwicklung allerdings rückläufig. Die hohe Belegung in vielen Anstalten führte zum Einrichten von Notgemeinschaften und zur „Reaktivierung" von zeitwei-

---

21   *Goldberg* 2003, 160 f; ähnliche Befunde finden sich bei *Weiss/Pöge* 2016. *Pöge/Haertel* ZJJ 2015, 142 stellten in ihrer Untersuchung aus dem Jugendstrafvollzug gleichwohl fest, dass die genannten Befunde nur zum Teil bestätigt werden können. Vor ihrer Inhaftierten war das Freizeitverhalten der Gefangenen zwar deutlich konsumorientierter (Shoppen) und tendenziell peerorientierter (Treffen mit Freunden, Besuch von Jugendzentren) als das einer Vergleichsgruppe. Allerdings konnten bezogen auf organisierte Settings (Sport, Ehrenamt, Musik machen) keine Unterschiede festgestellt werden und die kreative/künstlerische Betätigung war in der Gruppe der Gefangenen sogar weiter verbreitet als in der Vergleichsgruppe.
22   Tübinger Jungtäter-Vergleichsuntersuchung: *Göppinger* Der Täter in seinen sozialen Bezügen, Berlin u.a. 1983, 105 f.
23   Vgl. *Bode* 1988, 327.
24   Im Ergebnis ähnlich *Calliess* 1992, 138, *Walter* 1999, Rdn. 281 und *Goldberg* 2003, 160 ff.
25   *Echtler* ZfStrVo 1982, 150 ff, 153 mit Angaben einzelner Gefangener.

lig als Freizeiträume zur Verfügung gestellten früheren Hafträumen. Inwieweit das schon gegen § 145 Abs. 2 StVollzG verstieß, ist fraglich; ganz sicher ausgeschlossen ist aber eine Umwidmung von Freizeiträumen in Hafträume.[26] Parallel dazu entwickelte sich in etlichen Justizvollzugsanstalten ein anderer ungünstiger Trend: trotz steigender Belegung erfolgte eine geringere Zuweisung von Planstellen für Bedienstete wegen der Verknappung der Haushaltsmittel. Viele Bedienstete mussten oft mehr Überstunden im Rahmen ihrer Pflichtarbeit leisten, so dass ihre Neigung zu freiwilligem Engagement im Freizeitbereich der Gefangenen nachließ.

Die frühere Tradition der „quälenden Langeweile" hatte sich also wieder verbreitet.[27] In Folge der Möglichkeiten ständigen Fernsehempfangs und der Nutzung anderer Unterhaltungsgeräte gestaltete sich die Langeweile allerdings nicht mehr so quälend für die betroffenen Gefangenen. Sie stellt sich angesichts des Verurteiltseins zu nur passiver Rezeption der oft gleichartigen Fernsehprogramme und der längerfristig eintönigen Angebote der Unterhaltungselektronik im Laufe der Haft dann doch bald ein.

5. Die aktuelle Lage der Freizeitgestaltung im Strafvollzug. Die in den Vorauflagen bereits skizzierte generelle Lagebeurteilung gilt im Wesentlichen auch heute noch. Trotz der seit einigen Jahren wieder leicht angestiegenen Zahl der Beschäftigten im Justizvollzug (vgl. zur aktuellen Personalausstattung 13 J Rdn. 4) ist die Zahl der für die Betreuung der Gefangenen zur Verfügung stehenden Kräfte des allgemeinen Vollzugsdienstes deutlich geringer als sie zur Zeit des Inkrafttretens des Strafvollzugsgesetzes war. Die besonderen Fachkräfte des psychologischen Dienstes und des Sozialdienstes werden seit der Strafrechtsänderung von 1998 stärker als früher zur Begutachtung und zur Behandlung von „Sexual- und Gewalttätern" herangezogen und stehen demgemäß für Freizeitangebote nur noch in geringem Umfang zur Verfügung. In einigen deutschen Justizvollzugsanstalten werden die über Sport, Fernsehempfang im Haftraum und „Umschluss" zur Nachbarzelle hinausgehenden Freizeitangebote nur noch von externen Kräften angeboten. Ehrenamtliche Betreuerinnen und Betreuer[28] sind insoweit die Hoffnungsträger für die Zukunft, denn andere freie Träger (mit denen die Anstalten zu kooperieren haben, vgl. 13 I), welche bisher Freizeitaktivitäten im Kreativbereich oder nach der Art der Volkshochschulen angeboten haben,[29] werden in Folge des in allen Bundesländern durchgeführten „Subventionsabbaus" ihre Angebote reduzieren müssen.

Auch wenn es heute tatsächlich eine ganze Reihe von Freizeitangeboten gibt (vgl. dazu unten die Beispiele unter Rdn. 24 ff), kann nicht davon ausgegangen werden, dass in allen Anstalten qualitativ und quantitativ ausreichende Beschäftigungsmöglichkeiten gegeben sind.[30] Vermutlich trifft auf viele Justizvollzugsanstalten zu, was ein Inhaftierter zur Freizeitsituation in der JVA Tegel schildert: „Die Freizeit im Gefängnis fristet ein Schattendasein, weil für sie nur geringe finanzielle Mittel aufgewendet werden. Auch

---

26 So auch AK-*Boetticher* 2012 § 67 Rdn. 7.
27 Vgl. *Drenkhahn* MschrKrim 2010, 258 ff zur Verbreitung insb. passiver Freizeitbeschäftigungen.
28 Dazu *Müller-Marsell* ZfStrVo 2003, 161–163; ihre Wichtigkeit betont auch *Cornel* in seinen Empfehlungen für ein Brandenburgisches Resozialisierungsgesetz, in: NK 2011, 127, 135.
29 Dazu *Walter* 1999, Rdn. 281.
30 AK-*Knauer* Teil II § 54 Rdn. 2; vgl. auch *Jumpertz* WsFPP 2006, 57 ff zum Stand in der JVA Geldern. Sie weist nach, dass weniger als ein Drittel der Inhaftierten die Möglichkeit zur Teilnahme an einer Freizeitveranstaltung (Sportangebote sind davon ausgenommen) hat. Zu ähnlichen Ergebnissen kommen *Baier/Bergmann* FS 2013, 81. Nach den Ergebnissen ihrer Befragung von fast 6.000 Inhaftierten aus 48 Strafvollzugsanstalten in den Jahren 2011 und 2012 stuften nur knapp 39 % der Inhaftierten die Freizeitmöglichkeiten ihrer Anstalt als ausreichend ein. Zum Ausfall von Sportangeboten vgl. *Haselbauer* FS 2007, 196 f.

deshalb reduzieren sich die Freizeitangebote vieler Justizvollzugsanstalten auf Angebote, die mit geringen Mitteln zu realisieren sind."[31] So bleibt für viele Gefangene neben dem Fernsehen, der Freistunde und dem abendlichen Umschluss nur „das Reden mit den Zellennachbarn (am Fenster), rauchen, Musik hören, Haftraum aufräumen [oder] mal einen Brief schreiben".[32] Die Erfahrung, lange auf eine Genehmigung für die Teilnahme an Freizeitangeboten warten zu müssen, kann bei den Gefangenen zur Resignation und Reduktion der Freizeitgestaltung führen.[33] Allerdings gibt es durchaus auch Anstalten, die über ein gutes Freizeitangebot und freizeitpädagogisch qualifizierte Fachkräfte verfügen.[34]

Die mancherorts anzutreffende Verödung des Freizeitbereichs der Gefangenen trifft den deutschen Strafvollzug in einer Phase, die durch eine hohe Zahl von Inhaftierten und eine Veränderung der Insassenstruktur im Hinblick auf die Delikte (u.a. Abnahme der Eigentumsdelinquenten ohne Gewalt, Zunahme der Körperverletzungs- und Drogendelinquenten) gekennzeichnet ist. Einen nicht unerheblichen Einfluss auf die effektiv bestehenden Freizeitgestaltungsmöglichkeiten der Inhaftierten hat in vielen Anstalten auch die Vielfalt des jeweils bestehenden „multikulturellen Bevölkerungsgemisches". Bei bis zu 100 Nationalitäten und Ausländeranteilen von zuweilen über 35% an der Gefangenenpopulation reduziert sich das Freizeitangebot nicht nur für die nationalen oder ethnischen Minderheiten, sondern auch für viele deutsche Inhaftierte auf die Möglichkeiten des Fernseh- oder Rundfunkempfangs sowie der Lektüre von Büchern und Zeitschriften.

Dazu kommen bei den so genannten „gefährlichen Tätern" verminderte Chancen auf Vollzugslockerungen (s. 10 B) oder eine vorzeitige Entlassung. Außerdem ist die Zahl der Gefangenen, denen weder ein lebensnaher Arbeitseinsatz noch eine angemessene Beschäftigung angeboten werden kann, als Folge der Entwicklung auf dem freien Arbeitsmarkt immer noch sehr hoch. Nach wie vor sind viele Gefangene in Strafanstalten des geschlossenen Vollzuges „unverschuldet ohne Arbeit" und erhalten deshalb in der Regel Taschengeld (s. 4 Vorb. Rdn. 3 und 4 I Rdn. 6). Schulische oder berufliche Bildungsmaßnahmen können entweder nicht in ausreichendem Umfang angeboten werden oder sind im konkreten Einzelfall wegen der Begabungsschwächen der Inhaftierten nicht sinnvoll. In manchen Bundesländern ist in einzelnen Anstalten für einen Teil der Gefangenen das so genannte Jobsharing und damit die Halbtagsarbeit eingeführt worden. In vielen Anstalten werden den arbeitswilligen, aber beschäftigungslosen Inhaftierten während der Arbeitszeit „arbeitstherapeutische" Maßnahmen angeboten. Diese umfassen oft Tätigkeitsfelder, die dem entsprechen, was man früher als Bastelarbeiten bezeichnete. Zudem bestehen in den meisten Bundesländern für beschäftigungslose Gefangene Freizeitangebote während der Tageszeit. So wird eine zweistündige Bewegung im Freien mit Sportangeboten (s. Rdn. 26) kombiniert oder es wird für mehrere Stunden am Tag die künstlerische Betätigung der Inhaftierten durch Spielen von Musikinstrumenten, Proben für Theateraufführungen oder das Malen von Bildern bzw. das Fertigen anderer Kunstwerke ermöglicht (s. Rdn. 30).[35] Zudem sind oft auch moderne elektronische Spielgeräte zugelassen (s. Rdn. 31; vgl. zu diesen auch C Rdn. 27). Überdies gibt es tagsüber Bildungsmaßnahmen (wie PC-Kurse, Sprachen), Soziale Kompetenztrainings und Beratungsan-

---

31 *Funken* Informationsdienst Straffälligenhilfe 2011, 29.
32 *Pöge/Haertel* ZJJ 2015, 140.
33 *Pöge/Haertel* ZJJ 2015, 144.
34 Vgl. für einen Überblick über Freizeitangebote auch *Ostendorf* § 5 Rdn. 36 ff.
35 Zu den Ergebnissen einer Umfrage zu Angeboten von Kunst und Kreativität in Haft vgl. *Bammann/Feest* NK 2007, 42 ff.

gebote (Schulden, Sucht), die insbesondere von den nicht beschäftigten Häftlingen in Anspruch genommen werden können (Rdn. 25 und 27; zu weiteren Beispielen für Freizeitangebote s. Rdn. 24 ff).

6. Bedeutung der Gestaltungsgrundsätze. Gerade in der für viele Inhaftierte trostlosen Lage ist es besonders wichtig, auf den gesetzlichen Auftrag hinzuweisen, dass Freizeitangebote im Strafvollzug in ein **Behandlungskonzept** zu integrieren (vgl. unten Rdn. 13)[36] und dass die drei **Gestaltungsgrundsätze** zu beachten sind.[37] Im Hinblick auf den **Angleichungsgrundsatz** (1 D Rdn. 4 ff) sollten die Freizeitmöglichkeiten im Vollzug den allgemeinen Lebensverhältnissen angeglichen werden. Die als Folge des Freiheitsentzuges zwangsläufige Reduzierung des Freizeitbereichs der Gefangenen wird dabei allerdings vom Gesetzgeber unterstellt (vgl. § 3 Abs. 1 StVollzG: „soweit als möglich"). Fraglich ist, was mit den allgemeinen Lebensverhältnissen gemeint ist. Dabei kann es sich nicht um die Lebenswelt der Gefangenen vor der Verurteilung handeln, sofern diese eher kriminogenen Verhältnissen glich (1 D Rdn. 8; vgl. auch schon Rdn. 3). Vielmehr sollten möglichst viele der in Freiheit beliebten Freizeitbeschäftigungen auch im Vollzug ermöglicht werden. Ein Blick auf die allgemein beliebtesten Freizeitbeschäftigungen zeigt jedoch schon die Schwierigkeiten der Umsetzung im Vollzug.[38] Während die Spitzenreiter Fernsehen und Radio hören (die von über 90% der Deutschen mindestens einmal pro Woche ausgeübt werden) auch im Vollzug weitgehend uneingeschränkt umsetzbar sind (vgl. C), ist das Internet (von 75%, bei jungen Erwachsenen sogar von 98% mindestens einmal pro Woche ausgeübt) oft gänzlich, im Übrigen zumindest weitgehend ausgeschlossen (vgl. Rdn. 31). Auch die sehr beliebte Freizeitbeschäftigung, Zeit mit der/dem Partner/-in zu verbringen, ist im Vollzug (abgesehen von den sehr eingeschränkten Besuchsmöglichkeiten) nicht möglich. Das gilt auch für viele andere in Deutschland besonders verbreitete Vergnügungen (mit und ohne Alkohol), wie z.B. sich zu Hause oder außerhäuslich mit Freunden zu treffen, Kneipen oder Diskos zu besuchen, mit dem Auto oder Moped durch die Gegend zu fahren, einkaufen zu gehen, Ausflüge oder Reisen zu machen, Volksfeste zu besuchen usw. Nicht unerwähnt bleiben darf an dieser Stelle, dass für viele ausländische Gefangene das in ihren Herkunftsländern übliche Freizeitverhalten oft nicht einmal ansatzweise ermöglicht werden kann. Dies zu akzeptieren fällt manchen Inhaftierten mit Migrationshintergrund schwer.

Für die Erfüllung des **Gegensteuerungsgrundsatzes** (1 D Rdn. 11 ff) sind vor allem Freizeitangebote in den Blick zu nehmen, die die Funktionen der Kompensation, Kommunikation, Integration, Partizipation und Enkulturation erfüllen (vgl. Rdn. 2). Sportangebote erfüllen solche Zwecke ebenso wie kreative, musische und kulturelle Angebote oder auch kurzweilige kommunikative Gruppentreffen. Dabei spielen nicht nur die anstaltsinternen Angebote eine wichtige Rolle, sondern insbesondere auch die Kontakte nach außen. Neben der Zulassung Ehrenamtlicher oder der Einladung von Referenten/ -innen oder von Künstlerinnen und Künstlern sind Aktivitäten außerhalb der Anstalt im Rahmen von Vollzugslockerungen besonders sinnvoll, z.B. die Teilnahme an Sportwettkämpfen oder der Besuch kultureller Veranstaltungen. Diese sind nicht schon grundsätzlich wegen Sicherheitsbedenken zu verweigern, da bei Vollzugslockerungen die Versagensquote gering ist.[39] Auch wenn gerade bei Ausführungen die personellen und organisatorischen Möglichkeiten der Anstalt zu berücksichtigen sind (10 C Rdn. 8), ist

---

36 Vgl. dazu auch *Laubenthal/Nestler/Neubacher/Verrel* G Rdn. 6.
37 Vgl. *Laubenthal* Rdn. 608; zur Bedeutung der Freizeit vgl. auch *Jumpertz* WsFPP 2006, 59 f.
38 Vgl. *Reinhardt* 2016 (Daten aus dem Freizeit Monitor 2016).
39 So auch AK-*Boetticher* 2012 § 67 Rdn. 14.

die Vollzugsanstalt grundsätzlich verpflichtet, die organisatorischen Voraussetzungen dafür zu schaffen, dass Freizeitangebote in dem Umfang möglich sind, wie es ihrem gesetzlichen Stellenwert (d.h. gleichwertig neben der Arbeit) entspricht (s. auch Rdn. 11).[40] Besonders wichtig ist dies insbesondere im Langstrafenvollzug (s. auch Rdn. 21).[41]

Im Hinblick auf den **Integrationsgrundsatz** (1 D Rdn. 14f) sind in erster Linie solche resozialisierungsförderlichen Freizeitbeschäftigungen relevant, die den Funktionen der Edukation, Kontemplation oder Integration genügen (Freizeit als Feld sozialen Lernens, vgl. Rdn. 2). Gemeint sind Angebote, die die Selbstentfaltung fördern, die Eigeninitiative anregen, positive Neigungen und Begabungen herausarbeiten und zu einer positiven Persönlichkeitsentwicklung beitragen.[42] Nicht alle Freizeitbeschäftigungen sind für das Vollzugsziel gleichermaßen zuträglich und förderlich, daher verweisen einige Landesgesetze explizit auf die Gelegenheit zur „sinnvollen" Beschäftigung (**BY** Art. 69 Satz 1, **HH** § 50 Satz 1, **HE** § 30 Abs. 1, **NW** § 50 Satz 1; vgl. dazu weitergehend Rdn. 11). Viele Gefangene müssen überhaupt erst sinnvolle Freizeitbeschäftigungen kennenlernen, die ihnen Spaß machen und nach der Haftentlassung fortgesetzt werden können (vgl. dazu auch schon Rdn. 3). Dies trifft gleichwohl nicht auf alle Inhaftierten zu, denn nicht wenige kommen mit vielfältigen, freizeitbezogenen Interessen in den Strafvollzug, an denen in der Anstalt angeknüpft werden kann.[43]

7   **7. Notwendigkeit einer umfassenden Freizeitkonzeption.** Auch wenn nicht allen Freizeitangeboten ein Behandlungswert (dazu Rdn. 13) und damit eine Bedeutung für die Integration zukommt,[44] ergibt sich aus der Zusammenschau die Notwendigkeit eines breiten Freizeitangebotes, das möglichst alle Funktionen der Freizeit abdeckt (vgl. Rdn. 2).[45] Entspannende (rekreative) und Spaß bereitende (kompensatorische) Angebote mögen zwar für die Behandlung weniger bedeutsam sein, sie entsprechen aber den allgemeinen Freizeitbedürfnissen und können der Prisonisierung (vgl. dazu 1 D Rdn. 12 f) entgegenwirken. Notwendig ist daher eine **umfassende Freizeitkonzeption**, durch die eine Vielzahl von (internen und externen) Freizeitangeboten in den Vollzugsalltag integriert wird und für die Bedienstete, die von ihren sonstigen Dienstaufgaben freigestellt sind, verantwortlich sind.[46] Noch sinnvoller ist die Beschäftigung speziell ausgebildeter Sozial- bzw. Freizeitpädagoginnen und -pädagogen.[47] Die Vollzugsverwaltungen der Länder beschäftigen solche Fachkräfte allerdings nach wie vor zu selten. Dennoch soll nicht unerwähnt bleiben, dass in den meisten Bundesländern Bemühungen bestehen, **Freizeitkoordinator/-innen** von anderen Dienstgeschäften freizustellen. Solchen Bediensteten kann es durchaus gelingen, mit Hilfe von Honorarkräften und Ehrenamtlichen zusätzliche Freizeitange-

---

40 BeckOK-*Knauss* § 67 Rdn. 5; *Laubenthal/Nestler/Neubacher/Verrel* G Rdn. 6; AK-*Boetticher* 2012 § 67 Rdn. 12; *Pöge/Haertel* FS 2015, 161.
41 Vgl. *Müller* FPPK 2011, 100, 104f sowie *Drenkhahn* MschrKrim 2010, 258, 264 (unter Hinweis auf die Standards des Europäischen Komitees zur Verhinderung von Folter und unmenschlicher oder erniedrigender Behandlung oder Strafe (CPT) von 2001).
42 *Pöge/Haertel* ZJJ 2015, 141.
43 *Pöge/Haertel* ZJJ 2015, 142, 146 stellten in ihrer Untersuchung aus dem Jugendstrafvollzug (JVA Herford) fest, dass etwa 20% der Gefangenen vor der Inhaftierung selber Musik machten und 19% etwas Kreatives oder Künstlerisches machten.
44 *Arloth/Krä* § 67 Rdn. 3.
45 Ähnlich *Jumpertz* WsFPP 2006, 70.
46 So auch *Jumpertz* WsFPP 2006, 70ff.
47 So auch AK-*Boetticher* 2012 § 67 Rdn. 13; a.A. unter Verweis auf die Staatsfinanzen *Arloth/Krä* § 67 Rdn. 4; vgl. zudem *Walkenhorst* DVJJ-Journal 2000, 265ff zu den Möglichkeiten animativer Freizeitgestaltung im Strafvollzug.

bote für Gefangene zu gestalten.[48] Bemühungen wie in Nordrhein-Westfalen, wo Fachkräfte des Jugendvollzuges für die Freizeitpädagogik speziell geschult werden, sollten unbedingt auf den Erwachsenenbereich ausgedehnt werden. Es ist anzunehmen, dass sich eine solche umfassende Freizeitkonzeption mit einer Vielzahl von Beschäftigungsangeboten auch auf die Gesamtsituation sowohl für die Bediensteten als auch für die Gefangenen auswirken wird, denn Erfahrungen zeigen, dass sich die Arbeit im Vollzug unproblematischer und weniger aggressiv gestalten lässt, wenn die Bediensteten die Gefangenen auch aus anderen Zusammenhängen (z.B. Freizeitangeboten) kennen.[49] Die Forderung nach speziellen Freizeitpädagogen/-innen ist daher (trotz der gegebenen Lage der Staatsfinanzen) nicht praxisfern,[50] sondern Ausdruck eines in erster Linie auf Resozialisierung ausgerichteten Strafvollzugs („Sicherheit durch Betreuung").[51]

Wichtige **Hinweise für eine solche Konzeption** finden sich bei *Pöge/Haertel*.[52] Sie gehen davon aus, dass Freizeit im Strafvollzug einerseits Freiheit und Selbstbestimmung bedeutet, andererseits Bildung und Raum für informelle Lernprozesse. Damit Freizeit ein Möglichkeitsraum für das Erleben von Freiheit und Selbstbestimmung sein kann, ist die **Partizipation der Gefangenen** unerlässlich, d.h., dass sie den ihnen bisher zugewiesenen Grad der Teilnahme verlassen und hin zu einer echten Teilhabe kommen können. Schon auf der Konzeptionsebene sollte eine Beteiligung erfolgen (z.B. durch Abfrage von Wünschen) und zwar nicht nur, aber zwingend auch durch die Gefangenenmitverantwortung (13 M Rdn. 11).[53] Zudem sollte es den Gefangenen möglich sein, im Rahmen der Freizeitangebote Aufgaben zu übernehmen, um sie aus der reinen Konsumhaltung herauszuholen – das wäre nicht nur fachlich sinnvoll, sondern könnte zudem helfen, Kosten zu sparen. Solche Aufgaben können auch anknüpfungsfähig für späteres ehrenamtliches Engagement „draußen" sein, z.B. im Sport die Übernahme von Trainertätigkeiten (z.B. Trainingseinheit selbst konzipieren und anleiten), die Saisongestaltung (Planung von Freundschaftsspielen und Wettkämpfen) oder eine Schiedsrichterausbildung.[54] Darüber hinaus ist es sinnvoll, eine offenere Angebotsstruktur zu realisieren, d.h. Möglichkeitsräume für spontane und unreglementierte Aktivitäten der Insassen, z.B. durch das Vorhandensein von Freizeiträumen, in denen verschiedene Geräte und Materialien zur Freizeitgestaltung (Sportutensilien, Mal- und Kunstbedarf, Gesellschaftsspiele) leicht zugänglich sind. Im Hinblick auf die Bedeutung der Freizeit für die Herausbildung von Kompetenzen sollte das Freizeitangebot der Anstalten auf sein **Bildungspotential** hin überprüft werden (s. unten die Ausführungen zu den verschiedenen Freizeitaktivitäten ab Rdn. 24). Besonders bedeutsam könnten dabei neben den sportlichen Angeboten insbesondere auch Freizeitbeschäftigungen im künstlerisch-kreativen und musischen Bereich sowie im Umgang mit neuen Medien sein. Für nachhaltige positive Effekte scheint der zeitliche Umfang von Aktivitäten bedeutsam zu sein. Sinnvoll scheinen daher auch

---

48 Vgl. den Überblick bei *Bierschwale/Detmer/Köhler/Kramer* ZfStrVo 1995, 83ff und bei *Wattenberg* ZfStrVo 1994, 288ff.
49 *Bierschwale/Detmer/Köhler/Kramer* ZfStrVo 1995, 91; s. auch *Pöge/Haertel* ZJJ 2015, 144, in deren qualitativen Interviews das Umgangsklima mit den Bediensteten während der Freizeitmaßnahmen positiv hervorgehoben wurde.
50 So aber *Arloth/Krä* § 67 Rdn. 4.
51 *Bierschwale/Detmer/Köhler/Kramer* ZfStrVo 1995, 91; *Jumpertz* WsFPP 2006, 61.
52 *Pöge/Haertel* FS 2015, 162f.
53 *AK-Boetticher* 2012 § 67 Rdn. 15 verweist darauf, dass dann auch der Gefahr der Pädagogisierung der Freizeit gegengesteuert werden kann. Im Anschluss an die Abfrage der Wünsche sollten dann auch möglichst viele der genannten Angebote umgesetzt werden, da es sonst zu einer resignierenden Haltung bezüglich der Beeinflussung möglicher Strukturveränderungen bei den Gefangenen kommen kann; *Pöge/Haertel* ZJJ 2015, 144.
54 *Pöge/Haertel* ZJJ 2015, 145.

zeitlich intensive (Sport-)Angebote (wie z.B. Mitgliedschaft in einem Team, das an Wettkämpfen teilnimmt, mit mehreren Trainings pro Woche), denn nur bei solchen gelingt es, die Teamfähigkeit nachhaltig zu stärken. Ansonsten besteht die Gefahr, dass die intendierten positiven Effekte (Teamfähigkeit, Einhalten von Regeln, adäquates Sozialverhalten) nur während des Freizeitangebotes funktionieren und nicht mit in den Haftalltag genommen werden.[55]

II. Erläuterungen

8   **1. Überblick über die Regelungen in den Bundesländern.** Zwar unterscheidet sich die grundsätzliche systematische Einordnung der Regelungen zur Freizeit zwischen den Landesgesetzen (vgl. dazu schon oben Rdn. 1). Davon abgesehen gibt es jedoch viele Übereinstimmungen zwischen den landesgesetzlichen Regelungen, wobei sich die meisten an ME § 54 orientieren (**BE** § 60, **HB** § 54, **MV** § 54, **SL** § 54, **SN** § 54, **ST** § 63, **SH** § 71 und **TH** § 65; weitgehend übereinstimmend auch **BB** § 65 und **RP** § 64). Die Regelungen anderer Länder ähneln eher dem § 67 StVollzG (**BY** Art. 69, **HH** § 50) oder sind Mischformen (**BW** § 57 III und **NW** § 50). **HE** §§ 30, 31 und **NI** § 64 haben dagegen eigenständige (und z.T. dürftige) Regelungen entworfen. Die meisten Landesgesetze enthalten angelehnt an § 67 Satz 1 StVollzG bzw. ME § 54 Abs. 2 eine **allgemeine Regelung** zum Recht auf Freizeitbeschäftigung (s. Rdn. 9–12). Zudem werden fast immer (ähnlich wie in § 67 Satz 2 StVollzG bzw. ME § 54 Abs. 1) **verschiedene Freizeitbeschäftigungen konkretisiert** (s. Rdn. 18ff und 24ff). Zu den Einzelheiten der verschiedenen Landesgesetze vgl. auch unten den Abschnitt III (Rdn. 36ff).

9   **2. Die allgemeine Regelung zur Freizeitbeschäftigung.** Fast alle Landesgesetze enthalten eine allgemeine Regelung zum Recht auf Freizeitbeschäftigung. Einige Länder orientieren sich dabei an § 67 Satz 1 StVollzG, der lautete: *„Der Gefangene erhält Gelegenheit, sich in seiner Freizeit zu beschäftigen."* Dabei ergänzen **BY** Art. 69 Satz 1 und **HH** § 50 Satz 1 den Satz um ein „sinnvoll", **HE** § 30 Abs. 1 um ein „eigenverantwortlich und sinnvoll" (s. Rdn. 6 und 11). Die meisten Länder (**BW** § 57 Satz 1 III, **BE** § 60 Abs. 2, **HB** § 54 Abs. 2, **MV** § 54 Abs. 2, **SL** § 54 Abs. 2, **SN** § 54 Abs. 2, **ST** § 63 Abs. 4, **SH** § 71 Abs. 2 und **TH** § 65 Abs. 4) aber übernehmen ME § 54 Abs. 2 in ihre Strafvollzugsgesetze: *„Die Gefangenen sind zur Teilnahme und Mitwirkung an Angeboten der Freizeitgestaltung zu motivieren und anzuleiten."* Eine Mischform findet sich in **NW** § 50: *„Gefangene erhalten Gelegenheit, ihre Freizeit sinnvoll zu gestalten. Sie sind zur Teilnahme und Mitwirkung anzuregen."* **BB**, **NI** und **RP** verzichten dagegen auf eine allgemeine Regelung zur Freizeit. Dies wird sich in **BB** und **RP** im Hinblick auf die Freizeitangebote vermutlich nur wenig auswirken, da das Recht zur Freizeitbeschäftigung durch die normierte Pflicht zur Vorhaltung konkreter Freizeitangebote sichergestellt ist. Eine solche fehlt jedoch in **NI**, wo der Freizeitbereich allein durch die Gelegenheit zum Sport treiben sowie den Besitz von Gegenständen für die Freizeitbeschäftigung abgedeckt ist (s. Rdn. 48). Außer **NI** entsprechen somit alle Landesgesetze den Vorgaben der Europäischen Strafvollzugsgrundsätze (Ziffern 27.3 bis 27.7 und 28.1 bis 28.5 REC).

---

[55] *Pöge/Haertel* ZJJ 2015, 145 entnehmen ihren qualitativen Interviews, dass „auf Zelle" doch wieder andere Regeln gelten, d.h. die Subgruppenstrukturen aufrechterhalten werden, den Mithäftlingen wenig Vertrauen entgegengebracht wird und die Gefangenen den Abteilungsbeamten ablehnend gegenüberstehen.

a) Das Recht zur Freizeitbeschäftigung. Die aus § 67 Satz 1 StVollzG stammende **10** und in die Landesgesetze von **BY** Art. 69 Satz 1, **HH** § 50 Satz 1 und **HE** § 30 Abs. 1 (ähnlich auch in **NW** § 50 Satz 1) übernommene Formulierung *„Der Gefangene* **erhält Gelegenheit***, sich in seiner Freizeit zu betätigen"* enthält gemessen an der Tradition des custodialen deutschen Strafvollzuges keine Selbstverständlichkeit, sondern schafft den Gefangenen eine **Rechtsposition**. Die Gesetzgeber verpflichten die Strafgefangenen nicht, sich in ihrer Freizeit zu betätigen, sondern sie geben ihnen das Recht, dies zu tun. Dies bedeutet gleichzeitig, dass den Gefangenen keine Rechtsnachteile erwachsen dürfen, wenn sie ihre Freizeit fernsehend, Karten spielend oder schlafend verbringen, die speziellen Angebote der Anstalt aber nicht wahrnehmen (vgl. Rdn. 34).[56] Die Gefangenen haben jedoch **kein subjektives Recht zur Teilnahme an bestimmten gemeinschaftlichen Freizeitveranstaltungen** (s. dazu Rdn. 20). Ebenso wenig besteht ein Anspruch darauf, die gesamte Freizeit oder zumindest den überwiegenden Teil gemeinsam mit anderen zu verbringen; es gibt lediglich einen Anspruch auf gemeinsame Freizeit überhaupt.[57]

b) Die Verpflichtung, ein Freizeitangebot zu machen. Das Recht auf Freizeitbe- **11** schäftigung trägt der Tatsache Rechnung, dass Strafgefangene nach ihrer Entlassung das Problem haben werden, sich in der ihnen zur Verfügung stehenden freien Zeit zu beschäftigen, vor allem im Falle einer Arbeitslosigkeit. Daher soll diese Fähigkeit während des Vollzuges nicht nur nicht verlernt, sondern muss sie oft erst erlernt werden (vgl. schon Rdn. 3 und 6).[58] Die Freizeitangebote zählen folglich auch zu den Behandlungsmaßnahmen (s. dazu Rdn. 13 ff). Die Vollzugsverwaltung ist deshalb **verpflichtet**, den Gefangenen im Rahmen des in einer Strafanstalt Möglichen das **Angebot zu machen**, sich in ihrer Freizeit zu beschäftigen. Die Freizeitangebote im Vollzug müssen attraktiv sein und vor allem Aktivitäten ermöglichen, die für die Gefangenen nach ihrer Entlassung in die Freiheit ebenfalls realisierbar sind. Die Gesetzgeber stellen kein detailliertes Programm für eine geplante Freizeit auf (auch wenn einzelne Beschäftigungsmöglichkeiten exemplarisch genannt werden, s. dazu Rdn. 24 ff). Die gesetzlichen Regelungen setzen aber voraus, dass auch für inhaftierte Menschen die Freizeit ein Lebensbereich ist, den sie so ausfüllen sollten, dass sie mit ihrer Lebensführung zufriedener sind als diejenigen, deren Leben durch Phantasielosigkeit und Langeweile bestimmt wird.[59] Dass vielen schon die Möglichkeit ausreichen würde, sich bei Aufschluss in einem Freizeitraum mit Beschäftigungsmöglichkeiten (wie Gesellschaftsspielen, Darts, Kicker) treffen zu können,[60] belegt, dass die Ansprüche der Gefangenen bzgl. der Ausgestaltung ihrer Freizeit keineswegs übertrieben sind.

Auch wenn in manchen Landesgesetzen (**BY** Art. 69 Satz 1, **HH** § 50 Satz 1, **HE** § 30 Abs. 1, **NW** § 50 Satz 1) hervorgehoben wird, dass Gelegenheit zur **„sinnvollen"** Freizeitbeschäftigung gegeben wird, heißt das nicht, dass es ausschließlich Angebote geben soll, die im Hinblick auf das Vollzugsziel der Resozialisierung zuträglich oder förderlich sind. Dies würde auch dem Angleichungsgrundsatz widersprechen (vgl. Rdn. 6); zudem erfüllen selbst lediglich entspannende oder Vergnügen bereitende Beschäftigungen für die Gefangenen, die nicht durchgängig behandelt werden wollen, einen wichtigen

---

56 *Ostendorf* § 5 Rdn. 30.
57 OLG Koblenz v. 31.5.1994 – 3 Ws 190/94, ZfStrVo 1995, 243; *Laubenthal/Nestler/Neubacher/Verrel* G Rdn. 3.
58 So auch AK-*Boetticher* 2012 § 67 Rdn. 5.
59 Ausführlich dazu *Goldberg* 2003.
60 *Jumpertz* WsFPP 2006, 665.

Zweck (vgl. Rdn. 2). Für die Resozialisierung „sinnvolle" Angebote sollen gleichwohl durch die ausdrückliche gesetzliche Erwähnung in den Vordergrund gestellt werden.[61] Im Ergebnis ist die Anstalt daher verpflichtet, ein **möglichst umfassendes und differenziertes Freizeitangebot** zu schaffen, das der Bedeutung der Freizeit für die Resozialisierung genügt (vgl. Rdn. 7 sowie Rdn. 19 und 21).[62] Soweit *Arloth/Krä*[63] darauf verweisen, dass das Freizeitangebot auch von finanziellen, räumlichen und personellen Möglichkeiten der JVA abhängt, greift das zu kurz, denn Justizvollzugsanstalten sind so zu gestalten und personell auszustatten, dass die Aufgabe der Resozialisierung gewährleistet ist (vgl. 13 D und J). Die Vollzugsanstalt muss also die organisatorischen Voraussetzungen dafür schaffen, dass Freizeitangebote in dem Umfang möglich sind, wie es ihrem gesetzlichen Stellenwert entspricht (s. auch Rdn. 6).[64] Nur innerhalb dieses Rahmens hängt die konkrete Ausgestaltung der Freizeitmaßnahmen von den genannten Bedingungen in der jeweiligen Anstalt ab.

12   **c) Motivationspflicht.** Die Verpflichtung der Anstalt, ein Freizeitangebot zu machen, ist ein Unterfall der Motivationspflicht der Vollzugsverwaltung (1 E Rdn. 10 ff). Die Pflicht zur Motivation und Anleitung der Gefangenen zur Freizeitgestaltung ist nun in vielen Landesgesetzen (**BW** § 57 Satz 1 III, **BE** § 60 Abs. 2, **HB** § 54 Abs. 2, **MV** § 54 Abs. 2, **NW** § 50 Satz 2, **SL** § 54 Abs. 2, **SN** § 54 Abs. 2, **ST** § 63 Abs. 4, **SH** § 71 Abs. 2 und **TH** § 65 Abs. 4) in Anlehnung an ME § 54 Abs. 2 ausdrücklich normiert, was sehr zu begrüßen ist. Die gesonderte Herausstellung der Motivation und Anleitung erfolgt nach der Begründung des Musterentwurfs vor dem Hintergrund, dass Gefangene „oftmals keine Erfahrungen mit strukturierter Freizeit haben".[65] Angesichts der erheblichen Defizite mancher Gefangener gerade bezogen auf strukturierte Freizeitbeschäftigungen ist nicht nachvollziehbar, warum **BB** § 65 und **RP** § 64 trotz Übernahme des ME-StVollzG auf die ausdrückliche Hervorhebung der Motivationspflicht verzichtet haben.[66] Im Sinne der Partizipation ist übrigens nicht nur die Motivation zur Teilnahme an den Freizeitveranstaltungen, sondern auch zur Mitwirkung einzelner Gefangener sowie der Gefangenenmitverantwortung (13 M) an der **Ausarbeitung der Freizeitangebote** äußerst sinnvoll (vgl. Rdn. 7).

13   **3. Das Freizeitangebot als Behandlungsmaßnahme.** Die genannten Landesregelungen zur Freizeit enthalten wie viele andere Vorschriften der Strafvollzugsgesetze einen **Behandlungsauftrag** (s. dazu schon Rdn. 3).[67] In **BY** Art. 69 Satz 2 und **HH** § 50 Satz 1 ist dieser ausdrücklich erwähnt, im Übrigen ergibt sich der Behandlungsauftrag aus dem Vollzugsziel der Resozialisierung. Die Freizeitangebote sind daher in das Behandlungskonzept zu integrieren. Zudem muss die Teilnahme an Sport- und sonstigen Freizeitmaßnahmen in den meisten Bundesländern nun mit in den **Vollzugs- und Behandlungsplan** aufgenommen werden (**BY** VV zu Art. 9 Abs. 1 a); **BB** § 15 Abs. 1 Nr. 16; **BE** § 10 Abs. 1 Nr. 14; **HB** § 9 Abs. 1 Nr. 15; **HE** § 10 Abs. 4 Nr. 6; **MV** § 9 Abs. 1 Nr. 15; **NW** § 10 Abs. 1 Nr. 8; **RP** § 15 Abs. 1 Nr. 15; **SH** § 9 Abs. 1 Nr. 15; **SL** § 9 Abs. 1 Nr. 15; **SN** § 9

---

61   So z.B. die Gesetzesbegründung in **NW**, LT-Drucks. 16/5413, 126.
62   OLG Koblenz v. 31.5.1994 – 3 Ws 290/94, ZfStrVo 1995, 243, 244; OLG Karlsruhe v. 4.7.2002 – 1 Ws 171/02, NStZ-RR 2002, 315; AK-*Knauer* Teil II § 54 Rdn. 4; *Laubenthal/Nestler/Neubacher/Verrel* G Rdn. 4; *Arloth/Krä* § 67 Rdn. 4.
63   *Arloth/Krä* § 67 Rdn. 1.
64   *Laubenthal/Nestler/Neubacher/Verrel* G Rdn. 6; BeckOK-*Knauss* § 67 Rdn. 5.
65   Begr. zum ME-StVollzG (ME-Begründung), 122.
66   So auch *Arloth/Krä* § 65 BbgJVollzG Rdn. 1.
67   Ebenso *Laubenthal/Nestler/Neubacher/Verrel* G Rdn. 1.

Abs. 1 Nr. 15; **ST** § 15 Abs. 1 Nr. 15; **TH** § 15 Abs. 1 Nr. 15; lediglich **BW** § 5 III, **HH** § 8 und **NI** § 9 verzichten darauf; vgl. 2 C Rdn. 34). Gleichwohl lassen es die gesetzlichen Regelungen entsprechend rechtsstaatlichen Grundsätzen zu, dass Gefangene ihre Freizeit im Rahmen des im Vollzug Zulässigen auch unsinnig gestalten und zuweilen (wie in den allgemeinen Lebensverhältnissen üblich) reine Zerstreuung suchen, denn Gefangene wollen nicht ständig behandelt werden.[68] Das Vollzugsziel der Resozialisierung gilt als sozialstaatliche Auslegungsregel auch für das Recht auf Freizeitbeschäftigung, d.h. die Gesetzgeber erwarten vom Vollzugsstab, die Gefangenen zu sozial erwünschtem Freizeitverhalten anzuregen und zu motivieren, so dass sie lernen, die Freizeit sinnerfüllt zu erleben (zum Vollzugsziel 1 C Rdn. 14; zur Motivationspflicht schon Rdn. 12). In Einzelfällen kann das Resozialisierungsziel ein Verbot von Freizeitaktivitäten oder bestimmten Medien (z.B. Gewaltvideos, vgl. D Rdn. 18) für einzelne Gefangene oder sogar generell rechtfertigen (vgl. Rdn. 20). Primäre Aufgabe des Vollzugsstabes ist es dagegen, den Gefangenen sinnvolle Freizeitaktivitäten nahe zu bringen. In vielen Justizvollzugsanstalten gibt es Gefangene, die in durchaus sinnvoller Weise ihre Freizeit nutzen, zugleich jedoch berichten, dass sie nach ihren früheren Haftentlassungen die in der Haft praktizierten Freizeitbeschäftigungen niemals aufgegriffen haben. Ein die Sozialisation förderndes Freizeitangebot setzt voraus, dass die Bediensteten eine solche lediglich haftspezifische Motivation für sinnvolles Freizeitverhalten der Gefangenen nicht nur schweigend hinnehmen, sondern thematisieren. Wenn Gefangene während des Vollzuges dagegen Freude an bestimmten Freizeitbeschäftigungen (z.B. Theaterspielen, aber auch kreativem Gestalten, s. dazu unten Rdn. 30) gewinnen und diese dann in der Freiheit weiterführen, so ist dies ein Behandlungserfolg.

Die Zielsetzung der gesetzlichen Regelungen zur Ausgestaltung der Freizeit der Strafgefangenen (also die Behandlung) wird in vielen Justizvollzugsanstalten heute mehr als in den ersten Jahren nach Inkrafttreten des Strafvollzugsgesetzes außer Acht gelassen. In **NI** § 64 hat der Landesgesetzgeber unter Ausnutzung seiner neuen Zuständigkeit (zumindest für den Erwachsenenvollzug) ein kümmerliches Freizeitangebot gesetzlich fixiert (vgl. dazu unten Rdn. 48). Unabhängig von Vollbelegung und Personalknappheit führen weitere durchaus vermeidbare Organisationsmängel oft zur Verschlechterung des Freizeitangebots (s. dazu auch schon Rdn. 5). So werden viele der verbliebenen Freizeitgruppen manchmal unter dem Vorwand von „Sicherheitsbedenken" überreglementiert, so dass zu wenige Gefangene zu den angesetzten Gruppenstunden „hintrotten" dürfen und die meisten in der Zelle vor dem Radio- oder Fernsehgerät sitzen bleiben müssen. Doch nicht nur das „Ausdünnen" der Freizeit der Inhaftierten ist ein der gesetzlichen Intention widersprechendes Verhalten von Bediensteten, sondern auch das mittelbare Fördern der nachfolgend beschriebenen Freizeitverhaltensweisen, welche die Gefangenen in ihrer Lebensuntüchtigkeit bestärken.

a) Die Unfähigkeit der Gefangenen, sich in der Freizeit zu beschäftigen. Die Unfähigkeit zur Freizeitgestaltung könnten die Vollzugsbediensteten bei vielen Gefangenen aufspüren. Manche Inhaftierte **nehmen kein Angebot wahr**, sich in ihrer Freizeit zu **beschäftigen**. Die von ihnen vor der Inhaftierung bevorzugten Freizeitgewohnheiten können sie in der Haft nur unvollkommen fortsetzen. In Gemeinschaftshafträumen oder beim „Umschluss" auf der Nachbarzelle pflegen sie als Ersatz für Kneipengespräche prahlerisch über ihre Abenteuer zu sprechen oder sie versuchen sich bei sog. „Lollo-Parties" mit aufputschendem Kaffeegetränk und zunehmend auch mit Rauschgiften an-

---

[68] AK-*Boetticher* 2012 § 67 Rdn. 5.

derer Art ein Ersatzmilieu für eine Kneipe zu schaffen. Andere Inhaftierte verbringen fast ihre gesamte Freizeit dösend im Bett. Nehmen die Vollzugsbediensteten dieses Gefangenenverhalten tatenlos hin, so wird den betroffenen Gefangenen faktisch kein Freizeitangebot im Sinne der gesetzlichen Regelungen nahegebracht.

15 **b) Die Gefahr des Tagträumens.** Jede/Jeder Vollzugsbedienstete kennt die **Tagträumer**, die ihre Haftsituation dadurch zu verbessern versuchen, dass sie in ihrer Freizeit von einer besseren Zukunft träumen. Solche Träume werden zuweilen angeregt durch rührselige Romanliteratur oder auch durch pornografische Zeitschriften und Fernsehfilme (vgl. dazu B Rdn. 22 und D Rdn. 21). Auch können Gespräche in Gemeinschaftshafträumen dem gemeinsamen Tagträumen dienen. Lassen die Vollzugsbediensteten das Tagträumen der Gefangenen kommentarlos zu, weil die träumenden Gefangenen bequeme, „ruhige Gefangene" sind, so unterlassen sie ebenfalls das von den Gesetzen gewünschte Freizeitangebot.

16 **c) Knastkünstler und Rechtsbeistände.** Fast alle Justizvollzugsanstalten kennen die sog. **„Knastkünstler"**. Solche Inhaftierten malen kunstvolle Bilder oder erstellen oft recht wertvolle Arbeiten aus Holz, Ton, Kupfer, Blei oder sonstigen Werkstoffen. Andere Gefangene schreiben Kurzgeschichten oder verfassen Gedichte. Manche Inhaftierte schreiben auch ihre Lebenserinnerungen auf oder verfassen längere, sehr lebendige Briefe an Angehörige und Freunde, die einem Tagebuch gleichkommen. Die skizzierten Freizeitbeschäftigungen bringen nicht nur Abwechslung in den als eintönig empfundenen „Knastalltag", sondern sie verschaffen den Gefangenen z.T. auch zusätzliche finanzielle Einkünfte und Ansehen bei Vollzugsbediensteten und Mitgefangenen. Auch wenn die Aktivitäten nach der Entlassung nicht fortgesetzt werden, haben sie also während der Zeit des Vollzuges sehr positive Auswirkungen für die Gefangenen, so dass sie grundsätzlich zu fördern sind.[69]

Hohe Anerkennung in der Strafanstalt verschafft auch die Tätigkeit als **„Rechtsbeistand"**, die/der für Mitgefangene Anträge, Eingaben und Beschwerden aller Art formuliert (vgl. auch D Rdn. 23).[70] Entspringen diese Freizeitbeschäftigungen lediglich haftspezifischer Motivation, so sind die Bediensteten verpflichtet, mit den Gefangenen den Sinn ihres Freizeitschaffens zu erörtern.

17 **d) Die Gefahr des Zeit-Totschlagens.** Das Besprechen von Freizeitaktivitäten ist auch dann erforderlich, wenn Freizeitbeschäftigungen in der Strafanstalt von Gefangenen ausschließlich dazu benutzt werden, **„die Zeit totzuschlagen"**. „Die Zeit geht besser rum", sagen die Gefangenen und nehmen Freizeitangebote nur wahr, um „mal aus der Hütte raus zu kommen". Kontaktgruppen freier Bürgerinnen und Bürger (s. dazu auch Rdn. 28), die mit Tabakwaren und Kaffee in die Anstalt kommen, für Abwechslung sorgen und auch die Gelegenheit geben, junge attraktive Frauen aus der Nähe zu betrachten, sowie Gesprächsgruppen mit den Fachkräften des Vollzuges (dazu Rdn. 29), in denen man diese Fachkräfte für sich einnehmen kann, um dadurch die Hilfe der Fachkraft oder der Seelsorger/-innen für besondere Problemlagen zu gewinnen, sind Beispiele solch haftspezifischen Freizeitverhaltens. Nur wenige Hinweise des Personals reichen oft, um bei Kontakten zu den Fachkräften des Vollzuges sowie zu Mitgliedern von Kontaktgruppen aus der zunächst vordergründigen Motivation der Gefangenen einen positi-

---

[69] Vgl. *Bammann/Feest* NK 2007, 45 zu den positiven Auswirkungen.
[70] OLG Hamm NStZ 1982, 438 zur Rechtsberatung für Mitgefangene.

ven Entwicklungsprozess werden zu lassen. Nach solchen Gesprächen werden die meisten Inhaftierten selbstkritischer und realitätsbezogener.

4. Regelungen zum Vorhalten von Freizeitangeboten. Die meisten Landesgesetze enthalten neben der allgemeinen Regelung zur Freizeit eine weitere Regelung, in der verschiedene Freizeitbeschäftigungen konkretisiert werden. Dabei orientieren sich die meisten Länder an ME § 54 Abs. 1 (**BE** § 60 Abs. 1, **BB** § 65 Abs. 1, **HB** § 54 Abs. 1, **MV** § 54 Abs. 1, **NW** § 50 Satz 3, **RP** § 64 Abs. 1, **SL** § 54 Abs. 1, **SN** § 54 Abs. 1, **ST** § 63 Abs. 1, **SH** § 71 Abs. 1, **TH** § 65 Abs. 1), während **BW** § 57 Satz 2 u. 3 III, **BY** Art. 69 Satz 2 und **HH** § 50 Satz 2 in Anlehnung an § 67 Satz 2 StVollzG eigenständige Formulierungen fanden. Zwei Bundesländer verzichten in ihren Strafvollzugsgesetzen hingegen auf die beispielhafte Nennung verschiedener Freizeitbeschäftigungen und erwähnen nur den Sport (**NI** § 64) bzw. den Sport und die Bücherei (**HE** § 30 Abs. 2 Satz 2 und § 31). **18**

a) Rechtsnatur der Regelungen. **19**

aa) In § 67 Satz 2 StVollzG normierte der Gesetzgeber, dass die Gefangenen *„Gelegenheit erhalten"* sollen, an bestimmten aufgelisteten Freizeitveranstaltungen teilzunehmen. Vergleichbare Formulierungen (allerdings mit unterschiedlichen Beschäftigungen, vgl. dazu Rdn. 24) finden sich heute in **BY** Art. 69 Satz 2, **HE** § 31[71] und **NI** § 64; ähnlich normiert auch **HH** § 50 Satz 2 (*„Die Teilnahme an ... soll ermöglicht werden"*). Eine Besonderheit findet sich in **BW** § 57 Satz 1 III, da hier die Gefangenen selbst durch die gesetzliche Regelung adressiert sind, denn sie *sollen* an den genannten Freizeitbeschäftigungen *teilnehmen*. Für die **genannten Länder** gilt weiterhin (wie zuvor im Rahmen des § 67 Satz 2 StVollzG), dass die Gefangenen **keinen Rechtsanspruch auf Bereitstellung** aller aufgezählten Freizeitangebote haben, aber einen Rechtsanspruch auf **fehlerfreie Ermessensausübung** (vgl. dazu 12 I Rdn. 20).[72] Eine Ausnahme bilden hier die Regelungen aus **BW** § 57 Satz 3 III und **HE** § 31 Satz 2, die zumindest (ausreichende) Angebote zur sportlichen Betätigung zwingend vorschreiben (hier besteht gleichwohl Ermessen über Art und Umfang der Sportangebote). Zudem sehen die meisten Landesgesetze zwingend eine Bücherei (**BE** § 60 Abs. 1 Satz 2, **HB** § 54 Abs. 1 Satz 2, **HE** § 30 Abs. 2, **MV** § 54 Abs. 1 Satz 3, **NW** § 50 Satz 4, **SL** § 54 Abs. 1 Satz 2, **SN** § 54 Abs. 1 Satz 2, **SH** § 71 Abs. 1 Satz 2, **TH** § 65 Abs. 1 Satz 2) oder Mediathek (**BB** § 65 Abs. 1 Satz 2, **RP** § 64 Abs. 1 Satz 3, **ST** § 63 Abs. 1 Satz 2) vor. Im Übrigen handelt es sich bei den genannten Regelungen um **Ermessensvorschriften**, da die konkreten Freizeitangebote einerseits von den Behandlungsbedarfen der jeweiligen Inhaftierten (u.a. von Vollzugsdauer, Alter, Herkunft, Bildung, Delikte; dazu Rdn. 21) abhängen und andererseits (zumindest soweit sie über einen Mindestbedarf hinausgehen, vgl. Rdn. 11) durch den Personalbestand und die räumlichen und finanziellen Möglichkeiten der einzelnen Anstalten bedingt sind.

Dennoch ist jede Anstalt **verpflichtet**, überhaupt ein dem Gesetz inhaltlich Rechnung tragendes, d.h. **möglichst umfassendes und differenziertes Freizeitangebot** zu machen (vgl. schon Rdn. 7 und 11 sowie Rdn. 21). Gesetzwidrig wäre das Verhalten einer Vollzugsanstalt, die keine nennenswerten Freizeitangebote bereithält, denn solche Anstalten, in denen Gefangene nach der Ausgabe der Mahlzeiten unter „Nachtverschluss" in ihren Haftträumen gehalten werden, würden die gesetzlichen Regelungen leerlaufen

---

71 In **HE** § 31 wird diese Regelung allerdings ergänzt um eine weitere, dass hierzu ausreichende Angebote vorzuhalten sind.
72 LG Aachen NStZ 1983, 191; ebenso *Arloth/Krä* § 67 Rdn. 1; BeckOK-*Knauss* § 67 Rdn. 13; *Laubenthal/Nestler/Neubacher/Verrel* G Rdn. 4.

lassen. Auch würde ein derartiges Verhalten des Vollzugsstabes die Empfehlungen des Europarates (REC Ziffern 27.3 bis 27.7 und 28.1 bis 28.7) missachten.

bb) Die übrigen Länder (**BE** § 60 Abs. 1, **BB** § 65 Abs. 1, **HB** § 54 Abs. 1, **MV** § 54 Abs. 1, **NW** § 50 Satz 3, **RP** § 64 Abs. 1, **SL** § 54 Abs. 1, **SN** § 54 Abs. 1, **ST** § 63 Abs. 1, **SH** § 71 Abs. 1, **TH** § 65 Abs. 1; in **BW** § 57 Satz 3 und **HE** § 31 Satz 2 zudem hinsichtlich Sport) orientieren sich bezogen auf das Vorhalten von Freizeitbeschäftigungen an ME § 54 Abs. 1, indem sie Formulierungen wählen wie „*hat die Anstalt insbesondere ... vorzuhalten*" oder es „*sind insbesondere ... vorzuhalten*". Durch diese Wortwahl wird verdeutlicht, dass die Anstalten zumindest die jeweils genannten Freizeitangebote vorzuhalten haben.[73] Eine solche **Verpflichtung** ist der Begründung des ME-StVollzG[74] und der weiteren Landesstrafvollzugsgesetze[75] zu entnehmen. Dazu sind auch die nötigen Räume bereitzustellen;[76] daher werden die Bedarfe für die Freizeit ergänzend in den Regelungen zur räumlichen Ausstattung der Anstalten erwähnt (s. 13 E).[77] Bezogen auf sonstige Freizeitbeschäftigungen besteht dagegen nur ein Anspruch auf fehlerfreie Ermessensausübung (wie unter Geltung des § 67 StVollzG, s. unter aa).

20   **b) Ermessensanspruch auf Teilnahme.** Die Gefangenen haben **kein subjektives Recht zur Teilnahme an bestimmten gemeinschaftlichen Freizeitveranstaltungen**, sondern lediglich auf eine ermessensfehlerfreie Entscheidung.[78] In begründeten Ausnahmefällen, insbes. wegen fehlender räumlicher, personeller oder organisatorischer Möglichkeiten, kann die Teilnahme abgelehnt oder von weiteren Voraussetzungen abhängig gemacht werden.[79] Zudem sind Einschränkungen möglich aus Gründen der Sicherheit und Ordnung, z.B. wenn bei einer Freizeitveranstaltung einer größeren Vollzugsanstalt Gefangene aller Abteilungen gleichzeitig teilnehmen.[80] Ablehnungen oder Einschränkungen können darüber hinaus wegen des Resozialisierungsziels[81] erfolgen sowie aus Gründen, die in der Person des Gefangenen liegen, d.h., wenn konkrete Umstände die Gefahr des Missbrauchs ergeben (z.B. Ausbruchsgefahr in einem weniger gesicherten Bereich der Anstalt; besondere Gewaltneigung einer/eines Gefangenen).[82] Schließlich kommen weitere Gründe auf Seiten der Gefangenen in Betracht, z.B. die Überfüllung einer Freizeitgruppe mit begrenzter Teilnehmerzahl oder die fehlende Vorbildung für eine Weiterbildungsgruppe.[83] Es ist darauf hinzuweisen, dass eine Genehmigung zur Teilnahme **nur ausnahmsweise versagt werden darf**; für die Formulierung aus § 67 Satz 2 StVollzG (die von einigen Ländern übernommen wurde) ergibt sich das aus dem Regel-Ausnahme-

---

73   So auch AK-*Knauer* Teil II § 54 Rdn. 4; a.A. *Arloth/Krä* § 54 SächsStVollzG Rdn. 1: kein gerichtlich durchsetzbarer Anspruch auf bestimmte Maßnahmen.
74   Begr. zum ME-StVollzG (ME-Begründung), 121.
75   Vgl. z.B. die Begründungen aus **NW** (LT-Drucks. 16/5413, 126) und **RP** (LT-Drucks. 16/1910, 139).
76   AK-*Boetticher* 2012 § 67 Rdn. 11.
77   Begr. zum ME-StVollzG (ME-Begründung), 121; AK-*Knauer* Teil II § 54 Rdn. 4.
78   OLG Koblenz v. 31.5.1994 – 3 Ws 290/94, ZfStrVo 1995, 243; OLG Karlsruhe v. 4.7.2002 – 1 Ws 171/02, NStZ-RR 2002, 315; *Arloth/Krä* § 67 Rdn. 1 und 4; *Laubenthal/Nestler/Neubacher/Verrel* G Rdn. 4.
79   OLG Karlsruhe v. 4.7.2002 – 1 Ws 171/02, NStZ-RR 2002, 315; BeckOK-*Knauss* § 67 Rdn. 21.
80   OLG Koblenz v. 12.2.1986 – 2 Vollz (Ws) 5/86, NStZ 1986, 430 (Teilnahme nur bei Zustimmung zur Anfertigung und Benutzung eines Lichtbildausweises); OLG Karlsruhe v. 4.7.2002 – 1 Ws 171/02, NStZ-RR 2002, 315; BeckOK-*Knauss* § 67 Rdn. 23.
81   Z.B. Verbot von Gewaltdarstellungen in von Gefangenen gemalten Bildern: OLG Nürnberg v. 23.5.1989 – Ws 509/89, ZfStrVo 1989, 374; BeckOK-*Knauss* § 67 Rdn. 24; AK-*Knauer* Teil II § 54 Rdn. 4.
82   OLG Karlsruhe v. 4.7.2002 – 1 Ws 171/02, NStZ-RR 2002, 315; BeckOK-*Knauss* § 67 Rdn. 22; *Arloth/Krä* § 67 Rdn. 4.
83   AK-*Boetticher* 2012 § 67 Rdn. 8.

Verhältnis („sollen Gelegenheit erhalten").[84] In jedem Fall hat die Justizvollzugsanstalt bei der Auswahl der Teilnehmer/-innen an den konkreten Veranstaltungen alle rechtserheblichen Umstände sachgerecht abzuwägen. Wenn es z.B. bei einer Freizeitveranstaltung zu Tätlichkeiten zwischen Gefangenen gekommen ist, ist dies grundsätzlich ein Umstand, der eine Versagung einer weiteren Teilnahme hieran rechtfertigen kann.[85] In solchen Fällen kann zudem ein zeitweiliger Ausschluss von Freizeitbeschäftigungen als Disziplinarmaßnahme erfolgen (dazu Rdn. 34). Bietet eine Justizvollzugsanstalt allerdings Freizeitgruppen an, die den besonderen Neigungen oder Begabungen einzelner Gefangener entsprechen, so hat die/der Gefangene grundsätzlich einen Rechtsanspruch auf Teilnahme.[86] Dies gilt insbesondere für den grundrechtlich geschützten Bereich der Kunst[87] sowie der religiösen Betätigung,[88] aber auch für Fortbildung.[89]

c) **Unterschiedliche Bedürfnisse verschiedener Gruppen von Inhaftierten.** Ein möglichst umfassendes und differenziertes Freizeitangebot kann nur dann als gegeben betrachtet werden, wenn dabei die unterschiedlichen Bedürfnisse verschiedener Gruppen von Inhaftierten berücksichtigt werden.[90] Zu denken ist hier insbesondere an die immer größer werdende Gruppe der **alten Inhaftierten**[91] sowie für die Menschen im **Langstrafenvollzug**.[92] Auch für inhaftierte Väter und Mütter sollte es spezielle Angebote geben, die die Kontakte zu ihren Kindern stärken (z.B. Familiennachmittage, gesonderte Spielzeiten für Häftlinge mit ihren Kindern (d.h. zusätzliche Besuchszeiten), gemeinsame Ausflüge oder Freizeiten, Möglichkeiten zur Anfertigung von Geschenken zu besonderen Anlässen).[93] Darüber hinaus gilt dies für **Frauen** (insbesondere bei Frauenabteilungen, die nur „Anhängsel" des Männervollzuges sind).[94] Schließlich wird bei dem heute in den Anstalten bestehenden „multikulturellen Bevölkerungsgemisch" auch an spezielle (Bildungs-)Angebote für **ausländische Gefangene** zu denken sein, insbesondere zur Unterstützung des Spracherwerbs (s. Rdn. 25); darüber hinaus sind für diese Inhaftierten alle Freizeitangebote möglich, bei denen die Sprachkenntnisse weniger erforderlich sind (insbes. sportliche, musische und kreative Angebote). 21

---

84 OLG Celle v. 28.11.2002 – 1 Ws 336/02 (StrVollz); AK-*Knauer* Teil II § 54 Rdn. 4.
85 OLG Karlsruhe v. 4.7.2002 – 1 Ws 171/02, NStZ-RR 2002, 315; dies gilt jedoch nicht, wenn die/der Gefangene für die tätlichen Auseinandersetzungen kein Verschulden trägt, weil sie/er sich ohne eigene Provokation lediglich in Notwehr gegen den Angriff einer/eines Mitgefangenen zur Wehr gesetzt hat. Zudem ist die zeitliche Komponente zu berücksichtigen; wenn es also zwischenzeitlich beanstandungsfreie Veranstaltungen gab, rechtfertigen Auseinandersetzungen anlässlich früherer Veranstaltungen keine Versagung.
86 OLG Nürnberg ZfStrVo 1980, 52; OLG Karlsruhe NStZ-RR 2002, 315 ff.
87 OLG Nürnberg ZfStrVo 1989, 374 mit Anm. *Matzke/Bartl* ZfStrVo 1990, 54.
88 OLG Koblenz ZfStrVo 1988, 54 ff.
89 OLG Celle, Beschl. vom 28.11.2002 – 1 Ws 336/02.
90 So auch AK-*Knauer* Teil II § 54 Rdn. 5.
91 Zu diesen *Zahn* FS 2014, 406 unter Hinweis auf spezielle Freizeitangebote der Lebensälterenabteilung der JVA Detmold (zu dieser auch *Hölktemeyer-Schwick/Riedel/Exner/Zahn* BAG-S 3/2014, 19 ff); *Schollbach/Krüger* FS 2009, 130 ff, die über Gedächtnistraining, altersgerechte Sportgruppen und Musik- sowie Kochkurse berichten; *Laubenthal* 2008; vgl. auch das Heft 2/2016 der schweizerischen Zeitschrift Info-Bulletin (Informationen zum Straf- und Massnahmenvollzug) zum Thema Lebensende im Justizvollzug.
92 Zu diesen *Müller* FPPK 2011, 100 ff und *Drenkhahn* MschrKrim 2010, 258 ff.
93 Beispiele finden sich bei *Schaefer* BAG-S 3/2014, 46 ff sowie *Kullinat* FS 2014, 158 f; vgl. dazu auch die weiteren Beiträge zur familienfreundlichen Vollzugsgestaltung in BAG-S 3/2014.
94 Ebenso AK-*Knauer* Teil II § 54 Rdn. 5 und *Ostendorf* § 5 Rdn. 43. Zu geschlechtsspezifischen Sportprogrammen *Lenk* ZfStrVo 2006, 76, 80; zum speziell für weibliche Inhaftierte konzipierten Freizeitangebot „Frei-Raum" *Halbhuber-Gassner* FS 2009, 230 ff und BewHi 2009, 52 ff.

22   **d) Freizeitangebote abends und am Wochenende.** Wenn eine Vollzugsanstalt der dargestellten gesetzlichen Verpflichtung zu Freizeitangeboten Rechnung trägt, müsste sie ihre Bediensteten zu „ungünstigen Dienstzeiten" verstärkt einsetzen. Insofern ist es folgerichtig, dass **MV** § 54 Abs. 1 Satz 2 und **RP** § 64 Abs. 1 Satz 2 in ihren Strafvollzugsgesetzen nun klarstellen, dass die Pflicht zur Vorhaltung von Freizeitangeboten auch an Wochenenden und Feiertagen gilt. Der gegenwärtige Trend, Dienstposten abends und am Wochenende „wegen Personalmangels" abzubauen, missachtet die gesetzlichen Zielvorgaben. In vielen Anstalten hat man den Eindruck, dass es der Justizverwaltung eher um die Verbesserung des Freizeitangebotes für Bedienstete und kaum noch um eine Verbesserung der Freizeitgestaltung der Gefangenen geht. Nach wie vor wäre es gut, wenn nicht nur der Allgemeine Vollzugsdienst in der arbeitsfreien Zeit der Gefangenen eingesetzt würde, sondern auch die besonderen Fachdienste, denn ein sozialisierendes Freizeitangebot erfordert auch die Anwesenheit geschulter Fachkräfte. Diese Erkenntnis hat einige Landesjustizverwaltungen dazu veranlasst, besondere Dienststundenregelungen für Fachdienste zu erlassen, so dass Dienstzeiten bis in die Abendstunden (teilweise sogar bis 22.00 Uhr) möglich oder sogar in einem bestimmten Umfang verpflichtend sind. Im Strafvollzug sind bei entsprechender Planung der Leitungen der Justizvollzugsanstalten für einen Großteil der Gefangenen differenzierte Freizeitangebote möglich.[95]

23   **e) Durchführung der Freizeitangebote auch durch Externe.** In den Gesetzesbegründungen wird ausdrücklich herausgestellt, dass die Anstalten zur Durchführung ihrer Freizeitangebote Externe gewinnen können, beispielsweise Volkshochschulen, Sportvereine, Kirchengemeinden oder Ehrenamtliche.[96] Dies entspricht grundlegenden Prinzipien des Strafvollzuges wie dem Öffnungsgrundsatz, dem Angleichungsgrundsatz und dem Gegensteuerungsgrundsatz (s. dazu schon Rdn. 6). Zu beachten sind in diesem Zusammenhang die Regelungen zur Zusammenarbeit (13 I), nach denen die Vollzugsanstalt verpflichtet ist, mit Einrichtungen zusammenzuarbeiten, die sinnvolle Freizeitangebote in den Anstalten machen können. Gleichwohl sollten auch möglichst viele Bedienstete des Allgemeinen Vollzugsdienstes sowie der Fachdienste in die Freizeitangebote mit einbezogen werden, da es für die Betreuung sehr vorteilhaft ist, wenn sich Inhaftierte und Bedienstete auch aus anderen Bezügen kennen; darüber hinaus ist der Einsatz ausgebildeter Freizeitpädagoginnen und –pädagogen sehr sinnvoll (s. Rdn. 7).

Zur Erweiterung des Gruppenangebotes bietet sich die Zusammenarbeit mit Hochschulen an. Beispiele für solche Gruppen sind die seit Jahren existierenden Kriminologischen Haftgruppen der Universitäten Heidelberg,[97] Mainz,[98] Würzburg[99] und Bochum[100] oder auch eine Freizeitgruppe, die von der Ev. Hochschule Bochum in der Sozialtherapeutischen Anstalt Gelsenkirchen angeboten wurde. Nicht nur die Gefangenen erzielen

---

95   Vgl. AK-*Knauer* Teil II § 54 Rdn. 4ff und *Ostendorf* § 5 Rdn. 36ff; zur früheren Situation vgl. ausführlich *Mörs* 1969 und *Bode* 1988, 325ff.
96   So z.B. die Gesetzesbegründung aus **NW** (LT-Drucks. 16/5413, 126) sowie die Begr. zum ME-StVollzG, 121. Zu Ehrenamtlichen vgl. *Müller-Dietz* Aufgaben, Rechte und Pflichten ehrenamtlicher Vollzugshelfer, in: 20 Jahre Bundeshilfswerk für Straffällige e. V., Bonn 1978 sowie ein aktueller Videobeitrag auf www.podknast.de (http://www.podknast.de/flash_player/index.php?objId=18648386). Zu Kontaktgruppen vgl. *Ruppelt* ZfStrVo 1980, 216ff. Zur Kooperation zwischen Justizvollzug und freien Trägern der Straffälligenhilfe vgl. auch *Groos* FS 2011, 348ff.
97   Informationen finden sich unter https://www.jura.uni-heidelberg.de/krimi/Praxisseminar Strafvollzug.html.
98   Siehe dazu: https://brettel.jura.uni-mainz.de/knastgruppe/.
99   Siehe dazu: http://www.khg-wuerzburg.de/soziale-ak--s-und-initiativen/initiative-zelle.
100   Informationen finden sich unter www.kriminologie2.ruhr-uni-bochum.de – Haftgruppe.

von diesen Angeboten Vorteile, sondern auch die Studierenden, die u.a. den Strafvollzug von innen erleben und den Umgang mit Häftlingen erlernen können.[101]

5. Die einzelnen Freizeitangebote. In § 67 Satz 2 StVollzG wurden beispielhaft Freizeitbeschäftigungen aufgeführt. Namentlich wurden hier verschiedene Bildungsangebote (Unterricht einschließlich Sport, Fernunterricht, Lehrgänge und sonstige Veranstaltungen der Weiterbildung) aufgeführt, zudem Freizeitgruppen und Gruppengespräche sowie Sportveranstaltungen und die Benutzung einer Bücherei. Der ME-StVollzG fasste in ME § 54 Abs. 1 einige dieser Angebote zusammen und ergänzte die kulturelle Betätigung: *„Zur Ausgestaltung der Freizeit hat die Anstalt insbesondere Angebote zur sportlichen und kulturellen Betätigung und Bildungsangebote vorzuhalten. Die Anstalt stellt eine angemessen ausgestattete Bücherei zur Verfügung."* Die meisten Bundesländer folgen diesem Grundprinzip und führen die aus ihrer Sicht **wichtigsten Freizeitangebote exemplarisch** auf. Dabei orientieren sie sich weitgehend an den im StVollzG und ME-StVollzG genannten Beschäftigungen, teilweise gibt es aber auch Streichungen, Zusammenfassungen, Ergänzungen und kleinere Änderungen, insbes. die Ergänzung von Angeboten zur kreativen Entfaltung (**BE** § 60 Abs. 1, **NW** § 50 Satz 3) oder die Nennung einer Mediathek anstelle der Bücherei (**BB** § 65 Abs. 1 Satz 2, **RP** § 64 Abs. 1 Satz 3, **ST** § 63 Abs. 1 Satz 2). **BW** § 57 Satz 2 III ergänzt zudem die Ermutigung, den verantwortungsvollen Umgang mit neuen Medien zu erlernen und zu praktizieren. Darüber hinaus wird in zwei Landesgesetzen (**MV** § 54 Abs. 1 Satz 2, **RP** § 64 Abs. 1 Satz 2) ausdrücklich hervorgehoben, dass Angebote auch an Wochenenden und Feiertagen vorzuhalten sind (s. dazu Rdn. 22).

In fünf Ländern (**HB** § 54 Abs. 1, **SL** § 54 Abs. 1, **SN** § 54 Abs. 1, **SH** § 71 Abs. 1, **TH** § 65 Abs. 1) wurde ME § 54 Abs. 1 unverändert eingeführt, weitere fünf Länder (**BE** § 60 Abs. 1, **BB** § 65 Abs. 1, **MV** § 54 Abs. 1, **RP** § 64 Abs. 1, **ST** § 63 Abs. 1) übernahmen die Regelung mit nur kleineren Veränderungen.[102] Auch **NW** § 50 Satz 3 orientiert sich (allerdings mit abweichendem Wortlaut) stark an ME § 54 Abs. 1, während **BW** § 57 Satz 2 u. 3 III, **BY** Art. 69 Satz 2 und **HH** § 50 Satz 2 in Anlehnung an § 67 Satz 2 StVollzG eigenständige Formulierungen fanden. Zwei Bundesländer verzichten in ihren Strafvollzugsgesetzen hingegen auf die beispielhafte Nennung verschiedener Freizeitbeschäftigungen und erwähnen nur den Sport (**NI** § 64) bzw. nur den Sport und die Bücherei (**HE** §§ 30 Abs. 2, 31). Bei der nachfolgenden Erörterung der einzelnen Freizeitangebote werden die Bundesländer, die diese Beschäftigung konkret aufführen, jeweils einleitend genannt. Zu den Einzelheiten der landesrechtlichen Regelungen vgl. unten Abschnitt III (Rdn. 36 ff).

Durch die ausdrückliche Benennung einzelner Freizeitangebote haben die Bundesländer ihre Möglichkeit genutzt, für sie besonders bedeutsame Freizeitbeschäftigungen hervorzuheben. Damit ist jedoch keine Entscheidung über die ausschließlich erlaubten oder vorzuhaltenden Angebote verbunden. Die Justizvollzugsanstalten können und sollten (wegen der Bedeutung der Freizeit für die Erreichung des Vollzugszieles, aber auch wegen der drei Gestaltungsgrundsätze vgl. Rdn. 6) über die in den Gesetzen aufgezählten Angebote hinausgehen und alle Freizeitbeschäftigungen vorhalten, die den jeweiligen Behandlungsbedarfen ihrer Inhaftierten entsprechen. Die Gefangenen haben diesbezüglich einen Anspruch auf fehlerfreie Ermessensentscheidung (vgl. Rdn. 19).

---

101 *Beisel/Dölling* 2000; *Kudlacek/Drossel* FS 2012, 51 ff.
102 **BE** § 60 Abs. 1 ergänzt die Angebote zur kreativen Entfaltung; **BB** § 65 Abs. 1 und **ST** § 63 Abs. 1 erwähnen eine Mediathek anstelle der Bücherei; **MV** § 54 Abs. 1 stellt klar, dass Angebote auch an Wochenenden und Feiertagen vorzuhalten sind. **RP** § 64 Abs. 1 ergänzt die beiden letztgenannten Besonderheiten (Mediathek und Angebote an Wochenenden und Feiertagen).

25   **a) Bildungsangebote.** Während in § 67 Satz 2 StVollzG verschiedene Bildungsangebote einzeln aufgeführt wurden (Unterricht, Fernunterricht, Lehrgänge und sonstige Veranstaltungen der Weiterbildung), fasste ME § 54 Abs. 1 diese unter dem Sammelbegriff der „Bildungsangebote" zusammen. In der Begründung zum ME-StVollzG werden beispielhaft der Fremdsprachen- und Musikunterricht genannt.[103] Die meisten Bundesländer (**BE** § 60 Abs. 1, **BB** § 65 Abs. 1, **HB** § 54 Abs. 1, **MV** § 54 Abs. 1, **NW** § 50 Satz 3, **RP** § 64 Abs. 1, **SL** § 54 Abs. 1, **SN** § 54 Abs. 1, **ST** § 63 Abs. 1, **SH** § 71 Abs. 1, **TH** § 65 Abs. 1) haben die Sammelbezeichnung „Bildungsangebote" in ihre Gesetze übernommen, während drei Länder nach wie vor einzelne bildende Angebote unterscheiden. **BW** § 57 Satz 2 III führt dabei dieselben Angebote wie in § 67 Satz 2 StVollzG auf (Unterricht, Fernunterricht, Lehrgänge und sonstige Veranstaltungen der Weiterbildung), in **BY** Art. 69 Satz 2 fehlt aus diesem Katalog der Fernunterricht und **HH** § 50 Satz 1 beschränkt die Auflistung auf „Lehrgänge und andere Veranstaltungen der Weiterbildung". Keinerlei Bildungsmaßnahmen werden in den Landesgesetzen von **HE** §§ 30, 31 und **NI** § 64 aufgeführt, die sich im Hinblick auf die benannten Freizeitbeschäftigungen auf den Sport beschränken.

aa) Freizeitgestaltung durch Unterricht. Unterricht, soweit er nicht schulabschlussbezogen angeboten wird (4 E Rdn. 2), soll in der Freizeit stattfinden. Es kann sich dabei um allgemeinbildenden Unterricht handeln, um Sprachunterricht, um Elementarunterricht für ausländische Gefangene in der deutschen Sprache und um Unterricht in Fächern, die in Freiheit von den Volkshochschulen angeboten werden.[104]

bb) Fernunterricht in der Freizeit. Fernunterricht sollte – weitgehend auf Kosten der betroffenen Gefangenen (s. Rdn. 35) – in großem Umfang gestattet werden. Fernunterricht kann zur Vervollkommnung spezieller beruflicher Kenntnisse dienen, zur Erlangung von Sprachkenntnissen, aber auch zur Pflege eines Hobbys. Möglich ist seit vielen Jahren grundsätzlich auch das Fernstudium an der Fernuniversität in Hagen. Im Rahmen dieses Fernstudiums können Gefangene sowohl einen akademischen Grad erlangen als auch eine studienbezogene Einzelfachfortbildung betreiben. Da für das Fernstudium an der Fernuniversität Hagen (ebenso für andere Fernlehrangebote) inzwischen jedoch in einem großen Umfang die Nutzung eines PC sowie des Internet erforderlich ist (E-Learning), besteht für die Gefangenen eine technische Barriere, die das Studium in vielen Fällen ausschließt, zumindest sofern keine beaufsichtigten Räume mit Computern und Internetzugang oder sonstige Zugangsmöglichkeiten wie spezielle Lernplattformen oder Haftraummediensysteme existieren (zur Nutzung des Internet vgl. Rdn. 31; zur Zulassung eines PC im eigenen Haftraum vgl. C Rdn. 27).[105]

cc) Weiterbildungsveranstaltungen in der Freizeit. Lehrgänge und sonstige Veranstaltungen der Weiterbildung können in der Freizeit angeboten werden, soweit sie nicht berufsabschlussbezogen sind. Berufliche Aus- und Weiterbildungsmaßnahmen, die auf die Vermittlung, Erhaltung oder Förderung einer Erwerbstätigkeit nach der Entlassung zielen, können jedoch auch der Arbeitszeit zugewiesen werden und damit die Arbeitspflicht substituieren (vgl. 4 H Rdn. 3).[106] Die gesetzlichen Regelungen enthalten keine genaue Abgrenzung von Weiterbildungsmaßnahmen zum Arbeits- oder Freizeitbe-

---

103   Begr. zum ME-StVollzG, 121.
104   *Arloth/Krä* § 67 Rdn. 4; BeckOK-*Knauss* § 67 Rdn. 15. Vgl. auch *Eberle* ZfStrVo 1982, 99 ff.
105   *Bode* 2018, 586; AK-*Galli* Teil II § 21 Rdn. 8.
106   *Laubenthal* Rdn. 610.

reich. Als solche des Freizeitbereichs kommen in erster Linie berufsbezogene ergänzende Fort- und Weiterbildungsmaßnahmen (ohne unmittelbaren Bezug zu einer späteren Erwerbstätigkeit) in Betracht.[107] Diese sind heute unverzichtbar, um bestimmte Grundqualifikationen (z.B. im EDV-Sektor) zu erhalten; aber auch sonst erfordert der stetige technische Fortschritt regelmäßige Fortbildungen („lifelong learning").[108] Es können jedoch auch Erste-Hilfe-Kurse, Vorträge oder Filme sein, zudem kann die Teilnahme an bestimmten Bildungsprogrammen der Fernsehanstalten ermöglicht werden.

b) Freizeitgestaltung durch Sport. Der Sport ist der einzige Freizeitbereich, der in **26 allen Landesgesetzen** ausdrücklich aufgeführt wird (**BW** § 57 Satz 3 III; **BY** Art. 69 Satz 2; **BE** § 60 Abs. 1; **BB** § 65 Abs. 1; **HB** § 54 Abs. 1; **HH** § 50 Satz 2; **HE** § 31; **MV** § 54 Abs. 1; **NI** § 64; **NW** § 50 Satz 3; **RP** § 64 Abs. 1; **SL** § 54 Abs. 1; **SN** § 54 Abs. 1; **ST** § 63 Abs. 1; **SH** § 71 Abs. 1; **TH** § 65 Abs. 1). Der sportlichen Betätigung wird eine besondere Bedeutung im Strafvollzug beigemessen, z.B. damit Gefangene überschüssige Energie ableiten können, aber auch zur Ermöglichung sozialer Lernprozesse.[109] Sportangebote sowie die Teilnahme an Sportveranstaltungen werden erfreulicherweise in immer mehr Justizvollzugsanstalten ermöglicht.[110] Die Sportangebote in vielen Anstalten entsprechen inzwischen durchaus den gesetzlichen Zielvorgaben. Die Teilnahme an größeren Sportveranstaltungen ist allerdings oft nur außerhalb der Anstalt möglich und setzt deshalb Gefangene voraus, die für entsprechende Ausführungen geeignet sind (vgl. 10 C Rdn. 50).[111] In **NI** ist Sport möglicherweise demnächst das einzige Freizeitangebot für Gefangene außerhalb der Hafträume (vgl. Rdn. 48).

Sport kann durchaus einen hohen sozialpädagogischen Stellenwert haben, auch wenn nicht automatisch behandlerische Effekte erzielt werden können[112] und therapeutische Effekte in der Praxis mangels pädagogischer Ausbildung des die meisten Sportangebote betreuenden Personals nur selten zu erreichen sein werden.[113] In jedem Fall ist die sportliche Betätigung sinnvoll für die körperliche Fitness, Gesundheit[114] und Entspannung sowie den Ausgleich und Aggressionsabbau, was solche Angebote im Sinne des Gegensteuerungsgrundsatzes unerlässlich macht (dazu Rdn. 6).[115] Gleichwohl konnten durch empirische Studien bislang weder substantielle Kompetenzerwerbe nachgewiesen werden noch eine delinquenzmindernde Wirkung des Sporttreibens.[116] Allerdings scheint das über das bloße Sporttreiben hinausgehende Engagement in Sportvereinen

---

107 *Laubenthal* Rdn. 610.
108 BeckO-*Knauss* § 67 Rdn. 14; *Arloth/Krä* § 67 Rdn. 4.
109 So die Gesetzesbegründung aus **NW** (LT-Drucks. 16/5413, 126). Ähnlich die Begr. aus **NI**: Die Regelung „erkennt die günstigen gesundheitlichen und sozialen Wirkungen des Sports an" (LT-Drucks. 15/3565, 141). Auch von der Rspr. wird die besondere Bedeutung des Sports hervorgehoben: „... nicht nur als Möglichkeit sinnvoller Freizeitgestaltung, sondern auch als Behandlungsmaßnahme im Strafvollzug und nicht zuletzt als Mittel der Gesunderhaltung ..." (Thüringer OLG, Beschl. v. 11.7.2005 – 1 Ws 111/05, NStZ 2006, 697).
110 Allgemein zum Sport im Strafvollzug vgl. *Schröder* FS 2015, 140 ff. sowie *Kofler* 1976 und ZfStrVo 1981, 77 ff; *Behnke* ZfStrVo 1980, 25 ff; *Kellerhals* ZfStrVo 1982, 13 ff; *Schröder* ZfStrVo 1987, 140 ff und ZfStrVo 1992, 352 ff und *Lenk* ZfStrVo 2006, 76 ff.
111 *Arloth/Krä* § 67 Rdn. 1; BeckOK-*Knauss* § 67 Rdn. 16.
112 So auch AK-*Boetticher* 2012 § 67 Rdn. 19; *Goldberg* 2003, 113: „Die persönlichkeitsbildenden und sozialisierenden Effekte des Sports werden häufig überschätzt."
113 Vgl. *Schliermann/Kern* Neue Praxis 2011, 253.
114 *Schröder* FS 2015, 140 verweist darauf, dass Verbesserungen der Herzkreislaufparameter allerdings erst dann erreicht werden, wenn drei- bis viermal pro Woche Ausdauertraining betrieben wird.
115 *Goldberg* 2003, 60 f.
116 *Pöge/Haertel* ZJJ 2015, 145.

mit einem Kompetenzzuwachs einherzugehen, z.B. die Übernahme von Ämtern und Funktionen. Hier zeigen sich u.a. ein Zuwachs an Kommunikations-, Kooperations-, Anpassungs- und Durchsetzungsfähigkeit sowie ein positiver Umgang mit Mitmenschen und Disziplin.[117] Um neben der gesundheitlichen Förderung und der kompensatorischen Wirkung auch solche informellen Lernerfolge erzielen zu können, reicht folglich das bloße Angebot zur sportlichen Betätigung nicht aus, vielmehr ist es dann notwendig, den Gefangenen darüber hinausgehendes Engagement zu ermöglichen, z.B. die Planung eines Turniers, die Mitwirkung beim Training durch Übernahme einzelner Übungseinheiten oder die Ermöglichung zum Erwerb von Lizenzen (z.B. Übungsleiter/-in, Trainer/-in, Schiedsrichter/-in – dies erleichtert auch die Integration in einen Sportverein nach der Haftentlassung).[118]

In den Anstalten werden sehr **unterschiedliche Sportangebote** vorgehalten.[119] Sinnvoll erscheint dabei eine Aufteilung in Freizeitsport, Gesundheitssport und Behandlungssport, auch wenn diese drei Bereiche nicht immer trennscharf voneinander abgegrenzt werden können oder sollten.[120] „Sport macht Spaß" – Aktivitäten, wie sie in Freiheit üblich geworden sind, entwickeln sich ebenfalls in Strafanstalten. Auch Sportangebote für ältere Gefangene, Koronar-Patienten, Inhaftierte mit körperlichen Beeinträchtigungen und „völlig Ungeübte" werden zunehmend entwickelt. Dominierend bleiben allerdings Ballspiele mit Wettkampfcharakter (z.B. Fußball,[121] Handball,[122] Basketball, Volleyball) und leichtathletische Übungen, aber auch Angebote wie Gymnastik und Yoga[123] sind vorhanden. Es gibt auch Anstalten, in denen als besondere Herausforderung jährlich ein Marathonlauf durchgeführt wird.[124] Durch Herstellung der entsprechenden Rahmenbedingungen lässt sich auch die tägliche Freistunde gut zur sportlichen Betätigung nutzen (z.B. durch Laufbahnen, Tischtennisplatten sowie Anlagen für Basketball oder Beachvolleyball).[125] Aber selbst in den Crafträumen kann eine sportliche Betätigung erfolgen.[126] Tennis, Minigolf, Fahrradfahren oder auch moderne Sportarten haben sich dagegen nur in einigen offenen Anstalten durchgesetzt. Gemeinsam geplante mehrtägige sportliche Ausflüge (z.B. Skilaufen, Klettern, Rudern) können als Behandlungsmaßname eingesetzt werden, da sie den Inhaftierten die Möglichkeit geben, sich in Freiheit zu bewähren.[127] **Kraftsport** ist in vielen Anstalten ein bei den Gefangenen beliebtes Angebot geworden (obwohl er durchaus auch kritisch betrachtet

---

117 *Neuber/Breuer/Derecik/Golenia/Wienkamp* Kompetenzerwerb im Sportverein – Empirische Studie zum informellen Lernen im Jugendalter, Wiesbaden 2012, 95.
118 *Schröder* FS 2015, 142; vgl. zudem *Paluszak* FS 2014, 402 f, *Lenk* ZfStrVo 2006, 80 sowie *Hötter* ZfStrVo 1986, 94. Ein Beispiel dafür ist das Projekt „Anstoß für ein neues Leben", dazu *Schumann* FS 2013, 48 f, Wrzesinski FS 2015, 146 ff und *Rohr* FS 2015, 150 ff.
119 Für eine Bestandsaufnahme vgl. *Bierschwale/Detmer/Köhler/Kramer* ZfStrVO 1995, 83 ff sowie *Schliermann/Kern* Neue Praxis 2011, 243 ff.
120 *Schröder* FS 2015, 140.
121 Zum Projekt Anstoß für ein neues Leben" vgl. *Schumann* FS 2013, 48 f, Wrzesinski FS 2015, 146 ff und *Rohr* FS 2015, 150 ff.
122 *Gerken* ZfStrVo 1990, 33 f.
123 Vgl. dazu den Forschungsüberblick bei *Koscinski* 2016. Ein Projekt schildert *Gurkasch* BAG-S 2/2014, 9 ff; vgl. auch die Lebensbeschreibung eines ehemaligen Häftlings zu seinen Erfahrungen durch Yoga: *Gurkasch* 2013.
124 *Koop* FS 2013, 99.
125 *Schröder* FS 2015, 141.
126 Vgl. dazu *Kling* FS 2016, 316, die ein Filmprojekt schildert. Ein auf den Fernsehgeräten abspielbarer Film zeigt ein Sportprogramm, das mit den in den Crafträumen vorhandenen Mitteln ausgeführt werden kann.
127 *Schröder* FS 2015, 412. Zu Radrennsportprojekten vgl. *Weiß* ZfStrVo 1988, 211 ff und *Möller* ZfStrVo 1986, 234 ff; zu einer Alpentour *Weiß* ZfStrVo 1992, 177 f; zu Segeltörns vgl. Rdn. 28.

werden sollte;[128] ähnliches gilt für **Kampfsport**).[129] Ob die Beliebtheit sinkt, wenn dafür bezahlt werden muss,[130] bleibt abzuwarten. Grundsätzlich ist festzuhalten, dass nur überobligatorische Sportangebote von der Entrichtung eines **Entgelts** abhängig gemacht werden können. Das setzt das Vorhandensein einer ausreichenden kostenfreien Versorgung mit Sportangeboten voraus.[131]

Fachkundige Anleitung durch entsprechend aus- und fortgebildete Vollzugsbedienstete kann für die alltäglicheren Sportangebote durchweg sichergestellt werden. Soweit es aber um darüber hinausgehende Projekte geht, sind qualifizierte Sportlehrkräfte erforderlich, die z.T. auch schon eingesetzt werden.[132] Auch ist ein gewisser Versicherungsschutz für die sporttreibenden Inhaftierten gegeben, wenngleich die sog. Billigkeitsentschädigung, die bei Sportunfällen gewährt werden kann, der Höhe nach unzulänglich geblieben ist.

c) Freizeitgruppen und Gruppengespräche. Wie schon in § 67 Satz 2 StVollzG 27 werden in den Landesgesetzen von **BW** § 67 Satz 2 III, **BY** Art. 69 Satz 2 und **HH** § 50 Satz 2 Freizeitgruppen und Gruppengespräche als sinnvolle Maßnahmen zur Freizeitgestaltung ausdrücklich erwähnt. Auch wenn sie in den anderen Ländern nicht genannt werden, sollten sie dort in den Freizeitangeboten wegen der großen Bedeutung für das soziale Lernen nicht fehlen; es steht allerdings im Ermessen der Anstalten, solche Angebote vorzuhalten (vgl. Rdn. 19).

aa) Freizeitgruppen. Möglichst alle Justizvollzugsanstalten sollten Freizeitgruppen 28 anbieten. Für diese gelten die Vorschriften zur Unterbringung außerhalb der Einschlusszeiten (2 E). Unter den Begriff der Freizeitgruppen lassen sich die vielfältigsten Veranstaltungen subsumieren, in denen Gefangene ihre Freizeit gemeinsam verbringen, was der Isolation entgegenwirkt. Es können Gruppenveranstaltungen sein, in denen den Gefangenen Filme und Kultur angeboten werden, es können in solchen Gruppen Hobbys gepflegt werden wie Basteln und Werken[133] und es gibt künstlerisch-kreative oder musische Angebote wie z.B. Fotografieren, Malen, Musik machen, Theaterspielen (vgl. zu den kulturellen und kreativen Angeboten die Rdn. 30).[134] Gruppenangebote gibt es in vermutlich allen Anstalten, aber der Zugang ist für die Gefangenen (insbes. wegen des begrenzten Angebotes) nicht ohne weiteres möglich. So berichtet *Jumpertz* von Wartezeiten von zwei bis drei Monaten.[135] In offenen Justizvollzugsanstalten sind vereinzelt Tanzkurse und Wandergruppen zusammen mit den Ehefrauen der Inhaftierten angeboten wor-

---

128 Vgl. *Schliermann/Kern* Neue Praxis 2011, 254. Ebenso *Schröder* FS 2015, 142, der einseitiges Bodybuilding wegen der Instrumentalisierung des Körpers als Medium der Dominanz und Überlegenheit ablehnt. Sinnvoll ist dagegen Krafttraining zur Vorbeugung von Erkrankungen am Halte- und Bewegungsapparat sowie des Herzkreislaufsystems (*Schröder* ZfStrVo 2001, 21 ff.). Zum Kraftsport vgl. auch *Nass* FS 2015, 154 f (der von positiven Erfahrungen berichtet) und *Dannebaum* FS 2015, 155 f (der die ablehnende Haltung der JVA Oldenburg begründet).
129 *Schröder* FS 2015, 141 verweist darauf, dass sich Bedienstete von in Kampfsportarten trainierten Gefangenen bedroht fühlen können. Zum Boxen im Jugendstrafvollzug vgl. Bauer FS 2015, 153 f. Zu asiatischen Kampfkünsten *Lenk* ZfStrVo 2006, 78.
130 Thüringer OLG, Beschl. v. 11.7.2005 – 1 Ws 111/05, NStZ 2006, 697. Das OLG hat in seiner Entscheidung gleichwohl offengelassen, ob die Voraussetzungen für eine Entgeltzahlung (Kraftsporträume als überobligatorische Leistungen) gegeben sind.
131 Thüringer OLG, Beschl. v. 11.7.2005 – 1 Ws 111/05, NStZ 2006, 697; BeckOK-*Knauss* § 67 Rdn. 16.
132 *Schröder* FS 2015, 143.
133 Zu einem Strickkurs vgl. *Noll/U./Drechsler* FS 2015, 168.
134 Vgl. *Calliess* 1992, 137 ff.
135 Vgl. Jumpertz WsFPP 2006, 66.

den.[136] Sinnvoll ist in diesem Zusammenhang die Zusammenarbeit mit Externen, die in Gruppenform sinnvolle Freizeitangebote in den Anstalten machen können (vgl. dazu Rdn. 23).

Die während mehrerer Jahre in der JVA Remscheid zusammen mit kirchlichen Hilfswerken für lockerungsgeeignete Gefangene mit längeren Freiheitsstrafen erfolgreich durchgeführten zehntägigen „Segeltörns" sind inzwischen von „politischer Seite" untersagt worden, weil sie „bei Bekanntwerden zu Irritationen in der Bevölkerung führen würden". Der Intention der Strafvollzugsgesetze entspricht diese politische Kurskorrektur nicht, wohl aber dem Zeitgeist. Wie demotivierend derartige Entscheidungen bei Vollzugsbediensteten – weit über die betroffene Anstalt hinaus – wirken, können alle Fachleute mühelos einschätzen.

29 **bb) Gruppengespräche in der Freizeit.** Gruppengespräche können in themenbezogener und freier Gruppenarbeit stattfinden, sie können bestimmte therapeutische Ziele verfolgen oder auch der bloßen Unterhaltung dienen (dann handelt es sich um Freizeitgruppen i.S.d. Rdn. 28). Eine sich mehr und mehr ausbreitende Form der Gruppengespräche ist das Gespräch in sog. Kontaktgruppen mit freien Bürgerinnen und Bürgern oder Studierenden, die zu Gesprächen über allgemein interessierende Themen in die Anstalten kommen (vgl. dazu schon Rdn. 23). Die Gruppengespräche können der direkten Leitung eines Gesprächsleiters unterliegen, sie können auch in Form der indirekten Gruppenleitung ablaufen (non-direkte Gesprächsführung). Wichtig ist allerdings, dass die Gruppenleitung durch Bedienstete oder durch entsprechend vorgebildete freie Bürger/-innen erfolgt, die als Ehrenamtliche im Rahmen der Möglichkeiten der Zusammenarbeit (13 I) im Vollzug mitarbeiten.[137]

Therapeutisch ausgerichtete Freizeitangebote sind auch möglich und sehr sinnvoll, wie zum Beispiel das aus Japan stammende „Naikan".[138] Außerdem werden teilweise Kunst- oder Musiktherapie angeboten.[139] In vielen Justizvollzugsanstalten Deutschlands hat sich zudem eine besondere Form methodischer sozialer Gruppenarbeit entwickelt, deren Ziel u.a. auch die Erhöhung der sozialen Kompetenz der Gefangenen im Bereich des Freizeitverhaltens und der Freizeitgestaltung ist **(Soziales Training)**. Schon 1988 hatte **NI** durch eine AV[140] in Ergänzung zu § 37 Abs. 3 StVollzG (Zuweisung, s. 4 A) das methodische Vorgehen beim sozialen Training für Gefangene beschrieben. Inzwischen haben alle Bundesländer das methodische Lernen und Üben von „nicht kriminellen Fähigkeiten zur Bewältigung von Alltagssituationen" als Behandlungsangebot übernommen. Strafgefangene, die am sozialen Training teilnehmen wollen, müssen dies in vielen Anstalten in ihrer arbeitsfreien Zeit tun (vgl. Rdn. 33). In solchen Fällen ist die Weiterbildungsmaßnahme des sozialen Trainings eine besondere Form der Freizeitgestaltung. Für speziell ausgesuchte Gefangene kann das soziale Training aber auch Bestandteil arbeitstherapeutischer oder schulischer Maßnahmen sein oder auf ärztliche Empfehlung stattfinden (dazu 6 F Rdn. 44 und 49) und insoweit während der Arbeitszeit stattfinden. Inwiefern allerdings für die Teilnahme am sozialen Training im Rahmen einer Arbeitstherapie eine Vergütung (Arbeitsentgelt) gezahlt wird, ist fraglich (s. dazu 4 D Rdn. 11).

---

136 Vgl. *Ittel/Erzhöfer* ZfStrVo 1980, 135, 137.
137 Vgl. *Rotthaus* 1980, der die Probleme behandelt.
138 *Müller-Ebeling* FS 2008, 183 ff; über erste Ergebnisse einer Evaluation von Naikan-Seminaren berichtet *Ansorge* FS 2010, 222 ff.
139 Für die Nutzung der Kunsttherapie im Strafvollzug vgl. *Bammann/Feest* NK 2007, 42, 45 sowie *Hammer* BewHi 2014, 43 ff; zur Musiktherapie vgl. *Zeuch/Hillecke* ZfStrVo 2003, 265 ff.
140 AV v. 29.8.1988, NdsRpfl. 1988, 208.

Aufgrund eines pädagogisch ganzheitlichen Ansatzes werden mit guten Gründen unterschiedliche Lernfelder im Bereich des **Lernens in der Gruppe** verknüpft. Umgang mit Geld und Schulden, Umgang mit Suchtverhalten, Gestalten des eigenen Wohnbereichs, Erfassen von besonderen Problemen aus dem Lebensbereich Arbeit und Beruf, Erkennen staatsbürgerlicher Rechte und Pflichten, Problematisieren von Störungen im Bereich sozialer Beziehungen und in Partnerschaften werden genauso in methodischer Gruppenarbeit anzugehen versucht, wie Defizite von Inhaftierten im Bereich der sportlichen Betätigung und bei der Freizeitgestaltung und Freizeitbewältigung oder im Bereich Hauswirtschaft.[141] Eine besondere Bedeutung hat dies gerade während der Entlassungsvorbereitung (7 D Rdn. 1). Gleichwohl ist immer auch die Wirksamkeit solcher Angebote zu hinterfragen.[142]

Neben diesen allgemeinen Sozialen Trainings gibt es unterschiedlichste Angebote von **Trainingskursen zur Gewaltprävention**, die dem (durchaus umstrittenen)[143] Konzept der konfrontativen Pädagogik folgen.[144] Die methodische Gruppenarbeit wird von speziell fortgebildeten Trainern/-innen und Co-Trainern/-innen durchgeführt. Neben Sozialarbeiterinnen und Sozialarbeitern eignen sich dafür auch besonders fortgebildete Bedienstete des Allgemeinen Vollzugsdienstes.[145] Die Trainer/-innen können aber auch als externe Fachkräfte in die Anstalten kommen (vgl. dazu schon Rdn. 23). In diesen Fällen ist jedoch auf eine sehr enge Kooperation zu achten.[146]

d) Kulturelle Betätigung und Veranstaltungen; Künstlerisch-kreative und musische Entfaltung; sonstige Formen der Freizeitgestaltung. Die kulturelle Betätigung bzw. der Besuch kultureller Veranstaltungen ist in den meisten Landesgesetzen ausdrücklich vorgesehen. Im Anschluss an ME § 54 Abs. 1 sehen **BE** § 60 Abs. 1, **BB** § 65 Abs. 1, **HB** § 54 Abs. 1, **MV** § 54 Abs. 1, **NW** § 50 Satz 3, **RP** § 64 Abs. 1, **SL** § 54 Abs. 1, **SN** § 54 Abs. 1, **ST** § 63 Abs. 1, **SH** § 71 Abs. 1 und **TH** § 65 Abs. 1 die Möglichkeit zur kulturellen Betätigung in ihren Landesgesetzen vor. In **BY** Art. 69 Satz 2 und **HH** § 50 Satz 2 soll die Teilnahme an kulturellen Veranstaltungen ermöglicht werden. Obwohl in **BW** § 57, **HE** §§ 30, 31 und **NI** § 64 entsprechende Regelungen fehlen, sollte es auch in diesen Ländern entsprechende Angebote geben, da sie aus vielen Gründen für die Resozialisierung wichtig sind. Neben der kulturellen Betätigung wird die kreative Entfaltung in zwei Landesgesetzen (**BE** § 60 Abs. 1, **NW** § 50 Satz 3) gesondert als vorzuhaltendes Angebot her-

---

141 Zu einer Hauswirtschaftsgruppe vgl. *Spitzer/Meier* FS 2009, 318 f. Ein spezielles Angebot des Sozialen Trainings für Frauen in der Phase vor der Haftentlassung beschreibt *Halbhuber-Gassner* FS 2009, 230 ff und BewHi 2009, 52 ff.
142 Zur Wirksamkeit von speziellen Angeboten des Sozialen Trainings vgl. *Boxberg/Bosold* FPPK 2009, 237 ff und *Lewrick-Gönnecke/Kammann/Heinrichs/Hosser* FPPK 2009, 47 ff.
143 Für die verschiedenen Argumente vgl. *Plewig* „Konfrontative Pädagogik", in: Dollinger/Schmidt-Semisch (Hrsg.): Handbuch Jugendkriminalität, 2. Aufl., Wiesbaden 2011, 427 ff; *Eger* „Kritik konfrontativer Pädagogik/des AAT und die lösungsorientierte Alternative", in: Dollinger/Schmidt-Semisch (Hrsg.): Handbuch Jugendkriminalität. 3. Aufl. Wiesbaden 2018, 635 ff; zudem die Beiträge von *Schawohl, Heuer/Kessl* und *Winkler* im Themenheft „Durchblick Konfrontative Pädagogik" der Zeitschrift Sozial Extra 5/2014, 38 ff, 46 ff und 50 ff sowie die Antwort von *Kilb* in Sozial Extra 1/2015, 17 ff.
144 Zu ersten Erfahrungen mit einem neuen Kursangebot „G-Fragt?!" vgl. *Schwingenheuer/Wirth* BewHi 2011, 147 ff; für eine umfassende Analyse des Anti-Aggressivitätstrainings als Maßnahme bei Jugendhilfen vgl. *Dreßing* 2016; zu Erfahrungen mit verschiedenen Anti-Gewalt-Trainingskursen vgl. *Sellinger/Stiels-Glenn/Witt* BewHi 2008, 388 ff und BewHi 2009, 58 ff, *Bosold/Lauterbach* FPPK 2010, 269 ff und *Chyle* FS 2011, 182 ff. Projektbeispiele guter Praxis zum Thema Gewaltprävention finden sich in FS 2013, 103 ff. sowie 242 f.
145 S. dazu auch *Walter* 1999 Rdn. 283.
146 Für eine gute vertragliche Ausgestaltung der Dienstleistungserbringung plädiert *Nalezinski* FS 2011, 353, 355.

vorgehoben, es ist jedoch anzunehmen, dass die anderen Länder die kreative Beschäftigung mit unter die kulturelle Betätigung fassen.[147]

Inhaftierte können während ihrer Freizeit teilweise allein in ihren Zellen kreativ, künstlerisch oder musisch tätig sein (zum Besitz der dafür notwendigen Gegenstände s. D), oft gibt es aber auch entsprechende Gruppenangebote (vgl. dazu auch Rdn. 28). Durch solche Freizeitbeschäftigungen soll das kreative Potential der Inhaftierten genutzt und gefördert und es sollen neue Gestaltungsfelder sinnvoller Freizeitbeschäftigungen eröffnet werden; zudem sollen Gefangene die Möglichkeit erhalten, in professionell begleiteten Prozessen eigene Ausdrucksformen zu entwickeln und unbekannte eigene Fähigkeiten neu zu entdecken.[148] Künstlerisch-kreativen und musischen Freizeitbeschäftigungen wie dem Zeichnen, Malen oder plastischen Gestalten,[149] Fotografieren und Filmen,[150] Dichten und Schreiben,[151] Erlernen eines Musikinstruments, Musik machen, produzieren oder mischen, Rappen oder Hip-Hop-Tanzen[152] sowie dem Theater spielen[153] werden große Potenziale im Hinblick auf den Kompetenzerwerb zugeschrieben.[154] Solche Tätigkeiten sollen das „Selbstbewusstsein und die Selbstwirksamkeit stärken und Mut machen, das eigene Leben in die Hand zu nehmen".[155] Zudem kann Kunst dazu beitragen, soziale Benachteiligungen zu überwinden und sich selbst sowie seine Umwelt als gestaltbar zu begreifen.[156] Darüber hinaus wird durch Kreativität positiv auf die Psyche eingewirkt und damit negativen Folgen der Haft entgegengewirkt[157] – „Kunst als Fenster zur Freiheit".[158] Das Erlernen eines Musikinstruments wirkt sich überdies positiv auf die kognitiven Fähigkeiten sowie Eigenschaften wie Gewissenhaftigkeit und Ehrgeiz aus.[159]

Sehr gute Erfahrungen konnten in den letzten Jahren mit **Theatergruppen** gemacht werden (z.B. in den JVAen Schwerte, Bochum, Iserlohn und Rohrbach sowie in der Sozialtherapie in Kassel), in denen Gefangene angeleitet von zumeist externen Theaterpädagoginnen und -pädagogen und häufig in Zusammenarbeit mit regionalen Theatern Erfahrungen mit dem Theaterspielen sammeln konnten – Gefangene konzipieren eigene

---

[147] Den Gesetzesbegründungen ist dazu nichts zu entnehmen; für eine entsprechende Auslegung spricht die gemeinsame Behandlung bei AK-*Knauer* Teil II § 54 Rdn. 8.
[148] So die Gesetzesbegründung aus **NW** (LT-Drucks. 16/5413, 126).
[149] Vgl. *Roggenthin* FS 2016, 53 ff; *Helmhold* FS 2012, 242 f: über das Projekt in der JVA Butzbach sind zwischenzeitlich drei Kataloge erschienen. Die Arbeit des Vereins „Art and Prison e.V.", der u.a. internationale Kunstwettbewerbe für Häftlinge ausschreibt und Ausstellungen organisiert, beschreibt *Echtermeyer* BewHi 2014, 73 ff. Die Entwicklung eines Malbuchs im Rahmen eines Kunst- und Naturprojekts schildert *Swierkowska* BewHi 2014, 78 ff. Zum plastischen Gestalten vgl. *Bauer/Lipka* ZfStrVo 1988, 335 ff, zur (Wand-)Malerei *Remky* ZfStrVo 1994, 81.
[150] Einen Fotokurs schildert *Katz* BewHi 2014, 35 ff. Zum Videoprojekt „PodKnast" s. unten in dieser Rdn.
[151] Einige Beispiele aus **SN** beschreibt *Erler* FS 2015, 189. Zum Projekt „Literaturwerkstatt" vgl. *Voigt* ZfStrVo 1986, 228 ff. Seit einigen Jahren wird für schreibende und dichtende Gefangene der Ingeborg-Drewitz-Literaturpreis verliehen (dazu *Drewitz* 1979 und *Roth* FS 2015, 198 ff; prämierte Texte finden sich z.B. in *Ingeborg Drewitz Literaturpreis* 1989 und 2015).
[152] Zum Projekt „Rap auf Ballett" vgl. *Brüssel* BewHi 2014, 5 ff. Ein HipHopOperTheater beschreiben *Arndt/Weber* BewHi 2014, 258 ff.
[153] S. dazu unten in dieser Rdn.
[154] Ausführlich zu Kunstprojekten im Justizvollzug vgl. *Halbhuber-Gassner/Kappenberg* 2017 sowie *Voigt-Rubio* ZfStrVo 1986, 20 ff; *Voigt-Rubio/Schmalenberg* ZfStrVo 1988, 203 ff; *Wattenberg* ZfStrVo 1992, 181 ff und 1994, 288 ff. Vgl. auch die Bibliographie zur Kunst im Strafvollzug von *Sohn* BewHi 2014, 83 ff.
[155] *Pöge/Haertel* FS 2015, 160. Ähnlich auch *Helmhold* FS 2012, 242.
[156] *Eller-Rüter/Friedemann/Brater/Hemmer-Schanze* Was kann Kunst? Der Erweiterte Kunstbegriff im pädagogischen und soziokulturellen Kontext, Frankfurt 2012.
[157] *Bammann/Feest* NK 2007, 45.
[158] *Roggenthin* FS 2015, 53.
[159] *Pöge/Haertel* FS 2015, 159.

Theaterstücke oder erarbeiten bestehende Stücke und bringen sie auf die Bühne, verbunden mit allen dazu gehörigen Tätigkeiten wie Gestaltung der Requisiten, Beleuchtung, Ton, Werbung. Vorteilhaft an diesen Projekten ist nicht nur die Möglichkeit zur ästhetischen Bildung, sondern auch die Schulung sozialer Kompetenzen (z.B. Durchhaltevermögen und Umgang mit Kritik) und die Möglichkeiten zur Persönlichkeitsbildung (z.B. durch das Hineinversetzen in andere Rollen) sind hervorzuheben.[160] Theaterarbeit verbessert die Selbstwahrnehmung und die Auseinandersetzung mit der eigenen Person, was identitätsstärkend wirkt. Die Interaktionsfähigkeit wird geschult und damit die Fähigkeit Vertrauen zu fassen und selbstbewusst zu sein. Darüber hinaus ermöglicht die Überwindung eigener Vermeidungshaltungen Erfolgserlebnisse und Selbstvertrauen, die Frustrationstoleranz wird erhöht und es werden neue Bewältigungsstrategien erlernt. Überdies ermöglicht die Verbesserung der Fähigkeit zur Selbststeuerung die bewusste Übertragung von fiktiv erlebten Erfahrungen in den Haftalltag. Ebenso wie beim Lesen kann die Theaterarbeit schließlich bewusst für **Biographiearbeit** und damit zum Anstoß innerer Transformationsprozesse genutzt werden (vgl. Rdn. 32).[161]

Eine andere biographische Methode ist die **Spielfilmpädagogik**, die ebenfalls im Justizvollzug eingesetzt werden kann. Dabei schreiben die Teilnehmenden selbsterlebte Geschichten über ein vorgegebenes Thema, die anschließend den anderen Gruppenmitgliedern vorgelesen werden. Daraus wird dann eine Filmgeschichte mit Drehbuch entwickelt und ein Video gedreht (incl. Postproduktion).[162]

Ein weiteres hervorzuhebendes Freizeitgruppen-Projekt ist **Podknast.de**, in dem Gefangene kleine Filme insbes. über das Leben in Haft produzieren, die dann über die Plattform www.podknast.de im Internet zur Verfügung gestellt werden.[163] Dieses aus dem Jugendvollzug stammende Projekt wird inzwischen auch im Erwachsenenvollzug in **NW** umgesetzt, denn erwachsene Häftlinge profitieren gleichermaßen von den Medienkompetenzen sowie der Auseinandersetzung mit sich, ihrem Leben im Gefängnis und ihrem kriminellen Verhalten.

Wichtig ist, dass die künstlerisch-kreativen und musischen Angebote **den Vorstellungen der Inhaftierten entsprechen**. Sinnvoll kann es einerseits sein, an bereits bestehende Neigungen und vor der Inhaftierung ausgeübte Tätigkeiten anzuknüpfen – daher ist es ratsam, die entsprechenden Fähigkeiten und Hobbies im Rahmen der Behandlungsuntersuchung (2 B Rdn. 13 und 39) mit zu erfassen. Anderseits sollte bei Fehlen entsprechender Neigungen die Teilnahme an solchen Angeboten angeregt werden, um sinnvolle Hobbies kennenzulernen und neue Fähigkeiten bei sich zu entdecken. Nachzudenken ist auch über die Förderung ehrenamtlichen Engagements unter den Gefangenen. Zweckmäßig erscheinen Freizeitangebote, bei denen Inhaftierte ihren Mithäftlingen musische oder künstlerische (möglich ist dies natürlich auch bei sportlichen oder technischen) Fähigkeiten vermitteln, denn dabei ist ein wechselseitiger Kompetenzzuwachs zu erwarten.[164]

Hervorzuheben ist schließlich eine Initiative zur **„KnastKultur"** aus NW, die auch Projektbeteiligten aus anderen Bundesländern offensteht (derzeit beteiligen sich Anstal-

---

160 Allgemein zum Gefängnistheater vgl. *Deu* 2004, *Sandberger* 2008 und *Radtke* 2003. Das Projekt in der JVA Rohrbach schildert *Brauer* FS 2015, 170 f. Ein weiteres Projekt beschreibt *Hoffmann* BewHi 2014, 12 ff. Eine Kurzbeschreibung des Forumtheaterprojekts „zukunftsmusik" findet sich in FS 2015, 35. Auf 40 Jahre „Theater hinter Gittern" in **HE** blickt *Gebhard* BewHi 2014, 30 ff zurück. Zum Projekt in der Sozialtherapie vgl. *Stieglitz* ZfStrVo 1990, 231 f. Ein weiteres Projekt in der Sozialtherapie in Gelsenkirchen erläutert *Scharr* 2014.
161 *Pöge/Haertel* FS 2015, 160.
162 Vgl. die Beschreibung von *Nolle* BewHi 2014, 56 ff.
163 Dazu *Schaede/Neubacher* FS 2010, 347 ff sowie *Roy* BewHi 2014, 50 ff.
164 *Pöge/Haertel* FS 2015, 162.

ten aus fünf Bundesländern).[165] Auf der Website www.knastkultur.de werden **Kulturprojekte** aus den verschiedenen Justizvollzugsanstalten präsentiert – eine Fundgrube für Anregungen für die eigene Anstalt. Hier finden sich einerseits **kulturelle Veranstaltungen** wie Lesungen, Konzerte und sonstige Darbietungen für Häftlinge in den Anstalten, andererseits die oben genannten kreativen Angebote. Im November 2017 fand in **NW** die erste KnastKulturWoche statt, bei der die Vielfalt des künstlerischen Schaffens und kreativer Ideen aus dem Justizvollzug der Öffentlichkeit präsentiert wurde.

Neben diesen Freizeitangeboten wurden in einzelnen Anstalten noch **weitere Formen der Freizeitbeschäftigung** entwickelt, wie z.B. Wandern,[166] Reisen,[167] Darbietungen außerhalb der JVA durch Chöre,[168] das Vorlesen von Weihnachtsgeschichten durch inhaftierte Väter für ihre Kinder[169] oder die Mitarbeit in einer Gefangenenzeitung.[170] Schließlich gibt es einige **Angebote mit Tieren** oder in Bezug auf die Natur, z.B. Hundepatenschaften für die Ausbildung von Hunden zu Blindenhunden,[171] AGs zur Vogelzucht[172] oder sonstige garten- und tiertherapeutische Angebote.[173]

Die Phantasie einzelner Anstaltsleiter/-innen oder anderer Bediensteter hat Freizeitangebote hervorgebracht, die niemand vorher im Gefängnis für möglich gehalten hätte. Es ist zu hoffen, dass sich auch Mitarbeiter/-innen des Allgemeinen Vollzugsdienstes im Freizeitbereich der Gefangenen wieder stärker engagieren als in den letzten Jahrzehnten, zumal ein Engagement im Freizeitbereich dazu beitragen könnte, die Arbeit interessanter zu gestalten, damit es bei den Beschäftigten nicht zu einer inneren Kündigung oder einem Boreout kommt.[174]

31   **e) Neue Medien; neue Formen der Telekommunikation. BW** § 57 Satz 2 III hat als einziges Bundesland in seiner Regelung zu den Freizeitbeschäftigungen eine Vorschrift mit Bezug zu den **neuen Medien** aufgenommen: *„Die Gefangenen sollen ... ermutigt werden, den verantwortungsvollen Umgang mit neuen Medien zu erlernen und zu praktizieren."* Das bedeutet nicht, dass in den anderen Bundesländern die Benutzung von neuen Medien in der Freizeit ausgeschlossen ist, vielmehr ist es möglich, solche als Gegenstände für die Freizeitbeschäftigung bzw. zur Ausstattung des Haftraums zu beantragen (zu den entsprechenden Geräten vgl. C und zu den zugehörigen Medien D). Zudem gib es in den Büchereien/Mediatheken der Anstalten heutzutage nicht mehr nur Bücher und Zeitschriften, sondern auch sonstige Medien (dazu Rdn. 32). Gleichwohl verdeutlicht die Bestimmung aus **BW** die Bedeutung von **Medienkompetenz**, die insbes. für die Zeit nach der Entlassung relevant ist. Der Umgang mit neuen Medien gehört heute zum Alltag, es werden einerseits (auch im Berufsleben) Medienkenntnisse erwartet, so dass diese auch im Vollzug erlernt werden sollten. Andererseits birgt die unreflektierte Nutzung

---

165   Zum Projekt vgl. auch *Sonnenbaum* BewHi 2014, 46 ff.
166   Vgl. *Nickolai/Sperle* ZfStrVo 1980, 34 ff und ZfStrVo 1993, 162 ff sowie *Weiß* ZfStrVo 1992.
167   Vgl. *Herkert/Nickolai* ZfStrVo 1978, 81 ff.
168   Vgl. z.B. *Becker* ZfStrVo 1979, 241 ff.
169   *Kullinat* FS 2014, 158 f: Die vorgelesenen Geschichten wurden aufgezeichnet und auf CD gebrannt, diese wurden dann nach Hause versandt.
170   Dazu AK-*Boetticher* 2012 § 67 Rdn. 22. In Deutschland gibt es insgesamt 60 Gefangenenzeitungen, die bekannteste und auflagenstärkste ist die Zeitschrift „Lichtblick" aus der JVA Tegel, die seit 1968 existiert. Ein Interview mit dem Redaktionsteam der Zeitschrift „Lichtblick" findet sich in FS 2015, 86 f. Dazu, wie frei eine Gefangenenzeitschrift sein darf, vgl. *Zieger* StV 2007, 387 f und *Deckwerth* FS 2010, 17 ff.
171   *Maurer/Höner-Wysk* FS 2014, 312 ff; vgl. dazu auch den Beitrag in BAG-S 2/2014, 4 ff.
172   *Sieland/Drechsler* FS 2015, 168 f.
173   Beispiele bei *Landgraf/Weilandt/Galli* FS 2015, 48 ff.
174   Zu diesen Problemen *Lehmann* FS 2010, 201 ff.

der Medien einige Risiken, sei es im Hinblick auf den Schutz der eigenen Daten, sei es wegen bestimmter Inhalte (z.B. Gewaltdarstellungen und -spiele).

Vor dem Hintergrund des Angleichungsgrundsatzes (1 D Rdn. 4ff) sowie der Informationsfreiheit aus Art. 5 Abs. 1 GG und Art. 10 Abs. 1 EMRK[175] ist zudem daran zu denken, den Gefangenen in Zukunft die Nutzung **neuer Formen der Telekommunikation** (gemeint sind damit in erster Linie E-Mail, E-Learning, **Internet** und Intranet)[176] in der Freizeit zu gestatten. Daher sehen **alle Bundesländer mit Ausnahme von BW, BY und HE** im Anschluss an ME § 36 die Zulassung **anderer Formen der Telekommunikation** vor (BE § 40; BB § 44; HB § 36; HH § 32; MV § 36; NI § 33; NW § 27; RP § 43; SL § 36; SN § 36; ST § 43; SH § 52; TH § 44; zur gesetzlichen Regelung sowie zum Stand der Umsetzung vgl. 9 D).[177] Bislang gibt es Möglichkeiten zur Nutzung des Internet nur im Rahmen einzelner Modellprojekte, aus denen positive Erfahrungen berichtet werden.[178] Zudem gibt es in einigen neueren Anstalten inzwischen **Haftraummediensysteme**, durch die es den Inhaftierten unter Einhaltung hoher Sicherheitsstandards möglich ist, engen Kontakt zu Familie und Freunden aufrechtzuerhalten,[179] Fernsehen und DVDs zu schauen, Radio zu hören, an eine geschlossene Benutzergruppe E-Mails zu versenden und in eingeschränktem Umfang auch das Internet zu nutzen.[180] Vgl. dazu auch C Rdn. 24ff.

Diesen neuen Technologien wird sich der Strafvollzug künftig nicht vollständig verschließen können, denn die Nutzung von internetbasierten Anwedungen wie **E-Mails, World Wide Web, Communitys wie Facebook und Foren** kann durchaus resozialisierungsfördernd sein. Sie erleichtern die Kontakte nach außen, denn das Mailen und Posten von Nachrichten ist mit einer wesentlich geringeren Hemmschwelle verbunden als das Verfassen eines Briefes. Zudem haben sie eine große Bedeutung für die Bildung, und der Umgang mit vielen dieser Techniken wird heute (insb. im Beruf) als selbstverständlich erwartet. Nicht zuletzt für Fernstudiengänge ist die Nutzung des Internet heute unumgänglich (dazu Rdn. 25). Der Erwerb von Kompetenz zum Umgang mit diesen Technologien ist daher eine notwendige Voraussetzung für eine gelingende Reintegration in die Gesellschaft. Insofern ist zu begrüßen, dass die Nutzung moderner Telekommunikations-

---

175 Vgl. dazu die Entscheidungen des EGMR v. 19.1.2016 – 17429/10 (Kalda vs. Estland) und v. 17.4.2017 – 21575/08 (Jankovskis vs. Litauen) m. Anm. *Bode* ZIS 2017, 348ff sowie ausführlich *Esser* NStZ 2018, 121ff.
176 Begr. zum ME-StVollzG, 104; s. dazu auch *Waldmann* ZJJ 2019, 271ff.
177 Zu Recht kritisch dazu *Bode* ZIS 2017, 352, der einen positiv-rechtlich ausgestalteten Anspruch der Gefangenen auf Nutzung des Internet für erforderlich hält. Ähnlich *Esser* NStZ 2018, 127.
178 AK-*Knauer* Teil II § 36 Rdn. 6; *Bode* ZIS 2017, 352 (m.w.N.); *Waldmann* ZJJ 2019, 271ff. Zu nennen sind insbes. das Projekt BLiS (Blended Learning im Strafvollzug), die Lernplattform *elis* sowie die Anbindung an die Fernuniversität Hagen (*Hendricks* 2011, 9). Vereinzelt gibt es auch „getunnelte Zugänge" auf bestimmte Webseiten, z.B. von der Fernuniversität Hagen (dazu m.w.N. *Bode* ZIS 2017, 351). Darüber hinaus wurden einige Erfahrungen mit der Nutzung von Skype zu Kontakten zu Personen außerhalb der Anstalt gemacht (*Holt* FS 2014, 149). Zu Internetprojekten im Vollzug sowie Rechtsproblemen bei der Nutzung elektronischer Kommunikationsmedien vgl. *Knauer* 2006; zum notwendigen Rechtsanspruch auf Internet und zu Entscheidungen des EGMR vgl. *Bode* ZIS 2017, 348ff sowie *Esser* NStZ 2018, 121ff; zur Einbeziehung des E-Learnings im Bildungsbereich des Strafvollzugs (Projekt BLiS) vgl. *Dathe-Morgeneyer/ Pfeffer-Hoffmann* BewHi 2010, 42ff; das Interesse der Gefangenen, sich zu Fortbildungszwecken in ihrer Freizeit mit Computern zu befassen, schildert *Jumpertz* WsFPP 2006, 65.
179 *Bode* 2018, 585 verweist darauf, dass solche Außenkontakte gerade in Krisensituationen ein geeignetes Mittel psychischer Entlastung sein können.
180 *Muth/Schwämmlein/Bethge/Tietz* FS 2014, 157f. Kritisch zu dem mit der Neueinführung solcher Systeme verbundenen Widerruf von Besitzerlaubnissen für eigene Geräte der Unterhaltselektronik vgl. *Oelbermann* StV 2018, 625.

formen in den meisten Ländern grundsätzlich vorgesehen wird.[181] Allerdings kann es (außer im offenen Vollzug) nie um eine freie Nutzung des Internets für Gefangene gehen, sondern immer nur um einzelne, unter Sicherheitsaspekten geprüfte Anwendungen. Die Sicherheitsanforderungen sind gleichwohl lösbar, wenn auf ineffiziente Einzellösungen in verschiedenen Bundesländern und Vollzugsbereichen verzichtet wird.[182]

32   **9. Nutzung von Büchereien, Mediatheken und Fernleihe. Alle Bundesländer außer NI** sehen die Nutzung einer Bücherei oder Mediathek in ihren Gesetzen vor, auch wenn die Regelungen unterschiedlich formuliert sind (**BW** § 57 Satz 2 III; **BY** Art. 69 Satz 2; **BE** § 60 Abs. 1 Satz 2; **BB** § 65 Abs. 1 Satz 2; **HB** § 54 Abs. 1 Satz 2; **HH** § 50 Satz 2; **HE** § 30 Abs. 2; **MV** § 54 Abs. 1 Satz 3; **NW** § 50 Satz 4; **RP** § 64 Abs. 1 Satz 3; **SL** § 54 Abs. 1 Satz 2; **SN** § 54 Abs. 1 Satz 2; **ST** § 63 Abs. 1 Satz 2; **SH** § 71 Abs. 1 Satz 2; **TH** § 65 Abs. 1 Satz 2). Während **BW**, **BY** und **HH** im Anschluss an § 67 Satz 2 StVollzG in ihren Gesetzen die Möglichkeit, eine Bücherei zu benutzen, einräumen (ohne Konkretisierung, dass deren Ausstattung angemessen sein muss), geben **BE, BB, HB, MV, RP, SL, SN, ST, SH** und **TH** entsprechend ME § 54 Abs. 2 Satz 2 den Anstalten vor, *„eine angemessen ausgestattete Bücherei bzw. Mediathek"* (letzteres in **BB, RP** und **ST**) *„zur Verfügung zu stellen".* Ähnlich auch **HE** (*„hat ... vorzuhalten"*) und **NW** (*„Die Benutzung einer bedarfsgerecht ausgestatteten Bibliothek ist zu ermöglichen"*).

Alle Justizvollzugsanstalten in der Bundesrepublik Deutschland haben eine **Anstaltsbücherei**, die nicht nur Unterhaltungslektüre, sondern in gewissem Umfang auch fortbildende Lektüre bereithält.[183] Eine angemessene Ausstattung erfordert dabei auch Medien in gängigen sowie den in der Anstalt von Inhaftierten als Muttersprache genutzten Fremdsprachen im notwendigen Umfang; zudem ist auf eine regelmäßige Aktualisierung des Bestandes zu achten, da nur so das Interesse der Inhaftierten an der Nutzung der Bücherei bzw. Mediathek geweckt und erhalten werden kann.[184] Zum Teil sind diese Büchereien außerordentlich umfangreich und werden von den Gefangenen auch in erfreulichem Maße genutzt. Insofern sind die Vorgaben der Europäischen Strafvollzugsgrundsätze (REC Ziffer 28.5) erfüllt.

Im Hinblick auf die Regelung zur Nutzung einer Bücherei in § 67 Satz 2 StVollzG war umstritten, ob es sich um **Freihandbibliotheken** handeln muss oder ob reine Bestellmöglichkeiten ausreichen.[185] In den Ländern, in denen im Anschluss an ME § 54 Abs. 1 nun ausdrücklich das zur Verfügung stellen einer Bücherei vorgegeben ist, dürfte sich dieser Meinungsstreit erübrigt haben, denn bloße Bestelllisten erfüllen sicher nicht die gesetzlichen Anforderungen. Doch auch in den anderen Ländern sollten es durchgängig Freihandbibliotheken sein, da im Hinblick auf die Resozialisierung insbes. auch die Ge-

---

181   Ebenso AK-*Knauer* Teil II § 54 Rdn. 10 und § 36 Rdn. 3 (allerdings mit Kritik an den bisherigen Regelungen, da diese keinen Anspruch auf eine zumindest begrenzte Nutzung geben); a.A. *Arloth/Krä* § 67 Rdn. 4: „Die Nutzung des Internet kommt [...] schon aus Sicherheitsgründen nicht in Betracht."
182   *Hendricks* 2011, 9 f. Seit Oktober 2017 läuft dazu das Forschungsprojekt „Resozialisierung durch Digitalisierung – aber sicher", in dem das Fraunhofer-Institut FOKUS zusammen mit dem Institut für Bildung in der Informationsgesellschaft (IBI) sowie dem Berliner IT-Dienstleistungszentrum (ITDZ) im Auftrag des Berliner Justizsenators die sicherheitstechnischen Rahmenbedingungen für die Nutzung digitaler Medien durch Insassen von Haftanstalten untersucht.
183   Zu den Gefangenenbüchereien vgl. auch *Ostendorf* § 5 Rdn. 42.
184   So die Gesetzesbegründungen (z.B. **BE** LT-Drucks. 17/2442, 238).
185   Für das Ausreichen von Bestellmöglichkeiten OLG Nürnberg ZfStrVo 1993, 311 sowie *Arloth/Krä* § 67 Rdn. 4 und BeckOK-*Knauss* § 67 Rdn. 19; a.A. AK-*Knauer* Teil II § 54 Rdn. 11 (unter Hinweis auf die Vorauflage).

spräche über Bücher sinnvoll sind (s. dazu nachfolgend), ganz davon abgesehen, dass der Angleichungsgrundsatz auch eine Freihandbibliothek nahelegt.[186]

In den meisten Justizvollzugsanstalten ist es möglich, dass Gefangene im Wege der **Fernleihe** auch andere Büchereien in Anspruch nehmen. Die dagegen von *Arloth/Krä* vorgetragenen „erheblichen Sicherheitsbedenken"[187] sind nicht überzeugend, bedenkt man, dass Hochschulbibliotheken und andere Ausleihstellen durchweg von öffentlich-rechtlichen Körperschaften betrieben werden.[188] Vorteilhaft kann auch die **Kooperation** einer Justizvollzugsanstalt mit einer örtlichen Bibliothek sein. Die Gefangenen können dabei nicht nur von der Versorgung mit weiterer Literatur profitieren, sondern auch durch gemeinsame Lesezirkel und Lesungen oder innovative Projekte wie Poetry Slam Workshops.[189]

Das **Lesen** gehört zu den Freizeitbeschäftigungen, die während einer Inhaftierung deutlich häufiger betrieben werden als außerhalb des Gefängnisses.[190] Ihm werden wichtige Funktionen für die Persönlichkeitsentwicklung und Identitätsbildung zugeschrieben: Lesen gilt als Medium der Selbsterkundung und Selbstbildung, es steigert das Selbstwertgefühl. Zudem hat es Bedeutung für die Werteentwicklung, wofür jedoch die Fähigkeit zur Wertreflexion erforderlich ist. Um eine solche zu erwerben, sind Gespräche über das Gelesene und eine gemeinsame kritische Auseinandersetzung notwendig.[191] Neben der bloßen Bereitstellung einer Anstaltsbücherei (oder Mediathek) sollten daher auch Angebote bestehen, die die Gefangenen in ihrer Lektüre begleiten, z.B. in Form gemütlicher Leserunden am Abend, in denen sich die Gefangenen untereinander beraten und begleiten.[192] So kann die Lektüre genutzt werden, um Gespräche über eigene Einstellungen und Werte oder die eigene Biographie anzuregen, was für Veränderungsprozesse der eigenen Identität bedeutsam ist. Solche inneren, kognitiven Transformationsprozesse sind nach *Maruna*[193] grundlegend für den Ausstieg aus der Straffälligkeit.

Neuerdings werden auch Anreize beschrieben, durch das Inaussichtstellen einer **Verkürzung der Haftdauer** das Interesse am Lesen zu wecken.[194] Bei diesem aus Brasilien stammenden Projekt wird Gefangenen eine Abkürzung der Strafverbüßung angeboten, wenn sie ein literarisches Werk lesen und sich schriftlich damit auseinandersetzen. Auch wenn es manche berechtigten Bedenken gegen ein solches Projekt gibt, sollte es durchaus in begrenztem Umfang getestet werden.

6. Zeitlich flexible Handhabung von Arbeit und Freizeit. Nach den Vorstellungen 33 der Landesgesetzgeber zerfällt der Tagesablauf der Gefangenen in Arbeit bzw. arbeitsähnliche Aus- und Fortbildung, in Ruhezeit und in Freizeit (vgl. schon Rdn. 2). Die Strafvollzugsgesetze enthalten jedoch keine Vorschrift, welche die genaue zeitliche Gliederung des Tagesablaufs vorschreibt. Allerdings sind die Vollzugsbehörden verpflichtet, die Bedeutung der Freizeitgestaltung für die Behandlung der Gefangenen in weitest mögli-

---

186 Ebenso *Ostendorf* § 5 Rdn. 42.
187 *Arloth/Krä* § 67 Rdn. 4.
188 So auch AK-*Knauer* Teil II § 54 Rdn. 11.
189 *Hartmann* FS 2015, 166 f.
190 *Pöge/Haertel* ZJJ 2015, 143, allerdings auf der Grundlage von Daten aus dem Jugendstrafvollzug. Zu Leseprojekten bei Jugendlichen vgl. auch *Steindorff-Classen* BewHi 2014, 19 ff.
191 *Pöge/Haertel* FS 2015, 159.
192 *Pöge/Haertel* ZJJ 2015, 146.
193 *Maruna* Making Good. How Ex-Convicts Reform and Rebuild Their Lives, Washington 2001. Zur Wichtigkeit der Identitätsveränderung im Laufe des Ausstiegsprozesses und zur Bedeutung der biographischen Selbstreflexion (z.B. im Rahmen von Freizeitangeboten) s. auch *Pöge* BewHi 2014, 87 ff.
194 *Köhne* NK 2013, 3 ff.

chem Umfang zu beachten.[195] In der Realität steht gleichwohl oft wenig Zeit für Freizeitbeschäftigungen zur Verfügung.[196] Ein starres Festhalten am früher üblich gewesenen Tagesrhythmus widerspricht in heutiger Zeit nicht nur dem Angleichungsgrundsatz, sondern vernachlässigt bei etlichen Gefangenen auch den Integrationsgrundsatz. Arbeitszeit und Freizeit – sowie bei Schichtarbeit auch die Ruhezeit – können in unterschiedlichster Weise variiert werden.[197]

Die meisten Inhaftierten meinen, dass die in den gesetzlichen Regelungen aufgezählten Bildungsangebote und auch viele Gruppengespräche (z.B. Soziale Trainings, Anti-Gewalt-Trainings; vgl. dazu Rdn. 29) Veranstaltungen sind, die eine Freistellung von der Arbeitspflicht zur Folge haben müssten, d.h. die Inhaftierten halten diese von den Landesgesetzen als Freizeitbeschäftigung angesehenen Veranstaltungen für so anstrengend, dass sie diese mit Arbeit gleichsetzen. Die Teilnahme an therapeutischen Gesprächen wird nicht nur von Gefangenen, sondern auch von den therapeutischen Fachkräften als arbeitsgleiche Anstrengung empfunden. Deshalb müssten therapeutische Gespräche in der Arbeitszeit erfolgen.[198] Die gesetzlichen Formulierungen lassen einerseits erkennen, dass die Landesgesetzgeber versuchen, den Gefangenen die Erfahrung nahe zu bringen, dass es sich lohnt, die Freizeit zur Weiterbildung und zu Gesprächen zu nutzen, welche die Persönlichkeitsentwicklung fördern. Andererseits stehen die Regelungen nicht der Entwicklung eines **ganzheitlich pädagogisch ausgerichteten Behandlungskonzepts** entgegen, wonach **Arbeit und kreative Freizeitgestaltung** in Anlehnung an Entwicklungen außerhalb des Vollzuges **zeitlich flexibel geordnet** werden müssen. Eine Flexibilisierung der Arbeitszeit der Gefangenen und eine Verlegung bestimmter Freizeitaktivitäten (z.B. Bildhauerei, Malen, Sport) in die Vormittagszeit kann durchaus auch therapeutisch indiziert sein. Die Leistungskurve von Menschen hat tageszeitlich gesehen am Vormittag einen Höhepunkt und wird deshalb kreatives Handeln begünstigen. Dies wiederum würde in der Erlebniswelt der Gefangenen Freizeitaktivitäten positiv verankern. Solches entspricht dem Vollzugsziel der Resozialisierung mehr als bloßes Ermöglichen von Freizeitaktivitäten „nach Feierabend". Für derartige Umstrukturierungen des Tagesablaufs besteht zurzeit noch zu wenig Interesse bei den justizpolitisch Verantwortlichen, obwohl die Verknappung von Arbeit in den Anstalten konzeptionell neue Wege nahelegen würde. Es genügt nicht, nur die **Freizeitangebote für arbeitslose Gefangene** in die Tageszeit zu verlegen. Ein Hemmnis bei der Entwicklung eines zeitlich flexiblen Wechsels von Arbeit und Freizeitangeboten ist die Haltung der Vollzugsbediensteten, möglichst ihren eigenen „Dienst zu ungünstigen Zeiten" zu vermeiden (vgl. auch Rdn. 22).

34   **7. Das Verbot von Rechtsnachteilen durch Freizeitausschluss.** Aus den gesetzlichen Formulierungen zur Freizeit im Strafvollzug folgt, dass die **Nichtteilnahme** an angebotenen Freizeitveranstaltungen für Gefangene **keine Rechtsnachteile** bringen darf.[199] Der zeitweilige Ausschluss von Freizeitveranstaltungen ist hingegen als Disziplinarmaßnahme möglich (11 M Rdn. 35). Die Anwendung dieser Disziplinarmaßnahmen muss allerdings unter Berücksichtigung der Motivationspflicht erfolgen (zu dieser vgl. Rdn. 12). Unbedenklich kann von den genannten Disziplinarmaßnahmen Gebrauch ge-

---

195 *Laubenthal/Nestler/Neubacher/Verrel* G Rdn. 6.
196 *Funken* Informationsdienst Straffälligenhilfe 2011, 28 ff.
197 So auch AK-*Knauer* Teil II § 54 Rdn. 1 (unter Verweis auf die Vorauflage); ablehnend *Arloth/Krä* § 67 Rdn. 2 und BeckOK-*Knauss* § 67 Rdn. 10.
198 So auch *Arloth/Krä* § 67 Rdn. 2 und BeckOK-*Knauss* § 67 Rdn. 11 zumindest für intensive therapeutische Gespräche.
199 A.A. ohne nähere Begründung z.T. *Grunau/Tiesler* 1982 Rdn. 3.

macht werden, soweit Gefangene in bestimmten Freizeitveranstaltungen als Störer/
-innen aufgetreten sind. Dies folgt ausdrücklich aus der gesetzlichen Regelung, wonach
ein Zusammenhang zwischen der Verfehlung und der Disziplinarmaßname bestehen
soll. Eine solche Einschränkung der Freizeitbeschäftigung der Gefangenen wirkt nicht
demotivierend, weil sie als unmittelbare Folge störenden Verhaltens im Freizeitbereich
von den betroffenen Gefangenen erlebt werden kann. Auch weitergehende disziplinarische Freizeitbeschränkungen sind in engen Grenzen vertretbar (vgl. 11 M Rdn. 35). In
Anbetracht der Tatsache, dass ein Motivieren von Gefangenen zu sinnerfülltem Freizeitverhalten jedoch sehr schwer ist, bestehen gegen jede extensive Anwendung der vorgesehenen Disziplinarmaßnahmen erhebliche Bedenken.[200]

8. Kosten. Wegen der Wichtigkeit der Freizeit für die Behandlung der Gefangenen 35
sollten Gegenstände, die fortwährend für die Freizeit benötigt werden, auf Kosten der
Anstalt angeschafft werden (so z.B. Sportgeräte, Musikanlagen für Freizeiträume, Staffeleien, Musikinstrumente, Gesellschaftsspiele, aber auch die wichtigsten Tageszeitungen,
die in Aufenthaltsräumen ausgelegt werden sollten).[201] Verbrauchbare Materialien dagegen sind von den Gefangenen auf eigene Kosten zu beschaffen, zumal wenn sie aus dem
Verkauf von Kunstgegenständen Erlöse erzielen (vgl. dazu schon Rdn. 16). Die Kosten für
die persönliche Freizeitgestaltung (z.B. Teilnahme an einem Sportfest oder einer Weiterbildung) sind vom Haus- bzw. Taschengeld zu bestreiten.[202] Allerdings darf die Anstalt
für die vorgehaltenen Freizeitangebote nur dann Kostenbeiträge erheben, wenn und
solange ausreichende kostenfreie Angebote bestehen (vgl. unter Rdn. 26 zum Kraftsport).
Zu den Kosten für den Betrieb von Geräten vgl. C Rdn. 32. Zur Erweiterung der Freizeitmöglichkeiten sollte versucht werden, finanzielle Unterstützung von außen einzuwer-
ben, was häufig auch gelingt.

III. Landesgesetzliche Besonderheiten

Die folgenden Erläuterungen zu den landesgesetzlichen Regelungen zur Freizeit he- 36
ben nur die jeweiligen landesrechtlichen Besonderheiten hervor, denn in weiten Teilen
finden sich Übereinstimmungen sowohl zwischen den Ländern als auch zur alten Regelung in § 67 StVollzG, so dass diesbezüglich auf die Erläuterungen unter II (Rdn. 8 ff) verwiesen werden kann. Die meisten Länder (**BE, BB, HB, MV, RP, SL, SN, ST, SH** und **TH**)
orientieren sich an **ME** § 54, so dass diese gemeinsam dargestellt werden (unter Hervorhebung einzelner Abweichungen). **BW** und **NW** haben in ihren Regelungen Teile aus
dem ME-StVollzG übernommen, in anderen Teilen entsprechen sie eher § 67 StVollzG,
der auch die Grundlage für die Regelungen in **BY** und **HH** bildet. **HE** und **NI** bleiben in
ihren Regelungen deutlich hinter den anderen Ländern zurück.

1. Länder, die sich am ME-StVollzG orientieren. Fünf Länder (**HB, SL, SN, SH,** 37
TH) haben den Text aus ME § 54 ME-StVollzG wörtlich in ihre Landesgesetze übernom-
men, während **BE, BB, MV, RP** und **ST** an einzelnen Stellen geringfügig vom ME-
StVollzG abweichen.

---

200 So auch AK-*Knauer* Teil II § 54 Rdn. 4; BeckOK-*Knauss* § 67 Rdn. 12; a.A. ohne nähere Begründung *Arloth/Krä* § 67 Rdn. 3.
201 So auch AK-*Knauer* Teil II § 54 Rdn. 13; differenzierend *Arloth/Krä* § 67 Rdn. 4: auch individuelle Grundausstattungen wie Staffeleien und Musikinstrumente sind selbst zu beschaffen.
202 OLG Koblenz v. 19.9.2013 – 2 Ws 483,/13 (Vollz), NStZ-RR 2014, 191.

38 **a) Bremen, Saarland, Sachsen, Schleswig-Holstein, Thüringen.** HB § 54, SL § 54, SN § 54, SH § 71 und TH § 65 haben ME § 54 wörtlich übernommen. Die Regelung findet sich – systematisch gut passend – zusammengefasst mit Vorschriften zum Einbringen von Gegenständen, zur Ausstattung des Haftraumes, zur Kleidung sowie zu Verpflegung und Einkauf in einem Abschnitt „Grundversorgung und Freizeit" (vgl. Rdn. 1). In einem ersten Absatz wird die Pflicht, verschiedene Freizeitbeschäftigungen vorzuhalten, normiert, während sich im zweiten Absatz eine allgemeine Regelung zur Freizeit, verbunden mit einer Pflicht zur Motivation und Anleitung, findet. Die Regelung lautet:

„(1) Zur Ausgestaltung der Freizeit hat die Anstalt insbesondere Angebote zur sportlichen und kulturellen Betätigung und Bildungsangebote vorzuhalten. Die Anstalt stellt eine angemessen ausgestattete Bücherei zur Verfügung.

(2) Die Gefangenen sind zur Teilnahme und Mitwirkung an Angeboten der Freizeitgestaltung zu motivieren und anzuleiten."

Die in Abs. 1 genannten Freizeitangebote ähneln denen, die bereits in § 67 Satz 2 StVollzG enthalten waren, allerdings wurden sie z.T. zusammengefasst und die kulturelle Betätigung ergänzt (zu den einzelnen Angeboten vgl. Rdn. 24 ff). Aus der Regelung ist eine Verpflichtung zum Vorhalten der genannten Freizeitangebote abzuleiten (vgl. Rdn. 19). In Abs. 2 wird die Notwendigkeit der Motivation und Anleitung zur Freizeitbeschäftigung hervorgehoben, was sehr zu begrüßen ist (vgl. Rdn. 12).

39 **b) Berlin.** Die Regelung zur Freizeit findet sich in **BE** § 60. In Abweichung zu ME § 54 (dazu Rdn. 38) wird ergänzend das Vorhalten von Angeboten zur kreativen Entfaltung genannt, womit deren Bedeutung für die Resozialisierung hervorgehoben wird (dazu Rdn. 30).

40 **c) Brandenburg. BB** regelt die Freizeit in **BB** § 65. Anders als in ME § 54 fehlt allerdings der zweite Absatz mit der Pflicht zur Motivation und Anleitung, was angesichts der bestehenden Defizite vieler Gefangener im Hinblick auf eine strukturierte Freizeitgestaltung unverständlich ist (vgl. Rdn. 12).[203] Darüber hinaus wird anstelle einer Bücherei eine Mediathek vorgegeben (vgl. Rdn. 32).

41 **d) Mecklenburg-Vorpommern.** Die Regelung zur Freizeit findet sich in **MV** § 54. In Ergänzung zu ME § 54 wird ausdrücklich hervorgehoben, dass Freizeitangebote auch an Wochenenden und Feiertagen vorzuhalten sind (vgl. Rdn. 22).

42 **e) Rheinland-Pfalz.** Die rheinland-pfälzische Regelung zur Freizeit kombiniert in **RP** § 64 verschiedene bereits genannte Abweichungen. So fehlt (wie in **BB**) der zweite Absatz mit der Pflicht zur Motivation und Anleitung. Zudem wird (wie in **MV**) ausdrücklich ergänzt, dass auch an Wochenenden und gesetzlichen Feiertagen geeignete Angebote bereitzustellen sind. Schließlich wird (wie in **BB** und **ST**) eine Mediathek anstelle einer Bücherei verpflichtend vorgegeben.

43 **f) Sachsen-Anhalt. ST** regelt die Freizeit in **ST** § 63. Wie schon in **BB** und **RP** wird abweichend vom ME-StVollzG eine Mediathek anstelle einer Bücherei genannt.

44 **2. Baden-Württemberg. BW** kombiniert in seiner Regelung zur Freizeit in **BW** § 57 III die Vorteile sowohl aus § 67 StVollzG als auch aus ME § 54. Im ersten Satz wird die sehr

---

[203] So auch *Arloth/Krä* § 65 BbgJVollzG Rdn. 1.

sinnvolle Pflicht zur Motivation und Anleitung der Gefangenen aus ME § 54 Abs. 2 übernommen (vgl. dazu Rdn. 12). Ähnlich wie in § 67 Satz 2 StVollzG werden dann in einem zweiten Satz verschiedene Freizeitbeschäftigungen aufgeführt, allerdings mit mehreren Besonderheiten. Zunächst werden durch die baden-württembergische Regelung ausdrücklich die Gefangenen adressiert, die an den genannten Angeboten teilnehmen sollen. Darüber hinaus wird die Anstalt verpflichtet, Angebote zur sportlichen Betätigung vorzuhalten, was der besonderen Bedeutung des Sports geschuldet ist; das Vorhalten der übrigen Freizeitangebote steht jedoch im Ermessen der Anstalt (vgl. Rdn. 19). Schließlich ist **BW** das einzige Land, in dem die Medienkompetenz gesondert erwähnt wird (s. dazu Rdn. 31). Die Gefangenen sollen *„ermutigt werden, den verantwortungsvollen Umgang mit neuen Medien zu erlernen und zu praktizieren"*, was eine begrüßenswerte Angleichung an die Verhältnisse außerhalb der Anstalten darstellt, wo die neuen Medien im Rahmen der Freizeitgestaltung einen hohen Stellenwert einnehmen. Inwieweit diese Regelung vor dem Hintergrund von Sicherheitsbedenken bzgl. der Zulassung elektronischer Medien (**BW** § 58 III; dazu C Rdn. 27) in der Praxis umgesetzt wird, bleibt abzuwarten.

3. Bayern. BY orientiert sich in seiner Regelung zur Freizeit (**BY** Art. 69) stark an 45 § 67 StVollzG. Davon abweichend wird die Aufzählung der Freizeitbeschäftigungen lediglich um kulturelle Veranstaltungen ergänzt. Zudem wird hervorgehoben, dass es sich um „sinnvolle" Beschäftigungen in der Freizeit handeln soll (dazu Rdn. 11) und die Freizeitangebote im Rahmen des Behandlungsauftrages erfolgen (dazu Rdn. 13 ff). Generell ist die Tendenz feststellbar, dass das neue bayerische Landesrecht nur wenige substantielle Änderungen gebracht hat.[204]

4. Hamburg. HH § 50 entspricht inhaltlich weitgehend der bayerischen Regelung. Al- 46 lerdings ist Satz 1 etwas anders formuliert: *„Die Gefangenen erhalten im Rahmen der Behandlung Gelegenheit, sich in ihrer Freizeit sinnvoll zu beschäftigen."* Ob damit ein außerordentlich weiter und problematischer Behandlungsbegriff impliziert wird[205] oder nur hervorgehoben werden soll, dass auch die Freizeit in das Behandlungskonzept zu integrieren ist, ist fraglich. In jedem Fall ist hervorzuheben, dass nicht alle Freizeitbeschäftigungen Behandlungswert haben,[206] es also den Gefangen auch möglich sein muss, sich in ihrer Freizeit (wie auch im Alltag außerhalb der Haft) einfach nur zu entspannen (vgl. Rdn. 11).

5. Hessen. Die hessischen Regelungen unterscheiden sich systematisch von denen 47 aller anderer Länder, denn alle Regelungen zur Freizeitgestaltung (also auch solche zu den Zeitungen und Zeitschriften, zum Fernseh- und Hörfunkempfang sowie zu den Gegenständen zur Freizeitgestaltung) sind in einer Norm (**HE** § 30: Gestaltung der freien Zeit) zusammengefasst. Dazu kommt nur eine weitere Norm zu den Sportangeboten (**HE** § 31). Inhaltlich sind die Regelungen ähnlich dürftig ausgestaltet wie die niedersächsischen (dazu Rdn. 48), indem als Freizeitbeschäftigung nur der Sport genannt und eine Bücherei vorgesehen wird; auf eine Aufzählung möglicher weiterer Freizeitaktivitäten wird hingegen verzichtet. **HE** § 30 Abs. 1 sieht vor, dass Gefangene Gelegenheit erhalten, *„sich in ihrer Freizeit eigenverantwortlich und sinnvoll zu beschäftigen"*. Der Hinweis auf die Eigenverantwortlichkeit könnte die Anstalten dazu verleiten, auf Angebote für die Freizeit (außer Sport und Bücherei) zu verzichten. Immerhin schreibt Abs. 2 Satz 2 eine *„angemessen ausgestattete Bücherei"* vor und auch für den Sport sind *„ausreichende An-*

---
204 Vgl. *Arloth* JA 2008, 561–565.
205 AK-*Boetticher* 2012 § 67 Rdn. 30.
206 *Arloth/Krä* § 51 HmbStVollzG Rdn. 1.

gebote vorzuhalten" (**HE** § 31); insoweit besteht kein Ermessen (vgl. Rdn. 19). Bezogen auf den Sport sieht eine VV vor, dass die Sportangebote von der Anstalt in einer Konzeption darzustellen sind und dass diese regelmäßig fortzuschreiben ist.

48 **6. Niedersachsen.** Die inhaltlich kärgste Regelung zur Freizeit sieht **NI** vor, denn **NI** § 128, der eine dem Konzept des § 67 StVollzG entsprechende Verpflichtung der Vollzugsverwaltung normiert, gilt nur für junge Gefangene. **NI** § 64 nennt allein Sport als Freizeitangebot und verzichtet bewusst auf jegliche weitere Regelung. Auch wenn im Gesetzentwurf hervorgehoben wird, dass die „in § 67 Satz 2 StVollzG aufgeführten Maßnahmen und Angebote der Freizeitgestaltung [...] von unbestrittenem Wert für die Vollzugsgestaltung" sind und weiterhin erhalten bleiben sollen,[207] ist zu befürchten, dass außer dem Sport nur wenig Freizeitangebote vorgehalten werden. Der Umkehrschluss, dass andere (nicht genannte) Freizeitangebote verboten wären, kann daraus aber sicher nicht abgeleitet werden, zumal dies der auch in **NI** beibehaltenen Vollzugszieldefinition (**NI** § 5 Satz 1) widersprechen würde. Dennoch ist die niedersächsische Regelung unbefriedigend[208] und zwar schon deshalb, weil sie den neuesten Empfehlungen des Europarates inhaltlich nicht entspricht (REC Ziffern 27.5 und 27.6 sowie 28.1 bis 28.6).

Dass es neben dem Sport auch weitere Freizeitmaßnahmen geben muss, kann zumindest bezogen auf handwerkliche Beschäftigungen (Basteln und Werken) der VV Nr. 1 zu § 67 entnommen werden. Solche Angebote sind danach als Betreuungsmaßnahmen von Beginn des Vollzuges an in angemessenem Umfang in Form der Einzelbeschäftigung, Mitwirkung in einer Gruppe oder Teilnahme an Kursen zuzulassen. Der Umfang der handwerklichen Freizeitbeschäftigung in einer Anstalt wird jedoch durch deren räumliche, personelle und organisatorischen Verhältnisse bestimmt. Sofern Gefangene aus dem Verkauf von Freizeitarbeiten Einnahmen haben, werden diese als Eigengeld gutgeschrieben. Nach VV Nr. 2 zu § 67 obliegt die Anleitung und Ausgestaltung der Gruppenarbeit mit Gefangenen (Basteln, Zeichnen, Musik, Gruppengespräche u. ä.) den hauptamtlichen Bediensteten und nur, wenn diese nicht oder nicht in ausreichender Zahl zur Verfügung stehen, können diese Aufgaben auch nebenamtlich oder nebenberuflich tätigen Kräften übertragen werden. Schließlich gibt es in der VV Nr. 4 zu § 67 sehr differenzierte Vorgaben zum Sport (u.a. mit Regelungen zum Personal, zu Sportangeboten für spezielle Zielgruppen und zum Umfang der wöchentlichen Betreuungsverpflichtung).

49 **7. Nordrhein-Westfalen.** **NW** hat die Freizeit in **NW** § 50 in Anlehnung sowohl an § 67 StVollzG als auch an ME § 54 geregelt: „*Gefangene erhalten Gelegenheit, ihre Freizeit sinnvoll zu gestalten. Sie sind zur Teilnahme und Mitwirkung anzuregen. Es sind insbesondere Angebote zur kulturellen Betätigung, Bildungs- und Sportangebote sowie Angebote zur kreativen Entfaltung vorzuhalten. Die Benutzung einer bedarfsgerecht ausgestatteten Bibliothek ist zu ermöglichen.*" Wie auch in **BY**, **HH**, und **HE** wird hervorgehoben, dass Gelegenheit zur *sinnvollen* Gestaltung der Freizeit gegeben wird (dazu Rdn. 11). Allerdings wird die Verpflichtung zur Motivation aus dem ME-StVollzG übernommen (dazu Rdn. 12). Wie auch in **BE** wird bei den Freizeitbeschäftigungen das Vorhalten von Angeboten zur kreativen Entfaltung ergänzt; im Übrigen wird hier (ähnlich wie in ME § 54) eine Regelung gewählt, die zum Vorhalten der genannten Angebote verpflichtet (s. schon Rdn. 19 und 38).

Für das Soziale Training (dazu Rdn. 29) hat **NW** gesonderte Richtlinien erlassen. Nach diesen gehören zu den Lern- und Übungsbereichen insbesondere die Themenfelder Umgang mit Geld und Schulden, Suchtverhalten, Wohnen, Arbeit und Beruf, Rechte und

---

[207] NI LT-Drucks. 15/3565, 141.
[208] Kritisch auch *Arloth/Krä* § 64 NJVollzG Rdn. 1.

Pflichten, Soziale Beziehungen und Partnerschaft sowie Sport und Freizeit. Das Soziale Training ist grundsätzlich in jeder Vollzugsform vorzusehen, allerdings richten sich Lernbereiche und Methoden nach der jeweiligen Zielgruppe. Zudem wird klargestellt, dass Soziales Training in der Regel während der Freizeit stattfindet, aber ausnahmsweise auch Bestandteil arbeitstherapeutischer oder schulischer Maßnahmen sein kann und dass eine Vergütung für die Teilnahme nicht gewährt wird (hiervon unberührt bleiben jedoch arbeitstherapeutische und schulische Maßnahmen).

B. Zeitungen und Zeitschriften

Bund	§ 68 StVollzG
Baden-Württemberg	BW § 60 JVollzGB III
Bayern	BY Art. 70 BayStVollzG
Berlin	BE § 54 StVollzG Bln
Brandenburg	BB § 60 BbgJVollzG
Bremen	HB § 50 BremStVollzG
Hamburg	HH § 51 HmbStVollzG
Hessen	HE § 30 Abs. 2 HStVollzG
Mecklenburg-Vorpommern	MV § 50 StVollzG M-V
Niedersachsen	NI § 65 NJVollzG
Nordrhein-Westfalen	NW § 52 Abs. 2 u. 3 StVollzG NRW
Rheinland-Pfalz	RP § 59 LJVollzG
Saarland	SL § 50 SLStVollzG
Sachsen	SN § 50 SächsStVollzG
Sachsen-Anhalt	ST § 58 JVollzGB LSA
Schleswig-Holstein	SH § 67 LStVollzG SH
Thüringen	TH § 60 ThürJVollzG
Musterentwurf	ME § 50 ME-StVollzG

Schrifttum

S. bei 5 A.

Übersicht

I. Allgemeine Hinweise —— 1–4
II. Erläuterungen —— 5–22
   1. Überblick über die Regelungen in den Bundesländern —— 5
   2. Voraussetzungen des Bezugs —— 6–12
      a) Zeitungen und Zeitschriften —— 7, 8
      b) Vermittlung durch die Anstalt —— 9, 10
      c) In angemessenem Umfang —— 11
      d) Auf eigene Kosten —— 12
   3. Nicht zugelassene Zeitungen und Zeitschriften —— 13–22
      a) Generell ausgeschlossene Zeitungen und Zeitschriften —— 14
      b) Vorenthaltung einzelner Ausgaben oder Teile —— 15
         aa) Erhebliche Gefährdung —— 16
         bb) Gefährdung der Sicherheit oder Ordnung —— 17
         cc) Gefährdungen des Vollzugsziels —— 18
         dd) Umfang des Vorenthaltens —— 19–20
         ee) Entzug von Zeitungen und Zeitschriften —— 21
         ff) Beispiele aus der Rechtsprechung —— 22
III. Landesgesetzliche Besonderheiten —— 23–28
   1. Länder, die sich am ME-StVollzG orientieren —— 24
      a) Bremen, Mecklenburg-Vorpommern, Saarland, Sachsen, Schleswig-Holstein —— 24

5. Kapitel. Freizeit

b) Brandenburg, Rheinland-Pfalz, Sachsen-Anhalt, Thüringen —— 24	3. Bayern und Niedersachsen —— 26
	4. Berlin, Hamburg, Nordrhein-Westfalen —— 27
2. Baden-Württemberg —— 25	5. Hessen —— 28

I. Allgemeine Hinweise

1 **Grenzen der Informationsfreiheit im Strafvollzug.** Die Möglichkeit, sich aus allgemein zugänglichen Quellen ungehindert zu unterrichten, ist ein in **Art. 5 Abs. 1 GG** enthaltenes, für die rechtsstaatliche Demokratie entscheidend wichtiges Grundrecht.[209] Gemeint sind alle Informationen in Wort, Schrift und Bild, und zwar nicht nur ethisch wertvolle Meinungen.[210] Die Informationsfreiheit der Gefangenen wird **durch die Landes-Strafvollzugsgesetze eingeschränkt**. Dabei ist auf der einen Seite zu berücksichtigen, dass es auch für die Wiedereingliederung der Gefangenen von großer Bedeutung ist, dass sie mit dem Tagesgeschehen sowie der politischen, wirtschaftlichen und kulturellen Entwicklung konfrontiert werden. Auf der anderen Seite werden die Vollzugsanstalten durch den täglichen Eingang hunderter von Zeitungen und Zeitschriften für die Insassen vor organisatorische Probleme gestellt. Zudem können Zeitungen und Zeitschriften durch ihren Inhalt auch Sicherheit und Ordnung der Anstalt (zur Verhältnismäßigkeit 11 A Rdn. 9 ff) gefährden oder die resozialisierende Behandlung einzelner Gefangener erschweren (zur Resozialisierung 1 C Rdn. 14). In diesem Spannungsverhältnis haben sich die Landesgesetzgeber dafür entschieden, den Inhaftierten dem Gewicht des Grundrechts aus Art. 5 Abs. 1 Satz 1 GG (**Informationsfreiheit**) entsprechend möglichst freie Auswahl der Zeitungen und Zeitschriften zu gewähren (zu inhaltlichen Bezugsbeschränkungen vgl. aber Rdn. 13), sie aber bei der technischen Form der Zusendung an die Anweisungen der Anstalt zu binden (zu entsprechenden Regelungen vgl. Rdn. 9 f). Die landesgesetzlichen Regelungen zu Zeitungen und Zeitschriften schränken – wie es das BVerfG auch zu § 67 StVollzG entschieden hatte – die Informationsfreiheit in **verfassungsrechtlich zulässiger Weise** ein.[211] Fraglich ist dies allein in den Ländern, in denen nur noch das vollständige Vorenthalten wegen Gefährdung der Resozialisierung oder der Sicherheit oder Ordnung der Anstalt vorgesehen ist, nicht aber daneben das bloße Vorenthalten von Teilen (dazu Rdn. 20 sowie 24, 25).[212] Weiteres zur Grundrechtseinschränkung bei 1 D Rdn. 32.

2 Wegen der großen Bedeutung der Informationsfreiheit wird den Gefangenen nicht nur ein Anspruch auf ermessensfehlerfreie Entscheidung, sondern ein echter Rechtsanspruch auf den Bezug von Zeitungen und Zeitschriften eingeräumt.[213] Zudem sind Einschränkungen des Rechts auf die freie Auswahl von Publikationen sowie Einschränkungen des Bezuges nur dann und insoweit zulässig, als sie „unerlässlich" sind (vgl. dazu Rdn. 20).[214] **„Unerlässlichkeit"** setzt ein gesteigertes Maß an Erforderlichkeit voraus.[215] Als „unerlässlich" hat das BVerfG solche grundrechtsbeschränkenden Maßnahmen be-

---

[209] Vgl. z.B. BVerfGE 15, 288, 295.
[210] BVerfGE 30, 347; 33, 15.
[211] BVerfG ZfStrVo 1981, 63; NStZ 1994, 145 und 1995, 613 = ZfStrVo 1996, 175; so auch *Arloth/Krä* § 68 Rdn. 1 und BeckOK-*Knauss* § 68 Rdn. 16.
[212] So auch AK-*Knauer* Teil II § 50 Rdn. 3.
[213] So auch AK-*Knauer* Teil II § 50 Rdn. 2; *Laubenthal/Nestler/Neubacher/Verrel* G Rdn. 7; *Arloth/Krä* § 68 Rdn. 1; BeckOK-*Knauss* § 68 Rdn. 4.
[214] RegE, BT-Drucks. 7/918, 74 und Rspr.: OLG Hamburg ZfStrVo 1980, 125 ff; OLG Nürnberg BlStV 1/1982, 7; OLG Koblenz NStZ 1984, 46; OLG Celle ZfStrVo 1985, 184.
[215] *Frielinghaus* BlStV 1979, 1 ff; AK-*Knauer* Teil II § 50 Rdn. 2; *Laubenthal/Nestler/Neubacher/Verrel* G Rdn. 8; BeckOK-*Knauss* § 68 Rdn. 16; *Arloth/Krä* § 68 Rdn. 1.

zeichnet, „ohne die der Strafvollzug als Institution zusammenbrechen würde oder durch die der Zweck des Strafvollzuges (vor allem das Bemühen um die Wiedereingliederung des Gefangenen in die Gesellschaft) ernsthaft gefährdet würde";[216] diese ernsthafte (erhebliche) **Gefahr muss konkret und real sein**.[217]

Bei den Tatbestandsmerkmalen der landesgesetzlichen Regelungen handelt es sich um **unbestimmte Rechtsbegriffe** (dazu 12 I Rdn. 22f), so dass für eine Ermessensentscheidung der Anstaltsleitung insoweit kein Raum ist und eine vollständige gerichtliche Überprüfung erfolgt.[218] Dabei dürfen Wertungen der Anstalt nicht einfach übernommen werden, über die zugrunde liegenden Tatsachen hat eine Beweiserhebung stattzufinden.[219] Damit die Gefangenen die Vorenthaltung eines Druckerzeugnisses nachvollziehen können, genügt es, wenn die beanstandeten Teile nicht gänzlich oder in wesentlichen Teilen wiedergegeben werden, sondern der Inhalt kurz charakterisiert wird.[220] 3

Die Druckwerke können nicht nur durch die Gefangenen, sondern auch durch Dritte (Verwandte, Freunde) bestellt werden. Die Bestellung muss aber über die **„Vermittlung der Anstalt"** erfolgen (vgl. dazu Rdn. 9 f), bei der eine **Bezugsgenehmigung** beantragt werden muss.[221] Die **Eingriffswirkung** betrifft jedoch nur die inhaftierten Adressaten, die Zurückweisung (bzw. Vorenthaltung) von Publikationen stellt daher keinen Eingriff in die Freiheitssphäre der Absender/-innen dar.[222] Anders ist dies jedoch zu beurteilen, wenn die/der Absender/-in durch die übersandten Druckwerke einen Gedankenaustausch mit der/dem Gefangenen ermöglichen möchte.[223] 4

II. Erläuterungen

1. Überblick über die Regelungen in den Bundesländern. Alle Landesgesetze orientieren sich in ihren Regelungen zum Bezug von Zeitungen und Zeitschriften sehr stark an der alten Regelung in **§ 68 StVollzG**. Die Regelung lautete: 5

„(1) Der Gefangene darf Zeitungen und Zeitschriften in angemessenem Umfang durch Vermittlung der Anstalt beziehen.

(2) Ausgeschlossen sind Zeitungen und Zeitschriften, deren Verbreitung mit Strafe oder Geldbuße bedroht ist. Einzelne Ausgaben oder Teile von Zeitungen oder Zeitschriften können dem Gefangenen vorenthalten werden, wenn sie das Ziel des Vollzuges oder die Sicherheit oder Ordnung der Anstalt erheblich gefährden würden."

Allerdings **unterscheiden sich die Regelungen** der Bundesländer **in einigen Details**. So haben fast alle Landesgesetze die Kostentragungspflicht der Gefangenen nun ausdrücklich normiert (vgl. dazu Rdn. 12). Darüber hinaus gibt es Besonderheiten bzgl. der Voraussetzungen für die Zulassung von Zeitungen und Zeitschriften, denn teilweise wird dabei auf die Kontrollmöglichkeiten abgestellt (dazu Rdn. 11). Zudem unterscheiden sich die Möglichkeiten zum Vorenthalten von Druckwerken, denn manche Länder beschränken das Vorenthalten nicht nur auf Teile (Rdn. 20) und die meisten Länder stellen klar, dass die Druckwerke dann nicht nur vorenthalten, sondern auch entzogen werden dürfen (Rdn. 21).

---

216 BVerfGE 40, 284 im Anschluss an 33, 1, 13.
217 BVerfG NStZ 1996, 613; AK-*Knauer* Teil II § 50 Rdn. 11; *Laubenthal/Nestler/Neubacher/Verrel* G Rdn. 8; *Arloth/Krä* § 68 Rdn. 4; BeckOK-*Knauss* § 68 Rdn. 17; *Laubenthal* Rdn. 613.
218 OLG Hamm BlStV 4/5/1980, 17 ff; so auch *Arloth/Krä* § 68 Rdn. 1; BeckOK-*Knauss* § 68 Rdn. 3.
219 AK-*Boetticher* 2012 § 68 Rdn. 25.
220 BVerfG NStZ 1995, 613; OLG Stuttgart ZfStrVo 1992, 136.
221 *Arloth/Krä* § 68 Rdn. 2.
222 So grundsätzlich auch *Laubenthal/Nestler/Neubacher/Verrel* G Rdn. 7.
223 So auch OLG Koblenz NStZ 1984, 46; ebenso AK-*Knauer* Teil II § 50 Rdn. 17; *Laubenthal/Nestler/Neubacher/Verrel* G Rdn. 7 und *Arloth/Krä* § 68 Rdn. 6.

Neben diesen inhaltlichen Unterschieden ist die **systematische Einordnung** der Regelungen nicht einheitlich (zur Systematik der Regelungen zur Freizeit allgemein sowie zu deren Zuordnung zu Abschnitten in den Gesetzen vgl. schon A Rdn. 1). Die meisten Landesgesetze (**BW** § 60 III, **BY** Art. 70, **BE** § 54, **BB** § 60, **HH** § 51, **NI** § 65, **RP** § 59, **SN** § 50 und **TH** § 60) haben einen eigenständigen Paragraphen, in dem nur der Bezug von Zeitungen und Zeitschriften geregelt ist. In manchen Ländern (**HB** § 50, **MV** § 50, **SL** § 50, **SN** § 50, **SH** § 67) sind die Regelungen jedoch – wie in ME § 50 – mit denen zu religiösen Schriften und Gegenständen in einer Norm zusammengefasst (zu diesen vgl. 8 A Rdn. 23f). In **NW** § 52 wurden die Regelungen zu Zeitungen und Zeitschriften stattdessen mit denen zu den Gegenständen zur Freizeitgestaltung zusammengefasst und in **HE** § 30 gibt es eine allgemeine Norm zur Freizeit, in der (außer der sportlichen Betätigung) alle für die Freizeitbetätigung relevanten Aspekte aufgeführt sind. Zu den Einzelheiten der Regelungen in den Bundesländern vgl. Abschnitt III (Rdn. 23ff).

6   **2. Voraussetzungen des Bezugs.** Alle Landesgesetze (**BW** § 60 III, **BY** Art. 70, **BE** § 54, **BB** § 60, **HB** § 50, **HH** § 51, **HE** § 30 Abs. 2, **MV** § 50, **NI** § 65, **NW** § 52 Abs. 2 u. 3, **RP** § 59, **SL** § 50, **SN** § 50, **ST** § 58, **SH** § 67, **TH** § 60) sehen vor, dass die Gefangenen **Zeitungen und Zeitschriften in angemessenem Umfang durch Vermittlung der Anstalt** beziehen dürfen, allerdings gibt es davon abgesehen zwei Besonderheiten in verschiedenen Landesgesetzen. Erstens fehlt in drei Landesgesetzen eine ausdrückliche Kostenregelung (Rdn. 12), zweitens wird in zwei Gesetzen hinsichtlich der Angemessenheit auch auf die Kontrollmöglichkeiten abgestellt (Rdn. 11). Die Gefangenen dürfen Zeitungen und Zeitschriften beziehen, wenn **folgende Voraussetzungen** erfüllt sind:

7   **a) Zeitungen und Zeitschriften.** Die gesetzlichen Regelungen beziehen sich auf **Zeitungen und Zeitschriften**, d.h. auf Druckerzeugnisse, die von einem Verlag oder Vertrieb periodisch oder fortlaufend im Abonnement bezogen werden können.[224] Es muss sich um allgemein zugängliche Quellen handeln. Dies ist im Allgemeinen der Fall, wenn die Informationsquelle technisch geeignet und bestimmt ist, der Allgemeinheit, d.h. einem individuell nicht bestimmbaren Personenkreis Informationen zu vermitteln.[225] Dazu zählen auch **Gefangenenzeitschriften** (vgl. zu diesen 13 M Rdn. 13).[226] Ebenso unterfällt ein Druckerzeugnis, das ausschließlich aus **Leserbriefen** besteht (wie die rechtsextreme „LBZ"), diesen Regelungen, da es in gedruckter und zur Verbreitung geeigneter und bestimmter Form am Kommunikationsprozess teilnimmt und daher als Presse i.S.d. Art. 5 Abs. 1 GG zu werten ist.[227] Ein zu Verkaufszwecken übersandter **Warenhauskatalog** dient hingegen nur wirtschaftlichen Zwecken und unterfällt daher nicht den Regelungen zum Bezug von Druckwerken (keine Zeitung oder Zeitschrift; vgl. dazu auch D Rdn. 17); da ein Warenhauskatalog auch nicht (wie ein Brief) dem Gedankenaustausch zwischen Absender und Empfänger dient, ist auch nicht das Recht auf Schriftwechsel (9 C Rdn. 103)[228] einschlägig, sondern die Regelung zum Empfang von Paketen (9 E).[229] Wer-

---

[224] OLG Frankfurt NStZ 1992, 208; OLG Hamm v. 26.3.2013 – 1 Vollz (Ws) 80/13, FS 2014, 63; *Arloth/Krä* § 68 Rdn. 2.
[225] BVerfGE 27, 71, 83; 33, 52, 65; NStZ 1995, 614; AK-*Boetticher* 2012 § 68 Rdn. 3.
[226] *Arloth/Krä* § 68 Rdn. 2; AK-*Knauer* Teil II § 50 Rdn. 4.
[227] OLG Celle NdsRpfl. 2011, 133 = FS 2011, 55 (LS) – 1 Ws 387/10.
[228] OLG Koblenz NStZ 1991, 304 = NJW 1992, 1337.
[229] OLG Karlsruhe NStZ-RR 2002, 315; OLG Koblenz NStZ 1991, 304; BeckOK-*Knauss* § 68 Rdn. 7; *Laubenthal/Nestler/Neubacher/Verrel* G Rdn. 7; *Arloth/Krä* § 68 Rdn. 2.

den **ganze Bücher in Kopie** übersandt, sind die Regelungen zu Gegenständen der Freizeitbeschäftigung einschlägig (vgl. D Rdn. 10).[230]

Zugesandte Einzelexemplare (oder Probeexemplare) sind zwar grundsätzlich als 8 Schreiben im Sinne der Regelungen zum Schriftwechsel (9 C) zu behandeln,[231] die unter bestimmten Voraussetzungen angehalten werden können (dazu 9 C Rdn. 49 ff).[232] Handelt es sich bei dem einmalig oder nur gelegentlich zugesandten Druckwerk allerdings um eine allgemein zugängliche Zeitung oder Zeitschrift oder Teile bzw. Kopien hiervon,[233] so gehen die Vorschriften zum Vorenthalten von Zeitungen und Zeitschriften (s. Rdn. 15 ff) als die spezielleren und einen weitergehenden Schutz gewährenden Vorschriften den Vorschriften zum Anhalten von Schreiben vor,[234] da in diesen Fällen das Anhalten des „Schreibens" einen Eingriff in das Grundrecht der Informationsfreiheit darstellt. Das gilt zumindest, wenn es sich um einzelne bereits vor längerer Zeit erschienene Einzelexemplare handelt, die auf dem normalen Bezugswege (d.h. über Abonnement) kaum oder nur mit erheblichem Aufwand bezogen werden können.[235] Die Regelungen sind zudem auf Internetausdrucke (von Entscheidungen des BVerfG) anwendbar, da es sich beim Internet um ein vom Grundrecht aus Art. 5 Abs. 1 Satz 1 GG geschütztes allgemein zugängliches Massenkommunikationsmittel handelt,[236] so dass die Aushändigung dieser Ausdrucke nach den Regelungen zu Zeitungen und Zeitschriften zu beurteilen ist und nicht unter die Vorschrift des Paketempfangs (9 E) fällt. Anders soll dies aber sein, wenn sich ein Gefangener von den Bediensteten der Anstalt von ihm ausgesuchte Seiten aus dem Internet ausdrucken lassen möchte; dies soll nach dem OLG Hamm[237] unter Hinweis auf knappe personelle Ressourcen abgelehnt werden können. Dies scheint mit Blick auf die Informationsfreiheit zu restriktiv.[238]

Einem Schreiben **angelegte Zeitungsausschnitte** oder entsprechende Fotokopien gelten grundsätzlich als untrennbare Bestandteile eines Briefes und unterfallen deshalb den Regelungen zum Schriftwechsel (vgl. 9 C Rdn. 5).[239]

b) Vermittlung durch die Anstalt. Die Gefangenen müssen sich beim Bezug 9 von Zeitschriften und Zeitungen (für die technische Abwicklung) der **Vermittlung der Anstalt** (dazu schon Rdn. 4) bedienen. Die Vermittlung durch die Anstalt wird darin bestehen, dass die Vollzugsbehörde die gewünschten Zeitungen und Zeitschriften für die Gefangenen (im Postzeitungsdienst oder im Abonnement etwa bei einem Zeitschriften- und Zeitungsvertrieb) bestellt, worin zugleich eine Bezugsgenehmigung liegt.[240] Die gesetzlichen Regelungen enthalten allerdings keine Vorschriften darüber, welche Folgen das **Fehlen eines Antrages zum Bezug** der Zeitungen oder Zeitschriften

---

230 OLG Koblenz NStZ 1984, 46; AK-*Knauer* Teil II § 50 Rdn. 4; BeckOK-*Knauss* § 68 Rdn. 8; *Arloth/Krä* § 68 Rdn. 2.
231 *Arloth/Krä* § 68 Rdn. 2; *Laubenthal/Nestler/Neubacher/Verrel* G Rdn. 12; *Laubenthal* Rdn. 613.
232 OLG Koblenz NStZ 1984, 46; OLG Celle ZfStrVo 1985, 184; OLG Karlsruhe aaO; a.A. OLG Hamm NStZ 1985, 143.
233 AK-*Knauer* Teil II § 50 Rdn. 4; *Laubenthal/Nestler/Neubacher/Verrel* G Rdn. 7.
234 OLG Dresden v. 15.3.2013 – 2 Ws 330/12, FS 2014, 63; OLG Hamm v. 26.3.2013 – 1 Vollz (Ws) 80/13, FS 2014, 63; OLG Koblenz aaO; AK-*Knauer* Teil II § 50 Rdn. 4; *Laubenthal/Nestler/Neubacher/Verrel* G Rdn. 12; BeckOK-*Knauss* § 68 Rdn. 6; *Arloth/Krä* § 68 Rdn. 2; *Laubenthal* Rdn. 613.
235 OLG Dresden v. 15.3.2013 – 2 Ws 330/12, FS 2014, 63.
236 OLG Nürnberg NStZ 2009, 216 – 2 Ws 433/08 mit Anm. *Lampe* jurisPR-StrafR 12/2009 Anm. 4.
237 OLG Hamm v. 20.3.2012 – 1 Vollz (Ws) 101/12, FS 2013, 56.
238 AK-*Knauer* Teil II § 50 Rdn. 4.
239 So auch *Laubenthal/Nestler/Neubacher/Verrel* G Rdn. 12, *Arloth/Krä* § 68 Rdn. 2; BeckOK-*Knauss* § 68 Rdn. 8 und OLG Frankfurt ZfStrVo 1999, 118.
240 Vgl. OLG Hamm BlStV 4/5/1980, 17; BeckOK-*Knauss* § 68 Rdn. 9.

hat, wenn also Inhaftierte oder Dritte eine Zeitung oder eine Zeitschrift für einen Dauerbezug bestellt haben (vgl. Rdn. 4), ohne die Vermittlung der Anstalt in Anspruch zu nehmen. Insoweit drängt sich auf, dass in diesem Fall der/dem Gefangenen zunächst Gelegenheit gegeben werden sollte, den Antrag noch nachträglich zu stellen.[241] Das ergibt sich sowohl aus der Fürsorgepflicht der Anstalt den Gefangenen gegenüber als auch aus der Pflicht, die Informationsfreiheit nicht mehr als unbedingt erforderlich einzuschränken.[242]

10   Der **Sinn der Vermittlung** über die Anstalt hat mit den besonderen Bedingungen des Vollzuges zu tun, die Vermittlung dient der Verminderung des Kontrollaufwandes.[243] Bei unmittelbarer Zusendung von Zeitungen und Zeitschriften durch Angehörige oder Bekannte müsste jeweils eine Überprüfung daraufhin erfolgen, ob die Druckwerke in Form von Beilagen oder Randnotizen unzulässige Mitteilungen enthalten. Ein solches Verfahren würde jedoch eine Kontrolle bedingen, die mit den personellen Möglichkeiten der Vollzugsanstalt regelmäßig nicht mehr zu bewältigen und zu vereinbaren wäre.[244] Gleichwohl wird die Vollzugsbehörde auch von der Regel der Vermittlung dann abgehen dürfen, wenn die Kontrolle des Bezuges nicht mehr sinnvoll erscheint, etwa im Freigängervollzug oder in einer Abgangsabteilung. Eine durch äußere Inaugenscheinnahme als Zeitschrift erkannte Post darf die Anstalt, auch wenn es sich um ein „Einschreiben" handelt, zurückschicken, muss aber (zwecks gerichtlicher Überprüfbarkeit der Zurückweisungsentscheidung) zumindest die/den Absender/-in und andere Charakteristika der Sendung, die einen eindeutigen Schluss auf den Inhalt der Sendung zulassen, notieren oder eine Kopie des Umschlags der Sendung anfertigen.[245] Wenn die Anstalt zur Vermittlung von (ausländischen) Zeitschriften nicht in der Lage ist, kann den Gefangenen ein Zeitschriftenbezug durch private Paketübersendung nicht generell versagt werden, da dies faktisch eine Versagung des Zeitschriftenbezugs wäre, die der Intention der Regelungen widerspricht.[246]

11   **c) In angemessenem Umfang.** Das Recht der Gefangenen auf den Bezug von Zeitungen und Zeitschriften beschränkt sich auf einen **angemessenen Umfang**. Diese Beschränkung gilt jedoch **nur für periodisch erscheinende und fortlaufend zu beziehende** Zeitungen und Zeitschriften,[247] also (grundsätzlich) nicht für Einzelexemplare.[248] Das ergibt sich aus dem Zweck der Vorschriften, der in der Sicherung eines angemessenen Umfangs bei fortlaufend zu beziehenden Druckwerken besteht.[249] Die Vollzugsbehörde darf, ohne eine inhaltliche Auswahl zu treffen,[250] den Umfang des Bezugs „angemessen" beschränken.

---

241   OLG Celle BlStV 1/1982, 7.
242   So auch *Laubenthal/Nestler/Neubacher/Verrel* G Rdn. 13; AK-*Boetticher* 2012 § 68 Rdn. 12.
243   LG Gießen NStZ-RR 2011, 190 (LS) – 2 StVK – Vollz 477/10; *Arloth/Krä* § 68 Rdn. 2; BeckOK-*Knauss* § 68 Rdn. 9; *Laubenthal* Rdn. 612.
244   OLG Hamm BlStV 4/5/1981, 1; OLG Frankfurt ZfStrVo 1993, 118 LS = BlStV 1/1993, 4.
245   OLG Brandenburg NStZ 2005, 290.
246   LG Gießen NStZ-RR 2011, 190 (LS) – 2 StVK – Vollz 477/10; *Laubenthal/Nestler/Neubacher/Verrel* Rdn. 8; AK-*Knauer* Teil II § 50 Rdn. 6. Vgl. dazu auch für **BW** die VV Nr. 11 zu § 60.
247   OLG Karlsruhe ZfStrVo 1986, 315; OLG Celle ZfStrVo 1986, 377; *Laubenthal/Nestler/Neubacher/Verrel* G Rdn. 12; *Laubenthal* Rdn. 613.
248   OLG Frankfurt NStZ 1992, 208; OLG Hamm v. 26.3.2013 – 1 Vollz (Ws) 80/13, FS 2014, 63; *Laubenthal/Nestler/Neubacher/Verrel* G Rdn. 12; *Laubenthal* Rdn. 613.
249   OLG Frankfurt NStZ 1992, 208; OLG Karlsruhe aaO.
250   AK-*Boetticher* 2012 § 68 Rdn. 7: keine Bevormundung der Gefangenen; *Arloth/Krä* § 68 Rdn. 1; BeckOK-*Knauss* § 68 Rdn. 10; *Laubenthal* Rdn. 612; *Ostendorf* § 5 Rdn. 47; OLG Hamm BlStV 4/5/1981.

Was „angemessen" ist, richtet sich auch nach den **räumlichen, organisatorischen und personellen Verhältnissen** der Anstalt.[251] Die gesetzlichen Regelungen in **BW** und **HE** heben das ausdrücklich hervor, indem für die Angemessenheit auch auf die verfügbare Kapazität für Haftraumkontrollen (**BW** § 60 Satz 2 i.V.m. § 58 Abs. 1 Satz 2 III, dazu Rdn. 25) bzw. ein mögliches unzumutbares Erschweren der Kontrollen wegen Behinderung der Übersichtlichkeit des Haftraums (**HE** § 30 Abs. 2 Satz 3 i.V.m. § 19 Abs. 1 Satz 2, dazu Rdn. 28) abgestellt wird. Neben den Kontrollen spielt wegen der Brandgefahr auch die Notwendigkeit eine Rolle, die Papiermenge in den Haftraumen zu begrenzen.[252] Würde ein Insasse sechs Tageszeitungen und acht Wochenzeitschriften beziehen wollen, so wäre es deshalb zulässig, ihn des „angemessenen Umfangs" wegen auf **zwei oder drei Tageszeitungen und drei oder vier Wochenzeitschriften** nach seiner Wahl zu beschränken.[253] Eine Beschränkung auf insgesamt nur drei Zeitungen oder Zeitschriften (also z.B. eine Tageszeitung, eine Wochenzeitung, eine Fachzeitschrift) würde dagegen dem Grundrecht der Informationsfreiheit nicht mehr gerecht.[254] Wird der/dem Gefangenen aufgegeben, den bisher geduldeten oder genehmigten Zeitschriftenbezug zu reduzieren, muss ihr/ihm Gelegenheit gegeben werden, Abonnements ordnungsgemäß zu kündigen und auslaufen zu lassen.[255] Praktische Bedeutung hat die Wortwahl „in angemessenem Umfang" angesichts der in der Regel beschränkten Mittel der Gefangenen und ihrer Angehörigen grundsätzlich nicht. Dadurch relativiert sich auch der Aufwand der Kontrolle eingehender Zeitungen und Zeitschriften, der von den Anstalten im Hinblick auf Beschränkungen vorgebracht und von den Gerichten zu häufig akzeptiert wird.[256]

Die **Verwendung** der Zeitungen und Zeitschriften **nach der Lektüre** ist gesetzlich nicht geregelt, sondern unterfällt den allgemeinen Regelungen zum Haftraum (2 F). Allerdings gab es in der früheren bundeseinheitlichen VV dazu Regelungen und die VVen mehrerer Bundesländer (**BW** VV zu § 60, **HB** VV zu § 50, **SL** VV zu § 50) enthalten entsprechende Vorschriften. Natürlich können die Druckwerke aus Gründen der Sicherheit und Ordnung nicht beliebig im Haftraum gelagert werden und auch die Verwahrung für die Insassen bei deren Habe in der Anstalt stößt auf **räumliche Grenzen**. Insassen müssen deshalb regelmäßig dulden, dass Tageszeitungen vernichtet werden, zumal dies ja auch den „Verhältnissen in der Freiheit" entspricht (zum Angleichungsgrundsatz 1 D Rdn. 4 ff).[257] Wollen Gefangene Teile einer Zeitschriften für sich behalten, so müssen sie die Artikel ausschneiden und sammeln. Fachzeitschriften müssen indessen aufbewahrt werden, falls ein berechtigtes Interesse an der Aufbewahrung besteht; das sollte auch für Zeitschriften gelten, die in der Außengesellschaft häufig aufgehoben werden.[258] Auch die **Weitergabe** von gelesenen Zeitungen oder Zeitschriften an andere Gefangene ist in den genannten Landes-VVen geregelt. Die Vollzugsbehörde kann die Weitergabe verbieten oder von ihrer Erlaubnis abhängig machen, wenn sie das Ziel des Vollzugs oder Sicherheit oder Ordnung der Anstalt gefährden würde. Wenn insoweit keine Bedenken beste-

---

251 *Laubenthal/Nestler/Neubacher/Verrel* G Rdn. 8; *Arloth/Krä* § 68 Rdn. 2; *Laubenthal* Rdn. 612; BeckOK-*Knauss* § 68 Rdn. 10; *Ostendorf* § 5 Rdn. 47 und OLG Hamm NStZ 1987, 574.
252 *Arloth/Krä* § 68 Rdn. 2.
253 BVerfG ZfStrVo 1982, 316; ähnlich OLG Hamm ZfStrVo 1987, 375 = NStZ 1987, 248: Beschränkungen auf fünf Zeitungen oder Zeitschriften; vgl. auch BeckOK-*Knauss* § 68 Rdn. 10; *Laubenthal/Nestler/Neubacher/Verrel* G Rdn. 8; *Laubenthal* Rdn. 612; *Ostendorf* § 5 Rdn. 47.
254 *Arloth/Krä* § 68 Rdn. 2.
255 *Arloth/Krä* § 68 Rdn. 2; AK-*Boetticher* 2012 § 68 Rdn. 10; BeckOK-*Knauss* § 68 Rdn. 11; OLG Hamm NStZ 1987, 248.
256 AK-*Knauer* Teil II § 50 Rdn. 6.
257 So auch *Arloth/Krä* § 68 Rdn. 2.
258 AK-*Knauer* Teil II § 50 Rdn. 6.

hen, können sich auch mehrere Gefangene grundsätzlich zusammenschließen, um gemeinsam nach **Art eines Lesezirkels** Zeitungen und Zeitschriften zu bestellen; wegen des geringen Einkommens der Gefangenen sollte die Weitergabe nicht unnötig erschwert werden.[259] Darüber hinaus enthalten die VVen in **BW, HB, HE** und **SL**[260] Regelungen zur Abbestellung, Umbestellung oder (Nicht-)Nachsendung von Publikationen.

12 **d) Auf eigene Kosten.** Die **Kosten des Bezugs** waren früher in der bundeseinheitlichen VV Nr. 2 geregelt (Verwendung von Hausgeld, Taschengeld oder Eigengeld).[261] Dass die Druckwerke auf eigene Kosten zu beziehen sind, wird nun in **fast allen** landesgesetzlichen Regelungen ausdrücklich klargestellt (**BE** § 54 Satz 1; **BB** § 60 Abs. 1; **HB** § 50 Abs. 1; **HH** § 51 Abs. 1; **HE** § 30 Abs. 2; **MV** § 50 Abs. 1: **NW** § 52 Abs. 2; **RP** § 59 Abs. 1; **SL** § 50 Abs. 1; **SN** § 50 Abs. 1; **ST** § 58 Abs. 1; **SH** § 67 Abs. 1; **TH** § 60 Abs. 1; in **BW** findet sich eine Regelung aber weiter in der VV; eine Regelung fehlt dagegen in **BY** und **NI**).[262] Auch schuldhaft nicht arbeitende Gefangene sind vom Bezug von Zeitungen und Zeitschriften nicht ausgeschlossen.[263]

13 **3. Nicht zugelassene Zeitungen und Zeitschriften.** Alle Landesgesetze (**BW** § 60 III, **BY** Art. 70, **BE** § 54, **BB** § 60, **HB** § 50, **HH** § 51, **HE** § 30 Abs. 2, **MV** § 50, **NI** § 65, **NW** § 52 Abs. 2 u. 3, **RP** § 59, **SL** § 50, **SN** § 50, **ST** § 58, **SH** § 67, **TH** § 60) enthalten (teilweise unterschiedlich formulierte, aber inhaltlich fast vollständig übereinstimmende) **Bezugsbeschränkungen,** die den Inhalt von Zeitungen und Zeitschriften betreffen. Diese entsprechen weitgehend dem Abs. 2 des § 68 StVollzG (s. Rdn. 5). Die Bezugsbeschränkungen werden an dieser Stelle abschließend aufgeführt, ein Rückgriff auf die allgemeinen Regelungen zur Rechtsstellung des Gefangenen (1 E Rdn. 24) ist nicht zulässig (vgl. 1 E Rdn. 29).[264] Ein Ausschluss oder eine Vorenthaltung aus anderen Gründen ist daher unzulässig (vgl. dazu Rdn. 14).[265] Die Regelungen gelten übrigens auch für Publikationen, die nicht über die Anstalt vermittelt worden sind.[266] Es wird (außer in **BW** § 60 Satz 2 i.V.m. § 58 Abs. 2 III, vgl. dazu Rdn. 25) unterschieden zwischen dem **generellen Ausschluss** bestimmter Druckwerke, der nur möglich ist, sofern die Verbreitung der Schriften mit Strafe oder Geldbuße bedroht ist (Rdn. 14), und dem Vorenthalten bzw. Entziehen **einzelner Ausgaben** oder Teile (dazu Rdn. 15ff).

14 **a) Generell ausgeschlossene Zeitungen und Zeitschriften.** Alle Landesgesetze bestimmen, dass alle Zeitungen und Zeitschriften vom Bezug **ausgeschlossen** sind (**generelles Verbot**), wenn deren **Verbreitung**[267] mit Strafe oder Geldbuße bedroht ist. Die Bundesländer, die die sprachliche Fassung aus ME § 50 Abs. 1 Satz 2 übernommen

---

259   So auch *Arloth/Krä* § 68 Rdn. 2; AK-*Knauer* Teil II § 50 Rdn. 6; BeckOK-*Knauss* § 68 Rdn. 13; a.A. *Grunau/Tiesler* 1982 Rdn. 1.
260   **BW:** VV zu § 60; **HB:** VV zu § 50; **HE:** VV § 19 Freizeit zu § 30; **SL:** VV zu § 50.
261   Ähnliche Regelungen finden sich auch heute noch in einigen VVs: **BW** VV zu § 60: Hausgeld, Sondergeld, Taschengeld, Eigengeld; **HB** VV zu § 50 (Hausgeld, Eigengeld); **SL** VV zu § 50 (Hausgeld, Taschengeld, Eigengeld).
262   *Arloth/Krä* § 51 HmbStVollzG Rdn. 1.
263   OLG Frankfurt INFO 1987, 783; AK-*Boetticher* 2012 § 68 Rdn. 8.
264   So auch AK-*Knauer* Teil II § 50 Rdn. 8; *Laubenthal/Nestler/Neubacher/Verrel* G Rdn. 9; *Laubenthal* Rdn. 613; *Arloth/Krä* § 68 Rdn. 3; a.A. *Grunau/Tiesler* 1982 Rdn. 3.
265   *Laubenthal/Nestler/Neubacher/Verrel* G Rdn. 9; *Laubenthal* Rdn. 613.
266   *Laubenthal* Rdn. 613.
267   Nur die Formulierung in **BW** § 60 Satz 2 i.V.m. § 58 Abs. 2 III weicht davon ab, da die Einschränkungen durch einen Verweis auf die Vorschriften zum Verbot von Gegenständen zur Freizeitbeschäftigung erfolgt (dazu, dass das nicht unproblematisch ist, vgl. Rdn. 25).

haben (**BB** § 60, **HB** § 50, **RP** § 59, **SL** § 50, **SN** § 50, **ST** § 58, **SH** § 67, **TH** § 60) betonen dabei ausdrücklich, dass es sich um eine Ausnahmevorschrift handelt (*„Ausgeschlossen sind lediglich Zeitungen oder Zeitschriften ..."*). In Betracht kommen vor allem Publikationen mit Bezug auf verfassungswidrige Organisationen (§§ 86, 86a StGB), zur Volksverhetzung (§ 130 StGB) oder mit Gewaltdarstellungen i.S.d. § 131 StGB. Hierher zählen aber auch pornographische Druckwerke, soweit diese von §§ 184–184c StGB erfasst werden.[268] Zudem können es Schriften sein, die zu Straftaten oder Ordnungswidrigkeiten aufrufen (§ 111 StGB, § 116 OWiG) oder den Staat bzw. Verfassungsorgane verunglimpfen (§§ 90–90b StGB).[269] Es reicht nicht aus, wenn der **Inhalt** der Druckerzeugnisse gegen Strafgesetze verstößt, vielmehr muss die **Verbreitung** der Zeitschrift mit Strafe oder Geldbuße bedroht sein.[270] Ein genereller Ausschluss aus anderen Gründen, z.B. wegen Gefährdung der Sicherheit oder Ordnung der Anstalt oder wenn die Lektüre der Zeitschrift keine sinnvolle Freizeitbeschäftigung darstellt,[271] ist nicht möglich; in solchen Fällen ist nur das Anhalten von Einzelausgaben gesetzlich vorgesehen (s. dazu nachfolgend).[272]

b) Vorenthaltung einzelner Ausgaben oder Teile. Alle landesrechtlichen Regelungen (**BW** § 60 III, **BY** Art. 70, **BE** § 54, **BB** § 60, **HB** § 50, **HH** § 51, **HE** § 30 Abs. 2, **MV** § 50, **NI** § 65, **NW** § 52 Abs. 3, **RP** § 59, **SL** § 50, **SN** § 50, **ST** § 58, **SH** § 67, **TH** § 60) sehen darüber hinaus vor, dass **einzelne Ausgaben** von Zeitungen oder Zeitschriften vorenthalten werden können, wenn sie (bzw. deren Kenntnisnahme) das Ziel des Vollzuges (Rdn. 18) oder die Sicherheit oder Ordnung der Anstalt (Rdn. 17) erheblich gefährden würden. Wegen der Bedeutung des Bezugs von Zeitungen und Zeitschriften sind die Regelungen im Lichte des eingeschränkten Grundrechts aus Art. 5 GG (vgl. dazu Rdn. 1) so auszulegen, dass dessen wertsetzende Bedeutung auf der Ebene der Rechtsanwendung zur Geltung kommt.[273] Vorenthalten meint das Anhalten einzelner Ausgaben von Zeitungen und Zeitschriften.[274] Allerdings enthalten nicht alle Gesetze auch eine Beschränkung auf bloße Teile von Ausgaben (Rdn. 20). Zudem stellen die meisten Länder klar, dass die Druckwerke dann nicht nur vorenthalten, sondern auch entzogen werden können (Rdn. 21). 15

aa) Erhebliche Gefährdung. Voraussetzung für ein Vorenthalten ist zunächst eine **erhebliche** Gefährdung, und der Eingriff muss geeignet und erforderlich sein, um diese erhebliche **Gefahr**, die **konkret und real** sein muss,[275] abzuwehren (**Abwägungsgebot**). Eine abstrakte Eignung zum Aufruf zum Kampf gegen die Justiz reicht dafür nicht aus.[276] 16

---

268 Vgl. dazu OLG München ZfStrVo **SH** 1979, 67 ff; OLG Saarbrücken ZfStrVo 1996, 249.
269 Zu weiteren Straftaten vgl. AK-*Knauer* Teil II § 50 Rdn. 9 sowie die baden-württembergische VV Nr. 2.1 zu § 60.
270 OLG Celle NdsRpfl. 2011, 133 = FS 2011, 55 (LS) – 1 Ws 387/10; *Arloth/Krä* § 68 Rdn. 3.
271 OLG Koblenz NStZ 1991, 308 = NJW 1992, 1337; BeckOK-*Knauss* § 68 Rdn. 18; *Laubenthal* Rdn. 613; *Ostendorf* § 5 Rdn. 50.
272 OLG Hamm v. 10.5.2016 – 1 Vollz (Ws) 1/16; *Laubenthal* Rdn. 612.
273 BVerfGE 7, 198, 208; 86, 1, 10 f; 90, 255, 259; NStZ 1995, 613; *Arloth/Krä* § 68 Rdn. 4; BeckOK-*Knauss* § 68 Rdn. 20.
274 *Arloth/Krä* § 68 Rdn. 4; AK-*Knauer* Teil II § 50 Rdn. 10; *Laubenthal/Nestler/Neubacher/Verrel* G Rdn. 10.
275 BVerfG NStZ 1995, 614 = ZfStrVo 1996, 175; OLG Hamm v. 26.3.2013 – 1 Vollz (Ws) 80/13, FS 2014, 63; OLG Jena ZfStrVo 2005, 79; AK-*Knauer* Teil II § 50 Rdn. 11; *Laubenthal/Nestler/Neubacher/Verrel* G Rdn. 8 u. 10; BeckOK-*Knauss* § 68 Rdn. 17 u. 21; *Laubenthal* Rdn. 613; *Arloth/Krä* § 68 Rdn. 4; *Kruis/Wehowsky* NStZ 1998, 595.
276 OLG Hamm v. 26.3.2013 – 1 Vollz (Ws) 80/13, FS 2014, 63 (zur Zeitschrift „Mit solidarischen Grüßen aus dem Knast").

Kritisiert wird die häufig nur **formelhafte Verwendung** der Begriffe „Sicherheit", „Ordnung" und „Vollzugsziel".[277] Statt eines formelhaften Gebrauchs der Eingriffsermächtigungen müssen Anstalten und Gerichte vielmehr in jedem Einzelfall eine substantiierte Subsumtion unter die gesetzlichen Tatbestandsalternativen vornehmen, d.h. die Anstalt muss sich mit den im jeweiligen Fall für und gegen die Anhaltung sprechenden Umständen konkret auseinandersetzen.[278] Die Vorenthaltung erfordert also immer eine **Prüfung im Einzelfall**.[279] Zu Beispielen aus der Rspr. vgl. Rdn. 22.

17   **bb) Gefährdung der Sicherheit oder Ordnung.** Im Hinblick auf das Gefährdungsziel der **Sicherheit**, ist zu prüfen, ob das Druckwerk konkret Flucht- oder Befreiungsvorhaben fördert (**äußere** Sicherheit) oder die Gefahr von Schäden für Personen (**innere** Sicherheit, z.B. Gesundheitsbeschädigung, Suizid, Gefahr für Anstaltsbedienstete) hervorrufen kann.[280] Die Anstaltssicherheit kann z.B. durch die bildliche Darstellung von Waffen (Schusswaffen, Handgranaten usw.) gefährdet werden, weil geschickte Gefangene anhand solcher Bilder täuschend ähnliche Attrappen (z.B. aus mit Schuhcreme geschwärztem Brotteig) bauen können.[281] Gefährdungen der **Ordnung** betreffen die Behinderung des geordneten und menschenwürdigen Zusammenleben von Gefangenen und Vollzugsbediensteten (vgl. zur Begriffsbestimmung auch 11 A Rdn. 5).[282]

18   **cc) Gefährdungen des Vollzugsziels.** Im Hinblick auf die Gefährdungen des Vollzugsziels finden sich zwar unterschiedliche Formulierungen in den Landesgesetzen,[283] gemeint ist aber in allen Gesetzen das gleiche, nämlich das Ziel der Befähigung der Gefangenen, künftig in sozialer Verantwortung ein Leben ohne Straftaten zu führen (dazu 1 C Rdn. 14ff). Ob eine das Vollzugsziel erheblich gefährdende Beeinflussung des Gefangenen zu befürchten ist, hängt von dem Inhalt des Artikels, seinem Gehalt, der Ausführlichkeit des Berichts und anderen Einzelheiten ab,[284] nicht zuletzt von der **Person des Empfängers**;[285] erforderlich ist also eine persönlichkeitsbezogene Prognose.[286] So macht es z.B. einen Unterschied, „ob man eine Stange Dynamit dem Hl. Franziskus oder einem Terroristen in die Hand gibt".[287] Bei Gefangenen, die einer verfassungsfeindlichen oder gewaltverherrlichenden Ideologie anhängen, können einschlägige Druckwerke folglich vorenthalten werden; gleichwohl wird dabei zu bedenken sein, dass der Umgang mit solcher Lektüre auch im Vollzug erlernt werden muss, um später nach der Entlassung straffrei leben zu können.[288]

19   **dd) Umfang des Vorenthaltens.** Alle drei unter bb) bis cc) genannten Gründe erlauben es grundsätzlich **nicht**, den Bezug einer periodisch erscheinenden Zeitung oder

---

277 Z.B. von *Baumann* StV 1992, 331f; AK-*Knauer* Teil II § 50 Rdn. 11.
278 *Arloth/Krä* § 68 Rdn. 4
279 OLG Nürnberg ZfStrVo 1993, 116 LS = BlStV 3/1993, 4.
280 AK-*Knauer* Teil II § 50 Rdn. 13f.
281 *Arloth/Krä* § 68 Rdn. 5.
282 AK-*Knauer* Teil II § 50 Rdn. 15.
283 Anstelle des Vollzugsziels spricht **BY** Art. 70 Abs. 2 Satz 2 von der „Erfüllung des Behandlungsauftrages" und **HE** § 30 Abs. 2 Satz 4 von der „Eingliederung". Diese abweichenden Formulierungen sind folgerichtig, da die Legalbewährung in diesen Ländern nicht als „Vollzugsziel" legaldefiniert ist, sondern in **BY** Art. 2 Satz 2 als „Behandlungsauftrag" sowie in **HE** § 2 Satz 1 als „Eingliederungsauftrag".
284 OLG Celle, Beschl. vom 26.11.1979 – 3 Ws 405/79.
285 So auch *Arloth/Krä* § 68 Rdn. 4; AK-*Knauer* Teil II § 50 Rdn. 12 mit verschiedenen Beispielen.
286 AK-*Boetticher* 2012 § 68 Rdn. 19.
287 So heißt es bei *Baumann* StV 1992, 332.
288 AK-*Knauer* Teil II § 50 Rdn. 12.

Zeitschrift **generell zu untersagen**,[289] da es dafür an einer Rechtsgrundlage fehlt.[290] Die generelle Untersagung kann auch nicht auf den unangemessenen Kontrollaufwand bei einer Zeitschrift gestützt werden, wenn eine Überprüfung von zwei Einzelausgaben deren Versagung begründeten.[291] Ein genereller Bezugsausschluss ist vielmehr nur unter den oben unter a) beschriebenen Voraussetzungen (Rdn. 14) möglich.[292] Deshalb muss **für jede eingehende Nummer** einer Zeitschrift gesondert geprüft werden, ob ihre Aushändigung das Ziel des Vollzugs erheblich gefährdet oder ob Teile der Zeitschrift aus diesen Gründen der/dem Gefangenen vorenthalten werden müssen.[293] Wenn sich bei vorausgegangenen Überprüfungen von Einzelausgaben jeweils gefährliche Tendenzen gezeigt haben, sollen gleichwohl stichprobenartige Überprüfungen der nachfolgenden Ausgaben ausreichend sein.[294] Dass jede eingehende Ausgabe einer Zeitschrift gesondert überprüft werden muss, ist übrigens nicht immer im Interesse der/des Gefangenen, denn so wird möglicherweise Geld in das Abonnement einer Zeitschrift investiert, die nicht gelesen werden kann, weil jede einzelne Nummer beanstandet wird. Bestellen Inhaftierte also solche Druckwerke, so müsste deshalb dieses **Risiko vorher mitgeteilt werden**.[295] Keinen Verstoß gegen Art. 5 GG stellt die **Zurückstellung der Aushändigung einer an einem Samstag erschienenen Tageszeitung** zwecks Durchführung der Prüfung einer Vorenthaltung auf den kommenden Montag dar, weil die Dienstzeiten der Beamten und Angestellten an den Wochenenden gewisse Einschränkungen des Anstaltsbetriebes erfordern; das gilt vor allem für solche Druckwerke, die (wie die „taz") erfahrungsgemäß häufig vorzuenthaltende Artikel oder Leserbriefe enthalten.[296]

Der **Grundsatz der Informationsfreiheit**, nach dem die Einbehaltung der Druckschriften auf das unerlässliche Maß beschränkt werden soll, erfordert zudem jeweils die Prüfung, ob eine **schonendere Maßnahme** ausreicht (**Verhältnismäßigkeitsgrundsatz**; vgl. auch 11 A Rdn. 9 ff), um die Funktionsfähigkeit des Strafvollzugs sicherzustellen.[297] Als weniger einschneidende Maßnahme kommt z.B. das **Schwärzen einzelner Artikel** in Frage,[298] während die **zeitweilige Überlassung der Druckwerke mit dem Verbot der Weitergabe** (auch wegen der Gefahr der Nichteinhaltung) in der Regel nicht ausreichen dürfte. Wegen der Möglichkeit unerlaubter Weitergabe oder von Tauschgeschäften kommt es für die Zulässigkeit einer Maßnahme im Übrigen nicht darauf an, ob die/der von der Maßnahme betroffene Gefangene (selbst) zum Kreis derjenigen Gefangenen gehört, deren Resozialisierung durch den Besitz der Zeitschrift gefährdet wäre.[299] 20

Sind offenkundig nicht alle Artikel einer angehaltenen Zeitschrift zu beanstanden, so ist es ermessensfehlerhaft, wenn ohne Begründung neben den beanstandeten auch

---

289 OLG Hamm v. 10.5.2016 – 1 Vollz (Ws) 1/16; OLG Koblenz NStZ 1984, 46; BeckOK-*Knauss* § 68 Rdn. 22; K/S-*Schöch* 2002 § 7 Rdn. 193; a.A. OLG Hamburg ZfStrVo **SH** 1978, 39.
290 Thüring. OLG NStZ-RR 2004, 317 = ZfStrVo 2005, 179.
291 OLG Celle v. 31.8.2010 – 1 Ws 387/10, FS 2011, 55 (LS).
292 A.A. offenbar KG ZfStrVo 1987, 251 LS.
293 Vgl. OLG Nürnberg NStZ 1981, 240; BeckOK-*Knauss* § 68 Rdn. 22; *Arloth/Krä* § 68 Rdn. 4.
294 OLG Celle v. 31.8.2010 – 1 Ws 387/10, FS 2011, 55 (LS); OLG Hamm v. 10.5.2016 – 1 Vollz (Ws) 1/16; BeckOK-*Knauss* § 68 Rdn. 22.
295 Ebenso K/S-*Schöch* § 7 Rdn. 193.
296 OLG Nürnberg ZfStrVo 1993, 116; *Laubenthal/Nestler/Neubacher/Verrel* G Rdn. 13; *Arloth/Krä* § 68 Rdn. 2 u. 4; BeckOK-*Knauss* § 68 Rdn. 9; a.A. AK-*Knauer* Teil II § 50 Rdn. 6 unter Verweis auf den Angleichungsgrundsatz.
297 BVerfGE 41, 251; *Frielinghaus* BIStV 1979, 5; *Ostendorf* § 5 Rdn. 49.
298 LG Lüneburg, Beschl. vom 26.7.1977 – 17 StVK 260/77; AK-*Knauer* Teil II § 50 Rdn. 10; *Arloth/Krä* § 68 Rdn. 4; BeckOK-*Knauss* § 68 Rdn. 23.
299 LG Regensburg ZfStrVo **SH** 1977, 30.

die unbeanstandeten Teile einbehalten werden.[300] Deshalb erscheint der Beschluss des OLG Nürnberg[301] nicht unbedenklich, nach dem der Gefangene den **Verlust einer nicht beanstandeten Vor- und Rückseite** hinnehmen muss, wenn einzelne Teile von beidseitig bedruckten Zeitungen oder Zeitschriften vorenthalten werden.[302] Auf die Möglichkeit des **Schwärzens** soll sich die JVA nach dieser Rechtsprechung in solchen Fällen wegen des damit verbundenen Verwaltungsaufwands nicht verweisen lassen müssen;[303] das kann jedoch nicht generell gelten, weil sonst das mildere Mittel des „Schwärzens" gar nicht in Betracht kommen würde. Eine komplette Vorenthaltung einer Ausgabe anstelle des Schwärzens kommt jedoch in Betracht, „wenn die Vielzahl der beanstandeten Stellen nur noch ein Torso der Zeitschrift übrig ließe".[304] Das aufwändige Schwärzen wollen sich einige Länder (**BB** § 60, **HB** § 50, **MV** § 50, **RP** § 59, **SL** § 50, **SN** § 50, **ST** § 58, **SH** § 67, **TH** § 60) offensichtlich ersparen, die die Regelung aus **ME** § 50 Abs. 1 Satz 3 übernommen haben, in der lediglich das Vorenthalten ganzer Ausgaben **nicht aber auch von Teilen** vorgesehen ist. Nach der Gesetzesbegründung soll ausdrücklich das Schwärzen entbehrlich gemacht werden.[305] Da die komplette Vorenthaltung nach dem gesetzgeberischen Willen also schon bei Gefährdungen durch einen Artikel möglich sein soll, ist fraglich, ob die Regelung eine zulässige Einschränkung des Grundrechts aus Art. 5 Abs. 1 GG darstellt.[306] Insofern wird in den genannten Ländern das Schwärzen und Entfernen einzelner Passagen trotz der abweichenden gesetzlichen Regelung weiterhin als milderes Mittel in Betracht kommen.[307] Auch die Regelung aus **BW** § 60 Satz 2 i.V.m. § 58 Abs. 2 III ermöglicht zwar die Vorenthaltung insgesamt, nach der Gesetzesbegründung soll hier aber die Vorenthaltung einzelner Teile als milderes Mittel möglich bleiben (Rdn. 25).[308]

21   **ee) Entzug von Zeitungen und Zeitschriften.** Die meisten Landesgesetze (**BE** § 54, **BB** § 60, **HB** § 50, **MV** § 50, **RP** § 59, **SL** § 50, **SN** § 50, **ST** § 58, **SH** § 67, **TH** § 60) sehen nun ausdrücklich vor, dass unter den genannten Voraussetzungen Druckwerke nicht nur vorenthalten werden dürfen, sondern auch entzogen. Die Bedeutung dieses Merkmals wird in den Gesetzesbegründungen nicht näher erläutert, aber es wird wohl die Entfernung einer bereits im Besitz der/des Gefangenen befindlichen Zeitung oder Zeitschrift gemeint sein. Diese wurde früher auf die Vorschrift zum Widerruf (§ 14 StVollzG) gestützt.[309] In dieselbe Richtung geht die Regelung in **BW** § 60 Satz 2 i.V.m. § 58 Abs. 4 III, nach der die Besitzerlaubnis unter denselben Voraussetzungen widerrufen werden kann (vgl. Rdn. 25). Aus rechtsstaatlichen Gründen ist die Klarstellung sehr zu begrüßen, zumal damit nicht mehr auf eine (problematische) Analogie zulasten der Gefangenen zu-

---

300   OLG Hamburg ZfStrVo **SH** 1978, 39; *Laubenthal/Nestler/Neubacher/Verrel* G Rdn. 10.
301   NStZ 1981, 240 = BlStV 1/1982, 7; so auch OLG Frankfurt NStZ 1987, 358 und OLG Hamm NJW 1992, 1337 = BlStV 4/1992, 4. Zustimmend *Laubenthal/Nestler/Neubacher/Verrel* G Rdn. 10; BeckOK-*Knauss* § 68 Rdn. 23; *Arloth/Krä* § 68 Rdn. 4; *Laubenthal* Rdn. 613.
302   So auch AK-*Boetticher* 2012 § 68 Rdn. 16.
303   So auch OLG Jena ZfStrVo 2005, 79.
304   OLG Celle v. 31.8.2010 – 1 Ws 387/10, FS 2011, 55 (LS).
305   Begr. zum ME-StVollzG, 118; vgl. z.B. auch die Begründung aus **BB**, LT-Drucks. 5/6437, 62.
306   So auch AK-*Knauer* Teil II § 50 Rdn. 3.
307   AK-*Knauer* Teil II § 50 Rdn. 10; a.A. *Laubenthal/Nestler/Neubacher/Verrel* G Rdn. 10 und *Arloth/Krä* § 50 SächsStVollzG Rdn. 1, die das Fehlen einer entsprechenden Regelung zum Vorenthalten von Teilen einer Ausgabe offensichtlich hinnehmen.
308   **BW** LT-Drucks. 14/5012, 229. *Laubenthal/Nestler/Neubacher/Verrel* G Rdn. 10 und *Arloth/Krä* § 62 JVollzGB III Rdn. 1 gehen daher für **BW** auch davon aus, dass es aus Gründen der Verhältnismäßigkeit weiterhin in Betracht kommt, nicht den Bezug insgesamt zu untersagen, wenn es ausreicht, einzelne Ausgaben oder Teile vorzuenthalten.
309   OLG Hamm NStZ 1987, 248; AK-*Knauer* Teil II § 50 Rdn. 10.

rückgegriffen werden muss; gleichwohl ist der Vertrauensschutz bei der Entscheidung immer mit zu berücksichtigen.[310]

ff) Beispiele aus der Rechtsprechung.[311] Eine erhebliche Gefährdung des Vollzugsziels hat die Rspr. z.B. dann bejaht, wenn ein Druckwerk (**erste Fallgruppe**) eine **unmäßig überzogene und böswillige Kritik an den Strafvollstreckungsorganen** übt,[312] etwa bei Beleidigungen von Richter/-innen, Staatsanwält/-innen oder Polizeibeamten;[313] **sachliche Kritik ist hinzunehmen.** Vollzugsziel und Sicherheit und Ordnung werden nach der Rspr. zudem erheblich gefährdet (**zweite Fallgruppe**), wenn der beanstandete Artikel **in seiner Gesamtschau eine verunglimpfende, agitatorische und zersetzende Tendenz gegenüber Staat und Gesellschaft** verfolgt, die Verweigerungs- und Abwehrhaltung erzeugt[314] (vgl. auch D Rdn. 21 zum „Ratgeber für Gefangene" und ähnlichen Schriften) bzw. auf entsprechende Solidarisierungsmaßnahmen hinwirkt.[315] Das ist besonders dann der Fall, wenn (wie z.B. in der „taz"-Ausgabe vom 17.10.1990) Dachbesteigungen, Arbeitsverweigerung und Hungerstreik nach dem Zusammenhang des beanstandeten Artikels als nachahmenswert hingestellt werden.[316] Allgemein zugängliche Ausgaben von Zeitschriften mit **rechts- oder linksextremistischem Gedankengut** können auch dann vorenthalten werden, wenn die/der Gefangene als **„unbelehrbar"** eingeschätzt wird, also als gar nicht mehr beeinflussbar gilt: hier durch die „HNG-Nachrichten".[317] Das wird ebenfalls für **salafistische** Druckwerke gelten.[318]

Eine erhebliche Gefährdung der Sicherheit und Ordnung wird von Teilen der Rspr. ferner (**dritte Fallgruppe**) in Bezug auf **pornographische Inhalte**[319] von Druckwerken bejaht. Unstreitig kann die Aushändigung von Pornoheften abgelehnt werden, wenn deren Verbreitung strafbar wäre (vgl. schon Rdn. 14).[320] Inwieweit das aber auch für andere pornographische Druckwerke gilt, muss differenzierend betrachtet werden. Unstreitig dürfen Sexhefte, die „draußen" offen über den Ladentisch verkauft werden („**Softpornos**" wie „Playboy", „Penthouse" oder auch „Sexy") im Strafvollzug nicht verweigert werden.[321] Anders ist dies allenfalls bei Sexualstraftätern, bei denen aus Gründen der Resozialisierung bisweilen eine weitergehende Beschränkung von pornographischen Zeitschriften befürwortet wird.[322] Bei härterer Pornographie sind die Rechtsprechung und Teile der Literatur dagegen restriktiver. **Hardcore-Pornos**,[323] etwa Bilder nackter oder

---

310 AK-*Knauer* Teil II § 50 Rdn. 10; *Laubenthal* Rdn. 612: mögliche Selbstbindung der Verwaltung, wenn eine Zeitschrift ohne Genehmigung über einen längeren Zeitraum hinweg unbeanstandet bezogen wurde.
311 Vgl. auch die Beispiele bei *Laubenthal/Nestler/Neubacher/Verrel* G Rdn. 13, *Arloth/Krä* § 68 Rdn. 5, AK-*Knauer* Teil II § 50 Rdn. 12 ff; BeckOK-*Knauss* § 68 Rdn. 25 f und *Ostendorf* § 5 Rdn. 52.
312 OLG Hamburg BlStV 3/1978, 1 = ZfStrVo 1980, 125; LG Traunstein NStZ 1984, 431; BVerfG ZfStrVo 1996, 244; BeckOK-*Knauss* § 68 Rdn. 24; zu Recht krit. AK-*Boetticher* 2012 § 68 Rdn. 22 f.
313 OLG Nürnberg, Beschl. vom 27.1.1987 – Ws 1233/86; *Laubenthal/Nestler/Neubacher/Verrel* G Rdn. 13.
314 OLG Hamm NStZ 1985, 143; KG BlStV 3/1987, 6.
315 OLG Hamm NJW 1992, 1337 m.w.N. = BlStV 4/1992, 4.
316 OLG Hamm aaO.
317 KG Berlin, Beschl. vom 9.5.2006 – 5 Ws 140/06; vgl. auch BVerfG NStZ 1995, 613 = ZfStrVo 1996, 175.
318 *Arloth/Krä* § 68 Rdn. 5 unter Verweis auf LG Marburg v. 20.5.2016 – 4a StVK 222/15, BeckRS 2016, 12369 (die Entscheidung bezieht sich gleichwohl auf salafistische Bücher).
319 Zur Definition LG Zweibrücken ZfStrVo 1996, 249.
320 Nach LG Freiburg ZfStrVo 1994, 375.
321 LG Freiburg aaO; K/S-*Schöch* 2002 § 7 Rdn. 194, *Arloth/Krä* § 68 Rdn. 5; AK-*Knauer* Teil II § 50 Rdn. 15.
322 Vgl. *Arloth/Krä* § 68 Rdn. 5; AK-*Knauer* Teil II § 50 Rdn. 12.
323 Das sind nach *Arloth/Krä* § 68 Rdn. 5 solche, die in Geschäften mit Altersbegrenzung verkauft werden.

nur zum Teil bekleideter Frauen, die das Augenmerk des Betrachters in erster Linie auf gespreizte Schenkel und geöffnete Genitalien lenken und damit die abgebildeten Personen zu bloßen austauschbaren Objekten sexueller Triebbefriedigung degradieren, können demnach verweigert werden.[324] Dementsprechend können auch einzelne Ausgaben oder Teile einer Homophilenzeitschrift vorenthalten werden.[325] Das OLG München[326] weist zudem darauf hin, dass pornographische Darstellungen nach Inhalt und Zielsetzung nicht oder nur ganz beiläufig Informationsträger sind und daher auch nicht an den Grundrechten der Informationsfreiheit teilnehmen können. *Knauer*[327] betont hingegen, dass die fortschreitende sexuelle Emanzipation und Liberalisierung in der Außengesellschaft auch vor dem Gefängnis nicht haltmachen darf. Gleichwohl kann eine Vorenthaltung im Einzelfall wegen erheblicher Gefährdung des Vollzugsziels oder der Sicherheit oder der Ordnung der Anstalt durchaus in Betracht kommen.[328]

III. Landesgesetzliche Besonderheiten

23   Die folgenden Erläuterungen zu den landesgesetzlichen Regelungen zur Freizeit heben nur die jeweiligen landesrechtlichen Besonderheiten hervor, denn in weiten Teilen finden sich Übereinstimmungen sowohl zwischen den Ländern als auch zu § 68 StVollzG, so dass diesbezüglich auf die Erläuterungen unter II (Rdn. 5ff) verwiesen wird. Ein Überblick über die Unterschiede zwischen den Landesgesetzen findet sich in Rdn. 5. Die meisten Länder haben die Regelung aus **ME** § 50 wortgleich (**HB** § 50, **MV** § 50, **SL** § 50, **SN** § 50, **SH** § 67) oder zumindest nahezu wortgleich (**BB** § 60, **RP** § 59, **ST** § 58, **TH** § 60) übernommen, so dass diese gemeinsam dargestellt werden. Weitere Länder werden zusammengefasst erläutert, da ihre Regelungen (trotz z.T. unterschiedlicher Formulierungen) inhaltlich übereinstimmen (einerseits **BY** Art. 70 mit **NI** § 65; andererseits **BE** § 54, **HH** § 51 und **NW** § 52 Abs. 2 u. 3). Allein in **BW** § 60 III und **HE** § 30 Abs. 2 gibt es größere Abweichungen, so dass diese einzeln erläutert werden.

1. Länder, die sich am ME-StVollzG orientieren.

24   a) **Bremen, Mecklenburg-Vorpommern, Saarland, Sachsen, Schleswig-Holstein.** HB § 50, MV § 50,[329] SL § 50, SN § 50 und SH § 67 haben ME § 50 wortgleich übernommen, d.h. einschließlich der darin auch enthaltenen Regelungen zu religiösen Gegenständen. ME § 50 Abs. 1 stimmt in weiten Teilen mit § 68 StVollzG wörtlich überein (vgl. Rdn. 5), enthält jedoch einen Hinweis auf die Kostentragungspflicht der Gefangenen (vgl. Rdn. 12). In Bezug auf den Ausschluss von Druckwerken heben die Länder zudem hervor, dass *„lediglich"* solche Zeitungen und Zeitschriften ausgeschlossen sind, deren Verbreitung mit Strafe oder Geldbuße bedroht ist (Rdn. 14). Darüber hinaus gibt es zwei Unterschiede in den Voraussetzungen für das Vorenthalten von Zeitungen und Zeitschriften. Erstens wird gesetzlich klargestellt, dass nicht nur das Vorenthalten möglich ist, sondern auch die Entziehung (Rdn. 21). Und zweitens sollen erhebliche Gefährdungen für die Erreichung des Vollzugszieles, der Sicherheit oder Ordnung – anders als in § 68 Abs. 2 Satz 2 StVollzG – nicht nur zum Vorenthalten von **Ausgaben oder Teilen** der

---

324   LG Zweibrücken ZfStrVo 1996, 249.
325   LG Arnsberg BlStV 2/1978, 8; vgl. auch OLG Hamm BlStV 6/1981, 5; OLG Nürnberg ZfStrVo 1984, 188.
326   OLG München ZfStrVo **SH** 1979, 67 ff.
327   AK-*Knauer* Teil II § 50 Rdn. 15.
328   So auch K/S-*Schöch* 2002 § 7 Rdn. 194.
329   In **MV** § 50 gibt es eine kleine Abweichung, denn das Wort „lediglich" fehlt in Abs. 1 Satz 2.

Druckwerke berechtigen, sondern grundsätzlich zur **Vorenthaltung** (oder Entziehung) **der gesamten Ausgaben** (vgl. Rdn. 20). Damit soll entbehrlich werden, „einzelne Passagen [...] schwärzen oder entfernen zu müssen".[330] Da die komplette Vorenthaltung nach dem gesetzgeberischen Willen ausdrücklich schon bei Gefährdungen durch einen Artikel möglich sein soll, ist fraglich, ob die Regelung eine zulässige Einschränkung des Grundrechts aus Art. 5 Abs. 1 GG darstellt.[331]

HB und **SL** haben die alte bundeseinheitliche VV weitgehend übernommen (vgl. zu dieser die Voraufl.).

b) **Brandenburg, Rheinland-Pfalz, Sachsen-Anhalt, Thüringen.** Auch **BB** § 60, **RP** § 59, **ST** § 58 und **TH** § 60 übernehmen die Regelung (fast) wortgleich aus **ME** § 50, so dass die Ausführungen unter a) uneingeschränkt gelten. Unterschiede bestehen allein in der fehlenden Zusammenfassung mit den Vorschriften für religiöse Gegenstände; zudem gibt es kleinere Abweichungen, weil auch Regelungen für die Untersuchungshaft sowie den Jugendstrafvollzug in den genannten Paragraphen enthalten sind.

2. Baden-Württemberg. BW hat als einziges Bundesland für Zeitungen und Zeit- 25 schriften in **BW** § 60 III nur eine ganz kurze Regelung erlassen, die in **Satz 1** das Recht zum Bezug von Druckwerken in angemessenem Umfang normiert. Darüber hinaus verweist **Satz 2** auf bestimmte Regelungen für Gegenstände zur Freizeitbeschäftigung (**BW** § 58 Abs. 1 Satz 2, Abs. 2 und 4 III). Die Regelung weicht an mehreren Stellen von denen der anderen Länder ab, dennoch gibt es grundsätzliche Übereinstimmungen in den wesentlichen Aspekten. Allerdings wird bzgl. der Angemessenheit des Umfangs auch auf die Kontrollkapazität der Anstalt sowie auf den Wert der Gegenstände abgestellt (**BW** § 58 Abs. 1 Satz 2 III; vgl. Rdn. 11). Letzteres dürfte für Zeitungen und Zeitschriften praktisch bedeutungslos sein, da es kaum eine geben dürfte, die wegen des Werts auszuschließen wäre. Zudem ist **BW** das einzige Land, in dem auf die Unterscheidung zwischen dem (generellen) Ausschluss und dem Vorenthalten (einzelner Ausgaben oder von Teilen davon) verzichtet wird. Durch den Verweis auf die Vorschriften zum Verbot von Gegenständen zur Freizeitbeschäftigung ist die Regelung zum Ausschluss bestimmter Druckwerke inhaltlich problematisch. In **BW** § 58 Abs. 2 III wird nämlich nicht auf die Strafbarkeit der Verbreitung, sondern auf Besitz, Überlassung oder Benutzung abgestellt. Das ist insoweit fragwürdig, als im StGB konkret die Verbreitung von Schriften unter Strafe gestellt wird, regelmäßig nicht aber Besitz, Überlassung oder Benutzung. Es scheint sich jedoch um ein gesetzgeberisches Versehen zu handeln, denn in der VV Nr. 2.1 zu **BW** § 60 III werden genau die Taten genannt, bei denen die Verbreitung strafbar ist. Darüber hinaus wird die Vorenthaltung von Druckwerken durch **BW** § 60 Satz 2 i.V.m. § 58 Abs. 2 III nicht auf einzelne Ausgaben oder Teile beschränkt (vgl. Rdn. 20). In der Gesetzesbegründung wird gleichwohl darauf hingewiesen, dass aus Gründen der Verhältnismäßigkeit in Betracht kommt, nicht den Bezug insgesamt zu untersagen, sondern nur einzelne Teile oder Ausgaben vorzuenthalten.[332] Auch die VV Nr. 2.3 zu **BW** § 60 III weist ausdrücklich darauf hin, dass wenn Teile von Druckwerken vorenthalten werden, diese durch Farbe unleserlich zu machen sind. Wegen der Bedeutung für die Ausübung des Art. 5 Abs. 1 GG hätte diese Einschränkung allerdings schon im Gesetzestext zum Ausdruck kommen sollen. Schließlich ermöglicht der Verweis auf **BW** § 58 Abs. 2

---

330 Z. B. **HB** Bürgerschafts-Drucks. 18/1475, 119; **MV** LT-Drucks. 6/1337, 104.
331 So auch AK-*Knauer* Teil II § 50 Rdn. 3.
332 **BW** LT-Drucks. 14/5012, 229; darauf stellen auch *Laubenthal/Nestler/Neubacher/Verrel* G Rdn. 11 sowie *Arloth/Krä* § 60 JVollzGB III Rdn. 1 ab.

Nr. 3 III auch ein Vorenthalten von Zeitungen und Zeitschriften, wenn eine Überprüfung auf eine missbräuchliche Verwendung mit vertretbarem Aufwand nicht leistbar wäre – dies wird praktisch wohl kaum eine Bedeutung haben, da Druckwerke (anders als Gegenstände zur Freizeitbeschäftigung, für die diese Regelung eigentlich gilt) kaum missbräuchlich verwendbar sein dürfen. Ansonsten wird die Vertretbarkeit des Aufwands ebenso an Art. 5 Abs. 1 GG zu messen sein.

26   **3. Bayern und Niedersachsen.** BY Art. 70 und NI § 65 sind nahezu wortgleich mit § 68 StVollzG (vgl. Rdn. 5). Trotz der jeweils abweichenden Wortwahl in Abs. 2 (anstelle der Gefährdung des Vollzugszieles wird in **BY** die Gefährdung der „Erfüllung des Behandlungsauftrags" genannt und in **NI** wird auf „das Vollzugsziel nach § 5 Satz 1" verwiesen; vgl. dazu schon Rdn. 18) gibt es inhaltlich keinerlei Unterschied, denn die Legaldefinition des Vollzugszieles in § 2 Satz 1 StVollzG ist identisch mit der Legaldefinition des „Behandlungsauftrages" in **BY** Art. 2 Satz 2 und auch mit den Inhalten von **NI** § 5 Satz 1 (in dem es lediglich keine Legaldefinition gibt). Rspr. zur bayerischen Regelung findet sich bei Rdn. 8,[333] solche zur niedersächsischen Regelung bei Rdn. 7, 14 und 19 f.[334]

27   **4. Berlin, Hamburg, Nordrhein-Westfalen.** Die Regelungen in **BE** § 54, **HH** § 51 und **NW** § 52[335] entsprechen inhaltlich im Wesentlichen dem § 68 StVollzG (s. Rdn. 5), auch wenn sie sprachlich unterschiedlich gefasst sind. Abweichend davon wird lediglich ergänzend die Kostenfrage zulasten des Gefangenen geregelt (vgl. Rdn. 12). Rspr. zur nordrhein-westfälischen Regelung findet sich bei Rdn. 14 u. 19.[336]

28   **5. Hessen.** HE regelt den Bezug von Zeitschriften und Zeitungen weitgehend identisch mit § 68 StVollzG in **HE** § 30 Abs. 2 Satz 2–5.[337] Wie auch in den meisten anderen Ländern wird allerdings hervorgehoben, dass die Kosten von den Gefangenen zu tragen sind (vgl. Rdn. 12). Zudem wird bzgl. der Angemessenheit des Umfangs ergänzend auf die Übersichtlichkeit des Haftraums sowie das Erschweren von Kontrollen abgestellt (**HE** § 30 Abs. 2 Satz 3 i.V.m. § 19 Abs. 1 Satz 2; vgl. Rdn. 11); hinsichtlich der Anforderungen an eine Beschränkung aus diesen Gründen wird allerdings die besondere Bedeutung von Art. 5 Abs. 1 Satz 1 GG zu beachten sein.[338] Soweit in **HE** § 30 Abs. 2 Satz 5 auf die erhebliche Gefährdung der Eingliederung (statt des Vollzugszieles) abgestellt wird, ist damit (wie in **BY** und **NI**) kein inhaltlicher Unterschied verbunden, denn die hessische Legaldefinition der Eingliederung (**HE** § 2 Satz 1) entspricht der alten bundesgesetzlichen Legaldefinition des Vollzugszieles (**HE** § 2 Satz 1); vgl. dazu schon Rdn. 18.

---

333   OLG Nürnberg NStZ 2009, 216.
334   OLG Celle NdsRpfl. 2011, 133.
335   Systematisch unterscheidet sich die Normierung in **NW** von denen der anderen Länder, denn in **NW** sind die Regelungen zu Zeitungen und Zeitschriften mit denen zu den Gegenständen der Freizeitbeschäftigung in einem Paragraphen zusammengefasst.
336   OLG Hamm v. 10.5.2016 – 1 Vollz (Ws) 1/16.
337   Allerdings unterscheidet sich die Systematik von der des StVollzG, denn in **HE** § 30 sind (außer dem Sport) alle Regelungen zur Freizeitgestaltung (also auch solche zum Fernseh- und Hörfunkempfang sowie zu den Gegenständen zur Freizeitgestaltung) zusammengefasst.
338   AK-*Knauer* Teil II § 50 Rdn. 3.

C. Hörfunk und Fernsehen, Informations- und Unterhaltungselektronik

Bund	§ 69 StVollzG
Baden-Württemberg	BW §§ 58 Abs. 3, 59 JVollzGB III
Bayern	BY Art. 71, 72 Abs. 2 Nr. 2 BayStVollzG
Berlin	BE § 56 StVollzG Bln
Brandenburg	BB § 61 BbgJVollzG
Bremen	HB § 51 BremStVollzG
Hamburg	HH § 52 HmbStVollzG
Hessen	HE § 30 Abs. 3–5 HStVollzG
Mecklenburg-Vorpommern	MV § 51 StVollzG M-V
Niedersachsen	NI §§ 66, 67 NJVollzG
Nordrhein-Westfalen	NW §§ 51, 52 Abs. 1 u. 4 StVollzG NRW
Rheinland-Pfalz	RP § 60 LJVollzG
Saarland	SL § 51 SLStVollzG
Sachsen	SN § 51 SächsStVollzG
Sachsen-Anhalt	ST § 59 JVollzGB LSA
Schleswig-Holstein	SH § 68 LStVollzG SH
Thüringen	TH § 61 ThürJVollzG
Musterentwurf	ME § 51 ME-StVollzG

Schrifttum

S. bei 5 A.

Übersicht

I. Allgemeine Hinweise —— 1–4
II. Erläuterungen —— 5–32
  1. Überblick über die Regelungen in den Bundesländern —— 5
  2. Ermöglichung der Teilnahme am Hörfunk und Fernsehen —— 6–10
    a) Subjektiv-öffentliches Recht —— 6
    b) Gemeinschaftsrundfunk —— 7, 8
    c) Regelung der Programmauswahl —— 9
    d) Einschränkungen —— 10
  3. Voraussetzungen für die Aufstellung eigener Hörfunk-/Fernsehgeräte —— 11–23
    a) Überblick über die Systematik und die unterschiedlichen Voraussetzungen in den Ländern —— 12
      aa) Bedeutung der Informationsfreiheit —— 13
      bb) Gefährdung der Sicherheit oder Ordnung der Anstalt —— 14–16
      cc) Übersichtlichkeit des Haftraums und Angemessenheit des Umfangs —— 17
      dd) Gefährdung des Vollzugsziels —— 18
      ee) Mit Strafe oder Geldbuße bedroht —— 19
    b) Verweisung auf Mietgeräte oder Haftraummediensystem und Übertragung an Dritte —— 20–22
    c) Betrieb von Empfangsanlagen —— 23
  4. Voraussetzungen für die Zulassung von anderen Geräten der Informations- und Unterhaltungselektronik —— 24–28
    a) Überblick über die Systematik in den Ländern —— 25
    b) Voraussetzungen für die Zulassung —— 26, 27
    c) Verweisung auf Mietgeräte oder Haftraummediensysteme —— 28
  5. Verhältnis zu anderen Formen der Telekommunikation —— 29
  6. Folgen des Erlaubnismissbrauchs —— 30
  7. Folgen bei Verlegungen —— 31
  8. Kosten —— 32
III. Landesgesetzliche Besonderheiten —— 33–46
  1. Länder, die sich am Musterentwurf orientieren —— 34–40
    a) Schleswig-Holstein —— 35

b) Brandenburg, Bremen, Rheinland-Pfalz,
   Saarland, Thüringen —— 36
c) Berlin —— 37
d) Mecklenburg-Vorpommern —— 38
e) Sachsen —— 39
f) Sachsen-Anhalt —— 40

2. Baden-Württemberg —— 41
3. Bayern —— 42
4. Hamburg —— 43
5. Hessen —— 44
6. Niedersachsen —— 45
7. Nordrhein-Westfalen —— 46

I. Allgemeine Hinweise

1 Im Rahmen der **Informationsfreiheit** (Art. 5 Abs. 1 GG) ist nicht nur der Bezug von Zeitungen und Zeitschriften relevant (vgl. C Rdn. 1), seit einigen Jahrzehnten besitzen darüber hinaus Hörfunk und Fernsehen und inzwischen auch seit vielen Jahren das Internet[339] eine immer größer werdende Bedeutung für dieses Grundrecht. Neben den auch bei der Verweigerung des Bezuges von Druckwerken relevanten Streitfragen zur Gefährdung von Vollzugsziel bzw. Sicherheit oder Ordnung (vgl. dazu B Rdn. 17 f) sind hier jedoch noch weitere (Sicherheits-)Fragen erheblich, die zu einer sehr umfassenden Rechtsprechung geführt haben, z.B. die Möglichkeiten zur Nutzung der eigenen Geräte als Verstecke oder zum Missbrauch zur Datenspeicherung oder Kommunikation (s. dazu Rdn. 14 ff und 27).

2 **Hörfunk und Fernsehen** waren in § 69 StVollzG geregelt, der laut BVerfG verfassungskonform war.[340] § 69 Abs. 1 StVollzG sah die Teilnahme am Hörfunkprogramm der Anstalt sowie am gemeinschaftlichen Fernsehen vor (mit ergänzenden Vorschriften zur Auswahl der Sendungen sowie zur vorübergehenden Aussetzung), Abs. 2 enthielt einen Anspruch auf Zulassung eigener Geräte. § 69 Abs. 2 StVollzG war durch das 4. StVollzG-ÄndG vom 26.8.1998 (BGBl. I, 2461) neu gefasst worden. Bis dahin waren eigene Fernsehgeräte nur in *„begründeten Ausnahmefällen"* zugelassen, nach der Neufassung fiel diese Einschränkung weg.[341] Mit der Novellierung wollte der Gesetzgeber „der herausragenden Bedeutung des Fernsehens im Freizeitverhalten von Menschen in Freiheit wie in Haft im Sinne des **Angleichungsgrundsatzes** Rechnung tragen"[342] und hoffte, dass die „grundsätzliche Zulassung eigener Fernsehgeräte letztlich dazu beitragen wird, einen **Ausgleich für das zum Teil zu geringe Freizeitangebot** in den Anstalten zu schaffen".[343] Mit diesen Sätzen ist allerdings zugleich auch das Eingeständnis verbunden, dass zumindest Teile der Zielsetzung der Etablierung eines Resozialisierungsvollzuges (wie er dem Gesetzgeber des StVollzG vorgeschwebt hat) nicht umgesetzt werden konnten: Sinnvolle Freizeit- und Fortbildungsangebote sind nach wie vor nicht ausreichend vorhanden (dazu A Rdn. 5).

3 Regelungen zu Geräten der **Informations- und Unterhaltungselektronik** enthielt das StVollzG nicht, so dass diesbezüglich auf die allgemeine Regelung zum Besitz von Gegenständen für die Freizeitbeschäftigung zurückgegriffen werden musste (vgl. dazu D). Die Gerichte hatten in den letzten Jahren immer häufiger über abgelehnte Anträge auf Nutzung von Spielekonsolen und **Computern** zu entscheiden (vgl. dazu Rdn. 27),

---

339 Vgl. zur Bedeutung der Informationsfreiheit im Hinblick für den Internet-Zugang in Haft die Entscheidungen des EGMR v. 19.1.2016 – 17429/10 (Kalda vs. Estland) und v. 17.4.2017 – 21575/08 (Jankovskis vs. Litauen) m. Anm. *Bode* ZIS 2017, 348 ff sowie ausführlich *Esser* NStZ 2018, 121 ff.
340 § 69 StVollzG ist verfassungskonform: BVerfG Justiz 1980, 489. Vgl. dazu auch *Frielinghaus* BlStV 1979 und *Hassemer* ZRP 1984, 292 ff. Eine Übersicht zur verfassungsgerichtlichen Rechtsprechung zum Fernsehempfang findet sich bei *Lübbe-Wolff* 2016, 211 ff.
341 Vgl. dazu *Schwind* ZfStrVo 1990, 361 f.
342 BT-Drucks. 13/3129, 4.
343 BT-Drucks. aaO, 5.

zumal diese nicht nur aus Gründen des Angleichungsgrundsatzes wichtig ist, sondern auch resozialisierungsförderlich sein kann (insbes. die Nutzung von Computern, vgl. dazu A Rdn. 31). Wegen der Informationsfreiheit ist darüber hinaus auch die **Internetnutzung** von Gefangenen in den Blick zu nehmen, die jedoch schwierige rechtliche Fragen aufwirft.[344] Daher wurde schon länger eine explizite gesetzliche Regelung für erforderlich gehalten.[345] Insofern war es folgerichtig, dass der **ME-StVollzG** diese Thematik mit einbezog. Zum einen fand sich in ME § 36 eine Vorschrift zur Zulassung anderer Formen der Telekommunikation (gemeint waren in erster Linie E-Mail, E-Learning, Internet, Intranet;[346] vgl. dazu unten Rdn. 29 sowie A Rdn. 31 und 9 D Rdn. 11). Zum anderen enthielt ME § 51 neben Regelungen zum Rundfunk auch solche zu Geräten der Informations- und Unterhaltungselektronik (nach der Gesetzesbegründung CD-Abspielgeräte, Spielkonsolen und andere Medien;[347] darüber hinaus müssen aber auch Computer und Notebooks dieser Regelung unterfallen;[348] zudem sollen MP3-Player und E-Book-Reader umfasst sein).[349]

Die **heutigen Regelungen in den Bundesländern** zu Hörfunk, Fernsehen und der Informations- und Unterhaltungselektronik unterscheiden sich zum Teil deutlich voneinander, zumal es sich um unterschiedliche Regelungsgegenstände handelt, die in den meisten Ländern (**BE** § 56, **BB** § 61, **HB** § 51, **HH** § 52, **HE** § 30 Abs. 3–5, **MV** § 51, **RP** § 60, **SL** § 51, **SN** § 51, **ST** § 59, **SH** § 68, **TH** § 61) in einer Vorschrift zusammengefasst wurden, während andere Landesgesetze (**BW** §§ 58 Abs. 3, 59 III, **BY** Art. 71, 72 Abs. 2 Nr. 2, **NI** §§ 66, 67, **NW** §§ 51, 52 Abs. 1 u. 4) sie in unterschiedlichen Paragraphen normieren (zu den Einzelheiten vgl. Rdn. 5).[350] Zu den in den meisten Landesgesetzen[351] vorgesehenen neuen Formen der Telekommunikation (und damit auch dem Internet) vgl. 9 D. 4

II. Erläuterungen

1. Überblick über die Regelungen in den Bundesländern. Die landesgesetzlichen 5 Regelungen zum Empfang von Hörfunk und Fernsehen unterscheiden sich deutlich von der früheren Regelung in § 69 StVollzG, was aufgrund der fortschreitenden technischen Entwicklung zwangsläufig ist. Aber auch zwischen den einzelnen Landesregelungen gibt es einige Unterschiede. Die meisten Länder orientieren sich in ihren Vorschriften an § 51 ME-StVollzG, der neben dem Hörfunk- und Fernsehempfang auch die (im StVollzG nicht gesondert aufgeführte) Informations- und Unterhaltungselektronik regelt und folgenden Wortlaut hat:

„ME § 51 Rundfunk, Informations- und Unterhaltungselektronik
(1) Der Zugang zum Rundfunk ist zu ermöglichen.
(2) Eigene Hörfunk- und Fernsehgeräte werden zugelassen, wenn nicht Gründe des § 48 Satz 2 entgegenstehen. Andere Geräte der Informations- und Unterhaltungselektronik

---

344 Zur Schwierigkeit der Rechtsfragen vgl. BGH v. 13.2.2014 – III ZR 311/13. Zur Bedeutung des Internet für die Informationsfreiheit vgl. schon die Fn. 1.
345 Voraufl. § 67 Rdn. 27; AK-*Boetticher* 2012 § 67 Rdn. 25.
346 Begr. zum ME-StVollzG, 104.
347 Begr. zum ME-StVollzG, 119.
348 AK-*Knauer* Teil II § 51 Rdn. 16.
349 So die Begr. in **NW** (LT-Drucks. 16/5413, 127).
350 AK-*Knauer* Teil II § 51 Rdn. 1.
351 Regelungen enthalten die Gesetze **aller Länder außer BW, BY** und **HE** (**BE** § 40; **BB** § 44; **HB** § 36; **HH** § 32; **MV** § 36; **NI** § 33; **NW** § 27; **RP** § 43; **SL** § 36; **SN** § 36; **ST** § 43; **SH** § 52; **TH** § 44), allerdings ohne konkreten Rechtsanspruch und geknüpft an eine Zulassung durch die Aufsichtsbehörde).

können unter diesen Voraussetzungen zugelassen werden. Die Gefangenen können auf Mietgeräte oder auf ein Haftraummediensystem verwiesen werden. § 36 bleibt unberührt."
(§ 48 ME-StVollzG regelt die Ausstattung des Haftraums; § 36 ME-StVollzG die anderen Formen der Telekommunikation.)

Alle Bundesländer haben den **Hörfunk- und Fernsehempfang** (wie es wegen der Informationsfreiheit unerlässlich ist) in ihren Gesetzen normiert (vgl. Rdn. 6). Dieser Empfang kann unter bestimmten Voraussetzungen vorübergehend ausgesetzt oder einzelnen Gefangenen untersagt werden (Rdn. 10). Da alle Länder die seit Jahren in den Justizvollzugsanstalten übliche Zulassung **eigener Rundfunkgeräte** (allerdings unter verschiedenen Voraussetzungen, dazu Rdn. 11 ff) als Standardfall vorsehen, finden sich Regelungen zum Gemeinschaftsfernsehen oder zur Auswahl der eingespeisten Sender nur noch vereinzelt (Rdn. 7–9), so dass früher intensiv diskutierte Streitfragen heute nur noch wenig Bedeutung haben. Dafür gibt es in einigen Ländern Regelungen zu neuen Rechtsfragen, zum Beispiel inwiefern eine Verweisung auf Mietgeräte oder Haftraummediensysteme möglich ist oder ob Bereitstellung und Betrieb des Rundfunkempfangs auf Dritte übertragen werden können (dazu Rdn. 20–23). Ebenfalls große Unterschiede zwischen den Ländern gibt es im Hinblick auf die Zulassung von Geräten der **Informations- und Unterhaltungselektronik**, und zwar sowohl systematisch als auch inhaltlich (dazu Rdn. 24 ff). Da mit der Zulassung der zunehmend multifunktionalen Geräte nicht gleichzeitig auch eine Genehmigung der mit ihnen technisch möglichen Kommunikationsformen verbunden ist, bleiben die Bestimmungen über solche anderen Formen der Telekommunikation unberührt (s. Rdn. 29).

In der Folge werden die konkreten Unterschiede zwischen den Landesregelungen einleitend vorgestellt, bevor dann Erläuterungen zu den jeweils geregelten Aspekten vorgenommen werden. Abschließend werden einige Sonderfragen besprochen (Folgen des Erlaubnismissbrauchs, Folgen bei Verlegungen, Kosten, s. Rdn. 30 ff). Zu den Einzelheiten der Regelungen in den Bundesländern vgl. Abschnitt III (Rdn. 33 ff).

6   **2. Ermöglichung der Teilnahme am Hörfunk und Fernsehen.**

a) **Subjektiv-öffentliches Recht.** In den meisten Ländern (**BE** § 56 Abs. 1 Satz 1, **BB** § 61 Abs. 1, **HB** § 51 Abs. 1, **HE** § 30 Abs. 3, **MV** § 51 Abs. 1, **NI** § 66 Abs. 1, **NW** § 51 Abs. 1 Satz 1, **RP** § 60 Abs. 1, **SL** § 51 Abs. 1 Satz 1, **SN** § 51 Abs. 1 Satz 1, **ST** § 59 Abs. 1 Satz 1, **SH** § 68 Abs. 1, **TH** § 61 Abs. 1) ist ein **subjektiv-öffentliches Recht** auf Zugang zum Rundfunk[352] oder zur Teilnahme am Hörfunk- bzw. Fernsehempfang ausdrücklich erwähnt.[353] Wegen der Bedeutung der Informationsfreiheit gem. Art. 5 Abs. 1 GG wird dies auch für die anderen Länder (**BW, BY, HH**) gelten müssen, bei denen eine solche ausdrückliche Regelung fehlt.[354] Es besteht jedoch **kein Rechtsanspruch auf Fernsehempfang außerhalb des Haftraums während der Arbeitszeit**, weil der Fernsehempfang Teil des Freizeitangebotes ist (Rdn. 2);[355] ob dies auch dann gilt, wenn die/der Gefangene in **unverschuldeter Weise arbeitslos** ist, ist umstritten.[356]

---

352 „Rundfunk" ist der Oberbegriff für Hörfunk und Fernsehen (Begr. zum ME-StVollzG, 119; Laubenthal/Nestler/Neubacher/Verrel G Rdn. 15; AK-*Knauer* Teil II § 51 Rdn. 5; *Arloth/Krä* § 69 Rdn. 1).
353 Vgl. zum subjektiv-öffentlichen Recht in der Vorgängerregelung (§ 69 StVollzG) Prot. S. 2106; OLG Koblenz ZfStrVo 1988, 315.
354 AK-*Knauer* Teil II § 51 Rdn. 6.
355 Laubenthal/Nestler/Neubacher/Verrel G Rdn. 16; *Arloth/Krä* § 69 Rdn. 2.
356 Zustimmend OLG Celle ZfStrVo 1983, 382 = NStZ 1984, 144, 355; ablehnend AK-*Boetticher* 2012 § 69 Rdn. 7.

b) Gemeinschaftsrundfunk. Der Gemeinschaftsrundfunk oder das Gemeinschafts- 7
fernsehen wird (anders als noch in § 69 Abs. 1 Satz 1 StVollzG) außer in **NI** § 66 Abs. 3
Satz 1 in den Landesgesetzen nicht mehr zwingend vorgesehen[357] und in **HH** § 52 Abs. 3
sogar ausdrücklich ausgeschlossen.[358] Auch wenn es nicht mehr in den Gesetzen erwähnt ist, heißt das aber nicht, dass es kein Gemeinschaftsfernsehen mehr gibt oder geben soll, denn gemeinschaftliches Fernsehen im Rahmen der Fortbildung und Freizeitgestaltung kann durchaus sinnvoll sein, z.B. kulturelle Sendungen im Rahmen von Bildungsangeboten oder die Übertragung von Sportveranstaltungen, die erfahrungsgemäß lieber in Gemeinschaft gesehen werden.[359] Unter Geltung des § 69 StVollzG wurde davon ausgegangen, dass jede Anstalt die Möglichkeiten des Gemeinschaftsempfanges anbieten muss („Institutsgarantie"). War das in einer Anstalt nicht der Fall, konnten die Strafgefangenen die **Einrichtung** einer entsprechenden **Gemeinschaftsanlage** verlangen,[360] aber nur dann, wenn kein eigenes Fernsehgerät im Haftraum vorhanden war (kein **Bedürfnis für kumulative Nutzung**).[361] Dies entspricht der heutigen Regelung in **NI**.

Wird in schlecht gelüfteten Gemeinschaftsräumen (mit Gemeinschaftsfernsehen) 8
geraucht, so ist die Vollzugsbehörde in Erfüllung ihrer Gesundheitsfürsorgepflicht (vgl.
6 D Rdn. 32) gehalten, geeignete Vorkehrungen zum **Schutz von Nichtrauchern** gegen
das „Passivrauchen" zu treffen;[362] gerechtfertigt ist auch ein **Rauchverbot**,[363] sofern die
Möglichkeit, getrennte Fernsehräume einzurichten, ausscheidet.[364] Neben dieser Rechtsprechung und besonderen Regelungen zu Rauchverboten in einzelnen Landes-Strafvollzugsgesetzen (für **BW** §§ 24, 25 I; für **SN** § 66 Abs. 3) sind auch die Landes-Nichtraucherschutzgesetze in den Haftanstalten zu beachten, sofern sie nicht ausdrücklich die Justizvollzugsanstalten aus ihrem Geltungsbereich ausnehmen.[365]

Soweit das Hörfunkprogramm in die Haftraume ausgestrahlt wird, muss dafür gesorgt werden, dass die Gefangenen den **Zellenlautsprecher abstellen** können.[366] Gefangene müssen also nicht hinnehmen, einer nicht gewünschten Geräuschkulisse ausgesetzt zu sein. Auf der anderen Seite darf die Vollzugsbehörde eine von ihr zur Verfügung gestellte Anlage (es sei denn zur Instandhaltung bzw. Reparatur) nicht einfach abschalten.[367]

---

357 Vgl. z.B. die Begr. in **BY** (LT-Drucks. 15/8101, 65): „Der Anspruch der Gefangenen auf ein Mindestmaß an Fernsehempfang muss nicht durch Gemeinschaftsfernsehen erfüllt werden.".
358 *Laubenthal/Nestler/Neubacher/Verrel* G Rdn. 15.
359 So die Begr. in **NW** (LT-Drucks. 16/5413, 127).
360 AK-*Boetticher* 2012 § 69 Rdn. 4.
361 OLG Koblenz NStZ 1994, 103; *Laubenthal* Rdn. 614; weitergehend *Arloth/Krä* § 69 Rdn. 2, die ein Gemeinschaftshörfunkprogramm sogar für den Fall ablehnen, dass Gefangene über kein eigenes Gerät verfügen, unter Umständen sei dann jedoch ein einfaches Radio von der Anstalt kostenlos zur Verfügung zu stellen; beim Fernsehen reicht zur Ermöglichung des Rechtsanspruchs auf Fernsehen die Ausgabe eines Leih- oder Mietgeräts (mit geringer Monatsmiete). Dies wird von der Begr. in **BW** (LT-Drucks. 14/5012, 229) aufgenommen.
362 OLG Hamm ZfStrVo 1982, 183; OLG Hamm NStZ 1984, 571.
363 OLG Nürnberg ZfStrVo 1988, 191; BeckOK-*Knauss* § 69 Rdn. 7.
364 OLG Zweibrücken NStZ 1986, 426; AK-*Boetticher* 2012 § 69 Rdn. 8; *Laubenthal/Nestler/Neubacher/Verrel* G Rdn. 16.
365 Ausgeschlossen werden Justizvollzugsanstalten z.B. durch § 4 Abs. 1 Nr. 3 Nichtraucherschutzgesetz **BE** und § 2 Nr. 1 b) Thüringer Nichtraucherschutzgesetz. Vgl. auch § 3 Nichtraucherschutzgesetz NRW, das das Rauchen zwar grundsätzlich verbietet, in Abs. 4 jedoch das Rauchen in den Haftraumen gestattet, sofern alle dort untergebrachten Gefangenen Raucher/-innen sind.
366 *Arloth/Krä* § 69 Rdn. 3; AK-*Boetticher* 2012 § 69 Rdn. 5.
367 KG ZfStrVo 1987, 251.

9   **c) Regelung der Programmauswahl.** Einige Landesgesetze (**BW** § 59 Abs. 3 Satz 1 III, **BE** § 56 Abs. 1 Satz 2, **NI** § 66 Abs. 3 Satz 2, **NW** § 51 Abs. 1 Satz 2) regeln die **Programmauswahl**, die nicht nur für das Gemeinschaftsfernsehen relevant sein kann, sondern auch für die Geräte in den Hafträumen, sofern eine Empfangsanlage vorhanden ist.[368] **NI** übernahm die Regelung aus § 69 Abs. 1 Satz 2 StVollzG, nach der die Anstalt verpflichtet wird, ein gemischtes Programm auszuwählen, das sich in **objektiver Hinsicht an den Bedürfnissen der Gefangenen** orientiert und in **subjektiver Hinsicht auch die Wünsche der Gefangenen** mit berücksichtigt.[369] Auch **BE** und **NW** heben die angemessene Berücksichtigung der Wünsche und Bedürfnisse der Gefangenen ausdrücklich hervor, während **BW** nur normiert, dass die Anstalt über die Einspeisung der Programme entscheidet (allerdings nach Anhörung der Gefangenenmitverantwortung). Die/der einzelne Gefangene hat keinen Anspruch darauf, eine **bestimmte Sendung** zu hören oder zu sehen.[370] Es müssen aber neben reiner Unterhaltung auch staatsbürgerliche Informationen und bildende Sendungen in das Gemeinschaftsprogramm aufgenommen werden (so ausdrücklich die Regelung im StVollzG und in **NI**);[371] dazu gehört mindestens eine tägliche Nachrichtensendung einer überregionalen Fernsehanstalt.[372] Da es sich um eine Angelegenheit des gemeinsamen Interesses handelt, sollte die Gefangenenmitverantwortung beteiligt werden,[373] der auch die Auswahl bei Vorbehalt durch die Anstaltsleitung übertragen werden kann.[374] Das Gesetz räumt der Gefangenenmitverantwortung aber keinen Vorrang vor dem Individualrecht der/des Gefangenen ein (vgl. 13 M Rdn. 3).[375] Zur Gewährleistung eines ausgewogenen Programmes in Bezug auf Unterhaltung, staatsbürgerliche Interessen und bildende Sendungen[376] verbleibt die Entscheidung über die Programmauswahl also letztlich bei der Vollzugsbehörde.[377] Sie hat lediglich auf die Wünsche und Bedürfnisse der Gefangenen Rücksicht zu nehmen.[378] Auch die **Dauer** des (gemeinschaftlichen) Rundfunkempfangs steht im Ermessen der Anstalt.[379] Schließlich: Gefangene haben keinen Anspruch darauf, dass der Empfang eines bestimmten (z.B. ausländischen) Fernsehsenders ermöglicht wird. Ein solcher Anspruch folgt auch nicht aus den Gestaltungsgrundsätzen.[380] Das Grundrecht der Informationsfreiheit soll es überdies nicht erfordern, einer/einem Gefangenen mittels **Zimmerantenne**[381] oder **Satellitenantenne mit Receiver**[382] den Empfang **privater Fernsehsender** zu ermöglichen oder die **Benutzung eines Decoders** zu gestatten, der den Empfang des „Erotika"-Kanals ermöglicht.[383] Dies wurde in die gesetzliche Regelung von **BW** § 59 Abs. 4 aufgenommen, hier ist ausdrücklich normiert, dass der Empfang von

---

368   Vgl. die ausdrückliche Erwähnung in **NW** § 51 Abs. 1 Satz 2 sowie die Begr. in **NW** LT-Drucks. 16/5413, 127.
369   So auch *Laubenthal/Nestler/Neubacher/Verrel* G Rdn. 17; BeckOK-*Knauss* § 69 Rdn. 9; *Frielinghaus* BlStV 1979, 5.
370   So auch *Laubenthal/Nestler/Neubacher/Verrel* G Rdn. 17; *Arloth/Krä* § 69 Rdn. 3.
371   OLG Frankfurt NStZ 1982, 350; *Laubenthal/Nestler/Neubacher/Verrel* G Rdn. 17.
372   OLG Koblenz NStZ 1988, 199; *Arloth/Krä* § 69 Rdn. 3; BeckOK-*Knauss* § 69 Rdn. 11.
373   Ausdrücklich geregelt ist dies in **BW** § 59 Abs. 3 Satz 2 III.
374   *Laubenthal/Nestler/Neubacher/Verrel* G Rdn. 17; AK-*Boetticher* 2012 § 69 Rdn. 9.
375   OLG Celle ZfStrVo 1983, 382.
376   Dazu OLG Frankfurt NStZ 1982, 350.
377   OLG Celle ZfStrVo 1982, 183; OLG Koblenz NStZ 1988, 199 und ZfStrVo 1988, 315.
378   Zu Einzelheiten OLG Koblenz aaO.
379   *Arloth/Krä* § 69 Rdn. 3; *Laubenthal/Nestler/Neubacher/Verrel* G Rdn. 17.
380   KG Berlin ZfStrVo 2005, 311.
381   OLG Hamm ZfStrVo 1995, 179.
382   OLG Koblenz ZfStrVo 1996, 54.
383   OLG Celle NStZ-RR 1996, 189.

Bezahlfernsehen und der Einsatz von zusätzlichen Empfangseinrichtungen im Haftraum nicht zulässig ist (s. dazu auch Rdn. 17).

d) Einschränkungen. Die meisten Landesgesetze (**BY** Art. 71 Abs. 2; **BB** § 61 Abs. 3; **HB** § 51 Abs. 3; **HH** § 52 Abs. 2; **HE** § 30 Abs. 5; **MV** § 51 Abs. 4; **NI** § 66 Abs. 3 Satz 3; **RP** § 60 Abs. 3; **SL** § 51 Abs. 1 Satz 2; **SN** § 51 Abs. 1 Satz 2; **ST** § 59 Abs. 1 Satz 2; **TH** § 61 Abs. 3; **nicht aber BW, BE, NW** und **SH**) enthalten (in Anlehnung an § 69 Abs. 1 Satz 3 StVollzG) eine Regelung, nach der der Hörfunk- und Fernsehempfang **von der Vollzugsbehörde eingeschränkt werden** kann, wenn dies (unter **Beachtung des Verhältnismäßigkeitsgrundsatzes**, vgl. 11 A Rdn. 9 ff) zur Aufrechterhaltung der Sicherheit und Ordnung der Anstalt **„unerlässlich"** ist (zu diesem Begriff vgl. auch B Rdn. 2). Nach den Prot. des SA[384] soll das „nur in den seltenen Ausnahmefällen denkbar sein, dass über alle Rundfunk- und Fernsehanstalten Nachrichten oder Aufrufe an Gefangene verbreitet werden, die die Gefangenen zu einem solidarischen Verhalten veranlassen oder zu einem Streik oder zum Aufruhr in der Anstalt" anhalten. Denkbar sei ein „solcher Fall aber nur, wenn [...] von den Massenmedien eine Nachrichtenübermittlung erpresst wird": z.B. bei einer Geiselnahme mit dem Ziel der Gefangenenbefreiung.[385] Darüber hinaus soll es nach der Begr. in **BY** den Anstalten durch diese Vorschrift allerdings auch ermöglicht werden, einzelne (z.B. fremdsprachige) Sender nur zeitweise einzuspeisen, um die Unterdrückung einzelner Gruppen von Gefangenen durch andere beim Gemeinschaftsfernsehen auszuschließen.[386] Die vorübergehende Aussetzung bzw. Untersagung für einzelne Gefangene betrifft dabei nicht nur den gemeinschaftlichen Rundfunkempfang, sondern ermöglicht auch die vorübergehende Entziehung von im Haftraum zugelassenen Geräten.[387] Zum dauerhaften Widerruf der Besitzerlaubnis für die Geräte im Haftraum vgl. Rdn. 30.

3. Voraussetzungen für die Aufstellung eigener Hörfunk-/Fernsehgeräte. Der Besitz eigener Hörfunk- und Fernsehgeräte in den Hafträumen ist schon seit vielen Jahren in den Anstalten üblich, so dass alle Landesgesetze entsprechende Regelungen enthalten. Diese unterscheiden sich jedoch sowohl systematisch als auch inhaltlich voneinander. Auch wenn die wichtigsten Ausschlussgründe in allen Ländern genannt werden, gibt es in manchen Ländern weitere spezielle Zulassungsvoraussetzungen (s. Rdn. 12 ff). Zudem können die Gefangenen in einigen Ländern auf Mietgeräte verwiesen werden, deren Bereitstellung teilweise auf Dritte übertragen werden kann (Rdn. 20 ff).

a) Überblick über die Systematik und die unterschiedlichen Voraussetzungen in den Ländern. Die Zulässigkeit eigener Hörfunk- und Fernsehgeräte ist nur in **NI** § 66 vollständig in einem Paragraphen geregelt, während die übrigen Länder im Hinblick auf die Zulassungsvoraussetzung bzw. Ausschlussgründe auf eine andere Vorschrift verweisen. Das ist **in den meisten Ländern** (wie auch ME § 51 Abs. 2 Satz 1) die Regelung zur Ausstattung des Haftraumes (**BE** § 52 Abs. 1 Satz 2; **BB** § 57 Satz 2; **HB** § 48 Satz 2; **HE** § 19; **MV** § 48 Satz 2; **NW** § 15 Abs. 2; **RP** § 56 Satz 2; **SL** § 48 Satz 2; **SN** § 48 Satz 2; **ST** § 56 Abs. 1 Satz 2; **SH** § 65 Satz 2; **TH** § 57 Satz 2), während **BW, BY** und **HH** (wie § 69 Abs. 2 StVollzG) auf die Vorschrift zum Besitz von Gegenständen für die Freizeitbeschäftigung (früher § 70 StVollzG) Bezug nehmen (**BW** § 58 III; **BY** Art. 72; **HH** § 53). Trotz dieser un-

---

[384] Prot. des SA, S. 2107.
[385] *Arloth/Krä* § 69 Rdn. 4.
[386] **BY** LT-Drucks. 15/8101, 65.
[387] *Laubenthal/Nestler/Neubacher/Verrel* G Rdn. 18.

terschiedlichen Systematik gibt es große inhaltliche Übereinstimmungen, denn mit der Gefährdung der Sicherheit oder Ordnung der Anstalt (vgl. Rdn. 14) oder des Vollzugsziels (dazu Rdn. 18) werden die wichtigsten Ausschlussgründe in allen Ländern genannt. Darüber hinaus gibt es verschiedene weitere Ausschlussgründe, die in mehreren oder einzelnen Ländern aufgeführt werden (insbes. zur Angemessenheit des Umfangs und im Hinblick auf die Übersichtlichkeit des Haftraums, vgl. Rdn. 17, sowie bezogen auf den Kontrollaufwand, der jedoch wegen der Bedeutung des Besitzes von Rundfunkgeräten an der Informationsfreiheit nach Art. 5 Abs. 1 GG zu messen sein wird).[388]

Die meisten Länder (**BE** § 56 Abs. 2 Satz 1, **BB** § 61 Abs. 2 Satz 1, **HB** § 51 Abs. 2 Satz 1, **MV** § 51 Abs. 2 Satz 1, **RP** § 60 Abs. 2 Satz 1, **SL** § 51 Abs. 2 Satz 1, **SN** § 51 Abs. 2 Satz 1, **ST** § 59 Abs. 2 Satz 1, **SH** § 68 Abs. 2 Satz 1, **TH** § 61 Abs. 2 Satz 1) haben ME § 51 Abs. 2 Satz 1 vollständig oder überwiegend übernommen, der auf den zweiten Satz des Paragraphen zur **Ausstattung des Haftraumes** (ME § 48) verweist (vgl. dazu 2 F und 5 D Rdn. 13ff). Demnach werden eigene Hörfunk- und Fernsehgeräte zugelassen, wenn nicht die Gründe entgegenstehen, die auch bei sonstigen Gegenständen dazu führen, dass diese nicht in den Haftraum eingebracht werden dürfen, namentlich die Geeignetheit zur Gefährdung der Sicherheit oder Ordnung der Anstalt (dazu gehört nach dem Wortlaut der Norm insbesondere die Übersichtlichkeit des Haftraums, vgl. Rdn. 17) oder die Gefährdung des Vollzugsziels. In diesen Ländern besteht ein **Rechtsanspruch** auf Zulassung, soweit keiner der genannten Ausschlussgründe entgegensteht.[389] Da in den Ländern jeweils nur auf den zweiten Satz der Paragraphen zur Ausstattung des Haftraums verwiesen wird, erfolgt keine Beschränkung auf eine Ausstattung „in **angemessenem Umfang**", denn dies ist im ersten Satz der Normen geregelt (vgl. aber Rdn. 17 zu den inhaltlichen Überschneidungen zwischen den Merkmalen der Angemessenheit und der Übersichtlichkeit des Haftraums).[390] Eine Sonderregel gibt es in **BE** § 52 Abs. 1 Satz 2, dort sind Gegenstände ausgeschlossen, die „*einzeln oder in ihrer Gesamtheit*" geeignet sind zur Gefährdung (vgl. Rdn. 37). Eine andere Sondervorschrift hat **MV** § 51 Abs. 2 Satz 1 aufgenommen, dort wird im Hinblick auf die Zulassung darauf verwiesen, dass dafür feststehen muss, dass die Geräte keine unzulässigen Gegenstände enthalten (dazu Rdn. 38), was früher in der VV Nr. 2 zum StVollzG geregelt war und jetzt auch noch in einigen Landes-VVs zu finden ist.[391]

Auch **HE** § 30 Abs. 4 Satz 4 verweist hinsichtlich der Voraussetzungen zum Einbringen von eigenen Hörfunk- und Fernsehgeräten auf den Paragraphen zur Ausstattung des Haftraums (**HE** § 19, allerdings auf den gesamten Paragraphen), so dass hier eine Beschränkung auf den angemessenen Umfang gesetzlich vorgegeben ist (vgl. Rdn. 44). Zudem gibt es – neben den in allen Ländern relevanten Ausschlussgründen der Gefährdung der Sicherheit oder Ordnung der Anstalt oder des Vollzugsziels und dem Verbot der Behinderung der Übersichtlichkeit des Haftraums – zwei weitere Zulassungsvoraussetzungen, nämlich, dass die Kontrollen des Haftraums nicht unzumutbar erschwert werden (Rdn. 17) und dass die Gegenstände (bzw. deren Besitz, Überlassung oder Benutzung) nicht mit Strafe oder Geldbuße bedroht sein darf (s. dazu Rdn. 19). Schließlich wird in **HE** ausdrücklich darauf hingewiesen, dass das Einbringen der Gegenstände durch die Anstalt geregelt wird (Rdn. 31).

---

388   AK-*Knauer* Teil II § 51 Rdn. 14.
389   Begr. zum ME-StVollzG, 191; AK-*Knauer* Teil II § 51 Rdn. 7.
390   AK-*Knauer* Teil II § 51 Rdn. 7.
391   **BW** VV zu § 59 Nr. 2; **HB** VV zu § 51 Nr. 2; **HH** VV zu § 52 Nr. I 2; **HE** VV § 19 Freizeit Nr. 2.1; **SL** VV zu § 51 Nr. 2.

NW § 51 Abs. 2 Satz 1 gibt als einziges Bundesland nur einen Ermessensanspruch auf eigene Hörfunk- und Fernsehgeräte, die unter den Voraussetzungen für die Ausstattung des Haftraums zugelassen werden *können* (vgl. Rdn. 46).[392] Demnach ist wie in den anderen Ländern eine Zulassung ausgeschlossen, wenn eine Gefährdung des Vollzugsziels oder der Sicherheit oder Ordnung der Anstalt möglich ist, wozu neben der Behinderung der Übersichtlichkeit des Haftraums (Rdn. 17) auch das Erfordernis einer unverhältnismäßig aufwändigen Überprüfung zählt (Rdn. 14). Zudem beschränkt **NW** die Zulassung auf den angemessenen Umfang und hebt ausdrücklich hervor, dass der Gewahrsam an den Geräten nur erlaubt ist, wenn diese von der Anstalt oder mit deren Erlaubnis überlassen wurden (Rdn. 31).

Während nun also die meisten Länder im Hinblick auf die Zulassung eigener Hörfunk- und Fernsehgeräte auf die Vorschrift zur Ausstattung des Haftraums verweisen, halten **BW** § 59 Abs. 1 III, **BY** Art. 71 Abs. 1 Satz 1 und **HH** § 52 Abs. 1 Satz 1 an der alten Regelung des § 69 Abs. 2 StVollzG fest, das heißt die Zulässigkeit der Rundfunkgeräte richtet sich nach dem Paragraphen zum Besitz von Gegenständen zur Freizeitbeschäftigung (**BW** § 58 III; **BY** Art. 72; **HH** § 53). Doch auch hier gibt es Unterschiede in den Einzelheiten, also welche Ausschlussgründe es neben der Gefährdung des Vollzugsziels bzw. der Sicherheit oder Ordnung der Anstalt gibt. In allen drei Ländern beschränkt sich die Zulassung auf Geräte in angemessenem Umfang, allerdings hebt **BW** § 58 Abs. 1 Satz 2 III hervor, dass für die Angemessenheit auch die verfügbaren Kapazitäten für Haftraumkontrollen sowie der Wert des Gegenstands maßgeblich sind (vgl. Rdn. 17 und 41). In **BY** Art. 72 Abs. 2 Nr. 1 und **BW** § 58 Abs. 2 Nr. 1 III ist darüber hinaus (wie schon in **HE** § 19 Abs. 2) ein Ausschlussgrund, wenn Besitz, Überlassung oder Benutzung des Gegenstands mit Strafe oder Geldbuße bedroht ist (s. Rdn. 19). Und **BW** § 58 Abs. 2 Nr. 3 III lehnt die Zulassung eines Gerätes ab, wenn die Überprüfung auf eine mögliche missbräuchliche Verwendung mit vertretbarem Aufwand nicht leistbar wäre (vgl. Rdn. 14).

NI § 66 Abs. 2 Satz 1 ist das einzige Land, das die Voraussetzungen für die Zulassung eigener Rundfunkgeräte ohne Verweisung auf eine andere Norm in einem Paragraphen regelt (vgl. Rdn. 45). Hier ist der Besitz eines Hörfunk- und Fernsehgerätes im Haftraum zu erlauben, wenn dadurch nicht die Erreichung des Vollzugsziels oder die Sicherheit oder Ordnung der Anstalt gefährdet wird.

Im Einzelnen ist bezogen auf die Zulassung eigener Geräte (die auch dann als „eigene" Geräte im Sinne der gesetzlichen Regelungen gelten, wenn es sich um Miet- oder Leihgeräte handelt)[393] Folgendes zu beachten:

aa) Bedeutung der Informationsfreiheit. Hörfunk- und Fernsehgeräte dürfen in den eigenen Haftäumen aufgestellt werden, wenn nicht die genannten Ausschlussgründe vorliegen, insbes. das Ziel des Vollzuges (1 C Rdn. 14) oder die Sicherheit oder Ordnung der Anstalt (11 A Rdn. 5) gefährdet wird. Das heißt: Hörfunk- und Fernsehgeräte sind wie sonstige Gegenstände zur Ausstattung des Haftraums und/oder der Freizeitbeschäftigung grundsätzlich zugelassen, aber wegen ihrer Bedeutung für das **Grundrecht auf Informationsfreiheit** nach Art. 5 Abs. 1 GG sind sie gegenüber anderen Gegenständen sogar noch **privilegiert** (vgl. schon Rdn. 1).[394] Bei der Frage der möglichen Gefährdung der Sicherheit oder Ordnung ist zwischen **Kontrollmaßnahmen** und dem grundrechtlich geschützten Interesse der Gefangenen auf Zulassung der Geräte im Einzelfall **abzuwägen**. Eine Gefährdung der Sicherheit oder Ordnung kann nach dem BVerfG nur

13

---

392 AK-*Knauer* Teil II § 51 Rdn. 7.
393 So z.B. die Begr. aus **BY** LT-Drucks. 15/8101, 65.
394 AK-*Boetticher* 2012 § 69 Rdn. 11.

dann bejaht werden, „wenn ihr mit zumutbarem Kontrollaufwand nicht zu begegnen ist".[395] Dies gilt umso mehr bei Sicherungsverwahrten, bei denen zusätzlich das Abstandsgebot (vgl. 15 B Rdn. 10)[396] und eine deutlichere Angleichung an die allgemeinen Lebensverhältnisse zu wahren sind, so dass ein erhöhter Kontrollaufwand der Anstalt hinzunehmen ist.[397] Wenn jedoch Sicherheitsbelange entgegenstehen (wie beim Besitz einer Spielkonsole, vgl. dazu Rdn. 27), findet nach dem OLG Frankfurt[398] diese weitestgehende Angleichung ihre Grenze.[399]

Videorecorder sind **keine Fernsehgeräte;**[400] ihre Zulässigkeit richtet sich daher nach den Vorschriften für Geräte der Informations- und Unterhaltungselektronik (s. Rdn. 24 ff).[401] Dagegen fallen auch solche Geräte unter die Regelungen für Fernsehgeräte, die über **Zusatzfunktionen** (z.B. Radio, DVD- und CD-Abspielmöglichkeit, integrierte Satellitenempfänger, Internetbrowser oder Schnittstellen zur Datenspeicherung oder -übertragung) verfügen (vgl. Rdn. 16).[402] Allerdings sind für manche Zusatzfunktionen zusätzliche Genehmigungen erforderlich, nämlich wenn damit Kommunikation möglich ist (vgl. Rdn. 29).

14   **bb) Gefährdung der Sicherheit oder Ordnung der Anstalt.** Die Gefährdung der Sicherheit oder Ordnung ist nach **allen Landesgesetzen** ein Ausschlussgrund für die Zulassung von Hörfunk- und Fernsehgeräte im eigenen Haftraum (**BW** § 59 Abs. 1 III i.V.m. § 58 Abs. 2 Nr. 2 III; **BY** Art. 71 Abs. 1 Satz 1 i.V.m. Art. 72 Abs. 2 Nr. 2; **BE** § 56 Abs. 2 Satz 1 i.V.m. § 52 Abs. 1 Satz 2; **BB** § 61 Abs. 2 Satz 1 i.V.m. § 57 Satz 2 Nr. 1; **HB** § 51 Abs. 2 Satz 1 i.V.m. § 48 Satz 2; **HH** § 52 Abs. 1 Satz 1 i.V.m. § 53 Abs. 2; **HE** § 30 Abs. 4 Satz 4 i.V.m. § 19 Abs. 2; **MV** § 51 Abs. 2 Satz 1 i.V.m. § 48 Satz 2; **NI** § 66 Abs. 2 Satz 1; **NW** § 51 Abs. 2 Satz 1 i.V.m. § 15 Abs. 2; **RP** § 60 Abs. 2 Satz 1 i.V.m. § 56 Satz 2 Nr. 1; **SL** § 51 Abs. 2 Satz 1 i.V.m. § 48 Satz 2; **SN** § 51 Abs. 2 Satz 1 i.V.m. § 48 Satz 2; **ST** § 59 Abs. 2 Satz 1 i.V.m. § 56 Abs. 1 Satz 2 Nr. 1; **SH** § 68 Abs. 2 Satz 1 i.V.m. § 65 Satz 2; **TH** § 61 Abs. 2 Satz 1 i.V.m. § 57 Satz 2 Nr. 1). Das Tatbestandsmerkmal ist ein **unbestimmter Rechtsbegriff** (dazu 12 I Rdn. 22f), dessen Auslegung und Anwendung durch die Anstalt der vollen gerichtlichen Nachprüfung unterliegt.[403] Umstritten ist dabei, wie konkret die Gefährdung sein muss. *Laubenthal*[404] verweist darauf, dass nur eine **konkrete Gefahr** für die Sicherheit oder Ordnung das Grundrecht der Informationsfreiheit einschränken könne. Das BVerfG[405] hat jedoch in seiner Rspr. zu § 70 Abs. 2 StVollzG für verfassungsgemäß befunden, dass schon die einem Gegenstand **generell-abstrakt** (d.h. losgelöst von einer/einem bestimmten Gefangenen) zukommende Eignung, in einer die Sicherheit oder Ordnung der Anstalt gefährdenden Weise eingesetzt zu werden, ein Verbot rechtfertigen könne. Allerdings muss die Vollzugsanstalt im Einzelfall diese Gefährdung mit dem Vollzugsziel abwägen und dabei wegen des Verhältnismäßigkeitsgebots auch

---

395 BVerfG FS 2011, 114 ff – 2 BvR 2518/08.
396 BVerfGE 109, 133, 166.
397 OLG Naumburg, Beschl. vom 26.5.2011 – 1 Ws 638/10, juris, und vom 30.11.2011 – 1 Ws 64/11, juris.
398 OLG Frankfurt NStZ-RR 2012, 223 – 3 Ws 1009/11 (StVollz).
399 Ebenso Hans. OLG Hamburg FS 2010, 54 – 3 Vollz (Ws) 48/09.
400 *Laubenthal/Nestler/Neubacher/Verrel* G Rdn. 23; *Arloth/Krä* § 69 Rdn. 7; a.A. LG Hamburg ZfStrVo 1994, 121.
401 Früher also § 70 Abs. 2 StVollzG: OLG Hamm NStZ 1995, 102.
402 OLG Naumburg, Beschl. vom 20.7.2011 – 1 Ws 70/11, juris, m. Anm. *Spitz* jurisPR-ITR 21/2011 Anm. 6.
403 OLG Saarbrücken v. 26.3.2014 – Vollz (Ws) 11/14; OLG Sachsen-Anhalt v. 20.7.2011 – 1 Ws 70/11; OLG Celle v. 12.2.2009 – 1 Ws 42/09; KG Berlin v. 25.2.2004 – 5 Ws 684/03 Vollz, NStZ-RR 2004, 255.
404 *Laubenthal/Nestler/Neubacher/Verrel* G Rdn. 22; ebenso AK-*Boetticher* 2012 § 69 Rdn. 12.
405 BVerfG v. 28.2.1994 – 2 BvR 2731/93, ZfStrVo 1994, 369. Ebenso OLG Saarbrücken v. 26.3.2014 – Vollz (Ws) 11/14.

die Möglichkeit der Abwendung der Gefährdung durch regelmäßige Kontrollen sowie etwaige mildere Mittel (wie z.B. eine Verplombung) berücksichtigen. Zudem sind wichtige Belange der/des Gefangenen mit in die Abwägung einzubeziehen (vgl. dazu ausführlich D Rdn. 15). Da bei Hörfunk- und Fernsehgeräten wegen Art. 5 Abs. 1 GG (dazu Rdn. 13) der notwendige Kontrollaufwand aufwändiger sein darf als bei sonstigen Gegenständen zur Ausstattung des Haftraumes oder der Freizeitbeschäftigung (auf die sich die Rspr. des BVerfG zu § 70 StVollzG bezog), dürfte trotz generell-abstrakter Gefahr im Einzelfall oftmals eine Ablehnung ausgeschlossen sein und erst bei konkreten Gefährdungen (z.B. in der Person der/des Gefangenen oder bei Unterbringung in einem besonders gesicherten Anstaltsbereich)[406] der Besitz bestimmter Geräte versagt werden können.

Einzelne Länder haben hinsichtlich der Überprüfung der Geräte Sondervorschriften in ihre Gesetze aufgenommen. In **BW** § 58 Abs. 2 Nr. 3 III kann eine Zulassung verweigert werden, wenn *„die Überprüfung [...] auf eine mögliche missbräuchliche Verwendung mit vertretbarem Aufwand [...] nicht leistbar wäre"* (vgl. Rdn. 41) und **NW** § 15 Abs. 2 schließt Geräte aus, *„die eine unverhältnismäßig aufwändige Überprüfung erfordern"* (dazu Rdn. 46). Inwiefern diese gesetzlichen Vorgaben bei der Entscheidung über die Zulassung oder Verweigerung von Hörfunk- und Fernsehgeräten zu abweichenden Ergebnissen führen, bleibt abzuwarten. In keinem Fall darf dadurch aber die Informationsfreiheit ausgehebelt werden.

Ob der Besitz von Rundfunkgeräten die Sicherheit oder Ordnung einer Anstalt gefährdet, ist also im Ergebnis eine **Einzelfallabwägung**, bei der außer der dem Gerät selbst innewohnenden Gefahr (z.B. seiner **Eignung als Versteck**, der **Möglichkeit des Umbaus zu sicherheitsgefährdenden Zwecken**, der **Gefahr des Missbrauchs von Speicherfunktionen** oder des **Risikos unkontrollierten Informationsaustauschs**)[407] vor allem die Verhältnisse der konkreten Anstalt und die Person der/des Gefangenen einzubeziehen sind.[408] Der Begriff der **Sicherheit** umfasst die **äußere** Sicherheit (Sicherheit im Sinne einer Gewährleistung des durch die Freiheitsstrafe begründeten Gewahrsams) und die **innere** Sicherheit (Abwehr von Gefahren für Personen oder Sachen in der Anstalt); Gefährdungen der **Ordnung** betreffen die Behinderung des geordneten und menschenwürdigen Zusammenlebens von Gefangenen und Vollzugsbediensteten (vgl. schon B Rdn. 17).[409]

Zur Verweigerung eigener Hörfunk- und Fernsehgeräte aus Gründen der Sicherheit oder Ordnung gibt es umfangreiche Rechtsprechung:

Zulassung eigener Hörfunkgeräte. Missbrauchsprobleme (etwa Fluchtvorbereitung, Begehung weiterer Straftaten) wurden **bei Hörfunkgeräten mit UKW-Teil** angenommen, weil dieser zu einem Sender bzw. Empfänger umgebaut werden kann.[410] Gleichwohl darf Gefangenen die Benutzung eigener Hörfunkgeräte mit UKW-Teil nicht generell untersagt werden, denn dadurch wird die Informationsfreiheit aus Art. 5 Abs. 1

15

---

406 KG Berlin v. 18.3.2016 – 2 Ws 55/16 Vollz: Durch die Unterbringung auf einer Abschirmstation für Rauschmittelhändler ergeben sich konkrete Anhaltspunkte für das Vorliegen einer realen Gefährdung der Anstaltssicherheit (mögliche Nutzung eines Einzelfernsehgeräts im Haftraum als „Bunker" für Betäubungsmittel; ein Radio mit CD-Abspielmöglichkeit wurde gleichwohl im Haftraum zugelassen).
407 Vgl. *Beyler* ZfStrVo 2001, 146.
408 Vgl. z.B. BGH NStZ 2000, 222 – 5 AR (VS) 2/99; OLG Naumburg, Beschl. vom 20.7.2011 – 1 Ws 70/11, juris; LG Halle (Saale), Beschl. vom 7.3.2012 – 11 StVK 178/11, juris.
409 AK-*Knauer* Teil II § 51 Rdn. 9 ff; *Laubenthal*, Rdn. 246.
410 Mit diesem konnte man sich früher (vor der Digitalisierung) nicht nur in den anstaltseigenen, sondern auch in den **Polizeifunk** einklinken. Grundlegend OLG Frankfurt, Beschl. vom 14.11.1979 – 3 Ws 331/78 unter Hinweis auf ein Gutachten der Bundespost; *Frielinghaus* BlStV 1979.

GG unzulässig eingeschränkt.[411] Allerdings kann die generelle Erlaubnis im **Einzelfall** widerrufen werden, wenn eine missbräuchliche Verwendung festgestellt wird oder sich aus Gründen, die in der Person der/des Gefangenen liegen, die konkrete Missbrauchsgefahr abzeichnet (vgl. Rdn. 30).[412] Eine Gefährdung der Sicherheit der Anstalt wird vor allem im Frequenzbereich 26–28 MHz angenommen, und zwar deshalb, weil in diesem Bereich auch Geräte des sog. **„Jedermannfunks"** empfangen und senden können, die im Handel frei verkäuflich sind. Oft wird unbefugten Eingriffen bereits dadurch hinreichend entgegengewirkt werden können, dass das Gerät versiegelt oder hinreichend verplombt sowie regelmäßig kontrolliert wird.[413] Das „Restrisiko" ist bei normalen Hörfunkgeräten gemessen am Maßstab des Art. 5 Abs. 1 GG sowie im Hinblick auf den Angleichungsgrundsatz noch tragbar,[414] sogar in einem Hochsicherheitstrakt[415] oder einer Abschirmstation für Rauschmittelhändler.[416] Weitere Einzelfälle aus der Rspr.: Unzulässig ist es, das Radiohören **nachts** durch **Stromabschaltung** mit der Begründung zu verhindern, andernfalls entstünde die generelle Gefahr von Bränden (z.B. durch einen vergessenen Tauchsieder) oder es könnten Störungen der Nachtruhe (für die anderen Gefangenen) eintreten.[417] Rundfunkgeräte mit **Weckeinrichtung** oder **Timerfunktion** sind hingegen nicht erlaubt, weil diese zu Zündvorrichtungen oder entsprechende Attrappen umgebaut werden können.[418] Die Benutzung von Rundfunkgeräten mit dazugehörendem **Mikrophon** kann wegen der Gefahr des Missbrauchs und der Beeinträchtigung einer ungestörten Kommunikation die **Anstaltsordnung** erheblich gefährden.[419]

16 **Zulassung eigener Fernsehgeräte.** Auch bei Fernsehgeräten spielt die Nutzbarkeit als **Versteck** bei der Entscheidung über die Verweigerung eine Rolle.[420] So sollen eigene Fernsehgeräte auf einer **Abschirmstation für Rauschgifthändler** ausgeschlossen sein, da sich bereits aus dieser besonderen Unterbringung konkrete Anhaltspunkte für das Vorliegen einer realen Gefährdung der Anstaltssicherheit ergeben (Nutzbarkeit als „Bunker" für Betäubungsmittel).[421] Zudem wird die Sicherheit der Anstalt nach der Rspr. des OLG Koblenz[422] durch **Satellitenantennen mit Receivern** gefährdet, weil es in dem Receiver **Hohlräume** gibt, die wegen ihrer Größe mehr als das bei Radioapparaten der Fall ist (vgl. Rdn. 15) als Verstecke missbraucht werden können (vgl. dazu auch Rdn. 27). Missbraucht werden können ferner Fernseher mit **Flachbildschirmen** oder andere moderne Fernseher, und zwar wegen ihrer **Multifunktionalität**, da sie neben der reinen Bild- und Programmwiedergabe zusätzliche weitere Funktionen aufweisen (z.B. WLAN,[423] Internetbrowser, Schnittstellen zur Datenübertragung oder -speicherung, CI-Schnittstellen;[424] zur Nutzung dieser anderen Formen der Telekommunikation vgl.

---

411 OLG Nürnberg ZfStrVo 1983, 190; *Laubenthal/Nestler/Neubacher/Verrel* G Rdn. 22; AK-*Knauer* Teil II § 51 Rdn. 9; *Arloth/Krä* § 69 Rdn. 7.
412 OLG Nürnberg aaO.
413 Vgl. *Laubenthal/Nestler/Neubacher/Verrel* G Rdn. 22; OLG Frankfurt aaO.
414 *Laubenthal/Nestler/Neubacher/Verrel* G Rdn. 22; OLG Frankfurt aaO.
415 *Laubenthal/Nestler/Neubacher/Verrel* G Rdn. 22 unter Verweis auf OLG Celle v. 20.3.1981 – 3 Ws 498/80.
416 KG Berlin v. 18.3.2016 – 2 Ws 55/16 Vollz (anders hinsichtlich eines eigenen Fernsehgeräts).
417 *Laubenthal/Nestler/Neubacher/Verrel* G Rdn. 22; a.A. OLG Zweibrücken NStZ 1985, 45.
418 *Laubenthal/Nestler/Neubacher/Verrel* G Rdn. 22 unter Verweis auf OLG Nürnberg NStZ 1989, 425; AK-*Knauer* Teil II § 51 Rdn. 9; *Arloth/Krä* § 69 Rdn. 7.
419 *Laubenthal/Nestler/Neubacher/Verrel* G Rdn. 22 unter Verweis auf OLG Frankfurt v. 3.11.1980 – 3 Ws 531/80; *Arloth/Krä* § 69 Rdn. 7.
420 AK-*Knauer* Teil II § 51 Rdn. 10.
421 KG Berlin v. 18.3.2016 – 2 Ws 55/16 Vollz.
422 OLG Koblenz ZfStrVo 1996, 114.
423 BayVGH v. 22.7.2015 – Vf. 84-VI-14, BayVBl 2016, 227.
424 OLG Hamm v. 14.2.2013 – 1 Vollz (Ws) 2/13, BeckRS 2013, 07647.

Rdn. 29). Gleichwohl kommt ein generelles Verbot solcher Modelle nicht in Betracht, vielmehr hat die Anstalt zu prüfen, ob der Gefahr durch Sicherungsmaßnahmen (wie Versiegelung oder Verplombung von Schnittstellen) und Kontrollen begegnet werden kann (s. Rdn. 14).[425] In **BY** sind nach der VV dagegen solche TV-Kombinationsgeräte grundsätzlich nicht zulässig.[426] Auch ein Ausbau von Anschlüssen (z.B. **USB- oder SD-Anschlüssen**) kommt in Betracht.[427] Das OLG Naumburg[428] verweist zu Recht darauf, dass die Sicherungsmaßnahmen wegen des Angleichungsgrundsatzes den neuen Technologien anzupassen sind und daher die Zumutbarkeit von Kontroll- und Sicherheitsvorkehrungen einer Entwicklung unterliegt. Dennoch bleibt es dabei, dass eine Zulassung solcher multifunktionalen Geräte ohne Sicherungsmaßnahmen ausgeschlossen ist, da sich die Missbrauchsmöglichkeiten bei leicht auswechselbaren Datenträgern geringer Größe wie USB-Sticks oder SD-Karten nicht mit vertretbarem Kontrollaufwand verhindern lassen, denn sie können leicht eingeschmuggelt, versteckt oder unbemerkt weitergegeben werden.[429] Ebenso wenig kann die Internetfähigkeit eines Fernsehgerätes mit „**WLAN Ready**" durch Verplombung oder Versiegelung effektiv ausgeschlossen werden.[430] Das OLG Naumburg[431] hält zu Recht eine **Einzelfallprüfung** für erforderlich, denn sonst drohe eine Aushebelung des Anspruchs auf Zulassung von Fernsehgeräten, da immer weniger Geräte nur der Bildwiedergabe dienen; bei der Prüfung sei auf die Beschaffenheit des Gerätes, den Sicherheitsgrad der Anstalt, die konkreten örtlichen Gegebenheiten sowie die persönlichen Verhältnisse der/des Gefangenen abzustellen. Der BayVGH[432] stellt darüber hinaus auf die Lage der Justizvollzugsanstalt und die Möglichkeit, ein vergleichbares Gerät ohne die technischen Zusatzfunktionen zu beziehen, ab.

Regelmäßig versagt wird die Erlaubnis zum Besitz von **DVB-T-Empfängern**, wenn darüber **Videotext** empfangen und **Chatrooms** besucht werden können; solche unkontrollierten Informationsübermittlungen seien weder technisch noch durch Kontrollmaßnahmen zu verhindern.[433] Im Übrigen sind DVBT-Empfangsgeräte (eventuell mit einer erforderlichen Absicherung) jedoch zulässig.[434] Ebenso darf eine **Fernbedienung** entzogen werden, wenn mit diesen die Videotextseiten aufgerufen werden können, auf denen mittels des sogen. „SMS-Dienstes" Textnachrichten in Chatrooms direkt versendet werden können, da nicht nur jegliche Nachrichten, sondern auch Informationen über Fluchtmöglichkeiten oder bestehende Sicherheitsvorkehrungen übermittelt werden können.[435] Alternativ kommt der Umtausch gegen eine Fernbedienung ohne Videotext-Funktion auf Kosten der Anstalt in Betracht.[436]

---

425 OLG Karlsruhe StV 2006, 540 – 1 Ws 500/04; *Laubenthal/Nestler/Neubacher/Verrel* G Rdn. 23. In **HH** schreibt die VV Nr. II. 2. zu § 52 entsprechend vor, dass USB-Anschlüsse und Kartenleser im geschlossenen Vollzug in geeigneter Weise zu versiegeln sind.
426 **BY** VV Nr. 1 Abs. 2 zu Art. 71.
427 OLG Frankfurt v. 19.4.2013 – 3 Ws 87/13 (StVollz), NStZ-RR 2013, 325.
428 OLG Naumburg v. 20.7.2011 – 1 Ws 70/11.
429 OLG Frankfurt aaO.
430 BayVGH v. 22.7.2015 – Vf. 84-VI-14, BayVBl 2016, 227.
431 OLG Naumburg, Beschl. vom 20.7.2011 – 1 Ws 70/11, juris.
432 BayVGH v. 22.7.2015 – Vf. 84-VI-14, BayVBl 2016, 227. Die Lage der Anstalt war in dem Fall relevant, da es um die Möglichkeiten zur Nutzung von WLAN ging.
433 KG Berlin NStZ-RR 2007, 327 – 2/5 Ws 342/06; OLG Frankfurt, Beschl. vom 5.4.2007 – 3 Ws 162/07 [StVollz] und vom 22.11.2006 – 3 Ws 1071–1072/06; OLG Celle StraFo 2009, 172 = NStZ-RR 2009, 190 – 1 Ws 42/09.
434 Vgl. in **HH** die VV Nr. II 2. zu § 52 sowie in **NI** die Nr. 1 Abs. 2 der VV Nr. 3 zu § 67.
435 OLG Celle v. 14.8.2001 – 3 Ws 318/01 (StrVollz), NStZ 2002, 111; *Laubenthal/Nestler/Neubacher/Verrel* G Rdn. 23; *Arloth/Krä* § 69 Rdn. 7.
436 *Arloth/Krä* § 69 Rdn. 7.

Fraglich ist, ob im eigenen Haftraum Zimmerantennen, Satellitenantennen mit Receiver, Set-Top-Boxen oder ähnliche **zusätzliche Empfangsanlagen** zugelassen werden, wenn der Anschluss an eine Gemeinschaftsantennenanlage möglich ist. In **BW** § 59 Abs. 4 III ist dies ausdrücklich ausgeschlossen (vgl. Rdn. 41), in **BY** und **NI** enthalten die VVen dazu Vorgaben,[437] in den anderen Ländern finden sich dazu keine Regelungen. *Arloth/Krä*[438] verneinen dies für den Regelfall unter Verweis auf den Kontrollaufwand sowie die Übersichtlichkeit des Haftraums; Ausnahmen seien nur möglich, wenn anders das Grundrecht der Informationsfreiheit nicht zu verwirklichen wäre (beispielsweise, wenn nur so Programme in einer für die/den Gefangenen verstehbaren Sprache empfangen werden können). Das Grundrecht der Informationsfreiheit gebietet keinen Anspruch auf eine bestmögliche Versorgung, ihm wird bereits dann entsprochen, wenn das bestehende Angebot nicht lückenhaft ist und die Gefangenen nicht von wesentlichen Teilen des gesellschaftlichen Informationsflusses ausgeschlossen sind.[439] Wenn jedoch durch die Anstalt lediglich der (kostenpflichtige) Anschluss an das Kabelnetz mit einem privaten Anbieter vorgesehen ist, muss eine kostenfreie Alternative möglich sein, z.B. durch die genannten Empfangsgeräte im eigenen Haftraum, zumal auch *Arloth/Krä*[440] einen Anschluss- und Benutzungszwang an solche Kabelnetze für nicht zulässig halten (zu Empfangsanlagen und deren Übertragung auf Dritte vgl. auch Rdn. 23).

17   **cc) Übersichtlichkeit des Haftraums und Angemessenheit des Umfangs.** Die Übersichtlichkeit des Haftraums wird – wie auch im ME-StVollzG – in vielen Landesgesetzen (**BE** § 56 Abs. 2 Satz 1 i.V.m. § 52 Abs. 1 Satz 2; **BB** § 61 Abs. 2 Satz 1 i.V.m. § 57 Satz 2 Nr. 1; **HB** § 51 Abs. 2 Satz 1 i.V.m. § 48 Satz 2; **HE** § 30 Abs. 4 Satz 4 i.V.m. § 19 Abs. 1 Satz 2; **MV** § 51 Abs. 2 Satz 1 i.V.m. § 48 Satz 2; **NW** § 51 Abs. 2 Satz 1 i.V.m. § 15 Abs. 2; **RP** § 60 Abs. 2 Satz 1 i.V.m. § 56 Satz 2 Nr. 1; **SL** § 51 Abs. 2 Satz 1 i.V.m. § 48 Satz 2; **SN** § 51 Abs. 2 Satz 1 i.V.m. § 48 Satz 2; **ST** § 59 Abs. 2 Satz 1 i.V.m. § 56 Abs. 1 Satz 2 Nr. 1; **SH** § 68 Abs. 2 Satz 1 i.V.m. § 65 Satz 2; **TH** § 61 Abs. 2 Satz 1 i.V.m. § 57 Satz 2 Nr. 1) als eigenständiger Grund oder als Unterfall der drohenden Beeinträchtigung der Sicherheit oder Ordnung als Ausschlussgrund aufgeführt. In manchen Ländern (**BW** § 59 Abs. 1 III i.V.m. § 58 Abs. 1 III, **BY** Art. 71 Abs. 1 Satz 1 i.V.m. Art. 72 Abs. 1, **HH** § 52 Abs. 1 Satz 1 i.V.m. § 53 Abs. 1, **HE** § 30 Abs. 4 Satz 4 i.V.m. § 19 Abs. 1 Satz 1, **NW** § 51 Abs. 2 Satz 1 i.V.m. § 15 Abs. 2) wird stattdessen (**BW, BY, HH**) oder daneben (**HE, NW**) hinsichtlich der Zulassung eigener Hörfunk- und Fernsehgeräte auf die Angemessenheit des Umfangs abgestellt. Als **„angemessen"** ist nach der Rspr. zu §§ 69, 70 StVollzG grundsätzlich nur der Umfang von Gegenständen zu betrachten, der die **Übersichtlichkeit und Durchsuchbarkeit des Haftraumes** über das in Strafvollzugsanstalten übliche Maß hinaus nicht

---

437   **BY** VV Nr. 1 zu Art. 71 (Abs. 1 Satz 5): Sofern es eine Anschlussmöglichkeit an eine zentrale Empfangsanlage gibt, ist eine Zimmerantenne nur zulässig, wenn der Empfang von mindestens einem öffentlich-rechtlichen Fernsehprogramm aus technischen Gründen nicht möglich ist (zulässig ist aber der Empfang über in das Gerät eingebaute oder fest damit verbundene Antennen). **NI** VV Nr. 3 zu § 67 (1. Abs. 2): Zimmersatellitenanlagen können zugelassen werden, wenn Belange der Ordnung der Anstalt nicht entgegenstehen. Wenn weder Kabel- noch Satellitenfernsehen angeboten wird, können auch (nicht videotextfähige) Set-Top-Boxen für den DVB-T-Empfang ohne Festplatte mit Speicherkapazität zugelassen werden.
438   *Arloth/Krä* § 69 Rdn. 7; ebenso BeckOK-*Knauss* § 69 Rdn. 29.
439   OLG Hamm v. 7.10.2014 – 1 Vollz (Ws) 404/14 (allerdings für den Maßregelvollzug in **NW**): Bereitstellung von 26 Sendern ist ausreichend; auch bei besonders langer Unterbringung gibt es keinen darüber hinausgehenden Anspruch auf Zulassung einer zusätzlichen Satellitenanlage.
440   *Arloth/Krä* § 69 Rdn. 7.

erschwert (vgl. D Rdn. 11),[441] so dass im Ergebnis keine großen Unterschiede zwischen den Ländern bestehen dürften.[442] Als einziges Land hat **NI** keine entsprechende Regelung in das Gesetz aufgenommen, allerdings gibt es eine sehr ausführliche VV, in der genaue Vorgaben zur Zulassung für Hörfunk- und Fernsehgeräte (nach Rauminhalt und Bilddiagonale) enthalten sind.

Bei der Beurteilung der Angemessenheit bzw. Beeinträchtigung der Übersichtlichkeit des Haftraums spielen außer dem Vollzugsziel (1 C Rdn. 14) sowie den Gestaltungsgrundsätzen (1 D) vor allem die Umstände des **Einzelfalls** (etwa die Größe des Haftraumes[443] oder eine Sehbehinderung der/des Gefangenen)[444] sowie die konkreten Anstaltsverhältnisse eine Rolle,[445] insbesondere die Haftraumsituation, der Sicherheitsgrad der Anstalt und die Personalausstattung.[446] Letzteres hebt **BW** § 58 Abs. 1 Satz 2 III gesondert hervor: *Die Angemessenheit des Umfangs kann auch an der [...] verfügbaren Kapazität für Haftraumkontrollen [...] ausgerichtet sein*" (vgl. Rdn. 41) Eine weitergehende Konkretisierung findet sich auch in **HE** § 19 Abs. 1 Satz 2, wo ausdrücklich erwähnt wird, dass die Haftraumkontrollen nicht unzumutbar erschwert werden dürfen (dazu Rdn. 44). In beiden Ländern wird die Zumutbarkeit der Kontrollen gleichwohl an der Bedeutung der Geräte für die Informationsfreiheit nach Art. 5 Abs. 1 zu messen sein. In **BE** § 52 Abs. 1 Satz 2 wird zudem normiert, dass es hinsichtlich der Übersichtlichkeit nicht nur auf die einzelnen Geräte ankommt, sondern auch darauf, ob die Geräte „*in ihrer Gesamtheit geeignet*" sind, die Sicherheit oder Ordnung der Anstalt zu gefährden (dazu Rdn. 37).

Im Hinblick auf die Angemessenheit sowie die Übersichtlichkeit des Haftraums ist anerkannt, dass in der Regel alle Gefangenen **je ein Hörfunk- und Fernsehgerät** in ihrem Haftraum besitzen dürfen.[447] Sollte die Grenze der Übersichtlichkeit erreicht sein, kann der/dem Gefangenen aufgegeben werden, einen oder mehrere andere Gegenstände zur Habe zu geben.[448] Darüber hinaus ist regelmäßig die **Größe der Geräte** relevant.[449] Wegen der sehr begrenzten freien Stellfläche in den zumeist kleinen Haftraumen ist die Größe ein durchaus geeignetes Kriterium für die Entscheidung, allerdings dürfte sie für die Durchsuchbarkeit des Haftraums weniger relevant sein, denn wenige große Geräte hindern eine Durchsuchung eventuell weniger als viele kleine, vor allem, wenn der einzelne Gegenstand selbst kontrolliert werden muss; zudem spielt die Größe für die Kontrolle keine Rolle, wenn eine Versiegelung oder Verplombung möglich ist.[450] Bei **Fern-**

---

441 KG Berlin v. 28.12.2015 – 2 Ws 289/15 Vollz; OLG Karlsruhe ZfStrVo 2002, 376 = StV 2002, 668; OLG Rostock v. 23.6.2004 – I Vollz (Ws) 20/03, ZfStrVo 2005, 117; *Laubenthal* Rdn. 617; zum angemessenen Umfang auch *Beyler* ZfStrVo 2001, 144.
442 So auch AK-*Knauer* Teil II § 51 Rdn. 8.
443 OLG Karlsruhe NStZ-RR 2004, 189.
444 OLG Rostock aaO; BVerfG v. 15.7.2010 – 2 BvR 2518/08, FS 2011, 114; KG Berlin v. 28.12.2015 – 2 Ws 289/15 Vollz; AK-*Knauer* Teil II § 51 Rdn. 12.
445 OLG Celle BlStV 4/5/1994, 12; vgl. auch KG NStZ 1998, 398; *Laubenthal/Nestler/Neubacher/Verrel* G Rdn. 20.
446 *Beyler* ZfStrVo 2001, 145.
447 *Laubenthal/Nestler/Neubacher/Verrel* G Rdn. 20; *Arloth/Krä* § 69 Rdn. 7.
448 *Arloth/Krä* § 69 Rdn. 5; *Laubenthal/Nestler/Neubacher/Verrel* G Rdn. 20.
449 OLG Celle NStZ-RR 2009, 190; OLG Frankfurt NStZ-RR 2007, 388; OLG Karlsruhe NStZ-RR 2006, 155; OLG Rostock aaO; BayVGH München v. 22.7.2015 – Vf. 84-VI-14, BayVBl 2016, 227; *Laubenthal/Nestler/Neubacher/Verrel* G Rdn. 20; AK-*Knauer* Teil II § 51 Rdn. 12.
450 OLG Rostock aaO; a.A. KG Berlin v. 28.12.2015 – 2 Ws 289/15 Vollz: Eine Versiegelung möge zwar die Kontrolle erleichtern, aber es seien darüber hinaus Untersuchungen nötig, um Manipulationen zu entdecken, die nicht zur Verletzung des Siegels führen, aber dennoch einen Zugang zum Geräteinneren ermöglichen.

sehgeräten wird teilweise auf die **Bildschirmdiagonale** abgestellt,[451] diese ist jedoch kein geeignetes Abgrenzungskriterium,[452] besser geeignet sind die **Außenmaße**.[453] Zudem müssen im Einzelfall Abweichungen möglich sein.[454] Es ist grundsätzlich unzulässig, generell den Besitz von solchen **Radios** zu verbieten, die bestimmte **Ausmaße** überschreiten und deshalb (schon abstrakt betrachtet) leichter als Versteck (z.B. für Rauschgift, Sägeblätter usw.) missbraucht werden können.[455] Gleichwohl kann auch bei diesen Entscheidungen nicht unberücksichtigt bleiben, inwieweit die personellen Möglichkeiten der Anstalt den zusätzlichen Kontrollaufwand zulassen.[456]

Für den „angemessenen Umfang" wird aus Gründen der sozialen Gleichbehandlung teilweise auch auf den **Wert** des eingebrachten Gerätes abgestellt.[457] Zudem soll wegen eines krassen Missverhältnisses zum Besitz der Durchschnittsgefangenen der Erwerb von Decodern für **Bezahlfernsehen** (s. dazu auch Rdn. 18) ausgeschlossen werden können,[458] was im Hinblick auf den Angleichungsgrundsatz nicht ganz unproblematisch erscheint, denn in Freiheit ist Bezahlfernsehen (z.B. für Sportereignisse wie die Fußball-Bundesliga) inzwischen weit verbreitet. Der Umgang der Länder mit Bezahlfernsehen ist übrigens unterschiedlich: **BW** schließt (als einziges Bundesland) den Empfang (ohne weitere Begründung) gesetzlich ausdrücklich aus (s. Rdn. 41); in **HE** findet sich der Ausschluss in der VV § 19 Freizeit Nr. 2.5. In **NI** ist dagegen nach der VV Nr. 3 zu § 67 (Nr. 1 Abs. 4) die Verwendung von Decodern für Bezahlfernsehen möglich, sofern Belange der Anstaltsordnung nicht berührt werden und das dafür notwendige Entgelt ohne Beeinträchtigung anderer Zahlungsverpflichtungen selbst entrichtet wird.

18   **dd) Gefährdung des Vollzugsziels.** Die Gefährdung des Vollzugsziels ist (wenn auch mit unterschiedlichen Formulierungen, vgl. B Rdn. 18)[459] in **allen Landesgesetzen** als weiterer Ausschlussgrund für die Zulassung eigener Hörfunk- und Fernsehgeräte benannt (**BW** § 59 Abs. 1 III i.V.m. § 58 Abs. 2 Nr. 2 III; **BY** Art. 71 Abs. 1 Satz 1 i.V.m. Art. 72 Abs. 2 Nr. 2; **BE** § 56 Abs. 2 Satz 1 i.V.m. § 52 Abs. 1 Satz 2; **BB** § 61 Abs. 2 Satz 1 i.V.m. § 57 Satz 2 Nr. 2; **HB** § 51 Abs. 2 Satz 1 i.V.m. § 48 Satz 2; **HH** § 52 Abs. 1 Satz 1 i.V.m.

---

451   Regelungen zur Bildschirmdiagonale enthalten die VV Nr. 1 Abs. 3 zu Art. 71 in **BY** (Flachbildschirme bis max. 48,3 cm Bildschirmdiagonale, Röhrenfernseher bis max. 42 cm), die VV Nr. II. 2. zu § 52 in **HH** (Röhrenfernseher bis max. 40 cm, Flachbildschirme bis max. 51 cm Bildschirmdiagonale) und VV Nr. 3 zu § 67 (Nr. 1 Abs. 1) in **NI** (Bilddiagonale von 42 cm). Auch das KG Berlin hält in seinem Beschl. v. 28.12.2015 – 2 Ws 289/15 Vollz die Bildschirmdiagonale für einen tauglichen Ausgangspunkt, allerdings mit einer weitergehenden Differenzierung zwischen Röhrenfernsehgeräten und Flachbildfernsehern.
452   *Laubenthal* Rdn. 616.
453   OLG Rostock v. 23.6.2004 – I Vollz (Ws) 20/03, ZfStrVo 2005, 117, 119: Geräte bis zu 40 × 40 × 42 cm sind grundsätzlich angemessen; ebenso OLG Frankfurt NStZ-RR 2007, 388 – 3 Ws 539–540/06 (StVollz) und OLG Celle NStZ-RR 2009, 190 – 1 Ws 42/09 m. Anm. *Popp* jurisPR-ITR 9/2009 Anm. 3.
454   So z.B. bei sehr kleinem Haftraum oder bei Sehbehinderung, OLG Rostock aaO; BVerfG FS 2011, 114 ff – 2 BvR 2518/08.
455   AK-*Knauer* Teil II § 51 Rdn. 10 u. 12; a.A. *Arloth/Krä* § 69 Rdn. 5, die eine generelle Größenbeschränkung für zulässig halten.
456   Vgl. dazu z.B. OLG Hamm NStZ 1987, 248 in Bezug auf die Kontrolle zugesandter Publikationen.
457   OLG Nürnberg NStZ 2008, 345 – 2 Ws 299/07: 200 €; *Arloth/Krä* § 69 Rdn. 5: 300 €; *Laubenthal/Nestler/Neubacher/Verrel* G Rdn. 20; kritisch AK-*Knauer* Teil II § 51 Rdn. 11 unter Verweis auf die Voraufl. Rdn. 21.
458   *Arloth/Krä* § 69 Rdn. 5; BeckOK-*Knauss* § 69 Rdn. 20.
459   Anstelle des Vollzugsziels spricht **BY** Art. 72 Abs. 2 Nr. 2 von der „Erfüllung des Behandlungsauftrages" und **HE** § 19 Abs. 2 von der „Eingliederung". Diese abweichenden Formulierungen sind folgerichtig, da die Legalbewährung in **BY** Art. 2 Satz 2 als „Behandlungsauftrag" sowie in **HE** § 2 Satz 1 als „Eingliederungsauftrag" und nicht als „Vollzugsziel" legaldefiniert ist.

§ 53 Abs. 2; **HE** § 30 Abs. 4 Satz 4 i.V.m. § 19 Abs. 2; **MV** § 51 Abs. 2 Satz 1 i.V.m. § 48 Satz 2; **NI** § 66 Abs. 2 Satz 1; **NW** § 51 Abs. 2 Satz 1 i.V.m. § 15 Abs. 2; **RP** § 60 Abs. 2 Satz 1 i.V.m. § 56 Satz 2 Nr. 2; **SL** § 51 Abs. 2 Satz 1 i.V.m. § 48 Satz 2; **SN** § 51 Abs. 2 Satz 1 i.V.m. § 48 Satz 2; **ST** § 59 Abs. 2 Satz 1 i.V.m. § 56 Abs. 1 Satz 2 Nr. 2; **SH** § 68 Abs. 2 Satz 1 i.V.m. § 65 Satz 2; **TH** § 61 Abs. 2 Satz 1 i.V.m. § 57 Satz 2 Nr. 2). Dass die Erreichung des Vollzugsziels durch die weitgehende Zulassung von Fernsehgeräten in den eigenen Hafträumen erschwert werden würde, war vorauszusehen (vgl. Rdn. 2). Manche Angebote des Behandlungsvollzuges vertragen (soweit sie nach der Arbeitszeit durchgeführt werden) die Konkurrenz zum Fernsehen nicht; jedenfalls werden nicht wenige Gefangene im Zweifel lieber fernsehen wollen. Ob „wegen der Gefährdung des Vollzugszieles" Fernsehgeräte bei Sexualstraftätern in **Sozialtherapeutischen Anstalten** und Abteilungen untersagt werden können, weil sie den Zielen der Sozialtherapie zuwiderlaufen,[460] erscheint auch im Hinblick auf den Angleichungsgrundsatz (1 D Rdn. 4 ff) zweifelhaft.[461] Nach dem OLG Hamm[462] soll die Versagung eines Fernsehgerätes mit unverplombter CI-Schnittstelle für den Empfang von **Bezahlfernsehen** (s. dazu auch Rdn. 17) möglich sein, da nicht überprüft werden könne, ob Inhalte betrachtet werden, die dem Vollzugsziel zuwiderlaufen oder die Anstaltsordnung stören, z.B. pornographische Inhalte.

ee) Mit Strafe oder Geldbuße bedroht. In **BW** § 59 Abs. 1 III i.V.m. § 58 Abs. 2 Nr. 1 19 III, **BY** Art. 71 Abs. 1 Satz 1 i.V.m. Art. 72 Abs. 2 Nr. 1 und **HE** § 30 Abs. 4 Satz 4 i.V.m. § 19 Abs. 2 ist darüber hinaus im Anschluss an die Regelung in § 69 Abs. 2 i.V.m. § 70 Abs. 2 Nr. 1 StVollzG eine Verweigerung der Zulassung eigener Hörfunk- und Fernsehgeräte in den Haftträumen möglich, wenn der Besitz, die Überlassung oder Benutzung des Gerätes mit Strafe oder Geldbuße bedroht wäre (vgl. Rdn. 41, 42 und 44). Dies wird bei Rundfunkgeräten allerdings wohl kaum jemals möglich sein.[463] Zudem ist eine explizite gesetzliche Normierung im Grunde entbehrlich, da der Ausschluss strafbarer und ordnungswidriger Besitzverhältnisse auch schon unter den Ausschlussgrund der Gefährdung des Vollzugsziels (soziale Wiedereingliederung)[464] oder der Sicherheit oder Ordnung der Anstalt[465] subsumiert werden kann.

b) Verweisung auf Mietgeräte oder Haftraummediensystem und Übertragung 20
an Dritte. Unter Geltung des § 69 StVollzG wurde die Verweisung der Gefangenen auf die Anmietung von Hörfunk- und Fernsehgeräten **bei externen Vermietern** mangels Rechtsgrundlage abgelehnt, da ein rein zivilrechtliches Vertragsverhältnis zwischen den Gefangenen und Dritten nicht der Überprüfung des StVollzG unterliegen würde und die Gefangenen dem Abschluss eines Monopolvertrages schutzlos ausgeliefert wären.[466] Dies solle selbst dann gelten, wenn eine anstaltsinterne private Betreibergesellschaft zu Hilfe genommen wird.[467] Wenn aber eine gesetzliche Grundlage geschaffen würde, stünden keine rechtlichen Bedenken entgegen. Allerdings müsse bei der Erhebung von Kosten-

---

460 So *Arloth/Krä* § 69 Rdn. 6 und *Laubenthal/Nestler/Neubacher/Verrel* G Rdn. 21.
461 Ebenso BeckOK-*Knauss* § 69 Rdn. 21 und AK-*Knauer* Teil II § 51 Rdn. 13 sowie AK-*Boetticher* 2012 Rdn. 23, der auf Fingerspitzengefühl und Überzeugungskraft statt auf Verbote setzt.
462 OLG Hamm v. 14.2.2013 – 1 Vollz (Ws) 2/13, BeckRS 2013, 07647.
463 AK-*Knauer* Teil II § 51 Rdn. 14.
464 *Laubenthal/Nestler/Neubacher/Verrel* G Rdn. 31.
465 AK-*Knauer* Teil II § 48 Rdn. 18.
466 OLG Naumburg, Beschl. vom 20.7.2011 – 1 Ws 70/11, juris, m. Anm. Spitz jurisPR-ITR 21/2011 Anm. 6; OLG Dresden StV 2008, 89. Die Anmietung von Geräten bei der Vollzugsanstalt selbst wurde dagegen schon früher als zulässig angesehen (OLG Stuttgart ZfStrVo 1993, 312).
467 OLG Naumburg aaO.

beiträgen für die Mietgeräte eine angemessene Grundversorgung sichergestellt bleiben, sofern keine Möglichkeit bestehe, am gemeinschaftlichen Fernsehempfang teilzunehmen; zudem müsse wegen der typischerweise beschränkten wirtschaftlichen Situation die Verhältnismäßigkeit der zusätzlichen finanziellen Belastungen berücksichtigt werden. Schließlich müsse die rechtliche Ausgestaltung der Kostenbeitragserhebung im hoheitlichen Verantwortungsbereich bleiben und vollumfänglich rechtlich nachprüfbar bleiben.[468] Eine Allgemeinverfügung wie eine Hausordnung reiche nicht aus, generell die Einbringung eigener Geräte zu untersagen und eine Anmietung vorzuschreiben; vielmehr bedürfe es einer Einzelfallprüfung.[469]

21   An diesen Grundsätzen werden die nun in **fast allen Ländern** (zu den konkreten Regelungen s. nachfolgend) vorhandenen Regelungen zur Verweisung auf Mietgeräte oder Haftraummediensysteme (vgl. zu diesen schon A Rdn. 31) zu messen sein. In einigen Ländern ist dabei ausdrücklich die **Übertragung auf Dritte** ermöglicht worden (s. dazu nachfolgend). Allein **BY** und **HE** verzichten auf entsprechende Vorschriften – in diesen Ländern ist die Zulässigkeit der Verweisung auf Mietgeräte (insbesondere bei einer Übertragung auf Dritte) weiterhin sehr fraglich. Gleichwohl sind bei der Entscheidung über die **Zulässigkeit von Mietgeräten** anstelle der eigenen Geräte auch die **Vorteile** in den Blick zu nehmen, z.B. die Möglichkeit, den Gefangenen auch standardisierte moderne Geräte mit entsprechenden Sicherheitsvorkehrungen zur Verfügung stellen zu können (die sonst wegen zu aufwändiger Kontrollen ausgeschlossen wären). Zudem haben Gefangene, die sich kein eigenes Gerät leisten könnten, die Möglichkeit zur Miete und es wird eine „Zwei-Klassen-Gesellschaft" unter den Gefangenen bezogen auf das im Haftraum befindliche Gerät vermieden.[470]

22   Die landesgesetzlichen Regelungen unterscheiden sich deutlich hinsichtlich der Formulierungen sowie der konkreten Inhalte:

Einige Länder (**BB** § 61 Abs. 2 Satz 3, **HB** § 51 Abs. 2 Satz 3, **MV** § 51 Abs. 3 Satz 1, **RP** § 60 Abs. 2 Satz 3, **SL** § 51 Abs. 2 Satz 3, **SH** § 68 Abs. 2 Satz 3, **TH** § 61 Abs. 2 Satz 3) haben die Formulierung aus ME § 51 Abs. 2 Satz 3 übernommen: *„Die Gefangenen können auf Mietgeräte oder auf ein Haftraummediensystem verwiesen werden."* Dadurch sollen die den Gefangenen zur Verfügung stehenden Nutzungsmöglichkeiten vereinheitlicht und erweitert und der Kontrollaufwand verringert werden.[471] Die meisten dieser Länder verzichten darauf, die Übertragung auf Dritte gesetzlich zu regeln, so dass sie weiterhin ausgeschlossen sein dürfte. Anders aber **MV**, wo es den Anstalten gestattet ist, die Vermietung von Geräten an Dritte zu übergeben (vgl. Rdn. 38).

HH § 52 Abs. 1 Satz 1[472] und **SN** § 51 Abs. 2 Satz 1[473] verknüpfen die Zulassung direkt mit der Alternative der überlassenen Geräte; in **SN** gilt dies nach **SN** § 51 Abs. 2 Satz 2 jedoch nur, wenn den Gefangenen für den Zugang zu einer Grundversorgung mit öffentlich-rechtlichem Rundfunk keine Kosten für die Zurverfügungstellung der Geräte be-

---

468   OLG Naumburg aaO.
469   OLG Naumburg aaO sowie Beschl. vom 26.5.2011 – 1 Ws 638/10, juris.
470   OLG Karlsruhe v. 7.10.2015 – 2 Ws 328/15 und 329/15, NStZ-RR 2015, 392; *Arloth/Krä* § 66 NJVollzG Rdn. 2.
471   Begr. zum ME-StVollzG, 119.
472   Die Gefangenen dürfen eigen Rundfunkgeräte besitzen, *„soweit ihnen nicht von der Anstalt Geräte überlassen werden"* (vgl. Rdn. 43). Nach der Gesetzesbegründung bedeutet das, dass Gefangenen, die keine Geräte besitzen, entweder befristet kostenlos ein Leihgerät zur Verfügung gestellt wird oder er/sie Gelegenheit erhält, gegen Kostenbeteiligung ein Gerät zu mieten (**HH** LT-Drucks. 18/6490, 44).
473   Eigene Geräte werden zugelassen, wenn nicht *„in der Anstalt Mietgeräte oder ein Haftraummediensystem zur Verfügung gestellt werden"* (vgl. Rdn. 39).

rechnet werden. Zudem ist in **SN** § 51 Abs. 3 die Übertragung der Bereitstellung, Vermietung oder Ausgabe von Hörfunk- und Fernsehgeräten an einen Dritten möglich.

NI § 66 Abs. 2 Satz 2 und **ST** § 59 Abs. 2 Satz 2 regeln, dass Gefangene in der Erlaubnis darauf verwiesen werden können, *„anstelle eigener von der Anstalt überlassene Geräte zu verwenden"* (vgl. Rdn. 45 und 40). Dies soll den Vorteil bieten, dass die Vollzugsbehörde in Zeiten schneller technischer Entwicklung und zunehmender Multifunktionalität der Geräte infolge der Standardisierung die Missbrauchspotenziale besser einschätzen und durch besondere Sicherheitsfunktionen auch wirksam bewältigen kann; erst durch diese besonderen Sicherheitsfunktionen soll es den Gefangenen mithin möglich werden, bestimmte moderne Fernsehdienste überhaupt nutzen können; schließlich sollen Manipulationsmöglichkeiten dadurch ausgeschlossen werden, dass die überlassenen Geräte in der Anstalt bleiben.[474] **NI** verzichtet auf eine Möglichkeit zur Übertragung auf Dritte, in **ST** § 59 Abs. 3 ist diese gesetzlich nur für den Betrieb von Empfangsanlagen vorgesehen. Auch wenn also eine entsprechende gesetzliche Regelung für die Vermietung von Geräten durch private Anbieter fehlt, scheint **ST** davon auszugehen, dass eine solche möglich ist, denn nach der Gesetzesbegründung korrespondiert mit der Versagungsbefugnis eine **Obliegenheit der Anstalt**, sich z.B. durch Einholung von Preisvergleichen konkurrierender Unternehmen darüber zu versichern, dass das ausgewählte Unternehmen die Leistungen zu Preisen anbietet, die die wirtschaftlichen Möglichkeiten der Gefangenen (insbes. der Taschengeldempfänger) nicht übersteigt.[475] Die Regelungen in **NI** § 66 Abs. 2 Satz 2 Hs. 2 und **ST** § 59 Abs. 2 Satz 3 sehen darüber hinaus vor, dass eine solche Bestimmung (d.h. die Verweisung auf von der Anstalt überlassene Geräte) auch **nachträglich** getroffen werden kann. In diesem Zusammenhang ist der **Vertrauensschutz** der Gefangenen auf Fortbestand der Erlaubnis zum Besitz eigener Geräte unbedingt zu beachten.[476] Dies hebt **NI** auch in der Gesetzesbegründung hervor: Eine nachträgliche Bestimmung wird bei fehlerfreier Ermessensausübung nur möglich sein, wenn überwiegende Gründe des Vollzugs (z.B. neu aufgetretene Sicherheitsbedenken) bestehen; zudem müssen die Gefangenen evtl. entschädigt werden.[477] Vom Wortlaut her liegt nahe, dass **„verweisen"** bedeutet, dass in diesem Falle eigene Geräte von den Gefangenen nicht eingebracht werden dürfen. Dies wird in **ST** allerdings noch einmal ausdrücklich hervorgehoben.

BW § 59 Abs. 2 III, **BE** § 56 Abs. 2 Satz 2 u. 3 und **NW** §§ 51 Abs. 2 Satz 2–4 kombinieren die Verweisung auf Mietgeräte und/oder Haftraummediensysteme mit der Möglichkeit zur **Übertragung der Ausgabe der Geräte an Dritte** und stellen ebenso klar, dass in diesem Fall der Besitz eigener Geräte nicht oder zumindest in der Regel nicht möglich ist (vgl. Rdn. 41, 37 und 46). **BW** scheint dabei das notwendige Minimum an Informationsmöglichkeiten dadurch sicherstellen zu wollen, dass mittellosen Gefangenen von der Anstalt kostenfrei ein Radiogerät zur Verfügung gestellt wird,[478] was dem Grundrecht der Informationsfreiheit kaum genügen dürfte.

Zusammengefasst sehen also mehrere Landesgesetze (**BW** § 59 Abs. 2 Satz 1 III, **BE** § 55 Abs. 2 Satz 2, **MV** § 51 Abs. 3, **NW** § 51 Abs. 2 Satz 3, **SN** § 51 Abs. 3) für die Bereitstellung und Ausgabe von Mietgeräten die **Übertragung auf Dritte** vor. In diesen Ländern

---

474 So die Begr. in **NI** (LT-Drucks. 13/3565, 142).
475 So die Begr. in **ST** (LT-Drucks. 6/3799, 201).
476 Ein pauschaler Widerruf aller Besitzgenehmigungen wie durch die JVA Brandenburg bei Einführung der „Multimediaboxen" ist insofern fragwürdig (so zutreffend *Oelbermann* StV 2018, 625).
477 **NI** LT-Drucks. 13/3565, 143.
478 So die Begr. in **BW** (LT-Drucks. 14/5012, 229).

wurde damit die nach dem OLG Naumburg[479] notwendige gesetzliche Grundlage geschaffen. Allerdings fehlen in den meisten Ländern Regelungen für die Sicherstellung der Grundversorgung und die Ausgestaltung der Kostenbeiträge.[480] Insofern ist die Übertragung an Dritte in diesen Ländern weiterhin problematisch.

23   **c) Betrieb von Empfangsanlagen.** Neben den Regelungen zu Mietgeräten finden sich in vielen Landesgesetzen (**BW** § 59 Abs. 2 Satz 1 III, **MV** § 51 Abs. 3 Satz 2, **NW** § 51 Abs. 2 Satz 3, **SN** § 51 Abs. 3, **ST** § 59 Abs. 3;[481] in **BY** und **HE** in der VV)[482] zudem Vorschriften für den Betrieb von Empfangsanlagen und deren Übertragung auf Dritte. Dem Informationsbedürfnis der Gefangenen soll bereits durch den gewöhnlichen Antennenempfang zureichend Rechnung getragen werden.[483] Daher steht es im pflichtgemäßen Ermessen der Anstalt, wie ein über Antennen hinausgehender Rundfunkempfang (z.B. durch Kabelanschluss oder eine Satellitenanlage) ermöglicht wird.[484] Sofern den Gefangenen die Möglichkeit zur Teilnahme am Kabelempfang angeboten wird, trifft die Anstalt eine Obliegenheit zum Preisvergleich bei konkurrierenden Unternehmen, um marktgerechte Preise sicherzustellen.[485] Die Anstalt kann die Zahlungsverpflichtung nicht einseitig festsetzen, sondern nur durch Abschluss eines öffentlich-rechtlichen oder privatrechtlichen Vertrags mit den einzelnen Gefangenen begründen.[486] Hinsichtlich der Erhebung von Nutzungsentgelten dürfte im Übrigen dasselbe gelten, was das OLG Naumburg[487] für die Übertragung der Ausgabe von Mietgeräten entschieden hat, nämlich dass dafür eine gesetzliche Grundlage geschaffen werden muss (was die besagten Länder getan haben; dafür dürften aber auch die Regelungen zu den Betriebskosten ausreichen, vgl. Rdn. 32), eine angemessene kostenlose Grundversorgung sichergestellt sein muss (dies könnte durch den einfachen Antennenempfang im Haftraum oder auch das Gemeinschaftsfernsehen erfolgen) und dass die beschränkten finanziellen Mittel der Gefangenen bei den Verträgen mit den Drittanbietern zu berücksichtigen sind (z.B. durch die Obliegenheit zum Preisvergleich); schließlich muss die Ausgestaltung der Kosten vollumfänglich rechtlich nachprüfbar sein (s. Rdn. 20). **BW** § 59 Abs. 4 III gibt darüber hinaus vor, dass der Einsatz von zusätzlichen Empfangseinrichtungen im Haftraum nicht zulässig ist (vgl. dazu schon Rdn. 16). Sofern dies bedeutet, dass auch (einfache) Antennen verboten sind, wäre das im Hinblick auf den Angleichungsgrundsatz sowie die Informationsfreiheit problematisch, denn dann wären Gefangene auf den kostenpflichtigen Fernsehempfang angewiesen (außer es gibt

---

479 OLG Naumburg v. 20.7.2011 – 1 Ws 70/11.
480 Anders in **SN** § 51 Abs. 2 Satz 2, das eine Verweisung nur vorsieht, wenn die kostenfreie Grundversorgung sichergestellt ist (s. Rdn. 39). In **ST** § 72 Abs. 3 findet sich in der allgemeinen Vorschrift zu den Betriebskosten (vgl. Rdn. 32 sowie 40) eine weitergehende Regelung hinsichtlich der Voraussetzungen und Höhe der Kostenbeiträge incl. einer Härtefallregelung.
481 In **ST** ist die Übertragung nur mit Zustimmung der Aufsichtsbehörde möglich.
482 **BY** VV Nr. 1 zu Art. 71 Satz 4: Die Antstalt kann den entgeltlichen Anschluss an eine zentrale Empfangsanlage ermöglichen, die auch durch Dritte bereitgestellt und betrieben werden kann. **HE** VV § 19 Freizeit Nr. 2.3 und 4: Einzelheiten sind durch einen Mustervertrag zu regeln und die Höhe der für die Nutzung erhobenen Entgelte ist regelmäßig durch die Anstalt zu überprüfen.
483 *Laubenthal/Nestler/Neubacher/Verrel* G Rdn. 25.
484 OLG Frankfurt v. 9.12.2003 – 3 Ws 1140/03 (StVollzG), NStZ-RR 2004, 127; *Laubenthal/Nestler/ Neubacher/Verrel* G Rdn. 25.
485 OLG Frankfurt aaO; *Laubenthal/Nestler/Neubacher/Verrel* G Rdn. 25; *Arloth/Krä* § 69 Rdn. 7; BeckOK-*Knauss* § 69 Rdn. 17. Vgl. auch BVerfG v. 24.11.2015 – 2 BvR 2002/13, BeckRS 2016, 40537 für Telefonie.
486 OLG Jena v. 11.7.2005 – 1 Ws 111/05, NStZ 2006, 697; zudem die Begr. in **BY** (LT-Drucks. 15/8101, 65).
487 OLG Naumburg v. 20.7.2011 – 1 Ws 70/11.

Gemeinschaftsfernsehen). Sofern der Betrieb der Empfangsanlagen an Dritte übertragen wird, muss sichergestellt sein, dass die Entscheidung über die **einzuspeisenden Sender** bei der Vollzugsanstalt (unter Beteiligung der Gefangenenmitverantwortung) verbleibt (s. dazu Rdn. 9).

4. Voraussetzungen für die Zulassung von anderen Geräten der Informations- und Unterhaltungselektronik. Seit vielen Jahren schon ist die Nutzung von verschiedenen Geräten der Informations- und Unterhaltungselektronik in der Gesellschaft weit verbreitet, Geräte zum Abspielen von Filmen oder Musik, Spielekonsolen oder auch Computer gehören zum Alltag der Menschen in Freiheit. Dass daher auch Gefangene immer häufiger die Zulassung solcher Geräte in ihren Haftäumen begehren, entspricht dem Angleichungsgrundsatz (dazu 1 D Rdn. 4 ff). Gleichzeitig bergen die Geräte viele Risiken insbesondere für die Sicherheit oder Ordnung in den Anstalten, z.B. weil sie sich als Versteck für verbotene Gegenstände eignen, aber auch weil sie zur Datenspeicherung oder zur Kommunikation missbraucht werden können. Da es im StVollzG keine spezielle Regelung zur Zulassung von Informations- und Unterhaltungsgeräten gab, wurden sie bislang wie andere Gegenstände für die Freizeitbeschäftigung nach § 70 StVollzG behandelt. In der Rechtsprechung hat sich dazu eine umfangreiche Kasuistik entwickelt, in der es vor allem um Fragen der Gefährdung der Sicherheit oder Ordnung geht (dazu Rdn. 27). In allen Landesgesetzen (außer **BY**) gibt es heute spezielle Regelungen für die Zulassung von Geräten der Informations- und Unterhaltungselektronik, die sich jedoch systematisch und inhaltlich voneinander unterscheiden (zu den konkreten Regelungen und den Einzelheiten s. Rdn. 25 f). Unter diese Bezeichnung fallen neben **CD-Abspielgeräten** und **Spielkonsolen**[488] auch **Notebooks** und **andere Computer**[489] sowie **MP3-Player** und **E-Book-Reader**.[490] Wenig passend dürfte es dagegen sein, auch elektrische Musikinstrumente darunter zu fassen, so dass diese weiterhin unter die sonstigen Gegenstände zur Ausstattung des Haftraumes oder zur Freizeitbeschäftigung fallen (dazu D).[491] Neben den Vorschriften für die Zulassung der Geräte gibt es in einigen Ländern (wie auch für Hörfunk- und Fernsehgeräte) Regelungen zum Verweis auf Mietgeräte oder Haftraummediensysteme sowie für die Übertragung bestimmter Aufgaben auf Dritte (dazu Rdn. 28). Da mit der Zulassung nicht gleichzeitig die mit den Geräten technisch möglichen Kommunikationsformen genehmigt werden, bleiben die Vorschriften für die anderen Formen der Telekommunikation unberührt (s. Rdn. 29).

a) Überblick über die Systematik in den Ländern. Die Zulassung von anderen Geräten der Informations- und Unterhaltungselektronik ist in **allen Landesgesetzen außer BY** konkret geregelt (**BW** § 58 Abs. 3 III; **BE** § 56 Abs. 4 Satz 1; **BB** § 61 Abs. 2 Satz 2; **HB** § 51 Abs. 2 Satz 2; **HH** § 52 Abs. 1 Satz 3; **HE** § 30 Abs. 4 Satz 2; **MV** § 51 Abs. 2 Satz 3; **NI** § 67 Abs. 1 u. 2; **NW** § 52 Abs. 1; **RP** § 60 Abs. 2 Satz 2; **SL** § 51 Abs. 2 Satz 2; **SN** § 51 Abs. 2 Satz 3; **ST** § 59 Abs. 2 Satz 4 u. Abs. 4; **SH** § 68 Abs. 2 Satz 2; **TH** § 61 Abs. 2 Satz 2). In **BY** unterfallen sie (wie unter Geltung des StVollzG) weiterhin den Gegenständen für die Freizeitbeschäftigung (s. dazu D), allerdings normiert **BY** Art. 72 Abs. 2 Nr. 2 Hs. 2 eine Regelvermutung für eine Gefährdung des Behandlungsauftrags bzw. der Sicherheit oder Ordnung der Anstalt durch elektronische Unterhaltungsmedien, so dass es für ihre Zu-

---

488 Diese nennt die Begr. zum ME-StVollzG beispielhaft (Begr., 119).
489 AK-*Knauer* Teil II § 51 Rdn. 16.
490 So die Begr. in **NW** (LT-Drucks. 16/5413, 127).
491 So auch AK-*Knauer* Teil II § 51 Rdn. 16.

lassung einer besonderen Begründung bedarf (vgl. Rdn. 42).[492] In den meisten Ländern (**BE, BB, HB, HH, MV, RP, SL, SN, ST, SH, TH**) werden die Geräte der Informations- und Unterhaltungselektronik (wie auch in ME § 51) in einer Vorschrift **zusammen mit den Hörfunk- und Fernsehgeräten** geregelt, was wegen der Multifunktionalität moderner Geräte auch sehr sinnvoll ist. Die wenigsten Geräte dienen heutzutage nur noch einem Zweck wie z.B. dem Abspielen von Musik oder Filmen oder zum Empfang von Hörfunk oder Fernsehen oder zum Spielen oder der Datenspeicherung oder Kommunikation, stattdessen gibt es verschiedenste Kombinationen. Damit ähneln die für eine Zulassung von Geräten der Informations- und Unterhaltungselektronik zu klärenden Rechtsfragen (z.B. im Hinblick auf die Gefährdung der Sicherheit oder Ordnung der Anstalt) denen bei den Hörfunk- und Fernsehgeräten und sollten daher zusammenhängend normiert werden. In **BW, NI** und **NW** finden sich die Vorschriften für die Informations- und Unterhaltungselektronik dagegen im Paragraphen zu den Gegenständen für die Freizeitbeschäftigung; in **HE** sind alle drei Regelungsgegenstände (Hörfunk/Fernsehen, Informations- und Unterhaltungselektronik, sonstige Gegenstände) in einer Norm zusammengefasst.

26   **b) Voraussetzungen für die Zulassung.** Die meisten Länder (**BE** § 56 Abs. 4 Satz 1; **BB** § 61 Abs. 2 Satz 2; **HB** § 51 Abs. 2 Satz 2; **MV** § 51 Abs. 2 Satz 3; **RP** § 60 Abs. 2 Satz 2; **SL** § 51 Abs. 2 Satz 2; **SN** § 51 Abs. 2 Satz 3; **ST** § 59 Abs. 2 Satz 4 u. Abs. 4; **SH** § 68 Abs. 2 Satz 2; **TH** § 61 Abs. 2 Satz 2) haben sich bei der Regelung für die anderen Geräte der Informations- und Unterhaltungselektronik an ME § 51 Abs. 2 Satz 2 orientiert, der folgenden Wortlaut hat: „*Andere Geräte der Informations- und Unterhaltungselektronik können unter diesen Voraussetzungen [d.h. denjenigen aus Satz 1] zugelassen werden.*" In Satz 1, der wiederum auf den ME § 48 Satz 2 (Ausstattung des Haftraums) verweist, sind die Voraussetzungen für die Zulassung von Hörfunk- und Fernsehgeräten normiert (s. Rdn. 12). Folglich ist für die Zulassung entscheidend, ob die Geräte geeignet sind, die **Sicherheit oder Ordnung der Anstalt**, insbesondere die **Übersichtlichkeit des Haftraums** oder die **Erreichung des Vollzugsziels** zu gefährden. Anders als bei der Zulassung von Hörfunk- und Fernsehgeräten, auf die unter diesen Voraussetzungen ein Rechtsanspruch besteht, handelt es sich bei den Geräten der Informations- und Unterhaltungselektronik jedoch um einen **Ermessensanspruch** („*können*").[493] In einzelnen Ländern gibt es kleinere Abweichungen von ME § 51: **BE** § 52 Abs. 1 Satz 2 stellt klar, dass es bei der Frage der Gefährdung nicht nur auf die einzelnen Gegenstände ankommt, sondern auch um alle Gegenstände in ihrer Gesamtheit (vgl. Rdn. 37). **MV** § 51 Abs. 2 Satz 1 hat als weitere Voraussetzung ergänzt, dass feststeht, dass die Geräte keine unzulässigen Gegenstände enthalten (s. Rdn. 38). Und in **ST** § 59 Abs. 4 (ähnlich auch in **BW** § 58 Abs. 3 III, s.u.) bedarf die Zulassung von anderen Geräten der Informations- und Unterhaltungselektronik der Zustimmung der Aufsichtsbehörde, die allgemeine Richtlinien für die Gerätebeschaffenheit erlassen kann; Zulassungen, die ohne eine solche Zustimmung erteilt wurden, können zurückgenommen werden. Zudem hat **ST** in der Vorschrift zum Gewahrsam an Gegenständen ausdrücklich normiert, dass der Besitz von Computern und anderen technischen Geräten mit der Möglichkeit zur Speicherung und Übertragung von Daten nicht gestattet ist (vgl. Rdn. 40).

Eine ähnliche Regelung wie in den genannten Ländern findet sich in **HE** § 30 Abs. 4 Satz 2, d.h. es ist eine Kann-Vorschrift, nach der die Zulassung anderer elektronischer Geräte „*im Einzelfall*" unter den Voraussetzungen für die Ausstattung des Haftraums (die

---

492   Eine Zulassung kann nach der Begr. z.B. erfolgen, wenn ein CD-Spieler für Sprachkurse benötigt wird (**BY** LT-Drucks. 15/8101, 65).
493   AK-*Knauer* Teil II § 51 Rdn. 17; *Laubenthal/Nestler/Neubacher/Verrel* G Rdn. 28.

sich allerdings von denen im ME-StVollzG unterscheiden, s. dazu Rdn. 12) möglich ist, gleichwohl ausdrücklich nur zu den Zwecken der Fortbildung oder Freizeitbeschäftigung (vgl. dazu Rdn. 44). In **HE** ist folglich neben der Gefährdung der Sicherheit oder Ordnung der Anstalt bzw. des Vollzugszieles sowie der Übersichtlichkeit des Haftraums für die Zulassung auch entscheidend, ob die Haftraumkontrollen unzumutbar erschwert werden.[494] Überdies können nur Geräte in angemessenem Umfang zugelassen werden.

Auch **HH** § 52 Abs. 1 Satz 3 hat eine Kann-Vorschrift für die anderen Geräte der Informations- und Unterhaltungselektronik erlassen, allerdings verweist die Norm (wie auch bei den Hörfunk- und Fernsehgeräten, s. Rdn. 12) auf den Paragraphen zu den Gegenständen der Freizeitbeschäftigung, so dass neben der Gefährdung der Sicherheit oder Ordnung der Anstalt bzw. des Vollzugszieles eine Beschränkung auf Gegenstände in angemessenem Umfang erfolgt (s. Rdn. 43).

In **BW** § 58 Abs. 3 III, **NI** § 67 Abs. 1 Satz 1 und **NW** § 52 Abs. 1 Satz 1 sind die Geräte der Informations- und Unterhaltungselektronik gemeinsam mit den sonstigen Gegenständen der Freizeitbeschäftigung normiert. In diesen Ländern besteht daher ein **Rechtsanspruch** auf Zulassung, sofern die jeweiligen Voraussetzungen vorliegen.[495] Im Übrigen stimmen die Zulassungsvoraussetzungen mit den jeweiligen Landesregelungen für Hörfunk- und Fernsehgeräte (s. Rdn. 12) überein, d.h. neben den in allen Ländern maßgeblichen Voraussetzungen (Gefährdung von Sicherheit oder Ordnung oder des Vollzugsziels) beschränken diese Länder Geräte auf einen angemessenen Umfang. In **NW** § 15 Abs. 2 ist zusätzlich die Verhältnismäßigkeit des Aufwands für die Überprüfung entscheidend (s. Rdn. 46). In **BW** § 58 III sind im Hinblick auf die Angemessenheit der Geräte auch die Kontrollkapazität und der Wert maßgeblich, überdies kommt es auf die Vertretbarkeit des Aufwands für die Überprüfung auf missbräuchliche Verwendung sowie die mögliche Strafbarkeit des Besitzes an; darüber hinaus kann die Zulassung von bestimmten Gerätetypen (ähnlich wie in **ST** § 59 Abs. 4, s.o.) der Zustimmung der Aufsichtsbehörde vorbehalten sein, die allgemeine Richtlinien erlassen kann; Zulassungen ohne diese Zustimmung können zurückgenommen werden (vgl. Rdn. 41).

In **BY** Art. 72 richtet sich eine Zulassung (wie in **BW**, **NI** und **NW**) nach denselben Voraussetzungen wie für die Gegenstände zur Freizeitbeschäftigung (also Rechtsanspruch, sofern es sich um einen angemessenen Umfang handelt, der Besitz nicht strafbar ist und keine Gefährdung von Behandlungsauftrag oder Sicherheit oder Ordnung vorliegt; s. Rdn. 12 sowie Rdn. 42). Allerdings wurde hier eine Regelvermutung für eine solche Gefährdung normiert, so dass eine Zulassung eher die Ausnahme bleiben sollte (**BY** Art. 72 Abs. 2 Nr. 2 Hs. 2; s. schon Rdn. 25). Wegen dieser Regelvermutung können die zur bundesgesetzlichen Regelung ergangenen Entscheidungen allenfalls noch mit Einschränkungen herangezogen werden.[496]

Zusammengefasst gibt es also wenig Unterschiede zwischen den Ausschlussgründen für Hörfunk- und Fernsehgeräten einerseits und denen für andere Geräte der Informations- und Unterhaltungselektronik andererseits, so dass hinsichtlich der Einzelheiten auf die obigen Ausführungen verwiesen werden kann (Rdn. 14–19). Praktische Bedeutung haben lediglich die Ausschlussgründe der möglichen Gefährdung der Sicherheit oder Ordnung der Anstalt sowie der Übersichtlichkeit des Haftraumes bzw. Angemessenheit des Umfangs. Zur Gefährdung des Vollzugsziels ist hingegen (soweit ersichtlich)

---

494 Darüber hinaus kommt es darauf an, ob Besitz, Überlassung oder Benutzung der Gegenstände mit Strafe oder Geldbuße bedroht sind, was jedoch hinsichtlich der Geräte kaum eine praktische Bedeutung haben dürfte.
495 AK-*Knauer* Teil II § 51 Rdn. 17.
496 OLG München FS 2011, 54 – 3 Ws 1005/09 (R).

lediglich eine Entscheidung ergangen (s. dazu am Ende der Rdn. 27); im Übrigen handelt es sich bei der Rspr. zur Gefährdung des Vollzugsziels um solche zu Medien (DVDs, Filmen; vgl. D Rdn. 21).

27   In der **Rechtsprechung** gibt es eine Vielzahl von Entscheidungen zu den verschiedenen Arten von Geräten der Informations- und Unterhaltungselektronik.[497] In den teils gegensätzlichen Entscheidungen spiegelt sich die Schwierigkeit, „im Einzelfall in der von den Gesetzen gebotenen Rangfolge das Spannungsfeld von Resozialisierungsgebot und Sicherheit und Ordnung in sachgerechter Weise auszutarieren."[498] Schon unter Geltung des § 70 StVollzG mit einem Rechtsanspruch auf Zulassung (sofern die Voraussetzungen vorliegen) herrschte in der Rspr. eher Zurückhaltung. Dies dürfte sich in Zukunft kaum ändern, zumal es sich in den meisten Ländern nun nur noch um Kann-Bestimmungen handelt, die Geräte immer multifunktionaler und damit gefährlicher für die Sicherheit oder Ordnung der Anstalt werden (vgl. dazu schon Rdn. 16) und bei diesen Geräten das Grundrecht der Informationsfreiheit (anders als bei Hörfunk- und Fernsehgeräten) nicht eine großzügigere Handhabung erfordert. In der Rspr. stehen als **Kriterien** primär im Vordergrund: die Eignung eines Gegenstandes als **Versteck** (z.B. für Rauschgift), **der Missbrauch von Speicherkapazitäten**, die realistische Möglichkeit der **Umfunktionierung** eines elektronischen Gerätes zu sicherheitsgefährdenden Zwecken (Bau eines Senders zur Nachrichtenübermittlung nach **außen**) sowie die Gefahr unkontrollierter Nachrichtenübermittlung nach **innen**.

Bei zumindest generell-abstrakter Eignung eines Gegenstandes als Versteck (vgl. dazu auch 11 A Rdn. 11) wird die Missbrauchsgefahr danach **verneint**, wenn der **Gegenstand verplombt** ist: z.B. ein **verplombter CD-Player**[499] oder ein batteriegetriebener **plombierter Schachcomputer**;[500] das gilt auch für einen **verplombten DVD-Player** ohne Speicherfunktion.[501] Bei neueren Modellen (hier eines CD-Players) sind solche Versiegelungen bzw. Verplombungen jedoch nicht mehr möglich, da sie nicht mehr verschraubt, sondern verklebt oder verschweißt sind.[502] Von einer Anstalt kann zudem nicht verlangt werden zu prüfen, ob auf dem Markt ein Gerät verfügbar ist, das (nach Versiegelung oder Verplombung) ohne Sicherheitsbedenken ausgehändigt werden könnte, denn eine solche Prüfung kann wegen der Vielzahl der erhältlichen Modelle nicht mit vertretbarem Aufwand vorgenommen werden.[503]

Fraglich ist, ob die Aushändigung bzw. der **Besitz von Spielkonsolen** (wie der „**Sony-Playstation 2**") verweigert werden kann.[504] Zumindest für Haftanstalten mit hohem Sicherheitsgrad ist das zu bejahen.[505] Das Verbot stellt auch keinen Verstoß gegen Art. 8 EMRK dar[506] und soll nach OLG Frankfurt trotz des dort anzuwendenden Abstandsgebotes sogar für die Sicherungsverwahrung gelten, da Sicherheitsbelange entgegenstünden.[507] Die von solchen Geräten ausgehenden Gefahren für die Sicherheit der Anstalt liegen insbesondere in der Möglichkeit, Daten zu speichern bzw. auch über das Internet einen (unzulässigen) Informationsaustausch mit Externen zu ermöglichen; die

---

497   Vgl. auch ergänzend die Zusammenstellung der Rspr. bei *Arloth/Krä* § 70 Rdn. 6.
498   *Laubenthal/Nestler/Neubacher/Verrel* G Rdn. 32.
499   OLG Frankfurt ZfStrVo 1989, 245; vgl. dazu auch BVerfG ZfStrVo 1994, 376.
500   OLG Nürnberg ZfStrVo 1983, 253.
501   OLG Frankfurt ZfStrVo 2005, 185; a.A. OLG Jena NStZ-RR 2003, 222.
502   OLG München FS 2011, 54 – 3 Ws 1005/09 (R).
503   OLG München aaO.
504   Dazu *Lindhorst* StV 2006.
505   OLG Brandenburg ZfStrVo 2004, 115; OLG Jena ZfStrVo 2003, 304.
506   EGMR v. 22.1.2008 – 20579/04, FS 2011, 52 (zu CD-Player und Playstation).
507   OLG Frankfurt NStZ-RR 2012, 223 – 3 Ws 1009/11 (StVollz).

dafür erforderlichen Geräte (früher z.B. ein Modem) sind erfahrungsgemäß leicht zu beschaffen.[508] Heute ist zudem der Datenaustausch über den Anschluss eines Mobiltelefons,[509] W-LAN oder Bluetooth[510] möglich, so dass auch eine Verplombung nicht abhelfen kann. Auch das OLG Hamm[511] ist der Auffassung, dass der Besitz einer „Playstation 2" die Sicherheit oder Ordnung gefährdet.[512] Dieselben Grundsätze gelten für die **„Microsoft Xbox"**[513] sowie eine **„Nintendo Wii"**.[514] Ebenso können ein **„Nintendo Game Cube"**[515] und ein **„Nintendo DS Lite"**[516] wegen ihrer generell-abstrakten Gefährlichkeit untersagt werden. Das OLG Karlsruhe hatte früher keine Bedenken, wenn der Missbrauchsgefahr mit einer Versiegelung und Verplombung der Hohlräume und Schnittstellen zureichend begegnet werden kann;[517] inzwischen wurde diese Rspr. allerdings aufgegeben, da eine Verplombung der gegebenen abstrakten Gefahr nicht wirksam entgegenwirken könne.[518] Gegen den Besitz und die Nutzung der **„Sony Playstation 1"** hatten das OLG Nürnberg,[519] das OLG Dresden[520] sowie das OLG Hamm[521] hingegen keine Bedenken, ebenso das OLG Koblenz[522] hinsichtlich des Videospielgeräts **„Game Boy"**.[523] Bei einer Sony-Playstation ist der Kontrollaufwand übrigens deshalb besonders hoch,[524] weil außer den Versteckmöglichkeiten (Hohlräumen im Gerät), die Möglichkeit besteht, DVDs mit strafrechtlich relevantem oder sonst verbotenem Inhalt abzuspielen, und deshalb stichprobenartige Inhaltskontrollen notwendig sind.[525] Zu DVDs und ähnlichen Datenträgern vgl. ausführlicher D Rdn. 18 und 21, denn sie sind keine Geräte, sondern Medien, so dass sie nicht unter den Wortlaut der „Geräte der Informations- und Unterhaltungselektronik" subsumiert werden können und daher nach den Regelungen für die Ausstattung des Haftraumes bzw. die Gegenstände für die Freizeitbeschäftigung zu behandeln sind.[526]

Untersagt werden können weiter der Besitz eines **elektronischen Graphikschreibers**,[527] einer **elektrischen Schreibmaschine**,[528] eines **Walkman**,[529] eines **Kassettenre-**

---

508 OLG Brandenburg aaO.
509 OLG Frankfurt, Beschl. vom 28.4.2008 – 3 Ws 279/08, juris.
510 KG Berlin v. 28.12.2015 – 2 Ws 289/15 Vollz.
511 OLG Hamm ZfStrVo 2005, 119.
512 Ebenso OLG Saarbrücken ZfStrVo 2005, 122.
513 OLG Frankfurt, Beschl. vom 28.4.2008 – 3 Ws 279/08, juris; vgl. auch OLG Frankfurt NStZ-RR 2009, 359 = FS 2010, 51 – 3 Ws 990/08 (StVollz) für eine nicht genannte Spielkonsole.
514 KG Berlin v. 28.12.2015 – 2 Ws 289/15 Vollz.
515 OLG Karlsruhe NStZ 2007, 707 – 3 Ws 66/07.
516 OLG Celle NdsRpfl. 2011, 80 = NStZ-RR 2011, 31 und FS 2011, 55 – 1 Ws 488/10 (StrVollz), und zwar aufgrund der damit möglichen Datenübermittlung per W-LAN, die auch nicht durch einen fachmännischen Eingriff verhindert werden kann, wenn die Spielefunktion erhalten bleiben soll.
517 OLG Karlsruhe ZfStrVo 2003, 244 = StV 2003, 407.
518 OLG Karlsruhe NStZ-RR 2007, 192.
519 OLG Nürnberg NStZ-RR 2002, 191.
520 OLG Dresden NStZ-RR 2000, 222.
521 OLG Hamm v. 22.5.2018 – 1 Vollz (Ws) 137/18; ebenso nachgehend LG Hagen v. 5.11.2018 – 62 StVK 81/17, beide mit ausführlicher auch technischer Begründung.
522 OLG Koblenz NStZ 1999, 446 M.
523 Zum Besitz eines Telespielgeräts der Marke **Nintendo** vgl. OLG Karlsruhe BlStV 2/2001, 5.
524 Vgl. auch Bringewat BewHi 1994, 469 ff.
525 Vgl. OLG Jena NStZ 2003, 221.
526 A.A. AK-Knauer Teil II § 51 Rdn. 19 (da DVDs zur Benutzung der DVD-Abspielgeräte erforderlich sind, die eindeutig den Vorschriften für Geräte der Informations- und Unterhaltungselektronik unterfallen).
527 KG NStZ 1988, 401.
528 OLG Hamm ZfStrVo 1983, 381 und NStZ 1988, 200 sowie NStZ 1993, 608.
529 OLG Koblenz ZfStrVo 1988, 372.

corders,[530] eines **Hi-Fi-Centers**,[531] eines **Schallplattenspielers**,[532] eines **CD-Spielers**,[533] von **Lautsprecherboxen**,[534] eines **Videorecorders**,[535] eines **Handkopiergerätes**[536] und eines **Epidiaskopes**.[537]

Dass von einem im Strafvollzug von einer/einem Gefangenen betriebenen **Computer** eine erhebliche Gefährlichkeit ausgeht, ist vielfach obergerichtlich geklärt und verfassungsrechtlich nicht zu beanstanden.[538] Die Entscheidungen betrafen **computergesteuerte Geräte**,[539] **Personalcomputer**,[540] **Taschencomputer**,[541] **PC-Notebooks** bzw. **Laptops**[542] sowie **elektronische Schreibmaschinen mit Textspeicher**.[543] Ob Computerarbeitsplätze zugelassen werden können, bei denen den Gefangenen nur Tastatur und Bildschirm zur Verfügung stehen, während sich die zentrale Systemeinheit mit allen sicherheitsrelevanten Anschlüssen in einem gesonderten Raum befindet, hat das Hans. OLG Hamburg offen gelassen.[544] Die generelle Verweigerung der Zulassung von Computern wird darauf gestützt, dass es die vorhandene Speicherkapazität ermöglicht, Texte einzugeben, deren Inhalt von Bediensteten der JVA, bei denen keine computertechnischen Kenntnisse vorauszusetzen sind, nicht ohne weiteres abgerufen und kontrolliert werden kann (Speicherung von Erkenntnissen z.B. über Fluchtwege, verbotene Außenkontakte und Aufstellungen über die Abgabe von Betäubungsmitteln sowie über andere verbotene Beziehungen zwischen Mitgefangenen)[545]. Das hierdurch bedingte erhebliche Sicherheitsrisiko könne nicht durch Auflagen (Verplombung, Plexiglasgehäuse, Kontrolle der Disketten durch externe Stellen) entscheidend gemildert werden,[546] auch wenn Geräte z.B. durch Umgehäuse so gesichert werden könnten, dass ein zufriedenstellendes Sicherheitsniveau zu erreichen sei.[547] Diese Sicherheitsbedenken haben sich bei **modernen PCs** noch verschärft, die eine Weitergabe großer Datenmengen auf kleinsten Speichermedien und drahtlosen Informationsaustausch oder Zugang zum Internet ermöglich.[548] Zudem ist ein unkontrollierter Informationsfluss mit der Außenwelt oder auch innerhalb der Anstalt möglich, der die Sicherheit einer Anstalt dadurch konkret gefährdet, dass Kenntnisse über Sicherheitsvorkehrungen ausgetauscht oder

---

530 OLG Zweibrücken ZfStrVo 1987, 303.
531 OLG Frankfurt NStZ 1986, 351.
532 OLG Saarbrücken ZfStrVo 1992, 54; a.A. OLG Celle BlStV 3/1990, 5.
533 OLG Zweibrücken NStZ 1989, 143; a.A. OLG Frankfurt NStZ 1989, 343; differenzierend OLG München NStZ-RR 1996, 352.
534 OLG Zweibrücken ZfStrVo 1986, 383; OLG Hamm ZfStrVo 1994, 311.
535 OLG Hamm NStZ 1995, 102.
536 OLG Frankfurt BlStV 4/5/1993, 6.
537 OLG Hamm ZfStrVo 1985, 189.
538 Vgl. die folgenden Nachweise sowie BVerfG NStZ-RR 1996, 252 und NJW 2003, 2447. Weitere Nachweise finden sich im Beschluss des KG Berlin v. 18.6.2014 – 2 Ws 123/14 Vollz. Eine ausführliche Darstellung zur Computernutzung im Strafvollzug findet sich bei AK-*Boetticher* 2012 § 70 Rdn. 23.
539 OLG Nürnberg BlStV 2/1984, 6.
540 OLG Bamberg NStZ 1995, 434 *B* = BlStV 2/1995, 9.
541 OLG Hamm NStZ 1990, 304.
542 OLG Frankfurt NStZ-RR 1999, 156 und NStZ 2000, 466; BVerfG NJW 2003, 2447; LG Regensburg v. 9.4.2018 – SR StVK 956/17.
543 OLG Celle NStZ 1988, 200 und NStZ 2000, 466 *M*; OLG Rostock ZfStrVo 1997, 172 und BVerfG NStZ-RR 1996, 252 mit krit. Anm. von *Bringewat* BewHi 1997, 206 ff.
544 Hans. OLG Hamburg v. 7.9.2009 – 3 Vollz (Ws) 48/09, FS 2010, 54.
545 Dazu OLG Bamberg aaO; OLG Celle BlStV 4/5/1994, 12; LG Regensburg aaO.
546 OLG Bamberg aaO; LG Regensburg aaO.
547 So die Ergebnisse eines Sachverständigengutachtens, zit. bei LG Regensburg aaO.
548 Vgl. z.B. Hans. OLG Hamburg FS 2010, 54 – 3 Vollz (Ws) 48/09; ausführlich zu den PCs innewohnenden Gefahren und der fehlenden Kontrollierbarkeit OLG Hamm, Beschl. vom 17.8.2010 – 1 Vollz (Ws) 255/10.

Fluchtpläne weitergegeben werden können.⁵⁴⁹ Selbst bei zuverlässigen Gefangenen besteht die nahe liegende Gefahr, dass sie von Mitgefangenen unter Druck gesetzt werden, um ihnen die missbräuchliche Benutzung zu gestatten.⁵⁵⁰ Dass jedoch im Einzelfall (trotz dieser generellen Gefährlichkeit) auch Computer zugelassen werden (und werden sollten⁵⁵¹), zeigen die Entscheidungen, die sich gegen den Widerruf einer Besitzerlaubnis für Computer beziehen.⁵⁵² So kann eine Vollzugsanstalt (wegen des Abstandsgebots insbesondere bei Sicherungsverwahrten) gehalten sein, in größerem Maß Kontrollen auf sich zu nehmen und auch ein gewisses Sicherheitsrisiko zu akzeptieren, wenn die Resozialisierung einer/eines Gefangenen eine Computernutzung erfordert (z.B. für die berufliche oder schulische Aus- oder Weiterbildung); für die Zwecke der Fort- und Weiterbildung wird gleichwohl zumeist eine (überwachte) Computernutzung außerhalb des eigenen Haftraumes ausreichen.⁵⁵³ Inwiefern auch die zeitgemäße Abfassung des Schriftverkehrs mit Behörden und Gerichten die Nutzung eines Computers (im eigenen Haftraum oder einem Computerraum der Anstalt) erfordert, ist umstritten.⁵⁵⁴ Zur Bedeutung der Nutzung von Computern sowie des Internet für die **Fortbildung und Wiedereingliederung** vgl. schon A Rdn. 31. Ein Computer gefährdet nicht nur die Sicherheit oder Ordnung der Anstalt, sondern auch das **Vollzugsziel**, wenn er zur Herstellung und Verbreitung einer Schrift mit strafbarem Inhalt (z.B. Volksverhetzung nach § 130 StGB) benutzt wird.⁵⁵⁵

c) **Verweisung auf Mietgeräte oder Haftraummediensysteme.** Wie auch bei Hörfunk- und Fernsehgeräten sehen die meisten Landesgesetze (**BB** § 61 Abs. 2 Satz 3, **HB** § 51 Abs. 2 Satz 3, **HH** § 52 Abs. 1 Satz 3 u. 1, **MV** § 51 Abs. 3 Satz 1, **NI** § 67 Abs. 2 i.V.m. § 66 Abs. 2 Satz 2, **NW** § 52 Abs. 4 i.V.m. § 51 Abs. 2 Satz 2, **RP** § 60 Abs. 2 Satz 3, **SL** § 51 Abs. 2 Satz 3, **SN** § 51 Abs. 3 Satz 3 u. 1, **ST** § 59 Abs. 2 Satz 4 u. 2, **SH** § 68 Abs. 2 Satz 3, **TH** § 61 Abs. 2 Satz 3) auch für Informations- und Unterhaltungselektronik vor, dass die Gefangenen auf Mietgeräte oder ein Haftraummediensystem verwiesen werden können (s. dazu schon Rdn. 22). Anders in **BE**, wo es zwar eine solche Regelung für Hörfunk- und Fernsehgeräte gibt, die jedoch bei Geräten der Informations- und Unterhaltungselektronik nicht anwendbar ist⁵⁵⁶ – das könnte gleichwohl ein gesetzgeberisches Versehen sein. Eine **Übertragung** der Geräteausgabe **auf Dritte** (dazu schon Rdn. 20 ff) sehen im Gesetz ausdrücklich nur **MV** § 51 Abs. 3 Satz 2 und **SN** § 51 Abs. 3 vor; in allen anderen Ländern dürfte sie daher im Anschluss an die Rspr. des OLG Naumburg⁵⁵⁷ ausgeschlossen sein. 28

---

549 KG Berlin v. 18.6.2014 – 2 Ws 123/14 Vollz.
550 KG Berlin aaO; LG Regensburg aaO.
551 *Bode* 2018, 589 plädiert zutreffend für einen Paradigmenwechsel zugunsten eines fortschrittlichen Umgangs mit **Internettechnik** im Strafvollzug. Es müsse verstärkt auf eine konkrete Gefahreninterpretation ankommen, bei der in einer Einzelfallbetrachtung auch die positiven Potentiale der Internetnutzung einfließen.
552 Z.B. OLG Hamm v. 14.5.2013 – 1 Vollz (Ws) 139/13 (allerdings zum Maßregelvollzug); OLG Brandenburg v. 17.3.2014 – 1 Ws (Vollz) 192/13. Zu den Voraussetzungen für einen solchen Widerruf vgl. BVerfG NJW 2003, 2447 ff.
553 KG Berlin v. 18.6.2014 – 2 Ws 123/14 Vollz.
554 Bejahend OLG Nürnberg v. 18.9.2017 – 1 Ws 293/17, zit. bei LG Regensburg v. 9.4.2018 – SR StVK 956/17, von diesem jedoch im Ergebnis verneint (kein Anspruch auf „Waffengleichheit").
555 OLG Brandenburg v. 17.3.2014 – 1 Ws (Vollz) 192/13.
556 Die Vorschrift für Geräte der Informations- und Unterhaltungselektronik (**BE** § 56 Abs. 4 Satz 1) verweist ausdrücklich nur auf **BE** § 56 Abs. 2 Satz 1 und nicht auf die übrigen Sätze des Absatzes 2, in denen die Verweisung auf Mietgeräte und Haftraummediensysteme zu finden ist.
557 OLG Naumburg v. 20.7.2011 – 1 Ws 70/11.

29 **5. Verhältnis zu anderen Formen der Telekommunikation.** Fast **alle Bundesländer** (**außer BW, BY** und **HE**) haben im Anschluss an § 36 ME-StVollzG die Möglichkeit zur Nutzung anderer Formen der Telekommunikation (d.h. vor allem E-Mail, E-Learning, Internet und Intranet)[558] in ihre Strafvollzugsgesetze aufgenommen (**BE** § 40; **BB** § 44; **HB** § 36; **HH** § 32; **MV** § 36; **NI** § 33; **NW** § 27; **RP** § 43; **SL** § 36; **SN** § 36; **ST** § 43; **SH** § 52; **TH** § 44; vgl. dazu bereits A Rdn. 31). Demnach bleibt die grundsätzliche Zulassung solcher Kommunikationsformen der Aufsichtsbehörde vorbehalten (zur gesetzlichen Regelung und zum Stand der Umsetzung vgl. 9 D). Da viele multifunktionale Fernsehgeräte sowie Geräte der Informations- und Unterhaltungselektronik über solche Kommunikationsmöglichkeiten verfügen (die jedoch aus Sicherheitsgründen ausgeschaltet oder unbrauchbar gemacht werden), wird in den **meisten Ländern** (**BE** § 56 Abs. 4 Satz 2,[559] **BB** § 61 Abs. 2 Satz 4, **HB** § 51 Abs. 2 Satz 4, **MV** § 51 Abs. 2 Satz 4, **RP** § 60 Abs. 2 Satz 4, **SL** § 51 Abs. 2 Satz 4, **SN** § 51 Abs. 2 Satz 4, **SH** § 68 Abs. 2 Satz 4, **TH** § 61 Abs. 2 Satz 4) in den Vorschriften zur Zulassung von Hörfunk- und Fernsehgeräten sowie von Geräten der Informations- und Unterhaltungselektronik ausdrücklich erwähnt, dass die Vorschriften für die anderen Formen der Telekommunikation unberührt bleiben. Damit wird klargestellt, dass mit der Zulassung der Geräte nicht gleichzeitig jede mit ihr technisch mögliche Kommunikationsform genehmigt wird.[560] Vielmehr wäre dafür eine gesonderte Genehmigung nach den Regelungen für die anderen Formen der Telekommunikation nötig.[561] Das wird jedoch auch in den **anderen Ländern** gelten, die auf eine solche Klarstellung verzichten. Wenn also ein internetfähiges Fernsehgerät für einen Haftraum zugelassen wird, bezieht sich die Zulassung zunächst auf die Fernsehfunktion, nicht aber auch auf die Nutzung des Internet oder sonstiger Kommunikationsmöglichkeiten. Dafür ist eine weitere Zulassung erforderlich.

30 **6. Folgen des Erlaubnismissbrauchs.** Wird die **Erlaubnis missbraucht** (z.B. als Versteck für verbotene Gegenstände), kann die Vollzugsbehörde die Erlaubnis jederzeit widerrufen. Nach dem StVollzG ergab sich das aus dem Verweis in § 69 Abs. 2 auf § 70 Abs. 3 StVollzG, so dass der Widerruf unter den Voraussetzungen des § 70 Abs. 2 StVollzG möglich war, d.h. bei einer Gefährdung des Vollzugsziels oder der Sicherheit oder Ordnung der Anstalt.[562] Unter denselben Voraussetzungen ist heute in **BW** § 59 Abs. 1 III i.V.m. § 58 Abs. 4 III, **BY** Art. 71 Abs. 1 Satz 1 i.V.m. Art. 72 Abs. 3 und **NI** § 66 Abs. 2 Satz 3[563] ein Widerruf der Besitzerlaubnis möglich (vgl. Rdn. 41, 42 und 45); in **BW** zudem bei unvertretbarem Kontrollaufwand. In den **übrigen Ländern** richtet sich der Widerruf nach der generellen Regelung an anderer Stelle der Gesetze (§ 90 ME-StVollzG und entsprechende Regelungen in den Ländern; vgl. dazu 10 F Rdn. 19f).[564] Neben dem Widerruf der Erlaubnis ist überdies eine vorübergehende Aussetzung des Empfangs oder eine Empfangsuntersagung für einzelne Gefangene möglich (s. dazu schon Rdn. 10).

---

558 Begr. zum ME-StVollzG, 104.
559 Anders als in den anderen Ländern bezieht sich der Verweis in **BE** § 56 Abs. 4 Satz 2 auf die Vorschrift für die anderen Formen der Telekommunikation lediglich auf Geräte der Informations- und Unterhaltungselektronik, nicht aber auf die in § 56 Abs. 2 geregelten Hörfunk- und Fernsehgeräte.
560 Begr. zum ME-StVollzG, 120.
561 AK-*Knauer* Teil II § 51 Rdn. 22.
562 Vgl. auch OLG Hamm NStZ 1986, 143.
563 Da **NI** die Voraussetzungen für Hörfunk und Fernsehen ohne Verweis auf einen anderen Paragraphen regelt, finden sich die Voraussetzungen für einen Widerruf in derselben Norm wie die Voraussetzungen für die Zulassung der Geräte.
564 Vgl. dazu *Laubenthal/Nestler/Neubacher/Verrel* G Rdn. 24.

Bei den jeweiligen Widerrufsregelungen handelt es sich um **„Kann"-Bestimmungen**, d.h. es bleibt dem Ermessen der Vollzugsbehörde überlassen, ob sie unter Abwägung aller Umstände und Interessen des konkreten Einzelfalles, insbesondere unter Beachtung der **Grundsätze der Verhältnismäßigkeit und des Vertrauensschutzes**[565] überhaupt reagiert,[566] ob sie z.B. nach einer Geiselnahme **(unter Neubewertung der Umstände)** die Erlaubnis zum Betreiben einer Stereoanlage mit zwei externen Lautsprecherboxen widerruft oder nicht.[567] Für zulässig wird ein Widerruf auch dann gehalten, wenn Gefangene ein ihnen erlaubtes Radiogerät Mitgefangenen überlassen, weil das Radio dann Tauschobjekt für unerlaubte Gegenstände oder Leistungen sein kann;[568] das gilt ebenso für andere Fälle entsprechenden Missbrauchs.[569] Zum Widerruf vgl. ausführlich D Rdn. 23.

7. Folgen bei Verlegungen. Werden Strafgefangene **verlegt**, gelten die folgenden 31 Grundsätze:
- Erfolgt die Verlegung **in (einen anderen Haftraum) derselben Haftanstalt**, so sind die dortigen Maßstäbe für die Beurteilung dafür heranzuziehen, ob eine erteilte Erlaubnis (z.B. zum Besitz von Lautsprecherboxen) Fortbestand haben kann oder nicht, d.h. ob die Voraussetzungen für einen Widerruf vorliegen (vgl. dazu Rdn. 30).[570] Insoweit sind Gesichtspunkte der Sicherheit und Ordnung gegen solche des Vertrauensschutzes (begünstigender Verwaltungsakt) abzuwägen.
- Wird der Strafgefangene in eine **andere Anstalt desselben Bundeslandes** verlegt, kommt es darauf an, ob die Erlaubnis (ausdrücklich) nur für die konkrete (Herkunfts-) Anstalt (z.B. in Form einer **auflösenden Bedingung**, die auch formularmäßig vorab und generell für sämtliche während der Vollstreckung in der betreffenden Anstalt genehmigten Gegenstände erfolgen kann;[571] ein bloßer Hinweis, dass eine Genehmigung bei einer Verlegung erlöschen kann, reicht hingegen nicht aus)[572] oder **generell** (ohne diese Einschränkung) erteilt worden ist. Im ersteren Falle erlischt sie mit der Verlegung, im zweiten Fall wird sie zwar „mitgenommen", kann aber in der neuen Anstalt (etwa einer solchen mit höherer Sicherheitsstufe) im Rahmen der Neubewertung der Umstände[573] widerrufen werden, sofern die Voraussetzungen für den Erlaubniswiderruf gegeben sind (dazu Rdn. 30).[574] Insoweit bedarf es allerdings einer eingehenden Begründung, bei der in besonderem Maße dem Vertrauensschutz Rechnung zu tragen ist, denn Gefangene dürfen auf den Fortbestand von Rechtspositionen vertrauen, solange sie mit dem entgegengebrachten Vertrauen verantwortungsvoll umgegangen sind (vgl. dazu auch D Rdn. 23).[575] Andernfalls würde die Rechtsstellung der/des Gefangenen verschlechtert, ohne dass die Verlegung (die z.B. aus vollzugsorganisatorischen Gründen erfolgte) durch ein ihm zurechenbares Verhalten veranlasst worden

---

565 BVerfG NStZ 1994, 100 und 1996, 252 mit Anm. *Rotthaus*; OLG Celle NStZ 2002, 111.
566 Vgl. auch *Laubenthal/Nestler/Neubacher/Verrel* G Rdn. 38.
567 BVerfG NStZ 1994, 100 und NStZ 1996, 252; dazu auch *Laubenthal* Rdn. 621.
568 LG Bremen BlStV 1/1985, 5.
569 Dazu OLG Nürnberg StV 1983, 208.
570 OLG Celle ZfStrVo 1990, 307 LS.
571 OLG Frankfurt NStZ-RR 2009, 359 – 3 Ws 990/08; OLG Saarbrücken. v. 26.3.2014 – Vollz (Ws) 11/14, FS 2016, 73.
572 OLG Karlsruhe v. 7.10.2015 – 2 Ws 328/15 und 329/15, NStZ-RR 2015, 392.
573 Vgl. dazu OLG Hamm NStZ 1993, 360, OLG Celle StV 1993, 7 und OLG Naumburg, Beschl. vom 30.11.2011 – 1 Ws 64/11, juris. Zu den Kosten für eine erneute Sicherheitsüberprüfung vgl. OLG Saarbrücken v. 26.3.2014 – Vollz (Ws) 11/14, FS 2016, 73.
574 In **NI** ist dies in der VV Nr. 3 zu § 67 (Nr. 1 Abs. 8) auch ausdrücklich so geregelt.
575 OLG Saarbrücken. aaO; vgl. auch OLG Karlsruhe ZfStrVo 1990, 376.

wäre.⁵⁷⁶ Der Vertrauensschutz soll sogar gelten, wenn die Genehmigung für die Untersuchungshaft erteilt wurde.⁵⁷⁷ Anders ist es aber zu beurteilen, wenn die **Verlegung wegen Entweichens** in eine andere Anstalt mit höheren Sicherheitserfordernissen erfolgte, die Verlegung mithin selbst verschuldet war; in diesen Fällen ist das Vertrauen auf den Fortbestand des Besitzrechts nicht schutzwürdig.⁵⁷⁸
- Etwas anderes kann sich gleichwohl aus **landesrechtlichen Regelungen** ergeben. So ist z.B. in **HE** § 30 Abs. 4 Satz 3 zu beachten, dass Gefangene nach eindeutiger gesetzlicher Regelung nur in Besitz haben dürfen, was ihnen **von der jeweiligen Anstalt** oder mit deren Erlaubnis überlassen wurde (vgl. Rdn. 44).⁵⁷⁹ Insofern ist nach einer Verlegung eine Berufung auf die Erlaubnis zum Besitz eines Hörfunk- oder Fernsehgeräts einer anderen Anstalt ausgeschlossen.⁵⁸⁰ Ob dies auch in **NW** gilt, ist fraglich; der Gesetzeswortlaut in § 15 Abs. 2 Satz 2 deutet zwar darauf hin. Allerdings nimmt das OLG Hamm an, dass durch die landesgesetzliche Neuregelung nicht von der bisherigen Rechtslage abgewichen werden sollte.⁵⁸¹ Nach dem OLG Karlsruhe⁵⁸² sollen Gefangene nicht darauf vertrauen dürfen, eine Besitzerlaubnis für ein eigenes Gerät zu behalten, sofern die Anstalt, in die die/der Gefangene verlegt wird, von der (wie in **BW** § 59 Abs. 2 Satz 1 III) gesetzlich eingeräumten Möglichkeit der Übertragung der Vermietung von Geräten an Dritte Gebrauch gemacht hat. Dies erscheint jedoch problematisch, sofern es sich um eine nicht selbst verschuldete Verlegung handelt, denn dann sind Vertrauensschutzgründe zu berücksichtigen.
- Wird die/der Strafgefangene hingegen in die **JVA eines anderen Bundeslandes** verlegt, bilden bisherige Regelungen oder Verwaltungsgewohnheiten in dem anderen Bundesland für einen Gefangenen keinen Vertrauenstatbestand.⁵⁸³ Das gilt umso mehr, seit in allen Bundesländern eigene Landesgesetze den Strafvollzug regeln. Die Erlaubnis wird dann also in keinem Falle mitgenommen.

32 **8. Kosten.** Hinsichtlich der Kosten ist zwischen verschiedenen Kostenarten zu unterscheiden:
- Die Erhebung einer Stromkostenpauschale für das Betreiben des Fernsehgerätes war unter Geltung des StVollzG mangels einer gesetzlichen Regelung nur dann zulässig, wenn sie zuvor zwischen der JVA und den Gefangenen schriftlich vereinbart wurde.⁵⁸⁴ In **allen Landesgesetzen** gibt es daher inzwischen Regelungen, nach denen die Gefangenen an den **Strom- und/oder Betriebskosten** der in ihrem Besitz befindlichen Gegenstände beteiligt werden können (**BW** § 9 Abs. 2 I; **BY** Art. 71 Abs. 1 Satz 2 u. Art. 73; **BE** § 56 Abs. 3; **BB** § 72 Abs. 3; **HB** § 62 Abs. 3; **HH** §§ 49 Abs. 3 u. 52 Abs. 1 Satz 1; **HE** § 43 Abs. 5; **MV** § 61 Abs. 3; **NI** § 52 Abs. 3 Satz 2 Nr. 4 u. Abs. 4–5; **NW** § 51 Abs. 3; **RP** § 71 Abs. 3; **SL** § 61 Abs. 3; **SN** § 61 Abs. 3; **ST** § 72 Abs. 3–5; **SH** § 78 Abs. 3; **TH** § 72 Abs. 3). Die Begrifflichkeiten werden dabei uneinheitlich verwendet. Nach der Begründung des ME-StVollzG zählen zu den Betriebskosten insbe-

---

576 OLG Saarbrücken. aaO.
577 OLG Dresden v. 8.2.2012 – 2 Ws 536/11; OLG Hamm v. 22.5.2018 – 1 Vollz (Ws) 137/18.
578 OLG Karlsruhe v. 7.10.2015 – 2 Ws 328/15 und 329/15, NStZ-RR 2015, 392.
579 § 20 Abs. 1 Satz 1 HStVollzG; § 15 Abs. 2 Satz 2 StVollzG NRW.
580 OLG Frankfurt v. 19.4.2013 – 3 Ws 87/13 (StVollz), NStZ-RR 2013, 325.
581 OLG Hamm v. 22.5.2018 – 1 Vollz (Ws) 137/18.
582 OLG Karlsruhe v. 7.10.2015 – 2 Ws 328/15 und 329/15, NStZ-RR 2015, 392.
583 OLG Naumburg aaO; OLG Nürnberg ZfStrVo 1987, 379; OLG Zweibrücken NStZ 1992, 102; a.A. AK-*Boetticher* 2012 § 69 Rdn. 32; OLG Karlsruhe NStZ 1990, 408; OLG Saarbrücken aaO.
584 OLG Koblenz ZfStrVo 2006, 177; OLG Jena NStZ 2006, 697 = StV 2006, 593 mit Anm. *Walter*.

sondere die Stromkosten.[585] Zudem fallen darunter aber auch **andere Nutzungsentgelte** (z.B. für Kabelempfang; vgl. Rdn. 23),[586] nach *Arloth/Krä*[587] sogar die Kosten einer sicherheitstechnischen Überprüfung (s. dazu nachfolgend). **BY** und **HH** unterscheiden dagegen zwischen Betriebskosten (**BY** Art. 71 Abs. 1 Satz 2; **HH** § 52 Abs. 1 Satz 1) und Stromkosten (**BY** Art. 73; **HH** § 49 Abs. 3) und normieren diese gesondert. In **NI** fehlt eine Vorschrift für Betriebskosten, hier sind ausdrücklich nur die Stromkosten umfasst. Die meisten Länder regeln die Erhebung der Strom- bzw. Betriebskosten im Zusammenhang mit dem Haftkostenbeitrag (vgl. dazu 4 I Rdn. 56), nur in **BW** findet sich die Kostenbeteiligung im Paragraphen zur Ausgestaltung der Räume und **BY, BE, HH**[588] sowie **NW** regeln sie im Rahmen der Vorschriften zur Freizeit bzw. zum Hörfunk- und Fernsehempfang. Viele Länder (**BB, HB, MV, RP, SH, SL, SN, TH**) haben die Formulierung aus ME § 61 Abs. 3 übernommen oder nutzen eine sehr ähnliche (**BW, NW**). **HE** und **NI** stellen klar, dass nur eine Inanspruchnahme für die über die Grundversorgung hinausgehenden Kosten erfolgt und **HH** beschränkt die Beteiligung auf einen angemessenen Umfang. In **BE, NI** und **ST** gibt es eine Härtefallregelung, nach der von der Kostenerhebung abgesehen werden kann, die aber (außer in **ST**: *„Der Gefangene wird [...] beteiligt"*) in allen Ländern sowieso **im Ermessen der Anstalten** steht (*„Die Gefangenen können [...] beteiligt werden"*), d.h. eine Kostenbeteiligung darf nur ausnahmsweise erfolgen und bedarf einer besonderen Begründung. Bei der Ermessensausübung muss zudem berücksichtigt werden, dass die Gefangenen grundsätzlich einen Anspruch auf **kostenfreie Sicherstellung ihres Grundbedarfs** haben; dazu zählt in einem gewissen Umfang auch der Fernsehempfang.[589] Etwas anderes kann sich folglich erst dann ergeben, wenn Gefangene überdurchschnittlich viele Geräte der Informations- und Unterhaltungselektronik in ihren Crafträumen betreiben. Dann entspricht die Kostenerhebung auch dem Angleichungsgrundsatz.[590] Dass die Heranziehung zu den Kosten rechtlich durchaus fraglich ist, erläutert *Köhne*.[591] Das BVerfG stellt klar, dass die Gesamteinnahmen der für Betriebs- und Stromkosten erhobenen Pauschalen (gegen die grundsätzlich keine verfassungsrechtlichen Bedenken bestehen) die durch jene Geräte verursachten Betriebs- oder Stromkosten keinesfalls übersteigen dürfen; die Höchstgrenze sei insoweit der tatsächliche Verbrauch.[592] Das Gebot effektiven Rechtsschutzes erfordere dabei eine genaue Beweiserhebung über die tatsächlichen Kosten, um die Einhaltung der Höchstgrenze zu überprüfen.[593]

– In vielen Ländern müssen die Gefangenen zudem die (früher auf die VV Nr. 5 gestützte) bei eingeschalteten privaten Unternehmern entstehenden **Kosten für die technische Sicherheitsüberprüfung** und evtl. notwendige Veränderung (gebrauchter oder neuer) eingebrachter Geräte tragen. **BY, BW, HB, HE, NI** und **SL** ha-

---

585 Begr. zum ME-StVollzG, 131.
586 *Laubenthal/Nestler/Neubacher/Verrel* G Rdn. 26.
587 *Arloth/Krä* § 69 Rdn. 7.
588 **HH** regelt die Stromkosten beim Haftkostenbeitrag und die Betriebskosten beim Hörfunk und Fernsehen.
589 OLG Stuttgart v. 20.7.2015 – 4 Ws 298/14, BeckRS 2015, 13090 zu § 9 Abs. 2 JVollzGB I (der Grundbedarf kann aber auch durch Gemeinschaftsfernsehen gewährleistet werden) im Anschluss an OLG Naumburg v. 30.1.2015 – 1 Ws (RB) 36/14, BeckRS 2015, 10344 zum Bundesrecht; AK-*Knauer* Teil II § 51 Rdn. 23.
590 *Laubenthal* Rdn. 616.
591 *Köhne* NStZ 2012, 16 ff; ebenso AK-*Knauer* Teil II § 51 Rdn. 23: kriminalpolitisch verfehlt.
592 BVerfG v. 16.5.2018 – 2 BvR 635/17.
593 BVerfG aaO.

ben das (ebenso wie früher die bundeseinheitliche VV Nr. 5)[594] für Hörfunk- und Fernsehgeräte in ihren VVen geregelt.[595] In anderen Ländern gibt es dagegen gesetzliche Regelungen zur (verpflichtenden) Kostenheranziehung. In **BE** findet sich eine allgemeine Regelung für die Sicherheitsüberprüfung von Elektrogeräten (**BE** § 52 Abs. 2) und eine zusätzliche für Hörfunk- und Fernsehgeräte (**BE** § 56 Abs. 3, jeweils mit Härtefallklausel). **HE** § 20 regelt es für Elektrogeräte im Rahmen der Vorschrift zum persönlichen Besitz (daneben gibt es noch die Regelung für Hörfunk- und Fernsehgeräte in der VV). **MV** § 51 Abs. 2 Satz 2 hat eine Vorschrift zur Kostenübernahme für Hörfunk- und Fernsehgeräte sowie Geräte der Informations- und Unterhaltungselektronik ins Gesetz aufgenommen. **NW** § 51 Abs. 3 ist das einzige Land, das die Kostenheranziehung für die Sicherheitsüberprüfung von Hörfunk- und Fernsehgeräten sowie Haftraummediensystemen in das Ermessen der Anstalt stellt („*können*"). Die Kostenheranziehung allein durch eine Regelung in der VV ist aus rechtsstaatlichen Gründen durchaus fraglich, zumal wenn es sich um Hörfunk- und Fernsehgeräte handelt (Eingriff in die Informationsfreiheit nach Art. 5 Abs. 1 GG).[596] Doch selbst in den Ländern, in denen es eine gesetzliche Regelung gibt, ist die Kostentragung durch die Gefangenen kriminalpolitisch problematisch, da es sich bei Sicherheitsüberprüfungen um originäre Anstaltsaufgaben handelt.[597]

– **Rundfunkbeiträge** müssen Gefangene seit Inkrafttreten des aktuellen Rundfunkbeitragsstaatsvertrags (RBStV) am 1.1.2013 nicht mehr zahlen, da Haftäume nach § 3 Abs. 2 Nr. 6 RBStV ausdrücklich nicht als Wohnung gelten und damit nicht der Gebührenpflicht für den privaten Bereich (§ 2 Abs. 1 RBStV) unterfallen.[598] Die entsprechenden Regelungen in den Landes-Verwaltungsvorschriften (**BW, HB, HH, HE, NI, SL**) sind damit (zumindest derzeit) gegenstandslos.

III. Landesgesetzliche Besonderheiten

33 Die Vorschriften der Länder für die Themenbereiche Hörfunk/Fernsehen sowie Geräte der Informations- und Unterhaltungselektronik unterscheiden sich systematisch und inhaltlich zum Teil deutlich voneinander. Für einen Überblick über die Regelungen vgl. schon die Rdn. 5, 12 und 25. Da sich viele Länder in ihren Regelungen am ME-StVollzG orientiert haben, werden diese vorab gemeinsam dargestellt. Es folgen die übrigen Länder, die sich eher am StVollzG orientieren oder Mischformen gewählt haben.

34 **1. Länder, die sich am Musterentwurf orientieren.** In ME § 51 sind Hörfunk und Fernsehen gemeinsam mit den anderen Geräten der Informations- und Unterhaltungselektronik normiert. Für den Wortlaut vgl. schon Rdn. 5. **SH** hat diese Regelung wörtlich übernommen. **BB, HB, RP, SL** und **TH** ergänzen sie um eine zusätzliche Bestimmung. In **BE, MV, SN** und **ST** finden sich dagegen weitere Abweichungen (s. nachfolgend).

35 **a) Schleswig-Holstein. SH** § 68 (der wörtlich ME § 51 entspricht) weicht in der Systematik deutlich von der früheren Regelung im StVollzG ab. Die Regelung zum Rundfunk

---

594 Die Überbürdung der Kosten auf die Gefangenen durch die VV war nach OLG Brandenburg (ZfStrVo 2005, 312) sowie *Arloth/Krä* (§ 69 Rdn. 7) rechtmäßig.
595 **BY**: VV Nr. 2 zu Art. 71; **BW**: VV Nr. 2 zu § 59; **HB**: VV Nr. 2 Abs. 1 zu § 51; **HE**: VV § 19 Freizeit (Nr. 2.1); **NI**: VV Nr. 3 zu § 67 (Nr. 1 Abs. 7); **SL** VV Nr. 2 Abs. 1 zu § 51.
596 AK-*Knauer* Teil II § 52 Rdn. 23 unter Verweis auf die Vorauflage (AK-*Boetticher* 2012 § 69 Rdn. 28).
597 AK-*Knauer* Teil II § 52 Rdn. 7.
598 AK-*Knauer* Teil II § 52 Rdn. 23; *Arloth/Krä* § 69 Rdn. 7.

(Hörfunk und Fernsehen) befindet sich zusammen mit denen zu Geräten der Informations- und Unterhaltungselektronik in einer Norm. Zudem wird im Hinblick auf die Ausschlussgründe auf den Paragraphen zur Ausstattung des Haftraums verwiesen statt auf eine Regelung zum Besitz von Gegenständen für die Freizeitbeschäftigung (die gar nicht mehr existiert, vgl. D Rdn. 2). Dennoch ist die Regelung zu Hörfunk und Fernsehen inhaltlich weitgehend vergleichbar mit § 69 StVollzG. Nach Abs. 1 ist *„der Zugang zum Rundfunk [...] zu ermöglichen"*. Nicht ausdrücklich vorgesehen, aber ebenso wenig ausgeschlossen ist damit das Gemeinschaftsfernsehen; nach der Gesetzesbegründung hängen Art und Weise des Rundfunkempfangs von den Verhältnissen in der Anstalt ab (s. dazu Rdn. 7 f).[599] Regelungen zur Auswahl der Programme sowie zur vorübergehenden Aussetzung oder Untersagung fehlen (s. Rdn. 9 f).

Abs. 2 Satz 1 verweist hinsichtlich der **Zulassung eigener Rundfunkgeräte** auf den Paragraphen zur Ausstattung des Haftraums (**SH** § 65 Satz 2). Danach ist für die Entscheidung neben den aus § 69 Abs. 2 i.V.m. § 70 StVollzG bekannten Kriterien (Gefährdung des Vollzugszieles oder der Sicherheit oder Ordnung der Anstalt, s. Rdn. 14 ff und 18) auch die Übersichtlichkeit des Haftraumes maßgeblich; dafür fehlt eine Beschränkung auf Geräte im angemessenen Umfang, was inhaltlich aber kaum zu anderen Ergebnissen führen dürfte (s. Rdn. 17). Die Einbringung eigener Geräte der Informations- und Unterhaltungselektronik sieht **Abs. 2 Satz 2** unter denselben Voraussetzungen vor; allerdings handelt es sich nicht um einen Rechtsanspruch, sondern um eine Ermessensentscheidung der Anstalt (s. Rdn. 26 f). **Abs. 2 Satz 3** sieht vor, dass die Gefangenen auf Mietgeräte oder ein Haftraummediensystem verwiesen werden können (s. Rdn. 20 ff).

Nach **Abs. 2 Satz 4** bleibt die Regelung zu anderen Formen der Telekommunikation (**SH** § 52) unberührt (s. Rdn. 29).

Eine Vorschrift zur Beteiligung an den **Betriebskosten** findet sich in **SH** § 78 Abs. 3 (s. Rdn. 32).

b) Brandenburg, Bremen, Rheinland-Pfalz, Saarland, Thüringen. In **BB** § 61, **HB** § 51, **RP** § 60, **SL** § 51 und **TH** § 61 gibt es lediglich eine Abweichung zu der Vorschrift in **SH** (s. Rdn. 35), nämlich die (aus § 69 Abs. 1 Satz 3 StVollzG übernommene) Ergänzung um eine Regelung zur vorübergehenden Aussetzung oder Untersagung des Rundfunkempfangs, wenn dies zur Aufrechterhaltung der Sicherheit oder Ordnung der Anstalt unerlässlich ist (s. Rdn. 10). 36

Bei dem Paragraphen zur Ausstattung des Haftraums, auf den hinsichtlich der Ausschlussgründe verwiesen wird, handelt es sich in den Ländern um den folgenden: **BB** § 57 Satz 2, **HB** § 48 Satz 2, **RP** § 56 Satz 2, **SL** § 48 Satz 2, **TH** § 5 Satz 2.

Bei der Vorschrift zu den anderen Formen der Telekommunikation, die nach Abs. 2 Satz 4 unberührt bleibt, handelt es sich um die folgenden Paragraphen: **BB** § 44, **HB** § 36, **RP** § 43, **SL** § 36, **TH** § 44.

Die Regelung zu den Betriebskosten findet sich in folgenden Paragraphen (s. Rdn. 32): **BB** § 72 Abs. 3, **HB** § 62 Abs. 3, **RP** § 71 Abs. 3, **SL** § 61 Abs. 3, **TH** § 72 Abs. 3.

HB und **SL** haben in ihren **Verwaltungsvorschriften** die Regelungsinhalte der früheren bundeseinheitlichen VV zu § 69 StVollzG mehr oder weniger übernommen. Darin findet sich u.a. auch eine Vorgabe dafür, dass die Überprüfungen und etwaigen Änderungen der Hörfunk- und Fernsehgeräte auf Kosten der Gefangenen durch die Anstalt veranlasst werden und dass die Kosten für Beschaffung und Betrieb der Geräte von den eigenen Geldern zu bestreiten sind.

---

[599] **SH** LT-Drucks. 18/3153, 139.

37 **c) Berlin.** Die Berliner Norm zu Hörfunk, Fernsehen und Geräten der Informations- und Unterhaltungselektronik (**BE** § 56) übernimmt ebenfalls die Regelung aus ME § 51 (Rdn. 35), ändert und ergänzt sie jedoch an verschiedenen Stellen. In **Abs. 1** wird eine Vorschrift über die Auswahl der in eine Empfangsanlage einzuspeisenden Programme ergänzt, die an den Wünschen und Bedürfnissen der Gefangenen auszurichten ist (s. Rdn. 9).

Nach **Abs. 2** werden eigene Hörfunk- und Fernsehgeräte zugelassen, wenn nicht Gründe des **BE** § 52 Abs. 1 Satz 2 (Ausstattung des Haftraums) entgegenstehen. Darin ist abweichend von ME § 51 hervorgehoben, dass es hinsichtlich der Gefährdung der Sicherheit oder Ordnung nicht nur auf die einzelnen Gegenstände ankommt, sondern auch auf ihre Gefährlichkeit in der Gesamtheit. Bei der Verweisung auf Mietgeräte oder Haftraummediensysteme (**Abs. 2 Satz 2**) wird ergänzt, dass dies *„von der Anstalt vermittelte"* Geräte sind, wodurch eine Übertragung auf private Unternehmen ermöglicht werden soll.[600] Zudem wird in **Satz 3** klargestellt, dass bei einer solchen Verweisung der Besitz eigener Geräte im Haftraum in der Regel nicht gestattet ist (s. Rdn. 20 ff).

Nach **Abs. 3** haben die Gefangenen die **Kosten** für Überprüfung, Überlassung und Betrieb der Hörfunk- und Fernsehgeräte sowie für die Bereitstellung des Empfangs zu tragen; allerdings gibt es ergänzend eine Härtefallregelung (s. Rdn. 32).

Die Vorschrift für die Zulassung anderer Geräte der Informations- und Unterhaltungselektronik findet sich in **Abs. 4**, der im **Satz 1** auf Abs. 2 Satz 1 (Zulassungsvoraussetzungen für eigene Hörfunk-/Fernsehgeräte) verweist. Auf die übrigen Inhalte in Abs. 2 und Abs. 3 wird jedoch nicht verwiesen, so dass diese (anders als im ME-StVollzG) nicht für Informations- und Unterhaltungselektronik gelten. Nach **Abs. 4 Satz 2** bleibt (wie im ME-StVollzG) die Regelung zu anderen Formen der Telekommunikation (**BE** § 40) unberührt.

BE § 52 Abs. 2 enthält eine Vorschrift für die Kostentragung zur Sicherheitsüberprüfung bei (sonstigen) im Haftraum genutzten Elektrogeräten (mit Härtefallregelung). Diese bildet die Grundlage für die Kostenheranziehung für die Geräte der Informations- und Unterhaltungselektronik (s. Rdn. 32).

38 **d) Mecklenburg-Vorpommern.** Auch **MV** § 51 übernimmt dem Grunde nach die Vorschrift des ME § 51 (s. Rdn. 35), ergänzt diese aber an verschiedenen Stellen. **Abs. 1** (Zugang zum Rundfunk) wird wörtlich übernommen.

Bei den Voraussetzungen für die Zulassung eigener Hörfunk- und Fernsehgeräte in **Abs. 2 Satz 1** wird (neben der Verweisung auf die Regelung zur Ausstattung des Haftraums in **MV** § 48 Satz 2) noch ergänzt, dass feststehen muss, dass die Geräte keine unzulässigen Gegenstände enthalten. Nach **Satz 2** werden die dazu erforderliche Überprüfung sowie etwaige Änderungen durch die Anstalt auf Kosten der Gefangenen veranlasst. In **Satz 3** finden sich die (unveränderten) Voraussetzungen für andere Geräte der Informations- und Unterhaltungselektronik und in **Satz 4** der Hinweis, dass **MV** § 36 (Andere Formen der Telekommunikation) unberührt bleibt.

Abs. 3 Satz 1 enthält die Verweisung auf Mietgeräte oder ein Haftraummediensystem, das in **Satz 2** ergänzt wird um die Möglichkeit zur Übertragung der Bereitstellung und den Betrieb von Empfangsanlagen sowie die Bereitstellung, Vermietung oder Ausgabe von Geräten (Hörfunk, Fernsehen, Informations- und Unterhaltungselektronik) auf Dritte (s. Rdn. 20 ff).

Nach **Abs. 4** ist (wie in **BB, HB, RP, SL, TH**) eine vorübergehende Aussetzung oder Untersagung des Rundfunks möglich (s. Rdn. 10).

Eine Regelung zur Beteiligung an den Betriebskosten enthält **MV** § 61 Abs. 3 (s. Rdn. 32).

---

[600] BE LT-Drucks. 17/2442, 236.

e) Sachsen. Die Regelung für Hörfunk- und Fernsehgeräte sowie Geräte der Informations- und Unterhaltungselektronik in **SN** (**SN** § 51) übernimmt ebenfalls weitgehend ME § 51 (s. Rdn. 35), ergänzt diesen aber. **Abs. 1 Satz 1** entspricht Abs. 1 des ME-StVollzG. **Satz 2** enthält die Regelung zum vorübergehenden Ausschluss (wie in **BB**, **HB**, **RP**, **SL**, **TH**, s. Rdn. 10). 39

Abs. 2 Satz 1 verweist für die Zulassung von eigenen Hörfunk- und Fernsehgeräten auf **SN** § 48 Satz 2 (Ausstattung des Haftraums) und verknüpft dies sofort mit der Bedingung, dass die Zulassung nur erfolgt, wenn nicht in der Anstalt Mietgeräte oder ein Haftraummediensystem zur Verfügung gestellt werden. Ein Ausschluss eigener Geräte wegen einer solchen Verweisung setzt nach **Satz 2** jedoch voraus, dass der Zugang zur Grundversorgung kostenfrei ist (s. Rdn. 20 ff). **Satz 3** enthält die (unveränderte) Vorschrift für die Zulassung der anderen Geräte der Informations- und Unterhaltungselektronik und **Satz 4** den Hinweis, dass **SN** § 36 (Andere Formen der Telekommunikation) unberührt bleibt.

Nach **Abs. 3** können Bereitstellung und Betrieb von Empfangsanlagen sowie Bereitstellung, Vermietung oder Ausgabe der Geräte einem Dritten übertragen oder gestattet werden (s. Rdn. 23).

Die Vorschrift für eine Beteiligung an den Betriebskosten findet sich in **SN** § 61 Abs. 3 (s. Rdn. 32).

f) Sachsen-Anhalt. In **ST** enthält **ST** § 59 die Vorschriften für Hörfunk- und Fernsehgeräte sowie Geräte der Informations- und Unterhaltungselektronik. **Abs. 1 Satz 1** entspricht inhaltlich ME § 51 Abs. 1 (Ermöglichung des Hörfunk- und Fernsehempfangs, s. Rdn. 35). Nach **Satz 2** kann der Empfang vorübergehend ausgesetzt oder den Gefangenen untersagt werden (s. Rdn. 10). 40

Nach **Abs. 2 Satz 1** erlaubt die Anstalt den Besitz eines Hörfunk- und Fernsehgerätes im Haftraum, wenn nicht Gründe des **ST** § 56 Abs. 1 Satz 2 (Ausstattung des Haftraums) entgegenstehen. Nach **Satz 2** kann jedoch darauf verwiesen werden, anstelle eigener von der Anstalt überlassene Geräte zu verwenden. **Satz 3** ermöglicht es (wie in **NI**, vgl. Rdn. 45), eine solche Bestimmung auch nachträglich zu treffen (s. Rdn. 22). **Satz 4** enthält die (unveränderten) Voraussetzungen für die Zulassung der Informations- und Unterhaltungselektronik-Geräte und **Satz 5** stellt klar, dass der Besitz eigener Geräte nicht verlangt werden kann, wenn Gefangene auf überlassene Geräte verwiesen werden.

In **Abs. 3** findet sich die Möglichkeit zur Übertragung des Betriebs von Empfangsanlagen auf Dritte (allerdings nur mit Zustimmung der Aufsichtsbehörde; s. Rdn. 23).

Abs. 4 enthält eine Sonderbestimmung für andere Geräte der Informations- und Unterhaltungselektronik, die abweichend von den anderen Ländern (außer **BW**, vgl. Rdn. 41) nur mit Zustimmung der Aufsichtsbehörde zugelassen werden dürfen. Die Aufsichtsbehörde kann allgemeine Richtlinien erlassen; ohne Zustimmung erteilte Zulassungen können zurückgenommen werden.

Für Geräte der Informations- und Unterhaltungselektronik ist darüber hinaus **ST** § 55 Abs. 3 relevant: „*Der Besitz, die Annahme und Abgabe von Kameras, Computern sowie von technischen Geräten, insbesondere solchen mit der Möglichkeit zur Speicherung und Übertragung von Daten, ist nicht gestattet.*"

Eine Vorschrift zur (verpflichtenden – in allen anderen Ländern sind es Kann-Regelungen) **Kostenbeteiligung** enthält **ST** § 72 Abs. 3. Demnach werden Gefangene an den Betriebs- und Energiekosten sowie den Kosten für die Überlassung der Geräte beteiligt. **Abs. 4** enthält eine Verordnungsermächtigung, **Abs. 5** eine Härtefallregelung (s. Rdn. 32).

Abweichend von den anderen Ländern, die sich am ME-StVollzG orientieren, fehlt in **ST** ein Hinweis, dass die Vorschrift für die anderen Formen der Telekommunikation (**ST** § 43) unberührt bleibt.

41   **2. Baden-Württemberg. BW** § 59 III, der die Vorschriften für Hörfunk und Fernsehen enthält, orientiert sich zwar grundsätzlich an § 69 StVollzG (so die Gesetzesbegründung),[601] normiert aber einige wesentliche Unterschiede. **Abs. 1** regelt unter Verweis auf **BW** § 58 III (Besitz von Gegenständen zur Freizeitbeschäftigung, s. dazu D Rdn. 30) den Besitz eigener Hörfunk- und Fernsehgeräte. Demnach sind für die Zulassung (wie in § 69 Abs. 2 i.V.m. § 70 StVollzG) die Kriterien der Angemessenheit (s. Rdn. 17) sowie von Vollzugsziel (s. Rdn. 18), Sicherheit und Ordnung (s. Rdn. 14 ff) und die mögliche Strafbarkeit des Besitzes (s. Rdn. 19) entscheidend; zusätzlich kommt es nach **BW** § 58 Abs. 2 Nr. 3 III jedoch auf die verfügbare Kapazität für Haftraumkontrollen sowie den **Kontrollaufwand** bei der Überprüfung auf missbräuchliche Verwendung an, was an der Bedeutung des Besitzes der Geräte für Art. 5 Abs. 1 GG zu messen sein wird (vgl. Rdn. 14 und 17 sowie B Rdn. 25). Der Verweis auf **BW** § 58 III beinhaltet auch die Anwendbarkeit der Regelung zum **Erlaubniswiderruf** im Abs. 4 (s. Rdn. 30).

Nach **Abs. 2** kann der Besitz eigener Geräte zudem gänzlich ausgeschlossen werden, wenn die Anstalt den Betrieb von Empfangsanlagen sowie die **Ausgabe von Geräten einem Dritten** überträgt (s. Rdn. 20 ff). **Gemeinschaftsfernsehen** ist nicht mehr ausdrücklich vorgesehen.[602] Um aber verfassungskonform den Zugang zu Informationen zu ermöglichen, könne (so die Gesetzesbegründung)[603] mittellosen Gefangenen kostenfrei ein Radiogerät zur Verfügung gestellt werden. Wenn dies nicht auch für eine kostenfreie Grundversorgung mit Fernsehempfang gilt, bestehen Bedenken im Hinblick auf die Informationsfreiheit nach Art. 5 Abs. 1 GG.

Abs. 3 regelt die Einspeisung von **Programmen** in die Empfangsanlage, worüber die Anstalt (regelmäßig nach Anhörung der Gefangenenmitverantwortung) entscheidet (s. Rdn. 9). Vorgaben zu den Inhalten wie in § 69 Abs. 1 Satz 2 StVollzG gibt es nicht, ebenso wenig eine Regelung zu einer möglichen vorübergehenden Aussetzung oder Untersagung des Rundfunkempfangs (vgl. § 69 Abs. 1 Satz 3 StVollzG, s. Rdn. 10).

Abs. 4 schließt den Empfang von **Bezahlfernsehen** sowie den Einsatz zusätzlicher Empfangseinrichtungen im Haftraum aus (s. Rdn. 9 und 17).

Die Zulässigkeit anderer Geräte der **Informations- und Unterhaltungselektronik** ist (anders als im ME-StVollzG) nicht in der Norm zum Hörfunk und Fernsehen geregelt. Stattdessen gelten solche Geräte (wie unter Geltung des § 70 StVollzG) als Gegenstände zur Freizeitbeschäftigung (**BW** § 58 III; zu den Voraussetzungen vgl. D Rdn. 30). Da aber auch für Hörfunk- und Fernsehgeräte auf diese Norm verwiesen wird, macht das inhaltlich keinen Unterschied; allerdings handelt es sich anders als in den dem ME-StVollzG folgenden Ländern nicht um eine Ermessensnorm (s. Rdn. 26). Eine Sonderbestimmung findet sich jedoch (ähnlich wie in **ST**, s. Rdn. 40) in **BW** § 58 Abs. 3 III: *„Die Zulassung von bestimmten Gerätetypen, insbesondere der elektronischen Unterhaltungsmedien, durch die Justizvollzugsanstalt kann der Zustimmung der Aufsichtsbehörde vorbehalten sein. Die Aufsichtsbehörde kann allgemeine Richtlinien für die Gerätebeschaffenheit erlassen. Eine ohne Zustimmung nach Satz 1 erfolgte Zulassung kann zurückgenommen werden."* Der Gesetzgeber möchte damit der raschen Entwicklung des Elektronikmarktes und dem starken Interesse der Gefangenen gerade an solchen Geräten (wie z.B. Spielkonsolen) Rechnung tragen, so dass landesweit einheitliche Zulassungen erreicht werden können.[604] Dies ist einerseits aus Gründen der Gleichbehandlung zu begrüßen; andererseits droht

---

[601] LT-Drucks. 14/5012, 229.
[602] *Arloth/Krä* § 59 JVollzGB III Rdn. 2.
[603] LT-Drucks. aaO.
[604] LT-Drucks. 14/5012, 229.

(bei einer Orientierung an den Anstalten mit der höchsten Sicherheitsstufe) eine zu restriktive Zulassungspraxis.

Schließlich gibt es in **BW** § 9 Abs. 2 I (in der Vorschrift zur Ausgestaltung der Räume) eine Regelung, dass die Gefangenen an den **Betriebskosten** für die in ihrem Besitz befindlichen Gegenstände beteiligt werden können (s. Rdn. 32).

Eine Regelung zur Zulässigkeit anderer Formen der Telekommunikation fehlt in **BW**.

Die baden-württembergischen **Verwaltungsvorschriften** zu § 59 entsprechen weitgehend der früheren bundeseinheitlichen VV zu § 69 StVollzG (s. schon Rdn. 36).

Rspr. zu den baden-württembergischen Regelungen findet sich in Rdn. 21, 31 und 32.[605]

3. Bayern. Die bayerische Regelung zu Hörfunk und Fernsehen (**BY** Art. 71) folgt **42** § 69 StVollzG, wurde aber deutlich gekürzt. Die Zulassung eigener Hörfunk- und Fernsehgeräte regelt **Abs. 1 Satz 1** unter Verweis auf **BY** Art. 72 (Besitz von Gegenständen für die Freizeitbeschäftigung, s. dazu D Rdn. 31), der sich inhaltlich nicht von § 70 StVollzG unterscheidet. Demnach sind für die Zulassung die Kriterien der Angemessenheit (s. Rdn. 17), der Erfüllung des Behandlungsauftrags (andere Länder bezeichnen das als Vollzugsziel, s. Rdn. 18), der Sicherheit und Ordnung (s. Rdn. 14 ff) sowie der möglichen Strafbarkeit des Besitzes (s. Rdn. 19) entscheidend. Durch den Verweis auf **BY** Art. 72 ist nach Abs. 3 auch ein **Widerruf** der Erlaubnis möglich (s. Rdn. 30).

Nach **BY Art. 71 Abs. 1 Satz 2** können den Gefangenen die **Betriebskosten** auferlegt werden, was die schon zuvor geübte Vollzugspraxis in **BY** auf eine gesetzliche Grundlage stellt (s. Rdn. 32). Zusätzlich können die Gefangenen nach **BY Art. 73** in angemessenem Umfang auch an den **Stromkosten** beteiligt werden. Dazu ist eine Ermessensentscheidung erforderlich, die sich am Einzelfall orientieren muss.[606] Wenn ein Gefangener in seiner Zelle ein Fernsehgerät im Bewusstsein betreibt, dass er an den Stromkosten beteiligt wird, ist die Anstalt nach einer Entscheidung des OLG München[607] dazu befugt, den Betrag für die Stromkosten vom Hausgeldkonto abzubuchen, da der Gefangene durch schlüssiges Verhalten über sein Hausgeldkonto verfügt, sofern andere Geldmittel für die Bezahlung nicht vorhanden sind. In der Gesetzesbegründung[608] heißt es zur Überbürdung der Kosten: „Das Grundrecht der Informationsfreiheit erfordert nicht, dass der Betrieb eines eigenen Fernsehgerätes für die Gefangenen kostenfrei möglich sein muss." Eine Regelung zu den Kosten für die Sicherheitsüberprüfung findet sich in der VV Nr. 2 zu Art. 71.

BY Art. 71 Abs. 2 folgt bzgl. der vorübergehenden Aussetzung oder Untersagung des Rundfunkempfangs dem Wortlaut des § 69 Abs. 1 Satz 3 StVollzG (s. Rdn. 10). **Gemeinschaftsfernsehen** (wie in § 69 Abs. 1 Satz 1 StVollzG) ist nicht mehr vorgesehen, da die Zulassung eigener Geräte inzwischen üblich sei und aus Art. 5 Abs. 1 GG kein Anspruch auf kostenloses Fernsehen erwachse (so die Begründung;[609] s. Rdn. 7 f).

Das bayerische Gesetz enthält als einziges Landes-Strafvollzugsgesetz keine gesonderte Regelung für die Zulassung von Geräten der Informations- und Unterhaltungselektronik, so dass diese (wie unter Geltung des § 70 StVollzG) nach **BY Art. 72** als Gegenstände für die Freizeitbeschäftigung zugelassen werden können (s. D Rdn. 31). Allerdings

---

605 OLG Karlsruhe v. 7.10.2015 – 2 Ws 328/15 und 329/15, NStZ-RR 2015, 392; OLG Stuttgart v. 20.7.2015 – 4 Ws 298/14, BeckRS 2015, 13090.
606 OLG München FS 2009, 43 – 4 Ws 118/08 (R).
607 OLG München aaO.
608 LT-Drucks. 15/8101, 65.
609 In LT-Drucks. 15/8101, 65.

enthält **BY** Art. 72 Abs. 2 Nr. 2 eine **Regelvermutung für eine Gefährdung** für elektronische Unterhaltungsmedien. In der **Gesetzesbegründung**[610] heißt es dazu: „Elektronische Unterhaltungsmedien tragen vielfache Sicherheitsrisiken in sich (Versteckmöglichkeiten in Hohlräumen, Speichermöglichkeiten, Manipulationsmöglichkeiten) und können zu subkulturellen Zwecken missbraucht werden (Handeltreiben, Erpressen, Wetten). Daher bedarf es besonderer Begründung, diese grundsätzlich in der vollzuglichen Praxis gefährlichen Gegenstände dennoch zuzulassen (z.B. Ausgaben von CD-Spielern mit Sprachkursen)." Wegen dieser Regelvermutung können die zur bundesgesetzlichen Regelung ergangenen Entscheidungen allenfalls noch mit Einschränkungen herangezogen werden.[611]

Eine Regelung zur Zulässigkeit anderer Formen der Telekommunikation fehlt in **BY**. Die bayerische VV zu Art. 71 enthält u.a. eine Regelung zum Betrieb einer entgeltlichen zentralen Empfangsanlage, die auch durch Dritte betrieben werden kann (Zimmerantennen sind dann zumeist ausgeschlossen). TV-Kombinationsgeräte sind nach der VV ausdrücklich ausgeschlossen.

Rspr. zu den bayerischen Regelungen findet sich in Rdn. 16 und 27.[612]

43   **4. Hamburg.** Unter der Überschrift „Rundfunk" normiert **HH** § 52 (ähnlich wie der ME-StVollzG) Hörfunk und Fernsehen gemeinsam mit anderen Geräten der Informations- und Unterhaltungselektronik in einer Vorschrift. **Abs. 1** verweist bzgl. der Zulassung eigener Geräte auf **HH** § 53 (Gegenstände der Freizeitbeschäftigung, s. dazu D Rdn. 32). Anders als in § 70 StVollzG sowie in **BW** und **BY** wurde dort jedoch der Ausschlussgrund der Strafbarkeit des Besitzes des Gegenstandes gestrichen. Das dürfte inhaltlich jedoch keinen Unterschied machen, da der Ausschluss strafbarer oder ordnungswidriger Besitzverhältnisse auch unter das Tatbestandsmerkmal der Gefährdung des Vollzugsziels (soziale Wiedereingliederung) zu subsumieren ist, so dass es keiner expliziten gesetzlichen Normierung bedarf.[613] Der Anspruch auf Zulassung besteht jedoch nur, „*soweit ihnen nicht von der Anstalt Geräte überlassen werden*" (s. Rdn. 20 ff). Nach **Abs. 1 Satz 2** können die **Betriebskosten** den Gefangenen auferlegt werden. Ebenso ist eine angemessene Beteiligung an den **Stromkosten** nach **HH** § 49 Abs. 3 möglich (s. Rdn. 32). Diese Beteiligung kann auch in pauschalierter Form erfolgen.[614] Allerdings ist die Angemessenheit der Kostenbeteiligung eng auszulegen, da die Gefangenenentlohnung im Jahre 2002 vom BVerfG (noch ohne Beteiligung an verschiedenen Kosten) als gerade noch verfassungsgemäß eingestuft wurde; die durch Allgemeinverfügung festgelegte Stromkostenpauschale von 1,00 Euro pro Gerät genügt diesen Anforderungen nicht.[615] **Abs. 1 Satz 3** betrifft die anderen Geräte der Informations- und Unterhaltungselektronik, die unter denselben Voraussetzungen wie Hörfunk- und Fernsehgeräte zugelassen werden können (s. Rdn. 26).

Abs. 2 regelt fast wortgleich wie § 69 Abs. 1 Satz 3 StVollzG die Möglichkeiten zur vorübergehenden Aussetzung oder Untersagung des Rundfunkempfangs (s. Rdn. 10).

Abs. 3 stellt klar, dass kein Anspruch auf Teilnahme an einem durch die Anstalt vermittelten **gemeinschaftlichen Rundfunkempfang** besteht. In der **Gesetzesbegründung**[616] heißt es: „Die Vorschrift, die unter ‚Rundfunk' sowohl Hörfunk – als auch Fern-

---

610   LT-Drucks. 15/8101, 65.
611   OLG München FS 2011, 54 – 3 Ws 1005/09 (R).
612   BayVGH v. 22.7.2015 – Vf. 84-VI-14, BayVBl 2016, 227; OLG München FS 2011, 54 – 3 Ws 1005/09 (R).
613   Laubenthal/Nestler/Neubacher/Verrel G Rdn. 31.
614   Hans. OLG Hamburg NStZ-RR 2011, 156 – 3 Vollz (Ws) 3/11.
615   Hans. OLG Hamburg aaO.
616   Bürgerschafts-Drucks. 18/6490, 44.

sehgeräte – versteht, sieht gemeinschaftlichen Fernsehempfang nicht mehr zwingend vor. Der Anspruch der Gefangenen auf ein Mindestmaß an Fernsehempfang wird in der Praxis zuverlässig dadurch erfüllt, dass dem Gefangenen, der ein eigenes Gerät nicht besitzt, entweder befristet kostenlos ein Leihgerät zur Verfügung gestellt wird, oder er Gelegenheit erhält, gegen Kostenbeteiligung ein Gerät zu mieten."

In **HH** fehlt ein Hinweis, dass die Vorschrift für die anderen Formen der Telekommunikation (**HH** § 32) unberührt bleibt.

HH hat eine recht moderne und umfassende **VV** zu Geräten für Hörfunk, Fernsehen und Informations- und Unterhaltungselektronik erlassen. Neben den Inhalten aus der früheren bundeseinheitlichen VV zu § 69 StVollzG finden sich sehr konkrete Regelungen für die zulassungsfähigen Geräte (z.B. welche Anschlüsse erlaubt sind, welche zu versiegeln sind, wie bei Verlegungen aus dem offenen in den geschlossenen Vollzug zu verfahren ist, s. dazu auch Rdn. 31).

Rspr. zur hamburgischen Regelung findet sich bei Rdn. 27.[617]

5. Hessen. HE regelt Hörfunk und Fernsehen in **HE** § 30 Abs. 3–5 sehr ähnlich wie **44** die bundesgesetzliche Regelung des § 69 StVollzG, allerdings ergänzt um Regelungen für andere elektronische Geräte.

Nach **Abs. 3** ist den Gefangenen *„Gelegenheit zu geben, am Fernseh- und Hörfunkempfang teilzunehmen"*. Das **Gemeinschaftsfernsehen** wird in **HE** zwar nicht ausdrücklich vorgesehen; dass es dieses jedoch immer noch geben wird, ergibt sich aus der VV.[618] Nähere Bestimmungen zur Auswahl der Programme fehlen jedoch (s. Rdn. 7–9).

Abs. 4 Satz 1 regelt den Besitz eigener Hörfunk- und Fernsehgeräte gemeinsam mit Büchern und anderen Gegenständen, über die die Gefangenen zur Fortbildung und Freizeitbeschäftigung in ihren Hafträumen verfügen dürfen. Nach **Satz 2** können auch andere elektronische Geräte zu diesen Zwecken zugelassen werden, allerdings nur im Einzelfall, was den Ausnahmecharakter hervorhebt (s. Rdn. 26). Die Einbringung der Geräte und Gegenstände wird nach **Satz 3** durch die Anstalt geregelt. **Satz 4** verweist bezüglich der Kriterien für die Zulassung auf § 19 HStVollzG (vgl. D Rdn. 33). Demnach sind neben der Eingliederung (was dem bundesgesetzlichen Vollzugsziel entspricht, s. Rdn. 18), der Sicherheit und der Ordnung (s. Rdn. 14ff) sowie der Strafbarkeit des Besitzes (s. Rdn. 19) auch die Übersichtlichkeit des Haftraums und die Kontrollmöglichkeiten zulässige Kriterien (s. Rdn. 17), was für Hörfunk- und Fernsehgeräte (wie in **BW**, Rdn. 41) an der Bedeutung der Geräte für das Grundrecht aus Art. 5 Abs. 1 GG zu messen sein wird.

Abs. 5 entspricht wortwörtlich § 69 Abs. 1 Satz 2 StVollzG und regelt die vorübergehende Aussetzung bzw. Untersagung des Rundfunkempfangs (s. Rdn. 10).

Eine Regelung zu den **Betriebskosten** der Geräte findet sich in **HE** § 43 Abs. 5 Satz 2 (s. Rdn. 32). Darüber hinaus bestimmt **HE** § 20, dass bei Elektrogeräten die Erteilung einer Besitzerlaubnis von auf Kosten der Gefangenen vorzunehmenden Sicherheitsmaßnahmen abhängig gemacht werden kann.

Eine Vorschrift zur Zulässigkeit anderer Formen der Telekommunikation fehlt in **HE**.

Die hessische **Verwaltungsvorschrift** Nr. 2 zu § 19 (Freizeit) übernimmt in großen Teilen die Inhalte der früheren bundeseinheitlichen VV zu § 69 StVollzG (u.a. auch die Kostenregelung, s. Rdn. 32 und 36). Darüber hinaus wurden aber Regelungen zur Übertragung von Empfangs- und Verteileranlagen auf Dritte aufgenommen (s. Rdn. 23). Zu-

---

617 Hans. OLG Hamburg FS 2010, 54 – 3 Vollz (Ws) 48/09: Besitz u.a. eines Computers.
618 VV Nr. 2.7 zu § 19 Freizeit: Wenn Gefangene über kein eigenes Fernsehgerät verfügen, erhalten sie zur Gewährleistung ihres Informationsbedürfnisses Gelegenheit, am Gemeinschaftsfernsehen teilzunehmen.

dem gibt es Vorschriften zum Programmangebot (s. Rdn. 9) sowie zum Ausschluss des Bezahlfernsehens (s. Rdn. 17).

Rspr. zu den hessischen Regelungen findet sich in Rdn. 16, 27 und 31.[619]

45 **6. Niedersachsen.** Ni normiert Hörfunk/Fernsehen (**NI** § 66) sowie Geräte der Informations- und Unterhaltungselektronik (**NI** § 67) in unterschiedlichen Paragraphen. Die Regelung für Hörfunk und Fernsehen (**NI** § 66) unterscheidet sich nur wenig von § 69 StVollzG. **Abs. 1** regelt das subjektive Recht auf Teilnahme am Hörfunk- und Fernsehempfang (s. Rdn. 6). **Abs. 3** entspricht weitgehend (in weiten Teilen sogar wörtlich) § 69 Abs. 1 StVollzG und beinhaltet Vorschriften für das Gemeinschaftsfernsehen sowie die Programmauswahl (s Rdn. 7–9), allerdings ist der Anspruch auf **gemeinschaftlichen Hörfunk- und Fernsehempfang** nur gegeben, *„soweit der oder dem Gefangenen ein Gerät im Haftraum nicht zur Verfügung steht"*.

Abs. 2 regelt den Besitz eigener Hörfunk- und Fernsehgeräte. Der Besitz ist nach **Satz 1** unter denselben Voraussetzungen wie bei § 69 Abs. 2 i.V.m. § 70 Abs. 2 StVollzG zu erlauben, also *„wenn dadurch die Erreichung des Vollzugszieles [...] oder die Sicherheit oder Ordnung der Anstalt nicht gefährdet wird"* (s. Rdn. 14ff und 18). Allerdings ist nach **Satz 2** die **Verweisung** auf die Verwendung von der Vollzugsbehörde **überlassener** (anstelle der Verwendung eigner) **Geräte** möglich, was (wie in **ST**, s. Rdn. 40) sogar nachträglich geschehen kann (s. Rdn. 22). In der **Gesetzesbegründung**[620] heißt es dazu: „Die nach Abs. 2 Satz 2 überlassenen (anstaltseigenen) Geräte bieten den Vorteil, dass die Vollzugsbehörde die Missbrauchspotenziale infolge der Standardisierung besser einschätzen und durch besondere Sicherheitsfunktionen auch wirksam bewältigen kann."
Abs. 2 Satz 3 regelt die Möglichkeiten zum **Widerruf** der Erlaubnis identisch mit § 69 Abs. 2 i.V.m. § 70 Abs. 3 StVollzG (s. Rdn. 30).

Geräte der Informations- und Unterhaltungselektronik unterfallen (wie andere Gegenstände zur Fortbildung oder Freizeitbeschäftigung) in **NI** der Regelung des **NI** § 67 (s. dazu D Rdn. 34). Sie werden in angemessenem Umfang zugelassen, wenn weder die Erreichung des Vollzugsziels noch die Sicherheit oder Ordnung der Anstalt gefährdet ist (s. Rdn. 26). Nach **NI** § 67 Abs. 2 ist für Geräte der Informations- und Unterhaltungselektronik **NI** § 66 Abs. 2 Satz 2 entsprechend anwendbar (s. Rdn. 28), d.h. dass eine Verweisung auf die Verwendung von der Vollzugsbehörde überlassener Geräte möglich ist. Inwieweit dies bei Unterhaltungselektronik angewandt wird, bleibt abzuwarten.

Auch in **NI** ist eine Beteiligung an den **Stromkosten** möglich. **NI** § 52 Abs. 3 Satz 2 Nr. 4 sieht vor, dass die Gefangenen in angemessener Höhe an den Stromkosten für die von ihnen betriebenen Elektrogeräte beteiligt werden können, soweit diese über die Grundversorgung hinausgehen; der Paragraph enthält zudem eine Härtefallregelung (s. Rdn. 32). Darüber hinaus enthält die VV Nr. 3 zu § 67 (Nr. 1 Abs. 7) eine Kostenregelung.

In **NI** fehlt ein Hinweis, dass die Vorschrift für die anderen Formen der Telekommunikation (**NI** § 33) unberührt bleibt.

NI hat sehr ausführliche Verwaltungsvorschriften (Nr. 3 zu § 67) erlassen, die genaue Vorgaben enthalten, welche Geräte unter welchen Bedingungen zugelassen werden können. Darin ist auch geregelt, dass Decoder für Bezahlfernsehen zugelassen werden können (s. dazu Rdn. 17) und was bei Verlegungen gilt (s. Rdn. 31).

Rspr. zur niedersächsischen Regelung findet sich in Rdn. 16.[621]

---

619 OLG Frankfurt v. 19.4.2013 – 3 Ws 87/13 (StVollz), NStZ-RR 2013, 325 sowie NStZ-RR 2012, 223 – 3 Ws 1009/11 (StVollz): Playstation 2.
620 NI LT-Drucks. 13/3565, 142.
621 OLG Celle StraFo 2009, 172.

7. Nordrhein-Westfalen. Auch **NW** normiert Hörfunk- und Fernsehgeräte (**NW** § 51) **46** sowie Geräte der Informations- und Unterhaltungselektronik (**NW** § 52 Abs. 1 und 4) in unterschiedlichen Paragraphen.

NW § 51 Abs. 1 enthält den subjektiven Anspruch auf Hörfunk- und Fernsehempfang sowie Vorschriften zur Auswahl der in die Empfangsanlagen einzuspeisenden Programme (s. Rdn. 6 und 9).

Nach **Abs. 2 Satz 1** können Hörfunk- und Fernsehgeräte unter den Voraussetzungen des **NW** § 15 Abs. 2 (Persönlicher Bereich – Ausstattung des Haftraums)[622] zugelassen werden. Als einziges Land sieht **NW** hier lediglich einen Ermessensanspruch vor, was im Hinblick auf das Grundrecht der Informationsfreiheit nicht zu begrüßen ist. Für die Zulassung der Geräte ist neben dem Vollzugsziel (s. Rdn. 18), der Sicherheit oder Ordnung der Anstalt (s. Rdn. 14ff) sowie der Angemessenheit des Umfangs und der Übersichtlichkeit des Haftraums (s. Rdn. 17) zusätzlich noch entscheidend, ob die Geräte eine unverhältnismäßig aufwändige Überprüfung erfordern (s. Rdn. 14). Dies wird (wie auch in **BW**, s. Rdn. 41) wegen des Grundrechts der Informationsfreiheit nicht zu eng auszulegen sein.

Abs. 2 Satz 2 enthält die Möglichkeit zur Verweisung auf ein Haftraummediensystem. Nach **Satz 3** kann der Betrieb von Empfangsanlagen sowie die Ausgabe von Hörfunk- und Fernsehgeräten auf Dritte übertragen werden (s. Rdn. 20ff). **Satz 4** stellt klar, dass in diesem Fall den Gefangenen der Besitz eigener Geräte in der Regel nicht gestattet ist.

Abs. 3 normiert die Möglichkeit zur Kostenbeteiligung der Gefangenen hinsichtlich der Kosten für die Überlassung, Überprüfung und den Betrieb sowie die Bereitstellung des Hörfunk- und Fernsehempfangs (s. Rdn. 32).

Geräte der Informations- und Unterhaltungselektronik unterfallen (wie andere Gegenstände zur Freizeitbeschäftigung) in **NW** der Regelung des **NW** § 52 (s. dazu D Rdn. 35), der im **Abs. 1** im Hinblick auf die Ausschlussgründe ebenfalls auf **NW** § 15 Abs. 2 verweist. Darüber hinaus werden durch **Abs. 4** die Regelungen aus **NW** § 51 Abs. 2 Satz 2 bis 4 und Abs. 3 für entsprechend anwendbar erklärt, so dass auch hier ein Verweis auf Haftraummediensysteme und Mietgeräte sowie eine Kostenbeteiligung möglich ist.

In **NW** fehlt ein Hinweis, dass die Vorschrift für die anderen Formen der Telekommunikation (**NW** § 27) unberührt bleibt.

D. Besitz von Gegenständen für die Freizeitbeschäftigung

Bund	§ 70 StVollzG
Baden-Württemberg	BW § 58 JVollzGB III
Bayern	BY Art. 72 BayStVollzG
Berlin	BE § 52 StVollzG Bln
Brandenburg	BB § 57 BbgJVollzG
Bremen	HB § 48 BremStVollzG
Hamburg	HH § 53 HmbStVollzG
Hessen	HE § 30 Abs. 4 HStVollzG
Mecklenburg-Vorpommern	MV § 48 StVollzG M-V
Niedersachsen	NI § 67 NJVollzG
Nordrhein-Westfalen	NW § 52 StVollzG NRW

---

622 Hier wird zwar auf den Paragraphen zum „Persönlichen Bereich" verwiesen, allerdings enthält diese Norm im zweiten Absatz eine ähnliche Regelung wie die im ME-StVollzG zur Ausstattung des Haftraums.

5. Kapitel. Freizeit

Rheinland-Pfalz	RP § 56 LJVollzG
Saarland	SL § 48 SLStVollzG
Sachsen	SN § 48 SächsStVollzG
Sachsen-Anhalt	ST § 56 JVollzGB LSA
Schleswig-Holstein	SH § 65 LStVollzG SH
Thüringen	TH § 57 ThürJVollzG
Musterentwurf	ME § 48 ME-StVollzG

Schrifttum

S. bei 5 A.

Übersicht

I. Allgemeine Hinweise —— 1–3
II. Erläuterungen —— 4–25
  1. Überblick über die Regelungen in den Bundesländern —— 4–8
    a) Länder mit der Systematik des StVollzG —— 5
    b) Länder mit der Systematik des ME-StVollzG —— 6
    c) Länder mit Mischformen —— 7
    d) Rechtliche Einordnung der Begriffe —— 8
  2. Das Recht auf Besitz bestimmter Gegenstände —— 9–12
    a) Von den Vorschriften umfasste Gegenstände —— 10
    b) Angemessenheit des Umfangs —— 11
    c) Regelung durch die Justizvollzugsanstalt —— 12
  3. Ausschluss von Gegenständen —— 13–22
    a) Gefährdung der Sicherheit oder Ordnung —— 14
      aa) Begriff der Gefährdung —— 15
      bb) Landesrechtliche Besonderheiten —— 16
      cc) Rechtsprechung —— 17–19
    b) Übersichtlichkeit des Haftraums —— 20
    c) Gefährdung des Vollzugsziels —— 21
    d) Mit Strafe oder Geldbuße bedroht —— 22
  4. Widerruf der Erlaubnis und Folgen bei Verlegungen —— 23, 24
  5. Kosten für den Betrieb von Geräten —— 25
III. Landesgesetzliche Besonderheiten —— 26–35
  1. Länder, die sich am Musterentwurf orientieren —— 27
    a) Brandenburg, Bremen, Mecklenburg-Vorpommern, Rheinland-Pfalz, Saarland, Sachsen, Schleswig-Holstein, Thüringen —— 28
    b) Berlin, Sachsen-Anhalt —— 29
  2. Baden-Württemberg —— 30
  3. Bayern —— 31
  4. Hamburg —— 32
  5. Hessen —— 33
  6. Niedersachsen —— 34
  7. Nordrhein-Westfalen —— 35

I. Allgemeine Hinweise

1   Grundsätzlich dürfen Gefangene nur solche Sachen in Besitz haben, die ihnen von der Vollzugsbehörde oder mit ihrer Zustimmung überlassen werden. Den Besitz und persönlichen Gewahrsam von Gefangenen regeln **verschiedene Vorschriften** in den Landes-Strafvollzugsgesetzen. Dazu gehören einerseits die allgemeinen Vorschriften zur Ausstattung des Haftraums (dazu 2 F) sowie zum Einbringen von und zum Gewahrsam an Gegenständen (s. 11 C). Andererseits gibt es spezielle Vorschriften zum Besitz bestimmter Gegenstände, nämlich für Gegenstände des religiösen Gebrauchs (s. 8 A Rdn. 23f), von Zeitungen und Zeitschriften (s. B), von Hörfunk- und Fernsehgeräten sowie anderen Geräten der Informations- und Unterhaltungselektronik (s. C) und von den hier behandelten (sonstigen) Gegenständen der Freizeitbeschäftigung. **Besitz** bedeutet nur Verfügungsmöglichkeit über die Gegenstände im Bereich der Zelle, also grundsätz-

lich nicht im ganzen Anstaltsbereich.⁶²³ Der Anstalt bleibt es jedoch unbenommen, die Mitnahme gewisser Gegenstände zu erlauben: z.B. die Mitnahme eines Buches zum Lesen beim Hofgang oder eines Schachspiels beim Umschluss.

Der Besitz von Gegenständen zur **Fortbildung oder zur Freizeitbeschäftigung** (vgl. dazu A) wurde in **§ 70 StVollzG** geregelt, der in Abs. 1 (in angemessenem Umfang) den Gefangenen einen Rechtsanspruch auf Zulassung gewährte, wenn keiner der in Abs. 2 genannten Ausschlussgründe vorlag. Unter denselben Voraussetzungen wurden eigene Hörfunk- und Fernsehgeräte zugelassen, da § 69 Abs. 2 StVollzG auf § 70 StVollzG verwies. Für andere Geräte der Informations- und Unterhaltungselektronik gab es im StVollzG (noch) keine besondere Vorschrift, allerdings umfangreiche Rechtsprechung im Rahmen des § 70 StVollzG (s. C Rdn. 27). Unter Geltung des StVollzG war vor allem die Abgrenzung zwischen Gegenständen zur Freizeitbeschäftigung sowie solchen zur (bloßen) Ausstattung des Haftraums (§ 19 StVollzG, s. 2 F) problematisch und fließend.⁶²⁴ So wurde die Kleintierhaltung (vgl. dazu Rdn. 17) teilweise als bloße Verbesserung der allgemeinen Lebensbedingungen angesehen und damit unter § 19 StVollzG subsumiert, während andere sie als Freizeitbeschäftigung einordneten, so dass sich die Zulässigkeit nach § 70 StVollzG richtete.⁶²⁵ Diese Systematik findet sich auch heute noch in einigen Bundesländern (**BW, BY, HH, NI**; ähnlich auch **HE** und **NW**).

Die meisten Bundesländer (**BE, BB, HB, MV, RP, SL, SN, ST, SH, TH**) folgen jedoch der Systematik des **ME-StVollzG**, der die Unterscheidung zwischen Freizeitbeschäftigung und Haftraumausstattung aufgegeben hat.⁶²⁶ Stattdessen wird dort unterschieden zwischen **elektronischen Geräten** (für Hörfunk und Fernsehen sowie der Informations- und Unterhaltungselektronik) einerseits, die in einer gemeinsamen Vorschrift normiert wurden, und **nicht-elektronischen Gegenständen** (zur Freizeitbeschäftigung oder zu sonstigen Zwecken) andererseits, die den Vorschriften zur Haftraumausstattung unterfallen.⁶²⁷ Dieser Systematik folgt diese Kommentierung, denn sie ist sachgerechter und vermeidet die problematischen Abgrenzungsfragen. Die für die Zulassung von elektronischen Geräten relevanten (Sicherheits-)Fragen unterscheiden sich (abgesehen von der bei Hörfunk- und Fernsehgeräten zusätzlich zu berücksichtigenden Informationsfreiheit nach Art. 5 Abs. 1 GG) kaum voneinander, so dass sie nicht in unterschiedlichen Kapiteln besprochen werden sollten. Zu den (auch für die Freizeitbeschäftigung von Gefangenen wichtigen) elektronischen Geräten vgl. C (Hörfunk- und Fernsehgeräte: C Rdn. 11 ff; Geräte der Informations- und Unterhaltungselektronik wie CD-, DVD- oder MP3-Player, Spielekonsolen, E-Book-Reader, Computer: C Rdn. 24 ff). Zu den **nicht** elektronischen Gegenständen für die Freizeitbeschäftigung – mit Ausnahme von Zeitungen und Zeitschriften, für die wegen des Grundrechts der Informationsfreiheit eigene Regelungen bestehen, s. B – (z.B. Bücher und Musikinstrumente, aber auch Medien für die elektronischen Geräte wie CDs und DVDs) s. dieses Kapitel Rdn. 4 ff. Für sonstige Gegenstände zur Ausstattung des Haftraums s. 2 F, für Gegenstände des religiösen Gebrauchs s. 8 A Rdn. 23 f. Zur Bedeutung der Freizeitgestaltung für den modernen Behandlungsvollzug vgl. A Rdn. 13 ff.⁶²⁸

Inhaltlich führt die unterschiedliche Systematik gleichwohl kaum zu verschiedenen Ergebnissen, da im Musterentwurf und den ihm folgenden Ländern hinsichtlich der Ent-

---

623 *Laubenthal/Nestler/Neubacher/Verrel* G Rdn. 27; *Arloth/Krä* § 70 Rdn. 2; BeckOK-*Knauss* § 70 Rdn. 5; a.A. AK-*Boetticher* 2012 § 70 Rdn. 2.
624 *Arloth/Krä* § 70 Rdn. 1; BeckOK-*Knauss* § 70 Rdn. 12; *Laubenthal* Rdn. 617.
625 AK-*Knauer* Teil II § 48 Rdn. 5.
626 *Laubenthal/Nestler/Neubacher/Verrel* G Rdn. 28.
627 AK-*Knauer* Teil II § 48 Rdn. 5.
628 *Laubenthal* Rdn. 608; *Walkenhorst* DVJJ-Journal 2000; *Bode* 1988.

scheidung über elektronische Geräte auf die Regelung zur Ausstattung des Haftraums verwiesen wird. Und in den Ländern, die der Systematik des StVollzG folgen, wird für Hörfunk- und Fernsehgeräte auf die Vorschrift zum Besitz von Gegenständen für die Freizeitbeschäftigung verwiesen; in **HE** und **NI** hingegen auch auf den Paragraphen zur Ausstattung des Haftraums. Im Ergebnis kommt es in allen Ländern im Wesentlichen darauf an, ob die gewünschten Gegenstände die Sicherheit oder Ordnung der Anstalt oder die Erreichung des Vollzugsziels gefährden (zu weiteren Ausschlussgründen s. Rdn. 20 und 22).

3   Die **Auswahl der Gegenstände** für die Freizeitbeschäftigung steht (sofern kein Ausschlussgrund vorliegt) allein den Gefangenen zu.[629] Ihr **Bezug** wird durch die Vorschriften zum Besitz von Gegenständen für die Freizeitbeschäftigung bzw. zur Ausstattung des Haftraums nicht geregelt, er ist deshalb anders als bei Zeitungen und Zeitschriften (s. B Rdn. 9 f) nicht auf die Vermittlung der Anstalt beschränkt;[630] in **HE** kann jedoch eine solche vorgesehen werden, da die gesetzliche Regelung die Regelung des Einbringens von Gegenständen durch die Anstalt ermöglicht (**HE** § 30 Abs. 4 Satz 3, s. Rdn. 33). Im Hinblick auf Bücher, die Gefangene bestellen möchten, kann die Anstalt daher nicht den Bezug über eine Buchhandlung vorschreiben.[631] Nach dem OLG Hamm[632] soll es jedoch unbedenklich sein, den Bezug auf drei bundesweit tätige Buchhandlungen zu beschränken, sofern darüber hinaus der Bezug (z.B. von Fachbüchern) über andere Händler oder Verlage per Einzelfallgenehmigung möglich sei. Zudem ist die Verweisung auf bestimmte (Versand-)Händler beim Bezug von CDs und DVDs als milderes Mittel zur Versagung der Genehmigung zum Besitz wegen Gefährdung der Sicherheit und Ordnung sinnvoll und daher hinzunehmen (dazu Rdn. 18).

II. Erläuterungen

4   **1. Überblick über die Regelungen in den Bundesländern.** In den Bundesländern gibt es zwei grundsätzlich voneinander abweichende Systematiken im Hinblick auf die Regelungen verschiedener Gegenstände für die Freizeitbeschäftigung (s. dazu schon Rdn. 2).

5   **a) Länder mit der Systematik des StVollzG.** Die Vorschriften in **BW** § 58 III, **BY** Art. 72, **HH** § 53 und **NI** § 67 orientieren sich an der Systematik des StVollzG, das eine eigenständige Regelung für Gegenstände zur Freizeitbeschäftigung enthielt. § 70 StVollzG hatte folgenden Wortlaut:
„(1) Der Gefangene darf in angemessenem Umfange Bücher und andere Gegenstände zur Fortbildung oder zur Freizeitbeschäftigung besitzen.
(2) Dies gilt nicht, wenn der Besitz, die Überlassung oder die Benutzung des Gegenstands
1. mit Strafe oder Geldbuße bedroht wäre oder
2. das Ziel des Vollzuges oder die Sicherheit oder Ordnung der Anstalt gefährden würde.
(3) Die Erlaubnis kann unter den Voraussetzungen des Abs. 2 widerrufen werden."

---

629   KG StV 1987, 542; BeckOK-*Knauss* § 70 Rdn. 14.
630   OLG Celle NStZ 1999, 446 M; *Arloth/Krä* § 70 Rdn. 2; BeckOK-*Knauss* § 70 Rdn. 13.
631   AK-*Boetticher* 2012 § 70 Rdn. 9; a.A. KG NStZ 1984, 478 mit Anm. *Heischel*.
632   OLG Hamm, Beschl. vom 5.8.2010 – 1 Vollz (Ws) 246/10, juris.

D. Besitz von Gegenständen für die Freizeitbeschäftigung

§ 70 Abs. 1 StVollzG enthielt ein Recht auf Besitz von Gegenständen zur Freizeitbeschäftigung (s. Rdn. 10) in angemessenem Umfang (s. Rdn. 11), sofern nicht ein Ausschlussgrund nach Abs. 2 vorliegt. Dieses Recht auf Besitz wird von **BW, BY, HH** und **NI** (mit teilweise abweichenden Formulierungen) übernommen. Das Recht bezieht sich jeweils ausdrücklich nur auf **Gegenstände zur Fortbildung** (als Unterfall der Freizeitbeschäftigung, s. A Rdn. 25) sowie zur **Freizeitbeschäftigung**, d.h. es bezieht Gegenstände zur bloßen Ausstattung des Haftraums nicht mit ein (für diese gelten abweichende Regelungen, s. 2 F). Andererseits sind elektronische Gegenstände für die Freizeitbeschäftigung (wie DVD-Player, Spielekonsolen, Computer) mit umfasst, für die es im ME-StVollzG eine gesonderte Regelung (gemeinsam mit Hörfunk und Fernsehen) gibt (vgl. zu diesen bereits C); eine solche findet sich übrigens auch in **HH** § 52 Abs. 1 Satz 3. In Ergänzung zur allgemeinen Beschränkung auf Besitz im angemessenen Umfang ergänzt **BW** § 58 Abs. 1 Satz 2 III, dass die Angemessenheit auch an der verfügbaren Kapazität für Haftraumkontrollen sowie am Wert des Gegenstands ausgerichtet sein kann.

In § 70 Abs. 2 StVollzG fanden sich drei mögliche **Ausschlussgründe**, nämlich der strafbewehrte Besitz (s. Rdn. 22), die Gefährdung des Vollzugszieles (s. Rdn. 21) sowie die Gefährdung von Sicherheit oder Ordnung der Anstalt (s. Rdn. 14 ff). **BW** § 58 Abs. 2 III und **BY** Art. 72 Abs. 2 haben alle drei Ausschlussgründe übernommen, während sich **HH** § 53 Abs. 2 und **NI** § 67 Abs. 1 Satz 2 auf die Gefährdung des Vollzugszieles sowie der Sicherheit oder Ordnung beschränken und die mögliche Strafbarkeit oder Ordnungswidrigkeit des Besitzes nicht ausdrücklich erwähnen (was jedoch auch entbehrlich ist, da sie schon in den anderen Ausschlussgründen mit enthalten ist).[633] **BW** § 58 Abs. 2 Nr. 3 III ergänzt einen weiteren Ausschlussgrund, nämlich dass die Überprüfung des Gegenstands auf eine mögliche missbräuchliche Verwendung mit vertretbarem Aufwand nicht leistbar wäre. **BY** Art. 72 Abs. 2 Nr. 2 Hs. 2 normiert zudem eine Regelvermutung für eine Gefährdung bei elektronischen Unterhaltungsmedien.

§ 70 Abs. 3 StVollzG enthielt eine Möglichkeit zum Widerruf der Erlaubnis, die von **BW** § 58 Abs. 4 III, **BY** Art. 72 Abs. 3 und **NI** § 67 Abs. 1 Satz 3 übernommen wurde. In **HH** fehlt zwar diese Regelung, allerdings gilt stattdessen die allgemeine Widerrufsmöglichkeit für vollzugliche Maßnahmen (**HH** § 92 Abs. 2, s. Rdn. 23).

b) Länder mit der Systematik des ME-StVollzG. Die meisten Länder (**BE, BB, HB, MV, RP, SL, SN, ST, SH, TH**) orientieren sich dagegen am ME-StVollzG, der keine eigenständige Regelung für Gegenstände zur Freizeitbeschäftigung enthält, sondern (unabhängig von ihrem Zweck) zwischen elektronischen Gegenständen (ME § 51: Rundfunk, Informations- und Unterhaltungselektronik, s. C) und nicht-elektronischen Gegenständen (ME § 48: Ausstattung des Haftraums, s. 2 F) unterscheidet. ME § 48 hat folgenden Wortlaut: 6

„Die Gefangenen dürfen ihren Haftraum in angemessenem Umfang mit eigenen Gegenständen ausstatten oder diese dort aufbewahren. Gegenstände, die geeignet sind, die Sicherheit oder Ordnung der Anstalt, insbesondere die Übersichtlichkeit des Haftraumes, oder die Erreichung des Vollzugsziels zu gefährden, dürfen nicht in den Haftraum eingebracht werden oder werden daraus entfernt."

Diese Inhalte wurden (z.T. sprachlich leicht abweichend) von **BE** § 52, **BB** § 57, **HB** § 48, **MV** § 48, **RP** § 56, **SL** § 48, **SN** § 48, **ST** § 56, **SH** § 65, **TH** § 57 in ihre Landes-Strafvollzugsgesetze übernommen. Kleine Ergänzungen finden sich in **BE** und **ST**. **BE**

---

633 *Laubenthal/Nestler/Neubacher/Verrel* G Rdn. 31; AK-*Knauer* Teil II § 48 Rdn. 18.

§ 52 ergänzt die Norm um eine Vorschrift zur Kostentragung für die technische Überprüfung von Elektrogeräten. **ST** § 56 Abs. 2 fügt hinzu, dass zwei weitere Normen (zum Einbringen von Gegenständen sowie zum Besitz bestimmter technischer Geräte) entsprechend anwendbar sind; das hat jedoch nur klarstellende Bedeutung.

In den genannten Ländern gibt es also nach **Satz 1** ein Recht auf Besitz von Gegenständen (s. Rdn. 10) in angemessenem Umfang (s. Rdn. 11), sofern nicht ein Ausschlussgrund nach **Satz 2** vorliegt. Als Ausschlussgründe werden die Gefährdung der Sicherheit oder Ordnung (s. Rdn. 14 ff), die Übersichtlichkeit des Haftraums (als Unterfall der Gefährdung der Sicherheit oder Ordnung, s. Rdn. 20) sowie die Gefährdung der Erreichung des Vollzugsziels (s. Rdn. 21) genannt. Der in § 70 Abs. 2 StVollzG zusätzlich aufgeführte Ausschlussgrund des strafbewehrten Besitzes des Gegenstandes wird dagegen nicht genannt; gleichwohl ist der Besitz auch in diesem Fall ausgeschlossen, da dann auch das Vollzugsziel bzw. die Sicherheit oder Ordnung der Anstalt gefährdet ist (s. Rdn. 22).[634] Anders als in § 70 Abs. 3 StVollzG wird in den Ländern, die die Regelung des ME-StVollzG übernommen haben, der Widerruf der Erlaubnis nicht ausdrücklich geregelt (s. Rdn. 23). Allerdings ermöglicht schon der Wortlaut der Vorschrift ein Entfernen der Gegenstände.

7   **c) Länder mit Mischformen. HE** § 30 Abs. 4 und **NW** § 52 regeln die Gegenstände für die Freizeitbeschäftigung weder klar in der Systematik des StVollzG noch in der des ME-StVollzG. In beiden Ländern findet sich zunächst der allgemeine Rechtsanspruch auf Gegenstände zur Fortbildung (in **NW** „*Aus- und Fortbildung*") und Freizeitbeschäftigung bzw. -gestaltung (in **HE** kombiniert mit dem Anspruch auf eigene Hörfunk- und Fernsehgeräte, in **NW** mit sonstigen Geräten der Informations- und Unterhaltungselektronik, s. Rdn. 10) in angemessenem Umfang (s. Rdn. 11). Der Anwendungsbereich stimmt also mit dem des StVollzG überein (s. Rdn. 5). Für die **Ausschlussgründe** wird jedoch auf die Norm zur Ausstattung des Haftraums verwiesen, in der sich dann ähnliche Ausschlussgründe wie in den anderen Ländern finden. Neben den beiden in allen Ländern relevanten Ausschlussgründen (Gefährdung des Vollzugsziels, s. Rdn. 21; Gefährdung der Sicherheit oder Ordnung, s. Rdn. 14 ff) haben **HE** und **NW** (wie der ME-StVollzG) den Ausschlussgrund der Behinderung der Übersichtlichkeit des Haftraums mit aufgenommen (s. Rdn. 20). In **HE** wird zudem darauf abgestellt, ob die Haftraumkontrollen nicht unzumutbar erschwert werden, während **NW** (ähnlich wie in **BW**, s. Rdn. 5) als zusätzlichen Ausschlussgrund aufführt, dass die Gegenstände keine unverhältnismäßig aufwändige Überprüfung erfordern dürfen. Überdies ist der (eigentlich überflüssige, da in den anderen Gründen bereits enthaltene) Ausschlussgrund des strafbewehrten Besitzes in der Vorschrift in **HE** mit enthalten (s. Rdn. 22). Eine weitere Besonderheit findet sich in den landesrechtlichen Regelungen von **HE** und **NW**, nämlich, dass die Anstalt das Einbringen der genannten Gegenstände regeln darf (s. Rdn. 12).

Eine spezielle Möglichkeit zum Widerruf der Besitzerlaubnis wurde in **HE** und **NW** nicht mit aufgenommen, allerdings gelten stattdessen die allgemeinen Widerrufsmöglichkeiten für vollzugliche Maßnahmen (s. Rdn. 23).

8   **d) Rechtliche Einordnung der Begriffe.** Bei dem Begriff der Gefahr für die Sicherheit oder Ordnung der Anstalt, die zum Ausschluss des gewünschten Gegenstandes führt, handelt es sich ebenso um einen unbestimmten Rechtsbegriff (dazu 12 I Rdn. 22 f),

---

[634] *Laubenthal/Nestler/Neubacher/Verrel* G Rdn. 31: Vollzugsziel; AK-*Knauer* Teil II § 48 Rdn. 18: Sicherheit oder Ordnung der Anstalt.

dessen Auslegung und Anwendung gerichtlich voll überprüfbar ist, wie bei den Begriffen des **„angemessenen Umfangs"** sowie der „Übersichtlichkeit des Haftraums".[635] Ein Ermessensspielraum besteht hingegen auf der Rechtsfolgenseite im Rahmen des Widerrufs der Besitzerlaubnis: die Vollzugsbehörde *„kann"* eine einmal erteilte Erlaubnis widerrufen, sie muss es also nicht (vgl. Rdn. 23).[636]

2. Das Recht auf Besitz bestimmter Gegenstände. Die landesgesetzlichen Regelungen räumen den Gefangenen das subjektive Recht[637] auf den Besitz von Gegenständen für die Freizeitbeschäftigung bzw. die Ausstattung des Haftraumes ein. Damit ist selbstverständlich kein Recht auf (kostenlose) Bereitstellung der gewünschten Gegenstände gemeint.[638] Ohne dies abweichend regeln zu wollen, stellt **NI** § 67 Abs. 1 Satz 1 klar, dass für den Besitz eine Erlaubnis der Vollzugsbehörde erforderlich ist (vgl. Rdn. 34),[639] was aber auch für die anderen Länder gilt. Die dem ME-StVollzG folgenden Länder erwähnen dies ebenso, allerdings in den jeweiligen Vorschriften zum Einbringen von Gegenständen (vgl. 2 F). 9

a) Von den Vorschriften umfasste Gegenstände. Die Vorschriften zur Ausstattung des Haftraums bzw. zum Besitz von Gegenständen für die Freizeitbeschäftigung räumen den Gefangenen das Recht zum Besitz verschiedener Gegenstände ein (vgl. dazu schon Rdn. 2 und 5–7). Die der Systematik des ME-StVollzG folgenden Länder (**BE** § 56, **BB** § 61, **HB** § 51, **MV** § 51, **RP** § 60, **SL** § 51, **SN** § 51, **ST** § 59, **SH** § 68, **TH** § 61) gestatten in der Vorschrift für Hörfunk, Fernsehen und Geräte der Informations- und Unterhaltungselektronik den Besitz elektronischer Gegenstände (s. dazu B) und im Rahmen der Ausstattung des Haftraumes den Besitz nicht-elektronischer Gegenstände. Die Länder, die sich in ihren Vorschriften an der Systematik des StVollzG anlehnen (**BW** § 58 III, **BY** Art. 72, **HH** § 53 und **NI** § 67) und auch die Länder mit Mischformen (**HE** § 30 Abs. 4 und **NW** § 52) unterscheiden dagegen nach dem Zweck der Gegenstände. 10

In diesem Kapitel wird jeweils ein Teilbereich beider Regelungssystematiken besprochen, nämlich der Besitz von **nicht-elektronischen Gegenständen für die Freizeitbeschäftigung** (für die nicht-elektronischen Gegenstände zur bloßen Ausstattung des Haftraums vgl. 2 F). Darunter fallen z.B. die als gesetzliche Regelbeispiele in vielen Ländern genannten Bücher (auch in Fotokopie).[640] In Betracht kommen aber auch Kunstbedarf, Zeichengeräte oder Bastelmaterial,[641] Kleintierhaltung (s. Rdn. 17), Musikinstrumente usw. Auch die Medien für die Geräte der Informations- und Unterhaltungselektronik, z.B. Musik-CDs, Filme auf DVDs, Spiele für die Konsolen, sind unter diese Vorschriften zu fassen (s. dazu Rdn. 17, 18 und 21).[642] Keine Gegenstände der Freizeitbeschäftigung sind dagegen **Antragsformulare** zur Werbung von Mitgliedern für eine Ge-

---

635 Vgl. z.B. OLG Hamm ZfStrVo 1985, 189 und NStZ 1996, 253; OLG Nürnberg ZfStrVo 1999, 117; OLG Karlsruhe NStZ-RR 2004, 189; OLG Rostock ZfStrVo 2005, 117; *Laubenthal/Nestler/Neubacher/Verrel* G Rdn. 29; AK-*Knauer* Teil II § 48 Rdn. 7; *Arloth/Krä* § 70 Rdn. 1; BeckOK-*Knauss* § 70 Rdn. 4; *Laubenthal* Rdn. 617.
636 *Arloth/Krä* § 70 Rdn. 1.
637 OLG Koblenz NStZ 1981, 214 F; AK-*Knauer* Teil II § 48 Rdn. 10; *Laubenthal/Nestler/Neubacher/Verrel* G Rdn. 27; *Arloth/Krä* § 70 Rdn. 1; BeckOK-*Knauss* § 70 Rdn. 3; *Laubenthal* Rdn. 617.
638 *Arloth/Krä* § 70 Rdn. 1.
639 Begr., **NI** LT-Drucks. 15/3565, 143.
640 OLG Koblenz NStZ 1984, 46; a.A. *Arloth/Krä* § 70 Rdn. 2, der darauf verweist, dass zur Feststellung der Authentizität jede einzelne Seite zu prüfen wäre, sowie BeckOK-*Knauss* § 70 Rdn. 6.
641 OLG Nürnberg NStZ 1989, 426.
642 A.A. AK-*Knauer* Teil II § 51 Rdn. 19: Zu behandeln wie Geräte der Informations- und Unterhaltungselektronik, da sie zur Benutzung von CD- oder DVD-Playern erforderlich sind.

fangenengewerkschaft, denn sie dienen weder der Zerstreuung noch der Weiterbildung der Gefangenen.[643]

Einige Regelungen gehen den hier besprochenen Vorschriften als die spezielleren vor, nämlich die Vorschriften
- für Gegenstände des religiösen Gebrauchs (s. 8 A Rdn. 23f),
- für Zeitungen und Zeitschriften (s. B),
- für Hörfunk- und Fernsehgeräte, die in vielen Ländern zusammen mit denen für andere Geräte der Informations- und Unterhaltungselektronik (wie CD- oder DVD-Playern, Spielekonsolen, Computern) normiert sind (s. C).[644]

Soweit die Ausschlussgründe für den Besitz von Gegenständen zur Freizeitbeschäftigung oder Ausstattung des Haftraums (s. Rdn. 13ff) also weiter reichen als die in den Vorschriften für Zeitungen und Zeitschriften (B Rdn. 15ff), gelten sie **nicht für den Besitz von Zeitungen und Zeitschriften**, da die Sonderregelungen vorgehen.[645]

11   b) **Angemessenheit des Umfangs.** Der Rechtsanspruch auf den Besitz von Gegenständen für die Freizeitgestaltung bzw. zur Ausstattung des Haftraums wird in **allen Landesgesetzen** mit einer doppelten Einschränkung versehen, nämlich einerseits durch die Ausschlussgründe (s. Rdn. 13ff) und andererseits durch die Einschränkung auf Gegenstände „**in angemessenem Umfang**" (**BW** § 58 Abs. 1 Satz 1 III; **BY** Art. 72 Abs. 1; **BE** § 52 Abs. 1 Satz 1; **BB** § 57 Satz 1; **HB** § 48 Satz 1; **HH** § 53 Abs. 1; **HE** § 53 Abs. 4 Satz 4 i.V.m. § 19 Abs. 1 Satz 1; **MV** § 48 Satz 1; **NI** § 67 Abs. 1 Satz 1; **NW** § 52 Abs. 1 Satz 1; **RP** § 56 Satz 1; **SL** § 48 Satz 1; **SN** § 48 Satz 1; **ST** § 56 Abs. 1 Satz 1; **SH** § 65 Satz 1; **TH** § 57 Satz 1). Als „angemessen" ist grundsätzlich nur der Umfang von Gegenständen zu betrachten, der die Übersichtlichkeit und Durchsuchbarkeit des Haftraumes über **das in Strafvollzugsanstalten übliche Maß hinaus nicht erschwert** (vgl. B Rdn. 11 und C Rdn. 17).[646] Insofern gibt es hier Überschneidungen mit dem in manchen Ländern zusätzlich genannten Ausschlussgrund der Übersichtlichkeit des Haftraums (vgl. Rdn. 20). Überdimensional große Gegenstände, wie z.B. Klaviere oder anderes zusätzliches (größeres) Mobiliar, können daher nicht erlaubt werden. Bei der Beurteilung spielen außer dem Vollzugsziel der Resozialisierung (1 C Rdn. 14) und den Gestaltungsgrundsätzen (1 D) vor allem die **Umstände des Einzelfalls** (etwa die Größe und Einrichtung des Haftraumes,[647] zudem besondere Eigenschaften der/des Gefangenen und ihre/seine Haftdauer, vor allem bei lebenslanger Freiheitsstrafe), sowie die **konkreten Anstaltsverhältnisse** eine Rolle:[648] insbesondere die Haftraumsituation, der Sicherheitsgrad der Anstalt, die Personalausstattung[649] und die Fortbildungs- und Freizeitmöglichkeiten der Anstalt.[650] Der Versuch der Objektivierung des „angemessenen Umfangs" mittels der in verschiedenen

---

643 OLG Hamm v. 2.6.2015 – 1 Vollz (Ws) 180/15, FS 2016, 77. Das OLG Hamm hat daher eine Zulassung gem. **NW** § 52 abgelehnt; stattdessen wurden die Antragsformulare als Gegenstände des persönlichen Bereichs (**NW** § 15 Abs. 2.) behandelt.
644 *Laubenthal/Nestler/Neubacher/Verrel* G Rdn. 28; *Arloth/Krä* § 70 Rdn. 1; BeckOK-*Knauss* § 70 Rdn. 2.
645 RegE zum StVollzG, BT-Drucks. 7/918, 74; *Laubenthal/Nestler/Neubacher/Verrel* G Rdn. 27.
646 OLG Karlsruhe ZfStrVo 2002, 376 = StV 2002, 668; OLG Rostock ZfStrVo 2005, 117; *Laubenthal/Nestler/Neubacher/Verrel* G Rdn. 29; *Arloth/Krä* § 70 Rdn. 2; *Laubenthal* Rdn. 617; zum angemessenen Umfang auch *Beyler* ZfStrVo 2001, 144.
647 OLG Karlsruhe NStZ-RR 2004, 189.
648 OLG Celle BlStV 4/5/1994, 12; vgl. auch KG NStZ 1998, 398.
649 *Beyler* ZfStrVo 2001, 145.
650 AK-*Knauer* Teil II § 48 Rdn. 8; *Laubenthal/Nestler/Neubacher/Verrel* G Rdn. 30.

Ländern eingeführten REFA-Haftraumkontrolle[651] dürfte vor diesem Hintergrund zu kompliziert (zeitaufwändig) sein und bzgl. der vorgesehenen Punktevergabe eher Streit provozieren.[652] Im Rahmen der Angemessenheit wird zudem teilweise geprüft, ob die Gegenstände, die in die Haftraum hineinkommen sollen, aus Gründen sozialer Gleichbehandlung (vgl. 9 E Rdn. 2)[653] hinsichtlich ihres **Wertes** noch in einem vertretbaren Verhältnis zu dem Besitzstand des Durchschnittsinsassen stehen.[654] In **BW** § 58 Abs. 1 Satz 2 III ist der Wert nun sogar als maßgebliches Kriterium gesetzlich festgeschrieben; zudem wird dort ausdrücklich die in der Anstalt verfügbare Kapazität für Haftraumkontrollen als zu berücksichtigender Aspekt erwähnt (beides jedoch nur als Kann-Vorschrift, vgl. Rdn. 30). In jedem Fall sollte insoweit auch die Individualität der Gefangenen berücksichtigt werden. Das gilt z.B. für den Besitz von **Musikinstrumenten**.[655] Wenn Insassen die Angemessenheitsgrenze überschreiten, so ist es grundsätzlich nicht zu beanstanden, wenn die Anstalt – nach vorheriger vergeblicher Aufforderung – Gegenstände aus dem Haftraum entfernt, um so dem Sicherheitsbedürfnis Rechnung zu tragen.[656]

Beispiele aus der **Rspr.** zur Angemessenheit: Ein Fernsehgerät mit den Außenmaßen 40 × 40 × 42 cm erscheint in der Regel noch angemessen (s. C Rdn. 17).[657] Die Anstalt wird allerdings nicht gehindert, im Einzelfall auch größere oder kleinere Geräte zuzulassen, wenn besondere Umstände vorliegen: etwa eine Sehbehinderung der/des Gefangenen oder ein sehr kleiner Haftraum, in dem sich bereits zahlreiche andere (genehmigte) Gegenstände befinden. Die **Beschränkung auf „nur" 20 Bücher, 5 Leitzordner und 5 Schnellhefter** trägt den Bedürfnissen der/des Gefangenen und dem Anliegen der Anstalt hinreichend Rechnung; sie entspricht auch einem unter den Landesjustizverwaltungen herausgebildeten Erfahrungswert.[658] Bis zu **neun Stehordner mit Ablichtungen von Akten** in einem gegen die/den Gefangene(n) geführten Ermittlungsverfahren sind angemessen: das ergibt sich aus dem Anspruch auf wirksame Verteidigung und Gewährung eines rechtsstaatlichen fairen Verfahrens.[659] Zugelassen wurde auch der Besitz von 1000 Blatt **Schreibmaschinenpapier**.[660]

c) Regelung durch die Justizvollzugsanstalt. Eine Besonderheit findet sich in den 12 landesrechtlichen Regelungen von **HE** § 30 Abs. 4 Satz 3 und **NW** § 52 Abs. 1 Satz 1, nämlich dass die Anstalt für das Einbringen der genannten Gegenstände Regelungen erlassen darf.[661] Die Gesetzesbegründungen enthalten dazu keine weiteren Erläuterungen. Da es sich bei der Angemessenheit des Umfangs um einen gerichtlich voll überprüfbaren

---

651 Vgl. z.B. die Gesetzesbegr. in **ST** (LT-Drucks. 6/3799, 199). Näher dazu AK-*Knauer* Teil II § 48 Rdn. 16 sowie *Arloth/Krä* § 70 Rdn. 2.
652 A.A. OLG Zweibrücken ZfStrVo 2001, 308.
653 Vgl. dazu auch OLG Celle NStZ 2000, 466 *M*.
654 OLG Hamm NStZ 1988, 200; *Beyler* ZfStrVo 2001, 145; *Laubenthal* Rdn. 617; *Arloth/Krä* § 70 Rdn. 2; *Laubenthal/Nestler/Neubacher/Verrel* G Rdn. 30; BeckOK-*Knauss* § 70 Rdn. 10; a.A. mit nachvollziehbarer Begründung AK-*Boetticher* 2012 § 70 Rdn. 4.
655 BVerfG StV 1996, 683; vgl. dazu *Zeuch/Hillecke* ZfStrVo 2003.
656 OLG Karlsruhe NStZ-RR 2004, 189; *Arloth/Krä* § 70 Rdn. 2; *Laubenthal* Rdn. 617.
657 OLG Rostock ZfStrVo 2005, 117.
658 OLG Koblenz NStZ 1981, 214 *F* und NStZ 1989, 426.
659 OLG Karlsruhe ZfStrVo 2002, 376 = StV 2002, 668.
660 OLG Celle ZfStrVo 1987, 372.
661 Vgl. **HE** § 30 Abs. 4 Satz 3: „*Das Einbringen der in Satz 1 und 2 genannten Gegenstände wird **durch die Anstalt geregelt**.*" **NW** § 52 Abs. 1 Satz 1: „*Gefangene dürfen **nach Maßgabe der Anstalt** in angemessenem Umfang sonstige Geräte der Informations- und Unterhaltungselektronik, Bücher sowie andere Gegenstände zur Aus- und Fortbildung oder Freizeitgestaltung besitzen.*"

Rechtsbegriff handelt (s. Rdn. 8), kann damit nur gemeint sein, dass die Anstalt einen Rahmen vorgeben darf, z.B. durch nachvollziehbare Bewertungssysteme.[662]

13   **3. Ausschluss von Gegenständen.** Der in allen Ländern grundsätzlich zugelassene Besitz von Fortbildungsmitteln und Gegenständen zur Freizeitgestaltung bzw. zur Ausstattung des Haftraums wird durch verschiedene Ausschlussgründe eingeschränkt. In allen Ländern ist der Besitz ausgeschlossen, wenn das Ziel des Vollzugs (s. Rdn. 21) oder die Sicherheit oder Ordnung der Anstalt gefährdet würde (s. Rdn. 14 ff). In vielen Ländern wird darüber hinaus noch die Behinderung oder Gefährdung der Übersichtlichkeit des Haftraums genannt (s. Rdn. 20). Mehrere Länder haben zudem den Ausschlussgrund aus § 70 Abs. 2 StVollzG übernommen, dass eine Zulassung verweigert wird, wenn die Überlassung oder Benutzung des Gegenstands mit Strafe oder Geldbuße bedroht wäre, was aber auch unter die allgemeinen Ausschlussgründe subsumiert werden könnte (s. Rdn. 22).

Die Aufzählung dieser Gründe, deren Relevanz nicht zuletzt vom Sicherheitsgrad der Anstalt bzw. der Gefährlichkeit ihrer Insassen abhängig ist, ist **abschließend**, so dass eine den Besitz einschränkende Maßnahme insoweit nicht auf die Generalklausel für Rechtseinschränkungen (1 E Rdn. 28 f) gestützt werden kann.[663] Gefangenen kann der Besitz von Gegenständen also z.B. nicht deshalb verweigert werden kann, weil sie schuldhaft nicht arbeiten.[664] Auch eine Versagung, um die/den Gefangenen zu einer Änderung des Verhaltens in der Haft zu veranlassen, ist als versteckte Disziplinarmaßnahme unzulässig.[665]

Das Vorliegen eines Ausschlussgrundes führt zu einem **zwingenden Ausschluss** des Gegenstandes, der Anstalt steht insoweit kein Ermessen zu. Dies war für die Gegenstände zur Ausstattung des Haftraums unter Geltung des § 19 Abs. 2 StVollzG anders („*können ausgeschlossen werden*"), so dass sich für diese Gegenstände in den Ländern, die der Systematik des ME-StVollzG folgen, eine Verschärfung ergeben hat (vgl. 2 F Rdn. 16).[666] Für die hier relevanten Gegenstände der Freizeitbeschäftigung hat sich durch die landesrechtlichen Regelungen jedoch nichts verändert, denn auch bei § 70 Abs. 2 StVollzG handelte es sich um eine bindende Vorschrift.

14   **a) Gefährdung der Sicherheit oder Ordnung.** Die Gefährdung der Sicherheit oder Ordnung der Anstalt ist nach **allen Landesgesetzen** ein Ausschlussgrund für den Besitz von Gegenständen für die Freizeitbeschäftigung bzw. zur Ausstattung des Haftraums (**BW** § 58 Abs. 2 Nr. 2 III; **BY** Art. 72 Abs. 2 Nr. 2; **BE** § 52 Abs. 1 Satz 2; **BB** § 57 Satz 2 Nr. 1; **HB** § 48 Satz 2; **HH** § 53 Abs. 2; **HE** § 53 Abs. 4 Satz 4 i.V.m. § 19 Abs. 2; **MV** § 48 Satz 2; **NI** § 67 Abs. 1 Satz 2; **NW** § 52 Abs. 1 Satz 2 i.V.m. § 15 Abs. 2 Satz 3; **RP** § 56 Satz 2 Nr. 1; **SL** § 48 Satz 2; **SN** § 48 Satz 2; **ST** § 56 Abs. 1 Satz 2 Nr. 1; **SH** § 65 Satz 2; **TH** § 57 Satz 2 Nr. 1). Ob der Besitz eines Gegenstandes die Sicherheit oder Ordnung einer Anstalt gefährdet, ist eine Einzelfallabwägung, bei der außer dem Gegenstand selbst (z.B. seiner **Eignung als Versteck** oder der **Möglichkeit des Umbaus zu sicherheitsgefährdenden Zwecken**)[667] vor allem die Verhältnisse der konkreten Anstalt und die Person der/des Gefan-

---

662 *Arloth/Krä* § 52 StVollzG NRW Rdn. 1.
663 BeckOK-*Knauss* § 70 Rdn. 14; AK-*Boetticher* 2012 § 70 Rdn. 10.
664 OLG Frankfurt INFO 1987, 783; AK-*Boetticher* 2012 § 70 Rdn. 11.
665 AK-*Boetticher* aaO.
666 AK-*Knauer* Teil II § 48 Rdn. 21, der diese Änderung bedauert und daher fordert, dass der Verschärfung dadurch Rechnung getragen werden solle, dass an das Vorliegen der Ausschlussgründe hohe Anforderungen gestellt werden sollen.
667 Vgl. *Beyler* ZfStrVo 2001, 146.

genen einzubeziehen sind (vgl. C Rdn. 14).[668] Der Begriff der **Sicherheit** umfasst die **äußere** Sicherheit (Sicherheit im Sinne einer Gewährleistung des durch die Freiheitsstrafe begründeten Gewahrsams, z.B. im Hinblick auf Gegenstände, die zur Flucht verwendet werden können) und die **innere** Sicherheit (Abwehr von Gefahren für Personen oder Sachen in der Anstalt, z.B. für die Gesundheit durch das Halten von Kleintieren, dazu Rdn. 17; zudem geht es um Gegenstände, die als Waffen verwendbar sind sowie um Brand-, Explosions- oder Verletzungsgefahren); Gefährdungen der **Ordnung** betreffen die Behinderung des geordneten und menschenwürdigen Zusammenlebens von Gefangenen und Vollzugsbediensteten (auch diesbezüglich könnten Probleme in der Kleintierhaltung liegen; zudem geht es um Gegenstände, die für einen subkulturellen Tauschhandel geeignet sind). Vgl. dazu schon B Rdn. 17.[669]

aa) Begriff der Gefährdung. Den Streit darüber, ob es sich bei dem Begriff der „**Ge-** 15 **fährdung**"
– um eine **konkrete Gefahr**, die von einem Gegenstand ausgeht (z.B. als Versteck benutzt oder in anderer Weise missbraucht zu werden), deren Vorliegen in nachprüfbarer Weise (z.B. aufgrund früherer Missbräuche der/des Gefangenen, Unzuverlässigkeit des Absenders, besonderer Haftumstände) festzustellen ist, handeln muss[670] oder ob schon
– eine **abstrakte** (d.h. vom Verhalten einzelner Gefangener unabhängig zu beurteilende) **Gefährlichkeit** ausreicht (so alle Vorauflagen zu § 70 StVollzG), hat das BVerfG[671] in seiner Rechtsprechung zu § 70 Abs. 2 StVollzG grundsätzlich zugunsten einer **Gesamtabwägung in jedem Einzelfall** entschieden und insoweit folgende Grundsätze entwickelt:
– Der Ausschlussgrund der Gefährdung der Sicherheit oder Ordnung liegt schon dann vor, wenn der fragliche Gegenstand **generell-abstrakt geeignet** ist, die Sicherheit oder Ordnung der Anstalt zu gefährden; auf die einer/einem bestimmten Gefangenen „innewohnende Gefährlichkeit" kommt es danach nicht an.[672]
– Das Vorliegen einer solchen Gefährdung darf aber nur dann bejaht werden,[673] wenn diese nur mit einem **der Anstalt nicht mehr zumutbarem Kontrollaufwand** ausgeschlossen werden könnte: Grundsatz der **Verhältnismäßigkeit** (11 A Rdn. 9ff).[674] Für die Zumutbarkeit der Kontrollen sollen nicht nur die örtlichen Verhältnisse maßgeblich sein, sondern aus Gründen der Gleichbehandlung auch die Handhabung in anderen Vollzugsanstalten.[675] Zudem ist der Maßstab des noch zumutbaren Kontrollaufwands bei Strafgefangenen und Sicherungsverwahrten unterschiedlich zu bemessen.[676]

---

668 Vgl. z.B. BGH NStZ 2000, 222 – 5 AR (VS) 2/99; OLG Naumburg, Beschl. vom 20.7.2011 – 1 Ws 70/11, juris; LG Halle (Saale), Beschl. vom 7.3.2012 – 11 StVK 178/11, juris.
669 AK-*Knauer* Teil II § 48 Rdn. 13ff; *Laubenthal* Rdn. 246.
670 K/S-*Schöch* 2002 § 7 Rdn. 156.
671 BVerfG ZfStrVo 1994, 369 und NStZ-RR 1997, 24 sowie NStZ-RR 2002, 128. Vgl. auch die Übersicht zur Rspr. des BVerfG bei *Lübbe-Wolff* 2016, 215ff.
672 So z.B. im Anschluss auch OLG Karlsruhe BlStV 2/2001, 5.
673 So auch BVerfG NJW 2003, 2447.
674 So auch OLG Frankfurt NStZ-RR 1999, 156; OLG Hamm ZfStrVo 2001, 185 = StV 2002, 270 und Beschl. vom 17.8.2010 – 1 Vollz (Ws) 255/10, juris; OLG Celle NStZ 2002, 111; OLG Rostock ZfStrVo 2003, 56; OLG Jena NStZ-RR 2003, 221 = ZfStrVo 2003, 304f; LG Halle (Saale), Beschl. vom 7.3.2012 – 11 StVK 178/11, juris (vgl. auch *Beyler* ZfStrVo 2001, 145, *Arloth/Krä* § 70 Rdn. 5 und *Laubenthal/Nestler/Neubacher/Verrel* G Rdn. 34.
675 OLG Naumburg, Beschl. vom 20.7.2011 – 1 Ws 70/11, juris, mit Anm. *Spitz* jurisPR-ITR 21/2011 Anm. 6.
676 OLG Naumburg, Beschl. vom 26.5.2011 – 1 Ws 638/10, juris, und Beschl. vom 30.11.2011 – 1 Ws 64/11, juris.

- Eine Versagung kommt ferner dann nicht in Frage (Grundsatz der **Erforderlichkeit**), wenn ein **milderes Mittel** (z.B. die Verplombung des Gegenstandes durch die Anstalt bzw. regelmäßige Kontrollen, Bezug über die Anstalt oder ausgesuchte Versandhändler)[677] geeignet ist, der Gefährdung effektiv zu begegnen.
- Schließlich ist im Rahmen der **Zumutbarkeit zugunsten der/des Gefangenen** zu beachten, dass wichtige Belange, etwa ein ernsthaft und nachhaltig verfolgtes Interesse an Aus- und Weiterbildung, es verbieten können, eine nach Schadenswahrscheinlichkeit oder Schadensausmaß geringfügige Gefährdung der Sicherheit oder Ordnung der Anstalt zum Anlass für die Verweigerung einer Besitzerlaubnis zu machen.[678]

Die Begründungen der dem ME-StVollzG folgenden Länder greifen diese Grundsätze auf und betonen ausdrücklich, dass der Versagungsgrund (nur) eine abstrakte Gefahr voraussetzt, die aber richtigerweise „in **nachprüfbarer Weise festgestellt** werden" muss.[679] Darauf weist auch das LG Halle/Saale[680] hin: Es reicht nicht aus, die Gefährlichkeit des Gegenstands sowie die Unmöglichkeit, dieser durch geeignete Maßnahmen zu begegnen, durch eigene Sachkunde zu behaupten; vielmehr sei hier eine sachverständige Untersuchung erforderlich. Da die Beurteilungen **von den Verhältnissen in der konkreten JVA abhängig** sind,[681] ist im offenen Vollzug großzügiger zu verfahren als im geschlossenen Vollzug (vgl. auch Rdn. 19) bzw. in einer Institution mit hohem Sicherheitsgrad.[682] Bevorzugungen einzelner Gefangener können gegen den **Gleichheitsgrundsatz des Art. 3 Abs. 1 GG** verstoßen. Im Übrigen ist auch der **Angleichungsgrundsatz** (1 D Rdn. 4 ff) zu beachten.[683]

Unabhängig von einer solchen abstrakten Gefahr können auch **konkrete**, in der Person der/des jeweiligen Gefangenen liegende Gefahren (wie z.B. eine besondere Gewaltbereitschaft) eine Besitzversagung rechtfertigen.[684]

16   **bb) Landesrechtliche Besonderheiten.** Hinsichtlich der Sicherheit oder Ordnung gibt es einige Besonderheiten in den Landesgesetzen. Eine **Regelvermutung** für eine Gefährdung durch **elektronische Unterhaltungsmedien** enthält die Vorschrift aus **BY** Art. 72 Abs. 2 Nr. 2 Hs. 2. Unstreitig sind damit die Geräte selbst gemeint (zu diesen C Rdn. 24 ff), nach h.M. aber auch die zugehörigen Medien (CDs, DVDs usw., s. Rdn. 17 und 18), denn die Gesetzesbegründung stellt auf einen möglichen Missbrauch zu subkulturellen Zwecken, wie z.B. durch Handeltreiben, Erpressen oder Wetten, ab, was wohl weniger mit den Geräten als vielmehr mit den Medien möglich sein wird.[685] **BW** § 58 Abs. 2

---

677 *Arloth/Krä* § 70 Rdn. 5.
678 **BeckOK-***Knauss* § 70 Rdn. 26.
679 Begr. ME-StVollzG, 117, zudem z.B. **BB** LT-Drucks. 5/6437, 60 und **TH** LT-Drucks. 5/6700, 119. Ebenso *Laubenthal/Nestler/Neubacher/Verrel* G Rdn. 34, *Arloth/Krä* § 70 Rdn. 5, *Laubenthal* Rdn. 619 sowie AK-*Knauer* Teil II § 48 Rdn. 20, der (nach der klaren gesetzgeberischen Entscheidung für das Ausreichen einer abstrakten Gefahr) diesbezüglich als einzige Möglichkeit für eine gefangenenfreundliche Auslegung sieht, dass die Anforderungen an die nachprüfbare Feststellung nicht zu niedrig angesetzt werden.
680 LG Halle/Saale, Beschl. vom 7.3.2012 – 11 StVK 178/11, juris. Ähnlich OLG Naumburg v. 18.12.2015 – 1 Ws (RB) 118/15, FS 2017, 70 in Bezug auf Kugelschreiberminen.
681 BGH NStZ 2000, 222; *Arloth/Krä* § 70 Rdn. 5; *Laubenthal* Rdn. 620.
682 K/S-*Schöch* 2002 § 7 Rdn. 186.
683 Vgl. dazu *Laubenthal/Nestler/Neubacher/Verrel* G Rdn. 35, *Laubenthal* Rdn. 620 sowie *Beyler* ZfStrVo 2001, 142: d.h. der technische und gesellschaftliche Wandel sind zu berücksichtigen.
684 *Arloth/Krä* § 70 Rdn. 5.
685 LT-Drucks. 15/8101, 65. Das OLG Bamberg v. 3.8.2016 – 1 Ws 364/16 lässt dies ausdrücklich offen, da die von einer CD ausgehenden Gefahren für die Sicherheit und Ordnung geringer seien als die einem

Nr. 3 III und **NW** § 52 Abs. 1 Satz 2 i.V.m. § 15 Abs. 2 Satz 3 erwähnen in ihren Gesetzen ausdrücklich den Aufwand für eine Überprüfung des gewünschten Gegenstandes als (zusätzlichen) Ausschlussgrund. Der Besitz ist demnach ausgeschlossen, wenn die Überprüfung auf missbräuchliche Verwendung nur mit unverhältnismäßigem oder nicht vertretbarem Aufwand möglich ist. Im Grunde handelt es sich hier aber nicht um einen zusätzlichen Ausschlussgrund, sondern nur um die Gewichtung dieses Kriteriums bei der Einzelfallabwägung. **BE** § 50 Abs. 1 Satz 2 hebt hervor, dass bei der Beurteilung der Gegenstände darauf zu achten sei, ob die Gegenstände *„ihrer Art oder Beschaffenheit nach"* gefährlich sind, was sich zwar sprachlich von den anderen dem ME-StVollzG folgenden Gesetzen abhebt, inhaltlich aber keinen Unterschied macht.

cc) Rechtsprechung. Inwieweit die Ergebnisse der älteren Rspr. den vom BVerfG **17** entwickelten Grundsätzen (s. Rdn. 15) entsprechen, muss jeweils im Einzelfall überprüft werden. Insgesamt ergibt sich das Bild einer zwar umfangreichen, stark einzelfallbezogenen und häufig recht restriktiven, aber auch z.T. **widersprüchlichen Kasuistik**.[686] Da es sich immer um Einzelfallkonstellationen handelt, entfalten die Entscheidungen über die Zulässigkeit bzw. Unzulässigkeit eines Gegenstandes keine Regelwirkung.[687] Wegen der mit § 70 Abs. 2 Nr. 2 StVollzG gleichlautenden Regelungen sind die von der obergerichtlichen Rechtsprechung hierzu entwickelten Maßstäbe auf die landesrechtlichen Regelungen übertragbar.[688]

Nach der Rspr. stehen Gründe der Sicherheit oder Ordnung der dauernden Überlassung eines **Versandhauskataloges** an einen Strafgefangenen (dazu auch B Rdn. 7) nicht entgegen, wenn der Inhalt dieses Kataloges unter Sicherheitsgesichtspunkten unbedenklich ist[689] bzw. der Katalog in Folien verschweißt ist.[690] Nicht zulässig ist es, den Gefangenen den **Besitz juristischer Fachzeitschriften oder Kommentare**, die ihnen gehören oder die sie von ihrem Eigengeld beschaffen wollen, zu untersagen.[691] Das gilt auch für **Ergänzungslieferungen zu einer genehmigten Loseblattsammlung**[692] und die **Aushändigung des jeweiligen Landes-Strafvollzugsgesetzes**.[693] Ein **Keyboard** ist zuzulassen, wenn es der berufsqualifizierenden Weiterbildung dient.[694] Die Ordnung stören können z.B. **quälende Dauerübungen eines unmusikalischen Akkordeonanfängers oder Gitarrenspielers**.[695] Schließlich kann auch die **Unübersichtlichkeit des Haftraumes** die Sicherheit und Ordnung der Anstalt gefährden (s. Rdn. 20). Eine **Briefmarken-Auswahlsendung** kann die Sicherheit oder Ordnung einer JVA dann gefährden, wenn die Sendung in größerem Umfang Marken enthält, die noch als Postwertzeichen und somit Handelsobjekt in der JVA verwendet werden können.[696] Hinsichtlich des Besitzes von **Musik-CDs** (zu diesen s. auch Rdn. 18) soll zu berücksichtigen sein, dass diesen wegen ihrer geringen Größe eine gesteigerte Gefahr subkultureller Verhaltensweisen

---

CD-Player innewohnenden Gefahren. Insofern sei in Fällen eines bereits erlaubten Besitzes eines CD-Playsers eine Einzelfallprüfung erforderlich.

686 Vgl. dazu auch *Beyler* ZfStrVo 2001, 146 ff, AK-*Knauer* Teil II § 48 Rdn. 12, *Laubenthal/Nestler/ Neubacher/Verrel* G Rdn. 32, *Arloth/Krä* § 70 Rdn. 6, BeckOK-*Knauss* § 70 Rdn. 28.
687 *Laubenthal/Nestler/Neubacher/Verrel* G Rdn. 35; *Laubenthal* Rdn. 620.
688 KG Berlin v. 17.11.2017 – 2 Ws 99/17.
689 OLG Frankfurt ZfStrVo 1979, 187.
690 OLG Karlsruhe NStZ-RR 2002, 315.
691 K/S-*Schöch* 2002 § 7 Rdn. 185.
692 OLG Celle NStZ 1989, 425.
693 Für das StVollzG OLG Celle NStZ 1987, 44; AK-*Boetticher* 2012 § 70 Rdn. 7.
694 BVerfG NStZ-RR 1997, 24.
695 *Grunau/Tiesler* 1982 Rdn. 3.
696 OLG Hamm BlStV 1/1982, 7.

innewohne; zudem könnten hinreichend vermögende Gefangen evtl. zum Schein den Besitz von CD-Playern zu Fortbildungszwecken begehren, um dann im Anschluss den Erwerb von Musik-CDs zu verlangen.[697] Die Rspr. des OLG Frankfurt,[698] nach der Strafgefangene generell kein **Recht auf Haltung eines Vogels** in der Vollzugsanstalt haben, weil von der Haltung von Kleintieren grundsätzlich eine Gefahr für die Sicherheit und Ordnung der Anstalt ausgehen kann (etwa eine Übertragung von Krankheiten), überzeugt hingegen nicht; zumindest Lebenslänglichen[699] sollte im Rahmen des Gegensteuerungsgrundsatzes (1 D Rdn. 11 ff) ein solches Recht wenigstens grundsätzlich zustehen, weil die Haltung von Tieren gerade in dieser Haftsituation psychisch und therapeutisch von Nutzen sein kann (s. auch 2 F Rdn. 9; zur Bedeutung von Tieren in der Freizeitgestaltung vgl. auch schon A Rdn. 30).[700] Zum Widerruf einer Genehmigung zur Vogelhaltung vgl. unten Rdn. 23.

18   Bei der folgenden Rspr. stehen als **Kriterien** primär im Vordergrund: die Eignung eines Gegenstandes als **Versteck** (z.B. für Rauschgift), **der Missbrauch von Speicherkapazitäten** (z.B. bei CDs oder DVDs, die nicht erlaubte Filme oder Musik, sondern verbotene Informationen enthalten), die realistische Möglichkeit der **Umfunktionierung** eines Gegenstandes zu sicherheitsgefährdenden Zwecken sowie die Gefahr unkontrollierter Nachrichtenübermittlung nach **innen** (z.B. über Medien, die nicht durch Vermittlung der Anstalt bezogen werden).

Untersagt werden kann beispielsweise der Besitz einer **elektrischen Kaffeemaschine**,[701] sofern diese überhaupt als Gegenstand für die Freizeitbeschäftigung zu bezeichnen ist. Gerechtfertigt soll ferner die Versagung des Besitzes eines **Weckers** (jedenfalls in Anstalten mit hohem Sicherheitsrisiko) sein, weil die Gefahr nicht auszuschließen ist, dass der Betroffene oder andere Gefangene den Weckmechanismus zum Bau eines Sprengsatzes oder einer entsprechenden Attrappe benutzen, mit der Ausbruchsversuche unternommen werden können (vgl. C Rdn. 15).[702]

Auch die Überlassung von **Musikkassetten**[703] sowie von **Schallplatten**, die nicht durch Vermittlung der Anstalt bezogen werden, kann die Sicherheit (einer geschlossenen Vollzugsanstalt) gefährden, namentlich besteht die Möglichkeit des Einschmuggelns von Drogen und einer Nachrichtenübermittlung. Die Anstalt soll im Hinblick auf ihre übrigen Aufgaben nicht gehalten sein, personal- und zeitaufwändige Kontrollen durchzuführen, um solche Gefahren auszuschließen.[704] Verschärft wurden die möglichen Gefährdungen durch die neuere Technik, denn auf CDs und DVDs können sich neben Audio- und Videodaten (zugelassene Musik bzw. Filme) auch **unerlaubte Daten** oder strafrechtlich relevante bzw. sonst verbotene Inhalte befinden, deshalb sind stichprobenartige Inhaltskontrollen notwendig.[705] Auch dann, wenn die **DVDs** durch Vermittlung der Anstalt und originalverpackt über den Versandhandel bezogen werden sollen, sind solche Kontrollen deshalb nicht überflüssig,[706] weil DVDs mit verbotenem Inhalt auch

---

697   OLG Bamberg v. 3.8.2016 – 1 Ws 364/16.
698   OLG Frankfurt NStZ 1984, 239 = BlStV 1/1984, 6; so auch schon OLG Koblenz ZfStrVo 1983, 315; OLG Dresden, Beschl. vom 4.11.1999 – 2 Ws 401/99: „unumstritten".
699   Vgl. *Vogelsang* ZfStrVo 1994, 67.
700   Ausführlich zur tiergestützten Pädagogik *Schwind* 2008.
701   OLG Hamm NStZ 1993, 382 *B*; vgl. dazu aber Rdn. 2.
702   OLG Hamm BlStV 6/1982, 12.
703   LG Krefeld ZfStrVo 1987, 380; OLG Hamm BlStV 1/1991, 5.
704   OLG Celle BlStV 4/5/1982, 8; OLG Hamm NStZ 1990, 304.
705   Vgl. OLG Jena NStZ 2003, 221.
706   A.A. LG Bochum ZfStrVo 2002, 187.

auf unerlaubtem Wege in die Anstalt gelangen können.[707] Aus diesem Grund hat das OLG Brandenburg[708] einem Gefangenen den Besitz von bei Haftantritt mitgebrachten originalverpackten **Musik-CDs** (zu diesen s. auch Rdn. 17) untersagt, denn durch eine bloße Sichtprüfung seien Originalerzeugnisse nicht zuverlässig von selbst bespielten Rohlingen zu unterscheiden und Inhaltskontrollen seien wegen des notwendigen Umfangs nicht zumutbar. Zugelassen sind dagegen CDs, die über den Gefangeneneinkauf bezogen werden; allerdings sei bei der Entscheidung über die Zulässigkeit der zusätzliche Aufwand für die Anstalt in Rechnung zu stellen, der durch die Vermittlung des Erwerbs einschließlich der erforderlichen Suche nach einem den Sicherheitsinteressen entsprechenden Bezugsweg entstünde.[709] In **BY** wird man zukünftig bei jeder Entscheidung die gesetzliche Regelvermutung für eine Gefährdung durch elektronische Unterhaltungsmedien berücksichtigen müssen (s. Rdn. 16), so dass die Anstalten sowie die Rspr. eher noch rigider als bisher schon werden dürften.

Zum Besitz von **DVDs** (mit Filmen oder auch mit Spielen für Konsolen) gibt es aus den letzten Jahren umfangreiche Rspr. (vgl. dazu auch die Rspr. wegen Gefährdung des Vollzugsziels unter Rdn. 21):

- **DVDs ohne Kennzeichnung der Freiwilligen Selbstkontrolle der Filmwirtschaft (FSK)** sind (zumindest in Anstalten der höchsten Sicherheitsstufe) nach übereinstimmender obergerichtlicher Rspr. nicht zuzulassen, da durch die Kontrolle der FSK zuverlässig sichergestellt werden kann, dass keine das Vollzugsziel oder die Sicherheit oder Ordnung der Anstalt gefährdenden Inhalte auf einer DVD enthalten sind.[710]
- Bezogen auf **DVDs mit der FSK-Altersfreigabe ab 18 Jahren** ist die Rspr. uneinheitlich: Die meisten Oberlandesgerichte[711] lehnen eine Überlassung von DVDs mit FSK-18-Freigabe wegen Gefährdung der Sicherheit und Ordnung grundsätzlich (d.h. ohne weitere Prüfung des Einzelfalles) ab, da solche Filme oder Spiele gewaltverherrlichende, aggressive, einzelne gesellschaftliche Gruppen diskriminierende, die Sexualität auf ein reines Instrumentarium der Triebbefriedigung reduzierende oder sonst sozialschädliche Inhalte haben könnten. Dies soll nach dem OLG Koblenz[712] und OLG Hamm[713] sogar dann gelten, wenn es sich um die Video-DVD eines im Fernsehen frei ausgestrahlten und daher für alle Gefangenen frei sichtbaren Filmes handele. Nach dem OLG Frankfurt[714] können DVDs mit FSK-18-Freigabe (mit pornographischen Inhalten, s. dazu auch den nächsten Spiegelstrich) die Sicherheit und

---

707 Zu DVDs vgl. auch unten in dieser Rdn. die umfangreiche Rspr.
708 OLG Brandenburg FS 2009, 40 – 2 Ws (Vollz) 306/06.
709 OLG Bamberg v. 3.8.2016 – 1 Ws 364/16.
710 So z.B. OLG Hamm v. 23.9.2014 – 1 Vollz (Ws) 352/14; OLG Frankfurt NStZ 2009, 220 – 3 Ws 72/08 (StVollz) und Beschl. vom 21.1.2010 – 3 Ws 1072/09, juris; Hans. OLG Hamburg FS 2009, 43 – 3 Vollz (Ws) 43/08 m. Anm. Groß jurisPR-StrafR 21/2008 Anm. 4; OLG Koblenz NStZ-RR 2011, 190 – 2 Ws 359/10 (Vollz) und NStZ 2011, 350 – 2 Ws 531/10 (Vollz).
711 Schleswig-Holsteinisches OLG SchlHA 2008, 322 – 2 VollzWs 533/07 (291/07); OLG Koblenz (NStZ 2011, 350 – 2 Ws 531/10 (Vollz); OLG Hamm v. 23.9.2014 – 1 Vollz (Ws) 352/14; KG Berlin v. 11.2.2016 – 2 Ws 312/15 Vollz (jedenfalls bei Anstalten mit erhöhten Sicherheitsstandards und einem hohen Anteil wegen Gewalt- und Sexualdelikten verurteilter Personen); OLG Naumburg v. 17.2.2015 – 1 Ws (RB) 99/14, FS 2015, 201 (sogar bei Häftlingen im Wohngruppenvollzug, da es auch bei diesen Berührungspunkte mit anderen – nicht geeigneten – Gefangenen gibt und daher eine Abgabe an diese nicht ausgeschlossen werden könne).
712 OLG Koblenz aaO.
713 OLG Hamm aaO.
714 OLG Frankfurt NStZ 2009, 220 – 3 Ws 72/08 (StVollz) und Beschl. vom 21.1.2010 – 3 Ws 1072/09, juris.

Ordnung der Anstalt zwar gefährden, aber dieser Gefahr könne durch **zumutbare Maßnahmen** begegnet werden, nämlich durch ausschließlichen Bezug durch ausgesuchte Versandhandelsunternehmen, eine Mengenbegrenzung für den Besitz und Siegelung.[715] Dagegen sieht das Hans. OLG Hamburg[716] die FSK-Freigabe ab 18 Jahren als **kein geeignetes Kriterium** für die Beurteilung einer möglichen Gefährdung der Sicherheit und Ordnung in einer Strafanstalt für Erwachsene, da bei der FSK die Entwicklungsstufen von Kindern und Jugendlichen die entscheidenden Prüfkriterien für die Einstufung seien (dagegen aber mit ausführlicher und zutreffender Begründung das OLG Hamm[717]). Zudem wird auf das mildere Mittel der Siegelung (mit dem Namen des berechtigten Besitzers) verwiesen. Schließlich sei für die Prüfung der Besitzerlaubnis die Gliederung der Anstalt in einen Stufenvollzug mit Abschottung der Abteilungen voneinander zu berücksichtigen, zumindest bei einem Häftling, der in der obersten Stufe (Bewährungsgruppe) angelangt sei.

– Zudem wird (unabhängig von der Frage der FSK-Freigabe) teilweise der Besitz von **DVDs mit pornographischen Inhalten** wegen der damit verbundenen Missbrauchsgefahren abgelehnt. Das Brandenburgische OLG[718] und das KG Berlin[719] weisen darauf hin, dass solche DVDs beliebte Handels- und Tauschobjekte seien und daher zu Abhängigkeiten führen könnten; zudem würde die Gefahr gewaltsamer sexueller Handlungen erhöht, da durch die DVDs die durch sexuelle Enthaltsamkeit geprägte Atmosphäre künstlich erhitzt werden könne. Dies gelte insbesondere für Anstalten mit einer Vielzahl von Gewalt- und Sexualstraftätern. Die Anstalten sollen das Verbot des Besitzes solcher Medien generell-abstrakt für alle Gefangenen der Anstalt anordnen können, z.B. durch eine Hausordnung.[720]

19 Eine **Ausnahme** von dieser restriktiven Rechtsprechung dürfte in den Fällen angezeigt sein, in denen die Befürchtung eines Missbrauchs wegen der Verwendbarkeit der Gegenstände zwar grundsätzlich besteht, aber wegen der Besonderheit der Anstalt sehr gering erscheint, also etwa dann, wenn Gefangene nicht im geschlossenen Vollzug untergebracht und ihre Zuverlässigkeit nicht in Frage gestellt ist.[721] Fragwürdig ist daher die Entscheidung des Brandenburgischen OLG,[722] nach der der Besitz von DVDs mit pornographischen Inhalten bei einem Gefangenen, der sich nicht wegen einer Gewalt- oder Sexualstraftat in Haft befindet, im offenen Vollzug wegen Gefährdung der Sicherheit und Ordnung abgelehnt wurde.

20 **b) Übersichtlichkeit des Haftraums.** Die Länder, die der Systematik des ME-StVollzG folgen (**BE** § 52 Abs. 1 Satz 2; **BB** § 57 Satz 2 Nr. 1; **HB** § 48 Satz 2; **MV** § 48 Satz 2; **RP** § 56 Satz 2 Nr. 1; **SL** § 48 Satz 2; **SN** § 48 Satz 2; **ST** § 56 Abs. 1 Satz 2 Nr. 1; **SH** § 65 Satz 2; **TH** § 57 Satz 2 Nr. 1), haben als Unterfall der Gefährdung der Sicherheit oder Ordnung die Gefährdung der Übersichtlichkeit des Haftraums als speziellen Ausschlussgrund in ihre Gesetze aufgenommen.[723] Auch **HE** § 53 Abs. 4 Satz 4 i.V.m. § 19 Abs. 1

---

715 Wobei nach dem LG Marburg, Beschl. vom 14.1.2010 – 7 a StVK 165/09, juris, eine Beschränkung auf nur vier Versender wegen Willkür unzulässig sei.
716 OLG Hamburg FS 2009, 43 – 3 Vollz (Ws) 43/08 m. zust. Anm. *Groß* jurisPR-StrafR 21/2008 Anm. 4.
717 OLG Hamm v. 23.9.2014 – 1 Vollz (Ws) 352/14.
718 Brandenburgisches OLG NStZ-RR 2008, 262 – 1 Ws (Vollz) 1/08.
719 KG Berlin v. 11.2.2016 – 2 Ws 312/15 Vollz.
720 KG Berlin aaO.
721 Vgl. OLG Frankfurt NStZ 1989, 425.
722 Brandenburgisches OLG NStZ-RR 2008, 262 – 1 Ws (Vollz) 1/08.
723 AK-*Knauer* Teil II § 48 Rdn. 11.

Satz 2 und **NW** § 52 Abs. 1 Satz 2 i.V.m. § 15 Abs. 2 S. 3 normieren die Behinderung der Übersichtlichkeit des Haftraums als zusätzlichen Grund für eine Versagung der Besitzerlaubnis. Die Unübersichtlichkeit kann sich dabei nicht nur aus der Beschaffenheit oder Größe der einzelnen Gegenstände ergeben, sondern auch aus deren Häufung; zudem sind Gegenstände ausgeschlossen, die nicht oder nur mit unverhältnismäßig hohem Aufwand kontrolliert werden können.[724] Letzteres heben **BW** § 58 Abs. 1 Satz 2 III; und **NW** § 52 Abs. 1 Satz 2 i.V.m. § 15 Abs. 2 S. 3 in ihren Gesetzen auch noch einmal ausdrücklich hervor. **HE** § 53 Abs. 4 Satz 4 i.V.m. § 19 Abs. 1 Satz 2 verweist zudem darauf, dass die Haftraumkontrollen nicht unzumutbar erschwert werden dürfen (s. Rdn. 33). Im Ergebnis unterscheidet sich dieser Ausschlussgrund jedoch nicht von dem der Angemessenheit des Umfangs der zugelassenen Gegenstände (s. dazu schon Rdn. 11; vgl. auch C Rdn. 17).

c) Gefährdung des Vollzugsziels. Eine Gefährdung des Vollzugsziels (**BY** und **HE** 21 nutzen hier andere Bezeichnungen, gemeint ist aber jeweils die Legalbewährung)[725], die nach allen Landesgesetzen ein Ausschlussgrund ist (**BW** § 58 Abs. 2 Nr. 2 III; **BY** Art. 72 Abs. 2 Nr. 2; **BE** § 52 Abs. 1 Satz 2; **BB** § 57 Satz 2 Nr. 2; **HB** § 48 Satz 2; **HH** § 53 Abs. 2; **HE** § 53 Abs. 4 Satz 4 i.V.m. § 19 Abs. 2; **MV** § 48 Satz 2; **NI** § 67 Abs. 1 Satz 2; **NW** § 52 Abs. 1 Satz 2 i.V.m. § 15 Abs. 2 Satz 3; **RP** § 56 Satz 2 Nr. 2; **SL** § 48 Satz 2; **SN** § 48 Satz 2; **ST** § 56 Abs. 1 Satz 2 Nr. 2; **SH** § 65 Satz 2; **TH** § 57 Satz 2 Nr. 2), setzt immer eine **konkret vorliegende Gefahr** von **einigem Gewicht** voraus sowie eine **persönlichkeitsbezogene Prognose**.[726] Dafür können auch Ereignisse eine Rolle spielen, die in der Vergangenheit liegen; einmalige oder allein in der Vergangenheit liegende Ereignisse reichen aber nicht aus.[727] Resozialisierungsgesichtspunkte sollten vor dem Hintergrund der Belastungen des Strafvollzuges (Überbelegung, Ausländeranteil, OK-Gefangene, Subkultur, vgl. dazu 1 D Rdn. 12f) im geschlossenen Vollzug grundsätzlich berücksichtigt werden.[728] Eine Gefährdung des Vollzugsziels kommt beispielsweise bei Gefangenen in Frage, die einer verfassungsfeindlichen oder Gewalt verherrlichenden Ideologie anhängen und an sich nicht verbotene Gegenstände (auch in Form von Bildern oder Schriften) in Besitz haben, die diese Neigung fördern.[729] Dies kann z.B. bejaht werden, wenn Sexualtäter/-innen pornographisches Schrifttum[730] oder Geräte zur Ersatzbefriedigung[731] besitzen möchten oder besitzen oder wenn Gefangene aus rechts- oder linksextremistischen Szenen oder auch aus dem salafistischen Milieu[732] nach entsprechender Literatur verlangen (vgl. auch B Rdn. 22).[733] Bezogen auf den

---

724 Begr. zum ME-StVollzG, 117; zudem z.B. **SH** LT-Drucks. 18/3153, 138 und **TH** LT-Drucks. 5/6700, 119 f.
725 Anstelle des Vollzugsziels spricht **BY** Art. 72 Abs. 2 Nr. 2 von der „Erfüllung des Behandlungsauftrages" und **HE** § 19 Abs. 2 von der „Eingliederung". Diese abweichenden Formulierungen sind folgerichtig, da die Legalbewährung in **BY** Art. 2 Satz 2 als „Behandlungsauftrag" sowie in **HE** § 2 Satz 1 als „Eingliederungsauftrag" und nicht als „Vollzugsziel" legaldefiniert ist.
726 *Arloth/Krä* § 70 Rdn. 4; AK-*Boetticher* 2012 § 70 Rdn. 14; BeckOK-*Knauss* § 70 Rdn. 16; *Laubenthal* Rdn. 618.
727 Ähnlich AK-*Boetticher* 2012 § 70 Rdn. 19.
728 So auch AK-*Boetticher* 2012 § 70 Rdn. 14; a.A., allerdings bezogen auf die Gefährdung von Sicherheit und Ordnung, *Arloth/Krä* § 70 Rdn. 5.
729 So z.B. die Begr. in **BE** (LT-Drucks. 17/2442, 234).
730 OLG Brandenburg NJ 2008, 262 zum Film „Please fuck you and my friend"; *Laubenthal/Nestler/Neubacher/Verrel* G Rdn. 33; BeckOK-*Knauss* § 70 Rdn. 17.
731 Z.B. eine batteriebetriebene Ersatzvagina: OLG Hamburg BlStV 6/1975, 4.
732 LG Marburg v. 20.5.2016 – 4a StVK 222/15, BeckRS 2016, 12369 zum Verbot der Bücher „Die Eroberung Persiens" und „Die Löwen des Islam", für die auch keine Privilegierung als Gegenstände des religiösen Gebrauchs oder als grundlegende religiöse Schriften gelten.
733 *Arloth/Krä* § 70 Rdn. 4.

Besitz von DVDs oder Konsolenspielen kann eine Genehmigung (außer aus Gründen der Sicherheit und Ordnung, s. Rdn. 18) versagt werden, wenn durch die Möglichkeit des Abspielens **gewaltverherrlichender oder pornographischer Inhalte** die Erreichung des Vollzugsziels, insb. der Zweck einer psychotherapeutischen Behandlung, in Frage steht.[734]

Die mögliche Gefährdung des Vollzugsziels spielt auch eine Rolle bei Büchern, die als **vollzugsfeindliche Literatur** eingestuft werden (vgl. dazu schon B Rdn. 22). So wurde in den 1980er Jahren die Aushändigung des „**Ratgebers für Gefangene mit medizinischen und juristischen Hinweisen**"[735] wegen einer nach Inhalt und Zielsetzung negativen, durchgängig gegen das Vollzugsziel gerichteten sowie die Sicherheit und Ordnung der Anstalt gefährdenden Tendenz vom OLG Frankfurt ausgeschlossen.[736] Das Gleiche gilt teilweise (also nicht durchgängig) für ein „**Merkheft mit Musterbegründungen für Anträge und Beschwerden**".[737] Das OLG Zweibrücken[738] hat in diesen Fällen zu Recht jedoch eine Teilaushändigung angeordnet. Die Info-Broschüre „**Positiv in Haft**", die die Deutsche Aids-Hilfe e.V. herausgibt, informiert[739] hingegen „in juristisch zumindest vertretbarer Weise" und „begründet ebenso wenig eine Gefahr i.S. des § 70 Abs. 2 Nr. 2 StVollzG wie der Besitz juristischer Fachzeitschriften oder Kommentare, selbst wenn sich die rechtliche Information zu Aspekten des Vollzugs kritisch verhält" (vgl. auch oben Rdn. 17). Als zu vollzugskritisch und damit nicht zu genehmigen gilt nach dem OLG München[740] jedoch das Buch „**Ritual Knast**", das das gesamte Vollzugssystem als menschenunwürdiges Unrechtssystem darstelle.[741] Auch das 2016 erschienene Buch „**Wege durch den Knast**", das in vielen Anstalten anstandslos ausgeliefert wird,[742] wurde vom OLG Nürnberg und KG Berlin wegen vollzugsfeindlicher Tendenzen, die geeignet seien, eine aggressive Oppositionshaltung bei Gefangenen hervorzurufen, verboten.[743] Das OLG Nürnberg ließ dabei immerhin offen, ob die beanstandeten Textstellen für ein Totalverbot ausreichen oder ob auch das Schwärzen als milderes Mittel möglich sei. Das KG Berlin hat dagegen das Totalverbot bestätigt, da sich die vollzugsfeindlichen Ausführungen und destruktiven Handlungsanleitungen über das ganze Buch verteilten und der Anstalt eine Durchsicht und Bearbeitung der 687 Seiten des Werkes nicht mit vertretbarem Aufwand möglich sei. Angesichts der neueren verfassungsrechtlichen Rechtsprechung zur Meinungsfreiheit im Strafvollzug[744] sollte diese Rspr. unbedingt überdacht werden.

---

734 Vgl. OLG Frankfurt NStZ-RR 2012, 223 – 3 Ws 1009/11 (StVollz) – (bezogen auf einen Untergebrachten). Ebenso OLG Hamm v. 23.9.2014 – 1 Vollz (Ws) 352/14 (mit ausführlicher Begründung) sowie KG Berlin v. 11.2.2016 – 2 Ws 312/15 Vollz.
735 Verlag Schwarze Seele, Berlin 1985.
736 OLG Frankfurt ZfStrVo 1983, 314; OLG Hamm ZfStrVo 1989, 57 = NStZ 1988, 332 mit ausführlicher Inhaltsbeschreibung und abl. Anm. *Feest* und *Lesting*; kritisch auch AK-*Boetticher* 2012 § 70 Rdn. 15 sowie AK-*Knauer* Teil II § 48 Rdn. 19.
737 Vgl. LG Augsburg NStZ 1988, 358 *B* und LG Krefeld NStZ 1988, 400 *B*.
738 OLG Zweibrücken ZfStrVo 1989, 117.
739 So BVerfG NStZ 2005, 286.
740 OLG München FS 2010, 53 – 4 Ws 105/09 (R).
741 Kritisch zu diesem Werturteil über das Buch AK-*Boetticher* 2012 § 70 Rdn. 17; zur „Zensurpraxis" *Feest* KritJ 1991, 253 ff.
742 So *Feest* in seiner Anm. zum Beschluss des OLG Nürnberg v. 9.3.2017 – 1 Ws 26/17 in FS 2017, 201.
743 OLG Nürnberg v. 9.3.2017 – 1 Ws 26/17, FS 2017, 209 m. berechtigt kritischen Anm. von *Feest* FS 2017, 2010 und *Lesting* StV 2017, 744; KG Berlin v. 17.11.2017 – 2 Ws 99/17.
744 BVerfG NStZ 2005, 286.

D. Besitz von Gegenständen für die Freizeitbeschäftigung

d) Mit Strafe oder Geldbuße bedroht. In **BW** § 58 Abs. 2 Nr. 1 III, **BY** Art. 72 Abs. 2 22
Nr. 1 und **HE** § 53 Abs. 4 Satz 4 i.V.m. § 19 Abs. 2 ist darüber hinaus im Anschluss an die Regelung in § 70 Abs. 2 Nr. 1 StVollzG eine Verweigerung der Zulassung von Gegenständen für die Freizeitbeschäftigung möglich, wenn deren Besitz, Überlassung oder Benutzung mit Strafe oder Geldbuße bedroht wäre. In Betracht kommen u.a. Verstöße gegen §§ 86, 86a, 131, 184ff StGB, das BtMG oder das WaffenG.[745] Gleichwohl ist diese explizite gesetzliche Normierung im Grunde entbehrlich, da der Ausschluss strafbarer und ordnungswidriger Besitzverhältnisse selbstverständlich erscheint[746] und auch schon unter den Ausschlussgrund der Gefährdung des Vollzugsziels (soziale Wiedereingliederung)[747] oder der Sicherheit oder Ordnung der Anstalt[748] subsumiert werden kann, so dass der Besitz in **allen Ländern** zu untersagen wäre.[749]

4. Widerruf der Erlaubnis und Folgen bei Verlegungen. BW § 58 Abs. 4 III, **BY** 23
Art. 72 Abs. 3 und **NI** § 67 Abs. 1 Satz 3 sehen in ihren Paragraphen für Gegenstände zur Freizeitbeschäftigung eine ausdrückliche Regelung zum **Widerruf** der Erlaubnis zum Besitz von Gegenständen vor. Danach kann die Erlaubnis (wie unter Geltung des § 70 Abs. 3 StVollzG) wegen nachträglich eingetretener Umstände[750] **widerrufen** werden, wenn einer der genannten Ausschlussgründe vorliegt (s. Rdn. 13 ff), dieser Besitz also insbesondere Sicherheit oder Ordnung der Anstalt oder das Ziel des Vollzuges gefährdet. In den **anderen Ländern** fehlt eine solche spezielle Widerrufsregelung für den Besitz von Gegenständen, dort richtet sich der Widerruf nach der **generellen Regelung** an anderer Stelle der Gesetze (ME § 90 und entsprechende oder ähnliche Regelungen in den Ländern; vgl. 10 F Rdn. 19 f).[751] Darüber hinaus erlauben es die Vorschriften zur Ausstattung des Haftraums (in den dem ME-StVollzG folgenden Ländern), die nicht mehr erlaubten Gegenstände aus dem Haftraum zu entfernen.[752]

Die Darlegungspflicht, dass wegen nachträglich eingetretener Umstände ein Ausschlussgrund vorliegt, bezieht sich auf jeden einzelnen Gegenstand, dessen Besitz z.B. als Drogenversteck missbraucht werden kann.[753] Es handelt sich jedoch um eine „**Kann**"-**Bestimmung**, d.h. es soll dem Ermessen der Vollzugsbehörde überlassen bleiben (zum pflichtgemäßen Ermessensspielraum: vgl. 12 I Rdn. 20 ff), ob sie unter Abwägung aller Umstände und Interessen des konkreten Einzelfalles, insbesondere unter Beachtung der **Grundsätze der Verhältnismäßigkeit und des Vertrauensschutzes**[754] überhaupt reagiert:[755] ob sie z.B. nach Versterben eines Singvogels, dessen Erwerb und Haltung der/dem Gefangenen erlaubt worden war, den Neuerwerb und die Haltung wegen erhöhter Kontrollaufgaben infolge von zwischenzeitlich eingetretener Überbelegung versagt oder nicht.[756] Dazu bedarf es jeweils auf den Einzelfall bezogener Abwägungen des Interesses der Allgemeinheit an einem Widerruf der Erlaubnis gegenüber

---

745 *Laubenthal/Nestler/Neubacher/Verrel* G Rdn. 31; *Arloth/Krä* § 70 Rdn. 3; BeckOK-*Knauss* § 70 Rdn. 15.
746 *Laubenthal* Rdn. 618.
747 *Laubenthal/Nestler/Neubacher/Verrel* G Rdn. 31.
748 AK-*Knauer* Teil II § 48 Rdn. 18.
749 So richtig AK-*Knauer* Teil II § 48 Rdn. 19.
750 OLG Frankfurt ZfStrVo 1979, 59.
751 Vgl. dazu *Laubenthal/Nestler/Neubacher/Verrel* G Rdn. 29 und 38.
752 AK-*Knauer* Teil II § 48 Rdn. 22.
753 OLG Zweibrücken NStZ 1994, 151.
754 BVerfG NStZ 1994, 100 und 1996, 252 mit Anm. *Rotthaus*; OLG Celle NStZ 2002, 111; BeckOK-*Knauss* § 70 Rdn. 45; *Laubenthal* Rdn. 620 f.
755 Vgl. auch *Laubenthal/Nestler/Neubacher/Verrel* G Rdn. 38.
756 OLG Dresden, Beschl. vom 4.11.1999 – 2 Ws 401/99; *Arloth/Krä* § 70 Rdn. 7.

dem Interesse der/des Strafgefangenen am Fortbestand der sie/ihn begünstigenden Rechtslage (z.B. nach einer Verlegung, selbst bei einer Besitzerlaubnis aus der Untersuchungshaft)[757] im Rahmen des Vertrauensschutzes.[758] Zugunsten der Gefangenen ist z.B. die Verpflichtung der Anstalt, den Inhaftierten Gelegenheit zu sportlicher Betätigung in der Freizeit zu bieten, zu beachten, so dass eine sportlichen Zwecken dienende Frisbeescheibe nicht entzogen werden kann.[759] Ein Widerruf durch eine generelle Regelung (z.B. eine Hausverfügung) ohne Berücksichtigung des Einzelfalls ist daher nicht möglich.[760] Faktisch muss für einen Widerruf also eine **konkrete Gefährdung** vorliegen, wobei genau auf die individuelle Situation der/des einzelnen Gefangenen abzustellen ist; eine abstrakte Gefahr reicht also nicht aus.[761] Für zulässig wird ein Widerruf z.B. auch dann gehalten, wenn Gefangene einen ihnen erlaubten Gegenstand Mitgefangenen überlassen, weil der erlaubte Gegenstand dann Tauschobjekt für unerlaubte Gegenstände oder Leistungen sein kann;[762] das gilt ebenso für andere Fälle entsprechenden Missbrauchs.[763] Für zulässig gehalten wird ferner der Widerruf zum Besitz einer Schreibmaschine, wenn Gefangene diese regelmäßig im Rahmen umfänglicher Rechtsberatung benutzen und dadurch unerwünschte Abhängigkeitsverhältnisse entstehen;[764] ob das der Fall ist, muss im Einzelfall festgestellt werden.[765] Der pauschale (formelhafte) Hinweis, dass das besondere Interesse an der Aufrechterhaltung von Sicherheit und Ordnung in der Anstalt die Individualinteressen des Gefangenen an der Wahrung seines Besitzstandes überwiegt,[766] reicht daher nicht aus.[767] Fraglich ist daher auch der Widerruf sämtlicher Besitzgenehmigungen für Geräte der Unterhaltungselektronik bei Einführung eines Haftraummediensystems („Multimediaboxen").[768]

24   Bei der **Verlegung von Gefangenen** in eine andere Anstalt (desselben Bundeslandes) muss differenziert werden:[769] Nur bei einer **unbeschränkt** erteilten Erlaubnis „nimmt" der Gefangene bei der Verlegung die Zustimmung der bisherigen JVA „mit",[770] nicht bei einer Erlaubnis, die auf die bisherige Anstalt ausdrücklich **beschränkt** worden ist (vgl. ausführlich C Rdn. 31). Im letzteren Fall kann die neue Anstalt im Rahmen der Neubewertung der Umstände[771] überprüfen, ob die Erlaubnis fortgelten soll oder nicht.[772] Den Maßstab bilden dann die Grundsätze für die Erlaubniserteilung (vgl. Rdn. 13ff). Will die neue JVA hingegen eine unbeschränkt erteilte Erlaubnis zurücknehmen, gelten die Grundsätze über den Widerruf (Rdn. 23).[773]

---

757   OLG Dresden v. 8.2.2012 – 2 Ws 536/11, FS 2013, 58; a.A. *Arloth/Krä* § 70 Rdn. 7.
758   OLG Dresden NStZ 2007, 175.
759   OLG Dresden v. 8.2.2012 – 2 Ws 536/11, FS 2013, 58.
760   AK-*Boetticher* 2012 § 70 Rdn. 27.
761   *Arloth/Krä* § 70 Rdn. 7; *Laubenthal* Rdn. 620.
762   LG Bremen BlStV 1/1985, 5 (für ein Radio).
763   Dazu OLG Nürnberg StV 1983, 208.
764   OLG München ZfStrVo 1981, 380.
765   OLG Celle ZfStrVo 1983, 192; AK-*Boetticher* 2012 § 70 Rdn. 27; a.A. OLG München ZfStrVo 1981, 380.
766   Vgl. dazu auch *Baumann* StV 1992, 331f.
767   BVerfG aaO mit zust. Anm. von *Bringewat* BewHi 1994, 355ff.
768   Vgl. dazu *Oelbermann* StV 2018, 625.
769   Vgl. dazu OLG Celle BlStV 3/1992, 5 sowie *Laubenthal/Nestler/Neubacher/Verrel* G Rdn. 39.
770   Vgl. insoweit auch OLG Celle StV 1993, 207; *Arloth/Krä* § 70 Rdn. 7.
771   Vgl. dazu auch OLG Hamm NStZ 1993, 360 und AK-*Boetticher* 2012 § 70 Rdn. 33.
772   So auch *Arloth/Krä* § 70 Rdn. 7.
773   Für eine erleichterte Widerrufsmöglichkeit von Besitzgenehmigungen aus Sicherheitsgründen vgl. OLG Rostock ZfStrVo 1997, 172 (dazu auch BVerfG ZfStrVo 1997, 367).

5. Kosten für den Betrieb von Geräten. Zu den Strom- bzw. Betriebskosten für die 25
bei den Gefangenen im Besitz befindlichen eigenen Geräte vgl. C Rdn. 32.

III. Landesgesetzliche Besonderheiten

Die Regelungen zum Besitz von Gegenständen für die Freizeitbeschäftigung bzw. zur 26
Ausstattung des Haftraums der einzelnen Bundesländer folgen im Anschluss an das
StVollzG bzw. den ME-StVollzG zwar sehr unterschiedlichen Systematiken. Inhaltlich
gibt es gleichwohl wenige Unterschiede zur alten bundesgesetzlichen Regelung (§ 70
StVollzG), wenn auch verschiedene Konkretisierungen bzw. Ergänzungen. Für einen
Überblick über die Regelungen vgl. schon die Rdn. 4 ff. Da viele Länder die Regelung aus
dem ME-StVollzG mehr oder weniger übernommen haben, werden diese vorab gemeinsam dargestellt. Es folgen die übrigen Länder, die sich eher am StVollzG orientieren oder
Mischformen gewählt haben.

1. Länder, die sich am Musterentwurf orientieren. Im ME-StVollzG gibt es keine 27
Vorschrift, die sich explizit auf Gegenstände für die Freizeitbeschäftigung bezieht. Vielmehr wird differenziert zwischen elektronischen und nicht-elektronischen Gegenständen, die Gefangene in ihren Hafträumen besitzen wollen (vgl. Rdn. 6). Die Zulassung
eigener Geräte der Informations- und Unterhaltungselektronik ist gemeinsam mit den
Hörfunk- und Fernsehgeräten in § 51 Abs. 2 ME-StVollzG geregelt (vgl. dazu schon C
Rdn. 34 ff). Die Zulässigkeit nicht-elektronischer Gegenstände richtet sich nach den Vorschriften zur Ausstattung des Haftraums, in der nicht nach dem Zweck des Besitzes differenziert wird (ME § 48). **BB, HB, MV, RP, SL, SN, SH, TH** haben diese Regelung (zum Teil
mit leicht abweichendem Wortlaut) in ihre Gesetze übernommen, in **BE** und **ST** finden
sich kleine Ergänzungen bzw. Abweichungen (s. nachfolgend).

a) **Brandenburg, Bremen, Mecklenburg-Vorpommern, Rheinland-Pfalz, Saar-** 28
land, Sachsen, Schleswig-Holstein, Thüringen. BB § 57, HB § 48, MV § 48, RP § 56, SL
§ 48, SN § 48, SH § 65 und TH § 57 normieren zunächst (inhaltlich identisch mit ME § 48,
zum Wortlaut vgl. Rdn. 6) einen Rechtsanspruch darauf, den Haftraum in angemessenem Umfang mit eigenen Gegenständen auszustatten (s. Rdn. 9 f). In der Folge werden
die Gefährdung der Sicherheit oder Ordnung der Anstalt (Rdn. 14 ff), insbesondere die
Übersichtlichkeit des Haftraums (Rdn. 20) sowie die Gefährdung der Erreichung des
Vollzugsziels (Rdn. 21) als Ausschlussgründe benannt. Der zusätzliche (aber eigentlich
überflüssige) Ausschlussgrund des strafbewehrten Besitzes fehlt in diesen Ländern
(Rdn. 22), ebenso eine spezielle Erlaubnis zum Widerruf (Rdn. 23).
Zur Beteiligung an den **Betriebskosten** der Gegenstände vgl. C Rdn. 35 ff.

b) **Berlin, Sachsen-Anhalt.** BE § 52 und ST § 56 ergänzen die in Rdn. 28 genannten 29
Regelungen. **BE** vervollständigt die Norm um einen Abs. 2 zur Kostentragung für die
technische Überprüfung von Elektrogeräten (s. schon C Rdn. 37). **ST** fügt als Abs. 2 hinzu, dass zwei weitere Normen (**ST** § 54 zum Einbringen von Gegenständen sowie **ST** § 55
Abs. 3, nach dem der Besitz, die Annahme und Abgabe von Besitz von Kameras, Computern sowie von technischen Geräten mit der Möglichkeit zur Speicherung und Übertragung von Daten nicht gestattet sind) entsprechend anwendbar sind; das hat jedoch nur
klarstellende Bedeutung.

Zur Beteiligung an den **Betriebskosten** der Gegenstände vgl. C Rdn. 37 und 40. **Rspr.** zur Regelung in **BE** findet sich bei Rdn. 21.[774]

30 **2. Baden-Württemberg.** Die Zulassung von Gegenständen zur Freizeitbeschäftigung ist (ohne Unterscheidung zwischen elektronischen und nicht-elektronischen Gegenständen) in **BW** § 58 III geregelt, der in weiten Teilen mit § 70 StVollzG übereinstimmt (s. Rdn. 5), jedoch darüberhinausgehende Regelungen enthält. Der in **Abs. 1 Satz 1** normierte Anspruch auf Besitz von Gegenständen stimmt fast wortgleich mit § 70 Abs. 1 StVollzG überein. **Satz 2** bestimmt jedoch über die bundesgesetzliche Regelung hinausgehend Kriterien für die Angemessenheit des Umfangs, nämlich die in der Anstalt verfügbare Kapazität für Haftraumkontrollen sowie den Wert des Gegenstands (s. Rdn. 11). Diese Klarstellungen entsprechen der bisherigen Rechtslage nach § 70 StVollzG.[775]

Abs. 2 regelt die Ausnahmen vom Anspruch auf Besitz, der (ebenso wie in § 70 Abs. 2 StVollzG) ausgeschlossen ist, wenn der Besitz, die Überlassung oder Benutzung (Nr. 1) mit Strafe oder Geldbuße bedroht wäre (s. Rdn. 22), oder (Nr. 2) das Vollzugsziel (s. Rdn. 21), die Sicherheit oder Ordnung gefährdet würde (s. Rdn. 14 ff) oder (über die alte bundesgesetzliche Regelung hinausgehend in Nr. 3) *„die Überprüfung des Gegenstandes auf eine mögliche missbräuchliche Verwendung mit vertretbarem Aufwand von der Justizvollzugsanstalt nicht leistbar wäre"* (s. Rdn. 16; vgl. auch eine ähnliche Regelung in **NW** in Rdn. 35).

Abs. 3 enthält darüber hinaus noch eine Regelung für **elektronische Unterhaltungsmedien** (vgl. zu dieser Regelung bereits C Rdn. 41).

In **Abs. 4** ist wortgleich wie § 70 Abs. 3 StVollzG die Möglichkeit zum Widerruf der Erlaubnis geregelt.

Zur Beteiligung an den **Betriebskosten** der Gegenstände vgl. C Rdn. 41.

31 **3. Bayern. BY** Art. 72 ist fast identisch mit der früheren bundesgesetzlichen Regelung (s. Rdn. 5). Die abweichende Formulierung in Abs. 2 Nr. 2 (*„Ziel des Vollzuges"* wurde durch die Formulierung *„Erfüllung des Behandlungsauftrages"* ersetzt) stellt keinerlei inhaltliche Änderung dar (s. Rdn. 21). Zudem wurde an die Nr. 2 folgender Halbsatz mit einer **Regelvermutung für eine Gefährdung** angefügt: *„eine solche Gefährdung liegt in der Regel bei elektronischen Unterhaltungsmedien vor"*. Diese Vermutung bezieht sich nicht nur auf die Geräte (s. dazu schon C Rdn. 42), sondern auch auf die in den Geräten der Informations- und Unterhaltungselektronik nutzbaren Medien (s. Rdn. 16). In der Gesetzesbegr.[776] heißt es dazu: „Elektronische Unterhaltungsmedien tragen vielfache Sicherheitsrisiken in sich (Versteckmöglichkeiten in Hohlräumen, Speichermöglichkeiten, Manipulationsmöglichkeiten) und können zu subkulturellen Zwecken missbraucht werden (Handeltreiben, Erpressen, Wetten). Daher bedarf es besonderer Begründung, diese grundsätzlich in der vollzuglichen Praxis gefährlichen Gegenstände dennoch zuzulassen (z.B. Ausgaben von CD-Spielern mit Sprachkursen)." Angesicht des Gebots, Gefangene zu sinnvoller Freizeitgestaltung anzuhalten (**BY** Art. 69) ist es durchaus vertretbar, bei bestimmten Geräten und Medien der Informations- und Unterhaltungselektronik wegen der möglichen damit verbundenen Verkümmerung der Kommunikationsfähigkeit eine Gefährdung der Behandlung zu sehen.[777] Gleichzeitig widerspricht eine zu rigide

---

774 OLG Nürnberg v. 9.3.2017 – 1 Ws 26/17, FS 2017, 209 m. berechtigt kritischen Anm. von *Feest* FS 2017, 2010 und *Lesting* Strafvollzug 2017, 744; KG Berlin v. 17.11.2017 – 2 Ws 99/17.
775 *Arloth/Krä* § 58 JVollzGB III Rdn. 1.
776 **BY** LT-Drucks. 15/8101, 65.
777 *Arloth/Krä* Art. 72 BayStVollzG Rdn. 2.

D. Besitz von Gegenständen für die Freizeitbeschäftigung

Zulassungspraxis aber dem Angleichungsgrundsatz und es wird die Chance verpasst, die Gefangenen zu einem verantwortlichen Umgang mit den neuen Medien anzuleiten.

Wegen dieser Regelvermutung können die zur bundesgesetzlichen Regelung ergangenen Entscheidungen allenfalls noch mit Einschränkungen herangezogen werden.[778] Dennoch ist weiterhin eine Einzelfallentscheidung notwendig, zumindest bei den Geräten und zugehörigen Gegenständen, die keine problematischen Auswirkungen auf die Kommunikationsfähigkeit haben können (wie z.B. Musik-CDs, Mp3-Player oder E-Book-Reader).[779]

Rspr. zur landesgesetzlichen Regelung findet sich bei Rdn. 11[780] und Rdn. 21.[781]
Zur Beteiligung an den **Betriebskosten** der Gegenstände vgl. C Rdn. 42.

4. Hamburg. HH § 53 ist überschrieben „Gegenstände der Freizeitbeschäftigung". 32 Die Vorschrift wurde zwar etwas umformuliert, „entspricht (aber) im Wesentlichen der Regelung des § 70 StVollzG" (s. Rdn. 5).[782]

Abs. 2 enthält die Ausschlussgründe, wurde jedoch (im Vergleich zu § 70 Abs. 2 StVollzG) wie folgt verkürzt: *„Dies gilt nicht, wenn der Besitz, die Überlassung oder die Benutzung des Gegenstandes das Vollzugsziel oder die Sicherheit oder die Ordnung der Anstalt gefährden würde."* Der zusätzliche (im Grunde überflüssige) Ausschlussgrund des strafbewehrten Besitzes fehlt (s. Rdn. 22). Zudem fehlt eine gesonderte Regelung zum Widerruf der Erlaubnis (§ 70 Abs. 3 StVollzG), insoweit gilt aber **HH** § 92 (s. Rdn. 23).[783]

Rspr. zur landesgesetzlichen Regelung findet sich bei Rdn. 9.[784]
Zur Beteiligung an den **Betriebskosten** der Gegenstände vgl. C Rdn. 43.

5. Hessen. Der Besitz von Gegenständen zur Freizeitbeschäftigung ist gemeinsam 33 mit dem Besitz von Hörfunk- und Fernsehgeräten (dazu schon C Rdn. 44) in **HE** § 30 Abs. 4 geregelt (vgl. Rdn. 7). **Satz 1 HS. 2** entspricht § 70 Abs. 1 StVollzG (s. Rdn. 5). **Satz 2** enthält eine Regelung für andere elektronische Geräte, die in den Hafträumen „zu den in Satz 1 genannten Zwecken im Einzelfall zugelassen werden" können (s. dazu ebenfalls schon C Rdn. 44). Das **Einbringen der Gegenstände** wird nach **Satz 3** durch die Anstalt geregelt, so dass z.B. unproblematisch Bezugsquellen vorgeschrieben werden können (s. Rdn. 3 und 12). **Satz 4** verweist bezüglich der Kriterien für die Zulassung auf die Regelung zur Ausstattung des Haftraums in **HE** § 19. Der Besitz kann demnach aus denselben Gründen wie in § 70 Abs. 2 StVollzG versagt werden (vgl. Rdn. 5); zusätzlich ist eine Verweigerung der Genehmigung möglich bei Behinderung der Übersichtlichkeit des Haftraumes oder einer unzumutbaren Erschwerung der Kontrollen (s. Rdn. 20). Auch in **HE** fehlt eine ausdrückliche Regelung des Widerrufs einer Genehmigung (s. Rdn. 23).

Rspr. zur landesgesetzlichen Regelung findet sich bei Rdn. 21.[785]
Zur Beteiligung an den **Betriebskosten** der Gegenstände vgl. C Rdn. 44.

---

778 OLG München FS 2011, 54 – 3 Ws 1005/09 (R).
779 *Arloth/Krä* Art. 72 BayStVollzG Rdn. 2.
780 OLG München FS 2010, 53 – 4 Ws 105/09 (R): vollzugsfeindliches Buch „Ritual Knast".
781 OLG Nürnberg v. 9.3.2017 – 1 Ws 26/17, FS 2017, 209 m. berechtigt kritischen Anm. von *Feest* FS 2017, 2010 und *Lesting* Strafvollzug 2017, 744; KG Berlin v. 17.11.2017 – 2 Ws 99/17.
782 Begr. **HH** Bürgerschafts-Drucks. 18/6490, 44.
783 *Arloth/Krä* § 53 HmbStVollzG Rdn. 1.
784 Hans. OLG Hamburg FS 2009, 43 – 3 Vollz (Ws) 43/08: Besitz von DVDs.
785 OLG Frankfurt NStZ-RR 2012, 223 – 3 Ws 1009/11 (StVollz) – sowie LG Marburg v. 20.5.2016 – 4a StVK 222/15, BeckRS 2016, 12369.

34   **6. Niedersachsen.** Die niedersächsische Regelung zum Besitz von Gegenständen für die Freizeitbeschäftigung **NI** § 67[786] lautet in Abs. 1 wie folgt: „*Die oder der Gefangene darf mit Erlaubnis der Vollzugsbehörde in angemessenem Umfang sonstige Geräte der Informations- und Unterhaltungselektronik, Bücher sowie andere Gegenstände zur Fortbildung oder zur Freizeitbeschäftigung besitzen. Die Erlaubnis ist zu versagen, wenn die Erreichung des Vollzugszieles nach § 5 Satz 1 oder die Sicherheit oder Ordnung der Anstalt gefährdet würde. Die Erlaubnis kann unter den Voraussetzungen des Satzes 2 widerrufen werden.*" Eine inhaltliche Änderung zur alten bundesgesetzlichen Regelung ist mit dieser Norm nicht verbunden (vgl. Rdn. 5).

Zur Beteiligung an den **Betriebskosten** der Gegenstände vgl. C Rdn. 45.

35   **7. Nordrhein-Westfalen. NW** regelt in **NW** § 52 die (elektronischen und nicht-elektronischen) Gegenstände zur Freizeitbeschäftigung in einer Vorschrift zusammen mit Zeitungen und Zeitschriften in Anlehnung an § 70 StVollzG (vgl. Rdn. 5 und Rdn. 7; zu den Geräten der Informations- und Unterhaltungselektronik vgl. schon C Rdn. 46). Abweichend von den anderen Ländern bestimmt **NW** in **Abs. 1 Satz 1** ergänzend, dass die Gefangenen Gegenstände „*nach Maßgabe der Anstalt*" besitzen dürfen, das heißt die Anstalt darf das Einbringen der genannten Gegenstände regeln (s. Rdn. 12). Hinsichtlich der Ausschlussgründe verweist **Abs. 1 Satz 2** auf die Regelungen zum Persönlichen Bereich bzw. zur Ausstattung des Haftraums in **NW** § 15 Abs. 2 und 3. Dort sind ähnliche Ausschlussgründe wie in den anderen Ländern zu finden. Neben den beiden in allen Ländern relevanten Ausschlussgründen (Gefährdung des Vollzugsziels, Rdn. 21; Gefährdung der Sicherheit oder Ordnung, Rdn. 14 ff) wurde der Ausschlussgrund der Behinderung der Übersichtlichkeit des Haftraums mit aufgenommen (Rdn. 20). Als zusätzlicher Ausschlussgrund wird (ähnlich wie in **BW**, s. Rdn. 30) aufgeführt, dass die Gegenstände keine unverhältnismäßig aufwändige Überprüfung erfordern dürfen (s. Rdn. 16). Der (eigentlich überflüssige) Ausschlussgrund des strafbewehrten Besitzes (s. Rdn. 22) fehlt ebenso wie eine spezielle Möglichkeit zum Widerruf der Besitzerlaubnis (s. Rdn. 23).

Rspr. zur landesgesetzlichen Regelung findet sich bei Rdn. 10.[787]

Zur Beteiligung an den **Betriebskosten** der Gegenstände vgl. C Rdn. 46.

---
786 Gesetzesbegr. **NI** LT-Drucks. 15/3565, 143.
787 OLG Hamm v. 2.6.2015 – 1 Vollz (Ws) 180/15, FS 2016, 77.

6. KAPITEL
Grundversorgung und Gesundheitsfürsorge

A. Kleidung

Bund	§ 20 StVollzG
Baden-Württemberg	BW § 16 III JVollzGB
Bayern	BY Art. 22 BayStVollzG
Berlin	BE § 57 StVollzG Bln
Brandenburg	BB § 62 BbgJVollzG
Bremen	HB § 52 BremStVollzG
Hamburg	HH § 23 HmbStVollzG
Hessen	HE § 21 HStVollzG
Mecklenburg-Vorpommern	MV § 52 StVollzG M-V
Niedersachsen	NI § 22 NJVollzG
Nordrhein-Westfalen	NW § 15 Abs. 1 StVollzG NRW
Rheinland-Pfalz	RP § 61 LJVollzG
Saarland	SL § 52 SLStVollzG
Sachsen	SN § 52 SächsStVollzG
Sachsen-Anhalt	ST § 60 JVollzGB LSA
Schleswig-Holstein	SH § 69 LStVollzG SH
Thüringen	TH § 62 ThürJVollzGB

Schrifttum

Böhm Strafvollzug und „Strafübel", in: Feltes u.a. (Hrsg.), FS Schwind, Heidelberg 2006, 533ff; *Köhne* Eigene Kleidung im Strafvollzug, ZRP 2003, 60 f.

Übersicht

I. Allgemeine Hinweise —— 1, 2
II. Erläuterungen —— 3–10
   1. Angemessene Ausstattung mit Kleidung —— 3
   2. Eigene Kleidung außerhalb der Anstalt —— 4
   3. Eigene Kleidung innerhalb der Anstalt —— 5–10

I. Allgemeine Hinweise

Die meisten Gefangenen empfinden die Abnahme der eigenen Kleidung und die **1** Einkleidung in eine einheitliche **Anstaltskleidung** (ebenso wie die Abnahme des sonstigen Besitzes) als Selbstwertkränkung und Deprivation.[1] Erschwerend fällt mancherorts noch ins Gewicht, dass Gefangene teilweise nicht einmal für ihre Haftzeit „eigene" Gefangenenkleidung, sondern nach jedem Wäschetausch eine andere, gewaschene und gereinigte Garnitur, die zuvor ein anderer Insasse getragen hat, erhalten. So gehört es seit langem zu den – auch nach der Schaffung von Landesgesetzen überwiegend nicht verwirklichten – Reformforderungen, den Insassen das Tragen ihrer eigenen Kleidung zu gestatten.[2] Das Festhalten an der Anstaltskleidung rechtfertigen Sicherheitsbedürf-

---

[1] Vgl. auch BVerfG, Beschl. vom 3.11.1999 – 2 BvR 2039/99 = NStZ 2000, 166; *Böhm* 2006, 545; *Köhne* ZRP 2003, 60; ferner ME-Begründung, 120.
[2] Vgl. *Baumann* Sicherheit und pädagogische Unordnung, in: Baumann (Hrsg.), Die Reform des Strafvollzuges, München 1974, 101, 110.

nisse,[3] was angesichts des Umstandes, dass der Untersuchungsgefangene seine Privatkleidung tragen darf, nicht unproblematisch erscheint.[4] Die den meisten Gesetzen (§ 20 Abs. 1 Satz 1 StVollzG, **BW** § 16 Abs. 1 Satz 1 III, **BY** Art. 22 Abs. 1, **BE** § 57 Abs. 1, **BB** § 62 Abs. 1 Satz 1 nur für den geschlossenen Vollzug, **HB** § 52 Abs. 1, **HE** § 21 Abs. 1, **MV** § 52 Abs. 1, **NW** § 15 Abs. 1 Satz 1, **RP** § 61 Abs. 1 Satz 1, **SL** § 52 Abs. 1, **ST** § 60 Abs. 1 Satz 1, **TH** § 62 Abs. 1 Satz 1) immanente prinzipielle Verpflichtung zum Tragen von Anstaltskleidung, welche weder menschenunwürdig (Art. 1 Abs. 1 GG) gestaltet[5] noch zu groß und damit den Gefangenen der Lächerlichkeit preisgebend sein darf,[6] soll auch dazu dienen, den Freiheitsstrafenvollzug für Strafgefangene gleich zu gestalten und somit ein gleichmäßiges Strafübel zu gewährleisten.[7]

2 Die Gesetzgeber in Hamburg, Niedersachsen und Schleswig-Holstein[8] haben das überkommene **Regel-Ausnahme-Verhältnis umgekehrt**[9] und gestatten den Inhaftierten das Tragen von Privatkleidung, sofern sie für deren Reinigung und Instandsetzung auf eigene Kosten sorgen (**HH** § 23 Abs. 1 Satz 1, **NI** § 22 Abs. 1 HS. 1, **SH** § 69 Abs. 1 HS. 1). Niedersachsen und Schleswig-Holstein stellen ausdrücklich klar, dass bei Nichterfüllung dieser Bedingung Anstaltskleidung anzulegen ist (**NI** § 22 Abs. 1 HS. 2, **SH** § 69 Abs. 1 HS. 2). Bei Beantwortung der Frage, ob ein Gefangener Bekleidungsgegenstände von einem anderen Gefangenen annehmen darf, ist das Recht auf Tragen eigener Kleidung zu berücksichtigen.[10] Wenn dies aus Gründen der Sicherheit und Ordnung der Anstalt erforderlich ist, darf die Anstaltsleitung jedoch allgemein, etwa in Anstalten oder Abteilungen hohen Sicherheitsgrades,[11] oder für den Einzelfall das Tragen von Anstaltskleidung anordnen (**HH** § 23 Abs. 2, **NI** § 22 Abs. 2, **SH** § 69 Abs. 2). Eine solche Anordnung kann mit dem Anfechtungsantrag (§ 109 Abs. 1 Satz 1 StVollzG) angegriffen werden. Gründe der Sicherheit liegen z.B. vor, wenn ein Gefangener auf den ersten Blick von anderen unterschieden werden muss, Gründe der Ordnung, wenn es gilt, subkulturellen Tendenzen entgegenzuwirken.[12] Einem transsexuellen Gefangenen kann das Tragen von Damenbekleidung danach nur aus Sicherheitsgründen und nur dann untersagt werden, wenn es der Anstalt nicht auf andere Weise möglich ist, ihn vor Übergriffen Mitgefangener zu schützen.[13] In Sachsen besteht **keine gesetzliche Priorität**; der Anstaltsleiter entscheidet, ob die Gefangenen sich individuell oder uniform kleiden (**SN** § 52 Abs. 1; s. Rdn. 8). Wie sich im Umkehrschluss aus **BB** § 62 Abs. 1 Satz 1 ergibt, tragen die Gefangenen im **offenen Vollzug** Brandenburgs Privatkleidung, ohne dass eine besondere Befugnis besteht, ihnen Anstaltskleidung vorzuschreiben.

---

3   *Arloth/Krä* § 20 StVollzG Rdn. 1; BeckOK-*Setton* § 20 StVollzG Rdn. 1.
4   AK-*Knauer* Teil II § 52 LandesR Rdn. 1; *Böhm* Rdn. 225; *Laubenthal/Nestler/Neubacher/Verrel* H Rdn. 136; *Köhne* ZRP 2003, 60, 61; krit. hierzu *Arloth/Krä* § 20 StVollzG Rdn. 1.
5   *Arloth/Krä* § 20 StVollzG Rdn. 1 a.E.; *Laubenthal/Nestler/Neubacher/Verrel* H Rdn. 136.
6   S. BVerfG, Beschl. vom 11.6.2003 – 2 BvR 1724/02 = NStZ 2004, 223, 225.
7   OLG München, Beschl. vom 2.12.2010 – 4 Ws 153/10 (R) = FS 2012, 119; *Arloth/Krä* § 20 StVollzG Rdn. 1.
8   Unter geschlechtsunabhängiger Anwendung der ursprünglich nur für den Frauenstrafvollzug (§ 95 Entwurf, **SH** LT-Drucks. 18/3153, 152) vorgesehenen Regelung; vgl. auch *Arloth/Krä* § 69 **SH** LStVollzG Rdn. 1.
9   **NI** LT-Drucks. 15/3565, 110; *Arloth/Krä* § 23 HmbStVollzG Rdn. 1, § 22 NJVollzG Rdn. 1; *Laubenthal/Nestler/Neubacher/Verrel* H Rdn. 137.
10 OLG Celle, Beschl. vom 16.10.2014 – 1 Ws 419/14 (StrVollz) = NStZ 2015, 114 m. Anm. *Roth*.
11 *Arloth/Krä* § 22 NJVollzG Rdn. 2.
12 **HH** LT-Drucks. 18/6490, 34; *Arloth/Krä* § 23 HmbStVollzG Rdn. 2.
13 S. OLG Celle, Beschl. vom 9.2.2011 – 1 Ws 29/11 StrVollz = NStZ 2011, 704, 706.

II. Erläuterungen

1. Angemessene Ausstattung mit Kleidung. Der Gefangene wird mit der Jahres- 3
zeit[14] und der von ihm verrichteten Arbeit nach den einschlägigen Arbeitsschutzvorschriften[15] angemessener, Arbeits-, Freizeit- und Sportbekleidung vollständig ausgestattet. Die Anstalt sorgt für den regelmäßigen Tausch und die Reinigung auf Staatskosten. Die Notwendigkeit weiterer Arbeitskleidung hängt von deren Beanspruchung und der Häufigkeit der notwendigen Wäsche ab; eine besondere Belastung durch die Teilnahme an einem Sprachkurs versteht sich nicht von selbst.[16] Zur Anstaltskleidung gehört auch Unterwäsche, wobei dem Gefangenen ein täglicher Wäschewechsel zu ermöglichen ist.[17] Daher genügen vier Garnituren Unterwäsche pro Woche hygienischen Anforderungen nicht.[18] Besondere Oberbekleidung für die **Freizeit** i.S.d. § 20 Abs. 1 Satz 2 StVollzG, **BW** § 16 Abs. 1 Satz 2 III bedeutet eine normaler Freizeitbekleidung entsprechende Hose, Jacke oder Pullover, Schuhe und Hemd. Es genügt nicht eine zweite Garnitur Arbeitskleidung, wie z.B. ein Blaumann.[19] Auch diese Auslegung der Bestimmung folgt in erster Linie aus dem Vollzugsziel, dem Gegensteuerungsgrundsatz und dem Angleichungsgrundsatz.[20] Außer dem baden-württembergischen haben aber die Landesgesetzgeber kein Bedürfnis mehr für eine besondere Regelung zur Freizeitkleidung gesehen.[21] Begehrt der Gefangene Ausstattung mit Anstaltskleidung, so ist der **Verpflichtungsantrag** nach § 109 Abs. 1 Satz 2 StVollzG statthaft.

2. Eigene Kleidung außerhalb der Anstalt. Wenn keine Entweichungsgefahr be- 4
steht, muss dem Gefangenen gem. § 20 Abs. 2 Satz 1 StVollzG, **BW** § 16 Abs. 2 Satz 1 III, **BY** Art. 22 Abs. 2 Satz 1, **NW** § 15 Abs. 1 Satz 3 bei einer **Ausführung** das Tragen eigener Kleidung gestattet werden.[22] Dem Gefangenen soll die Belastung erspart werden, in der Öffentlichkeit als Strafgefangener erkannt und bloßgestellt zu werden. Dies gilt auch für eine Ausführung aus wichtigem Anlass und für die Vorführung zu einem Gericht oder einer Behörde außerhalb der Anstalt; letzteres ist in Nordrhein-Westfalen ausdrücklich genannt.[23] Auch wenn befürchtet werden muss, dass der Insasse Urlaub oder Ausgang dazu missbraucht, sich der weiteren Strafvollstreckung zu entziehen, muss bei einer Ausführung dieses Gefangenen – also in Begleitung eines Vollzugsbediensteten – nicht unbedingt mit einer Entweichung gerechnet werden. Vielmehr ist zu prüfen, ob eine derartige Gefahr unter diesen Umständen überhaupt besteht und sie ggf. nicht durch andere

---

14 LG Hamburg, Beschl. vom 3.10.1989 – 39 Vollz 47/89 = NStZ 1990, 255, 256; *Arloth/Krä* § 20 StVollzG Rdn. 2; BeckOK-*Setton* § 20 StVollzG Rdn. 4.
15 Für viele ME-Begründung, 120; **NW** LT-Drucks. 16/5413, 99.
16 Dazu OLG Naumburg, Beschl. vom 24.3.2015 – 1 Ws (RB) 42/15 = FS SH 2016, 65 f.
17 OLG Hamm, Beschl. vom 14.8.2014 – 1 Vollz (Ws) 365/14 = StV 2015, 709 f; AK-*Knauer* Teil II § 52 Rdn. 5; *Laubenthal/Nestler/Neubacher/Verrel* H Rdn. 138; nunmehr auch *Arloth/Krä* § 20 StVollzG Rdn. 2.
18 A.A. noch OLG Hamm, Beschl. vom 18.2.1993 – 1 Vollz (Ws) 234/92 = ZfStrVo 1993, 374.
19 *Arloth/Krä* § 20 StVollzG Rdn. 2.
20 OLG Celle, Beschl. vom 28.11.1977 – 3 Ws 368/77 (StrVollz) = ZfStrVo SH 1978, 20 f; LG Hamburg, Beschl. vom 3.10.1989 – 39 Vollz 47/89 = NStZ 1990, 255; *Laubenthal* Rdn. 639; *Laubenthal/Nestler/Neubacher/Verrel* H Rdn. 138.
21 S. etwa **BY** LT-Drucks. 15/8101, 55; **NW** LT-Drucks. 16/5413, 99.
22 LG Koblenz, Beschl. vom 14.10.77 – 7 Vollz 62/77 = ZfStrVo SH 1978, 21; OLG Koblenz, Beschl. vom 18.1.1995 – 2 Ws 880/94.
23 Vgl. OLG Karlsruhe, Beschl. vom 21.12.1995 – 3 Ws 274/95 = NStZ 1996, 302, 303; *Bachmann* 2015, 241 f; s. zur Weigerung des Gefangenen, bei der Vorführung vor Gericht Anstaltskleidung zu tragen, OLG Düsseldorf, Beschl. vom 10.11.1987 – 1 Ws 928/87 = NStZ 1988, 243; OLG Hamm, Beschl. vom 9.12.2008 – 5 Ws 423-425/08 = NStZ-RR 2009, 223, 224; vgl. auch BVerfG, Beschl. vom 3.11.1999 – 2 BvR 2039/99 = NStZ 2000, 166.

Maßnahmen als das Verbot, eigene Kleidung zu tragen, ausgeschlossen zu werden vermag.[24] Das Tragen eigener Kleidung nach den genannten Normen wird ebenfalls mit dem **Verpflichtungsantrag** (§ 109 Abs. 1 Satz 2 StVollzG) durchgesetzt. Die meisten Gesetze benötigen jedoch keine derartige Regelung, weil sie unterschiedslos die Möglichkeit vorsehen, **außerhalb wie innerhalb** der Institution Privatkleidung zuzulassen, sofern die Gefangenen auf eigene Kosten für die Wartung sorgen (Berlin, Brandenburg, Bremen, Hamburg, Mecklenburg-Vorpommern, Rheinland-Pfalz, Saarland, Sachsen-Anhalt, Thüringen). Bleibt in Hamburg, Niedersachsen und Schleswig-Holstein Privatkleidung generell statthaft (Rdn. 2), gilt das natürlich auch bei Ausführungen,[25] wobei im Einzelfall aus Sicherheitsgründen eine abweichende Anordnung möglich ist.[26] Genauso verhält es sich im Ergebnis in Sachsen (Rdn. 8).

5   **3. Eigene Kleidung innerhalb der Anstalt.** Auch innerhalb der Vollzugsanstalt kann der Anstaltsleiter (Berlin: die Anstalt) dem Gefangenen gem. § 20 Abs. 2 Satz 2 1. Halbs. StVollzG, **BW** § 16 Abs. 2 Satz 2 1. Halbs. III, **BY** Art. 22 Abs. 2 Satz 2 1. Halbs., **BE** § 57 Abs. 2 Satz 1, **BB** § 62 Abs. 1 Satz 2, **HB** § 52 Abs. 2 Satz 1, **HE** § 21 Abs. 2 Satz 1, **MV** § 52 Abs. 2 Satz 1, **NW** § 15 Abs. 1 Satz 2, **RP** § 61 Abs. 1 Satz 2, **SL** § 52 Abs. 2 Satz 1, **ST** § 60 Abs. 1 Satz 2, **TH** § 62 Abs. 1 Satz 2 das Tragen eigener Kleidung (Hessen: ausnahmsweise) gestatten, wenn dieser für Reinigung, Instandsetzung und (Bund, Baden-Württemberg, Bayern, Berlin, Hessen) regelmäßigen Wechsel auf eigene Kosten, d.h. ohne Inanspruchnahme von Anstaltsmitteln, aber u. U. durch Einsatz von Überbrückungsgeld,[27] sorgt (§ 20 Abs. 2 Satz 2 2. Halbs. StVollzG, **BW** § 16 Abs. 2 Satz 2. Halbs. III, **BY** Art. 22 Abs. 2 Satz 2 2. Halbs., **BE** § 57 Abs. 2 Satz 2, **BB** § 62 Abs. 3 Satz 1, **HB** § 52 Abs. 2 Satz 2, **HE** § 21 Abs. 2 Satz 2, **MV** § 52 Abs. 2 Satz 2, **RP** § 61 Abs. 3 Satz 1, **SL** § 52 Abs. 2 Satz 2, **ST** § 60 Abs. 3 Satz 1, **TH** § 62 Abs. 3 Satz 1). Lediglich der nordrhein-westfälische Gesetzgeber erachtete eine Bestimmung zur Reinigung usw. der Wäsche für entbehrlich in der Erwartung, die Anstalten würden mit den Gefangenen sachgerechte Lösungen finden.[28] Der Erlaubnis, eigene Wäsche zu tragen, steht nicht entgegen, dass sie von Dritten bezahlt wird.[29] Ist die Benutzung eigener Kleidungsstücke gestattet, so schließt dies aber die Gewährung von Sozialleistungen für deren Beschaffung aus, da der Gefangene in jedem Fall mit Anstaltskleidung versorgt ist.[30]

6   Die Bedeutung des Besitzes eigener Sachen für die Erreichung des Vollzugsziels sowie für die Verhinderung von schädlichen Einflüssen des Vollzugs ist bei der **Entscheidung über die Erteilung der Genehmigung** – etwa im offenen Vollzug, in bestimmten Anstalten oder Abteilungen, z.B. solchen für ältere Gefangene oder Frauen,[31] allgemein für die Freizeitgestaltung, beim Besuch – zu berücksichtigen.[32] Darf der Inhaftierte eigene Kleidung im Haftraum tragen, kann ihm aufgegeben werden, zur gemeinsamen Arbeit

---

24   OLG Frankfurt, Beschl. vom 23.5.1978 – 3 Ws 147/78; OLG Koblenz, Beschl. vom 18.1.1995 – 2 Ws 880/94.
25   **NI** LT-Drucks. 15/3565, 110; *Arloth/Krä* § 23 HmbStVollzG Rdn. 1, § 22 NJVollzG Rdn. 1.
26   **NI** LT-Drucks. 15/3565, 110; *Arloth/Krä* § 22 NJVollzG Rdn. 2.
27   *Höflich/Schriever* S. 66.
28   **NW** LT-Drucks. 16/5413, 99.
29   BVerfG, Beschl. vom 14.8.1996 – 2 BvR 2626/95 = NStZ-RR 1997, 59, 60.
30   VGH München, Beschl. vom 9.6.1999 – 12 ZC 98.3518 = NStZ-RR 1999, 380 f m. krit. Anm. *Hammel* ZfStrVo 2000, 180; LSG Sachsen, Beschl. vom 4.3.2015 – L 3 AS 94/15 B ER = Beck-Rs 2016, 72169 Rdn. 37.
31   So **NW** LT-Drucks. 16/5413, 99.
32   S. auch BeckOK-*Setton* § 20 StVollzG Rdn. 6; *Böhm* 2006, 545 Fn. 66; *Laubenthal/Nestler/Neubacher/Verrel* H Rdn. 141; einschränkend im Hinblick auf § 20 Abs. 1 Satz 1 StVollzG noch OLG Koblenz, Beschl. vom 26.10.1988 – 2 Vollz (Ws) 69/88 = ZfStrVo 1989, 56; *Arloth/Krä* § 20 StVollzG Rdn. 4.

und Freizeit Anstaltskleidung zu tragen.[33] In einer Anstalt hohen Sicherheitsgrades kann die Überlassung privater Turnkleidung untersagt werden, wenn solche aus Anstaltsbeständen zur Verfügung gestellt wird.[34]

Die Gestattung nach § 20 Abs. 2 Satz 2 StVollzG, **BW** § 16 Abs. 2 Satz 2 III, **BY** Art. 22 Abs. 2 Satz 2, **BE** § 57 Abs. 2 Satz 1, **BB** § 62 Abs. 1 Satz 2, **HB** § 52 Abs. 2 Satz 1, **HE** § 21 Abs. 2 Satz 1, **MV** § 52 Abs. 2 Satz 1, **NW** § 15 Abs. 1 Satz 2, **RP** § 61 Abs. 1 Satz 2, **SL** § 52 Abs. 2 Satz 1, **ST** § 60 Abs. 1 Satz 2, **TH** § 62 Abs. 1 Satz 2 hängt von den dargestellten Möglichkeiten ab und liegt im am Vollzugsziel und an den vollzuglichen Prinzipien zu orientierenden Ermessen des Anstaltsleiters. Deshalb steht dem Inhaftierten insoweit lediglich ein Anspruch auf **ermessensfehlerfreie Entscheidung** zu, § 115 Abs. 5 StVollzG.[35] Dabei wurde es als zulässiger Ermessensgebrauch angesehen, das Tragen bestimmter Kleidung zu untersagen, etwa solcher mit Tarnmuster,[36] vollständig weißer Kleidung in der Sozialtherapeutischen Anstalt wegen Verwechselungsgefahr mit dem medizinischen Personal[37] oder aus Gründen von Sicherheit und Ordnung der „Kutten" sog. Motorradclubs.[38] Gleiches gilt für Gewalt verherrlichende und Sympathie für rechtsextreme Kreise bekundende Modeartikel.[39] Die Rechtsprechung hat jedoch solche Verbote z.T. auch auf die Vorschriften über die Haftraumausstattung gestützt oder schon den Einkauf problematischer Kleidung untersagt.[40] In Hamburg und Hessen existieren eigene gesetzliche Regelungen, indem Kleidung, die z.B. durch provozierende Aufdrucke[41] Sicherheit oder Ordnung gefährdet, ausgeschlossen werden kann (**HH** § 23 Abs. 1 Satz 2 i.V.m. § 22 Abs. 2) bzw. ausgeschlossen ist (**HE** § 21 Abs. 2 Satz 3 i.V.m. § 19 Abs. 2). Ohne Ermessen sind in Hessen nach diesen Normen ferner Kleidungsstücke verboten, deren Besitz, Überlassung oder Benutzung strafbar oder ordnungswidrig ist, etwa wenn sie mit Kennzeichen verfassungswidriger Organisationen i.S.v. § 86a StGB oder verbotener Vereine (§ 20 Abs. 1 Satz 1 Nr. 5 Vereinsgesetz) bedruckt sind.

Regelt in Sachsen der Anstaltsleiter (**SN** § 52 Abs. 1 Satz 2), ob die Gefangenen Anstalts- oder eigene Kleidung tragen (**SN** § 52 Abs. 1 Satz 1), wird ihm in weitem Umfang Ermessen eingeräumt. Er kann damit unter Heranziehung der in Rdn. 6 und 7 dargestellten Kriterien generelle oder differenzierte Regelungen treffen. Im Hinblick auf mögliche Gefahren für die Anstaltsordnung, wenn soziale Unterschiede sich in der Kleidung zu deutlich manifestieren, gilt auch das allgemeine Gebot, Anstaltskleidung zu tragen, als zulässig.[42] Ein Gefangener, der über keine (hinlängliche) Privatkleidung verfügt oder diese nicht tragen will, muss aber in jedem Fall mit Anstaltskleidung versehen wer-

---

33 OLG Bremen, Beschl. vom 14.11.1984 – Ws 137/84 (BL 193/84) = ZfStrVo 1985, 178; *Arloth/Krä* § 20 StVollzG Rdn. 4.
34 OLG Hamm, Beschl. vom 25.6.1992 – 1 Vollz (Ws) 103/92 = NStZ 1992, 559; *Arloth/Krä* § 20 StVollzG Rdn. 4.
35 KG, Beschl. vom 6.6.2005 – 5 Ws 196/05 Vollz = NStZ 2006, 583; OLG Frankfurt, Beschl. vom 11.2.2014 – 3 Ws 260/13 (StVollz), juris Rdn. 3; OLG Hamm, Beschl. vom 29.1.2013 – 1 Vollz (Ws) 659/12 = Beck-Rs 2013, 14559.
36 KG, Beschl. vom 6.6.2005 – 5 Ws 196/05 Vollz = NStZ 2006, 583, 584.
37 KG, Beschl. vom 11.5.2001 – 5 Ws 195/01 Vollz = Beck-Rs 2015, 17638.
38 OLG Hamm, Beschl. vom 29.1.2013 – 1 Vollz (Ws) 659/12 = Beck-Rs 2013, 14559; LG Freiburg, Beschl. vom 10.6.2013 – 13 StVK 193/12 = Beck-Rs 2015, 19750; AK-*Knauer* Teil II § 52 LandesR Rdn. 7.
39 Vgl. OLG Celle, Beschl. vom 3.5.2013 – 1 Ws 117/13 (StrVollz) = NStZ-RR 2013, 262f; LG Dortmund, Beschl. vom 6.6.2012 – 64 StVK 37/12 = Beck-Rs 2012, 14558; ferner OLG Karlsruhe, Beschl. vom 12.2.2016 – 2 Ws 6/16 = Beck-Rs 2016, 04353 (Sicherungsverwahrung).
40 So KG, Beschl. vom 6.6.2005 – 5 Ws 196/05 Vollz = NStZ 2006, 583f; LG Dortmund, Beschl. vom 6.6.2012 – 64 StVK 37/12 = Beck-Rs 2012, 14558.
41 **HH** LT-Drucks. 19/2533, 54f.
42 S. *Arloth/Krä* § 52 SächsStVollzG Rdn. 1.

den.⁴³ Wie nach fast allen anderen Gesetzen tragen die Gefangenen die Kosten für Reinigung und Instandsetzung privater Kleidung selbst (**SN** § 52 Abs. 2).

9   Je nach den Möglichkeiten in der Anstalt sind **organisatorische Bedingungen** für die Gestattung (z.B. Einnähen eines Namensschildes, regelmäßige Abgabe in einem Wäschenetz zur Reinigung in der Anstaltswäscherei, Verzicht auf Ansprüche gegen die Anstalt wegen Verlust oder Beschädigung durch Fahrlässigkeit, sofern die Reinigung kostenlos erfolgt) zulässig.⁴⁴ Hat das OLG Koblenz im Hinblick auf § 276 Abs. 3 BGB einen Haftungsausschluss bei Vorsatz für unzulässig gehalten, wird ein solcher aber entgegen dem OLG⁴⁵ heute auch bei grober Fahrlässigkeit nach dem Rechtsgedanken des § 309 Nr. 7 Buchstabe b) BGB (Verbot einer derartigen Klausel in Allgemeinen Geschäftsbedingungen) ausscheiden. Nach **BB** § 62 Abs. 3 Satz 2, **RP** § 61 Abs. 3 Satz 2, **ST** § 60 Abs. 3 Satz 2, **TH** § 62 Abs. 3 Satz 2 kann zur Verhinderung des Einschmuggelns von Gegenständen⁴⁶ angeordnet werden, Reinigung und Instandhaltung von der Anstalt vermitteln zu lassen, gem. **MV** § 52 Abs. 2 Satz 2 ist die Vermittlung durch die Anstalt zwingend vorgeschrieben. Obwohl dies in Sachsen nicht gesetzlich geregelt ist, soll auch hier der Anstaltsleiter eine entsprechende Anordnung treffen dürfen, indem er sie zur Bedingung für die Zulassung von Privatkleidung macht.⁴⁷ Die Vollzugsanstalt sollte jedoch, wo immer es möglich ist, Gelegenheiten für die Insassen schaffen, Reinigung und Instandhaltung eigener Kleidung selbstverantwortlich zu leisten, etwa durch Anschaffung und Aufstellung von Waschmaschinen, deren Benutzung gegen geringe Gebühr oder kostenlos gestattet wird.⁴⁸

10   Zulässig ist auch der **Widerruf** der Erlaubnis, (bestimmte) Privatkleidung zu tragen. Ein solches Vorgehen darf man aber weder auf die entsprechende Anwendung von § 14 Abs. 2 StVollzG⁴⁹ noch auf eine aus dem Ermessen der Anstaltsleitung (Rdn. 7) folgende Überprüfungsbefugnis stützen.⁵⁰ Vielmehr kommt dies gem. **BY** Art. 115a, ggf. i.V.m. Art. 48ff VwVfG Bayern, **BE** § 98, **BB** § 104, **HB** § 91, **HH** § 92, **HE** § 5 Abs. 3 Satz 2 i.V.m. §§ 48ff VwVfG Hessen, **MV** § 90, **NI** § 100, **NW** § 83, **RP** § 101, **SL** § 90, **SN** § 94, **ST** § 102, **SH** § 122, **TH** § 102 – und sofern das einschlägige Gesetz keine vorrangig anzuwendende Vorschrift über die Aufhebung von Maßnahmen kennt – unter den Voraussetzungen des § 4 Abs. 2 Satz 2 StVollzG, **BW** § 3 Abs. 2 III in Frage. Bestandsschutz besteht nicht nach Verlegungen, weil die Bekleidungsregelungen nach allen Gesetzen von der Leitung der jeweiligen Anstalt getroffen werden.⁵¹

B. Anstaltsverpflegung

Bund Baden-Württemberg Bayern	BW § 17 III JVollzGB; BY Art. 23 BayStVollzG;

---

43 **SN** LT-Drucks. 5/10920, 122; vgl. auch LSG Sachsen, Beschl. vom 4.3.2015 – L 3 AS 94/15 B ER = Beck-Rs 2016, 72169 Rdn. 36.
44 OLG Koblenz, Beschl. vom 26.10.1988 – 2 Vollz (Ws) 69/88 = ZfStrVo 1989, 56; BeckOK-*Setton* § 20 StVollzG Rdn. 7; *Laubenthal/Nestler/Neubacher/Verrel* H Rdn. 141.
45 S. OLG Koblenz, Beschl. vom 26.10.1988 – 2 Vollz (Ws) 69/88 = ZfStrVo 1989, 56, 57.
46 *Arloth/Krä* § 62 BbgJVollzG Rdn. 1, § 61 RhPf LJVollzG Rdn. 1.
47 So *Arloth/Krä* § 52 SächsStVollzG Rdn. 1.
48 AK-*Knauer* Teil II § 52 LandesR Rdn. 8; *Laubenthal/Nestler/Neubacher/Verrel* H Rdn. 142; vgl. auch *Köhne* ZRP 2003, 60.
49 So noch KG, Beschl. vom 11.5.2001 – 5 Ws 195/01 Vollz = Beck-Rs 2015, 17638.
50 So aber LG Freiburg, Beschl. vom 10.6.2013 – 13 StVK 193/12 = Beck-Rs 2015, 19750; letztlich auch OLG Hamm, Beschl. vom 29.1.2013 – 1 Vollz (Ws) 659/12 = Beck-Rs 2013, 14559.
51 Vgl. auch OLG Frankfurt, Beschl. vom 11.2.2014 – 3 Ws 260/13 (StVollz), juris Rdn. 5.

B. Anstaltsverpflegung

Berlin	BE § 58 StVollzG Bln;
Brandenburg	BB § 63 BbgJVollzG;
Bremen	HB § 53 BremStVollzG;
Hamburg	HH § 24 HmbStVollzG;
Hessen	HE § 22 HStVollzG;
Mecklenburg-Vorpommern	MV § 53 StVollzG M-V;
Niedersachsen	NI § 23 NJVollzG;
Nordrhein-Westfalen	NW § 16 StVollzG NRW;
Rheinland-Pfalz	RP § 62 LJVollzG;
Saarland	SL § 53 SLStVollzG;
Sachsen	SN § 53 SächsStVollzG;
Sachsen-Anhalt	ST § 61 JVollzGB LSA;
Schleswig-Holstein	SH § 70 LStVollzG SH;
Thüringen	TH § 63 ThürJVollzG.

Schrifttum

Heseker/Heseker Die Nährwerttabelle 2018/2019, Neustadt an der Weinstraße 2018; *Köhne* Eigene Ernährung im Strafvollzug, in: NStZ 2004, 607; *Schriever* Essen als Strafe? Zugleich eine Erwiderung auf Köhne, Eigene Ernährung im Strafvollzug, NStZ 2004, 607 ff, in: NStZ 2005, 197; *Urban/Mildner* Der Leiter der Wirtschaftsverwaltung, in: Schwind/Blau (Hrsg.), Strafvollzug in der Praxis, Berlin 1988, 125.

Übersicht

I. Allgemeine Hinweise —— 1–4
II. Erläuterungen —— 5–13
   1. Zusammensetzung und Nährwert —— 5
   2. Aufgaben des Anstaltsarztes —— 6–8
   3. Verordnung von Krankenkost —— 9
   4. Religiöse Speisevorschriften —— 10–13

I. Allgemeine Hinweise

Der stationär im Strafvollzug Inhaftierte ist aufgrund des Freiheitsentzugs weitgehend **1** auf Versorgung durch die Justizvollzugsanstalt angewiesen. Die Vollzugsbehörde ist deshalb verpflichtet, den Gefangenen zu verpflegen.[52] Der Bundesgesetzgeber ging wie die ihm folgenden Landesgesetzgeber dabei davon aus, dass die volle Verantwortung für die Verpflegung der Gefangenen bei der Vollzugsanstalt liegt.[53] Der Inhaftierte hat im Gegenzug einen Anspruch darauf, von der Anstalt mit Nahrung versorgt zu werden.[54] Die ausgegebene Anstaltsverpflegung bleibt so lange Eigentum der Anstalt, bis der Gefangene sie bestimmungsgemäß verbraucht hat. Ein Anspruch auf Vergabe der Verpflegung zur Versendung an anstaltsfremde Personen, z.B. die Familie des Inhaftierten, besteht nicht.[55]

Die Verpflegung der Gefangenen darf kein zusätzliches Strafübel darstellen.[56] **Men-** **2** **ge und Zusammensetzung** müssen sich daher nach durchschnittlichem Bedarf und durchschnittlicher Qualität richten. Dies ist zugleich Ausdruck des Angleichungsgrundsatzes (1 D 4–10).[57] **BW** § 17 Abs. 1 III bestimmt dabei ausdrücklich, dass Verpflegung in

---

[52] AK-*Knauer* Teil II § 53 Rdn. 4; *Arloth/Krä* § 21 StVollzG Rdn. 1; *Laubenthal/Nestler/Neubacher/Verrel* H Rdn. 143.
[53] BT-Drucks. 7/918, 56.
[54] *Arloth/Krä* § 21 StVollzG Rdn. 1; *Laubenthal/Nestler/Neubacher/Verrel* H Rdn. 143.
[55] KG NStZ 1989, 550; BeckOK-*Setton* § 21 Rdn. 2.
[56] BeckOK-*Setton* § 21 Rdn. 2; *Laubenthal/Nestler/Neubacher/Verrel* H Rdn. 144; vgl. auch *Schriever* NStZ 2005, 197.
[57] Vgl. auch BT-Drucks. 7/918, 55.

Übereinstimmung mit den jeweils gültigen Werten für eine ausreichende und ausgewogene Ernährung angeboten wird. Zudem hat eine Gemeinschaftsverpflegung stattzufinden, was dem Angleichungsgrundsatz Rechnung trägt.[58]

3   In Bezug auf die **Art und Weise** der Verpflegung gilt der **Angleichungsgrundsatz** ebenfalls.[59] Organisation und Darreichungsform der Verpflegung müssen demnach den Verhältnissen außerhalb des Vollzugs soweit wie möglich angeglichen werden, was eine Überlassung der Nahrungsmittel in Blech- oder Plastikgeschirr ebenso ausschließt, wie eine völlige und ausschließliche Fremdversorgung.[60]

4   Als Alternative zu einer Verpflegung durch die Anstalt kommt eine **Selbstverpflegung** in Betracht.[61] Dadurch würde zwar dem Eingliederungsgrundsatz (1 D 14, 15) entsprochen.[62] Der nur in begrenztem Umfang mögliche Erwerb von Nahrungs- und Genussmitteln mit Haus- oder Taschengeld kann für die Vollverpflegung durch die Anstalt allerdings kein adäquater Ersatz sein.[63] Zudem bestehen insbesondere aus Gründen der Sicherheit und Ordnung, der Praktikabilität, aber auch bezogen auf eine mögliche wirtschaftliche Mehrbelastung gravierende Bedenken gegen eine Selbstverpflegung.[64] Eine Selbstverpflegung ist demnach – insbesondere bei Unterbringung in Wohngruppen – durch die gesetzlichen Regelungen **BW** § 17 III, **BY** Art. 23, **BE** § 58, **BB** § 63, **HB** § 53, **HH** § 24, **HE** § 22, **MV** § 53, **NI** § 23, **RP** § 62, **SL** § 53, **SN** § 53, **ST** § 61, **SH** § 70, **TH** § 63 zwar nicht ausgeschlossen, jedoch besteht darauf kein Anspruch. Der Vollzugsbehörde steht insoweit ein **Ermessen** zu,[65] wobei dem Angleichungsgrundsatz bei der Abwägung entsprechendes Gewicht beizumessen ist. **NW** § 16 Abs. 2 sieht vor, dass sich Gefangene im offenen Vollzug auf eigene Kosten selbst verpflegen können, soweit Gründe der Sicherheit oder Ordnung der Anstalt nicht entgegenstehen.

II. Erläuterungen

5   **1. Zusammensetzung und Nährwert.** Die Gesetze enthalten zur Qualität der Nahrung, insbesondere zu ihrer Zusammensetzung und dem Nährwert keine konkrete Regelung.[66] Solche Bestimmungen fanden sich lediglich im ursprünglichen Kommissionsentwurf in § 23 Abs. 1 Satz 2 KE. Da der Inhaftierte indes auf die Verpflegung durch die Vollzugsbehörde angewiesen ist (6 B 1), muss die Anstalt im Gegenzug jedenfalls eine **vollwertige Ernährung** gewährleisten. Auch Getränke sind zur Verfügung zu stellen. Die Anstalten sind zudem gehalten, **Qualitätskontrollen** durchzuführen, wobei Anhaltspunkte für die qualitativen Anforderungen die Verpflegung in Krankenhäusern oder z.B. bei der Bundeswehr liefern können.[67] In den Bundesländern existieren jeweils **Verpflegungsordnungen** zur Regelung der Verpflegungswirtschaft, aus denen sich ergibt, welche Lebensmittel nach Art und Menge zur Herstellung der Speisen verwendet werden.[68]

---

58 Krit. *Arloth/Krä* BW § 17 (III) Rdn. 1.
59 *Laubenthal/Nestler/Neubacher/Verrel* H Rdn. 144.
60 *Laubenthal/Nestler/Neubacher/Verrel* H Rdn. 144.
61 Dafür *Köhne* NStZ 2004, 607 ff.
62 *Köhne* NStZ 2004, 607.
63 Vgl. *Schriever* NStZ 2005, 195 ff.
64 *Arloth/Krä* § 21 StVollzG Rdn. 1; BeckOK-*Setton* § 21 StVollzG Rdn. 7.
65 *Arloth/Krä* § 21 StVollzG Rdn. 3; siehe aber 6 B 10.
66 *Laubenthal/Nestler/Neubacher/Verrel* H Rdn. 146.
67 Dazu auch AK-*Knauer* Teil II § 53 Rdn. 5.
68 Vgl. bspw. Verpflegungsordnung für die Justizvollzugsanstalten in Bayern – VerpflO, vom 15. November 2007 Az. 4540 – VII a – 1953/2004.

Der Gefangene hat jedoch keinen Anspruch auf eine Zertifizierung der Unbedenklichkeit eines Nahrungsmittels. Das allgemeine Lebensrisiko muss er hinnehmen.[69]

2. Aufgaben des Anstaltsarztes. Zusammensetzung und Nährwert der Verpflegung werden durch den Anstaltsarzt beaufsichtigt. Hinsichtlich der Zusammensetzung und des Nährwertes der Kost übt er eine **Überwachungsfunktion** aus. Im Hinblick auf die allgemeine Hygiene achtet er auf alle relevanten Umstände bei der Zubereitung der Verpflegung und der damit befassten Personen. Davon unabhängig ist die infektionshygienische Überwachung durch das zuständige Gesundheitsamt, vgl. § 36 Abs. 1 IfSG.[70] **HH** § 24 Satz 2 enthält, wie die anderen Landesgesetze auch, den Verweis auf die ärztliche Überwachung der Verpflegung; allerdings fehlt der Hinweis, dass auf ärztliche Anordnung hin besondere Verpflegung gewährt wird. Mit der Streichung dieser Regelung sollte nach Auffassung des Landesgesetzgebers diese Möglichkeit jedoch nicht entfallen. Die Notwendigkeit besonderer Verpflegung im Einzelfall bspw. zur Krankenbehandlung ergebe sich aus der Natur der Sache und bedürfe keiner gesonderten gesetzlichen Regelung.[71] **NI** § 23 enthält nur die Regelung, dass die Gefangenen gesund zu ernähren sind, ohne Hinweis auf eine ärztliche Überwachung. Dies soll verdeutlichen, dass das Gebot, die Gefangenen gesund zu ernähren, nicht nur eine ärztliche Aufgabe ist. Mit der Streichung ist die ärztliche Überwachungspflicht jedoch nicht entfallen.[72] Auch **BW** § 17 Abs. 1 III enthält nur den Hinweis, dass die jeweils gültigen Werte für eine ausreichende und ausgewogene Ernährung einzuhalten sind. Die Gesetzesbegründung enthält insoweit jedoch keine Erklärung inwieweit eine ärztliche Überwachung weiterhin stattzufinden hat. Die Anstaltsverpflegung hat lediglich der auch außerhalb des Vollzugs geltenden Zusammensetzung zu entsprechen.[73] **BE** § 58 Satz 1, **BB** § 63 Abs. 1 Satz 1, **HB** § 53 Abs. 1 Satz 1, **HE** § 22 Abs. 1 Satz 2, **MV** § 53 Abs. 1 Satz 1, **RP** § 62 Abs. 1 Satz 1, **SL** § 53 Abs. 1 Satz 1, **SN** § 53 Abs. 1 Satz 1, **ST** § 61 Abs. 1 Satz 1, **SH** § 70 Abs. 1 Satz 1, **TH** § 63 Abs. 1 Satz 1 bestimmen zusätzlich, dass Zusammensetzung und Nährwert der Anstaltsverpflegung den Anforderungen an eine gesunde Ernährung zu entsprechen haben. **BY** Art. 23 Satz 1 und **NW** § 16 Abs. 1 Satz 2 sehen eine ärztliche Überwachung vor, enthalten jedoch besonderen Anforderungen an die Anstaltsverpflegung.

Bei der Überwachung des Nährwertes und der Zusammensetzung der Verpflegung hat der Anstaltsarzt darauf hinzuwirken, dass die Erkenntnisse der modernen Ernährungslehre von der Justizvollzugsanstalt und deren Wirtschaftsverwaltung beachtet werden.[74] Danach ist die Vollzugsbehörde gehalten, für eine abwechslungsreiche und vollwertige, d.h. hinsichtlich ihres Brennwertgehaltes (Kalorien/Joule) und dem Vorkommen an Vitaminen o.ä. bei Leistung mittelschwerer Arbeit ausreichende Ernährung zu sorgen. Führt der Gefangene Schwer- oder Schwerstarbeit aus, so entsteht ein Mehrbedarf an Nahrung, dem von der Behörde entsprochen wird, sofern medizinische Bedenken nicht entgegenstehen. Im Übrigen ist für die Nährwertberechnung die Nährwerttabelle der Deutschen Gesellschaft für Ernährung[75] heranzuziehen, die von den Bruttowerten der Lebensmittel ausgeht.

---

69 OLG Hamm NStZ 1995, 616.
70 Siehe (6 D 9).
71 **HH** LT-Drucks. 18/6490, 39; LT-Drucks. 19/2533, 55.
72 **NI** LT-Drucks. 15/3565, 110 f.
73 BW LT-Drucks. 14/5012, 215.
74 Vgl. auch *Urban/Mildner* 1988, 128.
75 *Heseker/Heseker* 2018; zur a.F. vgl. *Urban/Mildner* 1988, 128.

8 Neben der Überwachung der Gefangenenkost obliegt dem Anstaltsarzt auch die Überwachung der hygienischen Erfordernisse im Küchenbereich, u.a. nach den Vorschriften des IfSG, vgl. insbesondere § 43 IfSG, wonach das zuständige Gesundheitsamt eine entsprechende Bescheinigung zur Tätigkeit im Lebensmittelbereich ausstellt.[76] Der in der Küche eingesetzte Personenkreis muss über ein gültiges Gesundheitszeugnis verfügen (zur Überwachung der Einhaltung der Vorschriften der Küchenhygiene auch 6 D 9).

9 **3. Verordnung von Krankenkost.** Aus gesundheitlichen Gründen kann der Anstaltsarzt eine von der normalen Kost abweichende Ernährung verordnen, so **BY** Art. 23 Satz 2, **BE** § 58 Satz. 2, **BB** § 63 Abs. 1 Satz 2, **HB** § 53 Abs. 1 Satz 2, **HE** § 22 Abs. 1 Satz 3, **MV** § 53 Abs. 1 Satz 2, **NI** § 23 Satz 2, **NW** § 16 Abs. 1 Satz 2, **RP** § 62 Abs. 1 Satz 2, **SL** § 53 Abs. 1 Satz 2, **SN** § 53 Abs. 1 Satz 2, **ST** § 61 Abs. 1 Satz 2, **SH** § 70 Abs. 1 Satz 2, **TH** § 63 Abs. 1 Satz 2. Hierbei besteht zumeist die Möglichkeit, auf **genormte Krankenkostformen** (z.B. bei Diabetes oder Allergien)[77] zurückzugreifen, die jedoch in den einzelnen Bundesländern voneinander abweichen können. Unabhängig von der besonderen Verordnung durch den Anstaltsarzt kann die Vollzugsbehörde selbst das Speiseangebot variieren und bspw. vegetarische Kost zur Wahl stellen.[78] **NW** § 16 Abs. 1 Satz 3, **BE** § 58 Satz 3, **BB** § 63 Abs. 1 Satz 3 sehen ausdrücklich vor, dass Gefangenen vegetarische bzw. fleischlose Ernährung zu ermöglichen ist. Die Einführung einer personenbezogenen Kostkarte zur Ermittlung des täglichen Bedarfs bzw. von Sonderkostformen verletzt als organisatorische Maßnahme nicht die aus den gesetzlichen Regelungen zur Gefangenenverpflegung folgenden Rechte des Gefangenen.[79]

10 **4. Religiöse Speisevorschriften.** Die Regelungen **BW** § 17 Abs. 2 III, **BY** Art. 23 Satz 3, **BE** § 58 Satz 3, **BB** § 63 Abs. 1 Satz 3, **HB** § 53 Abs. 1 Satz 3, **HH** § 24 Satz 3, **HE** § 22 Abs. 1 Satz 3, **MV** § 53 Abs. 1 Satz 3, **NI** § 23 Satz 3, **NW** § 16 Abs. 1 Satz 3, **RP** § 62 Abs. 1 Satz 3, **SL** § 53 Abs. 1 Satz 3, **SN** § 53 Abs. 1 Satz 3, **ST** § 61 Abs. 1 Satz 3, **SH** § 70 Abs. 1 Satz 3, **TH** § 63 Abs. 1 Satz 3 erlauben es dem Gefangenen, Speisevorschriften seiner Religionsgemeinschaft zu befolgen. Damit wird ihm aufgrund von **Art. 4 GG** ein **Recht auf Selbstverpflegung** zugebilligt, wenn religiöse Gründe dies nahelegen.[80] Die Anstalt muss auch grundsätzlich bemüht sein, den Zeitpunkt der Nahrungsaufnahme zu beachten, sofern dies religiösen Vorschriften unterliegt.[81] Die Anerkennung einer Religionszugehörigkeit darf allerdings nicht davon abhängig gemacht werden, dass sich ein Strafgefangener an einen bestimmten Religionsbeauftragten wendet und dieser eine entsprechende Bescheinigung ausstellt.[82] Nach **BW** § 17 Abs. 2 III und **SN** § 53 Abs. 1 Satz 3 soll dem Gefangenen ermöglicht werden, religiöse Speisevorschriften zu befolgen. Anders als im StVollzG ist die Norm insoweit als „Soll"-Vorschrift ausgestaltet, was im Einzelfall weitergehende Ausnahmen von dem Recht auf Selbstverpflegung aus religiösen Gründen gestattet. Angesichts von Art. 4 GG müssen diese Einschnitte jedoch auf ein

---

76 Siehe auch BeckOK-*Setton* § 21 StVollzG Rdn. 3.
77 Vgl. auch *Riekenbrauck/Render* Diabetes-Journal 10/1991, 16.
78 OLG Hamm, Beschl. v. 25.3.1985 – 1 VAs 154/84. Ein Anspruch auf vegane Ernährung besteht jedoch nicht, so LG Stendal, Beschl. vom 18.6.2014 – 509 StVK 256/14.
79 KG NStZ 1998, 358; *Laubenthal/Nestler/Neubacher/Verrel* H Rdn. 151.
80 Vgl. auch *Arloth/Krä* § 21 StVollzG Rdn. 3.
81 OLG Koblenz ZfStrVo 1995, 111.
82 OLG Koblenz ZfStrVo 1994, 241.

Minimum beschränkt bleiben. In der Gesetzesbegründung finden sich zu diesen Abweichungen von der bundesgesetzlichen Regelung keine Ausführungen.[83]

Die Justizvollzugsanstalt ist nicht verpflichtet, dem Gefangenen die den Speisevorschriften seiner Religionsgemeinschaft entsprechenden Speisen zu verschaffen. Sie muss ihm aber gestatten, sich derartige Speisen selbst zu besorgen.[84] Problematisch erscheint dies zwar bei Gefangenen, die nicht über die dafür erforderlichen finanziellen Mittel verfügen. Unter dem Gesichtspunkt **weltanschaulicher Neutralität des Staates** ist die Anstalt in einem solchen Fall gleichwohl nicht verpflichtet, eine entsprechende Verpflegung zu gewähren.[85]   **11**

Die Anstalt darf die Selbstverpflegung ablehnen, sofern die Anstaltsverpflegung das religiöse Speisegebot abdeckt und zugleich dem Nahrungsbedarf des Gefangenen entspricht. Dies kann auch durch einen ergänzenden Einkauf von Nahrungsmitteln beim Einkauf in der Anstalt (6 C 3ff) sichergestellt sein. In der Praxis wird es sich bei den Erfordernissen religiöser Speisegebote meist um islamische, buddhistische oder jüdische Religionsgemeinschaften handeln. Koschere Speisen können schon aus technischen Gründen durch die Anstaltsküche kaum erstellt werden, so dass dem Gefangenen i.d.R. eine Selbstverpflegung gestattet werden muss. Allerdings wird in vielen Justizvollzugsanstalten schon aus Gründen der Sicherheit und Ordnung[86] ein Speiseangebot erstellt, das den religiösen Speisegeboten zumindest des Islams entspricht.   **12**

Außerhalb religiöser Gesichtspunkte, ist die Gewährung von Selbstverpflegung eine **Ermessensentscheidung** der Vollzugsbehörde (6 B 4).[87]   **13**

C. Einkauf

Bund	§ 22 StVollzG
Baden-Württemberg	BW § 18 III JVollzGB
Bayern	BY Art. 24, 25 BayStVollzG
Berlin	BE § 59 StVollzG Bln
Brandenburg	BB § 63 Abs. 2 BbgJVollzG
Bremen	HB § 53 Abs. 2 BremStVollzG
Hamburg	HH § 25 HmbStVollzG
Hessen	HE § 22 Abs. 2 und 3 HStVollzG
Mecklenburg-Vorpommern	MV § 53 Abs. 2 und 3 StVollzG M-V
Niedersachsen	NI § 24 NJVollzG
Nordrhein-Westfalen	NW § 17 StVollzG NRW
Rheinland-Pfalz	RP § 62 Abs. 2 LJVollzG
Saarland	SL § 53 Abs. 2 SLStVollzG
Sachsen	SN § 53 Abs. 2 und 3 SächsStVollzG
Sachsen-Anhalt	ST § 61 Abs. 2 bis 5 JVollzGB LSA
Schleswig-Holstein	SH § 70 Abs. 2 LStVollzG SH
Thüringen	TH § 63 Abs. 2 ThürJVollzGB

---

83 Vgl. Für **BW**: BW LT-Drucks. 14/5012, 215.
84 OLG Hamm NStZ 1984, 190; LG Straubing ZfStrVo 1979, 124; *Laubenthal/Nestler/Neubacher/Verrel* H Rdn. 153.
85 *Laubenthal/Nestler/Neubacher/Verrel* H Rdn. 153.
86 Vgl. *Schriever* NStZ 2005, 196f; dazu auch AK-*Knauer* Teil II § 53 Rdn. 10.
87 OLG Koblenz, Beschl. vom 4.2.2015 – 2 Ws 550/14.

Schrifttum

Böhm Strafvollzug und „Strafübel", in: Feltes u.a. (Hrsg.), FS Schwind, Heidelberg 2006, 533 ff; *Köhne* Alkohol im Strafvollzug, in: ZRP 2002, 168 f; ders. „Gar nicht so günstig" – Zum Einkauf im Strafvollzug, in: NStZ 2012, 616 ff.

Übersicht

I. Allgemeine Hinweise —— 1–5
  1. Einkauf als Unterfall der allgemeinen Lebenshaltung —— 1
  2. Abhängigkeit des Einkaufs vom Arbeitsverhalten des Gefangenen —— 2–5
II. Erläuterungen —— 6–18
  1. Anspruch auf Einkauf insbesondere von Nahrungs- und Genussmitteln —— 6–9
  2. Ermöglichung des Einkaufs frischer Lebensmittel —— 10
  3. Ausschluss bestimmter Genussmittel und weiterer Produkte —— 11–13
  4. Einkauf vom Eigengeld —— 14–16
  5. Einkauf anderer Gegenstände —— 17
  6. Sondereinkauf —— 18

I. Allgemeine Hinweise

1 **1. Einkauf als Unterfall der allgemeinen Lebenshaltung.** Der Einkauf ist ein für die Stimmung unter den Gefangenen in der Anstalt besonders wichtiger Unterfall der allgemeinen Lebenshaltung im Vollzug. Diese ist (Einrichtung des Haftraums, Besitz eigener Sachen, Tragen von Anstaltskleidung, ggf. Paketempfang) so geregelt, dass ein möglichst ähnlicher, gleichförmiger Lebensstandard besteht und die unterschiedliche Vermögenssituation des Gefangenen und seiner Angehörigen auf die Vollzugsanstalt nicht durchschlägt.[88] Hinter dem mit der Vorschrift verfolgten Zweck der Vermeidung eines sozialen Gefälles zwischen den Gefangenen stehen Sicherheitsgründe.[89] Die Regelung ist auch deshalb nötig, weil die mit der Freiheitsstrafe verbundenen Belastungen die Insassen gleichmäßig treffen müssen.[90]

2 **2. Abhängigkeit des Einkaufs vom Arbeitsverhalten des Gefangenen.** Beim Einkauf erlaubt nach den Vorgaben der meisten Strafvollzugsgesetze, die Arbeitspflicht kennen, das Arbeitsverhalten des Insassen eine Differenzierung: Je fleißiger und qualifizierter der Gefangene in der Anstalt arbeitet, desto günstiger steht er beim Einkauf.[91] Denn als Quelle der für den Einkauf verwendbaren Mittel dient primär das aus dem Arbeitsentgelt zu bildende Hausgeld, hilfsweise das – eher geringe – Taschengeld. Die Beschränkung des Einkaufs möglichst auf selbstverdiente Geldmittel soll der Resozialisierung dienen.[92] Diese Regelung bleibt jedoch nur gerecht, wenn für alle Gefangenen vergütete Arbeit, Ausbildung oder Beschäftigung zur Verfügung stehen, was nicht durchgehend der Fall ist. Der Insasse, der schuldlos ohne Arbeit geblieben ist, sowie der wegen Alters oder Krankheit Arbeitsunfähige sollen etwa so viel von ihren eigenen Mit-

---

[88] LG Hamburg, Beschl. vom 18.3.1977 – (98) Vollz 7/77 = ZfStrVo SH 1977, 26; „soziale Gleichbehandlung bei der anstaltsbedingten Konsumbeschränkung": K/S-*Schöch* § 7 Rdn. 96; BeckOK-*Setton* § 22 StVollzG Rdn. 1 f; *Böhm* 2006, 546; *Laubenthal/Nestler/Neubacher/Verrel* F Rdn. 2; krit. *Köhne* NStZ 2012, 616, 617.
[89] BVerfG, Beschl. vom 7.11.2008 – 2 BvR 1870/07 = NJW 2009, 661, 663; AK-*Knauer* Teil II § 53 LandesR Rdn. 11; *Laubenthal/Nestler/Neubacher/Verrel* F Rdn. 2.
[90] AK-*Knauer* Teil II § 53 LandesR Rdn. 11; *Arloth/Krä* § 22 StVollzG Rdn. 1; *Böhm* Rdn. 223; *Laubenthal/Nestler/Neubacher/Verrel* F Rdn. 2; vgl. aber Rdn. 5.
[91] So auch *Arloth/Krä* § 22 StVollzG Rdn. 1; BeckOK-*Setton* § 22 StVollzG Rdn. 2; *Laubenthal/Nestler/Neubacher/Verrel* F Rdn. 2.
[92] KG, Beschl. vom 28.4.1982 – 2 Ws 53/82 = ZfStrVo 1983, 59.

teln für den Einkauf verwenden dürfen, wie der knapp durchschnittlich arbeitende Insasse an Hausgeld zur Verfügung hat. Verfügen sie über keine eigenen Mittel, so erhalten sie ein Taschengeld. Das Taschengeld hat der Gefangene auch zum Erwerb von Hygieneartikeln einzusetzen.[93] Verfügt er aber weder über solches noch über andere Mittel, muss die Anstalt ihn aus Gründen der Fürsorgepflicht wie ihrer Aufgabe zum Gesundheitsschutz kostenlos mit derartigen Produkten ausstatten.[94]

Der **schuldhaft nicht arbeitende Gefangene**, der weder Haus- noch Taschengeld 3 sein Eigen nennen konnte, war damit unter der Geltung des StVollzG vom Einkauf ausgeschlossen, wenn man von dem ersatzweise gestatteten Einkauf beim Ausbleiben der dreimal im Jahr nach § 33 Abs. 1 StVollzG gewährleisteten Pakete absah (VV Nr. 6 Abs. 1 zu § 33 StVollzG). Einen solchen Ersatzeinkauf sehen jedoch nahezu alle Landesgesetze nicht vor, weil sie zur Verminderung des Kontrollaufwands die Möglichkeit ausschließen, Pakete mit Nahrungs- und Genussmitteln (**BW** § 28 Abs. 1 Satz 3 III, **BY** Art. 36 Abs. 1 Satz 3, **HB** § 37 Abs. 1 Satz 2, **HH** § 33 Abs. 1 Satz 3, **HE** § 37 Abs. 1 Satz 3, **MV** § 37 Abs. 1 Satz 2, **NI** § 34 Abs. 1 Satz 3, **NW** § 28 Abs. 1 Satz 2, **RP** § 44 Abs. 1 Satz 2, **SL** § 37 Abs. 1 Satz 2, **ST** § 44 Abs. 1 Satz 2, **SH** § 53 Abs. 1 Satz 2, **TH** § 45 Abs. 1 Satz 2) bzw. zusätzlich Körperpflegemitteln (**BE** § 41 Abs. 1 Satz 2, **SN** § 37 Abs. 1 Satz 2) zu empfangen. Stattdessen können in Baden-Württemberg, Bayern, Hamburg, Hessen (bei Gestattung durch die Anstalt), Niedersachsen, Sachsen und Sachsen-Anhalt für jeden Gefangenen, ob er arbeitet oder dies nicht tut, von außen **Geldmittel eingezahlt** werden, die für den Einkauf Verwendung finden dürfen; die Gesetze der anderen Länder sehen dies nicht vor. In Baden-Württemberg und Bayern handelt es sich hierbei um **Sondergeld** (**BW** § 54 Abs. 1 III, **BY** Art. 53 Satz 2). Es darf in Baden-Württemberg wie Hausgeld, also auch zum Einkauf, genutzt werden, in Bayern kann seine Verwendung zum Sondereinkauf (**BY** Art. 53 Satz 1 i.V.m. Art. 25 Abs. 3) vom Einzahler bestimmt werden. **HH** § 48 Abs. 4 Satz 1, **HE** § 44 Abs. 2 und **ST** § 61 Abs. 3 Satz 1 nehmen eine Einordnung als zweckgebundenes Eigengeld vor. In Niedersachsen kann jährlich Geld in der Gesamthöhe bis zum zwölffachen Tagessatz der Eckvergütung, verteilt auf maximal zwölf Raten, auf das Hausgeldkonto eingezahlt und dann zum Einkauf genutzt werden (**NI** § 46 Abs. 2 und 3 2. Halbs.). Sachsen ermöglicht der Anstalt, Einzahlungen auf das Hausgeldkonto zum Zwecke des Sondereinkaufs zu gestatten (**SN** § 53 Abs. 3 Satz 3). Darf dieser dreimal jährlich stattfinden, bleibt eine Beschränkung der Einzahlungen auf drei Gelegenheiten (z.B. Weihnachten, Ostern, Geburtstag) ermessensfehlerfrei.[95] Analog, aber ohne Ermessen der Anstalt fällt die Regelung in Sachsen-Anhalt aus (**ST** § 61 Abs. 3 Satz 1).

Die Länder, die **keine Arbeitspflicht** mehr kennen (Brandenburg, Rheinland-Pfalz, 4 Saarland, Sachsen) oder in denen sie von den Festlegungen im Vollzugsplan abhängig ist (Bremen, Mecklenburg-Vorpommern), mussten die Verknüpfung von Arbeit(sentgelt) und Einkauf aufgeben. Kann hier schon de jure nicht (stets) erwartet werden, dass die Inhaftierten sich die nötigen Mittel zum Einkauf erarbeiten, und steht ihnen auch namentlich mangels Bedürftigkeit bei vorhandenen Eigenmitteln kein Taschengeldanspruch zu, darf zum Ausgleich das **Eigengeld zum Einkauf verwendet** werden, indem man aus diesem ein monatliches Hausgeld in angemessener Höhe bildet und so zum Einkauf verwendbare Mittel generiert (**BB** § 70 Abs. 3 und 2, **HB** § 60 Abs. 3 und 2, **MV**

---

93 BVerfG, Beschl. vom 29.10.2008 – 2 BvR 1268/07 = Beck-Rs 2008, 40879; Laubenthal/Nestler/Neubacher/Verrel F Rdn. 9.
94 OLG Dresden, Beschl. vom 17.1.2003 – 2 Ws 381/02, bei Matzke NStZ 2004, 609; Arloth/Krä § 22 StVollzG Rdn. 1; AK-Knauer Teil II § 53 LandesR Rdn. 15.
95 Vgl. **SN** LT-Drucks. 5/10920, 122; Arloth/Krä § 53 SächsStVollzG Rdn. 3.

§ 59 Abs. 3 und 2, **RP** § 69 Abs. 3 und 2, **SL** § 59 Abs. 3 und 2, **SN** § 59 Abs. 3 und 2).[96] Gleiches gilt trotz Arbeitspflicht in Berlin, Sachsen-Anhalt, Schleswig-Holstein und Thüringen (**BE** § 67 Abs. 3 und 2, **ST** § 68 Abs. 2, Abs. 1 Satz 1 Nr. 3, **SH** § 75 Abs. 3 und 2, **TH** § 70 Abs. 3 und 2).

5   In den Gesetzen, die dem Musterentwurf folgen, ist – unabhängig von der Existenz einer Arbeitspflicht – die Verknüpfung des Einkaufs mit der Erzielung von Arbeitsentgelt auch insofern gelockert, als zwar **Nahrungs- und Genussmittel**, in Brandenburg, Bremen, Mecklenburg-Vorpommern, Rheinland-Pfalz, Saarland, Sachsen, Schleswig-Holstein und Thüringen zudem **Körperpflegemittel** nur vom Haus- und Taschengeld, andere Gegenstände jedoch in angemessenem Umfang auch vom Eigengeld angeschafft werden dürfen (**BE** § 59 Abs. 2 Satz 1, **BB** § 63 Abs. 2 Satz 4, **HB** § 53 Abs. 2 Satz 4, **MV** § 53 Abs. 2 Satz 4, **RP** § 62 Abs. 2 Satz 5, **SL** § 53 Abs. 2 Satz 4, **SN** § 53 Abs. 2 Satz 4, **SH** § 70 Abs. 2 Satz 4, **TH** § 63 Abs. 2 Satz 4). Dem liegt die Erwägung zugrunde, dass gerade eine unterschiedliche Versorgung der Gefangenen mit Nahrungs-, Genuss- bzw. Körperpflegemitteln der Subkulturbildung förderlich wäre.[97] Im Gegensatz zu Rasierklingen[98] und Zahnpasta stellt ein Reinigungsprodukt für Zahnersatz kein Körperpflegemittel dar und darf damit vom Eigengeld gekauft werden.[99]

II. Erläuterungen

6   **1. Anspruch auf Einkauf insbesondere von Nahrungs- und Genussmitteln.** Der Gefangene hat einen mit dem Verpflichtungsantrag (§ 109 Abs. 1 Satz 2 StVollzG)[100] durchsetzbaren Anspruch auf Einkauf von Nahrungs- und Genussmitteln sowie Mitteln zur Körperpflege von seinem Hausgeld bzw. seinem Taschengeld (§ 22 Abs. 1 Satz 1 StVollzG, **BW** § 18 Abs. 1 Satz 1 III, **BY** Art. 24 Abs. 1 Satz 1, **BE** § 59 Abs. 1 Satz 1, **BB** § 63 Abs. 2 Satz 1, **HB** § 53 Abs. 2 Satz 1, **HH** § 25 Abs. 1 i.V.m. § 48 Abs. 3 2. Halbs., **HE** § 22 Abs. 2 Satz 1, **MV** § 53 Abs. 2 Satz 1, **NI** § 24 Abs. 1 Satz 1 i.V.m. § 46 Abs. 1 Nr. 2, Abs. 3 2. Halbs, **NW** § 17 Abs. 1 Satz 1, **RP** § 62 Abs. 2 Satz 1, **SL** § 53 Abs. 2 Satz 1, **SN** § 53 Abs. 2 Satz 1, **ST** § 61 Abs. 2 Satz 1, **SH** § 70 Abs. 2 Satz 1, **TH** § 63 Abs. 2 Satz 1). In allen Ländern außer Bayern, Niedersachsen und Nordrhein-Westfalen wurde die Einschränkung auf Nahrungs-, Genuss- und Pflegemittel entsprechend den Bedürfnissen der Gefangenen[101] wie der Vollzugswirklichkeit (vgl. Rdn. 17) aufgegeben, in Sachsen-Anhalt im Wege der Gestattung des Versandhandels (vgl. **ST** § 61 Abs. 2 Satz 1 und Abs. 4). Das Angebot umfasst dann Waren allgemein, etwa auch Briefpapier, Lernmittel und technische Geräte.[102] Eine Beschränkung des Rechts auf Einkauf ist ggf. nur als Disziplinarmaßnahme zulässig.

7   Der Einkauf wird **durch die Anstalt vermittelt** (Bund, **BW, BY, HH, HE, NI, NW, ST**). Nach den dem Musterentwurf folgenden Gesetzen regelt die Anstalt(sleitung) das Verfahren (**BE** § 59 Abs. 1 Satz 3, **BB** § 63 Abs. 2 Satz 3, **HB** § 53 Abs. 2 Satz 3, **MV** § 53

---

96   Dazu auch *Laubenthal/Nestler/Neubacher/Verrel* F Rdn. 7.
97   Vgl. nur ME-Begründung, 120 f; **BE** LT-Drucks. 17/2442, 238; **BB** LT-Drucks. 5/6437, Begründung S. 63; **HB** LT-Drucks. 18/1475, 121; **SN** LT-Drucks. 5/10920, 122; **SH** LT-Drucks. 18/3153, 139; OLG Dresden, Beschl. vom 4.7.2018 – 2 Ws 247/18, Rdn. 10 (juris); *Arloth/Krä* § 59 Bln StVollzG Rdn. 2.
98   OLG Dresden, Beschl. vom 4.7.2018 – 2 Ws 247/18, Rdn. 9 (juris).
99   OLG Hamm, Beschl. vom 3.9.1987 – 1 Vollz (Ws) 183/87 = ZfStrVo 1988, 311 (Kukident).
100 AK-*Knauer* Teil II § 53 LandesR Rdn. 16; *Arloth/Krä* § 22 StVollzG Rdn. 6; BeckOK-*Setton* § 22 StVollzG Rdn. 11.
101 S. BW LT-Drucks. 14/5012, 216.
102 **BE** LT-Drucks. 17/2442, 237; **BB** LT-Drucks. 5/6437, Begründung S. 63; **HE** LT-Drucks. 18/1396, 91; **SN** LT-Drucks. 5/10920, 122; s. auch *Arloth/Krä* § 25 HmbStVollzG Rdn. 2.

C. Einkauf

Abs. 2 Satz 3, **RP** § 62 Abs. 2 Satz 4, **SL** § 53 Abs. 2 Satz 3, **SN** § 53 Abs. 2 Satz 3, **SH** § 70 Abs. 2 Satz 3, **TH** § 63 Abs. 2 Satz 3, zudem **HH** § 25 Abs. 3). Der Gefangene hat also keinen Anspruch darauf, unter Umgehung dieser Vermittlung bzw. der von der Anstalt festgesetzten Modalitäten einzukaufen. Er kann auf die von der Anstalt hierzu vorgesehenen Möglichkeiten, deren Wahl und Organisation im Ermessen des Anstaltsleiters liegen,[103] verwiesen werden. Die Anstalt muss aber den Einkauf an Nahrungs- und Genussmitteln sowie Mitteln der Körperpflege, ggf. auch weiteren Waren, möglich machen. Das geschieht vielfach durch Einrichtung einer Verkaufsstelle in der Anstalt – z.B. eines Kiosks, bei dem zu bestimmten Zeiten eingekauft werden darf, wobei etwa die verfügbaren Geldmittel des Gefangenen abgefragt werden und nach getätigtem Einkauf die Abbuchung erfolgt. Ein derartiger regelmäßig in der Anstalt durch einen Vertragskaufmann stattfindender Einkauf wird als Sichteinkauf bezeichnet[104] oder es findet wie beim Versandhandel auf schriftliche Bestellung mit Auslieferung an den Inhaftierten[105] der Einkauf statt. Ein solcher Listeneinkauf ist ausdrücklich zugelassen gem. **BW** § 18 Abs. 1 Satz 4 III. Nach der jüngsten Rechtsprechung soll **Vertrauensschutz** bestehen, wenn die Anstalt den Verkauf eines bis dato erhältlichen Gegenstands untersagt.[106] Das erscheint fraglich, weil der Gefangene allein durch die bisherige Einräumung einer Bezugsmöglichkeit und selbst durch deren Wahrnehmung noch keine besondere Vertrauensposition erlangt hat.

In Baden-Württemberg und Nordrhein-Westfalen kann (Ermessen!)[107] ausnahmsweise der Einkauf über sichere **externe Bezugsquellen** (etwa einen als zuverlässig eingestuften Versandhändler) gestattet werden, namentlich zur Beschaffung solcher Artikel, die in der Anstalt nicht angeboten werden (**BW** § 18 Abs. 2 III, **NW** § 17 Abs. 3). Großzügiger schreibt Rheinland-Pfalz vor, dass Gefangenen die Möglichkeit eröffnet werden soll, direkt oder über Dritte über den Versandhandel einzukaufen (**RP** § 62 Abs. 2 Satz 3). Das gilt auch in Sachsen-Anhalt (**ST** § 61 Abs. 4 Satz 1),[108] wobei Nahrungs- und Genussmittel zwingend ausgeschlossen werden (**ST** § 61 Abs. 4 Satz 2). Die nähere Ausgestaltung liegt im Ermessen des Anstaltsleiters (**RP** § 62 Abs. 2 Satz 4), der sowohl über die auf diesem Weg erwerbbaren Gegenstände als auch die Art der Abwicklung entscheidet.[109] Regelt die Anstalt das Verfahren (Berlin, Brandenburg, Bremen, Hamburg, Mecklenburg-Vorpommern, Rheinland-Pfalz, Saarland, Sachsen, Sachsen-Anhalt, Thüringen), darf sie Gefangenen im offenen Vollzug auch den selbständigen externen Einkauf gestatten;[110] ausdrücklich ausgesprochen ist dies nur in **NW** § 17 Abs. 1 Satz 3. **8**

Davon abgesehen besteht eine **Kontrollmöglichkeit** der Vollzugsbehörde. Sie kann verhindern, dass verdorbene Genussmittel geliefert werden, vor allem aber lässt sich auch ausschließen, dass mit den eingekauften Gegenständen ein Einschmuggeln von Nachrichten oder unerlaubten Dingen in die Anstalt erfolgt. Die Anordnung einer Verfü- **9**

---

103 OLG Frankfurt, Beschl. vom 9.6.1978 – 3 Ws 322/78 (StVollz) = ZfStrVo 1979, 57; OLG Koblenz, Beschl. vom 22.5.1990 – 2 Vollz (Ws) 17/90 = NStZ 1991, 151; OLG Saarbrücken, Beschl. vom 18.4.2016 – Vollz (Ws) 13/14 = Beck-Rs 2016, 09800 Rdn. 12; LG Hamburg, Beschl. vom 4.6.1991 – 613 Vollz 135/90 = ZfStrVo 1992, 258, 260; *Arloth/Krä* § 22 StVollzG Rdn. 2.
104 *Laubenthal/Nestler/Neubacher/Verrel* F Rdn. 10; *Köhne* NStZ 2012, 616, 617.
105 *Böhm* Rdn. 221; s. auch BW LT-Drucks. 14/5012, 216.
106 So OLG Karlsruhe, Beschl. vom 11.7.2016 – 2 Ws 150/16 = Beck-Rs 2016, 13048 Rdn. 15 ff; in diese Richtung auch OLG Saarbrücken, Beschl. vom 18.4.2016 – Vollz (Ws) 13/14 = Beck-Rs 2016, 09800 Rdn. 19; zurückhaltender noch OLG Karlsruhe. Beschl. vom 18.8.2003 – 1 Ws 217/03 = Blutalkohol 2004, 262, 264.
107 *Arloth/Krä* § 18 Buch 3 BW JVollzGB Rdn. 2.
108 S. **ST** LT-Drucks. 6/3799, 202; *Arloth/Krä* § 61 LSA JVollzGB Rdn. 2.
109 *Arloth/Krä* § 62 RhPf LJVollzG Rdn. 1.
110 **BE** LT-Drucks. 17/2442, 237; vgl. auch *Köhne* NStZ 2012, 616, 618 f.

gungsbeschränkung über die Gefangenenkonten während der Abwicklung des Einkaufs, um Doppelausgaben vorhandener Guthaben zu vermeiden, ist zulässig.[111] Der nordrhein-westfälische Gesetzgeber legt Wert darauf, ein System zu wählen, bei dem der Verkäufer keine personenbezogenen Daten der Gefangenen erfährt.[112] Die Vermittlung macht es auf der anderen Seite allerdings schwierig, den Insassen die preisgünstigsten Einkaufsmöglichkeiten zu gewährleisten.[113] Es bleibt unzulässig, dass die Vollzugsbehörde dem Vertragskaufmann für die von ihm in der Anstalt benutzten Räume einen Mietpreis in Rechnung stellt, den dieser dann auf seine Preise umlegt,[114] weil sich die Anstalt so die von ihr dem Gefangenen kostenlos geschuldete Vermittlung von den Insassen bezahlen lässt. Die Vollzugsbehörde ist verpflichtet, durch Preisvergleiche zu überprüfen, ob der Vertragskaufmann seine Ware zu marktgerechten Preisen anbietet.[115]

10   **2. Ermöglichung des Einkaufs frischer Lebensmittel.** Da nicht nur länger haltbare Waren eingekauft werden, sondern ein besonderer Bedarf an frischem Obst, Kuchen, Wurst und Milch besteht, genügt die Gewährleistung eines monatlichen Einkaufs nicht.[116] Auch wenn der Angleichung an die Verhältnisse in Freiheit eine (werk)tägliche Einkaufsmöglichkeit am ehesten entspricht, wird deren Einräumung vielfach nicht erfolgen können.[117] Denn bei der Prüfung, wie oft Einkauf zu ermöglichen ist, muss die Anstalt die Wünsche der Insassen gegen die organisatorischen Schwierigkeiten abwägen. Dabei kommt – wie in den Gesetzen ausdrücklich angeführt – den Wünschen und Bedürfnissen der Gefangenen (§ 22 Abs. 1 Satz 2 StVollzG, **BW** § 18 Abs. 1 Satz 2 III, **BY** Art. 24 Abs. 1 Satz 2, **BE** § 59 Abs. 1 Satz 2, **BB** § 63 Abs. 2 Satz 2, **HB** § 53 Abs. 2 Satz 2, **HH** § 25 Abs. 3, **HE** § 22 Abs. 2 Satz 2, **MV** § 53 Abs. 2 Satz 2, **NI** § 24 Abs. 1 Satz 2, **NW** § 17 Abs. 1 Satz 2, **RP** § 62 Abs. 2 Satz 2, **SL** § 53 Abs. 2 Satz 2, **SN** § 53 Abs. 2 Satz 2, **ST** § 61 Abs. 2 Satz 2, **SH** § 70 Abs. 2 Satz 2, **TH** § 63 Abs. 2 Satz 2) besondere Bedeutung zu. Das gilt auch für die inhaltliche Ausgestaltung des vermittelten Angebots.[118]

11   **3. Ausschluss bestimmter Genussmittel und weiterer Produkte.** Es dürfen Gegenstände vom Angebot ausgeschlossen werden – auch von Gefangenen gewünschte oder benötigte –, soweit sie die Sicherheit und Ordnung der Anstalt, in Sachsen-Anhalt alternativ das Vollzugsziel (**ST** § 61 Abs. 5 Satz 1) gefährden (§ 22 Abs. 2 Satz 1 StVollzG, **BW** § 18 Abs. 1 Satz 3 III, **BY** Art. 24 Abs. 2 Satz 1, **BE** § 59 Abs. 1 Satz 4, **HH** § 25 Abs. 4 Satz 1, **MV** § 53 Abs. 3 Satz 1, **NI** § 24 Abs. 2 Satz 1, **NW** § 17 Abs. 4). Hierbei handelt es

---

111   OLG Koblenz, Beschl. vom 22.5.1990 – 2 Vollz (Ws) 17/90 = NStZ 1991, 151 f; *Arloth/Krä* § 22 StVollzG Rdn. 2; BeckOK-*Setton* § 22 StVollzG Rdn. 2; *Laubenthal* Rdn. 468.
112   S. **NW** LT-Drucks. 16/5413, 100.
113   *Calliess* 116; *Urban/Mildner* in: Schwind/Blau 125, 129; s. aber auch **NW** LT-Drucks. 16/5413, 100.
114   AK-*Knauer* Teil II § 53 LandesR Rdn. 14; BeckOK-*Setton* § 22 StVollzG Rdn. 4; *Calliess* 116; *Köhne* NStZ 2012, 616, 618; a.A. *Arloth/Krä* § 22 StVollzG Rdn. 2.
115   AK-*Knauer* Teil II § 53 LandesR Rdn. 14; *Arloth/Krä* § 22 StVollzG Rdn. 2; *Laubenthal/Nestler/Neubacher/Verrel* F Rdn. 10; LG Hamburg, Beschl. vom 4.6.1991 – 613 Vollz 135/90 = ZfStrVo 1992, 258, 260.
116   S. auch OLG Frankfurt, Beschl. vom 9.6.1978 – 3 Ws 322/78 (StVollz) = ZfStrVo 1979, 57; Beschl. vom 5.7.1979 – 3 Ws 248/79 (StVollz) = MDR 1980, 254.
117   Vgl. *Arloth/Krä* § 22 StVollzG Rdn. 2; aber auch BeckOK-*Setton* § 22 StVollzG Rdn. 4; *Köhne* NStZ 2012, 616, 618.
118   Dazu noch *Arloth/Krä* § 22 StVollzG Rdn. 2; BeckOK-*Setton* § 22 StVollzG Rdn. 3; *Laubenthal/Nestler/Neubacher/Verrel* F Rdn. 11; zum Einkauf von Frischfleisch und Tiefkühlkost s. OLG Hamm, Beschl. vom 22.11.2011 – III-1 Vollz (Ws) 421/11 = Beck-Rs 2012, 03830.

sich um gerichtlich voll überprüfbare unbestimmte Rechtsbegriffe;[119] zusätzlich ist nach einigen Gesetzen (Bund, Bayern, Hamburg, Mecklenburg-Vorpommern, Nordrhein-Westfalen) auf der Rechtsfolgenseite Ermessen eingeräumt. Nach anderen Gesetzen besteht kein Ermessen mehr (Baden-Württemberg, Berlin, Niedersachsen, Sachsen-Anhalt).[120] Die Gefährdung wird abstrakt, nicht konkret auf die Person des einzelnen Gefangenen bezogen beurteilt.[121] In den übrigen Normen fehlt eine ausdrückliche Regelung zum Ausschluss von Gegenständen beim Einkauf. Hier kommen die auf Erfordernisse von Sicherheit und Ordnung abstellenden Klauseln in den Vorschriften über das Einbringen von Gegenständen (**BB** § 55 Satz 2, **HB** § 46 Abs. 1 Satz 2, **HE** § 19 Abs. 2, **RP** § 54 Abs. 1 Satz 2, **SL** § 46 Abs. 1 Satz 2, **SN** § 46 Abs. 1 Satz 2, **SH** § 63 Abs. 1 Satz 2, **TH** § 55 Abs. 1 Satz 2) zur Anwendung.[122]

Eine **Ausschlussmöglichkeit** gilt etwa für Rasiermesser, für bestimmte Spraydosen   12 mit Körperpflegemitteln,[123] große Feuerzeuge, scharfe Gewürze (Pfeffer) in Pulverform, die als Waffe verwendet werden können,[124] WC-Reinigertabs,[125] Reinigungsmittel, die Betäubungsmittel-Ersatzstoffe enthalten können,[126] und – wegen Brandgefahr – eine Kerze.[127] Mohnhaltiges Gebäck vermag ausgeschlossen zu werden, weil sein Genuss die Urinkontrollen zur Feststellung des Drogenmissbrauchs erschwert.[128] Alkoholhaltige Getränke sind grundsätzlich vom Einkauf ausgeschlossen (so schon VV Nr. 1 Abs. 3 zu § 22 StVollzG).[129] Ausnahmen können von der Aufsichtsbehörde zugelassen werden (etwa für Freigängerabteilungen). Dass man sich auch mit „normalen" Nahrungsmitteln schaden kann (Verwendung von überstarkem Pulverkaffee als Aufputschmittel, getrockneten Bananenschalen als Rauschmittel, Haarwasser und Rosinen als Alkoholersatz), darf nicht zum allgemeinen Ausschluss dieser Gegenstände vom Einkauf führen.[130] **Mengenbeschränkungen** (hinsichtlich Zucker oder Tomatenmark wegen Verwendungsmög-

---

119   KG, Beschl. vom 13.3.1992 – 5 Ws 31/91 Vollz = BlStV 4–5/1993, 5; OLG Hamm, Beschl. vom 22.11.2011 – III-1 Vollz (Ws) 421/11 = Beck-Rs 2012, 03830; OLG Karlsruhe, Beschl. vom 30.6.2016 – 2 Ws 125/16 = Beck-Rs 2016, 13234 Rdn. 10; Beschl. vom 11.7.2016 – 2 Ws 150/16 = Beck-Rs 2016, 13048 Rdn. 12; OLG Saarbrücken, Beschl. vom 18.4.2016 – Vollz (Ws) 13/14 = Beck-Rs 2016, 09800 Rdn. 17; LG Dortmund, Beschl. vom 6.6.2012 – 64 StVK 37/12 = Beck-Rs 2012, 14558; LG Stendal, Beschl. vom 8.8.2014 – 509 StVK 254/14 = Beck-Rs 2015, 05391; *Arloth/Krä* § 22 StVollzG Rdn. 4; BeckOK-*Setton* § 22 StVollzG Rdn. 5; *Laubenthal/Nestler/Neubacher/Verrel* F Rdn. 12.
120   S. *Arloth/Krä* § 18 Buch 3 BW JVollzGB Rdn. 1, § 61 LSA JVollzGB Rdn. 3.
121   KG, Beschl. vom 13.3.1992 – 5 Ws 31/91 Vollz = BlStV 4–5/1993, 5; OLG Karlsruhe, Beschl. vom 30.6.2016 – 2 Ws 125/16 = Beck-Rs 2016, 13234 Rdn. 11; OLG Saarbrücken, Beschl. vom 18.4.2016 – Vollz (Ws) 13/14 = Beck-Rs 2016, 09800 Rdn. 17; *Arloth/Krä* § 22 StVollzG Rdn. 4.
122   OLG Saarbrücken, Beschl. vom 18.4.2016 – Vollz (Ws) 13/14 = Beck-Rs 2016, 09800 Rdn. 14 f; *Arloth/Krä* § 22 HStVollzG Rdn. 3, § 53 SächsStVollzG Rdn. 2; vgl. auch AK-*Knauer* Teil II § 53 LandesR Rdn. 13; *Laubenthal/Nestler/Neubacher/Verrel* F Rdn. 12 a.E.
123   Vgl. AK-*Knauer* Teil II § 53 LandesR Rdn. 13 unter Hinweis auf einen für sich alleine unbehelflichen, weil nach § 119 Abs. 3 StVollzG nicht begründeten Beschluss des OLG Karlsruhe.
124   OLG Koblenz, Beschl. vom 31.12.1991 – 2 VAs 8/91 = ZfStrVo 1992, 323, 324; KG, Beschl. vom 13.3.1992 – 5 Ws 31/91 Vollz = BlStV 4–5/1993, 5.
125   S. OLG Karlsruhe, Beschl. vom 11.7.2016 – 2 Ws 150/16 = Beck-Rs 2016, 13048 Rdn. 6, 13.
126   Dazu OLG Celle, Beschl. vom 12.11.2012 – 1 Ws 459/12 StrVollz = NStZ-RR 2013, 93, 94.
127   OLG Hamm, Beschl. vom 9.6.1994 – 1 Vollz (Ws) 116/94 = BlStV 1/1995, 5 f; *Arloth/Krä* § 22 StVollzG Rdn. 4; krit. zu Recht AK-*Knauer* Teil II § 53 LandesR Rdn. 13.
128   OLG Karlsruhe, Beschl. vom 18.8.2003 – 1 Ws 217/03 = Blutalkohol 2004, 262, 263.
129   Hierzu krit. AK-*Knauer* Teil II § 53 LandesR Rdn. 13; *Köhne* ZRP 2002, 168 f; *ders.* NStZ 2012, 616, 617 im Hinblick auf die größeren Gefahren durch Ersatzprodukte; wie hier aber *Arloth/Krä* § 22 StVollzG Rdn. 4; BeckOK-*Setton* § 22 StVollzG Rdn. 7; *Laubenthal* Rdn. 642; *Laubenthal/Nestler/Neubacher/Verrel* F Rdn. 12.
130   Bzgl. Rasierwasser auch OLG Saarbrücken, Beschl. vom 18.4.2016 – Vollz (Ws) 13/14 = Beck-Rs 2016, 09800 Rdn. 19; a.A. OLG Frankfurt, Beschl. vom 28.6.1982 – 3 VAs 15/82 u.a. = Beck-Rs 2015, 20043 (Rosinen); *Arloth/Krä* § 22 StVollzG Rdn. 4; *Grunau/Tiesler* Strafvollzugsgesetz, 2. Aufl., Köln u.a. 1982, § 22 Rdn. 2.

lichkeiten zur Alkoholherstellung,[131] für Backpulver als Mittel zum Sprengsatzbau oder Feuerzeuge) sind – wie in **BE** § 59 Abs. 1 Satz 4 expressis verbis ausgesprochen – zulässig, desgleichen Zugangsbeschränkungen (Aufbewahrung außerhalb des Haftraums),[132] allerdings oft nicht zweck- und damit nicht verhältnismäßig.[133] Im Hinblick auf den Anstaltsfrieden als Teil ihrer Ordnung wurde die Anschaffung von Kleidung einer in rechtsextremen Kreisen beliebten Modemarke untersagt.[134] In Sachsen-Anhalt sind zudem ausgeschlossen Kameras, Computer und technische Geräte, insbesondere solche mit der Möglichkeit zur Datenspeicherung bzw. -übertragung (**ST** § 61 Abs. 5 Satz 1).

13 Ein **völliger Ausschluss** von Nahrungs- und Genussmitteln ist nur **auf ärztliche Anordnung** und für besonders gefährdete Gefangene – oder Gefangenengruppen, etwa auf einer besonderen Drogenstation (nur dann wäre die Anordnung auch kontrollierbar) – gem. § 22 Abs. 2 Satz 2 StVollzG, **BY** Art. 24 Abs. 2 Satz 2, **HH** § 25 Abs. 4 Satz 2, **MV** § 53 Abs. 3 Satz 2 zulässig. Weitergehende Einschränkungen können ganz allgemein für Vollzugskrankenhäuser und Krankenabteilungen auf ärztliche Anordnung ergehen (§ 22 Abs. 2 Satz 3 StVollzG, **BY** Art. 24 Abs. 2 Satz 3, **HH** § 25 Abs. 4 Satz 3, **MV** § 53 Abs. 3 Satz 3, **NI** § 24 Abs. 2 Satz 2, **ST** § 61 Abs. 5 Satz 2), ohne dass dabei die Gefährdung jedes einzelnen im Krankenhaus befindlichen Gefangenen erforderlich wäre. Hierbei ist vor allem an das Verbot oder an die Einschränkung des Einkaufs von Tabakwaren zu denken (Gefährdung der an den Atemwegen erkrankten Insassen auch durch Passivrauchen).[135] Die Voraussetzung ärztlicher Anordnung meint aber nicht, dass der Arzt anstatt des Anstaltsleiters entscheidet.[136] Entsprechende Regelungen fehlen in den meisten Ländern (Baden-Württemberg, Berlin, Brandenburg, Bremen, Hessen, Nordrhein-Westfalen, Rheinland-Pfalz, Saarland, Sachsen, Schleswig-Holstein, Thüringen). In Niedersachsen und Nordrhein-Westfalen wurde aus Gründen mangelnder Kontrollierbarkeit des Konsums und im Hinblick auf die Eigenverantwortlichkeit der Gefangenen darauf verzichtet, derartige Verbote außerhalb von Krankenstationen, in denen an die ärztliche Fürsorge gesteigerte Anforderungen zu stellen sind, zu ermöglichen.[137] Der Gesetzgeber in Nordrhein-Westfalen ist der Meinung, dass entsprechende Verbote in Krankenhäusern bereits ohne ausdrückliche Ermächtigung aus Gründen der Anstaltsordnung statthaft sind.[138]

14 **4. Einkauf vom Eigengeld.** Wenn der Gefangene ohne Verschulden nicht über Hausoder Taschengeld, in Baden-Württemberg ferner Sondergeld gem. § 54 Abs. 1 III (Rdn. 3), verfügt, darf er nach einem Teil der Gesetze **in angemessenem Umfang** vom Eigengeld einkaufen (§ 22 Abs. 3 StVollzG, **BW** § 18 Abs. 3 III, **BY** Art. 24 Abs. 3, **HH** § 48 Abs. 3, **HE** § 22 Abs. 3, **NI** § 48 Abs. 2 Satz 2, **NW** § 17 Abs. 2, **ST** § 70 Abs. 2 Satz 2). Nach anderen Gesetzen darf er in diesem Ausmaß unabhängig von seiner Bedürftigkeit Artikel vom Eigengeld erwerben, sofern es sich nicht um Nahrungs-, Genuss- oder Pflegemittel handelt (Rdn. 5).

---

131 S. auch **BE** LT-Drucks. 17/2442, 237; **NW** LT-Drucks. 16/5413, 100.
132 Für Zucker OLG Zweibrücken, Beschl. vom 15.4.1985 – 1 Vollz (Ws) 8/85 = NStZ 1986, 94 f m. Anm. *Böhm*; KG, Beschl. vom 26.9.2005 – 5 Ws 444/05 Vollz = Beck-Rs 2006, 05972 (auch zu Feuerzeugen); *Arloth/Krä* § 22 StVollzG Rdn. 3, 4; BeckOK-*Setton* § 22 StVollzG Rdn. 6; bzgl. Backpulver OLG Karlsruhe, Beschl. vom 30.6.2016 – 2 Ws 125/16 = Beck-Rs 2016, 13234 Rdn. 12ff.
133 *Böhm* NStZ 1986, 95 f; vgl. auch *Laubenthal/Nestler/Neubacher/Verrel* F Rdn. 12; ferner **TH** LT-Drucks. 5/6700, 122 zur Mengenbeschränkung über **TH** §§ 56, 57; insgesamt krit. *Köhne* NStZ 2012, 616, 618.
134 LG Dortmund, Beschl. vom 6.6.2012 – 64 StVK 37/12 = Beck-Rs 2012, 14558.
135 Vgl. auch *Arloth/Krä* § 22 StVollzG Rdn. 4 a.E.; BeckOK-*Setton* § 22 StVollzG Rdn. 8.
136 *Köhne* NStZ 2012, 616, 617; a.A. wohl *Feest* Chancen im Vollzug oder „Chancenvollzug"?, in: StV 2008, 553, 558.
137 **NI** LT-Drucks. 15/3565, 111; **NW** LT-Drucks. 16/5413, 101 (zudem: „nicht mehr zeitgemäß").
138 **NW** LT-Drucks. 16/5413, 101.

In der Höhe, in der der angemessene Umfang festgelegt ist, hat der Gefangene einen Rechtsanspruch auf Einkauf vom Eigengeld.[139] Regelungen in Verwaltungsvorschriften zur Angemessenheit binden die Vollzugsbehörde wegen des Gebots der Gleichbehandlung.[140] Die Festlegung gilt aber nicht zum Nachteil des Gefangenen. Vielmehr kann der angemessene Umfang („was unter Beachtung der jeweils besonderen Situation des betreffenden Gefangenen als billig erscheint")[141] auch höher als nach Verwaltungsvorschriften wie den VV Nr. 1 Abs. 2 zu § 22 StVollzG vorgesehen sein. Es sind hier in jedem Einzelfall zahlreiche Gesichtspunkte zu beachten (besondere Bedürfnisse, Umfang des Besuchsverkehrs, Höhe des Eigengeldes, früher erzieltes Hausgeld.[142] Der angemessene Umfang i. S. von § 22 Abs. 3 StVollzG, **BW** § 18 Abs. 3 III, **BY** Art. 24 Abs. 3, **HH** § 48 Abs. 3, **HE** § 22 Abs. 3, **NI** § 48 Abs. 2 Satz 2, **NW** § 17 Abs. 2, **ST** § 70 Abs. 2 Satz 2 sowie den in Rdn. 5 genannten Vorschriften ist ein unbestimmter Rechtsbegriff, der gerichtlich voll überprüfbar bleibt.[143] – **NI** § 48 Abs. 2 Satz 1 und **ST** § 70 Abs. 2 Satz 1 stellen klar, dass im Übrigen das Eigengeld nicht zum Einkauf genutzt werden darf. Diejenigen Länder, die das Eigengeld zur Bildung von Hausgeld heranziehen (Rdn. 4), ermöglichen den über ersteres verfügenden Inhaftierten den Einkauf selbst bei verschuldetem Fehlen anderer Mittel.

Der Eigengeld-Einkauf steht nicht unter der **Sperrwirkung** des § 83 Abs. 2 Satz 3 **15** StVollzG, **BW** § 63 Abs. 2 Satz 3 III, **BY** Art. 52 Abs. 2, **NI** § 48 Abs. 3 Satz 1, **NW** § 38 Satz 2, **SN** § 56 Abs. 2 Satz 1, **ST** § 70 Abs. 3 Satz 1, **SH** § 72 Abs. 2 Satz 1, was sich nach dem Bundesgesetz aus der anderslautenden Regelung bei VV Nr. 2 Abs. 2 zu § 22 StVollzG ergab und in Sachsen wie Schleswig-Holstein direkt aus dem Gesetz folgt (**SN** § 56 Abs. 2 Satz 2, **SH** § 72 Abs. 2 Satz 2). Praktisch hat das aber kaum Bedeutung. Soweit das Eigengeld als Überbrückungsgeld für den Gefangenen nach den genannten Normen gesperrt ist, kann es nicht dazu dienen, dem Gefangenen die Bedürftigkeit abzusprechen, die Voraussetzung für die Bewilligung des Taschengeldes ist. Ein Gefangener, der unverschuldet ohne Arbeit und damit ohne Hausgeld ist, erhält nur dann kein Taschengeld, wenn er nicht bedürftig ist. In diesem Fall hat er dann aber immer sog. freies Eigengeld oder doch die Möglichkeit, sich solches (etwa von seinem Bankkonto) überweisen zu lassen. Nur wenn der Gefangene neu in die Anstalt aufgenommen ist und keine Nahrungs- und Genussmittel eingebracht hat, befindet er sich für den kurzen Zeitraum bis zur ersten Auszahlung von Haus- bzw. Bewilligung von Taschengeld in einer Situation, in der ihm auch dann Einkauf vom Eigengeld gestattet werden muss, wenn dies eigentlich zur Bildung des Überbrückungsgeldes gesperrt werden müsste.[144]

Entsprechend fallen dann auch gesetzliche Regelungen hierzu aus. In Berlin dürfen **16** die Gefangenen ohne Weiteres beim **ersten Einkauf** unmittelbar nach Aufnahme in die Anstalt vorhandenes Eigengeld für den Erwerb von Nahrungs- und Genussmitteln einsetzen (**BE** § 59 Abs. 2 Satz 2), um sich so eine Grundausstattung zu verschaffen.[145] In

---

139 LG Hamburg, Beschl. vom 18.3.1977 – (98) Vollz 7/77 = ZfStrVo SH 1977, 26 f; OLG München, Beschl. vom 2.7.1979 – 1 Ws 740/79 = ZfStrVo 1980, 122; *Arloth/Krä* § 22 StVollzG Rdn. 5; *Laubenthal/Nestler/Neubacher/Verrel* F Rdn. 6.
140 OLG München, Beschl. vom 2.7.1979 – 1 Ws 740/79 = ZfStrVo 1980, 122f.
141 OLG Hamm, Beschl. vom 4.2.1988 – 1 Vollz (Ws) 266/87, bei *Bungert* NStZ 1989, 358.
142 BGH, Beschl. vom 24.11.1987 – 5 AR Vollz 4/87 = ZfStrVo 1988, 245; s. dazu auch OLG Frankfurt, Beschl. vom 19.9.1985 – 3 Ws 686, 687/85 StVollz = NStZ 1986, 381 m. Anm. *Großkelwing*; OLG Celle, Beschl. vom 6.8.1987 – 3 Ws 301/87 (StrVollz) = NStZ 1988, 96.
143 OLG Celle, Beschl. vom 6.8.1987 – 3 Ws 301/87 (StrVollz) = NStZ 1988, 96; *Laubenthal/Nestler/Neubacher/Verrel* F Rdn. 6, 8; vgl. auch 12 I Rdn. 22f; a.A. BGH, Beschl. vom 24.11.1987 – 5 AR Vollz 4/87 = ZfStrVo 1988, 245; BeckOK-*Setton* § 22 StVollzG Rdn. 9f: Der Vollzugsbehörde bleibe ein Beurteilungsspielraum.
144 Im Ergebnis auch *Arloth/Krä* § 22 StVollzG Rdn. 5; *Laubenthal/Nestler/Neubacher/Verrel* F Rdn. 8.
145 **BE** LT-Drucks. 17/2442, 238; *Arloth/Krä* § 59 Bln StVollzG Rdn. 2.

Hamburg (**HH** § 48 Abs. 2 Satz 3) kann den Gefangenen gestattet werden (Ermessen der Anstalt), im ersten Monat nach der Aufnahme in die Anstalt das Eigengeld zum Einkauf zu nutzen, und zwar ohne Beschränkung auf bestimmte Gegenstände, während im Übrigen Eigengeld zum Einkauf erst nach Ansparen des Überbrückungsgeldes frei wird (**HH** § 48 Abs. 3). In Hessen kann die Anstaltsleitung Dritten die Einzahlung zweckgebundenen Eigengeldes für den Zugangseinkauf gestatten (**HE** § 44 Abs. 2 HS. 2). Eine derartige Problematik tritt nicht in den Ländern auf, die die Bildung von Überbrückungsgeld und damit auch gesperrtes Eigengeld nicht mehr kennen.

17 **5. Einkauf anderer Gegenstände.** Die Möglichkeit des Einkaufs kann erweitert werden auf **sonstige Gegenstände, deren Besitz gestattet ist** (so schon VV Nr. 2 zu § 22 StVollzG). Einer solchen Regelung bedarf es nicht, wenn das Gesetz die Einkaufsmöglichkeit nicht auf Nahrungs-, Genuss- und Körperpflegemittel beschränkt (**BW, BE, BB, HB, HH, HE, MV, RP, SL, SN, ST, SH, TH**). Obwohl die Gestattung nach anderen Vorschriften, etwa denjenigen über die Haftraumausstattung oder den Besitz von Gegenständen zur Freizeitbeschäftigung zu beurteilen ist, folgt aus der vorbehaltlosen Einräumung der Erwerbsmöglichkeit i. d. R. auch ein Besitzrecht.[146] Für diesen Einkauf darf der Gefangene auch sein Eigengeld verwenden, soweit es nicht zur Bildung des Überbrückungsgeldes herangezogen wird, etwa zur Bezahlung von für den persönlichen Bedarf bestimmten Lichtbildern.[147] So können im Wege des Einkaufs Zeitschriften, Rundfunkgeräte, Schreibwaren, Reinigungsmittel, Kosmetika angeboten werden, ohne dass der Gefangene für ihren Erwerb den mühevollen Weg über eine Paketerlaubnis gehen muss. Es steht im Ermessen der Vollzugsbehörde, welche Gegenstände angeboten werden.[148] Allerdings bleibt bei der Entscheidung der Anstaltsleitung gerade auch Art. 3 Abs. 3 Satz 1 GG zu beachten. Ein Verstoß hiergegen liegt vor, wenn es insoweit zu einer unterschiedlichen Behandlung von männlichen und weiblichen Gefangenen kommt, dass nur Frauen gestattet wird, Kosmetika über das in den Gesetzen Vorgesehene hinaus vom Eigengeld zu kaufen.[149] Als zulässig wurde es angesehen, die Anschaffung technischer Geräte wegen rückständiger Unterhaltszahlungen zu versagen.[150] Soweit die Gefangenen Gegenstände im Versandhandel erwerben, ist es nicht ausnahmslos ohne Rücksicht auf den Einzelfall zulässig, auf Lieferung unter Nachnahme zu bestehen.[151]

18 **6. Sondereinkauf.** Einige Gesetze sehen besondere Einkaufsmöglichkeiten vor. Das betrifft namentlich den Sondereinkauf als **Kompensation für den Wegfall des Paketempfangs** mit Nahrungs- und Genussmitteln.[152] In **Bayern** darf der Gefangene zusätzlich

---

146 OLG Celle, Beschl. vom 9.2.2011 – 1 Ws 29/11 StrVollz = NStZ 2011, 704; Beschl. vom 12.11.2012 – 1 Ws 459/12 StrVollz = NStZ-RR 2013, 93; OLG Karlsruhe, Beschl. vom 30.6.2016 – 2 Ws 125/16 = Beck-Rs 2016, 13234 Rdn. 7; Beschl. vom 11.7.2016 – 2 Ws 150/16 = Beck-Rs 2016, 13048 Rdn. 10; *Arloth/Krä* § 22 StVollzG Rdn. 3.
147 OLG Frankfurt, Beschl. vom 16.2.1989 – 3 Ws 294/89 (StVollz), bei *Bungert* NStZ 1990, 382.
148 Insoweit zu eng LG Regensburg, Beschl. vom 25.1.1983 – 2 StVK 98/82 = ZfStrVo 1983, 253; zutreffend dagegen OLG Zweibrücken, Beschl. vom 12.2.1986 – 1 Vollz (Ws) 22/86 = NStZ 1986, 477 f.
149 BVerfG, Beschl. vom 7.11.2008 – 2 BvR 1870/07 = NJW 2009, 661; AK-*Knauer* Teil II § 53 LandesR Rdn. 15.
150 So OLG Zweibrücken, Beschl. vom 26.1.1987 – 2 Vollz (Ws) 3/87 = ZfStrVo 1987, 303; *Arloth/Krä* § 22 StVollzG Rdn. 3.
151 OLG Saarbrücken, Beschl. vom 9.11.1984 – Vollz (Ws) 48/84 = ZfStrVo 1985, 116; vgl. aber auch OLG Hamm, Beschl. vom 19.7.1988 – 1 Vollz (Ws) 220/88 = ZfStrVo 1989, 115; *Arloth/Krä* § 22 StVollzG Rdn. 3 a.E.
152 Krit. hierzu *Köhne* Fünf Landesstrafvollzugsgesetze – ein „Wettbewerb der besten Praxis"?, in: JR 2012, 14, 17.

zum Regeleinkauf gem. **BY** Art. 24 (vgl. **BY** Art. 25 Abs. 4) zu Weihnachten, Ostern und einem von ihm frei zu wählenden dritten Zeitpunkt (z.B. Geburtstag) aus dem von der Anstalt vermittelten Angebot Nahrungs- und Genussmittel erwerben (**BY** Art. 25 Abs. 1). Nichtchristlichen Gefangenen kann je ein Sondereinkauf zu einem anderen Termin als Weihnachten und Ostern gestattet werden, **BY** Art. 25 Abs. 2. In angemessenem Umfang (Rdn. 14) können das zweckgebunden eingezahlte Sondergeld oder das Eigengeld eingesetzt werden. Hamburg ermöglicht ebenfalls zusätzlich zum Regeleinkauf in angemessenem Umfang dreimal jährlich einen weiteren Einkauf (**HH** § 25 Abs. 2), namentlich unter Verwendung zweckgebundenen Eigengeldes (**HH** § 48 Abs. 4 Satz 1). Der Wortlaut „Die Gefangenen können ... einkaufen." besagt nicht, dass die Einräumung des Zusatzeinkaufs im Ermessen der Anstalt stünde.[153] Sie darf aber den Umfang gem. **HH** § 25 Abs. 2 konkretisieren.[154] In **Hessen** kann zweimal jährlich ein Sondereinkauf von dazu einbezahltem zweckgebundenem Eigengeld stattfinden (**HE** § 44 Abs. 2 HS. 1).[155] In **Sachsen** darf den Gefangenen dreimal jährlich ein zusätzlicher Einkauf von Nahrungs-, Genuss- und Körperpflegemitteln unter Verwendung von Eigengeld gestattet werden (**SN** § 53 Abs. 3 Satz 1 und 2). Haben aber Dritte zum Zwecke des Sondereinkaufs Geld auf das Hausgeldkonto eingezahlt (**SN** § 53 Abs. 3 Satz 3), wird dieses verwendet.[156] Zwar steht der Sondereinkauf im Ermessen der Anstalt. Lediglich einzelnen Gefangenen wird man ihn aber um des Gleichbehandlungsgrundsatzes willen kaum versagen dürfen.[157] Die Regelung in **Sachsen-Anhalt** entspricht der bayerischen mit dem Unterschied, dass der Einkauf nur mit von außen eingezahltem zweckgebundenem Eigengeld erfolgen darf (**ST** § 61 Abs. 3 Satz 1 und 2).

D. Gesundheitsfürsorge

Schrifttum

Bruns Aids und Strafvollzug, in: StV 1987, 504; *Calliess* Strafvollzugsrecht, München 1992; *Dargel* Die rechtliche Behandlung HIV-infizierter Gefangener, in: NStZ 1989, 207; *Frühwald* Kriminalität und Suizidalität, in: ZfStrVo 1996, 218; *Gericke* Zur Unzulässigkeit von Disziplinarmaßnahmen nach positiven Urinproben – Ein Beitrag zur Geltung des nemo-tenetur-Grundsatzes im vollzuglichen Disziplinarverfahren, in: StV 2003, 305; *Hartwig* AIDS im Strafvollzug das Bremer Modell, in: ZfStrVo 1990, 98; *Hasenpusch/Steinhilper* Spritzenvergabe im Gefängnis – Erwiderung auf Stöver und Nelles, in: ZfStrVo 2003, 351; *Heckler* Praxis und Aussagefähigkeit von Urinkontrollen, in: Jacob/Keppler/Stöver (Hrsg.), Drogengebrauch und Infektionsgeschehen (HIV/AIDS und Hepatitis) im Strafvollzug, Berlin 1997, 92; *Hefendehl* Die rechtliche Zulässigkeit der derzeitigen faktischen Behandlung von HIV-Infizierten im Strafvollzug, in: ZfStrVo 1996, 136; *Hillenkamp* Intramurale Medizin in Deutschland, in: Tag/Hillenkamp (Hrsg.), Berlin 2008, 106; *Höffler* Freie Therapiewahl im Strafvollzug?, in: ZfStrVo 2006, 9; *Keppler/Fritsch/Stöver* Behandlungsmöglichkeiten von Opiadabhängigkeit, in: Keppler/Stöver (Hrsg.), Gefängnismedizin: Medizinische Versorgung unter Haftbedingungen, Stuttgart 2009, 193; *Klingmann* AIDS als Herausforderung an die Bewährungshilfe, in: BewHi 1989, 91; *Konrad* Psychiatrie, in: Keppler/Stöver (Hrsg.), Gefängnismedizin: Medizinische Versorgung unter Haftbedingungen, Stuttgart 2009, 208; *Kreuzer* HIV-Prävention im Strafvollzug und Entlassung Aids-kranker Gefangener, in: Schlüchter (Hrsg.), FS Geerds, Lübeck 1995, 317; *Kubik* Substitution von Strafgefangenen, in: ZfStrVo 2002, 266; *Lehmann/Weiss/Jesse* Suizidprävention in der Jugendstrafanstalt Hameln, in: ZfStrVo. 2007, 177; *Lehmann* Suizide und Suizidprävention in Haft, in: Keppler/Stöver (Hrsg.), Gefängnismedizin: Medizinische Versorgung unter Haftbedingungen, Stuttgart 2009, 240; *Leppmann* Der Gefängnisarzt, Berlin 1909; *Lesting* Die rechtlichen Grundlagen der medizinischen Versorgung im deutschen Straf-

---

[153] A.A. *Arloth/Krä* § 25 HmbStVollzG Rdn. 3.
[154] So auch *Arloth/Krä* § 25 HmbStVollzG Rdn. 4.
[155] Vgl. zur Beschränkung auf zwei Termine auch *Arloth/Krä* § 22 HStVollzG Rdn. 2.
[156] S. **SN** LT-Drucks. 5/10920, 122; *Arloth/Krä* § 53 SächsStVollzG Rdn. 3.
[157] So auch *Arloth/Krä* § 53 SächsStVollzG Rdn. 3.

vollzug, in: MedR 2018, 69; *Lesting* Die Abgabe von Einwegspritzen im Strafvollzug zur Aids-Prävention – strafbar oder notwendig?, in: StV 1990, 225; *Meier* Äquivalenzprinzip, in: Keppler/Stöver (Hrsg.), Gefängnismedizin: Medizinische Versorgung unter Haftbedingungen, Stuttgart 2009, 76; *Michels* Zur Situation von HIV-Infizierten und AIDS-Kranken im Strafvollzug, in: KJ 1988, 422; *Molketin* Zum Anspruch des Strafgefangenen auf Einsichtnahme in die von der Vollzugsbehörde über ihn geführten Krankenunterlagen, in: MDR 1980, 544; *Müller-Dietz* Einsichtsrecht des Verteidigers in Krankenunterlagen des Strafgefangenen, in: NStZ 1986, 285; *Nestler* Betäubungsmittelstrafrechtliche Risiken bei der Substitutionsbehandlung, in: MedR 2009, 211; *Pollähne* Disziplinarmaßnahmen gegen einen Untersuchungsgefangenen wegen Verweigerung der Abgabe einer Urinprobe bei Verdacht auf Drogenkonsum, in: StV 2007, 88; *Schmuck* Probleme mit HIV-Infizierten und an AIDS erkrankten Personen im Vollzug der Untersuchungshaft und Strafhaft, in: ZfStrVo 1989, 165; *Sigel* Zum Umgang mit der Suizidproblematik, in: ZfStrVo 1997, 34; *ders*. AIDS im Strafvollzug, in: ZfStrVo 1989, 156; *Sönnecken* Substitution im Strafvollzug, in: MedR 2004, 246; *Stöver/Nelles* Zehn Jahre Spritzenvergabe im Gefängnis – Spritzenvergabeprojekte in der Schweiz, Deutschland, Spanien und Moldawien, in: ZfStrVo 2003, 345; *Swientek* Autoagressivität bei Gefangenen aus pädagogischer Sicht, Göttingen 1982; *Volckart* Zur Einsicht in die im Strafvollzug geführten Krankenakten als Teil der Gefangenenpersonalakten, in: StV 1984, 385; *Witte* Suizide oft vermeidbar?, in: DMW 2007, 863; *Witzel* Medizin und Arzt im Maßregelvollzug, in: Keppler/Stöver (Hrsg.), Gefängnismedizin: Medizinische Versorgung unter Haftbedingungen, Stuttgart 2009, 49; *ders*. Psychiatrischer Konsiliardienst, in: Keppler/Stöver (Hrsg.), Gefängnismedizin: Medizinische Versorgung unter Haftbedingungen, Stuttgart 2009, 223.

Übersicht

I. Allgemeine Regeln —— 1–32
   1. Allgemeine Hinweise —— 1–4
   2. Erläuterungen —— 5–32
     a) Medizinische Betreuung des Inhaftierten —— 5–16
       aa) Zuständigkeit —— 5–9
       bb) Überwachung, Kontrolle und Begehung der JVA nach dem IfSG —— 10
       cc) Einsichtsrecht in die Krankenakte —— 11–14
       dd) Kosten —— 15
       ee) Beschwerderecht —— 16
     b) Mitwirkung des Gefangenen bei Vorbeugungsmaßnahmen —— 17, 18
     c) Einzelfälle —— 19–32
       aa) Autoagressives Verhalten und Suizide —— 19–22
       bb) Alkohol/Betäubungsmittel —— 23–26
       cc) HIV-Infektion —— 27–31
       dd) Nichtraucherschutz —— 32

II. Medizinische Versorgung —— 33–39
   1. Allgemeine Hinweise —— 33
   2. Erläuterungen —— 34–38
     a) Personalsituation im Bereich der Medizinalfürsorge —— 34
     b) Ärztliche Versorgung durch hauptamtliche Ärzte, Abs. 1 —— 35–38
     c) Krankenpflegedienst, Abs. 2 —— 39

Baden-Württemberg	BW § 32 III JVollzGB;
Bayern	BY Art. 58 BayStVollzG;
Berlin	BE § 73 StVollzG Bln;
Brandenburg	BB § 77 Abs. 1 BbgJVollzG;
Bremen	HB § 66 Abs. 1 BremStVollzG;
Hamburg	HH keine Entsprechung;
Hessen	HE § 23 Abs. 1, 2 HStVollzG;
Mecklenburg-Vorpommern	MV § 65 Abs. 1 StVollzG M-V;
Niedersachsen	NI § 56 NJVollzG;
Nordrhein-Westfalen	NW § 43 StVollzG NRW;
Rheinland-Pfalz	RP § 75 Abs. 1 LJVollzG;
Saarland	SL § 65 Abs. 1 SLStVollzG;
Sachsen	SN § 66 Abs. 1 SächsStVollzG;
Sachsen-Anhalt	ST § 76 Abs. 1 JVollzGB LSA;

D. Gesundheitsfürsorge

| Schleswig-Holstein | SH § 83 LStVollzG SH; |
| Thüringen | TH § 76 Abs. 1 ThürJVollzG. |

I. Allgemeine Regeln

1. Allgemeine Hinweise. Die Vorschriften **BW** § 32 III, **BY** Art. 58, **BE** § 73, **BB** § 77 **1** Abs. 1, **HB** § 66 Abs. 1, **HE** § 23 Abs. 1, 2, **MV** § 65 Abs. 1, **NI** § 56, **NW** § 43, **RP** § 75 Abs. 1, **SL** § 65 Abs. 1, **SN** § 66 Abs. 1, **ST** § 76 Abs. 1, **SH** § 83, **TH** § 76 Abs. 1 regeln die **Sorge für die körperliche und geistige Gesundheit** des Gefangenen sowie dessen **Mitwirkung** daran. Gesundheitsfürsorge steht im Mittelpunkt der Fürsorgemaßnahmen, die das Strafvollzugsgesetz der Justizbehörde als Verpflichtung auferlegt.[158] Sie ist ein Bestandteil des allgemeinen Behandlungsprozesses und stellt ein „zentral wichtiges Themenfeld des sozialen Lernens im Vollzug dar".[159] Die Verpflichtung zur Medizinalfürsorge trägt dem Umstand Rechnung, dass in Unfreiheit befindliche Personen nicht in gleicher Weise medizinische Hilfe in Anspruch nehmen können, wie in Freiheit.[160] Auch **BE** § 73, **BB** § 77, **HB** § 66, **MV** § 65, **RP** § 75, **SL** § 65, **SN** § 66, **ST** § 76, **SH** § 83, **TH** § 76 enthalten die grundlegenden Vorschriften über den Gesundheitsschutz im Strafvollzug. Abs. 1 Satz 1 der Vorschriften bestimmen, dass die Anstalt die Gefangenen bei der Wiederherstellung und Erhaltung ihrer körperlichen, geistigen und seelischen Gesundheit unterstützt. **BE, BB, HB, MV, RP, SL, SN, ST, SH, TH** gehen demnach – anders als noch § 56 StVollzG – von der grundsätzlichen Eigenverantwortlichkeit des Strafgefangenen für seine Gesundheit aus und auferlegen der Justizvollzugsanstalt lediglich die Pflicht, hierbei Unterstützung zu leisten.[161] Über die Unterstützungspflicht hinaus hat die Justizvollzugsanstalt nach Abs. 1 Satz 2 der Vorschriften das Bewusstsein für gesunde Ernährung und Lebensführung zu fördern. Für Berlin korrespondiert **BE** § 73 Abs. 1 Satz 1 und Satz 2 mit **BE** § 58 Abs. 1, der einen Anspruch auf Selbstverpflegung des Gefangenen normiert. **NW** § 43 Abs. 1 Satz 1 entspricht weitestgehend § 56 Abs. 1 Satz 1 StVollzG, bezieht jedoch zusätzlich das soziale Wohlergehen der Gefangenen ein.

Es besteht bspw. rechtlich **kein Anspruch auf** und faktisch nicht die Möglichkeit zu **2 freier Arztwahl**.[162] Dennoch wird ärztliche Versorgung von vielen Inhaftierten u.a. bedingt durch das Zusammenleben einer größeren Anzahl von Menschen auf engem Raum häufiger in Anspruch genommen als in Freiheit. Zudem belastet das Dienstverhältnis des Anstaltsarztes zur Strafvollzugsbehörde i.d.R. das Vertrauensverhältnis zwischen Arzt und Patient immer dann, wenn für den Gefangenen keine klare Trennung von medizinischer Versorgung und Vollzug erkennbar ist. Auch Einsparungen bedingt durch das System der gesetzlichen Krankenversicherung wirken sich im Strafvollzug verstärkt aus.[163] Das Arzt-Patienten-Verhältnis innerhalb des Vollzugs ist öffentlich-rechtlicher Natur.[164]

Während der Inhaftierung unterfallen Gefangene grds. nicht dem System der gesetz- **3** lichen Krankenversicherung.[165] Umfang und Inhalt der Verpflichtung der Vollzugsbe-

---

158 BT-Drucks. 7/918, 72.
159 *Calliess* 1992, 143.
160 AK-*Lesting* Teil II § 62 Rdn. 2; *Laubenthal/Nestler/Neubacher/Verrel* H Rdn. 7; siehe aber *Arloth/Krä* § 56 StVollzG Rdn. 1, die darauf hinweisen, dass § 56 StVollzG die grundsätzliche Eigenverantwortlichkeit des Gefangenen für seine Gesundheit nicht aufhebt.
161 Einschr. a.A. wohl *Arloth/Krä* § 73 StVollzG BE Rdn. 1, die erkennen wollen, dass sich die Regelung des StVollzG **BE** an die bundesrechtliche Vorschrift „anlehnt".
162 *Arloth/Krä* § 56 StVollzG Rdn. 1; *Laubenthal/Nestler/Neubacher/Verrel* H Rdn. 8.
163 Vgl. dazu bereits *Leppmann* 1909, 93.
164 *Arloth/Krä* § 56 StVollzG Rdn. 1.
165 Vgl. auch § 62a StVollzG.

hörde zur Medizalfürsorge richten sich aber nach dem **Äquivalenzprinzip**.[166] Der Gefangene soll demnach eine medizinische Betreuung erhalten, die den Standards und Leitlinien außerhalb des Vollzugs entspricht.[167] Hierauf hat der Gefangene seinerseits einen **Rechtsanspruch**.[168]

4   Für die Justizvollzugsanstalten gelten die allgemeinen Vorschriften für die gesundheitsbehördliche Überwachung. Zur Gesundheitsfürsorge finden sich explizite Regelungen in allen Landesstrafvollzugsgesetzen; für die dort genannten Vorsorge- und Behandlungsmaßnahmen gilt weitgehend das **SGB V**. Zudem regeln die Landesstrafvollzugsgesetze die Notwendigkeit ärztlicher Überwachung der Anstaltsverpflegung sowie die Möglichkeit, dem Gefangenen aus Gesundheitsgründen auf ärztliche Verordnung besondere Verpflegung zu gewähren.[169] Ärztliche Konsultation erfolgt ferner bei der Aufnahmeuntersuchung, bei Besuchsempfang von kranken Gefangenen sowie bei der Aushändigung bestimmter Paketinhalte an den Gefangenen. Die Verpflichtung zur Gesundheitsfürsorge erlangt auch im Zusammenhang mit der Arbeitspflicht des Gefangenen Bedeutung. Danach sind die Arbeitsleistungen für den Gefangenen so zu bemessen, dass sie ohne Gesundheitsstörung nach ausreichender Einarbeitung und Einübung zu erbringen sind. Aus Gründen ärztlicher Untersuchung oder Begutachtung kann der Gefangene abweichend vom Vollstreckungsplan in eine andere Vollzugsanstalt verlegt werden, wenn dies z.B. durch eine fachärztliche Untersuchung erforderlich wird. Gesundheitsfürsorge erlangt zudem im Rahmen der Mutterschaftshilfe an Bedeutung, einschließlich der Phase der Schwangerschaft. Gesundheitsfürsorge erfordert schließlich auch Disziplinarmaßnahmen, bei denen der Arzt zu hören ist. Eine medizinische Betreuung erfolgt außerdem im Rahmen besonderer Sicherungsmaßnahmen.

2. Erläuterungen

a) Medizinische Betreuung des Inhaftierten

5   **aa) Zuständigkeit**. Die Justizvollzugsanstalten haben für die körperliche und geistige Gesundheit des Gefangenen zu sorgen. Die gesundheitliche Betreuung der Gefangenen liegt dabei in der Zuständigkeit und Verantwortlichkeit des **Anstaltsarztes**,[170] der alles Erforderliche zur Aufrechterhaltung oder Wiederherstellung der Gesundheit der Gefangenen zu veranlassen hat. Hierbei unterstützen ihn die Vollzugsbediensteten und insbesondere die Sanitätsbediensteten. Der Arzt führt regelmäßige Sprechstunden durch, deren Häufigkeit eine ausreichende gesundheitliche Betreuung, Versorgung und Behandlung ebenso sicherstellen muss wie die ordnungsgemäße Erledigung der übrigen anfallenden Arbeiten. Die Sprechstunden sollten so festgesetzt werden, dass die Gefangenen – von Notfällen abgesehen – durch den Arztbesuch nicht gehindert sind, ihrer Arbeitspflicht pünktlich nachzukommen.[171] Dem Anstaltsarzt obliegt auch die gesundheitliche Überwachung von Gefangenenhilfsarbeitern, die in spezifischen Arbeitsbereichen (z.B. Küchen, Krankenabteilungen oder Krankenhäusern des Vollzugs) beschäftigt sind. Grundlage für die zu treffenden Maßnahmen bilden dabei das IfSG (Rdn. 9) und der allge-

---

166   § 3 Rdn. 3 ff; AK-*Lesting* Teil II § 62 Rdn. 2; *Hillenkamp* 2008, 106; *Lesting* MedR 2018, 69; *Meier* in: Keppler/Stöyer (Hrsg.), 2009, 76.
167   Vgl. zu den Grundlagen der Äquivalenz *Meier* in: Keppler/Stöyer (Hrsg.), 2009, 75 ff.
168   Siehe AK-*Lesting* Teil II § 62 Rdn. 2; vgl. aber zur freien Arztwahl Rdn. 1a.
169   Vgl. § 21 Rdn. 9.
170   *Laubenthal/Nestler/Neubacher/Verrel* H Rdn. 13.
171   Vgl. LG Karlsruhe ZfStrVo 1986, 128.

meine Stand der medizinischen Wissenschaft. Für bestimmte Gefangenengruppen (z.B. jugendliche oder schwangere Gefangene) gelten besondere Schutzvorschriften.

Darüber hinaus fallen die **Zugangsuntersuchung** sowie die **Entlassungsuntersuchung** in den Zuständigkeitsbereich des Anstaltsarztes.[172] Letztere wird in den Landesstrafvollzugsgesetzen wie auch im ehemaligen StVollzG nicht explizit gefordert, häufig verzichten die Gefangenen gänzlich auf sie. Ein solcher Verzicht ist aktenkundig zu machen. Erfolgt eine Entlassungsuntersuchung, so ist die Dokumentation des Gesundheitszustands bei der Entlassung, die Feststellung der Transport- und/oder Gehfähigkeit sowie die Feststellung eventuell während der Inhaftierung eingetretener gesundheitlicher Schäden vorzunehmen.

6

Da auch hinsichtlich der **Krankenunterlagen** allein dem Anstaltsarzt der Gefangenen der Zugriff offensteht (vgl. Rdn. 10ff), soll er nach zum Teil vertretener Auffassung der korrekte Adressat einer gerichtlichen Entscheidung sein, die dem Gefangenen eine Einsichtnahme in die Akten gewährt.[173] Adressat einer diesbezüglichen gerichtlichen Entscheidung kann indes nur die Justizvollzugsanstalt, vertreten durch ihren Anstaltsleiter, sein, wobei dieser sodann zur Umsetzung der gerichtlichen Entscheidung im Rahmen seiner Dienstaufsicht (Rdn. 8) vom Anstaltsarzt Auskunft über die für den Vollzug und für die Beurteilung des Gefangenen wesentlichen gesundheitlichen Umstände verlangen muss.[174] Der Anstaltsleiter kann den Vollzug einer von Fachkräften getroffenen Maßnahme aussetzen, wenn diese die Ordnung und Sicherheit der Anstalt oder die zweckmäßige Behandlung des Gefangenen gefährdet. Falls in einem solchen Fall eine Aussprache zwischen den Beteiligten zu keiner Einigung geführt hat, muss der Anstaltsleiter zeitnah eine Entscheidung der Aufsichtsbehörde herbeiführen.

7

Der **Sanitätsbedienstete** unterstützt den Arzt bei der Einrichtung und Durchführung der Sprechstunde. Ihm obliegt vornehmlich die Führung der Krankenbücher, die Ausgabe von Arzneimitteln sowie die Durchführung einfacherer medizinischer Behandlungsmaßnahmen soweit diese vom Arzt angeordnet werden, z.B. die Verabreichung von Injektionen oder die Entnahme von Urinproben.

8

Der Anstaltsarzt untersteht formal der **Dienstaufsicht des Anstaltsleiters**, der Anstaltsleiter ist aber in fachlicher Hinsicht nicht weisungsbefugt. Im Rahmen seiner fachlich-medizinischen Tätigkeit bleibt dem Anstaltsarzt ein Ermessensspielraum, der sich einer Kontrolle von außen weitgehend entzieht.[175] Ärztliche Anordnungen sind daher vom Personal zunächst grundsätzlich zu befolgen, auch wenn sie Mehrbelastungen oder sonstige Schwierigkeiten zur Folge haben.[176] Ärztlichen Empfehlungen muss zumindest im Rahmen der Möglichkeiten der Justizvollzugsanstalt Rechnung getragen werden.[177] Die **Fachaufsicht über den Anstaltsarzt** übt die Aufsichtsbehörde aus, die diese auf Justizvollzugsämter übertragen kann.

9

bb) Überwachung, Kontrolle und Begehung der JVA nach dem IfSG. Zuständig für die Überwachung, Kontrolle und Begehung von Justizvollzugsanstalten ist nach dem IfSG i.d.R. das jeweilige **Gesundheitsamt** (vgl. § 54 IfSG), während innerhalb der Anstalt der Anstaltsarzt allgemein für die Hygiene zuständig ist. Der Anstaltsleiter kann diese Aufgabe aber z.B. einem Hygienebeauftragten oder auch einem nichtmedizinischen Mit-

10

---

172 Siehe § 5 Rdn. 8; zur Bedeutung *Arloth/Krä* § 56 StVollzG Rdn. 3.
173 OLG Frankfurt ZfStrVo 1989, 122.
174 Vgl. VV Nr. 2 Abs. 2 zu § 156.
175 OLG Frankfurt ZfStrVo 1985, 191; *Laubenthal/Nestler/Neubacher/Verrel* H Rdn. 18.
176 LG Hamburg, Beschl. v. 30.6.1978, 98 Vollz 116/78.
177 Vgl. OLG Hamm, BlStV 3/1994, 1.

arbeiter übertragen. Werden meldepflichtige, übertragbare Krankheiten festgestellt, so hat der Arzt bzw. der betreffende Mitarbeiter das zuständige Gesundheitsamt zu informieren; die Meldepflicht bezieht sich nicht ausschließlich auf den Anstaltsarzt allein, sondern jeder Vollzugsbedienstete unterliegt ihr bereits im Verdachtsfall einer solchen Erkrankung, die unverzüglich dem Anstaltsarzt anzuzeigen ist.[178] Der Anstaltsarzt leitet zudem die notwendige Isolierung[179] und Behandlung des Gefangenen einschließlich der nötigen Desinfektionsmaßnahmen ein und kümmert sich um die erforderlichen Umgebungsuntersuchungen sowie Untersuchungen von Kontaktpersonen. Häufig wird auch eine Verlegung des Gefangenen in ein Krankenhaus des Vollzugs oder in ein freies Krankenhaus in Frage kommen, wenn diese Einrichtungen für die Behandlung besser geeignet sind. Gefangene, bei denen zum Zeitpunkt ihrer Entlassung noch Ansteckungsgefahr besteht oder deren Behandlung in diesem Moment noch nicht abgeschlossen ist, werden dem zuständigen Gesundheitsamt gemeldet.

11   cc) **Einsichtsrecht in die Krankenakte.** Strafgefangene haben ein uneingeschränktes **Recht auf Einsicht** in die Aufzeichnungen in den Krankenunterlagen über Befunde und Behandlungstatsachen.[180] Vorausgesetzt ist lediglich, dass der Gefangene ein berechtigtes Interesse an der Einsichtnahme darlegt, wobei daran keine zu hohen Anforderungen gestellt werden dürfen.[181] Die Einsichtnahme erfolgt i.d.R. durch die kostenpflichtige Überlassung von Fotokopien. Das Einsichtsrecht bezieht sich nicht auf schriftlich niedergelegte persönliche Eindrücke und Wertungen des Arztes.[182] Ebenso wenig erfasst es die Inhalte der Personalakte des Gefangenen.[183] Der Anstaltsleiter hat ohne Einwilligung des Gefangenen, d.h. ohne Entbindung des Anstaltsarztes von der Schweigepflicht, kein Recht, die Unterlagen einzusehen.

12   Das Einsichtsrecht ist umfassend. Es stellt einen zentralen Aspekt des allgemeinen Persönlichkeitsrechts bzw. Selbstbestimmungsrechts nach Art. 2 Abs. 1, 1 Abs. 1 GG sowie des Rechts auf informationelle Selbstbestimmung dar[184] und erlangt angesichts der fehlenden Möglichkeit freier Arztwahl im Strafvollzug umso größeres Gewicht.[185] Zur Einschränkung des Akteneinsichtsrechts des Untersuchungsgefangenen können daher nur äußerst gewichtige Interessen zum Schutz der Persönlichkeitsrechte der in der Justizvollzugsanstalt tätigen Ärzte taugen.

13   Der **Verteidiger** eines Gefangenen hat kein weitergehendes Einsichtsrecht in die Gefangenengesundheitsakten als der Gefangene selbst.[186] Dritten steht kein Einsichtsrecht zu.

14   Zieht der Anstaltsarzt einen **freien Arzt** hinzu, so übt dieser für sein Fachgebiet die Funktionen des Anstaltsarztes aus, selbst wenn er außerhalb der Justizeinrichtung tätig wird. In diesen Fällen darf durch ihn eine Einsichtnahme in die Krankenakten zum Zweck der Behandlung erfolgen.

---

178   Laubenthal/Nestler/Neubacher/Verrel H Rdn. 19.
179   Vgl. bspw. OLG Nürnberg FS 2009, 42.
180   OLG Celle StraFo 2010, 304; BVerfG NJW 2006, 1116 zum Maßregelvollzug; OLG Potsdam StV 2008, 308 zur Untersuchungshaft; ferner KG ZfStrVo 1986, 186; OLG Celle NStZ 1986, 284; OLG Frankfurt ZfStrVo 1989, 121; OLG Hamm NStZ 1986, 47; OLG Nürnberg ZfStrVo 1986, 61; Laubenthal/Nestler/Neubacher/Verrel H Rdn. 22; vgl. auch *Molketin* MDR 1980, 544 ff.
181   Vgl. AK-*Lesting* Teil II § 62 Rdn. 86 ff.
182   Vgl. auch BGHZ 85, 327 ff.
183   Vgl. auch Laubenthal/Nestler/Neubacher/Verrel H Rdn. 22.
184   Laubenthal/Nestler/Neubacher/Verrel H Rdn. 22.
185   BVerfG NJW 2006, 1116; OLG Brandenburg StV 2008, 308.
186   OLG München ZfStrVo 1980, 124; *Müller-Dietz* NStZ 1986, 286; a.A. OLG Celle NStZ 1986, 284; *Volckart* StV 1984, 385.

dd) Kosten. Die Leistungspflicht der gesetzlichen Krankenkasse für den Versicherten 15
ruht während der Inhaftierung gem. § 16 Abs. 1 Nr. 4 SGB V, sein Anspruch auf Weiterversicherung bleibt jedoch bestehen. Eine Ausnahme gilt lediglich für Gefangene, die in einem freien Beschäftigungsverhältnis stehen und deswegen gesetzlich krankenversichert sind.[187] Die Regelungen von Art und Umfang der ärztlichen und zahnärztlichen Maßnahmen verfolgen zwar das Ziel einer Angleichung an die Leistungen der gesetzlichen Krankenversicherung, in diese einbezogen oder auch nur faktisch gleichgestellt sind die Gefangenen allerdings nicht.[188] Dies wirkt sich umso gravierender insofern aus, als der ärztlichen Versorgung gerade in Justizvollzugsanstalten eine gesteigerte Bedeutung zukommt. Zu verzeichnen ist oftmals eine hohe Anzahl von Krankmeldungen und zugleich ein erhöhter Bedarf an medizinischer Versorgung aufgrund der Unterbringung vieler Menschen auf engem Raum. Bezüglich der **Kassenwirtschaftlichkeit** medizinischer Maßnahmen ist der Anstaltsarzt zwar nicht derselben Kontrolle ausgesetzt, wie der niedergelassene Kassenarzt. Dennoch stellen Kostenvergleiche im Bereich der Gesundheitsfürsorge, z.B. der einzelnen Justizvollzugsanstalten untereinander und vermehrte Rückfragen der Landesrechnungshöfe bei bspw. kostenaufwändigeren ärztlichen Maßnahmen zunehmende Kontrollmöglichkeiten im Hinblick auf wirtschaftliches Arbeiten dar.

ee) Beschwerderecht. Im Rahmen des Beschwerderechts (12 A) steht dem Gefange- 16
nen die Beschwerdemöglichkeit über den Anstaltsarzt beim Anstaltsleiter in Form von **Dienstaufsichtsbeschwerde** oder **Fachaufsichtsbeschwerde** zu. Hiervon wird in der Praxis reger Gebrauch gemacht, da mangels der Möglichkeit freier Arztwahl und aufgrund der Zugehörigkeit des Medizinalpersonals zum Personalapparat der Anstalt der Gefangene dem Anstaltsarzt als Teil der Institution eher mit Misstrauen begegnet. Zudem bedeuten etwa vom Arzt ausgestellte Arbeitsunfähigkeitsbescheinigungen, die Befürwortung eines Arbeitsplatzwechsels oder einer Gemeinschaftsunterbringung, das Anraten von Einzelunterbringung sowie die Verordnung besonderer Kostformen über die spezifisch-ärztliche Behandlung hinausgehende Vorteile im Vollzug. Darüber hinaus kann der Anstaltsarzt bei Vorliegen bestimmter Erkrankungen auf eine Behandlung in einem freien Krankenhaus hinwirken; in Betracht kommen mag sogar eine Strafunterbrechung wegen Haftunfähigkeit bzw. Vollzugsuntauglichkeit, was der Anstaltsarzt befürworten kann. Entspricht der Anstaltsarzt einem entsprechenden Anliegen des Gefangenen nicht, sind Beschwerden bei den dem Anstaltsarzt vorgesetzten Dienststellen häufig.

b) Mitwirkung des Gefangenen bei Vorbeugungsmaßnahmen. Das Zusammenle- 17
ben vieler Menschen auf engem Raum erfordert besondere Maßnahmen des Gesundheitsschutzes, die es notwendig machen, den Gefangenen zur Mitarbeit zu verpflichten, **BW** § 32 Abs. 1 Satz 1 III, **BY** Art. 58 Abs. 2, **BE** § 73 Abs. 1 Satz 3, **BB** § 77 Abs. 1 Satz 3, **HB** § 66 Abs. 1 Satz 3, **HH** § 57 Abs. 1, **HE** § 23 Abs. 1 Satz 2, **MV** § 65 Abs. 1 Satz 3, **NI** § 56 Abs. 2, **NW** § 43 Abs. 1 Satz 3, **RP** § 75 Abs. 1 Satz 3, **SL** § 65 Abs. 1 Satz 3, **SN** § 66 Abs. 1 Satz 3, **ST** § 76 Abs. 1 Satz 3, **SH** § 83 Satz 3; **TH** § 76 Abs. 1 Satz 3. Die Gefangenen haben an Maßnahmen mitzuwirken, die die Gesundheitsfürsorge und allgemeine Hygiene erfordern; einer Weigerung kann mit **Disziplinarmaßnahmen** begegnet werden.[189] Die Unterstützungspflicht, die aus den Vorschriften der Landesstrafvollzugsgesetze folgt, begründet für den Gefangenen eine **Hand-**

---

[187] AK-*Lesting* Teil II § 66 Rdn. 9.
[188] *Böhm* Rdn. 238; K/S-*Schöch* § 7 Rdn. 160.
[189] OLG Nürnberg ZfStrVo 2002, 179 f zu „Arzneimittelhortung und Verweigerung des Arztbesuchs"; LG Regensburg, NStZ 1991, 377 zur Weigerung, sich wiegen zu lassen; a.A. AK-*Lesting* Teil II § 65 Rdn. 14; siehe auch *Höffler* ZfStrVo 2006, 9 ff.

lungs- und Duldungspflicht,[190] insbesondere in Bezug auf Vorbeugemaßnahmen i.S.d. IfSG, z.B. bei einer Küchentauglichkeitsuntersuchung sowie bei der Erwartung der Mitarbeit im Bereich Körperpflege und der Allgemeinhygiene.[191] **BW** § 32 Abs. 1 Satz 1 III regelt zunächst, dass den Gefangenen die Bedeutung einer gesunden Lebensführung in geeigneter Form zu vermitteln ist. Satz 2 schreibt weiter eine Aufklärung über die schädlichen Wirkungen des Suchtmittelkonsums vor. Nach **BW** § 32 Abs. 2 III und **HE** § 23 Abs. 2 kann die Justizvollzugsanstalt Anordnungen zum Gesundheitsschutz und zur Hygiene treffen. Für Mecklenburg-Vorpommern trifft **MV** § 65 Abs. 1 Satz 4 zusätzlich eine Regelung zur Beteiligung der Gefangenen an den Kosten für Hygienemaßnahmen. Auch **HE** § 23 Abs. 1 Satz 1 und **NW** § 43 Abs. 1 Satz 2 normieren, dass den Gefangenen die Bedeutung einer gesunden Lebensführung in geeigneter Form zu vermitteln ist.

18   Einer Weigerung an der Mitwirkung kann zwar mit Disziplinarmaßnahmen begegnet werden. Die zwangsweise Durchsetzung der Mitwirkung richtet sich jedoch ausschließlich nach den gesetzlichen Voraussetzungen. Die Mitwirkungspflicht findet ihre Grenze im Bereich der ärztlichen Diagnostik und Therapie, die sich nicht unter Androhung von Disziplinarmaßnahmen durchsetzen lassen. Die Vorschriften enthalten insoweit eine abschließende Regelung. Der Inhaftierte ist wie ein Patient in Freiheit über die möglichen schädlichen gesundheitlichen Folgen eines solchen Verhaltens aufzuklären. Diese **Aufklärung** sowie die Verweigerung des Gefangenen sind hinreichend zu **dokumentieren** und daher **aktenkundig** zu machen.[192] Der Arzt bleibt gleichwohl zur Weiterbehandlung des Gefangenen verpflichtet und muss weiterhin versuchen, die erforderliche Behandlung zu verwirklichen bzw. die Bereitschaft des Gefangenen zur Mitwirkung daran zu wecken.

c) Einzelfälle

19   **aa) Autoaggressives Verhalten und Suizide.** Inhaftierte sind psychisch und psychiatrisch stärker auffällig und auch in höherem Maße krankheitsbelastet als die Normalbevölkerung.[193] Daher treten Suizide und Suizidversuche im Vergleich zur Allgemeinbevölkerung in Haft überproportional häufig und wiederholt auf,[194] was die Entwicklung adäquater Reaktionen und Präventionsstrategien erfordert. Entgegen des Trends in der Allgemeinbevölkerung liegt bspw. für die Jahre 2000–2004 die Suizidhäufigkeit in Haftanstalten bei 118 pro 100.000.[195] Im Jahr 2016 starben insgesamt 76 Menschen durch Suizide im Justizvollzug. Zudem wird von einer Relation von einem Suizid zu 10 Suizidversuchen ausgegangen, wobei junge Männer als Risikogruppe gelten.[196] Eine nicht geringe Zahl von Suiziden ereignet sich in der Untersuchungshaft.[197]

20   Aufgrund dieser Häufigkeitsverteilung gilt bereits die Inhaftierung an sich als Risikofaktor. Suizidalität im Strafvollzug stellt dabei weder ein neues noch ein für Deutschland typisches Problem dar.[198] Das statistische Risiko für Suizidhandlungen steigert bei Gefangenen die hohe Prävalenz von psychiatrischen Störungen und Abhängigkeitser-

---

190 *Arloth/Krä* § 56 StVollzG Rdn. 9 mit Verweis auf den Wortlaut „hat ... zu"; a.A. AK-*Lesting* Teil II § 65 Rdn. 14; ausführlich zur Anordnung von Urinproben Rdn. 23.
191 *Laubenthal/Nestler/Neubacher/Verrel* H Rdn. 36; zur Mitwirkungspflicht des Gefangenen vgl. 1 E.
192 AK-*Lesting* Teil II § 65 Rdn. 13.
193 *Konrad* in: Keppler/Stöver (Hrsg.), 2009, 208; *Witzel* in: Keppler/Stöver (Hrsg.), 2009, 49, 223.
194 Vgl. *Lehmann* in: Keppler/Stöver (Hrsg.), 2009, 240.
195 Vgl. zum Ganzen auch *Bennefeld-Kersten* 2005.
196 Siehe auch *Lehmann/Weiss/Jesse* ZfStrVo 2007, 177 die eine Suizidhäufigkeit von 127,4 pro 100.000 Gefangene für die JVA Hameln errechnen.
197 *Frühwald* ZfStrVo 1996, 218.
198 Vgl. dazu die Nachweise bei *Lehmann* in: Keppler/Stöver (Hrsg.), 2009, 240.

krankungen.¹⁹⁹ Dazu kommen als risikosteigernde Faktoren allgemeine Prisonisierungserscheinungen wie z.B. akute Krisen durch Trennung von Angehörigen, Einsamkeit, das Frustrationserleben und psychische Traumatisierungen.²⁰⁰ Auch soziokulturelle, genetische und biologische Faktoren sowie sozialer Stress tragen zur Risikosteigerung bei.

Die Vollzugsbehörde sowie insbesondere der Anstaltsarzt haben entsprechende **Präventionsmaßnahmen** zu treffen, die z.B. in der Verhinderung von Isolation in Einzelzellen bestehen können.²⁰¹ Der Anstaltsarzt hat im Rahmen der Zugangsuntersuchung auf eine mögliche Selbstmordgefährdung zu achten, bei Veranlassung die Anstaltsleitung auf entsprechende Anzeichen hinzuweisen und ggf. sogar die Unterbringung des Inhaftierten in einer Gemeinschaftszelle anzuraten. Dabei verbleiben Verantwortlichkeit und Fürsorgepflicht trotz Gemeinschaftsunterbringung stets bei der Anstalt; eine Verlagerung auf Mitgefangene findet nicht statt. Gleichwohl ermöglicht die Gemeinschaftsunterbringung eine bessere Beobachtung des Gefährdeten. Den Vollzugseinrichtungen obliegt es damit, ein Konzept zu entwickeln, wie mit Suizidanten präventiv und im Falle des Eintritts von Suizidalität kurativ umzugehen ist.²⁰² Die Vollzugsbediensteten sind entsprechend zu unterweisen. Die Betreuung der betreffenden Gefangenen durch geeignete Beamte des allgemeinen Vollzugsdienstes und durch Fachdienste, insbesondere durch Psychologen, Seelsorger oder Sozialarbeiter ist zu gewährleisten.²⁰³ Zudem kommen Sicherheitsmaßnahmen, wie die Entziehung von scharfen oder spitzen Gegenständen und Gürteln sowie die Unterbringung des Gefährdeten in einem besonders gesicherten Haftraum in Betracht. Unzureichend aber dennoch keinesfalls verzichtbar erscheint eine regelmäßig oder unregelmäßig erfolgende **Beobachtung.**²⁰⁴ Ist Suizidalität konstatiert, muss kontinuierlich überwacht werden, wobei eine Kameraüberwachung i.d.R. ausreichend ist.

Zwar sind die Anstalten für die Verhinderung von Suiziden der Anstaltsinsassen verantwortlich. Gleichwohl stellt eine (erfolgreiche) Suizidhandlung nicht zwangsläufig ein Indiz für eine Pflichtverletzung dar. Sofern entsprechende präventive Maßnahmen in schlüssiger und nachvollziehbarer Weise getroffen wurden, ist eine Exkulpation denkbar.²⁰⁵

bb) Alkohol/Betäubungsmittel. Im Zusammenhang mit dem Konsum von Alkohol und Betäubungsmitteln treten im Strafvollzug häufig Missbrauch sowie Abhängigkeit auf und gefährden die Gesundheit von Gefangenen und aufgrund bestehender Sicherheitsrisiken auch des Personals. Der Anstaltsarzt hat dabei diagnostische und therapeutische Aufgaben.

Im Hinblick auf die Diagnosestellung kommen vor allem **Urinproben** in Betracht. Diese können den Nachweis eines Disziplinarverstoßes zur Aufrechterhaltung der Anstaltsordnung oder die Überprüfung des Standes der resozialisierenden (Sucht-)Behandlung und Einleitung medizinischer Heilbehandlung bezwecken. Als **Ermächtigungsgrundlage** für die Vollzugsbehörde wurde früher § 56 Abs. 2 StVollzG herangezogen.²⁰⁶

---

199 Vgl. zum Ganzen *Schmidt/Gastpar/Falkai/Gaebel* 2008.
200 *Witte* 2007, 863.
201 Siehe OLG Hamm, Beschl. vom 2.6.2014 – III 1 Vollz (Ws) 253/14 zur Versagung der Unterbringung Epilepsiekranker im offenen Vollzug, die nicht allein auf die Erkrankung gestützt werden kann.
202 Vgl. dazu *Lehmann* in: Keppler/Stöver (Hrsg.), 2009, 240 ff.
203 Vgl. *Swientek* 1982.
204 *Sigel* ZfStrVo 1997, 34.
205 Dazu OLG Koblenz MedR 2000, 136 ff; vgl. zu Zwangsmaßnahmen im Fall der Verweigerung von Nahrungsaufnahmen § 101 Rdn. 2.
206 BVerfG FS 2011, 192; KG StraFo 2006, 345; OLG Hamm, Beschl. vom 9.2.2017 – III 1 Vollz (Ws) 542/16, StV 2018, 644 (insb. zur anlasslosen Zulässigkeit von Drogenscreenings); OLG Frankfurt NStZ-RR 2009,

Einschränkend wurde dabei früher zum Teil das Vorliegen eines „auf Tatsachen beruhenden (konkreten) Verdachts von Rauschgiftmissbrauch" verlangt.[207] Lässt man mit der damals h.M. heute **BW** § 32 III, **BY** Art. 58, **BE** § 73, **BB** § 77 Abs. 1, **HB** § 66 Abs. 1, **HE** § 23 Abs. 1, 2, **MV** § 65 Abs. 1, **NI** § 56, **NW** § 43, **RP** § 75 Abs. 1, **SL** § 65 Abs. 1, **SN** § 66 Abs. 1, **ST** § 76 Abs. 1, **SH** § 83, **TH** § 76 Abs. 1 als Ermächtigungsgrundlage genügen, so stellt sich daran anschließend die Frage, ob der Verweigerung des Urintests mit Disziplinarmaßnahmen begegnet werden kann. Die überwiegende Ansicht bejaht dies.[208] Dagegen wird eingewendet, diejenigen Fälle, in denen gegenüber medizinischen Zwangsmaßnahmen eine disziplinarbewehrte Duldungspflicht besteht, seien in den Vorschriften über Zwangsmaßnahmen auf dem Gebiet der Gesundheitsfürsorge (11 L) abschließend geregelt. Weitergehende Duldungspflichten existierten nicht.[209] Richtigerweise bleiben Disziplinarmaßnahmen zwar möglich; durch ihre Verhängung dürfen jedoch die erhöhten Anforderungen der Vorschriften über Zwangsmaßnahmen auf dem Gebiet der Gesundheitsfürsorge nicht umgangen werden, was im Rahmen der Verhältnismäßigkeitsprüfung (vgl. 11 L 9–11) zu berücksichtigen ist. Disziplinarmaßnahmen wegen der Verweigerung der Mitwirkung bleiben somit ausgeschlossen, sofern nicht die entsprechenden Voraussetzungen vorliegen (11 L 6 ff). Nach **BE** § 73 Abs. 1 Satz 3, **BB** § 77 Abs. 1 Satz 3, **HB** § 66 Abs. 1 Satz 3, **MV** § 65 Abs. 1 Satz 3, **RP** § 75 Abs. 1 Satz 3, **SL** § 65 Abs. 1 Satz 3, **SN** § 66 Abs. 1 Satz 3, **ST** § 76 Abs. 1 Satz 3, **SH** § 83 Satz 3, **TH** § 76 Abs. 1 Satz 3 haben die Gefangenen die notwendigen Anordnungen zum Gesundheitsschutz und zur Hygiene zu befolgen. Diese Regelung ersetzt den Verweis auf die Zulässigkeit von Zwangsmaßnahmen aus § 56 Abs. 1 Satz 2 StVollzG. Auch nach **BW** § 32 Abs. 2 III und **HE** § 23 Abs. 2 kann die Justizvollzugsanstalt Anordnungen zum Gesundheitsschutz und zur Hygiene treffen. Zudem haben nach **BY** Art. 58 Abs. 2, **NI** § 56 Abs. 2, **NW** § 43 Abs. 1 Satz 3 die Gefangenen die notwendigen Anordnungen zum Gesundheitsschutz und zur Hygiene zu unterstützen. Keine Entsprechung findet sich in **HH**.

25   Darüber hinaus bleibt fraglich, ob die durch eine auf unzulässige Weise entnommene Urinprobe[210] erlangten Erkenntnisse in einem Disziplinarverfahren z.B. wegen eines Betäubungsmittelmissbrauchs verwertet werden können. Die Verwertbarkeit der Ergebnisse einer solchen Probe wird zum Teil unter Verweis auf die Selbstbelastungsfreiheit angezweifelt.[211] Demgegenüber vertritt die Rechtsprechung überwiegend die Ansicht, die Ergebnisse dürften im Disziplinarverfahren verwendet werden.[212]

295; OLG Hamburg ZfStrVo 1997, 108; OLG Jena 2008, 187; LG Koblenz NStZ 1989, 550; OLG Koblenz ZfStrVo 1995, 249; OLG Rostock ZfStrVo 2005, 116; OLG Thüringen NStZ-RR 2008, 59; LG Augsburg ZfStrVo 1998, 113; *Arloth/Krä* § 56 StVollzG Rdn. 9; *Laubenthal* Rdn. 712; ferner OLG Hamm NStZ 2010, 398 für die Zulässigkeit von Atemalkoholkontrollen; krit. für den Bereich der Untersuchungshaft *Pollähne* StV 2007, 88; a.A. AK-*Lesting* Teil II § 65 Rdn. 18.
207   Z.B. OLG Dresden NStZ 2005, 589; OLG Frankfurt NStZ-RR 2009, 295; OLG Jena NStZ-RR 2008, 59.
208   *Arloth/Krä* § 56 StVollzG Rdn. 9; *Laubenthal/Nestler/Neubacher/Verrel* H Rdn. 30; *Laubenthal* Rdn. 712; a.A. OLG Dresden NStZ 2005, 589; ähnlich OLG Hamburg Beschl. v. 2.3.2004, 3 Vollz [Ws] 128/03; OLG Nürnberg Beschl. v. 17.9.2001, Ws 931/01; einschränkend KG StraFo 2011, 526, sofern der Gefangenen bei Abgabe der Urinprobe unter Zeitdruck gesetzt wird; gegen die Zulässigkeit von Disziplinarmaßnahmen im Falle einer positiven Urinprobe AK-*Lesting* Teil II § 65 Rdn. 18; differenzierend *Gericke* StV 2003, 307.
209   AK-*Lesting* Teil II § 65 Rdn. 18.
210   Vgl. zur Überwachung der Abgabe einer Urinprobe durch Zusehen des Aufsichtspersonals beim Urinieren *Heckler* 1997, 92.
211   Z.B. AK-*Lesting* Teil II § 65 Rdn. 19.
212   KG Beschl. v. 26.1.2006 – 5 Ws 16/06; OLG Dresden NStZ 2005, 589; OLG Hamburg Beschl. v. 2.3.2004 Az.: 3 Vollz Ws 128/03; OLG Hamburg Beschl. v. 19.9.2007 – 3Vollz Ws 47/07; OLG Thüringen Beschl. v. 10.5.2007 – 1 Ws 68/07.

D. Gesundheitsfürsorge

Die **Behandlung suchtkranker Gefangener** wird länderunterschiedlich gehand- 26
habt. Insgesamt ist der Justizvollzug zu einer Drogentherapie im engeren Sinne nicht geeignet.[213] Der Verlauf einer Suchterkrankung ist ein langwieriger Prozess, der von Persönlichkeit des Gefangenen, Art des Suchtmittels sowie gesellschaftlichen und sozialen Bedingungen beeinflusst wird.[214] Entsprechend diesem Suchtverständnis hat der Vollzug während der gesamten Inhaftierungszeit eines Abhängigen unterschiedliche Ausstiegshilfen und Hilfestellungen in lebenspraktischen Fragen bereitzuhalten. Idealerweise erhalten drogenkranke Inhaftierte dieselben Behandlungschancen wie abhängige Menschen in Freiheit. Die Effizienz der Behandlung kann gesteigert werden, indem Mitarbeiter des Allgemeinen Vollzugsdienstes zu sog. Suchtkrankenhelfern ausgebildet werden. Eine auf Dauer angelegte Substitutionsbehandlung Opiatabhängiger u.a. mit Methadon widerspricht allerdings i.d.R. den Aufgaben des Strafvollzugs.[215] Eine Pflicht zur Durchführung einer Substitutionsbehandlung kann allenfalls dann bestehen, wenn diese Behandlung die medizinisch einzig mögliche ist, wobei der Justizvollzugsanstalt ein Gestaltungsspielraum zusteht, der nach den Grundsätzen der Ermessensüberprüfung nur eingeschränkter Nachprüfung durch das Rechtsbeschwerdegericht unterliegt.[216]

cc) HIV-Infektion. Unter den Inhaftierten finden sich auch HIV-Infizierte, wobei ein 27
Großteil von ihnen zu den Drogenkranken zählt. Schätzungen beziffern den Anteil der infizierten Gefangenen auf ca. 1 %.[217] Die Krankheit wird vor allem über Körperflüssigkeiten (bspw. Blut oder Sperma) übertragen, was u.a. das gemeinsame Benutzen von Spritzen beim Konsum von Betäubungsmitteln („needle-sharing") zu einem Risikofaktor macht.[218] Aus diesem Grund werden in fast allen Bundesländern zumindest bei der Risikogruppe der Betäubungsmittelabhängigen, oft aber auch bei allen erstaufgenommenen Gefangenen Blutuntersuchungen auf HIV-Antikörper durchgeführt. Einem Hinweis auf das Vorliegen einer Infektion etwa durch Stempelaufdruck „Blutkontakt vermeiden" (was in der Sache freilich auch für Nichtinfizierte Gefangene gilt) auf Gesundheitsakten und Transportpapieren muss deren Nachweis zu Grunde liegen.[219]

Allein aufgrund der HIV-Infektion eines einzelnen Inhaftierten kann eine Zwangsun- 28
tersuchung aller Gefangenen nicht verhältnismäßig angeordnet werden.[220] Zwar dürfen solche Tests auf freiwilliger Basis durchgeführt werden,[221] sie zwangsweise anzuordnen und durchzuführen kann jedoch gegen den **Verhältnismäßigkeitsgrundsatz** verstoßen. Jedenfalls bei Aufnahme in die JVA sind die Gefangenen nach § 36 Abs. 4 Satz 7, Abs. 5 IfSG verpflichtet, eine ärztliche Untersuchung auf übertragbare Krankheiten einschließlich einer Röntgenaufnahme der Lunge zu dulden. Wegen der dort genannten Krankheiten (insbesondere Hepatitis und AIDS) sind zwangsweise Tests demnach im Rahmen der Zugangsuntersuchung zulässig. Während des Vollzugs kommen zwangs-

---

213 Zu den Möglichkeiten einer Zurückstellung der Strafvollstreckung *Laubenthal/Nestler* Strafvollstreckung, Rdn. 241 ff; siehe ferner *Böhm* Rdn. 234; *Laubenthal* Rdn. 584; *Walter* Rdn. 282c.
214 *Keppler/Fritsch/Stöver* in: Keppler/Stöver (Hrsg.), 2009, 193 ff.
215 OLG Hamburg, ZfStrVo 2002, 312; krit. dazu *Kubik* StV 2002, 266; zu den aktuellen medizinischen Standards in der Behandlung Opiatabhängiger s. *Keppler/Fritsch/Stöver* in: Keppler/Stöver (Hrsg.), 2009, 193 ff und *Sönnecken* MedR 2004, 246 ff; zu strafrechtlichen Risiken bei der Substitutionsbehandlung *Nestler* MedR 2009, 211 ff.
216 OLG München Beschl. v. 5.6.2012, 4 Ws 103/12; vgl. dazu aber LG Augsburg StraFo 2011, 528.
217 *Laubenthal* Rdn. 638.
218 *Laubenthal/Nestler/Neubacher/Verrel* H Rdn. 32.
219 OLG Koblenz ZfStrVo 1989, 121 betreffend eine Hepatitis B-Infektion.
220 K/S/*Schöch* § 8 Rdn. 23.
221 Vgl. *Laubenthal/Nestler/Neubacher/Verrel* H Rdn. 33; *Sigel* ZfStrVo 1989, 160.

weise HIV-Tests nur unter den Voraussetzungen der Vorschriften über Zwangsmaßnahmen auf dem Gebiet der Gesundheitsfürsorge in Betracht (vgl. 11 L 14 ff).

29   Enorme Bedeutung kommt im Zusammenhang mit HIV den **Präventionsmaßnahmen** zu.[222] Zu diesem Zweck wird in der Praxis Aufklärungs- und Informationsmaterial an die Gefangenen ausgegeben. Mit Blick auf die HIV-Risiken des homosexuellen Verkehrs oder des Drogenkonsums werden in einigen Bundesländern Kondome verfügbar gemacht und sterile Einwegspritzen ausgegeben. Beide Maßnahmen sind umstritten. In Bezug auf die Versorgung mit Kondomen wird zum Teil deren kostenlose Ausgabe für erforderlich gehalten,[223] zum Teil bereits das Angebot zum Einkauf als ausreichend erachtet.[224] Zum Teil wird dagegen angeführt, die Förderung von Homosexualität widerspreche dem Resozialisierungsgedanken.[225]

30   Die Ausgabe von Einwegspritzen[226] findet unter Verweis auf die Aussichtslosigkeit des Versuchs, den Konsum von Betäubungsmitteln im Strafvollzug zu verhindern, Befürwortung.[227] In einer solchen Argumentation lässt sich jedoch ein Verstoß gegen den Behandlungsauftrag erkennen.[228] Erforderlich bleibt eine Abwägung des Behandlungsauftrags mit den verringerten Infektionsrisiken bei einer kontrollierten Abgabe.[229] In der Rspr. herrscht die Ansicht vor, eine Pflicht zur Abgabe von Einwegspritzen bestehe jedenfalls nicht.[230]

31   An eine HIV-Infektion knüpfen sich für den Inhaftierten etliche vollzugliche Einschränkungen bspw. bei der Freizeitgestaltung, bei der Gewährung von Vollzugslockerungen oder bei Arbeit und Ausbildung. Allerdings dürften diesbezügliche Restriktionen grds. nur bei Gefangenen in Betracht kommen, die durch ihr Verhalten zu erkennen geben, dass von ihnen eine konkrete Gefahr für ihre Umgebung ausgeht.[231]

32   **dd) Nichtraucherschutz.** Inwiefern eine gemeinsame Unterbringung von Rauchern und Nichtrauchern wegen den Gefahren des **Passivrauchens** aus Gründen des Gesundheitsschutzes Maßnahmen erfordert,[232] ist mittlerweile Gegenstand expliziter landesrechtlicher Regelungen, **BY** Art. 58 Abs. 3, **BE** § 73 Abs. 3. Die bestehenden Gefahren können einen Anspruch auf Abhilfe begründen.[233] **BY** Art. 58 enthält dazu einen Abs. 3, der ausdrücklich vorschreibt, den Nichtraucherschutz zu gewährleisten, soweit es bauliche und organisatorische Maßnahmen ermöglichen. **BE** § 73 Abs. 3 sieht neben der Gewährleistung des Nichtraucherschutzes vor, dass den Gefangenen die Teilnahme an Raucherentwöhnungsmaßnahmen ermöglicht werden soll.

---

222   *Laubenthal/Nestler/Neubacher/Verrel* H Rdn. 34; *Dargel* NStZ 1989, 207; *Klingmann* BewHi 1989, 92; *Siegel* ZfStrVo 1989, 158.
223   *Bruns* StV 1987, 505; *Michels* KJ 1988, 424.
224   Siehe AK-*Lesting* Teil II § 62 Rdn. 76.
225   *Dargel* NStZ 1989, 207; *Siegel* ZfStrVo 1989, 158; ähnlich OLG Koblenz NStZ 1997, 360, das eine „Förderung homosexueller Verhaltensmuster" befürchtet, die zu „Abhängigkeitsverhältnissen zwischen Strafgefangenen innerhalb der Vollzugsanstalt führen" können.
226   Zu den verschiedenen Modellprojekten *Stöver/Nelles* ZfStrVo 2003, 345.
227   *Bruns* StV 1987, 505; *Michels* KJ 1988, 424; *Lesting* StV 1990, 225.
228   *Laubenthal/Nestler/Neubacher/Verrel* H Rdn. 34; *Dargel* NStZ 1989, 207; *Sigel* ZfStrVo 1989, 157; *Hartwig* ZfStrVo 1990, 98; *Hasenpusch/Steinhilper* ZfStrVo 2003, 351.
229   *Kreuzer* FS-Geerds 1995, 327; vgl. dazu auch Hofmann, Spritzenabgabe im Strafvollzug, 2002.
230   Z.B. LG Berlin, Beschl. v. 15.12.1994 – 13 O 468/94; LG Regensburg ZfStrVo 2001, 364.
231   *Schmuck* ZfStrVo 1989, 172; ähnlich *Siegel* ZfStrVo 1989, 161; vgl. auch *Hefendehl* ZfStrVo 1996, 136 ff.
232   Vgl. zur Trennung der Raucher von Nichtrauchern im Gemeinschaftsfernsehraum OLG Hamm MDR 1982, 779; OLG Zweibrücken NStZ 1986, 429.
233   *Laubenthal/Nestler/Neubacher/Verrel* H Rdn. 35; vgl. auch OLG Nürnberg ZfStrVo 1988, 191; OLG Hamm MDR 1982, 779.

II. Medizinische Versorgung

Baden-Württemberg	BW keine Entsprechung
Bayern	BY Art. 179 BayStVollzG
Berlin	BE § 106 StVollzG Bln;
Brandenburg	BB § 112 BbgJVollzG;
Bremen	HB § 99 BremStVollzG;
Hamburg	HH keine Entsprechung;
Hessen	HE keine Entsprechung;
Mecklenburg-Vorpommern	MV § 98 StVollzG M-V;
Niedersachsen	NI § 180 NJVollzG;
Nordrhein-Westfalen	NW § 99 StVollzG NRW;
Rheinland-Pfalz	RP § 109 LJVollzG;
Saarland	SL § 98 SLStVollzG;
Sachsen	SN § 111 SächsStVollzG;
Sachsen-Anhalt	ST § 111 JVollzGB LSA;
Schleswig-Holstein	SH § 136 LStVollzG SH;
Thüringen	TH § 110 ThürJVollzG.

1. Allgemeine Hinweise. Die Vorschriften zur medizinischen Versorgung regeln das 33 für die Gesundheitsfürsorge zuständige Fachpersonal für ärztliche und krankenpflegerische Aufgaben. Im inneren Aufbau einer Justizvollzugsanstalt vollzieht sich die ärztliche Tätigkeit in einem organisatorisch abgegrenzten Bereich. Sie unterscheidet sich dadurch von der Tätigkeit anderer Fachdienste, die je nach Erfordernis in mehreren Bereichen oder Abteilungen des Vollzugs tätig werden und dort mehr in das allgemeine Vollzugsgeschehen eingebettet sind. Das ärztliche Personal wird dagegen entweder im Medizinalbereich der Anstalt oder in einer besonderen Kraneinrichtung des Vollzugs bzw. einem Anstaltskrankenhaus tätig. Aufgrund seiner Stellung als der Gesundheitsfürsorge verpflichteter Mediziner einerseits sowie als Vollzugsmitarbeiter andererseits nimmt der Anstaltsarzt eine gewisse **Doppelrolle** ein.[234] Ihm kommt aufgrund seiner Doppelrolle eine enorme Aufgabenvielfalt zu.[235] Aus dieser Position heraus besteht die Gefahr, dass sich der Mediziner entweder auf eine reine Absicherungs- und Rückversicherungsmedizin zurückzieht, oder zu einer Überidentifikation mit der Justiz tendiert.[236] Bei seiner Tätigkeit hat der Anstaltsarzt daher darauf zu achten, einen Mittelweg zwischen Vollzugs- und Patientenorientierung zu finden.[237]

2. Erläuterungen

a) Personalsituation im Bereich der Medizinalfürsorge. Die Personalsituation im 34 Bereich der Medizinalfürsorge erscheint oft als unbefriedigend. Für das Jahr 2004 wurde bundesweit eine Versorgungsrelation von 1:261 errechnet.[238] Die Zahlen differieren zwischen den einzelnen Bundesländern bspw. zwischen 1:159 für Berlin und 1:931 im Saar-

---

[234] *Pont/Wool* Leitfaden für den Gefängnisarzt, 2006, 9 „duale Rolle des Gefängnisarztes".
[235] AK-*Lesting* Teil II § 98 Rdn. 7; *Hillenkamp* in: Hillenkamp/Tag [Hrsg.], 2008, 73.
[236] *Walter* in: Hillenkamp/Tag [Hrsg.], 2005, 259 ff.
[237] Vgl. dazu *Feest* in: Keppler/Stöver [Hrsg.], 2009, 30; *Hillenkamp* in: Hillenkamp/Tag [Hrsg.], 2005, 22; *Pont* in: Keppler/Stöver [Hrsg.], 2009, 20; für eine Orientierung primär am Patienteninteresse aber AK-*Lesting* TeilI II § 98 Rdn. 7.
[238] *Meier* in: Hillenkamp/Tag [Hrsg.], 2005, 44.

land.²³⁹ Andere Schätzungen erlauben demgegenüber den Rückschluss, dass die ärztliche Versorgung im Strafvollzug jedenfalls nicht schlechter ist als in der Bevölkerung. Inhaftierte Personen nehmen jedoch deutlich häufiger ärztliche Hilfe in Anspruch als Personen in Freiheit. Dies ist zum Teil bedingt durch ein Übermaß an zur Verfügung stehender Zeit im Haftalltag. Allerdings kommt es bei einem Teil der Gefangenen mitunter zu einer haftbedingten gesteigerten Krankheitsanfälligkeit.²⁴⁰ Höher ist auch die Erkrankungshäufigkeit für Suchterkrankungen, Hepatitis- und HIV-Infektionen, Tuberkulose und psychiatrische Erkrankungen. Hinzu kommen Verwahrlosungsphänomene, falsche Ernährung oder Nikotin.

35 **b) Ärztliche Versorgung.** Gem. § 158 Abs. 1 StVollzG war die medizinische Versorgung durch hauptamtliche Ärzte sicherzustellen. Dem folgen **BY** Art. 179 Abs. 1, **NI** § 180 Abs. 1, **SH** § 136 Abs. 1, **ST** § 111 Abs. 1. Dies beruht auf der Überlegung, dass der Anstaltsarzt eine zentrale allgemeine soziale Dienstfunktion im Strafvollzug erfüllen muss.²⁴¹ Lediglich aus besonderen Gründen darf dies nebenamtlichen oder vertraglich verpflichteten Ärzten übertragen werden. Es muss sich dabei aber stets um einen **approbierten Mediziner** handeln.²⁴² Nicht möglich ist die Beschäftigung eines Strafgefangenen in seinem erlernten Beruf als Arzt oder Zahnarzt.²⁴³

36 In der Regel wird der hauptamtliche Anstaltsarzt somit als **Beamter oder Angestellter im öffentlichen Dienst** tätig. Dies sichert dem Arzt medizinische Handlungs- und Therapierfreiheit; er kann durch seine Position somit das gesamte Spektrum der vorhandenen Behandlungsmöglichkeiten ausschöpfen, ohne einem erhöhten Personal- oder Kostendruck zu unterliegen. Der Arzt untersteht als verbeamteter oder angestellter Bediensteter jedoch der **Dienst- und Fachaufsicht** der Aufsichtsbehörden. Die Fachaufsicht für den Bereich der Gesundheitsfürsorge üben die Justizministerien bzw. die zuständigen nachgeordneten Behörden aus; sie stützen sich dabei auf die Kompetenz eigener Ärzte oder bestellter Fachberater.²⁴⁴ Als Bediensteter der Justizvollzugsanstalt unterliegt der Arzt zunächst dem Weisungsrecht des Anstaltsleiters.²⁴⁵ Das Weisungsrecht findet jedoch seine Grenze im medizinisch-fachlichen Bereich, innerhalb dessen dem Anstaltsarzt für seine Entscheidungen Autonomie verbleibt.²⁴⁶

37 Soweit der Einsatz hauptamtlicher Ärzte vorgeschrieben ist, können nur ganz ausnahmsweise nebenamtlich oder vertraglich gebundene Ärzte eingesetzt werden; Hierfür bedarf es **besonderer Gründe**. Ein solcher Grund besteht vor allem, wenn die Hinzuziehung von Fachärzten erforderlich ist. Für die **Ermessen**sausübung („kann") müssen dabei dieselben Grundsätze gelten, wie sie bei der Hinzuziehung externer Ärzte im Rahmen von § 58 StVollzG angewendet wurden (vgl. F 1. 6 f). Andere besondere Gründe können auch solche vollzugsorganisatorischer Art sein, wenn etwa aus finanziellen Gründen oder aufgrund der zu geringen Anzahl von Inhaftierten ein hauptamtlicher Anstaltsarzt nicht beschäftigt werden kann.²⁴⁷

---

239 AK-*Lesting* Teil II § 98 Rdn. 6.
240 Vgl. für den Jugendstrafvollzug *Handke/Lehmann* in: Keppler/Stöver [Hrsg.], 2009, 138 ff.
241 AK-*Lesting* Teil II § 98 Rdn. 5.
242 OLG Karlsruhe NStZ 1997, 302.
243 *Hoffmann* Jura 2001, 618, 620.
244 AK-*Lesting* Teil II § 98 Rdn. 12; *Schäfer* in: Keppler/Stöver [Hrsg.], 2009, 125.
245 AK-*Lesting* Teil II § 98 Rdn. 11.
246 OLG Frankfurt NJW 1978, 2351; *Schäfer* in: Keppler/Stöver [Hrsg.], 2009, 124.
247 AK-*Lesting* Teil II § 98 Rdn. 5.

Allerdings ist die medizinische Versorgung durch hauptamtliche Anstaltsärzte ein **38**
„Auslaufmodell".[248] Die große Mehrzahl der Länder verzichten auf eine Festlegung,
durch wen die ärztliche Versorgung sicherzustellen ist, **BE** § 106, **BB** § 112, **HB** § 99, **MV**
§ 98, **NW** § 99, **RP** § 109, **SL** § 98, **SN** § 111, **TH** § 110. **BW**, **HH** und **HE** haben sogar gänzlich auf eine Normierung der ärztlichen Versorgung verzichtet; indessen lassen sich dort
die Rechtsgrundlagen aus den allgemeinen Organisationsvorschriften ableiten (**BW** § 12
Abs. 4 I; **HH** § 105 Abs. 1 Satz 1; **HE** § 76 Abs. 2).

c) **Krankenpflegedienst.** Nach **BE** § 106 Abs. 2, **BB** § 112 Abs. 2, **HB** § 99 Abs. 2, **MV** § 98   **39**
Abs. 2, **NW** § 99 Abs. 2, **RP** § 109 Abs. 2, **SL** § 98 Abs. 2, **SN** § 111 Abs. 2, **TH** § 110 Abs. 2 soll die
Pflege der Kranken von Personen ausgeübt werden, die eine **Erlaubnis nach dem KrPflG**
besitzen. Die Regelung stellt sicher, dass nur qualifiziertes und den allgemeinen Standards, die auch außerhalb des Strafvollzugs gelten, entsprechendes Personal eingesetzt
wird.[249] Ausnahmen sind zugelassen, wenn qualifiziertes Personal nicht zur Verfügung
steht. In diesem Fall können Bedienstete des allgemeinen Vollzugsdienstes, jedoch keine
Gefangenen zur Krankenpflege eingesetzt werden. Erforderlich ist hierzu, dass das eingesetzte Personal eine **sonstige Ausbildung in der Krankenpflege** absolviert hat. Dieser
Terminus hat grds. alle anderen Ausbildungen im medizinischen Bereich im Blick, bspw.
Arzthelfer, medizinisch-technische Assistenten, Physiotherapeuten, Rettungssanitäter/
-assistenten etc.[250] Die eingesetzten Sanitätsdienste haben die Aufgabe, den Anstaltsarzt
bei seiner Tätigkeit zu unterstützen. Soweit die Landesgesetze keine spezielle Vorschrift
vorsehen, kann wie bei der ärztlichen Versorgung auf die allgemeinen Organisationsvorschriften Bezug genommen werden, **BW** § 12 Abs. 4 I, **HH** § 105 Abs. 1, **HE** § 76 Abs. 2.

E. Gesundheitsuntersuchungen, medizinische Vorsorgeleistungen

Baden-Württemberg	BW § 33 III JVollzGB;
Bayern	BY Art. 59 BayStVollzG;
Berlin	BE § 70 Abs. 1 Satz 2 StVollzG Bln;
Brandenburg	BB § 74 Abs. 1 Satz 2 BbgJVollzG;
Bremen	HB § 63 Abs. 1 Satz 2 BremStVollzG;
Hamburg	HH § 57 Abs. 1 HmbStVollzG;
Hessen	HE § 24 HStVollzG;
Mecklenburg-Vorpommern	MV § 62 Abs. 1 Satz 2 StVollzG M-V;
Niedersachsen	NI § 57 Abs. 1 NJVollzG;
Nordrhein-Westfalen	NW § 45 Abs. 1 Satz 2 StVollzG NRW;
Rheinland-Pfalz	RP § 72 Abs. 1 Satz 2 LJVollzG;
Saarland	SL § 62 Abs. 1 Satz 2 SLStVollzG;
Sachsen	SN § 63 Abs. 1 Satz 2 SächsStVollzG;
Sachsen-Anhalt	ST §73 Abs. 1 Satz 2 JVollzGB LSA;
Schleswig-Holstein	SH § 79 Abs. 1 Satz 2 LStVollzG;
Thüringen	TH § 73 Abs. 1 Satz 2 ThürJVollzG

---

248 AK-*Lesting* Teil II § 98 Rdn. 4 f.
249 *Laubenthal/Nestler/Neubacher/Verrel* H Rdn. 113.
250 AK-*Lesting* Teil II § 98 Rdn. 14.

Schrifttum

Nikolai Zahnmedizin im Strafvollzug, in: Keppler/Stöver (Hrsg.), Gefängnismedizin: Medizinische Versorgung unter Haftbedingungen, Stuttgart 2009, 268; *Oberfeld* Behinderung und Alter, in: Keppler/Stöver (Hrsg.), Gefängnismedizin: Medizinische Versorgung unter Haftbedingungen, Stuttgart 2009, 234.

Übersicht

I. Allgemeine Hinweise —— 1–3	2. Voraussetzungen des Anspruchs —— 6
II. Erläuterungen —— 4–9	3. Vorsorgeleistungen bei jungen Personen —— 7, 8
1. Anspruch auf Untersuchungen zur Früherkennung von Krankheiten —— 4, 5	a) Mit untergebrachte Kinder —— 7
a) Check-Up 35 —— 4	b) Junge Gefangene —— 8
b) Krebsvorsorge —— 5	4. Heilbehandlung —— 9

I. Allgemeine Hinweise

1 Die Vorschriften **BW** § 33 III, **BY** Art. 59, **BE** § 70 Abs. 1 Satz 2, **BB** § 74 Abs. 1 Satz 2, **HB** § 63 Abs. 1 Satz 2, **HH** § 57 Abs. 1, **HE** § 24, **MV** § 62 Abs. 1 Satz 2, **NI** § 57 Abs. 1, **NW** § 45 Abs. 1 Satz 2, **RP** § 72 Abs. 1 Satz 2, **SL** § 62 Abs. 1 Satz 2, **SN** § 63 Abs. 1 Satz 2, **ST** §73 Abs. 1 Satz 2, **SH** § 79 Abs. 1 Satz 2, **TH** § 73 Abs. 1 Satz 2 regeln die medizinischen Vorsorgeleistungen, die den Gefangenen zustehen. Sie tragen damit dem **Angleichungsgrundsatz** Rechnung, indem sie den Inhaftierten einen **Anspruch auf regelmäßige Untersuchungen** zur Früherkennung von Krankheiten gewährt. Die Vorschriften korrespondieren daher i.S.d. Äquivalenzprinzips[251] mit § 25 SGB V, der die Gesundheitsuntersuchungen gesetzlich versicherter Personen betrifft.[252] Ebenso wie die Rahmenbedingungen des außervollzuglichen Gesundheitswesens sind jedoch auch die Bedingungen im Strafvollzug (zeitlich verzögert eintretenden) Wandlungen unterworfen.

2 Während des Strafvollzugs ruhen die Leistungen der gesetzlichen Krankenversicherung, der Rentenversicherungsträger sowie der Pflegeversicherung. Im Unterschied zu gesetzlich versicherten Personen in Freiheit trifft den Inhaftierten zudem grds. keinerlei Kostenbeteiligung; insbesondere leistet er weder eine Praxisgebühr für das Aufsuchen des Anstaltsarztes noch Zuzahlungen zu Medikamenten.[253]

3 Die Vollzugsbehörde muss im Rahmen ihrer Fürsorgepflicht die Gefangenen auf die Möglichkeit hinweisen, die Früherkennungsmaßnahmen in Anspruch zu nehmen. Durchgeführt werden die Maßnahmen auf **Antrag** des Inhaftierten;[254] eine Pflicht, zur Inanspruchnahme der medizinischen Leistungen besteht jedoch nicht. **BW** § 33 Abs. 1 Satz 1, Satz 3 III, **BE** § 70 Abs. 1 Satz 1, **BB** § 74 Abs. 1 Satz 1, **HB** § 63 Abs. 1 Satz 1, **MV** § 62 Abs. 1 Satz 1, **NW** § 45 Abs. 1 Satz 1, Satz 3, **RP** § 72 Abs. 1 Satz 1, **SL** § 62 Abs. 1 Satz 1, **SN** § 63 Abs. 1 Satz 1, **ST** § 73 Abs. 1 Satz 1, **SH** § 79 Abs. 1 Satz 1, **TH** § 73 Abs. 1 Satz 1 normieren den Grundsatz, dass allen Gefangenen ein Anspruch auf notwendige, ausreichende und zweckmäßige medizinische Leistungen unter Beachtung des Grundsatzes der Wirtschaftlichkeit und unter Berücksichtigung des Leistungsumfangs der gesetzlichen Krankenversicherung zukommt. Es handelt sich hierbei um eine Konkretisierung des unmittelbar aus dem Sozialstaatsgebot abgeleiteten Äquivalenzprinzips.[255] Anders als die

---

251 BeckOK-*Setton* § 57 StVollzG Rdn. 2.
252 Siehe *Arloth/Krä* § 57 StVollzG Rdn. 2–4.
253 Vgl. OLG Koblenz ZfStrVo 2006, 241 f.
254 *Arloth/Krä* § 57 StVollzG Rdn. 1.
255 *Arloth/Krä* § 63 SächsStVollzG Rdn. 2, § 70 StVollzG Bln Rdn. 1.

frühere bundesrechtliche Vorschrift treffen die Landesgesetze jedoch keine detaillierteren Bestimmungen über den Umfang der Leistungen, sondern begnügen sich jeweils in Abs. 1 Satz 2 mit der Feststellung, dass der Anspruch Vorsorgeleistungen sowie die Versorgung mit medizinischen Hilfsmitteln umfasst. Detailliertere Regelungen zum Umfang der Vorsorgeleistungen treffen die Bestimmungen nicht. Gleichwohl soll sich der Umfang hier am Leistungsumfang der gesetzlichen Krankenversicherung und damit auch an demjenigen der bundesrechtlichen Vorschrift anlehnen. Zu dem früheren § 57 StVollzG findet sich im **HH** keine unmittelbare Entsprechung mehr. Stattdessen verweist **HH** § 60 Abs. 1 auf die einschlägigen Regelungen des SGB.[256] **HH** § 57 Abs. 1 sieht dazu vor, dass Gefangene einen Anspruch auf Gesundheitsuntersuchungen und medizinische Vorsorgeleistungen haben. **NI** § 57 fasst Teile der §§ 57, 58, 59 und 61 StVollzG zusammen. Nach **NI** § 57 Abs. 1 Satz 1 hat der Gefangene Anspruch auf Schutzimpfungen, medizinische Vorsorgeleistungen, Gesundheitsuntersuchungen und Krankenbehandlung. **BW** § 33 Abs. 1 Satz 4 III enthält für Leistungen zur medizinischen Rehabilitation und ergänzende Leistungen eine Beschränkung insofern, als diese nur erbracht werden, soweit die Belange des Vollzugs dem nicht entgegenstehen. **HE** § 24 Abs. 1 Satz 1 normiert den Grundsatz, dass allen Gefangenen ein Anspruch auf notwendige, ausreichende und zweckmäßige medizinische Leistungen unter Beachtung des Grundsatzes der Wirtschaftlichkeit zukommt. Abs. 1 Satz 2 der Vorschrift sieht vor, dass der Anspruch der Gefangenen auf medizinische Leistungen auch Vorsorgeleistungen umfasst. Die Vorschrift intendiert einen Gleichlauf zwischen dem Anspruch der Gefangenen und demjenigen gesetzlich versicherter Personen in Freiheit.[257] Über den Leistungsanspruch gesetzlich Versicherter hinaus umfasst der Versorgungsanspruch allerdings auch solche Untersuchungen zur Früherkennung von Krankheiten und Vorsorgeleistungen, die im Hinblick auf die Vermeidung von epidemischen Krankheiten angezeigt sind. Wie der Anspruch nach § 57 StVollzG erfährt auch der Anspruch aus **HE** § 24 eine Einschränkung in den Bereichen, die aus tatsächlichen Gründen der Sicherheit und Ordnung einer Justizvollzugsanstalt entgegenstehen.[258]

II. Erläuterungen

1. Anspruch auf Untersuchungen zur Früherkennung von Krankheiten

a) Check-Up 35. Die medizinischen Einzelmaßnahmen betreffen zunächst nach Abs. 1 den sog. Check-Up 35. Gefangenen, die das 35. Lebensjahr erreicht haben, steht im Rhythmus von zwei Jahren ein Anspruch auf eine Untersuchung zur Früherkennung von Krankheiten zu, insbesondere von Herz- und Kreislauferkrankungen, Nierenerkrankungen und der Zuckerkrankheit. Die Leistungen schließen die erforderlichen diagnostischen und therapeutischen Maßnahmen ein.[259]

4

b) Krebsvorsorge. Den Gefangenen steht ein jährlicher Anspruch auf Krebsvorsorgeuntersuchungen zu. Danach können weibliche Gefangene von Beginn des 20. Lebensjahres an, männliche Gefangene von Beginn des 45. Lebensjahres an einmal jährlich die Durchführung einer Vorsorgeuntersuchung beantragen. Die vom Arzt durchzuführenden Untersuchungen schließen die nach medizinischem Standard üblichen Tests ein. Für die

5

---

256 **HH** LT-Drucks. 19/2533, 57; **HH** LT-Drucks. 18/6490, 44 f.
257 **HE** LT-Drucks. 18/1396, 92.
258 **HE** LT-Drucks. 18/1396, 92.
259 AK-*Lesting* Teil II § 62 Rdn. 13; Becker/Kingreen-*Kingreen* SGB V, § 25 Rdn. 5.

Erhebung der Patientenvorgeschichte, den vorgeschriebenen Untersuchungsgang, die Folgerung und Beratung sowie Aufzeichnung und Dokumentation gelten ebenfalls die üblichen medizinischen Maßstäbe. Nach ärztlichem Ermessen veranlasst der Anstaltsarzt gegebenenfalls die Hinzuziehung anderer Ärzte, wenn weitergehende Untersuchungen erforderlich erscheinen, die sein Fachwissen bzw. seine eigenen Fähigkeiten oder Behandlungsmöglichkeiten übersteigen.

6   **2. Voraussetzungen des Anspruchs.** Untersuchungen werden nur durchgeführt werden, wenn die Krankheit behandelbar ist, sie in einem frühen Stadium mit den existierenden medizinischen Verfahren diagnostiziert werden kann, diese Diagnostik nach medizinisch-technischen Faktoren hinreichend eindeutig ist und die personalen sowie sachlichen Ressourcen ausreichen, die gefundenen Fälle auch weiter zu diagnostizieren und zu behandeln. Dabei führte der früher ausdrücklich in § 57 Abs. 3 Nr. 4 StVollzG normierte Vorbehalt genügender Ressourcen zu einer faktischen Beschränkung auf solche Untersuchungen, die serien- und routinemäßig durchgeführt werden können.[260] **BY** Art. 59 Abs. 3 enthält anders als die frühere bundesrechtliche Vorschrift keine Einschränkung des Anspruchs dahingehend, dass genügend Ärzte und Einrichtungen vorhanden sein müssen, um die aufgefundenen Verdachtsfälle eingehend zu diagnostizieren und zu behandeln. In den Motiven des Gesetzgebers heißt es dazu § 57 Abs. 3 Nr. 4 StVollzG werde nicht übernommen. „Diese Vorschrift entspricht zwar § 25 Abs. 3 Nr. 4 SGB V, sie ist jedoch (auch) im Strafvollzug ohne Bedeutung. Sollten die vollzugseigenen Kapazitäten nicht ausreichen, muss selbstverständlich ein praktizierender Arzt oder eine praktizierende Ärztin herangezogen oder der oder die Gefangene in ein öffentliches Krankenhaus verlegt werden.".[261]

3. Vorsorgeleistungen bei jungen Personen

7   **a) Mit untergebrachte Kinder.** Nach dem früheren § 57 Abs. 4 StVollzG hatten Frauen für ihre Kinder, die mit ihnen in der Justizvollzugsanstalt untergebracht sind, bis zu deren 6. Lebensjahr Anspruch auf Vorsorgemaßnahmen. Gem. **NI** § 57 Abs. 1 Satz 2 steht weiblichen Gefangenen für ihre Kinder, die mit ihnen in der Anstalt untergebracht sind und das 6. Lebensjahr nicht vollendet haben, ein Anspruch auf „Kinderuntersuchungen" zu.[262] **HH** § 57 Abs. 2 entspricht weitestgehend § 57 Abs. 4 StVollzG. Die Vorschrift verzichtet lediglich auf die Altersbeschränkung der Kinder. Die Untersuchungsleistungen beziehen sich auf die Früherkennung von Krankheiten, welche die körperliche oder geistige Entwicklung ihrer Kinder nicht nur geringfügig gefährden. Vorsorgemaßnahmen für schwangere weibliche Inhaftierte regeln die Landesgesetze in entsprechenden besonderen Vorschriften (14 B). **BY** Art. 59 Abs. 4 verzichtet auf eine altersmäßige Beschränkung, da eine Unterbringung der Kinder bei ihren Müttern sowohl im geschlossenen als auch offenen Vollzug nur bis zu einem Alter von ca. drei bzw. vier Jahren möglich ist, um die Entwicklung des Kindes nicht zu stören.[263] Die Vorschrift regelt daher nur, dass die Anstalt organisatorisch die Durchführung der Untersuchungen ermöglichen muss. Eine gesonderte Regelung für junge Gefangene findet sich in **BY** Art. 151, der in Abs. 1 Satz 1 eine entsprechende Geltung der **BY** Art. 58, 59 Abs. 2–5, 60,

---

260   *Laubenthal/Nestler/Neubacher/Verrel* H Rdn. 42; krit. zu dieser Einschränkung auch BeckOK-*Setton* § 57 StVollzG Rdn. 13.
261   **BY** LT-Drucks. 15/8101, 63.
262   Vgl. **NI** LT-Drucks. 15/3565, 137 f.
263   **BY** LT-Drucks. 15/8101, 63.

62–65, 67, 68 sowie der **BY** Art. 82–86 anordnet. Nach **BY** Art. 151 Abs. 2 können sich Gefangene, die das 18. Lebensjahr noch nicht vollendet haben, zur Verhütung von Zahnerkrankungen einmal in jedem Kalenderhalbjahr zahnärztlich untersuchen lassen. Dies korrespondiert mit dem früheren § 57 Abs. 5 StVollzG, wobei die Altersgrenze der Vorgabe des § 22 Abs. 1 SGB V entsprechend auf 18 Jahre festgesetzt wurde.[264] In den übrigen Landesgesetzen finden sich keine Regelungen zu mit untergebrachten Kindern.

b) Junge Gefangene, § 57 Abs. 5. Gefangene, die das 14., aber noch nicht das 20. Lebensjahr vollendet haben, können sich zur Verhütung von Zahnerkrankungen einmal in jedem Kalenderjahr zahnärztlich untersuchen lassen.[265] Dies dient der Prophylaxe und erstreckt sich auf die nach zahnmedizinischem Standard üblichen Leistungen.[266] **BY** Art. 59 Abs. 5 Nrn. 1, 2 und 4 sind wortgleich mit dem früheren § 57 Abs. 6 Nr. 1–3 StVollzG. Eingefügt wurde im BayStVollzG eine Nr. 3, die für den Anspruch auf ärztliche Behandlung und Versorgung mit Arznei-, Verband-, Heil- und Hilfsmitteln zusätzlich fordert, dass diese notwendig sind, um Krankheiten zu verhüten oder deren Verschlimmerung zu vermeiden. Durch diese Einfügung wurde Abs. 5 der Regelung des § 23 Abs. 1 SGB V angeglichen.[267] Wie früher § 57 StVollzG enthält auch die bayerische Vorschrift keine spezielle Regelung zu einer Beteiligung an den Kosten. **HH** § 57 Abs. 3 korrespondiert mit § 57 Abs. 5 Satz 1 StVollzG, wobei das HmbStVollzG die Beschränkung des Anspruchs auf Gefangene zwischen 14 und 18 Jahren nicht übernommen hat. In den übrigen Landesgesetzen finden sich keine Regelungen zu jungen Gefangenen.

4. Heilbehandlung. Gefangene können selbstverständlich ärztliche Behandlung sowie Versorgung mit Arznei-, Verbands-, Heil- und Hilfsmitteln in Anspruch nehmen. Dies setzt voraus, dass die Maßnahme **notwendig** ist, um eine Schwächung der Gesundheit zu beseitigen, die in absehbarer Zeit voraussichtlich zu einer Krankheit führen würde, um einer Gefährdung der gesundheitlichen Entwicklung eines Kindes entgegenzuwirken oder um Pflegebedürftigkeit zu vermeiden.[268] **BW** § 33 Abs. 2 III trifft eine dem früheren § 57 Abs. 6 StVollzG vergleichbare Regelung für die Versorgung mit Hilfsmitteln. Diese sind von dem Anspruch nach Abs. 1 der Vorschrift umfasst, wenn dies nicht mit Rücksicht auf die Kürze des Freiheitsentzugs unangemessen ist. Anders als die bundesgesetzliche Vorschrift normiert **BW** § 33 Abs. 3 III, dass die Gefangenen an den Kosten für medizinische Leistungen in angemessenem Umfang jedoch höchstens gleich einem gesetzlich Versicherten beteiligt werden können. In den anderen Landesgesetzen ist die Versorgung mit Arznei-, Verband-, Heil- und Hilfsmitteln nicht mehr gesondert genannt.[269]

---

264 **BY** LT-Drucks. 15/8101, 63.
265 Vgl. dazu *Nikolai* in: Keppler/Stöver (Hrsg.), 2009, 268 ff.
266 *Laubenthal/Nestler/Neubacher/Verrel* H Rdn. 44.
267 **BY** LT-Drucks. 15/8101, 63.
268 Vgl. dazu *Oberfeld* in: Keppler/Stöver (Hrsg.), 2009, 234 ff.
269 S. auch AK-*Lesting* Teil II § 62 Rdn. 40.

F. Krankenbehandlung

Übersicht

I. Grundsätzliches —— 1–17
  1. Allgemeine Hinweise —— 1–3
    a) Leistungen im Erkrankungsfall —— 1
    b) Begriff der Behandlung —— 2, 3
  2. Erläuterungen —— 4–17
    a) Inhalt des Anspruchs —— 4–9
    b) Behandlungsmaßnahmen im Einzelnen —— 10–17
      aa) Ärztliche Behandlung —— 10, 11
      bb) Zahnärztliche Behandlung —— 12
      cc) Versorgung mit Arznei-, Verband-, Heil- und Hilfsmitteln —— 13–15
      dd) Rehabilitation, Belastungserprobung und Arbeitstherapie —— 16, 17
II. Versorgung mit Hilfsmitteln —— 18–27
  1. Allgemeine Hinweise —— 18
  2. Erläuterungen —— 19–27
    a) Ziel des Anspruchs —— 19
    b) Voraussetzungen —— 20–22
    c) Inhalt des Anspruchs —— 23–27
      aa) Hilfsmittel —— 23
      bb) Kostentragung —— 24
      cc) Einschränkung durch kurze Vollzugsdauer —— 25–27
III. Art und Umfang der Leistungen —— 28–33
  1. Allgemeine Hinweise —— 28
  2. Erläuterungen —— 29–33
IV. Zuschüsse zu Zahnersatz und Zahnkronen —— 34–40
  1. Allgemeine Hinweise —— 34, 35
  2. Erläuterungen —— 36–40
    a) Kostenübernahme, Zuschüsse —— 36–39
    b) Auswirkung der Strafdauer —— 40
V. Ärztliche Behandlung zur sozialen Eingliederung —— 41–50
  1. Allgemeine Hinweise —— 41, 42
  2. Erläuterungen —— 43–50
    a) Wiedereingliederungsmaßnahmen im Einzelnen —— 43
    b) Begleitende Maß-nahmen —— 44–49
    c) Kostenbeteiligung —— 50
VI. Krankenbehandlung im Urlaub —— 51–54
  1. Allgemeine Hinweise —— 51
  2. Erläuterungen —— 52–54
VII. Ruhen der Ansprüche —— 55–57
VIII. Verlegung —— 58–76
  1. Allgemeine Hinweise —— 58–61
  2. Erläuterungen —— 62–76
    a) Verlegungsgrundlagen und Verlegungsentscheidung —— 62–64
    b) Behandlung innerhalb des Vollzugs —— 65–70
    c) Behandlung außerhalb des Vollzugs —— 71–76

I. Grundsätzliches

Baden-Württemberg	BW keine Entsprechung;
Bayern	BY Art. 60 Abs. 1 BayStVollzG;
Berlin	BE § 70 Abs. 1 StVollzG Bln;
Brandenburg	BB § 74 Abs. 1 BbgJVollzG;
Bremen	HB § 63 Abs. 1 BremStVollzG;
Hamburg	HH § 58 HmbStVollzG;
Hessen	HE § 24 Abs. 1 Satz 1 HStVollzG;
Mecklenburg-Vorpommern	MV § 62 Abs. 1 StVollzG M-V;
Niedersachsen	NI § 57 Abs.1 Satz 1 NJVollzG;
Nordrhein-Westfalen	NW § 45 Abs. 1 StVollzG NRW;
Rheinland-Pfalz	RP § 72 Abs. 1 LJVollzG;
Saarland	SL § 62 Abs. 1 SLStVollzG;
Sachsen	SN § 63 Abs. 1 SächsStVollzG;
Sachsen-Anhalt	ST § 73 Abs. 1 JVollzGB LSA;
Schleswig-Holstein	SH § 79 Abs. 1 LStVollzG SH;
Thüringen	TH § 73 Abs.1 ThürJVollzG

Schrifttum

Höffler Freie Therapiewahl im Strafvollzug?, in: ZfStrVo 2006, 9; *Kallert* Zu den Aufgaben eines psychiatrisch-neurologischen Beratungsdienstes in einer Justizvollzugsanstalt, in: ZfStrVo 1996, 146; *Konrad* Psychiatrie, in: Keppler/Stöver (Hrsg.), Gefängnismedizin: Medizinische Versorgung unter Haftbedingungen, Stuttgart 2009, 208; *Missoni* Über die Situation der Psychiatrie in den Justizvollzugsanstalten in Deutschland, in: ZfStrVo 1996, 143; *Oberfeld* Behinderung und Alter, in: Keppler/Stöver (Hrsg.), Gefängnismedizin: Medizinische Versorgung unter Haftbedingungen, Stuttgart 2009, 234.

1. Allgemeine Hinweise

a) Leistungen im Erkrankungsfall. Der Gefangene hat im Erkrankungsfall einen Anspruch auf Behandlung. Diese muss **notwendig** sein, um eine Krankheit zu erkennen, zu heilen, ihre Verschlimmerung zu verhüten oder Krankheitsbeschwerden zu lindern. Die Vollzugsbehörde richtet sich bei ihren Leistungen in diesem Bereich weitgehend nach den Bestimmungen des SGB V.[270] Die Krankenversicherung ruht während des Strafvollzugs. Infolge von Änderungen des § 27 SGB V ist dessen Maßnahmenkatalog mittlerweile umfassender als derjenige der damit korrespondierenden Regelungen der Strafvollzugsgesetze. Bspw. umfasst § 27 Abs. 1 Nr. 1 SGB V auch die Psychotherapie als ärztliche und psychotherapeutische Behandlung.[271] Keine Entsprechung in den Strafvollzugsgesetzen findet auch die Regelung zu häuslicher Krankenpflege und Haushaltshilfen in § 27 Abs. 1 Nr. 4 SGB V. Teilweise normieren die Landesgesetze auch Einschränkungen für den Fall entgegenstehender vollzuglicher Belange z.B. **NI** § 57 Abs. 2 Satz 2. § 27 Abs. 1 Satz 2 SGB V hat in den Strafvollzugsgesetzen keine Entsprechung. **BE** § 70 Abs. 1 Satz 1, **BB** § 74 Abs. 1 Satz 1, **HB** § 63 Abs. 1 Satz 1, **MV** § 62 Abs. 1 Satz 1, **NW** § 45 Abs. 1 Satz 1, Satz 3, **RP** § 72 Abs. 1 Satz 1, **SL** § 62 Abs. 1 Satz 1, **SN** § 63 Abs. 1 Satz 1, **ST** § 73 Abs. 1 Satz 1, **SH** § 79 Abs. 1 Satz 1, **TH** § 73 Abs. 1 Satz 1 normieren den Grundsatz, dass allen Gefangenen ein Anspruch auf notwendige, ausreichende und zweckmäßige medizinische Leistungen unter Beachtung des Grundsatzes der Wirtschaftlichkeit und unter Berücksichtigung des Leistungsumfangs der gesetzlichen Krankenversicherung zukommt. Es handelt sich hierbei um eine Konkretisierung des unmittelbar aus dem Sozialstaatsgebot abgeleiteten Äquivalenzprinzips.[272] Anders als die bundesrechtliche Vorschrift treffen diese Landesgesetze jedoch keine detaillierteren Bestimmungen über den Umfang der Leistungen, sondern begnügen sich jeweils in Abs. 1 Satz 2 mit der Feststellung, dass der Anspruch Vorsorgeleistungen sowie die Versorgung mit medizinischen Hilfsmitteln umfasst. Der Umfang soll sich hier lediglich am Leistungsumfang der gesetzlichen Krankenversicherung anlehnen. Detaillierte Bestimmungen treffen hingegen **BY** Art. 60 Satz 2, **HH** § 58 Satz 2, **NI** § 57 Abs. 2 Satz 1.

HE § 24 Abs. 1 Satz 1 schreibt lediglich vor, dass Gefangene einen Anspruch auf notwendige, ausreichende und zweckmäßige medizinische Versorgung unter Beachtung des Grundsatzes der Wirtschaftlichkeit haben. **HE** § 24 Abs. 1 Satz 3 verweist für das Kriterium der Notwendigkeit auf § 27 SGB V. Dies bewirkt insoweit einen Gleichlauf zwischen dem Anspruch der Gefangenen und demjenigen gesetzlich versicherter Personen in Freiheit.[273]

In Baden-Württemberg existiert keine unmittelbare Entsprechung zu § 58 StVollzG. **BW** § 33 Abs. 1 Satz 1 III schreibt vor, dass Gefangene einen Anspruch auf die notwendige

---

[270] BT-Drucks. 11/2237, 268; *Laubenthal/Nestler/Neubacher/Verrel* H Rdn. 46.
[271] Siehe KG Berlin, 4.1.2013 – 2 Ws 532/12, StV 2013, 648.
[272] So *Arloth/Krä* **SN** § 63 Rdn. 2, **BE** § 70 Rdn. 1.
[273] **HE** LT-Drucks. 18/1396, 92.

medizinische Versorgung haben (siehe E 9). Gem. **BW** § 33 Abs. 1 Satz 3 III beurteilt sich die Notwendigkeit an der Versorgung der gesetzlich Versicherten, mithin grds. am Katalog des § 27 Abs. 1 Satz 2 SGB V. Mit § 58 Satz 2 Nr. 4 StVollzG korrespondiert **BW** § 33 Abs. 1 Satz 4 III, der vorsieht, dass Gefangene Leistungen zur medizinischen Rehabilitation und ergänzende Leistungen in Anspruch nehmen können, soweit die Belange des Vollzugs dem nicht entgegenstehen.

2   **b) Begriff der Behandlung.** Die Behandlung dient grds. der **Wiederherstellung oder Besserung der Gesundheit** des Erkrankten. Dies betrifft in erster Linie die ärztliche Versorgung von Krankheiten. Darüber hinaus erfasste der Behandlungsbegriff des § 58 Abs. 1 StVollzG jedoch Maßnahmen, die dazu dienen, Krankheiten erst zu erkennen. Die Erkennung einer Krankheit nach § 58 StVollzG musste dabei von der Früherkennung i.S.d. § 57 StVollzG abgegrenzt werden; letztgenannte Norm erforderte nicht das Vorliegen einer Krankheit oder eines Krankheitsverdachts. Dies entsprach der Unterscheidung, wie sie auch für die Parallelvorschriften der § 27 bzw. 25 SGB V getroffen wurde.[274]

3   Für den von § 58 StVollzG und in den Landesstrafvollzugsgesetzen zugrunde gelegten Begriff der Krankheit existiert keine Legaldefinition. Als **Krankheit** i.S.d. § 27 SGB V gilt jeder regelwidrige körperliche oder geistige Zustand, der Behandlungsbedürftigkeit, Arbeitsunfähigkeit oder beides zur Folge hat.[275] Dazu zählen grds. auch psychiatrische Krankheitsbilder, die im Strafvollzug besondere Relevanz erlangen.[276] Die Anstalten tragen dem durch die Einrichtung spezieller psychiatrischer Abteilungen Rechnung.[277] Die Beurteilung des Krankheitszustands eines Gefangenen darf dabei nicht einem Beamten des allgemeinen Vollzugsdienstes überlassen werden.[278]

2. Erläuterungen

4   **a) Inhalt des Anspruchs.** Der Anspruch des Gefangenen auf Krankenbehandlung umfasst diejenigen Maßnahmen, die notwendig sind, um eine Krankheit (vgl. Rdn. 3) zu erkennen, zu heilen, ihre Verschlimmerung zu verhüten oder Krankheitsbeschwerden zu lindern. Der Anspruch setzt somit das Vorliegen einer Krankheit voraus, deren Feststellung stets der Behandlung vorangehen muss. Da sich der behandlungsbedürftige Gefangene i.d.R. nicht unmittelbar an den Arzt um Hilfe wenden kann, sondern im Vollzug eines Mittlers bedarf, beinhaltet einen **Anspruch auf Weiterleitung bzw. Meldung** des Anliegens durch den kontaktierten Vollzugsbediensteten an das zuständige Medizinalpersonal. Gefangene, die in ihrer geistigen oder körperlichen Gesundheit beeinträchtigt sind, müssen dem Anstaltsarzt schriftlich und in Notfällen mündlich im Voraus angezeigt werden. Verlangt die Sache keine sofortige Behandlung, so erscheint der Gefangene in der regulären Sprechstunde.

5   Der Behandlungsanspruch umfasst das medizinisch gebotene und allgemein übliche Maß an Aufwendungen, wie sie dem Patienten in Freiheit zur Verfügung stehen.[279] Die Behandlungsmaßnahmen gleichen somit den gesetzlich Krankenversicherten zustehenden Leistungen. Im Fall eines Krankheitsverdachts stellt der Arzt fest, ob Arbeitsunfähigkeit besteht und ob eine besondere Unterbringung oder Pflege erforderlich ist. Fer-

---

274 *Höfler* in: Kasseler Kommentar, Sozialversicherungsrecht, § 27 SGB V Rdn. 49.
275 *Höfler* in: Kasseler Kommentar, Sozialversicherungsrecht, § 27 SGB V Rdn. 9.
276 Krit. zur dbzgl. Datenlage *Konrad* in: Keppler/Stöver (Hrsg.), 2009, 208 ff.; *Missoni* ZfStrVo 1996, 143.
277 Dazu *Foerster* in: Hillenkamp/Tag (Hrsg.), 2005, 143 ff; *Kallert* ZfStrVo 1996, 146.
278 OLG Frankfurt NStZ 2011, 709.
279 *Laubenthal/Nestler/Neubacher/Verrel* H Rdn. 51.

ner hat er zur Vollzugstauglichkeit des Gefangenen Stellung zu beziehen. Der Anspruch des Gefangenen auf Krankenbehandlung resultiert aus der **Fürsorgepflicht der Vollzugsbehörde** (vgl. auch 7 A). Er umfasst die in den Regelungen aufgezählten Maßnahmen; dem Wortlaut der Normen nach – dort heißt es i.d.R. „insbesondere" handelt es sich hierbei anders als in § 27 Abs. 1 Satz 2 SBG V allerdings nicht um eine abschließende Aufzählung. Gleichwohl erscheint eine Orientierung am Katalog des § 27 Abs. 1 Satz 2 SBG V sinnvoll, soweit nicht vollzugliche Belange erfordern, im Einzelfall über diesen Katalog hinauszugehen oder dahinter zurückzubleiben. Atypische Maßnahmen der Krankenbehandlung, die aufgrund der besonderen Situation im Vollzug notwendig werden, kommen vor allem in Gestalt einer besonderen Unterbringung zu Behandlungszwecken in Betracht. Ein kranker Gefangener verbleibt zunächst auf seinem Haftraum. In Fällen erforderlicher Absonderung (etwa bei Infektionsgefahr) oder bei Bedarf besonderer Pflege erfolgt seine Unterbringung in einer Krankenabteilung.

Reichen die innervollzuglichen Behandlungsmöglichkeiten nicht aus, so muss eine **6** geeignete **externe Behandlung** sichergestellt werden. Dies kann eine Ausführung des Gefangen notwendig machen, wenn sich Untersuchung und Behandlung nicht innerhalb der JVA durchführen lassen (10 D 4). Ein Anspruch auf die Hinzuziehung eines externen Arztes besteht somit lediglich, soweit es innerhalb der JVA an entsprechend sachkundigem Medizinalpersonal oder der entsprechenden technischen Einrichtung fehlt. Dies gilt sowohl hinsichtlich von physischen Erkrankungen als auf bei Erkrankungen psychischer oder psychiatrischer Natur. Der Inhaftierte hat dabei jedoch keinen Anspruch auf einen (Fach-)Arzt oder Therapeuten seiner Wahl.[280] Vielmehr hat der Anstaltsarzt ein ärztliches Ermessen, ob und welcher Facharzt zu Diagnose und Behandlung heranzuziehen ist.[281] Die Vollzugsbehörde und der ihr unterstellte Anstaltsarzt müssen somit lediglich sicherstellen, dass notwendige Vorstellung und Behandlung bei einem Facharzt überhaupt stattfinden,[282] nicht jedoch, dass dies bei einem bestimmten (Fach-)Arzt geschieht. Dabei entspricht eine freie Arztwahl zwar dem Angleichungsgrundsatz; die Hinzuziehung eines externen Arztes nach der Wahl des Inhaftierten bleibt dennoch auf Fälle beschränkt, in denen dies zwingend notwendig erscheint.[283] Der Gesetzgeber hat angesichts der gravierenden Missbrauchsgefahr auf die Normierung einer freien Arztwahl bewusst verzichtet.[284]

Einem Gefangenen kann gestattet werden, auf eigene Kosten einen Arzt seines Ver- **7** trauens hinzuzuziehen.[285] Dies setzt jedoch voraus, dass der Gefangene sowohl den externen Arzt als auch den Anstaltsarzt gegenüber dem jeweils anderen **von der ärztlichen Schweigepflicht entbindet**, so dass ein Informationsaustausch über Diagnose und vorgesehene Behandlung stattfinden kann. Auf eine Behandlung durch den hinzugezogenen externen Arzt seiner Wahl hat der Gefangene jedoch kein Recht; diesem kommt vielmehr lediglich eine **Beraterfunktion** zu.[286]

Über den sachlichen Inhalt des Behandlungsanspruchs hinaus hat die Krankenbe- **8** handlung für den Gefangenen eine weitergehende Bedeutung. Die Unterbringung in einem externen Krankenhaus bspw. bedeutet i.d.R. einen vorübergehenden Zugewinn an Frei-

---

280 Siehe *Laubenthal/Nestler/Neubacher/Verrel* H Rdn. 52.
281 KG NStZ 1985, 45f; OLG Hamm NStZ 1981, 240; OLG Nürnberg NJW 2000, 889; LG Krefeld NStZ 1986, 191.
282 OLG Frankfurt NJW 1978, 2381ff.
283 *Laubenthal/Nestler/Neubacher/Verrel* H Rdn. 52; krit. AK-*Lesting* Teil II § 62 Rdn. 26.
284 *Arloth/Krä* § 58 StVollzG Rdn. 1; *Laubenthal/Nestler/Neubacher/Verrel* H Rdn. 52; K/S-*Schöch* § 7 Rdn. 178; *Höffler* ZfStrVo 2006, 9ff.
285 Vgl. auch *Arloth/Krä* § 58 StVollzG Rdn. 1.
286 So auch OLG Frankfurt NStZ 1985, 354; OLG Hamburg NJW 1982, 2133; OLG Hamm NStZ 1981, 240; K/S-*Schöch* § 7 Rdn. 178.

raum, geringere Sicherungsmaßnahmen und eine Abwechslung vom Haftalltag. Selbst eine Ausführung zum Zweck eines Arztbesuchs eröffnet eine Gelegenheit, die JVA zu verlassen.

9 Ein erkrankter Gefangener hat keinen Anspruch auf Krankengeld[287] auch die Regelung zum Erhalt einer Ausfallentschädigung für den Fall einer ärztlich festgestellten Arbeitsunfähigkeit ist nicht in Kraft getreten. Eine Praxisgebühr darf von Strafgefangenen nicht erhoben werden.[288]

b) Behandlungsmaßnahmen im Einzelnen

10 **aa) Ärztliche Behandlung.** Der Anstaltsarzt hat im Erkrankungsfall die notwendige Behandlung nach den **Regeln der ärztlichen Kunst** einzuleiten. Grundlage dafür bildet die Festlegung regelmäßiger Sprechstundenzeiten, Vertretungs- und Notfalldienste sowie die Möglichkeit, einen Facharzt hinzuzuziehen (vgl. VV Nr. 2 Abs. 2).[289] Hauptziel der Krankenbehandlung ist die **Heilung** der Krankheit. Darunter ist die völlige Wiederherstellung der Gesundheit, aber auch eine bloße Besserung zu verstehen.[290] Darüber hinaus stellen die Verhütung von Verschlimmerungen sowie die Linderung von Krankheitsbeschwerden eine Behandlung i.d.S. dar.

11 Anders als § 27 Abs. 1 Satz 2 Nr. 1 SGB V enthalten die landesrechtlichen Regelungen außer **HH** § 58 Satz 2 Nr. 1 und **NI** Abs. 2 Satz 1 Nr. 1 grds. keinen Hinweis auf den Einschluss von **Psychotherapie** als ärztlicher und psychotherapeutischer Behandlung. Da aber die Aufzählungen in diesen Regelungen nicht abschließend sind („insbesondere"), kann eine Psychotherapie dennoch in Betracht kommen. Auch Erkrankungen im psychischen oder psychiatrischen Bereich begründen damit einen Anspruch auf ärztliche Behandlung.[291] Das gilt insbesondere für wegen Sexualdelikten zu einer Freiheitsstrafe verurteilte Gefangene, die sich nicht im Maßregelvollzug befinden, gleichwohl aber einer Therapie bedürfen. Dies entspricht zudem der Sicherungsaufgabe des Vollzugs. Das Vorliegen seelischer Störungen kann darüber hinaus zu besonderen Sicherungsmaßnahmen Anlass geben, um Selbstbeschädigungen oder eine Gefährdung anderer Personen auszuschließen. Des Weiteren kann eine Psychotherapie bei Transsexualität in Betracht kommen, wenn wegen des Vorliegens eines schweren Leidensdruckes der Störung ein Krankheitswert zukommt.[292] Im Einzelfall mag sogar eine geschlechtsumwandelnde Operation in Betracht zu ziehen sein.

12 **bb) Zahnärztliche Behandlung.** Anders als § 27 Abs. 1 Satz 2 Nr. 2 SGB V enthalten **BY** Art. 60 Satz 2 Nr. 2, 3; **HH** § 58 Satz 2 Nr. 3; **NI** § 57 Abs. 2 Satz 1 Nr. 3 einen ausdrücklichen Verweis darauf, dass auch Zahnersatz einschließlich Zahnkronen und Suprakonstruktionen von dem Anspruch auf zahnärztliche Behandlung umfasst sind. Inhaltlich sind beide Ansprüche jedoch identisch. Dabei sind **Zweckmäßigkeit und Angemessenheit** ausschlaggebend für den Umfang der getroffenen Maßnahmen. In größeren Justizvollzugsanstalten erfolgt die zahnärztliche Versorgung der Gefangenen meist in der Justizvollzugsanstalt in regelmäßigen Sprechstunden durch einen vertraglich gebundenen Zahnarzt. Hierbei handelt es sich um die Durchführung einer fachärztlichen Tätigkeit, die durch den Anstaltsarzt veranlasst wird. Für die Versorgung der Gefangenen mit

---

287 BSG NStZ 1987, 382; siehe auch LG Berlin RuS 2002, 210.
288 OLG Koblenz Beschl. v. 19.4.2006 – 1 Ws 833/05.
289 Siehe auch BT-Drucks. 7/818, 72; OLG Celle NStZ 1988, 383; OLG Hamm NStZ 1981, 240.
290 *Höfler* in: Kasseler Kommentar, Sozialversicherungsrecht, § 27 SGB V Rdn. 50.
291 OLG Frankfurt NStZ 1981, 320; *Laubenthal/Nestler/Neubacher/Verrel* H Rdn. 55.
292 OLG Karlsruhe NJW 2001, 3422.

Zahnersatz und Zahnkronen finden sich zusätzliche Regelungen. In Bezug auf die Versorgung mit Zahnersatz einschließlich Zahnkronen und Suprakonstruktionen enthält bspw. **NI** § 57 Abs. 2 Satz 1 Nr. 3 gegenüber dem früheren Bundes-Strafvollzugsgesetz die Einschränkung, dass diese nur gewährt werden, soweit dies nicht mit Rücksicht auf die Kürze des Freiheitsentzugs unverhältnismäßig ist, insbesondere weil die Behandlung bis zum voraussichtlichen Entlassungszeitpunkt nicht abgeschlossen werden kann. Dasselbe gilt für die Versorgung mit Hilfsmitteln nach **NI** § 57 Abs. 2 Satz 1 Nr. 5.

cc) Versorgung mit Arznei-, Verband-, Heil- und Hilfsmitteln. Der Gefangene hat einen Anspruch auf Versorgung mit Arznei-, Verband-, Heil- und Hilfsmitteln, der im Umfang demjenigen gesetzlich versicherter Personen nach § 27 Abs. 1 Satz 2 Nr. 3 SGB V entspricht. Im Einzelfall kann allerdings darüber hinaus bei sog. **Bagatellerkrankungen** ein Anspruch auf Versorgung mit rezeptfreien Medikamenten bestehen, da der diesbezügliche Verordnungsausschluss nach § 34 Abs. 1 Satz 1 SGB V nicht ohne Weiteres auf die Situation Strafgefangener übertragbar ist.[293] Heil- und Hilfsmittel sind Seh- und Hörhilfen, Körperersatzstücke, orthopädische und andere Hilfen.[294] Sie werden beschafft, geändert oder instandgesetzt, soweit es notwendig ist, wobei die von den Sozialversicherungsverbänden erarbeiteten **Richtlinien des Gemeinsamen Bundesausschusses über die Verordnung von Hilfsmitteln in der vertragsärztlichen Versorgung (Hilfsmittel-Richtlinie/HilfsM-RL)** zu beachten sind. Dies bedeutet eine Übernahme der Kosten zu Lasten des Landeshaushalts analog der Kostenübernahme durch die Gesetzliche Krankenversicherung.

Erhält der Gefangene Arzneimittel, so ist er zunächst für die Einhaltung der ärztlichen Einnahmevorgaben selbst verantwortlich. Aufgrund der besonderen Situation im Strafvollzug, die dort häufigen Suchtformen und das erhöhte Missbrauchsrisiko muss die Anwendung von Arzneimitteln mit stärkerer Wirkung (insbesondere von Psychopharmaka) ärztlich besonders überwacht werden. Wegen der erhöhten Missbrauchsgefahr, kann angeordnet werden, dass stark wirkende Arzneimittel sowohl in aufgelöstem Zustand als auch in Gegenwart eines Bediensteten einzunehmen sind. Dies trifft vor allem auf suchtkranke oder selbstmordgefährdete Gefangene zu. Die Einhaltung genauer Einnahmevorschriften und deren Dokumentation sind ebenso notwendig wie die Aufbewahrung aller im Betäubungsmittelverzeichnis aufgeführten Medikamente unter sicherem Verschluss. Horten etwa Gefangene Arzneimittel in ihren Haftträumen, so ist die Vollzugsbehörde verpflichtet, diese entweder zu vernichten oder zur Habe des Gefangenen zu nehmen, um einem Arzneimittelmissbrauch in Haft entgegenzuwirken.[295]

Um einem möglichen Arzneimittelmissbrauch vorzubeugen, dürfen nur die von der Vollzugsanstalt beschafften Arzneimittel Verwendung finden, es sei denn, der Anstaltsarzt lässt Ausnahmen zu. Solche Ausnahmen sind im Einzelfall denkbar, wenn der Gefangene etwa bei seiner Verhaftung spezielle, für seine tägliche Behandlung notwendige Arzneimittel mit sich führt, die in der betreffenden Justizvollzugsanstalt nicht vorrätig sind. Ausgenommen hiervon sind die in einem freien Beschäftigungsverhältnis stehenden Gefangenen. Diese Gefangenen sind Mitglied einer gesetzlichen Krankenversicherung und beziehen bei entsprechender ärztlicher Verordnung die notwendigen Medikamente auf demselben Weg, wie eine gesetzlich versicherte Person in Freiheit.

---

293 OLG Hamburg, Beschl. vom 29.5.2006 – 3 Vollz Ws 47/06.
294 Vgl. KG Berlin, Beschl. vom 7.9.2017 – 2 Ws 122/17 Vollz, StV 2018, 639 (orthopädische Matratze).
295 OLG Hamm, NStZ 1981, 158; OLG Nürnberg, ZfStrVo 2002, 179 f.

16 **dd) Rehabilitation, Belastungserprobung und Arbeitstherapie.** In Anlehnung an § 40 SGB V hat der Gefangene einen Anspruch auf medizinische und ergänzende Leistungen zur Rehabilitation nach einer Krankheit. Dieser Anspruch besteht allerdings nur, soweit vollzugliche Belange nicht entgegenstehen. Dies betrifft insbesondere Sicherheitsrisiken, die eine Einschränkung von Rehabilitationsmaßnahmen gebieten können.

17 Belastungserprobung und Arbeitstherapie sind Teilmaßnahmen der Rehabilitation. Primär intendieren diese Maßnahmen die Rehabilitation Körpergeschädigter sowie anderweitig Behinderter.[296] Belastungserprobung im Rahmen der Krankenpflege wird aufgrund der vollzuglichen Einschränkungen in der Regel nur in engen Grenzen möglich sein. Insbesondere sind Kurmaßnahmen zur Wiederherstellung der Arbeitsfähigkeit nach Erkrankungen im Vollzug kaum denkbar. Der Arzt kann jedoch einen Gefangenen nach überstandener Krankheit zunächst für einen versuchsweisen Arbeitseinsatz mit begrenzter Stundenzahl und Leistung vorschlagen und so einen Übergang unter steigender Belastung bis zur Volltätigkeit überwachen. Diese Maßnahmen können durch Einzel- oder Gruppensportangebote als Belastungstraining unterstützt werden. Schließlich mag auch ein aus ärztlicher Sicht befürworteter Urlaub oder Ausgang eine wirkungsvolle Unterstützung einer Belastungserprobung darstellen.

II. Versorgung mit Hilfsmitteln

Baden-Württemberg	BW § 33 III JVollzGB;
Bayern	BY Art. 61 BayStVollzG;
Berlin	BE § 70 Abs. 1 Satz 2 StVollzG Bln;
Brandenburg	BB § 74 Abs. 1 BbgJVollzG;
Bremen	HB § 63 BremStVollG;
Hamburg	HH § 59 HmbStVolzG;
Hessen	HE § 24 Abs. 2, 3 HStVollzG;
Mecklenburg-Vorpommern	MV § 62 StVollzG M-V;
Niedersachsen	NI § 57 Abs. 2 Nr. 5 NJVollzG;
Nordrhein-Westfalen	NW § 45 StVollzG NRW;
Rheinland-Pfalz	RP § 72 Abs. 1 LJVollzG;
Saarland	SL § 62 Abs. 1 SLStVollzG;
Sachsen	SN § 63 Abs. 1 SächsStVollzG;
Sachsen-Anhalt	ST § 73 JVollzGB LSA;
Schleswig-Holstein	SH § 79 LStVollzG SH;
Thüringen	TH § 73 ThürJVollzG

1. Allgemeine Hinweise

18 § 59 StVollzG konkretisierte den in § 58 Nr. 3 StVollzG normierten Anspruch des Gefangenen auf Versorgung mit Seh- und Hörhilfen, Körperersatzstücken, orthopädischen und anderen Hilfsmitteln. **BE** § 70 Abs. 1 Satz 2, **BB** § 74 Abs. 1 Satz 2, **HB** § 63 Abs. 1 Satz 2, **MV** § 62 Abs. 1 Satz 2, **NW** § 45 Abs. 1 Satz 2, **RP** § 72 Abs. 1 Satz 2, **SL** § 62 Abs. 1 Satz 2, **SN** § 63 Abs. 1 Satz 2, **ST** § 73 Abs. 1 Satz 2, **SH** § 79 Abs. 1 Satz 2, **TH** § 73 Abs. 1 Satz 2 bestimmen, dass allen Gefangenen ein Anspruch auf die Versorgung mit medizinischen Hilfsmitteln zusteht. Detailliertere Regelungen zum Umfang der Ausstattung mit Hilfsmitteln treffen die Bestimmungen nicht. Der Umfang soll sich auch hier grds. am Leistungsumfang der gesetzlichen

---

296 Zur Unterbringung Behinderter im Vollzug vgl. *Oberfeld*, in: Keppler/Stöver (Hrsg.), 2009, 234 ff.

Krankenversicherung anlehnen, jedoch nur soweit die Ausstattung mit Hilfsmitteln mit Rücksicht auf die Dauer des Freiheitsentzugs nicht ungerechtfertigt ist und die Hilfsmittel nicht als allgemeine Gebrauchsgegenstände des täglichen Lebens anzusehen sind. Inhaltlich entspricht dies der bundesrechtlichen Regelung.[297] **HH** §59 Satz 1 und **BY** Art. 61 Abs. 1 entsprechen im Wesentlichen §59 StVollzG. Lediglich §59 Satz 3 und 4 StVollzG finden in **HH** §59 keine Entsprechung. Darüber hinaus verzichtet **HH** §59 Satz 1 auf die in der bundesgesetzlichen Regelung normierte Voraussetzung, dass die Gewährung des jeweiligen Hilfsmittels im Einzelfall erforderlich sein muss, um den Erfolg der Krankenbehandlung zu sichern oder eine Behinderung auszugleichen. Die Motive des Gesetzgebers liefern zu dieser Abweichung keine Erhellung.[298] **BW** §33 Abs. 2 III und **HE** §24 Abs. 2 korrespondieren mit §59 StVollzG. **BW** §33 Abs. 1 III und die hessische Regelung umfassen den Anspruch der Gefangenen auf die Versorgung mit Hilfsmitteln nach §33 SGB V, sofern dies nicht mit Rücksicht auf die Kürze des Freiheitsentzugs unangemessen ist. Dies findet seine Entsprechung im Erforderlichkeitskriterium der bundesgesetzlichen Regelung.[299] Keine direkte Entsprechung zu §59 StVollzG findet sich im NJVollzG. Vielmehr fasst **NI** §57 die Inhalte der §§57 bis 59 StVollzG teilweise zusammen (siehe E 15), wobei Abs. 2 Satz 1 Nr. 5 der Norm die Versorgung mit Hilfsmitteln zulässt, soweit dies nicht mit Rücksicht auf die Kürze des Freiheitsentzugs unverhältnismäßig ist. **NI** §57 Abs. 2 Satz 2 und 3 schreiben vor, dass solche Leistungen nur gewährt werden, soweit Belange des Vollzugs nicht entgegenstehen. Änderung, Instandsetzung und Ersatzbeschaffung sind von dem Anspruch nur dann umfasst, wenn sie ohne vorsätzliche oder grob fahrlässige Einwirkung des Gefangenen notwendig werden. Zwar enthält das NJVollzG keine selbstständige Vorschrift für die Gewährung von Hilfsmitteln. Der Landesgesetzgeber hielt jedoch in Bezug auf diese Gegenstände eine Sonderregelung für erforderlich, um die vollzugsbezogenen Einschränkungen der Kürze des Freiheitsentzugs (Abs. 2 Satz 1 Nr. 5), der vollzuglichen Belange (Abs. 2 Satz 2) sowie das Kriterium fehlenden Verschuldens gesetzestechnisch zum Ausdruck zu bringen.[300] Die Einschränkung des **NI** §59 Abs. 2 Satz 3 soll einen pfleglichen Umgang mit den auf Kosten der Vollzugsbehörde zur Verfügung gestellten Hilfsmitteln fördern.[301] In Bezug auf Art und Umfang der Versorgung fand sich in §61 StVollzG eine Verweisung auf die entsprechenden Vorschriften des SGB V. Eine solche Verweisung findet sich heute auch in **BY** Art. 63 Abs. 1, **HH** §60 Abs. 1, **NI** §59 Satz 1, **NW** §45 Abs. 1 Satz 3. **BW** §33 Abs. 2 bezieht sich konkret auf §33 SGB V. Die anderen Landesstrafvollzugsgesetze orientieren Art und Umfang der Versorgung an den allgemeinen Standards gesetzlich Versicherter. §59 Satz 1 StVollzG normierte die Verpflichtung des Gesetzgebers, den Erfolg einer Krankenbehandlung zu sichern oder eine bereits bestehende Behinderung auszugleichen. **BY** Art. 61 Abs. 1 Satz 1 entspricht dieser Norm. Die Vorschriften räumen dem Gefangenen einen Anspruch auf die für ihn erforderlichen Hilfsmittel ein. Den praxisrelevantesten Fall bildet die Inanspruchnahme einer Brillenverordnung (dazu Rdn. 24).

2. Erläuterungen

a) Ziel des Anspruchs. **BW** § 33 III, **BY** Art. 61, **BE** § 70 Abs. 1 Satz 2, **BB** § 74 Abs. 1, **HB** § 63, **HH** § 59, **HE** § 24 Abs. 2, 3; **MV** § 62, **NI** § 57 Abs. 2 Nr. 5, **NW** § 45, **RP** § 72 Abs. 1, **SL** § 62 Abs. 1, **SN** § 63 Abs. 1, **ST** § 73, **SH** § 79, **TH** § 73 dienen der Sicherung des Erfolges

19

---

[297] So auch *Arloth/Krä* 2017 **SN** § 63 Rdn. 2.
[298] Vgl. **HH** LT-Drucks. 19/2533, 57; 18/6490, 45.
[299] Vgl. auch **BW** LT-Drucks. 14/5012, 221; **HE** LT-Drucks. 18/1396, 92.
[300] **NI** LT-Drucks. 15/3565, 138.
[301] **NI** LT-Drucks. 15/3565, 138.

einer Krankenhaus- und/oder Heilbehandlung bzw. sollen eine Behinderung ausgleichen. Die Vorschriften gewährt einen Anspruch auf die hierzu erforderlichen Hilfsmittel, wobei die Aufzählung in **BY** Art. 61 und **HH** § 59 nur beispielhaft erfolgt.[302]

20   **b) Voraussetzungen.** Die Versorgung mit Seh- und Hörhilfen oder Körperersatzstücken, setzt eine dauernde Behinderung voraus. **BY** Art. 61 Abs. 2 Satz 1 enthält die Einschränkung, dass ein Anspruch auf Sehhilfen nur besteht, wenn der oder die Gefangene auf beiden Augen eine schwere Sehbeeinträchtigung im Sinn des § 33 Abs. 1 Satz 5 SGB V aufweist. Der bayerische Gesetzgeber wollte damit die vollzugliche Regelung derjenigen für gesetzlich Versicherte gem. § 33 Abs. 1 Satz 5 SGB V angleichen.[303] Darüber hinausgehend können Gefangene Sehhilfen gem. **BY** Art. 61 Abs. 2 Satz 2 nur erhalten, wenn sie die Kosten tragen oder wenn sie bedürftig sind. Sofern aber die Sehhilfe der Behandlung von Augenverletzungen oder Augenerkrankungen dient, besteht ein Anspruch gleichwohl, **BY** Art. 61 Abs. 2 Satz 3. Für Kontaktlinsen sowie eine Erneuerung der Sehhilfe gilt nach **BY** Art. 61 Abs. 2 Satz 4 und 5 dasselbe, wie nach der bundesgesetzlichen Regelung (s. Rdn. 23). Für Personen mit einer körperlichen Behinderung existieren in **BW** § 33 III, **BY** Art. 61, **BE** § 70 Abs. 1 Satz 2, **BB** § 74 Abs. 1, **HB** § 63, **HH** § 59, **HE** § 24 Abs. 2, 3; **MV** § 62, **NI** § 57 Abs. 2 Nr. 5, **NW** § 45, **RP** § 72 Abs. 1, **SL** § 62 Abs. 1, **SN** § 63 Abs. 1, **ST** § 73, **SH** § 79, **TH** § 73 nur wenige explizite Regelungen. In der Praxis sind die von schwerwiegenderen Behinderungen betroffenen Inhaftierten in besonderen medizinischen Einrichtungen des Vollzugs untergebracht. Das Fehlen statistischer Erkenntnisse über die Zahl der körperlich Behinderten im Strafvollzug[304] deutet darauf hin, dass die Problematik im Strafvollzug eine eher untergeordnete Rolle spielt. Zu den Arten der körperlichen Behinderungen zählen u.a. Beeinträchtigungen der Bewegungsfähigkeit, des Aussehens, des körperlichen Leistungsvermögens, der Seh-, Hör- und Sprachfähigkeit. Geistig Behinderte befinden sich nur selten im Strafvollzug.[305]

21   Orthopädische und andere Hilfsmitteln stehen dem Inhaftierten ebenfalls zu, wenn eine dauernde Behinderung besteht. Auf sie besteht auch ein Anspruch, wenn sie nur vorübergehend erforderlich sind, um den Erfolg einer Heilbehandlung zu sichern.

22   Voraussetzung für den Anspruch auf Seh- und Hörhilfen, Körperersatzstücke, orthopädische oder andere Hilfsmittel ist, dass diese **erforderlich**, d.h. geeignet und notwendig sind, um den Erfolg der Krankenbehandlung zu sichern oder eine Behinderung auszugleichen. Dazu wird vom Anstaltsarzt oder einem hinzugezogenen externen Mediziner deren Notwendigkeit feststellt. An der Erforderlichkeit kann es fehlen, wenn taugliche Alternativen vorhanden sind, z.B. krankengymnastische Übungen verordnet werden können, die das Tragen des Hilfsmittels überflüssig werden lassen. Nach Art und Umfang über das Maß des Notwendigen hinausgehende Leistungen können jedoch gestattet werden, wenn der betreffende Gefangene diese beschafft und unterhält bzw. für die Mehrkosten aufkommt.

c) Inhalt des Anspruchs

23   **aa) Hilfsmittel.** Hilfsmittel sind alle **sächlichen Mittel**, die durch **ersetzende, unterstützende oder entlastende Wirkung** den Erfolg einer Krankenbehandlung si-

---

302   AK-*Lesting* Teil II § 62 Rdn. 44.
303   **BY** LT-Drucks. 15/8101, 63.
304   Dazu *Müller-Dietz* ZfStrVo 1982, 94 ff; *Oberfeld* in: Keppler/Stöver [Hrsg.], 2009, 234 ff.
305   Zu den Bedingungen und Möglichkeiten der Unterbringung Behinderter im Strafvollzug sowie zur aktuellen Situation siehe *Oberfeld* in: Keppler/Stöver [Hrsg.], 2009, 234 ff.

chern oder eine Behinderung ausgleichen.[306] Die Aufzählung in **BY** Art. 61 und **HH** § 59 ist nicht abschließend. **BE** § 70 Abs. 1 Satz 2, **BB** § 74 Abs. 1 Satz 2, **HB** § 63 Abs. 1 Satz 2, **MV** § 62 Abs. 1 Satz 2, **NW** § 45 Abs. 1 Satz 2, **RP** § 72 Abs. 1 Satz 2, **SL** § 62 Abs. 1 Satz 2, **SN** § 63 Abs. 1 Satz 2, **ST** § 73 Abs. 1 Satz 2, **SH** § 79 Abs. 1 Satz 2, **TH** § 73 Abs. 1 Satz 2 verzichten ganz auf eine detaillierte Aufzählung von Hilfsmitteln. Seh- und Hörhilfen gelten als Hilfsmittel. Auf Versorgung mit Kontaktlinsen besteht allerdings nur in medizinisch zwingend erforderlichen Ausnahmefällen ein Anspruch. Zudem kommen Orientierungshilfen wie Blindenstöcke oder Mobilitätshilfen, etwa Rollstühle, Krücken, Rollatoren o.ä. in Betracht. Die hierfür maßgebenden Indikationen bestimmt der Bundesausschuss der Ärzte und Krankenkassen in Richtlinien, die i.d.R. nur die einfache Ausstattung mit den erforderlichen Hilfsmitteln zulassen. Allgemeine Gebrauchsgegenstände des täglichen Lebens (z.B. Angorawäsche, Heizkissen, Schlafmatratzen; anders aber bspw. ein Allergikerkopfkissen) gehören demgegenüber nicht zu den Hilfsmitteln, weshalb auf sie auch kein Anspruch besteht.[307] Für die Abgrenzung ist maßgeblich, ob der Gegenstand dazu dient, **Grundbedürfnisse des Menschen** zu erfüllen.[308] Ein allgemeiner Gebrauchsgegenstand wird grds. auch nicht dadurch zu einem Hilfsmittel, dass er behindertengerecht ausgestaltet oder umgearbeitet wird. Die Hilfsmittel müssen im konkreten Fall **geeignet und erforderlich** sein, die Krankenbehandlung zu sichern, eine Behinderung auszugleichen oder ihr vorzubeugen (vgl. Rdn. 22).

bb) **Kostentragung.** Grds. braucht der Gefangene die Kosten für die notwendigen 24 Hilfsmittel nicht selbst zu tragen. Möglich ist lediglich eine freiwillige Übernahme in Bezug auf über das Maß des Erforderlichen hinausgehende Hilfsmittel. In Anlehnung an die Regelung des § 33 Abs. 2 Satz 2 SGB V umfasst der Anspruch auf Übernahme der Zahlung allerdings nicht die Übernahme der Kosten für Brillengestelle;[309] für diese muss der Gefangene selbst aufkommen.

cc) **Einschränkung durch kurze Vollzugsdauer.** Die Regelungen der **BW** § 33 III, 25 **BY** Art. 61, **BE** § 70 Abs. 1 Satz 2, **BB** § 74 Abs. 1, **HB** § 63, **HH** § 59, **HE** § 24 Abs. 2, 3; **MV** § 62, **NI** § 57 Abs. 2 Nr. 5, **NW** § 45, **RP** § 72 Abs. 1, **SL** § 62 Abs. 1, **SN** § 63 Abs. 1, **ST** § 73, **SH** § 79, **TH** § 73 erfahren eine Einschränkung im Wege eines **fiskalischen Vorbehalts** dahingehend, dass die Versorgung des Gefangenen mit Hilfsmitteln mit Rücksicht auf die Kürze des Freiheitsentzugs nicht **ungerechtfertigt** sein darf. Die Regelung soll verhindern, dass in Fällen einer nur sehr kurzen Vollzugsdauer die Anstalt mit den u.U. hohen Kosten vor allem orthopädischer Geräte belastet wird.[310]

Diese Einschränkung erscheint nicht unbedenklich, da sich gerade bei kurzen Frei- 26 heitsstrafen das Vollzugsziel bzw. die Vollzugsaufgabe der Resozialisierung aufgrund der Dauer der hierzu erforderlichen Behandlungsmaßnahmen kaum verwirklichen lässt. Körperliche Behinderungen erschweren die Behandlung zusätzlich oder machen sie gänzlich unmöglich.[311] Gerade eine während des Vollzugs nicht korrigierte Behinderung kann der Wiedereingliederung entgegenstehen. Erfolgt bspw. eine Wiederherstellung der Gehfähigkeit nicht, so verhindert dies i.d.R. die Wiederaufnahme einer Arbeitstätig-

---

306 AK-*Lesting* Teil II § 62 Rdn. 44.
307 AK-*Lesting* Teil II § 62 Rdn. 45; *Laubenthal/Nestler/Neubacher/Verrel* 2015 H Rdn. 67.
308 OLG Frankfurt NStZ 1986, 353.
309 OLG Frankfurt, Beschl. v. 22.2.2006, 3 Ws 545/05.
310 BT-Drucks. 7/3998, 27; AK-*Lesting* Teil II § 62 Rdn. 47.
311 Krit. auch AK-*Lesting* Teil II § 62 Rdn. 47.

keit oder erschwert ggf. auch eine sich an den Vollzug anschließende Heimunterbringung. Die Regelung bestätigt insoweit die Kritik an kurzen Haftstrafen, denen ohnehin das Etikett eines bloßen „Verwahrvollzugs" anhaftet. Dies gilt es bei der Abwägung im Rahmen des Merkmals „ungerechtfertigt" zu berücksichtigen.[312]

27 Als **entgegenstehende vollzugliche Belange** kommen sowohl Sicherheitserwägungen, als auch eine lange Eingewöhnungs- oder Rehabilitationsphase etwa bei Prothesen in Betracht.

III. Art und Umfang der Leistungen

Baden-Württemberg	BW § 33 III JVollZGB;
Bayern	BY Art. 63 BayStVollzG;
Berlin	BE § 70 StVollzG Bln;
Brandenburg	BB § 74 Abs. 1 BbgJVollzG;
Bremen	HB § 63 BremStVollG;
Hamburg	HH § 60 HmbStVolzG;
Hessen	HE § 24 Abs. 3 HStVollzG;
Mecklenburg-Vorpommern	MV § 62 StVollzG M-V;
Niedersachsen	NI § 59 NJVollzG;
Nordrhein-Westfalen	NW § 45 StVollzG NRW;
Rheinland-Pfalz	RP § 72 Abs. 1 LJVollzG;
Saarland	SL § 62 SLStVollzG;
Sachsen	SN § 63 SächsStVollzG;
Sachsen-Anhalt	ST § 73 JVollzGB LSA;
Schleswig-Holstein	SH § 79 LStVollzG SH;
Thüringen	TH § 73 ThürJVollzG.

28 **1. Allgemeine Hinweise.** Die Vorschrift des § 61 StVollzG ergänzte und konkretisierte den Leistungskatalog der §§ 57–59, indem sie in Bezug auf deren Art und Umfang auf die Regelungen des SGB V verwies. **BY** Art. 63 Abs. 1, **HH** § 60 Abs. 1 und **NI** § 59 Satz 1 entsprechen dieser Vorschrift inhaltlich.[313] Eine unmittelbare Entsprechung zu § 61 StVollzG existiert in **BW** nicht. Gem. **BW** § 33 Abs. 1 Satz 1 III haben Gefangene einen Anspruch auf notwendige, ausreichende und zweckmäßige medizinische Versorgung unter Beachtung des Grundsatzes der Wirtschaftlichkeit (vgl. D 14). Auch die Regelung in **HE** entspricht nicht unmittelbar § 61 StVollzG. **HE** § 24 Abs. 3 enthält lediglich eine mit § 61 Abs. 2 StVollzG korrespondierende Regelung. **BE** § 70 Abs. 1 Satz 1, **BB** § 74 Abs. 1 Satz 1, **HB** § 63 Abs. 1 Satz 1, **MV** § 62 Abs. 1 Satz 1, **NW** § 45 Abs. 1 Satz 1, Satz 3, **RP** § 72 Abs. 1 Satz 1, **SL** § 62 Abs. 1 Satz 1, **SN** § 63 Abs. 1 Satz 1, **ST** § 73 Abs. 1 Satz 1, **SH** § 79 Abs. 1 Satz 1, **TH** § 73 Abs. 1 Satz 1 enthalten ebenfalls keine unmittelbare Entsprechung zu § 61 StVollzG. Sie normieren den Grundsatz, dass allen Gefangenen ein Anspruch auf notwendige, ausreichende und zweckmäßige medizinische Leistungen unter Beachtung des Grundsatzes der Wirtschaftlichkeit und unter Berücksichtigung des Leistungsumfangs der gesetzlichen Krankenversicherung zukommt. Es handelt sich hierbei um eine Konkretisierung des unmittelbar aus dem Sozialstaatsgebot abgeleiteten Äquivalenzprinzips (siehe auch E 12).[314]

---

312 Vgl. auch *Laubenthal/Nestler/Neubacher/Verrel* 2015 H Rdn. 69.
313 Vgl. **HH** LT-Drucks. 19/2533, 57 f; **HH** LT-Drucks. 18/6490, 45.
314 So *Arloth/Krä* zu **SN** § 63 Rdn. 2, **BE** § 70 StVollzG Rdn. 1.

II. Erläuterungen 29

BY Art. 63 Abs. 1, **HH** § 60 Abs. 1 und **NI** § 59 Satz 1 stellen für Art und Umfang der Leistungen eine Äquivalenz zum SGB V her.[315] An die von der Vollzugsbehörde erbrachten Leistungen lehnen sich diejenigen Leistungen an, die gesetzlich Versicherten nach den entsprechenden Vorschriften des SGB V zustehen,[316] soweit nicht durch andere gesetzliche Regelungen Begrenzungen normiert sind. Dies betrifft insbesondere Anschlussheilverfahren, die eine spezielle Therapie erfordern oder Arbeitstherapien, die im Vollzug kaum durchführbar sind. Zudem mögen als allgemeine Einschränkungsgründe die Kürze des Freiheitsentzugs sowie entgegenstehende Belange des Vollzugs eine vollumfängliche Äquivalenz ausschließen. Nach **BW** § 33 Abs. 2 III umfasst der Anspruch auch die Versorgung mit Hilfsmitteln nach § 33 SGB V, sofern dies nicht mit Rücksicht auf die Kürze des Freiheitsentzugs unangemessen ist.[317]

Für den Bereich des Strafvollzugs relevante Regelungen enthalten § 23 SGB V für 30 Vorsorgeleistungen, § 25 SGB V für Gesundheitsuntersuchungen sowie § 27 SGB V für Krankenbehandlungen. Zudem gilt es das Wirtschaftlichkeitsgebot des § 12 SGB V zu beachten. Die Leistungen müssen grds. ausreichend, zweckmäßig sowie wirksam sein und dürfen aus Gründen der Wirtschaftlichkeit das Maß des Notwendigen nicht überschreiten. Soweit in Einzelfällen zugunsten des Gefangenen eine Leistungspflicht eines anderen Kostenträgers besteht, hat dessen Verpflichtung den Vorrang vor derjenigen der Vollzugsbehörde.[318]

Die Strafvollzugsgesetze gehen dabei vom **Grundsatz der freien Heilfürsorge** für 31 Gefangene aus, wonach diesen alle Leistungen bzw. Maßnahmen im Rahmen der Gesundheitsfürsorge[319] kostenlos zu gewähren sind.[320] Die Vorschriften des SGB V finden daher auf Gefangene nur insoweit Anwendung, als sie Art und Umfang der Leistung in ihrem **sachlichen Inhalt** festlegen. Soweit diese Bestimmungen aber eine Kostenbelastung für den Patienten vorsehen, scheidet eine Übertragung auf Strafgefangene aus. Dies gilt bspw. für die Zuzahlung zu Medikamenten nach § 61 SGB V, wobei für Strafgefangene ohnehin die Belastungsgrenze des § 62 SGB V i.d.R. überschritten sein dürfte.[321] **BY** Art. 63 Abs. 2 Satz 1 und **HH** § 60 Abs. 2 enthalten eine ergänzende Regelung zur Kostenbeteiligung. Sie schreiben vor, dass Gefangene an den Kosten der Krankenbehandlung in angemessenem Umfang beteiligt werden können. **HH** § 60 Abs. 2 beschränkt das Maß der Beteiligung jedoch höchstens bis zu dem eines vergleichbar gesetzlich Versicherten. Des Weiteren ist zu beachten, dass einem Inhaftierten gegenüber einer in Freiheit befindlichen Person nur eingeschränkte Handlungsmöglichkeiten zur Verfügung stehen, so dass er sich bspw. nicht um kostengünstigere Alternativen bemühen kann. Zur Versorgung der Gefangenen mit Arznei- und Verbandsmitteln erlässt der Bundesausschuss der Ärzte und Krankenkassen in Richtlinien, für welche Gruppen von Arzneimitteln Festbeträge bestimmt werden können. Da diese Festbeträge kostendeckend sind, bilden sie auch bei der Versorgung von Gefangenen mit Arzneimitteln in den betreffenden Fällen die Obergrenze der Leistungspflicht des Justizvollzugs. Von der Anwendung ausgenommen bleiben muss indes § 34 Abs. 1 SGB V, wonach Arzneimittel zur Anwendung bei Bagatellerkrankungen

---

315 Siehe auch *Laubenthal/Nestler/Neubacher/Verrel* H Rdn. 75.
316 Zum Äquivalenzprinzip vgl. *Meier* in: Keppler/Stöver [Hrsg.], 2009, 76; *Kirschke* in: Hillenkamp/Tag [Hrsg.], 2005, 121 ff.
317 Vgl. BW LT-Drucks. 14/5012, 221 f.
318 AK-*Lesting* Teil II § 62 Rdn. 10; *Arloth/Krä* 2017 § 61 Rdn. 1; BeckOK-*Knauss* 2018 Rdn. 2.
319 AK-*Lesting* Teil II § 62 Rdn. 55; partiell ausgenommen der Zahnersatz, vgl. § 62.
320 OLG Koblenz, Beschl. v. 19.4.2006, 1 Ws 833/05.
321 *Arloth/Krä* 2017 § 61 Rdn. 1.

nicht von der Leistungspflicht erfasst sind. Nach **NI** § 59 Satz 2 können von der Versorgung ausgeschlossene Arznei-, Heil- oder Hilfsmittel den Gefangenen zur Verfügung gestellt werden, soweit dies medizinisch angezeigt ist. Dies steht jedoch im Ermessen der JVA.[322]

32 Abweichend von den Regelungen des SGB V können Gefangene auch bei **Bagatellerkrankungen** einen Anspruch auf die Abgabe von rezeptfreien Medikamenten haben (vgl. F 1. 13).[323] Richtigerweise wird ein solcher Anspruch aber unter einem **Wirtschaftlichkeitsvorbehalt** dahingehend stehen, dass nur die für das Vollzugs- oder Therapieziel notwendigen Wirkstoffe zur Verfügung gestellt werden müssen.[324] **BY** Art. 63 Abs. 2 Satz 2 überträgt dem Gefangenen jedoch in der Regel die vollen Kosten für nicht verschreibungspflichtige Arzneimittel. Dies entspricht der Regelung für gesetzlich versicherte Personen in Freiheit und soll dem Justizvollzug hinreichenden Spielraum erhalten, um die betreffenden Arzneimittel je nach Haftsituation gleichwohl kostenfrei abzugeben.[325] Nach **HH** § 60 Abs. 3 können dem Gefangenen für Leistungen, die nach Art oder Umfang über das in Abs. 1 genannte Maß hinausgehen, die gesamten Kosten auferlegt werden. Diese Regelung hat vor allem nicht verschreibungspflichtige Medikamente und Hilfsmittel im Blick.[326]

33 Auch auf Hilfsmittel hat der Gefangene einen Anspruch, selbst wenn es sich um solche mit einem nur geringem Abgabepreis handelt oder nur geringfügige Kosten bei notwendigen Änderungen, Instandsetzungen und Ersatzbeschaffungen anfallen. Selbst die erforderliche Ausbildung im Gebrauch der Hilfsmittel ist dem Inhaftierten zu gewähren. Bei Sehhilfen entsteht ein erneuter Anspruch auf Versorgung nur bei einer Änderung der Sehfähigkeit um mindestens 0,5 Dioptrien, was augenärztlich festgestellt werden muss.[327] Eine Versorgung mit Kontaktlinsen erfolgt nur in medizinisch zwingend notwendigen Ausnahmefällen. Die Kosten für Brillengestelle trägt der Gefangene entsprechend der diesbezüglichen Regelung des SGB V selbst.[328]

IV. Zuschüsse zu Zahnersatz und Zahnkronen

Bund	§ 62 StVollzG;
Baden-Württemberg	BW § 33 III JVollzGB;
Bayern	BY Art. 63 Abs. 2 BayStVollzG;
Berlin	BE § 70 Abs. 2 StVollzG Bln;
Brandenburg	BB § 74 Abs. 2, 3 BbgJVollzG;
Bremen	HB § 63 Abs. 2, 3 BremStVollG;
Hamburg	HH § 60 Abs. 2, 3 HmbStVollzG;
Hessen	HE § 24 Abs. 3 HStVollzG;
Mecklenburg-Vorpommern	MV § 62 Abs. 2, 3 StVollzG M-V;
Niedersachsen	NI § 52 Abs. 3 Satz 2 Nr. 2 NJVollzG;
Nordrhein-Westfalen	NW § 45 Abs. 3 StVollzG NRW;
Rheinland-Pfalz	RP § 72 Abs. 2, 3 LJVollzG;
Saarland	SL § 62 Abs. 2, 3 SLStVollzG;
Sachsen	SN § 63 Abs. 2, 3 SächsStVollzG;

---

322 Vgl. **NI** LT-Drucks. 15/3565, 140.
323 OLG Hamburg, Beschl. v. 29.5.2006, 3 Vollz (WS) 47/06.
324 Vgl. zum Wirtschaftlichkeitsgebot *Arloth/Krä* 2017 § 61 Rdn. 1.
325 **BY** LT-Drucks. 15/8101, 64.
326 Vgl. **HH** LT-Drucks. 19/2533, 58; **HH** LT-Drucks. 18/6490, 45.
327 OLG Frankfurt ZfStrVo 1986, 382.
328 OLG Frankfurt NStZ-RR 2006, 189; vgl. auch F 2. 7.

Sachsen-Anhalt	ST § 73 Abs. 2–4 JVollzGB LSA;
Schleswig-Holstein	SH § 79 Abs. 2 LStVollzG SH;
Thüringen	TH § 73 Abs. 2, 3 ThürJVollzGB

1. **Allgemeine Hinweise.** § 62 StVollzG ergänzte und konkretisierte § 58 Nr. 2 StVollzG. Die Vorschrift räumte den Landesjustizverwaltungen die Möglichkeit ein, durch allgemeine Verwaltungsvorschriften die Höhe der Zuschüsse zu den Kosten der zahnärztlichen Behandlung und der zahntechnischen Leistungen bei der Versorgung mit Zahnersatz selbst zu bestimmen. § 62 StVollzG traf eine gegenüber den Vorschriften des SGB V vorrangige Regelung, die insbesondere §§ 28, 61 SGB V vorging. Anders als § 59 Satz 1 enthielt die Norm jedoch keine Sonderregelung für kurze Haftstrafen; die Dauer der Haft konnte vielmehr bei Festsetzung der konkreten Höhe des Zuschusses berücksichtigt werden.[329]

In den Landesstrafvollzugsgesetzen lassen sich keine unmittelbaren Entsprechungen zu § 62 StVollzG finden. Mit **BW** § 33 Abs. 3 III, **BY** Art. 63 Abs. 2, **BE** § 70 Abs. 2, **BB** § 74 Abs. 2 Satz 1, **HB** § 63 Abs. 2 Satz 1, **HH** § 60 Abs. 2, **HE** § 24 Abs. 3, **MV** § 62 Abs. 2 Satz 1, **NI** § 52 Abs. 3 Satz 2 Nr. 2, **NW** § 45 Abs. 3, **RP** § 72 Abs. 2 Satz 1, **SL** § 62 Abs. 2 Satz 1, **SN** § 63 Abs. 2 Satz 1, **ST** § 73 Abs. 2 Satz 1, **SH** § 79 Abs. 2 Satz 1, **TH** § 73 Abs. 2 Satz 1 greifen die Länder vielmehr auf allgemeine Regelungen zur Kostenübernahme zurück., **BW** § 33 Abs. 3 III, **BB** § 74 Abs. 2 Satz 1, **HB** § 63 Abs. 2 Satz 1, **MV** § 62 Abs. 2 Satz 1, **RP** § 72 Abs. 2 Satz 1, **SL** § 62 Abs. 2 Satz 1, **SN** § 63 Abs. 2 Satz 1, **ST** § 73 Abs. 2 Satz 1, **SH** § 79 Abs. 2 Satz 1, **TH** § 73 Abs. 2 Satz 1 orientieren die Auferlegung von Kosten am Umfang der Beteiligung vergleichbarer gesetzlich Versicherter. Lediglich die Leistungen, die über den in Absatz 1 der jeweiligen Vorschrift zugesprochenen Umfang hinausgehen, können den Gefangenen im Gesamten in Rechnung gestellt werden. Für Sachsen-Anhalt sieht **ST** § 73 Abs. 4 zudem vor, dass eine Auferlegung von Kosten unterbleibt, wenn hierdurch die Erreichung des Vollzugsziels, insbesondere die Eingliederung, gefährdet würde. **BY** Art. 63 Abs. 2, **HH** § 60 Abs. 2, **HE** § 24 Abs. 3, **NI** § 52 Abs. 3 Satz 2 Nr. 2 regeln lediglich eine Beteiligung der Inhaftierten an den Kosten in angemessener Höhe für medizinische Behandlungsmaßnahmen (siehe E 4 ff). Insoweit wird sich die Frage der Angemessenheit zwar in erster Linie am Leistungsumfang der gesetzlichen Krankenversicherung orientieren. Es können jedoch auch andere Faktoren (die Dauer des Vollzugs, Verletzung selbst herbeigeführt) eine Rolle spielen. Damit treffen selbst die Länder, die eine zahnärztliche Behandlung ausdrücklich in ihrem Landesstrafvollzugsgesetz vorsehen (dazu F 1. 12), keine gesonderte Kostenregelung. **BE** § 70 Abs. 2 normiert lediglich, dass für Leistungen, die über den Leistungskatalog in Abs. 1 der jeweiligen Vorschrift hinausgehen, den Gefangenen die Kosten auferlegt werden können. Die Regelung orientiert sich damit in erster Linie an dem unmittelbar durch die Strafvollzugsgesetze zugesagten Leistungsumfang, ohne direkt auf den Leistungsumfang bei gesetzlich Versicherten Bezug zu nehmen (zu Art und Umfang der Leistungen F 3.).

2. **Erläuterungen**

    a) **Kostenübernahme, Zuschüsse.** Grundvoraussetzung für jede Kostenübernahme ist, dass die Behandlung **notwendig** ist.[330] Ist diese nicht notwendig und vom Gefangenen dennoch gewünscht, so muss er die entstandenen Kosten selbst tragen. Sind Zahnersatz oder Krone nur zweckmäßig, so wird der Gefangene an den Kosten in ange-

---

329 BT-Drucks. 7/3998, 27.
330 *Laubenthal/Nestler/Neubacher/Verrel* 2015 H Rdn. 81.

messener Höhe beteiligt. Eine Kostenübernahme bei aus Gründen der Kosmetik durchgeführten Behandlungen kann allenfalls unter den Voraussetzungen der ärztlichen Behandlung zur sozialen Eingliederung (dazu 6 F 5.) in Betracht kommen.[331]

37   Äquivalent zu der Leistung an gesetzlich versicherte Personen in Freiheit wird dem Gefangenen i.d.R. ein Zuschuss gewährt, der zwar den Hauptanteil der anfallenden Kosten ausmacht, diese jedoch nicht voll deckt. Den Restbetrag hat der Inhaftierte durch eine **Zuzahlung** zu begleichen. Die Festsetzung des vom Gefangenen zu tragenden Anteils liegt grds. im **Ermessen** der JVA, wobei die Gefangenen nicht schlechter gestellt werden dürfen, als gesetzlich Versicherte;[332] gerichtlich in vollem Umfang überprüfbar ist jedoch die Frage, ob der Inhaftierte bedürftig ist,[333] da es sich bei dem Terminus der Bedürftigkeit um einen unbestimmten Rechtsbegriff handelt. Bedürftigkeit ist allgemein bei Mittellosigkeit des Gefangenen gegeben.[334] Die Bedürftigkeit richtet sich nicht nach der konkreten finanziellen Situation des Gefangenen in nur einem einzigen Monat, sondern die Bewertung hat einen längeren Zeitraum während der Haft zu umfassen.[335] Liegt ein **Härtefall** vor, so kommt eine vollständige Kostenübernahme durch die JVA in Betracht.

38   Hat der Gefangene schuldhaft die Beschädigung oder den Verlust einer Zahnprothese verursacht oder ist er sonst wie in vorwerfbarer Weise für die Notwendigkeit der Behandlung verantwortlich, darf die JVA nach Maßgabe der entsprechenden Verwaltungsvorschriften die Übernahme der Kosten verweigern, soweit dies nicht die soziale Wiedereingliederung des Gefangenen gefährdet.[336]

39   Dem Inhaftierten steht gegen die JVA ein **Anspruch** auf Leistung zu (vgl. F 1. 4 ff). Dieser beschränkt sich allerdings auf eine Behandlung durch die Anstalt bzw. einen von ihr ausgewählten Arzt; ein Anspruch auf freie Arztwahl ist somit auch im Bereich zahnmedizinischer Behandlung nicht gegeben (D 1. 1).

40   **b) Auswirkung der Strafdauer.** Der Umfang der Kostenübernahme ist u.a. abhängig von der Strafdauer.[337] Dies ist zwar nicht explizit gesetzlich geregelt; die Gesetzgeber waren offenbar der Auffassung, dass die Möglichkeit der Selbstbeteiligung des Gefangenen genügend Schutz vor etwaigen Missbräuchen bietet.[338] I.d.R. sollten zahnprothetische Behandlungen allerdings nur begonnen werden, wenn sie voraussichtlich vor der Entlassung des Gefangenen auch abgeschlossen werden können.[339] Bei Kurzstrafen wird in der Praxis daher häufig nur eine konservierende Zahnbehandlung durchgeführt, sofern dies unter medizinischen Gesichtspunkten vertretbar ist, mit ihr also das Versorgungsziel – eine ausreichende Wiederherstellung der Funktionstüchtigkeit des Kauorgans, die geeignet ist, eine dauernde Beeinträchtigung zu verhindern – erreicht werden kann. Kurzstrafigen eine Zahnregulierung zu verweigern, kann aber im Ergebnis zu einer Verlagerung der Kosten auf andere öffentliche Träger führen, die nach Ende der Haft eine Leistungspflicht trifft. Zudem bleiben Fernwirkungen zu berücksichtigen, etwa wenn bei Abwarten weitere negative gesundheitliche Auswirkungen eintreten.

---

331   F 5. 10; siehe auch AK-*Lesting/Stöver* Rdn. 2.
332   OLG Hamburg StV 2012, 163; AK-*Lesting* Teil II § 62 Rdn. 36; *Arloth/Krä* 2017 Rdn. 3; siehe auch *Ebsen* StV 2012, 165 ff.
333   LG Freiburg ZfStrVo 1994, 374 f.
334   Vgl. hierzu OLG Hamm NStZ 1990, 559; OLG Schleswig, Beschl. v. 30.8.1990 – 2 Vollz Ws 263/90.
335   OLG Hamm ZfStrVo 1991, 186.
336   *Laubenthal/Nestler/Neubacher/Verrel* 2015 H Rdn. 83; krit. zum Fehlen einer diesbezüglichen expliziten Regelung *Arloth/Krä* 2017 Rdn. 3.
337   AK-*Lesting/Stöver* Rdn. 3.
338   BT-Drucks. 7/3998, 27.
339   *Nikolai* in: Keppler/Stöver [Hrsg.], 2009, 268 ff.

V. Ärztliche Behandlung zur sozialen Eingliederung

Baden-Württemberg	BW § 36 III JVollzGB;
Bayern	BY Art. 65 Satz 1 BayStVollzG;
Berlin	BE § 72 StVollzG Bln;
Brandenburg	BB § 76 BbgJVollzG;
Bremen	HB § 65 BremStVollG;
Hamburg	HH § 61 Satz 1 HmbStVollzG;
Hessen	HE nicht enthalten;
Mecklenburg-Vorpommern	MV § 64 StVollzG M-V;
Niedersachsen	NI § 61 NJVollzG;
Nordrhein-Westfalen	NW § 48 StVollzG NRW;
Rheinland-Pfalz	RP § 74 LJVollzG;
Saarland	SL § 64 SLStVollzG;
Sachsen	SN § 65 SächsStVollzG;
Sachsen-Anhalt	ST § 75 JVollzGB LSA;
Schleswig-Holstein	SH § 82 LStVollzG SH;
Thüringen	TH § 75 ThürJVollzGB

1. Allgemeine Hinweise

BW § 36 Satz 1 III, **BY** § 65 Satz 1, **BE** § 72, **BB** § 76 Satz 1, **HB** § 65 Satz 1, **HH** § 61 **41** Satz 1, **MV** § 64 Satz 1, **NW** § 48 Satz 1, **NI** § 61, **RP** § 74 Satz 1, **SL** § 64 Satz 1, **ST** § 75 Satz 1, **SN** § 65 Satz 1, **SH** § 82 Satz 1, **TH** § 75 Satz 1 entsprechen inhaltlich der bundesgesetzlichen Vorschrift § 63 Satz 1 StVollzG. Einzig im HStVollzG findet sich keine entsprechende Regelung. Die Vorschriften weiten die ärztliche Tätigkeit über die Behandlung zum Zweck der Behebung von Krankheitszuständen und der Wiederherstellung der Gesundheit während des Vollzugs hinaus auf Maßnahmen aus, die der sozialen Eingliederung des Gefangenen dienen. Die ärztliche Behandlung zur sozialen Eingliederung bleibt dabei allerdings auf Operationen und prothetische Maßnahmen beschränkt und erfasst somit insbesondere nicht Psychotherapie, Suchtkrankenhilfe, soziales Training, Sozialtherapie und Logotherapie bei Sprachstörungen.[340] Die Regelungen sollen kriminogenen Faktoren entgegenwirken, die durch Behinderungen entstehen können und seelische Belastungen verhindern, die einer Wiedereingliederung abträglich sind.[341]

§ 63 StVollzG stellte eine **Sollvorschrift** dar. Dies haben **BW** § 36 Satz 1 III, **BY** § 65 **42** Satz 1, **BE** § 72, **BB** § 76 Satz 1, **HB** § 65 Satz 1, **HH** § 61 Satz 1, **MV** § 64 Satz 1, **NW** § 48 Satz 1, **RP** § 74 Satz 1, **SL** § 64 Satz 1, **ST** § 75 Satz 1, **SN** § 65 Satz 1, **SH** § 82 Satz 1, **TH** § 75 Satz 1 übernommen. Einzig **NI** § 61 räumt der Vollzugsbehörde einen gegenüber den anderen Vorschriften größeren Ermessensspielraum ein („kann"). Die Regelungen normieren Maßnahmen, die in der Regel von der Vollzugsbehörde durchgeführt werden, wenn die soziale Indikation vorliegt und der Gefangene seine Zustimmung zu der beabsichtigten Maßnahme gibt. Die Vollzugsbehörde trifft dabei die Pflicht, den Gefangenen für die Durchführung einer ärztlichen Maßnahme zu motivieren, falls diese seiner sozialen Wiedereingliederung förderlich ist. Ein Rechtsanspruch auf die Durchführung der Maßnah-

---

340 OLG Nürnberg NStZ-RR 2010, 262; siehe auch AK-*Lesting* Teil II § 64 Rdn. 3; *Arloth/Krä* 2017 Rdn. 1.
341 BT-Drucks. 7/918, 73; *Laubenthal/Nestler/Neubacher/Verrel* 2015 H Rdn. 85.

men besteht für den Gefangenen allerdings nicht; ihm bleibt insoweit lediglich der **Anspruch auf ermessensfehlerfreie Entscheidung**.[342]

2. Erläuterungen

43 **a) Wiedereingliederungsmaßnahmen im Einzelnen.** Wiedereingliederung kann im Wege von Operationen oder prothetischen Maßnahmen erfolgen. Als Operationen kommen dabei z.B. solche zur Beseitigung von entstellenden Missbildungen, die Entfernung von Tätowierungen an sichtbaren Körperstellen oder Korrekturen extremen Schielens in Betracht. Die Versorgung mit Prothesen erfolgt bei körperlichen Defekten.

44 **b) Begleitende Maßnahmen.** Aufgrund der häufigen Konnexität von körperlichen oder funktionellen Auffälligkeiten mit einer neurotischen Entwicklung des Betroffenen sowie mit Kontaktstörungen, kann eine die physische Behandlungsmaßnahme begleitende, psychotherapeutische Behandlung erforderlich sein.[343] Diese Begleitmaßnahmen finden im Gesetzestext **keine explizite Erwähnung**. Da sich aber die ärztliche Mithilfe bei der Wiedereingliederung auch in jenen Lebensbereichen auswirkt, müssen sie als vom Anwendungsbereich der Norm umfasst angesehen werden. Als begleitende Maßnahmen kommen insbesondere die Einleitung einer Psychotherapie oder einer Sexualtherapie, Suchttherapie, Logotherapie sowie allgemein ein soziales Training in Betracht.

45 Die Einleitung von **Psychotherapie** erscheint bei gewohnheitsmäßig ausgebildeten Fehlverhaltensweisen sinnvoll, bspw. bei neurotischen Versagenszuständen, ausgeprägten Kontaktstörungen und Selbstwertstörungen.[344] In der Praxis fokussiert psychotherapeutisches Behandeln überwiegend Täter mit dissozialer Persönlichkeitsstruktur im Deliktsbereich von Körperverletzungen, Raubdelikten, Sexual- und Tötungsdelikten.[345] Eine solche Psychotherapie dient der Verbesserung der Legalprognose.[346]

46 Die Durchführung einer **Sexualtherapie** stellt insbesondere bei Triebtätern, z.B. mittels einer triebdämpfenden Medikation oder der Empfehlung zur Durchführung operativer Maßnahmen[347] eine der Wiedereingliederung eines Gefangenen dienende ärztliche Maßnahme dar.

47 Zum Zweck der Wiedereingliederung kann auch eine **Suchttherapie oder Entgiftungsbehandlung** in Betracht kommen. Mit dieser Zwecksetzung zielt eine solche Therapie darauf ab, den Inhaftierten langfristig von der Sucht zu befreien. Im Einzelfall werden daher alternativ die Möglichkeiten nach §§ 35, 36 BtMG zu prüfen sein.[348]

48 Die Einleitung einer **Logotherapie** zur Behandlung von Sprachstörungen mag ebenfalls eine nach **BW** § 36 Satz 1 III, **BY** § 65 Satz 1, **BE** § 72, **BB** § 76 Satz 1, **HB** § 65 Satz 1, **HH** § 61 Satz 1, **MV** § 64 Satz 1, **NW** § 48 Satz 1, **NI** § 61, **RP** § 74 Satz 1, **SL** § 64 Satz 1, **ST** § 75 Satz 1, **SN** § 65 Satz 1, **SH** § 82 Satz 1, **TH** § 75 Satz 1 durchzuführende ärztliche Maßnahme darstellen, wenn diese Behinderung der Wiedereingliederung abträglich ist oder gar eine erneute Straffälligkeit bedingen kann.

---

342 *Laubenthal/Nestler/Neubacher/Verrel* 2015 H Rdn. 86; weitergehend *Schultheiß* Ärztliche Behandlung zur sozialen Eingliederung, 2006, 31.
343 AK-*Lesting* Teil II § 64 Rdn. 3.
344 Vgl. auch *Arloth/Krä* 2017 Rdn. 1.
345 *Möller* ZfStrVo 1994, 285 ff.
346 *Beier/Hinrichs* MschrKrim 1996, 25 ff; zur Therapiebereitschaft der Inhaftierten *Dahle* BewHi 1993, 401 ff.
347 *Konrad* in: Keppler/Stöver [Hrsg.], 2009, 208 ff.
348 Dazu *Laubenthal/Nestler* Strafvollstreckung 2018, Rdn. 241 ff.

Schließlich besteht die Möglichkeit, ein **soziales Training** auf ärztliche Empfehlung 49
hin durchzuführen. Dies betrifft z.B. verhaltensgestörte Strafgefangene ebenso wie
Langstrafige, die im Rahmen ihrer Entlassungsvorbereitung einer stufenweisen Wiedereingliederung zugeführt werden müssen.

c) Kostenbeteiligung. § 63 Satz 2 StVollzG sah vor, dass der Inhaftierte an den Kos- 50
ten der Wiedereingliederungsmaßnahmen zu beteiligen ist, wenn dies nach seinen
wirtschaftlichen Verhältnissen gerechtfertigt erscheint und der Zweck der Behandlung
dadurch nicht in Frage gestellt wird. Nach Ansicht des Gesetzgebers erschien eine Kostenbeteiligung für diese Maßnahmen als angemessen und sachlich gerechtfertigt, weil
hierbei im Wesentlichen „kosmetische" Eingriffe im Vordergrund stünden.[349] Dies wird
allerdings nicht immer der Fall sein. Daher sind bei der Entscheidung über die Kostenbeteiligung der Zweck der Maßnahme, ihr erwarteter Nutzen für die Wiedereingliederung
sowie die Vermögensverhältnisse des Gefangenen zu berücksichtigen, zumal eine übermäßige finanzielle Belastung der Wiedereingliederung i.d.R. ebenfalls abträglich ist.
Dem entsprechend normieren **BW** § 36 Satz 2 III, **BY** Art. 65 Satz 2, **BB** § 76 Satz 2, **HB** § 65
Satz 2, **HH** § 61 Satz 2, **MV** § 64 Satz 2, **NW** § 48 Satz 2, **RP** § 74 Satz 2, **SL** § 64 Satz 2, **ST**
§ 75 Satz 2, **SN** § 65 Satz 2, **SH** § 82 Satz 2, **TH** § 75 Satz 2 den Grundsatz, dass der Gefangene die Kosten für die Wiedereingliederungsmaßnahmen selbst trägt. Lediglich sofern
er hierzu nicht in der Lage ist, kann die Anstalt die Kosten in begründeten Fällen in angemessenem Umfang übernehmen, **BW** § 36 Satz 3 III, **BY** Art. 65 Satz 3, **BB** § 76 Satz 3,
HB § 65 Satz 3, **HH** § 61 Satz 3, **MV** § 64 Satz 3, **NW** § 48 Satz 3, **RP** § 74 Satz 3, **SL** § 64
Satz 3, **ST** § 75 Satz 3, **SN** § 65 Satz 3, **SH** § 82 Satz 3, **TH** § 75 Satz 3. Nach Auffassung des
baden-württembergischen und bayerischen Landesgesetzgebers sollen finanziell leistungsfähige Gefangene gleich den gesetzlich krankenversicherten Personen behandelt
werden. Durch die Möglichkeit der Kostenübernahme könne aber der besonderen Haftsituation, der häufig desolaten finanziellen Lage der Gefangenen und dem Behandlungsauftrag hinreichend Rechnung getragen werden.[350] **ST** § 75 Satz 3 stellt dabei zusätzlich
noch einmal klar, dass das Einstehen der Justizvollzugsanstalt subsidiär gegenüber den
Leistungspflichten Dritter bleibt. **BE** § 72 und **NI** § 63 treffen keine Regelung zur Kostenbeteiligung. Hier gelten **BE** § 70 Abs. 2 und **NI** § 52. Nach **NI** § 52 Abs. 3 Satz 2 Nr. 2 kann
die Vollzugsbehörde den Gefangenen durch Erhebung weiterer Kostenbeiträge in angemessener Höhe insbesondere an ärztlichen Behandlungen nach **NI** § 61 beteiligen.

VI. Krankenbehandlung im Urlaub

Baden-Württemberg	BW § 35 Abs. 1 III JVollZGB;
Bayern	BY Art. 62 BayStVollzG;
Berlin	BE § 74 StVollzG Bln;
Brandenburg	BB § 78 Abs. 1 BbgJVollzG;
Bremen	HB § 67 BremStVollG;
Hamburg	HH § 65 HmbStVolzG;
Hessen	HE § 24 Abs. 5 HStVollzG;
Mecklenburg-Vorpommern	MV § 66 Abs. 1 StVollzG M-V;
Niedersachsen	NI § 58 NJVollzG;
Nordrhein-Westfalen	NW § 47 StVollzG NRW;
Rheinland-Pfalz	RP § 76 Abs. 1 LJVollzG;

---

349 BT-Drucks. 7/918, 118; BT-Drucks. 7/3998, 28.
350 **BW** LT-Drucks. 14/5012, 221; **BY** LT-Drucks. 15/8101, 64.

Saarland	SL § 66 Abs. 1 SLStVollzG;
Sachsen	SN § 67 Abs. 1 SächsStVollzG;
Sachsen-Anhalt	ST § 77 JVollzGB LSA;
Schleswig-Holstein	SH § 85 LStVollzG SH;
Thüringen	TH § 77 ThürJVollzG

Schrifttum

Dargel Kostentragungspflicht der Vollzugsbehörden für die Heilbehandlung kranker Gefangener, in: ZfStrVo 1983, 337.

51   **1. Allgemeine Hinweise.** Die Vorschriften **BW** § 35 Abs. 1 III, **BY** Art. 62, **BE** § 74, **BB** § 78 Abs. 1, **HB** § 67, **HH** § 65, **HE** § 24 Abs. 5, **MV** § 66 Abs. 1, **NI** § 58, **NW** § 47, **RP** § 76 Abs. 1, **SL** § 66 Abs. 1, **SN** § 67 Abs. 1, **ST** § 77, **SH** § 85, **TH** § 77 stellen klar, dass der Gefangene auch während eines Hafturlaubs oder Ausgangs nur einen Anspruch auf Krankenbehandlung in der für ihn **zuständigen Vollzugsanstalt** hat. Da Urlaub und Ausgang die Strafvollstreckung nicht unterbrechen und somit keine Statusänderung bewirken, besteht insbesondere kein Anspruch auf freie Arztwahl oder Pflege in einem von ihm ausgewählten Krankenhaus. Der Gefangene muss im Krankheitsfall die für ihn zuständige, zumindest aber die nächstgelegene Vollzugsanstalt aufsuchen, die dann die erforderliche ärztliche Behandlung und Krankenpflege sicherzustellen hat.[351] Die Bestimmung soll einem möglichen Missbrauch entgegenwirken und verhindern, dass Gefangene während eines Urlaubs die gesamte medizinische Behandlung auf Kosten der JVA durch einen freien Arzt durchführen lassen.[352] **BW** § 35 Abs. 1 III, **BY** Art. 62, **BE** § 74 Abs. 1, **BB** § 78 Abs. 1 Satz 1, **HB** § 67 Abs. 1 Satz 1, **HH** § 65 Abs. 1, **HE** § 24 Abs. 5, **MV** § 66 Abs. 1 Satz 1, **NI** § 58 1. Halbs., **RP** § 76 Abs. 1 Satz 1, **SL** § 66 Abs. 1 Satz 1, **SN** § 67 Abs. 1 Satz 1, **ST** § 77 Abs. 1, **SH** § 85 Satz 1, **TH** § 77 Abs. 1 entsprechen der früheren bundesrechtlichen Regelung. Außer in Baden-Württemberg, Bayern, Hamburg und Sachsen-Anhalt **BE** § 74 Abs. 1 Satz 3, **BB** § 78 Abs. 1 Satz 2, **HB** § 67 Abs. 1 Satz 2, **MV** § 66 Abs. 1 Satz 2, **RP** § 76 Abs. 1 Satz 2, **SL** § 66 Abs. 1 Satz 2, **SN** § 67 Abs. 1 Satz 1, **SH** § 85 Satz 2 normieren zusätzlich, dass die Möglichkeit der Gewährung von Lockerungen zum Zweck der medizinischen Behandlung unberührt bleibt, so dass in diesen Fällen eine Behandlung durch andere Stellen stattfinden darf.

52   **2. Erläuterungen.** Den gesetzlichen Bestimmungen liegt die Überlegung zugrunde, dass Urlaub und Ausgang die Strafvollstreckung nicht unterbrechen und daher auch die Fürsorgepflicht der JVA im Krankheitsfall fortbesteht. Die Vorschriften begrenzen somit den Anspruch des Gefangenen auf die entsprechenden Einrichtungen der Justizvollzugsanstalten.[353] Hierbei unterscheidet das Gesetz nicht zwischen „normalen" Krankheitsfällen und Not- oder Eilfällen. Auf die Begrenzung des Behandlungsanspruchs ist der Gefangene bei Antritt von Urlaub oder Ausgang hinzuweisen. **BW** § 35 Abs. 1 III nennt anstatt des Urlaubs die Freistellung aus der Haft. Dies entspricht der vom baden-württembergischen Landesgesetzgeber in **BW** § 9 Abs. 2 Nr. 3 III gewählten Terminologie.[354] **BE** § 74 und **TH** § 77 Abs. 1 sprechen nur allgemein von Lockerungen. Gem. **BE** § 42 Abs. 1 Nr. 3 sowie **TH** § 46 Abs. 1 Nr. 3 fällt unter diesen Begriff auch der Langzeitaus-

---

351   Vgl. die VV; *Laubenthal/Nestler/Neubacher/Verrel* H Rdn. 71.
352   *AK-Lesting* Teil II § 66 Rdn. 2; *Laubenthal/Nestler/Neubacher/Verrel* H Rdn. 71.
353   Vgl. hierzu auch *Dargel* ZfStrVo 1983, 337.
354   Vgl. *Laubenthal* Rdn. 546; siehe auch 10 B 4.

gang, der die Bezeichnung des Urlaubs aus dem StVollzG ersetzt.[355] **HH** § 65 Abs. 1 nennt ebenfalls die Freistellung von der Haft anstatt des Urlaubs. Dies entspricht der vom hamburgischen Landesgesetzgeber in **HH** § 12 Abs. 1 Satz 1 Nr. 2 gewählten Terminologie.[356] Gleiches gilt für **HE** § 24 Abs. 5. **NW** § 47 bezieht sich auf die vollzugsöffnenden Maßnahmen. Hierunter fällt gem. **NW** § 53 Abs. 2 Nr. 3 auch der Langzeitausgang und damit der gewählten Terminologie des nordrhein-westfälischen Landesgesetzgebers entspricht.[357]

Problematisch kann sich die Versorgung bei **Unfällen und Notfällen** während Urlaub oder Ausgang gestalten. Der Gesetzgeber hat nicht zwischen normalen Krankheitsfällen und Not- oder Eilfällen unterschieden.[358] Die meisten Landesstrafvollzugsgesetze sehen daher diesbezüglich auch keine Ausnahmeregelungen vor. Gleichwohl kann auch hier sofortige Behandlung des Gefangenen erforderlich sein. In einem solchen Fall hätte der Gefangene daher grds. die anfallenden Kosten der Krankenbehandlung selbst zu tragen. Schon weil der Gefangenenstatus aber für einen Notarzt oder Sanitäter nicht ohne weiteres erkennbar ist, müssen zunächst ohne Einschaltung der JVA medizinische Sofortmaßnahmen durchgeführt werden. Der Gefangene ist in eine freie Krankenhauseinrichtung zu verbringen und dort zu behandeln.[359] Bei Wiedereinsetzen seiner Transportfähigkeit erfolgt die Verlegung des Gefangenen in ein Vollzugskrankenhaus. Falls er, ohne dass es zu einer Unterbrechung der Strafvollstreckung kommt, wegen mangelnder Transportfähigkeit in einem öffentlichen Krankenhaus verbleiben muss, greifen die Regelungen zumindest für den Zeitraum nach Ablauf des regulären Hafturlaubs ein.[360] **53**

Bei einem Notfall während Urlaub oder Ausgang und anschließender Versorgung in einem freien Krankenhaus traf die Justizvollzugsanstalt nach Bundesrecht zunächst **keine Kostentragungspflicht**, da es sich um eine Behandlung außerhalb des Vollzugs handelt.[361] Vielmehr müssen alle entstandenen **Kosten** einschließlich etwaiger Krankennottransporte etc. grds. von einem freien Versicherungsträger oder ggf. dem Sozialamt übernommen werden.[362] Dagegen wird zum Teil eingewendet, dass diese Regelung dem Resozialisierungsgedanken widerspricht und nach den vom BVerfG entwickelten Maßstäben **verfassungswidrig** ist.[363] Wenngleich sich dieser Einwand nicht von der Hand weisen lässt, so ist die Vorschrift insoweit jedoch eindeutig und lässt in ihrem Wortlaut („nur") keinen Spielraum für eine Übernahme der Kosten durch die JVA. **BW** § 35 Abs. 1 III verzichtet, anders als die Bundesvorschrift, auf das Wort „nur" (in der JVA) was eine gesteigerte Offenheit gegenüber einer Kostenübernahme etwa in unverschuldeten Notfällen andeutet. **BE** § 74 Abs. 1, **NI** § 58 Halbs. 2 und **NW** § 47 Satz 3 enthalten den expliziten Hinweis auf die – zuvor schon in Praxis und Lit. diskutierte – Ausnahme bei Notfällen. Sie sehen in Notfällen ausdrücklich eine Behandlung auch in der nächstgelegen, **54**

---

355 Vgl. 10 B 4.
356 Vgl. *Laubenthal* Rdn. 546; siehe auch 10 B 4.
357 Vgl. 10 B 4.
358 BT-Drucks. 7/3998, 26.
359 *Laubenthal/Nestler/Neubacher/Verrel* H Rdn. 72.
360 VGH Kassel NJW 1992, 1583.
361 *Laubenthal/Nestler/Neubacher/Verrel* H Rdn. 73.
362 Vgl. *Laubenthal/Nestler/Neubacher/Verrel* H Rdn. 73; siehe auch BT-Drucks. 7/3998, 26; vgl. Niedersächsisches OVG, Urteil vom 13.1.1997 – 12 L 5245/95 für eine Kostentragung nach § 121 BSHG a.F.; für eine Kostentragungspflicht der Vollzugsbehörde nach dem Grundgedanken der GoA AG Schleswig BeckRS 2016, 06733; ferner AK-*Lesting/Stöver* 2012 Rdn. 4.
363 AK-*Lesting* Teil II § 66 Rdn. 7; siehe auch *Arloth/Krä* § 60 StVollzG Rdn. 2; BeckOK-*Knauss* § 60 StVollzG Rdn. 6 ff; vgl. auch BVerfGE 98, 169 zum Arbeitsentgelt.

nicht unmittelbar zuständigen Anstalt vor. **NW** § 47 Satz 3 trifft hier auch eine ausdrückliche Regelung zur Kostentragung bei Notfallbehandlungen. In **BE** § 74 Abs. 1 Satz 2 wird klargestellt, dass die Pflicht zur Rückkehr in die zuständige Anstalt nicht unzumutbar sein darf. Außerdem normiert **BE** § 74 Abs. 1 Satz 3, dass die Möglichkeit der Gewährung von Lockerungen zum Zweck der medizinischen Behandlung unberührt bleibt, so dass in diesen Fällen eine Behandlung durch andere Stellen stattfinden darf. Auch in **NW** § 47 Satz 2 wird klargestellt, dass die Pflicht zur Rückkehr in die zuständige Anstalt nicht unzumutbar sein darf, wobei das Landesgesetz hier eine „Soll"-Regelung trifft. Der Zumutbarkeitsvorbehalt ist damit zwingend, sofern nicht im Einzelfall Gründe entgegenstehen und gleichwohl eine Rückkehr in die Anstalt angezeigt ist. Ähnliches gilt gem. **NI** § 58 2. Halbs. **HE** § 24 Abs. 5 entspricht im Wortlaut zwar grds. der früheren bundesrechtlichen Regelung. Nach Auffassung des hessischen Gesetzgebers kommt dabei aber – trotz des insoweit eindeutigen Wortlauts – in Abweichung von der bundesrechtlichen Rechtslage im Rahmen von **HE** § 24 Abs. 5 eine Kostenübernahme durch die JVA „aus Billigkeitsgründen in Betracht".[364] Dies wird Konstellationen unverschuldeter Notfälle betreffen.

VII. Ruhen der Ansprüche

Baden-Württemberg	BW § 35 Abs. 2 III JVollzGB;
Bayern	BY Art. 64 BayStVollzG;
Berlin	BE § 74 Abs. 2 StVollzG Bln;
Brandenburg	BB § 78 Abs. 2 BbgJVollzG;
Bremen	HB § 67 Abs. 2 BremStVollG;
Hamburg	HH § 65 Abs. 2 HmbStVolzG;
Hessen	HE § 24 Abs. 6 HStVollzG;
Mecklenburg-Vorpommern	MV § 66 Abs. 2 StVollzG M-V;
Niedersachsen	NI § 60 NJVollzG;
Nordrhein-Westfalen	NW § 45 Abs. 2 StVollzG NRW;
Rheinland-Pfalz	RP § 76 Abs. 2 LJVollzG;
Saarland	SL § 66 Abs. 2 SLStVollzG;
Sachsen	SN § 67 Abs. 2 SächsStVollzG;
Sachsen-Anhalt	ST § 77 Abs. 2 JVollzGB LSA;
Schleswig-Holstein	SH § 81 LStVollzG SH;
Thüringen	TH § 77 Abs. 2 ThürJVollzG

55   **BW** § 35 Abs. 2 III, **BY** Art. 64, **BE** § 74 Abs. 2, **BB** § 78 Abs. 2, **HB** § 67 Abs. 2, **HH** § 65 Abs. 2, **HE** § 24 Abs. 6, **MV** § 66 Abs. 2, **NI** § 60, **NW** § 45 Abs. 2, **RP** § 76 Abs. 2, **SL** § 66 Abs. 2, **SN** § 67 Abs. 2, **ST** § 77 Abs. 2, **SH** § 81, **TH** § 77 Abs. 2 sind abgesehen von der geänderten Verweisung inhaltlich identisch mit § 62a StVollzG. Die Vorschriften stellen klar, dass Gefangene, die im Rahmen eines freien Beschäftigungsverhältnisses (vgl. dazu 4 D 2) gesetzlich krankenversichert sind, während dieser Zeit keinen Anspruch auf Leistungen durch die JVA haben. Dem entspricht § 16 Abs. 1 Nr. 4 SGB V, der ein Ruhen des Anspruchs auf Leistungen gegen die gesetzliche Krankenversicherung normiert, solange der Versicherte als Gefangener Anspruch auf Gesundheitsfürsorge nach dem StVollzG hat oder dort sonstige Gesundheitsfürsorge erhält.[365] § 62a bereinigte die frühere Rechts-

---

364   HE LT-Drucks. 18/1396, 92.
365   Siehe *Arloth/Krä* Rdn. 1; ferner BeckOK-StVollzG/*Knauss* Rdn. 2.

lage, wonach der im freien Beschäftigungsverhältnis tätige Freigänger zwar die Beiträge zur Krankenversicherung zu zahlen hatte, deren Leistungen aber nicht beanspruchen konnte.[366]

Da ein Gefangener, der im Rahmen eines freien Beschäftigungsverhältnisses nach **BW** § 45 Abs. 1 III, **BY** Art. 42 Abs. 1, **BE** § 26 Abs. 1 Satz 1 Alt. 1, **BB** § 31 Abs. 1 Satz 1 Alt. 1, **HB** § 23 Abs. 1 Satz 1 Alt. 1, **HH** § 36 Abs. 1 Alt. 1, **HE** § 27 Abs. 7, **MV** § 23 Abs. 1 Satz 1 Alt. 1, **NI** § 36 Abs. 1, **NW** § 31 Abs. 1, **RP** § 30 Abs. 1 Satz 1 Alt. 1, **SL** § 23 Abs. 1 Satz 1 Alt. 1, **SN** § 23 Abs. 1 Satz 1 Alt. 1, **ST** § 30 Abs. 1 Satz 1 Alt. 1, **SH** § 36 Abs. 1 Satz 1 Alt. 1, **TH** § 30 Abs. 1 Satz 1 Alt. 1einer Tätigkeit nachgeht, Gehalt bzw. Lohn in der vertraglich vereinbarten Höhe und nicht lediglich eine Vergütung nach **BW** § 49 III, **BY** Art. 46, **BE** §§ 61 bis 63, **BB** § 66, **HB** § 55, **HH** §§ 40, 41 Abs. 3, **HE** §§ 38, 39, **MV** § 55, **NI** § 40, **NW** §§ 32, 34, **RP** § 65, **SL** § 55, **SN** § 55, **ST** § 64, **SH** §§ 37, 38, 40, **TH** §§ 32, 66 erhält, hat er auch die entsprechenden Sozial- und Krankenversicherungsbeiträge zu zahlen. Dementsprechend erfolgt die ärztliche Behandlung nunmehr durch freie, bei der zuständigen Krankenkasse zugelassene Ärzte. Die Kosten übernimmt diejenige Krankenkasse, in der der Gefangene Mitglied ist.

Eine Behandlung durch den Anstaltsarzt erfolgt nur in akuten Notfällen bzw. bei Lebensgefahr.[367] Im Übrigen wird aber der Anstaltsarzt diese Gefangenen, wenn sie sich an ihn wenden, abweisen und ihnen empfehlen, im Wege des Ausgangs einen Arzt außerhalb der Anstalt aufzusuchen.

VIII. Verlegung

Baden-Württemberg	BW § 34 III JVollzGB;
Bayern	BY Art. 67 BayStVollzG;
Berlin	BE § 76 StVollzG Bln;
Brandenburg	BB § 75 Abs. 1 BbgJVollzG;
Bremen	HB § 64 Abs. 1 BremStVollG;
Hamburg	HH § 63 HmbStVollzG;
Hessen	HE § 24 Abs. 4 HStVollzG;
Mecklenburg-Vorpommern	MV § 63 Abs. 1, 2 StVollzG M-V;
Niedersachsen	NI § 63 NJVollzG;
Nordrhein-Westfalen	NW § 46 StVollzG NRW;
Rheinland-Pfalz	RP § 73 Abs. 1, 2 LJVollzG;
Saarland	SL § 63 Abs. 1, 2 SLStVollzG;
Sachsen	SN § 64 Abs. 1, 2 SächsStVollzG;
Sachsen-Anhalt	ST § 74 Abs. 1, 2 JVollzGB LSA;
Schleswig-Holstein	SH § 80 Abs. 1, 2 LStVollzG SH;
Thüringen	TH § 74 Abs. 1, 2 ThürJVollzGB

1. Allgemeine Hinweise. Die Vorschriften **BW** § 34 III, **BY** Art. 67, **BE** § 76, **BB** § 75 Abs. 1, **HB** § 64 Abs. 1, **HH** § 63, **HE** § 24 Abs. 4, **MV** § 63 Abs. 1, 2; **NI** § 63, **NW** § 46, **RP** § 73 Abs. 1, 2; **SL** § 63 Abs. 1, 2; **SN** § 64 Abs. 1, 2; **ST** § 74 Abs. 1, 2; **SH** § 80 Abs. 1, 2; **TH** § 74 Abs. 1, 2 bestimmen als **Rechtsgrundlage** für die Verlegung kranker Gefangener, dass diese in vollzugliche Einrichtungen gelangen, die für ihre medizinische Behand-

---

366 Siehe BSG NStZ 1987, 381; vgl. auch *Tolzmann* ZfStrVo 1985, 351.
367 *Arloth/Krä* 2017 Rdn. 1.

lung und Heilung geeignet erscheinen. Die Regelungen umfassen hier sowohl die dauerhafte Verlegung unter Abweichung vom Vollstreckungsplan (2 D 1, 4 ff), wenn bspw. der Gefangene der ständigen Pflege und Behandlung in einem Vollzugskrankenhaus bedarf, als auch die kurzfristige Überstellung (2 D 15), z.B. für einen operativen Eingriff oder eine intensive Untersuchung, auf welche alsbald die Rückkehr in die nach dem Vollstreckungsplan zuständige Anstalt erfolgt.[368] Letztgenannte Konstellationen machen dabei den Hauptanteil in der Praxis aus.[369]

59   Die Verlegung bzw. Überstellung aus Krankheitsgründen basiert allein auf medizinischen Überlegungen. Sie steht in Zusammenhang mit der Regelung des § 455 Abs. 4 StPO, der die Möglichkeit einer Strafunterbrechung normiert.[370] Eine **Vollzugsuntauglichkeit** i.S.d. § 455 Abs. 4 StPO stellt allerdings gegenüber dem von **BW** § 34 III, **BY** Art. 67, **BE** § 76, **BB** § 75 Abs. 1, **HB** § 64 Abs. 1, **HH** § 63, **HE** § 24 Abs. 4, **MV** § 63 Abs. 1, 2; **NI** § 63, **NW** § 46, **RP** § 73 Abs. 1, 2; **SL** § 63 Abs. 1, 2; **SN** § 64 Abs. 1, 2; **ST** § 74 Abs. 1, 2; **SH** § 80 Abs. 1, 2; **TH** § 74 Abs. 1, 2 in Bezug genommenen Krankheitszustand erhöhte Anforderungen. Allein aufgrund einer Krankheit unterbrochen wird somit nicht notwendigerweise die Strafvollstreckung, sondern allenfalls der Aufenthalt in der betreffenden Vollzugseinrichtung. Die Dauer des Krankenhausaufenthaltes wird in diesen Fällen auf die Strafzeit angerechnet, der Gefangenenstatus bleibt bei allen Maßnahmen bestehen. Sofern es aber zu einer Vollstreckungsunterbrechung kommt, hat dies Einfluss auf die Kostentragungspflicht, die dann aufgrund der mit der Vollstreckungsunterbrechung verbundenen Statusänderung des Betreffenden nicht mehr bei der Justizvollzugsanstalt liegt. Eine Übernahme der Kosten durch die Vollzugsbehörde erschiene dann sachwidrig.[371] **BB** § 75 Abs. 2, **HB** § 64 Abs. 2, **HH** § 63 Abs. 3, **MV** § 63 Abs. 2, **RP** § 73 Abs. 2, **SL** § 63 Abs. 2, **SN** § 64 Abs. 2, **ST** § 74 Abs. 2, **SH** § 80 Abs. 2, **TH** § 74 Abs. 2 normieren ausdrücklich den Ausschluss der Kostenübernahme durch das Land ab dem Zeitpunkt der Vollzugsunterbrechung.

60   Eine Verlegung kommt vor allem dann in Betracht, wenn die Möglichkeiten, einen erkrankten Gefangenen in der für ihn nach dem Vollstreckungsplan zuständigen Justizvollzugsanstalt zu beobachten und zu behandeln, nicht ausreichen und ambulante Behandlungsmaßnahmen, etwa im Wege von Ausführungen, ausscheiden. Dies gründet sich auf die normierte Verpflichtung der Vollzugsbehörde, einen erkrankten Gefangenen ausreichend und angemessen nach den Regeln der ärztlichen Kunst behandeln zu lassen (dazu 6 D und 6 F 1.).

61   **BW** § 34 III, **BY** Art. 67, **BE** § 76, **BB** § 75 Abs. 1, **HB** § 64 Abs. 1, **HH** § 63, **HE** § 24 Abs. 4, **MV** § 63 Abs. 1, 2; **NI** § 63, **NW** § 46, **RP** § 73 Abs. 1, 2; **SL** § 63 Abs. 1, 2; **SN** § 64 Abs. 1, 2; **ST** § 74 Abs. 1, 2; **SH** § 80 Abs. 1, 2; **TH** § 74 Abs. 1, 2 betreffen sowohl die **Krankenbehandlung** als auch die **Heilbehandlung**.[372] Die Heilbehandlung umfasst auch die sog. Anschlussheilbehandlung nach überstandener Erkrankung zur psychischen und physischen Bewältigung der gesundheitlich eingeschränkten Lebensperspektive. Sie ist nicht mit einer „Kurbehandlung" gleichzusetzen, die nur dem Gesundheitszustand eines Menschen ohne aktuellem Krankheitsbefund dient. Die Unterbringung zum Zweck der Behandlung psychischer oder psychiatrischer Erkrankungen ist ausschließlich aus the-

---

368 *Laubenthal/Nestler/Neubacher/Verrel* 2015 H Rdn. 94; siehe aber *Arloth/Krä* 2017 Rdn. 1, der die vorübergehende Verbringung Gefangener als Maßnahme sui generis ansieht, wobei i.E. allerdings gleichwohl § 65 Anwendung findet. Siehe auch AK-*Lesting* Teil II § 63 Rdn. 12 ff.
369 *Arloth/Krä* 2017 Rdn. 1.
370 *Laubenthal/Nestler* 2011, Rdn. 68, 97, 220.
371 Vgl. **HH** LT-Drucks. 18/6490, 45.
372 OLG Frankfurt NStZ 1987, 359 *F*.

rapeutischen Gesichtspunkten heraus möglich. Da die Vorschriften ausschließlich medizinische Interessen im Blick haben, begründen sie grds. keinen Anspruch auf Verlegung in eine psychiatrische Klinik, wenn dies nur dazu dient, eine aus Gründen der Resozialisierung angezeigte sozialtherapeutische Behandlung zu verwirklichen.[373] Eine scharfe Trennung beider Konstellationen wird indes kaum möglich sein. Häufig werden sowohl medizinische als auch resozialisierungsbezogene Gründe kumulativ vorliegen, weshalb i.d.R. auch die Verlegung in eine psychiatrische Klinik auf die Regelungen gestützt werden kann.[374] Die Überstellung eines Gefangenen zur Vorbereitung eines psychiatrischen Gutachtens in eine psychiatrische Klinik bedarf hingegen einer anderen Rechtsgrundlage.[375]

2. Erläuterungen

a) **Verlegungsgrundlagen und Verlegungsentscheidung.** Ob eine Verlegung in ein Anstaltskrankenhaus oder in eine für seine Pflege besser geeignete Vollzugsanstalt erforderlich ist, richtet sich nach **Ausmaß und Schwere des Krankheitsbildes**. Einzig ST § 74 Abs. 1 Satz 1 knüpft die Überstellung bzw. Verlegung nicht an das Kriterium der Erforderlichkeit, sondern stellt sie vollends in das Ermessen der Behörde. Allein, dass der Gefangene selbst, eine solche Verlegung in ein Anstaltskrankenhaus verlangt, ohne dass dies unter medizinischen Gesichtspunkten indiziert wäre, begründet kein diesbezügliches subjektives Recht.[376] Die Entscheidung für eine Verlegung oder eine externe Behandlung trifft die Anstaltsleitung, die dabei i.d.R. auf das fachliche Urteil des Anstaltsarztes zurückgreifen wird. 62

Der Anstaltsarzt orientiert seine Bewertung allein an den Regeln der ärztlichen Kunst. Für die Entscheidung steht der Justizvollzugsanstalt ein **Ermessensspielraum** zu, der sich einer Kontrolle von außen weitgehend entzieht.[377] Die Entscheidung muss aber vor allem im Hinblick auf sachgerechte medizinische Erwägungen nachvollziehbar sein.[378] Ein Ermessensspielraum verbleibt infolge einer Ermessensreduzierung auf Null nicht, wenn jede andere Entscheidung als eine Verlegung in ein Krankenhaus außerhalb des Vollzugs medizinisch unvertretbar ist.[379] Dem Inhaftierten steht zwar kein Anspruch auf Verlegung zu; er hat aber einen **Anspruch auf eine medizinisch-sachgemäße Ermessensentscheidung**. 63

Unterbleibt die Verlegung in ein Krankenhaus außerhalb des Vollzugs, obwohl die erforderliche medizinische Versorgung in der Vollzugsanstalt nicht gewährleistet ist, so kann der Inhaftierte dies mit einem Antrag auf gerichtliche Entscheidung geltend machen. Sofern aufgrund der Nichtverlegung ein gesundheitlicher Nachteil eintritt, kann dem Gefangenen darüber hinaus ein Anspruch auf Schadensersatz zustehen.[380] Da aber auch sachgerechte therapeutische Angebote eine konstruktive Mitarbeit des inhaftierten Patienten erfordern, wird der Nachweis einer Kausalität der Nichtverlegung für den entstandenen Schaden häufig schwer zu führen sein. 64

---

373 Vgl. aber BVerfG NStZ 1996, 614 zur psychiatrischen Langzeittherapie bei lebenslanger Freiheitsstrafe.
374 Noch weitergehend *Arloth/Krä* 2017 Rdn. 6.
375 Amtshilfe, OLG Celle NStZ 1991, 598f mit abl. Anm. *Wohlers* NStZ 1992, 347f, der einen Gerichtsbeschluss nach § 81 StPO für erforderlich hält.
376 *Laubenthal/Nestler/Neubacher/Verrel* 2015 H Rdn. 97.
377 KG StV 1988, 539.
378 OLG Koblenz Beschl. v. 11.5.1983 – 2 Vollz [Ws] 28/83.
379 OLG Frankfurt NStZ 1987, 359f.
380 BGH BlStV 4/5/1994, 8ff, 10, 11.

6. Kapitel. Grundversorgung und Gesundheitsfürsorge

65 **a) Behandlung innerhalb des Vollzugs.** Nach **BW** § 34 Abs. 1 III, **BY** Art. 67 Abs. 1, **BE** § 76 Abs. 1, **BB** § 75 Abs. 1, **HB** § 64 Abs. 1, **HH** § 63, **HE** § 24 Abs. 4, **MV** § 63 Abs. 1, **NI** § 63, **NW** § 46, **RP** § 73 Abs. 1, **SL** § 63 Abs. 1, **SN** § 64 Abs. 1, **ST** § 74 Abs. 1, **SH** § 80 Abs. 1, **TH** § 74 Abs. 1kann ein kranker Gefangener in ein Anstaltskrankenhaus oder in eine für die Behandlung seiner Krankheit besser geeignete Vollzugsanstalt verlegt werden. Dies setzt voraus, dass die Krankheit überhaupt **behandelbar** ist und im Vollzug geeignete Einrichtungen vorhanden sind. Verfügt der Vollzug über geeignete Einrichtungen, so hat die vollzugsinterne Behandlung **Vorrang** gegenüber der Behandlung in einem externen Krankenhaus.[381] **BB** § 75 Abs. 1 Satz 1, **HB** § 64 Abs. 1, **MV** § 63 Abs. 1, **RP** § 73 Abs. 1 Satz 1, **SL** § 63 Abs. 1, **SN** § 64 Abs. 1, **ST** § 74 Abs. 1 Satz 1, **TH** § 74 Abs. 1 Satz 1 normieren dabei ausdrücklich den Grundsatz, dass Diagnostik, Behandlung und Versorgung grds. in der Anstalt stattfinden, lässt jedoch eine Verlegung in eine andere Anstalt sowie medizinische Maßnahmen außerhalb des Vollzugs zu, sofern es für diese Zwecke erforderlich ist. Genügen allerdings die vollzugsinternen Diagnose- und Therapiemöglichkeiten nicht, so steht dem Gefangenen ein verfassungsrechtlich verankerter Rechtsanspruch auf vollzugsexterne Krankenbehandlung zu.[382]

66 Da geeignete **Anstaltskrankenhäuser**, die den jeweiligen medizinischen Anforderungen entsprechen, nicht flächendeckend vorhanden sind, wird eine Verlegung dorthin auch nur ausnahmsweise in Betracht kommen.[383] Häufiger kommt aber eine Rückverlegung in ein solches Anstaltskrankenhaus zur Fortführung einer extramural begonnenen Krankenbehandlung in Betracht. Darüber hinaus regelt die baden-württembergische Vorschrift in **BW** § 34 Abs. 2 Satz 2 III, dass eine möglichst rasche Rückverlegung in ein Justizvollzugskrankenhaus oder eine Justizvollzugsanstalt anzustreben ist. Hierdurch begegnet das Gesetz bestehenden Kosten- und Sicherheitsrisiken. Die Motive des baden-württembergischen Gesetzgebers lassen den Grund für die Abweichung jedoch nicht erkennen.[384]

67 Eine Verlegung in eine andere Vollzugsanstalt ist denkbar, wenn sich der medizinische Bedarf des Gefangenen vor allem auf eine besondere z.B. behindertengerechte Ausstattung richtet. Für Nordrhein-Westfalen findet sich in **NW** § 46 Abs. 1 Satz 2 eine zusätzliche Regelung für die Unterbringung pflegebedürftiger Gefangener. Darüber hinaus enthält **BE** § 76 Abs. 3 eine Regelung über die Verlegung Schwangerer zur Entbindung.

68 Lehnt der Gefangene die Verlegung in ein Vollzugskrankenhaus ab, so beruht dies häufig auf Realängsten oder fehlendem Vertrauen in die Fähigkeiten des Justizkrankenhauses. Zudem verbinden Inhaftierte mit einem solchen Verhalten oftmals die Hoffnung, durch Verweigerung der Behandlung im Vollzugskrankenhaus stattdessen in eine freie Krankeneinrichtung zu gelangen oder beabsichtigen durch eine Verweigerung der Behandlung einen Zustand der Vollzugsuntauglichkeit herbeizuführen. Von Seiten des Anstaltsarztes erfordert eine Behandlungs- bzw. Verlegungsverweigerung eine entsprechende Aufklärung über die Situation und die möglichen Gefahren des Verhaltens sowie deren Dokumentation, die den üblichen Anforderungen genügen muss.[385] Die Gründe für die Verweigerung der Verlegung sind von der Anstaltsleitung bei der Entscheidung im Rahmen der Ermessensausübung zu berücksichtigen.

---

381 In diese Richtung auch AK-*Lesting* Teil II § 63 Rdn. 17.
382 Siehe auch oben Rdn. 6; AK-*Lesting* Teil II § 63 Rdn. 17; *Arloth/Krä* 2017 Rdn. 10.
383 AK-*Lesting* Teil II § 63 Rdn. 15.
384 **BW** LT-Drucks. 14/5012, 221.
385 Vgl. *Boetticher* in: Hillenkamp/Tag [Hrsg.], 2005, 61 ff; *Lehmann* in: Keppler/Stöver [Hrsg.], 2009, 272 ff.

69 Ist die Verlegung des erkrankten Gefangenen in ein Vollzugskrankenhaus bereits erfolgt, und verweigert der Gefangene danach seine Behandlung oder stört die Krankenhausordnung nachhaltig, kann eine **vorzeitige Rückverlegung** in seine zuständige Vollzugsanstalt erfolgen, ohne dass eine befriedigende Wiederherstellung der Gesundheit stattgefunden hat. Tritt dann eine erneute oder weitere Verschlechterung des Gesundheitszustandes ein, ist zu erwägen, ob der Gefangene trotz Behandlungs- bzw. Verlegungsverweigerung im Justizvollzugskrankenhaus gleichwohl erneut dorthin verlegt werden kann.

70 Die Verlegung eines Gefangenen in eine für seine Behandlung **besser geeignete Vollzugsanstalt** kommt z.B. bei Bestehen einer chronischen Erkrankung in Betracht. Der Gefangene kann aus einer Anstalt des geschlossenen Vollzugs in eine andere Vollzugsanstalt verlegt werden, wenn diese über eine besondere Krankeneinrichtung verfügt, die zur Pflege und Behandlung des Gefangenen besser geeignet ist.[386] Auch eine Rückverlegung aus dem offenen Vollzug in eine Anstalt des geschlossenen Vollzugs mag notwendig werden, wenn ärztliche Betreuung durch die mangelnde Präsenz eines hauptamtlichen Anstaltsarztes dort nicht gegeben ist, sich im Fall des betroffenen Gefangenen aber als notwendig erweist. Demgegenüber lässt sich bspw. im offenen Vollzug eine Dauerhospitalisierung vermeiden.

71 **c) Behandlung außerhalb des Vollzugs.** Sofern die klinische Versorgung innerhalb des Vollzugs nicht gewährleistet werden kann, hat diese in einem externen Krankenhaus stattzufinden, **BW** § 34 Abs. 2 Satz 1 III, **BY** Art. 67 Abs. 2, **BE** § 76 Abs. 2, **BB** § 75 Abs. 1 Satz 1, **HB** § 64 Abs. 1, **HH** § 63 Abs. 2, **HE** § 24 Abs. 4 Satz 2, **MV** § 63 Abs. 1, **NI** § 63 Abs. 2, **NW** § 46 Abs. 2, **RP** § 73 Abs. 1 Satz 1, **SL** § 63 Abs. 1, **SN** § 64 Abs. 1, **ST** § 74 Abs. 1 Satz 1, **SH** § 80 Abs. 1 Satz 2, **TH** § 74 Abs. 1 Satz 1. Voraussetzung hierfür ist, dass entweder eine Verlegung des Gefangenen in ein Anstaltskrankenhaus oder eine andere geeignete Vollzugseinrichtung nicht rechtzeitig möglich ist, oder dass vollzugliche Einrichtungen die notwendige Behandlung überhaupt nicht erbringen können. Externe Krankenhäuser i.d.S. sind sämtliche Kliniken, insbesondere Fachkliniken oder solche mit speziellen Abteilungen für die jeweils vorliegende Krankheit.

72 VV zu § 65 StVollzG enthalten Vorgaben in Bezug auf **Sicherheitserwägungen**, die sich aus der Verlegung eines z.B. fluchtgefährdeten Gefangenen in ein freies Krankenhaus außerhalb des Vollzuges ergeben. Die Überwachung des Patienten ist dort i.d.R. mit einem nicht unerheblichen Aufwand verbunden. VV Abs. 1 Satz 1 zu § 65 bestimmt, dass eine Bewachung durch Vollzugsbedienstete nur dann erforderlich ist, wenn eine Flucht aufgrund der Persönlichkeit des Gefangenen oder der besonderen Umstände zu befürchten ist. Die Vorschrift nahm dabei im Interesse der Sicherheit des Gefangenen ein Restrisiko in Kauf.[387] Wie sich aus VV Abs. 1 Satz 2 zu § 65 ergibt, ist selbst ein völliger Verzicht auf Überwachungsmaßnahmen im Interesse der Behandlung möglich.

73 Die **Überwachung** des in einem externen Krankenhaus untergebrachten Gefangenen gestaltet sich problematisch. Vollzugspersonal in unmittelbarer Nähe zum Krankenbett oder vor der Sichtscheibe eines Krankenzimmers wird i.d.R. einen negativen psychologischen Effekt auf den Erkrankten sowie ggf. auf andere Patienten oder das Medizinalpersonal haben. Dies gilt insbesondere, wenn neben der Bewachung noch zusätzliche Sicherungsmaßnahmen wie bspw. eine Fesselung angeordnet sind. Bei Überwachungsmaßnahmen ist darauf zu achten, dass der Krankenhausbetrieb i.Ü. nicht

---

386 Vgl. AK-*Lesting* Teil II § 63 Rdn. 15.
387 AK-*Lesting* Teil II § 63 Rdn. 20.

beeinträchtigt wird. Wegen des mit der Überwachung verbundenen erhöhten Personalaufwands erscheint eine Korrespondenz zwischen Anstaltsarzt und behandelndem Arzt sinnvoll, um den frühestmöglichen Zeitpunkt für eine Rückverlegung zu ermitteln und die entsprechende erforderliche Nachbehandlung festzulegen.

74   Für den Gefangenen ist die Verlegung in eine andere Anstalt oder in ein externes Krankenhaus mit einem Ortswechsel verbunden, der gelegentlich – vor allem bei Verlegungen in ein Krankenhaus außerhalb des Vollzugs – für diesen sogar ein erwünschtes Ereignis darstellt. Mitunter drängen Gefangene aber auch auf schnelle Rückverlegung aus einem öffentlichen Krankenhaus in die Justizvollzugsanstalt. Gründe hierfür sind z.B. die sehr viel stärkeren Restriktionen beim Rauchen, das im Krankenhaus zumal bei Bettlägerigkeit und/oder mit Bewachung kaum noch möglich ist.

75   In Fällen schwerer, akuter Erkrankung ist nicht nur über die Verlegung des Erkrankten in ein Krankenhaus an sich zu entscheiden, sondern auch über seine Transportfähigkeit. Mangelt es daran, so ist auch eine Einweisung in ein Krankenhaus des Vollzuges nur dann möglich, wenn sich Krankenhaus und JVA in unmittelbarer Ortsnähe befinden.

76   Auch bei der Verlegung eines psychiatrisch erkrankten Gefangenen, der an einer ernsthaften geistigen Störung leidet, können sich Besonderheiten im Ablauf ergeben. Problemlos gestaltet sich die Verlegung dann, wenn das betreffende Bundesland über eine vollzugseigene **psychiatrische Krankenhauseinrichtung** verfügt. Dies ist jedoch nicht immer der Fall, obwohl zunehmend psychiatrische Abteilungen innerhalb des Justizvollzuges entstehen.[388] Die Verlegung eines derart Erkrankten stößt bei den öffentlichen psychiatrischen Krankenhäusern oft auf massive Sicherheitsbedenken, da nicht alle Einrichtungen über hinreichende Sicherungen verfügen, um eine Flucht des Gefangenen auszuschließen. Liegt eine Geisteskrankheit vor und stellt der Erkrankte eine Gefahr für sich und/oder die Allgemeinheit dar, so ist dies bei der Verlegungsentscheidung zu berücksichtigen.

G. Aufenthalt im Freien

Baden-Württemberg	BW § 32 III JVollzGB;
Bayern	BY Art. 66 BayStVollzG;
Berlin	BE § 73 Abs. 2 StVollzG Bln;
Brandenburg	BB § 77 Abs. 2 BbgJVollzG;
Bremen	HB § 66 Abs. 2 BremStVollG;
Hamburg	HH § 62 HmbStVollzG;
Hessen	HE § 23 Abs. 3 HStVollzG;
Mecklenburg-Vorpommern	MV § 65 Abs. 2 StVollzG M-V;
Niedersachsen	NI § 62 NJVollzG;
Nordrhein-Westfalen	NW § 43 Abs. 2 StVollzG NRW;
Rheinland-Pfalz	RP § 75 Abs. 2 LJVollzG;
Saarland	SL § 65 Abs. 2 SLStVollzG;
Sachsen	SN § 66 Abs. 2 SächsStVollzG;
Sachsen-Anhalt	ST § 76 Abs. 2 JVollzGB LSA;
Schleswig-Holstein	SH § 84 LStVollzG SH;
Thüringen	TH § 76 Abs. 2 ThürJVollzGB

---

388   Zu dieser Entwicklung vgl. *Foerster* in: Hillenkamp/Tag [Hrsg.], 2005, 143 ff; *Bisson* in: Hillenkamp/Tag [Hrsg.], 2005, 159 ff; zur allgemeinen psychiatrischen Betreuung im Justizvollzug s. *Konrad* in: Keppler/Stöver [Hrsg.], 2009, 208 ff; *Witzel* in: Keppler/Stöver [Hrsg.], 2009, 223 ff.

G. Aufenthalt im Freien

Übersicht

I. Allgemeine Hinweise —— 1 | II. Erläuterungen —— 2–7

I. Allgemeine Hinweise

Vorschriften **BW** § 32 III, **BY** Art. 66, **BE** § 73 Abs. 2, **BB** § 77 Abs. 2, **HB** § 66 Abs. 2, **HH** § 62, **HE** § 23 Abs. 3, **MV** § 65 Abs. 2, **NI** § 62, **NW** § 43 Abs. 2, **RP** § 75 Abs. 2, **SL** § 65 Abs. 2, **SN** § 66 Abs. 2, **ST** § 76 Abs. 2, **SH** § 84, **TH** § 76 Abs. 2 regeln den Anspruch des Gefangenen auf Aufenthalt im Freien. § 64 StVollzG ermöglichte dem Gefangenen mindestens eine Stunde Aufenthalt im Freien, sofern dieser nicht ohnehin im Freien arbeitet. Dieser Regelung entsprechen vollumfänglich **BY** Art. 66 und **NI** § 62. Keinen ausdrücklichen Bezug auf die Arbeit des Gefangenen im Freien nehmen **BW** § 32 III, **BE** § 73 Abs. 2, **BB** § 77 Abs. 2, **HB** § 66 Abs. 2, **HH** § 62, **HE** § 23 Abs. 3, **MV** § 65 Abs. 2, **NW** § 43 Abs. 2, **RP** § 75 Abs. 2, **SL** § 65 Abs. 2, **SN** § 66 Abs. 2, **ST** § 76 Abs. 2, **SH** § 84, **TH** § 76 Abs. 2. § 64 StVollzG galt nur, sofern die Witterung den Aufenthalt im Freien zur festgesetzten Zeit zuließ. **BB** § 77 Abs. 2, **BE** § 73 Abs. 2, **HB** § 66 Abs. 2, **MV** § 65 Abs. 2, **RP** § 75 Abs. 2, **SL** § 65 Abs. 2, **SN** § 66 Abs. 2, **ST** § 76 Abs. 2, **TH** § 76 Abs. 2 enthalten keine Einschränkung mit Blick auf die Witterung. **BW** § 32 Abs. 3 III, **HE** § 23 Abs. 3, **NW** § 43 Abs. 2 verlangen anders als die bundesrechtliche Vorschrift allerdings ein zwingendes Entgegenstehen der Witterung und normieren somit eine erhöhte Voraussetzung für den Ausschluss des Anspruchs. Nach **HH** § 62 kommt es für den Ausschluss des Anspruchs darauf an, ob die Witterung den Aufenthalt im Freien gerade zu der von der Anstaltsleitung festgesetzten Zeit zulässt. Der Anwendungsbereich des witterungsbedingten Ausschlusses in **HH** § 62 ist somit kleiner als derjenige nach der bundesrechtlichen Vorschrift. Zusätzlich stellt **BE** § 73 Abs. 2 Satz 2 klar, dass die Entziehung des Aufenthalts im Freien als besondere Sicherungsmaßnahme zulässig bleibt. Bei allen landesgesetzlichen Regelungen handelt es sich um eine präventive Maßnahme der allgemeinen Gesundheitsfürsorge.[389]

II. Erläuterungen

Der Zeitraum von einer Stunde, den alle Länder in ihren Regelungen vorsehen, ist als **Mindestangabe** zu verstehen; Überschreitungen sind stets zulässig und überdies – sofern personalorganisatorisch machbar – anzustreben.[390] Die elementare Bedeutung des Aufenthalts im Freien zeigt sich zum einen daran, dass ein solches Recht des Gefangenen bereits früh in den einschlägigen Regelungswerken enthalten war, so bspw. in § 31 RStGB.[391] Zum anderen verdeutlicht dies die Vorgabe des CPT, die Disziplinarmaßnahme der sog. Hofgangsperre (§ 103 Abs. 1 Nr. 6 a.F.) ersatzlos zu streichen.[392]

Den Gefangenen steht dem entsprechend ein **Recht auf Aufenthalt im Freien** zu, eine Verpflichtung hieran teilzunehmen, besteht demgegenüber nicht.[393] Verweigert der Gefangene die Teilnahme, so besteht aufgrund des Behandlungsauftrags ein Obligat der Vollzugsbehörde, den Betreffenden zur Teilnahme zu motivieren.[394] Dies verlangen bereits die positiven Effekte auch für die Resozialisierung, die mit dem Aufenthalt im Freien verbunden sind. Regelmäßige Bewegungen im Freien führen neben anderen positiven medizinischen Effekten zu physiologischer Ermüdung und bringen Entspannung sowie

---

[389] AK-*Lesting* Teil II § 65 Rdn. 22.
[390] Siehe auch AK-*Lesting* Teil II § 65 Rdn. 1; *Arloth/Krä* Rdn. 24; BeckOK-StVollzG/*Knauss* Rdn. 2.
[391] Vgl. *Leppmann* 1909, 13.
[392] Dazu AK-*Lesting* Teil II § 65 Rdn. 23.
[393] BeckOK-StVollzG/*Knauss* Rdn. 5.
[394] BeckOK-StVollzG/*Knauss* Rdn. 5.

Beruhigung des vegetativen Nervensystems mit sich. In vielen Fällen tritt eine Beruhigung der Psyche ein, was sich wiederum positiv auf das Verhalten des Gefangenen gegenüber Mitinhaftierten auswirken kann.

4   In **BW** § 32 Abs. 3 III, **HE** § 23 Abs. 3, **NW** § 43 Abs. 2, **HH** § 62 besteht der Anspruch auf Aufenthalt im Freien lediglich, soweit die **Witterung** dem nicht zwingend entgegen steht bzw. dies zu der festgesetzten Zeit zulässt. Witterungszustände, die einem Aufenthalt im Freien entgegenstehen, müssen allerdings eine gewisse Erheblichkeit erreichen. Prinzipiell ist somit Aufenthalt im Freien bei jeder Witterung ggf. mit ausreichender Schlechtwetterkleidung anzustreben.[395] Grundsätzlich sollten die Gefangenen wegen der großen Bedeutung der Bewegung im Freien für ihre Gesundheit stärker motiviert werden, an der täglichen Freistunde teilzunehmen. Dies folgt bereits aus der allgemeinen Fürsorgepflicht der Anstalt, für die körperliche und geistige Gesundheit der Gefangenen zu sorgen, als Hintergrund der Freistunde.[396] Ein Anspruch auf Durchführung des Hofgangs gerade zu einer bestimmten Tageszeit besteht nicht.

5   Der Gefangene ist zur Teilnahme am Aufenthalt im Freien nicht verpflichtet, es handelt sich für ihn vielmehr um ein Angebot der Vollzugsbehörde, von dem er Gebrauch machen kann, aber nicht muss (siehe Rdn. 3). Tatsächlich nimmt eine nicht geringe Anzahl Inhaftierter nur unregelmäßig am Aufenthalt im Freien teil. Ursächlich hierfür mögen Haftreaktionen bei aktuellen persönlichen Konflikten, Deprivationserscheinungen, Versagenszustände seelischer Art in Form von Neurosen oder regressive Zustände sein,[397] die der Beobachtung bedürfen. Ebenso häufig verbleiben die Gefangenen aber auch aus Bequemlichkeit, Faulheit, Angst vor Übergriffen[398] oder um Geschäfte abzuwickeln auf ihren Hafträumen.

6   **BW** § 32 III, **BY** Art. 66, **BE** § 73 Abs. 2, **BB** § 77 Abs. 2, **HB** § 66 Abs. 2, **HH** § 62, **HE** § 23 Abs. 3, **MV** § 65 Abs. 2, **NI** § 62, **NW** § 43 Abs. 2, **RP** § 75 Abs. 2, **SL** § 65 Abs. 2, **SN** § 66 Abs. 2, **ST** § 76 Abs. 2, **SH** § 84, **TH** § 76 Abs. 2 enthalten eine **Mindestgarantie**.[399] Selbst bei nur geringfügiger Verkürzung hat der Gefangene in angemessener Frist einen Anspruch auf Nachgewährung der entfallenen Zeit.[400] Lediglich, sofern die Freistunde durch eine zeitgleich stattfindende ärztliche Untersuchung verkürzt wird, entfällt die Notwendigkeit einer Nachholung, da es sich dabei ebenfalls um eine notwendige Maßnahme des Gesundheitsschutzes handelt.

7   Aus personalorganisatorischen Gründen können am Wochenende Aufenthalt im Freien und **Sportstunde** zeitlich zusammenfallen.[401] Möglich ist jedoch zur Erhaltung der Gesundheit für den Gefangenen die Anordnung einer über die festgesetzte Zeit von einer Stunde hinausgehenden zweiten „Freistunde". Deren Durchführbarkeit hängt allerdings von Personalsituation und Witterung ab. Für besondere Tätigkeitsbereiche (z.B. Küchenarbeiter) muss die Behörde auch bei organisatorischen Schwierigkeiten zusätzliche Termine zur Verfügung stellen.

---

395 In diese Richtung auch AK-*Lesting* Teil II § 65 Rdn. 25; *Laubenthal/Nestler/Neubacher/Verrel* 2015 H Rdn. 92; für eine enge Auslegung auch *Arloth/Krä* Rdn. 2.
396 K/S-*Schöch* § 7 Rdn. 170.
397 Ähnlich *Arloth/Krä* Rdn. 3.
398 Krit. hierzu BeckOK-StVollzG/*Knauss* Rdn. 6.
399 Siehe auch *Arloth/Krä* Rdn. 1; *Laubenthal/Nestler/Neubacher/Verrel* 2015 H Rdn. 90.
400 KG NStZ 1984, 355 F; KG NStZ 1997, 426.
401 OLG Hamm NStZ 1994, 378; BeckOK-StVollzG/*Knauss* Rdn. 4.

H. Benachrichtigung bei Erkrankung oder Todesfall

Baden-Württemberg	BW § 39 JVollzGB III;
Bayern	BY Art. 68 BayStVollzG;
Berlin	BE § 77 StVollzG Bln;
Brandenburg	BB § 80 BbgJVollzG;
Bremen	HB § 69 BremStVollzG;
Hamburg	HE § 24 HStVollzG;
Hessen	HH § 67 HmbStVollzG;
Mecklenburg-Vorpommern	MV § 68 StVollzG M-V;
Niedersachsen	NI keine Entsprechung;
Nordrhein-Westfalen	NW § 49 StVollzG NRW;
Rheinland-Pfalz	RP § 78 LJVollzG;
Saarland	SL § 68 SLStVollzG;
Sachsen	SN § 69 SächsStVollzG;
Sachsen-Anhalt	ST § 79 JVollzGB LSA;
Schleswig-Holstein	SH § 87 LStVollzG SH;
Thüringen	TH § 79 ThürJVollzG.

Schrifttum

siehe F I.

Die Vorschriften **BW** § 39 III, **BY** Art. 68, **BE** § 77, **BB** § 80, **HB** § 69, **HE** § 24, **HH** § 67, **1**
MV § 68, **NW** § 49, **RP** § 78, **SL** § 68, **SN** § 69, **ST** § 79, **SH** § 87, **TH** § 79 tragen der allgemeinen Fürsorgepflicht der Vollzugsbehörde Rechnung, die sich auch auf die Benachrichtigung der nächsten Angehörigen, Personen des Vertrauens oder gesetzlicher Vertreter bei schwerer Erkrankung oder Todesfall des Gefangenen erstreckt. Es handelt sich hierbei um die Pflicht zur Interessenwahrnehmung für den Gefangenen, die der Gesetzgeber der Vollzugsbehörde auferlegt hat.[402] Dabei soll dem Wunsch eines Schwerkranken weitgehend entsprochen werden, wenn er auch noch die Benachrichtigung weiterer Personen eingeleitet wissen möchte. Keine derartige Entsprechung findet sich in **NI**. Dies soll laut Gesetzgeber einer Verwaltungsvorschrift vorbehalten bleiben, die darüber hinaus auch die Benachrichtigung der zuständigen Auslandsvertretung bei Tod eines ausländischen Staatsangehörigen regeln soll.[403]

Die Vorschriften **BW** § 39 III, **BY** Art. 68, **BE** § 77, **BB** § 80, **HB** § 69, **HE** § 24, **HH** § 67, **2**
MV § 68, **NW** § 49, **RP** § 78, **SL** § 68, **SN** § 69, **ST** § 79, **SH** § 87, **TH** § 79 regeln die Benachrichtigung nahestehender Personen. Zwingend erfolgt demnach die Benachrichtigung eines Angehörigen des Gefangenen, einer Person seines Vertrauens oder seines gesetzlichen Vertreters. Anlass für eine solche Benachrichtigung ist eine schwere Erkrankung des Inhaftierten. Hierzu zählen somit auch Krankheiten, die nicht mit einer Lebensgefahr oder einer längeren stationären Behandlung verbunden sind. Die Vorschriften sind im Interesse des Gefangenen weit auszulegen.[404] Die Landesgesetze **BB** § 80, **RP** § 78, **ST** § 79, **TH** § 79 sehen ausdrücklich nicht nur die Benachrichtigung von Angehörigen, sondern auch von Personensorgeberechtigten vor. Darüber hinaus hat eine Benachrichtigung nahestehender Personen für den Fall des Todes eines Gefangenen zu erfolgen.

---

402 BT-Drucks. 7/918, 73.
403 **NI** LT-Drucks. 15/3565, 136.
404 AK-*Lesting* Teil II § 68 Rdn. 1.

Beim Tod eines Gefangenen wird zunächst die Aufsichtsbehörde unterrichtet (vgl. die frühere VV zu § 66 Abs. 1 StVollzG) und ggf. die Staatsanwaltschaft informiert. Der Anstaltsarzt vermerkt die Todeszeit und die mutmaßliche Todesursache.[405] Die Vollzugsanstalt nimmt sich zudem der Hinterlassenschaften des Verstorbenen an (s. VV Abs. 2). Ein solcher Todesfall im Vollzug liegt auch dann vor, wenn ein Gefangener, der ohne Strafunterbrechung in ein freies Krankenhaus verlegt wurde, dort verstorben ist. Stirbt ein ausländischer Gefangener in der Haft, so ist nach Art. 37 des Wiener Übereinkommens über konsularische Beziehungen vom 24. April 1963 (BGBl 1969/II, 1585, in Kraft für Deutschland: BGBl 1971/II, 1285) unverzüglich die konsularische Vertretung des Heimatstaates zu benachrichtigen. **HH** § 67 Abs. 3 normiert ausdrücklich, dass beim Tod ausländischer Staatsangehöriger die zuständige Auslandsvertretung zu verständigen ist.

3   Bundesgesetzlich grds. nicht geregelt war der Fall, dass der Gefangene keine Benachrichtigung wünscht. Der Gesetzgeber ging davon aus, dass in solchen Konstellationen unter Abwägung aller Gesichtspunkte des Einzelfalls, insbesondere unter Berücksichtigung des Gesundheitszustands des Inhaftierten zu prüfen ist, ob diesem Wunsch entsprochen werden kann.[406] Inzwischen existieren Bestimmungen in einigen Landesstrafvollzugsgesetzen: Die baden-württembergische Vorschrift in **BW** § 39 Abs. 1 Satz 2 III, dass dem Wunsch des Gefangenen, von einer Benachrichtigung abzusehen, zu entsprechen ist. Nach Auffassung des Landesgesetzgebers ist in einem solchen Fall abzuwägen, inwieweit etwa im Hinblick auf den Zustand des Gefangenen, ein solcher Wunsch Beachtung verdient.[407] Darüber hinaus normieren **BE** § 77 Satz 2, Satz 3, **HB** § 69 Abs. 2, dass im Fall einer schweren Erkrankung die Einwilligung des Gefangenen in die Benachrichtigung erforderlich ist. Der Gefangene muss also im Vorfeld der Benachrichtigung zustimmen. Ist dies aufgrund der Erkrankung nicht möglich, so erfolgt die Benachrichtigung, wenn diese dem mutmaßlichen Interesse der Gefangenen entspricht bzw. keine Anhaltspunkte für einen entgegenstehenden Willen vorhanden sind. Auch **NW** § 49 Abs. 1 Satz 2 normiert, dass im Fall schwerer Erkrankung von der Benachrichtigung abgesehen werden kann, wenn dies dem ausdrücklich erklärten Willen der Gefangenen entspricht. Der Gefangene muss also ausdrücklich wiedersprechen, sofern er keine Benachrichtigung wünscht.

4   Über diese Benachrichtigungspflichten hinausgehend können weitere Personen eine entsprechende Mitteilung erhalten, sofern der Gefangene dies wünscht. Die Ausgestaltung als Soll-Vorschrift in **BW** § 39 III und **SN** § 69 bindet das Ermessen der Vollzugsbehörde dahingehend, dass eine Benachrichtigung zu erfolgen hat, sofern nicht besondere Umstände entgegenstehen.

---

405 *Arloth/Krä* § 66 StVollzG Rdn. 3; vgl. auch *Laubenthal/Nestler/Neubacher/Verrel* H Rdn. 106.
406 BT-Drucks. 7/918, 73.
407 BW LT-Drucks. 14/5012, 222 sowie 195.

7. KAPITEL
Soziale Hilfe, Entlassungsvorbereitung, nachgehende Betreuung

Empfehlungen des Europarats (Council of Europe's recommendations)[1]

- Rec. CM/Rec (2017) 3 of the Committee of Ministers to member States on the European Rules on community sanctions and measures (Alternative Sanktionen und Maßnahmen nicht-freiheitsentziehender Art);
- Rec. CM/Rec (2014)4 of the Committee of Ministers to member States on electronic monitoring (elektronische Überwachung);
- Rec. CM/Rec (2014) 3 concerning dangerous offenders (gefährliche Gefangene);
- Rec. CM/Rec (2012) 12 concerning foreign prisoners (ausländische Gefangene);
- Rec. CM/Rec (2012) 5 on the European Code of Ethics for Prison Staff; (Europäischer Verhaltenskodex für Vollzugsbedienstete);
- Rec. CM/Rec(2010)1 on the Council of Europe Probation Rules; (Grundsätze der Bewährungshilfe des Europarats);
- Rec. R (2006) 13 on the use of remand in custody, the conditions in which it takes place and the provision of safeguards against abuse (Untersuchungshaft);
- Rec. R (2006) 2 on the European Prison Rules (Europäische Strafvollzugsgrundsätze);
- Rec. R (2003) 23 on the management of life-sentence and other long-term prisoners (Behandlung der zu lebenslanger Freiheitsstrafe Verurteilten und anderen Langzeitgefangenen);
- Rec. R (2003) 22 concerning conditional release (vorzeitige bedingte Entlassung);
- Rec. (2001)1 on Social Workers (Sozialarbeiter- Empfehlung);
- Rec. R (99) 22 concerning prison overcrowding and prison population inflation (Gegensteuerung zur Überbelegung);
- Rec. R (98) 7 concerning the ethical and organisational aspects of health care in prison (Ethische und organisatorische Apekte der Gesundheitsfürsorge im Vollzug);
- Rec. R (97) 12 on staff concerned with the implementation of sanctions and measures (Bedienstete, die mit der Umsetzung von nicht-freiheitsentziehenden Maßnahmen beauftragt sind);
- Rec. R (93) 6 concerning prison and criminological aspects of the control of transmissible diseases including aids and related health problems in prison (Aspekte der medizinischen Versorgung bei Gefangenen mit übertragbaren Krankheiten und AIDS)
- Rec. R (92) 18 concerning the practical application of the Convention on the transfer of sentenced persons (zur Vollstreckung im Ausland);
- Rec. R (99) 19 concerning mediation in penal matters (Mediation in Strafsachen);
- Rec. R (89) 12 on education in prison (Bildung und Erziehung im Vollzug);
- R (79) 14 concerning the application of the European Convention on the supervision of conditionally sentenced or conditionally released offenders (Betreuung und Überwachung von vorzeitig Entlassenen).

---

1 *Europarat, Council of Europe*, Compendium of conventions, recommendations and resolutions relating to prisons and community sanctions and measures, Strasbourg 2017 https://rm.coe.int/compendium-of-conventions-recommendations-and-resolutions-relating-to-/168071478 und https://www.coe.int/en/web/human-rights-rule-of-law/-/guidelines-to-prevent-radicalisation-and-violent-extremism-in-prisons.

7. Kapitel. Soziale Hilfe, Entlassungsvorbereitung, nachgehende Betreuung

Richtlinien des Europarats/ Council of Europe's Guidelines

– Guidelines for prison and probation services regarding radicalisation and violent extremism (Richtlinien für Vollzug und Bewährungshilfe zu Radikalisierung und FNExtremismus)

Rahmenbeschlüsse des Europäischen Rates

– Rahmenbeschluss 2008/909/JI des Rates vom 27. November 2008 über die Anwendung des Grundsatzes der gegenseitigen Anerkennung auf Urteile in Strafsachen, durch die eine freiheitsentziehende Strafe oder Maßnahme verhängt wird, für die Zwecke ihrer Vollstreckung in der Europäischen Union, ABlEU 2008 L 327 v. 4.12.2008, S. 27–46
– Rahmenbeschluss 2009/829/JI des Rates vom 23. Oktober 2009 über die Anwendung – zwischen den Mitgliedstaaten der Europäischen Union – des Grundsatzes der gegenseitigen Anerkennung auf Entscheidungen über Überwachungsmaßnahmen als Alternative zur Untersuchungshaft, ABlEU 2009 L 294 v. 10.11.2009, S. 20–40
– Rahmenbeschluss 2008/947/JI des Rates vom 27. November 2008 über die Anwendung des Grundsatzes der gegenseitigen Anerkennung auf Urteile und Bewährungsentscheidungen im Hinblick auf die Überwachung von Bewährungsmaßnahmen und alternativen Sanktionen, ABlEU 2008 L 337 v. 15.12.2008, S. 102–122

CPT-Standards zum Europäischen Übereinkommen zur Verhütung von Folter und unmenschlicher und erniedrigender Behandlung und Strafe von 1987 (Sog. Anti-Folter Konvention)

Schrifttum

a) Zur **Entlassungsvorbereitung und zum Übergangsmanagement**:
Cornel/Kawamura-Reindl/Sonnen (Hrsg.) Handbuch der Resozialisierung, Baden-Baden, 4. Aufl. 2017; *Dünkel/ Pruin/Storgaard/Weber* (Hrsg.), Prisoner Resettlement in Europe, Abingdon/New York 2019; *Hellpap/Wechner* Übergangsmanagement vom Strafvollzug zur Nachbetreuung, in: DBH (Hrsg.): Sicherheit und Risiko, Köln 2007, 114 ff; *Kerner* Der Übergang vom Strafvollzug in die Gesellschaft: Ein klassisches Strukturproblem für die Reintegration von Strafgefangenen, in: Bremer Institut für Kriminalpolitik (Hrsg.), Quo Vadis III. Innovative Wege zur nachhaltigen Integration straffälliger Menschen – Reformmodelle in den EU-Staaten. Bremen 2003, 27 ff; *Maelicke/Suhling* (Hrsg.): Das Gefängnis auf dem Prüfstand. Zustand und Zukunft des Strafvollzugs, Wiesbaden 2018; *Maelicke/ Wein* Komplexleistung Resozialisierung. Im Verbund zum Erfolg. Baden-Baden 2016; *Matt* Integrationsplanung und Übergangsmanagement. Konzepte zu einer tragfähigen Wiedereingliederung von (Ex-)Strafgefangenen, in: FS 2007, 26 ff; *Matt/Hentschel* Entlassungsvorbereitung, Übergangsmanagement, Nachbetreuung, in: *Preusker/Maelicke/Flügge* (Hrsg.), Das Gefängnis als Risiko-Unternehmen, Baden-Baden 2010, S. 148 ff; *Matt* Übergangsmanagement und der Ausstieg aus Straffälligkeit. Wiedereingliederung als gemeinschaftliche Aufgabe. Herbolzheim 2014; *Morgenstern* Familienarbeit und Strafvollzug, in: ZfStrVo 1984, 92; *Pruin* «What works» and what else do we know? Hinweise zur Gestaltung des Übergangsmanagements aus der kriminologischen Forschung, in: *Dünkel/Jesse/ Pruin/von der Wense* (Hrsg.), Die Wiedereingliederung von Hochrisikostraftätern, Mönchengladbach 2016, 247 ff; *Roos/Weber* Übergangsmanagement- Die Entwicklung in den Ländern, in: FS 2009, 62; *Wirth* Arbeitsmarktorientierte Entlassungsvorbereitung. Ein Modellprojekt zeigt Wirkung, in: BewHi 2003, 307 ff; *ders.* Arbeitslose Haftentlassene: Multiple Problemlagen und vernetzte Wiedereingliederungshilfen, in: BewHi 2006, 137 ff; *ders.* Übergangsmanagement im Strafvollzug: Rechtliche Grundlagen und fachliche Herausforderungen, in: Case Management 2015, 60 ff; *ders.* Rückfall nach Strafvollzug: Indikator für begrenzte Wirkungen und nötige Reformen? in: FS 2017, 33 ff.

7. Kapitel. Soziale Hilfe, Entlassungsvorbereitung, nachgehende Betreuung

b) Zur **Sozialarbeit im Vollzug:** *Menges* Sozialarbeit im Strafvollzug, München 1982; *Cornel* Resozialisierung im Strafvollzug, in: Cornel u.a. (Hrsg.): Handbuch der Resozialisierung, Baden-Baden 2017, S. 310; *Kawamura-Reindl/Schneider* Soziale Arbeit im Übergang zwischen Strafvollzug und (Wieder-) Eingliederung, in: Lehrbuch Soziale Arbeit mit Straffälligen, Weinheim 2015, 282 ff.

c) Zur **Freien Straffälligenhilfe:** *Matt* Das Verbundprojekt „Chance" in Bremen: Konzeption und Praxis. Systematische Betreuung von Straffälligen mit dem Ziel der Wiedereingliederung in die Gesellschaft, in: ZfStrVo 2003, 81 ff; *ders.* Die Nachsorge im Rahmen der Wiedereingliederungspolitik. Konzepte, Erfahrungen und Praxis im Lande Bremen, in: BewHi 2008, 134 ff; *Sandmann* Status Quo und Perspektiven der Aufgabenübertragung an Freie/Private Träger im Bereich der Strafjustiz in Schleswig-Holstein, FS 2007, 224 ff;

d) Zu den **Sozialen Diensten in der Strafrechtspflege:** *Cornel/Dünkel/Pruin/Sonnen/Weber* Diskussionsentwurf für ein Landesresozialisierungsgesetz, Mönchengladbach 2015; *Grosser/Himbert* Vom Übergangsmanagement zum Integrationsmanagement, in: FS 2010, 259; *Grosser* Bewährungshilfe, in: Cornel u.a. (Hrsg.): Handbuch der Resozialisierung, Baden-Baden 2017, S 200; *Haverkamp* Das Projekt „Elektronische Fußfessel" in Frankfurt a.M., in: BewHi 2003, 164 ff; *Jehle/Sohn* (Hrsg.) Organisation und Kooperation der Sozialen Dienste in der Justiz, Wiesbaden 1994; *Jehle* Soziale Strafrechtspflege vor und nach der Jahrtausendwende, in: BewHi 2003, 37 ff; *Jesse/Kramp* Das Konzept der Integralen Straffälligenarbeit – InStar – in Mecklenburg-Vorpommern, in: FS 2008, 14 ff; *Klug* Abgeliefert, aber nicht abgeholt. Zur Frage „durchgehender Interventionsgestaltung" der Sozialen Dienste der Justiz, in: FS 2008, 9 ff; *Klug/Schaitl* Soziale Dienste der Justiz – Perspektiven aus Wissenschaft und Praxis, Mönchengladbach 2012; *Thier* Gerichtshilfe, in: Cornel u.a. (Hrsg.), Handbuch der Resozialisierung, 2017, 193 f; *Scherrer* Fortschritt statt Stillstand. Niedersachsen auf dem Weg zu einem modernen, kompetenten und zukunftsfähigen Justizsozialdienst, in: BewHi 2008, 284 ff;

e) Zur **Schuldenregulierung:** *Hasselbusch* Schuldnerberatung im Strafvollzug, in: ZfStrVo 1999, 97 ff; *Höfler* Anwendbarkeit des § 850c ZPO auf das „freie Eigengeld" des Strafgefangenen, in: ZfStrVo 1997, 207 ff; *Homann/Zimmermann* Resozialisierung und Verschuldung, in: Cornel u.a. (Hrsg.): Handbuch der Resozialisierung, Baden-Baden 2017, S.449.

f) Zum **Täter-Opfer-Ausgleich und zur opferbezogenen Gestaltung des Vollzugs:** *Gabriel/Müller/Oswald* Wiedergutmachung im Strafvollzug: Die Sicht der Inhaftierten. Ergebnisse einer Befragung im Rahmen des Modellprojektes das Kanton Bern (Schweiz), in: MschrKrim 2002, 141 ff; *Gelber/Walter, M.* Über Möglichkeiten einer opferbezogenen Vollzugsgestaltung, in: FS 2012, 171; *Jesse/Jacob/Prätor* Opferorientierung im Justizvollzug., in: *Maelicke/Suhling* 2018, 159 ff; *Kawamura* Täter-Opfer-Ausgleich und Wiedergutmachung im Strafvollzug, in: ZfStrVo 1994, 3 ff; *Kilching* Täter-Opfer-Ausgleich im Strafvollzug, Berlin 2017; *Walther* Möglichkeiten und Perspektiven einer opferbezogenen Gestaltung des Strafvollzuges, Herbolzheim 2002; *Wulf* Opferbezogene Vollzugsgestaltung – Grundzüge des Behandlungsansatzes, in: ZfStrVo 1985, 67 ff.

g) Zur **Kriminalpolitik allgemein und der Sozialen Hilfe im Kontext der Europäischen Kriminalpolitik:** *Boumaiza/Heister* Europäischer Sozialfonds als Finanzinstrument der Beschäftigungspolitik – Auch für Straffällige und Strafgefangene, in: BewHi 2010, 5 f; *Dünkel* Die Europäischen Strafvollzugsgrundsätze von 2006 und die deutsche Strafvollzugsgesetzgebung, in: FS 2012, 141; *Dünkel/ Pruin* Die bedingte/vorzeitige Entlassung aus dem Strafvollzug im europäischen Vergleich, in: *Matt* (Hrsg.), Bedingte Entlassung, Übergangsmanagement und die Wiedereingliederung von Ex-Strafgefangenen. Bremer Forschungen zur Kriminalpolitik, Berlin 2012, S. 125 ff; *Dünkel* Resozialisierung und internationale Menschenrechtsstandards, in: Cornel u.a. (Hrsg.): Handbuch der Resozialisierung, Baden-Baden 2017, S.103; *Hamdorf* Der Vertrag von Lissabon und seine Bedeutung für die Justiz, in: SchlHA 2008, 74 ff; *Heinz*, Justizvollzug und Menschenrechte. Internationale Trends zur Entwicklung des Menschenrechtschutzes über Menschen im Freiheitsentzug, in: FS 2018. 278 ff; *Kerner/Czerner* Die Empfehlungen des Europarates zum Freiheitsentzug im Kontext europäischer und internationaler Instrumentarien zum Schutz der Menschenrechte, in: Freiheitsentzug. Die Empfehlungen des Europarats 1962–2003. Hrsg. von Deutschland, Österreich und Schweiz, Bad Godesberg 2005, 1 ff; *Müller-Dietz* Europäische Perspektiven des Strafvollzugs, in: FS Schwind, Heidelberg 2006, 621 ff.

7. Kapitel. Soziale Hilfe, Entlassungsvorbereitung, nachgehende Betreuung

A. Grundsatz

Bund	§ 71 StVollzG
Baden-Württemberg	BW §§ 40 und 87 III JVollzGB
Bayern	BY Art. 74, 75, 76 BayStVollzG
Berlin	BE §§ 5, 8 und 46 StVollzG Bln
Brandenburg	BB § 11 BbgJVollzG
Bremen	HB §§ 5 und 42 BremStVollzG
Hamburg	HH §§ 4, 8, 16, 17, 18 HmbStVollzG
Hessen	HE §§ 16 und 26 HStVollzG
Mecklenburg-Vorpommern	MV §§ 5 und 42 StVollzG M-V
Niedersachsen	NI § 68 NJVollzG
Nordrhein-Westfalen	NW §§ 4, 5, 58 StVollzG NRW
Rheinland-Pfalz	RP §§ 11 und 49 LJVollzG
Saarland	SL §§ 5 und 42 SLStVollzG
Sachsen	SN §§ 5 und 42 SächsStVollzG
Sachsen-Anhalt	ST § 49 JVollzGB LSA
Schleswig-Holstein	SH §§ 20, 21, 22, 23, 24, 25, 49 LStVollzG SH
Thüringen	TH §§ 11 und 50 ThürJVollzG

Schrifttum

S. Vor. A.

Übersicht

I. Allgemeine Hinweise —— 1–6
 1. Soziale Hilfe im Wandel der kriminalpolitischen Konzepte —— 1
 2. Verfassungsrechtliche Grundlagen der Sozialen Hilfe, Entlassungsvorbereitung und nachgehenden Betreuung —— 2
 3. Funktion und Aufgaben der Sozialen Hilfe —— 3
 4. Soziale Hilfe im Rahmen des aktivierenden Behandlungsvollzugs —— 4
 5. Soziale Hilfe im Verbundsystem der Straffälligenhilfe als Übergangsmanagement —— 5
 6. Soziale Hilfe und Übergangsmanagement im europäischen Kontext —— 6

II. Erläuterungen —— 7–12
 1. Rechtsanspruch und Zielvorgabe —— 7
  a) Integrative Hilfe im Rahmen des Übergangsmanagements —— 8
  b) Prinzip „Hilfe zur Selbsthilfe" bei Beratungs-, Betreuungs- und Behandlungsmaßnahmen —— 9
 2. Abgrenzung von Strafvollzugsrecht und Sozialhilferecht —— 10–12
  a) Vorrang des Sozialhilferechts —— 10
  b) Vorrang des Strafvollzugsrechts —— 11
  c) Rangverhältnis bei Ansprüchen von Angehörigen —— 12

I. Allgemeine Hinweise

1 **1. Soziale Hilfe im Wandel der kriminalpolitischen Konzepte.** Der Gesetzgeber des StVollzG hatte bei dem **Regelungsbereich „Soziale Hilfe"** auf einen abgeschlossenen Katalog von Maßnahmen verzichtet und wie beim Behandlungsbegriff die Ausgestaltung offengelassen, „ohne im Einzelnen in methodische Fragen einzugreifen, die der weiteren Entwicklung in Praxis und Wissenschaft überlassen bleiben müssen" (BT-Drucks. 7/918, 45). Das StVollzG ist in einer Zeit entstanden, in der das Strafrechtssystem

ein Sanktionssystem schuf, das dem Resozialisierungsgedanken verpflichtet war. Dieser Kurs versuchte „Resozialisierungsfreundlichkeit mit den Bedürfnissen der Generalprävention auf einer mittleren Linie zu verbinden".[2] Soziale Hilfe war vom Gesetzgeber des StVollzG gleichzeitig wohl auch als Schutzschild gedacht, die Sicherheitsinteressen der Allgemeinheit nicht gegenüber dem Resozialisierungsauftrag zur sozialen Integration überzubetonen und ein Gegengewicht zum schleichenden Wandel in Richtung Verschärfung zu schaffen.[3] Zwischen den Zielen der gesellschaftlichen Sicherheit und der Resozialisierung sollte kein Gegensatz bestehen, denn die Sicherheit kann gerade durch eine erfolgreiche Resozialisierung erreicht werden.

Die **Übergangssituation zwischen Unfreiheit und Freiheit** zu regeln und gestalten, ist aber nicht nur eine Angelegenheit von der Bewertung von Erkenntnissen und Erfahrungen aus Praxis und Wissenschaft. Aus heutiger Sicht sind verfassungsrechtliche und verfassungsgerichtliche Vorgaben, internationale Verpflichtungen und europäische Empfehlungen zur **Umsetzung des Resozialisierungsgebots** mindestens ebenso bedeutsam. Denn sie alle betreffen die Behandlung der Gefangenen, die „vornehmlich auf ihre Besserung und gesellschaftliche Wiedereingliederung hinzielt"[4] und damit die Soziale Hilfe in ihrer vollen Bandbreite erfassen. Soziale Hilfe muss daher in einem größeren Rahmen von **Vollzugsplanung, Entlassungsvorbereitung und Nachsorge** verankert werden. Denn **soziale Integration hat am ersten Vollzugstag zu beginnen, und muss sich perspektivisch während der gesamten Inhaftierungsdauer fortsetzen und über den Entlassungstermin ausstrahlen.** Diese Bemühungen um soziale Integration müssen hierbei das Hindernis der unkoordinierten Zuständigkeit verschiedener Personen, Gruppen und Einrichtungen überwinden.[5]

Der Druck auf die Länder, nach der **Föderalismusreform mit der partikularistischen Zersplitterung** durch Ländervollzugsgesetze die Ausgestaltung der Konzepte selbst aktiv voranzutreiben und die **Harmonisierungstendenzen in der europäischen justiziellen Zusammenarbeit** (s. Rdn. 6) zu beachten, hat sich als **Reformmotor für Soziale Hilfe, Entlassungsvorbereitung, nachgehende Betreuung** erwiesen. In allen Landesgesetzen finden sich daher konkretisierte Vorgaben zur Entlassungsvorbereitung und Nachsorge. Dies war auch notwendig wegen der Tatsache, dass bundesweit pro Jahr ca. 53.000 Gefangene aus der Strafhaft entlassen werden. Viele internationale Projektaktivitäten unter deutscher Beteiligung[6] mit dem Ziel, Aufbauhilfe in einem resozialisierungsorientierten Reformprozess zu leisten, haben die deutsche Vollzugspolitik durch die ‚mainstream-*policy*' von Europarat und Europäischer Kommission erheblich beeinflusst. **Europäische Standards und *European best-practice*** sind aus den Landesvollzugsgesetzen und deren Umsetzung nicht mehr wegzudenken, auch wenn das Föderalismussystem mit 16 Landesgesetzen im europäischen Kontext sehr hinderlich ist, da es an einer „*corporate identity*" mangelt. Das Korrektiv der Rechtsprechung wird als Folge der partikularistischen Zersplitterung des deutschen Vollzugs durch Landesgesetze im

---

2 *Roxin* Strafrecht Allgemeiner Teil, 4. Aufl. 2006, § 4 Rdn. 40.
3 Ebenso BeckOK-*Beck* § 71 Rdn. 1.1, 1.2.
4 Art. 10 Internationaler Pakt über bürgerliche und politische Rechte vom 19. Dezember 1966, BGBl. 1973 II 1553.
5 AK-*Bahl/Pollähne* Teil II § 5 Rdn. 25.
6 Vgl. die EU-Twinning Projekte in Moldawien, Montenegro, Kosovo, Kroatien, Mazedonien, Serbien, etc. der Deutschen Stiftung für Internationale Rechtliche Zusammenarbeit (IRZ) unter dem Trägerdach des BMJV mit Personal von Gerichten, Staatsanwaltschaften, Vollzug, Bewährungshilfe und Justizministerien der Länder, vornehmlich aus Niedersachsen, Bremen und Schleswig-Holstein im Bereich „Entwicklung des Justizvollzugs und der Bewährungshilfe, Förderung der Alternativen zum Freiheitsentzug und Reform der Strafjustiz".

Zuge der Föderalismusreform zunehmend an Bedeutung gewinnen, zumal in konzeptioneller Hinsicht die föderale Zersplitterung voranschreitet.

Mit dem **Prinzip der durchgehenden Hilfe** und dem **Übergangsmanagement** (dazu Rdn. 5, 6–8 sowie D Rdn. 20–23, 25–41) ist aber ein **Strukturmechanismus für ein andauerndes Projektmanagement** entwickelt worden. Durchgehende und ganzheitliche Hilfe ist ein systemischer Ansatz, der sich nicht mehr nach verschiedenen Phasen des Vollzugsverlaufs ausrichtet. Er setzt mit der Vollzugsplanung ein und strahlt bis in die Zeit nach der Entlassung aus dem Vollzug aus. **NI** § 68 Abs. 2: „*Es ist Aufgabe der Vollzugsbehörden, darauf hinzuwirken, dass eine durchgängige Betreuung der Gefangenen sichergestellt ist, die ihnen auch nach der Entlassung hilft, in sozialer Verantwortung ein Leben ohne Straftaten zu führen*". Abs. 3: „*Die Zusammenarbeit mit Stellen und Personen außerhalb des Vollzuges, die besonderen Möglichkeiten dieses Gesetzes für die Entlassungsvorbereitung sowie die Hilfe zur Entlassung sind auf die durchgängige Betreuung auszurichten*". Einem solchen ganzheitlichen Betreuungs- und Beratungsansatz während alle Phasen des Vollzugsaufenthalts sind auch **BB** § 11, **MV** § 5, **RP** § 11, **SL** § 5 und **SN** § 5 verpflichtet. In allen Landesgesetzen gibt es aber solche positiven Verstärker, die zukunftweisend sind und sich in der **Vielfalt der Landesaktivitäten und -projekte** (ausführlich dazu D Rdn. 26–41) widerspiegeln, wie **BW** § 87, **BB** § 11, **BY** Art. 74 und 79, **BE** §§ 8 und 46, **HB** § 42, **HH** § 16, **HE** §§ 16 und 26, **MV** §§ 5 und 42, **NI** § 68, **NW** §§ 5 und 58, **RP** §§ 11 und 49, **SL** §§ 5 und 42, **SN** § 42, **ST** § 49, **SH** § 49 und **TH** §§ 11 und 50. Die Ländervollzugsgesetze fördern diese Entwicklung einer individualisierten ganzheitlichen und durchgehenden Betreuung im Rahmen einer rationalen Kriminalpolitik.[7]

2   **2. Verfassungsrechtliche Grundlagen der Sozialen Hilfe, Entlassungsvorbereitung und nachgehenden Betreuung.** Um die einzelnen Phasen des Vollzugs mit jeweils unterschiedlichen, spezifischen Aufgaben zu überwinden, bekennen sich die Ländervollzugsgesetze modifiziert zu einer **systematischen Integrationsstrategie**, die den Aspekt der Resozialisierung und der Rückfallminimierung deutlich in den Vordergrund rückt. Die Soziale Hilfe, Entlassungsvorbereitung und nachgehende Betreuung müssen insgesamt als durchgehende und ganzheitliche Betreuung im Rahmen eines Übergangsmanagements konzipiert werden.[8] Es ist daher nur systemgerecht, wenn die **Soziale Hilfe als Leitprinzip** schon vorne in den Landesgesetzen geregelt wird und nicht phasenhaft als „Nachzügler" kurz vor der Entlassung abgehandelt wird.

Der Musterentwurf hatte diesen **programmatischen Weg der durchgängigen sozialen Hilfe** eingeschlagen. **ME** § 4 Abs. 3 regelt die Mitwirkung des Gefangenen, **ME** § 5 die soziale Hilfe als Leitprinzip, **ME** §§ 7, 8 und 9 das Diagnoseverfahren, die Vollzugs- und Eingliederungsplanung und den Inhalt des Vollzugs- und Eingliederungsplans. Im achten Abschnitt des **ME**, §§ 42 bis 45, wird dann die Vorbereitung der Eingliederung, Entlassung und nachgehende Betreuung einschließlich des Verbleibs oder Aufnahme auf freiwilliger Grundlage konkretisiert.

Für die stringente Betonung der perspektivischen Vollzugsprogrammatik gibt es auch gute Gründe, nämlich das Resozialisierungsziel, objektivrechtlich mit Verfassungsrang im Sozialstaatsprinzip begründet.[9] Als **Anwendungsfall des Sozialstaatsprin-**

---

[7] Vgl. zur Neuorganisation der sozialen Dienste: D Rdn. 20–22.
[8] Vgl. *Matt* 2014, S. 50 ff.
[9] Vgl. BVerfG, Kammerbeschluss vom 25. November 1999 – 1 BvR 348/98 –, juris, BVerfGE 35, 202, 236; BVerfG, Urteil vom 21. Juni 1977 – 1 BvL 14/76 –, BVerfGE 45, 187, 238; BVerfG, Beschluss vom 27. März 2012 – 2 BvR 2258/09 –, BVerfGE 130, 372, 390.

zips[10] beschreiben die gesetzlichen Grundlagen ein weites Tätigkeitsfeld, das nicht bis in alle Einzelheiten festgelegt, sondern bei Beachtung des verfassungsrechtliche Resozialisierungsgebot als sozialstaatliche Aufgabe ausfüllungsbedürftig ist, hierbei aber einen weiten Gestaltungsraum zulässt. Die Orientierung des Strafvollzugs am Ziel der Resozialisierung oder – so eine andere in Rechtsprechung verwendete Formulierung – der sozialen Integration[11] der Verurteilten ist **Verfassungsgebot**.[12]

Das BVerfG hat in dem Urteil zur „Gefangenenentlohnung" vom 1.7.1998[13] das verfassungsrechtliche Resozialisierungsgebot weiter konkretisiert. Dieses verpflichtet den Gesetzgeber, ein wirksames **Resozialisierungskonzept** zu entwickeln und den Strafvollzug darauf aufzubauen. Der Gesetzgeber ist dabei nicht auf ein bestimmtes Regelungskonzept festgelegt; vielmehr ist ihm für die Entwicklung eines wirksamen Konzepts ein weiter Gestaltungsspielraum eröffnet. Er kann unter Verwertung aller ihm zu Gebote stehenden Erkenntnisse, namentlich auf den Gebieten der Kriminologie, Sozialtherapie und Ökonomie, zu einer Regelung gelangen, die – auch unter Berücksichtigung von Kostenfolgen – mit dem Rang und der Dringlichkeit anderer Staatsaufgaben in Einklang steht.

Das BVerfG hat das **Resozialisierungsgebot** aus dem Selbstverständnis einer Rechtsgemeinschaft entwickelt, welche die Menschenwürde in den Mittelpunkt ihrer Wertordnung stellt und dem Sozialstaatsprinzip verpflichtet ist. Den Gefangenen sollen die Fähigkeit und der Wille verantwortlicher Lebensführung vermittelt werden. Sie sollen sich in Zukunft unter den Bedingungen einer freien Gesellschaft ohne Rechtsbruch behaupten, ihre Chancen wahrnehmen und ihre Risiken bestehen können. Die Resozialisierung dient auch dem Schutz der Gemeinschaft selbst. Diese hat ein unmittelbares, eigenes Interesse daran, dass der Täter nicht wieder rückfällig wird und erneut seine Mitbürger und die Gemeinschaft schädigt.[14]

Das BVerfG begründet das als Resozialisierungsziel bezeichnete **Vollzugsziel der sozialen Integration** mit der Pflicht zur Achtung der Menschenwürde jedes Einzelnen[15] und dem Grundsatz der Verhältnismäßigkeit staatlichen Strafens. „Mit dem aus Art. 1 Abs. 1 GG folgenden Gebot, den Menschen nie als bloßes Mittel zu gesellschaftlichen Zwecken, sondern stets auch selbst als Zweck – als Subjekt mit eigenen Rechten und zu berücksichtigenden eigenen Belangen – zu behandeln,[16] und mit dem Grundsatz der Verhältnismäßigkeit ist die Freiheitsstrafe als besonders tief greifender Grundrechtseingriff nur vereinbar, wenn sie unter Berücksichtigung ihrer gesellschaftlichen Schutzfunktion konsequent auf eine straffreie Zukunft des Betroffenen gerichtet ist.[17] Somit entspricht es dem **Resozialisierungsgrundsatz, den gesamten Strafvollzug als Vorbereitung auf die spätere Rückkehr in die Freiheit auszugestalten**. Wenn in der Rechtsprechung von Entlassungsvorbereitung die Rede ist, sind aber regelmäßig die besonderen Vorbereitungen gemeint, die dieser Grundsatz im Hinblick auf eine konkret absehbare Entlassung oder Entlassungsmöglichkeit erfordert.[18]

Ein solches Kräftefeld bedeutet für die Vollzugspraxis, soziale Integration und durchgehende Hilfe nachhaltig zu gewährleisten und dynamisch neue **Resozialisie-**

---

10 BVerfGE 35, 236 s. Rdn. 10.
11 Vgl. BVerfG, Urteil vom 31. Mai 2006 – 2 BvR 1673/04 –, juris, BVerfGE 116, 69, 85.
12 *Lübbe-Wolff* 2016, S. 46.
13 BVerfG, Urteil vom 1. Juli 1998 – 2 BvR 441/90 –, BVerfGE 98, 169, 201; *Lübbe-Wolff* 2016, S. 42.
14 Vgl. BVerfG, Urteil vom 5. Juni 1973 – 1 BvR 536/72 –, BVerfGE 35, 202, 235 f.
15 Vgl. BVerfG, Urteil vom 21. Juni 1977 – 1 BvL 14/76 –, BVerfGE 45, 187, 238.
16 Vgl. BVerfG, Urteil vom 5. Februar 2004 – 2 BvR 2029/01 –, BVerfGE 109, 133, 150 f.
17 BVerfG, Urteil vom 31. Mai 2006 – 2 BvR 1673/04 –, juris, BVerfGE 116, 69, 85 f.
18 Vgl. *Lübbe-Wolff* 2016, S. 54 unter Hinweis auf BVerfG, Beschluss vom 8. November 2006 – 2 BvR 578/02 –, juris, BVerfGE 117, 71, 107 ff.

rungskonzepte der sozialen Eingliederung** bei neu entstehenden Herausforderungen zu entwickeln und auf ihre Praxistauglichkeit hin zu erproben.**

3   **3. Funktion und Aufgaben der Sozialen Hilfe.** Der **Begriff der sozialen Hilfe** geht weiter als der traditionelle Begriff der Anstaltsfürsorge: Ziel ist nicht nur die erforderliche Unterstützung bei der Regelung der äußeren Angelegenheiten des Gefangenen, sondern auch die notwendige Hilfe zur Bewältigung persönlicher Probleme. Während früher Gefangenenfürsorge zur Behebung äußerer Notlagen geleistet wurde, steht heute die **„sozialpädagogisch orientierte Lebenshilfe"** im Vordergrund, die kombiniert als Beratung und Unterstützung zu leisten ist.[19]

Folgerichtig wird in dem BayVollzG in Abschnitt 10 die Soziale Hilfe um die psychologische Hilfe ausdrücklich ergänzt. Der Abschnitt „Soziale und psychologische Hilfe" des BayVollzG regelt insbesondere die sozialpädagogischen und psychologischen Angebote zur Lebenshilfe und Behandlungsmaßnahmen. Die Kooperation mit den **BY** Art. 175 Abs. 2 bis 4 genannten Stellen und Personen soll den Aufbau eines Hilfesystems ermöglichen, indem frühzeitig begonnene Maßnahmen nach dem **Prinzip der durchgehenden Betreuung und ganzheitlichen Betreuung**[20] in der Zeit nach der Entlassung fortwirken.[21] Ein weiterer Schwerpunkt von Sozialer Hilfe und psychologischer Betreuung soll die Betreuung suchtgefährdeter und abhängigkeitskranker Gefangener durch vollzugsexterne Fachkräfte der Suchthilfe, die die Gefangenen über Therapiemöglichkeiten beraten und gegebenenfalls in Therapieeinrichtungen vermitteln. Soziale Hilfe umfasst somit ein breites Spektrum von Maßnahmen zur Behebung von persönlichen, wirtschaftlichen und sozialen Angelegenheiten, die auf die Entlassung ausgerichtet sind, wenngleich ein durchsetzbarer Anspruch auf bestimmte Maßnahmen nicht besteht.[22]

Der Bereich der sozialen Hilfe ist nicht einer bestimmten **Berufsgruppe innerhalb des Vollzugs** zugeordnet, obwohl die Aufgabenerledigung in der Praxis weitgehend dem Sozialdienst vorbehalten ist. Zwar hat sich die soziale Hilfe an der Methodik der professionellen Sozialarbeit/Sozialpädagogik auszurichten, doch ist mehr denn je die Mitwirkung anderer Bediensteter erforderlich, zumal das bisher vorhandene Rollenbild innerhalb der Vollzugsorganisation immer mehr durchbrochen wird. Bisherige Arbeitsansätze – insbesondere im Wohngruppenvollzug – zeigen die Notwendigkeit auf, ein **vollzugliches Verbundsystem der Hilfen** zu schaffen, das sich keinesfalls auf die Berufsgruppe der Sozialarbeiter/Sozialpädagogen beschränkt, sondern alle in § 154 StVollzG genannten Personen und Stellen einbezieht. Vorrangig obliegt die Ausfüllung dieses Tätigkeitsfeldes aber dem Sozialdienst und wird damit insbesondere von der personellen Ausstattung und vom Engagement des Sozialdienstes beeinflusst.

Nur durch eine organisatorisch wie fachlich geordnete **Arbeitsteilung** i. S. der Regelungen zur Zusammenarbeit kann die soziale Hilfe konkretisiert werden. Eine Neuorganisation der sozialen Dienste der Justiz oder gar eine Herauslösung des vollzugseigenen Sozialdienstes und die Übertragung an externe Dienste wird dem Anliegen eines stringenten Resozialisierungskonzepts nicht gerecht. Inhaltliche, nicht organisatorische Veränderungen im Feld der Entlassungsvorbereitung und Nachsorge, müssen im Vorder-

---

19 K/S-*Schöch* 2002 § 7 Rdn. 200, 204; *Laubenthal/Nestler/Neubacher/Verrel* H Rdn. 117; vgl. z.B. **HH** § 16 Satz 1
20 *Laubenthal*, Rdn. 644.
21 Ebenso **NI** § 68 und **BB** § 11, **BB**-LT Drucks. 5/6437, 17.
22 *Laubenthal/Nestler/Neubacher/Verrel* L Rdn. 32.

grund stehen.²³ Wie sollten anders im Rahmen des Übergangsmanagements anstaltsübergreifende Hilfesysteme und Netzwerke aufgebaut werden ohne verteilte Brückenköpfe der professionellen, hoheitlich agierenden Sozialarbeit/Sozialpädagogik drinnen und draußen. Die gesetzlich geregelte Zulässigkeit der **Datenübermittlung** von Vollzug an die Bewährungshilfe und Führungsaufsicht mit einem strukturierten Informationsmanagement erleichtert die soziale Hilfe, wie die neugefasste Regelung von **NI** § 68 Abs. 4 Satz 2 zeigt:" *Die Vollzugsbehörden sind nach Maßgabe des Satzes 1 insbesondere verpflichtet, der für die Führungsaufsicht nach § 68a StGB zuständigen Aufsichtsstelle und den mit der Bewährungshilfe befassten Stellen die zur Vorbereitung und Durchführung der Führungsaufsicht und der Bewährungshilfe erforderlichen Informationen rechtzeitig vor der möglichen Entlassung der oder des Gefangenen zu übermitteln.*"²⁴

Das Vollzugspersonal und nicht nur die Berufsgruppe der **Sozialarbeiter/Sozialpädagogen** ist zunehmend in der Lage, die unterschiedlichen Maßnahmen und Aktivitäten staatlicher Institutionen und freier Träger zu koordinieren und – stärker als bisher – die **Rolle der Koordinatoren und Gestalter** anzunehmen. Nur dann kann das vom Gesetzgeber bewusst nicht festgeschriebene Rahmenkonzept der sozialen Hilfe schrittweise den Praxisbedingungen angeglichen werden und der Gefahr unkoordinierter Bemühungen verschiedener Beteiligter entgegengewirkt werden. In der Praxis steht dem jedoch häufig die erhebliche Bürokratisierung der sozialen Arbeit im Vollzug, die mangelhafte personelle Ausstattung der Vollzugsanstalten mit Sozialarbeitern und die damit verbundene Resignation der Sozialarbeiter entgegen.²⁵

Schwierigkeiten bei der Umsetzung der sozialen Hilfe dürfen nicht allein auf die Rahmenbedingungen des Vollzugsgeschehens mit seiner Tendenz zur fremdbestimmten Versorgungsroutine²⁶ zurückgeführt werden. Mindestens ebenso bedeutsam ist die **Position des Sozialen Dienstes**,²⁷ der nicht auf Stabsfunktionen verharren darf, sondern vollzugliche Entscheidungskompetenz übernehmen muss. Sonst wird die Chance vertan, sozialpädagogische Arbeitsprinzipien in die Institution Vollzug insgesamt einbringen zu können. Eine solche Mitgestaltung stellt aber erhebliche Anforderungen an Qualifikation und Berufserfahrung und ist nicht nur eine Angelegenheit der Planstellenerhöhung. Einige Anhaltspunkte finden sich in den „Thesen zum Selbstverständnis der Sozialarbeit in den Justizvollzugseinrichtungen",²⁸ insbesondere den Darstellungen der Sozialisationshilfen und der Arbeitsbereiche der Sozialarbeiter.²⁹

Die Mitarbeiter des Sozialen Dienstes sollten in den Tagesablauf der Anstalt einbezogen werden und im engen Kontakt mit den übrigen Personalgruppierungen stehen. Sozialarbeiter/Sozialpädagogen müssen sich ihre Rolle als Ansprechpartner bzw. Kontaktperson in der für diese Berufsgruppe schwierigen Balance zwischen **Nähe und Distanz**³⁰ zu den Gefangenen erhalten, ohne in einer Abwehrhaltung zu beharren oder in eine Überidentifikation zu verfallen. Das bedeutet aber auch, selbstkritisch Modellfunk-

---

23 Ebenso *Arloth/Krä* § 71 Rdn. 1; so aber *Jesse/Kramp* Das Konzept der Integralen Straffälligenarbeit – InStar – in Mecklenburg-Vorpommern, in: FS 2008, S. 14 ff; vgl. D Rdn. 21 ff.
24 Vgl. B Rdn. 6, 7; D Rdn. 19 und 20 zur Frage der Datenweitergabe.
25 AK-*Bahl/Pollähne* Teil II § 5 Rdn. 25–27.
26 Vgl. dazu *Böhm* 2003, Rdn. 397.
27 *Pohl* Soziale Arbeit in der Haft, Eine Analyse aus sozialarbeiterischer Sicht, Oldenburg 2013, S. 5 ff.
28 ZfStrVo 1982, 111.
29 BeckOK-*Beck* § 71 Rdn. 6.1.
30 *Thiersch* Nähe und Distanz in der Sozialen Arbeit, in: *Dörr/ Müller*, Nähe und Distanz. Ein Spannungsfeld pädagogischer Professionalität, Weinheim 2012, S. 32; vgl. auch das Schwerpunktheft FS 3/ 2018 „Nähe und Distanz".

tionen zu erfüllen, Verhaltensalternativen anzubieten und vorzuleben, Koordinationsaufgaben wahrzunehmen und im Spannungsgefüge einer Gruppe kritisch und ausgleichend zu wirken.[31]

4 **4. Soziale Hilfe im Rahmen des aktivierenden Behandlungsvollzugs.** In den Vordergrund rückt das Konzept des **aktivierenden Behandlungsvollzugs**, das kriminalpolitisch von westeuropäischen Vollzugssystemen beeinflusst ist. Im Mittelpunkt steht hierbei die **Strategie der Aktivierung** (s. D Rdn. 17), die dem Idealbild der problemlösenden Gemeinschaft im Sinne der Zielvorgabe des Resozialisierungsprinzips am ehesten entspricht.[32] Die Gefangenen sollen nicht bloßes Objekt des Vollzuges sein, sondern vielmehr aktiv einbezogen werden in die Bemühungen, ihr Leben sozial- und eigenverantwortlich zu gestalten. Um dieses Ziel zu erreichen, werden Leistungen angeboten, aber auch Leistungen gefordert. Ziel dieser Strategie zur Aktivierung ist es, die Gefangenen aus dem Zustand der Lethargie des „Absitzens" zu lösen, ihre Eigeninitiative zu wecken und ihre Mitwirkungsbereitschaft zu erhöhen. Aufgabe des Vollzuges ist es, die Behandlungsbemühungen auf jeden Gefangenen zu richten, das Ausmaß der aktiven Mitarbeit aber ständig zu überprüfen. **Motivationsaufbau**[33] und **Motivationskontrolle** müssen in gleicher Gewichtung erfolgen. Dass zu einem sinnvollen Behandlungsvollzug auch die Förderung der Mitwirkungsmotivation gehört, ist anerkannt.[34] Gefangene, welche die besonderen Leistungen der Anstalt in Anspruch nehmen wollen, müssen Gegenleistungen erbringen, die auch in gemeinnütziger Arbeit wie Gartenpflege, Sportplatzdiensten, Renovierungsarbeiten u.a. bestehen können. Das Konzept, das sich in vielen Vollzugsanstalten bereits in der Erprobungs- und Umsetzungsphase befindet, hat erhebliche Auswirkungen auf die sog. Binnendifferenzierung der Anstalten und die Vollzugsgestaltung insbesondere für solche Gefangene, die sich trotz aller Bemühungen nicht als mitarbeitsbereit erwiesen haben. Die **Leitidee von Leistung und Gegenleistung** hat im Lichte der Diskussion um das Urteil des BVerfG zur „Gefangenenentlohnung" eine neue Dimension zur Ausgestaltung „angemessener Anerkennung" erhalten. Auch die „konfrontative Pädagogik"[35] hat sich bewährt, um die Mitarbeitsbereitschaft zu erhöhen. Eine arbeitsmarktorientierte Entlassungsvorbereitung entspricht diesen Vorgaben.[36] Auch im Sozialleistungsrecht setzt sich als neues sozialstaatliches Prinzip der Grundsatz „Fördern und Fordern" zunehmend durch (s. D Rdn. 4).

5 **5. Soziale Hilfe im Verbundsystem der Straffälligenhilfe als Übergangsmanagement.** Der vom Gesetzgeber eröffnete Handlungsspielraum für die soziale Hilfe kann nur dann genutzt werden, wenn die Vollzugsbehörden die notwendigen Maßnahmen nicht allein erledigen, sondern weitere staatliche und kommunale Institutionen, freie

---

31 Zu der aktuellen Situation und möglichen Lösungen mit Blick auf die Aufgaben der Sozialarbeiter und insofern drohende Konflikte im Gefängnis AK-*Bahl/Pollähne* Teil II § 5 Rdn. 27 ff.
32 Vgl. *Laubenthal*, Rdn. 161; AK-*Bahl/Pollähne* Teil II Vor § 42 Rdn. 15 zu den begrifflichen Wortschöpfungen zum Übergangsmanagement. In EU-Projekten ist der Begriff „Transition Management" üblich.
33 *Wirth/Grosch/Blesken* Motivierung und Aktivierung von Gefangenen – Case Management im Strafvollzug: Das Projekt MACS, in: BewHi 2015, 137 ff; BeckOK-*Beck* § 71 Rdn. 12–13.
34 Vgl. BVerfG, Beschluss vom 03. Juni 1992 – 2 BvR 1041/88 –, BVerfGE 86, 288, 327.
35 *Weidner* Konfrontation mit Herz: Eckpfeiler eines neuen Trends in Sozialer Arbeit und Erziehungswissenschaft, in: *Weidner/Kilb* (Hrsg.), Konfrontative Pädagogik. Konfliktbearbeitung in Sozialer Arbeit und Erziehung, 2. Aufl. 2006, S. 11 ff.
36 *Wirth* 2003, 2006, 2015.

Träger sowie ehrenamtlich tätige Gruppen und Personen in die Arbeit einbeziehen. Insoweit muss der **Grundsatz der Zusammenarbeit** zwischen allen Beteiligten innerhalb und außerhalb der Institution Vollzug auch für das Rahmenkonzept der sozialen Hilfe Bedeutung haben. Solche „Orientierungsmarken" des Gesetzgebers verpflichten die Vollzugsbehörden, in der Praxis Betreuungskonzepte zu erproben und konkrete Umsetzungsarbeit einer durchgehenden Betreuung zu leisten. Es müssen **inhaltliche Schwerpunkte** gesetzt und **koordinierende Absprachen einschließlich der Kommunikation** mit der freien Wohlfahrtspflege, der privaten Straffälligenhilfe, den Sozialleistungsträgern, der Bewährungshilfe und den übrigen ambulanten, sozialen Diensten der Justiz usw. entwickelt werden. Durch solche Modellvorhaben mit **praxisbegleitender Forschung** könnten **Erkenntnisse für die Betreuungsmethodik und Legalbewährung** gewonnen werden, die äußerst vielfältig, aber hinsichtlich der Erreichung des Vollzugsziels Resozialisierung noch ungesichert sind.[37] Allerdings belegen die Befunde der bundesweiten Untersuchung zur Legalbewährung, dass bei kürzeren Freiheitsstrafen mit verstärktem Behandlungsansatz und Übergangsmanagement die Chancen der Legalbewährung erhöht werden. Bei Langstrafigen müssen die prognostischen Instrumente verbessert werden, die „zuverlässig die (wenigen) unbehandelbaren gefährlichen Gefangenen von der Mehrheit der nicht (mehr) gefährlichen Gefangenen zu trennen vermögen".[38] EU- Projekte verfolgen oft den Ansatz des *Risk-Needs-Responsivity (RNR) Principles- Managements.*[39]

Ein Musterfall solcher Erprobungsmethodik ist das **Übergangsmanagement**, das nicht nur wegen der EU-Förderung eine europäische Handschrift trägt und den wichtigsten Rückfallrisiken entgegensteuern soll: Arbeit, Wohnung, Kontakte, Mittellosigkeit und Verschuldung. Die Rückfallgefahr in den ersten Monaten nach der Entlassung wegen dieser Rückfallrisiken ist nach den Untersuchungsbefunden am höchsten. Deshalb ist gerade in dieser Zeit eine Übergangshilfe von besonderer Bedeutung.[40] Betreuung und Unterstützung muss gerade in der sensiblen Phase der Entlassungslücke, d.h. in den ersten Wochen nach der Entlassung, durchgehend geleistet werden. Innerhalb der EU-Strukturfonds-Förderperiode 2007–2013 fördert das BMAS im Rahmen des Bundesprogramms „XENOS-Leben und Arbeiten in Vielfalt" aus ESF-Mitteln diverse Projekte zur beruflichen und sozialen Wiedereingliederung von Straffälligen und (ehemaligen) Strafgefangenen.[41] Die Länder nutzen dieses Programm in vielfältiger Weise, z.T. länderübergreifend in Resozialisierungsverbänden.[42] Allerdings müssen nicht nur die Freien Träger der Straffälligenhilfe, sondern auch die ambulanten sozialen Dienste der Justiz in diese Projektarbeit einbezogen werden, die durch formelle Kooperationsvereinbarungen abgesichert werden muss.[43]

---

37 *Hohmann-Fricke/Jehle*, Legalbewährung Strafentlassener, in: FS 2017, 116 ff; *Wirth*, FS 2017, 33 ff.
38 *Hohmann-Fricke/Jehle*, a.a.O. 124.
39 Insbesondere bei Sexualstraftätern; vgl. *McNaughton Nicolls/ Webster* Sex Offender Management and Dynamic Risk, Ministry of Justice UK 2014, National Offender Management (NOMS), erhältlich unter https://www.gov.uk/government/publications; *Dünkel/Jesse/Pruin/von der Wense* Die Wiedereingliederung von Hochrisikostraftätern, Mönchengladbach 2016.
40 Vgl. *Arloth* FS Schöch 2010, 346 f; *Matt* 2014; siehe auch Rdn. 1 Fn. 8.
41 *Biester/Pantel* Neue Wege für junge Straffällige, Strafgefangene und Haftentlassene. Innovative XENOS-Ansätze zur (Re-)Integration in Ausbildung, Arbeitsmarkt und Gesellschaft. Herausgegeben von XENOS Panorama Bund im Auftrag des Bundesministeriums für Arbeit und Soziales. 2014. Download: http://www.xenos-panoramabund.de/index.php/transferpanorama/aus-xenos-panorama-bund/227-publikationen-von-xpbund/767-neue-xenos-broschuerezum-uebergangsmanagement-fuer-ehemals-straffaellige-2.
42 Vgl. *Roos/Weber* FS 2009, 62 und das Schwerpunktheft Heft 1 BewHi 2010.
43 Vgl. z.B. für Niedersachsen die AV Übergangsmanagement vom 12.7.2011 Nds. Rpfl. 2011, 257 vom 18.10.2011, zuletzt geändert durch AV vom 26.11.2015 (Nds. Rpfl. S. 365).

7. Kapitel. Soziale Hilfe, Entlassungsvorbereitung, nachgehende Betreuung

Alle zu gewährenden sozialen Hilfen, die gesetzlichen Möglichkeiten der Entlassungsvorbereitung und die Pflicht zur Zusammenarbeit mit Personen und Stellen außerhalb des Vollzuges müssen konsequent auf die **Gewährleistung einer durchgängigen Betreuung** (s. D Rdn. 22) der Gefangenen ausgerichtet werden. Es sollte zum gesetzlichen Aufgabenkatalog der Vollzugsbehörden erklärt werden, auf eine durchgängige Betreuung der Gefangenen hinzuwirken und hierbei die Möglichkeiten zur Vernetzung der hierfür erforderlichen Daten soweit wie möglich auszuschöpfen. Die in NI § 68 schwerpunktmäßig geregelte Verpflichtung der Vollzugsbehörden, auf eine nachgehende, d.h. möglichst durchgehende Betreuung der Gefangenen hinzuwirken, und sich damit um eine verzahnte Zusammenarbeit mit den sozialen Diensten außerhalb des Vollzuges zu bemühen, ist anzuerkennen und entspricht in vollem Umfang der Bedarfslage.

Bei der **Ausgestaltung der sozialen Hilfe im Sinne eines Übergangsmanagements** müssen folgende **Grundsätze** berücksichtigt werden:
- die stärkere Einbindung des Strafvollzugs in das Gesamtsystem der örtlichen/regionalen Straffälligenhilfe (z.B. durch Arbeitsgemeinschaften nach § 4 SGB XII) mit fixierten Grundsätzen der Zusammenarbeit und klaren Aufgabenbeschreibungen (s. D Rdn. 19),
- ein frühzeitiger Beginn von Maßnahmen der sozialen Hilfe, die nach dem Prinzip der durchgehenden Betreuung in die Zeit nach der Entlassung ausstrahlen (z.B. über Bewährungshilfe oder Anlaufstellen für Straffällige mit individueller Hilfeplanung (s. a. D Rdn. 20–23))
- stärkere Gewichtung des sozialen Umfeldes[44] (Familie, Nachbarschaft usw.), um die Eingliederungschancen zu erhöhen (Einsatzfeld für ehrenamtliche Mitarbeit s. Rdn. 9ff),
- stärkere Umsetzung lebenspraktischer Hilfen[45] für Bereiche, die besonders rückfallbelastet sind (z.B. Arbeitslosigkeit, Schulden, Freizeitprobleme, Partnerbeziehungen; zur Schuldenregulierung: 7 C Rdn. 8–17; zum Konzept des „Sozialen Trainings": D Rdn. 17; zur Stärkung des Opferschutzes: C Rdn. 6–7,
- die Bewältigung der vielfältigen Herausforderungen an die nationale und europäische Ebene, die sich aus der wachsenden Migrationsgesellschaft bzw. Einwanderungsgesellschaft mit den Veränderungen der Insassenstruktur und den unterschiedlichen Entlassungsvarianten ergeben: 7 D Rdn. 11–15,
- der dramatische Anstieg der Zahlen von über 60-jährigen Gefangenen im deutschen Strafvollzug (von 1991 bis 2014 um 342%), der eine kritische Zwischenbilanz und eine öffentliche Diskussion über die weitere Entwicklung dringend gebietet, ob statt des Aufbaus spezieller Senioren-Abteilungen mit geriatrischen Stationen eine Kooperation mit den sozialen Diensten und den freien Trägern nicht sachgerechter ist: dazu 7 D Rdn. 26, 40,
- die wachsende Belastung von Justizvollzug und Bewährungshilfe mit dem Phänomen des religiösen Extremismus, Rechtsextremismus und der Durchführung der Deradikalisierung und der vernetzten Radikalisierungsprävention auf nationaler und europäischer Ebene: D Rdn. 24.

Dieses **Rahmenkonzept** der sozialen Hilfe kann nur dann verwirklicht werden, wenn die Leistungen innerhalb und außerhalb des Vollzugs organisatorisch gebündelt und anstaltsübergreifende Hilfesysteme gestaltet werden (s. D Rdn. 26–41 mit den Län-

---

44 Vgl. auch AK-*Bahl/Pollähne* Teil II § 5 Rdn. 14 ff.
45 BeckOK-*Beck* § 71 Rdn. 9.

derberichten). Erst bei diesen Rahmenbedingungen könnten dann schrittweise die Störfaktoren der sozialen Hilfe abgebaut werden, die sich neben der ungesicherten Methodik des Behandlungskonzepts vor allem aus dem hohen Prozentsatz von Rückfalltätern in der Gefangenenpopulation, der großen Fluktuation innerhalb der Anstalten mit wachsendem Verwaltungsaufwand für den sozialen Dienst und der stärkeren Belastung durch besondere Randgruppen, insbesondere Drogenabhängige und ausländische Gefangene, sowie aktuellen Mängellagen wie insbesondere der Wohnungsnot, zunehmender Verschuldung, Defiziten im Arbeitsverhalten, steigendem Anteil der Sexualstraftäter und wachsender Gewaltbereitschaft ergeben. Aus dem erhöhten Behandlungs- und Betreuungsbedarf der Gefangenen ergibt sich die Notwendigkeit, einen qualitativ hochwertigen Resozialisierungsvollzug zu entwickeln, zumal auch wegen der wachsenden Anzahl ausländischer Gefangener im Vollzug und ihrer Entlassungsvorbereitung die **Internationalisierung** die Vollzugsbehörden vor ständig neue Herausforderungen stellt.[46] In der aktuellen internationalen Diskussion über den **Justizvollzug im Wandel** und die notwendigen Veränderungsprozesse wird auch das Rahmenkonzept der sozialen Hilfe von folgenden Aspekten besonders betroffen: Kapazitätsprobleme, bauliche Strukturfragen, personelle Führungs- und Steuerungskonzepte sowie Fragen zu Qualitätsstandards im Sicherheitsbereich und bei der Betreuung von Gefangenen, aber auch die Suche nach Alternativen zum Freiheitsentzug. Ein europäisch orientiertes **Rahmenkonzept des aktivierenden sozialen Managements**[47] setzt voraus ein:

a) vernetztes **Übergangsmanagement** vom Strafvollzug in den Nachsorgebereich – mit allen relevanten Akteuren unter Aufbau und Nutzung von Strukturen und Netzwerken (Soziale Dienste der Justiz, freie Straffälligenhilfe, Agentur für Arbeit, Bildungsinstitutionen, Kammern, Sozialleistungsträger, soziale Gruppen, etc.)

b) kooperatives **Wissensmanagement** für den Strafvollzug – in überregionalen und auch internationalen Informationsverbünden und transnationalen Netzwerken unter besonderer Berücksichtigung der von Europarat und Europäischer Kommission verfolgten Ziele und praktizierten Projektarbeit (insbesondere die Beachtung der Europäischen Strafvollzugsgrundsätze „European Prison Rules": Masterplan zur Gestaltung der rechtlichen, finanziellen und organisatorischen Rahmenbedingungen, Verstärkung des Betreuungsvollzugs, Personalentwicklung, Programmentwicklung für Aus- und Fortbildung der Führungskräfte, Projektmanagement u.a.);

c) (Ko-)**Finanzierungsmanagement** für innovative Wiedereingliederungsprojekte auf interregionaler und europäischer Ebene (EQUAL–Entwicklungspartnerschaften Strafvollzug, ESF-Projekte – Europäischer Sozialfonds (vgl. Rdn. 10), TAIEX, EUJUSTLEX, EuropeAid u.a.)

d) **Erfolgskontrolle und Qualitätsmanagement** nach Art des europäischen Project Cycle Management Ansatzes mit Logframe Matrix und Benchmarks.[48]

---

46 *Laubenthal*, Rdn. 331 und 337.
47 *Greving* Management in der Sozialen Arbeit, Bad Heilbrunn 2008: Wissensmanagement, S. 128; Projektmanagement, S. 134; Beratungsmanagement, S. 149; Qualitätsmanagement, S. 158; Prozesse und Systeme steuern: Case-Management, S. 169 und Krisen erkennen und lösen: Konfliktmanagement, S. 179.
48 *European Commission – EuropeAid* Project Cycle Management Handbook, Project Cycle Management Handbook, Brussels 2002, http://europa.eu.int/comm/europeaid/evaluation/methods/pcm.htm *European Commission*, TWINNING MANUAL REVISION Brussels, 2017 https://www.bva.bund.de/SharedDocs/Downloads/DE/BVA/Internationales/EU_Twinning/eu_twinning_handbuch.pdf?__blob=publicationFile&

6 **6. Soziale Hilfe und Übergangsmanagement im europäischen Kontext.** Die **Aspekte der Sozialen Hilfe** für Strafgefangene gewinnen auch **im europäischen Kontext**[49] immer mehr an Bedeutung. Vgl. EuStVollzGrds, hier insbesondere Teil III und Teil IV. Die vom Europarat im Bereich des Vollzuges und der **ambulanten Maßnahmen** entwickelten Arbeitsschwerpunkte[50] wirken sich auch verstärkt auf das deutsche Rechtssystem und die Rechtspraxis aus; die Internationalisierung der Strafverbüßung ist zwar unverkennbar, die Überstellung verurteilter Personen in deren Heimatland aber weiterhin ein Problem (ausführlich dazu s. D Rdn. 13–16).[51]

Die Materialsammlung „Freiheitsentzug – Die Empfehlungen des Europarats 1962–2003"[52] sind ein kriminalpolitischer Orientierungsrahmen für die mit Freiheitsbeschränkung und Freiheitsentzug verbundenen Vorstadien, Alternativen und Nachphasen in Europa. Von der Papierform kaum verbesserungsfähig, sind sie Auslegungshilfen für die Praxis, die angesichts der schleichenden Erosion der Menschenrechte durchaus verbesserungswürdig ist. Die ständig neuen und belastenden Anforderungen durch neue Zielgruppen, der Belegungsdruck, ökonomische Sparzwänge und neuartige globale Bedrohungsszenarien stellen hohe Herausforderungen an den Umgang des Staates mit Gefangenen, Probanden und Haftentlassenen. Die europäischen Vereinbarungen und Empfehlungen sollten in Zukunft auch als Gegengewicht zu den partikularistischen Strömungen im Zuge der Föderalismusreform des deutschen Justizvollzuges stärker als bisher auf die landesgesetzlichen Regelungen ausstrahlen. Die Europäischen Strafvollzugsgrundsätze *European Prison Rules* 2006, enthalten in Nr. 107 differenzierte Regelungen zur Entlassungsvorbereitung und der Planung der Nachbetreuung. Während das Bundesverfassungsgericht diese europäischen Empfehlungen in seiner Rechtsprechung zu Vollzugsfragen berücksichtigt,[53] sind die Landesgesetze in der Ausgestaltung und Begründung noch nicht in dem erforderlichen Umfang von dem Prozess der Europäisierung erfasst.[54] Positiv hervorzuheben ist **HE** § 26. Nach der Gesetzesbegründung[55] soll unter Hinweis auf Nr. 25.3 der Europäischen Strafvollzugsgrundsätze eine Verknüpfung erfolgen mit dem anstaltsübergreifenden Hilfesystem, das möglichst früh einzusetzen hat, um effektiv zu sein, und das nach dem Grundsatz der Betreuungskontinuität bis in die Zeit nach der Entlassung fortwirken soll. Das **Angebot zur Hilfe zur Selbsthilfe** ist

---

v=2 *European Commission*, IMPACT ASSESSMENT GUIDELINES, 15 January 2009, SEC(2009) 92, PART III: ANNEXES TO IMPACT ASSESSMENT GUIDELINES 15 January 2009, http://ec.europa.eu/smart-regulation/impact/commission_guidelines/docs/iag_2009_annex_en.pdf *European Commission*, EVALUATION METHODS FOR THE EUROPEAN UNION'S EXTERNAL ASSISTANCE. GUIDELINES FOR PROJECT AND PROGRAMME EVALUATION, VOLUME 3, Luxemburg 2006 http://ec.europa.eu/europeaid/index_en.htm.
49 Zu den internationalen Rechtsquellen *Laubenthal*, Rdn. 33–38; *Dünkel/ Pruin/Storgaard/Weber* 2019 mit Länderberichten aus der europäischen Praxis.
50 *Best* Europäische Kriminalpolitik auf der Grundlage der Menschenrechtskonvention-die European Rules, in: FS Böhm 1999, 49 ff; *ders*. Die amerikanische Strafkultur und die Privatisierung. Kein Vorbild für die europäische Kriminalpolitik, in: FS Schwind, 3 ff; *Albrecht/van Kalmthout* Community Sanctions and Measures in Europe and North America, Freiburg 2002, 49 ff; *Heinz* 2018, 278 zu den Menschenrechten; *Jung* Die European Rules on Community Sanctions and Measures', in: FS Böhm 1999, 69 ff; *Kaiser* Deutscher Strafvollzug in europäischer Perspektive. Wo weicht der Strafvollzug in der Bundesrepublik gravierend ab?, in: FS Böhm 1999, 25 ff.
51 Vgl. *Laubenthal*, Rdn. 345 ff.
52 *Kerner/Czerner* 2005, 1 ff.
53 Z.B. BVerfG, Urteil vom 31. Mai 2006 – 2 BvR 1673/04 –, juris, BVerfGE 116, 69.
54 Vgl. dazu *Hamdorf* 2008, 74 ff; *Dünkel* FS 2012, 141; Der Europarat erarbeitet derzeit auch Richtlinien für ein gemeinsames personelles Auswahl-, Fortbildungs- und Entwicklungssystem von Justizvollzug und Bewährungshilfe, 'Guidelines regarding recruitment, selection, training and development of prison and probation staff'(PC-CP (2018) 14_Rev 2; Stand: November 2018).
55 HE LT.-Drucks. 18/1396, 93.

ein **Grundpfeiler eines europäisch orientierten integrativen Systems im Rahmen des Übergangsmanagements**.

Aus den Erkenntnissen der Praxis in den einzelnen europäischen Staaten lassen sich wertvolle Hinweise für die Verbesserung der inneren Struktur und die **äußere Einbindung der Vollzugssysteme in das jeweilige gesamtgesellschaftliche Gefüge** ziehen. Die unterschiedlichen nationalen und transnationalen Projekterfahrungen und Strategien vermitteln wertvolle Anregungen, wie flexibel die vollzugliche und kriminalpolitische Praxis auf die vielfältigen Anforderungen und neu auftretende Problembereiche im europäischen Kontext zu reagieren hat.[56] Die mit europäischen Fördermitteln finanzierten, transnationalen Projekte haben vielfältige Anstöße für Experimente und Projekterprobungen ausgelöst, die im weiteren Verlauf auch neue und kombinierbare **Sanktionen mit aktiver Ausgleichsleistung** betreffen können. Im europäischen Kontext ist das gesetzgeberische Bemühen, die gemeinnützige Arbeit im Strafrecht zur Vermeidung von Freiheitsstrafen unter sechs Monaten in stärkerem Maße zur Anwendung kommen zu lassen, in einem besonderen Lichte zu sehen (vgl. BT-Drucks. 15/2725). Die europäischen Varianten der gemeinnützigen Arbeit als selbständige Sanktion und die sog. *„intermediate sanctions"* als Sanktionen ohne Freiheitsentzug sollten ein weiteres Erprobungsfeld für neue kriminalpolitische Ansätze sein, insbesondere zur Nutzung vorzeitiger Entlassung aus der Strafhaft (*backdoor approach* im Vollzug). In EU-Staaten wird die elektronische Fußfessel (s.a. D Rdn. 18) in Österreich, der Schweiz, England und in den Niederlanden als Strafvollzugslösung im Rahmen der Entlassungsvorbereitung praktiziert.

Europäische Netzwerke werden im Rahmen der sich verstärkenden **justiziellen Zusammenarbeit innerhalb der erweiterten Union** künftig mehr denn je der Auslöser dafür sein, dass sich nationale und europäische kriminalpolitische Strategien weiter annähern.[57] Harmonisierungstendenzen in der verfassungsrechtlichen europäischen Debatte sind unübersehbar. Die transnationale Zusammenarbeit in „Twinning-Projekten" der EC muss sich an den europäischen Anforderungsprofilen und Grundprinzipien der „European Prison Rules" sowie der *„Community Sanctions and Measures"* und den übrigen Empfehlungen und Richtlinien sowie den Rahmenbeschlüssen orientieren.[58] Auch daraus ergibt sich die Aktualität des Kapitels „Soziale Hilfe, Entlassungsvorbereitung und Nachsorge" in seiner gesamten Vielfalt.

II. Erläuterungen

1. Rechtsanspruch und Zielvorgabe. Der Stellenwert des Behandlungsvollzugs erfordert es, dem Gefangenen einen **Rechtsanspruch auf soziale Hilfe** zu gewähren und hierfür der Vollzugsbehörde eine klare **Zielvorgabe** vorzugeben, ein solches Angebot für bestimmte Beratungs-, Betreuungs- und Behandlungsmaßnahmen vorzuhalten. Dabei

---

56 Vgl. die monatlichen Berichte „Aus der Tätigkeit der IRZ" in: Wirtschaft und Recht in Osteuropa (WiRO), speziell zu Strafvollzug, Bewährungshilfe und Reform in der Strafjustiz z.B. *Hupfeld* Kosovo, Albanien, Rumänien, Bulgarien, WiRO 2017, 287; *Adams* Jordanien WiRO 2016, 384; *Best* Montenegro, WiRO 2014, 255; *Löprick/Schlicht* Kroatien, WiRO 2017, 255; *Borkun/Wöhler* OSCE-Veranstaltung Warschau sowie Jordanien, WiRO 2016, 384; *Thalhammer* Armenien, WiRO 2017, 383 und WiRO 2016, 127; allgemein zur IRZ: *Mirow* Die deutsche Rechtsberatung auf dem Weg in neue Regionen, Zeitschrift für Gesetzgebung (ZG), juris ZG 2012, 402–409; grundlegend zur Arbeit der IRZ: *Hülshörster/Mirow* Deutsche Beratung bei Rechts- und Justizreformen im Ausland, 2012.
57 *Kaiser* Brauchen wir in Europa neue Konzepte der Kriminalpolitik?, in: ZRP 2000, 151ff, 157; *Dünkel/Snacken* Strafvollzug im europäischen Vergleich: Probleme, Praxis und Perspektiven, in: ZfStrVo 2001, 195ff; *Müller-Dietz* Europäische Perspektiven des Strafvollzuges, in FS Schwind 2006, 621ff.
58 Vgl. die Hinweise vor dem Schrifttum zum 7. Kapitel und Rdn. 1.

hat sich die Hilfeleistung an dem Prinzip der Individualität, an dem Prinzip der Hilfe zur Selbsthilfe und dem Ansatz einer durchgehenden Hilfe zu orientieren. Voraussetzung dafür ist ein differenzierter, individueller Vollzugs- und Eingliederungsplan, der regelmäßig überprüft und fortgeschrieben werden muss.[59] Dieser wird zur verbindlichen Leitlinie einer individualisierten Vollzugsgestaltung in Zusammenarbeit mit der Bewährungshilfe, externen Institutionen und Organisationen sowie Ehrenamtlichen.

8   **a) Integrative Hilfe im Rahmen des Übergangsmanagements.** Die Hilfe muss zunächst individuell erfolgen. Sie muss methodisch so ausgerichtet sein, dass sie geeignet ist, persönlichen Schwierigkeiten und Defizite zu lösen. Im Mittelpunkt steht also die besondere Lebenssituation des Gefangenen, die nicht nur vom Vollzugsaufenthalt geprägt wird, sondern die Einbeziehung seiner sozialen bzw. familiären Umwelt erfordert. Das **Prinzip der Individualität** bedeutet daher nicht, sich auf den Gefangenen als Einzelperson zu beschränken und seine sonstigen Lebensbezüge auszuklammern. Vielmehr muss der Gefangene aus einer Objektbeziehung zum Vollzug herausgelöst und durch **persönlich angemessene Hilfe** auf eine selbstverantwortliche Lebensbewältigung vorbereitet werden.

Die Grundsatznorm der Sozialen Hilfe beinhaltet damit auch das Ziel, den Gefangenen zur Änderung seiner Einstellung und seines Sozialverhaltens zu befähigen. Voraussetzung hierfür ist, dass dem Gefangenen seine bisher fehlgeschlagenen Versuche zur Behebung seiner persönlichen Schwierigkeiten bewusstgemacht und alternative Lösungsangebote vermittelt werden. Die Gefangenen haben zwar keinen Anspruch auf bestimmte Beratungs-, Betreuungs- und Behandlungsmaßnahmen. Die Anstalt ist aber verpflichtet, ein Behandlungsangebot vorzuhalten, das auf ihre Größe und Zuständigkeit zugeschnitten ist. Nur mit einem differenzierten, individuellen Vollzugs- und Eingliederungsplan, der regelmäßig überprüft und fortgeschrieben wird, kann dieses Ziel erreicht werden. Damit wird die Vollzugsgestaltung von Anfang an auf die Entlassung und ein anschließendes straffreies Leben ausgerichtet. Mit dieser verbindlichen **Leitlinie einer individualisierten und phasenübergreifenden Vollzugsgestaltung**, die frühzeitig auch die Bewährungshilfe, andere externe Fachleute und Ehrenamtliche einbezieht, wird im Sinne einer durchgehenden Hilfe der spätere Übergang in Freiheit erleichtert.

Die meisten Landesgesetze beinhalten diesen systemischen Ansatz der „verzahnten Entlassungsvorbereitung", indem sie ME § 5 unverändert übernommen haben, wie **BB** § 11, **HB** § 5, **MV** § 5, **RP** § 11, **SL** § 5, **SN** § 5, **ST** § 11 und **TH** § 11 dies regeln, während sich **BW** § 40 und **BY** Art. 75 mehr an dem Wortlaut des § 71 Satz 2 StVollzG orientiert haben. Eine leicht modifizierte Fassung findet sich in **NW** § 4, der die Soziale Hilfe damit vor die Klammer zieht und sie durch die Regelung „Mitwirkung und Motivierung, soziale Hilfe" aufwertet.[60] Ähnlich verfährt auch **BE** § 5 mit der Verklammerung von soziale Hilfe und Eigenverantwortung. Auch **HH** § 8 verankert in Abs. 3 die soziale Hilfe neben der Vorbereitung der Eingliederung bereits im Vollzugsplan und ergänzt durch die mögliche Einbeziehung von Bewährungshilfe und Führungsaufsicht gleich zu Beginn des Vollzugsgeschehens die Außenorientierung. Verstärkt wird dies auch durch **HH** § 16 „Vorbereitung der Eingliederung", **HH** § 17 „Entlassung" und **HH** § 18 „Unterstützung nach der Entlassung". Auch nach **SH** §§ 20–26 ist die Soziale Hilfe neben der Beratung und Behandlung mit einem besonderen Abschnitt vertreten, der den Ausgleich von Tatfolgen, die Schuldenregulierung, die Suchtmittelberatung, Familienunterstützende Angebote, das Soziale Training und die

---

59   Vgl. ME §§ 7, 8.
60   AK-*Bahl/Pollähne* Teil II § 42 Rdn. 3; ebenso *Laubenthal/Nestler/Neubacher/Verrel* B Rdn. 65.

Psychotherapie unter diesem Leitprinzip mitbehandelt. Soziale und psychologische Hilfe regelt **HE** § 26 im Rahmen von Beratungs-, Betreuungs- und Behandlungsmaßnahmen der Anstalt, die darauf auszurichten sind, *„Persönlichkeitsdefizite der Gefangenen, die ursächlich für die Straffälligkeit sind, abzubauen sowie sie zu befähigen, ihre persönlichen, sozialen und wirtschaftlichen Schwierigkeiten eigenständig zu bewältigen und ihre Entlassung vorzubereiten. Dazu gehört auch, den durch die Straftat verursachten Schaden wieder gut zu machen, eine Schuldenregulierung herbeizuführen und Unterhaltsverpflichtungen nachzukommen".* **NI** § 68 ergänzt die Grundsatznorm der sozialen Hilfe um den Grundsatz einer durchgängigen Betreuung mit der Aufgabe der Vollzugsbehörde, die sich anschließende Betreuung durch die sozialen Dienste sicherzustellen.[61] Gleichzeitig wird in der novellierten Fassung des **NI** § 68 Abs. 4 ein Beitrag dazu geleistet, wie die erfolgreiche Betreuung der Gefangenen durch verschiedene Behörden, Stellen und Personen mit einem möglichst umfassenden Informationsaustausch effektiver gestaltet werden kann. Diese Vorschrift hätte es verdient, als Grundsatznorm „vor die Klammer" gezogen zu werden, um soziale Hilfe und durchgängige Betreuung als perspektivische Leitprinzipien stärker in das Blickfeld zu rücken und ihre gemeinsame Bedeutung zu stärken.

Die Landesgesetze lassen somit unterschiedliche vollzugspolitische Konzepte erkennen, sind aber in der Gesamtheit auf dieses Ziel mit verschiedenen Varianten ausgerichtet. Mal wird der **motivierende Vollzug** mit Anstößen zu Verhaltensänderungen und Umdenkprozessen hervorgehoben. **HH** § 16 Satz 2 in Verbindung mit **HH** § 5 Abs. 2 hebt Anreize hervor zur Mitwirkung und auch durch **Maßnahmen der Belohnung und Anerkennung**, bei denen die Beteiligung an Maßnahmen wie auch besonderer Einsatz und erreichte Fortschritte angemessen zu berücksichtigen sind. Es ist das Bestreben „Anstöße zu Verhaltensänderungen zu geben und Umdenkprozesse einzuleiten".[62] Auch **NW** § 4 verfolgt diesen Ansatz zur Erhöhung der Mitwirkungsbereitschaft und Motivierung.

Bei aller Vielfalt von Methoden und Modellen der Landesgesetze wird das Ziel verfolgt, sich dem Idealbild einer problemlösenden Gemeinschaft anzunähern. Ein solcher Ansatz wird auch mit der **psychologischen Behandlung** gesetzt,[63] die inhaltlich mit dem Bestreben im Einklang steht, die Gefangenen zu unterstützen, ihre persönlichen Schwierigkeiten zu lösen. In der Gesetzesbegründung zu **BY** Art. 74 bis 76[64] heißt es dazu: *„Jede psychologische oder psychotherapeutische Intervention muss auf einer gründlichen Eingangs- und Verlaufsdiagnostik sowie Prognostik basieren. Sie enthält Informationen über Persönlichkeitsstörungen, klinische Syndrome und spezifische Verhaltensprobleme. Dabei sollen standardisierte Prognoseinstrumente und testpsychologische Verfahren verwendet werden. Zudem sind Behandlungsmotivation und Behandlungsfähigkeit abzuklären. Soweit als möglich sollte sich die Diagnostik auf verschiedene Datenquellen sowie Verhaltensindikatoren stützen".* Die in der bayerischen Begründung enthaltene Bezugnahme auf *Lösel*[65] zeigt die konzeptionelle Richtung: Die Behandlungsmethodik soll mittels eines kognitiven Verhaltenstrainings den Gefangenen zum Abbau von Abwehr- und Leugnungstendenzen bewegen sowie zu einer Änderung seiner „eingefahrenen" Denkweisen, zur Selbstkontrolle und dem Nachdenken über sich selbst veranlassen.[66] Damit wird ein **Ansatz der Intervention** propagiert, der positiv verstärkend zur **Aktivierung**

---

61 BeckOK-*Reichenbach* § 68 NJVollzG Rdn. 8; *Arloth/Krä* § 68 NJVollzG Rdn. 1.
62 **HH** LT-Drucks. 19/2533, 2 und 54.
63 Vgl. **BY** Art. 76.
64 **BY** LT-Drucks. 15/8101, 71.
65 *Lösel* Erziehen-Strafen-Helfen, in: *Harrer* (Hrsg.) Einmal verknackt – für immer vermauert, Tutzing 1993, 15 ff.
66 Ebenso *Arloth/Krä* Art. 76 BayStVollzG Rdn. 1.

der Gefangenen beitragen soll und aus den verbundenen Elementen von „Fördern und Fordern" besteht.

Die Landesgesetze verbinden aber nicht nur die sozialpädagogischen und psychologischen Maßnahmen zur Lebenshilfe und zur Behandlung. Positiv hervorzuheben ist unter Hinweis auf Nr. 25.3 der Europäischen Strafvollzugsgrundsätze deren Verknüpfung mit dem anstaltsübergreifenden Hilfesystem. Verfolgt wird damit der **Ansatz der durchgehenden Betreuung**,[67] welcher möglichst früh einzusetzen hat, um effektiv zu sein und nach dem Grundsatz der Betreuungskontinuität bis in die Zeit nach der Entlassung fortwirken will. HE § 26 Satz 1 verknüpft nicht nur die soziale mit der psychologischen Hilfe. Nach der Gesetzesbegründung[68] sollen unter ausdrücklichen Hinweis auf Nr. 25.3 der Europäischen Strafvollzugsgrundsätze die sozialpädagogischen und psychologischen Maßnahmen zur Lebenshilfe und zur Behandlung ein Teilstück eines solchen anstaltsübergreifendes Hilfesystems sein. Dieses Angebot zur Hilfe zur Selbsthilfe ist ein **Grundpfeiler eines europäisch orientierten integrativen Systems im Rahmen des Übergangsmanagements**.

Da die Ursachen krimineller Verhaltensweisen sich aber aus der gesamten Lebenssituation erschließen können, muss der Bereich der persönlichen Schwierigkeiten auch auf materielle Angelegenheiten (z.B. Umgang mit Geld, Pfändungsschutz, Einrichtung eines P- Kontos- dazu B Rdn. 4, C Rdn. 17) ausgedehnt werden, weil nur bei einer **Verknüpfung von personaler und materieller Hilfe** (s. C Rdn. 8–17) das Hilfeziel erreicht werden kann. **Lebenspraktische Hilfen** für Bereiche, die besonders rückfallbelastet sind, stehen eindeutig im Vordergrund.[69] Zu der „sozialpädagogisch orientierten Lebenshilfe"[70] ist neben der Regelung äußerer Angelegenheiten auch die Unterstützung zur Bewältigung persönlicher Probleme etwa die Änderung der Einstellung und des Sozialverhaltens. Im Mittelpunkt des Sozialen Trainings müssen also der Aufbau und die Aufrechterhaltung sozialer Rollen und Beziehungen stehen. Ohne die Einbeziehung des sozialen Umfelds des Gefangenen und der Angehörigen und Einübung von sozialen Beziehungen ist die soziale Integration nicht erfolgversprechend.[71]

9   **b) Prinzip „Hilfe zur Selbsthilfe" bei Beratungs-, Betreuungs- und Behandlungsmaßnahmen.** Das **Prinzip der „Hilfe zur Selbsthilfe"** stellt klar, dass der Gefangene durch die Hilfe nicht in Abhängigkeit von der Anstalt geraten soll und sich auch nicht darauf verlassen darf, dass die Behörde alles für ihn regelt.[72] Damit ist dieses Prinzip den Grundsätzen der Sozialhilfe mit ausdrücklicher Erwähnung in § 1 Abs. 1 SGB I und § 1 Satz 2 SGB XII nachgestaltet: die Hilfe soll Empfänger der Hilfe soweit wie möglich befähigen, unabhängig von ihr zu leben; hierbei müssen sie nach Kräften mitwirken.

Die **Hilfe zur Selbsthilfe**[73] ist also darauf gerichtet, Motivation und Eigeninitiative beim Gefangenen anzuregen, aufzubauen und soweit zu verstärken, dass er selbst nach Lösungen sucht und diese aktiv mitgestaltet. **NW § 4** mit dem hervorgehobenen Ansatz der Motivierung ist dafür beispielhaft. Selbstverantwortlichkeit kann z.B. durch Anleitung beim Ausfüllen von Formularen, beim Schriftverkehr mit Behörden und Gläubigern eingeübt werden im Rahmen des sozialen Trainings (s. D 17). Das erfordert ein neu struk-

---

67   Vgl. auch D Rdn. 22; vgl. *Laubenthal* 2015, Rdn. 644; So **NI** § 68.
68   **HE** LT-Drucks. 18/1396, 93.
69   Ebenso BeckOK-*Beck* § 71 Rdn. 9; AK-*Bahl/Pollähne* Teil II § 5 Rdn. 5 ff., 37 ff.; *Laubenthal*, Rdn. 643; *Arloth/Krä* § 71 Rdn. 1.
70   *Laubenthal/Nestler/Neubacher/Verrel* H Rdn. 117; zum Sozialen Training siehe D Rdn. 17.
71   Vgl. auch AK-*Bahl/Pollähne* Teil II § 5 Rdn. 14 ff.
72   BT-Drucks. 7/918, 74.
73   *Arloth/Krä* § 71 Rdn. 3; *Laubenthal/Nestler/Neubacher/Verrel* H Rdn. 116.

turiertes Beratungskonzept. **HH** § 16 Satz 2[74] betont die aktive Rolle des Gefangenen im **Prozess der aktivierenden Entlassungsvorbereitung** wie folgt: „Gemeinsam mit den Gefangenen müssen sich die Anstrengungen aller an der Entlassungsvorbereitung Beteiligten in langfristiger Kooperation darauf konzentrieren, realistische Zukunftsperspektiven zu entwickeln und deren möglichst reibungslose Umsetzung nach der Entlassung zu gewährleisten." Es sollten Anreize gegeben werden zur Mitwirkung und auch durch Maßnahmen der Anerkennung und durch die Beteiligung an entsprechenden Maßnahmen, um „Anstöße zu Verhaltensänderungen zu geben und Umdenkprozesse einzuleiten". Auch in der Gesetzesbegründung zu **BW** § 40 III[75] wird dieses grundlegende **Leitprinzip** besonders hervorgehoben: „Die Gefangenen sollen durch die Hilfe nicht in eine Abhängigkeit von der Justizvollzugsanstalt geraten und sich auch nicht darauf verlassen dürfen, dass sich Behörden, auch etwa nach der Entlassung, alles für sie regeln. Die Beratungs- und Betreuungsangebote der Justizvollzugsanstalt sind daher darauf auszurichten, bei Gefangenen Eigeninitiative und Verantwortungsbewusstsein für ihre Angelegenheiten zu wecken und zu stärken."

Durch die Grundsatznorm der Sozialen Hilfe wird die Vollzugsbehörde dazu verpflichtet, den Gefangenen entsprechend zu **aktivieren.** Die jeweilige Ausgestaltung bleibt ihr überlassen; insofern hat die Anstalt einen gewissen **Beurteilungsspielraum** der für den Einzelfall notwendigen Maßnahmen.[76] Inanspruchnahme für den Gefangenen ist optional, das heißt insbesondere, dass ihm die Unterstützung nicht aufgezwungen werden kann.[77] Ein Anspruch auf konkrete Maßnahmen besteht nicht.[78] Die soziale Hilfe muss aber nach den Methoden und Erkenntnissen moderner Sozialarbeit so angeboten werden, dass sie von dem Gefangenen auch tatsächlich angenommen und seine mangelnde Mitwirkung nicht mit angeblichem Desinteresse erklärt wird. Zwar **kann** nach dem Gesetzeswortlaut der Gefangene die Hilfe in Anspruch nehmen. Wenn der Gefangene z.B. beim Erstkontakt die ihm angebotene Hilfe direkt ablehnt, darf der „Fall" nicht aktenmäßig erledigt, die Betreuung andererseits aber auch nicht aufgezwungen werden. Soziale Hilfe ist von ihrem Selbstverständnis her gerade dann gefordert, wenn der Gefangene erklärt, er wolle und brauche keine Hilfe.

Soziale Hilfe zwischen aktivierendem Behandlungsvollzug und Chancenvollzug. In den Vordergrund rückt somit das Konzept des aktivierenden Behandlungsvollzugs, das kriminalpolitisch von westeuropäischen Vollzugssystemen beeinflusst ist. Im Mittelpunkt steht hierbei die Strategie der Aktivierung, die dem Idealbild der problemlösenden Gemeinschaft am ehesten entspricht.[79] Die Gefangenen sollen nicht bloßes Objekt des Vollzuges sein, sondern vielmehr aktiv einbezogen werden in die Bemühungen, ihr Leben sozial- und eigenverantwortlich zu gestalten. Um dieses Ziel zu erreichen, werden Leistungen angeboten, aber auch Leistungen gefordert. Ziel dieser Strategie zur Aktivierung ist es, die Gefangenen aus dem Zustand der Lethargie des „Absitzens" zu lösen, ihre Eigeninitiative zu wecken und ihre Mitwirkungsbereitschaft zu erhöhen. Aufgabe des Vollzuges ist es, die Behandlungsbemühungen auf jeden Gefangenen zu richten, das Ausmaß der aktiven Mitarbeit aber ständig zu überprüfen. Motivationsaufbau und Motivationskontrolle müssen in gleicher Gewichtung erfolgen, wie dies die Regelungen von **HH** §§ 4, ausdrücklich vorsehen. Für besondere Leistungen der Anstalt in

---

[74] **HH** Bürgerschafts-Drucks. 19/2533, 2 und 54.
[75] BW LT-Drucks. 14/5012, 222.
[76] *Arloth/Krä* § 71 Rdn. 1a; *Laubenthal/Nestler/Neubacher/Verrel* H Rdn. 119.
[77] *Arloth/Krä* § 71 Rdn. 2.
[78] BeckOK-*Beck* § 71 Rdn. 12.
[79] Vgl. *Laubenthal*, Rdn. 161.

sind Gegenleistungen zu erbringen, die auch in gemeinnütziger Arbeit wie Gartenpflege, Sportplatzdienste, Renovierungsarbeiten u.a. bestehen können. Das Konzept, das sich in europäischen Vollzugssystemen nach einer Erprobungs- und Umsetzungsphase bewährt hat,[80] hat erhebliche Auswirkungen auf die sog. Binnendifferenzierung der Anstalten und die Vollzugsgestaltung insbesondere für solche Gefangene, die sich trotz aller Bemühungen anfangs nicht als mitarbeitsbereit erwiesen haben. Auch hier gilt die Leitidee von Leistung und Gegenleistung (s. a. Rdn. 4).

Das ähnlich strukturierte **Konzept des Chancenvollzugs**[81] unterscheidet zwischen einer Grundversorgung mit umfangreichen Betreuungs- und Beratungsleistungen für alle Gefangenen und der Förderung und Therapie mit verhaltensändernden Maßnahmen sowie schulischer und beruflicher Qualifizierung für solche Gefangene, die bereit sind, am Vollzugsziel mitzuarbeiten.

Die Eigenverantwortung der Gefangenen und damit ihre Bereitschaft, am Vollzugsziel mitzuarbeiten, sollen damit konsequent eingefordert werden. Qualifizierende und verhaltensändernde Maßnahmen, die über die für alle Gefangenen garantierte Grundversorgung hinausgehen, werden als Chancen für die Gefangenen gesehen, deren Teilhabe auf dem Dreiklang von „Brauchen – Können – Wollen" beruht. Die Bedürftigkeit als objektive Notwendigkeit eines Angebotes für die Gefangenen wird zunächst auf der Grundlage einer Behandlungsuntersuchung festgestellt und im Vollzugsplan als förderlich und sinnvoll für die Erreichung des individuellen Vollzugs(teil)ziels bezeichnet.[82] Von den Gefangenen wird erwartet, dass sie nach ihren individuellen Fähigkeiten in der Lage sind, das Angebot für sich zu nutzen, und ferner zur Mitarbeit am Vollzugsziel bereit sind. Alle über die Grundversorgung hinaus gehenden Angebote der Förderung und Therapie sowie der schulischen und beruflichen Qualifizierung werden in einem umfangreichen, ständig aktualisierten Behandlungsatlas dokumentiert.

Nach der Gesetzesbegründung[83] zu **NI** § 6 soll Wohlverhalten weder „belohnt" noch fehlende Mitwirkung „bestraft" werden. Demgegenüber betont **HH** § 5 ausdrücklich – und in gewisser Weise konsequenter – in Abs. 2 den Belohnungscharakter des gewollten motivierenden Vollzugs, indem die Bereitschaft zur Mitwirkung durch Maßnahmen der Belohnung und Anerkennung gefördert werden kann, soweit die Beteiligung an Maßnahmen wie auch besonderer Einsatz und erreichte Fortschritte angemessen zu berücksichtigen sind. Die Gesetzesbegründung[84] führt dazu aus: „Denkbar sind Anerkennungen und Belohnungen im Leistungsbereich, bei der Freizeitgestaltung, in den Kontaktmöglichkeiten und durch andere geeignete Maßnahmen. Die Vorschrift beachtet insoweit Nummer 70 der Mindestgrundsätze der Vereinten Nationen für die Behandlung der Gefangenen. Gefangenen sollen Erfolgserlebnisse vermittelt werden, die ihr Selbstwertgefühl und ihre Motivation nachhaltig stärken. Solche positiven Anreizsysteme können als Teil der Gesamtkonzeption sinnvoll eingesetzt werden, um Anstöße zu Verhaltensänderungen zu geben und Umdenkprozesse einzuleiten. Gleichzeitig werden die Anstalten darauf zu achten haben, dass die Gefangenen Anerkennungen nicht durch bloße Anpassung erreichen, sondern damit auch eine entsprechende bessere Einsicht einhergeht."

---

80 *Best* Keeping prisoners active in an increasingly difficult economic environment, in: Council of Europe 1999, 75 ff.
81 *Steinhilper* Chancenvollzug und sichere Unterbringung. Ein Paradigmenwechsel in der niedersächsischen Strafvollzugspolitik? In: FS Schwind 2006, 687 ff; zur Definition und Geschichte vgl. *Schwind* „Chancenvollzug" am Beispiel von Niedersachsen, in: FS Amelung, 2009, 763 ff.
82 **NI** LT-Drucks. 15/3565, 69, 88 ff.
83 **NI** LT-Drucks. 15/3565, 90.
84 **HH** LT-Drucks. 19/2533, 52.

Ausgangspunkt des Chancenvollzugskonzeptes ist, dass jeder Gefangene einen Anspruch auf soziale Integration hat und sich die Vollzugsbehörden nachhaltig um jeden Gefangenen bemühen müssen. Weil die Erreichung des entsprechenden Vollzugszieles aber notwendigerweise die Mitarbeitsbereitschaft der Gefangenen voraussetzt, sollen deswegen resozialisierende Maßnahmen nicht mehr angeboten oder aufrechterhalten werden müssen, wenn sie mangels Mitarbeitsbereitschaft des Gefangenen endgültig nicht mehr Erfolg versprechend sind. Das Anbieten von Maßnahmen von vornherein von der Mitarbeitsbereitschaft der Gefangenen abhängig zu machen, wäre auch nach diesem Konzept verfassungsrechtlich bedenklich.[85]

Insgesamt ist aber bei der Ausgestaltung der Sozialen Hilfe darauf zu achten, dass durch den Chancenvollzug bzw. motivierenden Vollzug nicht voreilig statische Zuordnungen erfolgen, die einen „Zwei-Klassen-Vollzug" befürchten lassen. Strategien zur sozialen Integration einer immer schwieriger werdenden Klientel müssen alle Anstrengungen beinhalten, bei den Gefangenen den Willen zur Änderung ihrer Einstellung und ihres Verhaltens zu wecken und im Einklang mit der Bedürftigkeit die Mitarbeitsbereitschaft in kleinen Schritten dynamisch zu entwickeln. Das gilt insbesondere für antriebsarme Gefangene, die erst durch eine aktivierende und sensibilisierende Förderplanung zu einer solchen Mitwirkung ermutigt werden können. Hieran zeigt sich, dass die Einstufung zwischen „Grundversorgung" und „Anspruch auf individuelle Behandlung" eine Gratwanderung sein kann. Denn nach der Gesetzesbegründung wird die festgestellte negative Mitarbeitsbereitschaft bei den anzustellenden Prognoseentscheidungen zu berücksichtigen sein, insbesondere bei der Verlegung in den offenen Vollzug, der Gewährung von Vollzugslockerungen und bei den Stellungnahmen der Vollzugsbehörde gemäß § 57 StGB. Die Beratungs- und Betreuungsangebote der Anstalt müssen aber gezielt darauf gerichtet werden, bei den Gefangenen Eigeninitiative und Verantwortungsbewusstsein für ihre Angelegenheiten aufzubauen und zu stärken, um sie dadurch zu befähigen, in sozialer Verantwortung ein Leben ohne Straftaten zu führen, wie dies z.B. **BY** Art. 75 regelt.

2. Abgrenzung von Strafvollzugsrecht und Sozialhilferecht. Zu der Frage, inwieweit Strafgefangene bereits während der Haft Leistungen der Sozialhilfe i.S. von § 28 SGB I beanspruchen können, hat die Rechtsprechung folgende Grundsätze zur **Abgrenzung von Strafvollzugsrecht und Sozialhilferecht** insbesondere zur Vorbereitung für die Zeit nach der Haftentlassung entwickelt: 10

a) Vorrang des Sozialhilferechts. Die Verbüßung einer Freiheitsstrafe ist für sich kein der Leistung von Sozialhilfe entgegenstehender Grund.[86] Sozialhilfe wird aber nur nachrangig gewährt. Für Personen, die sich im Strafvollzug befinden, kommen grundsätzlich sozialhilferechtliche Leistungsansprüche in Betracht. Es kommt aber im Einzelfall darauf an, ob der Zweck bzw. die Eigenart des Vollzuges die Hilfeleistung ausschließen, ob der mit der Hilfeleistung verfolgte Zweck auch während der Freiheitsentziehung erreicht werden kann und schließlich, ob der geltend gemachte Bedarf anderweitig, etwa durch den Vollzugsträger, gedeckt wird, denn Sozialhilfe wird grundsätzlich nur nachrangig gewährt.[87]

---

85 Gesetzesbegründung **NI** LT-Drucks. 15/3565, 90, wonach der Chancenvollzug lediglich eine Akzentverschiebung und keine Abkehr von dem Konzept des Behandlungsvollzugs darstellen soll.
86 BVerwG, Urt. vom 4. 11.1976 – V C 7.76 –, BVerwGE 51, 281–287.
87 LSG Berlin-Brandenburg, Urt. vom 30.9.2015 – L 15 SO 103/12 –, juris; vgl. Urteil des BVerwG vom 4.11.1976 – V C 7.76, juris und BVerwGE 51, 281; Beschluss des OVG **NW** vom 6.11.2008, 12 A 2587/07, juris.

7. Kapitel. Soziale Hilfe, Entlassungsvorbereitung, nachgehende Betreuung

Maßnahmen nach dem Strafvollzugsrecht und Leistungen nach dem Sozialhilferecht[88] überschneiden sich zwar in vielen Fällen; im Regelfall führt dies dann zum Ausschluss von Sozialhilfeleistungen, da die Maßnahmen des Strafvollzugs vorrangig sind (§ 2 SGB XII: Nachrang der Sozialhilfe). Trotzdem kann aber im Einzelfall unter dem Gesichtspunkt des Sozialhilferechts ein weitergehender Bedarf vorliegen. Sozialhilfe ist ihrem Wesen nach bestimmt, Lücken in der Betreuung Hilfebedürftiger zu schließen. Als Grundlage kommen (vorrangig) §§ 67, 68 SGB XII in Betracht. Nach § 67 Satz 1 SGB XII haben Personen, bei denen besondere Lebensverhältnisse mit sozialen Schwierigkeiten verbunden sind, einen Anspruch auf Leistungen zur Überwindung dieser Schwierigkeiten, wenn sie aus eigener Kraft hierzu nicht fähig sind. Weder die „besonderen Lebensverhältnisse" noch die damit verbundenen „sozialen Schwierigkeiten" sind in § 67 SGB XII näher beschrieben oder definiert; es handelt sich um von den Gerichten voll überprüfbare, unbestimmte Rechtsbegriffe.

Zur Abgrenzung des danach berechtigten Personenkreises ist die nach § 69 SGB XII erlassene Verordnung zur Durchführung der Hilfe zur Überwindung besonderer sozialer Schwierigkeiten vom 24.1.2001[89] heranzuziehen. Nach deren § 1 Abs. 1 Satz 1 leben Personen in besonderen sozialen Schwierigkeiten, wenn besondere Lebensverhältnisse derart mit sozialen Schwierigkeiten verbunden sind, dass die Überwindung der besonderen Lebensverhältnisse auch die Überwindung der sozialen Schwierigkeiten erfordert.

Es ist in jedem Fall zu prüfen, ob **neben dem Vollzug** der strafgerichtlichen Entscheidung **Maßnahmen der Sozialhilfe** möglich und angezeigt bleiben;[90] bejaht für die Gewährung von **Blindenhilfe** nach § 72 SGB XII;[91] je nach Bedarfslage bejaht bei der **Eingliederungshilfe für Behinderte** nach §§ 53 ff SGB XII;[92] verneint für **Taschengeld**[93] und **Krankenkostenzulagen,** da die Gesundheitsfürsorge von der Vollzugsbehörde sicherzustellen ist;[94] bejaht für ergänzende Hilfen zur **Heilbehandlung** von Tuberkulose bereits während der Haft für **Maßnahmen der Rehabilitation,** wie z.B. Wohnungsbeschaffung für die Zeit der Entlassungsvorbereitung (s. a. B Rdn. 7), zur **Übernahme der Mietkosten** während der Haftzeit durch den Sozialhilfeträger;[95] zur **Einlagerung der Möbel;**[96] zu **Mietkautionsdarlehen** s. B Rdn. 8; D Rdn. 6); zum **Überbrückungsgeld nach § 51 StVollzG**: dieses ist bei der Gewährung von Hilfe zum Lebensunterhalt in voller Höhe bedarfsmindernd zu berücksichtigen.[97] Einem Untersuchungsgefangenen steht aber gegenüber dem Träger der Sozialhilfe ein Anspruch auf „Taschengeld" zu, wenn dieser Bedarf nicht von dritter Seite gedeckt wird. Allerdings ist dem Träger der Sozialhilfe kein

---

88 Speziell dazu *Hohm* § 2 SGB XII, in: *Schellhorn/Hohm/Schneider* SGB XII, Sozialhilfe-Kommentar 2015, Rdn. 26 ff zu § 2 SGB XII.
89 BGBl I 179, zuletzt geändert durch Artikel 14 des Gesetzes vom 27.12.2003 – BGBl I 3022.
90 Vgl. BVerwG, Urt. vom 13.1.1971 – V C 70.70 –, BVerwGE 37, 87ff, NDV 1971, 197.
91 BVerwG, Urt. vom 4.11.1976 – V C 7.76 –, BVerwGE 51, 281, NDV 1977, 229 ff.
92 BVerwGE 37, 87, siehe Fn. 88 und vgl. *Müller-Dietz* Die Stellung des Behinderten im Strafvollzug, in: ZfStrVo 1982, 94 ff.
93 OVG **NW,** Entscheidung vom 14. März 1988 – 8 B 742/88 –, juris, NStZ 1982, 384.
94 BVerwG, Beschluss vom 15. Oktober 1976 – V B 77.76 –, juris, ZfStrVo **SH** 1977, 284.
95 BSG, Urt. vom 12.12.2013 – B 8 SO 24/12 R –, SozR 4-3500 juris, unter Hinweis auf §§ 67 ff SGB XII, auch betreffend eine Übernahme von Schulden zur Sicherung der Unterkunft und die Sicherung der bisherigen Unterkunft eines (alleinstehenden) Inhaftierten; vgl. dazu 7 B Rdn. 7.
96 OVG Lüneburg Urt. vom 13.5.1992 – 4 L 149/90 –, juris, ZfStrVo 2002, 119 bei nur kurzfristigem Freiheitsentzug.
97 BeckOK-*Beck* § 71 Rdn. 1 und 11.1; BVerwG NJW 1991, 189 = BVerwG NDV 1990, 384 entgegen der Auffassung des Hess VGH ZfStrVo 1987, 115, als Vorinstanz: kein Einkommen i. S. d. §§ 82, 83 SGB XII und damit keine Anrechnung auf Sozialhilfe, aber Vermögen i. S. von § 90 SGB XII und somit als „kleiner Barbetrag" gem. § 90 Abs. 2 Nr. 9 SGB XII zu bewerten.

Ermessen eingeräumt, den Umfang der Hilfe zu bestimmen. Vielmehr ist der unbestimmte Rechtsbegriff des „Notwendiger Lebensunterhalt" auszulegen und auszufüllen.[98]

b) Vorrang des Strafvollzugsrechts. Strafvollzugsrecht ist gegenüber dem Sozialhilferecht zumindest insoweit vorrangig, als es um die Finanzierung der persönlichen Bedürfnisse der Strafgefangenen und damit auch um evtl. entstehenden Mehrbedarf geht. Ein Strafgefangener hat auch dann keinen Anspruch auf **Weihnachtsbeihilfe** im Rahmen des Sozialhilferechts, wenn ihm weder Haus- noch Taschengeld zur Verfügung steht.[99] Anlässlich des Weihnachtsfestes steht ein sozialhilferechtlich anzuerkennender Bedarf, soweit er den regelmäßigen Bedarf übersteigt, in Form von einmaligen Leistungen nur Hilfesuchenden in Freiheit zu. Ebenso wie die Inhaftierung eines Hilfeempfängers für sich allein der Leistung von Sozialhilfe nicht entgegensteht, folgt aus der Anerkennung eines bestimmten Bedarfs bei einem in Freiheit lebenden Hilfesuchenden nicht, dass ein solcher sozialhilferechtlicher Bedarf auch in der Haft anzuerkennen ist. Benötigt ein Strafgefangener solche Mittel, die über das hinausgehen, was er im Rahmen des Strafvollzugs erhält, so muss er sich an die Vollzugsbehörde wenden, die zur umfassenden Fürsorge verpflichtet ist.[100] Die Gewährung von Sozialhilfe in diesen Einzelfällen bezieht sich nur auf den finanziellen Bereich. Die Gewährung persönlicher Hilfe einschließlich der Beratung der Gefangenen obliegt der Zuständigkeit der Vollzugsbehörde. Zu beachten ist aber der Grundsatz, wonach einmalige Leistungen bis auf wenige Ausnahmen in den Regelbedarf einbezogen und damit pauschaliert werden gemäß § 28 SGB XII. 11

c) Rangverhältnis bei Ansprüchen von Angehörigen. Bei Ansprüchen von **Angehörigen** ist allerdings der Sozialhilfeträger gegenüber der Vollzugsbehörde vorrangig verpflichtet. Dies betrifft auch die **Übernahme der Fahrtkosten** nach den § 27 SGB XII zum Besuch von Angehörigen in den Anstalten (dazu auch 7 C Rdn. 5). Einen Anspruch auf Übernahme dieser Kosten haben auch Personen, die mit dem Gefangenen in eheähnlicher Gemeinschaft leben.[101] Wird die Leistung verweigert und der hilfesuchende Angehörige an Wohlfahrtsverbände verwiesen, haben diese einen Anspruch auf Erstattung der Aufwendungen gegen den Sozialhilfeträger. Nur bei tatsächlich und freiwillig gewährter Hilfe eines Wohlfahrtsverbandes ergibt sich das Nachrangprinzip der Sozialhilfe nach § 2 SGB XII.[102] 12

B. Hilfe bei der Aufnahme

Bund	§ 72 StVollzG
Baden-Württemberg	BW § 41 III JVollzGB
Bayern	BY Art. 77 BayStVollzG
Berlin	BE § 7 Abs. 4 StVollzG Bln

---

98 Bejaht bei Untersuchungsgefangenen von OVG Lüneburg, Urt. vom 13.5.1992 – 4 L 149/90 –, juris.
99 OVG **RP**, Urteil vom 4. September 1981 – 8 A 68/80 –, juris, ZfStrVo 1982, 55 = NStZ 1982, 220 mit Hinweis, dass für die persönlichen Bedürfnisse der Gefangenen (hier: Weihnachtsbeihilfe) der Strafvollzug aufzukommen habe.
100 Bay. VGH, Beschluss vom 9. Juni 1999 – 12 Zc 98.3518 –, juris, ZfStrVo 2000, 180 ff mit Anm.
Hammel; Zur Weihnachtsbeihilfe *Krahmer* Der Rechtscharakter der Weihnachtsbeihilfe nach dem Bundessozialhilfegesetz, in: NDV 1982, S. 125 ff mit Nachweisen.
101 OVG Lüneburg, Urt. v. 23.7.2003 – 4 LB 71/03 Nds. Rpfl. 2004, 63 f.
102 Insgesamt dazu: *Fichtner* § 2 SGB XII Rdn. 3, 4, 22 in: *Fichtner/Wenzel* SGB XII 2009 wegen des Verhältnisses von staatlicher Sozialhilfe und freier Wohlfahrtspflege.

Brandenburg	BB § 12 Abs. 4 BbgJVollzG
Bremen	HB § 6 Abs. 4 BremStVollzG
Hamburg	HH § 16 S. 2 HmbStVollzG
Hessen	HE § 8 Abs. 3 HStVollzG
Mecklenburg-Vorpommern	MV § 6 Abs. 4 StVollzG M-V
Niedersachsen	NI § 69 Abs. 1 NJVollzG
Nordrhein-Westfalen	NW § 4, Abs. 2, 4 StVollzG NRW
Rheinland-Pfalz	RP § 12 Abs. 4 LJVollzG
Saarland	SL § 6 Abs. 4 SLStVollzG
Sachsen	SN § 6 Abs. 5 SächsStVollzG
Sachsen-Anhalt	ST §§ 11 Abs. 3, 12 Abs. 4, JVollzGB LSA
Schleswig-Holstein	SH § 24 Abs. 1 LStVollzG SH
Thüringen	TH §§ 11 Abs. 3, 12 Abs. 4 ThürJVollzG

Schrifttum

S. Vor A.

Übersicht

I. Allgemeine Hinweise —— 1
II. Erläuterungen —— 2–12
   1. Beispielfälle der materiellen Versorgung —— 2
   2. Soforthilfen der „Sozialverwaltung" —— 3
   3. Aufnahmevollzug als Einstiegsphase der Betreuung —— 4–6

   a) Maßnahmen zur Erhaltung und Beschaffung einer Wohnung —— 7, 8
   b) Maßnahmen zur Sicherstellung von Gepäck und Habe —— 9
   4. Beratung zur Sozialversicherung —— 10
   5. Beratung zur Rentenversicherung —— 11
   6. Beratung zu Kranken- und Pflegeversicherung —— 12
   7. Anträge und Rechtsschutz —— 13

I. Allgemeine Hinweise

1 Der Strafantritt ist mit einschneidenden Veränderungen der gesamten Lebenssituation verbunden, die wichtige Inhalte für das **Aufnahmegespräch bzw. Zugangsgespräch** sind.[103] Die Gefangenen sind aus ihren sozialen Lebensbezügen herausgerissen worden und in aller Regel nicht mehr in der Lage, ihre Angelegenheiten selbst zu ordnen. Die soziale Realität bricht zusammen. Sie verlieren ihre Identität als Familienmitglied, Vater, Mutter, Arbeitskollege, Partner etc., stattdessen wird ihnen die neue Rolle als straffällig Gewordener zugewiesen. Die Auswirkungen dieses Rollenwechsels treffen nicht nur Inhaftierte selbst, sondern auch die Angehörigen.[104]

Die Lebenswelt Inhaftierter ist geprägt von einer radikalen Einschränkung ihrer Selbstbestimmung: Eigenständigkeit und Eigenverantwortlichkeit werden ihnen genommen. Selbst die einfachsten Dinge des täglichen Lebens können nicht ohne Zustimmung von Dritten erlangt werden und sind mit einem hohen Aufwand verbunden. Inhaftierte Menschen befinden sich somit in einem permanenten Abhängigkeitsverhältnis, das in der Regel ihrem bisherigen Rollenverständnis entgegengesetzt ist. Der einzelne Gefangene selbst ist in dieser Umstellungsphase oft überfordert; nur langsam kann seine stark ge-

---

103 *K/S-Schöch* 2002 § 13 Rdn. 7.
104 *Bundesarbeitsgemeinschaft für Straffälligenhilfe (BAG-S) e. V.* (Hrsg.), Arbeit mit Angehörigen Inhaftierter. Orientierungshilfe für die Praxis, Bonn 2018, nunmehr auch mit den ausländerrechtlichen Bestimmungen, vgl. BAG-S vom 27.3.2018, im Druck (2019), www.bag-straffaelligenhilfe.de.

bremste Eigeninitiative wieder geweckt und gefördert werden. Dem Gefangenen hierbei behilflich zu sein, ist Sinn der Vorschriften zur Regelung der Hilfen bei der Aufnahme.

Die Bundesvorschrift (§ 72 StVollzG) lautete: „Abs. 1: Bei der Aufnahme wird dem Gefangenen geholfen, die notwendigen Maßnahmen für hilfsbedürftige Angehörige zu veranlassen und seine Habe außerhalb der Anstalt sicherzustellen. Abs. 2: Der Gefangene ist über die Aufrechterhaltung einer Sozialversicherung zu beraten". Die Landesgesetze haben die Regelung modifiziert übernommen. Teilweise ist auf den Phasencharakter der Entlassungsvorbereitung zu Recht verzichtet worden (zu dem systemischen Ansatz: vgl. dazu A Rdn. 1). So fasst **BW** § 41 die Regelungen in den §§ 72 und 73 StVollzG zusammen und verzichtet auf die Unterteilung zwischen Hilfen zur Aufnahme und während des Vollzugs. Abs. 1 ist nahezu wortgleich mit § 72 Abs. 2 StVollzG. **BW** § Abs. 2 Satz 1 geht über den Regelungsgehalt von § 72 Abs. 2 StVollzG hinaus und hat folgenden Wortlaut: „Gefangenen ist eine Beratung in für sie bedeutsamen rechtlichen und sozialen Fragestellungen zu ermöglichen." Folgerichtig entspricht Abs. 2 Satz 2 in ergänzter Form weitgehend dem § 73 StVollzG und dem § 74 StVollzG (vgl. dort) und konkretisiert in Abs. 3 die Suchtberatung und die Vermittlung in Therapieeinrichtungen. Abs. 3 hat folgenden Wortlaut: „Auf Grund der Behandlungsuntersuchung oder auf Wunsch können suchtgefährdete oder süchtige Gefangene Suchtberatung und Vermittlung in Therapieeinrichtungen des Justizvollzugs oder anderer Träger erhalten." **BY** Art. 77 ist inhaltsgleich mit § 72 StVollzG. Das HmbStVollzG enthält keine in einem besonderen Titel, Kapitel oder Abschnitt zusammengefassten Bestimmungen über soziale Hilfen. Am ehesten entspricht **HH** § 16 Satz 2 dem Sinngehalt dieser Vorschrift. **HE** § 8 Abs. 3 entspricht im Wesentlichen der Regelung in § 72 Abs. 1 StVollzG. Auch hier gilt der Grundsatz der Hilfe zur Selbsthilfe, der im Ablauf der Aufnahme eine zentrale Rolle einnimmt. **NI** § 69 Abs. 1 („Hilfen im Vollzug") ist nahezu wortgleich mit § 72 StVollzG.

ME § 6, der das Aufnahmeverfahren regelt, war in Abs. 4 inhaltsgleich mit § 72 Abs. 1 StVollzG, erwähnte aber ausdrücklich neben den Maßnahmen für hilfsbedürftige Angehörige auch Maßnahmen zur Erhaltung des Arbeitsplatzes und der Wohnung. Für den vom Musterentwurf angepeilten rechtzeitigen Beginn der Behandlungs- und Qualifizierungsmaßnahmen (ME § 17 Abs. 4, ME § 21 Abs. 4) und die Vorbereitung der Eingliederung mit den dafür erweiterten Lockerungsmöglichkeiten war das Aufnahmeverfahren (ME § 6) als ein wichtiger Einstieg in die frühzeitige und perspektivisch angelegte Vollzugs- und Eingliederungsplanung (ME §§ 8, 9) gedacht.

Inhalte des Aufnahmegesprächs als Einstieg für die Aktivierung der Hilfe zur Selbsthilfe[105] können sein: Verhütung einer Wohnungslosigkeit und Vermittlung in angemessene Wohnform, Klärung der wirtschaftlichen Bezüge und Stabilisierung der Persönlichkeit in dieser von Ungewissheit geprägten Lebenssituation, Abklärung der finanziellen Situation, Überprüfung der Arbeitsfähigkeit und Motivation zur Arbeitsaufnahme mit Erarbeitung von realistischen, umsetzbaren, den Fähigkeiten entsprechenden Beschäftigungsmöglichkeiten, Ermittlung tragfähiger sozialer Beziehungen, Klärung der Situation im Familienbereich, körperliche bzw. gesundheitliche Beeinträchtigungen, Prüfung der Einnahme von Drogen oder anderen Suchtmitteln, etc.

Das Aufnahmeverfahren ist der **Wegbereiter für das Diagnostikverfahren** zur Vorbereitung der Vollzugs- und Eingliederungsplanung. Hier erweist sich, ob die phasenhaften Brüche des StVollzG überwunden werden können durch einen systemischen Ansatz der durchgängigen und „verzahnten Entlassungsvorbereitung" (vgl. dazu A Rdn. 8). Denn das „Diagnostikverfahren erstreckt sich auf die Persönlichkeit und die

---

[105] Arloth/Krä § 72 Rdn. 1; BeckOK-Beck § 72 Rdn. 3.

Lebensverhältnisse der Gefangenen, die Ursachen und Umstände der Straftat sowie alle sonstigen Gesichtspunkte, deren Kenntnis für eine zielgerichtete und wirkungsorientierte Vollzugsgestaltung und die Eingliederung der Gefangenen nach der Entlassung notwendig erscheint. Neben den Unterlagen aus der Vollstreckung und dem Vollzug vorangegangener Freiheitsentziehungen sind insbesondere auch Erkenntnisse der Gerichts- und Bewährungshilfe sowie der Führungsaufsichtsstellen einzubeziehen" (**BE** § 8 Abs. 3, **BB** § 13 Abs. 3, **HB** § 7 Abs. 3, **HE** § 9 Abs. 1 („Feststellung des Maßnahmenbedarfs"), **MV** § 7 Abs. 3, **NW** § 9 Abs. 1 („Behandlungsuntersuchung"), **RP** § 13 Abs. 3, **SL** § 7 Abs. 3 und 4, **ST** § 13 Abs. 3, **SN** § 7 Abs. 3, **SH** § 7 Abs. 2 und **TH** § 13 Abs. 3.

Dem Aufnahmegespräch als Einstieg für die Aktivierung der Hilfe zur Selbsthilfe entspricht auch folgende Zielsetzung: „Im Diagnoseverfahren werden die im Einzelfall die Straffälligkeit begünstigenden Faktoren ermittelt. Gleichzeitig sollen die Fähigkeiten der Gefangenen ermittelt werden, deren Stärkung einer erneuten Straffälligkeit entgegenwirken kann" (**SL** § 7 Abs. 4; ebenso **BB** § 13 Abs. 4, **HB** § 7 Abs. 4, **HE** § 9 Abs. 2, **MV** § 7 Abs. 4, **RP** § 13 Abs. 4, **ST** § 7 Abs. 4, **SN** § 7 Abs. 4, **SH** § 7 Abs. 3 und **TH** § 13 Abs. 5. Mit dem Aufnahmegespräch ist somit die Hilfe zur Aufnahme eng verbunden. Denn es werden damit die **Weichen gestellt für den Vollzugs- und Eingliederungsplan**. „Er zeigt den Gefangenen bereits zu Beginn des Vollzugs unter Berücksichtigung der voraussichtlichen Vollzugsdauer die zur Erreichung des Vollzugsziels erforderlichen Maßnahmen auf. Daneben kann er weitere Hilfsangebote und Empfehlungen enthalten. Die Fähigkeiten, Fertigkeiten und Neigungen der Gefangenen sollen einbezogen werden" (z.B. **SN** § 8 Abs. 1; ähnlich **BE** § 9 Abs. 1).

II. Erläuterungen

2   **1. Beispielfälle der materiellen Versorgung.** Für die Vollzugsbehörden ist die **Verpflichtung** begründet, dem Gefangenen bei der Ordnung seiner Angelegenheiten zu helfen und notfalls die erforderlichen Maßnahmen selbst zu treffen. Was jeweils veranlasst werden muss und welche zuständigen Stellen außerhalb des Vollzugs einzuschalten sind, kann nur im Einzelfall entschieden werden.[106] Das StVollzG benannte beispielhaft die Maßnahmen für hilfsbedürftige Angehörige, die Sicherstellung der Habe des Gefangenen außerhalb der Anstalt und die Beratung über die Aufrechterhaltung einer Sozialversicherung. Der Gesetzgeber hatte sich auf wichtige **Beispielfälle der materiellen Versorgung** beschränkt und bewusst auf eine abschließende Aufzählung verzichtet. Weitere Unterstützungsmaßnahmen ergeben sich unvermutet aus der alltäglichen Situation und sind äußerst vielfältig.[107] Für das Einstiegsgespräch empfiehlt sich eine **Checkliste**, die möglichst alle aktuellen Krisenlagen erfasst. Der Grundgedanke der sozialen Hilfe bei der Aufnahme muss aber auch auf sonstige Betreuungserfordernisse erweitert werden, die sich aus dem „Statuswandel auch in der Identität" ergeben.[108]

3   **2. Soforthilfen der „Sozialverwaltung".** Die Hilfe zur Selbsthilfe (vgl. dazu A Rdn. 9) steht auch während der vollzuglichen Eingangsphase im Vordergrund. Gerade im Aufnahmestadium ist von dem sozialen Dienst erhebliche Motivationsarbeit zu leisten,

---
[106] So bereits BT-Drucks. 7/918, 75 zu § 72 StVollzG.
[107] Vgl. *BAG-S*, Wegweiser für Inhaftierte, Haftentlassene und deren Angehörige" Bonn 2017, mit Fragen, Antworten und Informationen, welche Hilfen es gibt und an wen man sich wenden kann. Der Wegweiser wird regelmäßig aktualisiert nunmehr auch mit den ausländerrechtlichen Bestimmungen, vgl. BAG-S vom 27.3.2018, im Druck (2019), http://bag-s.de/materialien/wegweiser/; *Arloth/Krä* § 72 Rdn. 3.
[108] Ebenso AK-*Bahl/Pollähne* Teil II § 42 Rdn. 7 und *BAG-S*, Fn. 2.

damit sich der Gefangene auf die Vollzugssituation einstellen kann, ohne die Entlassung aus dem Auge zu verlieren. In dieser Phase stehen Soforthilfen der „Sozialverwaltung" im Blickpunkt; oft lohnt sich ein schnelles und sofortiges Eingreifen, um Schäden materieller und psychischer Art mit Folgewirkung von dem Gefangenen abzuwenden. Im Mittelpunkt stehen Maßnahmen zur Erhaltung des Arbeitsplatzes und der Wohnung. Eine solche Verbindung von materiellen und personalen Hilfen eignet sich außerdem besonders gut als „Einstiegssituation" in die gesamte Betreuungs- und Beratungsarbeit und zur Motivierung (zum Beratungsbegriff: C Rdn. 2, 3, 4 und 14; D Rdn. 17).

3. Aufnahmevollzug als Einstiegsphase der Betreuung. Nach **BW** § 41 III, **BY** 4 Art. 77 Abs. 1, **BE** § 7 Abs. 4, **HE** § 8 Abs. 3, **NI** § 69 Abs. 14 erfolgt eine Unterstützung der notwendigen Maßnahmen für hilfsbedürftige Angehörige und die Sicherstellung der Habe außerhalb der Anstalt. **BB** § 12 Abs. 4, **HB** § 6 Abs. 4, **MV** § 6 Abs. 4, **RP** § 12 Abs. 4, **SL** § 6 Abs.4, **SN** § 6 Abs. 5, **ST** § 12 Abs. 4, **SH** § 6 Abs. 4, **TH** § 12 Abs. 4 ergänzen ausdrücklich diese Maßnahmen um die Erhaltung des Arbeitsplatzes und der Wohnung (vgl. auch Rdn. 7). Je nach Einzelfall handelt es sich um folgende **Sofortmaßnahmen,** die mit den Gefangenen unmittelbar nach dem Eintreffen in der Anstalt in einem Sofortgespräch festgestellt werden sollten, wie dies **SH** § 6 Abs. 1 regelt: Hilfe bei der Erhaltung der Wohnung und der Aufbewahrung von Möbeln (vgl. Rdn. 7) bzw. Verhandlungen zur Sicherung des Arbeitsplatzes; Vereinbarungen mit Gläubigern (im Einzelnen dazu bei C Rdn. 14) bei laufenden Zahlungsverpflichtungen (Stundungsabreden); Abklärung bisher erworbener Lohn-, Versicherungs- und Rentenansprüche; Beschaffung von Personal- und Arbeitspapieren; Beratung über Leistungen der Grundsicherung für Arbeitsuchende nach SGB II und Sozialhilfe für Familienangehörige, insbesondere die Hilfe zum Lebensunterhalt nach §§ 27 bis 40 SGB XII. Dazu gehören auch Anträge und Maßnahmen zum Rechtsschutz[109] und die Abklärung der Übernahme von Schulden (vgl. dazu C Rdn. 8–17) nach dem SGB XII und der Pfändungsschutz und Einrichtung eines P-Kontos (dazu C Rdn. 17).

Der Bereich dieser Sofortmaßnahmen – in der Praxis leider oft unterschätzt – ist be- 5 sonders für die spätere Entlassungsvorbereitung unabweisbar notwendig. Was in dieser Phase versäumt wird, kann später nur unter erheblich größeren Schwierigkeiten aufgearbeitet werden (insbesondere die Schuldenregelung; vgl. C Rdn. 7 ff.). Notwendig ist daher schon in diesem Stadium eine systematische Auflistung aller Unterlagen und Informationen, um eine geordnete und gezielte Vollzugsplanung bereits im Aufnahmevollzug zu beginnen und sie als durchgehende Vollzugsmaßnahme konsequent fortzusetzen (erläutert bei A Rdn. 5; D Rdn. 1, 22 und 30). Dies setzt auch den Arbeitskontakt zur Bewährungshilfe und freien Trägern der Straffälligenhilfe voraus, um auf diese Weise unnötige Mehrarbeit der Informationsgewinnung zu vermeiden und – wenigstens ansatzweise – die Betreuung kontinuierlich weiter zu gestalten. Bereits in dieser Einstiegsphase können Defizite ermittelt werden, die über den Einsatz von ehrenamtlichen Mitarbeitern bzw. Kursangebote eines Entlassungstrainings wirksam aufgearbeitet werden können (im Einzelnen dazu: D Rdn. 17).

Für die Wiedereingliederung der Gefangenen in die Gesellschaft ist eine rechtzeitige 6 Vorbereitung der Entlassung besonders wichtig. Eine erfolgreiche Betreuung der Gefangenen durch verschiedene Behörden, Stellen und Personen setzt einen möglichst umfassenden **Informationsaustausch voraus.**

Bereits jetzt arbeiten die Vollzugsbehörden im Rahmen der Entlassungsvorbereitung mit Stellen und Personen außerhalb des Vollzuges, die Hilfe zur Entlassung bieten kön-

---

[109] *Arloth/Krä* § 72 Rdn. 5.

nen, eng zusammen. Die gesetzliche Grundlage findet sich in **BW** § 87 III, **BY** Art. 175, **BE** § 46 Abs. 2, **BB** § 11 Abs. 1 und **BB** § 50 Abs. 2, **HB** § 42 Abs. 2, **HH** § 6, **HE** § 16, **MV** § 42 Abs. 2, **NW** § 5 (Einbeziehung Dritter), **RP** § 49 Abs. 2, **SL** § 42 Abs. 2, **SH** § 59 Abs. 2 und **TH** § 50 Abs. 2. Die Landesgesetze regeln die verpflichtende Zusammenarbeit, frühzeitige Kontaktaufnahme. Doch auch die Beteiligung von Bewährungshilfe und Führungsaufsichtsstellen an der sozialen und beruflichen Eingliederung der Gefangenen ist Regelungsinhalt. NW § 5 Abs. 1 Satz 2 regelt, dass die Anstalten rechtzeitig auf einen Austausch der Informationen hinwirken. Noch weiter geht der neu eingefügte Satz 2 in **NI** § 68 Abs. 4, der (im Unterschied zu den genannten Regelungen) erstmals eine besondere Übermittlungspflicht der Vollzugsbehörde normiert gegenüber den nach § 68a StGB zuständigen Aufsichtsstellen sowie mit der Bewährungshilfe befassten Stellen im Hinblick auf Informationen, die für die Vorbereitung und Durchführung von Maßnahmen der genannten Stellen im Sinne einer durchgängigen Betreuung erforderlich sind. Durch diese Verpflichtung zur Datenübermittlung wird die bestehende partnerschaftliche Zusammenarbeit zwischen den beteiligten Stellen intensiviert und auf legislativer Ebene sichergestellt. Leider ist die spiegelbildliche Verpflichtung der außervollzuglichen Stellen zur Übermittlung der bei ihnen vorliegenden Daten ohne Einwilligung der Gefangenen nicht durch Landesrecht regelbar und dürfte – jedenfalls soweit es die mit der Bewährungshilfe befassten Stellen betrifft – nicht in die Gesetzgebungskompetenz der Länder fallen.[110] Das zu weckende **Eigeninteresse des Gefangenen an einer durchgehenden Informationsbrücke** kann aber diese rechtliche Schwelle durch eine erteilte Einwilligung überwinden.

Bei der **Informationsbeschaffung** und der **Datenübermittlung** sind die bereichsspezifischen Rechtsgrundlagen für die Erhebung, Verarbeitung und Nutzung personenbezogener Daten in den Landesgesetzen (s. 15 A–C) zu beachten. Die Vollzugsbehörden sind damit in den Stand versetzt, die für Maßnahmen im Vollzug der Freiheitsstrafe notwendigen, personenbezogenen Daten auch im Rahmen der Sozialen Hilfe zu erheben, um sachgerechte Entscheidungen treffen zu können. Primär sind die personenbezogenen Daten bei dem Betroffenen selbst zu erheben. Aus der Eigenart der gesetzlichen Aufgaben des Strafvollzuges kann sich jedoch die Notwendigkeit ergeben, in bestimmten Sachlagen Informationen bei anderen Personen als dem Betroffenen erheben zu müssen. Hierzu gehören beispielsweise Auskünfte über die Wahrnehmungen von Bediensteten über das Verhalten der Gefangenen und Auskünfte von Bezugspersonen über die sozialen Verhältnisse der Gefangenen. Unter bestimmten gesetzlichen Voraussetzungen kann vom Grundsatz der Erhebung bei dem Betroffenen abgewichen werden. Ein Anwendungsfall, in dem die zu erfüllende Vollzugsaufgabe ihrer Art nach eine Erhebung bei anderen Personen oder Stellen erforderlich macht, kann beispielsweise die Fallgestaltung sein, dass entsprechende Informationen bei den Gefangenen trotz seines Eigeninteresses selbst nicht zu erhalten sind oder Zweifel an der Richtigkeit der Angaben bestehen.

Bei Entscheidungen über Leistungen, die mit der Aufnahme in einer Justizvollzugsanstalt entfallen oder sich mindern und welche die Einleitung von Hilfsmaßnahmen für Angehörige des Gefangenen betreffen, sollten die Vollzugsbehörden darauf hinwirken, dass die **Mitteilungen**, zu denen Gefangene **aufgrund des SGB II (Grundsicherung für Arbeitssuchende), des SGB XII (Hilfe zur Überwindung besonderer sozialer Schwierigkeiten**) oder anderer Gesetze verpflichtet sind, auch vorgenommen werden (dazu Rdn. 10, 12). Aus der Vollzugspraxis ist auf die Notwendigkeit solcher Mitteilungen hingewiesen worden, die vermeiden sollen, dass durch ein Versäumnis der Gefangenen Situationen entstehen, die ihre Wiedereingliederung erschweren. Nach der Grundsatz-

---

110 NI LT-Drucks. 17/7414, 31.

norm der Sozialen Hilfe sollte die Vollzugsbehörde bemüht sein, die Einwilligung des Betroffenen zu erhalten, da die Auskunftserteilung und Datenübermittlung auch in seinem Interesse liegt, z.B. bei der Geltendmachung von Leistungsansprüchen im Rahmen der Verfahrensweise nach den Kooperationsvereinbarungen der Länder (vgl. D Rdn. 3, 9, 26 und 27).

a) Maßnahmen zur Erhaltung und Beschaffung einer Wohnung. Zu den notwendigen Maßnahmen kann es auch gehören, dem Inhaftierten die **Wohnung** zu erhalten (vgl. **BE** § 7 Abs. 4, **BB** § 12 Abs. 4, **HB** § 6 Abs. 4, **MV** § 6 Abs. 4, **RP** § 12 Abs. 4, **SL** § 6 Abs. 4, **SN** § 6 Abs. 5, **ST** § 12 Abs. 4, **SH** § 6 Abs. 4 und **TH** § 12 Abs. 4). Die Sicherung der bisherigen Unterkunft eines (alleinstehenden) Inhaftierten bereitete immer wieder Probleme.[111] Der einst gewählte Ausweg, Leistungen zur Sicherung einer angemessenen Unterkunft während einer kurzzeitigen freiheitsentziehenden Maßnahme als Unterkunftskosten zu übernehmen,[112] ist durch die neue BSG-Rechtsprechung „blockiert", wonach die **Übernahme von laufenden Kosten der Unterkunft und Heizung als Schulden** nur für eine Wohnung in Betracht kommt, die den **aktuell bestehenden Unterkunftsbedarf** deckt.[113] SGB II-Leistungen an Inhaftierte scheitern ohnehin regelmäßig an der Ausschlussregelung des § 7 Abs. 4 SGB II.

Der Begriff der **Einrichtung i. S. d. § 7 Abs. 4 SGB II** ist unter dem Gesichtspunkt des Gesetzeszwecks des SGB II funktional auszulegen. Maßgebend ist damit allein, ob der in der Einrichtung Untergebrachte auf Grund der objektiven Struktur der Einrichtung in der Lage ist, wöchentlich 15 Stunden (bzw. täglich drei Stunden) auf dem allgemeinen Arbeitsmarkt erwerbstätig zu sein. Mit dieser Entscheidung für einen sog. funktionalen bzw. bereichsspezifischen Einrichtungsbegriff i. S. d. SGB II dürfte damit zugleich geklärt sein, dass etwa eine **JVA im Regelfall eine Einrichtung i. S. d. § 7 Abs. 4 SGB II** darstellt, weil im „Normalvollzug" eine Teilnahme am „allgemeinen Arbeitsmarkt" objektiv nicht möglich ist. Dies hat der Gesetzgeber des Fortentwicklungsgesetzes mit Wirkung zum 1. August 2006 in § 7 Abs. 4 Satz 2 SGB II nunmehr auch ausdrücklich klargestellt. Anders ist dies bei Freigängern, da diese in einem freien Arbeitsverhältnis stehen können. Erwerbsfähige Hilfebedürftige, die einem Leistungsausschluss nach § 7 Abs. 4 SGB II unterfallen, können deshalb Leistungen für den Lebensunterhalt nach dem SGB XII erhalten.[114]

Als Grundlage für Maßnahmen zur Erhaltung und Beschaffung einer Wohnung kommen (vorrangig) §§ 67, 68 SGB XII in Betracht. Nach **§ 67 Satz 1 SGB XII** haben Personen, bei denen besondere Lebensverhältnisse mit sozialen Schwierigkeiten verbunden sind, einen Anspruch auf Leistungen zur Überwindung dieser Schwierigkeiten, wenn sie aus eigener Kraft hierzu nicht fähig sind. Weder die „besonderen Lebensverhältnisse" noch die damit verbundenen „sozialen Schwierigkeiten" sind in § 67 SGB XII aber näher

---

[111] Vgl. etwa *Hammel* Die Weiterfinanzierung der Wohnung während eines Freiheitsentzugs, in: NDV 2011, 156.
[112] LSG Niedersachsen-Bremen, Beschl. v. 22.9.2005 – L 8 AS 196/05 ER–, juris: „3. Die in der JVA gewährte Unterkunft schließt die Hilfsbedürftigkeit nach dem SGB 2 hinsichtlich der Unterkunftskosten nicht grundsätzlich aus. Angemessen sind die Aufwendungen jedoch nur, wenn unter Berücksichtigung der persönlichen Verhältnisse und der tatsächlichen und rechtlichen Situation (Besonderheit des Einzelfalls) keine andere kostengünstigere Lösung möglich ist. Bei Entscheidungen, für welchen Zeitraum das Beibehalten einer Wohnung während einer freiheitsentziehenden Maßnahme noch angemessen i.S. des § 22 SGB II ist, kann auf die Rechtsgedanken in § 22 Abs. 1 Satz 2 bzw. § 7 Abs. 4 SGB II zurückgegriffen werden."
[113] BSG, Urt. v. 19.10.2010 – B 14 AS 50/10 R, juris; BSG, Urteil vom 12.12.2013 – B 8 SO 24/12 R, juris mit Anm. *Berlit*, juris,PR-SozR 19/2014 Anm. 3.
[114] Vgl. BSG, Urt. v. 6.9.2007 – B 14/7b AS 16/07 R, juris.

beschrieben oder definiert; es handelt sich um von den Gerichten voll überprüfbare, unbestimmte Rechtsbegriffe.

Zur Abgrenzung des danach berechtigten Personenkreises ist die nach § 69 SGB XII erlassene **Verordnung zur Durchführung der Hilfe zur Überwindung besonderer sozialer Schwierigkeiten vom 24.1.2001**[115] heranzuziehen. Nach deren § 1 Abs. 1 Satz 1 leben Personen in besonderen sozialen Schwierigkeiten, wenn besondere Lebensverhältnisse derart mit sozialen Schwierigkeiten verbunden sind, dass die Überwindung der besonderen Lebensverhältnisse auch die Überwindung der sozialen Schwierigkeiten erfordert.

Das Tatbestandsmerkmal der **„besonderen Lebensverhältnisse"** bezieht sich auf die soziale Lage des Betroffenen, die durch eine besondere Mangelsituation gekennzeichnet sein muss und wird in § 1 Abs. 2 Satz 1 der VO durch eine abstrakte Beschreibung verschiedener typischer Situationen konkretisiert, in denen aus Sicht des Verordnungsgebers von solchen besonderen Lebensverhältnissen ausgegangen werden kann. Demgegenüber geht es bei den „sozialen Schwierigkeiten" nicht in erster Linie um wirtschaftliche Schwierigkeiten, sondern um die Beeinträchtigung der **Interaktion mit dem sozialen Umfeld und damit um die Einschränkung der Teilhabe am Leben in der Gemeinschaft.**[116] Es muss sich insoweit um soziale Schwierigkeiten handeln, die typischerweise mit besonderen Lebensverhältnissen einhergehen und die über solche sozialen Schwierigkeiten hinausgehen, die bereits für die Inanspruchnahme anderer Sozialhilfeleistungen nach dem SGB XII vorausgesetzt werden.

Der **drohende Wohnungsverlust nach der Haftentlassung** gehört danach im Grundsatz zu den „besonderen Lebensumständen mit sozialen Schwierigkeiten" i.S.d. § 67 SGB XII, weil der Verlust der Wohnung ähnlich dem Verlust des Arbeitsplatzes für einen Haftentlassenen deutlich schwerer zu kompensieren ist als für andere Bürger, selbst dann, wenn der aus der Haft Entlassene nicht auf existenzsichernde Leistungen angewiesen ist. Das erfordert eine Überprüfung, ob bei dem Gefangenen wegen seiner Persönlichkeitsstruktur und bezogen auf die Verbüßung dieser Haftstrafe nach der Haftentlassung prognostisch besondere soziale Schwierigkeiten für den Fall eines Verlusts der innegehabten Wohnung zu erwarten waren.

Zwar besteht die von § 67 SGB XII erfasste Bedarfslage (soziale Schwierigkeiten bei Entlassung) nicht schon im Zeitpunkt der beantragten Leistung, sondern erst zukünftig; **vorbeugende Sozialhilfeleistungen zum Erhalt der Wohnung für die Zeit nach der Haftentlassung können aber ggf. nach § 15 SGB XII beansprucht werden.** Nach Abs. 1 Satz 1 dieser Vorschrift, die nicht zu Leistungen eigener Art berechtigt, sondern rechtlich im Zusammenhang mit der jeweiligen Hilfeart steht, soll die Sozialhilfe vorbeugend gewährt werden, wenn prognostisch dadurch eine dem Einzelnen drohende Notlage ganz oder teilweise abgewendet werden kann.[117] Auch im Rahmen des § 67 SGB XII ist der Träger der Sozialhilfe ermächtigt und verpflichtet prognostisch zu prüfen, ob der Zweck dieser Art von Sozialhilfe (Vermeidung von Wohnungslosigkeit bei Haftentlassung) nicht dadurch besser erreicht werden kann, dass die danach in Betracht kommenden Leistungen bereits vor Eintritt der Notlage gewährt werden.

---

115 BGBl I 179, zuletzt geändert durch Artikel 14 des Gesetzes vom 27.12.2003 – BGBl I 3022.
116 Vgl. § 1 Abs. 3 der VO und dazu *Strnischa* § 67 SGB XII, in: *Oestreicher*, SGB II/SGB XII, Grundsicherung für Arbeitsuchende und Sozialhilfe mit Asylbewerberleistungsrecht, Erstattungsrecht des SGB X, Loseblatt-Kommentar § 67 SGB XII Rdn. 15; *Bieback* § 67 Leistungsberechtigte, in: *Grube/Wahrendorf*, SGB XII, Sozialhilfe mit Asylbewerberleistungsgesetz Kommentar SGB XII, 4. Aufl. 2012, § 67 SGB XII Rdn. 5.
117 Vgl. BSG, Urteil vom 12.12.2013 B 8 SO 24/12 R, Rdn. 16 ff, juris; Bayerisches Landessozialgericht, Beschluss vom 22. August 2014 – L 8 SO 117/14 B ER –, juris.

B. Hilfe bei der Aufnahme

Weil die „besonderen Lebensumstände" verbunden mit „sozialen Schwierigkeiten" eine **Prognoseentscheidung im Hinblick auf die zu erwartende Situation bei Haftentlassung** notwendig machen, ist eine Abgrenzung der Fallgruppen voneinander in zeitlicher Hinsicht vorgegeben: Je näher die Haftentlassung bevorsteht, desto konkreter kann sich die Notwendigkeit von Geldleistungen anstelle sonstiger Hilfen ergeben. Umgekehrt kann eine ausreichend sichere Prognose dann nicht erstellt werden, wenn die Umstände nach Haftentlassung schon wegen der noch bevorstehenden Haftdauer noch nicht eingeschätzt werden können. Jedenfalls ist aber bei dieser **Prognoseentscheidung** an die verbleibende Restdauer der Haft bis zum möglichen Eintritt der Notlage anzuknüpfen. Das damit prognostische Element, ob mit der Haftentlassung besondere soziale Schwierigkeiten entstehen und diese durch eine vorgezogene Leistungsgewährung ganz oder teilweise abgewendet werden können, lässt auch die frühere Fragestellung in den Hintergrund treten, für welchen **Inhaftierungszeitraum** die Übernahme der Mietkosten im Rahmen der Hilfe zur Überwindung besonderer sozialer Schwierigkeiten gerechtfertigt sein kann. Ein möglicher Anspruch scheitert jedenfalls nicht von vornherein an der Haftdauer. Bei der Erbringung von Leistungen nach §§ 67 ff. SGB XII steht dem Sozialhilfeträger ein Auswahlermessen[118] zu. Dabei kommt der (gesamten oder verbleibenden) Haftdauer jedenfalls kein allein entscheidendes Gewicht zu.[119]

Dass Personen, die aus der Strafhaft entlassen werden, von besonderen Lebens- **8** verhältnissen mit sozialen Schwierigkeiten betroffen sein können, ist allgemein anerkannt[120] und wird in § 1 Abs. 2 VO zu den §§ 67 ff SGB XII bekräftigt. Bei **nicht alleinstehenden Inhaftierten**, die aufgrund intakter Ehe eine Rückkehrmöglichkeit in die gemeinsame Wohnung haben, sind solche besonderen Lebensverhältnisse aber nicht automatisch zu erwarten.[121]

Aufgrund der neuen Rechtsprechung besteht für die Praxis Klarheit, dass Maßnahmen zur Erhaltung einer Wohnung bei **Inhaftierung eines Alleinstehenden** – jedenfalls bis zum Entlassungszeitpunkt – **nach den §§ 67 ff SGB XII zu beurteilen** sind und eine Orientierung allein an der gesamten Inhaftierungsdauer nicht sachgerecht ist. Die Leistungsträger müssen eine Prognose der besonderen Lebensverhältnisse erstellen, die auf den voraussichtlichen Entlassungszeitpunkt bezogen ist, und die für diesen Zeitpunkt erwartbaren, sozialen Schwierigkeiten.[122] § 68 SGB XII setzt nach dem Prinzip der Gegenwärtigkeit eine aktuelle Notlage und einen konkreten Hilfebedarf im Zeitpunkt der Hilfegewährung voraus.[123] Die Hilfen nach den §§ 67 ff SGB XII werden damit deutlich von den Möglichkeiten der Schuldenübernahme nach § 36 SGB XII abgegrenzt.

Nach § 4 Abs. 1 der „Verordnung zur Durchführung der Hilfe zur Überwindung besonderer sozialer Schwierigkeiten" (DVO zu §§ 67 ff SGB XII) sind **Maßnahmen zur Erhaltung und Beschaffung einer Wohnung** vor allem die erforderliche Beratung und persönliche Unterstützung zur Entlassungsvorbereitung. Die Hilfe kann nach Abs. 2 aber auch sonstige Leistungen zur Erhaltung einer Wohnung umfassen. Für **Mietkautionen nach § 22 Abs. 1 Satz 1 SGB II** (dazu D Rdn. 6) hat der Sozialhilfeträger Leistungen für

---

118 *Wehrhahn*, in: jurisPK-SGB XII, *Eicher/Coseriu* (Hrsg.), juris Praxis Kommentar SGB XII, Sozialhilfe / mit AsylbLG 2. Aufl. 2014, § 67 Rdn. 13, 42 f.
119 Bayerisches Landessozialgericht, Beschluss vom 22. August 2014 – L 8 SO 117/14 B ER –, juris (zu Übernahme von Mietschulden; drohende fristlose Kündigung; Räumungsklage und damit bei Haftentlassung Wohnungslosigkeit; Einlagerung der Möbel; Haftdauer von über einem Jahr).
120 Hessisches Landessozialgericht, Beschluss vom 2. August 2012 – L 4 SO 86/12 B ER –, juris; Bayerisches Landessozialgericht, Beschluss vom 17. September 2009 – L 18 SO 111/09 B ER –, juris.
121 Landessozialgericht Berlin-Brandenburg, Beschluss vom 9. Mai 2012 – L 23 SO 9/12 B PKH –, juris.
122 *Berlit*, juris PR-SozR 19/2014 Anm. 3 zu BSG, Urteil vom 12.12.2013 – B 8 SO 24/12 R, juris.
123 LSG Sachsen-Anhalt, Beschluss vom 10. März 2010 – L 8 SO 10/09 B –, juris.

Unterkunft in Höhe der tatsächlichen Aufwendungen ausweislich des Mietvertrags zu erbringen, soweit diese angemessen sind. Inwieweit ein Leistungsempfänger die Übernahme der Wohnungskosten für die Zeit einer längeren Ortsabwesenheit verlangen kann, lässt sich nur anhand der Umstände des Einzelfalls beurteilen.[124] Zumindest für die Dauer von gut zwei Monaten, in denen die Wohnung nicht vom Antragsteller genutzt wurde, hatte das Gericht dies bejaht. Angesichts der besonderen Umstände des Einzelfalls von zwei Monaten hielt das Gericht[125] es für vertretbar **aus Gründen der sozialen Integration des Gefangenen**, wenn er nach seiner Entlassung aus der Haft nicht obdachlos wird, sondern in seine Wohnung zurückkehren kann. Es wäre ihm nicht zuzumuten, kurz vor Ablauf der Haftstrafe die bisherige Wohnung aufzulösen, um dann eine neue Wohnung suchen zu müssen. Im Übrigen entstünden in einer derartigen Konstellation möglicherweise ebenfalls Kosten, und zwar für Wohnungsbeschaffung, Mietkaution und Umzug nach § 22 Abs. 3 SGB II. Diese Grundsätze sollten auch für die **Übernahme für Kosten der Lagerung des Mobiliars und Hausrats während Strafhaft** besonders wichtig bei kurzzeitigem Freiheitsentzug Anwendung finden.[126]

Der Begriff der **Wohnungsbeschaffungskosten** ist zwar weit auszulegen, findet seine Begrenzung jedoch am Wortlaut. Wohnungsbeschaffungskosten sind danach nur Aufwendungen,[127] die mit dem Finden und Anmieten der Wohnung verbunden sind. Anders als z.B. eine Maklercourtage, als Kosten für eine Wohnungsanzeige oder als Kosten, die für die Besichtigung einer weit entfernt liegenden Wohnung aufzuwenden sind, handelt es sich bei (Doppel-)Mieten, die nach einem Umzug noch für die früher bewohnte Wohnung bis zum Ablauf des Mietverhältnisses zu entrichten sind, jedoch gerade nicht um Kosten, die mit dem Finden oder Anmieten der (neuen) Wohnung verbunden sind. Vielmehr sind diese Kosten noch Folge des früheren Mietverhältnisses. Diese Kosten stellten sich ebenso wie die für die neu angemietete Wohnung anfallenden in der vorübergehenden Situation eines Umzuges als **Kosten der Unterkunft** dar, die ggf. nach § 22 Abs. 1 Satz 1 SGB II (Grundsicherung für Arbeitssuchende) zu gewähren sind.[128] Als Unterkunftskosten sind die für die vormals genutzte Wohnung noch anfallenden **Mietkosten nach § 22 Abs. 1 Satz 1 SGB II**, grundsätzlich **im Rahmen der Angemessenheit** in tatsächlich anfallender Höhe zu übernehmen. Ohne Bedeutung ist dabei, dass die Summe dieser Mietkosten und der Kosten für die neue Wohnung regelmäßig die Grenze des Angemessenen überschreiten wird.[129]

Sind Angehörige vorhanden, haben diese einen eigenen Anspruch auf Sozialhilfe (s. a. A Rdn. 10 ff), der nicht von dem des unterhaltspflichtigen Inhaftierten abgeleitet ist; hier werden in der Regel die **Unterkunftskosten** schon im Rahmen der Hilfe für diese Angehörigen erbracht.

9   **b) Maßnahmen zur Sicherstellung von Gepäck und Habe.** Es gehört nicht zu den Amtspflichten der Vollzugsbediensteten, sich allgemein um die Vermögensinteressen eines Gefangenen zu kümmern, da ihm dies nach § 72 StVollzG und ihm folgend den Landesvorschriften (s. a. Rdn. 4) in erster Linie selbst obliegt. Hat es aber die Anstalt

---

124 BVerwG, Urt. vom 22.12.1998, 5 C 21.97 Rdn. 19 – juris.
125 SG Karlsruhe, Beschluss vom 12. Januar 2006 – S 5 AS 2/06 ER –, juris.
126 Hanseatisches Oberlandesgericht Hamburg, Beschluss vom 7. Juni 1989 – 3 Vollz (Ws) 8/89 –, juris; OVG Lüneburg, Beschluss vom 4. Dezember 2000 – 4 M 3681/00 –, juris: Wohnerhaltungskosten; a.A. *Berlit* § 29 in: LPK-SGB XII 2012 § 29 und jetzt wohl in Übereinstimmung mit der neuen Rechtsprechung des BSG, Rdn. 7; dazu *Berlit* juris PR-SozR 19/2014 Anm. 3 zu BSG, Urteil vom 12.12.2013 – B 8 SO 24/12 R, juris.
127 BSG, Urt. vom 16.12.2008 – B 4 AS 49/07 R – Rdn. 13, juris; BSG, Urt. vom 18.2.2010 – B 4 AS 28/09 R – Rdn. 15, juris.
128 Vgl. BSG, Urt. vom 23.5.2012 – B 14 AS 133/11 R – juris, Rdn. 20.
129 Vgl. hierzu BSG, Urt. vom 6.10.2011 – B 14 AS 66/11 R –juris, Rdn. 15.

übernommen, sich um das **Gepäck** eines Gefangenen zu kümmern, muss sie dies in absehbarer Zeit tun, allerdings unter angemessener Berücksichtigung der sonstigen Aufgaben des zuständigen Sozialarbeiters;[130] Aufwendungen zur Sicherstellung der Habe hat die Anstalt wenigstens dann nicht zu tragen, wenn der Gefangene zunächst genügend eigene Geldmittel zur Verfügung hatte.[131]

4. Beratung zur Sozialversicherung. Der Gefangene hat einen Rechtsanspruch auf **Beratung über die Aufrechterhaltung einer Sozialversicherung.** Im Einzelnen geht es um die Leistungen der gesetzlichen Krankenversicherung, der gesetzlichen Unfallversicherung und der gesetzlichen Rentenversicherung nach den §§ 21 und 23 SGB I. Die Landesvorschriften **BY** Art. 77 Abs. 2, **BE** § 46 Abs. 2, **HH** § 6 Abs. 2, **NI** § 69 Abs. 1, **NW** § 4 Abs. 4, **ST** § 11 Abs. 3 und **TH** § 11 Abs. 3 schreiben im Gegensatz zu den Regelungen von **BW, BB, HB, HE, MV, RP, SL, SN** und **SH** insofern eine Beratungspflicht über die Aufrechterhaltung einer Sozialversicherung ausdrücklich fest. **BY** Art. 126 erwähnt unter dem Titel „Zusammenarbeit mit Behörden und freien Trägern" die Träger der Sozialversicherung und Sozialhilfe ausdrücklich, ebenso **BE** § 46 Abs. 2, **BB** § 50 Abs. 2, **HH** § 107 Abs. 1, **NI** § 181 Abs. 1 und **ST** § 7 Abs. 4 und **SH** § 131 Abs. 2 (s. a. Rdn. 12). 10

Da die Beratung mehr bedeutet als bloße Aufklärung und Auskunft und entscheidend abhebt auf die „Aufnahmefähigkeit" bzw. den („Empfängerhorizont"), wird nicht in allen Fällen eine formularmäßige Belehrung mit Aushändigung des Merkblatts über die Sozialversicherung und die Arbeitslosenversicherung der Gefangenen (Vordruck VG 7) den Anforderungen genügen. Es empfiehlt sich, zumindest den Punkt „Auskunftsstellen" in einem persönlichen Beratungsgespräch zu erläutern und besonders auch Beratungsgespräche mit den dafür zuständigen Leistungsträgern (Rentenversicherungsträger, Ortskrankenkassen, Ersatzkassen, Arbeitsämter, Versicherungsämter) zu ermöglichen und die Anschriften und Sprechzeiten bekannt zu geben.[132]

Der Gefangene ist verpflichtet, sich auch selbst um ihn betreffende Gesetzesänderungen im **Rentenrecht** zu kümmern. Die Anstalt kommt auf jeden Fall ihrer Fürsorgepflicht in ausreichendem Maße nach, wenn sie in einem Merkblatt auf die zuständigen Auskunftsstellen in Rentenangelegenheiten hinweist und der Hafturlaub zum Zwecke der weiteren Information bei der Rentenstelle gewährt wird. Die neu abgeschlossenen **Kooperationsvereinbarungen der Länder** sind hierfür besonders hilfreich (vgl. D Rdn. 3, 9, 26 und 27).

a) Beratung zur Rentenversicherung.[133] Das BVerfG hatte in dem Urteil zur „Gefangenenentlohnung" vom 1.7.1998[134] die Nichteinbeziehung von Gefangenen in die gesetzliche **Rentenversicherung** als verfassungsgemäß bewertet. Das Strafvollzugsgesetz in seiner in Kraft gesetzten Fassung verwirkliche sein Resozialisierungskonzept nur als Torso. Der Gefangene sei nur in die Unfall- und Arbeitslosenversicherung (§ 50 Abs. 2 RVO i.V.m. § 190 Nr. 11 und 12, § 194 StVollzG), nicht aber in die Kranken- und Rentenversicherung einbezogen (§ 190 Nr. 1 bis 10 und Nr. 13 bis 18, §§ 191 bis 193 i.V.m. § 198 11

---

130 OLG Braunschweig Beschl. v. 3.11.1978 – 3 Ws 23/78, ZfStrVo 1979, 190.
131 OLG Hamburg Beschl. v. 7.6.1989 – 3 Vollz (Ws) 8/89, ZfStrVo 1989, 249.
132 Vgl. dazu auch 7 D Rdn. 19 ff zumeist gängige Praxis in den Ländern aufgrund der Kooperationsvereinbarungen, vgl 7 D Rdn. 26–41 (Länderberichte).
133 Vgl. *BAG-S*, Wegweiser für Inhaftierte, Haftentlassene und deren Angehörige" Bonn 2017, mit Fragen, Antworten und Informationen, welche Hilfen es gibt und an wen man sich wenden kann. Der Wegweiser wird regelmäßig aktualisiert, http://bag-s.de/materialien/wegweiser/, nunmehr auch mit den ausländerrechtlichen Bestimmungen, vgl. *BAG-S* vom 27.3.2018, im Druck (2019).
134 BVerfG, Urteil vom 1. Juli 1998 – 2 BvR 441/90 –, BVerfGE 98, 169 ff. = NJW 1998, 3337.

Abs. 3 StVollzG). Dabei bleibe das Arbeitsentgelt gleichwohl durch § 200 Abs. 1 StVollzG auf eine Bemessungsgrundlage in Höhe von 5 v.H. der Bezugsgröße festgeschrieben, was von Verfassungs wegen abzuändern war (vgl. auch 4 D Rdn. 4). Der Gesetzgeber verfüge bei der Ausgestaltung der Sozialordnung (vgl. Art. 20 Abs. 1 GG) über eine Gestaltungsmacht, Art und Umfang sozialer Sicherungssysteme und den Kreis der hierdurch berechtigten Personen nach sachgerechten Kriterien zu bestimmen. Das Gebot einer sozialversicherungsrechtlichen Gleichstellung der Pflichtarbeit mit freier Erwerbsarbeit sei weder aus dem verfassungsrechtlichen Resozialisierungsgebot noch unter Berücksichtigung des Gleichheitssatzes (Art. 3 Abs. 1 GG) abzuleiten. Im Rahmen der angemessenen Anerkennung der geleisteten Arbeit sei der Gesetzgeber aber frei, die Gefangenen in den Schutz der sozialen Sicherungssysteme einzubeziehen, wenngleich das Grundgesetz nicht zu einer Ausdehnung dieses Schutzes auf Pflichtarbeit im Strafvollzug zwinge.

Auch das **Bundessozialgericht**[135] hält die fehlende Versicherungspflicht der Strafgefangenen, die zu Lücken im Versicherungsverlauf führe und damit den Erwerb oder die Erhöhung einer Rentenanwartschaft verhindere, für sozialadäquat; sie sei mit keinem Eingriff in bestehende Rechte verbunden und deshalb auch verfassungsrechtlich nicht zu beanstanden. Es stehe im Ermessen des Gesetzgebers, ob und ab wann er im Sinne der Einheitlichkeit der Sozialrechtsordnung die Versicherungspflicht der Arbeit eines Strafgefangenen innerhalb der Strafhaft einführe. Er könne insbesondere im Blick auf die Sozialhilfe auch einen **„Kosten-Nutzen-Vergleich"** anstellen. Durch die Einbeziehung von Strafgefangenen und Sicherungsverwahrten in die gesetzliche Rentenversicherung kann ein eventueller Bezug von Leistungen der Grundsicherung im Alter und bei Erwerbsminderung zwar nicht ausgeschlossen werden, regelmäßig könnte aber der Bedarf gemindert werden. Insbesondere kann verhindert werden, dass ein gegebenenfalls bestehender Erwerbsminderungsschutz aufgrund der Zeit im Strafvollzug verloren geht. Betroffen wären davon nur Gefangene und Sicherungsverwahrte, die arbeiten.

Das Bundessozialgericht hat aber neuerdings die **sozialrechtliche Angleichung von Strafgefangenen** beschlossen. Arbeitende Strafgefangene, die fünf Tage in der Woche gegen Arbeitsentgelt beschäftigt sind, sind grundsätzlich mit anderen Arbeitnehmern gleichzustellen. Nach § 26 Abs. 1 Nr. 4 Satz 1 SGB III in der bis zum 31.7.2016 geltenden Fassung sind Gefangene versicherungspflichtig, die Arbeitsentgelt nach § 43 StVollzG erhalten. Jedenfalls für Strafgefangene mit (echtem) Freigang, die im Rahmen eines freien Beschäftigungsverhältnisses versicherungspflichtig tätig sind bedeutet dies nach der Rechtsprechung, dass die gesamte Dauer des Beschäftigungsverhältnisses Anwartschaftszeiten begründet, selbst wenn diese Gefangenen die Wochenenden und Feiertage in Haft verbringen müssen.

Verrichtet ein Strafgefangener aber als sogenannter „unechter Freigänger" die gleiche Arbeit und erhält er hierfür Arbeitsentgelt (allein) nach dem StVollzG, würde er eigentlich trotz der gleichen Tätigkeit nur eine kürzere Anwartschaftszeit zurücklegen können. Bei der Ermittlung der Anwartschaftszeit gemäß dem SGB sind bei Gefangenen arbeitsfreie Sonnabende, Sonntage und gesetzliche Feiertage innerhalb von zusammenhängenden Arbeitsabschnitten als Zeiten der Versicherungspflicht auch vor Änderung des § 26 Abs. 1 Nr. 4 S 1 SGB 3 zum 1.8.2016 zu berücksichtigen.

Eine unterschiedliche Behandlung dieser Sachverhalte verkennt nach Auffassung des BSG, dass die Regelung in § 26 Abs. 1 Nr. 4 SGB III auf eine weitgehende Gleichstellung von Gefangenenarbeit mit Arbeit auf dem allgemeinen Arbeitsmarkt abzielt. „Dieses

---

135 BSG, Urteil vom 26. Mai 1988 – 5/5b RJ 20/87 –, SozR 2200 § 1246 Nr. 15, juris, NJW 1989, 190–191; BSG, Urteil vom 15. Dezember 2016 – B 5 RE 2/16 R –, SozR 4-2600 § 3 Nr. 7, juris, *Jüttner*, jurisPR-SozR 18/2017 Anm. 3; BSG, Urteil vom 12. September 2017 – B 11 AL 18/16 R –, juris.

Ziel wiederum entspricht dem gesetzlichen Auftrag, den Strafvollzug den allgemeinen Lebensverhältnissen soweit als möglich anzugleichen".

Geklagt hatte ein Strafgefangener, der mehr als ein Jahr durchgehend versicherungspflichtig tätig war und Arbeitsentgelt nach § 43 StVollzG erhalten hatte. Dadurch hatte er sich gemäß § 26 Abs. 1 Nr. 4 SGB III, eine Anwartschaftszeit für einen Anspruch auf ALG dem Grunde nach erworben. Die Berücksichtigung allgemein arbeitsfreier Tage bei durchgehender Tätigkeit im Rahmen des § 26 Abs. 1 Nr. 4 SGB III mit der Folge längerer Anwartschaftszeiten erleichtert zudem die Resozialisierung, Somit vermindert sich das Risiko fehlender sozialer Absicherung nach dem Ende des Strafvollzugs auch für Strafgefangene, die, ohne Freigänger gewesen zu sein, während der Haft beschäftigt sind. Mit dem Gerichtsurteil ist das BSG der Forderung nach einer weitgehenden Gleichstellung von „Gefangenenarbeit" mit Arbeit auf dem allgemeinen (freien) Arbeitsmarkt gefolgt. Dieses Ziel wiederum entspricht dem gesetzlichen Auftrag, den Strafvollzug den allgemeinen Lebensverhältnissen soweit als möglich anzugleichen.

Ob und inwieweit der Gesetzgeber künftig bei der Ausgestaltung dieses Resozialisierungskonzeptes sozialversicherungsrechtliche Elemente berücksichtigen wird, ist noch offen. Daher kommt der Beratungsaufgabe erhöhte Bedeutung zu. Allerdings ist eine gewisse **Dynamik für entsprechende gesetzliche Veränderungen** bemerkbar.[136] Die Justizministerinnen und Justizminister haben einen Bericht des Strafvollzugsausschusses der Länder über Grundlagen und Auswirkungen einer Einbeziehung von Strafgefangenen und Sicherungsverwahrten für Beschäftigungszeiten während der Haft und der Sicherungsverwahrung in die gesetzliche Rentenversicherung zur Kenntnis genommen. Sie haben die Finanzministerkonferenz (FMK) und die Arbeits- und Sozialministerkonferenz (ASMK), die im Bericht dargestellten Modelle hinsichtlich ihrer finanziellen Auswirkung in einer gemeinsamen Arbeitsgruppe der beteiligten Fachkonferenzen näher zu prüfen und zu bewerten. In der JuMiKo- Sitzung vom 07.Juni 2018 wurde beschlossen, eine entsprechende Änderung des SGB VI anzustreben. Allerdings machte die Bundesregierung in ihrer Antwort vom 7. März 2019 (BT-Drs-19/8234) auf eine Kleine Anfrage „Zur Einbeziehung der Strafgefangenen und Sicherungsverwahrten in die gesetzliche Rentenversicherung" vom 19. Februar 2019 (BT-Drs 19/7887) deutlich, dass die Länder weiterhin keine Bereitschaft signalisieren, die bei einer Einbeziehung der Strafgefangenen und Sicherungsverwahrten anfallenden Beiträge zu tragen. Dies hätten die Beschlüsse der Fachministerkonferenzen erneut bestätigt. Für die Bundesregierung kommt jedoch eine Übernahme der Kosten durch die Versichertengemeinschaft oder den Bund nicht in Betracht, da der Strafvollzug Ländersache ist und daher die Länder die Rentenversicherungsbeiträge vollständig tragen müssen. Es ist zu befürchten, dass weitere Jahre ins Land ziehen werden, bis Strafgefangene und Sicherungsverwahrte in die gesetzliche Rentenversicherung einbezogen werden.

In Niedersachsen will die neue Regierungskoalition von SPD und CDU das Justizvollzugsgesetz mit dem Ziel der Bündelung aller Aspekte der Resozialisierung weiterentwickeln. Die Haftzeit soll für Schul- und Berufsabschlüsse genutzt werden können. Auch wird eine **bessere Eingliederung von Strafgefangenen in die Systeme der Sozialversicherung angestrebt** im Zusammenhang mit dem Ziel, das Leben im Vollzug wei-

---

136 JuMiKo Beschluss 2.6.2016 TOP II.27: Einbeziehung von Strafgefangenen und Sicherungsverwahrten in die gesetzliche Rentenversicherung http://www.jm.nrw.de/JM/jumiko/beschluesse/2016/Fruehjahrskonferenz_2016/TOP-II_27---Einbeziehung-von-Strafgefangenen-und-SV-in-die-ges_-RV.pdf, ferner der Beschluss vom 7.6.2018 auf Initiative von Berlin, https://www.berlin.de/sen/justva/presse/pressemitteilungen/2018/pressemitteilung.709347.php. Zur Antwort der Bundesregierung vom 7. März 2019: http://dip21.bundestag.de/dip21/btd/19/082/1908234.pdf.

testgehend an allgemeine Lebensverhältnisse anzupassen.[137] Im Bundesrat wurde die Einbeziehung der Strafgefangenen in die gesetzliche Rentenversicherung mit Verweis auf die finanziellen Belastungen der Länderhaushalte, die als Träger des Strafvollzugs die Beiträge anteilig übernehmen müssten, abgelehnt. Die Kosten, die auf die Länder für eine Einbeziehung von Strafgefangenen in die Rentenversicherung zukämen, würden sich auf jährlich 160 Millionen Euro belaufen. Noch einmal 100 Millionen Euro fielen jährlich für eine angemessene Entlohnungshöhe an.

Der Ausschluss von Strafgefangenen aus der gesetzlichen Renten-, Kranken- und Pflegeversicherung ist mit dem Sozialstaatsprinzip nur schwer zu vereinbaren und gerät in **Widerspruch mit der staatlichen Vor- und Fürsorgepflicht**. Auch die bestehende Kooperationsvereinbarung zwischen den Ländern und der Deutschen Rentenversicherung vom 4.3.2015 ist zwar ein erster Schritt, kann die Neuregelung der Systeme aber nicht ersetzen. Gefangene sollen nunmehr bei der schnellen Eingliederung in eine versicherungspflichtige Beschäftigung unterstützt werden. Voraussetzungen hierfür sind in vielen Fällen Leistungen zur medizinischen Rehabilitation Abhängigkeitskranker mit dem Ziel der Verbesserung oder Wiederherstellung der Erwerbsfähigkeit.

Mit einer freiwilligen Versicherung in der gesetzlichen Rentenversicherung besteht die Möglichkeit, die Mindestversicherungsdauer für einen Rentenanspruch zu erfüllen oder einen Rentenanspruch zu erhöhen. Zur freiwilligen Versicherung ist grundsätzlich jeder berechtigt, der das 16. Lebensjahr vollendet hat und nicht versicherungspflichtig ist.

12 **b) Beratung zu Kranken- und Pflegeversicherung.**[138] Unter bestimmten Voraussetzungen kann auch die gesetzliche **Krankenversicherung** freiwillig fortgesetzt werden (§ 9 SGB V). Dies empfiehlt sich insbesondere für Gefangene mit Familienangehörigen, die nicht anderweitig gegen Krankheit versichert sind. Für den Gefangenen selbst ruht der Anspruch auf Leistungen aus der freiwilligen Weiterversicherung für die Dauer der Haft (§ 16 SGB V). Der Anspruch auf Krankenhilfe ruht nach § 216 Abs. 1 Nr. 1 RVO auch dann, wenn ein Strafgefangener als sogenannter Freigänger außerhalb der Strafvollzugsanstalt einer Beschäftigung nachgeht und Beiträge zur gesetzlichen Krankenversicherung entrichtet. Es verstößt nicht gegen die Verfassung, insbesondere nicht gegen Art. 3 GG, wenn der Strafgefangene, der einer versicherungspflichtigen Beschäftigung außerhalb der Justizvollzugsanstalt nachgeht, Beiträge zur gesetzlichen Krankenversicherung entrichten muss, obwohl er während der Haft nicht selbst in den Genuss von Leistungen aus der gesetzlichen Krankenversicherung kommen kann.[139] Hat der Gefangene keine Mittel zur Weiterversicherung und sind seine Angehörigen im Krankheitsfall auf Sozialhilfe angewiesen, empfiehlt es sich, das Sozialamt der Heimatgemeinde – ggf. durch Vermittlung der Vollzugsanstalt – zu bitten, die Zahlung der Versicherungsbeiträge für die Zeit der Inhaftierung zu übernehmen. Eine **sozialversicherungsrechtliche Statusklärung** ist Grundlage für den Krankenversicherungsschutz eines Haftentlassenen. Daher ist die Vorschrift von **NW** § 4 Abs. 4 sachgerecht: „Die Gefangenen sind über

---

137 Koalitionsvereinbarung zwischen der Sozialdemokratischen Partei Deutschlands (SPD) Landesverband Niedersachsen und der Christlich-Demokratischen Union (CDU) in Niedersachsen für die 18. Wahlperiode des Niedersächsischen Landtages 2017 bis 2022.
138 Vgl. BAG-S, Wegweiser für Inhaftierte, Haftentlassene und deren Angehörige" Bonn 2017, mit Fragen, Antworten und Informationen, welche Hilfen es gibt und an wen man sich wenden kann. Der Wegweiser wird regelmäßig aktualisiert, nunmehr auch mit den ausländerrechtlichen Bestimmungen, vgl. BAG-S vom 27.3.2018, im Druck (2019). http://bag-s.de/materialien/wegweiser/.
139 BSG, Urteil vom 9. Dezember 1986 – 8 RK 9/85 –, BSGE 61, 62–66, SozR 2200 § 216 Nr. 9, juris, BSGE 61, 62–66, FEVS 37, 259–264.

die Auswirkungen der Inhaftierung auf die Sozialversicherung und die insoweit bestehenden Mitwirkungspflichten zu beraten. Die Beratung soll sich auch auf die Benennung der für Sozialleistungen zuständigen Stellen erstrecken." (s. a. Rdn. 10 und D Rdn. 4). Die zuständige Krankenkasse sollte bereits vor der Haftentlassung ermittelt werden. Eine trägerübergreifende Arbeitshilfe regelt das Entlassungsmanagement.

Das Entlassungsmanagement bzw. das Übergangsmanagement zum Ende einer Haftzeit ist von zentraler Bedeutung für die Re-Integration ehemaliger Strafgefangener. Insbesondere bei Personen mit einer Abhängigkeitserkrankung besteht nach der Haft die Gefahr einer weiteren Chronifizierung der Krankheit und dass ggf. weitere Straftaten erfolgen, die dann erhebliche Folgekosten für die Gesellschaft erzeugen.

Durch ein **Fallmanagement** (Case Management) sollen diese Personen bei organisatorischen und sozialrechtlichen Fragen ausreichend unterstützt und begleitet werden. Über weiterführende Maßnahmen wie z.B. eine medizinische Rehabilitation können sie besser wieder in die Gesellschaft und das Arbeitsleben integriert werden.

Der GKV-Spitzenverband hat im Rahmen des Drogen- und Suchtrats der Drogenbeauftragten der Bundesregierung an der Erstellung einer trägerübergreifenden **Arbeitshilfe zum Entlassungsmanagement** aus der Haft mitgewirkt.

Ziel der abgestimmten Vorgehensweise ist die Klärung des Versicherungsschutzes des Haftentlassenen zu einem möglichst frühen Zeitpunkt. Dies soll noch während der Haft geschehen. Es ist Aufgabe der Sozialdienste in den Justizvollzugsanstalten, die erforderlichen Klärungen zu veranlassen. Die Sozialdienste sind daher auch die Hauptzielgruppe der erstellten Arbeitshilfe „Sozialrechtliche Statusklärung als Grundlage für die Gewährleistung des KV-Schutzes Haftentlassener". Es gibt folgende **Wege zum Versicherungsschutz für Haftentlassene**:

a) Bei einem krankenversicherungspflichtigen Beschäftigungsverhältnis oder Bezug von Arbeitslosengeld II ist im Regelfall eine gesetzliche Krankenkasse für den Krankenversicherungsschutz zuständig. Dabei kann nach dem entsprechenden Wahlrecht der Versicherte eine Krankenkasse auswählen.

b) Anderenfalls bestand meist vor der Haft eine private Krankenversicherung. Bei einem nahtlosen Bezug von Leistungen nach dem SGB XII ist dann im Regelfall die PKV für den Krankenversicherungsschutz zuständig. Die Versicherungsbeiträge werden durch den Träger der Sozialhilfe übernommen (§ 32 Abs. 5 SGB XII). Bei zu erwartenden Problemen mit der Aufnahme in die PKV trotz Kontrahierungszwang sollen die zuständigen Sozialdienste den Betroffenen unterstützen.

c) Bei einem nicht nahtlos anschließenden Bezug von Leistungen nach dem SGB II oder SGB XII liegt regelmäßig kein anderweitiger Anspruch auf Absicherung im Krankheitsfall vor. Folglich wird der Haftentlassene in dem System (GKV oder PKV) versicherungspflichtig, dem er zuletzt vor der Haft angehört hat.

Auch bei der **Pflegeversicherung** besteht die Möglichkeit der Weiterversicherung. Hierzu kann auch das Überbrückungsgeld in Anspruch genommen werden. Zum Nachweis der Versicherungspflicht im Rahmen der **Arbeitslosenversicherung** hat bei der Entlassung in die Freiheit die Anstalt dem Gefangenen eine Bescheinigung über die Zeiten auszustellen, in denen er innerhalb des durch § 312 Abs. 4 SGB IV bestimmten Zeitraums als Gefangener nach § 26 Abs. 1 Nr. 4 SGB III versicherungspflichtig war (vgl. hierzu D Rdn. 4 ff).

7. Anträge und Rechtsschutz. Im Eigeninteresse sollten die Gefangenen bereits 13 zum Zeitpunkt des Zugangsgesprächs, spätestens jedoch bei Erstellung des Vollzugsplans, beim Sozialdienst der JVA ein Gespräch zur Abklärung der offenen Punkte anstreben. Hierzu haben diese einen Rechtsanspruch und die Vollzugsbehörde die entsprechende Verpflichtung.[140]

C. Hilfe während des Vollzuges

Bund	§ 73 StVollzG
Baden-Württemberg	BW § 41 Abs. 2 III JVollzGB
Bayern	BY Art. 78 BayStVollzG
Berlin	BE §§ 5 Satz 2, 6 Abs. 3 StVollzG Bln
Brandenburg	BB § 11 Abs. 2 BbgJVollzG
Bremen	HB § 5 Abs. 1 Satz 2, Abs. 2 BremStVollzG
Hamburg	HH § 4 Satz 2, 4 HmbStVollzG
Hessen	HE §§ 8 Abs. 3, 26 Abs. 1, Satz 2 HStVollzG
Mecklenburg-Vorpommern	MV § 5 Satz 2 StVollzG M-V
Niedersachsen	NI § 69 Abs. 2 NJVollzG
Nordrhein-Westfalen	NW § 4 Abs. 3 StVollzG NRW
Rheinland-Pfalz	RP § 11 Abs. 2 LJVollzG
Saarland	SL § 5 Abs. 1 Satz 2, Abs. 2 StVollzG
Sachsen	SN § 5 Abs. 1 Satz 2, Abs. 2 SächsStVollzG
Sachsen-Anhalt	ST §§ 11 Abs. 2 JVollzGB LSA
Schleswig-Holstein	SH §§ 20 Satz 4, 21, 22 LStVollzG SH
Thüringen	TH §§ 11 Abs. 1 Satz 2, Abs. 2 ThürJVollzG

Schrifttum

S. Vor A.

Übersicht

I. Allgemeine Hinweise —— 1
II. Erläuterungen —— 2–18
   1. Ausübung des Wahlrechts —— 2, 3
   2. Pflichten —— 4–6
     a) Pflichten zur Sorge für die Unterhaltsberechtigten —— 5
     b) Pflichten zur Wiedergutmachung des Schadens und die Opferorientierung —— 6–7
   3. Schuldenregulierung —— 8–17
     a) Bedarfslage —— 8
     b) Methodische Ansätze —— 9
     c) Arbeitsweise der Resozialisierungsfonds —— 10
     d) Entschuldigungshilfe Aufgabe für die Sozialarbeit —— 11
     e) Beurteilungsspielraum —— 12
     f) Rechtsberatung und Beratungshilfe —— 13
     g) Entschuldungshilfe im Vollzug —— 14
     h) Schuldenbereinigung nach dem Insolvenzrecht —— 15
     i) Erteilung von Auskünften an Verletzte einer Straftat —— 16
     j) Pfändung von Forderungen der Gefangenen und Pfändungsschutz —— 17
     k) Online-Resozialisierung —— 18

I. Allgemeine Hinweise.

1   Die soziale Hilfe während des Vollzugs ist das **Leitprinzip einer phasenübergreifenden durchgängigen Programmatik** (7 A Rdn. 1 und 2). Diesen Anspruch hatte § 73 StVollzG nicht umfasst, indem der Gefangene nur in dem Bemühen unterstützt werden

---

[140] Arloth/Krä § 72 Rdn. 5; BeckOK-Beck § 72 Rdn. 15.

sollte, „seine Rechte und Pflichten wahrzunehmen, namentlich sein Wahlrecht auszuüben sowie für Unterhaltsberechtigte zu sorgen und einen durch seine Straftat verursachten Schaden zu regeln." Grundsätzlich besteht auf die soziale Hilfe während des Vollzugs ein **Rechtsanspruch**,[141] der sich aus der Grundsatznorm der Sozialen Hilfe ableitet und hierbei inhaltlich anhand von Beispielen für die Hauptphase des Vollzugsaufenthalts konkretisiert wird; äußerlich hatte sich die Vorschrift des § 73 StVollzG auf die Unterstützung der Gefangenen beschränkt, ihre Rechte und Pflichten wahrnehmen zu können. Wegen des weiten Tätigkeitsfeldes der sozialen Hilfe hatte der Gesetzgeber des StVollzG[142] darauf verzichtet, Einzelmaßnahmen zu benennen und – als **Mindestverpflichtung** der Anstalt – einige besonders bedeutsame Hilfen hervorgehoben: das Wahlrecht, die Unterhaltspflicht und die Pflicht zur Regelung des durch die Straftat verursachten Schadens. Damit sind Hilfen erwähnt, die zeitlich über die Haft hinausreichen.

Dieser Ansatz wurde durch § 5 ME-StVollzG als Grundsatznorm mit der Überschrift „Soziale Hilfe" weiterentwickelt, der in Absatz 1 regelte: „Die Gefangenen werden darin unterstützt, ihre persönlichen, wirtschaftlichen und sozialen Schwierigkeiten zu beheben. Sie sollen dazu angeregt und in die Lage versetzt werden, ihre Angelegenheiten selbst zu regeln, insbesondere eine Schuldenregulierung herbeizuführen" und in Absatz 2: „Die Gefangenen sollen angehalten werden, den durch die Straftat verursachten materiellen und immateriellen Schaden wieder gut zu machen".

Die folgenden Landesgesetze haben sich dieser Grundsatznorm weitgehend angeschlossen wie: **BE** §§ 5, 6 Abs. 3, **BB** § 11 Abs. 1 und 2, **HB** § 5 Abs. 1 und 2, **MV** § 5 Satz 2, **RP** § 11 Abs. 1 und 2, **SL** § 5, **SN** § 5, **ST** § 11 Abs. 2, **TH** § 11 Abs. 1 und 2. Modifizierte Regelungen finden sich in **BW** § 40 III und § 41 III Abs. 2, **BY** Art. 78, **HH** § 4, **NI** § 69 Abs. 2 und **NW** § 4 Abs. 3. Einen Sonderweg geht **HE** § 26, der den sozialen und psychologischen Hilfeauftrag entsprechend ergänzt und die Schadenswiedergutmachung, die Schuldenregulierung und die Unterhaltsverpflichtungen dem Katalog der Beratungs-, Betreuungs- und Behandlungsmaßnahmen zuordnet. Differenzierte Regelungen zur Ausgestaltung im Kontext „Soziale Hilfen, Beratung und Behandlung" enthalten auch **SH** § 20 (Soziale Hilfen), **SH** § 21 (Ausgleich von Tatfolgen) und als eigene Vorschrift **SH** § 22 (Schuldenregulierung) neben den Maßnahmen zur Suchtmittelberatung, Familienunterstützende Angebote, Soziales Training; usw. Die Landesgesetzgeber haben damit die Hilfen während des Vollzugs auf die **Entlassungsvorbereitung als horizontal durchgängiges und nicht nur sektorales Gestaltungsprinzip für den gesamten Vollzugsaufenthalt** ausgerichtet.

Der **Grundsatz der Hilfe zur Selbsthilfe** kommt auch hier zur Anwendung wobei die Hilfe den Anreiz zu einer Initiative der Gefangenen fördern soll. Diese sind zur Mitarbeit zu motivieren und zu aktivieren.[143]

Der Gesetzgeber hat die Ausfüllung der Hilfen während des Vollzugs der **Methodik der Sozialarbeit** überlassen. Schon der Entwurf zum StVollzG überließ es „der Methodik der Sozialarbeit, im Einzelfall wirkungsvoll Beistand zu leisten".[144]

Welche Hilfe einem Gefangenen während des Vollzuges im Einzelfall zu leisten ist, lässt sich nicht allgemein sagen. Daher steht der Anstalt auch bei der Entscheidung über die Art der Hilfestellung ein **Beurteilungsspielraum** zu,[145] der aber sachgerecht im Sin-

---

141 AK-*Bahl/Pollähne* Teil II Rdn. 2; BeckOK-*Beck* § 73 Rdn. 1.
142 RegE BT-Drucks. 7/918, 75; SA BT-Drucks. 7/3998, 30.
143 BeckOK-*Arloth* BayStVollzG Art. 78 Rdn. 1 unter Hinweis auf **BY** Art. 78 Abs. 2.
144 Gesetzentwurf der Bundesregierung, BT-Drucks. 7/918, 75.
145 Zur Rechtsberatung während der Haft: KG, Beschluss v. 17. Juni 1996 – 4 Ws 293/96 Vollz, NStZ 1997, 427/428.

ne des Resozialisierungsauftrags für die Entlassungsvorbereitung zu leisten ist. Der Katalog der Maßnahmen ist ausfüllungsbedürftig.

Auch bei der Umsetzung dieser Aufgaben ist der Sozialarbeiter/Sozialpädagoge als **Koordinator, Vermittler und Gestalter** gefordert, der ein **Netzwerk der Kommunikation und Koordination** zu nutzen weiß und ein entsprechendes Sozialmanagement betreiben muss, vor allem auch mit Ehrenamtlichen, ambulanten sozialen Diensten der Justiz, Institutionen und Organisationen außerhalb des Vollzugs (dazu 7 A Rdn. 3). Die Zusammenarbeit umfasst neben der Vereinbarung von Beratungsgesprächen und regelmäßigen Gesprächsterminen in der JVA beispielsweise die Vorbereitung der **Schuldenregelung** (dazu im Einzelnen: Rdn. 8–17), die **Organisation des Sozialen Trainings mit Aspekten des Täter-Opfer-Ausgleichs** (C Rdn. 6–7; D Rdn. 17) im weiteren Sinne, die Koordination der **Suchtmittelberatung** und die Durchführung von allgemeinen Informationsveranstaltung von Suchtberatung, Schuldnerberatung und Opferhilfe, etc.

II. Erläuterungen

2   **1. Ausübung des Wahlrechts.** Zu den besonders hervorgehobenen Rechten, bei deren Durchsetzung die Gefangenen zu unterstützen sind, gehört als allgemeines **staatsbürgerliches Partizipationsrecht** das **Wahlrecht,**[146] **das die Parlamente von Europa, Bund, Land und Kommunen umfasst.**[147] Die allgemeinen Voraussetzungen zur Ausübung des aktiven Wahlrechts z.B. für den Bundestag sind in § 12 BWG (BundeswahlG) geregelt. Das aktive Wahlrecht kann nur durch Richterspruch ausgeschlossen werden. Schwierigkeiten ergeben sich in der Praxis oft hinsichtlich der Eintragung in das Wählerverzeichnis. Spezielle Regelungen für Inhaftierte enthalten die Meldegesetze der Länder. Gemeldet sind jene entweder noch in ihrer Wohnung oder am Ort der Justizvollzugsanstalt. Nach § 12 Abs. 4 Nr. 3 BWG gilt für die im Vollzug gerichtlich angeordneter Freiheitsentziehung befindliche Personen sowie für andere Untergebrachte die Anstalt oder die entsprechende Einrichtung als Wohnung i.S.d. Gesetzes, wenn sie in der Bundesrepublik Deutschland keine Wohnung innehaben.

Die Anstalt hat zunächst eine **Informationspflicht zur Ausübung des Wahlrechts**, insbesondere zur Abwicklung der Briefwahl. Sie muss den Gefangenen unter Beachtung der wahl-, melde- und datenschutzrechtlichen Vorschriften (insbesondere bei Befragung der Gefangenen, ob sie an der Wahl teilnehmen wollen oder nicht) die Wahl ermöglichen und sie unterstützen, dass sie am Wahltag ihre Stimme abgeben können. Deshalb hat sie bereits dafür zu sorgen, dass die Gefangenen eine Wahlbenachrichtigung erhalten. Ggf. muss ihnen geholfen werden, die dafür notwendigen Formalitäten zu erledigen. Voraussetzung für die Ausübung des Wahlrechts ist, dass der Wahlberechtigte in ein Wählerverzeichnis eingetragen ist oder einen Wahlschein hat. § 16 Abs. 2 Nr. 1c) BWO (BundeswahlO) regelt, dass die Wahlberechtigten, die sich in einer Justizvollzugsanstalt oder entsprechenden Einrichtung befinden und nicht nach § 16 Abs. 1 Nr. 4 BWO von Amts wegen in das Wählerverzeichnis einzutragen sind, auf Antrag in ein solches eingetragen werden. Hintergrund für diese Regelung sind die melderechtlichen Vorschriften der Länder. Die amtlichen Informationen (Merkblätter) der Landeswahlleiter sind rechtzeitig zu verteilen, die Anträge auf Erteilung eines Wahlscheins und die abgegebenen Wahlbriefe unverzüglich abzusenden.

---

146   Ausführlich mit Nachw. *Kretschmer* Das aktive Wahlrecht der Strafgefangenen, in: ZfStrVo 2002, 131 ff.
147   AK-*Bahl/Pollähne* Teil II § 5 Rdn. 55.

C. Hilfe während des Vollzuges

Die **Briefwahl** kann nach § 27 Abs. 1 der Bundeswahlordnung (BWO) schriftlich oder mündlich bei der Gemeindebehörde beantragt werden. Die Schriftform wird auch durch Telefax, E-Mail oder durch sonstige dokumentierbare elektronische Übermittlung gewahrt. Soweit Strafgefangene im Rahmen von Vollzugslockerungen das Wahlamt aufsuchen oder mithilfe eines Faxgeräts oder per E-Mail einen Wahlscheinantrag stellen können, fallen Portokosten nicht an. Wahlscheinanträge werden teilweise auch per Dienstpost befördert, so dass Kosten nicht entstehen. Die Briefwahl kann nach § 27 Abs. 3 BWO bei Vorlage einer schriftlichen Vollmacht – zum Beispiel mithilfe des auf der Rückseite der Wahlbenachrichtigung nach Anlage 4 zu § 19 Abs. 2 BWO abgedruckten Antrags – auch durch einen Dritten für einen wahlberechtigten Strafgefangenen beantragt werden. Die Briefwahlunterlagen werden dem Wahlberechtigten daraufhin – für den Empfänger kostenlos – von der Gemeinde übersandt.[148] Die nach § 66 BWO ausgefüllten Briefwahlunterlagen werden bei der Rücksendung unentgeltlich befördert, wenn sie sich in amtlichen Wahlbriefumschlägen befinden (§ 36 Abs. 4 BWahlG).

Die Kosten trägt im Fall von Bundestagswahlen der Bund. Auch bei Landtagswahlen tragen üblicherweise die Länder entsprechend den Vorschriften in der Landeswahlordnung (LWO) das Porto für die Anforderung der Briefwahlunterlagen und für die Wahlbriefe (vgl. § 41 Abs. 6 LWO Baden-Württemberg).

Notfalls hat die Anstalt mit der zuständigen Gemeindebehörde abzuklären, ob ein **beweglicher Wahlvorstand** eingesetzt wird „bei entsprechendem Bedürfnis" (vgl. z.B. § 57 Nds. LWO für die Landtagswahl). Wird die Briefwahl ermöglicht, wird regelmäßig kein Bedürfnis für den Einsatz eines beweglichen Wahlvorstands am Wahltag in der JVA bestehen.[149] In diesem Fall stellt die Anstalt aber einen Wahlraum bereit, gibt den Wahlberechtigten mit einem für den Wahlkreis gültigen Wahlschein Ort und Zeit der **Stimmabgabe** bekannt und sorgt dafür, dass sie zur Stimmabgabe den Wahlraum aufsuchen können. Die Vollzugsbehörde ist allerdings nicht verpflichtet, zuzulassen, dass in den Anstalten **Wahlkampf** betrieben wird.[150] Deshalb können die Gefangenen z.B. nicht verlangen, dass die Anstaltsleitung für Informationen über die Wahlbewerber oder die zur Wahl stehenden Parteien sorgt. Denn die hierfür erforderlichen Informationen können sie sich durch Zeitungen und Zeitschriften, Rundfunk und Fernsehen selbst verschaffen oder durch die Teilnahme an Wahlkundgebungen erwerben, soweit die allgemeinen Vorschriften über Ausgang und Urlaub dies ermöglichen.[151] Eine Verpflichtung der Vollzugsbehörden, Wahlkampf in den Anstalten zuzulassen, besteht nicht.[152] Bewährt hat sich aber die Praxis, **Wahlkampfveranstaltungen der Parteien in den Anstalten** in Form gemeinsamer Podiumsdiskussionen im Rahmen des pflichtgemäßen Ermessens durchzuführen. In einem solchen Fall ist auf die ausgewogene Veranstaltung mit mehreren Bewerbern zu achten.[153]

Der Ortsverband einer politischen Partei hat keinen Rechtsanspruch darauf, unter seiner Bezeichnung Schreiben von der JVA abzusenden oder dort zu empfangen bzw.

---

148 BT-Drucks. 18/13101 vom 13.7.2017 – Wahlrecht im Justizvollzug. Antwort der Bundesregierung auf die Kleine Anfrage der Abgeordneten Jelpke, Dr. Hahn, Steinke, weiterer Abgeordneter und der Fraktion DIE LINKE; vgl. auch BT-Drucks. 18/12954.
149 BeckOK-*Beck* § 73 Rdn. 10.
150 S. a. BT-Drucks. 7/3998, 30.
151 S. a. BT-Drucks. 7/3998, 30.
152 Ebenso *Arloth/Krä* § 73 Rdn. 3.
153 BeckOK-*Beck* § 73 Rdn. 10; BeckOK-*Arloth* BayStVollzG Art. 78 Rdn. 1; *Laubenthal/Nestler/Neubacher/Verrel* H Rdn. 130; weitergehend AK-*Bahl/Pollähne* Teil II § 5 Rdn. 55, auch mit unbeschränkten Fernsehmöglichkeiten und erleichtertem Zugang zum Internet.

von dort Schriftwechsel abzuwickeln.[154] Politische Parteien sind nach § 7 Abs. 1 Satz 1 ParteiG in Gebietsverbände gegliedert, zu denen eine JVA nicht gehört. Außerdem kennt das Parteienrecht keine „Betriebsparteiorganisationen".[155] Gegen gesonderte Wahlveranstaltungen einzelner Parteien bestehen allerdings Bedenken – in Rechtsanalogie insbesondere zu § 74 Abs. 2 Satz 3 Betriebsverfassungsgesetz.

3   Die Ausübung des Wahlrechts bezieht sich auf das **aktive Wahlrecht**.[156] Für die Ausübung des aktiven Wahlrechts (z.B. zum Besuch von Wahlveranstaltungen außerhalb der Anstalt) sind die allgemeinen Vorschriften über Urlaub, Ausgang usw. heranzuziehen.

Dies gilt auch für die Entscheidung über die Gewährung von Vollzugslockerungen zur **Ausübung eines passiven Wahlrechts** (z.B. Bewerbung von Strafgefangenen um Kandidaturen für ein Bundestags-, Landtagsmandat oder Mandat im kommunalen Bereich). Der Grundsatz der Allgemeinheit der Wahl (Art. 38 Abs. 1 GG) wird zwar bei der Ausübung des passiven Wahlrechts dadurch eingeschränkt, dass Strafgefangene faktisch daran gehindert werden, sich in gleicher Weise wie andere Wahlbewerber um eine Kandidatur zu bemühen. Diese Einschränkung ist jedoch durch einen zwingenden, gegenüber dem Demokratieprinzip und dem passiven Wahlrecht gleichgewichtigen Grund (Sicherung des staatlichen Vollzugsbedürfnisses, Verhinderung weiterer Straftaten zum Schutz der Allgemeinheit, vgl. § 11 Abs. 2 StVollzG) gerechtfertigt.[157] Das Bundesverfassungsgericht hat in dieser Entscheidung klargestellt, dass auch das in **Art. 48 Abs. 1 GG** garantierte Recht des Bundestagskandidaten auf den zur Vorbereitung seiner Wahl notwendigen Urlaub keine andere Beurteilung zulässt: Art. 48 Abs. 1 GG beziehe sich nur auf Personen, die anderen gegenüber öffentlich- oder privatrechtliche Dienstpflichten hätten und daher „Urlaubsberechtigte" seien, nicht dagegen auf Strafgefangene. Auch **Art. 48 Abs. 2 GG** entfalle als Prüfungsmaßstab der in § 11 Abs. 2 StVollzG normierten Beschränkungen: sein Anwendungsbereich werde nur durch Regelungen berührt, die die Übernahme (oder Ausübung) des Abgeordnetenmandats erschweren oder unmöglich machen sollen. Für Art. 48 Abs. 2 GG unerheblich seien solche Regelungen, die in eine andere Richtung zielen und nur in unvermeidbarer Weise die tatsächliche Folge der Wirkung einer Beeinträchtigung der Freiheit der Mandatsübernahme (oder -ausübung) hätten.[158]

Die Frage, ob sich die den Gefangenen zu gewährenden Hilfen auch auf das **passive Wahlrecht** beziehen, hat das Bundesverfassungsgericht in dieser Entscheidung offengelassen. Jedoch kann man von einer auf die Dauer der Strafhaft beschränkten „faktischen Wahrnehmungssperre" ausgehen.[159] Die Voraussetzungen für die Gewährung von Vollzugslockerungen sind der allgemeine Vorbehalt, die zu treffende Ermessensentscheidung muss im Einzelfall unter Beachtung des Prinzips der Verhältnismäßigkeit erfolgen. Dementsprechend kommen eine Ausführung, ein Ausgang und ein Urlaub für Zwecke der Wahl nur dann in Betracht, wenn keine Missbrauchs- oder Fluchtgefahr besteht. Dies gilt auch für die Gewährung von Urlaub oder Ausgang aus wichtigem Anlass.[160]

---

154   OLG Nürnberg, Beschluss vom 17. Januar 1986 – Ws 938/85 –, juris, NSTZ 1986, 286; *Arloth/Krä* § 73 Rdn. 3.
155   BeckOK-*Arloth* BayStVollzG Art. 78 Rdn. 1.
156   *C/MD* 2008 § 73 Rdn. 2.
157   BVerfG, Beschluss vom 6. Oktober 1981 – 2 BvR 1190/80 –, juris, im Anschluss an OLG Celle, Beschluss vom 17. September 1980 – 3 Ws 373/80 (StrVollz) –, juris, ZfStrVo 1981, 125, NStZ 1982, 83.
158   Vgl. Fn. 18.
159   Bejahend *Jekewitz*, Ausübung des passiven Wahlrechts durch Strafgefangene, in: juris Literaturnachweis zu *Jekewitz*, StV 1982, 124 f. und AK-*Bahl/Pollähne* Teil II § 5 Rdn. 56; ebenso wie hier: *C/MD* 2008 § 73 Rdn. 3; BeckOK-*Beck* § 73 Rdn. 11; BeckOK-*Arloth* BayStVollzG Art. 78 Rdn. 3.
160   OLG Celle, Beschluss vom 17. September 1980 – 3 Ws 373/80 (StrVollz) –, juris, ZfStrVo 1981, 125.

2. Pflichten. Die neben dem Wahlrecht genannten **Pflichten** beziehen sich vorwie- 4
gend auf finanzielle Angelegenheiten: die **Erfüllung der Unterhaltspflichten und die
Begleichung der Straftatschulden.** Diese Zielvorgabe sollte die Anstalt als Anlass nehmen, das Verantwortungsgefühl des Gefangenen für diesen Bereich zu entwickeln, auch wenn Leistungen zur Wahrnehmung materieller Verbindlichkeiten nur in geringem Maße zur Verfügung stehen und der Vollzug keine weiteren Mittel dafür zur Verfügung stellen kann.[161] Dies würde auch dem allgemeinen Prinzip „Hilfe zur Selbsthilfe" widersprechen. Der Gefangene muss aber erkennen, dass er sich dieser Herausforderung zu stellen hat und in kleinen Schritten an dem Ausgleich seiner Schulden bei entsprechender Unterstützung durch die JVA zu arbeiten hat. Wichtige Vorarbeiten können geleistet, finanzielle Folgewirkungen negativer Art verhindert werden. Das setzt eine **Strategie der Aktivierung** voraus (siehe Rdn. 4; D Rdn. 17).

a) Pflichten zur Sorge für die Unterhaltsberechtigten. Die Unterstützung der 5
Unterhaltspflicht betrifft einen Kernbereich der sozialen Eingliederung. Ohne die Angehörigen ist eine Resozialisierung kaum vorstellbar. Auch dadurch wird soziale Verantwortung eingeübt. Die wirtschaftlichen Belastungen, die durch den Vollzug für Gefangene und ihre Angehörigen entstehen, sind ein bedeutsames Hindernis für dessen spätere soziale Integration.[162] Zur Unterstützung der Gefangenen bei der **Sorge für ihre Unterhaltsberechtigten** gehört eine umfassende **Beratung über die Sozialleistungsansprüche** einschließlich Krankenversicherung, Wohngeld Mietfortzahlung, etc. (dazu B Rdn. 3–9; D Rdn. 3ff) Praktische Umsetzung dieser Hilfe wird in vielen Fällen nur durch die Familienarbeit freier Verbände und ehrenamtlicher Mitarbeiter vor Ort erreicht. Aber auch die Vollzugsbehörde hat die Pflicht, hierfür entsprechend Maßnahmen anzubieten. Außerdem ist Wert auf die Herbeiführung einer Schuldenregulierung sowie die Erfüllung von Unterhaltspflichten zu legen. Zur Einübung sind **familienunterstützende Angebote** zu gestalten, wie sie **SH § 24 Abs. 1** vorsieht: *„Familienunterstützende Angebote bieten den Gefangenen Hilfe bei der Bewältigung ihrer familiären Situation, zur Aufrechterhaltung und Pflege ihrer familiären Beziehungen sowie Unterstützung in der Wahrnehmung ihrer elterlichen Verantwortung an, unter anderem im Rahmen von Familien- und Paarberatung sowie von Väter- oder Müttertraining. Kinder und Partner der Gefangenen können in die Gestaltung einbezogen werden. In geeigneten Fällen nimmt die Anstalt Kontakt zu den zuständigen Sozialleistungsträgern auf."*
Reisekosten zum Besuch volljähriger Kinder in einer Sondersituation sind vom Jobcenter zu übernehmen. Nach dem Urteil des BSG vom 28.11.2018 (B 14 AS 48/17 R) sind vom Jobcenter gemäß § 21 Abs. 6 SGB II zur Deckung von Reisekosten zum Besuch volljähriger Kinder in einer Sondersituation (hier: Verhängung von Untersuchungshaft in einem anderen Staat wegen des Vorwurfs der Beteiligung an einem Tötungsdelikt) engen Angehörigen zusätzliche existenzsichernde Leistungen zu bewilligen. Zwar kann die bisherige Rechtsprechung zur Übernahme der Kosten des Umgangsrechts mit minderjährigen Kindern nach § 21 Abs. 6 SGB II nicht auf Besuche zwischen Eltern und volljährigen Kindern übertragen werden. Auf andere Weise nicht gedeckte, fortlaufend entstehende Aufwendungen zum Aufsuchen inhaftierter Verwandter können aber durchaus einen Härtefallmehrbedarf darstellen. Der Härtefallmehrbedarf dient der Realisierung des Grundrechts auf Gewährleistung eines menschenwürdigen Existenzminimums aus

---

161 *Arloth/Krä* § 73 Rdn. 4.
162 BeckOK-*Beck* § 73 Rdn. 13; *C/MD* 2008 § 73 Rdn. 3.

Art. 1 Abs. 1 i.V.m. Art. 20 Abs. 1 GG. Ein Jobcenter hat Abweichungen von dieser Regelung stets besonders zu begründen. Zu der Übernahme von Fahrtkosten allgemein: 7 A Rdn. 12).

Alle diese Fragen einschließlich der materiellen Aspekte eignen sich zur Thematisierung in Familienseminaren und zur Gestaltung der Arbeit mit Angehörigen.[163] Schließlich geht es dabei auch um den Erhalt und Aufbau des „Sozialen Empfangsraums". Gemeint ist damit ein soziales Netz, das den Gefangenen während der Haft, insbesondere jedoch nach seiner Entlassung, begleitet und ihm die Einbindung in die Gesellschaft erleichtert.[164]

Die **Angehörigenarbeit der Freien Straffälligenhilfe** will mit ihren Hilfs- und Beratungsangeboten folgende Ziele erreichen: Abbau der Isolation, Unterstützung bei der Bewältigung von Problemen und Förderung der Eigenständigkeit und Stärkung des Selbstwertgefühls. Ein langfristiges Ziel ist es, an der Veränderung institutioneller und gesellschaftlicher Bedingungen dahingehend mitzuwirken, dass Angehörige von Inhaftierten nicht mehr in dem Maße „mitbestraft" werden, wie es heute der Fall ist. Um die Öffentlichkeit für die Situation der Angehörigen zu sensibilisieren, ist umfassende Aufklärungsarbeit zu leisten.

6 **b) Pflichten zur Wiedergutmachung des Schadens und die Opferorientierung**. Bei der Pflicht zur Wiedergutmachung der materiellen und immateriellen Schäden[165] hat der Gesetzgeber ausdrücklich hervorgehoben, dass diese **Rücksichtnahme auf die Belange der Opfer von Straftaten** nicht nur allgemeine Bedeutung hat, sondern auch dem **Behandlungsziel** dient: neben einem Abbau der Schulden soll den Gefangenen die Einsicht in die Folgen ihrer Tat für das Opfer geweckt werden.[166] Der Pflicht der Gefangenen steht die Verpflichtung der Vollzugsbehörde gegenüber, sie im Rahmen der Entlassungsvorbereitung bei der Ordnung ihrer wirtschaftlichen Angelegenheiten zu beraten. Die Wiedergutmachung der Schäden ist daher sowohl mit der Schuldenregulierung als auch mit dem Ausgleich von Tatfolgen verbunden.

Nach § 73 StVollzG sollte der Gefangene in dem Bemühen unterstützt werden, einen durch seine Straftat verursachten Schaden zu regeln. Bereits ME § 5 ersetzte den Unterstützungsbegriff durch die Formulierung „angehalten werden". Ein entsprechender Grad der **Verbindlichkeit mit Pflichtcharakter** findet sich in der überwiegenden Anzahl der Landesgesetze, die dem ME gefolgt sind: **BY** Art. 78 Abs. 2 Satz 2; **BE** § 6 Abs. 3 (Verletztenbezogene Vollzugsgestaltung), **BB** § 11 Abs. 2, **HB** § 5 Abs. 2, **HE** § 26 Abs. 1: „... darauf auszurichten", **RP** § 11 Abs. 2; **SL** § 5 Abs. 2; **SN** § 5 Abs. 2; **ST** § 11 Abs. 2, **TH** § 11 Abs. 2. Teilweise werden sogar wie in **HH** § 8 Abs. 2 Satz 1 Nr. 5 der Schadensausgleich und Maßnahmen des Täter-Opfer-Ausgleichs neben Schuldenregulierung einschließlich Unterhaltszahlungen, Suchtberatung, Maßnahmen des Verhaltenstrainings in den Vollzugsplan integriert. Opferbezogene Behandlungsmaßnahmen und Maßnahmen zum Ausgleich von Tatfolgen sind neben Maßnahmen zur Sicherung berechtigter Schutzinteressen von Opfern oder gefährdeten Dritten auch Bestandteil des Vollzugsplans nach **NW** § 10.

---

163 *Kawamura-Reindl*, Hilfen für Angehörige Inhaftierter, in: *Cornel/Kawamura-Reindl/Sonnen* 2017, 503 ff; vgl. *Kanisch/Aspiron* Zehn Jahre Familienseminar mit Inhaftierten und ihren Partnerinnen ZfStrVo 1997, 152; *Worliczka/Zeitler/Feulner* Eheseminar im bayrischem Strafvollzug ZfStrVo 1999, 87 ff; *Morgenstern* Familienarbeit und Strafvollzug ZfStrVo 1984, 92.
164 *Arloth/Krä* § 73 Rdn. 6; BeckOK-*Beck* § 73 Rdn. 16.
165 AK-*Pahl/Pollähne* Teil II § 5 Rdn. 69.
166 BT-Drucks. 7/918, 75 zu § 73 StVollzG.

Eine **angebotsorientierte Unterstützung** findet sich dagegen neben **NI** § 69 Abs. 2 Satz 3 (neu) auch in **BW** § 41 Abs. 2, **MV** § 5 Satz 2: „Sie sollen dazu angeregt und in die Lage versetzt werden" und **SH** §§ 20 Satz 3 und 21 (Ausgleich von Tatfolgen). **SH** § 21 regelt den Ausgleich von Tatfolgen, insbesondere den Täter-Opfer-Ausgleich, als ein Angebot an Geschädigte und Gefangene sowie deren Angehörige, die Straftat und ihre Folgen zu bearbeiten mit dem Ziel, eine dauerhafte Konfliktlösung zu erreichen. Die JVA soll die **Vermittlung an die Mediationsstellen** sicherstellen, wobei die Teilnahme an tatfolgenausgleichenden Maßnahmen der Zustimmung aller Beteiligten bedarf und jederzeit widerrufen werden kann. Das Ziel kann eine Wiedergutmachungsvereinbarung sein. Sowohl den Geschädigten und Angehörigen kann bei Bedürftigkeit auf Antrag die Erstattung von Fahrtkosten und eine Aufwandsentschädigung gewährt werden, wenn ihre Beteiligung im vollzuglichen Interesse liegt oder zur Erreichung des Vollzugsziels förderlich ist.

Die **internationale Entwicklung** ist der Anlass dafür, dass die Opferperspektive während der gesamten Inhaftierungszeit thematisiert werden muss. Die Wichtigkeit, die Interessen aller Beteiligten in den Blick zu nehmen, zeigt sich auch in der Weiterentwicklung des (früheren) Opferschutzgesetzes vom 18. Dezember 1986, indem durch das 3. Opferrechtsreformgesetz vom 21. Dezember 2015 die Schutzstandards für Opfer erhöht und zugleich die Verpflichtungen der Bundesrepublik aus der Richtlinie 2012/29/EU des Europäischen Parlaments und des Rates vom 25. Oktober 2012 für die Rechte, die Unterstützung und den Schutz von Opfern von Straftaten umgesetzt werden."

Die **Justizministerkonferenz** hatte sich dazu bekannt, dass die Interessen und Belange der Opfer auch im Justizvollzug eine bedeutsame Rolle spielen sollen. Eine länderoffene Arbeitsgruppe unter Federführung Niedersachsens hatte Vorschläge zur Umsetzung des Opferbezugs im Justizvollzug erarbeitet und dem Strafvollzugsausschuss vorgelegt. Die Empfehlungen einer Projektgruppe wurden in Gesetzesform gegossen und im Juli 2017 mit der Novellierung des Niedersächsischen Justizvollzugsgesetzes verabschiedet, und zwar mit folgende Begründung:

„Die Berücksichtigung von Opferinteressen mit dem Ziel der **Wiedergutmachung im Sinne einer „Restorative Justice"**[167] wird zu einem zentralen Bezugspunkt der Vollzugsgestaltung erhoben. Unter dem Begriff „Restorative Justice", sinngemäß zu übersetzen mit „wiederherstellender Gerechtigkeit", wird auch außerhalb des angelsächsischen Sprachraums eine Form der Konflikttransformation durch ein Wiedergutmachungsverfahren verstanden. „Restorative Justice" bringt die unmittelbar Beteiligten (Geschädigte, Beschuldigte) und manchmal auch die Gemeinschaft zu einer Suche nach Lösungen zusammen. Ziele sind der Ausgleich materieller und immaterieller Schäden und die Wiederherstellung positiver sozialer Beziehungen. Die Wahrnehmung der Leiden und Bedürfnisse von Personen, die durch eine Straftat verletzt wurden oder in sonstiger Weise von deren Folgen betroffen sind, die Übernahme von Verantwortung durch die Täterin oder den Täter und das Einbeziehen des sozialen Umfeldes auf beiden Seiten stellen wichtige Voraussetzungen für Prozesse dar, die auf eine Form der Wiedergutmachung zielen."[168]

---

167 *Dünkel* Restorative Justice – Aktuelle Entwicklungen einer wiedergutmachenden Strafrechtspflege in Europa, in: FS Rössner, S. 8–31; Teil des Fortbildungsprogramms 2018 für Niedersachsen ist eine Veranstaltung" Gemeinnütziges Engagement von Gefangenen als Feld der Verantwortungsübernahme gegenüber der Gesellschaft" (Ziele und Grundsätze, Organisation, Best-Practise-Modelle, Vernetzung, Kooperation mit externen Partnern), https://www.bildungsinstitut-justizvollzug.niedersachsen.de/download/125471/Aus-_und_Fortbildungsprogramm_2018.pdf .
168 Vgl. **NI** LT Drucks. 15/3565, 9, Begründung zur Novellierung des NJVollzG.

Das inzwischen in Niedersachsen gestartete Programm „Justiz plus"[169] soll die verschiedenen Akteure im Opferschutz in allen Bereichen der Justiz besser miteinander verzahnen und Projekte aufeinander abstimmen. Das beginnt bei der Prävention, setzt sich fort im Ermittlungsverfahren, der Hauptverhandlung, der Strafvollstreckung und reicht bis zur Nachsorge nach der Haft. Durch die Novellierung des NJVollzG wurde als neuer Schwerpunkt die Opferorientierung im Justizvollzug gebildet. **NI § 69 Abs. 2** wurde wie folgt geändert: *Satz 2: Gleiches gilt für die Regelung den Ausgleich eines durch ihre oder seine Straftat verursachten Schadens. Satz 3: In geeigneten Fällen sollen der oder dem Gefangenen zur Durchführung von Maßnahmen zur Wiedergutmachung der Folgen ihrer oder seiner Straftaten, insbesondere eines Täter-Opfer-Ausgleichs, Stellen und Einrichtungen außerhalb des Justizvollzuges benannt werden."*

Aus dem Vollzugsziel, wonach die Gefangenen im Vollzug der Freiheitsstrafe fähig werden sollen, künftig in sozialer Verantwortung ein Leben ohne Straftaten zu führen, erwächst die Aufgabe, auch **Täter-Opfer-Aspekte als Lernfeld sozialer Verantwortung in den Behandlungsvollzug** einzubeziehen.[170] Diese Aspekte sollten nicht nur im Rahmen der sozialtherapeutischen Behandlung von Gewalttätern und Sexualstraftätern berücksichtigt werden. Das gesamte Vollzugsgeschehen hat sich mit diesem neuen kriminalpolitischen Paradigma zu befassen, da durch solche aktiven Ausgleichsbemühungen zur Wiedergutmachung die Kriminalitätsfurcht in der Bevölkerung verringert und das Sicherheitsgefühl erhöht werden können. Ansatzweise sind bereits freiwillige, gemeinnützige Arbeitseinsätze von Gefangenen im Umfeld von Anstalten erprobt worden.

Fraglich ist aber, inwieweit die „berechtigten Belange der Verletzten von Straftaten ... bei der Gestaltung des Vollzugs, insbesondere bei der Erteilung von Weisungen für Lockerungen, bei der Eingliederung und Entlassung der Gefangenen, zu berücksichtigen (sind), wovon **BE § 6 Abs. 1** unter dem Titel **„Verletztenbezogene Vollzugsgestaltung"** ausgeht. Gegen solche überschießenden Tendenzen bestehen Bedenken, da sich in der Praxisgestaltung dadurch eigendynamisch ein Übergewicht in Richtung Opfervollzug und Schuld und Sühne entwickeln könnte. Im Bereich sozialer Vollzugsgestaltung und Entlassungsvorbereitung ist die Berücksichtigung der Interessen von Tatopfern insbesondere im Rahmen von Lockerungs- und Urlaubsentscheidungen kritisch zu sehen. Insgesamt ist im Vollzug der Opferbezug in Deutschland im internationalen Vergleich noch nicht ausgereift. So gehören in der Schweiz beispielsweise ein individueller Wiedergutmachungsplan einschließlich Schuldenregulierung, die Ableistung ehrenamtlicher Arbeit seitens der Gefangenen und die Entwicklung von Opferempathie zum Programm.[171]

---

169 Für Betroffene ist die Website www.opferschutz.niedersachsen.de eingerichtet. Dort werden sämtliche Opferhilfeangebote in Niedersachsen umfassend und überschaubar zusammengefasst; dazu: *Jacob* Opferorientierung. Ergebnisse einer Projektarbeit im niedersächsischen Justizvollzug, FS 2017, 306 f.
170 *Gelber/ Walter* FS 2012, 171; *dies.* Opferbezogene Vollzugsgestaltung. Theoretische Perspektiven und Wege ihrer praktischen Umsetzung BewHi 2013, 5 ff; *Gabriel/Müller/Oswald* 2002, 141 ff; *Gelber/Walter, M.* Über Möglichkeiten einer opferbezogenen Vollzugsgestaltung, in: *Kawamura* Täter-Opfer-Ausgleich und Wiedergutmachung im Strafvollzug? ZfStrVo 1994, 3 ff; *Wulf* 1985, 67 ff; *Kilching* 2017 zu dem Modellprojekt in Baden-Württemberg; *Jesse/Jacob/ Prätor* Opferorientierung im Justizvollzug., in: *Maelicke/Suhling* 2018, 159 ff. mit Erfahrungen aus Niedersachsen.
171 *Köhne* Opferbezogener Vollzug – Vorbild oder Irrweg?, in: JR 2016, 7 ff mit der Warnung, dass die Berücksichtigung der Opferinteressen wegen seiner Systemfremdheit durchaus zu einer erneuten Erklärung der Verfassungswidrigkeit führen könne. Viele Bedenken würden dem opferbezogenen Strafvollzug entgegenstehen, sodass von diesem abzuraten sei; kritisch auch AK-*Bahl/Pollähne* Teil II § 5 Rdn. 70 und insbesondere in Teil II § 5 Rdn. 8 unter Hinweis auf einen bedenklichen Paradigmenwechsel in der Viktimologie. *Kubink/Henningsmeier* Die Entwicklung der opferbezogenen Vollzugsgestaltung. Eine kritische Bestandsaufnahme aus der Sicht des Justizvollzugsbeauftragten NRW, in: FS 2017, 301 ff (304).

Der Anwendungsbereich solcher z.T. symbolischer und immaterieller Ausgleichsbemühungen wird aber während der Freiheitsentziehung erheblich geringer sein als in Freiheit, wo der Täter-Opfer-Ausgleich (TOA) inzwischen als Instrument der Kriminalpolitik im Rahmen ambulanter Sanktionen und Alternativen zum Freiheitsentzug allgemein anerkannt ist.

Die **Möglichkeiten eines Tatausgleichs während des laufenden Strafvollzuges** 7
sollten zum festen Bestandteil der Vollzugspraxis gehören. Ziel sollte sein, die genannten Aspekte zu erproben, das Thema in den Vollzugsalltag zu integrieren und eine innere Auseinandersetzung der Gefangenen mit der Opferperspektive als Lernfeld sozialer Verantwortung und zur Förderung der Ausgleichsbereitschaft zu fördern und zu fordern. Auch **BY** Art. 78 Abs. 2 hebt zum einen im Interesse des Opferschutzes in Satz 1 besonders hervor, dass die Einsicht des Gefangenen in ihre Verantwortung für die Tat geweckt werden soll. Nach **BY** Art. 78 Abs. 2 Satz 3 ist in geeigneten Fällen die Durchführung eines Täter-Opfer-Ausgleichs anzustreben. Auch hier wird die Opferorientierung mit dem in **BY** Art. 75 verankerten Grundsatz der Hilfe zur Selbsthilfe kombiniert, wonach die Anstalt gemäß **BY** Art. 78 Abs. 2 zur Schadenswiedergutmachung und in geeigneten Fällen zum Täter-Opfer-Ausgleich im weiteren Sinn aktiv an die Gefangenen herantreten und sie zur Mitarbeit motivieren soll ohne die Hilfe aufzudrängen oder für therapeutische Zwecke zu instrumentalisieren. Ohne Freiwilligkeit, innere Beteiligung und echte Motivation und ein großes Maß an Eigeninteresse sind diese Ausgleichsbemühungen nicht zu verwirklichen. Der von einzelnen Landesgesetzen gewählte Weg, tatfolgenorientierte Angebote im Vollzug zu unterbreiten und die Vermittlung an externe Mediationsstellen sicherzustellen, dürfte geeignet sein, das Ziel einer Konfliktlösung zu erreichen.

Wegen der vielfältigen offenen Fragen und der Erfahrungen im europäischen Kontext hat die JuMiKo am 2. Juni 2016[172] die Einrichtung einer länderoffenen Arbeitsgruppe beschlossen, die sich über Erfahrungen, Ideen und Möglichkeiten von Wiedergutmachung und zur Umsetzung des Opferbezugs im Justizvollzug austauscht sowie unter Berücksichtigung internationaler Entwicklungen Vorschläge unterbreitet.

3. Schuldenregulierung

a) **Bedarfslage.** Die **Schuldenregulierung** ist lebenspraktische Hilfe zur Rückfall- 8
verhütung.[173] Ohne sie scheitert die Resozialisierung vieler überschuldeter Straffälliger.[174] Die Überschuldung von Privatpersonen[175] in Deutschland ist seit 2014 zum vierten Mal in Folge angestiegen. Zum Stichtag 1. Oktober 2017 wurde für die gesamte Bundesrepublik eine Überschuldungsquote von 10,04% gemessen. Damit sind über 6,9 Millionen Bürger über 18 Jahre überschuldet und weisen nachhaltige Zahlungsstörungen auf. Dies sind rund 65.000 Personen mehr als noch im letzten Jahr (+ 0,9%).

Auch deshalb muss in der Vollzugspraxis noch mehr in diesem Bereich geleistet werden. Denn der Schuldenberg wächst gerade während des Vollzugsaufenthalts erheblich an: fast 3/4 aller Strafgefangenen haben erhebliche **Schulden** zwischen 500 und 25.000 Euro; rund die Hälfte ist mit einem Schuldenberg von mehr als 5.000 Euro ver-

---

172 Beschluss TOP II. 28: Opferorientierung im Justizvollzug https://www.justiz.bayern.de/ministerium/justizministerkonferenz/.
173 K/S-Schöch 2002 § 7 Rdn. 202 und § 13 Rdn. 23.
174 *Homann/Zimmermann* 2017, 449 ff.
175 https://www.creditreform.de/nc/aktuelles/news-list/details/news-detail/schuldneratlas-deutschland-2017.html.

schuldet.[176] Da an der Spitze der **Gläubiger** Kreditinstitute/Finanzierungsbüros/Inkasso-Büros und Geschäftsbanken liegen, steigern sich die Schulden durch zusätzlich aufgelaufene Zinsen in vielen Fällen bis zum doppelten Betrag.

In Gefangenenbefragungen wurde die Verschuldung als das zentrale Zukunftsproblem für die Zeit nach der Entlassung ermittelt. Als Gründe wurden angegeben: „Pfändungswettlauf der Gläubiger" mit ständigen Vollstreckungsversuchen beim Arbeitgeber, verminderte Chancen bei der Arbeitsplatzsuche bzw. Gefährdung des Arbeitsplatzes (Drittschuldnersituation des Arbeitgebers bei Lohnpfändungen). Die Probleme um die **Verschuldungsfolgen** werden von den Gefangenen umso bewusster erlebt, je näher der Entlassungstermin rückt; beklagt wird allerdings der geringe Umfang der Entschuldungshilfe innerhalb des Vollzugs.[177] Besonders aus den Erfahrungen mit Rückfalltätern ergibt sich, dass die im Vollzug eingeleiteten Ausbildungs-, Fortbildungs- und Arbeitsvermittlungsmaßnahmen „leer laufen", wenn das Schuldenproblem ungelöst bleibt.[178]

In manchen Landesgesetzen sind Angaben zur Schuldenregulierung bereits Bestandteil des Vollzugsplans, vgl. **HE** § 10 Abs. 4 Satz 1 Nr. 10. Andere bevorzugen die Hilfe zur Schuldenregulierung wie **BW** § 41 Abs. 2 Satz 2. Nach **BE** § 5 – und ähnlich auch **BB** § 11 Abs. 2, **HB** § 5 Abs. 1, **HE** § 26 Abs. 1 Satz 2, **MV** § 5 Satz 2, **SL** § 5 Abs. 1 Satz 2, **SN** § 5 Abs. 1 Satz 2, **ST** § 5 Abs. 2 (... angehalten werden), **TH** § 11 Abs. 1 Satz 2 – sollen die Gefangene angeregt und in die Lage versetzt werden, eine Schuldenregulierung herbeizuführen. Eine eigene Vorschrift zur Schuldenregulierung findet sich in **SH** § 22.

9   **b) Methodische Ansätze.** Als methodische Ansätze der Schuldenregulierung unterscheidet man die **Einzelregulierung** (traditionelle Form der ratenweisen Abzahlung nach einem festgelegten Tilgungsplan mit Eigenmitteln) und die **Gesamtsanierung**[179] (sofortige Tilgung sämtlicher Schulden durch den Einsatz eines Darlehens bei Teilverzicht der Gläubiger). Beide Ansätze können miteinander kombiniert werden, doch setzt sich die Gesamtsanierung immer stärker durch, da gerade der Konsumentenkreditmarkt als Hauptgläubigergruppe zu erheblichen Nachlässen bereit ist (bis zu 70% – auch nach Beginn des Zwangsvollstreckungsverfahrens).

10   **c) Arbeitsweise der Resozialisierungsfonds.** Nach dem methodischen Ansatz der Gesamtsanierung arbeiten privatrechtlich organisierte Fonds,[180] die zum Teil selbst Darlehen vergeben bzw. Bürgschaften für zinsgünstig gewährte Darlehen öffentlich-rechtlicher Kreditinstitute übernehmen.

Schuldenregulierungsfonds, auch Resozialisierungsfonds genannt, bieten straffällig gewordenen Frauen und Männern sowie deren Angehörigen eine Entschuldungshilfe im Rahmen einer Schuldenregulierung. Ziel ist es, den wirtschaftlichen Neuanfang zu ermöglichen und folglich die soziale und berufliche Lebenssituation zu stärken. Durch die Vergabe zinsloser oder zinsgünstiger Darlehen an Straffällige hat sich das Fondsmodell als wichtige Entschuldungshilfe für einen wirtschaftlichen Neuanfang bewährt. Die in

---

176   Vgl. dazu bereits *Zimmermann* Die Verschuldung der Strafgefangenen Heidelberg 1981, 12 ff, 40 ff, 56 ff.
177   Mit Diskussion von Lösungswegen: *Zimmermann* 1981, Rdn. 42, 110 ff, 121 ff.
178   Zum Verbraucherinsolvenzverfahren vgl. Rdn. 15.
179   *Homann/Zimmermann* 2017, 449 ff, 458 f.
180   Nachweise bei *Seebode* Verbrechensverhütung durch staatliche Hilfe bei der Schuldenregulierung Straffälliger NJW 1983, 174; *Maelicke*, 25 Jahre Stiftung Straffälligenhilfe Schleswig-Holstein SchlHA 2008, 144 ff; *Freytag* Resozialisierungsfonds in der Bundesrepublik Deutschland. Eine Bestandsaufnahme. ZfStrVo 1990, 259–265.

den 70er und 80er Jahren gegründeten Fonds[181] gehen auf Initiativen von Privatpersonen, Justizministerien und Trägern der freien Straffälligenhilfe zurück und sind bisher in acht westlichen Bundesländern der BRD angesiedelt:
1. Stiftung „Resozialisierungsfonds Dr. Traugott Bender" beim Ministerium der Justiz und für Europa, Stuttgart
2. Schuldenregulierungsfonds des Vereins Bremische Straffälligenbetreuung, Bremen
3. Stiftung Entschuldungshilfe für Strafffällige in Rheinland-Pfalz, Mainz
4. Berlin Stiftung Gustav Radbruch – Unterstützungsfonds, Berlin
5. Stiftung ‚Resozialisierungsfonds für Straffällige' in und für Hessen, Wiesbaden
6. Stiftung „Die Brücke" – Eingliederungswerk Hannover
7. Marianne von Weizäcker Stiftung, Integrationshilfe für ehemals Suchtkranke e.V., Hamm
8. Stiftung Straffälligenhilfe Schleswig-Holstein, Kiel

Durch die Resozialisierungsfonds mehrerer Landesjustizverwaltungen konnten bisher hohe Schuldensummen mit einem Kreditvolumen von ca. 30% dieser Summe abgelöst werden (bei durchschnittlich guter Zahlungsmoral der geförderten Haftentlassenen). Allein die Stiftung in Baden-Württemberg hat im Zeitraum 1975–2015 Ausgangsforderungen in Höhe von 105 Mio. Euro mit einem Gesamtvolumen von 24 Mio. Euro bei fast 26.000 Gläubigern abgelöst und 4500 Darlehen vergeben. Der Höchstbetrag der zinslosen Darlehen, die ausschließlich der Schuldentilgung dienen und direkt an die jeweiligen Gläubiger ausgezahlt werden, liegt bei 11.000 Euro.

Als günstig hat sich die Existenz der Fonds auch insofern erwiesen, als neben den privaten Gläubigern gerade die öffentlichen Gläubiger (Gerichtskassen, Finanzämter, gesetzliche Krankenkassen, Arbeitsämter) für erhebliche Nachlässe bzw. Niederschlagung ihrer Kosten gewonnen wurden. Die zunehmende Vergleichsbereitschaft aller Gläubigergruppen ist nicht nur bei der Schuldenregulierung von Vorteil; sie kommt vielmehr den gesamten, kriminalpolitischen Bemühungen zur Verbesserung der Startchancen für Haftentlassene zugute. Vorbereitete Musterschreiben, Erlassverträge, Ablaufpläne, Arbeitsübersichten, Informationsberichte über die Vergleichsbereitschaft von Gläubigern und spezielle Fortbildungsveranstaltungen schaffen ein Verbundsystem der Entschuldungshilfe zwischen staatlichen und freien Trägern, das als lebenspraktisches soziales Lernfeld genutzt werden und bestimmt sein muss.[182] Die Fonds arbeiten mit Stiftungsbeauftragten in den Vollzugsanstalten, der Bewährungshilfe und den freien Trägern der Straffälligenhilfe zusammen, bei denen sich der Gefangene informieren kann.[183]

d) Entschuldungshilfe als Aufgabe für die Sozialarbeit. Entschuldungshilfe ist 11 kein technischer Vorgang, sondern ganzheitliche Betreuung bei voller Mitbeteiligung und erhöhter Leistungsbereitschaft des Gefangenen. Ohne ein Mindestmaß an Kooperationsbereitschaft, Verlässlichkeit und Absprachefähigkeit des Hilfesuchenden sowie gegenseitiges Vertrauen ist sie nur äußerst schwer leistbar. Dies entspricht dem in § 1 Satz 2 SGB XII normierten Grundsatz, wonach die Hilfe den Hilfeempfänger soweit wie möglich befähigen soll, unabhängig von ihr zu leben, und wonach er hierbei nach seinen Kräften mitwirken muss. Entschuldungshilfe ist nach ihrem Selbstverständnis urei-

---

181 http://www.straffaelligenhilfe-bremen.de/flyer-schuldenregulierungsfonds-fachtagung.pdf.
182 *Best* Schuldenregulierung durch Entschuldungsfonds, Erfahrungen aus der Straffälligenhilfe NDV 1986, 179 ff, juris.
183 *Freytag* Resozialisierungsfonds in der Bundesrepublik Deutschland. Eine Bestandsaufnahme. ZfStrVo 1990, 259 ff; *Laubenthal*, Rdn. 648.

gene **Aufgabe für die Sozialarbeit** und sollte möglichst von dem jeweils zuständigen Sozialarbeiter oder in enger Zusammenarbeit mit diesem geleistet werden.[184]

Die Beratung und Hilfe bei der Ordnung der wirtschaftlichen Angelegenheiten von Gefangenen, insbesondere die Schuldenregulierung, ist eine wesentliche Voraussetzung für die Wiedereingliederung. Im Rahmen der Entlassungsvorbereitungen ist ihr große Aufmerksamkeit zu widmen. Diese Aufgaben sind wahrzunehmen von den Angehörigen des Sozialen Dienstes, ausnahmsweise auch von Angehörigen anderer Berufsgruppen mit entsprechender (Berufs-)Erfahrung auch im Rahmen der technischen Vorbereitung. Die Beratung und Hilfe soll insbesondere praktische Hilfen umfassen, vor allem beim Abfassen von Schreiben und bei Verhandlungen. Rechtsrat darf nicht erteilt werden. In Sanierungs- und Zahlungspläne sind grundsätzlich nur solche Forderungen aufzunehmen, die zwischen Gläubigern und Gefangenen dem Grunde nach unstreitig sind.

Diese Grundsätze gelten auch für Modelle der Gefangenenberatung „Legal Clinic", einer studentischen Rechtsberatung unter Anleitung. Ziel der Beratung ist es unter anderem, die Rechtslage zu klären, aber auch die Kommunikationsfähigkeit der Gefangenen den Bediensteten gegenüber zu verbessern.[185]

Nur der ständige Kontakt zu dem Betreuer eröffnet Einsichts- und Einflussmöglichkeiten auch auf sonstige Lebensbereiche und wirkt sich auf die gesamte Betreuungsarbeit stabilisierend aus. Die Beratung, die Unterstützung bei der Aufstellung eines Tilgungsplans einschließlich der Vergleichsverhandlungen mit den Gläubigern für die Strafgefangenen sind daher ein notwendiger Bestandteil der sozialen Hilfe. Andernfalls wird den Gefangenen zu raten sein, anwaltliche Hilfe, evtl. über die Rechtsberatung in den Justizvollzugsanstalten, in Anspruch zu nehmen. Sofern Rechtsfragen berührt werden, müssen sie in die Beratung einbezogen werden. Dies gilt aber nur für unstreitige Forderungen, wovon auch die Richtlinien der Resozialisierungsfonds ausgehen.

12 **e) Beurteilungsspielraum** Ein subjektiver Rechtsanspruch auf einzelne konkrete, vom Gefangenen zu bestimmende Leistungen oder Maßnahmen bei der Beratung in für ihn bedeutsamen, rechtlichen Fragestellungen besteht nicht. Der Anstalt steht bei der Frage, wie dem jeweiligen Gefangenen bei einer bedeutsamen, rechtlichen Fragestellung Beratung ermöglicht wird bzw. wie ihm zu helfen ist, angesichts der unbestimmten Rechtsbegriffe „bedeutsam" und „Beratung" ein Beurteilungsspielraum zu.[186] Ein einklagbarer subjektiver Anspruch auf eine ganz bestimmte Maßnahme im Rahmen der Schuldenregulierung ist auch nicht verfassungsrechtlich begründbar, auch wenn das Bundesverfassungsgericht anerkennt, dass im Strafvollzug neben oder anstelle eines Lohnes in Geld etwa auch Hilfen zur Schuldentilgung in Betracht kommen können, um Arbeit im Strafvollzug anzuerkennen und einen Vorteil für die erbrachte Leistung auszudrücken. Das verfassungsrechtliche Resozialisierungsgebot legt aber den Gesetzgeber grundsätzlich nicht auf ein bestimmtes Regelungskonzept fest; vielmehr ist ihm für die Entwicklung eines wirksamen Konzepts ein weiter Gestaltungsraum eröffnet.[187]

---

184 *Vgl.* dazu *Zimmermann* (FN 36) 1981, 112f; *Groth* Schuldnerberatung. Praktischer Leitfaden für die Sozialarbeit. Frankfurt 1987.
185 *Graebsch* Rechtsberatung für Gefangene im Jugendvollzug, in: ZJJ 2015, 363–368, juris; *Bammann* Studentische Rechtsberatung im Strafvollzug. Der Bremer „Verein für Rechtshilfe" als ein Beispiel praxisorientierter JuristInnenausbildung, in: FoR 2000, 62–63; für Baden-Württemberg das neue Angebot der Schuldnerberatung im Vollzug, FS 2018, 143.
186 OLG Stuttgart, Beschluss vom 04. November 2014 – 4 Ws 373/14 (V) –, juris, unter Hinweis auf § 41 Abs. 2 JVollzGB III; so auch *Arloth/Krä* § 73 Rdn. 2; BeckOK-*Beck* § 71 Rdn. 11.
187 BVerfG, Urteil vom 1. Juli 1998 – 2 BvR 441/90 –, BVerfGE 98, 169ff = NJW 1998, 3337.

Auch aus der **Empfehlung des Europarates REC (2006) 2** vom 11. Januar 2006, insbesondere den Nr. 23.1–23.6, die sich direkt ohnehin mit Fragen der Rechtsberatung befassen, ergibt sich kein individueller Anspruch eines Gefangenen auf eine ganz bestimmte konkrete Maßnahme im Rahmen der Hilfe bei der Schuldenregulierung. Die REC (2006) 2 sind Empfehlungen, die keine subjektiven Rechte und Pflichten des Gefangenen begründen,[188] mögen sie auch ergänzend oder als Auslegungshilfe bei der Anwendung des deutschen Vollzugsrechts zu berücksichtigen sein.[189] Daher steht der Anstalt auch bei der Entscheidung über die Art der Hilfestellung ein Beurteilungsspielraum zu[190] und diese Entscheidung ist nach Maßgabe der jeweiligen Schwierigkeit und persönlichen Verhältnisse des Gefangenen zu treffen.[191]

f) Rechtsberatung und Beratungshilfe Bei rechtlich streitigen Forderungen bzw. 13 einer ungeklärten Rechtslage sollte von der Möglichkeit der Rechtsberatung und Vertretung nach dem Beratungshilfegesetz (BerHG) für Bürger mit geringem Einkommen Gebrauch gemacht werden. Angeboten wird die **Beratungshilfe** über anwaltliche Beratungsstellen bei den Amtsgerichten, Sprechstunden der örtlichen Rechtsanwaltsvereine in den Anstalten bzw. über Berechtigungsscheine der örtlichen Amtsgerichte bei Rechtsanwälten freier Wahl.[192] Die Vollzugsanstalten haben hier zumindest entsprechende Aufklärungspflichten. Es sind die entsprechenden Vordrucke für Anträge der Rechtsuchenden auf Beratungshilfe zu verwenden (vgl. VO vom 2.1.1981, BGBl. I, 29). Auch in den Anstalten können Beratungsstellen der Rechtsanwälte aufgrund einer Vereinbarung mit der zuständigen Landesjustizverwaltung eingerichtet werden.

Die **rechtliche Beratung** und schriftliche Geschäftsbesorgung obliegt im Rahmen der sozialen Hilfe der Anstaltsleitung und den ihr zugeordneten Sozialarbeitern. Durch das (**Rechtsdienstleistungsgesetz – RDG**)[193] wurde das bisherige Rechtsberatungsgesetz (RBerG) von 1935 abgelöst. Damit ist Rechtsklarheit für die Vollzugsbehörden, Wohlfahrtsverbände und freien Träger der Straffälligenhilfe erreicht worden, was außergerichtliche Rechtsdienstleistungen betrifft.

Die Frage, ob die Entschuldungshilfe (bei unstreitigen Forderungen) eine „Besorgung fremder Rechtsangelegenheiten" i.S. von Art. 1 § 1 RBerG vom 13.12.1935 darstellte, war zumindest zweifelhaft. Begründet wurde diese Auffassung mit der Umgestaltung des Schuldverhältnisses im außergerichtlichen Vergleichswege.[194] Die Debatte betraf das erforderliche Tatbestandsmerkmal der Geschäftsmäßigkeit[195] und die Frage, ob Rechtsangelegenheiten weisungsgebunden oder selbständig erledigt wurden. Das RDG erlaubt Rechtsdienstleistungen, die nicht im Zusammenhang mit entgeltlicher Tätigkeit stehen (unentgeltliche Rechtsdienstleistungen). Nach § 6 RDG können solche Rechtsdienstleistungen außerhalb familiärer, nachbarschaftlicher oder ähnlich enger, persönlicher Be-

---

188 *Arloth/Krä* Einl Rdn. 11; *C/MD* 2008 Einl Rdn. 59.
189 *Laubenthal*, Rdn. 33.
190 Bei Rechtsberatung: KG, Beschluss v. 17. Juni 1996 – 4 Ws 293/96 Vollz, NStZ 1997, 427/428.
191 Z.B. bei Hilfe zur Bearbeitung eines Rentenantrages: LG Meiningen, Beschluss v. 12. Februar 2008 – 4 StVK 914/07, juris.
192 Einzelheiten sind bei dem örtlich zuständigen Amtsgericht zu erfragen; vgl. dazu auch *Groß* Kommentar zur Beratungshilfe/Prozesskostenhilfe/Verwaltungskostenhilfe 13. Aufl., Heidelberg 2015, Rdn. 7 ff zu § 3 BerHG.
193 V. 12.12.2007 BGBl. I S. 2840.
194 *Zimmermann* 1981 (FN 36), 113.
195 Schleswig-Holsteinisches OLG, Beschluss vom 9. Dezember 2003 – 2 Vollz Ws 407/03 (247/03) –, juris, ZfStrVo 2004, 303 zur Bundes-Initiative zur Gleichstellung im Strafvollzug (BIGS) e.V.; OLG Nürnberg, Beschluss vom 7. Juni 1996 – Ws 473/96 –, juris, NStZ 1997, 360, ZfStrVo 1997, 371.

ziehungen erbracht werden, wenn sichergestellt ist, dass die Rechtsdienstleistung durch eine Person mit Befähigung zum Richteramt oder unter Anleitung einer solchen Person erfolgt. Anleitung erfordert eine an Umfang und Inhalt der zu erbringenden Rechtsdienstleistungen ausgerichtete Einweisung und Fortbildung sowie eine Mitwirkung bei der Erbringung der Rechtsdienstleistung, soweit dies im Einzelfall erforderlich ist. Nach § 8 Abs. 1 RDG sind ausdrücklich Rechtsdienstleistungen erlaubt, die Behörden und juristische Personen des öffentlichen Rechts (Nr. 1) sowie Verbände der freien Wohlfahrtspflege i.S. von § 5 SGB XII (Nr. 2) im Rahmen ihres Aufgaben- und Zuständigkeitsbereichs erbringen.

Schwerpunkt der Entschuldungshilfe als Teil einer individuell zu leistenden Sozialarbeit ist die persönliche Hilfe i. S. d. § 11 SGB XII i. V. mit § 3 Abs. 2 DVO zu §§ 67ff SGB XII i.d.F. vom 1.1.2005, zu der auch „die Beratung in sonstigen sozialen Angelegenheiten" gehört.[196]

14 **g) Entschuldungshilfe im Vollzug.** Entschuldungshilfe im Vollzug[197] besteht konkret darin, mit den Gläubigern in Verhandlungen zu treten, um zunächst angemessene Tilgungsvereinbarungen zu erzielen. Neben der Auflistung der Verbindlichkeiten und der Ordnung der Unterlagen („**Schulden-Beiheft**") müssen Sachstandsanfragen der Gläubiger sorgfältig registriert und diese bereits während der Haft zu einer erheblichen Verringerung ihrer Verbindlichkeiten bewegt werden. Dabei ist es unerheblich, ob die Gläubigerforderungen vollstreckbar sind oder nicht. Die allermeisten Forderungen, die über die Resozialisierungsfonds (vgl. Rdn. 10) mit günstiger Erlassquote in die Gesamtsanierung einbezogen werden, sind tituliert und befinden sich seit Jahren in der Zwangsvollstreckung. Dazu gehören die Bestandsaufnahme der Schulden, Kommunikation mit Gläubigern um (Teil-)Erlass, Zinsmoratorien oder Ratenzahlungen zu erreichen. Aber auch **Umschuldungshilfe, psychologische Beratung und Kompetenzförderung des Gefangenen im Umgang mit seinen Finanzen** sind Teil dieser Unterstützung.[198] Den Gefangenen sind die Probleme und die Verschuldensfolgen bewusst zu machen.[199] Es ist nicht zu beanstanden, wenn ein Gefangener im Einzelfall einen anderen unterstützungsbedürftigen Insassen einer Justizvollzugsanstalt bei der Wahrnehmung seiner Rechte Hilfe leistet.[200]

Auch wenn die Annahme, dass im Strafvollzug Hilfsdienste für Mitgefangene typischerweise nicht ohne Gegenleistung erbracht werden, einer in Fachkreisen verbreiteten Einschätzung entspricht und entsprechende in der Praxis gewonnene Erkenntnisse in die Würdigung konkreter Sachverhalte einfließen mögen, erübrigen sie nicht die Auseinandersetzung mit konkreten Einwänden gegen die Richtigkeit der anstaltlichen Sachverhaltsdarstellung.[201] Gut bewährt haben sich hierbei **Kursangebote zum Trainingsbereich „Geld"**.[202] Hier ergibt sich auch ein geeignetes **Arbeitsfeld für ehrenamtliche**

---

196 So auch C/MD 2008 § 73 Rdn. 4; zum Beratungsbegriff allgemein vgl. 7 C Rdn. 2, 3, 14; zum Verbraucherinsolvenzverfahren vgl. Rdn. 15.
197 Vgl. *Rotthaus* Die Rechtsberatung der Gefangenen im Justizvollzug, in: NStZ 1990, 164–170, juris; *Hasselbusch* ZfStrVo 1999, 97ff; *Baumeister* Schuldnerberatung und Schuldenregulierung im Strafvollzug. Ein Projektbericht, in: ZfStrVo 1988, 323–327, juris.
198 BeckOK-*Beck* § 73 Rdn. 8.
199 *Hasselbusch* ZfStrVo 1999, 97ff.
200 OLG Hamm, Beschluss vom 9. Juni 1982 – 7 VAs 8/82 –, juris, NStZ 1982, 438–438.
201 BVerfG, Stattgebender Kammerbeschluss vom 24. Oktober 2006 – 2 BvR 30/06 –, juris, BVerfGK 9, 390–399.
202 Vgl. dazu *Becker/Marggraf/Nuissl/Sutter* Leitfaden für das Soziale Training. Zwölf Lerneinheiten für die Bildung im Strafvollzug, 1988, 41ff, 63ff; speziell zum Sozialen Training: 7 D Rdn. 17.

Mitarbeiter, die vielfältige praktische Hilfen (z.B. beim Abfassen von Schreiben) leisten können. Die Schadensregulierung gegenüber dem Opfer oder gegenüber anderen Gläubigern dient auch der Wiedereingliederung der Gefangenen. Die Behandlungsmaßnahmen während des Vollzugs verfehlen ihre Wirkung, wenn Gläubiger Strafentlassene bis zur Pfändungsgrenze in Anspruch nehmen.[203]

h) Schuldenbereinigung nach dem Insolvenzrecht. Von erheblicher Bedeutung 15 für die Entschuldungshilfe im Vollzug ist die Insolvenzordnung (InsO). Damit steht erstmals ein spezielles **Verbraucherinsolvenzverfahren** (§§ 304 bis 314 InsO) zur Verfügung und die Möglichkeit einer **Restschuldbefreiung,** wonach eine natürliche Person von den im Insolvenzverfahren nicht erfüllten Verbindlichkeiten gegenüber den Insolvenzgläubigern befreit werden kann.

Der Ablauf des Insolvenzverfahrens bei der Privatinsolvenz lässt sich im Wesentlichen in vier Schritte gliedern:

(1) Zunächst muss mithilfe eines **Schuldenbereinigungsplans** eine **außergerichtliche Einigung** versucht werden. Im Schuldenbereinigungsplan werden alle Einnahmen und Ausgaben des Schuldners aufgelistet. Es wird festgehalten, wie und in welcher Höhe der Schuldner die offenen Verbindlichkeiten abbauen kann und will. Wird dieser Plan von mindestens einem der Gläubiger abgelehnt oder betreibt ein Gläubiger nach Zustellung des Plans weiter die Zwangsvollstreckung, gilt der Schuldenbereinigungsplan als gescheitert.

(2) Nun kann die Schuldnerberatungsstelle das Scheitern des Schuldenbereinigungsplans bescheinigen. Sobald diese Bescheinigung vorliegt, kann beim zuständigen Insolvenzgericht die **Eröffnung des Insolvenzverfahrens** beantragt werden (Insolvenzeröffnungsantrag). Das Gericht prüft die Erfolgsaussichten eines **gerichtlichen Schuldenbereinigungsplans.** Bei Aussicht auf Erfolg werden der gerichtliche Schuldenbereinigungsplan und das Vermögensverzeichnis den Gläubigern zugestellt. Wird der Plan nicht von mindestens der Hälfte der Gläubiger abgelehnt, kann das Gericht deren Zustimmung auf Antrag des Schuldners ersetzen. Die Hälfte der Gläubiger bestimmt sich hier nicht nach deren Anzahl, sondern nach der Höhe und Anzahl der Forderungen.

(3) Wurde auch der gerichtliche Schuldenbereinigungsplan nicht angenommen, wird das Verfahren der **Privatinsolvenz (vereinfachtes Insolvenzverfahren)** eröffnet und durch Bekanntmachung verkündet. Das pfändbare Vermögen des Schuldners nach Abzug der Verfahrenskosten verwertet, also an die Gläubiger ausgegeben. Hierzu wird ein Treuhänder eingesetzt. Dieser erstellt eine Aufstellung aus Gläubigern, Forderungshöhen und Forderungsgründen (Insolvenztabelle) und verwaltet das Vermögen des Schuldners. Eine Privatinsolvenz wird in der Regel durchgeführt, um im Anschluss daran eine Restschuldbefreiung zu beantragen und zu erlangen.

(4) Das **Restschuldbefreiungsverfahren** besteht aus einer sechsjährigen so genannten Wohlverhaltensphase, die mit Eröffnung des Insolvenzverfahrens beginnt. Während dieser Zeit muss der Schuldner den pfändbaren Teil seines Einkommens sowie die Hälfte ihm zufallender Erbteile an den Treuhänder abtreten. Dieser verteilt dann das Geld gemäß der in der Insolvenztabelle festgelegten Quote an die Gläubiger. Der Schuldner kann nach Ablauf der Wohlverhaltensphase die Restschuldbefreiung beantragen. Im Schlusstermin können die Gläubiger allerdings, gestützt auf einen der Gründe in § 290 InsO (falsche Angaben, weitere Schulden, Verletzung von Auskunfts- und Mitwirkungs-

---

[203] Vgl. z.B. BW § 41 Abs. 2 Satz 2 III, **BY** Art. 78, für den Vollzugsplan **HH** § 10 Abs. 4 Satz 1 Nr. 10 und § 8 Abs. 2 Satz 1 Nr. 5; *Laubenthal*, Rdn. 648.

pflichten), die Versagung der Restschuldbefreiung beantragen. Erfolgt kein solcher Antrag, bzw. sind solche Anträge unbegründet, kündigt das Gericht die Restschuldbefreiung an.

§ 305 Abs. 1 Nr. 1 InsO verlangt vom Schuldner beim Antrag auf Eröffnung des Insolvenzverfahrens die Vorlage einer Bescheinigung, die von einer geeigneten Person oder Stelle ausgestellt ist und aus der sich ergibt, dass eine außergerichtliche Einigung mit den Gläubigern über die Schuldenbereinigung auf der Grundlage eines Plans innerhalb der letzten sechs Monate vor dem Eröffnungsantrag erfolglos versucht worden ist.

In § 305 Abs. 1 Nr. 1 sind die Länder ermächtigt zu bestimmen, welche Personen oder Stellen als geeignet anzusehen sind. Das sozialpolitische Ziel der Insolvenzordnung kann nur erreicht werden, wenn überschuldeten Privatpersonen bereits im Vorfeld des gerichtlichen Verfahrens ausreichende Hilfe gewährt wird. Der Schuldner wird selbst in der Mehrzahl der Fälle nicht in der Lage sein, einen geordneten Überblick über seine Verschuldungssituation zu erlangen, um eine außergerichtliche oder gegebenenfalls rechtsförmliche Schuldenbereinigung mit seinen Gläubigern herbeizuführen. Er wird außerdem keine ausreichenden Kenntnisse über die gesetzlichen Regelungen und die nach der Insolvenzordnung eröffneten Möglichkeiten haben. Die sinnvolle Ordnung der persönlichen Lebenssituation des Schuldners, die Einigung mit den Gläubigern und die möglicherweise später notwendige Durchführung des gerichtlichen Verfahrens ist für den Schuldner nur gewährleistet, wenn hinreichend geeignete Personen oder Stellen die Schuldenbereinigung vernünftig, in einem entsprechend zeitlichen Rahmen und mit der entsprechenden Kompetenz durchführen.

Die Länder haben **Landesgesetze zur Ausführung der Insolvenzordnung (AG InsO)** erlassen, um von der in § 305 Abs. 1 Nr. 1 InsO enthaltenen Ermächtigung Gebrauch zu machen.[204] Ziel dieser Gesetze ist es, dass die Länder bestimmen, welche Stellen als geeignet anzusehen sind. In dem Gesetz sind der Aufgabenbereich einer als geeignet anerkannten Stelle umschrieben, die Anerkennungsvoraussetzung festgelegt und die Grundzüge des Anerkennungsverfahrens geregelt.

Das Nds. AGInsO z.B. benennt als geeignet geltende Stellen insbesondere die **Schuldnerberatung** in der Trägerschaft von Gemeinden und Landkreisen, Kirchen oder den Verbänden der freien Wohlfahrtspflege, aber auch Mitglieder von Rechtsanwaltskammern, Steuerberatungsbüros, Steuerbevollmächtigte, Wirtschaftsprüfer u.a. Andere Stellen oder Personen, die Schuldnerberatung durchführen bzw. leiten, sind von der zuständigen Behörde auf schriftlichen Antrag des Trägers unter den gesetzlich normierten Voraussetzungen als geeignet anzuerkennen. Eine Ausbildung in den Studiengängen Sozialwesen, Sozialarbeit/Sozialpädagogik oder eine solche im gehobenen Verwaltungs- oder Justizdienst gilt als Erfüllung der Voraussetzungen für das Anerkennungsverfahren. Die Schuldenregulierung im Vollzug kann aber keinesfalls die Schuldenbereinigung im Sinne des § 305 Abs. 1 Nr. 1 InsO ersetzen. Diese bleibt vielmehr den Einrichtungen, Stellen und Personen vorbehalten, die das Insolvenzverfahren betreiben. Der Vollzug sollte aber über Informationen zur Weitergabe an die Gefangenen verfügen, die Kontakte vermitteln und bei der Vorbereitung aktiv mitwirken.

Vollzugsbehörden sind somit nicht regelmäßig geeignete Schuldnerberatungsstelle nach § 305 Abs. 1 Nr. 1 InsO.[205] Schon von daher ist es legitim, dass sich Sozialarbeit im Vollzug vorbehält, im Einzelfall jeweils zu prüfen, ob, in welcher Form und wie umfassend die Hilfe bei der Schuldenregulierung geleistet werden kann und ob es nicht besse-

---

204 Vgl. z.B. das Nds. Ausführungsgesetz zur Insolvenzordnung (Nds. AGInsO) vom 30.12.1998, Nds.GVBl. 1998, 710 ff i.d.F. vom 23.11.2004 (Nds. GVBl., 512).
205 S. hierzu *Arloth/Krä* § 73 Rdn. 4 mwN.

re, dem Vollzugsziel dienlichere oder den örtlichen Besonderheiten angepasste Möglichkeiten der Hilfe gibt. Im Rahmen ihres Beurteilungsspielraums ist somit eine der Möglichkeiten, wie die Justizvollzugsanstalt ihrem Auftrag zur Hilfe bei Schuldenregulierung nachkommen kann, auch die Vermittlung des Gefangenen an eine geeignete Schuldnerberatungsstelle oder die Weitergabe von Informationen sowie gewisse Vorbereitungsunterstützung.

Die Bedeutung der **Schuldenregulierung** im Vollzug, der Bewährungshilfe und der freien Straffälligenhilfe ist durch das **Verbraucherinsolvenzverfahren** erheblich gestiegen. Allerdings ist der Anwendungsbereich gering, da die Verbindlichkeiten von Schuldnern aus vorsätzlich begangenen, unerlaubten Handlungen, aus Geldstrafen und den in § 39 Abs. 1 Nr. 3 InsO gleichgestellten Verbindlichkeiten nicht berührt werden. Aber auch mittellose Personen haben die bessere Chance auf Restschuldbefreiung erhalten, da die Kosten in allen Verfahrensschritten auf jeweils gesonderten Antrag gestundet werden können (§ 4a InsO), nachdem dies als Grund für die allgemein zu geringe Nutzung des Instituts erkannt worden war.[206] In der Diskussion[207] sind weitere Erleichterungen für den Klientenkreis aus Vollzug, der Bewährungshilfe und der freien Straffälligenhilfe, deren Umsetzung allerdings fraglich ist.[208]

Die strittige Kostenfrage mit dem erforderlichen Kostenvorschuss stellt jedoch gerade in der Straffälligenhilfe ein schwer überwindbares Verfahrenshindernis dar und zeigt den rechtspolitischen Handlungsbedarf auf. Dabei kommt als alternativer Finanzierungsweg der treuhänderisch gesicherten Ansparung von Eigenmitteln sowie dem Kostenvorschuss von dritter Seite – insbesondere von Resozialisierungsfonds und Angehörigen – große praktische Bedeutung zu.[209]

i) Erteilung von Auskünften an Verletzte einer Straftat. Für die **Erteilung von Auskünften** an Verletzte einer Straftat über die Entlassungsadresse oder die Vermögensverhältnisse der Gefangenen bestehen in den Landesgesetzen bereichsspezifische Vorschriften. Voraussetzung ist, dass die Auskunftserteilung zur Feststellung oder Durchsetzung von Rechtsansprüchen im Zusammenhang mit der Straftat erforderlich ist. Die Fallgestaltung betrifft insbesondere die Erteilung von Auskünften an Gläubiger über den Aufenthalt von Gefangenen im Vollzug sowie den Zeitpunkt ihrer Entlassung. Die Befugnis zur Mitteilung wurde nicht durch eine Pflicht zur Ermittlung der erbetenen Angaben erweitert.

Die Mitteilungspflicht bezieht sich nur auf die bestimmten, in dieser Vorschrift näher bezeichneten Umstände. Hierdurch soll einerseits dem Interesse des Verletzten an einer ökonomischen Feststellung und Durchsetzung seiner Schadensersatzansprüche und andererseits den datenschutzrechtlichen Interessen der Gefangenen Rechnung ge-

---

206 *Hergenröder* Deutsche Zeitschrift für Wirtschafts- und Insolvenzrecht (DZWIR) 2001, 404; die Neufassung ist aufgrund des Gesetzes zur Verkürzung des Restschuldbefreiungsverfahrens und zur Stärkung der Gläubigerrechte vom 15.7.2013 (BGBl. I S. 2379) erfolgt, in Kraft getreten am 1.7.2014.
207 *Schmitt* Die Insolvenzordnung- sinnlos für die Klienten der Sozialen Dienste der Justiz?, in: ZfStrVo 1999, 162 ff. mit Hinweis auf Ergebnisse einer eigenen Untersuchung, wonach über die Hälfte der Schulden der Klienten der Sozialen Dienste der Justiz aus unerlaubten Handlungen stammen. Unklar ist, welche Forderungen als deliktische angesehen werden und zu welchen das Vollstreckungsgericht dies auch erst nach der Wohlverhaltensphase feststellt.
208 *LAG Schuldner- und Insolvenzberatung Berlin e.V.*: Wegweiser durch das Insolvenzverfahren, Stand: 21. November 2017 mit Arbeitshilfen, und Informationsblättern, https://www.infodienst-schuldnerberatung.de/tag/insolvenzverfahren/.
209 *Zimmermann* Die Kostenhürde im Verbraucherinsolvenzverfahren bei Straffälligen, in: BewHi 2000, 322–340.

tragen werden. Die Regelung geht deshalb von dem Grundsatz der vorherigen Anhörung aus, es sei denn, es ist zu befürchten, dass dadurch die Verfolgung des Interesses des Antragstellers vereitelt oder wesentlich erschwert werden würde, was abzuwägen ist.

17 **j) Pfändung von Forderungen der Gefangenen und Pfändungsschutz.** Bei der **Pfändung von Forderungen** der Gefangenen wird man unterscheiden müssen, ob sie „normaler Art" sind oder ob es sich um Sozialleistungen handelt; bei der Schuldneranhörung (§ 54 SGB) sollten die Vollzugsbehörden behilflich sein.

Im Übrigen muss die gem. § 850c Abs. 2a ZPO zum 1.7.2017 erfolgte Änderung der Pfändungsfreigrenzen beachtet werden. Sie bemisst sich nach der Änderung des steuerlichen Grundfreibetrages zum 1.1.2017. Dieser erhöht sich von derzeit 8.652 Euro um 168 Euro auf 8.820 Euro. Dies sind rund 1,94% mehr, so dass der pfändungsfreie Betrag für eine Person ohne Unterhaltspflichten auf rund 1.100 € steigt. Die Änderung der Pfändungstabelle erfolgt alle zwei Jahre.

Das **Eigengeld**, das durch Gutschriften von Arbeitsentgelt gebildet wird, welches der arbeitspflichtige Strafgefangene für die Ausübung der ihm zugewiesenen Arbeit erhält, ist pfändbar;[210] die Pfändungsgrenzen der §§ 850c, 850f, 850k ZPO finden keine Anwendung. Im Einzelfall können allerdings Guthabenposten auf dem Eigengeldkonto wegen Zweckbindung gemäß § 851 ZPO unpfändbar sein.[211] Für seine besonderen privaten Bedürfnisse darf der Gefangene gemäß **BW** § 53 Abs. 2 monatlich drei Siebtel seines Arbeitsentgelts als nach überwiegender Meinung[212] unpfändbares (§ 35 Abs. 1 InsO, § 851 Abs. 1 ZPO), Hausgeld verwenden. Das dem Schuldner auf einem Konto der Justizvollzugsanstalt gutgeschriebene Eigengeld kann als Auszahlungsanspruch in den Grenzen des § 51 Abs. 4 StVollzG gepfändet werden.

In einem Fall, der dem BGH zur Entscheidung vorlag, hatte das Insolvenzgericht auf Eigenantrag des Strafgefangenen das Insolvenzverfahren über das Vermögen des sich in Strafhaft befindenden Schuldners eröffnet und einen Treuhänder bestellt. Der Schuldner erhielt ein monatliches Arbeitsentgelt in Höhe von etwa 240 €. Davon wurden ihm rund 102 € monatlich auf seinem Hausgeldkonto gutgeschrieben. Das Überbrückungsgeld (**BW** § 52) war schon angespart. Die weiteren Teile des Arbeitsentgelts (monatlich rund 138 €) wurden dem Schuldner auf dem Eigengeldkonto gutgeschrieben und flossen zur Insolvenzmasse. Der Schuldner machte wegen Ausgang und Arbeitssuche einen erhöhten Bedarf geltend. Er beantragte, ihm auch das Eigengeld pfändungsfrei zu belassen.

Das Insolvenzgericht hatte den Antrag zurückgewiesen, das Landgericht hatte auf die sofortige Beschwerde des Schuldners in Abänderung der amtsgerichtlichen Entscheidung angeordnet, dass dem Schuldner von dem Drittschuldner neben dem Hausgeld von seinem monatlichen Arbeitsentgelt weitere 138 € pfandfrei zu belassen seien zum Zwecke der Wiedereingliederung. Hiergegen wendete sich der Treuhänder mit der vom Beschwerdegericht zugelassenen Rechtsbeschwerde, mit der er die Wiederherstellung der amtsgerichtlichen Entscheidung erreichen wollte. Die Rechtsbeschwerde hatte Erfolg.

Schon bislang wurde das sog. Eigengeld nicht zum Arbeitseinkommen gezählt.[213] Der BGH bewegt sich auf der **Linie der bisherigen Judikatur:** „Denn das Schutzbedürf-

---

210 BGH, Beschluss vom 20. Juni 2013 – IX ZB 50/12 –, juris, NJW 2013, 3312–3314, mit Anm. Smid, jurisPR-InsR 19/2013 Anm. 2.
211 BGH, Beschl. v. 16.7.2004 – IXa ZB 191/03 – FamRZ 2004, 1717; OLG Schleswig, Beschl. v. 19.5.1994 – 16 W 20/94 – Rpfleger 1995, 29.
212 Vgl. *Heyer* Strafgefangene im Insolvenz- und Restschuldbefreiungsverfahren, in:, NZI 2010, 81–84.
213 BFH, Urteil vom 16. Dezember 2003 – VII R 24/02 –, BFHE 204, 25, BStBl II 2004, 389, ZfStrVo 2005, 57–59.

nis eines Schuldners, der in Freiheit lebt und ein Arbeitseinkommen hat, ist mit dem eines Schuldners, der in Strafhaft gemäß § 49 JVollzGB **BW** III Arbeitsentgelt bezieht, nicht vergleichbar. Aus sozialen Gründen und im öffentlichen Interesse wird dem in Freiheit lebenden Schuldner, in dessen Arbeitseinkommen vollstreckt wird, in den Grenzen der §§ 850c, 850k ZPO ein Teil seines Einkommens pfandfrei belassen. Den Maßstab für die Bemessung der für die Existenz des Schuldners und für den Erhalt seiner Arbeitsfähigkeit erforderlichen Mittel bilden die Bedürfnisse eines in Freiheit lebenden und arbeitenden Menschen (...). Die Arbeit eines Strafgefangenen hingegen wird nach dem Mischkonzept des § 49 Abs. 1 JVollzGB **BW** III nicht allein durch die Zahlung von Geld, sondern auch durch Freistellung von der Arbeit anerkannt. Sein Lebensunterhalt ist ohne Rückgriff auf sein aus Arbeitsentgelt gebildetes Eigengeld gedeckt. Ihm werden Unterkunft, Verpflegung, notwendige Kleidung nach §§ 16, 17 JVollzGB **BW** III sowie Gesundheitsfürsorge nach § 33 JVollzGB **BW** III gewährt. Ein Haftkostenbeitrag wird von ihm, sofern er die Pflichtarbeit leistet, gemäß § 51 Abs. 1 Satz 1 JVollzGB **BW** III nicht erhoben. Ihm steht bei seiner Entlassung schließlich das gemäß § 52 Abs. 1 JVollzGB **BW** III unter anderem aus seinem Arbeitsentgelt gebildete Überbrückungsgeld zur Verfügung, das seinen notwendigen Lebensunterhalt und den seiner Unterhaltsberechtigten für die ersten vier Wochen nach seiner Entlassung sichern soll und nach § 52 Abs. 4 JVollzGB **BW** III unpfändbar ist."[214]

Daraus folgt: Der **Anspruch auf Auszahlung des „freien" Eigengeldguthabens** gegen den Träger der JVA (öffentlich-rechtliches Schuldverhältnis, kein Verwahrungsverhältnis) ist als Geldforderung gemäß § 829 ZPO **pfändbar, mit Ausnahme** des gemäß § 51 Abs. 4 Satz 2 unpfändbaren Teils des Eigengeldes in Höhe des Unterschiedsbetrages zwischen dem gem. § 51 Abs. 1 zu bildenden und dem tatsächlich vorhandenen Überbrückungsgeld. Das Pfändungsverbot des § 851 ZPO steht nicht entgegen, weil der Anspruch – soweit nicht § 51 Abs. 4 Satz 2 eingreift – übertragbar ist.[215]

Soweit das gepfändete Eigengeld durch Gutschrift von Arbeitsentgelt gebildet worden ist, welches der Gefangene gem. § 43 Abs. 2 Satz 1 erhält, finden die Pfändungsgrenzen des § 850c ZPO weder unmittelbar noch entsprechend Anwendung entsprechend der obengenannten Begründung. Die Pfändungsgrenzen des § 850c ZPO gelten nur für die Pfändung des in Geld zahlbaren Arbeitseinkommens (§ 850 Abs. 1 ZPO), nicht aber für den Anspruch des Gefangenen auf Auszahlung seiner Gutschrift. Mit der Erteilung der Gutschrift ist der Anspruch erfüllt und erloschen nach § 362 Abs. 1 BGB analog.[216] Mit der als Arbeitseinkommen geschuldeten Forderung erlischt auch der bis dahin für diese Forderung bestehende Pfändungsschutz.

Der BGH hat auch die Anwendbarkeit des § 850k ZPO verneint, denn die kontoführende Stelle, die das Gefangenengeld bis zur Entlassung des Gefangenen verwalte, sei kein Geldinstitut i.S. dieser Vorschrift. Das Schutzbedürfnis eines Schuldners, der in Freiheit lebe und ein Arbeitseinkommen habe, sei mit dem eines Schuldners, der in Strafhaft gem. § 43 StVollzG Arbeitsentgelt beziehe, nicht vergleichbar.

Soweit der Gefangene mit dem aus Arbeitsentgelt gebildeten Eigengeld **Unterhaltsverpflichtungen** erfüllen will, kann er über die Regelung von § 52 Abs. 5 hinaus seinen

---

214 Vgl. BGH, Beschluss vom 16. Juli 2004 – IXa ZB 287/03 –, BGHZ 160, 112–120. 118 f m.w.N, ZfStrVo 2004, 369–371.
215 BFH, Urteil vom 16. Dezember 2003 – VII R 24/02 –, BFHE 204, 25, BStBl II 2004, 389, ZfStrVo 2005, 57–59.
216 *Fluhr* Die Pfändbarkeit von Forderungen eines zum Freigang zugelassenen Strafgefangenen, in: NStZ 1994, 115 ff.

Anspruch auf Auszahlung des künftig aus seinen Bezügen zu bildenden Eigengeldes an Unterhaltsberechtigte abtreten, sofern der Anspruch nicht bereits gepfändet ist.

Ein über § 51 Abs. 4 Satz 2 hinausgehender Pfändungsschutz des aus Arbeitsentgelt gebildeten Eigengeldes ist somit aus dem geltenden Recht nicht herzuleiten. Der Gesetzgeber ist davon ausgegangen, dass dieses „als Eigengeld sowohl der Verfügung des Gefangenen als auch dem Zugriff seiner Gläubiger offensteht".[217] Der Gesetzgeber hat zu entscheiden, ob er entgegen der BGH-Rechtsprechung des IX. Zivilsenats die Rechtsstellung des Gefangenen gegenüber Vollstreckungszugriffen von Gläubigern verbessern will, etwa durch vollzugsspezifische Pfändungsschutzvorschriften oder durch Erhöhung des pfändungsfreien Hausgeldes.[218] Dies würde dem gesetzlichen Konzept der Resozialisierung durch Pflichtarbeit[219] und dem Ziel der zu aktivierenden Schuldenregulierung durchaus entsprechen.

Ab dem 1.2.2012 wird der **Pfändungsschutz für Kontoguthaben und Verrechnungsschutz für Sozialleistungen** und Kindergeld nur für Pfändungsschutzkonten nach § 850k ZPO in der Fassung des Gesetzes zur Reform des Kontopfändungsschutzes[220] gewährt. Solch ein P-Konto muss der Schuldner allerdings beantragen, indem er sein normales bestehendes Girokonto in ein P-Konto umwandelt, um Pfändungsschutz (auch bei Sozialleistungen) für einen Betrag von rund 1.030 Euro zu erhalten. Das P-Konto hat allerdings einen Schufa-Eintrag zur Folge und setzt voraus, dass der Schuldner über ein Girokonto verfügt. Die frühere restriktive Praxis der Banken, insbesondere bei Strafentlassenen ein Girokonto abzulehnen, ist durch die Selbstverpflichtung der deutschen Kreditwirtschaft aus dem Jahre 1995 erschwert worden. Danach soll kein Antragsteller abgelehnt werden. In Deutschland sind über 500.000 Personen ohne Girokonto. Auch die EU-Kommission hat aktuell angemahnt, dass das Recht auf ein Girokonto in jedem EU-Staat zu den verbrieften Rechten gehört.

18 **k) Online-Resozialisierung.** Im Zuge der wachsenden Digitalisierung stellt sich auch die Frage der **Internetnutzung durch Gefangene**[221] für die Resozialisierung. Gilt es doch, die Offenheit des Internets unter Sicherheitsaspekten und die Wiedereingliederungsbelange, die sich den gesellschaftlichen Wandlungen anpassen müssen, miteinander zu vereinbaren. Hierzu sind inzwischen die technischen Vorkehrungen in in- und ausländischen Pilotprojekten geschaffen.[222] Die Nutzungsmöglichkeiten des Internets

---

217 BT-Drucks. 7/918, 71 zu § 73 StVollzG.
218 Ebenso BGH, Beschluss vom 16. Juli 2004 – IXa ZB 287/03 –, BGHZ 160, 112 f., StV 2004, 558, ZfStrVo 2004, 369 ff.
219 Vgl. dazu BVerfG, Urteil vom 1. Juli 1998 – 2 BvR 441/90 –, BVerfGE 98, 169 ff = NJW 1998, 3337.
220 BGBl 2009, 1707 ff.
221 *Kalmbach/Krenzel* Der Strafvollzug im Zeitalter des Internets. Über den Nutzen von Onlineangeboten zum Zwecke der Resozialisierung, in: FS 2017, 344 ff unter Hinweis auf das Projekt „crimeic- Onlinebegleitung im Strafvollzug", durchgeführt in der niedersächsischen JVA Wolfenbüttel; *Bode* Im toten Winkel-Internetnutzung durch Strafgefangene, in: FS 2018, 219; zur Einrichtung der Familienfreizeiten für Kinder von Inhaftierten mit deren Angehörigen in **SH** siehe 7 D Rdn. 8 (**SH**) und den Entwurf des Europarats – Draft Recommendation CM/Rec (2018) XX of the Committee of Ministers to member States concerning children with imprisoned parents (PC-CP (2017) 7 rev 7); *ders*. Der Einsatz internetbasierter Medien, in: NK 2019, 30 ff.; *von Mandach* Digitale Transformation im Justizvollzug, in: NK 2019, 13 ff. (S. 16: Projekte im Kanton Zürich für Übergangsmanagement mit Videokonferenz von Bewährungshilfe und Vollzug, S. 22 f.); *Kawamura-Reindl* Soziale Kontakte online – Digitale Herausforderungen für den Strafvollzug, in: NK 2019, 58 ff.; Speziell zur Berlin: 7 D Rdn. 28.
222 Berlin: Testphase ab Anfang 2018 in der JVA Heidering mit 35 Tablets und ein Computer unter technischer Unterstützung des Fraunhofer-Instituts; vgl. der Antrag der Fraktionen von SPD und CDU vom 8.3.2016 Pilotprojekt „Resozialisierung durch Digitalisierung" im Berliner Justizvollzug, Drucks. 17/2769 Neu des Berliner Abgeordnetenhauses; Hamburg: Pilotprojekt „Resozialisierung

können in diesem Zusammenhang durch diverse Sicherheitsbarrieren und eine entsprechende technische Umsetzung so limitiert werden, dass ein Missbrauch nicht möglich ist. Die Nutzung von „Social Media" oder anderen sicherheitsbedenklichen Funktionen kann so ausgeschlossen werden. Bewährt hat sich die Verknüpfung mehrerer Dienstleistungen, die auf einer vollzugseigenen IT-Plattform verbunden sind.[223] Die digitale Kluft zwischen Vollzug und Außenwelt muss jedenfalls verringert werden.

Der VerfGH Sachsen hat am 27. Juni 2019 auf die Verfassungsbeschwerde einen Sicherungsverwahrten in dem Beschluss Vf. 64-IV-18 ein pauschales Internetverbot für Inhaftierte untersagt. Das Grundrecht auf Informationsfreiheit, das auch den Internetzugang umfasse, könne zwar unter Umständen eingeschränkt werden, es müsse jedoch umfassend zwischen Sicherheitsinteresse und dem Resozialisierungsbedürfnis abgewogen werden. Je nach Einzelfallprüfung komme der beschränkte online-Zugang zu Weiterbildungszwecken und zur Selbstbeschäftigung, d.h. Vorbereitung auf eine berufliche Tätigkeit im Bereich Programmierung/IT-Sicherheit, in Betracht, auch zur Teilnahme an einer E-Learning Plattform. Welche Tragweite diese Entscheidung für reguläre Strafgefangene hat, wird sich zeigen.

Das Anwendungsfeld für die **Nutzung neuer Medien ist für die soziale Integration und die Entlassungsvorbereitung** nutzbar zu machen.[224] Ein kontrollierter Wandel internetbasierter Medien ist hierfür unausweichlich. Dies zeigen die Praxisberichte aus dem EU-Projekt „EUROPEAN ORGANISATION OF PRISON AND CORRECTIONAL SERVICES (EUROPRIS)", das von der Europäischen Kommission aus dem „Criminal Justice Programme" gefördert wird. Der Teilbereich „ICT Prisons" mit jährlichen Gruppentreffen zeigt die Vielfalt der Themen.[225] Zur Weiterentwicklung in einem europäischen Rahmen sollten sich die deutschen Länder vermehrt aktiv beteiligen und Einfluss nehmen. Ansonsten steht zu befürchten, dass sich auf europäischer Ebene Empfehlungen, z.B. des Europarats, eigendynamisch entwickeln, die mit dem deutschen vollzugsrechtlichen System nicht kompatibel sind.

D. Hilfe zur Entlassung

Bund	§ 74 StVollzG
Baden-Württemberg	BW § 87 III JVollzGB
Bayern	BY Art. 79, 81 BayStVollzG
Berlin	BE §§ 46, 48 StVollzG Bln
Brandenburg	BB § 50 BbgJVollzG
Bremen	HB § 42 BremStVollzG
Hamburg	HH §§ 16, 18 HmbStVollzG
Hessen	HE § 16 HStVollzG

---

durch Internetzugang für Inhaftierte", Antrag der Fraktion Die Linken vom 3.1.2018, **HH** LT-Drucks. 21/11509; speziell zu Berlin siehe 7 D Rdn. 28.
223 https://www.ebo-enterprises.com/prisoncloud.
224 Ebenso schon die Empfehlung des Justizvollzugsbeauftragten NRW: http://www.justizvollzugsbeauftragter.nrw.de/infos/Infomaterial/Taetigkeitsberichte/TB-2015_ENDFASSUNG_-17_03_2016.pdf, S. VI; zur Literatur: siehe Fn. 221.
225 http://www.europris.org/expert_groups/ict-in-prisons/; für 2017: How can ICT make the offender better prepared for release? (Sweden, Denmark and Ireland) siehe:
http://www.europris.org/file/expert-group-ict-how-can-ict-make-the-offender-better-prepared-for-release/; zu den Inhalten: 'No offender should be released without five fundamental skills: how to read; how to write; how to do math; how to express in speech, and how to use digital tools'.

7. Kapitel. Soziale Hilfe, Entlassungsvorbereitung, nachgehende Betreuung

Mecklenburg-Vorpommern	MV §§ 42, 44 StVollzG M-V
Niedersachsen	NI §§ 68 Abs. 3, 69 Abs. 3 NJVollzG
Nordrhein-Westfalen	NW §§ 5, 58, 61 StVollzG NRW
Rheinland-Pfalz	RP §§ 49, 61 LJVollzG
Saarland	SL §§ 42, 44 SLStVollzG
Sachsen	SN §§ 42, 44 SächsStVollzG
Sachsen-Anhalt	ST §§ 49, 51 JVollzGB LSA
Schleswig-Holstein	SH § 59, 61 LStVollzG SH
Thüringen	TH §§ 50 ThürJVollzG

Schrifttum

S. Vor A.

Übersicht

I. Allgemeine Hinweise —— 1
II. Erläuterungen —— 2–25
   1. Beratungsbegriff —— 2
   2. Art und Umfang der Sozialleistungen —— 3
   3. Umfang der Hilfen nach § 68 SGB XII —— 4,5
   4. Sozialleistungsträger —— 6
   5. Heranziehung zum Kostenersatz? —— 7
   6. Auftrag zur Vorbereitung der Eingliederung —— 8–10
   7. Entlassungsvorbereitung und Entlassungsvarianten bei Gefangenen mit nichtdeutscher Staatsangehörigkeit —— 11–16
      a) Statistische Angaben —— 11
      b) Strategische Empfehlungen —— 12
      c) Aufenthaltsrechtliche Ausweisung aufgrund von Straffälligkeit und europäische Vorgaben —— 13
      d) Absehen von Vollstreckung bei Auslieferung, Überstellung oder Ausweisung gem. § 456a StPO —— 14
      e) Regelung für die 47 Mitgliedsstaaten des Europarats zur Vollstreckung im Ausland —— 15
      f) Regelung der Vollstreckungshilfe auf EU-Ebene —— 16
   8. Sozialpraktische Trainingskurse —— 17
   9. Besondere Entlassungsmaßnahmen bei Sexualstraftätern —— 18
   10. Vernetzte Kooperationen innerhalb und außerhalb des Vollzugs —— 19
   11. Übergangsmanagement von Justizvollzug, Straffälligenhilfe und Sozialen Diensten in der Justiz —— 20
   12. Neuorganisation der sozialen Dienste der Justiz? —— 21
   13. Länderspezifische Konzepte der durchgehenden Betreuung —— 22
   14. Nachgehende Betreuung —— 23
   15. Europäische und bundesweite Radikalisierungsprävention und Deradikalisierung in Strafvollzug und Bewährungshilfe —— 24
   16. Regionale Kooperationen im Bereich der Bildung, Ausbildung und der Umsetzung arbeitsmarktpolitischer Programme zur beruflichen und sozialen Integration von Straffälligen und Haftentlassenen —— 25
      a) Reso-Nordverbund
      b) Südwestverbund
      c) Übrige Länder
III. Umsetzung der Landesgesetze in Länderprogramme zum Übergangsmanagement —— 26–41
   1. Baden-Württemberg —— 26
   2. Bayern —— 27
   3. Berlin —— 28
   4. Brandenburg —— 29
   5. Bremen —— 30
   6. Hamburg —— 31
   7. Hessen —— 32
   8. Mecklenburg-Vorpommern —— 33
   9. Niedersachsen —— 34
   10. Nordrhein-Westfalen —— 35
   11. Rheinland-Pfalz —— 36
   12. Saarland —— 37
   13 Sachsen —— 38
   14. Sachsen-Anhalt —— 39
   15. Schleswig-Holstein —— 40
   16. Thüringen —— 41

D. Hilfe zur Entlassung

I. Allgemeine Hinweise

1. Durchgehende[226] Entlassungsvorbereitung Die Hilfen zur Entlassung, zu denen auch Angebote der nachgehenden Betreuung gehören, müssen bereits bei der Aufnahme und Planung des Vollzugsaufenthalts ansetzen und sich im Vollzugsverlauf als gezielte Entlassungsvorbereitung fortsetzen. Mit Blick auf das Gesamtsystem der angestrebten durchgehenden Hilfen konkretisiert die Hilfe zur Entlassung als **„Nahtstelle" oder „Schnittstelle" der Entlassungsphase**, was getan werden muss, um **im Übergangsmanagement** die Rückfallgefährdung der Haftentlassenen zu verringern und ihre Eingliederung durch „Schaffung eines sozialen Nahraums" zu erleichtern.[227] Ziel ist, ein sogenanntes „Entlassungsloch" zu vermeiden, indem frühzeitig der Bedarf an Hilfe erkannt und bereits in den letzten Monaten des Vollzuges beispielsweise mit Schuldnerberatung, Wohnungssuche oder beruflichen Qualifikationsmaßnahmen begonnen werden. Dazu gehört auch ein soziales Krisenmanagement in dem Fall, dass der Haftentlassende um eine nachgehende, vollzugliche Betreuung nachsucht im Stadium der größten Rückfallgefährdung.

Dem trug der Bundesgesetzgeber mit § 74 StVollzG Rechnung: „Um die Entlassung vorzubereiten, ist der Gefangene bei der Ordnung seiner persönlichen, wirtschaftlichen und sozialen Angelegenheiten zu beraten. Die Beratung erstreckt sich auch auf die Benennung der für Sozialleistungen zuständigen Stellen. Dem Gefangenen ist zu helfen, Arbeit, Unterkunft und persönlichen Beistand für die Zeit nach der Entlassung zu finden." In den entsprechenden VV wurde geregelt: „Wird der Gefangene bei der Entlassung einem Bewährungshelfer oder der Führungsaufsicht unterstellt, so hat die Anstalt unverzüglich mit den zuständigen Stellen Verbindung aufzunehmen, um die Betreuungsmaßnahmen für den Gefangenen abzustimmen".

ME § 42 konkretisiert den Katalog der durch § 74 StVollzG geregelten Unterstützungsmaßnahmen in zeitlicher Hinsicht. Nach Abs. 1 sind die Maßnahmen zur sozialen und beruflichen Eingliederung auf den Zeitpunkt der voraussichtlichen Entlassung in die Freiheit abzustellen. Die ME-Begründung (S. 112) hat folgenden Wortlaut: „Die Vorbereitung der Entlassung, die regelmäßig ein Jahr zuvor zu beginnen hat (§ 9 Abs. 3), ist von besonderer Bedeutung. Dazu ist nach Absatz 2 Satz 1 die frühzeitige Beteiligung außervollzuglicher Stellen zu ermöglichen, um ein abgestimmtes Vorgehen und einen nahtlosen Übergang ohne Informationsverlust zu sichern. Bewährungshilfe und Führungsaufsicht sind nach Satz 2 aufgerufen, sich für ihre künftigen Probanden aktiv in diesen Prozess einzubringen. Gemeinsam mit den Gefangenen müssen sich die Anstrengungen aller an der Entlassungsvorbereitung Beteiligten in langfristiger Kooperation darauf konzentrieren, realistische Zukunftsperspektiven zu entwickeln und deren Umsetzung nach der Entlassung zu gewährleisten".[228]

Die Landesgesetze haben auf diese Herausforderung reagiert und die Unterstützungsmaßnahmen entsprechend ausgestaltet (ausführlich dazu Rdn. 8, 26–41).

Aufgrund der **Landesvollzugsgesetze** mit den jeweiligen Vorschriften für die Hilfe nach der Entlassung[229] (im Einzelnen dazu Rdn. 8) haben die Länder durch innovative Projekte, Kooperationsvereinbarungen und die konzeptionell neu strukturierte Zusammenarbeit mit Sozialen Diensten der Justiz und freien Trägern im Rahmen des weit aus-

---

226 Vgl. Rdn. 22 und 30; 7 A Rdn. 5 mit Erläuterungen.
227 Vgl. 7 A Rdn. 1 und *Arloth/Krä* § 74 Rdn. 1.
228 ME-Begründung S. 112.
229 Vgl. *Laubenthal*, Rdn. 649.

zulegenden Begriffs „Vorbereitung der Eingliederung" erhebliche Fortschritte für die Praxis geleistet, wie der **Überblick der Länderberichte zu den jeweiligen Landesprojekten** (näher Rdn. 26–41; A Rdn. 4 und 8) zeigt.

Die Hilfe zur Entlassung soll nach Bedarf und Möglichkeit insbesondere folgende **Unterstützungsmaßnahmen** umfassen für:
- Wohnungssuche,
- Suchtberatung
- Suche nach ambulanten Einrichtungen der Straffälligenhilfe, Beratungsstellen oder Kontaktpersonen und frühzeitige Herstellung des Kontakts mit der Bewährungshilfe und Führungsaufsicht,
- Suche nach einer Ausbildungs- und Arbeitsstelle,
- Hilfe beim Aufbau eines stützenden sozialen Netzes,
- Anregungen für eine sinnvolle Freizeitgestaltung–Geltendmachung von Ansprüchen auf Arbeitslosengeld, Arbeitslosenhilfe, Kranken- und Kindergeld und anderer Sozialleistungen sowie von Renten- und Unterhaltsansprüchen,
- Beschaffung von Personalpapieren, Arbeitsbescheinigungen und Versicherungsunterlagen,
- Regelung von Unterhaltsverpflichtungen, Schulden, Wiedergutmachungsleistungen und anderen Zahlungsverpflichtungen
- Soziale Trainingsmaßnahmen

II. Erläuterungen

2   **1. Beratungsbegriff.** Die Hilfe bei der Ordnung der persönlichen, wirtschaftlichen und sozialen Angelegenheiten der Gefangenen geht von einem weiten **Beratungsbegriff** aus; er beschränkt sich nicht auf einen Grundbestand von „Maßnahmen der äußeren Sanierung", sondern will allgemeine Lebenshilfe vermitteln. Die Gefangenen sollen zu angemessenen Problemlösungen befähigt werden und lernen, auftauchende Schwierigkeiten zu verarbeiten. Dies setzt eine Strategie der Aktivierung voraus (Rdn. 17). **Beratung, auf die ein Anspruch besteht,** kann hierbei je nach Art und Beschaffenheit der persönlichen Situation der Gefangenen durch Einzelfallhilfe, soziale Gruppenarbeit bzw. didaktische Bildungsarbeit und eventuell auch über die „konfrontative Pädagogik"[230] geleistet werden. Da bei vielen Gefangenen die Tendenz zu beobachten ist, „die Dinge einfach laufen zu lassen", setzt die Regelung dieser Probleme eine gewisse Ordnungsarbeit voraus, und zwar insbesondere bei der **Entschuldungshilfe** bzw. **Schuldenregulierung** (vgl. dazu C Rdn. 8–17), ausdrücklich benannt in **BE** § 5 Satz 2, **HB** § 5 Abs. 1, **HE** § 26 Abs. 1 Satz 2, **MV** § 5 Abs. 1 Satz 2, **SL** § 5 Satz 2, **SN** § 5 Satz 2, **ST** § 11 Abs. 2 und mit einer speziellen Vorschrift **SH** § 22.

Bei Notwendigkeit der Beratung durch Rechtskundige ist die Verweisung der Anstalt an eine anstaltsinterne Rechtsantragstelle nicht (immer) interessengerecht. Die Gefangenen können verlangen, dass ihnen die Anstalt bei der Gewinnung entsprechender Informationen behilflich ist. Dabei geht es allerdings nicht um eine **Rechtsberatung**, sondern lediglich um die Klärung der Vorfrage, ob und inwieweit der Rechtsrat eines Rechtskundigen benötigt wird. Voraussetzung für diese Klärung ist, dass die Gefangenen genau darlegen, in welcher rechtlichen Angelegenheit sie sachkundigen Rat begehren. Bei der Entscheidung über die Art der Hilfestellung steht der Anstalt ein **Beurteilungs-**

---

[230] *Weidner*, Konfrontation mit Herz: Eckpfeiler eines neuen Trends in Sozialer Arbeit und Erziehungswissenschaft, in: Weidner, J./ Kilb, R. (Hrsg.), Konfrontative Pädagogik. Konfliktbearbeitung in Sozialer Arbeit und Erziehung. 2. Aufl. Wiesbaden 2006, S. 11 ff.

D. Hilfe zur Entlassung

spielraum zu. In einfachen Angelegenheiten kann es ausreichen, entsprechende Literatur zur Verfügung zu stellen, anhand derer der Gefangene in der Lage ist, die Aussichten einer Rechtsverfolgung selbst zu beurteilen. Je nach Rechtslage des Einzelfalles, dem Umfang der zu ergreifenden Maßnahmen oder der Art der Hilfestellung bei der Sammlung der Unterlagen kann es geboten sein, sie an eine Rechtsantragstelle oder in schwierigen Fällen an eine außerhalb der Anstalt eingerichtete Rechtsberatungsstelle zu verweisen. Die Inanspruchnahme der unentgeltlichen Rechtsberatung durch eine Rechtsberatungsstelle, in der die Rechtsberatung durch Rechtsanwälte ausgeübt wird, hängt allerdings davon ab, dass die Gefangenen entweder Ausgang erhalten oder zu der Beratungsstelle ausgeführt werden.[231] **Beratungshilfe und Rechtsberatung** sind auch für die **Entschuldungshilfe** unverzichtbar (dazu C Rdn. 8–17).

Bei Problemen der **Verweigerung bzw. Kündigung von Girokonten** ist die Einschaltung einer Schlichtungsstelle möglich. Die Empfehlung des Zentralen Kreditausschusses (ZKA) vom Juni 1995 „Girokonto für jedermann" beinhaltet die Bereitschaft der Kreditinstitute, unabhängig von der Art und Höhe der Einkünfte (z.B. Arbeitslosengeld, Sozialhilfe) ein Girokonto zu führen. Eintragungen bei der Schufa sowie der Umstand der Verschuldung sind allein kein Grund, die Führung eines Girokontos zu verweigern. Die Verpflichtung der Kreditinstitute besteht aber dann nicht, wenn dies im Einzelfall unzumutbar ist. Denkbare Fälle von Unzumutbarkeit werden beispielhaft aufgeführt. Die ZKA-Empfehlung ist in den Periodischen Berichten der Bundesregierung zur Umsetzung der Empfehlung enthalten mit Musterschreiben bei Verweigerung einer Kontoführung zwecks Herbeiführung eines Schlichtungsspruchs.[232]

2. Art und Umfang der Sozialleistungen. Die Beratungspflicht in sozialen Angelegenheiten erstreckt sich auch auf die **Benennung der für Sozialleistungen zuständigen Stellen**. Grundlage hierfür sind die Vorschriften des Sozialgesetzbuchs (SGB), das mit der Aufgabenstellung des § 1 SGB I folgende soziale Rechte als konkrete Leistungsansprüche kennzeichnet: Leistungen der Ausbildungsförderung und Arbeitsförderung, zusätzliche Leistungen für Schwerbehinderte; gesetzliche Kranken-, Unfall- und Rentenversicherung; Versorgungsleistungen bei Gesundheitsschäden; Kindergeld; Wohngeld; Leistungen der Jugend- und Sozialhilfe; Leistungen zur Eingliederung Behinderter (§§ 18 bis 29 SGB I). 3

Der hier in Umrissen skizzierte Leistungsteil kann nur dann nutzbar gemacht werden, wenn der einzelne Mitarbeiter des Sozialen Dienstes die Beratung aktiver gestaltet, als es der Begriff „Benennung" ausdrückt. Er muss Wegbereiter sein, Ansprüche aufzufinden und im Rahmen sozialanwaltlicher Hilfe durchsetzbar zu machen. Neben Eigeninitiative und Fachwissen ist seine Bereitschaft erforderlich, über **Checklisten, Merkblätter, Übersichtstafeln** im Rahmen der Rechts- und Amtshilfe die zuständigen Sozialleistungsträger in das Vollzugsgeschehen zu integrieren (durch Sprechstunden, Arbeitsbesuche, Kursangebote). Hierbei haben sich örtliche bzw. regionale „Arbeitsgemeinschaften für Straffälligenhilfe" als **Wegbereiter für die heutige Entwicklung der landesweiten Kooperationsvereinbarungen** bewährt, die konkrete Absprachen und gegenseitige Informationen vor Ort sicherstellen. Die Bundesagentur für Arbeit ist zu einem wichtigen Netzwerkpartner beim Übergangsmanagement geworden, da sie auch die Arbeitsbescheinigung § 312 Abs. 4 SGB III auszustellen hat.

Als besonders hilfreich für die Verfahrensabläufe haben sich die „Länderübergreifende **Kooperationsvereinbarung** zwischen den Landesjustizverwaltungen Baden-

---

231 KG Beschl. v. 17.6.1996 – 5 Ws 293/96 Vollz, NStZ 1997, 427.
232 Vgl. BT-Drucks. 15/2500 vom 11.2.2004.

Württemberg, Bayern, Berlin, Brandenburg, Bremen, Hamburg, Hessen, Mecklenburg-Vorpommern, Niedersachsen, Nordrhein-Westfalen, Rheinland-Pfalz, Saarland, Sachsen, Sachsen-Anhalt, Schleswig-Holstein, Thüringen und der **Deutschen Rentenversicherung Bund** vom 4.3.2015" und die jeweiligen Kooperationsvereinbarungen auf Landesebene mit den Regionaldirektionen der **Bundesagentur für Arbeit** sowie die interministeriellen Absprachen mit den **Sozialleistungsträgern** erwiesen. Strafgefangene sind aber vom Teilhabechancengesetz ausgeschlossen. Der Bundestag hat am 6. November 2018 das Gesetz zur Schaffung von Teilhabechancen für Langzeitarbeitslose auf dem allgemeinen und sozialen Arbeitsmarkt verabschiedet, das am 1. Januar 2019 in Kraft trat. Zwei neue Fördermöglichkeiten unterstützen Arbeitgeber durch Lohnkostenzuschüsse, wenn sie Personen der jeweiligen Zielgruppe einstellen. Zudem ist eine ganzheitlich beschäftigungsbegleitende Betreuung („Coaching") verpflichtend vorgesehen, von der auch die Familienmitglieder in Haushalten von Langzeitarbeitslosen profitieren können.

Die Verbände und der Bundesrat hatten im Vorfeld darauf aufmerksam gemacht, dass die Zielgruppe der Strafgefangenen in dem Teilhabechancengesetz unzureichend Berücksichtigung findet. Das neue Instrument § 16i SGB II setzt zu spät an, wenn erwerbsfähige Leistungsberechtigte mindestens sechs innerhalb der letzten sieben Jahre SGB II Leistungen erhalten haben müssen.

Die Förderung sollte bereits für Personen offenstehen, die noch nicht so lange SGB II Leistungen beziehen. Zumindest ist aber sicherzustellen, dass Strafgefangene, die in der Regel eine sehr schlechte Eingliederungsprognose haben, eine Chance auf Förderung bekommen.

Der Bundesrat hatte daraufhin einen Änderungsvorschlag zur Veränderung der Zielgruppendefinition des § 16i Absatz 3 SGB II in den Gesetzentwurf vorgeschlagen, der sicherstellt, dass entlassene Strafgefangene nicht faktisch von der Förderung ausgeschlossen sind. Die Bundesregierung stimmte dem Änderungsvorschlag nicht zu mit dem Hinweis, dass viele Strafgefangene während des Strafvollzugs beschäftigt oder in Ausbildung seien. Daher könne eine besondere Arbeitsmarktferne für entlassene Strafgefangene nicht generell angenommen werden. Demgegenüber hat die Bundesarbeitsgemeinschaft für Straffälligenhilfe darauf hingewiesen, dass ein erheblicher Anteil der Inhaftierten nach der Haft langjährig auf den Bezug von Leistungen zur Grundsicherung für Arbeitsuchende nach dem SGB II angewiesen ist. Langzeitarbeitslosigkeit im Sinne des § 18 SGB III ist hier eher die Regel als die Ausnahme.

Bei einer zukünftigen Reformierung des Gesetzes muss dementsprechend darauf geachtet werden, die Zugangsvoraussetzungen dahingehend zu verändern, dass die bis zum Haftantritt und die nach Haftentlassung zurückgelegten SGB II Bezugszeiten zusammengerechnet werden können, um auch entlassenen Strafgefangenen, die länger als ein Jahr in Haft waren, die Förderung zu ermöglichen.[233]

Die **Zusammenlegung von Arbeitslosen- und Sozialhilfe durch das SGB II** war eine Umstrukturierung des Rechts der Existenzsicherung. Elemente des Sozialhilferechts und des Arbeitslosenrechts wurden miteinander kombiniert.

Mit dem Gesetz zur Fortentwicklung der Grundsicherung für Arbeitsuchende vom 20. Juli 2006[234] wurde § 7 Abs. 4 SGB II geändert und nunmehr ausdrücklich der Aufenthalt in einer Einrichtung zum Vollzug richterlich angeordneter Freiheitsentziehung dem

---

[233] Z.B. Kooperationsvereinbarung über die Integration von Strafgefangenen und Sicherungsverwahrten in Baden-Württemberg vom September 2017; für Rheinland-Pfalz vom 8. August 2019, vgl. 7 D Rdn. 36; zum Teilhabechancengesetz – 10. SGB II-ÄndG vgl. http://dipbt.bundestag.de/doc/btd/19/047/1904725.pdf.
[234] BGBl I S. 1706 ff.

Aufenthalt in einer stationären Einrichtung gleichgestellt. Es ist nach den Ausführungen in den Gesetzesmaterialien[235] davon auszugehen, dass der Gesetzgeber mit dieser Änderung eine Klarstellung darüber vorgenommen hat, was vorher nicht unstreitig war. Ausnahme von dem Ausschluss aller Personen in stationären Einrichtungen und aller Inhaftierten aus dem Leistungssystem des SGB II ist, dass Personen in stationären Einrichtungen untergebracht sind und unter den üblichen Bedingungen des allgemeinen Arbeitsmarktes mindestens 15 Stunden die Woche erwerbstätig sind. Diese Voraussetzungen sind bei der Verbüßung einer Strafhaft in einer Justizvollzugsanstalt erfüllt. Für den Maßregelvollzug ist erkannt worden, dass der Leistungsausschluss dann nicht mehr greift, wenn Vollzugslockerungen möglich sind und die verurteilte Person wegen der Berechtigung zum Freigang für eine vollschichtige (!) Erwerbstätigkeit auf dem ersten Arbeitsmarkt zur Verfügung steht. Personen, die bereits Freigänger sind, können dabei unabhängig vom Einrichtungsbegriff und seiner Erweiterung auf Einrichtungen zum Vollzug einer richterlich angeordneten Freiheitsentziehung nach § 7 Abs. 4 Satz 3 Nr. 2 SGB II Leistungen nach dem SGB II erhalten.[236]

Freigänger aus dem Strafvollzug können dagegen dem Arbeitsmarkt nicht zur Verfügung stehen, wenn sie einengenden Regelungen der Anstalt unterworfen bleiben, die über Zustimmungserfordernisse oder etwa Befugnisse zur Auflösung von Arbeitsverhältnissen hinausgehen.[237]

3. Umfang der Hilfen nach § 68 SGB XII. Besonders bedeutsam für die **Zeit nach** 4 **der Haftentlassung** ist auch die in §§ 8, 67–69 SGB XII geregelte **Hilfe zur Überwindung besonderer sozialer Schwierigkeiten**.

Nach der „Verordnung zur Hilfe zur Überwindung besonderer sozialer Schwierigkeiten" vom 24.1.2001 (DVO zu §§ 67 ff. SGB XII) erfordert die Zuordnung der Haftentlassenen zum Personenkreis der nach § 72 BSHG Leistungsberechtigten eine gesonderte Prüfung.[238] Hiernach haben auf Seiten der Antragsteller besondere Lebensverhältnisse i.S.v. § 1 Abs. 2 Satz 1 DVO zu bestehen und soziale Schwierigkeiten i.S.v. § 1 Abs. 3 DVO vorzuliegen, wobei in § 1 Abs. 2 unter den „besonderen Lebensverhältnissen" die Entlassung aus einer geschlossenen Einrichtung ausdrücklich aufgeführt ist. Ferner müssen die besonderen Lebensverhältnisse und sozialen Schwierigkeiten derart in einem komplexen Wirkungszusammenhang stehen, dass die isolierte Beseitigung eines der beiden vorgenannten Merkmale nicht automatisch zu einer wesentlichen und nachhaltigen Änderung des Tatbestands bei dem anderen Sachverhaltsmerkmal führt. Die Typenbildung ist entfallen.[239] Erforderlich ist auch, dass der Einzelne nicht in der Lage ist, diese Situation aus eigeneren Kräften und Mitteln heraus zu überwinden.

Im Falle von Haftentlassenen ist ein **Bestehen sozialer Schwierigkeiten** i.S.v. § 1 Abs. 3 DVO zu §§ 67 ff SGB XII dann indiziert, wenn folgende besonders deutlich ausgeprägte Problemsituationen vorliegen: die Bedürftigen verfügen über keinerlei Wohnraum und wirtschaftliche Lebensgrundlage, über keine tragfähigen Beziehungen im familiären Bereich oder Bekanntenkreis usw. Außerdem sind sie auf Hilfen der Beratung

---

[235] BT-Drucks. 16/1410, 20; BT-Drucks. 16/1696, 25.
[236] LSG Baden-Württemberg, Urteil vom 25. Januar 2008 – L 12 AS 2544/07 –, juris.
[237] LSG Berlin-Brandenburg FS 2007, 184; vgl. auch SG Düsseldorf FS 2007, 187: Schonarbeiten für leistungsgeminderte Gefangene unter 15 Stunden wöchentlich entsprechen nicht den Bedingungen des Arbeitsmarktes und gewähren keinen Anspruch auf Grundsicherung für Arbeitsuchende nach SGB II.
[238] Vgl. *Roscher* § 69 SGB XII, in: LPK-SGB XII zu § 69 unter Hinweis auf den Faktor Straffälligkeit und die Entlassungssituation; ausführlich dazu *Lippert* Die Hilfe nach § 72 BSHG im Geflecht der Hilfen in besonderen Lebenslagen, in: NDV 2002, 134–140.
[239] *Roscher* § 69 SGB XII, in: LPK-SGB XII zu § 69 Rdn. 1).

und persönlichen Unterstützung (§ 3 DVO zu §§ 67 ff. SGB XII) angewiesen.[240] Dazu kann auch die Finanzierung „ambulant betreuten Wohnens" eines Haftentlassenen gehören, wenn im Einzelfall die Vermittlung einer Unterkunft nach §§ 4 ff DVO zu §§ 67 ff SGB XII allein die sozialen Schwierigkeiten nicht zu lösen vermag, vielmehr die Einleitung eines koordinierten Hilfeprozesses erforderlich ist.[241]

Es ist mit dem Nachranggrundsatz des Sozialhilferechts vereinbar, dass einem Haftentlassenen Eingliederungshilfe (§ 53 SGB XII) und Hilfe nach §§ 67 ff SGB XII gewährt wird.[242] Vielmehr ist stets aufgrund der bei dem jeweiligen Hilfesuchenden vorliegenden Umstände zu prüfen, ob die an sich vorrangigen Leistungen der Führungsaufsicht ausreichen, um den Bedarf des Hilfesuchenden an konkret notwendiger Hilfe zu decken.

Zu Art und Umfang der Hilfe ist in der amtlichen Begründung zu § 2 Abs. 2 Satz 1 DVO zu §§ 67 ff SGB XII ausgeführt, dass die Hilfe an der besonderen Lebenssituation und an ihren Defiziten zu orientieren ist.[243] In der Praxis zu berücksichtigen ist das vorrangige Prinzip der Hilfe zur Selbsthilfe für die Dienstleistungen der Beratung und persönlichen Unterstützung bei der Erhaltung und Beschaffung einer Wohnung, bei der Vermittlung von Ausbildung, bei der Erlangung und Sicherung eines Arbeitsplatzes sowie beim Aufbau und Aufrechterhaltung sozialer Beziehungen und der Gestaltung des Alltags. Während das „alte" BSHG noch dem Leitprinzip „Fördern und Fordern" verpflichtet war, steht im „neuen" SGB klar das „Fordern vor Fördern". Dies kann als Zeichen einer neuen Sozialstaatlichkeit gewertet werden.[244]

In der Praxis problematisch kann die jeweilige Begründung zu dem erforderlichen Merkmal der **„Nachhaltigkeit"** in § 2 Abs. 2 DVO zu §§ 67 ff SGB XII sein, wonach nur Maßnahmen in Betracht kommen, die geeignet sind, die sozialen Schwierigkeiten nachhaltig abzuwenden, zu beseitigen, zu mildern oder ihre Verschlimmerung zu verhüten. Dies kann nicht mit dem Erfordernis einer Prognosebewertung des Hilfebedürftigen und seiner Angehörigen gleichgesetzt werden, zumal erklärtes Ziel des SGB XII ist, anstelle der zielgruppenorientierten Typenbildung „aus Freiheitsentziehung Entlassene" die aktuelle Lebenslagenorientierung zum sozialpädagogischen Bewertungsmaßstab zu machen. Ist auf der einen Seite der Wegfall der stigmatisierenden Typenbildung zu begrüßen, so muss doch in der Praxis darauf geachtet werden, dass das Leistungsgefüge des § 67 SGB XII mit eigenem Selbstverständnis zur Eingliederung sozial schwacher Menschen erhalten bleibt.[245]

5   Auch unter **Führungsaufsicht** stehende Probanden, die aus dem Maßregelvollzug oder Justizvollzug entlassen sind, können einen Anspruch auf Hilfe zur Überwindung besonderer sozialer Schwierigkeiten nach § 67 SGB XII geltend machen. Diese Norm verleiht einen Anspruch auf finanzielle oder geldwerte Leistungen. Mit Blick auf finanzielle oder geldwerte Leistungen ist für das in § 2 Abs. 1 SGB XII niedergelegte Prinzip des

---

240   Speziell zu den aus Strafhaft Entlassenen: *Wolf* §§ 67 ff SGB XII Rdn. 2, 15, in: *Fichtner/Wenzel* SGB XII 2009.
241   Vgl. OVG Schleswig-Holstein ZfStrVo 2002, 249 ff mit Anm. *Hammel*.
242   OVG Lüneburg, Beschluss vom 4. Januar 1999 – 12 M 121/99 –, juris, FEVS 51, 84 f., ZfStrVo 2000, 183 ff.; *Sunder* Rechtslage bei Obdachlosigkeit – Kostentragung bei Unterbringung von Obdachlosen in Pensionen oder Hotels, in: NDV 2002.
243   BR-Drucks. 734/00, 12.
244   Vgl. *Roscher* Sozialhilfe, in: LPK-SGB XII 2012 Rdn. 8 zu § 2 VO, auch wenn sich das SGB ausdrücklich zum Leitprinzip „Fördern und Fordern" bekennt (§§ 1–6a SGB II).
245   Zur Grundsicherung für Arbeitssuchende und Leistungen zur Sicherung des Lebensunterhalts (Hartz IV-Reform, vgl. Rdn. 3–5; zum Problem des Pfändungsschutzes von Sozialleistungen und zur Notwendigkeit der Einrichtung eines P-Kontos vgl. B Rdn. 4, C Rdn. 17; zur Problematik sog. Kautionsdarlehen vgl. Rdn. 6 und B Rdn. 8.

Nachrangs von Sozialhilfe nur dann Raum, wenn aus § 68 StGB ein entsprechender Anspruch auf finanzielle oder geldwerte Leistungen folgen würde. Ein solcher Anspruch stände angesichts von § 2 Abs. 1 SGB XII einem Anspruch gegenüber dem Sozialhilfeträger auf der Grundlage von § 67 SGB XII entgegen.

§ 68 StGB verleiht aber in keiner Weise finanzielle oder geldwerte Ansprüche. Soweit in § 68a Abs. 2 StGB geregelt ist, dass Bewährungshelfer und Aufsichtsstelle im Einvernehmen miteinander den Verurteilten helfend und betreuend zur Seite stehen sollen, folgt daraus ebenfalls nicht ein entsprechender Anspruch auf finanzielle oder geldwerte Leistungen. Hierbei handelt es sich um die Aufgabe der Beratung und persönlichen Betreuung im Sinne von § 68 Abs. 1 SGB XII, die auch die Geltendmachung von Ansprüchen aus Sozialleistungen umfasst, nicht aber die Gewährung materieller Unterstützung. Es entspricht allgemeiner Auffassung, dass Bewährungshilfe und Führungsaufsicht als Soziale Dienste der Strafrechtspflege auf der Rechtsgrundlage des StGB die Aufgaben der Überwachung (§ 68a Abs. 3 StGB i.V. mit § 68b StGB) und der Betreuung wahrnehmen, die keine Anspruch begründenden geldwerten Leistungen beinhalten und somit nicht gegenüber dem SGB XII als vorrangig zu bezeichnen wären. Die **Sozialen Dienste der Strafrechtspflege** sind somit **nicht „Träger anderer Sozialleistungen" i.S.v. § 2 SGB XII**,[246] wie die Rechtsprechung betont: Sind bei einer unter Führungsaufsicht stehenden Person finanzielle oder geldwerte Leistungen erforderlich, die im Rahmen der nicht in erster Linie auf die sozialpädagogische und therapeutische Zuwendung ausgerichteten Führungsaufsicht nicht geleistet werden können, schließt das Prinzip des Nachrangs von Sozialhilfe einen Anspruch auf Leistungen auch nach § 67 SGB XII nicht aus. Der dem Beschluss des OVG Lüneburg zugrundeliegende Einzelfall betraf die Frage der Kostenübernahme bei der Unterbringung eines unter Führungsaufsicht stehenden Haftentlassenen in ein Wohnheim der Straffälligenhilfe.[247]

Die Diskussion um die Gewährung finanzieller Leistungen durch die Sozialhilfeträger gestaltet sich in der Praxis wegen der Tendenz zur Budgetierung und der durch das SGB XII gesetzlich vorgegebenen **Leistungsfinanzierung** zunehmend schwieriger. Wenn eine längere Haftzeit zurückliegt und eine Entlassung in einen funktionierenden Familienverband nicht möglich ist, so muss eine Anleitung zur Selbständigkeit erfolgen, und diese setzt einen Schritt früher ein als die nur vorgehaltene, aber nicht aktiv herangetragene Hilfe. Betreutes Einzelwohnen kann bereits in der letzten Haftphase der Entlassungsvorbereitung erprobt werden. Somit hat im Moment der Entlassung das Kennenlernen und eine gewisse Vertrauensbildung bereits stattgefunden. Ohne ein Mindestmaß an schon entstandenem Vertrauen zwischen dem, der die Haftanstalt verlässt, und dem, der ihn dann erwartet, um ihm die ersten Schritte zu erleichtern, ist die Hoffnung auf einen günstigen Start geringer.[248] Die Entlassungsvorbereitung kann dadurch im Einzelfall erheblich erschwert werden. Es empfiehlt sich, auf Landesebene koordinierende Absprachen unter Hinweis auf die vom BVerfG konkretisierten Leitlinien zur Resozialisierung als Anwendungsfall des Sozialstaatsprinzips zu treffen (A Rdn. 2, 5). Andernfalls steht zu befürchten, dass sich ungeklärte Kostenfragen vor der Aufnahme in Wohneinrichtungen im Einzelfall zu Lasten der Haftentlassenen auswirken.

---

246 Im Ergebnis ebenso OVG Lüneburg (Fn. 242).
247 Vgl. Fn. 242.
248 Fall der Übernahme der Kosten für ambulant betreutes Einzelwohnen: Schleswig-Holsteinisches Verwaltungsgericht, Urteil vom 20. März 1997 – 13 A 34/95 –, juris; vgl. dazu *BAG-S (Hrsg.)*, Leistung – Qualität – Finanzierung in der Freien Straffälligenhilfe. Arbeitshilfe zum Verfahren der Leistungs-, Vergütungs- und Prüfungsvereinbarungen nach den §§ 75 ff SGB XII in der Hilfe nach §§ 67 ff SGB XII.

6   **4. Sozialleistungsträger.** Die **örtliche Zuständigkeit** des Sozialhilfeträgers ist in § 98 Abs. 4 SGB XII geregelt. Für Personen, die sich in Einrichtungen zum Vollzug richterlich angeordneter Freiheitsentziehung aufhalten, ist örtlich zuständig der Träger der Sozialhilfe, in dessen Bereich die Leistungsberechtigten ihren gewöhnlichen Aufenthalt im Zeitpunkt der Aufnahme in die Einrichtung haben oder in den zwei Monaten vor der Aufnahme zuletzt gehabt haben. Ist ein gewöhnlicher Aufenthalt im Bereich dieses Gesetzes nicht vorhanden oder nicht zu ermitteln, richtet sich die örtliche Zuständigkeit nach § 98 Abs. 2 Satz 2 SGB XII. § 106 Abs. 1 Satz 1 SGB XII gilt entsprechend. Die Vorschrift soll solche örtlichen Träger der Sozialhilfe finanziell entlasten, in deren Bereich sich Vollzugsanstalten befinden. Örtlich zuständig ist also nicht mehr (wie früher) der Träger der Sozialhilfe, in dessen Bereich die Vollzugsanstalt liegt und der auch solche Leistungen zu erbringen hatte, die der Erhaltung der Unterkunft an einem anderen Ort dienten. Bei einem unzuständigen Träger der Sozialhilfe gestellte Anträge sind weiterzuleiten (§ 16 SGB I).

Die von dem örtlich zuständigen Sozialhilfeträger zu erbringenden Leistungen betreffen im Wesentlichen die Übernahme der **Mietkosten** und Kautionen, Mietrückstände, Kosten für Lagerung von Hausrat sowie den Regelbedarf i.S.v. § 28 SGB XII (dazu B Rdn. 3–8).Nach der bisherigen Praxis haben die Jobcenter den „Hartz-IV Beziehern" die Regelsätze, also das Existenzminimum, um jeweils 10% gekürzt, um Darlehen für eine Mietkaution in monatlichen Raten abzahlen zu lassen, obwohl die Bedarfe für Unterkunft nicht im Regelsatz enthalten sind. Nur das Jobcenter Regensburg ist von dieser Praxis abgewichen. Das Landessozialgericht Land Nordrhein-Westfalen, hat mit Urteil vom 29. Juni 2017[249] entschieden, dass die **Tilgung eines Mietkautionsdarlehens** (dazu 7 E Rdn. 8) gemäß § 42a Abs. 2 Satz 1 SGB II durch monatliche Aufrechnung in Höhe von 10% des maßgebenden Regelbedarfs rechtswidrig ist. Die Vorschrift des § 42a Abs. 2 Satz 1 SGB II sei nicht anwendbar auf die Aufrechnung eines Mietkautionsdarlehens gem. § 22 Abs. 6 Satz 1, 3 SGB II. Ohne regelwidriges Verhalten der Bezieher entspreche die bisherige Praxis einer Sanktionierung aufgrund einer Notlage. Die Bezieher würden so gezwungen, dauerhaft unterhalb des Existenzminimums zu leben.

Das Regensburger Modell setzt voraus, dass die Darlehen auch weiterhin zurückgezahlt werden. Dafür handelt es Abtretungserklärungen gegenüber den Vermietern aus. Die Kautionen fließen nach Beendigung des Mietverhältnisses zurück an das Jobcenter. Auf eine Reduzierung des Regelsatzes unter das Existenzminimum kann damit verzichtet werden.

7   **5. Heranziehung zum Kostenersatz?** Von erheblicher Bedeutung ist die Kenntnis des **§ 103 SGB XII (Kostenersatz bei schuldhaftem Verhalten).** Die Voraussetzung eines „sozialwidrigen Verhaltens"[250] nach § 103 SGB XII BSHG liegt bei Personen, die zu einer Freiheitsstrafe verurteilt sind, in der Regel vor. Danach wären die Gefangenen/Entlassenen eigentlich ersatzpflichtig. Nach § 103 Abs. 1 Satz 3 SGB XII kann aber von der Heranziehung zum Kostenersatz abgesehen werden, soweit sie eine Härte bedeuten würde. Die Verpflichtung der Sozialämter, von der Heranziehung zum Kostenersatz abzusehen, besteht insbesondere bei Fällen fortdauernder sozialer Gefährdung, vor allem bei der Resozialisierung Strafgefangener.[251] Die Fähigkeit des Ersatz-

---

249   Landessozialgericht Nordrhein-Westfalen, Urteil vom 29. Juni 2017 – L 7 AS 607/17 –, juris; s. a. *Nikolaus*, Aufrechnung von Mietkautionsdarlehen im Hartz-IV-Bezug- Rechtliche Quadratur eines politischen Kreises, SozSich 2018, 116–122 juris.
250   BVerwG, Urteil vom 24. Juni 1976 – V C 41.74 –, BVerwGE 51, 61–66, FEVS 24, 397–404.
251   BT-Drucks. 7/308; dazu: *Wolf* § 103 SGB XII Rdn. 14, 15 in: *Fichtner/Wenzel* SGB XII 2009.

pflichtigen, künftig unabhängig von Sozialhilfe am Leben in der Gemeinschaft teilzunehmen, würde dadurch beeinträchtigt. Üblicherweise wird auf die Geltendmachung dieses öffentlich-rechtlichen Anspruchs auf Kostenersatz verzichtet, für den der Rechtsweg zu den Verwaltungsgerichten gegeben ist. Die amtliche Begründung des Gesetzestextes, wonach es sich gerade in „Fällen fortdauernder sozialer Gefährdung, vor allem bei der Resozialisierung von Strafentlassenen als wünschenswert erweise, höherrangigen sozialpolitischen Gesichtspunkten Rechnung zu tragen", ist klarstellend. Ziel der Sozialhilfe muss es sein, den Ersatzpflichtigen auf Dauer zu befähigen, unabhängig von der öffentlichen Hilfe zu leben (Prinzip der Hilfe zur Selbsthilfe, wozu auch gehört, bei vorauszusehender Aussichtslosigkeit von dem Begehren nach Kostenersatz Abstand zu nehmen).[252]

6. Auftrag zur Vorbereitung der Eingliederung. Der Hilfeauftrag verpflichtet die 8 Vollzugsbehörde zur frühzeitigen Beteiligung außervollzuglicher Stellen, um ein abgestimmtes Vorgehen und einen nahtlosen Übergang ohne Informationsverlust zu sichern unter Beteiligung der Bewährungshilfe und Führungsaufsicht und damit zum **Übergangsmanagement**. Der im Auftrag der 85. JuMiKo vom Strafvollzugsausschuss der Länder im Jahre 2015 vorgelegte Bericht umfasst 6 fachpraktische Schwerpunkte:
1. Eine Leistungsbescheidung von Ansprüchen des SGB II, III und XII vor der Entlassung muss gesetzlich gewährleistet sein.
2. Die arbeitsmarktorientierte Beratung, Berufsorientierung und Qualifizierung von Gefangenen ist eine Gemeinschaftsaufgabe von Justizvollzug, Agenturen für Arbeit und Jobcentern.
3. Ein wesentlicher Faktor zur Rückfallvermeidung ist die Entlassung in geeigneten Wohnraum. Innerhalb des Justizvollzuges müssen Beratungs- und Vermittlungsangebote für geeigneten Wohnraum durch kommunale Einrichtungen vorgehalten werden.
4. Bereits vor der Entlassung sind die versicherungsrechtlichen Ansprüche auf suchttherapeutische Maßnahmen für die Zeit nach einer Entlassung durch die jeweiligen Versicherungsträger festzustellen.
5. Es muss gesetzlich geregelt werden, dass die krankenversicherungsrechtlichen Zuständigkeiten bereits vor der Entlassung zu entscheiden sind.
6. Die Bereitstellung von Personalausweisen und anderen Ausweispapieren muss bundesweit einheitlich ohne eine persönliche Vorstellung außerhalb des Vollzuges erfolgen (zum Begriff des Übergangsmanagements vgl. 7 A Rdn. 5–8, 7 D Rdn. 19–22).
Die Landesgesetze haben auf diese Herausforderung wie folgt reagiert:

Baden-Württemberg (Landesbericht vgl. Rdn. 26).
Nach **BW** § 87 III („Zusammenarbeit mit Dritten") hat die Justizvollzugsanstalt frühzeitig vor der voraussichtlichen Entlassung einer oder eines Gefangenen mit Institutionen und Personen, namentlich der Bewährungshilfe, zusammenzuarbeiten, um ihr oder ihm insbesondere Arbeit, eine Wohnung und ein soziales Umfeld für die Zeit nach der Entlassung zu vermitteln und um es zu ermöglichen, eine im Vollzug begonnene Behandlung fortzuführen. Nach der Gesetzesbegründung ist die Hilfe besonders geboten für die erste Zeit nach der Entlassung, in der das sogenannte „Entlassungsloch" droht:[253] ...die soziale Hilfe bei der Entlassungsvorbereitung ... betrifft den Übergang vom Strafvollzug in die Freiheit und damit eine für das Gelingen einer erfolgreichen Resozialisierung besonders

---
252 BT-Drucks. 7/308.
253 BW LT-Drucks. 14/5012, 235.

kritische Situation. Die Justizvollzugsanstalt ist daher verpflichtet, möglichst frühzeitig vor der voraussichtlichen Haftentlassung Kontakt zu Institutionen und Personen aufzunehmen, die Hilfe für die erste Zeit nach der Entlassung, in der das sogenannte „Entlassungsloch" droht, leisten und dazu beitragen können, dass Gefangene nicht unmittelbar nach ihrer Entlassung wieder straffällig werden". (Landesbericht vgl. Rdn. 26).

Bayern (Landesbericht vgl. Rdn. 27).
In der Gesetzesbegründung von **BY** Art. 79 wird ausgeführt.[254] Wegen des mit der Entlassung verbundenen Wechsels der für die Gefangenen zuständigen Organisationen wird die Vorschrift durch **BY** Art. 175 Abs. 2 bis 4 ergänzt, die insbesondere die Zusammenarbeit mit Personen, deren Einfluss die Eingliederung der Gefangenen fördern kann, der Bewährungshilfe und Einrichtungen der Strafentlassenenhilfe regelt. Entsprechend seiner großen Bedeutung erfolgt in Bayern durch das BayStVollzG sowie in weiteren Regelungen eine starke Betonung des Übergangsmanagements, um den Gefangenen den Übergang in die Freiheit zu erleichtern. Der Zusammenarbeit der Justizvollzugsanstalten mit vollzugsexternen Stellen wird dabei eine besonders große Bedeutung zugemessen.

Auch für **BY** Art. 79 gilt der Grundsatz der Hilfe zur Selbsthilfe; es besteht insbesondere kein Anspruch auf staatliche Bereitstellung von Arbeit, Wohnraum oder persönlichen Beistand. Die Entlassungsvorbereitung sollte nach Möglichkeit folgende Maßnahmen umfassen:
– Hilfe bei der Suche einer geeigneten Unterkunft,
– Hilfe bei der Arbeitsplatzsuche,
– Hilfe beim Aufbau eines stützenden sozialen Netzes,
– Hilfe bei der Schuldenregulierung und
– Anregungen für eine sinnvolle Freizeitgestaltung.

Berlin (Landesbericht vgl. Rdn. 28).
Das Berliner StVollzG hat das Übergangsmanagement in verschiedenen Abschnitten geregelt: Aufnahme- und Diagnostikverfahren, Vollzugs- und Eingliederungsplanung; Arbeitstherapeutische Maßnahmen, Arbeitstraining, schulische und berufliche Qualifizierungsmaßnahmen und Arbeit: Lockerungen und sonstige Aufenthalte außerhalb der Anstalt; Vorbereitung der Eingliederung, Entlassung und nachgehende Betreuung.

BE § 46 (Vorbereitung der Eingliederung) benennt ausdrücklich in Abs. 2 die frühzeitige Zusammenarbeit unter Beteiligung der Gefangenen mit den Agenturen für Arbeit, den Meldebehörden, den Trägern der Sozialversicherung und der Sozialhilfe, den Hilfeeinrichtungen anderer Behörden, den Verbänden der Freien Wohlfahrtspflege, der Forensisch-Therapeutischen Ambulanz und weiteren Personen und Einrichtungen außerhalb des Vollzugs zusammen, insbesondere, um zu erreichen, dass die Gefangenen nach ihrer Entlassung über eine geeignete Unterkunft und eine Arbeits- oder Ausbildungsstelle verfügen. Die Bewährungshilfe und die Führungsaufsichtsstelle beteiligen sich frühzeitig an der sozialen und beruflichen Eingliederung der Gefangenen. Auch können den Gefangenen Aufenthalte in geeigneten Einrichtungen außerhalb des Vollzugs (Übergangseinrichtungen) gewährt werden, wenn dies zur Vorbereitung der Eingliederung erforderlich ist.

Brandenburg (Landesbericht vgl. Rdn. 29).
Relevante rechtliche Grundlagen sind insbesondere folgende Vorschriften: **BB** § 8 Abs. 2 u. 5 (Ausrichtung auf die Eingliederung ... und Einbezug von Personen und Ein-

---

254 BY LT-Drucks. 15/8101, 66.

richtungen außerhalb des Vollzugs), **BB** § 11 Abs. 1 Satz 3 (Frühzeitige Kontaktaufnahme bereits während der Inhaftierung), **BB** § 14 Abs. 5 Sätze 2 u. 3 (Vollzugs- und Eingliederungsplanung unter Einbezug von vorher oder zukünftig zuständigen Bewährungshelfern) sowie Abs. 7, **BB** § 15 Abs. 4 (Inhalte des Vollzugs- und Eingliederungsplans), **BB** § 25 Abs. 4 (Sozialtherapie und Zusammenarbeit mit forensischen Ambulanzen und anderen Nachsorgeeinrichtungen), § 50 (Vorbereitung der Eingliederung) und **BB** § 52 (Nachgehende Betreuung). Können schulische und berufliche Maßnahmen während der Haftzeit nicht abgeschlossen werden, trägt die Anstalt in Zusammenarbeit mit außervollzuglichen Einrichtungen dafür Sorge, dass die begonnene Qualifizierungsmaßnahme nach der Haft fortgesetzt werden kann (**BB** § 29 Abs. 7).

Kernstück ist **BB** § 50 (Vorbereitung der Eingliederung), der in Abs. 2 die Kommunen, die Agenturen für Arbeit, die Träger der Sozialversicherung und der Sozialhilfe, die Hilfeeinrichtungen anderer Behörden, die forensischen Ambulanzen, die Verbände der freien Wohlfahrtspflege und weitere Personen und Einrichtungen außerhalb des Vollzugs für die frühzeitige Zusammenarbeit unter Beteiligung der Gefangenen benennt, insbesondere um zu erreichen, dass die Straf- und Jugendstrafgefangenen nach ihrer Entlassung über eine geeignete Unterbringung und eine Arbeits- oder Ausbildungsstelle verfügen. Bewährungshilfe und Führungsaufsichtsstellen beteiligen sich frühzeitig an der sozialen und beruflichen Eingliederung der Straf- und Jugendstrafgefangenen.

Nach **BB** § 50 Abs. 3 sollen die Straf- und Jugendstrafgefangenen in eine Eingliederungsabteilung verlegt werden, um die Eingliederung vorzubereiten. Auch die Gewährung von möglichen Aufenthalten in Einrichtungen außerhalb des Vollzugs (Übergangseinrichtungen) ist nach **BB** § 50 Abs. 4 vorgesehen, wenn dies zur Vorbereitung der Eingliederung erforderlich ist.

Bremen (Landesbericht vgl. Rdn. 30).

Folgende Vorschriften des Bremischen Strafvollzugsgesetzes sind einschlägig:

HB § 8 (Vollzugs- und Eingliederungsplanung), **HB** § 9 (Inhalt des Vollzugs- und Eingliederungsplans), **HB** § 42 (Vorbereitung der Eingliederung), **HB** § 43 (Entlassung), **HB** § 44 (Nachgehende Betreuung) und **HB** § 45 (Verbleib oder Aufnahme auf freiwilliger Grundlage). Die in **HB** § 42 geregelte Vorbereitung der Entlassung ist auf einen frühzeitigen Beginn ausgerichtet. Einerseits sind die Maßnahmen zur sozialen und beruflichen Eingliederung sind auf den Zeitpunkt der Entlassung in die Freiheit abzustellen. Dafür sind die Gefangenen bei der Ordnung ihrer persönlichen, wirtschaftlichen und sozialen Angelegenheiten zu unterstützen. Dies umfasst die Vermittlung in nachsorgende Maßnahmen. Ergänzend hat die Anstalt frühzeitig mit Personen und Einrichtungen außerhalb des Vollzugs zusammen zu arbeiten, insbesondere, um zu erreichen, dass die Gefangenen nach ihrer Entlassung über eine geeignete Unterkunft und eine Arbeits- oder Ausbildungsstelle verfügen. Bewährungshilfe und Führungsaufsicht haben sich frühzeitig an der sozialen und beruflichen Eingliederung der Gefangenen zu beteiligen. Langzeitausgang kann ebenso gewährt werden wie die zur Vorbereitung der Eingliederung erforderlichen Lockerungen (**HB** § 42 Abs. 2 und 3).

Hamburg (Landesbericht vgl. Rdn. 31).

Für das Übergangsmanagement sind derzeit **HH** § 16 bis § 18 und **HH** § 107 relevant. Schon in der Behandlungsuntersuchung nach **HH** § 7 Abs. 1 und 2 werden neben der Persönlichkeit die Lebensverhältnisse, die Ursachen und Umstände der Straftat sowie alle sonstigen Gesichtspunkte, deren Kenntnis für eine zielgerichtete und wirkungsorientierte Vollzugsgestaltung und die Eingliederung der Gefangenen nach der Entlassung notwendig erscheint, erforscht.

Der Vollzugsplan nach **HH** § 8 enthält auch Angaben zur Vorbereitung der Eingliederung (Nr. 7). Bereits im Vollzugsplan findet sich folgende Regelung (**HH** § 8 Abs. 7): „Werden die Gefangenen nach der Entlassung voraussichtlich unter Bewährungs- oder Führungsaufsicht gestellt, so ist mit Zustimmung der Gefangenen der künftig zuständigen Bewährungshelferin oder dem künftig zuständigen Bewährungshelfer in den letzten zwölf Monaten vor dem voraussichtlichen Entlassungszeitpunkt die Teilnahme an der Konferenz zu ermöglichen und sind ihr bzw. ihm der Vollzugsplan und seine Fortschreibungen zu übersenden." Die Zusammenarbeit mit den in **HH** § 107 Abs. 1 genannten Behörden, Institutionen und Personen ist eine Verpflichtung der Anstalt im Rahmen der Vorbereitung der Eingliederung (**HH** § 16).

Es soll erreicht werden, dass die Eingliederung der Gefangenen gefördert wird und sie insbesondere über eine geeignete Unterbringung, eine Arbeits- oder Ausbildungsstelle und, soweit dies im Einzelfall geboten erscheint, persönliche Betreuung verfügen. Insbesondere mit der Bewährungshilfe, den Aufsichtsstellen für die Führungsaufsicht und den Einrichtungen der Entlassenenhilfe ist frühzeitig Kontakt aufzunehmen. Die Bewährungshilfe beteiligt sich rechtzeitig an den Eingliederungsvorbereitungen der Anstalt.

Nach **HH** §§ 18 (Unterstützung nach der Entlassung) kann auch auf Antrag auch nach der Entlassung weitere Hilfestellung gewährt werden und im Zuge der nachgehenden Betreuung nach Abs. 2 eine vorübergehende Aufnahme erfolgen.

Hessen (Landesbericht vgl. Rdn. 32).

HE § 16 Abs. 1 ist am ehesten mit § 74 StVollzG vergleichbar und konkretisiert auch in zeitlicher Hinsicht die Entlassungsvorbereitung („[...] frühzeitig, spätestens sechs Monate vor dem voraussichtlichen Entlassungszeitpunkt [...]"). Nach der Vorschrift sollen die Unterstützungsmaßnahmen des § 74 StVollzG von vollzugsöffnenden Maßnahmen, dem Entlassungsvollzug und der bis zu drei Monaten dauernden Entlassungsfreistellung aus der Haft flankiert werden können mit der Überwachung erteilter Weisungen, die mit Einwilligung der Gefangenen durch den Einsatz elektronischer Überwachungssysteme („elektronische Fußfessel") erfolgen. Während der Entlassungsfreistellung bleibt die Betreuung der Gefangenen durch die Anstalt gewährleistet. Nach der Gesetzesbegründung[255] wird somit eine „verzahnte Entlassungsvorbereitung" gewährleistet, die eine verpflichtende Zusammenarbeit der Bewährungshilfe „als Verwaltungseinheit des Landes" normiert, um einen kontinuierlichen Betreuungsübergang zu gewährleisten.

Mecklenburg-Vorpommern (Landesbericht vgl. Rdn. 33).

Die gesetzliche Grundlage für die Durchführung des Übergangsmanagements ist in den **MV** § 5 (Soziale Hilfe und Wiedergutmachung), **MV** 8 Abs. 6 und 7 (Vollzugs- und Eingliederungsplanung) sowie **MV** § 42 (Vorbereitung der Eingliederung), **MV** § 43 (Entlassung) und **MV** § 44 (Nachgehende Betreuung) dargestellt.

Es ist eine stringente Eingliederungsplanung erkennbar, die mit dem Diagnoseverfahren beginnt. An der Eingliederung mitwirkende Personen außerhalb des Vollzugs sind in die Planung einzubeziehen. **MV** § 8 Abs. 7 regelt auch die Beteiligung im Fall, dass die Gefangenen nach der Entlassung voraussichtlich unter Bewährungs- oder Führungsaufsicht gestellt werden. „Der Vollzugs- und Eingliederungsplan und seine Fortschreibungen sind dem künftig zuständigen Bewährungshelfer oder der zukünftig zuständigen Bewährungshelferin zu übersenden."

---

[255] **HE** LT-Drucks. 18/1396, 87 f.

Der Inhalt des Vollzugs- und Eingliederungsplans (**MV** § 8) enthält bereits Angaben zum voraussichtlichen Entlassungszeitpunkt (Nr. 2) und zu den Maßnahmen zur Vorbereitung von Entlassung, Eingliederung und Nachsorge (Nr. 21).

Kernstück ist die Vorbereitung der Eingliederung, Entlassung und nachgehende Betreuung (**MV** §§ 42–45. Nach **MV** § 42 Abs. 1 sind die Maßnahmen zur sozialen und beruflichen Eingliederung auf den Zeitpunkt der voraussichtlichen Entlassung in die Freiheit abzustellen und damit eher phasenhaft ausgerichtet. Dafür arbeitet die Anstalt frühzeitig mit Personen und Einrichtungen außerhalb des Vollzugs zusammen, insbesondere, um zu erreichen, dass die Gefangenen nach ihrer Entlassung über eine geeignete Unterbringung und eine Arbeits- oder Ausbildungsstelle verfügen. Allerdings ist das Landesamt für ambulante Straffälligenarbeit ein Jahr vor dem voraussichtlichen Entlassungszeitpunkt an der sozialen und beruflichen Eingliederung der Gefangenen zu beteiligen, die nach der Entlassung voraussichtlich der Bewährungshilfe oder Führungsaufsicht unterstellt werden (**MV** § 42 Abs. 2).

Die Gewährung von Aufenthalten in Einrichtungen außerhalb des Vollzugs (Übergangseinrichtungen) ist ebenso möglich wie die nachgehende Betreuung (**MV** § 44) und der Verbleib oder Aufnahme auf freiwilliger Grundlage (**MV** § 46).

Niedersachsen (Landesbericht vgl. Rdn. 34).

NI § 69 Abs. 3 Satz 1 bis 3 ist identisch mit § 74 StVollzG. Satz 3 ist neu und lautet: „Bei vorzeitiger Entlassung einer oder eines Gefangenen unter Auflagen ist die Bewährungshilfe rechtzeitig zu beteiligen".

Der Niedersächsische Landtag hat am 13. Juni 2017 das Gesetz zur Änderung des NJVollzG beschlossen. Das Gesetz novelliert das am 1. Januar 2008 in Kraft getretene Justizvollzugsgesetz umfassend und setzt auf verschiedenen Ebenen der Vollzugsgestaltung neue Standards. Ausweislich der Begründung[256] bildet die Verbesserung des Übergangsmanagements durch eine verbindliche Regelung des Informationsflusses zwischen den Vollzugsbehörden und den ambulanten sozialen Diensten der Justiz im Rahmen der Entlassungsvorbereitung einen der Schwerpunkte der Novellierung des NJVollzG.

„Erfahrungen zeigen, dass selbst Gefangene mit positiver Legal- und Sozialprognose die vielfältigen Anforderungen des Lebens in Freiheit nach der Entlassung mitunter nur schwer bewältigen. Eine sorgfältige Vorbereitung auf einen eigenverantwortlich organisierten Alltag ist daher von maßgebender Bedeutung. Es ist dafür Sorge zu tragen, dass eine den Umständen des Einzelfalles angemessene Phase des Übergangs, die auch Möglichkeiten der Nachbetreuung durch Stellen außerhalb des Vollzuges umfasst, geschaffen wird. Hierzu bedarf es einer engen Kooperation insbesondere mit den ambulanten sozialen Diensten der Justiz."

Durch die Neufassung des **NI** § 68 werden die Vollzugsbehörden erstmals verpflichtet, die zur Vorbereitung und Durchführung der Führungsaufsicht und der Bewährungshilfe erforderlichen Informationen rechtzeitig vor der möglichen Entlassung an die zuständigen Stellen zu übermitteln. Durch die Verpflichtung zur Datenübermittlung soll die bestehende partnerschaftliche Zusammenarbeit zwischen den beteiligten Stellen intensiviert und auf legislativer Ebene verankert werden.

Für die Wiedereingliederung der Gefangenen in die Gesellschaft ist eine rechtzeitige Vorbereitung der Entlassung besonders wichtig. Eine erfolgreiche Betreuung der Gefangenen durch verschiedene Behörden, Stellen und Personen setzt einen möglichst umfassenden Informationsaustausch voraus.[257]

---

256 **NI** LT-Drucks 17/7414, S. 31.
257 **NI** LT-Drucks. 15/3565, S. 144.

7. Kapitel. Soziale Hilfe, Entlassungsvorbereitung, nachgehende Betreuung

Bereits jetzt arbeiten die Vollzugsbehörden im Rahmen der Entlassungsvorbereitung mit Stellen und Personen außerhalb des Vollzuges, die Hilfe zur Entlassung bieten können, auf einem hohen fachlichen Niveau eng zusammen.

Der neu eingefügte Satz 2 normiert erstmals eine besondere Übermittlungspflicht der Vollzugsbehörde gegenüber den nach § 68a StGB zuständigen Aufsichtsstellen sowie mit der Bewährungshilfe befassten Stellen im Hinblick auf Informationen, die für die Vorbereitung und Durchführung von Maßnahmen der genannten Stellen im Sinne einer durchgängigen Betreuung erforderlich sind. Durch diese Verpflichtung zur Datenübermittlung wird die bestehende partnerschaftliche Zusammenarbeit zwischen den beteiligten Stellen intensiviert und auf legislativer Ebene sichergestellt.[258]

Nordrhein-Westfalen (Landesbericht vgl. Rdn. 35).
Die einschlägigen Vorschriften sind **NW** § 5 (Einbeziehung Dritter), § 10 Abs. 1 Nrn. 18 und 19, **NW** §§ 58 (Vorbereitung der Entlassung), **NW** § 59 ((Vollzugsöffnende Maßnahmen zur Entlassungsvorbereitung), **NW** § 60 (Entlassung, Schlussbericht), **NW** § 61 (Nachgehende Betreuung). § 74 StVollzG entspricht sowohl **NW** § 5 (Einbeziehung Dritter), **NW** § 58 (Vorbereitung der Entlassung, soziale Eingliederung) und **NW** § 60 Abs. 4 (Entlassung, Schlussbericht), der eine wesentliche Komponente – die Kommunikation an der Schnittstelle des Übergangsmanagements – auf eine gesetzliche Grundlage stellt. Insbesondere **NW** § 5 Abs. 3 regelt das Übergangsmanagement ausdrücklich: „Zur Förderung der Eingliederung der Gefangenen wird die Bereitstellung von Angeboten und Leistungen Dritter in den Anstalten angestrebt. Die hierfür erforderlichen Strukturen und Netzwerke sind einzurichten und fortzuentwickeln."

Den Einstieg in eine gezielt frühzeitige Entlassungsvorbereitung findet sich in **NW** § 10. Der Vollzugsplan hat die für die Eingliederung und Entlassung zu treffenden Vorbereitungen frühzeitig in die Planung einzubeziehen. Der Vollzugsplan enthält regelmäßig u.a. Angaben zu Maßnahmen zur Pflege der familiären Kontakte und zu Gestaltung der Außenkontakte (Nr. 10), ehrenamtliche Betreuung (Nr. 11), opferbezogene Behandlungsmaßnahmen und Maßnahmen zum Ausgleich von Tatfolgen (Nr. 12), Maßnahmen zur Sicherung berechtigter Schutzinteressen von Opfern oder gefährdeten Dritten (Nr. 13), Schuldnerberatung und Schuldenregulierung (Nr. 14), Maßnahmen zur Haftverkürzung (Nr. 15), Suchtberatung (Nr. 16), voraussichtlicher Entlassungszeitpunkt (Nr. 17), Maßnahmen zur Vorbereitung der Entlassung, sonstige Maßnahmen der sozialen Eingliederung der Gefangenen nach der Entlassung und der Nachsorge sowie frühzeitige Vorlagefristen (Nr. 18) und Empfehlungen zur Wahrnehmung von Angeboten und Leistungen Dritter zur Sicherung der Eingliederung nach der Entlassung (Nr. 19).

Rheinland-Pfalz (Landesbericht vgl. Rdn. 36).
RP § 11 stellt klar, dass die Gefangenen darin unterstützt und nicht nur beraten werden, ihre persönlichen, wirtschaftlichen und sozialen Schwierigkeiten zu beheben. Sie sollen dazu angeregt und in die Lage versetzt werden, ihre Angelegenheiten selbst zu regeln. **RP** § 12 Abs. 4 verstärkt diese Pflicht zur Unterstützung, etwa notwendige Maßnahmen für hilfsbedürftige Angehörige, zur Erhaltung des Arbeitsplatzes und der Wohnung und zur Sicherung ihrer Habe außerhalb der Anstalt zu veranlassen. Im Zentrum der Hilfe zur Entlassung steht aber **RP** § 49 (Vorbereitung der Eingliederung, Entlassung und nachgehende Betreuung). Nach Abs. 1 sind die Maßnahmen zur sozialen und beruflichen Eingliederung auf den Zeitpunkt der voraussichtlichen Entlassung in die Freiheit

---

258 **NI** LT-Drucks. 17/7414, S. 31.

abzustellen. Nochmals wird der Ansatz wiederholt, dass die Strafgefangenen und bei der Ordnung ihrer persönlichen, wirtschaftlichen und sozialen Angelegenheiten zu unterstützen sind. Dies umfasst die Vermittlung in nachsorgende Maßnahmen. Die Konkretisierung erfolgt in **RP** § 49 Abs. 2 und 3.

Saarland (Landesbericht vgl. Rdn. 37).

Saarländisches Strafvollzugsgesetz – vom 24. April 2013 geändert durch das Gesetz vom 21. Januar 2015

Dem Sinngehalt des § 74 StVollzG entspricht am ehesten **SL** § 42, der sehr detailliert die Vorbereitung der Eingliederung regelt. Nach Abs. 1 Satz 3 sind die Gefangenen bei der Ordnung ihrer persönlichen, wirtschaftlichen und sozialen Angelegenheiten zu unterstützen. Dies umfasst die Vermittlung in nachsorgende Maßnahmen, die in enger Abstimmung mit dem Kompetenzzentrum der Justiz für ambulante Resozialisierung und Opferhilfe erfolgt.

Nach Abs. 2 arbeitet die Anstalt frühzeitig mit Personen und Einrichtungen außerhalb des Vollzugs zusammen, insbesondere, um zu erreichen, dass die Gefangenen nach ihrer Entlassung über eine geeignete Unterbringung und eine Arbeits- oder Ausbildungsstelle verfügen. Bewährungshilfe und Führungsaufsicht beteiligen sich frühzeitig an der sozialen und beruflichen Eingliederung der Gefangenen. Abs. 3 sieht auch die Gewährung eines möglichen Aufenthalts in Einrichtungen außerhalb des Vollzugs (Übergangseinrichtungen) vor.

Das „Gesetz zur Ambulanten Resozialisierung und Opferhilfe" (AROG) vom 21. Januar 2015 regelt in § 13 Aufgaben der Hilfe zur Vorbereitung der Entlassung und nachgehende Betreuung nach der Entlassung bei Freiheitsentzug wie folgt:

„(1) Die ambulanten sozialen Dienste der Justiz des Saarlandes nehmen in engem Zusammenwirken mit den sozialen Diensten im Vollzug die Aufgabe wahr, Probandinnen und Probanden, die sich im Straf- oder Maßregelvollzug befinden, zur Vorbereitung der Entlassung bei der Ordnung ihrer persönlichen, wirtschaftlichen und sozialen Angelegenheiten zu unterstützen (§ 42 Absatz 1 und Absatz 2 des Saarländischen Strafvollzugsgesetzes, § 8 Absatz 5 und 6 des Maßregelvollzugsgesetzes).

(2) Die ambulanten sozialen Dienste der Justiz wirken an der nachgehenden Betreuung Entlassener mit, soweit und solange dies zur Resozialisierung angezeigt ist. [...]".

Sachsen (Landesbericht vgl. Rdn. 38).

Die relevanten rechtlichen Grundlagen sind **SN** § 8 Abs. 6, **SN** § 8 Abs. 7, **SN** § 9 Abs. 1 Nr. 21, **SN** § 9 Abs. 3, **SN** § 44.

Die Vorschrift des **SN** § 42 regelt als Kernstück die Vorbereitung der Eingliederung und entspricht, wenngleich umfassender, am ehesten dem § 74 StVollzG, indem es die vielfältige Unterstützung bei der „Ordnung ihrer persönlichen, wirtschaftlichen und sozialen Angelegenheiten" zur Plicht macht, die auch die „Vermittlung in nachsorgende Maßnahmen" umfasst.

Nach Abs. 2 soll durch eine frühzeitige Zusammenarbeit mit Personen und Einrichtungen außerhalb des Vollzugs insbesondere erreicht werden, dass die Gefangenen nach ihrer Entlassung über eine geeignete Unterbringung und eine Arbeits- oder Ausbildungsstelle verfügen. Bewährungshilfe und Führungsaufsichtsstelle beteiligen sich frühzeitig an der sozialen und beruflichen Eingliederung der Gefangenen. Ausdrücklich vorgesehen ist nach Abs. 3 auch die mögliche Gewährung eines Aufenthalts in Einrichtungen außerhalb des Vollzugs (Übergangseinrichtungen).

Sachsen-Anhalt (Landesbericht vgl. Rdn. 39).
Die rechtlichen Voraussetzungen in Anlehnung an § 74 StVollzG finden sich in **ST** §§ 49–53. Die Schlüsselnorm ist **ST** § 49 (Vorbereitung der Eingliederung). Nach Abs. 1 sind die Maßnahmen zur sozialen und beruflichen Eingliederung auf den Zeitpunkt der voraussichtlichen Entlassung in die Freiheit abzustellen. Die Vermittlung in nachsorgende Maßnahmen wird besonders hervorgehoben. Dazu ist nach Abs. 2 Satz 1 die frühzeitige Beteiligung außervollzuglicher Stellen zu ermöglichen, um ein abgestimmtes Vorgehen und einen nahtlosen Übergang ohne Informationsverlust zu sichern. Bewährungshilfe und Führungsaufsicht sind nach Satz 2 aufgerufen, sich für ihre künftigen Probanden aktiv in diesen Prozess einzubringen. Gemeinsam mit den Gefangenen müssen sich auch hier die Anstrengungen aller an der Entlassungsvorbereitung Beteiligten in langfristiger Kooperation darauf konzentrieren, realistische Zukunftsperspektiven zu entwickeln und deren Umsetzung nach der Entlassung zu gewährleisten. Dazu gehören nach Abs. 3 auch mögliche Aufenthalte „in Einrichtungen außerhalb des Vollzugs, wenn dies zur Vorbereitung der Eingliederung erforderlich ist und er hierfür geeignet ist, insbesondere keine tatsächlichen Anhaltspunkte die abstrakte Gefahr begründen, dass er sich dem Vollzug der Freiheitsstrafe oder der Jugendstrafe entziehen oder die Möglichkeiten des Aufenthaltes in diesen Einrichtungen zu Straftaten oder auf andere Weise missbrauchen wird".

Schleswig-Holstein (Landesbericht vgl. Rdn. 40).
SH § 59 (Vorbereitung der Eingliederung) ist am ehesten mit der alten Bundesregelung des § 74 StVollzG vergleichbar, geht aber über dessen Regelungsgehalt erheblich hinaus. Nach Abs. 1 Satz 1 sind die Maßnahmen zur sozialen und beruflichen Eingliederung auf den Zeitpunkt der voraussichtlichen Entlassung in die Freiheit abzustellen. Die Gefangenen sind bei der Ordnung ihrer persönlichen, wirtschaftlichen und sozialen Angelegenheiten zu unterstützen (Satz 2). Dies umfasst die Vermittlung in nachsorgende Maßnahmen (Satz 3). Nach **SH** § 59 Abs. 2 arbeitet die Anstalt frühzeitig mit Personen und Einrichtungen außerhalb des Vollzuges zusammen, insbesondere, um zu erreichen, dass die Gefangenen nach ihrer Entlassung über eine geeignete Unterbringung und eine Arbeits- oder Ausbildungsstelle verfügen. Bewährungshilfe und Führungsaufsicht beteiligen sich frühzeitig an der sozialen und beruflichen Eingliederung der Gefangenen. Auch können nach Abs. 3 den Gefangenen Aufenthalte in Einrichtungen außerhalb des Vollzuges (Übergangseinrichtungen) gewährt werden, wenn dies zur Vorbereitung der Eingliederung erforderlich ist.
Bedeutsam für den Kontext des Übergangsmanagements sind aber die nachfolgenden Vorschriften des **SH** § 22 (Schuldenregulierung), des **SH** § 23 (Suchtmittelberatung), wonach die Anstalt Angebote zur Beratung von Suchtmittelabhängigen und Suchtgefährdeten anbieten soll, um den Missbrauch von Suchtmitteln zu vermeiden, Therapiemotivation zu wecken und die Gefangenen bei der Anbahnung einer Therapie außerhalb des Vollzuges zu unterstützen. Die medizinische Behandlung und psychosoziale Begleitung von suchtmittelabhängigen Gefangenen werden vorgehalten. Auch **SH** § 24 (Familienunterstützende Angebote) gehört zu diesem erweiterten Leistungskatalog mit Kontaktaufnahme in geeigneten Fällen zu den zuständigen Sozialleistungsträgern und zu dem Jugendamt nach **SH** § 24 Abs. 3. Daneben ist **SH** § 25 Soziales Training bedeutsam („Auf der Grundlage gruppenpädagogischer Konzepte werden soziale Trainings zur Förderung sozial angemessener Verhaltensweisen, zur Überwindung von Verhaltensproblemen, zur Einübung gewaltfreier Konfliktlösungskompetenzen und zur Ermöglichung sozialen Lernens angeboten") sowie nach **SH** § 26 die Psychotherapie zur Behandlung psychischer Störungen. Ab Mai 2019 werden in Kooperation mit der Straffälligenhilfe spezielle **Familienfreizeiten für**

Kinder von Inhaftierten und deren Familienangehörige durchgeführt. Die Beratungs- und Unterstützungsangebote haben z.T. auch erlebnispädagogische Inhalte.

Auch in Schleswig-Holstein wird über die Einführung von einem Landesresozialisierungsgesetz diskutiert, das sich nicht auf die Zeit in der Haft, sondern auf den Übergang und die Zeit nach der Haft konzentrieren soll. In Schleswig-Holstein wurden aber bereits mit dem Landesstrafvollzugsgesetz einige Weichen gestellt, um den Resozialisierungsprozess in der Haft bereits frühzeitig zu strukturieren und vor allem den Übergang in die Freiheit mit entsprechenden Regeln für die standardisierte Zusammenarbeit der relevanten Akteure zu unterstützen.

Thüringen (Landesbericht vgl. Rdn. 41).

Die Vorschrift des **TH** § 50 regelt als Kernstück die Vorbereitung der Eingliederung und entspricht, wenngleich umfassender, am ehesten dem § 74 StVollzG, indem es die vielfältige Unterstützung bei der „Ordnung ihrer persönlichen, wirtschaftlichen und sozialen Angelegenheiten" zur Plicht macht, die auch die „Vermittlung in nachsorgende Maßnahmen" umfasst. Die Maßnahmen zur sozialen und beruflichen Eingliederung sind auf den Zeitpunkt der voraussichtlichen Entlassung in die Freiheit abzustellen (Abs. 1 Satz 1).

Nach Abs. 2 soll durch eine frühzeitige Zusammenarbeit mit Personen und Einrichtungen außerhalb des Vollzugs insbesondere erreicht werden, dass die Gefangenen nach ihrer Entlassung über eine geeignete Unterbringung und eine Arbeits- oder Ausbildungsstelle verfügen. Bewährungshilfe und Führungsaufsichtsstelle beteiligen sich frühzeitig an der sozialen und beruflichen Eingliederung der Gefangenen.

Die Zielsetzung einer regionalen Bündelung der Hilfeangebote, einer kostengünstigen Zentralisierung der Hilfen, der Vermeidung des uneffektiven Gießkannenprinzips und einer erhöhten fachlichen Betreuung der Haftentlassenenhilfe steht im Vordergrund. Der „Zusammenschluss der Helfenden" kann nur bei Beteiligung aller staatlichen und privaten Einrichtungen erreicht werden. Einzurichtende Netzwerke, wie z.B. in **NW** § 5 Abs. 3 vorgesehen, oder **Anlaufstellen für Straffällige** in der Trägerschaft freier Verbände nehmen hierbei folgende **Aufgaben** wahr: Betreuung von Gefangenen zur Vorbereitung auf die Entlassung durch Einzelberatung, Gruppenarbeit und Vermittlung von Bezugspersonen; ambulante oder gegebenenfalls auch stationäre Betreuung nach der Haftentlassung durch Einzelberatung, Hilfen bei der **Schuldenregulierung** (C Rdn. 8–17); Beschaffung von Wohnraum und Vermittlung von Behördenkontakten; Gewinnen, Anleiten und Fortbilden ehrenamtlicher Mitarbeiterinnen und Mitarbeiter, verbunden mit einer Verständniswerbung in der Öffentlichkeit für die Belange der Straffälligenhilfe.[259]

Solche **örtlichen/regionalen Arbeitsgemeinschaften der Straffälligenhilfe** mit entsprechenden Kooperationsvereinbarungen öffnen nicht nur institutionalisierte Wege der Wohnungs- und Arbeitsvermittlung, sondern beziehen nach § 68 Abs. 3 SGB XII auch die örtlichen Sozialhilfeträger voll ein und schaffen damit ein regionales Verbundsystem der Hilfen.[260] Eigene Übergangswohngruppen, Begegnungszentren für Haftentlassene

---

[259] Vgl. dazu *Haas* Resozialisierung, Medien- und Öffentlichkeitsarbeit, in: *Cornel /Kawamura-Reindl/ Sonnen* 2017, 591ff. Alle EU-Twinning-Projekte zum Strafvollzug und ambulanten Sozialen Diensten auf dem Balkan in Moldawien, Montenegro, Kosovo, Serbien, etc. verfolgen diesen Ansatz.

[260] Für Baden-Württemberg: *Höll* Erfolgreiche Straffälligenhilfe durch Netzwerkarbeit, in: BewHi 2010, 339ff; für Niedersachsen zu den Anlaufstellen für Straffällige: *Best* Der Beitrag des Strafvollzugsgesetzes zur Haftentlassung und Wiedereingliederung – Anspruch und Realität, in: *Kawamura/Reindl* (Hrsg.), Wiedereingliederung Straffälliger. Eine Bilanz nach 20 Jahren Strafvollzugsgesetz, Freiburg 1998, 136ff; und die Website http://die-anlaufstellen.de/index.php.

und deren ehrenamtliche Betreuer, Kursangebote eines „Sozialen Trainings in der Übergangshilfe" (Arbeit – Wohnen – Freizeit – usw.) sowie neu entwickelte gemeinnützige Arbeitsprojekte konkretisieren den Hilfeauftrag zur sozialen Eingliederung. Für die Vollzugsbehörden ergibt sich daraus sowohl eine ideelle wie auch materielle Verpflichtung, sich gestalterisch und finanziell in enger Zusammenarbeit mit den freien Verbänden der Wohlfahrtspflege und der privaten Straffälligenhilfe am Aufbau und am Erhalt solcher Einrichtungen der Entlassenenhilfe zu beteiligen.

Aufgrund zunehmender sozialer Verschärfungen und Ausgrenzungsprozessen müssen neue sozialpolitische und kriminalpolitische Gegenstrategien entwickelt werden, die als ressortübergreifende Arbeitsbündnisse konzipiert sind. Daher sind auch die Landesjustizverwaltungen aufgerufen, im Rahmen einer Feldentwicklung Projekte der Haftvermeidung, Haftreduzierung und sozialen Integration auch finanziell noch stärker als bisher zu fördern. Die Schaffung eines solchen Verbundsystems der örtlichen und regionalen Straffälligenhilfe ist unter den derzeitigen Rahmenbedingungen wichtiger als die Neuorganisation der sozialen Dienste. Das Schwergewicht der kriminalpolitischen Bemühungen sollte mehr in den inhaltlichen als in den organisatorischen Veränderungen liegen. Der Wirkungsgrad kann im Rahmen der Projekterprobung mittels eines landesweiten – auch finanziellen – Förderprogramms ohne organisatorische Strukturveränderungen verbessert werden.[261] Die Länderberichte belegen dies mit aller Deutlichkeit (D Rdn. 26–41).

10   Die Verpflichtung der Vollzugsbehörde, bereits vor der Entlassung mit Verbänden der freien Wohlfahrtspflege zur Gewinnung eines **persönlichen Beistandes** Kontakt aufzunehmen, hat der Gesetzgeber deutlich hervorgehoben.[262] Nach der Gesetzesbegründung „ist die Hilfe nach der Entlassung mindestens ebenso wichtig wie die Fürsorge für den Gefangenen innerhalb der Anstalt". Die „Anlaufstellen für Straffällige", die inzwischen über einen erheblichen Personenkreis von ehrenamtlichen Helfern verfügen, haben in diesem Bereich eine wichtige Aufgabe zu erfüllen.

7. Entlassungsvorbereitung und Entlassungsvarianten bei Gefangenen mit nichtdeutscher Staatsangehörigkeit

11   a) **Statistische Angaben.** Der große **Anteil nichtdeutscher Strafgefangener** (2017: 30%)[263] stellt den Justizvollzug zunehmend vor besondere Probleme. In den letzten Jahren hat sich auch durch die Flüchtlingskrise die Situation erheblich verändert. Über 40% beträgt der Anteil der Nichtdeutschen im Strafvollzug in Baden-Württemberg,[264] Berlin,[265]

---

261 *Best* Ambulante Soziale Dienste der Justiz im Verbund mit der Freien Straffälligenhilfe. Projektentwicklung in Niedersachsen, in: BewHi 1994, 131 ff; *Matt* BewHi 2008, 134 ff; *Kunz* Entwicklungsstand der Straffälligenhilfe in Mecklenburg-Vorpommern, in: ZfStrVo 1996, 195 ff; *Müller* Straffälligenhilfe in den neuen Bundesländern, in: ZfStrVo 1993, 283 ff; *Weilbächer/Klein* Übergangsmanagement im hessischen Justizvollzug, in: FS 2009, 67 ff; *Maelicke*, Vernetzung statt Versäulung. Auszüge aus dem Bericht der Fachkommission „Optimierung der ambulanten und stationären Resozialisierung in Hamburg", in: FS 2010, 286 ff; *Stelly/Thomas* Freie Straffälligenhilfe unter Veränderungsdruck. Ergebnisse einer repräsentativen Befragung, in: FS 2009, 87 ff.
262 SA BT-Drucks. 7/3998, 30.
263 *Abraham*, Ausländische Gefangene, in: *Maelicke/Suhling* 2018, 443; https://www.destatis.de/DE/Publikationen/Thematisch/Rechtspflege/StrafverfolgungVollzug/Strafvollzug2100410177004.pdf.
264 https://www.statistik-bw.de/Service/Veroeff/Statistische_Berichte/325417001.pdf.
265 https://www.berlin.de/aktuelles/berlin/1881058-958092-von-berliner-haeftlingen-fast-ein-dritte.html.

Nordrhein-Westfalen.[266] In der Untersuchungshaft wird teilweise ein Anteil von 60% erreicht. In Hessen[267] sind rund 45% der insgesamt etwa 6000 Gefangenen ausländische Straftäter aus mehr als hundert Nationen. In Sachsen[268] ist der Anteil der inhaftierten Nichtdeutschen seit einigen Jahren stetig angestiegen – besonders deutlich seit März 2014. Im Laufe von 2015 wurde ein Anstieg von 16 auf 20% verzeichnet. Zum Stichtag 19. Januar 2016 waren im Freistaat laut Justizministerium 3518 Gefangene, darunter 702 Ausländer. Insgesamt waren 56 Nationen vertreten. Am stärksten Tunesier (16%), Polen (12,5%) und Tschechen (12,1%). Mit großem Abstand folgten Libyen und Rumänien. Jeder fünfte Gefangene ist in Sachsen ein Nichtdeutscher oder Staatenloser. „In Deutschlands Gefängnissen ist jeder dritte Insasse Ausländer".[269]

Ergänzend nach Umfrage vom 4. Februar 2019:[270] Ende 2017 waren laut Statistischem Bundesamt rund 10,6 Millionen Personen mit ausländischer Staatsangehörigkeit erfasst. Die Zahl wuchs damit um 585.000 oder 5,8 Prozent im Vergleich zu 2016. Syrer stellen die drittgrößte Ausländergruppe gemäß Angaben vom Statistischem Bundesamt. Die Zahl ausländischer Gefangener ist von März 2017 bis März 2018 um rund fünf Prozent gestiegen – auf knapp 16 300. Der Anteil ausländischer Gefangener liegt damit bei rund einem Drittel.

In zwei Bundesländern kommt mehr als jeder zweite Gefangene aus dem Ausland. In Berlin und Hamburg kommt danach bereits mehr als jeder zweite Gefangene aus dem Ausland. In **HH** sieht die Migrationsgesellschaft/Einwanderungsgesellschaft im Spiegel des Justizvollzugs wie folgt aus: Deutschland 41 %, Osteuropa 25 %, Türkei 7 %, Afrika (Subsahara) 7 %, Nordafrika 5 %, Afghanistan 3 %, Iran 2 %, Syrien/Irak 1 %, Rest 9 % (Stichtagserhebung zum 1. Februar 2019). Der Anstieg der ausländischen Gefangenen seit 2015 fand sowohl bei der U-Haft als auch – mit Verzögerung – bei der Freiheitsstrafe statt: Zu rund 40 % ist der Anstieg auf osteuropäische Länder zurückzuführen. In NRW stieg der Anteil seit 2015 von 33 auf aktuell über 36 Prozent. Auch der Ausländeranteil in den neuen Bundesländern steigt zum Teil rapide. So registrierten die sächsischen Justizvollzugsanstalten zum Stichtag März 2016 noch 482 Ausländer, zwei Jahre später waren es 601. Aktuell 2019 sind es 981. In den westdeutschen Ländern stieg der Ausländeranteil seit 2016 in Hamburg von 55 Prozent auf 61, in Berlin von 43 auf 51, in Niedersachsen von 29 auf 33, in Rheinland-Pfalz von 26 auf 30, in Baden-Württemberg von 44 auf 48, in Bremen von 35 auf 41, in Schleswig-Holstein von 28 auf 34, im Saarland von 24 auf 27 Prozent deutlich an. Hessen verzeichnete vor drei Jahren bereits einen Anteil von 44,1 Prozent, der geringfügig auf 44,6 Prozent kletterte. Bayern registrierte seit 2012 eine Zunahme von 31 auf 45 Prozent. Die am stärksten vertretenen Gruppen sind laut Bericht Gefangene aus Polen, Tunesien, Libyen, Tschechien und Georgien. Die „heterogene Insassenstruktur" bereitet besondere Probleme. In der JVA Stuttgart haben sogar zwei Drittel der Insassen keinen deutschen Hintergrund. Das liegt aber auch daran, dass vor allem Untersuchungsgefangene dort einsitzen.

---

266 https://www.justiz.nrw.de/Gerichte_Behoerden/Justizvollzug/justizvollzug1/Auslaender_11/index.php.
267 https://justizministerium.hessen.de/sites/default/files/media/hmdjie/justizvollzug_in_hessen.pdf.
268 https://www.statistik.sachsen.de/download/100_Berichte-B/B_VI_6_j_17_**SN**.pdf.
269 https://www.welt.de/politik/deutschland/article153076521/Jeder-dritte-Haeftling-ist-Auslaender.html. Zu den besonderen Anforderungen an den Justizvollzug als Spiegelbild der Migrationsgesellschaft am Beispiel von **HH**:
https://www.hamburg.de/justizbehoerde/justizvollzug/12352948/19-3-21-fachtagung-rede-holger-schatz/.
270 https://www.welt.de/vermischtes/article188202545/Auslaenderanteil-in-deutschen-Gefaengnissen-erreicht-Rekordwert.html.

12 **b) Strategische Empfehlungen.** Auch ausländische Gefangene sind im Rahmen der Entlassungsvorbereitung bei der **Ordnung ihrer persönlichen, wirtschaftlichen und sozialen Angelegenheiten** einschließlich der Passbeschaffung und Abklärung von Rentenansprüchen zu beraten. An dem Status des Gefangenen bemisst sich auch, welche Leistungen ihm nach seiner Entlassung zustehen. Mit einer Duldung beispielsweise stehen ihm Leistungen nach den Sozialgesetzbüchern zu, bei einem Asylbewerber hingegen finden die Regelungen des Asylbewerberleistungsgesetzes Anwendung. Ausländische Gefangene, die aus EU-Mitgliedstaaten stammen, haben grundsätzlich das Recht auf Freizügigkeit. Sie können sich also uneingeschränkt in Deutschland bewegen und auch jede Arbeit annehmen. Leistungen nach dem SGB stehen diesem Personenkreis aber erst zu, wenn sie zuvor tatsächlich in Deutschland einer versicherungspflichtigen Tätigkeit nachgekommen sind. Hierbei wird die Arbeit in der Haft angerechnet. Der Anspruch auf Auszahlung des Überbrückungsgeldes ist unpfändbar. Diese Regelung gilt auch für die Ausländerbehörde. So kann das Ausländeramt zur Begleichung der voraussichtlichen Ausweisungskosten nicht das Ü-Geld zur Sicherung der Kosten pfänden.[271]

Bei ausländischen Gefangenen hängen alle vollzuglichen Planungen zunächst einmal von dem ausländerrechtlichen Status ab. In welcher Form die Behandlungsmaßnahmen umgesetzt werden können, ist unterschiedlich. Hier bedarf es einer besonderen Prüfung unter Beteiligung der zuständigen Ausländerbehörde. Wesentlich ist die Frage, ob die Ausländerbehörde aufenthaltsbeendende Maßnahmen plant oder es eine „Bleibeperspektive" gibt. Hier kann die JVA durchaus Einfluss nehmen, wenn sie **bei der Vollzugsgestaltung positive Verstärker** bemerkt, die sie auch selbst bei dem Gefangenen aktivieren kann. Nichtdeutsche Gefangene, die durch Ausbildungs- und Arbeitsmaßnahmen, Sprachkurse, Teilnahme an der Suchtberatung und an internen Integrationskursen, usw. ihre konstruktive Mitarbeit am Vollzugsziel zeigen, sollten mit allen Möglichkeiten unterstützt werden.

Unterstützung können die Gefangenen durch die Fachdienste der JVA (zum Beispiel bei der Kontaktaufnahme zur Botschaft/zum Konsulat und der Beschaffung von Dokumenten), ihrem Rechtsbeistand oder der unentgeltlichen Rechtsberatung innerhalb der JVA erhalten.

Folgende **strategische Empfehlungen** bieten sich an:
1. Die JVA sollte ihre **Gestaltungsmacht nutzen** und auch die Initiative ergreifen. Dazu steht ein vielschichtiges, aber leider auch sehr kompliziertes Entlassungsprogramm mit europäischen Regelungen zur Verfügung. Das abrufbare Informationswissen aus unterschiedlichen Erkenntnisquellen zur Lage in den Zielländern und die Erfahrungen von beteiligten deutschen Vollzugsbediensteten, Richtern und Staatsanwälten aus der Projektarbeit zur Verbesserung der Haftbedingungen und der Umsetzung von Alternativen zum Freiheitsentzug in den 47 Mitgliedstaaten des Europarats und den (noch) 27 Mitgliedstaaten der Europäischen Union sind eine gute Basis, um die erforderlichen Stellungnahmen anzureichern.
2. Die JVA sollte solche Lösungen bevorzugen, die mit **Zustimmung des Gefangenen** erfolgen, und auf eine solche hinarbeiten. Der Betroffene ist zu motivieren und zu überzeugen, dass dies aus Gründen der Resozialisierung der einfachste und für ihn geeignetste Weg ist.[272] Das Konsensprinzip hat Vorrang vor dem Streitfall mit langwierigen Verfahrensverzögerungen. Sollte sich aber der Betroffene nicht auf eine solche „Vereinbarung" der JVA mit entsprechenden Unterstützungsangeboten einlassen, ist der reguläre Verfahrensgang unvermeidlich.

---

271 *Fluhr* Zur Pfändbarkeit der Forderungen des Strafgefangenen, in: ZfStrVo 1989, 103 ff.
272 Ebenso: AK-*Graebsch* Teil VII Rdn. 7, 25.

3. Die JVA sollte anhand von Merkblättern und Informationsmaterial, Sprechstunden und **Informationsmessen mit allen beteiligten staatlichen Akteuren und freien Trägern** versuchen, diese Aufklärung auch unter Hinweis auf die Rechtsprechung gezielt zu leisten und den betroffenen Gefangenen bewusst zu machen, dass zukunftsorientierte konstruktive Lösungswege nach dem Konsensprinzip (in Grenzen) sachgerechter sein können als das Beharren auf Positionen. Zu dieser Aufklärungsarbeit gehört auch die Information über das fast unüberschaubare, generelle Entlassungsprogramm von aufenthalts- und asylrechtlichen Grundlagen, dem Freizügigkeitsrecht, dem Ausweisungs- und Abschiebungsrecht, der Auslieferung, dem vorläufigen Absehen von weiterer Vollstreckung bei Abschiebung vor dem Strafende sowie allen Modalitäten der Überstellung in das Herkunftsland zur weiteren Vollstreckung. Das Problem hierbei ist, von der abstrakten Ebene im späteren Verlauf zu einer individualisierten Entscheidungslösung zu gelangen.
4. Für die Vollzugsbehörde ist dies eine enorme Herausforderung, mit den beteiligten Netzwerkpartnern ein **koordiniertes Arbeitsbündnis** zu schaffen und vorzuhalten. Die Vollzugsbehörden der Länder sind in der Pflicht, das spezielle Entlassungsmanagement für nichtdeutsche Gefangene auf ministerialer Ebene neu zu strukturieren und die Verfahrensabläufe im Bundesgebiet zu harmonisieren. Im Rahmen eines Krisenmanagements sind Übersichten, Checklisten, mögliche Ablaufpläne, aufgeteilt nach den Kategorien Unionsbürger nach der 2004/38/EG Freizügigkeits-RL, Drittstaatsangehörige im Anwendungsbereich des AufenthG, türkische Staatsangehörige, die dem Assoziationsrecht nach Art. 6ff. ARB 180 unterliegen, faktischen Inländern ohne deutschen Pass, aber hier aufgewachsen, sowie Ausländern ohne soziale Bindungen, bei denen sich besonders eine Vollstreckung im Heimatland anbietet. Für den Vollzug wird die Lage immer unübersichtlicher. Dazu trägt auch der am 7. Juni 2019 vom Bundestag beschlossene Gesetzesentwurf der Bundesregierung „zur besseren Durchsetzung der Ausreisepflicht" bei (BT-Drucks. 19/10047,19/10506 und 19/10706). Die Bundesregierung erhofft sich mit dem aus acht Gesetzen bestehenden Gesetzespaket deutlich mehr abgelehnte Asylbewerber ohne Duldung abzuschieben als in den Vorjahren. Mit dem „Geordnete-Rückkehr-Gesetz" werden die Hürden für den Ausreisegewahrsam abgesenkt. Es besetehen Bedenken, ob die nunmehr beschlossene Regelung der Abschiebehaft, wonach Abschiebegefangene in regulären Haftanstalten untergebracht werden können, mit den hier dargestellten Prinzipien vereinbar ist, ungeachtet der Aufhebung des Trennungsverbots. Ob die Neufassung des § 62a AufenthG tatsächlich europarechtlichen Vorgaben entspricht, wird die Rechtsprechung zu entscheiden haben.

Als besonders hilfreich hat sich die **Zusammenarbeit mit spezialisierten freien Trägern** der Wohlfahrtsverbände und Kirchen erwiesen. So verfügte z.B. Niedersachsen über eine aufsuchende Sozialarbeit für ausländische Gefangene, die in **Abstimmung mit der Ausländerbeauftragten des Landes** mit finanzieller Unterstützung der Justizverwaltung eingerichtet und in sechs Schwerpunktanstalten des niedersächsischen Justizvollzuges eingesetzt war. Diese spezialisierten Fachkräfte leisteten die notwendigen Informationen einschließlich der individuellen Beratung und Hilfe. Sprachprobleme wurden mit Dolmetschern bewältigt. Ausländerspezifische Merkblätter mit speziellem Inhalt zur Entlassungsvorbereitung haben sich im Vergleich zu dieser individuellen Beratungsform dagegen nicht bewährt. Hier bietet sich auch für die ehrenamtliche Mitarbeit ein wirkungsvolles Tätigkeitsfeld, das zunehmend genutzt wird.

Das Bemühen um eine den Vollzugszielen möglichst umfassend gerecht werdende **Ausgestaltung des Vollzuges auch für diese Gruppe der Gefangenen** stößt auf zahlreiche Schwierigkeiten. Die mit der Freiheitsentziehung verbundenen Beschränkungen treffen im Strafvollzug zwar alle Gefangenen; für ausländische Gefangene sind sie aber besonders spürbar, weil ihnen weithin die Voraussetzungen dafür fehlen, sich in der zusätzlich isolierenden Umgebung einer Justizvollzugsanstalt zurechtzufinden und nach dem geltenden Recht auch ihnen zustehende Chancen wahrzunehmen. Die Pflicht zur sozialen Hilfe umfasst auch spezielle Hilfen, wie verpflichtende Deutschkurse für Häftlinge ohne ausreichende Sprachkenntnisse – unabhängig von der jeweiligen Bleibeperspektive. Auch haben nach den geltenden Vorschriften die ausländischen Gefangenen dieselben Möglichkeiten wie deutsche Gefangene, ihr Informationsbedürfnis durch Bezug von Zeitungen und Zeitschriften sowie die Teilnahme an Hörfunk und Fernsehen zu befriedigen. Fremdsprachige Literatur wird in den Gefangenenbüchereien vorrätig gehalten. Um die Kommunikation mit den ausländischen Gefangenen zu verbessern, kann ein Video-Dolmetsch-System hilfreich sein, für das derzeit in Bayern ein Pilotprojekt läuft.

Im Umgang mit ausländischen Gefangenen ist die **Empfehlung des Europarats Rec. CM/Rec (2012) 12** *concerning foreign prisoners*[273] zu beachten. Der unveröffentlichte Bericht des Europarats vom 9.5.1996 zu einer Umfrage über die Umsetzung der Empfehlung in den Mitgliedstaaten – PPC (96) 3 – lässt erkennen, dass der Europarat den Maßnahmen zum Abbau der Isolation und zur Förderung der Wiedereingliederung in die Gesellschaft besondere Bedeutung zuerkennt.[274] Voraussetzung hierfür ist nach dieser Empfehlung, auch interkulturelle Mentalitäten zu berücksichtigen, das Vollzugspersonal in der interkulturellen Kommunikation zu schulen und präventiv sog. Deeskalationsgruppen mit Inhaftierten unterschiedlicher Nationalität und Kultur durchzuführen.

Insgesamt haben die Vollzugsbehörden die schwierige **Aufgabe**,[275] einerseits nach dem Gleichheitsprinzip deutsche und nichtdeutsche Gefangene gleich zu behandeln. Andererseits sollten sie aber die Integrationsfaktoren sachgerecht einschätzen und abwägen, welcher Gefangene integrationsfähig und – willig mit Bleibeinteresse ist und welcher Gefangene trotz der Resozialisierungsangebote auf Dauer rückkehrwillig und -bereit ist oder gar keine Bleibeperspektive hat. Das Vollzugsverhalten der Gefangenen selbst ist ein wichtiger Indikator für den zielgerichteten Einsatz der Ressourcen von vollzugsinternen und -externen Diensten.

13   **c) Aufenthaltsrechtliche Ausweisung aufgrund von Straffälligkeit und europäische Vorgaben.** Im Rahmen von aufenthaltsrechtlichen Entscheidungen nach §§ 53–55 AufenthG können sich die Mitarbeitsbereitschaft von nichtdeutschen Gefangenen und belegbare Erfolge zur Resozialisierung durch die Teilnahme an Kursen auf die Prognoseentscheidung etwa im Rahmen von aufenthaltsrechtlichen Entscheidungen positiv auswirken.

---

273 *Europarat*, Council of Europe, Compendium of conventions, recommendations and resolutions relating to prisons and community sanctions and measures, Strasbourg 2017 http://www.cep-probation.org/coe-compendium-conventions-recommendations-resolutions-relating-prisons-community-sanctions-measures/.
274 Vgl. dazu *Graebsch*, Resozialisierung bei nichtdeutscher Staatsangehörigkeit, in: *Cornel/Kawamura-Reindl/Sonnen (Hrsg.)* 2017, 433 ff, 442 ff.
275 AK-*Graebsch* Teil VII Rdn. 83 hält es sogar für „geboten, bei Ausländern noch stärkere Resozialisierungsanstrengungen vorzunehmen als bei Deutschen, weil die Folgen ihres Fehlens noch sehr viel dramatischer sein können, aber weil auch ihr Erfolg weitere Schritte der Integration in die (hiesige) Gesellschaft nach sich ziehen kann, nämlich den Erhalt eines legalen Aufenthaltsstatus mit der Berechtigung; eine Erwerbstätigkeit auszuüben." Wichtig ist zunächst die Informationsgrundlage: siehe *Walhalla Fachredaktion* (Hrsg.) Ausländerrecht, Migrations- und Flüchtlingsrecht, 14. Auflage, Walhalla 2018 zu Aufenthalts- und Freizügigkeitsrecht, Asylrecht und Internationaler Schutz, Staatsangehörigkeitsrecht, Schengen-Recht, EU-Visarecht, Arbeitserlaubnis, Beschäftigung.

Nach dem geltenden **Ausweisungsrecht** ergibt sich der Grundtatbestand der Ausweisung aus § 53 Abs. 1 AufenthG.[276] Danach wird ein Ausländer, dessen Aufenthalt die öffentliche Sicherheit und Ordnung gefährdet, ausgewiesen, wenn die unter Berücksichtigung aller Umstände des Einzelfalls vorzunehmende Abwägung der Interessen an der Ausreise mit den Interessen an einem weiteren Verbleib des Ausländers im Bundesgebiet ergibt, dass das öffentliche Interesse an der Ausreise überwiegt. Ein besonders schwerwiegendes Ausweisungsinteresse liegt seit dem Inkrafttreten des Gesetzes zur erleichterten Ausweisung von straffälligen Ausländern und zum erweiterten Ausschluss der Flüchtlingsanerkennung bei straffälligen Asylbewerbern vom 17. März 2016 vor, wenn der Ausländer wegen einer oder mehrerer vorsätzlicher Straftaten gegen das Leben, die körperliche Unversehrtheit, die sexuelle Selbstbestimmung, das Eigentum oder wegen Widerstands gegen Vollstreckungsbeamte rechtskräftig zu einer Freiheits- oder Jugendstrafe von mindestens einem Jahr verurteilt wurde, unabhängig davon, ob die Freiheits- oder Jugendstrafe zur Bewährung ausgesetzt ist (vgl. § 54 Absatz 1a AufenthG).

Die Ausweisung ist die zwangsweise Vollstreckung einer bestehenden Ausreiseverpflichtung und damit eine ordnungsrechtliche Maßnahme ohne Strafcharakter mit dem Ziel der Gefahrenabwehr.[277] Voraussetzung für eine Ausweisung ist an Stelle des bisherigen dreistufigen Ausweisungsrechts eine **umfassende, ergebnisoffene Abwägung aller Umstände des Einzelfalls getreten**. Hierbei ist das Interesse des Ausländers am Verbleib im Bundesgebiet sowie das öffentliche Interesse an der Ausweisung zu beachten. Die Ausweisungsinteressen werden in § 54 AufenthG[278] normiert, während § 55 AufenthG die Bleibeinteressen regeln soll. Die Ausweisung unter generalpräventiven Gesichtspunkten ist weiterhin möglich. Diese ist bei verschiedenen Personengruppen ausgeschlossen, unter anderem im Hinblick auf unionsrechtliche Maßgaben bei türkischen Assoziationsberechtigten sowie bei Inhabern einer Daueraufenthaltserlaubnis. Hier gilt das Erfordernis einer spezialpräventiven Ausweisung. Die überaus detaillierte Regelung der Bleibe- und Ausweisungsinteressen und die Feststellung einer Gefahrenprognose dürfte aber eine ergebnisoffene Abwägung erschweren.[279] Die Abwägung auf Tatbestandsseite ist aber gerichtlich voll überprüfbar und führt mithin schneller zu Rechtssicherheit.

Bei ausländerrechtlichen Maßnahmen gegen ausländische Strafgefangene sind die rechtlichen europäischen Vorgaben für das Ausweisungs- und Abschiebungsrecht zu berücksichtigen.

Bei der Ausweisung und Aufenthaltsbeendigung von Drittstaatsangehörigen ist insbesondere der auf das Assoziierungsabkommen zwischen der **EWG und der Türkei** aus dem Jahr 1963 zurückgehende „Beschluss des Assoziationsrates EWG/Türkei über die Entwicklung der Assoziation" – ARB 1/80 – von 1980[280] zu beachten. Insbesondere sind die Regelungen des ARB 1/80 in Art. 6 (Aufenthaltsrecht für türkische Arbeitnehmer), Art. 7 (Aufenthaltsrecht für Familienangehörige türkischer Arbeitnehmer) und Art. 14 (erhöhter Ausweisungsschutz für nach Art. 6 oder 7 privilegierte türkische Staatsangehörige) zu berücksichtigen. Der Europäische Gerichtshof hat im Laufe der Zeit aus diesen

---

[276] Gesetz über den Aufenthalt, die Erwerbstätigkeit und die Integration von Ausländern im Bundesgebiet-Aufenthaltsgesetz i.d.F. vom 11.3.2016; vgl. auch BT-Drucks. 18/7537.
[277] BVerfG, Beschluss vom 5. März 2001 – 2 BvR 2450/99, juris.
[278] § 54 AufenthG in der Fassung vom 17.7.2017, juris, gültig ab 22.7.2017.
[279] *Marx* Zur Reform des Ausweisungsrechts, in: ZAR 2015, 245–253, juris; ebenso und ausführlich AK-*Graebsch* Teil VII Rdn. 10–17.
[280] Allgemeine Anwendungshinweise des Bundesministeriums des Innern zum Beschluss Nr. 1/80 des Assoziationsrats EWG/Türkei und zu Art. 41 Abs. 1 des Zusatzprotokolls zum Assoziierungsabkommen (AAH – ARB 1/80) – Fassung 2013 – vom 26. November 2013.

Bestimmungen eine Angleichung der Rechtsstellung der unter den ARB 1/80 fallenden türkischen Staatsangehörigen mit der von EU-Staatsangehörigen entwickelt. Nach seiner Rechtsprechung sind die **Grundsätze über die Freizügigkeit von Unionsbürgern und damit auch die Grundsätze über die Ausweisung soweit wie möglich auf die privilegierten, türkischen Staatsangehörigen zu übertragen**. Das BVerwG hat im Jahr 2004[281] grundsätzlich entschieden, dass dieser Personenkreis nur auf der Grundlage einer Ermessensentscheidung in Verbindung mit den einschlägigen, gemeinschaftsrechtlichen Grundsätzen ausgewiesen werden darf.

Nach dieser Rechtsprechung[282] dürfen **Bürger aus den Mitgliedstaaten** nur noch nach intensiver Einzelfallprüfung und unter Berücksichtigung ihres Verhaltens nach der Tat abgeschoben werden. Diese Maßstäbe gelten weitestgehend auch für türkische Arbeitnehmer. Das BVerwG berücksichtigt damit die Rechtsprechung des Europäischen Gerichtshofs (EuGH) in Luxemburg, der eine detaillierte Einzelfallprüfung fordert. Regelausweisungen, wie sie bislang das Ausländergesetz in § 47 AuslG bei schweren Straftaten vorsieht, sind danach nicht mehr möglich. Im Mittelpunkt steht die Gefahrenprognose. Hierbei sind auch Umstände zu berücksichtigen, die sich nach der letzten Verwaltungsentscheidung ergeben haben, wozu auch das Verhalten im Strafvollzug gehört.[283] Nach der **Rechtsprechung des EuGH**[284] müssen Ausländerbehörden und Verwaltungsgerichte bei der Frage, ob das Verhalten eines assoziationsrechtlich privilegierten, türkischen Staatsangehörigen gegenwärtig eine hinreichend schwere Gefahr für ein Grundinteresse der Gesellschaft darstellt, sowohl den Grundsatz der Verhältnismäßigkeit als auch die Grundrechte des Betroffenen wahren. Der EuGH räumt bei der Ausweisung eines im Bundesgebiet geborenen und aufgewachsenen assoziationsrechtlich privilegierten türkischen Staatsangehörigen dem Gedanken der Resozialisierung im Aufnahmemitgliedstaat keinen Vorrang ein. Er verlangt nur, dass Ausländerbehörden und Gerichte anhand der gegenwärtigen Situation des Betroffenen die Notwendigkeit des beabsichtigten Eingriffs in sein Aufenthaltsrecht zum Schutz des vom Aufnahmemitgliedstaat verfolgten berechtigen Ziels gegen tatsächlich vorhandene Integrationsfaktoren abwägen müssen, die eine Wiedereingliederung in die Gesellschaft des Aufnahmemitgliedstaats ermöglichen. Dabei sind alle Umstände angemessen zu berücksichtigen, die für die Situation des Betroffenen kennzeichnend sind. Denn das **Ausweisungsrecht dient nicht der Resozialisierung des Betroffenen, sondern dem Schutz der Allgemeinheit im (deutschen) Aufnahmemitgliedstaat**. Dabei sind nach der Rechtsprechung des EuGH im Rahmen der Verhältnismäßigkeitsprüfung tatsächlich vorhandene Integrationsfaktoren – wie sie etwa durch eine vorzeitige Haftentlassung zum Ausdruck kommen können – zwar zu berücksichtigen, ihnen ist bei der Abwägung aber nicht von vornherein Vorrang einzuräumen.

Im Falle eines EU-Bürgers, der im Aufnahmestaat aufgewachsen und integriert ist, hat der EuGH mit Urteil vom 17.4.2018[285] trotz der Straffälligkeit einen verstärkten Aus-

---

281 BVerwG, Urteil vom 3. August 2004 – 1 C 30/02 –, BVerwGE 121, 297–315, DVBl 2005, 122 ff.
282 BVerwG, Urteil vom 10. Juli 2012 – 1 C 19/11 –, BVerwGE 143, 277 ff.
283 Eingehend: AK-*Graebsch* Teil VII Rdn. 18–26.
284 EuGH, Urteil vom 8. Dezember 2011 – C-371/08 –, juris, NVwZ 2012, 422 ff.
285 EuGH, Urteil vom 17. April 2018, C-316/16 –, juris. Für die **Anerkennung von Drittstaatsangehörigen oder Staatenlosen** gilt Art. 14 Abs. 4 bis 6 der Richtlinie 2011/95/EU des Europäischen Parlaments und des Rates vom 13. Dezember 2011 (EU ABl. L 337 vom 20.12.2011, S. 9–26). Hierbei handelt es sich um spezielle Normen für Personen mit Anspruch auf internationalen Schutz, für einen einheitlichen Status für Flüchtlinge oder für Personen mit Anrecht auf subsidiären Schutz und für den Inhalt des zu gewährenden Schutzes. Art. 14 Abs. 4: *Die Mitgliedstaaten können einem Flüchtling die ihm von einer Regierungs- oder Verwaltungsbehörde, einem Gericht oder einer gerichtsähnlichen Behörde*

weisungsschutz angenommen. Zu berücksichtigen seien insoweit die Dauer der Strafhaft, aber auch andere Kriterien wie die Art des Strafvollzugs, das allgemeine Verhalten im Vollzug und insbesondere die Auseinandersetzung mit der Straftat, die Annahme und Durchführung von seitens der Justizvollzugsanstalt befürworteten therapeutischen Angeboten, die Teilnahme an Maßnahmen der schulischen Bildung und der beruflichen Aus- und Weiterbildung, die Mitwirkung beim Vollzugsplan und die Erreichung der Ziele nach dem Vollzugsplan sowie die Aufrechterhaltung von persönlichen und familiären Bindungen im Aufnahmemitgliedsstaat. In solchen Fällen hätten die Unionsbürger ein Daueraufenthaltsrecht erlangt, das nur aus schwerwiegenden Gründen der öffentlichen Ordnung oder Sicherheit ihre Ausweisung erlaube.

Das **BVerwG** hat diese Grundsätze konkretisiert.[286] Resozialisierungserfolge sind demnach keinesfalls unbeachtlich, vielmehr fließen sie in die längerfristig angelegte Prognoseentscheidung ein. An die Entscheidungen der Strafgerichte über eine Aussetzung der Vollstreckung des Strafrestes zur Bewährung sind die Ausländerbehörden und Verwaltungsgerichte bei der aufenthaltsrechtlichen Gefahrenprognose anlässlich des Erlasses bzw. der Überprüfung einer spezialpräventiven Ausweisung nicht gebunden.[287] **Vorzeitige Haftentlassung und Ausweisung verfolgen unterschiedliche Zwecke** und unterliegen deshalb unterschiedlichen Regeln: Bei Aussetzungsentscheidungen nach § 57 StGB geht es um die Frage, ob die Wiedereingliederung eines in Haft befindlichen Straftäters weiter im Vollzug stattfinden muss oder durch vorzeitige Entlassung für die Dauer der Bewährungszeit ggf. unter Auflagen „offen" inmitten der Gesellschaft verantwortet werden kann. Bei dieser Entscheidung stehen naturgemäß vor allem Resozialisierungsgesichtspunkte im Vordergrund; zu ermitteln ist, ob der Täter neben einem positiven Vollzugsverlauf das Potenzial hat, sich während der Bewährungszeit und danach straffrei zu führen.

Dagegen bezieht sich die der **Ausweisung zugrundeliegende Prognoseentscheidung** folglich nicht nur auf den Vollzugsverlauf und die etwaige Aussetzung der Vollstreckung des Strafrestes zur Bewährung die Dauer der Bewährungszeit, sondern hat einen längeren Zeithorizont in den Blick zu nehmen. Denn es geht hier um die Beurteilung, ob es dem Ausländer gelingen wird, über die Bewährungszeit hinaus ein straffreies Leben zu führen. Bei dieser längerfristigen Prognose kommt dem Verhalten des Betroffenen während der Haft und nach einer vorzeitigen Haftentlassung zwar erhebliches tatsächliches Gewicht zu. Dies hat aber nicht zur Folge, dass mit einer strafrechtlichen Aussetzungsentscheidung ausländerrechtlich eine Wiederholungsgefahr zwangsläufig oder zumindest regelmäßig entfällt. Maßgeblich ist vielmehr, ob der Täter im entscheidungserheblichen Zeitpunkt auf tatsächlich vorhandene **Integrationsfaktoren** verweisen kann; das Potenzial, sich während der Bewährungszeit straffrei zu führen, ist nur ein solcher Faktor, genügt aber für sich genommen nicht. „Denn es geht hier um die Beurteilung, ob es dem Ausländer gelingen wird, über die Bewährungszeit hinaus ein straffreies Leben zu führen. **Bei dieser längerfristigen zukunftsgerichteten Prognose kommt dem Verhalten des Betroffenen während der Haft und nach einer vorzeitigen Haftentlassung erhebliches tatsächliches Gewicht zu.**

---

zuerkannte Rechtsstellung aberkennen, diese beenden oder ihre Verlängerung ablehnen, wenn es a) stichhaltige Gründe für die Annahme gibt, dass er eine Gefahr für die Sicherheit des Mitgliedstaats darstellt, in dem er sich aufhält; b) er eine Gefahr für die Allgemeinheit dieses Mitgliedstaats darstellt, weil er wegen einer besonders schweren Straftat rechtskräftig verurteilt wurde. Diese Norm beeinträchtigt nicht die Gültigkeit dieser Bestimmungen in der Richtlinie im Hinblick auf Art. 78 Abs. 1 AEUV und Art. 18 der Charta der Grundrechte der EU, vgl. EuGH, Urteil vom 14. Mai 2019, C-391/16, C-77/17 und C-78/17-, juris.
286 BVerwG, Urteil vom 15. Januar 2013 – 1 C 10/12 –, juris.
287 BVerwG Urteil vom 13. Dezember 2012 – 1 C 20.11 – m.w.N.

Die strafrechtliche Verurteilung allein kann nicht zu einer Ausweisung oder Ablehnung der Aufenthaltserlaubnis führen. Vielmehr muss eine „tatsächliche und hinreichend schwere Gefährdung" vorliegen, die „ein Grundinteresse der Gesellschaft berührt", wie es der Europäische Gerichtshof formuliert. Wird die Strafe zur Bewährung ausgesetzt, so ist eine Ausweisung nicht zulässig. Anders ist es jedoch bei besonders schwerwiegenden Straftaten: Im Bereich der **Rauschgiftkriminalität** tendieren die Gerichte dazu, eine schwerwiegende Gefährdung der öffentlichen Sicherheit und Ordnung und ein **schwerwiegendes Ausweisungsinteresse** anzunehmen. Hier kann im Einzelfall die Verurteilung wegen einer einzigen Tat die Ausweisung wegen des Konsums von Heroin, Kokain und vergleichbar gefährlichen Betäubungsmitteln begründen. Für die Ausweisung wird neben dem Drogenkonsum des Ausländers gefordert, dass dieser nicht zu einer erforderlichen, seiner Rehabilitation dienenden Behandlung bereit ist oder sich dieser entzieht. Von einer Ausweisung wegen Drogenkonsums ist regelmäßig abzusehen, wenn konkrete Anhaltspunkte dafür vorliegen, dass der Ausländer auf Grund einer erforderlichen, seiner Rehabilitation dienenden Behandlung keine Drogen mehr gebrauchen wird und sich dies etwa aus der Zurückstellung der Strafvollstreckung gem. § 35 BtMG ergibt.[288] Der Ausländer hat die für seine Person günstigen Gesichtspunkte vorzutragen und hierbei die erforderlichen Gutachten vorzulegen.[289]

Ausschlaggebend für eine Ausweisung darf lediglich das persönliche Verhalten des Betroffenen sein. Unzulässig ist es daher, wenn ein Staat einen Unionsbürger nur ausweist, um andere Ausländer von gleichem Verhalten abzuschrecken. Die angeordnete Ausweisung eines in Deutschland aufgewachsenen Ausländers wegen einer schweren Sexualstraftat als Ausdruck eines frauenverachtenden Weltbildes hat das OVG Rheinland-Pfalz aber als rechtmäßig erklärt aus folgendem Grund: die Schwere der Tat und vor allem die Motivation ließen die Ausweisung als erforderlich erscheinen, „um andere Ausländer in vergleichbarer Situation von ähnlichen Delikten abzuhalten". Das Opfer habe sich nach westlicher Mode gekleidet und geschminkt und sei alleine ausgegangen. Schon deshalb sei sie von den Tätern aus dem gleichen Kulturkreis verachtet und als Opfer ausgewählt worden. Die Täter hätten ein archaisches und mit dem Grundgesetz nicht zu vereinbarendes Frauenverständnis an den Tag gelegt. Es sei Aufgabe des Rechts der Gefahrenabwehr – und damit des Ausweisungsrechts nach dem Aufenthaltsgesetz – zu verhindern, dass eine solche, nicht an der Gleichberechtigung von Mann und Frau ausgerichtete Vorstellung die Ausländer, die sich nicht an den Wertvorstellungen des Grundgesetzes orientierten, zu Straftaten gegen die sexuelle Selbstbestimmung verleite.[290]

Der **Europäische Gerichtshof für Menschenrechte (EGMR)** hat sich nach der Beschwerde eines verurteilten Tunesiers gegen das Ausweisungsverfahren auf Art. 8 der Europäischen Menschenrechtskonvention (EMRK) gestützt, in welchem das Recht auf Achtung des Privat- und Familienlebens normiert ist. Art. 8 EMRK werde durch die deutschen Regelungen zur Abschiebung straffälliger Ausländer nicht unzulässig verkürzt. Nach eigenen Angaben lebt die komplette Familie des in Deutschland geborenen Tunesiers hier und er selbst hat keinerlei Verbindung nach Tunesien. Zudem könne

---

288 Dadurch kann eine entsprechende Motivation begründet werden; ebenso AK-*Graebsch* Teil VII Rdn. 14.
289 Gesetzesbegründung, BT-Drucks. 18/4097, 52.
290 Zur Verhältnismäßigkeit von Ausweisungen unter Heranziehung von Art. 8 EMRK: BVerfG, Stattgebender Kammerbeschluss vom 10. August 2007 – 2 BvR 535/06 –, juris, NVwZ 2007, 1300; zur Änderung des Ausweisungsrechts und zur Statistik vgl. BW LT-Drucks. 14/2277 vom 24.1.2008; OVG Rheinland-Pfalz, Beschluss vom 23.10.2018 – 7 A 10866/18 –, juris, NJW 2019, 168.

er kein arabisch. Dies sei aus Sicht des EGMR jedoch unerheblich, da die Straftaten zum Teil eine gewisse Schwere aufwiesen und von ihm im Erwachsenenalter begangen worden waren und er über die Folgen seiner kriminellen Machenschaften vorher genügend aufgeklärt worden sei. Als einschlägige **Kriterien** sieht der EGMR wie auch der EuGH an:
- die Art und Schwere der vom Beschwerdeführer begangenen Straftaten;
- die Dauer des Aufenthalts des Betroffenen in dem Land, aus dem er auszuweisen ist;
- die zwischen der Tatbegehung verstrichene Zeit und das Verhalten des Beschwerdeführers während dieser Zeit;
- die Stabilität der sozialen, kulturellen und familiären Bindungen zum Gastland und zum Zielstaat:
- die Integrationsbande dürfen trotz der Inhaftierung nicht abgerissen sein.

Die Ausweisungsmaßnahme sei im Hinblick auf das verfolgte legitime Ziel nicht unverhältnismäßig und folglich in einer demokratischen Gesellschaft noch als erforderlich anzusehen.[291] Die Kriterien gelten auch für **„faktische Inländer"**. Als solcher wird von der Rechtsprechung ein Ausländer bezeichnet, der sich lange im Bundesgebiet aufgehalten und seine wesentliche Prägung und Entwicklung hier erfahren hat.[292] Die Rechtsstellung als „faktischer Inländer" verhindert eine Ausweisung nicht von vornherein, sondern erfordert eine Abwägung der besonderen Umstände des Betroffenen und des Allgemeininteresses im jeweiligen Einzelfall (hier: Straftaten und Rückfallintervalle; Bewährungserfolg/-misserfolg; Verwurzelung, Therapie. Wiederholungsgefahr; familiären Bindungen, Stärke der vor der Inhaftierung des Betroffenen zum Aufnahmemitgliedstaat geknüpften Integrationsbande, die Art der die verhängte Haft begründenden Straftat und die Umstände ihrer Begehung sowie das Verhalten des Betroffenen während des Vollzugs, etc.).[293] Wenn Ausländer aufgrund eines Hineinwachsens in die hiesigen Verhältnisse bei gleichzeitiger Entfremdung von ihrem „Heimatland" so eng mit der Bundesrepublik verbunden sind, dass sie gewissermaßen deutschen Staatsangehörigen gleichzusetzen sind, während sie mit ihrem „Heimatland" im Wesentlichen nur noch das Band ihrer Staatsangehörigkeit verbindet, kann ein unverhältnismäßiger Eingriff in das von Art. 8 EMRK geschützte Recht auf Privatleben zu bejahen sein. Dies nimmt die Rechtsprechung an, wenn der Ausländer aufgrund seiner gesamten Entwicklung faktisch zu einem Inländer geworden ist und ihm (und seinen Familienangehörigen) wegen der Besonderheiten des Falls ein Leben im Staat seiner Staatsangehörigkeit, zu dem er keinen Bezug (mehr) hat, nicht zuzumuten ist und er auch nicht die Sprache seines Heimatlandes spricht.[294]

d) Absehen von Vollstreckung bei Auslieferung, Überstellung oder Ausweisung gem. § 456a StPO. Die **Hilfe zur Entlassung** bei ausländischen Strafgefange- 14

---

291 EGMR Urt. vom 13.10.2011– 41548/06 –, juris, EuGRZ 2012, 11; DÖV 2012, 33.
292 VGH München, Beschluss vom 13. Mai 2016 – 10 ZB 15.492 –, juris.
293 *Mayer* Systemwechsel im Ausweisungsrecht – der Schutz „faktischer Inländer" mit und ohne familiäre Bindungen nach dem Grundgesetz und der Europäischen Menschenrechtskonvention (EMRK)- von der Theorie der generellen Deckungsgleichheit der Ausweisungsvorschriften des Aufenthaltsgesetzes mit dem verfassungs- und konventionsrechtlichen Schutzstandard über die Notwendigkeit einer Einzelfallwürdigung hin zum Erfordernis einer generellen Ermessensentscheidung –, in: VerwArch 2010, 482ff; OVG Berlin-Brandenburg, Beschluss vom 16. Oktober 2017 – OVG 11 N 14.16 –, juris; EuGH, Urteil vom 17. April 2018 – C-316/16 und C-424/16 –, juris.
294 Bayerischer VGH, Urteil vom 21. November 2017 – 10 B 17.818 –, juris, im Fall eines serbischen Staatsangehörigen mit Verurteilungen wegen räuberischer Erpressung mit Geiselnahme und Drogenhandels; BVerwG, Urteil vom 15. Januar 2013 – 1 C 10.12 – juris.

nen umfasst aber auch die Prüfung, ob ein **Absehen von Vollstreckung bei Auslieferung, Überstellung oder Ausweisung gem. § 456a StPO** erfolgen kann.[295]

(1) Die Vollstreckungsbehörde kann von der Vollstreckung einer Freiheitsstrafe, einer Ersatzfreiheitsstrafe oder einer Maßregel der Besserung und Sicherung absehen, wenn der Verurteilte wegen einer anderen Tat einer ausländischen Regierung ausgeliefert, an einen internationalen Strafgerichtshof überstellt oder wenn er aus dem Geltungsbereich dieses Bundesgesetzes abgeschoben, zurückgeschoben oder zurückgewiesen wird.

(2) ¹Kehrt der Verurteilte zurück, so kann die Vollstreckung nachgeholt werden. ... ³Die Vollstreckungsbehörde kann zugleich mit dem Absehen von der Vollstreckung die Nachholung für den Fall anordnen, dass der Verurteilte zurückkehrt, und hierzu einen Haftbefehl oder einen Unterbringungsbefehl erlassen sowie die erforderlichen Fahndungsmaßnahmen, insbesondere die Ausschreibung zur Festnahme, veranlassen; § 131 Abs. 4 sowie § 131a Abs. 3 gelten entsprechend. ⁴Der Verurteilte ist zu belehren.

Die Stellungnahme der Anstalt im Verfahren gem. § 456a StPO soll Hinweise über die Anschrift der verurteilten Person im Vollstreckungsstaat, ihre sozialen Bindungen, ihre Führung in der Anstalt und ähnliche besondere Erkenntnisse enthalten; andere Ermittlungs- oder Strafverfahren, die in der Anstalt bekannt sind, sind in der Stellungnahme mitzuteilen. Werden nachträglich solche Verfahren bekannt, ist die Vollstreckungsbehörde unverzüglich zu unterrichten.

Die Regelungen über die Aussetzung des Strafrestes, über **das Absehen von der Strafvollstreckung gem. § 456a StPO**[296] und über die Überstellungsmöglichkeiten nach den Übereinkommen stehen rechtlich selbständig nebeneinander. Doch kann es geboten sein, von vornherein eine Lösung nach § 456a StPO anzustreben.

§ 456a StPO bietet in der Regel ein **einfacheres Verfahren als die Überstellung nach dem Übereinkommen** (s.u.), da eine Einigung mit einem Vollstreckungsstaat über die Überstellung nicht erforderlich ist. Die Überstellung ist ein langwieriges Verfahren. Während nach dem Übereinkommen (Art. 8 Abs. 1) durch die Übernahme der verurteilten Person durch den Vollstreckungsstaat die Vollstreckung im Urteilsstaat ausgesetzt wird, kann im Falle des § 456a StPO die Vollstreckung bei einer Wiedereinreise des Verurteilten häufig durch Vollstreckungshaftbefehl gesichert werden.

Sind sowohl die Voraussetzungen des § 456a StPO als auch die des Übereinkommens gegeben, hat die Vollstreckungsbehörde nach pflichtgemäßem Ermessen zu entscheiden, welche Maßnahme in Betracht kommt.[297]

Die anhaltend starke Belegung der Justizvollzugsanstalten mit nichtdeutschen Gefangenen ist **Anlass, Maßnahmen nach § 456a StPO möglichst frühzeitig zu prüfen**, um so zu einer Entlastung des Strafvollzuges und zur Vermeidung von Haftkosten beizutragen. Dabei ist zu berücksichtigen, dass die Strafvollstreckung gegen Ausländer, die demnächst ausgeliefert oder ausgewiesen werden sollen, unter dem Gesichtspunkt der Resozialisierung und der Sicherung von gefährlichen Straftätern in vielen Fällen wenig sinnvoll ist. Für die Anwendung des § 456a StPO spricht zudem die Tatsache, dass Ausländer im Strafvollzug wegen ihrer Herkunft aus anderen Kulturkreisen sowie wegen bestehender Sprachbarrieren an vielen Erziehungs- und Freizeitprogrammen

---

295 Fassung aufgrund des Gesetzes zur Neubestimmung des Bleiberechts und der Aufenthaltsbeendigung vom 27.7.2015 (BGBl. I S. 1386), in Kraft getreten am 1.8.2015.
296 Dazu Rdn. 11 und die in NRW zur Anwendung des § 465a StPO durchgeführte Aktenanalyse von *Tzschaschel* Ausländische Gefangene im Strafvollzug, Herbolzheim 2002.
297 Vgl. *Meyer-Goßner/Schmitt* § 456a Rdn. 4f; zur gegenwärtigen Praxis mit Statistik: BT-Drucks. 19/3596 vom 15.7.2018, Antwort der Bundesregierung „Entlastung des Strafvollzugs- Haftstrafen im Heimatland", http://dip21.bundestag.de/dip21/btd/19/035/1903596.pdf.

nicht teilnehmen können und von Vollzugslockerungen oftmals ausgeschlossen sind. Bei der Anwendung des § 456a StPO ist aber darauf zu achten, dass das allgemeine Ziel des Strafrechts nicht in unvertretbarer Weise beeinträchtigt wird und dass der durch § 456a StPO ermöglichte Verzicht auf den weiteren Strafvollstreckungsanspruch des Staates nicht zu dem Eindruck führt, der Staat wolle aus Straftaten ausländischer Staatsbürger und den aus ihnen resultierenden Gerichtsurteilen keine Konsequenzen mehr ziehen.

Die entsprechenden **Verwaltungsvorschriften**[298] sollen die Ermessensausübung der Verwaltung für zahlreiche gleich oder ähnlich gelagerte Fälle vereinheitlichend steuern. Sie bewirken für den Regelfall eine rechtliche Bindung des Ermessens, ihnen kommt jedoch nicht der Charakter einer Rechtsnorm zu.[299] Bei der Bestimmung der Anforderungen, die an die Darlegung der Ermessensentscheidung zu stellen sind, ist zudem zu berücksichtigen, dass der Gesetzgeber die Möglichkeit, bei ausländischen Straftätern von der Strafvollstreckung abzusehen, **nicht im Interesse dieses Täterkreises, sondern ausschließlich aus fiskalischen Erwägungen im Interesse der Bundesrepublik** geschaffen hat, um diese in vertretbarem Rahmen von der Last der Strafvollstreckung zu befreien.[300] Dies bedeutet, dass zwar die persönlichen Verhältnisse und Belange eines Verurteilten bei der zu treffenden Entscheidung angemessen zu berücksichtigen sind, aber nicht im Vordergrund stehen. Sofern die Anstalt bei der Vollstreckungsbehörde dies anregt, hat sie einen Bericht beizufügen, der eine sachgerechte Entscheidung ermöglicht. Dazu müssen auch die entsprechenden konkreten Informationen zusammengestellt werden.

Bewährt hat sich (bisher) folgende Verfahrensweise:

1) Zum **Zeitpunkt der Verbüßung der Hälfte einer zeitigen Freiheitsstrafe** sollte bei Auslieferung oder Ausweisung des Verurteilten von der weiteren Vollstreckung abgesehen werden, insbesondere wenn bei Fortsetzung der Vollstreckung mit der bedingten Entlassung des Verurteilten zum Zwei-Drittel-Zeitpunkt gem. § 57 Abs. 1 StGB zu rechnen wäre, wenn der Verurteilung ein weniger gewichtiger Verstoß gegen Strafvorschriften zugrunde liegt.

2) Von der Vollstreckung einer zeitigen Freiheitsstrafe kann **vor Verbüßung der Hälfte** abgesehen werden, wenn neben der Verurteilung eine in dem Verfahren erlittene Freiheitsentziehung, insbesondere aber die Ausweisung selbst, zur Einwirkung auf den Verurteilten und zur Verteidigung der Rechtsordnung ausreichend erscheinen. Das ist insbesondere der Fall, wenn Erkenntnisse vorliegen, dass der Verurteilte in seinem Heimatland wegen dieser oder anderer Straftaten weitere Strafen zu erwarten hat, deren Dauer dem hier nicht verbüßten Strafrest jedenfalls gleichkommt, bei Fortsetzung der Vollstreckung mit der bedingten Entlassung des Verurteilten zum

---

298 Vgl. beispielhaft **BB**: Abschiebung ausländischer Straftäter nach Teilverbüßung vom 20. März 1997, (JMBl/97, [Nr. 4], S. 38), zuletzt geändert durch Allgemeine Verfügung vom 2. Februar 2011 (JMBl/11, [Nr. 3], S.18); **HE**: RdErl. d. MdJ v. 23.10.2015 (4725 – III/A 3 – 2015/3266 – III/A), JMBl. 2016, S. 10; **BW**: Verwaltungsvorschrift des Justizministeriums über das Absehen von der Verfolgung gem. § 154b StPO und von der Vollstreckung gem. § 456a StPO bei Ausländern, die ausgeliefert oder ausgewiesen werden sollen, Die Justiz 2011, 197; **NI**: Absehen von der Strafverfolgung und von der Strafvollstreckung bei Auslieferung und Ausweisung (§§ 154b, 456a StPO), Nds. MBl. 2015, 1258, Nds. Rpfl. 2015, 324; **ST**: Absehen von der Strafverfolgung und von der Strafvollstreckung bei auszuliefernden und auszuweisenden Ausländerinnen und Ausländern JMBl. LSA. 2000, 107; **MV**: § 17 Absehen von der Vollstreckung bei Auslieferung und Ausweisung, MV AmtsBl. M-V 2011, 358; ber. S. 471; **BY**: Neufassung der Strafvollstreckungsordnung; Neufassung der Einforderungs- und Beitreibungsordnung, § 17 Absehen von der Vollstreckung bei Auslieferung und Ausweisung, JMBl 2011, 82, ber. S. 162.
299 OLG Celle, Beschluss vom 6. Februar 2013 – 2 VAs 22/12 –, juris, NdsRpfl 2014, 53 ff.
300 Vgl. OLG Hamm, Beschluss vom 22.10.2004 – 1 VAs 48/04 -juris, StRR 2012, 115.

Halbstrafenzeitpunkt gem. § 57 Abs. 2 StGB zu rechnen wäre oder die Freiheitsstrafe zur Bewährung ausgesetzt war und der Widerruf der Bewährung allein auf der Verletzung von Auflagen und Weisungen oder auf einer neuen Straftat beruht, die nicht zu einer Freiheitsstrafe geführt hat.
3) Eine **über den Halbstrafenzeitpunkt hinausgehende Vollstreckung** kommt dann in Betracht, wenn aus besonderen in der Tat oder in der Person des Verurteilten liegenden Gründen oder zur Verteidigung der Rechtsordnung eine nachhaltige Vollstreckung geboten ist. Dies gilt insbesondere bei Verurteilungen wegen besonders schwerwiegender Delikte, wenn unabhängig vom Gegenstand der Verurteilung Anhaltspunkte für eine Zugehörigkeit des Verurteilten zum Bereich der organisierten Kriminalität oder der schweren Betäubungsmittelkriminalität bestehen.
4) Werden mehrere Strafen unmittelbar hintereinander vollstreckt, ist bei der Berechnung des Halbstrafenzeitpunktes von der insgesamt zu vollstreckenden Strafdauer auszugehen.

Wünschenswert ist die Einführung eines Regelzeitpunktes der Beendigung des Strafvollzuges, wobei sich prinzipiell der **Zeitpunkt der Halbstrafenverbüßung**[301] oder – besser noch – davor anbietet. Eine **bundesweite Harmonisierung der Kriterien** im Hinblick auf den wachsenden Belegungsdruck und die in vielen Anstalten bestehende Überbelegung mit den entsprechenden Vollzugsproblemen sollte baldmöglichst erfolgen. Insgesamt sollte aus kriminalpolitischen Gründen **großzügiger verfahren** werden ohne die starre Bindung an generalpräventive Überlegungen bei bestimmten Begehungsformen als Ausschlussgründe und ohne die Sorge um das fehlenden Verständnis der Bevölkerung, das aber angesichts der Konfliktfälle durchaus in hohem Maße vorhanden ist.

Die Rückführung in ihr Heimatland zur weiteren Strafvollstreckung kann bewirken, dass die der Verurteilung zugrundeliegenden Strafzwecke und Vollzugsziele ohne die mit der weiteren Strafvollstreckung im Ausland verbundenen besonderen Belastungen erreicht werden.

15 **e) Regelung für die 47 Mitgliedsstaaten des Europarats zur Vollstreckung im Ausland.** Das **europäische Vollstreckungshilferecht** ermöglicht dies durch das **Gesetz zur Ausführung des Übereinkommens des Europarats** vom 21.3.1983 über die Überstellung verurteilter Personen in ihr Heimatland (ÜAG).[302] Als Ziele der europäischen Vollstreckungshilfe sind ausdrücklich benannt die erleichterte Resozialisierung im Heimatland, die Entlastung des Strafvollzugs sowie die Vermeidung von Unvollstreckbarkeit strafrechtlicher Entscheidungen, insbesondere durch Flucht in den oder Aufenthalt im Heimatstaat, der eigene Staatsangehörige sogar von Verfassung wegen nicht zur Vollstreckung an andere Staaten ausliefern kann.

Die **materielle Regelung** der Überstellung eines Verurteilten in sein Heimatland ergibt sich aus **§ 71 IRG**. Nach dieser Vorschrift kann mit dem Vollstreckungshilfeersuchen sowohl das Interesse des Verurteilten wie auch das öffentliche Interesse aufgegrif-

---

301 Ebenso schon *Groß* Zum Absehen von der Strafvollstreckung gegenüber Ausländern nach § 456a StPO, in: StV 1987, 36–40.
302 BGBl. 1991 II, 1954 f, vgl. das dem Gesetz zugrundeliegende Übereinkommen vom 21.3.1983 (ÜberstÜbK), BGBl. 1991 II, 1006, 1992 II, 98 sowie das erste Zusatzprotokoll vom 18.12.1997 ZP – ÜberstÜbK, vgl. BT-Drucks. 15/3179): zum Text mit Erläuterungen vgl. *Schomburg/Lagodny/Gleß/Hackner* Internationale Rechtshilfe in Strafsachen, 5. Auflage, München 2012, Abschn. vor II C S. 879, II C 1 S. 919 mit Tabellen der einzelnen Staaten; *Laubenthal*, Rdn. 337 ff.; vgl. die aktuellen Einzelheiten auf der Homepage des Europarates unter www.conventions.coe.int.

fen werden i.S.v. § 71 Abs. 1 Ziff. 1 Nr. 2 IRG. Das **Überstellungsübereinkommen** (ÜberstÜbk) ändert an dieser Rechtslage nichts. Es nimmt auf die Interessen der Rechtspflege und das Interesse des Verurteilten an seiner sozialen Wiedereingliederung Bezug[303] und regelt dazu Einzelheiten des Verfahrens.

Das Gesetz über die internationale Rechtshilfe in Strafsachen (IRG) und das Übereinkommen über die Überstellung verurteilter Personen (ÜberstÜbk) veranlassen ein Verfahren, in dem die Grundrechtsposition des Verurteilten neben dem öffentlichen Interesse an der Strafverfolgung zu berücksichtigen ist. Findet ein **zweistufiges Verfahren** statt, in dem vor der **Bewilligungsentscheidung** *des Bundesministeriums der Justiz* die Staatsanwaltschaft als Vollstreckungsbehörde die vollstreckungsrechtlichen Belange prüft und eine Überstellung anregt, so muss der Resozialisierungsanspruch des Verurteilten bei der **Entscheidung der Staatsanwaltschaft** Berücksichtigung finden.

Äußert der Verurteilte gem. Art. 3 Abs. 1 Buchstabe d ÜberstÜbk den **Wunsch**, zur Vollstreckung der gegen ihn verhängten Strafe in sein Heimatland überstellt zu werden, so ist es Aufgabe der Staatsanwaltschaft, die **Interessen des Verurteilten an seiner sozialen Wiedereingliederung** und die **Belange der Rechtspflege** – auch im Hinblick auf die Vollstreckungspraxis des Aufnahmestats – vollstreckungsrechtlich zu würdigen. Bei der Ermessensausübung hat sie auch den Resozialisierungsanspruch des Verurteilten zu berücksichtigen. Dieser hat ein **Recht auf fehlerfreie Ausübung des Ermessens** der Vollstreckungsbehörde. Es ist Aufgabe der Staatsanwaltschaft, die Interessen des Verurteilten an seiner sozialen Wiedereingliederung und die Belange der Rechtspflege auch im Blick auf die Vollstreckungspraxis des Aufnahmestaates vollstreckungsrechtlich zu würdigen. Dieses Entscheidungsprogramm gibt der Vollstreckungsbehörde auf, bei der Ermessensausübung auch den **Resozialisierungsanspruch des Verurteilten** zu berücksichtigen.[304] Generalpräventive Gründe und das Vertrauen der Bevölkerung in die Unverbrüchlichkeit des Rechts können allerdings gegen die Bewilligung eines solchen Antrags sprechen.[305]

Die Anzahl der tatsächlich aus Deutschland in einen anderen Mitgliedstaat überstellten Personen war bisher gering. Hierfür gibt es eine Reihe von Ursachen. In erster Linie war die fehlende Bereitschaft der verurteilten Person, sich zur weiteren Vollstreckung in ihren Heimatstaat überstellen zu lassen, verantwortlich. An dieser Stelle setzt das Zusatzprotokoll zum Übereinkommen des Europarates über die Überstellung verurteilter Personen vom 21.3.1983 – CETS No. 112- an. Das **Zusatzprotokoll (ZP)** ermöglicht eine **Überstellung ausländischer verurteilter Personen auch ohne deren Zustimmung in ihre Heimatländer** zur Vollstreckung freiheitsentziehender Sanktionen. Mit dem bereits am 18.12.1997 unterzeichneten Zusatzprotokoll CETS No. 167 ist eine Zustimmung der verurteilten Person in denjenigen Fällen nicht erforderlich, in denen gegen sie wegen der Tat, die ihrer Verurteilung zugrunde liegt, eine bestandskräftige Aus-

---

303 Vgl. auch die Denkschrift der Bundesregierung zum ÜberstÜbk, BT-Drucks. 12/194, 17.
304 BVerfG, Beschluss vom 18. Juni 1997 – 2 BvR 483/95 –, juris, BVerfG NJW 1997, 3013 ff = NStZ 1998, 140 ff im Fall von türkischen Staatsangehörigen, die sich nach hiesiger Verurteilung wegen BtM-Delikten von der Restverbüßung im Heimatland eine vorzeitige Entlassung nach 42% der verhängten Freiheitsstrafen erhofften.
305 OLG Zweibrücken, Beschluss vom 19. Oktober 1999 – 1 VAs 11/99 –, juris, ZfStrVo 2000, 313 f: Zugunsten eines Antragstellers spricht insbesondere, dass er als der deutschen Sprache nicht mächtiger Ausländer von dem Vollzug einer langjährigen Freiheitsstrafe wesentlich härter getroffen wird als ein deutschsprachiger Verurteilter. Müsste er im Falle einer Überstellung jedoch nur einen Teil der gegen ihn verhängten Strafe verbüßen (hier 42% in der Türkei), während nach deutschem Recht eine vergleichsweise frühzeitige Entlassung nicht möglich wäre, können generalpräventive Gesichtspunkte sowie das Vertrauen der Bevölkerung in die Unverbrüchlichkeit des Rechts gegen eine Bewilligung des Antrags sprechen.

weisungsverfügung vorliegt. Zudem sind Regelungen für den Fall vorgesehen, dass der verurteilte Täter versucht, sich der Verbüßung durch Flucht in sein Heimatland zu entziehen gem. Art. 2 Abs. 3 des ZP und Art. 68 und 69 SDÜ.

Weil derartige Fallkonstellationen in der Praxis nicht selten vorkommen, eröffnet das Zusatzprotokoll die Möglichkeit, solche Straftäter vermehrt zur Strafverbüßung in ihre Heimat zu überstellen. Für Deutschland wurde das bereits am 18.12.1997 unterzeichnete Zusatzprotokoll nach langem Zögern des Bundesjustizministeriums erst durch Ausführungsgesetz vom 17. Dezember 2006[306] ratifiziert und zum 1.8.2007 in Kraft gesetzt. Nach dessen Art. 2 kann nunmehr unter bestimmten Voraussetzungen eine Überstellung zur Haftverbüßung im Heimatland **auch gegen den Willen der verurteilten Person** ermöglicht werden.

Hiervon geht auch der Gesetzgeber aus, der in der Begründung zum Gesetz zur Änderung des ÜberstÜbk und des IRG vom 17. Dezember 2006 eine Abwägung aller persönlichen Umstände unter Berücksichtigung der Vollzugs- und Vollstreckungspraxis im Vollstreckungsstaat für erforderlich erachtet.[307] Erforderlich ist eine **gerichtliche Überprüfung der Zulässigkeit der Vollstreckungshilfe durch Oberlandesgerichte** wegen der häufig schwierigen tatsächlichen und rechtlichen Fragen. Bei dieser gerichtlichen Zulässigkeitsprüfung wird namentlich geprüft, ob bei Abwägung aller persönlichen Umstände eine Überstellung gegen den Willen der verurteilten Person in Betracht kommt, ob angesichts der Vollzugs- und Vollstreckungspraxis im Vollstreckungsstaat eine Überstellung überhaupt zulässig ist und ob ernstliche Gründe für die Annahme bestehen, dass die verurteilte Person im Falle ihrer Überstellung politisch verfolgt wird i.S. des § 6 Abs. 2 IRG. Daneben sind die übergeordneten Wertungen des § 73 IRG i. S. des *ordre public* zu achten.

In solchen Fällen werden auf Anforderung der Vollstreckungsbehörde oder des zuständigen OLG eine Stellungnahme des Auswärtigen Amtes mit Bericht der deutschen Botschaft nach Besuch mehrerer Haftanstalten über die Haftbedingungen zur Personalsituation, Bausubstanz, die Möglichkeit vorzeitiger Haftentlassung und Betreuung durch Bewährungshilfe eingeholt. Über die IRZ und GIZ werden zusätzlich Expertisen der deutschen Experten (Richter, Staatsanwälte, Vollzugsbedienstete) eingeholt, die in den Ländern im Einsatz sind bzw. waren, entweder multilateral in EU-Projekten oder bilateral in Justizprojekten. Ausgewertet werden ferner die CPT- Berichte des Europarats, die Fortschrittsberichte der Europäischen Kommission im Falle von Beitrittskandidatenländern sowie Analysen von Amnesty International, Human Rights Watch, Prison Reform International, etc. Bei dieser Vorbereitung kann die JVA aktiv mitarbeiten und die entsprechenden Weichen stellen.

Beispielhaft ist die Zulässigkeitserklärung der Vollstreckung gem. Art. 3 des Zusatzprotokolls zum Überstellungsübereinkommen (ZP-ÜberstÜbk) in **Nordmazedonien** bei nicht erteilter Zustimmung des Betroffenen, wonach die dortigen Haftbedingungen nicht entgegenstehen. „Diese genügen den völkerrechtlichen Mindestanforderungen. In den Haftanstalten Nordmazedoniens finden derzeit ausreichende Resozialisierungsmaßnahmen statt. Auch in Nordmazedonien besteht je nach Verhalten des Verurteilten die Möglichkeit, vorzeitig, nämlich nach zwei Drittel der verbüßten Freiheitsstrafe, entlassen zu werden".[308] Unzureichend wäre dagegen die Formulierung: „Es wird davon ausgegangen, dass die Unterbringung in einer Haftanstalt erfolgt, die im Einklang mit der Eu-

---

306 BGBl. I S. 3175.
307 Vgl. BT-Drucks. 16/2452, 6.
308 OLG Nürnberg, Beschl. v. 13.7.2011 – 2 OLG Ausl 1/11, juris; ähnlich OLG Köln, Beschluss vom 24. Mai 2005 – Ausl 2/05 – 19/05 –, juris, im Falle der Auslieferung nach Bosnien-Herzegowina.

ropäischen Konvention zum Schutz der Menschenrechte und Grundfreiheiten vom 4.11.1950 steht und der Empfehlung des Ministerkomitees an die Mitgliedstaaten über die Europäischen Strafvollzugsgrundsätze – Rec. R (2006) 2 – entspricht."

Der Entwurf eines Gesetzes[309] zu dem Abkommen vom 29. Juni 2015 zwischen der Regierung der Bundesrepublik Deutschland und der Regierung der **Republik Kosovo** über die justizielle Zusammenarbeit in Strafsachen regelt in Art. 5 „Überstellung verurteilter Personen, Vollstreckung von Sanktionen"

(1) Die Vertragsparteien verpflichten sich, im Hinblick auf die Überstellung verurteilter Personen und die Vollstreckung von Sanktionen weitestgehend zusammenzuarbeiten.

(2) Zu diesem Zweck wenden die Vertragsparteien in ihrem zweiseitigen Verhältnis die Artikel 1 bis 4 und 6 bis 15 sowie Artikel 17 Absätze 4 und 5 des Übereinkommens über die Überstellung verurteilter Personen (Übereinkommen des Europarats SEV Nr. 112 vom 21. März 1983) sowie die Artikel 1 bis 3 des Zusatzprotokolls dazu (SEV Nr. 167 vom 18. Dezember 1997) an.

Im Kosovo wurden und werden unter deutscher Leitung der IRZ – als Agentur des Bundesministeriums der Justiz –, teilweise in Kooperation mit anderen EU-Mitgliedsaaten, mehrere EU-Twinning Projekte im Justizbereich durchgeführt, darunter auch ein zweijähriges Projekt im Bereich von Strafjustiz, Strafvollzug und Bewährungshilfe. Im Rahmen von EU-Projekten wurde der Bau und die konzeptionelle Gestaltung einer neuen Anstalt für die Zwecke der heimatnahen Unterbringung von im Ausland verurteilten kosovarischen Staatsangehörigen finanziert und begleitet. Auch insoweit kann man eine „Internationalisierung der Strafverbüßung"[310] erkennen, die aber noch nicht voll in das Bewusstsein der deutschen Rechtspraxis vorgedrungen zu sein scheint.

f) Regelung der Vollstreckungshilfe auf EU-Ebene. Parallel dazu ist eine **Intensivierung der Vollstreckungshilfe auf EU-Ebene** erfolgt.[311] Einer der bedeutendsten Fortschritte des Lissaboner Vertrags ist die weitere Integration der Justiz- und Innenpolitik und damit die Stärkung des europäischen Raums der Freiheit, der Sicherheit und des Rechts. Durch Mehrheitsentscheidungen sind Harmonisierungen des materiellen Strafrechts und des Strafverfahrensrechts möglich, wobei eine „Notbremse"-Regelung enthalten ist, wenn die Verletzung wichtiger Grundsätze des nationalen Strafrechts droht.

16

Der **Rahmenbeschluss 2008/909/JI des Rates der Europäischen Union vom 27. November 2008** über die Anwendung des Grundsatzes der gegenseitigen Anerkennung auf Urteile in Strafsachen, durch die eine freiheitsentziehende Strafe oder Maßnahme verhängt wird, für die Zwecke ihrer Vollstreckung[312] in der Europäischen Union[313] ist ein weiteres Rechtsinstrument, das auf dem Grundsatz der gegenseitigen Anerkennung strafrechtlicher Entscheidungen beruht. Das **Gesetz zur Verbesserung der internationalen Rechtshilfe bei der Vollstreckung von freiheitsentziehenden Sanktionen und bei der Überwachung von Bewährungsmaßnahmen vom 17. Juli 2015**[314] hat eine entsprechende Anpassung vorgenommen, zu der auch der o.g. „Rahmenbeschluss Freiheitsstrafen" gehört.

---

309 BR-Drucks. 128/16 vom 11.3.2016.
310 *Laubenthal*, Rdn. 337 ff.
311 Zu dem Themenkreis: Lemke ZRP 2000, 173 ff; Antwort der Bundesregierung vom 28.7.2000, BT-Drucks. 14/3957 auf eine Große Anfrage „Erleichterungen bei der internationalen Vollstreckungshilfe" BT-Drucks. 14/2827 mit statistischem Material; *Hamdorf* SchlHA 2008, 74, 75 f.
312 Dazu: *Morgenstern* Strafvollstreckung im Heimatstaat – der geplante EU-Rahmenbeschluss zur transnationalen Vollstreckung von Freiheitsstrafen ZIS 2/2008, 76 ff.
313 ABl. L 327 vom 5.12.2008, S. 27.
314 BGBl. Teil I 2015, Nr. 31, S. 1349–1367.

7. Kapitel. Soziale Hilfe, Entlassungsvorbereitung, nachgehende Betreuung

Der Grundsatz der gegenseitigen Anerkennung strafrechtlicher Entscheidungen wurde zum Eckstein der justiziellen Zusammenarbeit sowohl in Zivil- als auch in Strafsachen **innerhalb der Union** erklärt. Umfasst sind gerichtliche Entscheidungen in allen Phasen des Strafverfahrens sowie Entscheidungen, die für Strafverfahren anderweitig relevant sind. Der Grundsatz der gegenseitigen Anerkennung ist auch im Vertrag über die Arbeitsweise der EU-Vertrag von Lissabon – in Artikel 82 hinsichtlich der justiziellen Zusammenarbeit in Strafsachen festgeschrieben worden, der am 1. Dezember 2009 in Kraft getreten ist.

Der Rahmenbeschluss hat das Ziel, die **soziale Wiedereingliederung verurteilter Personen in ihrem Heimatland** oder in dem Land zu erleichtern, in dem sie sich regelmäßig aufhalten. Entscheidend für die Überlegung, die Vollstreckung an einen anderen EU-Mitgliedstaat abzugeben, soll die Frage sein, ob die verurteilte Person den fraglichen Vollstreckungsstaat als den Ort ansieht, mit dem sie in familiärer, sprachlicher, kultureller, sozialer, wirtschaftlicher oder sonstiger Hinsicht eng verbunden ist. Im Gegensatz zu den bisherigen Rechtsinstrumenten aus dem Bereich der Vollstreckungshilfe enthält der Rahmenbeschluss erstmals eine **Verpflichtung der EU-Mitgliedstaaten**, die Vollstreckung einer im EU-Ausland verhängten freiheitsentziehenden Sanktion zu übernehmen, wenn sie sich gegen ihre eigenen Staatsangehörigen richtet und diese in ihrem Hoheitsgebiet leben oder dorthin ausgewiesen werden.

Die Zustimmung des Heimatstaates zur Überstellung des Straftäters oder zur Übersendung des Urteils zum Zwecke der Vollstreckung ist nicht erforderlich. Wesentliche Neuerung des Rahmenbeschlusses gegenüber dem Übereinkommen und dem Zusatzprotokoll ist der **Verzicht auf die Zustimmung der verurteilten Person und auf die Zustimmung des Heimatstaats zur Vollstreckung des Urteils im Heimatstaat**. Der Verzicht auf beide Zustimmungserfordernisse gilt in diesen Fällen unabhängig davon, ob sich die Person gerade im Urteilsstaat oder Vollstreckungsstaat befindet. Dem Resozialisierungsinteresse der verurteilten Person ist dementsprechend bei der Entscheidung, die Vollstreckung an einen anderen Mitgliedstaat abzugeben, großes Gewicht beizumessen. Zwar ist die Entscheidung über die Überstellung eines Verurteilten in einen anderen Mitgliedstaat weiterhin in jedem Einzelfall auf der Grundlage aller Strafzwecke, die dem deutschen Strafrecht zugrunde liegen, also auch generalpräventiver Strafzwecke wie der Abschreckung ausländischer Straftäter, zu treffen.[315] Der Rahmenbeschluss Freiheitsstrafen verfolgt allerdings primär den Zweck, die soziale Wiedereingliederung der verurteilten Person zu erleichtern, und berücksichtigt, dass sich insbesondere Kommunikationsschwierigkeiten wegen der Sprachbarriere, die Entfremdung von der heimatlichen Kultur und deren Bräuchen sowie fehlende Kontakte zu Familienangehörigen schädlich auf die Wiedereingliederung auswirken können. Ziel des Rahmenbeschlusses Freiheitsstrafen ist es, dem Verurteilten die Vollstreckung der Strafe in einem Staat zu ermöglichen, dessen Sprache er beherrscht und mit dessen Gepflogenheiten er vertraut ist.

Beispiel Litauen: Die überprüften Haftbedingungen[316] stehen der (weiteren) Vollstreckung einer in der Bundesrepublik Deutschland verhängten Freiheitsstrafe in Litauen nicht entgegen. Ausweislich der Stellungnahmen der JVA war bei dem Verurteilten aufgrund der von ihm begangenen Straftat die Behandlung in der sozialtherapeutischen Abteilung grundsätzlich angezeigt, was aber an der vorhandenen Sprachbarriere scheitert. Aufgrund der großen Verständigungsschwierigkeiten hatte der Verurteilte nur wenig Kontakt zu Mitgefangenen. Maßnahmen zur beruflichen und sozialen Eingliederung

---

315 BT-Drucks. 18/4347 S. 138.
316 OLG Saarbrücken, Beschluss vom 15. November 2017 – OLG Ausl 12/17 –, juris.

waren aufgrund der wahrscheinlichen Abschiebung des Verurteilten nicht durchführbar. Er verfügte über keinerlei soziale Kontakte in Deutschland. Aus diesen Gründen war aufgrund der Einschätzung der JVA die Vollstreckung der Freiheitsstrafe in Litauen geeignet, die Resozialisierung des Verurteilten zu begünstigen. Die Zulässigkeit der Vollstreckungsübertragung gemäß § 85c IRG wurde vom OLG bejaht im Hinblick auf die CPT-Berichte, die Überprüfung der Haftbedingungen nach Einschätzung des Bundesamtes für Justiz und des Auswärtigen Amts.[317] Mit der Vollstreckung der gegen ihn verhängten Freiheitsstrafe in Litauen hatte sich der Verurteilte indes ausdrücklich nicht einverstanden erklärt.

Beispiel Polen:[318] Trotz der gegenwärtig absolvierten berufsqualifizierende Maßnahme im Vollzug überwogen in der Gesamtschau nach Auffassung des OLG die Gesichtspunkte, welche im Ergebnis für eine bessere Resozialisierungsmöglichkeit des Verurteilten in seinem Heimatland und damit für seine entsprechende Überstellung sprechen. Eine der wesentlichen Delinquenzursachen – die unbearbeiteten Alkoholproblematik – konnte schon wegen der Sprachbarriere nicht nachhaltig behandelt werden. Hier dürfte bei entsprechender Therapiemotivation des Verurteilten der heimatsprachliche Vollzug in Polen bessere Möglichkeiten bieten. Der bisherige Lebensmittelpunkt liege in der Republik Polen; hier habe er sein familiäres Umfeld. Bei einer Gesamtbetrachtung aller für und gegen einen weiteren Vollzug der Strafe in der Bundesrepublik Deutschland sprechenden persönlichen Umstände war es für die soziale Wiedereingliederung des Verurteilten sogar eher förderlich, die Strafe in seinem Heimatland zu vollstrecken.

Ein weiterer Rahmenbeschluss betrifft die **Anerkennung und Überwachung von Bewährungsstrafen**, alternativen Sanktionen und bedingten Verurteilungen.[319]

8. Sozialpraktische Trainingskurse. Zur Aufarbeitung aktueller Entlassungsprobleme im Rahmen der „Strategie der Aktivierung" (dazu A Rdn. 4) eignen sich **sozialpraktische Trainingskurse**, die sich nach didaktischen Konzepten der Erwachsenenbildung als Ergänzung für förmliche Bildungsmaßnahmen, Arbeit oder Beschäftigung schwerpunktmäßig mit folgenden Problemkreisen befassen: Verkehr mit Behörden, Umgang mit Geld (dazu C Rdn. 14), Rechtsfragen des Alltags, Partnerschaft usw. Ihr Informationswert ergibt sich aus dem Einüben von Vorstellungsgesprächen, Abfassen von Bewerbungsschreiben, Ausfüllen von Formularen bzw. Vorsprachen bei Behörden und Diskussionen mit Fachleuten (Richter, Bewährungshelfer, Bedienstete des Sozialamts und der Bundesagentur für Arbeit, Gerichtsvollzieher usw.).

17

Solche sozialen Trainingsprogramme[320] ermöglichen es, durch eigenes Erleben und Nachspielen notwendige Lebensbewältigungstechniken zu lernen und in der Praxis zu erproben. Es handelt sich damit um zielorientierte Kurssysteme, nicht um eine lose Ansammlung von sozialen bzw. pädagogischen Begleitmaßnahmen. Auch praktische Er-

---

317 Ähnlich auch vgl. OLG Hamm, Beschl. v. 27.8.2015 – III-2 Ausl115/15, juris Rdn. 21 ff; OLG Dresden, Beschl. v. 15.3.2016 – OLG Ausl 29/16, juris Rdn. 14 ff unter Hinweis auf Aufenthaltsstatus, familiäre Bindungen im Heimatland und fehlende deutschen Sprachkenntnisse.
318 OLG Dresden, Beschluss vom 15. März 2016 – OLG Ausl 29/16 –, juris.
319 Rahmenbeschluss 2008/947/JI des Rates vom 27. November 2008 über die Anwendung des Grundsatzes der gegenseitigen Anerkennung auf Urteile und Bewährungsentscheidungen im Hinblick auf die Überwachung von Bewährungsmaßnahmen und alternativen Sanktionen (ABl. L 337, 16.12.2008, p.102) Geändert durch: Rahmenbeschluss 2009/299/JI des Rates vom 26. Februar 2009 L 81 24 27.3.2009; dazu *Knauss* Anerkennung und Überwachung von Bewährungsmaßnahmen und alternativen Sanktionen innerhalb der Europäischen Union, in: BewHi 2009, 73 f.
320 *Otto* Gemeinsames Lernen durch soziales Training, 1988.

probung wie Einkaufen, Kochen und gesunde Ernährung ist konkrete Entlassungsvorbereitung ebenso wie der Umgang mit Geld[321] und die Einrichtung eines Girokontos. Aber auch die Einstellungs- und Wertebene muss erreicht werden. Soziales Wissen, soziale Einstellungen und soziales Verhalten sind die zentralen Lernebenen, auf denen das soziale Training aufbaut.[322] Für die Planung, Durchführung und Evaluation eines Lernprogramms im Vollzug durch **Soziales Training** gibt es genügend Anleitungen, die auch durch Verwaltungsvorschriften konkretisiert wurden[323] und auch zum Themenschwerpunkt „Anti-Gewalt-Training".[324] Die spezielle Regelung des Sozialen Trainings in **SH** § 25 ist deshalb sehr gelungen: *„Auf der Grundlage gruppenpädagogischer Konzepte werden soziale Trainings zur Förderung sozial angemessener Verhaltensweisen, zur Überwindung von Verhaltensproblemen, zur Einübung gewaltfreier Konfliktlösungskompetenzen und zur Ermöglichung sozialen Lernens angeboten."*

18   **9. Besondere Entlassungsmaßnahmen bei Sexualstraftätern.** Aus dem **Gesetz zur Bekämpfung von Sexualdelikten und anderen gefährlichen Straftaten vom 26.1.1998**[325] und dem Sechsten Gesetz zur Reform des Strafrechts[326] haben sich erhebliche **Auswirkungen für den Vollzug und die Sozialen Dienste der Justiz** ergeben. Bewährungshilfe und Führungsaufsicht sind insbesondere von der intensivierten Überwachung und Betreuung der aus Justizvollzug und Maßregelvollzug entlassenen Sexualstraftäter und anderen gefährlichen Straftäter betroffen, auch durch die zunehmende Überwachung erteilter Weisungen, die mit Einwilligung der Gefangenen durch den Einsatz elektronischer Überwachungssysteme („elektronische Fußfessel") erfolgen können.[327] Daraus ergibt sich ein besonderer Bedarf an Risikoanalyse, Risikomanagement und Risikokommunikation bei der Entlassungsvorbereitung gefährlicher Sexual- und Gewaltstraftäter.[328] Das **Maßnahmepaket** enthält u.a. folgende Bestandteile, um der Rückfallkriminalität vorzubeugen:
(1) Vermehrte Unterbringung von Sexualstraftätern in Sozialtherapeutischen Anstalten;
(2) Schutz der Allgemeinheit bei vorzeitiger Haftentlassung nach § 57 StGB. Nunmehr kann eine vorzeitige Haftentlassung nur erfolgen kann, „wenn dies unter Berücksichtigung des Sicherheitsinteresses der Allgemeinheit verantwortet werden kann". In § 57 Abs. 1 Satz 2 StGB, in dem die bei der Entscheidung über die Aussetzung des Strafrestes namentlich zu beachtenden Gesichtspunkte aufgeführt werden, ist zusätzlich ausdrücklich „das Gewicht des bei einem Rückfall bedrohten Rechtsguts" genannt.
(3) Obligatorisches Gutachten bei vorzeitiger Haftentlassung von besonders rückfallgefährdeten Tätern;

---

321   *Laubenthal*, Rdn. 648.
322   BeckOK-*Reber* JVollzGB IV § 43 Rdn. 5; BeckOK-*Kunze* HStVollzG § 26 Rdn. 4–7.
323   Z.B. für Niedersachsen: Soziales Training in Justizvollzugsanstalten, Abschnitt: 14 NAV Nr. 1 zu § 37, AV d. MJ v. 17.10.2001 – (Nds. Rpfl. S. 450), zuletzt geändert durch AV vom 21. Mai 2007 (Nds. Rpfl. S. 214).
324   Im Bereich des Sozialen Trainings: *Buchert/Metternich* Entwicklung und Erprobung eines Konzeptes zur Einrichtung von Behandlungsgruppen im Bereich des Sozialen Trainings mit dem Themenschwerpunkt „Anti-Gewalt-Training" (AGT), in: ZfStrVo 1994, 327 ff; zu Aspekten der Konfliktregelung, der Schadenswiedergutmachung und des Täter-Opfer-Ausgleichs vgl. 7 C Rdn. 6–7.
325   BGBl. I, 160.
326   6. StrRG vom 26.1.1998 (BGBl. I, 164).
327   In Hessen nach **HE** § 16 Abs. 1; vgl. auch den Beitrag „Elektronische Aufenthaltsüberwachung bei Führungsaufsicht, dbh-newsletter 2/17 vom 1.2.2017, in: FS 2017, 5.
328   Zum Überwachungskonzept „FoKus" des Landes Mecklenburg-Vorpommern vgl. *Grosser/Himbert* FS 2010, 259, 262 f.

(4) Therapie als Bedingung für eine Strafaussetzung oder Strafrestaussetzung zur Bewährung;
(5) Pflicht zur Therapie auch bei Führungsaufsicht nach Vollverbüßung;
(6) Frühzeitigere und häufigere Anordnung der Sicherungsverwahrung.

Die **Führungsaufsicht** dient der Überwachung und Betreuung von Verurteilten, die ihre Strafe voll verbüßt haben (§ 68f) oder aus dem Maßregelvollzug, d.h. einer Klinik für psychisch oder suchtkranke Straftäter entlassen wurden.

Die Führungsaufsicht gewährleistet eine nachsorgende Betreuung von Täterinnen und Tätern, deren gesellschaftliche Wiedereingliederung nach ihrer Entlassung aus dem Straf- oder Maßregelvollzug aus unterschiedlichen Gründen gefährdet erscheint und die daher im Besserungs- und im Sicherungsinteresse in besonderem Maße kontrollierender Begleitung und Unterstützung bedürfen.[329]

Durch das **Gesetz zur Reform der Führungsaufsicht und zur Änderung der Vorschriften über die nachträgliche Sicherungsverwahrung**[330] soll eine straffere und effizientere Kontrolle der Lebensführung von Straftätern – vor allem in den ersten Jahren nach ihrer Entlassung in Freiheit – ermöglicht werden.

Die Reform hat damit sowohl eine erhebliche kriminalpolitische als auch eine große praktische Bedeutung und könnte sogar den Belegungsdruck im Strafvollzug und Maßregelvollzug vermindern. Dies setzt aber neben einer Verbesserung des strafrechtlichen Rahmens eine Steigerung der Effizienz der Führungsaufsicht sowie eine Überprüfung und ggf. Verbesserung ihrer Umsetzung in der Praxis durch die Justizverwaltung voraus. Die neuen Instrumente sind geeignet, die Entscheidung für die Entlassung und die Fortsetzung der Therapie in ambulanten Einrichtungen zu fördern.

Besonders bedeutsam ist der gezielte Ausbau der Nachsorge nach Entlassung aus dem Straf- und Maßregelvollzug (§§ 68ff StGB). Das Gericht kann nunmehr auch die verurteilte Person anweisen, sich nachsorgend psychiatrisch, psycho- oder sozialtherapeutisch betreuen und behandeln zu lassen nach § 68b Abs. 2 Satz 2 als Therapieweisung. Hierzu werden die forensischen Ambulanzen neben den Aufsichtsstellen und der Bewährungshilfe ausdrücklich genannt (§ 68a). Durch eine neuartige Krisenintervention können kritische Entwicklungen von Probanden noch besser als bisher frühzeitig erkannt und aufgearbeitet werden. So kann jetzt ein mit Strafe bewehrtes Kontaktverbot ausgesprochen werden. Damit kann z.B. verhindert werden, dass der Verurteilte nach seiner Freilassung das Opfer seiner Straftat erneut belästigt oder bedroht. Sexualstraftätern kann unter Strafandrohung auch verboten werden, Kontakte zu fremden Kindern aufzunehmen. Darüber hinaus werden weitere strafbewehrte Weisungen zugelassen: Bestehen Hinweise darauf, dass ein Verurteilter unter Alkoholeinfluss wieder gefährlich werden kann, so kann das Gericht ihm verbieten Alkohol zu trinken. Die Einhaltung dieses Verbots kann z.B. mit Atemalkoholkontrollen überwacht werden.

Vor allem können Verurteilte so nachdrücklicher als bisher motiviert werden, einen ersten Schritt in Richtung Therapie zu unternehmen. Es ist zu hoffen, dass es dem therapeutischen Personal gelingt, die erforderliche Mitwirkungsbereitschaft des Betroffenen an der Therapie zu erlangen.

---

[329] *Grosser* Führungsaufsichtin: *Cornel/Kawamura-Reindl/Sonnen* 2017, 217ff; unter besonderer Würdigung der Arbeitsweise der Sozialen Dienste der Justiz; zu den Wandlungen des Instituts vgl. *Dessecker* Die Wandlungen der Führungsaufsicht, in: BewHi 2011, 267; zum kriminalpolitischen Kontext vgl. *Morgenstern/Hecht* Rechtstatsachen zur Führungsaufsicht im kriminalpolitischen Kontext, in: BewHi 2011, 177ff.
[330] Vom 13. April 2007 (BGBl. I 513).

19 **10. Vernetzte Kooperationen innerhalb und außerhalb des Vollzugs.** Wegen der Gesetzesänderungen ist das Erfordernis der **Zusammenarbeit zwischen Justizvollzug, Maßregelvollzug und Sozialen Diensten in der Justiz** insbesondere im Rahmen der Sozialen Hilfe und der Entlassungsvorbereitung deutlich gewachsen. Die Praxis muss Mittel und Wege finden, um einerseits das zentrale und berechtigte Anliegen dieser Reform nach einem besseren Schutz der Bevölkerung vor rückfälligen Sexual- und Gewaltstraftätern zu erreichen. Andererseits muss der Gefahr der überschießenden Tendenz im Zuge des Rufs nach Verschärfungen entgegengesteuert werden. Es wird der wissenschaftlichen Begleitforschung bedürfen, ob eine Belastung oder eine Entlastung im Straf- und Maßregelvollzug, eintreten wird. Hohe Aufmerksamkeit ist auch der Frage zu widmen. ob im Strafvollzug die Strafrestaussetzung zur Bewährung als eine effektive Form der Entlassung durch die scheinbar sicherere Entlassung nach Vollverbüßung schrittweise zurückgedrängt oder gar verdrängt wird.

Die Entwicklung mit der Tendenz, die Risikoabwägung zugunsten des Gesellschaftsschutzes und zu Lasten individueller Resozialisierung bei dieser Tätergruppe zu verschieben, trifft sich mit den Vorschlägen, den Sicherungsaspekt als gleichrangiges Vollzugsziel neben der Wiedereingliederung im Strafvollzugsgesetz zu verankern. Dies rückt die Verbesserung der Nachbetreuung in den Vordergrund. Aus der Praxis kommt die Anregung, die Sozialtherapie auf Gefangene zu beschränken, die in kürzeren Therapieabschnitten, einer gründlichen Entlassungsvorbereitung und einer längeren Begleitung in Freiheit auf ein Leben ohne Straftaten vorbereitet werden können. Am Tätertyp ausgerichtete bedarfsorientierte Behandlungsprogramme und eine verstärkte Spezialisierung der Anstalten auf bestimmte Tätergruppen könnten die „Kluft" zwischen Resozialisierungszielen und Sicherheitsstrategien verringern.[331]

Die Landesgesetze haben die **Verpflichtung der Vollzugsbehörde zur Zusammenarbeit mit** der **Bewährungshilfe** und der **Führungsaufsicht** im Rahmen der Entlassungsvorbereitung geregelt. Bedeutsam ist dies für den Fall der **Strafrestaussetzung zur Bewährung** und insbesondere dann, wenn diese vorzeitig Entlassenen der Bewährungshilfe unterstellt werden. Die „vorzeitige Entlassung" ist ein wesentliches Instrument moderner Kriminalpolitik. Dasselbe gilt für die Aussetzung der Maßregeln der Besserung und Sicherung. In den Vorschriften über die Strafrestaussetzung zur Bewährung (im Sprachgebrauch: bedingte Entlassung) wird die Beachtung des Sicherheitsinteresses der Bevölkerung ausdrücklich hervorgehoben. Die Strafrestaussetzung zur Bewährung nach Teilverbüßung einer Strafe oder Maßregel umfasst rechnerisch rund 34% aller Entlassungen in kontrollierte Freiheit. Die Strafrestaussetzung ist ein Instrument, das effektiv zur Entlastung des Strafvollzugs und der Reduzierung der Gefangenenzahlen beitragen kann. Dies belegt auch die unterschiedliche Rückfallquote bei „Erstverbüßern": bei solchen ohne Strafrestaussetzung zur Bewährung betrug sie bis zu 70%, Entlassene mit Strafrestaussetzung zur Bewährung traten dagegen nur in 44% der Fälle strafrechtlich in Erscheinung, was nach empirischen Erhebungen vor allem auf den Einsatz der Bewährungshilfe zurückzuführen war.

Der von der Herbstkonferenz der Justizminister und -senatoren (JuMiKo) am 15. November 2018 beschlossene **Wegfall des Einwilligungserfordernisses der verurteilten Person** gemäß § 57 Abs. 1 Satz 1 Nr. 3, § 57a Abs. 1 Satz 1 Nr. 3 StGB erstrebt die Stärkung der Wiedereingliederung von Strafgefangenen in die Gesellschaft. Das Einwilligungserfordernis des Inhaftierten, wenn eine vorzeitige Haftentlassung ansteht, ist dafür eine

---

[331] *Koepsel* Resozialisierungsmodelle auf dem Prüfstand: oder sind neue Sicherheitsstrategien für den Strafvollzug erforderlich? in: Kriminalistik 1999, 81 ff.

geeignete Stellschraube. Allerdings hat die JuMiKo am 6. Juni 2019 den Bericht des Strafrechtsausschusses zum Thema „Wegfall des Einwilligungserfordernisses der verurteilten Person gemäß §§ 57 Abs. 1 S. 1 Nr. 3, 57a Abs. 1 S. 1 Nr. 3 StGB" nur zur Kenntnis genommen. Die JuMiKo sah aber im Hinblick auf das Einwilligungserfordernis derzeit keinen gesetzgeberischen Handlungsbedarf (Beschluss zu TOP II.1). Nach verschiedenen Untersuchungen verweigern Verurteilte in 30 Prozent und mehr der Fälle ihre Einwilligung, das betrifft in der Hauptsache Verurteilte mit Haftstrafen von unter zwei Jahren. Die Zahlenwerte sind rückläufig: 2014: 16,58%; 2017: 14,32%. Wer sich aber einer vorzeitigen Entlassung trotz positiver Sozialprognose entzieht, vergibt Chancen für einen nachhaltigen Neustart in der Gesellschaft. Deswegen sollen die Fachgremien der JuMiKo prüfen, ob gesetzgeberische Änderungen geboten sind, da das Einwilligungserfordernis des Strafgefangenen, wenn es um die Aussetzung des Strafrestes zur Bewährung geht, überholt sein könnte, zumal es keinen Anspruch auf eine Vollverbüßung gibt. Bei einer Entlassung auf Bewährung wäre darüber hinaus die Möglichkeit gegeben, dass das Gericht eine Bewährungshilfe zur Seite stellt.

Insgesamt sind die funktionalen Kontakte zwischen dem ambulanten Sozialdienst und dem stationären Vollzug von besonderer Bedeutung. Für die Arbeit der Führungsaufsichtsstellen wäre es sachgerecht, wenn seitens der Anstalten Vorschläge und Anregungen für geeignete Weisungen nach § 68b StGB gegenüber der Staatsanwaltschaft gemacht würden.[332]

Der neu gefasste **NI** § 68 Abs. 4 Satz 2 normiert erstmals eine besondere **Übermittlungspflicht der Vollzugsbehörde** gegenüber den nach § 68a StGB zuständigen Aufsichtsstellen sowie mit der Bewährungshilfe befassten Stellen im Hinblick auf Informationen, die für die Vorbereitung und Durchführung von Maßnahmen der genannten Stellen im Sinne einer durchgängigen Betreuung erforderlich sind. Durch diese Verpflichtung zur Datenübermittlung wird die bestehende partnerschaftliche Zusammenarbeit zwischen den beteiligten Stellen intensiviert und auf legislativer Ebene sichergestellt, und damit ist der Weg für Anregungen und Vorschläge gebahnt.[333] Folgerichtig ist auch die Regelung in **NW** § 60 Abs. 4 zu einem an den Fähigkeiten und Entwicklungsmöglichkeiten des Gefangenen ausgerichteten **Schlussbericht**.

Die Abstimmung der Betreuungsmaßnahmen setzt voraus, dass die Anstalt vom Vollstreckungsgericht frühzeitig über die Entscheidung über die Aussetzung des Strafrestes informiert wird. § 454a StPO stellt klar, dass eine **frühzeitige Entscheidung über die Aussetzung des Strafrestes** nicht nur zulässig, sondern erwünscht ist. § 454 a StPO soll dem Gericht einen Anreiz bieten, Entlassungsentscheidungen frühzeitig zu treffen, da eine sachgerechte, die soziale Wiedereingliederung des Verurteilten fördernde Entlassungsvorbereitung die (möglichst frühzeitige) Kenntnis vom Entlassungszeitpunkt voraussetzt.[334] Die Antragstellung mehr als drei Monate vor dem Zeitpunkt der theoretisch möglichen, bedingten Entlassung kann durchaus sachgerecht sein und kann nicht mit der Begründung einer verfrühten Antragstellung abgelehnt werden.[335]

Im Interesse einer verbesserten, die soziale Wiedereingliederung des Verurteilten fördernden Entlassungsvorbereitung liegt es zweifelsfrei, wenn über die Aussetzung der

---

[332] *Arloth/Krä* § 74 Rdn. 4.
[333] **NI** LT-Drucks. 17/7414 zu N. 16.
[334] Vgl. KG Berlin, Beschluss vom 18. Mai 2006 – 1 AR 468 – 469/06 – 5 Ws 249 – 250/06 –, juris, NStZ-RR 2006, 354f.
[335] OLG Düsseldorf, Beschluss vom 6. März 1987 – 3 Ws 37/87 –, juris MDR 1987, 1046; *Meyer-Goßner/Schmitt*, § 454 a Rdn. 1.

Vollstreckung eines Strafrestes früh entschieden wird.[336] Um dieses Ziel zu erreichen, ist durch landesrechtliche Verwaltungsvorschriften das **Verfahren zur frühzeitigen Entlassungsvorbereitung bei Aussetzung des Strafrestes** geregelt worden, um die frühzeitige Abgabe einer Stellungnahme durch die Anstalten sicherzustellen.[337]

Die Sozialen Dienste der Justiz sollen im Hinblick auf die anstehenden Entlassungsprobleme bei Bedarf frühzeitig mit den Anstalten, namentlich den dort tätigen Sozialarbeitern und Sozialpädagogen, zusammenarbeiten und bei der Vorbereitung der Entlassung insbesondere dann mitwirken, wenn zu erwarten oder bereits entschieden ist, dass sie Bewährungshilfeaufgaben für den zu Entlassenden übernehmen.[338] Auf Ersuchen der Vollzugseinrichtungen und mit Einverständnis der Gefangenen sollten sich diejenigen Mitarbeiterinnen und Mitarbeiter der Sozialen Dienste der Justiz, die mit den Betroffenen bereits befasst waren, zu Umständen und Angelegenheiten, die für die Vollzugsplanung und/oder die Entlassungsvorbereitung von Bedeutung sind, äußern.

Zur Vorbereitung der Entlassungsentscheidung kann sich die Strafvollstreckungskammer oder die Staatsanwaltschaft – als Vollstreckungsbehörde – gem. § 463d StPO der **Gerichtshilfe**[339] als Teil der Ambulanten Sozialen Dienste der Justiz bedienen. Hierbei handelt es sich um einen sozialen Dienst der Strafrechtspflege, der in den Bundesländern überwiegend bei den Staatsanwaltschaften angesiedelt ist. Die Gerichtshilfe kann im Einzelfall beauftragt werden, z.B. die Angaben zur Entlassungssituation zu ergänzen sowie abzuklären, ob die Bestellung eines Bewährungshelfers geboten ist bzw. ob und ggf. welche Auflagen und Weisungen erteilt werden sollen. Hierbei ist aber zu beachten, dass die Stellungnahme der Gerichtshilfe[340] nur einzuholen ist, sofern nicht eine Bewährungshelferin oder ein Bewährungshelfer bestellt ist (vgl. § 463d StPO).

Die frühzeitige Entlassungsentscheidung ist aber nur dann sinnvoll, wenn die – verlängerte – Entlassungsphase zu verstärkter Entlassungsvorbereitung genutzt wird. Dies berührt sowohl die gesetzliche Pflichtaufgabe des Vollzugs zur Hilfe zur Entlassung nach §§ 15 und 74 StVollzG als auch die Bewährungshilfe. Im Interesse einer lückenlosen Betreuung ist es erforderlich, dass der Bewährungshelfer die Betreuungsarbeit rechtzeitig vorbereitet und so früh wie möglich aufnimmt. Die **Bewährungshilfe** muss frühzeitig über die voraussichtliche Entlassung und den Stand der Entlassungsvorbereitung bei zu erwartender Bewährungsunterstellung unterrichtet werden. Sodann haben die Bewährungshelferinnen und Bewährungshelfer Kontakt mit der Vollzugseinrichtung und den Inhaftierten aufzunehmen und sich ein möglichst umfassendes Bild von der Person und der Entlassungssituation zu verschaffen. Die Bewährungshilfe unterstützt im eigenen Interesse die Entlassungsvorbereitungen, insbesondere durch Mitteilung ihrer Informationen über Umstände, die für die Entlassung und danach relevant sind. Entsprechende Landesvorschriften sind **BW** § 87 und § 90 Abs. 1 Satz 3 und 4 III; **NI** § 68 Abs. 4 Satz 2; **HH** § 16 Satz 5 mit der landesbezogenen Verpflichtung der Bewährungshilfe, sich rechtzeitig schon während der Haft an der Entlassungsvorbereitung zu beteiligen, ebenso auch **HE** § 16 Abs. 1 Satz 3.[341]

---

336 BT-Drucks. 10/2720, 9, BT-Drucks. 10/4391, 15.
337 Vgl. z.B. für **BY**: Verfahren der Justizvollzugsanstalten und der Staatsanwaltschaften bei Entscheidungen der Strafvollstreckungskammern nach § 454, § 454a Abs. 2, § 463 Abs. 3, JMBl 1987, 185, 4262 – VII a – 2023/87 14.10.1987; für **NI**: AV Übergangsmanagement MJ vom 12.7.2011 – Nds. Rpfl. 2011, S. 257; **ST**: Vorbereitung der Entlassung bei Aussetzung der Vollstreckung des Strafrestes, AV des MJ vom 21.4.1998 – 4262-207.1, JMBl. LSA 1998, S. 159.
338 §§ 57 Abs. 3 Satz 2, 57 a, 67 b, 67 d StGB und § 88 Abs. 1, 3, 6 JGG.
339 *Thier* Gerichtshilfe, in: *Cornel/Dünkel/Pruin/Sonnen/Weber* 2017, 193 ff.
340 Vgl. auch § 36 Abs. 2 Satz 3 StVollstrO.
341 dazu Arloth/Krä 2015, Rdn. 2 zu **HH** § 16 und Rdn. 3 zu § **HE** 16.

D. Hilfe zur Entlassung

Vollzug und Bewährungshilfe müssen in dieser Entlassungsphase vertrauensvoll zusammenarbeiten. Voraussetzung hierfür ist die Kenntnis der jeweiligen Arbeitsfelder sowie das Wissen um die Möglichkeiten und Grenzen der „Arbeitsteilung". Für die Bewährungshilfe sollte die Frage der Reisekosten geklärt sein.[342]

Die **Bewährungshilfe** ist die **wichtigste Alternative zum Freiheitsentzug**.[343] Gab es 1970 noch rund 39.500 Unterstellungen unter Bewährungsaufsicht, so stieg diese Zahl von 93.800 zu Ende des Jahres 1980 auf 174.207 Ende 2006. Bundesweit werden derzeit 170.000 Personen von rund 2.500 Bewährungshelferinnen und Bewährungshelfern betreut. Die durchschnittliche Fallzahlbelastung beträgt – mit steigender Tendenz – rund 70 Personen je Bewährungshelfer-Stelle. Die Erfolgsquote für beendete Unterstellungen bei Erwachsenen liegt bei 53,6%, bei denen das Gericht aufgrund positiven Bewährungsverlaufs die Freiheitsstrafe insgesamt oder den Strafrest erlässt. 17,5% der Fälle betreffen den Ablauf der Unterstellung und die Aufhebung. Ein Widerruf der Strafaussetzung bzw. der Strafrestaussetzung beendet die Unterstellung unter Bewährungshilfe in 28,9% der Fälle, so dass in knapp einem Drittel der Fälle ein eindeutiger Misserfolg der Bewährung besteht. In 79% der Widerrufsfälle erfolgt dieser dabei zumindest auch aufgrund einer neuen, während der Bewährungszeit begangenen Straftat; die restlichen Widerrufe dürften überwiegend wegen Nichteinhaltung von Bewährungsauflagen erfolgt sein.[344] 64% der Unterstellungen nach allgemeinem Strafrecht betreffen Fälle der Strafaussetzung zur Bewährung (§ 57 StGB), in 27% der bestehenden Unterstellungen ist eine Strafrestaussetzung der Freiheitsstrafe erfolgt.[345]

11. Übergangsmanagement von Justizvollzug, Straffälligenhilfe und Sozialen Diensten in der Justiz. Bewährungshilfe, **Führungsaufsicht** und **Gerichtshilfe** sind mehr denn je ein **unverzichtbarer kriminalpolitischer Bestandteil der sozialen Strafrechtspflege.** Diese sozialen Dienste werden in den nächsten Jahren wachsende Bedeutung gewinnen, da nach ernstzunehmenden Prognosen immer mehr Straftäter in Freiheit zu betreuen und zu überwachen sein werden, soweit dies spezial- und generalpräventiv und unter Beachtung des notwendigen Schuldausgleichs kriminalpolitisch vertretbar ist.[346] Sie müssen auch weiterhin innerhalb der Strafjustiz als Teil der sozialen Strafrechtspflege fest verankert bleiben. Keinesfalls sollten sie weder organisatorisch noch von der Dienstaufsicht her den Vollzugsbehörden und deren Aufsichtsbehörden unterstellt werden.[347] Soziale Strafrechtspflege und Strafvollzug sind grundverschieden in ihrer Ausrichtung. Für den Strafvollzug steht die Auseinandersetzung mit den Problemlagen des Freiheitsentzugs im Vordergrund. Demgegenüber sind Ambulante Soziale Dienste außenorientiert und zugleich Träger der wichtigsten Alternativen zum Freiheitsentzug. Sie werden als eigene „Spur" oder auch Säule des modernen Präventionsstrafrechts anerkannt und als ein zentraler Pfeiler der auf die Vermeidung des Freiheitsent-

20

---

342 Vgl. für NI: § 25 Nr. 3 der AV AJSD d. MJ. vom 28.1.2009 – Nds. Rpfl. 2009 Nr. 3, S. 82, ber. S. 155 und die AV Übergangsmanagement MJ vom 12.7.2011 – Nds. Rpfl. 2011, S. 257; Justizbehörde Hamburg (Hrsg.) Abschlussbericht der Fachkommission „Optimierung der ambulanten und stationären Resozialisierung in Hamburg", Hamburg 2010.
343 *Grosser* Bewährungshilfe, in: *Cornel/ Dünkel/ Pruin/ Sonnen/ Weber* 2017, 200 ff.
344 *Jehle* Strafrechtspflege in Deutschland, Fakten und Zahlen, BMJV, 6. Aufl. 2015, 45 f, 47; zu den Wiederverurteilungen mit Ergebnissen des Projekts „Legalbewährung", 57, 59.
345 Ohne eine solche nach §§ 35, 36 BtMG: rd. 6,9%, vgl. 2010, Statistisches Bundesamt, Fachserie 10, Reihe 5, Wiesbaden 2011, 16.
346 Zur Frage der Neuorganisation der Sozialen Dienste vgl. Rdn. 21.
347 So aber die Entwicklung in Mecklenburg-Vorpommern: *Jesse/Kamp* Das Konzept der Integralen Straffälligenarbeit – InStar – in Mecklenburg-Vorpommern, in: FS 2008, 14 ff.

zugs ausgerichteten Kriminalpolitik.[348] Der zu leistende Beitrag liegt auch in der alltäglichen und oftmals durchaus konfliktbelasteten Sensibilisierung der Gerichte und Staatsanwaltschaften, was die Anwendung der Sanktionen und ihrer Folgen betrifft.

Ambulante Sozialarbeit in der Justiz muss daher ihre strukturelle Eigenständigkeit als sozialer Außendienst der Strafjustiz wegen des gesetzlich erweiterten Aufgabenkatalogs erhalten. Den systemimmanenten Zugriffstendenzen seitens der Vollzugsbehörden im Hinblick auf Übernahme von Tätigkeitsfeldern anstelle der Kooperation sollte die Justizverwaltung entgegensteuern. Auch die Qualität der Arbeit kann Schaden nehmen, wenn Soziale Dienste der Strafrechtspflege sich an die problembelastete Leitkultur von „Sicherheit und sozialer Integration" anpassen müssen. Der Vollzug als ressourcenstarke und machtvolle Institution ist durchaus in der Lage, aus eigener Kraft seine soziale Integrationshilfe im Rahmen der Entlassungsvorbereitung und des Übergangsmanagements nach den Neuen Steuerungsmodellen so zu organisieren, dass eine Anschlussfähigkeit an die Kooperation durch die Ambulanten Sozialen Dienste der Justiz gewährleistet wird.

Die Anforderungen, die an die Bewährungshilfe gestellt werden, haben sich in den letzten Jahren erheblich erhöht. Nicht nur immer mehr, sondern auch immer schwierigere Probanden werden der Bewährungshilfe unterstellt. Teilweise wird bereits von einer Umschichtung der Probandenstruktur gesprochen. Wohnungsnot, Alkoholmissbrauch, Verschuldung und Arbeitslosigkeit erschweren die Arbeit der Bewährungshilfe in zunehmendem Maße.

Die „grenzübergreifende" **Zusammenarbeit zwischen Vollzug und Ambulanten Sozialen Diensten der Justiz** hat sich im Einzelfall an der konkreten Lebenslage des Gefangenen bzw. künftigen Probanden zu orientieren. So ist darauf einzuwirken, dass der Gefangene einen Urlaub zur Vorbereitung der Entlassung dazu nutzt, mit der Bewährungshilfe Kontakt aufzunehmen.

Ziel muss es sein, dem Gefangenen zu einer auf die Zukunft gerichteten Lebensbewältigung zu verhelfen. In der Mehrzahl der Fälle ist der Gefangene in hohem Maße mit seiner konkreten Lebenswelt im Vollzug beschäftigt. So verdrängt er die Probleme „danach", von denen er vielleicht innerlich hofft, dass sie sich mit dem Tag der Entlassung („Neubeginn") in Nichts auflösen. Es kann nur von Vorteil sein, wenn der künftige Bewährungshelfer schon in der Entlassungsphase die „Realität der Freiheit" mit ihren Belastungen in den Vollzugsablauf einbringt. Dadurch wird der Gefangene angehalten, sich schon vor dem Übergang in die Freiheit, losgelöst von der fremdbestimmten Versorgungsroutine des Vollzugs, den Anforderungen des täglichen Lebens zu stellen. Die Bewährungshilfe ist von ihrem Selbstverständnis und täglichen Berufsalltag am ehesten in der Lage, die gesellschaftspolitische Realität „draußen" zu erfassen, den Probanden darauf einzustimmen und ihn fachlich und aktivierend zu begleiten und Selbständigkeit einzufordern.

Voraussetzung für ein erfolgreiches Übergangsmanagement ist die **Kommunikation und der Informationsaustausch** zwischen den beteiligten Institutionen und Personen. Insoweit stehen datenschutzrechtliche Gründe nicht entgegen.[349] Zur Verbes-

---

348 Zweiter Periodischer Sicherheitsbericht der Bundesregierung, hrsg. von BMJ/BMI, Berlin 2006, 605.
349 Beispielhaft BeckOK-*Müller/Preisser* JVollzG III § 87 Rdn. 7: die JVAen dürfen gemäß § 37 Abs. 1 Nr. 3 JVollzGB I personenbezogene Daten (mit Ausnahme der erkennungsdienstlichen Unterlagen) an zuständige öffentliche Stellen sowie geeignete nicht-öffentliche Stellen und Personen übermitteln, soweit dies zur Vorbereitung und Durchführung sonstiger Maßnahmen, die die Fähigkeit der Gefangenen fördern, in sozialer Verantwortung ein Leben ohne Straftaten zu führen, einschließlich der Entlassungsvorbereitung und Nachsorge, erforderlich ist mit Hinweis auf BW § 37 I.

serung kann auch ein sog. **Nachsorgekonferenz** beitragen, wie sie in Baden-Württemberg eingerichtet ist.[350] Diese findet Anwendung insbesondere bei Klienten, bei denen aufgrund vielfältiger Problemlagen, insbesondere in den Bereichen Arbeit, sozialer Empfangsraum, Delinquenz, Sucht, Gesundheit und Finanzen, die Koordination eines großen „Hilfesystems" erforderlich ist. Im Rahmen einer anlassbezogenen Vollzugsplankonferenz wird der Integrations- bzw. Resozialisierungsplan unter Berücksichtigung der Angebote von öffentlichen Stellen und freien Trägern erstellt.

12. Neuorganisation der sozialen Dienste der Justiz? Schwachstellen und Defizite 21 in der Umsetzung vorhandener rechtlicher Vorgaben bei dem Versuch, die Schnittstellen zwischen Unfreiheit und Freiheit zu überwinden, wird es immer geben. Allerdings ist zweifelhaft, ob die Umsetzungslücken in der Praxis durch ein „**Landesresozialisierungsgesetz**"[351] für nichtfreiheitsentziehende Maßnahmen und Hilfeleistungen für Straffällige bereinigt werden können. So erstrebenswert die Stärkung der ambulanten Sanktionen als „Gegengewicht" ist, so unklar ist, ob die vielfältigen gesetzlichen Grundlagen des Sozialleistungsrechts auf Bundesebene mit einem solchen Schnittmengen-Gesetz auf Landesebene zur Umsetzung verknüpft werden können. Ein solches Gesetz darf kein Maßstab sein für das kriminalpolitische Innovationspotenzial eines Landes.

Ambulante Reaktionen (wie die Ermittlungshilfe durch die Sozialen Dienste der Justiz; Jugendhilfe im Strafverfahren; Frühhilfe; Haftentscheidungshilfe; Täter-Opfer-Ausgleich; Gemeinnützige Arbeit; Erzieherische ambulante Maßnahmen des Jugendstrafrechts; Bewährungshilfe; Führungsaufsicht; Hilfe zur Entlassung bei Freiheitsentzug; Hilfen nach Entlassung aus Freiheitsentzug; Hilfen in betreuten Wohnformen und Übergangseinrichtungen; Hilfe im Vollstreckungsverfahren; Hilfe für von ausländerrechtlichen Maßnahmen betroffene Straffällige; Hilfe zur Vorbereitung von Gnadenentscheidungen; Hilfe für Angehörige von Straffälligen) sind von einer solchen **Dynamik neuer konzeptionellen Herausforderungen** erfasst, dass **gesetzliche Regelungen auf Landesebene eher von Nachteil** sind.

Die von der Europäischen Kommission in den letzten Jahren unter deutscher Leitung durchgeführten EU-Twinning Projekte haben sich mit dieser Problematik befasst und anstelle von Gesetzen über Verwaltungsvorschriften erhebliche Verbesserungen bewirkt. Diese konnten im Zuge der Erprobungsstrategie flexibler angepasst werden als im Zuge einer Gesetzesreform. Die Vision, dass neben die 16 Landesvollzugsgesetze noch 16 Landesresozialisierungsgesetze treten, ist geradezu beängstigend und macht die deutsche Kriminalpolitik im europäischen Vergleich nicht innovativer. Landesresozialisierungsgesetze sind kein Maßstab für die kriminalpolitische Innovationsfähigkeit und -bereitschaft eines Landes.

Die **Länderberichte zum Übergangsmanagement** belegen eindrucksvoll, welche innovativen Lösungen die Landesjustizverwaltungen bei neu auftauchenden gesellschaftspolitischen Problemlagen an der Schnittstelle zwischen Freiheit und Unfreiheit erproben und dauerhaft umsetzen können.

---

350 BeckOK-*Müller/Preisser* JVollzGB III § 83 Rdn. 9–12 mit Hinweisen zum detaillierten Verfahrensablauf bei den jeweiligen Kategorien von Gefangenen.
351 *Cornel/Dünkel/Pruin/Sonnen/Weber* Kriminalpolitik für ein Resozialisierungsgesetz, in: *Cornel/Dünkel/Pruin/Sonnen/Weber* 2017, 613 ff; *dies.* Resozialisierungsgesetze. Grundlagen für nichtfreiheitsentziehende Maßnahmen und Hilfeleistungen für Straffällige, in: FS 2017, 168 ff; Es entsteht der Eindruck, es werde ein Wettbewerb der Länder inszeniert, vgl. auch für Sachsen die Sitzung des Verfassungs- und Rechtsausschusses des LT am 26.9.2017 mit öffentlicher Anhörung zum Antrag der Fraktion DIE LINKE, LT-Drucks. 6/9904: „Resozialisierungsgesetz für Sachsen endlich auf den Weg bringen. Unabhängige Fachkommission – Sächsisches Resozialisierungsgesetz unverzüglich einsetzen!".

Eine Verbesserung der **Zusammenarbeit zwischen Vollzug und externen Diensten** ist vorrangig über eine pragmatische „Reform von unten" auf Länderebene zu erreichen. Die Frage, in welcher Rechts- und Organisationsform die nötigen Änderungen zu erfolgen haben, ist insgesamt weniger entscheidend als das Ziel, die fachlichen Bedingungen zu verbessern, neue Methoden und Standards zu entwickeln und flexible Strukturen für die Zusammenarbeit mit den Sozialen Diensten der Justiz und den freien Trägen zu schaffen.[352] Die Länder versuchen ideenreich, mit Standards, Kooperationen und Inhalten **„Ambulante Soziale Dienste der Justiz" im Reformprozess** zu stärken.

Trotz der unterschiedlichen und höchst unübersichtlichen Ausgestaltung der Strukturen zeichnet sich folgender Trend ab: Einführung eines zentralisierten fachlich-strategischen Managements zur effizienten Steuerung des Ressourceneinsatzes zwecks optimaler Ausschöpfung des Potenzials, fachliche Qualitätskontrolle und Qualitätsmanagement, Bündelung der Dienstaufsicht durch kurze Entscheidungs- und Lenkungswege, Schaffung eines Übergangsmanagements hinsichtlich der Schnittstellenproblematik und Entwicklung neuer fachliche Schwerpunkte für Probanden mit erhöhter Risikoeinstufung.

Die Zielsetzung, den Stellenwert der ambulanten Justizsozialarbeit innerhalb der Justizorganisation zu erhöhen und eine eigene *„corporate identity"* zu schaffen, ergibt sich aus dem Bestreben der Landesjustizverwaltungen, einen durchstrukturierten Stellenkegel mit Leitungsfunktionen zu entwickeln. Damit soll auch ein „Gegengewicht" des ambulanten Netzwerks gegenüber der ressourcenstarken Vollzugsorganisation aufgebaut werden, wie die seit einigen Jahren begonnenen **Qualitätsentwicklung mit einem zentralen Management** in den Sozialen Ambulanten Diensten der Justiz[353] zeigt. Vereinzelt gibt es auch Strategien zur Verschmelzung von Sozialen Diensten des Vollzuges mit den ambulanten Sozialen Diensten der Strafrechtspflege, die aus der Dienstaufsicht der Gerichte und Staatsanwaltschaften herausgelöst und der Vollzugsbehörde unterstellt wurden.[354] Damit wird die Schwelle des vernetzten Übergangsmanagements allerdings überschritten.[355]

Derartige Aufbauerfahrungen mit Netzwerken und Verbundsystemen in den einzelnen Ländern sind von der Leitidee bestimmt, dass erfolgreiche Arbeit im Strafvollzug sowohl einer aktivierenden Entlassungsvorbereitung als auch einer umfassenden Nachsorge in der Zeit der frühen Entlassungsvorbereitung bedarf. Dabei kommt sowohl dem **Informationsmanagement** als auch dem **Case Management** grundsätzliche Bedeutung zu. Hierbei handelt es sich **um die klassischen Strukturprobleme** an der Nahtstelle des Übergangs von der Anstalt in die Freiheit. Die Informationserhebung und Weitergabe der gewonnenen Erkenntnisse ist hierbei nur ein Aspekt.[356] Entscheidender sind die stärkere Außenorientierung des Vollzugs mit einer fachlichen Kooperation, die intensive Abstimmung von Plänen und die koordinierte Zusammenarbeit aller Beteiligten durch **Netzwerkbildung.** Case Management als Controlling-Aufgabe hat die Bausteine der inhaltlichen Organisation des aktuellen und präsentierbaren Wissens zu verbinden und zu prüfen, ob die Institutionen ihre Planungen abstimmen, wie sie mit dem Risikomanage-

---

352 *Klug* Abgeliefert, aber nicht abgeholt. Zur Frage „durchgehender Interventionsgestaltung" der Sozialen Dienste der Justiz, in: FS 2008, 9 ff; *Klug/Schaitl* Soziale Dienste der Justiz – Perspektiven aus Wissenschaft und Praxis, Mönchengladbach 2012; *Dünkel/ Pruin/Storgaard/Weber* 2019 zur europäischen Praxis mit Länderberichten.
353 *Maelicke/Wein* 2017, mit Hinweisen zu den sog. Leuchtturmprojekten; siehe aber auch z.B. für **BY**: *Koordinierungsstelle München* 2007; für **NI**: *Justizministerium* 2003 und 2017; für **RP**: *Justizministerium* 2004 und für **ST**: *Ministerium der Justiz* 2008.
354 So in **MV**: *Jesse/Kramp* Das Konzept der Integralen Straffälligenarbeit – InStar – in Mecklenburg-Vorpommern, in: FS 2008, 14 ff, vgl. 7 A Rdn. 4.
355 Zu den Gründen der Ablehnung dieser Strategie vgl. Rdn. 20.
356 Zur Frage der Datenweitergabe vgl. Rdn. 19 und 20; siehe auch 7 A Rdn. 3, Fn. 26 mit Nachweisen.

ment umgehen und den Informationsfluss steuern.[357] Hierbei ergeben sich Parallelen zur Personal- und Organisationsentwicklung sowie zum Qualitätsmanagement.[358] Das „Gefängnis als lernende Organisation"[359] ist hierfür das passende Paradigma.

Der Übergang vom stationären Vollzug zur ambulanten Betreuung ist bereits jetzt eng mit der Debatte um die Modernisierung vorhandener System verknüpft. Die **„Neuen Steuerungsmodelle"**, die sich auf die Analyse und Wirkungsorientierung der Maßnahmen ausrichten, erfordern im Rahmen einer solchen rationalen Kriminalpolitik ein ggf. auch umzusteuerndes Management in den Ressourcen. Rationale Kriminalpolitik muss sich mit dem Effizienzgedanken und den Kosten-Nutzen-Aspekten befassen und möglicherweise auch neuartige ambulante Überwachungsmaßnahmen schaffen. Von Länderseite sind in Übereinstimmung mit der europäischen Praxis bereits Suchbewegungen erkennbar, wie die **Länderberichte zum Übergangsmanagement** zeigen.[360]

13. Länderspezifische Konzepte der durchgehenden Betreuung. Die **Akzeptanz der Ambulanten Sozialen Dienste der Justiz in Kriminalpolitik und Strafrechtspraxis** ist unbestritten. Der Erste Periodische Sicherheitsbericht der *Bundesregierung*[361] hatte klargestellt, dass sich diese Dienste als zentrale Pfeiler einer auf Vermeidung des Freiheitsentzugs ausgerichteten Kriminalpolitik etabliert und bewährt haben. Allerdings sei das Potenzial noch nicht ausgeschöpft, wozu der Zweite Periodische Sicherheitsbericht der Bundesregierung[362] Ergänzendes beigetragen hat. 22

Im Vordergrund sollten zunächst **inhaltliche, nicht organisatorische Veränderungen** im Feld der Entlassungsvorbereitung und Nachbetreuung zur Gewährleistung der durchgehenden Hilfe stehen. Diese ist ohne die Mitwirkung der Ambulanten Sozialen Dienste und die freie Straffälligenhilfe nicht leistbar.

Nach dem **Prinzip der durchgehenden Betreuung**[363] sind Projekte im Stadtstaat Bremen erprobt worden.[364] In den Flächenstaaten, in denen die Betreuung durch ein- und denselben Mitarbeiter während der verschiedenen Verfahrensabschnitte vor, während und nach der Entlassung kaum sichergestellt werden kann, richten sich die Anstrengungen auf die inhaltliche Verbesserung der Entlassungsvorbereitung und der Entlassenenhilfe, wie die **Länderberichte** belegen. Das Konzept „Integrierte Resozialisierung" setzt eine vollzugsübergreifende Integrationsplanung, die Nachsorge und ein verbessertes Netzwerk-Management voraus, um nachhaltige Eingliederungserfolge mit Reduzierung der Rückfallgefahr realisieren zu können. Für die Kooperation zwischen den ambulanten und stationären Maßnahmen muss ein Netzwerkmanagement für die Schnittstellen sichergestellt sein.[365] Die Vernetzung anstelle der Versäulung wird auch unterstützt durch den Bericht der Fachkommission „Optimierung der ambulanten und stationären Resozialisierung in Hamburg".[366]

---

357 *Kerner* 2003, 27.
358 Zur Qualitätsentwicklung und zur fachlichen Koordinierung ebenso AK-*Bahl/Pollähne* Teil II § 5 Rdn. 25–26.
359 *Flügge/Maelicke/Preusker* 2001.
360 Vgl. Rdn. 26–41; zum Begriff Übergangsmanagement siehe 7 A Rdn. 4 Fn. 35 mit Nachweisen.
361 NJ 2001, 470–472, juris.
362 BT-Drucks. 16/3930 vom 7.11.2006.
363 Vgl. auch Rdn. 5: z.B. **NI** § 68 für die sozialen Hilfen insgesamt; *Laubenthal*, Rdn. 644; für **BB** LT-Drucks. 6437, 17.
364 Dazu: *Matt* FS 2007, 26 ff.
365 *Sandmann* FS 2007, 224 ff; vgl. auch *Stelly/Thomas* 2008, 270 unter Hinweis auf den aktuellen Forschungsbericht „Straffälligenhilfe unter Veränderungsdruck" mit Angaben zur Zuwendungspraxis in den Ländern.
366 Vgl. die Empfehlungen FS 2011, 268.

23 **14. Nachgehende Betreuung.** Eigentlich endet die vollzugliche Hilfe nach der traditionellen Systematik am Anstaltstor. Neue Erscheinungsformen machen aber eine Ausnahme von diesem Prinzip erforderlich. Denn es gibt in der Praxis **Krisensituationen** kurz vor der Entlassung, die sich wie ein Entlassungsschock auswirken und als Folge der möglichen Prisonisierung innerhalb der „totalen Institution" zur vollständigen Passivität der Gefangenen und erhöhten Rückfallneigung kurz nach der Entlassung führen können. Mehr als während der Haftzeit sind einzelne Gefangene auf die Betreuung und Begleitung nach der Haftentlassung während eines Übergangszeitraums angewiesen. Die in den Ländergesetzen folgerichtig verankerte nachgehende Betreuung darf aber nicht erst mit der Entlassung aus dem Justizvollzug einsetzen, sondern muss schon vorher als **Frühwarnsystem** vorbereitet werden. Meist machen sich Warnzeichen vor der Entlassung bemerkbar. Je intensiver der Kontakt zu einzelnen Bediensteten ist, desto eher sind die Ursachen feststellbar und die benötigten Hilfen in materieller, sozialer und/oder psychischer Hinsicht zu leisten.

Die **Landesgesetze** haben einen solchen Bedarf erkannt und überwiegend eigenständige Regelungen geschaffen, so **BY** Art. 81 (Hilfe nach Entlassung), **BE** § 48 (Nachgehende Betreuung), ebenso mit diesem Titel **HB** § 44, **MV** § 44, **NW** § 61, **RP** § 51, **SL** § 44, **SN** § 44, **ST** § 51, **SH** § 53 und **TH** § 52. Wichtig ist, dass die Betreuung auch außerhalb der Anstalt erfolgen kann. Der Regelzeitraum ist auf die ersten sechs Monate nach der Entlassung beschränkt. Die betreffenden Vollzugsbediensteten müssen ihr Einverständnis erteilen für die Mitwirkung, die von der Anstaltsleitung zu gestatten ist.

Positiv an der Regelung dürfte sein, dass sich damit der Vollzug noch stärker als bisher „nach außen öffnet" und auf die externen Institutionen zugehen muss, um die Abkopplung der Problemfälle zu bewirken. Je stärker das Netzwerk der regionalen Straffälligenhilfe und die behördliche Infrastruktur in dem Umfeld des Vollzugs eingebettet ist, desto schneller kann der Hilfetransfer erfolgen. Der Einsatz von ehrenamtlichen Mitarbeitern als **„Persönlicher Beistand"** kann hierbei sehr wirksam sein, wenn die entsprechenden Kontakte bereits während des Vollzugsaufenthalts hergestellt wurden.[367]

24 **15. Europäische und bundesweite Radikalisierungsprävention und Deradikalisierung in Strafvollzug und Bewährungshilfe.** Als Verbund erfahrener Fachkräfte hat *Violence Prevention Network* e.V. seit 2001 erfolgreich an der Reduktion ideologisch motivierter schwerer und schwerster Gewalttaten von Jugendlichen und Erwachsenen mitgewirkt. Durch die kontinuierliche Arbeit mit rechtsextremistisch und islamistisch gefährdeten Menschen hat sich *Violence Prevention Network* bundesweit als anerkannter Träger der Arbeit mit ideologisch motivierten StraftäterInnen etabliert. 2015 wurde das Netzwerk vom BMFSFJ im Rahmen des Bundesprogramms „Demokratie leben!" beauftragt, die Strukturen im Themenfeld der Deradikalisierung im Strafvollzug in Deutschland weiter zu entwickeln.

Das pädagogische Konzept beruht auf einem explizit nicht-konfrontativen Ansatz. Akzeptanz und der Verzicht auf Demütigung dienen dazu, Verstehen – nicht Verständnis – zu ermöglichen und Handlungen zu erklären – nicht zu rechtfertigen. Der verantwortungspädagogische Ansatz beschränkt sich nicht alleine auf die Person, sondern bezieht sukzessive das Umfeld und wichtige Angehörige mit ein. Er sieht zudem eine längerfristige Betreuung vor und bleibt nicht auf den Zeitraum der strafenden wie erzieherischen

---

[367] Siehe auch Rdn. 10; AK-*Bahl/Pollähne* Teil II § 42 Rdn. 36; *Arloth/Krä* § 74 Rdn. 4; BeckOK-*Beck* § 74 Rdn. 12; BeckOK-*Arloth* BayStVollzG Art. 79 Rdn. 4.

Maßnahmen beschränkt. Er wirkt unmittelbar in Alltag, Freizeit und Arbeit hinein. D.h., die pädagogischen Fachkräfte bleiben den Betroffenen bei Bedarf auch nach Auslaufen der Haftzeit oder Maßnahme erhalten.

Angesichts der steigenden Zahlen (hoch-)radikalisierter Straftäter und Straftäterinnen sowie im Vollzugsverlauf drohender Radikalisierungsprozesse erfolgt im deutschen Strafvollzug der Ausbau von Maßnahmen zur **Radikalisierungsprävention und Deradikalisierung unter Einbezug der Bewährungshilfe**. Ergänzend erhalten MultiplikatorInnen aus Strafvollzug und Bewährungshilfe themenspezifische und bedarfsorientierte Fortbildungsangebote. Die Umsetzung erfolgt in Justizvollzugs- und Jugendstrafanstalten, Dienststellen des Ambulanten Justizsozialdienstes und weiteren Anlaufstellen im gesamten Bundesgebiet.

Hauptzielgruppen: Extremistisch gefährdete StraftäterInnen; im Radikalisierungsprozess befindliche StraftäterInnen; Radikalisierte StraftäterInnen; MitarbeiterInnen, Fachkräfte und MultiplikatorInnen in Strafvollzug und Bewährungshilfe.

Hauptziele: Früherkennung/Diagnostik von Radikalisierung; Prävention von Radikalisierungsprozessen inhaftierter Jugendlicher; Einleitung von Deradikalisierung- und Distanzierungsprozessen; Ausstiegsbegleitung.

Bundesweite Vernetzung: Seit 2017 werden im Programmbereich Radikalisierungsprävention und Deradikalisierung in Strafvollzug und Bewährungshilfe bundesweit Programme umgesetzt. Dies ermöglicht die Vernetzung der in diesem Themenbereich aktiven zivilgesellschaftlichen Akteure für die Beratung für Ausreisewillige, Rückkehrer und deren Angehörige.

Religiös begründeter Extremismus / Rechtsextremismus[368]

In Baden-Württemberg, Bayern, Berlin, Brandenburg, Hessen, Niedersachsen, Sachsen und Thüringen ist *Violence Prevention Network* **im Phänomenbereich religiös begründeter Extremismus** tätig.

Der Phänomenbereich **Rechtsextremismus wird in den Bundesländern** Brandenburg, Hessen, Sachsen und Thüringen von *Violence Prevention Network* im Verbund mit anderen Trägern abgedeckt.

Standards und Qualitätskriterien: In Zusammenarbeit mit den kooperierenden Trägern koordiniert *Violence Prevention Network* die gemeinsame Entwicklung bundesweiter Standards und Qualitätskriterien für Radikalisierungsprävention und Deradikalisierung in Strafvollzug und Bewährungshilfe. Darüber hinaus veranstaltet *Violence*

---

368 *Baer* Pädagogische Zugänge in der Rechtsextremismuspräventon und Intervention, in: Baer / Müller/Wichmann, Verantwortliches Handeln. Praxis der Sozialen Arbeit mit rechtsextrem orientierten und gefährdeten Jugendlichen, Opladen u.a. 2014, 47; *Hoffmann/Illgner/Leuschner/Rettenberger* (Hrsg.) Extremismus und Justizvollzug. Literaturauswertung und empirische Erhebungen, Berichte und Materialien, Wiesbaden 2017; *Schulenburg* Extremistische Gefangene im Justizvollzug. Zur Zusammenarbeit mit den Sicherheitsbehörden, in: FS 2018, 131 ff; *Council of Europe*, Guidelines for prison and probation services regarding radicalisation and violent extremism: https://www.coe.int/en/web/human-rights-rule-of-law/-/guidelines-to-prevent-radicalisation-and-violent-extremism-in-prisons; *Illgner* Ein Plädoyer für eine differenzierte Betrachtung von Radikalisierung. Zu den theoretischen und praktischen Möglichkeiten der Beschreibung individueller Unterschiede mittels Idealtypen, in: BewHi 2018, 325; *Sukhni* „Loyalität und Lossagung". Über die Grundlagen der dschihadistischen Ideologie, in: BewHi 2018, 337; *Ülger/Celik* Soziale Arbeit mit religiösem Extremismus, in: BewHi 2018, 347; *Jende/Krause/Reulecke/Sander/Speer* Gelingende Kooperationen. Wie Strafvollzug, Bewährungshilfe, Polizei und zivilgesellschaftliche Träger im Umgang mit Rechtsextremismus erfolgreich zusammenarbeiten können, in: BewHi 2018, 359; *Herbst* Umgang mit radikalem Islamismus in der Gerichts- und Bewährungshilfe – ein Handlungskonzept der Sozialen Dienste der Justiz Berlin, in: BewHi 2018, 374; siehe auch das Schwerpunktheft „Soziale Strafrechtspflege in Zeiten von Radikalisierung" der Zeitschrift für soziale Strafrechtspflege, 51 (Dezember) 2018; zur Strafverfolgung vgl. *Frank/Freuding* Die Rolle des Generalbundesanwalts bei der strafrechtlichen Bekämpfung des islamistisch motivierten Terrorismus, in: FS 2018, 249 ff.

Prevention Network regelmäßig themenspezifische Fachtage und Informationsveranstaltungen und hält Projektbroschüren/Flyer in verschiedenen Sprachen vor.

Aufgabe der **Arbeits- und Forschungsstelle Rechtsextremismus und Radikalisierungsprävention**[369] ist es, (nationales und internationales) fachliches Wissen zu diesen pädagogischen Handlungsfeldern für Wissenschaft, Fachpraxis und Politik zu generieren und aufzubereiten. Ein besonderer Fokus liegt dabei auf praxisrelevantem Wissen zu jugend(-phasen)spezifischen Dimensionen der Phänomene sowie auf der Sicherung und Systematisierung von Praxiserfahrungen, die in der pädagogischen Auseinandersetzung mit diesen Phänomenen gewonnen wurden.

Dieser Aufgabe begegnet das Projekt durch
- systematische Aufarbeitung vorliegender Erkenntnisse,
- qualitative Erhebungen zu praxisrelevanten Fragestellungen,
- Förderung des fachlichen und disziplinenübergreifenden Austauschs im bundesweiten und internationalen Kontext,
- praxisorientierte Wissensaufbereitung und Transmission von Erkenntnissen in die Fachpraxis und
- Beratungstätigkeiten für Fachpraxis, Politik und andere themenrelevante Professionen.

Auf europäischer Ebene hat sich das **Radicalisation Awareness Network** **(RAN)**[370] gebildet, das mit Konferenzen, Arbeitsgruppen und Workshops einen europäischen Austausch über die geeignete Methodik und die Strategien vermittelt.

Auch hat die Europäische Kommission hat einen neuen **Fonds für Justiz, Rechte und Werte** vorgeschlagen, der die Programme „Rechte und Werte" und „Justiz" umfasst. In einer Zeit, in der die europäischen Gesellschaften mit Extremismus, Radikalisierung und Spaltung konfrontiert sind, ist es wichtiger denn je, Justiz, Rechte und Werte der EU zu fördern, zu stärken und zu verteidigen. Das Programm wird beispielsweise helfen, Ungleichheiten und Diskriminierung zu bekämpfen, Kinder besser zu schützen und die justizielle Zusammenarbeit zur wirksameren Bekämpfung von Kriminalität und Terrorismus zu verbessern. Der Fonds unterstützt die Entwicklung eines Europäischen Rechtsraums auf der Grundlage gegenseitigen Vertrauens und der Rechtsstaatlichkeit. Er wird auch sicherstellen, dass Nichtregierungsorganisationen und die Zivilgesellschaft künftig eine größere Rolle bei der Förderung und dem Schutz gemeinsamer Werte spielen und stärker in die Sensibilisierung für diese Werte einbezogen werden, und dass die Menschen ihre Rechte wahrnehmen können.

25 **16. Regionale Kooperationen im Bereich der Bildung, Ausbildung und der Umsetzung arbeitsmarktpolitischer Programme zur beruflichen und sozialen Integration von Straffälligen und Haftentlassenen**

a) Reso-Nordverbund (Berlin, Brandenburg, Bremen, Hamburg, Mecklenburg-Vorpommern, Niedersachsen, Schleswig-Holstein)

Die Justizministerien von Berlin, Brandenburg, Bremen, Hamburg, Mecklenburg-Vorpommern, Niedersachsen und Schleswig-Holstein haben sich zum „Reso-Nordverbund" zusammengeschlossen.

---

369   Kurz-URL: www.dji.de/afs.
370   https://ec.europa.eu/home-affairs/what-we-do/networks/radicalisation_awareness_network_en
       https://ec.europa.eu/germany/news/20180530-eu-haushalt-sozialfonds_de.

Die Kooperation betrifft die Bereiche **Bildung, Ausbildung und arbeitsmarktpolitische Programme zur beruflichen und sozialen Integration von Straffälligen und Haftentlassenen**. Ziel ist es, auf der Grundlage der Fördervorgaben (Europäischer Sozialfonds, Sozialgesetzbücher II und III) Standards zur Verbesserung der Bildungs- und Arbeitsintegration von Straffälligen zu entwickeln und vor Ort zu erproben. Dies umfasst auch Maßnahmen im Anschluss an die Haftverbüßung. Die Herstellung der nötigen Infrastruktur erfolgt durch verschiedene Projekte in den Bereichen:
- Interner Transfer (Wissenstransfer, Wissensmanagement)
- Evaluation und Monitoring, Bildungscontrolling
- Maßnahmen auf Basis von SGB II und III
- Umsetzung und Ausbau des e-learning im Strafvollzug.

b) Südwestverbund (Hessen, Rheinland-Pfalz, Saarland)

Die Justizministerien von Hessen, Rheinland-Pfalz und Saarland haben sich zu einem „Südwestverbund" zusammengeschlossen, dessen Ziel die gemeinsame Durchführung innovativer Projekte im Strafvollzug ist.

Bislang wird im Südwestverbund das Projekt „**Nachqualifizierung von Strafgefangenen** im Südwestverbund" durchgeführt.

Durch das Projekt soll der Strukturaufbau für die Nachqualifizierung von Strafgefangenen auf politischer, anstaltsbezogener und individueller Ebene in den Regionen gefördert werden. Ziel ist es, Anschlussperspektiven zu schaffen, an welche die Inhaftierten mit Kompetenzen anknüpfen können, die sie vor und während der Haft erworben haben. Dafür werden Kooperationsbeziehungen zu Netzwerken ausgebaut und bestehende Angebote, Verfahrensweisen und Förderinstrumente für die Nachqualifizierung genutzt. Dabei stehen folgenden **Aufgaben** im Zentrum:
- Erhebung vorhandener Qualifizierungsangebote bzgl. ihrer Anwendbarkeit für Nachqualifizierung sowie Erhebung und Analyse des Nachqualifizierungsbedarfs der Straffälligen
- Beratung und Fortbildung der JVA-Mitarbeitenden und der Fachdienste Motivierung der Betroffenen zur Nachqualifizierung, Ausweitung des Berufsspektrums
- Initiierung von Qualifizierungsangeboten, die anschlussfähig im Förderrahmen von SGB II/III in und außerhalb der Justizvollzugsanstalten durchgeführt werden
- Ansprache und Sensibilisierung von JVA-internen und -externen Unternehmen zum Thema Nachqualifizierung von Häftlingen und Haftentlassenen
- Vernetzung und Abstimmung von Zuständigkeiten, Verfahrens- und Qualitätsstandards mit den zuständigen Institutionen und deren Beratung zum Handlungsfeld Nachqualifizierung
- Öffnung von Zugängen zur abschlussorientierten Nachqualifizierung für Straffällige mit und ohne Migrationshintergrund sowie für Männer und Frauen auf konzeptioneller, organisatorischer und Verfahrensebene.

Das Projekt beinhaltet eine Abstimmung mit Arbeitsagenturen, Kammern, Jobcentern und Bildungsträgern und greift die Erfahrungen anderer Projekte zur Nachqualifizierung auf und kooperiert mit dem Übergangsmanagement des Erwachsenenvollzugs. Es wird in Zusammenarbeit mit dem Institut für berufliche Bildung, Arbeitsmarkt- und Sozialpolitik GmbH (*INBAS*) in neun Justizvollzugsanstalten durchgeführt und aus dem Bundesprogramm „Perspektive Berufsabschluss" des Bundesministeriums für Bildung und Forschung mit Mitteln des Europäischen Sozialfonds sowie Bundesmitteln finanziert.

c) Übrige Länder. Die übrigen Länder nehmen, soweit ersichtlich, ohne länderübergreifende Kooperationen in verschiedenem Umfang an den Fördermöglichkeiten des Europäischen Sozialfonds teil.

III. Umsetzung der Landesgesetze in Länderprogramme zum Übergangsmanagement

26 **1. Baden-Württemberg.** Ausweislich der **Länderumfrage**[371] versteht Baden-Württemberg Übergangsmanagement als umfassende Vorbereitung der Entlassung von Strafgefangenen verstanden, das heißt die Planung, Vermittlung und Durchführung von (Re-)Integrationsmaßnahmen für zur Entlassung anstehende Gefangener, insbesondere die strukturierte Verknüpfung und Verzahnung von Behandlungsmaßnahmen des Strafvollzugs mit Hilfsangeboten und Maßnahmen der nach der Entlassung für die Betroffenen zuständigen Stellen, insbesondere der freien Straffälligenhilfe und der Bewährungshilfe. Übergangsmanagement umfasst weiter die Beratung und Begleitung entlassener Frauen und Männer mit besonderem Hilfebedarf bis zur koordinierten Übergabe an Einrichtungen und Dienste weiterführender und spezialisierter Hilfen.

Im Rahmen des Übergangsmanagements gibt es insgesamt **drei Projekte in privater Trägerschaft** (ZAP, INSA, ReSo Adelsheim für junge Strafgefangene), welche die Wiedereingliederung von Strafentlassenen fördern. Diese Projekte werden mit Mitteln des Europäischen Sozialfonds finanziert und vom Justizministerium betreut.[372]

„ZAP" (Zukunft in Arbeit mit Perspektive): Berufliche und soziale Integration von Strafgefangenen. Eine Koordinierungsstelle stellt bereits während der Haft die Verbindungen in die Arbeitswelt und zu den sozialen Strukturen her. Interne und externe Netzwerke werden aufgebaut und erforderliche Maßnahmen durchgeführt. So werden wichtige Grundlagen für die Zeit nach der Entlassung gelegt, die durch die Nachbetreuung weitergeführt werden können. Projektträger ist ein Tochterunternehmen des Berufsfortbildungswerks Gemeinnützige Bildungseinrichtung des DGB GmbH (bfw), einer der größten Träger beruflicher Weiterbildung in Deutschland. Seit über 30 Jahren fördert das bfw aktiv die Aus- und Weiterbildung von Gefangenen in mehr als 40 Justizvollzugsanstalten in Deutschland und bietet rund 200 verschiedene Bildungsmöglichkeiten an. Das Projekt wird durchgeführt in der Justizvollzugsanstalt Ravensburg; vgl. das Projektkonzept zur Beantragung im Rahmen des Europäischen Sozialfonds in Baden-Württemberg vom 28.7.2015.

„INSA" (Integration Straffälliger in Arbeit) in mehreren Justizvollzugsanstalten wird das Ziel verfolgt, mit den erwachsenen Gefangenen eine realistische berufliche Perspektive zu entwickeln durch individuelle Beratung und Alltagsbegleitung und eine Beschäftigung im ersten Arbeitsmarkt zu erarbeiten. Im Austausch mit drei transnationalen

---

[371] *Maelicke/Wein* „Komplexleistung Resozialisierung" – Stand 28.7.2016, S. 7 siehe: Internetseite des Deutschen Instituts für Sozialwirtschaft (DISW) unter Website http://reso-werkstatt-hamburg.de/Downloads.html: Materialsammlung_Komplexleistung_Resozialisierung_gesamt_20160728.pdf mit Anlagen. Auszugsweise bei: *Maelicke/Wein* 2016, S. 65 und 97ff. Vom 1. Januar bis 30. Juni 2016 führten *Maelicke /Wein* ein eine Umfrage bei den Justizministerien der Länder durch. Thema war der Stand der Entwicklung des Übergangsmanagements in Deutschland – also der Koordinierung und Verzahnung stationärer und ambulanter Resozialisierungsmaßnahmen mit dem Ziel, die soziale Integration nach der Entlassung aus dem Strafvollzug zu verbessern und damit die Rückfallquoten zu verringern. Alle 16 Länder haben sich beteiligt. Zur fortlaufenden Aktualisierung siehe den Newsletter, zu bestellen über: https://www.reso-infoportal.de.

[372] BeckOK-*Müller/Preisser* JVollzGB III § 83 Rdn. 16; zur Umsetzung in der Praxis, vgl. dazu *Belz* Übergangsmanagement in Baden-Württemberg durch das Netzwerk Straffälligenhilfe, in BewHi 2019, 132 ff.

Partnern aus Italien und Frankreich wird die Praxis reflektiert und Anregungen für die Praxis der Straffälligenhilfe und der Arbeitsintegration gewonnen.

Das landesweite Projekt **„Nachsorgeprojekt Chance"** des Netzwerks Straffälligenhilfe, einem Zusammenschluss der drei Straffälligenverbände in Baden-Württemberg, vermittelt allen Strafentlassenen, die nicht durch die Bewährungshilfe betreut werden, auf freiwilliger Basis im Rahmen des Nachsorgeprojekts einen haupt- oder ehrenamtlichen Betreuer für einen

Zeitraum von drei bis sechs Monaten. Die Betreuung setzt in der Entlassungsphase ein und wird am Entlassungsort weitergeführt. Die Strafentlassenen erhalten lebenspraktische Hilfen in den zentralen Lebens- und Problembereichen Arbeit, Wohnung, Schulden, Sucht, Gestaltung sozialer Beziehungen und der Freizeit. Das Nachsorgeprojekt Chance kann in Baden-Württemberg flächendeckend in Anspruch genommen werden. Die Mittel stammen aus dem Justizhaushalt des Landes Baden-Württemberg.[373]

Eine **Kooperationsvereinbarung zur Integration Strafgefangener** zwischen dem Justizministerium, dem Sozialministerium, der Regionaldirektion Baden-Württemberg der Bundesagentur für Arbeit, dem Städtetag Baden-Württemberg, dem Landkreistag Baden-Württemberg, dem Kommunalverband für Jugend und Soziales Baden-Württemberg, den Straffälligenverbänden und der Liga der freien Wohlfahrtspflege in Baden-Württemberg vom 3.9.2017 hat zum Ziel, „den Übergang von zur Entlassung anstehenden Gefangenen und Sicherungsverwahrten (im Folgenden: zu Entlassende) in eine wirtschaftlich und sozial gesicherte Existenz zu begleiten. Für die erfolgreiche Integration der zu Entlassenden in die Gesellschaft ist entscheidend, dass diese in gesicherte Rahmenbedingungen entlassen werden.

Insbesondere sollen die Unterkunft gesichert, eine Anlaufstelle zur beruflichen Integration (z.B. Arbeits- oder Ausbildungsplatz) bestimmt und die Voraussetzungen für die Gewährung möglicher Sozialleistungen geklärt sein. Im Rahmen der Beratung sollen die Sozialleistungsträger dabei unterstützen, die institutionalisierte Zuordnung der zu Entlassenden nach dem SGB II, SGB III oder SGB XII zu klären. Soweit möglich, sollen Leistungsanträge vorbereitet und ein Gesprächstermin beim zuständigen Sozialleistungsträger für die Zeit unmittelbar nach der Entlassung vereinbart werden. Alle Sozialleistungsträger (SGB II, SGB III, SGB XII) haben gegenüber dem Ministerium ihre festen Ansprechpartnerinnen und Ansprechpartner oder Anlaufstellen mit den Kontaktdaten mitzuteilen. Das Netzwerk Straffälligenhilfe und die Liga der freien Wohlfahrtspflege benennen gegenüber dem Ministerium die geeigneten spezialisierten Einrichtungen zur Unterbringung und Betreuung, zur Schuldnerberatung sowie ihre festen Anlaufstellen oder deren Kontaktpersonen.

Neues Projekt zur landesweiten Wiedereingliederung von älteren Gefangenen – Hilfe beim Übergang vom Vollzug in Pflege oder Betreuung

Im Strafvollzug sind immer mehr Menschen inhaftiert, die bereits das Rentenalter erreicht haben. Seit der Jahrtausendwende hat sich der Anteil der über 60zig jährigen nach Angaben des Statistischen Bundesantes mehr als verdoppelt (Quelle: Statistisches Bundesamt).

Nach oft jahrelanger Inhaftierung haben ältere Inhaftierte keinerlei soziale Kontakte, um sich in Freiheit zurecht zu finden und haben darüber hinaus einen besonderen Betreuungsbedarf, sind jedoch bspw. in Alten- und Pflegeeinrichtungen oft nur schwer zu vermitteln. Bereits die Feststellung des Pflegegrades in Haft führt häufig zu Zustän-

---

[373] Näheres kann der Internetseite: http://www.projekt-chance.de entnommen werden; zum Evaluationsbericht der kriminologischen Institute der Universitäten Heidelberg und Tübingen: siehe die Internetseite http://www.projekt-chance.de/files/Evaluation-Nachsorge.pdf.

digkeitsproblemen, die den Übergang in eine adäquate Hilfeeinrichtung erschweren. Zudem bestehen in der Praxis oft Unsicherheit und Vorbehalte gegenüber dem Personenkreis und dessen Betreuung. Das Projekt unterstützt im Rahmen des Übergangsmanagements die organisationsübergreifende soziale Wiedereingliederung von älteren Gefangenen und leistet somit eine besonders intensive Betreuungs- und Nachsorgephase während der Zeit des Übergangs aus dem Vollzug in die Freiheit und darüber hinaus.

Das Konzept beinhaltet zwei wesentliche Bausteine:

1. Koordinierung des Übergangsmanagements. Das **Netzwerk Straffälligenhilfe in Baden-Württemberg GbR** hat fünf Koordinierungsstellen eingerichtet, welche sich für unterschiedliche Justizvollzugsanstalten im Land verantwortlich zeichnen. Die entsprechenden Mitarbeiterinnen und Mitarbeiter der Straffälligenhilfe verfügen über spezielle Kenntnisse in der Alten- und Eingliederungshilfe und betreuen in den Justizvollzugsanstalten Einzelfälle im Übergangsmanagement von Haft in Pflege und Betreuung.

2. Nachsorge der Haftentlassenen. Die Betreuung der Haftentlassenen am späteren Wohnort erfolgt im Rahmen der Netzwerkstruktur des bereits etablierten Nachsorgeprojektes Chance. Die Mitarbeiter/innen begleiten beispielsweise bereits im Vorfeld einen Besuch in eine Altenhilfeeinrichtung und übernehmen als zentrale Funktion der Nachsorge die anschließende Betreuung der Haftentlassenen in Einrichtungen der Altenhilfe oder anderen bedarfsgerechten Unterbringungsformen, um diese bei auftretenden Problemen zu unterstützen. Angrenzende Aufgaben können darüber hinaus beispielsweise im Rahmen der Geldverwaltung und Schuldenberatung übernommen werden. Durch diese Nachsorge der Haftentlassenen werden Vorbehalte abgebaut und letztlich die Chance einer Aufnahme in einer Pflegeeinrichtung erhöht. Ebenso können im Rahmen der Nachsorge ambulante Pflegeleistungen koordiniert werden, um ein dauerhaftes Wohnen im Individualwohnraum zu ermöglichen.

Durch das Projekt gelingt es dem Netzwerk, in Kooperation mit den Ansprechpartnerinnen und Ansprechpartner für „Alte Gefangene" aus den Justizvollzugssozialdiensten, flächendeckend in Baden-Württemberg für ältere Gefangene eine rechtzeitig einsetzende, standardisierte Entlassungsvorbereitung sicherzustellen.

27 **2. Bayern.** Ausweislich der **Länderumfrage**[374] umfasst das „Übergangsmanagement im bayerischen Justizvollzug" insbesondere die Entlassungsvorbereitung in der abschließenden Phase des Vollzugs, d.h. die Vorbereitung der Entlassung der Gefangenen vom ersten Tag der Inhaftierung, d.h. die Planung, Einleitung, Vermittlung und Durchführung von (Re-)Integrationsmaßnahmen für zur Entlassung anstehende Gefangene, besonders die strukturierte Verknüpfung und Verzahnung von Behandlungsmaßnahmen des Vollzugs mit Hilfeangeboten und Maßnahmen der nach der Entlassung für die Betroffenen zuständigen Stellen.

Durch Maßnahmen einer koordinierten Entlassungsvorbereitung soll die Basis für einen bestmöglichen Übergang der Inhaftierten von der straff geregelten Situation des Vollzugs zu der komplexen Lebenssituation nach der Entlassung geschaffen und damit eine optimale soziale Reintegration der Gefangenen erreicht werden. Übergangsmanagement dient dazu, gerade in der schwierigen Zeit unmittelbar nach der Entlassung einen Rückfall der Strafentlassenen in die Straffälligkeit zu vermeiden, indem Schnittstel-

---

[374] *Maelicke/Wein* „Komplexleistung Resozialisierung" – Stand 28.7.2016, S. 34 siehe: Internetseite des Deutschen Instituts für Sozialwirtschaft (DISW) unter Website: http://reso-werkstatt-hamburg.de/Downloads.html: Materialsammlung_Komplexleistung_Resozialisierung_gesamt_20160728.pdf mit Anlagen. Auszugsweise bei *Maelicke/Wein* 2016, S. 67 f und 102 ff. Siehe ferner Fn. 371.

lenprobleme vermieden bzw. minimiert werden. Dem Gefangenen soll eine „Brücke" in die Freiheit gebaut werden. Zu einem optimalen Übergangsmanagement gehört im Interesse des Schutzes der Allgemeinheit zwingend auch die Überwachung von Personen mit hohem Risikopotential, insbesondere von Sexual- und Gewaltstraftätern.

Als **„Bausteine"** wurden entwickelt:

Projekte zur Arbeitsmarktintegration im bayerischen Justizvollzug (s.u.) Kooperationsvereinbarung mit der Regionaldirektion Bayern der Bundesagentur für Arbeit (engere Vernetzung durch konkrete Ansprechpartner mit direkten Kontaktadressen, regelmäßigen Sprechstunden in den jeweiligen Justizvollzugsanstalten sowie ein gegenseitiger, flächendeckender Informationsaustausch) durch regelmäßige Veranstaltungen.

Externe Schuldnerberatung: In Bayern wurde neben einem Resozialisierungsfonds eine externe Schuldnerberatung eingeführt. Träger sind die Verbände der freien Straffälligenhilfe. Die Justizverwaltung fördert diesen Bereich mit jährlich ca. 400.000 € (2016). Grundsätze der Standard- und Qualitätssicherung für die Sozialdienste in Bayern sind in einem Qualitätshandbuch zusammengefasst sind („Schlüsselprozess 3 – Konkrete Entlassungsvorbereitung" als Mindeststandard für den Lebensbereich Finanzen).

Zentrale Beratungsstellen für Straffälligenhilfe, demnächst in 11 Standorten als Arbeits- und Bürogemeinschaften verschiedener Einrichtungen und Behörden und 54 Wohnplätzen für Haftentlassene und Probanden der Bewährungshilfe

Empfehlungsvereinbarung mit den Spitzenverbänden der öffentlichen und freien Wohlfahrtspflege sowie dem Fachministerium für Arbeit und Soziales: Benennung fester Ansprechpartner und die Durchführung Runder Tische erleichtern das Übergangsmanagement der einzelnen Anstalten deutlich.

– Verstärkte Zusammenarbeit mit ehrenamtlichen Betreuern
– Frühzeitige Kontaktaufnahme mit der Bewährungshilfe, den Aufsichtsstellen für die Führungsaufsicht und den Einrichtungen der Strafentlassenenhilfe
– Vorübergehende Hilfestellung nach der Entlassung im Einzelfall nach **BY** Art. 81
– Nachsorge bei vorangegangener sozialtherapeutischer Behandlung

Konkrete Projekte zur Arbeitsmarktintegration im bayerischen Strafvollzug

Projekt „FREI" Fachkräfte durch Reintegration Ehemaliger Inhaftierter: Konkret werden u.a. berufliche Übergangs- und Anschlussperspektiven für Inhaftierte und Entlassene entwickelt, die Zahl abschlussbezogener Nachqualifizierungen für gering qualifizierte Gefangene gesteigert, die Zahl von betrieblichen Übernahmen Haftentlassener erhöht, ein spezielles Netzwerk entwickelt und einrichtungsübergreifende Kooperationen initiiert; aus Bundesmitteln des Programms „Perspektive Berufsabschluss" und aus Mitteln des Europäischen Sozialfonds gefördert.

Ziel des **Projekts „Jobscout"** ist es, Gefangene, die bereits vor der Inhaftierung eine Berufsausbildung absolviert haben oder in der Anstalt an bestimmten Bildungsangeboten erfolgreich teilgenommen haben, während der Haft oder kurz nach Haftende unmittelbar in eine Beschäftigung zu bringen.

Das Projekt beinhaltet Einzel-Coachings, Gruppen-Trainings, Arbeitsstellenvermittlung und eine sechsmonatige Nachbetreuung nach der Haft.

Das **Projekt „MIGRA plus"**: Migranten den Berufs(wieder)einstieg ermöglichen – zielgerichtetes Übergangsmanagement entwickeln und Vielfalt gestalten" wurde in Zusammenarbeit mit dem Berufsbildungswerk des DGB durchgeführt und im Rahmen des ESF Bundesprogramms „XENOS – Integration und Vielfalt" insbesondere durch Mittel der Europäischen Union (namentlich des Europäischen Sozialfonds) und zusätzliche Fördermittel des Bundes finanziell realisiert.

Wesentliche Ziele des privat initiierten **Projekts „Leonhard – Unternehmertum für Gefangene"** sind derzeit insbesondere:
Vermittlung wirtschaftlicher Grundausbildung zu Gründung und Betrieb kleiner Unternehmen
Vermittlung von Schlüsselkompetenzen und Werten
Entwicklung eines Businessplans, also eines soliden Geschäftsplans. Gegründet als ein soziales Unternehmen, kümmert es sich um die unternehmerische Qualifizierung und Resozialisierung von Strafgefangenen in Bayern. In der JVA München werden Kurse für 20 Wochen angeboten, in denen Strafgefangenen betriebswirtschaftliche Kenntnisse vermittelt werden, um sie so zu unternehmerisch denkenden und handelnden Menschen zu machen. Zahlen aus dem Jahr 2017 belegen, dass ca. 28 % der Teilnehmenden sich selbständig machten, 60 % schnell eine Beschäftigung fanden oder ein Studium begannen, und 87 % der Absolventen in dem Sinne straffrei blieben, dass sie nicht zu einer Freiheitsstrafe ohne Bewährung verurteilt wurden. Die Absolventen des Leonhard Programms haben schon über 40 Unternehmen gegründet und weisen eine deutlich geringere Rückfallquote als im Bundesdurchschnitt auf (*Niemann/Schrader/Reschke* Leonhard gGmbH – Unternehmertum für Gefangene, in: Dickel/Walter/Sienknecht/Rasmus (Hrsg.), Fallstudien zu akademischen Ausgründungen, Kiel 2019, 243 ff).

Zur Radikalisierungsprävention hat der bayerische Justizvollzug 2018 seine Angebotspalette mit dem Projekt **„ReStart – Freiheit beginnt im Kopf"** gemeinsam mit der Mansour-Initiative für Demokratieförderung und Extremismus-Prävention aufgebaut.

Die JVA Marktredwitz soll landesweit die **erste spezielle Senioren-Abteilung** werden. Baubeginn für die neue JVA soll im Jahr 2021 sein, die Fertigstellung ist für 2024 geplant mit spezieller geriatrischer Abteilung für Gefangene.

28   **3. Berlin.** Ausweislich der **Länderumfrage**[375] versteht Berlin Übergangsmanagement als eine systematisch geplante, fallbezogene und fallübergreifende Verknüpfung vollzugsinterner Behandlungs-, Erziehungs- und Fördermaßnahmen mit vollzugsexternen Reintegrationshilfen für Gefangene verstanden, die in enger Kooperation zwischen Justizbehörden, Einrichtungen der Straffälligenhilfe und kompetenten Dritten zu organisieren ist.

Das Übergangsmanagement verfolgt einen **ganzheitlichen Ansatz**, an dem verschiedene Institutionen beteiligt sind. Es ist mehr als Entlassungsvorbereitung. Übergangsmanagement bedingt eine systematische Schaffung von organisationsübergreifenden Förderketten zur erfolgreichen Wiedereingliederung von Strafgefangenen und geht über die Haftentlassung hinaus.

Zur Sicherung eines zielgerichteten Übergangsmanagements liegen **Kooperationsvereinbarungen** mit folgenden Einrichtungen vor:
- Bundesagentur für Arbeit, Regionaldirektion Berlin-Brandenburg (Netzwerk, Standards beruflicher Wiedereingliederung Haftentlassener)
- Soziale Dienste der Justiz, Gerichts- und Bewährungshilfe (Übernahme, Übergabe)
- Jugendbewährungshilfe (Übernahme, Übergabe)
- Deutsche Rentenversicherung Bund (Kostenübernahme bei Suchtentwöhnungsbehandlungen).

---

[375] *Maelicke/Wein* „Komplexleistung Resozialisierung" – Stand 28.7.2016, S. 69 und 104 ff siehe: Internetseite des Deutschen Instituts für Sozialwirtschaft (DISW) unter Website: http://reso-werkstatt-hamburg.de/Downloads.html: Materialsammlung_Komplexleistung_Resozialisierung_gesamt_20160728.pdf mit Anlagen; auszugsweise bei: *Maelicke/Wein* 2016, S. 69 und 104 ff. Siehe ferner Fn. 371.

Darüber hinaus gibt es zielgruppenorientierte Absprachen zum Übergangsmanagement, u.a. mit:
- Trägern der freien Straffälligenhilfe,
- der Forensisch-Therapeutische Ambulanz

Die **Aufgaben des Übergangsmanagements** sind in einzelnen Schwerpunkten freien Trägern übertragen. Dieses erfolgt im Rahmen von Finanzierungen über Zuwendungsmittel, Dienstleistungsverträgen mit den Vollzugsanstalten und über Honorarmittel.

Beispielhaft als sog. „Best Practice" gilt das seit mehreren Jahren bestehende und in 2016 ausgebaute Netzwerkportal des IBI – Institut für Bildung in der Informationsgesellschaft gGmbH, das eine digitale Vernetzung verschiedener Akteure im Übergangsmanagement sicherstellt.[376]

Zu den zur Verfügung gestellten Informationen zählen:
Übersicht von Beratungs- und Hilfeangeboten
Checklisten und Formulare
Zusammenstellung übergangsrelevanter Informationen (z.B.: aktuelle Verfahren der Leistungsträger)
Veranstaltungshinweise
Hinweise zu Materialien von Verbänden und Trägern der Straffälligenhilfe
Informationen und Materialien aus der parallel stattfindenden thematischen Gremienarbeit (z.B. zusammengefasste Vorträge und Präsentationen von Referent/-innen).

In der Vollzugsanstalt Heidering erhalten zunächst 35 Gefangenen seit Juni 2018 im Rahmen des Pilotprojekts **Resozialisierung durch Digitalisierung internetfähige Tablets** mit ausgewählten 20 Internetseiten. Sie können mit dem handelsüblichen Gerät Fremdsprachen lernen, einen Führerscheintest machen, oder sich im Intranet über den Haftalltag informieren und Emails, Bewerbungen und Lebensläufe schreiben und abspeichern.

Bis zum Ende der Legislaturperiode im September 2021 soll jedem der 4 024 Inhaftierten im Berliner Strafvollzug ein kostenloses Tablet zur Verfügung gestellt werden. Seit drei Jahren arbeitet ein Forscherteam des Fraunhofer-Instituts für Offene Kommunikationssysteme mit der Justizverwaltung und der Gefängnisleitung an diesem Projekt. Seit 2016 fördert es der Berliner Senat mit insgesamt über 1,3 Millionen Euro. Allein im Doppelhaushalt 2018/2019 sind jährlich 450.000 Euro eingeplant. Die wichtigste Aufgabe in der Vorbereitungsphase bestand darin, die Tablets den hohen Sicherheitsbestimmungen im Strafvollzug anzupassen. Die Tablets wurden zudem präpariert. Kamera und USB-Anschlüsse sind gesperrt, Emails sind nur als Textnachrichten möglich. Anhänge, etwa Fotos, können nicht verschickt werden. Auch Mails an andere Gefangenen sind verboten. Auf den Geräten ist ein Schreibprogramm installiert. Das Vollzugspersonal darf die Geräte nicht kontrollieren.

So dürfen die Gefangenen nur etwa 20 ausgewählte Internetseiten benutzen, u.a. die Seiten der Bundeszentrale für politische Bildung sowie die Mediathek des Westdeutschen Rundfunks (WDR), das sich mit dem mehrsprachigen Programm „WDR for you" vor allem an Geflüchtete richtet.

---

376 www.ibi.tu-berlin.de; https://mobil.berliner-zeitung.de/berlin/gefaengnis-heidering-haeftlinge-bekommen-internetfaehige-tablets-30615220?originalReferrer=https://reso-infoportal.de/index.php?option=com_content&view=article&id=1966:berliner-zeitung-de-14-06-2018-gefaengnis-heidering-haeftlinge-bekommen-internetfaehige-tablets&catid=10:projekte&Itemid=110#. Allgemein zur Online-Resozialisierung: 7 C Rdn. 18.

29   **4. Brandenburg.** Ausweislich der **Länderumfrage**[377] sieht Brandenburg das **Übergangsmanagement** als einen systematischen, zielgerichteten Prozess, der vollzugsinterne Maßnahmen zur sozialen und beruflichen Eingliederung mit vollzugsexternen Reintegrationshilfen verknüpft. Dieser Prozess bedarf eines umfassenden Konzeptes zur Reduzierung der Rückfallgefahr sowie zur sozialen Integration von Inhaftierten bzw. Haftentlassenen, auf dessen Grundlage die Institutionen und Personen, deren Unterstützung die soziale Eingliederung effektiv fördern kann, in einem Netzwerk zusammenwirken. Es liegt der Entwurf eines brandenburgischen Resozialisierungsgesetzes vor. Bedeutsam ist die **Richtlinie des Ministeriums der Justiz des Landes Brandenburg zur Förderung der Haftvermeidung durch soziale Integration (HSI) vom 7. Oktober 2014.** Ziel der Richtlinie ist die Unterstützung der Resozialisierung von Straffälligen durch nachhaltige (Re-)Integration in Arbeit und Ausbildung. Die Arbeitsmarktchancen der Zielgruppe sollen durch ein verbessertes Übergangsmanagement (Haftbegleitung, Entlassungsvorbereitung, Vermittlung in Beschäftigung,

Qualifizierung und Arbeit sowie Vernetzung der Akteure), die Förderung von Beschäftigung statt Strafe sowie die Entwicklung von Lebens- und Arbeitsperspektiven mit straffällig gewordenen Jugendlichen und Heranwachsenden durch integrations- und berufsfördernde Maßnahmen erhöht werden.

Zuwendungen erfolgen aus dem Operationellen Programms des Landes Brandenburg für den Europäischen Sozialfonds (ESF) im Zeitraum 2014–2020, Prioritätsachse B Zuwendungen aus Mitteln des ESF und des Landes mit dem **Ziel einer arbeitsmarktlichen und sozialen Integration von Strafgefangenen, jungen haftgefährdeten Straftätern, Haftentlassenen** sowie zu Geldstrafe Verurteilten, die zur Abwendung der Ersatzfreiheitsstrafe gemeinnützige Arbeiten verrichten.

Gefördert werden kann auch die Unterstützung der Resozialisierung von Straffälligen durch Beratung, Begleitung und Vermittlung in Arbeit und Beschäftigung innerhalb und außerhalb des Strafvollzuges durch Anlauf- und Beratungsstellen, die jeweils einer oder mehreren Justizvollzugsanstalten im Lande zugeordnet sind – **Projektfeld Anlauf- und Beratungsstellen.** Ein weiterer Schwerpunkt ist die **Netzwerkkoordination**: Träger der sozialen Arbeit, Institutionen der freien Wirtschaft mit Arbeitsschwerpunkt Projekt- und Netzwerkmanagement beziehungsweise Informationsmanagement und Erfahrungen in der Straffälligenhilfe.

30   **5. Bremen.** Ausweislich der **Länderumfrage**[378] bezeichnet Bremen mit dem **Begriff Übergangsmanagement** alle Strategien und Maßnahmen, die zur Wiedereingliederung von Ex-Strafgefangenen und Ex-Straffälligen sich als notwendig erwiesen haben.

Hierzu gehören insbesondere: eine durchgehende Betreuung der Personen, ein umfassendes Assessment, das Training von schulischen und beruflichen Qualifikationen aber auch von sozialen Kompetenzen. Der Übergang von Haft in Freiheit ist hierbei eine besondere Problemlage; die Notwendigkeit einer Nachsorge ist ausgeprägt. Zur Umsetzung ist eine Ressort-übergreifende Kooperation notwendig.

---

377 *Maelicke/Wein* „Komplexleistung Resozialisierung" – Stand 28.7.2016, S. 181 siehe: Internetseite des Deutschen Instituts für Sozialwirtschaft (DISW) unter Website: http://reso-werkstatt-hamburg.de/ Downloads.html: Materialsammlung_Komplexleistung_Resozialisierung_gesamt_20160728.pdf mit Anlagen, S. 181; auszugsweise bei: *Maelicke/Wein* 2016, S. 71 ff. Siehe ferner Fn. 371.
378 *Maelicke/Wein* „Komplexleistung Resozialisierung" – Stand 28.7.2016, S. 72 und 108 siehe: Internetseite des Deutschen Instituts für Sozialwirtschaft (DISW) unter Website: http://reso-werkstatt-hamburg.de/Downloads.html: Materialsammlung_Komplexleistung_Resozialisierung_gesamt_20160728. pdf mit Anlagen, S. 196 ff; auszugsweise bei: *Maelicke/Wein* 2016, S. 72 und 108 ff. Siehe ferner Fn. 371.

Folglich umfasst die Strategie Übergangsmanagement mindestens **drei (zusammenhängende) Ebenen** der Bearbeitung:
1) Die Fall-Ebene (Assessment, Berufswegeplanung, Qualifikation, Intensivbetreuung u.v.m.)
2) Die Ebene der Organisation (Kooperation, Schnittstellenproblematiken, Kommunikationsfluss, gemeinschaftliches Vorgehen u.v.m.)
3) Die gesellschaftliche Ebene (rechtliche und finanzielle Rahmenbedingungen; Abbau gesellschaftlicher Vorurteile; Einbezug der Zivilgesellschaft u.v.m.).

In Bremen werden seit über 20 Jahren Projekte zur Wiedereingliederung von Straffälligen durchgeführt, auf deren Basis das Konzept des Übergangsmanagements entwickelt wurde und die diese Strategie weiter umsetzen. Zu nennen sind hier insbesondere:
der **„Projektverbund Chance"** (Teilprojekte in und außerhalb des Vollzuges; Maßnahmen zur schulischen und beruflichen Qualifizierung; Betreuung, Berufshilfe; auch: Beschäftigungsmöglichkeiten (gemeinnützige Arbeit)
die **Projekte „Knastgewächse und IGEL"** (Beschäftigungsmöglichkeiten für Ex-Straffällige (gemeinnützige Arbeit) im Bereich Landschafts- und Gartenbau – mit Betreuung)
das **Projekt „Step-by-Step"** (Arbeitstherapeutisch orientierte Maßnahme im Jugendvollzug und im Erwachsenenvollzug zur Herstellung erster Beschäftigungsfähigkeit)
das **Projekt „WieNeT"** (Aufbau eines Wiedereingliederungsnetzwerkes in Bremen; Intensivbetreuung von Teilnehmern im Nachsorgebereich; Herstellung der Kooperationsbeziehungen zu weiteren Institutionen, insbesondere dem Jobcenter, und weiteren Arbeitsmarktakteuren)
das **Projekt „Transfer der Ergebnisse"**: Im Rahmen der Öffentlichkeitsarbeit werden die Ergebnisse präsentiert und verbreitet.[379]

Mit den im ESF beantragten Projekten im Bereich Straffälligenarbeit wird die erfolgreiche Arbeit des Projektverbundes Chance aus Chance I bis Chance IV zur systematischen Betreuung von Straffälligen mit dem Ziel der Wiedereingliederung fortgesetzt und weiterentwickelt. Der Projektverbund Chance ist erfolgreich in der Wiedereingliederung von Ex-Gefangenen und Ex-Straffälligen tätig. In den Jahren hat sich ein Netzwerk unterschiedlicher Projekte und Träger, oftmals durch weitere Fördermittel finanziert, gebildet, so dass hier der Begriff **Chance-Netzwerk** zur Umschreibung genutzt wird.

Zur konkreten Arbeit des Projektverbundes Chance gehören die Projekte der praktischen Umsetzung in und außerhalb der JVA, die Bildung und Zusammenarbeit in Netzwerken, in denen die Konzeptualisierungen der Wiedereingliederungsstrategien diskutiert und verbreitet werden (lokal, national wie transnational) und die Einbindung und Teilhabe an weiteren Netzwerkverbünden und der Austausch von best-practise (z.B. Lernwerkstatt Arbeit, durchgeführt durch Hoppenbank e.V. und JVA Bremen; Projekt EDV-Bremerhaven; Diagnose, Profiling und Assessment als niederschwellige Maßnahme zur ersten Testung und Abklärung von berufs- und bildungsbezogenen Kompetenzen und Arbeitstugenden im handwerklich-motorischen Bereich; Bildhauerwerkstatt, etc.).

6. Hamburg. Am 1. Januar 2019 ist das **Hamburgische Resozialisierungs- und Opferhilfegesetz (HmbResOG) vom 31.8.2018**[380] in Kraft getreten, das einen neuen Maß-

---
379 Website http://www.chance-bremen.de.
380 HmbGVBl. 2018, S. 265

stab für die ganzheitliche Wiedereingliederung setzen möchte. Künftig werden die Strafgefangenen in Hamburg einen Rechtsanspruch auf einen individuell abgestimmten Eingliederungsplan haben. Dabei sind Wohnen und Arbeiten für eine erfolgreiche Resozialisierung besonders wichtig. Hamburg führt ein eigen finanziertes und gesetzlich verankertes Übergangsmanagement ein. Sechs Monate vor und nach der Haftentlassung werden die Hilfsangebote künftig durch dieses Übergangsmanagement koordiniert.

In der Haftzeit steht den Gefangenen das Angebot der Hamburger Vollzugsanstalten zur Resozialisierung zur Verfügung: von der Suchtberatung, der Schuldnerberatung über schulische- und berufsbildende Maßnahmen bis hin zu therapeutischen Angeboten wie beispielsweise der Stressbewältigung. Mit der Entlassung stellen sich den Gefangenen in der Regel neue Herausforderungen wie Arbeits- oder Wohnungssuche, Beantragung von Sozialleistungen oder die Weiterführung einer Therapie. Hier greift das neue **Übergangsmanagement**,[381] damit die Resozialisierung nicht am Anstaltstor aufhört, sondern fortgesetzt werden kann.

In Eingliederungskonferenzen befasst sich der Vollzug mit dem Fallmanager aus dem Fachamt für Straffälligen- und Gerichtshilfe unter Einbeziehung der freien Träger sowie der Gefangenen damit, einen Fahrplan für die ersten sechs Monate nach der Entlassung zu erarbeiten. Der Fallmanager ist auch nach der Entlassung Ansprechpartner für den Gefangenen und achtet darauf, dass die Hilfeangebote individuell angepasst werden.

Zielgerichtet sollen die Kompetenzen des Vollzugs, der Straffälligenhilfe und der freien Träger koordiniert werden. Allerdings sind die tragenden Säulen der Resozialisierung – Vollzug, Soziale Dienste und Freie Straffälligenhilfe – in Hamburg immer noch zersplittert zwischen Sozial- und Justizbehörde. Um die Resozialisierung aus einer Hand zu gewährleisten, sollte die Bewährungshilfe beser beim Justizressort angesiedelt werden, was kritisch anzumerken ist.

1. Grundsätze der Zusammenarbeit zwischen den am Resozialisierungsprozess beteiligen Stellen
2. Grundsätze der Hilfeleistung und Berücksichtigung spezieller Hilfebedarfe im Resozialisierungsprozess
3. Klare Aufgabenbeschreibungen bezogen auf staatliche Einrichtungen und freie Träger der Straffälligenhilfe
4. Individuelle Hilfeplanung im Rahmen des Übergangsmanagements für alle Inhaftierten; Festschreibung von Möglichkeiten zur Vermeidung der Vollstreckung von Ersatzfreiheitsstrafen
5. Stärkung des Opferschutzes.

Die Inanspruchnahme der Hilfen nach dem Resozialisierungs- und Opferhilfegesetz erfolgt auf freiwilliger Basis.

Ziel ist, ein sogenanntes „Entlassungsloch" zu vermeiden, indem frühzeitig der Bedarf an Hilfe erkannt und bereits in den letzten Monaten des Vollzuges beispielsweise mit Schuldnerberatung, Wohnungssuche oder Qualifikationsmaßnahmen begonnen wird. Die klassische Trennung von Strafvollzug und ambulanter Straffälligenhilfe soll damit aufgehoben werden.

Durch das Gesetz können die Resozialisierungsmaßnahmen künftig flächendeckend und unabhängig von externer Förderung oder politischem Willen fortgesetzt und intensiviert werden. Aktuell laufen in den Hamburger Vollzugsanstalten noch Resozialisie-

---

[381] http://www.landesrecht-hamburg.de/jportal/portal/page/bshaprod.psml?showdoccase=1&doc.id=jlr-ResOpfHGHArahmen, § 3 Ziff. 4.

rungsprojekte, die über den Europäischen Sozialfonds finanziert werden. Diese Projekte laufen 2018 beziehungsweise 2020 aus. Durch das neue Gesetz können die Maßnahmen in Zukunft unabhängig von externer Förderung fortgesetzt werden. Insgesamt wird der Senat hierfür rund 2,4 Millionen Euro zur Verfügung stellen.

Ausweislich der **Länderumfrage**[382] versteht Hamburg das Übergangsmanagement so, dass es alle Leistungen umfasst, die im Zusammenhang mit der Vorbereitung und der Durchführung der Haftentlassung von Inhaftierten und der weiteren Begleitung zur Unterstützung von deren Resozialisierung und gesellschaftlicher Integration von verschiedenen Akteuren jedoch in koordinierter Weise geplant und umgesetzt werden. Die Maßnahmen des Übergangsmanagements berücksichtigen die individuellen Hilfsbedarfe und die Unterstützungsangebote richten sich an alle Inhaftierungen, die ihre Bereitschaft zur Mitwirkung erklärt haben.

Hierfür wurde die **Fachstelle Übergangsmanagement** in der JVA Billwerder unter Einbeziehung eines ESF-Projektes eingerichtet. Der Auftrag beinhaltet die Entwicklung einer strukturierten Entlassungsvorbereitung und einer bedarfsgerechten auf den Einzelfall zugeschnittenen Hilfeleistung unter Beteiligung der Fachstelle Übergangsmanagement.

Durch personelle und organisatorische Kontinuität wird die Arbeit der Fachstelle die besondere Risikosituation eines Gefangenen im Übergang von der Haft in die Freiheit minimieren.

Die **strukturierte Entlassungsvorbereitung** durch die Fachstelle soll ein grundsätzlich freiwilliges Angebot an die Gefangenen darstellen. Im Rahmen des Fallmanagements sollen die Mitarbeiter der Fachstelle gemeinsam mit dem Gefangenen seine Bedarfe identifizieren, Zielvereinbarungen schließen und Unterstützungsmöglichkeiten entwickeln – unter der Einbeziehung der Angebote der verschiedenen Hilfesysteme wie der freien Träger der Straffälligen- und Suchthilfe.

Somit ist das **Übergangsmanagement ein strukturiertes, koordiniertes und zielorientiertes Zusammenwirken** aller im Bereich der Straffälligenhilfe beteiligten staatlichen und privaten Institutionen, mit dem Ziel einer bedarfsgerechten, auf den Einzelfall zugeschnittenen Hilfeleistung. Es wird als ein integraler Bestandteil der Vollzugsplanung verstanden, der ein Zeitfenster von 6 Monaten vor der Haftentlassung und je nach Bedarf bis zu 6 Monate nach der Haftentlassung umfasst.

Mit der Methode des Fallmanagements, als ganzheitlichem Ansatz der Beratung und Unterstützung, wird sichergestellt, dass Hilfebedarfe und Leistungen gebündelt und somit der Übergang zwischen Haft und dem Leben in Freiheit begleitet und unterstützt werden.

Die **Kooperationsvereinbarung für die berufliche und soziale Wiedereingliederung** der Inhaftierten zwischen der Agentur für Arbeit in Hamburg, dem Jobcenter *team.arbeit.hamburg*, den Justizvollzugsanstalten und dem Fachamt Straffälligen- und Gerichtshilfe des Bezirksamtes Eimsbüttel schaffen die erforderlichen Organisationsstrukturen zur Umsetzung der abgestimmten Regelungen für die Zusammenarbeit.

- Feste Ansprechpartner und geregelte Abläufe zur Informationsweitergabe, Vorbereitung der Beratungsgespräche und Festlegung von verbindlichen Terminen, Bereitschaft zur regelmäßigen Abstimmung von Planungen, Klärung von Zuständigkeiten und Erreichbarkeit der beteiligten Fachkräfte.

---

382 *Maelicke/Wein* „Komplexleistung Resozialisierung" – Stand 28.7.2016, S. 245 siehe: Internetseite des Deutschen Instituts für Sozialwirtschaft (DISW) unter Website: http://reso-werkstatt-hamburg.de/Downloads.html: Materialsammlung_Komplexleistung_Resozialisierung_gesamt _20160728.pdf mit Anlagen, S. 245 ff.; auszugsweise bei: *Maelicke/Wein* 2016, S. 73 und 112 ff. Siehe ferner Fn. 371.

– Die Vollzugsanstalten schaffen die notwendigen Voraussetzungen für den Zugang der Beratungsfachkräfte der Agentur für Arbeit, stellen Sprechzimmer zur Verfügung und organisieren den Zugang der Inhaftierten und stellen sicher, dass zumindest im Strafvollzug alle Inhaftierten der Zielgruppe über die möglichen Leistungen der beteiligten Einrichtungen informiert und angemessen motiviert werden, die Beratungsgesprächsangebote der Arbeitsagentur wahrzunehmen.

Dazu gehört auch die Unterstützung bei der Zusammenstellung von schriftlichen Dokumenten und beim Ausfüllen von Antragsunterlagen und anderen Vordrucken, die für die Beratungsgespräche erforderlich sind.

32   **7. Hessen.** Ausweislich der **Länderumfrage**[383] sieht Hessen auch bei besten Rahmenbedingungen für die Behandlung und Betreuung der Inhaftierten aus hessischer Sicht die Möglichkeiten zur individuellen Resozialisierung hinter Gittern begrenzt, nicht zuletzt, weil die Zuständigkeit des Strafvollzuges auch bei fortbestehendem Behandlungsbedarf formal mit dem Datum der Entlassung endet.

Zusätzlich zum Stigma der Straffälligkeit sind die Inhaftierten in aller Regel mit einem Bündel von Problemlagen belastet, welche sich oft in einer deutlich unterdurchschnittlichen sozialen Integration schon vor der Haftzeit gezeigt haben. Zu gravierenden Problemen im persönlichen und familiären Bereich kommen bei vielen Verurteilten eine Suchtproblematik sowie Defizite im schulischen und beruflichen Werdegang.

Deshalb wurde in Hessen zur Entlassungsvorbereitung der Gefangenen beispielsweise das „**Zielgruppenorientierte Übergangsmanagement im hessischen Strafvollzug**" mit seinen vielfältigen Ausprägungen entwickelt. Ziel all dieser Maßnahmen und Projekte ist es, folgende Fragen im Zusammenwirken mit den zuständigen Institutionen (Bewährungshilfe, Führungsaufsicht, Übergangsmanagement der freien Straffälligenhilfe, den Städten und Kommunen, dem Landeswohlfahrtsverband sowie der Arbeitsagentur) im Vorfeld der Entlassung weitestgehend zu beantworten:

Wohin nach der Entlassung? Gibt es Wohnung, Unterkunft? Wovon leben? Ist Übergangsgeld in ausreichender Höhe vorhanden, wie sieht es mit Einkommen aus? Gibt es irgendwelche finanzielle Unterstützung? Noch wichtiger: Was tun? Gibt es Beschäftigung oder Arbeit?

Die folgenden Integrationsvereinbarungen[384] sollen hierfür unterstützend wirken:

– **Vereinbarung zur „Integration von Strafgefangenen in Hessen"** mit Ansprechpartnern/innen der Landkreise im Bereich der Sozialhilfe nach dem SGB XII nebst **„Leitfaden zur Umsetzung der Integrationsvereinbarung von Strafgefangenen in Hessen"** vom 13.10.2011 mit Zielen und Entwicklungsperspektiven
– Gut strukturierter Übergang in die Freiheit für die betroffenen Menschen
– Entlastung der Arbeitsprozesse und der Mitarbeiterinnen und Mitarbeiter in den Kommunalen Jobcentern und Sozialämtern

---

383 *Maelicke/Wein* „Komplexleistung Resozialisierung" – Stand 28.7.2016, S. 278 siehe: Internetseite des Deutschen Instituts für Sozialwirtschaft (DISW) unter Website: http://reso-werkstatt-hamburg.de/Downloads.html:
Materialsammlung_Komplexleistung_Resozialisierung_gesamt_20160728.pdf mit Anlagen, S. 278 ff; auszugsweise bei: *Maelicke/Wein* 2016, S. 74 ff. Siehe ferner Fn. 371.
384 Website: www.lz-hessen.de.

- Voraussetzungen zur Aufnahme von Leistungen nach dem SGB II bzw. SGB XII sind zum Zeitpunkt der Entlassung geklärt
- Anlaufstelle zur beruflichen Integration ist zum Zeitpunkt der Entlassung bekannt
- Wohnraumsituation ist zum Zeitpunkt der Entlassung gesichert
- **Vereinbarung zur „Integration von in der Sicherungsverwahrung Untergebrachten in Hessen" nebst „Leitfaden zur Umsetzung der Vereinbarung „Integration von in der Sicherungsverwahrung Untergebrachten in Hessen"** vom März 2014

Projekte:
- **„NINJA" – Netzwerk Integration für junge Inhaftierte und Haftentlassene in Ausbildung und Arbeit,** Projektverbund unter Federführung des Mittelhessischen Bildungsverbands (MBV)" Laufzeit: 1.1.2012–31.12.2014.
- „**Nachqualifizierung im Südwestverbund – Perspektive Berufsabschluss**" Laufzeit: 1.9.2010–31.8.2013.
- „**Altersgruppenspezifische Integrationsvorbereitung und Übergangsmanagement für ältere Inhaftierte**" Laufzeit: 2009 bis auf weiteres.
- „**Übergangsmanagement für zu einer Geldstrafe verurteilte Personen im Strafvollzug**" Laufzeit: 1.1.2012–30.6.2014.
- „**NIA – Nachsorge und Integration in Ausbildung und Arbeit**" Laufzeit: 1.6.2015–31.12.2018.

Im Auftrag der Wirtschafts- und Infrastrukturbank Hessen wurde die **Evaluation** der „Vorbereitung der Entlassung von Strafgefangenen – Übergangsmanagement" – Schwerpunkt: Vorbereitung der Entlassung in den sozialen Empfangsraum von Gefangenen mit besonderem Hilfebedarf nach der Haft als Dienstleistung der freien Straffälligenhilfe" durchgeführt.

Ziel der Evaluation war die Prüfung der bisherigen Umsetzung, Zielerreichung und Wirksamkeit der Programmkomponenten. Hierzu sollte in einer ersten Phase ein umfassender Überblick über die Programmstruktur gewonnen werden. Weiterhin sollten sowohl Daten und Dokumente analysiert als auch qualitative Interviews und standardisierte Befragungen mit relevanten Ansprechpartnerinnen und -partnern durchgeführt werden.

In einem zweiten Schritt wurden die bisherigen Ergebnisse und Wirkungen der Programmkomponenten untersucht. Hieraus wurden praxisdienliche Handlungsempfehlungen für die weitere Programmumsetzung abgeleitet.

In der **verbandspolitischen Diskussion** sind derzeit die folgenden Themen:
- Überlegungen zur Einführung eines Resozialisierungsgesetzes auf Landesebene
- Die Forderung der Rückkehr zum offenen Vollzug als Regelvollzug
- Die Notwendigkeit der Gewährung vollzugsöffnender Maßnahmen für eine sinnvolle Entlassungsvorbereitung
- Die stärkere Förderung von haftvermeidenden Maßnahmen, z.B. Beratung zur Vermeidung von Ersatzfreiheitsstrafen, alternative Sanktionen
- Förderung des sozialen Wohnungsbaus und Maßnahmen für Menschen, die aufgrund von Schufa-Einträgen auch bei Wohnungsbaugesellschaften keine Chance auf Wohnraum haben.

33   **8. Mecklenburg-Vorpommern.** Ausweislich der **Länderumfrage**[385] versteht Mecklenburg-Vorpommern unter dem **Begriff „Übergangsmanagement"** Soziale Reintegration in das Gemeinwesen zur Vermeidung erneuter Straffälligkeit.
Dazu:
– Strukturiertes Kooperieren der beteiligten Institutionen, insbesondere Vollzug und Bewährungshilfe, und zielgerichtetes Einwirken auf die Straffälligen
– Zusammenarbeit während der Aufnahmephase des Insassen in den Vollzug und bei der Eingliederung von dort in die Freiheit
– Vermeidung der Gefahr von Informationsverlusten zwischen den wechselnden Institutionen
– Erkennen von Risikofaktoren
– Kooperationen mit verbindlichem gegenseitigem Informationssystem sowie standardisiertes Verfahren zur Optimierung der Unterstützungs- und Kontrolldichte
– Einbindung des Betroffenen in ein miteinander verzahntes Hilfs- und Überwachungssystem, welches positive Entwicklungen fördert und negative und gefahrträchtige Faktoren und Tendenzen frühzeitig erkennt und ihnen entgegenwirkt.

1. Im Land Mecklenburg-Vorpommern entstand das **Projekt Integrale Straffälligenarbeit (*InStar*)**. In diesem ist die Kooperation zwischen Strafvollzug und den Sozialen Diensten der Justiz verankert.
Das Konzept InStar wird jährlich durch eine feststehende Arbeitsgruppe, bestehend aus Bewährungshelfern und Justizvollzugsbediensteten, überarbeitet und den sich verändernden Gegebenheiten sowie Erfahrungen angepasst. Da es Grundlage für die Arbeit beider Institutionen bildet, ist es kostenneutral. Zusätzliches Personal wird nicht benötigt.
2. Weiterhin haben die einzelnen Justizvollzugsanstalten und die Sozialen Dienste der Justiz gemeinsam mit ihren örtlich zuständigen Agenturen für Arbeit und Jobcentern Kooperationsvereinbarungen abgeschlossen, welche die Erfassung der notwendigen Daten der Insassen zur weiteren Vermittlung sowie Vorprüfung der Ansprüche nach der Haftentlassung beinhalten.
Die Kooperationsvereinbarungen werden jährlich durch einen festgelegten Personenkreis aus den einzelnen Einrichtungen fortgeschrieben. Dieses Arbeitstreffen wird jeweils nacheinander von einer Institution vorbereitet und dokumentiert. Gesonderte Kosten entstehen nicht. Die Mitarbeiter/innen werden im Rahmen ihrer regelmäßigen Aufgaben tätig.
3. Aus jeder JVA und jedem Geschäftsbereich der Sozialen Dienste fungiert je ein Bediensteter als Ansprechpartner bei einer notwendigen Vermittlung in eine stationäre Therapie/Unterbringung.
In der Arbeitsgruppe wird jährlich durch einen festgelegten Personenkreis aus den JVA'en und der Bewährungshilfe die Liste der stationären Einrichtungen fortgeschrieben. Zusätzliche finanzielle Mittel sind nicht erforderlich.
4. Im Rahmen der Verwaltungsvorschrift „Für optimierte Kontrolle und Sicherheit – FoKuS" vom 25. Juli 2012 werden verurteilte Personen betreut, die eine Sexualstraftat gemäß den §§ 174 bis 174c, 176 bis 179 des StGB oder eine Straftat gemäß den

---

385   *Maelicke/Wein* „Komplexleistung Resozialisierung" – Stand 28.7.2016, S. 299 siehe: Internetseite des Deutschen Instituts für Sozialwirtschaft (DISW) unter Website: http://reso-werkstatt-hamburg.de/Downloads.html:
Materialsammlung_Komplexleistung_Resozialisierung_gesamt_20160728.pdf mit Anlagen; auszugsweise bei: *Maelicke/Wein* 2016, S. 76 und 116 ff. Siehe ferner Fn. 371.

§§ 211, 212 StGB oder Verbrechen mit Todesfolge oder eine dieser Taten im Vollrausch (§ 323a StGB) begangen haben und deswegen nach den §§ 68f oder 67d Abs. 4 bis 6 StGB gegebenenfalls in Verbindung mit § 7 JGG unter Führungsaufsicht stehen oder denen eine Weisung nach § 68b Abs. 1 Satz 1 Nr. 12 StGB erteilt worden ist. Im Überwachungskonzept „FoKuS" wird zusätzlich die örtliche Polizei einbezogen.
5. Durch verschiedene gemeinnützige Träger werden Gefangene, die zukünftig unter Bewährungs- oder Führungsaufsicht stehen, ab 6 Monate vor der Haftentlassung bis 6 Monate nachher, im Rahmen der Arbeits- und Wohnungsvermittlung betreut.
6. Andere Strafgefangene können Unterstützungen 3 Monate vor bis 3 Monate nach Haftentlassung im Rahmen von Projekten gemeinnütziger Träger in Anspruch nehmen.

Die gemeinnützigen Träger erstellten ihre Konzeptionen entsprechend des Übergangsmanagementbedarfes. Durch das Landesamt für ambulante Straffälligenarbeit (Soziale Dienste der Justiz) erfolgt die Abrechnung aus Mitteln des Europäischen Sozialfonds. Personal wurde über die Träger akquiriert.

9. Niedersachsen. In den letzten Jahren wurden die strukturellen und organisatorischen Voraussetzungen für die Resozialisierungsarbeit wie folgt verbessert:[386] 34
- Im Justizvollzug wurde eine strategische Steuerung des Übergangsmanagements durch neue Kennzahlen zu Beschäftigung, Unterkunft und Ausweisdokumenten im Zusammenhang mit der Entlassung implementiert.
- In den Justizvollzugseinrichtungen wurden zur Förderung einer „durchgängigen Betreuung" Entlassungskoordinatorinnen und -koordinatoren bestellt und feste Ansprechpartnerinnen und Ansprechpartner im AJSD benannt. Ihre Aufgaben liegen vor allem in der Sicherstellung des Informationsflusses und der Zusammenarbeit zwischen den Akteuren des Übergangsmanagements.
- Zwischen diesen Akteuren wurden regionale Netzwerke gebildet und Kooperationsvereinbarungen geschlossen.
- Durch die durch die Fachabteilungen des Justizministeriums stetig durchgeführte Bestandsaufnahme der Handlungsfelder im Übergangsmanagement und regelmäßige Überprüfungen wurden Bedarfe herausgearbeitet, priorisiert und gemeinsam mit Vertreterinnen und Vertretern des Justizvollzuges, des AJSD und der freien Straffälligenhilfe konkretisiert.
- Regelmäßig stattfindende Praxisworkshops zum Übergangsmanagement zwischen Mitgliedern der Justizvollzugseinrichtungen, des AJSD und der freien Straffälligenhilfe dienen dem weiteren Austausch über die vereinbarten Kooperationen. Die Situation des Übergangsmanagements in Niedersachsen wird laufend evaluiert.

Unter dem Begriff **„Übergangsmanagement"** versteht Niedersachsen ausweislich der **Länderumfrage**[387] die Aufgabe der Vollzugsbehörden, darauf hinzuwirken, dass eine durchgängige Betreuung der Gefangenen sichergestellt ist, die ihnen auch nach der

---

386 http://www.mj.niedersachsen.de/aktuelles/presseinformationen/antwort-auf-die-muendliche-anfrage-landesresozialisierungsgesetz---eine-vergessene-forderung-aus-der-koalitionsvereinbarung-141589.html : Antwort auf die Mündliche Anfrage: „Landesresozialisierungsgesetz – eine vergessene Forderung aus der Koalitionsvereinbarung?" Sitzung des Niedersächsischen Landtages am 10. März 2016, Mündliche Anfrage Nr. 35.
387 *Maelicke/Wein* „Komplexleistung Resozialisierung" – Stand 28.7.2016, S. 303: siehe die Internetseite des Deutschen Instituts für Sozialwirtschaft (DISW) unter Website: http://reso-werkstatt-hamburg.de/ Downloads.html: Materialsammlung_Komplexleistung_Resozialisierung_gesamt_20160728.pdf mit Anlagen; auszugsweise bei: *Maelicke/Wein* 2016, S. 78 und 116 ff. Siehe ferner Fn. 371.

Entlassung hilft, in sozialer Verantwortung ein Leben ohne Straftaten zu führen (**NI** § 68 Abs. 2).

Die zentralen Akteure des Übergangsmanagements werden von Anfang an in diesen Prozess einbezogen. Das Niedersächsische Justizministerium, die Justizvollzugseinrichtungen, der Ambulante Justizsozialdienst Niedersachsen und die Anlaufstellen der Freien Straffälligenhilfe arbeiten zur Erreichung des gemeinsamen Resozialisierungsziels eng und partnerschaftlich mit weiteren Stellen zusammen.

Das **Ziel der durchgehenden Betreuung** wird in Niedersachsen kontinuierlich seit längerer Zeit **in Form eines landesweiten Schwerpunktprogramms** verfolgt.[388]

Bestandteile waren und sind u.a.:

- Übergangsmanagement zwischen den Justizvollzugsanstalten, dem Ambulanten Justizsozialdienst Niedersachsen-AJSD-, den Staatsanwaltschaften und den freien Trägern der Straffälligenhilfe einschließlich der Verfahren der Justizvollzugsanstalten und der Staatsanwaltschaften bei Entscheidungen der Strafvollstreckungskammern nach §§ 57, 57a StGB, §§ 454, 454a Abs. 2 StPO[389]
- Musterkooperationsvereinbarung: Justizvollzugseinrichtungen, AJSD und Anlaufstellen
- Anordnung über Organisation, Aufgaben und Dienstbetrieb des Ambulanten Justizsozialdienstes in Niedersachsen und der Führungsaufsichtsstellen sowie über die Wahrnehmung der Aufgaben der Opferhilfe im Rahmen der Stiftung Opferhilfe Niedersachsen;[390]
- die Bildung regionaler Arbeitsgemeinschaften für mit der Entlassung befasste Institutionen (Strafvollstreckungskammer, JVA, Bewährungshilfe u.a.);
- die finanzielle Förderung von 14 Anlaufstellen für Straffällige aus Mitteln der Gefangenen- und Entlassenenfürsorge (mit einem Anteil von etwa 40% am jährlichen Gesamtvolumen der Gesamtausgaben für die Anlaufstellen); zu den Anlaufstellen;[391]
- Aufsuchende Sozialarbeit durch externe Träger zur Betreuung von suchtgefährdeten und suchtkranken Gefangenen im Rahmen eines Übergangs zwischen Vollzug und Therapie
- die finanzielle Förderung von 12 Wohnheimprojekten als Maßnahme der Entlassungsvorbereitung und Entlassenenhilfe;[392]
- die finanzielle Förderung der aufsuchenden Sozialarbeit in freier Trägerschaft für ausländische Gefangene;
- als Erprobungsmaßnahme der Aufbau von 29 berufsqualifizierenden Projekten für Probanden der Bewährungshilfe und Haftentlassene, gefördert aus Mitteln des Europäischen Sozialfonds (ESF);[393]

---

[388] *Best* Projektarbeit in den Sozialen Diensten der Justiz – Sanktionsverwaltung oder mehr? Das Beispiel Niedersachsen, in: BewHi 1992, 377 ff; *ders.* Ambulante Soziale Dienste der Justiz im Verbund mit der freien Straffälligenhilfe, in: BewHi 1994, 131 ff; *Scherrer* BewHi 2008, 284 ff.
[389] AV Übergangsmanagement – AV d. MJ v. 12.7.2011 (4260 – 403.116) – VORIS 33350.
[390] AV AJSD), AV d. MJ. v. 18.8.2015 (4263 – 403.141) – Nds. Rpfl. S. 284 – VORIS 33350.
[391] Website: http://die-anlaufstellen.de/index.php. Ergebnis der Haushaltsberatungen 2019 – Haushaltsschwerpunkt Justiz nach der Sitzung des Niedersächsischen Landtages am 12. Dezember 2018, TOP 42: Anhebung der Fördersumme für die freie Straffälligenhilfe von bisher 1,877 Millionen Euro auf nunmehr 2,550 Millionen Euro, https://www.mj.niedersachsen.de/aktuelles/presseinformationen/rede-von-frau-justizministerin-barbara-havliza-zu-den-haushaltsberatungen-2019---haushaltsschwerpunkt--justiz--172204.html .
[392] *Best* Arbeits- und Wohnraumprojekte für Straffällige in Niedersachsen, in: ZfStrVo 1994, 86 ff.
[393] Vgl. Fn.166, als EU- Pilotprojekt „ESF Prison and Probation" für Deutschland in Niedersachsen unter Leitung des niederländischen Justizministeriums entwickelt.

- Konzeption zum Umgang mit rückfallgefährdeten Sexualstraftätern als Äquivalent zu dem in Bayern entwickelten HEADS mit verpflichtender kollegialer Beratung für sozialarbeiterisches Risikomanagement bei der Arbeit mit Probanden mit erhöhter Risikoeinstufung;
- Entwicklung eines Online-Handbuchs „Übergangsmanagement": Handreichung für Bedienstete zur Entlassungsbegleitung nach Phasen gestaffelt und mit Checklisten und Entwicklung einer webbasierten „Netzwerkpartner Datenbank" (dazu 7 C Rdn. 18);
- Kooperationsvereinbarung zwischen dem Nds. Justizministerium und der Regionaldirektion Nds.-Bremen der Bundesagentur für Arbeit zur regelmäßigen Beratung und Vermittlung von Gefangenen:
- Projekt AMOR – Arbeitsmarktorientierte Resozialisierung (Erprobung einer Entlassungsbegleitung für Gefangene mit Migrationshintergrund, von ESF und Xenos gefördert).

Besonders bedeutsam ist die **Richtlinie über die Gewährung von Zuwendungen zur Förderung der beruflichen Wiedereingliederung von Strafgefangenen und Haftentlassenen** vom 17.8.2015, Nds. MBl. 2015, 1121:

Gefördert werden im Rahmen des Übergangsmanagements für Strafgefangene (Entlassungsvorbereitung und Betreuung nach der Entlassung) **Maßnahmen zur Integration in den ersten Arbeitsmarkt bzw. in Aus- und Weiterbildungsmaßnahmen**, die der beruflichen Integration dienen:

Die Vorhaben bestehen aus konzeptionell aufeinander bezogenen Motivierungs-, Qualifizierungs- und Betreuungsteilen (z.B. Potenzialanalyse, Bildungsbegleitung, Integrationsbegleitung), die die berufliche Mobilität der Teilnehmenden erhöhen und/oder das Nachholen von Schul- und Berufsabschlüssen vorbereiten oder ermöglichen. Die Teilnehmenden sollen, soweit sie an Qualifizierungsmaßnahmen im Bereich des Garten- und Landschaftsbaus sowie des ökologischen Landbaus oder des ökologischen Hausbaus teilnehmen, auf eine Beschäftigung im grünen Sektor vorbereitet werden.

Es kann auch die Einrichtung von Entlassungs- oder Übergangsstationen in den Justizvollzugseinrichtungen erprobt werden. In Einzelfällen können im Einvernehmen mit dem programmverantwortlichen Ressort Modellprojekte, die sich durch neue Ansätze im Hinblick auf die Zielgruppe, Konzeption, Prozesse, Techniken, Strukturen oder Finanzierung auszeichnen, gefördert werden.

Projekt „Stärkung des offenen Vollzuges": Am 1.3.2016 startete das Projekt, welches folgende Schwerpunkte verfolgt:
1. Mögliche Hemmnisse für die Verlegung von Gefangenen im Rahmen der Progression identifizieren und Lösungsmöglichkeiten erarbeiten
2. Überprüfung und ggf. Überarbeitung des landeseinheitlichen Aufnahmeverfahrens für den offenen Vollzug
3. Stärkere Angleichung des offenen Vollzuges an das Leben in Freiheit. Eine Einrichtung wird dafür gewonnen, die Selbstverpflegung zu erproben.

Projekt „Resozialisierung-Vorlage des Abschlussberichts 2017"
- Schaffung fachlicher Mindeststandards für den Justizvollzug, den Ambulanten Justizsozialdienst Niedersachsen (AJSD) und die Anlaufstellen für Straffällige bei den Schnittstellen im Übergangsmanagement in Niedersachsen
- Einführung eines Dokumentationssystems für die Standards und die Zusammenarbeit Ambulanter Justizsozialdienst Niedersachsen (AJSD) – Anlaufstellen – Vollzug mit konkreter Arbeitsaufteilung bei gemeinsamen Klientinnen und Klienten

- Erstellung eines Musterprozesses und Nachgehende Betreuung durch die Justizvollzugsanstalt
- Gemeinsames Aufgabenverständnis aller Akteure und Sicherung der Umsetzung
- Sicherung der Kriminaltherapeutischen Versorgung in Niedersachsen mit Fördergrundsätzen auch für Therapieweisungen im Rahmen der Bewährungs- und Führungsaufsicht in Niedersachsen
- Entwicklung einer tragfähigen Lösung für die finanzielle Förderung der Anlaufstellen für Straffällige mit Übersicht über die mit Landesmitteln geförderten Projekte „Anlaufstellen für Straffällige" und Projekte „Aufbau von Beschäftigungs- und Wohnraumprojekten" im Haushaltsjahr 2016.

Die **Richtlinie über die Gewährung von Zuwendungen zur Förderung der freien Straffälligenhilfe** der „Landesarbeitsgemeinschaft der freien Wohlfahrtspflege in Niedersachsen" ist zum 1. Januar 2019 in Kraft getreten und findet für das laufende Bewilligungsverfahren erstmals Anwendung.

Neben dieser Richtlinie wurde für den Haushalt 2019 zudem ein Mehrbetrag in Höhe von 200.000 EUR verbindlich eingestellt, um die Anlaufstellen noch besser in ihrer Arbeit zu unterstützen. Damit hat die Niedersächsische Landesregierung die Haushaltsmittel für die Anlaufstellen um rund 13 Prozent erhöht. Den Anlaufstellen stehen inklusive der Wohnraumprojekte bereits jetzt damit über 2 Mio. EUR verbindlich und dauerhaft zur Verfügung, auch eine Folge der Umsetzung der LT-Entschließungsantrags „Arbeit der Anlaufstellen für Straffällige angemessen unterstützen!" (LT-Drs. 18/1846), und des Sitzungsergebnisses des Nds. LT am 27. Februar 2019, TOP 19.

35   **10. Nordrhein-Westfalen.** Ausweislich der **Länderumfrage**[394] versteht Nordrhein-Westfalen **Übergangsmanagement** als eine organisationsübergreifende Schaffung von Förderketten zur Wiedereingliederung von (ehemaligen) Strafgefangenen, die in enger Kooperation zwischen Justizbehörden, Einrichtungen der Straffälligenhilfe und kompetenten Dritten innerhalb und außerhalb des Strafvollzuges erfolgt."[395] Dabei kann der eher ressourcenorientierte Begriff der „Förderketten" im Bedarfsfall durch stärker defizit- oder risikoorientierte Begrifflichkeiten wie zum Beispiel „Interventionsketten" oder „Präventionsketten" ersetzt werden. Damit wird der Begriff auch über die Aufgaben der beruflichen Eingliederung hinaus für andere Themenfelder des Übergangsmanagements nutzbar:

„Aus fachlicher Sicht ergeben sich daraus mindestens drei Kooperationsszenarien, die in den Leitlinien für die Gestaltung des Strafvollzuges beschrieben werden als
a. eine verbesserte **Verzahnung** des Justizvollzuges und der Straffälligenhilfe, namentlich des vollzuglichen Sozialdienstes und der Bewährungs- und freien Straffälligenhilfe, sowie der Führungsaufsicht mit ihren jeweils spezifischen Wiedereingliederungs-, Kontroll- und Sicherungsaufgaben,
b. eine intensivierte **Vernetzung** des Strafvollzuges mit örtlichen bzw. kommunalen Hilfesystemen (zum Beispiel soziale Dienste, Wohnungsämter, Suchtberatungsstel-

---

394 *Maelicke/Wein* „Komplexleistung Resozialisierung" – Stand 28.7.2016, S. 405: siehe die Internetseite des Deutschen Instituts für Sozialwirtschaft (DISW) unter Website: http://reso-werkstatt-hamburg.de/Downloads.html: Materialsammlung_Komplexleistung_Resozialisierung_gesamt_20160728.pdf mit Anlagen, S. 405; auszugsweise bei: *Maelicke/Wein* 2016, S. 81 und 121 ff. Siehe ferner Fn. 371.
395 *Wirth* Case Management 2015, S. 60–67; Zitat: S. 64; zur praktischen Umsetzung mit Bezügen zu den o.a. Modellprojekten außerdem: *Wirth*, Berufliche Eingliederung nach Strafvollzug: Forschungsbefunde und Praxisaufgaben. In: Case Management 2015, Heft 2, S. 68–74).

len, Therapieeinrichtungen etc.) und mit ehrenamtlichen Helferinnen und Helfern im Einzugsbereich der Justizvollzugsanstalten sowie

c. eine systematische **Verknüpfung** von Qualifizierungs-, Vermittlungs- und Stabilisierungsmaßnahmen zur beruflichen Reintegration der Gefangenen, die als besonders wichtiges Element einer erfolgreichen Resozialisierung und Rückfallprävention betrachtet wird."[396]

In NRW wird dem Übergangsmanagement zur beruflichen Eingliederung von Strafgefangenen und Haftentlassenen besondere Bedeutung beigemessen.

Um die erforderlichen Erfolgsbedingungen zu erproben, hat der Kriminologische Dienst (KrimD NRW) dazu im Rahmen einer langjährigen Innovationsstrategie mehrere Modellprojekte durchgeführt, die weit über NRW hinaus Beachtung gefunden haben. Es sind dies die Modellprojekte:

MABiS.NeT: Marktorientierte Ausbildungs- und Beschäftigungsintegration für Strafentlassene

ZUBILIS: Zukunft der Bildung im Strafvollzug des Landes Nordrhein- Westfalen

TANDEM: Berufsorientierung und Gewaltsensibilisierung im Strafvollzug in Kooperation mit Berufskollegs

INA: Integrationsplanung – Netzwerkbildung – Arbeitsmarktintegration.

Erweitertes Übergangsmanagement für (ehemalige) Strafgefangene

MACS: Motivierung und Aktivierung im Case Management zur beruflichen Wiedereingliederung von jungen Strafgefangenen

Nach Beendigung der genannten Modellprojekte wurden die erfolgreich getesteten Verfahren, Strukturen und Instrumente mit der auf Dauer angelegten *Gemeinschaftsinitiative B5* verstetigt, in der der Justizvollzug und die Regionaldirektion NRW der Bundesagentur für Arbeit auf der Grundlage einer förmlichen **Kooperationsvereinbarung** ein landesweites Übergangsmanagement zur Arbeitsmarktintegration von (ehemaligen) Strafgefangenen landesweit etabliert haben.

Ferner gehören dazu das **Übergangsmanagement Sucht** und das **Übergangsmanagement für die Sicherungsverwahrung (2015)**.

Die Justizverwaltung konzentriert im Rahmen der Richtlinien der Landesregierung ihre Bemühungen darauf, dass Ausländer und Deutsche im Strafvollzug gleichbehandelt werden. Diese Bemühungen erstrecken sich insbesondere auf den Abbau der Sprachbarriere sowie Maßnahmen der Aus- und Weiterbildung sowie der Integration. Es wird ein **massiver Ausbau von Sprach- und Integrationskursen in den 36 Anstalten** betrieben.

Der Anteil der nichtdeutschen Gefangenen aus insgesamt 116 verschiedenen Staaten an der Gesamtbelegung der Justizvollzugsanstalten des Landes Nordrhein-Westfalen ist auf inzwischen 36% gestiegen. Nordafrikaner und Araber haben zusammen die Türken als größte ausländische Gefangenen-Gruppe bereits abgelöst. Besonders deutlich fiel der Zuwachs mit 14,6% auf 62,1% bei den Untersuchungsgefangenen aus. Das geht unter anderem auf einen überproportionalen Anstieg von Gefangenen aus den Maghreb-Staaten zurück.

Als Hindernisse, die nur schwer zu überwinden sind, erweisen sich namentlich die Sprachbarriere und die Herkunft aus Kulturkreisen, die sich von dem deutschen Kulturkreis wesentlich unterscheiden.[397]

---

[396] *Wirth* Case Management 2015, S. 62.
[397] https://www.justiz.nrw.de/Gerichte_Behoerden/Justizvollzug/justizvollzug1/Auslaender_11/index.php.

36 **11. Rheinland-Pfalz.** Ausweislich der **Länderumfrage**[398] definiert Rheinland-Pfalz den **Begriff „Übergangsmanagement"** wie folgt:

„Übergangsmanagement ist eine systematisch geplante, fallbezogene und fallübergreifende Verknüpfung vollzugsinterner Behandlungs-, Erziehungs- und Fördermaßnahmen mit vollzugsexternen Reintegrationshilfen für (ehemalige) Gefangene, die in enger Kooperation zwischen Justizbehörden, Einrichtungen der Straffälligenhilfe und kompetenten Dritten zu organisieren ist. Das Übergangsmanagement verfolgt einen ganzheitlichen Ansatz, an dem verschiedene Institutionen beteiligt sind. Es ist mehr als Entlassungsvorbereitung.

Das Übergangsmanagement bedingt eine systematische Schaffung von organisationsübergreifenden Förderketten zur erfolgreichen Wiedereingliederung von Strafgefangenen und geht über die Haftentlassung hinaus."[399]

Landeskonzept zum Übergangsmanagement

Das Landeskonzept für ein Übergangsmanagement[400] gilt als landesweit einheitliches Best Practice. Das nach den Europäischen Strafvollzugsgrundsätzen entwickelte Konzept wird evaluiert und soll bei Bedarf fortgeschrieben werden.

Den stationären und ambulanten sozialen Diensten der Justiz kommt hierbei eine besondere Verantwortung zu. Mit ihrer Arbeit leisten sie einen wesentlichen Beitrag zur Kriminalprävention. Es bestehen Standards der Sozialen Arbeit im Justizvollzug Rheinland-Pfalz sowie Standards der Bewährungshilfe Rheinland-Pfalz.

Das Konzept bezieht sich nur auf das Land Rheinland-Pfalz, soweit es verpflichtende Regelungen für Mitarbeiterinnen und Mitarbeiter der Bewährungshilfe, der Führungsaufsicht, der Gerichtshilfe und der Vollzugseinrichtungen beinhaltet.

Angebote ohne verpflichtenden Charakter beziehen auch andere Bundesländer mit.

Zur Förderung des fachlichen Austauschs ist mindestens einmal jährlich eine gemeinsame Konferenz des Sozialdienstes der Justizvollzugseinrichtungen mit den Bewährungshilfestellen ihres Zuständigkeitsbereichs durchzuführen. In diese Kommunikation werden auch die Strafvollstreckungskammern, die Führungsaufsichtsstellen und die Staatsanwaltschaften einbezogen.

Einsatz von Videokonferenzsystemen

Zur Verbesserung des Übergangsmanagements, aber auch anderer Vorteile, dient ein landesweites Videokonferenzsystem in den Einrichtungen des Vollzuges und in der ordentlichen Gerichtsbarkeit:

Es sind 23 Justizstandorte mit modernen Videokonferenz-Raumsystemen ausgestattet. Davon profitieren auch die Landgerichte, Staatsanwaltschaften und Justizvollzugseinrichtungen. Der Datenaustausch der ambulanten und sozialen Dienste im Rahmen des Landeskonzepts zum Übergangsmanagement wird dadurch erleichtert. Hierfür wurden klarstellende landesgesetzliche Regelungen zum Datenschutz geschaffen.[401]

---

398 *Maelicke/Wein* „Komplexleistung Resozialisierung" – Stand 28.7.2016, S. 511: siehe die Internetseite des Deutschen Instituts für Sozialwirtschaft (DISW) unter Website: http://reso-werkstatt-hamburg.de/Downloads.html: Materialsammlung_Komplexleistung_Resozialisierung_gesamt_20160728.pdf mit Anlagen, S. 511; auszugsweise bei: *Maelicke/Wein* 2016, S. 84 ff. Siehe ferner Fn. 371.
399 Landeskonzept für ein Übergangsmanagement in Rheinland-Pfalz, Rundschreiben des Ministeriums der Justiz und für Verbraucherschutz vom 14.Juli 2015 – 4260E14-5-3.
400 Rundschreiben des Ministeriums der Justiz und für Verbraucherschutz vom 14.Juli 2015 (4260E14-5-3).
401 Vgl. Landessozialdienstgesetz, a.a.O., §§ 5, 6; Landesjustizvollzugsdatenschutzgesetz (LJVollzDSG) vom 8. Mai 2013, GVBl. 2013.

D. Hilfe zur Entlassung

Für alle Mitarbeiterinnen und Mitarbeiter des Geschäftsbereichs ist die Möglichkeit der Nutzung von *PlaceCam* geschaffen. Dies wird – auf freiwilliger Basis – von mehr als 1.000 Mitarbeiterinnen und Mitarbeitern in den verschiedenen Geschäftsbereichen genutzt. Die eingesetzte Software verfügt darüber hinaus über die Möglichkeit, gemeinsam Dokumente zu bearbeiten.

Einsatz spezieller IT
Die derzeit im Vollzug neu eingeführte und in der Bewährungshilfe geplante Einführung neuer Software-Programme dient dem Ziel eines reibungslosen Datenaustauschs, perspektivisch bis hin zu einer gemeinsam geführten einheitlichen elektronischen Akte.

Flächendeckendes Konzept Psychotherapeutischer Ambulanzen der Justiz (PAJu)
Im Rahmen der Führungsaufsicht besteht die Möglichkeit, einem aus der Haft entlassenen Straftäter die Weisung aufzuerlegen, sich einer ambulanten Nachsorge bei forensischen Ambulanzen zu unterziehen (vgl. §§ 68a Abs. 7 und 8, 68b Abs. 2 Satz 2 bis 4 StGB). Das Gleiche gilt im Rahmen von Weisungen in der Bewährungsaufsicht (§ 56c StGB).

Die Psychotherapeutischen Ambulanzen der Justiz an den Standorten Ludwigshafen (PAJu Ludwigshafen) und Trier (PAJu Trier) sind bereits seit vielen Jahren in Betrieb und jeweils an die dortigen Justizvollzugsanstalten angegliedert.

Nach entsprechender Kooperationsvereinbarungen haben am 31.7.2015 die von der Behandlungsinitiative Opferschutz (BIOS) e.V. betriebene Psychotherapeutische Ambulanz Koblenz (PAKO), sowie seit dem 7.10.2015 auch die Forensisch-Psychiatrische Ambulanz der Klinik für Psychiatrie und Psychotherapie der Universitätsmedizin Mainz ihre Arbeit für die ambulante therapeutische Nachsorge von Straftätern aufgenommen.

Projekt Anpfiff – Vom Regelbrecher zum Regelhüter
In diesem Projekt werden in Zusammenarbeit mit dem Südwestdeutschen Fußballverband in mehreren rheinland-pfälzischen Justizvollzugseinrichtungen offiziell vom Deutschen Fußball-Bund anerkannte Schiedsrichter ausgebildet.

Hierdurch wird zum einen der durch Gefangene organisierte Fußball aufgewertet, zum anderen aber wird vor allem eine Brücke zur Integration ins Vereinsleben nach der Haft geschlagen.

Familien- und Paarseminare
Überwiegend aber nicht seitens der Seelsorge werden in den Anstalten gemeinsame Familien- und Paarseminare für Inhaftierte und deren Angehörige angeboten. In der Regel werden langstrafige Gefangene als Zielgruppe angesprochen, damit diese im Rahmen der Entlassungsvorbereitung ihre Bindungen zur Familie bzw. zur Partnerin oder Partner reaktivieren, pflegen und stabilisieren können. Im Rahmen der Seminare wird versucht, frühzeitig eine gemeinsame Planung und Gestaltung des Alltags der Gefangenen mit ihren Familien für die Zeit nach der Entlassung einzuleiten. Bei diesem Prozess werden die Seminarteilnehmenden von der Seelsorge und/oder den Fachdiensten begleitend unterstützt. In der Regel beginnen die Angebote im Vollzug und finden ihren Abschluss außerhalb des Vollzuges im Rahmen einer Wochenendveranstaltung in einer Tagungseinrichtung statt.

Soziales Training: „Rund um die Entlassung"
Das Angebot „Rund um die Entlassung" als Projekt des sozialen Trainings richtet sich an Inhaftierte, die unmittelbar vor der Entlassung stehen. Im Vergleich zum klassischen Sozialen Training, das in der Regel ausschließlich unter einem Themenpunkt, wie zum Beispiel „Geld und Schulden", steht und unabhängig vom Haftverlauf angeboten wird, werden hier mehrere Fragestellungen, die in unmittelbarem Zusammenhang mit der Entlassungsvorbereitung stehen, in Theorie und Praxis mit den Gefangenen erarbeitet und geübt. Die Themen beinhalten u.a. Fragen zu sozialen Leistungsansprüchen und deren Beantragung, Wohnungssuche, Schuldenregulierung und Arbeitsplatzsuche bzw. Ausbildungsplatzsuche. Die Kurse finden zum Teil in Kooperation mit externen Trägern, Arbeitgebern oder Ämtern, die ggfs. auch für die nachsorgende Begleitung zuständig sind, statt. Das Training beinhaltet die praktische Übung im Rahmen von Vollzugslockerungen und endet zeitnah mit der Entlassung des Gefangenen.

Führerscheinkursus:
Der Verein für Verkehrserziehung e. V. mit Sitz in der Justizvollzugsanstalt Zweibrücken fördert die Verkehrserziehung von Gefangenen im rheinland-pfälzischen Justizvollzug.

Er bietet Gefangenen zur Wiedereingliederung in Beruf und Gesellschaft die Möglichkeit, während der Haftzeit einen Führerschein der Klasse B zu erwerben. Das Angebot des Vereins umfasst die theoretische und praktische Ausbildung der Gefangenen im Vollzug. Zu diesem Zweck unterhält der Verein eine eigene Fahrschule nach den Bestimmungen des Fahrlehrergesetzes zur Vorbereitung auf die Prüfung für die Fahrerlaubnis nach dem Straßenverkehrsgesetz.

Flächendeckende und zeitige Beratung durch die Arbeitsagentur
Am 9. August 2019 wurde zur Verbesserung des Übergangsmanagements mit der Regionaldirektion der Bundesagentur für Arbeit eine entsprechende Kooperationsvereinbarung mit einheitlichen Standards abgeschlossen, um die Jobchancen von Ex-Häftlingen in Rheinland-Pfalz zu erhöhen und deren Resozialisierung zu fördern. Fortan bieten Berater der Arbeitsagentur in sämtlichen Anstalten regelmäßige Sprechstunden für Gefangene an. Diese wiederum können Dienstleistungen der Agentur bereits drei Monate vor ihrer Entlassung in Anspruch nehmen. Der Sozialdienst in den Anstalten bereitet die Gefangenen auf die Beratungsgespräche vor. Ziel ist auch, ohne Verzögerung Leistungen wie Arbeitslosengeld II auszuzahlen.

37   **12. Saarland.** Ausweislich der **Länderumfrage**[402] versteht das Saarland als erfolgversprechendes **Übergangsmanagement** einen übergreifenden Weg, der in Haft mit Qualifizierung und Betreuung beginnt, den Übergang strukturiert und eine Nachbetreuung sicherstellt.

Die Praxis des Übergangsmanagements teilt sich hier in die Entlassungsvorbereitung und Nachsorge. Hierfür wurden im Saarland sowohl für den Jugendvollzug, als auch für den Erwachsenenvollzug getrennte Nachsorgeeinrichtungen etabliert. Die jeweiligen Konzeptionen sind zielgruppenspezifisch ausgerichtet.

---

402 *Maelicke/Wein* „Komplexleistung Resozialisierung" – Stand 28.7.2016, siehe die Internetseite des Deutschen Instituts für Sozialwirtschaft (DISW) unter Website: http://reso-werkstatt-hamburg.de/Downloads.html: Materialsammlung_Komplexleistung_Resozialisierung_gesamt_20160728.pdf mit Anlagen, S. 651; auszugsweise bei: *Maelicke/Wein* 2016, S. 89 ff. Siehe ferner Fn. 371.

D. Hilfe zur Entlassung

Die **Entlassungsvorbereitung** beinhaltet Maßnahmen, die bereits ½ bis ein ¾ Jahr vor Haftentlassung, je nach Bedarf, beginnen können und einer Phase der Nachsorge oder Nachbetreuung nach der Haft, die im Regelfall auch etwa mindestens 6 Monate dauern sollte, in Einzelfällen auch darüber hinaus. Die Dauer wird im Einzelfall entschieden.

Es handelt sich dabei um einen **von der „Nachsorge" begleiteten und unterstützten Übergang von der Haft in die Freiheit**. „Management" deshalb, weil um den Straffälligen viel zu organisieren bleibt. Die Entlassungsvorbereitung beginnt mit einer Bedarfserhebung. Im Optimalfall sollen während der Entlassungsvorbereitung schon die wichtigsten Themen wie Sicherung von Unterkunft nach der Haft, Sicherung eines Arbeits- oder Ausbildungsplatzes, Schuldenregulierung, geg. therapeutische Versorgung, Besorgung von gültigen Ausweispapieren angebahnt oder schon abgeschlossen sein.

Das **Aufgabengebiet der Nachsorge** setzt sich am Entlassungstag fort. Hier ist meist schon eine Begleitung bei Behördengängen notwendig. Wichtig ist hier die Beantragung von Leistungen, zur Sicherung des Lebensunterhaltes und der Unterkunft sowie Klärung der Krankenversicherung. Im weiteren Verlauf geht es um Alltagsstabilisierung in vielfältigem Sinn und um die Unterstützung in alltagspraktischen Dingen, um erneute Straftaten zu verhindern.

Das ehemalige aus EU- und Bundesmitteln geförderte *SoKoS Projekt*, das von 2009 bis 2012 erwachsene Gefangene der JVA Saarbrücken betreute, ist 2012 in die Regelstruktur des saarländischen Strafvollzugs überführt worden.

Für die Insassen der JVA Saarbrücken gibt es weiterhin das Angebot der **„Nachsorge Saarbrücken"**, die 2015 als eigener Arbeitsbereich dem „Kompetenzzentrum der Justiz zur ambulanten Resozialisierung und Opferhilfe" (KARO) angegliedert wurde.

Durch das Gesetz für ambulante Resozialisierung und Opferhilfe sind damit alle ambulanten sozialen Dienste unter dem gemeinsamen Dach des **Kompetenzzentrums der Justiz** zusammengeführt worden. Dies soll die bessere Vernetzung der einzelnen Arbeitsbereiche, insbesondere der Bewährungshilfe und Führungsaufsicht mit der Entlassungsvorbereitung und Nachsorge, ermöglichen.

13. Sachsen. Sachsen versteht **Übergangsmanagement** ausweislich der **Länderumfrage**[403] als systematische Verknüpfung vollzugsinterner Behandlungs-, Erziehungs- und Fördermaßnahmen mit externen Reintegrationshilfen. Übergangsmanagement erfordert eine Kooperation zwischen Justizbehörden, Einrichtungen der Straffälligenhilfe, ehrenamtlichen Mitarbeitern und verschiedenen Institutionen außerhalb des Justizvollzugs. Diese Kooperation umfasst die Übergänge von der Freiheit in die Haft, die in Haft angebotenen Interventionen und die Übergänge von der Haft in die Freiheit. Ziel des Übergangsmanagements ist, durch Schaffung funktionierender Übergänge eine nachhaltige Wirkung der im Vollzug begonnen und abgeschlossenen Resozialisierungsmaßnahmen zu erreichen und nach der Haftentlassung eine soziale und berufliche Integration und ein Leben ohne Straftaten zu ermöglichen. In Sachsen wird derzeit ein mögliches Resozialisierungsgesetz diskutiert.[404]

Es besteht eine enge **Zusammenarbeit mit dem Verein für Soziale Rechtspflege Dresden e.V.** Projekte werden über Zuwendungen aus dem Justizhaushalt finanziert.

38

---

403 *Maelicke/Wein* „Komplexleistung Resozialisierung" – Stand 28.7.2016, S. 90. Siehe ferner Fn. 371.
404 31. Sitzung des Verfassungs- und Rechtsausschusses des LT am 26.9.2017 mit öffentlicher Anhörung zum Antrag der Fraktion DIE LINKE; vgl. auch *Kleinert* Ein Resozialisierungsgesetz für Sachsen!(?), in: FS 2018, 79; **SN** LT-Drucksache 6/9904: „Resozialisierungsgesetz für Sachsen endlich auf den Weg bringen. Unabhängige Fachkommission – Sächsisches Resozialisierungsgesetz unverzüglich einsetzen!".

7. Kapitel. Soziale Hilfe, Entlassungsvorbereitung, nachgehende Betreuung

Seit Mai 2011 bietet das **Institut für sozialtherapeutische Nachsorge und Resozialisationsforschung e.V. (ISONA)** ein therapeutisches Angebot für Gefangene mit Gewalt- oder Sexualstraftaten sowie Brandstiftungsdelikten, die bereits während der Haft mit Einzel- und Gruppenangeboten sowie mit Angeboten zur Hilfe zur Selbsthilfe und zur Stärkung der eigenen Kompetenzen beginnen und die Teilnehmer nach der Haft weiter betreuen. Das Projekt wird über Zuwendungen aus dem Justizhaushalt finanziert.[405]

Weiteres Kernstück ist die **Kooperationsvereinbarung zwischen dem Staatsministerium der Justiz und für Europa und der Geschäftsführung der Regionaldirektion der Bundesagentur für Arbeit vom 16.4.2014.**

39   **14. Sachsen-Anhalt.** Die rechtlichen Voraussetzungen in Anlehnung an § 74 StVollzG finden sich in **ST** §§ 49–53. Die Schlüsselnorm ist **ST** § 49 (Vorbereitung der Eingliederung). Nach Abs. 1 sind die Maßnahmen zur sozialen und beruflichen Eingliederung auf den Zeitpunkt der voraussichtlichen Entlassung in die Freiheit abzustellen. Die Vermittlung in nachsorgende Maßnahmen wird besonders hervorgehoben. Dazu ist nach Abs. 2 Satz 1 die frühzeitige Beteiligung außervollzuglicher Stellen zu ermöglichen, um ein abgestimmtes Vorgehen und einen nahtlosen Übergang ohne Informationsverlust zu sichern. Bewährungshilfe und Führungsaufsicht sind nach Satz 2 aufgerufen, sich für ihre künftigen Probanden aktiv in diesen Prozess einzubringen. Gemeinsam mit den Gefangenen müssen sich auch hier die Anstrengungen aller an der Entlassungsvorbereitung Beteiligten in langfristiger Kooperation darauf konzentrieren, realistische Zukunftsperspektiven zu entwickeln und deren Umsetzung nach der Entlassung zu gewährleisten. Dazu gehören nach Abs. 3 auch mögliche Aufenthalte „in Einrichtungen außerhalb des Vollzugs, wenn dies zur Vorbereitung der Eingliederung erforderlich ist und er hierfür geeignet ist, insbesondere keine tatsächlichen Anhaltspunkte die abstrakte Gefahr begründen, dass er sich dem Vollzug der Freiheitsstrafe oder der Jugendstrafe entziehen oder die Möglichkeiten des Aufenthaltes in diesen Einrichtungen zu Straftaten oder auf andere Weise missbrauchen wird".

Ausweislich der **Länderumfrage**[406] versteht Sachsen-Anhalt das **Übergangsmanagement** im Rahmen der Resozialisierung von Inhaftierten als Phase des Übergangs von der Haft in die Freiheit. Die bereits in der Haft entwickelten und vorbereiteten Maßnahmen für den Inhaftierten, wie z.B. die Erfassung und Weiterentwicklung der wirtschaftlichen Situation, die Klärung der Wohnraumsituation, die Kontakte zur Arbeitsverwaltung, die Möglichkeiten zur Einbeziehung des sozialen Nahbereiches, die Klärung über Art, Durchführung und Finanzierung einer therapeutischen Versorgung, die Zusammenarbeit des Inhaftierten mit dem Sozialen Dienst der Justiz des Landes Sachsen-Anhalt, werden dabei möglichst frühzeitig begonnen und umgesetzt. Dazu arbeiten die Sozialarbeiter der einzelnen Justizvollzugsanstalten eng mit den Strafvollstreckungskammern der Landgerichte, den Staatsanwaltschaften, den Dienststellen des Sozialen Dienstes der Justiz des Landes Sachsen-Anhalt, Institutionen und Verbänden, die Entlassungshilfeangebote vorhalten, insbesondere mit den Trägern der freien Straffälligenhilfe, zusammen.

---

405   Website: www.isona.net.
406   *Maelicke/Wein* „Komplexleistung Resozialisierung" – Stand 28.7.2016, S. 658 siehe: Internetseite des Deutschen Instituts für Sozialwirtschaft (DISW) unter Website: http://reso-werkstatt-hamburg.de/Downloads.html:
Materialsammlung_Komplexleistung_Resozialisierung_gesamt_20160728.pdf mit Anlagen, S. 658; auszugsweise bei: *Maelicke/Wein* 2016, S. 90 ff. Siehe ferner Fn. 371.

D. Hilfe zur Entlassung

Forensische Ambulanz und Sozialer Dienst der Justiz

Der Soziale Dienst der Justiz des Landes Sachsen-Anhalt ist im Rahmen der Bewährungshilfe und Führungsaufsicht ein wichtiger Partner an der Schnittstelle zur Entlassung aus der Haft.

Im Rahmen des Übergangsmanagements kooperiert der Sozialarbeiter mit den für die Entlassungshilfe zuständigen Partnern. Gleiches gilt auch für die Zusammenarbeit mit Aufnahmestationen von Vollzugseinrichtungen, wenn der Proband während der Bewährungszeit erneut in Haft kommt, soweit die datenschutzrechtlichen Voraussetzungen dies zulassen oder der Proband einer Weitergabe von Informationen zustimmt.

Soweit die Aussetzung des Strafrestes zur Bewährung in Betracht kommt oder Führungsaufsicht mit der Entlassung aus der Haft eintritt, nimmt der Bewährungshelfer frühzeitig Kontakt zu dem Inhaftierten auf. Je nach Lage des Einzelfalls bietet er Unterstützung im Rahmen der Vorbereitung der Entlassung an und bezieht in Abstimmung mit dem Probanden ggf. weitere Beratungs- oder Betreuungseinrichtungen aus dem ambulanten Hilfenetzwerk ein.

In besonderen Fällen kann die Rückkehr der Probanden in eine Einrichtung des Strafvollzuges für einen befristeten Zeitraum in Betracht kommen. Bei der **Betreuung besonderer Tätergruppen** (z.B. Sexualstraftäter) ist eine Zusammenarbeit mit der Polizei, der Staatsanwaltschaft und Vertretern anderer Beteiligter (z.B. in Fallkonferenzen) im Rahmen der Führungsaufsicht vorgesehen.[407]

Die Einrichtung der Forensischen Ambulanzen verfolgt das Ziel, ein engmaschiges Zusammenwirken der Beteiligten (Gerichte, Staatsanwaltschaften, Sozialer Dienst der Justiz, Forensische Ambulanz, Führungsaufsichtsstelle) zu gewährleisten. Die zu erbringenden Leistungen knüpfen an die Therapien in den Anstalten mit dem Ziel einer nachhaltigen Integration ehemaliger Patienten und Häftlinge in ein straffreies Leben an.

Im Zuge der Reform der Führungsaufsicht verankerte der Bundesgesetzgeber im April 2007 das Institut der Forensischen Ambulanz als ein besonderes Instrument der spezialisierten Betreuung und Überwachung von aus der Haft oder dem Maßregelvollzug entlassener Straftäter im Strafgesetzbuch. Das Land Sachsen-Anhalt hat 2008 im Rahmen einer Kooperation des Ministeriums für Gesundheit und Soziales und des Ministeriums der Justiz mit der Einrichtung Forensischer Ambulanzen an den Standorten Halle und Magdeburg ein **Modellprojekt „Integrierte Führungsaufsicht"** geschaffen.

Die Forensische Ambulanz ist für Verurteilte vorgesehen, die ihre Strafe verbüßt haben oder die aus einer Klinik für psychisch oder suchtkranke Straftäter entlassen worden sind, und auch nach ihrer Entlassung einer besonderen psychiatrischen, psychotherapeutischen oder sozialtherapeutischen Nachsorge bedürfen.

Für die Nachbetreuung psychisch kranker und suchtkranker Straftäter werden in der Forensischen Ambulanz Fachkräfte (Ärzte, Psychologen und Sozialarbeiter) eingesetzt, die in der Lage sind, krankheitsbedingte Risiken einzuschätzen sowie geeignete Maßnahmen zur weiteren Behandlung zu veranlassen.

Neben einer kompetenten und effizienten Behandlung durch spezialisierte Therapeuten bietet die Forensische Ambulanz für die Wiedereingliederung in die Gesellschaft konkrete, lebenspraktische Hilfen bei der Alltagsbewältigung. Dafür werden ausgewählte Mitarbeiterinnen und Mitarbeiter des Sozialen Dienstes der Justiz eingesetzt. Sie verfügen über spezielle Fachkenntnisse auf dem Gebiet der Straffälligenhilfe.

---

[407] Das Nähere regelt der gemeinsame Runderlass von MI, MJ und MS vom 20.3.13 – 2345 – 12334/11.4.7; 1431 (Soz.D.) – 305.2/346/2007; 33-41223 – Risikomanagement für besonders rückfallgefährdete Sexualstraftäter (RIMS).

Die **Tätigkeit der Fachkräfte der Forensischen Ambulanzen** untergliedert sich in drei Aufgabenbereiche:
- Bereitstellung medizinischer Erst- und Folgeleistungen,
- Gewährleistung notwendiger therapeutischer Maßnahmen,
- sozialarbeiterische Interventionen im Rahmen der Führungsaufsicht.

Anti-Gewalt-Training im Sozialen Dienst der Justiz

Seit 1998 wird das Anti-Gewalt-Training für Gewaltstraftäter durch Bedienstete des Sozialen Dienstes der Justiz, zunächst in der Dienststelle Magdeburg, inzwischen in vier weiteren Dienststellen angeboten. In der Regel finden die sechsmonatigen Kurse jährlich einmal statt.

Während des Trainings, welches in wöchentlichen Sitzungen erfolgt, sollen die Teilnehmer im Umgang mit anderen Gruppenmitgliedern lernen, mit Aggressionen umzugehen. Ziel ist es, Eskalation zu vermeiden und neue Verhaltensmuster einzuüben. Erreicht wird das unter anderem durch eine Aufarbeitung des eigenen gewalttätigen Verhaltens (Deliktanamnese und Tatkonfrontation), so genannte Anti-Blamierübungen (*shame attacks*) und Provokationstests. Darüber hinaus sollen soziale Kompetenz und Selbstkontrolle der Straftäter durch Übungen und Rollenspiele gestärkt werden. Die Trainer, die in ihrer Arbeit auch von Rechtsmedizinern und Polizisten unterstützt werden, wollen erreichen, dass sich Gewalttäter mit dem Leid ihrer Opfer auseinandersetzen. An jeder Sitzung können Außenstehende als Gäste teilnehmen.

Das Angebot ist im Rahmen der sozialen Gruppenarbeit flächendeckend etabliert. Die mitwirkenden Bediensteten sind in modular aufgebauten Qualifizierungsprogrammen zum Anti-Gewalt-Trainer im Rahmen der Fortbildung geschult worden.

„Zebra" – Zentrum für Entlassungshilfe, Beratung, Resozialisierung und Anlaufstelle zur Vermittlung gemeinnütziger Arbeit

Durch das Ministerium für Justiz und Gleichstellung des Landes Sachsen-Anhalt wurde in Zusammenarbeit mit dem Landesverband für Straffälligen- und Bewährungshilfe Sachsen-Anhalt e. V. und den freien Trägern der Straffälligenhilfe die Rahmenkonzeption „ZEBRA – Zentrum für Entlassungshilfe, Beratung, Resozialisierung und Anlaufstelle zur Vermittlung gemeinnütziger Arbeit" erarbeitet. Seit Mai 2007 dient sie den Vereinen zur Unterstützung bei der Entwicklung gemeinsamer Leitideen und fachlicher Standards für die Arbeit in der freien Straffälligenhilfe und beinhaltet Kriterien zur transparenten Darstellung des Hilfeprozesses (Falldokumentation) sowie zur einheitlichen Statistikerhebung.

Ziel ist es, Straffällige und deren Angehörige bei der Bewältigung ihrer individuellen Probleme im Rahmen geeigneter Hilfsangebote unter dem Einsatz qualifizierten Personals und ehrenamtlicher Kräfte zu unterstützen. In eigens durch die freien Träger eingerichteten zentralen Beratungszentren werden folgende **Hilfeangebote** vorgehalten:
- Beratung und Betreuung Straffälliger und deren Angehörigen,
- Vermittlung gemeinnütziger Arbeit zur Abwendung von Ersatzfreiheitsstrafe und
- Gewinnung, Schulung und Begleitung ehrenamtlicher Mitarbeiter.

Derzeit sind 13 Trägervereine als Zentren für Entlassungshilfe, Beratung, Resozialisierung und Anlaufstelle zur Vermittlung gemeinnütziger Arbeit tätig:
Grundgedanke dieses ganzheitlichen Ansatzes bildet die Notwendigkeit, die sozialen Problemlagen Straffälliger oder Gefährdeter, die den Ausgangspunkt für straffälliges delinquentes Verhalten bilden, eingehend zu berücksichtigen und Hilfen zur Verbesserung von Lebenslagen gezielt anzubieten. Das Hilfsangebot umfasst für die in der Regel

mehrfach mit Problemen belastete Klientel Beratung, Begleitung und auch die Vermittlung in andere Spezialdienste. Das Schaffen geeigneter Kooperationsstrukturen und Hilfeangebote am Ort soll helfen, die Lebenssituation der Straffälligen zu verbessern und somit ihre Chancen für eine Integration zu vergrößern.

Das **Projekt „MOVES"** hat sich zu einem wichtigen Element des Übergangsmanagements in Sachsen-Anhalt entwickelt. Gerade das Zusammenwirken von Eingliederung junger Strafentlassener in Ausbildung, Arbeit oder Beschäftigungsmaßnahmen unter gleichzeitiger resozialisierender Intensivbetreuung macht die Besonderheit dieses Projekts aus.

Die regelmäßige Zusammenarbeit mit allen Trägern der Grundsicherung SGB II in Sachsen-Anhalt, gewährleistet, dass Probleme schon vor der Entlassung geregelt werden. Beratung und Begleitung zur Vorbereitung einer Berufsausbildung bzw. einer Arbeitsaufnahme durch feste Ansprechpartner ist sichergestellt.

15. Schleswig-Holstein. Für die Aufgabe, den Übergang aus der Haft zu einer verbesserten Integration in die Gesellschaft zu führen, wären aus Sicht des Schleswig-Holsteinischen Verbandes für soziale Strafrechtspflege; Straffälligen- und Opferhilfe e.V. gesetzliche Regelungen zur Förderung und Unterstützung dieser gesellschaftspolitisch wichtigen Aufgaben wünschenswert. Der Landesverband hält es für unbedingt notwendig, den angekündigten Prozess[408] der Einführung eines Landesresozialisierungsgesetzes intensiviert fortzusetzen. 40

Eine andere Auffassung wird aus dem Kreis der Schleswig-Holsteinischen Bewährungshilfe vertreten. Sie lehnt die Einführung eines Landesresozialisierungsgesetzes ab. Die durch das Bewährungs- und Gerichtshilfegesetz des Landes, die Ausführungsverordnungen und verschiedenste Kooperationserlasse bestehenden rechtlichen Regelungen seien ausreichend und garantierten unter Erhalt der jetzigen Struktur der Bewährungshilfe und anderer Kooperationspartner ein gut abgestimmtes Übergangsmanagement. Gleichwohl sieht man Bedarf für weitere Abstimmungsprozesse, allerdings ohne neue gesetzliche Regelungen.

Ausweislich der **Länderumfrage**[409] versteht Schleswig-Holstein **Übergangsmanagement** als ein entlassungsübergreifendes Integrationsmanagement der vollzuglichen individuellen Beratungs-, Behandlungs- und Qualifikationsbemühungen auf die nachsorgenden Betreuungssysteme. Übergangsmanagement zielt auf einen möglichst nahtlosen und auf den Entlassenen zugeschnittenen Übergang aus der Haft in die Gesellschaft in Freiheit und soll die hohe Rückfallwahrscheinlichkeit in den ersten Monaten nach der Entlassung minimieren. Damit sollen weitere Straftaten verhindert, Opfer vermieden sowie die Lebenslagen Entlassener positiv beeinflusst werden. Neben der Erfüllung der gesetzlichen Resozialisierungsaufträge soll so langfristig auch volkswirtschaftlich ein positiver Ertrag erreicht werden.

Bestehende **(Modell-)Projekte, Vereinbarungen und Verfahren** sind insbesondere:
– die **Kooperationserlasse des Justizministeriums** zur Kooperation zwischen der Jugendanstalt Schleswig bzw. den Justizvollzugsanstalten des Landes mit der Bewährungshilfe aus den Jahren 2010 und 2012, welche grundlegend für eine aufein-

---

[408] SH LT-Drucks. 18/4199.
[409] *Maelicke/Wein* „Komplexleistung Resozialisierung" – Stand 28.7.2016, S. 670: siehe Internetseite des Deutschen Instituts für Sozialwirtschaft (DISW) unter Website: http://reso-werkstatt-hamburg.de/ Downloads.html: Materialsammlung_Komplexleistung_Resozialisierung_gesamt_20160728.pdf mit Anlagen, S. 670; auszugsweise bei: *Maelicke/Wein 2016*, S. 93 ff. Siehe ferner Fn. 371.

ander abgestimmte Verfahrensweise sind, die insbesondere die rechtzeitige Einbeziehung der Verfahrensbeteiligten regelt und den notwendigen Datentransfer für die jeweilige Aufgabenstellung (Vollzugs- und Entlassungsplanung) sichert. Ein entsprechender Kooperationserlass mit dem Sicherungsverwahrvollzug befindet sich in Vorbereitung.
- die Beratung von Gefangenen auf der Grundlage der **Vereinbarung über Eckpunkte für ein „Arbeitsmarktliches Beratungskonzept für Gefangene in schleswig-holsteinischen Justizvollzugseinrichtungen"**[410] zwischen der Regionaldirektion Nord und den für Arbeit bzw. Justiz zuständigen Ministerien sowie den Jobcentern an den Vollzugsstandorten. Die Vereinbarung wurde im Rahmen eines Xenos-Projektes (Europäischer Sozialfonds) gezeichnet. (2010)
  Auf der Basis dieser Vereinbarung erfolgt auch eine **alljährliche Fortbildungsveranstaltung zu Grundlagen des SGB II bzw. III** für Bedienstete des Vollzugs, der Gerichts- und Bewährungshilfe sowie der arbeitsmarktorientierten Integrationsbegleitungen der Bildungsträger im Vollzug.
- das **Netzwerk zur arbeitsmarktorientierten Integrationsbegleitung** aus den in den Vollzugsanstalten Kiel, Lübeck, Neumünster und Schleswig tätigen Bildungsträger. Die Integrationsbegleitung beginnt im Vollzug und kann über den Entlassungszeitpunkt hinaus andauern. Im Rahmen eines Xenos-Projektes (siehe oben) wurden die Strukturen und Standards in den Jahren 2009–2012 entwickelt und das Netzwerk nach Auslaufen der Förderung mit Landesmitteln verstetigt (ab 2012).
- die von Trägern der freien Wohlfahrtspflege angebotene, allgemeine **Sozialberatung und Wohnraumversorgung der Integrierten Beratungsstellen (*IBS*)** in den Haftanstalten Kiel, Lübeck, Neumünster und Flensburg. Die Beratung beginnt im Vollzug und kann über den Entlassungszeitpunkt hinaus andauern. Dieses Angebot wird seit Mitte der 1990er Jahre aus Landesmitteln gefördert.
- der regelmäßige Austausch und die Zusammenarbeit zwischen den integrierten Beratungsstellen mit den arbeitsmarktorientierten Integrationsbegleitungen, in einem gemeinsamen Landesarbeitskreis IBS/IB des Schleswig-Holsteinischen Verbandes für soziale Strafrechtspflege; Straffälligen- und Opferhilfe seit 2012.
- die **Schuldnerberatung in den Justizvollzugsanstalten** Kiel, Lübeck, Neumünster, Flensburg und Itzehoe sowie in der Jugendanstalt Schleswig, die von anerkannten Schuldner- und Insolvenzberatungsstellen freier Träger der Wohlfahrtspflege angeboten wird. Eine Weiterführung der während der Haft begonnenen Beratungen kann nach der Entlassung im Netzwerk erfolgen.
- die **Suchtberatung in allen Haftanstalten**, die von Trägern der freien Wohlfahrtspflege angeboten wird. Eine Weiterführung der in der Haft begonnenen Maßnahmen kann nach der Entlassung im Netzwerk erfolgen.
- die abschlussbezogene schulische Bildung von Gefangenen, welche mit der **Kooperationsvereinbarung zwischen dem Bildungsministerium und dem Justizministerium** verbindlich auf der Basis landeseinheitlicher Standards, der Grundlage der schleswig-holsteinischen Schulgesetzgebung und der besonderen Voraussetzungen und Bedarfe im Justizvollzug erfolgt. (2013).
  Außerdem besteht ein umfassendes schulisches und berufliches Qualifizierungsangebot, welches durch den Pädagogischen Dienst, das Vollzugliche Arbeitswesen und externe Bildungsträger, insbesondere das BBZ Schleswig und den TÜV NORD auf der Basis von Zuwendungen, getragen wird. Das schulische und berufliche Bil-

---

410 Dazu BeckOK-*Berger* JStVollzG § 19 Rdn. 4.

- dungsangebot wird fortlaufend weiterentwickelt und orientiert sich sowohl an den Bedarfen des Arbeitsmarktes als auch an den individuellen Fähigkeiten und Neigungen der Gefangenen sowie den vollzuglichen Rahmenbedingungen wie z.B. der verfügbaren Haftdauer.
- der verfahrenstechnische Ablauf mit Vorabbescheidung, welche mit der Kooperationsvereinbarung zwischen den Landesjustizverwaltungen und der Deutschen Rentenversicherung vereinbart wurde, um das Ziel, Gefangene zu befähigen, ihren Lebensunterhalt nach der Haftentlassung aus eigenen Kräften zu bestreiten, zu erreichen. Voraussetzung hierfür sind in vielen Fällen Leistungen zur medizinischen Rehabilitation Abhängigkeitskranker mit dem Ziel der Verbesserung oder Wiederherstellung der Erwerbstätigkeit. (2015)
- die dezentrale und flächendeckende sozial- und psychotherapeutische sowie psychiatrische Nachsorge für entlassene Strafgefangene und Sicherungsverwahrte im Rahmen der Führungsaufsicht durch spezialisierte forensische Ambulanzen nach § 68 StGB. Die therapeutische Nachsorge ist eng verzahnt mit den therapeutischen Angeboten in den Anstalten. Für das Übergangsmanagement Sicherungsverwahrter gelten seit dem 1.1.2016 fachliche Standards des Justizministeriums, nach denen die Ambulanzen arbeiten. Fachliche Standards für die weiteren Aufgaben der forensischen Ambulanzen im strafrechtlichen Kontext befinden sich bundes- und landesweit in der Entwicklung.
- die **therapeutische Nachsorge für Entlassene** aus dem Maßregelvollzug durch spezialisierte forensische Institutsambulanzen, welche an beiden Kliniken des Maßregelvollzugs etabliert wurde. Für gelingende Entlassungen haben sich deren Kenntnis von Frühwarn-Indikatoren als auch die Konzeption als aufsuchende Hilfe als Erfolgsfaktoren erwiesen. Daher hat das Ministerium für Soziales, Gesundheit, Wissenschaft und Gleichstellung des Landes Schleswig-Holstein in der jüngeren Vergangenheit die personelle Ausstattung beider Institutsambulanzen stetig erhöht und an die gestiegenen Fallzahlen angepasst. Für beide forensischen Institutsambulanzen liegen fachliche Konzeptionen vor.
   Hinweis: Die „Fachlichen Mindeststandards des Ministeriums für Justiz, Kultur und Europa des Landes Schleswig-Holstein „**Forensische Ambulanzen in Schleswig-Holstein**"" haben keine Gültigkeit für die forensischen Institutsambulanzen der MRV-Kliniken.
- das **Landesprojekt „Übergangsmanagement – Rückfallvermeidung durch Koordination und Integration"**, welches im Juni 2016 mit der konstituierenden Sitzung der Lenkungsgruppe gestartet wurde.
- **Seniorenabteilung in der Justizvollzugsanstalt (JVA) Lübeck bis 2013:**
   Dort soll das Freizeit-, Sport- und Behandlungsangebot auf die Bedürfnisse von älteren Gefangenen abgestimmt werden (Barrierefreiheit, spezielle Betten und Toiletten, Rufeinrichtungen und Erleichterungen wie Haltegriffe) und Vereinsamungstendenzen durch Kooperation mit externen Trägern entgegengewirkt werden.

16. Thüringen. Begriff des Übergangsmanagements aus Landessicht: 41

Ausweislich der **Länderumfrage**[411] versteht Thüringen erfolgreiche (Wieder-)Eingliederung von Gefangenen und Haftentlassenen als eine gesamtgesellschaftliche Auf-

---

[411] *Maelicke/Wein* „Komplexleistung Resozialisierung" – Stand 28.7.2016, S. 736: siehe Internetseite des Deutschen Instituts für Sozialwirtschaft (DISW) unter Website: http://reso-werkstatt-hamburg.de/Downloads.html: Materialsammlung_Komplexleistung_Resozialisierung_gesamt_20160728.pdf mit Anlagen, S. 736; auszugsweise bei: *Maelicke/Wein* 2016, S. 95 ff. Siehe ferner Fn. 371.

gabe, die erheblich dazu beiträgt, das Rückfallrisiko in die Straffälligkeit zu senken. Die Resozialisierung hängt auch entscheidend davon ab, dass die Integration in Ausbildung oder in den Arbeitsmarkt zeitnah zur Entlassung gelingt.

Gemeinsames Ziel der Kooperationspartner ist es daher, durch ein nahtloses und strukturiertes Verfahren eine gemeinsame Strategie zur schnellen und nachhaltigen beruflichen (Wieder-)Eingliederung der Haftentlassenen zu schaffen und sie damit zu befähigen, ihren Lebensunterhalt aus eigenen Kräften zu decken.

Die Kooperationspartner bekräftigen ihre gemeinsame Verantwortung für eine Intensivierung der bisherigen Zusammenarbeit durch ein berufliches und soziales Übergangsmanagement. Den Straf- und Jugendstrafgefangenen sollen Perspektiven für die berufliche Eingliederung individuell aufgezeigt bzw. Unterstützungsangebote geleistet werden. Weiterhin sind die Voraussetzungen für etwaige Sozialleistungsansprüche zu klären und die inhaftierten Menschen auf den Einstieg in das Berufs- und Arbeitsleben vorzubereiten. Nach dem Koalitionsvertrag zwischen den regierenden Parteien ist die Prüfung eines Resozialisierungsgesetzes vorgesehen: „Wir sind uns einig in der ressortübergreifenden Weiterentwicklung der Bedingungen für die Resozialisierung und Wiedereingliederung von Straffälligen sowie der Verhinderung weiterer Straftaten. Zu diesem Zweck sollen die Vorschläge für ein Resozialisierungsgesetz anderer Länder, insbesondere der Bericht der Brandenburger Expertenkommission, ausgewertet und Schlussfolgerungen für gesetzliche Regelungen gezogen werden".

1. Pilotprojekt „Professionelles Übergangsmanagement für Strafgefangene und Haftentlassene in Thüringen" (*PÜMaS*)"

gestartet 2016, aufgeteilt in die urbane Entlassungsregion (Erfurt) und ländliche Entlassungsregion (Ostthüringen).

Als Konzept zur inhaltlichen Ausgestaltung der Eingliederungsvorbereitung, Entlassung und nachgehenden Betreuung von Strafgefangenen und Haftentlassenen in Thüringen wird es im Rahmen eines Pilotprojektes 2016/2017 durchgeführt.

Die im **Konzept *PÜMaS*** dargelegten Standards sollen die Maßnahmen zur Wiedereingliederung von Strafgefangenen und Haftentlassenen grundsätzlich in den letzten sechs Monaten vor und sechs Monaten nach Haftentlassung beschreiben.

Beim durchzuführenden Übergangsmanagement handelt es sich um eine systematisch geplante, fallbezogene und fallübergreifende Verknüpfung von Ergebnissen vollzugsinterner Behandlungs-, Erziehungs- und Fördermaßnahmen für die Teilnehmenden mit den Angeboten der externen Netzwerkpartner, welche für die Resozialisierung und Wiedereingliederung nach Haftentlassung förderlich sind.

Das Übergangsmanagement erfordert eine strukturierte Schaffung und Pflege von organisationsübergreifenden Förderketten zur erfolgreichen Wiedereingliederung von Inhaftierten im beschriebenen Zeitraum. Das Übergangsmanagement arbeitet weitgehend mit den Methoden des Case Managements und abhängig von den Fähigkeiten und Kompetenzen in einer Geh-/Komm-Struktur.

Die Beschaffung bzw. Sicherung des Wohnraumes genießt Priorität.

Das Pilotprojekt PÜMaS soll für Gefangene erprobt werden, die bisher ohne spezifische Betreuung am Übergang und nach der Entlassung waren. Es hat die anschließende bedarfsorientierte Überführung in ein dauerhaftes und thüringenweites PÜMAS zum Ziel.

2. Kooperationsvereinbarung (nebst Leitfaden) über die Zusammenarbeit zur beruflichen und sozialen Eingliederung von Strafgefangenen und Haftentlassenen

zwischen dem Thüringer Ministerium für Migration, Justiz und Verbraucherschutz, dem Thüringer Ministerium für Arbeit, Soziales, Gesundheit, Frauen und Familie, der Regionaldirektion Sachsen-Anhalt-Thüringen der Bundesagentur für Arbeit und den Justizvollzugseinrichtungen.

Zur **Zielgruppe dieser Kooperation** gehören alle Straf- und Jugendstrafgefangenen in den Thüringer Justizvollzugseinrichtungen, die a) die leistungsrechtlichen Voraussetzungen nach dem SGB III erfüllen und/oder b) voraussichtlich nach der Haftentlassung leistungsberechtigt nach dem SGB II sind.

Innerhalb dieser Zielgruppe sollen Jugendstrafgefangene und junge Erwachsene, die einen besonderen Unterstützungs- und Betreuungsbedarf hinsichtlich der Sicherung ihres Lebensunterhaltes und der Erbringung von Eingliederungsleistungen haben, intensiver betreut werden.

Zusammenarbeit im Beratungs- und Vermittlungsprozess für Straf- und Jugendstrafgefangene und Haftentlassene

a) Die Beratung und Vermittlung obliegt während der Haft der Agentur für Arbeit am Ort der Justizvollzugseinrichtung. In Vorbereitung und nach der Haftentlassung ist die Agentur für Arbeit bzw. das Jobcenter zuständig, in deren Bezirk der voraussichtliche Wohnsitz des Haftentlassenen liegt.

b) Die berufliche Qualifizierung der Inhaftierten erfolgt in den Justizvollzugsanstalten und wird u.a. mit Mitteln aus dem Europäischen Sozialfonds (ESF) gefördert. Die örtlichen Agenturen für Arbeit sowie Jobcenter ergänzen den Einsatz von Maßnahmen zur Förderung der beruflichen Aus- und Weiterbildung in Abstimmung mit den jeweiligen Justizvollzugsanstalten auf der Grundlage der Bestimmungen des SGB III bzw. des SGB II nach der Haftentlassung. Besondere Berücksichtigung sollen hierbei der Ausbildungs-/Arbeitsmarkt am zukünftigen Wohnort sowie gegebenenfalls die individuellen Problemlagen finden.

c) Die Straf- und Jugendstrafgefangenen können spätestens ab dem dritten Monat vor der voraussichtlichen Entlassung das Dienstleistungsangebot der Bundesagentur für Arbeit (z.B. Beratung, Vermittlungsvorbereitung) in Anspruch nehmen. Bei der Entlassung soll die finanzielle und berufliche Situation der Haftentlassenen mindestens so weit geklärt sein, dass der Lebensunterhalt gesichert und die Möglichkeit einer Beschäftigung als Voraussetzung für die soziale Integration aufgezeigt sind.

d) Unterstützend zur beruflichen (Neu-) Orientierung für den Ausbildungs- und Arbeitsmarkt stellen die örtlichen Agenturen für Arbeit den Thüringer Justizvollzugseinrichtungen aktuelle berufskundliche Medien sowie digitale Informationsquellen zur Verfügung.

e) Die Mitarbeiter/-innen des Justizvollzuges unterstützen die Straf- und Jugendstrafgefangenen durch eine individuelle Beratung (vgl. 4. e) dieser Vereinbarung), die in der Regel sechs, jedoch spätestens drei Monate vor dem voraussichtlichen Entlassungszeitpunkt oder bei einer kürzeren Vollzugsdauer mit der Erstellung des Vollzugs- und Eingliederungsplans einsetzt. Die Beratung beinhaltet insbesondere Hilfen bei der Suche nach einem Ausbildungs- und Arbeitsplatz sowie den Umgang mit Behörden und Ämtern.

f) Die Agenturen für Arbeit und Jobcenter unterstützen die am Prozess beteiligten Mitarbeiter/-innen des Justizvollzuges bei der Beratung über die leistungsrechtlichen Voraussetzungen nach SGB III und SGB II (z.B. Vorbereitung und/oder Durchführung von Informationsveranstaltungen).

3. Konzeption für die **Kooperation der Sozialen Dienste im Justizvollzug mit den Sozialen Diensten in der Justiz** in Thüringen
– Umsetzung erfolgt ab 2016

4. Berufsbildung und (Re-)Integration Strafgefangener und Strafentlassener in Thüringen (*Projekt B.I.S.S.*) – Stand 2015: Das Projekt „Berufsbildung und Integration Strafgefangener und Strafentlassener" zielt auf die berufliche (Re-)Integration Strafgefangener ab. Es wird gefördert vom Land Thüringen (46 Plätze), Bundesagentur für Arbeit (30 Plätze), ESF (307 Plätze).

Organisation: Das Projekt kommt seit 2007 in allen 6 Thüringer Justizvollzugseinrichtungen in unterschiedlicher Ausprägung zur Anwendung. Seit dem 1.1.2016 (neue Förderperiode) werden staatlich geprüfte Berufsqualifizierungen auf 8 modular ausgerichtete Berufsfelder mit insgesamt 367 Teilnehmerplätzen (Vollzeit, flexibler Einstieg) sowie 16 EDV-TN-Plätze (nach Bedarf, 3-monatige Vollzeitkurse mit festem Einstieg) vorgehalten. Mit der Projektdurchführung sind ausschließlich externe Bildungsträger beauftragt; das kalkulierte Personalbudget beträgt insgesamt 52,67 Vollzeitstellen (ohne EDV-Kurse). Die Zuweisung der Teilnehmer an den bildungsträger erfolgt durch die jeweilige Vollzugseinrichtung.

5. Konzeption forensischer Ambulanzen der Justiz des Freistaats Thüringen

Die Therapeutische Ambulanz mit Sitz in Erfurt behandelt seit November 2014 verurteilte Straftäter, gegenüber denen im Rahmen der Führungsaufsicht oder einer Strafaussetzung eine Therapieweisung ausgesprochen wurde. Für den Fall eines Bewerberüberhangs sind Behandlungsprioritäten u.a. für Führungsaufsichtsprobanden aus dem Bereich Sexual- und Gewaltdelikte festgelegt:

– Aus dem Maßregelvollzug entlassene Personen sind nicht erfasst. Diese werden in den Institutsambulanzen der Maßregelvollzugseinrichtungen behandelt.
– Das therapeutische Personal der Ambulanz besteht aus Psychologen und Sozialarbeitern/-pädagogen. Die Behandlungskapazität liegt bei maximal 60 Probanden.
– Die Einrichtung wird durch das Land finanziert. Den Probanden entstehen für die Behandlung keine Kosten. Als Träger fungiert ein freier Träger.
– Die Durchführung von Maßnahmen setzt nicht voraus, dass keine anderen Kostenträger (gesetzliche Krankenversicherung, Sozialhilfeträger etc.) vorrangig kostentragungspflichtig sind und der Proband wirtschaftlich nicht in der Lage ist, die Kosten zu übernehmen. Somit gilt das Prinzip „Subsidiarität der Kostenübernahme" nicht ausschließlich.

E. Entlassungsbeihilfe

Bund	§ 75 StVollzG
Baden-Württemberg	BW § 90 III JVollzGB
Bayern	BY Art. 80 BayStVollzG
Berlin	BE § 47 Abs. 4 StVollzG Bln
Brandenburg	BB § 51 Abs. 4 BbgJVollzG
Bremen	HB § 43 Abs. 4 BremStVollzG
Hamburg	HH § 17 Abs. 5 HmbStVollzG
Hessen	HE § 17 Abs. 3 HStVollzG
Mecklenburg-Vorpommern	MV § 43 Abs. 4 StVollzG M-V
Niedersachsen	NI § 70 NJVollzG
Nordrhein-Westfalen	NW § 60 Abs. 6 StVollzG NRW
Rheinland-Pfalz	RP § 50 Abs. 4 LJVollzG
Saarland	SL § 43 Abs. 4 SLStVollzG
Sachsen	SN § 43 Abs. 4 SächsStVollzG

E. Entlassungsbeihilfe

Sachsen-Anhalt	ST § 50 Abs. 4, 5 JVollzGB LSA
Schleswig-Holstein	SH § 60 Abs. 4 LStVollzG SH
Thüringen	TH § 51 Abs. 4 ThürJVollzG

Schrifttum

S. Vor A.

Übersicht

I. Allgemeine Hinweise —— 1
II. Erläuterungen —— 2–13
   1. Art des Anspruchs auf Entlassungsbeihilfe —— 2
   2. Umfang der Entlassungsbeihilfe —— 3
   3. Art der Überbrückungsbeihilfe —— 4–13
     a) Eigenständige vollzugliche Leistungseinrichtung —— 5
     b) Nachrangigkeit im Verhältnis zu den Sozialleistungen —— 6, 7
     c) Modalitäten bei der Auszahlung von Sozialleistungen —— 8
     d) Höhe der Überbrückungsbeihilfe und Berechnungsmethoden —— 9
     e) Dauer der Überbrückungsbeihilfe —— 10
     f) Auszahlungsverfahren —— 11
     g) Vollstreckungsrechtliche Regelung —— 12
     h) Anträge und Rechtschutz —— 13

I. Allgemeine Hinweise

Die **Geld- und Sachleistungen der Entlassungsbeihilfe** (Reisekosten und -verpflegung, Kleidung, Körperpflegeartikel, Koffer, Überbrückungsbeihilfe) sollen als materielle Leistungen die Beratung und persönliche Hilfe der Vollzugsbehörde ergänzen. Der Gesetzgeber zu § 75 StVollzG[412] war davon ausgegangen, dass es dem Gefangenen regelmäßig möglich ist, von seinem Arbeitsentgelt einen Betrag in angemessener Höhe als Überbrückungsgeld anzusparen, der aus Arbeitsentgelt oder Ausbildungsbeihilfe bestehen kann. Damit soll er in der Lage sein, ohne Inanspruchnahme fremder Hilfe seinen Lebensunterhalt zu bestreiten. Weil dies aber – etwa aufgrund kurzer Haftzeit oder einer ungünstigen Beschäftigungslage – oft nicht möglich ist, besteht ein Anspruch auf Entlassungsbeihilfe. 1

Nach ME § 43 Abs. 4 kann bedürftigen Gefangenen eine Entlassungsbeihilfe in Form eines Reisekostenzuschusses, angemessener Kleidung oder einer sonstigen notwendigen Unterstützung gewährt werden. Nach der Gesetzesbegründung (S. 114) sollten im Regelfall sollten Hilfen nach dieser Bestimmung entbehrlich sein, weil die Sozialbehörden entsprechend ihrer gesetzlichen Verpflichtung die notwendigen Mittel bereitstellen. „Ein Übergangsmanagement, das u.a. Arbeits- und Ausbildungsvermittlung, frühzeitige Klärung von Leistungsansprüchen und eine kontinuierliche Kooperation mit den Sozialbehörden beinhalten muss, macht nicht nur die Aufwendungen für die Entlassungsbeihilfe weitgehend entbehrlich, sondern verbessert auch die Eingliederungschancen der Haftentlassenen entscheidend."

BW § 90 JVollzGB III („Entlassungsbeihilfe") entspricht im Wesentlichen dem bisherigen § 75 StVollzG und hat folgenden Wortlaut: „(1) Gefangene erhalten, soweit ihre eigenen Mittel nicht ausreichen, bei ihrer Entlassung aus der Haft von der Justizvollzugsanstalt eine Beihilfe zu den Reisekosten sowie erforderlichenfalls ausreichende Kleidung. Bedürftige Gefangene erhalten darüber hinaus eine Beihilfe, die sie in die Lage versetzt, ohne Inanspruchnahme fremder Hilfe ihren notwendigen Lebensunterhalt zu

---

[412] BT-Drucks. 7/918, 75, ebenso BW LT-Drucks. 14/5012, 236.

bestreiten, bis sie ihn voraussichtlich anderweitig decken können. Die Justizvollzugsanstalt kann die Überbrückungsbeihilfe ganz oder teilweise der Bewährungshilfe oder einer mit der Entlassenenbetreuung befassten Stelle überweisen, die darüber entscheidet, wie das Geld nach der Entlassung an die Gefangenen ausbezahlt wird. Die Bewährungshilfe und die mit der Entlassenenbetreuung befasste Stelle sind verpflichtet, die Überbrückungsbeihilfe von ihrem Vermögen gesondert zu halten. (2) Der Anspruch auf Beihilfe zu den Reisekosten und die ausgezahlte Reisebeihilfe sind unpfändbar. Für den Anspruch auf Überbrückungsbeihilfe und für Bargeld nach Auszahlung einer Überbrückungsbeihilfe an Gefangene gilt § 52 Abs. 4 Satz 1 und 3 und Abs. 5 entsprechend."

Nach der Gesetzesbegründung (LT-Drucks. 14/5012, 236) verzichtet die Regelung hierbei auf die noch in § 75 Abs. 2 Satz 1 StVollzG vorgesehene Kürzungsmöglichkeit wegen kurzer Haftdauer, schlechter Arbeitsleistung oder verschwenderischen Umgangs mit dem Eigen- oder Hausgeld. „Diese Beschränkungen widersprechen dem Sozialstaatsprinzip."

BY Art. 80 ist in Abs. 1 bis nahezu wortgleich mit § 75 Abs. 1 StVollzG. Abs. 2 ist neu und lautet: „Die Überbrückungsbeihilfe soll die Gefangenen in die Lage versetzen, ohne Inanspruchnahme fremder Hilfe ihren notwendigen Lebensunterhalt zu bestreiten, bis sie ihn anderweitig decken können". Abs. 3 ist wortgleich mit § 75 Abs. 2 Satz 2 und 3 StVollzG.

Die Gesetzesbegründung zu **BY** Art. 80 lautet: „Die Vorschrift entspricht der Regelung des § 75 Abs. 1 und Abs. 2 Satz 2 StVollzG und wird durch **BY** Art. 80 i.V.m. § 75 Abs. 3 StVollzG ergänzt. Soweit es den Gefangenen nicht möglich ist, vom Arbeitsentgelt einen hinreichenden Betrag als Überbrückungsgeld anzusparen, ist ihnen eine Entlassungsbeihilfe zu gewähren. Bei der Bemessung der Höhe ist der Grundsatz der Bedarfsdeckung zu berücksichtigen. Die Kürzungsmöglichkeit nach § 75 Abs. 2 Satz 1 StVollzG wegen nur kurzer Haftdauer, schlechter Arbeitsleistung oder verschwenderischem Umgang wurde nicht übernommen, weil sie dem Sozialstaatsprinzip widerspricht."

Mit der Vorschrift des ME § 43 Abs. 4 sind nahezu identisch die folgenden Landesvorschriften: **BE** § 47 Abs. 4, **BB** § 51 Abs. 4, **HB** § 75 Abs. 4, **HH** § 75 Abs. 5, **HE** § 17 Abs. 3, **MV** § 43 Abs. 4, **NW** § 60 Abs. 6 Satz 1, **RP** § 50 Abs. 4, **SL** § 43 Abs. 4, **SN** § 43 Abs. 4, **ST** § 50 Abs. 5, **SH** § 60 Abs. 4 und **TH** § 51 Abs. 4.

Modifizierte Regelungen finden sich neben **BW** § 90 III und **BY** Art. 80, in **NI** § 70 (Entlassungsbeihilfe), **NW** § 60 Abs. 6 Satz 2 („Bei der Bemessung der Überbrückungsbeihilfe ist der Zeitraum zu berücksichtigen, den Gefangene benötigen, um vorrangige Hilfe in Anspruch zu nehmen."). Die eigenständige Vorschrift des **NI** § 70 verzichtet auf das Kriterium der Bedürftigkeit und regelt stattdessen- wortgleich mit dem alten § 75 Abs. 2 StVollzG (dazu Rdn. 9)- bei der Bemessung der Überbrückungsbeihilfe folgende Kriterien: Dauer des Freiheitsentzuges, der persönliche Arbeitseinsatz und die Wirtschaftlichkeit der Verfügungen über Eigengeld und Hausgeld (**NI** § 70 Abs. 2 Satz 1).

Gerade **an der „Schnittstelle zwischen drinnen und draußen"** darf der Haftentlassene nicht mittellos sein bzw. mit unzureichenden finanziellen Mitteln ausgestattet sein, da hierdurch die Wahrscheinlichkeit eines Rückfalls aufgrund der materiellen Notlage erhöht wird.[413] Der Justizvollzug hat eine Leistung für die Zeit nach der Entlassung zu erbringen, für die er eigentlich nicht mehr zuständig ist. Durch die Vorschrift sollen beim Übergang aus der Haft in die Freiheit auftretende Lücken im Netz der sozialen Sicherung geschlossen werden.[414] Deshalb hat der Vollzug den finanziellen Engpass in der

---

[413] BeckOK-*Müller/Preisser* JVollzGB III § 90 Rdn. 1.
[414] *Arloth/Krä* § 75 Rdn. 1.

Entlassungsphase abzumildern und für die ersten Schritte in der Freiheit den Haftentlassenen neben ihren vollzuglichen Bezügen Geld- und Sachleistungen in angemessenem Umfang zur Verfügung zu stellen als subsidiäre Sozialleistung (vgl. Rdn. 6). Die Frage der Bedürftigkeit muss im Einzelfall nach den finanziellen Verhältnissen des Gefangenen unter Berücksichtigung des Wiedereingliederungsgrundsatzes ermittelt werden.[415] Bedürftigkeit kann etwa vorliegen, wenn die eigenen Mittel des Gefangenen nicht ausreichen, um seinen Zielort (in Deutschland) zu erreichen und dort zumindest bis zur Auszahlung von Sozialhilfe seinen notwendigen Lebensunterhalt zu bestreiten.

Im **Regelfall** sollten solche Hilfen entbehrlich sein, weil die Sozialbehörden entsprechend ihrer gesetzlichen Verpflichtung die notwendigen Mittel bereitstellen. Sie sind entbehrlich, wenn die Entlassungssituation durch eine umfassende Entlassungsvorbereitung entsprechend geklärt ist. Soweit die Gefangenen zur Bestreitung ihres Lebensunterhalts – und sei es vorübergehend – staatliche Unterstützungsleistungen in Anspruch nehmen müssen, ist es von entscheidender Bedeutung, dass alle Antragsformalitäten vorab soweit erledigt sind, dass die Hilfegewährung unmittelbar zum Entlassungszeitpunkt einsetzen kann.[416]

Die Vollzugsbehörden sind verpflichtet, auf dieses Ziel hinzuarbeiten und – mit Ausnahmecharakter – dem Gefangenen insoweit eine Beihilfe zu den Reisekosten und zur Überbrückung zu gewähren, *„soweit seine eigenen Mittel nicht ausreichen"*. Die **Nichterfüllung dieser Verpflichtung**[417] kann einen **Schadensersatzanspruch gem. Art. 34 GG** auslösen.[418] Verfügen die Gefangenen aber über ausreichende geldwerte Mittel – z.B. in Fremdwährung oder auf Sparbüchern, Depots oder als Schecks oder Reiseschecks – und weigern sie sich, diese rechtzeitig vor ihrer Entlassung zur Überbrückung und zur Finanzierung ihrer Reisekosten einzusetzen, kann die Verpflichtung der Vollzugsbehörde zur Gewährung von Geld- und Sachleistungen ganz oder teilweise entfallen.[419] Auch kann ein wirkungsvolles Übergangsmanagement mit entsprechenden Kooperationsvereinbarungen auf Landesebene, die u.a. Arbeits- und Ausbildungsvermittlung, frühzeitige Klärung von Leistungsansprüchen und eine kontinuierliche Kooperation mit den Sozialbehörden beinhalten müssen, die Aufwendungen für die Entlassungsbeihilfe mindern.[420]

II. Erläuterungen

1. Art des Anspruchs auf Entlassungsbeihilfe. Der **Anspruch auf die Entlassungsbeihilfe** unter den Voraussetzungen von Abs. 1 besteht als staatliche Leistung unmittelbar gegen die Vollzugsbehörde; diese darf den Gefangenen insbesondere nicht an die Verbände der Freien Wohlfahrtspflege verweisen,[421] auch nicht an die Einrichtungen der Freien Straffälligenhilfe wie die Anlauf- und Beratungsstellen (D Rdn. 19 ff). Sofern diese von sich aus Leistungen erbringen, darf sich die Anstalt nicht um diese Geld- und Sachleistungen haushaltsmäßig entlasten.[422]

2

---

415 BW § 90 Abs. 1 Satz 2 III, **BY** Art. 80 Abs. 2; eingehend *Laubenthal/Nestler/Neubacher/Verrel* L Rdn. 41 und AK-*Bahl/Pollähne* Teil II § 43 Rdn. 23.
416 Vgl. die Gesetzesbegründung **HE** § 17 Abs. 2 (**HE** LT-Drucks. 18/1396, 89) in Anlehnung an die ME-Begründung zu § 43 Abs. 4, S. 114.
417 Dazu OLG Hamm, Beschluss vom 27. Juni 1983 – 7 Vollz (Ws) 52/83 –, juris; NStZ 1984, 45.
418 OLG Stuttgart ZfStrVo 1981, 380.
419 Ebenso OLG Celle, Beschluss vom 27. Mai 2011 – 1 Ws 179/11 (StrVollz) –, juris LS 10, FS 2011, 252-254.
420 Vgl. auch die Begründung zu ME § 43, 114; zur Höhe der Überbrückungsbeihilfe vgl. Rdn. 9.
421 *Laubenthal/Nestler/Neubacher/Verrel* L Rdn. 39; BeckOK-*Müller/Preisser* JVollzGB III § 90 Rdn. 1.
422 AK-*Bahl/Pollähne* Teil II § 43 Rdn. 17.

Der Anspruch ist als eine Ausnahmevorschrift konzipiert für Gefangene, die nicht oder nicht im erforderlichen Umfang über Überbrückungsgeld verfügen und damit einen unmittelbar mit der Entlassung entstehenden Bedarf decken sollen: „Im Regelfall sollten Hilfen nach dieser Vorschrift nur beschränkt erforderlich sein, wenn die Entlassungssituation durch eine umfassende Entlassungsvorbereitung entsprechend geklärt ist. Soweit die Gefangenen zur Bestreitung ihres Lebensunterhalts – und sei es vorübergehend – staatliche Unterstützungsleistungen in Anspruch nehmen müssen, ist es von entscheidender Bedeutung, dass alle Antragsformalitäten vorab soweit erledigt sind, dass die Hilfegewährung unmittelbar zum Entlassungszeitpunkt einsetzen kann."[423]

3   **2. Umfang der Entlassungsbeihilfe.** Die Einzelheiten der Reisebeihilfe, der Gewährung von Reiseverpflegung, Kleidung, den zur Körperpflege notwendigen Gegenständen, Koffern u. ä. sind z.B. in **BW** VV zu **BW** III § 90 in Anlehnung an die VV zu § 75 StVollzG geregelt. Für die **Reisekosten** ist das „**Entlassungsziel**" von Bedeutung, welches sich – wenn auch untergeordnet – am räumlichen Geltungsbereich des StVollzG orientieren sollte, wobei Ausnahmen zulässig sind, wenn besondere Umstände im Einzelfall vorliegen. § 75 StVollzG war in Bezug auf die Höhe der Beihilfen lückenhaft, unklar und – im Ansatz – widersprüchlich.[424]

Generelle **Orientierungsmarken für die Auslegung des Begriffs „Entlassungsziel"** ergeben sich aus dem **Gesetzeszweck der Vorschrift**, eine Lücke im Netz der sozialen Sicherung zu schließen und vor allem aus den **räumlichen Grenzen des Sozialstaatsprinzips**. Streitig ist deswegen, inwieweit auch das **Entlassungsziel im Ausland** sein kann. Zutreffend wird darauf verwiesen,[425] es bestehe kein Anlass für die Annahme, der Gesetzgeber habe mit § 75 StVollzG ausländische Sozialleistungsträger entlasten wollen. Ausländische Entlassende müssten entsprechend den konsularischen Regeln an die diplomatischen Vertretungen im Inland verwiesen werden, wie dies auch bei in Not geratenen Deutschen im Ausland praktiziert werde.

Unter Berücksichtigung der kombinierten Auslegung von Gesetzeszweck und Sozialstaatsprinzip ist die Meinung, wonach ein feststehender Anspruch auf Reisekostenbeihilfe auch bei einem Entlassungsziel im Ausland generell besteht, im Ergebnis als zu weitgehend zu bewerten.[426] Die zur Begründung der Auffassung teilweise herangezogene Entscheidung[427] betraf den Sonderfall der Gewährung einer Reisebeihilfe an einen nach Österreich abgeschobenen Ausländer.

Hinweise auf das Entlassungsziel lassen sich im Übrigen neben den Angaben der Gefangenen notfalls aus ihren früheren Wohnorten, dem Aufenthaltsort der Familie, den sozialen Kontakten, der künftigen Arbeitsstelle und der bisherigen Urlaubsziele während der Entlassungsvorbereitung entnehmen. Die Frage des Lebensmittelpunktes ist im Einzelfall im Rahmen der vorzunehmenden Gesamtbetrachtung ein nicht unerheblicher Prüfungsfaktor und sollte auch bei der ausnahmsweisen Annahme eines Entlassungsziels im Ausland gewürdigt werden.

„Eigene" Mittel i. S. d. Entlassungsbeihilfe können auch als **Darlehen** gewährte Gelder sein, auch wenn diese vom Prozessbevollmächtigten dem Gefangenen geliehen wor-

---

423 HE LT-Drucks. 18/1396, 89.
424 BeckOK-*Beck* § 75 Rdn. 5.
425 *Arloth/Krä* § 75 Rdn. 3.
426 Dafür: *Laubenthal/Nestler/Neubacher/Verrel* L Rdn. 45; AK-*Bahl/Pollähne* Teil II § 43 Rdn. 19 unter Hinweis auf *Perwein* Dauer und Höhe der Überbrückungsbeihilfe nach § 75 StVollzG, in ZfStrVo 1997, 84, wonach „Entlassungsziel" jeder Ort im In- oder Ausland sein kann.
427 OLG Frankfurt, Beschluss vom 5. August 2011 – 3 Ws 13/11 (StVollz) –, juris, NStZ-RR 2012, 127 f.

den sind. Allerdings ist die Auffassung „Wer die mit einem Darlehensvertrag verbundene Rückzahlungsverpflichtung eingeht, ist grundsätzlich auch in der Lage, dieser Verpflichtung nachzukommen und damit nicht bedürftig" sehr restriktiv, zumal, wenn das Darlehen von dem mit der Sache befassten Anwalt gewährt wurde.[428] In manchen Fällen dient das Darlehen gerade als Ersatz für eine nicht ausgezahlte Beihilfe.[429] Es würde diesem Zweck gerade widersprechen, es dann bedarfsmindernd anzurechnen. **Beförderungskosten bei Abschiebung** sind keine Reisekosten i.S.d. Entlassungsbeihilfe und damit nicht beihilfefähig.[430]

3. Art der Überbrückungsbeihilfe. Die Überbrückungsbeihilfe und die Höhe ihrer Bemessung, insbesondere Fragen der Rechtsnatur und des Rangverhältnisses zu anderen gesetzlichen Leistungsansprüchen, haben in der Praxis zu erheblichen Problemen geführt. Streitig sind insbesondere der **Überbrückungszeitraum und die Höhe der Beihilfe.** Allerdings haben die Länder durch Kooperationsvereinbarungen die Übernahme einer evtl. erforderlichen, sozialhilferechtlichen Betreuung durch den zuständigen Sozialhilfeträger erheblich erleichtert und verbessert. Auch eine Unterrichtung des Sozialhilfeträgers am Wohnort des Gefangenen über die Entlassung und die ausgezahlte Überbrückungsbeihilfe ist nicht nur zulässig,[431] sondern inzwischen geübte Praxis.

a) Eigenständige vollzugliche Leistungseinrichtung. Die Überbrückungsbeihilfe ist eine **eigenständige vollzugliche Leistungseinrichtung**, die für den Übergang aus der Haft eine technisch bedingte Lücke im Netz der sozialen Sicherung schließen will. Von vollzuglichen Bemessungsfaktoren bestimmt (Dauer des Freiheitsentzugs, persönlicher Arbeitseinsatz des Gefangenen und Wirtschaftlichkeit seiner Verfügungen über Hausgeld während der Strafzeit), will sie die Versorgung des bedürftigen Gefangenen ohne Inanspruchnahme fremder Hilfe bis zum Wirksamwerden anderer Leistungen und Hilfen sicherstellen.

Die Überbrückungsbeihilfe darf nicht mit dem Überbrückungsgeld nach § 51 StVollzG verwechselt werden: § 51 StVollzG gibt dem Gefangenen, dessen Eigenmittel den monatlichen Regelsatz nach dem SGB XII erreicht haben und damit zur Sicherung des notwendigen Unterhalts ausreichen, keinen Anspruch auf eine Überbrückungsbeihilfe nach § 75 StVollzG in Höhe des nach § 51 Abs. 1 StVollzG festgesetzten Überbrückungsgeldes.[432]

Die Überbrückungsbeihilfe hat damit **keine Reservefunktion gegenüber dem Überbrückungsgeld** und ist auch nicht für den gleichen Zeitraum von vier Wochen gedacht. Sie hat auch nicht die Aufgabe, die Begleichung finanzieller Verpflichtungen zu gewährleisten, die schon vor der Entlassung bestehen; hierzu rechnen auch Unterhaltsverpflichtungen gegenüber Kindern des Verurteilten. Auch verfolgt die Überbrückungsbeihilfe nicht den Zweck, den Aufbau eines neuen Hausstandes oder einer neuen Existenz zu unterstützen.[433] Sofern ein Gefangener Taschengeld gem. § 46 StVollzG erhält

---

428 OLG Hamburg, Beschluss vom 21. September 1995 – 3 Vollz (Ws) 18/95 –, juris, ZfStrVo 1997, 110; kritisch auch AK-*Bahl/Pollähne* Teil II § 43 Rdn. 17.
429 BeckOK-*Beck* § 75 Rdn. 9.
430 *Arloth/Krä* § 75 Rdn. 3; *Laubenthal/Nestler/Neubacher/Verrel* L Rdn. 45; Perwein ZfStrVo 1997, 84 ff (s. Fn. 426).
431 *Arloth/Krä* § 75 Rdn. 1, z.B. nach BW § 38 Abs. 1 Nr. 4 III.
432 LG Trier ZfStrVo **SH** 1977, 38.
433 Zum Überbrückungsgeld vgl. § 51 Rdn. 2 ff, Rdn. 12.

und diesen begrenzten Betrag ausgibt, ohne eine Rücklage zu bilden, kann ihm dies nicht zum Vorwurf gereichen, unwirtschaftlich gehandelt zu haben.[434]

6 **b) Nachrangigkeit im Verhältnis zu den Sozialleistungen.** Schon wegen ihrer vollzuglichen Ausrichtung ist die Überbrückungsbeihilfe im **Verhältnis zu den Sozialleistungen ausnahmsweise nachrangig.** Die Leistungsträger bzw. die einzelnen Sozialleistungen sind in den §§ 11, 12 SGB I abschließend aufgezählt. Die Vollzugsbehörden gehören nicht zu den Leistungsträgern i. S. von § 12 SGB I. Die Vollzugsmaßnahmen sind daher auch nicht mit dem Leistungscharakter der Sozialleistungen nach § 11 SGB I vergleichbar. Teilweise ist in der Praxis verlangt worden, Vollzugsanstalten sollten eine höhere Überbrückungsbeihilfe „vorstrecken". Weil den Haftentlassenen Arbeitslosengeld zustehen könne, solle die Vollzugsanstalt entsprechend vorleisten und sich den Anspruch gegen die örtliche Agentur für Arbeit abtreten lassen. Eine Vorleistungspflicht der Vollzugsanstalt zur Auszahlung einer höheren Überbrückungsbeihilfe besteht nicht.

Als **eigenständige vollzugliche Leistungseinrichtung**, die keine Reservefunktion gegenüber dem Überbrückungsgeld hat, ist sie im Verhältnis zu den Sozialleistungen nachrangig. Das Auszahlungsverfahren von Sozialhilfe und Arbeitslosengeld bzw. Arbeitslosenhilfe kann nicht durch eine Zwischenfinanzierung seitens der Vollzugsbehörden (für die im Übrigen keine Rechtsgrundlage besteht) verändert werden. Die Zahlung einer Überbrückungsbeihilfe kann daher nicht aufgewertet werden zu einer materiellrechtlichen Leistungspflicht. Rechtlich hätte dies zur Folge, dass die Vollzugsbehörde als Leistungsträger gleichrangig neben die in erster Linie zuständigen Sozialhilfeträger und Agenturen für Arbeit gestellt werden müsste, was aber vom Gesetzgeber nicht beabsichtigt war und der Systematik des Sozialleistungsrechts eindeutig widerspricht. Die Gewährung von Sozialleistungen für die Zeit nach der Entlassung ist grundsätzlich nicht Aufgabe des Strafvollzugs, sondern obliegt den hierfür zuständigen Sozialleistungsträgern. Mit der Entlassung endet grundsätzlich jede weitere Zuständigkeit der Vollzugsbehörde. Sozialhilfeleistungen dürfen daher nicht unter Hinweis auf den Grundsatz der Nachrangigkeit der Sozialhilfe (§ 2 SGB XII) verweigert werden; nachrangig ist vielmehr die Überbrückungsbeihilfe; die Sozialhilfe hat insoweit Auffangfunktion.[435] Dagegen ist das **Überbrückungsgeld nach § 51 StVollzG** bei der Gewährung von Hilfe zum Lebensunterhalt in voller Höhe bedarfsmindernd zu berücksichtigen.[436] Überbrückungsgeld für Haftentlassene wird bei Hartz IV aber nur für die ersten vier Wochen als Einkommen angerechnet.[437]

Überwiegend wurden bisher **die Empfehlungen der „Konferenz der obersten Landessozialbehörden"** berücksichtigt, die folgende Verfahrensweise vorgeschlagen hatten:

---

434 OLG Hamm, Beschluss vom 11. Dezember 1990 – 1 Vollz (Ws) 145/90 –, juris, NStZ 1991, 254; vgl. aber Rdn. 1 im Fall der Weigerung von Gefangenen, vorhandene geldwerte Mittel einzusetzen.
435 Zu den Einzelheiten s. a. Gutachten des Bundeszusammenschlusses für Straffälligenhilfe (Auszug), in: ZfStrVo 1981, 115.
436 BVerwG, Urt. vom 21.6.1990 – 5 C 64/86 –, juris, NDV 1990, 384; Thüringer OLG, Beschluss vom 27. April 2015 – 1 Ws 531/14 –, juris, FS 2016, 73 unter Hinweis auf die Gesetzesbegründung, LT-Drucks. 5/6700, 125, zur Abschaffung des Überbrückungsgeldes als Wiedereingliederungshindernis: „Die Abschaffung des Überbrückungsgeldes führt im Übrigen dazu, dass den Gefangenen während der Haftzeit zusätzliche Mittel zur Verfügung stehen und ihnen so ermöglicht wird, den durch die Straftat verursachten Schaden wiedergutzumachen und eine Schuldenregulierung herbeizuführen. Insoweit dient die Neuregelung auch den Belangen der Gläubiger, denen durch die Bildung des Überbrückungsgeldes pfändbares Eigengeld der Gefangenen entzogen würde".
437 BSG, Urt. vom 22.8.2013 – B 14 AS 78/12 R –, juris; vgl. dazu – Bundesarbeitsgemeinschaft Straffälligenhilfe (BAG-S) e.V., Einkommen oder Vermögen? Tipps für die Beratungspraxis, in: http://www.bag-s.de/aktuelles/aktuelles0/article/einkommen-oder-vermoegen-tipps-fuer-die-beratungspraxis/.

aa) Die Vollzugsbehörden sollen die Überbrückungsbeihilfe in ausreichendem Umfang gewähren, bis dem zuständigen Träger der Sozialhilfe die Übernahme der sozialhilferechtlichen Betreuung möglich ist. In der Regel wird dies ein Zeitraum von drei bis sieben Tagen (bei Entlassungen kurz vor Feiertagen) sein.

bb) Die Vollzugsbehörden sollen den für den Strafentlassenen zuständigen Sozialhilfeträger rechtzeitig von der bevorstehenden Entlassung benachrichtigen, damit die sozialhilferechtliche Betreuung des Haftentlassenen unmittelbar und ohne Verzögerung einsetzen kann.

Um den Zeitraum zwischen Antragstellung, Prüfung der Voraussetzungen und Entscheidung über die Gewährung von Sozialleistungen abzukürzen, wird im Rahmen der Hilfe zur Entlassung nach Nr. 52 Abs. 4 VGO die bevorstehende Entlassung den nach der Entlassung jeweils zuständigen örtlichen Sozialhilfeträgern bzw. Agenturen für Arbeit mitgeteilt werden. In nahezu allen Ländern bestehen bereits auf Ressortebene erzielte entsprechende Vereinbarungen, die ein koordiniertes Auszahlungsverfahren bezwecken und Kompetenzstreitigkeiten in der für die Haftentlassenen schwierigen Übergangsphase vermeiden helfen.

Zu einer erheblichen **Verbesserung dieser finanziellen Schnittstellenproblematik** haben die **Kooperationsvereinbarungen** mit den Fachministerien für Arbeit und Soziales, den Regionaldirektionen der Bundesagentur für Arbeit, den Landkreis- und Städtetagen, Kommunalverbänden, Freier Wohlfahrtspflege und den Netzwerken der Straffälligenhilfe geführt. Es ist das erklärte Ziel der Kooperationspartner, den Übergang von zur Entlassung anstehenden Gefangenen in eine wirtschaftlich und sozial gesicherte Existenz zu begleiten. Für die erfolgreiche Eingliederung der zu Entlassenden in die Gesellschaft ist entscheidend, dass diese in gesicherte Rahmenbedingungen entlassen werden. Insbesondere soll die Unterkunft gesichert, und die Voraussetzungen für die Gewährung möglicher Sozialleistungen sollen geklärt sein. Alle Länder verfügen inzwischen über derartige Vereinbarungen bzw. bereiten diese vor (vgl. D Rdn. 3, 9 und 26ff (Länderprojekte). Ein funktionierendes Übergangsmanagement ist hierfür besonders hilfreich. Vorausschauend hatte die ME-Begründung zu § 43 Abs. 4 (S. 114) folgenden Wortlaut: „*Im Regelfall sollten Hilfen nach dieser Bestimmung entbehrlich sein, weil die Sozialbehörden entsprechend ihrer gesetzlichen Verpflichtung die notwendigen Mittel bereitstellen. Ein Übergangsmanagement, das u.a. Arbeits- und Ausbildungsvermittlung, frühzeitige Klärung von Leistungsansprüchen und eine kontinuierliche Kooperation mit den Sozialbehörden beinhalten muss, macht nicht nur die Aufwendungen für die Entlassungsbeihilfe weitgehend entbehrlich, sondern verbessert auch die Eingliederungschancen der Haftentlassenen entscheidend.*"

Diese Forderung wird von den Ländern zunehmend eingelöst und wird hoffentlich die Problematik im Laufe der Zeit entschärfen. Nach der Kooperationsvereinbarung von Baden-Württemberg ist zur finanziellen Absicherung folgende Verfahrensweise vereinbart: „Im Rahmen der Beratung sollen die Sozialleistungsträger dabei unterstützen, die institutionalisierte Zuordnung der zu Entlassenden nach dem SGB II, SGB III oder SGB XII zu klären. Soweit möglich, sollen Leistungsanträge vorbereitet und ein Gesprächstermin beim zuständigen Sozialleistungsträger für die Zeit unmittelbar nach der Entlassung vereinbart werden. Die Sozialleistungsträger wirken darauf hin, dass eine Leistungsbescheidung zeitnah nach der Entlassung erfolgt."[438]

---

[438] Vgl. Ziff. 4.2.2.; vgl. die PM vom 12.12.2016 https://www.baden-wuerttemberg.de/de/service/presse/pressemitteilung/pid/vereinbarung-ueber-die-integration-von-entlassenen-strafgefangenen-und-sicherungsverwahrten/.

8 **c) Modalitäten bei der Auszahlung von Sozialleistungen.** Im **Auszahlungsverfahren** zwischen Sozialhilfe und Arbeitslosengeld bzw. Arbeitslosenhilfe ergaben sich bisher oft erhebliche Schwierigkeiten, da das beantragte Arbeitslosengeld in der Regel nach Ablauf des Zahlungszeitraums überwiesen wurde. Vor Ablauf des eigentlichen Zahlungszeitraums (nachträglich alle zwei Wochen) wurden nur Abschlagszahlungen auf das bisher „aufgelaufene" Arbeitslosengeld gezahlt. Bis zur Überweisung des Arbeitslosengeldes (nach durchschnittlich zwei bis drei Wochen) nahmen die meisten Haftentlassenen daher Sozialhilfe nach dem SGB XII in Anspruch, da die Abschlagszahlung in keiner Weise ausreichte. Das Sozialamt leitete allerdings nach § 93 SGB XII den Anspruch des Haftentlassenen auf Zahlung des Arbeitslosengeldes bis zur Höhe seiner Aufwendung auf sich über. Das Arbeitslosengeld wurde nach Auszahlung sofort um die Barleistung gekürzt, die nach dem BSHG gewährt worden war. Durch die Zusammenführung von Arbeitslosen- und Sozialhilfe für Erwerbsfähige im SGB II und das vereinfachte Auszahlungsverfahren der Sozialleistungen sowie die **Kooperationsvereinbarungen auf Landesebene** ist der Anstoß zu einer deutlichen Verbesserung erfolgt (vgl. 7 D Rdn. 3, 9 und 26 ff, Länderprojekte).

Kritisch sind auch die Modalitäten der Verfahrensweise einzelner Jobcenter zu bewerten, bei **Mietkautionen** (dazu im Einzelnen D Rdn. 6) eine **Darlehensvereinbarung** zwischen Jobcenter und Leistungsberechtigten als **Aufrechnung** dahingehend zu vereinbaren, dass die Betroffenen das Darlehen aus der Regelleistung zurückzahlen sollen. Die Rechtsprechung hält eine Leistungskürzung über 23 Monate hinweg mit dem Ansparkonzept des SGB II nicht für vereinbar, zumal die seit 2011 geltenden Regelbedarfe auch nicht im Hinblick auf die starre Darlehenstilgung in Höhe von 10 Prozent (§ 42a SGB II) aufgestockt wurden. Bedarfspositionen, die zu § 22 SGB II gehören, wie die Kaution, sind nicht in der Regelleistung nach § 20 SGB II enthalten.[439] In Anbetracht der Engpässe auf dem Wohnungsmarkt kommt dem Erhalt des Wohnraums bei kurzzeitiger Inhaftierung besondere Bedeutung zu. Bei einem Freiheitsentzug von in der Regel bis zu zwölf Monaten oder Untersuchungshaft muss in erster Linie der Erhalt bestehenden Wohnraums angestrebt werden. Die Sozialleistungsträger sollten anstreben, dass bei Vorliegen der Voraussetzungen eine Leistungsbescheidung bereits in Haft zeitnah erfolgt und bestehender Wohnraum erhalten bleibt. Kooperationsvereinbarungen wie die in **BW** sehen ausdrücklich vor, dass dieses Ziel erreicht wird für alle zu Entlassenden eine adäquate (gegebenenfalls betreute) Wohnmöglichkeit zur Verfügung steht, sie nicht obdachlos sind und sie sich nicht selbst überlassen werden.[440]

9 **d) Höhe der Überbrückungsbeihilfe und Berechnungsmethoden.** Die Höhe der Überbrückungsbeihilfe ist in den Landesgesetzen nicht geregelt. Die Höhe ist nicht pauschal, sondern stets unter Berücksichtigung der Bemessungsgrundlage nach Lage des Einzelfalls (vorhandene Eigenmittel, etc.) festzusetzen, wobei im Hinblick auf das Sozialstaatsprinzip, das die gesamte Vorschrift als Orientierungsmarke überstrahlt, von den Kürzungsmöglichkeiten nach Abs. 2 nur restriktiv Gebrauch gemacht werden sollte.[441] Eine pauschale Regelung verbietet sich daher. Bei dieser Ermessensentscheidung sollte geprüft werden, „ob der Gefangene seine Mittellosigkeit selbst verschuldet hat".[442] An-

---

439 Vgl. SG Berlin, Beschl. vom 30.9.2011 – S 37 AS 24431/11 R, wonach eine zehnprozentige Kürzung des Regelbedarfs über einen längeren Zeitraum (hier 23 Monate) zur Tilgung eines Mietkautionsdarlehens unzulässig ist und D Rdn. 6 mit FN 249.
440 BW Ziff. 4232 der Kooperationsvereinbarung vom 12.12.2016.
441 AK-*Bahl/Pollähne* Teil II § 43 Rdn. 19.
442 BT-Drucks. 7/918, 75; vgl. Rdn. 1.

ders als § 75 Abs. 2 Satz 1 StVollzG ist es verdienstvoll, dass die Ländergesetze auf **Kürzungsmöglichkeiten** wegen kurzer Haftdauer, schlechter Arbeitsleistung oder verschwenderischem Umgang mit dem Eigen- oder Hausgeld verzichten, da diese Beschränkung dem Sozialstaatsprinzip widersprechen.[443] **BY** Art. 80 hat die Kürzungsmöglichkeit nach Abs. 2 mit dem ausdrücklichen Hinweis nicht übernommen, sie widerspreche dem Sozialstaatsprinzip.[444] Nach **BY** VV Nr. 3 Satz 2 richtet sich die Bemessung nach den Leistungen, die das SGB für vergleichbare Fälle vorsieht. Daher sind bei der Prüfung der wirtschaftlichen Leistungsfähigkeit die individuellen Einkommens- und Vermögensverhältnisse der Gefangenen im Hinblick auf Rückfallvermeidung und sozialer Eingliederung als Prüfungsmaßstab in den Vordergrund zu stellen. Jedenfalls darf die Überbrückungsbeihilfe keinen Belohnungs- oder Strafcharakter enthalten. Hierbei steht die Resozialisierung eindeutig im Vordergrund.[445] Die Regelung des § 75 Abs. 2 StVollzG ist deshalb sehr kritisch zu sehen, was die Landesgesetze entsprechend erkannt haben.[446]

Grundlage für die Prüfung zur **Höhe der Überbrückungsbeihilfe** sind die **Regelsätze der Sozialhilfe** nach § 20 Abs. SGB II für ALG II, deren Höhe bzw. Mindestsätze bzw. Rahmensätze von den Landessozialbehörden der jeweiligen Bundesländer festgesetzt werden. Diese sind tageweise in Anlehnung an den Regelsatz der Sozialhilfe für Alleinstehende zu berechnen (zuzüglich der im Einzelfall voraussichtlich notwendigen Kosten für Übernachtungen). Nach der Regelsatzverordnung (RSV) beträgt der Eckregelsatz für Sozialhilfe ab 1.1.2018[447] insgesamt 416 Euro im Monat für den Haushaltsvorstand und für Alleinstehende. Dieser Betrag deckt pauschal die meisten der bisherigen einmaligen Leistungen für Bekleidung, Wäsche, Schuhe und Hausrat ab und sollte dann tageweise errechnet werden. Allerdings berücksichtigt der Sozialhilferegelsatz für Alleinstehende nach Nr. 3 VV zu § 75 keine Berücksichtigung des Mehrbedarfs aufgrund der Entlassung, wie etwa Lebensmittel und Körperpflegeartikel, erhöhter Kommunikationsbedarf, Unterkunft.[448] Dieser Eckregelsatz entspricht auch der im SGB II geregelten Grundsicherung für (langzeitarbeitslose) erwerbsfähige Arbeitsuchende aus der Zusammenlegung von Arbeitslosenhilfe und Sozialhilfe. Das SGB XII einschließlich der Regelsatzverordnung dient als Referenzsystem für die Ausgestaltung der Überbrückungsbeihilfe. Der Betrag könnte dann tageweise bis zu 7 Tage ermittelt werden. Nur bei kurzen Freiheitsstrafen sollte eine Auszahlung für etwa 3 Tage als angemessen anzusetzen sein.

Eine davon abgewandelte **Berechnungsmethode** enthält **BY** Art. 80, der auf die Bedarfsdeckung abhebt: *„Soweit es den Gefangenen nicht möglich ist, vom Arbeitsentgelt einen hinreichenden Betrag als Überbrückungsgeld anzusparen, ist ihnen eine Entlassungsbeihilfe zu gewähren. Bei der Bemessung der Höhe ist der* **Grundsatz der Bedarfsdeckung** *zu berücksichtigen.“* Eine Überbrückungsbeihilfe soll bis zum achteinhalbfachen Tagessatz der Eckvergütung (§ 43 Abs. 2 StVollzG) gewährt werden, wenn und soweit den Gefangenen eigene Mittel in dieser Höhe nicht zur Verfügung stehen. Für

---

443 Vgl. BW LT-Drucks. 14/5012, 236; BeckOK-*Müller/Preisser* JVollzGB III § 90 Rdn. 5–6; ebenso **BY** Art. 80.
444 Vgl. die Gesetzesbegründung S. 74 zu **BY** Art. 80; auch BW LT-Drucks. 14/5012, 236 mit Gesetzesbegründung zu § 90 JVollzGB II.
445 BVerfG, Urt. vom 21. Juni 1977 – 1 BvL 14/76 – BVerfG 45, 187, 239 und BVerfG, Urt. vom 1. Juli 1998 – 2 BvR 441/90 – BVerfG 98, 169 ff.
446 Anders aber **NI** § 70 Abs. 2.
447 Anlage zu § 28 SGB XII.
448 *Arloth/Krä* § 75 Rdn. 4; BeckOK-*Beck* § 75 Rdn. 16.

2017 wäre dies ein Betrag von 110 Euro.[449] Wegen der nachrangigen und subsidiären sozialen Reservefunktion dieser besonderen vollzuglichen Leistung sind aber gewisse Zweifel angebracht.

10   **e) Dauer der Überbrückungsbeihilfe.** Unter Berücksichtigung dieser **Rechtsnatur als nachrangige und subsidiäre soziale Reservefunktion und des Vorrangs anderer Sozialleistungsträger** ist die Auffassung, die Überbrückungsbeihilfe müsse für die Dauer von vier Wochen gewährt werden, nicht haltbar.[450] Auch kann die Vier-Wochen-Frist nach § 51 Abs. 1 nicht zugrunde gelegt werden.[451] Soweit sich die andere Auffassung auf die Auslegung der Entstehungsgeschichte dieser Vorschrift beruft, ist entgegenzuhalten, dass die Gesetzesmaterialien keinesfalls so eindeutig sind, wie von ihm zur Bestätigung seiner Auffassung angenommen. Vielmehr sind die Widersprüche offensichtlich, da der Sonderausschuss ausdrücklich die unveränderte Übernahme der Abs. 1 und 2 aus dem Regierungsentwurf betont, gleichzeitig aber auch seine Stellungnahme zu Abs. 3 äußerst unklar formuliert hatte.[452] Auch lässt sich die Auffassung, wonach sich die Höhe der Überbrückungsbeihilfe nach der Differenz zum festgesetzten Überbrückungsgeld bemisst, also dem zweifachen Regelsatz nach § 28 SGB XII, aus dem Gesetz nicht herleiten. Die Gesetzesverweisung in § 75 Abs. 2 Satz 2 StVollzG auf § 51 StVollzG bezieht sich nur auf die Auszahlungsform, nicht aber auf VV Nr. 1 Abs. 2 zu § 51 StVollzG, wo der zweifache Regelsatz angesprochen wird.

Im Übrigen macht ein gut funktionierendes **Übergangsmanagement** (dazu die Landesvorschriften D Rdn. 8 und die Länderprojekte D Rdn. 26–41), das auch die Sozialleistungsträger auf Landes- und Ortsebene einbezieht, eine großzügige Bemessung nach dem Grundsatz der Bedarfsdeckung in vielen Fällen entbehrlich.[453] Solange dieses Ziel nicht erreicht ist, müssen in einer Übergangsphase die finanzielle Situation der Gefangenen und die individuellen Eingliederungschancen angemessen bei der vollzuglichen Leistungsentscheidung berücksichtigt werden. Grundsätzlich kann die Dauer durchaus länger veranschlagt werden, da die **Sicherung des Lebensunterhalts** des Entlassenen und seiner Angehörigen – gerade in der schwierigen Übergangsphase – **Vorrang vor möglichen Kompetenzstreitigkeiten** haben muss. Denn die Überbrückungsbeihilfe soll die Gefangenen in die Lage versetzen, ohne Inanspruchnahme fremder Hilfe ihren notwendigen Lebensunterhalt zu bestreiten, bis sie ihn anderweitig decken können.

Der Anspruch kann entfallen, wenn der nach dem Sozialhilfegesetz angemessene Unterhalt nach Verbüßung einer kurzen Freiheitsstrafe für die ersten drei Tage nach der Entlassung gesichert ist.[454] Die Vollzugsbehörde ist bei einem Antrag auf Urlaub zur Entlassungsvorbereitung aufgrund der Selbstbindung durch VV Nr. 6 zu § 13 StVollzG zur Beachtung der Prüfung einer Reisekostenbeihilfe verpflichtet.[455]

---

449   S. Fn. 448.
450   AK-*Bahl/Pollähne* Teil II § 43 Rdn. 22.
451   Nr. 3 VV zu § 75; wie hier LG Bonn, Beschl. vom 6.9.1984 – 52 St VollzG 205/84 –, juris, NStZ 1985, 142; Laubenthal, Rdn. 650; BeckOK-*Beck* § 75 Rdn. 17; *Laubenthal/Nestler/Neubacher/Verrel* L Rdn. 42; Stellungnahme des Bundeszusammenschlusses für Straffälligenhilfe, in: ZfStrVo 1980, 171; a.A. Perwein ZfStrVo 2000, 351.
452   Ebenso *Arloth/Krä* § 75 Rdn. 4 zu RegE, BT-Drucks. 7/918, 75; SA BT-Drucks. 7/3998, 30.
453   Vgl. auch **HE** § 17 Abs. 2 und ME § 43 Abs. 4 unter Hinweis auf die Gesetzes- bzw. Entwurfsbegründungen, siehe Rdn. 9, Fn. 440 ff und 7 D Rdn. 9 (regionales Verbundsystem der Hilfen, Arbeitsgemeinschaft der Straffälligenhilfe, Kooperationsvereinbarungen mit Sozialleistungsträgern, etc.).
454   LG Bonn Beschl. v. 6.9.1984 – 52 Vollz 2015/84, ZfStrVo 1985, 185.
455   OLG Hamm, Beschluss vom 27. Juni 1983 – 7 Vollz (Ws) 52/83 –, juris, NStZ 1984, 45.

f) Auszahlungsverfahren. Im Regelfall wird die Überbrückungshilfe dem Gefange- 11
nen am Tag der Entlassung ausgezahlt. Abweichend davon kann sie aber auch von der
Vollzugsbehörde entsprechend der Regelung des § 51 Abs. 2 Satz 2 und 3 StVollzG ganz
oder zum Teil der Bewährungshilfe oder einer mit der Entlassenenbetreuung befassten
Stelle zur **kurzfristigen Geldverwaltung** überwiesen werden oder den Unterhaltsberechtigten.[456] Diese Stellen sind dann befugt, über die Verwendung des Geldes in den
ersten vier Wochen nach der Entlassung der Gefangenen zu entscheiden, und verpflichtet, das Geld der Gefangenen gesondert von ihrem Vermögen zu halten. Auch ohne Zustimmung des Gefangenen (anders als nach § 51 Abs. 2 Satz 4 StVollzG) kann die Überbrückungsbeihilfe ganz oder teilweise dem **Unterhaltsberechtigten** direkt überwiesen
werden, um notfalls eine sachgemäße Verwendung der Mittel sicherzustellen.

g) Vollstreckungsrechtliche Regelung. Die **vollstreckungsrechtliche Regelung** 12
macht die Beihilfe zu den Reisekosten (Anspruch bzw. ausgezahltes Geld) unpfändbar.
Dasselbe gilt für den Anspruch auf Auszahlung der Überbrückungsbeihilfe.[457] Ist die
Beihilfe ausgezahlt, muss § 51 Abs. 4 Satz 3 StVollzG entsprechend beachtet werden. Die
Vorschrift des § 51 Abs. 4 StVollzG, die weiterhin direkt anwendbar ist,[458] stellt auch weiterhin eine besondere Pfändungsschutzvorschrift für Strafgefangene dar. Weil es sich bei
den Unpfändbarkeitsbestimmungen um Regelungen des Zivilprozessrechts handelt, sind
die Länder diesbezüglich nicht zuständig.[459] Pfändungen wegen der in § 850d Abs. 1
Satz 1 ZPO bezeichneten Unterhaltsansprüche sind allerdings ausgenommen (Abs. 3
i.V.m. § 51 Abs. 5 StVollzG). Selbst im Fall einer solchen Pfändung hat der Entlassene
nach § 51 Abs. 5 Satz 2 StVollzG einen gewissen Pfändungsschutz.[460]

h) Anträge und Rechtsschutz. Rechtzeitig vor der Entlassung sollte der Gefangene 13
den Antrag auf Entlassungsbeihilfe unter substantiierter Darlegung der finanziellen Verhältnisse stellen,[461] zumal bei Ablehnung des Antrags die Entscheidung der Anstalt bezüglich der Höhe und der Dauer im Rahmen der gerichtlichen Entscheidung voll nachprüfbar ist.

---

456 So z.B. BW § 90 Satz 3 und 4; **BY** Art. 80 Abs. 3 (Unterhaltsberechtigte).
457 Z.B. nach **BY** Art. 80 Abs. 3 Satz 2 i.V.m. § 51 Abs. 4 Satz 1 StVollzG und nach **BY** Art. 208 i.V.m. § 75 Abs. 3 StVollzG für die Entlassenenbeihilfe.
458 OLG Frankfurt, Beschluss vom 5. August 2011 – 3 Ws 13/11 (StVollz) –, juris, NStZ-RR 2012, 127 f unter Hinweis auf **HE** § 83 StVollzG.
459 *Arloth/Krä* § 75 Rdn. 5; BeckOK-*Beck* § 75 Rdn. 22.
460 Zu den Einzelheiten mit Hinweisen zur Rechtsprechung: 7 C Rdn. 17.
461 *Arloth/Krä* § 75 Rdn. 6.

8. KAPITEL
Religionsausübung

Schrifttum

a) Zu staatskirchenrechtlichen Fragen: *Badura* Der Schutz von Religion und Weltanschauung durch das Grundgesetz, Tübingen 1989; *v. Campenhausen* Staatskirchenrecht, 3. Aufl. München 1996; *ders.* Der heutige Verfassungsstaat und die Religion, in: HdbStKirchR I 1994, 47 ff; *ders.* Religionsfreiheit, in: HdbStR VI, Heidelberg 1989, § 136 Rdn. 34 ff; *ders.* Neue Religionen im Abendland – Staatskirchenrechtliche Probleme der Muslime, der Jugendsekten und der sogenannten destruktiven religiösen Gruppen –, in: ZevKR 1980, 135 ff; *ders.* Aktuelle Aspekte der Religionsfreiheit, in: ZevKR 1992, 405 ff; *Dahlke* Strafvollzug – Kein Stiefkind der Kirche, in: *Schäfer/Sievering* 1989, 7 ff; *Eick-Wildgans* Anstaltsseelsorge. Möglichkeiten und Grenzen des Zusammenwirkens von Staat und Kirche im Strafvollzug, Berlin 1993; *dies.* Anstaltsseelsorge, in: HdbStKirchR II 1995, 995 ff; *Heckel* Gleichheit oder Privilegien. Der Allgemeine und der Besondere Gleichheitssatz im Staatskirchenrecht, Tübingen 1993; *Isak* Das Selbstverständnis der Kirchen und Religionsgemeinschaften und seine Bedeutung für die Auslegung staatlichen Rechts, Berlin 1994; *Listl* Glaubens-, Bekenntnis- und Kirchenfreiheit, in: HdbStKirchR I 1994, 439 ff; *ders.* Die Konkordate und Kirchenverträge in der Bundesrepublik Deutschland, Berlin 1987; *Schäfer* Gefängnisseelsorge eingeschlossen? Zum Verhältnis von Staat und Kirche am Beispiel der Gefängnisseelsorge in Hessen, in: Grigoleit 2004, 84–95; *Schäfer* Kirchliche Straffälligenhilfe und gesellschaftliche Verantwortung, in: Düringer/Schäfer (Hrsg.) 2012, 9–16; *Schäfer* Evangelische Straffälligenhilfe – gestern heute und morgen, in: Schäfer/Bunde (Hrsg.) 2017, 103–122.

b) Zu Fragen der Seelsorgepraxis im Strafvollzug: *Bethkowsky-Spinner* Grundlegung einer Gefängnisseelsorge, in: Reader Gefängnisseelsorge 9/1999, 62 ff; *Böhm* Zum 75-jährigen Bestehen der Evangelischen Konferenz für Gefängnisseelsorge in Deutschland, in: Reader Gefängnisseelsorge 11/2002, 34 ff; *Borck* Seelsorge in Kirchengemeinden und „am anderen Ort", in: *Lammer/Borck/Habenicht/Roser* (Hrsg.), 2015, S. 43–58; *Brandt* Die evangelische Strafanstaltsseelsorge, Göttingen 1985; *ders.* Menschen im Justizvollzug, in: Handbuch der Praktischen Theologie, Bd. 4, Gütersloh 1987, 435 ff; *Diekmann* (Hrsg.), Nicht sitzenlassen. Gefängnisseelsorge in der Gruppe, Hannover 1989; *Düringer/Schäfer* (Hrsg.), Was kann kirchliche Straffälligenhilfe leisten? Zur Umsetzung des Orientierungsrahmens zur Zusammenarbeit mit dem Justizvollzug, Hanau 2012; *Evangelische Kirche in Hessen und Nassau*, Seelsorge in der EKHN. Dokumentation des Zentrums Seelsorge und Beratung, Darmstadt 2016; *Greifenstein* Zur Rolle der Gefängnisseelsorgerinnen und Gefängnisseelsorger, in: Reader Gefängnisseelsorge 11/2002, 71 ff; *Grigoleit* (Hrsg.) Es wird ein Leben ohne Gitter geben. FS Manfred Lösch, Fernwald 2004; *Härle* Theologische Vorüberlegungen für eine Theorie kirchlichen Handelns in Gefängnissen, in: Zeitschrift für evangelische Ethik (32) 1988, 199 ff; *Heusel* Freiheit für den Dienst am Menschen – Zur theologischen Grundlegung der Seelsorge in Justizvollzugsanstalten –, in: Schäfer/Sievering (Hrsg.) 1989, 37 ff; *Kirchenamt* der EKD (Hrsg.), Strafe: Tor zur Versöhnung? Eine Denkschrift der EKD zum Strafvollzug, Gütersloh 1990; *Kirchenkanzlei* der EKD (Hrsg.), Seelsorge in Justizvollzugsanstalten. Empfehlungen des Rates der EKD, Gütersloh 1979; *Koch* Evangelische Seelsorge, in: Schwind/Blau 1988, 28 ff; *ders.* Ein Haus voller Sünder? Zur kirchlichen Arbeit im Gefängnis, in: ZfStrVo 1989, 99 ff; *Koch* (Hrsg.), Gottesdienst im Gefängnis, Hannover 1984; *Lammer/Borck/Habenicht/Roser* (Hrsg.), Menschen stärken. Seelsorge in der evangelischen Kirche, Gütersloh 2015; *Müller-Dietz* Die Denkschrift der EKD zum Strafvollzug, in: ZfStrVo 1991, 15 ff; *Pohl-Patalong* Freiräume hinter Gittern. Aspekte einer Seelsorge im Gefängnis, in: Lernort Gemeinde 1/1998, 53 ff; *Radtke* Der Schutz des Beicht- und Seelsorgegeheimnisses, in: ZevKR 2007, 617 ff; *Raming* Katholische Seelsorge, in: Schwind/Blau 1988, 214 ff; *Rassow* (Hrsg.), Seelsorger eingeschlossen, Stuttgart 1987; *Schäfer/Bunde* (Hrsg.), Die Entwicklung der evangelischen Straffälligenhilfe, Freiburg 2017; *Schäfer/Sievering* (Hrsg.) Justizvollzug und Straffälligenhilfe als Gegenstand evangelischer Akademiearbeit, Frankfurt 1989; *Strodel* Seelsorge in Justizvollzugsanstalten, Diss., Universität München 2003; *Vorstand der Evangelischen Konferenz für Gefängnisseelsorge in Deutschland*, Zur Zukunft des Gefängnissystems, in: Reader Gefängnisseelsorge Sonderausgabe September 2017, Hannover 2017; *Wever/Faber/Lösch* (Hrsg.) Festgabe zum 80. Geburtstag von Peter Rassow, Hannover 2008; *Winkler* Seelsorge, Berlin/New York 1997, 492 ff.

A. Seelsorge

Bund	§ 53 StVollzG
Baden-Württemberg	BW § 29 III JVollzGB
Bayern	BY Art. 55 BayStVollzG
Berlin	BE §§ 78, 55 StVollzG Bln
Brandenburg	BB §§ 81, 59 BbgJVollzG
Bremen	HB §§ 70, 50 Abs.2 BremStVollzG
Hamburg	HH § 54 HmbStVollzG
Hessen	HE § 32 Abs. 1, 2 HStVollzG
Mecklenburg-Vorpommern	MV §§ 69, 50 Abs.2 StVollzG M-V
Niedersachsen	NI § 53 NJVollzG
Nordrhein-Westfalen	NW § 40 StVollzG NRW
Rheinland-Pfalz	RP §§ 79, 58 LJVollzG
Saarland	SL §§ 69, 50 Abs. 2 SLStVollzG
Sachsen	SN §§ 70, 50 Abs. 2 SächsStVollzG
Sachsen-Anhalt	ST § 80 JVollzGB LSA
Schleswig-Holstein	SH §§ 88, 67 Abs. 2 LStVollzG SH
Thüringen	TH §§ 80, 59 ThürJVollzGB

Übersicht

I. Allgemeine Hinweise —— 1–13
  1. Grundrecht der Religionsfreiheit —— 1–4
  2. Gemeinsame Angelegenheit von Staat und Kirche —— 5, 6
  3. Begriff der Seelsorge —— 7
  4. Selbstverständnis —— 8
  5. Aufgaben —— 9
  6. Zielvorstellung —— 10
  7. Vollzugsbedienstete —— 11
  8. Religionsgemeinschaften —— 12, 13
II. Erläuterungen —— 14–24
  1. Recht auf religiöse Betreuung —— 14
  2. Seelsorgerliches Einzelgespräch —— 15
  3. Karitative Betreuung —— 16
  4. Zutritt in dringenden Fällen —— 17
  5. Zwangsanwendungsverbot —— 18
  6. Eigene Religionsgemeinschaft, Konfessionswechsel —— 19
  7. Hilfe bei Kontaktaufnahme —— 20
  8. Religiöse Schriften —— 21, 22
  9. Gegenstände des religiösen Gebrauchs —— 23, 24
III. Landesgesetzliche Besonderheiten —— 25

I. Allgemeine Hinweise

1 **1.** Die Vorschriften der Strafvollzugsgesetze in Bund und Ländern über Religionsausübung und Seelsorge resultieren aus dem **Grundrecht der Religionsfreiheit** (Art. 4 GG), das auch für den speziellen, besonders sensiblen Bereich des Strafvollzugs garantiert ist (Art. 140 GG i.V.m. Art. 141 WRV). Verfassungsrechtliche und staatskirchenrechtliche Grundsätze haben daher bei der Auslegung und für das Verständnis der entsprechenden Vorschriften vorrangige Bedeutung.

2 Aus der Pflicht zur **weltanschaulich-religiösen Neutralität des Staates**[1] und aus dem durch Art. 140 GG i.V.m. Art. 137 Abs. 3 WRV sichergestellten **Selbstbestimmungsrecht der Religionsgemeinschaften** folgt, dass der Staat die Seelsorge grundsätzlich als eine Angelegenheit der Religionsgemeinschaften zu respektieren hat und nicht berechtigt ist, den Begriff der Seelsorge auszufüllen. Daher sind zu den inhaltlichen Fragestellungen der Gefängnisseelsorge grundlegende theologische Aussagen der Religions-

---

1 BVerfGE 19, 206, 216.

gemeinschaften zu berücksichtigen. Verfassungsrechtlich zulässig sind jedoch staatlicherseits formale Rechtsdefinitionen religiös geprägter Begriffe in Gebieten, in denen die Seelsorgetätigkeit auf den Strafvollzug einwirkt. Die **staatliche Rahmenziehungskompetenz** hat dort ihre Grenze, wo Aussagen über den spezifisch religiösen Auftrag einer Religionsgemeinschaft erforderlich werden; insoweit ist das kirchliche Selbstverständnis verbindlich.

Der Grundsatz der religiös-weltanschaulichen Neutralität des Staates gebietet eine gleichmäßige Berücksichtigung des Selbstverständnisses aller Religions- und Weltanschauungsgemeinschaften (Art. 3 Abs. 3 GG). Das **Gleichbehandlungsgebot** bedeutet jedoch keine Verpflichtung zu schematischer Gleichbehandlung. Der Staat darf vielmehr an Wesensunterschiede auch **rechtliche Differenzierungen** knüpfen. Dabei darf er sich aber lediglich objektiver und religionsneutraler Kriterien bedienen.

Das Grundrecht der Glaubens- und Religionsfreiheit nach Art. 4 GG ist nicht an den 3 Kreis christlich-abendländischer Religion gebunden.[2] Die Religionsfreiheit ist ein **Menschenrecht**. Deshalb gilt die Glaubensfreiheit nicht nur den Mitgliedern anerkannter Kirchen und Religionsgemeinschaften, sondern sie ist auch den Angehörigen anderer religiöser Vereinigungen gewährleistet.[3] Sie steht nicht nur den deutschen Staatsbürgern zu, sondern allen in der Bundesrepublik Deutschland wohnenden Menschen.[4] Art. 4 GG schützt gerade auch die vereinzelt auftretende Glaubensüberzeugung, die von den Lehren der Kirchen und Religionsgemeinschaften abweicht.[5]

Religionsfreiheit begründet nach heutigem Verständnis **ein individuelles und ein** 4 **kollektives Recht**.[6] Das Grundrecht nach Art. 4 GG schützt das Bedürfnis des **einzelnen Gläubigen**, sichert aber auch die Möglichkeit der **Religionsgemeinschaften**, ihren Angehörigen geistliche Betreuung zukommen zu lassen.[7] Der Religionsgemeinschaft ist damit die Möglichkeit gottesdienstlicher und seelsorgerlicher Angebote gegeben, dem Gefangenen, diese Angebote anzunehmen oder abzulehnen (positive oder negative Religionsfreiheit) bzw. auch schon einen entsprechenden Wunsch zu äußern. Angebot und Inanspruchnahme bilden eine Einheit.

2. Auch wenn das Grundrecht der Glaubens- und Bekenntnisfreiheit (Art. 4 Abs. 1 5 GG) sowie der ungestörten Religionsausübung (Art. 4 Abs. 2 GG) vorbehaltlos und erklärtermaßen auch im Strafvollzug gilt,[8] ist es doch, wie jedes Grundrecht, nicht schrankenlos. Es kann aber wegen seiner nahen Beziehung zur Menschenwürde und seiner entschiedenen Formulierung seinem Kern nach nur von grundlegenden Prinzipien der Verfassung **Beschränkungen** erfahren, die die sittlichen Grundlagen des Zusammenlebens oder die Fundamente der politischen Ordnung betreffen.[9] Sinn und Zweck des Strafvollzugs können grundrechtsbeschränkende Maßnahmen rechtfertigen.[10] Nicht den Inhalt der Religionsausübung, sondern ihren Umfang betreffende örtliche und zeitliche Beschränkungen der Religionsausübung stellen keine Verletzung von Art. 4 GG dar. Insofern kann aus dem Grundrecht nicht gefolgert werden, dass jemand, der sich nach der Rechtsordnung des Staates zu Recht in Strafhaft befindet, unbedingt alle denkbaren

---

2   v. *Campenhausen* ZevKR 1980, 135 ff und ZevKR 1992, 405 ff.
3   BVerfGE 32, 98, 106.
4   v. *Campenhausen* ZevKR 1980, 136.
5   BVerfGE 33, 23, 29.
6   v. *Campenhausen* 1994, 59.
7   BVerfGE 24, 245.
8   BT-Drucks. 7/918, 71.
9   BVerfGE 33, 1 LS 3 und 11.
10 BVerfGE 33, 1, 13; 40, 276 LS 2 und 283 f.

Glaubensbetätigungsmöglichkeiten vornehmen kann, wie sie dem offen stehen, der sich in Freiheit befindet. Da die Religionsfreiheit aber das Recht des Einzelnen einschließt, nicht durch fehlende staatliche Rücksicht an der Beachtung von religiösen Sitten und Geboten gehindert zu werden,[11]darf der Strafvollzug sie nur insoweit einschränken, als derartige Beschränkungen für die Aufrechterhaltung eines geordneten Strafvollzugs unerlässlich sind.

6   Seelsorge in Justizvollzugsanstalten wird aus dem Blickwinkel des Staatskirchenrechts als eine **„Gemeinsame Angelegenheit"** von Staat und Kirche bezeichnet. Sie schließt kirchliche und staatliche Angelegenheiten ein, wobei Staat und Religionsgemeinschaften für die Regelung der eigenen Aufgaben zuständig und selbstverantwortlich bleiben. Die Rücksicht auf die rechtlich geschützten Belange des jeweils anderen erfordert ein verständiges **Zusammenwirken** beider. Ausdruck der partiellen Gemeinsamkeit von Kirche und Staat sind auf Länderebene ausgehandelte Vereinbarungen zur Seelsorge in Justizvollzugsanstalten.[12] Sie sind bestrebt, die unterschiedlichen Zielrichtungen kirchlichen und staatlichen Handelns bei Wahrung der kirchlichen Unabhängigkeit in geregelte Beziehungen zu fassen und Einzelfragen zu klären.

7   **3. Begriff der Seelsorge.** Der **Begriff der Seelsorge,** der bereits in § 53 StVollzG (Überschrift) und § 157 StVollzG verwandt wurde, steht im weiteren Sinn als Oberbegriff für den gesamten vielfältigen Dienst der Religionsgemeinschaften an ihren inhaftierten Mitgliedern i.S. von „religiösen Handlungen" (Art. 140 GG i.V.m. Art. 141 WRV) und „religiöser Betreuung" (s. Rdn. 14). Dieser umfasst neben Gottesdiensten und anderen religiösen Gemeinschaftsveranstaltungen (s. B Rdn. 13–18) die in der theologischen Disziplin so genannte Seelsorge im engeren Sinn, die sich vornehmlich dem Einzelnen zuwendet.

8   **4. Selbstverständnis.** Die Kirchen und Religionsgemeinschaften haben den Begriff der Seelsorge entsprechend ihrem **Selbstverständnis** zu beschreiben und auszulegen. Rolle und Aufgabe der Gefängnispfarrer wurden im Laufe der Geschichte unterschiedlich gesehen.[13] Heute herrscht allgemein Übereinstimmung, dass Seelsorge nicht nur den engen Bereich der kultischen Handlungen umfasst, sondern auch die karitative und diakonische Betreuung.[14] Nach christlicher Auffassung ist Seelsorge Dienst an dem ganzen Menschen, im umfassenden Sinne als Lebensdeutung, Lebensorientierung und Hilfe zur Lebensgestaltung zu verstehen. Inzwischen hat auch die Veränderung der Gefangenenpopulation dazu geführt, dass ein „multiethnisches und multireligiöses Verständnis"[15] beim Begriff der Seelsorge zu berücksichtigen ist.

9   **5. Aufgaben.** Zu ihren **Aufgaben** rechnet die Gefängnisseelsorge unter alle Dienste und Veranstaltungen, die für eine christliche Gemeinde kennzeichnend, von der Situation her erforderlich und unter den Bedingungen des Justizvollzuges möglich sind: insbesondere Gottesdienste – auch unter Beteiligung von kirchlichen Mitarbeitern und Gruppen von außen –, Bibelarbeiten, seelsorgerliche Einzel- und Gruppengespräche, kirchliche Bildungsveranstaltungen, karitative und diakonische Aufgaben und Öffent-

---

11 v. *Campenhausen* 1996, 66.
12 Texte s. *Listl* 1987.
13 *Böhm* ZfStrVo 1995, 3 ff; *ders.* Reader Gefängnisseelsorge 11/2002, 34 ff.
14 BVerfGE 24, 236, 245 f.
15 So AK-*Müller-Monning* Vor § 69 LandesR Rdn. 4 mit weiteren Hinweisen zur Entwicklung in europäischen Nachbarländern, wie „restorative justice".

lichkeitsarbeit.[16] Dabei gehört wesenhaft zum Seelsorgedienst an Gefangenen, dass die Gemeinschaft zwischen der Gemeinde außerhalb der Vollzugsanstalt und der Gemeinde in der Vollzugsanstalt geachtet, gestärkt und erfahrbar wird; wenn auch der Freiheitsentzug die Ausübung dieser Gemeinschaft einschränkt, darf sie aber weder grundsätzlich noch tatsächlich völlig aufgehoben werden.[17] Die Tätigkeit ist deshalb nicht intramural begrenzt, wenn man an die notwendige Einbeziehung der Familien und Angehörigen sowie Hilfen zur sozialen Integration u.a. denkt.

6. Zielvorstellung. Welche **Zielvorstellung** Seelsorge in der Vollzugsanstalt hat, d.h. wie Auftrag und Aufgabe konkret gesehen werden, ist für die Gefangenen, aber auch für die Bediensteten der Vollzugsanstalt wichtig zu wissen, weil sich die einzelnen Gespräche und Maßnahmen der Seelsorgerinnen und Seelsorger nicht immer von denen anderer Fachdienste in der Anstalt unterscheiden lassen (vgl. D). Auch wenn die eigene Intention der Seelsorge nicht voll in den Vollzug integrierbar ist[18] und die Seelsorgerinnen und Seelsorger sich nicht mit allen Zielen und Methoden staatlichen Strafens identifizieren können,[19] muss die Vollzugsbehörde davon ausgehen können, dass sie das Vollzugsziel respektieren und ihm nicht entgegenarbeiten.

10

7. Vollzugsbedienstete. Verfassungsrechtlich bezieht sich die Seelsorge in Vollzugsanstalten nur auf die **Gefangenen**, weil die **Vollzugsbediensteten** nicht an der Teilnahme am Leben ihrer Religionsgemeinschaft gehindert sind. Damit ist jedoch nicht ausgeschlossen, dass Seelsorgerinnen und Seelsorger die Bediensteten mit in ihre Tätigkeit in der Vollzugsanstalt einbeziehen und ihnen, unabhängig vom Zusammenarbeitsgebot (s. 13 I), auch persönlich zur Seelsorge zur Verfügung stehen. Einzelne Vereinbarungen zwischen Bundesländern und den Kirchen bzw. Bistümern gehen bereits darüber hinaus. So sieht Art. 3 der Vereinbarungen über die evangelische und katholische Seelsorge an hessischen Justizvollzugsanstalten vom 26.8.1977 vor, dass „der Anstaltspfarrer" auch zur Seelsorge an den Bediensteten im Justizvollzug bereit sein „soll".

11

8. Religionsgemeinschaften. Voraussetzung dafür, **Religionsgemeinschaften**, die im Strafvollzug tätig werden möchten, den Zutritt zu gestatten (Art. 140 GG i.V.m. Art. 141 WRV), ist das **Bedürfnis seitens der Gefangenen.** Der ausdrückliche Wunsch eines Gefangenen ist nicht notwendig. Es genügt bereits der Aufenthalt eines Angehörigen des entsprechenden Bekenntnisses in der Anstalt bzw. die Anwesenheit eines Gefangenen, der sich der entsprechenden Gemeinschaft zuwenden möchte. Ein bekundetes Desinteresse kann eine Zulassungsablehnung nicht rechtfertigen, wohl aber ist ein ausdrücklicher Verzicht auf religiöse Betreuung zu respektieren.

12

Zu den Religionsgemeinschaften zählen nicht nur die christlichen Kirchen, sondern ebenso die außerchristlichen Religionsgemeinschaften wie die jüdische oder islamische.[20]

---

16 *Kirchenkanzlei* 1979, 10.
17 *Kirchenkanzlei* 1979, 9.
18 *Kirchenkanzlei* 1979, 18.
19 *Kirchenamt* 1990, 91.
20 Vgl. *Klöcker/Tworuschka* (Hrsg.), Handbuch der Religionen. Kirchen und andere Glaubensgemeinschaften in Deutschland, Landsberg/Lech 1997; *Reller* (Hrsg.), Handbuch Religiöse Gemeinschaften und Weltanschauungen. Freikirchen, Sondergemeinschaften, Sekten, synkretistische Neureligionen und Bewegungen, esoterische und neugnostische Weltanschauungen und Bewegungen, missionierende Religionen des Ostens, Neureligionen, kommerzielle Anbieter von Lebensbewältigungshilfen und Psycho-Organisationen, 5. Aufl. Gütersloh 2000.

13 Die von den verschiedenen Glaubensgemeinschaften mit der Seelsorge in der Vollzugsanstalt Beauftragten arbeiten weitgehend, wenn auch in unterschiedlichem Maße zusammen.[21] Die Praktizierung ökumenischen Miteinanders gehört in der Gefängnisseelsorge zur Normalität.

II. Erläuterungen

14 **1. Recht auf religiöse Betreuung.** Mit einer etwas zurückhaltenden Formulierung (*„Dem Gefangenen darf religiöse Betreuung durch einen Seelsorger seiner Religionsgemeinschaft nicht versagt werden*) verwies § 53 Abs. 1 Satz 1 **StVollzG** darauf, dass Gefangene ein unmittelbares **Recht auf religiöse Betreuung** auf Grund ihrer Mitgliedschaft nur gegen ihre Religionsgemeinschaft haben; denn religiöse Betreuung ist nicht Sache des Staates, sondern der Kirchen und religiösen Gemeinschaften.[22] Die Landesgesetze **BW** § 29 III, **BY** Art. 55, **BE** § 78, **BB** § 81, **HB** § 70, **HH** § 54, **HE** § 32 Abs. 1, 2, **MV** § 69, **NI** § 53, **NW** § 40, **RP** § 79, **SL** § 69, **SN** § 70, **ST** § 80, **SH** § 88 und **TH** § 80 haben diese Regelung im Wesentlichen übernommen, sieht man von der aktivischen Formulierung („ist zu ermöglichen") in **BE** und **HE** ab. Gegen die Vollzugsbehörde haben sie jedoch den Anspruch auf Schaffung der Voraussetzungen für eine ausreichende Seelsorge durch Zulassung der religiösen Betreuung „durch einen Seelsorger", ggf. auf Unterstützung bei der Kontaktaufnahme Die Regelung von § 53 Abs. 1 Satz 2 **StVollzG**: (*Auf seinen Wunsch ist ihm zu helfen, mit einem Seelsorger seiner Religionsgemeinschaft in Verbindung zu treten.*) wurde nahezu wortgleich übernommen von **BW** § 29 Abs. 1 Satz 2 III, **BY** Art. 55 Abs. 1 Satz 2, **BE** § 78 Satz 2, **BB** § 81 Satz 2, **HB** § 70 Satz 2, **HH** § 54 Abs. 1 Satz 2, **HE** § 32 Abs. 1 Satz 2, **MV** § 69 Satz 2, **NI** § 53 Abs. 1 Satz 2, **NW** § 40 Abs. 1 Satz 2, **RP** § 79 Satz 2, **SL** § 69 Satz 2, **SN** § 70 Satz 2, **ST** § 80 Abs. 1 Satz 2, **SH** § 88 Satz 2 und **TH** § 80 Satz 2. Es kann also z.B. nicht Aufgabe der christlichen Seelsorgerinnen und Seelsorger sein, hinsichtlich der Seelsorge für muslimische Gefangene betreuend und vermittelnd tätig zu werden.[23] Allerdings stießen die Vollzugsbehörden lange Zeit bei ihren Bemühungen auf erhebliche Schwierigkeiten, geeignete Personen zu finden, die eine zuverlässige religiöse Betreuung der muslimischen Gefangenen in vertrauensvoller Zusammenarbeit mit der Anstalt gewährleisten.[24] Dies liegt zum einen daran, dass jeweils regional tätige Kulturvereine und Moscheegemeinden mit unterschiedlicher Glaubensrichtung tätig sind. Zum andern unterliegen die in den Anstalten tätigen Imame und Vorbeter vielfach noch einer starken Fluktuation, da sie für ihre Tätigkeit nur befristet nach Deutschland entsandt wurden. Eine Änderung zeichnet sich inzwischen ab, da z.B. in Hessen zunehmend studierte islamische Religionswissenschaftler mit ausländischer Herkunft deutsche Staatsbürger sind und als Imame tätig werden können. Anders als z.B. bei den christlichen Kirchen, die mit den jeweiligen Kirchenverwaltungen eine verantwortliche Organisation vorhalten, mit der regelmäßig Fragen der religiösen Betreuung von Gefangenen besprochen werden können, ist dies bei den muslimischen Verbänden bisher nicht der Fall. In Hessen finden zwar mit den Imamen der einzelnen Vollzugsanstalten vom Justizministerium organisierte gemeinsame Gespräche statt. Eine verantwortliche und verlässliche Gesamtorganisation als

---

21 Vgl. *Rassow* (Hrsg.), Ökumene im Gefängnis. Beiträge zur Zusammenarbeit in der kirchlichen Arbeit mit gefangenen Menschen, Hannover 1993.
22 BT-Drucks. 7/918, 71f.
23 A.A. AK-*Müller-Monning* § 69 LandesR-Seelsorge Rdn. 12, 13.
24 Siehe Bericht des Hessischen Ministers der Justiz, für Integration und Europa vom 28.11.1011 [HMdJIE 2011] auf den Berichtsantrag der Abgeordneten Faeser, Hofmann und Waschke (SPD) und Fraktion vom 20.9.2011 betreffend Möglichkeiten der Glaubensausübung in hessischen Justizvollzugs-, Jugendvollzugs- und Jugendarrestanstalten – Drucksache 18/12 –.

verbindlicher Ansprechpartner für Fragen der Religionsausübung aller Muslime unterschiedlicher Herkunft und für eine umfassende religiöse Betreuung von Gefangenen muslimischen Glaubens in allen Vollzugsanstalten ist jedoch nicht vorhanden.

2. Seelsorgerliches Einzelgespräch. Zur religiösen Betreuung durch Seelsorgerinnen und Seelsorger der Religionsgemeinschaft rechnet neben den Gemeinschaftsveranstaltungen die individuelle Zuwendung im **seelsorgerlichen Einzelgespräch** und in persönlicher Beratung, die auch eine karitative/diakonische Dimension umfassen kann. Das Recht auf Einzelseelsorge gehört zum **Kernbereich des Grundrechts** der Religionsfreiheit. Es kann keinem Gefangenen versagt werden und darf, anders als Gottesdienst und religiöse Veranstaltungen (s. B Rdn. 3–9), grundsätzlich nicht beeinträchtigt werden. Das Seelsorgegespräch wird prinzipiell nicht überwacht. Das gilt auch bei Gefangenen, die besonderen Sicherungsmaßnahmen (s. 11 I) unterworfen sind. Selbst während einer Praktizierung der Kontaktsperre ist ein seelsorgliches Gespräch bei Erfordernis der Anwesenheit einer weiteren Person nur dann mit Art. 4 Abs. 2 GG vereinbar, wenn es sich wegen der seelsorglichen Geheimnispflicht um einen weiteren *Geistlichen* handelt.[25] Ein Gespräch mit der Seelsorgerin oder dem Seelsorger im Beisein eines Dritten ist kein Seelsorgegespräch. Allenfalls können Vollzugsbedienstete in Sichtweite, z.B. bei geöffneter Tür, zugegen sein; sie dürfen aber vom Inhalt des Gesprächs keine Kenntnis erlangen. Der Erwartung der Anstaltsleitung, Informationen in Zusammenhang mit einem Seelsorgegespräch, etwa durch Vermerk auf einem Antragsformular des Gefangenen, aktenkundig zu machen, dürfen Geistliche wegen ihrer seelsorglichen **Schweigeverpflichtung** nicht entsprechen (RK Art. 9). Dies gilt jedoch nicht bei Fragen, die nicht unter die seelsorgliche Verschwiegenheit fallen. In der Seelsorgepraxis gibt es freilich immer wieder Übergänge zwischen den Funktionen von Beichte, Seelsorge und Amtsausübung, ohne dass sich ihre Vollzüge immer deutlich voneinander trennen lassen. Zur Seelsorge gehören deshalb auch solche Gespräche, die ursprünglich zu einem profanen Zweck begonnen werden und ihren geistlichen Charakter erst im Vollzuge oder im Gesamtzusammenhang gewinnen.[26] In seinem Jahresbericht an die Justizverwaltung betonte ein beamteter Gefängnispfarrer seine Verpflichtung zur Verschwiegenheit: „Absolute Vertraulichkeit wird vom Gesprächsteilnehmer erwartet und von mir gewährleistet, selbst bei möglicher Gefahr der Selbsttötung." Zur Erläuterung aufgefordert, erklärt er, er habe darauf aufmerksam machen wollen, dass durch die Berichtsverpflichtung aller Vollzugsbediensteten, zu denen er ebenfalls gehöre, seine Schweigepflicht als Seelsorger erheblich berührt werde. Die besondere Rechtsposition der Seelsorgerin oder des Seelsorgers innerhalb der Vollzugsorganisation wird durch das Schweigerecht aufgrund des Seelsorgegeheimnisses garantiert. Bei der Abwägung hinsichtlich eventuell zu treffender Maßnahmen auf der Grundlage der eigenen Gewissensentscheidung wird die Seelsorgerin oder der Seelsorger vor allem für das Wohl der Gefangenen zu sorgen haben, die sich im Seelsorgegespräch offenbart haben. In der Vollzugspraxis wird allerdings auch zu bedenken sein, dass eine (spekulative) Äußerung der erwähnten Art („selbst bei möglicher Gefahr der Selbsttötung") ohne konkreten Anlass zu Missverständnissen und Irritationen bei den übrigen Bediensteten führen muss.

3. Karitative Betreuung. Die persönliche Zuwendung im Rahmen der religiösen Betreuung schließt die **karitative Betreuung** durch die Seelsorgerinnen und Seelsorger

---

25 *v. Campenhausen/Christoph* Göttinger Gutachten, Tübingen 1994, 340, 350.
26 *v. Campenhausen/Thiele* Göttinger Gutachten II, Tübingen 2002, 369, 371; ausführlich *Stein* ZevKR 1998, 387, 394.

sowie deren seelsorgerliche Helferinnen und Helfer ein. Sie spielt auf Grund der oft miserablen sozialen Lage der Gefangenen eine besondere Rolle und wird in enger Zusammenarbeit mit der (auch kirchlichen) Straffälligenhilfe wahrgenommen.[27] Wo nicht im Einzelfall die seelsorgerliche Verschwiegenheit entgegensteht, kann aus dem Kooperationsgebot (s. 13 I) eine Koordination des diakonischen Handelns der Seelsorge mit der Tätigkeit des Sozialdienstes gefolgert werden.

17   **4. Zutritt in dringenden Fällen.** Gefangene haben keinen Anspruch auf seelsorgerliche Betreuung zu jedem gewünschten **Zeitpunkt**. Insoweit kann die Vollzugsanstalt Regelungen treffen und nach ihrem Ermessen handeln. Ein Ermessensfehlgebrauch liegt aber z.B. vor, wenn die Vollzugsanstalt einen Gefangenen ohne zwingenden Grund auf die Gesprächsmöglichkeit mit dem zuständigen Seelsorger am nächsten Tag verweist, wenn es dem Gefangenen gerade darauf ankommt, mit demjenigen (den Anstaltsgeistlichen vertretenden) Seelsorger zu sprechen, der den Gottesdienst gehalten hat.[28] In **dringenden Fällen** ist der Seelsorgerin oder dem Seelsorger der Zutritt zur Vollzugsanstalt zur Ausübung ihrer Tätigkeit „jederzeit" zu gewähren (Schlussprotokoll zu Art. 28 RK). Die Geltung des Reichskonkordats geht staatlichen Bestimmungen vor. Insofern ist eine Berufung auf die Hausordnung oder auf Belange von Sicherheit und Ordnung der Anstalt nicht möglich.[29]

18   **5. Zwangsanwendungsverbot.** Das **Zwangsanwendungsverbot** (Art. 140 GG i.V.m. Art. 141 WRV) verbietet jeden irgendwie gearteten Druck auf einen Anstaltsinsassen, um ihn gegen seinen Willen zur Teilnahme an Gruppen- oder Einzelseelsorge zu bewegen. Dem entspricht die dem Einzelnen gegebene Möglichkeit der Nichtbeantwortung der im Übrigen verfassungsrechtlich zulässigen Frage nach der Religionszugehörigkeit (Art. 140 GG i.V.m. Art. 136 Abs. 3 Satz 2 WRV) bei der Aufnahme in die Vollzugsanstalt, wenn der Befragte trotz Zugehörigkeit zu einer seelsorgebereiten Religionsgemeinschaft auf religiöse Betreuung verzichten will.[30] Es empfiehlt sich, Gefangene generell über ihr Widerspruchsrecht bezüglich der Datenübermittlung an die Seelsorge zu belehren (s. D Rdn. 14). Der Wunsch von einzelnen Gefangenen, nicht von einer Seelsorgerin oder einem Seelsorger aufgesucht zu werden, ist selbstverständlich zu respektieren. Das verleiht jedoch der Vollzugsbehörde nicht das Recht zu genereller vorheriger Ermittlung, ob bei dem einzelnen (etwa auch konfessionslosen) Gefangenen eine Gesprächsbereitschaft mit der Seelsorge besteht. Dies wäre ein Eingriff in das der Religionsgemeinschaft garantierte Recht der ungestörten Religionsausübung, die gerade auch das Recht des Werbens umfasst. Es ist deshalb unzulässig, die Religionsgemeinschaften bei der Ausübung ihrer seelsorgerlichen Tätigkeit von vornherein nur auf den Personenkreis zu verweisen, der ausdrücklich nach geistlichem Zuspruch verlangt. Andererseits darf den Gefangenen ebenso wenig aus der negativen Religionsfreiheit ein Nachteil entstehen, etwa bei Vollzugslockerungen oder Stellungnahmen zu vorzeitiger Entlassung.

19   **6. Eigene Religionsgemeinschaft, Konfessionswechsel.** Nach dem Wortlaut von § 53 Abs. 1 StVollzG war der Gefangene an einen Seelsorger **seiner Religionsgemeinschaft** gewiesen. Dem folgend lauten die Regelungen in **BW** § 29 Abs. 1 Satz 1 III, **BY** Art. 55 Abs. 1 Satz 1, **BE** § 78 Satz 1, **HB** § 70 Satz 1, **HH** § 54 Abs. 1 Satz 1, **HE** § 32 Abs. 1

---

27 Siehe *Düringer/Schäfer* 2012; *Schäfer/Bunde* 2017.
28 OLG Saarbrücken ZfStrVo 1983, 60.
29 *Eick-Wildgans* 1993, 242.
30 Vgl. BVerwG DÖV 1976, 274.

Satz 1, **NI** § 53 Abs. 1 Satz 1, **NW** § 40 Abs. 1 Satz 1, **RP** § 79 Satz 1, **SL** § 69 Satz 1, **SN** § 70 Satz 1, **ST** § 80 Abs. 1 Satz 1, **SH** § 88 Satz 1 und **TH** § 80 Satz 1. **BB** § 81 Satz 1 und **MV** § 69 Satz 1 verzichten auf den Verweis auf die eigene Religionsgemeinschaft. Es muss jedoch auch einem **konfessionslosen Gefangenen** erlaubt werden, Kontakt mit einer Seelsorgerin oder einem Seelsorger aufzunehmen oder sich an eine andere als seine eigene Religionsgemeinschaft zu wenden, evtl. auch zum Zweck des **Konfessionswechsels**. Das Grundrecht der Glaubensfreiheit schließt die Möglichkeit ein, sich einem anderen Glauben suchend zuzuwenden.[31] Auf welche Weise dieses geschieht, etwa durch Lektüre von Glaubensinformationen, durch einen Schriftwechsel oder auch durch persönliche Gespräche, kann nicht Gegenstand staatlicher Regelung sein. Ein Konfessionswechsel unterliegt im Rahmen der Bekenntnisfreiheit keiner Beschränkung. Die Austrittsmöglichkeit aus einer Kirche oder Religionsgemeinschaft ist nach staatlichen Gesetzen jederzeit gewährleistet. Die (Wieder-)Aufnahme von Gefangenen, die aus ihrer oder einer Religionsgemeinschaft ausgetreten sind, kann die Religionsgemeinschaft eigengesetzlich regeln.

Die **Anerkennung einer Religionszugehörigkeit** (z.B. eines muslimischen Gefangenen) darf nicht davon abhängig gemacht werden, dass sich Gefangene an bestimmte Religionsbeauftragte wenden und diese eine entsprechende Bescheinigung erteilen.[32] Es ist ohne Belang, ob der glaubende Mensch formell Mitglied einer bestimmten Religionsgesellschaft ist. Allein maßgebend ist vielmehr die Ernsthaftigkeit der Glaubensüberzeugung des Einzelnen.[33] Es ist Pflicht aller öffentlichen Gewalt, die ernste Glaubensüberzeugung in weitesten Grenzen zu respektieren.[34] Eine behauptete Zugehörigkeit zu einer Religionsgemeinschaft muss jedoch nicht unbesehen als gegeben erachtet werden. Insbesondere bei einem Wechsel der Religionszugehörigkeit ist es Sache der Gefangenen, die Ernsthaftigkeit der von ihnen behaupteten Glaubensüberzeugung wenn nicht glaubhaft zu machen, so doch plausibel darzulegen.[35]

7. Hilfe bei Kontaktaufnahme. Die Verpflichtung zur **Hilfe bei der Kontaktaufnahme mit einer Seelsorgerin oder einem Seelsorger** (s. Rdn. 14) hat nicht zuletzt auch für ausländische Gefangene besondere Bedeutung. Soweit sich die Vollzugsbehörde hierbei z.B. der vermittelnden Hilfe durch hauptamtlich bestellte Seelsorgerinnen oder Seelsorger an der Vollzugsanstalt bedient, werden diese die Konfessionsverschiedenheiten selbstverständlich besonders achten und den Vermittlungsdienst nicht zur Werbung für die eigene Kirche benutzen (s. C Rdn. 1). 20

8. Religiöse Schriften. Nach § 53 Abs. 2 **StVollzG** durfte *der Gefangene grundlegende religiöse Schriften besitzen, die ihm nur bei grobem Missbrauch entzogen werden durften*. Die Landesgesetze **BW** § 29 Abs. 2 III, **BY** Art. 55 Abs. 2, **HH** § 54 Abs. 2, **HE** § 32 Abs. 2, **NI** § 53 Abs. 2, **NW** § 40 Abs. 2, **ST** § 80 Abs.2, haben im Wesentlichen die Regelung des StVollzG übernommen. Der Besitz religiöser Schriften und wird im Zusammenhang mit Gegenständen der Freizeitgestaltung geregelt in **BE** § 55, **BB** § 59, **HB** § 50 Abs. 2, **MV** § 50 Abs. 2, **RP** § 58, **SL** § 50 Abs. 2, **SN** § 50 Abs. 2, **SH** § 67 Abs. 2, **TH** § 59. Religiöse Schriften sind nicht nur die für die betreffende Religionsgemeinschaft und ihren Glauben als konstitutiv geltenden fundamentalen Offenbarungsquellen (z.B. Altes 21

---

31 BVerfGE 24, 236, 245; OLG Saarbrücken NJW 1966, 1088; vgl. *Eick-Wildgans* 1993, 121 f.
32 OLG Koblenz ZfStrVo 1994, 241 f.
33 OLG Koblenz aaO, 242 mit Verweis auf VG Berlin NVwZ 1990, 100.
34 BVerfGE 32, 98, 109.
35 OLG Koblenz aaO, 242.

und Neues Testament, Koran, Buch Mormon), sondern auch insbesondere Darstellungen, die sich darum bemühen, deren Grundaussagen umfassend für das Verständnis heute aufzuschließen, jedoch ohne dass dies z.B. auf Erwachsenenkatechismen zu beschränken ist. Ebenso werden hierzu auch jene Schriften zu rechnen sein, die den Gefangenen zur Praktizierung ihres täglichen Glaubenslebens dienen, etwa Gesang-, Gebet- und Andachtsbücher. Die Auswahl muss sich nicht auf die eigene Glaubensgemeinschaft beziehen; Gefangene dürfen auch Schriften eines Bekenntnisses besitzen, dem sie nicht angehören.[36] In welchem Umfange religiöse Schriften noch als „grundlegend" zu erachten sind, ist nicht leicht zu entscheiden. Jedenfalls entspricht die früher durchaus übliche Praxis, Gefangenen im Arrest (s. 11 M) als einzige Lektüre eine Bibel zuzugestehen, nicht der Vorschrift.

22 Wegen der besonderen Bedeutung der religiösen Schriften für das Grundrecht der Religionsausübung darf ein **Entzug** ausschließlich bei grobem Missbrauch erfolgen (**BW** § 29 Abs. 2 Satz 2 III, **BY** Art. 55 Abs. 2 Satz 2, **BE** § 55 Satz 2, **BB** § 59 Satz 2, **HB** § 50 Abs. 2 Satz 2, **HH** § 54 Abs. 2 Satz 2, **HE** § 32 Abs. 2 Satz 2, **MV** § 50 Satz 2, **NI** § 53 Abs. 2 Satz 2, **NW** § 40 Abs. 2 Satz 2, **RP** § 58 Satz 2, **SL** § 50 Abs. 2 Satz 2, **SN** § 50 Abs. 2 Satz 2, **ST** § 80 Abs. 2 Satz 2, **SH** § 67 Abs. 2 Satz 2, **TH** § 59 Satz 2). Was unter grobem Missbrauch mit grundlegenden religiösen Schriften konkret zu verstehen ist und wer ein derartiges Verhalten als solches deklariert, bleibt unklar. Wenn es auch nicht ausdrücklich vorgesehen ist, so ist dennoch bei einem beabsichtigten Entzug eine vorherige Anhörung der Seelsorgerin oder des Seelsorgers aus rechtsstaatlichen Gründen geboten.

23 **9. Gegenstände des religiösen Gebrauchs** sind den Gefangenen in angemessenem Umfang zu belassen (**BW** § 29 Abs. 3 III, **BY** Art. 55 Abs. 3, **BE** § 55, **BB** § 59, **HB** § 50 Abs. 2, **HH** § 54 Abs. 3, **HE** § 32 Abs. 2, **MV** § 50, **NI** § 53 Abs. 3, **NW** § 40 Abs. 3, **RP** § 58, **SL** § 50 Abs. 2, **SN** § 50 Abs. 2, **ST** § 80 Abs. 2, **SH** § 67 Abs. 2, **TH** § 59). Zu diesen **Gegenständen,** zählen z.B. Kreuz, Heiligenbild, Rosenkranz, Kerze,[37] Gebetsriemen, Gebetsteppich, Buddhafigur, nicht jedoch Räucherstäbchen[38] oder ein Weihnachtsbaum.[39]

24 Die Entscheidung darüber, wie der unbestimmte Rechtsbegriff des angemessenen Umfangs für Gegenstände des religiösen Gebrauchs auszulegen ist, muss im Einzelfall unter Beachtung der verfassungsrechtlichen Bedeutung des Grundrechts der Religionsfreiheit gegenüber den Aufgaben des Vollzugs getroffen werden.[40] Eine bloße Beeinträchtigung der Überschaubarkeit des Haftraums, die einen erhöhten Kontrollaufwand erfordern würde,[41] oder eine allgemeine Feststellung schwerer Kontrollierbarkeit eines Gegenstandes[42] sind keine ausreichenden Versagungsgründe. Vielmehr muss konkret nachgewiesen werden, dass bei Benutzung des Gegenstandes die für den Vollzug der Freiheitsstrafe notwendigen Funktionen der Anstalt wie die sichere und geordnete Unterbringung in Frage gestellt sind[43] bzw. die Grundrechte anderer verletzt[44] würden.

---

36 BT-Drucks. 7/918, 117.
37 LG Zweibrücken ZfStrVo 1985, 186; differenziert OLG Frankfurt 3.7.1986 – 3 Ws 1078/85 – StVollz.
38 KG Berlin 10.11.2006 – 5 Ws 597/06 Vollz.
39 KG Berlin 20.1.2005 – 5 Ws 654/04 Vollz.
40 BT-Drucks. 7/918, 72.
41 LG Zweibrücken ZfStrVo 1985, 186.
42 OLG Koblenz 2.4.1986 – 2 Vollz (Ws) 16/86.
43 LG Zweibrücken aaO.
44 OLG Frankfurt aaO.

III. Landesgesetzliche Besonderheiten

In **BW** wird die Unverletzlichkeit des Beicht- und Seelsorgegeheimnisses in Abs. 1 in einem ergänzenden Satz 3 geregelt. **25**

HE spricht (anders als § 53 Abs. 1 Satz 1 Abs. 2 Satz 1 und 2 **StVollzG**) von einer „seelsorgerischen Betreuung". **HE** § 32 regelt den Besitz von Gegenständen des religiösen Gebrauchs in angemessenem Umfang, wobei auf die auch hier geltenden Regeln zur Ausstattung und Übersichtlichkeit des Haftraums (§ 19 Abs. 1 Satz 2) ausdrücklich Bezug genommen wird.

NI hat zwei inhaltliche Ergänzungen vorgenommen. Nach Abs. 2, Satz 2, 2. Halbsatz sollen auf Verlangen der betroffenen Gefangenen die Seelsorgerin oder der Seelsorger unterrichtet werden, wenn ihnen – wenn auch nur bei grobem Missbrauch – grundlegende religiöse Schriften entzogen wurden. Abs. 3 schränkt die Überlassung von „sonstigen" Gegenständen des religiösen Gebrauchs in angemessenem Umfang insofern ein, als (eigentlich selbstverständlich) nicht überwiegende Gründe der Sicherheit der Anstalt entgegenstehen.

B. Religiöse Veranstaltungen

Bund	§ 54 StVollzG
Baden-Württemberg	BW § 30 III JVollzGB
Bayern	BY Art. 56 BayStVollzG
Berlin	BE § 79 StVollzG Bln
Brandenburg	BB § 82 BbgJVollzG
Bremen	HB § 71 BremStVollzG
Hamburg	HH § 55 HmbStVollzG
Hessen	HE § 32 Abs.3 HStVollzG
Mecklenburg-Vorpommern	MV § 70 StVollzG M-V
Niedersachsen	NI § 54 NJVollzG
Nordrhein-Westfalen	NW § 41 StVollzG NRW
Rheinland-Pfalz	RP § 80 LJVollzG
Saarland	SL § 70 SLStVollzG
Sachsen	SN § 71 SächsStVollzG
Sachsen-Anhalt	ST § 81 JVollzGB LSA
Schleswig-Holstein	SH § 89 LStVollzG SH
Thüringen	TH § 81 ThürJVollzGB

Schrifttum

S. vor A.

Übersicht

I. Allgemeine Hinweise —— 1–4
    1. Gemeinschaftsveranstaltungen —— 1
    2. Glaubensgemeinschaft —— 2
    3. Gefangenengemeinden —— 3
    4. Begriffsbestimmung —— 4
II. Erläuterungen —— 5–23
    1. Gottesdienste —— 5, 6

    2. Abendmahlsfeiern —— 7
    3. Amtshandlungen —— 8
    4. Recht auf Teilnahme —— 9
    5. Teilnahme außerhalb der Vollzugsanstalt —— 10
    6. Offener Vollzug —— 11
    7. Eigenes Bekenntnis —— 12

8. Kapitel. Religionsausübung

8. Religiöse Veranstaltungen im Einzelnen — 13	10. Überwachung — 23
9. Ausschluss — 19	III. Landesgesetzliche Besonderheiten — 24

I. Allgemeine Hinweise

1. Gemeinschaftsveranstaltungen. § 54 Abs. 1 **StVollzG** „regelte das Recht der Gefangenen, am Gottesdienst und an anderen religiösen Veranstaltungen seines Bekenntnisses teilzunehmen. **BW** § 30 III, **BY** Art. 56, **BE** § 79, **BB** § 82, **HB** § 71, **HH** § 55, **HE** § 32 Abs.3, **MV** § 70, **NI** § 54, **NW** § 41, **RP** § 80, **SL** § 70, **SN** § 71, **ST** § 81, **SH** § 89 und **TH** § 81 haben im Wesentlichen diese Regelung übernommen.

Außer dem Gottesdienst und gottesdienstähnlichen Veranstaltungen wie Sakramentsfeiern, Andachten, Trauungen oder auch Bibelstunden und Evangelisationen gelten verschiedenartige Gruppenangebote als integraler Bestandteil der Seelsorge.

2. Glaubensgemeinschaft. Eine **Glaubensgemeinschaft** kann sich zwar auch im Einzelgespräch zwischen Gefangenen und Seelsorgerin oder Seelsorger ereignen, sie wird aber vor allem im Gottesdienst und in anderen religiösen Veranstaltungen erfahren. Deshalb kann Seelsorge nicht grundsätzlich auf das Einzelgespräch beschränkt werden (s. A Rdn. 15). Wo Vollzugsbedienstete etwa an Gottesdiensten nicht lediglich zur Beaufsichtigung teilnehmen, wird in besonderer Weise sichtbar, dass eine solche Gemeinschaft ihrem Wesen nach umfassend ist und zumindest im Grundsatz auf menschliches Miteinander einwirkt. Ein solches Verständnis sieht in der gesamten Vollzugswelt, Gefangene und Personal inbegriffen, die „Gemeinde" der Gefängnisseelsorge. Sichtbaren Ausdruck findet die Gemeinschaft der Glaubenden auch durch die Teilnahme von Mitgliedern etwa der benachbarten oder Partner-Kirchengemeinde am Gottesdienst in der Vollzugsanstalt (s. D Rdn. 10).

3. Gefangenengemeinden. Besondere **Gefangenengemeinden im Rechtssinne** einer Kirchen- oder Anstaltsgemeinde gibt es nicht. Denkbar wäre kirchenrechtlich ein Modell, das die Gefängnisseelsorge und die Gefangenen ihres Bekenntnisses als einen besonderen Seelsorgebezirk in eine bestimmte Ortskirchengemeinde, etwa die, in deren Bereich die Vollzugsanstalt liegt, integriert.[45]

4. Begriffsbestimmung. Bei der **Begriffsbestimmung** der „anderen religiösen Veranstaltungen" räumt das verfassungsrechtlich garantierte Selbstbestimmungsrecht der Religionsgemeinschaften (Art. 140 GG i.V.m. Art. 137 Abs. 3 WRV, vgl. A) diesen eine Primärkompetenz ein.[46]

II. Erläuterungen

1. Gottesdienste. Gottesdienste können in vielfältiger Gestalt gefeiert werden. Wie in den Kirchengemeinden werden auch in den Vollzugsanstalten nicht nur agendarische Formen verwendet. Nonverbales, Musik, Symbole oder Elemente des Feierns haben, phantasievoll eingesetzt, gerade hier besondere Aussagekraft und können darüber hinaus ein gewisses Gegengewicht angesichts eines oft tristen Alltags darstellen.[47] Dabei

---

45 Vgl. *Heusel* in: Schäfer/Sievering 1989, 37.
46 K/S-*Schöch* 2002 § 7 Rdn. 166; *Laubenthal* 2015 Rdn. 629.
47 Vgl. *Wendeberg* in: Koch 1984, 123.

wirken die Teilnehmerinnen und Teilnehmer nicht selten bei Vorbereitung und Gestaltung des Gottesdienstes mit. Die Verbindung der Gemeinde im Gefängnis mit der Gemeinde in Freiheit kann für die Gefangenen gerade im Gottesdienst erlebt werden im Sinne *einer* „Gemeinde beiderseits der Mauern". Prinzipiell gibt es keine speziellen „Gefängnisgottesdienste", die nicht in derselben Form auch außerhalb der Vollzugsanstalten stattfinden könnten. Der theologische Ansatz des Gottesdienstes entspricht damit auch dem, was im Angleichungsgrundsatz allgemein gefordert ist. Dementsprechend ist in § 157 Abs. 3 StVollzG auch die Möglichkeit gegeben, Seelsorgerinnen und Seelsorger von außen für Gottesdienste und andere religiöse Veranstaltungen hinzuzuziehen (vgl. D Rdn. 10).

Die Vollzugsanstalt ist verpflichtet, den Gottesdienst in ihrem Programm zeitlich so **6** zu berücksichtigen, dass den Gefangenen eine freie Entscheidung zur Teilnahme bleibt. Eine echte Entscheidungsmöglichkeit besteht aber nicht, wenn beispielsweise die von ihnen ebenso zu beanspruchende Freistunde zeitgleich mit dem Gottesdienst angesetzt ist. Die alternative Verweisung auf den Gottesdienst eines anderen Bekenntnisses aus vollzugsorganisatorischen Gründen ist nicht zulässig.[48] Die Praxis, Gefangenen, die nicht am Gottesdienst einer Konfession teilnehmen wollen, während dieser Zeit den Umschluss mit anderen Gefangenen zu gestatten, hingegen Gefangenen, die nicht am Gottesdienst einer anderen Konfession teilnehmen wollen, einen entsprechenden Umschluss zu versagen, verstößt gegen Art. 3 Abs. 1 und 3 GG.[49]

2. Abendmahlsfeiern. Bei einer **Abendmahlsfeier** ist unstreitig zu bedenken, dass **7** viele Gefangene suchtkrank oder auch bei geringem Alkoholkonsum gefährdet sind. Die „Durchsetzung eines absoluten Alkoholverbots auch im Gottesdienst" durch die Anstaltsleitung[50] widerspricht der kirchlichen Befugnis zur Definition von christlichen Inhalten. In der Vollzugspraxis wird allerdings die Seelsorgerin oder der Seelsorger die Alkoholproblematik berücksichtigen und von sich aus Wein durch Traubensaft ersetzen. Die Anstaltsleitung hat insoweit keine Definitions- oder Entscheidungsbefugnis.

Als nach einem „Feierabendmahl", das im Rahmen des Deutschen Evangelischen Kirchentags unter Beteiligung von Gefangenen und auswärtigen Gästen in der Kirche einer Justizvollzugsanstalt stattfand, Anstaltsbedienstete Auffälligkeiten im Verhalten der Gefangenen feststellten, fand man heraus, dass etliche Gefangene nach dem Gottesdienst die Reste des beim Abendmahl verwendeten Weins getrunken hatten. Ohne vorherige Absprache mit der Anstaltsseelsorge verfasste die Anstaltsleitung einen Bericht an die Aufsichtsbehörde über ein „außerordentliches Vorkommnis" mit dem Betreff „Alkoholgenuss während des Gottesdienstes". Sie teilte mit, sie habe nun ein „Alkoholverbot" für den Gottesdienst verfügt. Die Aufsichtsbehörde reagierte unverzüglich und rügte sowohl die Wortwahl des Berichts als auch die Entscheidung selbst im Hinblick auf die der Kirche zustehende Definitions- oder Entscheidungsbefugnis hinsichtlich der Gestaltung von religiösen Veranstaltungen. Sie kam damit einer Beschwerde der zuständigen Kirchenleitung zuvor, die gegenüber der Aufsichtsbehörde sowohl den Eingriff der Anstaltsleitung in die kirchlichen Befugnisse als auch deren despektierliche Wortwahl hinsichtlich des Abendmahlsakraments beanstandete.

---

48   OLG Celle ZfStrVo 1991, 247.
49   OLG Koblenz ZfStrVo 1995, 243.
50   So die Forderung von *Arloth/Krä* 2017 § 54 Rdn. 4, die AK-*Müller-Monning* § 70 LandesR-Religiöse Veranstaltungen Rdn. 3 für „medizinisch nachvollziehbar, aber überzogen" hält, da in der Praxis die überwiegende Mehrheit der Gefängnisseelsorger das Abendmahl mit Saft feiere.

8 **3. Amtshandlungen.** Auch **Amtshandlungen** wie Taufe, Trauung u.a. müssen im Gottesdienstraum der Vollzugsanstalt grundsätzlich ermöglicht werden, wenn sie wegen fehlender Voraussetzungen für Vollzugslockerungen nicht außerhalb der Anstalt stattfinden können. Hinsichtlich der Teilnahme von Angehörigen sind Absprachen mit der Anstaltsleitung erforderlich.

9 **4. Recht auf Teilnahme.** Gefangene haben ein **Recht auf Teilnahme** an von den Religionsgemeinschaften in der Vollzugsanstalt angebotenen Gottesdiensten und an anderen religiösen Veranstaltungen gegenüber der Vollzugsbehörde. Dass und wie oft die verschiedenen Bekenntnisse in der Vollzugsanstalt regelmäßig Gottesdienste anbieten, liegt grundsätzlich in deren eigener Entscheidungsbefugnis. Muss aus Gründen, die nicht die Vollzugsanstalt zu verantworten hat, ein anstaltsinterner Gottesdienst ausfallen, so stellt die Ablehnung einer Ausgangsgewährung zur Teilnahme an einem externen Gottesdienst keine Beeinträchtigung des Gefangenen in seinem Grundrecht dar.[51]

10 **5. Teilnahme außerhalb der Vollzugsanstalt.** Die Möglichkeit zur **Teilnahme** von Gefangenen an Gottesdiensten und anderen religiösen Veranstaltungen **außerhalb der Vollzugsanstalt** sollte vor allem im offenen Vollzug gegeben sein. Jedoch spricht auch sonst nichts dagegen, Gefangenen, denen Vollzugslockerungen gewährt werden, auf diese Weise die Teilnahme an solchen Veranstaltungen zu ermöglichen. Hierbei ist z.B. an die ausgestaltende Mitwirkung eines von der Anstaltsseelsorgerin oder vom Anstaltsseelsorger gehaltenen Gottesdienstes in einer Kirchengemeinde, an die Teilnahme an Familienseminaren oder an Kirchentagen (durch Gewährung von Vollzugslockerungen ohne Anrechnung auf den Regelurlaub) zu denken.

11 **6. Offener Vollzug.** Wo in **offenen Anstalten** interne Gottesdienste z.B. aus räumlichen oder sonstigen, von der Vollzugsanstalt zu verantwortenden, Gründen nicht eingerichtet werden können, muss es den Gefangenen grundsätzlich erlaubt sein, ohne Anrechnung auf eventuelle Ausgangskontingente an auswärtigen Gottesdiensten teilzunehmen. Liegen die Voraussetzungen für die Gewährung von Ausgängen noch nicht vor und können in der offenen Anstalt keine Gottesdienste durchgeführt werden, so ist es rechtswidrig, den Gefangenen die Teilnahme am Gottesdienst in anderer Weise nicht zu ermöglichen. Wie die Vollzugsbehörde diese Teilnahme ermöglicht, steht dabei in ihrem Ermessen.[52] Im gelockerten Vollzug befindliche Gefangene haben allerdings keinen Anspruch auf Teilnahme an einer bestimmten religiösen Veranstaltung, die nur im geschlossenen Vollzug angeboten wird.[53] Denn das Grundrecht aus Art. 4 Abs. 1 und 2 GG verpflichtet die Vollzugsbehörde nicht, zentrale gesetzliche Organisationsprinzipien wie Trennung und Differenzierung im Einzelfall aufzuheben.[54]

12 **7. Eigenes Bekenntnis und andere Religionsgemeinschaften.** Das Recht der Gefangenen ist auf die Teilnahme an Gottesdienst und anderen religiösen Veranstaltungen **ihres Bekenntnisses** beschränkt (s. A Rdn. 14). Die Zustimmung der Seelsorgerin oder des Seelsorgers einer **anderen Religionsgemeinschaft** vorausgesetzt, werden sie zu deren Gottesdienst oder anderen religiösen Veranstaltungen zugelassen. Diese Regelung orientiert sich am Grundrecht der Glaubensfreiheit (Art. 4 Abs. 1 GG), sich einer anderen

---

51 OLG Stuttgart ZfStrVo 1990, 184.
52 LG Bielefeld 17.5.1985 – 15 Vollz 15/85.
53 BVerfG ZfStrVo 1988, 190.
54 *Laubenthal/Nestler/Neubacher/Verrel* I Rdn. 22.

Religionsgemeinschaft suchend zuzuwenden. Sie respektiert nicht zuletzt auch das Selbstverständnis und die Eigenständigkeit der Religionsgemeinschaften (Art. 140 GG i.V.m. Art. 137 Abs. 3 WRV), die sich auf die grundsätzliche Entscheidung über den zu betreuenden Personenkreis bezieht.[55] Gefangene können nicht verpflichtet werden, ihren Wunsch nach Teilnahme am Gottesdienst einer anderen Religionsgemeinschaft gegenüber der Vollzugsbehörde inhaltlich zu begründen; ebenso wenig ist die Seelsorgerin oder der Seelsorger gehalten, die Motivation der Gefangenen offen zu legen. Für Gefangene, die keiner Religionsgemeinschaft angehören, gilt Entsprechendes.

8. Religiöse Veranstaltungen. Das OLG Koblenz[56] hat den Versuch unternommen, **13** den Begriff der **anderen religiösen Veranstaltungen** verbindlich auszulegen. Seine Definition, dass damit lediglich gottesdienstähnliche Veranstaltungen wie etwa Andachten, Bet- und Bibelstunden, Feiern mit Sakramentsspendung gemeint sind, ist in Anmerkungen zu dieser Entscheidung zu Recht kritisiert worden, weil das kirchliche Selbstverständnis als wesentlich für die Auslegung nicht in erforderlicher Weise mit berücksichtigt wurde.[57] Der Begriff der religiösen Veranstaltung ist nach formalen Kriterien zu bestimmen, da die Seelsorge auch in einer JVA eine kirchliche Angelegenheit bleibt.[58] Nach der Rechtsprechung fallen unter den Begriff der anderen religiösen Veranstaltungen nicht nur religiöse und kultische Handlungen im engsten Sinne, sondern auch Maßnahmen karitativer und diakonisch-fürsorgerischer Art bis hin zu Veranstaltungen der konfessionellen Erwachsenenbildung.[59]

Die Beschränkung von „anderen" religiösen Veranstaltungen auf solche mit vorwie- **14** gend kultischem Charakter entspricht nicht dem heutigen Selbstverständnis des kirchlichen Auftrags. *Stein*[60] verweist in diesem Zusammenhang zutreffend darauf, dass nach der einschlägigen Fachliteratur das Angebot offener Kommunikationsformen in der Gefangenenseelsorge die anerkannte Arbeitsform ist, um unter den Bedingungen des Strafvollzuges den sozial gestörten und vom Vollzugsalltag belasteten Gefangenen Zugang zur Seelsorge zu eröffnen.[61] Jede Veranstaltung, die darauf abzielt, mit Gefangenen Gemeinschaft herzustellen, in der Elemente religiöser Erfahrung erlebt werden (können), ist als eine religiöse Veranstaltung i.S. der Vorschrift anzusehen. Ein anstaltsinternes Eheseminar der Seelsorge ist daher eine religiöse Veranstaltung. Das Recht der Gefangenen auf Teilnahme und ihr möglicher Ausschluss richten sich nach dieser Vorschrift. Auf den Einwand, es handele sich hier nicht um eine religiöse Veranstaltung, da auch der Psychologische und der Soziale Dienst ähnliche Seminare durchführten: Eine Trennung von Glaubens- und Lebenswelt ist nach dem Seelsorgeverständnis der Geistlichen nicht möglich. Die (christliche) Annahme des Nächsten vollzieht sich im Zusammenleben mit ihm. Ein Eheseminar, das Seelsorgerinnen und Seelsorger aus einer solchen religiösen Grundhaltung heraus als Beitrag zur Erhaltung gefährdeter Familien anbieten, ist deshalb als religiöse Veranstaltung anzusehen, auch wenn während des gesamten Seminars nicht ein einziges Mal ausdrücklich auf den religiösen Bezug hingewiesen wird. Die Zulassung anstaltsfremder Personen zum Eheseminar in der Vollzugsanstalt obliegt aller-

---

55 *Eick-Wildgans* 1995, 1014.
56 ZfStrVo 1987, 250; 1988, 57.
57 *Müller-Dietz* NStZ 1987, 525; *Robbers* NStZ 1988, 573; *Sperling* NStZ 1987, 527; *Stein* ZevKR 1988, 446; a.A. *Listl* Kirche im freiheitlichen Staat, Berlin 1996, 149 f.
58 Vgl. *Laubenthal* 2015 Rdn. 629 m.w.N.
59 OLG Hamm ZfStrVo 1999, 306 unter Berufung auf BVerfGE 24, 236, 245 f, gegen OLG Koblenz, s.o.; krit. *Bothge* ZfStrVo 1999, 352, 353.
60 AaO 449.
61 Vgl. auch *Brandt* 1987, 440 f.

dings der Anstaltsleitung. Sie wird sich auf begründete Vorschläge der Seelsorgerin oder des Seelsorgers beziehen, dabei aber die Schweigepflicht über das, was in der Eigenschaft als Seelsorgerin oder Seelsorger anvertraut worden ist, respektieren.

15   Die – neben den gottesdienstlichen – „anderen", also nicht „ähnlichen", religiösen Veranstaltungen sind in gewandelter, zeitgemäßer Form eine Fortführung dessen, was früher in den Vollzugsvorschriften unter dem Begriff des Religionsunterrichts für Gefangene gefasst war und jahrhundertelange Tradition in der Gefängnisseelsorge hat. Heute wird dieses Anliegen als kirchliche Erwachsenenbildung bezeichnet.

16   In der kirchlichen Erwachsenenbildung werden Lehren und Lernen als eine Grundaufgabe der Kirche aufgenommen, nicht zuletzt für Menschen, die möglicherweise viele Jahre keinen Kontakt mit ihr hatten und gar nicht mehr wissen, ob und wie sie sich als Christinnen und Christen verstehen sollen. Sie wird denen, die zu ihr gehören wollen, helfen, sich über ihr Christsein Rechenschaft zu geben, damit sie erkennen können, was es heißt, als Christin oder Christ zu glauben, in der Welt zu leben und hierbei Glied der Kirche zu sein. Dabei wird sie besonders auch Themen, die von sich aus zunächst keinen Bezug zum christlichen Glauben haben, Bedeutung für ihren Dienst in der säkularisierten Gesellschaft beimessen.[62] Die katechetische Unterweisung, die auch den Erwachsenen gegenüber priesterliche Pflicht ist (canon 776 Corpus Juris Canonici 1983), soll mit den jeweils besonders wirksamen didaktischen Hilfen und entsprechend den Lebensbedingungen der anzusprechenden Gläubigen erfolgen (ca. 779).

17   Die Orientierung vorrangig am heutigen Selbstverständnis der Kirchen bei der inhaltlichen Ausfüllung des Begriffs der anderen religiösen Veranstaltungen kann nicht bedeuten, dass eine Veranstaltung allein deshalb nach § 54 StVollzG zu beurteilen ist, weil sie von einer Seelsorgerin oder einem Seelsorger durchgeführt wird. Wohl aber begründet ein solcher Umstand eine entsprechende Vermutung, denn es ist beim Fehlen besonderer Anhaltspunkte davon auszugehen, dass Seelsorgerinnen und Seelsorger i.d.R. nur Gemeinschaftsveranstaltungen abhalten, die von ihrem spezifischen Auftrag umfasst sind.[63] Kriterien für ein nachvollziehbares Verständnis von religiösen Veranstaltungen sind die Qualifikation der Veranstaltenden, deren subjektive Motivation und der objektiv feststellbare Veranstaltungsinhalt.[64]

18   Religiöse Veranstaltungen der Seelsorge haben wegen ihrer Grundrechtsbedeutung eine andere rechtliche Qualität als die allgemeinen Freizeitveranstaltungen. Deshalb rechtfertigt die Disziplinarmaßnahme einer Freizeitsperre (s. 5 und 11 M) nicht den Ausschluss von religiösen Veranstaltungen. Die in den Landesgesetzen **BW** § 30 III, **BY** Art. 56, **BE** § 79, **BB** § 82, **HB** § 71, **HH** § 55, **HE** § 32 Abs.3, **MV** § 70, **NI** § 54, **NW** § 41, **RP** § 80, **SL** § 70, **SN** § 71, **ST** § 81, **SH** § 89 und **TH** § 81 im Wesentlichen übernommene Regelung des § 54 Abs.3 **StVollzG**. (*„Der Gefangene kann von der Teilnahme am Gottesdienst oder anderen religiösen Veranstaltungen ausgeschlossen werden, wenn dies aus überwiegenden Gründen der Sicherheit oder Ordnung geboten ist; der Seelsorger soll vorher gehört werden"*) enthält insoweit eine Sonderregelung zu der Disziplinarmaßnahme der Freizeitsperre.[65]

19   **9. Ausschluss.** Ein **Ausschluss** von Gefangenen vom Gottesdienst oder anderen religiösen Veranstaltungen ist lediglich dann möglich, wenn „überwiegende" Gründe der

---

62 Vgl. Erwachsenenbildung als Aufgabe der evangelischen Kirche, in: Die Denkschriften der EKD, Bd. 4/1, Gütersloh 1987, 264 ff.
63 *Müller-Dietz* aaO 527; *Sperling* aaO Rdn. 528.
64 *Eick-Wildgans* 1995, 1004.
65 OLG Hamm ZfStrVo 1999, 306.

Sicherheit oder Ordnung diesen rechtfertigen. Sicherheit und Ordnung als Beurteilungsmaßstäbe für einen Ausschluss von religiösen Veranstaltungen werden als zu weitgehende Rechtsbegriffe nicht allgemein anerkannt. Jedoch wird man diese schwerwiegende Grundrechtseinschränkung bei strenger Auslegung des „Überwiegens" der die Sicherheit oder Ordnung betreffenden Gründe nicht beanstanden können, weil so bei der Abwägung der berechtigten Belange der Gefangenen nach ungestörter Religionsausübung und des staatlichen Interesses der Aufrechterhaltung von Sicherheit und Ordnung im Anstaltsbereich den Belangen der Gefangenen ein Vorrang eingeräumt wird, der der Bedeutung des Grundrechtes der Religionsfreiheit entspricht. Dieser Vorrang gilt jedoch nicht absolut, da andernfalls der geordnete Betrieb der Vollzugsanstalt überhaupt in Frage gestellt wäre.

Der Ausschluss vom Gottesdienst oder von anderen religiösen Veranstaltungen **20** kann sich jeweils **nur auf den einzelnen Gefangenen beziehen.** Ein grundsätzlicher Ausschluss von Gefangenengruppen – etwa weil sie entsprechend vollzuglicher Organisationsprinzipien auf besonders gesicherten Stationen, in einer Abteilung für Transportgefangene oder in einem Freigängerhaus untergebracht sind – stellt eine Grundrechtsverletzung dar, wenn die Vollzugsbehörde nicht für sie ebenfalls, ggf. zusätzliche bzw. anderweitige, Möglichkeiten zu einer Gottesdienstteilnahme schafft.[66]

Das Überwiegen von Gründen der Sicherheit oder Ordnung gegenüber dem Grund- **21** recht der freien Religionsausübung bedeutet, dass diese zwingend und individuell begründet sein müssen und dass die evtl. Notwendigkeit ihrer Fortdauer überprüfbar sein und in Abständen neu festgelegt werden muss. Die Anordnung besonderer Sicherungsmaßnahmen oder die unausgesetzte Absonderung von Gefangenen (s. 11 I) ziehen jedenfalls nicht automatisch auch den Ausschluss von Gottesdienst und anderen religiösen Veranstaltungen nach sich. Auch während des Arrestes sind Gefangene berechtigt, an religiösen Veranstaltungen teilzunehmen. Eine Trennung von den übrigen Gefangenen kann auch während des Gottesdienstes durch gesonderte Platzierung erreicht werden.[67] Der allgemeine Hinweis auf (die etwaige zusätzliche) personelle Belastung durch die Notwendigkeit von Kontrollen ist kein hinreichender Grund für einen Ausschluss.[68] Lediglich der Missbrauch (z.B. durch nachhaltige beabsichtigte Störung des Gottesdienstes) wird durch das Grundrecht nicht geschützt, weil unter diesen Umständen die Grundrechte der Mitgefangenen beeinträchtigt werden.[69] Begehrt ein Gefangener durch einen Antrag auf gerichtliche Entscheidung die Verpflichtung der Vollzugsbehörde, ihn am Gottesdienst teilnehmen zu lassen, obwohl er eine Teilnahme gar nicht beabsichtigt, ist sein Antrag unter dem Gesichtspunkt rechtsmissbräuchlicher Prozessführung unzulässig.[70]

Vor einem Ausschluss von Gefangenen von der Teilnahme am Gottesdienst oder an- **22** deren religiösen Veranstaltungen „soll" eine „**Anhörung des Seelsorgers**" stehen **BW** § 30 Abs. 3 III, **BY** Art. 56 Abs. 3, **BB** § 82 Abs. 3, **HB** § 71 Abs. 3, **HH** § 55 Abs. 3, **HE** § 32 Abs. 3 Satz 3, **MV** § 70 Abs. 2, **NI** § 54 Abs. 3, **RP** § 80 Abs. 3, **SL** § 70 Abs. 3, **SN** § 71 Abs. 3, **ST** § 81 Abs. 3, **SH** § 89 Abs. 3 und **TH** § 81 Abs. 3. Die Bestimmung soll die Beachtung der Art. 140 GG, Art. 141 WRV sicherstellen. Von dieser Regel darf nur ausnahmsweise abgesehen werden.[71] Eine nachträgliche Unterrichtung der Seelsorgerin oder des Seelsorgers

---

66 A.A. *Arloth/Krä* 2017 § 54 Rdn. 4.
67 OLG Bremen ZfStrVo 1964, 47.
68 OLG Koblenz ZfStrVo 1987, 250 f.
69 BVerfGE 12, 4.
70 OLG Hamm ZfStrVo 1988, 113.
71 OLG Celle ZfStrVo 1990, 187.

widerspräche auch dem Zusammenarbeitsgrundsatz und den Vereinbarungen mit Kirchen und Bistümern. Die Landesgesetzgeber in Berlin (**BE** § 79 Abs. 3 Satz 2) und in Nordrhein-Westfalen (**NW** § 41 Abs. 3 Satz 2) haben für rechtsstaatliche Klarheit gesorgt: Die Seelsorgerin oder der Seelsorger „ist" vorher anzuhören.

23   **10. Überwachung.** § 54 StVollzG enthält keine Bestimmung zur Frage einer **unmittelbaren Überwachung** der Gottesdienste und religiösen Veranstaltungen durch Vollzugsbedienstete aus Gründen der Sicherheit und Ordnung. In der Praxis richtet sie sich vor allem nach dem Sicherheitsgrad der Vollzugsanstalt, der Teilnehmerzahl und ggf. der Anwesenheit von anstaltsfremden Besuchern. Eine eventuelle Überwachung wird auf den Charakter des Gottesdienstes Rücksicht nehmen und verhältnismäßig sein müssen. In Gruppengesprächen tangiert eine Überwachung auch die seelsorgerliche Verschwiegenheit. Die Kameraüberwachung eines Gottesdienstes aus Gründen der Personaleinsparung im Bereich des allgemeinen Vollzugsdienstes wird dem Charakter eines Gottesdienstes nicht gerecht.

III. Landesgesetzliche Besonderheiten

24   In **MV** wird eine Zustimmung der Seelsorgerin oder des Seelsorgers zur Zulassung von Gefangenen (§ 54 Abs. 2 StVollzG) nicht für erforderlich gehalten.

C. Weltanschauungsgemeinschaften

Bund	§ 55 StVollzG
Baden-Württemberg	BW § 31 III JVollzGB
Bayern	BY Art. 57 BayStVollzG
Berlin	BE § 80 StVollzG Bln
Brandenburg	BB § 83 BbgJVollzG
Bremen	HB § 72 BremStVollzG
Hamburg	HH § 56 HmbStVollzG
Hessen	HE § 32 Abs.4 HStVollzG
Mecklenburg-Vorpommern	MV § 71 StVollzG M-V
Niedersachsen	NI § 55 NJVollzG
Nordrhein-Westfalen	NW § 42 StVollzG NRW
Rheinland-Pfalz	RP § 81 LJVollzG
Saarland	SL § 71 SLStVollzG
Sachsen	SN § 72 SächsStVollzG
Sachsen-Anhalt	ST § 82 JVollzGB LSA
Schleswig-Holstein	SH § 90 LStVollzG SH
Thüringen	TH § 82 ThürJVollzGB

Schrifttum

S. vor A.

Übersicht

Erläuterungen —— 1–5
  1. Gleichstellungsgebot —— 1
  2. Differenzierung —— 2
  3. Verbot der Beschränkung —— 3
  4. Weltanschauliches Bekenntnis —— 4, 5

Erläuterungen

1. Der auf Verlangen des Bundesrates eingefügte, im KE zunächst nicht enthaltene, § 55 StVollzG diente der ausdrücklichen Klarstellung hinsichtlich der weltanschaulichen Bekenntnisse. Die entsprechende Geltung der Vorschriften über Seelsorge und religiöse Veranstaltungen (s. A und B) auch für Angehörige weltanschaulicher Bekenntnisse korrespondiert sowohl mit der verfassungsrechtlichen Gewährleistung der Religionsfreiheit (Art. 4 Abs. 1 und 2 GG) als auch mit dem **Gleichstellungsgebot** von Religions- und Weltanschauungsgemeinschaften (Art. 140 GG i.V.m. Art. 137 Abs. 7 WRV). Art. 137 Abs. 7 WRV kann auch auf die Regelung von Art. 141 WRV bezogen werden, so dass Weltanschauungsgemeinschaften auch ohne Rückgriff auf das Grundrecht der Religionsfreiheit dasselbe Anrecht auf Anstaltsseelsorge besitzen wie Religionsgemeinschaften. Nach dem heutigen Stand der Diskussion kann es auch für den Bereich der Anstaltsseelsorge keine Unterscheidung mehr zwischen Religions- und Weltanschauungsgemeinschaften geben.[72]

2. Differenzierungen, die durch die tatsächlichen Verschiedenheiten der einzelnen Gemeinschaften bedingt sind, sind jedoch sachlich gerechtfertigt und widersprechen dem Gleichstellungsgebot nicht (vgl. A).[73] So besitzen insbesondere die großen christlichen Kirchen unter Berücksichtigung ihrer umfassenden Organisation faktisch bessere Wirkungsmöglichkeiten bei der Gefängnisseelsorge als kleine und kleinste Religions- und Weltanschauungsgemeinschaften. Der etablierten christlichen Gefängnisseelsorge steht jedoch rechtlich gesehen keine Monopolstellung zu. Sie kann auch vom Staat keinen Konkurrenzschutz gegenüber anderen, evtl. neuen Gemeinschaften erwarten. Gleichwohl bieten die zwischen den Landesjustizverwaltungen und den großen christlichen Kirchen abgeschlossenen Vereinbarungen dieser kirchlichen Seelsorge eine rechtlich gesicherte umfassende Position in der Anstalt, während es für die seelsorgerliche Betreuung anderer Gemeinschaften ein Pendant nicht gibt.[74]

3. Die Berücksichtigung tatsächlicher Gegebenheiten darf jedoch nicht zu **Beschränkungen** in der religiösen Betreuung von Angehörigen beispielsweise neuer Religions- oder Weltanschauungsgemeinschaften führen. So ist es unzulässig, andere Seelsorger als die bestellten der beiden großen Kirchen nur im Rahmen des allgemeinen Besuchsverkehrs zuzulassen.[75] Die seelsorgerliche Betreuung ist „auf andere Weise" zuzulassen, wenn die geringe Zahl der Angehörigen einer Religionsgemeinschaft eine hauptamtliche Seelsorge nicht rechtfertigt Dies regeln – §§ 157 Abs. 2 **StVollzG** folgend – die Vorschriften **BW** § 12 Abs. 7 Satz 3 I, **BY** Art. 178 Abs. 2, **BE** § 105 Abs. 1 Satz 2, **BB** § 111 Abs. 2, **HB** § 98 Abs. 2, **HH** § 106 Abs. 2, **HE** § 77 Abs. 2, **MV** § 97 Abs. 2, **NI** § 179 Abs. 2, **NW** § 98 Abs. 2, **RP** § 108 Abs. 2, **SL** § 97 Abs. 2, **SN** § 110 Abs. 2, **ST** § 110 Abs. 2, **SH** § 135 Abs. 2, **TH** § 109 Abs. 2.

Dies hat jedoch lediglich organisationsrechtliche Bedeutung, kann also nicht auf den Regelungsgehalt der Vorschriften zu Seelsorge und religiösen Veranstaltungen bezogen werden (s. Rdn. 1). Das Grundrecht steht Kirchen, Religions- und Weltanschauungsgemeinschaften in gleicher Weise zu.[76]

---

72 V. Campenhausen 1996, 228.
73 BVerfGE 19, 1, 8.
74 Vgl. hierzu HMdJIE 2011.
75 K/S-*Schöch* 2002 § 7 Rdn. 168; vgl. auch, für Untersuchungshaft, OLG Frankfurt am Main 12.6.1989 – 3 Ws 259/89.
76 BVerfGE 32, 98, 106; 24, 236, 246.

4 4. Die Formulierung **„weltanschauliches Bekenntnis"** will bewusst bloße Weltanschauungen ausschließen, deren Hauptziel auf eine politische oder wirtschaftliche Tätigkeit gerichtet ist.[77] Anspruch auf die religiös-weltanschauliche Betreuung eines Gefangenen haben nur Vereinigungen, die sich mit den letzten Fragen nach Ursprung, Sinn und Ziel der Welt und des menschlichen Lebens befassen – mit Bezug (Religionsgemeinschaften) oder auch ohne Bezug (Weltanschauungsgemeinschaften) auf eine transzendente Wirklichkeit. Mit der an Art. 4 GG anknüpfenden Wortwahl des „weltanschaulichen Bekenntnisses" in § 55 **StVollzG** hatte der Gesetzgeber klargestellt, dass die entsprechende Heranziehung der Vorschriften zu Seelsorge und religiösen Veranstaltungen nicht für jegliche weltanschauliche Gemeinschaft gilt; es muss sich vielmehr um ein Bekenntnis handeln, wobei Letzteres in den Äußerungen bzw. Handlungen zum Ausdruck kommt, die aus einer Gesamtsicht der Welt oder aus einer hinreichend konsistenten Gesamthaltung der Welt gegenüber entspringen.[78] Nicht als Religions- oder Weltanschauungsgemeinschaft sind Institutionen anzusehen, soweit sie unter missbräuchlicher religiöser Selbstbezeichnung letztlich wirtschaftliche Ziele verfolgen wie z.B. die Scientology Church.[79]

5 Der Staat darf sich in seiner Verantwortung für den Strafvollzug nicht von der schwierigen Aufgabe dispensieren, außer der grundsätzlichen Frage auch die nach dem **Umfang** der religiös-weltanschaulichen Betreuung zu klären, ohne die von der Verfassung geschützten Rechte der Gefangenen und mittelbar der ihr angehörenden Gemeinschaft zu verletzen. Als Kriterien kommen die Person der Seelsorgerin oder des Seelsorgers (Anerkennung durch seine Glaubensgemeinschaft und eigene Motivation) und die jeweilige Tätigkeit in Betracht. Dabei sind Parallelen und Abweichungen zwischen den Religions- und Weltanschauungsgemeinschaften zu berücksichtigen. So sind, wie *Eick-Wildgans*[80] konkretisiert, die christlichen Religionsgemeinschaften weithin durch religiöses Gemeinschaftsleben und individuelle religiöse Betreuung durch eine Seelsorgerin oder einen Seelsorger im persönlichen Gespräch gekennzeichnet, während dies bei Weltanschauungsgemeinschaften nicht immer gegeben ist, da sie mitunter weder ein vergleichbares Gemeinschaftsgefüge aufweisen, noch den Stellenwert der Betreuung durch eine der Seelsorgerin oder dem Seelsorger vergleichbare Person in ihrer Weltanschauung kennen. Es muss daher dem Einzelfall überlassen bleiben, inwieweit Raum für eine entsprechende Anwendung der Vorschriften zu Seelsorge und religiösen Veranstaltungen für Angehörige einer bekennenden Weltanschauung bleibt. Einschränkungen sind aber nur in schwerwiegenden Fällen gerechtfertigt.

D. Seelsorgerinnen und Seelsorger

Bund	§ 157 StVollzG
Baden-Württemberg	BW § 12 Abs. 7 I JVollzGB
Bayern	BY Art. 178 BayStVollzG
Berlin	BE § 105 StVollzG Bln
Brandenburg	BB § 111 BbgJVollzG
Bremen	HB § 98 BremStVollzG
Hamburg	HH § 106 HmbStVollzG

---

77 BT-Drucks. 7/3998, 25.
78 OLG Bamberg ZfStrVo 2002, 371.
79 BAG NJW 1996, 143; vgl. ausführlich *Schöch* in: Britz (Hrsg.), Grundfragen staatlichen Strafens. FS für Heinz Müller-Dietz zum 70. Geburtstag, München 2001, 803 ff.
80 1993, 172.

Hessen	HE § 77 HStVollzG
Mecklenburg-Vorpommern	MV § 97 StVollzG M-V
Niedersachsen	NI § 179 NJVollzG
Nordrhein-Westfalen	NW § 98 StVollzG NRW
Rheinland-Pfalz	RP § 108 LJVollzG
Saarland	SL § 97 SLStVollzG
Sachsen	SN § 110 SächsStVollzG
Sachsen-Anhalt	ST § 110 JVollzGB LSA
Schleswig-Holstein	SH § 135 LStVollzG SH
Thüringen	TH § 109 ThürJVollzGB

Schrifttum

S. vor A.

Übersicht

I. Allgemeine Hinweise —— 1–5
  1. Organisatorische Grundlagen —— 1–3
  2. Anzahl der Seelsorgerinnen und Seelsorger —— 4
  3. Räume —— 5
II. Erläuterungen —— 6–27
  1. Seelsorgerinnen und Seelsorger, Mitarbeiterinnen und Mitarbeiter —— 6–12
  2. Sonderstellung innerhalb der Vollzugsanstalt —— 13, 14
  3. „Neue Verwaltungssteuerung" —— 15
  4. Pflichten —— 16
  5. Öffentlichkeitsarbeit —— 17
  6. Tätigkeit —— 18–22
  7. Schweigerecht —— 23–26
  8. Religiöse Betreuung muslimischer Gefangener —— 27
III. Landesgesetzliche Besonderheiten —— 28

I. Allgemeine Hinweise

1. Organisatorische Grundlagen. Die Vorschrift des § 157 **StVollzG** regelte die **organisatorischen Grundlagen** für die Seelsorge in den Justizvollzugsanstalten.[81] Besteht vom Verfassungsrecht her (Art. 140 GG i.V.m. Art. 141 WRV) nur die Verpflichtung, Seelsorge zuzulassen, ging § 157 **StVollzG** insoweit darüber hinaus, als ausdrücklich die Bestellung von Seelsorgerinnen und Seelsorgern vorgesehen ist (Abs. 1: *Seelsorger werden im Einvernehmen mit der jeweiligen Religionsgemeinschaft im Hauptamt bestellt oder vertraglich verpflichtet*). . Dementsprechend sind die Landesgesetze **BW** § 12 Abs. 7 Satz 1 I, **BY** Art. 178 Abs. 1, **HB** § 98 Abs. 1, **HH** § 106 Abs. 1, **HE** § 77 Abs. 1, **NI** § 179 Abs. 1, **NW** § 98 Abs. 1, **RP** § 108 Abs. 1, **SL** § 97 Abs. 1, **ST** § 110 Abs. 1, **SH** § 135 Abs. 1 Satz 2, **TH** § 109 Abs. 1 gefasst. **BE** § 105 Abs. 1 Satz 1, **BB** § 111 Abs. 1 Satz 2, **MV** § 97 Abs. 1 und **SN** § 110 Abs. 1 sehen die Berufung durch die jeweilige Religionsgemeinschaft im Einvernehmen bzw. Benehmen mit der Aufsichtsbehörde vor.

Die institutionelle Einbindung der Anstaltsseelsorge kann durch Beamtenrecht (wie in Baden-Württemberg, das 2 „Dekane im Justizvollzugsdienst" und 15 „Pfarrer im Justizvollzugsdienst" im „Stellenplan für Beamtinnen und Beamte" im Haushaltsplan 2017 ausweist) oder durch Vertrag gestaltet sein oder auch auf der Grundlage eines Gestellungsvertrages zwischen Staat und Kirche beruhen. Die vollzugsorganisatorische Zuordnung von Seelsorgerinnen und Seelsorgern, die im Einvernehmen mit dem Staat von

---

[81] BT-Drucks. 7/918, 97.

einer Kirche in den Dienst der Gefängnisseelsorge berufen sind, begründet sich in einem Dienstverhältnis, dessen wesentliche Merkmale in Vereinbarungen zwischen Staat und Kirche festgelegt sind.[82] Es herrscht heute weitgehend Übereinstimmung, dass eine Verbeamtung im Sinne des staatlichen Rechts die Auslieferung des kirchlichen Dienstes an sachfremde Gesichtspunkte darstellen und zu einer Verfälschung des kirchlichen Auftrags führen würde. Auf den „schmalen Grat" zwischen religiöser Ethik und staatlicher Machtausübung wird zutreffend, wenn auch etwas überspitzt, hingewiesen.[83] Eine „ehrlichere" Lösung liegt darin, die Anstaltsseelsorgerinnen und -seelsorger in kirchlichen Diensten zu belassen und ihr Rechtsverhältnis zum Staat als ein Rechtsverhältnis besonderer Art, d.h. in einvernehmlicher Regelung unter Berücksichtigung der spezifisch kirchlichen und spezifisch staatlichen Belange, zu qualifizieren.[84]

2 Unabhängig davon, ob die Seelsorgerin oder der Seelsorger in einem staatlichen oder kirchlichen Dienstverhältnis steht, kennzeichnet die Möglichkeit der Heranziehung anderer Seelsorgerinnen und Seelsorger und Seelsorgehelferinnen und -helfer neben der Anstaltsseelsorge die Seelsorge in den Justizvollzugsanstalten prinzipiell als eine Aufgabe der Kirchen und nicht lediglich als Sache von abgeordneten Amtsträgerinnen und Amtsträgern, die eine staatliche Aufgabe unterstützen. So lautete § 157 Abs. 3 **StVollzG**: *Mit Zustimmung des Anstaltsleiters dürfen die Anstaltsseelsorger sich freier Seelsorgehelfer bedienen und für Gottesdienste sowie für andere religiöse Veranstaltungen Seelsorger von außen zuziehen.* Dem folgen **BW** § 12 Abs. 7 Satz 4 I, **BY** Art. 178 Abs. 3, **BE** § 105 Abs. 3, **BB** § 111 Abs. 3, **HB** § 98 Abs. 3, **HH** § 106 Abs. 3, **HE** § 77 Abs. 3, **MV** § 97 Abs. 3, **NI** § 179 Abs. 3, **NW** § 98 Abs. 3, **RP** § 108 Abs. 3, **SL** § 97 Abs. 3, **SN** § 110 Abs. 3, **ST** § 110 Abs. 3, **SH** § 135 Abs. 3, **TH** § 109 Abs. 3. Allerdings hat **HE** den etwas zu engen Begriff Seelsorgehelfer vermieden und spricht stattdessen von außenstehenden Personen, die insbesondere zur Mitwirkung an Gottesdiensten und anderen religiösen Veranstaltungen hinzugezogen werden können.

3 Die eventuell vorzeitige Abberufung von Seelsorgerinnen und Seelsorgern richtet sich nach den Modalitäten ihres Anstellungsverhältnisses. Auch im Interesse des Rechtsschutzes der Person in kirchlichem Dienstverhältnis sollte die Kirche über eine genaue Kenntnis des Arbeitsfeldes und der situationsangemessenen Seelsorgepraxis verfügen. Es erscheint in diesem Zusammenhang unverständlich, dass den betroffenen Seelsorgerinnen und Seelsorgern nur in wenigen Ländervereinbarungen ausdrücklich das Recht auf Anhörung vor einer Entscheidung sowohl kirchlicher- wie staatlicherseits gewährt wird. Allerdings dürfte unstrittig sein, dass auch hier der Grundsatz der Gewährung rechtlichen Gehörs zu beachten ist.

4 **2. Anzahl der Seelsorgerinnen und Seelsorger.** Die Vollzugsbehörde ist verpflichtet, für jede Anstalt entsprechend ihrer Aufgabe auch die erforderliche **Anzahl** von Seelsorgerinnen und Seelsorgern vorzusehen (vgl. § 155 Abs. 2 StVollzG). Wie viele in jedem Fall benötigt werden, ist mehr von der jeweiligen Besonderheit der einzelnen Vollzugsanstalt als von Schlüsselzahlen abhängig. Für je 250 Gefangene sollte aber in der Regel eine hauptamtliche Seelsorgekraft zur Verfügung stehen, forderte schon 1970 der Bund der Strafvollzugsbediensteten Deutschlands e.V. in seiner Denkschrift zur inneren Reform des Strafvollzuges. Heute wird man diese Zahl wegen der differenzierteren Aufgabenstellung nach Inkrafttreten des StVollzG und der faktischen Gegebenheiten und Möglichkeiten auch für die Seelsorge ähnlich anzusetzen haben. In einer Jugendstrafanstalt

---

82 Ausführlich *Eick-Wildgans* 1993, 175 ff.
83 AK-*Müller-Monning* 2017 Vor § 69 LandesR Rdn. 7.
84 *Eick-Wildgans* 1993, 187 f.

sollte eine Seelsorgerin oder ein Seelsorger in der Regel nicht mehr als 100 Angehörige seiner Konfession betreuen müssen (SchlussB, 41). In den letzten Jahren ist wie in der Bevölkerung auch eine Veränderung bei den religiösen Bekenntnissen der Gefangenen und damit eine deutliche Abweichung von den bisher üblichen Orientierungszahlen festzustellen. So waren in den hessischen Justizvollzugsanstalten am Stichtag 30.10.2014 2.212 katholische und evangelische und 1.012 muslimische Gefangene untergebracht.[85] Bei seit Jahren konstanten 23 refinanzierten Stellen (9,5 katholisch; 13,5 evangelisch) für die christliche Seelsorge beträgt das Betreuungsverhältnis in Hessen inzwischen weniger als 100 Gefangene bezogen auf eine hauptamtliche Seelsorgestelle. Allerdings wird nicht zu Unrecht darauf hingewiesen, dass die Zuordnung von Arbeitsanteilen der christlichen Seelsorgerinnen und Seelsorger nicht durchführbar sei, da deren Auftrag über die Einzelseelsorge deutlich hinausgehe und auch die Teilnahme an Anstaltskonferenzen umfasse und familien- und freizeitorientierte Angebote sowie sonstige Hilfsangebote sozialdiakonischen und karitativen Handelns religionsübergreifend für alle Gefangenen beinhalte.

3. Räume. Die Bereitstellung zweckdienlich eingerichteter **Räume** (s. 13 E Rdn. 4) 5
gehört mit zu den organisatorischen Grundlagen für die Seelsorge. Die Seelsorgerin oder der Seelsorger hat Anspruch auf ein geeignetes Dienstzimmer zur ungehinderten Führung seelsorgerlicher Gespräche (s. A Rdn. 15) und auf die Zuteilung geeigneter Räume für Gottesdienste und für seine anderen Gemeinschaftsveranstaltungen (s. B Rdn. 1). Vereinbarungen auf Landesebene sehen z.T. vor, dass die Planung, Gestaltung und Einrichtung von Gottesdiensträumen in einer Vollzugsanstalt durch das Land im Einvernehmen mit der Kirche oder dem Bistum erfolgt (etwa Hessen, Saarland, Sachsen, Thüringen).[86] Trotz eindeutiger Regelungen und immer wieder bekundeten Verständnisses der Vollzugsbehörden bestand und besteht für die Anstaltsseelsorge zuweilen Veranlassung, auf ihren diesbezüglichen Anspruch und auf die Einholung des Einvernehmens hinzuweisen. So wurden in Zeiten der Überbelegung Kirchenräume für die Gemeinschaftsunterbringung von Gefangenen zweckentfremdet. Gottesdienste sollten in Sporthallen bzw. Mehrzweckräumen oder in abgelegenen und engen Kellerräumen stattfinden. Bei Planung und Neubau der hessischen JVA Weiterstadt ab Mitte der 1980er Jahre war das herzustellende Einvernehmen mit Kirche und Bistum nicht beachtet und zunächst kein separater Kirchenraum vorgesehen, sondern die Nutzung eines Mehrzweckraums für gottesdienstliche Zwecke vorgeschlagen worden. Einspruch und Hinweis des Justizministeriums auf die staatskirchenrechtlichen Vereinbarungen einerseits und die Bereitschaft von evangelischer Kirche und katholischem Bistum zur Übernahme der Kosten für die Ausgestaltung des Kirchenraums andererseits führten zu Planung und Bau eines eigenständigen kirchlichen Bereichs innerhalb der Anstalt. Der deutliche Hinweis der hessischen Landesregierung auf die staatskirchenrechtlichen Vereinbarungen hinderte den Hessischen Rechnungshof allerdings nicht daran, in seinen „Bemerkungen" auch den Bau der Anstaltskirche als Verstoß „gegen die Grundsätze der Wirtschaftlichkeit und Sparsamkeit" anzuprangern: „Der Rechnungshof ist ferner der Auffassung, dass bei multifunktionaler Planung der Sporthalle auf die an anderer Stelle zusätzlich errichteten umfangreichen Kommunikations- und Freizeiträume weitestgehend hätte verzichtet werden können. Hierbei sind insbesondere der Mehrzweckraum mit Theaterbühne

---

[85] So der Bericht der Hessischen Ministerin der Justiz vom 1.12.2014 auf den Berichtsantrag Drucksache 19/1020 der Fraktion der SPD vom 14.10.2014 betreffend Seelsorge an hessischen Justizvollzugsanstalten.
[86] Vereinbarungen über die evangelische und katholische Seelsorge an hessischen Justizvollzugsanstalten, Bek. d. MdJ. v. 19.10.1977 (2412-IV/1-1721/77)- JMBl.S.709-, Artikel 3 Ziff. 1, Satz 3.

(ca. 300 Sitzplätze) im Zugangsgebäude sowie die Anstaltskirche zu nennen".[87] Die Subsumtion einer „Anstaltskirche" unter „Kommunikations- und Freizeiträume" ist völlig sachfremd und geradezu absurd.

II. Erläuterungen

6   1. **Seelsorgerinnen und Seelsorger, Mitarbeiterinnen und Mitarbeiter.** Die Seelsorge in Vollzugsanstalten wird von haupt- oder nebenamtlichen **Seelsorgerinnen und Seelsorgern** wahrgenommen, denen wie in den Kirchengemeinden haupt-, neben- und ehrenamtliche **Mitarbeiterinnen und Mitarbeiter** zur Seite stehen. Dies regeln – §§ 157 und 154 Abs. 2 **StVollzG** folgend – die Vorschriften **BW** § 12 Abs. 7 I, **BY** Art. 178, **BE** § 105, **BB** § 111, **HB** § 98, **HH** § 106, **HE** § 77, **MV** § 97, **NI** § 179, **NW** § 98, **RP** § 108, **SL** § 97, **SN** § 110, **ST** § 110, **SH** § 135, **TH** § 109.

7   **a)** In größeren Vollzugsanstalten sind in der Regel voll- oder teilzeitbeschäftigte Seelsorger im **Hauptamt** tätig. Ihre dienstrechtliche Stellung ist unterschiedlich geregelt.

8   **b)** In kleineren Vollzugsanstalten (etwa bis zu 200 Haftplätzen) wird die Seelsorge im Allgemeinen durch vertraglich verpflichtete **nebenamtliche Seelsorgerinnen und Seelsorger** ausgeübt, die im Übrigen einen Auftrag in einer Kirchengemeinde oder in einer anderen kirchlichen Tätigkeit wahrnehmen. Wo die geringe Zahl der Angehörigen einer Religionsgemeinschaft eine haupt- oder nebenamtliche Seelsorge nicht rechtfertigt, ist die religiöse Betreuung auf andere Weise zu ermöglichen. Dies erfolgt in der Regel über die Zulassung als ehrenamtliche Mitarbeitende und schafft eine weitere organisatorische Voraussetzung zur Durchführung der religiösen Betreuung. Sofern nicht in Einzelfällen vertragliche Vereinbarungen geschlossen sind, wird die Betreuung von jüdischen, muslimischen und anderen, auch christlich orientierten Religionsgemeinschaften, überwiegend in dieser Form praktiziert.[88]

9   **c)** Für Gottesdienste und andere religiöse Veranstaltungen besteht die Möglichkeit der Hinzuziehung weiterer Seelsorgerinnen und Seelsorger von außen; dazu ist die Zustimmung der Anstaltsleitung erforderlich. Darüber hinaus ist es üblich, z.B. Chöre und andere Gruppen von außen an Gottesdiensten in den Vollzugsanstalten zu beteiligen. Das Erfordernis der Zustimmung der Anstaltsleitung gilt hierbei in gleicher Weise.

10   **d)** Die Anstaltsseelsorge darf sich ebenso mit Zustimmung der Anstaltsleitung freier **Seelsorgehelferinnen und -helfer** bedienen (wie § 157 Abs. 3 **StVollzG, BW** § 12 Abs. 7 Satz 4 I, **BY** Art. 178 Abs. 3, **BE** § 105 Abs. 3, **BB** § 111 Abs. 3, **HB** § 98 Abs. 3, **HH** § 106 Abs. 3, **HE** § 77 Abs. 3, **MV** § 97 Abs. 3, **NI** § 179 Abs. 3, **NW** § 98 Abs. 3, **RP** § 108 Abs. 3, **SL** § 97 Abs. 3, **SN** § 110 Abs. 3, **ST** § 110 Abs. 3, **SH** § 135 Abs. 3, **TH** § 109 Abs. 3. Die Bezeichnung „frei" weist aus, dass sich diese im Unterschied zur Anstaltsseelsorge nicht in einem Dienstverhältnis zur Justizbehörde befinden, sondern von außen kommen. Es handelt sich hierbei um Mitarbeiterinnen und Mitarbeiter der betreffenden Kirche mit ausreichender Qualifikation, die im Gesamtbereich der Anstaltsseelsorge (evtl. mit individuellen Schwerpunkten) in Absprache mit der Anstaltsseelsorge tätig sind. Die Beru-

---

87 HE LT-Drucks. 14/1630, Tz. 123, S. 105.
88 Siehe HMdJIE 2011.

fung erfolgt auf Vorschlag der Seelsorge mit Zustimmung der Anstaltsleitung durch die Kirche unter förmlicher Zuordnung zur Anstaltsseelsorge. Pflichten und Rechte der freien Seelsorgehelferinnen und -helfer entsprechen gemäß dieser Einbindung in den kirchlichen Bereich denen der im Hauptamt bestellten bzw. vertraglich verpflichteten Seelsorgerin bzw. des Seelsorgers unter Berücksichtigung der Tatsache, dass eine persönliche Zuordnung erfolgt.[89]

e) Ein subjektives Recht von einzelnen Kirchenangehörigen auf Beteiligung an der Seelsorge unabhängig von den Anstaltsgeistlichen besteht nicht. Mitglieder der Religionsgemeinschaften können als **ehrenamtlich Mitarbeitende** (s. 13 I) mit der Vollzugsanstalt und der hier tätigen Seelsorge zusammenarbeiten. Die näheren Bestimmungen sind in Verwaltungsvorschriften der Länder geregelt. Auf das Recht zur seelsorgerlichen Verschwiegenheit können sie – anders als die Seelsorgehelferinnen und -helfer – sich nicht berufen. **11**

f) Die Zusammenarbeit der Seelsorgerin oder des Seelsorgers mit den vielfältigen Arbeitszweigen und Dienststellen der verfassten Kirche und ihrer Diakonie, z.B. mit kirchlicher Sozialarbeit, mit den **Fachkräften** kirchlicher Jugend-, Ehe- und Familienberatungsstellen, der Suchtkrankenhilfe, mit kirchlichen Bildungseinrichtungen ist nach den Vorschriften über ehrenamtlich Mitarbeitende (s. 13 I) möglich. **12**

2. Sonderstellung innerhalb der Vollzugsanstalt. Die **Sonderstellung**, die die Seelsorge innerhalb der Vollzugsanstalt einnimmt, entspricht der staatskirchenrechtlichen „Doppelstellung".[90] Selbst wenn ein staatliches Dienstverhältnis besteht, sind die durch die Ordination an den Auftrag der Kirche erfolgte Bindung und die Erfüllung pastoraler Aufgaben zu beachten. Die Anstaltsleitung kann den Geistlichen für Verkündigung und Seelsorge keine Weisungen erteilen und hat auch nicht das Recht, die Seelsorgerin oder den Seelsorger gegen kirchliches Selbstverständnis von Seelsorge zur Mitwirkung im Vollzug zu veranlassen.[91] Dem steht die Auskunftspflicht der Seelsorgerin oder des Seelsorgers gegenüber der Anstaltsleitung in fachlichen Angelegenheiten des Dienstes nicht entgegen. Sie bezieht sich nicht auf Angelegenheiten, die unter die Schweigeverpflichtung der Seelsorge fallen. Die umfassende Verantwortung der Anstaltsleitung für den gesamten Vollzug (s. 13 K) kann hinsichtlich der Seelsorge nur als Rechtsaufsicht in Gestalt einer allgemeinen Aufsicht über die Dienstführung bezüglich der Einhaltung der Sicherheits- und Ordnungsvorschriften verstanden werden.[92] **13**

Folge dieser Sonderstellung war in Hessen eine Rundverfügung der Staatsanwaltschaft beim Oberlandesgericht Frankfurt/M.[93] So wurden die nachgeordneten Staatsanwaltschaften gebeten, bei Zwangsmaßnahmen im Rahmen von Ermittlungsverfahren gegen Geistliche mit der gebotenen Behutsamkeit vorzugehen. Dazu gehörte zum Beispiel, dass der ermittelnde Staatsanwalt selbst (und nicht die Kriminalpolizei allein) die Vollstreckung eines Durchsuchungs- und Beschlagnahmebeschlusses, der sich auf die Dienst- und Wohnräume des Beschuldigten bezieht, leiten sollte. Dazu konnte auch gehören, dass dem Beschuldigten, der von einer solchen Durchsuchungs- oder Beschlag-

---

89 Vgl. zum Ganzen *Heusel* ZfStrVo 1981, 364 ff.
90 *Laubenthal/Nestler/Neubacher/Verrel* I Rdn. 6.
91 *Kirchenkanzlei* 1979, 18.
92 *Walter* 1999 Rdn. 193.
93 RdVfg der StA beim OLG Frankfurt/M vom 7.12.1983 (Geschäftszeichen 410–476) aufgrund des Erlasses des Hessischen Ministers der Justiz vom 17.11.1983 (4104-III/2-825/83).

nahmeanordnung betroffen war, Gelegenheit gegeben wurde, sich zu Beginn mit seiner kirchlichen Dienststelle in Verbindung zu setzen. Den Vertretern der Kirchenbehörde konnte anschließend auch gestattet werden, bei der Durchführung der Durchsuchung anwesend zu sein, selbstverständlich unter der Voraussetzung, dass der Durchsuchungszweck nicht gefährdet werden konnte.

14   Seelsorgerinnen und Seelsorger gehören auf der anderen Seite zum Kreis der Vollzugsbediensteten (13 J), unabhängig davon, in welchem Anstellungsverhältnis sie zur Vollzugsanstalt stehen. Sie sind verpflichtet, mit den anderen Vollzugsbediensteten zusammenzuarbeiten und daran mitzuwirken, die Aufgaben des Vollzuges zu erfüllen (s. 13 I). Das schließt sie an den Informations- und Interaktionskreislauf in der Vollzugsanstalt an und beinhaltet auch die Teilnahme an Konferenzen.[94] So ist die Anstaltspfarrerin oder der Anstaltspfarrer insbesondere unverzüglich über besondere Vorkommnisse (z.B. Selbstmordversuch; Unterbringung in einem besonders gesicherten Haftraum pp.) zu informieren.[95] Sie haben jedoch keine hoheitsrechtlichen Befugnisse, wenn sie als Geistliche von ihrer Religionsgemeinschaft im Einvernehmen mit der Justizbehörde in die Gefängnisseelsorge berufen und damit keine Landesbeamten sind. Sie verkörpern (nur) insofern die Vollzugsbehörde,[96] als Gefangene davon ausgehen können, dass Seelsorgerinnen und Seelsorger nichts im Vollzug Unerlaubtes tun.[97]

Seelsorgerinnen und Seelsorger können erwarten, dass die Vollzugsbehörde sie von der Aufnahme von Angehörigen ihrer Konfession durch Übermittlung eines eingeschränkten Datensatzes verständigt (Art. 136 Abs. 3 WRV i.V.m. Art. 140 GG), sofern die Gefangenen der Weitergabe nicht widersprochen haben. Das Recht auf Übermittlung von Daten und Einsicht in die Personalakten ist für die Seelsorge auf ihren Wirkungsbereich beschränkt. Soweit personenbezogene Daten zur Erfüllung der ihm obliegenden Aufgaben oder, über die eigene begrenzte Zuständigkeit hinaus, für die Zusammenarbeit der Vollzugsbediensteten erforderlich sind, hat die Seelsorgerin oder der Seelsorger das Recht, sich diese in dem hierzu notwendigen Umfang zu verschaffen (s. 15 E). Gefangene können diesem Recht durch Verweigerungserklärung die Grundlage entziehen oder es auch durch Einwilligungserklärung ausdrücklich und ggf. extensiv feststellen. Gefängnisseelsorge wird sich freilich essentiell weniger an einer umfassenden Datenfülle über die Gefangenen als an der Einsicht orientieren, dass ein Mensch mehr ist als die Summe seiner Taten und erst recht etwas anderes als die Summe seiner Daten.[98]

15   **3. Neue Verwaltungssteuerung.** Bei verwaltungsorganisatorischen Änderungen ist darauf zu achten, dass die hauptamtlichen Seelsorgerinnen und Seelsorger nicht schon dadurch zu „ehrenamtlichen Mitarbeitern" werden, dass sie nicht Landesbedienstete sind und im Personalhaushalt Stellen für sie nicht enthalten sind. Es ist daher unzulässig, die bisher üblichen allgemeinen Dienstausweise vorzuenthalten und nur noch „Ehrenamtsausweise" auszustellen, wie es in Hessen im Rahmen der „Neuen Verwaltungssteuerung" geschah. Seit Mai 2007 erhalten nun die hauptamtlichen Anstaltsseelsorgerinnen und -seelsorger nach entsprechenden Protesten und sodann im Einvernehmen mit den evangelischen Kirchen und den katholischen Bistümern besondere

---

94   *Kirchenkanzlei* 1979, 18.
95   So z.B. Ziff. 6d der Dienstordnung für die evangelischen und katholischen Anstaltspfarrer, die das Hessische Ministerium der Justiz im Einvernehmen mit den Kirchen und Bistümern erlassen hat – JMBl. 1977, 719.
96   KG NStZ 1987, 295.
97   *Böhm* in: Konferenz der katholischen Seelsorger bei den JVA in der Bundesrepublik Deutschland (Hrsg.), Seelsorge im Strafvollzug. Bd. 12, Münzenberg 1994, 28.
98   *Stein* ZevKR 1996, 38.

einheitliche „Ausweise". Der einheitliche Ausweis soll als amtliche Legitimation dienen, um z.B. in Vertretungsfällen der Seelsorgerinnen und Seelsorger untereinander einen möglichst problemlosen Zugang zu den Anstalten zu ermöglichen. Ebenso kann ein solcher Ausweis bei der Begleitung von Gefangenen oder beim Besuch von Angehörigen zur Legitimation notwendig sein.[99] Die einvernehmliche Regelung zwischen Ministerium und Kirchen bzw. Bistümern kann allerdings nicht darüber hinwegtäuschen, dass auf der Grundlage angeblich zwingender betriebswirtschaftlicher Notwendigkeiten staatlicherseits geltende Vereinbarungen mit Kirchen und Bistümern nicht eingehalten wurden. Außerdem wurde mit dem „Sonderausweis" für Seelsorgerinnen und Seelsorger ein Sonderstatus geschaffen, der kaum mit Art. 2 der Vereinbarungen über die evangelische und katholische Seelsorge an hessischen Justizvollzugsanstalten von 1977 (... „Der Anstaltspfarrer ... hat für die Dauer seiner Tätigkeit innerhalb der Justizvollzugsanstalt die gleichen Rechte wie die Vollzugsbediensteten.") übereinstimmen dürfte.[100] Es ist nicht nachvollziehbar, dass bei der Veränderung verwaltungsrechtlicher und –organisatorischer Strukturen staatskirchenrechtliche oder sogar verfassungsrechtliche Festlegungen missachtet werden.

4. Bei den **Pflichten** der Seelsorge gehen das StVollzG und ihm folgend die Landesvorschriften von einer gleichgerichteten Zielsetzung von staatlichem Vollzug und Anstaltsseelsorge im Sinne der Resozialisierung aus. Den Geistlichen muss jedoch für ihre Seelsorgepraxis Freiheit zu eigener Beurteilung bleiben. Die begründete generelle Pflicht der Seelsorgerinnen und Seelsorger zur Mitwirkung an den Aufgaben des Vollzugs (s. 13 I) kann im Interesse kirchlicher Selbständigkeit nur als Pflicht zur Koordination der kirchlichen mit der staatlichen Tätigkeit verstanden werden. Die Seelsorge trägt auf die ihr eigene Weise dazu bei, dass Gefangene befähigt werden, künftig in sozialer Verantwortung ein Leben ohne Straftaten zu führen, und sie respektiert, dass der Vollzug der Freiheitsstrafe auch dem Schutz der Allgemeinheit vor weiteren Straftaten gilt. Hinsichtlich des Vollzugsziels in diesem Sinne kann der Staat davon ausgehen, dass die Seelsorgerinnen und Seelsorger dem nicht entgegenarbeiten, auch wenn Rechtsgrundlagen, Inhalt und Grenzen ihrer Loyalitätspflicht nicht klar erkennbar sind.

5. Zu den legitimen Aufgaben der Seelsorge gehört auch die **Öffentlichkeitsarbeit**, etwa mit der Zielsetzung der „Charta für Gefängnisseelsorger", verabschiedet von der Internationalen Kommission der Landesvorsitzenden der katholischen Gefängnispfarrer (1985): „Er sollte dafür sorgen, dass die öffentliche Meinung auf die besonderen Probleme der Gefängnisse aufmerksam gemacht wird." So haben auch die Empfehlungen der EKD zur Seelsorge in Justizvollzugsanstalten[101] und noch umfassender die Denkschrift der EKD zum Strafvollzug[102] den kirchlichen Auftrag deutlich gemacht, öffentlich für die Belange eines behandlungsorientierten Strafvollzugs einzutreten Auf dieser Grundlage hat auch die Evangelische Konferenz für Gefängnisseelsorge in Deutschland immer wieder ihre Stimme erhoben.[103] Papst Johannes Paul II hatte im Rahmen des Heiligen Jahrs zur „Feier des Jubiläums in den Gefängnissen" am 9. Juli 2000 eine entsprechende Botschaft an die Regierungen übersandt. Bei allen, insbesondere kritischen Äußerungen müssen die möglichen Auswirkungen auf das Vollzugsgeschehen mit bedacht wer-

---

99 RdErl. des HMdJIE vom 23. Mai 2007 – 4561 – IVB 1 – 2007/2242 – IV/B.
100 So auch AK-*Müller-Monning* 2017 § 97 LandesR Seelsorger Rdn. 2.
101 *Kirchenkanzlei* 1979, 10 ff.
102 *Kirchenamt* 1990, 40, 45 ff.
103 Im Einzelnen *Schäfer* 2004, 89 ff; *Böhm* 2002, 34 ff; Schönrock 2017, 91 ff.

den.[104] Öffentliche Äußerungen von Anstaltsseelsorgerinnen und -seelsorgern fallen nicht immer zur Freude der Verantwortlichen in den Justizvollzugsanstalten und Landesjustizverwaltungen aus.[105] Im Hinblick auf die der Seelsorge garantierte Verkündigungsfreiheit und auf die in Vereinbarungen zwischen Staat und Kirche enthaltene Aufgabe der Mitwirkung der Seelsorge bei der Öffentlichkeitsarbeit in Gesellschaft und Kirche erfordert die Behandlung von Konflikten und Meinungsverschiedenheiten besondere Sensibilität bei allen Beteiligten.[106]

18   **6. Tätigkeit der Seelsorgerinnen und Seelsorger.** Einige Bundesländer haben mit den Kirchen und Bistümern Vereinbarungen abgeschlossen, die Einzelheiten und wesentliche Aufgaben der Seelsorge auflisten (z.B. Berlin, Bayern, Hessen, Mecklenburg-Vorpommern, Rheinland-Pfalz, Sachsen, Sachsen-Anhalt, Thüringen).

19   a) Bei dem umfassenden Verständnis von Seelsorge und selbst bei formaler Trennung von – theologisch als Einheit verstandenem – seelsorgerlichem und diakonischem Handeln kann man nicht von **„berufsfremden"** Aufgaben der Seelsorgerinnen und Seelsorger sprechen, wenn ihre Tätigkeit in der Praxis sich mit der anderer Berufsgruppen in der Vollzugsanstalt berührt oder überschneidet.[107] Die Geistlichen müssen die eigene Rolle und Tätigkeit transparent machen (können), und zwar einschließlich der Frage, welches der eigene Beitrag der Seelsorge bei der Mitwirkung an der Erfüllung von Vollzugsaufgaben ist. Undeutlichkeit und Unsicherheit wirken sich hier konfliktfördernd aus. Dagegen wird eine klare, eindeutige Beschreibung der Seelsorgetätigkeit Konflikte auf das sachlich notwendige Maß beschränken. Ganz problemlos wird das Verhältnis zwischen Seelsorge und Vollzug nicht sein können, weil sich die Seelsorgerin oder der Seelsorger an der Seite gerade der Gefangenen sieht, die auch in der Anstalt Außenseiter sind, und dadurch zu Missverständnissen Anlass bieten.[108] Es gehört zu den Aufgaben beider Seiten, diese Spannungen als von der Aufgabenstellung her notwendig zu verstehen und immer wieder nach Wegen zu suchen, konstruktiv mit ihnen umzugehen.[109]

20   b) Der **eigene Beitrag** der Seelsorge zu dem vom StVollzG geforderten behandlungsorientierten Vollzug darf sich nicht in (negativen) Abgrenzungen erschöpfen. Dass Gefängnisseelsorge sich nicht mit dem Strafgeschehen identifiziert, jedoch hilft, es zu verarbeiten, und den Behandlungsvollzug bejaht, ohne in ihm aufzugehen,[110] muss in der Praxis positiv und verstehbar gefüllt werden. Geht es der Seelsorge um das „Heilwerden", kann das in der Vollzugsanstalt etwa dadurch deutlich gemacht werden, dass sie bei Gefangenen wie Vollzugsbediensteten die Fragestellung nach Lebenssinn, Werten und Verantwortlichkeit offen hält, ihnen die Gewissheit gibt, als Person angenommen zu sein, und Gemeinschaft zwischen ihnen in unterschiedlichen Formen modellhaft anbietet und herstellt.

21   c) Seelsorgerinnen und Seelsorger können sich hierbei in der Regel auf ein besonderes Maß an **Vertrauen** stützen, das in seiner von den übrigen Vollzugsbediensteten un-

---

104   *Kirchenkanzlei* 1979, 10.
105   Z.B. Greifenstein Mitteilungsblatt 1999, 22, 23; zu der Vielzahl der Konflikte zwischen Anstaltsseelsorge und Anstaltsleitung bzw. Ausübung der Religionsfreiheit und Seelsorge auf der einen und staatlichen Maßnahmen auf der anderen Seite vgl. Böhm 2002, 41; Müller-Dietz NStZ 1987, 525, 526 m.w.N.
106   *Schäfer* 2004, 90, 91.
107   *Goudsmit* Delinquenz und Gesellschaft, Göttingen 1986, 202 ff.
108   Böhm 2003 Rdn. 102.
109   *Kirchenamt* 1990, 95.
110   *Kirchenkanzlei* 1979, 12 und 14.

terschiedlichen Stellung und seiner berufsbezogenen Schweigepflicht begründet ist. Diesen Vertrauensbonus ist aber in seiner täglichen Praxis einzulösen. So wird z.B. zu überlegen sein, ob sich die Seelsorgerin oder der Seelsorger nach dem eigenen Seelsorgeverständnis an personalen Vollzugsentscheidungen beteiligt, wie etwa bei Konferenzen (s. 13 L). Es liegt zwar nahe, das Urteil der Seelsorge für die Entscheidungsfindung nutzbar zu machen. Gleichwohl könnte dadurch für die Seelsorge eine nicht unproblematische Akzentverschiebung in ihrer seelsorglichen Funktion durch Beeinträchtigung ihrer Vertrauensstellung eintreten. Denn es ist eine unverzichtbare Voraussetzung für das effektive Wirken im Sinne des kirchlichen Auftrags, dass sich eine Seelsorgerin oder ein Seelsorger trotz jener erwünschten Mitwirkung eine Position erhalten kann, die die Eigenschaft als unabhängige Sachwalter innerhalb des Systems glaubhaft macht und erhält. Vertragliche Vereinbarungen über die Mitwirkungspflicht der Seelsorge bei der Persönlichkeitserforschung der Gefangenen sind rechtlich problematisch, sofern dabei Angelegenheiten preisgegeben werden müssten, die in der Eigenschaft als Seelsorgerin oder Seelsorger anvertraut worden sind. Im Rechtssinn unbedenklich können sie lediglich als eine Erlaubnis verstanden werden.

d) Eine „Gefangenentelefonseelsorge", bei der Anstaltsseelsorgerinnen und -seelsorger zu einem von der Vollzugsbehörde angeordneten Bereitschaftsdienst an Wochenenden und zur Nachtzeit verpflichtet werden, berührt unmittelbar Inhalte des kirchlichen und seelsorglichen Auftrags und ist daher an die Zustimmung der Kirchen und Bistümer gebunden. Unverständlich ist dabei u.a., warum zu „Aufschlusszeiten" für die Betreuung suizidaler Häftlinge der medizinische oder der psychologische Dienst zuständig sein sollen, an Wochenenden oder nach Feierabend aber die Anstaltsseelsorge. Ungeklärt sind dabei die Wahrung des Seelsorgegeheimnisses und die Befähigung oder Eignung für Telefonseelsorge. Unbestritten ist, dass – wie es allgemeine Praxis ist – Seelsorgerinnen und Seelsorger auch zu Unzeiten in Notfällen bereit sind, in die Anstalten zu kommen und mit Hilfe suchenden Gefangenen zu sprechen. 22

7. Schweigerecht. Die singuläre Rechtsposition der Seelsorgerinnen und Seelsorger innerhalb des Vollzugspersonals drückt sich auch in ihrem **Schweigerecht** aus. Seelsorgerinnen und Seelsorger sind nach kirchenrechtlichen Vorschriften verpflichtet, das Beicht- und Seelsorgegeheimnis zu wahren. Das staatliche Recht räumt den Geistlichen ein Zeugnisverweigerungsrecht über das ein, was ihnen in ihrer Eigenschaft „als Seelsorger" anvertraut oder bekannt geworden ist (vgl. § 53 Abs. 1 Nr. 1 StPO; § 139 Abs. 2 StGB; § 383 Abs. 1 Nr. 4 ZPO). Dagegen fällt nicht unter dieses Recht, was etwa in ausschließlich administrativer, karitativer, erzieherischer oder fürsorgerischer Tätigkeit zu erfahren ist.[111] Im Zweifelsfall kommt der Gewissensentscheidung für die Zeugnisverweigerung wesentliche Bedeutung bei der Beurteilung zu.[112] Nach überwiegender Meinung fallen Diakone, Gemeindereferenten und Pastoralreferenten unter den Begriff des Geistlichen gem. § 53 Abs. 1 Nr. 1 StPO, sofern ihr kirchlicher Auftrag das Seelsorgegespräch einschließt.[113] Ausschlaggebend ist, dass im Rahmen der (hauptamtlichen) Tätigkeit im Auftrag der Kirche selbständig Aufgaben wahrgenommen werden, die zum unmittelbaren Bereich der seelsorgerischen Tätigkeit gehören. Dazu gehört nicht die Recherche von 23

---

111 BGH 15.11.2006 – StB 15/06; LR-*Ignor/Bertheau* § 53 Rdn. 19–25; vgl. *Stein* ZevKR 1974, 138 ff; *ders.* ZevKR 1998, 387 ff.
112 BGHSt 37, 138, 140; BGH NJW 1990, 3283.
113 Vgl. *Ling* GA 2001, 325.

Internetadressen von Versicherungen für einen Gefangenen.[114] Dagegen haben Seelsorgehelfer als „Gehilfen" des Geistlichen nur ein abgeleitetes Zeugnisverweigerungsrecht,[115] ehrenamtliche Mitarbeiter (s. 13 I) jedoch nicht. Neben der allgemeinen staatlichen Regelung der Strafprozessordnung enthalten zahlreiche, insbesondere die neueren, Vereinbarungen zwischen Staat und Kirche die Garantie des seelsorgerlichen Schweigerechts. Von der Offenbarungspflicht gegenüber der Anstaltsleitung (s. 15 D) wird die Seelsorge nicht erfasst. Bei extrem gelagerten Ausnahmefällen kann sich die Frage nach möglichen Grenzen seelsorgerlichen Schweigens stellen.[116] Geistliche müssen – soweit nicht das Kirchenrecht, wie das katholische in seinem kategorischen Schweigebefehl, keinen Raum für Ausnahmen in Grenzfällen lässt – im Einzelfall entscheiden, ob im Rahmen der Seelsorge bekannt gewordene Tatsachen unter keinen Umständen offenbart werden dürfen oder ob und in welchem Maße sie, unter Abwägung aller Gesichtspunkte und ohne dass dabei der Seelsorgebefohlene hintergangen oder geschädigt wird, ihr Wissen offenbaren. Wird bei einer solchen Offenbarung die Verschwiegenheitspflicht nach dem Pfarrerdienstgesetz verletzt, kommen disziplinarrechtliche Maßnahmen der Kirche in Betracht. Wegen des Schweigerechts gehören Seelsorgerinnen und Seelsorger zu dem Personenkreis, bei deren dienstlichen Telefongesprächen eine Aufzeichnung/Speicherung der Rufnummer des angewählten Teilnehmers durch die Vollzugsanstalt unterbleiben muss.[117] Das Seelsorgegeheimnis wäre auch verletzt, wenn im Rahmen einer allgemeinen Anstaltsregelung zur Durchführung von Telefonaten mit Kartentelefonen Anstaltsseelsorgerinnen und -seelsorger verpflichtet würden, bei über die Regelzahl hinausgehenden Telefonaten eine Begründung mit Angabe der Rufnummer zu liefern. Es reicht aus, dass die Anstaltsseelsorge darauf verweist, dass das Gespräch aus seelsorgerlichen Gründen geboten erscheint. Falls die Anstaltsseelsorge mit einem PC an das anstaltsinterne Netz angeschlossen ist, wird die Seelsorgerin oder der Seelsorger im Hinblick auf Probleme der IT-Sicherheit darauf zu achten haben, dass das Seelsorgegeheimnis berührende Informationen nicht schriftlich festgehalten und gespeichert werden.

24 Der seelsorgerlichen Verschwiegenheit kommt in der Vollzugsanstalt **besondere Bedeutung** zu. Gerade für Menschen, die oft nicht in stabilen vertrauenswürdigen Verhältnissen leben und sich gegenwärtig in einer Situation befinden, wo scheinbar alle gegen sie sind, hilft sie mit ihrer Schutzfunktion, sich aussprechen und anvertrauen zu können. Das kann auch der Aufgeschlossenheit dienen, zu größerer Kommunikationsfähigkeit führen und der Abgeschlossenheit entgegenwirken, also ein Beitrag zur Gesundung und Sozialisation sein.[118] Begründen Schweigerecht und Schweigepflicht der Seelsorgerinnen und Seelsorger auf der einen Seite Vertrauen, muss andererseits auch gesehen werden, dass sie ihrer Einbindung in das Team der verschiedenen Fachdienste und einer vorbehaltlosen Mitwirkung in Vollzugsangelegenheiten Grenzen setzen.

25 Eine Einbeziehung der Seelsorge in ein alle Vollzugsbedienstete umfassendes Personensicherungssystem kann ihre Vertrauensstellung in der Anstalt gefährden. Das Tragen eines Personenschutzgerätes, das technisch ohne Zutun und Wissen der Person, die das Gerät bei sich hat, ein Mithören und Aufzeichnen von Gesprächen erlaubt, ist geeig-

---

114 BVerfG ZevKR 2007, 221 ff; BGH vom 15.11.2006 unter Bestätigung einer Entscheidung des OLG Düsseldorf vom 19.9.2006 – III-VI 10/05.
115 § 53a StPO; vgl. *Stein* ZevKR 1976, 418 ff.
116 Hierzu *Stein* Evangelisches Kirchenrecht, 3. Aufl. Neuwied/Kriftel/Berlin 1992, 72f; *Rassow* ZfStrVo 1988, 128; *Lies* Reader Gefängnisseelsorge 2/1994, 13.
117 Vgl. auch BAG NJW 1987, 1509.
118 Vgl. *Dobbelaer* in: Rassow (Hrsg.), Seelsorgerliche Verschwiegenheit – Chance und Last des Gefängnispfarrers, Hannover 1982, 12, 16.

net, hinsichtlich der Schweigepflicht eine Misstrauenssituation zu schaffen. Wird die Seelsorgerin oder der Seelsorger nicht vom Tragen des Gerätes ausgenommen, erfordert die zentrale Bedeutung des Seelsorgegespräches Vorkehrungen, die deutlich ausschließen, dass das Zeugnisverweigerungsrecht der Geistlichen durch Maßnahmen akustischer Überwachung unterlaufen werden kann. Denn „für die Tätigkeit der Anstaltsseelsorge ist die Garantie des Rechts zu schweigen unverzichtbar".[119]

Wird bei der Durchsuchung des Haftraums eines Gefangenen ein an den Anstaltsgeistlichen adressierter verschlossener Brief gefunden, darf er nicht unter Hinweis auf die in der Vollzugsanstalt allgemein übliche Überwachung des Briefverkehrs vom Vollzugspersonal geöffnet werden. Für eine Überwachung des Inhalts eines anstaltsinternen Briefes an die Seelsorgerin oder den Seelsorger gibt es keine Rechtsgrundlage. Seelsorgerinnen und Seelsorger haben als Vollzugsbedienstete die Pflicht zur Prüfung, ob die briefliche Mitteilung unter das Seelsorgegeheimnis fällt. Dabei ist die Aussage der Geistlichen regelmäßig zu respektieren. Bereits das Reichsgericht war der Auffassung,[120] dass für den Geistlichen schon der Hinweis auf sein Amt genügt. Betrifft der Briefinhalt nicht die seelsorgerliche Schweigepflicht und enthält er wesentliche vollzugserhebliche Mitteilungen, sind diese der Anstaltsleitung zur Kenntnis zu bringen. 26

Probleme könnten sich ergeben, wenn Briefe oder Pakete in der JVA eingehen, die an die Anstaltsseelsorgerin oder den -seelsorger adressiert, erkennbar aber für einen Gefangenen bestimmt sind. Auch in diesen Fällen dürfte es im Sinne der Wahrung eines Seelsorgegeheimnisses liegen, die Frage der Kontrolle von Brief oder Paket im Einvernehmen mit der Seelsorgerin oder dem Seelsorger zu klären.

8. Religiöse Betreuung muslimischer Gefangener. Da die Anzahl von Gefangenen muslimischen Glaubens in den letzten Jahren in allen Vollzugsanstalten gestiegen ist, wird inzwischen in allen Bundesländern ein höherer Bedarf für die religiöse Betreuung von muslimischen Gefangenen als in der Vergangenheit gesehen. So wurde in Hessen bereits vor einiger Zeit ein erweitertes Angebot unterbreitet, das über das bisher vorgehaltene Freitagsgebet und die Begehung religiöser Feste hinausgeht. In der JVA Wiesbaden, einer Jugendanstalt, wurde in einem Modellprojekt nach neuen Wegen einer regelmäßigen religiösen Betreuung der Muslime gesucht.[121] Die Betreuung erfolgte und erfolgt noch durch einen deutschen Islamwissenschaftler und umfasst neben religiösen Zeremonien auch eine sozialgesellschaftliche Komponente.[122] So soll auch die verfassungsrechtliche Werteordnung unserer Gesellschaft vermittelt und eine integrationsfördernde Wirkung für die Gefangenen erreicht werden.[123] Haushaltsmittel zur Refinanzierung von Stellen für die religiöse Betreuung muslimischer Gefangener stehen in der Regel nicht zur Verfügung. Die im Einzelfall geltend gemachten Aufwendungen werden i.d.R. aus dem allgemeinen Verwaltungsbudget der Anstalten getragen. Zur Verstärkung der Mittel wurden in Hessen für das Haushaltsjahr 2012 Sachkosten in Höhe von 50.000 € bewilligt.[124] Im Haushaltsjahr 2017 waren es bereits 260.000 €, für 2018 sind Sachkosten für die religiöse Betreuung von muslimischen Gefangenen in Höhe von 310.000 € vorgesehen. In allen hessischen Vollzugsanstalten sind inzwischen deutschsprachige Imame 27

---

119 *Eick-Wildgans* 1993, 210.
120 RGSt 54, 39, 40.
121 So auch die Erwähnung bei AK-*Müller-Monning* 2017 § 69 LandesR–Seelsorge Rdn. 13.
122 Siehe *Topcu, Canan*, Glaubenslehre hinter Gittern, in: FAZ vom 10.8.2017, *Meyer, Husamuddin*, Muslimische Gefangenenseelsorge, in: FS 1/2014, S. 20, 21.
123 Vgl. HMdJIE 2011.
124 HMdJIE 2011.

tätig, so dass die geforderte religiöse „Grundversorgung" (s. dazu A Rdn. 14) gewährleistet ist. Konkret umfasst diese Grundversorgung nicht nur das Freitagsgebet (mit arabischsprachlicher Liturgie und Predigt in deutscher Sprache), sondern auch, je nach Arbeitszeit andere gemeinschaftliche Ritualgebete und nichtritualisierte spirituelle Betätigungen sowie Einzel- und Gruppengespräche. Die derzeit tätigen Imame haben unterschiedliche akademische Abschlüsse, die für die Arbeit als islamisch-religiöser Betreuer praktisch qualifizieren. Als Mindestmaß gilt ein Bachelor in Islamischer Theologie, eventuell in Verbindung mit Studiengängen Soziale Arbeit, Pädagogik, Sozial-, Politik- oder Islamwissenschaften. Die Qualifikation der Imame wird in einem besonderen Auswahlverfahren im Hessischen Ministerium der Justiz geprüft. Von „Seelsorgern", mit der Konsequenz, dass ein Zeugnisverweigerungsrecht nach § 53 Abs. 1 Nr. 1 StPO gegeben wäre, mag das Ministerium bei den Imamen (noch?) nicht sprechen,[125] da eine verantwortliche Gesamtorganisation für die muslimische Seelsorge nicht vorhanden sei. Man verwendet daher den Begriff „religiöser Betreuer der muslimischen Gefangenen". Allerdings finden regelmäßige Zusammenkünfte der Imame auf Einladung des Ministeriums statt, an denen auch Vertreter der christlichen Seelsorge schon teilgenommen haben. Es wird betont, dass die Zusammenarbeit mit den christlichen Seelsorgerinnen und Seelsorgern in den einzelnen Anstalten außerordentlich erfreulich sei.

Hessen hat inzwischen organisatorisch und inhaltlich einen neuen Weg eingeschlagen. Nach einer Stichtagserhebung zum 30.10.2017 waren in den hessischen Justizvollzugsanstalten 1.219 Gefangene muslimischen Glaubens untergebracht. Ihr Anteil an der Gesamtbelegung betrug damit 28,1 v.H. Zum 1.4.2016 wurde eine Stabsstelle „NeDiS – Netzwerk zur Deradikalisierung im Strafvollzug-" in der Abteilung Justizvollzug des Justizministeriums gebildet. Weiterhin wurden 8 sog. Strukturbeobachter vor Ort in den Anstalten etabliert. 2018 sollen weitere 3 Strukturbeobachter dazu kommen. In der Stabsstelle, der neben der Referatsleitung und einer Sachbearbeitung ein Islamwissenschaftler angehört, wurden die bisher auf verschiedene Fachreferate der Abteilung Justizvollzug verteilten Zuständigkeiten zusammengefasst. Die Zuständigkeit für die religiöse Betreuung von Gefangenen muslimischen Glaubens ressortiert daher nicht mehr unter der Überschrift „Gefängnisseelsorge", sondern in der genannten Stabsstelle unter der Überschrift „Deradikalisierung". Es bleibt etwas unklar, warum dennoch betont wird, dass die religiöse Betreuung keine Deradikalisierungsarbeit leisten könne und solle. Islamische Gefängnisseelsorge sei kein Allheilmittel gegen Islamismus.[126]

III. Landesgesetzliche Besonderheiten

28 Bis auf eine geschlechtergerechte Vorschriftensprache übernehmen die Landesgesetze von **BW** § 12 Abs. 6 I, **BY** Art. 178, **BE** § 105, **BB** § 111, **HB** § 98, **HH** § 106, **HE** § 77, **MV** § 97, **NI** § 179, **NW** § 98, **RP** § 108, **SL** § 97, **SN** § 110, **SH** § 135 und **TH** § 109 im Wesentlichen die Regelung des § 157 StVollzG.

Allerdings findet sich in **BW** die Regelung etwas verborgen in den allgemeinen Vorschriften des JVollzGB I in § 12 Abs. 6. § 12 („Aufgabenwahrnehmung") befasst sich mit den „Bediensteten des Landes, ihrer Eignung, Anzahl und Fortbildung. Der Tatsache, dass hauptamtliche Anstaltsseelsorgerinnen und -seelsorger in Baden-Württemberg

---

[125] Hierzu auch ausführlich AK-*Müller-Monning* Vor § 69 LandesR, Rdn. 7, § 69 LandesR-Seelsorge, Rdn. 13.
[126] So auch der rheinland-pfälzische Justizminister Herbert Mertin, der als Vorsitzender der Justizministerinnen- und Justizministerkonferenz an einer Sitzung des Lenkungsausschusses der Deutschen Islam-Konferenz am 14.3.2017 in Berlin teilnahm.

Landesbedienstete sind, ist es wahrscheinlich geschuldet, dass die Anstaltsseelsorge im Gegensatz zu § 157 StVollzG über keinen eigenständigen Paragraphen verfügt, sondern „nur" in einem Absatz einer anderen Vorschrift geregelt ist.

In **BY** Art. 178 Abs. 4 werden beispielhaft („insbesondere") die Aufgaben der Seelsorger gesetzlich formuliert, die bisher wie auch in den übrigen Bundesländern in Verwaltungsvorschriften (oder in Vereinbarungen mit den Kirchen und Bistümern) geregelt waren.

BE § 105 übernimmt den Regelungsgehalt von § 157 StVollzG und ergänzt ihn in Abs. 2 um die „eigenverantwortliche" Mitwirkung an der Erreichung des Vollzugsziels „in enger Zusammenarbeit mit den anderen im Vollzug Tätigen". In Abs. 4 wird außerdem normiert, dass „seelsorgerische" Einzelgespräche, Telefonate und Schreiben nicht überwacht werden dürfen.

In **BB** § 111 wird festgehalten, dass die Seelsorgerinnen und Seelsorger „an der Erreichung des Vollzugsziels „in enger Zusammenarbeit mit den anderen im Vollzug Tätigen" mitwirken.

In **SH** § 135 Abs. 1 wird abweichend von den anderen Länderregelungen vorangestellt: „Den Religionsgemeinschaften wird im Einvernehmen mit den Anstalten die Wahrnehmung der Seelsorge ermöglicht". Es bleibt unklar, worin der zusätzliche Regelungsgehalt angesichts des in § 88 normierten Anspruchs auf religiöse Betreuung bestehen soll.

9. KAPITEL
Interne Kontakte zur Außenwelt

1. In diesem Kapitel werden die Regelungen über die Beziehungen der Gefangenen zu Personen und Stellen **außerhalb** der Anstalt erläutert, soweit sie sich in Besuchen in der Anstalt, Postverkehr und Telekommunikation niederschlagen. Sie sollen der Isolation der Gefangenen und den damit verbundenen Gefahren für Realitätssinn und soziale Beziehungen entgegenwirken.[1] Da durch die Haft viele lebensweltliche Beziehungen unterbrochen werden, hat die Kontaktpflege außerordentliche Bedeutung; Außenweltkontakte sind ein wesentlicher Beitrag zum Erreichen des Wiedereingliederungszieles, da durch sie soziale Bindungen des Gefangenen geschaffen oder aufrechterhalten und gefestigt werden.[2]

2. Zu den Außenkontakten der Gefangenen gehören weiter die aus Behandlungs- oder anderen Gründen des Vollzugs vorgesehenen vollzugsöffnenden Maßnahmen. Diese werden im 10. Kapitel dargestellt.

3. Bereits der Gesetzgeber des StVollzG ging davon aus, dass das Recht des Gefangenen zum Verkehr mit anderen Personen auch im Vollzug der Freiheitsstrafe **grundsätzlich fortbesteht**.[3] Daran hat sich nichts geändert. Die Ansprüche der Gefangenen auf Besuche und Schriftwechsel lassen sich grundsätzlich als Ausfluss der im Grundgesetz garantierten Freiheitsrechte verstehen: Art. 2 Abs. 1 GG (Recht auf freie Entfaltung der Persönlichkeit), Art. 5 Abs. 1 GG (Grundrecht der freien Meinungsäußerung) und Art. 6 Abs. 1 GG (Verfassungsgarantie für Ehe und Familie).[4] Außenkontakte sind des Weiteren Gegenstand der Europäischen Strafvollzugsgrundsätze (REC Nr. 24.1–24.12) sowie der Mindestgrundsätze der Vereinten Nationen für die Behandlung der Gefangenen (Regeln 58-61).[5] Dementsprechend versucht der Gesetzgeber den Konflikt zwischen den Individualrechten und den notwendigen Erfordernissen eines geordneten Vollzugs durch eingehende Vorschriften zu lösen, die den Gefangenen ein bestimmtes Mindestmaß an Außenkontakten garantieren und zugleich die Vollzugsbehörde ermächtigen, den Vollzug störende Informationen unter bestimmten Voraussetzungen zurückzuhalten, und sie zu verpflichten, Beziehungen der Gefangenen zu fördern, die die Vollzugsaufgaben unterstützen.[6]

4. Die früher in den VV verorteten Regelungen zu den **Kosten** der selbstverantwortlichen Außenkontakte wurden durch die neuen Landesgesetze und den ME in die Gesetzestexte aufgenommen.

§ 23 StVollzG	
Baden-Württemberg	§ 19 Abs. 1 JVollzGB III
Bayern	Art. 26 StVollzG
Berlin	§ 28 StVollzG
Brandenburg	§ 33 JVollzG
Bremen	§ 25 StVollG
Hamburg	§ 26 Abs. 2 StVollzG

---

1 K/S-*Schöch* 2002 § 7 Rdn. 97.
2 OLG Frankfurt NStZ 1982, 221.
3 RegE, BT-Drucks. 7/918, 57.
4 Grundlegend BVerfGE 33, 40 und 42, 236 f; zusammenfassend zur Rechtsprechung des BVerfG *Bachmann* 2015, 249 ff und *Lübbe-Wolff* 2016, 129 ff.
5 Zum Verhältnis beider Regelwerke *Huber* 2016.
6 RegE aaO (Fn. 3).

9. Kapitel. Interne Kontakte zur Außenwelt

Hessen	§ 33 Abs. 1 StVollzG
Mecklenburg-Vorpommern	§ 25 StVollzG
Niedersachsen	
Nordrhein-Westfalen	§ 18 Abs. 2 StVollzG
Rheinland-Pfalz	§ 32 JVollzG
Saarland	§ 25 StVollzG
Sachsen	§ 25 StVollzG
Sachsen-Anhalt	§ 32 JVollzG
Schleswig-Holstein	§ 41 StVollzG
Thüringen	§ 33 JVollzG
ME	§ 25 StVollzG

Schrifttum

Arloth Die „beleidigungsfreie Sphäre" bei Briefen im Strafvollzug, in: ZIS 2010, 263 ff; *ders.* Trennscheibe bei Besuchen in Justizvollzugsanstalten, in: Jura 2005, 108 ff; *Barth* Sexualität und partnerschaftliche Bedürfnisse inhaftierter Männer: noch immer ein Tabu im deutschen Strafvollzug? in: FS 2015, 332 ff; *Bemmann* Über das Anhalten ehrverletzender Gefangenenpost, in: Häberle (Hrsg.): FS Tsatsos, Baden-Baden 2003, 23 ff; *Beulke/Swoboda* Trennscheibenanordnung „zum Schutz" des Strafverteidigers bei Verteidigerbesuchen im Strafvollzug? in: NStZ 2005, 67 ff; *Bode* Anspruch auf Internet im Gefängnis? Zugleich eine Besprechung von EGMR, Urteil vom 17.1.2017 – 21575/08, in: ZIS 12 (2017), 348 ff; *ders.* (Markt-)Gerechte Tarifgestaltung bei Gefangenentelefonie: Gedankensplitter rund um BVerfG, Beschluss vom 8.11.2017 – 2 BvR 2221/16, in: HRRS 2018, 72; *Bojack* Familiäre und soziale Beziehungen im Strafvollzug: ihre Bedeutung für die Resozialisierungschancen, in: *Theorie und Praxis der Sozialen Arbeit* 58 (2007), 28 ff; *Bottoms/Shapland* Steps towards desistance among male young adult recidivists, in: Farrall et al. (eds.): Escape routes: contemporary perspectives on life after punishment, London 2011, 43 ff; *Bringewat* Aus der Rechtsprechung in Strafsachen, in: BewHi 1995, 232 ff; *Britz* Familienbesuche und Intimkontakte im Strafvollzug – Das UVF-Projekt in Frankreich, in: ZfStrVo 1998, 74 ff; *Brunton-Smith/McCarthy* The effects of prisoner attachment to family on re-entry outcomes: a longitudinal assessment, in: British Journal of Criminology 57 (2017), 463 ff; *Buchert/Metternich/Hauser* Die Auswirkungen von Langzeitbesuchen (LZB) und ihre Konsequenzen für die Wiedereingliederung von Strafgefangenen, in: ZfStrVo 1995, 259 ff; *Dathe-Morgeneyer/Pfeffer-Hoffmann* BLiS: Blended Learning im Strafvollzug, in: BewHi 2010, 42 ff; *Demko* „Menschenrecht auf Verteidigung" und Fairness des Strafverfahrens auf nationaler, europäischer und internationaler Ebene, Berlin 2014; *Ebert* Kartentelefon im geschlossenen Vollzug, in: ZfStrVo 2000, 213 ff; *Esser* Internet für Strafgefangene: neue Impulse durch den EGMR, in: NStZ 2018, 121 ff; *Fährmann* Telefonieren im geschlossenen Strafvollzug, in: Neubacher/Bögelein (Hrsg.): *Krise – Kriminalität – Kriminologie*, Mönchengladbach 2016, 257 ff; *Gaede* Fairness als Teilhabe: das Recht auf konkrete und wirksame Teilhabe durch Verteidigung gemäß Art. 6 EMRK, Berlin 2007; *Galli/Weilandt* Außenkontakte im Strafvollzug: Urkonflikt von Recht und Praxis, in: FS 2014, 142 ff; *Götte* Die Mitbetroffenheit der Kinder und Ehepartner von Strafgefangenen, Berlin 2000; *Grube* Der Schutz der Verteidigerpost, in: JR 2009, 362 ff; *Gusy* Verfassungsrechtliche Probleme der §§ 28 ff StVollzG, in: FS Bemmann, Baden-Baden 1997, 673 ff; *Hammel* Übernahme der Kosten des Besuchs inhaftierter Angehöriger durch den SGB II-Träger bei erwerbsfähigen Hilfebedürftigen? in: Informationsdienst Straffälligenhilfe 2010, 1, 16 f; *Hassemer* Kommunikationsfreiheit in der Haft, in: ZRP 1984, 292 ff; *Heghmanns* Verteidigung in Strafvollstreckung und Strafvollzug, 2. Aufl. Köln 2012; *Hirsch* Die Kommunikationsmöglichkeiten des Strafgefangenen mit seiner Familie, Frankfurt a. M. 2003; *Holt* Skype in der JVA Lingen, in: FS 2014, 149 f.; *Hosser* Soziale Unterstützung im Strafvollzug: Hafterleben und protektive Faktoren bei jungen Männern, Baden-Baden 2001; *Huber* The relevance of the Mandela Rules in Europe, in: ERA Forum 17 (2016), 299 ff; *Kalmbach/Krenzel* Onlinebegleitung im Strafvollzug: das Projekt „crimeic". Revolutionierung ehrenamtlicher Arbeit im Strafvollzug? Frankfurt a.M. 2017; *Kaspar/Mayer* Täter-Opfer-Ausgleich im Strafvollzug: Grundlagen und praktische Erfahrungen aus Modellprojekten, in: FS 2015, 261 ff; *Kerner/Streng* Anmerkung zu KG 19.7.1983 – 5 Ws 248/83 Vollz, in: NStZ 1984, 95 f; *Kilchling* Täter-Opfer-Ausgleich im Strafvollzug: wissenschaftliche Begleitung des Modellprojekts Täter-Opfer-Ausgleich im baden-württembergischen Justizvollzug, Berlin 2017; *Knauer* Strafvollzug und Internet, Berlin 2006; *ders.*

Strafvollzug und Internet: ein Überblick über neuere Entwicklungen mit einer kritischen Würdigung, in: *Zeitschrift für soziale Strafrechtspflege* 50 (2015), 54 ff; *Knight* Remote control: television in prison, Basingstoke 2016; *Knoche* Besuchsverkehr im Strafvollzug, Frankfurt a.M. 1987; *ders.* Besuchsverkehr im Strafvollzug: ein reglementierter Kontakt zur Außenwelt?, in: ZfStrVo 1987, 145 ff; *Köhne* Drei Landesstrafvollzugsgesetze: Beiträge zum „Wettbewerb der Schäbigkeit"? in: *NStZ 2009*, 130 ff; *ders.* Mobiltelefone hinter Gittern? in: JR 2015, 616 ff; *ders.* Neue Impulse für den Vollzug? Zehn Jahre nach dem Übergang der Gesetzgebungskompetenz, in: JR 2017, 1 ff; *Kreuzer* Mit Entkleidung verbundene körperliche Durchsuchung Strafgefangener, in: StV 2006, 163 ff; *Kruis/Wehowsky* Fortschreibung der verfassungsrechtlichen Leitsätze zum Vollzug von Straf- und Untersuchungshaft, in: NStZ 1998, 593 ff; *Kury/Kern* Angehörige von Inhaftierten, in: ZfStrVo 2003, 269; *Laubenstein* Verteidigung im Strafvollzug, Diss. Frankfurt/M. 1984; *Leuschner/Schwanengel* Atlas der Opferhilfen in Deutschland, Wiesbaden 2015; *Marx* Strafvollzugsrecht: Journalistenbesuch, in: JuS 1982, 121 ff; *Matthes* Presse-Interviews im Haftvollzug, Lohmar 2005, 30 ff; *Molketin* Generelle Überwachung des Schriftwechsels aller Gefangenen aus Gründen der Sicherheit oder Ordnung der Anstalt, in: MDR 1981, 192 ff; *Müller-Dietz* Möglichkeiten und Grenzen der körperlichen Durchsuchung von Besuchern, in: ZfStrVo 1995, 214 ff; *Münster/Schneider* Einschränkung des Telefonierens in der Vollzugsanstalt, in: NStZ 2001, 671 f; *Murphy* Digital innovations to increase participation in Internet-restricted prison learning environments, in: Redmond/Lock/Danaher (Hrsg.): *Educational innovations and contemporary technologies: enhancing teaching and learning*, Basingstoke 2015, 69 ff; *Muth* et al. Haftraummediensystem in der neuen Thüringer JSA Arnstadt, in: FS 2014, 157 f; *Nehm* „Fernsehinterviews aus der Haft sind für alle Beteiligten eine heikle Sache", in: ZRP 1996, 492 ff; *Neibecker* Strafvollzug und institutionelle Garantie von Ehe und Familie, in: ZfStrVo 1984, 335 ff; *Neu* Nichtdeutsche im bundesdeutschen Strafvollzug, in: Schwind/Blau 1988, 329 ff; *Özsöz* Rechtsextremistische Gewalttäter im Jugendstrafvollzug: der Einfluss von Jugendhaft auf rechtsextremistische Orientierungsmuster jugendlicher Gewalttäter, Berlin 2009; *Perwein* Erteilung, Rücknahme und Widerruf der Dauertelefongenehmigung, in: ZfStrVo 1996, 16 ff; *Pohl* Mobilfunkblocker im Justizvollzug, in: FS 2010, 332; *Pollähne/Woynar* Verteidigung in Vollstreckung und Vollzug, 5. Aufl. Heidelberg 2014; *Preusker* Stellungnahme zu dem Aufsatz: Besuchsverkehr im Strafvollzug – ein reglementierter Kontakt zur Außenwelt?, in: ZfStrVo 1987, 151 ff; *ders.* Erfahrungen mit der „ehe- und familienfreundlichen Besuchsregelung" in der JVA Bruchsal, in: ZStrVo 1989, 147 ff; *Rau* Lebenslinien und Netzwerke junger Migranten nach Jugendstrafe: ein Beitrag zur Desistance-Forschung in Deutschland, Münster 2017; *Reichenbach* Anm. zu BVerfG, NJW 2018, 144, in: NStZ 2018, 170; *Rixen* Schutz minderjähriger Verbrechensopfer durch Besuchsverbote gemäß § 25 StVollzG (Anm. zu OLG Nürnberg, ZfStrVo 1999, 192 = NStZ 1999, 376), in: ZfStrVo 2001, 278 ff; *Rolinski* Außenkontakte des Insassen, in: Baumann (Hrsg.): Die Reform des Strafvollzuges, München 1974, 77 ff; *Rosenhayn* Unüberwachte Langzeitbesuche im Strafvollzug, Bonn 2005; *Rupp/Hanack* Zur Kontrolle des Verteidigers beim Besuch von Untersuchungshäftlingen, in: JR 1971, 273 ff; *Scheffler* Inhaftierte Mütter: „Stiefkinder" des Strafvollzugs? Erhalt familiärer Bindungen inhaftierter Frauen, in: BewHi 2009, 45 ff; *Scheu* Verhaltensweisen deutscher Strafgefangener heute. Beobachtungen und Gedanken, 3. Aufl., Göttingen 1972; *Schneider* Telefonieren ohne Grenzen?, in: ZfStrVo 2001, 273 ff; *Schnepper* Strafvollzug und Partnerschaften: eine kriminologische und juristische Analyse zur Förderung der Partnerschaften von Strafgefangenen, Holzkirchen 2017; *Schüler-Springorum* Anmerkung zu OLG Dresden 7.12.1994 – 2 Ws 527/94, in: NStZ 1995, 463 f; *Schulte* Terrorismus und Anti-Terrorismus-Gesetzgebung: eine rechtssoziologische Analyse, Münster 2008; *Schwind* Zum Sinn der Strafe und zum Ziel (Zweck) des (Straf-)Vollzugs, in: BewHi 1981, 351 ff; *ders.* Zur Neuordnung der Regelung der Vollzugslockerung i.S. einer Gesamtkonzeption, in: Weißer Ring (Hrsg.): Risiko-Verteilung zwischen Bürger und Staat, Mainz 1990, 57 ff; *ders.* Nichtdeutsche Straftäter – eine kriminalpolitische Herausforderung, die bis zum Strafvollzug reicht, in: Feuerhelm u.a. (Hrsg.): FS Böhm zum 70. Geburtstag, Berlin 1999, 323 ff; *ders.* Chancenvollzug am Beispiel von Niedersachsen, in: FS Amelung, Berlin 2009, 763–764; *Stein* Berliner Gefangene telefonieren: z.B. in der JVA Heidering, in: FS 2014, 152; *Stelly/Thomas* Kriminalität im Lebenslauf: eine Reanalyse der Tübinger Jungtäter-Vergleichsuntersuchung, 2. Aufl. Tübingen 2005; *Theine* Außenkontakte der Gefangenen: die Bedeutung digitaler Medien, *FS 2014*, 161 f; *Thiele* Außenkontakte des Gefangenen in den Länderstrafvollzugsgesetzen, KrimPäd 50 (2015), 72 ff; *ders.* Ehe- und Familienschutz im Strafvollzug: strafvollzugsrechtliche und -praktische Maßnahmen und Rahmenbedingungen zur Aufrechterhaltung familiärer Beziehungen von Strafgefangenen, Mönchengladbach 2016; *Tolmein* Interviews mit Strafgefangenen: Schädlicher Einfluss oder unabdingbare gesellschaftliche Kommunikation?, in: ZRP 1997, 246 ff; *Trurnit* Konsequenzen der wichtigsten Wechselwirkungen zwischen dem Straf- und Ausländerrecht, in: StraFo 2006, 226 ff.

9. Kapitel. Interne Kontakte zur Außenwelt

Übersicht

A.	Grundsatz —— 5–10		2.	Erläuterungen im Einzelnen —— 69–89
B.	Besuche —— 1–89	C.	Schriftwechsel —— 1–71	
I.	Recht auf Besuch —— 1–33	I.	Recht auf Schriftwechsel —— 1–18	
1.	Allgemeines —— 1–6	II.	Überwachung des Schriftwechsels —— 19–42	
2.	Erläuterungen im Einzelnen —— 7–33	III.	Weiterleitung von Schreiben und Aufbewahrung —— 43–48	
II.	Besuchsverbot —— 34–50	IV.	Anhalten von Schreiben —— 49–71	
1.	Allgemeines —— 34, 35	1.	Allgemeines —— 49–51	
2.	Erläuterungen im Einzelnen —— 36–51	2.	Erläuterungen im Einzelnen —— 52–71	
III.	Besuche von Verteidigern, Rechtsanwälten und Notaren —— 52–65	D.	Telekommunikationsdienste —— 1–16	
IV.	Überwachung der Besuche —— 65–88	E.	Pakete —— 1–18	
1.	Allgemeines —— 66–68			

A. Grundsatz

5   § 23 StVollzG hatte für die Kontakte zur Außenwelt zwei allgemeine Regelungen getroffen: erstens das grundsätzlich bestehende **Recht der Gefangenen,** mit Personen außerhalb der Anstalt zu verkehren (Abs. 1), und zweitens die grundsätzlich bestehende **Verpflichtung der Vollzugsbehörde,** diese Kontakte zu „fördern" (Abs. 2). Von einem Recht der Gefangenen auf Außenkontakte gehen auch alle Landesgesetze aus, wobei sie diese allgemeinen Regelungen teilweise nicht ausdrücklich wiederholen und teilweise keine allgemeine Förderungspflicht der Vollzugsverwaltung mehr vorsehen (s. Rdn. 9f). Die Vorschriften über Außenkontakte finden **keine** Anwendung auf die Kontakte von Gefangenen **innerhalb** (derselben) Anstalt. Zu Besuchszusammenführungen Gefangener aus verschiedenen Anstalten (s. B Rdn. 24).

6   Das Recht, mit Personen außerhalb der Anstalt zu verkehren, besteht nur insoweit, als es nicht durch Vorschriften des Vollzugsrechts **eingeschränkt** wird. Dem Gefangenen sollen aber nicht mehr Einschränkungen auferlegt werden, als in Bezug auf die Durchführung des Freiheitsentzuges und seine Behandlung (§ 4 StVollzG) notwendig sind.[7] Das bedeutet aber nicht, dass jede einschränkende Entscheidung erkennen lassen muss, dass die Anstalt auch bereit war, ein **Risiko** einzugehen; die Entscheidung muss vielmehr nur erkennen lassen, dass das Ziel nicht auf eine andere, den Einzelnen weniger belastende Weise, ebenso gut erreicht werden konnte (Grundsatz der Verhältnismäßigkeit). Bei der Abwägung kommt dem Vollzugsziel der Resozialisierung (§ 2 Satz 1 StVollzG) zwar besondere Bedeutung zu, aber nicht im Sinne völliger Verdrängung der Sicherheitsinteressen der Bevölkerung (§ 2 Satz 2 StVollzG). Daraus ergibt sich, dass bei der Entscheidung der Anstalt die Art der abgeurteilten Straftat, Vorverurteilungen und die Persönlichkeit des Gefangenen in der Regel berücksichtigt werden dürfen.[8] Der Resozialisierungsgedanke fordert insoweit von der Anstalt unter Anlegung dieses Maßstabes, **nur verantwortbare Risiken einzugehen.**[9]

7   Dem entspricht die Pflicht der Vollzugsbehörde, ihrerseits daran mitzuwirken, dass die Schwierigkeiten überwunden werden, die sich durch die Freiheitsentziehung für die Förderung und Entwicklung von Beziehungen ergeben. Dabei darf sich die Anstalt nicht darauf beschränken, die gesetzlichen Mindestgarantien zu beachten, sie ist vielmehr

---

[7] RegE, BT-Drucks. 7/918, 57.
[8] *Schwind* BewHi 1981, 351 ff.
[9] *Schwind* 1990, 57 ff.

aufgerufen ("**Förderungspflicht**"), auch aktiv auf die Aufrechterhaltung und Entwicklung von Außenkontakten hinzuwirken, die die Vollzugsaufgaben unterstützen.[10] Das gilt insbesondere für **Kontakte zu (geeigneten) Familienangehörigen**[11] und sonstigen den Gefangenen nahe stehenden Personen.[12] Dabei kann auch eine besondere Ermunterung der Gefangenen durch die Anstalt notwendig sein, weil die Aufrechterhaltung und Stärkung sozialer Bindungen zur (Wieder-)Eingliederung der Gefangenen in die Gesellschaft beiträgt;[13] so sollte (geeigneten) Gefangenen durch die Anstalt z.B. nahe gelegt werden, Anträge auf Lockerungen und auf Besuch zu stellen.[14] Im Rahmen der Förderungspflicht kommt auch die Übernahme der **Fahrtkosten** für bedürftige (nahe) Angehörige des Gefangenen aus Sozialmitteln in Betracht.[15] Die Kosten für Besuche sind als außergewöhnliche Belastungen steuerlich absetzbar.[16]

Bei den Standortüberlegungen zur Ansiedlung von Vollzugseinrichtungen ist der Gedanke des heimatnahen Vollzugs zu berücksichtigen. Oft liegen Justizvollzugsanstalten (auch) für Besuche äußerst verkehrsungünstig. Im Neu- oder Ausbau von Anstalten in ländlichen Gegenden liegt aber noch kein Verstoß gegen die gesetzliche Pflicht zur Förderung von Außenkontakten.[17] 8

Die **Landesgesetze** weichen von der Regelungsstruktur des § 23 StVollzG überwiegend ab. Lediglich drei Länder haben die Einteilung in ein allgemeines Recht der Gefangenen auf Außenkontakte und eine diesem entsprechende Förderungspflicht der Vollzugsverwaltung **beibehalten**. **BY** Art. 26 ist bis auf geschlechtsspezifische Differenzierungen wortgleich mit § 23 StVollzG. Auch **SH** § 41 beschränkt sich auf redaktionelle Anpassungen. **BB** § 33 bezieht die Förderungspflicht nicht nur auf die *Erhaltung der Kontakte zu Bezugspersonen*, sondern auch auf *die Schaffung eines sozialen Empfangsraums*. 9

Zwei andere Länder haben auf eine **allgemeine Gewährleistung** der Außenkontakte **verzichtet**. Das Recht der Gefangenen auf Außenkontakte folgt hier, soweit keine speziellen Vorschriften eingreifen, unmittelbar aus den Grundrechten in Verbindung mit REC Nr. 24.1 sowie Regel 58.1 der Mindestgrundsätze der Vereinten Nationen für die Behandlung der Gefangenen. **HH** § 26 Abs. 2 statuiert im Rahmen einer Vorschrift über Besuch eine besondere Förderungspflicht für *Kontakte der Gefangenen zu ihren Angehörigen im Sinne des Strafgesetzbuches*. Nach der Gesetzesbegründung trägt diese Regelung „der Tatsache Rechnung, dass die Familienmitglieder – und hier gerade minderjährige Kinder – unter der [...] Trennung besonders leiden".[18] Dadurch wird die Vollzugsverwaltung nicht gehindert, auch Kontakte zu anderen Personen zu fördern, die Gefangenen nahe stehen. **NI** beginnt das Kapitel über Besuche, Schriftwechsel, Telekommunikation und Pakete mit einer Vorschrift zum Recht auf Besuch (§ 25). 10

Die meisten Länder haben das allgemeine Recht der Gefangenen auf Außenkontakte in ihre Gesetze ausdrücklich aufgenommen, aber auf eine grundsätzliche **Förderungspflicht** entweder **verzichtet oder** diese **modifiziert**. Für die erstgenannte Alternative optierte bereits der ME, in dem der Inhalt des § 23 Satz 1 StVollzG wortgleich übernommen wurde, aber Satz 2 weggelassen wurde. Diesem Vorschlag folgen **HB**, **MV**, **RP**, **SL**,

---

10 K/S-*Schöch* 2002 § 7 Rdn. 97; *Schwind* 2009, 764 ff; RegE, BT-Drucks. 7/918, 57.
11 *Grunau/Tiesler* 1982, § 23 StVollzG Rdn. 2; *Thiele* 2016, 7 ff.
12 AK-*Feest/Wegner* 2017 § 25 LandesR Rdn. 4; Laubenthal/Nestler/Neubacher/Verrel 2015 E Rdn. 16.
13 *Bojack* 2007; *C/MD* 2008 Rdn. 2.
14 AK-*Feest/Wegner* 2017, § 25 LandesR Rdn. 3.
15 OVG Münster NStZ 1985, 95; *Arloth/Krä* 2017 § 23 StVollzG Rdn. 5.
16 FinG Hessen INFO 1987, 59; AK-*Feest/Wegner* 2017 § 25 LandesR Rdn. 6.
17 AK-*Feest/Wegner* 2017 § 25 LandesR Rdn. 4; *Arloth/Krä* 2017 § 23 StVollzG Rdn. 5; anders für abgelegene Strafkolonien EGMR 25.7.2013 – 11082/06 u.a. (Khodorkovskiy und Lebedev ./. Russland).
18 Bürgerschafts-Drucks. 19/2533, 55.

ST und TH. BW differenziert bei der Förderungspflicht zwischen Angehörigen und Personen, von denen ein günstiger Einfluss auf die Gefangenen erwartet werden kann. Mehrere Landesgesetze betonen die Kontakte zu minderjährigen Kindern der Gefangenen besonders. BE und SN beschränken die Förderungspflicht auf Personen, von denen ein günstiger Einfluss erwartet werden kann. HE sieht eine besondere Förderung der Kontakte lediglich zu Angehörigen vor.

B. Besuche

I. Recht auf Besuch

§ 24 StVollzG	
Baden-Württemberg	§ 19 Abs. 2–4 JVollzGB III; §§ 15 Abs. 1 Nr. 1, 56 JVollzGB I
Bayern	Art. 27, 29 Satz 1, 144 Abs. 3 StVollzG
Berlin	§§ 29, 108 StVollzG
Brandenburg	§§ 34, 114 JVollzG
Bremen	§§ 26, 101 StVollG
Hamburg	§§ 26 Abs. 1 und 3–5, 27 Abs. 1, 107 Abs. 1, 110 Abs. 2 Nr. 1 StVollzG
Hessen	§§ 34, 79 Abs. 2 StVollzG
Mecklenburg-Vorpommern	§§ 26, 100 StVollzG
Niedersachsen	§ 25 JVollzG
Nordrhein-Westfalen	§§ 18, 19, 102 StVollzG
Rheinland-Pfalz	§§ 33, 111 JVollzG
Saarland	§§ 26, 100 StVollzG
Sachsen	§ 26 StVollzG
Sachsen-Anhalt	§§ 33, 35 Abs. 1, 113 Abs. 2 Nr. 1, 164 Abs. 3 JVollzG
Schleswig-Holstein	§§ 24 Abs. 3, 42, 140 StVollzG
Thüringen	§§ 34, 112 JVollzG
ME	§ 26 StVollzG

1. Allgemeines

1   a) Der Besuch besitzt vor allem für die Behandlung und für die Eingliederung nach der Entlassung erhebliche **Bedeutung**. Das gilt insbesondere für solche Gefangenen, für die der Vollzug nicht oder noch nicht gelockert werden konnte; denn für diese bildet der Besuch die einzige Möglichkeit zu unmittelbarem Kontakt zu anderen Personen ihres früheren oder künftigen Lebensbereiches.[19]

2   b) Allgemein gelten soziale Kontakte zu engen Bezugspersonen wie Familienangehörigen und Freunden während einer Inhaftierung als einer Resozialisierung förderlich.[20] Genauer betrachtet, dürfte es dabei nicht in erster Linie auf die Häufigkeit solcher Kontakte ankommen, sondern vor allem auf deren **Qualität**. Denn aus dem Vorhandensein und der Pflege einer sozialen Beziehung folgt noch nicht, dass sie im durch das

---

[19] RegE, BT-Drucks. 7/918, 57.
[20] Siehe z.B. *Bojack* 2007; *Thiele* 2016, 52 ff.

Vollzugsziel angegebenen Sinn sozialer Integration wirkt. Das zeigen einige deutsche wie internationale **Forschungsergebnisse zur Wiedereingliederung** ehemaliger Gefangener. Beispielsweise ließen sich in einer empirischen Untersuchung über „Lebenslinien und Netzwerke junger Migranten nach Jugendstrafe" die für eine Gruppe von ehemaligen Jugendstrafgefangenen relevanten sozialen Kontakte danach bewerten, ob sie die kriminelle Gefährdung der Befragten eher reduzierten oder verstärkten. Das Netzwerk der Kontakte beeinflusste bei allen Teilnehmern deren kriminelle Gefährdung und biografische Entwicklung.[21] Die wichtige Rolle der sozialen Umgebung für Ausstiegsprozesse aus der Kriminalität wird auch durch umfangreiche Längsschnittuntersuchungen bestätigt. Bereits die Reanalyse der „Tübinger Jungtäter-Vergleichsuntersuchung" deutete darauf hin, dass es einem großen Teil der *Häftlingsprobanden im späteren Lebensalter gelingt, starke soziale Bindungen zu ihrer Arbeit und Familie aufzubauen und sich erfolgreich in eine sozial unauffällige Lebensweise zu integrieren.*[22] Nach der britischen „Sheffield Desistance Study" zeigte sich in einer durch viele Rückfalldelikte gekennzeichneten Untersuchungsgruppe von 113 jungen Männern, dass eine Verminderung von Straftaten häufig zu einem guten Teil auf den Einfluss von Partnerinnen und Eltern der Probanden zurückgeführt werden konnte.[23] Eine umfangreiche Studie mit einer Untersuchungsgruppe von rund 2.600 männlichen Gefangenen aus England und Wales konnte zwar keinen unmittelbaren Zusammenhang zwischen Besuchskontakten der Gefangenen und ihrer Wiedereingliederung nach Haftentlassung nachweisen, fand aber, dass jedenfalls Besuche der Eltern die Beziehungen der Gefangenen zu ihren Familien verbesserten, während dies bei Besuchen von Partnerinnen oder eigenen Kindern nicht festgestellt werden konnte.[24]

c) Aus vollzugspraktischer wie aus empirischer Sicht liegen einige Anhaltspunkte 3 dafür vor, dass ein beträchtlicher Anteil der Gefangenen über **keinerlei oder nur spärliche Außenkontakte** verfügt. Die Einschätzung, etwa ein Drittel bis ein Viertel der Gefangenenpopulation erhalte keinen Besuch,[25] wird durch verschiedene Ergebnisse der empirischen Strafvollzugsforschung gestützt. So wurden im Rahmen der Längsschnittuntersuchung über „Entwicklungsfolgen der Jugendstrafe" rund 300 Gefangene in überwiegend norddeutschen Jugendstrafanstalten befragt. Die sozialen Kontakte dieser Inhaftierten wurden als sehr stark eingeschränkt beschrieben und beschränkten sich auf wenige persönliche Treffen, telefonische und briefliche Kontakte, die überwiegend mit einer Partnerin oder engen Familienangehörigen stattfanden.[26] Andere Autoren werteten die zentrale Besucherkartei der JVA Geldern aus und ermittelten zu einem Stichtag, dass von rund 490 Gefangenen 23% keinen Besuch erhielten.[27] Nach einer bereits 1984 durchgeführten Befragung von 100 Gefangenen in der für die Verbüßung langer Freiheitsstrafen zuständigen JVA Bruchsal erhielten 32% der Befragten nie Besuch und 20% nie Post.[28]

d) Die Ausgestaltung der Besuchsregelung gehört zu der dem Anstaltsleiter übertra- 4 genen Organisationsbefugnis für die Anstalt.[29] **Organisatorisch** läuft der Besuch in der Regel wie folgt ab:[30] Der Gefangene teilt mit, von wem er besucht werden will. Er erhält

---

21 *Rau* 2017, 355 ff., 446 ff.
22 *Stelly/Thomas* 2005, 251.
23 *Bottoms/Shapland* 2011, 61 f.
24 *Brunton-Smith/McCarthy* 2017, 472 ff.
25 *AK-Feest/Wegner* 2017 § 26 LandesR Rdn. 30.
26 *Hosser* 2001, 126.
27 *Buchert/Metternich/Hauser* ZfStrVo 1995, 262.
28 *Preusker* ZfStrVo 1989, 148.
29 KG NStZ 1999, 445.

dann einen Besuchsschein, auf dem die Besonderheiten der Besuchsregelung (Dauer, Besuchszeiten, Ausweisungspflicht, Verhaltensvorschrift für die Zeit des Besuches) vermerkt sind. Den Schein sendet er an den Besucher. Der Besucher bringt diesen Besuchsschein beim Besuch mit in die Anstalt. Der Besuch wird auf dem Besuchsschein, in der Gefangenenakte und in eine Kartei eingetragen. **Taschen** und **Mobiltelefone** muss der Besucher in einem Schließfach im Pfortenbereich deponieren. Dann wird er in ein Wartezimmer geführt und wartet dort, bis der Gefangene aus dem Unterkunftsbereich zu den Besuchsräumen gebracht worden und dort ein Platz frei geworden ist.

5   **e)** Einzelheiten (vor allem zu den Besuchszeiten) sind in einer **Hausordnung** zu regeln.[30] § 161 Abs. 2 Nr. 1 StVollzG hatte dies ausdrücklich vorgesehen. Die Landesgesetze folgen teilweise diesem Ansatz und sehen entsprechende Regelungen vor (**BW** § 15 Abs. 1 Nr. 1 JVollzGB I; **HH** § 110 Abs. 2 Nr. 1; **HE** § 79 Abs. 2; **NW** § 102; **ST** § 113 Abs. 2 Nr. 1; **SH** § 140). **BY**, **NI** und **SN** regeln diese Frage bereits in den eingangs aufgeführten Normen zum Recht auf Besuch. Anderswo (**BE** § 108; **BB** § 114; **HB** § 101; **MV** § 100; **RP** § 111; **SL** § 100; **TH** § 112) wird der Inhalt der Hausordnung allgemeiner mit der Gestaltung und Organisation des Vollzugsalltags umschrieben; darunter fallen auch Regelungen zu Besuchszeiten und -organisation.[32]

6   **f)** Besucherinnen und Besucher müssen sich an die **Besuchszeiten** halten; das gilt im Rahmen der zumutbaren Organisation grundsätzlich auch für Verteidiger.[33] Gefangene können nicht selbst bestimmen, in welcher **Kleidung** sie das Recht auf Besuchsempfang ausüben.[34] Nicht mehr durch die Organisationsbefugnis des Anstaltsleiters ist jedoch eine Verfahrensweise gedeckt, nach der Besucher regelmäßig zahlreiche Versuche unternehmen müssen und oft mehrere Stunden benötigen, um den für die Erteilung von Sprechstunden zuständigen Vollzugsbediensteten telefonisch zu erreichen.[35] Der Leiter der JVA ist im Übrigen befugt, **Einlass- und Identitätskontrollen** in der Weise durchzuführen, dass grundsätzlich alle Besucher der Anstalt für die Zeit ihres Aufenthaltes (aus Sicherheitsgründen) ihren Personalausweis sowie andere Gegenstände, die die Sicherheit oder Ordnung der Anstalt gefährden können, wie etwa Mobiltelefone und Autoschlüssel, abgeben.[36] Wie zu § 24 StVollzG bestehen hierzu teilweise VV, etwa in **BW** Nr. 3.[37]

2. Erläuterungen im Einzelnen

7   **a)** Die Landesgesetze räumen den Gefangenen das **Recht** ein, in der Anstalt regelmäßig Besucher zu empfangen. Diese Formulierung findet sich zwar – in der Formulierung noch deutlicher als § 24 Abs. 1 Satz 1 StVollzG – ausdrücklich nur im Gesetz von **BW**, während die anderen Landesgesetze an der überkommenen Formulierung festhalten oder diese nur unwesentlich modifizieren. Allerdings sind die Regelungen über Besuche zusammen mit dem allgemeinen Recht auf Außenkontakte zu lesen, das die meisten Landesgesetze enthalten (s. Rdn. 9 f). Beschränkungen dieses Rechts ergeben sich aus seiner

---

30   *Böhm* 2003 Rdn. 260.
31   KG NStZ 1999, 445.
32   AK-*Galli* 2017 § 100 LandesR Rdn. 3; *Arloth/Krä* 2017 § 113 SächsStVollzG Rdn. 1.
33   *Arloth/Krä* 2017 § 24 StVollzG Rdn. 4; OLG Karlsruhe ZfStrVo 1986, 60.
34   OLG Frankfurt BlStV 6/1983, 7.
35   KG Berlin NStZ 1999, 445.
36   OLG Hamm BlStV 4/5/1984, 7; *Arloth/Krä* 2017 § 24 StVollzG Rdn. 3; *Laubenthal/Nestler/Neubacher/Verrel* 2015 E Rdn. 22.
37   *Laubenthal/Nestler/Neubacher/Verrel* 2015 E Rdn. 22.

gesetzlichen Ausgestaltung bis zur Möglichkeit von Besuchsverboten. Dem Recht auf Besuch entspricht jedoch nicht die Pflicht, Besuch empfangen zu müssen; Gefangene dürfen von ihnen **nicht gewünschten Besuch ablehnen**.[38] Vernehmungen oder ähnliche persönliche Kontakte, die von Polizei- oder Justizvertretern in dienstlicher Funktion hergestellt werden, sind keine Besuche im Sinne des Vollzugsrechts (s. Rdn. 21 f).[39]

b) Außerhalb des Besuchsrechts liegen auch regelmäßige persönliche **Kontakte zu** **8** **therapeutischen Zwecken**, wie sie etwa mit niedergelassenen Ärzten oder Psychotherapeutinnen in Betracht kommen. Anträge von Strafgefangenen auf eine entsprechende Therapie mit nicht der Anstalt angehörendem Behandlungspersonal fallen nicht unter das Recht auf Besuch, sondern unter die Regeln medizinischer und psychotherapeutischer Behandlung.[40] Dazu dürften auch vorbereitende Kontakte zur Klärung der Frage zählen, ob die Aufnahme einer externen Therapie erfolgen soll.

c) Während der RegE zum StVollzG den Kreis der möglichen Besucherinnen und Be- **9** sucher der Gefangenen auf „nahestehende Personen" hatte begrenzen wollen, war dieser Begriff in das Gesetz nicht übernommen worden, weil er als zu unbestimmt angesehen wurde.[41] Grundsätzlich ist also **jeder Besucher zuzulassen, dessen Besuch der Gefangene wünscht**: Familienangehörige, Freunde, entfernte Bekannte, Briefpartner usw., vor allem Bezugspersonen.[42] Ausgenommen sind nur solche Personen, für die das Besuchsrecht nicht gilt (s. Rdn. 21 f). Der abgewiesene Besucher kann Antrag auf gerichtliche Entscheidung (§ 109 StVollzG) stellen.[43] Sollten im Einzelfall Sicherheits- oder Resozialisierungsinteressen berührt werden, kann der Anstaltsleiter den Besuch unter bestimmten Voraussetzungen untersagen (s. Rdn. 44 ff).

d) Soweit das Besuchsrecht reicht, folgt daraus für diejenigen, die Gefangene mit de- **10** ren Einverständnis besuchen wollen, also **für Besucherinnen und Besucher, ein entsprechender Anspruch** auf Erteilung einer Besuchserlaubnis, die ihnen den Einlass in die Justizvollzugsanstalt und den Kontakt mit den Gefangenen im Rahmen der vom Gesetz gezogenen Grenzen ermöglicht; insoweit sind Besucher auch Antragsberechtigte i. S. d. § 109 StVollzG.[44] Darüber hinaus haben Außenstehende, also dritte Personen, auch keinen eigenen Anspruch auf Besuch von Gefangenen.[45] Das Justizministerium darf die Kompetenz im Übrigen nicht generell an sich ziehen, so dass **kein allgemeines Selbsteintrittsrecht des Ministeriums** besteht, sondern nur im Ausnahmefall ein Durchgriffsrecht.[46]

e) Nicht unter das Besuchsrecht fallen grundsätzlich Außenkontakte zu Personen **11** und Institutionen, die aus verfassungsrechtlichen oder dienstlichen Gründen stattfinden, z.B. zur Anhörung von Gefangenen durch Mitglieder eines parlamentarischen Peti-

---

[38] AK-*Feest/Wegner* 2017 § 26 LandesR Rdn. 4; *Grunau/Tiesler* 1982, § 23 StVollzG Rdn. 1; *Laubenthal/Nestler/Neubacher/Verrel* 2015 E Rdn. 12.
[39] *Arloth/Krä* 2017 § 24 StVollzG Rdn. 2.
[40] OLG Nürnberg NStZ 1999, 479; KG NStZ 2006, 699; zweifelnd im Hinblick auf beschränkte Möglichkeiten der Gesundheitsfürsorge AK-*Feest/Wegner* 2017 § 26 LandesR Rdn. 13.
[41] SA, BT-Drucks. 7/3998, 13.
[42] OLG Hamm ZfStrVo **SH** 1979, 37; AK-*Feest/Wegner* 2017 § 26 LandesR Rdn. 2; *Arloth/Krä* 2017 § 24 StVollzG Rdn. 1; *Laubenthal/Nestler/Neubacher/Verrel* 2015 E Rdn. 13.
[43] OLG Frankfurt NStZ 1982, 221.
[44] OLG Hamm ZfStrVo **SH** 1979, 37; OLG München NStZ 2013, 364.
[45] *Arloth/Krä* 2017 § 24 StVollzG Rdn. 1.
[46] OLG Stuttgart ZfStrVo **SH** 1979, 35; *Arloth/Krä* 2017 § 24 StVollzG Rdn. 2.

tionsausschusses oder zur Vernehmung durch Polizeibeamte, Richterinnen oder Staatsanwälte.[47] Solche Kontakte sind teils durch vollzugsrechtliche Vorschriften geregelt, teils durch Normen über die Tätigkeit der jeweiligen Einrichtungen.

12   Der Status **Parlamentsabgeordneter** für sich allein begründet noch kein Recht, eine JVA ohne Erlaubnis besuchen zu dürfen, es sei denn, es gelten Sonderregelungen eines generellen Besuchsrechts für solche Volksvertreter.[48] Diese können sich aus der Landesverfassung ergeben (so ist Abgeordneten nach Art. 56 Abs. 3 Verf **BB** Zugang zu den Behörden und Dienststellen des Landes zu gewähren),[49] aber auch aus vollzugsrechtlichen Regelungen (z.B. **BW** § 93 JVollzGB I zu den Strafvollzugsbeauftragten der Landtagsfraktionen; **SN** § 26 Abs. 5 für alle Abgeordneten des Deutschen Bundestags, der Landtage und des Europäischen Parlaments) oder einem Ministerialerlass. Einen besonderen Status genießen die Mitglieder **menschenrechtlicher Präventionsmechanismen** wie des Europäischen Ausschusses zur Verhütung von Folter und unmenschlicher oder erniedrigender Behandlung oder Strafe (CPT) oder der deutschen Länderkommission zur Verhütung von Folter. Ihre Zugangsrechte ergeben sich aus dem Inhalt der in das innerstaatliche Recht übernommenen Verträge: Art. 8 des **Europäischen Übereinkommens zur Verhütung von Folter und unmenschlicher oder erniedrigender Behandlung oder Strafe (BGBl. 1989 II 946) und Art. 4 des Fakultativprotokolls zum Übereinkommen gegen Folter und andere grausame, unmenschliche oder erniedrigende Behandlung oder Strafe (BGBl. 2008 II 855)**. Auch **Anstaltsbeiräte** erfüllen eine öffentliche Funktion und genießen daher eine allgemeine Zugangserlaubnis. Sie sind befugt, Gefangene in deren Räumen zu unüberwachten Aussprachen aufzusuchen.[50] Das ergab sich früher aus § 164 Abs. 2 StVollzG; die Landesgesetze halten daran fest. Wenig geklärt sind die Zugangsrechte hauptamtlicher Bediensteter der **ambulanten Sozialen Dienste der Justiz**, insbesondere der Bewährungshilfe. Die Zusammenarbeit mit ihr ist insbesondere im Rahmen der Entlassungsvorbereitung angezeigt, was von den Landesgesetzen anerkannt wird (z.B. **BW** § 87 JVollzGB III, **BY** Art. 136 Abs. 1 **BE** § 46 Abs. 2; s. auch 7 D). Da es sich um dienstliche Kontakte mit Justizangehörigen handelt, liegt es nahe, sie nicht grundsätzlich anders einzustufen als Kontakte mit Richterinnen oder Staatsanwälten.[51] Die Landesgesetze behandeln diese Kontakte teilweise wie solche zu Rechtsanwälten (**BY** Art. 29 Satz 1). **Vollzugshelfer** und **ehrenamtliche Mitarbeiterinnen** können aus den Vorschriften über Außenkontakte ebenfalls kein Besuchsrecht ableiten.[52] Vielmehr gelten Sondervorschriften wie früher § 154 Abs. 2 StVollzG oder heute z.B. **HH** § 107 Abs. 1. Ob und Wie des Zugangs von **Besichtigungsgruppen** werden nach Verwaltungsermessen entschieden. Die Rechtsgrundlage ist im Hausrecht (bzw. in der Organisationsbefugnis) der Anstaltsleitung zu sehen.[53] Abzuwägen ist zwischen berechtigtem Informationsinteresse der anstaltsfremden Personen, den Belangen des Vollzuges und den Interessen der Gefangenen.[54] Sonderregeln gelten für Besuche von **Verteidigern, Rechtsanwältinnen, Notaren** und weiterer Berufsgruppen (s. Rdn. 62ff).

---

47   AK-*Feest/Wegner* 2017 § 26 LandesR Rdn. 5; VerfG Brandenburg NJ 2008, 809.
48   C/MD 2008 § 23 StVollzG Rdn. 6.
49   VerfG Brandenburg NJ 2008, 809.
50   OLG Hamm NStZ 1981, 277; *Laubenthal/Nestler/Neubacher/Verrel* 2015 E Rdn. 11; *Matthes* 2005.
51   AK-*Feest/Wegner* 2017 § 26 LandesR Rdn. 5.
52   KG NStZ 1985, 479; *Arloth/Krä* 2017 § 23 StVollzG Rdn. 3; *Laubenthal/Nestler/Neubacher/Verrel* 2015 E Rdn. 11.
53   KG NStZ 1999, 445; VG Karlsruhe BlStVK 1/2000, 8.
54   *Arloth/Krä* 2017 § 23 StVollzG Rdn. 3; *Laubenthal/Nestler/Neubacher/Verrel* 2015 E Rdn. 11.

f) Die Vorschriften über Besuche finden nach der Rechtsprechung der Oberlandesgerichte[55] und überwiegender Auffassung des Schrifttums auch auf **Vertreterinnen und Vertreter der Medien** Anwendung.[56] Deren Besuchswünsche können also nur unter den Voraussetzungen der Vorschriften über Besuchsverbote untersagt werden. Ablehnungsgründe, die sich nur auf die Beeinträchtigung des Organisations- und Betriebsablaufes der Anstalt beziehen, reichen grundsätzlich nicht aus.[57] Als milderes Mittel kommt auch der Abbruch eines solchen Besuches in Betracht. Bei Fernseh- und Filminterviews wird zu bedenken gegeben, dass es in einem solchen Falle *vor laufender Kamera ungute Auseinandersetzungen über die Frage der Zulässigkeit* des Abbruchs geben kann.[58]

g) Nicht ausdrücklich geregelt ist ferner die **Zusammenführung zweier Gefangener aus verschiedenen Anstalten zu Besuchszwecken.** Das Vollzugsrecht gilt für beide. Für besuchende Gefangene ist die Vollzugsmaßnahme nach den Vorschriften über die Ausführung zu beurteilen, für besuchte Gefangene nach den Besuchsvorschriften.[59] Dementsprechend gelten die Vorschriften über Besuchsverbote auch für Besuchsanträge von Strafgefangenen, die in einer anderen Anstalt als der zu besuchende Gefangene einsitzen.[60]

h) Die **Besuchsdauer** ist durch die Vollzugsgesetze der letzten Jahrzehnte erweitert worden. Gab es in der Zeit vor dem StVollzG Besuchsregelungen von 15–20 Minuten, legte § 24 Abs. 1 Satz 2 StVollzG die Mindestbesuchsdauer auf eine Stunde im Monat fest. Der RegE hatte zwei Regelbesuche im Monat für eine halbe Stunde vorgesehen;[61] davon wurde Abstand genommen, damit die Vollzugsbehörde dem konkreten Einzelfall besser Rechnung tragen kann.[62] Obwohl ME § 26 mindestens zwei Stunden und eine Erhöhung um weitere zwei Stunden bei Besuchen von Kindern vorsah, wurden die Begrenzungen des StVollzG in mehrere Landesgesetze übernommen. Die meisten Länder orientieren sich andererseits am Standard des ME oder gehen darüber hinaus. Im Übrigen haben viele Anstalten dafür gesorgt, dass die Mindestbesuchszeit großzügiger ausfällt als vom jeweiligen Landesgesetz vorgegeben.[63]

Mit **BW, BY, HH, HE** und **SL** gibt es noch fünf Landesgesetze, die an den restriktiven Besuchszeiten des § 24 Abs. 1 Satz 2 StVollzG festhalten. Die meisten Landesgesetze sehen für erwachsene Strafgefangene eine Mindestbesuchsdauer von zwei Stunden im Monat vor und erhöhen diese bei Besuchen von Kindern. In **BE** und **HB** beschränkt sich diese Erhöhung auf eine Stunde im Monat, fünf Länder (**MV, NW, RP, ST, TH**) legen sie mindestens in der Regel auf zwei Stunden im Monat fest, und **SH** sieht eine Erhöhung um zwei Stunden bereits für Besuche von Angehörigen vor, die sich für Kinder nochmals um

---

55 OLG Celle BlStV 1/1991, 3; OLG Hamm ZfStrVo **SH** 1979, 37; OLG München NStZ 2013, 364; OLG Stuttgart ZfStrVo **SH** 1979, 35.
56 AK-*Feest/Wegner* 2017 § 26 LandesR Rdn. 2; *Laubenthal/Nestler/Neubacher/Verrel* 2015 E Rdn. 10; *Matthes* 2005, 30 ff. *Tolmein* ZRP 1997, 248; a.A. im Hinblick auf Besuchsanträge von Journalistinnen und Journalisten *Arloth/Krä* 2017 § 23 StVollzG Rdn. 4.
57 Zur Auslieferungshaft BVerfG NStZ 1995, 566.
58 So (zur Untersuchungshaft) *Nehm* ZRP 1996, 494.
59 OLG München ZfStrVo **SH** 1979, 35; a.A. *Arloth/Krä* 2017 § 24 StVollzG Rdn. 2 nur für den Fall, dass besuchende Gefangene nicht Ausgang haben (dann soll eine Überstellung aus wichtigem Grund vorliegen, deren Zulässigkeit wiederum an den Besuchsvorschriften gemessen werden soll).
60 OLG Rostock 12.12.2004, 1 Vollzug (WS) 5/04; OLG Zweibrücken MDR 1986, 79; AK-*Feest/Wegner* 2017 § 26 LandesR Rdn. 5; K/S-*Schöch* 2002 § 7 Rdn. 97; *Laubenthal/Nestler/Neubacher/Verrel* 2015 E Rdn. 10; i.E. wohl übereinstimmend *Arloth/Krä* 2017 § 24 StVollzG Rdn. 2.
61 BT-Drucks. 7/918, 58.
62 SA, BT-Drucks. 7/3998, 14.
63 *Thiele* 2016, 238 f.

zwei Stunden verlängert. Die Altersgrenzen werden unterschiedlich bestimmt. Während **HB, MV, ST** und **TH** auf die Vollendung des 14. Lebensjahres abstellen, halten sich die anderen genannten Länder an das 18. Lebensjahr. Das gilt auch für die Landesgesetze, die von *minderjährigen Kindern* sprechen und damit auf § 2 BGB verweisen.[64] Schließlich sehen **BB, NI**[65] und **SN** sogar eine Mindestbesuchsdauer von vier Stunden im Monat vor.

17 i) Einzelheiten wie **Besuchszeiten** sowie die **Häufigkeit und Dauer der Besuche** können in einer **Hausordnung** geregelt werden (s. Rdn. 15). Diese muss sich als Verwaltungsvorschrift im Rahmen der gesetzlichen Ermächtigung halten. Der Inhalt der Hausordnung orientiert sich einerseits an den Besonderheiten der Anstalt (z.B. am Sicherheitsgrad), andererseits an den Vollzugsgrundsätzen und der Zumutbarkeit für Besucherinnen und Besucher (zur Rechtsnatur der Hausordnung s. 13 N Rdn 1).

18 So kann es z.B. bei langem Anreiseweg der Angehörigen sinnvoller sein, sie die **gesamte monatliche Besuchsdauer** bei einem einmaligen Besuch ausschöpfen zu lassen.[66] Die Besuchsdauer kann auch auf mehrere Besuche (verschiedener Personen) aufgeteilt werden, wenn das nach Sachlage geboten ist.[67] Deshalb ist es nicht von vornherein unzulässig, durch Hausordnung auch gegen den Willen des Gefangenen z.B. grundsätzlich nur halbstündige Einzelbesuche zuzulassen.[68] Zu kurze Besuchszeiten unter 30 Minuten sind zu vermeiden, damit es noch zu einem inhaltlichen Gespräch kommen kann. Ob und wie aufgeteilt wird, hängt auch von der **konkreten Personal- und Raumsituation** der Anstalt ab. Der Gesetzgeber des StVollzG wollte berücksichtigt wissen, dass je nach den notwendigen Sicherheitsvorkehrungen der Anstalt Besuche mit einem erheblichen Aufwand für die Vollzugsbehörde verbunden sein können.[69] Solche Bedenken sind angesichts der Erweiterung der Besuchszeiten durch die meisten Landesgesetze (s. Rdn. 25f) zu relativieren. Die Länder sind verpflichtet, für eine angemessene Personalausstattung zu sorgen.[70] Jedenfalls sind für die Fälle, in denen besondere Schwierigkeiten für Besuche von Familienangehörigen bestehen (wenn z.B. die berufstätige Ehefrau weit entfernt wohnt), auch mit Rücksicht auf Art. 6 GG in der Hausordnung Ausnahmeregelungen[71] vorzusehen: spezieller Besuchstag, Zusammenlegung der Besuchsmindestdauer mehrerer Monate[72] oder auch zeitweise **Besuchsüberstellungen** oder Verlegungen in eine andere JVA.[73] Die Möglichkeit einer Fahrtkostenerstattung für Besuchsfahrten aus Mitteln der Grundsicherung für Arbeitsuchende oder der Sozialhilfe ist nicht eindeutig geklärt.[74] Sie lässt sich jedenfalls bei atypisch hohen Reisekosten im Rahmen der Härtefallklausel des § 21 Abs. 6 SGB II begründen.[75]

---

64 Die von AK-*Feest/Wegner* 2017 § 26 LandesR Rdn. 6 vertretene Ansicht, dass die Altersgrenze in diesen Fällen bei 21 Jahren anzusetzen ist, findet in den Gesetzestexten keine Stütze.
65 Seit 1. Juli 2017 aufgrund des Gesetzes vom 15. Juni 2017 (Nds. GVBl. S. 172, 319).
66 So auch SA, BT-Drucks. 7/3998, 14.
67 *Laubenthal/Nestler/Neubacher/Verrel* 2015 E Rdn. 14.
68 *Arloth/Krä* 2017 § 24 StVollzG Rdn. 4; *Laubenthal/Nestler/Neubacher/Verrel* 2015, E Rdn. 14; a.A. AK-*Feest/Wegner* 2017 § 26 LandesR Rdn. 11.
69 RegE, BT-Drucks. 7/918, 57.
70 BVerfGK 9, 365 (im Hinblick auf den Schutzauftrag des Art. 6 GG); AK-*Feest/Wegner* 2017 § 26 LandesR Rdn. 6; *Laubenthal/Nestler/Neubacher/Verrel* 2015 E Rdn. 16.
71 Vgl. auch OLG Dresden ZfStrVo 1998, 116.
72 K/S-*Schöch* 2002 § 7 Rdn. 102.
73 BVerfGK 13, 487; OLG Hamm ZfStrVo 2002, 315.
74 Früher bejahend BVerwGE 91, 156 (158); OVG Münster NStZ 1985, 95.
75 AK-*Feest/Wegner* 2017 § 26 LandesR Rdn. 29; *Hammel* 2010; *Sartorius* in Berlit/Conrads/Sartorius, Existenzsicherungsrecht, 2. Aufl., Baden-Baden 2013, Kap. 25 Rdn. 54.

Die Hausordnung darf die **Zahl der (gleichzeitigen) Besucher eines Gefangenen** 19
nur dann beschränken, wenn dafür eine gesetzliche Grundlage besteht (so **BW** § 19
Abs. 4 Satz 2 JVollzGB III; **NI** § 25 Abs. 4); sonst ist im Einzelfall jeweils zu prüfen, ob die
Voraussetzungen eines Besuchsverbots vorliegen.[76] Insoweit spielen der Sicherheitsgrad
der Anstalt sowie eine nicht ausreichende Personalkapazität eine Rolle. **Gruppenbesuche** von drei (in Ausnahmefällen mehr: z.B. Verwandte aus dem fernen Ausland) Personen sollten in der Regel aber zugelassen werden, wenn die Sicherheits- und Ordnungsinteressen der Anstalt im Einzelfall nicht dagegen sprechen. Ebenso im Ermessen der Anstalt steht der **gleichzeitige Besuch mehrerer Gefangener**.[77] Zumindest für auswärtige und berufstätige Besucher sollte die Hausordnung gewährleisten, dass Besuche auch an Wochenenden stattfinden können.[78] Werden über die gesetzlich vorgeschriebenen Besuche hinaus „**Gemeinschaftssprechstunden**" abgehalten, bei denen sich die Gefangenen z.B. jeweils zwei Stunden lang auf dem Flur der Station mit Besuchern unterhalten dürfen, handelt es sich um eine begünstigende Maßnahme, die nur unter den dafür geltenden Voraussetzungen widerrufen werden kann.[79] Der Widerruf kann auch aus Gründen erfolgen, die außerhalb der Person des Gefangenen liegen (z.B. aktueller Mangel an Personal, Zunahme der Belegung).

j) Der Besuchsraum sollte grundsätzlich die **Möglichkeit zu ungestörtem und un-** 20
beobachtetem Zusammensein insbesondere mit nahen Angehörigen bieten, weil diese Begegnung für die Bindung an Ehe und Familie und damit auch für die spätere Eingliederung des Insassen nach seiner Entlassung von hoher Bedeutung ist.[80] Es sollten genügend Besuchsräume zur Verfügung stehen, dass mehrere Besuche gleichzeitig stattfinden können. Die Räume sollten auch auf den **Besuch von Kindern** vorbereitet sein, z.B. eine Spielecke haben. Während das StVollzG keine Vorschriften über das Mitbringen von Kindern enthielt,[81] sehen einige Landesgesetze besondere Förderungspflichten für Kontakte Gefangener zu ihren Kindern vor (**BE** § 29 Abs. 1 Satz 3; **HB** § 26 Abs. 1 Satz 2; **MV** § 26 Abs. 1 Satz 2; **NI** § 25 Abs. 3; **NW** §§ 18 Abs. 2, 19 Abs. 2; **RP** § 33 Abs. 2; **SL** § 26 Abs. 2 Satz 2; **ST** § 33 Abs. 2; **SH** §§ 24 Abs. 3, 42 Abs. 2; **TH** § 34 Abs. 2; **BY** Art. 144 Abs. 3 nur für junge Gefangene). Das Recht auf Besuch begründet für Ehegatten, die sich als Strafgefangene in verschiedenen Anstalten befinden, keinen Rechtsanspruch auf Zusammenführung zu Besuchszwecken in einem bestimmten zeitlichen Intervall. Die Anordnung, wonach **inhaftierte Ehegatten** zu Besuchszwecken alle vier Monate einmal zusammengeführt werden, ist jedoch rechtlich nicht zu beanstanden.[82]

k) Die Landesgesetze verpflichten die Anstalt wie früher § 24 Abs. 2 StVollzG in 21
bestimmten Fällen zur **Gewährung weiterer Besuche**. Im Gegensatz zu den zeitlich begrenzten Besuchen innerhalb der Mindestbesuchszeit wollte der Gesetzgeber den Gefangenen jedoch auf solche keinen Rechtsanspruch einräumen.[83] Das kommt auch im

---

[76] *C/MD* 2008 § 24 StVollzG Rdn. 2; LG Karlsruhe ZfStrVo 1992, 136.
[77] *Arloth/Krä* 2017 § 24 StVollzG Rdn. 4.
[78] AK-*Feest/Wegner* 2017 § 26 LandesR Rdn. 26; *Arloth/Krä* 2017 § 24 StVollzG Rdn. 4; *Grunau/Tiesler* 1982 Rdn. 1.
[79] KG ZfStrVo 1985, 251 = NStZ 1985, 352; *C/MD* 2008 § 24 StVollzG Rdn. 2.
[80] AE-StVollzG 1973, 173.
[81] Das hat in früheren Kommentierungen zu der Bemerkung geführt, Besuche mit Kindern seien also auch nicht verboten (*Grunau/Tiesler* 1982 § 24 StVollzG Rdn. 2). Zum Mangel an „Familienbesuchskapazitäten" OLG Koblenz NStZ 2002, 529.
[82] OLG München ZfStrVo **SH** 1979, 35.
[83] RegE, BT-Drucks. 7/918, 58; OLG Hamm BlStV 6/1993, 5.

Wortlaut (sollen) zum Ausdruck.[84] Die Anstalt kann also über weitere Besuche nach pflichtgemäßem Ermessen entscheiden, wird aber im Regelfall dem nachvollziehbaren Interesse an einem Außenkontakt, für den die Mindestbesuchszeiten nicht ausreichen, einen hohen Wert einräumen.[85] In der Praxis wird die gesetzliche Mindestbesuchszeit in vielen Anstalten erhöht.[86] Solche „Sonderbesuche" mögen zwar an die Grenzen des in der Anstalt Möglichen stoßen.[87] Die Anstalt sollte gleichwohl vor allem bei solchen Gefangenen großzügig verfahren, für die der Besuch die einzige Kontaktmöglichkeit mit Personen außerhalb der Anstalt darstellt oder deren Eingliederung aus anderen Gründen im besonderen Maße von Besuchen abhängig ist.[88] In Bezug auf die Zulassung weiterer Besuche wurden in § 24 Abs. 2 StVollzG zwei **Fallgruppen** unterschieden: solche Besuche, die die Eingliederung oder Behandlung der Gefangenen fördern, und solche, die der Regelung von persönlichen, rechtlichen oder geschäftlichen Angelegenheiten der Gefangenen dienen. An dieser Einteilung haben die Landesgesetze mit kleinen Modifikationen festgehalten.

22   Für die erste Fallgruppe kommen vor allem Besuche von **Bezugspersonen der Gefangenen** in Frage. Besonders große Bedeutung dürfte dieser Fallgruppe dort zukommen, wo das Landesrecht an einer eher restriktiven Mindestbesuchszeit festhält und die Kontakte zu Angehörigen und insbesondere Kindern nicht hervorhebt. Dann wird die aus Art. 6 Abs. 1 GG abzuleitende Schutzpflicht des Staates für Ehe und Familie (mit Kindern) in den Vordergrund treten. Es ist aber ermessensfehlerhaft, wenn schematisch auf den Familienstand als einzig maßgebliches Kriterium abgestellt wird. Auch Besuche im Rahmen nichtehelicher Lebensgemeinschaften mit Kindern sind zu fördern.[89] Die Anstalt kann weitere Besuche davon abhängig machen, dass diese etwa nach der Einschätzung des Sozialdienstes die Behandlung oder die Eingliederung der Gefangenen fördern.[90]

23   Die Zulassung der Besuche der **zweiten Fallgruppe**, die der Regelung bestimmter Angelegenheiten des Gefangenen dienen, wird davon abhängig gemacht, dass diese nicht vom Gefangenen selbst schriftlich – oder (auf schriftlichem Wege) durch Dritte – erledigt werden können, oder ein Hinausschieben bis zur Entlassung nicht als vertretbar erscheint. Die Anforderungen an die Erforderlichkeit solcher Besuche sollten in der Praxis nicht zu hoch angesetzt werden. Ein Hinausschieben auf den Entlassungszeitpunkt sollte jedoch nur in besonders gelagerten Ausnahmefällen erfolgen, weil sich nach allen Erfahrungen in der Nähe des Entlassungstages ohnehin schon zahlreiche Probleme ergeben, die die vom Gesetzgeber erstrebte Wiedereingliederung des Gefangenen gefährden können.[91]

24   l) Als Sonderfall des § 24 Abs. 2 StVollzG wurden auch **unüberwachte (Familien-) Langzeitbesuche** eingeordnet.[92] Die Landesgesetze haben meist besondere Regelungen für diese Fallgruppe geschaffen.

---

84   OLG Stuttgart ZfStrVo 2004, 107; OLG Hamburg ZfStrVo 2005, 55; *Arloth/Krä* 2017 § 24 StVollzG Rdn. 5. Für einen Rechtsanspruch OLG München NStZ 1994, 560 mit abl. Besprechung *Bringewat* BewHi 1995, 122; *Laubenthal/Nestler/Neubacher/Verrel* 2015 E Rdn. 19.
85   ME-Begründung § 26; OLG Celle, StRR 2009, 75. Zu den Grenzen OLG München, StV 2009, 198.
86   *Schnepper* 2017, 98 ff; *Thiele* 2016, 238 f.
87   *Böhm* 2003, Rdn. 261.
88   RegE, BT-Drucks. 7/918, 58; AK-*Feest/Wegner* 2017 § 26 LandesR Rdn. 12.
89   OLG Bamberg NJW 1995, 304; OLG Frankfurt NStZ-RR 2008, 261; OLG München NStZ 1994, 560.
90   *C/MD* 2008 § 24 StVollzG Rdn. 4.
91   AK-*Feest/Wegner* 2017 § 26 LandesR Rdn. 12; *Laubenthal/Nestler/Neubacher/Verrel* 2015 E Rdn. 20.
92   OLG Bremen NStZ-RR 2014, 326; OLG Hamm ZfStrVo 1999, 308; OLG Stuttgart ZfStrVo 2004, 51; K/S-*Schöch* 2002 § 7 Rdn. 99.

Die gesetzlichen Regelungen sind recht **uneinheitlich**. In der Mehrzahl der Gesetze 25
ist davon die Rede, dass familiäre und partnerschaftliche sowie diesen gleichzusetzende
Kontakte gefördert werden. Einen Rechtsanspruch gewährt nur **BB** § 34 Abs. 4. **NI** § 25
Abs. 2 Satz 2[93] hat eine Soll-Vorschrift eingeführt, die neben Angehörigen alle Personen
einbezieht, die einen günstigen Einfluss erwarten lassen. Alle anderen Länder, welche
eine gesetzliche Regelung kennen, sehen eine Ermessensentscheidung der Anstalt vor.[94]
Die Formulierungen dieser Gesetze, insbesondere von **BE** § 29 Abs. 4, **MV** § 26 Abs. 4,
NW § 19 Abs. 4, **SH** § 42 Abs. 4, **SL** § 26 Abs. 4 und **SN** § 26 Abs. 4, orientieren sich weitgehend am ME und machen Langzeitbesuche davon abhängig, dass diese geboten erscheinen. Drei weitere Länder ersetzen das Merkmal der Gebotenheit durch die doppelte
Voraussetzung einer Förderung der Eingliederung und einer Eignung der Gefangenen
(**RP** § 33 Abs. 5, **ST** § 33 Abs. 5, **TH** § 34 Abs. 5). Zwei Länder lassen erkennen, dass in die
Ermessensentscheidung auch die Länge der Strafe einfließen soll. Während **HH** § 26
Abs. 4 allgemein auf die Strafdauer abstellt, werden die meisten Gefangenen mit langen
Freiheitsstrafen nach **HB** § 26 Abs. 4 Satz 2 von Gesetzes wegen als ungeeignet eingestuft.
Im letztgenannten Fall ist fraglich, ob für diese Vorschrift noch ein sinnvoller Anwendungsbereich verbleibt, zumal das Ermessen der Anstalt durch die Verwaltungsvorschrift
noch weiter eingeschränkt wird.[95] **SL** und **ST** § 164 Abs. 3 machen Langzeitbesuche ausdrücklich von den baulichen Gegebenheiten der Anstalt abhängig, die offenbar teilweise
erst geschaffen werden sollen. Schließlich fällt auf, dass **BW** trotz langjähriger praktischer
Erfahrungen schon unter der Geltung des StVollzG[96] keine besondere gesetzliche Regelung getroffen hat. Auch **BY** und **HE** verzichten auf eine besondere Regelung dieser Fallgruppe im Gesetzestext. **HE** regelt Besuchsräume für Langzeitbesuche in Anstalten für
Gefangene mit langen Freiheitsstrafen in einer Verwaltungsvorschrift. Vor allem in den
drei Ländern ohne besondere gesetzliche Regelung sind die allgemeinen Grundsätze für
die Zulassung weiterer Besuche über die Mindestbesuchsdauer hinaus weiterhin heranzuziehen.

Die Frage, ob etwa beim Besuch von Ehepartnern die **Möglichkeit sexueller Kon-** 26
takte eingeräumt werden soll, wird seit langem kontrovers diskutiert.[97] Das StVollzG
schloss diese Möglichkeit nicht aus. Deshalb wurde sie in Rechtsprechung und Fachliteratur schon früher vielfach akzeptiert.[98] In der Vollzugspraxis wurden Intimbesuche unter
bestimmten Voraussetzungen z.B. seit 1984 in der JVA Bruchsal[99] sowie seit 1990 in der
JVA Werl und in der JVA Geldern[100] in besonders eingerichteten „Langzeitbesuchsräumen" gestattet. Vollzugsöffnende Maßnahmen und der Ausbau der Mindestbesuchszeiten mögen diese Problematik entschärft haben.[101] Schon die unterschiedlichen Lösungsansätze der Landesgesetze zeigen aber, dass diese Frage keineswegs entschieden ist.
Einen Rechtsanspruch auf die Gewährung von Langzeitbesuchen gibt es – außerhalb von

---

93 In Kraft seit 1. Juli 2017 aufgrund des Gesetzes vom 15. Juni 2017 (Nds. GVBl. S. 172, 319).
94 Kritisch AK-*Feest/Wegner* 2017 § 26 LandesR Rdn. 21; für eine Ausweitung auch *Barth* 2015, 336.
95 So bereits AK-*Feest/Wegner* 2017 § 26 LandesR Rdn. 21; *Thiele* 2016, 160.
96 Siehe etwa *Preusker* ZfStrVo 1987, 151 und ZfStrVo 1989, 147.
97 Grundsätzlich dagegen noch OLG Hamm NStZ 1984, 432; OLG Koblenz NStZ 1998, 398; OLG Schleswig ZfStrVo 1981, 64. Zusammenfassend zu dieser Diskussion *Thiele* 2016, 146 ff.
98 OLG Celle, StRR 2009, 75; OLG Karlsruhe ZfStrVo 2006, 112 und 301; K/S-*Schöch* 2002 § 7 Rdn. 99.
99 *Preusker* ZfStrVo 1989, 147.
100 *Buchert/Metternich/Hauser* ZfStrVo 1995, 259.
101 Ähnlich *Calliess* 1992, 159; K/S-*Schöch* 2002 § 7 Rdn. 99; OLG Hamm ZfStrVo 1999, 308.

BB mit seiner eindeutigen gesetzlichen Regelung – nicht.[102] Eine Ablehnung der Zulassung einer außerehelichen Lebensgefährtin ist möglich, wenn Anhaltspunkte dafür gegeben sind, dass die Ehe der Gefangenen noch substanziellen Bestand hat.[103] Die Vollzugsbehörde kann im Rahmen ihrer Ermessensentscheidung sowohl verheirateten Gefangenen als auch solchen, die mit einer Lebensgefährtin ein Kind haben, besonderen Vorrang bei der Verteilung der Besuchsmöglichkeiten einräumen. Eine schematische Benachteiligung stabiler nichtehelicher Beziehungen wäre jedoch ermessensfehlerhaft.[104]

27   Die **Ungeeignetheit** kann sich daraus ergeben, dass gegen den Strafgefangenen und seine Ehefrau, die ihn besuchen möchte, ein Ermittlungsverfahren eingeleitet wurde, weil in diesem Fall die Gefahr besteht, dass der unüberwachte Besuch zu unerlaubten Absprachen missbraucht wird.[105] Soweit Gefangene die Fortsetzung bereits gewährter Langzeitbesuche mit einer neuen Partnerin begehren, ist der Antrag neu zu bescheiden.[106] Ein Ausschluss soll nach der Rechtsprechung auch bei begründetem Verdacht des Drogenkonsums zulässig sein;[107] dem kann jedoch durch geeignete Kontrollen vorgebeugt werden. Mangelnde Beteiligung an Behandlungsmaßnahmen[108] sollte nicht schematisch als Ablehnungsgrund herangezogen werden. Das gilt auch im Fall des Leugnens der Straftat,[109] die der Vollstreckung zugrunde liegt.

28   In Betracht kommen Langzeitbesuche eher für langstrafige oder zu lebenslanger Freiheitsstrafe verurteilten Gefangene und solche, die auf absehbare Zeit keine Aussicht auf die Gewährung einer vollzugsöffnenden Maßnahme haben.[110] Im Rahmen der Ermessensausübung können **vorhandene Raumkapazitäten** berücksichtigt werden.[111] Zu einer angemessenen Gestaltung gehört, dass der Zugang zu den Räumen für Mitgefangene nicht einsehbar ist.[112]

29   **m)** § 24 Abs. 3 StVollzG hatte eine **Durchsuchung** von Besucherinnen und Besuchern nur aus Gründen der Sicherheit zugelassen. Damit sollte dem Bedürfnis entsprochen werden, in „extremen Fällen" sicherstellen zu können, dass keine Waffen oder andere gefährliche Gegenstände (etwa Ausbruchswerkzeuge) oder Schriftstücke mit sicherheitsgefährdendem Inhalt eingeschmuggelt werden.[113] Die Landesgesetze haben daran überwiegend festgehalten. Mehrere Länder (**BW** § 19 Abs. 4 JVollzGB III; **BY** Art. 27 Abs. 3; **HH** § 27 Abs. 1; **NI** § 25 Abs. 4; **NW** § 19 Abs. 5; **ST** § 35 Abs. 1) lassen jedoch schon die Wahrung der Ordnung der Anstalt als Durchsuchungsgrund ausreichen. **HH** nimmt darüber hinaus auf Behandlungsgründe Bezug.

---

102 BVerfG NStZ-RR 2001, 253; OLG Frankfurt StraFo 2016, 527; OLG Hamm ZfStrVo 1999, 308; OLG Koblenz NStZ 1998, 398; OLG Stuttgart ZfStrVo 2004, 53; a.A. OLG München NStZ 1994, 560; für bestimmte Gefangenengruppen AK-*Feest/Wegner* 2017 § 26 LandesR Rdn. 23; *C/MD* 2008 § 27 StVollzG Rdn. 8.
103 OLG Hamm ZfStrVo 1999, 308.
104 OLG Frankfurt NStZ-RR 2008, 261; OLG Frankfurt StraFo 2016, 527.
105 OLG Hamburg ZfStrVo 2005, 55; OLG München 29.7.1994 – 3 Ws 68/94.
106 KG 27.3.2006 – Ws 118/06.
107 OLG Hamm NStZ 1995, 381.
108 OLG Karlsruhe NStZ-RR 2004, 60; OLG Stuttgart ZfStrVo 2004, 53.
109 BVerfG 21.9.2018 -- 2 BvR 1649/17; OLG Stuttgart ZfStrVo 2004, 51.
110 OLG Frankfurt StraFo 2016, 527; *Böhm* 2003, Rdn. 269; ausführlich zum Meinungsstreit sowie zu ausländischen Erfahrungen *Britz* ZfStrVo 1998, 74; *Neibecker* ZfStrVo 1984, 335.
111 OLG Hamm BlStV 6/1993, 5; OLG Stuttgart ZfStrVo 2004, 51. Aus der Sicht der Vollzugspraxis spielt diese Frage eine wichtige Rolle (*Thiele* 2016, 259).
112 AK-*Feest/Wegner* 2017 § 26 LandesR Rdn. 24; *Laubenthal/Nestler/Neubacher/Verrel* 2015 E Rdn. 24.
113 RegE, BT-Drucks. 7/918, 58; SA, BT-Drucks. 7/3998, 14.

Durchsuchungen können aus **Sicherheitsgründen** insbesondere in Anstalten ange- 30
bracht sein, in denen als gefährlich beurteilte Gefangene einsitzen und die generell über
erhöhte Sicherungsvorkehrungen verfügen. In solchen Fällen ist auch die Anordnung der
Anstalt, aus Sicherheitsgründen alle Besucher einer Durchsuchung zu unterziehen, nicht
zu beanstanden; einer Einzelanordnung des Anstaltsleiters bedarf es dann also nicht.[114]
Auch die Anordnung des Anstaltsleiters, keine Besucher in einen im Eingangsbereich eingerichteten Warteraum einzulassen, die nicht vorher entsprechend durchsucht worden sind, ist davon gedeckt.[115] Bloße **Ordnungsgründe** rechtfertigen Durchsuchungen nur
in den genannten sechs Ländern. Die Erweiterung zielt auf die Verhinderung des Einschmuggelns von Alkohol, die nach der Rechtsprechung[116] nicht für die Sicherheit relevant ist.[117]

Die **Durchsuchung von Besucherinnen und Besuchern** erstreckt sich (wie bei Per- 31
sonenkontrollen z.B. auf Flughäfen) nur auf das Abtasten über der Kleidung und den Einsatz von Metalldetektoren, auch im Rahmen einer Sicherheitsschleuse.[118] Eine mit völliger
Entkleidung verbundene körperliche Durchsuchung würde hingegen in der Regel gegen
den Grundsatz der Verhältnismäßigkeit verstoßen und den durch Art. 1 Abs. 1 und Art. 2
Abs. 1 GG geschützten Persönlichkeits- und Intimbereich tangieren.[119] Das gilt auch für
Anstalten mit hohem Sicherheitsgrad. Lehnt ein Besucher es ab, sich durchsuchen zu
lassen, ist der Besuch abgelehnt.[120] Zwang darf gegen den Besucher nicht ausgeübt werden.[121]

Im geschlossenen Vollzug ist es heute weitgehend üblich, auch **Gefangene** vor und 32
nach dem Besuch durchsuchen zu lassen,[122] und zwar (wenn Anlass besteht) gründlicher
als die Besucher. Die Rechtsgrundlagen fallen in den Bereich der Sicherheit und Ordnung (s. 11 D). Die Intensität solcher Kontrollen ist im Einzelnen umstritten. Klar ist,
dass die Menschenrechte und der Grundsatz der Verhältnismäßigkeit zu wahren sind.[123]

n) Die **Verwaltungsvorschriften** zum StVollzG, die in einigen Ländern weiter gel- 33
ten, enthalten Sonderregelungen für kranke Gefangene (VV Nr. 4) und für ausländische
Gefangene (VV Nr. 5). **HE** trifft zusätzlich Regelungen über Besuchsbereiche und lässt
den Verzehr von Getränken sowie von Nahrungs- und Genussmitteln zu. **NI** sieht einge-
hendere Regelungen des Besuchsablaufs vor, etwa zur Möglichkeit der Übergabe von
Obst oder Tabakwaren.

II. Besuchsverbot

§ 25 StVollzG Baden-Württemberg Bayern	§ 20 JVollzGB III Art. 28 StVollzG

---

114 OLG Hamm NStZ 1981, 277; OLG Nürnberg StV 2002, 669; *Arloth/Krä* 2017 § 24 StVollzG Rdn. 6; *Laubenthal/Nestler/Neubacher/Verrel* 2015 E Rdn. 28.
115 BVerfG ZfStrVo 1982, 377.
116 OLG Celle StV 1986, 396 und ZfStrVo 1987, 185 mit krit. Anmerkung von *Bungert* NStZ 1988, 526.
117 Zur Begründung in **BY** LT-Drucks. 15/8101, 56.
118 OLG Nürnberg NJW 2002, 694; AK-*Feest/Wegner* 2017 § 28 LandesR Rdn. 3; *Laubenthal/Nestler/Neubacher/Verrel* 2015 E Rdn. 26.
119 *Arloth/Krä* 2017 § 24 StVollzG Rdn. 6; *Laubenthal/Nestler/Neubacher/Verrel* 2015 E Rdn. 27.
120 OLG Hamm NStZ 1981, 277; *Laubenthal/Nestler/Neubacher/Verrel* 2015 E Rdn. 28.
121 *Arloth/Krä* 2017 § 24 StVollzG Rdn. 6; *Laubenthal/Nestler/Neubacher/Verrel* 2015 E Rdn. 28.
122 *Böhm* 2003, Rdn. 260; *Kreuzer* StV 2006, 163.
123 Siehe zu Durchsuchungen mit Entkleidung z.B. BVerfGK 2, 102 (105); BVerfG NJW 2015, 3158; AK-*Feest/Wegner* 2017 § 28 LandesR Rdn. 4.

Berlin	§ 30 StVollzG
Brandenburg	§ 35 JVollzG
Bremen	§ 27 StVollG
Hamburg	§ 26 Abs. 6 StVollzG
Hessen	§ 33 Abs. 2 StVollzG
Mecklenburg-Vorpommern	§ 27 StVollzG
Niedersachsen	§ 26 JVollzG
Nordrhein-Westfalen	§ 25 StVollzG
Rheinland-Pfalz	§ 34 JVollzG
Saarland	§ 27 StVollzG
Sachsen	§ 27 StVollzG
Sachsen-Anhalt	§ 34 JVollzG
Schleswig-Holstein	§ 43 StVollzG
Thüringen	§ 35 JVollzG
ME	§ 27 StVollzG

1. Allgemeines

34 a) § 25 StVollzG ermächtigte den Anstaltsleiter, unter bestimmten Voraussetzungen Besuche zu untersagen. Der Gesichtspunkt der **Sicherheit oder Ordnung** sollte nach dem Willen des Gesetzgebers[124] den Aufgaben des Vollzugs entsprechend *notwendig gegenüber allen Bereichen durchdringen*.[125] Vor dem Hintergrund der Grundsätze der Erforderlichkeit und Verhältnismäßigkeit kann ein Besuchsverbot jedoch nur als **ultima ratio** in Frage kommen.[126] Als mildere Maßnahme kommt z.B. die Anordnung von akustisch überwachtem Einzelbesuch in Betracht.[127]

35 b) Die **Landesgesetze** von **BW** § 20 III, **BY** Art. 28, **HH** § 26 Abs. 6 und **NI** § 26 haben den Text des § 25 StVollzG ohne substantielle Änderungen übernommen. Die große Mehrheit der Länder hat – angelehnt an den ME – zusätzlich einen Untersagungsgrund des Opferschutzes eingeführt (so **BE** § 30, **BB** § 35, **HB** § 27, **HE** § 33 Abs. 2, **MV** § 27, **NW** § 25, **RP** § 34, **SL** § 27, **SN** § 27, **ST** § 34, **SH** § 43, **TH** § 35). Darunter sehen **BB**, **RP**, **ST** und **TH** einen vierten Untersagungsgrund des fehlenden Einverständnisses von Personensorgeberechtigten vor.

2. Erläuterungen im Einzelnen

36 a) Die Vorschriften über das Besuchsverbot enthalten Elemente, für die unterschiedliche **rechtliche Anforderungen** gelten. In allen Ländern kann ein Besuch untersagt werden, wenn zu befürchten ist, dass dadurch Sicherheit oder Ordnung der Anstalt gefährdet würde oder der Besuch zu einem schädlichen Einfluss auf die Gefangenen führen oder deren Eingliederung behindern würde. Bei den zentralen Begriffen „schädlicher Einfluss" (Rdn. 52) und „Behinderung der Eingliederung" (Rdn. 55) handelt es sich um **unbestimmte Rechtsbegriffe**, die der vollständigen Nachprüfung durch das Gericht

---

124 RegE, BT-Drucks. 7/918, 58.
125 RegE, BT-Drucks. 7/918, 58; ebenso SA, BT-Drucks. 7/3998, 14.
126 *Arloth/Krä* 2017 § 25 StVollzG Rdn. 1; *Laubenthal/Nestler/Neubacher/Verrel* 2015 E Rdn. 34.
127 OLG Frankfurt ZfStRVo 1988, 112; OLG Nürnberg NStZ 1999, 445; *Arloth/Krä* 2017 § 25 StVollzG Rdn. 1; *Laubenthal/Nestler/Neubacher/Verrel* 2015 E Rdn. 34.

unterliegen.¹²⁸ Erst die Entscheidung über die Rechtsfolge – Untersagung des Besuchs – ist eine **Ermessensentscheidung**.¹²⁹

b) Ein **generelles Besuchsverbot** gegenüber einer bestimmten Person ist ermessensfehlerhaft, wenn Gefahren für die Sicherheit oder Ordnung der Anstalt oder die Befürchtung eines schädlichen Einflusses bzw. der Behinderung der Eingliederung nicht in Bezug auf jeden Gefangenen bestehen.¹³⁰ Die Rechtsprechung hat ein Indiz für eine solche Situation darin gesehen, dass die Strafvollzugsbeauftragte einer politischen Partei gegenüber der Presse eine verzerrte Darstellung der Anstaltsverhältnisse verbreitete.¹³¹

c) Die Annahme einer Gefährdung der **Sicherheit oder Ordnung der Anstalt** schließt es im Rahmen der Ermessensausübung über ein Besuchsverbot nicht aus, den Besuch zu gestatten, sofern die Anstaltsleitung das damit verbundene Risiko verantwortet.¹³² Auf der anderen Seite kann die Anstaltsleitung bis zur Grenze des Grundsatzes der Verhältnismäßigkeit grundsätzlich jeden Besuch bestimmter Gefangener untersagen, selbst den von Angehörigen,¹³³ nicht aber den von Verteidigern, Rechtsanwälten und Notaren.

Die Sicherheit der Anstalt kann z.B. gefährdet sein, wenn sich aus angehaltenen Briefen ergibt, dass die Weitergabe **verschlüsselter Verhaltensanweisungen** an Gefangene zu befürchten ist.¹³⁴ Besuchsverbot können auch solche Personen erhalten, die außerhalb der Anstalt (ernsthaft) versucht haben, **Angehörige von Bediensteten zu bedrohen,** wenn dieses Verhalten darauf abzielte, Bedienstete einzuschüchtern und zu Pflichtverstößen zu verleiten.¹³⁵

Eine **Gefährdung der Ordnung** kommt in Betracht, wenn ein betrunkener oder unter Drogeneinfluss stehender Besucher¹³⁶ die Anstalt betreten will. Die Ordnung der Anstalt kann ferner z.B. durch das Einschmuggeln von Alkohol¹³⁷ gefährdet werden, durch das sonstiger Nahrungs- und Genussmittel über die Grenzen von VV oder der Hausordnung hinaus jedoch nur in geringerem Maße.¹³⁸

Der Besuch **früherer Mitgefangener** (oder Tatgenossen) begründet nicht von vornherein die Feststellung, dass eine Gefahr für die Sicherheit oder Ordnung der Anstalt vorliegt.¹³⁹ Allerdings wird es angemessen sein, die Zulassung solcher Besuche besonders sorgfältig zu prüfen.¹⁴⁰ Dabei wird es sowohl auf die Person der Gefangenen (z.B. Vorleben, Zahl und Art von Vorstrafen, Vollzugsverhalten, Stand der Vollstreckung, Beziehungen zur Außenwelt) als auch auf die Person des Besuchers (z.B. Entlassungszeit-

---

128 RegE, BT-Drucks. 7/918, 58; KG NStZ 1998, 479; OLG Hamm ZfStrVo **SH** 1979, 43; OLG München NStZ 2013, 364.
129 OLG Hamm ZfStrVo **SH** 1979, 37; OLG Zweibrücken ZfStrVo 1987, 304; *Arloth/Krä* 2017 § 25 StVollzG Rdn. 2; *Laubenthal/Nestler/Neubacher/Verrel* 2015 E Rdn. 30.
130 OLG Nürnberg ZfStrVo 1988, 185; *Laubenthal/Nestler/Neubacher/Verrel* 2015 E Rdn. 30.
131 OLG Nürnberg ZfStrVo 1988, 185 (186 f).
132 AK-*Feest/Wegner* 2017 § 27 LandesR Rdn. 2; *Grunau/Tiesler* 1982, § 25 StVollzG Rdn. 1.
133 *Arloth/Krä* 2017 § 25 StVollzG Rdn. 3; a.A. AK-*Feest/Wegner* 2017 § 27 LandesR Rdn. 2. Dazu auch LG Bayreuth ZfStrVo 1991, 242f; LG Hamburg ZfStrVo **SH** 1979, 42.
134 LG Hannover 4.12.1978 – 53 StVK 80/78.
135 OLG Koblenz ZfStrVo 1991, 313.
136 AK-*Feest/Wegner* 2017 § 27 LandesR Rdn. 4; *Arloth/Krä* 2017 § 25 StVollzG Rdn. 3; *Grunau/Tiesler* 1982, § 25 StVollzG Rdn. 1.
137 OLG Celle StV 1986, 396 und ZfStrVo 1987, 185.
138 AK-*Feest/Wegner* 2017 § 27 LandesR Rdn. 4.
139 AK-*Feest/Wegner* 2017 § 27 LandesR Rdn. 4; a.A. noch *Grunau/Tiesler* 1982, § 25 StVollzG Rdn. 1.
140 *Laubenthal/Nestler/Neubacher/Verrel* 2015 E Rdn. 31.

punkt, Verhalten nach der Entlassung, soziale Integration nach der Entlassung, neue Straftaten) sowie auf die Beziehung zwischen beiden und unter Umständen auch auf den Zweck des Besuches ankommen können.[141] Dafür kann die Einholung weiterer Auskünfte oder die Beiziehung von Strafakten in Betracht kommen.

42 d) Ein Besuch kann auch dann untersagt werden, wenn zu befürchten ist, dass die besuchende Person einen **schädlichen Einfluss auf Gefangene** ausüben oder deren Eingliederung behindern würde. Für die Frage, ob solche Einwirkungen zu befürchten sind, kommt es wiederum sowohl auf die persönlichen Eigenschaften der Gefangenen als auch auf die Person des Besuchers sowie auf den Besuchszweck an.[142] Insoweit sind objektiv fassbare Anhaltspunkte erforderlich, um ein Besuchsverbot zu rechtfertigen.[143] Die Beweislast für die Umstände, die einen schädlichen Einfluss auf den Insassen befürchten lassen, trägt die Anstalt.[144]

43 Für Besuche von **Journalisten** gelten keine anderen Maßstäbe. Einen allgemeinen Erfahrungssatz, nach dem die Eingliederung von Gefangenen durch Kontakte mit Medienvertretern behindert wird, gibt es im Übrigen nicht.[145]

44 Unter **schädlichem Einfluss** ist ausschließlich eine Einwirkung auf Gefangene zu verstehen, die diese zu weiteren Straftaten anregen kann.[146] Der Begriff umfasst alle Einwirkungen, die dem Vollzugsziel entgegengesetzt sind.[147] Solche Befürchtungen sind anhand konkreter Anhaltspunkte zu belegen, anonyme Hinweise allein genügen nicht.[148] Bei der Entscheidung dürfen anhängige Ermittlungsverfahren etwa wegen Verdachts von Organisationsdelikten berücksichtigt werden.[149] Die Rechtsprechung lässt einen belegbaren, dringenden Verdacht ausreichen, Besucherinnen oder Besucher verfolgten die Absicht, bei den Gefangenen eine generell feindselige und aufrührerische Haltung gegen die Vollzugsbehörde oder andere staatliche Institutionen hervorzurufen oder zu stärken.[150] Umstritten ist es, ob es auf die Einschätzung ankommt, dass Gefangene überhaupt noch schädlich zu beeinflussen sind.[151]

45 Der Begriff der **Behinderung der Eingliederung** ist gegenüber dem des „schädlichen Einflusses" weiter gefasst; er umfasst alle (negativen) Einflussnahmen, die dem Vollzugsziel der sozialen Integration entgegenstehen.[152] Diese Fassung soll es ermöglichen, bestimmte Besuchskontakte schon dann zu versagen, wenn die Eingliederung be-

---

141 OLG Nürnberg ZfStrVo 1983, 124 ff; OLG Zweibrücken NStZ 1987, 304; *Arloth/Krä* 2017 § 25 StVollzG Rdn. 3.
142 AK-*Feest/Wegner* 2017 § 27 LandesR Rdn. 5; *Laubenthal/Nestler/Neubacher/Verrel* 2015 E Rdn. 36.
143 OLG München NStZ 2013, 364; OLG Nürnberg NStZ 1999, 445.
144 OLG Nürnberg NStZ 1999, 445; AK-*Feest/Wegner* 2017 § 27 LandesR Rdn. 5; *Böhm* 2003, Rdn. 267.
145 KG NJW 1998, 3367; OLG München NStZ 2013, 364; AK-*Feest/Wegner* 2017 § 27 LandesR Rdn. 6; *Matthes* 2005, 230 ff; *Tolmein* ZRP 1997, 246 ff; a.A. wohl *Arloth/Krä* 2017 § 25 StVollzG Rdn. 5.
146 RegE, BT-Drucks. 7/918, 58.
147 RegE, BT-Drucks. 7/918, 58; AK-*Feest/Wegner* 2017 § 27 LandesR Rdn. 5; *Laubenthal/Nestler/Neubacher/Verrel* 2015 E Rdn. 35.
148 OLG Frankfurt StV 1994, 431 mit Anm. *Bemmann*; AK-*Feest/Wegner* 2017 § 27 LandesR Rdn. 5; *Arloth/Krä* 2017 § 25 StVollzG Rdn. 4; *Laubenthal/Nestler/Neubacher/Verrel* 2015 E Rdn. 36.
149 LG Lübeck ZfStrVo **SH** 1978, 27.
150 OLG Frankfurt ZfStrVo 1979, 125; OLG Frankfurt ZfStrVo 1987, 112; OLG Frankfurt ZfStrVo 1988, 188; OLG Nürnberg ZfStrVo 1988, 188; OLG Nürnberg NStZ 1999, 445; ebenso *Arloth/Krä* 2017 § 25 StVollzG Rdn. 4; *Laubenthal/Nestler/Neubacher/Verrel* 2015 E Rdn. 36.
151 Dafür OLG Zweibrücken NStZ 1987, 95; dagegen OLG Nürnberg ZfStrVo 1988, 188; *Arloth/Krä* 2017 § 25 StVollzG Rdn. 4.
152 RegE, BT-Drucks. 7/918, 58; KG NJW 1998, 3367; *Arloth/Krä* 2017 § 25 StVollzG Rdn. 5; einschränkend AK-*Feest/Wegner* 2017 § 27 LandesR Rdn. 5; *Laubenthal/Nestler/Neubacher/Verrel* 2015 E Rdn. 35.

hindert würde, ohne dass deren Erheblichkeit für eine künftige straffreie Lebensführung nachzuweisen ist. Gedacht ist dabei, wie die Entstehungsgeschichte zeigt, immer an die Befürchtung eines Zusammenhangs mit kriminellen Verhaltensweisen. Ein solcher Nachweis im strengen Sinne könne nicht in allen berechtigten Fällen geführt werden.[153]

Diese Untersagungsgründe gelten **nicht gegenüber von Angehörigen**. Ihre Besuche können also nicht deshalb untersagt werden, weil ein schädlicher Einfluss oder eine Behinderung der Eingliederung zu befürchten wäre. Der Gesetzgeber hat diese Regelung mit Rücksicht auf die grundrechtlich geschützte Stellung der Familie (Art. 6 Abs. 1 GG) getroffen; ungünstige familiäre Verhältnisse auszuschalten, könne nicht Aufgabe des Vollzugs sein, weil eine Konfrontation mit solchen Einflüssen nach der Entlassung ohnehin wahrscheinlich sei.[154] Der Kreis der Angehörigen ist aus Gründen der Rechtsklarheit gesetzlich definiert worden, und zwar durch Übernahme des Angehörigenbegriffs aus § 11 Abs. 1 Nr. 1a und b StGB: Ehegatten und Lebenspartnerinnen (im Sinne des Lebenspartnerschaftsgesetzes), Verwandte in gerader Linie wie Eltern und Kinder, Verschwägerte in gerader Linie wie Schwiegereltern und Stiefkinder, Geschwister, Ehegatten der Geschwister, Geschwister der Ehegatten sowie Pflegeeltern und Pflegekinder. Einbezogen werden Verlobte, auch solche im Sinne des Lebenspartnerschaftsgesetzes. Es kommt nicht darauf an, ob Ehe, Lebenspartnerschaft oder Verwandtschaft noch bestehen. Dieser Kreis der Angehörigen ist damit enger gezogen als der „nahestehender Personen".[155] **46**

e) Schon unter der Geltung des StVollzG sind Gerichtsentscheidungen bekannt geworden, in denen ein **Besuchsverbot aus Gründen des Opferschutzes** ausgesprochen wurde. Die Rspr. hat beispielsweise ein Besuchsverbot gegenüber minderjährigen Angehörigen eines Gefangenen für zulässig gehalten, wenn es sich um Opfer eines von diesem vielfach verübten sexuellen Missbrauchs von Kindern handelte.[156] Im Anschluss an ME § 27 haben die meisten Landesgesetze einen eigenständigen Untersagungsgrund eingeführt. Dessen Begründung beruft sich auf die Europäischen Strafvollzugsgrundsätze (REC Nr. 24.2). Opfer sollen auf diese Weise davor bewahrt werden, dass sie die Wirkungen einer Begegnung mit den Gefangenen nicht einschätzen können und psychischen Schaden nehmen, minderjährige Tatopfer sollen unabhängig vom Willen der Personensorgeberechtigten, von der Kenntnis des Jugendamtes und einem möglichen Verwandtschaftsverhältnis geschützt werden.[157] **47**

Die Landesgesetze sehen den Opferschutz in **mehreren Varianten** vor. Die meisten Gesetze lehnen sich eng an den ME an und stellen allgemein auf Opfer oder Verletzte der Straftat und die Befürchtung ab, dass die Begegnung mit den Gefangenen diesen Personen schadet oder auf sie einen schädlichen Einfluss hat (so **BE** § 30 Nr. 3, **BB** § 35 Nr. 3, **HB** § 27 Nr. 3, **HE** § 33 Abs. 2 Nr. 3, **MV** § 27 Nr. 3, **RP** § 34 Nr. 3, **SL** § 27 Nr. 3, **ST** § 34 Nr. 3, **TH** § 35 Nr. 3). Gesetze, die auch den Vollzug der Untersuchungshaft regeln, lassen für die Opfereigenschaft die Nennung dieser Personen im Haftbefehl ausreichen (**BB, RP, ST, TH**). **SN** § 27 Nr. 3 beschränkt den Schutzbereich auf minderjährige Personen, ebenso wie **SH** § 43 Abs. 2, wo in erster Linie eine Information des Jugendamts und ein familien- **48**

---

[153] RegE, BT-Drucks. 7/918, 58.
[154] RegE, BT-Drucks. 7/918, 58.
[155] SA, BT-Drucks. 7/3998, 12.
[156] OLG Nürnberg ZfStrVo 1999, 182 mit krit. Anm. von *Rixen* ZfStrVo 2001, 278; *Arloth/Krä* 2017 § 25 StVollzG Rdn. 5; *Laubenthal/Nestler/Neubacher/Verrel* 2015 E Rdn. 37.
[157] ME-Begründung, S. 97 f.

gerichtliches Kontaktverbot angestrebt wird. **NW** § 25 Nr. 3 gilt nicht nur für Besuche, sondern auch für Schriftwechsel und Telefongespräche und lässt die Befürchtung nachteiliger Auswirkungen auf Opfer der Straftaten oder gefährdete Dritte ebenso ausreichen wie deren Widerspruch gegen eine Kontaktaufnahme.

49 **Opfer der Straftat** sind solche Personen, deren Schädigung durch eine Straftat der zu besuchenden Gefangenen aufgrund eines Gerichtsurteils feststeht. Ihre Nennung in einem Haftbefehl ist für den Strafvollzug nicht von Bedeutung.[158] Dass fast alle Gesetze den eher umgangssprachlichen Begriff „Opfer" und nicht den im Strafverfahrensrecht eingeführten Terminus „Verletzte" gebrauchen, erscheint nicht ganz unproblematisch.[159] Die Erstreckung des Schutzbereichs auf „gefährdete Dritte" in **NW** zielt nach der Begr. auf mögliche künftige Opfer im sozialen Empfangsraum nach einer Entlassung.[160] Ein Besuchsverbot erscheint in solchen Fällen nur dann angemessen, wenn konkrete Anhaltspunkte für eine solche Gefährdung vorliegen. Dann wird eine Untersagung typischerweise bereits aufgrund anderer Verbotsgründe in Betracht kommen.[161] Soweit sich die Landesgesetze allein auf minderjährige Verletzte beziehen, gilt die Altersgrenze des § 2 BGB (s. Rdn. 26).

50 Die Vorschriften greifen unabhängig davon ein, ob die potentiellen Besucher **Angehörige der Gefangenen** sind.[162] Soweit dies der Fall ist, entsteht ein Konflikt mit der Pflicht, Kontakte zu Angehörigen und den Gefangenen nahe stehenden Personen zu fördern (s. Rdn. 9 f). Schon aus Verhältnismäßigkeitsgründen sollte ein Besuchsverbot nur ein letztes Mittel sein. Gefangenen ist nicht zu raten, sich ohne Vermittlung etwa durch die Anstalt an Verletzte zu wenden. Soweit sich (erwachsene) Verletzte von sich aus um einen Besuch bemühen, kann die Anstalt Vorgespräche, eine fachliche Begleitung oder die Anwesenheit weiterer Personen anregen.[163] Wie Konzepte des Täter-Opfer-Ausgleichs (§ 46a Nr. 1 StGB, § 155a StPO) und der *Restorative Justice* zeigen, gelten persönliche Kontakte zwischen Gefangenen und Verletzten unter bestimmten Voraussetzungen als aussichtsreich und erwünscht.[164] Das ist, wie in den Materialien zum Ausdruck kommt, im Rahmen der opferbezogenen Vollzugsgestaltung zu berücksichtigen.[165]

51 f) Ein Untersagungsgrund des fehlenden **Einverständnisses von Personensorgeberechtigten** ist nur in den Landesgesetzen von **BB**, **RP**, **ST** und **TH** vorgesehen, die auch den Jugendstrafvollzug umfassen. Die Entstehungsgeschichte legt die Annahme nahe, dass es sich um eine für den Jugendstraf- und -untersuchungshaftvollzug spezifische Einschränkungsmöglichkeit handelt und allein die Personensorgeberechtigten junger Gefangener gemeint sind.[166]

---

158 Ebenso wohl *Arloth/Krä* 2017 § 35 BbgJVollzG Rdn. 1.
159 AK-*Feest/Wegner* 2017 § 27 LandesR Rdn. 12; *Leuschner/Schwanengel* 2015, 16 ff.
160 Begr. zum Gesetzentwurf **NW**, LT-Drucks. 16/5413, S. 87.
161 *Arloth/Krä* 2017 § 25 StVollzG Rdn. 5.
162 *Laubenthal/Nestler/Neubacher/Verrel* 2015 E Rdn. 37.
163 AK-*Feest/Wegner* 2017 § 27 LandesR Rdn. 12.
164 *Kaspar/Mayer* FS 2015, 261 ff; *Kilchling* 2017.
165 Siehe z.B. Begr. zum Gesetzentwurf **NW**, LT-Drucks. 16/5413, S. 86 f.
166 Weitgehend übereinstimmend Begr. zum Gesetzentwurf **BB**, LT-Drucks. 5/6437, S. 44; Begr. zum Gesetzentwurf **RP**, LT-Drucks. 16/1910, S. 129 f; Begr. zum Gesetzentwurf **TH**, LT-Drucks. 5/6700, S. 105.

III. Besuche von Verteidigern, Rechtsanwälten und Notaren

§ 26 StVollzG	
Baden-Württemberg	§ 22 JVollzGB III
Bayern	Art. 29 StVollzG
Berlin	§ 29 Abs. 5, § 31 Abs. 2, 4 und 6 StVollzG
Brandenburg	§§ 34 Abs. 5, 36 Abs. 1 JVollzG
Bremen	§§ 26 Abs. 5, 28 Abs. 1 StVollG
Hamburg	§ 28 StVollzG
Hessen	§§ 33 Abs. 3, 34 Abs. 3 StVollzG
Mecklenburg-Vorpommern	§§ 26 Abs. 5, 28 Abs. 1 StVollzG
Niedersachsen	§ 27 JVollzG
Nordrhein-Westfalen	§ 26 Abs. 1–2 StVollzG
Rheinland-Pfalz	§§ 33 Abs. 6, 35 Abs. 1 JVollzG
Saarland	§§ 26 Abs. 5, 28 Abs. 1 StVollzG
Sachsen	§§ 26 Abs. 5, 28 Abs. 6 StVollzG
Sachsen-Anhalt	§§ 33 Abs. 6, 35 Abs. 1 JVollzG
Schleswig-Holstein	§ 45 StVollzG
Thüringen	§§ 34 Abs. 6, 36 Abs. 1 JVollzG
ME	§§ 26 Abs. 5, 28 Abs. 3 und 5 StVollzG

1. Besuche von Angehörigen der genannten Berufsgruppen zum Zweck rechtlicher Beratung hatte bereits § 26 StVollzG **ohne Einschränkung in Bezug auf Zeit und Häufigkeit** gestattet.[167] Die Landesgesetze haben daran festgehalten und vereinzelt Modifikationen vorgenommen. Eine Beschränkung ist nur ausnahmsweise im Fall der Kontaktsperre vorgesehen (s. Rdn. 65). 52

Mit „Zeit" ist „Dauer" gemeint.[168] In zeitlicher Hinsicht sollten Absprachen (z.B. mit der Anwaltskammer) dahingehend möglich sein, dass die Besuche **möglichst in der üblichen Dienstzeit** abgewickelt werden, also nicht in die Zeit des Einschlusses der Gefangenen für die Nachtzeit fallen. Eine entsprechende Festlegung der regelmäßigen Besuchszeiten sehen die Landesgesetze teilweise ausdrücklich vor (**NI** § 27 Satz 2). Soweit Rechtsprechung und Gesetzesmaterialien allgemeiner auf die „organisatorische Zumutbarkeit" für die Anstalt abstellen,[169] hat dieser Gedanke in den Gesetzestexten keinen Niederschlag gefunden. Für Fälle der Eilbedürftigkeit (z.B. überraschende Vollzugsentscheidungen) ist auch am Wochenende für Verteidiger ein Besuch zu ermöglichen.[170] 53

Die Besuche dürfen nur zum Zwecke der Besprechung von die **Gefangenen betreffenden Rechtssachen** durchgeführt werden. Es kommt jedoch nicht darauf an, auf welches Rechtsgebiet sich die Beratung bezieht, ob ein enger Zusammenhang mit dem laufenden Strafvollstreckungsverfahren besteht und ob überhaupt ein behördliches oder gerichtliches Verfahren eingeleitet ist.[171] Zur **Verteidigertätigkeit** gehört nicht nur die Beistandsfunktion im Erkenntnis- und Rechtsmittelverfahren, sondern auch im Wiederaufnahmeverfahren einschließlich dessen Vorbereitung sowie in Neben- und Folge- 54

---

167 SA, BT-Drucks. 7/3998, 14; *Laubenthal/Nestler/Neubacher/Verrel* 2015 E Rdn. 48.
168 OLG Hamm NStZ 1985, 432; Meyer-Goßner/*Schmitt* § 148 Rdn. 9.
169 OLG Frankfurt 23.8.2018 – 3 Ws 975/17; Begr. zum Gesetzentwurf **HE**, LT-Drucks. 18/1396, S. 97.
170 AK-*Feest/Wegner* 2017 § 26 LandesR Rdn. 15.
171 AK-*Feest/Wegner* 2017 § 26 LandesR Rdn. 14; *Laubenstein* 1984, 229. Enger LG Wuppertal NStZ 1992, 152; *Arloth/Krä* 2017 § 26 StVollzG Rdn. 1; Voraufl. § 26 StVollzG Rdn. 3.

verfahren wie etwa dem Vollstreckungsverfahren insgesamt, der nachträglichen Gesamtstrafenbildung, dem Widerruf der Strafaussetzung zur Bewährung, der bedingten Aussetzung des Strafrestes oder in Gnadensachen.[172] Einzubeziehen ist jeweils die Vorbereitung solcher Verfahren.[173] Zum Tätigkeitsbereich der Verteidigung gehört sowohl der Beistand in **Strafvollzugssachen**[174] als auch die allgemeine rechtliche Beratung im Zusammenhang mit der Entlassungsvorbereitung.[175] Wegen des engen rechtlichen Zusammenhangs zählt hierzu auch die Beratung in aufenthaltsrechtlichen Fragen.[176]

55   Eine inhaltliche Begrenzung des Besuchsrechts ergibt sich naturgemäß (auch ohne ausdrückliches Verbot) schon aus den Aufgaben, die Verteidiger, Rechtsanwältinnen oder Notare wahrzunehmen haben. Aus der konkreten Art der Unterbringung, etwa bei besonderen Sicherungsmaßnahmen, folgt keine Beschränkung des Besuchsrechts.[177] Eine eng zu begrenzende Ausnahme von der generellen Gestattung hat das **Kontaktsperregesetz** vom 30.9.1977[178] eingeführt, das zuletzt mit Wirkung vom 5.9.2017 geändert wurde.[179] Danach darf der Kontakt von Gefangenen zu Mitgefangenen und mit der Außenwelt, in besonderen Fällen und lediglich außerhalb des gerichtlichen Hauptverfahrens, also auch bei Strafgefangenen, einschließlich des schriftlichen und mündlichen Verkehrs mit der Verteidigung,[180] unterbrochen werden, wenn Gefangene wegen Straftaten im Zusammenhang mit einer terroristischen Vereinigung (§§ 129a Abs. 1, 129b Abs. 1 StGB) rechtskräftig verurteilt sind oder sich wegen eines entsprechenden Tatverdachts in Untersuchungshaft befinden und eine gegenwärtige Gefahr für Leben, Leib oder Freiheit einer Person besteht (§ 31 EGGVG). Das BVerfG hat das Kontaktsperregesetz, das seither nie angewandt wurde, mit dem Grundgesetz für vereinbar erklärt.[181] Nach § 34a EGGVG haben betroffene Gefangene das Recht auf Beiordnung eines Rechtsanwalts als Kontaktperson, der der Sperre nicht unterliegt und vom Landgerichtspräsidenten am Ort der Vollzugsanstalt nach pflichtgemäßem Ermessen ausgesucht wird.[182]

56   Verteidigerinnen und Verteidiger müssen sich gegenüber der Anstalt durch Vollmacht der Gefangenen oder Bestellungsanordnung des Gerichts **ausweisen**.[183] Die Vollmacht kann, um das Verfahren zu vereinfachen, noch unmittelbar vor dem Besuch bei den Gefangenen eingeholt werden, solange der Verteidiger an der Anstaltspforte wartet.[184] Zur weiteren Legitimation wird in der Regel die Vorlage des bundeseinheitlichen Anwaltsausweises (mit Lichtbild) oder des Personalausweises ausreichen; in Zweifelsfäl-

---

172   OLG München NJW 1978, 654; *Laubenthal/Nestler/Neubacher/Verrel* 2015 E Rdn. 49.
173   OLG Nürnberg NStZ 1984, 191; *Laubenthal/Nestler/Neubacher/Verrel* 2015 E Rdn. 49.
174   LG Nürnberg-Fürth ZfStrVo 1979, 125; OLG Celle NStZ 1981, 116; K/S-*Schöch* 2002 § 7 Rdn. 109.
175   LG Bielefeld BlStV 2/1983, 1; anders noch Voraufl. § 26 StVollzG Rdn. 3.
176   *Heghmanns* 2012, 62 ff; *Pollähne/Woynar* 2014, Rdn. 141 ff, 388, 423; *Trurnit* StraFo 2006, 226 ff. Anders *Arloth/Krä* 2017 § 26 StVollzG Rdn. 1; Voraufl. § 26 StVollzG Rdn. 3.
177   OLG Frankfurt 23.8.2018 – 3 Ws 975/17.
178   BGBl I, 1877. Zur kritischen Diskussion etwa *Schulte* 2008, 135 ff.
179   Zweites Gesetz zur Stärkung der Verfahrensrechte von Beschuldigten im Strafverfahren und zur Änderung des Schöffenrechts vom 27.8.2017 (BGBl I, 3295).
180   Gesetzentwurf der Bundesregierung: Entwurf eines Zweiten Gesetzes zur Stärkung der Verfahrensrechte von Beschuldigten im Strafverfahren und zur Änderung des Schöffenrechts vom 5.9.2016, BT-Drucks. 18/9534, S. 24 ff.
181   BVerfGE 49, 24.
182   *Hirsch* 2003, 117 ff.
183   VV zu § 26 StVollzG Abs. 1 Satz 1, Abs. 2; LG Wuppertal NStZ 1992, 152; AK-*Feest/Wegner* 2017 § 26 LandesR Rdn. 16 f.
184   OLG Frankfurt ZfStrVo 1992, 67.

len kann telefonisch bei der Kanzlei oder der Anwaltskammer nachgefragt werden. Eine entsprechende Überprüfung ist in Zweifelsfällen auch bei (anderen) Rechtsanwälten, Notarinnen, Rechtsbeiständen und Referendarinnen (§ 139 StPO) erforderlich.[185]

2. Einer **Durchsuchung** unterliegen Angehörige der genannten Berufsgruppen 57 ausschließlich **aus Sicherheitsgründen**, also in keinem Fall aus Ordnungsgründen (s. Rdn. 40).[186] Aus der Sonderstellung des Berufsstandes ergibt sich gleichwohl: je stärker die körperliche Durchsuchung in den Persönlichkeits- und Intimbereich eingreift, desto schwerer müssen auch die Verdachtsmomente wiegen.[187] Die Durchsuchung erstreckt sich auf die Verhinderung des Einschleusens von Waffen oder anderer sicherheitsgefährdender Gegenstände, wie z.B. von Ausbruchswerkzeugen.[188] Bei der Mitnahme von Getränken, die in manchen Ländern für Besuche generell in einem gewissen Umfang zugelassen werden (s. Rdn. 43), kommt es auf den Einzelfall an.[189]

Grundsätzlich kann eine Durchsuchung auch die **inhaltliche Überprüfung von** 58 **mitgeführten Schriftstücken** umfassen. Denn die Sicherheit der Anstalt kann auch durch Übergabe von Schriftstücken gefährdet werden, z.B. bei Mitteilungen oder Skizzen zur Vorbereitung der Flucht oder einer Meuterei.[190] Das galt nach § 26 Satz 2 StVollzG auch für Angehörige rechtsberatender Berufsgruppen, soweit sie nicht die Verteidigung der Gefangenen übernommen hatten; lediglich im Fall der Verteidigung war die inhaltliche Überprüfung von Schriftstücken und sonstigen Unterlagen nicht zulässig (§ 26 Satz 3 StVollzG). An dieser Unterscheidung haben die Landesgesetze zum größten Teil festgehalten. Einzelne Gesetze sehen vor, dass bei Angehörigen der Rechtsanwaltschaft – unabhängig von der Übernahme der Verteidigung – und des Notariats keine inhaltliche Überprüfung von Schriftstücken erfolgen darf (**BE** § 31 Abs. 2; **HH** § 28 Abs. 3; **SN** § 28 Abs. 6 Satz 1).

3. Dementsprechend weisen die meisten Landesgesetze wie früher § 26 Satz 3 59 StVollzG **Verteidigerinnen und Verteidigern** eine **Sonderstellung** zu. Im Verhältnis zu von ihnen verteidigten Strafgefangenen ist eine inhaltliche Überprüfung der Unterlagen grundsätzlich unzulässig. Das betrifft mitgeführte Schriftstücke und sonstige Unterlagen; damit sind Gegenstände gemeint, die einen gedanklichen Inhalt verkörpern, also Abbildungen, Filme und Tonträger unabhängig von der Art der Aufzeichnung.[191] Andere Gegenstände, die diese Voraussetzungen nicht erfüllen, gehören selbst dann nicht zu den Unterlagen, wenn es sich um Beweismittel im Verfahren handelt.[192]

Diese Sonderstellung gilt in **BE**, **HH** und **SN** auch für andere Rechtsanwältinnen und 60 Rechtsanwälte sowie Notarinnen und Notare. Umgekehrt sehen **HE** § 34 Abs. 3 und **NW** § 26 Abs. 1 Satz 2 die Möglichkeit einer inhaltlichen Überprüfung von Schriftstücken und anderen Unterlagen selbst beim Bestehen eines Verteidigungsverhältnisses vor. Diese Verschlechterung des Schutzes der Verteidigungssphäre gegenüber dem StVollzG wird

---

185 VV zu § 26 StVollzG Abs. 1 Satz 2 und Abs. 2.
186 OLG Hamm NStZ 1981, 277; AK-*Feest/Wegner* 2017 § 28 LandesR Rdn. 21; *Arloth/Krä* 2017 § 26 StVollzG Rdn. 4.
187 AK-*Feest/Wegner* 2017 § 28 LandesR Rdn. 21; *Laubenthal/Nestler/Neubacher/Verrel* 2015 E Rdn. 52.
188 SA, BT-Drucks. 7/3998, 14.
189 OLG Frankfurt NStZ 1992, 455.
190 SA, BT-Drucks. 7/3998, 14.
191 SA BT-Drucks. 7/3998, 15; EGMR 25.7.2013 – 11082/06 u.a. (Khodorkovskiy und Lebedev ./. Russland); *Arloth/Krä* 2017 § 26 StVollzG Rdn. 4; *Laubenthal/Nestler/Neubacher/Verrel* 2015 E Rdn. 53.
192 SA BT-Drucks. 7/3998, 15.

in den Materialien nicht weiter begründet.[193] Die Begründung des Gesetzentwurfs von **NW** enthält lediglich den Hinweis, dass eine Entkleidung mit der Durchsuchung nicht verbunden werden darf.[194]

61 Soweit die Sonderstellung der Verteidigung geht, ist eine **inhaltliche Überprüfung** der mitgeführten Schriftstücke und sonstigen Unterlagen auf deren gedanklichen Inhalt **nicht zulässig**.[195] Insoweit stimmen die Vorschriften mit § 148 Abs. 1 StPO überein, wo nicht auf freiem Fuße befindlichen Beschuldigten der unbehinderte mündliche und schriftliche Verkehr mit der Verteidigung gestattet ist. Die mitgeführten Unterlagen dürfen aber daraufhin durchgesehen, abgetastet oder geröntgt werden, ob in ihnen andere Gegenstände enthalten sind.[196] Während das BVerfG das Durchblättern von Handakten zugelassen hat, wenn sichergestellt ist, dass vom gedanklichen Inhalt der Schriftstücke und Unterlagen keine Kenntnis genommen wird,[197] hat die neuere Rechtsprechung auch deren oberflächliche Durchsicht für unzulässig erklärt.[198] Verteidiger können selbst entscheiden, in welcher Weise sie Aufzeichnungen machen oder Unterlagen archivieren. Daher kann die Mitnahme eines Notebooks oder ähnlicher elektronischer Geräte für das Mandantengespräch nicht verwehrt werden, wenn die dafür erforderlichen Unterlagen darauf gespeichert sind.[199]

62 Soweit **HE** § 34 Abs. 3 und **NW** § 26 Abs. 1 Satz 2 die Möglichkeit einer inhaltlichen Überprüfung von Verteidigungsunterlagen zulassen, ist ein konkreter Missbrauchsverdacht zu fordern. Diese Einschränkung folgt aus der besonderen Stellung der Verteidigung als Teil des Rechts auf ein faires Verfahren (Art. 6 Abs. 3 MRK),[200] die durch die Europäischen Strafvollzugsgrundsätze (REC Nr. 23.4-23.5) bekräftigt und ausgedehnt wird. Alle anderen Landesgesetze folgen § 26 i. V. mit § 29 Abs. 1 Satz 2 und 3 StVollzG und §§ 148 Abs. 2, 148a StPO, wonach eine inhaltliche Kontrolle von Schriftstücken im Verteidigungsverhältnis nur aufgrund gerichtlicher Anordnung und bei Verurteilungen wegen **Straftaten nach §§ 129a, 129b StGB** (Bildung terroristischer Vereinigungen) zulässig ist, soweit nicht vollzugsöffnende Maßnahmen bestehen.[201]

63 Die **Durchsuchung von Verteidigerinnen und Verteidigern** kann nur dann in Betracht kommen, wenn aufgrund konkreter Anhaltspunkte eine Gefährdung der Sicherheit zu erwarten ist.[202] Bloße Ordnungsinteressen (etwa Verdacht des Einschmuggelns von Alkohol) reichen dafür nicht aus.[203] Das ergibt sich bereits aus der – widerleglichen – Vermutung der Integrität dieses Berufsstandes.[204] Nur dann, wenn diese Vermutung durch einen begründeten Verdacht erschüttert ist, ist eine Durchsuchung überhaupt

---

193 Begr. zum Gesetzentwurf **HE**, LT-Drucks. 18/1396, S. 98; Begr. zum Gesetzentwurf **NW**, LT-Drucks. 16/5413, S. 107.
194 Begr. zum Gesetzentwurf **NW**, LT-Drucks. 16/5413, S. 107. AK-*Feest/Wegner* 2017 § 28 LandesR Rdn. 21 begründen dies mit einer verfassungskonformen Auslegung des Gesetzes.
195 SA BT-Drucks. 7/3998, 15.
196 SA BT-Drucks. 7/3998, 15.
197 BVerfGE 38, 26 (30); ebenso Voraufl. § 26 StVollzG Rdn. 9.
198 OLG Frankfurt NStZ-RR 2003, 254; OLG Nürnberg StV 2004, 389; ebenso *Laubenthal/Nestler/Neubacher/Verrel* 2015 E Rdn. 53.
199 *Laubenthal/Nestler/Neubacher/Verrel* 2015 E Rdn. 53.
200 EGMR 25.7.2013 – 11082/06 u.a. (Khodorkovskiy und Lebedev ./. Russland); *Demko* 2014, 230 ff; *Gaede* 2007, 497 ff.
201 *Arloth/Krä* 2017 § 26 StVollzG Rdn. 5.
202 OLG Celle NStZ 1989, 95; *Arloth/Krä* 2017 § 26 StVollzG Rdn. 4; *Laubenthal/Nestler/Neubacher/Verrel* 2015 E Rdn. 52.
203 OLG Celle StV 1986, 396.
204 So auch AE-StVollzG 1973, 177; *Laubenthal/Nestler/Neubacher/Verrel* 2015 E Rdn. 52.

zulässig.²⁰⁵ Die einschlägige Rechtsprechung zur Verteidigung von Untersuchungsgefangenen²⁰⁶ ist auf den Strafvollzug grundsätzlich übertragbar.²⁰⁷ Der SA hat in anderem Zusammenhang deutlich gemacht, dass eine unterschiedliche Regelung insoweit unsachgemäß wäre;²⁰⁸ dies ergibt sich schon daraus, dass die Risiken beim Verkehr mit Strafgefangenen grundsätzlich geringer sind als beim Verkehr mit Untersuchungsgefangenen, durch den die Wahrheitsfindung im Strafverfahren berührt werden könnte. Wenn also für eine Durchsuchung der Verteidiger von Untersuchungsgefangenen konkrete Anhaltspunkte verlangt werden, muss diese Einschränkung der Durchsuchung erst recht für den Verkehr mit Strafgefangenen gelten.

Die (alleinige) Begründung, **„aus Sicherheitsgründen"** werde die körperliche Durchsuchung des Verteidigers angeordnet, reicht für das Vorliegen eines konkreten Anhaltspunktes für eine Missbrauchsgefahr nicht aus.²⁰⁹ Eine Durchsuchung des Verteidigers als besondere Sicherheitsvorkehrung soll nach älterer Rspr. dann gerechtfertigt sein, wenn bei dem zu besuchenden Häftling in erhöhtem Maße Flucht- und Verdunkelungsgefahr besteht,²¹⁰ nach Sprengstoffanschlägen weitere angekündigt und die gewaltsame Befreiung von Gefangenen propagiert worden ist²¹¹ oder wegen der Schwere der dem Inhaftierten vorgeworfenen Straftat ein dringendes Bedürfnis besteht, durch besondere Vorsicht auch fernliegende Risiken weitgehend auszuschließen.²¹² Diese Rspr. aus der Zeit vor Inkrafttreten des StVollzG lässt sich nicht unbesehen in die Gegenwart übertragen. Von Oberlandesgerichten gebilligt wurden auch Dienstanweisungen, mit denen die **Durchsuchung aller die Anstalt besuchenden Verteidiger** angeordnet wurde.²¹³

64

4. Während die meisten Landesgesetze die erläuterten Sondervorschriften wie früher § 26 StVollzG auf die juristischen Berufsgruppen der Strafverteidigung, der Rechtsanwaltschaft und des Notariats beschränken, sind in einzelnen Ländern **Erweiterungen des Anwendungsbereichs** eingeführt worden. So erstreckt **BY** Art. 29 die Vorschriften auf Mitarbeiterinnen und Mitarbeiter der Gerichtshilfe, der Bewährungshilfe und der Führungsaufsichtsstellen. **SN** § 26 Abs. 5 erweitert sie auf Mitglieder des Deutschen Bundestags und aller Landesparlamente sowie auf die des Europäischen Parlaments. Soweit für diese Gruppen keine ausdrückliche Regelung getroffen wurde, ist fraglich, ob die allgemeinen Besuchsvorschriften anwendbar sind (s. Rdn. 21 f).

65

IV. Überwachung der Besuche

§ 27 StVollzG	
Baden-Württemberg	§ 21 JVollzGB III
Bayern	Art. 30 StVollzG
Berlin	§§ 31 Abs. 3–7, 32 Abs. 1 StVollzG
Brandenburg	§§ 36 Abs. 2–6, 37 Abs. 1 Nr. 2 JVollzG
Bremen	§§ 28 Abs. 2–6, 29 Abs. 2 StVollG

---

205 *Rupp/Hanack* JR 1971, 273 (277 f).
206 BVerfGE 38, 26 (27); OLG Saarbrücken NJW 1978, 1446.
207 OLG Nürnberg NJW 2002, 694; *Laubenthal/Nestler/Neubacher/Verrel* 2015 E Rdn. 52.
208 BT-Drucks. 7/3998, 14.
209 OLG Saarbrücken NJW 1978, 1446.
210 BGH NJW 1973, 1656.
211 KG NJW 1971, 476.
212 OLG Zweibrücken 6.11.1972 – VAs 18/72.
213 OLG Hamm NStZ 1981, 277; OLG Nürnberg NJW 2002, 694 für eine JVA der „höchsten Sicherheitsstufe".

Hamburg	§§ 27, 28 Abs. 2 StVollzG
Hessen	§§ 33 Abs. 3–4, 34 Abs. 4–5 StVollzG
Mecklenburg-Vorpommern	§§ 28 Abs. 2–6, 29 Abs. 1 StVollzG
Niedersachsen	§ 28 JVollzG
Nordrhein-Westfalen	§§ 20, 26 Abs. 2, 66 Abs. 3 StVollzG
Rheinland-Pfalz	§§ 35 Abs. 2–6, 36 Abs. 1 JVollzG
Saarland	§§ 28 Abs. 2–6, 29 Abs. 1 StVollzG
Sachsen	§§ 28 Abs. 2–5, 29 Satz 1 StVollzG
Sachsen-Anhalt	§§ 35 Abs. 2–3, 36, 145 Abs. 1 JVollzG
Schleswig-Holstein	§§ 44 Abs. 2–5, 45 Abs. 3 StVollzG
Thüringen	§§ 36 Abs. 2–6, 37 Abs. 1 Nr. 2 JVollzG
ME	§§ 28 Abs. 1–2, 29 StVollzG

66 **1. Allgemeines.** Die Überwachung von Besuchen gehört zu den Aufgaben der Vollzugsanstalt.[214] Ihre Erledigung ist eine **hoheitliche Aufgabe**, die grundsätzlich Vollzugsbeamten übertragen ist.[215] Das galt früher nach dem StVollzG ebenso wie heute nach den Landesgesetzen. Ein Rechtsanspruch auf Zubilligung unüberwachter Besuchskontakte besteht von Verfassungs wegen nicht.[216]

67 a) Als **Ausnahme von diesem Grundsatz** lassen die Gesetze nur aus besonderen Gründen die Heranziehung anderer Bediensteter der Vollzugsanstalt sowie die Beschäftigung nebenamtlicher oder vertraglich verpflichteter Personen zu (s. 13 J).

68 b) Sollen Besuche nicht nur durch Anstaltsbeamte, sondern im Wege der Amtshilfe auch durch **Polizeibeamte** überwacht werden, ist das unter zwei Voraussetzungen statthaft: erstens müssen die Polizeibeamten ausschließlich der Aufsicht und Leitung der Anstaltsleitung unterstellt sein, und zweitens muss sichergestellt sein, dass sie ihre Wahrnehmungen allein der Anstaltsleitung zugänglich machen und schriftliche Aufzeichnungen abliefern.[217]

2. Erläuterungen im Einzelnen

69 a) Wie früher § 27 Abs. 1 StVollzG unterscheiden die Landesgesetze **zwei Stufen der Überwachung**, nämlich Sichtkontrolle (lediglich optische Überwachung eines Besuches) und Gesprächsüberwachung (akustische Besuchsüberwachung durch unmittelbar dabei sitzende und mithörende Aufsichtsbeamte). Andere Überwachungsmaßnahmen sind nicht vorgesehen; es handelt sich um eine abschließende Aufzählung.

70 Die Landesgesetze gehen nicht davon aus, dass eine Besuchsüberwachung immer und in jedem Fall erforderlich ist. Auch für bloße Sichtkontrollen sind konkret beweisbare **Tatsachen für eine anders nicht abwendbare Gefährdung** der Sicherheit oder Ordnung der Anstalt oder der Behandlung der Gefangenen zu verlangen.[218] Eine Besuchsüberwachung kann danach in Betracht kommen, wenn bezüglich einer an dem Besuch

---

214 OLG Koblenz ZfStrVo 1981, 59.
215 AK-*Galli* 2017 § 96 LandesR Rdn. 9.
216 BVerfG NStZ-RR 2001, 253.
217 OLG Koblenz ZfStrVo 1981, 59; vgl. auch OLG Celle ZfStrVo **SH** 1979, 55; OLG Karlsruhe ZfStrVo 1991, 185; *Arloth/Krä* 2017 § 27 StVollzG Rdn. 1.
218 OLG Koblenz NStZ 1988, 357; AK-*Feest/Wegner* 2017 § 28 LandesR Rdn. 7; K/S-*Schöch* 2002 § 7 Rdn. 103; *Laubenthal/Nestler/Neubacher/Verrel* 2015 E Rdn. 39.

beteiligten Person Umstände bekannt sind, die die Missbrauchsgefahr begründen.[219] Sie kommt hingegen nicht in Frage, wenn Erkenntnisse im Einzelfall dafür vorliegen, dass es der Überwachung nicht bedarf (§ 27 Abs. 1 Satz 1 StVollzG).

b) Grundsätzlich sollte bereits nach dem Willen des Gesetzgebers des StVollzG eine **Besuchsüberwachung** überhaupt **nicht mehr** durchgeführt werden; dazu heißt es in der Begründung des RegE, dass die Vollzugsbehörden nicht mit mehr Überwachungsaufgaben belastet werden sollen, als notwendig ist; zugleich will der Gesetzgeber „Gefangene und Besucher vor zu weitgehenden Eingriffen schützen".[220] Dem wurde schon damals entgegen gehalten, es werde das Einschmuggeln von Drogen, Arzneimitteln, Ausbruchswerkzeugen und anderen unerwünschten Gegenständen erleichtert.[221] Die Gesetzesbegründung zu ME § 28 Abs. 1 schlägt demgegenüber vor, dass auf die Zulässigkeit der Überwachung im Besuchsbereich durch Schilder hinzuweisen ist. 71

Die **Landesgesetze** haben die Anforderungen an die Überwachung der Besuche nicht grundsätzlich verändert, die gesetzlichen Regelungen aber teilweise in eine andere Systematik gebracht und an die Vollzugspraxis angepasst. Eine kleinere Gruppe von Ländern hat an den Formulierungen des § 27 Abs. 1 StVollzG weitgehend festgehalten (**BW** § 21 Abs. 1; **BY** Art. 30 Abs. 1 und 2; **HH** § 27 Abs. 1; **HE** § 34 Abs. 4; **NI** § 28 Abs. 1). Die Mehrzahl der Landesgesetze sieht ausdrücklich eine regelmäßige Beaufsichtigung durch Sichtkontrollen vor (**BE** § 31 Abs. 4; **BB** § 36 Abs. 2; **HB** § 28 Abs. 2; **MV** § 28 Abs. 2; **NW** § 20 Abs. 1; **RP** § 35 Abs. 2; **SL** § 28 Abs. 2; **SN** § 28 Abs. 2; **ST** § 36 Abs. 1; **SH** § 44 Abs. 2; **TH** § 36 Abs. 2). Andererseits sind unüberwachte Langzeitbesuche vielfach in den Gesetzen berücksichtigt worden (s. Rdn. 34 ff). 72

c) Sichtkontrollen kommen in erster Linie aus Gründen der Sicherheit oder der Ordnung in Betracht. Die Vollzugsbehörde muss jedenfalls in der Lage sein, „durch Besuchsüberwachung Gefahren für Leben, Gesundheit und Sachwerte sowie für den sicheren Gewahrsam des Gefangenen abzuwenden. Gleiches muss gelten, wenn das geordnete Zusammenleben in der Anstalt durch unüberwachte Besuche gefährdet würde".[222] Ob ein Besuch geeignet ist, die **Sicherheit der Anstalt** zu gefährden, wird in erster Linie von der Person der Gefangenen und ihrer Besucherinnen und Besucher[223] abhängen (persönliche Umstände). Zugleich aber können als objektive Umstände die besonderen Verhältnisse der Anstalt von Bedeutung sein, so etwa eine Überbelegung[224] oder ein besonders hoher Grad der Sicherheitsempfindlichkeit.[225] Da entsprechende Gefahren in der Vollzugspraxis der Anstalten des geschlossenen Vollzugs häufig angenommen werden, wird die Sichtkontrolle in der Praxis des geschlossenen Vollzuges unabhängig vom jeweiligen Gesetzestext eher die Regel als die Ausnahme bilden. Deshalb wurde die ständige optische Überwachung „als übliche Überwachungspraxis" vieler Anstalten (jedenfalls solcher **mit hohem Sicherheitsgrad**) auch bisher überwiegend nicht als rechtswidrig angesehen.[226] Jedenfalls enthalten die Vorschriften keine auf die Person der einzelnen 73

---

219 KG NStZ 1995, 103; OLG Saarbrücken NStZ 1983, 94.
220 BT-Drucks. 7/918, 59.
221 *Grunau/Tiesler* 1982 § 27 StVollzG Rdn. 1.
222 RegE, BT-Drucks. 7/918, 59.
223 OLG Celle ZfStrVo 1980, 187.
224 *Arloth/Krä* 2017 § 27 StVollzG Rdn. 2; *Laubenthal/Nestler/Neubacher/Verrel* 2015 E Rdn. 39.
225 OLG Koblenz ZfStrVo 1987, 305; OLG Saarbrücken NStZ 1983, 94 mit krit. Anm. *Müller-Dietz*.
226 OLG Saarbrücken NStZ 1983, 94 m. Anm. *Müller Dietz*; *Arloth/Krä* 2017 § 27 StVollzG Rdn. 2; a.A. OLG Koblenz NStZ 1988, 382; AK-*Feest/Wegner* 2017 § 28 LandesR Rdn. 7.

Gefangenen bezogene Einschränkung.[227] Die Sichtkontrolle kommt dagegen grundsätzlich nicht in Betracht bzgl. solcher Personen, deren persönliche Integrität nicht in Zweifel steht.[228] Ebenso wird im offenen Vollzug (schon von der Klientel her gesehen) aus Sicherheitsgründen eher keine Überwachung erforderlich sein. Treffen mehrere Vollzugsarten (Freiheitsstrafe, U-Haft) in einer Anstalt zusammen, so kann es erforderlich sein, die zur Aufrechterhaltung der Sicherheit erforderlichen Beschränkungen so zu wählen, dass den weitestreichenden Gefahren begegnet wird.[229]

74 Schon nach § 27 Abs. 1 StVollzG war die optische Überwachung auch **aus Gründen der Behandlung** zulässig. Der vollzugsrechtliche Begriff der Behandlung umfasst sowohl therapeutische Maßnahmen im engeren Sinne als auch Maßnahmen wie Ausbildung und Unterricht, Beratung bei der Lösung persönlicher und wirtschaftlicher Probleme und Beteiligung an gemeinschaftlichen Aufgaben der Anstalt.[230] Allerdings sind Situationen, in denen es auf diese Begründung ankommt, weil eine Überwachung nicht bereits regelmäßig oder aus Gründen der Sicherheit oder Ordnung erfolgt, schwer vorstellbar. Eine optische Überwachung von Besuchskontakten erscheint wenig geeignet, der Anstalt für die Behandlung relevante Informationen über das persönliche Umfeld von Gefangenen zu verschaffen, die nicht zuverlässiger durch unmittelbare Gespräche mit Gefangenen selbst oder auch ihren Angehörigen erlangt werden können.[231] Die Verarbeitung personenbezogener Daten, die bei der Besuchsüberwachung bekannt geworden sind, zu Behandlungszwecken wird ohnehin von der Mitwirkung der Gefangenen abhängen. **BW** § 44 Abs. 1 JVollzGB I setzt dazu eine Anhörung der Gefangenen voraus.

75 Die Landesgesetze gestatten grundsätzlich den Einsatz **technischer Hilfsmittel**. Schon nach dem StVollzG wurde eine (generelle) Videoüberwachung für zulässig erachtet, weil die Art und Weise der Überwachung dem Ermessen der Anstalt überlassen blieb.[232] Gewisse Unterschiede bestehen jedoch bei den Voraussetzungen und beim Umgang mit der Überwachungstechnik. Während **BY** Art. 30 Abs. 1 eine Datenaufzeichnung und -speicherung für die Dauer eines Monats zulässt, sehen **NW** §§ 20 Abs. 1 Satz 2, 66 Abs. 3 eine Speicherfrist von zwei Wochen vor, **ST** §§ 36 Abs. 3, 145 Abs. 1 eine solche von zwei Tagen. **HE** § 34 Abs. 5 Satz 2 lässt eine Aufzeichnung aus Gründen der Sicherheit oder Ordnung der Anstalt zu. **BB** § 36 Abs. 2 Satz 3, **RP** § 35 Abs. 2 Satz 4, **SN** § 28 Abs. 2 Satz 4 und **TH** § 36 Abs. 2 Satz 4 verbieten bereits die Aufzeichnung. **SH** § 44 Abs. 5 Nr. 2 knüpft schon den Einsatz optisch-elektronischer Hilfsmittel an Gründe der Sicherheit der Anstalt und eine Einzelfallentscheidung der Anstaltsleitung. Soweit keine für Besuchskontakte spezifischen Datenschutzregelungen bestehen, greifen die allgemein für den Strafvollzug einschlägigen Vorschriften ein (s. Nachtragsband). Die Rspr. hat eine Speicherung von Bildaufzeichnungen über fünf Tage gebilligt.[233]

76 **d) Überwachung der Gespräche** bedeutet, dass zuständige Bedienstete das ganze Gespräch systematisch und gezielt mithören.[234] Die Voraussetzungen für eine solche akustische Überwachung sind wesentlich höher anzusetzen als bei der bloßen Sichtkontrolle, weil sie alle beteiligten Personen in ihrem persönlichen Bereich wesentlich stärker

---

227 OLG Frankfurt NJW 1979, 2525.
228 OLG Hamm ZfStrVo 1985, 53.
229 OLG Saarbrücken NStZ 1983, 94.
230 RegE, BT-Drucks. 7/918, 45.
231 AK-*Feest*/*Wegner* 2017 § 28 LandesR Rdn. 13.
232 *Arloth*/*Krä* 2017 § 27 StVollzG Rdn. 3 a; OLG Frankfurt NStZ-RR 2003, 219; zum Landesrecht OLG Celle NStZ 2011, 349.
233 OLG Celle StV 2014, 355.
234 OLG Koblenz ZfStrVo 1993, 244.

belastet.²³⁵ Diese Abstufung aus § 27 Abs. 1 StVollzG wurde von den Landesgesetzen beibehalten. Die Mehrheit von ihnen hebt den Abstand zu der rein optischen Überwachung durch eine eigene Vorschrift im Anschluss an ME § 29 hervor und hat die Voraussetzungen modifiziert.

Die akustische Überwachung kommt daher nur für **Ausnahmefälle** in Frage. Notwendig ist ein auf den Einzelfall bezogenes, auf konkreten tatsächlichen Anhaltspunkten beruhendes Missbrauchsrisiko des Besuchskontakts.²³⁶ Dabei ist nicht nur auf das mutmaßliche Verhalten der Strafgefangenen (z.B. Ausnutzen des Besuchs zur Nachrichtenübermittlung) abzustellen, sondern auch darauf, ob bei der Besucherin oder dem Besucher die Gefahr besteht, auf ein solches Ansinnen einzugehen.²³⁷ Das ist z.B. bei Bediensteten von Behörden wie etwa der Arbeitsagenturen oder für Sachverständige so wenig wahrscheinlich, dass es im Einzelfall besonders belegt werden muss.²³⁸ Auch bei Besuchen von Bediensteten ambulanter Sozialer Dienste der Justiz wie der Bewährungs- oder Gerichtshilfe wird eine Überwachung kaum in Betracht kommen (s. B Rdn. 11).²³⁹ Bei Personen, die Gefangenen nahe stehen, sind an die akustische Überwachung generell strenge Anforderungen zu stellen.²⁴⁰ Die Berufung allein auf den hohen Sicherheitsstandard der JVA reicht für eine akustische Überwachung grundsätzlich nicht aus; auch dann nicht, wenn es sich um ehemalige Strafgefangene handelt.²⁴¹ Anders wurden Besuche bei Gefangenen beurteilt, die wegen Straftaten nach § 129a StGB verurteilt waren.²⁴² Immer spielt schließlich der Grundsatz der Verhältnismäßigkeit eine Rolle.²⁴³ **77**

§ 27 Abs. 1 StVollzG hatte eine akustische Überwachung im Einzelfall auch aus **Behandlungsgründen** zugelassen. Dem ist nur ein Teil der Landesgesetze gefolgt (**BW** § 21 Abs. 1 Satz 2; **BY** Art. 30 Abs. 2; **HH** § 27 Abs. 2; **HE** § 34 Abs. 4 Satz 2; **NW** § 20 Abs. 2). Gegen diese Regelungen bestehen keine verfassungsrechtlichen Bedenken.²⁴⁴ In diesem Zusammenhang wurde eine Gesprächsüberwachung diskutiert, wenn es darum geht, Informationen über die Persönlichkeit der Gefangenen, ihr soziales Umfeld und ihre individuellen Probleme zu gewinnen.²⁴⁵ Durch diese Überwachungsmaßnahme soll gewährleistet werden, dass rechtzeitig die notwendigen Maßnahmen z.B. bei der Nachricht über Todesfälle nahe stehender Personen oder bei anderen ungünstigen Nachrichten getroffen werden können. Schon der RegE hatte gesehen, dass Gesprächsüberwachungen allein aus Behandlungsgründen sich negativ auf das Behandlungsklima auswirken werden.²⁴⁶ In der Tat fragt es sich, ob solche behandlungsrelevanten Informationen nicht effektiver und zuverlässiger durch Gespräche mit den Fachdiensten der Anstalt zu gewinnen sind (s. Rdn. 84).²⁴⁷ **78**

---

235 OLG Koblenz ZfStrVo 1987, 305.
236 OLG Koblenz ZfStrVo 1987, 305; OLG Nürnberg ZfStrVo 1993, 56; OLG Saarbrücken ZfStrVo 1984, 176; *Arloth/Krä* 2017 § 27 StVollzG Rdn. 6; *Laubenthal/Nestler/Neubacher/Verrel* 2015 E Rdn. 44.
237 OLG Hamm ZfStrVo 1989, 246; OLG Saarbrücken 26.8.1982 – 1 Ws 69/81.
238 OLG Celle ZfStrVo 1980, 187 f; OLG Hamm NStZ 1985, 191.
239 *Laubenthal/Nestler/Neubacher/Verrel* 2015 E Rdn. 44.
240 OLG Hamm StV 1997, 259; OLG Nürnberg ZfStrVo 1993, 56; AK-*Feest/Wegner* 2017 § 29 LandesR Rdn. 2; *Arloth/Krä* 2017 § 27 StVollzG Rdn. 6; *Laubenthal/Nestler/Neubacher/Verrel* 2015 E Rdn. 44.
241 OLG Koblenz ZfStrVo 1987, 305.
242 OLG Hamm NStZ 1989, 494.
243 LG Hamburg ZfStrVo 1979, 250.
244 BVerfGE 40, 276 (284 f).
245 RegE, BT-Drucks. 7/918, 59; *Arloth/Krä* 2017 § 27 StVollzG Rdn. 4; C/MD 2008 § 27 StVollzG Rdn. 3; ebenso noch Voraufl. § 27 StVollzG Rdn. 9.
246 RegE, BT-Drucks. 7/918, 59.
247 AK-*Feest/Wegner* 2017 § 29 LandesR Rdn. 7.

9. Kapitel. Interne Kontakte zur Außenwelt

79 Die Mehrheit der Länder fordert nun konkreter eine **Gefährdung der Erreichung des Vollzugsziels** (**BE** § 32 Abs. 1; **BB** § 37 Abs. 1 Nr. 2; **HB** § 29 Abs. 2; **MV** § 29 Abs. 1; **NI** § 28 Abs. 1 Satz 2; **RP** § 36 Abs. 1 Nr. 2; **SL** § 29 Abs. 1; **SN** § 29 Satz 1; **ST** § 36 Abs. 2 Nr. 2; **SH** § 44 Abs. 2 Satz 2; **TH** § 37 Abs. 1 Nr. 2). Da die Behandlung krimineller Neigungen zu den Aufgaben des Vollzugs gehört, lässt sich auf diesem Weg die Anordnung der Gesprächskontrolle bei Gefangenen begründen, die im Verdacht stehen, Straftaten zulasten potentieller Besucherinnen und Besucher vorzubereiten. Die akustische Überwachung darf sich in diesem Fall aber nur auf Gespräche mit Personen erstrecken, die als mögliche Geschädigte in Betracht kommen.[248] Solche Fälle werden außer in **NW** nicht von den Vorschriften über eine opferbezogene Vollzugsgestaltung (s. Rdn. 58) erfasst. In der Praxis ist zu überlegen, ob eine Gesprächsüberwachung verhältnismäßig ist.

80 Für eine **Aufzeichnung** der Gespräche enthielt § 27 StVollzG keine Ermächtigungsgrundlage.[249] Die Landesgesetze haben teilweise Vorschriften eingeführt, die eine akustische Überwachung mit technischen Hilfsmitteln gestatten (**RP** § 36 Abs. 1 Satz 2; **SL** § 29 Abs. 1 Satz 2; **ST** § 36 Abs. 2 Satz 2). Daraus folgt aber nicht, dass eine Speicherung mündlicher Äußerungen zulässig wäre. Eine solche Aufzeichnung sehen allein **ST** §§ 36 Abs. 3, 145 mit einer Löschungsfrist von zwei Tagen vor.

81 e) Die **Übergabe von Gegenständen** setzt grundsätzlich eine Zustimmung der Anstaltsleitung voraus, sofern sie von den Landesgesetzen nicht wie in **BB** § 36 Abs. 5 Satz 1, **HB** § 28 Abs. 5 Satz 1, **MV** § 28 Abs. 5 Satz 1, **RP** § 35 Abs. 5 Satz 1, **SL** § 28 Abs. 5 Satz 1, **SN** § 28 Abs. 4, **ST** § 35 Abs. 3 Satz 1 und **TH** § 36 Abs. 5 Satz 1 von vornherein untersagt wird.[250] Inwieweit diese Zustimmung von bestimmten Voraussetzungen abhängig gemacht wird, unterliegt dem Ermessen der Vollzugsverwaltung.[251] Meist geht es um Obst, Tabakwaren, Schokolade, Gebäck oder Erfrischungsgetränke. Um die Entstehung krasser sozialer Unterschiede zu vermeiden, müssen sie sich in engen Wertgrenzen halten.[252] Dementsprechend sieht **BW** § 21 Abs. 3 Satz 2 eine Regelung vor, dass Nahrungs- und Genussmittel in geringer Menge übergeben werden dürfen. Im geschlossenen Vollzug dürfen vielfach solche Nahrungs- und Genussmittel nur dann übergeben werden, wenn sie durch Vermittlung der Anstalt (z.B. aus in der Anstalt aufgestellten Automaten) beschafft werden. Auch dies wird in manchen Landesgesetzen (**BW** § 21 Abs. 3 Satz 3, **BE** § 31 Abs. 6 Satz 1) ausdrücklich geregelt. Dieser Automateneinkauf kann mengenmäßig sowie auf Regelsprechstunden beschränkt werden.[253]

82 Ob der Einsatz von **Trennscheiben** bei **Privatbesuchen** zulässig ist, war unter der Geltung des StVollzG umstritten. Darunter sind deckenhohe Glas- oder Plexiglasscheiben zwischen Gefangenen- und Besucherraum zu verstehen, wodurch jede Form der Berührung unmöglich wird. Die Verständigung findet über Sprechschlitze oder mittels einer Gegensprechanlage statt.[254] Die Rspr. hat die Anordnung eines Trennscheibenbesuchs

---

248 OLG Koblenz ZfStrVo **SH** 1979, 45; *C/MD* 2008 § 27 StVollzG Rdn. 3.
249 OLG Frankfurt NStZ-RR 2003, 219.
250 Nach der Begründung soll damit verhindert werden, dass verbotene Gegenstände in die Anstalt gelangen. Die Übergabe von Gegenständen wie in § 27 Abs. 4 Satz 1 StVollzG an eine Erlaubnis zu knüpfen, habe sich nicht bewährt. Das Verbot schließe es jedoch nicht aus, dass Gegenstände wie etwa Fotos Bediensteten zur Weiterleitung an die Gefangenen oder die Besucherinnen und Besucher überreicht werden (Begr. zum Gesetzentwurf **BB**, LT-Drucks. 5/6437, S. 45).
251 OLG Hamm ZfStrVo 1994, 118 mit abl. Anm. bzgl. der Sicherungsverwahrung von *Eisenberg* JR 1995, 39.
252 *Laubenthal/Nestler/Neubacher/Verrel* 2015 E Rdn. 46.
253 KG NStZ 1985, 352; KG NStZ 1985, 479; *Laubenthal/Nestler/Neubacher/Verrel* 2015 E Rdn. 46.
254 KG FS 2010, 51.

auch im Hinblick auf die bereits bekannte Aggressivität eines Besuchers zugelassen, um die Gefahr von Tumulten im Besucherraum zu begegnen.[255] Das BVerfG[256] hat wie mehrere Oberlandesgerichte die in den Anstalten übliche Praxis gestützt, Trennscheiben im Ausnahmefall (z.B. in einer Abschirmstation für „Dealer") auch bei Privatbesuchen einzusetzen,[257] machte deren Einsatz bei Privatbesuchen jedoch vom Vorliegen konkreter Anhaltspunkte für eine Gefährdung der Sicherheit der Anstalt und der Verhältnismäßigkeit abhängig.[258]

Alle Landesgesetze haben Regelungen eingeführt, mit der Trennvorrichtungen ausdrücklich zugelassen werden (**BW** § 21 Abs. 2 Satz 3; **BY** Art. 30 Abs. 3; **BE** § 31 Abs. 7; **BB** § 36 Abs. 6; **HB** § 28 Abs. 6; **HH** § 27 Abs. 4 Satz 2; **HE** § 34 Abs. 5 Satz 4; **MV** § 28 Abs. 6; **NI** § 28 Abs. 2; **NW** § 20 Abs. 2 Satz 2; **RP** § 35 Abs. 6; **SL** § 28 Abs. 6; **SN** § 28 Abs. 7; **ST** § 35 Abs. 4; **SH** § 44 Abs. 5 Nr. 1; **TH** § 36 Abs. 6). Diese fallen unterschiedlich konkret aus, wobei die meisten Länder im Anschluss an den ME eine Nutzung von Trennvorrichtungen zulassen, wenn dies im Einzelfall zum Schutz von Personen oder zur Verhinderung der Übergabe von Gegenständen erforderlich ist.[259] Die Rspr. hat eine Trennscheibenanordnung beim Besuch eines drogenabhängigen Gefangenen gebilligt, wenn dieser eine Urinprobe verweigert,[260] ebenso nach der Auffindung verbotener Gegenstände wie etwa SIM-Karten zum Betrieb eines Mobiltelefons.[261]

f) Ein **Abbruch des Besuchs** war nach § 27 Abs. 2 Satz 1 StVollzG möglich, wenn beim Besuch gegen Vorschriften des Gesetzes oder gegen Anordnungen verstoßen wird, die aufgrund des Gesetzes z.B. in einer Hausverfügung getroffen worden sind. Die Landesgesetze haben daran überwiegend festgehalten und nur wenige Korrekturen vorgenommen. Wie bisher ist regelmäßig eine Abmahnung oder Androhung (**NI** § 28 Abs. 3 Satz 1) erforderlich. **HE** § 34 Abs. 4 Satz 4 und **ST** § 35 Abs. 2 Satz 1 ermöglichen einen Besuchsabbruch bereits dann, wenn Verhaltensweisen von Besuchspersonen geeignet sind, einen schädlichen Einfluss auf Gefangene auszuüben.[262] **NI** § 28 Abs. 3 Satz 2 konkretisiert die Unerlässlichkeit eines sofortigen Abbruchs mit dem Verweis auf Gefahren für die Sicherheit der Anstalt oder schwerwiegende Störungen der Ordnung der Anstalt. Soweit **NW** § 20 Abs. 3 allgemein auf sicherheits- oder ordnungsgefährdende Verhaltensweisen der beteiligten Personen verweist, wird dies wie schon nach § 27 Abs. 2 StVollzG durch den Verweis auf konkrete Verstöße zu präzisieren sein.[263]

Besucherinnen und Besucher müssen in geeigneter Weise darüber **unterrichtet** werden, wie sie sich bei einem Besuch zu verhalten haben (VV Nr. 3 zu § 24 StVollzG). Rechtmäßig ist die in einer Hausverfügung getroffene Regelung, dass Besuche abzubrechen sind, wenn Weisungen der überprüfenden und überwachenden Beamten nicht befolgt werden, Sachen ohne vorherige Genehmigung oder verschlüsselte Nachrichten

---

255 OLG München 17.3.2000 – 3 Ws 152/00.
256 BVerfGE 89, 315.
257 KG NStZ 1995, 103; OLG Hamm ZfStrVo 1999, 309; ebenso *Arloth* Jura 2005, 108 ff; *Laubenthal/Nestler/Neubacher/Verrel* 2015 E Rdn. 59; a.A. *C/MD* 2008 § 27 StVollzG Rdn. 9.
258 BVerfGE 89, 315 (323 f).
259 *Laubenthal/Nestler/Neubacher/Verrel* 2015 E Rdn. 60.
260 OLG Dresden FS 2013, 394.
261 LG Gießen 17.1.2013 – 2 StVK Vollz 871/12.
262 Die Notwendigkeit dieser eher unbestimmten Ergänzung wird in den Gesetzesmaterialien nicht erläutert (Begr. zum Gesetzentwurf **HE**, LT-Drucks. 18/1396, S. 98) oder – enger als im Gesetzestext – allein auf junge Gefangene bezogen (Begr. zum Gesetzentwurf **ST**, LT-Drucks. 6/3799, S. 185). Zur Kritik AK-*Feest/Wegner* 2017 § 28 LandesR Rdn. 17.
263 AK-*Feest/Wegner* 2017 § 28 LandesR Rdn. 17; *Arloth/Krä* 2017 § 20 StVollzG **NW** Rdn. 3.

übergeben werden oder Gespräche über kriminelle Aktivitäten geführt werden.²⁶⁴ Auf der anderen Seite ist das generelle Verbot einer Unterhaltung über die Haftsituation unzulässig.²⁶⁵ Dem Abbruch vorausgehen muss als milderes Mittel regelmäßig eine Abmahnung oder Androhung; es darf auch mehrmals abgemahnt werden.²⁶⁶ Die Abmahnung unterbleibt nur dann, wenn es **unerlässlich** ist, den Besuch sofort abzubrechen (§ 27 Abs. 2 Satz 2 StVollzG). Diese *wenig präzise Formulierung der Voraussetzung respektiert das berechtigte Interesse des Aufsichtsbeamten, der in der konkreten Situation schließlich die Entscheidung über den Abbruch zu treffen hat und dem ein gewisser Spielraum verbleiben muss, damit das Risiko einer falschen Entscheidung nicht über Gebühr an ihm haften bleibt*.²⁶⁷ Wer unbefugt Sachen oder Nachrichten übermittelt oder von einem Inhaftierten übernimmt, erfüllt den Tatbestand der Ordnungswidrigkeit nach § 115 Abs. 1 Nr. 1 OWiG. Übersetzungskosten, die aufgrund der Besuchsüberwachung anfallen, trägt der Staat.²⁶⁸

86 **g) Besuche von Verteidigerinnen und Verteidigern** blieben nach § 27 Abs. 3 StVollzG im Gegensatz zu solchen von anderen Rechtsanwälten, die nicht Verteidiger sind, oder Notaren von jeder Überwachung ausgenommen. Strafgefangenen und Verteidigern soll bei dem Besuch Gelegenheit gegeben werden, mündlich und schriftlich ihre Gedanken unkontrolliert auszutauschen.²⁶⁹ Der für Verteidigerbesuche von der Anstalt zur Verfügung zu stellende Raum muss derart beschaffen sein, dass in normaler Lautstärke geführte Gespräche nicht außerhalb des Raumes mitgehört werden können; völlig schalldicht isoliert muss der Raum jedoch nicht sein.²⁷⁰ In Untervollmacht tätige Personen wie z.B. Rechtsassessoren gehören nicht zu dem geschützten Personenkreis.²⁷¹ Die Landesgesetze haben den Kreis der juristischen Professionen, bei denen keine Überwachung stattfindet, jedoch teilweise erweitert. **BE** § 31 Abs. 4, **HH** § 28 Abs. 2, **HE** § 33 Abs. 3 und **SN** § 28 Abs. 5 Satz 1 behandeln Rechtsanwältinnen und Notare, die in einer die besuchten Gefangenen betreffenden Rechtssache tätig sind, ebenso wie Verteidigerinnen und Verteidiger.

87 Deshalb dürfen Verteidiger – und in **BE**, **HH**, **HE** und **SN** auch die ihnen gleichgestellten juristischen Professionen – ihren in Strafhaft befindlichen Mandanten grundsätzlich auch **Schriftstücke und sonstige Unterlagen ohne besondere Erlaubnis übergeben**, die zudem inhaltlich nicht überprüft werden dürfen (s. Rdn. 68). Dieses gesetzliche Privileg gilt nur für solche Schriftstücke und Unterlagen, die unmittelbar das Strafverfahren, ein Verfahren nach §§ 109 ff StVollzG oder die sonstige konkrete Rechtssache betreffen, nicht aber andere Gegenstände.²⁷² Für die Übergabe sonstiger Gegenstände ist eine Erlaubnis erforderlich.

88 Die Übergabe weiterer Schriftstücke und anderer Gegenstände während des Gespräches ist – im geschlossenen Vollzug²⁷³ – lediglich dann verboten, wenn gegen die Gefangenen, die besucht werden sollen, eine Freiheitsstrafe wegen einer Straftat nach

---

264 LG Köln ZfStrVo **SH** 1979, 45; *Grunau/Tiesler* 1982 § 27 StVollzG Rdn. 1.
265 LG Köln ZfStrVo **SH** 1979, 45; AK-*Feest/Wegner* 2017 § 28 LandesR Rdn. 17; *Laubenthal/Nestler/Neubacher/Verrel* 2015 E Rdn. 47.
266 AK-*Feest/Wegner* 2017 § 28 LandesR Rdn. 17; *Laubenthal/Nestler/Neubacher/Verrel* 2015 E Rdn. 47.
267 *Rolinski* 1974, 90.
268 BVerfG NJW 2004, 1095; *Arloth/Krä* 2017 § 27 StVollzG Rdn. 6; *Laubenthal/Nestler/Neubacher/Verrel* 2015 E Rdn. 45.
269 SA, BT-Drucks. 7/3998, 14.
270 OLG Hamm ZfStrVo 1985, 180.
271 OLG Celle NStZ 2011, 598.
272 OLG Celle NStZ 1981, 116.
273 *Laubenthal/Nestler/Neubacher/Verrel* 2015 E Rdn. 55.

§ 129a StGB (Bildung terroristischer Vereinigungen) vollstreckt wird oder noch zu vollstrecken ist. In diesen Fällen darf die Vollzugsbehörde auch die Benutzung von **Trennvorrichtungen** in Sprechzimmern anordnen (s. Rdn. 93). In anderen Fällen darf eine Trennscheibenanordnung bei Verteidigerbesuchen hingegen grundsätzlich nicht erfolgen, weil die Gesetze eine Sonderregelung der Materie enthalten, die eine Anwendung von Generalklauseln wie dem früheren § 4 Abs. 2 Satz 2 StVollzG ausschließen.[274] So ist die Verwendung von Trennscheiben selbst dann nicht erlaubt, wenn konkrete Tatsachen den konkreten Verdacht begründen, dass der Besuch zu verteidigungsfremden Zwecken missbraucht wird.[275] Die einzige Ausnahme betrifft den Fall einer Bedrohung des Verteidigers mit einer schweren Straftat gegen dessen Person und dem Fehlen milderer Mittel.[276] Soweit die Landesgesetze eine Trennvorrichtung ausdrücklich zum Personenschutz vorsehen, gilt dies selbstverständlich auch zum Schutz der Vertreterinnen und Vertreter juristischer Professionen.[277]

Aus der Regelung des früheren § 27 Abs. 3 StVollzG, der nur die Besuche von Verteidigern von der Überwachung ausgenommen hat, und den diesem Vorbild folgenden Landesgesetzen (s. Rdn. 69f) ergibt sich, dass die Besuche von **Rechtsanwälten, die nicht Verteidiger sind**, und die Besuche von **Notaren** überwacht werden können. Insoweit gelten die allgemeinen Regeln über die Überwachung von Besuchen.[278] Schon § 27 Abs. 4 Satz 2 StVollzG hatte einschränkend festgelegt, dass auch dieser Personenkreis (grundsätzlich) keiner Erlaubnis für die Übergabe von Schriftstücken und sonstigen Unterlagen an den Gefangenen bedarf, soweit diese Gegenstände der Erledigung einer Rechtssache dienen, die den Gefangenen betrifft, und nicht Sicherheit oder Ordnung der Anstalt berührt werden.[279] Vier Landesgesetze haben den Kreis der juristischen Professionen, bei denen keine Überwachung stattfindet, erweitert und behandeln Rechtsanwältinnen und Notare, die in einer die besuchten Gefangenen betreffenden Rechtssache tätig sind, ebenso wie Verteidigerinnen und Verteidiger (**BE, HH, HE, SN**).[280]

89

C. Schriftwechsel

I. Recht auf Schriftwechsel

§ 28 StVollzG	
Baden-Württemberg	§ 23 JVollzGB III
Bayern	Art. 31 StVollzG
Berlin	§§ 34, 35 StVollzG
Brandenburg	§§ 39, 40 JVollzG
Bremen	§§ 31, 32 StVollG
Hamburg	§ 29 StVollzG
Hessen	§§ 33, 35 Abs. 1 StVollzG
Mecklenburg-Vorpommern	§§ 31, 32 StVollzG
Niedersachsen	§ 29 JVollzG

---

274 BGHSt 30, 38; *Laubenthal/Nestler/Neubacher/Verrel* 2015 E Rdn. 57.
275 BGHSt 49, 61.
276 Diese Ausnahme wird auch in der Literatur überwiegend akzeptiert: *Arloth/Krä* 2017 § 27 StVollzG Rdn. 10; *Laubenthal/Nestler/Neubacher/Verrel* 2015, E Rdn. 57; krit. *Beulke/Swoboda* 2005, 67.
277 *Laubenthal/Nestler/Neubacher/Verrel* 2015 E Rdn. 57.
278 *Arloth/Krä* 2017 § 27 StVollzG Rdn. 9; *Laubenthal/Nestler/Neubacher/Verrel* 2015 E Rdn. 58.
279 SA, BT-Drucks. 7/3998, 15.
280 Zustimmend AK-*Feest/Wegner* 2017 § 29 LandesR Rdn. 12.

Nordrhein-Westfalen	§§ 18 Abs. 1 Satz 1 Nr. 2, 21, 25 StVollzG
Rheinland-Pfalz	§§ 38, 39 JVollzG
Saarland	§§ 31, 32 StVollzG
Sachsen	§§ 31, 32 StVollzG
Sachsen-Anhalt	§§ 38, 39 JVollzG
Schleswig-Holstein	§§ 43 Abs. 2, 47, 48 StVollzG
Thüringen	§§ 39, 40 JVollzG
ME	§§ 31, 32 StVollzG

1   **1.** Schon nach dem StVollzG reichte das Recht auf Schriftwechsel **weiter als das Recht auf Besuch**. Gefangene dürfen nicht nur regelmäßig und in beschränktem Umfang, sondern grundsätzlich unbeschränkt Schreiben absenden und empfangen. Einschränkungen ergeben sich allerdings hinsichtlich bestimmter Personen sowie aus den Möglichkeiten zur Überwachung des Schriftwechsels sowie zur Anhaltung von Schreiben. Im Übrigen setzt das durch Art. 10 Abs. 1 GG geschützte Briefgeheimnis Briefverkehr voraus, garantiert diesen aber nicht.[281]

2   **2.** Der **Anspruch Dritter auf Briefkontakt** zu Strafgefangenen ist im StVollzG und den Landesgesetzen nicht geregelt. Das Recht auf persönlichen Kontakt zu anderen Personen gehört jedoch zu den durch Art. 2 GG geschützten Grundrechten jedes Menschen.[282] Auch von Vollzugsmaßnahmen unmittelbar betroffene Außenstehende sind deshalb nach § 109 StVollzG antragsberechtigt.[283]

3   **3.** Mit § 28 Abs. 1 StVollzG wurde den Gefangenen das Recht eingeräumt, nach Zahl und Umfang **unbeschränkt** Schreiben, also Briefe und Postkarten, absenden und empfangen zu dürfen. Auch die Zahl der Briefpartnerinnen und -partner wird nicht begrenzt. Der Gesetzgeber hat insoweit dem Angleichungsgrundsatz Rechnung getragen, der eine weitgehende Angleichung des Anstaltslebens an die normalen Lebensverhältnisse gewährleisten soll.[284] Die Landesgesetze haben daran nichts Wesentliches geändert. Soweit sie sich nicht wie **BW** § 23 Abs. 1 und **BY** Art. 31 Abs. 1 damit begnügen, die Formulierungen des § 28 Abs. 1 StVollzG zu übernehmen, enthalten sie teilweise auch ein Motivierungs- und Anleitungsgebot im Hinblick auf Briefkontakte mit Angehörigen und integrationsfördernden Einrichtungen außerhalb des Vollzugs (**BE** § 34 Abs. 1 Satz 2). Anderswo werden die Vermittlung durch die Anstalt (**HE** § 35 Abs. 1 Satz 2) und die unverzügliche Weiterleitung von Schreiben betont (**HH** § 29 Abs. 1 Satz 2; **NW** § 21 Abs. 1 Satz 2). **NI** § 29 Abs. 1 Satz 2 bietet in dringenden Fällen auch die Aufgabe von Schreiben als Telefax an.

4   Deshalb dürfen Gefangene (grundsätzlich) **eigenes Briefpapier** verwenden;[285] das gilt jedoch nicht, wenn Briefbogen mit Privatadresse zur Begehung weiterer Straftaten benutzt werden.[286] Die Verwendung einer eigenen Schreibmaschine oder eines Computers richtet sich nach den Vorschriften über den Besitz von Gegenständen.[287]

---

281 BVerfG NJW 1995, 1477; *Gusy* 1997, 674.
282 BGHSt 27, 175 f.
283 KG ZfStrVo 1982, 125; OLG Celle ZfStrVo 1988, 247; OLG Nürnberg ZfStrVo 1982, 248; OLG Zweibrücken ZfStrVo 1987, 304.
284 RegE, BT-Drucks. 7/918, 59.
285 RegE, BT-Drucks. 7/918, 59.
286 OLG Hamburg ZfStrVo 1979, 61; *Laubenthal/Nestler/Neubacher/Verrel* 2015 E Rdn. 64.
287 *Arloth/Krä* 2017 § 28 StVollzG Rdn. 3; *Laubenthal/Nestler/Neubacher/Verrel* 2015 E Rdn. 64.

C. Schriftwechsel

Für den Schriftwechsel ist eigentümlich, dass zwischen Absender- und Empfänger- **5** seite ein **Gedankenaustausch** stattfindet.[288] Deshalb kommt es für die Beurteilung, ob eine Postsendung als Schriftwechsel oder als Paket zu behandeln ist, nicht auf eine von den Postdiensten getroffene Zuordnung der Sendungsart als Brief, Paket oder Päckchen an, sondern allein auf den konkreten Inhalt.[289] Dies ergibt sich nicht nur aus der Wortwahl *Schreiben*, sondern vor allem aus dem Sinn und Zweck der gesetzlichen Regelungen.[290] Deshalb gelten einem Schreiben an Gefangene beigelegte Zeitungsausschnitte oder Fotokopien als Bestandteil dieses Briefes, sofern sie in unmittelbarem Zusammenhang mit dem schriftlichen Gedankenaustausch zwischen Absender- und Empfängerseite stehen.[291] Entsprechendes gilt für beigelegte Fotos oder sonstige Abbildungen.[292]

Fehlt es an Hinweisen auf einen individuellen schriftlichen Gedankenaustausch, so **6** finden allein die **Paketvorschriften** Anwendung. Das gilt z.B. für werbendes Informationsmaterial von Verlagen,[293] Warenkataloge[294] oder Warenproben.[295] Auch Ausdrucke auf einer Website veröffentlichter Gerichtsentscheidungen wurden anhand der Paketvorschriften beurteilt.[296] Das BVerfG hat allgemeiner entschieden, dass bei umfangreichen Briefbeilagen die Paketvorschriften Anwendung finden können.[297]

Unter der Geltung von § 28 Abs. 1 StVollzG wurde überwiegend angenommen, das **7** Recht auf unbeschränkten Schriftwechsel gelte nur für einzelne Gefangene, nicht aber für **Personenvereinigungen** wie die Insassenvertretung[298] oder für den Ortsverband einer politischen Partei.[299] Das Wortlaut-Argument, das auf die Nennung des Gefangenen in der Einzahl im Gesetzestext abstellte, ist mit den Landesgesetzen jedenfalls in **BW**, **BY**, **BE**, **BB**, **HB**, **HH**, **HE**, **MV**, **NW**, **RP**, **SL**, **SN**, **SH** und **TH** überholt. Die Grenzen des Rechts auf Schriftwechsel sollten aber nicht davon abhängen, in welchem Land Gefangene einsitzen. Schon der Angleichungsgrundsatz gebietet eine Gleichbehandlung von Einzelpersonen und Personenvereinigungen, die sich an einer gedanklichen Auseinandersetzung beteiligen.[300] Eine Untersagung kann nicht gegen **außenstehende Briefpartner** angeordnet werden. An einem Briefwechsel beteiligte Personen außerhalb des Vollzugs werden durch das Verbot als Dritte betroffen;[301] auch insoweit bleibt der Anstaltsleitung nur die Möglichkeit, Schreiben anzuhalten.[302]

Die Gesetze enthalten keine besonderen Vorschriften über den internen Briefverkehr **8** zwischen Strafgefangenen innerhalb derselben Anstalt. Daher ist dieser wie der externe Schriftverkehr zu behandeln. Jedenfalls sind keine Gründe erkennbar, weshalb der **interne Schriftverkehr** anders zu behandeln sein sollte als der externe.[303] Das bedeutet,

---

288 KG NStZ-RR 2007, 125; OLG Koblenz ZfStrVo 1985, 122 und NStZ-RR 2002, 315.
289 OLG Koblenz ZfStrVo 1985, 121; OLG Nürnberg NStZ 1997, 382; *Arloth/Krä* 2017 § 28 StVollzG Rdn. 3; *Laubenthal/Nestler/Neubacher/Verrel* 2015 E Rdn. 63.
290 OLG Nürnberg NStZ 1997, 382.
291 OLG Frankfurt ZfStrVo 1993, 118; zur Abgrenzung OLG Nürnberg ZfStrVo 1997, 372.
292 OLG Dresden NStZ 1998, 320.
293 OLG Hamburg ZfStrVo 1979, 61.
294 OLG Karlsruhe NStZ-RR 2002, 315; OLG Koblenz ZfStrVo 1991, 308.
295 KG ZfStrVo 1983, 59.
296 OLG Nürnberg NStZ 2009, 216; *Laubenthal* 2015 Rdn. 489.
297 BVerfGK 13, 430.
298 OLG Koblenz NStZ 1981, 160; *Arloth/Krä* 2017 § 28 StVollzG Rdn. 4; *Laubenthal/Nestler/Neubacher/Verrel* 2015 E Rdn. 62; anders AK-*Feest/Wegner* 2017 § 31 LandesR Rdn. 7.
299 OLG Nürnberg NStZ 1986, 286.
300 AK-*Feest/Wegner* 2017 § 31 LandesR Rdn. 7; anders noch Voraufl. § 28 StVollzG Rdn. 3.
301 OLG Celle NStZ 1989, 358; OLG Zweibrücken NStZ 1987, 95 f.
302 OLG Zweibrücken ZfStrVo 1987, 304; *Laubenthal/Nestler/Neubacher/Verrel* 2015 E Rdn. 62.
303 AK-*Feest/Wegner* 2017 § 31 LandesR Rdn. 3; *Laubenthal* 2015 Rdn. 501; a.A. *Arloth/Krä* 2017 § 28 StVollzG Rdn. 1.

dass auch der interne Schriftverkehr überwacht werden darf.[304] Er darf im Übrigen auch nicht wegen erhöhten Verwaltungsaufwandes untersagt werden.[305]

9 2. Wie beim Besuchsverbot existiert auch für den Schriftwechsel ein Katalog von **Untersagungsmöglichkeiten** für die Kontakte mit bestimmten Personen. Die in § 28 Abs. 2 StVollzG enthaltene Ermächtigung der Vollzugsbehörde, den Schriftwechsel mit bestimmten Personen generell zu untersagen, entsprach in ihren Voraussetzungen dem Besuchsverbot. Dieser Gleichlauf der Voraussetzungen für Verbote von Besuchen und Schriftwechsel wurde von allen Landesgesetzen beibehalten. Die regionalen Unterschiede in der Einbeziehung von Geschädigten und Personensorgeberechtigten entsprechen denen beim Besuchsverbot (s. Rdn. 58ff). Die **Landesgesetze** von **BW** § 23, **BY** Art. 31, **HH** § 29 und **NI** § 29 haben den Text des § 28 Abs. 2 StVollzG weitgehend übernommen. Die große Mehrheit der Länder hat – angelehnt an den ME – zusätzlich einen Untersagungsgrund des Opferschutzes eingeführt (so **BE** § 35, **BB** § 40, **HB** § 32, **HE** § 33 Abs. 2, **MV** § 32, **NW** § 25, **RP** § 39, **SL** § 32, **SN** § 32, **ST** § 39, **SH** § 48, **TH** § 40). Darunter sehen **BB**, **RP**, **ST** und **TH** einen vierten Untersagungsgrund des fehlenden Einverständnisses von Personensorgeberechtigten vor.

10 Wie beim Besuch kann das grundsätzlich bestehende Recht auf Schriftwechsel unter den Gesichtspunkten der **Sicherheit oder Ordnung** eingeschränkt werden. Die Einschränkungen zeigen sich in der Überwachung des Schriftwechsels, in der Berechtigung der Vollzugsbehörden, einzelne Schreiben anzuhalten, und im Ausschluss des Briefverkehrs (auf Dauer) mit einzelnen Personen, die generell die Anstaltssicherheit oder Ordnung gefährden oder von denen negative Einflüsse auf den Gefangenen ausgehen.[306] Dabei spielt auch die Sicherheitsstufe der Anstalt eine Rolle.[307] Nach dem Verwaltungsgrundsatz des geringsten Eingriffs sollte im Einzelfall geprüft werden, ob die Beschränkung durch ein klärendes Gespräch mit den Gefangenen (entsprechend der Abmahnung beim Abbruch von Besuchen) vermieden werden kann[308] oder durch andere mildere Mittel wie Anhalten oder Überwachung.[309] Alle Überwachungsmaßnahmen sind grundsätzlich nur im **geschlossenen Vollzug** sinnvoll, weil solche Einschränkungen im offenen Vollzug leicht umgangen werden können.

11 a) Eine **Gefährdung der Sicherheit oder Ordnung** ist zu befürchten, wenn aufgrund **konkreter Anhaltspunkte**[310] wahrscheinlich ist, dass der Schriftwechsel von Gefangenen mit bestimmten Korrespondenzpartnern zu Gewalttaten oder Ausbruch führt.[311] Immer ist das Verhältnismäßigkeitsprinzip zu beachten. Zurückhaltender ist daher die bloße Befürchtung aufsässigen Verhaltens im Sinne ständiger Kritik subjektiv wahrgenommener Missstände zu beurteilen.[312] Der in Schreiben enthaltene Aufruf zur Arbeitsverweigerung oder zum Hungerstreik tangiert nicht unbedingt die Sicherheit der

---

304 Böhm 2003 Rdn. 251; Laubenthal 2015 Rdn. 501.
305 OLG Dresden NStZ 1995, 151; zust. Bringewat BewHi 1995, 240; krit. Schüler-Springorum NStZ 1995, 463.
306 SA, BT-Drucks. 7/3998, 16.
307 Begr. zum Gesetzentwurf **HE**, LT-Drucks. 18/1396, S. 99.
308 AK-Feest/Wegner 2017 § 32 LandesR Rdn. 6; Laubenthal/Nestler/Neubacher/Verrel 2015 E Rdn. 67.
309 Laubenthal/Nestler/Neubacher/Verrel 2015 E Rdn. 67.
310 Laubenthal/Nestler/Neubacher/Verrel 2015 E Rdn. 67.
311 OLG Nürnberg NStZ 1986, 576; Arloth/Krä 2017 § 28 StVollzG Rdn. 5; K/S-Schöch 2002 § 7 Rdn. 108; Laubenthal/Nestler/Neubacher/Verrel 2015 E Rdn. 67.
312 OLG Nürnberg NStZ 1986, 576; AK-Feest/Wegner 2017 § 32 LandesR Rdn. 8; anders noch Voraufl. § 28 StVollzG Rdn. 5.

Anstalt oder das Resozialisierungsinteresse der Gefangenen, kann aber die Anstaltsordnung gefährden.[313] Die Ordnung der Anstalt kann auch durch beigelegte Aufkleber fremdenfeindlichen Inhalts gestört werden.[314]

b) Ein schädlicher Einfluss oder die Behinderung der Eingliederung werden im Fall von Briefkontakten mit Angehörigen von den Gesetzen in Kauf genommen. **Post von Angehörigen** ist also privilegiert: sie darf nur aus Gründen der Sicherheit oder Ordnung untersagt werden. Die Anstaltsleitung kann darüber hinaus den Schriftwechsel der Gefangenen mit allen anderen Personen untersagen, wenn aufgrund konkreter Anhaltspunkte zu befürchten ist, dass dieser Schriftwechsel einen **schädlichen Einfluss** auf die Gefangenen haben oder deren **Eingliederung behindern** würde (s. Rdn. 52ff). Einzelfälle aus der Rspr. betreffen z.B. den Briefverkehr mit einem Briefpartner, der eine Freiheitsstrafe verbüßt und im Vollzug erhebliche Schwierigkeiten bereitet hat und gegen den ein Besuchsverbot besteht.[315] Ebenso darf der Schriftwechsel mit Mitgliedern einer Vereinigung untersagt werden, deren Zielsetzung darauf gerichtet ist, Gefangene in politisch motivierten Aktionen für einen Widerstand gegen den Strafvollzug und seine Einrichtungen zu gewinnen.[316] Untersagt werden darf weiter der Schriftwechsel mit der Redaktion einer Zeitschrift, die in der Vergangenheit entstellende oder beleidigende Berichte über Justiz und Strafvollzug in Deutschland veröffentlicht hat.[317] **12**

c) Schon unter der Geltung des StVollzG sind Gerichtsentscheidungen bekannt geworden, in denen ein Verbot des Schriftwechsels auch aus **Gründen des Opferschutzes** ausgesprochen wurde. So wurden einem Gefangenen Briefkontakte mit Frauen untersagt, der eine Freiheitsstrafe wegen Betrugsdelikten zum Nachteil von Frauen nach dem Muster des Heiratsschwindels verbüßte.[318] Wie beim Besuchsverbot haben die meisten Landesgesetze nun im Anschluss an ME § 32 einen eigenständigen Untersagungsgrund eingeführt. Dabei sind **mehreren Varianten** zu beobachten. Die Mehrheit dieser Gesetze stellt allgemein auf Opfer oder Verletzte der Straftat und die Befürchtung ab, dass der Briefwechsel mit den Gefangenen diesen Personen schadet oder auf sie einen schädlichen Einfluss hat (so **BE** § 35 Nr. 3, **BB** § 40 Nr. 3, **HB** § 32 Nr. 3, **HE** § 33 Abs. 2 Nr. 3, **MV** § 32 Nr. 3, **RP** § 39 Nr. 3, **SL** § 32 Nr. 3, **ST** § 39 Nr. 3, **TH** § 40 Nr. 3). Gesetze, die auch den Vollzug der Untersuchungshaft regeln, lassen für die Opfereigenschaft die Nennung dieser Personen im Haftbefehl ausreichen (**BB, RP, ST, TH**). **SN** § 32 Nr. 3 beschränkt den Schutzbereich auf minderjährige Personen, ebenso wie **SH** §§ 48 Abs. 2, 43 Abs. 2, wo in erster Linie eine Information des Jugendamts und ein familiengerichtliches Kontaktverbot angestrebt wird. **NW** § 25 Nr. 3 gilt für alle Außenkontakte und lässt die Befürchtung nachteiliger Auswirkungen auf Opfer der Straftaten oder gefährdete Dritte ebenso ausreichen wie deren Widerspruch gegen eine Kontaktaufnahme. **13**

Opfer der Straftat sind solche Personen, deren Schädigung durch eine Straftat der zu besuchenden Gefangenen aufgrund eines Gerichtsurteils feststeht. Ihre Nennung in einem Haftbefehl ist für den Strafvollzug nicht von Bedeutung (s. Rdn. 59). Die Untersagung des Briefkontakts mit „gefährdeten Dritten" in **NW** erscheint nur dann angemessen, wenn konkrete Anhaltspunkte für eine solche Gefährdung vorliegen. Soweit sich die **14**

---

313 SA, BT-Drucks. 7/3998, 16; *Arloth/Krä* 2017 § 28 StVollzG Rdn. 5.
314 KG NStZ-RR 2007, 125.
315 LG Lübeck ZfStrVo **SH** 1978, 28; allgemeiner *Arloth/Krä* 2017, § 28 StVollzG Rdn. 7.
316 OLG Nürnberg NStZ 1986, 576; LG Lübeck ZfStrVo **SH** 1978, 28.
317 LG Freiburg ZfStrVo **SH** 1977, 21.
318 OLG Koblenz ZfStrVo 1979, 250.

Landesgesetze allein auf minderjährige Verletzte beziehen, gilt die Altersgrenze des § 2 BGB (s. Rdn. 26). Weiter ist darauf zu achten, dass mit einem Konflikt des Opferschutzes und der Pflicht der Vollzugsbehörden, Kontakte zu **Angehörigen** und den Gefangenen nahe stehenden Personen zu fördern (s. Rdn. 7 ff), in der Praxis besonders sensibel umzugehen ist. Schon aus Verhältnismäßigkeitsgründen sollte ein Verbot des Briefkontakts höchstens als letztes Mittel in Betracht kommen.

15   d) Ein Untersagungsgrund des fehlenden **Einverständnisses von Personensorgeberechtigten** ist nur in den Landesgesetzen von **BB**, **RP**, **ST** und **TH** vorgesehen, die auch den Jugendstrafvollzug umfassen. Die Entstehungsgeschichte legt hier wie beim entsprechenden Besuchsverbot die Annahme nahe, dass es sich um eine für den Jugendstraf- und -untersuchungshaftvollzug spezifische Einschränkungsmöglichkeit handelt und allein die Personensorgeberechtigten junger Gefangener gemeint sind.[319]

16   3. **Dritten Personen**, insbesondere außenstehenden Briefpartnerinnen und -partnern, kann die Anstalt den Schriftverkehr mit Gefangenen nicht untersagen.[320] Diese sollten aber über ein generelles Verbot des Schriftverkehrs informiert werden.[321] Post Dritter, die trotz untersagten Schriftverkehrs eingeht, ist nach den Vorschriften über das Anhalten von Schreiben zu behandeln.[322]

17   4. Die **Kosten des Schriftverkehrs** trug nach VV Nr. 2 Satz 1 zu § 28 StVollzG der Gefangene. Die Gesetze aller Länder haben eine solche Kostenregelung in den Gesetzestext übernommen. Gemeint sind damit aber nur die Portokosten; Schreibpapier und Briefumschläge sind von der Anstalt in angemessenem Umfang kostenlos zur Verfügung zu stellen.[323] Eine Übernahme auch der Portokosten durch die Anstalt kann in Betracht kommen, wenn der Schriftwechsel (in einem bestimmten Umfang) für die Behandlung oder Eingliederung des Gefangenen erforderlich ist und der Gefangene (unverschuldet) über die entsprechenden Mittel (aus dem Haus- oder Eigengeld) nicht verfügt.[324] Solange keine Tariflöhne gezahlt werden, sollte in diesen Fällen eine Kostenübernahme durch die Anstalt nicht als (rückzahlbarer) „Vorschuss" behandelt werden. Wenn Gefangene allerdings grundlos die Arbeit verweigern, dürfte eine Kostentragung durch die Anstalt (und zwar gerade aus Behandlungsgründen) dagegen nicht in Betracht kommen.[325]

18   5. Für den Schriftverkehr von Gefangenen, die eine **ausländische Staatsangehörigkeit** besitzen, mit diplomatischen oder konsularischen Vertretungen ihres Herkunftslandes gelten die Richtlinien für den Verkehr mit Ausländern in strafrechtlichen Angelegenheiten (Nr. 135 Abs. 3 RiVASt).

---

319   Siehe z.B. Begr. zum Gesetzentwurf **BB**, LT-Drucks. 5/6427, S. 44 und 47.
320   OLG Zweibrücken NStZ 1987, 95 f; AK-*Feest/Wegner* 2017 § 32 LandesR Rdn. 2; *Arloth/Krä* 2017 § 28 StVollzG Rdn. 4; *Laubenthal/Nestler/Neubacher/Verrel* 2015 E Rdn. 66.
321   OLG Nürnberg MDR 1980, 165; AK-*Feest/Wegner* 2017 § 32 LandesR Rdn. 2.
322   AK-*Feest/Wegner* 2017 § 32 LandesR Rdn. 2; *Arloth/Krä* 2017 § 28 StVollzG Rdn. 8.
323   OLG Zweibrücken NStZ 2005, 289; *Laubenthal/Nestler/Neubacher/Verrel* 2015 E Rdn. 64; einschränkend *Arloth/Krä* 2017 § 28 StVollzG Rdn. 2.
324   *Arloth/Krä* 2017 § 28 StVollzG Rdn. 2; krit. AK-*Feest/Wegner* 2017 § 31 LandesR Rdn. 9; *Laubenthal/Nestler/Neubacher/Verrel* 2015 E Rdn. 64.
325   AK-*Feest/Wegner* 2017 § 31 LandesR Rdn. 9.

II. Überwachung des Schriftwechsels

§ 29 StVollzG	
Baden-Württemberg	§ 24 JVollzGB III
Bayern	Art. 32 StVollzG
Berlin	§§ 36 Abs. 2–3, 37, 39 Abs. 1 StVollzG
Brandenburg	§§ 41 Abs. 2, 42 JVollzG
Bremen	§§ 33 Abs. 2, 34 StVollG
Hamburg	§ 30 StVollzG
Hessen	§§ 33 Abs. 3–4, 35 Abs. 2–3 StVollzG
Mecklenburg-Vorpommern	§§ 33 Abs. 2, 34 StVollzG
Niedersachsen	§ 30 JVollzG
Nordrhein-Westfalen	§§ 22, 26 Abs. 3–4 StVollzG
Rheinland-Pfalz	§§ 40 Abs. 2, 41 JVollzG
Saarland	§§ 33 Abs. 2, 34 StVollzG
Sachsen	§§ 33 Abs. 2–4, 34 StVollzG
Sachsen-Anhalt	§§ 40 Abs. 2, 41 JVollzG
Schleswig-Holstein	§§ 49 Abs. 2, 50 StVollzG
Thüringen	§§ 41 Abs. 2, 42 JVollzG
ME	§§ 33, 34 StVollzG

1. Das grundgesetzlich geschützte **Briefgeheimnis** (Art. 10 Abs. 1 GG) gilt auch für Gefangene.[326] Der Schriftwechsel darf jedoch im Rahmen der vollzugsrechtlichen Vorschriften aus Gründen der Behandlung, Sicherheit oder Ordnung der Anstalt überwacht werden: d.h. die Post darf geöffnet werden. Diese Regelungen schränken das Briefgeheimnis in verfassungsrechtlich zulässiger Weise ein.[327] Die Überwachung bildet die Grundlage für die Vorschriften über das Anhalten von Schreiben und die Untersagung des Briefverkehrs mit bestimmten Personen. Die Briefüberwachung erstreckt sich nicht nur auf schriftliche Außenkontakte. Werden bei der Briefprüfung personenbezogene Daten bekannt, findet besondere Datenschutzvorschriften Anwendung (Nachtragsband).

2. Die im Zusammenhang mit dem früheren § 29 StVollzG gebräuchliche Formulierung „Überwachung" meint die Kenntnisnahme vom verbalen Inhalt des Schriftwechsels (Textkontrolle), aber auch die bloße Sichtkontrolle des Inhalts einer Postsendung auf verbotene Gegenstände hin.[328] Der ME hat Text- (§ 34) und Sichtkontrolle (§ 33) getrennt geregelt, so dass der Überwachungsbegriff auf die Wahrnehmung des Inhalts beschränkt wird.[329] Dem sind jedoch nicht alle Landesgesetze gefolgt. Es erscheint daher sachgerecht, an einem weiten Überwachungsbegriff festzuhalten.[330]

3. Der Zusammenhang der Vorschriften lässt eindeutig erkennen – und auch die Gesetzesmaterialien erlauben keinen anderen Schluss –, dass die Briefkontrolle von der

19

20

21

---

326 BVerfGE 33, 1 ff.
327 BVerfG ZfStrVo 1982, 126 und NStZ 2004, 225.
328 Arloth/Krä 2017 § 29 StVollzG Rdn. 2.
329 ME-Begründung, 102.
330 AK-Feest/Wegner 2017 § 34 LandesR Rdn. 8.

Anstaltsleitung wahrzunehmen ist; diese kann die Briefprüfung Bediensteten der Anstalt übertragen, aber nicht etwa auf Polizeibeamte.[331] Solche Außenstehenden können nur im konkreten Fall als Sachverständige herangezogen werden, wenn z.B. bei einem Schreiben der Verdacht besteht, dass es geheime Nachrichten enthält, für deren Entschlüsselung der Vollzugsverwaltung die Sachkunde fehlt.[332] Die Zahl der Briefkontrollen durchführenden Bediensteten ist auf eine Mindestzahl zu beschränken.[333]

22   4. Die **Regel**, dass der Schriftwechsel – abgesehen von konkret umrissenen Ausnahmefällen – wie der Besuch nur aus Gründen der Behandlung, Sicherheit oder Ordnung der Anstalt überwacht werden darf, fand sich bisher in **§ 29 Abs. 3 StVollzG**. Die Vollzugsbehörde wird danach zur Überwachung ermächtigt, nicht verpflichtet; insoweit besteht ein Ermessen der Anstalt.[334] Da die Fälle der Überwachung abschließend aufgezählt werden, kann der Schriftverkehr also nicht aus Gründen der allgemeinen Verbrechensverhütung, des persönlichen Schutzes Außenstehender oder aus Gründen des guten Geschmacks überwacht werden.[335]

23   Die Gesetze einiger Länder haben mit kleineren Änderungen etwa in der Anordnung der Absätze an dem Vorbild des § 29 StVollzG festgehalten (**BW** § 24; **BY** Art. 32; **HH** § 30; **HE** § 35 Abs. 2; **NI** § 30). Die größere Gruppe von **Landesgesetzen** orientiert sich dagegen eher am ME, der nicht nur eine gesetzestechnische Umgestaltung mit einer deutlichen Trennung von Text- und Sichtkontrolle, sondern auch verschiedene Detailkorrekturen des früheren Bundesrechts vorgeschlagen hat (**BE** §§ 36 Abs. 2 und 3, 37; **BB** §§ 41 Abs. 2, 42; **HB** §§ 33 Abs. 2, 34; **MV** §§ 33 Abs. 2, 34; **NW** §§ 22, 26 Abs. 3 und 4; **RP** §§ 40 Abs. 2, 41; **SL** §§ 33 Abs. 2, 34; **SN** §§ 33 Abs. 2 bis 4, 34; **ST** §§ 40 Abs. 2, 41; **SH** §§ 49 Abs. 2, 50; **TH** §§ 41 Abs. 2, 42).

24   Die wohl auch praktisch im Vordergrund stehende Überwachung aus Gründen der **Sicherheit oder Ordnung** ist aus verfassungsrechtlicher Sicht grundsätzlich zulässig.[336] Eine solche Überwachung des Schriftwechsels kommt (wie bei der Überwachung der Besuche, s. Rdn. 83) grundsätzlich nur im geschlossenen Vollzug in Betracht, weil im offenen Vollzug die entsprechenden Risiken naturgemäß geringer sind und andere Kommunikationswege leichter genutzt werden können. Die Landesgesetze treffen eine solche Regelung jedoch nur ausnahmsweise (**BE** § 36 Abs. 2 für Sichtkontrollen).

25   Umstritten ist, ob im geschlossenen Vollzug auch eine **generelle Anordnung** der Vollzugsbehörde, den Schriftwechsel aller Gefangenen ohne Einzelfallprüfung zu überwachen, zulässig ist. Das wurde von der Rspr. mit dem Hinweis bejaht, es sei nicht auf die Gefährlichkeit einzelner Strafgefangener abzustellen, weil nach aller Erfahrung selbst ungefährliche Straftäter (z.B. über Gruppendruck) durch andere (etwa ausbruchswillige oder sonst sicherheitsgefährdende) Mitgefangene zu (für die Anstalt) gefährlichen Außenkontakten missbraucht werden könnten.[337] Im geschlossenen Vollzug komme es daher nicht auf die Gefährlichkeit einzelner Gefangener an.[338] In Anstalten mit

---

331 OLG Celle ZfStrVo **SH** 1979, 54; OLG Frankfurt StV 1986, 349; AK-*Feest/Wegner* 2017 § 34 LandesR Rdn. 3.
332 OLG Celle ZfStrVo **SH** 1979, 54; *Arloth/Krä* 2017 § 29 StVollzG Rdn. 2; K/S-*Schöch* 2002 § 7 Rdn. 111; *Laubenthal/Nestler/Neubacher/Verrel* 2015 E Rdn. 69.
333 OLG Frankfurt 10.5.2016 – 3 Ws 777/15 (StVollz).
334 *Arloth/Krä* 2017 § 29 StVollzG Rdn. 4; *Laubenthal/Nestler/Neubacher/Verrel* 2015 E Rdn. 70.
335 RegE, BT-Drucks. 7/918, 60.
336 BVerfG ZfStrVo 1982, 126.
337 BVerfG NStZ 2004, 225; OLG Frankfurt NJW 1979, 2525; OLG Hamburg StraFo 2006, 172; OLG Zweibrücken NStZ 1985, 236.
338 So auch *Arloth/Krä* 2017 § 29 StVollzG Rdn. 4; *Böhm* 2003 Rdn. 254.

hoher Sicherheitsstufe wurde sogar die generelle Überwachung der Behördenpost für zulässig erklärt,[339] mit Ausnahme der Öffnung eingehender Briefwahlunterlagen.[340] Die Gesetzgebung der Länder beruft sich teilweise ausdrücklich auf diese Rspr.[341] Andere **Landesgesetze** schließen eine generelle Überwachung aus, indem sie ausdrücklich auf den Einzelfall abstellen (**BB** § 42 Abs. 1; **MV** § 34 Abs. 1; **RP** § 41 Abs. 1; **SN** § 34 Satz 1; **ST** § 41 Abs. 1; **SH** § 50 Abs. 1). Gegen eine generelle Briefkontrolle wird eingewandt, dass eine solche Betrachtung das Gebot differenzierter und individueller Behandlung unterlaufe und den grundrechtlichen Schutz des Briefgeheimnisses verkürze.[342] Die generelle Überwachungsanordnung komme höchstens als kurzfristige Übergangslösung in Betracht.[343]

Die **Sichtkontrolle** sollte in Gegenwart der Gefangenen durchgeführt werden.[344] **26** Dies wird von manchen Landesgesetzen ausnahmslos (**BB** § 41 Abs. 2; **MV** § 33 Abs. 2) oder doch für den Regelfall vorgeschrieben (**HB** § 33 Abs. 2; **SN** § 33 Abs. 2).[345] Eine offene Aushändigung von Post, die auch dritten Personen Kenntnis von deren Inhalt ermöglicht, stößt erst recht auf verfassungsrechtliche Bedenken.[346] Soweit die Landesgesetze die Sichtkontrolle ausdrücklich regeln, unterscheiden diese Vorschriften nicht zwischen ein- und ausgehender Post.

Bedienstete der Anstalt, denen die Überwachung obliegt, dürfen nach VV Nr. 2 **27** Abs. 3 auf den Schreiben keine Randbemerkungen anbringen oder Briefstellen durchstreichen oder undeutlich machen, sondern lediglich einen **Sichtvermerk** anbringen; die Bloßstellung der Absender als Gefangener ist jedoch zu vermeiden.[347] Unzulässig ist es, einen Brief, auf dessen Umschlag als Absenderanschrift nicht die Vollzugsanstalt, sondern eine andere Anschrift angegeben ist, mit der Auflage zurückzugeben, die Absenderangabe zu ändern.[348] Art und Umfang der Überwachung und Kosten für die Übersetzung von Schreiben in fremder Sprache werden in VV geregelt.

Eine **Überwachung aus Gründen der Behandlung** wird für zulässig erachtet, um **28** Informationen über die Persönlichkeit der Gefangenen und ihre Verhältnisse zu gewinnen, um daraus (vor allem bei beunruhigenden verstimmenden Nachrichten) rechtzeitig Konsequenzen für die Behandlung und etwa notwendig werdende soziale Hilfen und therapeutische Maßnahmen treffen zu können.[349] Eine solche Überwachung wird aber nur dann zu rechtfertigen sein, wenn besonders wichtige Aufschlüsse über Probleme zu erwarten sind, die im Rahmen der Behandlung Bedeutung besitzen, oder um kriminellen Verhaltensweisen (z.B. eines Heiratsschwindlers) entgegenwirken zu können.[350]

---

339 OLG Frankfurt BlStV 4/5/1994, 5; OLG Hamburg ZfStrVo 1991, 185; OLG Karlsruhe NStZ 2004, 517; *Arloth/Krä* 2017 § 29 StVollzG Rdn. 4.
340 OLG Frankfurt BlStV 1/1993, 5.
341 Begr. zum Gesetzentwurf **BY**, LT-Drucks. 15/8101, S. 57.
342 AK-*Feest/Wegner* 2017 § 34 LandesR Rdn. 4; *C/MD* 2008 § 29 StVollzG Rdn. 3; *Gusy* 1997, 675; *Laubenthal/Nestler/Neubacher/Verrel* 2015 E Rdn. 71; *Molketin* MDR 1981, 192 ff.
343 *K/S-Schöch* 2002 § 7 Rdn. 109; *Laubenthal/Nestler/Neubacher/Verrel* 2015 E Rdn. 71.
344 OLG Zweibrücken NStZ 1985, 236; AK-*Feest/Wegner* 2017 § 33 LandesR Rdn. 6; *Laubenthal/Nestler/Neubacher/Verrel* 2015 E Rdn. 72.
345 Nach Begr. zum Gesetzentwurf **HB**, LT-Drucks. 18/1475 zu § 33 bezieht sich die Formulierung *in der Regel* auf die Anwesenheit der Gefangenen, nicht auf die Durchführung der Sichtkontrolle.
346 BVerfG 4.9.1997 – 2 BvR 1152/97.
347 AK-*Feest/Wegner* 2017 § 33 LandesR Rdn. 2; *Laubenthal/Nestler/Neubacher/Verrel* 2015 E Rdn. 72.
348 OLG Celle ZfStrVo 1982, 127 und 1993, 57.
349 RegE, BT-Drucks. 7/918, 59; OLG Frankfurt ZfStrVo **SH** 1979, 51 ff; *Arloth/Krä* 2017 § 29 StVollzG Rdn. 5.
350 *Arloth/Krä* 2017 § 29 StVollzG Rdn. 5.

29 **5. Unüberwacht** blieb der Schriftverkehr nach den früheren Vorschriften des StVollzG mit dem Anstaltsbeirat (§ 164 Abs. 2 Satz 2 StVollzG), grundsätzlich mit der Verteidigung (§ 29 Abs. 1 StVollzG) und mit einer Anzahl sog. Petitionsstellen, insbesondere dem Deutschen Bundestag und den Länderparlamenten, sowie den Datenschutzbeauftragten des Bundes und der Länder (§ 29 Abs. 2 StVollzG). Die Landesgesetze haben daran grundsätzlich festgehalten und lediglich einzelne Veränderungen vorgenommen.

30 Während das StVollzG den EGMR als einziges Gericht unter den Stellen genannt hatte, mit denen der Schriftverkehr der Gefangenen nicht kontrolliert werden darf, haben einige Landesgesetze diese Liste um **Gerichte und Justizbehörden** erweitert. So nennen **BE** (§ 39 Abs. 1 Nr. 1 und 16) ebenso wie **HE** (§ 33 Abs. 4 i.V.m. § 119 Abs. 4 Satz 2 Nr. 1 bis 3 und 5 StPO) und **NW** (§ 26 Abs. 4 Nr. 1 und 3) das BVerfG und die zuständigen Verfassungsgerichte der Länder sowie Führungsaufsichtsstelle, Bewährungs- und Gerichtshilfe, **BB** (§ 42 Abs. 3 Satz 3), **HB** (§ 34 Abs. 3 Satz 4), **HH** (§ 30 Abs. 3 Nr. 7), **SN** (§ 33 Abs. 4 Satz 4), **ST** (§ 41 Abs. 2 Nr. 1 bis 2 und 4) und **SH** (§ 50 Abs. 3 Nr. 1) allgemeiner Gerichte, Staatsanwaltschaften und meist auch das Justizministerium. Soweit keine konkrete Regelung einschlägig ist, dürfen Kontakte zu Gerichten und Justizbehörden grundsätzlich nur dann einer Sichtkontrolle unterzogen werden, wenn der Absender des Schreibens bei äußerlicher Betrachtung nicht einwandfrei festgestellt werden kann.[351] Die Herkunft eines Schreibens von einem Gericht oder einer Behörde ist aufgrund des Absenderaufdrucks oder der Verwendung von Frankiermaschinen allerdings fast immer äußerlich erkennbar.

31 Der unüberwachte **Schriftverkehr mit dem Anstaltsbeirat** soll die Unbefangenheit der Information durch die Gefangenen sicherstellen.[352] Schreiben der Gefangenen unterliegen auch dann nicht der Briefkontrolle, wenn der Adressat, also der Anstaltsbeirat, nicht mehr dieses Amt innehat.[353]

32 6. Unüberwachten Schriftverkehr mit Rechtsanwältinnen und Rechtsanwälten konnten Gefangene nach § 29 Abs. 1 StVollzG und können sie nach den meisten Ländergesetzen nur im Rahmen einer **Verteidigungsfunktion** verlangen. Es muss erkennbar sein, dass sich die Beistandsfunktion entweder auf die Strafsache selbst, auf ein strafrechtliches Folge- oder Nebenverfahren oder auf eine Strafvollzugssache erstreckt, die bereits anhängig ist oder deren Rechtshängigkeit alsbald herbeigeführt werden soll.[354] Während der vorgelagerten Anbahnungsphase greifen die gesetzlichen Überwachungsverbote noch nicht ein.[355]

33 Grundsätzlich wird der Schriftwechsel der Gefangenen mit der **Verteidigung (ein- und ausgehende Post)** nicht überwacht. Sinn dieser Vorschriften ist es, das Recht der Gefangenen auf eine von Behinderungen und Einschränkungen freigestellte Verteidigung zu gewährleisten. Teilweise wird die Freiheit von Überwachung auf den Schriftwechsel mit **sonstigen Rechtsanwalts-** und **Notariatskanzleien** erweitert, soweit diese bevollmächtigt oder in einer Rechtssache der Gefangenen tätig sind (**BE** § 37 Abs. 2 Satz 1; **HH** § 30 Abs. 2; **HE** § 33 Abs. 3; **SN** § 33 Abs. 3).

34 Die Verteidigerpost muss deutlich sichtbar **gekennzeichnet** sein.[356] Diese Kennzeichnung kann ausdrücklich als „Verteidigerpost" erfolgen, in Ermangelung dessen

---

351 LG Hamm BlStV 3/1997, 6; LG Lahn-Gießen ZfStrVo **SH** 1977, 21; a.A. OLG Zweibrücken NStZ 1985, 236; LG Ellwangen ZfStrVo 1979, 125: auch dann nicht von der Überwachung ausgenommen.
352 RegE, BT-Drucks. 7/918, 98.
353 OLG Nürnberg NStZ 2010, 92.
354 OLG Nürnberg ZfStrVo 1979, 186; LG Regensburg ZfStrVo 1979, 55; LG Wuppertal NStZ 1992, 152. Zu Fallkonstellationen *Grube* JR 2009, 362 ff.
355 OLG Frankfurt 5.12.2013 – 3 Ws 698/13 (StVollz); OLG München NStZ 2013, 170.
356 OLG Frankfurt ZfStrVo 2004, 379; OLG Karlsruhe ZfStrVo 1987, 248.

dürfte die Angabe eines Anwaltsbüros in aller Regel ausreichen.[357] Im Einzelfall sollen zur (ausgehenden) Verteidigerpost auch Pakete gehören;[358] auch die Sichtkontrolle ist dann nicht erlaubt. Das **Öffnen** oder gar Ausschütteln der Verteidigerpost durch Bedienstete der Anstalt ist nicht gestattet.[359] Denn der Gesetzgeber hat die Gefahren eines Missbrauchs bewusst in Kauf genommen, um jeder Beeinträchtigung des zwischen Gefangenen und Verteidigung bestehenden besonderen Vertrauens vorzubeugen. Die Verteidigung soll wegen ihrer Integrität als Organ der Rechtspflege jeder Beschränkung enthoben sein.[360] Eine Sichtkontrolle des Inhalts der Verteidigerpost ist selbst dann unzulässig, wenn Gefangene, an welche die Post gerichtet ist, der Öffnung zustimmen und bei der Öffnung anwesend sind oder diese selbst vornehmen.[361] Die Zustimmung könnte evtl. nur deshalb erteilt werden, um nicht in den Verdacht zu geraten, etwas verbergen zu wollen, „was negative Auswirkungen im Vollzugsalltag haben" könnte.

Erlaubt ist es nach der Rspr, die Verteidigerpost zu Kontrollzwecken zu röntgen, **35** wenn dabei die bewusste und unbewusste Wahrnehmung des gedanklichen Inhalts ausgeschlossen ist.[362] Zulässig sind weiter **Perforationen** durch die Anstalt, die eine wiederholte Benutzung verhindern sollen.[363] Rechtswidrig ist jedoch eine Heraustrennung des Sichtfensters und eine Stempelung des Briefes im Adressfeld der Post.[364]

Solche Vorsichtsmaßnahmen entfallen, wenn über das Mandatsverhältnis keine Zwei- **36** fel bestehen, insbesondere dann nicht, wenn die Verteidigerstellung des Absenders der Vollzugsbehörde durch **Vorlage der Vollmacht oder die gerichtliche Bestellung** ordnungsgemäß nachgewiesen ist.[365] Die Anstalt kann die Aushändigung der entsprechenden Post vom vorherigen Nachweis der Verteidigereigenschaft abhängig machen[366] oder durch telefonische Rückfragen klären, ob es sich um Verteidigerpost handelt.[367] Dies sollte nur „in wirklichen Zweifelsfällen" oder bei begründetem Verdacht eines Missbrauchs erfolgen.[368] Ansonsten soll ein Rückruf in der Kanzlei mit der Frage, ob die Sendung von dort stammt, aus Gründen der Verhältnismäßigkeit unzulässig sein.[369] Die Sicherstellung der Verteidigerpost im Haftraum ist unzulässig.[370] Eine entsprechende Haftraumkontrolle in Form der Sichtkontrolle soll dann in Betracht kommen, wenn die Gefangenen anwesend sind.[371]

Das **Überwachungsverbot** wird für den Schriftverkehr mit solchen Gefangenen **37** **eingeschränkt,** gegen die eine Freiheitsstrafe wegen einer Straftat nach dem Terroris-

---

357 OLG Dresden NStZ 2007, 708; anders *Arloth/Krä* 2017 § 29 StVollzG Rdn. 6 und Voraufl. § 29 StVollzG Rdn. 15.
358 OLG Koblenz NStZ 1983, 96; OLG Stuttgart NJW 1992, 61.
359 OLG Bremen StV 2006, 350; OLG Karlsruhe NStZ 1987, 188; OLG Saarbrücken NStZ 2004, 188; OLG Stuttgart NStZ 1991, 359; *Laubenthal/Nestler/Neubacher/Verrel* 2015 E Rdn. 75.
360 OLG Frankfurt NStZ-RR 2005, 61.
361 BVerfG StV 2012, 161; OLG Bamberg MDR 1992, 507; OLG Dresden NStZ 2007, 707; OLG Frankfurt ZfStrVo 2004, 51; a.A. OLG Stuttgart NStZ 2011, 348 und *Arloth/Krä* 2017 § 29 StVollzG Rdn. 6.
362 OLG Frankfurt ZfStrVo 2004, 51.
363 OLG Frankfurt ZfStrVo 2005, 251; OLG Karlsruhe NStZ 2005, 588; OLG Saarbrücken ZfStrVo 2003, 377.
364 OLG Frankfurt ZfStrVo 2004, 51.
365 OLG Frankfurt NStZ 1987, 357: „eine Selbstverständlichkeit, die keiner gesetzlichen Regelung bedarf".
366 OLG Frankfurt ZfStrVo 1987, 113.
367 OLG Bamberg MDR 1992, 507; OLG Frankfurt StV 2003, 402; AK-*Feest/Wegner* 2017 § 34 LandesR Rdn. 14.
368 OLG Frankfurt NStZ-RR 2005, 61: Aufgabeort der Sendung weit von dem Büro des Verteidigers entfernt.
369 OLG Frankfurt NStZ-RR 2005, 61.
370 KG NStZ 2004, 611; OLG Nürnberg ZfStrVo 1988, 311; *Arloth/Krä* 2017 § 29 StVollzG Rdn. 6; *Laubenthal/Nestler/Neubacher/Verrel* 2015 E Rdn. 75.
371 *Arloth/Krä* 2017 § 29 StVollzG Rdn. 6.

musstrafrecht vollstreckt wird oder im Anschluss zu vollstrecken ist (s. Rdn. 98). Dies gilt nicht, wenn entsprechende Sicherheitsbedenken ausgeräumt sind, etwa im offenen Vollzug oder nach Gewährung sonstiger vollzugsöffnender Maßnahmen.[372]

38 7. Frei von Überwachung bleibt auch der **Schriftverkehr mit Parlamenten** und ihren Abgeordneten sowie mit unabhängigen Einrichtungen des **Menschenrechts- und Datenschutzes**. Die einschlägigen Vorschriften des Vollzugsrechts sind Ausfluss des Petitionsrechtes im Sinne des Art. 17 GG.[373]

39 Als Petitionsstellen einbezogen sind insbesondere die Volksvertretungen des Bundes und der Länder sowie deren Abgeordnete, aber auch das Europäische Parlament, jedoch nicht Stadtverordnetenversammlungen, Gemeinderäte und vergleichbare Organe des Kommunalrechts.[374] **Schreiben an Abgeordnete** müssen an die Postanschrift der Volksvertretung gerichtet werden; auf diese Weise soll Missbrauch vorgebeugt werden.[375] Wie weit das Kontrollverbot reicht, ist auch in der Rspr. umstritten. Nach neuerer Judikatur gilt es auch für die Korrespondenz mit Fraktionen eines Parlaments.[376]

40 Schreiben, die von den **genannten Stellen an Gefangene** gerichtet sind, werden nicht überwacht, sofern die Identität des Absenders zweifelsfrei feststeht. Verfahrensweisen wie etwa vorgedruckte Absenderangaben, Freistempler, Dienstpost, Brief-in-Brief-Lösung ermöglichen eine hinreichend sichere Feststellung der Absenderangaben. Ergibt sich erst nach Öffnung eines Briefes, etwa aus dem Briefkopf, dass es sich um ein Schreiben von Abgeordneten oder einer vergleichbaren Institution handelt, ist die Postkontrolle abzubrechen.[377]

41 Der **Kreis der Stellen**, die über Parlamente sowie Gerichte und Justizbehörden (s. Rdn. 129) hinaus in diese Regelungen einbezogen werden, variiert je nach Landesrecht. Im Einzelnen handelt es sich um
- Organe des europäischen Menschenrechtsschutzes wie den **Europäischen Ausschuss zur Verhütung von Folter** und unmenschlicher oder erniedrigender Behandlung oder Strafe (CPT) (alle Landesgesetze);
- Organe des Menschenrechtsschutzes der Vereinten Nationen einschließlich der **Nationalen Stelle zur Verhütung von Folter (BW, BE, BB, HB, HH, HE, MV, NW, RP, SL, SN, ST, SH, TH)**;
- die **Datenschutzbeauftragten** des Bundes und der Länder sowie den Europäischen Datenschutzbeauftragten **(BW, BY, BE, HH, HE, NI, NW, RP, SL, SN, ST, SH, TH)**;
- den Europäischen **Bürgerbeauftragten** sowie die Bürgerbeauftragten der Länder **(BW, BE, HE, NW, RP, SL, ST, SH, TH)**;
- landesspezifisch Beauftragte für **Justizvollzug** und **psychiatrische Krankenversorgung (NW, ST, SH)**;
- die **Opferbeauftragten** der Länder **(BE)**;
- die für Gefangene zuständigen **konsularischen Vertretungen (BE, BB, HB, HE, MV, RP, SL, SN, ST, SH, TH)**;
- nicht in der Anstalt tätige Ärztinnen oder Ärzte, die mit der Untersuchung oder Behandlung von Gefangenen befasst sind, und sonstige **Berufsgeheimnisträger (HH, HE)**.

---

372 *Arloth/Krä* 2017 § 29 StVollzG Rdn. 7; *Laubenthal/Nestler/Neubacher/Verrel* 2015 E Rdn. 76.
373 OLG Nürnberg NStZ 1993, 455.
374 AK-*Feest/Wegner* 2017 § 34 LandesR Rdn. 21; *Arloth/Krä* 2017 § 29 StVollzG Rdn. 8.
375 *Arloth/Krä* 2017 § 29 StVollzG Rdn. 8.
376 OLG Dresden FS 2014, 129; anders noch OLG Hamburg ZfStrVo 2004, 306.
377 OLG Hamburg OLGSt § 29 Nr. 1.

Verbreitet sind weiterhin allgemeine Verweisungen auf völkerrechtliche Verpflichtungen Deutschlands, die den Schriftverkehr besonders schützen (**BB, HB, HH, MV, RP, SL, SN, ST, SH, TH**). 42

III. Weiterleitung von Schreiben und Aufbewahrung

§ 30 StVollzG	
Baden-Württemberg	§ 25 JVollzGB III
Bayern	Art. 33 StVollzG
Berlin	§ 36 StVollzG
Brandenburg	§ 41 JVollzG
Bremen	§ 33 StVollG
Hamburg	§ 29 Abs. 1 Satz 2 StVollzG
Hessen	§ 35 Abs. 1 Satz 2, Abs. 3 Satz 1 StVollzG
Mecklenburg-Vorpommern	§ 33 StVollzG
Niedersachsen	§ 31 JVollzG
Nordrhein-Westfalen	§ 21 StVollzG
Rheinland-Pfalz	§ 40 JVollzG
Saarland	§ 33 StVollzG
Sachsen	§ 33 StVollzG
Sachsen-Anhalt	§ 40 JVollzG
Schleswig-Holstein	§ 49 StVollzG
Thüringen	§ 41 JVollzG
ME	§ 33 StVollzG

1. Nach **§ 30 StVollzG** waren Schreiben von Gefangenen und an Gefangene durch 43 die Anstalt vermitteln zu lassen, Schreiben von Gefangenen und an Gefangene waren durch die Anstalt unverzüglich weiterzuleiten, und die Gefangenen hatten die Wahl zwischen unverschlossener Verwahrung im Haftraum und verschlossener Verwahrung durch die Anstalt mit ihrer Habe. Die Landesgesetze haben an diesen Regelungen unverändert festgehalten oder lediglich Modifikationen vorgenommen.

2. Absendung und Empfang der Schreiben des Gefangenen werden allein durch die 44 Anstalt vermittelt, also **nicht durch Dritte.** Nur auf diese Weise kann der Schriftwechsel überwacht werden. Die Vorschriften lassen jedoch Ausnahmen für die Fälle zu, in denen eine Überwachung nicht erforderlich ist, etwa für den offenen Vollzug oder für Übergangshäuser. Aus der Vollzugsanstalt **herausgehende** Post dürfen Gefangene nicht verschließen, wenn die Überwachung ihres Schriftverkehrs angeordnet ist. Dennoch verschlossene Briefe werden angehalten und zur Habe genommen, wenn Gefangene auch nach Belehrung auf dem Verschluss beharren.[378]

3. Durch die Einschaltung der Vollzugsanstalt bei der Vermittlung der Post sollte je- 45 doch die Weiterleitung der Briefe nicht länger als notwendig verzögert werden.[379] Deshalb schreiben die Vollzugsgesetze (außer **HE**) vor, dass Schreiben **unverzüglich weiterzuleiten** sind; das bedeutet entsprechend § 121 Abs. 1 Satz 1 BGB „ohne schuldhaftes Zögern", also nicht etwa „sofort".[380] Unverzüglich ist die Weiterleitung von normalen

---
378 *Arloth/Krä* 2017 § 30 StVollzG Rdn. 2.
379 RegE, BT-Drucks. 7/918, 60.
380 RegE, BT-Drucks. 7/918, 60.

Schreiben grundsätzlich nicht mehr, wenn Post, die morgens eingeht, bis zum Abend noch nicht verteilt worden ist.[381] Unverzüglich ist die Weiterleitung hingegen dann noch erfolgt, wenn Post, die am Samstag eingeht, aus organisatorischen oder datenschutzrechtlichen Gründen **erst am darauffolgenden Montag** verteilt wird.[382] Dienen Schreiben erkennbar einer gerichtlichen Fristwahrung (z.B. § 112 StVollzG) oder enthalten sie Eilanträge (§ 114 StVollzG), sind sie sofort weiterzuleiten.[383] **HE** § 35 Abs. 3 Satz 1 sieht grundsätzlich nur eine „umgehende" Weiterleitung vor, die in der Regel erst am nächsten Werktag erfolgen soll.[384]

46 Eine Verzögerung, die sich aus der **Vorlage eines Schreibens an die Aufsichtsbehörde** ergibt, muss grundsätzlich nicht hingenommen werden.[385] Denn die Überwachung des Schriftverkehrs fällt allein in die Zuständigkeit des Anstaltsleiters,[386] die die Aufsichtsbehörde nur im Einzelfall aufheben kann. Es ist auch nicht zulässig, die Entscheidung des Anstaltsleiters in bestimmten Fällen (z.B. Schreiben an Medien) generell von der Zustimmung der Aufsichtsbehörde abhängig zu machen, da diese kein Selbsteintrittsrecht hat.[387] Gefangene sollen sich darauf verlassen dürfen, dass ordnungsgemäß adressierte und frankierte Briefe von der Anstalt rechtzeitig, in der Regel spätestens am folgenden Arbeitstag, auf den Postweg gebracht werden.[388]

47 Doch fällt es nicht in den Aufgabenbereich der Vollzugsbehörden, auf die Einhaltung von Postvorschriften zu achten. Ist ein Brief nicht ausreichend **frankiert**, kann die JVA die Weiterleitung nach der Rspr. nicht verweigern.[389] Die Kosten des Schriftverkehrs, zu denen auch die Frankierung von Briefen gehört, tragen Gefangene grundsätzlich selbst. Sie können dafür Hausgeld wie auch Eigengeld verwenden,[390] notfalls auch Taschengeld.[391] Die Ergänzung der Absenderangaben durch die Adresse der Anstalt ist unter keinen Umständen zulässig.[392]

48 4. Die Gefangenen müssen eingehende Schreiben unverschlossen lassen, weil alle Sachen in den Haftträumen so aufbewahrt werden müssen, dass eine **Durchsuchung** aus Gründen der Sicherheit oder Ordnung möglich ist.[393] Sofern keine Sicherheitsbedenken bestehen, kann ausnahmsweise gestattet werden, Schreiben verschlossen aufzubewahren; insoweit ist vor allem an Gefangene im offenen und im Freigängervollzug zu denken.[394] In jedem Fall kann die Post verschlossen zur Habe gegeben werden. Soweit die Post – etwa im Rahmen eines Verteidigungsverhältnisses oder sonstiger anwaltlicher Vertretung – **nicht überwacht** wird (s. Rdn. 128 ff), darf sie auch in der Zelle nicht kontrolliert werden.

---

381 BVerfG 24.10.2011 – 2 BvR 565/10; AK-*Feest/Wegner* 2017 § 33 LandesR Rdn. 3.
382 OLG Hamm 20.10.2015 – III-1 Vollz (Ws) 406/15; OLG Koblenz ZfStrVo 1995, 180; *Laubenthal/Nestler/Neubacher/Verrel* 2015 E Rdn. 81.
383 AK-*Feest/Wegner* 2017 § 33 LandesR Rdn. 3; *Laubenthal/Nestler/Neubacher/Verrel* 2015 E Rdn. 81; a.A. *Arloth/Krä* 2017 § 30 StVollzG Rdn. 4: nur „unverzüglich".
384 Begr. zum Gesetzentwurf **HE**, LT-Drucks. 18/1396, S. 100.
385 AK-*Feest/Wegner* 2017 § 33 LandesR Rdn. 3; a.A. OLG Hamm NStZ 1985, 237; *Arloth/Krä* 2017 § 30 StVollzG Rdn. 4.
386 OLG Karlsruhe ZfStrVo **SH** 1979, 70; a.A. OLG Hamm NStZ 1985, 237.
387 AK-*Feest/Wegner* 2017 § 33 LandesR Rdn. 3; a.A. *Arloth/Krä* 2017 § 30 StVollzG Rdn. 4.
388 KG NStZ 1992, 455; KG NStZ 2004, 612.
389 OLG Celle ZfStrVo 1993, 57; OLG Saarbrücken NStZ-RR 2001, 188; OLG Zweibrücken ZfStrVo 2001, 313; a.A. *Arloth/Krä* 2017 § 30 StVollzG Rdn. 3; Voraufl. § 30 StVollzG Rdn. 2 mit Hinweis auf den Resozialisierungsauftrag.
390 *Böhm* 2003 Rdn. 252.
391 KG NStZ 1985, 352.
392 OLG Celle ZfStrVo 1993, 57.
393 RegE, BT-Drucks. 7/918, 60.
394 *Laubenthal/Nestler/Neubacher/Verrel* 2015 E Rdn. 82.

IV. Anhalten von Schreiben

§ 31 StVollzG	
Baden-Württemberg	§ 26 JVollzGB III
Bayern	Art. 34 StVollzG
Berlin	§ 38 StVollzG
Brandenburg	§ 43 JVollzG
Bremen	§ 35 StVollG
Hamburg	§ 31 StVollzG
Hessen	§ 35 Abs. 3 StVollzG
Mecklenburg-Vorpommern	§ 35 StVollzG
Niedersachsen	§ 32 JVollzG
Nordrhein-Westfalen	§ 23 StVollzG
Rheinland-Pfalz	§ 42 JVollzG
Saarland	§ 35 StVollzG
Sachsen	§ 35 StVollzG
Sachsen-Anhalt	§ 42 JVollzG
Schleswig-Holstein	§ 51 StVollzG
Thüringen	§ 43 JVollzG
ME	§ 35 StVollzG

1. Allgemeines

a) Die vollzugsrechtlichen Vorschriften über das Anhalten von Schreiben erfordern eine Ermessensentscheidung der Anstaltsleitung, in der die Bedeutung der Grundrechte, insbesondere der **Meinungsäußerungsfreiheit** (Art. 5 Abs. 1 GG) gegenüber den Aufgaben des Vollzugs abzuwägen ist.[395] Darauf hat das BVerfG nachdrücklich hingewiesen.[396] Aber auch die **psychologische Seite** sollte vor dem Anhalten von Schreiben bedacht werden; jedenfalls *ruft die anstaltsinterne Zurückweisung beim Insassen regelmäßig ein Gefühl der Ohnmacht oder offene Aggressionen hervor, was beides den Bemühungen um seine Resozialisierung* nicht dient.[397]

b) Die Grundlage für das Anhalten von Schreiben bildet die vom Vollzugsrecht zugelassene **Überwachung des Schriftwechsels** (Rdn. 121 ff). Sämtliche Anhaltegründe beziehen sich auf Gefahrenlagen, die der Sicherheit oder Ordnung in der Anstalt, der Eingliederung von Gefangenen oder den Rechtsgütern Dritter drohen.[398]

c) Die Landesgesetzgeber haben sich bei der Ausgestaltung der Rechtsgrundlagen für das Anhalten von Schreiben weitgehend an dem **Vorbild des § 31 StVollzG** orientiert. Alle Landesgesetze enthalten einen Katalog von Anhaltegründen, regeln die Rechtsfolgen der Anhaltung und ermöglichen die Beifügung eines richtigstellenden Begleitschreibens der Anstalt. Überall bezieht sich die Möglichkeit der Anhaltung auf solche Schreiben, die Teil eines überwachungsfähigen Schriftwechsels sind.

49

50

51

---

395 RegE, BT-Drucks. 7/918, 60; AK-*Feest/Wegner* 2017 § 35 LandesR Rdn. 3.
396 BVerfGE 7, 198 (208); BVerfGE 15, 288 (295); zusammenfassend *Bachmann* 2015, 262 ff.; *Lübbe-Wolff* 2016, 147 ff.
397 *Rolinski* 1974, 92.
398 *Laubenthal/Nestler/Neubacher/Verrel* 2015 E Rdn. 88.

2. Erläuterungen im Einzelnen

52 **a)** Fast alle Landesgesetze verpflichten die Anstaltsleitung nicht, sondern ermächtigen sie nur zum Anhalten von Schreiben. Liegen Anhaltspunkte vor, steht die Entscheidung, ob im Einzelfall angehalten werden soll, also im **Ermessen** der Anstaltsleitung.[399] Die Anhaltebefugnis kann intern anderen Vollzugsbediensteten übertragen werden,[400] wobei diese Übertragung nicht von der Zustimmung der Aufsichtsbehörde abhängt.[401] Als einziges Land hat **HE** § 35 Abs. 3 Satz 2 eine Soll-Vorschrift für die Anhaltung eingeführt.[402] Das führt nach allgemeinen Grundsätzen des Verwaltungsrechts dazu, dass ein Schreiben bei Vorliegen eines Anhaltegrundes in der Regel anzuhalten ist, womit der Grundsatz der Verhältnismäßigkeit größeres Gewicht erhält. Bereits die „Kann"-Bestimmung räumt den betroffenen Gefangenen jedoch einen Anspruch auf eine ermessensfehlerfreie Entscheidung ein.[403]

53 Die Kataloge der in den Landesgesetzen angeführten Voraussetzungen enthalten wie früher § 31 Abs. 1 StVollzG eine **abschließende Regelung**.[404] Aus anderen Gründen als den in der Ermächtigungsgrundlage konkret genannten dürfen Schreiben nicht angehalten werden. Erforderlich ist immer eine Entscheidung im Einzelfall, deshalb ist eine generelle Anhalteverfügung nicht zulässig.[405]

54 **b)** Alle Landesgesetze haben den Anhaltegrund der Gefährdung der **Sicherheit oder Ordnung der Anstalt** übernommen. Damit stellen sie auf einen unbestimmten Rechtsbegriff ab.[406] Er liegt nicht schon bei jeder denkbaren Beeinträchtigung der Sicherheitsinteressen oder des Ordnungsgefüges der Anstalt vor. Nach der Rspr. ist der Begriff „Ordnung der Anstalt" jedoch nicht eng auszulegen.[407] Vielmehr fällt darunter auch das Funktionieren von Abläufen in der Anstalt, das nicht z.B. durch höheren Kontrollaufwand beeinträchtigt werden soll. Erforderlich ist eine **konkrete Gefährdung von einigem Gewicht**.[408] Hierfür müssen bestimmte tatsächliche Anhaltspunkte feststellbar sein, es sei denn, die Gefährdung ist durch einen allgemeinen Erfahrungssatz begründet.[409] Auch das BVerfG spricht von *konkreten Anhaltspunkten für das Vorliegen einer realen Gefährdung*. Je weniger konkret die Gefahr sei, umso größeres Gewicht komme der Persönlichkeitsentwicklung des Gefangenen i.S. des Art. 2 Abs. 1 GG zu und umso zurückhaltender müsse mit der Eingriffsbefugnis verfahren werden.[410] So wird die bloße Ankündigung in einem Brief an Mitgefangene, einen konspirativen „Ratgeber" verfassen

---

[399] AK-*Feest/Wegner* 2017 § 35 LandesR Rdn. 18; *Arloth/Krä* 2017 § 31 StVollzG Rdn. 2; *Laubenthal/Nestler/Neubacher/Verrel* 2015 E Rdn. 85.
[400] OLG Celle ZfStrVo 1979, 54; *Arloth/Krä* 2017 § 31 StVollzG Rdn. 2.
[401] OLG Karlsruhe ZfStrVo **SH** 1978, 41; *Arloth/Krä* 2017 § 31 StVollzG Rdn. 2.
[402] Eine Begründung ist den Materialien – Begr. zum Gesetzentwurf **HE**, LT-Drucks. 18/1396, S. 100 – nicht zu entnehmen.
[403] BVerfG NJW 1994, 244; *Arloth/Krä* 2017 § 31 StVollzG Rdn. 12; *Laubenthal/Nestler/Neubacher/Verrel* 2015 E Rdn. 85.
[404] RegE, BT-Drucks. 7/918, 60; OLG Celle ZfStrVo 1982, 127; OLG Jena FS 2008, 237; AK-*Feest/Wegner* 2017 § 35 LandesR Rdn. 2; *Arloth/Krä* 2017 31 StVollzG Rdn. 3.
[405] OLG Nürnberg NStZ 1982, 399; OLG Zweibrücken NStZ 1987, 95; *Arloth/Krä* 2017 § 31 StVollzG Rdn. 3; *Laubenthal/Nestler/Neubacher/Verrel* 2015 E Rdn. 87.
[406] OLG Hamm ZfStrVo 1983, 187.
[407] OLG Nürnberg FS 2010, 53.
[408] OLG Nürnberg NStZ 1982, 399; AK-*Feest/Wegner* 2017 § 35 LandesR Rdn. 6; *Arloth/Krä* 2017 § 31 StVollzG Rdn. 3; *Laubenthal/Nestler/Neubacher/Verrel* 2015 E Rdn. 89.
[409] OLG Nürnberg ZfStrVo 1982, 314.
[410] BVerfG ZfStrVo 1996, 174 (175); BVerfG 3.12.2014 – 2 BvR 1956/13; vgl. auch AK-*Feest/Wegner* 2017 § 35 LandesR Rdn. 5; *Kruis/Wehowsky* NStZ 1998, 595.

zu wollen, noch nicht den Eingriffstatbestand erfüllen,[411] wohl aber der Aufruf zu gewalttätigen Aktionen.[412]

Das Ziel des Vollzuges (Eingliederung des Gefangenen in die Gesellschaft) kann gefährdet sein, *wenn das Schreiben [...] der Fortentwicklung einer kriminellen Vergangenheit dient*.[413] Der Schriftwechsel mit entlassenen Gefangenen wird darunter erst dann fallen, wenn diese Gefangene in einer **kriminellen Haltung bestärken**.[414] Das gilt auch für Schreiben mit rechtsradikalen Äußerungen, die an Strafgefangene gerichtet sind, die dem rechtsextremistischen Täterkreis zuzurechnen sind.[415] Die Führung eines Zweitnamens (**Schriftstellername**) wird den Eingriffstatbestand erst dann erfüllen, wenn konkrete Tatsachen festgestellt sind, dass Gefangene über ihre Identität zu täuschen versuchen.[416] Eine Beeinträchtigung des Vollzugsziels wird nicht zu befürchten sein, wenn Gefangene in einem Brief ihre eigenen Haftbedingungen mit denen anderer Gefangener vergleichen.[417]

55

Die Sicherheit des Vollzuges wird z.B. durch **Erörterung von Ausbruchsplänen**[418] oder durch die Vorbereitung einer Meuterei gefährdet.[419] Im Hinblick auf den Wortlaut des § 31 Abs. 1 Nr. 1 StVollzG und der ihm folgenden Landesgesetze (*Sicherheit der Anstalt*) können Schreiben nur angehalten werden, wenn die Sicherheit einer Anstalt gefährdet würde, in der sich an dem Schriftwechsel beteiligte Gefangene befinden.[420] Schreiben, die allein die **Sicherheit einer anderen Vollzugsanstalt** gefährden, dürfen danach nicht angehalten werden. Die Weitergabe entsprechender Hinweise innerhalb der Vollzugsverwaltung bestimmt sich nach den Datenschutzvorschriften. Auch die Ordnung der Anstalt kann nur gestört ein, wo die beteiligten Gefangenen einsitzen. **BW** § 26 Abs. 1 Nr. 1 lässt es jedoch ausreichen, wenn *Sicherheit oder Ordnung einer Justizvollzugsanstalt gefährdet würde*.

56

Die **Ordnung der Anstalt** soll u.a. gestört sein, wenn Gefangene rund 100 Schreiben zwecks Durchführung einer Spenden- und Mitgliederaktion absenden möchten und dadurch ein übermäßiger Kontrollaufwand entsteht.[421] Ähnliches gilt für den Eingang privater Post von Gefangenen auf dienstlichen Fax-Geräten der Anstalt.[422] Ebenfalls kann die Ordnung durch Briefe mit antisemitischem Inhalt gestört werden.[423] Entsprechendes ist für Ratgeber mit vollzugsfeindlicher Tendenz angenommen worden.[424] Doch verstoßen Erläuterungen des Vollzugsrechts für juristische Laien nicht grundsätzlich gegen die Ordnung der Anstalt, und zwar auch dann nicht, wenn sie Begründungsmuster enthalten.[425] Briefe mit pornographischem Inhalt und entsprechenden Anlagen müssen ausgehändigt werden, sofern keine persönlichkeitsbedingten Umstände entgegenste-

57

---

411 LG Hamburg NStZ 1985, 352.
412 OLG Celle NStZ 1985, 353; OLG Karlsruhe ZfStrVo 2004, 249.
413 *Grunau/Tiesler* 1982, § 31 StVollzG Rdn. 2.
414 RegE, BT-Drucks. 7/918, 60; AK-*Feest/Wegner* 2017 § 35 LandesR Rdn. 7.
415 BVerfG NStZ 1995, 613; *Arloth/Krä* 2017 § 31 StVollzG Rdn. 5; *Kruis/Wehowsky* NStZ 1998, 595; *Laubenthal/Nestler/Neubacher/Verrel* 2015 E Rdn. 90.
416 OLG Nürnberg FS 2010, 53; AK-*Feest/Wegner* 2017 § 35 LandesR Rdn. 7; *Arloth* 2017 § 31 StVollzG Rdn. 5; weitergehend OLG Koblenz ZfStrVo **SH** 1979, 48; *Böhm* 2003 Rdn. 258; Voraufl. § 31 StVollzG Rdn. 6.
417 OLG Celle 17.3.1980 – 3 Ws 45/80 (StrVollz).
418 *Grunau/Tiesler* 1982, § 31 StVollzG Rdn. 2; *Gusy* 1997, 681.
419 RegE, BT-Drucks. 7/918, 60; AE-StVollzG 1973, 179; *Arloth/Krä* 2017 § 31 StVollzG Rdn. 3.
420 OLG Hamburg NStZ 1981, 239; AK-*Feest/Wegner* 2017 § 35 LandesR Rdn. 5; *Arloth/Krä* 2017 § 31 StVollzG Rdn. 3; *Laubenthal/Nestler/Neubacher/Verrel* 2015 E Rdn. 90; anders Voraufl. § 31 StVollzG Rdn. 7.
421 OLG Hamm NStZ 1989, 359; *Laubenthal/Nestler/Neubacher/Verrel* 2015 E Rdn. 90.
422 OLG Nürnberg ZfStrVo 1997, 372.
423 OLG Frankfurt ZfStrVo 1986, 127.
424 OLG Hamm ZfStrVo 1983, 187; OLG Zweibrücken ZfStrVo 1989, 117; *Arloth/Krä* 2017 § 31 StVollzG Rdn. 4.
425 AK-*Feest/Wegner* 2017 § 35 LandesR Rdn. 6; *Laubenthal/Nestler/Neubacher/Verrel* 2015 E Rdn. 90.

hen.⁴²⁶ Die Ordnung der Anstalt wird auch nicht gefährdet sein, wenn Gefangene im Schriftverkehr eine ältere Schreibschrift verwenden.⁴²⁷

58   c) In bestimmten Fällen würden die **Anstaltsbediensteten selbst Gefahr laufen,** sich durch die Weitergabe von Schreiben in Kenntnis des Inhalts strafbar zu machen oder ordnungswidrig zu handeln. Das betrifft z.B. die Tatbestände des unbefugten Übermittelns von Nachrichten (§§ 14, 115 Abs. 1 Nr. 1 OWiG), Verbreitens verbotener Schriften (§§ 86, 131, 184 StGB) oder der Beihilfe zu Betrug oder Nötigung, Erpressung, Bedrohung u.ä.⁴²⁸ Die Vorschriften begründen aber keine Ermittlungspflicht der Strafvollzugsbehörde und sind daher eng auszulegen.⁴²⁹ Während die meisten Landesgesetze die Formulierung aus § 31 Abs. 1 Nr. 2 StVollzG (annähernd) wörtlich übernommen haben, lässt **HE** § 35 Abs. 3 Satz 2 Nr. 2 einen Verstoß des Inhalts des Schreibens gegen einen Straf- oder Bußgeldtatbestand ausreichen. Damit werden in erster Linie Beleidigungen (§ 31 Abs. 1 Nr. 4 StVollzG) erfasst, obwohl der Wortlaut darüber hinausgeht.

59   d) In Anlehnung an den früheren § 31 Abs. 1 Nr. 3 StVollzG sehen fast alle Landesgesetze (außer **NW**) eine Eingriffsbefugnis der Vollzugsbehörde bei **grob unrichtigen oder erheblich entstellenden Darstellungen von Anstaltsverhältnissen** vor. Damit soll die Vollzugsverwaltung vor ungerechtfertigten Angriffen geschützt werden, weil ein anderweitiger Rechtsschutz einen nicht vertretbaren Verwaltungsaufwand erfordern würde.⁴³⁰ Werturteile, Meinungen oder kritische Stellungnahmen sind Gefangenen grundsätzlich unbenommen.⁴³¹ Ihre Äußerung findet nur (wie bei jedem Menschen) in den allgemeinen Gesetzen ihre Grenze (Art. 5 Abs. 2 GG) und als Ausfluss der Freiheitsentziehung in der Wahrung der Sicherheit und Ordnung in der Anstalt sowie im Vollzugsziel.⁴³² Als häufigsten Anwendungsfall wird es sich um die **Schilderung angeblicher Missstände im Vollzug** handeln, etwa in Schreiben an die Presse.⁴³³ Ihre Wiedergabe kann Straftatbestände wie die der üblen Nachrede oder Verleumdung (§ 186, § 187 StGB) erfüllen⁴³⁴ oder zivilrechtlich gegen das Deliktsrecht verstoßen.

60   Die Begriffe der „groben Unrichtigkeit" und der „erheblichen Entstellung" sind **unbestimmte Rechtsbegriffe,** unterliegen also im vollen Umfang der gerichtlichen Nachprüfung.⁴³⁵ „Grob unrichtig" ist eine Darstellung, wenn sie in keiner Weise der tatsächlichen Sachlage entspricht, wenn sie also schlichtweg unwahr ist.⁴³⁶ „**Erheblich entstellend**" ist sie dann, wenn sie von der wahren Sachlage so stark abweicht, dass ein Wahrheitskern nur noch von mit den konkreten Verhältnissen Vertrauten zu erkennen

---

426   OLG Dresden NStZ 1998, 320; AK-*Feest/Wegner* 2017 § 35 LandesR Rdn. 7; a.A. *Arloth/Krä* 2017 § 31 StVollzG Rdn. 4.
427   OLG Celle NStZ-RR 2009, 326; *Laubenthal/Nestler/Neubacher/Verrel* 2015 E Rdn. 91.
428   OLG Koblenz NStZ 1982, 525; AK-*Feest/Wegner* 2017 § 35 LandesR Rdn. 10; *Arloth/Krä* 2017 § 31 StVollzG Rdn. 6.
429   AK-*Feest/Wegner* 2017 § 35 LandesR Rdn. 10; *Arloth/Krä* 2017 § 31 StVollzG Rdn. 6; *Laubenthal/ Nestler/Neubacher/Verrel* 2015 E Rdn. 94.
430   SA, BT-Drucks. 7/3998, 17; vgl. aber auch BVerfGE 31, 1 (16).
431   OLG Koblenz ZfStrVo **SH** 1979, 48; AK-*Feest/Wegner* 2017 § 35 LandesR Rdn. 11; *Gusy* 1997, 682; *Laubenthal/Nestler/Neubacher/Verrel* 2015 E Rdn. 96.
432   OLG Koblenz ZfStrVo **SH** 1979, 48.
433   Dazu BVerfG NJW 1994, 244.
434   Zur Problematik der faktischen Öffentlichkeit *Gusy* 1997, 688 ff.
435   OLG Hamm NStZ 1981, 239; *Arloth/Krä* 2017 § 31 StVollzG Rdn. 7; *Laubenthal/Nestler/Neubacher/ Verrel* 2015 E Rdn. 96.
436   OLG Karlsruhe NStZ-RR 2004, 254; *Arloth/Krä* 2017 § 31 StVollzG Rdn. 7; *Laubenthal/Nestler/ Neubacher/Verrel* 2015 E Rdn. 95.

ist.⁴³⁷ Die Darstellungen müssen sich auf die Anstalt beziehen, in der die Gefangenen einsitzen. Die Anhaltegründe gelten zwar auch für Verlautbarungen der Gefangenenmitverantwortung und für Gefangenenzeitschriften. Nimmt man ihre Arbeit ernst, sollte in der Auseinandersetzung mit entstellenden Artikeln oder Kommentaren wie bei anderen Darstellungen in Medien eher das Recht der Gegendarstellung gewählt werden.⁴³⁸

e) Eine weitere Eingriffsbefugnis gilt für **„grobe Beleidigungen"**. Gemeint sind solchen Kundgaben der Missachtung oder Nichtachtung anderer Personen, denen der Charakter einer Unmutsäußerung unter keinen Umständen mehr zugebilligt werden kann; in Rechnung zu stellen sind jedoch regionale Sprachgebräuche und (milieubedingter) Knastjargon.⁴³⁹ Nicht mehr toleriert werden kann z.B. die Bezeichnung von Vollzugsbediensteten als „KZ-Mörder"⁴⁴⁰ oder als „Pappnasen, Pisser".⁴⁴¹ 61

Im Hinblick auf den Schutz der Intimsphäre (Art. 2 Abs. 1 i.V. mit Art. 1 Abs. 1 GG) ist jedoch hinsichtlich des Anhaltens vor allem dann Zurückhaltung geboten, wenn es sich um den **Briefverkehr mit Ehegatten, engen Verwandten und den Gefangenen nahestehenden Personen** handelt. Das gilt vor dem Hintergrund des Art. 6 Abs. 1 GG insbesondere im Verhältnis zwischen Eltern und Kindern⁴⁴² sowie zwischen Geschwistern,⁴⁴³ Verlobten und Partnern einer nicht ehelichen Lebensgemeinschaft,⁴⁴⁴ ist von der Rspr. aber auch zwischen „echten Freunden"⁴⁴⁵ oder im Verhältnis zu „Bezugspersonen" anerkannt worden.⁴⁴⁶ Der Schutz der Privatsphäre kann hinfällig werden, wenn es Gefangene darauf angelegt haben, Kontrollbeamte oder Dritte zu treffen.⁴⁴⁷ 62

Zutreffende **Tatsachenbehauptungen** müssen sich alle Bediensteten entgegenhalten lassen.⁴⁴⁸ Bei bloßen Wertungen ist davon auszugehen, dass sich Betroffene (auch überzogene) Kritik gefallen lassen müssen.⁴⁴⁹ Das BVerfG weist insoweit auf die besondere Situation von Strafgefangenen hin (insbesondere deren haftbedingte Reduzierung von Kommunikation), die Verständnis erfordere.⁴⁵⁰ Entsprechende Toleranz kann jedoch nur abverlangt werden, wenn die geäußerte Meinung Bezug zu der amtlichen Tätigkeit der Bediensteten hat. Für den privaten Bereich stellt auch das BVerfG fest, dass der Ehrenschutz *jedenfalls bei schweren und haltlosen Kränkungen [...] regelmäßig den Vorrang vor der Meinungsfreiheit* beanspruchen kann.⁴⁵¹ 63

f) Die **Gefährdung der Eingliederung anderer Gefangener** als Eingriffstatbestand (§ 31 Abs. 1 Nr. 5 StVollzG) wurde von allen Landesgesetzen außer **HE** übernommen. Er kann vorliegen, wenn Gefangene in ihrem Schriftwechsel persönliche Angelegenheiten von Mitgefangenen erörtern, wenn sie sich ungebeten schriftlich in die Familienverhält- 64

---

437 *Laubenthal/Nestler/Neubacher/Verrel* 2015 E Rdn. 96.
438 AK-*Feest/Wegner* 2017 § 35 LandesR Rdn. 13; anders Voraufl. § 31 StVollzG Rdn. 10.
439 *Grunau/Tiesler* 1982, § 31 StVollzG Rdn. 6.
440 K/S-*Schöch* 2002 § 7 Rdn. 113.
441 OLG Frankfurt NStZ 1994, 404.
442 BVerfGK 15, 577; AK-*Feest/Wegner* 2017 § 35 LandesR Rdn. 14; *Gusy* 1997, 685; *Laubenthal/Nestler/Neubacher/Verrel* 2015 E Rdn. 84 und 96.
443 *Bemmann* 2003, 26.
444 BVerfG StV 1995, 302; BVerfG NJW 1997, 185.
445 KG StV 2002, 209.
446 BVerfG NJW 2007, 1194; OLG Jena FS 2008, 237; kritisch *Arloth* ZIS 2010, 263 ff.
447 BVerfGE 90, 255 (263); AK-*Feest/Wegner* 2017 § 35 LandesR Rdn. 14.
448 BVerfG NJW 1995, 1477; AK-*Feest/Wegner* 2017 § 35 LandesR Rdn. 11; *Gusy* 1997, 683.
449 BVerfG NJW 2007, 1194.
450 BVerfG NJW 1994, 1149.
451 BVerfGE 90, 255 (259).

nisse anderer Gefangener einmischen oder deren Arbeitgeber anschreiben, um klarzustellen, dass sie frühere Strafgefangene beschäftigen.[452]

65 g) Alle Landesgesetze setzen voraus, dass Schreiben **grundsätzlich in lesbarer Form und in deutscher Sprache** abgefasst werden müssen. Die mit der Überwachung beauftragten Beamten sollen in der Lage sein, den Inhalt des Schreibens unmittelbar zur Kenntnis zu nehmen. Aus diesem Grunde muss die Anstalt imstande sein, Briefe, die in einer Geheimschrift abgefasst sind, von der Weiterleitung auszuschließen.[453] Schreiben, die sich der Überwachung entziehen, weil sie unlesbar oder unverständlich sind, können ebenfalls Nachrichten enthalten, die zwar den überwachenden Beamten, nicht aber den Adressaten verborgen bleiben. Die Vollzugsbehörde muss daher die Möglichkeit haben, diese Briefe einem in Geheimschrift abgefassten Schreiben insoweit gleichzustellen.[454] Falls der Gebrauch einer fremden Sprache nicht zwingend notwendig ist, muss die Anstalt die Weiterleitung des Schreibens ebenfalls ablehnen können; Voraussetzung soll aber auch hierfür sein, dass der Inhalt des Schreibens aus den zugelassenen Gründen überwacht werden muss.[455]

66 **Ausländische Gefangene** sollen veranlasst werden, in deutscher Sprache mit ihren Angehörigen zu korrespondieren, es sei denn, dass sie zwingende Gründe haben, dies in ihrer Heimatsprache zu tun.[456] Solche Gründe liegen insbesondere dann vor, wenn Gefangene oder Adressat oder beide die deutsche Sprache nicht oder nicht ausreichend beherrschen, um sich schriftlich ausdrücken zu können.[457] Nicht anders ist der Fall zu behandeln, dass im Ausland einsitzende Gefangene aus der dortigen Vollzugsanstalt nur Briefe in der Landessprache absenden dürfen.[458] **BW** und **BY** gehen in ihren Landesgesetzen davon aus, dass deutsche Staatsangehörige und Personen mit einem Lebensmittelpunkt in Deutschland die deutsche Schriftsprache hinreichend beherrschen. Diese Vermutung, deren Voraussetzungen durch die Vollzugsverwaltung nicht leicht festzustellen sind, ist widerlegbar.[459]

67 Soweit eine Überwachung erforderlich erscheint, muss die Kosten für die **Übersetzung** grundsätzlich die Staatskasse tragen.[460] Abweichend sieht **NW** § 23 Abs. 3 vor, dass Schreiben auf Kosten der Gefangenen übersetzt werden können, wenn sie ohne zwingenden Grund in einer fremden Sprache abgefasst sind.

68 h) Drei Landesgesetze sehen vor, dass Schreiben auch aus Gründen des **Opferschutzes** angehalten werden können. Nach **BE** § 38 Abs. 1 Nr. 5 muss konkret zu befürchten sein, dass der Schriftwechsel Verletzten der Straftat schadet. **NW** § 25 Nr. 3 nennt die Befürchtung nachteiliger Auswirkungen auf Opfer der Straftaten oder gefährdete Dritte ebenso wie deren Widerspruch gegen eine Kontaktaufnahme. **SN** § 35 Abs. 1 Nr. 3 lässt es nach dem Wortlaut zwar schlicht ausreichen, dass (ausgehende) Schreiben an Opfer der Straftaten gerichtet sind. Diese Vorschrift wird einschränkend im Sinne der

---

452 *Grunau/Tiesler* 1982, § 31 StVollzG Rdn. 7; AK-*Feest/Wegner* 2017 § 35 LandesR Rdn. 16.
453 RegE, BT-Drucks. 7/918, 60.
454 RegE, BT-Drucks. 7/918, 60.
455 RegE, BT-Drucks. 7/918, 60.
456 RegE, BT-Drucks. 7/918, 60; OLG Nürnberg ZfStrVo 1987, 186.
457 OLG Nürnberg ZfStrVo 2004, 183; AK-*Feest/Wegner* 2017 § 35 LandesR Rdn. 17; *Laubenthal/Nestler/Neubacher/Verrel* 2015 E Rdn. 92.
458 OLG Karlsruhe NStZ 1991, 509.
459 *Laubenthal/Nestler/Neubacher/Verrel* 2015 E Rdn. 92.
460 RegE, BT-Drucks. 7/918, 60; VV Nr. 3 zu § 29 StVollzG; OLG Nürnberg ZfStrVo 2004, 183; AK-*Feest/Wegner* 2017 § 35 LandesR Rdn. 17; *Laubenthal/Nestler/Neubacher/Verrel* 2015 E Rdn. 92.

i) Die Möglichkeit der **Beifügung eines Begleitschreibens** regeln nach dem Vorbild 69 des § 31 Abs. 2 StVollzG alle Landesgesetze mit Ausnahme von **NI**.[461] Die Gefangenen sollen durch das Begleitschreiben nicht überrascht werden. Deshalb darf ein solcher Begleitbrief erst beigefügt werden, wenn sie trotz Erörterung auf einer Absendung bestehen.[462] Die Regelungen folgen aus dem Grundsatz der Verhältnismäßigkeit; sie sollen das Anhalten von Schreiben vermeiden, wo es nicht erforderlich wäre.[463] Es reicht aus, dass die Darstellungen in einem Schreiben aus der Sicht der Vollzugsverwaltung (schlicht) unrichtig sind.

j) Wenn ein Schreiben angehalten wird, sind Gefangene darüber zu **informieren**; die 70 Vorschrift führt nur den allgemein geltenden Grundsatz durch, dass belastende Verwaltungsakte den Betroffenen mitgeteilt werden.[464] Mitzuteilen ist nicht nur das Anhalten ausgehender Schreiben, sondern auch das eingehender Post, und zwar einschließlich einer Information über die absendende Person.[465] Die Rspr. hat es ausnahmsweise zugelassen, von einer solchen Mitteilung zumindest vorübergehend abzusehen, wenn dies zur Aufrechterhaltung der Sicherheit und Ordnung der Anstalt unerlässlich ist. Dies soll z.B. dann der Fall sein, wenn sich bestimmte Verdachtsmomente erst aufgrund einer Reihe von Briefen verdichten.[466] **BW** § 26 Abs. 3 Satz 2 hat hierzu eine ausdrückliche Regelung getroffen.

Zu informieren sind die Gefangenen auch über die **Gründe des Anhaltens**. Der un- 71 bedenkliche Inhalt eines angehaltenen Schreibens kann wenigstens bekanntgegeben werden (VV Nr. 1).[467] Da das Anhalten der Schreiben die Eigentumsverhältnisse unberührt lässt, sind solche Schreiben grundsätzlich an den Absender **zurückzugeben**.[468] Nur ausnahmsweise (insbesondere aus Sicherheitsgründen) ist die Vollzugsbehörde berechtigt, die Schreiben zu verwahren. Mit der Entlassung wird regelmäßig ein Bedürfnis für eine weitere Verwahrung nicht mehr bestehen.[469] Den zu entlassenden Gefangenen sind daher die verwahrten Briefe auszuhändigen; sie dürfen ihnen nur vorenthalten werden, wenn sie zu neuen Straftaten anregen würden.[470]

---

461 Der Landesgesetzgeber hält lediglich eine gesetzliche Regelung dieser Frage für entbehrlich, ohne von dieser Möglichkeit absehen zu wollen; Begr. zum Gesetzentwurf NI, LT-Drucks. 15/3565, S. 116.
462 RegE, BT-Drucks. 7/918, 61.
463 *Laubenthal/Nestler/Neubacher/Verrel* 2015 E Rdn. 97.
464 RegE, BT-Drucks. 7/918, 61.
465 AK-*Feest/Wegner* 2017 § 35 LandesR Rdn. 20.
466 OLG Frankfurt ZfStrVo **SH** 1979, 51; *Arloth/Krä* 2017 § 31 StVollzG Rdn. 11; *Laubenthal/Nestler/Neubacher/Verrel* 2015 E Rdn. 99.
467 AK-*Feest/Wegner* 2017 § 35 LandesR Rdn. 20; *Arloth/Krä* 2017 § 31 StVollzG Rdn. 11.
468 RegE, BT-Drucks. 7/918, 61.
469 RegE, BT-Drucks. 7/918, 61.
470 RegE, BT-Drucks. 7/918, 61; AK-*Feest/Wegner* 2017 § 35 LandesR Rdn. 21; *Arloth/Krä* 2017 § 31 StVollzG Rdn. 11.

D. Telekommunikationsdienste

§ 32 StVollzG	
Baden-Württemberg	§ 27 JVollzGB III; § 22 Abs. 1 JVollzGB I
Bayern	Art. 35 StVollzG
Berlin	§§ 33, 40 StVollzG; § 1 MobilfunkverhinderungsG
Brandenburg	§§ 38, 44, 118 Abs. 1, 129 Abs. 1 JVollzG
Bremen	§§ 30, 36, 115 Abs. 1 StVollG
Hamburg	§§ 32, 120 Abs. 8 StVollzG
Hessen	§§ 33 Abs. 5, 36 StVollzG
Mecklenburg-Vorpommern	§§ 30, 36, 111 Abs. 1 StVollzG
Niedersachsen	§§ 29 Abs. 1 Satz 2, 33 JVollzG
Nordrhein-Westfalen	§§ 18, 24, 27 StVollzG
Rheinland-Pfalz	§§ 37, 43, 115 JVollzG
Saarland	§§ 30, 36 StVollzG; § 1 JustizvollzugssicherungsG
Sachsen	§§ 30, 36 StVollzG
Sachsen-Anhalt	§§ 37, 43, 117 Abs. 1, 145 Abs. 2 JVollzG
Schleswig-Holstein	§§ 46, 52 StVollzG
Thüringen	§§ 38, 44, 116 Abs. 1, 128 Abs. 1 JVollzG
ME	§ 36 StVollzG

1 **1.** Die bisherige Vorschrift des **§ 32 StVollzG** beschränkte sich – dem damaligen Stand der Kommunikationstechnik und den damaligen Verhältnissen im Strafvollzug entsprechend – auf Ferngespräche und Telegramme. Die Landesgesetze haben auf eine ausdrückliche Regelung von Telegrammdiensten angesichts deren mittlerweile zu vernachlässigender praktischer Bedeutung ausnahmslos verzichtet. Stattdessen wurden die Regelungen zum **Telefonieren** sprachlich modernisiert und inhaltlich differenzierter gestaltet. Hinzu kommen in den meisten Ländern allgemein gehaltene Vorschriften, welche die Nutzung anderer Telekommunikationsdienste zumindest in Aussicht stellen. Sie werden ergänzt durch Rechtsgrundlagen zur Unterbindung des Mobilfunkverkehrs.

2 **2.** Schon der Gesetzgeber des § 32 StVollzG war über die im RegE enthaltene Einschränkung, wonach die Erlaubnis zum Telefonieren nur „in begründeten Fällen" gegeben werden sollte, hinweggegangen.[471] Er war der Meinung, dass eine nicht weiter eingeschränkte Kann-Vorschrift die bessere Möglichkeit bietet, der Situation der Gefangenen und der Anstalt weitestgehend Rechnung zu tragen. Die **Bedeutung des Telefons für die Aufrechterhaltung legaler Kontakte** nach „draußen" wurde damit anerkannt.[472] Insoweit ist insbesondere zu bedenken, dass sowohl nach dem Angleichungsgrundsatz als auch nach der Förderungspflicht der Anstalt Telefonkontakte zur Aufrechterhaltung und Pflege sozialer Beziehungen dienen und die damit gegebenen direkten Kontaktmöglichkeiten Gefangenen die Chance bieten, Beziehungen zu erhalten und am Leben der Angehörigen oder ähnlich nahestehender Personen teilzunehmen.[473] Das Telefon kann auch in **Krisensituationen** ein wichtiges Element psychischer Entlastung sein.[474] Weite-

---

[471] RegE, BT-Drucks. 7/918, 14.
[472] SA, BT-Drucks. 7/3998, 17; *Perwein* ZfStrVo 1996, 16 ff.
[473] OLG Frankfurt StV 2001, 469.
[474] *Perwein* ZfStrVo 1996, 16 ff.

re Öffnungen der Kommunikation mit der Außenwelt werden zunehmend als Möglichkeiten gesehen, nicht nur dem Angleichungsgrundsatz besser gerecht zu werden, sondern auch die Chancen auf Wiedereingliederung zu erhöhen.[475] Auf der anderen Seite wird der unkontrollierte Fernsprechverkehr mit der Außenwelt wegen der Möglichkeit von Bedrohungen oder Absprachen von Straftaten häufig als besonders gefahrenträchtig angesehen.[476] Dies hat in der Vergangenheit dazu geführt, dass landesweite oder anstaltsinterne Regelungen im Erlassweg erheblich verschärft wurden.[477]

3. Weder die frühere Vorschrift des § 32 Satz 1 StVollzG noch die Landesgesetze begründen – mit Ausnahme von **HB** § 30 Abs. 1 Satz 2 für Kontakte mit Angehörigen – einen Anspruch darauf, Telefongespräche zu führen.[478] Es besteht lediglich ein Anspruch auf **fehlerfreien Ermessensgebrauch**.[479] Ermessensfehlerhaft kann die Ablehnung insbesondere dann sein, wenn aus zeitlichen Gründen eine rasche Verbindung erforderlich ist.[480] Die Dringlichkeit des Anlasses wird teilweise besonders hervorgehoben, wobei **BY** Art. 35 Abs. 1 Satz 1 und **ST** § 37 Abs. 1 Satz 1 diese als zusätzliche Voraussetzung einführen, während **NI** § 33 Abs. 1 Satz 1 dann in der Regel eine Gestattung verlangt. Diese Vorschriften wurden von der Rspr. gebilligt.[481] Schon nach früherem Recht wurde angenommen, die Anstaltsleitung handle noch im Rahmen des ihr zustehenden Ermessens, wenn Telefongespräche der Gefangenen nur bei besonderer Dringlichkeit genehmigt werden.[482] Für die Frage der Dringlichkeit ist es nebensächlich, ob es sich um eine Familienangelegenheit handelt, um eine Bewerbung kurz vor der erwarteten Entlassung oder ein anwaltliches Mandatsverhältnis.[483] Insoweit spielen auch die Entfernung der Anstalt von den einzelnen Bezugspersonen der Gefangenen sowie die Besuchsmöglichkeiten eine Rolle.[484] Wo die Kommunikationsmöglichkeiten wie im geschlossenen Vollzug weiter eingeschränkt sind, ist die Erlaubnis zum Telefonieren in der Regel eher als im offenen Vollzug zu geben, wo Gefangene schon nach den äußeren Bedingungen bessere Möglichkeiten zur Pflege von Außenkontakten haben.[485] Gefangene, die in Deutschland über keinerlei Kontakte verfügen, sind aufgrund ihrer besonderen Situation besser zu stellen.[486] Eine Besserstellung inhaftierter Frauen bzgl. der Möglichkeiten zu telefonieren darf nicht an das Geschlecht, sondern nur an Sicherheitsgründe anknüpfen.[487]

Obwohl die gesetzlichen Vorschriften anders als für Besuche und Schriftwechsel keine besonderen Regelungen für **telefonische Kontakte im Rahmen der Verteidi-**

---

475 AK-*Knauer* 2017 § 30 LandesR Rdn. 5; *Ebert* ZfStrVo 2000, 213 ff; *Laubenthal/Nestler/Neubacher/Verrel* 2015 E Rdn. 101; *Perwein* ZfStrVo 1996, 19.
476 OLG Koblenz NStZ 1993, 558; Voraufl. § 32 StVollzG Rdn. 1.
477 OLG Frankfurt NStZ 2001, 669 mit Anm. von *Münster/Schneider*.
478 BVerfG ZfStrVo 1984, 255; OLG Koblenz ZfStrVo 1988, 110; AK-*Knauer* 2017 § 30 LandesR Rdn. 2; *Arloth/Krä* 2017 § 32 StVollzG Rdn. 2; KS-*Schöch* 2002 § 7 Rdn. 117; *Schneider* ZfStrVo 2001, 273.
479 KG NStZ-RR 1997, 61; OLG Dresden ZfStrVo 1994, 306; OLG Koblenz NStZ 1993, 558; OLG Koblenz StraFo 2003, 103; AK-*Knauer* 2017 § 30 LandesR Rdn. 12; *Arloth/Krä* 2017 § 32 StVollzG Rdn. 2; *Laubenthal/Nestler/Neubacher/Verrel* 2015 E Rdn. 105.
480 OLG Köln NStZ 1990, 104; *Arloth/Krä* 2017 § 32 StVollzG Rdn. 2; *Laubenthal/Nestler/Neubacher/Verrel* 2015 E Rdn. 101.
481 BayVerfGH FS 2009, 267; OLG Celle NStZ-RR 2009, 158.
482 OLG Hamm NStZ 1995, 382; krit. AK-*Knauer* 2017, § 30 LandesR Rdn. 13; *Perwein* ZfStrVo 1996, 16 ff.
483 Hierzu OLG Köln StV 1990, 170.
484 AK-*Knauer* 2017 § 30 LandesR Rdn. 13 und 16.
485 AK-*Knauer* 2017 § 30 LandesR Rdn. 16.
486 OLG Koblenz NStZ 1993, 558; AK-*Knauer* 2017 § 30 LandesR Rdn. 16.
487 BVerfG NJW 2009, 661.

gung treffen, sind diese grundsätzlich zu ermöglichen.[488] Kontrollmöglichkeiten zur Feststellung, dass der Gesprächspartner tatsächlich der Verteidiger ist, bestehen auch im Fall von Telefongesprächen.

5   **4.** Das von den Landesgesetzen eingeräumte Ermessen bezieht sich auch auf **Organisationsfragen**. Die Vollzugsverwaltung ist nicht gehindert, alle technischen Möglichkeiten zu nutzen, die eine Verbesserung der Außenkontakte gestatten. Sie hat bei der Ausgestaltung von Rahmenverträgen mit privaten Dienstleistungsunternehmen im Rahmen ihrer Fürsorgepflicht aber das Resozialisierungsziel zu wahren und die beschränkte wirtschaftliche Leistungsfähigkeit der Gefangenen zu berücksichtigen.[489] Telekommunikationssysteme können so gestaltet werden, dass sie den Sicherheitsbedürfnissen des Strafvollzugs entsprechen. Aus deutschen Vollzugsanstalten liegen hierzu bereits einige Erfahrungen vor. Dazu gehört die Installation von Telefonanschlüssen oder Mediensystemen in **Haftäumen** bis hin zur Ermöglichung der Bildtelefonie.[490] In älteren Anstalten ist die Einrichtung von **Telefonkabinen** zu erwägen, die eine bessere Wahrung der Privatsphäre erlauben als schlichte Wandapparate.[491] Der Betrieb der Telefongeräte kann sowohl durch Karten als auch – bei Verfügbarkeit von Bargeld für Gefangene – durch Münzeinwurf geschehen. Die Weigerung, in einer geschlossenen JVA Münzfernsprecher für die Benutzung durch Gefangene aufzustellen, wurde jedoch im Hinblick auf Sicherheit und Ordnung als ermessensfehlerfrei beurteilt, sofern die Möglichkeit geprüft worden ist, eine Erlaubnis unter Auflagen oder Bedingungen zu erteilen, etwa unter der Bedingung von Überwachungsmaßnahmen.[492] Im Ermessen liegt auch die Eröffnung der Benutzung von Kartentelefonen.[493] Es besteht kein Rechtsanspruch der Gefangenen auf Überlassung einer kostenlosen Telefonkarte oder Genehmigung des Besitzes einer Telefonkarte, die wertmäßig unbeschränkte Telefongespräche ermöglicht.[494]

6   Die **Praxis** erweist sich sowohl zwischen den Bundesländern als auch innerhalb größerer Länder als sehr unterschiedlich. Sie reicht von der ausnahmsweise eingeräumten Möglichkeit des Telefonierens über ein Diensttelefon (so in **BY** und in manchen Anstalten in **NW**) bis hin zur Installation von Telefonen in den Hafträumen (z.B. in **BE**, **NI**, teilweise in **NW**). Soweit Telefongeräte für die Gefangenen zur Verfügung gestellt werden, kann die Anwählbarkeit von Rufnummern außerhalb der Anstalt prinzipiell auf einzelne Teilnehmer beschränkt („Weißlistenverfahren") oder grundsätzlich freigegeben werden („Schwarzlistenverfahren"), so dass nur ausgewählte Verbindungen blockiert werden.[495]

7   Noch größere Vorbehalte gibt es gegenüber der Nutzung von **Mobiltelefonen**,[496] selbst im offenen Vollzug.[497] Die Landesgesetze haben insoweit teilweise differenziertere

---

488 BVerfG NJW 2012, 2790 (2792); BVerfG NStZ-RR 2014, 121; OLG Hamm 15.9.2015 – III-1 Vollz (Ws) 401/15; AK-*Knauer* 2017 § 30 LandesR Rdn. 15; *Laubenthal/Nestler/Neubacher/Verrel* 2015 E Rdn. 100; a.A. LG Hamburg StV 1986, 444; *Arloth/Krä* 2017 § 32 StVollzG Rdn. 2; K/S-*Schöch* 2002 § 7 Rdn. 117; Voraufl. § 32 StVollzG Rdn. 2.
489 BVerfG NJW 2018, 144; *Bode* 2018; *Reichenbach* 2018, 171.
490 Siehe die Erfahrungsberichte von *Holt* FS 2014, 149 f; *Muth* et al. FS 2014, 157 f; *Stein* FS 2014, 152.
491 *Laubenthal/Nestler/Neubacher/Verrel* 2015 E Rdn. 101; *Perwein* ZfStrVo 1996, 16 ff; *Schneider* ZfStrVo 2001, 273.
492 OLG Koblenz NStZ 1993, 558; LG Hamburg NStZ 1985, 353; *Laubenthal/Nestler/Neubacher/Verrel* 2015 E Rdn. 101; *Perwein* ZfStrVo 1996, 16 ff.
493 KG NStZ-RR 1997, 61.
494 KG NStZ-RR 1996, 383; KG NStZ-RR 1997, 61; AK-*Knauer* 2017 § 30 LandesR Rdn. 14; *Laubenthal/ Nestler/Neubacher/Verrel* 2015 E Rdn. 101.
495 *Fährmann* 2016.
496 OLG Hamburg NStZ 1999, 638 *Arloth/Krä* 2017 § 32 StVollzG Rdn. 1; *Laubenthal/Nestler/ Neubacher/Verrel* 2015 E Rdn. 104.

Regelungen getroffen. Mehrere Länder verbieten Mobilfunkendgeräte ausdrücklich für alle Anstalten (**BW** § 22 Abs. 1 JVollzGB I, **BE** § 1 MobilfunkverhinderungsG, **HB**, **HH**, **HE**, **MV**, **NI**, **NW**, **RP** § 115 Abs. 1, **SL** § 1 JustizvollzugssicherungsG, **SN**, **ST** § 117 Abs. 1, **TH** § 116 Abs. 1) oder für solche des geschlossenen Vollzugs (**BB** § 118 Abs. 1), ermöglichen aber deren ausnahmsweise Zulassung (**HH**, **HE**, **MV**, **NI**, **NW**, **RP**, **TH**), die teilweise auf bestimmte Vollzugsbereiche wie etwa Einrichtungen zur Unterbringung von Freigängern (**BW** und **SL**) oder den offenen Vollzug (**SN** und **ST**) beschränkt wird. Soweit die Gesetzestexte keine ausdrücklichen Regelungen für mobile Endgeräte enthalten, folgt ein grundsätzliches Verbot aus dem systematischen Zusammenhang der vollzugsrechtlichen Vorschriften über Telefonie und Besitz von Gegenständen.

Diesen Verboten mobiler Endgeräte entsprechen die überall eingeführten Ermächtigungsgrundlagen für den Einsatz von **Mobilfunkblockern**, teilweise auch von technischen Vorrichtungen zum Auffinden und Aktivieren von Endgeräten.[498] Diese Rechtsgrundlagen werden teils im Kontext der Vorschriften über Außenkontakte eingeordnet (**BY**, **HB**, **HH**, **HE**, **MV**, **NI**, **SN**), teils im Rahmen der Vorschriften über Sicherheit und Ordnung (**NW**, **SH**), teils in eigenen Abschnitten zur Verhinderung von Mobilfunkverkehr (**BW**, **BB**, **RP**, **ST**, **TH**), teils in besonderen Gesetzen (**BE** und **SL**). Die Gesetzestexte geben teilweise zu erkennen, dass man gewisse Störungen des externen Funkverkehrs in Kauf nimmt.

5. Für den **Faxverkehr** war unter der Geltung des StVollzG umstritten, ob § 32 entsprechend anzuwenden war.[499] Die Benutzung anstaltseigener Geräte für Zwecke der Gefangenen wurde überwiegend mit dem Argument abgelehnt, dass dadurch die Ordnung in der Anstalt mit der Folge gestört werden könne, dass eilige Vollzugssachen die Anstalt nicht mehr erreichen.[500] Abgesehen davon, dass solche Störungen der Vollzugsverwaltung durch technische Vorkehrungen minimiert werden können, überzeugt diese restriktive Auslegung der Vorschriften über Außenkontakte jedenfalls dort nicht, wo sogar die fristwahrende Einlegung von Rechtsmitteln unterbunden werden soll.[501]

Nach den meisten Landesgesetzen bestehen mittlerweile Rechtsgrundlagen über die Nutzung von Telefaxverbindungen als besonderer Form der **Telekommunikation**, die nicht durch die Vorschriften über Telefongespräche erfasst werden.[502] Danach ist überwiegend ein zweistufiges Zulassungsverfahren durch Justizministerium und Anstaltsleitung vorgesehen (**BE** § 40, **BB** § 44, **HB** § 36, **HH** § 32 Abs. 2, **MV** § 36, **NW** § 27, **RP** § 43, **SL** § 36, **SN** § 36, **ST** § 43, **TH** § 44).[503] **HE** § 36 Abs. 1 Satz 2 lässt die Nutzung sonstiger Kommunikationsmittel aus wichtigen Gründen durch Vermittlung und unter Aufsicht der Anstalt zu.[504] **SH** § 52 Abs. 1 sieht die Einrichtung anderer Formen der Telekommunikation durch die Anstalten vor. **NI** § 29 Abs. 1 Satz 2 enthält eine besondere Rechtsgrundlage für die Gestattung des Telefax-Versands. Da **BW** und **BY** keine eigenen Regelungen

---

497 KG NStZ 2006, 584.
498 AK-*Knauer* 2017 § 30 LandesR Rdn. 10; *Köhne* JR 2015, 616 ff; *Laubenthal/Nestler/Neubacher/Verrel* 2015 E Rdn. 108; *Pohl* FS 2010, 332.
499 Dafür OLG Dresden NStZ 1994, 208; dagegen OLG Nürnberg NStZ 2004, 318.
500 OLG Nürnberg NStZ 1998, 398; *Arloth/Krä* 2017 § 32 StVollzG Rdn. 1; *Laubenthal/Nestler/Neubacher/Verrel* 2015 E Rdn. 101.
501 Überzeugend BVerfG NJW 1994, 3087; BVerfG 17.2.2016 – 2 BvR 3051/14; AK-*Knauer* 2017 § 30 LandesR Rdn. 7 gegen OLG Nürnberg ZStrVo 2004, 312 (313).
502 AK-*Knauer* 2017 § 30 LandesR Rdn. 7; *Arloth/Krä* 2017 § 36 SächsStVollzG Rdn. 1.
503 *Laubenthal/Nestler/Neubacher/Verrel* 2015 E Rdn. 107.
504 Die Begr. zum Gesetzentwurf **HE**, LT-Drucks. 18/1396, S. 100, nennt als Beispiele ausdrücklich Telefax oder E-Mail.

treffen, kann in diesen Ländern eine analoge Anwendung der Vorschriften über Telefongespräche in Erwägung gezogen werden.

11   6. Die undifferenzierte Behauptung, die Nutzung des **Internets** komme aus Sicherheitsgründen nicht in Betracht,[505] lässt sich angesichts etlicher Erprobungen in deutschen und ausländischen Vollzugsanstalten[506] kaum mehr nachvollziehen. Es ist selbstverständlich, dass Einschränkungen aus Sicherheitsgründen unter den Bedingungen des Strafvollzugs bei allen technisch möglichen Anwendungen eine wesentliche Rolle spielen werden.[507] Unter den vielfältigen Angeboten, die vom überwiegenden Teil der Bevölkerung heute genutzt werden, dürften für Gefangene v.a. Kommunikations- und Informationsdienste in Betracht kommen. Kommunikationsdienste wie E-Mail oder Bildtelefonie ermöglichen Kontakte mit Familienangehörigen oder Gefangenen nahestehenden Personen, die sonst – etwa wegen großer Entfernungen – nur unter großen Schwierigkeiten zustande kommen.[508] Informationsdienste wie elektronische Lexika oder Wörterbücher gestatten den Zugriff auf Wissensbestände, die beispielsweise im Rahmen von Bildungsprogrammen eingesetzt werden können.[509] Schließlich ist darauf hinzuweisen, dass der Umgang mit elektronischen Endgeräten für weite Bevölkerungskreise so alltäglich ist, dass er für die soziale Integration ehemaliger Gefangener nicht vernachlässigt werden kann.

12   Die Rspr. der Fachgerichte hatte bereits Anlass für den Hinweis, dass mit der Post übersandte Internetausdrucke veröffentlichter Gerichtsentscheidungen in den Schutzbereich des Grundrechts der **Informationsfreiheit** fallen.[510] Unverhältnismäßig ist die Verweigerung des Zugriffs auf Informationsangebote öffentlicher Stellen jedenfalls dann, wenn diese Angebote allein über eine Website zur Verfügung gestellt werden.[511]

13   7. Wird Gefangenen die Nutzung von Diensten der Telekommunikation gestattet, haben sie grundsätzlich (wie beim Briefporto) die **Kosten zu tragen**.[512] Dies ergab sich nach früherem Recht nicht aus § 32 StVollzG, sondern lediglich aus der VV. Diese enthielt für den Fall, dass Gefangene zur Kostentragung nicht in der Lage waren, bereits eine Ermessensregelung, dass die Anstalt die Kosten in begründeten Fällen in angemessenem Umfang übernehmen konnte (VV Satz 2). Die Gesetzgeber der Länder haben diese Kostenregelungen weitgehend in die Gesetzestexte übernommen (**BW** § 27 Abs. 3, **BY** Art. 35 Abs. 2, **BE** § 33 Abs. 2, **BB** § 38 Abs. 2, **HB** § 30 Abs. 2, **HE** § 33 Abs. 5, **MV** § 30 Abs. 2, **NW** § 18 Abs. 3, **RP** § 37 Abs. 2, **SL** § 30 Abs. 2, **SN** § 30 Abs. 2, **ST** § 37 Abs. 3, **SH** § 46 Abs. 2, **TH** § 38 Abs. 2). **ST** verweist ausdrücklich auf vorrangige Leistungspflichten Dritter. Eine Ausnahmeregelung für Härtefälle fehlt jedoch in **HH** § 32 Abs. 1 Satz 1; diese ergibt sich erst aus einer AV. **NI** setzt weiterhin auf Nutzungsbedingungen der Vollzugsbehörden.

14   Ob die **Erhebung eines Aufschlages gegenüber dem Normaltarif** für die Benutzung ausschließlich für Gefangenengespräche installierter Telefonapparate durch die entstehenden zusätzlichen Kosten und Verwaltungsmittel gerechtfertigt ist,[513] erscheint

---

505 *Arloth/Krä* 2017 § 32 StVollzG Rdn. 1; Voraufl. § 32 StVollzG Rdn. 2.
506 *Dathe-Morgeneyer/Pfeffer-Hoffmann* BewHi 2010, 42 ff; *Kalmbach/Krenzel* 2017; *Knauer* 2006, 9 ff; *Knauer* Zeitschrift für soziale Strafrechtspflege 2015, 59 ff.; *Knight* 2016, 211 ff; *Murphy* 2015, 71 ff.
507 *Knauer* 2006, 85 ff; *Laubenthal/Nestler/Neubacher/Verrel* 2015 E Rdn. 104.
508 Als Beispiel *Holt* FS 2014, 149 f.
509 *Dathe-Morgeneyer/Pfeffer-Hoffmann* BewHi 2010, 42 ff.
510 OLG Nürnberg NStZ 2009, 216.
511 EGMR 19.1.2016 – 17429/10 (Kalda ./. Estland); EGMR 17.1.2017 – 21575/08 (Jankovskis ./. Litauen) mit zust. Anm. *Bode* 2017; *Esser* 2018.
512 KG NStZ-RR 1996, 383 f.
513 So LG Hamburg NStZ 1985, 353; *Arloth/Krä* 2017 § 32 StVollzG Rdn. 2.

zweifelhaft.[514] Erst recht lässt sich nicht die Belastung Gefangener mit Entgelten rechtfertigen, die deutlich über dem außerhalb des Vollzugs Üblichen liegen, ohne dass besondere Erfordernisse des Strafvollzuges dies notwendig machten. Das hat die Vollzugsverwaltung auch zu beachten, wenn sie Verträge mit Unternehmen über Telekommunikationsleistungen schließt.[515]

8. Für die **Überwachung der Telekommunikation** werden wie bisher nach § 32 StVollzG die bereits für andere Außenkontakte der Gefangenen getroffenen Regelungen herangezogen. Nach den Landesgesetzen gelten daher für Telefonie und andere Formen mündlicher Kommunikation meist die Vorschriften über den Besuchsverkehr entsprechend, für Telefaxe und andere schriftliche Kommunikation die Vorschriften über den Schriftwechsel.[516] Das bedeutet, dass eine Überwachung der Telefonate nur unter bestimmten Voraussetzungen zulässig ist, insbesondere dann, wenn diese im Einzelfall aus Gründen der Sicherheit oder Ordnung der Anstalt erforderlich ist.[517] Im geschlossenen Vollzug müssen die Gefangenen (wie beim Schriftverkehr und Besuch) zunächst mitteilen, mit wem sie Telefongespräche führen wollen. Nur auf dieser Grundlage kann entschieden werden, ob das Gespräch überwacht werden muss. Es ist danach sicherzustellen, dass Gefangene nur Anschlüsse von Personen anwählen können, mit denen der Telefonverkehr gestattet ist („Zielnummernkontrolle").[518] Auch der Mindestumfang der Telefonzeit kann sich an der Bemessung der Besuchszeiten orientieren.[519]

9. Potentielle Gesprächspartnerinnen und Gesprächspartner sind vorab über die **beabsichtigte Überwachung zu informieren**. Ein unbemerktes Abhören von Gesprächen ist nicht zulässig.[520] Damit wird das informationelle Selbstbestimmungsrecht der Beteiligten gewahrt. Die entsprechende Unterrichtung kann auch durch die Gefangenen zu Beginn des Gesprächs erfolgen.[521] Eine **Speicherung** von Verbindungsdaten und Gesprächsinhalten ist nicht erlaubt, soweit keine datenschutzrechtliche Ermächtigungsgrundlage besteht.[522] Jedenfalls zu Abrechnungszwecken wurde eine Speicherung jedoch unabhängig davon zugelassen.[523] Die Landesgesetze haben für die Speicherung von Daten aus der Telekommunikation teilweise spezifische datenschutzrechtliche Normen geschaffen (**BB** § 129 Abs. 1, **HB** § 115 Abs. 1, **HH** § 120 Abs. 8, **MV** § 111 Abs. 1, **ST** § 145 Abs. 2, **TH** § 128 Abs. 1). **NI** § 33 Abs. 1 Satz 5 und **ST** § 37 Abs. 1 Satz 5 haben die Möglichkeit eingeführt, die Gesprächskontrolle zeitversetzt durchzuführen und die Daten zu diesem Zweck vorübergehend zu speichern.[524]

---

514 AK-*Knauer* 2017 § 30 LandesR Rdn. 23.
515 BVerfG 24.11.2015 – 2 BvR 2002/13; BVerfG NJW 2018, 144; OLG Celle FS 2015, 66; OLG Zweibrücken 6.4.2017 – 1 Ws 291/16 (Vollz.); *Bode* 2018; *Reichenbach* 2018, 171.
516 AK-*Knauer* 2017 § 30 LandesR Rdn. 18 und § 36 LandesR Rdn. 13.
517 OLG Koblenz NStZ 1993, 558.
518 *Böhm* 2003 Rdn. 271.
519 LG Fulda NStZ 2007, 387.
520 OLG Hamm NStZ 2009, 575.
521 Begr. des RegE, BR-Drucks. 57/98, 43.
522 OLG Frankfurt NStZ-RR 2003, 219.
523 OLG Hamburg NStZ 2006, 697.
524 Zur Begr. Gesetzentwurf **NI**, LT-Drucks. 15/3565, S. 116.

E. Pakete

§ 33 StVollzG	
Baden-Württemberg	§ 28 JVollzGB III
Bayern	Art. 36 StVollzG
Berlin	§ 41 StVollzG
Brandenburg	§ 45 JVollzG
Bremen	§ 37 StVollG
Hamburg	§ 33 StVollzG
Hessen	§§ 33 Abs. 5, 37 StVollzG
Mecklenburg-Vorpommern	§ 37 StVollzG
Niedersachsen	§ 34 JVollzG
Nordrhein-Westfalen	§ 28 StVollzG
Rheinland-Pfalz	§ 44 JVollzG
Saarland	§ 37 StVollzG
Sachsen	§ 37 StVollzG
Sachsen-Anhalt	§ 44 JVollzG
Schleswig-Holstein	§ 53 StVollzG
Thüringen	§ 45 JVollzG
ME	§ 37 StVollzG

1 1. Die früher für den Paketempfang und -versand geltende Vorschrift des § 33 StVollzG wurde durch besonders ausführliche VV ergänzt, durch die zahlreiche Einzelheiten des Paketverkehrs geregelt wurden. Entsprechend der traditionell großen Bedeutung v.a. des Paketempfangs für die Außenkontakte der Gefangenen und der damit verbundenen spürbaren Erleichterung ihrer Lebensführung[525] regeln alle **Landesgesetze** die wichtigsten damit zusammenhängenden Fragen in – teilweise umfangreicher gestalteten – eigenen Vorschriften. Allerdings haben sie den bisherigen Rechtsanspruch, *dreimal jährlich in angemessenen Abständen* ein sog. „Regelpaket" mit Nahrungs- und Genussmitteln[526] zu empfangen (§ 33 Abs. 1 Satz 1 StVollzG), ausnahmslos abgeschafft.[527]

2 Der Empfang von Paketen mit **Nahrungs- und Genussmitteln** wurde schon in der bisherigen Rspr. und Literatur problematisiert. Hingewiesen wurde auf die Einhaltung des Gleichbehandlungsgrundsatzes zur Vermeidung sonst entstehender Unruhen unter den Gefangenen,[528] vor allem hinsichtlich des Umfangs und der Art der Verpflegung, die grundsätzlich für alle Gefangenen gleich sein soll.[529] Die Vollzugsbehörde konnte nach früherem Recht deshalb die Erlaubnis für den Empfang weiterer Pakete mit Nahrungsmitteln über die in § 33 Abs. 1 Satz 1 StVollzG genannte Zahl hinaus ablehnen.[530] Darüber hinaus hatte bereits der RegE darauf hingewiesen, dass Paketsendungen für die Vollzugsanstalten eine starke Belastung bedeuten könnten, sofern wegen notwendiger Si-

---

525 RegE, BT-Drucks. 7/918, 62.
526 RegE, BT-Drucks. 7/918, 62; *Arloth/Krä* 2017 § 33 StVollzG Rdn. 2.
527 AK-*Feest/Wegner* 2017 § 37 LandesR Rdn. 1 und 8; *Köhne* JR 2017, 3; *Laubenthal/Nestler/Neubacher/Verrel* 2015 E Rdn. 114.
528 OLG Celle NStZ 1997, 256.
529 LG Hamburg ZfStrVo 1979, 124.
530 LG Hamburg ZfStrVo 1979, 124; vgl. aber auch BVerfG NStZ-RR 1997, 60.

cherheitsvorkehrungen die Pakete und ihr Inhalt durchsucht werden müssten.[531] Daran knüpfen die Gesetzesbegründungen der Länder an.[532]

Einen Anspruch auf Paketempfang in angemessenem Umfang hat nur **NI** § 34 Abs. 1 Satz 1 beibehalten.[533] Die anderen Landesgesetze sehen eine Ermessensentscheidung der Anstaltsleitung vor (**BE, HB, MV, RP, SL, SN, ST, SH, TH**) oder machen den Empfang von deren Erlaubnis abhängig (**BW, BY, BB, HH, HE, NW**). Nach dem früheren § 33 Abs. 1 Satz 3 StVollzG hatten Gefangene auf den Empfang weiterer Pakete über die damals zugelassenen drei Pakete mit Nahrungs- und Genussmitteln hinaus keinen Rechtsanspruch; die Erlaubniserteilung stand im **Ermessen der Anstalt**.[534] Die dazu ergangene Rspr. hat für die Landesgesetze weiterhin Bedeutung. Fehlt für den Empfang des Pakets die erforderliche Erlaubnis, so ist dies für die Anstalt ein zureichender Grund, die Annahme des Pakets zu verweigern. Einer Zustimmung der Gefangenen hierzu bedarf es nicht.[535] Die Anstalt kann auch die Annahme eines Pakets, das zur Unzeit eingeht oder dessen Empfang nicht zugelassen ist, verweigern.[536] Sie teilt dies und den Grund dafür den Gefangenen mit. Mit **BE, BB, HB, MV, NI, RP, SL, SN, ST, SH, TH** hat die Mehrzahl der Länder dieses Vorgehen gesetzlich geregelt.

3

Die Gefangenen sollen schon bei Strafantritt durch **Aushändigung eines Merkblatts** (VV Nr. 9 zu § 33 StVollzG) über die Möglichkeiten, Pakete zu empfangen und zu versenden, unterrichtet werden.[537] Regional und lokal unterschiedliche Detailvorschriften in VV und Hausordnungen dürften auch weiterhin verbreitet sein.[538] Die **Verwaltungsvorschriften** zum StVollzG, die z.B. in **SH** grundsätzlich weiter gelten, enthalten ausführliche Regelungen von Einzelfragen. Diese wurden etwa durch **BW** und **HE** weitgehend übernommen und dem Verbot von Paketen mit Nahrungs- und Genussmitteln für einzelne Gefangene angepasst. Mehrere Länder (**BW, HB, SL**) empfehlen die Unterrichtung der Gefangenen durch ein Merkblatt alsbald nach der Aufnahme. **SL** und **SN** sehen für Gefangene, die keine Pakete erhalten, einen Ersatzeinkauf ohne Nahrungs- und Genussmittel vor, der wertmäßig begrenzt wird.

4

2. Aus Gründen der Sicherheit und Ordnung, aber auch aus Gleichheitsgründen, kann die Anstalt den **Paketempfang auf den Postweg** beschränken und z.B. das Mitbringen vom Ausgang oder Urlaub verbieten.[539] Das Einbringen ist dann ebenso zu behandeln wie das Mitbringen beim Strafantritt, so dass die Vorschriften über den Besitz von Gegenständen Anwendung finden.[540] Obwohl die gesetzlichen Vorschriften über den Personenkreis von Absendern und die für die Lieferung eingeschalteten Unternehmen keine Bestimmung treffen, soll die Bestellung von Paketen durch Strafgefangene bei Versandhäusern nicht der Intention der Vorschriften über den Paketempfang entsprechen, weil dadurch keine Kontakte zu Bezugspersonen stabilisiert würden.[541]

5

---

531 RegE, BT-Drucks. 7/918, 62.
532 Siehe z.B. Begr. Gesetzentwurf **BY**, LT-Drucks. 15/8101, 58.
533 AK-*Feest/Wegner* 2017 § 37 LandesR Rdn. 3.
534 BVerfG NStZ-RR 1997, 59; OLG Karlsruhe NStZ-RR 2002, 315; *Arloth/Krä* 2017 § 33 StVollzG Rdn. 4; *Laubenthal/Nestler/Neubacher/Verrel* 2015 E Rdn. 116.
535 OLG Frankfurt ZfStrVo **SH** 1979, 51.
536 *Arloth/Krä* 2017 § 33 StVollzG Rdn. 3.
537 *Arloth/Krä* 2017 § 33 StVollzG Rdn. 2 und 10.
538 AK-*Feest/Wegner* 2017 § 37 LandesR Rdn. 7.
539 LG Regensburg ZfStrVo 1986, 1833; *Laubenthal/Nestler/Neubacher/Verrel* 2015 E Rdn. 113.
540 OLG Frankfurt ZfStrVo 1987, 376; *Laubenthal/Nestler/Neubacher/Verrel* 2015 E Rdn. 117.
541 OLG Nürnberg ZfStrVo 1987, 187; *Arloth/Krä* 2017 § 33 StVollzG Rdn. 1; a.A. AK-*Feest/Wegner* 2017 § 37 LandesR Rdn. 6.

6   3. Was den Inhalt der Pakete betrifft, haben alle Länder außer **BB** nun **Nahrungs- und Genussmittel ausgeschlossen**. Teilweise wird der Kreis der vom Paketempfang ausgenommenen Gegenstände auf Körperpflegemittel (**BE, SN**) sowie Arzneimittel (**BE**) ausgeweitet, wobei Gegenstände, welche Sicherheit oder Ordnung der Anstalt gefährden, ohnehin nicht zugelassen sind. Substanzen wie Alkohol und andere berauschende Mittel, Medikamente oder Tabletten waren bereits durch VV Nr. 2 Abs. 2 zu § 33 StVollzG ausgeschlossen. Die Rspr. hat solche Einschränkungen mit der Begründung gebilligt, dass sonst erfahrungsgemäß verbotene Gegenstände in die Anstalt geschmuggelt werden könnten und der entsprechende Kontrollaufwand zu hoch sei.[542] Kompensiert wird das Verbot in den Landesgesetzen durch die Eröffnung von Sondereinkäufen mit einem pfändungsfreien Sondergeld, über das Gefangene im Rahmen der gesetzlichen Vorschriften innerhalb der Justizvollzugsanstalt nach eigenen Wünschen verfügen können (s. 6 C Rdn. 18).

7   Die VV treffen **weitere Bestimmungen zum Inhalt** von Paketsendungen. Nr. 3 der VV zu § 33 StVollzG enthält z.B. eine Regelung zugunsten von Unterrichts- und Fortbildungsmaterialien, für Entlassungsbekleidung und für Gegenstände, die der Freizeitbeschäftigung dienen, auch von privater Wäsche, wenn die Anstalt das Tragen (auf eigene Kosten der Gefangenen) erlaubt hat.[543] Auch insoweit ist der **Gleichbehandlungsgrundsatz** zu beachten, der sich am Maßstab der durchschnittlichen Anstaltssituation orientieren sollte, allerdings unter Berücksichtigung der Besonderheiten des Einzelfalles. Nicht außer Betracht bleiben können die begrenzten Möglichkeiten des personellen Verwaltungsaufwands. Es wäre unrealistisch zu glauben, die Anstalt könnte den Empfang einer beliebigen Anzahl von Paketen erlauben.[544] Eine Bestimmung, nach der eine von der Vollzugsbehörde erteilte Erlaubnis erlischt, wenn Gefangene von ihr innerhalb einer bestimmten Zeit davon keinen Gebrauch gemacht hat, stößt auf Bedenken.[545] Auf der anderen Seite beinhaltet eine einmal erteilte Erlaubnis, Pakete zu empfangen, keine Dauererlaubnis für die gesamte Haftzeit; schon gar nicht, wenn Gefangene in eine andere Anstalt verlegt werden.[546]

8   Für den **Ausschluss von Gegenständen** verweisen die Landesgesetze auf die allgemein dafür geltenden Vorschriften. Danach kann die Übersendung von Gegenständen, die die Sicherheit oder Ordnung der Anstalt gefährden (z.B. Aufkleber zu politischen Themen, provozierende Aufnäher oder entsprechende Anstecknadeln[547] oder Kerze als mögliches Versteck),[548] untersagt werden. Versagt werden kann jedenfalls nach älterer Rspr. ferner die Erlaubnis für die Zusendung z.B. von umfangreichem Informationsmaterial oder Warenkatalogen.[549] Doch ist zweifelhaft, ob etwa die Zusendung einer größeren Zahl von Briefbögen mit Antragsformularen, mit denen der Beitritt zu einer Gefangenengewerkschaft erklärt werden kann, die Sicherheit oder Ordnung der Anstalt gefährdet.[550]

9   4. Aus dem weiten Ermessen der Vollzugsbehörden folgt, dass sie **Zeitpunkte** für die Sendungen und für einzelne Gegenstände festsetzen können. Das wird von einigen Landesgesetzen (**HH, HE, SN, ST, SH, TH**) ausdrücklich betont. Nach der früheren VV Nr. 1 Abs. 1 zu § 33 StVollzG war der Empfang eines Pakets nur zu Weihnachten, zu Os-

---

542 BayVerfGH FS 2009, 267; OLG Dresden 4.7.2018 -- 2 Ws 247/18.
543 BVerfG NStZ 1997, 382.
544 OLG Hamm BlStV 1/1995, 5.
545 KG ZfStrVo 1983, 59.
546 OLG Celle NStZ 1997, 256.
547 KG NStZ-RR 2007, 125; OLG Frankfurt ZfStrVo 1982, 185; OLG Hamburg NStZ 1988, 96; LG Saarbrücken ZfStrVo 1984, 175; *Arloth/Krä* 2017 § 33 StVollzG Rdn. 5.
548 OLG Hamm BlStV 1/1995, 5.
549 OLG Koblenz ZfStrVo 1985, 121; OLG Koblenz ZfStrVo 1991, 308.
550 OLG Hamm FS 2016, 77.

tern oder etwa zum Geburtstag zugelassen. Dagegen wurde vorgebracht, dass dies der Anstaltsleitung selbst in begründeten Ausnahmefällen keine Möglichkeit ließ, anstelle des Geburtstags einen anderen Zeitpunkt für den Paketempfang festzusetzen.[551] Eine weitere Sonderregelung galt für Gefangene, die keiner christlichen Religionsgemeinschaft angehören. Dann konnte auf Antrag anstelle des Weihnachts- und des Osterpakets der Empfang je eines Pakets aus Anlass eines entsprechend hohen Feiertags gestattet werden. Das setzt voraus, dass die Gefangenen Feiertage ihres Glaubens benennen.[552] Die in VV Nr. 5 Abs. 1 zu § 33 StVollzG getroffene Regelung soll die Arbeitslast verteilen. Religiös nicht gebundenen Gefangenen bleibt es nicht überlassen, ob sie den Paketempfang über das ganze Jahr verteilen wollen.[553]

5. Darüber hinaus werden durch VV **Höchstmengen** festgesetzt. Die meisten Landesgesetze (**BE, BB, HB, HH, HE, MV, RP, SL, SN, ST, SH, TH**) enthalten dazu eine ausdrückliche Bestimmung, die überwiegend (**BE, BB, HB, MV, RP, SL, SN, ST, SH, TH**) auch auf **Verpackungsformen** erweitert wird. Nach VV Nr. 2 Abs. 1 zu § 33 StVollzG durfte das Gewicht des Weihnachtspakets (einschließlich Verpackung) fünf Kilogramm, das der beiden übrigen Pakete jeweils drei Kilogramm nicht übersteigen. Mengenbegrenzungen für einzelne Gegenstände ergeben sich aus den VV der Länder. Die Verweigerung der Annahme eines Pakets wegen Gewichtsüberschreitung soll allerdings (weil unverhältnismäßig) bei geringem Übergewicht nicht in Betracht kommen; die zulässige Höchstmenge muss erheblich überschritten sein.[554] Um Missbräuchen vorzubeugen, können Gefangene bei geringem Übergewicht des Pakets mit dem Hinweis informiert werden, dass die Anstalt die Annahme einer solchen Sendung im Wiederholungsfalle verweigern wird.[555]

6. Für **Auslandspakete** gelten Sonderregelungen. Solche Pakete muss die Anstalt grundsätzlich annehmen, soweit die Paketsendung nicht zur Umgehung der Vorschriften über den Empfang von Inlandspaketen im Ausland durch Personen mit einem ständigen Wohnsitz in Deutschland erfolgt. Im Falle eines solchen Rechtsmissbrauchs ist es der Anstalt gestattet, die Annahme des Pakets zu verweigern.[556] Ist das Höchstgewicht nicht unerheblich überschritten oder der Inhalt nicht zugelassen, so kommen auch die Möglichkeiten der Verwahrung bei der Habe, der anderweitigen Verbringung mit Zustimmung der Gefangenen oder Entfernung aus der Anstalt auf Kosten der Gefangenen in Betracht.[557]

7. Nach den VV (z.B. VV Nr. 4 Satz 2 zu § 33 StVollzG) kann die Verwendung einer von der Anstalt ausgegebenen **Paketmarke** vorgeschrieben werden. Bei dieser handelt es sich um einen in der Anstalt erhältlichen Aufkleber, den die Gefangenen an gewünschte Absenderinnen oder Absender des Pakets schickt, die ihn auf die Umhüllung des Pakets kleben können. Die Aufklebeadresse auf den eingehenden Paketen ermöglicht es der Poststelle, ohne weitere Nachprüfung festzustellen, ob eine Bezugsberechti-

---

551 OLG Hamm ZfStrVo 1979, 252.
552 LG Hannover ZfStrVo 1984, 184.
553 OLG Hamm NStZ 1991, 407; *Laubenthal/Nestler/Neubacher/Verrel* 2015 E Rdn. 111.
554 AK-*Feest/Wegner* 2017 § 37 LandesR Rdn. 14; *Arloth/Krä* 2017 § 33 StVollzG Rdn. 3; *Laubenthal/Nestler/Neubacher/Verrel* 2015 E Rdn. 112.
555 *Laubenthal/Nestler/Neubacher/Verrel* 2015 E Rdn. 112.
556 OLG Koblenz ZfStrVo **SH** 1977, 24; so auch *Arloth/Krä* 2017 § 33 StVollzG Rdn. 3.
557 *Laubenthal/Nestler/Neubacher/Verrel* 2015 E Rdn. 113.

gung vorliegt, und dient damit der Verringerung des Verwaltungsaufwands.[558] Aus datenschutzrechtlicher Sicht erscheint allerdings problematisch, wenn durch die Gestaltung die Anschrift in einer JVA bekannt wird. Deshalb ist der Gebrauch „neutraler" Paketmarken vorzuziehen.[559]

13   8. Was **Kontrolle und Anhalten von Paketen** betrifft, waren diese bereits nach dem früheren § 33 Abs. 2 Satz 1 StVollzG immer in Gegenwart der Gefangenen zu öffnen. Die Landesgesetze haben daran fast durchweg festgehalten (**BW, BY, BE, BB, HB, HH, HE, MV, NI, NW, RP, SL, SN, ST, TH**). Dabei darf der Paketinhalt auf verbotene Gegenstände durchsucht werden. Außerdem wird geprüft, ob das Paket das zulässige Höchstgewicht überschreitet. Liegt ein Inhaltsverzeichnis bei, ist die Vollzähligkeit zu prüfen; Abweichungen sind auf dem Verzeichnis zu vermerken (VV Nr. 7 Abs. 1 zu § 33 StVollzG). In der Regel dürfte es vermeidbar sein, dass alle Verpackungen aufgerissen werden und den Gefangenen dann ein großer Haufen von Geschenken und Papier übergeben wird.[560] Die Gefangenen haben den Empfang des Pakets schriftlich zu bestätigen (VV Nr. 7 Abs. 2).

14   **Ausgeschlossene Gegenstände** können zur Habe der Gefangenen genommen oder zurückgesandt werden. Die Kosten für die Rücksendung tragen in der Regel die Gefangenen; im Falle der Bedürftigkeit kann sie die Anstalt übernehmen, insbesondere dann, wenn die Gefangenen die Zusendung der Gegenstände möglicherweise selbst nicht veranlasst haben.[561] Darüber hinaus hat die Anstalt die Möglichkeit, Gegenstände wie z.B. giftige Stoffe unter bestimmten Voraussetzungen zu vernichten.[562] Die Gefangenen – nicht die Absender[563] – müssen über Aufbewahrung, Zurücksendung oder Vernichtung unterrichtet werden, und zwar vor Durchführung einer dieser Maßnahmen.

15   9. Die Anstalt kann den Empfang von Paketen **vorübergehend überhaupt untersagen**, wenn dies wegen Gefährdung der Sicherheit oder Ordnung der Anstalt unerlässlich ist.[564] Diese Eingriffsermächtigung aus dem früheren § 33 Abs. 3 StVollzG haben die Landesgesetze überwiegend übernommen (**BE, BB, HB, MV, NI, RP, SL, SN, ST, SH, TH**). Insoweit muss es sich unter Berücksichtigung aller maßgeblichen Umstände um eine im Einzelfall konkrete Gefahrenlage handeln; bei dieser Prüfung kommt auch der Frage der Zuverlässigkeit des Absenders des Pakets eine maßgebliche Bedeutung zu.[565] Das Merkmal „vorübergehend" bedeutet nicht, dass der betreffenden Person ohne Rücksicht auf berechtigte Sicherheitsbedürfnisse Dritter nach Ablauf einer bestimmten Frist in jedem Falle ein Paket ausgehändigt werden müsste. Vielmehr muss bei berechtigten Sicherheitsbedenken so lange die Genehmigung zum Paketempfang verweigert werden können, wie diese Maßnahme im Hinblick auf die Sicherheit der Anstalt unerlässlich ist.[566] Diese Frage ist für Anstalten des offenen Vollzuges und solche mit höherem **Sicherheitsgrad unterschiedlich** zu beantworten.[567] Zweifelhaft erscheint

---

558   OLG Hamm ZfStrVo 1985, 124; krit. AK-*Feest/Wegner* 2017 § 37 LandesR Rdn. 11; *Laubenthal/Nestler/Neubacher/Verrel* 2015 E Rdn. 112.
559   *Laubenthal/Nestler/Neubacher/Verrel* 2015 E Rdn. 112.
560   AK-*Feest/Wegner* 2017 § 37 LandesR Rdn. 11.
561   SA, BT-Drucks. 7/3998, 17; *Laubenthal/Nestler/Neubacher/Verrel* 2015 E Rdn. 119.
562   *Arloth/Krä* 2017 § 33 StVollzG Rdn. 6.
563   OLG Rostock NStZ 1997, 382.
564   *Arloth/Krä* 2017 § 33 StVollzG Rdn. 7; *Laubenthal/Nestler/Neubacher/Verrel* 2015 E Rdn. 118.
565   OLG Hamm NStZ 1984, 287; OLG Nürnberg NStZ 1985, 335; *Laubenthal/Nestler/Neubacher/Verrel* 2015 E Rdn. 118.
566   OLG Hamm MDR 1984, 692.
567   KG BlStV 1/1984, 6.

unter dem Gesichtspunkt des Verhältnismäßigkeitsgrundsatzes z.B. eine sechsmonatige Paketsperre selbst in einer Abschirmstation für Dealer.[568] Die Versagung soll sogar für alle Gefangenen einer Anstalt in Betracht kommen.[569] Allerdings wäre ein solches Verbot nur dann „unerlässlich", wenn sonst die Sicherheit oder die Ordnung in der Anstalt zusammenzubrechen drohen würde. Auch daraus ergibt sich, dass die umfassende Untersagung des Paketverkehrs erst in Betracht kommen kann, wenn es keine mildere Möglichkeit für die Aufrechterhaltung der Sicherheit oder Ordnung der Anstalt gibt.[570]

10. Das **Versenden von Paketen durch Gefangene** kann durch die Anstalt gestattet werden; auch insoweit besteht kein Rechtsanspruch.[571] Diese Regelungen haben die Landesgesetze ausnahmslos übernommen. In Betracht kommt z.B. die Versendung von Sachen, die die Gefangenen im Vollzug nicht (mehr) brauchen,[572] von Prozessunterlagen an die Verteidigung[573] oder von Bastelarbeiten für die Kinder.[574] Da die Versendung für die Gleichgewichtigkeit der Beziehungen von Gefangenen zu ihren Bezugspersonen Bedeutung besitzen kann, sollte die Versendung von Paketen nicht ohne zwingenden Grund unterbunden werden.[575] Dieser Grund kann in der Gefährdung der Sicherheit oder Ordnung bestehen; deshalb dürfen auch ausgehende Pakete kontrolliert werden, aber keine entsprechende Verteidigerpost.[576] **16**

11. Die **Kosten für den Paketverkehr** insbesondere beim Versand von Paketen trugen bereits nach VV Nr. 8 Satz 1 zu § 33 StVollzG die Gefangenen selbst. Diese Regelungen haben alle Länder außer **NI** in ihre Gesetzestexte übernommen. Ausnahmsweise kann die Anstalt die Kosten in angemessenem Umfang übernehmen.[577] Die Texte der Landesgesetze lesen sich insoweit jedoch teilweise restriktiver als die frühere VV (**HH** § 33 Abs. 4). **17**

12. Ein **Ausgleich für Gefangene, die keine Pakete erhalten**, war weder im Text des StVollzG noch ist er in dem der Landesgesetze vorgesehen. Diese Fälle werden jedoch durch VV erfasst. Nach VV Nr. 6 Abs. 1 Satz 1 zu § 33 StVollzG darf ein Gefangener, der kein Paket erhält, zum Ausgleich zusätzliche Nahrungs- und Genussmittel in der Anstalt einkaufen. Für diesen Ersatzeinkauf darf ein Betrag bis zum siebenfachen, beim Weihnachtspaket bis zum neunfachen Tagessatz der Eckvergütung aus dem Eigengeld verwendet werden (VV Nr. 6 Abs. 1 Satz 2). Diese Wertbegrenzung anstelle der sonst vorgesehenen Gewichtsbegrenzung erscheint nicht sachgerecht.[578] Vergleichbare Kompensationsregelungen wurden durch die Landesgesetze mit der Eröffnung von Sondereinkäufen anstelle der früher selbstverständlichen Pakete mit Nahrungs- und Genussmitteln eingeführt (s. 6 C Rdn. 18). **18**

---

[568] KG NStZ 1984, 95 mit insoweit abl. Anm. *Kerner/Streng*; krit. auch *Laubenthal/Nestler/Neubacher/Verrel* 2015 E Rdn. 118; wie das KG Vorauf. § 33 StVollzG Rdn. 15.
[569] KG NStZ 1983, 576; *Arloth/Krä* 2017 § 33 StVollzG Rdn. 7; *Grunau/Tiesler* 1982, § 33 StVollzG Rdn. 3; a.A. AK-*Feest/Wegner* 2017 § 37 LandesR Rdn. 16; *Kerner/Streng* 1984.
[570] OLG Nürnberg NStZ 1985, 335.
[571] *Arloth/Krä* 2017 § 33 StVollzG Rdn. 8; *Laubenthal/Nestler/Neubacher/Verrel* 2015 E Rdn. 121.
[572] AK-*Feest/Wegner* 2017 § 37 LandesR Rdn. 17.
[573] OLG Koblenz NStZ 1983, 96.
[574] *Böhm* 2003 Rdn. 270; *Grunau/Tiesler* 1982, § 33 StVollzG Rdn. 4.
[575] AK-*Feest/Wegner* 2017 § 37 LandesR Rdn. 17; *Laubenthal/Nestler/Neubacher/Verrel* 2015 E Rdn. 121.
[576] OLG Stuttgart NJW 1992, 61.
[577] OLG Koblenz NStZ 1983, 96: Versand von Verteidigungsunterlagen in einem Wiederaufnahmeverfahren.
[578] So auch *Laubenthal/Nestler/Neubacher/Verrel* 2015 E Rdn. 120.

10. KAPITEL
Vollzugsöffnende Maßnahmen

A. Offener Vollzug und Einrichtungen für die Entlassung

Zuweisung

Bund StVollzG § 10	
Baden-Würtemberg	BW Art. 7 III JVollzGB
Bayern	BY Art. 12 BayStVollzG
Brandenburg	BB § 22 BbgJVollzG
Berlin	BE § 16 StVollzG Bln
Bremen	HB § 15 BremStVollzG
Hessen	HE § 13 HStVollzG
Hamburg	HH § 11 HmbStvollzG
Mecklenburg-Vorpommern	MV § 15 StVollzG M-V
Niedersachsen	NI § 12 NVollzG
Nordrhein-Westphalen	NW § 12 StVollzG NRW
Rheinland-Pfalz	RP § 22 LJVollzG
Saarland	SL § 15 SLStVollzG
Sachsen	SN § 15 SächsStVollzG
Sachsen-Anhalt	ST § 22 JVollzGB LSA
Schleswig-Holstein	SH § 16 LStVollzG SH
Thüringen	TH § 22 ThürJVollzGB

Schrifttum

Böhm Vollzugslockerungen und offener Vollzug zwischen Strafzwecken und Vollzugszielen, in: NStZ 1986, 201 ff; *Eiermann* Der offene Vollzug am Beispiel des Gustav-Radbruch-Hauses, in: Schwind/Blau 1988, 47 ff; *Heghmanns*, Offener Stafvollzug, Vollzugslockerungen und ihre Abhängigkeit von individuellen Besonderheiten der erkannten Straflänge, in : NStZ 1998, 279; *Ittel* Erfahrungen mit dem offenen Vollzug, in: Materialdienst der Evangelischen Akademie Bad Boll 9/1979, 15 ff; *Ittel/Erzhöfer* Erfahrungen mit dem offenen Vollzug, in: ZfStrVo 1980, 135 ff; *Loos* Die offene und halboffene Anstalt im Erwachsenenstraf- und Maßregelvollzug, Stuttgart 1970; *Müller-Dietz*, Offener Vollzug in: ZfStrVo 1999, 279 ff; *Verrell*, Offener Vollzug in den Länderstrafvollzugsgesetzen. Über Sinn und Unsinn der Föderalismusreform, in: Gedächtnisschrift für Michael Walter, Berlin 2014, 621 ff; *Wagner* Das „einheitliche Strafvollzugskonzept" in Hessen, in: ZRP 2002, 34 ff.

Übersicht

I. Allgemeine Hinweise —— 1–5	III. Unterbringung im geschlossenen Vollzug —— 12–14
II. Unterbringung im offenen Vollzug —— 6–11	1. Ungeeignete Gefangene —— 12
1. Einweisung in den offenen Vollzug —— 6	2. Behandlungsnotwendigkeit —— 13
2. Ermessen —— 7	3. Rückverlegung —— 14
3. Zustimmung der Gefangenen —— 8	IV. Angegliederte oder selbständige offene Einrichtungen zur Vorbereitung der Entlassung —— 15
4. Eignungsprüfung —— 9–11	
a) Besondere Anforderungen des offenen Vollzuges —— 10	
b) Flucht- und Missbrauchsgefahr —— 11	

I. Allgemeine Hinweise

1 Das Ziel des Vollzugs ist die Wiedereingliederung des Täters in die Rechtsgemeinschaft. Dieses Ziel lässt sich nur erreichen, wenn der Vollzug den Gefangenen Übungsfelder für soziales Verhalten zur Verfügung stellt und sie zu Selbstständigkeit, Eigenverantwortlichkeit und Aktivität befähigt. Ein besonders geeignetes Umfeld hierfür ist der offene Vollzug. „Offen" ist der Vollzug, wenn die ihn praktizierende Anstalt keine oder nur verminderte Vorkehrungen gegen Entweichungen vorhält (vgl. **HB** § 15 Abs. 1, **SN** § 15 Abs. 3, **SH** § 16 Abs. 1, **ST** § 22 Abs. 1, **TH** § 22 Abs. 1, **BE** § 16 Abs. 1). Im offenen Vollzug können deshalb bauliche und technische Sicherungsvorkehrungen, insbesondere Umfassungsmauer, Fenstergitter und besonders gesicherte Türen entfallen. Hinzu tritt im offenen Vollzug die Öffnung nach innen: Es gibt in der Regel keine ständige und unmittelbare Aufsicht. Den Gefangenen wird ermöglicht, sich nach Maßgabe der Hausordnung innerhalb der Anstalt frei zu bewegen. Die Außentüren der Unterkunftsgebäude können zeitweise unverschlossen, die Wohnräume der Gefangenen können auch während der Ruhezeit geöffnet bleiben. Der offene Vollzug gibt dabei ein besonders geeignetes Umfeld für die Vorbereitung auf die Entlassung. Die Unterbringung im offenen Vollzug kann zudem schädlichen Folgen des Freiheitsentzuges entgegenwirken. Der Aufenthalt Gefangener in einer geschlossenen Anstalt bringt gewöhnlich belastende Nebenfolgen des Freiheitsentzuges mit sich. Das Leben in einer geschlossenen Anstalt ist notwendigerweise stark reglementiert, die Möglichkeit des eigenverantwortlichen Handelns ist geringer. Insbesondere bei längerer Strafverbüßung können sich diese Einschränkungen negativ auf die Persönlichkeit und das Verhalten des Gefangenen auswirken.

2 Die Gewährung von **Lockerungen und Urlaub** (s. 10 B und D) ist dagegen eine eigenständige Vollzugsentscheidung, die auch im geschlossenen Vollzug möglich ist. Insoweit kann sich auch eine Vollzugsanstalt des geschlossenen Vollzugs öffnen.

3 Über die Frage, ob ein Gefangener im offenen Vollzug untergebracht werden soll, ist im Rahmen der Vollzugsplanung zu entscheiden (s. 2 C).

4 Nach der Konzeption des StVollzG war der offene Vollzug, wie sich aus dem Wortlaut des § 10 StVollzG ergab, **sogenannter Regelvollzug**. Danach sollten geeignete Gefangene bei fehlender Missbrauchs- oder Fluchtgefahr im offenen Vollzug untergebracht werden, im Übrigen im geschlossenen Vollzug. Diesen Wortlaut hat lediglich **BW** § 7 Abs. 1 III beibehalten.

Die Länder **Bayern, Hessen, Niedersachsen** und das **Saarland** haben in ihrer Gesetzesbegründung hingegen erklärt, dass in ihren Bundesländern nunmehr der **geschlossene Vollzug der Regelvollzug** sein solle. Allerdings haben diese Länder in **BY** Art. 12 Abs. 1, **HE** § 13 Abs. 1, **NI** § 12 Abs. 1, **SL** § 15 Abs. 1 die Regelung des StVollzG zur Unterbringung im offenen Vollzug beibehalten und ihr ohne Auswirkung auf den rechtlichen Inhalt den Satz vorangestellt, dass Gefangene im geschlossenen Vollzug unterzubringen seien.

BB § 22 Abs. 1, **BE** § 16 Abs. 1, **HB** § 15 Abs. 1, **HH** § 11, **MV** § 15 Abs. 1, **NW** § 12 Abs. 1, **RP** § 22 Abs. 1, **SH** § 16 Abs. 1, **SN** § 15 Abs. 1, **ST** § 22 Abs. 1, **TH** § 22 Abs. 1 haben die als „neutral" bezeichnete Formulierung gewählt, wonach Gefangene im offenen oder geschlossenen Vollzug unterzubringen sind.

Die **rechtspolitische Diskussion zur Regelvollzugsform** bleibt jedoch für die Praxis **ohne Auswirkung**. So wäre es, wenn der offene Vollzug Regelvollzug sein soll, konsequent, zumindest Gefangene, die sich dem Strafvollzug selbst stellen, für die Zeit im offenen Vollzug unterzubringen, in der ihre Eignung noch überprüft wird.[1] Das BVerfG

---

[1] Ausführlich *Freise*, SBJL, 4. Auflage, Rdn. 14.

hat hierzu jedoch lediglich angemerkt, dass eine Eignungsprüfung im offenen Vollzug dem Resozialisierungsziel und der gesetzlichen Konzeption des offenen Vollzugs als Regelvollzug besonders wirksam Rechnung tragen würde, eine abweichende Einweisungspraxis jedoch nicht gerügt.[2]

Die Bundesländer, die den geschlossenen Vollzug zum Regelvollzug erklärt haben, haben entgegen dieser Zielsetzung das rechtliche **Regel-Ausnahme-Verhältnis** für die Verlegung in den offenen Vollzug gegenüber dem StVollzG inhaltlich **unverändert** gelassen. Weiterhin sollen Gefangene, bei denen die Nichteignung nicht begründet werden kann, eben doch „regelhaft" in den offenen Vollzug verlegt werden. Ob eine tatsächliche rechtliche Umkehr des Regel-Ausnahme-Verhältnisses verfassungsrechtlich haltbar wäre, indem z.B. für die Verlegung in den offenen Vollzug eine positive Sozialprognose verlangt wird, ist fraglich.[3]

Für die Diskussion über das juristische Regel-Ausnahme-Verhältnis ist schließlich die **tatsächliche Belegung** im offenen und geschlossenen Vollzug ohne jede Bedeutung.[4] Denn ein juristisches Regel-Ausnahme-Verhältnis bedeutet nicht, dass ein Großteil der Gefangenen tatsächlich im offenen Vollzug untergebracht werden muss. In der Praxis liegt bei der überwiegenden Anzahl der Gefangenen vielmehr eine Flucht- bzw. Missbrauchsgefahr im Sinne des juristischen Ausnahmetatbestands vor, so dass sie deshalb nicht im Sinne eines Regeltatbestands im offenen Vollzug untergebracht werden können.[5]

Die **Anzahl der Gefangenen**, die beim Vollzug der Freiheitsstrafe **im offenen Voll-** 5
zug untergebracht sind, ist in den Bundesländern sehr unterschiedlich (Quelle: Statistisches Bundesamt, Stichtag 31.3.2017):

Baden-Württemberg	von 7.458 Gefangenen 675	= 9,1%
Bayern	von 12.117 Gefangenen 411	= 3,3%
Berlin	von 4.206 Gefangenen 793	= 18,6%
Brandenburg	Von 1.396 Gefangenen 191	= 13,6%
Bremen	von 605 Gefangenen 57	= 9,4%
Hamburg	von 1.847 Gefangenen 143	= 7,7%
Hessen	von 5.033 Gefangenen 231	= 4,6%
Mecklenburg-Vorpommern	von 1.083 Gefangenen 89	= 8,2%
Niedersachsen	von 4.404 Gefangenen 485	= 11,0%
Nordrhein-Westfalen	von 11.821 Gefangenen 1600	= 13,5%
Rheinland-Pfalz	von 3.393 Gefangenen 140	= 4,1%
Saarland	von 735 Gefangenen 71	= 9,7%
Sachsen	von 3.851 Gefangenen 53	= 1,3%
Sachsen-Anhalt	von 1.685 Gefangenen 81	= 4,8%
Schleswig-Holstein	von 1.246 Gefangenen 68	= 5,4%
Thüringen	von 1.559 Gefangenen 50	= 3,2%

---

2 BVerfG EuGRZ 2007, 238 ff; siehe aber OLG Frankfurt NStZ 2007, 173 ff; ausführlich Rdn. 6.
3 Vgl. BVerfG NJW 1998, 1133; OLG Karlsruhe StRR 2008, 76, KG Berlin StV 2010, 644 ff.
4 A. A. AK-*Lesting* Teil II § 15 Rdn. 5 und 12; *Laubenthal/Nestler/Neubacher/Verrel* D Rdn. 4; *Arloth* **BY** Art. 12 Rdn. 1.
5 A.A. zu den tatsächlichen Gegebenheiten AK-*Lesting* Teil II § 15 Rdn. 5: die Strafvollzugsverwaltungen hätten sich bereits unter dem Strafvollzugsgesetz den gesetzlichen Vorgaben „verweigert"; *Laubenthal/Nestler/Neubacher/Verrel* D Rdn. 4, die niedrige Belegung des offenen Vollzugs sei Folge „politischer Einflüsse". Dagegen spricht allerdings bereits, dass ein Rückgang der Belegungszahlen im offenen Vollzug in allen Bundesländern mit unterschiedlichster politischer Ausrichtung zu beobachten ist – s. Rdn. 5.

Für das gesamte Bundesgebiet betrug die Quote der Strafgefangenen, die im offenen Vollzug untergebracht sind, am 31.3.2017 10,26%. Die Quote ist damit in den letzten 6 Jahren deutlich zurückgegangen (16,9% am 31.11.2011). Ein deutlicher Rückgang der Gefangenenzahlen im offenen Vollzug im Vergleich zum Stichtag 31.11.2011 ist dabei in allen Bundesländern zu beobachten.[6]

II. Unterbringung im offenen Vollzug

1. Einweisung in den offenen Vollzug. Gefangene können auf unterschiedliche Weise in den offenen Vollzug kommen: In einigen Ländern legt der Vollstreckungsplan (s. 13 H) bestimmte Kriterien fest, unter denen der Gefangene den Vollzug direkt in einer offenen Anstalt antreten kann.[7] Für die Entscheidung der Frage, ob sich ein Gefangener für eine Unterbringung bzw. einen Verbleib im offenen Vollzug eignet, ist jedoch auch bei diesem Modell stets die Vollzugsbehörde zuständig.[8] Ist eine Einweisungsanstalt oder -abteilung (s. 13 C und H) vorhanden, trifft diese die Entscheidung über die Unterbringung im offenen Vollzug.

Schließlich hat das BVerfG es gebilligt, dass alle Gefangenen zu Beginn der Vollstreckung regelhaft in den geschlossenen Vollzug geladen werden (vgl. hierzu auch Rdn. 4). Voraussetzung ist jedoch, dass die Verfahrensabläufe so geregelt sind, dass Nachteile für die erfolgreiche Resozialisierung, insbesondere ein drohender Arbeitsplatzverlust, durch zügige Entscheidungen über die Eignung für den offenen Vollzug vermieden werden.[9]

Allgemein ist bei der Vollzugsplanung alsbald nach Beginn der Strafverbüßung und im weiteren Verlauf regelmäßig zu prüfen, ob sich der Gefangene für eine Unterbringung im offenen Vollzug eignet (s. 2 C). Sieht der Vollzugsplan die Verlegung eines Gefangenen in den offenen Vollzug vor, kann dies die Vollzugsbehörde binden.[10] Nicht wenige Gefangene sind für den Vollzug erst geeignet, nachdem sie im geschlossenen Vollzug ein geändertes Verhalten gezeigt und hier Maßnahmen durchlaufen haben. Die Vorschriften zur Entlassungsvorbereitung stellen den offenen Vollzug als besonders geeignete Vollzugsform für die Vorbereitung auf die Entlassung heraus (s. 10 F).

Der Leiter der offenen Anstalt ist an die Verlegungsentscheidung grundsätzlich gebunden und kann die Aufnahme des Gefangenen in den offenen Vollzug nicht mit Argumenten verweigern, die der abgebenden Anstalt im Zeitpunkt der Verlegung in den offenen Vollzug bereits bekannt waren.[11] Die offene Anstalt kann die Aufnahme nur aus organisatorischen oder aus anderen Gründen ablehnen, die in der spezifischen Vollzugssituation der Anstalt begründet sind.[12]

2. Ermessen. Nach **HB** § 15 Abs. 2, **BW** Art. 7 Abs. 1, **BY** Art. 12 Abs. 2, **HH** § 11 Abs. 2, **MV** § 15 Abs. 2, **NI** § 12 Abs. 2, **NW** § 12 Abs. 1, **RP** § 22 Abs. 2, **SH** § 16 Abs. 2, **SN** § 15 Abs. 2, **SL** § 15 Abs. 2, **ST** § 22 Abs. 2, **TH** § 22 Abs. 2 sollen die Gefangenen bei Vorliegen der gesetzlichen Voraussetzungen im offenen Vollzug untergebracht werden. **Die Gefangenen haben dabei keinen Rechtsanspruch** auf Unterbringung im offenen Voll-

---

6 S. Vorauflage.
7 Vgl. die Zusammenstellung zur Praxis der Bundesländer in BVerfG EuGRZ 2007, 738 ff.
8 OLG Thüringen ZfStrVo 2004, 300 f.
9 BVerfG EuGRZ 2007, 738 ff; im Anschluss OLG Sachsen-Anhalt FS 2009, 38 f; OLG Hamm NStZ-RR 2008, 357 ff; OLG Zweibrücken StraFo 2010, 129 ff; siehe aber auch OLG München StV 2015 708.
10 vgl. KG NStZ 2007, 224 ff; Beschl. vom 19.1.2005 – 5 Ws 412/004; *Arloth* § 10 StVollzG Rdn. 15; OLG Hamm NStZ 1986, 47; OLG Celle NStZ-RR 1998, 92 f.
11 KG Beschl. vom 21.2.2002 – 5 Ws 1/02 Vollz.
12 OLG Frankfurt ZfStrVo 1985, 111 ff; *Arloth* § 10 StVollzG Rdn. 2.

zug, sondern lediglich ein Recht auf fehlerfreien Ermessensgebrauch. Die **Sollvorschrift** bedeutet jedoch, dass die Vollzugsbehörde bei positivem Ergebnis der Eignungsprüfung die Unterbringung im offenen Vollzug wählen muss und nur in besonders begründeten Ausnahmefällen einen für den offenen Vollzug geeigneten Gefangenen im geschlossenen Vollzug unterbringen kann.[13]

Hessen hat hingegen in **HE** § 13 Abs. 1 mit der Regelung, dass geeignete Gefangene im offenen Vollzug untergebracht werden **können**, den Vollzugsbehörden ein weiteres Ermessen einräumen wollen **(Kannvorschrift)**. Laut Gesetzesbegründung soll dies ermöglichen, dass über den Gesichtspunkt der Geeignetheit hinaus weitere Umstände wie die mangelnde Einwilligung in die Verlegung oder eine fehlende Mitwirkungsbereitschaft von Angehörigen oder Dritten, die in vollzugsöffnende Maßnahmen einbezogen werden sollen, bei der Verlegungsentscheidung berücksichtigt werden können.[14]

Demgegenüber besteht in **Berlin** und **Brandenburg** bei der Verlegungsentscheidung gar **kein Ermessen (Istvorschrift)**. In **BE** § 16 Abs. 2 und **BB** § 22 Abs. 2 heißt es vielmehr „sind im offenen Vollzug unterzubringen".

Allgemein umstritten ist, ob die **Schwere der Schuld** oder Gesichtspunkte des gerechten Schuldausgleichs im Rahmen einer Ermessensentscheidung berücksichtigt werden dürfen.[15] **HE** § 13 Abs. 2 S. 3 und **ST** § 22 Abs. 2 legen daher fest, dass bei der Prüfung von vollzugsöffnenden Maßnahmen der **Schutz der Allgemeinheit und die Belange des Opferschutzes** in angemessener Weise zu berücksichtigen sind. Mit diesen Regelungen verpflichten Hessen und Sachsen-Anhalt die Vollzugsbehörden ihrer Länder nunmehr, diese Gesichtspunkte in ihre Ermessenentscheidung über vollzugsöffnende Maßnahmen einfließen zu lassen.[16]

Dass eine positive Sozialprognose sich bereits bei Bemessung der Freiheitsstrafe im Urteil mildernd für den Gefangenen ausgewirkt hat, darf im Rahmen der Ermessensentscheidung über vollzugsöffnende Maßnahmen nicht zu Lasten des Gefangenen gewertet werden.[17]

3. Zustimmung der Gefangenen. Nach **NW** § 12 Abs. 1 und **BY** Art. 12 Abs. 2 ist die Verlegung in den offenen Vollzug von der Zustimmung des Gefangenen abhängig. Ein solches Zustimmungserfordernis soll dem Gefangenen ein gewisses Maß an Selbstbestimmung sichern.[18] Verweigert der Gefangene seine Zustimmung oder widerruft er sie, gehört es zur Aufgabe der Vollzugsbehörde, die Bereitschaft des Gefangenen zu wecken, seine Zustimmung zu einer Unterbringung im offenen Vollzug zu geben oder aufrechtzuerhalten.[19]

Die übrigen Länder verzichten in ihren Gesetzen auf eine Zustimmung der Gefangenen.[20] Dies ist sachgerecht.[21] Zwar kann ein Gefangener, der gegen seinen Willen im offe-

---

13 OLG Zweibrücken ZfStrVo 1998, 179 f; OLG Frankfurt NStZ 1991, 55 f; *Laubenthal/Nestler/Neubacher/Verrel* D Rdn. 12.
14 LT-Drucks. 18/1396, 85; kritisch AK-*Lesting* Teil II, § 15 Rdn. 21.
15 Weiterführend hierzu *Wagner* ZRP 2000, 34 ff.
16 Befürwortend *Arloth* § 10 StVollzG Rdn. 11; a.A. AK-*Lesting* Teil II, § 15 Rdn. 23.
17 A.A. *Heghmanns* NStZ 1998, 279 ff. unter der Annahme, es läge sonst eine Ungleichbehandlung vor, weil der Freiheitsentzug mehrfach aufgrund gleicher Umstände verkürzt werde, betroffene Gefangene würden mehrfach privilegiert. Vollzugslockerungen verkürzen die Zeit des Vollzugs jedoch nicht, auch sind sie keine Privilegierung, sondern lediglich eine auf die individuellen Bedürfnisse bzw. die individuelle Eignung abgestimmte vollzugliche Maßnahme bzw. im Fall des offenen Vollzugs abgestimmte Vollzugsform.
18 So zur ursprünglichen Regelung des StVollzG BT-Drucks. 7/918, 52.
19 BT-Drucks. aaO; *Laubenthal/Nestler/Neubacher/Verrel* D Rdn. 7; AK-*Lesting* Teil II § 15 Rdn. 15.
20 A.A. zu **BB** § 22 Abs. 2 *Laubenthal/Nestler/Neubacher/Verrel* D Rdn. 7.
21 *Arloth* § 10 StVollzG Rdn. 5; a.A. *Freise SBLJ* 4. Auflage Rdn. 5.

nen Vollzug untergebracht ist, durch sein eigenes Verhalten, z.B. durch einen Fluchtversuch oder Begehung von Straftaten, die gesetzlichen Unterbringungsvoraussetzungen entfallen lassen. Die Praxis zeigt jedoch, dass es Gefangene gibt, denen lediglich die Veränderungsbereitschaft fehlt, den für die Eingliederung hilfreichen Schritt in den offenen Vollzug zu gehen, ohne dass deshalb bei ihnen eine Flucht oder ein Missbrauch zu befürchten wäre.

9   **4. Eignungsprüfung. Die Gefangenen müssen sich** für eine Unterbringung im offenen Vollzug **eignen**. Nach **BE** § 16 Abs. 2, **BW** III § 7 Abs. 1, **BY** Art. 12 Abs. 2, **HB** § 15 Abs. 2, **HH** § 11 Abs. 3, **HE** § 13 Abs. 2, **NI** § 12 Abs. 2, **NW** § 12 Abs. 1, **RP** § 22 Abs. 2, **SL** § 15 Abs. 2, **SN** § 15 Abs. 2, **ST** § 22 Abs. 2, **TH** § 22 Abs. 2 ist die Eignung dann zu bejahen, wenn davon ausgegangen werden kann, dass die Gefangenen den besonderen Anforderungen des offenen Vollzuges genügen und namentlich nicht zu befürchten ist, dass sie sich dem Vollzug der Freiheitsstrafe entziehen oder die Möglichkeiten des offenen Vollzuges (zu Straftaten)[22] missbrauchen werden.

Nach **BB** § 22 Abs. 2, **MV** § 15 Abs. 2 und **SH** § 16 Abs. 2 ist hingegen die Eignung bereits dann zu bejahen, wenn **verantwortet werden kann zu erproben**, dass keine Flucht- oder Missbrauchsgefahr besteht. Ein gewisses Risiko soll in diesen Bundesländern von der Gesellschaft hinzunehmen sein.[23]

Die Entscheidung, ob ein Gefangener für die Unterbringung im offenen Vollzug geeignet ist, lässt sich nur nach **Abwägung der prognoserelevanten Umstände** treffen. Es sind dabei auch das Vorleben des Gefangenen, etwaige frühere Straftaten, die Umstände und das Gewicht der Tat sowie die Tatmotivation, sein Verhalten und – soweit möglich – seine Persönlichkeitsentwicklung im Vollzug zu berücksichtigen.[24] Den Vollzugsbehörden kommt bei der Prüfung der Eignung ein Beurteilungsspielraum zu. Der gerichtlichen Kontrolle unterliegt insofern nur die Frage, ob die Vollzugsbehörden die unbestimmten Rechtsbegriffe zur Eignung (Flucht- und Missbrauchsgefahr) richtig ausgelegt und angewandt sowie bei ihrer Prognoseentscheidung die Grenzen des eingeräumten Beurteilungsspielraums eingehalten haben.[25] Wegen des Beurteilungsspielraums sind die Gerichte z.B. gehindert, selbst ergänzende Gutachten zur Prüfung der Eignung einzuholen.[26]

10   a) Die Gefangenen müssen zunächst den besonderen Anforderungen des offenen Vollzugs genügen. **Besondere Anforderungen** an die Gefangenen stellt der offene Vollzug, da hier das Leben im Vollzug den allgemeinen Lebensverhältnissen in großem Umfang angeglichen werden kann.[27] Es ist deshalb notwendig, dass Gefangen die Bereitschaft und Fähigkeit zur freiwilligen Einordnung mitbringen und willens sind, sich in ein System einbeziehen zu lassen, das auf Selbstdisziplin und Verantwortungsbewusstsein des Gefangenen beruht.[28] Da im offenen Vollzug weniger Aufsicht geübt wird und wegen der größeren Ausweichmöglichkeiten Crafträume oftmals mehrfach belegt werden, müssen die Gefangenen ein Mindestmaß an Gemeinschaftsfähigkeit und Verträg-

---

22 Hierauf verzichten Hessen und Sachsen-Anhalt, s. Rdn. 11.
23 Arloth/Krä **BB** § 22 Rdn. 1 ebenfalls kritisch.
24 OLG Karlsruhe ZfStrVo 1985, 174.
25 BVerfG Beschl. vom 1.4.1998 – 2 BvR 1951/96; BGHSt 30, 320 324f; OLG Hamm ZfStrVo 2006, 369ff; OLG Thüringen Beschl. vom 19.6.2006 – 1 Ws 156/06; zu weitgehend jedoch Hanseatisches OLG StV 2005, 564ff.
26 OLG Hamm aaO.
27 Ittel/Erzhöfer ZfStrVo 1980, 135ff.
28 BT-Drucks. 7/918, 51.

lichkeit mitbringen.[29] Sie müssen gewillt und fähig sein, sich in die soziale Gemeinschaft des offenen Vollzuges einzugliedern.[30] Dies ist bei den Gefangenen nicht der Fall, bei denen zu befürchten ist, dass sie einen negativen Einfluss ausüben, insbesondere die Erreichung des Vollzugszieles bei anderen Gefangenen gefährden würden.[31] Durch Freigang (s. 10 B), Ausgang (s. 10 B) und häufige Beurlaubungen (s. 10 D) verfügen Gefangene im offen Vollzug oftmals über die Möglichkeit, sich tagsüber in Freiheit aufzuhalten, müssen aber immer wieder zurückkehren. Diese Situation wird von vielen Gefangenen mit zunehmender Verweildauer im offenen Vollzug als starke Herausforderung empfunden, was zu einem Ansteigen der Versagensquote führen kann.[32] Als Kriterien, die bei der Frage, ob ein Gefangener den besonderen Anforderungen des offenen Vollzugs genügt, zu prüfen sind, werden in der Rechtsprechung folgende Punkte genannt: die charakterliche Befähigung zu korrekter Führung unter geringerer Beaufsichtigung als im geschlossenen Vollzug, die Aufgeschlossenheit gegenüber den gesteigerten Bemühungen des offenen Vollzuges in sozialpädagogischer Hinsicht, die Bereitschaft zur uneingeschränkten und loyalen Mitarbeit, ein bestimmtes Maß an Fähigkeiten und Bereitschaft zur Einordnung in die Gemeinschaft sowie die Rücksichtnahme auf Mitbewohner.[33] Dabei führt jedoch die fehlende Mitarbeitsbereitschaft für sich noch nicht zur Ungeeignetheit eines Gefangenen für den offenen Vollzug.[34] Zudem darf an die Fähigkeiten des Gefangenen kein allzu strenger Maßstab angelegt werden, da bei der Entscheidung über die Eignungsfrage auch zu prüfen ist, inwieweit die Unterbringung des Gefangenen im offenen Vollzug sein Verhalten positiv beeinflussen und damit bewirken kann, dass er den besonderen Anforderungen des offenen Vollzuges im vollen Umfang genügen wird.[35]

b) Nach den gesetzlichen Regelungen der Länder darf **keine Flucht- oder Missbrauchsgefahr** bestehen bzw. es muss verantwortet werden können zu erproben, dass sich die Gefangenen dem Vollzug nicht entziehen oder ihn zur Begehung von Straftaten missbrauchen. 11

Die Anforderungen an die Eignungsprüfung und die positive Sozialprognose nach § 57 StGB sind dabei nicht deckungsgleich.[36] Denn eine Flucht- oder Missbrauchsgefahr nach kann nur angenommen werden, wenn **konkrete negative Anhaltspunkte** dafür vorliegen, dass der Gefangene während seiner Unterbringung im offenen Vollzug flieht oder die Möglichkeiten des offenen Vollzugs missbrauchen wird. Die Gefahr muss **positiv festgestellt** werden.[37] Für die Begründung soll dabei nicht ausreichen, dass die Gefahr nicht sicher ausgeschlossen werden kann.[38]

Für eine **positive Sozialprognose nach § 57 StGB** müssen hingegen umgekehrt positive Umstände festgestellt werden, die eine hinreichende Wahrscheinlichkeit dafür begründen, dass der Betroffene künftig ein Leben ohne Straftaten führen wird.[39] So ist

---

29 *Böhm* Rdn. 149.
30 Zu den Voraussetzungen *Loos* 1970, 169; *Eiermann* 1988, 52.
31 Vgl. VV Nr. 2 Abs. 1 Buchstabe e zu § 10 StVollzG.
32 *Ittel* 1979, 24.
33 OLG Koblenz ZfStrVo 1981, 319; OLG Karlsruhe ZfStrVo 1985, 174.
34 OLG Celle ZfStrVo 1985, 374.
35 OLG Zweibrücken ZfStrVo 1990, 373f; OLG Koblenz aaO; *Laubenthal/Nestler/Neubacher/Verrel* D Rdn. 10.
36 OLG Hamm FS 2017, 74; OLG Sachsen-Anhalt FS 2017, 75.
37 OLG Hamm aaO; OLG Sachsen-Anhalt aaO.
38 OLG Sachsen-Anhalt aaO.
39 OLG Karlsruhe StV 2008, 314f; OLG Hamm StraFo 2008, 81f, Hans. OLG, Beschl. vom 17.2.2010 – 3 Vollz (Ws) 4/10.

auch die Verlegung solcher Gefangener in den offenen Vollzug möglich, denen eine Aussetzung des Strafrestes aus prognostischen Gründen nicht bewilligt werden kann.[40] Hingegen spielt die Gefahr, dass der Gefangene sich des staatlichen Zugriffs entziehen wird, bei der Entscheidung nach § 57 StGB regelmäßig keine Rolle.[41] Folge ist, dass es fluchtgefährdete Gefangene gibt, die vorzeitig entlassen werden, ohne zuvor im offenen Vollzug gewesen zu sein.

Die zu § 10 StVollzG erlassenen Verwaltungsvorschriften bieten auch weiterhin eine Orientierung, wann inhaltlich von einer Flucht- oder Missbrauchsgefahr auszugehen ist.

Einige **Länder** haben zudem **besondere Regelungen** für die **Eignungsprüfung** erlassen:

Dabei haben die Länder **Hessen** und **Sachsen-Anhalt** die Eignungsprüfung gegenüber der ursprünglichen Regelung des StVollzG deutlich verschärft: Die Unterbringung im offenen Vollzug ist gem. HE § 13 Abs. 2 S. 1 an die bisherigen Eignungsvoraussetzungen des StVollzG geknüpft, wobei allerdings bereits eine **allgemeine Missbrauchsgefahr** zur Versagung vollzugsöffnender Maßnahmen ausreichen soll. Es muss also im Gegensatz zur bisherigen Regelung keine Befürchtung bestehen, dass der offene Vollzug zur Begehung von Straftaten missbraucht wird. In der Gesetzesbegründung des Landes Hessen werden z.B. Regelverstöße wie ein zu erwartender Alkoholkonsum als Beispiel für einen Missbrauch genannt, die vollzugsöffnende Maßnahmen ausschließen sollen.[42] **Sachsen-Anhalt** stellt in **ST** § 22 Abs. 2 zudem klar, dass für die fehlende Eignung tatsächliche Anhaltspunkte eine **abstrakte Flucht- oder Mißbrauchsgefahr** begründen müssen, des Nachweises konkreter Flucht – oder Missbrauchspläne bedarf es (auch in den anderen Ländern ohne diesen Zusatz) nicht.[43]

HE § 13 Abs. 4 und ST § 22 Abs. 3 Nr. 4 schließen Gefangene von einer Unterbringung im offenen Vollzug aus, gegen die Untersuchungs-, Auslieferungs- oder Abschiebungshaft angeordnet ist. Es handelt sich um klare Fallkonstellationen, in denen wegen Flucht- bzw. Missbrauchsgefahr bereits keine Eignung für vollzugsöffnende Maßnahmen vorliegt.

In **HE** § 13 Abs. 5 HStVollzG (ähnlich **ST** § 22 Abs. 3) listet das Gesetz in Anlehnung an die konkretisierenden Verwaltungsvorschriften zum StVollzG **Tatbestände** auf, bei denen in der **Regel** eine **erhöhte Flucht- bzw. Missbrauchsgefahr** gegeben sein wird, und legt gesetzlich fest, dass vollzugsöffnende Maßnahmen in diesen Konstellationen nur gewährt werden können, wenn besondere Umstände die Annahme begründen, dass gleichwohl keine Flucht- und Missbrauchsgefahr gegeben ist. Das heißt, dass etwa bei erheblich suchtgefährdeten Gefangenen (Nr. 3) konkrete Umstände festgestellt werden müssen, die im Einzelfall begründen, dass trotz der Suchtgefährdung gleichwohl keine Flucht- bzw. Missbrauchsgefahr besteht. Die Vorschrift erscheint geeignet, Vollzugsbehörden und Gerichten Beurteilungsmaßstäbe bindend vorzugeben.

In HE § 13 Abs. 6 bestimmt der **hessische Gesetzgeber** schließlich für alle vollzugsöffnenden Maßnahmen, dass sie in der Regel nicht gewährt werden sollen, wenn **weniger als zehn Jahre einer lebenslangen Freiheitsstrafe verbüßt** oder noch **mehr als 24 Monate einer zeitigen Freiheitsstrafe** bis zum voraussichtlichen Entlassungszeitpunkt oder bis zum Beginn des Vollzugs einer Maßregel und Besserung und Sicherung zu vollziehen sind. Dies bedeutet, dass betroffene Gefangene, obwohl sie nach den allgemeinen Kriterien der Abs. 2ff für den offenen Vollzug geeignet, insbesondere nicht flucht- oder

---

40 OLG Koblenz aaO; OLG Karlsruhe aaO; Hans. OLG StraFo 2007, 390 ff.
41 Vgl. OLG Karlsruhe StraFo 2008, 179 f; OLG Nürnberg 2007, 431.
42 HE LT-Drucks. 18/1396, 85.
43 Mit einem anderen Verständnis Arloth-*Krä* ST § 22 Rdn. 2.

missbrauchsgefährdet sind, gleichwohl nur dann in den offenen Vollzug verlegt werden dürfen, wenn sie darüber hinaus besondere (positive) Umstände vorweisen können. Das StVollzG kannte eine ähnliche zeitliche Begrenzung lediglich beim Hafturlaub für sehr begrenzte Fallkonstellationen (§ 13 Abs. 2 und 3 StVollzG). Vor dem Hintergrund des verfassungsrechtlich garantierten Resozialisierungsgebots ist die Vorschrift in beiden Fallgruppen nicht verfassungsgemäß.[44] Die Resozialisierung findet während der gesamten Haftzeit statt und darf nicht allein am Entlassungszeitraum ausgerichtet werden.[45] Laut BVerfG ist es verfassungsrechtlich bedenklich, an Gefangene nur wegen der längeren Haftzeit höhere Anforderungen zu stellen als an andere.[46] Bei Gefangenen mit einer verbleibenden Haftzeit von mehr als 24 Monaten lässt sich auch nicht regelhaft von einer erhöhten Flucht- oder Missbrauchsgefahr ausgehen. Gerade unter Gefangenen mit Haftstrafen von über zwei Jahren dürften sogar vermehrt für den offenen Vollzug geeignete Gefangene sein, weil das Gericht diese Strafen trotz positiver Sozialprognose wegen § 56 Abs. 2 StGB nicht zur Bewährung aussetzen darf.

ST § 22 Abs. 5 ergänzt bestimmte Anlassstraftaten, bei denen grundsätzlich keine Eignung vorliegen soll.

Thüringen schreibt für bestimmte Anlassstraftaten in **TH** § 22 Rdn. 4 besondere Prüfungsstandards (insbesondere Berücksichtigung von Urteilsgründen und vorangegangenen Gutachten) fest, wobei der Regelungsgehalt der Norm über den Inhalt einer Verwaltungsvorschrift nicht hinausgeht.

Regelungen für eine Begutachtung von Gefangenen mit bestimmten Straftaten zur Feststellung ihrer Eignung für den offenen Vollzug haben **Hamburg** und **Niedersachsen** in **HH** § 11 Abs. 3 bzw. **NI** § 16 in das Gesetz aufgenommen. Da es Aufgabe der Vollzugsbehörden ist, in eigener Kompetenz die gesetzlichen Voraussetzungen zu prüfen, kann sie die Eignung eines Gefangenen für den offenen Vollzug aber auch ablehnen, ohne erst ein Gutachten eingeholt zu haben.[47] Dementsprechend kann die Vollzugsbehörde im Rahmen ihres Beurteilungs- und Ermessensspielraums von den Empfehlungen des Gutachters abweichen, wenn sie dies nachvollziehbar begründet.[48]

III. Unterbringung im geschlossenen Vollzug

1. Ungeeignete Gefangene. Unabhängig von der rechtspolitischen Diskussion um die Regelvollzugsform verbleiben letztendlich die Gefangenen im geschlossenen Vollzug, für die eine fehlende Eignung für den offenen Vollzug begründet werden kann. 12

2. Behandlungsnotwendigkeit. BB § 22 Abs. 3, **BE** § 16 Abs. 3, **BW** III § 7 Abs. 3, **BY** Art. 12 Abs. 3, **NI** § 12 Abs. 3, **NW** § 12 Abs. 4 sehen darüber hinaus vor, dass Gefangene im geschlossenen Vollzug verbleiben bzw. dorthin zurückverlegt werden können, wenn dies zu ihrer Behandlung notwendig ist bzw. der Erreichung des Vollzugsziels dient. Das ist der Fall, wenn der Aufenthalt im offenen Vollzug der Erreichung des Vollzugsziels 13

---

44 Vgl. BVerfG Beschl. vom 2.5.2017 – 2 BvR 1511/16 (bedenklich) und bereits Beschl. vom 5.8.2010 – 2 BvR 729/08; BVerfGE 64, 261 ff unter Erörterung der Besonderheiten bei der Lockerung des Hafturlaubs im Zusammenhang mit lebenslanger Freiheitsstrafe; mit Bedenken für die erste Fallgruppe *Laubenthal/Nestler/Neubacher/Verrel* D Rdn. 11; teilweise kritisch auch *Arloth* HE § 13 Rdn. 20 im Anschluss daran AK-Lesting Teil II § 15 Rdn. 14.
45 OLG Koblenz Beschl. vom 26.2.2014 – 2 Ws 660/13.
46 BVerfG Beschluss vom 2.5.2017 -2BvR 1511/16 zur lebenslangen Freiheitsstrafe.
47 Für einen Zweifelsfall anders OLG Celle, Beschl. vom 31.10.2008 – 1 Ws 538/08.
48 OLG Sachsen-Anhalt FS 2107, 75.

entgegensteht. Deshalb reichen Zweckmäßigkeitserwägungen nicht aus.[49] Gem. OLG Frankfurt[50] findet die Regelung nur Anwendung, *„wenn eine bestimmte Behandlung notwendig ist, diese nur im geschlossenen Vollzug durchgeführt werden kann und hierdurch die Wahrscheinlichkeit erhöht wird, dass der Verurteilte nach seiner Entlassung in die Freiheit nicht wieder rückfällig wird"*. Behandlungsmaßnahmen, die eine Unterbringung im geschlossenen Vollzug rechtfertigen, obwohl der Gefangene die Eignungsvoraussetzungen für den offenen Vollzug erfüllt, können z.B. Maßnahmen der Aus- und Weiterbildung, schulische oder therapeutische Maßnahmen sein.

Nach dieser Regelung kommen auch befristete Rückverlegungsmaßnahmen in Betracht, z.B. zwecks Krisenintervention oder zum Schutz des Betroffenen.

Reine Weisungsverstöße, die nicht zur Ungeeignetheit, insbesondere zur Annahme einer Flucht- oder Missbrauchsgefahr Anlass geben, können nur unter den vom OLG Frankfurt[51] aufgestellten Voraussetzungen zur Rückverlegung führen.[52] Wird die Rückverlegung eines Gefangenen in den geschlossenen Vollzug mit dessen Verhaltensweisen im offenen Vollzug begründet, so müssen diese entweder einzeln oder in ihrer Gesamtheit die Notwendigkeit der Behandlung im geschlossenen Vollzug ergeben.[53] Hessen regelt in **HE** § 14 Abs. 1, dass Gefangenen anlässlich aller vollzugsöffnender Maßnahmen **Weisungen** erteilt werden können. Für die Unterbringung im offenen Vollzug dürften konkret Weisungen gem. **HE** § 14 Abs. 1 in Hinblick auf Ausbildung, Arbeit, Freizeit oder Ordnung der wirtschaftlichen Verhältnisse in Betracht kommen. Wenn diese Weisungen nicht befolgt werden, soll die Verlegung gem. **HE** § 14 Abs. 3 widerrufen werden können. Bei Rückverlegung wegen Nichteinhaltung von Weisungen muss allerdings wegen des verfassungsrechtlich garantierten Resozialisierungsgebots eine sehr enge verfassungskonforme Auslegung der Regelung vorgenommen werden.

14   **3. Rückverlegung.** Das StVollzG hatte die Gründe der Rückverlegung nicht abschließend geregelt, weshalb die Rspr. § 14 Abs. 2 StVollzG[54] oder § 48, 49 VwVfG analog[55] heranzog, andere die belastenden Maßnahmen ausschließlich auf § 10 Abs. 2 StVollzG[56] stützen wollten.

Aus Gründen der Rechtssicherheit ist zu begrüßen, dass die **Länder** die **Lücke** in ihren Gesetzen durch allgemeine Widerrufs- und Rücknahmeregelungen oder spezielle Regelungen zur Rückverlegung nunmehr **geschlossen** haben (**BE** § 16 Abs. 3, **BY** Art.12 Abs. 3, **BW** § 12 Abs. 3 III, **BB** § 104 Abs. 2 bis 4, **HE** § 14 Abs. 2 und 3, **HH** § 92 Abs. 2 und 3, **MV** § 15 Abs. 3 und § 90 Abs. 2 bis 4, **NI** § 12 Abs. 3, **NW** § 12 Abs. 4, **SN** § 15 Abs. 2 S. 2 und § 94 Abs. 2 bis 4, **RP** § 22 IV und § 101 Abs. 2 bis 4, **SH** § 122, **SL** § 90 Abs. 2 bis 4, **SN** §§ 15 Abs. 2, 94, **ST** § 22 Abs. 6, **TH** § 22 Abs. 5).

---

49   BT-Drucks. 7/918, 52.
50   OLG Frankfurt, NStZ-RR 2001, 318 f.
51   AaO.
52   Vgl. im Ergebnis AK-*Lesting* Teil II § 15 Rdn. 27; vgl. auch OLG Frankfurt ZfStrVo 1983, 379; OLG Hamm, Beschl. vom 8.11.1977 – 1 Vollz (Ws) 32/77.
53   OLG Frankfurt ZfStrVo 1988, 62 ff.
54   KG NStZ 1993, 100 ff; NStZ 2007, 224 ff; OLG Frankfurt NStZ-RR 2001, 318 ff; OLG Karlsruhe, Beschl. vom 5.3.2009 – 1 Ws 7/09.
55   OLG Celle NStZ-RR 2005, 29 f und NStZ-RR 1998, 92 f; Brandenburg. OLG, Beschl. vom 23.11.2009 – 1 Ws (Vollz) 197/09.
56   OLG Dresden StV 2005, 567 f; OLG Schleswig-Holstein SchlHA 2006, 28 f; *Laubenthal/Nestler/Neubacher/Verrel* D Rdn. 16; *Arloth* § 10 StVollzG Rdn. 9; vgl. OLG Koblenz Beschl. vom 4.7.2007 – 1 Ws 273/07.

Allgemein kommt eine Rückverlegung in den geschlossenen Vollzug wegen einer bereits anfänglich rechtswidrigen Verlegungsentscheidung nur in Betracht, wenn die ursprüngliche Entscheidung sich außerhalb des Beurteilungsspielraums bewegt hat.[57]

Zur Herausnahme aus dem offenen Vollzug reicht der Umstand, dass ein Gefangener keine Bereitschaft gezeigt hat, an der Erreichung des Vollzugszieles mitzuwirken, allein nicht aus.[58]

Eine **Rückverlegung** kommt in Betracht, wenn der Gefangene bei seinem Aufenthalt im offenen Vollzug eine **Straftat begangen** hat. Dabei muss für eine Rückverlegung keine Straftat unter Ausnutzung der Gegebenheiten des offenen Vollzugs vorliegen.[59] Denn die Begehung einer Straftat kann zeigen, dass ein Gefangener für den offenen Vollzug nicht hinreichend zuverlässig ist.

Das Fehlverhalten muss nicht nachgewiesen werden. Vielmehr kann eine Rückverlegung im Interesse wirksamer Gefahrenabwehr – bei Unaufklärbarkeit des Sachverhalts oder als vorläufige Maßnahme bei noch laufenden Ermittlungen – bereits dann zulässig sein, wenn ein auf konkreten Anhaltspunkten beruhender Verdacht besteht.[60] Von der Rspr. wird gefordert, dass die Vollzugsbehörde Feststellungen zum Gegenstand des Verfahrens, zum Verfahrensstand, der Wahrscheinlichkeit der Anklageerhebung, der voraussichtlichen Dauer des Ermittlungsverfahrens, den Kenntnisstand des Gefangenen zu den Ermittlungen trifft und prognostisch relevante Kriterien wie Persönlichkeit, Verhalten im Vollzug und krimineller Entwicklung in die Abwägung einstellt.[61] Der Beiziehung und Durchsicht der Ermittlungsakten durch die Vollzugsbehörde bedarf es hierzu jedoch nicht.[62] Grundlage kann eine dienstliche Äußerung der ermittelnden Staatsanwaltschaft sein.[63] Nach der Rspr. haben sich die Vollzugsbehörden zudem in angemessenen Zeitabständen über den Fortbestand des Verdachts zu informieren.[64]

IV. Angegliederte oder selbständige offene Einrichtungen zur Vorbereitung der Entlassung

Lediglich **Baden-Württemberg** hat in **BW § 6 Abs. 3 I die Regelung des § 147 StVollzG übernommen,** nach der den geschlossenen Anstalten offene Einrichtungen anzugliedern oder gesonderte offene Anstalten vorzusehen sind, um die Entlassung vorzubereiten. Diese Verschlankung der Gesetze ist sachgerecht. Der niedersächsische Gesetzgeber weist zutreffend darauf hin, dass in Vorschriften zur Vollzugsplanung (s. 2 C) und Entlassungsvorbereitung (s. 10 F) die besondere Bedeutung der Einrichtungen des offenen Vollzugs bzw. der Entlassungsvorbereitung hinreichend zum Ausdruck kommt.[65] Die Justizverwaltungen sind auch ohne diese Regelung gefordert, Gefangenen zur Erleichterung ihres Übergangs in die Freiheit offene Einrichtungen zur Verfügung zu stellen. Denkbar sind etwa offene Abteilungen, Freigängerhäuser[66] oder offenere Formen

15

---

57 OLG Celle, NStZ-RR 1998, 92 f.
58 KG Beschluss vom 21.2.20021 – 5 Ws1/02; OLG Celle ZfStVO 1985, 374.
59 OLG Celle Beschl. vom 8.2.2017 – 3 Ws 82/17.
60 BVerfGK 2, 318 ff; BVerfG Beschl. vom 26.8.2008 – 2 BvR 679/07; BVerfG, NStZ-RR 2004, 220 ff; KG ZfStrVo 1989, 116 ff; zur Rückverlegung bei Einstellung nach § 170 Abs. 2 StPO: KG, NStZ 2007, 224 ff.
61 KG StV 2006, 258; OLG Celle NstZ-RR 2005, 29 f; OLG Celle, Beschluss vom 8.2.2017 – 3 Ws 82/17; OLG Stuttgart NStZ 1986, 45 f.
62 OLG Stuttgart aaO; zu weit dagegen OLG Hamm Beschluss vom 9.10.2008 – 1 Vollz (Ws) 643/08.
63 OLG Stuttgart aaO.
64 KG ZfStVo 2003, 181 f; OLG Hamm aaO.
65 Vgl. **NI** LT-Drucks. 15/3565, 2008.
66 Vgl. BT-Drucks. 7/918, 93.

wie anzumietende Häuser oder Großwohnungen an dem Ort, an dem die Gefangenen nach ihrer Entlassung leben werden.[67] Spezielle Einrichtungen **nur** für die Entlassungsvorbereitung sind dabei nicht gefordert.[68] In einigen Bundesländern wurden sog. Übergangshäuser eingerichtet.[69] Viele Justizverwaltungen arbeiten an Konzepten des sog. **Übergangsmanagements,** bei dem auch vollzugsexterne Einrichtungen in die Entlassungsvorbereitung einbezogen werden und die Gefangenen in der schwierigen ersten Zeit nach der Entlassung aus dem Vollzug ihnen bereits bekannte Ansprechpartner haben.[70]

Aufgrund fehlender Eignung vieler Gefangener für vollzugslockernde Maßnahmen ist die Praxis oftmals gleichwohl vor die Herausforderung gestellt, die **Entlassung aus dem geschlossenen Vollzug** heraus vorbereiten zu müssen.

Vollzugsöffnende Maßnahmen

B. Vorbemerkungen zu den vollzugsöffnenden Maßnahmen

Baden-Württemberg	BW §§ 9 ff. JVollzGB III;
Bayern	BY Art. 13 ff., 37 f. BayStVollzG;
Berlin	BE §§ 42 ff. StVollzG Bln;
Brandenburg	BB §§ 46 ff. BbgJVollzG;
Bremen	HB §§ 38 ff. BremStVollzG;
Hamburg	HH §§ 12 ff. HmbStVollzG;
Hessen	HE §§ 13 ff. HStVollzG;
Mecklenburg-Vorpommern	MV §§ 38 ff. StVollzG M-V;
Niedersachsen	NI §§ 13 ff. NJVollzG;
Nordrhein-Westfalen	NW §§ 53 ff. StVollzG NRW;
Rheinland-Pfalz	RP §§ 45 ff. LJVollzG;
Saarland	SL §§ 38 ff. SLStVollzG;
Sachsen	SN §§ 38 ff. SächsStVollzG;
Sachsen-Anhalt	ST §§ 45 ff. JVollzGB LSA;
Schleswig-Holstein	SH §§ 54 ff. LStVollzG SH;
Thüringen	TH §§ 46 ff. ThürJVollzGB

Schrifttum

Arloth Strafzwecke im Strafvollzug, in: GA 1988, 403 ff; *ders.* Aufgaben des Strafvollzugs – ein Beitrag zum Einfluß der Strafzwecke auf den Strafvollzug, in: ZfStrVo 1990, 329 ff; *Asprion* Grau ist die Farbe – Entwicklungstendenzen im Strafvollzug: Zum Beispiel Lockerungsgewährung in Baden-Württemberg, in: ZfStrVo 1996, 333 ff; *Baumann* Schuld und Sühne versus Urlaub, in: ZfStrVo 1987, 47 ff; *Begemann* Freigängerurlaub (§ 15 IV StVollzG) ohne Freigang?, in: NStZ 1991, 517 ff; *Bemmann* Urlaub aus der Haft, in: Recht und Gesellschaft, Zeitschrift für Rechtskunde 1988, 92 ff; *Bock* Zur dogmatischen Bedeutung unterschiedlicher Arten empirischen Wissens bei prognostischen Entscheidungen im Strafrecht, in: NStZ 1990, 457 ff; *Bock/Schneider* Die Bedeutung des Leugnens einer Straftat im Verfahren nach § 57 StGB, in: NStZ 2003, 337 ff; *Böhm* Vollzugslockerungen und offener Vollzug zwischen Strafzwecken und Vollzugszielen, in:

---

67 Huchting/Pollähne in Feest/Lesting, Kommentar zum Strafvollzugsgesetz, 6. Auflage 2012, § 147 StVollzG Rdn. 2; diese freieren Varianten sind dabei nicht gesetzlich gefordert *Arloth* § 147 StVollzG Rdn. 1.
68 Vgl. BT-Drucks. 7/918, 93.
69 *Laubenthal/Nestler/Neubacher/Verrel* L Rdn. 9.
70 *Laubenthal/Nestler/Neubacher/Verrel* L Rdn. 9 f; AK-Bahl/Pollähne Teil II Vor § 42 Rdn. 13 ff.

B. Vorbemerkungen zu den vollzugsöffnenden Maßnahmen

NStZ 1986, 201 ff; *ders.* Probleme der Strafvollzugsforschung, insbes. Vollzugslockerungen, in: *ders.* Straftaten während Vollzugslockerung und Hafturlaub – besondere Entschädigung für alle Opfer, in: WEISSER RING (Hrsg.), Risiko-Verteilung zwischen Bürger und Staat, Mainz 1990, 22 ff; *Böhm/Schäfer* Vollzugslockerungen im Spannungsfeld unterschiedlicher Instanzen und Interessen, Wiesbaden 1989; *Bölter* Verlauf von Lockerungen im Langstrafenvollzug, in: ZfStrVo 1991, 71 ff; *Brosch* Der Hafturlaub von Strafgefangenen unter Berücksichtigung des Strafvollzugszieles. Eine empirische Untersuchung zur Einstellung betroffener männlicher Strafgefangener, Frankfurt 1983; *Cassone* Das neue HStVollzG, in: FS 2011, 33 ff.; *Dietl* Sollen Strafzwecke wie Schuldausgleich, Sühne, Verteidigung der Rechtsordnung in den Strafvollzug hineinwirken?, in: Schwind/Steinhilper/Böhm (Hrsg.), 10 Jahre Strafvollzugsgesetz, Heidelberg 1988, 55 ff; *Dolde* Vollzugslockerungen im Spannungsfeld zwischen Resozialisierungsversuch und Risiko für die Allgemeinheit, in: Busch (Hrsg.), Gefängnis und Gesellschaft. GS Krebs, Pfaffenweiler 1994, 109 ff; *Dopslaff* Abschied von Entscheidungsfreiräumen bei Ermessen und unbestimmten Rechtsbegriffen mit Beurteilungsspielraum im Strafvollzugsgesetz, in: ZStW 1988, 567 ff; *Dünkel* Die Öffnung des Vollzugs – Anspruch und Wirklichkeit, in: ZStW 1982, 669 ff; *ders.* Stellungnahme zum Entwurf eines Gesetzes zur Änderung des Strafvollzugsgesetzes, in: ZfStrVo 1990, 105 ff; *ders.* Alte Menschen im Strafvollzug, in: ZfStrVo 1991, 350 ff; *ders.* Sicherheit im Strafvollzug – Empirische Daten zur Vollzugswirklichkeit unter besonderer Berücksichtigung der Entwicklung bei den Vollzugslockerungen, in: P.-A. Albrecht (Hrsg.). FS Schüler-Springorum, Köln 1993, 641 ff; *Ermer/Dittmann* Fachkommissionen zur Beurteilung „gemeingefährlicher" Straftäter in der deutsch-sprachigen Schweiz, in: R&P 2001, 73 ff; *Eyrich* Hat sich das Strafvollzugsgesetz bewährt?, in: Schwind/Steinhilper/Böhm (Hrsg.), 10 Jahre Strafvollzugsgesetz, Heidelberg 1988, 29 ff; *Feest/Lesting* Der Angriff auf die Lockerungen – Daten und Überlegungen zur Lockerungspolitik der Länder, in: ZfStrVo 2005, 76 ff; *Feller* Die strafrechtliche Verantwortung des Entscheidungsträgers für die Gewährung von Vollzugslockerungen nach dem Strafvollzugsgesetz und im Maßregelvollzug, Bochum 1991; *Fiedler* Wohltat, Behandlungsmaßnahme, Risiko? Zur ideologischen und pragmatischen Einordnung des Urlaubs aus dem Vollzug, in: ZfStrVo 1996, 326 ff; *Figgen* Die Strafvollzugsreform im Zuge der Förderalismusreform. Hintergründe und Folgen der umstrittenen Kompetenzübertragung am Beispiel der Unterbringung von Strafgefangenen im offenen Vollzug, Hamburg 2017; *Freimund* Vollzugslockerungen – Ausfluß des Resozialisierungsgedankens? Frankfurt 1990; *Freitag* Gedanken und Überlegungen zur Frage der Ausführungen von Gefangenen, in: ZfStrVo 1986, 224 ff; *Frisch* Unsichere Prognose und Erprobungsstrategie am Beispiel der Urlaubsgewährung im Strafvollzug, in: StV 1988, 359 ff; *ders.* Dogmatische Grundfragen der bedingten Entlassung und der Lockerungen des Vollzuges von Strafen und Maßregeln, in: ZStW 1990, 707 ff; *Frisch/Koepsel* Zur Problematik von Vollzugslockerungen und bedingten Entlassungen bei Aggressionstätern, Köln 1990; *Grosch* Lockerungen im Jugendstrafvollzug, Freiburg 1995; *Grünebaum* Zur Strafbarkeit des Therapeuten im Maßregelvollzug, Frankfurt a.M. 1997; *Grützner* Schäden durch mißglückte Vollzugslockerungen – wer trägt die Folgen?, in: ZfStrVo 1990, 200 ff; *von Harling* Der Mißbrauch von Vollzugslockerungen zu Straftaten, München 1997; *Harrendorf* Rückfälligkeit und kriminelle Karrieren von Gewalttätern, Göttingen 2007; *ders.* Neues zur Gefährlichkeit von Gewalttätern: Rückfälligkeit im sechsjährigen Intervall 2004–2010, in: Albrecht/Jehle (Hrsg.), National Reconviction Statistics and Studies in Europe, Göttingen 2014, S. 183 ff.; *Hartwig* Der Einfluß der „allgemeinen" Strafzwecke im Strafvollzug, Diss. jur., Hannover 1995; *Heghmanns* Offener Strafvollzug, Vollzugslockerungen und ihre Abhängigkeit von individuellen Besonderheiten der erkannten Straflänge, in: NStZ 1998, 279 ff; *ders.* Die neuere Rechtsprechung des Bundesverfassungsgerichts zur gerichtlichen Überprüfung der Versagung von Vollzugslockerungen – eine Trendwende?, in: ZStW 1999, 647 ff; *Jehle/Albrecht/Hohmann-Fricke/Tetal* Legalbewährung nach strafrechtlichen Sanktionen. Eine bundesweite Rückfalluntersuchung 2010 bis 2013 und 2004 bis 2013, Mönchengladbach 2016. *Joester/Quensel/Hoffmann/Feest* Lockerungen des Vollzugs. Versuch einer sozialwissenschaftlich angeleiteten Kommentierung des § 11 Strafvollzugsgesetz und einer Auseinandersetzung mit den dazu ergangenen Verwaltungsvorschriften, in: ZfStrVo 1977, 93 ff; *Kirchner* Pro und Kontra Vollzugslockerungen, in: Blätter der Wohlfahrtspflege 1987, 209 ff; *Köhne* 3 Landesstrafvollzugsgesetze – Beiträge zum Wettbewerb der Schäbigkeit?, in: NStZ 2009, 130; *Kösling* Die Bedeutung verwaltungsprozessualer Normen und Grundsätze für das gerichtliche Verfahren nach dem Strafvollzugsgesetz, Diss. jur., Pfaffenweiler 1991; *Kröber* Anm. zu BVerfG v. 24.10.1999, in: NStZ 2000, 109 ff; *Kruis/Wehowsky* Fortschreibung der verfassungsrechtlichen Leitsätze zum Vollzug von Straf- und Untersuchungshaft, in: NStZ 1998, 592 ff; *Kühling* Lockerungen des Vollzugs, in: Schwind/Blau 1988, 347 ff; *Kusch* Die Strafbarkeit von Vollzugsbediensteten bei fehlgeschlagenen Lockerungen, in: NStZ 1985, 385 ff; *Meier* Die Entscheidung über Ausgang und Urlaub aus der Haft, Freiburg 1982; *Meißner* Urlaub aus dem Strafvollzug, Diss. jur., Mannheim 1988; *Mertens* Die Ausführungen von Gefangenen zur Behandlung und Betreuung, in: ZfStrVo 1978, 203 ff; *Müller-Dietz* Schuldschwere und Urlaub aus der Haft, in: JR 1984, 353 ff; *Müller/Wulf* Offener Vollzug und Vollzugslockerungen (Ausgang, Freigang), in: ZfStrVo 1999, 3 ff; *Nagel* Gefangenenbefreiung durch Richter?, in: NStZ 2001, 233 f; *Nedopil* Prognosebegutachtungen bei zeitlich begrenzten Freiheitsstrafen – Eine sinnvolle Lösung für problematische Fragestellungen?, in: NStZ 2002, 344 ff; *Nesselrodt* Der Strafurlaub im Progressionssystem des Freiheitsentzuges. Funktion und Wirkung der Beurlaubung Gefangener hessischer Vollzugsanstalten, Diss. jur., Marburg 1979; *Peglau* Strafvollstreckungsvereitelung durch Mitwirkung beim Erschleichen von Freigang, in: NJW 2003, 3256 f; *Perwein* Erteilung, Rücknahme und Widerruf der Dauertelefongenehmigung, in: ZfStrVo 1996, 16 ff; *Peters* Beurlaubung von zu lebenslanger Freiheitsstrafe Verurteilter, in: JR 1978, 177 ff; *Rössner* Die strafrechtliche Beurteilung der Vollzugslockerungen, in: JZ 1984, 1065 ff; *Schaffstein* Die strafrechtliche Verantwortlichkeit Vollzugsbediensteter für den Mißbrauch von Vollzugslockerungen, in: Küper (Hrsg.). FS Lackner, Berlin 1987, 795 ff; *Schalt* Der Freigang im Jugendstrafvollzug. Dargestellt am Beispiel der Fliedner-Häuser des Landes Hessen, Heidelberg 1977; *Schneider* Tempus fugit. Trendwende in der Rechtsprechung zu den unbestimmten Rechtsbegriffen?, in: ZfStrVo 1999, 140 ff; *Schüler-Springorum* Tatschuld im Strafvollzug, in: StV 1989, 262 ff; *Schwind* Orientierungspunkte der (Straf-)Vollzugspolitik, in: Müller-Dietz/Walter (Hrsg.), Strafvollzug in den 90er Jahren, Pfaffenweiler 1995, 216 ff; *Smolka* Der Freigang im Strafvollzug, Diss. jur., Göttingen 1982; *Stenzel* Ausführungen zur Betreuung aus der Sicht eines Beamten des allgemeinen Vollzugsdienstes, in: ZfStrVo 1986, 303 ff; *Stilz* Zum Urlaub aus der Haft, in: ZfStrVo 1979, 67 ff; *Ullenbruch* Schadensersatz wegen Amtspflichtverletzung durch Gewährung von Vollzugslockerungen und Hafturlaub, in: NJW 2002, 416 ff; *Ullmann* Länderstrafvollzugsgesetze im Verlgeich. Eine Analyse auf der Grundlage der Rechtsprechung des Bundesverfassungsgerichts, Hamburg 2012; *Verrel* Strafrechtliche Haftung für falsche Prognosen im Maßregelvollzug, in: R&P 2001, 182 ff; *Volckart* Praxis der Kriminalprognose, München 1997.

I. Struktur und Begrifflichkeiten

1 Die Föderalismusreform hat für den Bereich der vollzugsöffnenden Maßnahmen bzw. Vollzugslockerungen zu einer wenig erfreulichen **Uneinheitlichkeit der verwendeten Begrifflichkeiten** geführt. So sprach das alte StVollzG in § 11 von **Lockerungen** und meinte damit Ausführung, Ausgang, Außenbeschäftigung und Freigang. Nicht zu diesem Lockerungsbegriff rechnete es den Urlaub (§ 13 StVollzG). Zudem ergab sich spätestens in der Zusammenschau mit §§ 35, 36 StVollzG, dass § 11 nur Maßnahmen zum Zwecke der **Erreichung des Vollzugsziels** erfasste.[71] Hingegen ging es in §§ 35, 36 um Ausführung, Ausgang und Urlaub **aus wichtigem Anlass**. Diese Maßnahmen wurden dort nicht als Lockerungen bezeichnet. In den neuen Landesgesetzen wurde diese Struktur und Terminologie nur vereinzelt im Grundsatz beibehalten, nämlich in **BY** Art. 13 ff., 37 f. und **NI** §§ 13 f., wobei allerdings in **NI** der Urlaub zu den Lockerungen zählt (**NI** § 13 Abs. 1 Nr. 3). Andere Bundesländer verwenden zwar weiterhin den Lockerungsbegriff, haben ihn aber **mit einem anderen Inhalt** gefüllt. So unterscheiden **BE** §§ 42 ff., **BB** §§ 46 ff., **HB** §§ 38 ff., **HH** §§ 12 ff., **MV** §§ 38 ff., **RP** §§ 45 ff., **SL** §§ 38 ff., **SN** §§ 38 ff., **ST** §§ 45 ff., **SH** §§ 54 ff. und **TH** §§ 46 ff. zwischen Lockerungen zur Erreichung des Vollzugsziels und Lockerungen aus wichtigem Anlass, dehnen also den Lockerungsbegriff über den Bereich resozialisierender Maßnahmen hinaus aus. Dafür aber werden in den meisten dieser Länder (Ausnahme: **HH** § 12 ff.; **ST** §§ 45 ff.) nur noch diejenigen Maßnahmen als Lockerung bezeichnet, bei denen die Gefangenen ihre Zeit außerhalb der Vollzugsanstalt **in relativer Freiheit** verbringen, also allenfalls (wie beim Begleitausgang) unter verminderter Aufsicht stehen. Dementsprechend zählen Ausführung und Außenbeschäftigung hier (ebenso wie generell Vorführung und Ausantwortung) nicht zu den Lockerungen (**BE** §§ 42 ff.; **BB** §§ 46 ff.; **HB** §§ 38 ff.; **MV** §§ 38 ff.; **RP** §§ 45 ff.; **SL** §§ 38 ff.; **SN**

---

[71] Vgl. *Arloth/Krä* § 11 StVollzG Rdn. 1.

§§ 38 ff.; **SH** §§ 54 ff.; **TH** §§ 46 ff.). Eine dritte Gruppe Bundesländer schließlich verwendet anstelle des Lockerungsbegriffs nun den Begriff der **vollzugsöffnenden Maßnahmen**, wobei dieser meist Ausführung, Ausgang, Außenbeschäftigung, Freigang und Langzeitausgang bzw. Freistellung aus der Haft bzw. Urlaub (**BW** § 9; **NW** § 53; zur Terminologie insofern Rdn. 4) umfasst, in **HE** § 13 allerdings zudem die Unterbringung im offenen Vollzug, dafür aber nicht die Ausführung. Uneinheitlich ist zudem, ob Ausführung, Ausgang und Langzeitausgang/Freistellung aus der Haft/Urlaub aus wichtigem Anlass zu den vollzugsöffnenden Maßnahmen hinzugerechnet werden (so **NW** §§ 53, 55), oder nur solche Maßnahmen, die der Resozialisierung dienen (so **BW** § 9 f. III; **HE** §§ 13, 15).

Diese **erheblichen terminologischen Differenzen** sind **hoch problematisch**, weil sie dazu führen, dass nicht ohne weiteres klar ist, von welchen Maßnahmen die Rede ist, wenn jemand von Lockerungen spricht. Auch die Verwendung des Begriffs der vollzugsöffnenden Maßnahmen ist bedenklich uneinheitlich, dies lässt sich dort allerdings noch eher verschmerzen, weil dieser Begriff nicht bereits mit einem seit langem feststehenden Inhalt im Bundesgesetz verwendet wurde. Um Verwirrung und Missverständnisse durch die Verwendung des Lockerungsbegriffes zu vermeiden, wird hier im folgenden primär der Begriff der **vollzugsöffnenden Maßnahmen** zugrundegelegt. Dabei wird dieser, wo er ohne nähere Eingrenzung verwendet wird, von der Reichweite her **wie in NW §§ 53, 55** verstanden. 2

In allen Ländern beibehalten wurde immerhin die Benennung der meisten vollzugsöffnenden Maßnahmen (**Ausführung, Ausgang, Außenbeschäftigung, Freigang**). Allerdings sehen fast alle Landesgesetze (außer **BY** Art. 13 Abs. 1 Nr. 2; **NI** § 13 Abs. 1 Nr. 2) – über die Regelung des § 11 Abs. 1 Nr. 2 StVollzG hinausgehend – ausdrücklich den Ausgang in Begleitung einer von der Anstalt zugelassenen Person (**Begleitausgang**) neben dem **unbegleiteten Ausgang** als vollzugsöffende Maßnahme vor (so **BW** § 9 Abs. 2 Nr. 2 III; **BE** § 42 Abs. 2 Nr. 1 u. 2; **BB** § 46 Abs. 1 Satz 1 Nr. 1 u. 2; **HB** § 38 Abs. 1 Nr. 1 u. 2; **HH** § 12 Abs. 1 Satz 1 Nr. 2 u. 3; **HE** § 13 Abs. 3 Satz 1 Nr. 3; **MV** § 38 Abs. 1 Nr. 1 u. 2; **NW** § 53 Abs. 2 Nr. 2; **RP** § 45 Abs. 1 Satz 1 Nr. 1 u. 2; **SL** § 38 Abs. 1 Nr. 1 u. 2; **SN** § 38 Abs. 1 Nr. 1 u. 2; **ST** § 45 Abs. 1 Nr. 2 u. 3; **SH** § 55 Abs. 1 Nr. 1 u. 2; **TH** § 46 Abs. 1 Satz 1 Nr. 1 u. 2). Freilich waren Begleitausgänge auch nach altem Recht schon möglich, und zwar als Ausgang mit Weisung (§ 14 Abs. 1 StVollzG), sich durch eine bestimmte Person begleiten zu lassen. Dies gilt auch weiterhin in **BY** und **NI**. 3

Allein für die Maßnahme, die in § 13 StVollzG als **Urlaub** bezeichnet wurde (so auch weiterhin **BY** Art. 14 Abs. 1; **NI** § 13 Abs. 1 Nr. 3), nämlich nach früherem Recht den Ausgang mit mindestens einer Übernachtung außerhalb der Anstalt,[72] finden sich mittlerweile in den meisten Bundesländern andere Bezeichnungen: **Freistellung aus bzw. von der Haft** (**BW** § 9 Abs. 2 Nr. 3 III; **HH** § 12 Abs. 1 Satz 1 Nr. 4; **HE** § 13 Abs. 3 Satz 1 Nr. 4) oder **Langzeitausgang** (**BE** § 42 Abs. 1 Nr. 3; **BB** § 46 Abs. 1 Satz 1 Nr. 3; **HB** § 38 Abs. 1 Nr. 3; **MV** § 38 Abs. 1 Nr. 3; **NW** § 53 Abs. 2 Nr. 3; **RP** § 45 Abs. 1 Satz 1 Nr. 3; **SL** § 38 Abs. 1 Nr. 3; **SN** § 38 Abs. 1 Nr. 3; **ST** § 45 Abs. 1 Nr. 4; **SH** § 55 Abs. 1 Nr. 3; **TH** § 46 Abs. 1 Satz 1 Nr. 3). Insofern wird hier im Folgenden – der Mehrheit der Länder folgend – der Begriff des Langzeitausgangs verwendet. Die Landesgesetze in **BE, BB, MV, RP, SL, SN, SH** und **TH** haben mit der Einführung des Langzeitausgangs zugleich die Abgrenzung desselben vom Ausgang gegenüber der Abgrenzung zwischen Urlaub und Ausgang verschoben: Alle Ausgänge bis 24 Stunden Dauer, selbst solche mit Übernachtung außerhalb, zählen dort noch nicht als Langzeitausgang; dasselbe gilt in **HB, NW** und **ST**, weil auch dort der 4

---

[72] So *Ulenbruch* in der Voraufl., § 13 Rdn. 1; anders (jeder Ausgang bis nach 24 Uhr ist bereits als Urlaub anzusehen) *Arloth/Krä* § 13 Rdn. 3 StVollzG.

Langzeitausgang „mehrere Tage" bzw. „mehr als einen Tag" dauert. Dem alten Konzept folgen hingegen die Länder, die weiter den Urlaubsbegriff verwenden oder stattdessen von Freistellung aus der Haft ausgehen (**BW, BY, HH, HE, NI**); näher 10.C Rdn. 17.

5   **Weitere vollzugsöffnende Maßnahmen** waren schon im alten StVollzG und sind auch weiterhin – wie sich aus der in allen Landesgesetzen zu findenden gesetzlichen Formulierung „namentlich" bzw. „insbesondere" ergibt – möglich: Außenbeschäftigung ohne Aufsicht als Kombination von Außenbeschäftigung und Freigang; Durchführung von Bildungs- und Freizeitveranstaltungen sowie Familien- und Eheseminaren außerhalb der Anstalt mit oder ohne Anwesenheit von Bediensteten; ferner Aufenthalt in einem Übergangs- oder Freigängerhaus außerhalb der Anstalt.[73] Sind im Rahmen des Freigangs, bei zur Erreichung des Vollzugsziels besonders angezeigten Bildungs- und Freizeitmaßnahmen oder bei seelsorgerischen Veranstaltungen Übernachtungen außerhalb der Anstalt erforderlich, muss hierzu nicht – auch wenn eine Begleitung durch Anstaltsbedienstetete nicht stattfindet – zusätzlich Langzeitausgang gewährt werden. Vielmehr handelt es sich um eine „weitere Lockerung".[74] Weitere selbständige vollzugsöffnende Maßnahmen hat die Praxis indes bisher nicht herausgebildet.[75] Eine **eigenständige vollzugsöffnende Maßnahme** über den Kanon der Regelmaßnahmen hinaus wurde hingegen durch einige Landesgesetze mit den Regelungen zur Gewährung von Aufenthalten in **Übergangseinrichtungen** außerhalb des Vollzugs geschaffen (**BE** § 46 Abs. 3 Satz 1; **BB** § 50 Abs. 4 Satz 1; **MV** § 42 Abs. 3 Satz 1; **RP** § 49 Abs. 3 Satz 1; **SL** § 42 Abs. 3 Satz 1; **SN** § 42 Abs. 3 Satz 1; **ST** § 49 Abs. 3 Satz 1; **SH** § 59 Abs. 3 Satz 1; zu diesen Regelungen siehe 10.H Rdn. 9).[76]

II. Statistische Angaben

6   Die folgende Statistik enthält Zahlen zu den vollzugsöffnenden Maßnahmen 2004 bis 2016. Erfasst sind die jeweiligen Gewährungsentscheidungen; erhalten Gefangene im Erfassungszeitraum mehrfach vollzugsöffnende Maßnahmen bewilligt, so sind sie daher mehrfach erfasst.

---

73 Vgl. Übersicht bei AK-*Lesting/Burkhardt* § 38 LandesR Rdn. 41 ff; *Laubenthal/Nestler/Neubacher/Verrel* E Rdn. 126.
74 So zutreffend *Dopslaff* in der krit. Anm. zu OLG Frankfurt 22.8.1985 – 3 Ws 484/85, NStZ 1986, 189 ff, hinsichtlich der Teilnahme an notwendigen mehrtägigen Seminaren im Rahmen eines Fernstudiums mit dem Ausbildungsziel „Dolmetscher".
75 So zutreffend K/S-*Schöch* 2002 § 7 Rdn. 36.
76 AK-*Bahl/Pollähne* § 42 LandesR Rdn. 42; **BE** Abgeordnetenhaus-Drucks. 17/2442, 230; *Arloth/Krä* § 42 SächsStVollzG Rdn. 6.

B. Vorbemerkungen zu den vollzugsöffnenden Maßnahmen

Bundesland	Jahr	Strafgefangene insgesamt (abs.,jew. zum 31.3.)	Freigang insgesamt (abs.)	Freigang pro 100 Strafgefangene	Freigang nicht oder nicht freiwillig zurückgekehrt (pro 100 Freigänge)	Ausgang insgesamt (abs.)	Ausgang pro 100 Strafgefangene	Ausgang nicht oder nicht freiwillig zurückgekehrt (pro 100 Ausgänge)	Langzeitausgang/Urlaub insgesamt (abs.)	Langzeitausgang/Urlaub pro 100 Strafgefangene	Langzeitausgang/Urlaub nicht oder nicht freiwillig zurückgekehrt (pro 100 LA / Url.)
Baden-Württemberg	2004	6.238	1.957	31,4	,46	46.220	741	,08	22.665	363	,13
	2007	6.064	1.963	32,4	,31	47.350	781	,04	25.372	418	,07
	2010	5.830	1.617	27,7	,37	41.467	711	,06	21.750	373	,08
	2013	5.101	1.502	29,4	,40	41.142	807	,05	20.643	405	,07
	2016	4.849	930	19,2	,75	36.338	749	,05	16.069	331	,12
Bayern	2004	8.948	2.170	24,3	,28	15.133	169	,13	25.381	284	,23
	2007	9.458	2.332	24,7	,34	17.367	184	,12	23.888	253	,18
	2010	9.382	1.583	16,9	,06	16.203	173	,07	18.524	197	,05
	2013	8.707	1.601	18,4	,44	16.888	194	,05	20.484	235	,09
	2016	8.119	1.188	14,6	,42	15.018	185	,05	16.667	205	,08
Berlin[77]	2004	4.331	1.613	37,2	2,29	78.000	1.801	,09	31.066	717	,18
	2007	4.433	1.435	32,4	1,39	70.934	1.600	,06	24.380	550	,15
	2010	4.267	1.230	28,8	,49	69.447	1.628	,05	22.278	522	,08
	2013	3.202	1.498	46,8	,07	---	---	---	23.502	734	,09
	2016	3.139	1.225	39,0	,24	---	---	---	19.235	613	,08
Brandenburg	2004	1.827	580	31,7	,00	12.532	686	,02	3.085	169	,13
	2007	1.702	149	8,8	,67	10.331	607	,02	3.447	203	,00
	2010	1.395	120	8,6	,00	6.682	479	,04	1.349	97	,07
	2013	1.164	116	10,0	,00	8.433	724	,05	733	63	,00
	2016	1.083	104	9,6	,96	6.575	607	,08	1.006	93	,10
Bremen	2004	655	302	46,1	2,65	8.789	1.342	,50	3.283	501	,18
	2007	511	220	43,1	1,82	6.838	1.338	,44	3.181	623	,19
	2010	547	229	41,9	,44	7.646	1.398	,14	3.268	597	,06
	2013	461	172	37,3	2,33	6.646	1.442	,32	3.863	838	,03
	2016	452	131	29,0	,76	8.295	1.835	,22	3.215	711	,06
Hamburg	2004	2.132	337	15,8	2,67	14.126	663	,17	8.688	408	,38
	2007	1.734	220	12,7	,45	9.692	559	,00	5.874	339	,12
	2010	1.410	340	24,1	1,47	12.081	857	,12	8.277	587	,19
	2013	1.144	386	33,7	1,81	16.319	1.426	,09	9.496	830	,13
	2016	1.147	441	38,4	,91	14.601	1.273	,06	10.454	911	,20

77 Aufgrund einer Umstellung der Erfassungskriterien sind ab 2012 die Daten für den Ausgang in Berlin mit denen der Vorjahre und der anderen Bundesländer nicht mehr vergleichbar.

10. Kapitel. Vollzugsöffnende Maßnahmen

Bundesland	Jahr	Strafgefangene insgesamt (abs.jew. zum 31.3.)	Freigang insgesamt (abs.)	Freigang pro 100 Strafgefangene	Freigang nicht oder nicht freiwillig zurückgekehrt (pro 100 Freigänge)	Ausgang insgesamt (abs.)	Ausgang pro 100 Strafgefangene	Ausgang nicht oder nicht freiwillig zurückgekehrt (pro 100 Ausgänge)	Langzeitausgang/Urlaub insgesamt (abs.)	Langzeitausgang/Urlaub pro 100 Strafgefangene	Langzeitausgang/Urlaub nicht oder nicht freiwillig zurückgekehrt (pro 100 LA / Url.)
Hessen[78]	2004	4.365	459	10,5	,00	47.183	1.081	,04	12.421	285	,06
	2007	4.073	1.963	48,2	,31	47.350	1.163	,04	12.230	300	,03
	2010	4.242	713	16,8	,14	52.562	1.239	,01	12.210	288	,02
	2013	3.931	686	17,5	,00	50.118	1.275	,01	---	---	---
	2016	3.513	499	14,2	,00	35.437	1.009	,01	7.759	221	,01
Mecklenburg-Vorpommern	2004	1.359	211	15,5	,00	4.093	301	,17	4.521	332	,18
	2007	1.277	199	15,6	,00	3.525	276	,14	4.322	338	,35
	2010	1.249	216	17,3	,00	6.835	547	,09	3.993	320	,20
	2013	1.057	287	27,2	1,05	10.247	969	,14	3.833	363	,37
	2016	897	275	30,7	,36	11.242	1.253	,04	2.025	226	,05
Niedersachsen[79]	2004	5.543	---	---	---	---	---	---	---	---	---
	2007	5.292	1.265	23,9	,32	80.748	1.526	,03	18.479	349	,16
	2010	4.905	1.512	30,8	,20	95.124	1.939	,03	15.507	316	,08
	2013	4.070	---	---	---	95.403	2.344	,02	14.537	357	,10
	2016	3.921	---	---	---	93.630	2.388	,02	12.689	324	,14
Nordrhein-Westfalen[80]	2004	13.970	6.004	43,0	,68	244.652	1.751	,10	106.556	763	,30
	2007	13.770	5.518	40,1	,47	247.540	1.798	,07	106.915	776	,23
	2010	14.702	4.869	33,1	,55	252.024	1.714	,07	98.128	667	,21
	2013	12.742	---	---	---	266.859	2.094	,07	85.892	674	,20
	2016	12.737	2.430	19,1	,33	254.615	1.999	,20	75.364	592	,16
Rheinland-Pfalz	2004	3.328	1.193	35,8	,17	31.640	951	,06	15.147	455	,14
	2007	3.280	1.128	34,4	,71	28.914	882	,05	13.172	402	,17
	2010	3.034	1.131	37,3	,27	37.019	1.220	,02	12.210	402	,11
	2013	2.613	1.141	43,7	,44	52.502	2.009	,02	4.484	172	,18
	2016	2.577	486	18,9	,41	49.309	1.913	,03	7.252	281	,03

---

78 Die Daten für Langzeitausgang/Urlaub im Jahr 2013 in Hessen sind fehlerhaft bzw. nicht mit den anderen Erhebungsjahren vergleichbar. Die Daten für Freigang im Jahr 2007 erscheinen auffällig und unplausibel.

79 Für 2000 bis einschließlich 2005 liegen für Niedersachsen keine Daten vor. Aufgrund einer Umstellung der Erfassungskriterien sind ab 2013 die Daten für den Freigang in Niedersachsen mit denen der Vorjahre und der anderen Bundesländer nicht mehr vergleichbar.

80 Die Daten für Freigang im Jahr 2013 in Nordrhein-Westfalen sind fehlerhaft bzw. nicht mit den anderen Erhebungsjahren vergleichbar.

B. Vorbemerkungen zu den vollzugsöffnenden Maßnahmen

Bundesland	Jahr	Strafgefangene insgesamt (abs.jew. zum 31.3.)	Freigang insgesamt (abs.)	Freigang pro 100 Strafgefangene	Freigang nicht oder nicht freiwillig zurückgekehrt (pro 100 Freigänge)	Ausgang insgesamt (abs.)	Ausgang pro 100 Strafgefangene	Ausgang nicht oder nicht freiwillig zurückgekehrt (pro 100 Ausgänge)	Langzeitausgang/Urlaub insgesamt (abs.)	Langzeitausgang/Urlaub pro 100 Strafgefangene	Langzeitausgang/Urlaub nicht oder nicht freiwillig zurückgekehrt (pro 100 LA / Url.)
Saarland[81]	2004	735	347	47,2	,29	2.814	383	,21	6.027	820	,17
	2007	526	298	56,7	,34	6.994	1.330	,10	5.926	1.127	,07
	2010	706	364	51,6	,82	6.862	972	,07	6.293	891	,19
	2013	653	---	---	---	2.756	422	,00	2.967	454	,07
	2016	620	175	28,2	,00	1.834	296	,16	2.326	375	,13
Sachsen[82]	2004	3.468	584	16,8	,00	7.887	227	,09	5.560	160	,05
	2007	3.299	261	7,9	,38	8.725	264	,07	6.471	196	,05
	2010	2.987	336	11,2	,00	14.795	495	,03	5.049	169	,08
	2013	2.857	296	10,4	,00	16.586	581	,01	6.395	224	,02
	2016	2.843	73	2,6	,00	16.967	597	,01	5.101	179	,00
Sachsen-Anhalt	2004	2.297	212	9,2	,47	3.628	158	,03	1.533	67	,13
	2007	2.130	75	3,5	1,33	4.002	188	,00	1.224	57	,00
	2010	1.931	44	2,3	,00	5.188	269	,00	1.165	60	,09
	2013	1.672	43	2,6	,00	5.715	342	,02	759	45	,00
	2016	1.466	23	1,6	,00	3.764	257	,00	425	29	,00
Schleswig-Holstein[83]	2004	1.271	149	11,7	,67	17.341	1.364	,04	5.334	420	,11
	2007	1.220	137	11,2	,00	18.395	1.508	,04	4.161	341	,10
	2010	1.188	71	6,0	,00	14.391	1.211	,03	2.604	219	,00
	2013	1.007	126	12,5	,00	12.988	1.290	,01	2.598	258	,08
	2016	970	152	15,7	,66	16.490	1.700	,05	3.007	310	,13
Thüringen	2004	1.840	230	12,5	,00	3.099	168	,00	5.013	272	,02
	2007	1.850	182	9,8	2,75	6.352	343	,03	4.226	228	,09
	2010	1.625	139	8,6	,00	5.238	322	,02	4.230	260	,17
	2013	1.524	102	6,7	,00	4.861	319	,12	3.038	199	,03
	2016	1.366	128	9,4	,00	5.074	371	,20	3.488	255	,23
Alte Bundesländer	2004	51.516	14.531	31,6	,78	505.898	1.100	,09	236.568	515	,23
	2007	50.361	16.479	32,7	,51	582.122	1.156	,06	243.578	484	,17
	2010	50.213	13.659	27,2	,41	604.826	1.205	,05	221.049	440	,14
	2013	43.631	7.112	27,2	,42	561.621	1.389	,05	188.466	475	,14
	2016	42.044	7.657	20,1	,29	525.567	1.351	,12	174.037	414	,13

---

81 Die Daten für Freigang im Jahr 2013 im Saarland sind fehlerhaft bzw. nicht mit den anderen Erhebungsjahren vergleichbar.
82 Die Daten für Freigang im Jahr 2016 in Sachsen erscheinen auffällig und unplausibel.
83 Die Daten für Freigang im Jahr 2010 in Schleswig-Holstein erscheinen auffällig und unplausibel.

Bundesland	Jahr	Strafgefangene		Freigang			Ausgang			Langzeitausgang/Urlaub		
		insgesamt (abs.) (abs.jew. zum 31.3.)		insgesamt (abs.)	pro 100 Strafgefangene	nicht oder nicht freiwillig zurückgekehrt (pro 100 Freigänge)	insgesamt (abs.)	pro 100 Strafgefangene	nicht oder nicht freiwillig zurückgekehrt (pro 100 Ausgänge)	insgesamt (abs.)	pro 100 Strafgefangene	nicht oder nicht freiwillig zurückgekehrt (pro 100 LA / Url.)
Neue Bundesländer	2004	10.791		1.817	16,8	,06	31.239	289	,05	19.712	183	,09
	2007	10.258		866	8,4	,92	32.935	321	,05	19.690	192	,11
	2010	9.187		855	9,3	,00	38.738	422	,04	15.786	172	,13
	2013	8.274		844	10,2	,36	45.842	554	,06	14.758	178	,11
	2016	7.655		603	7,9	,33	43.622	570	,05	12.045	157	,08
Bundesgebiet insg.	2004	62.307		16.348	28,8	,70	537.137	946	,09	256.280	452	,22
	2007	60.619		17.345	28,6	,53	615.057	1.015	,06	263.268	434	,17
	2010	59.400		14.514	24,4	,39	643.564	1.083	,05	236.835	399	,14
	2013	51.905		7.956	23,1	,41	607.463	1.247	,05	203.224	424	,14
	2016	49.699		8.260	18,0	,29	569.189	1.222	,11	186.082	374	,13

C. Vollzugsöffenende Maßnahmen zur Erreichung des Vollzugsziels

Baden-Württemberg	BW §§ 9, 12 JVollzGB III;
Bayern	BY Art. 13, 14, 15 BayStVollzG;
Berlin	BE §§ 42, 45 Abs. 1 u. 2 StVollzG Bln;
Brandenburg	BB §§ 46, 48 Abs. 2, 49 Abs. 1 u. 4 BbgJVollzG;
Bremen	HB §§ 38, 41 Abs. 1 u. 2 BremStVollzG;
Hamburg	HH § 12 Abs. 1 bis 3, 5 u. 6 HmbStVollzG;
Hessen	HE § 13 Abs. 2 bis 8 HStVollzG;
Mecklenburg-Vorpommern	MV §§ 38, 41 Abs. 1 u. 2 StVollzG M-V;
Niedersachsen	NI §§ 13, 16 NJVollzG;
Nordrhein-Westfalen	NW §§ 53, 54, 56 StVollzG NRW;
Rheinland-Pfalz	RP §§ 45, 48 Abs. 1 u. 4 LJVollzG;
Saarland	SL §§ 38, 41 Abs. 1 u. 2 SLStVollzG;
Sachsen	SN §§ 38, 41 Abs. 1 u. 2 SächsStVollzG;
Sachsen-Anhalt	ST §§ 45, 48 JVollzGB LSA;
Schleswig-Holstein	SH §§ 54, 55, 58 Abs. 1 LStVollzG SH;
Thüringen	TH §§ 46, 49 Abs. 1 u. 4 ThürJVollzGB

Schrifttum

Siehe bei B.

Übersicht

I. Allgemeine Hinweise —— 1–5
  1. Vollzugsöffnende Maßnahmen zur Resozialisierung —— 1
  2. Keine Unterbrechung der Strafvollstreckung —— 2
  3. Nur im Bundesgebiet —— 3
  4. Abgrenzung zur Strafunterbrechung —— 4
  5. Aufnahme in den Vollzugsplan —— 5
II. Erläuterungen —— 6–72
  1. Einzelne vollzugsöffnende Maßnahmen —— 6–32
    a) Ausführung —— 6–8
    b) Außenbeschäftigung —— 9–11
    c) Ausgang —— 12–17
    d) Langzeitausgang —— 18–26
    e) Freigang —— 27–32
  2. Voraussetzungen —— 33–68
    a) Formelle Kriterien —— 34–48
      aa) Mindestverbüßungszeit —— 34, 35
        (1) Allgemeine Mindestverbüßungszeit —— 34
        (2) Besonderheiten bei lebenslanger Freiheitsstrafe —— 35
      bb) Restverbüßungszeit —— 36
      cc) Erfolgreiche Absolvierung anderer vollzugsöffnender Maßnahmen —— 37
      dd) Zustimmung der Gefangenen —— 38
      ee) Zustimmung der Aufsichtsbehörde —— 39, 40
      ff) Begutachtung und andere Formalia —— 41–48
    b) Materielle Kriterien —— 49–68
      aa) Eignung; Fehlen von Flucht- und Missbrauchsgefahr —— 49
      bb) Besonderheiten der einzelnen vollzugsöffnenden Maßnahmen; Sonderregelungen für die Ausführung —— 50
      cc) Flucht- und Missbrauchsgefahr als unbestimmte Rechtsbegriffe mit Beurteilungsspielraum —— 51
      dd) Kriterien zur Beurteilung der Fluchtgefahr —— 52
      ee) Kriterien zur Beurteilung der Missbrauchsgefahr —— 53
      ff) Einzelfallprüfung, Begründungsanforderungen —— 54
      gg) Maßgeblicher Zeitpunkt —— 55
      hh) Regelausschlüsse und erhöhte Prüfungsanforderungen im Gesetz oder in Verwaltungsvorschriften —— 56–66
      ii) Opferbelange —— 67
      jj) Zur Erreichung des Vollzugsziels —— 68
  3. Ermessensausübung —— 69, 70
  4. Konsequenzen fehlgeschlagener vollzugsöffnender Maßnahmen —— 71
  5. Rechtsschutz —— 72

I. Allgemeine Hinweise

1. Vollzugsöffnende Maßnahmen zur Resozialisierung. Die Anordnung von voll- **1** zugsöffnenden Maßnahmen (zum Begriff 10.B Rdn. 1f.) zählt zu den wichtigsten der **Resozialisierung** dienenden Maßnahmen des Gesetzes. Sie helfen dabei, die Gefangenen auf ein Leben in Freiheit ohne Straftaten vorzubereiten. Dadurch, dass sie den Vollzug öffnen, mildern sie ein wenig den Widerspruch ab, der darin liegt, jemanden in Gefangenschaft (und noch dazu unter den schwierigen Bedingungen der totalen Institution[84] des Strafvollzugs mit ihren subkulturellen Gefährdungen) auf ein Leben ohne Straftaten in Freiheit vorzubereiten.[85] Geöffnet wird der Vollzug durch die Erlaubnis, sich außerhalb der Anstalt für eine bestimmte Zeit unter Aufsicht (Ausführung, Rdn. 6ff), und Außenbeschäftigung, Rdn. 9ff.), in Begleitung (Begleitausgang, Rdn. 12ff.) oder ohne Auf-

---

[84] *Goffman* Asyle, 4. Aufl., Frankfurt a.M. 1981, 17.
[85] Näher AK-*Lesting/Burkhardt* Vor § 38 LandesR Rdn. 1.

sicht und Begleitung (unbegleiteter Ausgang, Rdn. 12 ff., Langzeitausgang [zur Terminologie: 10.B. Rdn. 4], Rdn. 18 ff., Freigang, Rdn. 27 ff.) aufhalten zu dürfen. Zweck der Maßnahmen kann sein: Erprobung im Hinblick auf das Vollzugsziel der Resozialisierung, Vorbereitung einer vorzeitigen Entlassung nach § 57 StGB,[86] im Hinblick auf den Gegensteuerungsgrundsatz das Herstellen oder Aufrechterhalten von Beziehungen zur Außenwelt[87] oder mit Bezug auf den Integrationsgrundsatz Hilfe zur Eingliederung.[88] Daran hat sich auch in den Ländern nichts geändert, die jetzt ausdrücklich den klassischen Bereich der Lockerungen (im Sinne des Begriffs des StVollzG) in der Normüberschrift als „Lockerungen zur Erreichung des Vollzugsziels" bezeichnen (**BE** § 42; **BB** § 46; **HB** § 38; **HH** § 12; **MV** § 38; **RP** § 45; **SL** § 38; **SN** § 38; **ST** § 45; **SH** § 55; **TH** § 46), denn eine vorzeitige Entlassung gem. § 57 StGB kann ohne die prognostische Erwartung, dass das Vollzugsziel erreicht wurde, nicht erlangt werden (vgl. § 57 Abs. 1 Satz 1 Nr. 2 StGB, zudem – darauf verweisend – Abs. 2 der Vorschrift sowie § 57a Abs. 1 Satz 1 Nr. 3 StGB). Schließlich dienen auch Gegensteuerungs- und Integrationsgrundsatz mittelbar der Resozialisierung. Insofern geht es in allen genannten Anwendungsfällen um die Öffnung des Vollzugs zur Erreichung des Vollzugsziels. Die **faktische Bedeutung** der vollzugsöffnenden Maßnahmen ist vor allem **indirekter** Natur: Ihre (Nicht-)Gewährung ist wesentliche Grundlage für die Entscheidung der Vollstreckungsgerichte über eine **vorzeitige Entlassung** (siehe auch Rdn. 5 und Rdn. 51).[89]

2   **2. Keine Unterbrechung der Strafvollstreckung.** Vollzugsöffnende Maßnahmen unterbrechen nicht die Strafvollstreckung (so jetzt ausdrücklich **BW** § 9 Abs. 4 III; **BE** § 42 Abs. 4; **BB** § 46 Abs. 3; **HB** § 38 Abs. 4; **HE** § 13 Abs. 7; **MV** § 38 Abs. 4; **RP** § 45 Abs. 4; **SL** § 38 Abs. 4, **SN** § 38 Abs. 4; **ST** § 45 Abs. 8 Satz 2; **SH** § 55 Abs. 3; **TH** § 46 Abs. 5; für den Langzeitausgang [zur Terminologie: 10.B. Rdn. 4] zudem bereits § 13 Abs. 5 StVollzG und dem folgend **BY** Art. 14 Abs. 5; **HH** § 12 Abs. 3; **NI** § 13 Abs. 6; keine ausdrückliche Regelung in **NW**). Die Strafzeit läuft während der Maßnahmen weiter, und zwar selbst dann, wenn jemand aus der Maßnahme entweicht, weitere Straftaten begeht oder gegen Weisungen verstößt. Auch die Zeit einer stationären Krankenhausbehandlung während vollzugsöffnender Maßnahmen ist grundsätzlich auf die Strafzeit anzurechnen.[90] Das Strafende verschiebt sich jedoch in dem Maße, in dem Gefangene die Dauer der Maßnahme eigenmächtig überschreiten, anstatt rechtzeitig in die Anstalt zurückzukehren.[91] Bedeutsam wird dies allerdings erst dann, wenn die Verspätung im Einzelfall mindestens 24 Stunden erreicht.[92] Kürzere Verspätungen bei aufeinanderfolgenden vollzugsöffnenden Maßnahmen werden nicht addiert, bis sie 24 Stunden erreichen. Vielmehr ist jede **Verspätung** immer **auf volle Tage abzurunden** und nur in diesem Umfang der Strafzeit zuzuschlagen.

3   **3. Nur im Bundesgebiet.** Vollzugsöffnende Maßnahmen unterbrechen nicht nur nicht die Strafvollstreckung, sie heben auch das **Vollzugsverhältnis** nicht auf, sondern lockern es nur. Deshalb ist das **Verlassen des Bundesgebietes** im Rahmen solcher Maß-

---

86   Vgl. OLG Düsseldorf 19.12.1989 – 1 Ws 1032/89, ZfStrVo 1990, 246 m. Anm. *Konrad*.
87   Vgl. OLG Celle LS ZfStrVo 1986, 114; LG Arnsberg 1.2.2002 – Vollz 18/01, LS ZfStrVo 2002, 367.
88   Vgl. OLG Frankfurt ZfStrVo **SH** 1979, 15: Abbau einer vorhandenen Kontakt- und Bindungsarmut.
89   Zu kriminalpräventiv-übergreifenden Umformulierungen gerichtlicher Prognosefragestellungen instruktiv *Nedopil* 2002, 344 ff.
90   OLG Hamm 9.12.1982 – 3 Ws 603/82, NStZ 1983, 287.
91   So für den Langzeitausgang (damals: Urlaub) OLG Frankfurt ZfStrVo 1979, 55; krit. dazu *Grunau/Tiesler* 1982 Rdn. 16.
92   Vgl. *Arloth/Krä* § 13 StVollzG Rdn. 2.

nahmen nicht statthaft; in **NW** § 53 Abs. 8 und **ST** § 45 Abs. 8 Satz 1 ist dies sogar gesetzlich ausdrücklich geregelt. Zudem wurde das Verbot, das Bundesgebiet zu verlassen, schon in VV Nr. 1 zu § 11 StVollzG klargestellt und in die Mehrzahl der bei Drucklegung dem Verf. bekannten VVen der Länder übernommen (so in VV Nr. 1 zu **BW** § 9 III; VV Nr. 1 Abs. 1 zu **BY** Art. 13; VV Nr. 1 Abs. 1 zu **BE** § 42; VV Nr. 1 zu **HB** § 38; VV Nr. I.1 zu **HH** § 12; VV § 9 Nr. 4.1.1 zu **HE** § 13; keine Nennung in den VV zu **SL** § 38). Die entsprechenden Verwaltungsvorschriften stellen tatbestandsinterpretierende Richtlinien dar, die der Vollzugsbehörde insofern keine Ermessens- oder Beurteilungsspielräume eröffnen. Daher gilt das Verbot auch unabhängig von einer ausdrücklichen Erwähnung (im Gesetz oder) in den VV. Grund ist, dass eine Überwachung vollzugsöffnender Maßnahmen im Ausland und der Zugriff auf dort aufhältige Gefangene mangels europastrafrechtlicher Regelungen, die für diesen Fall Geltung beanspruchen, nicht möglich ist.[93] Die Begrenzung auf das Bundesgebiet gilt aus denselben Gründen auch beim Langzeitausgang.[94] Sie ist auch unabhängig davon, wie nah an der Grenze die betreffende Person sich aufhält: Jeglicher Grenzübertritt ist unzulässig (siehe aber Rdn. 4).[95]

4. Abgrenzung zur Strafunterbrechung. Vom Langzeitausgang als vollzugsöffnender Maßnahme zu unterscheiden ist die **Strafunterbrechung**. Diese kann nach § 455 Abs. 4 StPO i.V.m. §§ 45, 46 StVollstrO bzw. § 455a StPO i.V.m. § 46a StVollstrO von der Vollstreckungsbehörde angeordnet werden. Zudem ist eine Strafunterbrechung aus wichtigem Anlass im Gnadenwege möglich.[96] Die Gründe für die Gewährung von Strafunterbrechung und Langzeitausgang können insofern identisch sein. Während einer Strafunterbrechung dürfen sich Verurteilte – anders als beim Langzeitausgang (Rdn. 3) – auch im Ausland aufhalten. Wird ein Auslandsaufenthalt Gefangener nötig, wäre daher eine solche Unterbrechung im Gnadenwege durch sie zu beantragen.[97] Der wesentliche Unterschied liegt ferner darin, dass die Zeit der Strafunterbrechung – im Unterschied zu vollzugsöffnenden Maßnahmen (Rdn. 2) – nicht auf die Strafzeit angerechnet wird. 4

5. Aufnahme in den Vollzugsplan. Vollzugsöffende Maßnahmen gehören in allen Bundesländern zu den Mindestinhalten[98] der Vollzugsplanung. Maßstab ist schon zu diesem Zeitpunkt die jeweilige vollzugsöffnende Vorschrift.[99] Dementsprechend unterliegt die Feststellung des Vollzugsplanes, keine vollzugsöffnenden Maßnahmen zu gewähren, der gerichtlichen Überprüfung gem. § 109 Abs. 1 StVollzG. Bei den Bestimmungen des Vollzugsplanes handelt es sich um selbständige Maßnahmen. Deshalb ist die Frage, ob vollzugsöffnungsbezogene Lücken oder positive Inhalte des Vollzugsplans die Rechte Gefangener verletzen, von der Rechtsverletzung durch konkrete Entscheidungen 5

---

93 OLG Celle 13.2.2002 – 1 (3) Ws 510/01 (StVollz), NStZ-RR 2002, 157 = StV 2002, 323 m. Anm. *Szezekalla*; OLG München 1.4.2010 – 4 Ws 144/09 (R), FS 2010, 365 zu Art. 14 BayStVollzG; *Arloth/Krä* § 11 StVollzG Rdn. 3; a.A. AK-*Lesting/Burkhardt* § 38 LandesR Rdn. 106; zudem für den Freigang *Laubenthal/Nestler/Neubacher/Verrel* E Rdn. 125.
94 OLG Frankfurt ZfStrVo **SH** 1979, 18; OLG Frankfurt 11.10.1994 – 3 Ws 384/95 (StVollz) u.a., NStZ 1995, 208 = BlStV 6/1995, 3.
95 OLG München 1.4.2010 – 4 Ws 144/09 (R), FS 2010, 365 zu Art. 14 BayStVollzG; vgl. auch für den Maßregelvollzug – OLG Hamm JR 1997, 35 m. krit. Anm. *Blau*.
96 *Arloth/Krä* § 13 StVollzG Rdn. 3.
97 AK-*Lesting/Burkhardt* § 38 LandesR Rdn. 107.
98 Vgl. AK-*Feest/Joester* § 9 LandesR Rdn. 22ff; siehe näher die Kommentierung hier unter 2.C, dort auch zu den insofern problematischen Vorschriften in **BY** § 9 Abs. 1 Abs. 1 i.V.m. Abs. 1 der VV zu der Norm (nähere Definition der Inhalte erst in der VV; zudem dort nur als Soll-Inhalt ausgestaltet) und **NW** § 10 Abs. 1 Satz 4 (nur „regelmäßige" Aufnahme in den Vollzugsplan).
99 OLG Schleswig 28.10.2009 – 2 VollzWs 342/08 (222/08) u.a., FS 2010, 50 LS zu § 11 StVollzG.

über vollzugsöffnende Maßnahmen zu trennen.[100] Gefangene dürfen also nicht darauf verwiesen werden, zunächst bei der JVA einen Antrag auf Gewährung von vollzugsöffnenden Maßnahmen zur Erreichung des Vollzugsziels zu stellen, so dass sie dann erst gegen eine mögliche Ablehnung des Antrages gerichtlich vorgehen könnten.[101]

Die Vollzugsbehörde geht mit der Erstellung des Vollzugsplans, der als Programm und Konzept für die Behandlung der Gefangenen und die Lebensverhältnisse während des Strafvollzugs dienen soll, eine Bindung ein, die zur Folge hat, dass sie eine in den Plan aufgenommene konkrete, eine/n Gefangene/n begünstigende vollzugsöffende Maßnahme nur unter den Voraussetzungen der jeweils einschlägigen Widerrufsvorschrift widerrufen darf.[102] Auch wenn die Vollzugsbehörde den Vollzugsplan als „vorläufig" bezeichnet und unter den Vorbehalt der Abstimmung mit Ermittlungsbehörden und/ oder der StVK stellt, besteht eine Selbstbindung, so dass der JVA eine erneute Würdigung des in tatsächlicher Hinsicht unveränderten Lebenssachverhaltes mit einem nun anderen Ergebnis durch eine solche „vorläufige" Entscheidung versperrt ist.[103] Eine im Vollzugsplan festgelegte (Sperr-)Frist zur Prüfung der Gewährung von vollzugsöffnenden Maßnahmen kann ebenfalls gem. § 109 Abs. 1 Satz 1 StVollzG angefochten werden.[104] Orientiert sich der im Vollzugsplan vorgesehene Zeitpunkt für den Beginn vollzugsöffnender Maßnahmen an einer Entlassung zum Halbstrafentermin und stellt sich später heraus, dass die konkreten Umstände diese Annahme nicht rechtfertigen, so ist die Vollzugsbehörde auch unter Vertrauensschutzaspekten nicht gehindert, den Beginn der Maßnahmen zu verschieben.[105] Die Fortschreibung des Vollzugsplanes vermag die Bescheidung eines zuvor gestellten Antrages auf Gewährung einer konkreten vollzugsöffnenden Maßnahme nicht zu ersetzen.[106] Die Bestandskraft eines die Versagung vollzugsöffnender Maßnahmen beinhaltenden Vollzugsplans steht aber der Zulässigkeit eines Antrags auf gerichtliche Entscheidung mit dem Ziel der Gewährung solcher Maßnahmen entgegen, wenn keine neu eingetretenen Tatsachen, die den Bestand des Vollzugsplans infrage stellen, erkennbar sind.[107]

II. Erläuterungen

1. Einzelne vollzugsöffnende Maßnahmen

6   a) **Ausführung.** Bei der **Ausführung** wird angeordnet, dass ein/e Gefangene/r für eine bestimmte Tageszeit die Anstalt unter Aufsicht eines oder einer Vollzugsbediensteten verlassen darf. Die systematische Stellung der Ausführung hat sich in etlichen Landesgesetzen – ohne dass dies auch zu gravierenden inhaltlichen Abweichungen geführt hätte[108] – gegenüber der Situation im StVollzG verändert; insbesondere zählt diese häu-

---

100   Vgl. BVerfG 3.7.2006 – 2 BvR 1383/03; OLG Karlsruhe 13.10.2006 – 2 Ws 236/06, StV 2007, 200; HansOLG Hamburg 13.6.2007 – 3 VollzWs 326 – 328/07 u.a., StraFo 2007, 390.
101   OLG Karlsruhe 2.10.2007 – 1 Ws 64/07 L, StraFo 2007, 519.
102   KG Berlin 20.4.2006 – 5 Ws 598/05 Vollz, StV 2007, 313; KG Berlin 21.10.1996 – 5 Ws 396/96 Vollz, NStZ 1997, 207 und 17.9.1992 – 5 Ws 240/92 Vollz, NStZ 1993, 100 sowie OLG Celle 3.10.1988 – 1 Ws 222/88 (StrVollz), ZfStrVo 1989, 116.
103   OLG Karlsruhe 18.8.2005 – 2 Ws 159/04; vgl. auch KG Berlin 21.10.1996 – 5 Ws 396/96 Vollz NStZ 1997, 207, OLG München 28.8.1992 – 1 Ws 1346 – 1347/91 u.a., StV 1992, 589, OLG Zweibrücken 6.5.1988 – 1 Vollz (Ws) 4/88, NStZ 1988, 431.
104   OLG Koblenz BlStV 5/6/1992, 1.
105   OLG Karlsruhe 15.2.1989 – 1 Ws 21/89, ZfStrVo 1989, 310 = BlStV 3/1990, 2; *Laubenthal* Rdn. 329.
106   OLG Dresden 4.5.1999 – 2 Ws 170/99, NStZ 2000, 464 *M*.
107   OLG Celle, Beschluss vom 1. April 2015 – 1 Ws 110/15 (StrVollz).
108   Ebenso AK-*Lesting/Burkhardt* § 41 LandesR Rdn. 1.

fig nicht mehr zu den Lockerungen oder vollzugsöffnenden Maßnahmen (dazu 10.B Rdn. 1). Sie fällt indessen unter den hier vertretenen, weiten Begriff der vollzugsöffnenden Maßnahme und wird daher im hiesigen Kontext kommentiert (näher 10.B Rdn. 2).[109] Die Ausführung ist eine eigenständige, zur Resozialisierung bzw. jedenfalls zur **Vermeidung entsozialisierender Wirkungen** des Strafvollzugs in den Fällen notwendige Maßnahme, in denen weitergehende vollzugsöffnende Maßnahmen (noch) ausscheiden.[110] Das BVerfG hat daher zu Recht insbesondere ihre besondere Bedeutung als Maßnahme zur **Erhaltung der Lebenstüchtigkeit** und zur **Gegensteuerung** gegen **schädliche Folgen** des Vollzugs bei zu **langjährigen Freiheitsstrafen** verurteilten Gefangenen wiederholt betont;[111] so jetzt auch ausdrücklich **NW** § 53 Abs. 3 Satz 1 und ähnlich **HE** § 13 Abs. 3 Satz 2, zudem, allerdings auf Personen, die sich bereits mindestens fünf Jahre ununterbrochen in Freiheitsentziehung befunden haben, beschränkt **HH** § 12 Abs. 1 Satz 3 und **SH** § 54 Abs. 1 Nr. 2. Dies ist bei Gefangenen mit lebenslangen Freiheitsstrafen von besonderer Bedeutung.[112] Sie darf daher nicht als allein **vorbereitende Maßnahme** für weitergehende vollzugsöffnende Maßnahmen wie Ausgang und Langzeitausgang missverstanden werden.[113] Häufig wird allerdings vor weitergehenden Maßnahmen als erste Stufe zunächst eine Ausführung gewährt. Insbesondere, wenn einerseits aufgrund bisher bekannter Umstände die Missbrauchsgefahr (noch) nicht als vertretbar eingestuft, andererseits günstige Veränderungen bei einer oder einem Gefangenen aber auch nicht ausgeschlossen werden können, ist die Chance einer derartigen (Vor-)Bewährung sinnvoll;[114] siehe ausdrücklich **SH** § 54 Abs. 1 Nr. 1. Allerdings dient sie eben nicht *nur* einer solchen Vorbewährung, sondern hat – ganz im Sinne der soeben zitierten Rechtsprechung des BVerfG – eigenständige Bedeutung. Auch die allgemeine psychische Verfassung Gefangener kann eine Ausführung als Behandlungsmaßnahme erforderlich machen.[115] Der bloße Hinweis, der Bezug eines bzw. einer Gefangenen zur Außenwelt sei durch Brief- und Besuchskontakte hinreichend gewährleistet, trägt die Ablehnung einer Ausführung nicht.[116]

Die Ausführung ist hoheitliches Handeln. Sie ist deshalb **nur Vollzugsbediensteten** 7 des Landes gestattet. Das Verlassen der Anstalt in Begleitung einer nicht bediensteten Person ist Begleitausgang (dazu Rdn. 12ff.). Auch Mitarbeiter/innen privater Sicherheitsdienste zählen nicht zu den Vollzugsbediensteten. Die Ausführung muss zumindest zusätzlich von einer bzw. einem staatlichen Bediensteten beaufsichtigt werden.[117] Die Angehörigen der Fachdienste sind hingegen Vollzugsbedienstete und dementsprechend grds. taugliche Aufsichtspersonen (anders allerdings VV Nr. II.2 Satz 1 zu **HH** § 12).[118] Die Bediensteten sind verpflichtet, Gefangene außerhalb der Anstalt **ständig und unmittel-**

---

109 Andere Einordnung z.B., dem ME folgend, bei AK-*Lesting/Burkhardt* § 41 LandesR Rdn. 2ff.
110 *Laubenthal/Nestler/Neubacher/Verrel* E Rdn. 136.
111 BVerfG 21.9.2018 – 2 BvR 1649/17, juris; BVerfG 4.5.2015 – 2 BvR 1753/14, BeckRS 2015, 49763; BVerfG 23.5.2013 – 2 BvR 2129/11, BVerfGK 20, 307; BVerfG 5.8.2010 – 2 BvR 729/08, StV 2011, 488.
112 Vgl. bereits OLG Hamm 8.11.1984 – 1 Vollz (Ws) 170/84, NStZ 1985, 189 mit zust. Anm. *Müller-Dietz*.
113 Vgl. auch OLG Frankfurt 17.11.1988 – 3 Ws 699/88 (StVollz), NStZ 1989, 246 und OLG Hamburg 29.8.1990 – 3 Vollz (Ws) 45/90, NStZ 1990, 606 zur Gewährung einer Ausführung bei Lebenslänglichen.
114 Vgl. KG Berlin BlStV 4/5/1990, 5 f.
115 OLG Frankfurt 10.5.1984 – 3 Ws 237/84 (StVollz), NStZ 1984, 477.
116 LG Arnsberg 1.2.2002 – Vollz 181/01, LS ZfStrVo 2002, 367.
117 KG Berlin 14.6.2001 – 5 Ws 661/00 Vollz, ZfStrVo 2002, 248 = NStZ 2002, 528 *M*, zum Maßregelvollzug.
118 Wie hier *Arloth/Krä* § 11 StVollzG Rdn. 5; AK-*Lesting/Burkhardt* § 38 LandesR Rdn. 4; a.A. *Rotthaus* ZfStrVo 2005, 82; unklar OLG Hamm bei *Bothge* ZfStrVo 2004, 362. VV Nr. 4.2 Satz 1 zu **BW** § 9 III betont, dass Angehörige der Fachdienste nur dann Ausführungen vornehmen dürfen, „wenn sie bereit sind, alle Pflichten zu übernehmen, die sich aus einer Ausführung ergeben." Das ist selbstverständlich.

bar zu **beaufsichtigen** (wie es jetzt in **BE** § 45 Abs. 1 Satz 1, **BB** § 49 Abs. 1 Satz 1, **HB** § 41 Abs. 1 Satz 1, **HE** § 13 Abs. 3 Satz 2, **MV** § 41 Abs. 1 Satz 1, **NW** § 53 Abs. 2 Nr. 1, **RP** § 48 Abs. 1 Satz 1, **SL** § 41 Abs. 1 Satz 1, **SN** § 41 Abs. 1 Satz 1, **SH** § 54 Abs. 1 und **TH** § 49 Abs. 1 Satz 1, zudem ebenso in VV Nr. 4.1 Satz 1 zu **BW** § 9 III und VV Nr. II.2 Satz 1 zu **HH** § 12 ausdrücklich heißt). Die Art und Weise der Ausführung wird jeweils von der Anstaltsleitung bestimmt. In aller Regel muss Gefangenen das Tragen **eigener Kleidung** gestattet werden; dies dient auch der Wahrung des allgemeinen Persönlichkeitsrechts der Gefangenen aus Art. 1 Abs. 1 i.V.m. Art. 2 Abs. 1 GG,[119] da die Ausführung in (als solcher erkennbarer) Anstaltskleidung demütigend wirkt. Auch Nr. 20.4 der European Prison Rules ("Prisoners who obtain permission to go outside prison shall not be required to wear clothing that identifies them as prisoners.") spricht für eine zumindest sehr großzügige Praxis der Zulassung von Privatkleidung, abgesehen von extremen Ausnahmefällen anders nicht ausräumbarer Fluchtgefahr.[120] Dasselbe gilt auch bei einer Aus- oder Vorführung zum Gericht.[121] Entscheidend ist stets eine einzelfallbezogene Prüfung.[122] Ähnlich ist über die Frage der **Uniformierung** der aufsichtführenden Bediensteten zu entscheiden: Es ist darauf zu verzichten, es sei denn, Sicherheitsbelange erfordern diese ausnahmsweise (vgl. auch VV Nr. I.2 Satz 4 zu **HH** § 12).[123] Schließlich muss besonders restriktiv mit **Fesselungen**[124] (nach den § 78 Abs. 6 ME und § 88 Abs. 1 und 4 StVollzG entsprechenden Landesvorschriften) umgegangen werden; sie kommen nur in Betracht, wenn auch die Aufsicht durch Bedienstete nicht ausreicht, um der Fluchtgefahr zu begegnen.[125]

Die aufsichtführenden Bediensteten müssen **besonders geeignet sein** (so auch die VV Nr. 4 Abs. 1 zu § 11 StVollzG und dem folgend VV Nr. 7 Abs. 1 zu **BY** Art. 13, VV Nr. 4.2 Satz 1 zu **BW** § 9 III, VV Nr. 1 Abs. 1 zu **HB** § 41), da die Tätigkeit Umsicht und Fingerspitzengefühl erfordert.[126] Gerade in schwierigen Fällen kann es geboten sein, dass der oder die Gefangene von einem oder einer Bediensteten ausgeführt wird, zu dem/der ein besonderes Vertrauensverhältnis besteht, und zwar sowohl aus Sicherheitsgründen (Scheu der/des Gefangenen, die Vertrauensperson zu enttäuschen) als auch aus Behandlungsgründen (die Vertrauensperson kann bei der Problemlösung mithelfen). Der oder dem Bediensteten erteilt die Anstaltsleitung vor der Ausführung bestimmte **Weisungen** (so ausdrücklich VV Nr. 4 Abs. 2 zu § 11 StVollzG und dieser folgend VV Nr. 4.1 Satz 2 zu **BW** § 9 III, VV Nr. 7 Abs. 2 zu **BY** Art. 13, VV Nr. 1 zu **BE** § 45, VV Nr. 1 Abs. 2 zu **HB** § 41, VV Nr. II.2 Satz 3 zu **HH** § 12). Ihr oder ihm kann unter Umständen gestattet sein, davon abzuweichen, wenn der Zweck der Ausführung nicht anders zu erreichen ist. Über den Ver-

---

119   Vgl. BVerfG 3.11.1999 – 2 BvR 2039/99, NStZ 2000, 166.
120   Ganz ablehnend sogar AK-*Lesting/Burkhardt* § 41 LandesR Rdn. 13; weniger strikt als hier, aber tendenziell ähnlich BVerfG 03.11.1999 – 2 BvR 2039/99, NStZ 2000, 166; OLG Hamm 9.12.2008 – 5 Ws 423-425/08, NStZ-RR 2009, 223; OLG Karlsruhe 21.12.1995 – 3 Ws 274/95, NStZ 1996, 302, 303; *Laubenthal/Nestler/Neubacher/Verrel* E Rdn. 137; nur Anspruch auf fehlerfreie Ermessensausübung anerkennend *Arloth/Krä* § 11 StVollzG Rdn. 5.
121   Vgl. OLG Karlsruhe 21.12.1995 – 3 Ws 274/95, NStZ 1996, 302, 303.
122   So bereits OLG Frankfurt ZfStrVo **SH** 1979, 60.
123   Zutreffend OLG Hamburg 15.10.2013 – 3 Vollz (Ws) 29/13, NStZ 2014, 231 zu **HH** § 12; restriktiver wieder AK-*Lesting/Burkhardt* § 41 LandesR Rdn. 14; hingegen auch hier nur Anspruch auf fehlerfreie Ermessensausübung anerkennend *Arloth/Krä* § 11 StVollzG Rdn. 5.
124   Dazu OLG Hamm BlStV 2/1995, 10; LG Heilbronn 2.3.1988 – 1 StVK 54/88, ZfStrVo 1988, 368 (= StV 1988, 540).
125   Zutreffend AK-*Goerdeler* § 78 LandesR Rdn. 35; näher die Kommentierung bei 11.I.
126   Z. B. Ausführung zur Aussprache mit der Partnerin oder dem Partner, zur Teilnahme an einer Beerdigung, zum Besuch am Krankenbett eines oder einer Angehörigen, dazu *Mertens* 1978 und *Stenzel* 1986.

lauf der Ausführung sollte der oder die betreffende Bedienstete gerade in schwierigen Fällen einen Bericht fertigen als Material für die weitere Vollzugsgestaltung.

Die Ausführung von mehreren Gefangenen ist als **Gruppenausführung** (z.B. zur Teilnahme an Freizeitveranstaltungen außerhalb der Anstalt) grundsätzlich möglich,[127] soweit Gruppenausgang nicht in Frage kommt.[128] In VV Nr. 4.2 Satz 2 zu **BW** § 9 III findet sich allerdings die Begrenzung, dass bei Ausführungen mindestens ein/e Bedienstete/r auf eine/n Gefangene/n kommen muss. In Satz 3 derselben VV findet sich zudem die – in dieser Restriktivität maßlos übertriebene, zudem Geschlechtsrollenstereotypen verhaftete – Vorgabe, dass weibliche Bedienstete allein keine männlichen Bediensteten ausführen dürfen. Nach VV Nr. II.4 zu **HH** § 12 finden grundsätzlich keine Gruppenausführungen statt. VV Nr. 5 zu **BE** § 45 begrenzt Gruppenausführungen auf Gefangene in sozialtherapeutischen Anstalten. Zudem wird in Nr. 2 derselben VV grundsätzlich (mit Ausnahmen für weibliche Gefangene und Ersatzfreiheitsstrafe Verbüßende, Nr. 3 Satz 2 der VV, sowie Ausführungen ins Krankenhaus, Nr. 4 der VV) eine Aufsicht durch gleich **zwei Bedienstete** bei Ausführungen aus dem geschlossenen Vollzug vorgeschrieben, es sei denn, besondere Gründe der Behandlung oder die Vorbereitung auf vollzugsöffnende Maßnahmen erfordern eine Abweichung und diese wurde zuvor durch eine Vollzugs- und Eingliederungsplankonferenz zur Erreichung des Vollzugsziels befürwortet. Auch das erscheint überaus restriktiv. Generell gilt, dass sich weder aus der Fürsorgepflicht des Dienstherrn noch aus sonstigen Rechtsvorschriften herleiten lässt, dass Bediensteten des allgemeinen Vollzugsdienstes die Ausführung von Gefangenen, für die besondere Sicherungsmaßnahmen (z.B. Fesselung) angeordnet worden sind, zu ihrem Schutze nur bei Aufsicht durch eine/n weitere/n Bedienstete/n übertragen werden dürfen.[129]

Die Verweigerung der Ausführung zum Erhalt der Lebenstüchtigkeit (dazu Rdn. 6) **8** bei **langjährig Inhaftierten**, z.B. solchen, die eine lebenslange Freiheitsstrafe verbüßen, allein wegen **Personalknappheit** verletzt die Betroffenen in deren grundrechtlich geschütztem Resozialisierungsanspruch (Art. 1 Abs. 1 i.V.m. Art. 2 Abs. 1 GG). Der Staat darf Rechtsansprüche Gefangener nicht nach Belieben dadurch verkürzen, dass er die Anstalten nicht derart ausstattet, wie es zur Wahrung der Rechte der Gefangenen erforderlich wäre. Die Grundrechte setzen insofern auch Maßstäbe für die notwendige Beschaffenheit staatlicher Einrichtungen (siehe auch Rdn. 69).[130] Für die betreffende Personengruppe gewährt **SH** § 54 Abs. 2 Satz 1 einen **Mindestanspruch** von zwei Ausführungen pro Jahr, auf den nach Satz 2 andere gewährte vollzugsöffnende Maßnahmen angerechnet werden. Eine entsprechende Regelung trifft auch **HH** § 12 Abs. 1 Satz 3. Bei der Prüfung der Notwendigkeit und Möglichkeit einer Ausführung dürfen unbeschadet dessen grundsätzlich aber auch die **personellen** und **organisatorischen Möglichkeiten** der Anstalt berücksichtigt werden.[131] Strafgefangene können nicht die Aufwendung unbegrenzter personeller und sonstiger Ressourcen verlangen, um Beschränkungen ihrer grundrechtlichen Freiheiten zu vermeiden.[132]

---

127 *Arloth/Krä* § 11 StVollzG Rdn. 5.
128 Zu diesem AK-*Lesting/Burkhardt* § 38 LandesR Rdn. 43.
129 OVG Lüneburg BlStV 6/1986, 8.
130 Grundlegend: BVerfG 26.10.2011 – 2 BvR 1539/09, StV 2012, 678; bestätigend BVerfG 4.5.2015 – 2 BvR 1753/14, BeckRS 2015, 49763; erstinstanzlich instruktiv z.B. LG Aachen 18.3.2010 – 33i StVK 841/09, BeckRS 2010, 7220; s.a. *Lübbe-Wolff*, 112.
131 Zu weitgehend allerdings OLG Hamm 8.11.1984 – 1 Vollz (Ws) 170/84, NStZ 1985, 189; zutreffend restriktiver bereits OLG Karlsruhe 13.3.2007 – 1 Ws 183/06, NStZ-RR 2007, 325.
132 BVerfG 14.3.1973 –2 BvR 768, 832/71, BVerfGE 34, 369, 380 f.; BVerfG 26.10.2011 – 2 BvR 1539/09, StV 2012, 678.

Für eine generelle Begrenzung der Dauer der Ausführung auf 12 Stunden durch Allgemeinverfügung bieten die Strafvollzugsgesetze keine Stütze,[133] da sie **weder eine zeitliche Mindest- noch eine Höchstdauer** der Ausführung festlegen und die nötige Dauer sich allein im Einzelfall nach dem Sinn und Zweck der Ausführung bestimmen lässt.[134] Möglich sind auch Ausführungen an mehreren unmittelbar aufeinanderfolgenden Tagen, wobei der oder die Gefangene jeweils abends in der nächstgelegenen Anstalt untergebracht wird.

Die **Kosten** der Ausführung können nur dann auf die Gefangenen überwälzt werden, wenn es dafür eine gesetzliche Grundlage gibt. Für die Ausführung zur Erreichung des Vollzugsziels kannte das StVollzG eine solche Regelung nicht (vgl. aber § 35 Abs. 3 Satz 2 StVollzG für die Ausführung aus wichtigem Grund). Dasselbe gilt für die Landesgesetze in **BW, BY, HH, HE, NI**. Auch aus dem Regelungszusammenhang von **SH** § 45 Abs. 3 Satz 2 folgt, dass die dortige Kostenregelung nur für die Ausführung aus wichtigem Grund gilt (dazu 10.D Rdn. 12). Nach **BE** § 45 Abs. 1 Satz 3, **BB** § 49 Abs. 1 Satz 3, **HB** § 41 Abs. 1 Satz 3, **MV** § 41 Abs. 1 Satz 3, **RP** § 48 Abs. 1 Satz 3, **SL** § 41 Abs. 1 Satz 3, **SN** § 41 Abs. 1 Satz 3, **TH** § 49 Abs. 1 Satz 3 haben Gefangene die Kosten der Ausführung nur selbst zu tragen, wenn diese ausschließlich in ihrem Interesse erfolgt. Jedenfalls bei Ausführungen zur Erreichung des Vollzugsziels (zum Inhalt näher Rdn. 6), einschließlich Ausführungen zur Erhaltung der Lebenstüchtigkeit, ist das ausgeschlossen.[135] Darüber hinausgehend ordnet **NW** § 53 Abs. 7 Satz 2 ganz generell an, dass die Kosten von Ausführungen Gefangenen in angemessenem Umfang auferlegt werden können, wenn dadurch weder Behandlung noch Eingliederung behindert werden. Damit ist es nur in **NW** im Grundsatz möglich, auch die Kosten von Ausführungen zur Erreichung des Vollzugsziels auf Gefangene zu überwälzen, allerdings ist die Grenze schon da erreicht, wo die Kosten auf Gefangene einen abschreckenden Effekt ausüben, der dazu führt, dass weniger solcher Ausführungen durchgeführt werden.[136] Zudem regelt Satz 3 der Vorschrift, dass die Anstalt bedürftigen Gefangenen eine Beihilfe in angemessenem Umfang gewähren kann. Eine Kostenbeteiligung kommt danach vor allem bei der kleinen Gruppe finanziell gut gestellter Gefangener in Betracht. **NW** § 53 Abs. 7 Satz 1 regelt zudem – angelehnt an VV Nr. 6 Abs. 2 zu § 13 StVollzG –, dass Gefangene während des Aufenthalts außerhalb der Anstalt ihrere eigenen Reisekosten, ihren Lebensunterhalt und andere Aufwendungen während des Aufenthalts außerhalb der Anstalt zu tragen haben. Auch insofern können bedürftigen Gefangenen nach Satz 3 Beihilfen in angemessenem Umfang gewährt werden.

9 **b) Außenbeschäftigung.** Bei der **Außenbeschäftigung** handelt es sich um regelmäßige Beschäftigung außerhalb der Anstalt unter der Aufsicht Vollzugsbediensteter. **Beschäftigung** meint dabei nicht notwendig Arbeit, sondern kann sich daneben auf Maßnahmen der Schul-, Aus- und Fortbildung sowie auf Freizeitmaßnahmen (z.B. Sporttraining im Verein) beziehen[137] und ist zudem auch für Fälle der Selbstbeschäftigung sowie freier Beschäftigungsverhältnisse möglich.[138]

---

133 Anders *Ullenbruch* in der Vorauf. (§ 11 Rdn. 6) unter Verweis auf LG Hamburg 12.2.1978 – 98 (Vollz) 20/78: „Diese Grenze ergibt sich aus dem Verhältnis der Tages- zu den Nachtstunden, dem Anspruch des ausführenden Beamten auf regelmäßige Dienst- und Erholungszeiten und daraus, dass eine Ausführung begrifflich auch einer räumlichen Begrenzung unterliegt." Dem zustimmend *Arloth/Krä* § 11 StVollzG Rdn. 5.
134 Zutreffend OLG Frankfurt a.M. 10.6.2015 – 3 Ws 358/15, BeckRS 2016, 13247.
135 Ähnlich, aber stärker differenzierend AK-*Lesting/Burkhardt* § 41 LandesR Rdn. 33.
136 Ähnlich AK-*Lesting/Burkhardt* § 41 LandesR Rdn. 34.
137 *Laubenthal/Nestler/Neubacher/Verrel* E Rdn. 128 f.; AK-*Lesting/Burkhardt* § 41 LandesR Rdn. 18.
138 *Laubenthal/Nestler/Neubacher/Verrel* E Rdn. 128; AK-*Lesting/Burkhardt* § 41 LandesR Rdn. 17.

In einigen Bundesländern wird – ähnlich VV Nr. 2 zu § 11 StVollzG – zusätzlich zwi- **10** schen ständiger Aufsicht und Aufsicht in unregelmäßigen Abständen differenziert (so in **BE** § 45 Abs. 2 Satz 1; **BB** § 49 Abs. 4 Satz 1; **HB** § 41 Abs. 2 Satz 1; **MV** § 41 Abs. 2 Satz 1; **RP** § 48 Abs. 4 Satz 1; **SL** § 41 Abs. 2 Satz 1; **SN** § 41 Abs. 2 Satz 1; **ST** § 45 Abs. 1 Nr. 5; **SH** § 58 Abs. 1 Satz 1; **TH** § 49 Abs. 4 Satz 1). Als gegenüber der ständigen Aufsicht strengere Stufe ist zudem die ständige und umitttelbare Aufsicht, die in VV Nr. 2 zu § 11 StVollzG ebenfalls erwähnt wird und zudem bei der Ausführung (vgl. Rdn. 7) von Bedeutung ist, zu berücksichtigen. Entsprechende Differenzierungen der Aufsichtsintensität finden sich auch in VV Nr. 2.1 zu **BW** § 9 III, VV Nr. 5 Abs. 1 zu **BY** Art. 13, VV Nr. 2 Abs. 1 zu **HB** § 41 und VV § 9 Nr. 4.3.1 zu **HE** § 13. Bei der **Außenbeschäftigung unter ständiger und unmittelbarer Aufsicht** ist, wie VV Nr. 2.2 zu **BW** § 9 III ausdrücklich anordnet, aber verallgemeinerbar ist,[139] „das zahlenmäßige Verhältnis zwischen Gefangenen und aufsichtsführenden Vollzugsbediensteten so festzusetzen, dass diese das Verhalten und die Vollzähligkeit der Gefangenen jederzeit überblicken können." Eine Außenbeschäftigung unter diesen Bedingungen ist praktisch kaum möglich, weil Arbeitsabläufe und sonstige Gegebenheiten – z.B. Toilettenbesuch – dies kaum zulassen. **Außenbeschäftigung unter ständiger Aufsicht** bedeutet hingegen – wiederum verallgemeinerbar – nach VV Nr. 2.3 zu **BW** § 9 III, dass „Vollzugsbedienstete die Gefangenen nicht im Blickfeld zu behalten [brauchen], sofern ständige äußere Vorrichtungen gegen ein Entweichen bestehen",[140] z.B. bei Arbeiten in einer geschlossenen Halle. Eine **Außenbeschäftigung unter Aufsicht in unregelmäßigen Zeitabständen** besteht schließlich, wenn die Anstaltsleitung – hier der wieder generalisierbaren VV Nr. 2.3 Satz 1 zu **BW** § 9 III folgend – „unter Berücksichtigung der Umstände des Einzelfalles fest[setzt], in welchen zeitlichen Mindestabständen sich die Vollzugsbediensteten über das Verhalten und die Vollzähligkeit der Gefangenen zu vergewissern haben."[141] Der maximal zulässige Zeitabstand soll dabei nach VV Nr. 2.3 Satz 2 zu **BW** § 9 III zwei Stunden betragen.

Für die **Intensität der Beaufsichtigung** sind die Zahl der Gefangenen, die Art der Arbeit und die örtlichen Gegebenheiten zu berücksichtigen; dem beaufsichtigenden Vollzugspersonal sind entsprechende **Weisungen** durch die Anstaltsleitung zu erteilen (so ausdrücklich auch VV Nr. 2 Abs. 2 zu **HB** § 41; VV Nr. V zu **HH** § 12). Die Beschäftigung von Gefangenen außerhalb von Anstaltsbetrieben, aber noch innerhalb des durch Zaun oder Mauer gesicherten Anstaltsgeländes (z.B. Garten- und Hofarbeiten) stellt keine Außenbeschäftigung dar (anders dagegen z.B. bei Arbeiten auf außerhalb der Mauer gelegenem Anstaltsgelände). Auch Außenbeschäftigung von Gefangenen zusammen mit freien Arbeiter/innen ist möglich. Die Verantwortung für die Aufsicht der Gefangenen bleibt aber bei den staatlichen Bediensteten. Die obigen (Rdn. 7) Ausführungen zum weitestmöglichen **Verzicht** auf das Tragen von als solcher erkennbarer **Anstaltskleidung** durch die Gefangenen und von **Uniformen** durch die Bediensteten gelten für die Außenbeschäftigung entsprechend. Gerade als solche erkennbare Arbeitskolonnen Strafgefangener können für die Beteiligten besonders diskriminierende Wirkung haben.[142] Ein grundsätzlicher Ausschluss Gefangener bestimmter Strafanstalten mit höherer Sicherheitsstufe von der Außenbeschäftigung, wie in VV § 9 Nr. 4.3.3 zu **HE** § 13 vorgesehen, ist unzulässig (Arg.: Rdn. 16 a.E.). Zu Begrenzungen mit Blick auf die schon zurückgelegte oder noch zu erwartende **Verbüßungszeit** siehe unten, Rdn. 35 f.

---

139 Und so auch schon praktisch wortgleich von *Ullenbruch* in der hiesigen Vorauflage (§ 11 Rdn. 7) vertreten wurde.
140 Auch insofern praktisch wortgleich bereits *Ullenbruch* in der hiesigen Vorauflage (§ 11 Rdn. 7).
141 Erneut ist dies praktisch wortgleich mit *Ullenbruch* in der hiesigen Vorauflage (§ 11 Rdn. 7).
142 Zutreffend AK-*Lesting/Burkhardt* § 41 LandesR Rdn. 16.

11   Die Gewährung einer Beihilfe zu den eigenen **Kosten** im Rahmen einer vollzugsöffnenden Maßnahme (z.B. Fahr- und Verpflegungsgeld bei gemeinnütziger Arbeit außerhalb der Anstalt) liegt als soziale Leistung im Ermessen der Anstalt[143] und kommt insbesondere bei bedürftigen Gefangenen in Betracht. Grundsätzlich gehen Reisekosten, Lebensunterhalt und andere Aufwendungen im Rahmen vollzugsöffnender Maßnahmen daher zulasten der Gefangenen (so das Gesetz in **NW** § 53 Abs. 7, zudem u.a. auch VV Nr. 1 Abs. 6 zu **BE** § 42; VV Nr. I.8 zu **HH** § 12; VV § 9 Nr. 4.1.6 zu **HE** § 13; VV Nr. 8 Abs. 2 zu **SL** § 38), allerdings ist eine Beihilfe jedenfalls dann zu gewähren, wenn sonst die vollzugsöffnende, der Resozialisierung dienende Maßnahme an den Kosten scheitern würde.[144] Siehe ergänzend Rdn. 25.

12   **c) Ausgang.** Beim **Ausgang** wird angeordnet, dass ein/e Gefangene/r für eine bestimmte Tageszeit die Anstalt ohne Aufsicht Vollzugsbediensteter verlassen darf. Wie schon in 10.B Rdn. 3 erwähnt, differenzieren fast alle Landesgesetze (außer **BY** Art. 13 Abs. 1 Nr. 2; **NI** § 13 Abs. 1 Nr. 2) nun – anders als § 11 Abs. 1 Nr. 2 StVollzG – zwischen Ausgang in Begleitung einer von der Anstalt zugelassenen Person (**Begleitausgang**) und **unbegleitetem Ausgang** (so **BW** § 9 Abs. 2 Nr. 2 III; **BE** § 42 Abs. 2 Nr. 1 u. 2; **BB** § 46 Abs. 1 Satz 1 Nr. 1 u. 2; **HB** § 38 Abs. 1 Nr. 1 u. 2; **HH** § 12 Abs. 1 Satz 1 Nr. 2 u. 3; **HE** § 13 Abs. 3 Satz 1 Nr. 3; **MV** § 38 Abs. 1 Nr. 1 u. 2; **NW** § 53 Abs. 2 Nr. 2; **RP** § 45 Abs. 1 Satz 1 Nr. 1 u. 2; **SL** § 38 Abs. 1 Nr. 1 u. 2; **SN** § 38 Abs. 1 Nr. 1 u. 2; **ST** § 45 Abs. 1 Nr. 2 u. 3; **SH** § 55 Abs. 1 Nr. 1 u. 2; **TH** § 46 Abs. 1 Satz 1 Nr. 1 u. 2). Freilich waren Begleitausgänge auch nach altem Recht schon möglich, und zwar als Ausgang mit Weisung (§ 14 Abs. 1 StVollzG), sich durch eine bestimmte Person begleiten zu lassen. Dies gilt auch weiterhin in **BY** und **NI**.

13   **Begleitausgang** ist eine gegenüber einem unbegleiteten Ausgang unter geringeren Voraussetzungen zulässige Maßnahme, da die Begleitung etwaige (Rest-)Bedenken mit Blick auf eine sonst ggf. bestehende **Flucht- oder Missbrauchsgefahr** (hierzu generell unter Rdn. 49 ff.) ausräumen kann.[145] Dies gilt bei langstrafigen Gefangenen auch unabhängig von einer konkreten Entlassungsperspektive;[146] die Erläuterungen zu Ausführungen zur **Erhaltung der Lebenstüchtigkeit** in Rdn. 6 gelten insofern entsprechend. Der Zweck einer Begleitung erschöpft sich darin aber nicht, sondern kann auch in der Hilfe für die inhaftierte Person liegen, z.B. bei langstrafigen Gefangenen, die sich in der heutigen, weitgehend digitalisierten Welt außerhalb des Vollzugs u.U. nicht gut allein zurechtfinden.[147] Begleitpersonen können sowohl Bedienstete der Anstalt als auch Externe sein.[148]

14   Erfolgt eine **Begleitung durch Bedienstete**, ist eine **Abgrenzung von der Ausführung** erforderlich. Im Ausgangspunkt ist diese einfach: Bei der Ausführung wird beaufsichtigt, beim Ausgang nur begleitet. Der Sache nach ist damit zunächst eine geringere Intensität der Kontrolle gemeint: Die Aufsicht erfordert ständige und unmittelbare Aufsicht (oben, Rdn. 7), so dass durchaus auch dann, wenn zwar gelegentliche, aber nicht durchgängige Kontrolle erforderlich ist, ein Begleitausgang durch Bedienstete in Frage kommt. Die Gegenauffassung[149] berücksichtigt nicht ausreichend, dass andernfalls in

---

143 KG Berlin 20.4.2006 – 5 Ws 598/05 Vollz, StV 2007, 313; vgl. auch § 13 Rdn. 36.
144 Zutreffend AK-*Lesting/Burkhardt* § 38 LandesR Rdn. 108.
145 **MV** LT-Drucks. 6/1337, 96; vgl. auch bereits OLG Celle ZfStrVo **SH** 1979, 11.
146 Zutreffend OLG Koblenz 31.1.2014 – 2 Ws 689/13 (Vollz), FS 2015, 67 zu **RP** § 45.
147 AK-*Lesting/Burkhardt* § 38 LandesR Rdn. 5.
148 **MV** LT-Drs. 6/1337, 96.
149 AK-*Lesting/Burkhardt* § 38 LandesR Rdn. 5.

den Fällen, in denen zumindest eine solche geringfügige Kontrolle nötig ist, trotzdem auf die Ausführung zurückgegriffen werden müsste, womit dann aber eine Übersicherung einherginge, die auch dem Verhältnismäßigkeitsgrundsatz nicht entspräche.[150] Der Schwerpunkt der Begleitung liegt aber nie auf Kontrolle, sondern auf **sozialer Unterstützung** der oder des Gefangenen mit Blick auf den Ausgangszweck. Kontrolle ist also nicht der Zweck des Begleitausgangs (insofern zutreffend VV Nr. III.4 Satz 2 zu **HH** § 12), sondern nur ein Nebeneffekt. Kommt es bei einem Ausgang, der durch Bedienstete begleitet wird, zu einem **Fluchtversuch**, kann der oder die Bedienstete, wenn er oder sie dazu von der Anstaltsleitung zuvor ermächtigt wurde, die Maßnahme unmittelbar widerrufen, wodurch das Festnahmerecht nach den entsprechenden landesrechtlichen Regelungen (**BW** § 66 III; **BY** Art. 95; **BE** § 85; **BB** § 89; **HB** § 78; **HH** § 73; **HE** § 49; **MV** § 77; **NI** § 80; **NW** § 128 Nr. 3 i.V.m. § 87 StVollzG; **RP** § 87; **SL** § 77; **SN** § 82; **ST** § 88; **SH** § 107; **TH** § 88; dazu ausführlich die Kommentierung bei 11.G) unmittelbar ausgelöst wird. VV Nr. III.4 Satz 5 zu **HH** § 12 verpflichtet Hamburger Begleitbedienstete in diesen Fällen sowie bei der Begehung von Straftaten sogar zum Widerruf. Das ist kein „Trick",[151] sondern eine zulässige und unter Umständen sinnvolle rechtliche Konstruktion.

Erfolgt eine **Begleitung durch Externe**, kommen insofern z.B. Bezugspersonen wie **15** Angehörige, Partner/innen, Freund/innen, aber auch Vollzugshelfer/innen u.a. in Betracht (siehe z.B. VV Nr. III.4 Satz 1 zu **HH** § 12). Eine (wechselseitige) Begleitung mehrerer Gefangener durch einander (d.h. ohne nichtgefangene Begleitperson) ist nicht zulässig.[152] Die Vollzugsbehörde ist berechtigt und verpflichtet, vor der Entscheidung über die Gewährung von vollzugsöffnenden Maßnahmen die **Eignung** von Bezugspersonen (auch von nahen Angehörigen) zu überprüfen, sie darf aber die Gewährung nicht davon abhängig machen, dass die Bezugsperson sich in der Anstalt vorstellt und sich ihre Eignung als Betreuungsperson attestieren lässt.[153] Lehnen die Angehörigen oder der oder die Gefangene selbst eine Überprüfung ab, so müssen bestehende Zweifel zu ihren Lasten gehen.[154] Auch muss die Anstalt prüfen, ob anstelle einer als ungeeignet befundenen eine geeignete Betreuungsperson zur Verfügung steht, wobei auch deren Persönlichkeit zu würdigen ist. War die Betreuungsperson einer Straftat verdächtig, so begründet allein die Einstellung des Ermittlungsverfahrens gem. § 153a StPO noch nicht deren Eignung für die Betreuung des Gefangenen,[155] widerlegt diese allerdings auch nicht. Wesentlicher Grund für die Gewährung eines Begleitausgangs ist – gerade bei einer Erstgewährung – die Verringerung des Flucht- oder Missbrauchsrisikos im Falle der Begleitung der Gefangenen durch geeignete Personen, ohne dass diese eine Pflicht zur Beaufsichtigung trifft. Zudem können die Beobachtungen der Begleitpersonen für die künftige Gestaltung vollzugsöffnender Maßnahmen von wesentlicher Bedeutung sein.

Beim Ausgang, ob begleitet oder unbegleitet, dürfte es sich insgesamt um die wohl **16** **bedeutendste vollzugsöffnende Maßnahme** handeln.[156] Sie kann und wird auch zur Vorbereitung und Erprobung für die Gewährung von Langzeitausgang oder Freigang als weitergehende Maßnahmen gewährt,[157] darf aber keineswegs als allein in diesem Sinne

---

150   Siehe insofern auch AK-*Lesting/Burkhardt* § 38 Landes R Rdn. 8.
151   So aber – ablehnend – AK-*Lesting/Burkhardt* § 38 Landes R Rdn. 6.
152   Zweifelnd und im Ergebnis etwas unklar AK-*Lesting/Burkhardt* § 38 Landes R Rdn. 9.
153   OLG Frankfurt ZfStrVo 1985, 120; OLG Karlsruhe ZfStrVo 1983, 181, vgl. auch OLG Frankfurt ZfStrVo 1983, 249.
154   Vgl. auch *Kimpel* in *Böhm/Schäfer* 1989, 58.
155   OLG Frankfurt LS BlStV 2/1982, 3.
156   So zutreffend *Feest/Lesting* ZfStrVo 2005, 76, 79.
157   Vgl. KG BlStV 4/5/1990, 5.

vorbereitende Maßnahme missdeutet werden, sondern hat eigenständige Bedeutung.[158] **Ausgangsanlässe** sind die Erledigung persönlicher Angelegenheiten der Gefangenen (auch zur Entlassungsvorbereitung; dazu näher unter 10.G) oder sonstige Gründe der Resozialisierung. Beispielsweise kann der Ausgang zur Teilnahme an Unterricht, Aus- und Fortbildung, an kulturellen, religiösen, politischen oder sportlichen Veranstaltungen dienen.[159] Häufig wird **Ausgang anstelle eines Besuches** in der Anstalt gewährt. Dies ist zum einen in der Form des Begleitausgangs möglich, wenn die zu besuchenden Personen die/den Gefangene/n in der Anstalt abholen, zum anderen auch als unbegleiteter Ausgang, bei dem das Zusammentreffen mit den zu besuchenden Personen erst andernorts erfolgt. Gefangenen kann im Ausgang die Benutzung eines Kfz gestattet werden.[160] Der Zielort des Ausganges kann entfernungsmäßig beschränkt werden. Auch kann von den Gefangenen verlangt werden, dass sie den Zweck des Ausgangs in nachprüfbarer Weise angeben. Unzulässig ist es, **Gefangene im geschlossenen Vollzug** grundsätzlich vom Ausgang auszuschließen.[161] Dasselbe gilt, soweit ein solcher pauschaler Ausschluss nur für geschlossene Anstalten mit höherer Sicherheitsstufe und nur für unbegleitete Ausgänge (und zudem Langzeitausgänge und Freigang) erfolgt, wie dies in VV § 9 Nr. 4.1.2 zu **HE** § 13 der Fall ist. Die Prüfung vollzugsöffnender Maßnahmen hat individualisiert zu erfolgen und aus dem Gesetz ergibt sich nicht, dass bestimmte vollzugsöffnende Maßnahmen Gefangenen aus Anstalten bestimmter Sicherheitsstufen von vornherein und ohne Ansehung des Einzelfalls vorenthalten werden können. Der Ausgang ist immer in **Privatkleidung** bzw., wenn solche nicht vorhanden ist und auch nicht beschafft werden kann, in von der Anstalt zu stellender, aber nicht als Anstaltskleidung erkennbarer Zivilkleidung anzutreten (so zutreffend VV § 9 Nr. 4.1.4 zu **HE** § 13). Dies folgt daraus, dass schon bei der Ausführung nur in Ausnahmefällen Anstaltskleidung zu tragen ist und entspricht zudem Nr. 20.4 der European Prison Rules (nähere Erläuterung: Rdn. 7).[162] Auch haben Bedienstete bei Begleitausgängen zwingend Zivilkleidung zu tragen, weil sie dies schon bei der Ausführung in aller Regel müssen (auch insofern zur näheren Begründung Rdn. 7; problematisch daher VV Nr. III.4 Satz 4 zu **HH** § 12, der insofern Ausnahmen zulassen will).[163] Zu den **Kosten** des Ausgangs gelten Rdn. 11 und 25 entsprechend.

17 Die **Dauer des Ausgangs** wird im Einzelfall bestimmt. Seine **Höchstdauer** ist in der Mehrzahl der Länder (**BE** § 42 Abs. 1; **BB** § 46 Abs. 1; **HB** § 38 Abs. 1; **MV** § 38 Abs. 1; **NW** § 53 Abs. 2; **RP** § 45 Abs. 1; **SL** § 38 Abs. 1; **SN** § 38 Abs. 1; **ST** § 45 Abs. 1; **SH** § 55 Abs. 1; **TH** § 46 Abs. 1 Satz 1) im Vergleich zur früheren Rechtslage auf **24 Stunden** ausgedehnt worden, so dass auch **max. eine Übernachtung** außerhalb der Anstalt im Rahmen des Ausgangs in Betracht kommt. Das gilt auch in **HB**, **NW** und **ST**, obwohl dort die 24-Stunden-Grenze nicht klar im Gesetz enthalten ist. Allerdings wird dort der Langzeitausgang jeweils als „mehrere Tage" bzw. „mehr als einen Tag" (d.h. jeweils: mehr als 24 Stunden) dauernd beschrieben (**HB** § 38 Abs. 1 Nr. 3; **NW** § 53 Abs. 2 Nr. 3; **ST** § 45 Abs. 1 Nr. 4), woraus sich entsprechende Rückschlüsse für die Höchstdauer des regulären Ausgangs ergeben. Hingegen war nach dem StVollzG, wie sich aus der Zusammenschau von § 11

---

158 *Laubenthal/Nestler/Neubacher/Verrel* E Rdn. 136.
159 Beispiele aus der Rechtsprechung: Ausgang zur Teilnahme an Begleitveranstaltungen eines Fernstudiums: OLG Koblenz 25.3.1987 – 2 Vollz (Ws) 12/87, ZfStrVo 1987, 246; zur Teilnahme am Gottesdienst: OLG Stuttgart 18.9.1989 – 4 Ws 243/89, NStZ 1990, 150; zur Therapiesitzung bei einer externen Psychologin: KG Berlin 17.4.1991 – 5 Ws 26/91 Vollz, StV 1991, 570 m. Anm. *Heischel*. Beispiele für Ausgangsanlässe auch in VV Nr. 5.1 zu **BW** § 9 III.
160 OLG Hamm BlStV 1/1981, 7.
161 BVerfG 1.4.1998 – 2 BvR 1951/96, NStZ 1998, 430.
162 *AK-Lesting/Burkhardt* § 38 LandesR Rdn. 10.
163 A.A. als hier, nämlich Ausnahmen zulassend, *AK-Lesting/Burkhardt* § 38 LandesR Rdn. 11.

Abs. 1 Abs. 1 Nr. 2 Var. 2 und § 13 Abs. 1 Satz 1 StVollzG ergibt, der Unterschied zwischen Ausgang und Urlaub (= Langzeitausgang) gerade darin zu sehen, dass der Ausgang **nicht mit einer Übernachtung** verbunden war.[164] Daran dürfte sich für die beiden Länder, die den Langzeitausgang weiterhin Urlaub nennen (**BY** Art. 14 Abs. 1; **NI** § 13 Abs. 1 Nr. 3), nichts geändert haben. Dasselbe gilt jedoch auch für die drei Bundesländer, die den Langzeitausgang als Freistellung aus bzw. von der Haft (**BW** § 9 Abs. 2 Nr. 3 III; **HH** § 12 Abs. 1 Satz 1 Nr. 4; **HE** § 13 Abs. 3 Satz 1 Nr. 4) bezeichnen, weil diese – abgesehen von der Bezeichnung – sich ersichtlich strukturell an der Urlaubsregelung des StVollzG orientiert haben. Hiernach gelten in den Ländern **unterschiedliche Höchstgrenzen** für den Ausgang. Für eine darüber hinausgehende Begrenzung des Ausgangs (Rückkehr bis 24 Uhr) gibt es hingegen keine rechtliche Grundlage.[165] Es ist auch zulässig, dass ein/e Gefangene/r für eine bestimmte Tageszeit Ausgang erhält und ihm/ihr in unmittelbaren Anschluss daran Langzeitausgang gewährt wird.[166] Seit der BGH[167] entschieden hat, dass der Tag, in den der Antritt des Langzeitausgangs (damals: Urlaub) fällt, nach § 187 BGB nicht mitgezählt wird, besteht für eine Koppelung von Ausgang und Langzeitausgang aber nur noch ein geringer Bedarf. Der Vorteil liegt darin, dass der Ausgang nicht auf die Höchstzahl an Urlaubstagen (Tagen des Langzeitausgangs) angerechnet wird. Solche Höchstgrenzen kennen aber nicht mehr alle Landesgesetze (siehe unten, Rdn. 20).

Die **Häufigkeit** oder **Gesamtdauer** des **Ausgangs** regeln die Landesgesetze nicht (zum Langzeitausgang vgl. aber Rdn. 20). Soweit teils in VV eine Höchststundenzahl an monatlich zu gewährenden Ausgängen festgelegt wird (so in Nr. 8 Abs. 2 Satz 1 und Abs. 3 zu Art. 13 **BY**: grundsätzlich 16 Stunden, in der Sozialtherapie u.U. auch 32 Stunden), ist das evident rechtswidrig. Zu Begrenzungen mit Blick auf die schon zurückgelegte oder noch zu erwartende **Verbüßungszeit** siehe unten, Rdn. 35 f. Zur **verspäteten Rückkehr** siehe oben, Rdn. 2.

Ein **Antrag** auf Gewährung von Langzeitausgang enthält nicht zugleich das Begehren, wenigstens einfachen Ausgang zu bewilligen, falls der Langzeitausgang nicht gewährt wird.[168] Selbstverständlich ist es aber zulässig, einen solchen Hilfsantrag ausdrücklich mit dem Antrag auf Gewährung von Langzeitausgang zu verbinden.

d) Langzeitausgang. Wie bereits in 10.B Rdn. 4 einleitend erörtert wurde, vermeiden die meisten Landesgesetze nun den Begriff **Urlaub**, den das Bundesgesetz in § 13 StVollzG für Aufenthalte außerhalb der Anstalt mit mindestens einer Übernachtung vorgesehen hatte.[169] Grund für die Änderungen dürften überall Befürchtungen gewesen sein, der Begriff könnte – insbesondere in der Öffentlichkeit – im Sinne eines Erholungsurlaubs missverstanden werden.[170] Nur noch **BY** Art. 14 Abs. 1 und **NI** § 13 Abs. 1 Nr. 3 folgen der alten Terminologie, während entsprechende Aufenthalte in **BW** § 9 Abs. 2

18

---

164 So *Ulenbruch* in der Voraufl., § 13 Rdn. 1; anders (jeder Ausgang bis nach 24 Uhr ist bereits als Urlaub anzusehen) *Arloth/Krä* § 13 Rdn. 3 StVollzG.
165 Wie hier AK-*Lesting/Burkhardt* § 38 LandesR Rdn. 12f; a.A. *Arloth/Krä* § 13 StVollzG Rdn. 3; *K/S-Schöch* 2002 § 7 Rdn. 41 sowie Ullenbruch in der hiesigen Voraufl., § 11 Rdn. 8.
166 OLG Celle 5.2.1981 – 3 Ws 454/80, NStZ 1981, 276; OLG Hamm ZfStrVo 1986, 115; OLG Hamm 2.4.1987 – 1 Vollz (Ws) 80/87, ZfStrVO 1987, 373.
167 BGH 24.11.1987 – 5 AR Vollz 6/87, ZStrVO 1988, 243.
168 OLG Celle BlStV 4/5/1989, 7.
169 So *Ulenbruch* in der Voraufl., § 13 Rdn. 1; anders (jeder Ausgang bis nach 24 Uhr ist bereits als Urlaub anzusehen) *Arloth/Krä* § 13 Rdn. 3 StVollzG.
170 So ausdrücklich **HE** LT-Drucks. 18/1396, 84; **NW** LT-Drucks. 16/5413, 75; zum strafvollzugsrechtlichen Begriff des Urlaubs im Vergleich zum allgemeinsprachlichen und arbeitsrechtlichen vgl. auch *Dopslaff* NStZ 1986, 190.

Nr. 3 III, **HH** § 12 Abs. 1 Satz 1 Nr. 4 und **HE** § 13 Abs. 3 Satz 1 Nr. 4 als **Freistellung aus bzw. von der Haft** bezeichnet werden. Mehrheitlich wird noch ein anderer Begriff verwendet, nämlich der des **Langzeitausgangs** (BE § 42 Abs. 1 Nr. 3; **BB** § 46 Abs. 1 Satz 1 Nr. 3; **HB** § 38 Abs. 1 Nr. 3; **MV** § 38 Abs. 1 Nr. 3; **NW** § 53 Abs. 2 Nr. 3; **RP** § 45 Abs. 1 Satz 1 Nr. 3; **SL** § 38 Abs. 1 Nr. 3; **SN** § 38 Abs. 1 Nr. 3; **ST** § 45 Abs. 1 Nr. 4; **SH** § 55 Abs. 1 Nr. 3; **TH** § 46 Abs. 1 Satz 1 Nr. 3). Dieser wird in der hiesigen Kommentierung, wo immer möglich, zu Grunde gelegt und meint insofern auch den Urlaub und die Freistellung aus bzw. von der Haft mit. Damit soll indes nicht verschleiert werden, dass der Begriff des Langzeitausgangs in allen Landesgesetzen, in denen er sich ausdrücklich findet, einen etwas anderen Inhalt hat, als er eben für den Urlaub nach dem StVollzG angegeben wurde. Langzeitausgang ist nämlich in diesen Gesetzen Ausgang von mehr als 24 Stunden Dauer, während dort, wo man auf Freistellung aus bzw. von der Haft oder noch auf Urlaub abstellt, damit weiterhin alle Ausgänge mit mindestens einer Übernachtung außerhalb der Anstalt gemeint sind; näher und mit Begründung Rdn. 17.

Der Langzeitausgang im o.g. Sinne dient – wie die anderen vollzugsöffnenden Maßnahmen – der **Resozialisierung**.[171] Ein solcher Langzeitausgang kommt grundsätzlich für alle Strafgefangenen in Frage. Langzeitausgang stellt keine Belohnung für beanstandungsfreies Vollzugsverhalten dar, sondern ist eine vollzugsöffnende Maßnahme zur Erreichung des Vollzugsziels und als regelmäßiger Bestandteil einer (längeren) Freiheitsstrafe zu verstehen. Er soll die aus der Isolierung in der Anstalt folgenden Gefahren für die Lebenstüchtigkeit der Gefangenen und die Belastung ihrer Angehörigen und sonstigen nahestehenden Personen vermindern. Er dient dazu, die Kontakte der Gefangenen mit der übrigen Gesellschaft, insbesondere wiederum mit nahestehenden Personen, aufrechtzuerhalten und die Gefangenen in die Gesellschaft zu integrieren. Den Gefangenen wird die Gelegenheit gegeben, sowohl ihre Bindungen zu festigen, als auch sich unter normalen Lebensbedingungen zu bewähren.[172] Diese Zwecke verleihen dem Langzeitausgang ein verstärktes Gewicht, je näher das Strafende herankommt.[173] Ein Langzeitausgang hat grundsätzlich nicht die Aufgabe, den Gesundheitszustand von Gefangenen zu verbessern.[174] Er kann kein Ersatz für eine nicht gewährte Vollstreckungsunterbrechung (gem. § 455 Abs. 4 StPO i.V.m. §§ 45, 46 StVollstrO) wegen Haftunfähigkeit (zu dieser auch Rdn. 4) sein, es sei denn, die Gewährung von Langzeitausgang wäre die einzige Möglichkeit, z.B. ein Herzinfarktrisiko spürbar und dauerhaft zu verringern.[175]

Sonderregeln gelten für den Langzeitausgang zur Entlassungsvorbereitung (dazu unter 10.G Rdn. 10ff.), aus wichtigem Anlass (dazu unter 10.D Rdn. 4ff.) und als Form der weiteren Freistellung von der Arbeit (dazu unter 4.C). Ob **Langzeitausgang zur Erreichung des Vollzugsziels** oder **aus wichtigem Anlass** gewährt wird, ist für Gefangene in vielen Bundesländern für die Anrechnung auf etwa bestehende Kontingente (teils für die eine, teils für andere Form des Langzeitausgangs, teils für beide) von Bedeutung. Zur Abgrenzung siehe insofern unter 10.D Rdn. 7.

19 Ab wann Langzeitausgang in Frage kommt, ist im Vollzugsplan zu erfassen (vgl. Rdn. 5) und mit den Gefangenen zu erörtern. Zu Begrenzungen mit Blick auf die schon zurückgelegte oder noch zu erwartende **Verbüßungszeit** siehe unten, Rdn. 34ff, zur

---

171 Vgl. OLG Saarbrücken ZfStrVo **SH** 1978, 4; *Arloth/Krä* § 13 StVollzG Rdn. 1; *Laubenthal/Nestler/Neubacher/Verrel* E Rdn. 171; AK-*Lesting/Burkhardt* § 38 LandesR Rdn. 17.
172 OLG Frankfurt NJW 1977, 3448.
173 OLG München 6.11.1979 – 1 Ws 1299/79.
174 OLG Bremen 12.4.1985 – Ws 218/84, NStZ 1985, 334.
175 OLG Frankfurt ZfStrVo **SH** 1979, 28; OLG Frankfurt 22.4.1980 – 3 Ws 213/80 (StVollz), NStZ 1981, 157; AK-*Lesting/Burkhardt* § 38 LandesR Rdn. 21.

verspäteten Rückkehr siehe oben, Rdn. 2. Auch sollten Gefangene angehalten werden, den Langzeitausgang zeitlich vernünftig zu **planen** und **einzuteilen**; dazu in Rdn. 21. Der **Antrag** auf Langzeitausgang kann durch die Gefangenen selbst, durch Angehörige, aber auch eine/n mit der Betreuung befasste/n Bedienstete/n oder Vollzugshelfer/in gestellt werden. Zweckmäßig ist es, dass die bzw. der zuständige Bedienstete zu gegebener Zeit bereits vor Antragstellung mit der bzw. dem Gefangenen die Frage des Langzeitausgangs, die für die meisten von zentraler Bedeutung ist, ausführlich erörtert, um Enttäuschungen durch Ablehnungen möglichst zu vermeiden. Die eigentliche Antragstellung muss so rechtzeitig erfolgen, dass eine Entscheidung vor Antritt des Langzeitausgangs möglich ist. VV Nr. 7 Abs. 1 Satz 2 zu § 13 StVollzG gab insofern eine **Soll-Frist** von einem Monat vor; diese findet sich z.B. auch in VV Nr. 7 Abs. 1 Satz 2 zu **BY** Art. 14 und Nr. 9 Abs. 1 Satz 2 zu **HB** § 38. Nach VV Nr. 6 Abs. 1 Satz 2 bis 4 zu **BE** § 42 genügen grundsätzlich zwei Wochen, es sei denn, es wird auch Freistellung gem. **BE** § 27 beantragt (dann ein Monat). Gefangene haben Anspruch darauf, dass über ihren Langzeitausgang in angemessener Zeit entschieden wird.[176] Bei erheblichen Verspätungen (drei Monate und mehr) kommt ein Amtshaftungsanspruch in Frage.[177]

Nach § 13 Abs. 1 Satz 1 StVollzG betrug die Höchstdauer des Urlaubs 21 Tage im Jahr. **20** In den Landesgesetzen findet sich nun teils dieselbe, teils eine andere **Höchstgrenze für den Langzeitausgang**, teils gibt es auch gar keine Beschränkungen nach oben: **21 Tage** gelten weiterhin in **BW** § 9 Abs. 2 Nr. 3 III, **BY** Art. 14 Abs. 1 Satz 1, **HE** § 13 Abs. 3 Satz 1 Nr. 4 und **NI** § 13 Abs. 1 Nr. 3; in **HH** 12 Abs. 1 Satz 1 Nr. 4 und **NW** § 54 Abs. 1 Satz 1 sind **24 Tage** vorgesehen, in **SH** § 55 Abs. 1 Nr. 3 **30 Tage**. Als Besonderheit findet sich in **ST** § 45 Abs. 7 Satz 1 die Obergrenze von 21 Tagen als Soll-Grenze. **Keine Begrenzungen** beim Langzeitausgang sehen **BE** § 42 Abs. 1 Nr. 3, **BB** § 46 Abs. 1 Satz 1 Nr. 3, **HB** § 38 Abs. 1 Nr. 3, **MV** § 38 Abs. 1 Nr. 3, **RP** § 45 Abs. 1 Satz 1 Nr. 3, **SL** § 38 Abs. 1 Nr. 3, **SN** § 38 Abs. 1 Nr. 3 und **TH** § 46 Abs. 1 Satz 1 Nr. 3 vor. Dort, wo eine Obergrenze gilt, erhöht sich diese nicht entsprechend § 208 Abs. 1 Satz 1 SGB IX für schwerbehinderte Gefangene;[178] gemeint ist dort Erholungsurlaub, sodass eine Anwendung auf den der Resozialisierung dienenden, früher (und in **BY, NI** weiterhin) missverständlich als „Urlaub" bezeichneten Langzeitausgang nicht in Frage kommt; zur Gewährung von Langzeitausgang aus wichtigem Anlass in diesen Fällen vgl. aber 10.D Rdn. 4.

Gemäß VV Nr. 2 Abs. 3 zu § 13 StVollzG entfielen auf **jeden angefangenen Kalendermonat** der voraussichtlichen Vollzugsdauer im Rahmen der Höchstdauer des § 13 Abs. 1 in der Regel nicht mehr als zwei Tage des Langzeitausgangs. Eine entsprechende Regelung findet sich in VV Nr. 6.3 zu **BW** § 9 III, VV Nr. 2 Abs. 3 zu **BY** Art. 14, VV Nr. IV.2 Satz 4 zu **HH** § 12 und VV § 9 Nr. 4.7.2 zu **HE** § 13. Danach erhält z.B. ein/e Gefangene/r, die oder der eine Freiheitsstrafe von acht Monaten vom 5.9.2018 bis 4.5.2019 verbüßt, höchstens 18 Tage Langzeitausgang. Diese Regelung steht mit dem Gesetz nicht in Einklang, da sie eine unzulässige Bestimmung zur Verkürzung des Langzeitausgangs darstellt (siehe ergänzend auch Rdn. 34).[179]

Auf die **Fristberechnung** findet § 187 Abs. 1 BGB Anwendung; es wird also der Tag, in den der Beginn des Langzeitausgangs fällt, nicht mitgezählt, wohl aber der Tag, an dem der Langzeitausgang endet.[180] Der oder die Gefangene wird am letzten Tag des

---

176 BVerfG 26.2.1985 – 2 BvR 1145/83, NStZ 1985, 283.
177 LG Hamburg 21.12.1993 – 303 O 113/93, ZfStrVo 1995, 245.
178 OLG Bremen 12.4.1985 – Ws 219/84, NStZ 1985, 334 zur Vorgängerregelung in § 44 SchwbG.
179 OLG Hamm NStZ 1981, 455; OLG Hamm 13.1.1988 – 1 Vollz (Ws) 310/87, NStZ 1988, 331; OLG Koblenz ZfStrVo 1981, 246; *Laubenthal/Nestler/Neubacher/Verrel* E Rdn. 204; *Arloth/Krä* § 13 StVollzG Rdn. 6.
180 BGH 24.11.1987 – 5 AR Vollz 6/87, NJW 1988, 1989 = NStZ 1988, 148.

Langzeitausgangs in der Regel vor 24 Uhr in der Anstalt eintreffen müssen,[181] jedoch vor allem aus vollzugsorganisatorischen Gründen, sodass auch eine spätere Rückkehr bei Bedarf bewilligt werden kann (siehe auch Rdn. 17). Die Fristberechnung wirkt sich für Gefangene umso günstiger aus, je mehr der Langzeitausgang zeitlich gestückelt wird.[182]

21 Die **Aufteilung des Langzeitausgangs** sollte mit den Gefangenen ab Beginn der Bewilligungsfähigkeit dieser Maßnahme möglichst für das kommende Jahr im Voraus besprochen werden. In der Regel sollten nicht mehr als sieben Tage Langzeitausgang zusammenhängend gewährt werden. Durch Gewährung von zu langem Langzeitausgang können Gefangene überfordert werden. Die Missbrauchsgefahr kann bei wachsender Dauer des Langzeitausgang steigen, z.B. wenn Bezugspersonen nicht über so lange Zeit für Gefangene zur Verfügung stehen können. In besonderen Fällen, z.B. bei Besuch von Angehörigen aus dem Ausland, ist ein längerer zusammenhängender Langzeitausgang vertretbar. Bei der Aufteilung sind auch lange Reisewege und die den Gefangenen entstehenden Kosten zu berücksichtigen.[183] Ermessensfehlerhaft ist es in den Bundesländern, in denen Langzeitausgänge (dann im Gesetz als Urlaub oder Freistellung von bzw. aus der Haft bezeichnet) schon ab einer Übernachtung anzunehmen sind (Rdn. 18), die Gefangenen zu verpflichten, im Regelfall mindestens zwei Tage Langzeitausgang zu nehmen, auch wenn nur eine kurze Reisezeit benötigt wird.[184] Allerdings ist mit der Gewährung eines eintägigen Langzeitausgangs ein erheblicher Verwaltungsaufwand für die Anstalt verbunden. Eine Aufteilung des Langzeitausgangs in der Weise, dass ein/e Gefangene/r am Ende eines solchen Ausgangs nur zum Schlafen in die Anstalt zurückkehrt, um am folgenden Morgen den nächsten Langzeitausgang anzutreten mit der Folge, dass der Tag des Beginns des zweiten Langzeitausgangs nicht angerechnet wird, kann die Anstaltsleitung ablehnen, da eine solche Aufteilung zu einer missbräuchlichen Ausweitung des Kontingentes für diese Maßnahme führen würde.[185] Bei kurzer Reisedauer dürfte es auch zulässig sein, den Zeitpunkt des Antritts des Langzeitausgangs erst nach Beendigung der Arbeitszeit des Gefangenen festzusetzen. Die Einteilung des Langzeitausgangs sollte – wie sich aus Sinn und Zweck der Maßnahme ergibt – den Gefangenen nicht im Einzelnen vorgeschrieben werden. Vollzugsorganisatorische Gesichtspunkte, z.B. die Auftragslage in einem Anstaltsbetrieb, in dem die betreffenden Gefangenen beschäftigt sind, können aber berücksichtigt werden, soweit für sie keine Gründe bestehen, den Langzeitausgang zu genau bestimmten Terminen zu wählen. Auch kann erwartet werden, dass an einem Lehrgang teilnehmende Gefangene in ihrem eigenen Interesse den Langzeitausgang möglichst während der Ferien wählen.

22 Als „Jahr" im Sinne der Vorschriften, die eine Höchstgrenze vorsehen (**BW** § 9 Abs. 2 Nr. 3 III, **BY** Art. 14 Abs. 1 Satz 1, **HH** 12 Abs. 1 Satz 1 Nr. 4; **HE** § 13 Abs. 3 Satz 1 Nr. 4; **NI** § 13 Abs. 1 Nr. 3; **NW** § 54 Abs. 1 Satz 1; **ST** § 45 Abs. 7 Satz 1; **SH** § 55 Abs. 1 Nr. 3) ist nicht das Kalenderjahr, sondern das **Vollstreckungsjahr** anzusehen;[186] dies ist auch in vielen VV klargestellt (z.B. in VV Nr. 6.2 Satz 1 zu **BW** § 9 III; VV Nr. IV.2 Satz 1 zu **HH** § 12; VV

---

[181] OLG Stuttgart 3.11.1988 – 4 Ws 307/88, NStZ 1989, 94 hält 20 Uhr bei Wochenend- und 19 Uhr bei längerem Langzeitausgang für vertretbar; siehe zudem VV Nr. IV.3 zu **HH** § 12: „Gefangene im geschlossenen Vollzug haben in der Regel vor Beginn des Nachteinschlusses in die Anstalt zurückzukehren. Die Rückkehrzeit für Gefangene im offenen Vollzug wird individuell festgelegt."
[182] Vgl. *Rothfischer* ZfStrVo 1988, 80.
[183] Vgl. AK-*Lesting/Burkhardt* 2017 § 38 LandesR Rdn. 28.
[184] OLG Celle 7.8.1992 – 1 Ws 222/92, NStZ 1993, 149.
[185] OLG Hamm 16.8.1990 – 1 Vollz (Ws) 95/90, ZfStrVo 1991, 122 = BlStV 3/1991, 2.
[186] Wie hier *Arloth/Krä* § 13 StVollzG Rdn. 5; *Höflich/Schriever*, 146; *Laubenthal/Nestler/Neubacher/Verrel* E Rdn. 199; a.A. ohne nähere Begründung AK-*Lesting/Burkhardt* § 38 LandesR Rdn. 29.

§ 9 Nr. 4.7.1 zu **HE** § 13) und ergibt sich aus Sinn und Zweck der Regelung, da nur so eine Gleichbehandlung aller Gefangenen unabhängig vom Zeitpunkt des Haftantritts gewährleistet werden kann. In das folgende Vollstreckungsjahr kann der Langzeitausgang zur Erreichung des Vollzugsziels grundsätzlich nicht übertragen werden (so auch VV Nr. 6.2 Satz 2 zu **BW** § 9 III; VV Nr. 2 Abs. 2 Satz 1 zu **BY** Art. 14; VV Nr. IV.2 Satz 2 zu **HH** § 12; VV § 9 Nr. 4.7.2 Satz 4 zu **HE** § 13).[187] Vom **Grundsatz der Nichtübertragung** ist jedoch eine **Ausnahme** geboten, wenn die Vollzugsbehörde die nicht rechtzeitige Gewährung zu vertreten hat (so auch VV Nr. 6.2 Satz 3 zu **BW** § 9 III; VV Nr. 2 Abs. 2 Satz 2 zu **BY** Art. 14; VV Nr. IV.2 Satz 3 zu **HH** § 12; VV § 9 Nr. 4.7.2 Satz 5 zu **HE** § 13),[188] z.B. weil ein Antrag auf Langzeitausgang rechtsfehlerhaft abgelehnt worden ist und dieser Ausgang nur deshalb im laufenden Vollstreckungsjahr nicht mehr gewährt werden kann.[189] Langzeitausgang im Vorgriff auf das Kontingent (Rdn. 20) des nächsten Jahres ist dagegen unzulässig. Sollte ein solcher Ausgang dennoch gewährt worden sein, darf dieser Fehler aber nicht durch Anrechnung auf dieses Kontingent ausgeglichen werden.[190] Bei Vorliegen der Voraussetzungen für eine Gewährung von Langzeitausgang sollte das Kontingent aus Gründen der Resozialisierung auch grundsätzlich ausgeschöpft werden; die Vollzugsbehörde ist dazu allerdings nicht ohne weiteres verpflichtet.[191] Lassen es der Stand des Resozialisierungsprozesses und die Persönlichkeitsentwicklung der Gefangenen im Zeitpunkt der Entscheidung und im Hinblick auf das Vollzugsziel nicht angezeigt erscheinen, so wird die zulässige Höchstdauer im laufenden Jahr nicht gewährt.[192] Ein Überschreiten des Kontingents ist auch als Ausgleich für fehlenden Besuch nicht möglich.[193]

Zwar mit der Verfassung,[194] aber nicht mit den Strafvollzugsgesetzen vereinbar ist es, **23** nur Gefangenen des **offenen Vollzuges** im vollen Umfang Langzeitausgang zu gewähren. Die Regelung betrifft vielmehr ebenso die Gefangenen im **geschlossenen Vollzug**; im Gesetz ist **keine Differenzierung** nach Vollzugsarten vorgesehen.[195] Daher ist es unzulässig, weil ermessensfehlerhaft, in VV generell für Gefangene des geschlossenen Vollzuges nur einen kürzeren Anspruch auf Langzeitausgang (z.B. nur für 12 Tage) vorzusehen.[196] Das der Vollzugsbehörde vom Gesetz eingeräumte Ermessen dient dazu, eine individuelle, auf den Stand des Behandlungsprozesses abgestimmte Maßnahme zu treffen. Auch ist zu berücksichtigen, dass es aus vollzugspraktischen Gründen nicht ausschließbar zu Fehlbelegungen des geschlossenen Vollzugs mit bereits für den offenen Vollzug geeigneten Gefangenen kommt. Erst recht ist es unzulässig, in VV Langzeitausgang für Gefangene im geschlossenen Vollzug oder auch nur in bestimmten Anstalten höherer Sicherheitsstufe ganz auszuschließen (wie in VV § 9 Nr. 4.2.1 zu **HE** § 13; siehe auch schon Rdn. 16).

Umgekehrt heißt dies aber auch, dass für den **offenen Vollzug** eine gesetzlich festgelegte zeitliche Obergrenze des Langzeitausgangs ebenfalls verbindlich ist.[197] § 13 Abs. 4

---

187 OLG Koblenz 11.1.1983 – 2 Vollz (Ws) 77/82, NStZ 1983, 238.
188 AK-*Lesting/Burkhardt* § 38 LandesR Rdn. 29.
189 OLG Rostock 4.5.1994 – I Vollz (Ws) 1/94, BeckRS 1994, 31131326; OLG München 15.7.1983 – 1 Ws 459/83, NStZ 1983, 573; OLG Koblenz, 11.1.1983 – 2 Vollz (Ws) 77/82, NStZ 1983, 238.
190 OLG Celle BlStV 2/1992, 6.
191 OLG Celle 3.1.1979 – 3 Ws 388/78, ZfStrVo 1979, 54; OLG Hamm 13.1.1988 – 1 Vollz (Ws) 310/87, NStZ 1988, 331; *Laubenthal/Nestler/Neubacher/Verrel* E Rdn. 199.
192 OLG Nürnberg 12.10.1983 – Ws 630/83, NStZ 1984, 92.
193 LG Lüneburg 19.2.1981 – 17 StVK 8/81.
194 BVerfG 4.6.1983 – 2 BvR 18/82, NStZ 1983, 478.
195 OLG Celle 22.10.1980 – 3 Ws 386/80, NStZ 1981, 367.
196 Ebenso *Arloth/Krä* § 13 StVollzG Rdn. 8; AK-*Lesting/Burkhardt* § 38 LandesR Rdn. 27; *Laubenthal/Nestler/Neubacher/Verrel* E Rdn. 199; *Dopslaff* NStZ 1982, 261; a.A. OLG Hamm 25.11.1981 – 7 Vollz(Ws) 203/81, NStZ 1982, 135; LG Hamburg ZfStrVo 1978, 2; *Grunau/Tiesler* 1982 Rdn. 11.
197 OLG Celle 22.10.1980 – 3 Ws 386/80, NStZ 1981, 367.

StVollzG war insofern missverständlich und hätte zu der Ansicht führen können, dass die Länder in „für den **offenen Vollzug** geltenden Vorschriften" ermächtigt werden, für Gefangene im offenen Vollzug andere Möglichkeiten des Langzeitausgangs festzusetzen als für Gefangene im geschlossenen Vollzug, beschränkte sich in seiner Bedeutung aber nur auf Abs. 3 und damit auf die Regelung zur Mindestverbüßung bei Gefangenen mit lebenslanger Freiheitsstrafe (dazu unten, Rdn. 35).[198] Eine zu § 13 Abs. 4 StVollzG weitgehend wortgleiche, ebenso auszulegende Regelung findet sich aktuell nur noch in **NI** § 13 Abs. 5.

24 Langzeitausgang ist **nur im Inland** möglich (näher Rdn. 3). Zum Ort des Langzeitausgangs können auch im Übrigen nur negative Vorgaben gemacht werden. So enthalten die VV die Regelung, dass Gefangene ihren Langzeitausgang, teils generell darüber hinaus alle vollzugsöffnenden Maßnahmen, in der Regel nicht in einer **ihrer Eingliederung entgegenwirkenden Umgebung** verbringen dürfen (so bereits VV Nr. 5 Abs. 1 zu § 13 StVollzG; zudem VV Nr. 6.6 zu **BW** § 9 III; VV Nr. 5 Abs. 2 zu **BY** Art. 14; VV Nr. 7 Abs. 1 zu **HB** § 38; VV § 9 Nr. 4.7.4 zu **HE** § 13; VV Nr. 7 Abs. 1 zu **SL** § 38). VV Nr. 1 Abs. 5 zu **BE** § 42 und VV Nr. I.5 zu **HH** § 12 verbieten vollzugsöffnende Maßnahmen in eine entsprechende Umgebung sogar generell. Da es sich um Ermessenrichtlinien handelt, bleibt es indessen auch dort bei der Abweichungsmöglichkeit im Ausnahmefall. Die Berliner Regelung macht zudem eine Ausnahme für Angehörige i.S.d. § 11 Abs. 1 Nr. 1 StGB. Allerdings ist es schwierig, Gefangene daran zu hindern, in ihr soziales Milieu zurückzukehren. Das Verbot gilt nach den VV in **BE** – ohne Angehörigenprivileg – entsprechend für Langzeitausgänge zu Personen, die **Verletzte der Straftat** waren, „wenn aufgrund tatsächlicher Anhaltspunkte zu befürchten ist, dass die Begegnung mit den Gefangenen ihnen schadet". Nach VV Nr. 5 Abs. 1 zu **BY** Art. 14 sollen Langzeitausgänge zudem nicht zu **Vollzugsbediensteten** oder deren Angehörigen erfolgen. Zur Sicherung derartiger Aufenthaltsverbote können entsprechende Weisungen erteilt werden (dazu näher unter 10.E). Auch, um deren Einhaltung zu überwachen, ist es zudem wichtig, dass Gefangene ihre **Anschrift während des Langzeitausgangs** angeben; dies verlangte schon VV Nr. 5 Abs. 2 zu § 13 StVollzG und verlangen jetzt z.B. VV Nr. 6.7 zu **BW** § 9 III; VV Nr. 5 Abs. 3 zu **BY** Art. 14; VV Nr. 6 Abs. 3 zu **BE** § 42; VV Nr. 7 Abs. 2 zu **HB** § 38; VV Nr. IV.4 zu **HH** § 12; VV § 9 Nr. 4.7.5 zu **HE** § 13; VV Nr. 7 Abs. 2 zu **SL** § 38. In **HB** ist zudem vorgesehen, dass Gefangene eine schriftliche Einladung der Bezugsperson vorzulegen haben, in **HE** ist obendrein ein aufwändiges Überprüfungsverfahren in der VV vorgesehen.

25 Wie schon der „einfache" Ausgang (dazu Rdn. 16) ist auch der Langzeitausgang immer in **Privatkleidung** (so bereits VV Nr. 6 Abs. 1 zu § 13 StVollzG und zudem z.B. VV Nr. 6.8 zu **BW** § 9 III; VV Nr. 6 Abs. 1 zu **BY** Art. 14; VV Nr. 1 Abs. 2 zu **BE** § 42; VV Nr. 8 Abs. 1 zu **HB** § 38; VV § 9 Nr. 4.1.4 Satz 1 zu **HE** § 13; VV Nr. 8 Abs. 1 zu **SL** § 38) bzw., wenn solche nicht vorhanden ist und auch nicht beschafft werden kann, in von der Anstalt zu stellender, aber nicht als Anstaltskleidung erkennbarer Zivilkleidung anzutreten (so zutreffend VV § 9 Nr. 4.1.4 zu **HE** § 13). Gefangene müssen die ihnen während des Langzeitausgangs **entstehenden Kosten** (siehe auch bereits Rdn. 11) aus Mitteln des Haus- und Eigengeldes tragen (so bereits VV Nr. 6 Abs. 2 zu § 13 StVollzG und entsprechend z.B. das Gesetz in **NW** § 53 Abs. 7 sowie die VV Nr. 6.9 Satz 1 zu **BW** § 9 III; VV Nr. 6 Abs. 2 Satz 1 zu **BY** Art. 14; VV Nr. 1 Abs. 6 Satz 1 zu **BE** § 42; VV Nr. 8 Abs. 2 zu **HB** § 38; VV Nr. I.8 Satz 1 zu **HH** § 12; VV § 9 Nr. 4.1.6 zu **HE** § 13; VV Nr. 8 Abs. 2 Satz 1 zu **SL** § 38). Ihnen ist kein genereller Anspruch auf Gewährung einer Beihilfe aus Haushaltsmitteln eingeräumt.[199] Wo ein

---

[198] Laubenthal/Nestler/Neubacher/Verrel E Rdn. 209; Arloth/Krä § 13 StVollzG Rdn. 33.
[199] OLG Nürnberg ZfStrVo 1981, 57; Arloth/Krä § 13 StVollzG Rdn. 28.

solches gebildet wird, kann die Anstaltsleitung die Inanspruchnahme des Überbrückungs- oder Eingliederungsgeldes gestatten, sofern dieses bei der Entlassung gleichwohl in angemessener Höhe zur Verfügung steht (so z.B. VV Nr. 6.9 Satz 2 zu **BW** § 9 III; VV Nr. 6 Abs. 2 Satz 2 zu **BY** Art. 14; VV Nr. 1 Abs. 6 Satz 2 zu **BE** § 42; VV Nr. I.8 Satz 1 zu **HH** § 12 [in **BE** und **HH** aber nur, wenn der Langzeitausgang der Entlassungvorbereitung dient]). Nur soweit die eigenen Mittel des oder der Gefangenen nicht ausreichen, kann ihm oder ihr eine **Beihilfe aus staatlichen Mitteln** (Reisekosten, Bekleidungshilfe) gewährt werden (so ausdrücklich das Gesetz in **NW** § 53 Abs. 7 Satz 3, zudem die VV Nr. 6.9 Satz 3 zu **BW** § 9 III; VV Nr. 6 Abs. 2 Satz 3 zu **BY** Art. 14; VV Nr. 1 Abs. 6 Satz 4 zu **BE** § 42; VV Nr. 8 Abs. 3 zu **HB** § 38; VV Nr. I.8 Satz 2 zu **HH** § 12; VV Nr. 8 Abs. 2 Satz 2 zu **SL** § 38). Er hat dann einen Anspruch auf fehlerfreien Ermessensgebrauch bei Zuteilung der öffentlichen Mittel,[200] wobei für Art und Umfang der Beihilfe die Regelungen über die Entlassungsbeihilfe entsprechend gelten (VV Nr. 6.10 zu **BW** § 9 III; VV Nr. 6 Abs. 3 zu **BY** Art. 14; VV Nr. 1 Abs. 6 Satz 4 zu **BE** § 42; VV Nr. 8 Abs. 3 zu **HB** § 38; VV Nr. I.8 Satz 3 zu **HH** § 12; VV Nr. 8 Abs. 2 Satz 3 zu **SL** § 38; dazu siehe 7.E).[201] Die Gewährung von Beihilfe setzt Bedürftigkeit voraus, wobei nicht nur Haus- und Eigengeld, sondern die Einkommens- und Vermögensverhältnisse insgesamt zu berücksichtigen sind,[202] aber auch, ob Gefangene mit ihrem Geld sorgsam gewirtschaftet und – soweit eine solche besteht – ihre Arbeitspflicht erfüllt haben.[203] Der Umstand, dass ein/e Gefangene/r in Kenntnis eines bevorstehenden Langzeitausgangs das gesamte Taschengeld beim Einkauf ausgegeben hat, bedeutet nicht zwangsläufig, dass er oder sie mit seinem oder ihrem Geld nicht sorgsam gewirtschaftet hat.[204] Jedenfalls ist eine Beihilfe dann zu gewähren, wenn sonst die vollzugsöffnende, der Resozialisierung dienende Maßnahme an den Kosten scheitern würde.[205]

Gefangene erhalten jedenfalls beim Langzeitausgang (darauf begrenzt VV Nr. 8 **26** Abs. 1 Satz 1 zu **BY** Art. 14; siehe für den Freigang aber VV Nr. 6 Abs. 4 zu **BY** Art. 13), sinnvoller Weise jedoch generell bei vollzugsöffnenden Maßnahmen (so VV Nr. 1 Abs. 4 zu **BE** § 42; VV Nr. 10 Abs. 1 Satz 1 zu **HB** § 38 [dort allerdings mit Ausnahme des Freigangs]; VV Nr. I.6 Satz 1 zu **HH** § 12; VV § 9 Nr. 4.1.3 Satz 1 zu **HE** § 13; VV Nr. 10 Abs. 1 Satz 1 zu **SL** § 38) eine **Bescheinigung** über die gewährte Maßnahme. Aus dieser muss sich eindeutig der Zeitpunkt, zu dem der oder die Gefangene die Anstalt verlassen darf und zu dem er oder sie in die Anstalt zurückkehren muss, ergeben. Auch sind etwaige Weisungen anzugeben (VV Nr. 8 Abs. 1 Satz 2 zu **BY** Art. 14; Nr. 10 Abs. 1 Satz 2 zu **HB** § 38; VV Nr. I.6 Satz 2 zu **HH** § 12; VV § 9 Nr. 4.1.3 Satz 2 zu **HE** § 13; VV Nr. 10 Abs. 1 Satz 2 zu **SL** § 38). Wird ein Langzeitausgang telefonisch seitens der Anstalt verlängert, ist zu berücksichtigen, dass die Bescheinigung dann bezüglich der Rückkehrzeit unrichtig wird. Die Bescheinigung ist ein wichtiges Ausweispapier für Gefangene. Zudem sollte ein Lichtbildausweis (Personalausweis oder Anstaltsausweis) ausgehändigt werden (zutreffend VV Nr. 8 Abs. 1 Satz 1 zu **BY** Art. 14). Die erforderliche **Belehrung** der Gefangenen vor Antritt des Langzeitausgangs (VV Nr. 8 Abs. 2 zu **BY** Art. 14; Nr. 10 Abs. 2 zu **HB** § 38; VV Nr. I.7 zu **HH** § 12; VV § 9 Nr. 4.1.3 Satz 4 zu **HE** § 13; VV Nr. 10 Abs. 3 zu **SL** § 38) sollte sich auch darauf erstrecken, welche Folgen eine verspätete oder nicht freiwillige Rückkehr für sie haben können.

---

200 KG Berlin 20.4.2006 – 5 Ws 598/05 Vollz, StV 2007, 313; OLG Nürnberg ZfStrVo 1981, 57.
201 Siehe auch OLG Hamm 27.6.1983 – 7 Vollz (Ws) 52/83, NStZ 1984, 45.
202 OLG Hamm 27.7.1989 – 1 Vollz (Ws) 99/89, NStZ 1990, 55.
203 OLG Hamm BlStV 3/1990, 2.
204 OLG Hamm 11.12.1990 – 1 Vollz (Ws) 145/90, NStZ 1991, 254 = ZfStrVo 1993, 55.
205 Zutreffend AK-*Lesting/Burkhardt* § 38 LandesR Rdn. 108.

Geraten Gefangene **während des Langzeitausgangs** unvorhersehbar – verschuldet oder unverschuldet – in eine **Notlage**, müssen sie zumindest dann, wenn die Notlage gerade nicht am Ort einer Vollzugsanstalt eintritt, die Hilfe des Sozialamts in Anspruch nehmen (z.B. Reisekosten bis zur nächsten Anstalt). Grundsätzlich ist aber die Gewährung des Lebensunterhaltes von Gefangenen auch während des Langzeitausgangs Angelegenheit der Justizverwaltung, weil dadurch die Strafvollstreckung nicht unterbrochen wird (Rdn. 2). Im Falle der **Erkrankung** haben Gefangene gegen die Vollzugsbehörde nur einen Anspruch auf ärztliche Behandlung und Pflege in der für sie zuständigen Anstalt. Bei notwendiger Behandlung außerhalb der Vollzugsanstalt müssen die entstehenden Kosten im Rahmen der Krankenhilfe gemäß § 48 SGB XII übernommen werden, soweit die Voraussetzungen für die Gewährung von Sozialhilfe vorliegen.[206] Bei schwerwiegender Erkrankung ist die Krankheitszeit nicht auf ein etwaiges gesetzliches Kontingent des Langzeitausgangs (Rdn. 20) anzurechnen.[207]

27   **e) Freigang.** Freigang ist eine regelmäßige Beschäftigung außerhalb der Anstalt ohne Aufsicht durch Vollzugsbedienstete. Es handelt sich – sogar im Vergleich zum Langzeitausgang – um die weitgehendste der benannten vollzugsöffnenden Maßnahmen. Dies verkennt z.B. § 13 Abs. 3 Satz 2 NJVollzG, demzufolge Urlaub (also Langzeitausgang) erst angeordnet werden soll, wenn sich die oder der Gefangene im Ausgang oder Freigang bewährt habe (zur Regelung auch noch in Rdn. 37). Der Freigang soll jedenfalls sinnvolle Arbeit oder Berufs- bzw. Schulausbildung außerhalb der Anstalt ermöglichen. Dabei können Gesichtspunkte der Erprobung, der Wiedereingliederung (Gewöhnung an das Arbeitsleben in der freien Wirtschaft nach längerer Inhaftierung) oder der Ausbildung eine Rolle spielen. Aber auch Gefangene, die tagsüber in der Anstalt arbeiten, denen jedoch gestattet wird, regelmäßig an bestimmten Wochentagen abends Veranstaltungen (z.B. Sport, Volkshochschulkurse) außerhalb der Anstalt zu besuchen, sind Freigänger/innen: Entscheidend ist allein die Regelmäßigkeit der Beschäftigung.[208]

28   Beim Freigang zur Arbeit oder Berufsausbildung ist anzustrebende Beschäftigungsart das sog. **„freie Beschäftigungsverhältnis"** außerhalb der Anstalt, das als normales Arbeits- oder Ausbildungsverhältnis zwischen Gefangenen und Arbeitgeber/innen abgeschlossen wird und das ihnen den normalen Tariflohn bzw. die übliche Ausbildungsvergütung eröffnet.[209] Weist die JVA die Gefangenen einem externen Betrieb zu anstaltsüblichen (und in der Regel für sie lukrativen) Bedingungen zu, ist dies ein **„unechter Freigang"**. Ihn hat das BVerfG mit Wirkung zum 1.1.1999 zu Recht für verfassungswidrig erklärt, sofern Gefangene dabei „unter zeitweiser Entlassung aus der öffentlichrechtlichen Verantwortung der Anstalt völlig in den privat geleiteten Betriebsablauf eingeordnet" werden.[210] Zudem hat das BVerfG klargestellt, dass unter Resozialisierungsaspekten das freie Beschäftigungsverhältnis Vorrang hat, mithin unechter Freigang nur in Frage kommt, sofern sich zum Freigang geeigneten Gefangenen trotz Bemühungen von ihnen selbst und von der Anstalt keine passenden freien Beschäftigungsmöglichkeiten bieten.[211] Zwischen der **Gewährung von Freigang** und der **Gestattung eines freien Beschäftigungsverhältnisses** ist aber zu **unterscheiden**. Während für die erstere Ent-

---

206 Zur Krankenhausbehandlung im Langzeitausgang vgl. *Meißner* 1988, 198 ff.
207 AK-*Lesting/Burkhardt* § 38 LandesR Rdn. 32.
208 Ebenso AK-*Lesting/Burkhardt* § 38 LandesR Rdn. 36; *Laubenthal/Nestler/Neubacher/Verrel* E Rdn. 129; a.A. *Ullenbruch* in der hiesigen Vorauf., § 11 Rdn. 9; *Arloth/Krä* § 11 StVollzG Rdn. 8.
209 Vgl. K/S-*Schöch* 2002 § 7 Rdn. 39.
210 BVerfG 1.7.1998 – 2 BvR 441/90 u.a., NJW 1998, 3337, 3340.
211 BVerfG 1.7.1998 – 2 BvR 441/90 u.a., NJW 1998, 3337, 3340.

scheidung die hier kommentierten Vorschriften maßgebend sind, richtet sich die letztere nach den Vorschriften über die Arbeit (landesgesetzliche Regelungen entsprechend § 39 Abs. 1 Satz 1 StVollzG).

Freigänger/innen können auch bei einem bzw. einer **früheren Arbeitgeber/in** beschäftigt werden,[212] allerdings in der Regel dann nicht, wenn die der Verurteilung zugrunde liegenden Straftaten mit dem Arbeitsplatz in Zusammenhang standen (zu stark einschränkend und daher mit dem Gesetz unvereinbar hingegen VV Nr. 6 Abs. 1 Satz 1 und 2 zu **BY** Art. 13). Von besonderer Bedeutung ist zudem die **Weiterbeschäftigung** bei der/dem aktuellen Arbeitgeber/in unmittelbar nach Strafantritt, um dem Verlust des Arbeits- oder Ausbildungsplatzes vorzubeugen. Das BVerfG verlangt zu Recht, dass die behördlichen Prüfungs- und Entscheidungsprozesse so auszugestalten sind, dass bei Gefangenen, die „die Voraussetzungen für eine Weiterarbeit im Freigang erfüllen, ein Arbeitsplatzverlust nach Möglichkeit vermieden wird" (siehe auch VV Nr. VI.2 zu **HH** § 12).[213] Auch eine Beschäftigung im Unternehmen der Partnerin oder des Partners ist nicht völlig ausgeschlossen (wiederum unangemessen streng VV Nr. 6 Abs. 1 Satz 3 zu **BY** Art. 13). Zu berücksichtigen ist jedoch, dass dies zu Konfliktsituationen für sie selbst bzw. für andere zum Betrieb gehörige Mitarbeiter/innen bei der Mitwirkung an notwendigen Überwachungspflichten führen kann.[214] Grundsätzlich kommen alle Beschäftigungen in Frage, die die im Hinblick auf Persönlichkeit und Zuverlässigkeit der bzw. des Gefangenen für erforderlich gehaltene **Kontrolldichte** ermöglichen. Kann diese bei einer konkret in Rede stehenden Tätigkeit nicht gewährleistet werden, kommt ein derartiger Arbeitsplatz für den Freigang nicht in Betracht. Jedoch ist insofern zu berücksichtigen, dass beim Freigang – anders als bei der Außenbeschäftigung – keine Aufsicht i.e.S. erforderlich ist. Allerdings können **private Dritte** (z.B. Firmeninhaber/in) zu einer Kontrolle oder auch nur zur Benachrichtigung bei besonderen Anlässen verpflichtet werden (vgl. auch VV Nr. 3.1 zu **BW** § 9 III; VV Nr. 6 Abs. 7 zu **BY** Art. 13 [mit sehr kleinteiligen Vorgaben]; VV Nr. 7 Abs. 5 zu **BE** § 42; VV Nr. 2 Abs. 1 zu **HB** § 38; VV Nr. 2 Abs. 1 zu **SL** § 38); VV § 9 Nr. 4.4.2 zu **HE** § 13 verlangt eine solche Verpflichtung durch die Behörde sogar generell. Zudem sollte die Anstalt das Verhalten der Gefangenen während des Freigangs durch eigene, dafür besonders geeignete Bedienstete von Zeit zu Zeit **überprüfen** (siehe auch VV Nr. 3.2 zu **BW** § 9 III; VV Nr. 6 Abs. 6 zu **BY** Art. 13; VV Nr. 7 Abs. 4 zu **BE** § 42; VV Nr. 2 Abs. 2 zu **HB** § 38; VV § 9 Nr. 4.4.1 zu **HE** § 13; VV Nr. 2 Abs. 2 zu **SL** § 38). Die Länder haben dazu teils allerdings übertrieben strenge Regelungen in ihren VV aufgestellt; dies gilt insbesondere für VV Nr. 6 Abs. 6 zu **BY** Art. 13. Soweit die Vorschrift sogar das Tragen von Dienstkleidung bei der Kontrolle zulässt, ist das offenkundig rechtswidrig, da unnötig diskriminierend und damit Art. 2 Abs. 1 i.V.m. Art. 1 Abs. 1 GG verletzend (näher Rdn. 7). Der Kontrolle dienen zudem **Weisungen** (dazu generell unter 10.E). In Frage kommen beim Freigang insbesondere Weisungen zu: Rückkehr in die Anstalt zu bestimmter Zeit (unter Berücksichtigung des Hin- und Rückweges und eines Zuschlages zur Erledigung kleinerer persönlicher Angelegenheiten); Nicht-Einbringen von Gegenständen in die Anstalt ohne Erlaubnis; Nüchternheit bei Rückkehr, d.h. kein – oder jedenfalls kein übermäßiger – Alkoholgenuss. Nicht minder wichtig sind „flankierende" Maßnahmen, wie z.B. Besuch von Selbsthilfegruppen wie „Anonyme Alkoholiker"; Vorsprache bei Beratungsstellen oder Teilnahme an einer ambulanten Therapie; Schuldenregulierung; Schadenswiedergutmachung.

---

212 OLG Celle aaO; AK-*Lesting/Burkhardt* § 38 LandesR Rdn. 35.
213 BVerfG 27.9.2007 – 2 BvR 725/07, BeckRS 2007, 26913.
214 LG Wuppertal 12.2.1988 – 1 Vollz 89/87, NStZ 1988, 476; zu verkürzt der Prüfungsumfang bei OLG Zweibrücken 31.8.1989 – 1 Vollz 3/89.

30   Die Anstaltsleitung kann Gefangenen auch gestatten, sich außerhalb der Anstalt z.B. im eigenen Betrieb entsprechend der § 39 Abs. 2 StVollzG entsprechenden Landesvorschriften **selbst zu beschäftigen**.[215] Im Hinblick darauf, dass eine soziale Mitkontrolle durch die/den Arbeitgeber/in dann zwangsläufig ausgeschlossen ist, ist die Anstaltsleitung nicht gehindert, bei der Prüfung der Zulassung einen strengen Maßstab anzulegen.[216] Andererseits kann z.B. die Ermöglichung der Aufnahme eines Studiums[217] an einer Hochschule trotz bzw. gerade wegen des hohen Maßes an Gestaltungsfreiheit zur Verbesserung der Kriminalprognose besonders indiziert sein. Erforderlich ist deshalb – wie stets in solchen Konstellationen – eine Einzelfallentscheidung. Gleichfalls im Wege der Selbstbeschäftigung kann inhaftierten Elternteilen zur Versorgung der Kinder und des Haushalts Freigang gewährt werden.[218]

31   In der Regel erfolgt die **Zulassung zum Freigang** erst in Verbindung mit einer konkreten geeigneten Arbeitsstelle außerhalb der Anstalt. Auch eine **abstrakte Erlaubnis** zum Freigang ist jedoch möglich.[219] Dies gilt auch für Gefangene im geschlossenen Vollzug.[220] Die Gegenansicht[221] verkennt, dass die Voraussetzungen einer Unterbringung im offenen Vollzug und des Freiganges zwar teilweise, im entscheidenden Punkt jedoch gerade nicht kongruent sind. Wenn bei Gefangenen besondere Vorkehrungen gegen ein Entweichen entbehrlich sind, heißt dies noch lange nicht, dass sie auch in der Lage sind, den besonderen Belastungen einer ganztägigen Beschäftigung außerhalb der Anstalt standzuhalten.[222] Umgekehrt können Gefangene aber auch durchaus diesen besonderen Belastungen standhalten, aber wegen Unverträglichkeit oder als Sonderling für die Unterbringung in einer Einrichtung des offenen Vollzuges ungeeignet sein. Der abstrakte Freigängerstatus muss in jedem Einzelfall durch eine ausdrückliche Entscheidung begründet werden. Bei der Ausübung des Ermessens (dazu generell: Rdn. 69f.) ist zu berücksichtigen, dass es sich um die Anordnung einer der Resozialisierung dienenden Maßnahme handelt, sodass insbesondere ihre Auswirkungen auf die Motivation zur weiteren Mitarbeit an der Erreichung des Vollzugszieles im Blick behalten werden müssen. Die Zulassung ist kein Selbstzweck. Die Entscheidung ist in jeder Phase des Vollzuges nach denselben Gesichtspunkten zu treffen. Eine Unterscheidung zwischen einer Verleihung des Status in einem früheren Zeitpunkt und dem „Sonderfall" während der Entlassungsphase ist nicht sachgerecht. Die Verleihung des abstrakten Freigängerstatus ist schon während des Zeitraums, in dem Gefangene sich mit Zustimmung der Anstaltsleitung einen Arbeitsplatz in einem freien Beschäftigungsverhältnis suchen, sinnvoll.[223] Mit dem Erwerb des Freigängerstatus gelten Gefangene als arbeitssuchend und können bereits mit Aussicht auf Erfolg einen **Antrag auf Arbeitslosengeld** nach dem SGB III stel-

---

215 BGH 26.6.1990 – 5 AR Vollz 19/89, BGHSt 37, 85 = NJW 1990, 2632 = JR 1991, 167 m. Anm. *Böhm* = ZfStrVo 1991, 48 m. Anm. *Matzke* auf Vorlage OLG Celle 20.2.1989 – 1 Ws 6/89 (StrVollz), NStZ 1989, 341 gegen OLG Hamm 17.4.1986 – 1 Vollz (Ws) 9/86, NStZ 1986, 428.
216 BGH a.a.O.; strenger OLG Frankfurt 15.3.2001 – 3 Ws 121/01 (StVollzG) u.a., ZfStrVo 2002, 117.
217 Entgegen OLG Frankfurt 12.1.1983 – 3 Ws 857/82 (StVollz), NStZ 1983, 381 handelt es sich auch insoweit um „Freigang".
218 Ebenso AK-*Lesting/Burkhardt* § 38 LandesR Rdn. 36.
219 So zutreffend BGH 14.11.1978 – 4 StR 663/78, in einem obiter dictum, abgedruckt bei *Begemann* 1991, 518.
220 Wie hier BGH 14.11.1978 – 4 StR 463/78, BeckRS 1978, 00242; KG Berlin 17.9.1992 – 5 Ws 240/92 Vollz, NStZ 1993, 100; *Arloth/Krä* § 11 StVollzG Rdn. 8; AK-*Lesting/Burkhardt* § 38 LandesR Rdn. 40.
221 *Laubenthal/Nestler/Neubacher/Verrel* E Rdn. 133; *Laubenthal* Rdn. 527.
222 Insoweit zutreffend OLG Hamm 5.7.1990 – 1 Vollz (Ws) 62/90, NStZ 1990, 607 = ZfStrVo 1991, 121.
223 Zutreffend *Arloth/Krä* § 11 StVollzG Rdn. 8; a.A. *Laubenthal/Nestler/Neubacher/Verrel* 132 und *Ullenbruch* in der hiesigen Voraufl., § 11 Rdn. 10.

len.²²⁴ Etwas anderes gilt, wenn Gefangene lediglich in eine „Warteliste für Freigänger" aufgenommen worden sind, den eigentlichen Freigängerstatus aber noch nicht haben.²²⁵ Hinsichtlich eines Anspruchs auf Grundsicherung für Arbeitssuchende (insbesondere Unterkunft) verhindert nur eine 15 Wochenstunden überschreitende Erwerbstätigkeit auf dem allgemeinen Arbeitsmarkt den Leistungsausschluss nach § 7 Abs. 4 SGB II; eine Beschäftigung über die JVA mit gemeinnützigen Arbeiten oder die bloße Feststellung der Eignung zum Freigang reichen hierfür nicht aus:²²⁶ Unbeschadet der konkreten Ausgestaltung führt die Zulassung zum Freigang in keinem Fall dazu, dass die JVA lediglich noch als „teilstationäre Einrichtung" i.S. des SGB II anzusehen ist; ihr verbleibt im Rahmen des Vollzugsplans die Gesamtverantwortung für die tägliche Lebensführung des Gefangenen.²²⁷ Der Leistungsausschluss verstößt nicht gegen Art. 3 Abs. 1 GG.²²⁸

Über die sozialversicherungsrechtlichen Vorteile hinaus können schon „abstrakte" Freigänger/innen in den Bundesländern, die an den Freigängerstatus ein **zusätzliches Kontingent** an Tagen für den Langzeitausgang in der Phase der **Entlassungsvorbereitung** knüpfen (so **BW** § 88 III; **BY** Art. 14 Abs. 4; **HH** § 15 Abs. 3; **NI** § 17 Abs. 4; **NW** § 59 Abs. 2 Satz 2), diese zusätzlichen Tage für sich beanspruchen.

Aufgrund dieser schon mit dem abstrakten Freigängerstatus verbundenen Vorteile und ihrer zumindest in bestimmten Fällen resozialisierungsfördernden Auswirkungen gibt es auch **keinen Grund**, die abstrakte Zulassung **restriktiv** zu handhaben.²²⁹ Daher ist über die im Gesetz vorgesehene Eignung hinaus auch kein weiteres Zulassungskriterium erforderlich,²³⁰ insbesondere nicht, dass die Interessenlage der Gefangenen im Einzelfall eine Angleichung ihrer Stellung an diejenige von Freigänger/innen gebietet.²³¹ Bei **Beendigung des Arbeitsverhältnisses** gilt die Zulassung aufgrund des „Abstraktionsprinzips" fort.²³²

Aus organisatorischen und vollzuglichen Gründen sollten Freigänger/innen **getrennt** von anderen Gefangenen **untergebracht** werden (vgl. auch VV Nr. 6 Abs. 8 Satz 1 zu **BY** Art. 13), möglichst in einem besonderen Gebäude außerhalb der (Haupt-)Anstalt. Die **Verpflegung** der Gefangenen im Freigang sollte nach Möglichkeit in der Anstalt oder am Arbeitsplatz erfolgen. Grundsätzlich müssen Freigänger/innen täglich in die Anstalt zurückkehren, es sei denn, die Anstaltsleitung gewährt ihnen Langzeitausgang. Im Einzelfall kann aber ausnahmsweise auch eine mehrtägige beschäftigungsbedingte **Abwesenheit** gestattet werden (z.B. kurzer Montageaufenthalt, Fortbildungsveranstaltung, ungünstige Arbeitszeiten am Wochenende im Gaststättengewerbe usw.). Rechtsdogmatisch handelt es sich dann jedoch um die (zusätzliche) Anordnung einer sonstigen Maß-

32

---

224 Vgl. BSG 16.10.1990 – 11 R Ar 3/90, ZfStrVo 1992, 134 f = BlStV 1/1992, 1.
225 BSG 21.11.2002 – B 11 AL 9/02 R; zum Ganzen vgl. auch BSG 16.10.1990 – 11 R Ar 3/90 = BSGE 67, 269.
226 LSG Berlin-Brandenburg 7.11.2006 – L 29 B 804/06 AS ER, FS 2007, 184; vgl. auch SG Aachen 12.1.2007 – S 8 AS 89/06, FS 2007, 186; differenzierend für den offenen Vollzug SG Düsseldorf 15.12.2006 – S 28 AS 336/06 ER, FS 2007, 187.
227 LSG Berlin- Brandenburg 7.11.2006 – L 29 B 804/06 AS ER, FS 2007, 184.
228 SG Leipzig 27.10.2008 – S 17A53040/08.
229 A.A. *Ullenbruch* in der hiesigen Voraufl., § 11 Rdn. 10; K/S-*Schöch* 2002 § 7 Rdn. 38; *Begemann* 1991, 519.
230 *Laubenthal/Nestler/Neubacher/Verrel* L Rdn. 17; wohl auch OLG Celle LS ZfStrVo 1986, 377.
231 So aber OLG Zweibrücken 16.1.1987 – 1 Vollz (Ws) 85/86, NStZ 1987, 247 und *Ullenbruch* in der hiesigen Voraufl., § 11 Rdn. 10.
232 Zutreffend KG Berlin 17.9.1992 – 5 Ws 240/92 Vollz, NStZ 1993, 100; AK-*Lesting/Burkhardt* § 38 LandesR Rdn. 40; a.A. *Ullenbruch* in der hiesigen Voraufl., § 11 Rdn. 10; zwischen geschlossenem und offenen Vollzug differenzierend *Laubenthal/Nestler/Neubacher/Verrel* E Rdn. 135; *Laubenthal* 2015 Rdn. 527.

nahme i. S. d. Abs. 1 (vgl. auch 10.B Rdn. 5).[233] Der **Hin- und Rückweg zur Arbeitsstelle** sollte nach Möglichkeit zu Fuß oder mit öffentlichen Verkehrsmitteln zurückgelegt werden. Ausnahmsweise kann hierfür die Benutzung des eigenen Fahrzeugs gestattet werden.[234] Übertrieben gängelnd und auch potentiell demütigend und insofern grundrechtsverletzend erscheint es, wenn VV Nr. 6 Abs. 3 Satz 1 zu **BY** Art. 13 im Regelfall vorsieht, dass Freigänger/innen von Bediensteten des/der Arbeitgeber/in in der JVA abgeholt und wieder dorthin zurückgebracht werden. Die **Dauer des Freigangs** richtet sich nach seinem Zweck. Dabei kann ein sehr lang dauernder Freigang für die Betroffenen durchaus auch eine übermäßige Belastung mit der Gefahr von Kurzschlusshandlungen darstellen.[235] Daher ist die Belastbarkeit der Gefangenen gründlich zu prüfen und die Dauer des Frweigangs daran anzupassen. Zu **Bekleidung, Kosten, Bescheinigung über den Freigang bzw. Freigängerausweis** sowie **Belehrung der Gefangenen** gelten Rdn. 25 f. entsprechend.

33 **2. Voraussetzungen.** Die Gewährung vollzugsöffnender Maßnahmen hängt von verschiedenen Voraussetzungen ab, die im Wesentlichen für die verschiedenen Maßnahmen gleich sind, aber auch bei einzelnen abweichen können. **Formell** hängt die Gewährung in bestimmten Konstellationen und in bestimmten Bundesländern davon ab, dass bestimmte **Mindestverbüßungszeiten** zurückgelegt wurden (dazu Rdn. 34 f.); auch der **Restverbüßungzeit** (Rdn. 36) wird teils Relevanz eingeräumt. Darüber hinaus wird teils die **erfolgreiche Absolvierung** anderer vollzugsöffnender Maßnahmen für die Gewährung weitergehender Maßnahmen zur regelmäßigen Vorbedigung gemacht (Rdn. 37). Vollzugsöffenende Maßnahmen bedürfen der **Zustimmung** der **Gefangenen** (Rdn. 38) und in gewissen Konstellationen auch der **Aufsichtsbehörde** (Rdn. 39 f.). Teils werden darüber hinaus in bestimmten Fällen **Begutachtungen und andere Formalia** (Rdn. 41 f.) verlangt. Einige dieser formellen Vorgaben beinhalten nur Sollanforderungen, dienen also nur der Ermessenslenkung, andere sind zwingend formuliert. Zudem sind – anders als unter der Geltung des Bundes-StVollzG – zunehmend formale Vorgaben, die sich bisher nur in den VV fanden, in die Gesetze einzelner Bundesländer aufgenommen worden. Dabei weichen die **Landesgesetze** in der jeweiligen Art der Regelung **erheblich voneinander ab**. Um dennoch eine einheitliche Kommentierung zu ermöglichen, sind sämtliche formelle Anforderungen im Folgenden zusammenhängend dargestellt, unabhängig davon, ob es sich um echte Tatbestandsmerkmale (mit oder ohne Beurteilungsspielraum) oder nur um ermessenslenkende Vorgaben in Gesetzen oder VV handelt. Selbstverständlich wird dabei für jedes Bundesland deutlich, ob, wo und in welcher Weise das jeweilige formelle Kriterium Berücksichtigung gefunden hat.

Materiell hängt die Gewährung vollzugsöffnender Maßnahmen von der Eignung der Gefangenen ab, die in allen Bundesländern jedenfalls primär danach zu beurteilen ist, dass **keine Fluchtgefahr** und auch **keine Missbrauchgefahr** (also keine Gefahr, dass die vollzugsöffnende Maßnahme zur Begehung von Straftaten genutzt wird) besteht (Rdn. 49 ff.). Diese Voraussetzungen wurden in den Landesgesetzen für die **Ausführung** teils ausdrücklich abgesenkt (dazu Rdn. 50). Neben diesen klassischen Kriterien werden in den Landesgesetzen teils auch noch der **Schutz der Allgemeinheit** (Rdn. 53) und der **Opferschutz** bzw. die Opferbelange (Rdn. 67) ausdrücklich erwähnt. Ein weiteres materielles Kriterium ist, dass vollzugsöffnende Maßnahmen nur entweder **zur Erreichung des Vollzugsziels** (zum Inhalt dieses Kriteriums bereits Rdn. 1 und näher unten,

---

233 A.A. wohl AK-*Lesting/Burkhardt* § 38 LandesR Rdn. 36.
234 Vgl. dazu OLG Hamm BlStV 1/1981, 7; OLG Frankfurt 10.1.1991 – 3 Ws 2/90 (StVollz), NStZ 1991, 407.
235 AK-*Lesting/Burkhardt* § 38 LandesR Rdn. 39.

Rdn. 68) oder **aus wichtigem Anlass** (dazu unter 10.D; insbesondere Rdn. 5ff.) gewährt werden. In der Kommentierung wird immer wieder auch auf VV verwiesen; zum Umgang mit und zur Bindungswirkung dieser Regelungen siehe insofern auch generell Rdn. 56.

a) Formelle Kriterien

aa) Mindestverbüßungszeit

(1) Allgemeine Mindestverbüßungszeit. Das StVollzG sah eine allgemeine Mindestverbüßungszeit nur für den Urlaub (nach hier verwendeter Terminologie: Langzeitausgang; vgl. Rdn. 18) vor. § 13 Abs. 2 StVollzG bestimmte, dass Urlaub in der Regel erst gewährt werden soll, wenn der/die betreffende Gefangene sich **mindestens sechs Monate** im Strafvollzug befunden hat. Diese Vorschrift diente, weil sie nur eine Soll-Regelung enthielt, der Konkretisierung des der Vollzugsbehörde zustehenden Spielraums bei der Ausübung des Ermessens (zum Ermessen generell: Rdn. 69f.).[236] Entsprechende Regelungen finden sich **in fast allen Landesgesetzen**, und zwar inhaltlich unverändert in **BW** § 9 Abs. 1 Satz 1 III; **BY** Art. 14 Abs. 2; **HB** § 38 Abs. 3 Satz 1; **MV** § 38 Abs. 3 Satz 1; **RP** § 45 Abs. 3 Satz 1; **SL** § 38 Abs. 3 Satz 1; **TH** § 46 Abs. 4 Satz 1. **BE** § 42 Abs. 3 Satz 1 und **NW** § 54 Abs. 2 begrenzen den Anwendungsbereich der Mindestverbüßungsfrist auf Gefangene im geschlossenen Vollzug, in **SN** § 38 Abs. 3 Satz 1 werden als jeweils äquivalente Alternativen zur Mindestverbüßungszeit die Feststellung der Eignung für den offenen Vollzug und die Bewährung bei Ausgängen (dazu Rdn. 37) genannt. In **ST** § 45 Abs. 7 Satz 1 wird kumulativ neben der Mindestverbüßung eine vorherige Bewährung in Ausgängen oder Freigang (dazu Rdn. 37) gefordert. Die Regelung **nicht übernommen** haben **BB, HH, HE, NI** und **SH**. Eine allgemeine Mindestverbüßungszeit für andere vollzugsöffnende Maßnahmen sieht keines der Gesetze vor.

Ratio legis ist, dass die Vollzugsbehörde vor der Gewährung von Langzeitausgang Gelegenheit haben soll, die Gefangenen für die nötige Prognosestellung ausreichend kennen zu lernen. Dies ist eine inhaltlich sinnvolle Vorgabe;[237] es ist auch in den Ländern, in denen es keine allgemeine Mindestverbüßungfrist im Gesetz gibt (**BB, HH, HE, NI** und **SH**) mit der Gewährung von Langzeitausgang jedenfalls solange zuzuwarten, bis eine zureichende Datenbasis zur Eignungsfeststellung für den Langausgang vorliegt. Als Faustregel kann man sich insofern auch dort an der Sechsmonatsgrenze orientieren. Da es sich nur um eine ermessenslenkende Vorgabe handelt, kann diese Grenze andererseits auch in den Bundesländern, in denen sie gesetzlich vorgesehen ist, aus Resozialisierungsgründen **in begründeten Ausnahmefällen unterschritten** werden. Das bedeutet indessen nicht, dass für die Gewährung von Langzeitausgang vor Ablauf der Sechs-Monats-Frist besondere Gründe vorliegen müssen, die eine vorzeitige Gewährung dringend geboten erscheinen lassen.[238] Vielmehr genügt es, dass die prognostische Einschätzung des bzw. der Gefangenen ausnahmsweise schon vor Ablauf der Sechs-Monatsfrist hinreichend möglich ist. Einen verallgemeinerungsfähigen Rechtsgedanken enthält insofern vor allem die Regelung in **SN** § 38 Abs. 3 Satz 1: Für den offenen Vollzug geeignete Gefangene und Gefangene, die bereits erfolgreich Ausgänge absolviert haben, weisen eine grundsätzlich bessere Prognose auf; zudem kann die Prognose ggf. auf eine breitere Datenbasis gestellt werden (Verhalten im offenen Vollzug bzw. beim Ausgang). **Erlittene**

---

236 *Laubenthal/Nestler/Neubacher/Verrel* E Rdn. 205.
237 Ebenso AK-*Lesting/Burkhardt* § 38 LandesR Rdn. 33.
238 So aber OLG Frankfurt LS BlStV 6/1983, 7.

Untersuchungshaft ist kein Strafvollzug im Sinne der Mindestverbüßungsfrist.[239] Ist sie aber unmittelbar in den Strafvollzug übergegangen und in derselben Anstalt verbüßt worden, so kann es angemessen sein, von der 6–Monatsgrenze abzuweichen und Langzeitausgang schon dann zu gewähren, wenn Untersuchungs- und Strafhaft zusammen länger als sechs Monate gedauert haben.[240]

Die Mindestverbüßungszeit wird für die Berechnung des **Kontingents für Langzeitausgang** (dazu Rdn. 20) in Ländern, in denen ein solches existiert, mitberücksichtigt. Die Höchstzahl an Tagen pro Vollstreckungsjahr reduziert sich also nicht anteilig um die Zeit, in der die Mindestverbüßungsfrist noch nicht abgelaufen ist; auch im ersten Verbüßungsjahr ist daher das vollständige Kontingent verfügbar.[241] Diese Vorgabe lässt sich **verallgemeinern:** Eignen sich Gefangene während eines gewissen Zeitraums im Vollstreckungsjahr nicht für die Gewährung von Langzeitausgang, so ist es unzulässig, die Höchstzahl der Ausgangstage auf diesen Zeitraum rechnerisch umzulegen mit der Folge, dass sich die Höchstdauer des Langzeitausgangs automatisch verkürzt.[242] Zwar bestimmte VV Nr. 2 Abs. 4 Satz 2 zu § 13 StVollzG, dass für Zeiten, in denen Gefangene für Langzeitausgang nicht geeignet sind, ihnen Langzeitausgang in der Regel nicht gewährt werden soll.[243] Diese Regelung steht (ebenso wie z.B. VV Nr. 6.2 Satz 2 zu **BW** § 9 III; VV Nr. 2 Abs. 4 Satz 2 zu **BY** Art. 14; VV § 9 Nr. 4.7.3 zu **HE** § 13) jedoch mit dem Gesetz in Widerspruch, da sie sich faktisch wie eine Sperre für den Langzeitausgang auswirkt (siehe auch Rdn. 20).[244] Darin liegt eine vom Gesetz nicht gedeckte und deshalb unzulässige Einschränkung des Ermessens der Vollzugsbehörde. Im Einzelfall kann ein Langzeitausgang aus objektiven Behandlungsgründen gerade dann sinnvoll sein, wenn Gefangenen zuvor während eines bestimmten Zeitraumes vollzugsöffnende Maßnahmen versagt werden mussten.

35 **(2) Besonderheiten bei lebenslanger Freiheitsstrafe.** Nach § 13 Abs. 3 StVollzG konnten zu **lebenslanger Freiheitsstrafe** verurteilte Gefangene erst nach einer **Verbüßungszeit von zehn Jahren** (einschließlich vorhergehender Untersuchungshaft oder anderer Freiheitsentziehung) Langzeitausgang erhalten, wenn sie sich im geschlossenen Vollzug befanden. Die Sperrfrist galt nicht für in den offenen Vollzug verlegte Verurteilte.[245] Die Zehn-Jahres-Frist findet sich auch in **BW** § 9 Abs. 3 Satz 2 III, **MV** § 38 Abs. 3 Satz 2, **NI** § 13 Abs. 4 und **NW** § 54 Abs. 4, abgemildert durch eine Abweichungsmöglichkeit im Ausnahmefall zudem in **BE** § 42 Abs. 3 Satz 2, **HB** § 38 Abs. 3 Satz 2, **HE** § 13 Abs. 6, **RP** § 45 Abs. 3 Satz 2, **SL** § 38 Abs. 3 Satz 2, **SN** § 38 Abs. 3 Satz 2, **ST** § 45 Abs. 7 Satz 2 und **TH** § 46 Abs. 4 Satz 2. **BY** Art. 14 Abs. 3 verlängert die Frist auf 12 Jahre. **HE** § 13 Abs. 6 erstreckt die Zehn-Jahres-Frist auf alle vollzugsöffnenden Maßnahmen (gemeint ist damit in **HE** auch der offene Vollzug) mit Ausnahme der Ausführung (**HE** § 13 Abs. 3 Satz 4), **NI** § 13 Abs. 4 unter Absenkung auf acht Jahre auf Ausgang und Freigang; beide Gesetze sehen diese Fristen „nur" für den Regelfall vor.

---

239 OLG Hamm LS BlStV 3/1984, 4.
240 Vgl. auch AK-*Lesting/Burkhardt* 2017 § 38 LandesR Rdn. 33.
241 *Laubenthal/Nestler/Neubacher/Verrel* E Rdn. 206; vgl. auch *Grunau/Tiesler* 1982 Rdn. 11; *Meißner* 1988, 107 ff.
242 OLG Frankfurt ZfStrVo 1985, 377; OLG Hamm 13.1.1988 – 1 Vollz (Ws) 310/87, NStZ 1988, 331; OLG Rostock 4.5.1994 – I Vollz (Ws) 1/94, ZfStrVo 1995, 244; *Laubenthal/Nestler/Neubacher/Verrel* E Rdn. 205; krit. auch *Arloth/Krä* § 13 StVollzG Rdn. 10.
243 So auch LG Krefeld LS 15.1.1982 – 15 (2) Vollz 42/81, NStZ 1982, 303.
244 OLG Rostock 4.5.1994 – I Vollz (Ws) 1/94, ZfStrVo 1995, 244.
245 OLG Frankfurt 5.7.1993 – 3 Ws 242/93, StV 1993, 599; *Arloth* 1988, 418.

Während die Mehrzahl der erwähnten Gesetze die Sperrfrist nur noch bei Verlegung in den **offenen Vollzug** entfallen lässt, genügt nach **BW** § 9 Abs. 3 Satz 2 III, **BY** Art. 14 Abs. 3 und **NI** § 13 Abs. 5 – wie zuvor schon nach § 13 Abs. 4 StVollzG – weiterhin die Eignung für den offenen Vollzug. Umgekehrt verschärft **NW** § 54 Abs. 4 die Anforderungen noch weiter und verlangt neben der Verlegung eine Bewährung im offenen Vollzug. Auch die Unterbringung im offenen Vollzug unter die Zehn-Jahres-Frist unterwirft **HE** § 13 Abs. 6. In **ST** § 45 Abs. 7 Satz 2 wird zusätzlich zur Mindestverbüßung eine vorherige Bewährung in Ausgang oder Freigang verlangt (dazu Rdn. 37). **Keine Mindestverbüßungsfrist** für lebenslange Freiheitsstrafe Verbüßende kennen die Gesetze in **BB**, **HH** und **SH**. Im ME-StVollzG war hingegen eine Reduzierung der Mindestverbüßungsfrist auf fünf Jahre vorgesehen, die jedoch keines der beteiligten Bundesländer letztlich umgesetzt hat.

Gefangene, die lebenslange Freiheitsstrafen verbüßen, dürfen nicht stärker von der Außenwelt isoliert werden, als es für den Freiheitsentzug und die Behandlung notwendig ist.[246] Grundsätzlich können daher in diesen Fällen **keine anderen Gesichtspunkte** gelten als für den Langzeitausgang im Vollzug der zeitigen Freiheitsstrafe.[247] Die in den meisten Gesetzen vorgesehenen Sonderregelungen lassen sich dementsprechend auch nicht etwa unter Vergeltungsaspekten oder aus generalpräventiven Erwägungen rechtfertigen[248] (zur Unzulässigkeit der Berücksichtigung allgemeiner Strafzwecke siehe Rdn. 70), vielmehr handelt es sich bei der Sperrfrist um eine **gesetzliche Vermutung der Ungeeignetheit,** die allerdings – außer nach **HE** § 13 Abs. 6 – dann widerleglich ist, wenn eine Eignung für den (**BW** § 9 Abs. 3 Satz 2 III; **BY** Art. 14 Abs. 3; **NI** § 13 Abs. 5), Verlegung in den (**BE** § 42 Abs. 3 Satz 2; **HB** § 38 Abs. 3 Satz 2; **HE** § 13 Abs. 6; **MV** § 38 Abs. 3 Satz 2; **RP** § 45 Abs. 3 Satz 2; **SL** § 38 Abs. 3 Satz 2; **SN** § 38 Abs. 3 Satz 2; **ST** § 45 Abs. 7 Satz 2; **TH** § 46 Abs. 4 Satz 2) oder Bewährung im (**NW** § 54 Abs. 4) offenen Vollzug vorliegt. Zudem gilt diese Vermutung der Ungeeignetheit in den meisten Bundesländern (nämlich in **BE** § 42 Abs. 3 Satz 2; **HB** § 38 Abs. 3 Satz 2; **HE** § 13 Abs. 6; **RP** § 45 Abs. 3 Satz 2; **SL** § 38 Abs. 3 Satz 2; **SN** § 38 Abs. 3 Satz 2; **ST** § 45 Abs. 7 Satz 2; **TH** § 46 Abs. 4 Satz 2) ohnehin nur im Regelfall, ist also auch unabhängig von einer Eignung für den, Verlegung in den oder Bewährung im offenen Vollzug **im begründeten Ausnahmefall widerleglich**; dies ist bei der Ermessensausübung (dazu generell Rdn. 69f.) zu berücksichtigen. Auch die **verlängerte Sperrfrist** in **BY** Art. 14 Abs. 3 ist angesichts der parallelen Struktur der Norm allein als Ungeeignetheitsvermutung zu interpretieren;[249] ob die Frist noch verhältnismäßig ist, mag man bezweifeln.[250] Letztlich aber dürfte dem Gesetzgeber eine weitreichende Einschätzungsprärogative einzuräumen sein, so dass diese Verlängerung zwar in der Sache überflüssig und tendenziell resozialisierungsbeeinträchtigend, aber doch verfassungskonform ist.

Nach **BW** § 9 Abs. 3 Satz 2 III, **BY** Art. 14 Abs. 3 und **NI** § 13 Abs. 5 können **für den offenen Vollzug geeignete** (dazu 10.A Rdn. 9ff.) Gefangene mit lebenslangen Freiheitsstrafen Langzeitausgang auch dann vor Sperrfristablauf erhalten, wenn sie sich noch **im geschlossenen Vollzug** befinden.[251] Da immerhin eine Eignung vorliegen muss, können Gründe für die bisherige Nichtverlegung insbesondere solche sein, die nicht in der Per-

---

246 BVerfG 21.6.1977 – 1 BvL 14/76, BVerfGE 45, 187, 239f.
247 *Laubenthal/Nestler/Neubacher/Verrel* E Rdn. 208.
248 A.A. *Arloth/Krä* § 13 StVollzG Rdn. 31. Wie hier hingegen *Laubenthal* Rdn. 551.
249 So auch der Gesetzgeber, vgl. **BY** LT-Drs. 15/8101, 54.
250 Krit. auch *Ullmann*, 140.
251 Vgl. zu § 13 Abs. 4 StVollzg OLG Hamburg 15.4.1981 – Vollz (Ws) 5/81, NStZ 1981, 276; *Meißner* 1988, 171.

son der/des Gefangenen liegen, nämlich die räumlichen, personellen und organisatorischen Anstaltsverhältnisse.[252] Die Erweiterung der Möglichkeit des Langzeitausgangs auf für den offenen Vollzug „nur" geeignete Gefangene ist allerdings inhaltlich verknüpft mit einem subjektiven Element, nämlich der Erwartung, dass derartige Gefangene die vollzugsöffnende Maßnahme nicht missbrauchen werden. Daher können die Gründe für den Verbleib im offenen Vollzug auch in der Person der/des Gefangenen liegen,[253] solange die generelle Eignung besteht, wie z.B. dann, wenn jemand im geschlossenen Vollzug bleibt, weil seine Behandlung dort aufgrund des Vorhandenseins eines ihm vertrauten Therapeuten einen besseren Erfolg verspricht. Nicht erforderlich ist, dass die JVA bereits einen positiven Entschluss zur Verlegung der/des Gefangenen in den offenen Vollzug gefasst hat.[254] Die Eignung kann auch direkt im Rahmen eines Antrags auf Langzeitausgang geprüft werden.[255]

Die Mindestverbüßungsfrist setzt **nicht voraus**, dass sich zu lebenslanger Freiheitsstrafe verurteilte und im geschlossenen Vollzug befindliche Gefangene zehn Jahre lang **ununterbrochen innerhalb ein und derselben Vollzugsanstalt** befunden haben. Es genügt, wenn Gefangene wegen derselben Sache mehr als zehn Jahre mit oder ohne Unterbrechung in (Untersuchungs- und Straf-)Haft gewesen sind;[256] sämtliche Haftzeiten sind zusammenzurechnen.

Nach **Ablauf der Mindestverbüßungsfrist** ist bei lebenslang Gefangenen die **Eignung nach den normalen Regeln** (dazu unten, Rdn. 49 ff.) zu prüfen; diese haben daher auch dann nicht gleichsam automatisch Anspruch auf Langzeitausgang, wenn sie sich bereits sehr lange (z.B. über 18 Jahre) in Haft befinden.[257] Der bloße Hinweis darauf, dass die bei zu lebenslanger Freiheitsstrafe verurteilten Gefangenen bestehende Ungewissheit über den voraussichtlichen Entlassungszeitpunkt die Gefahr einer Nichtrückkehr beträchtlich erhöht, genügt zur Begründung der Ablehnung eines Antrags auf Langzeitausgang auf keinen Fall, denn dieser Umstand liegt bei allen zu lebenslanger Haft verurteilten Gefangenen vor und würde damit jeder Bewilligung entgegenstehen.[258] Es bedarf vielmehr einer Gesamtabwägung aller für und gegen den/die Gefangene/n sprechenden Umstände.[259]

Gravierend verfehlt ist die Regelung in **HE § 13 Abs. 6**, nach der in der Regel bei Gefangenen mit lebenslanger Freiheitsstrafe **keinerlei (!) vollzugsöffnende Maßnahmen** (mit der einzigen Ausnahme der Ausführung, vgl. **HE** § 13 Abs. 3 Satz 4) vor einer **Mindestverbüßungsdauer** von 10 Jahren gewährt werden sollen; die Regelung erfasst auch den offenen Vollzug,[260] der in **HE** als vollzugsöffnende Maßnahme gilt. Dies bedeutet für Gefangene mit lebenslangen Freiheitsstrafen eine eklatante Schlechterstellung und Ungleichbehandlung,[261] die wegen ihrer Resozialisierungsfeindlichkeit gegen Art. 1 Abs. 1 i.V.m. Art. 2 Abs. 1 GG, zudem wegen der grundlosen Schlechterstellung nur der

---

252 Siehe zu § 13 Abs. 4 StVollzG LG Hamburg ZfStrVo **SH** 1978, 33.
253 KG Berlin 22.8.2001 – 5 Ws 121/01 Vollz, NStZ 2002, 528 *M* = StV 2002, 36. Anm. *Heischel*; *Laubenthal/Nestler/Neubacher/Verrel* E Rdn. 209.
254 OLG Hamburg 15.4.1981 – Vollz (Ws) 5/81, NStZ 1981, 276.
255 *Laubenthal/Nestler/Neubacher/Verrel* E Rdn. 209.
256 LG Hamburg ZfStrVo **SH** 1978, 8; OLG Hamburg 5.2.1982 – Vollz (Ws) 5/82, NStZ 1982, 303; OLG Hamm LS ZfStrVo 1983, 381; OLG Nürnberg BlStV 1/1988, 5.
257 OLG Frankfurt ZfStrVo **SH** 1979, 28.
258 OLG Hamburg ZfStrVo **SH** 1978, 8; vgl. auch § 11 Rdn. 27.
259 OLG Schleswig-Holstein 3.6.2003 – 2 Vollz 161/03 u.a., ZfStrVo 2003, 249; OLG Hamm 22.8.1996 – 1 Vollz (Ws) 83/96, NStZ-RR 1997, 63.
260 So auch AK-*Pollähne* VII.4 Rdn. 10.
261 *Laubenthal/Nestler/Neubacher/Verrel* D Rdn. 11.

lebenslange Freiheitsstrafe Verbüßenden gegen Art. 3 Abs. 1 GG verstoßen, also **verfassungswidrig** sein dürfte. **Verfehlt**, wenn auch **nicht verfassungswidrig**, ist auch die Regelung in **NI § 13 Abs. 4 2. HS**, nach der bei dieser Personengruppe für Ausgang und Freigang in der Regel eine Mindestverbüßungsdauer von acht Jahren gilt, soweit nicht zumindest eine Eignung für den offenen Vollzug besteht (**NI** § 13 Abs. 5). Die Regelung in **NI** nimmt zwar immerhin eine zeitliche Abstufung im Vergleich zur Frist beim Langzeitausgang vor,[262] es fragt sich aber durchaus, ob tatsächlich eine solche generelle Ungeeignetheitsvermutung sogar für den Begleitausgang berechtigt ist. Das ist nicht der Fall, da die soziale Situation der Gefangenen bei derartigen Maßnahmen nicht mit der beim Langzeitausgang vergleichbar ist.[263] Die gesetzlichen Vorgaben aus **HE** und **NI** orientieren sich dabei erkennbar an VV Nr. 5 Abs. 1 Satz 3 zu § 13 StVollzG, nach der Ausgang und Freigang im Vollzug der lebenslangen Strafe in der Regel nur nach zehnjähriger Mindestverbüßung zulässig waren. Gegen eine solche **Regelung in den VV** (wie z.B. auch in VV Nr. 7.4 Satz 3 zu **BW** § 9 III oder in VV Nr. 2 Abs. 1 Satz 4 zu **BY** Art. 13) spricht ihre eklatante **Gesetzeswidrigkeit**: Eine Mindestverbüßungsdauer für andere vollzugsöffnende Maßnahmen als den Langzeitausgang sehen die Gesetze (außer in **HE** und **NI**) nicht vor;[264] erforderlich ist immer eine Gesamtwürdigung des Einzelfalls.[265] Wenn die **besondere Schwere der Schuld** festgestellt wurde, ist eine Entscheidung über vollzugsöffnende Maßnahmen bereits vor Festlegung der Mindestverbüßungszeit gem. § 57a Abs. 1 Satz 1 Nr. 2 StGB möglich.[266]

bb) Restverbüßungszeit. Das StVollzG traf **keine gesetzliche Regelung** mit Blick 36 auf die noch zu verbüßende Reststrafe bei der Gewährung vollzugsöffnender Maßnahmen. Das haben fast alle Bundesländer so beibehalten; abgewichen ist nur **HE § 13 Abs. 6**. Diese Norm sieht vor, dass vollzugsöffnende Maßnahmen mit Ausnahme von Ausführungen (vgl. **HE** § 13 Abs. 3 S. 4) in der Regel nicht gewährt werden sollen, wenn noch **mehr als 24 Monate Reststrafe** einer zeitigen Freiheitsstrafe zu verbüßen sind; auch hier ist wieder zu berücksichtigen, dass auch der offene Vollzug nach **HE** § 13 Abs. 1 Satz 1 Nr. 1 zu den vollzugsöffnenden Maßnahmen im Sinne des Gesetzes zählt, so dass auch dieser – mit der Ausnahme von Fällen gem. **HE** §§ 13 Abs. 1 Satz 2, 71 Abs. 2 Nr. 2 – für den Regelfall ausgeschlossen wird. Damit geht die Regelung weit über die früher in **VV** Nr. 4 Abs. 2 Buchst. a zu § 13 StVollzG enthaltene **Reststrafenregelung** hinaus, die zwar sogar nur **18 Monate Reststrafe** verlangte, aber immerhin nur für den Langzeitausgang und zudem nur für im geschlossenen Vollzug untergebrachte Gefangene galt. Dieser früheren Regelung in den VV sind z.B. VV Nr. 7.10 Satz 2 zu **BW** § 9 III und VV Nr. 4 Abs. 2 Buchst. a zu **BY** Art. 14 gefolgt, während sie sich z.B. in den VV in **BE**, **HB**, **HB** und **SL** nicht mehr findet. VV Nr. 7.1.2 zu **BW** § 9 III hält zudem pauschal fest, dass die Gewährung vollzugsöffnender Maßnahmen „die Belastungsfähigkeit der oder des Gefangenen häufig überfordern dürfte, wenn sie oder er noch mehr als drei Jahre Freiheitsstrafe bis zur voraussichtlichen Entlassung zu verbüßen hat."

Derartige Vorgaben sind **besonders problematisch**. Nach den Erfahrungen der Praxis spielt nicht die Restverbüßungszeit, sondern spielen vielmehr andere Umstände eine Rolle, wie die Persönlichkeit der Gefangenen, die Zuverlässigkeit, die Lebensweise

---

262 Lobend insofern *Arloth/Krä* § 13 NJVollzG Rdn. 5.
263 Zutreffend *Laubenthal/Nestler/Neubacher/Verrel* E Rdn. 158.
264 OLG Frankfurt 5.7.1993 – 3 Ws 242/93, StV 1993, 599; *Laubenthal/Nestler/Neubacher/Verrel* E Rdn. 158; zurückhaltender *Arloth/Krä* § 11 StVollzG Rdn. 19.
265 BVerfG 13. 12. 1997 – 2 BvR 1404/96, NJW 1998, 1133, 1134.
266 BVerfG 5.8.2010 – 2 BvR 729/08, StV 2011, 488; *Lübbe-Wolff*, S. 104.

draußen, die Beeinflussbarkeit, die Neigung zum Alkohol, das Verhältnis zur Bezugsperson, die Verbindung zur Familie oder zur Freundin bzw. zum Freund, das Verhältnis zu Vollzugsbediensteten wie auch zu Mitgefangenen. Auch kommt es gerade bei längerstrafigen Gefangenen darauf an, dass das Betreuungspersonal die mit einer Bewilligung von Langzeitausgang zusammenhängenden persönlichen Probleme mit den Inhaftierten erörtert. Dazu gehört allerdings, dass Gefangene zu den zuständigen Bediensteten Vertrauen haben und ihre persönlichen Verhältnisse offen darlegen. Bei längerstrafigen Gefangenen handelt es sich nicht ohne weiteres um solche, die sich als besonders gefährlich erwiesen haben und bei denen daher angenommen werden kann, dass eine lange Einwirkung des Vollzuges erforderlich ist, bevor verantwortet werden kann, sie vorübergehend aus der geschlossenen Anstalt zu entlassen. Hat ein/e Langzeitausgang begehrende/r Gefangene/r die Hälfte einer 15-jährigen Freiheitsstrafe verbüßt, so kann der verbleibende Strafrest überhaupt nur dann als erheblich gelten, wenn eine vorzeitige Entlassung nach Ablauf von zwei Dritteln der Strafe nicht in Betracht kommt, wobei die Wahrscheinlichkeit einer Aussetzung von der Anstaltsleitung eigenverantwortlich zu prüfen ist.[267] Eine im RegE zunächst vorgesehene Begrenzung des Langzeitausgangangs (damals: Urlaubs) nach Länge der Reststrafe ist vom SA gestrichen worden, denn die Vorstellung, dass Gefangene mit einem großen Strafrest stärker zur Flucht neigen als solche mit einem geringeren, hatte sich in der Praxis nicht bestätigt.[268] Aus der Länge des Strafrestes allein kann daher gerade nicht hergeleitet werden, dass Gefangene sich dem Vollzug der Freiheitsstrafe entziehen oder vollzugsöffnende Maßnahmen zu Straftaten missbrauchen werden.[269]

Die **Reststrafenregelung in den VV** enthält für die Beurteilung der Eignungsfrage daher lediglich eine **Entscheidungshilfe**, die der Anstaltsleitung im Interesse einer Gleichmäßigkeit in der Handhabung der Gewährung von Langzeitausgang und als Hinweis auf Fälle stets zu beachtender Missbrauchsgefahr, die möglicherweise bei längerem Strafrest hoch sein kann, an die Hand gegeben worden ist.[270] Es ist daher **ermessenfehlerhaft**, die Versagung von Langzeitausgang allein schematisch auf diese Reststrafenregelung zu stützen. Insofern darf sich die Anstaltsleitung auch nicht mit der allgemeinen Wendung begnügen, besondere Umstände, die eine Durchbrechung der Reststrafenregelung rechtfertigen können, seien nicht ersichtlich. Vielmehr muss die Entscheidung erkennen lassen, dass alle für die Gewährung oder Versagung von Langzeitausgang wesentlich erscheinenden Umstände des Einzelfalles erkannt und gegeneinander abgewogen wurden.[271] Wenn bereits längere Untersuchungshaft und ein nicht unerheblicher Teil der Strafhaft verbüßt sind, bedarf die Annahme der Fluchtgefahr besonderer Begründung.[272] Doch auch **HE § 13 Abs. 6** enthält nicht mehr als eine solche Entscheidungshilfe. Da die Norm, wie oben ausgeführt, allerdings mit dem Ausschluss sämtlicher vollzugsöffnender Maßnahmen mit Ausnahme der Ausführung für den Regelfall weit über die alten VV hinausgeht, ist fraglich, ob sie mit Blick auf den aus Art. 2 Abs. 1 i.V.m. Art. 1 Abs. 1 abzuleitenden Anspruch der Gefangenen auf Resozialisierung[273] überhaupt verfas-

---

267 OLG Hamm BlStV 6/1985, 13.
268 Vgl. BT-Drucks. 7/918, 77 und 7/3998, 11; darauf verweisend auch *Laubenthal* Rdn. 549.
269 OLG Karlsruhe 27.8.1980 – 1 Ws 184/80, MDR 1981, 252; OLG Frankfurt 29.6.1977 – 2 Ws 261/77, NJW 1978, 334 und ZfStrVo 1983, 249; OLG Celle 22.7.1977 – 3 Ws 202/77 (StVollz), NdsRpfl. 1977, 217; *Frellesen* NJW 1977, 2052.
270 Ähnlich *Laubenthal* Rdn. 549.
271 OLG München ZfStrVo **SH** 1979, 25 mwN; KG ZfStrVo **SH** 1979, 23.
272 OLG Hamm LS BlStV 3/1984, 4.
273 BVerfG 1.7.1998 – 2 BvR 441/90 u.a., BVerfGE 98, 169, 200; zuvor bereits ein Resozialisierungsinteresse anerkennend BVerfG 21.6.1977 – 1 BvL 14/76, BVerfGE 45, 187, 238f; 5.6.1973 – 1 BvR 536/72, BVerfGE 35, 202, 235f; befürwortend Pawlik Person, Subjekt, Bürger, 2004, 94; ablehnend

sungskonform sein kann.[274] Dies dürfte wohl nur bei entsprechend **großzügiger Handhabung von Ausnahmefällen** zu bejahen sein, zumal die Rechtsprechung des BVerfG zur Gewährung von Ausführungen zur Erhaltung der Lebenstüchtigkeit[275] bei langstrafigen Gefangenen ohne konkrete Entlassungsperspektive jedenfalls auch auf Begleitausgänge übertragbar sein dürfte.[276]

cc) Erfolgreiche Absolvierung anderer vollzugsöffnender Maßnahme. Nach **NI § 13 Abs. 3 Satz 2, NW § 54 Abs. 3, ST § 45 Abs. 7 Satz 1** soll Langzeitausgang erst gewährt werden, wenn die Gefangenen sich zuvor im **Ausgang** oder (dies nur in **NI** und **ST**) im **Freigang bewährt** haben. Damit führen die Gesetze eine Art Stufenvollzug ein; dies ist inhaltlich nicht zu rechtfertigen, da die verschiedenen vollzugsöffnenden Maßnahmen je unterschiedlichen Zwecken dienen.[277] Absurd ist insbesondere die Vorbewährung im Freigang, da dieser eher voraussetzungsvoller als der Langzeitausgang ist (vgl. auch bereits oben, Rdn. 27 ff.). Für die Auslegung dieser Vorschriften kann auf die Rechtsprechung zum alten StVollzG zurückgegriffen werden, nach der eine allgemeine Praxis, den Langzeitausgang vom beanstandungsfreiem Verlauf **vorbereitender Ausführungen und Ausgänge** abhängig zu machen, **ermessensfehlerhaft** ist. Insbesondere muss auch weiterhin gelten, dass eine solche Vorbewährung dann unnötig ist, wenn bereits ohne diese eine hinreichend günstige Prognose bezüglich Flucht- und Missbrauchsgefahr gestellt werden kann.[278] Wenn hingegen Zweifel hinsichtlich der Flucht- und Missbrauchsgefahr bestehen, ist zur Gewährung von Langzeitausgang auch eine Erprobung durch Ausführung und Ausgang denkbar.[279] Damit muss auch dort, wo das Kriterium der Vorbewährung nun gesetzlich vorgesehen ist, trotz der jeweiligen Fassung als Soll-Regelung diese **zurückhaltend angewendet** werden. Auch hier kann es sich lediglich um eine **Entscheidungshilfe** handeln; **Ausnahmefälle** ohne vorheriger Bewährung gewährter Langzeitausgänge müssen **großzügig gehandhabt** werden (vgl. auch Rdn. 36).

In **SN § 38 Abs. 3 Satz 1** hat die Bewährung bei Ausgängen hingegen eine andere Funktion: Sie kann die **allgemeine Mindestverbüßungsfrist** (Rdn. 34) von sechs Monaten beim Langzeitausgang **ersetzen**; so gewendet, handelt es sich um ein durchaus sinnvolles Kriterium.

dd) Zustimmung der Gefangenen. Die Zustimmung der Gefangenen ist bei vollzugsöffnenden Maßnahmen zur Erreichung des Vollzugsziels **durchgängig erforderlich**.[280] Diese Voraussetzung war in § 11 Abs. 2 StVollzG ausdrücklich enthalten; ebenfalls **ausdrückliche** Erwähnung findet sie in **BW** § 9 Abs. 1 III, **BY** Art. 13 Abs. 2, **HB** § 38 Abs. 2 Satz 2, **NI** § 13 Abs. 1, **NW** § 53 Abs. 1, **ST** § 45 Abs. 1 und **SH** § 55 Abs. 1. Hingegen verweisen **BE** § 42 Abs. 2, **BB** § 46 Abs. 2 Satz 1, **HH** § 12 Abs. 1 Satz 2, **HE** § 13 Abs. 2, **MV** § 38 Abs. 2, **RP** § 45 Abs. 2 Satz 1, **SL** § 38 Abs. 2, **SN** § 38 Abs. 2 und **TH** § 46 Abs. 2 Satz 1

Weigend Resozialisierung - die gute Seite der Strafe?, in: Radtke/Müller/Britz/Koriath/Müller-Dietz (Hrsg.), Muss Strafe sein?, 2004, 181, 188 ff.
274 Ebenfalls krit. und unter Hinweis auf den Resozialisierunganspruch, insgesamt aber zurückhaltender *Laubenthal/Nestler/Neubacher/Verrel* E Rdn. 155; zu unkritisch *Arloth/Krä* § 13 HStVollzG Rdn. 20.
275 BVerfG 4.5.2015 – 2 BvR 1753/14, BeckRS 2015, 49763; BVerfG 23.5.2013 – 2 BvR 2129/11, BVerfGK 20, 307; BVerfG 5.8.2010 – 2 BvR 729/08, StV 2011, 488.
276 Zutreffend OLG Koblenz 31.1.2014 – 2 Ws 689/13 (Vollz), FS 2015, 67 zu **RP** § 45.
277 Ebenso AK-*Lesting/Burkhardt* § 38 LandesR Rdn. 33.
278 OLG Hamburg ZfStrVo 1979, 53; OLG Celle 25.3.1986 – 3 Ws 125/86 (StrVollz), StV 1988, 349.
279 KG Berlin 13.7.1989 – 5 Ws 241/89 Vollz, ZfStrVo 1989, 375.
280 So auch AK-*Lesting/Burkhardt* § 38 LandesR Rdn. 58.

nicht ausdrücklich auf ein Zustimmungserfordernis. Daraus kann allerdings nicht gefolgert werden, dass eine Zustimmung in diesen Bundesländern nun entbehrlich wäre.[281] Das folgt zum einen daraus, dass es dem Wesen von vollzugsöffenenden Maßnahmen zur Erreichung des Vollzugsziels widerspricht, diese zwangsweise aufzuerlegen. Zudem ergibt sich das Zustimmungserfordernis schon aus einer grammatischen und systematischen Auslegung der entsprechenden Landesgesetze. So heißt es in **BE** § 42 Abs. 2, **BB** § 46 Abs. 2 Satz 1, **HH** § 12 Abs. 1 Satz 2, **HE** § 13 Abs. 2 Satz 1, **MV** § 38 Abs. 2 **RP** § 45 Abs. 2 Satz 1, **SL** § 38 Abs. 2, **SN** § 38 Abs. 2 und **TH** § 46 Abs. 2 Satz 1, dass die Maßnahmen **gewährt** werden. Der Begriff der Gewährung beinhaltet aber, dass die Gefangenen durch die vollzugsöffnenden Maßnahmen **lediglich begünstigt** werden sollen, was bei aufgedrängten Maßnahmen nicht der Fall wäre.

Hinzu kommt, dass fast alle Landesgesetze eine ausdrücklich **zwangsweise Teilnahme** von Gefangenen an vollzugsöffnenden Maßnahmen **nur für die Ausführung** zulassen (**BW** § 10 Abs. 4 III; **BY** Art. 37 Abs. 4; **BE** § 45 Abs. 1 Satz 2; **BB** § 49 Abs. 1 Satz 2; **HB** § 41 Abs. 1 Satz 2; **HE** § 15 Abs. 3 Satz 1; **MV** § 41 Abs. 1 Satz 2; **NI** § 14 Abs. 4; **NW** § 55 Abs. 3; **RP** § 48 Abs. 1 Satz 2; **SL** § 41 Abs. 1 Satz 2; **SN** § 41 Abs. 1 Satz 2; **ST** § 46 Abs. 5; **SH** § 54 Abs. 4; **TH** § 49 Abs. 1 Satz 2). Daraus folgt im Umkehrschluss, dass auch in den Bundesländern, die dies nicht ausdrücklich so anordnen, vollzugsöffnende Maßnahmen **im Übrigen nur mit Zustimmung** gewährt werden. In **HH** ist hingegen dem Gesetz zu entnehmen, dass sogar zwangsweise Ausführungen nicht zulässig sind; lediglich die zwangsweise Vorführung ist in **HH** § 14 Abs. 3 Satz 1 zugelassen. Auch daraus folgt, dass erst recht andere vollzugsöffnende Maßnahmen der Zustimmung bedürfen; siehe bestätigend auch VV Nr. I.4 zu **HH** § 12.

Damit haben praktisch alle Landesgesetze die Regelung des § 12 StVollzG übernommen, sie aber teils systematisch besser eingeordnet: In vielen Bundesländern findet sich die Regelung zur Zwangsausführung nun bei den **vollzugsöffnenden Maßnahmen aus wichtigem Anlass** (**BW** § 10 Abs. 4 III; **BY** Art. 37 Abs. 4; **HE** § 15 Abs. 3 Satz 1; **NI** § 14 Abs. 4; **NW** § 55 Abs. 3; **ST** § 46 Abs. 5; **TH** § 49 Abs. 1 Satz 2). So ist zugleich klargestellt, dass auch die Ausführung dann, wenn sie zur Erreichung des Vollzugsziels erfolgt, nicht zwangsweise zulässig ist. Nicht von vornherein klar ist dies hingegen dort, wo – wie in den meisten ME-Ländern (siehe generell auch 10.B Rdn. 1) – die Ausführungen außerhalb des Kontexts der in den Gesetzen Lockerungen genannten Maßnahmen gestellt werden (so in **BE** § 45 Abs. 1 Satz 2; **BB** § 49 Abs. 1 Satz 2; **HB** § 41 Abs. 1 Satz 2; **MV** § 41 Abs. 1 Satz 2; **RP** § 48 Abs. 1 Satz 2; **SL** § 41 Abs. 1 Satz 2; **SN** § 41 Abs. 1 Satz 2; **SH** § 54 Abs. 4; **TH** § 49 Abs. 1 Satz 2), wodurch dort auch die Differenzierung zwischen Ausführungen zur Erreichung des Vollzugsziels und Ausführungen aus wichtigem Anlass entfällt. Daher ist es in diesen Ländern jedenfalls gesetzlich nicht von vornherein ausgeschlossen, dass auch Ausführungen zur Erreichung des Vollzugsziels zwangsweise zulässig sein könnten. Auch hier widerspricht dies aber der resozialisierenden Zwecksetzung.[282] Eine **Zwangsausführung** kann daher ganz generell (also auch in den ME-Ländern) keine vollzugsöffnende Maßnahme zur Erreichung des Vollzugsziels darstellen, sondern ist **nur als vollzugsöffnende Maßnahme aus wichtigem Anlass** möglich.[283]

39   **ee) Zustimmung der Aufsichtsbehörde.** Während nach dem StVollzG die Zustimmung der Aufsichtsbehörde nur in den bundeseinheitlichen VV Nr. 6 Abs. 2 Satz 1 zu § 11

---

281   A.A. *Laubenthal/Nestler/Neubacher/Verrel* E Rdn. 139.
282   Vgl. *Arloth/Krä* § 12 StVollzG Rdn. 1.
283   Ebenso *Höflich/Schriever/Bartmeier* 2014, 132; kein Problembewusstsein zeigen AK-*Lesting/Burkhardt* 2017 § 41 LandesR Rdn. 11.

StVollzG und VV Nr. 3 Abs. 2 Satz 1 zu § 13 StVollzG für **bestimmte Gefangenengruppen** (Inhaftierte mit Staatsschutzdelikt als Anlasstat, Personen, gegen die eine vollziehbare Ausweisungsverfügung besteht und die aus der Haft abgeschoben werden sollen und Personen, gegen die eine freiheitsentziehende Maßregel der Besserung und Sicherung oder eine sonstige Unterbringung gerichtlich angeordnet und noch nicht vollzogen ist; zu diesen näher Rdn. 59) vorgesehen war, ist auch dieses Kriterium nun in fünf Bundesländern direkt in die Landesgesetze übernommen und dabei zudem in zwei Gesetzen ausgedehnt worden. So kann sich die Aufsichtsbehörde nach **BW § 12 III** und **ST § 48 Abs. 6** nun **generell** vorbehalten, dass in bestimmten Fällen die Entscheidung über die Gewährung vollzugsöffnender Maßnahmen mit Ausnahme der Ausführung ihrer Zustimmung bedarf. Nach **BB § 48 Abs. 2** gilt ein Zustimmungserfordernis für sämtliche vollzugsöffnenden Maßnahmen mit Ausnahme der Ausführung bei zu lebenslanger Freiheitsstrafe verurteilten Gefangenen. In **HH § 11 Abs. 3 Satz 2**, der gem. **HH** § 12 Abs. 1 Satz 3 auch für die Gewährung von vollzugsöffnenden Maßnahmen gilt, geht es nur um eine Sonderkonstellation, nämlich den Verzicht auf die Einholung eines Sachverständigengutachtens (zu diesem: Rdn. 42) bei Personen, die wegen Sexualstraftaten oder grober Gewalttätigkeit gegen Personen oder auf diese Taten bezogenen Vollrauschs vor der jetzigen Inhaftierung eine Freiheitsentziehung verbüßt haben, bei denen aber aufgrund der seither eingetretenen Entwicklung nach Auffassung der Anstaltsleitung eine Begutachtung nicht mehr erforderlich ist. In **SL § 38 Abs. 5 Satz 2** ist hingegen im Wesentlichen das bisherige Zustimmungserfordernis bei den oben (am Anfang der Rdn. 39) erwähnten Gefangenengruppen aus den VV ins Gesetz überführt worden; es erstreckt sich auf sämtliche vollzugsöffnenden Maßnahmen mit Ausnahme der Ausführung.

Der in **BW § 12 III** angesprochene Vorbehalt wurde in VV Nr. 7.4 Satz 4 und Nr. 8.1 zu **BW § 9 III konkretisiert**. VV Nr. 7.4 Satz 4 bezieht sich auf vollzugsöffnende Maßnahmen (mit Ausnahme von Ausführung und Außenbeschäftigung unter ständiger und unmittelbarer Aufsicht, vgl. VV Nr. 7.5 zu **BW § 9 III**) bei zu lebenslanger Freiheitsstrafe verurteilten Gefangenen, VV Nr. 8.1 auf Gefangene, „gegen die während des laufenden Freiheitsentzuges eine Freiheits- oder Jugendstrafe von mehr als vier Jahren wegen grober Gewalttätigkeiten gegen Personen oder von mehr als drei Jahren wegen einer Straftat gegen die sexuelle Selbstbestimmung oder wegen Handeltreibens mit Betäubungsmitteln vollzogen wurde oder zu vollziehen ist" (zu diesen Fällen ergänzend Rdn. 66). Allerdings entfällt der Vorbehalt nach VV Nr. 8.1 18 Monate vor dem Endstrafenzeitpunkt oder, wenn keine Vorverbüßungen von mindestens einem Jahr Freiheits- oder Jugendstrafe wegen einschlägiger Taten vorliegen, 18 Monate vor dem Zweidrittelzeitpunkt (VV Nr. 8.2.1 und 8.2.2 zu **BW § 9 III**). Der Vorbehalt gilt nur bei Erstentscheidungen oder für die erste weitere Entscheidung nach Versagen im offenen Vollzug oder bei vollzugsöffnenden Maßnahmen (VV Nr. 8.4 zu **BW § 9 III**) und zudem generell nicht bei Außenbeschäftigung und Ausführung (VV Nr. 8.3 zu **BW § 9 III**). Zudem enthält VV Nr. 7.7 Satz 1 auch einen Zustimmungsvorbehalt in den Konstellationen, in denen dieser schon nach den bundeseinheitlichen VV galt, allerdings mit einer Ausnahmeregelung in Satz 2, nach der es einer Zustimmung nicht bedarf, soweit Gefangene bis zu ihrer voraussichtlichen Entlassung „einen Strafrest von nicht mehr als drei Monaten zu verbüßen [haben] und die zuständige Ausländerbehörde für die letzten drei Monate der Inhaftierung keinen Termin für die Abschiebung benannt hat."

Im Übrigen finden sich Zustimmungserfordernisse der Aufsichtsbehörde weiterhin in allen dem Verfasser vorliegenden Landes-VV. VV Nr. 6 Abs. 2 Satz 1 zu § 11 StVollzG und VV Nr. 3 Abs. 2 Satz 1 zu § 13 StVollzG **entsprechen** dabei weitgehend VV Nr. 3 Abs. 2 Satz 1 zu **BY** Art. 13 und VV Nr. 3 Abs. 2 Satz 1 zu **BY** Art. 14, VV Nr. 3 Abs. 2 Satz 1 zu **BE** § 42, VV Nr. 4 Abs. 2 Satz 1 zu **HB** § 38, gelten also für **vergleichbare besondere**

Gefangenengruppen (Inhaftierte mit Staatschutzdelikt als Anlasstat, Personen, gegen die eine vollziehbare Ausweisungsverfügung besteht und die aus der Haft abgeschoben werden sollen [insofern allerdings nicht in **BE**] und Personen, gegen die eine freiheitsentziehende Maßregel der Besserung und Sicherung oder eine sonstige Unterbringung gerichtlich angeordnet und noch nicht vollzogen ist; näher zu den Gruppen in Rdn. 59); nur noch für die Maßregelfälle ein Zustimmungerfordernis enthält hingegen VV Nr. VII.3 zu **HH** § 12, auf Maßregelfälle, allerdings zusätzlich auch im Fall der Erledigung, sowie auf Staatsschutzfälle beschränkt sich mit Blick auf den o.g. Katalog auch VV § 9 Nr. 3.3.c zu **HE** § 13. Zustimmungsbedürftig ist in diesen Fällen die Gewährung sämtlicher vollzugsöffnender Maßnahmen; allerdings ist – außer in **HH** – die Ausführung von dem Erfordernis ausgenommen. In **HE** gilt das Zustimmungserfordernis auch nicht für die Außenbeschäftigung unter ständiger und unmittelbarer Aufsicht. Es wurden aber auch **darüber hinausgehende Zustimmungerfordernisse** in den VV geschaffen. Umfangreiche zusätzliche Zustimmungserfordernisse finden sich z.B. in **BY**, so zunächst nach VV Nr. 1 Abs. 3 zu **BY** Art. 13 für den Fall, dass vollzugsöffende Maßnahmen („Lockerungen") nach der Vorschrift (also alle derartigen Maßnahmen mit Ausnahme des Langzeitausgangs, der selbstverständlich immer die Ruhezeit mit umfasst und als „Urlaub" in **BY** Art. 14 geregelt ist) auch die Ruhezeit umfassen sollen. Der Zustimmung der Aufsichtsbehörde bedürfen dort gem. VV Nr. 2 Abs. 1 Satz 3 zu **BY** Art. 13 zudem auch erstmalige vollzugsöffnende Maßnahme bei Gefangenen, die eine lebenslange Freiheitsstrafe verbüßen oder für die Sicherungsverwahrung vorgemerkt (also angeordnet oder vorbehalten) ist; selbst die in diesen Fällen vorgesehene vorherige Begutachtung durch zwei externe Sachverständige (dazu sogleich, Rdn. 41) bedarf wiederum der Zustimmung der Aufsichtsbehörde (VV Nr. 2 Abs. 1 Satz 1). Eine entsprechende Regelung, allerdings ohne die gekünstelte Aufspaltung in zwei separate Zustimmungsvorgänge, findet sich auch für den Langzeitausgang in VV Nr. 7 Abs. 3 Satz 2 zu **BY** Art. 14. Einen weiteren Zustimmungsfall stellt es gem. VV Nr. 6 Abs. 1 Satz 3 zu **BY** Art. 13 schließlich dar, wenn Freigang zur Selbstbeschäftigung oder zur Beschäftigung bei Angehörigen i.S.d. § 11 Abs. 1 Nr. 1 StGB gewährt werden soll (siehe dazu auch Rdn. 29 f.). Auch in **BE** bedarf die Entscheidung über die Gewährung von vollzugsöffnenden Maßnahmen bei zu einer lebenslangen Freiheitsstrafe verurteilten Gefangenen und solchen mit angeordneter oder vorbehaltener Sicherungsverwahrung – i.d.R. neben einen Prognosegutachten (dazu Rdn. 41), das durch die Aufsichtsbehörde angeordnet wird (VV Nr. 8 Abs. 2 Satz 2 zu **BE** § 42) – der Zustimmung der Aufsichtsbehörde (VV Nr. 8 Abs. 1 zu **BE** § 42); eine Beschränkung nur auf die Erstgewährung findet sich in den VV nicht. VV Nr. 3 Satz 4 zu **HB** § 38 enthält ebenfalls ein Zustimmungserfordernis der Aufsichtsbehörde bei vollzugsöffnenden Maßnahmen für Gefangene mit lebenslanger Freiheitsstrafe. In **HE** ist in Ergänzung zu den schon aus den bundeseinheitlichen VV bekannten Konstellationen (dazu oben) auch dann zwingend die Zustimmung einzuholen, wenn es um die Gewährung von Ausgang, Langzeitausgang oder Freigang bei Gefangen mit lebenslanger Freiheitsstrafe geht. Zudem bedarf die Einholung der für die Gewährung von vollzugsöffnenden Maßnahmen nötigen Gutachten gem. **HE** § 13 Abs. 8 nach VV § 9 Nr. 3.3.a und b zu **HE** § 13 dann der Zustimmung der Aufsichtsbehörde, wenn eine lebenslange Freiheitsstrafe vollstreckt wird oder eine angeordente oder erledigte freiheitsentziehende Maßregel vorliegt. Schließlich sind jegliche über den Regelkatalog hinausgehenden, nicht gesetzlich typisierten vollzugsöffnenden Maßnahmen bei Erstgewährung zustimmungsbedürftig, wenn sie mehrtägig sind (VV § 9 Nr. 4.8 zu **HE** § 13).

40 Im Regelfall sind danach **Zustimmungserfordernisse** weiterhin nur **in VV** festgeschrieben. Ob derartige Zustimmungsvorbehalte in den VV den Vorgaben der jeweiligen Landesstrafvollzugsgesetze entsprechen, ist **sehr zweifelhaft**, zumal nicht erkennbar ist,

C. Vollzugsöffnende Maßnahmen zur Erreichung des Vollzugsziels

wie die sachfernere Aufsichtsbehörde die Eignungsbeurteilung inhaltlich sinnvoll vornehmen soll.[284] Daher können die Zustimmungsvorbehalte allenfalls so interpretiert werden, dass sie die Anstaltsleitung verpflichten, vor dem endgültigen Abschluss des Meinungsbildungsprozesses der Aufsichtsbehörde zu berichten und ihr Gelegenheit zu geben, im Falle von Bedenken die Angelegenheit zunächst nochmals mit der Anstalt zu erörtern, ggf. jedoch auch von ihrem Weisungsrecht Gebrauch zu machen.[285] Die Aufsichtsbehörde kann zwar eine eigenständige Beurteilung der Flucht- und Missbrauchsgefahr vornehmen[286] und ist auch nicht an die Ermessenserwägungen der Vollzugsanstalt gebunden.[287] Will sie jedoch dem Vorschlag der Anstalt ihre Zustimmung versagen, muss sie sorgfältig darlegen, welche Gründe sie zu ihrer abweichenden Einschätzung veranlasst haben. Mit dem bloßen Hinweis darauf, dass die bestehende Ungewissheit über den voraussichtlichen Entlassungszeitpunkt die Gefahr einer Nichtrückkehr beträchtlich erhöht, erfüllt sie diese Begründungspflicht z.B. nicht.[288] Auch darf die Bearbeitung nicht unnötig verzögert werden.[289] Bei der Verweigerung der Zustimmung handelt es sich um eine **innerdienstliche Weisung,** so dass im Außenverhältnis gegenüber den Gefangenen nur die Anstaltsleitung rechtswirksam entscheidet.[290] Die Vollzugsbehörde darf eine ablehnende Entscheidung nicht auf das bloße Fehlen der Zustimmung stützen, sondern muss eine eigene Ermessensentscheidung treffen.[291] Ein Zustimmungsvorbehalt entbindet die Vollzugsbehörde nicht von der Pflicht, die Umstände des konkreten Einzelfalles abzuwägen, ihre eigene Entscheidung auch offen zu legen und ggf. mitzuteilen, ob und mit welcher Begründung eine Zustimmung versagt worden ist.[292] Bewilligt die Anstaltsleitung vollzugsöffnende Maßnahmen ohne die erforderliche Zustimmung der Aufsichtsbehörde, ist ihre Entscheidung dennoch rechtmäßig, wenn die gesetzlichen Voraussetzungen für die Bewilligung vorliegen.[293] Es handelt sich sowohl bei einer beweilligenden als auch bei einer ablehnenden Entscheidung in den Zustimmungsfällen um eine Entscheidung, die der Vollzugsbehörde – und nicht der Aufsichtsbehörde – zugerechnet wird. Eine Befugnis der Aufsichtsbehörde, eine Entscheidung im Einzelfall an sich zu ziehen, ist nur für die Fälle von Gefahr im Verzuge anerkannt.

Es fragt sich nun, was gilt, wenn **Zustimmungserfordernisse im Gesetz** vorgesehen sind. Richtig ist im Ausgangspunkt, dass es sich dann in den Fällen, für die sie gelten (Rdn. 39), um **echte, verbindliche Bewilligungsvoraussetzungen** für vollzugsöffnende Maßnahmen handelt. Die Bewilligungsentscheidungen über vollzugsöffnende Maßnahmen sind in diesen Fällen nämlich wie mehrstufige Verwaltungsakte zu behandeln. Dementsprechend darf die Anstalt **nicht allein** und **nicht gegen die Aufsichtsbehörde** entscheiden. Es bleibt allerdings grundsätzlich dabei, dass die Zustimmungserklärung ein reines **Internum** ist; Außenwirkung entfaltet allein die Entscheidung der Anstalt. Insofern gelten die Ausführungen zur Situation bei Zustimmungserfordernissen

---

[284] Zutreffend *Laubenthal/Nestler/Neubacher/Verrel* E Rdn. 212; AK-*Lesting/Burkhardt* § 38 LandesR Rdn. 100; für Vereinbarkeit mit dem Gesetz aber KG Berlin 22.8.2001 – 5 Ws 121/01 Vollz, NStZ 2002, 528 M = StV 2002, 36 m. insoweit krit. Anm. *Heischel*; *Arloth/Krä* § 13 StVollzG Rdn. 30.
[285] Wie hier *Begemann* NStZ 1992, 151; vgl. auch OLG Frankfurt BlStV 2/1982, 3; OLG Hamm 18.4.1991 – 1 Vollz (Ws) 9/91, NStZ 1992, 149 = ZfStrVo 1991, 374.
[286] OLG Hamburg 6.3.1981 – Vollz (Ws) 3/81, NStZ 1981, 237 mit abl. Anm. *Meier* NStZ 1981, 406.
[287] OLG Hamburg ZfStrVo 1978, 185.
[288] OLG Hamburg ZfStrVo 1978, 185.
[289] KG Berlin 22.8.2001 – 5 Ws 121/01 Vollz, NStZ 2002, 528 *M* = StV 2002, 36 m. Anm. *Heischel*; vgl. dazu auch BVerfG 26.2.1985 – 2 BvR 1145/83, NStZ 1985, 283.
[290] OLG Frankfurt BlStV 6/1985, 19; LG Wiesbaden LS BlStV 6/1983, 7.
[291] OLG Hamm 1.12.2009 – 1 Vollz (Ws) 728/09, BeckRS 2010, 03568.
[292] Wie hier AK-*Köhne/Lesting* 2017 § 38 LandesR Rdn. 101.
[293] OLG Stuttgart 27.3.1985 – 4 Ws 87/85, ZfStrVo 1985, 249; OLG Frankfurt BlStV 6/1985, 19.

in VV entsprechend. Eine ohne die nötige Zustimmung bewilligte vollzugsöffnende Maßnahme ist nach allgemeinen verwaltungsrechtlichen Grundsätzen rechtswidrig, aber nicht nichtig (vgl. § 44 Abs. 3 Nr. 4 VwVfG). Der Formfehler kann auch nachträglich noch geheilt werden, wenn die Aufsichtsbehörde die Prüfung nachholt und die Zustimmung daraufhin erteilt (Rechtsgedanke des § 45 Abs. 1 Nr. 5 VwVfG). Etwas anderes gilt allerdings nach **BW § 12 III**, da dort ausdrücklich die Wirksamkeit an die Zustimmung der Aufsichtsbehörde geknüpft wird.[294] Hier hat die Zustimmungserklärung daher **Außenwirkung**; wird sie verweigert, können sich Gefangene also mit einem Verpflichtungsantrag direkt dagegen wenden.

41   **ff) Begutachtung und andere Formalia.** Das StVollzG und auch die bundeseinheitlichen VV zu diesem enthielten keine Vorgaben zur **Begutachtung von Gefangenen** bezüglich ihrer Eignung für vollzugsöffnende Maßnahmen. Nach der Rechtsprechung konnte die Vollzugsbehörde aber im Rahmen der Prüfung eines Antrags auf Langzeitausgang durchaus u.U. von Gefangenen verlangen, dass sie sich einer psychiatrischen Begutachtung unterzogen, und zwar auch dann, wenn bereits ein befürwortendes Gutachten einer oder eines Sachverständigen einer anderen Fachrichtung vorlag.[295] Der entschiedene Fall betraf einen Gefangenen, der eine lebenslange Freiheitsstrafe wegen Mordes verbüßte.

Im Gegensatz zu dieser überschaubaren Befundlage nach dem alten StVollzG haben nun einzelne Landesgesetze **Begutachtungsvorschriften** aufgenommen (**HE § 13 Abs. 8; HH § 11 Abs. 3 i.V.m. § 12 Abs. 1 Satz 3; NI § 16; NW § 56; ST § 48 Abs. 1 bis 5**); teils lassen die Vorschriften auch **körperliche Untersuchungen** zu (**NI § 16; ST § 48 Abs. 1 bis 5**). Keine eigene Begutachtung schreiben hingegen **BY Art. 15 Satz 2** und **TH § 46 Abs. 3 Satz 2** für bestimmte Gewalt- und Sexualstraftäter/innen vor; er verpflichtet die Anstaltsleitung nur, neben den Urteilsfeststellungen auch die im Strafverfahren erstatteten **Gutachten zu berücksichtigen**. Zudem finden sich Vorgaben zur **Begutachtung teils in VV** (so z.B. in VV Nr. 7.3 zu **BW § 9 III**; VV Nr. 2 Abs. 1 Satz 1 zu **BY** Art. 13 VV Nr. 7 Abs. 3 Satz 2 zu **BY** Art. 14 und VV Abs. 6 bis 8 zu **BY** Art. 15; VV Nr. 8 Abs. 1 und 2 zu **BE § 42**). VV § 9 Nr. 2 zu **HE § 13** enthält zudem konkretisierende Vorgaben zu **HE § 13 Abs. 8**. **Keine Vorschriften zur Begutachtung** finden sich hingegen z.B. in den VV von **HB, HH** und **SL**.

42   Blickt man zunächst in die **gesetzlichen Begutachtungsvorschriften**, so zeigt sich, dass diejenigen in **HE § 13 Abs. 8, HH § 11 Abs. 3 i.V.m. § 12 Abs. 1 Satz 3** und **NW § 56** deutlich knapper ausfallen als **NI § 16** und **ST § 48 Abs. 1 bis 5**. Nach Satz 1 der Vorschrift in **HE** ist dann, wenn die Anstalt erwägt, **vollzugsöffnende Maßnahmen** (zu denen nach der Vorschrift auch der **offene Vollzug**, aber nicht die **Ausführung** zählt) bei Gefangenen zu gewähren, die gegenwärtig eine Strafe verbüßen wegen Taten im Zusammenhang mit **grober Gewalttätigkeit gegen Personen** (zum Begriff näher unten, Rdn. 66) oder gegen die **sexuelle Selbstbestimmung** nach §§ 174 bis 180, 182 StGB oder die wegen solcher Taten in den letzten fünf Jahren eine Strafe verbüßt haben, der Entscheidung in der Regel ein Sachverständigengutachten zugrunde zu legen. Sogar zweier Gutachten bedarf es nach Satz 2 in schwerwiegenden Fällen, insbesondere bei Freiheitsstrafen von über vier Jahren wegen der eben genannten Straftaten, zudem dann, wenn gegen Gefangene eine freiheitsentziehende Maßregel der Besserung und Sicherung angeordnet und noch nicht vollzogen oder eine solche Maßregel wegen Aussichtslosigkeit für erledigt erklärt worden ist. Die Vorschrift erlaubt nach Satz 3, ersatzweise auf vor-

---

294 Vgl. auch *Arloth/Krä* § 12 **BW** JVollzGB III, Rdn. 1.
295 OLG Hamm 18.4.1991 – 1 Vollz (Ws) 9/91, NStZ 1992, 149 m. zust. Anm. *Begemann*.

handene aktuelle Gutachten zurückzugreifen, wenn diese zur Frage der Eignung für vollzugsöffnende Maßnahmen Stellung nehmen. Die Gutachteneinholung ist als Soll-Vorschrift gefasst („in der Regel"), so dass sie **ermessenslenkende Wirkung** hat. Das Ermessen wird dabei durch detaillierte Vorgaben in **VV § 9 Nr. 2 zu HE § 13** konkretisiert. Dort finden sich insbesondere auch Hinweise darauf, wann von einer Gutachteneinholung abgesehen werden kann. Dies ist gem. VV § 9 Nr. 2.1.8 dann, wenn üblicherweise ein Gutachten erforderlich ist, möglich, wenn nur noch sechs Monate Reststrafe bis zum voraussichtlichen Entlassungstermin zu vollstrecken sind und sich der oder die Gefangene in einer Anstalt oder Abteilung des Entlassungsvollzugs befindet. In den Fällen, die grundsätzlich zwei Gutachten erfordern, ermäßigt sich die Gutachtenzahl unter denselben Voraussetzungen auf eins.

Die Gutachten sind gem. **HE § 13 Abs. 8 Satz 4** so **rechtzeitig einzuholen**, dass die Entscheidung über die vollzugsöffnende Maßnahme dadurch nicht verzögert wird. Das im Gesetz enthaltene Wort „gegebenfalls" eröffnet dabei kein Entscheidungsermessen, es ist vielmehr nur als weiterer Hinweis darauf zu verstehen, dass Gutachten überhaupt nur einzuholen sind, wenn die Anstaltsleitung eine vollzugsöffnende Maßnahme in Betracht zieht (vgl. auch den einleitenden Relativsatz in Abs. 8 Satz 1; siehe zudem ergänzend VV § 9 Nr. 2.1 Abs. 1 Satz 1 zu **HE § 13**).

Das Begutachtungserfordernis in **HH § 11 Abs. 3 i.V.m. § 12 Abs. 1 Satz 4** erstreckt sich auf die Gruppe der Täter/innen, die die gegenwärtige Freiheitsstrafe oder vorherige Freiheitsentziehungen aufgrund von Sexualdelikten gem. §§ 174 bis 180, 182 StGB, wegen grober Gewalttätigkeiten (zum Begriff unten, Rdn. 66) oder darauf bezogener Vollrauschtaten verbüßen oder verbüßt haben. Anstelle der Anforderung eines psychiatrischen Gutachtens kann auch „eine schriftliche Stellungnahme einer psychologischen Fachkraft, die nicht mit den Gefangenen therapeutisch befasst ist oder war" eingeholt werden. Bezüglich der **Wahl** zwischen Stellungnahme und Gutachten besteht **Ermessen**. Zudem kann nach **HH** § 11 Abs. 3 Satz 2 mit Zustimmung der Aufsichtsbehörde auch von beidem abgesehen werden, „wenn die betroffene Freiheitsstrafe während eines vorangegangenen Freiheitsentzuges zu vollziehen war und die seither eingetretene Entwicklung der Gefangenen eine fachdienstliche Begutachtung nicht mehr erfordert". Im Übrigen aber ist **zwingend** entweder eine Stellungnahme oder ein Gutachten einzuholen. Nach der ab 1.1.2019 gültigen Neufassung von **HH § 12 Abs. 1 Satz 4** ist allerdings auch bei dieser Gefangenengruppe eine Begutachtung entbehrlich, wenn es nur um eine Ausführung geht und kein Fall des **HH** § 12 Abs. 1 Satz 3 vorliegt.

In **NW § 56 Abs. 2** Satz 1 ist eine externe Begutachtung hingegen „nur" bei Gefangenen mit lebenslanger Freiheitsstrafe und solchen mit vorbehaltener oder angeordneter Sicherungsverwahrung vorgesehen. Sie ist in das – gelenkte – **Ermessen** der Anstaltsleitung gestellt; im begründeten Ausnahmefall kann also von einer Begutachtung abgesehen werden. Ebenso können natürlich auch andere Gefangene, die nicht zu den genannten Gruppen zählen, bei Erforderlichkeit im Einzelfall begutachtet werden.[296] Eine Begutachtung ist nach Satz 2 der Vorschrift sogar in der Regel entbehrlich, wenn in den letzten zwei Jahren bereits eine Begutachtung stattgefunden hat. Zwar keine Begutachtung, aber doch eine **schriftliche Stellungnahme** der sozialen oder psychologischen Fachdienste verlangt **NW § 56 Abs. 1** Satz 1, soweit dies für die Eignungsbeurteilung erforderlich ist. Der Begriff der Erforderlichkeit in der Norm ist dabei ein unbestimmter Rechtsbegriff, der einen **Beurteilungsspielraum** eröffnet. In Satz 2 sind auch **medizini-**

---

[296] So auch **NW** LT-Drucks. 16/5413, 133 und praktisch wortgleich dazu *Arloth/Krä* § 56 NRW StVollzG Rdn. 2.

sche Untersuchungen erwähnt, (nur) bei deren Erforderlichkeit der medizinische Dienst zu beteiligen ist. Die Norm schafft dabei **keine Eingriffsgrundlage** für derartige Maßnahmen.[297]

43   Detaillierte und zudem weitgehend gleichlautende Begutachtungsvorschriften enthalten **NI § 16** und **ST § 48 Abs. 1 bis Abs. 5;** sie umfassen **auch körperliche Untersuchungen**. Der **Anwendungsbereich** der Vorschriften bezieht sich dabei nach Abs. 1 Satz 1 der jeweiligen Vorschrift auf die **Verlegung in den offenen Vollzug** sowie sämtliche **vollzugsöffnenden Maßnahmen** i.S.d. des hiesigen Begriffsverständnisses (dazu oben, 10.B Rdn. 1f.), d.h. inkl. der Ausführung. Jedenfalls die **Erstreckung auf die Ausführung** scheint dabei **überzogen**. Nach **Abs. 5** der beiden Vorschriften sind diese zudem entsprechend auf andere Begutachtungen anwendbar, die zur Vorbereitung vollzuglicher Entscheidungen, namentlich zur Abwehr von Gefahren für Sicherheit oder Ordnung der Anstalt, erforderlich werden. Zu denken ist z.B. an die Vollzugsplanung (einschließlich Fortschreibungen) oder an besondere Sicherungsmaßnahmen.[298] Eine allgemeine Befugnisnorm für Suchtmittelkontrollen wird damit allerdings nicht geschaffen,[299] was (nur) für **NI** mangels ausdrücklicher Regelung relevant ist (ergänzend 11.D. Rdn. 12). Die Begutachtung ist im Falle des Abs. 5 ins Ermessen der Anstalt gestellt, während sie nach Abs. 1 verpflichtend erfolgt (freilich aber unter Einräumung eines Beurteilungsspielraums, siehe sogleich).

Die Begutachtung oder körperliche Untersuchung wird nach Abs. 1 Satz 1 der jeweiligen Vorschrift angeordnet, wenn sie **erforderlich** ist. Zudem benennt Abs. 1 Satz 2 der jeweiligen Vorschrift Fälle, in denen dies in der Regel eine Begutachtung der Fall ist. Danach sind die Normen nach der **Regelbeispielsmethode** aufgebaut, so dass einerseits in atypischen Ausnahmefällen trotz Erfüllung eines Regelmerkmals von der Begutachtung abgesehen werden kann,[300] andererseits aber auch in atypischen Fällen eine Begutachtung trotz Nichterfüllung irgendeines Regelmerkmals erfolgen kann. Da die Erforderlichkeit als unbestimmter Rechtsbegriff zu klassifizieren ist, wird – in Verbindung mit der hier auf *Tatbestandsseite* verwendeten Regelbeispielsmethode – ein **Beurteilungsspielraum** eröffnet.[301] Als **in der Regel begutachtungsbedürftig** benennt Satz 2 in beiden Vorschriften übereinstimmend lebenslange Freiheitsstrafe verbüßende Gefangene, Sexualstraftäter/innen mit Bezugstat nach §§ 174 bis 180, 182 StGB oder mit einer auf eine solche Tat bezogener Vollrauschtat sowie Personen, die im Verdacht stehen, von Sucht- oder Arzneimitteln abhängig zu sein oder diese zu missbrauchen. In **ST** kommen noch die Gefangenen mit angeordneter oder vorbehaltener Sicherungsverwahrung dazu. Nach Satz 3 der Vorschrift in **NI** soll eine Beteiligung von Sachverständigen verschiedener Fachrichtungen bei den Gruppen der lebenslangen Gefangenen und der Sexualdelinquenten erfolgen, nach Satz 3 der Regelung in **ST** gilt dasselbe für die Gefangenen mit lebenslanger Freiheitsstrafe oder angeordneter oder vorbehaltener Sicherungsverwahrung. Keineswegs werden dadurch mindestens zwei Gutachten als Regel für diese Gefangenen vorgegeben; gefordert ist lediglich eine **interdisziplinäre Begutachtung**, die sich auch in einem gemeinsamen Gutachten niederschlagen kann.[302]

---

297   Unklar formuliert insofern **NW** LT-Drucks. 16/5413, 133 sowie (praktisch wortgleich zur LT-Drucks.) *Arloth/Krä* § 56 NRW StVollzG Rdn. 1.
298   **ST** LT-Drucks. 6/3799, 195; *Arloth/Krä* § 16 NJVollzG Rdn. 7 und § 48 LSA JVollzGB Rdn. 8.
299   Zutreffend *Arloth/Krä* § 16 NJVollzG Rdn. 7; a.A. **NI** LT-Drucks. 15/4325, 9,
300   A.A. *Arloth/Krä* § 16 NJVollzG Rdn. 3 und § 48 LSA JVollzGB Rdn. 2: zwingende Anwendung in diesen Fällen.
301   Im Ausgangspunkt zutr. auch *Arloth/Krä* § 48 LSA JVollzGB Rdn. 2.
302   *Arloth/Krä* § 16 NJVollzG Rdn. 4.

Sowohl Begutachtungen als auch körperliche Eingriffe sind nach dem jeweiligen Abs. 3 Satz 1 der Vorschriften nur **mit Einwilligung** der betroffenen Gefangenen zulässig. Bei körperlichen Eingriffen, zu denen ausdrücklich auch Blutentnahmen zählen, stellt Abs. 2 jeweils als zusätzliches Erfordernis auf, dass sie „von einer Ärztin oder einem Arzt vorgenommen werden und ein Nachteil für die Gesundheit der oder des Gefangenen nicht zu befürchten ist". Obwohl Begutachtungen und körperliche Eingriffe nur mit Einwilligung zulässig sind, dürfen doch **negative Folgerungen** aus deren Verweigerung gezogen werden, und zwar nach Satz 2 in der Regel, dass die Bewilligungsvoraussetzungen nicht vorliegen. Die Gefangenen sind darauf nach Satz 3 der Vorschrift vorab hinzuweisen. Dadurch entsteht dann doch eine gewisse **faktische Zwangswirkung**, die aber vertretbar ist, weil schon ohne die ausdrückliche Regelung im Gesetz die Verweigerung einer erforderlichen (!) Begutachtung aus rein tatsächlichen Gründen in der Regel die entsprechende Konsequenz (Verweigerung der Maßnahme) haben muss: Es lässt sich dann ja die Befürchtung von Flucht- oder Missbrauchsgefahr nicht ausräumen. Die Weigerung kann aber nicht auch noch zusätzlich mit Disziplinarmaßnahmen geahndet werden; insbesondere ist es systematisch verfehlt, wenn angenommen wird, die (allgemeine) Mitwirkungspflicht aus **NI** § 56 Abs. 2 und **ST** § 76 Abs. 1 Satz 3 überspiele insofern das (speziellere) Zustimmungserfordernis aus **NI** § 16 Abs. 3 Satz 1, **ST** § 48 Abs. 3 Satz 1.[303] Die Freiwilligkeit der Begutachtung bzw. Untersuchung führt dazu, dass kein Grundrechtseingriff vorliegt;[304] daher ist sie – als lediglich die Gewährung vollzugsöffender Maßnahmen vorbereitende Maßnahme – auch nicht gesondert anfechtbar.[305]

Abs. 4 der beiden Vorschriften enthält eine datenschutzrechtliche Regelung (zum Vollzugsdatenschutz siehe die Kommentierung im Ergänzungsband).

Vorgaben zur Begutachtung finden sich zudem in manchen **Landes-VV** (so z.B. in **44** VV Nr. 7.3 zu **BW** § 9 III; VV Nr. 2 Abs. 1 Satz 1 zu **BY** Art. 13, VV Nr. 7 Abs. 3 Satz 2 zu **BY** Art. 14 und VV Abs. 6 bis 8 zu **BY** Art. 15; VV Nr. 8 Abs. 1 und 2 zu **BE** § 42). Es handelt sich dabei um Regelungen, die den **Beurteilungsspielraum** der Vollzugsbehörde bei der Entscheidung über das Vorliegen einer **Eignung für vollzugsöffnende Maßnahmen** ausgestalten. Im begründeten Ausnahmefall kann von den Vorgaben der VV daher abgewichen werden. Nach **VV Nr. 7.3** Satz 1 **zu BW § 9 III** ist eine Begutachtung durch eine/n externe/n Sachverständige/n bei Gefangenen, die eine Freiheitsstrafe von mindestens fünf Jahren wegen Sexualdelikten verbüßen, vorgesehen, soweit die Zulassung zu unbegleiteten, nicht unmittelbar der Entlassungsvorbereitung dienenden vollzugsöffnenden Maßnahmen zu beurteilen ist. Eine Zulassung darf dann nur erfolgen, wenn „Flucht- und Missbrauchsgefahr auf Grund des Gutachtens [...] hinreichend sicher ausgeschlossen werden kann." Für andere Sexualdelikte, „sofern sie nicht eindeutig dem minderschweren Bereich zuzuordnen sind", verlangt Satz 2 der VV „zumindest die eingehende befürwortende Stellungnahme einer sachverständigen internen Fachkraft". **VV Nr. 8 Abs. 1 und 2 zu BE § 42** setzen eine Begutachtung vor der Gewährung vollzugsöffnender Maßnahmen für Gefangene mit lebenslanger Freiheitsstrafe sowie solche mit angeordneter oder vorbehaltener Sicherungsverwahrung voraus. Ebenfalls ein Begutachtungserfordernis durch externe Sachverständige für Gefangene mit lebenslanger Freiheisstrafe sowie Gefangene mit „vorgemerkter" (also angeordneter oder vorbehaltener) Sicherungsverwahrung enthalten die **VV Nr. 2 Abs. 1 Satz 1 zu BY Art. 13** und die **VV Nr. 7 Abs. 3 Satz 2 zu BY Art. 14**. Das Erfordernis betrifft alle vollzugsöffnenden Maßnahmen zur Resozialisierung, hingegen nicht die Ausführung aus besonderem An-

---

303 So aber *Arloth/Krä* § 16 NJVollzG Rdn. 8.
304 *Arloth/Krä* § 16 NJVollzG Rdn. 1; *Laubenthal/Nestler/Neubacher/Verrel* E Rdn. 156.
305 OLG Celle NStZ 2009, 577.

lass. Die VV verlangen zwei Gutachten. Die Voraussetzung ist ausdrücklich auf die erstmalige Gewährung begrenzt. Nach **VV Abs. 6 bis 8 zu BY Art. 15** sind zudem auch Gefangene, die Delikte gegen die sexuelle Selbstbestimmung begangen haben und gegen die deswegen eine Freiheitsstrafe von mindestens zwei Jahren vollzogen wurde oder zu vollziehen ist, extern zu begutachten, es sei denn, es geht nur um die Gewährung von Ausführungen oder Außenbeschäftigungen unter ständiger und unmittelbarer Aufsicht. Grundsätzlich ist ein Gutachten erforderlich, bei Freiheitsstrafen ab vier Jahren sind es jedoch zwei.

45 Soweit es in einem Bundesland **keine ausdrückliche Regelung** im Gesetz oder den VV gibt, bleibt es bei der früheren Rechtslage nach dem Bundesgesetz (siehe Rdn. 41). Eine Begutachtung kann danach – unter Maßgabe der Freiwilligkeit der Mitwirkung – verlangt werden, wenn sie zur Beurteilung der Eignung für eine konkrete vollzugsöffnende Maßnahme erforderlich ist. Für eine solche freiwillige Begutachtung bedarf es keiner ausdrücklichen Rechtsgrundlage (siehe ergänzend Rdn. 43 a.E.),[306] auch wenn eine solche aus Gründen der Klarstellung natürlich vorzuziehen ist.

46 Eine weitere, das Bewilligungsverfahren betreffende Vorschrift regelt die Vorbereitung von Entscheidungen über vollzugsöffnende Maßnahmen in **Vollzugsplankonferenzen**. Nach der früheren Rechtslage war ein solches Erfordernis in den bundeseinheitlichen VV enthalten, und zwar in **VV Nr. 5 zu § 11 StVollzG** sowie (für den im StVollzG separat als „Urlaub" geregelten Langzeitausgang) in **VV Nr. 7 Abs. 3 zu § 13 StVollzG**. Beide Vorschriften betrafen nur die Entscheidung über vollzugsöffnende Maßnahmen im Vollzug der **lebenslangen Freiheitsstrafe**. Wegen ihrer Tragweite war diese Entscheidung in einer Konferenz nach § 159 StVollzG vorzubereiten und darüber eine Niederschrift anzufertigen. Bei der Ausführung sowie der Außenbeschäftigung unter ständiger unmittelbarer Aufsicht galt hingegen gem. **VV Nr. 5 Abs. 2 zu § 11 StVollzG** eine Ausnahme, die sich mit der erheblich reduzierten Flucht- und Missbrauchsgefahr bei diesen Maßnahmen rechtfertigen lässt. Ob diese Konferenz vor Gewährung jeder erneuten vollzugsöffnenden Maßnahme wiederholt werden musste, kam auf den Einzelfall an. Selbstverständlich waren auch in anderen Fällen Konferenzen erforderlich, wenn die Entscheidung über vollzugsöffnende Maßnahmen als „wichtig" i.S. des § 159 StVollzG anzusehen war (so z.B. auch dann, wenn Behandlungs- und Sicherheitsgesichtspunkte besonders sorgfältig abzuwägen waren und daher mehrere Bedienstete verschiedener Funktionen an der Entscheidung beteiligt werden sollten).

Eine der Regelung in den Bundes-VV **vergleichbare Vorgabe** findet sich z.B. in VV Nr. 7.4 und 7.5 zu **BW** § 9 III, VV Nr. 3 zu **HB** § 38, VV Nr. 4 zu **SL** § 38. Ähnlich sind auch VV Nr. 2 Abs. 1 Satz 2 zu **BY** Art. 13 und Nr. 7 Abs. 3 Satz 1 zu **BY** Art. 14, wobei allerdings in **BY** vom Konferenzerfordernis nur die Ausführungen aus besonderem Anlass ausgenommen wurden. In VV Nr. 8 Abs. 2 Satz 3 zu **BE** § 42 ist das Konferenzerfordernis – inhaltlich sinnvoll – über die Gruppe der Gefangenen mit lebenslanger Freiheitsstrafe hinaus auch auf die Gruppe der Gefangenen mit angeordneter oder vorbehaltener Sicherungsverwahrung erweitert worden. Erweiterungen finden sich zudem in VV Abs. 3 zu **BY** Art. 15, nach dem eine Konferenz auch bei der ersten Entscheidung über vollzugsöffnende Maßnahmen (außer Ausführung sowie Außenbeschäftigung unter ständiger und unmittelbarer Aufsicht) bei Gewalt- und Sexualstraftäter/innen im Sinne des **BY** Art. 15 notwendig ist. Für Folgeentscheidungen gilt dies dort nur, soweit neue „Anhaltspunkte für eine ungünstige Veränderung der rechtlichen oder tatsächlichen Entscheidungsgrundlagen vorliegen".

---

306 Vgl. *Arloth/Krä* § 16 NJVollzG Rdn. 1; *Laubenthal/Nestler/Neubacher/Verrel* E Rdn. 156.

C. Vollzugsöffnende Maßnahmen zur Erreichung des Vollzugsziels

Die **Mitwirkung anderer Stellen**, wie Vollstreckungsbehörde, zuständiges Gericht 47
oder zuständige Ausländerbehörde, regelten VV Nr. 6 Abs. 2 Satz 2, 3 und Nr. 7 Abs. 3
Satz 2 zu § 11 StVollzG sowie (für den als „Urlaub" bezeichneten Langzeitausgang)
VV Nr. 3 Abs. 2 Satz 2, 3 und Nr. 4 Abs. 3 Satz 2 zu § 13 StVollzG. Es ging insofern um
Anhörungs- bzw. Benehmenserfordernisse für den Fall, dass die Anstaltsleitung in bestimmten Fällen des grundsätzlichen Ausschlusses bestimmter Gefangenengruppen von
vollzugsöffnenden Maßnahmen (zu diesen Fällen aus materieller Sicht ausführlicher
Rdn. 59) ausnahmsweise dennoch eine solche Maßnahme bewilligen möchte. So war bei
einer Ausnahme vom Ausschluss von Täter/innen von Staatsschutzdelikten die zuständige Vollstreckungsbehörde zu hören, im Fall von Personen, gegen die eine freiheitsentziehende Maßregel oder sonstige freiheitsentziehende Unterbringung angeordnet, aber
noch nicht vollzogen wurde, das Gericht und im Fall von Gefangenen, „gegen die ein
Ausweisungs-, Auslieferungs-, Ermittlungs- oder Strafverfahren anhängig ist" (VV Nr. 7
Abs. 2 lit. d) zu § 11 StVollzG und VV Nr. 4 Abs. 2 lit. e) zu § 13 StVollzG), die jeweils zuständige Behörde. Soweit es schließlich um Personen ging, „gegen die eine vollziehbare
Ausweisungsverfügung für den Geltungsbereich des Strafvollzugsgesetzes besteht und
die aus der Haft abgeschoben werden sollen" (VV Nr. 6 Abs. 1 lit. c) zu § 11 StVollzG und
VV Nr. 3 Abs. 1 lit. c) zu § 13 StVollzG), war ein Benehmen mit der zuständigen Ausländerbehörde erforderlich. Da insofern zuvor noch bis zum 31.12.1993 in den VV von „Einvernehmen" die Rede war, wurde durch die Änderung klargestellt, dass Ausländer- und
Vollzugsbehörde unterschiedlicher Auffassung sein können und Letztere nicht an die
Stellungnahme der Ausländerbehörde gebunden ist. In der Praxis wurde dies immer
wieder verkannt.[307] Die Prognose der Flucht- und Missbrauchsgefahr obliegt allein der
JVA.[308] Einerseits hat sie wie jede staatliche Institution Akte anderer staatlicher Stellen
zu respektieren, andererseits ist sie aber nicht an die Auffassungen und Entscheidungen
der Ausländerbehörde gebunden.[309] „Zuständiges Gericht" in Maßregelsachen ist wegen
der Vollzugsnähe die Strafvollstreckungskammer.[310] Eine Verpflichtung des Gerichts zur
Stellungnahme konnte aus den VV aber nicht folgen, da diese Verpflichtung nicht im
StVollzG verankert war und Gerichte durch VV nicht gebunden werden.[311]

In **SL § 38 Abs. 5 Satz 3, 4 und Abs. 6 Satz 3** wurden diese Anhörungs- bzw. Be- 48
nehmenspflichten unmittelbar in das Gesetz übernommen, was ihnen einen insgesamt
(also auch für Ausnahmefälle) bindenden Charakter verleiht und zudem auch für die
Gerichte eine Mitwirkungspflicht bei der Anhörung begründet (anders als nach den VV;
dazu Rdn. 47 a.E.). In **ST § 45 Abs. 5 Satz 2 i.V.m. Abs. 4 Nr. 4** wurde hingegen nur die
Anhörung der zuständigen Behörde bei anhängigem Ausweisungs-, Auslieferungs-, Ermittlungs- oder Strafverfahren in das Gesetz übernommen. Für die **anderen Bundesländer** bleibt es bei einer Regelung in den **VV**, die zumeist derjenigen in den bundeseinheitlichen VV entspricht (so in VV Nr. 7.7 Satz 3 und 7.11 Satz 2 zu **BW** § 9 III; VV Nr. 3
Abs. 2 Satz 2 und Nr. 4 Abs. 3 Satz 2 zu **BY** Art. 13 sowie VV Nr. 3 Abs. 2 Satz 2 und Nr. 4
Abs. 3 Satz 2 zu **BY** Art. 14; VV Nr. 3 Abs. 2 VV Nr. 4 Abs. 2 Satz 2, Nr. 5 Abs. 3 Satz 2 zu **HB**
§ 38). In VV Nr. 3 Abs. 2 Satz 1 zu **BE § 42** finden sich nur noch die Anhörungspflichten
bei Staatsschutzdelikten und bei angeordneter, aber noch nicht vollzogener freiheitsent-

---

307 Vgl. z.B. LG Hamburg 30.6.2000 – 613 Vollz 57/00, StV 2001, 33.
308 OLG Celle BlStV 3/1992, 5.
309 OLG Frankfurt 8.9.1982 – 3 Ws 627/82 (StVollz), NStZ 1983, 93; OLG Hamm 21.3.1985 – 1 Vollz (Ws)
     279/84, NStZ 1985, 382.
310 A.A. LG Freiburg BlStV 4/1977, 10: Durch die VV können keine gerichtlichen Kompetenzen
     begründet werden.
311 Zutreffend OLG Frankfurt 23.12.1981 – 2 Ws 717/81, NStZ 1982, 260.

ziehender Maßregel oder sonstiger Unterbringung. Für die Anhörung von Strafverfolgungs- und Ausländerbehörden wurden im Übrigen weitergehende, allgemeinere Erkundigungspflichten der Anstalt geschaffen (**VV Nr. 2 Abs. 2 und 3 zu BE § 42**). Nach Nr. 2 Abs. 2 ist vor jeder Bewilligungsentscheidung für vollzugsöffnende Maßnahmen, die nicht Fälle der Verbüßung von Ersatzfreiheitsstrafe betrifft, durch Rückfrage bei den Strafverfolgungsbehörden zu klären, ob Ermittlungs- oder Strafverfahren anhängig sind. Zudem ist bei allen ausländischen Gefangenen nach VV Nr. 2 Abs. 3 zu **BE** § 42 vor der Gewährung vollzugsöffnender Maßnahmen abzuklären, ob ein Ausweisungsverfahren anhängig ist und auf welchem Stand dies ist. Abs. 3 Satz 2 setzt eine Reaktionsfrist der Ausländerbehörde von einem Monat, in Eilfällen zwei Wochen, nach deren fruchtlosem Ablauf ohne die Stellungnahme entschieden werden kann. In ähnlicher Weise eine allgemeine Regelung von Behörden- und Gerichtsanfragen trifft **VV Nr. I.3 Satz 1 zu HH § 12**: „Bei Erstgewährung von Lockerungsmaßnahmen, die ohne Aufsicht stattfinden (Ausgang, Freistellung von der Haft, Freigang), ist durch Anfragen bei Vollstreckungsbehörden, Gerichten, Ausländer- und Strafverfolgungsbehörden abzuklären, ob Hinderungsgründe für eine Gewährung vorliegen." Die alten Regelungen der bundeseinheitlichen VV wurden daneben nicht übernommen.

Erneut mit besonders differenzierten und umfänglichen Regeln in den VV (man könnte auch kritischer sagen: mit pedantischer, sicherheitsbeflissener Überregulierung) fällt HE auf. So ist in VV § 9 Nr. 3.1.1 Satz 1 zu **HE** § 13 zunächst eine sehr umfangreiche (und letztlich mit Blick auf die grundsätzliche Trennung von Vollstreckung und Vollzug **systemfremde**) Pflicht zur **Beteiligung der Vollstreckungsbehörde** bei der Eignungsprüfung bzgl. vollzugsöffnender Maßnahmen vorgesehen. So ist diese (i.V.m. VV § 9 Nr. 1.2 zu **HE** § 13) dann zu beteiligen, wenn „a) ein Fall von § 13 Abs. 5 oder Abs. 6 HStVollzG vorliegt, b) eine Freiheitsstrafe von mehr als vier Jahren zu verbüßen ist, c) eine Freiheitsstrafe wegen Handels mit Betäubungsmitteln zu verbüßen ist, d) Erkenntnisse vorliegen, dass die Gefangenen der organisierten Kriminalität zuzurechnen sind oder e) während des laufenden Freiheitsentzuges eine Strafe vollzogen wurde oder zu vollziehen ist, welche gemäß § 74a GVG von der Strafkammern oder gemäß § 120 GVG vom Oberlandesgericht im ersten Rechtszug verhängt worden ist." **HE** § 13 Abs. 5 enthält dabei wiederum eine lange Liste verschiedener Gefangenengruppen mit sechs Nummern, darunter eine Nummer mit drei Unterbuchstaben; insofern wird hier aus Platzgründen auf das Gesetz verwiesen. **HE** 13 Abs. 6 betrifft Gefangene mit lebenslanger Freiheitsstrafe vor Erreichen der Mindestverbüßungsdauer von zehn Jahren. Wenn daraus für die Eignungsprüfung entscheidungserhebliche Erkenntnisse zu erwarten sind, ist zudem auch das Hess. LKA zu beteiligen, insbesondere im Fall von Gefangenen aus dem Bereich der Organisierten Kriminalität (VV § 9 Nr. 3.1.1 Satz 2 zu **HE** § 13). Dabei geht es jeweils nur um die Erstgewährung, wie sich im Umkehrschluss aus VV § 9 Nr. 3.1.2 zu **HE** § 13 ergibt. Die Vollstreckungsbehörde ist nach dieser Vorschrift vor einer erneuten Gewährung vollzugsöffnender Maßnahmen nach gravierendem Missbrauch vollzugsöffnender Maßnahmen erneut zu beteiligen. Zudem ist gem. VV § 9 Nr. 3.2 in den Fällen, in denen nach den bundeseinheitlichen VV ein Gericht oder eine andere Behörde als die Vollstreckungsbehörde anzuhören war, diese auch nach den hessischen VV zu hören (zu diesen Fällen siehe Rdn. 47). Dies betrifft auch die Fälle, in denen es nach den bundeseinheitlichen VV noch eines Benehmens mit der Ausländerbehörde bedurfte. Soweit hier nun gefordert wird, diese „zu hören", ist damit dasselbe gemeint wie bisher (auch dazu erg. Rdn. 47).

b) Materielle Kriterien

49   **aa) Eignung; Fehlen von Flucht- und Missbrauchsgefahr.** Materielles Hauptkriterium der §§ 11 Abs. 2, 13 Abs. 1 Satz 2 StVollzG für die Gewährung vollzugsöffnender

C. Vollzugsöffnende Maßnahmen zur Erreichung des Vollzugsziels

Maßnahmen (nach damaliger Terminologie: Lockerungen und Urlaub) war es, dass nicht zu befürchten sein durfte, dass „der Gefangene sich dem Vollzug der Freiheitsstrafe entziehen oder die Lockerungen zu Straftaten missbrauchen werde". Voraussetzung war mithin, dass weder **Fluchtgefahr** noch **Missbrauchsgefahr** zu **befürchten** ist. Eine über die Abwesenheit dieser Ausschlusskriterien hinausgehende positive Eignung für vollzugsöffnende Maßnahmen war nicht nötig.[312] Auch die Landesgesetze halten sämtlich am **Negativerfordernis** der Abwesenheit von Flucht- und Missbrauchsgefahr als Eignungsmaßstab fest. Ein darüberhinausgehendes, **positives Eignungskriterium** enthalten allerdings **BW** § 9 Abs. 1 III, der diese Eignung dahin definiert, dass insbesondere eine ausreichende Festigung der Persönlichkeit und die Abwesenheit von Flucht- und Missbrauchsgefahr dafür erforderlich ist, sowie **HE** § 13 Abs. 2 Satz 1 und **ST** § 45 Abs. 3 Satz 1, die nur die Abwesenheit von Flucht- und Missbrauchsgefahr als ausdrückliches Eignungskriterium nennen, dies aber nur „insbesondere". Nur[313] in diesen Ländern ist danach die Eignung der Gefangenen für vollzugsöffnende Maßnahmen positiv festzustellen.[314] Jedenfalls in **BW** kommt es über das Fehlen von Flucht- und Missbrauchsgefahr hinaus maßgeblich auf das „insbesondere" erwähnte Merkmal der Festigung der Persönlichkeit an, auf die nach dem OLG Karlsruhe namentlich ein „eigenverantwortliche[s] und auch die Interessen der anderen Gefangenen berücksichtigende[s], durch Selbstdisziplin gekennzeichnete[s] Vollzugsverhalten" schließen lassen kann.[315] Der Sache nach kann es nur darum gehen, ob das Verhalten der Gefangenen das ihnen bei Gewährung vollzugsöffnender Maßnahmen entgegengebrachte Vertrauen rechtfertigt. Dabei ist aber festzuhalten, dass die Gewährung vollzugsöffnender Maßnahmen keine Vergünstigung für Wohlverhalten darstellt,[316] so dass es jedenfalls nicht entscheidend auf das ankommen kann, was *Arloth/Krä* etwas antiquiert als „korrekte Führung" bezeichnen.[317] Aus ebendiesen Gründen ist es hochproblematisch, wenn nach **HH § 12 Abs. 2** und **ST § 45 Abs. 3 Satz 2** eine Versagung von vollzugsöffnenden Maßnahmen darauf gestützt werden können soll, dass Gefangene ihren **Mitwirkungspflichten** nicht nachkommen (siehe dazu näher Rdn. 68).

Im Übrigen finden sich durchaus erkennbare sprachliche Unterschiede dahingehend, **mit welcher Sicherheit** Flucht- und Missbrauchgefahr ausgeschlossen werden können müssen, um vollzugsöffnende Maßnahmen zu ermöglichen. Ob darin auch inhaltliche Unterschiede liegen, bedarf der Klärung (dazu sogleich). Wie das alte StVollzG auf eine **fehlende Befürchtung** von Flucht- und Missbrauchsgefahr stellen die folgenden Regelungen ab: **BW** § 9 Abs. 1 III; **BY** Art. 13 Abs. 2, auch i.V.m. **BY** Art. 14 Abs. 1 Satz 2; **HB** § 38 Abs. 2 Satz 1; **HE** § 13 Abs. 2 Satz 1; **NI** § 13 Abs. 2. Einen auf den ersten Blick milderen Maßstab legen andere Landesgesetze zugrunde, indem sie fordern, dass **verantwortet werden** können muss **zu erproben**, dass weder Flucht- noch Missbrauchsgefahr gegeben ist (**BE** § 42 Abs. 2; **BB** § 46 Abs. 2 Satz 1; **HH** § 12 Abs. 1 Satz 2; **MV** § 38 Abs. 2; **NW** § 53 Abs. 1 Satz 1; **RP** § 45 Abs. 2 Satz 1; **SL** § 38 Abs. 2; **SN** § 38 Abs. 2; **SH** § 55 Abs. 2; **TH** § 46 Abs. 2 Satz 1). Einen eigenen, zumindest auf den ersten Blick besonders strengen Maßstab legt schließlich **ST** § 45 Abs. 3 Satz 1 an, indem die Norm schon die **abstrakte Gefahr** von Flucht oder Missbrauch ausreichen lässt. Teilweise wird vertreten, dass sich in diesen unterschiedlichen Formulierungen keine unterschiedli-

---

312 Vgl. OLG Celle, Urteil vom 11. März 1988 – 1 Ws 64/88, juris; a.A. *Arloth/Krä* § 13 StVollzG Rdn. 11.
313 A.A. *Arloth/Krä* § 9 **BW** JVollzGB III Rdn. 2.
314 Ablehnend selbst insofern aber AK-*Lesting/Burkhardt* § 38 LandesR Rdn. 57.
315 OLG Karlsruhe 3.6.2015 – 1 Ws 172/14 L, juris.
316 *Laubenthal* Rdn. 524; AK-*Lesting/Burkhardt* § 38 LandesR Rdn. 48.
317 *Arloth/Krä* § 13 HStVollzG Rdn. 4.

chen Maßstäbe ausdrücken.³¹⁸ Dies ist jedenfalls für die Erprobungsklausel im Verhältnis zur klassischen Befürchtungsklausel auch plausibel: Ist Missbrauch oder Flucht zu befürchten, ist eine Erpobung nicht zu verantworten.³¹⁹ Einen strengeren Maßstab beinhaltet aber **ST § 45 Abs. 3 Satz 1**. Dabei ist der Begriff der abstrakten Gefahr allerdings insgesamt unglücklich gewählt. Bei Inhaftierten, die ja immerhin überwiegend bereits mehrmals strafrechtlich auffällig geworden sind, besteht immer ein nicht ausschließbares Restrisiko, dass sie wieder rückfällig werden. Nun sind zwar fehlgeschlagene vollzugsöffnende Maßnahmen empirisch selten (s.o., 10.B Rdn. 6), aber nach üblichem Verständnis sind an abstrakte Gefahren keine hohen Anforderungen zu stellen. Insbesondere wird durch die verfehlte Formulierung der Eindruck erweckt, es komme gar nicht auf eine individuelle Einzelfallbeurteilung an, was sich allerdings wiederum mit dem individuellen Recht der Gefangenen auf Resozialisierung aus Art. 2 Abs. 1 i.V.m. Art. 1 Abs. 1 GG nicht vereinbaren lässt. Daher muss auch in **ST** eine Einzelfallprüfung durchgeführt werden (näher zu den Anforderungen in Rdn. 54).³²⁰ Dafür spricht auch, dass die abstrakte Gefahr laut Gesetz immerhin auf tatsächlichen Anhaltspunkten fußen muss. Dennoch bleibt der Eindruck einer restriktiveren Regelung. Gem. **HE** § 13 Abs. 2 Satz 2 sind zudem bei „der Prüfung von vollzugsöffnenden Maßnahmen [...] der **Schutz der Allgemeinheit** und die **Belange des Opferschutzes** in angemessener Weise zu berücksichtigen." Eine entsprechende Regelung findet sich auch in ST § 45 Abs. 3 Satz 3. Auf eine Abwägung der Belange der Gefangenen mit den Sicherheitsinteressen der Allgemeinheit stellt auch **NW** § 53 Abs. 1 Satz 2 ab. Nach **HH** § 12 Abs. 5 Satz 1 sind die Opferbelange zu berücksichtigen. Zur Bedeutung dieser Regelungen siehe Rdn. 53 zum Schutz der Allgemeinheit und Rdn. 67 zu den Opferbelangen.

Eine weitere Besonderheit stellt es zudem dar, dass nach **HE § 13 Abs. 1 Satz 1** und **ST § 45 Abs. 3 Satz 1** die **Missbrauchsgefahr nicht auf Straftaten bezogen** sein muss, sondern auch ein Missbrauch „**auf andere Weise**" möglich ist. Gemeint sind damit Fehlverhaltensweisen wie Alkoholmissbrauch o.ä.³²¹ Diese Erweiterung ist verfehlt. Der Vollzug dient der Resozialisierung der Gefangenen im Sinne einer nachhaltigen Legalbewährung und dem Schutz der Allgemeinheit vor weiteren Straftaten. Durch Flucht oder neue Straftaten werden sowohl der Schutzauftrag als auch das Resozialisierungsziel verfehlt. Bei anderen Missbräuchen ist dies hingegen nicht so, sodass die Regelung unangemessen moralisierend wirkt. Die entsprechenden Regelungen sind daher restriktiv dahingehend auszulegen, dass Missbräuche auf andere Weise nicht nur das gleiche Gewicht haben müssen wie Straftat-Missbräuche.³²² Es kann sich darüber hinaus nur um solche Verhaltensweisen handeln, die die konkrete Gefahr der Flucht oder des Missbrauchs zu Straftaten begründen.

Maßgeblicher Ansatz für die Beurteilung von Flucht- und Missbrauchsgefahr ist nicht die Frage, ob überhaupt in der Person der oder des Verurteilten eine entsprechende Gefahr besteht (dieser Gesichtspunkt ist vielmehr im Rahmen des Verfahrens nach §§ 57, 57a StGB zu beantworten), sondern es kommt entscheidend darauf an, ob zu befürchten ist, die oder der Gefangene werde gerade die Gewährung von vollzugsöffnenden Maßnahmen missbrauchen.³²³ Wird die Ablehnung entscheidend darauf gestützt, dass zum

---

318 So z.B. AK-*Lesting/Burkhardt* § 38 LandesR Rdn. 68.
319 Ebenso *Arloth/Krä* § 38 SächsStVollzG Rdn. 10.
320 Zutreffend *Arloth/Krä* § 22 LSA JVollzGB Rdn. 2.
321 **HE** LT-Drucks. 18/1396, 85.
322 So bereits **HE** LT-Drucks. 18/1396, 85; *Arloth/Krä* § 13 HStVollzG Rdn. 5.
323 OLG Karlsruhe 23.7.2001 – 3 Ws 50/01, StV 2002, 34 = NStZ 2002, 528 *M*. Zur Verantwortbarkeit des Risikos als Voraussetzung vollzugsöffnender Maßnahmen vgl. *Frisch* 1990, 750 ff.

gegenwärtigen Zeitpunkt noch nicht alle Zweifel an der Zuverlässigkeit eines bzw. einer Gefangenen aufgrund des bisherigen Verhaltens im Vollzug ausgeräumt seien, werden an die Voraussetzungen für vollzugsöffnende Maßnahmen allzu hohe Anforderungen gestellt.[324] Die Prüfung darf nicht schematisch erfolgen.

bb) Besonderheiten der einzelnen vollzugsöffnenden Maßnahmen; Sonderregelungen für die Ausführung. Die dargestellte Ausrichtung der Prognose auf die Flucht- und Missbrauchgefahr mit den Kriterien der fehlenden Befürchtung bzw. der Verantwortbarkeit, vollzugsöffnende Maßnahmen zu erproben (zum Sonderfall in **ST** vgl. Rdn. 49) gilt im Grundsatz für **alle vollzugsöffnenden Maßnahmen**. Dies bedeutet natürlich nicht, dass auch alle vollzugsöffnenden Maßnahmen gleich „leicht" gewährt werden können. Vielmehr stellt ein Langzeitausgang natürlich an die Regeltreue und Rückkehrbereitschaft der Gefangenen ganz andere Anforderungen als ein kurzer Begleitausgang (dazu siehe auch bereits die Ausführungen oben in Rdn. 6 ff.); daher sind auch Flucht- und Missbrauchsgefahr eigenständig und unter Anlegung unterschiedlicher Maßstäbe zu betrachten. Insbesondere darf eine vollzugsöffnende Maßnahme nicht unter Hinweis auf noch fehlende Aussichten bezüglich der Gewährung weitergehender Maßnahmen verweigert werden.[325] Andererseits können im Bedarfsfall weitergehende Maßnahmen wie der Langzeitausgang von einer vorherigen Erprobung im offenen Vollzug abhängig gemacht werden, z.B. bei Gefangenen, die schwere Delikte begangen, ihre Alkoholproblematik nicht aufgearbeitet und bei vorherigen Langzeitausgängen erheblich versagt haben.[326] Ebenso können Ausführungen und Ausgänge der Erprobung für einen Langzeitausgang dienen (müssen es aber nicht; näher Rdn. 37).[327]

Das StVollzG ging dennoch in §§ 11 Abs. 2, 13 Abs. 1 Satz 2 von einem im Übrigen identischen Prognosemaßstab aus. Dies hat sich nun in einzelnen Landesgesetzen verändert. Dies betrifft allerdings jeweils nur die Absenkung der Prognoseanforderungen bei der **Ausführung**. Während es in **BW** § 9 Abs. 1, **BY** Art. 13 Abs. 2 und **NI** § 13 Abs. 2 auch für die Ausführung bei demselben Maßstab bleibt, finden sich **Sonderregelungen** in **HH** § 12 Abs. 1 Satz 3, **HE** § 13 Abs. 3 Abs. 1 Satz 3, **NW** § 53 Abs. 3 und 4, **ST** § 45 Abs. 2 und **SH** § 54 Abs. 1. Die Regelungen in **BE** § 45 Abs. 1, **BB** § 49 Abs. 1, **HB** § 41 Abs. 1, **MV** § 41 Abs. 1, **RP** § 48 Abs. 1, **SL** § 41 Abs. 1, **SN** § 41 Abs. 1 und **TH** § 49 Abs. 1 **verzichten** sogar überhaupt auf eine Erwähnung von Flucht- und Missbrauchsgefahr bei der Ausführung.

Die Sonderregelungen für die Ausführung verstehen sich vor allem im Lichte der Rechtsprechung des BVerfG,[328] das zu Recht ihre besondere Bedeutung als Maßnahme zur **Erhaltung der Lebenstüchtigkeit** und zur **Gegensteuerung** gegen **schädliche Folgen** des Vollzugs bei zu **langjährigen Freiheitsstrafen** verurteilten Gefangenen wiederholt betont hat (siehe näher Rdn. 6).[329] Darauf nehmen die Normen teils auch ausdrücklich Bezug (vgl. **HE** § 13 Abs. 3 Satz 2; **NW** § 53 Abs. 3 Satz 1; **HH** § 12 Abs. 1 Satz 3; **SH** § 54 Abs. 1 Nr. 2). Diesem Ziel entsprechend wurde dort (**HH** § 12 Abs. 1 Satz 3; **HE** § 13 Abs. 3 Abs. 1 Satz 3; **NW** § 53 Abs. 3 und 4; **ST** § 45 Abs. 2; **SH** § 54 Abs. 1) der **Prognosemaßstab**

---

324 OLG Hamburg 10.11.1977 – 98 (Vollz) 115/77 – vgl. auch § 2 Rdn. 19.
325 OLG Hamm 16.6.1998 – 1 Vollz (Ws) 125/98, StV 2000, 214; vgl. auch LG Hamburg ZfStrVo **SH** 1978, 1; OLG Celle 8.2.1979 – 3 Ws 425/78.
326 OLG Hamm ZfStrVo 1984, 113.
327 OLG Celle 25.3.1986 – 3 Ws 125/86 (StrVollz), BlStV 6/1986, 9 und StV 1988, 349; KG Berlin 13.7.1989 – 5 Ws 241/89 Vollz, ZfStrVo 1989, 374.
328 So ausdrücklich z.B. **NW** LT-Drucks. 16/5413, 128; s.a. AK-*Lesting/Burkhardt* § 41 LandesR Rdn. 4.
329 BVerfG 21.9.2018 – 2 BvR 1649/17, juris; BVerfG 4.5.2015 – 2 BvR 1753/14, BeckRS 2015, 49763; BVerfG 23.5.2013 – 2 BvR 2129/11, BVerfGK 20, 307; BVerfG 5.8.2010 – 2 BvR 729/08, StV 2011, 488.

abgesenkt. In **HH** § 12 Abs. 1 Satz 3 gilt dieser abgesenkte Maßstab zwar erst nach fünf Jahren ununterbrochener Freiheitsentziehung, dann aber sollen mindestens zwei Ausführungen im Jahr gewährt werden, „wenn nicht konkrete Anhaltspunkte die Gefahr begründen, dass die Gefangenen sich trotz Sicherungsmaßnahmen einschließlich ständiger und unmittelbarer Aufsicht dem Vollzug entziehen oder die Ausführung zu erheblichen Straftaten missbrauchen werden." Ganz ähnlich gefasst ist **HE** § 13 Abs. 3 Satz 2 Nr. 1, allerdings ohne die Begrenzung auf erhebliche Straftaten, andererseits aber auch ohne Restriktion auf mindestens fünf Jahre ununterbrochen verbüßte Freiheitsstrafen. Zudem enthält Nr. 2 der Vorschrift einen weiteren Versagungsgrund für den Fall, dass der Ausführungszweck durch die zur Sicherung erforderlichen Maßnahmen gefährdet wird. Nur diesen in **HE** zweitgenannten Versagungsgrund nennt **NW** § 53 Abs. 3 Satz 2. Zudem fokussiert die Vorschrift „insbesondere" auf langjährig Inhaftierte. Eine besondere Weisung elektronischer Aufenthaltsüberwachung bei der Ausführung enthält Abs. 4; zu dieser näher unten, 10.E Rdn. 8. Auch **ST** § 45 Abs. 2 senkt die Anforderungen an die Prognose bei § 45 Abs. 2 ab. Maßstab ist hier, dass „nicht tatsächliche Anhaltspunkte mit hinreichender Wahrscheinlichkeit unter Berücksichtigung auch einer erhöhten Bewachungsdichte" eine konkrete Flucht- oder Missbrauchsgefahr begründen; dabei ist die Missbrauchsgefahr allerdings nicht nur auf Straftaten begrenzt (siehe näher Rdn. 49 a.E.). Eine Begrenzung auf langstrafige Gefangene findet sich nicht. Nach **SH** § 54 Abs. 1 Nr. 2 schließlich kommen Ausführungen zur Erhaltung der Lebenstüchtigkeit – wie in **HH** – erst ab fünf Jahren ununterbrochener Freiheisstrafverbüßung in Betracht. Daneben lässt Nr. 1 der Vorschrift aber auch Ausführungen zur Vorbereitung vollzugsöffnender Maßnahmen zu (siehe auch Rdn. 6). Der Prognosemaßstab entspricht demjenigen in **HH** § 12 Abs. 1 Satz 3, zudem wird auch hier im Wege einer Soll-Regelung ein grundsätzlicher Mindestanspruch von zwei Ausführungen im Jahr für die Fälle der Erhaltung der Lebenstüchtigkeit eingeräumt (Abs. 2 Satz 1). Entsprechend der Regelungen in **HE** und **NW** wird zudem als zweiter Versagungsgrund für die „Lebenstüchtigkeits-Ausführungen" eingefügt, dass diese unterbleiben, „wenn die zur Sicherung erforderlichen Maßnahmen den Zweck der Ausführungen gefährden" (Abs. 2 Satz 3).

Hintergrund dieser Regelungen ist die Vorstellung, dass Ausführungen durch Art und Ausmaß der Aufsicht sowie zusätzliche Sicherungsmaßnahmen bis hin zur Fesselung (vgl. die § 88 Abs. 4 StVollzG bzw. § 78 Abs. 6 ME-StVollzG entsprechenden landesgesetzlichen Regelungen) eigentlich so gut wie immer „**sicher gemacht**" werden können, egal wie gefährlich einzelne Gefangene sind.[330] Selbst dort, wo es für die Ausführung beim allgemeinen Prognosemaßstab bleibt (**BW** § 9 Abs. 1; **BY** Art. 13 Abs. 2; **NI** § 13 Abs. 2) beurteilt sich das Tatbestandsmerkmal der Fluchtgefahr danach, ob trotz dieser Sicherungsmaßnahmen die Gefahr des Entweichens droht, etwa weil diese in Anbetracht der Gefährlichkeit der oder des Gefangenen nicht ausreichend sind oder von außenstehenden Dritten gewalttätige Befreiungsaktionen drohen.[331] Vor diesem Hintergrund versteht sich auch, warum in **BE** § 45 Abs. 1, **BB** § 49 Abs. 1, **HB** § 41 Abs. 1, **MV** § 41 Abs. 1, **RP** § 48 Abs. 1, **SL** § 41 Abs. 1, **SN** § 41 Abs. 1 und **TH** § 49 Abs. 1 die **Flucht- oder Missbrauchsgefahr keine Erwähnung** als Versagungsgrund findet. Selbstverständlich ist dennoch auch in diesen Bundesländern bei der Gewährung von Ausführungen das Flucht- und Missbrauchsrisiko für die Frage der Ausgestaltung der Ausführung, d.h. für

---

330 Ähnlich auch BVerfG 21.9.2018 – 2 BvR 1649/17, juris: „Bei dieser Art der Vollzugslockerung genügt die einfache Feststellung einer Flucht- oder Missbrauchsgefahr grundsätzlich nicht zur Ablehnung, denn die hier vorgesehene Begleitung des Gefangenen durch Vollzugsbedienstete dient gerade dem Zweck, einer solchen Gefahr entgegenzuwirken."
331 So zu § 11 Abs. 2 StVollzG OLG Karlsruhe 13.3.2007 – 1 Ws 183/06, NStZ-RR 2007, 325.

das zu gewährleistende Sicherheitsniveau, zu berücksichtigen.[332] Zutreffend ist allerdings andererseits natürlich, dass das erforderliche **Sicherungsniveau mit dem Zweck der Ausführung kollidieren** kann, insbesondere, wenn das nötige Ausmaß an Sicherung eher zu weiterer Ausgrenzung und Stigmatisierung führt und sich somit die erwarteten positiven Wirkungen der Ausführung in ihr Gegenteil verkehren. Dies ist ein ernstzunehmendes Risiko, das auch dort, wo es keine gesetzliche Erwähnung findet, bei der Ermessensausübung zu berücksichtigen ist. Selbstverständlich gebietet aber der Grundsatz der Verhältnismäßigkeit, nicht mehr als das erforderliche Maß an Sicherung vorzunehmen. Aus diesem folgt auch ein Vorrang diskreterer Maßnahmen vor solchen, die aufgrund ihrer leichten Sichtbarkeit erheblich stigmatisieren können (z.B. Vorrang der elektronischen Aufenthaltsüberwachung, soweit diese vorgesehen ist, gegenüber der Fesselung); vgl. auch Rdn. 6 ff., zudem 10.E Rdn. 8.

cc) Flucht- und Missbrauchsgefahr als unbestimmte Rechtsbegriffe mit Beurteilungsspielraum. Bei den Versagungsgründen der **Fluchtgefahr** und **Missbrauchsgefahr** handelt es sich um unbestimmte Rechtsbegriffe, wobei der Vollzugsbehörde ein Beurteilungsspielraum zuzugestehen sei.[333] Seit einiger Zeit (etwa 1997) wird zunehmend die Frage gestellt, ob diese Betrachtungsweise nicht im Hinblick auf ihre Bedeutung für die **Option einer vorzeitigen Entlassung**[334] verfassungsrechtlich zu kurz greift. Entscheidungen über die Fortdauer von Freiheitsentzug obliegen nach dem Grundgesetz ausschließlich der Judikative (Art. 104 Abs. 2 Satz 1 GG), konkret in Gestalt der Vollstreckungskammern.[335] Gewährt die Vollstreckungskammer als „Vollzugsgericht" nun der Anstaltsleitung bei deren Entscheidung über die (Nicht-)Gewährung von vollzugsöffnen Maßnahmen einen Spielraum, dürfte die Behörde als Exekutive so die Entscheidung der Vollstreckungskammer als „Vollstreckungsgericht" über eine vorzeitige Entlassung faktisch vorherbestimmen. Die Brisanz der Problematik spiegelt sich auch in Anzahl und Inhalt verschiedener Entscheidungen des **BVerfG** aus neuerer Zeit wider.[336] 51

Demnach darf sich die Kammer im **Verfahren nach §§ 57, 57 a StGB** nicht einfach damit abfinden, dass die Vollzugsbehörde Gefangenen ohne hinreichenden Grund keine vollzugsöffnenden Maßnahmen gewährt hat.[337] Sie muss vielmehr aufklären, wieso die Anstaltsleitung die Basis der prognostischen Beurteilung der Kammer nicht entsprechend erweitert hat.[338] Ggf. muss das Gericht nach § 454a Abs. 1 StPO einen künftigen Entlassungszeitpunkt so festlegen, dass der JVA noch die Möglichkeit verbleibt, die Entlassung durch vollzugsöffnende Maßnahmen vorzubereiten.[339] Es kann die Behörde dar-

---

332 Vgl. z.B. **BE** Abgeordnetenhaus-Drs. 17/2442, 228.
333 BGH 22.12.1981 – 5 AR (Vs) 32/81, BGHSt 30, 320 = NStZ 1982, 173; BVerfG 21.9.2018 – 2 BvR 1649/17, juris; vgl. statt vieler außerdem z.B. KG ZfStrVo **SH** 1979, 13; OLG Frankfurt 7.3.1997 – 3 Ws 125/97 (StVollz), NStZ-RR 1998, 91; OLG Naumburg, Beschluss vom 7.9.2016 – 1 Ws (RB) 39/16.
334 Vgl. dazu oben Rdn. 1 und OLG Karlsruhe 18.9.2003 – 1 Ws 105/03, NStZ-RR 2004, 61.
335 Zum Ganzen instruktiv *Kruis/Wehowsky* 1998, 593, 594.
336 BVerfG 13.12.1997 – 2 BvR 1404/96, NJW 1998, 1133; BVerfG 22.3.1998 – 2 BvR 77/97, StV 1998, 428 = NStZ 1998, 373 m. Anm. *Wolf* NStZ 1998, 590 und *Dessecker* BewHi 1998, 406; BVerfG 1.4.1998 – 2 BvR 1951/96, StV 1998, 436 = NStZ 1998, 430 m. Anm. *Schneider* NStZ 1999, 157 und Besprechung *Müller/Wulf* ZfStrVo 1999, 3; BVerfG 24.10.1999 – 2 BvR 1538/99, NStZ 2000, 109 m. Anm. *Kröber* NStZ 2002, 613; BVerfG 11.6.2002 – 2 BvR 461/02, ZfStrVo 2002, 372 = StV 2003, 677; BVerfG 5.2.2004 – 2 BvR 2029/01, NJW 2004, 739; BVerfG 30.4.2009 – 2 BvR 2009/08, NJW 2009, 1941; BVerfG 5.8.2010 – 2 BvR 729/08, StV 2011, 488; BVerfG 15.5.2018 – 2 BvR 287/17, BeckRS 2018, 10433; siehe auch *Lübbe-Wolff*, S. 100; *Ullmann*, S. 104.
337 BVerfG 30.4.2009 – 2 BvR 2009/08, NJW 2009, 1941; siehe zudem zur Sicherungsverwahrung BVerfG 5.2.2004 – 2 BvR 2029/01, NJW 2004, 739.
338 BVerfG 22.3.1998 – 2 BvR 77/97, NStZ 1998, 374 f.
339 BVerfG 22.3.1998 – 2 BvR 77/97, NStZ 1998, 373, 375; siehe auch OLG Hamm 11.2.2010 – 1 Ws (2) 479/09.

auf hinweisen, dass entsprechende Maßnahmen zur Vorbereitung der bedingten Entlassung geboten erscheinen.[340] Die Vollzugsbehörden müssen bei ihrer Entscheidung über vollzugsöffnende Maßnahmen auch die Verpflichtung beachten, Rahmenbedingungen zu schaffen, die einer Bewährung und Wiedereingliederung förderlich sind.[341] Nur wenn die Versagung derartiger Maßnahmen auf einer tragfähigen Begründung (dazu näher in Rdn. 54) beruht, darf das Vollstreckungsgericht deren Nichtgewährung vollumfänglich zum Nachteil des oder der Gefangenen verwerten.[342]

Mit **zunehmender Dauer** der Strafverbüßung gewinnt die Gewährung vollzugsöffnender Maßnahmen immer mehr an Bedeutung.[343] Besonders gilt dies daher für Gefangene mit **lebenslanger Freiheitsstrafe**. Hängt bei diesen die Aussetzung der Vollstreckung des Strafrestes gem. § 57a Abs. 1 Satz 1 Nr. 3 i.V. mit § 57 Abs. 1 Satz 1 Nr. 2 StGB nur noch von einer positiven Kriminalprognose ab, darf an die Gewährung von vollzugsöffnenden Maßnahmen kein unverhältnismäßig strenger Maßstab angelegt werden, um ihnen, soweit vertretbar, eine Bewährung zu ermöglichen und sie auf eine Entlassung vorzubereiten.[344] Die Totalversagung jeglicher vollzugsöffnender Maßnahmen, die geeignet sind, den vorgenannten Zwecken zu dienen, kann nur dann gerechtfertigt sein, wenn aufgrund konkreter Umstände zu befürchten ist, dass die verurteilte Person bereits die begehrten vollzugsöffnenden Maßnahmen nutzen wird, um neue und gewichtige Straftaten zu begehen.[345] Maßstab ist nicht, ob Inhaftierte im Falle ihrer Entlassung noch gefährlich sind. Gerade bei langjährig Inhaftierten kann es nur darum gehen, ob gewichtige konkrete Anhaltspunkte dafür sprechen, dass sie vollzugsöffnende Maßnahmen zur Flucht oder zur Begehung von Straftaten missbrauchen werden, so dass sich selbst ein Einstieg in ein gestuftes Programm vollzugsöffnender Maßnahmen verbietet (siehe näher Rdn. 54).[346]

In besonderer Weise gilt dies für die Ausführung, die bei langjährig Inhaftierten auch ohne konkrete Entlassungsperspektive schon zur **Erhaltung der Lebenstüchtigkeit** und zur **Gegensteuerung gegen schädliche Vollzugswirkungen** notwendig ist (näher Rdn. 6).[347] Die Versagung einer Ausführung bei lebenslanger Strafe darf daher z.B. nicht pauschal darauf gestützt werden, dass ein bereits seit elf Jahren inhaftierter Gefangener aus Gründen der Schuldschwere (§ 57a StGB) einen langjährigen Freiheitsentzug zu erwarten habe und zu befürchten sei, dass er die vollzugsöffnende Maßnahme allein deshalb zur Flucht missbrauchen werde.[348] Auch Begleitausgänge können ohne konkrete Entlassungsperspektive aus denselben Gründen geboten sein (siehe auch Rdn. 13).[349]

Trotz dieser klaren verfassungsrechtlichen Lage hat sich an der bisherigen (insoweit in weiten Teilen **verfassungswidrigen**) **Praxis** bisher zu wenig verändert. Allein für die Ausführungen zur Erhaltung der Lebenstüchtigkeit gilt anderes, können diese doch immerhin in den meisten Bundesländern nun nach eindeutig vereinfachten Bedingun-

---

340 BVerfG 11.6.2002 – 2 BvR 461/02, ZfStrVo 2002, 372 = StV 2003, 677.
341 BVerfG 1.4.1998 – 2 BvR 1951/96, StV 1998, 436 = NStZ 1998, 430.
342 BVerfG 24.10.1999 – 2 BvR 1538/99, NStZ 2000, 109, 111.
343 BVerfG 13.12.1997 – 2 BvR 1404/96, NJW 1998, 1133.
344 BVerfG 13.12.1997 – 2 BvR 1404/96, NJW 1998, 1133.
345 OLG Karlsruhe 02.10.2007 – 1 Ws 64/07 L, StraFo 2007, 519.
346 OLG Karlsruhe 16.10.2008 – 2 Ws 253/08 (zur Sicherungsverwahrung).
347 BVerfG 21.9.2018 – 2 BvR 1649/17, juris; BVerfG 4.5.2015 – 2 BvR 1753/14, BeckRS 2015, 49763; BVerfG 23.5.2013 – 2 BvR 2129/11, BVerfGK 20, 307; BVerfG 5.8.2010 – 2 BvR 729/08, StV 2011, 488; siehe auch KG Berlin 25.7.2007 – 2/5 Ws 333/06 Vollz, FS 2008, 42.
348 BVerfG 12.11.1997 – 2 BvR 615/97, NStZ-RR 1998, 121 = ZfStrVo 1998, 180; vgl. auch OLG Karlsruhe 18.12.2003 – 2 Ws 276/06, StV 2004, 557.
349 Zutreffend OLG Koblenz 31.1.2014 – 2 Ws 689/13 (Vollz), FS 2015, 67 zu **RP** § 45.

gen bewilligt werden (Rdn. 50). Weiterhin gilt hingegen, dass die StVK ohne vorherige (gutgegangene) vollzugsöffnende Maßnahmen Gefangene nicht vorzeitig entlassen wird.[350] Die (wenn nicht bereits von der Zustimmung einer naturgemäß eher ängstlichen Aufsichtsbehörde abhängige, so doch bei fehlschlagenden Maßnahmen disziplinarisch, im Amtshaftpflichtsfall unter Umständen sogar regressmäßig gefährdete) Anstaltsleitung wird vollzugsöffnende Maßnahmen im Zweifel eher nicht gewähren. Die StVK wiederum (nunmehr als „Vollzugsgericht" tätig) wird aufgrund des Beurteilungsspielraums die Anstaltsleitung kaum zu vollzugsöffnenden Maßnahmen bei (langstrafigen) Gefangenen verpflichten. Eine Änderung der Praxis ist allenfalls vorstellbar, wenn das BVerfG explizit entsprechende Einschränkungen des Beurteilungsspielraumes der Exekutive bei Entscheidungen über vollzugsöffnende Maßnahmen postuliert bzw. zumindest darstellt, dass die Festlegung des Umfanges des hinzunehmenden Restrisikos bei derartigen Maßnahmen (u.a. in Abhängigkeit von der Dauer bereits verbüßter Strafe) ausschließlich richterlicher Kompetenz unterfällt.[351] Eine weitere Konsequenz des weiten Beurteilungsspielraums ist die doch ganz erheblich ungleiche Praxis bei der Gewährung vollzugsöffnender Maßnahmen in den verschiedenen Bundesländern (siehe dazu 10.B Rdn. 6).

Unbeschadet dessen behalten die traditionellen, einen **Beurteilungsspielraum** einräumenden gerichtlichen Prüfungsmaßstäbe der StVK hinsichtlich der Ermittlung des bestehenden Risikos nach wie vor **Gültigkeit**. Die Vollstreckungskammer hat nur zu prüfen, ob die Behörde von einem zutreffenden und vollständig ermittelten Sachverhalt ausgegangen ist, ob sie ihrer Entscheidung den richtigen Begriff des Versagungsgrundes zugrunde gelegt hat und ob sie dabei die Grenzen des ihr **zustehenden Beurteilungsspielraums** eingehalten hat; nur in diesem Umfang ist sie zur Sachaufklärung verpflichtet.[352] Trotz des vorstehend skizzierten Spannungsverhältnisses ist das **verfassungsrechtlich nicht zu beanstanden**.[353] Inhaltlich ist zudem schwer vorstellbar, dass das die Gefangenen nicht kennende, sie nicht im Vollzugsalltag erlebt habende Gericht eine von vielen verschiedenen Faktoren abhängige, komplexe Prognoseentscheidung selbst anstellt. Dies ginge jedenfalls nur, wenn im Fall eines Rechtsstreits über die Eignung zu vollzugsöffnenden Maßnahmen jeweils externe Prognosegutachten gerichtlich angefordert würden.

dd) Kriterien zur Beurteilung der Fluchtgefahr. Die **Fluchtgefahr** kann grundsätzlich nicht allein durch einen **hohen Strafrest** begründet werden.[354] Er kann nur Ausgangspunkt für die Erwägung sein, ob der in ihm liegende Anreiz zur Flucht auch unter Berücksichtigung aller sonstigen Umstände so erheblich ist, dass die Annahme gerechtfertigt ist, ein/e Gefangene/r werde ihm wahrscheinlich nachgeben und flüchtig werden.[355] Ein Erfahrungssatz, wonach bei hohen Strafresten erhöhte Fluchtgefahr besteht,

52

---

350 Vgl. auch OLG Frankfurt 24.1.2000 – 3 Ws 1123-1124/99, NStZ-RR 2001, 311.
351 Wie hier *Heghmanns* 1999, 647, 664; zur vergleichbaren Problematik im Maßregelvollzug siehe z.B. LG Paderborn 5.1.2001 – StVK M 532/00 (12) u.a., R&P 2002, 124 m. Anm. Lesting; zum „Schweizer Modell" der (im Idealfall eine gleichzeitige Erhöhung der Risikobereitschaft und der Richtigkeitsgewähr bewirkenden) Bildung von Fachkommissionen zur Beurteilung „gemeingefährlicher" Straftäter siehe *Ermer/Dittmann* 2001, 73 ff.
352 BGH 22.12.1981 – 5 AR (Vs) 32/81, BGHSt 30, 320; OLG Naumburg, Beschluss vom 7.9.2016 – 1 Ws (RB) 39/16.
353 BVerfG 2.5.2017 – 2 BvR 1511/16, BeckRS 2017, 110805; vgl. auch *Ullmann*, S. 104.
354 Auch nicht in Verbindung mit drohender Abschiebung: OLG Frankfurt 11.5.2000 – 3 Ws 393/00, NStZ-RR 2000, 351.
355 OLG Koblenz 20.5.1998 – 2 Ws 264/98, NStZ 1999, 444 *M*.

existiert nicht.[356] Das Gesetz bietet auch keine Grundlage für eine allgemeine Entscheidungspraxis der Vollzugsbehörde, mit der Gewährung von vollzugsöffnenden Maßnahmen frühestens zwei Jahre vor dem voraussichtlichen Entlassungszeitpunkt zu beginnen (siehe auch Rdn. 34 f.).[357] Das **Bestreiten der Schuld** darf nicht ohne weiteres als Indiz für Fluchtgefahr herangezogen werden. Andernfalls liefe z.B. das Recht, eine Wiederaufnahme des Verfahrens zu beantragen, ins Leere. Entscheidend sind die konkreten Umstände und Argumente.[358] Die Prognose einer Fluchtgefahr kann sich auch aus dem Hass von Gefangenen **gegen** jede **staatliche Ordnung** im Allgemeinen und den Vollzug im Besonderen ergeben.[359] Bei Gefangenen mit **salafistisch-jihadistischem Hintergrund** kann eine entsprechende, verfestigte Einstellung u.U. ein Fluchtrisiko im Sinne einer Ausreise zum Zwecke des „heiligen Kriegs" begründen.[360] Im Rahmen der Prognose einer Fluchtgefahr können auch Unklarheiten über den **Verbleib der Beute** aus der Straftat berücksichtigt werden.[361] Die Vollzugsbehörde hat stets zu erwägen, ob etwaigen Missbrauchsbefürchtungen durch die Art und Ausgestaltung der vollzugsöffnenden Maßnahmen Rechnung getragen werden kann,[362] z.B. indem zunächst nur Ausführungen (Rdn. 6 ff.) oder Begleitausgänge (Rdn. 13 ff.) gewährt werden (ebenso bei der Missbrauchsgefahr, Rdn. 53).

In allen Bundesländern werden im Gesetz oder in VV zudem **Regelfälle** aufgelistet, in denen grundsätzlich von einer Flucht- oder Missbrauchsgefahr auszugehen ist. Zu diesen Rdn. 56 ff.

53   ee) **Kriterien zur Beurteilung der Missbrauchsgefahr.** Bei der Gefahr des Missbrauchs durch **Begehung von Straftaten** sind aufgrund der Vollzugsaufgabe des Schutzes der Allgemeinheit vor weiteren Straftaten grundsätzlich alle Straftaten zu berücksichtigen.[363] Allerdings kann bei der Gefahr nur geringfügiger Straftaten (z.B. Beförderungserschleichung durch „Schwarzfahren") das Resozialisierungsinteresse an der Gewährung vollzugsöffnender Maßnahmen überwiegen. Problematisch ist es daher, wenn man auch die Gefahr „verbaler Straftaten" für geeignet hält, eine Ausführung zu versagen;[364] dies kann jedenfalls nicht pauschal gelten, vielmehr kommt es auf Art und Ausmaß solcher drohender Taten an. Die Vollzugsbehörde muss im Einzelfall die Wahrscheinlichkeit, die Art und die Schwere ggf. zu erwartender Straftaten prüfen. Außerdem beurteilt sich der Begriff der Missbrauchsgefahr je nach der begehrten bzw. gewährten vollzugsöffnenden Maßnahme unterschiedlich.[365] Einen über die konkrete Missbrauchsgefahr hinausgehenden Versagungsgrund des **Schutzes der Allgemeinheit** sehen die meisten Landesgesetze bis heute nicht vor.[366] Anderes gilt zwar nach **HE** § 13 Abs. 2

---

356   OLG Celle ZfStrVo **SH** 1979, 12; a.A.: ein beträchtlicher Strafrest kann ausschlaggebender Grund für eine auf Fluchtgefahr gestützte Entscheidung sein, KG Berlin 2.10.1989 – 5 Ws 296/89, ZfStrVo 1990, 119 = BlStV 4/5/1990, 13.
357   OLG Koblenz ZfStrVo 1986, 314.
358   OLG Stuttgart 27.3.2001 – 4 Ws 55/01 u.a., NStZ-RR 2001, 285; vgl. auch OLG Celle 30.9.1999 – 1 VAs 11/99, NStZ 2000, 464 *M* und LG Konstanz 30.8.2000 – StVK 120/00, StV 2001, 34.
359   OLG Hamm BlStV 3/1990, 3.
360   LG Fulda 5.4.2017 – 2 StVK 7/17, BeckRS 2017, 111965 zu **HE** § 13.
361   OLG Hamburg 4.7.1990 – 3 Vollz (Ws) 41/90, NStZ 1990, 510 = ZfStrVo 1992, 67.
362   OLG Karlsruhe 23.7.2001 – 3 Ws 50/01, StV 2002, 34 = NStZ 2002, 528 *M*. Zur Abgrenzung der (einfachen) Fluchtgefahr i.S.d. § 11 und der qualifiziert erhöhten Gefahr i.S.d. § 88 Abs. 1 (Fesselung) vgl. OLG Hamm 16.6.2011 – III-1 Vollz (Ws) 216/11 u.a., NStZ-RR 2011, 291.
363   A.A. *Meißner* 1988, 144 ff: nur Straftaten mit nicht wiedergutzumachendem Schaden.
364   So aber BVerfG 6.10.1981 – 2 BvR 1190/80, NStZ 1982, 83.
365   OLG Karlsruhe 10.3.2009 – 1 Ws 292/08, StV 2009, 595.
366   Vgl. zum StVollzG OLG Celle ZfStrVo 1984, 251.

Satz 2, **ST** § 45 Abs. 3 Satz 3 und **NW** § 53 Abs. 1 Satz 2, die den Schutz der Allgemeinheit ausdrücklich ansprechen. Da damit allerdings nur der negativ-spezialpräventive Strafzweck der Sicherung gemeint sein kann, der sich nur auf die Nicht-Begehung von Straftaten bezieht, ist bei nicht zu befürchtender Missbrauchsgefahr dem Schutz der Allgemeinheit ausreichend Rechnung getragen.[367]

Bei der vorzunehmenden Prognose[368] sind alle Umstände in Betracht zu ziehen und daraufhin zu überprüfen, ob sie begründete Hinweise auf eine Missbrauchsgefahr geben. In diesem Zusammenhang kann auch ein (noch) nicht rechtskräftig festgestelltes strafbares Verhalten gewürdigt und gegebenenfalls berücksichtigt werden,[369] ebenso ein aus Opportunitätsgründen eingestelltes Verfahren.[370] Die Vorwürfe müssen aber so weit aufgeklärt werden, dass auf ihrer Basis die Missbrauchsgefahr beurteilt werden kann;[371] der zugrundeliegende Sachverhalt muss zutreffend und vollständig ermittelt werden.[372] Ein bereits vor Jahren abgeschlossenes Strafverfahren, auch wenn es zur Verurteilung wegen einer während der Haft begangenen Tat geführt hat, kann nicht ohne weiteres zur Begründung von Missbrauchsgefahr herangezogen werden.[373] Das **Verwertungsverbot des § 51 Abs. 1 BZRG** gilt auch für die Beurteilung von Flucht- und Missbrauchsgefahr.[374] Eine **hohe Verschuldung** der oder des Gefangenen ist als solche kein Indiz für Missbrauchsgefahr; entscheidend sind die konkreten Umstände.[375] Gleiches gilt für den Umstand anhaltender **Tatleugnung**.[376] Eine **verfestigte salafistisch-jihadistische Einstellung** kann u.U. das Risiko begründen, dass vollzugsöffnende Maßnahmen zu Terroranschlägen missbraucht werden.[377]

Die Verneinung der Gefahr des Missbrauchs vollzugsöffnender Maßnahmen ist **nicht der günstigen Prognose nach § 57 Abs. 1 Satz 1 Nr. 2 StGB gleichzusetzen**,[378] weil im ersteren Fall nur das überschaubare Zeitfenster der gewährten Maßnahme straftatfrei überstanden werden muss, was ausweislich der Statistik (10.B Rdn. 6) und der Vollzugspraxis fast ausnahmslos gelingt, während es bei der Strafrestaussetzung um eine langfristige Legalbewährungsprognose geht und aus der Rückfallstatistik klar erkennbar ist, dass insofern ein erhebliches allgemeines Rückfallrisiko droht.[379] Unter Bewährung stehende vorzeitig Entlassene sind in ihrer Lebensgestaltung frei und unüberwacht und dadurch in viel größerem Umfang Versuchungen und günstigen Tatgelegenheiten ausgesetzt.[380] Die Vollzugsbehörde hat stets zu erwägen, ob etwaigen Missbrauchsbefürchtungen durch die Art und Ausgestaltung der vollzugsöffnenden Maß-

---

367 Zu Unrecht sieht *Arloth/Krä* § 13 HStVollzG Rdn. 5 in solch einer Regelung pauschal ein Einfallstor für „andere Strafzwecke".
368 Vgl. zu den hier auftretenden Problemen OLG Celle 25.3.1986 – 3 Ws 125/86 (StrVollz), StV 1988, 349 und *Frisch* 1988, 359 ff.
369 BVerfG 6.10.1981 – 2 BvR 1190/80, NStZ 1982, 83; OLG Celle ZfStrVo 1981, 125.
370 OLG Celle ZfStrVo 1982, 122.
371 OLG Celle ZfStrVo 1982, 122; vgl. auch OLG Celle LS BlStV 6/1986, 14.
372 OLG Hamm 20.7.2017 – 1 Vollz (Ws) 276/17, NStZ-RR 2017, 327.
373 OLG Celle 17.7.1989 – 1 Ws 200/89 StVollz.
374 OLG Naumburg 30.4.2015 – 1 Ws (RB) 63/15, BeckRS 2016, 20198.
375 OLG Stuttgart 27.3.2001 – 4 Ws 55/01 u.a., NStZ-RR 2001, 285; OLG Celle 30.9.1999 – 1 VAs 11/99, NStZ 2000, 464 *M*.
376 OLG Hamm 29.9.2015 – III – 1 Vollz (Ws) 411/15, NStZ- RR 2016, 32; OLG Hamm 27.11.2008 – 1 Vollz (Ws) 1007/08, StV 2011, 226; vgl. dazu auch OLG Frankfurt 6.3.2000 – 3 Ws 114/00, NStZ-RR 2000, 251; OLG Celle 19.4.2000 – 1 Ws 77/00, StV 2000, 572; OLG Stuttgart 27.3.2001 – 4 Ws 55/01 u.a., NStZ-RR 2001, 285; ähnlich auch LG Konstanz 30.8.2000 – StVK 120/00, StV 2001, 34.
377 LG Fulda 5.4.2017 – 2 StVK 7/17, BeckRS 2017, 111965 zu **HE** § 13.
378 OLG Hamburg 13.6.2007 – 3 Vollz (Ws) 26 – 28/07 u.a., StraFo 2007, 390.
379 Siehe *Jehle et al.* 2016, S. 15.
380 KG Berlin 08.11.1999 – 5 Ws 661/99.

nahmen Rechnung getragen werden kann,[381] z.B. indem zunächst nur Ausführungen (Rdn. 6 ff.) oder Begleitausgänge (Rdn. 13 ff.) gewährt werden (ebenso bei der Fluchtgefahr, Rdn. 52).

In allen Bundesländern werden im Gesetz oder in VV zudem **Regelfälle** aufgelistet, in denen grundsätzlich von einer Flucht- oder Missbrauchsgefahr auszugehen ist. Zu diesen Rdn. 56 ff.

54   **ff) Einzelfallprüfung, Begründungsanforderungen.** Gerichtlichen Überprüfungen halten nur solche Entscheidungen stand, die unter freier **Abwägung der Umstände** getroffen worden sind, die **für den Einzelfall** von Bedeutung sein können.[382] Je schwieriger die Frage der Flucht- oder Missbrauchsgefahr ist, desto umfassender muss die Darstellung der abzuwägenden Umstände erfolgen; der pauschale Hinweis auf ein **anhängiges Ausweisungsverfahren** und **hohen Strafrest** genügt z.B. nicht,[383] ebensowenig eine Bezugnahme auf die bisher mangelnde Aufarbeitung der der Straftat zugrundeliegenden Gewalttätigkeit[384], auf fehlende Therapiebereitschaft[385] oder auf fehlende Mitarbeit und eine schlechte Sozialprognose.[386] Vollzugsöffnende Maßnahmen können auch nicht allein mit der Begründung abgelehnt werden, dass erforderliche **Bindungen „nach draußen" fehlen**; allerdings kann das Fehlen von Bindungen ein Indiz für das Vorliegen einer Flucht- und Missbrauchsgefahr sein. Die Anstaltsleitung muss in jedem Falle konkrete Tatsachen darlegen, die eine Überprüfung ermöglichen, ob sie zu Recht eine solche Gefahr angenommen hat.[387] Die gebotene umfassende Darstellung und Abwägung der maßgeblichen Kriterien muss eine Schilderung der Persönlichkeit der Gefangenen, deren Entwicklung bis zur abgeurteilten Tat, die Art und Weise und die Motive der Tatbegehung sowie die Entwicklung und das Verhalten der Gefangenen nach der Tat und während der gesamten Vollzugsdauer einschließen.[388] Lehnt die Vollzugsbehörde es ab, vollzugsöffnende Maßnahmen zu gewähren, weil die Gefahr der Flucht oder des Missbrauchs bestehe, muss sie die Prognoseerwägungen offenlegen. Dabei muss nicht nur gesagt werden, welcher Sachverhalt der Entscheidung zugrunde gelegt wird, sondern auch, welche Folgerungen die Behörde für das voraussichtliche Verhalten der oder des Gefangenen aus diesen Tatsachen zieht. Finden sich sowohl Umstände, die für, als auch solche, die gegen die oder den Gefangenen sprechen, muss zwischen ihnen abgewogen werden.[389] Die Begründung muss hinreichend konkret sein und separat zu Flucht- und Missbrauchsgefahr Stellung nehmen; eine mündliche Ablehnung, die sich allein auf den Hinweis beschränkt, dass eine Eignung nicht vorliege, genügt daher jedenfalls nicht.[390] Es bedarf der Darlegung **konkreter**

---

381 OLG Karlsruhe 23.7.2001 – 3 Ws 50/01, StV 2002, 34 = NStZ 2002, 528 M. Zur Abgrenzung der (einfachen) Fluchtgefahr i. S. d. § 11 und der qualifiziert erhöhten Gefahr i. S. d. § 88 Abs. 1 (Fesselung) vgl. OLG Hamm 16.6.2011 – III-1 Vollz (Ws) 216/11 u.a., NStZ-RR 2011, 291.
382 BVerfG 21.9.2018 – 2 BvR 1649/17, juris; OLG Koblenz aaO; OLG Celle 22.7.1977 – 3 Ws 202/77 (StVollz), JR 1978, 258; OLG Frankfurt 29.6.1977 – 3 Ws 261/77, NJW 1978, 334.
383 OLG Frankfurt 8.9.1982 – 3 Ws 627/82 (StVollz), NStZ 1983, 93.
384 OLG Hamm 9.6.2016 – 1 Vollz(Ws) 150/16, BeckRS 2016, 12258.
385 OLG München 7.6.2016 – 5 Ws 21/16 (R), juris.
386 OLG Brandenburg 25.9.2013 – 2 Ws (Vollz) 148/13, BeckRS 2014, 07702; OLG Naumburg, Beschluss vom 7.9.2016 – 1 Ws (RB) 39/16.
387 OLG Frankfurt ZfStrVo **SH** 1979, 15.
388 OLG Hamm 19.2.2008 – 1 Vollz (Ws) 904/07, 1 Vollz (Ws) 77/08; OLG Frankfurt LS BlStV 2/1982, 3; OLG Karlsruhe 18.2.1983 – 3 Ws 16/83, OLG Frankfurt ZfStrVo 1984, 376; OLG Celle ZfStrVo 1985, 249.
389 OLG Celle ZfStrVo 1983, 301.
390 OLG Hamburg 18.12.2015 – 3 Ws 104/15 Vollz, StraFo 2016, 129 f zu **HH** § 12.

Anhaltspunkte für eine Flucht- oder Missbrauchsgefahr;[391] eine solche Gefahr muss **positiv festgestellt** werden.[392]

Zur vollständigen Ermittlung des Sachverhalts kann z.B. die Anhörung einer oder eines (früheren) **Sachverständigen** zum Verhalten der oder des Verurteilten nach dem möglicherweise unberechtigten Abbruch früherer vollzugsöffnender Maßnahmen gehören.[393] Die Vollzugsbehörde ist rechtlich auch nicht gehindert, ihrer Entscheidung das Gutachten einer oder eines Sachverständigen zugrunde zu legen, das von der Strafvollstreckungskammer im Verfahren nach § 57 StGB eingeholt worden war[394] (zu teils bestehenden Begutachtungspflichten siehe aber ergänzend Rdn. 41 ff.). Die alleinige Heranziehung von Einträgen in in der JVA verwendeten **IT-Programmen** (z.B. Basis.Web, SoPart, co.libri) für die Entscheidung ohne Einblick in die Gefangenenpersonalakte genügt auch dann nicht den Anforderungen an eine vollständige Ermittlung des Sachverhalts, wenn diese Akte sich zum Entscheidungszeitpunkt noch in einer anderen JVA befindet.[395]

Bei **jeder einzelnen Gewährung vollzugsöffnender Maßnahmen** ist wiederum zu prüfen, ob deren Voraussetzungen vorliegen, wobei zu berücksichtigen ist, dass jeder dazu abgegebene Befund, z.B. Gutachten, grundsätzlich nur für eine gewisse Zeit abgegeben werden kann.[396] Wenn bei Beantragung einer vollzugsöffnenden Maßnahme (z.B. eines Langzeitausgangs) feststeht, dass eine Missbrauchsgefahr zwar nicht bei der ersten, jedoch bei wiederholter Gewährung erkennbar ist, hindert dies nur die wiederholte, nicht aber die einmalige Gewährung der Maßnahme.[397]

Eine zwischenzeitlich erfolgte **Fortschreibung des Vollzugsplanes** lässt den Entscheidungsbedarf hinsichtlich eines zuvor gestellten konkreten Antrages auf vollzugsöffnende Maßnahmen nicht entfallen.[398]

gg) Maßgeblicher Zeitpunkt. Wenn Gefangene mit einem **Verpflichtungsantrag** 55 die Bewilligung vollzugsöffnender Maßnahmen begehren, kommt es auf die Sach- und Rechtslage zum **Zeitpunkt der gerichtlichen Entscheidung** an.[399] Sonst könnte z.B. ein zwischen Ablehnung des Antrages seitens der JVA und Entscheidung der StVK erfolgter Fluchtversuch im Rahmen einer Ausführung bei der Entscheidung über die Rechtmäßigkeit der Ablehnung eines Antrages auf Langzeitausgang nicht berücksichtigt werden;[400] dasselbe gilt für positive Entwicklungen nach der Ablehnungsentscheidung. Dies entpricht auch der praktisch einhelligen Ansicht im verwaltungsprozessrechtlichen

---

391 BVerfG 15.5.2018 – 2 BvR 287/17, BeckRS 2018, 10433; OLG Zweibrücken 12.5.2017 – 1 Ws 235/16 Vollz, juris; *Ullmann*, S. 107.
392 OLG Hamm 29.9.2015 – III – 1 Vollz (Ws) 411/15, NStZ-RR 2016, 32; OLG Hamm 9.6.2016 – 1 Vollz(Ws) 150/16, BeckRS 2016, 12258; OLG Brandenburg 25.9.2013 – 2 Ws (Vollz) 148/13, BeckRS 2014, 07702.
393 OLG Celle 24.8.1999 – 1 Ws 187/99 (StrVollz), StV 2000, 571 = NStZ 2000, 464 *M.*
394 OLG Koblenz ZfStrVo 1978, 120.
395 OLG Hamm 15.2.2018 – III-1 Vollz (Ws) 607/17, juris.
396 OLG Hamm 19.5.1987 – 1 Vollz (Ws) 116/87, NStZ 1987, 478.
397 A.A. OLG Hamm 19.5.1987 – 1 Vollz (Ws) 116/87, NStZ 1987, 478 sowie hiesige Voraufl.
398 OLG Dresden 4.5.1999 – 2 Ws 170/99, NStZ 2000, 464 *M.*
399 OLG Nürnberg 17.2.2000 – Ws 45/00, StV 2000, 573; a.A. (es kommt auf die Sach- und Rechtslage im Zeitpunkt der Ablehnung durch die JVA an): OLG Celle 3.10.1988 – 1 Ws 222/88 (StrVollz), NStZ 1989, 198; KG Berlin 13.7.1989 – 5 Ws 241/89 Vollz, ZfStrVo 1989, 374; OLG Hamm 13.11.1990 – 1 Vollz (Ws) 70/90, NStZ 1991, 303; OLG Hamm 22.8.2996 – 1 Vollz (Ws) 83/96, StV 1997, 32 = NStZ-RR 1997, 63; OLG Frankfurt 11.8.2000 – 3 Ws 712/00 (StVollz), ZfStrVo 2001, 53.
400 So deshalb auch OLG Dresden 20.1.1995 – 2 Ws 537/94; ebenso – früher – OLG Frankfurt 18.10.1985 – 3 Ws 819/85 u.a., NStZ 1986, 240.

Schrifttum[401] und beruht auf der Überlegung, dass der Antrag nur Aussicht auf Erfolg haben kann, wenn die Behörde noch zum Entscheidungszeitpunkt verpflichtet ist (und sei es mangels Spruchreife nur zu einer Neubescheidung unter Beachtung des Rechtsauffassung des Gerichts).

56 **hh) Regelausschlüsse und erhöhte Prüfungsanforderungen im Gesetz oder in Verwaltungsvorschriften.** Die **früheren bundeseinheitlichen VV** zu § 11 und § 13 StVollzG stellten für die Praxis bei der Entscheidung über die Gewährung vollzugsöffnender Maßnahmen wichtige Richtlinien zur Handhabung des Gesetzes dar. Derartige Vorschriften sollen eine möglichst einheitliche Praxis gewährleisten.[402] Sie verschärfen die gesetzlichen Voraussetzungen für die Gewährung vollzugsöffnender Maßnahmen nicht, sondern **sind nur Hinweise und Hilfen für die Anstalten** dafür, was in der Regel bei der Prüfung der gesetzlichen Voraussetzungen nicht übersehen werden darf.[403] Eine **schematisierende Einschränkung** der den Vollzugsbehörden vom Gesetzgeber aufgegebenen **Einzelfallprüfung** durch die Verwaltungsvorschriften kann die **Gerichte** jedoch **nicht binden**. Gerichtlichen Überprüfungen halten daher nur solche Entscheidungen der Vollzugsbehörde stand, die unter freier Abwägung der Umstände getroffen sind, die für den Einzelfall von Bedeutung sein können.[404] Die Vollzugsbehörde darf eine vollzugsöffnende Maßnahme nicht allein mit dem formelhaften Hinweis auf einen in den VV genannten Umstand ablehnen.[405] Ob die Voraussetzungen für eine vollzugsöffnende Maßnahme gegeben sind, erfordert eine Prognose, die durch VV nicht ersetzt werden kann. VV geben gewichtige Hinweise darauf, in welchen Fällen die Gefahr der Flucht und des Missbrauchs besonders nahe liegt.[406] Sie entbinden deshalb die Vollzugsanstalt nicht, in jedem Einzelfall die Bedeutung der in den VV aufgeführten Umstände zu gewichten.[407]

Soweit in VV bestimmte Gefangenengruppen von vollzugsöffnenden Maßnahmen ausgeschlossen oder in der Regel als hierfür ungeeignet bezeichnet werden, erscheint dies bedenklich. Ein Ausschluss käme nur in Betracht, wenn bei diesen Gruppen in jedem Einzelfall begriffsnotwendig Flucht- oder Missbrauchsgefahr gegeben wäre. Eine **an generalisierende Umstände anknüpfende regelmäßige Nichteignung**, die zur Annahme von Flucht- oder Missbrauchsgefahr zwingt, wenn nicht im Einzelfall besondere Ausnahmelagen gegeben sind, **widerspricht** jedenfalls dort **dem Gesetz**, wo weiterhin kein positiver Eignungsbegriff verwendet wird (näher Rdn. 49). Doch selbst eine positive Eignungsfeststellung kann nicht schematisch erfolgen (vgl. auch Rdn. 54). So bieten in den VV aufgeführte Ausschlussgründe lediglich Anlass, das Nichtvorliegen von Flucht- oder Missbrauchsgefahr besonders sorgfältig zu prüfen. Jeweils bedarf es einer gründlichen Abwägung zwischen den Ausschlussregelungen einerseits und den sich aus der Person der Gefangenen, ihrem Verhalten vor der Inhaftierung, ihrer Einstellung zur Tat und ihrer Bereitschaft zur Mitarbeit im Vollzug ergebenden Argumenten

---

401 BVerwG 17.12.1954 – V C 97/54, BVerwGE 1, 291, 294; BVerwG 21.3.1986 – 7 C 71/83, BVerwGE 74, 115, 118; *Hufen* Verwaltungsprozessrecht, 10. Auflage 2016, § 24 Rdn. 14.
402 OLG Hamburg 6.3.1981 – Vollz (Ws) 3/81, NStZ 1981, 237; § 4 Rdn. 17.
403 OLG Hamburg 27.4.1978 – Vollz (Ws) 15/78, ZfStrVo 1979, 122 und OLG Hamburg 6.3.1981 – Vollz (Ws) 3/81, NStZ 1981, 237.
404 OLG Koblenz aaO; OLG Celle 22.7.1977 – 3 Ws 202/77 (StVollz), JR 1978, 258; OLG Frankfurt 29.6.1977 – 3 Ws 261/77, NJW 1978, 334; OLG Frankfurt ZfStrVo 1981, 122.
405 OLG Frankfurt 8.9.1982 – 3 Ws 627/82 (StVollz), NStZ 1983, 93.
406 OLG Celle ZfStrVo **SH** 1979, 11.
407 OLG Frankfurt ZfStrVo 1981, 123.

anderseits, wobei das prognostische Schwergewicht auf der Entwicklung im Vollzug liegen muss.[408]

Einzelne Bundesländer haben nun die Regelausschlüsse und erhöhten Prüfungs- 57 anforderungen für einzelne Gefangenengruppen, die zuvor nur in den bundeseinheitlichen VV enthalten waren, teilweise oder vollständig **in das Gesetz überführt**. Dies betrifft zunächst **BY Art. 15**, der an VV Nr. 7 Abs. 4 zu § 11 StVollzG und VV Nr. 4 Abs. 4 zu § 13 StVollzG orientiert ist. **TH § 46 Abs. 3** ist praktisch identisch mit **BY** Art. 15, erfasst aber – anders als **BY** Art. 15 und die Regelung in bundeseinheitlichen VV – nicht die Ausführung. An denselben Vorschriften orientiert ist auch **HH § 11 Abs. 3** (i.V.m. **HH** § 12 Abs. 1 Satz 3), der allerdings die gründliche Prüfungspflicht zu einer Pflicht zu Einholung schriftlicher Stellungnahmen oder Gutachten formalisiert (daher zu dieser Regelung ergänzend bereits in Rdn. 42). Gleich mehrere Nummern der bundeseinheitlichen VV ins Gesetz überführt **HE § 13**, und zwar in Abs. 4 VV Nr. 6 Abs. 1 lit. b) zu § 11 StVollzG und die entsprechende VV zu § 13 StVollzG. Die Fallgruppen des **HE** § 13 Abs. 5 orientieren sich in unterschiedlicher Intensität an VV Nr. 6 Abs. 2 lit. c) und d), Nr. 7 Abs. 2 lit. a), b), c) und d), Abs. 3 und Abs. 4 zu § 11 StVollzG und den entsprechenden VV zu § 13 StVollzG. **SL § 38 Abs. 5** und **Abs. 6** sind praktisch identisch mit VV Nr. 6 und Nr. 7 Abs. 2 und 3 zu § 11 StVollzG und den entsprechenden VV zu § 13 StVollzG. **ST § 45 Abs. 4** und **Abs. 5** entsprechen weitestgehend VV Nr. 7 Abs. 2 und 3 zu § 11 StVollzG und den entsprechenden VV zu § 13 StVollzG. Zudem ist **ST § 45 Abs. 6** ersichtlich an VV Nr. 7 Abs. 4 zu § 11 StVollzG und der entsprechenden VV zu § 13 orientiert, verschärft diese aber erheblich. Angesichts der Kritik, die an den detaillierten Ausschlussregelungen in den VV und ihrer oft schematischen Anwendung geübt wurde (siehe auch Rdn. 51), ist es eine resozialisierungsbeeinträchtigende, vorwiegend auf Vereinfachung und Optimierung der Verwaltungsabläufe abzielende Maßnahme, wenn diese Regelungen nun in manchen Bundsländern sogar (teilweise) Gesetz geworden sind.[409] Insbesondere werden sie hierdurch auch für die Gerichte unmittelbar beachtlich; zudem sind Abweichungen nicht mehr generell im begründeten Ausnahmefall, sondern nur noch dann möglich, wenn und soweit die Gesetze ausdrücklich Abweichungsmöglichkeiten vorsehen. Auch gesetzliche Ausschlusstatbestände machen jedoch die Einzelfallprüfung (dazu Rdn. 54) jedenfalls dann nicht entbehrlich, wenn von ihnen Ausnahmen zugelassen sind (einzige ersichtliche zwingende Regelungen: **HE** § 14 Abs. 4, **SL** § 38 Abs. 5 Satz 1 Nr. 2).[410]

Soweit die Bundesländer die Regelungen der bundeseinheitlichen VV nicht direkt ins Gesetz überführt haben und soweit bereits **eigene VV zu den Landesgesetzen** vorliegen, enthalten diese ganz überwiegend **vergleichbare** Regelausschlüsse und erhöhte Prüfungsanforderungen wie die bundeseinheitlichen VV (näher in den folgenden Rdn.). Eine **Ausnahme** bilden aber die VV in **HH**. Dort gibt VV Nr. VII.1 Abs. 1 der Anstaltsleitung nur auf, bei der Prüfung der Flucht- und Missbrauchsgefahr „insbesondere folgende Gesichtspunkte zu berücksichtigen:

a) Mitwirkung an der Gestaltung der Behandlung und am Vollzugsplan
b) Vollendete oder versuchte Entweichung oder Nichtrückkehr aus Vollzugslockerungen

---

408 OLG Celle 5.12.1977 – 3 Ws 372/77; *Franke* ZfStrVo 1978, 187, 190; zur Gefahr der Benachteiligung resozialisierungsbedürftiger und „schwieriger" gegenüber sozial integrierten Gefangenen vgl. *Heghmanns* 1998.
409 Kritisch auch *Arloth/Krä* § 13 HStVollzG Rdn. 9; AK-*Burkhardt/Feest* Vor § 38 LandesR Rdn. 11; *Laubenthal/Nestler/Neubacher/Verrel* E Rdn. 155; befürwortend hingegen *Cassone* FS 2011, 33, 35.
410 Auch mit Blick auf **HE** § 13 Abs. 4 für Abweichungsmöglichkeit, dies wohl aber gegen den erkennbaren Willen des Gesetzgebers und daher *contra legem: Arloth/Krä* § 13 HStVollzG Rdn. 9 f; *Laubenthal/Nestler/Neubacher/Verrel* E Rdn. 155.

c) Unerlaubter Konsum von Betäubungsmitteln in den letzten drei Monaten
d) Begründeter Verdacht des Handels mit Stoffen im Sinne des Betäubungsmittelgesetzes oder des Einbringens dieser Stoffe in nicht geringer Menge
e) Anhängiges Ausweisungs- oder Auslieferungsverfahren oder anhängiges Ermittlungs- oder Strafverfahren wegen Straftaten von erheblicher Bedeutung
f) Zureichende tatsächliche Anhaltspunkte für Organisierte Kriminalität
g) Beteiligung an einer Gefangenenmeuterei
h) Begehung einer Straftat von erheblicher Bedeutung
i) Vollziehbare Ausweisungsverfügung und voraussichtliche Abschiebung aus der Haft." Dort werden einige der in den bundeseinheitlichen VV aufgeführten Punkte ebenfalls genannt, aber nur als **zu berücksichtigende Aspekte, nicht als Regel-Ausschlusskriterien** geführt. Dies ist gegenüber dem in allen anderen Bundesländern – soweit ersichtlich – weiterhin vorherrschenden Regelungsmodell die **vorzuziehende, flexiblere Variante**. Für das Verständnis der Vorgaben der VV in **HH** kann dennoch im Übrigen auf die folgenden Rdn. verwiesen werden; zur Problematik des unter a) genannten Aspekts der Mitwirkung siehe zudem Rdn. 49 und 68.

Da selbst für die ins Gesetz überführten Regelungen die Orientierung an den bundeseinheitlichen VV weiterhin deutlich erkennbar ist, richtet sich die folgende Darstellung strukturell nach den bundeseinheitlichen VV. Auf Abweichungen in den einzelnen Bundesländern wird bei den einzelnen Merkmalen eingegangen.

58 Nach VV Nr. 6 Abs. 1 lit. b) zu § 11 StVollzG und Nr. 3 Abs. 1 lit. b) zu § 13 StVollzG waren Strafgefangene, gegen die **Untersuchungs-, Auslieferungs- oder Abschiebungshaft** angeordnet ist, **nach dem Wortlaut ausnahmslos** von vollzugsöffnenden Maßnahmen (mit Ausnahme der Ausführung)[411] **ausgeschlossen**. In HE § 14 Abs. 4 und **SL** § 38 Abs. 5 Satz 1 Nr. 2 wurde der Inhalt dieser Regelung bedeutungsgleich ins Gesetz überführt. In den anderen Bundesländern (außer **HH**: dazu Rdn. 57) findet sich eine entsprechende Regelung in den VV, so in VV Nr. 7.6.2 zu **BW** § 9 III, VV Nr. 3 Abs. 1 lit. b zu **BY** Art. 13 und VV Nr. 3 Abs. 1 lit. b zu **BY** Art. 14, VV Nr. 3 Abs. 1 lit. b zu **BE** § 42 und VV Nr. 4 Abs. 1 lit. b zu **HB** § 38, in **BE** und **HB** allerdings ohne Erwähnung der Abschiebungshaft. Zutreffend daran ist, dass jedenfalls eine zu Recht angeordnete Untersuchungs-, Auslieferungs- oder Abschiebungshaft in aller Regel auf Gründen beruht, die zugleich Fluchtgefahr oder Missbrauchsgefahr indizieren. Deshalb ist hier zumeist vom Vorliegen einer Flucht- oder Missbrauchsgefahr auszugehen, ohne dass eine Prüfung der Besonderheiten des Einzelfalles erforderlich ist.[412] Dennoch muss im atypischen Ausnahmefall ein Abweichen möglich sein, weil es sich nur um eine den Beurteilungsspielraum bei der Flucht- und Missbrauchsgefahr konkretisierende Regelung handelt; anderes gilt nur gem. **HE § 13 Abs. 4** und **SL § 38 Abs. 5 Satz 1 Nr. 2**, weil die Ausgestaltung als zwingende gesetzliche Regelung kein Abweichen zulässt (ergänzend: Rdn. 57). So kommt z.B. ein Langzeitausgang selbst bei Anordnung von Untersuchungshaft im Ausnahmefall in Betracht, wenn Gericht und Staatsanwaltschaft keine Bedenken gegen die Gewährung haben.[413] Es wäre allerdings jedenfalls nicht viel gewonnen, wenn nicht zudem die andere Haftanordnung außer Vollzug gesetzt würde, denn an sich müsste der oder die Gefangene sonst für die Zeit der vollzugsöffnenden Maßnahme in die andere Haftart überführt werden. Daher sollte bei Gefangenen, die trotz entsprechend angeord-

---

411 Dazu OLG Frankfurt 10.5.1984 – 3 Ws 237/84 (StVollz), NStZ 1984, 477.
412 OLG Bremen ZfStrVo **SH** 1977, 2; OLG Frankfurt 4.7.1983 – 3 Ws 350/83 (StVollz), NStZ 1984, 45; *Arloth/Krä* § 13 StVollzG Rdn. 18; a.A. für Abschiebehaft *Laubenthal/Nestler/Neubacher/Verrel* E Rdn. 190.
413 A.A. OLG Hamm ZfStrVo 1985, 310 und hiesige Vorauf.

neter Haft vollzugsöffnende Maßnahmen begehren, vordringliches Ziel die Aufhebung oder Aussetzung des Haftbefehls sein.[414] Ist im konkreten Einzelfall ersichtlich, dass insofern Erfolgsaussichten bestehen, muss Gefangenen vor einer endgültigen Entscheidung über den Antrag auf vollzugsöffnende Maßnahmen Gelegenheit gegeben werden, eine Entscheidung des zuständigen Gerichts über die Aufhebung oder Aussetzung herbeizuführen.[415] Im Fall der bevorstehenden Abschiebung folgt auch aus der Tatsache allein, dass der bzw. die Gefangene voraussichtlich bald das Bundesgebiet verlassen muss, nicht, dass vollzugsöffnende Maßnahmen ihren Zweck verfehlen würden,[416] zumal familiäre oder freundschaftliche Bindungen in Deutschland bestehen können.

Hinsichtlich der in VV Nr. 6 Abs. 1 lit. a, c und d zu § 11 StVollzG und VV Nr. 3 Abs. 1 lit. a, c und d zu § 13 StVollzG genannten Gefangenengruppen, die grundsätzlich von vollzugsöffnenden Maßnahmen ausgeschlossen sein sollen, waren nur mit Zustimmung der Aufsichtsbehörde Ausnahmen zulässig (zum **Zustimmungserfordernis** näher Rdn. 39 f.); zudem bestanden **Anhörungs- bzw. Benehmenserfordernisse** (dazu Rdn. 47 f.). Dies betraf unter a) Täter/innen von **Staatsschutzdelikten**, unter c) Gefangene mit **vollziehbarer Ausweisungsverfügung** und unter d) Gefangene mit angeordneter, aber noch nicht vollzogener **Maßregel der Besserung und Sicherung oder sonstiger Unterbringung**. In **SL § 38 Abs. 5 Satz 1 Nr. 1, 3 und 4** wurden diese Regelausschlüsse bedeutungsgleich ins Gesetz überführt. Zudem entspricht die gesetzliche Regelung in **HE § 13 Abs. 5 Nr. 6** der VV Nr. 6 Abs. 1 lit. c zu § 11 StVollzG und der VV Nr. 3 Abs. 1 lit. c zu § 13 StVollzG, während **HE § 13 Abs. 5 Nr. 2** der lit. d der genannten VV zu § 11 und § 13 StVollzG entspricht, diese aber auf den Fall ausdehnt, dass eine solche Maßregel wegen Aussichtslosigkeit für erledigt erklärt wurde. Dafür findet sich dort die sonstige Unterbringung nicht. Die Regelung in HE § 13 Abs. 5 ist zudem flexibler gefasst, weil sie keinen Ausschluss mit Ausnahmemöglichkeit formuliert wie die früheren bundeseinheitlichen VV, sondern in den genannten Fallgruppen verlangt, dass besondere Umstände die Annahme einer fehlenden Flucht- und Missbrauchsgefahr begründen. In den anderen Bundesländern (außer **HH**: dazu Rdn. 57) wurden die bundeseinheitlichen VV, soweit ersichtlich, jeweils in die Landes-VV übernommen, so in VV Nr. 7.6.1., 7.6.3. und 7.6.4 zu **BW** § 9 III, VV Nr. 3 Abs. 1 lit. a, c und d zu **BY** Art. 13 und VV Nr. 3 Abs. 1 lit. a, c und d zu **BY** Art. 14, VV Nr. 3 Abs. 1 lit. a, c und d zu **BE** § 42 und VV Nr. 4 Abs. 1 lit. a, c und d zu **HB** § 38).

Hier unterstellen die VV bzw. – sofern die Regelungen ins Gesetz übernommen wurden – die Gesetze aufgrund Gruppenzugehörigkeit eine erhöhte Flucht- oder Missbrauchgefahr, die aber im Rahmen einer sorgfältigen Prüfung des jeweiligen Einzelfalles gegen andere Gesichtspunkte abgewogen werden muss. Daher schließt der Umstand, dass jemand wegen Unterstützung einer **terroristischen** Vereinigung zu einer Freiheitsstrafe verurteilt worden ist, für sich allein die Gewährung vollzugsöffnender Maßnahmen nicht aus.[417] Soweit nicht ein Regelausschluss bei Staatsschutzdelikten – wie nur in **SL** § 38 Abs. 5 Satz 1 Nr. 1 – ins Gesetz übernommen wurde, ist zudem zu berücksichtigen, dass das Gesetz eine solche pauschale Anknüpfung an die Tat (zumindest insofern; siehe ergänzend Rdn. 66) nicht kennt.

Ist eine **vollziehbare Ausweisungsverfügung** ergangen, so bietet dies zwar konkreten Anlass für die Befürchtung, dass ein Anreiz besteht, sich der weiteren Strafverbü-

---

414 Insofern zutreffend *Arloth/Krä* § 13 StVollzG Rdn. 18.
415 OLG Frankfurt 4.7.1983 – 3 Ws 350/83 (StVollz), NStZ 1984, 45 zur Abschiebungshaft.
416 So aber LG Hamburg ZfStrVo **SH** 1978, 7 und ZfStrVo **SH** 1979, 26 sowie die hiesige Voraufl.
417 OLG Hamburg ZfStrVo **SH** 1979, 16; AK-*Lesting/Burkhardt* § 38 LandesR Rdn. 81; krit. zur VV-Regelung *Baumann* 1987.

ßung durch Flucht ins Ausland oder Untertauchen zu entziehen.[418] Es gibt aber keinen allgemeinen Erfahrungsgrundsatz, dass bei Ausländer/innen bei Vorliegen einer rechtskräftigen und unbefristeten Ausweisungsverfügung generell Fluchtgefahr gegeben ist.[419] VV Nr. 3 Abs. 1 lit. a, c und d zu **BE** § 42 stellt insofern zu Recht klar, dass ein Ausschluss von vollzugsöffnenden Maßnahmen aufgrund einer solchen Verfügung nur in Betracht kommt, „sofern die in diesem Zusammenhang gewonnenen Erkenntnisse eine Missbrauchs- oder Fluchtgefahr begründen". Wenn Flucht- oder Missbrauchsgefahr auf eine bestehende Ausweisungsverfügung gestützt werden soll, muss sich die Behörde mit den konkreten Lebensumständen der Gefangenen und ihrer Angehörigen auseinandersetzen.[420] Fluchtgefahr bedeutet dabei gerade in diesen Fällen nicht unbedingt Gefahr einer Flucht ins Ausland, sondern kann selbstverständlich auch und gerade bestehen, wenn die Gefahr des Untertauchens auf deutschem Gebiet naheliegt.[421] Starke familiäre Bindungen in Deutschland können – je nach Lage des Einzelfalls – aber auch gegen Fluchtgefahr sprechen.[422] Auch dann, wenn die Ausländerbehörde vollzugsöffnende Maßnahmen nicht befürwortet, ergibt sich Fluchtgefahr immer erst aufgrund einer Abwägung der wesentlichen Kriterien, d.h. auch der Umstände, die zugunsten der Gefangenen sprechen könnten (vgl. auch Rdn. 47 f.).[423]

Der Ausschluss von vollzugsöffnenden Maßnahmen allein mit dem Hinweis, dass die Unterbringung in einer noch nicht vollzogenen Maßregel der Besserung und Sicherung angeordnet ist, begegnet insbesondere für die **Sicherungsverwahrung** Bedenken.[424] Dies gilt insbesondere im Lichte der neueren Rechtsprechung des BVerfG,[425] nach der aufgrund des **Ultima-ratio-Grundsatzes** vorrangiges Ziel einer der Sicherungsverwahrung vorangehenden Strafverbüßung ist, eine Resozialisierung bereits während der Strafhaft zu erreichen und so eine Aussetzung der Sicherungsverwahrung zur Bewährung gem. § 67c Abs. 1 StGB zu ermöglichen. Dieser Grundsatz drückt sich auch in §§ 66c Abs. 2, 67c Abs. 1 Satz 1 Nr. 2 StGB aus. Dabei führt § 66c Abs. 2 StGB auch dazu, dass für die Gruppe der Gefangenen mit vornotierter (angeordneter oder vorbehaltener) Sicherungsverwahrung eher **großzügiger vollzugsöffnende Maßnahmen** gestattet werden müssen. Zwar verweist die Norm nicht unmittelbar auf § 66c Abs. 1 Nr. 3a) StGB und den dortigen, resozialisierungsfreundlicheren Maßstab für die Beurteilung der Flucht- und Missbrauchsgefahr („vollzugsöffnende Maßnahmen gewähren [...], soweit nicht **zwingende Gründe** entgegenstehen, insbesondere **konkrete** Anhaltspunkte die Gefahr begründen, der Untergebrachte werde sich dem Vollzug der Sicherungsverwahrung entziehen oder die Maßnahmen zur Begehung **erheblicher** Straftaten missbrauchen"; Hervorhebungen durch den Verf.), sondern nur auf die in § 66c Abs. 1 Nr. 1 StGB aufgestellten Grundsätze der Betreuung. Allerdings ist es nicht denkbar, dass das in § 66c Abs. 1 Nr. 1b) StGB ausdrücklich erwähnte Ziel einer Bewährungsaussetzung ohne vollzugsöffnende Maßnahmen erreichbar ist (vgl. auch Rdn. 51). Diese sind daher Bestand-

---

418 OLG Schleswig LS BlStV 6/1981, 7.
419 OLG Frankfurt ZfStrVo 1983, 249 und BlStV 2/1992, 5; AK-*Graebsch*, Teil VII.1 Rdn. 90; vgl. auch LG Stade 13.8.2015 – 101 AR 11/15, StV 2016, 249, wonach das Vorliegen einer Ausweisungsverfügung allein den Widerruf gewährter vollzugsöffnender Maßnahmen nicht zulässt.
420 OLG Frankfurt 8.9.1982 – 3 Ws 627/82 (StVollz), ZfStrVo 1983, 249; OLG Celle ZfStrVo 1984, 251 und OLG Celle 19.5.2000 – 1 Ws 87/00, NStZ 2000, 615.
421 OLG Nürnberg BlStV 2/1994, 2.
422 Dazu auch OLG Celle ZfStrVo 1983, 300; OLG Frankfurt ZfStrVo 1983, 249, ZfStrVo 1991, 372 und BlStV 2/1992, 5; OLG Hamm 21.3.1985 – 1 Vollz (Ws) 279/84, NStZ 1985, 382.
423 OLG Celle ZfStrVo 1983, 301.
424 OLG Frankfurt NStZ 1993, 427 B.
425 BVerfG 4.5.11 – 2 BvR 2365/09 u.a., BVerfGE 128, 326, 379.

teil eines ausreichenden Betreuungsangebots; Nr. 3a ist mittelbar in Nr. 1 enthalten,[426] wodurch auch der gewährungsfreundlichere Prognosemaßstab Anwendung findet. Das Landesrecht ist daher nach Maßgabe dieser **vorrangigen bundesrechtlichen Vorschrift** „vollzugsöffnungsfreundlich" auszulegen.

Bei den **anderen stationären Maßregeln der Besserung und Sicherung** ist der Vorwegvollzug die Regel, vgl. § 67 Abs. 1 StGB, so dass sich das Problem in der Praxis seltener stellt. Doch auch hier begegnet ein Regelausschluss im Fall des Vorwegvollzugs der Strafe (§ 67 Abs. 2 Satz 2 StGB) gewichtigen Bedenken, zumal auch die Maßregelvollzugsgesetze der Länder vollzugsöffnende Maßnahmen vorsehen.[427] Es bleibt also auch dann bei dem Erfordernis einer **umfassenden Einzelfallprüfung**. **HE § 13 Abs. 5 Nr. 2** dehnt den Regelausschluss auf den Fall aus, dass eine stationäre Maßregel der Besserung und Sicherung wegen **Aussichtslosigkeit** für erledigt erklärt wurde; dies kann nur die Fälle der §§ 63, 64 StGB betreffen (vgl. § 67d Abs. 5 Satz 1 und Abs. 6 Satz 1 StGB).

Nach VV Nr. 7 Abs. 2 zu § 11 StVollzG und VV Nr. 4 Abs. 2 zu § 13 StVollzG waren weitere Gefangenengruppen „in der Regel" ungeeignet, zu Außenbeschäftigung, Freigang, Ausgang und „Urlaub" (= Langzeitausgang) zugelassen zu werden (zur Vorschrift der VV Nr. 4 Abs. 2 lit. a zu § 13 StVollzG siehe aber bereits die Kommentierung in Rdn. 36; auf sie wird hier nicht nochmals eingegangen). Dies betraf erheblich **suchtgefährdete** Gefangene, solche mit **Flucht(versuch)** oder Beteiligung an einer **Gefangenenmeuterei** während des laufenden Freiheitsentzugs, Personen, die vom letzten (Langzeit-)Ausgang **nicht freiwillig zurückgekehrt** waren oder bei denen ein **Anfangsverdacht** für während des (Langzeit-)Ausgangs **begangene Straftaten** bestand, sowie Gefangene mit **anhängigem Ausweisungs-, Auslieferungs-, Ermittlungs- oder Strafverfahren**, zudem für alle Maßnahmen mit Ausnahme des Langzeitausgangs auch der Fall der **Befürchtung**, dass auf **Mitgefangene ein negativer Einfluss ausgeübt** wird. Da solche **generellen Eignungsvorstellungen dem StVollzG fremd** waren, konnte es auch insofern nur darum gehen, bei Vorliegen der in den VV aufgeführten Sachverhalte die Flucht- oder Missbrauchsgefahr besonders sorgfältig zu bedenken (und das Prüfungsergebnis aktenkundig zu machen: VV Nr. 7 Abs. 3 Satz 1 zu § 11 StVollzG und VV Nr. 4 Abs. 3 Satz 1 zu § 13 StVollzG). Die VV wurden in **SL § 38 Abs. 6** und **ST § 45 Abs. 4** in das Gesetz überführt, und zwar in **ST** vollständig bedeutungsgleich. In **SL** § 38 Abs. 6 Satz 1 Nr. 3 findet sich eine Abweichung dahingehend, dass Versagen im Sinne nicht freiwilliger Rückkehr oder neuer Straftaten bei allen „Lockerungen" i.S.v. **SL** § 38 Abs. 1, also nicht nur beim (Langzeit-)Ausgang, sondern auch beim Freigang, eine regelmäßige Ungeeignetheit indiziert. **HE § 13 Abs. 5 Nr. 3 und Nr. 5** entsprechen VV Nr. 7 Abs. 2 lit. a und d zu § 11 StVollzG und VV Nr. 4 Abs. 2 lit. b und e zu § 13 StVollzG, während **HE § 13 Abs. 5 Nr. 4 lit. a bis c** sich an VV Nr. 7 Abs. 2 lit. b und c zu § 11 StVollzG und VV Nr. 4 Abs. 2 lit. c und d zu § 13 StVollzG orientieren, aber einerseits die Meuterei nicht erfassen, andererseits nicht nur Straftaten im Rahmen von vollzugsöffnenden Maßnahmen, sondern auch solche in Haft einbeziehen, für die Berücksichtigung von Straftaten aber jeweils eine Verurteilung voraussetzen. Zudem ist in **HE** § 13 Abs. 5 der Regelausschluss anders und tendenziell **weniger restriktiv** gefasst (besondere Umstände müssen die Annahme eines Fehlens von Flucht- und Missbrauchsgefahr begründen). In den anderen Bundes-

---

[426] Zutreffend LG Marburg 13.9.2013 – 7 StVK 109/12, juris; so auch schon SSW-StGB/*Harrendorf* § 66c Rdn. 21; anders OLG Nürnberg 22.2.2016 – 1 Ws 6/16, m. insofern zust. Anm. *Peglau* jurisPR-StrafR 15/2016 Anm. 3; OLG Frankfurt a.M. Beschl. v. 22.5.2018 – 3 Ws 366/18, BeckRS 2018, 10113; OLG Nürnberg 23.10.2013 – 1 Ws 421/13, StV 2014, 151.
[427] Zutreffend AK-*Lesting/Burkhardt* § 38 LandesR Rdn. 78; *Frisch* 1990, 755.

ländern (außer **HH**: dazu Rdn. 57) wurden, soweit ersichtlich, die bundeseinheitlichen VV in die Landes-VV übernommen (so in VV Nr. 7.9 und 7.10 zu **BW** § 9 III, VV Nr. 4 Abs. 2, Abs. 3 zu **BY** Art. 13 und VV Nr. 4 Abs. 2, Abs. 3 zu **BY** Art. 14, VV Nr. 4 Abs. 1 zu **BE** § 42 [dort aber mit einer Ausnahme, vgl. Rdn. 65] und VV Nr. 5 Abs. 2 zu **HB** § 38).

61   Die VV (bzw., wo einschlägig, die Gesetze: **HE** § 13 Abs. 5 Nr. 3; **SL** § 38 Abs. 6 Satz 1 Nr. 1; **ST** § 45 Abs. 4 Nr. 1) wollen zunächst bei erheblich **suchtgefährdeten Gefangenen** vollzugsöffnende Maßnahmen in der Regel ausschließen (VV Nr. 7 Abs. 2 lit. a zu § 11 StVollzG sowie die entsprechende VV zu § 13 StVollzG; zu den Landes-VV vgl. Rdn. 60). Der Begriff der erheblichen Suchtgefahr ist unscharf; insofern ist es hilfreich, dass VV Nr. 4 Abs. 2 zu **BE** § 42 eine (verallgemeinerungsfähige) Definition anbietet: „Erheblich suchtgefährdet [...] sind diejenigen Gefangenen, deren Betäubungsmittel- oder Alkoholproblematik im Rahmen der Aufnahmeuntersuchung oder während des Vollzugsverlaufs medizinisch diagnostiziert ist." Zudem ist die Annahme einer grundsätzlich bei dieser Personengruppe bestehenden Flucht- oder Missbrauchsgefahr auch **inhaltlich nicht generell zutreffend**, insbesondere nicht, soweit es um die Abhängigkeit von legalen Substanzen wie **Alkohol** geht, da dort der bloße Konsum als solcher weder Befürchtungen der Flucht noch des Missbrauchs begründet.[428] Eher schon kann eine solche Annahme dort gelten, wo aufgrund der Abhängigkeit die Begehung von Straftaten nach dem **BtMG** droht oder wenn nicht bloß der Konsum legaler oder illegaler Drogen zu erwarten ist, sondern auch zu prognostizieren ist, dass **unter deren Einfluss erhebliche Straftaten** begangen werden.[429] Auch in diesen Fällen ist allerdings der Nichtantritt einer stationären Langzeitbehandlung für sich genommen kein Umstand, der die Versagung von vollzugsöffnenden Maßnahmen begründet,[430] eine deshalb fortbestehende Abhängigkeit kann jedoch u.U. zur Bejahung der Missbrauchsgefahr führen.

Angesichts der weitgehenden prozessualen Entkriminalisierung des Besitzes, Erwerbs usw. von geringen Mengen von Cannabis zum Eigenkonsum in der Folge der Cannabis-Entscheidung des BVerfG[431] begründet auch nachgewiesener **Cannabiskonsum** als solcher keine relevante Missbrauchsgefahr.[432] Selbst Gefangene, die zur Zeit ihrer Verhaftung **heroinabhängig** waren, scheiden für vollzugsöffnende Maßnahmen nicht generell aus,[433] vielmehr kommt es auch insofern auf die Umstände des Einzelfalls an (z.B. Stand und bisheriger Erfolg einer Entzugsbehandlung).[434] Missbrauchsgefahr kann durch den Versuch begründet sein, suchtfördernde, aber dem Betäubungsmittelgesetz unterworfene Psychopharmaka in die Anstalt einzuschmuggeln.[435] Für die Annahme einer Missbrauchsgefahr wegen „Suchtgefährdung" bedarf es aber immer konkreter Feststellungen, etwa über den Zeitraum, die Intensität und das gegenwärtige Fortbestehen einer eventuellen Drogenabhängigkeit.[436] Bei konkretem Verdacht auf Drogenmissbrauch kann die Gewährung von vollzugsöffnenden Maßnahmen unter die Bedingung gestellt werden, dass sich Gefangene zuvor einer **Urinkontrolle** unterziehen und das

---

428   Zutreffend AK-*Lesting/Burkhardt* § 38 LandesR Rdn. 85; anders hiesige Vorаufl.; vgl. auch LG Lüneburg 5.12.1980 – 17 StVK 580/80.
429   Ähnlich wiederum AK-*Lesting/Burkhardt* § 38 LandesR Rdn. 85.
430   OLG Zweibrücken 17.6.1992 – 1 Vollz 4/92, StV 1992, 589.
431   BVerfG 9.3.1994 – 2 BvL 43/92 u.a., BVerfGE 90, 145.
432   A.A. OLG Hamm NStZ 1995, 381 und hiesige Vorаufl.; vgl. auch OLG Saarbrücken 1.3.2001 – Vollz (Ws) 1/01, NStZ-RR 2001, 283.
433   Anders OLG München ZfStrVo 1981, 57 und hiesige Vorаufl.
434   Vgl. *Arloth/Krä* § 13 StVollzG Rdn. 23.
435   OLG München 2.7.1979 – 1 Ws 740/79, ZfStrVo 1980, 122.
436   OLG Frankfurt BlStV 2/1992, 5.

Ergebnis negativ ist.[437] Suchtmittelkontrollen können nicht erzwungen werden, eine Weigerung kann aber u.U. Anlass geben, vollzugsöffnende Maßnahmen nicht zu gewähren, weil der oder die Gefangene die Gelegenheit, eine bestehende Befürchtung durch eine zumutbare Handlung zu entkräften, nicht wahrgenommen hat.[438] Zur Problematik der Suchtmittelkontrollen näher in der Kommentierung unter 11.D Rdn. 12ff.; konkret zur den Konsequenzen der Weigerung dort Rdn. 17.

Bei Gefangenen, die während des laufenden Freiheitsentzuges **entwichen sind**, einen **Fluchtversuch** oder **Ausbruch unternommen** oder sich an einer **Gefangenenmeuterei** beteiligt haben (gesetzlich erfasst in **HE** § 13 Abs. 5 Nr. 3a; **SL** § 38 Abs. 6 Satz 1 Nr. 2; **ST** § 45 Abs. 4 Nr. 2, in **HE** allerdings ohne Erwähnung der Meuterei und der – neben Flucht und Fluchtversuch allerdings ohnehin redundanten – Unternehmung [= Versuch plus Vollendung, vgl. § 11 Abs. 1 Nr. 6 StGB] eines Ausbruchs; siehe im Übrigen VV Nr. 7 Abs. 2 lit. b zu § 11 StVollzG sowie die entsprechende VV zu § 13 StVollzG und die entsprechenden Landes-VV [Nachweise in Rdn. 60]), kommt es auf die Umstände der Vorfälle und auf die seitdem verstrichene Zeit an. Man kann (selbst für Langzeitausgang oder Freigang) nicht davon ausgehen, dass einmal entwichene Gefangene in jedem Falle eine vollzugsöffnende Maßnahme wieder dazu missbrauchen werden, sich dem Vollzug der Freiheitsstrafe zu entziehen. Daher kann ein früherer Fluchtversuch nach erheblichem Zeitablauf für sich allein noch keine Flucht- oder Missbrauchsgefahr rechtfertigen, vielmehr ist die bisherige Entwicklung, die jemand seitdem genommen hat, sorgfältig zu prüfen.[439] Ein Fluchtversuch verliert mit herannahendem Entlassungszeitpunkt an Bedeutung. Wenn die Vollzugsbehörde sich auf „konkrete amtliche Erkenntnisse" über einen geplanten Befreiungsversuch stützt, müssen diese unter Angabe der Beweismittel im Einzelnen vorgelegt werden.[440]

Personen, die vom letzten (Langzeit-)Ausgang **nicht freiwillig zurückgekehrt** sind oder bei denen ein **Anfangsverdacht** für während des (Langzeit-)Ausgangs **begangene Straftaten** besteht, waren nach VV Nr. 7 Abs. 2 lit. c zu § 11 StVollzG sowie der entsprechenden VV zu § 13 StVollzG (zu den entsprechenden Landes-VV vgl. Rdn. 60) ebenfalls in der Regel von allen vollzugsöffnenden Maßnahmen **mit Ausnahme der Ausführung** ausgeschlossen. Diese Regelung wurde in **HE** § 13 Abs. 5 Nr. 4 lit. b und c, **SL** § 38 Abs. 6 Satz 1 Nr. 3 und **ST** § 45 Abs. 4 Nr. 3 in das Gesetz überführt, dabei in **HE** mit der Änderung, dass eine Verurteilung wegen der Straftat vorausgesetzt wird, diese dafür aber auch nicht notwendig im Rahmen einer vollzugsöffnenden Maßnahme, sondern nur generell während des Vollzugs geschehen sein muss. In **SL** wurde der Regelausschluss auf ein entsprechendes Versagen beim Freigang ausgedehnt, da sämtliche „Lockerungen" i.S.v. **SL** § 38 Abs. 1 erfasst sind; dasselbe gilt nach VV Nr. 4 Abs. 1 lit. d zu **BE** § 42. Die Regelausschlüsse gelten von vornherein nicht für die Ausführung, dort, wo die Außenbeschäftigung nicht als „Lockerung" zählt (dazu 10.B Rdn. 1), zudem auch für diese nicht. Unabhängig davon kann einer fünf Jahre zurückliegenden, verspäteten Rückkehr aus einem Langzeitausgang im Zusammenhang mit einer nunmehr beantragten Ausführung keine relevante Bedeutung zukommen, da die Situation nicht ansatzweise vergleichbar ist.[441] Die **nicht freiwillige Rückkehr** von einem (Langzeit-)Ausgang ist zu unterscheiden von der Verspätung und löst regelmäßig Fahndungsmaßnahmen aus, die

---

437 LG Freiburg 27.11.1987 – XIII StVK 78/87, NStZ 1988, 151; *Arloth/Krä* § 13 StVollzG Rdn. 23; krit. AK-*Lesting/Burkhardt* 2017 § 38 LandesR Rdn. 86.
438 *Bühring* ZfStrVo 1994, 271 ff.
439 OLG Celle LS ZfStrVo 1986, 115; wie hier auch AK-*Lesting/Burkhardt* § 38 LandesR Rdn. 76.
440 OLG Celle BlStV 6/1986, 8.
441 OLG Hamburg 29.8.1990 – 3 Vollz (Ws) 45/90, NStZ 1990, 606.

dann zur Verhaftung führen. Sie ist als ein erheblicher Vertrauensmissbrauch gegenüber der Anstalt anzusehen, so dass sorgfältig geprüft werden muss, wann wieder eine über die Ausführung hinausgehende vollzugsöffnende Maßnahme gewährt werden kann. Eine im Voraus festgelegte Verweigerung vollzugsöffnender Maßnahmen (z.B. eine **Sperre für den Langzeitausgang**) ist aber rechtswidrig;[442] eine sachgerechte und fehlerfreie Ausfüllung des Beurteilungs- und des Ermessensspielraums ist nur in dem Zeitpunkt möglich, in dem über die Gewährung vollzugsöffnender Maßnahmen konkret zu entscheiden ist, alle denkbaren sachlichen Gesichtspunkte bekannt sind und mit in die Entscheidung einbezogen werden können.[443] Eine Sperre ist auch keine zulässige Disziplinarmaßnahme.[444] Andererseits ist es für die Anstalt im Einzelfall nicht einfach, nach Überziehung eines (Langzeit-)Ausgangs den Zeitpunkt für eine erneute Bewilligungsfähigkeit zu begründen. Das allein kann aber kein Abweichen von der stets nötigen Einzelfallprüfung rechtfertigen. Daher kann die Anstaltsleitung eine erneute Gewährung einer bestimmten vollzugsöffnenden Maßnahme, z.B. Langzeitausgang, auch nach erheblichen Verstößen **nicht vom Verstreichen bestimmter Mindestfristen abhängig machen**.[445] Liegen Fälle der nicht freiwilligen Rückkehr vom (Langzeit-)Ausgang oder des Verdachts der Begehung einer strafbaren Handlung während des letzten (Langzeit-)Ausgangs längere Zeit (z.B. mehr als ein Jahr) zurück, bedarf es hingegen einer besonderen Begründung, weshalb sie trotz anderer, positiver Umstände die Ablehnung eines Antrages auf vollzugsöffnende Maßnahmen rechtfertigen können.[446] Andererseits **genügt auch Zeitablauf allein noch nicht**, um wieder zu einer uneingeschränkt positiven Prognose zu gelangen.[447] Vielmehr ist die Entwicklung Gefangener seit dem Ereignis gründlich zu prüfen.[448]

Beim **Verdacht neuer Straftaten während des (Langzeit-)Ausgangs** kommt es auf die Art des Delikts an, so z.B. ob es sich um eine einschlägige Tat handelt und wie schwer die Tat ist. Wird eine Ablehnung vollzugsöffnender Maßnahmen auf einen solchen Verdacht gestützt, müssen Gefangene ausreichend Gelegenheit erhalten, sich gegen diesen Vorwurf zu verteidigen, wozu eine konkrete Darlegung der Tatumstände nötig ist.[449] Unter Berücksichtigung der besonderen Umstände des jeweiligen Falles ist zu prüfen, ob die (mutmaßlich) begangene Tat tatsächlich Einfluss auf die Gefahr der Flucht und des Missbrauchs der Maßnahme hat.[450] Der Tatverdacht ist dabei so weitreichend aufzuklären, wie es für die Beurteilung der Flucht- und insbesondere Missbrauchsgefahr erforderlich ist.[451] Dies gilt auch dann, wenn bereits ein Ermittlungs- oder Strafverfahren anhängig ist.[452] Der Verdacht, Straftaten begangen zu haben, darf Gefangenen im Rahmen der Beurteilung der Flucht- und Missbrauchsgefahr auch dann entgegengehalten werden, wenn das eingeleitete Strafverfahren aus Opportunitätsgründen, z.B. gem. § 154 StPO, eingestellt worden ist, wobei die seinerzeit erhobenen Vorwürfe von der Anstaltsleitung weiter aufgeklärt werden müssen unter Beachtung des rechtli-

---

442 Ebenso *Arloth/Krä* § 13 StVollzG Rdn. 25.
443 OLG Bremen 3.11.1981 – Ws 163/81, NStZ 1982, 84.
444 LG Hamburg ZfStrVo **SH** 1977, 15; OLG Celle LS in ZfStrVo 1985, 374; AK-*Lesting/Burkhardt* § 38 LandesR Rdn. 94.
445 A.A. LG Darmstadt ZfStrVo 1983, 302.
446 LG Hamburg ZfStrVo **SH** 1978, 3; LG Frankfurt 4.11.1983 – 5/19 StVK 449/83, NStZ 1984, 190; OLG Saarbrücken BlStV 6/1985, 25.
447 OLG Hamm 2.4.1987 – 1 Vollz (Ws) 80/87, ZfStrVo 1987, 372.
448 AK-*Lesting/Burkhardt* 2017 § 38 LandesR Rdn. 76.
449 OLG Frankfurt 9.9.1982 – 3 Ws 646/82.
450 OLG Celle 29.8.1978 – 3 Ws 22/78; OLG Frankfurt ZfStrVo 1984, 376.
451 *Laubenthal/Nestler/Neubacher/Verrel* E Rdn. 185.
452 A.A. LG Hamburg ZfStrVo **SH** 1978, 5 und hiesige Voraufl.

chen Gehörs.[453] Die Unschuldsvermutung des Art. 6 Abs. 2 EMRK steht einer Berücksichtigung eines (fort-)bestehenden Tatverdachts bei der Entscheidung über vollzugsöffnende Maßnahmen nicht entgegen,[454] weil es sich dabei nicht um eine Entscheidung über eine strafrechtliche Anklage im Sinne der Norm handelt. Der EGMR rechnet Entscheidungen über Maßnahmen im Strafvollzug (mit Ausnahme von Disziplinarmaßnahmen) dem „Zivilrecht" im Sinne der Norm zu.[455] Dennoch setzt **HE § 13 Abs. 3 Nr. 4c** – einschränkend – die **Verurteilung** wegen der Straftat voraus; nach der Norm genügen aber alle Taten, die „während" des Vollzugs begangen wurden, also nicht notwendig im Rahmen vollzugsöffnender Maßnahmen. HE § 13 Abs. 3 Nr. 5 erlaubt daneben allerdings die Berücksichtigung **anhängiger Ermittlungs- und Strafverfahren**; insofern, d.h. bis zu deren Abschluss, gelten die hiesigen Ausführungen auch in **HE** entsprechend; siehe ergänzend Rdn. 64.

Die Begehung von **Ordnungswidrigkeiten** während vollzugsöffnender Maßnahmen erfüllt nicht das Merkmal des Regelausschlusses aufgrund „Straftat".[456] Dennoch kann aus ihrer Begehung im Einzelfall bei umfassender Würdigung des Sachverhalts auch einmal die Gefahr zu folgern sein, dass ein „echter" Missbrauch (nämlich durch erhebliche Straftaten) droht.[457]

Zu den Ausschlussgründen nach VV Nr. 7 Abs. 2 lit. d) sowie der entsprechenden VV **64** zu § 13 StVollzG (zu den entsprechenden Landes-VV vgl. Rdn. 60), nämlich bei **anhängigem Ausweisungs-, Auslieferungs-, Ermittlungs- oder Strafverfahren**, kann zunächst auf die Kommentierung in Rdn. 59 (bzgl. der dort behandelten vollziehbaren **Ausweisungsverfügung**) sowie in Rdn. 63 (bzgl. während des (Langzeit-)Ausgangs begangener **neuer Straftaten**) verwiesen werden. Dass auch hier ein Regelausschluss ohne Einzelfallprüfung nicht sinnvoll zu begründen ist, stellt VV Nr. 4 Abs. 1 lit. d zu **BE** § 42 dadurch klar, dass der Ausschluss nur gelten soll, sofern die im Zusammenhang mit dem Verfahren „gewonnenen Erkenntnisse eine Missbrauchs- oder Fluchtgefahr begründen." In **HE** § 13 Nr. 5, **SL** § 38 Abs. 6 Satz 1 Nr. 4 und **ST** § 45 Abs. 4 Nr. 4 wurde die Regelung inhaltsgleich ins Gesetz überführt.

Ergänzend gilt folgendes: **Ausländische Gefangene**, denen ausländerrechtliche, ihren Aufenthalt in Deutschland beendende Maßnahmen drohen, sind von der Gewährung vollzugsöffnender Maßnahmen nicht ausgeschlossen; auch bei ihnen kommt es allein darauf an, ob nach umfassender Einzelfallprüfung Flucht- oder Missbrauchsgefahr droht. Dies wird in der Praxis nicht immer ausreichend berücksichtigt.[458] Eine mögliche aufenthaltsbeendende Maßnahme vermag für sich genommen die Prognose von Flucht- oder Missbrauchsgefahr nicht zu tragen.[459] Die Strafhaft darf nicht in rechtswidriger Weise in Abschiebungshaft umfunktioniert werden.[460] Geboten ist stets eine (auch gründlich dokumentierte) Einzelfallprüfung.[461] So, wie der bloße Hinweis auf eine bestehende Aus-

---

453 OLG Celle ZfStrVo 1982, 123; a.A. LG Hamburg ZfStrVo **SH** 1977, 5.
454 BVerfG GA 1982, 37; OLG Nürnberg 29.8.1997 – Ws 792/97, NStZ 1998, 215; LG Hamburg ZfStrVo **SH** 1978, 4; *Laubenthal/Nestler/Neubacher/Verrel* E Rdn. 185; a.A. LG Hamburg ZfStrVo **SH** 1977, 5; AK-*Lesting/Burkhardt* § 38 LandesR Rdn. 82.
455 EGMR 17.9.2009 – 74912/01, Slg 09-IV Rn. 106 – *Enea/Italien*; EGMR 30.10.2003 – 41576/98, Slg 03-XI Rn. 25 – *Ganci/Italien*; EGMR 11.1.2005 – 33695/96, Rn. 36, 48 – *Musumeci/Italien*.
456 AK-*Lesting/Burkhardt* § 38 LandesR Rdn. 80.
457 Vgl. LG Hamburg ZfStrVo **SH** 1978, 3.
458 Näher AK-*Graebsch* Teil VII.1 Rdn. 90.
459 BVerfG 11.6.2002 – 2 BvR 461/02, StV 2003, 677 mwN.
460 OLG Koblenz 19.11.2007 – 1 Ws 571/07, NStZ-RR 2008, 190; OLG Stuttgart 16.7.2004 – 2 Ws 125/04, StraFo 2004, 326.
461 OLG Frankfurt 11.5.2011 – 3 Ws 393/00, NStZ-RR 2000, 350 vgl. auch LG Heilbronn 21.1.2004 – 1 StVK 1460/03, StV 2004, 276.

weisungsverfügung (zu dieser Rdn. 59) gegen ausländische Gefangene für die Begründung der Ablehnung einer vollzugsöffnenden Maßnahme nicht ausreicht,[462] gilt dies erst recht für Gefangene, gegen die (nur) ein Ausweisungsverfahren anhängig, d.h. die Ausweisung erst beabsichtigt ist.[463] Besozen auf anhängige Ermittlungs- und Strafverfahren geht es bei lit. e – über lit. d (dazu Rdn. 63) – hinaus – um sonstige Verfahren, also solche wegen Taten, die nicht während eines (Langzeit-)Ausgangs begangen wurden. Zu den dortigen Ausführungen (Rdn. 63) hinzuzufügen ist noch, dass sich eine Fluchtgefahr auch nicht allein daraus ergibt, dass in einem weiteren Verfahren eine längere Freiheitsstrafe – nicht rechtskräftig – verhängt worden ist.[464]

65 Die Befürchtung, dass **auf Mitgefangene** ein **negativer Einfluss** ausgeübt wird (VV Nr. 7 Abs. 2 Buchst. e zu § 11 StVollzG; zu den entsprechenden Landes-VV vgl. Rdn. 60), kann allein eine Ablehnung nicht begründen.[465] Die Frage kann überhaupt bloß dort akut werden, wo vollzugsöffnende Maßnahmen zu weniger kontrollierten Begegnungen mit anderen Gefangenen führen, z.B. bei gemeinschaftlicher Außenbeschäftigung oder einem Gruppenausgang. Konsequent kannten die bundeseinetlichen VV eine solche Regelung beim „Urlaub" (Langzeitausgang) nicht. Die Regelung wurde in **SL** § 38 Abs. 6 Satz 1 Nr. 5 und **ST** § 45 Abs. 4 Nr. 5 ins Gesetz überführt. Sie findet sich zudem in den meisten Landes-VV (vgl. Nachweise in Rdn. 60, aber **nicht in BE**).

66 Bei Gefangenen, die aktuell eine Freiheitsstrafe wegen **grober Gewalttätigkeiten**, wegen **Straftaten gegen die sexuelle Selbstbestimmung** oder wegen **Betäubungsmittelhandels** verbüßen oder noch verbüßen werden, die während des Vollzugs in den **Verdacht des Handelns mit oder Einbringens von Betäubungsmitteln** geraten sind oder die nach vorliegenden Erkenntnisse der **Organisierten Kriminalität** zuzurechnen sind, verpflichtete VV Nr. 7 Abs. 4 zu § 11 StVollzG und die entsprechende VV zu § 13 StVollzG die Vollzugsbehörde zu besonders gründlicher Prüfung. Die Regelung ist häufiger als andere VV Vorbild für gesetzliche Regelungen in den Landesgesetzen gewesen, nämlich für **BY** Art. 15, **HH** § 11 Abs. 3 i.V.m. § 12 Abs. 1 Satz 3, **HE** § 13 Abs. 5 Nr. 1, **ST** § 45 Abs. 6, **TH** § 46 Abs. 3. Diese Regelungen weichen dabei jeweils in Teilen von der alten VV ab, wobei die Abweichungen in unterschiedlichen Bereichen zu verorten sind. So wurde häufig der eher ungewöhnliche Begriff der „groben Gewalttätigkeit gegen Personen" ersetzt. So fordern **BY** Art. 15 Satz 1, **ST** § 45 Abs. 6 Satz 1, **TH** § 46 Abs. 3 Satz 1 stattdessen nun eine **schwerwiegende Straftat gegen Leib** bzw. körperliche Unversehrtheit **oder Leben**. Diese Änderung ist als Klarstellung zu begrüßen. Allerdings dürfte auch der Begriff der **groben Gewalttätigkeit** gegen Personen im Sinne der Begehung erheblicher, gegen Leib oder Leben gerichteter Gewaltstraftaten zu verstehen sein. Jeweils dürfte es um die konkrete Tatschwere, nicht um deren abstrakte Schwere gehen, so dass auch Vergehen unter den Begriff fallen können, wenn sie gravierende Folgen hatten. Zudem wurde durchgängig der Bereich der **einschlägigen Sexualstraftaten** in den Gesetzen (**BY** Art. 15, **HH** § 11 Abs. 3 i.V.m. § 12 Abs. 1 Satz 3, **HE** § 13 Abs. 5 Nr. 1, **ST** § 45 Abs. 6, **TH** § 46 Abs. 3) gegenüber den bundeseinheitlichen VV leicht eingeschränkt, indem jeweils die §§ 180a, 181a StGB (Ausbeutung von Prostituierten, Zuhälterei) ausgenommen wurden. In **HH** und **HE** sind zudem auch die §§ 183 bis 184j ausgeschlossen, also Exhibitionismus, Erregung öffentlichen Ärgernisses, Pornographiedelikte, Prostitutionsdelikte, sexuelle Belästigung und Straftaten aus Gruppen (i.S.d. § 184j StGB). In **HH** wurden ergänzend Vollrauschtaten (§ 323a StGB), die auf Gewalt- oder Sexualdelikte im o.g. Sinne

---

462   OLG Frankfurt BlStV 4/5/1981, 10.
463   OLG Frankfurt ZfStrVo 1981, 122; ZfStrVo 1991, 372 und LS ZfStrVo 1994, 383.
464   OLG Hamm 30.6.1983 – 7 Vollz (Ws) 80/83, NStZ 1984, 143; dort 1 Jahr und 3 Monate.
465   So auch AK-*Lesting/Burkhardt* § 38 LandesR Rdn. 95.

bezogen waren, mit aufgenommen. **Drogenhandel** und **Organisierte Kriminalität** sind nur in **ST** im Gesetz miterfasst, aber nicht mehr in den Gesetzen in **BY**, **HH**, **HE** und **TH**. Auch wurde die Anforderung der bundeseinheitlichen VV, dass die Strafe wegen der genannten Taten während des laufenden Freiheitsentzugs vollzogen wurde oder zu vollziehen ist, teils erweitert. So sind nach **HH** § 11 Abs. 3 i.V.m. § 12 Abs. 1 Satz 3 auch **vorangegangene Freiheitsentziehungen** zu berücksichtigen; entsprechendes gilt gem. **HE** § 13 Abs. 1 Nr. 5, dort allerdings nur für Vollstreckungen innerhalb der letzten fünf Jahre. Abweichungen ergeben sich schließlich bezogen auf die Anforderungen, die die Norm bei der so beschriebenen Personengruppe stellt: Die bundeseinheitlichen VV forderten zu **besonders gründlicher Prüfung der Flucht- und Missbrauchsgefahr** auf; dies haben unter den gesetzlichen Regelungen nur **BY** Art. 15 Satz 1 und **TH** § 46 Abs. 3 Satz 1 so beibehalten. In **HH** § 11 Abs. 3 i.V.m. § 12 Abs. 1 Satz 3 wurde diese besonders gründliche Prüfungspflicht hingegen im Sinne einer Pflicht zur Einholung von Gutachten oder Stellungnahmen formalisiert. Auch nach anderen Normen ergeben sich für die genannten Personengruppen teils **Begutachtungserfordernisse** oder jedenfalls Berücksichtigungspflichten bzgl. Gutachten, nämlich gem. **BY** Art. 15 Satz 2, **HE** § 13 Abs. 8, **ST** § 48 Abs. 1 Satz 2 Nr. 3, **TH** § 46 Abs. 3 Satz 2; zu all diesen Begutachtungsvorgaben siehe bereits Rdn. 41 ff. Über den bisherigen Inhalt der bundeseinheitlichen VV hinaus sogar einen **Regelausschluss** von vollzugsöffnenden Maßnahmen sehen **HE** § 13 Abs. 5 Nr. 1 und **ST** § 45 Abs. 6 vor. Nach beiden Vorschriften ist eine Gewährung vollzugsöffnender Maßnahmen (mit Ausnahme der Ausführung) bei der genannten Personengruppe nur dann möglich, wenn **besondere Umstände** vorliegen. Dabei konkretisiert **HE** § 13 Abs. 5 Nr. 1 diese Umstände dahingehend, dass sie die Annahme begründen müssen, dass Flucht- und Missbrauchsgefahr nicht gegeben ist. **ST** § 45 Abs. 6 Satz 3 schweigt sich hingegen zum Inhalt der besonderen Umstände aus. Auch hier kann es aber nur um Umstände gehen, die die Abwesenheit von Flucht- und Missbrauchsgefahr betreffen. Zudem fällt **ST** § 45 Abs. 6 durch eine **unangemessen restriktive**, kaum mit dem Recht der Gefangenen auf Resozialisierung aus Art. 2 Abs. 1 i.V.m. Art. 1 Abs. 1 GG in Einklang zu bringende Formulierung auf (Satz 1: „[...] ist für Lockerungen ungeeignet"; Satz 3: „Ausnahmen [...] können zugelassen werden, wenn besondere Umstände vorliegen [...]").[466] In den anderen Bundesländern wurde, soweit ersichtlich, die Regelung aus den bundeseinheitlichen VV in die Landes-VV übernommen (so in VV Nr. 7.12 zu **BW** § 9 III, VV Nr. 2 Abs. 4 zu **BE** § 42 [dort mit Erweiterung auf Gefangene, die dem politischen oder religiösen **Extremismus** zuzurechnen sind], VV Nr. 5 Abs. 4 zu **HB** § 38 und VV Nr. 5 zu **SL** § 38). Zudem findet sich in VV Nr. 4 Abs. 6 zu **BY** Art. 3 und VV Nr. 4 Abs. 6 zu **BY** Art. 14 – die Norm des **BY** Art. 15 ergänzend – eine der bundeseinheitlichen VV entsprechende Regelung für Gefangene, die in Drogenhandel oder Organisierte Kriminalität verwickelt sind. Eine Ergänzung der Regelung in **HH** § 11 Abs. 3 i.V.m. § 12 Abs. 1 Satz 3 findet sich zudem in VV Nr. VII.1 Abs. 2 zu **HH** § 12, nach dem dort bei „erwachsenen Strafgefangenen, die wegen einer Straftat nach den §§ 174 bis 180, 182 des Strafgesetzbuches oder wegen grober Gewalttätigkeit gegen Personen verurteilt wurden, [...] bei der Prüfung zu b (vollendete oder versuchte Entweichung), e, h und i sowohl Erkenntnisse aus dem laufenden Freiheitsentzug als auch Erkenntnisse aus einem vorangegangenen, innerhalb eines zurückliegenden Zeitraumes von höchstens fünf Jahren abgeschlossenen Freiheitsentzug zu berücksichtigen" sind; die genannten Buchstaben beziehen sich auf Abs. 1 der VV, der insofern in Rdn. 57 wiedergegeben ist.

Die Regelungen stützen sich auf die Annahme einer höheren Gefahr des Missbrauchs der vollzugsöffnenden Maßnahme (insbesondere bei (Langzeit-)Ausgang und

---

[466] Ebenso *Arloth/Krä* § 46 LSA JVollzGB Rdn. 9.

Freigang) zur Begehung neuer Straftaten bei den genannten Deliktsgruppen. Eine solche Annahme ist für **Gewalt- und Sexualtäter/innen**, wie Rückfalluntersuchungen zeigen, **nicht allgemein berechtigt**; vielmehr sind die einschlägigen **Rückfallquoten** selbst nach Entlassung für die Gesamtgruppe **niedrig**.[467] Für vollzugsöffnende Maßnahmen ist darüber hinaus sogar ganz generell angesichts der niedrigen Misserfolgsquoten von nur geringen Risiken des Missbrauchs auszugehen (s.o., 10.B Rdn. 6). Die dennoch bei dieser Gruppe aufgestellten, erhöhten Prüfungsanforderungen erklären sich aber mit Blick darauf, dass bei dieser Personengruppe ein einschlägiger Rückfall, so selten er ist, mit erheblichen Opferschäden einherzugehen pflegt. Insofern dienen die Vorgaben primär der Identifikation der wenigen Personen mit einem hohen einschlägigen Rückfallrisiko, dürfen jedoch nicht als grundsätzlicher Ausschluss vollzugsöffnender Maßnahmen bei der betroffenen Gefangenengruppe missverstanden werden. Anderes könnte nach den – übertrieben restriktiven – Vorschriften **HE** § 13 Abs. 5 Nr. 1 und **ST** § 45 Abs. 6 gelten, wobei allerdings nur die letztgenannte Vorschrift eindeutig nach Art einer Regelvermutung für die Ungeeignetheit formuliert ist. Auch sie ist allerdings im Rahmen des Möglichen resozialisierungsfreundlich auszulegen. Besonderheiten der Straftaten – z.B. die bedenkenlose Rücksichtslosigkeit bei der Ausführung eines Raubes – sowie weiterbestehende Kontakte zum subkulturellen Milieu sind gewichtige Gesichtspunkte bei der Beurteilung der Missbrauchsgefahr;[468] letztlich kommt es – wie immer – auf eine Gesamtwürdigung aller Umstände des Einzelfalls an. Soweit erforderlich, kann bei Sexualdelinquenten die Gewährung vollzugsöffnender Maßnahmen auch von der Einnahme das sexuelle Verlangen unterdrückender Mittel abhängig gemacht werden.[469] Wird jemand bereits länger auf freiwilliger Grundlage mit einem solchen Mittel behandelt, so hat die Vollzugsbehörde die Auswirkungen dieser Behandlung bei der Prüfung, ob vollzugsöffnende Maßnahmen gewährt werden können, mit zu berücksichtigen; ggf. muss sie das Gutachten einer oder eines ärztlichen Sachverständigen einholen.[470] Auch im Übrigen kann sich für die Gruppe der Sexual- und Gewalttäter/innen ein Bedürfnis nach sachverständiger **Begutachtung**, insbesondere durch Psychiater/innen oder Psycholog/innen ergeben; siehe insofern bereits oben, Rdn. 41 ff.; dort auch zu den teils bestehenden Begutachtungserfordernissen nach Gesetz oder VV.

U.U. können auch einem oder einer **HIV-positiven Strafgefangenen** vollzugsöffnende Maßnahmen versagt werden, wenn aufgrund konkreter Tatsachen angenommen werden muss, er oder sie werde durch ungeschützte Sexualkontakte andere, nicht von ihm oder ihr über die Infektion aufgeklärte Personen mit dem Virus infizieren,[471] da ein solcher Intimkontakt ggf. eine gefährliche Körperverletzung darstellen kann.[472] VV Nr. 3 Abs. 6 Satz 3 zu **BY** Art. 7 fordert jetzt – diskriminierend und überzogen –[473] ganz generell eine besonders gründliche Prüfung bei HIV-positiven Gefangenen; nach Satz 4 können diese „Maßnahmen [...] davon abhängig gemacht werden, dass die Gefangenen die Unterrichtung besonders gefährdeter Personen (z.B. Intimpartner) über die Infektion nachweisen."

Für mit **Drogen handelnde** oder mit der **Organisierten Kriminalität** verflochtene Gefangene ist hingegen tatsächlich eher ein Missbrauch zu befürchten. Selbstständ-

---

467 Vgl. *Jehle et al.* 2016, S. 116 ff, S. 132 ff; *Harrendorf* 2007, S. 188 ff; *Harrendorf* 2014, S. 186 ff.
468 OLG Hamm BlStV 4/5/1991, 9.
469 LG Lüneburg 11.9.1981 – 17 StVK 444/81.
470 OLG Celle ZfStrVo 1985, 243; OLG Hamm 18.4.1991 – 1 Vollz (Ws) 9/91, NStZ 1992, 149.
471 OLG Frankfurt 25.9.1996 – 3 Ws 548/96 (StVollz), NStZ-RR 1997, 30; vgl. zu dieser Problematik auch *Schmuck* ZfStrVo 1989, 165 ff, 171; *Sigel* ZfStrVo 1989, 156 ff, 161; *Schäfer/Buchta* ZfStrVo 1995, 323.
472 BGH 4.11.1988 – 1 StR 262/88, BGHSt 36, 1.
473 Krit. auch AK-*Lesting/Burkhardt* § 38 LandesR Rdn. 90.

lich dürfen aber auch diese Gefangenen nicht generell und für die ganze Strafdauer von über die Ausführung hinausgehenden vollzugsöffnenden Maßnahmen ausgeschlossen werden; auch hier kommt es auf die **Beurteilung des Einzelfalls** an. Erneut ist zur Beurteilung der Verantwortbarkeit der Gewährung einer vollzugsöffnenden Maßnahme ggf. ein **Gutachten** einzuholen; siehe insofern bereits oben, Rdn. 41 ff.; dort auch zu den teils bestehenden Begutachtungserfordernissen nach Gesetz oder VV.

ii) Opferbelange. In einzelnen Landesgesetzen wird die Vollzugsbehörde neben der 67 Prognose einer Abwesenheit von Flucht- und Missbrauchsgefahr auch generell dazu verpflichtet, die **Opferbelange** bzw. den **Opferschutz** zu berücksichtigen (**HH** § 12 Abs. 5 Satz 1; **HE** § 13 Abs. 2 Satz 2; **NW** § 53 Abs. 3; **ST** 45 Abs. 3 Satz 3). Eine große Mehrzahl der Landesgesetze betont zudem jedenfalls die Bedeutung von **Weisungen** (10.E) zum Schutz der Opferbelange (**BE** § 44 Satz 2; **BB** § 48 Abs. 1 Satz 2; **HB** § 40 Satz 2; **HH** § 12 Abs. 5 Satz 1; **MV** § 40 Satz 2; **NI** § 15 Abs. 1 Satz 2; **RP** § 47 Satz 2; **SL** § 40 Satz 2; **SN** § 40 Satz 2; **ST** § 47 Abs. 3; **SH** § 57 Satz 2; **TH** § 48 Satz 2). **Besonders weitgehend** fordert schließlich **HB § 40 Satz 3**, dass vollzugsöffnende Maßnahmen versagt werden sollen, „wenn sie im Einzelfall den berechtigten Belangen der Opfer widersprechen".

Anders als beim teils ebenfalls erwähnten Schutz der Allgemeinheit (in **HE** § 13 Abs. 2 Satz 2, **NW** § 53 Abs. 1 Satz 2, **ST** § 45 Abs. 3 Satz 3), der letztlich neben der Flucht- und der Missbrauchsgefahr keine eigenständige Bedeutung hat (näher: Rdn. 53) hat die Verpflichtung auf die Opferbelange bzw. den Opferschutz über diese Eignungskriterien hinaus durchaus eine gewisse Relevanz. Zwar ist der Schutz des Opfers vor strafrechtlich relevanten Übergriffen des Täters oder der Täterin bereits über die Missbrauchsgefahr abgedeckt; dasselbe gilt für die in **NW** § 53 Abs. 6 ebenfalls erwähnten „gefährdeten Dritten". **HH** § 12 Abs. 5 Satz 2 gibt aber einen ersten Hinweis, wie Opferbelangen über diesen Schutz vor Übergriffen hinausgehend Rechnung getragen werden kann, indem er auf § 406d Abs. 2 und 3 StPO verweist. Es geht insofern also unter anderem darum, die dort gewährten Informationsrechte des Opfers zu beachten. Relevant sind insbesondere die Informationen gem. § 406d Abs. 2 Nr. 1, wenn für eine vollzugsöffnende Maßnahme die Weisung erteilt worden ist, zum Opfer keinen Kontakt aufzunehmen oder mit ihm nicht zu verkehren, bei berechtigtem Interesse des Opfers und nicht überwiegendem, schutzwürdigen Gegeninteresse eines oder einer Gefangenen zudem die generelle Mitteilung der Gewährung vollzugsöffnender Maßnahmen. **HH** § 12 Abs. 6 verdeutlicht einen weiteren Aspekt, der unter die Formel einer Berechtigung von Opferbelangen fällt, nämlich die Prüfung der Frage, ob vollzugsöffnende Maßnahmen „mit Weisungen zur Unterbindung von Kontaktaufnahmen mit dem Opfer oder dessen Angehörigen verbunden werden sollen". Auch im Übrigen kann die Rücksichtnahme auf Opferbelange erfordern, vollzugsöffnende Maßnahmen so auszugestalten, dass ein (auch unbeabsichtigtes) Zusammentreffen mit dem Opfer dort vermieden wird, wo dies für das Opfer zu Verunsicherung, Angst, Loyalitätskonflikten o.ä. führt.[474] Generell betont wird die Bedeutung von Weisungen zum Schutz der Opferbelange zudem in **BE** § 44 Satz 2, **BB** § 48 Abs. 1 Satz 2, **HB** § 40 Satz 2, **HH** § 12 Abs. 5 Satz 1, **MV** § 40 Satz 2, **NI** § 15 Abs. 1 Satz 2, **RP** § 47 Satz 2, **SL** § 40 Satz 2, **SN** § 40 Satz 2, **ST** § 47 Abs. 3, **SH** § 57 Satz 2 und **TH** § 48 Satz 2. Nirgends gesetzlich erfasst ist hingegen der Schutz Gefangener, denen vollzugsöffnende Maßnahmen gewährt werden, vor dem Opfer oder seiner Familie (z.B. bei zu befürchtender Rache oder Selbstjustiz).[475]

---

474 Ähnlich *Arloth/Krä* § 13 HStVollzG Rdn. 6.
475 A.A. *Arloth/Krä* § 13 HStVollzG Rdn. 6.

68 **jj) Zur Erreichung des Vollzugsziels.** Der klassische Bereich der „Lockerungen" (im Sinne des Begriffs des StVollzG) wird in einigen Landesgesetzen nun in der Normüberschrift mit „Lockerungen **zur Erreichung des Vollzugsziels**" bezeichnet (**BE** § 42; **BB** § 46; **HB** § 38; **HH** § 12; **MV** § 38; **RP** § 45; **SL** § 38; **SN** § 38; **ST** § 45; **SH** § 55; **TH** § 46). In **BE** § 42 Abs. 2 und **SN** § 38 Abs. 2 ist zudem explizit ein Erfordernis enthalten, dass vollzugsöffnende Maßnahmen der Erreichung des Vollzugsziels dienen müssen. Auch **NI** § 13 Abs. 1 verweist auf die Erreichung des Vollzugsziels als Zweck. Auf eine vergleichbare Zielsetzung ist auch **HE** § 13 Abs. 2 Satz 1 ausgerichtet (Erfüllung des Eingliederungsauftrags gem. **HE** § 2 Abs. 2 Satz 1). Doch auch für alle anderen landesgesetzlichen Regelungen ergibt sich spätestens in der Zusammenschau mit den Vorschriften über die Gewährung vollzugsöffnender Maßnahmen aus wichtigem Anlass, dass im Übrigen nur Maßnahmen zum Zwecke der **Erreichung des Vollzugsziels** gemeint sein können.[476]

Problematisch ist es dennoch, wenn nach **HH § 12 Abs. 2** und **ST § 45 Abs. 3 Satz 2** eine Versagung von vollzugsöffnenden Maßnahmen darauf gestützt werden können soll, dass Gefangene ihren **Mitwirkungspflichten** nicht nachkommen.[477] Diese Normen lassen sich denn auch nur vor dem Hintergrund der verfehlten, die über Art. 2 Abs. 1 i.V.m. Art. 1 Abs. 1 GG geschützte Autonomie der volljährigen Gefangenen nicht ausreichend beachtenden **HH** § 5 Abs. 1 Satz 1, **ST** § 15 Abs. 3 verstehen. Die Regelungen sind daher in derselben Weise restriktiv zu interpretieren, wie es auch für VV Nr. 7.1 Satz 2 zu § 11 StVollzG durch die Rechtsprechung praktiziert wurde (entsprechende VV finden sich auch heute noch, so z.B. in VV Nr. 4 Abs. 1 Satz 2 zu **BY** Art. 13 und VV Nr. 4 Abs. 1 Satz 2 zu **BY** Art. 14; VV Nr. 2 Abs. 1 zu **BE** § 42; VV Nr. 5 Abs. 1 Satz 2 zu **HB** § 38; VV § 9 Nr. 1.1 zu **HE** § 13). Danach kann die fehlende Mitwirkung am Vollzugsziel allenfalls ein **Indiz** unter vielen für eine bestehende Missbrauchs- oder Fluchtgefahr sein, das in eine Gesamtabwägung einzustellen ist.[478] Diese restriktive Handhabung lässt sich bei **HH** § 12 Abs. 2 und **ST** § 45 Abs. 3 Satz 2 durch eine entsprechende Emessensausübung umsetzen.

Im Einzelnen: Die **Bereitschaft der Gefangenen**, bei der Erreichung des Vollzugszieles mitzuwirken im Sinne einer Bereitschaft, sich mit ihren Taten auseinander zu setzen und ihre straffreie Zukunft verantwortlich zu planen und vorzubereiten kann ein Kriterium sein, das geeignet ist, Flucht- oder Missbrauchsgefahr auszuräumen. Hingegen vermag – erst recht, wenn, wie meistens, eine derartige Mitwirkungspflicht im Gesetz gerade nicht vorgesehen ist – die fehlende Bereitschaft für sich genommen die Versagung von vollzugsöffnenden Maßnahmen weder unter dem Aspekt der Missbrauchsgefahr noch unter anderen Gesichtspunkten zu begründen. Jedenfalls muss das Verhalten während der gesamten Dauer des Vollzuges berücksichtigt werden. Als Belohnung für Wohlverhalten sind vollzugsöffnende Maßnahmen nicht zulässig. Auch eine „schlechte Führung" im Vollzug reicht – für sich betrachtet – als Versagungsgrund nicht aus (dazu bereits Rdn. 49).[479] Allerdings kann disziplinwidriges Verhalten (z.B. Beleidigung, Alkohol- oder Drogenmissbrauch) mit bei der Entscheidung über die Gewährung vollzugsöffnender Maßnahmen herangezogen werden, sofern mit solchem Verhalten auch außerhalb der Anstalt zu rechnen ist.[480] Vorrangige Richtschnur der Beurteilung, ob

---

476 Zum StVollzG vgl. *Arloth/Krä* § 11 StVollzG Rdn. 1.
477 Krit. auch *Ullmann*, S. 151.
478 OLG Koblenz 27.10.1998 – 2 Ws 610/98, NStZ 1999, 444 *M*; vgl. auch OLG Zweibrücken 17.6.1992 – 1 Vollz (Ws) 4/92, StV 1992, 589; zutreffend OLG Schleswig 4.10.2007 – 2 Vollz Ws 392/07 (212/07); zu weitgehend dagegen OLG Hamm 9.9.2003 – 1 VAs 41/03, NStZ 2004, 227.
479 OLG Celle BlStV 4/5/1990, 4.
480 Ähnlich *Arloth/Krä* § 13 StVollzG Rdn. 21.

vollzugsöffnende Maßnahmen gewährt werden können, ist aber der Gesichtspunkt, dass erprobt werden soll, ob Gefangene sich unter den Bedingungen des Lebens in Freiheit straffrei führen können (= Vollzugsziel).[481] Das Verhalten eines Gefangenen im Vollzug ist in der Regel an seinem Gesamtverhalten vor der Inhaftierung zu messen, um Entwicklungstendenzen erkennen zu können. Bei noch zu kurzer Beobachtungszeit in der Anstalt, in der sich ein/e Gefangene/r gegenwärtig befindet, muss sich die Vollzugsbehörde auch über das frühere Vollzugsverhalten unterrichten lassen.[482] Die bloße Anpassung an Haftbedingungen besagt erfahrungsgemäß nichts über die Fähigkeit, in der Freiheit unvermeidlichen Belastungen und Versuchungen standhalten zu können. Verfasst ein/e Gefangene/r ständig Antrags- und Rechtsmittelschriften, Petitionen usw., die von schärfster Aggressivität in Wort und Schrift getragen sind, rechtfertigt dieses Verhalten für sich allein noch keine Ablehnung vollzugsöffnender Maßnahmen.[483] Häufige gegen eine/n Gefangene/n verhängte Disziplinarmaßnahmen oder beleidigendes und disziplinwidriges Verhalten können nur im Zusammenhang mit allen anderen für die Entscheidung über einen Antrag auf vollzugsöffnende Maßnahmen maßgebenden Umständen sinnvoll gewürdigt werden;[484] zur Unzulässigkeit einer Sperre für vollzugsöffnende Maßnahmen siehe Rdn. 63.

3. Ermessensausübung. Gefangene haben keinen Rechtsanspruch auf Gewährung von vollzugsöffnenden Maßnahmen, auch wenn weder Flucht- noch Missbrauchsgefahr besteht, **sondern nur einen Anspruch auf fehlerfreien Ermessensgebrauch**,[485] der sich in erster Linie an dem Vollzugsziel der Resozialisierung und am Stand des auf dieses Ziel hinführenden Prozesses zu orientieren hat. Daran, dass die Gewährung der Maßnahmen im Ermessen der Anstalt steht, halten auch alle Landesgesetze fest. Allerdings haben **SN § 38 Abs. 2** und **SH § 55 Abs. 2** eine Formulierung als **Soll-Regelung** gewählt, so dass dort bei Vorliegen der tatbestandlichen Voraussetzungen nur im begründeten Ausnahmefall von der Gewährung abgesehen werden kann; in den anderen Landesgesetzen bleibt es bei einer Ausgestaltung als Kann-Vorschriften. 69

Die Vollzugsbehörde muss ihre Entscheidungen nach **pflichtgemäßem Ermessen** (vgl. § 115 Abs. 5 StVollzG) treffen. Den Rahmen der Ermessensentscheidung bilden die gesetzlichen Bestimmungen, die VV sowie sonstige Vorschriften. Die Ermessenskompetenz der Vollzugsbehörde erstreckt sich darauf,
1. ob überhaupt eine vollzugsöffnende Maßnahme zu gewähren ist,
2. zu welchem Zeitpunkt und in welchen zeitlichen Abständen sie gewährt werden soll, und
3. welchen Zeitraum die jeweilige Bewilligung umfasst.

Ihre Entscheidung darf vom Gericht gem. § 115 Abs. 5 nur auf Ermessensfehler nachgeprüft werden. Das Gericht darf aber nicht prüfen, ob eine andere Entscheidung zweckmäßiger gewesen wäre; es darf also nicht selbst Ermessen ausüben. Hat die Vollzugsbehörde eine gerichtliche Entscheidung, in der sie zur Neubescheidung unter Beachtung der rechtlichen Vorgaben des Gerichts verurteilt wurde, allerdings nicht oder unter will-

---

481 OLG Saarbrücken ZfStrVo **SH** 1978, 4.
482 OLG Frankfurt LS BlStV 1/1982, 4.
483 Vgl. aber OLG Hamm BlStV 3/1990, 3.
484 OLG Saarbrücken ZfStrVo 1978, 182; *Laubenthal/Nestler/Neubacher/Verrel* E Rdn. 187; krit AK-*Lesting/Burkhardt* § 38 LandesR Rdn. 94.
485 OLG Karlsruhe ZfStrVo **SH** 1978, 9; OLG Frankfurt ZfStrVo 1981, 188; *Laubenthal/Nestler/Neubacher/Verrel* E Rdn. 172.

kürlicher Missachtung der Bindungswirkung umgesetzt, so darf das Gericht statt ihrer entscheiden.[486]

In der Regel werden Gefangene einen entsprechenden Antrag stellen, über den in angemessener Zeit entschieden werden muss.[487] Dem Resozialisierungsziel entsprechend ist die Vollzugsbehörde aber auch unabhängig von einem solchen Antrag gehalten, Gefangene durch vollzugsöffnende Maßnahmen zu erproben. In diesen Fällen muss aber die Zustimmung der Gefangenen eingeholt werden (Rdn. 38).

Es können auch außerhalb der Person der Gefangenen liegende Gründe für eine ablehnende Entscheidung maßgebend sein, z.B. Fehlen eines Arbeitsplatzes zur Beschäftigung im Freigang. Allerdings können erforderliche Resozialisierungsbemühungen nicht schlicht aufgrund eines allgemeinen Hinweises auf Personalknappheit unterbleiben (dazu auch bereits Rdn. 8). Der Staat darf Rechtsansprüche Gefangener nicht nach Belieben dadurch verkürzen, dass er die Anstalten nicht derart ausstattet, wie es zur Wahrung der Rechte der Gefangenen erforderlich wäre. Die Grundrechte setzen insofern auch Maßstäbe für die notwendige Beschaffenheit staatlicher Einrichtungen.[488]

Für vollzugsöffnende Maßnahmen ist auch dann, wenn Ausschlussgründe (insbesondere Flucht- oder Missbrauchsgefahr) nicht vorliegen, grundsätzlich nur Raum, wenn und soweit Gefangene hierdurch hinsichtlich der Erreichung des Vollzugszieles gefördert werden können (vgl. Rdn. 68).[489] Hierzu zählt auch die Aufrechterhaltung des Kontaktes mit Angehörigen und generell der Außenwelt zur Erhaltung der Lebenstüchtigkeit (dazu ausführlich Rdn. 6; zudem Rdn. 13). Diesen Zweck erfüllen vollzugsöffnende Maßnahmen auch bei Gefangenen, die nach der Vollstreckung oder nach Absehen von der weiteren Vollstreckung (§ 456a StPO) in ihr Heimatland abgeschoben werden sollen.[490] Bei der Entscheidung über den Freigang kann die Vollzugsbehörde auch prüfen, ob für die Maßnahme überhaupt ein echtes Bedürfnis besteht. Unzutreffend ist aber, dass einem oder einer Gefangenen ein Freigang zum Zwecke einer Bäckerlehre schlicht mit dem Hinweis abgelehnt werden kann, dass er oder sie in diesem Beruf auch in der Anstaltsbäckerei ausgebildet werden kann.[491] Eine Ausbildung in Freiheit dient natürlich in viel umfassenderem Maße der Wiedereingliederung und damit der Resozialisierung. Durch die Aufnahme einer konkreten vollzugsöffnenden Maßnahme in den Vollzugsplan (Rdn. 5) geht die Anstalt eine Selbstbindung ein.[492] Es ist nicht per se ermessensfehlerhaft, wenn Gefangenen zwar Langzeitausgang gewährt, aber Freigang versagt wird,[493] da die vollzugsöffnenden Maßnahmen jeweils andere Anforderungen an die Gefangenen stellen (vgl. Rdn. 50). Eine im Rahmen eines Prozessvergleiches zwischen den Parteien eines Familienrechtsstreits getroffene Umgangsregelung bindet die JVA nicht unmittelbar, ist aber bei der Ermessensausübung zu berücksichtigen. Eine Ermessensreduzierung auf null resultiert daraus nicht.[494]

---

486 KG Berlin 22.8.2011 – 2 Ws 258/11 Vollz und 2 Ws 260/11 Vollz; ähnlich bereits HansOLG Hamburg StV 2005, 308.
487 Vgl. BVerfG 26.2.1985 – 2 BvR 1145/83, NStZ 1985, 283 = StV 1985, 240.
488 Grundlegend: BVerfG 26.10.2011 – 2 BvR 1539/09, StV 2012, 678; bestätigend BVerfG 4.5.2015 – 2 BvR 1753/14, BeckRS 2015, 49763; erstinstanzlich instruktiv z.B. LG Aachen 18.3.2010 – 33i StVK 841/09, BeckRS 2010, 7220; LG Hamburg 20.2.2018 – 633 Vollz 26/18, StraFo 2018, 175; s.a. *Lübbe-Wolff*, 112.
489 OLG München 23.5.1978 – 1 Ws 335/78, ZfStrVo 1979, 63.
490 OLG Frankfurt 11.5.2000 – 3 Ws 393/00, NStZ-RR 2000, 350.
491 So aber OLG Schleswig BlStV 3/1980, 7 und hiesige Voraufl.
492 LG Aachen 18.3.2010 – 33i StVK 841/09, BeckRS 2010, 7220.
493 OLG Schleswig LS BlStV 6/1983, 7.
494 OLG Frankfurt 6.1.2015 – 3 Ws 904/14, juris.

Die teils vertretene Auffassung, dass **Flucht- oder Missbrauchsbedenken**, die für eine Bejahung von Flucht- oder Missbrauchsgefahr nicht ausreichen, dennoch bei der **Ermessenabwägung** berücksichtigt werden können und die daher den oben, Rdn. 56 ff., ausführlich dargestellten VV eine Doppelfunktion (Beurteilungs- und Ermessensrichtlinien) zuerkennen will,[495] verkennt das Verhältnis von Tatbestand und Rechtsfolge.

Ob – und wenn ja, inwieweit – Gesichtspunkte der **Schwere der Schuld** und der **Generalprävention als Ermessenskriterien** (mit-)berücksichtigt werden dürfen, ist umstritten. Nach zutreffender h.M. folgt aus den Bestimmungen zu Vollzugsziel und Vollzugsaufgaben der Landesgesetze die bewusste und gewollte gesetzgeberische Entscheidung, neben dem positiv-spezialpräventiven Ziel der Resozialisierung nur die negativ-spezialpräventive Aufgabe des Schutzes der Allgemeinheit zu berücksichtigen und weitere (allgemeine) Strafzwecke gänzlich auszuschließen.[496] Nach der Gegenauffassung gebietet hingegen der übergeordnete Grundsatz der Einheit der Rechtsordnung eine Erweiterung des Blickwinkels auf die Vorgaben des § 46 Abs. 1 Satz 1 StGB, wonach Grundlage für die Zumessung der nunmehr zu vollziehenden Freiheitsstrafe die Schuld des Täters ist;[497] eine Berücksichtigung dieses Gesichtspunktes auch während des Vollzuges sei deshalb nicht völlig ausgeschlossen.[498] Nach einer vermittelnden Auffassung, die auch in der hiesigen Voraufl. vertreten wurde, waren dabei zur Vermeidung einer unzulässigen Rechtsumbildung des geltenden StVollzG[499] allerdings folgende Einschränkungen erforderlich: Gesichtspunkte der Schwere der Schuld und der Generalprävention sollten nicht etwa für die gesamte Vollzugsgestaltung herangezogen werden,[500] sondern lediglich bei Entscheidungen über Maßnahmen mit Außenwirkung[501] bei Inhaftierten mit einer lebenslangen oder einer langen zeitigen Freiheitsstrafe und besonders schwerer Schuld,[502] zudem nur zu Beginn des Vollzuges[503] und auch dann nur als eines von mehreren Kriterien im Rahmen einer sorgfältigen Abwägung aller Umstände des Einzelfalles,[504] insbesondere unter Berücksichtigung des vorrangigen Vollzugszieles. Im so verbleibenden Anwendungsbereich würde zwar häufig bereits die Flucht- oder Missbrauchsgefahr zu bejahen sein, betroffen seien jedoch neben der (schwindenden) Gruppe nationalsozialistischer Gewaltverbrecher[505] eine (zunehmende) Zahl von Wirtschafts-

70

---

495 So *Stilz* 1979, 68; *Arloth/Krä* § 11 StVollzG Rdn. 16 und die hiesige Voraufl.; gegen eine Berücksichtigung in der Ermessenausübung zu Recht OLG Celle 25.3.1986 – 3 Ws 125/86 (StrVollz), StV 1988, 349; AK-*Lesting/Burkhardt* § 38 LandesR Rdn. 94.
496 So OLG Frankfurt a.M. 16.10.2001 – 3 Ws 736/01, NStZ 2002, 53 = StV 2002, 211 m. abl. Anm. *Arloth* NStZ 2002, 280 und die ganz herrschende Lehre, vgl. K/S-*Schöch* 2002 § 7 Rdn. 57; AK-*Lesting/Burkhardt* § 38 LandesR Rdn. 97; *Laubenthal/Nestler/Neubacher/Verrel* B Rdn. 45 f; jeweils m.w.N.; zum Ganzen auch *Hartwig* 1995.
497 So die ständige Rspr. seit OLG Karlsruhe 25.11.1977 – 2 Ws 230/77, JR 1978, 213, zuletzt OLG Karlsruhe 7.12.1987 – 1 Ws 259/87, NStZ 1989, 247; weitere Fundstellen bei *Laubenthal* Rdn. 182 ff; s.a. *Höflich/Schriever* 2014, 145; vgl. auch BVerfG 28.6.1983 – 2 BvR 539/80 u.a., BVerfGE 64, 261 ff m. abl. Sondervotum *Mahrenholz* 285 ff.
498 *Arloth/Krä* § 11 StVolzG Rdn. 13; *Grunau/Tiesler* 1982 § 13 Rdn. 14; *Arloth* 1988, 421 ff; *Dietl* 1988, 55 ff.
499 So *Peters* 1978, 177, 180.
500 So aber *Dietl* 1988, 63 ff.
501 *Arloth* 1988, 422 f.
502 Ähnlich auch **HE** LT-Drucks. 18/1396, 77. Also z.B. nicht bei einer achtmonatigen Freiheitsstrafe wegen Dienstflucht nach § 53 ZDG, vgl. LG Frankfurt 15.5.1986 – 5/33 StVK 32/86, StV 1987, 301 m. Anm. *Nestler-Tremel*.
503 A. A. OLG Nürnberg 12.10.1983 – Ws 630/83, NStZ 1984, 92 – Berücksichtigung noch nach fast neun Jahren bei einer Gesamtfreiheitsstrafe von 14 Jahren; ähnlich weitgehend auch OLG Frankfurt 2.2.1984 – 3 VAs 49/83, NStZ 1984, 382.
504 OLG Stuttgart 28.5.1984 – 4 Ws 71/84, NStZ 1984, 525.
505 Hierzu *Böhm* 1986, 201, 205; die Behandlung derartiger extremer Ausnahmefälle ausdrücklich offengelassen hat auch OLG Frankfurt 16.10.2001 – 3 Ws 736/01, NStZ 2002, 53 = StV 2002, 211.

straftätern, die besonders schwere Schuld auf sich geladen hätten, unter bloßer Berücksichtigung des Vollzugsziels jedoch bereits mit Strafantritt im offenen Vollzug untergebracht werden müssten.[506] Auch die **VV** wollen teils die Schuld der Gefangenen oder die Generalprävention für Entscheidungen über vollzugsöffnende Maßnahmen berücksichtigen (so z.B. VV Nr. 7.2 zu **BW** § 9 III). Dies widerspricht den jeweiligen Vollzugsgesetzen. **Allein die spezialpräventiven Ziele der Resozialisierung und (sekundär) der Sicherung dürfen verfolgt werden.**

Auch die Mindestverbüßungsfrist bei **lebenlanger Freiheitsstrafe**, insbesondere für die Erstgewährung von Langzeitausgang, ist nicht durch Schuldschwereerwägungen oder aus generalpräventiven Erwägungen zu rechtfertigen,[507] vielmehr handelt es sich bei der Sperrfrist um eine **gesetzliche Vermutung der Ungeeignetheit** (näher Rdn. 35).

71 **4. Konsequenzen fehlschlagender vollzugsöffnender Maßnahmen.** Zu den strafrechtlichen Konsequenzen der Gewährung **fehlschlagender vollzugsöffnender Maßnahmen** vertritt *Rössner* 1984 zutreffend die Ansicht, dass Gefangenenbefreiung nicht in Frage kommt, weil vom Resozialisierungszweck getragene vollzugsöffnende Maßnahmen den amtlichen Gewahrsam im Sinne des § 120 StGB nicht aufheben, da die Gefangenen mit spezifischen Freiheitsbeschränkungen in die Gesamtorganisation Strafvollzug integriert bleiben (vgl. auch Rdn. 2f.).[508] Nach *Kusch* 1985 kann sich **bei einer fehlgeschlagenen vollzugsöffnenden Maßnahme** der oder die Vollzugsbedienstete, der oder die die Maßnahme **rechtswidrig gewährt** hat, nach §§ 258, 258a StGB wegen Strafvereitelung im Amt strafbar machen und, wenn die Maßnahmen von Gefangenen zu Straftaten missbraucht wurde, wegen Beteiligung an dieser Straftat. Demnach wäre auch wegen Vollstreckungsvereitelung nach § 258a StGB (oder als Außenstehender nach § 258 StGB) strafbar, wer einer oder einem Gefangenen ein Scheinarbeitsverhältnis als Freigänger/in verschafft.[509] Allerdings wird es meistens am Vorsatz der Bediensteten (auch in der Form des dolus eventualis) fehlen. Eine Strafbarkeit kommt primär gem. **§§ 229, 222 StGB** in Frage, wenn vollzugsöffnende Maßnahmen pflichtwidrig und schuldhaft gewährt wurden und der oder die Gefangene in Freiheit eine Gewaltstraftat begeht. Die insofern entschiedenen Fälle aus der Rechtsprechung sind überschaubar und betreffen überwiegend den Maßregelvollzug,[510] sind aber auf die Haftung Vollzugsbediensteter übertragbar. Erst kürzlich fand sich auch eine erste Entscheidung zur Haftung für eine pflichtwidrige Verlegung eines Strafgefangenen in den offenen Vollzug.[511] In drei der vier veröffentlichten Entscheidungen wird eine Strafbarkeit der entscheidenden Personen bejaht,[512] allerdings betreffen diese Fälle auch jeweils nach den Sachverhalten gravierende Fehlentscheidungen. Der BGH hat entsprechend als Maßstab für eine Haftung für Fehlprognosen auch vorgegeben, das „eine im Ergebnis falsche Prognose [...] nur dann pflichtwidrig [ist], falls

---

506 Hierzu *Eyrich* 1988, 34 f.
507 A.A. *Arloth/Krä* § 13 StVollzG Rdn. 31. Wie hier hingegen *Laubenthal* Rdn. 551.
508 Zur Strafbarkeit wegen Gefangenenbefreiung durch Entlassung aus einer psychiatrischen Klinik trotz richterlich angeordneter weiterer Unterbringung vgl. BGH 21.5.1991 – 4 StR 27/91, NStZ 1991, 483.
509 LG Berlin 20.10.1986 – (520) KLs 68 Js 6147/84 (58/85), NStZ 1988, 132 mit zu Recht krit. Anm. *Ostendorf* JZ 1989, 579.
510 Und zwar BGH 13.11.2003 – 5 StR 327/03, BGHSt 49, 1 m. Anm. *Puppe* NStZ 2004, 554 ff; LG Göttingen 17.7.1984 – Ns 405/83 I, NStZ 1985, 410; StA Paderborn 30.1.1997 – 31 Js 224/94, NStZ 1999, 51; zur strafrechtlichen Haftung für falsche Prognosen im Maßregelvollzug siehe auch *Verrel* 2001.
511 LG Limburg 18.12.2015 – 2 Ks 3 Js 5101/15, juris (nicht rechtskräftig).
512 Nämlich in BGH 13.11.2003 – 5 StR 327/03, BGHSt 49, 1 m. Anm. *Puppe* NStZ 2004, 554 ff; LG Göttingen 17.7.1984 – Ns 405/83 I, NStZ 1985, 410; LG Limburg 18.12.2015 – 2 Ks 3 Js 5101/15, juris (nicht rechtskräftig).

auf relevant unvollständiger Tatsachengrundlage oder unter unrichtiger Bewertung der festgestellten Tatsachen die Missbrauchsgefahr verneint"[513] wurde.

Die Vorgabe, Gefangenen vollzugsöffnende Maßnahmen nur zu gewähren, wenn nicht zu befürchten ist, dass sie diese zu Straftaten missbrauchen, stellt eine Amtspflicht i. S. d. § 839 Abs. 1 BGB, Art. 34 GG dar. Jedes Opfer einer Gewaltstraftat eines oder einer „gelockerten" Gefangenen kann „Dritter" i. S. dieser Vorschrift sein.[514] Auch insofern gilt aber, dass nicht jeder Verstoß leitender Bediensteter der JVA oder der Aufsichtsbehörde gegen ihre diesbezügliche Amtspflicht vorwerfbar i.S.v. Fahrlässigkeit ist.[515]

Andererseits ist eine Resozialisierung ohne die Eingehung gewisser Risiken nicht möglich und es entstehen Gefährdungen auch und sogar insbesondere durch **unzureichende Resozialisierungsbemühungen** der Vollzugsbehörden, wenn nicht erfolgreich resozialisierte Gefangene nach Vollverbüßung entlassen werden.[516]

5. Rechtsschutz. Die **Gründe für die Ablehnung** eines Langzeitausgangs waren 72 nach VV Nr. 7 Abs. 2 zu § 13 StVollzG aktenkundig zu machen und den Gefangenen **bekannt zu geben** (entsprechendes gilt häufig nach den Landes-VV);[517] dies sollte für die anderen vollzugsöffnenden Maßnahmen entsprechend gehandhabt werden. Es genügt mündliche Bekanntgabe.[518] Allerdings empfiehlt es sich, den ablehnenden Bescheid schriftlich zu erteilen, insbesondere im Hinblick auf ein Verfahren gemäß §§ 109 ff. StVolzG. Eine Bezugnahme auf den Gefangenen bereits früher mitgeteilte Ablehnungsgründe ist zulässig.[519] Bei jeder Entscheidung sollte gleichzeitig eine **Rechtsbehelfsbelehrung** erteilt werden.[520] Zum Fehlen einer Rechtsmittelbelehrung vgl. die Kommentierung des § 112 StVollzG unter 12.F Rdn. 8f. Ein Nachschieben von Gründen durch die JVA im Laufe des Verfahrens nach §§ 109 ff StVollzG ist unzulässig, wenn sich hierdurch der Charakter der ursprünglichen Entscheidung ändern würde.[521] Der Antrag auf Gewährung von Langzeitausgang erledigt sich im Allgemeinen nicht schon dadurch, dass die dafür konkret gewünschte Zeit verstrichen ist. Wenn der Antrag nicht deutlich etwas anderes ergibt, ist vielmehr davon auszugehen, dass es dem oder der Gefangenen in erster Linie darauf ankommt, überhaupt Langzeitausgang zu erhalten.[522]

---

513 BGH 13.11.2003 – 5 StR 327/03, BGHSt 49, 1, 6.
514 OLG Karlsruhe 26.9.2001 – 7 U 148/99, NJW 2002, 445 m. Besprechung *Ullenbruch* 2002 und Anm. *Pollähne* R&P 2002, 41 f; anders noch Vorinstanz LG Karlsruhe 30.7.1999 – 2 O 91/99, R&P 2001, 158; a.A. auch OLG Hamburg 31.5.1995 – 1 U 185/94, ZfStrVo 1996, 243 m. Anm. *Kubink* ZfStrVo 1996, 374, *Klesczewski* NStZ 1996, 103 und *Volckart* StV 1996, 608: Zufallsopfer sind in den Schutzbereich der in erster Linie der Allgemeinheit dienenden Vorschrift nicht einbezogen. Zur Verantwortung des Staates für Mord durch auf Langzeitausgang befindliche Gefangene vgl. auch EGMR 24.10.2002 – 37703/97, NJW 2003, 3259 ff – *Mastromatteo/Italien*.
515 LG Bielefeld 9.10.2003 – 2 O 552/02, RuP 2004, 111 m. Anm. *Lesting*.
516 So zutr. AK-*Burkhardt/Feest* Vor § 38 LandesR Rdn. 7; vgl. auch OLG Hamburg 8.2.2005 – 3 Vollz (Ws) 6/05, StV 2005, 564; BVerfG 30.4.2009 – 2 BvR 2009/08, NJW 2009, 1941, 1944.
517 So auch AK-*Lesting/Burkhardt* § 38 LandesR Rdn. 112.
518 OLG Hamm 13.1.1983 – 7 Vollz (Ws) 148/82, NStZ 1983, 237 m. Anm. *Wendisch* NStZ 1983, 478; *Arloth/Krä* § 13 StVollzG Rdn. 29.
519 OLG Hamm 20.4.1989 – 1 Vollz (Ws) 26/89, NStZ 1989, 444.
520 Vgl. auch AK-*Lesting* 2006 Rdn. 57.
521 Z. B. bei einer „Umstellung" von Abs. 2 auf Abs. 1 – „Ermessen" statt „Fluchtgefahr", vgl. OLG Stuttgart 27.3.2001 – 4 Ws 55/01 u.a., NStZ-RR 2001, 285.
522 OLG Celle ZfStrVo 1981, 57.

D. Vollzugsöffnende Maßnahmen aus wichtigem Anlass

Baden-Württemberg	BW § 10 JVollzGB III;
Bayern	BY Art. 37, 38 BayStVollzG;
Berlin	BE §§ 43, 45 Abs. 1, 3 u. 4 StVollzG Bln;
Brandenburg	BB §§ 47, 49 Abs. 1, 2, 5 u. 6 BbgJVollzG;
Bremen	HB §§ 39, 41 Abs. 1, 3 u. 4 BremStVollzG;
Hamburg	HH §§ 13, 14 HmbStVollzG;
Hessen	HE § 15 HStVollzG;
Mecklenburg-Vorpommern	MV §§ 39, 41 Abs. 1, 3 u. 4 StVollzG M-V;
Niedersachsen	NI § 14 NJVollzG;
Nordrhein-Westfalen	NW § 55 StVollzG NRW;
Rheinland-Pfalz	RP §§ 46, 48 Abs. 1, 2, 5 u. 6 LJVollzG;
Saarland	SL §§ 39, 41 Abs. 1, 3 u. 4 SLStVollzG;
Sachsen	SN §§ 39, 41 Abs.1, 3 u. 4 SächsStVollzG;
Sachsen-Anhalt	ST §§ 23 Abs. 7 u. 8, 46 JVollzGB LSA;
Schleswig-Holstein	SH §§ 54 Abs. 3 u. 4, 56, 58 Abs. 2 u. 3 LStVollzG SH;
Thüringen	TH §§ 46, 49 Abs. 1, 2, 5 u. 6 ThürJVollzGB

Schrifttum

S. bei B.

Übersicht

I. Allgemeine Hinweise —— 1–3
II. Erläuterungen —— 4–15
 1. Wichtiger Anlass —— 4, 5
 2. Besonderheiten bei gerichtlichen Terminen —— 6
 3. Verhältnis zwischen Langzeitausgang zur Erreichung des Vollzugsziels und aus wichtigem Anlass —— 7
 4. Kontingente für den Langzeitausgang aus wichtigem Anlass —— 8
 5. Weitere Bewilligungsvoraussetzungen —— 9, 10
  a) (Langzeit-)Ausgang —— 9
  b) Ausführung —— 10
 6. Zwangsausführung aus besonderen Gründen —— 11
 7. Kosten der Ausführung —— 12
 8. Ermessen —— 13
 9. Vorführung —— 14
 10. Ausantwortung —— 15

I. Allgemeine Hinweise

1   Vollzugsöffnende Maßnahmen können einerseits der Resozialisierung dienen (dazu ausführlich unter 10.C), sie können aber auch geeignet sein, bei einem **wichtigen Anlass** die berechtigten Belange der Gefangenen zu berücksichtigen. Im alten StVollzG waren vollzugsöffnende Maßnahmen in § 35 geregelt; die Vorschrift ermöglichte es beim „Urlaub" (= Langzeitausgang; zur Terminologie vgl. 10.B Rdn. 4) zudem, über den in § 13 Abs. 1 StVollzG auf 21 Tage begrenzten Regelurlaub hinaus bei Vorliegen eines wichtigen Anlasses weiteren Urlaub (in der Regel bis max. 7 Tagen) zu gewähren. Anders als bei §§ 11, 13 StVollzG musste die vollzugsöffnende Maßnahme nach § 35 StVollzG nicht der Resozialisierung dienen.

2   Daneben ergänzte § 36 StVollzG § 35 in der Weise, dass „wichtiger Anlass" dort die **Teilnahme** des oder der Gefangenen **an einem gerichtlichen Termin** war, sei es im Strafverfahren als Angeklagte/r oder Zeuge bzw. Zeugin, sei es im Zivilverfahren oder in verwaltungsrechtlichen, sozialrechtlichen, arbeitsrechtlichen oder sonstigen gerichtli-

D. Vollzugsöffnende Maßnahmen aus wichtigem Anlass

chen Streitigkeiten, auch hier unabhängig von der verfahrensrechtlichen Rolle. Der in Art. 103 Abs. 1 GG verfassungsrechtlich verankerte Anspruch auf rechtliches Gehör gilt auch für Gefangene.[523] § 36 StVollzG bezweckte, dass die Stellung von Gefangenen hinsichtlich der Teilnahme an gerichtlichen Terminen soweit als möglich der Situation in Freiheit angeglichen wird.[524] Deshalb sollte Gefangenen auch ohne Zwang die Teilnahme an gerichtlichen Terminen ermöglicht werden, wenn anzunehmen war, dass sie der Ladung folgen.

Die **grundsätzliche Unterscheidung** zwischen vollzugsöffnenden Maßnahmen zur Resozialisierung und solchen aus wichtigem Anlass haben – bei allen terminologischen Differenzen, was die Bennenung und Abgrenzung des Bereichs der „Lockerungen" bzw. vollzugsöffnenden Maßnahmen angeht (zur Problematik insofern bereits 10.B Rdn. 1f.) – **alle Landesgesetze beibehalten** (vgl. **BW** §§ 9, 10 III; **BY** Art. 13, 14, 37; **BE** §§ 42, 43; **BB** §§ 46, 47; **HB** §§ 38, 39; **HH** §§ 12, 13; **HE** §§ 13, 15; **MV** §§ 38, 39; **NI** §§ 13, 14; **NW** §§ 53, 55; **RP** §§ 45, 46; **SL** §§ 38, 39; **SN** §§ 38, 39; **ST** §§ 45, 46; **SH** §§ 55, 56; **TH** 46, 47). Dabei haben die meisten Landesgesetze Ausgang und Langzeitausgang zur **Wahrnehmung gerichtlicher Termine** im Gesetz nur noch als Unterfall der vollzugsöffnenden Maßnahmen aus wichtigem Anlass (ausdrücklich erwähnt in **BW** § 10 Abs. 5 Satz 1 III; **BE** § 43 Abs. 1 Satz 2; **BB** § 47 Abs. 1 Satz 2; **HB** § 39 Abs. 1 Satz 2; **MV** § 39 Abs. 1 Satz 2; **NI** § 14 Abs. 3; **NW** § 55 Abs. 1 Satz 2; **RP** § 46 Abs. 1 Satz 2; **SL** § 39 Abs. 1 Satz 2; **SN** § 39 Satz 2; **ST** § 46 Abs. 1 Satz 2; **SH** § 56 Abs. 1 Satz 2; **TH** § 47 Abs. 1 Satz 2; ohne eigene Erwähnung zudem **HE** § 15 Abs. 1) und nicht mehr in einer separaten Norm, wie noch in § 36 StVollzG, erfasst (so aber noch **BY** Art. 38; **HH** § 14). Besonderheiten gelten teils für die **Ausführung aus wichtigem Anlass**, die in einigen Landesgesetze einschließlich der Ausführung zur Wahrnehmung gerichtlicher Termine insgesamt außerhalb des „Lockerungs"-Kontextes in einer separaten Norm platziert wurde (so in **BE** § 45 Abs. 1; **BB** § 49 Abs. 1 u. 2; **HB** § 41 Abs. 1; **MV** § 41 Abs. 1; **RP** § 48 Abs. 1 u. 2; **SL** § 41 Abs. 1; **SN** § 41 Abs. 1; **SH** § 54 Abs. 3; **TH** § 49 Abs. 1 u. 2; zur Terminologie vgl. erneut 10.B Rdn. 1f.). Im Zusammenhang mit der Ausführung aus wichtigem Anlass (**BW** § 10 Abs. 4 III; **BY** Art. 37 Abs. 4; **HE** § 15 Abs. 3 Satz 1; **NI** § 14 Abs. 4; **NW** § 55 Abs. 3; **ST** § 46 Abs. 5; **TH** § 49 Abs. 1 Satz 2) oder der separat außerhalb des „Lockerungs"-Kontextes verorteten Ausführung (so in **BE** § 45 Abs. 1 Satz 2; **BB** § 49 Abs. 1 Satz 2; **HB** § 41 Abs. 1 Satz 2; **MV** § 41 Abs. 1 Satz 2; **RP** § 48 Abs. 1 Satz 2; **SL** § 41 Abs. 1 Satz 2; **SN** § 41 Abs. 1 Satz 2; **SH** § 54 Abs. 4; **TH** § 49 Abs. 1 Satz 2) findet sich zudem in allen Landesgesetzen eine Regelung, die auch **Zwangsausführungen** erlaubt; insofern wird der Regelungsgehalt des § 12 StVollzG aufgegriffen, ohne dessen systematisch verfehlte Einordnung mit zu übernehmen. Zwangsausführungen können dabei auch in den Bundesländern, in denen dies nicht ausdrücklich im Gesetz klargestellt wird, nur solche aus wichtigem Anlass sein, Zwangsausführungen zur Resozialisierung scheiden aus (näher: 10.C Rdn. 38). Zudem findet sich zumeist eine ausdrückliche Regelung zur **Vorführung vor Gericht** (**BW** § 10 Abs. 5 Satz 2 III; **BY** Art. 38 Abs. 3; **BE** § 45 Abs. 3; **BB** § 49 Abs. 5; **HB** § 41 Abs. 3; **HH** § 14 Abs. 3; **HE** 15 Abs. 3 Satz 2; **MV** § 41 Abs. 3; **NI** § 14 Abs. 3 Satz 3; **RP** § 48 Abs. 5; **SL** § 41 Abs. 3; **SN** § 41 Abs. 3; **ST** § 23 Abs. 7; **SH** § 58 Abs. 2; **TH** § 49 Abs. 5; anders nur **NW** § 55: dort ist dies ein Unterfall der Zwangsausführung gem. Abs. 3)[525] sowie teils – über § 36 StVollzG hinausgehend – auch eine Vorschrift zur **Ausantwortung** (so in **BE** § 45 Abs. 4;

3

---

[523] BSG v. 23.2.1960 – 9 RV 576/55 = BSGE 12, 9; ausdrückliche Festhaltung in BSG vom 31.10.2005 – B 7a AL 14/05 B.
[524] OLG Hamm 6.10.1992 – 1 Vollz (Ws) 161/92, ZfStrVo 1993, 242 = BlStV 2/1993, 1; *Laubenthal/Nestler/Neubacher/Verrel* E Rdn. 164.
[525] Vgl. **NW** LT-Drucks. 16/5413, S. 132.

BB § 49 Abs. 6; **HB** § 41 Abs. 4; **MV** § 41 Abs. 4; **RP** § 48 Abs. 6; **SL** § 41 Abs. 4; **SN** § 41 Abs. 4; **SH** § 58 Abs. 3; **TH** § 49 Abs. 6) in den Landesgesetzen. In anderen Landesgesetzen findet sich die Ausantwortung hingegen im Kontext der Verlegungsvorschriften (so in **BW** § 6 Abs. 2 III; **BY** Art. 10 Abs. 3; **HH** § 9 Abs. 5; **HE** § 11 Abs. 2; **NI** § 10 Abs. 3; **NW** § 11 Abs. 3; **ST** § 23 Abs. 8).

Auch vollzugsöffnende Maßnahmen aus wichtigem Anlass **unterbrechen nicht** die Strafvollstreckung; vgl. insofern 10.C Rdn. 2.

II. Erläuterungen

4   **1. Wichtiger Anlass.** Die Vorschriften knüpfen die Gewährung vollzugsöffnender Maßnahmen an das Bestehen eines wichtigen Anlasses. Es handelt sich insofern um einen **gerichtlich voll überprüfbaren unbestimmten Rechtsbegriff**.[526] Unter wichtigen Anlässen sind Angelegenheiten oder Ereignisse zu verstehen, die in besonderer Weise die private Sphäre der Gefangenen berühren oder von besonderer Bedeutung für ihre spätere Resozialisierung sind.[527] Es kommen sowohl persönliche als auch geschäftliche oder rechtliche Angelegenheiten der Gefangenen in Betracht. Dabei muss es sich für die Gefangenen um Angelegenheiten von erheblicher Bedeutung handeln, die einen (Langzeit-)Ausgang oder hilfsweise ein Ausführung unbedingt erfordern,[528] d.h. bei denen eine Erledigung unter Nutzung anstaltsinterner Möglichkeiten nicht machbar ist.[529] Den Gefangenen obliegt es, die Tatsachen darzulegen, aus denen sich ein wichtiger Anlass ergibt.[530] Mit Beendigung des wichtigen Anlasses „erledigt" sich der Antrag. Zulässig ist dann allenfalls noch ein Feststellungsantrag (§ 115 Abs. 3 StVollzG). In der Beschwerdeinstanz ist das Übergehen auf einen solchen nicht mehr möglich.[531]

§ 35 StVollzG nannte in Abs. 1 als wichtigen Anlass **beispielhaft** nur **lebensgefährliche Erkrankung** oder **Tod** eines oder einer **Angehörigen**.[532] Eine lebensgefährliche Erkrankung liegt jedenfalls vor, wenn ein/e Angehörige/r plötzlich erkrankt oder wenn sich sein oder ihr Zustand verschlechtert und als Folge eine akute Lebensgefahr eintritt. Es ist jedoch nicht erforderlich, dass sich dieser lebensbedrohliche Zustand kontinuierlich verschlechtert; auch ein unverändert schlechter, lebensbedrohlicher Zustand ist ein wichtiger Anlass.[533] Darüber hinaus kann auch eine schon länger andauernde, schwere, aber nicht lebensgefährliche Erkrankung ein wichtiger Anlass sein.[534] Der Tod ist nicht nur für den Besuch der **Beerdigung** wichtiger Anlass, sondern dann, wenn der oder die Gefangene dafür zuständig ist, auch für die **Regelung wichtiger Angelegenheiten** im unmittelbaren Zusammenhang mit dem Tod. Die schon im StVollzG erwähnten beiden Beispiele finden sich in sämtlichen Landesgesetzen, wurden aber teils dahingehend eingegrenzt, dass es sich um **nahe** Angehörige handeln müsse. Abzustellen sein dürfte insofern auf ein **soziales Näheverhältnis**, nicht auf ein nahes Verwandschaftsverhältnis.

---

526   KG 4.9.2013 – 2 Ws 422/13 Vollz, BeckRS 2013, 19708; OLG Zweibrücken 27.5.2010 – 1 Ws 103/10, BeckRS 2010, 16778; *Arloth/Krä* § 35 StVollzG Rdn. 2; AK-*Lesting/Burkhardt* § 39 LandesR Rdn. 3.
527   OLG Koblenz ZfStrVo 1979, 253.
528   OLG Hamburg ZfStrVo 1978, 125.
529   Zur insoweit zu beachtenden Abgrenzung gegenüber den vollzugsöffnenden Maßnahmen zur Resozialisierung instruktiv KG 8.6.2009 – 2 Ws 20/09 Vollz, StV 2010, 644.
530   OLG Hamm LS BlStV 1/1983, 2.
531   ThürOLG ZfStrVo 2005, 184; OLG Zweibrücken NStZ 1982, 263; *Arloth/Krä* § 35 StVollzG Rdn. 8.
532   Zu einem Trauerfall in der Familie vgl. LG Hamburg 1.12.2006 – 609 Vollz 353/06, StraFo 2007, 85.
533   Zutreffend OLG Celle 4.9.2013 – 1 Ws 337/13 (StrVollz), BeckRS 2013, 16272.
534   OLG Celle ZfStrVo 1986, 378; AK-*Lesting/Burkhardt* § 39 LandesR Rdn. 4; a.A. OLG Hamburg ZfStrVo **SH** 1978, 34 und hiesige Voraufl.

Die Landesgesetze nennen als weiteres Beispiel zumeist die Wahrnehmung **gerichtlicher Termine** (**BW** § 10 Abs. 5 Satz 1 III; **BE** § 43 Abs. 1 Satz 2; **BB** § 47 Abs. 1 Satz 2; **HB** § 39 Abs. 1 Satz 2; **MV** § 39 Abs. 1 Satz 2; **NI** § 14 Abs. 3; **NW** § 55 Abs. 1 Satz 2; **RP** § 46 Abs. 1 Satz 2; **SL** § 39 Abs. 1 Satz 2; **SN** § 39 Satz 2; **ST** § 46 Abs. 1 Satz 2; **SH** § 56 Abs. 1 Satz 2; **TH** § 47 Abs. 1 Satz 2), da es i.d.R. keine separate, § 36 StVollzG entsprechende Norm mehr gibt (Ausnahme: **BY** Art. 38; **HH** § 14). Zu dieser Konstellation siehe Rdn. 6. Eine größere Zahl an Gesetzen nennt als weiteres Beispiel für einen wichtigen Anlass eine **medizinische Behandlung des oder der Gefangenen** (**BE** § 43 Abs. 1 Satz 2; **BB** § 47 Abs. 1 Satz 2; **HB** § 39 Abs. 1 Satz 2; **HE** § 15 Abs. 3 Satz 1; **MV** § 39 Abs. 1 Satz 2; **NW** § 55 Abs. 1 Satz 2; **RP** § 46 Abs. 1 Satz 2; **SL** § 39 Abs. 1 Satz 2; **SN** § 39 Satz 2; **ST** § 46 Abs. 1 Satz 2; **SH** § 56 Abs. 1 Satz 2; **TH** § 47 Abs. 1 Satz 2). Allerdings stellt diese Behandlung nur einen wichtigen Grund dar, wenn sie nach Beurteilung des Anstaltsarztes bzw. der Anstaltsärztin sachlich notwendig und innerhalb der Anstalt nicht durchführbar ist.[535] Mangels eigenen medizinischen Sachverstands ist die Anstaltsleitung in aller Regel gehalten, eine ärztlich empfohlene Ausführung zur medizinischen Behandlung auch anzuordnen. Die ärztliche Schweigepflicht ist zu wahren, sofern keine wirksame Entbindung von der Schweigepflicht oder ein sonstiger Ausnahmetatbestand vorliegt;[536] dies ist für die Entscheidung unschädlich, weil die Anstaltsleitung grundsätzlich keinen vernünftigen Anlass haben dürfte, am Sachverstand des medizinischen Personals der Anstalt zu zweifeln. Auch die allgemeine psychische Verfassung Gefangener kann ein wichtiger Anlass für eine Ausführung sein, wenn der psychologische Dienst oder die Anstaltsärztin bzw. Anstaltsarzt dies zur Verbesserung des psychischen Zustands empfiehlt.[537] Das von § 208 Abs. 1 Satz 1 SGB IX für **schwerbehinderte** Gefangene anerkannte gesteigerte Erholungsbedürfnis führt zwar nicht zur Erhöhung des Kontingents für den Langzeitausgang zur Resozialisierung (vgl. 10.C Rdn. 20), kann aber einen wichtigen Anlass darstellen.[538] Einen Sonderfall regeln schließlich **BB** § 47 Abs. 2, **HH** § 13 Abs. 3, indem sie ausdrücklich und zu Recht auch den aufgrund **schwerer Erkrankung in Kürze bevorstehenden Tod des oder der Gefangenen** als wichtigen Grund anerkennen. Langzeitausgang wird hier bis zur Entscheidung der Vollstreckungsbehörde über einen Strafausstand gem. § 455 Abs. 4 StPO gewährt, wie **BB** § 47 Abs. 2 klarstellt.

Wie sich aus den in den Gesetzen genannten Beispielen ergibt, muss es sich bei den wichtigen Anlässen um **nicht aufschiebbare, nicht in der Anstalt zu erledigende** Anlässe handeln. Ein wichtiger Anlass ist daher dann nicht gegeben, wenn Gefangene die Angelegenheit unschwer auf schriftlichem Weg oder bei Besuchen von Angehörigen in der Anstalt klären können.[539] Auch die Umsetzung einer familiengerichtlichen Umgangsregelung erfordert nicht notwendig (Langzeit-)Ausgänge, sondern kann ggf. dadurch realisiert werden, dass Besuchskontakte in der Anstalt ermöglicht werden werden. Zudem bewirkt ein solcher Vergleich keine unmittelbare Bindung der Vollzugsbehörde.[540] Der wichtige, (Langzeit-)Ausgang oder zumindest eine Ausführung rechtfertigende Anlass kann aber, wie das Beispiel der medizinischen Behandlung belegt, auch in der Anstalt entstanden sein.[541] Zudem muss es sich nicht um ein unvorhersehbares Ereignis

---

535 KG Berlin 10.3.1982 – 2 Ws 10/82.
536 A.A. OLG Karlsruhe 7.4.1993 – 2 Ws 13/93, MDR 1993, 998 = ZfStrVo 1993, 246 und hiesige Voraufl.
537 AK-*Lesting/Burkhardt* § 39 LandesR Rdn. 4; a.A. OLG Frankfurt 10.5.1984 – 3 Ws 237/84 (StVollz), NStZ 1984, 477 und hiesige Voraufl.
538 Ähnlich AK-*Lesting/Burkhardt* § 39 LandesR Rdn. 5; a.A. OLG Bremen 12.4.1985 – Ws 219/84, NStZ 1985, 334 und hiesige Voraufl.
539 OLG Koblenz ZfStrVo 1978, 249.
540 OLG Frankfurt 6.1.2015 – 3 Ws 904/14, BeckRS 2016, 13246.
541 A.A. noch OLG Frankfurt 10.5.1984 – 3 Ws 237/84 (StVollz), NStZ 1984, 477.

handeln.⁵⁴² In Betracht kommen daher z.B. unproblematisch **wichtige Familienfeiern** wie „Eheschließung des Gefangenen, Geburt, Taufe, Konfirmation, Kommunion, Eheschließung eines Kindes, von Geschwistern und eines Elternteils".⁵⁴³

5   **Weitere Beispiele** aus der Rechtsprechung: Ein „wichtiger Anlass" kann vorliegen, wenn Gefangene, die eine Familie haben, einen **Umzug** aus wirtschaftlichen Gründen selbst bewerkstelligen müssen; die Suche nach einer neuen Wohnung soll aber in der Regel keinen wichtigen Anlass darstellen.⁵⁴⁴ Tatsächlich kommt es insofern auf die Umstände des Einzelfalls an, z.B. darauf, wie dringend der oder die Gefangene der neuen Wohnung bedarf. Auch andere **wohnungsbezogene** Angelegenheiten, z.B. die Überwachung von dringenden Klempnerarbeiten, Reinigung und Inbetriebnahme der Gasheizung, Reparatur eines Rohrbruchs oder Vorbereitung einer Untervermietung können wichtige Anlässe sein,⁵⁴⁵ ebenso die Durchführung dringender Reparaturarbeiten, wenn nur der oder die Gefangene die Arbeiten durchführen kann bzw. seine oder ihre Anwesenheit zwingend erforderlich ist.⁵⁴⁶ Kein wichtiger Anlass ist hingegen die Sperrmüllbeseitigung aus der Wohnung.⁵⁴⁷

Wichtige Anlässe sind weiterhin z.B. die Beschaffung von **Unterlagen** für das Finanzamt, wenn diese nicht durch Schriftverkehr zu erhalten sind,⁵⁴⁸ oder von **Ausweispapieren**⁵⁴⁹ (vgl. dazu auch **HE** § 15 Abs. 3 Satz 1). Ebenso erfasst ist die Zusammenstellung von **Beweismaterial** für ein Wiederaufnahmeverfahren⁵⁵⁰ oder eine nötige Unterredung mit der **Anwältin** oder dem **Anwalt** in deren bzw. dessen Praxis.⁵⁵¹ Die Inanspruchnahme des **passiven Wahlrechts**, insbesondere die Durchführung von Wahlveranstaltungen, soll kein wichtiger Anlass sein;⁵⁵² das ist in dieser Allgemeinheit nicht zutreffend, sondern verkennt die verfassungsrechtliche Relevanz dieses Rechts.⁵⁵³ Auch Ausgänge oder Ausführungen zum **Grab** einer oder eines verstorbenen Angehörigen zum Todestag kommen als wichtiger Anlass grundsätzlich in Betracht, insbesondere, wenn die verstorbene Person der oder dem Gefangenen zu Lebzeiten nachweislich besonders nahe gestanden hatte.⁵⁵⁴ Gefangene müssen das Vorliegen eines wichtigen Anlasses der Anstalt gegenüber **nachweisen**. Hat die Anstalt Zweifel an den Angaben, muss sie ihre **Erkundungsmöglichkeiten ausschöpfen**; andernfalls ist eine Ablehnung ermessensfehlerhaft.⁵⁵⁵

6   **2. Besonderheiten bei gerichtlichen Terminen.** Das StVollzG enthielt in § 36 eine Sonderregelung für die Wahrnehmung gerichtlicher Termine. Eine entsprechende, separate Vorschrift kennen heutzutage nur noch die Landesgesetze in **BY** und **HH** (vgl. **BY** Art. 38; **HH** § 14); zudem ist **NI** § 14 Abs. 3 noch ansatzweise an § 36 StVollzG orientiert.

---

542 A.A. die hiesige Voraufl.
543 So zutreffend OLG Frankfurt 10.5.1984 – 3 Ws 237/84 (StVollz), NStZ 1984, 477, 478.
544 OLG Koblenz ZfStrVo 1979, 253, krit. dazu *Franke* BlStV 4/1980, 7, 10.
545 LG Hamburg ZfStrVo **SH** 1978, 33.
546 OLG Hamm BlStV 6/1987, 3; LG Dortmund LS BlStV 3/1982, 3.
547 OLG Hamburg 14.3.1978 – Vollz (Ws) 4/78.
548 OLG Zweibrücken 27.5.2010 – 1 Ws 103/10, NStZ-RR 2010, 325; OLG Hamm LS ZfStrVo 1987, 372.
549 OLG Nürnberg 9.6.2016 – 2 Ws 244/16, StraFo 2016, 351.
550 LG Lüneburg 26.4.1978 – 17 StVK 125/78.
551 OLG Hamburg 7.2.1997 – 3 Vollz 44/96.
552 LG Hamburg ZfStrVo 1979, 63; Arloth/Krä § 35 StVollzG Rdn. 2.
553 Ähnlich AK-*Lesting/Burkhardt* § 39 LandesR Rdn. 5.
554 OLG Koblenz 10.1.2002 – 1 Ws 903/01, NStZ 2003, 593 *M*.
555 LG Hamburg ZfStrVo **SH** 1978, 33; *Arloth/Krä* § 35 StVollzG Rdn. 2; *Laubenthal/Nestler/Neubacher/Verrel* E Rdn. 160; vgl. auch BVerfG 28.2.2013 – 2 BvR 612/12, NStZ-RR 2013, 225, 226.

Schon § 36 StVollzG war dabei eine Sonderregelung für einen bestimmten Fall des wichtigen Grundes.[556] Spezifisch klärungsbedürftig ist insofern nur der Regelungsgehalt der Vorschriften, die – im Wortlaut an § 36 StVollzG angelehnt – im Gesetzeswortlaut die gerichtliche **Ladung** der oder des Gefangenen speziell erwähnen (**BY** Art. 38 Abs. 1 u. 2; **HH** Art. 14 Abs. 1 u. 2; **NI** § 14 Abs. 3). Auch daraus folgt nicht, dass es in jedem Falle der Vorlage einer förmlichen Ladung bedarf und jeder andere Nachweis des gerichtlichen Termins ausgeschlossen wäre. Ist die Ladung nur an die Prozessbevollmächtigten ergangen, so wird es in der Regel ausreichen, wenn Gefangene ein an sie gerichtetes Mitteilungsschreiben ihrer Prozessbevollmächtigten vorlegen, aus dem sich die notwendigen Informationen, wie Parteistellung der oder des Gefangenen und die Terminbestimmung ergeben.[557] Die Sonderregelungen der **BY** Art. 38 Abs. 1 u. 2, **HH** Art. 14 Abs. 1 u. 2 und **NI** § 14 Abs. 3 u. 4 sind hingegen nicht anwendbar, wenn Gefangene nur mittelbar betroffen sind, z.B. durch einen Prozess gegen die Partnerin oder den Partner;[558] freilich kommt dann die Gewährung von (Langzeit-)Ausgang oder Ausführung aus (sonstigem) wichtigem Grund in Betracht.[559] Der Vollzugsbehörde steht, wenn eine Ladung oder ein ladungsäquivalentes Schreiben der bzw. des Prozessbevollmächtigten vorliegt, eine Bewertung der Frage, ob die eigene Interessenwahrnehmung des oder der Gefangenen vor Gericht ernsthaft gewollt und auch sinnvoll ist, nicht zu.[560] Die Nachprüfung einer Ablehnung von (Langzeit-)Ausgang aus wichtigem Anlass zur Wahrnehmung gerichtlicher Termine im Rechtsbeschwerdeverfahren ist dann ausgeschlossen, wenn sich der Termin durch Zeitablauf bereits erledigt hat;[561] erledigt sich der Anlass schon im Ausgangsverfahren, ist bei Vorliegen der Voraussetzungen der Übergang auf einen Feststellungsantrag gem. § 115 Abs. 3 StVollzG zulässig (siehe auch Rdn. 1). Beantragt ein/e Gefangene/r Ausgang zur Einlegung einer Rechtsbeschwerde beim Rechtspfleger oder der Rechtspflegerin des Amtsgerichts, kann der Antrag grundsätzlich (d.h., wenn die Fristwahrung damit möglich ist) unter Hinweis auf regelmäßige Sprechstunden in der Anstalt abgelehnt werden.[562] Will ein/e Strafgefangene/r, z.B. in einem verwaltungsgerichtlichen Verfahren den Verfahrensmangel der Nichtteilnahme an der mündlichen Verhandlung geltend machen, obliegt es ihm oder ihr, darzulegen, dass er oder sie alles Zumutbare getan hat, um daran teilnehmen zu können, insbesondere, dies beantragt hat.[563] Auch Gefangene haben Anspruch auf Zeugenentschädigung für erlittene Vermögensnachteile.[564]

3. Verhältnis zwischen Langzeitausgang zur Erreichung des Vollzugsziels und aus wichtigem Anlass. Von besonderem Interesse in den Bundesländern, in denen der Langzeitausgang zur Resozialisierung **kontingentiert** ist (dazu 10.C Rdn. 20), ist dessen Verhältnis zum Langzeitausgang aus besonderem Anlass. So stellt sich die Frage, ob Gefangene, so lange das Kontingent noch nicht erschöpft ist, zunächst zur Erledigung ihrer wichtigen Angelegenheiten auf den Langzeitausgang zur Erreichung des Vollzugs-

7

---

556 Vgl. *Arloth/Krä* § 36 StVollzG Rdn. 1.
557 OLG Frankfurt ZfStrVo 1980, 55; *Arloth/Krä* § 36 StVollzG Rdn. 2.
558 *Arloth/Krä* § 36 StVollzG Rdn. 1.
559 Zutreffend AK-*Lesting/Burkhardt* § 39 LandesR Rdn. 7.
560 AK-*Lesting/Burkhardt* § 39 LandesR Rdn. 7; a.A. OLG Koblenz 14.7.1983 – 2 Vollz (Ws) 47/83, ZfStrVo 1984, 184; *Arloth/Krä* § 36 StVollzG Rdn. 4 und hiesige Voraufl.
561 OLG Zweibrücken NStZ 1982, 263; *Arloth/Krä* § 36 StVollzG Rdn. 9.
562 OLG Frankfurt LS ZfStrVo 1991, 249.
563 BSG 31.10. 2005 – B 7 a AL 14/05 B; ebenso bereits BSG 21.6.1983 – 4 RJ 3/83; BayVGH 13.3.2007 – 19 ZB 07.305; zu weitgehend BayVGH 27.4.2006 – 19 ZB 06.498.
564 Laubenthal/Nestler/Neubacher/Verrel E Rdn. 170.

ziels verwiesen werden können. Nach der h.M. soll Langzeitausgang aus wichtigem Anlass vor allem in solchen Fällen in Betracht kommen, in denen Gefangene entweder noch keinen Anspruch auf Langzeitausgang zur Erreichung des Vollzugsziels haben oder das Kontingent bereits erschöpft ist. Nach dieser Auffassung soll dann, wenn das Kontingent noch nicht erschöpft ist, Langzeitausgang aus wichtigem Anlass nur ausnahmsweise dann in Betracht kommen, wenn es unbillig bzw. unzumutbar wäre, eine/n Gefangene/n auf den primär der Eingliederung und dem Kontakt mit der Familie dienenden Langzeitausgang zur Erreichung des Vollzugsziels zu verweisen.[565] Ein Bedürfnis für die Gewährung von Langzeitausgang aus wichtigem Anlass könne entfallen, wenn die Angelegenheiten von Gefangenen auch während des Langzeitausgangs zur Resozialisierung wahrgenommen werden können und wenn dadurch dessen Zweck – u.a. die Aufrechterhaltung von bestimmten Kontakten zu Angehörigen oder anderen Bezugspersonen – nicht vereitelt oder beeinträchtigt wird.[566] Daher brauche Gefangenen, denen Langzeitausgang zur Resozialisierung gewährt werden kann, z.B. zu Familienfesten, deren Zeitpunkt lange vorher feststeht, kein Langzeitausgang aus wichtigem Anlass gewährt zu werden, da sie die Möglichkeit hätten, den wichtigen Anlass bei Planung des regulären Langzeitausgangs zu berücksichtigen.[567] Dieser – hier in der Voraufl. noch vertretenen – Auffassung ist zu **widersprechen**,[568] da sie die **unterschiedlichen Gewährungsgründe** für vollzugsöffnende Maßnahmen zur Erreichung des Vollzugsziels und solchen aus wichtigem Grund nicht ausreichend berücksichtigt. Die Zwecksetzung zur Erreichung des Vollzugsziels ist bei regulären vollzugsöffnenden Maßnahmen echtes Tatbestandsmerkmal (vgl. 10.C Rdn. 68), wichtige Anlässe sind aber oft nicht unmittelbar der Resozialisierung oder Wiedereingliederung dienlich. Zwar kann es in bestimmten Fällen, insbesondere bei Familienfesten, so sein, dass die Teilnahme daran sowohl unmittelbar der Wiedereingliederung dient als auch ein wichtiger Anlass ist. Auch in so einem Fall gibt es aber keinen vernünftigen Grund dafür, Gefangene, die zu diesem Zweck ausdrücklich Langzeitausgang aus wichtigem Anlass begehren, auf Langzeitausgang zur Resozialisierung zu verweisen: Der einzige Zweck, der damit verfolgt werden könnte, ist die **Verkürzung des Gesamtkontingents** an Tagen für den Langzeitausgang zur Erreichung des Vollzugsziels. Es gibt aber keinen inhaltlich rechtfertigenden Grund für eine solche Verkürzung. Unzulässig ist es daher z.B. eine/n Gefangene/n, die oder der für die Teilnahme an Parteiveranstaltungen bereits mehrfach Langzeitausgang aus wichtigem Anlass erhalten hat, für die Teilnahme an einer weiteren Veranstaltung auf den Langszeitausgang zur Resozialisierung zu verweisen.[569] Ebenfalls unzulässig ist die Ablehnung des Langzeitausgangs aus wichtigem Anlass unter Hinweis darauf, dass der oder die Gefangene sein oder ihr Kontigent für Langzeitausgang zur Erreichung des Vollzugsziels unter Vernachlässigung des oder der erkrankten Angehörigen mutwillig erschöpft habe.[570] Nach **HH § 13 Abs. 1** gilt nichts anderes, auch wenn das Gesetz dort von „weitere[r] Freistellung aus der Haft" spricht. An den grundsätzlich anderen Bewilligungsvoraussetzungen (hier wichtiger Grund, dort Resozialisierung) ändert sich dadurch nichts. Die Formulierung „weitere" lässt sich (nur) dahin interpretieren, dass die Bewilligung von Langzeit-

---

[565] OLG Zweibrücken 27.5.2010 – 1 Ws 103/10, BeckRS 2010, 16778; OLG Hamm LS BlStV 4/5/1987, 3; LG Hamburg ZfStrVo **SH** 1978, 34; LG Bielefeld BlStV 6/1993, 4.
[566] OLG Celle ZfStrVo 1981, 257; OLG Frankfurt 11.12.1985 – 3 Ws 831/85; OLG Hamburg 7.2.1997 – 3 Vollz (Ws) 44/96, NStZ 1998, 397 *M*.
[567] *Arloth/Krä* § 35 StVollzG Rdn. 4.
[568] Ablehnend auch AK-*Lesting/Burkhardt* § 39 LandesR Rdn. 17.
[569] A.A. OLG Frankfurt LS BlStV 3/1987, 3.
[570] So aber OLG Celle ZfStrVo 1986, 378; wie hier AK-*Lesting/Burkhardt* § 39 LandesR Rdn. 15.

ausgang aus wichtigem Grund auch in **HH** unabhängig vom Kontingent für Langzeitausgang zur Resozialisierung möglich ist.[571]

Eine **nachträgliche Umwandlung** von Langzeitausgang zur Resozialisierung in Langzeitausgang aus wichtigem Anlass kommt hingegen grundsätzlich nicht in Betracht,[572] kann aber ausnahmsweise dann zugelassen werden, wenn ein wichtiger Anlass erst während eines regulären Langzeitausgangs eingetreten ist.[573] Gleiches gilt für den Fall, dass die Anstalt verpflichtet gewesen wäre, einem Antrag auf Langzeitausgang aus wichtigem Anlass stattzugeben.[574] Ist eine Angelegenheit in einem Tag zu erledigen, so kommt anstelle von Langzeitausgang einfacher **Ausgang** in Betracht.[575]

In Bundesländern, die für Langzeitausgang zur Erreichung des Vollzugsziels **kein Kontingent** vorsehen (dazu 10.C Rdn 20), stellt sich das Problem nicht.

4. Kontingente für den Langzeitausgang aus wichtigem Anlass. Nach § 35 **8** StVollzG galt, dass Langzeitausgang aus anderem wichtigem Anlass als wegen lebensgefährlicher Erkrankung oder wegen Todes Angehöriger zwar auf das Kontingent für den „Regelurlaub" nicht angerechnet wurde (§ 35 Abs. 2), aber **sieben Tage im Jahr nicht überschreiten** durfte. Darüber hinaus durfte – auch bei lebensgefährlicher Erkrankung oder Tod – **jede Einzelgewährung** von Langzeitausgang sieben Tage nicht übersteigen. Bei **lebensgefährlicher Erkrankung** oder wegen **Todes** Angehöriger konnte danach im Jahr **mehrfach Langzeitausgang** von jeweils **bis zu sieben Tagen** gewährt werden. Für alle anderen wichtigen Anlässe war zwar ebenfalls die mehrmalige Gewährung zulässig, aber nur bis zu einer Gesamthöchstdauer von sieben Tagen pro Jahr.[576] Entsprechende Kontingente sehen die Landesgesetze in **BW** § 10 Abs. 1 Satz 1 III, **BY** Art. 37 Abs. 1 Satz 1 und **NI** § 14 Abs. 1 Satz 1 vor. **HH** § 13 Abs. 1 und **HE** § 15 Abs. 1 begrenzen nur die jeweilige Einzelgewährung auf sieben Tage und auch dies nur für die Fälle jenseits lebensgefährlicher Erkrankung oder Tod von Angehörigen; auch für den Fall einer in Kürze zum Tode führenden Erkrankung Gefangener sieht **HH** § 14 Abs. 3 keine Begrenzung vor. Allein ein Jahreshöchstkontingent von sieben Tagen setzt hingegen **NW** § 54 Abs. 4 Satz 1 fest; dieses gilt weder bei Fällen lebensgefährlicher Erkrankung oder Tod von Angehörigen noch für die Wahrnehmung gerichtlicher Termine. Für gerichtliche Termine war hingegen in § 36 StVollzG überhaupt kein Kontingent vorgesehen; die Bewilligung von Langzeitausgang richete sich insofern allein nach dem Bedarf. Auch **BY** Art. 38, **HH** § 14, **NI** § 14 Abs. 3 sehen insofern – anders als bei anderen Anlässen – kein Kontingent vor, während das Kontingent in **BW** § 10 Abs. 1 Satz 1 III und **HE** § 15 Abs. 1 Satz 1 auch für gerichtliche Termine gilt. Sind die jeweiligen **Zeitgrenzen ausgeschöpft**, kommt für weitere wichtige Anlässe immerhin noch Ausgang in Betracht. Ist zwar das Kontingent für Langzeitausgang aus wichtigem Anlass verbraucht, aber nocht nicht ein etwa geltendes für Langzeitausgang zur Resozialisierung, kommt ein Übergang auf letzteren nur in Frage, wenn der wichtige Anlass zugleich der Resozialisierung dient; insofern gilt Rdn. 7 entsprechend. Alle hier in Rdn. 7 nicht erwähnten Bundesländer sehen in ihren Gesetzen hingegen **keine zeitlichen Grenzen** für den Langzeitausgang aus wichtigem Anlass vor.

---

571 Ebensolche Auslegung bei *Arloth/Krä* § 13 HmbStVollzG Rdn. 1.
572 Vgl. OLG Celle BlStV 2/1992, 6.
573 LG Lüneburg 26.4.1978 – 17 StVK 125/78.
574 LG Bielefeld BlStV 6/1993, 4.
575 AK-*Lesting/Burkhardt* § 39 LandesR Rdn. 16.
576 Ebenso *Arloth/Krä* § 35 StVollzG Rdn. 4.

5. Weitere Bewilligungsvoraussetzungen

9 **a) (Langzeit-)Ausgang.** Gem. § 35 Abs. 1 Satz 2 und § 36 Abs. 1 StVollzG galten § 11 Abs. 2, § 13 Abs. 5 und § 14 StVollzG für den (Langzeit-)Ausgang aus wichtigem Anlass (inkl. des Falls gerichtlicher Termine) entsprechend, d.h., dass diese Maßnahmen ebenso wie solche zur Erreichung des Vollzugsziels der Zustimmung der Gefangenen bedurften, nur gewährt werden durften, wenn Flucht- oder Missbrauchsgefahr nicht vorlag und mit Weisungen (dazu unter 10.E) verbunden werden durften. Auch kamen Rücknahme und Widerruf nach denselben Vorschriften wie bei vollzugsöffnenden Maßnahmen zur Resozialisierung in Betracht (dazu 10.F). Allerdings war die Gewährung von Langzeitausgang aus wichtigem Anlass nicht an die Voraussetzungen des § 13 Abs. 2 oder Abs. 3 StVollzG, also insbesondere nicht an die dortigen Mindestverbüßungsfristen, gebunden.[577] Weitestgehend dasselbe gilt nach den Landesgesetzen (vgl. **BW** §§ 10 Abs. 1 Satz 2 III, 11; **BY** Art. 37 Abs. 1 Satz 2, 38 Abs. 1; **BE** §§ 43 Abs. 2, 44, 98; **BB** §§ 47 Abs. 3, 48 Abs. 1; 104; **HB** §§ 39 Abs. 2, 40, 91; **HH** §§ 13 Abs. 1, Abs. 3 Satz 2, 14 Abs. 1, 92 Abs. 2 und 3; **HE** § 15 Abs. 1 Satz 3; **MV** §§ 39 Abs. 2, 40, 90; **NI** § 14 Abs. 5; **NW** §§ 55 Abs. 1 Satz 3, 57, 83; **RP** §§ 46 Abs. 2, 47, 101; **SL** §§ 39 Abs. 2, 40, 90; **SN** §§ 39, 40, 94; **ST** §§ 46 Abs. 1 Satz 3, 102; **SH** §§ 56 Abs. 2, 57, 122; **TH** §§ 47 Abs. 2, 48, 102).

Insofern kann grundsätzlich auf die Kommentierung unter 10.C Rdn. 33 ff. **verwiesen** werden. Insbesondere gilt auch für den (Langzeit-)Ausgang aus wichtigem Anlass in allen Bundesländern weiterhin, dass dieser der **Zustimmung der Gefangenen** bedarf, selbst, soweit dies im Gesetz nicht ausdrücklich erwähnt wurde; zur Begründung vgl. 10.C Rdn. 38. Allein bei der Ausführung aus wichtigem Anlass kann auf die Zustimmung aus besonderen Gründen verzichtet werden (Rdn. 11). Eine **Besonderheit** ergibt sich gem. **HH** § 13 Abs. 1 i.V.m. § 12 Abs. 2 und **ST** § 46 Abs. 1 Satz 3 i.V.m. § 45 Abs. 3 Satz 2, die auch für vollzugsöffnende Maßnahmen aus wichtigem Anlass zulassen, diese zu versagen, weil Gefangene ihren **Mitwirkungspflichten** nicht nachkommen (anders nur für den Fall der zum Tode führenden Erkrankung Gefangener und bei gerichtlichen Terminen in **HH** §§ 13 Abs. 3 Satz 2, 14 Abs. 1). Dies ist schon für vollzugsöffnende Maßnahmen zur Resozialisierung verfehlt (vgl. 10.C Rdn. 68), hier aber sogar **völlig systemfremd**, weil kein inhaltlicher Zusammenhang zwischen dem wichtigen Anlass und der Nichtmitwirkung besteht; so wirkt sich die Versagung der Maßnahme in diesen Fällen wie eine (unzulässige) verkappte Disziplinierung aus. Fälle, in denen die Nichtmitwirkung einer vollzugsöffnenden Maßnahme aus wichtigem Anlass entgegensteht, sind daher nicht denkbar, der Verweis läuft leer, neben der Prüfung der Flucht- und Missbrauchsgefahr hat er keine eigenständige Bedeutung. Ebenso verfehlt ist es, wenn gem. **ST** § 46 Abs. 1 Satz 3 i.V.m. § 45 Abs. 7 für Langzeitausgang aus wichtigem Anlass dieselben **Mindestverbüßungsfristen** wie für den Langzeitausgang zur Resozialisierung gelten sollen (vgl. insofern 10.C Rdn. 34 f.). Kein anderes Bundesland regelt dies so. Eine weitere Besonderheit in **HH** betrifft den Prognosemaßstab bei Gefangenen, die aufgrund ihrer **Krankheit demnächst sterben** werden: Hier ist Langzeitausgang gem. **HH** § 13 Abs. 3 Satz 1 nur ausgeschlossen, wenn ein Missbrauch zu Straftaten von erheblicher Bedeutung zu erwarten ist. Fluchtgefahr kommt als Versagungsgrund – wohl wegen des ohnehin zu erwartenden Strafausstands – überhaupt nicht mehr in Frage. **HE** § 15 Abs. 1 Satz 3 verweist nicht auf **HE** § 13 Abs. 8, sodass insofern in **HE** keine Begutachtung notwendig ist; vgl. ergänzend 10.C Rdn. 41 ff. Auch die Begutachtungsvorschrift **NI** § 16 ist nicht anwendbar; zudem gilt **NI** § 13 Abs. 3 hier nicht. **SL** § 39 Abs. 2 verweist nicht auf **SL**

---

577 Wie hier *Arloth/Krä* § 35 StVollzG Rdn. 4; a.A. *Grunau/Tiesler* § 35 StVollzG Rdn. 1.

D. Vollzugsöffnende Maßnahmen aus wichtigem Anlass

§ 38 Abs. 5 und 6; da zudem auch keine entsprechenden VV zu **SL** § 39 existieren, gibt es daher bei vollzugsöffnenden Maßnahmen aus wichtigem Anlass in **SL** keine **Regelausschlüsse** o.ä. (zu diesen bei den vollzugsöffnenden Maßnahmen s.o., 10.C Rdn. 56 ff.). Dasselbe gilt im Ergebnis für **HE**, da **HE** § 14 Abs. 1 Satz 2 ebenfalls nicht auf die (Regel-) Ausschlüsse in **HE** § 13 Abs. Abs. 4 und 5 verweist. Zwar erklärt VV § 11 Nr. 3 zu **HE** § 15 die VV § 9 zu **HE** § 13 für entsprechend anwendbar, auch dort sind aber diese Regelausschlüsse nicht enthalten. Die VV der anderen Bundesländer verweisen, soweit ersichtlich, jeweils auf die VV zu den vollzugsöffnenden Maßnahmen zur Resozialisierung, so dass insofern die obige Kommentierung in 10.C Rdn. 56 ff. entsprechend gilt.

Kommt (Langzeit-)Ausgang, insbesondere aufgrund insofern bestehender Flucht- und Missbrauchsgefahr, nicht in Frage, kommt als Alternative die Ausführung aus wichtigem Anlass in Betracht (Rdn. 10).

b) Ausführung. Die Ausführung aus **wichtigem Anlass** war gem. § 35 Abs. 3 **10** StVollzG hilfweise in Betracht zu ziehen, wenn wegen Flucht- oder Missbrauchsgefahr (Langzeit-)Ausgang aus wichtigem Anlass nicht in Frage kam. Die Vorschrift **verzichtete** dabei, ähnlich wie **BE** § 45 Abs. 1, **BB** § 49 Abs. 1, **HB** § 41 Abs. 1, **MV** § 41 Abs. 1, **RP** § 48 Abs. 1, **SL** § 41 Abs. 1, **SN** § 41 Abs. 1 und **TH** § 49 Abs. 1 auf eine gesonderte Erwähnung von Flucht- und Missbrauchsgefahr; zu den Gründen vgl. 10.C Rdn. 50).[578] Dennoch war natürlich auch bei einer Ausführung aus wichtigem Anlass dafür Sorge zu tragen, dass sich weder Flucht noch Missbrauch zu Straftaten während der Ausführung ereignen. Allerdings lassen sich Ausführungen auch in aller Regel durch entsprechende Sicherheitsmaßnahmen bis hin zur Fesselung ausreichend sicher machen. Daher ist eine Ausführung, die – z.B. aus medizinischen Gründen – zur Abwendung einer unmittelbaren Gefahr für Leib oder Leben eines oder einer Gefangenen unerlässlich ist, auch stets durchzuführen.[579] Allenfalls steht in bestimmten Konstellationen zu befürchten, dass die erforderlichen Sicherungsmaßnahmen den Zweck der Ausführung vereiteln und sie deshalb unterbleiben muss (zu all diesen Aspekten näher unter 10.C Rdn. 50). Auch für die Ausführung zu **gerichtlichen Terminen** kannte das StVollzG – aus vergleichbaren Gründen – nur einen gegenüber § 11 Abs. 2 StVollzG abgesenkten Prognosemaßstab. Es war zu prüfen, ob wegen Entweichungs- oder Missbrauchsgefahr **überwiegende Gründe** der Ausführung entgegenstehen (§ 36 Abs. 2 Satz 1 StVollzG). Die **Landesgesetze** unterstellen ganz überwiegend die Ausführung aus wichtigem Anlass denselben Voraussetzungen an die Flucht- und Missbrauchsgefahr wie die Ausführung zur Erreichung des Vollzugsziels, haben allerdings meist schon dort die Voraussetzungen genüber anderen vollzugsöffnenden Maßnahmen abgesenkt; insofern kann auf 10.C Rdn. 50 verwiesen werden. Einen abweichenden, dann jeweils abgesenkten Maßstab verwenden hingegen **BW** § 10 Abs. 3 Satz 1 III, **BY** Art. 37 Abs. 3 Satz 1 und Art. 38 Abs. 2 Satz 1 sowie **HH** § 13 Abs. 2 Satz 1 und § 14 Abs. 2 Satz 1, wobei die Vorschrift in **BW** einheitlich an § 35 Abs. 3 Satz 1 StVollzG orientiert ist, während in **BY** und **HH** in derselben Weise wie im StVollzG zwischen den Maßstäben für Ausführungen aus wichtigem Grund und Ausführungen für gerichtliche Termine differenziert wird. Zur **Ausgestaltung der Ausführung** und den zu treffenden **besonderen Sicherungsmaßnahmen** gelten 10.C Rdn. 8 und 50 entsprechend.

Soweit einzelne Landesgesetze (**BE** § 45 Abs. 1 Satz 1; **BB** § 49 Abs. 1 Satz 1; **HB** § 41 Abs. 1 Satz 1; **MV** § 41 Abs. 1 Satz 1; **RP** § 48 Abs. 1 Satz 1; **SL** § 41 Abs. 1 Satz 1; **SN** § 41 Abs. 1 Satz 1; **TH** § 49 Abs. 1 Satz 1) nun im Kontext der Ausführung nicht mehr von

---

[578] Vgl. auch OLG Frankfurt 10.5.1984 – 3 Ws 237/84, NStZ 1984, 477, 478; *Arloth/Krä* § 35 StVollzG Rdn. 5.
[579] Vgl. KG 14.3.1983 – 5 Ws 80/83 Vollz, NStZ 1983, 432.

„wichtigem Anlass", sondern von der **Notwendigkeit aus besonderem Grund** schreiben, ist das damit bedeutungsgleich[580] und entspricht insbesondere nicht dem besonderen Grund i.S.d. § 12 StVollzG;[581] siehe ergänzend Rdn. 11.

11   **6. Zwangsausführung aus besonderen Gründen.** Alle Landesgesetze erlauben zudem – dem Vorbild des § 12 StVollzG folgend – Zwangsausführungen aus wichtigem Anlass, wenn **besondere Gründe** diese **notwendig** machen. Dies ist entweder unmittelbar im Zusammenhang mit der Ausführung aus wichtigem Anlass geregelt (**BW** § 10 Abs. 4 III; **BY** Art. 37 Abs. 4; **HE** § 15 Abs. 3 Satz 1; **NI** § 14 Abs. 4; **NW** § 55 Abs. 3; **ST** § 46 Abs. 5; **TH** § 49 Abs. 1 Satz 2) oder generell für die in den entsprechenden Gesetzen außerhalb des „Lockerungs"-Kontextes verortete Ausführung (so in **BE** § 45 Abs. 1 Satz 2; **BB** § 49 Abs. 1 Satz 2; **HB** § 41 Abs. 1 Satz 2; **MV** § 41 Abs. 1 Satz 2; **RP** § 48 Abs. 1 Satz 2; **SL** § 41 Abs. 1 Satz 2; **SN** § 41 Abs. 1 Satz 2; **SH** § 54 Abs. 4; **TH** § 49 Abs. 1 Satz 2). Hierbei verwenden die zuletzt erwähnten Regelungen – basierend auf dem **ME-StVollzG** und mit Ausnahme von **SH** § 54 Abs. 4 – den Begriff der Notwendigkeit aus besonderen Gründen nicht mehr im selben Kontext; vielmehr wird er unpassender Weise nun als **Synonym für den wichtigen Anlass** verwendet (dazu Rdn. 10 a.E.). Die genannten Vorschriften ermächtigen aber weiterhin zu Zwangsausführungen, die selbstverständlich auch in den ME-Ländern eines „besonderen Grundes" über den „wichtigen Anlass" (jeweils im Sinne der Terminologie des StVollzG) hinaus bedürfen. Zwangsausführungen können dabei auch in den Bundesländern, in denen dies nicht ausdrücklich im Gesetz klargestellt wird, nur solche aus wichtigem Anlass sein, Zwangsausführungen zur Resozialisierung scheiden aus (näher: 10.C Rdn. 38). Als **besonderer Grund** kommt praktisch ausschließlich die (seltene) Fallkonstellation in Betracht, dass ein/e Gefangene/r aus **gesundheitlichen Gründen** dringend ambulant einer Ärztin oder einem Arzt außerhalb der Anstalt vorgestellt werden muss, der oder die Gefangene hierzu jedoch nicht bereit ist.[582] Die Vorschriften der Landesgesetze ermächtigen (oder verpflichten) die Anstaltsleitung dabei nicht in jedem Falle dringender medizinischer Notwendigkeit auch zur Veranlassung einer zwangsweisen Vorstellung bei einer/einem externen Ärztin/Arzt. Die Anordnung stellt vielmehr eine Zwangsmaßnahme (Ortsveränderung) mit dem alleinigen Ziel der **Ermöglichung einer anderen Zwangsmaßnahme** (medizinische Untersuchung oder Behandlung) dar. Ihre Zulässigkeit richtet sich deshalb nach den Voraussetzungen der Zwangsmaßnahmen auf dem Gebiet der Gesundheitsfürsorge (im Einzelnen dazu die dortige Kommentierung). **Die Wahrnehmung eines Gerichtstermins** stellt keinen besonderen Grund dar;[583] eine zwangsweise Teilnahme ist hier nur aufgrund eines Vorführungsbefehls bzw. -ersuchens möglich (Rdn. 14); in **NI** § 14 Abs. 3 Satz 2 wurde das klargestellt. Anderes gilt nur nach **NW** § 55 Abs. 3: Da es im Gesetz keine Regelung zur Vorführung gibt, ist dies dort ein Unterfall der Zwangsausführung;[584] diese ist dann aber auch nur zulässig, wenn eine Vorführung gerichtlich angeordnet wurde (dazu näher Rdn. 14). Eine Ausführung zu einer Auslandsvertretung zur Erlangung der für eine Abschiebung oder Überstellung erforderlichen **(Ausweis-)Papiere** stellt ebenfalls keinen besonderen Grund dar.[585] Anderes gilt nur nach **HE** § 15 Abs. 3 Satz 1, wo dieser Fall ausdrücklich erfasst ist.

---

580   A.A. AK-*Lesting/Burkhardt* § 41 LandesR Rdn. 10.
581   Insofern wie hier AK-*Lesting/Burkhardt* § 41 LandesR Rdn. 10.
582   Vgl. dazu bereits RegE, S. 52.
583   So auch *Arloth/Krä* § 12 StVollzG Rdn. 2.
584   Vgl. **NW** LT-Drucks. 16/5413, S. 132.
585   Zur Begründung siehe ausf. AK-*Lesting/Burkhardt* § 41 LandesR Rdn. 12; a.A. *Arloth/Krä* § 12 StVollzG Rdn. 2.

7. Kosten der Ausführung. Die Kosten für Ausführungen aus wichtigem Grund (zur **12** Kostentragung bei der Ausführung zur Erreichung des Vollzugsziels vgl. 10.C Rdn. 8) hatten gemäß § 35 Abs. 3 Satz 2 StVollzG die Gefangenen zu tragen, wenn dies nicht die Behandlung oder Eingliederung behindert (Abs. 3 Satz 3); § 36 StVollzG enthielt hingegen keine gesetzliche Kostenvorschrift. Eine **Kostentragungsregelung** enthalten fast alle Landesgesetze, dabei teils an § 35 Abs. 2 Satz 2 und 3 StVollzG angelehnt (so **BW** § 10 Abs. 3 Satz 2 III; **BY** Art. 37 Abs. 3 Satz 2 u. 3, Art. 38 Abs. 2 Satz 3 u. 4; **HH** § 13 Abs. 2 Satz 2 u. 3, § 14 Abs. 2 Satz 3 u. 4), teils auch als bloße **Kann-Regelung** für den Fall einer Ausführung **ausschließlich im Interesse der Gefangenen,** im Übrigen mit denselben Einschränkungen wie schon nach dem StVollzG (so **BE** § 45 Abs. 1 Satz 3, **BB** § 49 Abs. 1 Satz 3 und 4; **HB** § 41 Abs. 1 Satz 3; **MV** § 41 Abs. 1 Satz 2; **RP** § 48 Abs. 1 Satz 3; **SL** § 41 Abs. 1 Satz 3; **SN** § 41 Abs. 1 Satz 3; **ST** § 46 Abs. 4 [unter klarstellendem Hinweis auf mögliche Kostentragungspflichten Dritter]; **SH** § 54 Abs. 3 Satz 2; **TH** § 49 Abs. 1 Satz 3 u. 4). **NI** § 52 Abs. 3 Satz 1 Nr. 1 erlaubt die Kostenüberwälzung im Zuge einer Kann-Regelung nur, „soweit die Teilnahme am gerichtlichen Termin im überwiegenden Interesse der oder des Gefangenen liegt"; die Vorschrift gilt aber auch für die Kosten des (Langzeit-) Ausgangs (dazu generell 10.C Rdn. 16 und 25). Ebenfalls nur eine Kann-Regelung, aber ohne die zusätzliche Interessenklausel, enthält **HE** § 15 Abs. 2 Satz 2. **Keine Kosten** können für Ausführungen aus wichtigem Anlass in **NW** erhoben werden, weil **NW** § 55 auf **NW** § 53 Abs. 7 Satz 2 nicht verweist.

Die Kosten umfassen die eigenen Aufwendungen der Gefangenen und die dem Land zusätzlich entstehenden Aufwendungen, z.B. Reisekosten der Bediensteten, Kosten für den Einsatz eines Dienstkraftfahrzeuges oder sonstiger benutzter Beförderungsmittel usw. (vgl. auch 10.C Rdn. 8). Eine unmittelbare Erstattung von Aufwendungen an die ausführenden Bediensteten durch Gefangene oder Dritte kommt nicht in Betracht. Derartige Aufwendungen müssen stets über die Anstalt erstattet werden. Während der Ausführungen müssen die ausführenden Bediensteten ihre Aufwendungen grundsätzlich selbst begleichen. Gegen die Annahme eines Mittagessens oder eines Kaffees bei Ausführungen in den Familienkreis des oder der Gefangenen bestehen freilich keine Bedenken. Einladungen in Gaststätten oder vergleichbare Einrichtungen sollten dagegen unterbleiben. Sind sie ausnahmsweise angezeigt, etwa aus Anlass von Familienfeiern, müssen die Bediensteten eine eigene Rechnung verlangen und diese selbst bezahlen. Die Kosten der Ausführung müssen im Übrigen nicht vom Hausgeld bestritten werden. Dies steht den Gefangenen grundsätzlich zur freien Verfügung. Keinesfalls ist in der Zustimmung zur Ausführung bereits eine entsprechende Abbuchungsermächtigung zu sehen.[586]

Eine Überwälzung der Kosten unterbleibt jedoch, wenn dadurch die **Behandlung** (= Resozialisierung) oder **Eingliederung behindert** würde. Dies kann z.B. der Fall sein, wenn die Kostentragung dazu führt, dass bis zur voraussichtlichen Entlassung nur ein unvollständiges Überbrückungsgeld angespart werden kann.[587] Ausführungen, die **ausschließlich im Interesse der Gefangenen** erfolgen (zu diesem Erfordernis in manchen Landesgesetzen siehe am Anfang dieser Rdn.), sind schwer vorstellbar,[588] weil auch die Wiedereingliederung der Gefangenen ein staatliches Interesse darstellt und zudem z.B. bei dringend notwendiger auswärtiger Krankenbehandlung die Anstalt selbstverständlich in Erfüllung einer Schutzpflicht zugunsten der Gesundheit der betroffenen Gefangenen und damit nicht allein in deren Interesse handelt. Soweit nach den Landesgesetzen keine zwingende Kostentragung mehr vorgesehen ist (s.o.), müssen die Kostenbescheide

---

586 OLG Frankfurt 7.11.1990 – 3 Ws 574/90 (StVollz), NStZ 1991, 152 = BlStV 1/1992, 3.
587 OLG Nürnberg 9.6.2016 – 2 Ws 244/16, StraFo 2016, 351 f.
588 So auch AK-*Lesting/Burkhardt* § 41 LandesR Rdn. 33.

auch erkennen lassen, dass und wie die Vollzugsbehörde von ihrem **Ermessen** Gebrauch gemacht hat.[589]

13   **8. Ermessen.** Durch die Vorschriften wird die Anstaltsleitung zur Gewährung von (Langzeit-)Ausgang oder Ausführung ermächtigt, aber nicht verpflichtet. Die Gefangenen haben **Anspruch auf fehlerfreien Ermessensgebrauch.** Dabei wird nur in **SN § 39 Satz 1** das Ermessen dahingehend gelenkt, dass im Regelfall bei Vorliegen der tatbestandlichen Voraussetzungen eine Bewilligung von (Langzeit-)Ausgang aus wichtigem Grund zu erfolgen hat (**Soll-Regelung**). Unbeschadet besonderer Regelungen für die Wahrnahme gerichtlicher Termine (dazu a.E. dieser Rdn.) bleibt es in allen anderen Bundesländern bei **Kann-Regelungen.** Dabei ist es unzulässig, aus Gründen des Unrechtsgehaltes der Tat, der **Schuldschwere** oder aus generalpräventiven Gründen von der Gewährung abzusehen (str.; näher 10.C Rdn. 70).[590] Die Vollzugsbehörde hat den **Grundsatz der Verhältnismäßigkeit** zu beachten, weshalb sie i.d.R. im Vergleich zu einem (Langzeit-)Ausgang aus wichtigem Anlass gleich geeignete, aber die Gefangenen stärker belastende Maßnahmen, wie die Überstellung in eine andere Anstalt und Ausführung von dort zur Teilnahme an einer Prüfung bei einer Fernuniversität nicht auswählen darf, wenn die Voraussetzungen für (Langzeit-)Ausgang vorliegen.[591]

In bestimmten Fallkonstellationen besteht eine **Ermessensreduktion auf null.** Dies gilt insbesondere für den Fall einer Ausführung aus **medizinischen Gründen,** wenn eine Vorstellung bei einer Fachärztin oder einem Facharzt erforderlich ist und ein Ausgang nicht in Betracht kommt.[592] Auch bei **gerichtlichen Terminen** dürfte in der Regel die Ausführung dann, wenn Ausgang nicht in Frage kommt, zwingend zu bewilligen sein, wenn die gerichtliche Verhandlung in Abwesenheit der oder des Gefangenen (z.B. als Angeklagte/r oder Zeuge/Zeugin) nicht durchgeführt werden kann oder wenn persönliches Erscheinen angeordnet wurde. Teils wird in diesen Konstellationen schon im Gesetz ein Anspruch eingeräumt, so in **BY** Art. 38 Abs. 2 Satz 1 und 2 sowie **HH** § 14 Abs. 2 Satz 1 und 2. Auch **BB** § 49 Abs. 2, **RP** § 48 Abs. 2 sowie **TH** § 49 Abs. 2, die ausdrücklich nur auf den Fall der Anordnung des persönlichen Erscheinens gelten, räumen erst recht für den Fall, dass ein persönliches Erscheinen schon von Gesetzes wegen erforderlich ist, einen Anspruch auf Ausführung ein. **NI** § 14 Abs. 3 Satz 2 enthält eine Soll-Regelung, wonach die Teilnahme an gerichtlichen Terminen in der Regel zu ermöglichen ist; die vorstehenden Erwägungen lassen sich daher unschwer berücksichtigen.

14   **9. Vorführung.** Entsprechend § 36 Abs. 2 Satz 2 StVollzG findet sich zudem in fast allen Landesgesetzen eine ausdrückliche Regelung zur **Vorführung vor Gericht** (**BW** § 10 Abs. 5 Satz 2 III; **BY** Art. 38 Abs. 3; **BE** § 45 Abs. 3; **BB** § 49 Abs. 5; **HB** § 41 Abs. 3; **HH** § 14 Abs. 3; **HE** 15 Abs. 3 Satz 2; **MV** § 41 Abs. 3; **NI** § 14 Abs. 3 Satz 3; **RP** § 48 Abs. 5; **SL** § 41 Abs. 3; **SN** § 41 Abs. 3; **ST** § 23 Abs. 7; **SH** § 58 Abs. 2; **TH** § 49 Abs. 5). Eine Ausnahme macht nur **NW**, wo der Fall der Vorführung nach der Gesetzesbegründung als Zwangsausführung gem. **NW** § 55 Abs. 3 möglich ist (siehe auch Rdn. 11).[593] Der Begriff „Vorführungsbefehl" ist nicht nur im strafprozessualen Sinne (also z.B. des § 230 Abs. 2 StPO) zu verstehen, sondern umfasst auch das **Vorführungsersuchen,** das das Gericht in Zusammenhang mit der Ladung inhaftierter Zeuginnen bzw. Zeugen oder Beschuldig-

---

589   Zutreffend OLG Frankfurt 19.1.2016 – 3 Ws 972/15 zu **HE** § 15 Abs. 2 Satz 2.
590   A.A. OLG Karlsruhe 7.12.1987 – 1 Ws 259/87, NStZ 1989, 247 mit krit. Anm. *Funck.*
591   A.A. OLG Karlsruhe LS ZfStrVo 1988, 369 und hiesige Voraufl.
592   OLG Hamm BlStV 4/5/1981, 7.
593   Vgl. **NW** LT-Drucks. 16/5413, S. 132.

ter an die Anstalt richtet.[594] Voraussetzung ist aber, dass die Gefangenen nach den Regeln der entsprechenden Prozessordnung zum Erscheinen vor Gericht verpflichtet sind und ein unentschuldigtes Ausbleiben auf die entsprechende Ladung auch bei in Freiheit befindlichen Personen die zwangsweise Vorführung erlauben würde. Die Anstaltsleitung muss auch bei einer Vorführung die nach Lage des Falles erforderlichen Weisungen erteilen und über die Gestattung des Tragens eigener Kleidung sowie über besondere Sicherungsmaßnahmen entscheiden; insofern gelten die Ausführungen unter 10.C Rdn. 8 entsprechend. In **Verfahren nach der StPO** obliegt gem. §§ 231 Abs. 1 Satz 2, 119 Abs. 1 StPO die Anordnung von **Maßnahmen zur Sicherung Gefangener** im Rahmen einer strafgerichtlichen Verhandlung allein dem Gericht. Diese bundesrechtliche Regelung kann durch Landesrecht (wie z.B. die Regelung in **HH** § 14 Abs. 3 Satz 2) nicht durchbrochen werden. Das Gericht kann daher für die Dauer der Verhandlung sowohl geringere als auch strengere Maßnahmen anordnen, als dies die Anstaltsleitung für erforderlich hält.[595] Zutreffend ist hingegen, dass § 176 GVG keine ausreichende gerichtliche Kompetenz für solche Entscheidungen einräumt.[596] Für **andere als strafgerichtliche Verfahren** bleibt es daher bei der alleinigen Zuständigkeit der Anstaltsleitung für die Anordnung von besonderen Sicherungsmaßnahmen auch für die Dauer der Verhandlung.[597] Im Fall der Übergabe an Bedienstete des Justizwachtmeisterdienstes des Amtsgerichtes zur Vorführung bei der Rechtsantragsstelle dürfen Gefangene deshalb grundsätzlich nur dann gefesselt werden, wenn die JVA ausdrücklich auch darum ersucht hat.[598] (Verfassungs-)gerichtlich ist die Rechtsfrage bisher nicht geklärt.[599] Die Entscheidung, ob Gefangene im Wege des Einzel- oder Sammeltransports zum Termin gebracht werden, fällt bei Strafgefangenen (auch in Unterbrechung der U-Haft) in die alleinige Kompetenz der Anstaltsleitung.[600] Eine entsprechende Anregung des Gerichts wird allerdings stets sorgfältig auf ihre sachliche Berechtigung zu prüfen sein. Das Gericht ist, wie die Gesetze (entsprechend § 36 Abs. 3 StVollzG) teils klarstellen, aber auch unabhängig davon gilt, über die getroffenen Maßnahmen zu informieren; dazu zählt auch die Information, ob die Anstalt dem Vorführungsersuchen überhaupt Folge leistet.[601]

10. Ausantwortung. Anders als noch im StVollzG findet sich in allen Landesstrafvollzugsgesetzen eine ausdrückliche Regelung der **Ausantwortung**. Im Kontext der Regelungen zu den vollzugsöffnenden Maßnahmen findet diese sich in **BE** § 45 Abs. 4, **BB** § 49 Abs. 6, **HB** § 41 Abs. 4, **MV** § 41 Abs. 4, **RP** § 48 Abs. 6, **SL** § 41 Abs. 4, **SN** § 41 Abs. 4, **SH** § 58 Abs. 3 und **TH** § 49 Abs. 6; in anderen Landesgesetzen findet sich die Ausantwortung hingegen im Kontext der Verlegungsvorschriften (so in **BW** § 6 Abs. 2 III; **BY** Art. 10 Abs. 3; **HH** § 9 Abs. 5; **HE** § 11 Abs. 2; **NI** § 10 Abs. 3; **NW** § 11 Abs. 3; **ST** § 23 Abs. 8). Nach der Legaldefinition der Bundesländer, die dem ME gefolgt sind (erste hier zitierte Ländergruppe und **ST**), handelt es sich bei der Ausantwortung um die Überlassung Gefan- 15

---

594 OLG Koblenz 20.7.1988 – 2 Ws 380/88, NStZ 1989, 93; *Arloth/Krä* § 36 StVollzG Rdn. 6.
595 Zutreffend AK-*Lesting/Burkhardt* § 41 LandesR Rdn. 22; a.A. *Nagel* NStZ 2001, 233f; *Arloth/Krä* § 36 StVollzG Rdn. 6 und hiesige Voraufl.
596 AK-*Lesting/Burkhardt* § 41 LandesR Rdn. 23.
597 Offengelassen bei AK-*Lesting/Burkhardt* § 41 LandesR Rdn. 23.
598 OLG Celle 15.7.1991 – 1 VAs 15/90, NStZ 1991, 559 = ZfStrVo 1992, 68 m. Anm. *Hartwig* ZfStrVo 1992, 196, der zutreffend darauf hinweist, dass entgegen OLG Celle aaO das Amtshilfeersuchen die Befugnis impliziert, etwa bei unvorhergesehenen Fluchtversuchen vorläufig zu fesseln, allerdings mit der Maßgabe, unverzüglich die Entscheidung der Anstaltsleitung einzuholen.
599 BVerfG 19.4.2011 – 2 BvR 2374/10, BeckRS 2011, 50359.
600 OLG Stuttgart 1.10.1996 – 4 Ws 201/96, NStZ-RR 1997,62.
601 AK-*Lesting/Burkhardt* § 41 LandesR Rdn. 27.

gener in den Gewahrsam eines Gerichts, einer Staatsanwaltschaft oder einer Polizei-, Zoll- oder Finanzbehörde. In **BW** § 6 Abs. 2 III, **BY** Art. 10 Abs. 3, sind hingegen nur die Polizei-, Zoll- und Finanzbehörden genannt, in **HH** § 9 Abs. 3 sogar nur die Polizeibehörde. **HE** § 11 Abs. 2 erlaubt die Übergabe an Strafverfolgungsbehörden. **NI** § 10 Abs. 3 Satz 1 erfasst jede Behörde außerhalb des Vollzugs, ebenso **NW** § 11 Abs. 3. Wie in **NI** 10 Abs. 3 Satz 1 und 2 klargestellt ist und sich auch aus **NW** § 11 Abs. 3 ergibt, darf auch eine Ausantwortung **nur dann gegen den Willen Gefangener** erfolgen, wenn sich dazu außerhalb der Strafvollzugsgesetze eine **Befugnisnorm** findet; andernfalls erfordert die Ausantwortung die Zustimmung der Gefangenen.[602]

E. Weisungen

Baden-Württemberg	BW § 11 Abs. 1 JVollzGB III;
Bayern	BY Art. 16 Abs. 1 BayStVollzG;
Berlin	BE § 44 StVollzG Bln;
Brandenburg	BB § 48 Abs. 1 BbgJVollzG;
Bremen	HB § 40 BremStVollzG;
Hamburg	HH § 12 Abs. 4 bis 6 HmbStVollzG;
Hessen	HE § 14 Abs. 1 HStVollzG;
Mecklenburg-Vorpommern	MV § 40 StVollzG M-V;
Niedersachsen	NI § 15 Abs. 1 NJVollzG;
Nordrhein-Westfalen	NW §§ 53 Abs. 4, 57 StVollzG NRW;
Rheinland-Pfalz	RP § 47 LJVollzG;
Saarland	SL § 40 SLStVollzG;
Sachsen	SN § 40 SächsStVollzG;
Sachsen-Anhalt	ST §§ 45 Abs. 9, 47 JVollzGB LSA;
Schleswig-Holstein	SH § 57 LStVollzG SH;
Thüringen	TH § 48 ThürJVollzGB

Schrifttum

S. bei B.

Übersicht

I. Allgemeine Hinweise —— 1, 2
II. Erläuterungen —— 3–14
  1. Anwendungsbereich —— 3
  2. Inhalt —— 4–10
    a) Weisungskataloge —— 5–7
    b) Sonderfall: Weisung der elektronischen Aufenthaltsüberwachung —— 8
    c) Sonstige Weisungen —— 9
    d) Opferbelange —— 10
  3. Entscheidung über Weisungen —— 11, 12
  4. Form —— 13
  5. Weisungsverstoß —— 14

I. Allgemeine Hinweise

1   § 14 Abs. 1 StVollzG eröffnete die Möglichkeit, Gefangenen für „Lockerungen und Urlaub", also nach der hier zugrunde gelegten Terminologie für **vollzugsöffnende Maßnahmen zur Resozialisierung**, Weisungen zu erteilen. Dies galt auch für derartige

---

[602] So auch AK-*Lesting/Burkhardt* § 41 LandesR Rdn. 28.

Maßnahmen im Rahmen der **Entlassungsvorbereitung** (§ 15 Abs. 3 Satz 2 und Abs. 4 Satz 2 StVollzG). Zudem bestand auch für **vollzugsöffnende Maßnahmen aus wichtigem Anlass**, einschließlich des Sonderfalls der Wahrnehmung gerichtlicher Termine, die Möglichkeit der Weisungserteilung (§§ 35 Abs. 1 Satz 2, 36 Abs. 1 Satz 2 StVollzG).

Auch die **Landesgesetze** sehen **durchgängig** für all diese Konstellationen die Möglichkeit der Weisungserteilung vor; näher zum Anwendungsbereich Rdn. 3. Dabei ergibt sich gegenüber der früheren gesetzlichen Regelung im StVollzG nichts grundlegend Anderes, aber es zeigen sich doch ein paar Besonderheiten. So stand die Weisungserteilung nach der bundesgesetzlichen Regelung im **Ermessen** der Anstalt. Dies wurde in einigen Landesgesetzen beibehalten (so in **BW** § 11 Abs. 1 III; **BY** Art. 16 Abs. 1; **HH** § 12 Abs. 4; **HE** § 14 Abs. 1 Satz 1; **NI** § 15 Abs. 1 Satz 1; **NW** § 57 Satz 1). In anderen Landesgesetzen hingegen wurde die Norm **zwingend** ausgestaltet,[603] auf Tatbestandsseite aber von der **Erforderlichkeit im Einzelfall** abhängig gemacht (**BE** § 44 Satz 1; **BB** § 48 Abs. 1 Satz 1; **HB** § 40 Satz 1; **MV** § 40 Satz 1; **RP** § 47 Satz 1; **SL** § 40 Satz 1; **SN** § 40 Satz 1; **ST** § 47 Abs. 1 Satz 1; **SH** § 57 Satz 1; **TH** § 48 Satz 1), einem **unbestimmten Rechtsbegriff**, bei dessen Auslegung der Vollzugsbehörde angesichts der notwendigen progonostischen Einschätzung der Gefangenen ein **Beurteilungsspielraum** einzuräumen ist.[604] Bei der Umformulierung stand ersichtlich VV Nr. 1 Abs. 1 zu § 14 StVollzG Pate. Die große Mehrzahl der Landesgesetze betont zudem nunmehr die Bedeutung der Weisungen gerade auch zum **Schutz der Opferbelange** (**BE** § 44 Satz 2; **BB** § 48 Abs. 1 Satz 2; **HB** § 40 Satz 2; **HH** § 12 Abs. 5 Satz 1; **MV** § 40 Satz 2; **NI** § 15 Abs. 1 Satz 2; **RP** § 47 Satz 2; **SL** § 40 Satz 2; **SN** § 40 Satz 2; **ST** § 47 Abs. 3; **SH** § 57 Satz 2; **TH** § 48 Satz 2; zu diesen Belangen siehe ergänzend 10.C Rdn. 67).

Des Weiteren beinhaltete das Bundesgesetz selbst keinen **Weisungskatalog**; dieser war nur in VV Nr. 1 Abs. 2 zu § 14 StVollzG enthalten. Einzelne Landesgesetze haben nun einen (jeweils nicht abschließenden) Weisungskatalog ins Gesetz aufgenommen (**HE** § 14 Abs. 1 Satz 2; **NW** § 57 Satz 2; **ST** § 47 Abs. 1 Satz 2, Abs. 2) oder nennen jedenfalls exemplarisch einzelne mögliche Weisungen (**BW** § 11 Abs. 1; **HH** § 12 Abs. 6; **NW** § 53 Abs. 4 [ergänzend zum Katalog in **NW** § 57 Satz 2]; **ST** § 45 Abs. 9 [ergänzend zum Katalog in **ST** § 47 Abs. 1 Satz 2]).

Die Ermächtigung zur Weisungserteilung zeigt, dass Gefangene während vollzugs- 2 öffnender Maßnahmen zwar in gewissen Grenzen ihre Freiheit wiedererlangen, im Übrigen jedoch weiterhin besonderen, in der Freiheitsstrafe begründeten Einschränkungen unterliegen.[605] Unter Weisungen sind Verhaltensanordnungen zu verstehen.[606] Die Erteilung von Auflagen, d.h. selbständig erzwingbaren hoheitlichen Anordnungen, zur Gewährung vollzugsöffnender Maßnahmen ist hingegen in keinem Bundesland zulässig.

Der Zweck von Weisungen kann dort, wo vollzugsöffnende Maßnahmen zur Erreichung des Vollzugsziels gewährt werden, darin liegen, die Maßnahmen so zu strukturieren, dass sie dieser **Zwecksetzung** auch tatsächlich **optimal dienen**. Bei vollzugsöffnenden Maßnahmen aus wichtigem Anlass können in ähnlicher Weise Weisungen erteilt werden, die sicherstellen, dass die Maßnahmen tatsächlich (nur bzw. vorrangig) für den wichtigen Anlass genutzt werden. Außerdem sind in beiden Konstellationen jedenfalls in Grenzfällen der Flucht- und Missbrauchsprognose zu Gunsten der Gefangenen denkbare Weisungen zu berücksichtigen, sofern hierdurch typische Gefahrenquellen reduziert

---

603 **SN** LT-Drucks. 5/10920, 115; AK-*Lesting/Burkhardt* § 40 LandesR Rdn. 15; verfehlt eine Soll-Regelung (also eine Ermessen einräumende Vorschrift) annehmend *Arloth/Krä* § 40 SächsStVollzG Rdn. 1.
604 A.A. (gerichtlich volle Überprüfbarkeit) AK-*Lesting/Burkhardt* § 40 LandesR Rdn. 15.
605 BT-Drucks. 7/918, 53; vgl. auch OLG Frankfurt ZfStrVo 1978, 18.
606 *Laubenthal/Nestler/Neubacher/Verrel* E Rdn. 215.

werden können.[607] Über solche Grenzfälle noch hinausgehend sollten Weisungen insbesondere dazu genutzt werden, sonst **bestehende Flucht- oder Missbrauchsgefahr auszuschließen** bzw. so weitgehend zu reduzieren, dass die Maßnahme gewährt werden kann, also nicht primär freiheitsbeschränkend, sondern **primär freiheitserweiternd**.[608] Für einen im Übrigen **restriktiven Gebrauch** von Weisungen spricht, dass diese im Widerspruch zum Ziel der Selbständigkeit und Eigenverantwortung stehen.[609] Allerdings können, wie die meisten Landesgesetze nun ausdrücklich betonen, Weisungen auch zum **Schutz berechtigter Opferbelange** eingesetzt werden (siehe dazu auch schon 10.C Rdn. 67).

II. Erläuterungen

3 **1. Anwendungsbereich.** Wie bereits in Rdn. 1 erwähnt, können sowohl vollzugsöffnende Maßnahmen **zur Erreichung des Vollzugsziels** (einschließlich des Sonderfalls der Entlassungsvorbereitung) als auch entsprechende Maßnahmen **aus wichtigem Grund** (einschließlich des Sonderfalls der Wahrnehmung gerichtlicher Termine) mit Weisungen verbunden werden. Ergänzend fragt sich aber, ob auch bei allen vollzugsöffnenden Maßnahmen derartige Weisungen sinnvoll sind. Dies ist jedenfalls für die **Ausführung** grundsätzlich zu verneinen, weil Gefangene dabei unter ständiger und unmittelbarer Aufsicht Vollzugsbediensteter stehen und zudem die Ausführung mit der besonderen Sicherungsmaßnahme der Fesselung verbunden werden kann. Als Weisungsempfänger/innen kommen hier daher eher die aufsichtführenden Bediensteten in Betracht (näher 10.C Rdn. 7); die Weisungserteilung an diese richtet sich aber nicht nach den hier kommentierten Vorschriften. Auch bei der **Außenbeschäftigung** verhält es sich grundsätzlich ähnlich, insbesondere, soweit auch dort eine ständige und unmittelbare Aufsicht durch Bedienstete besteht (was allerdings nicht Voraussetzung ist); näher dazu bereits 10.C Rdn. 10. Dementsprechend ist in mehreren Landesgesetzen die Weisungserteilung bei diesen beiden Maßnahmen auch generell ausgeschlossen. Dies betrifft die Gesetze, in denen – darin dem ME-StVolzG folgend – Ausführung und Außenbeschäftigung nicht als „Lockerungen" (zur Terminologie 10.B Rdn. 1) eingestuft werden (**BE** § 45 Abs. 1, Abs. 2; **BB** § 49 Abs. 1, Abs. 4; **HB** § 41 Abs. 1, Abs. 2; **MV** § 41 Abs. 1, Abs. 2; **RP** § 48 Abs. 1, Abs. 4; **SL** § 41 Abs. 1, Abs. 2; **SN** § 41 Abs. 1, Abs. 2; **SH** §§ 54, 58 Abs. 1; **TH** § 49 Abs. 1, Abs. 4). Dort betrifft die Weisungsvorschrift jeweils nur solche „Lockerungen", also Freigang und (Langzeit-)Ausgang (vgl. **BE** § 44 Satz 1; **BB** § 48 Abs. 1 Satz 1; **HB** § 40 Satz 1; **MV** § 40 Satz 1; **RP** § 47 Satz 1; **SL** § 40 Satz 1; **SN** § 40 Satz 1; **SH** § 57 Satz 1; **TH** § 48 Satz 1). In den anderen Bundesländern sind hingegen Ausführung und Außenbeschäftigung zumindest formell mitgefasst, teils allerdings mit Ausnahmen für die Ausführung aus wichtigem Anlass (so bereits in §§ 35 Abs. 2, 36 Abs. 2 StVollzG, die jeweils nicht auf § 14 StVollzG verwiesen; ebenso in **BY** Art. 37 Abs. 2, 38 Abs. 2; **HH** §§ 13 Abs. 2, 14 Abs. 2). **HE** § 13 Abs. 3 ist zu entnehmen, dass die Ausführung nach dem hessischen Gesetz ganz allgemein keine vollzugsöffnende Maßnahme darstellt; auch hier sind daher Weisungen bei der Ausführung ausgeschlossen (vgl. den Wortlaut von **HE** § 14 Abs. 1; siehe zudem **HE** § 15 Abs. 2). Soweit die Weisungserteilung nicht bereits von Gesetzes wegen bei Ausführung oder Außenbeschäftigung ausgeschlossen wurde, ist es aber unzutreffend, wenn teils angenommen wird, es bestünde hier nie ein Bedarf nach Weisungen.[610] In besonde-

---

607 K/S-*Schöch* 2002 § 7 Rdn. 81.
608 Ähnlich AK-*Lesting/Burkhardt* § 40 LandesR Rdn. 5.
609 AK-*Lesting/Burkhardt* § 40 LandesR Rdn. 5.
610 So aber AK-*Lesting/Burkhardt* § 40 LandesR Rdn. 6.

ren Ausnahmekonstellationen kann es auch anders sein, wie mittlerweile einige Landesgesetze dadurch deutlich machen, dass sie es zulassen, Ausführungen vom Beisichführen eines ständig betriebsbereiten Geräts zur **elektronischen Aufenthaltsbestimmung** abhängig zu machen und dessen Funktionsfähigkeit nicht zu beeinträchtigen (so ausdrücklich **NW** § 53 Abs. 4 für Ausführungen zur Erhaltung der Lebenstüchtigkeit; vgl. zudem **ST** §§ 45 Abs. 9, 47 Abs. 1 Satz 1 Nr. 10). Rechtlich handelt es sich dabei um eine Weisung an die betroffenen Gefangenen. Diese Weisung ergibt gerade bei der Ausführung unter Berücksichtigung des Verhältnismäßigkeitsgrundsatzes Sinn, weil sie eine – weitaus auffälligere und daher stigmatisierende – Fesselung überflüssig machen kann (zu den rechtlichen Voraussetzungen vgl. aber Rdn. 8).

2. Inhalt. Der zulässige **Inhalt von Weisungen** wurde in § 14 Abs. 1 StVollzG (im Unterschied etwa zu § 56c StGB) nicht im Einzelnen bestimmt. Ähnliches gilt weiterhin für die Mehrzahl der Landesgesetze. Hingegen wurde in **HE** § 14 Abs. 1 Satz 2, **NW** § 57 Satz 2 und **ST** § 47 Abs. 1 Satz 2, Abs. 2 jeweils ein (nicht abschließender) **Weisungskatalog** ins Gesetz aufgenommen. Exemplarisch einzelne Weisungen werden zudem in **BW** § 11 Abs. 1 III, **HH** § 12 Abs. 6, **NW** § 53 Abs. 4 (ergänzend zum Katalog in **NW** § 57 Satz 2) und **ST** § 45 Abs. 9 (ergänzend zum Katalog in **ST** § 47 Abs. 1 Satz 2) aufgezählt. In den anderen Bundesländern sind (in Anlehnung an VV Nr. 1 Abs. 2 zu § 14 StVollzG ebenfalls nicht abschließende) Weisungskataloge i.d.R. in den VV enthalten (so z.B. in VV Nr. 1 zu **BW** § 11 III; VV Nr. 1 Abs. 2 zu **BY** Art. 16; VV zu **BE** § 44; VV Abs. 2 zu **HB** § 40). VV Nr. 10 Abs. 2 zu **SL** § 38 enthält einen Katalog nur für den Langzeitausgang. Dabei wurden in seltener Einmütigkeit die Weisungen des Katalogs aus VV Nr. 1 Abs. 2 zu § 14 StVollzG auch praktisch identisch in die Landes-VV übernommen. Von den zitierten V finden sich nur in **BE** geringfügige Abweichungen zu den früheren bundeseinheitlichen VV. Die gesetzlichen Weisungskataloge in **HE**, **NW** und **ST** zeigen hingegen etwas stärkere Abweichungen gegenüber den früheren bundeseinheitlichen VV, ähneln sich dafür aber wiederum untereinander. Sämtliche Weisungskataloge, sei es aus VV oder Gesetz, lassen zudem weiterhin eine Orientierung an § 56c Abs. 2 Nr. 1 bis 4 StGB erkennen. Die Weisungsbeispiele können jeweils auch für diejenigen Bundesländer herangezogen werden, in denen sie nicht unmittelbar gelten, weil es nirgends eine abschließende Bestimmung möglicher Weisungsinhalte gibt.

Die Erteilung **mehrerer** Weisungen ist zulässig. Allerdings müssen die Weisungen individuell sowie in ihrer Gesamtheit **verhältnismäßig**, d.h. insbesondere zur Erreichung der Weisungszwecke gem. Rdn. 2 **im Einzelfall** geeignet, erforderlich und angemessen sein und an die Gefangenen **keine unzumutbaren** Anforderungen stellen (ergänzend Rdn. 11).[611] Weisungen dürfen zudem nicht den **grundsätzlichen Charakter** einer vollzugsöffnenden Maßnahme ändern, z.B. nicht einen Begleitausgang durch eine durchgängige Unterstellung Gefangener unter die Anordnungen der Begleitperson letztlich in eine Ausführung umwandeln.[612]

a) Weisungskataloge. Die Weisungskataloge gem. **VV Nr. 1 Abs. 2 zu § 14 StVollzG** und damit weiterhin identisch vielen Landes-VV sehen folgende Weisungen **insbesondere** vor:
„a) Anordnungen zu befolgen, die sich auf **Aufenthalt** oder bestimmte **Verrichtungen** außerhalb der Anstalt beziehen,

---

611 AK-*Lesting*/*Burkhardt* § 40 LandesR Rdn. 13.
612 AK-*Lesting*/*Burkhardt* § 40 LandesR Rdn. 12.

b) sich zu festgesetzten Zeiten bei einer bestimmten Stelle oder Person **zu melden**,
c) mit bestimmten **Personen** oder mit Personen einer bestimmten Gruppe, die ihm Gelegenheit oder Anreiz zu weiteren Straftaten bieten können, **nicht zu verkehren**,
d) bestimmte **Gegenstände**, die ihm Gelegenheit oder Anreiz zu weiteren Straftaten bieten können, **nicht zu besitzen**, bei sich zu führen, zu benutzen oder verwahren zu lassen,
e) alkoholische oder andere **berauschende Getränke und Stoffe** sowie bestimmte Lokale oder Bezirke **zu meiden**" (Hervorhebungen durch d. Verf.).

Die Weisung nach lit. a) ist in der Praxis häufig, z.B. bezogen auf den Besuch von Angehörigen oder Bekannten an einem bestimmten Ort oder Besuchsausgang am Ort der Anstalt. Möglich ist auch, Gefangene anzuweisen, sich an einem bestimmten Ort **nicht aufzuhalten**, z.B. am Wohnort des Opfers.[613] Eine solche Weisung ist aber nur sinnvoll, wenn die Nichtanwesenheit auch überprüft werden kann, was bei einer aus Gründen des Opferschutzes erteilten Weisung zwingend dessen Einbeziehung erfordert. Eine Meldepflicht gem. lit. b) kann z.B. gegenüber der Polizei auferlegt werden. Das Kontaktverbot gem. lit. c) ist unter dem Gesichtspunkt der Kontrollierbarkeit ebenfalls nur dann sinnhaft, wenn die betreffenden Personen von Beginn an in die Planung der Maßnahme mit einbezogen werden, was insbesondere bei Straftatopfern in Frage kommt.[614] Die Weisung gem. lit. d), bestimmte Gegenstände (z.B. Einbruchswerkzeuge),[615] nicht bei sich zu führen, spielt in der Praxis so gut wie keine Rolle. Wichtiger ist die Weisung nach lit e), da der Prozentsatz suchtmittelgefährdeter Gefangener hoch ist. Die Vollzugspraxis macht von der Weisung jedoch häufig zu undifferenziert Gebrauch, indem z.B. in jeden Schein für Langzeitausgang ein Alkoholverbot (selten jedoch ergänzend bezogen auch auf BtM) für den gesamten Zeitraum der Maßnahme aufgenommen wird. Bei Gefangenen, die keinerlei Suchtproblematik aufweisen, ist eine derartige Weisung unverhältnismäßig und verstößt zudem gegen das Gebot des Einzelfallbezugs (Rdn. 4, 11). Bei Gefangenen mit Suchtproblematik ist sie nach Einzelfallprüfung zwar denkbar, stets jedoch sorgfältig dahingehend zu hinterfragen, ob sie kontrollierbar ist und der Vollzug auch die nötige Kontrollbereitschaft aufbringt. In aller Regel ist nur die nüchterne Rückkehr in die Anstalt überprüfbar; darauf sollte die Weisung beschränkt bleiben.[616] Zur Überprüfung bietet sich insbesondere eine **Suchtmittelkontrolle** an (dazu 11.D Rdn. 12ff.).

6   In der **VV zu BE § 44** finden sich gegenüber den bereits vorgestellten Weisungen folgende Abweichungen (nicht nochmals erwähnte Weisungen sind identisch): Als lit. c) wurde dort die Weisung aufgenommen, „bestimmte Lokale, Plätze, Grünanlagen oder Gegenden zu meiden, die ihnen Gelegenheit oder Anreiz zu weiteren Straftaten bieten können"; diese ist letztlich ein Unterfall der allgemeinen Aufenthaltsweisung gem. VV Nr. 1 Abs. 2 lit. a) zu § 14 StVollzG (dazu Rdn. 5). Sie ist ebenfalls mit Blick auf die Kontrollierbarkeit und Kontrollbereitschaft oft fragwürdig. Die Weisung, „keinen Kontakt zu Personen, die Verletzte der Straftat waren, aufzunehmen, wenn zu befürchten ist, dass dieser den Verletzten schadet", wurde ausdrücklich als lit. e) aufgenommen; diese ist teils ein Unterfall von VV Nr. 1 Abs. 2 lit. c), geht aber darüber hinaus, weil keine erneute Viktimisierung der **Opfer** drohen muss, sondern nur generell auf den zu befürchtenden Opferschaden durch den Kontakt (z.B. aufgrund Furcht des Opfers vor dem Täter oder der Täterin) abgestellt wird. Positiv hervorzuheben ist auch die Terminologie, weil das

---

613 *Arloth/Krä* § 14 StVollzG Rdn. 2.
614 *AK-Lesting/Burkhardt* § 40 LandesR Rdn. 9.
615 *Arloth/Krä* § 14 StVollzG Rdn. 2.
616 *AK-Lesting/Burkhardt* § 40 LandesR Rdn. 9.

Opfer hier nicht mehr allein als Straftatanlass vorkommt, sondern als Person mit Rechten und Interessen; im Übrigen gelten die obigen Ausführungen (Rdn. 5) dazu entsprechend. Schließlich modifiziert die VV zu **BE** § 44 auch das allgemeine Kontaktverbot und benennt als weiteren Grund für dieses ein Entgegenwirken gegen die **Erreichung des Vollzugsziels** oder die Eingliederung; zur Problematik der Kontrollierbarkeit gilt Rdn. 5 entsprechend.

Gegenüber den dargestellten VV zeigen die **Landesgesetze** in **HE, NW und ST** folgende Abweichungen (vgl. **HE** § 14 Abs. 1 Satz 2, **NW** § 57 Satz 2, **ST** § 47 Abs. 1 Satz 2; nicht nochmals erwähnte Weisungen sind identisch): Die Weisung nach VV Nr. 1 Abs. 2 lit. a) zu § 14 StVollzG wurde dahin konkretisiert, „Anordnungen zu befolgen, die sich auf Aufenthalt, Ausbildung, Arbeit oder Freizeit oder auf Ordnung ihrer wirtschaftlichen Verhältnisse beziehen" (jeweils als Nr. 1 der Vorschriften), wobei allerdings eine **Ordnung der wirtschaftlichen Verhältnisse** gerade bei überschuldeten Gefangenen ohne professionelle Unterstützung kaum umsetzbar sein dürfte.[617] Nur in **ST** § 47 Abs. 1 Satz 2 ist (als Nr. 2) zudem eine weitere, den Aufenthalt betreffende Weisung ausdrücklich benannt, nämlich „den Wohn- oder Aufenthaltsort oder einen bestimmten Bereich nicht ohne Erlaubnis zu verlassen"; neben Nr. 1 ist diese eigentlich redundant. Eine ausdrückliche Weisung, bestimmte **Orte zu meiden**, enthalten zudem **NW** § 57 Satz 2 Nr. 3 und **ST** § 47 Abs. 1 Satz 2 Nr. 3, dabei die Regelung in **ST** mit besonderen Bezug auf den Wohn- und Aufenthaltsort des Opfers. Ein **Kontaktverbot** gegenüber dem Opfer und ein Annäherungsverbot an dessen Wohnbereich enthält auch **NW** § 57 Satz 2 Nr. 4. Darüber hinaus sind in **HE** § 14 Abs. 1 Satz 2 Nr. 3, **NW** § 57 Satz 2 Nr. 3 und **ST** § 47 Abs. 1 Satz 2 Nr. 4 allgemeine Kontaktverbote enthalten, die denjenigen der VV Nr. 1 Abs. 2 lit. c) zu § 14 StVollzG ähneln, allerdings nicht mehr auf Gelegenheit oder Anreiz zu Straftaten abstellen. Zu all diesen Weisungen vgl. ergänzend Rdn. 5. Eine weitere Besonderheit ist die Weisung in **ST** § 47 Abs. 1 Satz 2 Nr. 6 („sich einer bestimmten **Betreuungsperson** zu unterstellen"; Hervorhebung durch den Verf.). Alle drei Landesgesetze nennen zudem als das Verbot von Alkohol und anderen berauschenden Mitteln flankierende Weisung das Gebot, sich dafür in regelmäßigen Abständen **Suchtmittelkontrollen** (dazu 11.D Rdn. 12 ff.) zu unterziehen (**HE** § 14 Abs. 1 Satz 2 Nr. 6; **NW** § 57 Satz 2 Nr. 7; **ST** § 47 Abs. 1 Satz 2 Nr. 9). Die genannten Weisungen sind, auch soweit sie über die VV hinausgehen, **in den anderen Bundesländern** als „freie" Weisungen **einsetzbar**.

b) Sonderfall: Weisung der elektronischen Aufenthaltsüberwachung. Als Sonderfall ist in **ST §§ 45 Abs. 9, 47 Abs. 1 Satz 2 Nr. 10, Abs. 2** eine Weisung der elektronischen Aufenthaltsüberwachung enthalten. Die Weisung geht nach **ST** § 47 Abs. 1 Satz 2 Nr. 10 dahin, „die für eine elektronische Überwachung ihres Aufenthaltsortes [...] erforderlichen technischen Mittel ständig in betriebsbereitem Zustand bei sich zu führen und deren Funktionsfähigkeit nicht zu beeinträchtigen." Dabei stellt **ST** § 47 Abs. 2 angesichts der Eingriffsintensität der Maßnahme mit Blick auf das **Grundrecht auf informationelle Selbstbestimmung** aus Art. 2 Abs. 1 i.V.m. Art. 1 Abs. 1 GG strengere Erforderlichkeitsvoraussetzungen auf. Danach muss die Weisung erforderlich sein, um einen Verstoß gegen bestimmte andere Weisungen (nämlich gem. § 47 Abs. 1 Satz 2 Nr. 1 bis 5), namentlich solche, die auf den Aufenthalt, auf Kontaktverbote und Meldepflichten bezogen sind, zu unterbinden oder Flucht- oder Missbrauchsgefahr auszuräumen. Die Weisung findet im Übrigen in **NW § 53 Abs. 4** Erwähnung, wo sie nur für den Fall der **Ausführungen zur Erhaltung der Lebenstüchtigkeit** gelten und zudem nur Entwei-

---

617 AK-*Lesting*/*Burkhardt* § 40 LandesR Rdn. 9.

chungen verhindern soll. Schließlich ist sie auch in **HE § 16 Abs. 3 Satz 5** für den Fall des **Langzeitausgangs zur Entlassungsvorbereitung** enthalten (dazu generell in 10.H Rdn. 10 ff.); hier dient sie – ähnlich wie in **ST** – der Überwachung der Einhaltung anderer Weisungen. Angesichts der Eingriffsintensität der Maßnahme mit Blick auf die informationelle Selbstbestimmung und der Notwendigkeit flankierender Regeln zum Umgang mit den erhobenen Daten (vgl. **HE** § 65 Abs. 2; **NW** § 27 JVollzDSG NRW; keine ausdrückliche Sonderregelung zum Datenschutz in **ST**) bedarf es für diese Weisung einer **ausdrücklichen gesetzlichen Grundlage**; anders als die zuvor genannten Weisungen ist sie also **in den anderen Bundesländern nicht nutzbar**.

9   **c) Sonstige Weisungen.** Da der Begleitausgang (dazu 10.C Rdn. 12 ff.) in fast allen Landesgesetzen mittlerweile eine eigenständige vollzugsöffnende Maßnahme darstellt (**BW** § 9 Abs. 2 Nr. 2 III; **BE** § 42 Abs. 2 Nr. 1; **BB** § 46 Abs. 1 Satz 1 Nr. 1; **HB** § 38 Abs. 1 Nr. 1; **HH** § 12 Abs. 1 Satz 1 Nr. 2; **HE** § 13 Abs. 3 Satz 1 Nr. 3; **MV** § 38 Abs. 1 Nr. 1; **NW** § 53 Abs. 2 Nr. 2; **RP** § 45 Abs. 1 Satz 1 Nr. 1; **SL** § 38 Abs. 1 Nr. 1; **SN** § 38 Abs. 1 Nr. 1; **ST** § 45 Abs. 1 Nr. 2; **SH** § 55 Abs. 1 Nr. 1; **TH** § 46 Abs. 1 Satz 1 Nr. 1), besteht nur noch in den wenigen Ländern, in denen dies nicht so ist (**BY** Art. 13 Abs. 1 Nr. 2; **NI** § 13 Abs. 1 Nr. 2) ein Bedürfnis für die Weisung, sich beim Ausgang **von einer bestimmten Person** (Angehörige, Bekannte, ehrenamtliche Betreuer/innen, Bedienstete) **begleiten zu lassen**. Als Weisung kann auch ein **Verbot** in Betracht kommen, während vollzugsöffnender Maßnahmen **ein Kraftfahrzeug zu führen**. Unzulässig ist jedoch eine generelle Untersagung unter Hinweis auf die Vermutung einer angeblich gefangenenspezifisch erhöhten Gefährdung des Straßenverkehrs, die lediglich in begründeten Ausnahmefällen widerlegbar sein soll.[618] Eine fehlerfreie Entscheidung setzt vielmehr stets eine Einzelfallprüfung voraus, in die alle für den bzw. die betroffene/n Gefangene/n maßgeblichen Aspekte einzubeziehen sind.[619] Die Anstaltsleitung wird hierdurch nicht überfordert.[620] Die Weisung, während einer vollzugsöffnenden Maßnahme **keine Straftaten zu begehen**, erscheint unter keinen denkbaren Umständen zulässig.[621] Zum einen würde eine entsprechende ernsthafte Befürchtung bereits im Rahmen der Vorfrage der Missbrauchsgefahr zur Versagung der Maßnahme führen müssen, zum anderen wäre eine derartige Weisung nicht sinnvoll kontrollierbar. Zudem ist sie auch aufgrund der nicht bestehenden Verpflichtung der Gefangenen, an der Realisierung des Vollzugszieles mitzuwirken, ausgeschlossen.[622] Die Überlegung, eine derartige Weisung sei deshalb nicht überflüssig, weil (nur) so bei einem Verstoß Disziplinarmaßnahmen ermöglicht würden,[623] geht gleichfalls fehl. Die Begehung einer neuen Straftat führt in aller Regel zu einer weiteren Strafe nach dem StGB und zu einem Widerruf vollzugsöffnender Maßnahmen, so dass nicht ersichtlich ist, worin dann noch ein „disziplinarischer Überhang" zu sehen sein sollte.

10   **d) Opferbelange.** Über konkrete Weisungen hinaus betont die große Mehrzahl der Landesgesetze ganz generell die Bedeutung der Weisungen gerade auch zum **Schutz der Opferbelange** (**BE** § 44 Satz 2; **BB** § 48 Abs. 1 Satz 2; **HB** § 40 Satz 2; **HH** § 12 Abs. 5 Satz 1;

---

618 So aber OLG Stuttgart 19.5.1983 – 4 Ws 109/83, NStZ 1983, 573 = ZfStrVo 1983, 303; zumindest für den Bereich des offenen Vollzuges wie hier OLG Frankfurt 10.1.1991 – 3 Ws 2/90 (StVollz), NStZ 1991, 407.
619 So auch AK-*Lesting/Burkhardt* § 40 LandesR Rdn. 11.
620 A.A. OLG Stuttgart 19.5.1983 – 4 Ws 109/83, NStZ 1983, 573.
621 A.A. OLG Nürnberg 18.6.1984 – Ws 162/84, ZfStrVo 1984, 377 m. abl. Anm. *Skirl; Arloth/Krä* § 14 StVollzG Rdn. 2; wie hier AK-*Lesting/Burkhardt* § 40 LandesR Rdn. 10.
622 Ebenso AK-*Lesting/Burkhardt* § 40 LandesR Rdn. 10.
623 *Arloth/Krä* § 14 StVollzG Rdn. 2.

MV § 40 Satz 2; **NI** § 15 Abs. 1 Satz 2; **RP** § 47 Satz 2; **SL** § 40 Satz 2; **SN** § 40 Satz 2; **ST** § 47 Abs. 3; **SH** § 57 Satz 2; **TH** § 48 Satz 2). Mit Blick auf die Bedeutung dieser Vorgabe kann auf 10.C Rdn. 67 verwiesen werden.

3. Entscheidung über Weisungen. Wie schon in Rdn. 1 erwähnt, ist die Entscheidung über die Erteilung von Weisungen in einer Reihe von Bundesländern weiterhin – wie nach § 14 Abs. 1 StVollzG – eine **Ermessensentscheidung** der Anstalt (so in **BW** § 11 Abs. 1 III; **BY** Art. 16 Abs. 1; **HH** § 12 Abs. 4; **HE** § 14 Abs. 1 Satz 1; **NI** § 15 Abs. 1 Satz 1; **NW** § 57 Satz 1). In den dem ME-StVollzG folgenden Bundesländern hingegen wurde – dem Vorbild der VV Nr. 1 Abs. 1 zu 14 StVollzG ersichtlich folgend – die Norm in einer Weise ausgestaltet, dass sie dort **zwingenden Charakter** hat.[624] Dafür wurde auf **Tatbestandsseite** die **Erforderlichkeit im Einzelfall** ausdrücklich aufgenommen (**BE** § 44 Satz 1; **BB** § 48 Abs. 1 Satz 1; **HB** § 40 Satz 1; **MV** § 40 Satz 1; **RP** § 47 Satz 1; **SL** § 40 Satz 1; **SN** § 40 Satz 1; **ST** § 47 Abs. 1 Satz 1; **SH** § 57 Satz 1; **TH** § 48 Satz 1). Es handelt sich dabei um einen **unbestimmten Rechtsbegriff**, bei dessen Auslegung der Vollzugsbehörde angesichts der notwendigen prognostischen Einschätzung der Gefangenen ein **Beurteilungsspielraum** einzuräumen ist.[625]

Damit hat sich die Abwägung, ob eine Weisung zu erlassen ist, letztlich nur auf den Tatbestand vorverlagert, denn auch im Rahmen der **Ermessensausübung** ist die **Erforderlichkeit** der Weisung **im Einzelfall** als Element des Verhältnismäßigkeitsgrundsatzes zwingend zu berücksichtigen (zur Berücksichtigung dieses Merkmals siehe auch schon die Rdn. 4 ff.).

Für die **Ausfüllung** des (je nach Bundesland) Beurteilungs- oder Ermessensspielraums ist dabei auch deren **Zwecksetzung** zu berücksichtigen (dazu Rdn. 2). So ist ausschließlicher Sinn und Zweck der Erteilung von Weisungen bei vollzugsöffnenden Maßnahmen zur Resozialisierung die weitmöglichste Erreichung des Vollzugszieles unter Vermeidung damit verbundener Konflikte und Risiken für die Allgemeinheit. Eine Weisung, die nicht entsprechend sinnvoll ist, ist danach nicht zulässig.

4. Form. Die Form der Erteilung der Weisungen ist grundsätzlich nicht vorgeschrieben. Allerdings bestimmte VV Nr. 8 Abs. 1 Satz 2 zu § 13 StVollzG, dass die erforderlichen Weisungen in den „Urlaubsschein" aufzunehmen sind; ähnliche Vorgaben finden sich in den Landes-VV. Wegen möglicher Folgen bei Nichtbeachtung der Weisungen (hierzu Rdn. 14) ist Schriftform darüber hinaus generell bei vollzugsöffnenden Maßnahmen zweckmäßig.[626]

5. Weisungsverstoß. Bei einem Weisungsverstoß kann die Anstaltsleitung vollzugsöffnende Maßnahmen u.U. widerrufen (näher unter 10.F Rdn. 12). Es kommt grundsätzlich auch die Anordnung einer Disziplinarmaßnahme in Betracht, weil durch Weisungen Pflichten auferlegt werden können, wie z.B. diejenige, pünktlich in die Anstalt zurückzukehren.[627]

---

624 SN LT-Drucks. 5/10920, 115; AK-*Lesting/Burkhardt* § 40 LandesR Rdn. 15; verfehlt eine Soll-Regelung (also eine Ermessen einräumende Vorschrift) annehmend *Arloth/Krä* § 40 SächsStVollzG Rdn. 1.
625 A.A. (gerichtlich volle Überprüfbarkeit) AK-*Lesting/Burkhardt* § 40 LandesR Rdn. 15.
626 Ebenso AK-*Lesting/Burkhardt* § 40 LandesR Rdn. 17; *Laubenthal/Nestler/Neubacher/Verrel* E Rdn. 216.
627 *Arloth/Krä* § 14 StVollzG Rdn. 3.

F. Widerruf und Rücknahme

Baden-Württemberg	BW § 11 Abs. 2 JVollzGB III;
Bayern	BY Art. 16 Abs. 2, 115a Satz 2 BayStVollzG;
Berlin	BE § 98 StVollzG Bln;
Brandenburg	BB § 104 BbgJVollzG;
Bremen	HB § 91 BremStVollzG;
Hamburg	HH § 92 Abs. 2 u. 3 HmbStVollzG;
Hessen	HE §§ 5 Abs. 3 Satz 2, 14 Abs. 2 u. 3 HStVollzG;
Mecklenburg-Vorpommern	MV § 90 StVollzG M-V;
Niedersachsen	NI §§ 15 Abs. 2 u. 3, 100 NJVollzG;
Nordrhein-Westfalen	NW § 83 StVollzG NRW;
Rheinland-Pfalz	RP § 101 LJVollzG;
Saarland	SL § 90 SLStVollzG;
Sachsen	SN § 94 SächsStVollzG;
Sachsen-Anhalt	ST § 102 JVollzGB LSA;
Schleswig-Holstein	SH § 122 LStVollzG SH;
Thüringen	TH § 102 ThürJVollzGB

Schrifttum

S. bei B.

Übersicht

I. Allgemeine Hinweise —— 1–8
  1. Frühere Rechtslage nach dem StVollzG —— 1–3
  2. Überblick über die aktuelle Rechtslage —— 4–8
II. Erläuterungen —— 9–20
  1. Widerruf und Rücknahme vollzugsöffnender Maßnahmen —— 9–18
    a) Widerruf —— 9–14
      aa) Nachträglich eingetretene oder bekanntgewordene Umstände —— 10
      bb) Missbrauch der Maßnahme —— 11
      cc) Weisungsverstoß —— 12
      dd) Änderung einer Rechtsvorschrift —— 13
      ee) Wirkung für die Zukunft —— 14
    b) Rücknahme —— 15
    c) Vertrauensschutz —— 16
    d) Ermessen —— 17
    e) Wirksamwerden —— 18
  2. Widerruf und Rücknahme anderer vollzuglicher Maßnahmen —— 19, 20
    a) Grundfragen —— 19
    b) Kasuistik sonstiger begünstigender vollzuglicher Maßnahmen —— 20

I. Allgemeine Hinweise

1. Frühere Rechtslage nach dem StVollzG. 1

In § 14 Abs. 2 StVollzG waren **Widerruf** und **Rücknahme** für „Lockerungen und Urlaub", also nach der hier zugrundegelegten Terminologie für vollzugsöffnende Maßnahmen geregelt. Bei der Gewährung von vollzugsöffnenden Maßnahmen handelt es sich um **begünstigende (Justiz-)Verwaltungsakte** (vgl. § 35 VwVfG). Die Regelung des § 14 Abs. 2 StVollzG, der hinsichtlich der Voraussetzungen einer Aufhebung danach unterschied, ob die Anordnung rechtmäßig (Widerruf) oder rechtswidrig (Rücknahme) war, deckte sich insoweit mit allgemeinen verwaltungsrechtlichen Grundsätzen, die sich weitgehend ähnlich auch in den §§ 48, 49 VwVfG niedergeschlagen haben.[628] In Zweifelsfäl-

---

[628] OLG Celle 8.5.1984 – 3 Ws 143/84 (StrVollz), NStZ 1984, 430.

len und bei Auslegungsfragen sind die erwähnten Grundsätze auch ansonsten ergänzend heranzuziehen, sofern in den Strafvollzugsgesetzen keine abweichenden Regelungen getroffen worden sind.[629] Für vollzugsöffnende Maßnahmen bedeutet dies u.a., dass anordnende (Justiz-)Verwaltungsakte ohne entgegenstehende Anhaltspunkte **Dauerwirkung** entfalten. Anders als Freigang und Außenbeschäftigung, denen in diesem Sinne Dauerwirkung zukommt,[630] beruhen jedoch Ausführung und (Langzeit-)Ausgang jeweils auf einer auf die Dauer der jeweiligen Maßnahme zeitlich begrenzten **Einzelgewährung**. Eine Grundsatzentscheidung i.S.d. der Zuerkennung der (Regel-)Eignung für (Langzeit-)Ausgang oder Ausführung ist den Strafvollzugsgesetzen fremd.[631]

§ 14 Abs. 2 StVollzG erlaubte einen Widerruf für die Zukunft, wenn die Anstaltsleitung aufgrund „nachträglich eingetretener Umstände berechtigt wäre, die Maßnahmen zu versagen" (Satz 1 Nr. 1), Gefangene die Maßnahmen missbrauchen (Nr. 2) oder Weisungen nicht nachkommen (Nr. 3) sowie eine Rücknahme für die Zukunft nach Satz 2 für den Fall des Fehlens der Bewilligungsvoraussetzungen. Die Entscheidung über Widerruf und Rücknahme stand im pflichtgemäßen **Ermessen** der Anstaltsleitung.

Die Regelung in § 14 Abs. 2 StVollzG war bezüglich der Aufhebung vollzugsöffnender 2 Maßnahmen **abschließend**; Korrekturen aus anderen Gründen (z.B. rechtspolitischer Strategiewandel) waren nicht zulässig.[632] **Unmittelbare Anwendung** fand § 14 StVollzG nur für die Aufhebung von Maßnahmen gem. §§ 11, 13 StVollzG, zudem kraft Verweisung auch für vollzugsöffnende Maßnahmen zur Entlassungsvorbereitung gem. § 15 StVollzG (vgl. § 15 Abs. 3 Satz 2, Abs. 4 Satz 2) sowie aus wichtigem Anlass (§§ 35 Abs. 1 Satz 2, 36 Abs. 1 Satz 2 StVollzG), also für vollzugsöffnende Maßnahmen i.S. der hier zugrundegelegten Terminologie (vgl. 10.B Rdn. 1f.). Nicht darunter fiel daher z.B. die Rückverlegung aus dem offenen Vollzug[633] oder die Aufhebung der Gestattung einer Selbstbeschäftigung.[634]

Das StVollzG enthielt hingegen **keine allgemeine Regelung** zur Zulässigkeit und zu 3 den Voraussetzungen des Widerrufes und der Rücknahme von Vollzugsmaßnahmen und über den in Rdn. 2 skizzierten Rahmen hinaus nur **ausdrückliche Spezialregelungen** für den offenen Vollzug (§ 10 Abs. 2 Satz 2 Alt. 2 StVollzG) sowie für die Erlaubnis zum Besitz von Gegenständen zur Fortbildung oder Freizeitbeschäftigung (§ 70 Abs. 3 StVollzG). In der Praxis des Strafvollzuges spielt die Aufhebung getroffener Anordnungen jedoch auch in zahlreichen anderen Bereichen eine große Rolle. Unter der Geltung des StVollzG auf Bundesebene konnten sonstige Anordnungen daher allenfalls **analog §§ 48, 49 VwVfG** (genauer: den gem. § 1 Abs. 3 VwVfG vorrangigen, jedoch weitgehend wörtlich übereinstimmenden Verwaltungsverfahrensgesetzen der Länder) widerrufen oder zurückgenommen werden. Eine **analoge Anwendung** von § 14 Abs. 2 StVollzG war hingegen nach zutreffender Ansicht nicht zulässig.[635] Der Gesetzgeber hielt die Aufhebbarkeit von begünstigenden Verwaltungsakten, die aufgrund des StVollzG erlassen

---

629 OLG Hamm 03.10.1985 – 1 Vollz (Ws) 122/85, NStZ 1986, 143 = ZfStrVo 1986, 117; OLG Celle BlStV 4/5/1990, 6 und 8.5.1984 – 3 Ws 143/84 (StrVollz), NStZ 1984, 430; *Arloth/Krä* § 14 StVollzG Rdn. 5.
630 *Arloth/Krä* § 14 StVollzG Rdn. 4.
631 Zutreffend *Arloth/Krä* § 14 StVollzG Rdn. 4; LG Hamburg 2.4.2004 – 609 Vollz 85/03, StraFo 2004, 253; a.A. *Skirl* NStZ 1995, 359 und hiesige Voraufl.
632 OLG Frankfurt 31.3.2000 – 3 Ws 36/00 (StVollz), NStZ-RR 2000, 252; *Arloth/Krä* § 14 StVollzG Rdn. 5; K/S-*Schöch* 2002 § 7 Rdn. 81.
633 So aber OLG Hamm ZfStrVo 1984, 248.
634 So aber OLG Bremen ZfStrVo **SH** 1979, 57.
635 Im Ergebnis wie hier OLG Zweibrücken 11.10.1982 – 1 Vollz (Ws) 84/81, ZfStrVo 1983, 55 und wohl auch OLG Celle 17.3.1999 – 1 Ws 54/99 (StrVollz), NStZ 2000, 465 M; *Laubenthal/Nestler/Neubacher/Verrel* E Rdn. 219; a.A. und für analoge Anwendung hingegen die ganz überwiegende Rspr., z.B. OLG Karlsruhe 20.6.2005 – 1 Ws 426/04, ZfStrVo 2006, 112; KG 17.9.1992 – 5 Vollz (Ws) 240/92, NStZ 1993, 100 sowie *Arloth/Krä* § 14 StVollzG Rdn. 5; K/S-*Schöch* 2002 § 7 Rdn. 82.

werden, offenbar für so selbstverständlich, dass sie als allgemeines Prinzip keiner konstitutiven Regelung bedurfte.[636] Gegen die Auffassung, die entsprechende Anwendung der §§ 48, 49 VwVfG sei zusätzlich unter den einschränkenden Vorbehalt des § 4 Abs. 2 Satz 2 StVollzG zu stellen,[637] konnte geltend gemacht werden, dass sich die letztgenannte Vorschrift nur auf die Auferlegung zusätzlicher Beschränkungen der Freiheit Gefangener durch die spezifische Ausgestaltung des Vollzuges bezog und nicht verbot, dass allgemeine Verwaltungsgrundsätze in gleicher Weise bei Gefangenen wie bei Bürger/innen in Freiheit angewandt werden.

4   **2. Überblick über die aktuelle Rechtslage.** Eine **dem StVollzG entsprechende**, mit Blick auf die allgemeine Möglichkeit der Rücknahme und des Widerrufs begünstigender Vollzugsmaßnahmen unbefriedigend unklare Rechtslage findet sich mittlerweile **nur noch in BW: BW** § 11 Abs. 2 III eröffnet – ebenso wie § 14 Abs. 2 StVollzG – nur den Widerruf und die Rücknahme vollzugsöffnender Maßnahmen, eine darüberhinausgehende, allgemeine Regelung zu Widerruf und Rücknahme fehlt. Bzgl. einer **analogen Anwendung** der **§§ 48, 49 VwVfG** kann auch die Ausführungen in Rdn. 3 verwiesen werden.

5   **Alle anderen Bundesländer** haben jedenfalls **auch** eine **allgemeine Widerrufs- und Rücknahmeregelung** geschaffen (**BY** Art. 115a Satz 2; **BE** § 98; **BB** § 104; **HB** § 91; **HH** § 92 Abs. 2 u. 3; **HE** § 5 Abs. 3 Satz 2; **MV** § 90; **NI** § 100; **NW** § 83; **RP** § 101; **SL** § 90; **SN** § 94; **ST** § 102; **SH** § 122; **TH** § 102), so dass sich der in Rdn. 3 dargestellte Streit insofern erledigt hat. Der Großteil der genannten Landesgesetze lässt es dabei bei dieser allgemeinen Regelung sein Bewenden haben, während **in einzelnen Bundesländern** daneben noch eine, nur für den Widerruf und die Rücknahme vollzugsöffnender Maßnahmen geltende **Spezialvorschrift** tritt (**BY** Art. 16 Abs. 2; **HE** § 14 Abs. 2 u. 3; **NI** § 15 Abs. 2 u. 3), die dann selbstverständlich **Vorrang** hat.[638]

6   Danach richten sich der Widerruf und die Rücknahme vollzugsöffnender Maßnahmen nur noch in **vier Bundesländern** nach darauf spezifisch zugeschnittenen **Spezialvorschriften** (BW § 11 Abs. 2 III; BY Art. 16 Abs. 2; HE § 14 Abs. 2 u. 3; NI § 15 Abs. 2 u. 3). Diese sind weitestgehend identisch mit § 14 Abs. 2 StVollzG (zu dessen Inhalt vgl. Rdn. 1 a.E.), allerdings in **BW** § 11 Abs. 2 Satz 1 Nr. 3 III mit der Ergänzung, dass bei schweren Verstößen ein Widerruf zwingend zu erfolgen hat, während es im Übrigen bei einer Ermessensregelung bleibt (näher: Rdn. 17). Zudem fehlt in **HE** § 14 Abs. 2 für den Fall der Rücknahme der Hinweis „mit Wirkung für die Zukunft"; allerdings ergibt die Rücknahme vollzugsöffnender Maßnahmen mit Wirkung für die Vergangenheit inhaltlich keinen Sinn, da es in diesen Fällen keine rückabzuwickelnden Folgen der rechtswidrigen Gewährung gibt (vgl. auch Rdn. 7; näher Rdn. 15).

7   In den **anderen Bundesländern** sind jeweils die **allgemeinen Vorschriften** zu Widerruf und Rücknahme **auch auf die vollzugsöffnenden Maßnahmen** anzuwenden (**BE** § 98 Abs. 2 bis 4; **BB** § 104 Abs. 2 bis 4; **HB** § 91 Abs. 2 bis 4; **HH** § 92 Abs. 2 u. 3; **MV** § 90 Abs. 2 bis 4; **NW** § 83 Abs. 2 bis 4; **RP** § 101 Abs. 2 bis 4; **SL** § 90 Abs. 2 bis 4; **SN** § 94 Abs. 2 bis 4; **ST** § 102 Abs. 2 bis 4; **SH** § 122 Abs. 2 bis 4; **TH** § 102 Abs. 2 bis 4). Diese sind dort jedoch ebenfalls eng an § 14 Abs. 2 StVollzG angelehnt (zu dessen Inhalt vgl. Rdn. 1 a.E.) und – abgesehen vom Anwendungsbereich – weitgehend inhaltsgleich. Allerdings ist ausdrücklich auch der **teilweise** Widerruf sowie die teilweise Rücknahme erfasst.

---

636 A.A. Perwein 1996, 19, der meint, der Gesetzgeber habe „den Wald vor lauter Bäumen übersehen" und eine § 14 Abs. 2 StVollzG entsprechende Regelung für andere Fälle schlicht „vergessen".
637 So Kösling 1991, 235.
638 Laubenthal/Nestler/Neubacher/Verrel E Rdn. 219; AK-Lesting § 90 LandesR Rdn. 5.

Zudem wird in aller Regel (Ausnahme: **HH** § 92 Abs. 3) eine **Rücknahme auch mit Wirkung für die Vergangenheit** zugelassen. Dies kann zwar bei anderen begünstigenden vollzuglichen Entscheidungen, insbesondere zur Ermöglichung der Rückabwicklung eines rechtswidrigen Zustands, sinnvoll sein,[639] ist aber bei vollzugsöffnenden Maßnahmen ohne Relevanz (vgl. Rdn. 6 a.E.; näher Rdn. 15). Zudem wird ein Widerruf nicht nur wegen nachträglich eingetretener, sondern **auch wegen nachträglich bekanntgewordener Umstände** ermöglicht. Einen weiteren, an § 49 Abs. 2 Satz 1 Nr. 4 VwVfG angelehnten Widerrufsgrund schafft **HH** § 92 Abs. 2 Nr. 3 für den Fall, dass die Vollzugsbehörde „auf Grund einer **geänderten Rechtsvorschrift** berechtigt wäre, die Maßnahme zu versagen und ohne den Widerruf das öffentliche Interesse gefährdet würde". Soweit es – wie bei vollzugsöffnenden Maßnahmen (vgl. Rdn. 1) – um begünstigende vollzugliche Maßnahmen geht, wurde zudem nunmehr ausdrücklich eine **Vertrauensschutzregelung** in die allgemeinen Widerrufs- und Rücknahmevorschriften eingefügt (Ausnahme: **HH** § 92). Eine solche war in § 14 Abs. 2 StVollzG nicht enthalten und fehlt auch in den in Rdn. 6 aufgeführten Gesetzen.

Eine – wegen bestehender Sonderregelungen (Rdn. 6) – zwar **nicht** für die Rück- 8
nahme und den Widerruf **vollzugsöffnender Maßnahmen**, aber doch **sonst allgemein für Rücknahme und Widerruf vollzuglicher Maßnahmen** geltende Vorschrift enthalten schließlich **BY** Art. 115a Satz 2, **HE** § 5 Abs. 3 Satz 2 und **NI** § 100. Diese wählen jeweils einen anderen Regelungsansatz als die in Rdn. 7 behandelten Vorschriften, indem sie jeweils für den Fall fehlender Sonderregelungen in den Vollzugsgesetzen für Rücknahme und Widerruf schlicht auf die **Landes-VwVfG verweisen**.

II. Erläuterungen

1. Widerruf und Rücknahme vollzugsöffnender Maßnahmen

a) Widerruf. Ein Widerruf ist – den allgemeinen verwaltungsrechtlichen Grundsät- 9
zen entsprechend – nur bei **rechtmäßig** erlassenen Maßnahmen möglich. Insoweit gilt der **Grundsatz der Unwiderrufbarkeit**, der nur bei Vorliegen bestimmter Ausnahmen durchbrochen werden darf. Entscheidungen über vollzugsöffnende Maßnahmen betreffen zudem **begünstigende** (Justiz-)Verwaltungsakte, so dass auch **Vertrauensschutzaspekte** (zu diesen näher Rdn. 16) für den Fortbestand der Maßnahme sprechen. Die Regelungen der Landesstrafvollzugsgesetze zum Widerruf von (vollzugsöffnenden) Maßnahmen (**BW** § 11 Abs. 2 Satz 1 III; **BY** Art. 16 Abs. 2 Satz 1; **BE** § 98 Abs. 3; **BB** § 104 Abs. 3; **HB** § 91 Abs. 3; **HH** § 92 Abs. 2; **HE** § 14 Abs. 3; **MV** § 90 Abs. 3; **NI** § 15 Abs. 2; **NW** § 83 Abs. 3; **RP** § 101 Abs. 3; **SL** § 90 Abs. 3; **SN** § 94 Abs. 3; **ST** § 102 Abs. 3; **SH** § 122 Abs. 3; **TH** § 102 Abs. 3) stellen daher Ausnahmetatbestände auf. Die in aller Regel genannten drei Widerrufsgründe sind bewusst weit gefasst; sie umfassen nach allen Landesgesetzen den Widerruf aufgrund **nachträglich eingetretener** (teils auch alternativ: **nachträglich bekanntgewordener**: **BE** § 98 Abs. 3 Nr. 1; **BB** § 104 Abs. 3 Nr. 1; **HB** § 91 Abs. 3 Nr. 1; **HH** § 92 Abs. 2 Nr. 1; **MV** § 90 Abs. 3 Nr. 1; **NW** § 83 Abs. 3 Nr. 1; **RP** § 101 Abs. 3 Nr. 1; **SL** § 90 Abs. 3 Nr. 1; **SN** § 94 Abs. 3 Nr. 1; **ST** § 102 Abs. 3 Nr. 1; **SH** § 122 Abs. 3 Nr. 1; **TH** § 102 Abs. 3 Nr. 1) **Umstände**, die die Versagung der Maßnahme erlaubt hätten, zudem die Fälle des **Missbrauchs der Maßnahmen** und des **Nichtbefolgens von Weisungen**. Nur **HH** § 92 Abs. 2 enthält in Nr. 3 einen weiteren Widerrufsgrund für den Fall, dass die Vollzugsbehörde „auf Grund einer **geänderten Rechtsvorschrift** berechtigt wäre, die

---

[639] Zutreffend AK-*Lesting* § 90 LandesR Rdn. 7.

Maßnahme zu versagen und ohne den Widerruf das öffentliche Interesse gefährdet würde" (Hervorhebung durch den Verf.). Das Bewusstsein, eine Anordnung erforderlichenfalls auch wieder korrigieren zu können, soll die Anstaltsleitung ermutigen, den durch die vergleichsweise geringen Mindestanforderungen (von denen freilich in einzelnen Landesgesetzen, besonders auffällig in **HE** und **ST**, nicht mehr Rede sein kann; vgl. näher die Kommentierung unter 10.C Rdn. 33 ff.) für die Gewährung von vollzugsöffnenden Maßnahmen eingeräumten Handlungsspielraum im Hinblick auf das Vollzugsziel auch zu nutzen.[640] Andererseits genießen Gefangene aus rechtsstaatlichen Gründen einen hohen Vertrauensschutz (Rdn. 16). Wird ein Widerruf auf Antrag des oder der Gefangenen im Hauptsacheverfahren für rechtswidrig erklärt, steht ihm oder ihr unter Umständen auch ein Amtshaftungsanspruch (§ 839 BGB), der auf Schmerzensgeld (§ 253 Abs. 2 BGB) gerichtet ist, zu.[641] Die jeweils anwendbare, landesrechtliche Widerrufsvorschrift regelt **abschließend**, unter welchen Voraussetzungen die Anstaltsleitung vollzugsöffnende Maßnahmen widerrufen kann.[642] Insbesondere besteht kein Bedarf dafür, im Fall offensichtlicher Fehlentscheidungen zum Schutze berechtigter Belange der Allgemeinheit einen weiteren Widerrufsgrund zuzulassen;[643] für Fehlentscheidungen ist ohnehin die Rücknahme einschlägig.

10   **aa) Nachträglich eingetretene oder bekanntgewordene Umstände.** Nach allen Landesgesetzen kann die Anstaltsleitung vollzugsöffnende Maßnahmen widerrufen, wenn sie aufgrund **nachträglich eingetretener Umstände** berechtigt wäre, diese zu versagen; in der Mehrzahl der Bundesländer kommt noch die Möglichkeit des Widerrufs wegen **nachträglich bekanntgewordner Umstände** hinzu (beide Varianten enthalten **BE** § 98 Abs. 3 Nr. 1; **BB** § 104 Abs. 3 Nr. 1; **HB** § 91 Abs. 3 Nr. 1; **HH** § 92 Abs. 2 Nr. 1; **MV** § 90 Abs. 3 Nr. 1; **NW** § 83 Abs. 3 Nr. 1; **RP** § 101 Abs. 3 Nr. 1; **SL** § 90 Abs. 3 Nr. 1; **SN** § 94 Abs. 3 Nr. 1; **ST** § 102 Abs. 3 Nr. 1; **SH** § 122 Abs. 3 Nr. 1; **TH** § 102 Abs. 3 Nr. 1, nur die erstgenannte findet sich in **BW** § 11 Abs. 2 Satz 1 Nr. 1 III; **BY** Art. 16 Abs. 2 Satz 1 Nr. 1; **HE** § 14 Abs. 3 Nr. 1; **NI** § 15 Abs. 2 Var. 1). Hierbei handelt es sich um die umfassendste Widerrufsmöglichkeit.[644] Möglich ist z.B. der Widerruf einer Ausführung zur medizinischen Behandlung nach Wegfall des medizinischen Grundes aufgrund neuer ärztlicher Befunde, da die Ausführung, die ja aus **wichtigem Anlass** bewilligt wurde, dann dieses Anlasses beraubt ist.[645] Insbesondere kommt ein Widerruf dann in Betracht, wenn die neu eingetretenen oder bekanntgewordenen Umstände die Annahme von **Flucht- oder Missbrauchsgefahr** rechtfertigen.[646] Die Begehung einer **erneuten strafbaren Handlung** während einer vollzugsöffnenden Maßnahme stellt hingegen bereits einen **Missbrauch der Maßnahme** dar (dazu Rdn. 11). Ein Widerruf nach Nr. 2 erfordert allerdings die Feststellung des Missbrauchs (nicht notwendig in einem Strafverfahren, aber zur Überzeugung der Anstaltsleitung), während nach Nr. 1 u.U. der entsprechende konkrete Tatverdacht genügt.[647] Die Unschuldsvermutung des Art. 6 Abs. 2 EMRK steht einer Berücksichtigung eines (fort-)bestehenden Tatverdachts auch bei der Entscheidung über

---

640 SA S. 11; s. auch *Laubenthal/Nestler/Neubacher/Verrel* E Rdn. 220.
641 Vgl. OLG Hamburg 16.4.2004 – 1 U 128/03, NVwZ-RR 2004, 634.
642 *Laubenthal/Nestler/Neubacher/Verrel* E Rdn. 220; AK-*Lesting* § 90 LandesR Rdn. 21.
643 So aber OLG Hamm 20.4.1989 – 1 Vollz (Ws) 39/89, NStZ 1989, 390.
644 *Laubenthal/Nestler/Neubacher/Verrel* E Rdn. 221; AK-*Lesting* § 90 LandesR Rdn. 13.
645 OLG Karlsruhe 16.6.1993 – 2 Ws 201/92, MDR 1993, 1114 = ZfStrVo 1994, 177.
646 Vgl. z.B. OLG Jena 20.7.1995 – 1 Ws 71/95 (Vollz), ZfStrVo 1996, 311 = BlStV 2/1996, 2; LG Koblenz 10.2.2003 – 7 StVK 452/00, NStZ 2004, 231.
647 Den Tatverdacht als Widerrufsgrund ausreichen lassen auch KG NStZ 1989, 358 = ZfStrVo 1989, 116; *Arloth/Krä* § 14 StVollzG Rdn. 8; anders aber noch die hiesige Vorauflage.

den Widerruf vollzugsöffnender Maßnahmen nicht entgegen,[648] weil es sich dabei nicht um eine Entscheidung über eine strafrechtliche Anklage im Sinne der Norm handelt. Der EGMR rechnet Entscheidungen über Maßnahmen im Strafvollzug (mit Ausnahme von Disziplinarmaßnahmen) dem „Zivilrecht" im Sinne der Norm zu.[649] Die Anstaltsleitung muss aber die für die (Neu-)Beurteilung der Flucht- und Missbrauchsgefahr entscheidungserheblichen Informationen ermitteln,[650] z.B. zum Gegenstand eines Strafverfahrens (Sachverhalt im Groben, Tatzeit, Tatort, Schaden), zum Verfahrensstand (Dauer der Ermittlungen, Zeitpunkt des voraussichtlichen Abschlusses, Wahrscheinlichkeit der Anklageerhebung) und zur Kenntnis des oder der Gefangenen von den gegen ihn oder sie laufenden Ermittlungen.[651]

Die eingetretenen bzw. bekanntgewordenen Umstände müssen insofern **„neu"** sein, als sie erst nach der Anordnung der Maßnahme eingetreten oder bekanntgeworden sind. **Nachträglich eingetretene** Tatsachen liegen auch dann vor, wenn diese zwar nach der Bewilligungsentscheidung der Anstaltsleitung, aber noch vor Beginn der vollzugsöffnenden Maßnahme eingetreten sind.[652] Die notfalls gegebene Korrekturmöglichkeit soll die Anstaltsleitung zu einer möglichst langfristigen Planung ermutigen.[653] **Nachträglich bekanntgewordene Umstände** sind solche, die zum Zeitpunkt der Anordnung bereits gegeben, der Anstaltsleitung jedoch nicht bekannt waren. Ein nachträgliches Bekanntwerden ist dabei etwas Anderes als ein nachträgliches Eintreten von Umständen, sodass nachträglich bekanntwerdende Umstände nur in den Bundesländern für den Widerruf verwertet werden können, in denen dies ausdrücklich gesetzlich vorgesehen ist (**BE** § 98 Abs. 3 Nr. 1; **BB** § 104 Abs. 3 Nr. 1; **HB** § 91 Abs. 3 Nr. 1; **HH** § 92 Abs. 2 Nr. 1; **MV** § 90 Abs. 3 Nr. 1; **NW** § 83 Abs. 3 Nr. 1; **RP** § 101 Abs. 3 Nr. 1; **SL** § 90 Abs. 3 Nr. 1; **SN** § 94 Abs. 3 Nr. 1; **ST** § 102 Abs. 3 Nr. 1; **SH** § 122 Abs. 3 Nr. 1; **TH** § 102 Abs. 3 Nr. 1). In den anderen Bundesländern kommt daher z.B. aufgrund eines bereits zum Anordnungszeitpunkt anhängigen, der Vollzugsbehörde aber unbekannten Ermittlungsverfahrens kein Widerruf, sondern allenfalls eine Rücknahme in Betracht,[654] sofern deren Voraussetzungen erfüllt sind. **Keinen nachträglich eingetretenen oder bekanntgewordenen Umstand** stellt eine zwischenzeitlich geänderte Beurteilung der Zweckmäßigkeit einer rechtmäßig erteilten Maßnahme dar. Auch eine lediglich zwischenzeitlich andere rechtliche Bewertung eines bereits früher bekannten Sachverhaltes bildet keinen nachträglich eingetretenen Umstand i.S.d. Vorschrift.[655] Deshalb kommt z.B. der Widerruf einer Außenarbeitsgenehmigung aufgrund einer mehr als einundhalb Jahre zurückliegenden Nichtrückkehr aus einer Haftunterbrechung nicht in Betracht.[656] Zu prüfen bleibt allerdings, ob die

---

648 Vgl. BVerfG GA 1982, 37; OLG Nürnberg 29.8.1997 – Ws 792/97, NStZ 1998, 215; LG Hamburg ZfStrVo **SH** 1978, 4; *Laubenthal/Nestler/Neubacher/Verrel* E Rdn. 185; a.A. LG Hamburg ZfStrVo **SH** 1977, 5; AK-*Lesting/Burkhardt* § 38 LandesR Rdn. 82.
649 EGMR 17.9.2009 – 74912/01, Slg 09-IV Rn. 106 – *Enea/Italien*; EGMR 30.10.2003 – 41576/98, Slg 03-XI Rn. 25 – *Ganci/Italien*; EGMR 11.1.2005 – 33695/96, Rn. 36, 48 – *Musumeci/Italien*.
650 OLG Nürnberg 29.8.1997 – Ws 792/97, NStZ 1998, 215.
651 LG Trier 10.2.2006 – 10 StVK 783/05 (Vollz), StV 2006, 537; zu einem erweiterten Fragenkatalog vgl. OLG Stuttgart 13.5.1985 – 4 Ws 113/85, NStZ 1986, 45; beide Entscheidungen zur insoweit vergleichbaren Rückverlegung in den geschlossenen Vollzug.
652 BT-Drucks. 7/3998, 11.
653 S. dazu auch *Laubenthal/Nestler/Neubacher/Verrel* E Rdn. 221.
654 Vgl. auch OLG Stuttgart 13.5.1985 – 4 Ws 113/85, NStZ 1986, 45, das allerdings unklar lässt, welche Aufhebungsvariante überhaupt geprüft wird.
655 AK-*Lesting* § 90 LandesR Rdn. 13; ähnlich auch *Arloth/Krä* § 14 StVollzG Rdn. 8.
656 Im Ergebnis wie hier OLG Hamm 20.4.1989 – 1 Vollz (Ws) 39/89, NStZ 1989, 390, das allerdings Widerruf und Rücknahme verwechselt und deshalb unzutreffenderweise für den Fall einer

Maßnahme nicht von Anfang an rechtswidrig war und deshalb eine **Rücknahme** in Betracht kommt. Wenn bei einem bereits zuvor anhängigen Ermittlungsverfahren nach Gewährung vollzugsöffnender Maßnahmen Anklage erhoben wird, ist dies kein nachträglich eingetretener Umstand, der einen Widerruf erlauben würde.[657]

Die nachträglich eingetretenen oder bekanntgewordenen Umstände müssen stets so **bedeutsam** sein, dass sie der ursprünglichen, begünstigenden Entscheidung die Grundlage entziehen. Deshalb vermag z.B. die Missbilligung eines von einem bzw. einer Gefangenen gestellten Antrags auf Fahr- und Zehrgeld durch die Anstaltsleitung auch zusammen mit dem Umstand wiederholten verspäteten Verlassens der Anstalt aufgrund von dem oder der Gefangenen für vordringlich erachteter Tätigkeiten in der Anstalt einen Widerruf nicht zu rechtfertigen.[658]

Die nachträglich eingetretenen oder bekanntgewordenen **Umstände müssen nicht in der Person der Gefangenen liegen.** Sie können auch außerhalb ihrer Einflussmöglichkeit stehen.[659] Unbedingt erforderlich ist jedoch eine einzelfallbezogene Abwägung aller berührten Interessen.[660] Das **Versagen anderer Gefangener** bei vollzugsöffnenden Maßnahmen stellt dabei keinen tauglichen nachträglichen Umstand für einen Widerruf dar. Allenfalls kann ein gravierendes Versagen eines oder einer Gefangenen in der Folge einer rechtswidrigen Gewährung vollzugsöffnender Maßnahmen der Anstaltsleitung Anlass geben zu prüfen, ob in ihrem Verantwortungsbereich weitere rechtswidrige Anordnungen bestehen und ob diese auf Grund der Verpflichtung zum Schutz der Allgemeinheit ggf. zurückzunehmen sind. Andererseits ist auch im Hinblick auf den hohen Stellenwert des Vertrauensschutzes (Rdn. 16) insoweit eine sorgfältig abwägende **Einzelfallentscheidung** erforderlich.[661]

11   bb) **Missbrauch der Maßnahme.** Nach allen Landesgesetzen kann die Anstaltsleitung vollzugsöffnende Maßnahmen auch widerrufen, wenn **Gefangene die Maßnahmen missbrauchen** (**BW** § 11 Abs. 2 Satz 1 Nr. 3 III; **BY** Art. 16 Abs. 2 Satz 1 Nr. 2; **BE** § 98 Abs. 3 Nr. 2; **BB** § 104 Abs. 3 Nr. 2; **HB** § 91 Abs. 3 Nr. 2; **HH** § 92 Abs. 2 Nr. 3; **HE** § 14 Abs. 3 Nr. 2; **MV** § 90 Abs. 3 Nr. 2; **NI** § 15 Abs. 2 Var. 2; **NW** § 83 Abs. 3 Nr. 2; **RP** § 101 Abs. 3 Nr. 2; **SL** § 90 Abs. 3 Nr. 2; **SN** § 94 Abs. 3 Nr. 2; **ST** § 102 Abs. 3 Nr. 2; **SH** § 122 Abs. 3 Nr. 2; **TH** § 102 Abs. 3 Nr. 2). Die Regelung erfasst einen Spezialfall nachträglich eingetretener oder bekanntgewordener Umstände.[662] Voraussetzung ist, dass der oder die Gefangene die Maßnahme missbraucht, d.h. der Missbrauch muss **während** der vollzugsöffnenden Maßnahme geschehen. Ein Anlass, der **außerhalb der Maßnahme** liegt, berechtigt nicht zum Widerruf nach diesem Widerrufsgrund, möglicherweise aber aufgrund des generelleren Widerrufstatbestands nachträglich eingetretener oder bekanntgewordener Umstände (dazu Rdn. 10).[663] Im Gegensatz zu den Vorschriften über die Bewilligung voll-

---

offensichtlichen Fehlentscheidung ausnahmsweise einen Widerruf für möglich hält; vgl. zum Ganzen auch OLG Karlsruhe 9.4.1990 – 2 Ws 40/90, ZfStrVo 1990, 376.
657   OLG Frankfurt 29.8.2017 – 3 Ws 102/17 (StVollz) zu **HE** § 14 Abs. 3 Nr. 1.
658   KG Berlin 20.4.2006 – 5 Ws 598/05 Vollz, StV 2007, 313.
659   *Laubenthal/Nestler/Neubacher/Verrel* E Rdn. 221; vgl. auch BVerfG 10.2.1994 – 2 BvR 2687/93, ZfStrVo 1995, 50 = StV 1994, 432. Zur Berücksichtigung außerhalb der Person betroffener Gefangener liegender Umstände vgl. auch KG ZfStrVo 1985, 251 (Einschränkung zusätzlicher Besuchsmöglichkeiten) und OLG Hamm NStZ 1987, 248 = ZfStrVo 1987, 375 (Beschränkung des Bezugs von Zeitungen).
660   Ebenso *Skirl* in Anm. zu OLG Hamm 19.1.1995 – 1 Vollz (Ws) 1/95, NStZ 1995, 359.
661   A. A. OLG Hamm 4.7.1995 – 1 Vollz (Ws) 77/95, NStZ 1995, 358, das in einem vergleichbaren Fall eine generelle Ausgangssperre für das gesamte Westfälische Zentrum für forensische Psychiatrie für zulässig hielt; wie hier *Skirl* in Anm. zu OLG Hamm aaO.
662   *Laubenthal/Nestler/Neubacher/Verrel* E Rdn. 222.
663   *Laubenthal/Nestler/Neubacher/Verrel* E Rdn. 222.

zugsöffnender Maßnahmen ist der Missbrauchsbegriff beim Widerruf nicht auf die Begehung neuer Straftaten beschränkt.[664] Der Gesetzgeber hat die Vorschrift bewusst extensiv gefasst.[665] Allerdings muss der Missbrauch dazu führen, dass die Anstalt nun zu einer **anderen Beurteilung der Flucht- und Missbrauchsgefahr** gelangt und daher die vollzugsöffnendende Maßnahme nun nicht mehr bewilligen würde. Die Korrekturmöglichkeit ist in solchen Fällen zur Ermutigung der Anstaltsleitung, gegebene Handlungsspielräume auch zu nutzen, sinnvoll (Rdn. 9). Ein Widerruf wegen Missbrauchs kommt z.B. bei Beteiligung an einer Schlägerei in Betracht. Im Falle übermäßigen Alkoholgenusses ist zunächst zu prüfen, ob der oder die Gefangene insoweit nicht gegen eine Weisung verstoßen hat (zu deren in der Praxis häufig zu undifferenzierter Erteilung s. 10.E Rdn. 5). Ist dies der Fall, kommt nur ein Widerruf wegen Weisungsverstoßes (Rdn. 12) in Betracht. Hat die Anstaltsleitung keine entsprechende Weisung erteilt, sind die Umstände des Einzelfalles zu berücksichtigen, sodass dann, wenn der Verstoß Flucht- oder Missbrauchsgefahr i.S. der Gewährungsvorschrift für vollzugsöffnende Maßnahmen begründet, schon ein einmaliges betrunkenes Zurückkehren in die Anstalt genügen kann.[666] Die Begehung einer erneuten strafbaren Handlung während der vollzugsöffnenden Maßnahme stellt einen Missbrauch der Maßnahme i.S.d. Nr. 2 dar, ein Widerruf kommt aber bei Bagatelldelikten nicht ohne weiteres in Betracht. Entsprechendes gilt, wenn Gefangene vollzugsöffnende Maßnahmen dazu nutzen, eine erst für die Zeit nach der Entlassung vorgesehene Straftat vorzubereiten.[667] Der bloße Verdacht der Begehung einer erneuten strafbaren Handlung kann auch dann einem festgestellten Missbrauch nicht gleichgesetzt werden, wenn er auf konkreten Anhaltspunkten beruht. Möglicherweise handelt es sich jedoch um einen nachträglich eingetretenen Umstand i.S.d. Nr. 1 (vgl. Rdn. 10).

cc) Weisungsverstoß. Schließlich kann die Anstaltsleitung nach allen Landesgesetzen vollzugsöffnende Maßnahmen auch dann widerrufen, wenn Gefangene **Weisungen nicht nachkommen** (**BW** § 11 Abs. 2 Satz 1 Nr. 2 III; **BY** Art. 16 Abs. 2 Satz 1 Nr. 3; **BE** § 98 Abs. 3 Nr. 3; **BB** § 104 Abs. 3 Nr. 3; **HB** § 91 Abs. 3 Nr. 3; **HH** § 92 Abs. 2 Nr. 4; **HE** § 14 Abs. 3 Nr. 3; **MV** § 90 Abs. 3 Nr. 3; **NI** § 15 Abs. 2 Var. 3; **NW** § 83 Abs. 3 Nr. 3; **RP** § 101 Abs. 3 Nr. 3; **SL** § 90 Abs. 3 Nr. 3; **SN** § 94 Abs. 3 Nr. 3; **ST** § 102 Abs. 3 Nr. 3; **SH** § 122 Abs. 3 Nr. 3; **TH** § 102 Abs. 3 Nr. 3). Die erteilte Weisung muss zulässig sein (dazu die Kommentierung unter 10.E). Auch muss der Weisungsverstoß nachgewiesen werden.[668] Zur weitestmöglichen Objektivierung empfiehlt sich deshalb z.B. im Falle von Auffälligkeiten, die auf den Konsum von Alkohol oder illegalen Drogen schließen lassen, bei der Rückkehr von vollzugsöffnenden Maßnahmen unbedingt das Angebot, einen entsprechenden Verdacht dadurch zu entkräften, dass sich Gefangene freiwillig einer sofortigen Atem- oder Urinkontrolle unterziehen (vgl. zu **Suchtmittelkontrollen** im Übrigen 11.D Rdn. 12ff.). Ein Verschulden ist nicht erforderlich.[669] Zumindest im Falle eines **erstmaligen Weisungsverstoßes** sollte die Anstaltsleitung von einem Widerruf absehen, sofern dies irgend vertretbar erscheint. In jedem Falle sind bei einem Widerruf wegen Weisungsverstoßes die Zweckbestimmung der erteilten Weisung und der Verhältnismäßigkeitsgrundsatz zu beachten.[670] Daher ist die Möglichkeit milderer, gleich geeigneter Mit-

---

664 AK-*Lesting* § 90 LandesR Rdn. 15.
665 *Laubenthal/Nestler/Neubacher/Verrel* E Rdn. 222.
666 Wie hier *Arloth/Krä* § 14 StVollzG Rdn. 9; a.A. wohl *Laubenthal/Nestler/Neubacher/Verrel* E Rdn. 222.
667 *Laubenthal/Nestler/Neubacher/Verrel* E Rdn. 222.
668 AK-*Lesting* § 90 LandesR Rdn. 16.
669 Ebenso *Arloth/Krä* § 14 StVollzG Rdn. 10; *Laubenthal/Nestler/Neubacher/Verrel* E Rdn. 223.
670 OLG Frankfurt vom 12.4.1984 – Ws 330/84 (StVollz); OLG Celle vom 4.3.1985 – 3 Ws 495/84 (StrVollz); ebenso *Arloth/Krä* § 14 StVollzG Rdn. 10.

tel vor einem Widerruf gründlich zu prüfen.[671] In Frage kommt z.B. eine Abmahnung oder die Erteilung weiterer Weisungen; siehe auch Rdn. 17.

13   **dd) Änderung einer Rechtsvorschrift.** Nur **HH § 92 Abs. 2** enthält in Nr. 3 einen weiteren Widerrufsgrund für den Fall, dass die Vollzugsbehörde „auf Grund einer geänderten Rechtsvorschrift berechtigt wäre, die Maßnahme zu versagen und ohne den Widerruf das öffentliche Interesse gefährdet würde". Diese Regelung ist an § 49 Abs. 2 Satz 1 Nr. 4 VwVfG orientiert, allerdings ohne die weitere Beschränkung, dass die begünstigte Person „von der Vergünstigung noch keinen Gebrauch gemacht oder auf Grund des Verwaltungsaktes noch keine Leistungen empfangen hat". Nicht erfasst sind Änderungen der Rechtsprechung, der VV oder der Verwaltungspraxis.[672]

14   **ee) Wirkung für die Zukunft.** Der Widerruf hat nach allen Landesgesetzen nur Wirkung für die Zukunft. Die bis zum Wirksamwerden der Widerrufserklärung (vgl. Rdn. 18) verbrachte Zeit des Langzeitausgangs ist den Gefangenen daher in vollem Umfang als verbüßte Strafzeit anzurechnen.[673]

15   **b) Rücknahme.** Eine Rücknahme kommt nur in Betracht bei **rechtswidrig** gewährten vollzugsöffnenden Maßnahmen. Die Landesregelungen (**BW** § 11 Abs. 2 Satz 2 III; **BY** Art. 16 Abs. 2 Satz 2; **BE** § 98 Abs. 2; **BB** § 104 Abs. 2; **HB** § 91 Abs. 2; **HH** § 92 Abs. 3; **HE** § 14 Abs. 2; **MV** § 90 Abs. 2; **NI** § 15 Abs. 3; **NW** § 83 Abs. 2; **RP** § 101 Abs. 2; **SL** § 90 Abs. 2; **SN** § 94 Abs. 2; **ST** § 102 Abs. 2; **SH** § 122 Abs. 2; **TH** § 102 Abs. 2) entsprechen dabei weitgehend § 48 Abs. 1 Satz 1 VwVfG. Wie dort gilt der Grundsatz der freien Rücknehmbarkeit, der sich aus dem Gebot der Gesetzmäßigkeit der Verwaltung ableitet, nur eingeschränkt. Gerade bei Gefangenen ist dem Vertrauensschutz ein hoher Rang einzuräumen (dazu Rdn. 16). Entscheidend für die Beurteilung der Rechtswidrigkeit ist die **Rechtslage im Zeitpunkt der Anordnung der Maßnahme**.[674] Hat die Anstaltsleitung bei der Entscheidung von ihrem Ermessen in zulässiger Weise Gebrauch gemacht und kommt lediglich bei einer späteren erneuten Würdigung des in tatsächlicher Hinsicht unveränderten Sachverhalts zu einer anderen, gleichfalls vertretbaren, nunmehr jedoch z.B. für zweckmäßiger erachteten Entscheidung, bleibt die ursprüngliche Anordnung rechtmäßig.[675] Sie kann deshalb nicht mehr zurückgenommen, sondern nur unter (erschwerten) Voraussetzungen widerrufen werden.[676] Der bloße Verstoß gegen VV (z.B. gegen einen Zustimmungsvorbehalt der Aufsichtsbehörde) vermag die Rechtswidrigkeit einer mit dem Gesetz in Einklang stehenden Anordnung nicht zu begründen. Derartige Vorschriften stellen keine Rechtssätze, sondern lediglich verwaltungsintern verbindliche Vorgaben dar.[677] Eine Rücknahme vollzugsöffnender Maßnahmen erfordert **nicht** das **nachträgliche Bekanntwerden** von Tatsachen, die zu einer Ablehnung hätten führen müssen. Vielmehr ist eine Aufhebung auch dann möglich, wenn eine die Rechtswidrigkeit des (Justiz-)Verwaltungsaktes verursachende Tatsache der Anstaltsleitung **bereits**

---

671   OLG Frankfurt 4.6.1980 – 3 Ws 263/80, NStZ 1981, 159; AK-*Lesting* § 90 LandesR Rdn. 17.
672   AK-*Lesting* § 90 LandesR Rdn. 20.
673   OLG Frankfurt ZfStrVo 1979, 55.
674   OLG Celle BlStV 4/5/1990, 6 unter Hinweis auf BVerwG 30.8.1961 – IV C 86.58, BVerfGE 13, 28, 31; KG StV 2001, 35.
675   Siehe z.B. KG StV 1982, 372.
676   OLG Celle 8.5.1984 – 3 Ws 143/84 (StrVollz), NStZ 1984, 430 und BlStV 4/5/1990, 61; OLG Frankfurt 31.3.2000 – 3 Ws 36/00 (StVollz), NStZ-RR 2000, 252.
677   Vgl. OLG Stuttgart 27.3.1985 – 4 Ws 87/85, ZfStrVo 1985, 249; wie hier auch *Arloth/Krä* § 14 StVollzG Rdn. 11.

zum **Entscheidungszeitpunkt bekannt** war.[678] Aus Gründen des Vertrauensschutzes (Rdn. 16) ist auch für die Rücknahme ein strenger Maßstab anzulegen. Eine Rücknahme kommt deshalb primär bei offensichtlichen Fehlentscheidungen[679] und bei Entscheidungen in Frage, die unter keinem denkbaren Gesichtspunkt vertretbar waren,[680] und zudem nur dann, wenn die Aufrechterhaltung der Anordnung im Einzelfall berechtigte Sicherheitsbedürfnisse der Allgemeinheit missachten würde.[681] Nicht ausreichend für eine Rücknahme sind ein bloßer Widerspruch zu Sinn und Zielsetzung des Behandlungsvollzuges,[682] die Berufung auf das angebliche Nichtbestehen eines entgegenstehenden rechtlich schützenswerten Interesses[683] oder das Versagen anderer Inhaftierter bei vollzugsöffnenden Maßnahmen (s. dazu bereits Rdn. 10 a.E.).

Vollzugsöffnende Maßnahmen können **nur mit Wirkung für die Zukunft** zurückgenommen werden. Dies ergibt sich teils schon aus dem Gesetz (so in **BW** § 11 Abs. 2 Satz 2 III; **BY** Art. 16 Abs. 2 Satz 2; **HH** § 92 Abs. 3; **NI** § 15 Abs. 3). Die anderen Gesetze lassen zwar eine **Rücknahme mit Wirkung für die Vergangenheit** grundsätzlich zu (**BW** § 11 Abs. 2 Satz 2 III; **BY** Art. 16 Abs. 2 Satz 2; **BE** § 98 Abs. 2; **BB** § 104 Abs. 2; **HB** § 91 Abs. 2; **HH** § 92 Abs. 3; **HE** § 14 Abs. 2; **MV** § 90 Abs. 2; **NI** § 15 Abs. 3; **NW** § 83 Abs. 2; **RP** § 101 Abs. 2; **SL** § 90 Abs. 2; **SN** § 94 Abs. 2; **ST** § 102 Abs. 2; **SH** § 122 Abs. 2; **TH** § 102 Abs. 2), diese ergibt jedoch bei vollzugsöffnenden Maßnahmen keinen inhaltlichen Sinn, da hier durch die rechtswidrige Bewilligung kein irgendwie rückgängig zu machender rechtswidriger Zustand eingetreten ist,[684] vielmehr die bloße Rücknahme mit Wirkung für die Zukunft immer genügen wird. Gefangene sollten zudem weitestmöglich vor nachteiligen Auswirkungen eventueller Irrtümer der Anstaltsleitung geschützt werden.[685] Bei Wirksamwerden der Entscheidung (hierzu Rdn. 18) bereits verbrachter Langzeitausgang wird deshalb auf die Strafzeit angerechnet.

c) **Vertrauensschutz.** Widerruf und Rücknahme kommen bei **begünstigenden** 16 **Verwaltungsakten** wie der Gewährung vollzugsöffnender Maßnahmen nur in Betracht, wenn eine sorgfältige (und auch entsprechend dokumentierte) Abwägung ergibt, dass gewichtige Belange des Allgemeinwohls dem privaten Interesse der Gefangenen am Fortbestand der Maßnahme vorgehen. Im Hintergrund stehen dabei zwei sich widerstreitende Grundsätze: zum einen das Gebot der Gesetzmäßigkeit der Verwaltung, zum anderen das aus dem Rechtsstaatsprinzip folgende **Gebot des Vertrauensschutzes**. Im Falle einer von Anfang an rechtswidrigen Anordnung ist die Gesetzmäßigkeit verstärkt tangiert, so dass eine Rücknahme im Vergleich zum Widerruf unter erleichterten Voraussetzungen möglich ist. Bei nicht hinreichender Beachtung des Vertrauensschutzes wird jedoch in jedem Falle das Grundrecht aus Art. 2 Abs. 1 i.V.m. Art. 20 Abs. 3 GG verletzt. Das BVerfG hat 1993 erstmals klargestellt, dass auch Strafgefangenen der Vertrauens-

---

678 Ebenso *Arloth/Krä* § 14 StVollzG Rdn. 11; a.A. OLG Celle 8.5.1984 – 3 Ws 143/84 (StrVollz), NStZ 1984, 430.
679 Wie hier OLG Hamm 20.4.1989 – 1 Vollz (Ws) 39/89, NStZ 1989, 390 = ZfStrVo 1984, 248, und – allerdings nur andeutungsweise in einem obiter dictum – KG Berlin 21.10.1996 – 5 Ws 396/96 Vollz, NStZ 1997, 207 und nochmals KG Berlin 20.4.2006 – 5 Ws 598/05 Vollz, StV 2007, 313.
680 KG StV 2001, 35; OLG Frankfurt 31.3.2000 – 3 Ws 36/00 (StVollz), NStZ-RR 2000, 252; *Arloth/Krä* § 14 StVollzG Rdn. 11.
681 *Laubenthal/Nestler/Neubacher/Verrel* E Rdn. 224.
682 A.A. OLG Hamm 10.6.1985 – 1 Vollz (Ws) 63/85, NStZ 1986, 47.
683 Zirkelschluss; a.A. OLG Hamm LS ZfStrVo 1988, 310; unklar BVerfG 28.2.1993 – 2 BvR 196/92, NJW 1993, 3191 = NStZ 1993, 300 = StV 1993, 319.
684 Vgl. dazu AK-*Lesting* § 90 LandesR Rdn. 7.
685 *Laubenthal/Nestler/Neubacher/Verrel* E Rdn. 224.

schutz nicht grundsätzlich verschlossen ist[686] und diese Aussage zwischenzeitlich wiederholt durch den Hinweis bekräftigt, dass im Hinblick auf das Vollzugsziel zu deren Gunsten zusätzlich zu berücksichtigen sei, dass sie gerade angesichts der Vielzahl vollzugsbedingter Beschränkungen auf den Fortbestand einer ihnen von der Anstalt einmal eingeräumten Rechtsposition in besonderem Maße vertrauen, solange auch sie mit dem ihnen dadurch entgegengebrachten Vertrauen verantwortungsvoll umgegangen sind und in ihrer Person keine Ausschlussgründe verwirklicht haben.[687] Dies bedeutet jedoch nicht, dass jegliche einmal erworbene Rechtspositionen ungeachtet der wirklichen Rechtslage Bestand haben müssen; es verpflichtet aber zu der an den Kriterien der Verhältnismäßigkeit und der Zumutbarkeit ausgerichteten, auf den konkreten Einzelfall bezogenen Abwägung der Interessen der Allgemeinheit gegen das Interesse der Strafgefangenen am Fortbestand der sie begünstigenden Rechtslage im Rahmen der zu treffenden Ermessensentscheidung.[688]

Der besonderen Bedeutung des Vertrauensschutzes entspricht es, dass mittlerweile die **Mehrzahl der Landesgesetze** ausdrücklich dessen Berücksichtigung im Einklang mit den vorstehend skizzierten Anforderungen einfordert (so nun **BE** § 98 Abs. 4; **BB** § 104 Abs. 4; **HB** § 91 Abs. 4; **MV** § 90 Abs. 4; **NW** § 83 Abs. 4; **RP** § 101 Abs. 4; **SL** § 90 Abs. 4; **SN** § 94 Abs. 4; **ST** § 102 Abs. 4; **SH** § 122 Abs. 4; **TH** § 102 Abs. 4). Satz 2 der Vorschriften nimmt dabei (außer in **NW**) für eine bestimmte Konstellation das Abwägungsergebnis vorweg. So soll von einem Überwiegen der vollzuglichen Interessen und damit von der Möglichkeit von Widerruf und Rücknahme dann ausgegangen werden, „wenn die Aufhebung der Maßnahme **unerlässlich** ist, um die **Sicherheit der Anstalt zu gewährleisten**". Schon die Unerlässlichkeit für die Aufrechterhaltung der Ordnung ausreichen lassen will **ST** § 102 Abs. 4 Satz 2. Ebenfalls einer optimalen Berücksichtigung von Vertrauensschutzaspekten dient es, wenn nun ganz überwiegend auch die **teilweise Aufhebung** vollzugsöffnender Maßnahmen ausdrücklich zugelassen wird (so in **BE** § 98 Abs. 2 u. 3; **BB** § 104 Abs. 2 u. 3; **HB** § 91 Abs. 2 u. 3; **MV** § 90 Abs. 2 u. 3; **NW** § 83 Abs. 2 u. 3; **RP** § 101 Abs. 2 u. 3; **SL** § 90 Abs. 2 u. 3; **SN** § 94 Abs. 2 u. 3; **ST** § 102 Abs. 2 u. 3; **SH** § 122 Abs. 2 u. 3; **TH** § 102 Abs. 2 u. 3), also z.B. eine Verkürzung der Dauer eines Langzeitausgangs o.ä.

17 **d) Ermessen.** Die Entscheidung steht im pflichtgemäßen **Ermessen** der Anstaltsleitung. Auch wenn sämtliche Voraussetzungen vorliegen, ist eine Aufhebung keinesfalls zwingend („kann"). Im Rahmen der Ermessensentscheidung sind insbesondere der Grundsatz der **Verhältnismäßigkeit** (dazu schon in Rdn. 12; auch hieraus kann sich ergeben, dass eine **teilweise Aufhebung** der Maßnahme genügt; dazu bereits Rdn. 16 a.E.) sowie der Grundsatz des **Vertrauensschutzes** (Rdn. 16) zu berücksichtigen. Auch in den Fällen gem. **BE** § 98 Abs. 4 Satz 2, **BB** § 104 Abs. 4 Satz 2, **HB** § 91 Abs. 4 Satz 2, **MV** § 90 Abs. 4 Satz 2, **RP** § 101 Abs. 4 Satz 2, **SL** § 90 Abs. 4 Satz 2, **SN** § 94 Abs. 4 Satz 2, **ST** § 102 Abs. 4 Satz 2, **SH** § 122 Abs. 4 Satz 2 und **TH** § 102 Abs. 4 Satz 2 ist nur das Ergebnis der Vertrauensschutzabwägung vorweggenommen (dazu Rdn. 16 a.E.), keineswegs entfällt dadurch zugleich die Notwendigkeit, Ermessen auszuüben. Eine **gebundene Entscheidung im Ausnahmefall** sieht allerdings **BW** § 11 Abs. 2 Satz 1 Nr. 3 III vor,

---

[686] BVerfG 28.2.1993 – 2 BvR 196/92, NStZ 1993, 300 = StV 1993, 319.
[687] BVerfG 29.10.1993 – 2 BvR 672/93, NStZ 1994, 100 = StV 1994, 147 und 10.2.1994 – 2 BvR 2687/93, ZfStrVo 1995, 50 = StV 1994, 432.
[688] Zum Ganzen vgl. auch die Übersicht bei *Kruis/Cassardt* NStZ 1995, 521, 522 ff sowie *Rotthaus* ZfStrVo 1996, 3, 5 ff.

wenn ein Missbrauch als **schwerer Verstoß** zu bewerten ist. Da das Gesetz zudem keine Vertrauensschutzregelung enthält, ist die Regelung nur bei entsprechend restriktiver Auslegung, die insbesondere für die Schwerebewertung Vertrauensschutzaspekte mitberücksichtigt, verfassungskonform.

e) Wirksamwerden. Widerruf und Rücknahme werden erst wirksam, wenn die Entscheidung dem oder der Gefangenen **bekanntgemacht** worden ist. Entfernt sich der oder die Gefangene entgegen einer Weisung der Anstalt von dem Ort des Langzeitausgangs und wird ihm oder ihr ein Widerruf unter der Anschrift dieses Ortes mitgeteilt, so muss er oder sie sich nicht in jedem Falle nach Treu und Glauben so behandeln lassen, als sei ihm oder ihr der Widerruf zugegangen. Auf fehlende Bekanntgabe kann er oder sie sich aber nicht berufen, wenn er oder sie auf andere Weise hinreichende zuverlässige Kenntnis vom Widerruf erlangt hat oder hätte erlangen können, weil sich ihm oder ihr unter den Umständen des Einzelfalles die Annahme aufdrängen musste, dass ein Widerruf ergangen sei, und es ihm oder ihr auch möglich und zumutbar war, sich hierüber Gewissheit zu verschaffen.[689] Gefangene sind vor der Entscheidung über den Widerruf oder die Rücknahme, notfalls auch unverzüglich danach, zu hören. Die Gründe für die Entscheidung sind aktenkundig zu machen und sollten den Gefangenen mit Rechtsbehelfsbelehrung bei der **Anhörung** mitgeteilt werden. Die Notwendigkeit der Anhörung gründet sich sowohl auf den Vertrauensgrundsatz als auch auf den Grundsatz des rechtlichen Gehörs.[690] Schriftliche Bekanntgabe sollte die Regel sein.[691]

2. Widerruf und Rücknahme anderer vollzuglicher Maßnahmen

a) Grundfragen. Die früher für das StVollzG umstrittene Rechtsfrage, ob und ggf. nach welchen analog anzuwendenden Vorschriften Widerruf und Rücknahme anderer vollzuglicher Maßnahmen möglich waren (dazu näher Rdn. 3) hat sich mit dem Erlass der Landesgesetze **weitestgehend erledigt**. Lediglich für **BW** bleibt es bei einer dem StVollzG vergleichbaren Rechtslage, weil eine allgemeine Vorschrift zu Widerruf und Rücknahme neben **BW** § 11 Abs. 2 III nicht existiert (dazu Rdn. 4). Die **Mehrzahl der Bundesländer** lassen hingegen Rücknahme und Widerruf nun ganz generell nach einer **allgemeinen Vorschrift** zu, die nur *auch* für die Rücknahme und den Widerruf vollzugsöffnender Maßnahmen gilt (**BE** § 98 Abs. 2 bis 4; **BB** § 104 Abs. 2 bis 4; **HB** § 91 Abs. 2 bis 4; **HH** § 92 Abs. 2 u. 3; **MV** § 90 Abs. 2 bis 4; **NW** § 83 Abs. 2 bis 4; **RP** § 101 Abs. 2 bis 4; **SL** § 90 Abs. 2 bis 4; **SN** § 94 Abs. 2 bis 4; **ST** § 102 Abs. 2 bis 4; **SH** § 122 Abs. 2 bis 4; **TH** § 102 Abs. 2 bis 4). Für die Anwendung dieser Vorschriften auf die Aufhebung anderer vollzuglicher Maßnahmen kann auf die obige Kommentierung (Rdn. 9 ff.) verwiesen werden, soweit es um andere begünstigende Maßnahmen geht. **Nicht begünstigende,** gar belastende vollzugliche Maßnahmen können hingegen leichter zurückgenommen werden, weil insofern **Vertrauensschutzbelange nicht tangiert** sind. Dennoch ist auch bei nicht begünstigenden Maßnahmen der Widerruf nach allen Gesetzen an dieselben Widerrufsgründe wie oben dargestellt gebunden; auch insofern kann also auf die obige Kommentierung (unter Ausklammerung des insofern irrelevanten Vertrauensschutzes) verwiesen werden.

Einen **Sonderfall** stellen **BY** Art. 115a, **HE** § 5 Abs. 3 und **NI** § 100 dar, weil diese Regelungen zwar für andere vollzugliche Maßnahmen, aber nicht für vollzugsöffnende

---

689 OLG Frankfurt ZfStrVo 1979, 55; *Arloth/Krä* § 14 StVollzG Rdn. 12.
690 KG Berlin 20.4.2006 – 5 Ws 598/05 Vollz, StV 2007, 313.
691 AK-*Lesting* § 90 LandesR Rdn. 30; a.A. *Arloth/Krä* § 14 StVollzG Rdn. 12.

Maßnahmen gelten. Indessen beschränken sich die Regelungen im Wesentlichen auf einen Verweis auf die Vorschriften zu Widerruf und Rücknahme in den jeweiligen Landes-VwVfG. Dies ist bedauerlich, weil die Regelungen der §§ 48 ff. VwVfG und der entsprechenden landesgesetzlichen Regelungen nicht ideal auf die Rahmenbedingungen des Vollzugs zugeschnitten sind. In der praktischen Anwendung dürften sich dennoch keine gravierenden Unterschiede ergeben.[692]

20   **b) Kasuistik sonstiger begünstigender vollzuglicher Maßnahmen.** Die Rspr. hat sich im Wesentlichen mit folgenden **Fallgruppen** der Rücknahme und des Widerrufs sonstiger begünstigender vollzuglicher Maßnahmen befasst (wobei im jeweiligen Einzelfall teilweise die Aufhebung für zulässig, teilweise für unzulässig befunden wurde):[693]

Arbeit/Ausbildung: Ablösung von der Vertrauensposition des „Hausfrisörs";[694] Ablösung von der Tätigkeit eines Einkaufshelfers;[695] vorläufige Ablösung von der Arbeit in einem Unternehmerbetrieb;[696] Ausschluss von der weiteren Teilnahme an einem Lehrgang;[697] Ablösung von Malerlehre.[698]

Besuch: Verringerung sog. „Gemeinschaftssprechstunden"; Verkürzung der Besuchszeiten;[699] Widerruf der Erlaubnis unüberwachter Langzeitbesuche;[700] Aufhebung der Erlaubnis, anlässlich von Besuchen Gegenstände aus Einkaufsautomaten zu ziehen.[701]

Einschluss: Vorverlegung des in der Hausordnung geregelten Abendeinschlusses;[702] Verkürzung der Aufschlusszeiten[703]

Gemeinschaftsarbeit: nachträgliche Einschränkung.[704]

Gewahrsam an Sachen, z.B. Fernseher,[705] Tagesdecke,[706] Lautsprecherboxen,[707] Nagelschere.[708]

Offener Vollzug: Rücknahme der Unterbringung im offenen Vollzug;[709] Rücknahme einer Verlegung in eine Einrichtung des offenen Vollzuges;[710] Widerruf der Unterbringung im offenen Vollzug;[711]

---

692 Ebenso AK-*Lesting* § 90 LandesR Rdn. 19.
693 Für weitere Beispiele vgl. AK-*Lesting* § 90 LandesR Rdn. 24; ausführlichere Darstellung zudem in der hiesigen Voraufl.
694 OLG Frankfurt 10.1.2001 – 3 Ws 1078/00 (StVollz) u.a., ZfStrVo 2001, 372.
695 OLG Karlsruhe 3.8.2005 – 1 Ws 61/05, ZfStrVo 2006, 302.
696 OLG Hamm 29.10.2009 – 1 Vollz (Ws) 641/09, NStZ 2010, 396.
697 OLG Zweibrücken 11.10.1982 – 1 Vollz (Ws) 84/81, ZfStrVo 1983, 55 m. Anm. *Rotthaus* ZfStrVo 1983, 256.
698 OLG Hamm ZfStrVo 1986, 120 für Bereich des Jugendstrafvollzuges.
699 OLG Celle 17.3.2006 – 1 Ws 42/06 (StrVollz), NStZ 2006, 582.
700 OLG Karlsruhe 20.6.2005 – 1 Ws 426/04, NStZ-RR 2006, 154.
701 KG Berlin 7.3.2002 – 5 Ws 797/01 Vollz, NStZ 2002, 613.
702 KG Berlin 22.1.1996 – 5 Ws 424/95 Vollz, ZfStrVo 1998, 310.
703 OLG Celle 17.3.2006 – 1 Ws 42/06 (StrVollz), NStZ 2006, 582.
704 Vgl. OLG Frankfurt LS GA 1981, 173.
705 OLG Karlsruhe 7.10.2015 – 2 Ws 328/15, BeckRS 2015, 17267; OLG Hamm 3.10.1985 – 1 Vollz (Ws) 12/85, NStZ 1986, 143 = ZfStrVo 1986, 117.
706 BVerfG 10.2.1994 – 2 BvR 2687/93, StV 1994, 43 = ZfStrVo 1995, 50.
707 BVerfG 29.10.1993 – 2 BvR 672/93, NStZ 1994, 100; BVerfG 28.9.1995 – 2 BvR 920/95, NStZ 1996, 252 m. Anm. *Rotthaus*.
708 OLG Hamm 2.1.2018 – III-1 Vollz (Ws) 532 – 533/17, juris.
709 OLG Hamm 26.2.1987 – 1 Vollz (Ws) 313/86, ZfStrVo 1987, 371; KG 19.1.2005 – 5 Ws 412/04; OLG Hamm 20.4.1989 – 1 Vollz (Ws) 39/89, NStZ 1989, 390.
710 OLG Hamm 17.9.1987 – 1 Vollz (Ws) 113/87, LS ZfStrVo 1988, 310.
711 KG 30.11.2015 – 2 Ws 277/15 Vollz, BeckRS 2016, 3502; KG 13.6.2006 – 5 Ws 229/06 Vollz, NStZ 2007, 224; KG 21.10.1996 – 5 Ws 396/96, NStZ1997, 207; KG 17.9.1992 – 5 Ws 240/92 Vollz, NStZ 1993, 100.

Schulunterricht: Herausnahme aus einem Hauptschulkurs.[712]
Selbstbeschäftigung: Rücknahme der Gestattung.[713]
Telefonate: Aufhebung von Einzel- und Dauergestattungen.[714]
Überbrückungsgeld: Aufhebung der Festsetzung eines über den von der Landesjustizverwaltung vorgeschriebenen Sätzen liegenden Betrages.[715]
Verlegung: Widerruf der Verlegung in eine andere Anstalt aus Gründen der Berufsausbildung oder des Schulunterrichtes.[716]
Vollzugsplan: Rücknahme und Widerruf von Maßnahmen, die in den Vollzugsplan aufgenommen worden sind.[717]
Zeitungen/Zeitschriften: Nachträgliche Beschränkung des Bezuges.[718]

G. Vorbemerkungen zu den Entlassungsvorschriften

Schrifttum

S. bei B.

1 Im **StVollzG** fanden sich Vorschriften zur Entlassungsvorbereitung und zum Übergangsmanagement bei Strafgefangenen an verschiedener Stelle, so in § 7 Abs. 3 Nr. 8 StVollzG (Planung notwendiger Maßnahmen zur Entlassungsvorbereitung), § 15 StVollzG (der – irreführend mit „Entlassungsvorbereitung" überschrieben – letztlich nur offenen Vollzug und vollzugsöffnende Maßnahmen zur Entlassungsvorbereitung regelte), § 16 StVollzG (Entlassungszeitpunkt), § 74 StVollzG (Hilfe zur Entlassung), § 75 StVollzG (Entlassungsbeihilfe), § 124 StVollzG (Urlaub zur Vorbereitung der Entlassung für Gefangene in der SothA), § 125 StVollzG (Aufnahme auf freiwilliger Grundlage für ehemalige Gefangene der SothA), § 126 StVollzG (nachgehende Betreuung für ehemalige Gefangene der SothA). Viele **Landesgesetze** haben demgegenüber die Vorschriften zur Entlassungsvorbereitung und zum Übergangsmanagement zu weiten Teilen an einer Stelle **zusammengefasst**. Ausnahmen finden sich oft nur noch für den Bereich der Planung der Entlassungsvorbereitung: Diese ist jeweils im Kontext der Vollzugsplanungsvorschriften verblieben.

2 Im Einzelnen finden sich die in Rdn. 1 genannten Regelungsinhalte des StVollzG nun an folgender Stelle in den einzelnen Landesgesetzen, wobei diese teils modifiziert, im Leistungsspektrum erweitert und/oder auf weitere Gefangenengruppen ausgedehnt wurden:
Planung notwendiger Maßnahmen zur Entlassungsvorbereitung: BW § 5 Abs. 2 Nr. 8 III; **BY** keine ausdrückliche Erwähnung; **HH** § 8 Abs. 2 Satz 1 Nr. 7, Abs. 7 und 8; **HE** § 10 Abs. 4 Satz 1 Nr. 11; **NI** § 9 Abs. 1 Satz 2 Nr. 7; **NW** § 10 Abs. 1 Satz 3 und Satz 4 Nr. 18 und 19; darüber hinaus gehende, **umfassende Regelungen zur Eingliederungsplanung** in: **BE** §§ 9, 10; **BB** §§ 14, 15; **HB** §§ 8, 9; **MV** §§ 8, 9; **RP** §§ 15, 16; **SL** §§ 8, 9; **SN** §§ 8, 9; **ST** §§ 14, 15; **SH** §§ 8, 9; **TH** §§ 14, 15.

---

[712] OLG Frankfurt 20.2.1980 – 3 Ws 1125/79 (StVollz), NStZ 1981, 116, allerdings ohne ausreichend zwischen Rücknahme und Widerruf zu differenzieren.
[713] Vgl. OLG Bremen ZfStrVo 1979, 57.
[714] Vgl. OLG Frankfurt NStZ 2001, 669 m. Anm. *Münster/Schneider.*
[715] OLG Hamm NStZ 1986, 47.
[716] Vgl. OLG Zweibrücken 11.10.1982 – 1 Voll (Ws) 84/81, ZfStrVo 1983, 55 mit Anm. *Rotthaus* ZfStrVo 1983, 256.
[717] OLG Celle 16.5.1988 – 1 Ws 96/88, LS ZfStrVo 1989, 116.
[718] Vgl. OLG Hamm NStZ 1987, 248 = ZfStrVo 1987, 375.

10. Kapitel. Vollzugsöffnende Maßnahmen

Offener Vollzug und vollzugsöffnende Maßnahmen zur Entlassungsvorbereitung (einschließlich etwaiger Sonderregelungen für **SothAs** und/oder Gefangene mit vornotierter SV): **BW** §§ 88, 89, 101 III; **BY** Art. 17, 118, 163; **BE** § 46 Abs. 3 und 4; **BB** § 50 Abs. 3 bis 5; **HB** § 42 Abs. 3 und 4; **HH** §§ 15, 96 Abs. 4; **HE** § 16 Abs. 2 und 3; **MV** § 42 Abs. 3 und 4; **NI** §§ 17, 105, 111; **NW** §§ 12 Abs. 2, 59, 89, 92 Abs. 4; **RP** § 49 Abs. 3 und 4; **SL** § 42 Abs. 3 und 4; **SN** § 42 Abs. 3 und 4; **ST** § 49 Abs. 3 und 4; **SH** § 59 Abs. 3 und 4; **TH** §§ 50 Abs. 3 und 4.

Entlassungszeitpunkt: BW § 91 III; **BY** Art. 18; **BE** § 47 Abs. 1 bis 3; **BB** § 51 Abs. 1 bis 3; **HB** § 43 Abs. 1 bis 3; **HH** § 17 Abs. 1 bis 4; **HE** § 17 Abs. 1 und 2; **MV** § 43 Abs. 1 bis 3; **NI** § 18; **NW** § 60 Abs. 1 bis 3; **RP** § 50 Abs. 1 bis 3; **SL** § 43 Abs. 1 bis 3; **SN** § 43 Abs. 1 bis 3; **ST** § 50 Abs. 1 bis 3; **SH** § 60 Abs. 1 bis 3; **TH** § 51 Abs. 1 bis 3.

Hilfe zur Entlassung: BW § 87 III; **BY** Art. 79; **BE** § 46 Abs. 1 und 2; **BB** § 50 Abs. 1, 2 und 6; **HB** § 42 Abs. 1 und 2; **HH** § 16; **HE** § 16 Abs. 1; **MV** § 42 Abs. 1 und 2; **NI** §§ 68 Abs. 2 bis 5, 69 Abs. 3; **NW** §§ 58, 60 Abs. 4 und 5; **RP** § 49 Abs. 1 und 2; **SL** § 42 Abs. 1 und 2; **SN** § 42 Abs. 1 und 2; **ST** § 49 Abs. 1 und 2; **SH** § 59 Abs. 1 und 2; **TH** § 50 Abs. 1 und 2.

Entlassungsbeihilfe: BW § 90 III; **BY** Art. 80; **BE** § 47 Abs. 4; **BB** § 51 Abs. 4; **HB** § 43 Abs. 4; **HH** § 17 Abs. 5; **HE** § 17 Abs. 3; **MV** § 43 Abs. 4; **NI** § 70; **NW** § 60 Abs. 6; **RP** § 50 Abs. 4; **SL** § 43 Abs. 4; **SN** § 43 Abs. 4; **ST** § 50 Abs. 4 und 5; **SH** § 60 Abs. 4; **TH** § 51 Abs. 4.

(Verbleib und) Aufnahme auf freiwilliger Grundlage: nunmehr ausgedehnt auf **alle Gefangenen** in: **BE** § 49; **BB** § 53; **HB** § 45; **MV** § 45; **NW** § 62; **RP** § 52; **SL** § 45; **SN** § 45; **ST** § 52; **SH** § 62; **TH** § 53; Sonderregelungen für **SothA-Gefangene** in: **BW** § 96 III; **BY** Art. 120; **HH** § 18 Abs. 3; **HE** § 12 Abs. 5; **NI** § 106; **NW** § 90 Abs. 3; Sonderregelungen für **Gefangene mit vornotierter SV** in: **BW** § 103 III; **BY** Art. 163; **HH** § 97 Abs. 2 bis 4; **HE** § 68 Abs. 7; **NI** § 112b; **NW** § 92 Abs. 4.

Nachgehende Betreuung: nunmehr ausgedehnt auf **alle Gefangenen** in: **BY** Art. 81; **BE** § 48; **BB** § 52; **HB** § 44; **HH** § 18 Abs. 1; **MV** § 44; **NW** § 61; **RP** § 51; **SL** § 44; **SN** § 44; **ST** § 51; **SH** § 61; **TH** § 52; Sonderregelungen für **SothA-Gefangene** in: **BW** § 95 III; **BY** Art. 119; **HH** § 18 Abs. 2; **HE** § 12 Abs. 6; **NW** § 90 Abs. 1 und 2; Sonderregelungen für **Gefangene mit vornotierter SV** in: **BW** § 102 III; **BY** Art. 163; **HH** § 97 Abs. 1; **HE** § 68 Abs. 7; **NI** § 112a; **NW** § 92 Abs. 4.

3   Dieser **Kommentar** folgt der Struktur des **Bundes-StVollzG**, was für die vorstehend synoptisch vorgestellten Vorschriften zu Entlassungsvorbereitung und Übergangsmanagement dazu führt, dass diese an **verschiedenen Stellen** des Kommentars erörtert werden: Im unmittelbar folgenden Abschnitt **10.H** werden die Regelungen zu offenem Vollzug und vollzugsöffnenden Maßnahmen zur Entlassungsvorbereitung (einschließlich etwaiger Sonderregelungen für SothAs und/oder Gefangene mit vornotierter SV) kommentiert, unter **10.I** dann die Regelungen zum Entlassungszeitpunkt. Alle anderen Regelungen zum weiten Themenfeld der Entlassung finden sich in anderen Kapiteln dieses Kommentars, und zwar bezogen auf die Entlassungsvorbereitung im Vollzugsplan in **2.C** Rdn. 40f., bezogen auf Hilfe zur Entlassung in **7.D**, bezogen auf die Entlassungsbeihilfe in **7.E**, bezogen auf Verbleib und Aufnahme auf freiwilliger Grundlage in **3.D**, bezogen auf nachgehende Betreuung in **3.E**, zudem ergänzend in 7.D Rdn. 23.

H. Offener Vollzug und vollzugsöffnende Maßnahmen zur Entlassungsvorbereitung

Baden-Württemberg	BW §§ 88, 89, 101 JVollzGB III;
Bayern	BY Art. 14 Abs. 4, 17, 118, 163 BayStVollzG;
Berlin	BE § 46 Abs. 3 und 4 StVollzG Bln;

Brandenburg	BB § 50 Abs. 3 bis 5 BbgJVollzG;
Bremen	HB § 42 Abs. 3 und 4 BremStVollzG;
Hamburg	HH §§ 15, 96 Abs. 4 HmbStVollzG;
Hessen	HE § 16 Abs. 2 und 3 HStVollzG;
Mecklenburg-Vorpommern	MV § 42 Abs. 3 und 4 StVollzG MV;
Niedersachsen	NI §§ 17, 105, 111 NJVollzG;
Nordrhein-Westfalen	NW §§ 12 Abs. 2, 59, 89, 92 Abs. 4 StVollzG NRW;
Rheinland-Pfalz	RP § 49 Abs. 3 und 4 LJVollzG;
Saarland	SL § 42 Abs. 3 und 4 SLStVollzG;
Sachsen	SN § 42 Abs. 3 und 4 SächsStVollzG;
Sachsen-Anhalt	ST § 49 Abs. 3 und 4 JVollzGb LSA;
Schleswig-Holstein	SH § 59 Abs. 3 und 4 LStVollzG SH;
Thüringen	TH § 50 Abs. 3 und 4 ThürJVollzGB

Schrifttum

S. bei B.

Übersicht

I. Allgemeine Hinweise —— 1–4
II. Erläuterungen —— 5–18
  1. Vollzugsöffnende Maßnahmen im Allgemeinen —— 5, 6
  2. Verlegung in den offenen Vollzug bzw. in vollzugliche Entlassungsabteilungen —— 7, 8
  3. Aufenthalt in Übergangseinrichtungen —— 9
  4. Langzeitausgang zur Entlassungsvorbereitung —— 10–18
    a) Gefangene des Regelvollzugs ohne oder unabhängig vom Freigänger/innenstatus —— 11, 12
    b) Gefangene mit Freigänger/innenstatus —— 13, 14
    c) Gefangene in Sozialtherapeutischen Anstalten —— 15, 16
    d) Gefangene mit angeordneter oder vorbehaltener Sicherungsverwahrung —— 17
    e) Keine Kombinationsmöglichkeit —— 18

I. Allgemeine Hinweise

Die **Entlassungsvorbereitung** ist eine der **entscheidenden Phasen** des Vollzuges, **1** weil sie den Gefangenen die Möglichkeit gibt, Selbständigkeit, Eigenverantwortlichkeit und Aktivität zurückzuerlangen, soziales Verhalten einzuüben und den richtigen Umgang mit der Freiheit zu erlernen (zum „Gesamtangebot" an Vorschriften zur Entlassungsvorbereitung in den Landesgesetzen und dem Ort ihrer Kommentierung siehe insofern 10.G Rdn. 2f.).[719] Die Vorbereitung des Übergangs in das normale Leben muss möglichst frühzeitig einsetzen; es ist dabei auf den Zeitpunkt der voraussichtlichen Entlassung in die Freiheit abzustellen. Dies bedeutet, dass die JVA ggf. eine Strafrestaussetzung im Wege der „Prognose einer Prognose" zugrundelegen muss.[720] Die Anstaltsleitung muss und darf sich dabei mit einer nur überschlägigen und knapp, wenn auch konkret nachprüfbar begründeten Prognose begnügen.[721] Auch dann, wenn die Strafvollstreckungskammer eine Aussetzung des Strafrestes ablehnt, gilt nichts anderes, da Gefangene nicht gehindert sind, die Frage, ob ein Strafrest zur Bewährung ausgesetzt wer-

---

[719] Vgl. AK-*Bahl/Pollähne* § 42 LandesR Rdn. 2.
[720] Ähnlich *Arloth/Krä* § 15 StVollzG Rdn. 1.
[721] *Stilz* ZfStrVo 1979, 67, 68 m.w.N.

den kann, wiederholt prüfen zu lassen.[722] Zudem wird die Strafvollstreckungskammer vor allem bei Gefangenen, die längere Freiheitsstrafen verbüßen müssen, lediglich feststellen können, dass bei der oder dem Betroffenen eine Strafrestaussetzung zur Bewährung zum Zeitpunkt der gerichtlichen Prüfung noch nicht verantwortet werden könne; spätere positive Entscheidungen sind möglich und werden auch nicht selten getroffen.

2 § 15 StVollzG bestimmte, dass die Vollzugsbehörde die Entlassung von Gefangenen durch die Anordnung von „Lockerungen" und „Sonderurlaub" (nach der hier verwendeten Terminologie [dazu generell 10.B Rdn. 1f.]: **vollzugsöffnenden Maßnahmen**) und die Verlegung in eine **offene Anstalt** oder Abteilung vorbereiten sollte bzw. konnte. Konkret fand sich in Abs. 1 die Vorgabe, dass der Vollzug zur Vorbereitung der Entlassung „gelockert" werden sollte, Abs. 2 enthielt eine Kann-Bestimmung zur Verlegung in den offenen Vollzug zwecks Entlassungsvorbereitung. Nach Abs. 3 konnte in den letzten drei Monaten vor der Entlassung zur Entlassungsvorbereitung „Sonderurlaub" (also zusätzlicher Langzeitausgang i.S. der hier verwendeten Terminologie: 10.B Rdn. 4) von bis zu einer Woche gewährt werden, in Abs. 4 fand sich eine großzügigere Spezialregelung zum „Sonderurlaub" bei Freigänger/innen, die in den letzten neun Monaten vor der Entlassung zusätzlichen Langzeitausgang von bis zu sechs Tagen im Monat erlaubte. Noch weitergehend gestattete § 124 StVollzG bei in einer SothA untergebrachten Gefangenen sogar einen als „Sonderurlaub" bezeichneten zusätzlichen Langzeitausgang von bis zu sechs Monaten am Stück.

3 In **sechs Bundesländern** entspricht die Rechtslage noch (weitgehend) derjenigen nach §§ 15, 124 StVollzG. **Praktisch identisch** sind die Regelungen in **BW** §§ 88, 89 III und **BY** Art. 14 Abs. 4, 17, 118; **sehr ähnlich** sind zudem die Regelungen in **NI** §§ 17, 105. Allerdings wird in **NI** § 17 Abs. 2 eher ein neuer Grund geschaffen, Gefangene **nicht in den offenen Vollzug** zu verlegen, indem die Regelung des § 15 Abs. 2 StollzG praktisch invertiert wird.[723] Auch **HH** § 15 nimmt alle in §§ 15, 124 StVollzG enthaltenen Varianten praktisch identisch wieder auf, **erweitert** aber die Möglichkeit zur Gewährung bis zu sechsmonatiger Langzeitausgänge im neu eingeführten **HH** § 15 Abs. 2 Satz 2 auf Gefangene im offenen Vollzug, die „mehrere Jahre ihrer Freiheitsstrafe im geschlossenen Vollzug verbracht haben und der längerfristigen Eingliederung bedürfen". Zudem ist gem. Satz 3 der Vorschrift bei Gefangenen in der Sozialtherapie in Einzelfällen sogar ein sechs Monate übersteigender Langzeitausgang „in eine geeignete Wohnform" nach Unterrichtung der Strafvollstreckungskammer möglich. Auch **HE** § 16 Abs. 2 und 3 ähneln §§ 15, 124 StVollzG, allerdings ist statt von der Unterbringung im offenen Vollzug von einer solchen im **„Entlassungsvollzug"** die Rede. Des Weiteren sind in **HE** die Möglichkeiten zum Langzeitausgang bei SothA-Gefangenen gleich geblieben, für Gefangene des Regelvollzugs aber wurde eine deutlich großzügigere Gewährung von Langzeitausgang zur Entlassungsvorbereitung bis zu drei Monaten vorgesehen. Dafür fehlt eine Freigänger/innenregelung. Ersichtlich an §§ 15, 124 StVollzG orientiert sind schließlich auch **NW** §§ 12 Abs. 2, 59, 89. Allerdings wurde die Regelung zum offenen Vollzug in eine Soll-Regelung umgewandelt und der Hinweis eingefügt, die Verlegung habe frühzeitig zu erfolgen. Zudem erweitert **NW** § 59 Abs. 2 Satz 1 die Möglichkeit für Langzeitausgang zur Entlassungsvorbereitung bei Gefangenen des Regelvollzugs ohne Freigänger/innenstatus moderat auf 10 Tage. **NW** §§ 12 Abs. 1 Satz 2, 59 Abs. 3 Satz 1 stellen ausdrücklich

---

722 Ebenso *Stilz* ZfStrVo 1979, 67, 68; a.A. OLG Koblenz ZfStrVo **SH** 1977, 17, 18; ähnlich *Arloth/Krä* § 15 StVollzG Rdn. 1.
723 **NI** § 17 Abs. 2 lautet: „Eine Verlegung der oder des Gefangenen in den offenen Vollzug nach § 12 Abs. 2 soll unterbleiben, wenn diese die Vorbereitung der Entlassung beeinträchtigen würde." Vgl. dazu auch **NI** LT-Drucks. 15/4325, 9.

H. Offener Vollzug und vollzugsöffnende Maßnahmen zur Entlassungsvorbereitung

und zutreffend klar, dass **Missbrauchsgefahren** bei offenem Vollzug und vollzugsöffnenden Maßnahmen „insbesondere bei einer unmittelbar bevorstehenden Entlassung mit den Risiken einer unerprobten Entlassung abzuwägen" sind. Gewisse Modifikationen finden sich zudem bei der Sonderregelung für SothA-Gefangene in **NW** § 89.

In Ergänzung zum Regelungsgehalt der §§ 15, 124 StVollzG haben **BW, BY, HH, NI** und **NW** die Möglichkeit geschaffen, auch bei Gefangenen mit **vornotierter** (vorbehaltener oder angeordneter) **Sicherungsverwahrung** Langzeitausgang zur Entlassungsvorbereitung im selben Umfang wie bei Gefangenen in SothAs vorzusehen (**BW** § 101 III; **BY** Art. 163; **HH** § 96 Abs. 4; **NI** § 111; **NW** § 92 Abs. 4).

Hingegen haben die **zehn Bundesländer**, die dem **ME-StVollzG** gefolgt sind, weitgehende Änderungen vorgenommen. Die Regelungen (**BE** § 46 Abs. 3 und 4; **BB** § 50 Abs. 3 bis 5; **HB** § 42 Abs. 3 und 4; **MV** § 42 Abs. 3 und 4; **RP** § 49 Abs. 3 und 4; **SL** § 42 Abs. 3 und 4; **SN** § 42 Abs. 3 und 4; **ST** § 49 Abs. 3 und 4; **SH** § 59 Abs. 3 und 4; **TH** § 50 Abs. 3 und 4) haben sich erkennbar **vom Vorbild des § 15 StVollzG gelöst. Sonderregelungen** für **bestimmte Gefangenengruppen** (SothA-Gefangene oder Gefangene mit vornotierter Sicherungsverwahrung) existieren zudem nicht. Im Ausgangspunkt gelten danach für alle Gefangenen die folgenden Vorgaben: Abweichend von der Soll-Regelung des § 15 Abs. 1 StVollzG räumen **BE** § 46 Abs. 4, **BB** § 50 Abs. 5, **HB** § 42 Abs. 4, **MV** § 42 Abs. 4, **RP** § 49 Abs. 4, **SN** § 42 Abs. 4, **ST** § 49 Abs. 4, **SH** § 59 Abs. 4 und **TH** § 50 Abs. 4 den Gefangenen einen **Anspruch auf die zur Vorbereitung der Eingliederung** (in **MV** § 42 Abs. 4: zwingend) **erforderlichen vollzugsöffnenden Maßnahmen** ein, wenn die tatbestandlichen Voraussetzungen dafür erfüllt sind; nur in **SL** § 42 Abs. 4 bleibt es bei einer Soll-Regelung. Ergänzend wird der Prognosemaßstab bezüglich der Flucht- und Missbrauchgefahr ebenfalls öffnungsfreundlich abgemildert. Flucht oder Missbrauch muss mit **hoher Wahrscheinlichkeit** zu erwarten sein; nur in **ST** § 49 Abs. 4 Satz 1 bleibt es – bei dem ohnehin übertrieben strengen – dortigen Regelmaßstab der „abstrakten" Flucht- oder Missbrauchsgefahr (dazu 10.C Rdn. 49). Allerdings gelten diese Voraussetzungen erst in den **letzten sechs Monaten** vor Entlassung. Eine mit § 15 Abs. 2 StVollzG vergleichbare Regelung zur Verlegung in den **offenen Vollzug** existiert nur in **BB** (§ 50 Abs. 3); diese ist als Soll-Regelung ausgestaltet, bezieht sich aber auf die Verlegung in eine **„Eingliederungsabteilung"**. Im Übrigen verzichten die Regelungen – darin ebenfalls dem ME-StVollzG folgend – besonderen Vorgaben zum offenen Vollzug, sehen aber stattdessen – außer in **HB** und **TH** – die Gewährung von Aufenthalten in **Übergangseinrichtungen** außerhalb des Vollzugs vor (**BE** § 46 Abs. 3 Satz 1; **BB** § 50 Abs. 4 Satz 1; **MV** § 42 Abs. 3 Satz 1; **RP** § 49 Abs. 3 Satz 1; **SL** § 42 Abs. 3 Satz 1; **SN** § 42 Abs. 3 Satz 1; **ST** § 49 Abs. 3 Satz 1; **SH** § 59 Abs. 3 Satz 1). Es handelt sich dabei um eine **eigenständige vollzugsöffnende Maßnahme** über den Kanon der Regelmaßnahmen hinaus.[724] Darüber hinaus lassen alle auf dem ME basierenden Landesgesetze **Langzeitausgänge** zur Entlassungsvorbereitung von **bis zu sechs Monaten** vor; dies gilt auch für Gefangene des Regelvollzugs, ist aber an eine vorherige **Mindestverbüßungszeit von sechs Monaten** geknüpft (**BE** § 46 Abs. 3 Satz 2; **BB** § 50 Abs. 4 Satz 3; **HB** § 42 Abs. 3 Satz 1; **MV** § 42 Abs. 3 Satz 2; **RP** § 49 Abs. 3 Satz 2; **SL** § 42 Abs. 3 Satz 2; **SN** § 42 Abs. 3 Satz 2; **ST** § 49 Abs. 3 Satz 2; **SH** § 59 Abs. 3 Satz 2; **TH** § 50 Abs. 3 Satz 1). **BE** § 46 Abs. 3 Satz 2 verlangt zusätzlich auch die Verbüßung mindestens der **Hälfte** einer zeitigen Freiheitsstrafe, in **RP** § 49 Abs. 3 Satz 2 wird die Mindestverbüßung von sechs Monaten hingegen nur **in der Regel** verlangt. **BB** § 50 Abs. 4 Satz 3 erlaubt auch noch längere Langzeitausgänge, wenn eine Unterbringung in einer Einrichtung freier Träger erfolgt. Während die Lang-

---

[724] AK-*Bahl/Pollähne* § 42 LandesR Rdn. 42; **BE** Abgeordnetenhaus-Drucks. 17/2442, 230.

zeitausgänge i.d.R. gewährt werden können, wenn dies **zur Eingliederung erforderlich** ist, verschärft **MV** § 42 Abs. 3 Satz 2 dies zur **zwingenden** Erforderlichkeit.

II. Erläuterungen

5   **1. Vollzugsöffnende Maßnahmen im Allgemeinen.** Nach § 15 Abs. 1 StVollzG sollte der Vollzug gelockert werden, um die Entlassung vorzubereiten. Die entsprechende Vorgabe findet sich auch in einigen Landesgesetzen (**BW** § 89 Abs. 1 III; **BY** Art. 17 Abs. 1; **HH** § 15 Abs. 1; **HE** § 16 Abs. 2 Satz 1; **NI** § 17 Abs. 1; **NW** § 59 Abs. 1) ebenso wieder. Gemeint ist damit die Gewährung der unter 10.C ausführlich kommentierten vollzugsöffnenden Maßnahmen zur Resozialisierung, jetzt aber mit der spezifischen **Zielsetzung der Entlassungsvorbereitung**. Die Bedingungen der Bewilligung richten sich weiterhin nach den üblichen Vorgaben, setzen also u.a. das Fehlen von Flucht- und Missbrauchsgefahr voraus; es kann auf die Kommentierung zu 10.C im Grundsatz verwiesen werden (allerdings erklärt **HE** § 16 Abs. 2 Satz 2 ausdrücklich die Regelausschlüsse nach **HE** § 13 Abs. 5 für nicht anwendbar). Auch die Möglichkeit, die Maßnahmen mit Weisungen zu flankieren, besteht entsprechend den in 10.E dargestellten Vorgaben. Es ergeben sich aber gewisse Besonderheiten. Zunächst spielt mit Herannahen des Entlassungstermins für die **Beurteilung der Flucht- und Missbrauchsgefahr** zunehmend stärker eine Rolle, dass eine Resozialisierung ohne die Eingehung gewisser Risiken nicht möglich ist und Gefährdungen der Allgemeinheit auch und sogar insbesondere durch **unzureichende Resozialisierungsbemühungen** der Vollzugsbehörden eintreten, wenn nicht erfolgreich resozialisierte Gefangene nach Vollverbüßung entlassen werden.[725] Insofern ist es zu begrüßen, dass **NW** § 59 Abs. 3 Satz 1 ausdrücklich auf diese Problematik hinweist und zutreffend klarstellt, dass Missbrauchsgefahren „insbesondere bei einer unmittelbar bevorstehenden Entlassung mit den Risiken einer unerprobten Entlassung abzuwägen" sind.

Eine weitere wichtige Abweichung betrifft die Rechtsfolgenseite, weil die zitierten Bestimmungen als **Sollvorschriften** ausgestaltet sind. Zwar haben Gefangene danach keinen Rechtsanspruch auf vollzugsöffnende Maßnahmen zur Entlassungsvorbereitung. Jedoch ist eine **Ablehnung aus Ermessensgründen nur im begründeten Ausnahmefall** zulässig; die Anordnung vollzugsöffnender Maßnahmen zur Entlassungsvorbereitung darf nicht aus Gründen der Vollzugsorganisation, wie z.B. fehlende vollzugsinterne Planungen und Kapazitäten, unterbleiben.[726] Andererseits gibt die Sollvorschrift der Anstaltsleitung die Möglichkeit, im Einzelfall aus übergeordneten Gesichtspunkten (z.B. Abschluss einer Berufsausbildung) von der Gewährung abzusehen.

6   Über diesen Rahmen gehen die Landesgesetze, die auf dem **ME-StVollzG** aufbauen (mit der Ausnahme von **SL** § 42 Abs. 4, der eine Soll-Regelung enthält, für die die Vorgaben in Rdn. 5 insofern entsprechend gelten), hinaus, indem sie sogar einen **Anspruch** auf die zur Entlassungsvorbereitung (in **MV** § 42 Abs. 4: zwingend)[727] erforderlichen vollzugsöffnenden Maßnahmen einräumen (**BE** § 46 Abs. 4; **BB** § 50 Abs. 5; **HB** § 42 Abs. 4; **MV** § 42 Abs. 4; **RP** § 49 Abs. 4; **SN** § 42 Abs. 4; **ST** § 49 Abs. 4; **SH** § 59 Abs. 4; **TH** § 50 Abs. 4). Dieser Anspruch besteht allerdings erst recht spät, nämlich erst ab **sechs Monate** vor dem voraussichtlichen Entlassungszeitpunkt, obwohl mit der Entlassungsvorbereitung mindestens ein Jahr vor der Entlassung begonnen werden muss (vgl. § 9 Abs. 3

---

[725] So zutr. AK-*Burkhardt/Feest* Vor § 38 LandesR Rdn. 7; vgl. auch OLG Hamburg 8.2.2005 – 3 Vollz (Ws) 6/05, StV 2005, 564; BVerfG 30.4.2009 – 2 BvR 2009/08, NJW 2009, 1941, 1944.
[726] *Arloth/Krä* § 15 StVollzG Rdn. 2; *Laubenthal/Nestler/Neubacher/Verrel* L Rdn. 6.
[727] Dies ist nach AK-*Bahl/Pollähne* § 42 LandesR Rdn. 48 ein „eher symbolischer Unterschied".

Satz 1 ME-StVollzG und entsprechende Landesgesetze).[728] **Vor Erreichen** des Sechs-Monats-Zeitfensters ist in den ME-Ländern über eine Gewährung vollzugsöffnender Maßnahmen nur nach den allgemeinen Regeln zu entscheiden,[729] insbesondere besteht dann also nur ein **Anspruch auf ermessensfehlerfreie Entscheidung** (siehe insofern näher 10.C Rdn. 69f.). Weiterhin haben die Länder des ME-StVollzG (mit der Ausnahme von **ST** § 49 Abs. 4 Satz 1, wo es bei dem übertrieben strengen dortigen Regelmaßstab der „abstrakten" Flucht- oder Missbrauchsgefahr bleibt; dazu 10.C Rdn. 49) auch den Prognosemaßstab verändert, indem sie vollzugsöffnende Maßnahmen nur ausschließen, wenn Flucht oder Missbrauch **mit hoher Wahrscheinlichkeit** zu erwarten ist. Unter hoher Wahrscheinlichkeit ist dabei eine **überwiegende** zu verstehen, ein Versagen muss also wahrscheinlicher sein als ein Erfolg.[730] Dies ist mit Blick auf die in Rdn. 5 bereits angeführten Gefahren, die von unzureichend resozialisierten und eingegliederten Gefangenen nach Entlassung drohen können, zu begrüßen. Im Übrigen bleibt es auch hier aber bei den üblichen Bewilligungsvoraussetzungen, so dass auf die Kommentierung unter 10.C und 10.E verwiesen werden kann.

2. Verlegung in den offenen Vollzug bzw. in vollzugliche Entlassungsabteilungen. § 15 Abs. 2 StVollzG bestimmte, dass Gefangene in eine offene Anstalt oder Abteilung verlegt werden konnten, wenn dies der Vorbereitung der Entlassung diente. Im Gegensatz zur Sollvorschrift des § 10 StVollzG handelte es sich hier um eine **Kann-Vorschrift**, weil gerade in der Endphase des Vollzuges aus Behandlungsgründen eine Verlegung in eine offene Anstalt oder Abteilung unzweckmäßig sein kann. Gegenüber den Vorteilen, die der offene Vollzug für die Resozialisierung Gefangener und für die Gefangenen selbst mit sich bringt, ist z.B. **abzuwägen**, ob es sinnvoll ist, diejenigen Bindungen an das Behandlungspersonal, die bei der bisherigen Unterbringung in der geschlossenen Anstalt entstanden sind, abzulösen.[731] In der Regel wird freilich oft eine Ablösung der Bindungen und Übertragung auf ehrenamtliche Vollzugshelfer/innen, Mitarbeiter/innen von Beratungsstellen und Bewährungshelfer/innen gerechtfertigt sein, da durch die bevorstehende Entlassung ohnehin eine Trennung stattfindet. Noch nicht abgeschlossene Lehrgänge der beruflichen und schulischen Bildung oder andere besondere Hilfs- und Behandlungsmaßnahmen können ebenfalls Anlass geben, von einer Verlegung Gefangener abzusehen. Auch dann, wenn Gefangene in der geschlossenen Anstalt verbleiben, sollen bzw. müssen jedoch vollzugsöffnende Maßnahmen angeordnet werden (dazu Rdn. 5f.).[732] Eine **§ 15 Abs. 2 entsprechende Vorschrift** findet sich in **BW** § 89 Abs. 2 III, **BY** Art. 17 Abs. 2, **HH** § 15 Abs. 4. Einen ungewöhnlichen Weg wählt **NI** § 17 Abs. 2, indem dieser regelt, dass eine Verlegung in den offenen Vollzug unterbleiben soll, „wenn diese die Vorbereitung der Entlassung beeinträchtigen würde". Daran ist zutreffend, dass eine solche Beeinträchtigung, wie vorstehend ausgeführt, im Einzelfall durchaus einmal drohen kann. Obwohl die Norm einen verlegungsunfreundlicheren Eindruck hinterlässt, dürften sich die Unterschiede in der Praxis in Grenzen halten, zumal auch die Regelung in § 15 Abs. 2 StVollzG eine Restriktion darstellte.[733] **NW** § 12 Abs. 2 Satz 1 sieht statt einer Kann-Regelung eine Soll-Regelung vor, so dass von der Verlegung nur im begründeten Ausnahmefall abgewichen werden kann. Zu Recht wird zudem auf

---

728 Krit. a. AK-*Bahl*/*Pollähne* § 42 LandesR Rdn. 50.
729 AK-*Bahl*/*Pollähne* § 42 LandesR Rdn. 45.
730 *Arloth*/*Krä* § 42 SächsStVollzG Rdn. 9.
731 BT-Drucks. 7/918, 54.
732 *Laubenthal*/*Nestler*/*Neubacher*/*Verrel* L Rdn. 6.
733 *Arloth*/*Krä* § 17 NJVollzG Rdn. 1; vgl. auch **NI** LT-Drucks. 15/4325, 9.

das Erfordernis einer frühzeitigen Verlegung hingewiesen. Eine Versagung der Verlegung aus den oben skizzierten Gründen kommt im Einzelfall auch in **NW** in Betracht.

8 Zudem sieht **BB** § 50 Abs. 3 im Rahmen einer Soll-Bestimmung, d.h. für den Regelfall, eine Verlegung in eine **Eingliederungsabteilung** vor. Eine vergleichbare Regelung, allerdings nur als Kann-Bestimmung, enthält **HE** § 16 Abs. 2 Satz 3, der eine Verlegung in eine Anstalt oder Abteilung des **Entlassungsvollzugs** vorsieht. Aus dem Wortlaut der Vorschriften wird dabei nicht deutlich, ob es sich bei den genannten Anstalten oder Abteilungen um offene handelt. Offener Vollzug dürfte nicht zwingend gemeint sein, allerdings müssen sie darauf eingerichtet sein, das zur Entlassungsvorbereitung nötige, erhöhte Maß an vollzugsöffnenden Maßnahmen zu gewähren (vgl. dazu Rdn. 5f.) und auch im Übrigen die Gefangenen angemessen auf ein Leben in Freiheit vorzubereiten.[734] Die Vorschriften der anderen Landesgesetze enthalten **keine Sonderregelungen** zum offenen Vollzug im Kontext der Entlassungsvorbereitung.

9 **3. Aufenthalt in Übergangseinrichtungen.** Während die ME-Länder – mit einer gewissen Ausnahme für **BB** (Rdn. 8) – keine speziellen Vorschriften zur Verlegung Gefangener in den offenen Vollzug oder in Entlassungsabteilungen vorsehen, haben sie dafür ganz überwiegend (Ausnahmen: **HB**, **TH**) Regelungen zur Gewährung von Aufenthalten in **Übergangseinrichtungen** außerhalb des Vollzugs eingeführt (**BE** § 46 Abs. 3 Satz 1; **BB** § 50 Abs. 4 Satz 1; **MV** § 42 Abs. 3 Satz 1; **RP** § 49 Abs. 3 Satz 1; **SL** § 42 Abs. 3 Satz 1; **SN** § 42 Abs. 3 Satz 1; **ST** § 49 Abs. 3 Satz 1; **SH** § 59 Abs. 3 Satz 1). Damit wurde eine **eigenständige vollzugsöffnende Maßnahme** über den Kanon der Regelmaßnahmen hinaus geschaffen.[735] Die Strafvollstreckung wird durch den Aufenthalt daher nicht unterbrochen und das Vollzugsverhältnis nicht aufgehoben (dazu 10.C Rdn. 2f.). Übergangseinrichtungen sind keine vollzuglichen Einrichtungen, sondern, wie die Gesetze ausdrücklich vorsehen, außerhalb des Vollzuges angesiedelt. Üblicherweise dürften sie von freien Trägern betrieben werden.[736] Aus den Regelungen dürfte sich, auch wenn es sich um eine reine Ermessensvorschrift handelt, durchaus die Verpflichtung ergeben, entsprechende Einrichtungen vorzuhalten, da die Norm sonst lediglich auf dem Papier stünde.[737] Eine erforderliche Unterbringung in einer Übergangseinrichtung darf auch nicht an den Kosten scheitern; für ein ausreichendes Platzangebot ist zu sorgen.[738] Ist die Unterbringung in einer Übergangseinrichtung zur Vorbereitung der Eingliederung **erforderlich**, ist im Rahmen der Ermessensausübung in der Regel zugunsten der Bewilligung zu entscheiden, auch wenn es sich um eine bloße Kann-Vorschrift handelt: Die festgestellte Erforderlichkeit begrenzt den Ermessensspielraum.[739] Eine bestimmte Höchstdauer des Aufenthaltes sehen die Gesetze nicht vor. Teils wird vorgeschlagen, die Höchstfrist für den Langzeitausgang von sechs Monaten hier analog heranzuziehen.[740] Das dürfte aber gegen den erkennbaren gesetzgeberischen Willen gehen und daher unzulässig sein. Dieser hätte eine solche Frist sonst vorgesehen: Ein Übersehen der Problematik ist unplausibel, wenn eine im selben Absatz derselben Norm geregelte andere Maßnahme befristet wird, der Aufenthalt in einer Übergangseinrichtung aber nicht. Vor Beginn der Entlassungsvorbereitung (§ 9 Abs. 3 Satz 1 ME und die entsprechenden Lan-

---

734 So auch **BB** LT-Drucks. 5/6437, Begr. 56.
735 AK-*Bahl/Pollähne* § 42 LandesR Rdn. 42; **BE** Abgeordnetenhaus-Drucks. 17/2442, 230; *Arloth/Krä* § 42 SächsStVollzG Rdn. 6.
736 AK-*Bahl/Pollähne* § 42 LandesR Rdn. 40; *Arloth/Krä* § 42 SächsStVollzG Rdn. 6.
737 A.A. AK-*Bahl/Pollähne* § 42 LandesR Rdn. 40.
738 Insofern ebenso AK-*Bahl/Pollähne* § 42 LandesR Rdn. 40.
739 So auch AK-*Bahl/Pollähne* § 42 LandesR Rdn. 40.
740 So *Arloth/Krä* § 42 SächsStVollzG Rdn. 6.

desgesetze) kommt ein Aufenthalt dort aber nicht in Betracht. Es bietet sich an, die Bewilligung mit der **Weisung** zu verbinden, in der Einrichtung zu wohnen und Anweisungen des dortigen Personals Folge leisten.[741]

4. Langzeitausgang zur Entlassungsvorbereitung. Von besonderer Bedeutung für 10 die von den Gefangenen vorzunehmenden Entlassungsvorbereitungen ist die Möglichkeit der Gewährung von Langzeitausgang. In § 15 Abs. 3 und 4 StVollzG wurde insofern zwischen Freigänger/innen und solchen Gefangenen, die diesen Status nicht innehaben, unterschieden. Zudem enthielt § 124 StVollzG eine erheblich großzügigere Regelung für Gefangene, die aus der SothA entlassen werden sollten (vgl. zu allem Rdn. 2). Die Bundesländer sind teils erheblich von diesem Regelungsmodell abgewichen (vgl. Rdn. 3f.). Danach wird teils auch Gefangenen des Regelvollzugs Langzeitausgang zur Entlassungsvorbereitung bis zu sechs Monaten (**BE** § 46 Abs. 3 Satz 2; **BB** § 50 Abs. 4 Satz 3; **HB** § 42 Abs. 3 Satz 1; **MV** § 42 Abs. 3 Satz 2; **RP** § 49 Abs. 3 Satz 2; **SL** § 42 Abs. 3 Satz 2; **SN** § 42 Abs. 3 Satz 2; **ST** § 49 Abs. 3 Satz 2; **SH** § 59 Abs. 3 Satz 2; **TH** § 50 Abs. 3 Satz 1; für eine Sonderkonstellation zudem in **HH** § 15 Abs. 2 Satz 2) am Stück gewährt (stattdessen für bis zu drei Monate in **HE** § 16 Abs. 3 Satz 1), während diese Möglichkeit in anderen Bundesländern weiter auf SothA-Gefangene (**BW** § 89 Abs. 4; **BY** Art. 118; **HH** § 15 Abs. 2 Satz 1 Nr. 2; **HE** § 16 Abs. 3 Satz 1; **NI** 105; **NW** § 89), darüber hinaus aber oft auch Gefangene mit angeordneter oder vorbehaltener Sicherungsverwahrung (**BW** § 101 III; **BY** Art. 163; **HH** § 96 Abs. 4; **NI** § 111; **NW** § 92 Abs. 4) beschränkt bleibt. In diesen, zuletzt genannten Bundesländern wurde zudem das Modell des StVollzG (nur kurzer Langzeitausgang zur Entlassungsvorbereitung von max. einer Woche für Gefangene im Regelvollzug ohne Freigänger/innenstatus, erheblich umfassendere Möglichkeiten von sechs Tagen Langzeitausgang pro Monat in den letzten neun Monaten vor der voraussichtlichen Entlassung für Freigänger/innen) prinzipiell beibehalten (vgl. **BW** §§ 88, 89 Abs. 3 III; **BY** Art. 14 Abs. 4, 17 Abs. 3; **HH** § 15 Abs. 2 Satz 1 Nr. 1, Abs. 3; **NI** § 17 Abs. 3 und Abs. 4; **NW** § 59 Abs. 2). In der folgenden Kommentierung wird daher nach Gefangenengruppen differenziert und jeweils erörtert, wie die Regelungen zum Langzeitausgang zur Entlassungsvorbereitung ausfallen. In allen Konstellationen des Langzeitausgangs gelten grundsätzlich (d.h., soweit im Folgenden nichts anderes angegeben ist) dieselben **Bewilligungsvoraussetzungen** wie unter 10.C und 10.E dargestellt. Die Gewährung basiert jeweils auf einer **Ermessensentscheidung** (dazu 10.C Rdn. 69 f.).

a) Gefangene des Regelvollzugs ohne oder unabhängig vom Freigän- 11 **ger/innenstatus.** Nach § 15 Abs. Abs. 3 Satz 1 StVollzG war die Möglichkeit, zusätzlichen Langzeitausgang zur Entlassungsvorbereitung zu erhalten, für **Gefangene ohne Freigänger/innenstatus** (zu diesem näher Rdn. 13) auf **eine Woche** beschränkt. Die gesetzliche Regelung war angesichts der großen Bedeutung, die der umfassenden Vorbereitung der Entlassung zukommt, zu eng ausgefallen. Leider haben es ein paar Bundesländer dennoch grundsätzlich bei dieser sehr restriktiven Regelung belassen (**BW** § 89 Abs. 3 III; **BY** Art. 17 Abs. 3; **HH** § 15 Abs. 2 Satz 1 Nr. 1; **NI** § 17 Abs. 3) oder sie nur sehr geringfügig erweitert (**NW** § 59 Abs. 2 Satz 1 erlaubt nun **zehn Tage** Langzeitausgang). Die gesetzlich festgelegte Gesamtdauer von einer Woche bzw. zehn Tagen darf in diesen Ländern auch bei mehrfacher Gewährung von Langzeitausgang nicht überschritten werden.[742] Der Langzeitausgang kann danach in mehrere Abschnitte aufgeteilt werden; die

---

741 **BE** Abgeordnetenhaus-Drucks. 17/2442, 230; *Arloth/Krä* § 42 SächsStVollzG Rdn. 6; krit. AK-*Bahl/Pollähne* § 42 LandesR Rdn. 42.
742 Vgl. *Arloth/Krä* § 15 StVollzG Rdn. 4; *Laubenthal/Nestler/Neubacher/Verrel* L Rdn. 14.

Gesamtdauer darf aber auch dann nicht überschritten werden, wenn die Entlassung zu einem anderen Zeitpunkt erfolgt, als bei der Bewilligung des Langzeitausgangs angenommen wurde.[743] Der Langzeitausgang **muss der Vorbereitung der Entlassung dienen** und kommt – angesichts der geringen Gesamthöchstdauer von einer Woche – danach insbesondere für persönliche Vorsprachen in Betracht, die der Beschaffung von Unterkunft und Arbeit nach der Entlassung dienen sollen.[744]

12 Die Mehrzahl der Bundesländer ist hingegen über diese sehr restriktive Regelung hinausgegangen und erlaubt auch für Gefangene des Regelvollzugs sowie **unabhängig von deren Status als Freigänger/innen** bei entsprechender (in MV § 42 Abs. 3 Satz 2: zwingender)[745] Erforderlichkeit einen Langzeitausgang zur Entlassungsvorbereitung von **bis zu sechs Monaten Dauer** (BE § 46 Abs. 3 Satz 2; BB § 50 Abs. 4 Satz 3; HB § 42 Abs. 3 Satz 1; MV § 42 Abs. 3 Satz 2; RP § 49 Abs. 3 Satz 2; SL § 42 Abs. 3 Satz 2; SN § 42 Abs. 3 Satz 2; ST § 49 Abs. 3 Satz 2; SH § 59 Abs. 3 Satz 2; TH § 50 Abs. 3 Satz 1). BB § 50 Abs. 4 Satz 3 erlaubt auch noch längere Langzeitausgänge, wenn eine Unterbringung in einer Einrichtung freier Träger erfolgt. Immerhin bis zu drei Monate Langzeitausgang gewährt bei Gefangenen des Regelvollzugs HE § 16 Abs. 3 Satz 1. Schließlich erlaubt HH § 15 Abs. 3 Satz 2 bis zu sechs Monate Langzeitausgang für Gefangene im offenen Vollzug, die „mehrere Jahre ihrer Freiheitsstrafe im geschlossenen Vollzug verbracht haben und der längerfristigen Eingliederung bedürfen". Der – freilich auf Gefangene, die aus der SothA entlassen werden sollen, beschränkte – § 124 StVollzG war ersichtlich Vorbild all dieser Regelungen; auch die **Zwecksetzung** der neuen Regelungen entspricht im Wesentlichen derjenigen dieser Vorschrift. Die Gefangenen sollen danach allmählich wieder an das Leben in Freiheit gewöhnt werden; das im Vollzug Erlernte soll unter den Bedingungen des realen Lebens getestet werden, ohne gleich vollständig aus dem auch betreuenden und unterstützenden Rahmen des Vollzugs entlassen zu werden.[746] Anders als beim kurzen Langzeitausgang nach Rdn. 11 bedarf es daher **nicht des Nachweises konkreter Einzelanlässe** für den Langzeitausgang (siehe auch Rdn. 14). Voraussetzung der Gewährung ist – außer in HH und HE – die vorherige **Verbüßung einer Mindeststrafdauer von sechs Monaten**. In RP kann davon im begründeten Ausnahmefall allerdings abgewichen werden, in BE wird hingegen sogar noch zusätzlich verlangt, dass mindestens die Hälfte der Haftzeit bereits verbüßt ist. Sinn dieser Mindeststrafdauer soll es jeweils sein, bei kurzen Freiheitsstrafen den Strafzweck nicht zu vereiteln.[747] Dieser Gedanke ist indessen verfehlt: Der Langzeitausgang ist vollzugsöffnende Maßnahme, er unterbricht weder die Vollstreckung noch hebt er das Vollzugsverhältnis auf (vgl. 10.C Rdn. 2f.). Es handelt sich also um eine vollzugliche Entscheidung, die allein an den Vollzugszielen und -aufgaben zu messen ist. Die Berücksichtigung anderer Strafzwecke als Resozialisierung und Sicherung ist daher ausgeschlossen (str.; ausführlich und mit Nachweisen zum Streitstand 10.C Rdn. 70). Inhaltlich lässt sich die Mindestverbüßungszeit aber auch anders rechtfertigen, nämlich mit der Notwendigkeit, vor einer so umfassenden vollzugsöffnenden Maßnahme den oder die Gefangene/n zunächst kennen und einschätzen zu lernen.[748] Da es um einen in diesem Sinne ausreichenden Beobachtungszeitraum geht, kann vorangegangene **Untersuchungshaft** nicht mit eingerechnet werden.[749] In allen

---

[743] Arloth/Krä § 15 StVollzG Rdn. 4.
[744] Sog. Entlassungsvorbereitung im engeren Sinn; vgl. dazu OLG Hamm ZfStrVo 1981, 189, 191.
[745] Dies ist nach AK-Bahl/Pollähne § 42 LandesR Rdn. 48 ein „eher symbolischer Unterschied".
[746] Vgl. zur ähnlichen Zielrichtung des § 124 StVollzG Arloth/Krä § 124 StVollzG Rdn. 1.
[747] So ausdrücklich BB LT-Drucks. 5/6437, Begr. 56; ähnlich BE Abgeordnetenhaus-Drucks. 17/242, 230; SN LT-Drucks. 5/10920, 118; Arloth/Krä § 42 SächsStVollzG Rdn. 7.
[748] Insofern zutreffend BE Abgeordnetenhaus-Drucks. 17/242, 230.
[749] Zutreffend Arloth/Krä § 42 SächsStVollzG Rdn. 7.

Bundesländern besteht die Möglichkeit, den Langeitausgang zur Entlassungsvorbereitung mit Weisungen zu verbinden. Diese Möglichkeit sollte in der Regel genutzt werden, um die doch sehr frei ausgestaltete Maßnahme für die Gefangenen sinnvoll zu strukturieren; in **HH** § 15 Abs. 5 Satz 1 ist die **Weisungserteilung** daher zu Recht als Soll-Regelung ausgestaltet, in **HE** § 16 Abs. 3 Satz 4 ist die Weisungserteilung sogar verpflichtend. **HH** § 15 Abs. 5 Satz 2 nennt zudem – dem Vorbild des § 124 Abs. 2 Satz 2 StVollzG folgend – insbesondere die Weisung, „sich einer von der Anstalt bestimmten **Betreuungsperson** zu unterstellen und jeweils für kurze Zeit in die Anstalt zurückzukehren" (Hervorhebung durch den Verf.). Diese Weisung ist sinnvoll und auch in allen anderen Bundesländern als „freie" Weisung zulässig (näher zur Weisungserteilung unter 10.E). Nach **HE** § 16 Abs. 3 Satz 5 ist auch die Weisung **elektronischer Aufenthaltsüberwachung** zur Überwachung der Einhaltung anderer Weisungen zulässig. Diese ist zudem gem. **ST** §§ 45 Abs. 9, 47 Abs. 1 Satz 2 Nr. 10, Abs. 2 (auch) für den Fall des Langzeitausgangs zur Entlassungsvorbereitung möglich. Im Übrigen gilt, dass die elektronische Aufenthaltsüberwachung aufgrund ihrer Eingriffsintensität als „freie" Weisung nicht in Frage kommt (näher 10.E Rdn. 8).

b) Gefangene mit Freigänger/innenstatus. Sonderregeln für den Langzeitausgang 13 zur Entlassungsvorbereitung für Gefangene mit Freigänger/innenstatus sehen – darin dem Vorbild des 15 Abs. 4 StVollzG folgend – nur noch **BW** § 88 III, **BY** Art. 14 Abs. 4, **HH** § 15 Abs. 3, **NI** § 17 Abs. 4 und **NW** § 59 Abs. 2 Satz 2 vor. Für die anderen Bundesländer besteht dafür kein praktisches Bedürfnis, weil sie für alle Gefangenen des Regelvollzugs unabhängig von deren Freigänger/innenstatus weitaus großzügigere Regelungen für den Langzeitausgang vorsehen als es § 15 Abs. 4 StVollzG tat. In den verbleibenden fünf Bundesländern mit Freigänger/innenregelung können entsprechende Gefangene dagegen vor ihrer Entlassung **bis zu 54 Tage** Langzeitausgang zur Entlassungsvorbereitung (neun Monate lang jeweils sechs Tage) erhalten. Abzustellen ist auch hier auf den voraussichtlichen Entlassungszeitpunkt. Im Rahmen des § 15 Abs. 4 StVollzG galten dabei als Freigänger/innen nicht nur diejenigen Gefangenen, die tatsächlich Arbeit außerhalb der Anstalt verrichteten, sondern auch diejenigen Gefangenen, die lediglich zum Freigang zugelassen waren, ohne ihn auszuüben (**abstrakter Freigänger/innenstatus**, dazu ausführlich 10.C Rdn. 31). Zu weitgehend zum alten Recht war allerdings die Auffassung, es genüge für die Gewährung von „Sonderurlaub" nach § 15 Abs. 4 die bloße **Eignung Gefangener zum Freigang**.[750] Diese Streitfrage spielt nur noch für die Regelung in **NI** eine Rolle, die – angelehnt am StVollzG – ebenfalls von „dem Freigänger" und „der Freigängerin" spricht, und ist dort ebenso zu lösen (abstrakte Zulassung zum Freigang genügt, ist aber auch erforderlich). In den anderen Landesgesetzen wurde nun eine klarstellende Formulierung gewählt, die den Streit gegenstandslos macht. Im Sinne der hier zum alten Recht und für **NI** vertretenen Auffassung positioniert sich nun eindeutig **HH** § 15 Abs. 4, der von zum Freigang zugelassenen Gefangenen spricht. Enger ist hingegen der Anwendungsbereich für **BW** § 88 Satz 1 III, der verlangt, dass Gefangene „einer regelmäßigen Beschäftigung im Rahmen des Freigangs nachgehen". Umgekehrt schon die bloße Eignung zum Freigang ausreichen lassen nun ausdrücklich **BY** 14 Abs. 4 Satz und **NW** § 59 Abs. 2 Satz 2.

Aus den Sonderregelungen für Freigänger/innen folgt nicht, dass jede/r Freigänger/in einen Anspruch auf eine pauschale Bewilligung von Langzeitausgang von sechs

---

[750] So OLG Hamm in 5.7.1990 – Vollz (Ws) 62/90, NStZ 1990, 607 m.w.N.; wie hier *Begemann* NStZ 1991, 517.

Tagen im Monat hat, sofern die Bewilligungsvoraussetzungen erfüllt sind. Auch hier besteht **Ermessen**.[751]

14 Beantragen Gefangene mit Freigänger/innenstatus die Bewilligung von Langzeitausgang, besteht für sie – anders als beim „kurzen" Langzeitausgang i.S.d. Rdn. 11, aber ebenso wie beim „langen" Langzeitausgang i.S.d. Rdn. 12 – keine Pflicht zum Vorbringen konkreter Einzelanlässe für den jeweiligen Langzeitausgang.[752] Es handelt sich vielmehr – ähnlich der Zwecksetzung des „langen" Langzeitausgangs (Rdn. 12) um ein „wesentliches Mittel der Erprobung für die Zuverlässigkeit des Gefangenen und für die Einübung des Umgangs mit der Freiheit".[753] In diesem weiteren Sinne dient der Langzeitausgang dann auch der Vorbereitung der Entlassung.[754]

15 **c) Gefangene in Sozialtherapeutischen Anstalten.** Für Gefangene, die aus einer sozialtherapeutischen Anstalt entlassen werden sollen, traf § 124 StVollzG eine Sonderregelung. Entsprechende Sonderregelungen, die jeweils Langzeitausgang von bis zu sechs Monaten zur Entlassungsvorbereitung vorsehen, finden sich weiterhin in **BW** § 89 Abs. 4 III, **BY** Art. 118, **HH** § 15 Abs. 2 Satz 1 Nr. 2, **HE** § 16 Abs. 3 Satz 1, **NI** 105, **NW** § 89. Darüber noch hinausgehend ist gem. **HH** § 15 Abs. 2 Satz 3 in Einzelfällen sogar ein sechs Monate übersteigender Langzeitausgang „in eine geeignete Wohnform" nach Unterrichtung der Strafvollstreckungskammer möglich. Für diese Regelungen kann grundsätzlich auf Rdn. 12 verwiesen werden. Allerdings enthalten die Vorschriften durchgängig keine Mindestverbüßungsfristen. Zudem wird – außer in **HE** – jeweils die oben in Rdn. 12 bereits vorgestellte, sinnvolle Weisung, „sich einer von der Anstalt bestimmten Betreuungsperson zu unterstellen und jeweils für kurze Zeit in die Anstalt zurückzukehren" (so der Wortlaut von **HH** § 15 Abs. 5 Satz 2) in den Gesetzen erwähnt (vgl. neben der zitierten Vorschrift aus **HH** auch **BW** § 89 Abs. 4 Satz 3 III; **BY** Art. 118 Abs. 2 Satz 2; **NI** § 105 Abs. 2 Satz 2; **NW** § 89 Abs. 2 Satz 2). Zur in **HE** § 16 Abs. 3 Satz 5 vorgesehenen Weisung elektronischer Aufenthaltsüberwachung siehe ebenfalls bereits in Rdn. 12. In mehreren Landesgesetzen werden – darin § 124 Abs. 3 Satz 3 StVollzG folgend – auch die Widerrufsgründe (zu diesen generell in 10.F Rdn. 9ff.) ergänzt, und zwar um eine – zwingende – Widerrufsmöglichkeit für den Fall, dass dies zur „Behandlung" (also Resozialisierung) des oder der Gefangenen notwendig ist (**BW** § 89 Abs. 4 Satz 4 III; **BY** Art. 118 Abs. 3 Satz 2; **NI** § 105 Abs. 3 Satz 2; **NW** § 89 Abs. 3 Satz 1). Zur den § 124 StVollzG entsprechenden Vorschriften siehe auch hier im Kommentar unter 3.C.

16 Für die Landesgesetze, die ganz generell „langen" Langzeitausgang vorsehen (Rdn. 12), bestand hingegen **kein Bedarf nach einer Sonderregelung**, weil den besonderen Bedürfnissen Gefangener aus der Sozialtherapie angesichts der ohnehin großzügig bemessenen allgemeinen Sechs-Monats-Höchstdauer im Rahmen dieser Regelung angemessen Rechnung getragen werden kann.

17 **d) Gefangene mit angeordneter oder vorbehaltener Sicherungsverwahrung.** Die Landesgesetze, die nicht ohnehin schon pauschal allen Gefangenen des Regelvollzugs „langen" Langzeitausgang gewähren können (dazu Rdn. 12), eröffnen diese Möglichkeit zu „langem" Langzeitausgang von bis zu sechs Monaten Dauer für Gefangene mit angeordneter oder vornotierter Sicherungsverwahrung nach im Wesentlichen den-

---

751 OLG Hamm ZfStrVo 1981, 189, 192.
752 OLG Hamm ZfStrVo **SH** 1978, 19; OLG Celle ZfStrVo 1979, 186; *Laubenthal/Nestler/Neubacher/Verrel* L Rdn. 16.
753 So OLG Hamm ZfStrVo **SH** 1978, 19.
754 OLG Hamm ZfStrVo 1981, 189, 191; a.A. *Laubenthal/Nestler/Neubacher/Verrel* L Rdn. 16.

selben Bedingungen, die auch für Gefangene gelten, die aus einer SothA entlassen werden sollen (vgl. **BW** § 101 III; **BY** Art. 163; **HH** § 96 Abs. 4; **NI** § 111; **NW** § 92 Abs. 4); siehe insofern Rdn. 15. Grund für diese Erstreckung ist der **Ultima-ratio-Grundsatz** des BVerfG,[755] nach der vorrangiges Ziel einer der Sicherungsverwahrung vorangehenden Strafverbüßung ist, eine Resozialisierung bereits während der Strafhaft zu erreichen und so eine Aussetzung der Sicherungsverwahrung zur Bewährung gem. § 67c Abs. 1 StGB zu ermöglichen. Dieser Grundsatz drückt sich auch in §§ 66c Abs. 2, 67c Abs. 1 Satz 1 Nr. 2 StGB aus. Teils wird ergänzend eine vorherige Anhörung der Vollstreckungsbehörde vorgeschrieben (so in **BW** § 101 Abs. 1 Satz 1 III; **HH** § 96 Abs. 4 Satz 1), die in der Tat sinnvoll ist, um sich zu versichern, dass eine Aussetzung der Sicherungsverwahrung zur Bewährung gem. § 67c Abs. 1 StGB tatsächlich zu erwarten ist bzw. dass eine endgültige Verhängung der vorbehaltenen Sicherungsverwahrung im Nachverfahren nach § 66a Abs. 3 StGB unterbleibt. Die Ausführungen in Rdn. 16 gelten entsprechend.

e) Keine Kombinationsmöglichkeit. In den Bundesländern, die für jeweils unterschiedliche Gefangenengruppen unterschiedliche Arten des Langzeitausgangs vorsehen, besteht jeweils keine Möglichkeit zur Kombination. 18

I. Entlassungszeitpunkt

Baden-Württemberg	BW § 91 JVollzGB III;
Bayern	BY Art. 18 BayStVollzG;
Berlin	BE § 47 Abs. 1 bis 3 StVollzG Bln;
Brandenburg	BB § 51 Abs. 1 bis 3 BbgJVollzG;
Bremen	HB § 43 Abs. 1 bis 3 BremStVollzG;
Hamburg	HH § 17 Abs. 1 bis 4 HmbStVollzG;
Hessen	HE § 17 Abs. 1 und 2 HStVollzG;
Mecklenburg-Vorpommern	MV § 43 Abs. 1 bis 3 StVollzG MV;
Niedersachsen	NI § 18 NJVollzG;
Nordrhein-Westfalen	NW § 60 Abs. 1 bis 3 StVollzG NRW;
Rheinland-Pfalz	RP § 50 Abs. 1 bis 3 LJVollzG;
Saarland	SL § 43 Abs. 1 bis 3 SLStVollzG;
Sachsen	SN § 43 Abs. 1 bis 3 SächsStVollzG;
Sachsen-Anhalt	ST § 50 Abs. 1 bis 3 JVollzGB LSA;
Schleswig-Holstein	SH § 60 Abs. 1 bis 3 LStVollzG SH;
Thüringen	TH § 51 Abs. 1 bis 3 ThürJVollzGB

Schrifttum

S. bei B.

Übersicht

I. Allgemeine Hinweise —— 1–3
II. Erläuterungen —— 4–12
   1. Tageszeit der Entlassung —— 4
   2. Vorverlegung des Entlassungszeitpunkts —— 5–11

    a) Entlassung vor Samstagen, Sonntagen, Feiertagen oder der Weihnachtszeit —— 5, 6
    b) Massen-Gnadenerweise aus Anlass des Weihnachtsfests; gesetzliche Regelung in Hamburg —— 7

---

[755] BVerfG 04.05.11 – 2 BvR 2365/09 u.a., BVerfGE 128, 326, 379.

c) Vorverlegung in anderen
   Fällen —— 8, 9
d) Ermessen —— 10

e) Rechtliche Konsequenzen der Vorverlegung —— 11
3. Verschiebung des Entlassungszeitpunkts
   nach hinten —— 12

I. Allgemeine Hinweise

1   Die **Vollstreckungsbehörde** (§ 451 Abs. 1 StPO; § 4 StVollstrO) ist für die **Berechnung der Strafzeit** verantwortlich. Sie überprüft die vorläufige Berechnung der Anstalt. Die Strafe endet, wenn sie länger als eine Woche dauert, am Tagesende (24 Uhr) des letzten Tages der Strafe (vgl. § 37 Abs. 2 Satz 1 und 2, Abs. 4 Satz 1 StVollstrO). **§ 16 Abs. 1 StVollzG** ordnete dagegen an, dass die Entlassung der Gefangenen am letzten Tag der Haft (deutlich) vor 24 Uhr erfolgt. Sie sollte möglichst **frühzeitig**, jedenfalls noch am Vormittag, erfolgen. Die **Landesgesetze** haben diese Regelung **überwiegend identisch**, vereinzelt auch mit – dann aber nur geringfügigen – Änderungen umgesetzt (vgl. Rdn. 4). Es handelt sich nicht um eine vorzeitige Entlassung, denn nach § 37 Abs. 2 Satz 3 StVollstrO gilt zugunsten der Gefangenen ein im Laufe eines Tages eingetretenes Ereignis als um 24 Uhr an diesem Tage geschehen.

2   **§ 16 Abs. 2 und Abs. 3 StVollzG** gaben der Vollzugsbehörde darüber hinaus die Möglichkeit, Gefangene schon **einige Tage vor dem berechneten Endtag** zu entlassen. Dabei regelte Abs. 2 die Möglichkeit, Gefangene am letzten Werktag vor Samstagen, Sonntagen, gesetzlichen Feiertagen, einschließlich der jeweils zusammenhängenden Oster- und Pfingstzeit, sowie vor der vom 22. Dezember bis 2. Januar festgelegten Weihnachts- und Neujahrszeit zu entlassen, während Abs. 3 die Möglichkeit eröffnete, generell den Entlassungszeitpunkt um bis zu zwei Tage vorzuverlegen, wenn Gefangene darauf zu ihrer Eingliederung dringend angewiesen waren. Auch sie haben in den **Landesgesetzen** eine **meist sehr ähnliche Umsetzung** erfahren (näher Rdn. 5ff.). Allerdings wurde überwiegend die Phase, innerhalb derer die Vorverlegung in der Weihnachts- und Neujahrszeit möglich ist, bis **6. Januar** ausgedehnt (**BY** Art. 18 Abs. 2; **BB** § 51 Abs. 2; **HB** § 43 Abs. 2; **HH** § 17 Abs. 2; **MV** § 43 Abs. 2; **NW** § 60 Abs. 2; **RP** § 50 Abs. 2; **SL** § 43 Abs. 2; **ST** § 50 Abs. 2; **SH** § 60 Abs. 2; **TH** § 51 Abs. 2), nur wenige Bundesländer halten noch am **2. Januar** fest (**BE** § 47 Abs. 2; **HE** § 17 Abs. 1 Satz 2; **NI** § 18 Abs. 2; **SN** § 43 Abs. 2). Nur **BW** § 91 Abs. 2 III hat einen grundsätzlich anderen Regelungsansatz gewählt, der sich im Ergebnis vor allem für die Weihnachts- und Neujahrszeit auswirkt (siehe Rdn. 9). Durch die Vorverlegungsentscheidungen, die auch zulässig sind, wenn eine Ersatzfreiheitsstrafe zu vollziehen ist, wird nicht die Strafe verkürzt, vielmehr handelt es sich um eine rein vollzugliche Entscheidung.[756] Insofern hatten die Bundesländer auch die Kompetenz, diese Fragestellung jeweils einer eigenen Regelung zuzuführen.[757] Die Strafe gilt gleichwohl als in ihrem ursprünglich berechneten Umfang verbüßt (näher Rdn. 11).[758]

3   **Besonderheiten** ergeben sich in **HH**: Während **HH** § 17 Abs. 1 Satz 2 und Abs. 4 nur Klarstellungen enthalten (dazu Rdn. 4 und 6), findet sich ein gesetzgeberisches Novum in **HH** § 17 Abs. 2a, nämlich eine gesetzliche Regelung der in vielen Bundesländern im Wege von **Massen-Gnadenerweisen** praktizierten, im Vergleich zu § 16 Abs. 2 StVollzG und den diesem entsprechenden landesgesetzlichen Regelungen (Rdn. 2) deutlich weitreichenderen **Vorverlegung** des Entlassungszeitpunkts in die **Vorweihnachtszeit** (sog.

---

[756] KG 15.8.2003 – 1 AR 1174/03 – 5 Ws 447/03 u.a., NStZ 2004, 228; *Arloth/Krä* § 16 StVollzG Rdn. 3; *Laubenthal* Rdn. 674; a.A. hiesige Voraufl.
[757] *Arloth/Krä* § 16 StVollzG Rdn. 3.
[758] BGH 4.5.1982 – 1 StR 642/81, NJW 1982, 2390; *Arloth/Krä* § 16 StVollzG Rdn. 3; KG 15.8.2003 – 1 AR 1174/03 – 5 Ws 447/03 u.a., NStZ 2004, 228.

„Weihnachtsamnestien", dazu Rdn. 7). Eine weitere Regelung ohne Vorbild im StVollzG findet sich in **HE § 17 Abs. 2**, der unter bestimmten Umständen auf Antrag der Gefangenen diesen auch gestattet, bis zu **zwei Tage länger** in der Anstalt zu verbleiben (dazu Rdn. 12).

II. Erläuterungen

1. Tageszeit der Entlassung. Die Vorschrift des § 16 Abs. 1 StVollzG verfolgte das **4** Ziel, die **Entlassung** der Gefangenen **am letzten Tage** ihrer Strafzeit so **rechtzeitig** vornehmen zu lassen, dass die Betroffenen die Möglichkeit erhalten, noch am selben Tag die wichtigsten Angelegenheiten zu erledigen, u.a. auch Behörden aufzusuchen, und ordnete daher an, Gefangene möglichst frühzeitig, jedenfalls noch am Vormittag, zu entlassen. Fast alle Landesgesetze haben diese Regelung wort- bzw. bedeutungsgleich umgesetzt (so **BY** Art. 18 Abs. 1; **BE** § 47 Abs. 1; **BB** § 51 Abs. 1; **HB** § 43 Abs. 1; **HH** § 17 Abs. 1 Satz 1; **HE** § 17 Abs. 1 Satz 1; **MV** § 43 Abs. 1; **NI** § 18 Abs. 1; **NW** § 60 Abs. 1; **RP** § 50 Abs. 1; **SL** § 43 Abs. 1; **SN** § 43 Abs. 1; **ST** § 50 Abs. 1; **TH** § 51 Abs. 1). Die Entlassung **soll möglichst frühzeitig** erfolgen. Davon darf daher nur im begründeten Ausnahmefall abgewichen werden; Gründe für eine solche Abweichung sind allerdings kaum denkbar.[759] Sofern im Einzelfall erforderlich (z.B. bei weiter Reise), sollte die Entlassung hingegen schon vor Dienstbeginn der Verwaltung stattfinden;[760] dazu müssen jedoch alle Entlassungsvorkehrungen seitens der Anstalt bereits am Vortag getroffen worden sein. Während die möglichst frühzeitige Entlassung in das (gelenkte) Ermessen der Vollzugsbehörde gestellt ist, räumen die genannten Vorschriften einen **Anspruch auf Entlassung am Vormittag** ein, d.h. bis spätestens 12 Uhr mittags.[761] Eine Abweichung findet sich in **BW** § 91 Abs. 1 III, der den Vormittag nicht mehr ausdrücklich erwähnt, dafür aber einen **Anspruch** auf möglichst frühzeitige Entlassung einräumt. Da eine Entlassung am Mittag oder gar Nachmittag jedenfalls nicht mehr frühzeitig wäre, muss auch hier die Entlassung spätestens bis 12 Uhr mittags erfolgen.[762] Weiter gefasst ist hingegen **SH § 60 Abs. 1**, nach dem die Gefangenen nicht mehr möglichst frühzeitig, sondern nur noch **am Vormittag** entlassen werden **sollen**.[763] Allein hier kann daher im begründeten Ausnahmefall auch einmal nach 12 Uhr mittags entlassen werden; es fragt sich allerdings, welche Gründe dies sein sollten. Das Ermessen wird praktisch immer auf null reduziert und die Entlassung am Vormittag die einzig richtige Entscheidung sein.

Schon die VV Abs. 1 lit. a) zu § 16 StVollzG stellten klar, dass die Regelung auch gilt, wenn Gefangene nicht zum Strafende, sondern aufgrund einer gerichtlichen Entscheidung oder aufgrund einer Gnadenmaßnahme **vorzeitig zu entlassen** sind; **HH § 17 Abs. 1 Satz 2** hat diese Klarstellung ins Gesetz aufgenommen.

2. Vorverlegung des Entlassungszeitpunkts

a) Entlassung vor Samstagen, Sonntagen, Feiertagen oder der Weihnachtszeit. 5 Die Entlassung kann jedoch auch schon **vor dem ursprünglich vorgemerkten Entlassungstag** erfolgen. Nach **§ 16 Abs. 2 StVollzG** konnten Gefangene, deren Strafende auf

---

[759] AK-*Bahl/Pollähne* 2017 § 43 LandesR Rdn. 9.
[760] Ebenso AK-*Bahl/Pollähne* 2017 § 43 LandesR Rdn. 9; ähnlich *Arloth/Krä* § 16 StVollzG Rdn. 5.
[761] AK-*Bahl/Pollähne* 2017 § 43 LandesR Rdn. 9; *Arloth/Krä* § 16 StVollzG Rdn. 5; *Laubenthal/Nestler/Neubacher/Verrel* L Rdn. 19.
[762] So auch *Arloth/Krä* § 91 JVollzGB Buch 3 § 91 Rdn. 1.
[763] Zu Recht krit. dazu AK-*Bahl/Pollähne* § 43 LandesR Rdn. 9.

einen Sonnabend oder Sonntag, einen gesetzlichen Feiertag, den ersten Werktag nach Ostern oder Pfingsten oder in die Zeit vom 22. Dezember bis 2. Januar fiel, bereits an dem diesem Tag oder Zeitraum vorhergehenden Werktag entlassen werden, wenn dies nach der Länge der Strafzeit vertretbar war und fürsorgerische Gründe nicht entgegenstanden. Diese Regelung wurde **in allen Bundesländern außer BW**, wo BW § 91 Abs. 2 III die Regelungen der Abs. 2 und 3 des § 16 StVollzG zusammenführt und dabei ihren Regelungsgehalt nicht unerheblich verändert (dazu Rdn. 9), weitestgehend identisch übernommen. Die einzige inhaltliche Abweichung betrifft für diese Bundesländer die Vorverlegung bei an sich in der Weihnachts- oder Neujahrszeit anstehender Entlassung: Der Großteil der Bundesländer erlaubt hier nun die Vorverlegung für die Phase **22. Dezember bis 6. Januar** (**BY** Art. 18 Abs. 2; **BB** § 51 Abs. 2; **HB** § 43 Abs. 2; **HH** § 17 Abs. 2; **MV** § 43 Abs. 2; **NW** § 60 Abs. 2; **RP** § 50 Abs. 2; **SL** § 43 Abs. 2; **ST** § 50 Abs. 2; **SH** § 60 Abs. 2; **TH** § 51 Abs. 2), nur in wenigen Bundesländern ist es bei der Zeit vom **22. Dezember bis 2. Januar** geblieben (**BE** § 47 Abs. 2; **HE** § 17 Abs. 1 Satz 2; **NI** § 18 Abs. 2; **SN** § 43 Abs. 2). Vorausgesetzt wird jeweils, dass dies **nach der Länge der Strafzeit vertretbar** ist. VV Abs. 2 zu § 16 StVollzG legte die Vorschrift so aus, dass diese Voraussetzung erfüllt ist, wenn sich Gefangene zum Zeitpunkt der beabsichtigten Entlassung **wenigstens einen Monat** ununterbrochen im Vollzug befunden haben. Auch wenn es auf den Wortlaut der VV insofern nicht entscheidend ankommen kann, weil sie nur eine Auslegungshilfe für einen gerichtlich voll nachprüfbaren unbestimmten Rechtsbegriff bietet, ist die Orientierung an einer Mindest-Verbüßungszeit von einem Monat tragfähig.[764] **HH § 17 Abs. 2** hat diese Ein-Monats-Frist nun klarstellend auch ins Gesetz aufgenommen. Zudem dürfen einer Vorverlegung des Entlassungszeitpunktes **fürsorgerische Gründe nicht entgegenstehen.** Dies kann z.B. dann der Fall sein, wenn trotz intensiver Bemühungen die Wohnungsfrage noch nicht geklärt ist oder der bzw. die alleinstehende und mittellose Gefangene erst ab Anfang Januar eine Arbeitsstelle hat und nicht weiß, wie er seinen bzw. sie ihren Lebensunterhalt über die Feiertage bestreiten soll. Freilich ist es so gut wie immer möglich, solche Fälle durch eine frühzeitige und engagierte Entlassungsvorbereitung seitens der Anstalt zu vermeiden.[765] In der Praxis bedeutsam ist allerdings z.B. auch die Notwendigkeit eines nahtlosen Übergangs aus der Haft in eine vorbereitete Betreuungsmaßnahme, z.B. eine stationäre Drogentherapie.[766]

6   Die Möglichkeit der Vorverlegung besteht, wie schon VV Abs. 1 zu § 16 StVollzG klarstellten, auch, wenn a) Gefangene aufgrund einer gerichtlichen Entscheidung oder aufgrund einer Gnadenmaßnahme **vorzeitig zu entlassen** sind, b) eine Strafe oder Ersatzfreiheitsstrafe infolge der Vorverlegung des Entlassungszeitpunktes **überhaupt nicht vollzogen** oder c) **Freistellung von der Arbeit** vorrangig auf den Entlassungszeitpunkt **angerechnet** wird. Die Vorrangigkeit folgt daraus, dass die Anrechnung der (verbleibenden) erarbeiteten Freistellungstage zwingend ist; die Tage sind dabei auf den Entlassungszeitpunkt in der Weise anzurechnen, dass Sonntage, gesetzliche Feiertage und Samstage bei der vom Entlassungszeitpunkt aus beginnenden Rückrechnung mitzählen.[767] Erst danach kommt eine Anwendung der Ermessens-Vorverlegungsregeln (Landesregelungen entsprechend § 16 Abs. 2 und Abs. 3 StVollzG; dazu Rdn. 5 und Rdn. 8) in Betracht. **HH § 17 Abs. 4** hat die beiden unter b) und c) der bundeseinheitlichen VV ge-

---

[764] Zustimmend auch *Laubenthal/Nestler/Neubacher/Verrel* L Rdn. 24; AK-*Bahl/Pollähne* § 43 LandesR Rdn. 11.
[765] Zutreffend AK-*Bahl/Pollähne* § 43 LandesR Rdn. 12.
[766] *Arloth/Krä* § 16 StVollzG Rdn. 6.
[767] KG 18.3.2009 – 2 Ws 96/09 Vollz, NStZ-RR 2009, 390; ausführlich zum Ganzen *Arloth/Krä* § 16 StVollzG Rdn. 2.

nannten Aspekte nun auch einer ausdrücklichen gesetzlichen Regelung zugeführt, während der dort unter a) genannte Punkt nur in **HH** § 17 Abs. 1 Satz 2 Erwähnung findet, dennoch aber freilich auch für die Vorverlegungsregelungen gilt.

b) Massen-Gnadenerweise aus Anlass des Weihnachtsfests; gesetzliche Regelung in Hamburg. Unter Gesichtspunkten der Gleichbehandlung und Gerechtigkeit problematisch erscheinen über die gesetzlichen Regelungen in Abs. 2 und Abs. 3 hinausgehende Verwaltungsanordnungen wie die sog. „Weihnachtsamnestien", teilweise schon Anfang Dezember oder gar im November.[768] Der Begriff „Amnestie" ist dabei falsch gewählt, weil es für eine Amnestie im Sinne eines Straferlasses eines (Bundes-)Gesetzes bedürfte.[769] Der Sache nach handelt es sich um **Massen-Gnadenerweise aus Anlass des Weihnachtsfestes.** Im Wege von Runderlassen der jeweiligen Landesjustizministerien werden diese in allen Bundesländern außer Sachsen und Bayern gewährt.[770] Diese Praxis ist **rechtswidrig** und verstößt insbesondere gegen die Vorgabe, dass Gnadenentscheidungen nur im Einzelfall zulässig sind.[771]

Insofern ist es zu begrüßen, dass **HH** § 17 Abs. 2a diese Praxis nun wenigstens für **HH** auf eine **gesetzliche Grundlage** stellt und aus dem Zusammenhang des Gnadenrechts löst.[772] Danach ist eine Vorverlegung des Entlassungszeitpunkts bei Gefangenen, die regulär zwischen dem 1. Dezember und dem 6. Januar entlassen werden würden, auf den diesem Zeitraum vorgehenden, letzten Werktag zulässig. **Anwendbar** ist diese Vorschrift nach Satz 1 grundsätzlich auf Gefangene, die sich bis spätestens zu dem dadurch resultierenden Entlassungszeitpunkt mindestens drei Monate ununterbrochen im Vollzug befunden haben, wenn fürsorgerische Gründe nicht entgegenstehen. Auf die Kommentierung in Rdn. 5f. kann in sofern verwiesen werden. **Nicht anwendbar** ist sie aber nach Satz 2, „1. sofern mit dem Strafende eine Freiheitsstrafe von mindestens einem Jahr endet, 2. [wenn] ein sich unmittelbar anschließender, über den 6. Januar hinausgehender Vollzug vorgemerkt ist, 3. [wenn] die Vollzugsanstalt oder Vollstreckungsbehörde Kenntnis davon hat, dass mit der Ausweisung oder Abschiebung zu rechnen oder ein Auslieferungsverfahren anhängig ist, 4. [bei Gefangenen,] die strafrechtlich verfolgt werden, weil ihnen zur Last gelegt wird, während des Vollzuges oder während einer Strafunterbrechung Straftaten begangen zu haben, 5. [bei Gefangenen] gegen die in der Strafhaft in den fünf Monaten vor dem [...] genannten Zeitraum ein nicht zur Bewährung ausgesetzter Arrest als Disziplinarmaßnahme verhängt wurde oder 6. [bei Gefangenen] die in den fünf Monaten vor dem in Satz 1 genannten Zeitraum entwichen oder aus einer Lockerung nicht oder schuldhaft verspätet zurückkehrten." Nr. 1 soll sicherstellen, dass nur Gefangene mit kurzer Freiheitsstrafe in den Genuss der Regelung kommen.[773] Die Nrn. 4 bis 6 dürften dahingehend zu verstehen sein, dass der Versagung der Vorverlegung insofern eine Art **pauschale Prüfung der Rückfallgefahr** zugrunde liegt (auch wenn man an der Aussagekraft des Vollzugsverhaltens für spätere Legalbewährung mit guten Gründen zweifeln kann); eine Versagung **mangels Wohlverhaltens** im Vollzug

---

768 Krit. auch *Arloth/Krä* § 16 StVollzG Rdn. 4; *Laubenthal* Rdn. 674; a.A. AK-*Bahl/Pollähne* § 43 LandesR Rdn. 13.
769 Vgl. nur MüKo-StPO/*Nestler* § 449 Rdn. 66.
770 Vgl. die aktuelle Darstellung bei *Suliak* „Weihnachtsamnestie" für bis zu 2.000 Gefangene, Legal Tribune Online vom 30.11.2018, https://www.lto.de/recht/hintergruende/h/weihnachtsamnestie-gnadenerweis-strafvollzug-haft-entlassung-feiertage-jahreswechsel/ (letzter Abruf: 21.1.2019).
771 So auch *Laubenthal* Rdn. 674.
772 So ausdrücklich auch **HH** Bürgerschafts-Drucks. 21/11906, 38.
773 **HH** Bürgerschafts-Drucks. 21/11906, 39.

erscheint jedenfalls nicht berechtigt.[774] Da es sich – ähnlich wie bei den hier im Übrigen kommentierten Vorschriften – um eine **vollzugsrechtliche Regelung** zur Vorverlegung des Entlassungszeitpunkts ohne Auswirkungen auf die vollstreckungsrechtliche Situation (vgl. Rdn. 2 und 11) handelt, liegt die Regelung im Rahmen der Gesetzgebungskompetenz des Landes; insbesondere wird auch durch **HH § 17 Abs. 2a keine Amnestieregelung** getroffen. Eine **Kombination** mit der allgemeinen Feiertagsregelung des **HH § 17 Abs. 2** (Rdn. 5f.) ist schon logisch ausgeschlossen, eine Kombination mit **HH § 17 Abs. 3** (Rdn. 8) verbietet das Gesetz in **HH § 17 Abs. 2a Satz 5**.

8   c) **Vorverlegung in anderen Fällen.** Nach **§ 16 Abs. 3 StVollzG** konnte der **Entlassungszeitpunkt um bis zu zwei Tage vorverlegt** werden, wenn **dringende Gründe** dafür vorlagen, dass Gefangene zu ihrer Eingliederung hierauf **angewiesen** waren. Die Regelung wurde in den **meisten Bundesländern ohne inhaltliche Änderungen** übernommen (**BY** Art. 18 Abs. 3; **BE** § 47 Abs. 3; **BB** § 51 Abs. 3; **HB** § 43 Abs. 3; **MV** § 43 Abs. 3; **NI** § 18 Abs. 3; **NW** § § 60 Abs. 3; **RP** § 50 Abs. 3; **SL** § 43 Abs. 3; **ST** § 50 Abs. 3; **SH** § 60 Abs. 3; **TH** § 51 Abs. 3).

Aus dem Erfordernis **dringender Gründe** folgt, dass die Vorschrift einen eher engen Anwendungsbereich hat. Ein darüber hinausgehendes Erfordernis restriktiver Auslegung ergibt sich hingegen nicht.[775] Dringende Gründe für eine Vorverlegung des Entlassungszeitpunkts können z.B. sein: Beginn einer turnusmäßig stattfindenden Ausbildungsmaßnahme;[776] Arbeitsaufnahme bei einer konkret in Aussicht stehenden Arbeitsstelle ist nur zum Monatsersten möglich, der oder die Gefangene würde aber regulär erst zum Dritten des Monats entlassen. Unstreitig ist die Norm auch **ergänzend** zu den § 16 Abs. 2 StVollzG entsprechenden landesgesetzlichen Feiertagsregelungen anwendbar mit der Folge, dass auch der sich nach diesen Regelungen ergebende Entlassungszeitpunkt nochmals aus dringenden Gründen um bis zu zwei weitere Tage vorverlegt werden kann.[777] Es ist jedoch auch die umgekehrte Kombination zulässig (Vorverlegung des Entlassungszeitpunkts aus dringenden Gründen um bis zu zwei Tage in einen Zeitraum oder auf einen Tag, für den die Feiertagsregelung gilt, und dann Anwendung der Feiertagsregelung mit der Folge, dass die Entlassung am letzten Werktag vor dem Tag bzw. Zeitraum erfolgen kann).[778] Rdn. 6 gilt entsprechend.

9   Für die Regelungen in **HH, HE, SN** und **BW** gelten die Ausführungen in Rdn. 8 mit folgenden Abweichungen entsprechend: Nach **HH § 17 Abs. 3 entfällt** der Begriff der **Dringendheit**; tendenziell noch weiter geht **SN § 43 Abs. 3**, indem dort die Vorverlegung bereits zugelassen wird, wenn dies die **Eingliederung erleichtert**. In beiden Bundesländern sind danach **weniger strenge Maßstäbe** an die Zulassung der Vorverlegung zu stellen. In **HH** genügt es danach, wenn der oder die Gefangene **nachvollziehbare Gründe** für die Vorverlegung darlegen kann.[779] Erst recht wird dies in **SN** genügen. In **HE § 17 Abs. 1 Satz 3** sind hingegen auch **andere dringende Gründe**, nicht nur solche, die die Eingliederung betreffen, berücksichtigungsfähig. Darin soll keine inhaltliche Änderung liegen.[780] Das ist indessen unplausibel; der Gesetzgeber kann hier bei verständiger Auslegung nur so interpretiert werden, dass der Katalog der dringenden Gründe erwei-

---

774   Vgl. a. AK-*Bahl/Pollähne* § 43 LandesR Rdn. 13.
775   So aber tendenziell *Arloth/Krä* § 16 StVollzG Rdn. 7 sowie die hiesige Voraufl.
776   *Arloth/Krä* § 16 StVollzG Rdn. 7.
777   AK-*Bahl/Pollähne* § 43 LandesR Rdn. 14; *Arloth/Krä* § 16 StVollzG Rdn. 7.
778   AK-*Bahl/Pollähne* § 43 LandesR Rdn. 14; a.A. *Arloth/Krä* § 16 StVollzG Rdn. 7 und hiesige Voraufl.
779   HH Bürgerschafts-Drucks. 19/2533, 54; *Arloth/Krä* § 17 HmbStVollzG Rdn. 3.
780   So *Arloth/Krä* § 17 HStVollzG Rdn. 1.

tert werden sollte. Indessen ist zuzugeben, dass Gründe, die zwar dringend sind, aber nicht in irgendeiner Art der Eingliederung dienen, jedenfalls schwer denkbar sind.

In **BW § 91 Abs. 2 III** wurde der bisherige Regelungsgehalt des **§ 16 Abs. 2 StVollzG** mit demjenigen des **Abs. 3 verschmolzen** und eine **eigenständige Gesamtregelung** getroffen. Diese erlaubt gem. Satz 1 die Vorverlegung des Entlassungszeitpunkts aus dringenden Gründen um **bis zu fünf Tage**. Als **Regelbeispiel** eines dringenden Grundes nennt Satz 2 die sonst **auf ein Wochenende oder einen gesetzlichen Feiertag** fallende Entlassung. Damit wird im Wesentlichen dasselbe Regelungsanliegen erfasst wie nach § 16 Abs. 2 StVollzG und den landesrechtlichen Nachfolgeregelungen. Auf die Kommentierung in Rdn. 5 f. kann insofern verwiesen werden. Allerdings ergeben sich Abweichungen im Bereich der Weihnachts- und Neujahrszeit, weil der Zeitraum 22. Dezember bis 2. Januar und erst Recht der Zeitraum 22. Dezember bis 6. Januar mehr als fünf Tage umfasst. Insbesondere lässt sich danach in **BW** die Entlassung an einem Werktag (außer Samstag) **in der Woche zwischen Weihnachten und Neujahr** nach der rechtlichen Regelung nicht immer vermeiden (vgl. aber auch Rdn. 7).[781] Eine weitere Änderung gegenüber § 16 Abs. 2 StVollzG stellt es dar, dass nur die Vertretbarkeit mit Hinblick auf die Länge der Strafzeit zu prüfen ist, **nicht auch fürsorgliche Gründe**. Darüber hinaus anerkennt die Norm auch die Vorverlegung aus anderen **dringenden Gründen** und entspricht insofern in ihrem Regelungsgehalt im Wesentlichen § 16 Abs. 3 StVollzG. Mit Ausnahme der zeitlich weitergehenden Vorverlegungsmöglichkeit kann insofern auf Rdn. 8 verwiesen werden, auch betreffend die Auslegung des dringenden Grundes.

d) Ermessen. Die Vorverlegung des Entlassungszeitpunkts steht im pflichtgemäßen 10 Ermessen der Anstalt. Nach Meinung des LG Regensburg[782] soll die Vollzugsbehörde bei der Entscheidung über einen Antrag auf Vorverlegung des Entlassungszeitpunktes bei der Ausübung ihres Ermessens auch das Verhalten der Gefangenen im Vollzug und insbesondere die von ihnen gezeigte Bereitschaft, an der Erreichung des Vollzugszieles mitzuarbeiten, würdigen können. Im vorliegenden Fall war der ursprüngliche Entlassungstag ein Werktag. Durch **Entweichung** und Nichtrückkehr vom Ausgang hatte sich das **Strafende verschoben**; der Entlassungstag war nunmehr ein Sonntag. Das Gericht hielt die Ablehnung der Vorverlegung des Entlassungszeitpunktes auf den Samstag für rechtens, obwohl der Gefangene vorgetragen hatte, Wohnung und Arbeit seien noch nicht gesichert. Nach Auffassung des Gerichts dürfen Gefangene es nicht in der Hand haben, ihr Strafende selbst durch negatives Verhalten vorzuverlegen. Dieser Rechtsauffassung ist zu widersprechen, weil sie der Zweckbestimmung der Vorverlegungsvorschriften zuwiderläuft und im schlimmsten Fall an sich vermeidbare neue Straffälligkeit herbeiführt.[783]

e) Rechtliche Konsequenzen der Vorverlegung. Die Vorverlegung des Entlas- 11 sungszeitpunkts, sei es nach der Feiertags- und Wochenendregelung oder aus dringenden Gründen, ändert nichts daran, dass eine nicht zur Bewährung restausgesetzte Strafe voll verbüßt wurde (vgl. auch Rdn. 2); § 68f StGB ist daher anwendbar.[784] Beruht die vorzeitige Entlassung auf einer sog. „Weihnachtsamnestie", also einem Massen-Gnadenerweis aus Anlass des Weihnachtsfestes oder auf **HH § 17 Abs. 2a** (Rdn. 7), steht dies dem Eintritt von Führungsaufsicht – anders als individuelle Gnadenentscheidungen, bei de-

---

781 Insofern zu Recht kritisch AK-*Bahl/Pollähne* § 43 LandesR Rdn. 10.
782 LG Regensburg ZfStrVo **SH** 1979, 18.
783 A.A. *Arloth/Krä* § 16 StVollzG Rdn. 4.
784 KG 15.8.2003 – 1 AR 1174/03 – 5 Ws 447/03 u.a., NStZ 2004, 228.

nen eine positive Legalbewährungsprognose zugrundegelegt wurde – gleichfalls nicht entgegen.[785] Etwas anderes gilt bei der Berechnung des Vorfreiheitsentzuges i.S.d. § 66 Abs. 1 Nr. 2 StGB. Entgegen der Rspr.[786] ist eine etwaige Vorverlegung des Entlassungszeitpunktes im dortigen Zusammenhang zu beachten. Der Vorwurf der Rückfälligkeit trotz der Warnfunktion vorangegangener Strafhaft knüpft wesentlich an die Dauer der *tatsächlich* erlittenen Freiheitsentziehung an.[787]

3. Verschiebung des Entlassungszeitpunkts nach hinten. Nach HE § 17 Abs. 2 kann Gefangenen „auf ihren Antrag gestattet werden, bis zu zwei Tage über den Entlassungszeitpunkt hinaus in der Anstalt zu verbleiben, wenn dies unerlässlich ist, um eine geordnete Entlassung zu gewährleisten." Diese im Einzelfall durchaus sinnvolle Regelung soll die Flexibilität der Entlassungsgestaltung im Interesse der Eingliederung der Gefangenen stärken.[788] Nach Satz 2 der Regelung i.V.m. HE § 29 Abs. 2 können Maßnahmen gegen sie innerhalb der zwei Verlängerungstage – mit Ausnahme der Wahrung des Hausrechts – nicht mit unmittelbarem Zwang durchgesetzt werden. Zudem kann gem. Satz 2 i.V.m. HE § 29 Abs. 3 die Gestattung widerrufen werden, wenn die Sicherheit oder Ordnung der Anstalt gefährdet wird. Begehrt ein/e entsprechende/r Gefangene/r innerhalb der Verlängerungstage doch die sofortige Entlassung, ist dem unverzüglich Folge zu leisten, da andernfalls eine **Freiheitsberaubung** (§ 239 StGB) verwirklicht würde.

---

785 Zu Massen-Gnadenerweisen aus Anlass des Weihnachtsfestes OLG Celle 15.2.2008 – 1 Ws 60/08, StraFo 2008, 262; LG Kiel 19.1.2010 – 41 StVK 104/09, NStZ-RR 2011, 31; SSW-StGB/*Jehle/Harrendorf* § 68f Rdn. 6; Sch/Sch/*Kinzig* § 68f Rdn. 5; a.A. KG 15.8.2003 – 1 AR 1174/03 – 5 Ws 447/03 u.a., NStZ 2004, 228; *Fischer* StGB, § 68f Rdn. 5.
786 BGH 4.5.1982 – 1 StR 642/81, NJW 1982, 2390; dem folgend *Fischer* StGB, § 66 Rdn. 30.
787 SSW-StGB/*Harrendorf* § 66 Rdn. 17; MüKo-StGB/*Ullenbruch/Drenkhahn/Morgenstern* § 66 Rdn. 81.
788 HE LT-Drucks. 19/2058, 22.

11. KAPITEL
Sicherheit und Ordnung

Schrifttum

Arloth Die „beleidigungsfreie Sphäre" bei Briefen im Strafvollzug, in: ZIS 2010, 263 ff; *Baumann* Sicherheit und Ordnung in Vollzugsanstalten? Tübingen 1972; *ders.* Sicherheit und Ordnung in der Anstalt – Einige kritische Erwägungen zu §§ 72 ff des Entwurfs eines Strafvollzugsgesetzes, in: FS Maurach, Karlsruhe 1972, 561 ff; *Bennefeld-Kersten* Was kann die Technik zur Suizidprävention beitragen?, in: FS 2010, 341 ff; *Bennefeld-Kersten/Koch/Krüger/Schmidt/Suhling* Ausbrüche aus dem geschlossenen Strafvollzug zwischen 1992 und 2001. Ergebnisse und Lehren einer Untersuchung in Niedersachsen, in: ZfStrVo 2004, 3 ff; *Böhm* Zum Sichtspion in der Tür, in: JR 1992, 174 ff; *Bottke* Suizid, das Recht auf Suizid und das Recht der Suizidprävention, in: Bd. 5 der Interdisziplinären Gesellschaftspolitischen Gespräche der Universität Augsburg, 1997, 117 ff; *Chong* Gewalt im Strafvollzug, Tübingen 2014; *Harst* Sicherheit im Strafvollzug, in: ZfStrVo 1981, 1; *Hauf* Die Reichweite des Gefangenschaftsverhältnisses unter besonderer Berücksichtigung des Vollzugsverhältnisses, in: ZfStrVo 1994, 138; *Hoffmann* Isolation im Normalvollzug. Normative Entwicklung und Rechtswirklichkeit besonders angeordneter Einzelunterbringung im Strafvollzug, Pfaffenweiler 1990; *Kölbel* Strafgefangene als Eigentümer und Vertragspartner. Überlegungen zur Rechtsstellung in der Haft, in: StV 1999, 498 ff; *König* Anwaltkommentar Untersuchungshaft, Bonn 2011; *Pohlreich* Gewalt gegen Häftlinge und Unterbringung in besonders gesicherten Hafträumen – Der Fall Hellig vor dem EGMR, in: JZ 2011, 1058 ff; *Rüping* Therapie und Zwang bei untergebrachten Patienten, in: JZ 1982, 744 ff; *Schmitt* Verhütung von Suizid und Suizidversuchen im Justizvollzug, in: BewHi 2006, 291 ff.

A. Grundsatz

Baden-Württemberg	BW § 61 JVollzGB III;
Bayern	BY Art. 87 BayStVollzG;
Berlin	BE §§ 81, 82 Abs. 1 StVollzG Bln;
Brandenburg	BB §§ 84, 85 Abs. 1 BbgJVollzG;
Bremen	HB §§ 73, 74 Abs. 1 BremStVollzG;
Hamburg	HH § 68 Abs. 1 HmbStVollzG;
Hessen	HE § 45 Abs. 1, Abs. 2 Satz 1 HStVollzG;
Mecklenburg-Vorpommern	MV §§ 72, 73 Abs. 1 StVollzG M-V;
Niedersachsen	NI §§ 4, 74 NJVollzG;
Nordrhein-Westfalen	NW §§ 6 Abs. 2–5, 63 Abs. 1, 2 StVollzG NRW;
Rheinland-Pfalz	RP §§ 82, 83 Abs. 1 LJVollzG;
Saarland	SL §§ 72, 73 Abs. 1 SLStVollzG;
Sachsen	SN §§ 73, 74 Abs. 1 SächsStVollzG;
Sachsen-Anhalt	ST §§ 83, 84 Abs. 1 JVollzGB LSA;
Schleswig-Holstein	SH §§ 5 Abs. 2 und 3, 100, 101 Abs. 1 LStVollzG SH;
Thüringen	TH §§ 83, 84 Abs. 1 ThürJVollzGB

Übersicht

I. Allgemeine Hinweise —— 1–4
   1. Notwendigkeit und Problematik von „Sicherheit und Ordnung" —— 1
   2. Systematik und Struktur der gesetzlichen Regelung —— 2–4
II. Erläuterungen —— 5–13
   1. Begrifflichkeiten —— 5
   2. Sicherheit und Ordnung als Grundlage des Anstaltslebens —— 6
   3. Selbstverantwortung —— 7, 8
   4. Verhältnismäßigkeit —— 9–13

11. Kapitel. Sicherheit und Ordnung

I. Allgemeine Hinweise

1 1. Notwendigkeit und Problematik von „Sicherheit und Ordnung". Das Begriffspaar „Sicherheit und Ordnung" ist belastet durch die Geschichte des Strafvollzuges, in der eine starke Reglementierung der Gefangenen als Ausdruck des auferlegten Strafübels gesehen und eine an illusorischen Vorstellungen ausgerichtete Ordnung als Garant der Sicherheit gegen Meuterei und Entweichung gewertet wurden. Dahinter trat die Resozialisierungsaufgabe zurück, soweit nicht überhaupt die Ansicht vertreten wurde, die Erzwingung einer starren Ordnung und Disziplin sei auch die beste Vorbereitung auf eine Bewährung in Freiheit.[1] Heute wird zu Recht **Resozialisierung** als zentrale Aufgabe des Vollzuges der Freiheitsstrafe angesehen: Strafgefangene haben einen verfassungsrechtlichen Anspruch darauf aus Art. 2 Abs. 1 i.V.m. Art. 1 Abs. 1 GG.[2] Dazu korrespondierend besteht eine verfassungsrechtliche Pflicht aus dem Sozialstaatsprinzip (Art. 20 Abs. 1 GG), den Gefangenen entsprechende Angebote zu machen und die Bereitschaft zu ihrer Annahme zu wecken und zu fördern.[3] Es hat sich zudem die Erkenntnis durchgesetzt, dass einengende Sicherungsmaßnahmen und eine sterile Ordnung in der Anstalt den Zielen der Resozialisierung eher im Wege stehen. Maßnahmen der Sicherheit und Ordnung sind aber im Strafvollzug nicht zu vermeiden, weil anders das Zusammenleben vieler Menschen auf engem Raum nicht zu gewährleisten ist und die Notwendigkeit der Abwehr von Gefahren nicht übersehen werden kann. Dies gilt insbesondere auch vor dem Hintergrund der spezifischen Klientel im Vollzug einsitzender Personen, die häufig bereits eine Vielzahl an problematischen Verhaltensweisen an den Tag legen, bevor sie erstmals inhaftiert werden, und dieses Problemverhalten auch in den Vollzug mitbringen.[4] Hinzu kommen die besonderen Lebensbedingungen in der totalen Institution[5] des Strafvollzugs, die Anpassungen an eine kriminelle Insassensubkultur noch begünstigen.[6] Die unerlässliche Verwirklichung von Sicherheit und Ordnung führt zu **Aufgabenkonflikten** mit resozialisierenden Maßnahmen. Diese Aufgabenkonflikte sind auch bereits in der allgemeinen Bestimmung der Vollzugsaufgaben angelegt; dazu näher oben, 1 C Rdn. 8 ff.

2 2. Systematik und Struktur der gesetzlichen Regelungen. Zahlreiche vollzugliche Einzelmaßnahmen unterliegen Beschränkungen mit Blick auf die Gewährleistung von Sicherheit und Ordnung, z.B. gemeinschaftliche Unterbringung bzw. gemeinschaftlicher Aufenthalt; Ausstattung des Haftraumes und Besitz von Gegenständen; Einkauf; Besuchsempfang; Schriftwechsel; Paketempfang; Teilnahme an religiösen und weltanschaulichen Veranstaltungen; Bezug von Zeitschriften; Hörfunk und Fernsehen. Insofern ist vorrangig auf die Kommentierung der zugehörigen Normen zu verweisen; die hiesige Darstellung behandelt vor allem die übergreifend relevanten Aspekte.

---

1 Zur Geschichte des Strafvollzugs ausführlich *Laubenthal* Rdn. 85 ff; speziell zum pennsylvanischen System dort Rdn. 101 f.
2 BVerfGE 1.7.1998 – 2 BvR 441/90 u.a., 98, 169, 200 zuvor bereits ein Resozialisierungsinteresse anerkennend BVerfGE 21.6.1977 – 1 BvL 14/76, 45, 187, 238 f; 5.6.1973 – 1 BvR 536/72, 35, 202, 235 f; befürwortend *Pawlik* Person, Subjekt, Bürger, 2004, 94; ablehnend *Weigend* Resozialisierung - die gute Seite der Strafe?, in: Radtke/Müller/Britz/Koriath/Müller-Dietz (Hrsg.), Muss Strafe sein?, 2004, 181, 188 ff.
3 BVerfGE 1.7.1998 – 2 BvR 441/90 u.a., 98, 169, 200 f; 21.6.1977 1 BvL 14/76, 45, 187, 238 f; 5.6.1973 1 BvR 536/72, 35, 202, 235 f; auf das Sozialstaatsprinzip abstellend auch *Hassemer* Darf der strafende Staat Verurteilte bessern wollen? Resozialisierung im Rahmen positiver Generalprävention, in: FS Lüderssen, 2002, 221, 223.
4 *Laubenthal* Rdn. 227; *Chong*, 77 ff.
5 *Goffman* Asyle, 4. Aufl., Frankfurt a.M. 1981, 17.
6 *Laubenthal* Rdn. 227; *Chong*, 101 ff.

A. Grundsatz

§ 81 StVollzG enthielt eine **Grundsatzregelung**, nach deren Abs. 1 das Verantwortungsbewusstsein der Gefangenen für ein geordnetes Zusammenleben in der Anstalt zu wecken und zu fördern war. Das Begriffspaar „Sicherheit und Ordnung" stimmte daher schon im alten StVollzG des Bundes nicht mehr mit dem traditionellen Verständnis von Sicherheit und Ordnung überein.[7] Entsprechend dem Angleichungsgrundsatz (vgl. 1 D Rdn. 4 ff) soll das Leben in der Anstalt in erster Linie nicht von Zwangsmaßnahmen, sondern von der Einsicht und Selbstverantwortung der Gefangenen getragen sein. Die Erreichung des Vollzugsziels gebietet es auch, Konflikte im Vollzugsalltag nicht zu unterdrücken, sondern – jedenfalls wo das vertretbar ist – zu bearbeiten, auszutragen und als Chance, erträgliche Formen des Zusammenlebens einzuüben und zu lernen, zu nutzen. Die Vollzugsbehörde ist deshalb gehalten, zunächst mit geeigneten Maßnahmen auf das **Verantwortungsgefühl** und die Einsicht der Gefangenen einzuwirken, um sie zu einem ordnungsgemäßen Verhalten zu veranlassen. Erst wenn ihr dies nicht gelingt und die Störungen nicht hinnehmbar erscheinen, soll sie von Ordnungsmaßnahmen Gebrauch machen dürfen. Maßnahmen, die mit den in § 2 bis § 4 StVollzG und den diesen entsprechenden Normen der Landesgesetze niedergelegten Grundsätzen in Widerspruch stehen, können deshalb auch nicht unter dem Gesichtspunkt der Wahrung von Sicherheit und Ordnung als zulässig angesehen werden.[8] § 81 Abs. 2 StVollzG normierte zudem ausdrücklich die Geltung des Verhältnismäßigkeitsgrundsatzes bei der Begründung und Auswahl von Pflichten und Beschränkungen zur Aufrechterhaltung von Sicherheit und Ordnung. Verfassungsrechtlich ist dies der Eingriffsverwaltung ohnehin vorgegeben;[9] hier eine abweichende Regelung zu treffen, hätte dem Gesetzgeber also gar nicht offen gestanden.

Die **Regelungen der Landesgesetze** sind teils vollständig oder weitgehend inhalts- und wortgleich mit § 81 StVollzG (so **BW** § 61 III; **BY** Art. 87; **HE** § 45 Abs. 1 Satz 2, Abs. 2 Satz 1). In **NI** findet sich die Regelung des § 81 Abs. 1 StVollzG wortgleich in **NI** § 74, der Verhältnismäßigkeitsgrundsatz ist mit anderem Wortlaut, aufgrund der verfassungsrechtlichen Überformung aber letztlich bedeutungsgleich bereits generell in **NI** § 4 geregelt. In **NW** findet sich § 81 Abs. 1 StVollzG weitgehend bedeutungsgleich in **NW** § 6 Abs. 5 Satz 2 wieder. Noch häufiger finden sich (fast) wort- und inhaltsgleiche Umsetzungen jedenfalls des § 81 Abs. 2 StVollzG (so weiterhin in **BE** § 81 Abs. 1 Satz 1; **BB** § 84 Abs. 2; **HB** § 73 Abs. 2; **HH** § 68 Abs. 1; **MV** § 72 Abs. 2; **RP** § 82 Abs. 2; **SL** § 72 Abs. 2; **SN** § 73 Abs. 2; **ST** § 83 Abs. 2; **SH** § 100 Abs. 2; **TH** § 83 Abs. 2), während § 81 Abs. 1 StVollzG in den Ländern des ME-StVollzG (auch) in eine **allgemeine Verhaltenspflicht** der Gefangenen umgewandelt wurde, die beinhaltet, für das geordnete Zusammenleben in der Anstalt (mit-)verantwortlich zu sein und durch das eigene Verhalten zu diesem beizutragen (**BE** § 82 Abs. 1; **BB** § 85 Abs. 1; **HB** § 74 Abs. 1; **MV** § 73 Abs. 1; **RP** § 83 Abs. 1; **SL** § 73 Abs. 1; **SN** § 74 Abs. 1; **ST** § 84 Abs. 1; **SH** § 101 Abs. 1 und ergänzend **SH** § 5 Abs. 3 Satz 2; **TH** § 84 Abs. 1; näher zu den Unterschieden unten, Rdn. 6). Keine Entsprechung zu § 81 Abs. 1 StVollzG findet sich in **HH**, während in **NW** keine § 81 Abs. 2 unmittelbar entsprechende Vorschrift normiert ist, der Verhältnismäßigkeitsgrundsatz aber in **NW** § 61 Abs. 1 Satz 2 immerhin – allerdings unvollkommen – anklingt (Begrenzung auf die „erforderlichen" Maßnahmen). Dieser gilt jedoch ohnehin aufgrund verfassungsrechtlicher Vorgaben. Darüber hinaus ist in den Landesgesetzen die gegenüber dem Resozialisierungsziel **dienende Funktion** von Sicherheit und Ordnung häufiger ausdrücklich niedergelegt. Danach bilden Sicherheit und Ordnung „die Grundlage des auf die Erreichung

---

7 Vgl. BT-Drucks. 7/3998, 31.
8 BT-Drucks. 7/3998, 31.
9 Siehe nur BVerfG 12.5.1987 – 2 BvR 1226/83 u.a., BVerfGE 76, 1, 50 f; BVerfG 19.10.1982 – 1 BvL 34/80 u.a.; BVerfGE 61, 126, 134; BVerfG 15.12.1965 – 1 BvR 513/65, BVerfGE 19, 342, 348 f.

des Vollzugsziels ausgerichteten Anstaltslebens und tragen dazu bei, dass in der Anstalt ein gewaltfreies Klima herrscht" (**BE** § 81 Abs. 1 Satz 1; **HB** § 73 Abs. 1; **MV** § 72 Abs. 1; **SL** § 72 Abs. 1; **SN** § 73 Abs. 1; **SH** § 100 Abs. 1, siehe dort zudem **SH** § 5 Abs. 3 Satz 1; bedeutungsgleich auch **HE** § 45 Abs. 1; **RP** § 82 Abs. 1; **ST** § 83 Abs. 1; **TH** § 83 Abs. 1; ohne Bezugnahme auf die Erreichung des Vollzugsziels in **BB** § 84 Abs. 1; dazu wiederum ähnlich **NW** §§ 6 Abs. 5 Satz 1, 63 Abs. 1 Satz 1). Zudem finden sich teils darüber hinaus landesrechtliche Besonderheiten (insbesondere in **BE, HE, NW, SH**), auf die in der Kommentierung an der entsprechenden Stelle eingegangen wird.

II. Erläuterungen

5   **1. Begrifflichkeiten.** Die Aufrechterhaltung von Sicherheit und Ordnung ist vom **Schutz der Allgemeinheit vor weiteren Straftaten** i.S.d. entsprechenden Vollzugsaufgabe zu **unterscheiden.** Während es bei letzterer um den spezialpräventiven Strafzweck geht (die Aufgabe ist während des Vollzugs zunächst durch sichere Unterbringung, insbesondere nach Strafverbüßung dann durch eine gelungene Resozialisierung zu gewährleisten),[10] betreffen die §§ 81ff **Sicherheit und Ordnung in der Anstalt.** Unter dem Begriff **Sicherheit** ist in den Strafvollzugsgesetzen zu verstehen:

a) die **äußere** Sicherheit, welche die Abwendung konkreter Gefahren für den Gewahrsam, d.h. für die Gewährleistung des Anstaltsaufenthaltes bedeutet[11] – insofern ist dann immerhin mittelbar auch der Schutz der Allgemeinheit vor weiteren Straftaten mit umfasst;[12]

b) die **innere** Sicherheit, welche die Abwendung von Gefahren bzw. Schäden für Personen (Gesundheitsbeschädigung, Selbstmord) oder Sachen bedeutet.[13] Der Begriff der „Sicherheit der Anstalt" umfasst alle in der JVA befindlichen Personen, also auch Bedienstete und Besuchende. So dient das Verbot, dass Bedienstete Gefangenen keine Ausbruchswerkzeuge oder Waffen überlassen dürfen, dem Schutz der übrigen Bediensteten, da vor allem sie den von diesen Gegenständen ausgehenden Gefahren ausgesetzt sind. Realisiert sich diese Gefahr, stehen den verletzten Bediensteten Amtshaftungsansprüche (§ 839 BGB) gegen das Land zu.[14]

Der Begriff **Ordnung** bezeichnet die Voraussetzungen für ein geordnetes und menschenwürdiges Zusammenleben in der Anstalt.[15] Zu berücksichtigen ist dabei, dass im Behandlungsvollzug das geordnete verantwortliche Zusammenleben gerade durch die Notwendigkeit und das Austragen von Konflikten gekennzeichnet ist und nicht jede Unbotmäßigkeit bereits einen Ordnungsverstoß darstellt.[16] Die Abgrenzung von Sicherheit und Ordnung kann im Einzelfall zweifelhaft sein, z.B. bei der Frage des Einschmuggelns von Alkohol. Richtigerweise handelt es sich bereits um einen die innere Sicherheit betreffenden Verstoß.[17]

---

10 Siehe auch BVerfG 31.5.2006 – 2 BvR 1673/04 u.a., BVerfGE 116, 69, 86: „Zwischen dem Integrationsziel des Vollzugs und dem Anliegen, die Allgemeinheit vor weiteren Straftaten zu schützen, besteht insoweit kein Gegensatz."
11 *Laubenthal* Rdn. 695.
12 *Arloth/Krä* § 81 Rdn. 2.
13 AK-*Goerdeler* Vor § 72 LandesR Rdn. 9.
14 BGH 19.5.2005 – I ZR 285/02, NJW 2005, 3357.
15 Prot., 1910.
16 OLG Hamm 15.12.2009 – 1 Vollz (Ws) 757/09 u.a., FS 2011, 53; *Laubenthal/Nestler/Neubacher/Verrel* 2015 M Rdn. 5.
17 *Bungert* NStZ 1988, 526; a.A. OLG Celle 21.5.1986 – Ws 241/86, ZfStrVo 1987, 185.

Die Begriffe der Sicherheit und Ordnung sind **unbestimmte Rechtsbegriffe,** die keinen Beurteilungsspielraum zulassen, also von den Gerichten voll nachgeprüft werden können.[18]
Man kann Sicherheit zudem als **Prozess** verstehen, der die Mittel beschreibt, mittels derer die o.g. Sicherheitsziele erreicht werden sollen. Unterscheiden kann man insofern die drei verschiedenen Bereiche der **instrumentellen, administrativen** und **sozialen** Sicherheit.[19] Einzelne Landesgesetze haben dies auch definitorisch aufgegriffen. So heißt es – gleichlautend – in **NW § 6 Abs. 2** und **SH § 5 Abs. 2 Satz 1:** „Die Sicherheit der Bevölkerung, der Bediensteten und der übrigen Mitarbeiterinnen und Mitarbeiter sowie der Gefangenen wird erreicht durch 1. baulich-technische Vorkehrungen, 2. organisatorische Regelungen und deren Umsetzung und 3. soziale und behandlungsfördernde Strukturen", wobei in Nr. 1 die instrumentelle, in Nr. 2 die administrative und in Nr. 3 die soziale Sicherheit angesprochen ist. Unter instrumenteller Sicherheit versteht man danach Einrichtungen wie Mauern, Zäune, Gitter, Kameraüberwachung usw., administrative Sicherheit wird durch sicherheitsbezogene Regeln (z.B. Besuchsverbote o.ä.) sowie durch klare Zuständigkeiten, geregelte Verwaltungsabläufe und Wege der Informationsweitergabe gewährleistet.[20] Von besonderer Wichtigkeit ist indessen gerade auch die soziale Sicherheit. Insofern geht es darum, dass sich die Bediensteten mit offenen Augen und Ohren in der Anstalt bewegen, mit den Gefangenen reden, ein Gefühl für Problemlagen entwickeln und diese kommunikativ entschärfen, usw. Dieser Aspekt ist auch in Nr. 51.2 der European Prison Rules erfasst, wenn es dort heißt „The security which is provided by physical barriers and other technical means shall be complemented by the dynamic security provided by an alert staff who know the prisoners who are under their control."

2. Sicherheit und Ordnung als Grundlage des Anstaltslebens. Vor allem, aber 6 nicht nur, in den ME-Ländern wird der Abschnitt mit einer neuen Regelung eingeleitet, die festhält, dass Sicherheit und Ordnung der Anstalt die Grundlage des auf die Erreichung des Vollzugsziels ausgerichteten Anstaltslebens bilden und dazu beitragen, dass in der Anstalt ein gewaltfreies Klima herrscht (**BE § 81 Abs. 1 Satz 1; HB § 73 Abs. 1; MV § 72 Abs. 1; SL § 72 Abs. 1; SN § 73 Abs. 1; SH § 100 Abs. 1,** siehe dort zudem **SH § 5 Abs. 3 Satz 1;** bedeutungsgleich auch **HE § 45 Abs. 1; RP § 82 Abs. 1; ST § 83 Abs. 1; TH § 83 Abs. 1;** ohne Bezugnahme auf die Erreichung des Vollzugsziels in **BB § 84 Abs. 1;** dazu wiederum ähnlich **NW §§ 6 Abs. 5 Satz 1, 63 Abs. 1 Satz 1**). Dies ist ein rein deklaratorisches Bekenntnis, das aber immerhin die **dienende Funktion** der Sicherheit und Ordnung nochmals herausstreicht und dahin zu verstehen ist, dass ein sicheres und geordnetes Zusammenleben den Rahmen gelingender Resozialisierungsbemühungen bildet.[21] Das Deklaratorische der Regelung liegt darin, dass auch ohne sie Sicherheit und Ordnung aufgrund der überragenden Bedeutung des Resozialisierungsziels **kein Selbstzweck** sein dürfen. In **BB § 84 Abs. 1** ist das Vollzugsziel nicht ausdrücklich in Bezug genommen, was aber vermutlich den eher technischen Grund hat, dass das Gesetz auch den Untersuchungshaftvollzug regelt;[22] in der Gesetzesbegründung ist die dienende Funktion mit Blick auf das Resozialisierungs- bzw. Erziehungsziel ausdrücklich erwähnt.[23] Ebenfalls eine reine Selbstverständlichkeit enthalten die Normen schließlich,

---

18 *Laubenthal/Nestler/Neubacher/Verrel* 2015 F Rdn. 12 zu § 22.
19 *Arloth/Krä* § 81 Rdn. 2; *Laubenthal* Rdn. 695.
20 *Arloth/Krä* § 6 NRW StVollzG Rdn. 1; AK-*Goerdeler* Vor § 72 LandesR Rdn. 14 f.
21 Ebenso *Arloth/Krä* § 73 SächsStVollzG Rdn. 1.
22 Eleganter gelöst ist dieses Problem indessen in RP § 82 Abs. 1; **ST** § 83 Abs. 1; **TH** § 83 Abs. 1.
23 **BB** LT-Drucks. 5/6437, 78.

soweit darin jeweils auch darauf hingewiesen wird, dass mittels Sicherheit und Ordnung ein **gewaltfreies Klima** gefördert werden soll. Dass dies ausdrücklich herausgestrichen wird, ist dennoch zu begrüßen,[24] da ein solches Klima in der Realität nicht notwendig auch besteht. In **NW** § 6 Abs. 5 Satz 1 und **SH** § 5 Abs. 3 Satz 1 ist zudem auch der Schutz vor Übergriffen Mitgefangener[25] ausdrücklich genannt, der letztlich einen Unterfall des gewaltfreien Klimas darstellt.[26] Das Anstaltsklima ist ein Aspekt der sozialen Sicherheit (Rdn. 5).[27]

7   **3. Selbstverantwortung.** § 81 Abs. 1 StVollzG statuierte einen Grundsatz der Selbstverantwortung, der in gleicher Weise heutzutage nur noch in **BW** § 61 Abs. 1 III, **BY** Art. 87 Abs. 1, **HE** § 45 Abs. 1 Satz 2, **NI** § 74 enthalten ist. Dieser beinhaltet, dass primär das eigene Verantwortungsbewusstsein der Gefangenen für ein geordnetes Zusammenleben in der Anstalt zu wecken und zu fördern ist. Die anderen Bundesländer haben (mit Ausnahme von **HH**) indessen die Selbst- bzw. Mitverantwortung nicht etwa ungeregelt gelassen. Vielmehr haben alle ME-Länder vorrangig eine **Verpflichtung** der Gefangenen betont, durch ihr Verhalten zum geordneten Zusammenleben in Wahrnehmung ihrer Mitverantwortung beizutragen (**BE** § 82 Abs. 1; **BB** § 85 Abs. 1; **HB** § 74 Abs. 1; **MV** § 73 Abs. 1; **RP** § 83 Abs. 1; **SL** § 73 Abs. 1; **SN** § 74 Abs. 1; **ST** § 84 Abs. 1; **SH** § 101 Abs. 1 und ergänzend **SH** § 5 Abs. 3 Satz 2; **TH** § 84 Abs. 1; siehe auch noch unten, 11 B Rdn. 4 f). Dies unterstreicht noch deutlicher die auch eigene Verantwortlichkeit der Gefangenen für ein solches Zusammenleben.[28] Ergänzend ist aber teils auch in einem Satz 2 der Norm – insofern stärker angelehnt an der alten Regelung des StVollzG – die Verpflichtung der Anstalt erwähnt, deren Verantwortungsbewusstsein zu entwickeln und zu stärken (**BE** § 82 Abs. 1 Satz 2; **HB** § 74 Abs. 1 Satz 2; **MV** § 73 Abs. 1 Satz 2; **SL** § 73 Abs. 1 Satz 2; **SN** § 74 Abs. 1 Satz 2; **SH** § 101 Abs. 1 Satz 2). Schließlich heben die ME-basierten Gesetze (außer **SH**) als besonders wichtiges Ziel hervor, auf eine einvernehmliche (in **BE** zudem ausdrücklich: gewaltfreie) Streitbeilegung hinzuwirken bzw. die Gefangenen dazu zu befähigen. Etwas abweichend dazu heißt es in **SH** § 5 Abs. 3 Satz 2 und **NW** 6 Abs. 5 Satz 2, dass die Fähigkeit der Gefangenen zu gewaltfreier Konfliktlösung (sowie in **NW**: einvernehmlicher Streitbeilegung) zu entwickeln und zu stärken sei. In **NW** findet sich daneben keine genauere Entsprechung des § 81 Abs. 1 StVollzG. Man kann aber auch in **NW** § 6 Abs. 5 Satz 2 im Kern eine Regelung der Selbst- bzw. Mitverantwortung erblicken. Mit den verschieden umgesetzten Regelungen zur Selbst- bzw. Mitverantwortung wird dem Vollzugsziel der Resozialisierung und dem Angleichungsgrundsatz Rechnung getragen. Auch insofern ist die soziale Sicherheit (Rdn. 5) adressiert.

8   In einer Vollzugsanstalt liegen die Schwierigkeiten für ein „geordnetes Zusammenleben" u.a. darin, dass es sich um eine **Zwangsgemeinschaft** von Menschen **mit unterschiedlichen Lebensgewohnheiten** (z.B. rauchende und nichtrauchende Gefangene)[29] und unterschiedlicher sozialer Herkunft handelt, die für längere oder kürzere Zeit auf verhältnismäßig engem Raum unter ungewöhnlichen Verhältnissen (Trennung von der

---

24 Befürwortend auch AK-*Goerdeler* § 72 LandesR Rdn. 4.
25 Siehe dazu auch BVerfG 31.5.2006 – 2 BvR 1673/04 u.a., BVerfGE 116, 69, 88 (allerdings für den Jugendstrafvollzug).
26 So auch AK-*Goerdeler* § 72 LandesR Rdn. 4.
27 *Arloth/Krä* § 6 NRW StVollzG Rdn. 1.
28 Ebenso *Arloth/Krä* § 74 SächsStVollzG Rdn. 1.
29 Verfehlt ist es, wenn unter ausdrücklicher Einbeziehung auch des Begriffspaares „Sicherheit und Ordnung" sogar die zwangsweise Unterbringung eines Nichtrauchers in einem Dreimannhaftraum zusammen mit zwei Rauchern für möglicherweise gerechtfertigt erklärt wird (so aber OLG Celle 1.6.2004 – 1 Ws 102/04 (StrVollz), ZfStrVo 2005, 177).

Familie, Geschlechtertrennung) zusammenleben müssen. Nicht wenige hat ihre Entwicklung auch zu Lebensbewältigungstechniken verleitet, die einem erträglichen Zusammenleben störend im Wege stehen (Ungeduld, Rücksichtslosigkeit, Durchsetzen von Forderungen durch Gewalt oder Täuschung). Dabei gibt es naturgemäß viel Konfliktstoff, insbesondere beim Zusammenleben in großen Anstalten mit Überbelegung und noch unzureichenden sanitären Anlagen, schlechten Arbeitsbedingungen und unzureichender Personalausstattung.

Die Maßstäbe dafür, wieweit sich überhaupt das Verantwortungsbewusstsein der Gefangenen bei dieser Sachlage **wecken** und **fördern** bzw. **entwickeln** und **stärken** lässt, sind niedrig anzusetzen.[30] Diese an die Anstaltsleitung gerichtete Forderung lässt sich z.B. dadurch verwirklichen, dass die Gefangenen dazu angehalten werden, anstelle von Rechthaberei und tätlicher Auseinandersetzung Rücksichtnahme und Duldsamkeit zu üben. **Förderung gemeinsamer Aktivitäten** der Gefangenen und Einräumen von Mitspracherechten in dafür geeigneten Angelegenheiten tragen gleichfalls zur Selbst- bzw. Mitverantwortung bei. Konflikte müssen in Wohn- und Behandlungsgruppen offen erörtert und in Zusammenarbeit mit den zuständigen Bediensteten gelöst werden. Das erfordert mehr Zeit, ist aber auch erfolgversprechender als die Anwendung von Sicherheits- oder Ordnungsmaßnahmen.[31] Die Selbst- oder Mitverantwortung i.S.d. § 81 Abs. 1 StVollzG entsprechenden Vorschriften bedeutet aber nicht, dass Gefangene mit ihren Anträgen in vollzuglichen Angelegenheiten zunächst an die Gefangenmitverantwortung (i.S.v. § 160 StVollzG und den entsprechenden Landesvorschriften) verwiesen werden dürften; die Anstaltsleitung ist unmittelbar zur Entgegennahme und Bescheidung verpflichtet (vgl. auch die § 108 StVollzG entsprechenden Landesnormen).[32]

An die **Bediensteten** werden daher **besondere Anforderungen** gestellt. Neben der Bereitschaft, soziales Verhalten geduldig mit den Insassen einzuüben, dürfen sie auch die Gefahren einer negativen Subkultur, in der gewalttätige Gefangene die anderen in übler Weise unterdrücken, nicht aus dem Auge verlieren. Dieser Aspekt sozialer Sicherheit wird dort nochmals besonders betont, wo in den neuen Regelungen auf die Rolle der Sicherheit und Ordnung für ein gewaltfreies Vollzugsklima hingewiesen und das Lernziel einvernehmlicher Streitbeilegung in den Vordergrund gerückt wird. So verbietet sich z.B. in der Regel in geschlossenen Anstalten die Gewährung von unüberwachter und unkontrollierter Gemeinschaft, von unstrukturierten und wechselnden Gefangenengruppen. Die Bedingungen für eine Erfüllung des gesetzlichen Auftrages sind im offenen Vollzug günstiger als im geschlossenen Vollzug, wo die Gefangenen ohnehin durch Sicherheitsmaßnahmen mehr oder weniger eingeengt sind. Aber auch dort unterscheiden sich trotz des Angleichungsgrundsatzes die Lebensverhältnisse in der Anstalt von denen in der Freiheit so erheblich, dass die Regeln für ein geordnetes Zusammenleben für beide Lebensbereiche nicht dieselben sein können. Stets zu beachten ist im Übrigen die **Gefahr**, dass ein resozialisierungsorientierter Vollzug auch unter Hinweis auf die Selbst- bzw. Mitverantwortung für ein geordnetes Zusammenleben Züge einer **sozialautoritären Verwaltung** annimmt.[33] Diese Gefahr wird durch die Ausgestaltung als Verhaltenspflicht in den ME-Ländern nochmals verstärkt.

4. Verhältnismäßigkeit. § 81 Abs. 2 StVollzG enthielt den Grundsatz der Verhältnismäßigkeit; die Landesgesetze haben diese Regelung – zumeist sogar wortgleich –

---

30 AK-*Goerdeler* § 72 LandesR Rdn. 5; *Grunau/Tiesler* § 81 Rdn. 1.
31 *Laubenthal/Nestler/Neubacher/Verrel* 2015 M Rdn. 7.
32 Zutreffend OLG München 16.7. 2014 – 5 Ws 47/14 (R), FS 2015, 65.
33 So auch *Laubenthal/Nestler/Neubacher/Verrel* 2015 B Rdn. 70.

übernommen (**BW** § 61 Abs. 2 III; **BY** Art. 87 Abs. 2; **BE** § 81 Abs. 1 Satz 1; **BB** § 84 Abs. 2; **HB** § 73 Abs. 2; **HH** § 68 Abs. 1; **HE** § 45 Abs. 2 Satz 1; **MV** § 72 Abs. 2; **RP** § 82 Abs. 2; **SL** § 72 Abs. 2; **SN** § 73 Abs. 2; **ST** § 83 Abs. 2; **SH** § 100 Abs. 2; **TH** § 83 Abs. 2; im Ergebnis wirkungsgleich die allgemeine Regelung in § 4 NJVollzG). Allein in **NW** findet sich keine zu § 81 Abs. 2 StVollzG äquivalente Vorschrift; der Verhältnismäßigkeitsgrundsatz gilt jedoch unabhängig davon aufgrund verfassungsrechtlicher Vorgaben (Rdn. 3). Dies bedeutet, dass den Gefangenen dann, wenn durch Appell an das Verantwortungsbewusstsein (Rdn. 5) ein erträgliches Zusammenleben und die Sicherheit der Anstalt nicht erreichbar sind, Pflichten und Beschränkungen zur Aufrechterhaltung von Sicherheit und Ordnung auferlegt werden dürfen, unter Umständen dann jedoch auch auferlegt werden müssen. Zuvor ist aber stets zu prüfen, ob der Zweck nicht durch Behandlungsmaßnahmen zu erreichen ist.[34] Der Grundsatz der **Verhältnismäßigkeit** erlaubt dort, wo sie geeignet, erforderlich und angemessen sind, auch eingriffsintensive Maßnahmen,[35] bei der Aufrechterhaltung von Maßnahmen über einen längeren Zeitraum muss aber ein effektiver (Eil-)Rechtsschutz gewährleistet sein.[36]

10 Die Maßnahmen müssen dem **Zweck** der **Aufrechterhaltung** der Sicherheit oder Ordnung der Anstalt dienen, und zwar grundsätzlich (soweit einzelne Normen nicht auch die Bekämpfung abstrakter Gefahren erlauben) bei Vorliegen einer **konkreten Gefahr**. **Pflichten** zur Aufrechterhaltung von Sicherheit und Ordnung können den Gefangenen durch das oder aufgrund des StVollzG auferlegt werden, so z.B. gesetzliche Pflichten gem. der §§ 82, 83 StVollzG entsprechenden Landesregelungen oder Pflichten aufgrund der Hausordnung. Ob bei schuldhaftem Verstoß gegen diese Pflichten **Disziplinarmaßnahmen** angeordnet werden können, hängt davon ab, ob das Gesetz (wie z.B. gem. **NI** § 94 Abs. 1) alle derartigen Pflichtverstöße für disziplinierbar erklärt, oder ob diejenigen Verstöße, die Disziplinarmaßnahmen nach sich ziehen können, enumerativ aufgezählt sind (wie z.B. in **MV** § 86 Abs. 1) und einer dieser Verstöße vorliegt. Unter **Beschränkungen** sind zunächst die allgemeinen und besonderen Sicherungsmaßnahmen zu verstehen. Sicherungsmaßnahmen sind präventive Maßnahmen zur Aufrechterhaltung von Sicherheit und Ordnung und dienen der Gefahrenabwehr. Sie sind von Disziplinarmaßnahmen streng zu unterscheiden und dürfen auch nicht im Wege der Umgehung repressiv eingesetzt werden.[37] Erfasst sind darüber hinaus jegliche weiteren Beschränkungen aufgrund der Strafvollzugsgesetze, einschließlich der § 4 Abs. 2 StVollzG entsprechenden Generalklauseln der Landesgesetze.[38] Diese Regelungen sind in aller Regel weiterhin parallel zu der alten Bundesregelung aufgebaut, so dass den Gefangenen **Beschränkungen** ihrer Freiheit, soweit diese nicht im Landes-StVollzG geregelt sind, nur auferlegt werden dürfen, wenn sie zur Aufrechterhaltung der Sicherheit oder zur Abwendung einer schwerwiegenden Störung der Anstalt unerlässlich sind (weiterreichende Regelungen aber in **NI** § 3 Satz 2 und **NW** § 2 Abs. 4 Satz 2; näher 1 E Rdn. 24 ff). **NW** § 63 Abs. 1 Satz 2 („Die Anstalt trifft die erforderlichen Maßnahmen, um ein Entweichen der Gefangenen zu verhindern und die Sicherheit (§ 6) zu gewährleisten.") schafft daneben eine weitere Eingriffsgrundlage für Maßnahmen zur Aufrechterhaltung von Sicherheit und Ordnung,[39] deren Verhältnis zur Generalklausel (**NW** § 2 Abs. 4 Satz 2) offensichtlich nicht durchdacht wurde;

---

34 BT-Drucks. 7/3998, 31.
35 Vgl. LG Köln 24.3.1983 – 103 StVollz 1/83, NStZ 1983, 431.
36 BVerfG 13.4.1999 – 2 BvR 827/98, NStZ 1999, 428 (konkret allerdings §§ 88, 89 StVollzG betreffend, also besondere Sicherungsmaßnahmen und Einzelhaft).
37 K/S-*Schöch* § 8 Rdn. 3.
38 AK-*Goerdeler* § 74 LandesR Rdn. 7.
39 **NW** LT-Drucks. 16/5413, 140.

im Ergebnis dürfte sie daneben überflüssig sein.[40] Systematisch missglückt ist es auch, die VV Nr. 2 II zu § 24 StVollzG entsprechende Befugnis der Anstalt, zur Erfüllung ihrer Aufgaben die **Identität** aller Personen, die Zugang begehren, **festzustellen**, in NW § 63 Abs. 1 Satz 3 zu erfassen. Ein ebensolcher systematischer Missgriff ist es, dass **HE** § 45 Abs. 2 Satz 2, 3 an unerwarteter Stelle eine Eingriffsgrundlage für die **Videoüberwachung** der Gefangenen außerhalb der Hafträume schafft; näher zu dieser Norm und vergleichbaren, aber andernorts verorteten Regelungen unter 11 F.

Der Grundsatz der Verhältnismäßigkeit ist bei allen Maßnahmen der Sicherheit und Ordnung zu beachten,[41] d.h. die jeweilige Maßnahme muss zur Erreichung des Zwecks (dazu Rdn. 10) **geeignet, erforderlich** und **angemessen** sein. Insofern sind die **spezifischen Sicherheitsanforderungen der jeweiligen Anstalt bzw. Abteilung** mit zu berücksichtigen (so ausdrücklich **BE** § 81 Abs. 1 Satz 1; **NW** § 6 Abs. 3 Satz 1, 2; **SH** § 5 Abs. 2 Satz 2). Die Gesetze aus **BE** und **NW** betonen zudem, dass dabei auch die besonderen Bedürfnisse weiblicher, lebensälterer oder behinderter Gefangener zu berücksichtigen sind (**BE** § 81 Abs. 2 Satz 2; **NW** § 6 Abs. 3 Satz 3). Für die Frage der Erlaubnis zum Besitz von gefährlichen Gegenständen folgt aus dem Verhältnismäßigkeitsgrundsatz jedenfalls, dass die einem Gegenstand allgemein abstrakt zukommende Eignung, in einer die Sicherheit und Ordnung gefährdenden Weise eingesetzt zu werden, in Beziehung zu den Kontrollmitteln gesetzt werden muss, die der Anstalt zu Gebote stehen und von ihr im Rahmen einer ordnungsgemäßen Aufsicht angewendet werden.[42] Richtigerweise ist jedoch darüber hinaus eine konkrete Sicherheitsgefahr (s.o., Rdn. 8) zu verlangen, sodass durchaus auch die Zuverlässigkeit eines oder einer den Gegenstand beantragenden Gefangenen in die Prüfung einzustellen ist.[43] Insbesondere zum Besitz von Gegenständen zur Ausstattung des Haftraums sowie zu Fortbildung und Freizeitgestaltung hat sich eine umfangreiche Kasuistik herausgebildet; siehe dazu die Nachweise in 2 F und 5 D. Besondere Probleme stellen sich insbesondere dadurch, dass zunehmend mehr elektrische Geräte über eine elektronische Steuerung durch Computerprozessoren, verschiedene Anschlüsse zur Datenübertragung, WLAN und interne Speicherkapazität verfügen. Diese begründen unter verschiedensten Aspekten Risiken für Sicherheit und Ordnung (z.B. Versteckmöglichkeiten, Schwierigkeiten der (Inhalts-)Kontrolle, Möglichkeiten der Speicherung und Weitergabe sicherheitsrelevanter Daten etc.).[44] Unter dem Gesichtspunkt der Erforderlichkeit ist allerdings die Zulassung von Geräten mit versiegelten Öffnungen, verplombten oder sogar entfernten Anschlüssen zur Datenübertragung,[45] ausgebauter Funkkarte usw. ein milderes Mittel gegenüber der vollständigen Versagung solcher Geräte. Eine solche Versagung ist im heutigen Informationszeitalter auch mit Blick auf das Vollzugsziel der Resozialisierung und den Angleichungsgrundsatz problematisch.[46] Hin-

---

40 Ebenso AK-*Goerdeler* § 72 LandesR Rdn. 15.
41 Vgl. *Laubenthal/Nestler/Neubacher/Verrel* 2015 M Rdn. 8.
42 BVerfG 28.2.1994 – 2 BvR 2731/93, NStZ 1994, 453.
43 Zutreffend K/S-*Schöch* § 7 Rdn. 156; KG 2.5.1984 – 5 Vollz (Ws) 40/84, NStZ 1984, 478 m. Anm. *Heischel*; siehe auch – freilich zum Untersuchungshaftvollzug – ebenso *Harrendorf*, in König, AnwK U-Haft, § 16 Rdn. 8 mwN. Die h.M. lässt jedoch eine abstrakte Gefahr genügen, z.B. OLG Hamm, 2.6.2015 – III-1 Vollz (Ws) 180/15, FS 2016, 77 (zu **NW** § 15 Abs. 2 Satz 2); OLG Jena, 25.3.2003 – 1 Ws 24/03, NStZ-RR 2003, 221, 222; KG 8.1.2004 – 5 Ws 641/03, NStZ-RR 2004, 157; *Arloth/Krä* § 70 Rdn. 5. Verfassungsrechtlich hält das für unbedenklich BVerfG 28.2.1994 – 2 BvR 2731/93, NStZ 1994, 453. Zum Streitstand näher 5 D Rdn. 15.
44 Z.B. OLG Frankfurt a.M. 26.1.2006 – 3 Ws 950/05, NStZ-RR 2006, 125; KG 8.1.2004 – 5 Ws 641/03, NStZ-RR 2004, 157 (jeweils Playstation 2).
45 Dazu z.B. OLG Frankfurt 19.4.2013 – 3 Ws 87/13, NStZ-RR 2013, 325 (Genehmigung des Besitzes eines Fernsehgerätes darf vom Ausbau der USB- und/oder SD-Memory-Card-Anschlüsse abhängig gemacht werden).
46 Kritisch zu einer Komplettversagung solcher Geräte daher zu Recht *Bachmann*, 323.

zu kommt die ernstzunehmende Problematik, dass sich in einer nicht allzu fernen Zukunft praktisch keinerlei elektrische Geräte ohne Computersteuerung und Datenübertragungsfähigkeit mehr finden lassen werden. Dies kann und darf nicht dazu führen, dass Strafgefangene ab dann von jeglicher Technik fernzuhalten wären. Genereller lässt sich sagen, dass die Kriterien der Prüfung, inwieweit den Gefangenen Pflichten und Beschränkungen aufzuerlegen sind, sich als Folge des Angleichungsgrundsatzes im **Laufe der Zeit ändern**. Der allgemeine technische Fortschritt und der damit verbundene veränderte Lebensstandard wirken sich auch auf das Leben in der Vollzugsanstalt aus. Dadurch wird die Sicherheit und Ordnung berührt, zu deren Aufrechterhaltung dann entsprechende Maßnahmen getroffen werden müssen.[47]

12   Abseits der in Rdn. 2 bereits exemplarisch aufgeführten spezifischen Regelungsbereiche, die auf Sicherheit und Ordnung gestützt Rechtsbeschränkungen zulassen und für die auf die Kommentierung der jeweiligen Sonderregelungen verwiesen werden kann, finden sich auch andere, nicht spezifische geregelte Bereiche, in denen Sicherheit und Ordnung als Kriterien berücksichtigungsfähig sind: So sind für die Frage der Gewährung von **Stromzufuhr während der Nacht** auch etwaige Gefahren, die vom nächtlichen Licht oder bei Steckdosen darüber hinaus auch vom Betreiben etwa vorhandener elektrischer Geräte oder Vorrichtungen ausgehen können, im Rahmen der Ermessensausübung zu berücksichtigen. Für die Gewährung von Stromzufuhr streitet jedoch das Interesse der Gefangenen sowie der Angleichungsgrundsatz.[48] Eine nächtliche Stromsperre kann jedenfalls nicht auf Gründe der Ordnung der Anstalt gestützt werden.[49] Die **rechtliche Beratung von Gefangenen** (dazu auch 11 B Rdn. 3) durch Mitgefangene fällt in den Anwendungsbereich der Generalklausel (§ 4 Abs. 2 Satz 2 StVollzG und entsprechende Landesregelungen).[50] Sie stellt eine empfindliche Störung der Anstaltsordnung dar, wenn dadurch unter den Gefangenen Autoritätsverhältnisse begründet werden, innerhalb derer die jeweils Abhängigen noch dazu vermögenswerte Entgelte zu leisten haben, welche im Sozialgefüge der Anstalt einen erheblichen Wert darstellen.[51] Die gelegentliche, unentgeltliche und nicht geschäftsmäßige Unterstützung von Gefangenen durch gewandtere Mitgefangene stellt hingegen keine (schwerwiegende) Ordnungsstörung dar.[52]

13   Bei **Widerruf** oder **Rücknahme** von Erlaubnissen aus Gründen der Sicherheit und Ordnung sind auch Aspekte des rechtsstaatlichen Vertrauensschutzgebotes aus Art. 2 Abs. 1 GG i.V.m. Art. 20 Abs. 3 GG zu beachten.[53] Es ist insofern eine **Abwägung** zwischen dem schutzwürdigen Vertrauen auf Fortbestand einer einmal eingeräumten Rechtsposition und dem Interesse des Allgemeinwohls am Widerruf bzw. der Rücknahme der Erlaubnis vorzunehmen (näher zu Widerruf und Rücknahme 10 F).[54]

---

47   Ein Beispiel aus älterer Zeit: nur Aushändigung von durch Vermittlung der Anstalt eingekaufter Elektrorasierer, da sich die Geräte zur Nachrichtenübermittlung mittels eingebauter Mikrosender und zum Einschmuggeln von Betäubungsmitteln eignen: OLG Nürnberg BlStV 3/1977, 7.
48   OLG Celle 3.3.1982 – 3 Ws 410/80 (StrVollz), NStZ 1981, 238; OLG Koblenz 30.3.1990 – 2 Vollz (Ws) 11/90, NStZ 1990, 360.
49   AK-*Goerdeler* § 73 LandesR Rdn. 17.
50   AK-*Goerdeler* § 4 LandesR Rdn. 79.
51   OLG München ZfStrVo 1981, 380.
52   OLG Saarbrücken 4.2.1982 – 1 Ws 503/81, NStZ 1983, 47; OLG Hamm 9.6.1982 – 7 VAs 8/82, NStZ 1982, 438.
53   BVerfG 10.2.1994 – 2 BvR 2687/93, StV 1994, 43 = ZfStrVo 1995, 50: Entzug einer zuvor mit Zustimmung der Anstalt dem Gefangenen überlassenen Tagesdecke, die sich angeblich als Versteck für Drogen oder Geld eignet.
54   BVerfG 29.10.1993 – 2 BvR 672/93, NStZ 1994, 100; BVerfG 28.9.1995 – 2 BvR 920/95, NStZ 1996, 252 m. Anm. *Rotthaus*.

B. Verhaltensvorschriften

Baden-Württemberg	BW § 62 JVollzGB III;
Bayern	BY Art. 88 BayStVollzG;
Berlin	BE § 82 StVollzG Bln;
Brandenburg	BB § 85 BbgJVollzG;
Bremen	HB § 74 BremStVollzG;
Hamburg	HH § 68 Abs. 2 HmbStVollzG;
Hessen	HE § 45 Abs. 3–6 HStVollzG;
Mecklenburg-Vorpommern	MV § 73 StVollzG M-V;
Niedersachsen	NI § 75 NJVollzG;
Nordrhein-Westfalen	NW § 63 Abs. 2–5 StVollzG NRW;
Rheinland-Pfalz	RP § 83 LJVollzG;
Saarland	SL § 73 SLStVollzG;
Sachsen	SN § 74 SächsStVollzG;
Sachsen-Anhalt	ST § 84 JVollzGB LSA;
Schleswig-Holstein	SH § 101 LStVollzG SH;
Thüringen	TH § 84 ThürJVollzGB

Schrifttum

Siehe vor A.

Übersicht

I. Allgemeine Hinweise —— 1
II. Erläuterungen —— 2–9
 1. Einhaltung der Tageszeit —— 2, 3
 2. Geordnetes Zusammenleben —— 4, 5
 3. Gehorsamspflicht —— 6
 4. Platzgebundenheit —— 7
 5. Pflege des Haftraums —— 8
 6. Meldepflicht —— 9

I. Allgemeine Hinweise

Die Vorschrift des § 82 StVollzG nannte **sechs Pflichten** für die Gefangenen: 1
1. Sich nach der Tageseinteilung richten!
2. Andere nicht stören!
3. Anordnungen Folge leisten!
4. Den zugewiesenen Bereich nicht verlassen!
5. Haftraum und Sachen in Ordnung halten!
6. Besondere Gefahren melden!

Die Landesgesetze haben diesen Katalog seinem wesentlichen Inhalt nach übernommen. Allerdings werden nur in **BW, BY, HH, HE, NI** und **NW** tatsächlich alle sechs Pflichten ausdrücklich erwähnt. Größere Abweichungen finden sich hingegen in den auf dem ME-StVollzG aufbauenden Landesgesetzen. So ist dort anstelle der Nichtstörungspflicht (Nr. 2) eine Pflicht, für das geordnete Zusammenleben in der Anstalt (mit-)verantwortlich zu sein und durch das eigene Verhalten zu diesem beizutragen, verankert. Diese Pflicht, die zugleich dem Selbstverantwortungsgrundsatz des § 81 Abs. 1 StVollzG ähnelt, wurde bereits oben (11 A Rdn. 7) kommentiert; ergänzend wird auch im Rahmen der Nichtstörungspflicht (unten, Rdn. 5) nochmals darauf eingegangen. Die Länder des ME-StVollzG kennen darüber hinaus durchgängig nicht die ausdrückliche Pflicht, sich nach der Tageseinteilung zu richten (Nr. 1). Fünf von zehn ME-Ländern (nämlich **BE, BB, RP, SL, TH**) haben überhaupt nur – neben der Mitverantwortungspflicht als Ersatz für die Nichtstörungspflicht – drei weitere Pflichten gesetzlich niedergelegt, nämlich die Pflichten Nr. 3, Nr. 5 und Nr. 6. In **HB, MV, SN, ST** und **SH** ist hingegen auch die Pflicht Nr. 4 ausdrücklich gesetzlich verankert. Inhaltlich ergeben sich dadurch indessen keine relevanten Änderungen (näher unter Rdn. 2ff). In **SL** § 73 Abs. 5 findet sich zudem die Möglichkeit, die Gefangenen zu verpflichten, einen Lichtbildausweis zu tragen. Diese Pflicht ist systematisch sonst eher im Bereich der Datenschutzvorschriften verortet worden, wo sie inhaltlich auch hingehört; siehe jedoch auch noch näher hier unter 11 F Rdn. 3).

Verhaltensvorschriften finden sich auch an anderen Stellen der Gesetze. So kennt die Mehrzahl der Landesgesetze weiterhin eine Arbeitspflicht (näher unter 4 B), zu denken ist zudem z.B. an Regelungen entsprechend § 83 Abs. 1 StVollzG (Verbot des unerlaubten Besitzes von Sachen; dazu unter 11 C). Zu den Voraussetzungen für eine disziplinarische Ahndung schuldhafter Pflichtverletzungen 11 A Rdn. 8 und im Detail 11 M).

II. Erläuterungen

2   **1. Einhaltung der Tageszeit.** Die nur noch in **BW** § 61 Abs. 1 Satz 1 III, **BY** Art. 88 Abs. 1 Satz 1, **HH** § 68 Abs. 2 Nr. 1, **HE** § 45 Abs. 3 Satz 1, **NI** § 75 Abs. 2 Satz 1, **NW** § 63 Abs. 2 Satz 1 ausdrücklich niedergelegte Pflicht, sich nach der Tageseinteilung der Anstalt zu richten, setzt voraus, dass die **Tageszeiten** – meist geschieht das in der Hausordnung – festgesetzt sind. Die meisten der genannten Gesetze (Ausnahmen: **HE** § 45 Abs. 3 Satz 1; **NW** § 63 Abs. 2 Satz 1) nennen ausdrücklich die Aufteilung in Arbeitszeit, Freizeit, Ruhezeit. Von praktischer Bedeutung ist besonders die Festsetzung der **Arbeitszeit**, aus der sich die Pflicht ergibt, täglich pünktlich am Arbeitsplatz zu erscheinen und diesen nicht vorzeitig zu verlassen. Dies dient auch dem Angleichungsgrundsatz, da feste Arbeitszeiten den üblichen Bedingungen in Freiheit entsprechen.[55] Der Beginn der **Ruhezeit** fällt meist mit dem allgemeinen Einschluss der Gefangenen in ihren Haftraumen und für die Bediensteten mit dem Wechsel vom Spät- zum – meist schwächer besetzten – Nachtdienst zusammen. Für die Gefangenen ergibt sich daraus die Pflicht, die Ruhezeit nicht durch Lärm zu stören (siehe auch Rdn. 3). Ruhezeit bedeutet nicht, dass Gefangene während dieser Zeit in ihren Haftraumen kein Licht haben und nicht lesen dürfen (zur Frage der Stromversorgung näher bereits oben, 11 A Rdn. 12).[56] Mit Ausnahme des legitimen Ziels der Vermeidung von Lärmbelästigung zu den Stunden, die üblicherweise der Nachtruhe dienen, ist eine **strikte Trennung zwischen Freizeit und Ruhezeit inhaltlich wenig sinnvoll** und entspricht insbesondere nicht dem Leben in Freiheit.[57] **NW** § 63 Abs. 2 Satz 2 benennt als (Lern-)Ziel der Tageseinteilung, die Gefangenen an eine eigenverantwortliche Lebensgestaltung heranzuführen. Dem ist zuzustimmen; auch daraus folgt, dass insbesondere eine Einhaltung der Arbeitszeiten essentiell, im Übrigen jedoch eine gewisse Flexibilität vonnöten ist.[58]

3   Sämtliche ME-Länder (d.h. **BE, BB, HB, MV, RP, SL, SN, ST, SH, TH**) haben eine ausdrückliche Pflicht, die Tageszeiten einzuhalten, nicht geregelt. Dies ist nur konsequent, verzichten doch die Gesetze auch im Übrigen auf eine klare Tageseinteilung in Arbeitszeit, Freizeit, Ruhezeit (vgl. nur **MV** §§ 11, 12 im Vergleich zu **BY** Art. 19, 20). Dies ändert allerdings nichts an den wesentlichen Pflichten der Gefangenen: Die Pflicht, sich

---

55 Zutreffend AK-*Goerdeler* § 73 LandesR Rdn. 16.
56 OLG Celle 3.3.1982 – 3 Ws 410/80 (StrVollz), NStZ 1981, 238.
57 Ebenso AK-*Goerdeler* § 73 LandesR Rdn. 17.
58 Ähnlich AK-*Goerdeler* § 73 LandesR Rdn. 15.

an eine bestimmte Tageseinteilung zu halten, ist teils Konsequenz der in den ME-Ländern statt der Nichtstörungspflicht niedergelegten Mitverantwortungspflicht, z.B. soweit es darum geht, die Ruhezeit nicht durch Lärm zu stören. Was die Einhaltung der Arbeitszeiten angeht, ist diese dort, wo eine Arbeitspflicht besteht, schon deren Folge, im Übrigen aber greift jedenfalls die Pflicht, Anordnungen der Bediensteten Folge zu leisten. Hinzu kommt, dass die Tageseinteilung üblicherweise in der Hausordnung geregelt und über diese für die Gefangenen verbindlich wird.[59]

2. Geordnetes Zusammenleben. Nach § 82 Abs. 1 Satz 2 StVollzG durften Gefangene durch ihr Verhalten gegenüber anderen das **geordnete Zusammenleben** in der Anstalt (dazu bereits 11 A Rdn. 7 f) nicht stören. Diese Pflicht wurde entsprechend in **BW** § 62 Abs. 1 Satz 2 III, **BY** Art. 88 Abs. 1 Satz 2, **HH** § 68 Abs. 2 Nr. 2, **HE** § 45 Abs. 3 Satz 2, **NI** § 75 Abs. 2 Satz 3, **NW** § 63 Abs. 2 Satz 3 übernommen. Den Gefangenen wird dadurch eine Pflicht zur Rücksichtnahme auf alle Personen, mit denen sie in der Anstalt zusammenkommen (Mitgefangene, Bedienstete, ehrenamtlich Mitarbeitende, Besuchende), auferlegt, der die Gefangenen allerdings nur nachkommen können, wenn auch die Vollzugsbediensteten, Mitgefangenen und anderen Personen ihnen gegenüber **Rücksichtnahme** zeigen. „Andere Personen" im Sinne der genannten Vorschriften können dabei nur solche sein, die sich in derselben Anstalt aufhalten. Schutzgut der Vorschrift ist das geordnete Zusammenleben in einer einzelnen Anstalt, nicht etwa innerhalb des gesamten Justizvollzuges. Deshalb verstößt z.B. ein Gefangener, der nach Verlegung in eine andere Anstalt aus dieser einen Brief beleidigenden Inhaltes an die Psychologin der Voranstalt schreibt – unbeschadet der strafrechtlichen Beurteilung – nicht gegen das geordnete Zusammenleben.[60] Zum Kern des Begriffs „Stören" gehört es, dass die „Störung" von einem **„Störer"** (oder einer Störerin) im weitesten Wortsinne ausgeht. Daran fehlt es z.B., wenn ein Strafgefangener, der von einem Bediensteten grundlos in schwerer Weise beleidigt wird, sich darauf beschränkt, auf der Stelle mit Beleidigungen zu reagieren.[61] Als Störung für alltägliche Vollzugsabläufe sieht es das OLG Frankfurt[62] an, wenn einzelne Gefangene in mangelhafter oder unhygienischer Kleidung bei der Essenausgabe auf den Flur der Station treten.

Politische Aktivitäten und Meinungsäußerungen stellen als solche noch keine Störung des geordneten Zusammenlebens dar; dafür spricht schon die durch Art. 5 Abs. 1 GG umfassend geschützte Meinungsfreiheit.[63] Selbstverständlich gelten aber dieselben Grenzen wie in Freiheit, so dass die Verwendung verfassungswidriger Symbole (§ 86a StGB), die Volksverhetzung (§ 130 StGB) u.ä., aber auch bereits das Äußern oder Zurschaustellen verfassungsfeindlicher Gesinnungen – neben der in den erstgenannten Fällen vorliegenden Strafbarkeit des Verhaltens – auch das geordnete Zusammenleben stören. Eine Störung liegt daher z.B. im Tragen offenkundig gewaltverherrlichender und Sympathie zur radikalen rechten Szene bekundender Kleidungsstücke, und zwar auch dann, wenn diese Kleidungsstücke strafrechtlich unbedenklich sind.[64]

Eine Störung stellt auch die **geschäftsmäßige Rechtsberatung** für andere Strafgefangene dar: Wenn und soweit diese gegen das **Rechtsdienstleistungsgesetz** verstößt,

---

59 AK-*Goerdeler* § 73 LandesR Rdn. 16.
60 Zu weitgehend *Arloth/Krä* 2017 § 82 Rdn. 3: Vorgesetzte und Arbeitskollegen im Freigang.
61 LG Berlin BlStV 6/1980, 8; *Arloth/Krä* § 82 Rdn. 2; dafür streitet zudem auch der Rechtsgedanke der Retorsion (§ 199 StGB).
62 OLG Frankfurt BlStV 2/1984, 6.
63 Ebenso AK-*Goerdeler* § 73 LandesR Rdn. 8; a.A. LG Regensburg 8.4.1986 – 3 StVK 20/86, NStZ 1986, 478.
64 Siehe auch OLG Celle 3.5.2013 – 1 Ws 117/13 (StVollz), NStZ-RR 2013, 262f.

stellt diese eine Störung des geordneten Zusammenlebens in der Anstalt gemäß Abs. 1 Satz 2 dar.[65] Der entscheidungserhebliche Sachverhalt ist jedoch stets zureichend aufzuklären. Erforderlich sind Tatsachenfeststellungen, die eine Subsumtion unter den Begriff der Rechtsdienstleistung i. S. des Rechtsdienstleistungsgesetzes und unter die dort aufgestellten Kriterien für deren Zulässigkeit (§§ 3 ff des Rechtsdienstleistungsgesetzes) erlauben. Auf den Erhalt von Gegenleistungen für die geleistete Beratung kommt es insoweit nicht an; vielmehr bedarf es einer konkreten Auseinandersetzung mit der Frage, inwiefern die durch die Rechtsberatung begründete Gegenseitigkeitsbeziehung tatsächlich ordnungsstörende **Abhängigkeitsverhältnisse** begründet. Andererseits kann Gefangenen nicht jede Gegenseitigkeitsbeziehung und damit jede Form des normalen menschlichen Miteinanders als ordnungsstörend verboten sein: Die gelegentliche, unentgeltliche und nicht geschäftsmäßige Unterstützung von Gefangenen durch gewandtere Mitgefangene stellt keine Störung des geordneten Zusammenlebens dar.[66] Erst recht verstößt die bloße Annahme freundschaftlicher Schreibhilfe durch einen Mithäftling für eine Strafanzeige weder gegen § 82 Abs. 1 Satz 2 StVollzG noch gegen Art. 88 Abs. 1 Satz 2 BayStVollzG oder eine der anderen Landesregelungen; insofern ist ergänzend zu berücksichtigen, dass sich das Verbot des § 3 Rechtsdienstleistungsgesetz nicht an diejenigen Personen richtet, die sich beraten lassen.[67] Zutreffend ist allerdings, dass ein umfassend geltendes **Abgabe- und Annahmeverbot von Sachen** zwischen Gefangenen auch im Wege der Rechtsberatung für andere erstellte Schriftstücke mit umfasst, so dass insofern ggf. auch eine disziplinarische Ahndung aller Beteiligten in Betracht kommt (siehe insofern auch 11 C Rdn. 12).[68]

Auch im nachgewiesenen **Konsum von Alkohol** oder anderen Rauschmitteln liegt eine Störung des geordneten Zusammenlebens in der Anstalt;[69] eines besonderen anstaltsinternen Verbots durch Hausordnung oder Hausverfügung bedarf es nicht.[70] Ein generelles (und grundsätzlich disziplinarisch sanktionierbares) Alkoholverbot ist zumindest im Bereich des geschlossenen Vollzuges nicht nur recht-, insbesondere verhältnismäßig, sondern aus Behandlungs- und Sicherheitsgründen geradezu geboten, sollte allerdings zur Klarstellung in der Hausordnung deutlich sichtbar ausgewiesen werden. Zum einen könnte auch bei einer kontrollierten Abgabe oder bei kontrolliertem Erwerb von Alkohol aufgrund der Unüberwachbarkeit des so verursachten Alkoholumlaufes die damit verbundene Gefährdung alkoholkranker Gefangener nicht ausgeschlossen werden. Die Erfahrungen davon abweichender Praxis in anderen Ländern können aufgrund der kulturellen Unterschiede im gesamtgesellschaftlichen Umgang mit der Droge Alkohol und der im jeweiligen Vollzug eingeräumten Freiheiten nicht unbesehen übertragen werden. Zum anderen besteht die Gefahr, dass bereits der Konsum geringer Mengen Alkohols aufgrund der grundsätzlichen Abstinenz und der Persönlichkeitsstruktur eines Teils der Gefangenenpopulation in besonderem Maße zur Enthemmung und Gewaltbereitschaft gegenüber Bediensteten und Mitgefangenen führen kann. Zu Recht hat deshalb das OLG Nürnberg[71] bereits den Nachweis eines einzigen Schluckes Alkohols unge-

---

65 BVerfG 11.8.1997 – 2 BvR 2334/96, NStZ 1998, 103; *Laubenthal/Nestler/Neubacher/Verrel* 2015 M Rdn. 8 zu § 81.
66 OLG Saarbrücken 4.2.1982 – 1 Ws 503/81, NStZ 1983, 47; OLG Hamm 9.6.1982 – 7 VAs 8/82, NStZ 1982, 438.
67 BVerfG 22.3.2011 – 2 BvR 983/09, NJW 2011, 2348.
68 OLG Celle Beschl. v. 22.10.2014 – 1 Ws 413/14, BeckRS 2014, 22224 = NdsRpfl 2015, 99 (zu **NI** § 76 Abs. 1).
69 OLG Hamm 15.9.1994 – 1 Vollz (Ws) 135/94, NStZ 1995, 55 f.
70 Anders wohl noch OLG Hamm 24.1.1989 – 1 Vollz (Ws) 366/88, ZfStrVo 1989, 314.
71 OLG Nürnberg 26.1.1993 – Ws 1111/92, NStZ 1993, 512.

klärter Herkunft in einer Langstrafanstalt als Verstoß gewertet.[72] Alle Landesgesetze außer dasjenige aus **NI** enthalten weitgehende Regelungen zur Feststellung von Suchtmittelkonsum (näher zu diesen Regelungen und generell zu Suchtmittelkontrollen unter 11 D).

Nicht jede **ehrverletzende Äußerung** Gefangener gegenüber Bediensteten stellt auch einen (schuldhaften) Verstoß gegen das Störungsverbot dar. Das BVerfG hat wiederholt klargestellt, dass auch Gefangene den Schutz des Art. 5 Abs. 1 Satz 1 GG im Rahmen der in Abs. 2 bestimmten Schranken genießen.[73] Für die Frage, ob Beleidigungen disziplinarisch geahndet werden können, sei zudem zu berücksichtigen, dass das Recht der persönlichen Ehre primär durch die §§ 185ff StGB geschützt werde, eigentlicher Zweck von Disziplinarmaßnahmen aber die Sicherung der Voraussetzungen des auf Resozialisierung ausgerichteten Vollzuges sei. Gerade aufgrund der ohnehin in vielfacher Hinsicht eingeschränkten Freiheitsräume und der fast unausweichlich auftretenden Spannungen sei wenigstens in verbaler Hinsicht die **Belassung eines möglichst weiten Spielraumes** geboten; nicht jede Beleidigung i.S.d. §§ 185ff StGB lasse den Bedarf nach einer (zusätzlichen) disziplinarischen Ahndung entstehen. Das bedeutet indessen nicht, dass in Fällen mangelnden disziplinarischen Ahndungsbedürfnisses auch keine Störung vorläge, sondern allein, dass diese nicht gewichtig genug erscheint, um mit Disziplinarmaßnahmen belegt zu werden (zu deren Voraussetzungen 11 A Rdn. 8 und im Detail 11 M). Das BVerfG geht zudem ganz generell davon aus, dass **im Zweifel der freien Rede Vorrang vor dem Ehrschutz** zu gewähren ist, so dass bei ehrverletzenden Meinungsäußerungen auch die §§ 185ff – abgesehen von sog. Schmähkritik bzw. Formalbeleidigungen – nicht ohne weiteres erfüllt sind.[74] Liegt schon keine Beleidigung i.S.d. §§ 185ff, sondern eine zulässige Meinungsäußerung vor, folgt daraus zwanglos auch, dass mit Blick auf den ggf. dennoch ehrenrührigen Gehalt der Äußerung keine Störung des geordneten Zusammenlebens in der Anstalt anzunehmen ist.[75]

Darüber hinaus anerkennt das BVerfG zu Recht auch **im Kontext des Strafvollzugs eine beleidigungsfreie Sphäre** im engsten Familienkreis[76] sowie im Rahmen sonstiger, vergleichbar enger Vertrauensverhältnisse,[77] die es aus Art. 2 Abs. 1 GG i.V.m. Art. 1 Abs. 1 GG und Art. 5 Abs. 1 GG ableitet. Grund dafür ist mit den Worten des BVerfG,[78] dass „[n]ur unter den Bedingungen besonderer Vertraulichkeit [...] dem Einzelnen ein rückhaltloser Ausdruck seiner Emotionen, die Offenbarung geheimer Wünsche oder Ängste, die freimütige Kundgabe des eigenen Urteils über Verhältnisse und Personen oder eine entlastende Selbstdarstellung möglich" ist. Zudem sei eine offene Kommunikation frei

---

72 Insofern bestätigt von BVerfG 8.7.1993 – 2 BvR 213/93, NStZ 1993, 605, allerdings zu Recht unter Verneinung der Verhältnismäßigkeit der Anordnung von Arrest ohne Hinzutreten weiterer erschwerender Umstände.
73 BVerfG 11.2.1994 – 2 BvR 1750/93, NJW 1995, 383; BVerfG 28.2.1994 – 2 BvR 1567/93, NJW 1995, 1016.
74 Vgl. hier nur BVerfG 24. Juli 2013 – 1 BvR 444/13, ZUM 2013, 793; BVerfG 12.5.2009 – 1 BvR 2272/04, NJW 2009, 3016.
75 Vgl. auch OLG Hamm 9.9.2014 – III-1 Vollz (Ws) 356/14, StV 2016, 302: „Einfache, auch im Leben in Freiheit vorkommende Formen verbaler Auseinandersetzung (unter Gefangenen), rechtfertigen keine Disziplinarmaßnahme wegen Verstoßes gegen § 82 I 2 StVollzG, so lange nicht dadurch die Abläufe in der Anstalt, wie etwa der Produktionsprozess im Anstaltsbetrieb, oder die Sicherheit (etwa aufgrund der Gefahr von Zusammenrottung anderer Gefangener und Bildung verfeindeter Gruppen) gestört werden."
76 BVerfG 26.4.1994 – 1 BvR 1689/88, BVerfGE 90, 255, 261; dies ist im Grundsatz weitgehend unstreitig, siehe *Arloth* ZIS 2010, 263, 265f; Sch/Sch/*Lenckner/Eisele* Vor § 185 Rdn. 9b; MüKo-StGB/*Regge/Pegel* Vor § 185 Rdn. 64.
77 BVerfG 23.11.2006 – 1 BvR 285/06, NJW 2007, 1194; auch insofern im Grundsatz anerkannt, vgl. *Arloth* ZIS 2010, 263, 266; Sch/Sch/*Lenckner/Eisele* Vor § 185 Rdn. 9b; MüKo-StGB/*Regge/Pegel* Vor § 185 Rdn. 64.
78 BVerfG 26.4.1994 – 1 BvR 1689/88, BVerfGE 90, 255, 260f.

von den Vorgaben der §§ 185, 186 StGB auch deswegen zuzulassen, weil „Äußerungen in der Privatsphäre oder im engsten Familienkreis [...] auch auf Familienmitglieder oder andere Vertraute bezogen sein und diesen in einer Persönlichkeitskrise oder Existenzbedrohung Hilfe bieten oder Erleichterung verschaffen und so zur seelischen Stabilisierung oder gesellschaftlichen Integrationsfähigkeit beitragen" können. Nach den Entscheidungen besteht die beleidigungsfreie Sphäre im Vollzug auch für den Briefverkehr mit entsprechend nahestehenden Personen in Kenntnis der Briefkontrolle. Sie besteht für Beleidigungen, die von in Freiheit befindlichen, an der Kommunikation beteiligten Personen geäußert werden, ebenso wie für Beleidigungen, die Gefangene selbst äußern. Auch gravierend abwertende Beurteilungen, die das Vollzugspersonal betreffen, sind nicht ausgenommen.[79] Schließlich hat das BVerfG die Beschwerdeführer auch nicht auf die Alternative eines unüberwachten mündlichen Gesprächs bei einem etwaigen Besuch verwiesen.[80] Insofern ist von einer **abwägungsfrei gewährleisteten** beleidigungsfreien Sphäre auszugehen. Voraussetzung ist nach dem BVerfG neben der Kommunikation zwischen engen Vertrauten nur, dass die Äußerung in eine der beiden oben genannten Kategorien fällt, also entweder einem Bedürfnis nach unverstelltem Ausdruck der eigenen Emotionen, Urteile und Einschätzungen geschuldet ist oder einer Vertrauensperson in einer Krise helfen, sie z.B. emotional stabilisieren, soll. Danach wäre primär die in Wirklichkeit gar nicht an den Briefpartner bzw. die Briefpartnerin, sondern direkt an den Briefkontrolleur bzw. die Briefkontrolleurin gerichtete Beleidigung strafbar.[81]

Auch aktive **Widerstandshandlungen** von Gefangenen gegen die Anwendung unmittelbaren Zwanges zur Durchsetzung einer **materiell rechtswidrigen Grundverfügung** können einen schuldhaften Verstoß gegen Abs. 1 Satz 2 darstellen, wenn und weil sie einen Verstoß gegen § 113 StGB darstellen. Ein Widerstandsrecht gegen Vollstreckungshandlungen kommt nur dann in Betracht, wenn die Vollstreckungshandlung im Sinne des § 113 Abs. 3 Satz 1 StGB rechtswidrig war. Zugrunde zu legen ist insofern nach richtiger Auffassung ein vollstreckungsrechtlicher Rechtmäßigkeitsbegriff, nach dem es nur, aber immerhin auf die Rechtmäßigkeit der Vollstreckungshandlung ankommt.[82] Nach wohl noch h.M. ist hingegen sogar nur ein tendenziell noch engerer, originär strafrechtlicher Rechtmäßigkeitsbegriff anzuwenden. Nach diesem ist nur eine eingeschränkte Rechtmäßigkeitsprüfung vorzunehmen, die sich vor allem auf die folgenden drei Aspekte zu erstrecken hat: 1. sachliche und örtliche Zuständigkeit, 2. Wahrung der wesentlichen Förmlichkeiten, 3. pflichtgemäße Würdigung der tatsächlichen Eingriffsvoraussetzungen und, soweit Ermessen besteht, pflichtgemäße Ermessensausübung.[83] In der praktischen Anwendung kommen die beiden Ansätze allerdings meist zu den gleichen Ergebnissen.

5   Wie bereits erwähnt, sehen die auf dem ME-StVollzG beruhenden Landesgesetze (**BE** § 82 Abs. 1; **BB** § 85 Abs. 1; **HB** § 74 Abs. 1; **MV** § 73 Abs. 1; **RP** § 83 Abs. 1; **SL** § 73 Abs. 1; **SN** § 74 Abs. 1; **ST** § 84 Abs. 1; **SH** § 101 Abs. 1 und ergänzend **SH** § 5 Abs. 3 Satz 2; **TH** § 84

---

79 BVerfG 26.4.1994 – 1 BvR 1689/88, BVerfGE 90, 255; BVerfG 27.7.2009 – 2 BvR 2186/07, StV 2010, 142; BVerfG 23.11.2006 – 1 BvR 285/06, NJW 2007, 1194; BVerfG 24.6.1996 – 2 BvR 2137/95, NJW 1997, 185; BVerfG 12.9.1994 – 2 BvR 291/94, NJW 1995, 1477. Zu der Erstreckung auch auf die nicht inhaftierten Briefpartnerinnen und –partner sowie zur Nichtberücksichtigung der Schwere der Beleidigung zu Unrecht krit. *Arloth* ZIS 2010, 263, 267 sowie Anm. *Popp* NStZ 1995, 413, 414f.
80 Dafür hingegen *Arloth* ZIS 2010, 263, 267.
81 Darüber hinaus jeder andere Fall aufgehobener Vertraulichkeit; vgl. BVerfG 27.7.2009 – 2 BvR 2186/07, StV 2010, 142; BVerfG 12.9.1994 – 2 BvR 291/94, NJW 1995, 1477, 1478.
82 *Roxin* Strafrecht AT I, 4. Aufl. 2006, § 17 Rdn. 1 ff; MüKo-StGB/*Bosch* § 113 Rn. 31 ff.
83 BGH 10.11.1967 – 4 StR 512/66, BGHSt 21, 334, 361 ff; BGH 9.6.2015 – 1 StR 606/14, BGHSt 60, 253, 258 ff; MüKo-StGB/*Erb* § 32 Rn. 72 ff; Sch/Sch/*Eser* § 113 Rdn. 23 ff.

Abs. 1) statt der Pflicht, nicht zu stören, eine allgemeine Pflicht vor, durch ihr Verhalten **zum geordneten Zusammenleben in Wahrnehmung ihrer Mitverantwortung beizutragen**. Wie *Goerdeler* zu Recht festhält, bedeutet dies nicht etwa, dass die Gefangenen über die Nichtstörungspflicht hinaus, die sie jedenfalls umfasst,[84] zu konkreten, positiven Beiträgen zur Verbesserung des Anstaltsklimas verpflichtet wären; es wäre aus der Norm dann schwerlich erkennbar, welche konkreten Pflichten sie begründet, so dass sie mit einem solchen Inhalt dem Bestimmtheitsgebot nicht entspräche.[85] So ist denn der Sinn der abweichenden Regelung vor allem darin zu sehen, dass sie – stärker als die bloße Nichtstörungspflicht – die eigene Verantwortung der Gefangenen für ein geordnetes Zusammenleben betont und damit stärker deren Subjektqualität in den Vordergrund rückt; die Neufassung hat also insofern bloß symbolischen Wert (siehe zu den weiteren Aspekten des Grundsatzes der Selbst- bzw. Mitverantwortung aber auch 11 A Rdn. 7 f).

3. Gehorsamspflicht. § 82 Abs. 2 Satz 1 StVollzG bestimmte die allgemeine **Gehorsamspflicht** des Gefangenen. Diese Pflicht wurde **in allen Landesgesetzen**, zumeist ohne relevante Änderung, übernommen (**BW** § 62 Abs. 2 Satz 1, **BY** Art. 88 Abs. 2 Satz 1, **BE** § 82 Abs. 2, **BB** § 85 Abs. 2, **HB** § 74 Abs. 2 Satz 1, **HH** § 68 Abs. 2 Nr. 3, **HE** § 45 Abs. 4 Satz 1, **MV** § 73 Abs. 2 Satz 1, **NI** § 75 Abs. 1, **NW** § 63 Abs. 3 Satz 1, **RP** § 83 Abs. 2, **SL** § 73 Abs. 2, **SN** § 74 Abs. 2 Satz 1, **ST** § 84 Abs. 2 Satz 1, **SH** § 101 Abs. 2 Satz 1, **TH** § 84 Abs. 2); auffällig ist allein die Regelung in **NI** § 75 Abs. 1: Dass hier ausgerechnet die Gehorsamspflicht an die Spitze der Verhaltenspflichten gestellt wird, hat einen latent autoritären Unterton. Zudem fehlt in **NI** der Relativsatz, der die Befolgungspflicht auch für den Fall subjektiver Beschwer ausdrücklich anordnet; indessen gilt dies selbstverständlich dennoch ebenso auch dort.

Die JVA von heute ist jedoch **kein Kasernenhof** von gestern. Wo Befehle oder Anordnungen vermieden werden können, hat das zu geschehen. Es ist aber eine Illusion anzunehmen, man komme ganz ohne Anordnungen aus. Eine solche Lebensgestaltung widerspräche auch den allgemeinen Lebensverhältnissen in Freiheit, in denen durchaus auch häufig Anordnungen getroffen werden müssen (z.B. in den Bereichen Arbeit, Schule, Straßenverkehr). Die Anordnungen der Bediensteten sollten möglichst klar und überzeugend sein, aber auch in angemessenem Ton (wenn möglich, in der Form einer Bitte) und nicht provozierend gegeben werden. Je mehr dies beherzigt wird, desto eher werden sie von den Gefangenen befolgt. Es wird sich häufig auch empfehlen, Anordnungen zu begründen und den Betroffenen einsichtig zu machen; vor allem dann, wenn der Anlass der Anordnung nicht auf der Hand liegt.

Die **Anordnung** muss **rechtmäßig** sein. Die Rechtmäßigkeit kann sich nur aus den besonderen Regelungen der StVollzG der Länder oder sonstigen Vorschriften ergeben. Die formale Gehorsamspflicht aus den § 82 StVollzG entsprechenden Landesnormen stellt keine selbständige Rechtsgrundlage für behördliche Anordnungen dar, sie setzt vielmehr eine rechtmäßige Anordnung voraus.[86] Hier seien nur wenige Beispiele genannt:

Rechtmäßig ist z.B. die Anordnung, sich in bestimmten Abständen wiegen zu lassen, da Gefangene gemäß § 56 Abs. 2 StVollzG und den entsprechenden Landesgesetzen dazu verpflichtet sind, bei dieser Maßnahme zur Feststellung des allgemeinen Gesundheits- und Ernährungszustandes mitzuwirken.[87] Die durch dieselben Vorschriften begründete Pflicht der Gefangenen, die notwendigen Maßnahmen zum Gesundheitsschutz

---

84 *Arloth/Krä* § 74 SächsStVollzG Rdn. 1.
85 AK-*Goerdeler* § 73 LandesR Rdn. 6.
86 OLG Frankfurt BlStV 4/1992, 5.
87 LG Regensburg ZfStrVo 1992, 70, 71.

zu unterstützen, schließt auch die Verpflichtung ein, bei Verdacht auf Medikamentenmissbrauch bei der Ärztin oder dem Arzt zum Zwecke der Belehrung über mögliche Gesundheitsgefahren zu erscheinen.[88] Zu Maßnahmen zur Feststellung von Suchmittelgebrauch siehe unter 11 D Rdn. 12 ff.

Gem. § 107 Abs. 1 sind Gefangene verpflichtet, einer Vorführung zum Anstaltsarzt bzw. der Anstaltsärztin zur Feststellung der Arrestfähigkeit Folge zu leisten. Voraussetzung hierfür ist jedoch, dass die Anstaltsleitung bereits eine entsprechende Disziplinarmaßnahme angeordnet hat. Die Vorführung durch Bedienstete „im Vorgriff" auf die erwartete Entscheidung ist nicht zulässig.[89] **Rechtswidrig** ist auch die Anordnung, ein Gefangener möge sich zu einem Pendelwagen begeben, damit er zur Anhörung im Rahmen einer Entscheidung über die Aussetzung der Vollstreckung eines Strafrestes zur Bewährung beim zuständigen Landgericht vorgeführt werde, wenn der Gefangene zuvor erklärt hat, er wolle den Termin nicht wahrnehmen. Aus § 454 Abs. 1 Satz 3 StPO ergibt sich nur ein Recht von Gefangenen, angehört zu werden, **nicht** aber die **Pflicht**, sich dieser **Anhörung zu unterziehen**.[90] Nicht rechtmäßig ist auch die Anordnung der Vorführung Gefangener zur Anhörung im Rahmen einer Disziplinarverhandlung gegen ihren Willen oder gar unter Anwendung unmittelbaren Zwanges gemäß § 94 Abs. 1. Eine Berechtigung hierzu ergibt sich auch nicht aus den § 106 Abs. 1 Sätze 2 und 3 StVollzG entsprechenden Landesvorschriften, denen zufolge zur weitmöglichsten Aufklärung des Sachverhaltes ausdrücklich auch die Gefangenen zu hören und ihre Einlassung zu vermerken ist.[91] Die genannte Vorschrift richtet sich bereits ihrem Wortlaut nach nur an die Vollzugsbehörde und soll inhaltlich die Gewährung rechtlichen Gehörs (Art. 103 Abs. 1 GG) sicherstellen, begründet also keine Pflicht für die Gefangenen, sondern lediglich ein Recht.[92] Rechtswidrig ist auch die Aufrechterhaltung der Anordnung, Gegenstände aus dem Haftraum herauszugeben, ohne dem Verlangen des Gefangenen auf Aushändigung einer **Quittung** nachzukommen, zumindest, wenn die ursprüngliche Aushändigung der Gegenstände gleichfalls nur gegen Empfangsbestätigung (hier gegenüber einem externen Berufsbildungswerk) erfolgt ist.[93] Die Vorstellung von Gefangenen beim Anstaltsarzt oder bei der Anstaltsärztin darf auch in einem medizinischen Notfall nicht davon abhängig gemacht werden, zunächst gegenüber Bediensteten aus dem allgemeinen Vollzugsdienst die Art und den Grad der gesundheitlichen Beschwerden näher zu definieren.[94]

Die **Befolgung rechtmäßiger Anordnungen** können Gefangene **nicht verweigern**, auch wenn sie sich von diesen **beschwert fühlen**, daher auch dann nicht, wenn sie eine andere Anordnung für sachdienlicher oder richtiger halten. Auch die Einlegung einer Fach- oder Dienstaufsichtsbeschwerde entbindet Gefangene nicht von ihrer Gehorsamspflicht.[95] Bei schuldhafter Nichtbefolgung rechtmäßiger Anordnungen können sie u.U. disziplinarisch zur Verantwortung gezogen werden; zu den Voraussetzungen 11 A Rdn. 8 und im Detail 11.M. **Rechtswidrige Anordnungen** brauchen Gefangene hingegen nicht

---

88 OLG Nürnberg 17.9.2001 – Ws 931/01, ZfStrVo 2002, 179: Horten von 267 Tabletten.
89 *Höflich/Schriever*, 179.
90 OLG Celle 18.11.1993 – 1 Ws 260/93 (StrVollz), NStZ 1994, 205; OLG Düsseldorf 28.7.1987 – 1 Ws 428/87, NStZ 1987, 524 f; vgl. auch *Meyer-Goßner* 2008 § 454 StPO Rdn. 30 m.w.N.
91 A.A. OLG Hamm 2.7.1991 – 1 Vollz (Ws) 48/91, NStZ 1991, 509, 510.
92 Wie hier *Schriever* NStZ 1993, 103 Anm. zu OLG Hamm aaO; vgl. auch OLG Frankfurt 2.12.1996 – 3 Ws 771/96 (StVollz), NStZ-RR 1997, 152 mit Hinweis auf den Grundsatz des „nemo tenetur"; a.A. *Arloth/Krä* § 82 Rdn. 4.
93 OLG Zweibrücken NStZ 1990, 512.
94 OLG Frankfurt 28.4.2011 – 3 Ws 24/11 (StVollz), NStZ-RR 2011, 292.
95 Ebenso *Laubenthal/Nestler/Neubacher/Verrel* 2015 M Rdn. 14; zur Dienstaufsichtsbeschwerde § 108 Rdn. 8.

zu befolgen.[96] Sie können für ihre Weigerung daher nicht nachträglich disziplinarrechtlich zur Rechenschaft gezogen werden.[97] Zur Frage, inwieweit Widerstandshandlungen gegen rechtswidrige Maßnahmen einen Verstoß gegen Abs. 1 Satz 2 darstellen können, vgl. aber auch Rdn. 4 a. E.

4. Platzgebundenheit. Gem. § 82 Abs. 2 Satz 2 StVollzG durften Gefangene einen ihnen zugewiesenen **Bereich ohne Erlaubnis nicht verlassen**. Die Landesgesetze von 11 Bundesländern (**BW** § 62 Abs. 2 Satz 2, **BY** Art. 88 Abs. 2 Satz 2, **HB** § 74 Abs. 2 Satz 2, **HH** § 68 Abs. 2 Nr. 4, **HE** § 45 Abs. 4 Satz 2, **MV** § 73 Abs.2 Satz 2, **NI** § 75 Abs. 2 Satz 2, **NW** § 63 Abs. 3 Satz 2, **SN** § 74 Abs. 2 Satz 2, **ST** § 84 Abs. 2 Satz 2, **SH** § 101 Abs. 2 Satz 2) haben diese Regelung übernommen, sie fehlt hingegen in **BE, BB, RP, SL** und **TH**. Diese Vorschrift dient dem Zweck, sich der tatsächlichen Anwesenheit der Gefangenen im Bereich der Anstalt ständig vergewissern zu können. Sie ist ein Unterfall der allgemeinen Gehorsamspflicht;[98] sie herrscht daher auch dort, wo sie im Gesetz nicht ausdrücklich niedergelegt wurde. Für die Platzgebundenheit gilt daher, dass die § 82 Abs. 2 Satz 2 StVollzG entsprechenden Landesvorschriften nicht etwa die Rechtsgrundlage für (beliebige) Platzzuweisungen begründen; vielmehr richtet sich dies nach anderen Rechtsvorschriften (z.B. solchen über die Unterbringung). Der Umfang des einzelnen Gefangenen jeweils zugewiesenen Bereiches richtet sich nach den besonderen Verhältnissen der Anstalt, u.a. den baulichen Gegebenheiten. Je größer der den Gefangenen eingeräumte Bewegungsspielraum etwa in einer Anstalt des geschlossenen Vollzuges ist (z.B. Zellenaufschluss, freie Bewegung in einem bestimmten Gebäude oder im gesamten Anstaltsbereich), desto wichtiger ist die Zählung der Insassen zu einer bestimmten Tageszeit (z.B. nach Beendigung der Arbeitszeit und vor Beginn der Freizeitveranstaltungen). Halten Gefangene sich entgegen ausdrücklicher Weisung im Wohnraum von Mitgefangenen auf, verstoßen sie gegen ihre Pflicht zur Platzgebundenheit.[99] Das **Entweichen** stellt hingegen keinen Verstoß gegen dieses Gebot dar: Sinn der Vorschrift ist allein die Gewährleistung der Sicherheit und Ordnung *in* der Anstalt.[100] Die Vorschrift hat besondere Bedeutung für Anstalten des offenen Vollzuges mit ohnehin gelockerten Haftbedingungen. Hier sollen und können Gefangene nicht ständig überwacht werden, so dass der Anstaltsleitung nur die Anordnung der Platzgebundenheit bleibt, um etwaigem Missbrauch vorzubeugen. Wieweit die Vollzugsbehörde von den ihr gegebenen Befugnissen, das Verhalten der Gefangenen auch in Einzelheiten zu bestimmen, Gebrauch machen muss, hängt weitgehend vom Sicherheitsgrad der Anstalt ab.[101]

5. Pflege des Haftraums. § 82 Abs. 3 StVollzG verpflichtete die Gefangenen, ihren jeweiligen **Haftraum** und die von der Anstalt überlassenen Sachen in Ordnung zu halten und schonend zu behandeln. Diese Regelung ist **in alle Landesgesetze** (**BW** § 62 Abs. 3, **BY** Art. 88 Abs. 3, **BE** § 82 Abs. 3, **BB** § 85 Abs. 3, **HB** § 74 Abs. 3, **HH** § 68 Abs. 2 Nr. 5, **HE** § 45 Abs. 5, **MV** § 73 Abs. 3, **NI** § 75 Abs. 3, **NW** § 63 Abs. 4, **RP** § 83 Abs. 3, **SL** § 73 Abs. 3, **SN** § 74 Abs. 3, **ST** § 84 Abs. 3, **SH** § 101 Abs. 3, **TH** § 84 Abs. 3) **übernommen** worden. Damit sind sie insoweit für die Aufrechterhaltung der Ordnung in der Anstalt mitverant-

---
96   OLG Frankfurt BlStV 4/1992, 5; OLG Celle BlStV 1/1996, 7, *Laubenthal/Nestler/Neubacher/Verrel* 2015 M Rdn. 14.
97   BT-Drucks. 7/918, 76.
98   AK-*Goerdeler* § 73 LandesR Rdn. 18.
99   OLG Frankfurt 19.12.1986 – 3 Ws 1106/86 (StVollz), ZfStrVo 1987, 251.
100 Im Ergebnis ebenso *Laubenthal/Nestler/Neubacher/Verrel* M Rdn. 15; AK-*Goerdeler* § 73 LandesR Rdn. 19; a.A. *Arloth/Krä* § 82 Rdn. 5 und § 102 Rdn. 18.
101 BT-Drucks. 7/918, 77.

wortlich. Hiermit ist keine penible Ordnung gemeint, so dass es nicht bereits ein Pflichtverstoß ist, wenn der Haftraum unaufgeräumt ist. Vielmehr geht es um den Schutz des Anstaltseigentums vor Beschädigungen und übermäßiger Abnutzung.[102]

9   **6. Meldepflicht.** Nach § 82 Abs. 4 StVollzG hatten Gefangene Umstände, die eine Gefahr für das Leben oder eine erhebliche Gefahr für die Gesundheit einer Person bedeuten, unverzüglich zu melden. Diese Pflicht wurde in alle Landesgesetze übernommen, in der Regel weitgehend wortgleich (**BW** § 62 Abs. 4, **BY** Art. 88 Abs. 4, **BE** § 82 Abs. 4, **BB** § 85 Abs. 4, **HB** § 74 Abs. 4, **HH** § 68 Abs. 2 Nr. 6, **HE** § 45 Abs. 6, **MV** § 73 Abs. 4, **NI** § 75 Abs. 4, **NW** § 63 Abs. 5, **RP** § 83 Abs. 4, **SL** § 73 Abs. 4, **SN** § 74 Abs. 4, **ST** § 84 Abs. 4, **SH** § 101 Abs. 4, **TH** § 84 Abs. 4). In HE § 45 Abs. 6 wurde die Meldepflicht hingegen ganz erheblich erweitert und erfasst nun alle Umstände, die eine erhebliche Gefahr für eine Person oder eine erhebliche Störung der Sicherheit oder Ordnung der Anstalt begründen oder darauf hindeuten. Die Befürchtung von Repressalien durch Mitgefangene hindert den Pflichtenverstoß nicht.[103] Die **Meldepflicht** geht auch in der „Normalfassung" (außerhalb Hessens) über die allgemeinen Melde- und Hilfspflichten aus §§ 138, 323c StGB hinaus. Die Regelung ist dennoch verfassungsrechtlich unbedenklich, da die besonderen Verhältnisse in der Vollzugsanstalt mit Rücksicht auf das enge Zusammenleben von Gefangenen eine besondere gegenseitige Verantwortung erfordern. Besonders in großen Anstalten mit zahlreichen abgeschlossenen Hafträumen und vielfältigen Arbeitsbetrieben sind Mitgefangene eher als Bedienstete in der Lage, gefährliche Umstände (wie z.B. Feuergefahr, Selbstmordversuch eines oder einer Gefangenen) zu erkennen. Im Übrigen werden Gefangenen im StVollzG auch sonst weitergehende Pflichten auferlegt als die, keine Straftaten zu begehen.[104] Ob bei Verstoß gegen die Meldepflicht eine Disziplinarmaßnahme angeordnet werden kann, hängt von der konkreten Ausgestaltung des Disziplinarrechts ab (vgl. 11 A Rdn. 8 und im Detail 11 M). Die Ablösung von der Beschäftigung in einer Vertrauensposition wegen Verschweigens von Wissen hinsichtlich gewaltloser Ausbruchspläne anderer kann jedenfalls nicht auf einen Verstoß gegen die Meldepflicht gestützt werden.[105] Die Norm ist kein Schutzgesetz i.S.d. § 823 Abs. 2 BGB, weil sie der Ordnung und Sicherheit der Anstalt dient und nicht dem Schutz anderer Personen, so dass Gefangene nicht per se für die aus einer Unterlassung der Meldung entstehenden Schäden zivilrechtlich haften.[106] Soweit der Vollzugsbehörde auf Grund der nicht rechtzeitigen Meldung Vermögensschäden mittelbar oder unmittelbar entstehen, gilt das gleiche. Die Erweiterung der Meldepflicht auf sämtliche erheblichen Personengefahren (also z.B. auch Freiheitsgefahren) und Sicherheits- bzw. Ordnungsstörungen in **HE** § 45 Abs. 6 führt zu einer zu weitreichenden und in ihrer Reichweite unklaren, daher insgesamt unbestimmten Verhaltensvorschrift.[107]

---

102 AK-*Goerdeler* § 73 LandesR Rdn. 13.
103 Zumindest missverständlich deshalb OLG Frankfurt 10.1.2001 – 3 Ws 1078/00 (StVollz) u.a. ZfStrVo 2001, 372.
104 Ähnlich AK-*Goerdeler* § 73 LandesR Rdn. 14.
105 So aber *Arloth/Krä* § 82 Rdn. 7.
106 Wie hier auch AK-*Goerdeler* § 73 LandesR Rdn. 14; a.A. *Grunau/Tiesler* § 82 Rdn. 3.
107 So auch AK-*Goerdeler* § 73 LandesR Rdn. 14.

C. Persönlicher Gewahrsam, Eigengeld

Baden-Württemberg	BW § 63 JVollzGB III;
Bayern	BY Art. 52, 90 BayStVollzG;
Berlin	BE §§ 50, 51, 53, 64 StVollzG Bln;
Brandenburg	BB §§ 55, 56, 58, 67 BbgJVollzG;
Bremen	HB §§ 46, 47, 49, 57 BremStVollzG;
Hamburg	HH §§ 48, 69 HmbStVollzG;
Hessen	HE §§ 20, 44 HStVollzG;
Mecklenburg-Vorpommern	MV §§ 46, 47, 49, 56 StVollzG M-V;
Niedersachsen	NI §§ 45, 48, 76 NJVollzG;
Nordrhein-Westfalen	NW §§ 15 Abs. 2–7, 38 StVollzG NRW;
Rheinland-Pfalz	RP §§ 54, 55, 57, 66 LJVollzG;
Saarland	SL §§ 46, 47, 49, 56 SLStVollzG;
Sachsen	SN §§ 46, 47, 49, 56 SächsStVollzG;
Sachsen-Anhalt	ST §§ 54, 55, 57, 70 JVollzGB LSA;
Schleswig-Holstein	SH §§ 63, 64, 66, 72 LStVollzG SH;
Thüringen	TH §§ 55, 56, 58, 67 ThürJVollzGB

Schrifttum

Siehe vor A.

Übersicht

I. Allgemeine Hinweise —— 1, 2
II. Erläuterungen —— 3–17
 1. Annahme und Abgabe von Gegenständen nur mit Zustimmung —— 3–7
 2. Abhängigkeit von Sicherheitsgrad der Anstalt —— 8
 3. Besondere Voraussetzungen beim Einbringen von Gegenständen —— 9–11
 4. Kein allgemeines Tauschverbot —— 12
 5. Aufbewahrung, Versendung, Entfernung, Einlagerung, Verwertung und Vernichtung von Gegenständen —— 13–15
 6. Aufzeichnungen über Sicherheitsvorkehrungen —— 16
 7. Behandlung des Eigengeldes —— 17

I. Allgemeine Hinweise

In strengem Sinn gehört nicht alles, was in § 83 StVollzG bestimmt war, zur „Sicherheit und Ordnung"; es wurde vielmehr über die **Sachen der Gefangenen** in der Anstalt eine **zusammenfassende Regelung** getroffen.[108] In Abs. 1 wurde die Bindung der Annahme und des Gewahrsams an die Zustimmung der Anstalt behandelt. Die Abs. 2 und 3 befassten sich mit den in der Anstalt befindlichen Sachen der Gefangenen, die sie nicht in ihrem persönlichen Gewahrsam haben dürfen. Abs. 4 gab der Vollzugsbehörde ein besonderes Vernichtungsrecht. § 83 StVollzG ergänzte die speziellen Gewahrsamsregelungen der §§ 19, 20, 22, 53, 68 und 70 StVollzG.[109] Eher unsystematisch enthielt die Vorschrift zudem in Abs. 2 Satz 2, Satz 3 Regelungen zum auch in § 52 StVollzG erwähnten **Eigengeld** (dazu auch unter 4 I Rdn. 100 ff). Eine umfassende, allgemeine Darstellung zum Eigentum in der Lebenswirklichkeit der Haft findet sich bei *Kölbel* StV 1999, 498 ff. Aus der besonderen Bedeutung, die die Regelung des persönlichen Gewahrsams der Ge-

---

[108] Primär auf Sicherheitsbelange als Regelungszweck abstellend aber AK-*Knauer* § 46 LandesR Rdn. 2; *Arloth/Krä* § 83 Rdn. 1.
[109] *Arloth/Krä* § 83 Rdn. 1.

fangenen – vor allem in geschlossenen Anstalten – für die Sicherheit und Ordnung des Vollzuges hat, folgt, dass Entscheidungen und Maßnahmen auf diesem Bereich **nicht an Private delegiert** werden können.[110]

2   Die Regelungen der **Landesgesetze** zu den in § 83 StVollzG normierten Aspekten verteilen sich in aller Regel auf **mehrere separate Rechtsvorschriften** in unterschiedlichen systematischen Zusammenhängen. Allein **BW** § 63 III entspricht weitgehend der alten Regelung. In allen anderen Bundesländern (mit einer partiellen Ausnahme in **TH** § 58 Abs. 2 Satz 3) wurden zumindest die Regelungen zum Eigengeld aus der Vorschrift ausgeklammert und – systematisch überzeugender – zusammen mit dem früheren Regelungsgehalt von § 52 StVollzG in einer einheitlichen Vorschrift zusammengefasst, die sich jeweils in dem Bereich der Gesetze findet, in denen auch die anderen Gelder (Hausgeld, Überbrückungsgeld, usw.) geregelt sind (vgl. dazu auch 4 I). Immerhin haben einige Bundesländer weiterhin das Regelungsmodell einer zusammenfassenden Gewahrsamsregelung gewählt. Diese findet sich – neben dem bereits erwähnten **BW** § 63 III – in **BY** Art. 90, **HH** § 69, **NI** § 76 auch weiterhin im Bereich „Sicherheit und Ordnung". **HE** § 20 und **NW** § 15 Abs. 2 – 7 enthalten zwar ebenfalls eine zusammenfassende Vorschrift zu Besitz bzw. Gewahrsam an Sachen, diese findet sich jedoch im Bereich „Unterbringung und Versorgung der Gefangenen" bzw. „Unterbringung" in unmittelbarer Nähe zur Vorschrift über die Ausstattung des Haftraums (**HE** § 19) bzw. unter Regelung auch dieser Ausstattungsfragen (vgl. **NW** § 15 Abs. 2 Satz 1, Satz 3). Ein ähnlicher systematischer Zusammenhang wurde in den Ländern des ME-StVollzG gewählt. Dort wurde zudem der Regelungsgehalt des § 83 StVollzG auf insgesamt vier Vorschriften aufgeteilt, eine zum Eigengeld und drei zum Umgang mit Sachen in der Anstalt. Von den drei auf den Gewahrsam an Sachen bezogenen Vorschriften betrifft eine das (im StVollzG nicht ausdrücklich geregelte) Einbringen von Gegenständen (**BE** § 50, **BB** § 55, **HB** § 46, **MV** § 46, **RP** § 54, **SL** § 46, **SN** § 46, **ST** § 54, **SH** § 63, **TH** § 55), eine weitere, an § 81 Abs. 1 StVollzG angelehnte Vorschrift (**BE** § 51, **BB** § 56, **HB** § 47, **MV** § 47, **RP** § 55, **SL** § 47, **SN** § 47, **ST** § 55, **SH** § 64, **TH** § 56) den eigentlichen Gewahrsam an Sachen (einschließlich Annahme und Abgabe) und schließlich eine dritte Regelung mit großer Ähnlichkeit zu § 83 Abs. 2 – 4 StVollzG die Aufbewahrung von Gegenständen (**BE** § 53, **BB** § 58, **HB** § 49, **MV** § 49, **RP** § 57, **SL** § 49, **SN** § 49, **ST** § 57, **SH** § 66, **TH** § 58).

Die **größten inhaltlichen Unterschiede** zwischen § 83 StVollzG und den neuen Landesgesetzen sind, zusammengefasst, die folgenden:
1. Alle Bundesländer außer **NW** (wo es auch den Begriff der Annahme nicht mehr gibt) verbieten nun ausdrücklich nicht nur die Annahme, sondern auch die Abgabe von Gegenständen (näher Rdn. 3 f.).
2. In 11 Bundesländern (ME-Länder – Nachweis der Normen s.o. – sowie **HE** § 20 Abs. 1) ist zudem das Einbringen von Gegenständen separat erfasst (dazu unter Rdn. 9 ff.).
3. 9 von 10 ME-Ländern (Ausnahme: **BB** § 55) sehen ein grundsätzliches Verbot des Einbringens von Nahrungs- und Genussmitteln (in **MV** § 46 Abs. 2 Satz 1 allerdings nur im geschlossenen Vollzug) vor, von dem die Anstaltsleitung allerdings abweichen darf (außer in **ST**, vgl. **ST** § 54 Abs. 2); näher dazu in Rdn. 11. In **BE** § 50 Abs. 2 Satz 1 ist dieses Verbot auf Körperpflege- und Arzneimittel ausgedehnt worden, auch in **SN** § 46 Abs. 2 Satz 1 sind Körperpflegemittel zusätzlich ausgeschlossen, in **ST** § 54 Abs. 2 hingegen bezieht sich das Einbringungsverbot neben Nahrungs- und Ge-

---

[110] S. dazu auch OLG Zweibrücken 11.12.1989 – 1 Vollz (Ws) 11/89, NStZ 1990, 512, zu der Konstellation, dass der Vertreter des Berufsbildungswerkes zugleich leitender Bediensteter der JVA ist.

nussmitteln auf Kameras, Computer und technische Geräte, „insbesondere solche [...] mit der Möglichkeit zur Speicherung und Übertragung von Daten".
4. In 9 von 10 ME-Ländern (außer **SH** § 66 Abs. 3) sowie in **HE** § 20 Abs. 3, **NI** § 76 Abs. 3, **NW** § 15 Abs. 6 Satz 2 ist die alte Regelung des § 83 Abs. 3 StVollzG dahingehend erweitert worden, dass die aus der Anstalt zu verbringenden Sachen verwahrt, verwertet oder vernichtet (anders nur **NW**: „vernichtet, verwertet oder aus der Anstalt entfernt") werden können (Rdn. 15).

Darüber hinaus finden sich weitere spezifische Abweichungen in einzelnen Ländern, auf die in der folgenden Kommentierung an entsprechender Stelle ebenfalls eingegangen wird.

II. Erläuterungen

1. Gewahrsam, Annahme und Abgabe von Gegenständen nur mit Zustimmung. 3
In den § 83 Abs. 1 entsprechenden Landesregelungen (**BW** § 63 Abs.1, **BY** Art. 90 Abs. 1, **BE** § 51 Abs.1, **BB** § 56 Abs. 1, **HB** § 47 Abs. 1, **HH** § 69 Abs. 1, **HE** § 20 Abs.1, **MV** § 47 Abs. 1, **NI** § 76 Abs. 1, **NW** § 15 Abs. 2–7, **RP** § 55 Abs. 1, **SL** § 47 Abs. 1, **SN** § 47 Abs. 1, **ST** § 55 Abs. 1, **SH** § 64 Abs. 1, **TH** § 56 Abs. 1) ist geregelt, dass Gefangene grundsätzlich **nur mit Zustimmung bzw. Erlaubnis der Anstalt** Sachen bzw., bedeutungsgleich, Gegenstände in Gewahrsam haben, annehmen und abgeben dürfen.[111] Nur **HE** § 20 spricht von Besitz statt von Gewahrsam. Das ist eine unglücklich gewählte Terminologie, wenn man bedenkt, dass der Besitzbegriff des Zivilrechts viel weiter als der Gewahrsamsbegriff des Strafrechts ist.[112] **Gewahrsam** ist in § 242 StGB die von einem natürlichen Herrschaftswillen getragene tatsächliche Herrschaft über eine Sache, deren Reichweite sich nach der Verkehrsanschauung bestimmt;[113] es liegt nahe, den Begriff im Kontext der strafvollzugsrechtlichen Regelungen ebenso zu verstehen, dabei aber freilich auf solche Gegenstände zu begrenzen, die sich in der Anstalt befinden oder in diese gelangen (sollen).[114] Doch auch der **Besitzbegriff des HE § 20** kann nach Sinn und Zweck der Vorschrift keine andere Bedeutung haben, muss also im Sinne des Gewahrsamsbegriffs der anderen Gesetze interpretiert werden. Besitz i.S.d. Norm ist daher nur der unmittelbare Besitz (§ 854 BGB); zudem hat auch ein Besitzdiener i.S.v. § 855 BGB u.U. „Besitz" i.S.d. **HE** § 20.[115] Die Gewahrsamsvorschriften betreffen sowohl anstaltseigene Sachen (z.B. Anstaltskleidung, Haftrauminventar) als auch andere den Gefangenen zu Gewahrsam überlassene Sachen unabhängig von den Eigentumsverhältnissen. Erfasst sind daher in die Anstalt eingebrachte Gegenstände ebenso wie solche, die während des Aufenthalts erworben werden (z.B. über den Einkauf, als Geschenk von Mitgefangenen, als Paket von außerhalb oder als Brief).

---

111 Vgl. auch OLG Hamm 2.6.2015 – III 1 Vollz (Ws) 180/15, FS 2016, 77 (zu **NW** § 15 Abs. 2 Satz 2).
112 Die Gesetzesbegründung zeigt indessen keinerlei Problembewusstsein und schweigt sich zu dieser Änderung aus, vgl. **HE** LT-Drucks. 18/1396, 90; problematisch auch die bisherigen Kommentierungen der Normen zum persönlichen Gewahrsam, z.B. bei Arloth/Krä § 83 Rdn. 1 ff, AK-*Knauer* § 47 LandesR Rdn. 1 ff, *Laubenthal/Nestler/Neubacher/Verrel* 2015 M Rdn. 18 ff oder auch in der hiesigen Vorauft., die die Begriffe Besitz und Gewahrsam munter durcheinanderwürfeln.
113 BGH 6.10.1961 – 2 StR 289/61, BGHSt 16, 271, 273; Sch/Sch/*Eser/Bosch* § 242 Rdn. 23.
114 Zur zweiten Konstellation siehe OLG Zweibrücken 26.8.1990 – 1 Vollz (Ws) 7/90, NStZ 1991, 208; OLG Frankfurt 25.6.2014 – 3 Ws 458/14 (StVollz), BeckRS 2016, 08517 (jeweils: beabsichtigte Zusendung eines Rundfunk- bzw. Fernsehgeräts durch Mittelsperson auf Veranlassung eines anderen Gefangenen).
115 Vgl. entsprechend für den Gewahrsam bei § 242 StGB *Rengier* Strafrecht BT I, 19. Aufl. 2017, § 2 Rdn. 24.

Insbesondere treffen die § 83 StVollzG entsprechenden Landesvorschriften einheitliche, umfassend geltende Regeln dazu, wie Gefangene Gewahrsam an Sachen erwerben und übertragen dürfen (**„Wie" der Gewahrsamsüberlassung und -übertragung**);[116] dazu näher die folgende Kommentierung. Die Vorschrift gilt daher insofern z.B. auch für den Gewahrsam an Medikamenten.[117] Die Kriterien für die Zustimmung der Vollzugsbehörde zur Überlassung von Sachen an die Gefangenen (das **„Ob" der Gewahrsamsüberlassung**) richten sich hingegen zunächst nach den Vorschriften, deren **Regelkreis** von dem Gewahrsam an der jeweiligen Sache berührt wird,[118] z.B. also den Landesvorschriften, die folgenden Vorschriften des StVollzG entsprechen: § 19 (Ausstattung des Haftraumes), § 22 (zusätzliche Nahrungs- und Genussmittel), § 53 Abs. 3 (zum religiösen Gebrauch), §§ 68, 70 (zur Information oder Freizeitbeschäftigung). Unter Berücksichtigung des Grundsatzes der Verhältnismäßigkeit, speziell der Subsidiarität von Sicherheits- gegenüber Behandlungsmaßnahmen, und des Angleichungsgrundsatzes sind Erlaubnisse zur Überlassung eigener Habe großzügig zu erteilen, jedenfalls dann, wenn einer Unübersichtlichkeit der Zelle auf andere Weise entgegengewirkt werden kann.[119] Insbesondere im Falle der Annahme eines Gegenstandes von anderen Mitgefangenen ohne (vorherige) Zustimmung der Anstalt stellen aber z.B. die Kriterien des § 19 StVollzG und der diesem entsprechenden Landesregelungen nicht den alleinigen Maßstab für die Erteilung der (nachträglichen) Genehmigung dar. Vielmehr können dafür auch andere Kriterien – wie Unterbindung von Schwarzgeschäften und Abhängigkeiten zwischen den Gefangenen – maßgebend sein.[120] Insofern ist zutreffend, dass § 83 Abs. 1 StVollzG subsidiär auch das „Ob" der Gewahrsamsüberlassung regelte.[121] Anderes kann auch für die meist weitgehend gleichlautenden neuen Landesvorschriften nicht gelten.[122] Für **NW 15 Abs. 2** gilt jedoch insofern etwas anderes, als hier sogar ganz unmittelbar ein wichtiger materieller Grund für die Gewahrsamserlaubnis gleich in der Norm mit geregelt ist, nämlich die Ausstattung des Haftraums (entsprechend § 19 StVollzG); weiterhin verweist **NW** § 52 Abs. 1 Satz 2 bezüglich der Gewährung des Gewahrsams an Gegenständen zur Aus- und Fortbildung oder Freizeitgestaltung ausdrücklich ebenfalls auf § 15 Abs. 2 und Abs. 3. Die Norm weicht auch insofern ab, als sie in **NW** § 15 Abs. 2 Satz 3 auch die Versagungsgründe für die Gewahrsamsüberlassung umfassend regelt; genannt sind die Behinderung der Übersichtlichkeit des Haftraums, die Erforderlichkeit unverhältnismäßig aufwändiger Überprüfung sowie die Gefährdung der Sicherheit oder Ordnung der Anstalt oder der Erreichung des Vollzugsziels. Insofern kann auf die Kommentierung der Vorschriften, die in den anderen Gesetzen das Wie der Gewahrsamsüberlassung regeln, insbesondere auf die Kommentierung der Regelung der Haftraumausstattung, verwiesen werden (unter 2 F). Dasselbe Regelungskonzept verfolgen **HE § 20 Abs. 1 Satz 1, 2** für die Fälle des Einbringens, Einbringenlassens, Annehmen, Besitzens und Abgebens von Gegenständen (näher zur Norm unten, Rdn. 10) und **ST § 55 Abs. 1** für Besitz, Annahme und Abgabe. In **HE § 20 Abs. 1 Sätze 4 und 5** wird zudem klargestellt, dass eine Erlaub-

---

116   *Arloth/Krä* § 83 Rdn. 1.
117   OLG Hamm 30.12.1980 – 1 Vollz (Ws) 126/80, NStZ 1981, 158; OLG Nürnberg 17.9.2001 – Ws 931/01, ZfStrVo 2002, 179.
118   OLG Karlsruhe 3.4.2001 – 3 Ws 33/01, NStZ-RR 2001, 349; zum NJVollzG ebenso: OLG Celle 16.10.2014 – 1 Ws 419/14 (StrVollz), NStZ 2015, 114.
119   OLG Frankfurt ZfStrVo 1979, 187.
120   OLG Hamm 26.2.2002 – 1 Vollz (Ws) 323/01, NStZ 2002, 613.
121   *Arloth/Krä* § 83 Rdn. 1.
122   So zu **HE** 20 Abs. 1 auch OLG Frankfurt 25.6.2014 – 3 Ws 458/14 (StVollz), BeckRS 2016, 08517 sowie zu **NI** § 76 Abs. 1 OLG Celle 16.10.2014 – 1 Ws 419/14 (StrVollz), NStZ 2015, 114; a.A. AK-*Knauer* § 47 LandesR Rdn. 2 unter Berufung auf die Begründung des ME-StVollzG, 116.

nis auf **bestimmte Bereiche der Anstalt beschränkt** werden sowie – insbesondere bei Elektrogeräten – von **auf Kosten der Gefangenen vorzunehmenden Sicherheitsmaßnahmen** abhängig gemacht werden kann. Diese Beschränkungen sind selbstverständlich an den Verhältnismäßigkeitsgrundsatz (11 A Rdn. 9 ff.) gebunden, dürfen also nur vorgenommen werden, wenn andernfalls eine Erlaubnis nicht in Betracht käme. Daher handelt es sich zudem um eine bloße Klarstellung, denn die Erteilung einer derartig beschränkten bzw. bedingten Erlaubnis ist gegenüber einem sonst nötigen Verbot das mildere Mittel; auch in den anderen Bundesländern sind danach derartige Beschränkungen zulässig.

Zustimmungspflichtig war bereits nach § 83 StVollzG die **Annahme** von Gegenständen (d.h. die Begründung von Gewahrsam) sowie das **In-Gewahrsam-Haben** (d.h. die Aufrechterhaltung des Gewahrsams). Nach den neuen Landesgesetzen – mittlerweile auch nach **HE** § 20 Abs. 1 Satz 1 – ist nun weit überwiegend auch die **Abgabe** von Sachen ausdrücklich erfasst (d.h. die Übertragung von Gewahrsam). Anders als *Knauer* meint,[123] gilt dies auch für **SN** § 47, weil jedenfalls aus Abs. 2 das Abgabeverbot – jenseits des kleinen Tauschhandels – folgt; zudem wäre **SN** § 90 Abs. 1 Nr. 4 sonst kaum erklärbar.[124] **Keine** ausdrückliche **Regelung** zur **Abgabe** von Sachen findet sich jedoch **in NW** § 15 **Abs. 2 Satz 2**, der lapidar lautet: „Sie dürfen nur in Gewahrsam haben, was ihnen von der Anstalt oder mit deren Erlaubnis überlassen worden ist." Es fragt sich, welche Konsequenzen das hat. Da das Gesetz auch auf eine separate Erwähnung der Annahme verzichtet, könnte man sich auf den Standpunkt stellen, es handele sich um eine weiterreichende, allumfassende Regelung des Erlaubnisvorbehalts, so dass in **NW** ebenfalls sowohl Annahme als auch Abgabe erlaubnispflichtig wären.[125] Für § 83 StVollzG hingegen wurde bisher überwiegend vertreten, dass eine erweiternde Auslegung des Abs. 1 mit dem Ziel, auch die **Abgabe** von Gegenständen an die Zustimmung der Vollzugsbehörde zu binden, unzulässig sei.[126] Auch eine Untersagung der Abgabe von Gegenständen an Mitgefangene im Wege der Hausordnung wurde zu Recht als nicht möglich angesehen, weil § 4 Abs. 2 Satz 2 StVollzG als Ermächtigungsgrundlage dafür nicht in Betracht kam.[127] Dann kann aber für **NW** § 15 Abs. 2 Satz 2 im Ergebnis nichts anderes gelten: Das Gesetz stellt für die Erlaubnispflicht auf das **Ergebnis** einer Gewahrsamsübertragung, nämlich das In-Gewahrsam-Haben, ab. Da die Annahme die Begründung von Gewahrsam meint, unterfällt diese damit zwanglos ebenfalls der Erlaubnispflicht. Anderes gilt hingegen für die Abgabe: Die Aufgabe bzw. Übertragung von Gewahrsam, die in der Abgabe liegt, ist in der Norm gerade keiner – auch nur impliziten – Regelung zugeführt worden, da diese bei der abgebenden Person eben gerade nicht zu einem (erlaubnispflichtigen) In-Gewahrsam-Haben führt. Dass die Abgabe in **NW** nicht verboten ist, ist auch sinnvoll, weil dadurch beim Tauschhandel tendenziell nur die i.d.R. stärkeren, annehmenden Gefangenen eine Pflichtverletzung begehen, die sich Gegenstände von anderen, i.d.R. schwächeren, Gefangenen abgeben lassen.[128]

Nach **ST** § 55 Abs. 3 ist der „**Besitz, die Annahme und Abgabe von Kameras, Computern sowie von technischen Geräten**, insbesondere solchen mit der Möglich-

---

123 AK-*Knauer* § 47 LandesR Rdn. 3 f.
124 Siehe zudem die Gesetzesbegründung: **SN** LT-Drucks. 5/10920, 120.
125 So *Arloth/Krä* § 15 NRW StVollzG Rdn. 2.
126 OLG Hamm 6.6.1980 – 1 Vollz (Ws) 11/80: Abgabe eines gebrauchten Radiogerätes; OLG Koblenz 25.8.1988 – 2 Vollz (Ws) 43/88, NStZ 1988, 528: Abgabe eines Glases Pulverkaffee; anders noch OLG Nürnberg 3.12.1984 – Ws 963/84, BlStV 2/1986, 3; OLG Frankfurt 12.2.1982 – 3 Ws 3/82 (StVollzG), NStZ 1982, 351.
127 *Arloth/Krä* § 83 Rdn. 4; AK-*Knauer* § 47 LandesR Rdn. 4; BVerfG 10.11.1995 – 2 BvR 1236/95, StV 1996, 499; anders noch OLG Nürnberg Beschl. v. 28.12.1994 – Ws 1088/94, BeckRS 1994, 31343931 = BlStV 1/1996, 3.
128 So auch *Arloth/Krä* § 83 Rdn. 4; AK-*Knauer* § 47 LandesR Rdn. 3.

keit zur Speicherung und Übertragung von Daten [...] nicht gestattet." Auch wenn die Sicherheitsbedenken, die die Norm motiviert haben dürften, im Ausgangspunkt nachvollziehbar sind, ist ein solcher Pauschalausschluss doch mit Blick auf den Eingliederungs- und den Angleichungsgrundsatz hoch problematisch (siehe näher 11 A Rdn. 11). Immerhin wird die Verbotsregelung durch **ST** § 59 Abs. 2 aufgeweicht, aus dem sich ergibt, dass Hörfunk- und Fernsehgeräte sowie andere Geräte der Informations- und Unterhaltungselektronik durchaus in der Anstalt zulässig sind bzw. zugelassen werden können, obwohl es sich doch jedenfalls um technische Geräte handelt. Der Konflikt mit **ST** § 55 Abs. 3 ist nur so auflösbar, dass **ST § 59 Abs. 2 Vorrang** hat. Eine detaillierte **Sonderregelung zu elektronischen Datenspeichern** und den Voraussetzungen, unter denen diese ausgelesen werden können, enthält der neugefasste **NW § 15** in **Abs. 3 bis Abs. 5**, zudem auch **SN § 81**.

6   Die Anstalt kann durch Verweigerung der Zustimmung eine **Eigentumsübertragung nicht verhindern,** so z.B. bei Übereignung einer Sache, die sich bei der verwahrten Habe befindet, durch Abtretung des Herausgabeanspruchs gem. § 931 BGB oder durch Besitzkonstitut nach § 930 BGB im Unterschied zur Eigentumsübertragung durch Besitzübergabe nach § 929 BGB.[129] Aus den Gewahrsamsvorschriften folgt insbesondere auch kein gesetzliches Verbot i.S.d. § 134 BGB bezüglich des Verpflichtungs- oder Verfügungsgeschäfts, es gibt „kein allgemeines Handels- oder Geschäftsverbot unter Gefangenen im Rahmen des Strafvollzugs."[130] Die Erlaubnis gem. Abs. 1 Satz 1 bezieht sich zudem nur auf den Austausch von Sachen, die die Gefangenen in ihrem **persönlichen Gewahrsam** haben. Die Gefangenen können daher z.B. auch zivilrechtlich wirksam in der Kleiderkammer der Anstalt befindliche Sachen tauschen. Die Vollzugsanstalt ist aber nicht verpflichtet, Kleidungstücke, die sich bei der Habe eines bzw. einer Gefangenen befinden und die einem oder einer Mitgefangenen geschenkt wurden, zu der Habe des bzw. der Mitgefangenen zu nehmen.[131]

7   Wird die Zustimmung zum Sachgewahrsam **widerrufen, zurückgenommen** oder ist diese z.B. von vornherein zeitlich **befristet,** so haben Gefangene jedenfalls dann einen Anspruch auf eine schriftliche Bestätigung darüber, welche ihnen überlassenen Gegenstände in welchem Zustand aus ihrem Haftraum wieder entnommen worden sind (**Quittung**), um sich so vor späteren Schadensersatzansprüchen schützen zu können, wenn sie ihrerseits den ordnungsgemäßen Empfang dieser Sachen hatten schriftlich bestätigen müssen.[132] Eine allgemeine Verpflichtung der Justizbehörde zur Ausstellung einer Quittung über im Zuge einer Durchsuchung (siehe unten, 11 D) aus dem Haftraum herausgenommene Gegenstände besteht indes nicht.[133] Während eine bloß interne Verlegung Gefangener innerhalb der Anstalt nichts an der Notwendigkeit ändert, den Bestands- und **Vertrauensschutz** zu beachten,[134] gilt anderes für den Fall der Verlegung in eine andere Anstalt: Zwar können sich auch hier Gefangene u.U. auf den Bestandsschutz einer genehmigten Gewahrsamsüberlassung berufen,[135] anderes gilt aber, wenn sie diese Verlegung selbst (z.B. aufgrund Entweichens) zu vertreten haben.[136] **HE § 20 Abs. 1 Satz 1** stellt darüber hinaus grundsätzlich klar, dass erteilte Erlaubnisse nur für die „je-

---

129 OLG Frankfurt 12.2.1982 – 3 Ws 3/82 (StVollzG), NStZ 1982, 351; OLG Zweibrücken 26.8.1990 – 1 Vollz (Ws) 7/90, NStZ 1991, 208.
130 Zutreffend OLG Bamberg 29.9.2015 – 7 Ss 96/15, NStZ 2016, 243 (zu **BY** Art. 90 Abs. 1).
131 LG Lüneburg ZfStrVo **SH** 1979, 82.
132 OLG Zweibrücken 11.12.1989 – 1 Vollz (Ws) 11/89, NStZ 1990, 512.
133 OLG Hamm 15.12.2009 – 1 Vollz (Ws) 757/09 u.a., FS 2011, 53.
134 OLG Hamm 2.1.2018 – III-1 Vollz (Ws) 532 – 533/17, juris.
135 Z.B. OLG Hamm 22.5.2018 – 1 Vollz (Ws) 137/18, juris.
136 OLG Karlsruhe 7.10.2015 – 2 Ws 328/15, BeckRS 2015, 17267 = NStZ-RR 2015, 392 (dort nur Ls.).

weilige" Anstalt Geltung beanspruchen.[137] Satz 2 der Norm schafft zudem eine – gegenüber **HE** § 5 Abs. 3 Satz 2 speziellere – Grundlage für Widerruf und Rücknahme einmal erteilter Erlaubnisse, die sie jeweils zulässt, wenn auch die Erlaubnis hätte versagt werden müssen (zu den Versagungsgründen vgl. unten, Rdn. 10). Entsprechendes gilt bei **ST** § 55 Abs. 1 Satz 2 für den Widerruf im Verhältnis zu **ST** § 102 Abs. 3; Vertrauensschutzgesichtspunkte (**ST** § 102 Abs. 4) sind aber zu berücksichtigen. Widerruf und Rücknahme richten sich sonst nach den allgemeinen Vorschriften dafür, die alle Landesgesetze bis auf **BW** geschaffen haben. Nur für **BW** bleibt es daher bei einer analogen Anwendung der Vorschrift über Rücknahme und Widerruf vollzugsöffnender Maßnahmen (**BW** § 11 Abs. 2 III); siehe auch die Kommentierung in 10.F. **HE § 20 Abs. 1 Satz 3** stellt weiterhin klar, dass die **Erlaubnis erlischt**, „wenn Gefangene an Gegenständen Veränderungen vornehmen, die geeignet sind, die Sicherheit oder die Ordnung der Anstalt zu gefährden". Nach den anderen Landesgesetzen dürfte in diesen Fällen jedenfalls ein Widerruf der Erlaubnis bzw. Zustimmung angezeigt sein.

2. Abhängigkeit vom Sicherheitsgrad der Anstalt. Je nach dem **Sicherheitsgrad** **8** **der Anstalt** und je nachdem, ob es sich um eine Anstalt des geschlossenen, halboffenen oder offenen Vollzuges handelt, muss die Zustimmung für jeden Gegenstand einzeln beantragt werden oder es wird für bestimmte Arten von Gegenständen global durch Allgemeinverfügung die Zustimmung erteilt[138] (**HE** § 20 Abs. 1 Satz 6 stellt das ausdrücklich klar; **NI** § 76 Abs. 1 Satz 2 beschränkt diese Möglichkeit hingegen auf geringwertige Sachen; siehe näher Rdn. 12). Generell zugelassen ist darüber hinaus meist der „kleine Tauschhandel" (auch dazu Rdn. 12). Diese Differenzierung nach den Aufgaben der Anstalt wird in den neuen Landesgesetzen teils ausdrücklich vorausgesetzt (**BE** § 81 Abs. 1 Satz 1; **NW** § 6 Abs. 3 Satz 1, 2; **SH** § 5 Abs. 2 Satz 2), ist aber natürlich auch unabhängig davon vorzunehmen. Die Vorschrift entspricht vor allem den Bedürfnissen einer Anstalt hohen Sicherheitsgrades, in der jeder Missbrauch der persönlichen Habe im Haftraum ausgeschlossen werden muss, um das **Sicherheitsrisiko zu vermindern**. Die Vollzugsbehörde **muss** in solchen Anstalten die volle Kenntnis des persönlichen Besitzes aller Gefangenen haben.[139] Den Gefangenen kann auch aufgegeben werden, vor einem (Langzeit-)Ausgang ihre Zellen von allen beweglichen Gegenständen zu räumen und diese **auf die Kammer zu verbringen**, sofern dies für sie zumutbar ist.[140]

3. Besondere Voraussetzungen beim Einbringen von Gegenständen. Wie das **9** StVollzG treffen fünf Landesgesetze (**BW, BY, HH, NI, NW**) keine speziellen Regelungen zum **Einbringen von Gegenständen**. Für diese gilt weiterhin, dass die Bewilligung des Einbringens im **Ermessen der Anstaltsleitung** liegt,[141] wobei für die Ausübung des Ermessens die Grundgedanken der entsprechenden Bewilligungsvorschriften (z.B. die § 19 StVollzG oder § 70 StVollzG entsprechenden Landesregelungen) heranzuziehen sind.[142] So muss jedenfalls die Sicherheit und Ordnung der Anstalt bei der Ermessensausübung Berücksichtigung finden. Die Anstaltsleitung braucht ihre Zustimmung deshalb nur dann zu erteilen, wenn sie die Gegenstände, die (z.B. beim Besuch) **eingebracht** werden,

---

137 So der Gesetzeswortlaut und ausdrücklich auch **HE** LT-Drucks. 18/1396, 90 sowie darauf Bezug nehmend OLG Frankfurt a. M. 19.4.2013 – 3 Ws 87/13 (StVollz), NStZ-RR 2013, 325, 326.
138 *Laubenthal/Nestler/Neubacher/Verrel* 2015 M Rdn. 19; *Arloth/Krä* § 83 Rdn. 2; OLG München ZfStrVo 1989, 377 m. Anm. *Böhm*.
139 RegE, BT-Drucks. 7/918, 77.
140 OLG Frankfurt ZfStrVo **SH** 1979, 82.
141 *Arloth/Krä* § 83 Rdn, 2; OLG Hamm 12.10.1993 – 1 Vollz (Ws) 214/93, JR 1995, 39.
142 OLG Hamburg 13.11.1987 – 3 Vollz (Ws) 21/87, NStZ 1988, 96.

auch untersuchen kann, und zwar ohne große Mühe und Kontrollaufwand. Dass dies schon bei fünf geschlossenen Erbsenschoten nicht mehr möglich sein soll,[143] ist aber mehr als zweifelhaft.[144] Darüber hinaus wird man dort, wo es die entsprechende, die Zulässigkeit der Gewahrsamsbegründung regelnde Norm erlaubt (z.B. Regelungen entsprechend § 70 Abs. 2 Nr. 2 StVollzG), schon für das Einbringen (im Beispiel also: beim Einbringen von Gegenständen für die Freizeitgestaltung) auch das Resozialisierungsziel berücksichtigen dürfen. Die Vollzugsbehörde kann die Zustimmung zur Aushändigung von im Handel bestellten Gegenständen vom Nachweis der Bezahlung abhängig machen, um den rechtmäßigen Erwerb zu kontrollieren.[145]

10   Elf Bundesländer (**BE** § 50, **BB** § 55, **HB** § 46, **HE** § 20 Abs. 1 Satz 1, **MV** § 46, **RP** § 54, **SL** § 46, **SN** § 46, **ST** § 54, **SH** § 63, **TH** § 55) haben nun für das **Einbringen von Gegenständen durch oder für die Gefangenen** eine **eindeutige Regelung** getroffen, die in zehn der Länder (Ausnahme: HE § 20 Abs. 1 Satz 1) auf dem ME basiert. Diese Regelung bindet die **Verweigerung der Zustimmung** an eine Eignung der Gegenstände, die Sicherheit oder Ordnung der Anstalt oder die Erreichung des Vollzugsziels zu gefährden. Eine Verweigerung der Zustimmung ist darüber hinaus zulässig, wenn die Aufbewahrung der einzubringenden Gegenstände nach Art oder Umfang offensichtlich nicht möglich ist. Dabei räumt die Norm zwar Ermessen ein, aber in die Richtung des Nicht-Gebrauchmachens von der Verweigerungsmöglichkeit trotz Gefährlichkeit usw., nicht in die Richtung der Nicht-Zulassung trotz Ungefährlichkeit usw. Dies bedeutet, dass die entsprechenden Normen einen **Anspruch auf Zustimmung** begründen, wenn keiner der möglichen Verweigerungsgründe eingreift. **HE § 20 Abs. 1 Satz 1, 2** regelt – unter Verweisung auf HE § 19 Abs. 1 Satz 2 und Abs. 2 – die für das Einbringen und Einbringenlassen (dieses Begriffspaar ist bedeutungsgleich zum „Einbringen von Gegenständen durch oder für die Gefangenen") geltenden Beschränkungen ähnlich, nämlich unter Bezugnahme auf eine Eignung der Gegenstände, das Vollzugsziel oder die Sicherheit und Ordnung der Anstalt zu gefährden. Neben diesen beiden Aspekten berücksichtigt die Norm aber – statt des Verweises auf eine offensichtliche Unmöglichkeit der Aufbewahrung – auch die Behinderung der Übersichtlichkeit des Haftraums und die unzumutbare Erschwerung von Absuchung und Durchsuchung. Zudem dürfen – eigentlich eine Selbstverständlichkeit auch vor dem Hintergrund der Sicherheit der Anstalt – Gegenstände, deren Besitz, Überlassung oder Benutzung mit Strafe oder Geldbuße bedroht ist, nicht eingebracht werden. Die Normen nehmen damit ausdrücklich Bezug nicht nur auf Sicherheit und Ordnung, sondern auch auf andere Versagungsgründe für das Einbringen, die den Versagungsgründen der Vorschriften nachgebildet sind, die das „Ob" der Gewahrsamsüberlassung spezifisch regeln. In HE § 20 Abs. 1 wird das besonders deutlich, verweist die Norm doch ausdrücklich auf die Versagungsgründe der Vorschrift über die Haftraumausstattung. Insofern richtet sich die Zulässigkeit des Einbringens von Gegenständen im Wesentlichen **nach denselben Voraussetzungen**, die auch für die **speziellen Gewahrsamsvorschriften** (zu Gegenständen zur Haftraumausstattung, zur Freizeitgestaltung, etc.) gelten; siehe daher die dortige Kommentierung. Eine **Besonderheit** der Gesetze, die auf dem ME-StVollzG beruhen, ist aber der Verweis auch auf eine **offensichtliche Unmöglichkeit der Aufbewahrung**. Damit wird auf die Grenzen der Aufbewahrungspflicht des Vollzuges (dazu unten, Rdn. 15) vorgegriffen. Dies ist im Ausgangspunkt sinnvoll: Gegenstände, die sich in einer JVA nicht aufbewahren lassen, dürfen

---

143   So OLG Hamm 12.10.1993 – 1 Vollz (Ws) 214/93, JR 1995, 39 m. abl. Anm. *Eisenberg*; *Arloth/Krä* § 83 Rdn. 2 und hiesige Vorauf1.
144   Wie hier AK-*Knauer* § 46 Rdn. 6.
145   OLG Hamm BlStV 4/5/1993, 6 = NStZ 1993, 424 *B*.

auch nicht eingebracht werden. Problematisch ist allerdings, dass die Grenzen der Aufbewahrungspflicht – von sperrigen, gefährlichen oder leicht verderblichen Gegenständen abgesehen – zumeist erst in der Gesamtschau aller Gegenstände, die einem oder einer einzelnen Gefangenen überlassen wurden, beurteilt werden können. Bei einem einzelnen weiteren Gegenstand wird insofern eher **selten offensichtlich** sein, dass seine zusätzliche Aufbewahrung nicht möglich ist.[146]

In neun von zehn ME-Ländern (Ausnahme: **BB**) ist zudem das **Einbringen bestimmter Gegenstände ganz generell untersagt**. Dies betrifft **zumindest Nahrungs- und Genussmittel**, sodass auf diese Weise dann tatsächlich auch die oben erwähnten Erbsenschoten (Rdn. 5) eindeutig nicht mehr mitgebracht werden dürfen. Nach **MV** § 46 Abs. 2 Satz 1 gilt dieses Verbot allerdings nur im geschlossenen Vollzug. In **BE** § 50 Abs. 2 Satz 1 werden zusätzlich auch Körperpflege- und Arzneimittel ausgeschlossen, in **SN** § 46 Abs. 2 Satz 1 Körperpflegemittel. Zu diesen zählen dabei auch Rasierklingen.[147] Nach **ST** § 54 Abs. 2 hingegen bezieht sich das Einbringungsverbot neben Nahrungs- und Genussmitteln auf Kameras, Computer und technische Geräte, „insbesondere solche [...] mit der Möglichkeit zur Speicherung und Übertragung von Daten". Da das Einbringungsverbot unbedingt gilt und insbesondere in **ST** auch – anders als in allen anderen Gesetzen – der Anstaltsleitung keine Möglichkeit eingeräumt wird, von dem Verbot abzuweichen, ist der Einschub, der auf die Möglichkeit der Datenspeicherung und -übertragung verweist, für das Verbot eigentlich überflüssig. Für die Bewertung der Schwere des Verschuldens bei der disziplinarischen Ahndung eines Verstoßes (**ST** § 98 Abs. 1 Satz 1 Nr. 4) ist er allerdings relevant. Mit Blick auf das generelle Verbot des Gewahrsams, der Annahme und der Abgabe von Kameras, Computern und technischer Geräte in **ST** § 55 Abs. 3 (dazu – krit.– oben, Rdn. 5) ist das Verbot schon des Einbringens immerhin konsequent.

4. Kein allgemeines Tauschverbot. Die Vorschriften der Länder zum Gewahrsam an Sachen enthalten kein allgemeines Verbot des Tauschens oder Handelns in einer Vollzugsanstalt. Sie verpflichten die Gefangenen nur, für den **Gewahrsam** an Sachen, ihre **Annahme** und in aller Regel (Ausnahme: **NW** § 15 Abs. 2 Satz 2; siehe Rdn. 4) auch ihre **Abgabe** die Zustimmung bzw. Erlaubnis der Vollzugsbehörde einzuholen. Wie bereits in Rdn. 6 ausgeführt, folgt aus den Gewahrsamsvorschriften auch kein gesetzliches Verbot i.S.d. § 134 BGB bezüglich des Verpflichtungs- oder Verfügungsgeschäfts, es gibt „kein allgemeines Handels- oder Geschäftsverbot unter Gefangenen im Rahmen des Strafvollzugs."[148] Darüber hinaus haben es die meisten Landesgesetze – entsprechend § 83 Abs. 1 Satz 2 HS 1 StVollzG – zu Recht auch bei der grundsätzlichen Zulässigkeit des sog. „**kleinen Tauschhandels**" belassen (**BW** § 63 Abs.1 Satz 2 , **BY** Art. 90 Abs. 1 Satz 2, **BE** § 51 Abs.2, **BB** § 56 Abs. 2, **HB** § 47 Abs. 2, **HH** § 69 Abs. 1 Satz 2, **HE** § 20 Abs.1 Satz 6, **MV** § 47 Abs. 2, **NI** § 76 Abs. 1 Satz 2, **RP** § 55 Abs. 2, **SL** § 47 Abs. 2, **SN** § 47 Abs. 2, **ST** § 55 Abs. 2, **SH** § 64 Abs. 2, **TH** § 56 Abs. 2). Danach dürfen Gefangene Sachen von geringem Wert an andere Mitgefangene abgeben und von diesen annehmen, sofern die Vollzugsbehörde nicht ausdrücklich etwas anderes anordnet. Nur **NW** § 15 sieht diese Möglichkeit überhaupt nicht vor, was allerdings Anstalten nicht hindert, entsprechende Allgemeinverfügungen zu erlassen (siehe auch Rdn. 8).[149] **NI § 76 Abs. 1 Satz 2** macht den

---

146 Für eine enge Auslegung auch *Laubenthal/Nestler/Neubacher/Verrel* 2015 M Rdn. 21; AK-*Knauer* § 46 LandesR Rdn. 6.
147 OLG Dresden 4.7.2018 – 2 Ws 247/18, juris.
148 Zutreffend OLG Bamberg 29.9.2015 – 7 Ss 96/15, NStZ 2016, 243 (zu **BY** Art. 90 Abs. 1).
149 Ebenso OLG Hamm 17.4.2018 – III-1 Vollz (Ws) 95/18, juris.

kleinen Tauschhandel von einer entsprechenden Zustimmung der Anstalt abhängig, während in allen anderen Bundesländern er umgekehrt durch Verfügung der Anstalt nur beschränkt oder aufgehoben werden kann. Der kleine Tauschhandel bleibt auf diese Weise fast überall legal und der Vollzug wird von repressiv wirkenden Kontrollmaßnahmen entlastet.[150] Der Begriff des **geringen Werts** entspricht dem in § 248a StGB,[151] d.h. gegenwärtig etwa 30–50 €.[152] Dabei ist von dem in der Freiheit üblichen Handelswert, nicht von dem überhöhten Tauschwert innerhalb der Anstalt auszugehen.[153] **In der Praxis** wird das allerdings anders gehandhabt und es werden niedrigere Wertgrenzen angesetzt, so z.B. nach VV Nr. 3 zu **BY** ein Betrag bis zum halben Tagessatz der Eckvergütung, d.h. 2018 6,58 € oder nach VV § 15 Nr. 1.3 zu **HE** § 20 10 € im geschlossenen Vollzug mit der Möglichkeit, für den offenen Vollzug höhere Grenzen festzulegen. Geringwertige Sachen können auch **solche ohne Verkehrswert** sein, z.B. Schriftstücke wie Briefe o.ä.[154] Auf einen höheren ideellen Wert kommt es – mangels objektiver Messbarkeit – nicht an.[155] Daher liegt auch, wenn bei Gefangenen Unterlagen aus dem Dienstbereich (z.B. Niederschriften über Dienstbesprechungen) vorgefunden werden, die diese von Mitgefangenen erhalten zu haben angeben, selbst dann nicht ohne weiteres ein Verstoß gegen das Annahmeverbot des § 83 Abs. 1 StVollzG und entsprechender Landesgesetze vor, wenn schon bei nur oberflächlicher Sichtung erkennbar ist, dass sie in keinem Falle auf legale Weise in den Besitz von Gefangenen gekommen sein können, denn auch diese Unterlagen sind u.U. geringwertig.[156] Allerdings ist keine Geringwertigkeit mehr gegeben, wenn eine vernünftig handelnde Person in der Lage des bzw. der Gefangenen bereit wäre, mehr als den Geringwertigkeits-Schwellenwert für das Schriftstück zu bezahlen, z.B. weil es das Ergebnis einer (kompetenten) Rechtsberatung darstellt.[157]

Daraus folgt, dass die **Annahme von anderen als geringwertigen Sachen** (z.B. wertvolle Ringe und Uhren, Geräte der Unterhaltungselektronik) ohne Genehmigung verboten ist. Darüber hinaus kann die Vollzugsbehörde die Annahme auch von geringwertigen Sachen überhaupt oder teilweise (z.B. Ausschluss von – auch geringwertigen – Uhren oder völliges Annahmeverbot in bestimmten Teilen der Anstalt) von ihrer **Zustimmung** (in **ST** § 55 Abs. 2 Satz 2: Anzeige und Zustimmung) bzw. **Erlaubnis** abhängig machen (nach **NI** § 76 Abs. 1 Satz 2 ist hingegen die Zulässigkeit des kleinen Tauschhandels sogar generell von einer Vorab-Zustimmung der Anstalt abhängig). Es empfiehlt sich, den kleinen Tauschhandel möglichst überall zuzulassen. Ohnehin sind Geschäfte unter Gefangenen besonders in größeren Anstalten nur schwer zu unterbinden oder überhaupt festzustellen. Tauschartikel sind allerdings oft Alkohol, Drogen, Bargeld. Auf diese Weise entsteht ein im Vollzug unerwünschter „**großer Tauschhandel**", der die Grenzen des Abs. 1 Satz 2 deutlich überschreitet. Ein sol-

---

150 *Laubenthal/Nestler/Neubacher/Verrel* 2015 M Rdn. 25.
151 So schon *Ullenbruch* in der Vorauﬂ. einerseits und *Harrendorf* in König, AnwaltK U-Haft, § 15 Rdn. 9 andererseits; ebenso AK-*Knauer* § 47 LandesR Rdn. 6; a.A. OLG Zweibrücken 16.4.1982 – 1 Vollz (Ws) 75/81, ZfStrVo 1982, 251; *Arloth/Krä* § 83 Rdn. 5; Begründung ME-StVollzG, 117.
152 MüKo-StGB/*Hohmann* § 248a Rdn. 6 m.w.N.
153 Auch insofern a.A. *Arloth/Krä* § 83 Rdn. 5.
154 Zutreffend OLG Hamm 15.12.2009 – 1 Vollz (Ws) 757/09, BeckRS 2010, 03570 = FS 2011, 53 LS; OLG Nürnberg 25.1.1999 – Ws 1462/98, NStZ-RR 1999, 189; krit. dazu *Ullenbruch* in der hiesigen Vorauﬂ.
155 Verfehlt daher BayVerfGH 9.12.2010 – Vf. 3-VI/09, BeckRS 2010, 56821; *Arloth/Krä* § 83 Rdn. 5.
156 Unzutreffend daher OLG Hamm 12.3.1992 – 1 Vollz (Ws) 27/92, NStZ 1992, 407 und darauf Bezug nehmend die hiesige Vorauﬂ. Dass diese Gegenstände Gefangenen weggenommen werden können, steht hingegen außer Frage.
157 Vgl. MüKo-StGB/*Hohmann* § 248a Rdn. 4, auch m.w.N. zum Streitstand bei dieser Norm.

ches Geschäftemachen mit der Folge des Entstehens von Abhängigkeiten unter Gefangenen begünstigt die Entstehung von **Subkulturen** und steht damit nicht nur im Gegensatz zu den Vollzugszielen, sondern begründet auch eine erhöhte Gefährdung von Sicherheit und Ordnung in der Anstalt. Die Annahme der genannten Gegenstände darf natürlich nicht gestattet werden.[158] Die Vollzugsbehörde kann auch allgemein anordnen, dass in jedem eingehenden Brief nur **Postwertzeichen** für einen Antwortbrief enthalten sein dürfen, weil Briefmarken Wertgegenstände sind, die leicht als Zahlungs- oder Tauschobjekt verwendet worden können, und die Ansammlung von Briefmarken bei Gefangenen daher geeignet ist, die Ordnung in der Vollzugsanstalt zu beeinträchtigen.[159] Gilt in einer Anstalt ein umfassendes Abgabe- und Annahmeverbot von Sachen zwischen Gefangenen, gilt dieses auch für Schriftstücke wie Briefe[160] (siehe insofern auch 11 B Rdn. 4).

5. Aufbewahrung, Versendung, Entfernung, Einlagerung, Verwertung und Vernichtung von Gegenständen. Gem. § 83 Abs. 2 Satz 1 StVollzG war die Justizvollzugsanstalt verpflichtet, von Gefangenen eingebrachte Sachen, die sie gem. Abs. 1 der Vorschrift **nicht in Gewahrsam haben dürfen**, für sie aufzubewahren, aber nur soweit dies nach Art und Umfang der Sachen möglich ist. Alle Bundesländer haben in ihren Gesetzen eine im Wesentlichen vergleichbare Regelung getroffen (**BW** § 63 Abs. 2 Satz 1 , **BY** Art. 90 Abs. 2 Satz 1, **BE** § 53 Abs.1, **BB** § 58 Abs. 1, **HB** § 49 Abs. 1, **HH** § 69 Abs. 2 Satz 1, **HE** § 20 Abs. 2 Satz 1, **MV** § 49 Abs. 1, **NI** § 76 Abs. 2 Satz 1, **NW** § 15 Abs. 6 Satz 1, **RP** § 57 Abs. 1, **SL** § 49 Abs. 1, **SN** § 49 Abs. 1, **ST** § 57 Abs. 1, **SH** § 66 Abs. 1, **TH** § 58 Abs. 1). Die entsprechenden Vorschriften der Länder gelten für Gegenstände, die Gefangene selbst mit in die Anstalt bringen und die ihnen gar nicht erst ausgehändigt werden, aber auch für Gegenstände, die sich bereits im Haftraum befinden, die jedoch eine Kontrolle derart erschweren, dass die Anstaltsleitung befugt ist, sie entfernen zu lassen. Dasselbe gilt für Gegenstände, die von Mitgefangenen oder sonstigen Personen in die Anstalt eingebracht und an Gefangene übergeben worden sind, und für Sachen, die während des Vollzuges zugesandt werden. Der **Verzicht auf das Eingebrachtsein** der Gegenstände in den auf dem ME-StVollG beruhenden Gesetzen hat daher nur klarstellende Funktion und macht deutlich, dass es nicht darauf ankommt, wie die Gegenstände in die Anstalt gelangt sind.[161] Eine weitere Abweichung ist, dass die Normen, die auf dem ME-StVollzG basieren (**BE** § 53 Abs. 1 Satz 1, **BB** § 58 Abs. 1, **HB** § 49 Abs. 1, **MV** § 49 Abs. 1, **RP** § 57 Abs. 1, **SL** § 49 Abs. 1, **SN** § 49 Abs. 1, **ST** § 57 Abs. 1, **SH** § 66 Abs. 1, **TH** § 58 Abs. 1) eine Aufbewahrungspflicht ausdrücklich auch statuieren für Gegenstände, die Gefangene nur nicht im Haftraum aufbewahren **wollen**; auch dies ist nur eine Klarstellung, gilt also ohne ausdrückliche Regelung ebenso.[162] Zum Anspruch der Gefangenen auf eine Quittung über aus dem Haftraum entnommene Gegenstände bereits Rdn. 7. Werden am Körper oder im Haftraum unerlaubte Gegenstände festgestellt, die im Eigentum des oder der Gefangenen stehen, dürfen sie ohne dessen bzw. deren Zustimmung nicht vernichtet werden, sondern sind zur Habe zu nehmen. Die Verwahrung hat ordnungsgemäß und sorgfältig zu

---

158 Vgl. OLG Hamm 15.9.1994 – 1 Vollz (Ws) 135/95, NStZ 1995, 55, 56: Rauschmittel – hier Cannabis – sind grundsätzlich nicht Sachen von geringem Wert.
159 OLG Bamberg ZfStrVo **SH** 1978, 31.
160 OLG Celle Beschl. v. 22.10.2014 – 1 Ws 413/14, BeckRS 2014, 22224 = NdsRpfl 2015, 99; OLG Nürnberg 25.1.1999 – Ws 1462/98, NStZ-RR 1999, 189.
161 *Laubenthal/Nestler/Neubacher/Verrel* 2015 M Rdn. 28.
162 Zutr. *Laubenthal/Nestler/Neubacher/Verrel* 2015 M Rdn. 28; a.A. *Arloth/Krä* § 49 SächsStVollzG Rdn. 1.

erfolgen[163] und die Vollzugsbehörde haftet für etwaige Schäden bei Verletzung der Verwahrungspflicht.[164] Die Aufbewahrungspflicht ist begrenzt auf das nach **Art und Umfang** der Gegenstände Mögliche. Nicht möglich ist eine Aufbewahrung z.B. bei Umzugsgut in größerem Umfang,[165] Möbeln, Tieren, Kraftfahrzeugen oder gefährlichen Gegenständen.[166] In **NW § 15 Abs. 6 Satz 1** fehlt der Hinweis auf die Möglichkeit nach Art und Umfang als Grenze der Aufbewahrungspflicht, aus Satz 2 folgt jedoch, dass eine Aufbewahrung dann nicht besteht, wenn die Verhältnisse der Anstalt die Aufbewahrung des entsprechenden Gegenstands nicht zulassen; das ist bedeutungsgleich. **BE § 53 Abs. 1 Satz 1** begrenzt die Aufbewahrungspflicht nicht nur nach Art und Umfang der Gegenstände, sondern zudem ausdrücklich auch mit Blick „auf Gründe der Sicherheit oder Ordnung der Anstalt, insbesondere auch hygienische Gründe". Diese Aspekte sind allerdings auch in die Begrenzung „nach Art und Umfang" hineinzulesen, es handelt sich daher insofern nur um eine Klarstellung.

14 Gem. § 83 Abs. 2 Satz 3 StVollzG war den Gefangenen Gelegenheit zu geben, ihre Sachen, die sie während des Vollzuges und für ihre Entlassung nicht benötigen, abzusenden. Alle Landesgesetze bis auf **HE § 20 Abs. 2 Satz 2** haben diese Regelung bedeutungsgleich übernommen (**BW** § 63 Abs. 2 Satz 3 , **BY** Art. 90 Abs. 2 Satz 2, **BE** § 53 Abs.2 Satz 1, **BB** § 58 Abs. 2 Satz 1, **HB** § 49 Abs. 2 Satz 1, **HH** § 69 Abs. 2 Satz 2, **HE** § 20 Abs. 2 Satz 2, **MV** § 49 Abs. 2 Satz 1, **NI** § 76 Abs. 2 Satz 2, **NW** § 15 Abs. 6 Satz 2, **RP** § 57 Abs. 2 Satz 1, **SL** § 49 Abs. 2 Satz 1, **SN** § 49 Abs. 2 Satz 1, **ST** § 57 Abs. 2, **SH** § 66 Abs. 2 Satz 1, **TH** § 58 Abs. 2 Satz 1), wobei **NW** § 15 Abs. 6 Satz 2 („[...] weigern sich Gefangene, die Sachen zu versenden [...]") das Versendungsrecht zwar nicht ausdrücklich betont, aber doch voraussetzt. Für die Entscheidung, ob die Weigerung der Vollzugsbehörde, die **Versendung** von Sachen Gefangener an Dritte zuzulassen, rechtmäßig ist, ist die StVK sachlich zuständig. Die Streitigkeit ist öffentlich-rechtlich. Die Frage, wer Eigentümer oder Eigentümerin ist, ist nur eine zivilrechtliche Vorfrage.[167] Zu beachten ist dabei, dass für das Eigentum der oder des Gefangenen die Vermutung des § 1006 Abs. 1 Satz 1, Abs. 2 BGB streitet. Auf Gesichtspunkte der Sicherheit im weitesten Sinne abstellende Einwände der JVA gegen die Versendung müssen auf eine konkrete, belegbare Gefahr gestützt werden können.[168] Da die Normen nur ein Versendungsrecht regeln, ergibt sich aus ihnen nicht, dass die Anstalt die Kosten der Versendung zu tragen hätte.[169] Vielmehr bleibt es bei dem auch in Freiheit üblichen, der **Kostentragungspflicht** beim Versender oder bei der Versenderin. Die Länder des ME-StVollzG haben das jetzt noch zusätzlich klargestellt. In der Regel (Ausnahme: **NW** § 15 Abs. 2 Satz 2) ist das Versendungsrecht nur vorgesehen für Gegenstände, die während des Vollzuges und für die Entlassung **nicht benötigt** werden, eine aus sich heraus verständliche, sinnvolle Ergänzung. Benötigt werden z.B. – in gewissem Umfang – Körperpflegeprodukte, Kleidungsstücke, Koffer o.ä.[170] In **HE § 20 Abs. 2 Satz 2** ist statt von der Versendung davon die Rede, „den Gefangenen Gelegenheit zu geben, die Gegenstände außerhalb der Anstalt aufbewahren zu lassen". Soweit dafür

---

163 AK-*Knauer* § 49 LandesR Rdn. 3.
164 Vgl. dazu K/S-*Schöch* § 7 Rdn. 205; zum Schadensersatzanspruch eines Gefangenen aufgrund Amtspflichtverletzung gemäß § 839 BGB, Art. 34 GG vgl. LG Krefeld 11.7.1990 – 3 O 58/89, StV 1991, 31.
165 Nicht ohne weiteres aber schon bei fünf Umzugskisten: OLG Hamburg 7.6.1989 – 3 Vollz (Ws) 8/89, NStZ 1989, 447, 448.
166 Siehe auch AK-*Knauer* § 49 LandesR Rdn. 4.
167 OLG Brandenburg 26.6.2001 – 2 Ws (Vollz) 13/00, NJW 2001, 3351; hier: Mobiltelefon und Telefonkarte.
168 OLG Koblenz 20.11.1986 – 2 Vollz (Ws) 117/86, NStZ 1987, 143.
169 *Laubenthal/Nestler/Neubacher/Verrel* 2015 M Rdn. 29.
170 *Arloth/Krä* § 83 Rdn. 8.

eine Versendung der Gegenstände Voraussetzung ist, muss diese dann jedoch auch ermöglicht werden.

Gem. § 83 Abs. 3 StVollzG konnte die Vollzugsbehörde Sachen, deren Aufbewahrung 15 ihr nicht möglich ist, auf Kosten des bzw. der Gefangenen aus der Anstalt **entfernen** lassen, wenn dieser bzw. diese sich weigerte, es selbst zu tun. Damit weitgehend identische Regelungen finden sich nur noch in vier Bundesländern (**BW** § 63 Abs. 3 III, **BY** Art. 90 Abs. 3, **HH** § 69 Abs. 3, **SH** § 66 Abs. 3). Die teilweise in den Gesetzen noch vorzufindende Bezugnahme auf „eingebrachte Sachen" begrenzt den Anwendungsbereich der Norm nicht weiter, sondern meint alle in der Anstalt befindlichen Sachen des oder der Gefangenen (Arg.: Rdn. 13). Die Befugnis, Sachen zu entfernen, umfasst auch das Recht, diese möglichst kostengünstig einzulagern.[171] Eine **Einlagerung auf Kosten** des oder der Gefangenen kann nur dann verlangt werden, wenn die dabei entstehenden Kosten in einem vernünftigerweise noch vertretbaren Verhältnis zum Wert der Sache stehen, da es auch nicht dem Interesse des oder der Gefangenen entspricht, dass durch die Einlagerung von objektiv wertlosen Sachen bzw. von Sachen von ganz geringem Wert hohe Kosten verursacht werden. Ein Recht, Sachen auch zu **verwerten** und **vernichten**, folgt aus denjenigen Regelungen, die nur eine Entfernung von Sachen erwähnen, hingegen nicht.[172] Allein nach den Regeln einer Geschäftsführung ohne Auftrag (§§ 677 ff BGB), bei Entsorgungspflichtigkeit des bzw. der Gefangenen auch gegen dessen bzw. deren Willen (vgl. § 679 BGB), kommen Verwertung und Vernichtung daher in Frage.[173] In 9 von 10 ME-Ländern (**BE** § 53 Abs. 3 Satz 1, **BB** § 58 Abs. 3 Satz 1, **HB** § 49 Abs. 3 Satz 1, **MV** § 49 Abs. 3 Satz 1, **RP** § 57 Abs. 3 Satz 1, **SL** § 49 Abs. 3 Satz 1, **SN** § 49 Abs. 3 Satz 1, **ST** § 57 Abs. 3 Satz 1, **TH** § 58 Abs. 3 Satz 1; außer **SH** § 66 Abs. 3) sowie in **HE** § 20 Abs. 3, **NI** § 76 Abs. 3, **NW** § 15 Abs. 6 Satz 2 ist die alte Regelung des § 83 Abs. 3 StVollzG dahingehend **erweitert** worden, dass die aus der Anstalt zu verbringenden Sachen verwahrt, verwertet oder vernichtet (in der Formulierung anders, aber nach den vorstehenden Ausführungen bedeutungsgleich nur **NW**: „vernichtet, verwertet oder aus der Anstalt entfernt") werden können. Damit bestehen Vernichtungs- und Verwertungsrechte nun unabhängig von den Regeln der §§ 677 ff BGB, sie sind aber gegenüber der Verwahrung in der Regel eingriffsintensiver und daher mit Blick auf den Grundsatz der Verhältnismäßigkeit zurückhaltend anzuwenden.[174] Für die konkrete Durchführung von Vernichtung und Verwertung verweisen die meisten Landesgesetze ausdrücklich auf die entsprechenden Regelungen im jeweiligen Sicherheits- und Ordnungsgesetz (Ausnahme: **NW** § 15 Abs. 6 Satz 2).

6. Aufzeichnungen über Sicherheitsvorkehrungen. Gem. § 83 Abs. 4 StVollzG 16 durften Aufzeichnungen und andere Gegenstände, die **Kenntnisse** über Sicherheitsvorkehrungen der Anstalt vermitteln, von der Vollzugsbehörde vernichtet oder unbrauchbar gemacht werden. Eine entsprechende Regelung findet sich in allen Landesgesetzen (**BW** § 63 Abs. 4, **BY** Art. 90 Abs. 4, **BE** § 53 Abs. 4, **BB** § 58 Abs. 4, **HB** § 49 Abs. 4, **HH** § 69 Abs. 4, **MV** § 49 Abs. 4, **NI** § 76 Abs. 4, **NW** § 15 Abs. 7, **RP** § 57 Abs. 4, **SL** § 49 Abs. 4, **SN** § 49 Abs. 4, **ST** § 57 Abs. 4, **SH** § 66 Abs. 4, **TH** § 58 Abs. 4) außer **HE** (dort gelten insofern nur die allgemeinen Gewahrsamsvorschriften). Die auf dem ME-StVollzG basierenden zehn Landesgesetze haben einen Teilsatz ergänzt, nach dem dies auch gilt für Gegenstände, die **Schlussfolgerungen** auf die Sicherheitsvorkehrungen zulassen. Inhaltlich

---

171 *Arloth/Krä* § 83 Rdn. 9; *Laubenthal/Nestler/Neubacher/Verrel* 2015 M Rdn. 30.
172 Unzutreffend daher **SH** LT-Drucks. 18/3153, 138.
173 *Arloth/Krä* § 83 Rdn. 9.
174 Ebenso AK-*Knauer* § 49 LandesR Rdn. 6.

handelt es sich um eine reine Klarstellung.[175] Kenntnisse werden vermittelt bzw. Schlussfolgerungen werden zugelassen z.B. durch Aufzeichnungen über den täglichen Dienstablauf, Zeichnungen von Sicherheitseinrichtungen, Lagepläne, Fotos der Anstalt. Andere Gegenstände als Aufzeichnungen sind z.B. Modelle von Sicherheitseinrichtungen oder Nachbildungen von Schlüsseln.[176] Auf die Herkunft der Gegenstände kommt es nicht an; auch muss noch keine konkrete Gefahr für die Anstaltssicherheit eingetreten sein.[177] Neben der Vernichtung der Gegenstände kommt als milderes Mittel[178] u.U. auch deren Unbrauchbarmachung in Betracht (z.B. sicheres und endgültiges Löschen eines Datenträgers, auf dem entsprechende Aufzeichnungen gespeichert waren).[179] Eine inhaltliche Erweiterung enthält **BW § 63 Abs. 4 III**, bezieht die Norm sich doch auf Sicherheitsvorkehrungen „einer" Anstalt statt, wie die anderen Gesetze, „der" Anstalt. Somit fallen dort auch Aufzeichnungen bzw. Gegenstände, die Rückschlüsse über **Sicherheitsvorkehrungen anderer Anstalten** erlauben, darunter.

17   **7. Behandlung des Eigengeldes.** § 83 Abs. 2 Satz 2 und Satz 3 StVollzG enthielten auch Bestimmungen über das **Eigengeld** der Gefangenen. Das war systematisch verfehlt, fanden sich doch die Regelungen zu den Geldern und Entgelten im Übrigen in den §§ 43 ff StVollzG und war dort zudem auch eine weitere Regelung zum Eigengeld (§ 52 StVollzG) enthalten. Daher verwundert es auch nicht, dass in den meisten Bundesländern die Verbindung zwischen den Gewahrsamsvorschriften und den Regelungen zum Eigengeld nicht übernommen wurde. Lediglich **BW** § 63 Abs. 3 Satz 2 und Satz 3 sind weitestgehend identisch mit der Regelung des StVollzG. **TH** § 58 Abs. 2 Satz 3 enthält immerhin eine Regelung zur Gutschrift eingebrachter Gelder zum Eigengeld, die § 83 Abs. 2 Satz 2 StVollzG entspricht. Für diese beiden Gesetze bleibt es daher auch dabei, dass das Eigengeld im Übrigen auch noch in einer weiteren Norm in ganz anderem systematischen Rahmen Erwähnung findet (**BW** § 53 Abs. 3 III; **TH** § 67). Alle anderen Landesgesetze haben die Vorschriften zum Eigengeld – systematisch überzeugend – in einer einheitlichen Vorschrift (**NI:** zwei Vorschriften) zusammengeführt, die nicht im Kontext von Sicherheit und Ordnung, sondern im Konnex zu den anderen Geldern der Gefangenen geregelt ist (**BE** § 64; **BB** § 67; **HB** § 57; **HH** § 48; **HE** § 44; **MV** § 56; **NI** §§ 45, 48; **NW** § 38; **RP** § 66; **SL** § 56; **SN** § 56; **ST** § 70; **SH** § 72). Die hiesige Kommentierung wird sich insofern kurzfassen, da das Eigengeld eigentlich in einen anderen Regelungszusammenhang gehört (siehe insofern die Kommentierung in 4 I Rdn. 100 ff) und dies nun auch von den Ländern weit überwiegend erkannt wurde.

Die in allen Ländern – meist aber in anderem Kontext – vorgesehene Regelung zur Gutschrift eingebrachter Gelder zum Eigengeld (entsprechend § 83 Abs. 2 Satz 2 StVollzG) beinhaltet das Verbot, in der Anstalt Bargeld in Gewahrsam zu haben.[180] Unter Eigengeld sind die für die Gefangenen von der JVA in Verwahrung genommen, auf Eigengeldkonten der Gefangenen befindlichen Geldbeträge zu verstehen; es wird gebildet zum einen aus den den Gefangenen während des Vollzuges zufließenden Bezügen, soweit diese nicht als Hausgeld, Haftkostenbeitrag, Unterhaltsbeitrag oder Überbrückungsgeld in Anspruch genommen werden, zum anderen aus eingebrachten oder den Gefangenen

---

175 So auch *Laubenthal/Nestler/Neubacher/Verrel* 2015 M Rdn. 31.
176 *Arloth/Krä* § 83 Rdn. 10.
177 BT-Drs. 7/3998, 32; *Laubenthal/Nestler/Neubacher/Verrel* 2015 M Rdn. 31.
178 Vgl. für eine ähnliche Konstellation (Verhältnis der Unbrauchbarmachung zur Einziehung) ebenso MüKo-StGB/*Joecks* § 74d Rdn. 13.
179 Zu diesem Beispiel siehe auch MüKo-StGB/*Joecks* § 74d Rdn. 15.
180 *Arloth/Krä* § 83 Rdn. 7.

während des Vollzuges von außen zufließenden Beträgen.[181] Das Gefangenen abgenommene Geld ist alsbald der Anstaltszahlstelle gegen Quittung zuzuleiten, ebenso Sparbücher und ausländische Währungen. Gefangene müssen hinnehmen, dass Geldbeträge für sie nur bargeldlos eingezahlt werden können.[182] Belege, die bei im Auftrag der Gefangenen von der Anstalt an Dritte vorgenommenen Überweisungen von Eigengeldkonten entstehen, dürfen entsprechend den Vorschriften der Landeshaushaltsordnung von der Anstalt zurückbehalten werden; den Gefangenen können aber als Nachweis für Verfügungen über das Eigengeld beglaubigte Abschriften ausgehändigt werden.[183] Briefmarken sehen die StVollzG als Ersatzzahlungsmittel nicht vor.[184]

Grundsätzlich unterliegen Gefangene hinsichtlich des Eigengeldes ebenso wenig einer Verfügungsbeschränkung wie hinsichtlich ihres sonstigen, außerhalb der Anstalt befindlichen Vermögens. Die Strafvollzugsgesetze der Länder beinhalten jedoch gewisse Beschränkungen der Gefangenen hinsichtlich Verfügungen über ihr Eigengeld. So wird in allen Ländern, in denen es weiterhin ein Überbrückungsgeld gibt (mit Ausnahme von **HB**; vgl. HB §§ 56, 57 Abs. 2 Satz 1), die Verfügungsbefugnis beschränkt, soweit das Eigengeld **als Überbrückungsgeld notwendig** ist (**BW** § 63 Abs. 2 Satz 3, **BY** Art. 52 Abs. 2, **HH** § 48 Abs. 2 Satz 1, **HE** § 44 Abs. 1 Satz 2, **NI** § 48 Abs. 1 Satz 1, **NW** § 38 Satz 2, **SN** § 56 Abs. 2 Satz 1, **ST** § 70 Abs. 3 Satz 1, **SH** § 72 Abs. 2 Satz 1). Dies gilt – wenig sinnvoll – auch in **SN**, obwohl dort doch die Bildung des Überbrückungsgeldes freiwillig ist (**SN** § 62 Abs. 1 Satz 1). Konsequenter sind hier **BE** und **BB** vorgegangen, die keine Verfügungsbeschränkungen mit Blick auf das freiwillig zu bildende, dort sog. **Eingliederungsgeld** (**BE** § 68 Abs. 2, **BB** § 73) vorsehen. Kein Eingliederungs- oder Überbrückungsgeld kennen **MV, RP, SL** und **TH**, sodass es dort selbstverständlich auch keine entsprechende Verfügungsbeschränkung gibt. Doch auch dort, wo eine solche Beschränkung existiert, ist das Eigengeld nicht völlig der Verfügung der Gefangenen entzogen, bis das im Einzelfall festgesetzte Überbrückungsgeld in voller Höhe erreicht ist; es muss vielmehr **am Ende der Vollzugszeit** zur Verfügung stehen. Die Regelung soll nämlich (nur) verhindern, dass Gefangene sich ihrer Geldmittel durch Weggabe entäußern, während des Vollzuges bedürftig werden und die Anstalt dadurch bei Vollzugsende zur finanziellen und sonstigen Ausstattung gezwungen ist; sie sieht deshalb insoweit eine Beschränkung der Verfügungsfreiheit der Gefangenen vor, als das Eigengeld bei unzureichend angesammeltem Überbrückungsgeld zur Sicherung des Lebensunterhaltes unmittelbar nach der Entlassung notwendig ist.[185] Der Ansatz, das Überbrückungsgeld sei mit allen verfügbaren Bezügen so schnell wie möglich anzusparen, ist verfehlt. Wollen Gefangene über ihr Eigengeld verfügen, ist vielmehr auf das **jeweilige Vollzugsstadium** abzustellen und für diesen Zeitpunkt derjenige Teilbetrag des festgesetzten Überbrückungsgeldes zu ermitteln, der bei planmäßiger Aufstockung zum voraussichtlichen Vollzugsende ein Erreichen des vollen Überbrückungsgeldes gewährleistet.[186] Bei der im Wege einer Ermessensentscheidung zu bestimmenden Höhe des in diesem Sinne als Überbrückungsgeld „notwendigen" Eigengeldes (und der dementsprechend niedriger festzusetzenden Sparrate) kann die konkrete Gefahr, dass Gefangene mangels Beschäftigung keine Bezüge

---

181 OLG Hamm ZfStrVo 1981, 251.
182 OLG Frankfurt ZfStrVo **SH** 1979, 82.
183 OLG Celle LS BlStV 1/1989, 9.
184 So zum alten Bundesgesetz OLG Koblenz ZfStrVo 1980, 251.
185 OLG Karlsruhe ZfStrVo 1981, 380.
186 OLG Hamm 9.3.1981 – 1 Vollz (Ws) 7/81, ZfStrVo 1981, 251; OLG Karlsruhe ZfStrVo 1981, 380; OLG Hamburg NStZ 1981, 39 und 11.12.1980 – Vollz (Ws) 8/80; OLG München 2.7.1979 – 1 Ws 740/79, ZfStrVo 1980, 122; OLG Zweibrücken 30.5.1984 – 1 Vollz (Ws) 12 – 14/84 u.a., NStZ 1984, 479; OLG Koblenz ZfStrVo 1986, 185; OLG Frankfurt ZfStrVo 1986, 380 und BlStV 4/5/1995, 2 = NStZ 1995, 434 B.

erhalten werden, berücksichtigt werden; zur Begründung einer derartigen Gefahr reicht indes – jedenfalls bei noch lange andauernder Strafvollstreckung – allein der Umstand, dass jemand vorübergehend unverschuldet ohne Arbeit ist, nicht aus.[187] Auch anderen konkret drohenden Gefahren für ein rechtzeitiges Erreichen des Sparziels ist grundsätzlich Rechnung zu tragen.[188] Der Ansicht, dass eine Inanspruchnahme des Eigengeldes als Überbrückungsgeld trotz des eindeutigen Wortlauts des Abs. 2 Satz 3 nicht zulässig sei,[189] kann jedenfalls nicht gefolgt werden. Zwar könnten Gefangene über ihr nicht in die Anstalt eingebrachtes Vermögen unbeschränkt verfügen, sich dadurch in einen mittellosen Zustand versetzen und, wenn das angesparte Überbrückungsgeld nicht ausreicht, Entlassungsbeihilfen bzw. Sozialhilfe in Anspruch nehmen. Gleichwohl ist es sinnvoll und angemessen, diesem **Missbrauch** wenigstens dann entgegenzusteuern, wenn sich Vermögensteile des Gefangenen (hier als Eigengeld) im Einwirkungsbereich der Vollzugsbehörde befinden. Die **Verwendungssperre** kann die Anstaltsleitung – wie beim Überbrückungsgeld selbst – **durchbrechen**, wenn Gefangene das zur Bildung des Überbrückungsgeldes erforderliche Eigengeld für Ausgaben in Anspruch nehmen wollen, die ihrer Eingliederung dienen. Die Rspr. legt insoweit einen strengen Maßstab an.[190]

Weitere Beschränkungen der freien Verfügbarkeit der Gefangenen über das Eigengeld ergeben sich – in länderspezifisch unterschiedlichem Umfang, aber überall – für den Einkauf (**BW** § 18 Abs. 1 Satz 1, Abs. 3 III; **BY** § 24 Abs. 1 Satz 1, Abs. 3; **BE** § 59 Abs. 2, **BB** § 63 Abs. 2 Satz 4; **HB** § 53 Abs. 2 Satz 4; **HH** § 48 Abs. 2 Satz 3, Abs. 3; **HE** § 22 Abs. 2, Abs. 3; **MV** § 53 Abs. 2 Satz 4; **NI** § 48 Abs. 2; **NW** § 17 Abs. 1 Satz 1, Abs. 2; **RP** § 62 Abs. 2 Satz 5; **SL** § 53 Abs. 2 Satz 4; **SN** § 53 Abs. 2 Satz 4; **ST** § 70 Abs. 2; **SH** § 70 Abs. 2 Satz 4; **TH** § 63 Abs. 2 Satz 4). Die Idee dahinter ist, es innerhalb der Anstalt nicht zu ausgeprägten Unterschieden zwischen armen und reichen Gefangenen kommen zu lassen, um damit die Gefahren subkultureller Abhängigkeiten einzudämmen.[191] Eine weitere Verfügungsbeschränkung stellt zudem **HH § 48 Abs. 5** dar, wonach **unerlaubt** in die Anstalt **eingebrachtes** oder einzubringen versuchtes oder unerlaubt besessenes **Bargeld** zwar gutgeschrieben wird, die Verfügung darüber aber insoweit nicht gewährt wird. Es handelt sich letztlich um eine Maßnahme mit Sanktionscharakter. Schließlich enthält **MV § 56 Abs. 2 Satz 1** eine Verfügungsbeschränkung, soweit die Verfügung Maßnahmen nach **MV** § 9 Abs. 1 Satz 1 Nr. 19 bis 21 (also Schuldnerberatung, Schuldenregulierung und Erfüllung von Unterhaltspflichten, Ausgleich von Tatfolgen einschließlich Täter-Opfer-Ausgleich, Maßnahmen zur Vorbereitung von Entlassung, Eingliederung und Nachsorge) entgegenstehen würde. Schließlich sind **Verfügungsbeschränkungen im Einzelfall** auch aufgrund der Generalklausel (Landesregelungen entsprechend § 4 Abs. 2 Satz 2 StVollzG) möglich.[192] So kann der Antrag auf Überweisung an Angehörige Mitgefangener abgelehnt werden, allerdings nur, sofern konkrete Anhaltspunkte für die beabsichtigte **Vertuschung eines unerlaubten Geschäftes** unter Gefangenen gegeben sind.[193] Über diese gesetzlich ausdrücklich vorgesehenen Tatbestände hinaus können nur solche Verfü-

---

187 OLG Frankfurt 22.2.2006 – 3 Ws 762 – 763/05 (StVollz) u.a. NStZ-RR 2006, 156.
188 Insoweit zutreffend OLG Koblenz BlStV 6/1993, 6 = NStZ 1994, 378 B, das allerdings daraus den ohne konkrete Anhaltspunkte zu weitgehenden Schluss zieht, in der Regel sei eine Ansparrate von einem Drittel der Bezüge gerechtfertigt; zu eng auch OLG Hamburg StV 2003, 403; i.E. wie hier *Laubenthal/Nestler/Neubacher/Verrel* 2015 M Rdn. 33.
189 OLG Frankfurt ZfStrVo 1979, 255.
190 Vgl. z.B. OLG Zweibrücken 23.9.2014 – 1 Ws 209/14 Vollz, NJOZ 2015, 742 und ausführlich *Laubenthal/Nestler/Neubacher/Verrel* 2015 F Rdn. 186 ff mit Hinweisen auf die Rechtsprechung.
191 AK-*Galli* § 56 LandesR Rdn. 6.
192 Ebenso *Arloth/Krä* § 83 Rdn. 8.
193 OLG Koblenz 2.8.1990 – 2 Vollz (Ws) 29/90, ZfStrVo 1991, 120 f.

gungsbeschränkungen in engen Grenzen zulässig sein, die aus **Gründen der Verwaltungsorganisation zwingend notwendig** sind. So können z.B. die Konten der Gefangenen für die Dauer des Einkaufs gesperrt werden, sofern und solange dies als verwaltungstechnisch notwendige Maßnahme zur Erfüllung der der Anstaltsleitung obliegenden Aufgabe der Organisation des Einkaufs unbedingt erforderlich ist.[194]

D. Durchsuchungen; Maßnahmen zur Feststellung von Suchtmittelgebrauch

Baden-Württemberg	BW § 64 JVollzGB III;
Bayern	BY Art. 91, 94 BayStVollzG;
Berlin	BE §§ 83, 84 StVollzG Bln;
Brandenburg	BB §§ 86, 88 BbgJVollzG;
Bremen	HB §§ 75, 77 BremStVollzG;
Hamburg	HH §§ 70, 72 HmbStVollzG;
Hessen	HE §§ 46, 47 HStVollzG;
Mecklenburg-Vorpommern	MV §§ 74, 76 StVollzG M-V;
Niedersachsen	NI § 77 NJVollzG;
Nordrhein-Westfalen	NW §§ 64, 65 StVollzG NRW;
Rheinland-Pfalz	RP §§ 84, 86 LJVollzG;
Saarland	SL §§ 74, 76 SLStVollzG;
Sachsen	SN §§ 75, 80 SächsStVollzG;
Sachsen-Anhalt	ST §§ 85, 87 JVollzGB LSA;
Schleswig-Holstein	SH §§ 102, 106 LStVollzG SH;
Thüringen	TH §§ 85, 87 ThürJVollzGB

Schrifttum

Siehe vor A.

Übersicht

I. Allgemeine Hinweise —— 1–3
II. Erläuterungen —— 4–18
  1. Absuchung mit technischen Mitteln und sonstigen Hilfsmitteln —— 4
  2. Sonstige Durchsuchung ohne Entkleidung —— 5, 6
  3. Durchsuchung mit Entkleidung im Einzelfall —— 7–9
  4. Allgemeine Anordnung der Entkleidungsdurchsuchung —— 10
  5. Rechtsschutz bei Durchsuchung —— 11
  6. Rechtsgrundlage für Maßnahmen zur Feststellung von Suchtmittelgebrauch —— 12, 13
  7. Zweck von Suchtmittelkontrollen —— 14
  8. Suchtmittelkontrollen im Einzelfall —— 15
  9. Allgemeine Anordnung von Suchtmittelkontrollen —— 16
  10. Verweigerung der Mitwirkung und Konsequenzen —— 17
  11. Positive Suchtmittelkontrolle und Konsequenzen —— 18

I. Allgemeine Hinweise

Die **Durchsuchung** ist eine besonders **heikle** Vollzugsmaßnahme. Das bei ihrer Vornahme zum Ausdruck kommende Misstrauen den betroffenen Gefangenen gegenüber 1

---

[194] Zu weitgehend allerdings OLG Koblenz 22.5.1990 – 2 Vollz (Ws) 17/90, NStZ 1991, 151, das eine „Sperre" für die Dauer von 15 Tagen für unbedenklich hält und die Maßnahme mit der Erforderlichkeit zur Erreichung des Vollzugszieles „verbrämt" – krit. insoweit auch *Arloth/Krä* § 83 Rdn. 9.

gefährdet leicht die zur resozialisierenden Behandlung erwünschte entspannte Atmosphäre. Andererseits sind vollzugsöffnende Maßnahmen und Hafterleichterungen (unüberwachte Besuche, Freizügigkeit in Anstaltsabteilungen) oft nur verantwortbar, wenn durch mindestens stichprobenweise Durchsuchungen ihr Missbrauch zum Einbringen gefährlicher Gegenstände in Grenzen gehalten wird.

Zur Aufrechterhaltung von Sicherheit und Ordnung (11 A Rdn. 5) gestattete § 84 StVollzG die Durchsuchung der Gefangenen, ihrer Sachen und der Hafträume. Wegen des mit der Durchsuchung verbundenen **Eingriffs in die Privatsphäre** durften männliche Gefangene nur von Männern und weibliche Gefangene nur von Frauen durchsucht werden. Bedienstete des jeweils anderen Geschlechts durften aber bei Durchsuchungen, die nicht mit Entkleidung verbunden sind, anwesend sein. Die Norm enthielt zudem in Abs. 1 Satz 3 die Vorgabe, das Schamgefühl zu schonen. Dies ist für eine Durchsuchung mit Entkleidung von besonderer Bedeutung, die in Abs. 2 – zugleich als Ausdruck des Grundsatzes der Verhältnismäßigkeit – eine gegenüber einfachen Durchsuchungen restriktivere Regelung erfuhr. Danach war diese nur bei Gefahr im Verzug sowie auf Anordnung der Anstaltsleitung im Einzelfall und nur durch und vor Personen gleichen Geschlechts, in Abwesenheit anderer Gefangener sowie in einem geschlossenen Raum zulässig. Allerdings gestattete die Norm davon abweichend nach Abs. 3 auch Allgemeinverfügungen der Anstaltsleitung, die eine mit Entkleidung verbundene Durchsuchung bei der Aufnahme, nach Kontakten mit Besuchenden und nach jeder Abwesenheit von der Anstalt verbindlich vorschreiben.

2   Alle **Landesgesetze** enthalten **vergleichbare** Regelungen zur Durchsuchung, die allerdings nirgendwo von ihrem Regelungsgehalt her identisch mit der Bundesregelung sind. Die **wichtigsten Abweichungen** sind die Folgenden:
1. Die meisten Bundesländer haben nun auch eine ausdrückliche Regelung zur **Absuchung** als **Sonderfall** der Durchsuchung[195] getroffen (Ausnahmen nur: **HH, NW, SN**).
2. Zudem wurde in den meisten Bundesländern klargestellt, dass nicht nur die Absuchung, sondern meist ebenso die Durchsuchung auch **mit technischen Mitteln oder sonstigen Hilfsmitteln** (abweichend **HH** § 70 Abs. 1 Satz 2: technische Mittel und bei der Durchsuchung von Sachen und Räumen auch Spürhunde; **NI** § 77 Abs. 1 Satz 3: nur technische Mittel; **ST** § 85 Abs. 1 Satz 1: nur „Hilfsmittel" ohne voranstehendes Adjektiv) erfolgen darf (**BE** § 83 Abs. 1 Satz 1, **BB** § 86 Abs. 1 Satz 1, **HB** § 75 Abs. 1 Satz 1, **HE** § 46 Abs. 1 Satz 1, **MV** § 74 Abs. 1 Satz 1, **RP** § 84 Abs. 1 Satz 1, **SL** § 74 Abs. 1 Satz 1, **ST** § 85 Abs. 1 Satz 1, **TH** § 85 Abs. 1 Satz 1; nur für Absuchung zudem **BW** § 64 Abs. 1 Satz 2 III, **BY** Art. 91 Abs. 1 Satz 2, **NI** § 77 Abs. 1 Satz 3, **SH** § 102 Abs. 2 Satz 1; nur für Durchsuchung generell, da Absuchung nicht erwähnt: **HH** § 70 Abs. 1 Satz 2). Nur in **NW** und **SN** findet sich gar keine derartige Regelung.
Die unter 1. und 2. genannten Regeln dienen vor allem dem Zweck, die Absuchung auch durch **Bedienstete anderen Geschlechts** zuzulassen.
3. Abweichungen vom Regelungsinhalt des früheren § 84 Abs. 2 StVollzG finden sich vor allem insofern, als in einigen Bundesländern die **Kontrolle von Körperöffnungen** ausdrücklich Angehörigen des ärztlichen Dienstes vorbehalten wird (**HE** § 46 Abs. 2 Satz 2, **NW** § 64 Abs. 3 Satz 4, **RP** § 84 Abs. 2 Satz 1, etwas abweichend **SH** § 102 Abs. 4 Satz 3: „Eine Untersuchung intimer Körperöffnungen darf nur durch eine Ärztin oder einen Arzt vorgenommen werden, bei Gefahr im Verzuge auch durch Sanitätsbedienstete.").

---

195   So zutreffend AK-*Goerdeler* § 74 LandesR Rdn. 3; *Laubenthal/Nestler/Neubacher/Verrel* 2015 M Rdn. 39; a.A. *Arloth/Krä* § 84 Rdn. 2.

D. Durchsuchungen; Maßnahmen zur Feststellung von Suchtmittelgebrauch

4. Eine weitere häufige Änderung betrifft die Situationen, in denen die Anstaltsleitung eine **mit Entkleidung verbundene Durchsuchung generell anordnen** darf. So haben viele Bundesländer nun die Möglichkeit eröffnet, solche Durchsuchungen (neben dem Fall der Aufnahme) nicht nur nach, sondern **vor und nach** Besuchen und Abwesenheitszeiten von der Anstalt allgemein vorzusehen (**HB** § 75 Abs. 3, **NW** § 64 Abs. 2 Satz 1, **RP** § 84 Abs. 3, **SL** § 74 Abs. 3, **SN** § 75 Abs. 3 Satz 1, **ST** § 85 Abs. 3, **SH** § 102 Abs. 3, **TH** § 85 Abs. 3).

Auch im Übrigen finden sich einzelne Abweichungen im Wortlaut der entsprechenden Regelungen, auf die in der Kommentierung eingegangen wird.

Eine eigene Regelung zu **Suchtmittelkontrollen** enthielt das StVollzG nicht. Gegenüber Strafgefangenen konnten aber dennoch u.U., insbesondere gestützt auf § 56 Abs. 2 StVollzG,[196] **Urinproben** zum Nachweis der Suchtmittelfreiheit angeordnet werden. Voraussetzung war freilich, dass diese Anordnung auch der Gesundheitsfürsorge der Gefangenen diente, also die Feststellung von Drogenfreiheit bzw. Drogenmissbrauch medizinisch (d.h. für konkrete Behandlungsmaßnahmen) erforderlich war, was von der Rechtsprechung teils problematisiert,[197] meist aber unkritisch (und zu Unrecht) weitgehend pauschal bejaht wurde.[198] Fast alle Bundesländer (einzige Ausnahme: **NI**) haben dieses Problem nun gelöst, indem sie eine eigenständige Befugnisnorm für derartige Suchtmittelkontrollen geschaffen haben. Daneben bleiben dann, wenn Suchtmittelkontrollen aus medizinischen Gründen erforderlich sind (z.B. bei einer Drogentherapie), auch weiterhin die § 56 Abs. 2 StVollzG entsprechenden Nachfolgevorschriften der Landesgesetze einschlägig.[199]

3

Die neuen Landesregelungen sehen überwiegend (auch) die Möglichkeit einer **verdachtsunabhängigen, generellen Anordnung** von **Suchtmittelkontrollen** vor (**BY** Art. 94 Abs. 1 Satz 1, **BE** § 84 Satz 1, **BB** § 88 Abs. 1 Satz 1, **HB** § 77 Abs. 1 Satz 1, **HE** § 47 Abs. 2, **MV** § 76 Abs. Satz 1, **NW** § 65 Abs. 1 Satz 1, **RP** § 86 Abs. 1 Satz 1, **SL** § 76 Abs. 1 Satz 1, **SN** § 80 Abs. 1 Satz 1, **ST** § 87 Abs. 1 Satz 1, **SH** § 106 Abs. 1 Satz 1, **TH** § 87 Abs. 1 Satz 1), nur vereinzelt wird für derartige Kontrollen immer ein **konkreter Verdacht** auf Besitz oder Konsum gegen die zu kontrollierende Person vorausgesetzt (so in **BW** § 64 Abs. 4 Satz 1 III, **HH** § 72 Abs. 1 Satz 1). Fast überall regeln die Gesetze ausdrücklich (keine Erwähnung in **HE** § 47), dass eine Suchtmittelkontrolle **nicht mit einem körperlichen Eingriff** verbunden sein darf; allein **NW** § 65 Abs. 2 Satz 2 erlaubt geringfügige körperliche Eingriffe, namentlich die Punktion der Fingerbeere zur Abnahme einer geringen Menge von Kapillarblut, allerdings gebunden an eine Einwilligung der betroffenen Person. Häufiger findet sich zudem eine Regelung, die für den Fall der ohne hinreichenden Grund erfolgenden **Verweigerung einer Mitwirkung** an der Suchtmittelkontrolle erlaubt, von fehlender Suchtmittelfreiheit auszugehen (**BW** § 64 Abs. 4 Satz 3 III, **BB** § 88 Abs. 2, **HB** § 77 Abs. 2, **HE** § 47 Abs. 3, **RP** § 86 Abs. 2, **SL** § 76 Abs. 2, **SN** § 80 Abs. 2, **ST** § 87 Abs. 2, **SH** § 106 Abs. 2, **TH** § 87 Abs. 2). Weiterhin enthalten mehrere Gesetze eine Regelung zur **Überwälzung der Kosten** auf die kontrollierten Gefangenen selbst, wenn verbotener Gebrauch festgestellt wird (**BY** Art. 94 Abs. 2, **BB** § 88 Abs. 3, **HB** § 77 Abs. 3, **HH** § 72 Abs. 2, **MV** § 76 Abs. 2, **NW** § 65 Abs. 2, **RP** § 86 Abs. 3,

---

[196] OLG Jena 10.5.2007 – 1 Ws 68/07, NStZ-RR 2008, 59; OLG Dresden 12.5.2004 – 2 Ws 660/03, NStZ 2005, 588; KG 26.1.2006 – 5 Ws 16/06 Vollz, NStZ 2006, 700; OLG Celle, 13.11.1992 – 1 Ws 296/92 StVollz.
[197] OLG Dresden 12.5.2004 – 2 Ws 660/03, NStZ 2005, 588.
[198] OLG Hamm 4.4.2003 – 1 Vollz (Ws) 48/03, BeckRS 2016, 20200; OLG Zweibrücken 30.3.1994 – 1 Ws 44/94 Vollz.
[199] So schon *Harrendorf* in König, AnwK U-Haft § 20 Rdn. 13.

SL § 76 Abs. 3, **SN** § 80 Abs. 3, **ST** § 87 Abs. 3, **SH** § 106 Abs. 3, **TH** § 87 Abs. 3, Sonderfall: **HE** § 47 Abs. 4 Satz 2).

II. Erläuterungen

4   **1. Absuchung mit technischen Mitteln und sonstigen Hilfsmitteln.** Die am wenigsten eingreifende Form der Durchsuchung[200] ist die **Absuchung**. Eine Legaldefinition enthält **SH** § 102 Abs. 2 Satz 1. Es handelt sich danach um die Kontrolle von Gefangenen mit technischen Mitteln oder sonstigen Hilfsmitteln (in **NI** § 77 Abs. 1 Satz 3 allerdings nur technische Mittel). Dieses Begriffsverständnis ist verallgemeinerbar. Es geht also insbesondere um die Kontrolle mittels elektromagnetischer Sonden oder Detektorrahmen als typische Beispiele technischer Mittel. Aber auch Spürhunde fallen als sonstige Hilfsmittel unter die Regelungen zur Absuchung[201] (selbstverständlich aber nicht in **NI**, da dort insofern nur technische Mittel erwähnt sind). Fast alle Bundesländer haben eine ausdrückliche Regelung dieser Konstellation vorgenommen (**BW** § 64 Abs. 1 Satz 2, **BY** Art. 91 Abs. 1 Satz 2, **BE** § 83 Abs. 1 Satz 1, **BB** § 86 Abs. 1 Satz 1, **HB** § 75 Abs. 1, **HE** § 46 Abs. 1 Satz 1, **MV** § 74 Abs. 1 Satz 1, **NI** § 77 Abs. 1 Satz 3, **RP** § 84 Abs. 1 Satz 1, **SL** § 74 Abs. 1 Satz 1, **ST** § 85 Abs. 1 Satz 1, **SH** § 102 Abs. 2 Satz 1, **TH** § 85 Abs. Abs. 1 Satz 1. Abweichend von anderen Formen der Durchsuchung wird dabei jeweils die Absuchung auch durch Personen anderen Geschlechts erlaubt. Wichtig ist insofern insbesondere, wann eine Durchsuchung nicht mehr als Absuchung einzustufen ist. Entscheidender Umschlagpunkt ist der Moment, wenn eine Sonde, ein Metallsuchrahmen, ein Spürhund usw. anschlägt und sodann genauer, insbesondere manuell, nachkontrolliert werden muss.[202]

Keine ausdrückliche Erwähnung der Absuchung findet sich in **HH, NW, SN**. **HH** § 70 Abs. 1 Satz 2 erwähnt aber die Möglichkeit, technische Mittel zur Unterstützung der Durchsuchung einzusetzen, nur bei der Durchsuchung von Sachen und Hafträumen zudem auch Spürhunde. **NW** § 64 und **SN** § 75 erwähnen nicht nur keine Absuchung, sondern schweigen sich auch zur Verwendbarkeit technischer Mittel und sonstiger Hilfsmittel aus. Da jedoch auch § 84 StVollzG keine ausdrückliche Regelung dazu getroffen hatte, die Verwendung von Sonden, Metallsuchrahmen usw. aber allgemein für zulässig gehalten wurde,[203] bleibt es dabei auch für **NW** und **SN**. Allerdings verlangen die Landesgesetze in **HH** § 70 Abs. 1 Satz 3, **NW** § 64 Abs. 1 Satz 1 und **SN** § 75 Abs. 1 Satz 2 generell für Durchsuchungen – und damit auch für bloße Absuchungen – den Einsatz von Bediensteten gleichen Geschlechts. Zwar wurde teils zum alten StVollzG vertreten, dass derartige Absuchungen bloß „allgemeine Überwachungsmaßnahmen" seien, die nicht unter die Durchsuchungsvorschrift fielen.[204] Dies ist jedoch unzutreffend, da derartige Maßnahmen gerade der Ermöglichung bzw. Vorbereitung einer Durchsuchung dienen und wie eine Durchsuchung wirken. Auch würde eine derartige „allgemeine Überwachungsmaßnahme" eine passende Eingriffsgrundlage voraussetzen, die jedoch nicht existiert.[205]

---

200   Es handelt sich um einen Unterfall der Durchsuchung: AK-*Goerdeler* § 74 LandesR Rdn. 3; *Laubenthal/Nestler/Neubacher/Verrel* 2015 M Rdn. 39; a.A. *Arloth/Krä* § 84 Rdn. 2.
201   So auch AK-*Goerdeler* § 74 LandesR Rdn. 3.
202   Ebenso AK-*Goerdeler* § 74 LandesR Rdn. 3.
203   Streitig war nur, ob in diesen Fällen überhaupt eine Durchsuchung vorliegt, vgl. nur *Arloth/Krä* § 84 StVollzG Rdn. 2.
204   So ausdrücklich *Arloth/Krä* § 84 StVollzG Rdn. 2; ebenso OLG Hamburg Beschl. v. 21.11.2001 – 3 Vollz (Ws) 95/01, BeckRS 2001 30221194.
205   *Laubenthal/Nestler/Neubacher/Verrel* 2015 M Rdn. 39.

2. Sonstige Durchsuchung ohne Entkleidung. Eine etwas höhere Eingriffsintensi- 5
tät als die bloße Absuchung erreicht die sonstige einfache Durchsuchung, die, soweit es
die Person des bzw. der Gefangenen angeht, nicht mit einer Entkleidung verbunden ist.
Sie besteht z.B. in manuellem Abtasten der Kleidung und der Durchsuchung der in der
Kleidung (Taschen) befindlichen Sachen. Einige der neuen Landesgesetze stellen dabei
klar, dass auch bei dieser gegenüber der Absuchung berührungsintensiveren Form der
Durchsuchung weiterhin technische Mittel oder sonstige Hilfsmittel eingesetzt werden
können (Nachweise in Rdn. 2). Für solche Durchsuchungen genügt eine allgemeine Anordnung der Anstaltsleitung. Sie finden teilweise mehrfach am Tag, etwa bei Verlassen
der Arbeitsstätte,[206] beim Ausrücken zur oder der Heimkehr von der Außenbeschäftigung, nach Empfang von Besuch, statt. Gefangene und von ihnen mitgeführte Ordner
dürfen auch nach Besuch einer Verteidigerin oder eines Verteidigers durchsucht werden,
wenn Gegenstände der Suche nicht Vereidigungsunterlagen, sondern von diesen leicht
unterscheidbare Kassiber sind.[207] Es ist nur eine Sichtkontrolle der Verteidigungsunterlagen ohne Kenntnisnahme des Inhalts zulässig; siehe auch Rdn. 6 a.E. und vgl. **BE** § 83
Abs. 1 Satz 3. Der höheren Eingriffsintensität der Durchsuchung entsprechend ist in allen
Bundesländern zu gewährleisten, dass – zur Schonung des Schamgefühls[208] – Durchsuchungen nur von **Personen gleichen Geschlechts** wie die betroffenen Gefangenen
durchgeführt werden.
   In geschlossenen Anstalten mit längerstrafigen und kriminell mehr belasteten Gefangenen sind Durchsuchungen zur Aufrechterhaltung von Sicherheit und Ordnung besonders wichtig. Gemäß der bundeseinheitlichen **VV Nr. 1** Abs. 1 zu § 84 StVollzG sollten
die Vollzugsbediensteten dort durch unvermutete Durchsuchungen laufend und in kurzen Zeitabständen die von Gefangenen benutzten **Räume** und **Einrichtungsgegenstände** kontrollieren. Diese Vorgabe findet sich auch in den meisten bereits existierenden,
dem Verfasser bekannten Länder-VV, und zwar in VV Nr. 1 zu den folgenden Gesetzen:
BW § 64 III, **BY** Art. 91, **BB** § 86, **HB** § 75, **HH** § 70, **SL** § 74. Bezüglich derartiger regelmäßiger, unvermuteter Kontrollen ist in erster Linie an Arbeits- und Freizeiträume zu den-
ken, in denen sich gerade in größeren Anstalten täglich zahlreiche Gefangene aufhalten.
Würden auch die Haftraume der Gefangenen tatsächlich „laufend" durchsucht, wäre
eine derart rigide Vorgehensweise mit den Gestaltungsgrundsätzen des Vollzugs nicht zu
vereinbaren.[209] Außerdem verstieße dies gegen den Verhältnismäßigkeitsgrundsatz.[210] In
der Praxis werden Haftraume von Gefangenen – auch im geschlossenen Vollzug – in der
Regel nicht mehr als zweimal monatlich durchsucht. Häufigere Kontrollen sind schon
aus personellen Gründen und wegen der Dauer der Durchsuchung (Vielzahl von zugelassenen Gegenständen!) kaum möglich.[211] Entsprechende Vorgaben macht auch die sehr
detaillierte VV § 33 Nr. 2 zu **HE** § 46 unter 2.2.f.aa: Zu kontrollieren seien „jeder Haftraum
und sämtliche Nebenräume unregelmäßig und unvorhersehbar spätestens nach 14 Tagen." Auch derartige, konkrete Vorgaben in Verwaltungsvorschriften **entbinden** aber

---

206 Vgl. dazu LG Karlsruhe BlStV 3/1982, 3.
207 OLG Karlsruhe 13.7.1992 – 1 Ws 87/92, LS ZfStrVo 1993, 118; vgl. auch die erstinstanzliche
Entscheidung LG Karlsruhe BlStV 4/5/1993, 5 = NStZ 1993, 382 *B*.
208 Diese Vorgabe spielt für die Entkleidungsdurchsuchung eine ungleich größere Rolle; siehe insofern
Rdn. 9.
209 AK-*Goerdeler* § 74 LandesR Rdn. 6; *Laubenthal/Nestler/Neubacher/Verrel* 2015 M Rdn. 42.
210 *Arloth/Krä* 2017 § 84 Rdn. 3.
211 Zur Zulässigkeit der sog. REFA-Haftraumkontrolle (formularmäßige Aufstellung der üblichen
Haftraumausstattung unter punktemäßiger Bemessung eines Einzelkontrollaufwandes für jeden
Gegenstand; Festlegung einer Obergrenze von z.B. 2.400 Punkten pro Gefangenem in der Hausordnung)
vgl. OLG Zweibrücken 19.12.2000 – 1 Ws 605/00 (Vollz), ZfStrVo 2001, 308.

die Vollzugsbehörde **nicht von eigenen Ermessenserwägungen**.[212] Zurückhaltender (regelmäßige Überprüfung) formuliert auch VV Nr. 2 zu **BE** § 83. In der Praxis werden sämtliche Kontrollen innerhalb der Anstalt insgesamt „laufend" durchgeführt und auch zu unregelmäßigen Zeiten, d.h. unvermutet. Bei gefährlichen, fluchtverdächtigen, suizidgefährdeten oder sich selbst verletzenden Gefangenen sehen sämtliche VV – zu Recht – häufigere Durchsuchungen vor. Haftraumkontrollen greifen **nicht** in den **Schutzbereich des Art. 13 GG** ein. Hafträume sind keine Wohnungen im verfassungsrechtlichen Sinne,[213] weil diese keine von den Gefangenen freiwillig gewählten Orte privater Lebensgestaltung sind. Gefangene dürfen ihren Haftraum auch nur im Rahmen der Weisungen der Anstaltsleitung nutzen.[214] Dabei bleibt das Hausrecht der Anstalt unberührt, auf dem die grundsätzliche Befugnis beruht, Hafträume jederzeit und ohne Einverständnis der Gefangenen zu betreten und zu durchsuchen.[215] Jedoch müssen die notwendigen Maßnahmen getroffen werden, um Verletzungen der Privat- und Intimsphäre (Art. 1 Abs. 1 i.V.m. Art. 2 Abs. 1 GG) vorzubeugen. Der Gesichtspunkt der Anstaltssicherheit rechtfertigt allerdings auch ein Betreten des Haftraumes ohne **Anklopfen**, weil Gefangene durch die Schließgeräusche ausreichend vorgewarnt sind und ggf. durch Rufe zu erkennen geben können, dass ein Eintreten gerade mit Blick auf die Intimsphäre problematisch ist; Voraussetzung muss aber sein, dass ein Betreten ohne Anklopfen auch aus Sicherheitsgründen erforderlich ist. Durch ein Anklopfen wird die Privat- und Intimssphäre nämlich jedenfalls besser bewahrt.[216] Eine Grundrechtsverletzung kann auch in der Art und Weise liegen, in der eine Durchsuchung konkret durchgeführt wird. Eine Durchsuchung der außerhalb der JVA von einem bzw. einer Gefangenen vorgehaltenen Wohnung ist durch die Durchsuchungsvorschriften der Landesgesetze nicht gedeckt und verstößt, wenn auch keine außerstrafvollzugliche Eingriffsgrundlage greift, gegen Art. 13 GG.[217] Zu den durchsuchbaren **Sachen** i.S. der Vorschriften gehört aber ein vor der Anstalt abgestellter **PKW** eines bzw. einer im offenen Vollzug untergebrachten Gefangenen.[218]

6   Die **Durchsuchung** sollte möglichst schonend durchgeführt werden, d.h. mit Sorgfalt, um nicht unnötige Unordnung in den **Haftraum** zu bringen, und mit Vorsicht, um Schäden zum Nachteil der Gefangenen zu vermeiden.[219] Die Anstaltsleitung sollte die Bediensteten regelmäßig zu der gebotenen Zurückhaltung bei der Durchführung von Zellenkontrollen anhalten. Sowohl der Grundsatz der Verhältnismäßigkeit als auch der Gleichheitsgrundsatz sind strikt zu beachten. So gibt z.B. nicht jeder Verstoß gegen eine Vorschrift in der Hausordnung, Bilder nur an einer Pinnwand anzubringen, den Anstaltsbediensteten das Recht, anderswo befestigte Bilder kurzerhand zu entfernen und sie dabei zu beschädigen. Ohne Anhaltspunkte z.B. für einen Missbrauch als Versteck reicht es regelmäßig aus, dass die Anstalt die betreffende Person zunächst unter Setzung einer Frist auffordert, die Bilder selbst in dem dafür vorgesehenen Zellenbereich anzubringen, zumal wenn der bestehende Zustand vorher längere Zeit geduldet worden war.[220] Soweit mit dem Zweck der Durchsuchung vereinbar, sollte diese in Anwesenheit betroffener Ge-

---

212   BVerfG, 12.6.2017 – 2 BvR 1160/17, BeckRS 2017, 113888 (zu **BB** § 86).
213   BVerfG 30.5.1996 – 2 BvR 727/94 u.a., NJW 1996, 2643 = NStZ 1996, 511.
214   Vgl. OLG Dresden BlStV 4/5/1995, 10; ferner OLG Frankfurt ZfStrVo 1982, 191 und OLG Stuttgart 27.8.1984 – 4 VAs 24/84, NStZ 1984, 574 zur Ablehnung eines Anwesenheitsrechts bei Durchsuchungen.
215   OLG Nürnberg 24.10.1996 – Ws 753/96, ZfStrVo 1998, 53.
216   BVerfG 30.5.1996 – 2 BvR 727/94 u.a., NJW 1996, 2643 = NStZ 1996, 511.
217   LG Koblenz 10.2.2003 – 7 StVK 452/00, NStZ 2004, 231.
218   OLG Hamm 20.2.1996 – 1 Vollz (Ws) 172/95, NStZ 1996, 359.
219   OLG Nürnberg 24.10.1996 – Ws 753/96, NStZ 1997, 359.
220   KG Berlin 12.5.2005 – 5 Ws 166/05 Vollz, NStZ-RR 2005, 281; zur Schadensersatzpflicht für bei Zellendurchsuchung zerstörte Gegenstände vgl. LG Krefeld 11.7.1990 – 3 O 58/89, StV 1991, 31.

fangener erfolgen. Allerdings ist deren **Anwesenheit** weder Voraussetzung für die Zulässigkeit der Durchsuchung, noch steht Gefangenen das Recht zu, der Durchsuchung beizuwohnen.[221] Eine Ausnahme gilt allerdings hinsichtlich Verteidigungsunterlagen und anderen privilegierten Schriftstücken (unüberwachte und unüberwachbare Korrespondenz mit Institutionen wie den Volksvertretungen des Bundes und der Länder, des europäischen Gerichtshofs für Menschenrechte, etc.). Diese dürfen im Interesse eines effektiven Schutzes vor inhaltlicher Kenntnisnahme bei einer Haftraumkontrolle weder aus dem Haftraum entfernt, noch in Abwesenheit der Strafgefangenen einer Sichtkontrolle unterzogen werden.[222] **BE** § 83 Abs. 1 Satz 3 und **HE** § 46 Abs. 4 stellen das nun ausdrücklich klar. In der Praxis kann dem z.B. dadurch Rechnung getragen werden, dass Gefangene zu Beginn der Maßnahme aufgefordert werden, **Verteidigerpost** usw. vorzulegen, deren Sichtkontrolle dann in Anwesenheit der oder des betroffenen Gefangenen stattfindet und schließlich von dieser oder diesem mitgenommen wird in den Raum, in dem sie oder er ggf. während der weiteren Haftraumkontrolle untergebracht ist.[223]

Werden Gegenstände, die Gefangene nicht in ihrem Besitz haben dürfen, aus dem Haftraum entfernt, ist ihnen dies mitzuteilen. Die Sachen sind nach Maßgabe der entsprechenden Gewahrsamsvorschrift zur Habe zu nehmen (näher 11 C Rdn. 13ff; dort auch zur Frage, unter welchen Voraussetzungen eine Entfernung der Gegenstände aus der Anstalt, Verwertung oder Vernichtung in Frage kommt). Soweit zu vermuten ist, dass sie ihnen nicht gehören, etwa gestohlen sind, muss der Sachverhalt genau ermittelt werden. Zur Frage, wann ein Anspruch auf Ausstellung einer **Quittung** über im Zuge der Durchsuchung aus dem Haftraum entnommene Gegenstände besteht, siehe 11 C Rdn. 7. Strafgefangene haben keinen Anspruch (analog § 107 Satz 2 StPO) auf Erteilung einer sog. Negativbescheinigung über eine ergebnislose Haftraumdurchsuchung.[224] Haftraumkontrollen sollen nach einem gewissen System erfolgen, und das Ergebnis sollte in einem **Zellenrevisionsbuch** oder im Protokoll vermerkt werden.

Beispielsweise sind zu kontrollieren:
a) Fenster (insbesondere Fenstervergitterung), Außenwand, Tür (mit Schloss);
b) Innenwände (Abklopfen nach Hohlräumen, Beachten von Schäden an Putz und Farbanstrich, besonders hinter Bildern, Postern, Spiegeln, Zellenmöbeln);
c) Fußboden (besonders unter Möbeln und Bodenbelag);
d) WC- und Waschbecken (Einführen von Hakendraht in Hohlräume);
e) elektrische Anlagen (Überprüfen der Hohlräume in Steckdosen, Schaltern, Lampensockeln);
f) Reinigungsgeräte (Überprüfen der Borstenteile von Besen und Handfegern, evtl. doppelter Boden bei Abfalleimern);
g) Bett (Überprüfen der Hohlräume in Bettpfosten sowie der Schaumstoffmatratze nach Entfernung des Bezugsstoffes);
h) Zellenschrank (eventuell doppelte Wände, Überprüfen des Hohlraumes unter dem Sockel durch Abrücken von der Wand);
i) nicht zum Zellenmobiliar gehörende Möbel, z.B. selbst angefertigte Hocker, Tische, Schränkchen (Überprüfen auf Versteckmöglichkeiten);
j) Fernseher, Stereoanlagen, Lautsprecherboxen, Spielkonsolen u.a. (Überprüfen der Anschlüsse und Hohlräume);

---
221 OLG Hamm 15.12.2009 – 1 Vollz (Ws) 757/09 u.a., FS 2011, 53 LS; OLG Frankfurt ZfStrVo 1982, 191; ebenso *Arloth/Krä* 2017 Rdn. 3 zu § 84; a.A. *Mitsch* FS Schwind 2006, 603, 616.
222 KG Berlin 23.5.2003 – 5 Ws 99/03 Vollz.
223 OLG Koblenz 15.6.2007 – 1 Ws 243/07.
224 KG Berlin 5.9.2008 – 2 Ws 408/08.

k) Rundfunkgeräte (Überprüfen, ob im UKW-Bereich Polizeifunk abgehört werden kann);
l) Medikamente (Überprüfen durch Anstaltsarzt);
m) Konservendosen (Überprüfen, ob sich unter dem Etikett Lötstellen befinden und in der Dose eventuell Alkohol);
n) Sonstiges, wie Gürtel (Überprüfen der Nähte oder Klebstellen als Versteckmöglichkeit für Geld oder Drogen), Kugelschreiber (Versteckmöglichkeit für Geld).

Auf eine Alkohol-Brennanlage in Hafträumen deuten hin: Schraubverschlüsse mit angelöteten Blechrohrnippeln, Kunststoffschläuche (wie bei Aquarien zu verwenden), Zellophan- oder Kunststoffbeutel. Bei der Durchsuchung können in den meisten Bundesländern auch, z.B. zum Auffinden von **Drogen** im Haftraum, **Spürhunde** eingesetzt werden (siehe näher Rdn. 4 und ausdrücklich **HH** § 70 Abs. 1 Satz 2).

7 **3. Durchsuchung mit Entkleidung im Einzelfall.** Die nächste Stufe der Eingriffsintensität ist bei einer **mit Entkleidung verbundenen körperlichen Durchsuchung** erreicht. Da Menschen auch von vornherein unterschiedlich leicht bekleidet sein können, stellt sich die Frage, ab welchem Grad an Nacktheit von einer mit Entkleidung verbundenen Durchsuchung gesprochen werden kann. Das BVerfG hat insofern zutreffend festgehalten, dass dies jedenfalls immer dann der Fall ist, wenn auch die Genitalien entblößt werden müssen;[225] in der Tat liegt dann ein entsprechend gravierender Eingriff in das allgemeine Persönlichkeitsrecht aus Art. 2 Abs. 1 i.V.m. Art. 1 Abs. 1 GG vor.[226] Allerdings ist auch eine solche Durchsuchung nicht, wie die meisten Landesgesetze weiterhin insinuieren (**BW** § 64 Abs. 2 Satz 1, **BY** Art. 91 Abs. 2 Satz 1, **BE** § 83 Abs. 2 Satz 2, **BB** § 86 Abs. 2 Satz 1, **HB** § 75 Abs. 2 Satz 1, **HH** § 70 Abs. 2 Satz 1, **HE** § 46 Abs. 2 Satz 1, **MV** § 74 Abs. 2 Satz, **NI** § 77 Abs. 2 Satz 1, **NW** § 64 Abs. 2 Satz 2, **RP** § 84 Abs. 2 Satz 1, **SL** § 74 Abs. 2 Satz 1, **SN** § 75 Abs. 2 Satz 1, **ST** § 85 Abs. 2 Satz 1, **TH** § 85 Abs. 2 Satz 1), „nur" im **Einzelfall bei Gefahr im Verzug oder aufgrund Anordnung der Anstaltsleitung** zulässig; vielmehr sind (in allen Bundesländern und schon nach dem alten StVollzG, vgl. dort § 84 Abs. 3) auch **allgemeine Anordnungen** zu Durchsuchungen mit Entkleidung in bestimmten Situationen zulässig (zu diesen Rdn. 10). **Voraussetzungen** der **Entkleidungsdurchsuchung im Einzelfall** sind aber – aufgrund des schwerwiegenden Eingriffs in das allgemeine Persönlichkeitsrecht[227] – ein konkreter Verdacht und eine hinreichend erhebliche Gefahr für Sicherheit oder Ordnung.[228]

8 Die Anordnung einer Durchsuchung im Einzelfall ist grundsätzlich der **Anstaltsleitung** vorbehalten; die **Übertragung auf andere** Bedienstete richtet sich in fast allen Bundesländern nach den allgemeinen Vorgaben (siehe aber auch **BE** § 83 Abs. 2 Satz 2), wobei allerdings in der Regel nur eine Übertragung auf Beamtinnen oder Beamte des höheren Dienstes der Eingriffsintensität der Maßnahme gerecht wird.[229] Da allgemeine Anordnungen (Rdn. 10) nur in bestimmten Situationen in Betracht kommen, ist die Frage, was unter einer **Einzelfallanordnung** zu verstehen ist, von entscheidender Wichtigkeit.[230] Dabei ist (entgegen der Vorauflage) der Auffassung zuzustimmen, die dafür die

---

225 BVerfG 5. März 2015 – 2 BvR 746/13, NJW 2015, 3158, 3159; ebenso *Höflich/Schriever*, 150.
226 *Lübbe-Wolff*, 229.
227 Zutreffend OLG Frankfurt, 27.6.2017 – 3 Ws 118/17 StVollz, BeckRS 2017, 116035.
228 Ebenso AK-*Goerdeler* § 74 LandesR Rdn. 11; a.A. OLG Karlsruhe, 16.11.1982 – 3 Ws 225/82, NStZ 1983, 191; OLG Hamm 26.5.1981 – 7 Vollz (Ws) 102/81, NStZ 1981, 407.
229 *Arloth/Krä* § 84 Rdn. 5; OLG Koblenz 10.10.1984 – 2 Vollz (Ws) 62/84, ZfStrVo 1985, 56.
230 Vgl. auch *Lübbe-Wolff*, 230: „Die differenzierte Regelung, mit der § 84 StVollzG in Abs. 2 Satz 1, 2. Alt. und Abs. 3 der Vorschrift den Anforderungen des Grundsatzes der Verhältnismäßigkeit in Bezug auf

Anordnung gegenüber bestimmten (namentlich individualisierten) Gefangenen zu einem konkreten, einzelnen (nach Ort, Zeit, Art und Umfang der Maßnahme bestimmten) Anlass verlangt.[231] Da es sich um einen schwerwiegenden Eingriff in das allgemeine Persönlichkeitsrecht handelt, der einer ausdrücklichen gesetzlichen Ermächtigung bedarf,[232] ist diese auch keiner extensiven Auslegung zugänglich. Zudem sind bei einer Anordnung der Entkleidungsdurchsuchung durch die Anstaltsleitung nur die formellen, nicht auch die materiellen Eingriffsvoraussetzungen anders als bei der Anordnung wegen Gefahr im Verzug.[233] Der Anstaltsleitung ist daher nur eine – von konkreten Verdachtslagen und hinreichend erheblichen Gefahren für Sicherheit und Ordnung abhängige – von Fall zu Fall zu treffende Entscheidung gestattet, nicht etwa auch der Erlass einzelne Gefangene betreffender genereller Anordnungen, wie z.B. körperliche Durchsuchung mit Entkleidung vor und nach jedem unüberwachtem Verteidiger- oder Langzeitbesuch bei einem oder einer als Sicherheitsrisiko eingestuften Gefangenen.[234] Keine Einzelfallanordnung ist danach auch die Anordnung der Anstaltsleitung, dass sämtliche verspätet in die Anstalt zurückkehrenden Gefangenen einer mit Entkleidung verbundenen körperlichen Durchsuchung, z.B. auf Rauschmittel, zu unterziehen sind.[235] Erst recht als Einzelfallmaßnahme nicht zulässig ist die Umsetzung einer Anordnung des Justizministeriums durch die Anstaltsleitung nach umfangreichen staatsanwaltschaftlichen Ermittlungen wegen des Verdachts illegaler Geschäfte eines Justizbediensteten mit Strafgefangenen dergestalt, dass sämtliche Haftträume zu durchsuchen und sämtliche Strafgefangene einer mit einer Entkleidung verbundenen körperlichen Durchsuchung zu unterziehen sind.[236] Zutreffend hat das BVerfG festgehalten, dass dann, wenn sämtliche oder fast alle Gefangenen einer Anstalt in einer bestimmten Situation zu durchsuchen sind, keine Einzelfallanordnung mehr vorliegt.[237] Hingegen hat das BVerfG die weite Auslegung der Einzelfallanordnung durch die Rechtsprechung im Übrigen zwar als „sehr weitgehend" bezeichnet, aber sie im Grundsatz unbeanstandet gelassen, allerdings unter der wichtigen Einschränkung, dass bei Stichprobenmaßnahmen ohne konkreten Verdacht gegen die betroffenen Personen (im konkreten Fall: Entkleidungsdurchsuchung jedes fünften Gefangenen und Sicherungsverwahrten an einem bestimmten Tag *vor* der Vorführung zum Besuch, usw.)[238] dem Verhältnismäßigkeitsgrundsatz durch Abweichungsmöglichkeiten im Einzelfall Rechnung zu tragen ist.[239] Nur so lässt sich

---

Durchsuchungen Rechnung trägt, darf nicht durch eine entdifferenzierende Auslegung und Anwendung überspielt werden."
231 Zutreffend AK-*Goerdeler* § 74 LandesR Rdn. 12; ähnlich LG Mannheim ZfStrVo 1982, 250; a.A. OLG Celle 19.5.2004 – 1 Ws 144/04 (StrVollz), NStZ 2005, 587; OLG Koblenz ZfStrVo 1996, 55; OLG Bremen NStZ 1985, 143; OLG Nürnberg 20.8.1982 – Ws 539/82, NStZ 1982, 526.
232 Zutreffend OLG Frankfurt, 27.6.2017 – 3 Ws 118/17 StVollz, BeckRS 2017, 116035.
233 Verfehlt OLG Karlsruhe, 16.11.1982 – 3 Ws 225/82, NStZ 1983, 191; wie hier AK-*Goerdeler* § 74 LandesR Rdn. 11.
234 A.A. OLG Celle ZfStrVo **SH** 1979, 83; OLG Hamm 26.5.1981 – 7 Vollz (Ws) 102/81, LS NStZ 1981, 407; LG Hamburg 29.12.1999 – 605 Vollz 164/99, ZfStrVo 2000, 252 sowie die hiesige Voraufl.; wie hier AK-*Goerdeler* § 74 LandesR Rdn. 12.
235 A.A. OLG Bremen 26.9.1984 – Ws 88/84, NStZ 1985, 143.
236 A.A. OLG Celle 19.5.2004 – 1 Ws 144/04 (StrVollz), NStZ 2005, 587 und hiesige Voraufl.
237 BVerfG 05.11.2016 – 2 BvR 6/16, NJW 2017, 725, 726 (zu **BY** Art. 91 Abs. 2 und Abs. 3); BVerfG 29.10.2003 – 2 BvR 1745/01, NStZ 2004, 227.
238 Zur nunmehr bestehenden Möglichkeit der Anstaltsleitung in vielen Bundesländern, auch insoweit eine alle Gefangenen betreffende allgemeine Anordnung zu treffen s. Rdn. 10.
239 „Jedenfalls in den Fällen, in denen für die handelnden Vollzugsbediensteten erkennbar ist oder mit praktikablem Aufwand erkennbar gemacht werden könnte, dass nach den konkreten Umständen des Einzelfalls die Gefahr eines Missbrauchs des bewilligten Besuchs durch den Gefangenen fernliegen

auch die bisherige Praxis mit den Vorgaben des EGMR in Einklang bringen, nach dem „[s]trip searches [...] carried out as a matter of routine and [...] not linked to any specific security needs, or to any specific suspicion concerning the applicant's conduct" gegen Art. 3 EMRK verstoßen.[240]

Bei „**Gefahr im Verzuge**", d.h. dann, wenn der Erfolg der Durchsuchung bei vorheriger Einschaltung der Anstaltsleitung zwecks Herbeiführung einer Entscheidung über die Durchsuchung gefährdet wäre,[241] dürfen Bedienstete eine Entkleidungsdurchsuchung auch ohne vorherige Anordnung der Anstaltsleitung durchführen. Allerdings ist angesichts der Schwere des Grundrechtseingriffs dieser Ausnahmetatbestand eng auszulegen; insbesondere ist – ähnlich der Lage bei § 105 StPO[242] – in aller Regel vorher der Versuch zu unternehmen, zumindest telefonisch eine Entscheidung der Anstaltsleitung herbeizuführen. Dies sollte während der regulären Dienstzeiten (also außerhalb insbesondere der Nachtschicht) in aller Regel möglich sein.

9   Alle Landesgesetze (**BW** § 64 Abs. 1 Satz 3, **BY** Art. 91 Abs. 1 Satz 3, **BE** § 83 Abs. 3 Satz 5, **BB** § 86 Abs. 1 Satz 3 , **HB** § 75 Abs. 1 Satz 3, **HH** § 70 Abs. 1 Satz 4, **HE** § 46 Abs. 1 Satz 3, **MV** § 74 Abs. 1 Satz 3, **NI** § 77 Abs. 1 Satz 4, **NW** § 64 Abs. 3 Satz 5, **RP** § 84 Abs. 1 Satz 3, **SL** § 74 Abs. 1 Satz 3, **SN** § 75 Abs. 1 Satz 3, **ST** § 85 Abs. 1 Satz 3, **SH** § 102 Abs. 1 Satz 3, **TH** § 85 Abs. 1 Satz 3) weisen – wie zuvor schon § 84 Abs. 1 Satz 3 StVollzG – auf die Notwendigkeit einer **Schonung des Schamgefühls** hin. Trotz des meist abweichenden systematischen Standorts bei der einfachen Durchsuchung gilt dies in besonderer Weise für die Entkleidungsdurchsuchung.[243] Wenngleich Eingriffe, die den Intimbereich und das Schamgefühl der Inhaftierten berühren, sich im Haftvollzug nicht prinzipiell vermeiden lassen, so hat der Gefangene insoweit – auch aus Art. 3 EMRK[244] – Anspruch auf besondere Rücksichtnahme. Der bloße Umstand, dass Verwaltungsabläufe sich ohne eingriffsvermeidende Rücksichtnahmen einfacher gestalten, ist nicht geeignet, den Verzicht auf diese zu rechtfertigen.[245] Bei der Durchsuchung mit Entkleidung dürfen daher nur **Personen desselben Geschlechts** wie die zu durchsuchende Person anwesend sein. **Nur BE § 83 Abs. 3 Satz 4** erlaubt ergänzend ein **Wahlrecht** des Geschlechts der durchsuchenden Person bei berechtigtem Interesse der Gefangenen. Hier ist einerseits an Gefangene mit Missbrauchserfahrungen durch gleichgeschlechtliche Personen, andererseits an trans- oder intersexuelle Menschen zu denken.[246] Dieses – durchaus auch verfassungsrechtlich relevante – Problem wurde in den anderen Gesetzen anscheinend nicht erkannt. Eine – auch nur mögliche – Beobachtung einer qualifizierten Durchsuchung mittels **Kamera** und damit durch Personen, die der Sicht der bzw. des Gefangenen entzogen sind und deren Geschlecht er bzw. sie hiernach nicht feststellen kann, sowie die dadurch geschaffene Möglichkeit der Aufzeichnung des Vorgangs verletzen den Anspruch des bzw. der Gefangenen auf Achtung der Menschenwürde, es sei denn, die Kameras befinden sich **für alle sichtbar** nicht in Betrieb – z.B. durch Abdeckung des Objektivs, Wegdrehen der Kamera oder dergleichen.[247] Zur Schonung des

---

könnte, gebührt dem allgemeinen Persönlichkeitsrecht der Vorrang" (BVerfG 5.11.2016 – 2 BvR 6/16, NJW 2017, 725, 726 (zu **BY** Art. 91 Abs. 2 und Abs. 3).
240 EGMR 14.6.2016 – 446/10 Rdn. 58 ff – *Pugžlys/Polen*; wörtliches Zitat: Rdn. 62.
241 Enger („höchstwahrscheinlich nicht mehr erreicht werden könnte") AK-*Goerdeler* § 74 LandesR Rdn. 12.
242 BbgVerfG, 21.11.2002 – VfGBbg 94/02, NJW 2003, 2305, 2306.
243 Vgl. OLG Frankfurt a.M., 27.6.2017 – 3 Ws 118/17 StVollz, BeckRS 2017, 116035.
244 Vgl. z.B. EGMR 14.6.2016 – 446/10 Rdn. 58 ff – *Pugžlys/Polen*.
245 BVerfG 10.7.2013 – 2 BvR 2815/11, NJW 2013, 3291; BVerfG 4.2.2009 – 2 BvR 455/08, StV 2009, 253.
246 BE Abgeordnetenhaus-Drucks. 17/2442, 257.
247 OLG Celle 5.2.2009 – 1 Ws 31/09 (StrVollz), FS 2010, 54 LS (zu **NI** § 77 Abs. 2 Satz 2 bis 4).

Schamgefühls[248] muss die Durchsuchung auch **in einem geschlossenen Raum** sowie in **Abwesenheit anderer Gefangener** durchgeführt werden. Den Anforderungen genügt danach nur eine Durchsuchung in einem durch massive Wände mit undurchsichtigen, geschlossenen Türen umgrenzten separaten Raum, in dem sich keine Mitgefangenen aufhalten. Auch die Anwesenheit von Angestellten eines privaten Sicherheitsunternehmens (zu Schulungszwecken) ist aufgrund nicht erforderlicher Beeinträchtigung des Scham- und Selbstwertgefühls der Gefangenen rechtswidrig.[249] Nicht genügen kann es, wenn eine Entkleidungsdurchsuchung innerhalb eines besonderen, gegen Einsicht geschützten Bereiches eines geschlossenen Raumes stattfindet, in dem zwar weitere Strafgefangene körperlich anwesend, jedoch am Betrachten der Durchsuchung in dem besonderen Bereich zuverlässig gehindert sind.[250] Die **Menschenwürde** dürfte nicht erst bei der Frage tatsächlicher Blicke anderer Gefangener tangiert sein, sondern bereits mit der Abhängigkeit der betroffenen Person von den Bediensteten zum Schutz ihrer Intim- und Schamsphäre. Die bloße Möglichkeit, den Mitgefangenen den Rücken zuzukehren, reicht nämlich sicher nicht aus,[251] sodass es ggf. eines Anhaltens der Mitgefangenen, der Szene selbst den Rücken zuzukehren und sich nicht umzusehen sowie einer zuverlässigen Überwachung des Befolgens dieser Vorgaben seitens der Bediensteten bedarf. Das Erfordernis der Abwesenheit anderer Gefangener bei der Entkleidungsdurchsuchung wurde in den Landesvorschriften außer **SH § 102** ausdrücklich geregelt (nur in der Formulierung abweichend **BE § 83 Abs. 3 Satz 2**, **NW § 64 Abs. 3 Satz 2**: „einzeln"). Auch das Erfordernis der Durchführung in einem geschlossenen Raum findet sich fast überall (auch hier keine Regelung in **SH § 102**; abweichend zudem **HE § 46 Abs. 2 Satz 4**: „Die Durchsuchung ist an einem Ort durchzuführen, der einen Sichtkontakt Unbeteiligter nicht zulässt."). Für **SH § 102** folgt jedoch aus dem auch dort geregelten Erfordernis einer Rücksichtnahme auf das Schamgefühl (Abs. 1 Satz 3), dass Mitgefangene nicht anwesend sein dürfen.[252] In Übereinstimmung mit **HE § 46 Abs. 2 Satz 4** erlaubt aber auch das Gesetz aus **SH** eine funktionale Betrachtungsweise.[253] Wenn also die dort genannten, materiellen Vorgaben gewahrt sind, bedarf es in beiden Ländern nicht notwendig eines geschlossenen Raumes im o.g. Sinne. Angesichts der **Sensibilität des Eingriffs** in die Intimsphäre sollten bei der Entkleidungsdurchsuchung – auch zur Vermeidung falscher Beschuldigungen – immer zwei Bedienstete zugegen sein.[254]

Auch das Grundrecht der **Religionsfreiheit** im Strafvollzug erlaubt es Gefangenen (z.B. muslimischen Glaubens) nicht, eine körperliche Durchsuchung und Entkleidung unter allen Umständen zu verweigern;[255] allerdings ist Art. 4 GG im Rahmen der Verhältnismäßigkeitsprüfung und bei der Art und Weise der Durchführung der Maßnahme zu berücksichtigen.[256]

---

248 Vgl. OLG Frankfurt 8.9.1986 – 3 Ws /22/86 (StrVollz) u.a., LS ZfStrVo 1987, 120; Laubenthal/Nestler/Neubacher/Verrel 2015M Rdn. 46; Arloth/Krä § 84 Rdn. 5; jeweils m.w.N.; vgl. auch bereits OLG Hamm BlStV 1/1986, 6.
249 LG Gießen 13.4.2006 – 2 StVK – Vollz 1632/05, ZfStrVo 2006, 247.
250 Anders in derartigen Fällen aber OLG Celle 19.5.2004 – 1 Ws 144/04 (StrVollz), NStZ 2005, 587; ähnlich bereits OLG Celle 1.6.2004 – 1 Ws 102/04 (StrVollz), NdsRpfl. 2004, 219.
251 So auch zutreffend OLG Celle 19.5.2004 – 1 Ws 144/04 (StrVollz), NStZ 2005, 587.
252 Ebenso Arloth/Krä § 102 **SH** LStVollzG Rdn. 3.
253 Arloth/Krä § 46 HStVollzG Rdn. 2.
254 Ebenso Arloth/Krä § 84 Rdn. 5; Laubenthal/Nestler/Neubacher/Verrel 2015 M Rdn. 46.
255 Arloth/Krä § 84 Rdn. 5; a.A. OLG Koblenz 02.10.1985 – 2 Vollz (Ws) 15/85, NStZ 1986, 238 mit krit. Anm. Rassow.
256 Zutreffend AK-Goerdeler § 74 LandesR Rdn. 11.

In einigen Bundesländern wird die **Untersuchung von Körperöffnungen** ausdrücklich **Angehörigen des ärztlichen Dienstes vorbehalten** (**HE** § 46 Abs. 2 Satz 2, **NW** § 64 Abs. 3 Satz 4, **RP** § 84 Abs. 2 Satz 1). Wo dies so geregelt ist, erfasst der eindeutige Wortlaut auch die Sichtkontrolle der Mundhöhle.[257] Etwas abweichend erfasst **SH** § 102 Abs. 4 Satz 3 nur **intime** Körperöffnungen, also insbesondere Anus und Vagina, und erlaubt bei Gefahr im Verzuge auch die Durchführung durch Sanitätsbedienstete. Mit dieser Beschränkung auf intime Körperöffnungen entspricht das Nr. 54.7 der European Prison Rules und muss schon unter Berücksichtigung der nochmals erhöhten Eingriffsintensität einer solchen Maßnahme[258] entsprechend auch in den anderen Bundesländern gelten.[259] Die Durchsuchungsvorschriften erlauben insofern eine **Sichtkontrolle** von Körperöffnungen sowie – unter wiederum erhöhten Voraussetzungen, die Verhältnismäßigkeit betreffend – deren **Betasten**.[260] Die Anordnung einer **Rektoskopie** zum Auffinden von Betäubungsmitteln kann vollzuglich hingegen nicht auf die Durchsuchungsvorschrift gestützt werden, ist also allenfalls als Zwangsmaßnahme auf dem Gebiet der Gesundheitsfürsorge (§ 101 StVollzG entsprechende Landesvorschriften) zulässig, falls die Voraussetzungen der entsprechenden Norm vorliegen.[261] Dasselbe gilt ganz generell für ärztliche Untersuchungen, die sich auf das Körperinnere beziehen.[262] Es ist insofern aber auch an **§ 81a StPO** zu denken.

Nach **BB § 86 Abs. 4 Satz 2, SN § 75 Abs. 4 Satz 2** sind Anordnung, Durchführung und Ergebnis einer Entkleidungsdurchsuchung **aktenkundig** zu machen.

10   **4. Allgemeine Anordnung der Entkleidungsdurchsuchung.** Nach § 84 Abs. 3 StVollzG stand der **Anstaltsleitung** auch die Befugnis zu, eine mit Entkleidung verbundene körperliche Durchsuchung aller Strafgefangener **bei der Aufnahme, nach Kontakten mit Besucherinnen und Besuchern** sowie **nach jeder Abwesenheit von der Anstalt allgemein anzuordnen**. Dies sollte insgesamt dem Einschmuggeln von gefährlichen Gegenständen von außen entgegenwirken. Mindestens diese Möglichkeiten bestehen auch weiterhin nach sämtlichen Landesgesetzen (**BW** § 64 Abs. 3, **BY** Art. 91 Abs. 3, **BE** § 83 Abs. 2 Satz 1, **BB** § 86 Abs. 3, **HB** § 75 Abs. 3, **HH** § 70 Abs. 3, **HE** § 46 Abs. 3, **MV** § 74 Abs. 3, **NI** § 77 Abs. 3, **NW** § 64 Abs. 2 Satz 1, **RP** § 84 Abs. 3, **SL** § 74 Abs. 3, **SN** § 75 Abs. 3, **ST** § 85 Abs. 3, **SH** § 102 Abs. 3, **TH** § 85 Abs. 3). Die Landesgesetzgeber haben aber teilweise (nämlich in **HB** § 75 Abs. 3, **NW** § 64 Abs. 2 Satz 1, **RP** § 84 Abs. 3, **SL** § 74 Abs. 3, **SN** § 75 Abs. 3 Satz 1, **ST** § 85 Abs. 3, **SH** § 102 Abs. 3, **TH** § 85 Abs. 3) auch weitere Möglichkeiten für allgemein angeordnete Entkleidungsdurchsuchungen geschaffen, konkret auch **vor Besuchen** und **vor Abwesenheitszeiten von der Anstalt**. Diese Auflistung von Situationen, in denen eine allgemeine Anordnung der Entkleidungsdurchsuchung zulässig ist, ist **abschließend** und kann auch durch eine extensive Handhabung von Einzelfall-Entkleidungsdurchsuchungen nicht erweitert werden (näher Rdn. 8). Unter Berücksichtigung verfassungsrechtlicher Vorgaben[263] und der Rechtsprechung des EGMR zu Art. 3 EMRK[264] dürfen allgemeine Anordnungen zudem

---

[257] So zu **HE** § 46 Abs. 2 Satz 2 ausdrücklich OLG Frankfurt a.M., 27.6.2017 – 3 Ws 118/17 StVollz, BeckRS 2017, 116035.
[258] Dazu vgl. auch BVerfG 5.11.2016 – 2 BvR 6/16, NJW 2017, 725 (zu **BY** Art. 91 Abs. 2 und Abs. 3).
[259] Ebenso AK-*Goerdeler* § 74 LandesR Rdn. 15; anders *Laubenthal/Nestler/Neubacher/Verrel* 2015 M Rdn. 45; *Arloth/Krä* § 84 Rdn. 5.
[260] *Arloth/Krä* § 84 Rdn. 5.
[261] OLG Stuttgart BlStV 2/1997, 7 = NStZ 1992, 378 B.
[262] *Laubenthal/Nestler/Neubacher/Verrel* 2015 M Rdn. 45; *Arloth/Krä* § 84 Rdn. 5.
[263] BVerfG 10.7.2013 – 2 BvR 2815/11, NJW 2013, 3291, 3292.
[264] Z.B. EGMR 14.6.2016 – 446/10 Rdn. 58 ff – *Pugžlys/Polen*.

nur für den Regelfall gelten, sie müssen also immer die Möglichkeit des Abweichens in begründeten Ausnahmefällen, in denen eine entsprechende, erhebliche Gefahr für Sicherheit und Ordnung fernliegt, vorsehen. Die meisten Landesgesetze tragen dem schon vom Wortlaut her Rechnung (**BE** § 83 Abs. 2 Satz 1, **BB** § 86 Abs. 3, **HB** § 75 Abs. 3, **HE** § 46 Abs. 3, **MV** § 74 Abs. 3, **NW** § 64 Abs. 2 Satz 1; **RP** § 84 Abs. 3, **SL** § 74 Abs. 3, **SN** § 75 Abs. 3 Satz 1, **ST** § 85 Abs. 3, **SH** § 102 Abs. 3, **TH** § 85 Abs. 3), die Vorgabe gilt aber unabhängig davon. Ergänzend betont **SN** § 73 Abs. 3 Satz 2, dass vor und nach privilegierten Besuchen (**SN** § 28 Abs. 5: Verteidigerinnen und Verteidiger usw.) eine allgemeine Anordnung der Entkleidungsdurchsuchung nicht zulässig ist.

Allgemeine Anordnungen der Entkleidungsdurchsuchung sollten aus Gründen der Verhältnismäßigkeit insgesamt **zurückhaltend angewendet** werden.[265] In der Regel genügt es, wenn die Gefangenen durch Abtasten der Kleidung und Kontrolle des Tascheninhalts durchsucht werden und unmittelbar anschließend ihre Zivilkleidung in Anstaltskleidung umtauschen. Bei begründetem, konkretem Verdacht des Besitzes von gefährlichen Gegenständen darf dann immer noch eine Entkleidungsdurchsuchung von Gefangenen im Einzelfall nach den Vorgaben gem. Rdn. 7 ff durchgeführt werden.

Nach **BB § 86 Abs. 4** Satz 1, **SN § 75 Abs. 4** Satz 1 sind allgemeine Anordnungen der Entkleidungsdurchsuchung zu **begründen**; zudem sind nach Satz 2 der Vorschriften Anordnung, Durchführung und Ergebnis der entsprechenden Durchsuchungen **aktenkundig** zu machen.

5. Rechtsschutz bei Durchsuchungen. In der Regel wird Rechtsschutz nur *ex post* 11 durch **Feststellungsantrag** möglich sein. Das Feststellungsinteresse ist aber praktisch immer aufgrund des diskriminierenden Charakters der Maßnahme gegeben.[266] Ein **vorbeugender Unterlassungsantrag** gegen die generelle Anordnung von körperlichen Durchsuchungen in bestimmten Fällen, mit dem Ziel des Durchsuchungsverbots, ist unzulässig.[267] Allerdings sind bereits getroffene allgemeine Durchsuchungsanordnungen als Allgemeinverfügungen zu verstehen, gegen die mit einem Anfechtungsantrag vorgegangen werden kann.[268]

6. Rechtsgrundlage für Maßnahmen zur Feststellung von Suchtmittelge- 12 **brauch.** Anders als das StVollzG enthalten fast alle Landesgesetze (einzige Ausnahme: NI) eine eigene Regelung zu **Suchtmittelkontrollen** (BW § 64 Abs. 4 , BY Art. 94, BE § 84, **BB** § 88, **HB** § 77, **HH** § 72, **HE** § 47, **MV** § 76, **NW** § 65, **RP** § 86, **SL** § 76, **SN** § 80, **ST** § 87, **SH** § 106, **TH** § 87). **Allein für NI** bleibt es danach bei der unter dem StVollzG geltenden Rechtslage, nach der **Urinproben** zum Nachweis der Suchtmittelfreiheit gegenüber Strafgefangenen insbesondere unter medizinischen Gesichtspunkten (nämlich früher nach § 56 Abs. 2 StVollzG,[269] in NI nun ebenfalls § 56 Abs. 2) angeordnet werden können. Vorauszusetzen ist also für **NI**, dass diese Anordnung auch der Gesundheitsfürsorge der Gefangenen dient, die Feststellung von Drogenfreiheit bzw. Drogenmissbrauch daher medizinisch (d.h. für konkrete Behandlungsmaßnahmen) erforderlich ist. Dies wurde von der früheren Rechtsprechung teils problematisiert,[270] meist aber unkritisch

---

265 So auch AK-*Goerdeler* § 74 LandesR Rdn. 17.
266 OLG Frankfurt 8.9.1986 – 3 Ws /22/86 (StVollz) u.a., ZfStrVo LS 1987, 120; *Arloth/Krä* § 84 Rdn. 7.
267 OLG Nürnberg BlStV 4/5/1993, 6.
268 AK-*Goerdeler* § 74 LandesR Rdn. 18; a.A. *Arloth/Krä* § 84 Rdn. 7.
269 OLG Jena 10.5.2007 – 1 Ws 68/07, NStZ-RR 2008, 59; OLG Dresden 12.5.2004 – 2 Ws 660/03, NStZ 2005, 588; KG 26.1.2006 – 5 Ws 16/06 Vollz, NStZ 2006, 700; OLG Celle, 13.11.1992 – 1 Ws 296/92 StVollz.
270 OLG Dresden 12.5.2004 – 2 Ws 660/03, NStZ 2005, 588.

(und zu Unrecht) weitgehend pauschal bejaht.[271] Zudem kann auch die Gewährung von vollzugsöffnenden Maßnahmen bei einer konkreten Verdachtslage mit Blick auf Drogenkonsum an die Durchführung von Urinkontrollen geknüpft werden, wenn bei nicht gegebener Drogenfreiheit sonst nur die Versagung der Maßnahme in Betracht kommen würde. Entgegen einzelner Judikate[272] ist Rechtsgrundlage hierfür jedoch nicht die Generalklausel. Vielmehr sind bereits die betreffenden Vorschriften über die Gewährung vollzugsöffnender Maßnahmen selbst einschlägig, für **NI** also §§ 13, 14.

13   Für **alle anderen Bundesländer** ist nun zu differenzieren: Soweit die Feststellung von Suchtmittelkonsum (allein oder primär) der Aufrechterhaltung von Sicherheit und Ordnung dient, ist (auch für den Fall der Gewährung vollzugsöffnender Maßnahmen) die neue Befugnisnorm anzuwenden. Daneben bleiben jedoch dann, wenn Suchtmittelkontrollen aus medizinischen Gründen erforderlich sind (z.B. bei einer Drogentherapie), auch weiterhin die § 56 Abs. 2 StVollzG entsprechenden Nachfolgevorschriften der Landesgesetze einschlägig.[273]

14   **7. Zweck von Suchtmittelkontrollen.** Die neuen Vorschriften zu Suchtmittelkontrollen sind jeweils in dem Gesetzesabschnitt geregelt, der die Sicherheit und Ordnung in der Anstalt betrifft. Zudem ist die Aufrechterhaltung von Sicherheit und Ordnung in den meisten Landesregelungen explizit angesprochen (Ausnahme: **BW** § 64 Abs. 4 III). Tatsächlich können Suchtmittelkontrollen in vielfältiger Weise für die Aufrechterhaltung von Sicherheit und Ordnung in der Anstalt relevant werden. So können diese Maßnahmen der Bekämpfung der von Suchtmitteln ausgehenden Gesundheitsgefahren dienen, ebenso der Abwehr von weiteren Sicherheits- und Ordnungsgefahren, die aufgrund des Drogenkonsums von der konsumierenden Person ausgehen. Zudem dienen Suchtmittelkontrollen der Bekämpfung von Betäubungsmittelkriminalität, insbesondere Betäubungsmittelhandel, in der Anstalt sowie der damit einhergehenden subkulturellen Verflechtungen.[274] Die Beurteilung der Drogenfreiheit von Gefangenen ist unter dem Gesichtspunkt von Sicherheit und Ordnung zudem für eine Vielzahl von vollzuglichen Entscheidungen Voraussetzung, z.B. für die Gewährung vollzugsöffnender Maßnahmen, die Zuweisung von Arbeitsplätzen, die Entscheidung über besondere Sicherungsmaßnahmen, die Fortschreibung des Vollzugsplans usw.[275]

15   **8. Suchtmittelkontrollen im Einzelfall.** Alle Landesgesetze, die eine Regelung zu Suchtmittelkontrollen eingeführt haben (**BW** § 64 Abs. 4 Satz 1 , **BY** Art. 94 Abs. 1 Satz 1, **BE** § 84 Satz 1, **BB** § 88 Abs. 1 Satz 1, **HB** § 77 Abs. 1 Satz 1, **HH** § 72 Abs. 1 Satz 1, **HE** § 47 Abs. 2 Satz 2, **MV** § 76 Abs. 1 Satz 1, **NW** § 65 Abs. 1 Satz 1, **RP** § 86 Abs. 1 Satz 1, **SL** § 76 Abs. 1 Satz 1, **SN** § 80 Abs. 1 Satz 1, **ST** § 87 Abs. 1 Satz 1, **SH** § 106 Abs. 1 Satz 1, **TH** § 87 Abs. 1 Satz 1), sehen jedenfalls die Möglichkeit vor, derartige Kontrollen im Einzelfall anzuordnen. Die Mehrzahl der Landesgesetze begnügt sich dafür damit, dass die entsprechende Maßnahme der Aufrechterhaltung von Sicherheit und Ordnung dient;[276] **nur**

---

271 OLG Hamm 4.4.2003 – 1 Vollz (Ws) 48/03, BeckRS 2016, 20200; OLG Zweibrücken 30.3.1994 – 1 Ws 44/94 Vollz.
272 LG Freiburg 27.11.1987 – XIII StVK 78/87, NStZ 1988, 151 = ZfStrVo 1988, 365; LG Kleve 25.7.1988 – 2 Vollz 91/88 – G, NStZ 1989, 48.
273 So schon *Harrendorf* in König, AnwK U-Haft § 20 Rdn. 13, ebenso *Arloth/Krä* Art. 94 BayStVollzG Rdn. 1.
274 Zu all diesen Aspekten *Laubenthal/Nestler/Neubacher/Verrel* 2015 M Rdn. 74.
275 Siehe auch AK-*Goerdeler* § 76 LandesR Rdn. 3, der freilich auch weitere Entscheidungen aufzählt, bei denen Suchtmittelfreiheit eher aus der Perspektive des Vollzugsziels eine Rolle spielt. Insofern aber sind die neuen Suchtmittelkontrollvorschriften ja gerade nicht einschlägig.
276 Krit. AK-*Goerdeler* § 76 LandesR Rdn. 10.

D. Durchsuchungen; Maßnahmen zur Feststellung von Suchtmittelgebrauch

BW § 64 Abs. 1 Satz 1 III, HH § 72 Abs. 1 Satz 1 und **HE Abs. 2 Satz 2** binden die Kontrolle im Einzelfall an den **konkreten Verdacht** des Besitzes oder Konsums (**BW, HE**) bzw. des Suchtmittelmissbrauchs (**HH**). Aus dieser klaren gesetzgeberischen Entscheidung folgt, dass Suchtmittelkontrollen in den anderen Bundesländern, die eine Regelung getroffen haben, auch im Einzelfall keine konkrete Verdachtslage erfordern, sondern als Stichprobenmaßnahmen unabhängig davon zulässig sind.[277] Allerdings muss die Maßnahme entfallen, wenn im konkreten Einzelfall die Annahme von Suchtmittelmissbrauch insgesamt fernliegend erscheint.[278]

Die Suchtmittelkontrolle selbst ist in den Landesgesetzen als **Maßnahme, die geeignet** ist, den **Gebrauch** (bzw. Missbrauch) von **Suchtmitteln** festzustellen, beschrieben. Der Begriff des Suchtmittels ist in der Rechtssprache sonst eher ungebräuchlich. Er ist nicht deckungsgleich mit dem des Betäubungsmittels im Sinne des BtMG, der nach § 1 Abs. 1 BtMG auf einer Positivliste basiert. Der Begriff ist auch insofern unklar, als man psychische Abhängigkeiten natürlich im Hinblick auf eine Vielzahl Mittel entwickeln kann, nicht zuletzt auch Zucker o.ä.[279] Sinn ergibt der Begriff indes nur, wenn er jedenfalls auf Rauschmittel begrenzt wird. Es empfiehlt sich also eine Parallelisierung mit dem Begriff des berauschenden Mittels i.S.d. § 316 StGB. Erfasst sind danach alle zentral wirksamen Substanzen, die eine Intoxikationspsychose auslösen können.[280] Dies sind neben Alkohol und den Betäubungsmitteln i.S.d. BtMG auch verschiedene Medikamente, unabhängig davon, ob sie in Anlage III zu § 1 Abs. 1 BtMG erwähnt sind, ob es sich um ausgenommene Zubereitungen handelt oder dort gar keine Nennung erfolgt. Daher fallen z.B. auch Benzodiazepine unter die Regelung.[281] Suchtmittel im Sinne dieser Definition sind zudem auch Koffein und Nikotin. Dass Suchtmittelkontrollen für diese beiden letztgenannten Substanzen nicht in Betracht kommen, ergibt sich aber jedenfalls daraus, dass deren normaler Konsum schon abstrakt keine Gefährdung der Anstaltssicherheit oder -ordnung mit sich bringt.[282]

Eine **geeignete Maßnahme** zur Suchtmittelkontrolle ist z.B. die in der Praxis dominierende **Urinkontrolle**.[283] Die Gesetze nehmen aber keine Begrenzungen vor, sodass auch andere wirksame Untersuchungsmethoden eingesetzt werden können. Es wird sich in der Regel dabei um technische Verfahren und Mittel handeln, wie **SN § 80 Abs. 1 Satz 1** klarstellt. Fast überall regeln die Gesetze ausdrücklich (keine Erwähnung in **HE § 47**), dass eine Suchtmittelkontrolle **nicht mit einem körperlichen Eingriff** verbunden sein darf; allein **NW § 65 Abs. 2 Satz 2** erlaubt **geringfügige körperliche Eingriffe**, namentlich die Punktion der Fingerbeere zur Abnahme einer geringen Menge von Kapillarblut, allerdings gebunden an eine **Einwilligung** der betroffenen Person.

Die **Entscheidungszuständigkeit** für die Anordnung von Suchtmittelkontrollen liegt schon aufgrund deren Allzuständigkeit[284] bei der **Anstaltsleitung**, so dass dies auch in den Ländern gilt, die dies nicht ausdrücklich in ihrer Vorschrift zur Suchtmittelkontrolle erwähnt haben (wie z.B. **BW § 64 Abs. 4 Satz 1 III**). Die Befugnis kann nach den allgemeinen Regeln delegiert werden.[285]

---

277 So auch OLG Hamm 16.6.2015 – 1 Vollz (Ws) 250/15, NStZ-RR 2015, 293; a.A. AK-*Goerdeler* § 76 LandesR Rdn. 10.
278 Insofern gelten vergleichbare Überlegungen wie oben, Rdn. 8.
279 Krit. auch AK-*Goerdeler* § 76 LandesR Rdn. 8.
280 Zu § 316 StGB insofern LK-StGB/*König* § 316 Rdn. 167.
281 Zu § 316 StGB insofern SSW-StGB/*Ernemann* § 316 Rdn. 28.
282 Nur im Ergebnis zutreffend daher AK-*Goerdeler* § 76 LandesR Rdn. 9.
283 *Laubenthal/Nestler/Neubacher/Verrel* 2015 M Rdn. 75.
284 Dazu *Laubenthal* Rdn. 263.
285 AK-*Goerdeler* § 76 LandesR Rdn. 12.

Die Norm erlaubt, bei der Durchführung der Suchtmittelkontrolle **Vorkehrungen gegen Manipulation** zu treffen. Die bloße ärztliche Überwachung der Maßnahme stellt daher keine Menschenwürdeverletzung dar.[286] Auch eine vorherige Durchsuchung (oben, Rdn. 4 ff) und eine Entkleidung kann notwendig sein. Es ist aber auch hier das Schamgefühl weitest möglich zu schonen (vgl. auch Rdn. 9) und insofern der Verhältnismäßigkeitsgrundsatz zu beachten, so dass jedenfalls die Abgabe im entkleideten Zustand unter unmittelbarer visueller Aufsicht eines bzw. einer Bediensteten in aller Regel nicht erforderlich sein wird.[287]

16   **9. Allgemeine Anordnung von Suchtmittelkontrollen.** Die neuen Landesregelungen sehen überwiegend (auch) die Möglichkeit einer **verdachtsunabhängigen, allgemeinen Anordnung** von **Suchtmittelkontrollen** vor (**BY** Art. 94 Abs. 1 Satz 1, **BE** § 84 Satz 1, **BB** § 88 Abs. 1 Satz 1, **HB** § 77 Abs. 1 Satz 1, **HE** § 47 Abs. 2, **MV** § 76 Abs. 1 Satz 1, **NW** § 65 Abs. 1 Satz 1, **RP** § 86 Abs. 1 Satz 1, **SL** § 76 Abs. 1 Satz 1, **SN** § 80 Abs. 1 Satz 1, **ST** § 87 Abs. 1 Satz 1, **SH** § 106 Abs. 1 Satz 1, **TH** § 87 Abs. 1 Satz 1). Für solche Untersuchungen gelten die Vorgaben der Rdn. 15 entsprechend. Insbesondere muss auch hier die Maßnahme entfallen, soweit bei konkreten Gefangenen, die unter die allgemeine Anordnung fallen, die Annahme von Suchtmittelmissbrauch insgesamt fernliegend erscheint.[288]

17   **10. Verweigerung der Mitwirkung und Konsequenzen.** Zur **Mitwirkung** an Suchtmittelkontrollen, die mit **keinem körperlichen Eingriff** verbunden sind, sind die Gefangenen aufgrund ihrer allgemeinen Gehorsamspflicht (11 B Rdn. 6) **verpflichtet**;[289] nur im Sonderfall von **NW** § 65 Abs. 2 Satz 2 (geringfügiger körperlicher Eingriff) gilt ein echtes Freiwilligkeitserfordernis. Die Kontrolle kann allerdings nie mit Zwangsmitteln durchgesetzt werden, weil dafür ein körperlicher Eingriff erforderlich würde. Ob bei Verstoß gegen diese allgemeine Gehorsamspflicht eine **Disziplinarmaßnahme** angeordnet werden kann, hängt von der konkreten Ausgestaltung des Disziplinarrechts ab (vgl. 11 A Rdn. 8 und im Detail 11 M). Jedenfalls verletzt eine Disziplinierung in diesen Fällen nicht den Grundsatz der Selbstbelastungsfreiheit, weil es eben allein um den Verstoß gegen eine Gehorsamspflicht geht (siehe aber auch ergänzend Rdn. 18).[290] Allerdings liegt ein Pflichtverstoß nur in einer ausdrücklichen oder konkludenten Verweigerung der Abgabe einer Urinprobe, nicht bereits in der momentanen Unfähigkeit, Urin abzugeben, sei es aufgrund leerer Blase oder einer Blasenentleerungsstörung, z.B. Paruresis (= „schüchterne Blase").[291]

In manchen Landesgesetzen findet sich zudem eine Regelung, die für den Fall der ohne hinreichenden Grund erfolgenden **Verweigerung einer Mitwirkung** an der Suchtmittelkontrolle erlaubt, von **fehlender Suchtmittelfreiheit** auszugehen (**BW** § 64 Abs. 4 Satz 3 III, **BB** § 88 Abs. 2, **HB** § 77 Abs. 2, **HE** § 47 Abs. 3, **RP** § 86 Abs. 2, **SL** § 76 Abs. 2, **SN** § 80 Abs. 2, **ST** § 87 Abs. 2, **SH** § 106 Abs. 2, **TH** § 87 Abs. 2). Dies bedeutet nicht, dass die fehlende Mitwirkung dieselben Auswirkungen hat wie ein nachgewiesener, konkreter Suchtmittel-

---

286   BVerfG 17.2.2006 – 2 BvR 204/06, NStZ-RR 2006, 189; BVerfG 21.4.1993 – 2 BvR 930/92, NJW 1993, 3315 f.
287   Abzulehnen daher OLG Hamm 3.4.2007 – 1 Vollz (Ws) 113/07, BeckRS 2007, 10835; wie hier AK-*Goerdeler* § 76 LandesR Rdn. 7.
288   Insofern gelten vergleichbare Überlegungen wie oben, Rdn. 8.
289   *Laubenthal/Nestler/Neubacher/Verrel* 2015 M Rdn. 76.
290   BVerfG 6.8.2009 – 2 BvR 2280/07, BeckRS 2009, 38650; *Laubenthal/Nestler/Neubacher/Verrel* 2015 M Rdn. 76; *Arloth/Krä* Art. 94 Bay StVollzG Rdn. 2; a.A. OLG Dresden 12.5.2004 – 2 Ws 660/03, NStZ 2005, 588, 589.
291   KG 1.9.2011 – 2 Ws 383/11, BeckRS 2011, 26320.

konsum. Insbesondere ist eine disziplinarische Ahndung eines Konsums (jedenfalls) auf dieser Grundlage nicht möglich, sodass die Regelung nicht gegen den Grundsatz der Selbstbelastungsfreiheit verstößt.[292] Vielmehr erlaubt die Norm nur, bei Vollzugsentscheidungen, bei denen es auf Suchtmittelfreiheit ankommt (z.B. Gewährung vollzugsöffnender Maßnahmen), diese Voraussetzung zu verneinen. Auch für nachfolgende (intensivere) Kontrollen (z.B. Durchsuchungen) kann diese Fiktion die Grundlage bilden.[293]

11. Positive Suchtmittelkontrolle und Konsequenzen. Mehrere Gesetze enthalten 18 eine Regelung zur **Überwälzung der Kosten** auf die kontrollierten Gefangenen selbst, wenn verbotener Gebrauch festgestellt wird (**BY** Art. 94 Abs. 2, **BB** § 88 Abs. 3, **HB** § 77 Abs. 3, **HH** § 72 Abs. 2, **MV** § 76 Abs. 2, **NW** § 65 Abs. 2, **RP** § 86 Abs. 3, **SL** § 76 Abs. 3, **SN** § 80 Abs. 3, **ST** § 87 Abs. 3, **SH** § 106 Abs. 3, **TH** § 87 Abs. 3).

In **HE** § 47 Abs. 4 findet sich eine differenziertere Regelung, die – ähnlich wie bei Dopingkontrollen im Sport – eine **zweite Überprüfung** einer positiven Kontrolle durch ein externes Fachlabor vorschreibt, wenn der oder die betroffene Gefangene den Konsum abstreitet. Entsprechend ist bei Manipulationsverdacht vorzugehen. Die Kostentragungspflicht erstreckt sich hier nur auf die externe Zweitkontrolle, sofern diese das Ergebnis der ersten Kontrolle bestätigt.

Die **Konsequenzen** einer **positiven Kontrolle** sind im Übrigen jedenfalls, dass nun erst recht von fehlender Suchtmittelfreiheit auszugehen ist, d.h. diese Erkenntnis bei Vollzugsentscheidungen, für die dies relevant ist, zu berücksichtigen ist (insofern gilt Rdn. 17 a.E. entsprechend). Fraglich ist hingegen, inwiefern ein bei derartigen Kontrollen nachgewiesener Suchtmittelkonsum auch **disziplinarisch** oder gar **strafrechtlich** verwertet werden kann. Die Möglichkeit einer disziplinarischen Ahndung scheint sich zunächst auch hier nach der Ausgestaltung des jeweiligen Disziplinarrechts zu richten, da manche Landesgesetze (z.B. entsprechend § 86 Abs. 1 Nr. 5 ME-StVollzG) Drogenkonsum ausdrücklich für disziplinarisch ahndbar erklären, während für diejenigen Länder, die nur – entsprechend § 102 Abs. 1 StVollzG – eine Generalklausel enthalten (Disziplinierbarkeit von schuldhaften Verstößen gegen Pflichten, die den Gefangenen durch oder aufgrund des Gesetzes auferlegt sind) der Anknüpfungspunkt für den Pflichtverstoß weniger klar erscheint.[294] Tatsächlich aber verstößt der Konsum von Alkohol und illegalen Betäubungsmitteln sowie von als Suchtmittel zu klassifizierenden Medikamenten jenseits einer therapeutischen Verwendung jedenfalls gegen die in allen Ländern bestehende **Pflicht**, das **geordnete Zusammenleben** in der Anstalt **nicht zu stören** bzw. zum geordneten Zusammenleben in Wahrnehmung der eigenen Mitverantwortung beizutragen, und ist daher grundsätzlich überall ahndbar (siehe bereits oben, 11 B Rdn. 4 f). Für die Disziplinierung positiver Befunde bei einer Suchtmittelkontrolle stellt sich aber ein ganz anderes, viel gravierenderes und grundlegenderes Problem: Die Verwertung im (strafähnlichen)[295] vollzuglichen Disziplinarverfahren könnte hier gegen den **Grundsatz der Selbstbelastungsfreiheit verstoßen**, da ja eine Mitwirkungspflicht bei der Kontrolle besteht. Dies wird sich nur dann verneinen lassen, wenn man den Grundsatz lediglich auf ein Verbot von Aussagezwang reduziert.[296] Auch sicherlich bestehende praktische

---

292 Laubenthal/Nestler/Neubacher/Verrel 2015 M Rdn. 76; a.A. AK-Goerdeler § 77 LandesR Rdn. 15.
293 Zu beidem ebenso Laubenthal/Nestler/Neubacher/Verrel 2015 M Rdn. 76; zur Versagung vollzugsöffnender Maßnahmen vgl. auch OLG Hamm 11.9.2012 – III-1 Vollz (Ws) 360/12, NStZ-RR 2013, 31 (zum Maßregelvollzug).
294 Daher entsprechend differenzierend AK-Goerdeler § 76 LandesR Rdn. 13.
295 BVerfG 6.11.2007 – 2 BvR 1136/07, BeckRS 2007, 28254 (in NStZ 2008, 292 insoweit nicht abgedruckt).
296 In diesem Sinne Laubenthal/Nestler/Neubacher/Verrel 2015 M Rdn. 77; Arloth/Krä Art. 94 BayStVollzG Rdn. 2.

Bedürfnisse des Vollzugs[297] können aber ein elementares Element des Fair-trial-Grundsatz wie nemo tenetur nicht in dieser Form aushöhlen; richtiger Weise und nach ganz h.M. umfasst dieser Grundsatz des generelle Recht, an der eigenen Überführung nicht aktiv mitwirken zu müssen.[298] Erst recht sind in der Rechtsprechung vorzufindende, auf eine Wiederbelebung des besonderen Gewaltverhältnisses hinauslaufende Tendenzen, nach denen die Rechte der Gefangenen im Vollzug stärker eingeschränkt werden dürften als im Strafverfahren, weil die sich aus der Unschuldsvermutung ergebenden Begrenzungen dort allenfalls eingeschränkt gälten,[299] abzulehnen.[300] Eine Verwertung des positiven Kontrollergebnisses im Strafverfahren kommt erst recht nicht in Betracht. Dort wird das positive Ergebnis allein zwar noch nicht zum Nachweis einer Betäubungsmittelstraftat genügen,[301] geboten ist aber zudem ein generelles Verwertungsverbot.[302]

E. Sichere Unterbringung

Baden-Württemberg	BW § 65 JVollzGB III;
Bayern	BY Art. 92 BayStVollzG;
Berlin	BE § 17 Abs. 1 Nr. 1 StVollzG Bln;
Brandenburg	BB § 87 BbgJVollzG;
Bremen	HB § 76 BremStVollzG;
Hamburg	HH § 9 Abs. 2 HmbStVollzG;
Hessen	HE § 11 Abs. 1 Nr. 2 HStVollzG;
Mecklenburg-Vorpommern	MV § 75 StVollzG M-V;
Niedersachsen	NI § 10 Abs. 1 Nr. 2, Nr. 3, Nr. 4 NJVollzG;
Nordrhein-Westfalen	NW § 11 Abs. 1 Nr. 2 StVollzG NRW;
Rheinland-Pfalz	RP § 85 LJVollzG;
Saarland	SL § 75 SLStVollzG;
Sachsen	SN § 76 SächsStVollzG;
Sachsen-Anhalt	ST § 86 JVollzGB LSA;
Schleswig-Holstein	SH § 103 LStVollzG SH;
Thüringen	TH § 86 ThürJVollzGB

Schrifttum

Siehe vor A.

Übersicht

I. Allgemeine Hinweise —— 1, 2
II. Erläuterungen —— 3–10
   1. Anwendungsbereich —— 3
   2. Tatbestandliche Voraussetzungen —— 4–8
   3. Rechtsfolge —— 9
   4. Zustimmung der Aufsichtsbehörde —— 10

---

297 Darauf hinweisend *Laubenthal/Nestler/Neubacher/Verrel* 2015 M Rdn. 77.
298 BGH 9.4.1986 – 3 StR 551/85, BGHSt 34, 39, 46 BGH 13.5.1996 – GSSt 1/96, BGHSt 42, 139, 152; MüKo-StPO/*Schuhr* Vor § 133 Rdn. 91; *Meyer-Ladewig/Harrendorf/König* in Meyer-Ladewig/Nettesheim/Raumer, EMRK, 4. Aufl. 2017, Art. 6 Rdn. 132.
299 OLG Hamburg 19.9.2007 – 3 Vollz (Ws) 47/07, BeckRS 2008, 07963; OLG Koblenz 16.8.1989 – 2 Vollz (Ws) 28/89, NStZ 1989, 550, 551 f.
300 So auch *Laubenthal/Nestler/Neubacher/Verrel* 2015 M Rdn. 77; AK-*Goerdeler* § 76 LandesR Rdn. 15.
301 *Laubenthal/Nestler/Neubacher/Verrel* 2015 M Rdn. 77.
302 Offengelassen in BVerfG 21.4.1993 – 2 BvR 930/92, NStZ 1993, 482.

E. Sichere Unterbringung

I. Allgemeine Hinweise

Die Vorschrift des § 85 StVollzG gab über die allgemeine Regelung des § 8 StVollzG **1** hinaus eine weitere Möglichkeit zur **Verlegung** von Gefangenen aus Gründen der Sicherheit (auch die Fluchtverhinderung lässt sich hier – als äußere Sicherheit – subsumieren, vgl. 11 A Rdn. 5) und Ordnung. Sie erlaubte es, derartige Gefangene, die auf Dauer eine schwere Belastung für eine Vollzugsanstalt darstellen, in eine andere Anstalt zu verlegen. Eine entsprechende Vorschrift sehen **alle Landesgesetze** vor, wobei allerdings der systematische Regelungskontext in **BE, HH, HE, NI** und **NW** ein anderer ist: Hier ist die Regelung direkt zusammen mit den anderen Verlegungsgründen in einer **einheitlichen Vorschrift** erfolgt, nicht bei den Vorschriften über Sicherheit und Ordnung. Ein Konnex besteht indessen auch in allen anderen Bundesländern. Die Verlegung aus Gründen der Sicherheit und Ordnung ist *lex specialis* zur allgemeinen Verlegungsvorschrift.[303] Das bedeutet, dass die dort geregelten Verfahrensvorschriften (z.B. Anhörungs- und Benachrichtigungspflichten oder Zustimmungsvorbehalte) entsprechend auch auf die „Sicherheitsverlegung" anwendbar sind. In manchen Ländern wird dies durch **Verweisungen** nun ausdrücklich klargestellt (**BB** § 87 Satz 2, **RP** § 85 Satz 2, **ST** § 86 Satz 3, **SH** § 103 Abs. 2, **TH** § 86 Satz 2). Die Regelung wurde in allen Bundesländern weitgehend bedeutungsgleich umgesetzt. Der größte inhaltliche Unterschied ist, dass in vielen Bundesländern (nämlich in **BE, BB, HB, MV, RP, SL, ST, SH, TH**) die Verlegung nur noch aus Gründen der **Sicherheit** (einschließlich Fluchtverhinderung), nicht auch aus Gründen der **Ordnung** angeordnet werden kann (so aber noch **BW** § 65, **BY** Art. 92, **HH** § 9 Abs. 2, **HE** § 11 Abs. 1 Nr. 2, **NW** § 11 Abs. 1 Nr. 2, **SN** § 76; einschränkend **NI** § 10 Abs. 1 Nr. 3: nur schwerwiegende Ordnungsstörung). Im Sinne einer **restriktiven Handhabung** der Maßnahme ist das zu begrüßen, wenn man bedenkt, dass die Verlegung von Strafgefangenen in eine andere Anstalt gegen deren Willen stets zumindest in ihr Grundrecht aus Art. 2 Abs. 1 GG eingreift, wobei dieser Eingriff mit schwerwiegenden Beeinträchtigungen – alle ihre innerhalb der JVA entwickelten sozialen Beziehungen werden praktisch abgebrochen – verbunden sein kann.[304] Darüber hinaus kann bei Verlegungen, die nicht zumindest auch der Resozialisierung dienen, zugleich ein unter Gesamtabwägung aller Umstände des Einzelfalls rechtfertigungsbedürftiger Eingriff in das Recht auf Resozialisierung aus Art. 2 Abs. 1 i.V.m. Art. 1 Abs. 1 GG vorliegen.[305] Als Ausnahmeregelung gehandhabt, dient die Verlegung jedoch erfahrungsgemäß auch dem zur Erreichung des Vollzugsziels erforderlichen Behandlungsklima in den Anstalten und bietet dem oder der verlegten Gefangenen in der anderen Anstalt grundsätzlich die Chance eines neuen Anfangs.

Die weiteren vorzufindenden Unterschiede in den landesgesetzlichen Regelungen **2** sind hingegen nur teilweise bedeutsam. Da die **Fluchtverhinderung** immer der Gewährleistung der (äußeren) Anstaltssicherheit dient (vgl. 11 A Rdn. 5), ist es zunächst irrelevant, dass diese in einzelnen Gesetzen (**HE** § 11 Abs. 1 Nr. 2, **NI** § 10 Abs. 1 Nr. 3) nun nicht mehr ausdrücklich genannt wird. Im Gegenteil hat dies sogar entgegen dem ersten Anschein zur Folge, dass eine Verlegung zur Ausräumung einer Fluchtgefahr in den betreffenden Ländern nun leichter möglich ist: Das Gesetz verlangt dort nun **keine erhöhte Fluchtgefahr** mehr (ebenso in **ST** § 86 Satz 1). Vollständig bedeutungsgleich ist es hingegen, wenn die **ME-Länder** nun statt von erhöhter Fluchtgefahr von erhöhter **Gefahr der**

---

[303] AK-*Goerdeler* § 75 LandesR Rdn. 3.
[304] BVerfG 27.6.2006 – 2 BvR 1295/05, NStZ 2007, 170; BVerfG 26.9.2005 – 2 BvR 1651/03, StV 2006, 146; BVerfG 28.2.1993 – 2 BvR 196/92, NStZ 1993, 300.
[305] BVerfG 30.6.2015 – 2 BvR 1857/14, NStZ-RR 2015, 389.

Entweichung oder Befreiung sprechen.³⁰⁶ Im Übrigen finden sich noch geringfügige Abweichungen in den Regelungen einzelner Länder, die in der nachstehenden Kommentierung mit berücksichtigt sind.

II Erläuterungen

3   **1. Anwendungsbereich. Keine Anwendung** finden die entsprechenden Vorschriften in Fällen, in denen gefährliche Gefangene sogleich aufgrund des Vollstreckungsplans in eine bestimmte Anstalt einer erhöhten Sicherheitsstufe eingewiesen werden. Ebenfalls nicht den Normen unterfällt die **Verlegung innerhalb derselben Anstalt** in eine sicherere Abteilung. Eine solche Maßnahme darf von der Anstaltsleitung nach pflichtgemäßem Ermessen angeordnet werden, z.B. bei Vorliegen konkreter Anhaltspunkte für Drogenhandel;³⁰⁷ etwas anderes gilt allerdings bei Verlegungen in eine räumlich weit entfernte Zweigstelle.³⁰⁸ Die Verlegungsvorschriften hindern insbesondere auch nicht die Einrichtung einer der geschlossenen Anstalt direkt angegliederten Hochsicherheits-**Abteilung** (z.B. für Gefangene aus dem Bereich Terrorismus), solange sich diese nicht nachteilig für die übrigen Gefangenen auswirkt und der Behandlungsvollzug nicht beeinträchtigt wird.³⁰⁹ Insbesondere folgt aus den § 85 StVollzG entsprechenden Vorschriften nicht, dass daneben anstaltsinterne Verlegungen aus Sicherheitsgründen unzulässig wären;³¹⁰ vielmehr können diese i.S.d. Verhältnismäßigkeit (dazu Rdn. 8) gerade ein milderes Mittel darstellen.³¹¹ Schließlich richtet sich auch die Verlegung in eine Anstalt des **Maßregelvollzuges** nicht nach den hier kommentierten Vorschriften.³¹² Eine Verlegung i.S.d. der entsprechenden Normen stellt es aber dar, wenn jemand direkt nach Flucht und Wiederergreifung in eine andere Anstalt überführt werden soll.³¹³

4   **2. Tatbestandliche Voraussetzungen.** Erforderlich ist in den meisten Ländern (**BW** § 65, **BY** Art. 92, **BE** § 17 Abs. 1 Nr. 2, **BB** § 87 Satz 1, **HB** § 76, **HH** § 9 Abs. 2, **MV** § 75, **NW** § 11 Abs. 1 Nr. 2, **RP** § 85 Satz 1, **SL** § 75, **SN** § 76, **SH** § 103 Abs. 1 Satz 1, **TH** § 86 Satz 1) **erhöhte Fluchtgefahr** (bzw., gleichbedeutend [vgl. Rdn. 2], eine **erhöhte Gefahr der Entweichung oder Befreiung**) oder eine sonstige **Gefahr für die Sicherheit** (und teils die Ordnung: Rdn. 6) der Anstalt durch **Verhalten** oder **Zustand** des bzw. der Gefangenen. Diese Gründe entsprechen denen in § 88 Abs. 1 und (weitgehend, da anders als dort nur von der bzw. dem Gefangenen ausgehende Gefahren erfasst sind)³¹⁴ Abs. 3 StVollzG (bzw. § 78 Abs. 1 und – weitgehend – Abs. 3 ME-StVollzG).³¹⁵ Auch die Gefahr eines Selbstmordes oder einer Selbstverletzung rechtfertigt demnach eine Verlegung,³¹⁶ und zwar bereits unter dem Gesichtspunkt der Sicherheit (s.o., 11 A Rdn. 5), nicht erst unter

---

306   AK-*Goerdeler* § 75 LandesR Rdn. 2.
307   KG Berlin 20.2.1998 – 5 Ws 21/98 Vollz, NStZ 1999, 446 M; ähnlich bereits KG Berlin 10.12.1997 – 5 Ws 327/97 Vollz, NStZ 1998, 397, 399 M; *Arloth/Krä* § 85 StVollzG Rdn. 1.
308   OLG Celle 2.2.2007 – 1 Ws 623/06, NStZ-RR 2007, 192; a.A. LG Köln 24.3.1983 – 103 StVollz 1/83, NStZ 1983, 431.
309   Ebenso *Arloth/Krä* § 85 StVollzG Rdn. 1; siehe auch *Laubenthal/Nestler/Neubacher/Verrel* 2015 M Rdn. 50.
310   A.A. AK-*Goerdeler* § 75 LandesR Rdn. 7.
311   Zutreffend *Arloth/Krä* § 85 StVollzG Rdn. 1.
312   RegE, BT-Drucks. 7/918, 77; *Laubenthal/Nestler/Neubacher/Verrel* 2015 M Rdn. 50 zu § 84.
313   KG 11.6.1982 – 2 Ws 98/82 Vollz, NStZ 1983, 47.
314   AK-*Goerdeler* § 75 LandesR Rdn. 10.
315   Für vollständige Übereinstimmung hingegen *Arloth/Krä* § 85 StVollzG Rdn. 2.
316   LG Wiesbaden ZfStrVo **SH** 1979, 88.

dem der Ordnung.[317] Abweichend von diesen Regeln verlangen die Gesetze in **HE**, **NI** und **ST** auch bei Fluchtgefahr keinen gesteigerten Gefahrengrad (**HE** § 11 Abs. 1 Nr. 2, **NI** § 10 Abs. 1 Nr. 3, **ST** § 86 Satz 1; siehe ergänzend Rdn. 2). Häufig wird das so interpretiert, als würden dort nun auch **abstrakte Fluchtgefahren** genügen,[318] während erhöhte Fluchtgefahr jedenfalls eine **konkrete** und **gesteigerte** Gefahr darstellt.[319] Das kann aber schon deshalb nicht zutreffen, weil abstrakt fluchtgefährdet praktisch jede/r Gefangene ist[320] und man daher schwerlich damit eine Verlegung rechtfertigen kann. Richtigerweise ist daher auch in diesen Bundesländern eine konkrete Fluchtgefahr, allerdings von geringerer Wahrscheinlichkeit, vorauszusetzen. Fluchtgefahr meint zudem in beiden Fällen die Gefahr einer **Entweichung** oder **Befreiung**, wie die Länder des ME-StVollzG nun klarstellen, liegt also nicht bereits vor, wenn lediglich der Missbrauch von vollzugsöffnenden Maßnahmen zur Flucht droht bzw. erfolgt ist.[321]

Für die Sicherheits- und (soweit einschlägig: Rdn. 6) Ordnungsgefahren wird (außer 5 in **HH** § 9 Abs. 2, **HE** § 11 Abs. 1 Nr. 2, **NI** § 10 Abs. 1 Nr. 4 und **MV** § 75) allein auf den **Zustand** oder das **Verhalten** der zu verlegenden Gefangenen abgestellt. Dies bedeutet, dass die Gefahren aus der **Sphäre dieser Gefangenen** stammen müssen (auch wenn es auf deren Verschulden nicht ankommt).[322] Daher kann z.B. der Umstand, dass eine inhaftierte Person von Mitgefangenen der Anstalt eines bestimmten Verhaltens (im konkreten Fall: Beschädigung eines im Freizeitraum befindlichen Billardtisches) verdächtigt wird und hierdurch eine erhebliche Unruhe sowie die Gefahr einer Eskalation mit dem latenten Risiko von Übergriffen entstanden ist, nicht als ein sicherheits- und ordnungsgefährdender Zustand der verdächtigten Person aufgefasst werden.[323] Selbst wenn man das anders sähe, wären jedenfalls die Grundsätze rechtsstaatlicher Zurechnung zu beachten, d.h. es wären vorrangig die Störer bzw. Störerinnen in Anspruch zu nehmen und nicht deren (potentielles) Opfer.[324] In **HH** § 9 Abs. 2 und **MV** § 75 treten zum Verhalten und zum Zustand noch die **Kontakte** von Gefangenen hinzu; gedacht ist hier an die Bekämpfung subkultureller Verflechtungen,[325] die allerdings auch unter den Aspekt des Verhaltens subsumierbar sind.[326] Auch hier bleibt es dabei, dass die Gefahr aus der Sphäre der zu verlegenden Gefangenen stammen muss, also auf den selbstgewählten Kontakten beruht, nicht etwa auf unfreiwilligen Kontakten zu Mitgefangenen, die diesen zum Opfer auserkoren haben. Auf diesen **Sphärenbezug verzichten HE § 11 Abs. 1 Nr. 2** und **NI § 10 Abs. 1 Nr. 4**, die schlicht jegliche Gefahren für Sicherheit oder Ordnung ausreichen lassen. Hier ist dann aber jedenfalls das Prinzip der Zurechnung primär zum Störer bzw. der Störerin zu berücksichtigen.[327]

Ordnungsstörungen werden nur noch in einer knappen Hälfte der Bundesländer 6 (**BW** § 65, **BY** Art. 92, **HH** § 9 Abs. 2, **HE** § 11 Abs. 1 Nr. 2, **NI** § 10 Abs. 1 Nr. 3, **NW** § 11

---

317 So aber AK-*Goerdeler* § 75 LandesR Rdn. 11.
318 OLG Celle 22.6.2012 – 1 Ws 205/12, BeckRS 2012, 17583; *Arloth/Krä* § 10 NJVollzG Rdn. 2.
319 OLG Nürnberg 2.2.1982 – Ws 805/81, NStZ 1982, 438; AK-*Goerdeler* § 75 LandesR Rdn. 8.
320 *Laubenthal/Nestler/Neubacher/Verrel* 2015 M Rdn. 51: „allgemein bei Gefangenen naheliegende Fluchtvermutung".
321 KG 11.6.1982 – 2 Vollz (Ws) 98/82, NStZ 1983, 47, 48.
322 Ähnlich AK-Goerdeler § 75 LandesR Rdn. 10; KG 27.8.2007 – 2-5 Ws 376/06, BeckRS 2007, 16970.
323 Verfehlt daher OLG Hamburg 7.2.1991 – Vollz (Ws) 2/91, ZfStrVo 1991, 312; *Arloth/Krä* § 85 StVollzG Rdn. 2; wie hier KG 27.8.2007 – 2/5 Ws 376/06 Vollz, BeckRS 2007, 16970; offengelassen in BVerfG 27.6.2006 – 2 BvR 1295/05, NStZ 2007, 170, 171.
324 BVerfG 27.6.2006 – 2 BvR 1295/05, NStZ 2007, 170, 171; siehe auch BVerfG 26.9.2005 – 2 BvR 1651/03, StV 2006, 146 (keine Verlegung von Gefangenen wegen Fehlverhaltens von Bediensteten diesen gegenüber).
325 So ausdrücklich **HH** Bürgerschafts-Drucks. 18/6490, 33.
326 Vgl. BVerfG 8.5.2006 – 2 BvR 860/06, BeckRS 2006, 19576.
327 BVerfG 27.6.2006 – 2 BvR 1295/05, NStZ 2007, 170, 171.

Abs. 1 Nr. 2, **SN** § 76) als Verlegungsgrund akzeptiert; die Begrenzung der Norm in den anderen Bundesländern ist im Sinne einer restriktiven Handhabung der Vorschrift zu begrüßen (näher Rdn. 1). Einschränkend verlangt **NI** § 10 Abs. 1 Nr. 3 immerhin eine schwerwiegende Ordnungsstörung. Das geringere Bedrohungspotential bloßer Ordnungsstörungen ist selbstverständlich im Rahmen der Verhältnismäßigkeitsprüfung auf Rechtsfolgenseite zu berücksichtigen (dazu Rdn. 9).

7   Einen **Sonderfall** stellt **NI § 10 Abs. 1 Nr. 2** dar, weil hier die entgegengesetzte Frage der Verlegung in eine geringer gesicherte Anstalt einer ausdrücklichen Regelung zugeführt wird. Auch hier können Resozialisierungsinteressen gefährdet sein, z.B. wenn die weniger gesicherte Anstalt ferner der Heimat liegt,[328] sodass das Gesetz zu Recht deren Nicht-Beeinträchtigung für die Verlegung voraussetzt. Eine solche Konstellation richtet sich in allen anderen Bundesländern ausschließlich nach der allgemeinen Verlegungsvorschrift, ist also unter den dort vorgesehenen Voraussetzungen möglich.

8   Die verwendeten Begriffe der Sicherheit und Ordnung sind **unbestimmte Rechtsbegriffe**, eröffnen aber **keinen Beurteilungsspielraum**. Die tatbestandlichen Voraussetzungen der Norm sind in vollem Umfang gerichtlich überprüfbar.[329] Das Gericht hat auch zu prüfen, ob die Vollzugsbehörde bei ihrer Entscheidung von einem zutreffend und vollständig ermittelten Sachverhalt ausgegangen ist.[330]

9   **3. Rechtsfolge.** Die Rechtsfolge besteht in der Verlegung in eine andere Anstalt; die Entscheidung darüber steht im **Ermessen der Anstalt**. Dabei ist auch der Grundsatz der Verhältnismäßigkeit zu beachten. Vorausgesetzt wird daher zunächst, dass die Verlegung zur Gefahrenbeseitigung nicht nur geeignet, sondern auch erforderlich ist, also keine milderen, gleich geeigneten Mittel zur Verfügung stehen. Zudem ist auch die Angemessenheit durch eine Zweck-Mittel-Abwägung zu überprüfen.[331] Die meisten Landesgesetze geben dabei der Erforderlichkeitsprüfung dadurch eine bestimmte Richtung, dass sie verlangen, dass die aufnehmende Anstalt gerade **zur sicheren Unterbringung besser geeignet** sein muss. Ob dies der Fall ist, ist gerichtlich in vollem Umfange nachprüfbar.[332] Dies bedeutet jedoch nicht, dass zwingend immer in eine Anstalt mit höherem Sicherheitsgrad zu verlegen wäre. Die bessere Eignung zur sicheren Unterbringung kann auch daraus folgen, dass Gefangenen die Kenntnisse von Arbeitsabläufen in der Ausgangsanstalt, von Sicherheitseinrichtungen oder von Schwachstellen der Anstaltssicherheit entzogen werden sollen oder Gefangene dadurch aus einem subkulturellen Kontext herausgelöst werden können.[333] Die Ergänzung in **HH § 9 Abs. 2** um den Fall der Bessereignung aufgrund der mit der Verlegung bewirkten Veränderungen der Haftverhältnisse ist daher an sich überflüssig. Auch **HE § 11 Abs. 1** ist letztlich nicht anders auszulegen, obwohl dort schlicht auf die Erforderlichkeit der Verlegung abgestellt wird: Da die Verlegung allein aus Gründen der Sicherheit und Ordnung möglich ist, muss gerade im Hinblick darauf eine Bessereignung der aufnehmenden Anstalten, aus welchen konkreten Gründen auch immer, gegeben sein.

---

328   *Laubenthal/Nestler/Neubacher/Verrel* 2015 M Rdn. 54.
329   OLG Celle 25.3.1981 – 3 Ws 63/81 (StrVollz), NStZ 1981, 407; AK-*Goerdeler* § 76 LandesR Rdn. 13; a.A. *Arloth/Krä* § 85 StVollzG Rdn. 2.
330   BVerfG 26.8.2008 – 2 BvR 679/07, BeckRS 2008, 41314; LG Koblenz StV 1998, 42.
331   BVerfG 27.6.2006 – 2 BvR 1295/05, NStZ 2007, 170; vgl. auch BVerfG 26.9.2005 – 2 BvR 1651/03, StV 2006, 146.
332   OLG Celle 25.3.1981 – 3 Ws 63/81 (StrVollz), NStZ 1981, 407; OLG München ZfStrVo **SH** 1979, 8.
333   BVerfG 8.5.2006 – 2 BvR 860/06, BeckRS 2006, 19576; KG 29.7.2011 – 2 Ws 277/11 Vollz, NStZ 2012, 393; a.A. LG Köln 24.3.1983 – 103 StVollz 1/83, NStZ 1983, 431.

Rechtsfolge ist die **Verlegung** des bzw. der betreffenden Gefangenen, d.h. die dauerhafte Überführung von einer Vollzugsanstalt in eine andere.[334] Verfehlt ist vor diesem Hintergrund die Einführung befristeter Verlegungen in ST § 86 Satz 2.[335] Eine solche „befristete Verlegung" ist eigentlich eine **Überstellung** (allerdings bedeutet die Bezeichnung als Verlegung, dass in ST dann ein Zuständigkeitswechsel auf die neue Anstalt eintritt). Besser gelungen erscheint insofern **HE § 11 Abs. 1**, der neben der Verlegung auch die Überstellung aus Gründen der Sicherheit oder Ordnung regelt. Eine solche ist allerdings schon aufgrund des Grundsatzes der Verhältnismäßigkeit als bloßes Minus gegenüber einer Verlegung auch in den anderen Bundesländern zulässig.[336]

Ein sog. „**Verlegungskarussell**", d.h. die regelmäßige Weiterverlegung in eine andere Anstalt, bei besonders gefährlichen, aggressiven und personalintensiven Gefangenen ist in aller Regel unverhältnismäßig,[337] zumal eine solche Maßnahme dem Resozialisierungsgedanken geradezu diametral entgegensteht.[338]

4. Zustimmung der Aufsichtsbehörde. In der Regel werden Gefangene bei einer **10** Entscheidung nach den § 85 StVollzG entsprechenden Landesvorschriften in eine nach dem Vollstreckungsplan nicht zuständige Anstalt verlegt. In diesem Falle bedurfte die Verlegung nach den früheren bundeseinheitlichen **VV** der **Zustimmung** der Aufsichtsbehörde. Eine entsprechende Vorgabe findet sich auch in den VV zu den Vorschriften jedenfalls in **BW, BY, HB, HH, SL.** Sehr differenzierte Vorgaben macht HE VV § 7 zu § 11 HStVollzG. Die Landesgesetze enthalten nun überwiegend zudem Vorschriften, nach denen sich die Aufsichtsbehörde Entscheidungen über Verlegungen oder Überstellungen sogar generell **vorbehalten** (BE § 109 Abs. 3, **BB** § 115 Abs. 3, **HB** § 102 Abs. 3, **MV** § 101 Abs. 2, **NI** § 184 Abs. 2 Satz 1, **RP** § 112 Abs. 2, **SL** § 101 Abs. 2, **SN** 114 Abs. 2, **ST** § 114 Abs. 2, **SH** 141 Abs. 2, **TH** § 113 Abs. 2) oder einer **zentralen Stelle übertragen** (NI § 184 Abs. 2 Satz 1, **NW** § 103 Abs. 3, **SN** § 114 Abs. 2) kann.

F. Erkennungsdienstliche Maßnahmen, Lichtbilder und andere datenschutzrechtliche Regelungen mit Bezug zu Sicherheit und Ordnung

Baden-Württemberg	BW §§ 34 ff (insbes. § 34 Abs. 1) JVollzGB I;
Bayern	BY Art. 93 BayStVollzG;
Berlin	BE § 17 JVollzDSG Bln;
Brandenburg	BB §§ 126 Abs. 1, 129 Abs. 2, 138 Abs. 1 BbgJVollzG;
Bremen	HB §§ 112 Abs. 1, 115 Abs. 2, 4, 124 Abs. 1 BremStVollzG;
Hamburg	HH § 71 HmbStVollzG;
Hessen	HE §§ 58 ff (insbes. § 58 Abs. 2) HStVollzG;
Mecklenburg-Vorpommern	MV §§ 108 Abs. 1, 111 Abs. 2, 116 Abs. 2 StVollzG M-V;
Niedersachsen	NI § 78 NJVollzG;
Nordrhein-Westfalen	NW § 68 StVollzG NRW;

---

334 AK-*Goerdeler* § 75 LandesR Rdn. 5.
335 Krit. auch AK-*Goerdeler* § 75 LandesR Rdn. 5.
336 AK-*Goerdeler* § 75 LandesR Rdn. 5.
337 Ähnlich *Laubenthal/Nestler/Neubacher/Verrel* 2015 M Rdn. 53; siehe auch *Lübbe-Wolff*, 79; für generelle Unzulässigkeit sogar AK-*Goerdeler* § 75 LandesR Rdn. 6; für großzügigere Zulassung als hier vertreten hingegen *Arloth/Krä* § 85 StVollzG Rdn. 1.
338 Ähnlich AK-*Goerdeler* § 75 LandesR Rdn. 6.

Rheinland-Pfalz	RP § 17 LJVollzDSG;
Saarland	SL § 106 Abs. 7, 8 SLStVollzG;
Sachsen	SN § 77 SächsStVollzG;
Sachsen-Anhalt	ST § 140 JVollzGB LSA;
Schleswig-Holstein	SH § 20 JVollzDSG SH;
Thüringen	TH §§ 124 Abs. 1, 128 Abs. 2, 138 Abs. 1 ThürJVollzGB

Schrifttum

Siehe vor A.

1   § 86 StVollzG regelte die Zulässigkeit **erkennungsdienstlicher Maßnahmen** sowie die damit zusammenhängenden Speicherungs-, Verwendungs-, Übermittlungs- und Löschungsregelungen. Nach heutigem Verständnis handelt es sich um evident datenschutzrechtliche Normen, sodass der Großteil der Länder (**BW, BE, BB, HB, HE, MV, RP, SL, ST, SH, TH**) konsequent und zu Recht die erkennungsdienstlichen Maßnahmen im datenschutzrechtlichen Abschnitt (bzw. in **BE, RP** und **SH** sogar innerhalb eines eigenen Justizvollzugsdatenschutzgesetzes) behandelt hat (Vorschriftennachweis in der einleitenden Normübersicht). Nur **HH, NI, NW, SN** haben die alte Stellung im Kontext der Vorschriften über die Sicherheit und Ordnung der Anstalt beibehalten. Dieser Paradigmenwechsel und generell die zunehmend steigende Bedeutung des Datenschutzes (zuletzt durch das Inkrafttreten der DSGVO), die zu einer Verschränkung der Regelungen zu den erkennungsdienstlichen Maßnahmen mit den anderen datenschutzrechtlichen Vorschriften selbst in den wenigen Ländern führt, die weiterhin am alten Modell festhalten, lässt eine Kommentierung an der hiesigen, gewissermaßen „klassischen" Stelle, nicht mehr sinnvoll erscheinen. Insofern wird auf die Kommentierung im datenschutzrechtlichen Ergänzungsband verwiesen.

2   Ein noch deutlicheres Ergebnis lässt sich für **§ 86a StVollzG** festhalten: Die Norm schaffte eine Rechtsgrundlage zur Aufnahme, Speicherung, Nutzung, Übermittlung sowie Vernichtung bzw. Löschung von **Lichtbildern** jenseits der erkennungsdienstlichen Maßnahmen des § 86 StVollzG. **Kein Landesgesetz** hält an einer solchen, isolierten Regelung für Lichtbilder fest. In **allen Landesgesetzen** ist die Aufnahme, Speicherung, Nutzung, Übermittlung sowie Vernichtung bzw. Löschung von Lichtbildern, soweit es nicht um erkennungsdienstliche Maßnahmen geht, nunmehr **nach den allgemeinen datenschutzrechtlichen Vorgaben** zu beurteilen.

3   Während sich auch im Übrigen in den Landesgesetzen der Weg weitgehend durchgesetzt hat, Maßnahmen, die in das **Recht auf informationelle Selbstbestimmung** eingreifen, (allein) im **datenschutzrechtlichen Abschnitt** oder in einem eigenen **Vollzugsdatenschutzgesetz** zu regeln, gibt es doch **vereinzelt Gegenausnahmen** von Ländern, die bestimmte Eingriffsrechte in das Recht auf informationelle Selbstbestimmung in den Abschnitt „Sicherheit und Ordnung" aufgenommen haben. So regelt **HE** § 45 Abs. 2 Satz 2 und Satz 3 die Videoüberwachung der Gefangenen außerhalb ihrer Haftträume (daneben die Videoüberwachung von Besuchen in **HE** § 34 Abs. 5), **NW** § 66 und **SN** § 79 sogar generell die Videoüberwachung im Vollzug. **HE** § 48, **NI** § 79, **SL** § 73 Abs. 5, **SN** § 78 ermöglichen das Einführen einer Pflicht, einen Lichtbildausweis bei sich zu führen, **NW** § 15 Abs. 3 bis Abs. 5 und **SN** § 81 erfassen das Auslesen von Datenspeichern, **NW** § 63 Abs. 1 Satz 3 die Identitätsfeststellung bei Besucherinnen und Besuchern. In allen anderen Landesgesetzen finden sich vergleichbare Regelungen durchaus auch, aber an überzeugenderer Stelle, nämlich in dem datenschutz-

rechtlichen Kontext, in den sie gehören. Auch insofern kann daher auf die dortige Kommentierung verwiesen werden.

G. Festnahmerecht

Baden-Württemberg	BW § 66 JVollzGB III;
Bayern	BY Art. 95 BayStVollzG;
Berlin	BE § 85 StVollzG Bln;
Brandenburg	BB § 89 BbgJVollzG;
Bremen	HB § 78 BremStVollzG;
Hamburg	HH § 73 HmbStVollzG;
Hessen	HE § 49 HStVollzG;
Mecklenburg-Vorpommern	MV § 77 StVollzG M-V;
Niedersachsen	NI § 80 NJVollzG;
Nordrhein-Westfalen	NW § 128 Nr. 3 StVollzG NRW i.V.m. § 87 StVollzG;
Rheinland-Pfalz	RP § 87 LJVollzG;
Saarland	SL § 77 SLStVollzG;
Sachsen	SN § 82 SächsStVollzG;
Sachsen-Anhalt	ST § 88 JVollzGB LSA;
Schleswig-Holstein	SH § 107 LStVollzG SH;
Thüringen	TH § 88 ThürJVollzGB

Schrifttum

Siehe vor A.

I. Allgemeine Hinweise

Die Vorschrift des § 87 StVollzG stellte klar, dass Gefangene, die entwichen waren **1** oder sich sonst ohne Erlaubnis außerhalb der Anstalt aufhielten, durch die Vollzugsbehörde festgenommen werden konnten, ohne dass es eines Vollstreckungshaftbefehls nach § 457 StPO bedurfte. Die Eröffnung eines **Festnahmerechts der Anstalt** selbst folgt aus dem auch bei Entweichung zunächst fortbestehenden Gewahrsamsverhältnis[339] und ist inhaltlich sinnvoll, weil in der Praxis häufig ein Bedürfnis für schnelles Handeln besteht, dem bei der Notwendigkeit der Erwirkung eines Vollstreckungshaftbefehls nicht entsprochen werden kann.[340] Zudem weiß die Anstaltsleitung im Zweifel besser als die Staatsanwaltschaft, wo der oder die entwichene Gefangene sich aufhalten könnte.[341] Allerdings ergibt sich aus dieser Begründung und dem Konkurrenzverhältnis zu § 457 StPO zugleich die Notwendigkeit, zeitlich dem eigenständigen Festnahmerecht der Anstalt enge Grenzen zu setzen (Rdn. 4). In der ursprünglichen gesetzlichen Regelung im StVollzG war das nicht angeklungen.

Die alte Regelung des § 87 StVollzG **gilt in NW fort**, vgl. **NW** § 128 Nr. 3. Grund dafür **2** dürften Zweifel an der Ersetzungsbefugnis der Länder sein,[342] die aber im Ergebnis nicht durchgreifen, da aufgrund der in Rdn. 1 angeführten Gründe eine **Kompetenz** der Län-

---

339 BT-Drucks. 7/3998, 33.
340 Vgl. Prot., 1924.
341 BT-Drucks. 7/3998, 33.
342 Insofern ist **NW** LT-Drucks. 16/5413, 181, allerdings nicht eindeutig.

der zur Regelung auch eines solchen Festnahmerechts besteht. Alle anderen Länder haben § 87 StVollzG durch eigene Regelungen ersetzt, die allerdings weitgehend identisch jedenfalls mit Abs. 1 der alten Vorschrift ausgefallen sind. Allerdings haben nur wenige Länder den Regelungsinhalt des Abs. 1 unverändert übernommen (nämlich **BY** Art. 95 Abs. 1, **HH** § 73 Abs. 1, **NI** § 80 Abs. 1), während überall sonst die schon in Rdn. 1 angesprochene, notwendige Abgrenzung zum Vollstreckungshaftbefehl des § 457 StPO ausdrücklich(er) vorgenommen wurde. Am deutlichsten sind insofern die **ME-Länder** (**BE** § 85, **BB** § 89, **HB** § 78, **MV** § 77, **RP** § 87, **SL** § 77, **SN** § 82 Abs. 1, **ST** § 88, **SH** § 107 Abs. 1, **TH** § 88), die ihren Vorschriften jeweils einen Satz 2 angefügt haben, der das Festnahmerecht an eine **alsbaldige Wiederergreifung** knüpft und außerdem anordnet, dass danach die notwendigen Maßnahmen der Vollstreckungsbehörde zu überlassen seien. Einen identischen Regelungsgehalt bei abweichender Formulierung[343] weist auch **HE** § 49 auf, der das Festnahmerecht auf Fälle der **Nacheile** begrenzt, wobei sich aus dem Regelungskontext und der Gesetzesbegründung[344] allerdings ergibt, dass mit Nacheile auch der Fall der Festnahme von Personen, die nach Zeitablauf oder Widerruf nicht aus vollzugsöffnenden Maßnahmen zurückkehren, gemeint ist.[345] **BW § 66 III** schließlich fordert – auch hier wieder bedeutungsgleich[346] – einen **unmittelbaren Bezug** zum Strafvollzug.

3 § 87 Abs. 2 StVollzG enthielt (bzw. für **NW** wegen des dortigen Fortgeltens der Norm: enthält) eine Regelung zum **Datenschutz**. Entsprechend der Ausführungen unter 11 F hat sich auch hier überzeugend überwiegend durchgesetzt, hierzu nun alle nötigen Regelungen generell in den datenschutzrechtlichen Abschnitten der jeweiligen Gesetze bzw. in einem separaten Justizvollzugsdatenschutzgesetz zu erfassen. Nur in **BY** Art. 95 Abs. 2, **HH** § 73 Abs. 2, **NI** § 80 Abs. 2, **SN** § 82 Abs. 2, **SH** § 107 Abs. 2 finden sich noch Abs. 2 der alten Vorschrift entsprechende Regelungen im unmittelbaren Zusammenhang mit der Regelung des Festnahmerechts selbst. Auch hier ist auf die Kommentierung im datenschutzrechtlichen Ergänzungsband zu verweisen.

II. Erläuterungen

4 1. Da sich das Festnahmerecht der Anstalt daraus ableitet, dass das in gelockerter Form fortbestehende Gewahrsamsverhältnis durch die Festnahme aufrechterhalten werden soll (Rdn. 1), kann die gesetzliche Regelung nur einen **engen Zeitraum** betreffen, in dem der Zusammenhang mit dem Vollzug noch gegeben ist.[347] Fast alle Landesgesetze (Ausnahmen: **BY** Art. 95 Abs. 1, **HH** § 73 Abs. 1, **NI** § 80 Abs. 1; zudem **NW** § 128 Nr. 3, wo das alte Bundesrecht insofern fortgilt) regeln dies nun ausdrücklich so, indem sie eine **alsbaldige** Festnahme (**BE** § 85 Satz 2, **BB** § 89 Satz 2, **HB** § 78 Satz 2, **MV** § 77 Satz 2, **RP** § 87 Satz 2 , **SL** § 77 Satz 2, **SN** § 82 Abs. 1 Satz 2, **ST** § 88 Satz 2, **SH** § 107 Abs. 1 Satz 2, **TH** § 88 Satz 2), eine Festnahme im Rahmen der **Nacheile** (HE) oder einen **unmittelbaren Bezug** zum Strafvollzug (**BW** § 66) verlangen (siehe auch Rdn. 2). Dieser Zusammenhang besteht auch während des Langzeitausgangs, weil dieser die Strafvollstreckung nicht unterbricht.

5 Im Einzelnen sind (entsprechend Nr. 47 VGO) die Fälle der Entweichung und der Nichtrückkehr zu unterscheiden. Liegt ein Fall der **Entweichung** aus der Anstalt vor

---

343 Anders AK-*Goerdeler* § 77 LandesR Rdn. 2: „Einschränkung auf die ‚Nacheile'".
344 HE LT-Drucks. 18/1396, 108.
345 So auch das hier vertretene Verständnis, siehe auch unten, Rdn. 6.
346 Auch insofern wohl a.A. AK-*Goerdeler* § 77 LandesR Rdn. 2.
347 Prot., 1925.

(auch von der Außenarbeit, Ausführung, Vorführung), kommt zunächst **Nacheile durch Bedienstete der Anstalt** in Frage, solange diese noch Erfolg verspricht, d.h. eine Chance auf alsbaldige Wiederergreifung der flüchtigen Person besteht. Die Bediensteten haben keine polizeilichen Befugnisse gegen Dritte, etwa für eine Hausdurchsuchung. Es empfiehlt sich daher, auch bei der eigenen Nacheile die Polizei zu beteiligen.[348] Wie lange der Zeitraum für eine Nacheile durch Vollzugsbedienstete zu bemessen ist, hängt von den Umständen des Einzelfalles ab.[349] Das Festnahmerecht erlischt, wenn sich die Beziehung des geflohenen oder vom (Langzeit-)Ausgang nicht zurückgekehrten Gefangenen zur Anstalt durch **Zeitablauf** (spätestens nach einer Woche)[350] oder **räumliche Entfernung**[351] aufgelöst hat. Danach endet die Zuständigkeit der Anstalt und es bedarf eines Vollstreckungshaftbefehls nach **§ 457 StPO** für die Wiederergreifung,[352] wie die dem ME-StVollzG folgenden Landesgesetze nun auch deutlich klarstellen.[353]

Zudem erfassen die Regelungen auch eine **Festnahme durch Veranlassung** der Anstalt, sodass die Anstalt sich auch telefonisch und/oder schriftlich an die **Polizei** wenden kann und sollte zum Zwecke der Fahndung, und zwar ohne Abwarten des Ergebnisses der eigenen Nacheile. Der Polizei sind dazu u.a. eine Personenbeschreibung und möglichst ein Lichtbild zu übermitteln (zu den datenschutzrechtlichen Übermittlungsbefugnissen siehe den Ergänzungsband). Die Polizei ist zur Festnahme entwichener Gefangener nur auf Veranlassung der Vollzugsbehörde im Rahmen der § 87 Abs. 1 StVollzG entsprechenden Regelungen oder aufgrund eines Vollstreckungshaftbefehls gem. § 457 StPO befugt, es sei denn, im Einzelfall bestünde ein Festnahmerecht aus § 127 StPO oder aufgrund polizeilichen Gefahrenabwehrrechts.[354]

Bei **Nichtrückkehr** vom Freigang, (Langzeit-)Ausgang usw. erscheint eine **Nacheile** 6 nur dann sinnvoll, wenn man davon ausgehen kann, dass der oder die Gefangene sich noch in räumlicher Nähe zur Anstalt aufhält.

2. Sowohl das **Ob** als auch das **Wie** der Festnahme steht im **Ermessen der An-** 7 **staltsleitung**. Dies folgt auch für die Frage, ob überhaupt nachgeeilt wird, aus der Fassung der jeweiligen Normen als Kann-Regelungen.[355] Bei der Ermessensausübung ist der Grundsatz der Verhältnismäßigkeit zu berücksichtigen, so dass z.B. die Gefährlichkeit der entwichenen Person in Rechnung zu stellen ist, aber auch ihre bisherige Unterbringungsform (z.B. offener vs. geschlossener Vollzug).[356] In der Praxis wird im Ergebnis in etwa der Hälfte der Fälle auf eigene Verfolgung, meist allerdings aufgrund zu späten Bemerkens, verzichtet. Die Erfolgsquoten sind bescheiden.[357] Welche Maßnahmen zur Wiederergreifung getroffen werden, ist ebenfalls Ermessensfrage, wobei z.B. zu berück-

---

348 Ebenso *Arloth/Krä* 2017 Rdn. 2 zu § 87.
349 Vgl. Prot., 1925.
350 Ebenso AK-*Goerdeler* § 77 LandesR Rdn. 4; a.A. *Grunau/Tiesler* Rdn. 1: zwei Wochen.
351 *Laubenthal/Nestler/Neubacher/Verrel* 2015 M Rdn. 71.
352 *Grunau/Tiesler* Rdn. 1.
353 Zur Abgrenzung zwischen Festnahme- bzw. Rückführungsrecht der Vollzugsbehörde und Zuständigkeit der Vollstreckungsbehörde s. auch *Hauf* ZfStrVo 1994, 138, 140, 143.
354 *Laubenthal/Nestler/Neubacher/Verrel* 2015 M Rdn. 73; a.A. (Festnahme „in der Regel" auch in diesen Fällen möglich) *Arloth/Krä* § 87 StVollzG Rdn. 2 mit der Behauptung, das Entweichen für sich genommen begründe einen Anfangsverdacht gem. §§ 120, 121 StGB. Dies ist schon deshalb evident unzutreffend, weil § 120 StGB zumindest auf die Selbstbefreiung von Gefangen nicht anwendbar ist und § 121 StGB sehr viel mehr voraussetzt als bloße Flucht.
355 Zutreffend AK-*Goerdeler* § 77 LandesR Rdn. 5; *Laubenthal/Nestler/Neubacher/Verrel* 2015 M Rdn. 73; a.A. *Arloth/Krä* § 87 StVollzG Rdn. 2 und hiesige Voraufl.
356 AK-*Goerdeler* § 77 LandesR Rdn. 5.
357 *Bennefeld-Kersten* et al. ZfStrVo 2004, 3 ff.

sichtigen ist, ob Bedienstete zur Nacheile zur Verfügung stehen oder von anderen Dienstposten für diesen Zweck abgezogen werden können.

H. Überflugverbot

Bremen	HB §§ 77a, 126a BremStVollzG;
Saarland	SL §§ 4, 5, 6 SJVollzSichG;
Sachsen-Anhalt	ST §§ 118, 119 JVollzGB LSA;
Schleswig-Holstein	SH §§ 105, 146 LStVollzG SH;
andere Bundesländer	keine landesgesetzliche Regelung, siehe aber die bundesweite Regelung in § 21b Abs. 1 Satz 1 Nr. 3 LuftVO

Schrifttum

Siehe vor A.

I. Allgemeine Hinweise

1   Die Abschnitte über Sicherheit und Ordnung in den einzelnen Landesgesetzen weisen im Detail, wie bereits die obige Kommentierung ergeben hat, durchaus erhebliche Abweichungen auf – auch mit Blick auf die unter dieser Überschrift zusammengefassten Normen. Insbesondere finden sich dort in manchen Landesgesetzen weitere (teils vollständig neue) Befugnisnormen über diejenigen hinaus, die das alte StVollzG dort erfasste. Dies betrifft zum einen die unter 11 F Rdn. 3 bereits erwähnten Eingriffsbefugnisse in das Recht auf informationelle Selbstbestimmung. Darüber hinaus finden sich jedoch in einzelnen Landesgesetzen noch andere Maßnahmen in diesem Abschnitt wieder. Konkret geht es insofern einerseits um die Befugnis zur **Störung und Unterbindung des Mobilfunks**. Diese wurde allerdings nur in **NW** § 67 und **SH** § 104 innerhalb dieses Abschnitts geregelt; sonst finden sich derartige Regelungen jeweils an anderer Stelle der Gesetze. Da sie in einem inhaltlichen Zusammenhang zu den Vorschriften über Telekommunikation stehen, werden sie in diesem Kommentar unter 9 D kommentiert.

2   Es bleibt danach im hiesigen Kontext nur noch eine besondere Vorschrift zu kommentieren: das **Überflugverbot mit Flugmodellen und unbemannten Luftfahrtsystemen**. Während die meisten Landesgesetze keine entsprechende Regelung kennen (siehe aber Rdn. 3), haben **HB, SL, ST** und **SH** eine solche Regelung eingeführt (**HB** § 77a, **SL** §§ 4, 5 SJVollzSichG, **ST** § 118, **SH** § 105; dabei **HB** und **SH** direkt im Kontext der Vorschriften über Sicherheit und Ordnung) und jeweils mit einem eigenen **Ordnungswidrigkeitentatbestand** (**HB** § 126a, **SL** § 6 SJVollzSichG, **ST** § 119, **SH** § 146) flankiert. Zweck der Regelung ist, den missbräuchlichen Einsatz von Flugmodellen und unbemannten Luftfahrtsystemen, insbesondere von Drohnen, Quadrocoptern u.ä. zum Anfertigen unerlaubter Bild- und Tonaufnahmen, zum Einschmuggeln oder Ausschmuggeln verbotener Gegenstände o.ä. zu verbieten.[358] Neben dem Überflugverbot haben zwei der Landesgesetze (**SL** § 2 SJVollzSichG und **ST** § 117 Abs. 2 Nr. 3) auch die Möglichkeit geschaffen, die für die Fernsteuerung benötigten **Frequenzen zu stören**.

---

358   **HB** Bürgerschafts-Drucks. 19/58, 6; **SH** LT-Drucks. 18/3153, 157.

Seit dem 7.4.2017 gilt allerdings auch eine neue Regelung in der als Verordnung des 3
Bundes erlassenen **Luftverkehrsordnung** (LuftVO). Diese regelt in § 21b Abs. 1 Satz 1
Nr. 3 ebenfalls ein Überflugverbot u.a. über Justizvollzugsanstalten. Ein Verstoß gegen
dieses kann zudem ebenfalls als Ordnungswidrigkeit verfolgt werden (§ 44 Abs. 1 Nr. 17d
LuftVO i.V.m. § 58 Abs. 1 Nr. 10 Luftverkehrsgesetz [LuftVG]). Dementsprechend findet
sich auch eine – allerdings nicht ganz deckungsgleiche – bundesrechtliche Regelung der
Rechtsmaterie, so dass im Grundsatz auch in den anderen Bundesländern ohne strafvollzugsrechtliche Regelung ein Überflugverbot gilt.

Diese Doppelregelung wirft natürlich Fragen nach der **Regelungskompetenz** auf. 4
Jedenfalls hat der Bund die ausschließliche Gesetzgebungskompetenz für den Luftver-
kehr (Art. 93 Abs. 1 Nr. 6 GG), die Landesgesetzgeber reklamieren für sich aber eine „Annexkompetenz" (genauer wohl: Kompetenz kraft Sachzusammenhangs), da das Über-
fliegen der Anstalt mit derartigen Flugkörpern eine Gefährdung von Anstaltssicherheit
und -ordnung darstelle und nicht vor luftverkehrsspezifischen Gefahren schützen solle.[359] In der Tat wird man wohl konstatieren können, dass die Regelung von Überflugver-
boten z.B. über Strafvollzugsanstalten jedenfalls nicht eindeutig in den Bereich der
Kompetenz nach Art. 93 Abs. 1 Nr. 6 GG fällt. Der Bund könnte wohl für einige der Überflugverbote in § 21b LuftVO auch selbst allenfalls eine Kompetenz kraft Sachzusammenhangs für sich behaupten, da in der Tat gerade nicht Interessen der Flugsicherheit, sondern nur andere öffentliche Sicherheitsinteressen sowie Datenschutzinteressen durch
den Überflug tangiert sind.[360] Es handelt sich um einen interessanten Grenzfall, den
wohl allein das BVerfG verbindlich lösen kann. Nach hiesiger Auffassung sprechen aber
die besseren Gründe für eine Länderkompetenz jedenfalls bezogen auf den hier zu entscheidenden Fall (Überflug von Justizvollzugsanstalten). Für die flankierenden **Ord-
nungswidrigkeitentatbestände** stellt sich ein weiteres Konkurrenzproblem zu § 115
OWiG (Verkehr mit Gefangenen); hier aber spricht schon der jeweils andere, sich allenfalls partiell überschneidende Anwendungsbereich für eine bestehende Länderkompetenz.[361]

II. Erläuterungen

Die Landesnormen statuieren jeweils ein **Überflugverbot für Flugmodelle und** 5
unbemannte Luftfahrtsysteme (**SH** § 105 spricht allerdings nur insgesamt von „unbemannten Fluggeräten"), jedoch von je unterschiedlicher Reichweite. So betreffen die
Überflugverbote in **SL** und **SH** nur den Luftraum direkt über der Anstalt, dabei nach **SL**
§ 4 Abs. 1 SJVollzSichG bis in 300 m Höhe, nach **SH** § 105 bis in 150 m Höhe. Hingegen
gelten die Überflugverbote nach **HB** § 77a Abs. 1 und **ST** § 118 Abs. 1 nicht nur direkt über
dem Anstaltsgelände, sondern zudem im Umkreis von 100 m um dessen Begrenzung
herum, hier jeweils bis zu einer Flughöhe von 150 m. Die Bundesregelung in § 21b Abs. 1
Satz 1 Nr. 3 LuftVO (zur Kompetenzfrage: Rdn. 4) geht von einer identischen Abstandsre-
gelung aus und regelt keine Maximalhöhe, bis zu der das Verbot gilt. Im Gegenteil verbietet § 21b Abs. 1 Satz 1 Nr. 8 LuftVO sogar – mit gewissen Ausnahmen – generell Flug-
höhen von über 100 m für Flugmodelle und unbemannte Luftfahrtsysteme.

Ausnahmen vom Überflugverbot lässt **SH** § 105 generell mit Erlaubnis der Anstaltsleitung (deren Erteilung dann im pflichtgemäßen Ermessen liegt) zu. Restriktiver regeln
HB § 77a Abs. 2, **SL** § 4 Abs. 2 SJVollzSichG und **ST** § 118 Abs. 2, dass die Anstaltsleitung

---
359 **HB** Bürgerschafts-Drucks. 19/58, 7; **SH** LT-Drucks. 18/3153, 157.
360 Vgl. auch BR-Drucks. 39/17, 11.
361 Zutreffend **HB** Bürgerschafts-Drucks. 19/58, 6 f; **SH** LT-Drucks. 18/3153, 177.

eine solche Erlaubnis nur im Einzelfall zu vollzuglichen oder sonstigen öffentlichen Zwecken erteilen kann. Ergänzend ermöglichen die beiden Länder, in denen das Verbot sich auf 100 m im Umkreis des Anstaltsgeländes miterstreckt, auch Erlaubnisse für private Zwecke, soweit nicht das Anstaltsgelände selbst überflogen wird und keine Gefährdung für die Sicherheit und Ordnung der Anstalt zu befürchten ist (**HB** § 77a Abs. 3, **ST** § 118 Abs. 3). Auch die bundesrechtliche Regelung in § 21b Abs. 1 Satz 1 Nr. 3 LuftVO (zur Kompetenzfrage: Rdn. 4) setzt das Überflugverbot für den Fall der ausdrücklichen Zustimmung des Betreibers der Anlage aus, was für den Fall des Überflugs von Justizvollzugsanstalten wiederum auf die (im pflichtgemäßen Ermessen liegende) Zustimmungsmöglichkeit der jeweiligen Anstaltsleitung hinausläuft. Daneben kann die örtlich zuständige Luftfahrtbehörde des Landes unter bestimmten Voraussetzungen (zu diesen vgl. § 21a Abs. 3 LuftVO) Ausnahmegenehmigungen erteilen (§ 21b Abs. 3 i.V.m. § 21c LuftVO).

6 SL § 5 SJVollzSichG erlaubt zudem den **Betrieb von Störsendern** bezogen auf die zur Steuerung von Flugmodellen oder unbemannten Luftfahrtsystemen benötigten Frequenzen. Selbstverständlich darf, wie Satz 2 auch ausdrücklich anordnet, dadurch die Möglichkeit des Betreibens derartiger Geräte außerhalb des Anstaltsgeländes (die Regelung in **SL** verbietet nur den direkten Überflug des Geländes, siehe Rdn. 5) nicht erheblich beeinträchtigt werden. Noch **weiterreichend** ist die Regelung in **ST § 118 Abs. 4 i.V.m. § 117 Abs. 2 und 3**. Nach **ST** § 118 Abs. 4 i.V.m. § 117 Abs. 2 Nr. 1 dürfen technische Geräte eingesetzt werden zum Auffinden von Flugmodellen oder unbemannten Luftfahrtsystemen einschließlich der zu ihrer Steuerung eingesetzten Geräte. Diese dürfen dabei entsprechend **ST** § 117 Abs. 2 Nr. 2 auch, soweit technisch möglich, per Funk aktiviert werden, um sie besser auffinden zu können. Schließlich gestattet Nr. 3 den Betrieb von frequenzstörenden und –unterdrückenden Geräten. Ähnlich wie in **SL** darf gem. **ST** §§ 118 Abs. 4, 117 Abs. 3 die Nutzung der für den Betrieb von Flugmodellen oder unbemannten Luftfahrtsystemen benötigten Frequenzen außerhalb des Anstaltsgeländes nicht erheblich gestört werden, wobei dies – wie der Abgleich mit **ST** § 118 Abs. 1 ergibt – nur für den Bereich jenseits der 100-m-Umkreislinie gelten dürfte. Die Landesgesetze in **HB** und **SH** kennen keine entsprechende Regelung; ebenso wenig die LuftVO.

Der **Verstoß gegen das Überflugverbot** in der in Rdn. 5 beschriebenen Reichweite kann gem. **HB** § 126a, **SL** § 6 SJVollzSichG, **ST** § 119 und **SH** § 146 als **Ordnungswidrigkeit** verfolgt werden. Alle Normen erfassen dabei (jeweils nach Abs. 1) vorsätzliche wie fahrlässige Verstöße und auch versuchte Taten (insofern: jeweils Abs. 2). Die Höchstgeldbuße beträgt in **HB** und **SL** 10.000 Euro, in **ST** 25.000 Euro und in **SH** in Ermangelung einer speziellen Regelung gem. § 17 Abs. 1 OWiG nur 1.000 Euro. Dabei beträgt das Höchstmaß bei fahrlässigen Verstößen jeweils nur die Hälfte des Betrags (§ 17 Abs. 2 OWiG). Alle vier Gesetze erlauben zudem – jeweils in Abs. 3 – die **Einziehung** von Gegenständen, auf die sich die Tat bezieht oder die zu ihrer Vorbereitung oder Begehung verwendet worden sind, namentlich also die Einziehung des Flugmodells oder unbemannten Luftfahrtsystems selbst. Durch Verweis auf § 23 OWiG gestatten zudem **HB** § 126a Abs. 3 Satz 2, **SL** § 6 Abs. 3 Satz 2 SJVollzSichG und **ST** § 119 Abs. 3 die erweiterte Einziehung. **Zuständig** zur Verfolgung ist nach Abs. 4 der Normen in **HB**, **SL** und **ST** jeweils die Justizvollzugsanstalt (also die Anstaltsleitung). **SH** § 146 Abs. 4 weist hingegen die Verfolgungszuständigkeit der Landespolizeibehörde, in deren örtlichem Zuständigkeitsbereich die betroffene Justizvollzugsanstalt liegt, zu. Auch die **LuftVO** des Bundes (zur Kompetenzfrage: Rdn. 4) enthält einen passenden Ordnungswidrigkeitentatbestand, und zwar in § 44 Abs. 1 Nr. 17d LuftVO i.V.m. § 58 Abs. 1 Nr. 10 LuftVG. Dieser erfasst ebenfalls vorsätzliches wie fahrlässiges Handeln, aber nicht den Versuch. Die Höchstbuße beträgt gem. § 58 Abs. 2 LuftVG 50.000 Euro. Eine Einziehung ist nicht vorgesehen.

Zuständige Behörde ist hier die örtlich zuständige Luftfahrtbehörde des Landes (§ 63 LuftVG i.V.m. § 21c LuftVO).

In der **Praxis** dürfte sich die Verfolgung von Verstößen gegen das Überflugverbot als ausgesprochen schwer erweisen, da eine Identifizierung der das Flugmodell oder unbemannte Luftfahrtsystem steuernden Person häufig scheitern wird.[362]

I. Besondere Sicherungsmaßnahmen

I. Grundsätzliches

Bund	§ 88 StVollzG
Baden-Württemberg	BW § 67 III JVollzGB
Bayern	BY Art. 96 BayStVollzG
Berlin	BE §§ 86, 87 Abs. 3, 5 und 6 StVollzG Bln
Brandenburg	BB §§ 90, 91 Abs. 5 Satz 1 und 2, Abs. 6 und 7 BbgJVollzG
Bremen	HB §§ 79, 80 Abs. 4, 5 und 6 BremStVollzG
Hamburg	HH §§ 74, 75 Abs. 3 und 4, 76 Abs. 4 HmbStVollzG
Hessen	HE §§ 50, 51 Abs. 3 und 6 HStVollzG
Mecklenburg-Vorpommern	MV §§ 78, 79 Abs. 4, 5 und 6 StVollzG M-V
Niedersachsen	NI §§ 81, 81a, 84 Abs. 4 NJVollzG
Nordrhein-Westfalen	NW §§ 69, 70 Abs. 3, 6 und 7 StVollzG NRW
Rheinland-Pfalz	RP §§ 88, 89 Abs. 4, 5 und 6 LJVollzG
Saarland	SL §§ 78, 79 Abs. 4, 5 und 6 SLStVollzG
Sachsen	SN §§ 83, 84 Abs. 4, 5 und 6, 84a SächsStVollzG
Sachsen-Anhalt	ST §§ 89, 90 Abs. 4, 5 und 6 JVollzGB LSA
Schleswig-Holstein	SH §§ 108, 109 Abs. 3, 110 LStVollzG SH
Thüringen	TH §§ 89, 90 Abs. 4, 5 und 6 ThürJVollzG

Schrifttum

Baur Die bundesrechtlichen Neuregelungen für Fixierungen im Straf- und Maßregelvollzug, in: NJW 2019, 2273; *Bennefeld-Kersten* Was kann die Technik zur Suizidprävention beitragen?, in: FS 2010, 341; *Böhm* Zum Sichtspion in der Tür, in: JR 1992, 174; *Bottke* Suizid, das Recht auf Suizid und das Recht der Suizidprävention, in: Bd. 5 der Interdisziplinären Gesellschaftspolitischen Gespräche der Universität Augsburg, 1997, 117; *Goerdeler* Vertrauen ist gut – Videotechnik ist besser? Der rechtliche Rahmen für den Einsatz von Videotechnologie im Justizvollzug, in: FS 2018, 113; *Hadeler* Besondere Sicherungsmaßnahmen im Strafvollzug, Aachen 2004; *Hoffmann* Isolation im Normalvollzug. Normative Entwicklung und Rechtswirklichkeit besonders angeordneter Einzelunterbringung im Strafvollzug, Pfaffenweiler 1990; *Köhne* Die Unterbringung von Strafgefangenen in einer „Beruhigungszelle", in: DRiZ 2012, 202; *Kretschmer* Die menschen(un)würdige Unterbringung von Strafgefangenen, in: NJW 2009, 2406; *Nagel* Gefangenenbefreiung durch Richter?, in: NStZ 2001, 233; *Petersen/Kunze/Thiel u.a.* Todesfälle von Inhaftierten in Hamburg 1996–2012 – Vorschläge zur Suizidprävention im Gefängnis, in: Archiv für Kriminologie 239 (2017), 73; *Pohlreich* Gewalt gegen Häftlinge und Unterbringung in besonders gesicherten Hafträumen – Der Fall Hellig vor dem EGMR, in: JZ 2011, 1058; *Roßkopf* Schutz von Strafvollstreckung und Strafvollzug durch das Strafgesetzbuch, Hamburg 2018; *Rotthaus* Anmerkung zum Beschluss des OLG Koblenz vom 16.1.1989, in: NStZ 1989, 343; *Rüping* Therapie und Zwang bei untergebrachten Patienten, in: JZ 1982, 744; *Schäfersküpper* Vollzug, Fixierungen und Verfassungsrecht, in: FS 2018, 353; *Schmitt* Verhütung von Suizid und Sui-

---

[362] Zutreffend *Arloth/Krä* § 77a BremStVollzG Rdn. 3.

zidversuchen im Justizvollzug, in: BewHi 2006, 291; *Witos/Staiger/Neubacher* Videoüberwachung im Strafvollzug, in: NK 2014, 359.

Übersicht

1. Allgemeine Hinweise —— 1–7
   a) Abgrenzung zu allgemeinen Sicherungsmaßnahmen —— 2
   b) Abschließende Regelung der besonderen Sicherungsmaßnahmen —— 3
   c) Voraussetzungen der Maßnahmen —— 4
   d) Kumulative Anordnung —— 5
   e) Zuständigkeit für die Anordnung —— 6, 7
2. Erläuterungen —— 8–45
   a) Eingriffsgründe —— 8–13
      aa) In erhöhtem Maße Fluchtgefahr —— 11
      bb) Gefahr von Gewalttätigkeiten —— 12
      cc) Gefahr des Selbstmordes oder der Selbstverletzung —— 13
   b) Die einzelnen Sicherungsmaßnahmen —— 14–38
      aa) Nr. 1: Entzug oder Vorenthaltung von Gegenständen —— 15
      bb) Nr. 2 (**NW**: Nr. 4): Beobachtung —— 16–25
      cc) Nr. 3 (**NW**: Nr. 2): Absonderung von anderen Gefangenen —— 26–29
      dd) Nr. 4 (**NW**: Nr. 3): Entzug oder Beschränkung des Aufenthalts im Freien —— 30, 31
      ee) Nr. 5 (**SH**: Nr. 4): Unterbringung im bgH ohne gefährdende Gegenstände —— 32, 33
      ff) Nr. 6 (**SH**: Nr. 5 und 6): Fesselung —— 34–38
   c) Maßnahmen aus anderen Gründen —— 39, 40
      aa) Abs. 3 (**HH**, **ST**: Abs. 4) der Gesetze —— 39
      bb) Extremisten —— 40
   d) Fesselung bei Ausführung, Vorführung und Transport —— 41–43
   e) Verhältnismäßigkeitsgrundsatz —— 44, 45

1 **1. Allgemeine Hinweise.** Im Gegensatz zu den Disziplinarmaßnahmen gelten die Sicherungsmaßnahmen nicht repressiven, sondern **präventiven Zwecken**. Sie setzen deshalb auch kein Verschulden des Gefangenen voraus, sondern nur eine erhöhte Gefahr für bestimmte Bereiche (Flucht, Gewalttätigkeiten, Selbstmord oder Selbstverletzung) der Sicherheit oder Ordnung der Anstalt. Wegen ihres präventiven Charakters dürfen Sicherungsmaßnahmen nicht für Disziplinierungs- oder Strafzwecke eingesetzt werden.[363]

2 **a) Abgrenzung zu allgemeinen Sicherungsmaßnahmen.** Man unterscheidet zwischen **allgemeinen** Sicherungsmaßnahmen (= allg. S.) und **besonderen** Sicherungsmaßnahmen (= bes. S.). Zu den allg. S. gehören die Durchsuchungen des Gefangenen, der Haftträume und des persönlichen Gewahrsams, ferner erkennungsdienstliche Maßnahmen. Zwischen den allg. S. und den bes. S. sind die Verlegung in eine sichere Anstalt und das Festnahmerecht einzuordnen.

3 **b) Abschließende Regelung der besonderen Sicherungsmaßnahmen.** Die bes. S. werden in § 88 Abs. 2 StVollzG, **BW** § 67 Abs. 2 III, **BY** Art. 96 Abs. 2, **BE** § 86 Abs. 2 Satz 1, **BB** § 90 Abs. 2, **HB** § 79 Abs. 2, **HH** § 74 Abs. 2 Satz 1, **HE** § 50 Abs. 2, **MV** § 78 Abs. 2, **NI** § 81 Abs. 2, **NW** § 69 Abs. 2, **RP** § 88 Abs. 2, **SL** § 78 Abs. 2, **SN** § 83 Abs. 2 Satz 1, **ST** § 89 Abs. 2, **SH** § 108 Abs. 2, **TH** § 89 Abs. 2 abschließend aufgezählt.[364] Sie können angeord-

---

[363] AK-*Goerdeler* Teil II § 78 Rdn. 1; *Arloth/Krä* § 88 StVollzG Rdn. 1; *Laubenthal/Nestler/Neubacher/Verrel* M Rdn. 79; K/S-*Schöch* § 8 Rdn. 3; vgl. aber *Hadeler* 2004, 7.
[364] OLG Frankfurt, Beschl. vom 16.10.2018 – 3 Ws 414/18, NStZ 2019, 367 Rdn. 11; AK-*Goerdeler* Teil II § 78 Rdn. 12; *Arloth/Krä* § 88 StVollzG Rdn. 1; *Laubenthal/Nestler/Neubacher/Verrel* M Rdn. 79; *Laubenthal* Rdn. 714; umfassend zur Anwendungspraxis zuletzt wohl *Hadeler* 2004, 171 ff; zur Anwendungshäufigkeit vgl. ferner *Hoffmann* 1990; *Walter* Rdn. 502 m.w.N.

net werden, um die in § 88 Abs. 1 StVollzG, **BW** § 67 Abs. 1 III, **BY** Art. 96 Abs. 1, **BE** § 86 Abs. 1, **BB** § 90 Abs. 1, **HB** § 79 Abs. 1, **HH** § 74 Abs. 1, **HE** § 50 Abs. 1, **MV** § 78 Abs. 1, **NI** § 81 Abs. 1, **NW** § 69 Abs. 1, **RP** § 88 Abs. 1, **SL** § 78 Abs. 1, **SN** § 83 Abs. 1, **ST** § 89 Abs. 1, **SH** § 108 Abs. 1, **TH** § 89 Abs. 1 bestimmten **Gefahren** zu verhindern, aber auch nur dann, wenn weniger einschneidende Maßnahmen nicht ausreichen.[365] Die **Anordnung** von bes. S. ist in § 91 StVollzG, **BW** § 63 III, **BY** Art. 99, **BE** § 87, **BB** § 91, **HB** § 80, **HH** § 75, **HE** § 51 Abs. 1, **MV** § 79, **NI** § 84, **NW** § 70, **RP** § 89, **SL** § 79, **SN** § 84, **ST** § 90, **SH** § 109, **TH** § 90 geregelt.

c) **Voraussetzungen der Maßnahmen.** Die angeordnete Maßnahme muss zur Abwendung der in Abs. 1 der jeweiligen Norm aufgeführten Gefahren **erforderlich** sein (vgl. zu diesem Kriterium Rdn. 44). Sämtliche zu verhängenden oder verhängten bes. S. unterliegen im Übrigen auch dem **Verhältnismäßigkeitsgrundsatz** (§ 88 Abs. 5 i.V.m. § 81 Abs. 2 StVollzG, **BW** § 63 Abs. 4 i.V.m. § 57 Abs. 2 III, **BY** Art. 96 Abs. 5 i.V.m. Art. 87 Abs. 2, **BE** §§ 86 Abs. 7 Satz 3, 87 Abs. 3 i.V.m. § 81 Abs. 2 Satz 1, **BB** § 91 Abs. 5 Satz 1 und 2 i.V.m. § 84 Abs. 2, **HB** § 80 Abs. 4 i.V.m. § 73 Abs. 2, **HH** § 74 Abs. 2 Satz 2, Abs. 3 Satz 1, § 75 Abs. 3 i.V.m. § 68 Abs. 1, **HE** § 50 Abs. 4 Satz 3, Abs. 7, § 51 Abs. 3 i.V.m. § 45 Abs. 2 Satz 1, **MV** §§ 78 Abs. 4, 72 Abs. 2, **NI** §§ 81 Abs. 1 a. E., 84 Abs. 4, **NW** §§ 69 Abs. 6, Abs. 8 Satz 3, 70 Abs. 3, § 24 Abs. 3 Nr. 1 und 2 JVollzDSG, **RP** §§ 88 Abs. 4, 89 Abs. 4, 82 Abs. 2, § 21 Abs. 2 Satz 2, Abs. 5 LJVollzDSG, **SL** §§ 78 Abs. 4, 79 Abs. 4, 72 Abs. 2, **SN** §§ 83 Abs. 4, 84 Abs. 4, 73 Abs. 2, 84a Abs. 2 Satz 1 und 3, **ST** §§ 89 Abs. 5, 90 Abs. 4, 83 Abs. 2, 144 Abs. 2 Satz 2, **SH** §§ 108 Abs. 1 a. E., Abs. 4 und 5, Abs. 7 Satz 2 und 3, 109 Abs. 3, 100 Abs. 2, § 24 Abs. 2 Satz 2 JVollzDSG, **TH** §§ 89 Abs. 4, 90 Abs. 4, 83 Abs. 2).[366] Sie dürfen deshalb den Gefangenen nicht mehr und nicht länger als notwendig beeinträchtigen.[367] Da es sich um äußerste Notmaßnahmen handelt, sind sie nach Möglichkeit durch Ausschöpfung aller anderen, milderen Mittel zu vermeiden.[368] Das neugefasste niedersächsische Gesetz spricht dies in **NI** § 81 Abs. 1 a.E. mit dem Erfordernis der Unerlässlichkeit deutlich aus.

d) **Kumulative Anordnung.** Bei einer kumulativen Anordnung (ausdrücklich geregelt nur in **BE** § 86 Abs. 2 Satz 2, **ST** § 89 Abs. 3) mehrerer bes. S. muss seitens der Vollzugsbehörde nicht nur die Notwendigkeit jeder einzelnen Maßnahme detailliert begründet werden.[369] In solchen Fällen mehrfacher Einschränkung sind im Hinblick auf die Mittel-Zweck-Relation zudem äußerst strenge Maßstäbe an die Erforderlichkeit und Verhältnismäßigkeit anzulegen.[370] Zu unterscheiden ist davon die Konstellation, dass eine Maßnahme als Reflex eine oder mehrere andere nach sich zieht.[371]

e) **Zuständigkeit für die Anordnung.** Zuständig für die Anordnung bes. S. ist nach den meisten Gesetzen die Anstaltsleitung bzw. der **Anstaltsleiter** (§ 91 Abs. 1 Satz 1 StVollzG, **BW** § 70 Abs. 1 Satz 1 III, **BY** Art. 99 Abs. 1 Satz 1, **BB** § 91 Abs. 1 Satz 1, **HB** § 80

---

365 *Arloth/Krä* § 88 StVollzG Rdn. 12.
366 Dazu OVG Lüneburg, Urt. vom 9.10.1985 – 2 OVG A 95/82, ZfStrVo 1987, 109.
367 OLG Frankfurt, Beschl. vom 30.12.1986 – 3 Ws 918/86 (StVollz), ZfStrVo 1987, 381.
368 KG, Urt. vom 11.5.2005 – (5) 1 Ss 61/05 (12/05), NStZ 2006, 414, 415.
369 BVerfG, Beschl. vom 18.3.2015 – 2 BvR 1111/13, NJW 2015, 2100, 2102; AK-*Goerdeler* Teil II § 78 Rdn. 12; *Arloth/Krä* § 88 StVollzG Rdn. 3; *C/MD* § 88 Rdn. 2.
370 OLG Frankfurt, Beschl. vom 26.2.2002 – 3 Ws 132/02 (StVollz), NStZ-RR 2002, 155, 157; Beschl. vom 16.10.2018 – 3 Ws 414/18, NStZ 2019,367 Rdn. 10; LG Marburg, Beschl. vom 15.12.2011 – 7a StVK 132 und 133/11, StraFo 2012, 288, 289.
371 Dazu AK-*Goerdeler* Teil II § 78 Rdn. 12; *Arloth/Krä* § 88 StVollzG Rdn. 3.

Abs. 1 Satz 1, **HH** § 75 Abs. 1 Satz 1, **HE** § 51 Abs. 1 Satz 1, **MV** § 79 Abs. 1 Satz 1, **NI** § 84 Abs. 1 Satz 1, **NW** § 70 Abs. 1 Satz 1, **RP** § 89 Abs. 1 Satz 1, **SL** § 79 Abs. 1 Satz 1, **SN** § 84 Abs. 1 Satz 1, **ST** § 90 Abs. 1 Satz 1, **SH** § 109 Abs. 1 Satz 1, **TH** § 90 Abs. 1 Satz 1), der jedoch seine Befugnis nach § 156 Abs. 3 StVollzG, **BY** Art. 177 Abs. 3, **HH** § 104 Abs. 3, **NI** § 176 Abs. 1 Satz 2, **NW** § 97 Abs. 3, **ST** § 107 Abs. 2 mit Zustimmung der Aufsichtsbehörde auf andere Beamte bzw. Bedienstete (etwa einen Abteilungsleiter) **übertragen** kann.[372] Das gilt auch für die Fälle der §§ 89, 90 StVollzG, **BY** Art. 97, 98, **NI** §§ 81a, 82, 83,[373] weil diese nur besondere Ausgestaltungen der in § 88 StVollzG, **BY** Art. 96, **NI** § 81 benannten Maßnahmen darstellen. Keine derartige Delegationsmöglichkeit ist vorgesehen in Baden-Württemberg.[374] In Brandenburg (**BB** § 109 Abs. 1 Satz 2), Bremen (**HB** § 96 Abs. 2 Satz 2), Hessen (**HE** § 75 Abs. 1 Satz 2), Mecklenburg-Vorpommern (**MV** § 95 Abs. 1 Satz 2), Rheinland-Pfalz (**RP** § 106 Abs. 1 Satz 2), im Saarland (**SL** § 95 Abs. 1 Satz 2), in Sachsen (**SN** § 108 Abs. 1 Satz 2), Schleswig-Holstein (**SH** § 134 Abs. 2 Satz 2) und Thüringen (**TH** § 107 Abs. 1 Satz 2) greift die allgemeine Kompetenz zur Übertragung einzelner Aufgabenbereiche ein. In **Berlin** wurde auf die Primärkompetenz des Anstaltsleiters verzichtet; er bestimmt vielmehr allgemein die zur Anordnung befugten Bediensteten (**BE** § 87 Abs. 1 Satz 1). Zur Fixierung IV. Rdn. 60.

7 **Sonstige Bedienstete** können Eingriffe nur bei Gefahr im Verzug und auch nur vorläufig anordnen (§ 91 Abs. 1 Satz 2 StVollzG, **BW** § 70 Abs. 1 Satz 2 III, **BY** Art. 99 Abs. 2 Satz 1, **BE** § 87 Abs. 1 Satz 2 HS. 1, **BB** § 91 Abs. 1 Satz 2 HS. 1, **HB** § 80 Abs. 1 Satz 2 HS. 1, **HH** § 75 Abs. 1 Satz 2, **HE** § 51 Abs. 1 Satz 2, **MV** § 79 Abs. 1 Satz 2 HS. 1, **NI** § 84 Abs. 2 Satz 1, **NW** § 70 Abs. 1 Satz 2 HS. 1, **RP** § 89 Abs. 1 Satz 2 HS. 2, **SL** § 79 Abs. 1 Satz 2 HS. 1, **SN** § 84 Abs. 1 Satz 2 HS. 1, **ST** § 90 Abs. 1 Satz 2 HS. 2, **SH** § 109 Abs. 1 Satz 2 HS. 1, **TH** § 90 Abs. 1 Satz 2 HS. 1). **Gefahr im Verzug** liegt vor, wenn sich beim Abwarten der Entscheidung des vorrangig entscheidungsbefugten Anstaltsleiters die durch die Sicherungsmaßnahmen zu verhütende Gefahr zu verwirklichen droht bzw. wenn eine bereits eingetretene Gefahr mit nachteiligen Folgen fortdauern würde.[375]

2. Erläuterungen

8 a) **Eingriffsgründe.** § 88 Abs. 1 StVollzG, **BW** § 67 Abs. 1 III, **BY** Art. 96 Abs. 1, **BE** § 86 Abs. 1, **BB** § 90 Abs. 1, **HB** § 79 Abs. 1, **HH** § 74 Abs. 1, **HE** § 50 Abs. 1, **MV** § 78 Abs. 1, **NI** § 81 Abs. 1, **NW** § 69 Abs. 1, **RP** § 88 Abs. 1, **SL** § 78 Abs. 1, **SN** § 83 Abs. 1, **ST** § 89 Abs. 1, **SH** § 108 Abs. 1, **TH** § 89 Abs. 1 führen die **Eingriffsvoraussetzungen** für die bes. S. im Wesentlichen identisch auf: Fluchtgefahr bzw. Gefahr der Entweichung und Gefahr der Gewalttätigkeit gegen andere, gegen Sachen oder gegen sich selbst; sämtlich unbestimmte Rechtsbegriffe. Bei der Feststellung, ob diese Gefahren vorliegen, steht der Vollzugsbehörde ein **Beurteilungsspielraum** mit eingeschränkter gerichtlicher Überprüfbarkeit zu, da es sich um eine Prognoseentscheidung handelt.[376] Unter **„Gefahr"** ist in

---

372 Vgl. dazu auch OLG Hamm, Beschl. vom 8.4.1999 – 1 Vollz (Ws) 25/99, ZfStrVo 2000, 179; LG Hildesheim, Beschl. vom 18.12.2006 – 23 StVK 566/06, Beck-Rs 2007, 17121.
373 Vgl. OLG Hamm, Beschl. vom 8.4.1999 – 1 Vollz (Ws) 25/99, ZfStrVo 2000, 179; *Arloth/Krä* § 91 StVollzG Rdn. 1; *Laubenthal/Nestler/ Neubacher/Verrel* M Rdn. 98.
374 Siehe LT-Drucks. 14/5012, 174; begrüßt von AK-*Goerdeler* Teil II § 79 Rdn. 2.
375 KG, Urt. vom 11.5.2005 – (5) 1 Ss 61/05 (12/05), NStZ 2006, 414, 415; *Laubenthal* Rdn. 718.
376 OLG Celle, Beschl. vom 31.8.2010 – 1 Ws 378/10, NStZ-RR 2011, 191; OLG Frankfurt, Beschl. vom 26.2.2002 – 3 Ws 132/02 (StVollz), NStZ-RR 2002, 155; OLG Hamm, Beschl. vom 16.6.2011 – III-1 Vollz (Ws) 216/11, NStZ-RR 2011, 291, 292; OLG Karlsruhe, Beschl. vom 27.11.2012 – 1 Ws 49/12, NStZ-RR 2014, 31; OLG Naumburg, Beschl. vom 13.10.2011 – 2 Ws 145/11, FS 2012, 116; OLG Nürnberg, Beschl. vom 8.11.2017 – 1 Ws 451/17, FS SH 2019, 36, 37; OLG Saarbrücken, Beschl. vom 14.9.1984 – 1 Ws 663/83, ZfStrVo 1985, 58; LG

diesem Rahmen der unmittelbar drohende Eintritt des unerwünschten Erfolges zu verstehen.[377] An die Wahrscheinlichkeit des Schadenseintritts werden umso geringere Anforderungen gestellt, je größer der mögliche Schaden und je höherrangiger das betroffene Rechtsgut sind.[378] Es muss sich aber immer um eine im Zeitpunkt der Entscheidung nach dem möglichen Stand der Ermittlungen erkennbare **substantielle, mit konkreten Anhaltspunkten** belegbare („massive")[379] auf den Einzelfall bezogene Gefahr handeln.[380] War diese Voraussetzung erfüllt, so bleibt die Maßnahme rechtmäßig, wenn sich im Nachhinein herausstellt, dass objektiv keine Gefahr bestand.[381] Das gilt selbst dann, falls deren Annahme ex post als bewusst unwahr erkannte Angaben von Mitgefangenen oder Bediensteten zugrunde lagen.[382]

Bloße Befürchtungen oder gar **bloßer Verdacht** genügen nicht,[383] auch nicht die **9** bloße Ablehnung einer Urinprobe. Vielmehr bedarf es hierzu in der Regel des Hinzutretens weiterer Umstände, wozu einschlägige Vorstrafen, insbesondere aber ein erwiesener vorausgegangener Betäubungsmittelkonsum während der Strafhaft in der JVA gehören können.[384] Durch das Zusammentreffen (z.B.) mehrfach festgestellten Betäubungsmittelmissbrauchs mit der Verweigerung der Abgabe einer Urinprobe zur Durchführung eines Drogentests („entscheidende Indizwirkung") zweier Zellengenossen verdichtet sich der Anfangsverdacht des (gemeinschaftlichen) BtM-Konsums (als Gefahr der Selbstverletzung, Rdn. 13) in einem solchen Maße, dass nicht mehr von bloßen Vermutungen gesprochen werden kann, sondern ein durch konkrete Tatsachen ausreichend substantiierter dringender Tatverdacht angenommen werden muss.[385]

Das Merkmal **„in erhöhtem Maße"** verwenden alle Gesetze mit Ausnahme von **ST** **10** § 89 Abs. 1. Es ist zu beachten nicht nur in Ansehung der Gefahr von Flucht oder Entweichen, sondern auch in Ansehung der übrigen Gefahrenlagen.[386] Die äußerst eingriffsintensiven Maßnahmen bedingen nicht zu niedrige Hürden. In **Sachsen-Anhalt** findet sich keine Begründung für die abweichende Wortwahl. Verlangt der Gesetzgeber aber auch hier das Vorliegen einer konkreten Gefahr,[387] vermag im praktisch besonders wichtigen

---

Marburg, Beschl. vom 15.12.2011 – 7a StVK 132 und 133/11, StraFo 2012, 288; LG Meiningen, Beschl. vom 7.2.2007 – 4 StVK 998/06, Beck-Rs 2008, 11549; *Arloth/Krä* § 88 StVollzG Rdn. 1; *Laubenthal/Nestler/Neubacher/Verrel* M Rdn. 80; *Laubenthal* Rdn 715; vgl. BVerfG, Beschl. vom 24.1.2008 – 2 BvR 1661/06, Beck-Rs 2008, 32830; a.A. OLG Bremen, Beschl. vom 14.11.1984 – Ws 137/84 (BL 193/84), ZfStrVo 1985, 178, 179; AK-*Goerdeler* Teil II § 78 Rdn. 43.

377 *Laubenthal/Nestler/Neubacher/Verrel* M Rdn. 80.
378 OLG Celle, Beschl. vom 31.8.2010 – 1 Ws 378/10, NStZ-RR 2011, 191.
379 KG, Urt. vom 11.5.2005 – (5) 1 Ss 61/05 (12/05), NStZ 2006, 414, 415.
380 BVerfG, Beschl. vom 24.1.2008 – 2 BvR 1661/06, Beck-Rs 2008, 32830; OLG Nürnberg, Beschl. vom 2.2.1982 – Ws 805/81, NStZ 1982, 438; OLG Celle, Beschl. vom 24.4.1985 – 3 Ws 63/85 (StrVollz), NStZ 1985, 480; OLG Karlsruhe, Beschl. vom 16.6.1993 – 2 Ws 201/92, ZfStrVo 1994, 177, 179; OLG Frankfurt, Beschl. vom 16.7.1993 – 3 Ws 283–285/93, StV 1994, 431; Beschl. vom 16.10.2018 – 3 Ws 414/18, NStZ 2019, 367 Rdn. 11; OLG Koblenz, Beschl. vom 8.4.1999 – 2 Ws 297/99, bei *Matzke* NStZ 2000, 467; *Arloth/Krä* § 88 StVollzG Rdn. 2.
381 OLG Celle, Beschl. vom 31.8.2010 – 1 Ws 378/10, NStZ-RR 2011, 191.
382 *Laubenthal/Nestler/Neubacher/Verrel* M Rdn. 80.
383 OLG Celle, Beschl. vom 24.4.1985 – 3 Ws 63/85 (StrVollz), NStZ 1985, 480; OLG Koblenz, Beschl. vom 7.10.1994 – 2 Ws 580/94, ZfStrVo 1995, 249; LG Marburg, Beschl. vom 15.12.2011 – 7a StVK 132 und 133/11, StraFo 2012, 288; *Laubenthal/Nestler/Neubacher/Verrel* M Rdn. 80; vgl. ferner OLG Frankfurt, Beschl. vom 30.12.1986 – 3 Ws 918/86 (StVollz), ZfStrVo 1987, 381.
384 OLG Koblenz, Beschl. vom 30.9.1998 – 2 Ws 617/98, bei *Matzke* NStZ 1999, 446.
385 OLG Koblenz, Beschl. vom 7.10.1994 – 2 Ws 580/94, ZfStrVo 1995, 249; *Arloth/Krä* § 88 StVollzG Rdn. 2; wohl zurückhaltender *Laubenthal/Nestler/Neubacher/Verrel* M Rdn. 83.
386 KG, Urt. vom 11.5.2005 – (5) 1 Ss 61/05 (12/05), NStZ 2006, 414, 415; *Arloth/Krä* § 88 StVollzG Rdn. 2; *Laubenthal/Nestler/Neubacher/Verrel* M Rdn. 81; a.A. *Hadeler* 2004, 30 ff.
387 Vgl. LT-Drucks. 6/3799, 218; nicht beachtet von AK-*Goerdeler* Teil II § 78 Rdn. 6.

Fall der Gefahr des Entweichens jedenfalls die abstrakt stets gegebene Möglichkeit, ein Inhaftierter könne fluchtgeneigt sein, die Anordnung von bes. S. nicht zu legitimieren.

11   **aa) In erhöhtem Maße Fluchtgefahr.** Mit der Formulierung „**in erhöhtem Maße Fluchtgefahr**" bzw. Gefahr der Entweichung ist eine Gefahr des Entweichens aus der Anstalt gemeint, die über die bei Gefangenen naheliegende allgemeine Fluchtvermutung hinausgeht,[388] also eine solche, die größer ist als diejenige Fluchtgefahr, welche für die Versagung von Vollzugslockerungen und Urlaub oder für den Ausschluss vom offenen Vollzug ausreichen würde.[389] Erhöhte Fluchtgefahr liegt damit vor, wenn man davon ausgehen muss, dass der Gefangene jede Gelegenheit zur Flucht nutzen wird. Deshalb ist die Fluchtgefahr **individuell** – also aus der Person des jeweiligen Strafgefangenen heraus – zu beurteilen[390] und muss durch konkrete Anhaltspunkte belegbar sein:[391] z.B. durch Flucht oder Fluchtversuch bei einer Ausführung, Aufzeichnungen über die Sicherheitseinrichtungen der Anstalt, konkrete Absprachen mit Gefangenen, Bediensteten oder Dritten, Vorhandensein von Werkzeugen.[392] Die unerlaubte Nutzung eines Mobiltelefons genügt als Beleg nicht.[393] Vorverhalten kann jedenfalls ein wichtiger Anhaltspunkt für aktuelle Verhaltensweisen darstellen.[394] Fluchtgefahr mag auch mit **seelischen Zuständen** zu tun haben, etwa mit Informationen über die Untreue der Ehefrau oder Verlobten.[395] Ein **allgemeiner Anstieg der Entweichungsquote** darf nicht zu Lasten des Einzelnen berücksichtigt werden;[396] eine **lange Restfreiheitsstrafe** vermag allein noch nicht zwingend die Annahme einer Fluchtgefahr zu begründen.[397] Man wird im Übrigen davon ausgehen können, dass die Fluchtgefahr mit der Annäherung an den Zeitpunkt einer vorzeitigen Entlassung (z.B. an den 2/3-Termin: § 57 Abs. 1 StGB) gewöhnlich abnimmt.[398] Die Auffassung, dass frühere Ausbrüche oder Fluchtversuche zur Feststellung von Fluchtgefahr nicht genügen sollen, kann nicht geteilt werden; man

---

388   OLG Frankfurt, Beschl. vom 19.10.1988 – 3 Ws 491/88 (StrVollz), NStE § 88 StVollzG Nr. 2; OLG Karlsruhe, Beschl. vom 27.11.2012 – 1 Ws 49/12, NStZ-RR 2014, 31; OLG Nürnberg, Beschl. vom 8.11.2017 – 1 Ws 451/17, FS SH 2019, 36, 37; AK-*Goerdeler* Teil II § 78 Rdn. 7; *Arloth/Krä* § 88 StVollzG Rdn. 2; *Laubenthal/Nestler/Neubacher/Verrel* M Rdn. 81.
389   OLG Celle, Beschluss v. 24.4.1985 – 3 Ws 63/85 (StrVollz), NStZ 1985, 480; Beschl. vom 21.4.1988 – 1 Ws 47/88 (Str Vollz), NStZ 1989, 143, 144; OLG Hamm, Beschl. vom 16.6.2011 – III-1 Vollz (Ws) 216/11, NStZ-RR 2011, 291, 292; OLG Karlsruhe, Beschl. vom 16.6.1993 – 2 Ws 201/92, ZfStrVo 1994, 177, 179; OLG Koblenz, Beschl. vom 3.8.1999 – 2 Ws 379/99, bei *Matzke* NStZ 2000, 467; OLG Naumburg, Beschl. vom 13.10.2011 – 2 Ws 145/11, bei *Roth* NStZ 2012, 436; *Arloth/Krä* § 88 StVollzG Rdn. 2; *Laubenthal/Nestler/Neubacher/Verrel* M Rdn. 81.
390   OLG Saarbrücken, Beschl. vom 14.9.1984 – 1 Ws 663/83, ZfStrVo 1985, 58; LG Leipzig, Beschl. vom 8.9.2016 – II StVK 140/16, StV 2018, 667.
391   BGH, Beschl. vom 8.5.1991 – 5 AR Vollz 39/90, NJW 1991, 2652; OLG Celle, Beschl. vom 24.4.1985 – 3 Ws 63/85 (StrVollz), NStZ 1985, 480; OLG Karlsruhe, Beschl. vom 27.11.2012 – 1 Ws 49/12, NStZ-RR 2014, 31; OLG Saarbrücken, Beschl. vom 14.9.1984 – 1 Ws 663/83, ZfStrVo 1985, 58.
392   *Laubenthal/Nestler/Neubacher/Verrel* M Rdn. 82.
393   Vgl. *Hadeler* 2004, 51f; a.A. LG Düsseldorf, Beschl. vom 7.4.1995 – 2 StVK 184/94, BlStV 3/1996, 6, 7.
394   *Arloth/Krä* § 88 StVollzG Rdn. 2; *Laubenthal/Nestler/Neubacher/Verrel* M Rdn. 82.
395   *Laubenthal/Nestler/Neubacher/Verrel* M Rdn. 82.
396   OLG Saarbrücken, Beschl. vom 14.9.1984 – 1 Ws 663/83, ZfStrVo 1985, 58, 59.
397   OLG Celle, Beschl. vom 29.9.1988 – 1 Ws 267/88 (StrVollz), bei *Bungert* NStZ 1990, 382; LG Heilbronn, Beschl. vom 2.3.1988 – 1 StVK 54/88, ZfStrVo 1988, 368; a.A. OLG Hamm, Beschl. vom 1.6.1994 – 1 Vollz (Ws) 114/94, BlStV 2/1995, 10; OLG München, Beschl. vom 24.11.2008 – 4 Ws 149/08 (R), FS 2010, 53; OLG Nürnberg, Beschl. vom 8.11.2017 – 1 Ws 451/17, FS SH 2019, 36, 37; LG Gießen, Beschl. vom 17.2.2012 – 2 StVK-Vollz. 789/11, Beck-Rs 2012, 09434; LG Meiningen, Beschl. vom 7.2.2007 – 4 StVK 998/06, Beck-Rs 2008, 11549.
398   OLG Saarbrücken, Beschl. vom 14.9.1984 – 1 Ws 663/83, ZfStrVo 1985, 58, 60; AK-*Goerdeler* Teil II § 78 Rdn. 7.

wird hier vielmehr jeweils auf den Einzelfall abstellen müssen.[399] Hat ein Gefangener sich zunächst der Vollstreckung entzogen, dann aber selbst gestellt, liegt Fluchtgefahr eher fern.[400] Zur Begründung der Fluchtgefahr soll die Anstalt auch auf **vertrauliche Informationen von Mitgefangenen** zurückgreifen dürfen, ohne dass sie verpflichtet wäre, deren Identität selbst dem Gericht gegenüber preiszugeben.[401] Dies bedingt aber eine besonders vorsichtige Beweiswürdigung;[402] daneben bedarf es weiterer gewichtiger Indizien. Lassen sich vertrauliche Hinweise (des LKA) hingegen nicht binnen weniger Tage überprüfen, sind sie nicht geeignet, bes. S. zu begründen oder über einen längeren Zeitraum aufrechtzuerhalten.[403] Auf dauerhafte Sicherheitsrisiken ist möglichst mit einer Verlegung in eine andere (sicherere) Anstalt zu reagieren.[404]

bb) Gefahr von Gewalttätigkeiten. Die Gefahr von Gewalttätigkeiten bezieht sich auf **Leibes- oder Lebensgefahr für andere** (Mitgefangene, Bedienstete oder Dritte wie z.B. Besucher) und auf die Zerstörung oder Beschädigung von dem **Gefangenen nicht gehörenden Sachen** wie z.B. der Zellenausstattung im Verlaufe von Tobsuchtsanfällen: sog. „Haftkoller" bzw. „Zuchthausknall".[405] Die Verweigerung eines Gesprächs mit dem Anstaltsleiter lässt für sich allein noch keine Gewalttätigkeit besorgen.[406] Das gilt ebenso für die bloße Ankündigung eines Durst- und Hungerstreiks, es sei denn, diese ist mit der ernstzunehmenden Drohung verbunden, es handele sich um den Beginn einer Eskalation.[407] 12

cc) Gefahr des Selbstmordes oder der Selbstverletzung. Bei **Selbstmordversuchen oder Selbstverletzungen,** die meist einen Hilferuf darstellen, sollte die psychologische/medizinische Betreuung sichergestellt sein. Die Selbstverletzung umfasst neben äußeren auch innere Verletzungen, die z.B. durch das **Schlucken** von Gegenständen (Messer, Rasierklingen usw.) entstehen.[408] Eine Wiederholungsgefahr kann in manchen Fällen durch Angehörigenbesuch oder Vollzugslockerungen herabgesetzt werden oder durch die Anordnung gemeinschaftlicher Unterbringung in der Ruhezeit. Zu beachten ist, dass das Gesetz von Selbstverletzung und nicht von Selbstschädigung spricht; **Drogenkonsum** durch Rauchen von Joints zieht keine Verletzungen in diesem Sinne nach sich.[409] 13

b) Die einzelnen Sicherungsmaßnahmen. § 88 Abs. 2 StVollzG, **BW** § 67 Abs. 2 III, **BY** Art. 96 Abs. 2, **BE** § 86 Abs. 2 Satz 1, **BB** § 90 Abs. 2, **HB** § 79 Abs. 2, **HH** § 74 Abs. 2 Satz 1, **HE** § 50 Abs. 2, **MV** § 78 Abs. 2, **NI** § 81 Abs. 2, **NW** § 69 Abs. 2, **RP** § 88 Abs. 2, **SL** 14

---

399 Wie hier *Arloth/Krä* § 88 StVollzG Rdn. 2; BeckOK-*Bartel* § 88 StVollzG Rdn. 13; a.A. KG, Beschl. vom 11.6.1982 – 2 Vollz (Ws) 98/82, NStZ 1983, 47, 48; OLG Karlsruhe, Beschl. vom 16.6.1993 – 2 Ws 201/92, ZfStrVo 1994, 177, 179; *Laubenthal/Nestler/Neubacher/Verrel* M Rdn. 82.
400 Siehe OLG Hamm, Beschl. vom 16.6.2011 – III-1 Vollz (Ws) 216/11, NStZ-RR 2011, 291, 292.
401 OLG Nürnberg, Beschl. vom 2.2.1982 – Ws 805/81, NStZ 1982, 438; *Arloth/Krä* § 88 StVollzG Rdn. 2; *Laubenthal/Nestler/Neubacher/Verrel* M Rdn. 80; vgl. auch OLG Frankfurt, Beschl. vom 26.2.2002 – 3 Ws 132/02 (StVollz), NStZ-RR 2002, 155, 156.
402 OLG Celle, Beschl. vom 31.8.2010 – 1 Ws 378/10, NStZ-RR 2011, 191; OLG Frankfurt, Beschl. vom 27.5.1994 – 3 Ws 264/94 (StVollz), NStE § 88 StVollzG Nr. 4.
403 OLG Frankfurt, Beschl. vom 9.11.1993 – 3 Ws 588 u. 599/93, NStZ 1994, 256.
404 *Arloth/Krä* § 88 StVollzG Rdn. 2.
405 AK-*Goerdeler* Teil II § 78 Rdn. 8.
406 OLG Frankfurt, Beschl. vom 21.3.2013 – 3 Ws 58/13 (StVollz), NStZ-RR 2014, 30.
407 A.A. AK-*Goerdeler* Teil II § 78 Rdn. 8; *Hadeler* 2004, 34 f; krit. *Laubenthal/Nestler/Neubacher/Verrel* M Rdn. 83.
408 *Laubenthal/Nestler/Neubacher/Verrel* M Rdn. 83.
409 OLG Jena, Beschl. vom 13.11.2009 – 1 Ws 307/09, FS 2010, 181, 182.

§ 78 Abs. 2, **SN** § 83 Abs. 2 Satz 1, **ST** § 89 Abs. 2, **SH** § 108 Abs. 2, **TH** § 89 Abs. 2 zählen die einzelnen bes. S. abschließend auf (vgl. oben Rdn. 3); es handelt sich nicht um Straf- oder Disziplinar-, sondern um Sicherungsmaßnahmen. Als **Minus** zu bes. S. wurden die tatsachenbasierte förmliche Einstufung eines Gefangenen als gefährlich nebst Anordnung „von Hand zu Hand" für zulässig befunden.[410] Unzulässig ist die Anordnung der Ausführung des (gefesselten) Gefangenen durch vollzugsexterne Polizeibeamte.[411]

15 aa) **Nr. 1: Entzug oder Vorenthaltung von Gegenständen.** Mit Entzug ist hier Wegnahme gemeint, mit „Vorenthaltung" die Nichtaushändigung. Gemeint sind Gegenstände, die der Flucht förderlich oder der Gewalttätigkeit dienlich sind; darüber hinaus kommen aber auch solche Gegenstände in Betracht, die den Selbstmord oder die Selbstverletzung erleichtern, wie z.B. Hosengürtel, Spiegel (Scherben), Bestecke, Rasierklingen usw.[412] Zur Wahrung der Menschenwürde ist jeweils Ersatz durch ungefährliche Gegenstände zu leisten, z.B. Hose mit Gummizug statt Gürtel.[413] Ob angeordnet werden kann, dass ein Fluchtverdächtiger abends seine Kleidung aus der Zelle gibt, da er im Nachthemd kaum entweichen würde,[414] erscheint zweifelhaft. Die zeitliche Dauer der Maßnahmen hängt von ihrer Erforderlichkeit ab, für die psychologischer Rat eingeholt werden sollte.

bb) Nr. 2 (NW Nr. 4): Beobachtung

16 (1) Nurmehr [415] **BW** gestattet bloß eine **Beobachtung bei Nacht** (übliche Schlafenszeit in der Anstalt, in der Regel 22 bis 6 Uhr),[416] mit der einmal eine in unregelmäßigen Abständen stattfindende Nachschau gemeint ist.[417] Das kommt insbesondere bei Selbstmord- und Selbstverletzungsgefahr in Betracht. Bei der Nachschau ist darauf zu achten, dass der Gefangene Ruhe finden kann. Zu diesem Zweck ist das Licht im Haftraum weitestgehend abzudunkeln (ausdrücklich **HE** § 50 Abs. 6 Satz 3) und Störungen gilt es auf das erforderliche Maß zu begrenzen.[418] Auch eine **Dauerüberwachung** gestatten die Normen, sofern sie im Einzelfall als verhältnismäßig zu beurteilen ist; **NW** § 69 Abs. 2 Nr. 4 spricht expressis verbis von unregelmäßiger oder ununterbrochener Beobachtung. Der Einsatz von **Videokameras** erweist sich dabei nicht per se als eingriffsintensiver im Vergleich zur ständigen Anwesenheit eines Bediensteten;[419] gleichwohl handelt es sich um einen schwer wiegenden Grundrechtseingriff, der ein Interesse an der Feststellung der Rechtswidrigkeit der Maßnahme begründet (§ 115 Abs. 3 StVollzG).[420] Die Bildaufzeichnung wäre von einer Rechtsgrundlage allein zur Beobachtung natürlich nicht gedeckt. Die Anordnung gegenüber Strafgefangenen, den **Sichtspion** an der Tür ihres

---

410 KG, Beschl. vom 7.12.2012 – 2 Ws 540/12 Vollz, NStZ-RR 2013, 190 f.
411 OLG Frankfurt, Beschl. vom 16.10.2018 – 3 Ws 414/18, NStZ 2019, 367.
412 Vgl. *Böhm* Rdn. 344.
413 BVerfG, Beschl. vom 18.3.2015 – 2 BvR 1111/13, NJW 2015, 2100, 2101; AK-*Goerdeler* Teil II § 78 Rdn. 13; *Arloth/Krä* § 88 StVollzG Rdn. 4; *Laubenthal/Nestler/Neubacher/Verrel* M Rdn. 87.
414 So *Böhm* Rdn. 344; dagegen *Hadeler* 2004, 41.
415 Im Bundesrecht ist diese Beschränkung entfallen, BR-Drucks. 433/18 (Beschluss), S. 7; BT-Drucks. 19/1119, 4 f.
416 *Arloth/Krä* § 88 StVollzG Rdn. 5.
417 *Böhm* Rdn. 344.
418 AK-*Goerdeler* Teil II § 78 Rdn. 15; *Arloth/Krä* § 88 StVollzG Rdn. 5; *Laubenthal/Nestler/Neubacher/Verrel* M Rdn. 88.
419 Ähnlich **SN** LT-Drucks. 6/13475, 121; *Arloth/Krä* § 88 StVollzG Rdn. 5; anders AK-*Goerdeler* Teil II § 78 Rdn. 17; *Witos/Staiger/Neubacher* NK 2014, 365; Voraufl. § 88 Rdn. 13.
420 OLG Hamm, Beschl. vom 15.8.2017 – 1 Vollz (Ws) 346/17, Beck-Rs 2017, 142840.

Haftraumes freizuhalten, bedarf der Einzelfallprüfung.[421] Keine bes. S. stellt es dar, wenn der Beamte im Nachtdienst aus dienstlichem Anlass (z.B. weil er verdächtige Geräusche vernommen hat) in einen Haftraum Einblick nimmt.[422]

17 (2) Fast alle Gesetze (Bund, **BY, BE, BB, HB, HH, HE, MV, NI, NW, RP, SL, SN, ST, SH, TH**) ermöglichen die **ständige Beobachtung,** haben also die Beschränkung auf die Nachtzeit aufgegeben. Das erscheint insofern sinnvoll, als die Gefahren, die eine Beobachtung erfordern, nicht nur nachts auftreten.[423] Verhielt sich das StVollzG bis 2019 nicht hierzu, mag man dies damit erklären, dass der Blick durch den Spion am Tage seinerzeit noch nicht als regelungsbedürftige Eingriffsmaßnahme angesehen worden war.[424] Zudem hilft die Ultima-Ratio-Klausel (**BW** § 3 Abs. 2 III) weiter.[425] **BE** § 86 Abs. 2 Nr. 2 gestattet ausdrücklich die Beobachtung in Haftzimmern, im besonders gesicherten Haftraum und im Krankenzimmer. Bei der Beobachtung ist auf die **Intimsphäre** bzw. das Schamgefühl Rücksicht zu nehmen (ausdrücklich **BE** § 21 Abs. 3 JVollzDSG, **HH** § 21 Abs. 4 Satz 2 JVollzDSG, **HE** § 50 Abs. 6 Satz 4, **NI** § 81a Abs. 2 Satz 1, **NW** § 69 Abs. 4 Satz 1, **RP** § 21 Abs. 4 Satz 1 JVollzDSG, **SN** § 84a Abs. 1 Satz 4, **ST** § 144 Abs. 4, **SH** § 24 Abs. 4 Satz 1 JVollzDSG). Außer zur Nachtzeit hat der Bedienstete sich vor einer Nachschau nach Möglichkeit bemerkbar zu machen. Die Beobachtung durch Angehörige des anderen Geschlechts ist nur unter besonderen Umständen des Einzelfalls statthaft (vgl. **RP** § 21 Abs. 4 Satz 2 LJVollzDSG, **SN** § 84a Abs. 1 Satz 5, **SH** § 24 Abs. 4 Satz 3 JVollzDSG).[426] Nicht zulässig ist sie bei einem nackt in einen besonders gesicherten Raum verbrachten Gefangenen.[427] Zu bedenken hat man im Interesse des unantastbaren Kernbereichs der Privatsphäre ferner, ob die Beobachtung des **Sanitärbereichs** unabdingbar bleibt oder ob hierauf verzichtet werden kann; bei der Beobachtung mittels Videotechnik sind die Bilder nach Möglichkeit zu verpixeln.[428] In Niedersachsen ist die Beobachtung des Toilettenbereichs gar nicht erlaubt (**NI** § 81a Abs. 2 Satz 2), in Rheinland-Pfalz, Sachsen-Anhalt und Schleswig-Holstein der Sanitärbereich prinzipiell nicht zu observieren, hilfsweise die Erkennbarkeit von Aufnahmen technisch auszuschließen (**RP** § 21 Abs. 4 Satz 1 LJVollzDSG, **ST** § 144 Abs. 4, **SH** § 24 Abs. 4 Satz 1 JVollzDSG). In Schleswig-Holstein darf allerdings bei akuter Selbstschädigungsgefahr im Einzelfall die uneingeschränkte Beobachtung erfolgen (**SH** § 24 Abs. 4 Satz 2 JVollzDSG).

18 (3) In den meisten Gesetzen ist ausdrücklich klargestellt, dass die Beobachtung auch mit **technischen bzw. optisch-elektronischen (Hilfs-)Mitteln,** etwa Videokameras, erfolgen darf.[429] Beobachtet wird mit den Augen, so dass eine akustische Überwachung (unbeschadet der entgegenstehenden Formulierung in **BW** § 35 Abs. 2 Satz 1 I) nicht hierunter fällt.[430] Dabei ist zu unterscheiden zwischen Normen, die sich auf die Erwäh-

---

421 BGH, Beschl. vom 8.5.1991 – 5 AR Vollz 39/90, NJW 1991, 2652 m. Anm. *Böhm* JR 1992, 173; BVerfG, Beschl. vom 30.5.1996 – 2 BvR 727/94, 2 BvR 884/94, NStZ 1996, 511.
422 *Böhm* JR 1992, 173; *ders.* Rdn. 344.
423 **BY** LT-Drucks. 15/8101, 69; *Arloth/Krä* § 79 BremStVollzG Rdn. 1; *Laubenthal* Rdn. 714.
424 So AK-*Goerdeler* Teil II § 78 Rdn. 14.
425 *Laubenthal* Rdn. 714.
426 Siehe OLG Hamm, Beschl. vom 27.1.2015 – 1 Vollz (Ws) 664, 665/15, NStZ-RR 2015, 158; AK-*Goerdeler* Teil II § 78 Rdn. 15; a.A. *Arloth/Krä* Teil II § 88 Rdn. 5.
427 Vgl. BVerfG, Beschl. vom 18.3.2015 – 2 BvR 1111/13, NJW 2015, 2100, 2102.
428 Ausführlich hierzu AK-*Goerdeler* Teil II § 78 Rdn. 16, Teil III Rdn. 85; vgl. auch **HH** LT-Drucks. 21/11636, 41; **NW**-LT-Drucks. 16/5413, 145.
429 Das gilt nunmehr auch im StVollzG.
430 A. A. AK-*Goerdeler* Teil II § 78 Rdn. 19.

nung solcher Hilfsmittel beschränken (**BY, BB, HB** [unklar aber im Verhältnis zu **HB** § 112 Abs. 2 Satz 4, der die Videoüberwachung von Haftraumen sowie von Toiletten und Duschräumen gerade ausschließt], **MV** [in Ausnahme zu **MV** § 108 Abs. 2 Satz 3], **SL** [in Ausnahme zu **SL** § 114 Abs. 1 Satz 3, **SL** § 114 Abs. 1 Satz 4], **TH** [in Ausnahme zu **TH** § 124 Abs. 2 Satz 4, **TH** § 124 Abs. 2 Satz 5]), und solchen, die detailliertere Bestimmungen vorsehen.

19   **(a)** Das betrifft etwa **Hamburg** mit **HH** § 74 Abs. 2 Satz 1 Nr. 2, der nur die Beobachtung **in besonderen Haftraumen** mit technischen Hilfsmitteln, auch optisch-elektronischen Einrichtungen in Ausnahme zu **HH** § 21 Abs. 4 Satz 1 JVollzDSG gestattet, nicht aber die heimliche Beobachtung (siehe **HH** § 21 Abs. 6 Satz 1 JVollzDSG) oder die Fertigung von Aufzeichnungen.[431] Unter „besondere" Haftraume fallen nicht nur besonders gesicherte Haftraume (Rdn. 32), sondern auch spezielle Beobachtungsräume.[432] – Insoweit identisch ist die Neuregelung in **Niedersachsen** erfolgt (**NI** § 81a Abs. 1). Mit dem Ausschluss des „normalen" Haftraums aus dem Anwendungsbereich der Videoüberwachung wird dem Schutz des Kernbereichs privater Lebensgestaltung Rechnung getragen.[433] – Es ist deshalb trotz des Wunsches, die Möglichkeiten des Vollzugs gegenüber potentiell suizidalen Inhaftierten nicht über Gebühr einzuschränken,[434] wenig nachvollziehbar, dass die analoge Beschränkung der Räumlichkeiten in **Nordrhein-Westfalen** entfallen ist (**NW** § 24 Abs. 7 S. 1 JVollzDSG i.V.m. § 69 Abs. 4). Die Maßnahme darf nicht verdeckt erfolgen (**NW** § 24 Abs. 5 Satz 1 JVollzDSG) und die Anlagen sollen nach Möglichkeit schon mit Vorlaufzeit anzeigen, dass sie in Betrieb gesetzt werden bzw. sind.[435] Zudem kommt die Beobachtung von Gefangenen in Transportfahrzeugen in Frage (**NW** § 24 Abs. 4 JVollzDSG) sowie in nicht näher bezeichneten Ausnahmefällen die Ergänzung der optischen durch akustische Überwachung (**NW** § 69 Abs. 4 Satz 2). Der Gesetzgeber dachte dabei an trotz hochgradiger Erregung nicht fixierte Gefangene, bei denen die zusätzliche akustische Überwachung unabdingbar erscheint, um ggf. sofort eingreifen zu können;[436] für die Dauer geistlicher Betreuung ist die akustische Überwachung auf seelsorgerliches Verlangen auszusetzen (**NW** § 69 Abs. 5). Dauert die Maßnahme länger als drei Tage an, ist sie der Aufsichtsbehörde und auf Antrag des Gefangenen zudem dem Verteidiger mitzuteilen (**NW** § 70 Abs. 6 Satz 1 und 3).

20   **(b)** In **Hessen** muss die Videoüberwachung nunmehr unbedingt erforderlich sein. Das meint wohl dasselbe wie Unerlässlichkeit und mahnt letztlich nur eine gründliche Prüfung der Verhältnismäßigkeit an.[437] Zudem ist vorgesehen, dass die dauerhafte Beobachtung unter Verwendung technischer Hilfsmittel auf das zur Abwendung einer (konkreten) Gefahr der Selbsttötung oder -verletzung unbedingt erforderliche Maß beschränkt wird (**HE** § 50 Abs. 6 Satz 2). Eine heimliche Überwachung oder Aufzeichnung bleibt unzulässig (**HE** § 50 Abs. 6 Satz 1 i.V.m. § 34 Abs. 5 Satz 3). – Sehr ausführliche Regelungen wurden in **Sachsen-Anhalt und Schleswig-Holstein** getroffen, wobei nach **SH** § 108 Abs. 2 Nr. 2 die Beobachtung mit technischen Hilfsmitteln nur **zusätzlich** zur regelmäßigen persönlichen Inaugenscheinnahme durch Bedienstete erfolgen darf.[438] Die

---

431 *Arloth/Krä* § 74 HmbStVollzG Rdn. 2.
432 *Arloth/Krä* § 74 HmbStVollzG Rdn. 2; vgl. auch *Witos/Staiger/Neubacher* NK 2014, 363.
433 Vgl. **NI** LT-Drucks. 17/8721, 4; *Goerdeler* FS 2018, 117.
434 **NW** LT-Drucks. 16/13470, 328.
435 **NW** LT-Drucks. 16/13470, 328; vgl. auch *Goerdeler* FS 2018, 117.
436 **NW** LT-Drucks. 16/5413, 145.
437 Vgl. **HE** LT-Drucks. 19/5728, 142f.
438 Vgl. AK-*Goerdeler* Teil II § 78 Rdn. 19.

Normen stellen sich ansonsten im Hinblick auf die Voraussetzungen der Maßnahme im Wesentlichen als Kompositum der Bestimmungen in Hamburg und Hessen dar (vgl. **ST** § 144 Abs. 2 Satz 1, **SH** § 24 Abs. 2 Satz 1 JVollzDSG). Bedacht haben die Gesetzgeber weiter insbesondere den offenen Charakter der Maßnahme (**ST** § 144 Abs. 3, **SH** § 24 Abs. 3 JVollzDSG), das Erfordernis gesonderter Anordnung, auch hinsichtlich des Umfangs der Überwachung, und Begründung (**ST** § 144 Abs. 2 Satz 3, **SH** § 24 Abs. 2 Satz 3 JVollzDSG), einer Höchstdauer von jeweils 72 Stunden (**ST** § 144 Abs. 2 Satz 4, **SH** § 24 Abs. 2 Satz 4 JVollzDSG) sowie Unterbrechungsfälle (**ST** § 144 Abs. 5, **SH** § 24 Abs. 5 JVollzDSG).

(c) (Zu) großzügig sind die Befugnisse in **Baden-Württemberg** (**BW** § 35 I) ausgefallen.[439] Die Beobachtung von Hafträumen und Kabinen in Sammeltransportfahrzeugen per Video ist statthaft zur Abwehr von erheblichen Gefahren für Leib oder Leben Gefangener oder Dritter sowie repressiv zur Verhinderung und Verfolgung von (nicht näher spezifizierten) erheblichen Straftaten[440] (**BW** § 35 Abs. 1 Satz 1 und 2 I). Allgemein und ohne diese besonderen Voraussetzungen dürfen besonders gesicherte Haftträume überwacht werden (**BW** § 35 Abs. 1 Satz 3 I). Nicht hinlänglich geregelt wurde, ob diese Möglichkeiten in Abweichung von **BW** § 62 Abs. 2 Nr. 2 III auch außerhalb der Nachtzeit bestehen sollen. Die Frage kann aber letztlich dahinstehen, weil die Überwachung am Tage auf **BW** § 3 Abs. 2 III gestützt werden darf. Eine Beschränkung der Dauer ist nicht vorgesehen, wie sich im Umkehrschluss aus **BW** § 35 Abs. 1 Satz 5 I ergibt. Bedarf danach die Beobachtung über mehr als zwei Wochen hinaus der Zustimmung der Aufsichtsbehörde, ist dies als Ausdruck von Grundrechtsschutz durch Verfahren zu interpretieren. Gesondert geregelt ist die nicht nur optische, sondern auch akustische Überwachung von Hafträumen im Vollzugskrankenhaus bei einem Anfangsverdacht[441] der Fremd- oder Eigengefährdung oder aus Gründen der therapeutischen Sicherheit; hierfür bedarf es einer ärztlichen Anordnung (**BW** § 35 Abs. 2 Satz 1 I). Eine heimliche Überwachung wird durch **BW** § 35 Abs. 3 Satz 3 I nicht ausgeschlossen. Auch Dritte können betroffen sein (**BW** § 35 Abs. 3 Satz 1 I); nur Seelsorger dürfen die Aussetzung der Überwachung während ihrer Betreuungstätigkeit verlangen (**BW** § 35 Abs. 3 Satz 2 I). Unterrichtungspflichten regelt **BW** § 65 Abs. 2 und 3 I. § 5 LDSG-JB[442] ermöglicht in **BW** nunmehr zudem die optische Überwachung von Vorführzellen und sonstigen Vorführbereichen (hier auch die Aufzeichnung) zur Abwehr von Gefahren für Personen oder der Verhinderung von Straftaten; die Anordnung trifft nicht der Anstaltsleiter, sondern i.d.R. der Gerichtsvorstand. So soll namentlich Angriffen von Inhaftierten auf das Vorführpersonal, aber auch Suizidversuchen begegnet werden.[443]

(d) **Berlin** untersagt prinzipiell die Videoüberwachung von Hafträumen (**BE** § 21 Abs. 1 JVollzDSG), gestattet sie jedoch bei besonders gesicherten Hafträumen und Krankenzimmern, allerdings nur zur Abwehr einer Gefahr für Leib oder Leben der von der Maßnahme betroffenen Gefangenen (**BE** § 21 Abs. 2 Satz 1 JVollzDSG). Die Beobachtung ist nicht dauerhaft, sondern für einen bestimmten, vom Gesetz aber nicht beschränkten Zeitraum gesondert anzuordnen und zu begründen (**BE** § 21 Abs. 2 Satz 2 JVollzDSG); zuständig ist die Anstaltsleitung oder ein Arzt (**BE** § 21 Abs. 2 Satz 3 HS. 1 JVollzDSG). Heimliche Überwachung ist nicht statthaft, wenn der Betrieb der Einrichtung den Betroffenen kenntlich zu machen

---

439 Für Verfassungswidrigkeit deshalb *Laubenthal/Nestler/Neubacher/Verrel* A Rdn. 25, B Rdn. 56.
440 Insoweit krit. auch *Witos/Staiger/Neubacher* NK 2014, 374.
441 Siehe *Arloth/Krä* **BW** JVollzGB Buch 1 § 32 Rdn. 2.
442 Landesdatenschutzgesetz für Justiz- und Bußgeldbehörden vom 21.5.2019 (GBl., 189, 190).
443 **BW** LT-Drucks. 16/5984, 91.

ist (**BE** § 21 Abs. 2 Satz 4 JVollzDSG), etwa durch Rotlicht an der Kamera. Bei Gesprächen mit Seelsorgern, Anwälten, Notaren und sonstigen Berufsgeheimnisträgern i.S.v. **BE** § 51 Abs. 1 JVollzDSG ist die Überwachung zu unterbrechen (**BE** § 21 Abs. 4 JVollzDSG).

23   (e) Ähnliche Regelungen wie in Berlin finden sich in **Rheinland-Pfalz**. **RP** § 88 Abs. 2 Nr. 2 erlaubt zwar die Beobachtung der Gefangenen mit technischen Hilfsmitteln. Aus **RP** § 21 Abs. 1 LJVollzDSG ergibt sich aber, dass die Beobachtung von Crafträumen mittels optisch-elektronischer Vorrichtungen grundsätzlich unstatthaft bleibt. Anderes gilt nur für besonders gesicherte (Haft-)Räume und Überwachungsräume zur Abwehr einer gegenwärtigen Leibes- oder Lebensgefahr der dort untergebrachten Personen (**RP** § 21 Abs. 2 Satz 1 LJVollzDSG). Es bedarf einer gesonderten schriftlichen, begründeten Anordnung der Anstaltsleitung, die sich zum Umfang der Maßnahme verhält und für jeweils maximal 72 Stunden gilt (**RP** § 21 Abs. 2 Satz 3 bis 5 LJVollzDSG). Wie in Berlin ist der Betrieb der Anlage anzuzeigen (**RP** § 21 Abs. 3 LJVollzDSG). Die Unterbrechung der Maßnahme ist generalklauselartig, namentlich unter Bezugnahme auf gesetzlichen Geheimschutz, geregelt (**RP** § 21 Abs. 5 LJVollzDSG).

24   (f) Eine **Ausnahme** von den vorbezeichneten Grundsätzen galt in **Sachsen**. Hier hatte man bewusst auf die Möglichkeit der Überwachung mit technischen Hilfsmitteln verzichtet, um die Möglichkeit einer raschen Kontaktaufnahme bei höchstpersönlicher Kontrolle zu gewährleisten,[444] so dass es beim Grundsatz nach **SN** § 79 Abs. 1 Satz 3 n. F. blieb, dem zufolge die Videoüberwachung von Crafträumen nicht gestattet wird. Das wurde im Jahr 2019 geändert. Nach **SN** § 79 Abs. 1 Satz 2 n. F. ist die optische Überwachung von Gefangenentransporten unter denselben Voraussetzungen wie diejenige des Anstaltsgeländes zulässig. **SN** § 83 Abs. 2 Satz 1 Nr. 2 n. F. gestattet die Überwachung von Gefangenen in dafür vorgesehenen Crafträumen mit optisch-technischen Mitteln. Der Gefangene ist vor Durchführung der Maßnahme darüber aufzuklären (**SN** § 84a Abs. 1 Satz 2) und die Überwachung muss währenddessen erkennbar sein (**SN** § 84a Abs. 1 Satz 3). Wird sie für 24 Stunden aufrechterhalten, ist sie der Aufsichtsbehörde und auf Antrag des Betroffenen dem Verteidiger mitzuteilen (**SN** § 84a Abs. 1 Satz 1).

25   (4) Die Frage einer **Aufzeichnung** bzw. Speicherung der Kamerabilder ist nur in einigen Gesetzen besonders behandelt. Nach der bedenklich ungenauen Regelung in **BW** § 35 Abs. 1 Satz 4, Abs. 2 Satz 3 I ist die Anfertigung von Aufzeichnungen im nicht näher spezifizierten Einzelfall möglich. Gem. **HE** § 50 Abs. 6 Satz 1 i.V.m. § 34 Abs. 5 Satz 2 muss sie zum Erreichen des verfolgten Zwecks unbedingt erforderlich sein. Dieser besteht in der Kontrolle des Gesundheitszustands des Inhaftierten,[445] nicht mehr – wie bis zur Gesetzesänderung 2018 – in der Gewährleistung von Sicherheit und Ordnung. **SN** § 84a Abs. 2 gestattet die zur Zweckerreichung erforderliche Aufzeichnung für maximal 72 Stunden. Dann darf die Löschung nur unterbleiben, soweit die Aufbewahrung zur Verfolgung einer Straftat nötig ist. **BE** § 23 Abs. 2 JVollzDSG, **RP** § 22 Abs. 3 LJVollzDSG, **ST** § 145 Abs. 3, **SH** § 25 Abs. 3 JVollzDSG untersagen die Aufzeichnung ausdrücklich. Das gilt grundsätzlich auch nach **NW** § 24 Abs. 7 S. 2 JVollzDSG; eine Ausnahme gilt für die Verarbeitung durch automatisierte Assistenzsysteme zur Suizidverhinderung.[446] Gestattet **TH** § 124 Abs. 2 Satz 4 und 5 die Videoüberwachung von Crafträumen, ohne dass dort

---

444   Siehe LT-Drucks. 5/10920, 138; *Arloth/Krä* § 83 SächsStVollzG Rdn. 2; in diesem Sinne auch AK-*Goerdeler* Teil III Rdn. 84; *Witos/Staiger/Neubacher* NK 2014, 373.
445   Vgl. **HE** LT-Drucks. 19/5728, 144.
446   Vgl. **NW** § 24 Abs. 8 JVollzDSG; **NW** LT-Drucks. 17/2350, 171.

cc) **Nr. 3 (NW: Nr. 2): Absonderung von (allen) anderen Gefangenen.** „Absonde- 26
rung" bedeutet die bedingungslose Isolierung (Trennung) von den anderen Gefangenen
zum Zwecke der Vermeidung von Risiken für Sicherheit und Ordnung in der Anstalt.[447]
Die Absonderung erstreckt sich auf Arbeitszeit,[448] Freizeit und Ruhezeit und begründet
eine Ausnahme vom Grundsatz der gemeinschaftlichen Unterbringung. Abzugrenzen
bleibt sie von der Einschränkung gemeinschaftlicher Unterbringung auf der Basis anderer Normen wie etwa § 17 Abs. 3 StVollzG, **BW** § 14 III, **BY** Art. 19 Abs. 3, **BE** § 13 Abs. 2,
BB § 19 Abs. 2, **HB** § 12 Abs. 3, **HH** § 19 Abs. 3, **HE** § 18 Abs. 2 Satz 2, **MV** § 12 Abs. 2, **NI** § 19
Abs. 3, **NW** § 14 Abs. 2 Satz 2, **RP** § 19 Abs. 2, **SL** § 12 Abs. 2, **SN** § 12 Abs. 2, **ST** § 19 Abs. 2,
SH § 13 Abs. 2 und 3, **TH** § 19 Abs. 2.[449]

Die **einfache Absonderung** besteht in der vorübergehenden Trennung von anderen 27
Gefangenen.[450] In Abgrenzung zur Einzelhaft (dazu sogleich II.) sollte sie **nicht länger
als 24 Stunden** andauern (ausdrücklich **SH** § 108 Abs. 5).[451] **Anders** stellt sich die Konzeption in den meisten Ländern dar, die nicht zwischen Absonderung und Einzelhaft
klar trennen (**BE** § 86 Abs. 4 Satz 1, **BB** § 90 Abs. 4, **HB** § 79 Abs. 4, **HE** § 50 Abs. 7, **MV**
§ 78 Abs. 4, **NW** § 69 Abs. 6, **RP** § 88 Abs. 4, **SL** § 78 Abs. 4, **SN** § 83 Abs. 4, **ST** § 89 Abs. 5,
TH § 89 Abs. 4, vgl. auch **HH** § 74 Abs. 3 Satz 1). Hier kommt eine Absonderung von mehr
als 24 Stunden ohne gesetzlich festgelegte Höchstdauer in Betracht, wobei jene unerlässlich sein muss. Nur in **Hessen** gestrichen wurde dabei die Voraussetzung in der Person
des Gefangenen liegender Gründe, weshalb die Maßnahme dort auch bei einer Bedrohungslage für den betroffenen Inhaftierten angeordnet werden darf.[452] Insoweit bedarf es
aber besonders gründlicher Würdigung von Alternativen wie einer Verlegung oder einem
Vorgehen gegen den bzw. die Gefährder (vgl. auch Rdn. 39). – Die **Ausstattung** des Haftraumes, in dem der Gefangene im Rahmen der Absonderung untergebracht wird, ist daran auszurichten, welcher Gefahr begegnet werden soll. Ist eine Unterbringung in einem
besonders gesicherten Haftraum ohne gefährdende Gegenstände erforderlich, so müssen
auch die Voraussetzungen hierfür erfüllt sein. Typische Anwendungsfälle bilden gefährliche Ausbrecher oder extrem gewalttätige Insassen.[453]

Einige Gesetze kennen besondere **Verfahrensvorschriften**. Die Gefangenen sind in 28
besonderem Maße zu betreuen; die (negativen) Folgen der Isolation sollen dadurch minimiert werden[454] (**BY** Art. 99 Abs. 4 Satz 1, **BE** § 87 Abs. 6 Satz 2, **BB** § 91 Abs. 7 Satz 1, **HB**

---

447 OLG Bremen, Beschl. vom 14.11.1984 – Ws 137/84 (BL 193/84), ZfStrVo 1985, 178, 179; vgl. auch Rdn. 46 zu II. (Einzelhaft).
448 Vgl. OLG Karlsruhe, Beschl. vom 11.4.2005 – 1 Ws 506/04, NStZ 2006, 63, 64; OLG Koblenz, Beschl. vom 16.1.1989 – 2 Vollz (Ws) 86/88, NStZ 1989, 342 m. Anm. *Rotthaus*; *Laubenthal/Nestler/Neubacher/Verrel* M Rdn. 89.
449 Siehe OLG Frankfurt, Beschl. vom 16.11.1978 – 3 Ws 462/78 (StVollzG), ZfStrVo 1979, 121; OLG Karlsruhe, Beschl. vom 29.6.2005 – 1 Ws 291/04, ZfStrVo 2006, 117, 118; OLG Nürnberg, Beschl. vom 3.4.1980 – Ws 815/79, NStZ 1981, 78 (nur Ls; Gründe bei juris); *Arloth/Krä* § 88 StVollzG Rdn. 6; *Rotthaus* NStZ 1989, 343.
450 OLG Frankfurt, Beschl. vom 16.11.1978 – 3 Ws 462/78 (StVollzG), ZfStrVo 1979, 121; *Arloth/Krä* § 88 StVollzG Rdn. 6.
451 BW LT-Drucks. 14/5012, 232; OLG Bremen, Beschl. vom 14.11.1984 – Ws 137/84 (BL 193/84), ZfStrVo 1985, 178, 179; *Arloth/Krä* § 88 StVollzG Rdn. 6; *Laubenthal* Rdn. 717; *Laubenthal/Nestler/Neubacher/Verrel* M Rdn. 89.
452 S. HE LT-Drucks. 19/2058, 25; *Arloth/Krä* § 50 HStVollzG Rdn. 4.
453 *Böhm* Rdn. 345.
454 So schon ME-Begründung, 145.

§ 80 Abs. 6 Satz 1, **HH** § 76 Abs. 4 Satz 1, **HE** § 50 Abs. 8 Satz 1, **MV** § 79 Abs. 6 Satz 1, **NW** § 70 Abs. 7 Satz 1, **RP** § 89 Abs. 6 Satz 1, **SL** § 79 Abs. 6 Satz 1, **SN** § 84 Abs. 6 Satz 1, **ST** § 90 Abs. 6 Satz 1, **SH** § 108 Abs. 8 Satz 1, **TH** § 90 Abs. 6 Satz 1). Eine Absonderung von mehr als 20 (**BB, SN**) bzw. 30 (**BE, HB, MV, NW, RP, SL, ST**) Tagen, in Hessen und Thüringen drei Monaten Gesamtdauer in zwölf Monaten, auch wenn die Dauer sich aus einzelnen Tagen der Maßnahme addiert,[455] bedarf der Zustimmung der Aufsichtsbehörde (**BE** § 87 Abs. 6 Satz 1, **BB** § 91 Abs. 6 Satz 2, **HB** § 80 Abs. 5 Satz 2, **HE** § 50 Abs. 8 Satz 3 Alt. 2, **MV** § 79 Abs. 5 Satz 2, **NW** § 70 Abs. 6 Satz 2, **RP** § 89 Abs. 5 Satz 3, **SL** § 79 Abs. 5 Satz 2, **SN** § 84 Abs. 5 Satz 2, **ST** § 90 Abs. 5 Satz 2, **TH** § 90 Abs. 5 Satz 2). Unklar ist die Regelung in **SH** § 110 Abs. 2; angesichts der Legaldefinition von Einzelhaft in **SN** § 108 Abs. 5 bewirkt die dreißigmalige Verhängung von maximal 24 Stunden Absonderung bei wörtlichem Verständnis der Norm die Berichtspflicht nicht. Zur Kombination von Absonderung und Fixierung vgl. Rdn. 37. In Berlin, Nordrhein-Westfalen, Rheinland-Pfalz und Sachsen ist auf Antrag des Betroffenen der **Verteidiger** unverzüglich zu informieren (**BE** § 87 Abs. 5 Satz 3, **NW** § 70 Abs. 6 Satz 3, **RP** § 89 Abs. 5 Satz 2, **SN** § 84 Abs. 5 Satz 1 [bei mehr als 48 Stunden Dauer], vgl. Rdn. 33 a. E.).

29 Die **Verlegung** (in Form der Umlegung) eines Gefangenen in einen stärker gesicherten Bereich **innerhalb derselben Anstalt** ist weder eine Verlegung zur sicheren Unterbringung (wie nach § 85 StVollzG) noch eine Absonderung.[456] Eine derartige Umlegung darf nach pflichtgemäßem Ermessen angeordnet werden, z.B. wenn der Anstaltsleiter mindestens konkrete Anhaltspunkte für eine Beteiligung des Gefangenen am Drogenhandel innerhalb der Anstalt besitzt.[457] Räumt der Anstaltsleiter dem Gefangenen die Möglichkeit der gemeinschaftlichen Unterbringung nur unter der Bedingung ein, Anstaltskleidung zu tragen, liegt weder eine einfache noch eine unausgesetzte Absonderung vor.[458]

30 **dd) Nr. 4 (NW: Nr. 3): Entzug oder Beschränkung des Aufenthalts im Freien.** Unter „Entzug" ist die vollständige Vorenthaltung des Aufenthalts im Freien zu verstehen.[459] Es gibt Ausnahmefälle, in denen es z.B. zur Vermeidung der Gefahr des Selbstmordes oder der Selbstverletzung erforderlich ist, einen Gefangenen vorübergehend gefesselt in einem besonders gesicherten Haftraum ohne gefährdende Gegenstände unterzubringen. Solange solche Maßnahmen erforderlich sind, mag daneben auch der Entzug des Aufenthalts im Freien notwendig sein, wenn die Gefahr nicht anders abgewendet werden kann. Die Maßnahme erscheint deshalb weder entbehrlich[460] noch dürfte sie bei verhältnismäßiger, also restriktiver[461] Anwendung verfassungswidrig sein. Die Beschränkung des Aufenthalts im Freien kann in der **Einzelfreistunde** bestehen, die auch bei Gefahr von Übergriffen gegen Mitgefangene angebracht ist. Die Pflicht zur regelmäßigen Anhörung des Arztes (dazu unten V.) ist zu beachten.

31 Die Maßnahme darf in **Berlin und Schleswig-Holstein nicht isoliert** angeordnet werden, sondern nur als Annex im Rahmen der Unterbringung im besonders gesicherten Haftraum (**SH**: oder der Absonderung), wenn sie zur Erreichung des Ziels der jeweiligen Maßnahme unerlässlich bleibt (**SH** § 108 Abs. 4) bzw. der Aufenthalt im Freien wegen

---

[455] Vgl. **NW** LT-Drucks. 16/5413, 146.
[456] KG, Beschl. vom 13.2.1986 – 5 Vollz (Ws) 541/85, NStZ 1986, 479; *Arloth/Krä* § 88 StVollzG Rdn. 6.
[457] KG, Beschl. vom 20.2.1998 – 5 Ws 21/98 Vollz, bei *Matzke* NStZ 1999, 446.
[458] OLG Bremen, Beschl. vom 14.11.1984 – Ws 137/84 (BL 193/84), ZfStrVo 1985, 178.
[459] AK-*Goerdeler* Teil II § 78 Rdn. 31; *Arloth/Krä* § 88 StVollzG Rdn. 7; *Laubenthal/Nestler/Neubacher/Verrel* M Rdn. 90; a.A. *C/MD* § 88 Rdn. 5: nur Entzug des gemeinsamen Aufenthalts.
[460] So aber AK-*Goerdeler* Teil II § 78 Rdn. 30; dagegen *Arloth/Krä* § 88 StVollzG Rdn. 7.
[461] Dafür auch *Laubenthal/Nestler/Neubacher/Verrel* M Rdn. 90.

erheblicher Gefahr von Selbst- oder Fremdgefährdung nicht verantwortbar erscheint (**BE** § 86 Abs. 4 Satz 2). In **Brandenburg, Mecklenburg-Vorpommern und Sachsen** kommt nicht der gänzliche Entzug der Freistunde, sondern **nur die Beschränkung** in Betracht. Damit nähern sich diese Länder Nr. 27.1 der Europäischen Strafvollzugsgrundsätze 2006 an, die vorbehaltlos den Aufenthalt im Freien bei geeigneter Witterung garantieren.

ee) Nr. 5 (SH: Nr. 4): Unterbringung im bgH ohne gefährdende Gegenstände. 32

Gemeint ist ein **besonders gesicherter Haftraum** (bgH), der so auszustatten ist, dass eine Selbstverletzung oder Selbsttötung des Gefangenen zuverlässig verhindert werden kann.[462] Nur im äußersten Fall kommt eine Verbindung der Unterbringung mit einer Fesselung bzw. Fixierung nach Nr. 6 in Betracht, zum Beispiel an einem im Haftraum stehenden Bett.[463] Unvereinbar mit der Menschenwürdegarantie (Art. 1 Abs. 1 GG) sowie Art. 3 EMRK (Verbot unmenschlicher oder erniedrigender Behandlung) und unverhältnismäßig ist eine Verbindung der Unterbringung mit der (mehrtägigen) Entziehung der Kleidung.[464] Zutreffend weist der EGMR darauf hin, dass die Vollzugsbehörde zumindest hätte prüfen müssen, ob dem Gefangenen als milderes Mittel reißfeste Kleidung hätte zur Verfügung gestellt werden können.[465] Bedenken werden umgekehrt gegen die Praxis vorgebracht, Papierunterwäsche auszugeben.[466] Ist der Gefangene nicht (vollständig) bekleidet, bedarf es jedenfalls hinlänglicher Beheizung des Raumes, die regelmäßig zu kontrollieren ist.[467] Bezweifelt werden muss die Eignung einer längerfristigen Unterbringung im bgH zur Suizidprävention. Die Isolation könnte die für die Unterbringung Anlass gebenden Probleme möglicherweise noch verschärfen.[468] Deshalb ist es zu begrüßen, wenn einige Gesetze die intensivierte Betreuung des Gefangenen anordnen (**BY** Art. 99 Abs. 4 Satz 1, **BE** § 87 Abs. 6 Satz 2, **BB** § 91 Abs. 7 Satz 1, **HB** § 80 Abs. 6 Satz 1, **HH** § 76 Abs. 4 Satz 1, **HE** § 50 Abs. 8 Satz 1, **NW** § 70 Abs. 7 Satz 1, **RP** § 89 Abs. 6 Satz 1, **SL** § 79 Abs. 6 Satz 1, **SN** § 84 Abs. 6 Satz 1, **ST** § 90 Abs. 6 Satz 1, **SH** § 108 Abs. 8 Satz 1, **TH** § 90 Abs. 6 Satz 1), zumal eine zeitliche Beschränkung der Unterbringung im bgH nicht vorgesehen ist. Sie darf auch mehrere Tage andauern.[469]

Die Unterbringung im bgH ist aber, wenn sie länger als zwei (**BB** § 91 Abs. 6 Satz 1, 33 **SN** § 84 Abs. 5 Satz 1 [48 Stunden]) bzw. drei Tage aufrechterhalten wird, der **Aufsichtsbehörde** mitzuteilen, **BE** § 87 Abs. 5 Satz 1, **HB** § 80 Abs. 5 Satz 1, **HH** § 75 Abs. 4, **HE** § 51 Abs. 6, **MV** § 79 Abs. 5 Satz 1, **NW** § 70 Abs. 6 Satz 1, **RP** § 89 Abs. 5 Satz 1, **SL** § 79 Abs. 5 Satz 1, **ST** § 90 Abs. 5 Satz 1, **SH** § 110 Abs. 1 HS. 2, **TH** § 90 Abs. 5 Satz 1 (so schon VV Abs. 3 zu § 88 StVollzG). Ist der im bgH Untergebrachte **zugleich fixiert** (Rdn. 37), schreiben einige Gesetze wegen der erhöhten Eingriffsintensität die Mitteilung bereits nach Ablauf von 24 Stunden vor (**BE** § 87 Abs. 5 Satz 2, **SH** § 110 Abs. 1 HS. 1). Teilweise ist die **Zustimmung** der Aufsichtsbehörde vorgeschrieben, gem. **SH** § 110 Abs. 3 bei mehr als 15, nach **BB** § 91 Abs. 6 Satz 2, **SN** § 84 Abs. 5 Satz 2 bei mehr als 20, nach **BE** 87 Abs. 6

---

462 AK-*Goerdeler* Teil II § 78 Rdn. 33; *Arloth/Krä* § 88 StVollzG Rdn. 8.
463 *Arloth/Krä* § 88 StVollzG Rdn. 8; *Laubenthal/Nestler/Neubacher/Verrel* M Rdn. 91.
464 EGMR, Urt. vom 7.7.2011 – 20999/05 (Hellig/Deutschland), NJW 2012, 2173, 2175; BVerfG, Beschl. vom 18.3.2015 – 2 BvR 1111/13, NJW 2015, 2100, 2101; *Pohlreich* JZ 2011, 1058.
465 EGMR, Urt. vom 7.7.2011 – 20999/05 (Hellig/Deutschland), NJW 2012, 2173, 2175 Rn. 56.
466 So AK-*Goerdeler* Teil II § 78 Rdn. 33; a.A. *Arloth/Krä* § 88 StVollzG Rdn. 8.
467 BVerfG, Beschl. vom 18.3.2015 – 2 BvR 1111/13, NJW 2015, 2100, 2103 Rdn. 45.
468 Vgl. *Bennefeld-Kersten* FS 2010, 341, die auch die „suizidhemmende" Wirkung der Unterbringung im bgH in Frage stellt; *Köhne* DRiZ 2012, 204; *Kretschmer* NJW 2009, 2410, der die Verlegung in ein Justizkrankenhaus favorisiert; a.A. wohl *Petersen/Kunze/Thiel u.a.* Archiv für Kriminologie 239, 80.
469 *Arloth/Krä* § 88 StVollzG Rdn. 8; *Laubenthal/Nestler/Neubacher/Verrel* M Rdn. 91; *Hadeler* 2004, 55; krit. *Köhne* DRiZ 2012, 202; *Kretschmer* NJW 2009, 2410; a.A. *C/MD* § 88 Rdn. 5.

Satz 1, **HB** § 80 Abs. 5 Satz 2, **MV** § 79 Abs. 5 Satz 2, **RP** § 89 Abs. 5 Satz 3, **SL** § 79 Abs. 5 Satz 2, **ST** § 90 Abs. 5 Satz 2 bei mehr als 30 Tagen Gesamtdauer innerhalb von zwölf Monaten. Das gilt auch, wenn diese Dauer aus einzelnen Tagen der Unterbringung resultiert. Ärztliche Überwachung ist zu gewährleisten (dazu unten V.). Die ständige **Beobachtung** des Gefangenen, auch unter Einsatz von Kameras, ist nach fast allen Gesetzen statthaft (näher Rdn. 16 ff). Eine Kombination mit dem Entzug des Aufenthalts im Freien kommt in Betracht (Rdn. 30 f).[470] **Verteidigerbesuche** bleiben möglich;[471] insoweit besteht i. d. R. aber kein eigenes Feststellungsinteresse (§ 115 Abs. 3 StVollzG) des Verteidigers.[472] Die Unterbringung im bgH bewirkt keine Kontaktsperre nach Art von § 31 EGGVG. In Berlin, Nordrhein-Westfalen, Rheinland-Pfalz und Sachsen ist sogar vorgeschrieben, die Verteidiger auf Antrag des Gefangenen unverzüglich zu **benachrichtigen** (**BE** § 87 Abs. 5 Satz 3, **NW** § 70 Abs. 6 Satz 3, **RP** § 89 Abs. 5 Satz 2, **SN** § 84 Abs. 5 Satz 1 [bei mehr als 48 Stunden Dauer]). Trotz der nicht ganz eindeutigen Verweisung auf Satz 1 in Berlin dürfte dies für jede Unterbringung im bgH und nicht nur für diejenige gelten, die länger als drei Tage andauert.[473] So kann die Maßnahme auch unter Anbringung eines Eilantrags (§ 114 StVollzG) sofort gerichtlicher Kontrolle zugeführt werden.

34   **ff) Nr. 6 (SH Nr. 5 und 6): Fesselung.** Die meisten Gesetze nennen hier nur die Fesselung. Ausnahmen bildeten Berlin und Schleswig-Holstein, die schon bisher zwischen Fesselung (**SH** § 108 Abs. 2 Nr. 5) und **Fixierung** (**SH** § 108 Abs. 2 Nr. 6) differenzierten, letztere aber nicht in hinlänglicher Weise regeln. Mehr oder minder detaillierte Neuregelungen zur Fixierung finden sich bereits im Bundesrecht (§ 171a StVollzG), in Baden-Württemberg, Bayern, Brandenburg, Hamburg, Nordrhein-Westfalen und Rheinland-Pfalz. Für Sachsen liegt der Entwurf eines Änderungsgesetzes mit Anpassung von **SN** §§ 68, 83, 84 vor.[474] Fesselung (dazu noch unter III.) und Fixierung stellen die vom Gefangenen als schwerste empfundene bes. S. dar[475] und begründen wegen ihres Charakters als erheblicher Grundrechtseingriff regelmäßig ein besonderes **Feststellungsinteresse** (§ 115 Abs. 3 StVollzG; zu anderweitigem Rechtsweg § 121a StVollzG, 12 Q).[476] Nach einer Fixierung muss der Betroffene deshalb von Verfassungs wegen auf die Möglichkeit gerichtlicher Überprüfung hingewiesen werden.[477] Geregelt ist dies bisher nur in § 171a Abs. 6 Satz 1 StVollzG, **BW** § 69 Abs. 2 Satz 6 III, **BY** Art. 98 Abs. 2 Satz 3, **BB** § 91 Abs. 8 Satz 1, **HH** § 74 Abs. 2 Satz 3 HS. 1, **NW** § 70 Abs. 4 Satz 3, **RP** § 89 Abs. 7 Satz 1; der Hinweis ist nach § 171a Abs. 6 Satz 2 StVollzG, **BY** Art. 98 Abs. 2 Satz 2 Nr. 4, **BB** § 91 Abs. 8 Satz 2, **HH** § 74 Abs. 2 Satz 3 HS. 2, **NW** § 70 Abs. 4 Satz 5, **RP** § 89 Abs. 7 Satz 2 aktenkundig zu machen. So dürfte auch **BW** § 69 Abs. 2 Satz 5 III zu verstehen sein.[478] – Fesseln dürfen nur im äußersten Notfall und nur zum Schutz der in Abs. 1 genannten Rechtsgü-

---

470 *Arloth/Krä* § 88 StVollzG Rdn. 8 a.E.; enger BeckOK-*Bartel* § 88 StVollzG Rdn. 40.
471 OLG Frankfurt, Beschl. vom 23.8.2018 – 3 Ws 975/17 (juris); *Arloth/Krä* § 88 StVollzG Rdn. 8 a.E.; *Laubenthal/Nestler/Neubacher/Verrel* M Rdn. 91.
472 OLG Frankfurt, Beschl. vom 23.8.2018 – 3 Ws 1042/17 (juris).
473 Vgl. BE LT-Drucks. 17/2442, 260.
474 **SN** LT-Drucks. 6/16965.
475 OLG Celle, Beschl. vom 15.7.1991 – 1 VAs 15/90, NStZ 1991, 559; AK-*Goerdeler* Teil II § 78 Rdn. 34.
476 OLG Frankfurt, Beschl. vom 21.3.2013 – 3 Ws 58/13 (StVollz), NStZ-RR 2014, 30; OLG Hamm, Beschl. vom 16.6.2011 – III-1 Vollz (Ws) 216/11, NStZ-RR 2011, 291, 292; OLG Naumburg, Beschl. vom 13.10.2011 – 2 Ws 145/11, bei *Roth* NStZ 2012, 436; OLG Nürnberg, Beschl. vom 8.11.2017 - 1 Ws 451/17, FS SH 2019, 36; LG Hildesheim, Beschl. vom 18.12.2006 – 23 StVK 566/06, Beck-Rs 2007, 17121; vgl. bereits OLG Celle, Beschl. vom 15.7.1991 – 1 VAs 15/90, NStZ 1991, 559 (§§ 23 ff EGGVG).
477 Siehe BVerfG, Urt. vom 24.7.2018 – 2 BvR 309/15, 2 BvR 502/16, NJW 2018, 2619, 2623 Rdn. 85, 2626 Rdn. 104.
478 Vgl. **BW** LT-Drucks. 16/5984, 131.

ter eingesetzt werden; insoweit sind sie mit der Menschenwürde (Art. 1 Abs. 1 GG) vereinbar.[479] Fesselungsgeräte sind insbesondere: Handfesseln, Fußfesseln, die Laufkette, der Bauchgurt und das Fesselungsbett (als Mittel der Fixierung) bzw. die Fixierliege (**HE** § 50 Abs. 8 Satz 2 HS. 2). **BE** § 86 Abs. 2 Nr. 6 definiert als **Unterfall** der Fesselung die Fixierung mittels spezieller Gurtsysteme (vorgeschrieben in **RP** § 88 Abs. 5 Satz 4 n. F.) an dafür vorgesehenen Gegenständen wie Matratzen oder Liegen. Zu Art und Umfang der Fesselung vgl. unten III., zur ärztlichen Überwachung s. unten V. Nach VV Abs. 3 zu § 88 StVollzG, **BE** § 87 Abs. 5 Satz 1, **BB** § 91 Abs. 6 Satz 1, **HB** § 80 Abs. 5 Satz 1, **HH** § 75 Abs. 4, **HE** § 51 Abs. 6, **MV** § 79 Abs. 5 Satz 1, **NW** § 70 Abs. 6 Satz 1, **RP** § 89 Abs. 5 Satz 1, **SL** § 79 Abs. 5 Satz 1, **SN** § 84 Abs. 5 Satz 1, **ST** § 90 Abs. 5 Satz 1, **SH** § 110 Abs. 1 Alt. 1, **TH** § 90 Abs. 5 Satz 1 ist die Fesselung bzw. Fixierung unverzüglich der **Aufsichtsbehörde mitzuteilen**, wenn sie länger als ein (**SH**), zwei Tage (**BB**), 48 Stunden (**SN**) bzw. drei Tage aufrechterhalten wird.

Bei **dauergefährlichen Gefangenen** darf die Fesselung (etwa der Hände auf dem 35 Rücken beim Hin- und Rückweg zum Freistundenhof und zum Duschen) über einen längeren Zeitraum aufrechterhalten bleiben, sofern der Verhältnismäßigkeitsgrundsatz, der insoweit verschärften Prüfungsanforderungen unterliegt, gewahrt bleibt.[480] – In **Hamburg** finden sich gesteigerte Anforderungen an die Fesselung von Gefangenen, die zur körperlichen Durchsuchung entkleidet sind (**HH** § 70 Abs. 2). Die Maßnahme muss unerlässlich bleiben (**HH** § 74 Abs. 2 Satz 2) und das Schamgefühl ist möglichst zu schonen (**HH** § 74 Abs. 2 Satz 3).

Soweit die Gesetze die **Fixierung**[481] als komplette Entziehung der Bewegungsfreiheit 36 ausdrücklich regeln, enthalten sie besondere Kautelen. **BE** § 86 Abs. 6 setzt hierfür die gegenwärtige und erhebliche Gefahr ernsthafter Selbst- oder Fremdtötungs- bzw. -verletzungshandlungen voraus. **SH** § 108 Abs. 7 Satz 1 stellt in etwas weitergehender Weise auf die gegenwärtige Gefahr erheblicher Eigen- oder Fremdgesundheitsschädigung ab und ordnet zusätzlich an, dass eine Fixierung nur bei Unterbringung im bgH zulässig ist. Der Ultima-Ratio-Charakter der Maßnahme wird deutlich betont (**BE** § 86 Abs. 7 Satz 2 und 3, **SH** § 108 Abs. 7 Satz 2 und 3). – Zur 5-Punkt- und 7-Punkt-Fixierung von Psychiatriepatienten[482] unter Festbinden sämtlicher Gliedmaßen mit Gurten am Bett hat das **BVerfG** im Jahr 2018 entschieden, dass es sich um einen Eingriff in das Grundrecht auf Freiheit der Person (Art. 2 Abs. 2, 104 Abs. 2 GG) handelt, der von der zugrundeliegenden Unterbringungsanordnung nicht gedeckt ist. Jede nicht nur kurzzeitige, voraussichtlich länger als eine halbe Stunde andauernde Maßnahme dieser Art, die auch dem Schutz des Betroffenen selbst dienen kann, bedarf deshalb prinzipiell einer gesonderten richterlichen Anordnung.[483] Diese Erwägungen beanspruchen ebenso Geltung für Fixierungen im Maßregel- wie im Strafvollzug.[484] Gesetzesänderungen zur Schaffung der vom Verfassungsgericht geforderten Kautelen mussten erfolgen. Nach § 171a Abs. 1 StVollzG, **BW** § 69 Abs. 2 Satz 1 III, **BY** Art. 98 Abs. 2 Satz 1, **BB** § 90 Abs. 6, **HH** § 74 Abs. 6 Satz 3, **NW** § 69 Abs. 6, **RP** § 88 Abs. 5 Satz 3 muss die Fixierung unerlässlich sein zur Abwehr einer gegenwärtigen erheblichen Gefahr von Gewalttätigkeiten gegen andere Personen (nicht in **BW**), in **NW** in bedenklicher Weise weitergehend zur Abwehr einer Gefahr für bedeutende Rechtsgüter anderer, worunter auch Sachwerte fallen könnten, der Selbsttötung

---

479 Vgl. *Schüler-Springorum* 106.
480 BVerfG, Beschl. vom 6.2.1996 – 2 BvR 2533 u. 2534/95, BlStV 3/1997, 6, 7.
481 Krit. AK-*Goerdeler* Teil II § 78 Rdn. 40: Durchführung in Krankenhäusern vorzugswürdig.
482 Siehe bereits *Rüping* JZ 1982, 744 ff.
483 BVerfG, Urt. vom 24.7.2018 – 2 BvR 309/15, 2 BvR 502/16, NJW 2018, 2619 ff.
484 HH LT-Drucks. 21/14828, 2, 13; **RP** LT-Drucks. 17/7073, 3.

oder Selbstverletzung. Eine gravierende Schädigung wäre ansonsten zumindest in allernächster Zeit mit an Sicherheit grenzender Wahrscheinlichkeit zu erwarten; die Verhältnismäßigkeit ist strikt zu wahren,[485] auch (so ausdrücklich **BW, NW, RP**) hinsichtlich Art und Dauer der Maßnahme. Drohen nur geringe Fremd- oder Selbstverletzungen, kommt eine Fixierung nicht in Betracht. Zum Erfordernis richterlicher Anordnung näher Rdn. 60 und 12 Q.

37   Bei einer **Kombination von Absonderung bzw. Unterbringung im bgH und Fixierung bzw. Fesselung** ist die **ständige Beobachtung**, und zwar außer in Hessen in unmittelbarem Sichtkontakt, in **BY** und **SH** darüber hinaus bei unmittelbarer räumlicher Anwesenheit (Sitzwache) vorgeschrieben (**BY** Art. 99 Abs. 4 Satz 2, **BE** § 87 Abs. 6 Satz 3, **BB** § 91 Abs. 6 Satz 2, **HB** § 80 Abs. 6 Satz 2, **HH** § 76 Abs. 4 Satz 2, **HE** § 50 Abs. 8 Satz 2 HS. 1, **MV** § 79 Abs. 6 Satz 2, **NW** § 70 Abs. 6 Satz 2, **SH** § 108 Abs. 8 Satz 2, **SL** § 79 Abs. 6 Satz 2, **SN** § 84 Abs. 6 Satz 2, **ST** § 90 Abs. 6 Satz 2, **TH** § 90 Abs. 6 Satz 2). § 171a Abs. 4 Satz 2 StVollzG, **BW** § 69 Abs. 2 Satz 3 III, **BY** Art. 99 Abs. 4 Satz 2 und 3, **BB** § 91 Abs. 7 Satz 2, **HH** § 76 Abs. 4 Satz 3, **NW** § 70 Abs. 7 Satz 2, **RP** § 89 Abs. 6 Satz 2 schreiben in Übereinstimmung mit dem BVerfG[486] nunmehr für die Zeit der Fixierung auch ohne weitere Maßnahmen die ständige und unmittelbare Beobachtung, und zwar seitens geschulter Bediensteter (nicht in **BW, BB, NW**, was kaum den Vorgaben genügt), vor, also eine Sitzwache z.B. durch einen Angehörigen des medizinischen Personals.[487] Verlangen die Gesetze unmittelbaren Sichtkontakt, um auf kurzfristige Veränderungen der Vitalfunktionen des Betroffenen reagieren zu können, genügt eine Videoüberwachung nicht.[488] Im Hinblick auf den Normzweck reicht es aus, dass der Bedienstete den Gefangenen sieht; Blickkontakt in umgekehrter Richtung ist nicht zwingend.[489] In Hessen bedarf es der Sitzwache bei Fesselung auf einer Fixierliege (**HE** § 50 Abs. 8 Satz 2 HS. 2). Die kombinierte Unterbringung im bgH mit Fixierung ist der Aufsichtsbehörde schon bei Fortführung über 24 Stunden hinaus unverzüglich mitzuteilen (**BE** § 87 Abs. 5 Satz 2). Lässt sich die **Berichtspflicht** mit der Eingriffsintensität der Fixierung erklären, bleibt unklar, warum eine anderenorts (etwa im normalen Haftraum) erfolgte Fixierung nicht die gleiche Pflicht auslöst.[490] Überzeugender ist deshalb die Regelung in **SH** § 110 Abs. 1 Alt. 1, der zufolge Fixierungen stets bei Aufrechterhaltung über 24 Stunden hinaus anzuzeigen sind. In Berlin, Rheinland-Pfalz und Sachsen ist auf Antrag des Gefangenen unverzüglich der Verteidiger zu informieren (**BE** § 87 Abs. 5 Satz 3, **RP** § 89 Abs. 5 Satz 2, **SN** § 84 Abs. 5 Satz 1 [bei mehr als 48 Stunden Dauer], vgl. Rdn. 33 a. E.).

38   Fesselung und Fixierung dienen u.a. der Begegnung von (akuten) **Selbstmord- oder Selbstverletzungsgefahren** (Rdn. 13). Ihre Anordnung trägt dazu bei, dass die Zahl der Selbstmorde oder Selbstverletzungen, die in Justizvollzugsanstalten verübt werden, nicht höher ausfällt: Sie liegt bei inhaftierten Männern um das 4,5-fache und bei Frauen um das elffache höher als in der Gesamtbevölkerung.[491] Feststellbar ist in den vergangenen Jahren ein tendenzieller Rückgang der jährlichen Suizide im Justizvollzug.[492] Seit 2002 liegen die jährlichen Fallzahlen bei weniger als 100 und seit 2008 bei weniger als 70 Suiziden pro Jahr; die Zahl der misslungenen Versuche wird auf rund 400

---

485   **HH** LT-Drucks. 21/14828, 19 f; **RP** LT-Drucks. 17/7073, 4.
486   BVerfG, Urt. vom 24.7.2018 – 2 BvR 309/15, 2 BvR 502/16, NJW 2018, 2619, 2623 Rdn. 83.
487   **RP** LT-Drucks. 17/7073, 4; vgl. auch *Baur* NJW 2019, 2275.
488   **NW** LT-Drucks. 16/5413, 147; *Goerdeler* FS 2018, 118.
489   Vgl. **NW** LT-Drucks. 16/5413, 147.
490   So auch *Arloth/Krä* § 87 Bln StVollzG Rdn. 2.
491   Vgl. *Bottke* 1997, 118; *Dünkel/Rosner* Die Entwicklung des Strafvollzugs in der Bundesrepublik Deutschland seit 1970, 2. Aufl. 1982, 140; *Walter* Rdn. 270.
492   *Petersen/Kunze/Thiel u.a.* Archiv für Kriminologie 239, 79.

im Jahr geschätzt.[493] In den Jahren 2000 bis 2009 haben sich bundesweit 846 Gefangene getötet,[494] in den Jahren 2000 mit 2010 907.[495] Besonders gefährdet sind Untersuchungsgefangene und Erstverbüßer im ersten Haftmonat.[496] Die Selbstmord-, Selbstmordversuchs- und Selbstverletzungszahlen im Justizvollzug sind jedoch mit den entsprechenden Zahlen der Gesamtbevölkerung kaum vergleichbar,[497] und zwar aus folgenden Gründen: erstens werden nicht alle solche Fälle, die außerhalb des Justizvollzuges vorkommen, bekannt (Problematik des Dunkelfeldes), während im Justizvollzug solche Ereignisse grundsätzlich immer bekannt (und registriert) werden. Zweitens kommen im Justizvollzug gedrängt Menschen mit speziellen (sozialen bzw. psychischen) Problemen zusammen, eine Situation, die in der übrigen Bevölkerung nicht ihr Spiegelbild findet.

c) Maßnahmen aus anderen Gründen

aa) Abs. 3 (HH, ST: Abs. 4) der Gesetze. § 88 Abs. 3 StVollzG, **BW** § 67 Abs. 3 III, **BY** 39 Art. 96 Abs. 3, **BE** § 86 Abs. 3, **BB** § 90 Abs. 3, **HB** § 79 Abs. 3, **HH** § 74 Abs. 4, **HE** § 50 Abs. 3 Satz 1, **MV** § 78 Abs. 3, **NI** § 81 Abs. 3 (mit dem Maßstab der Unerlässlichkeit), **NW** § 69 Abs. 3, **RP** § 88 Abs. 3, **SL** § 78 Abs. 3, **SN** § 83 Abs. 3 Satz 1, **ST** § 89 Abs. 4, **SH** § 108 Abs. 3, **TH** § 89 Abs. 3 enthalten eine von Abs. 1 unabhängige Regelung. Während nach Abs. 1 nur solche Gründe für die Anordnung von Sicherungsmaßnahmen in Betracht kommen, die in der Person des Gefangenen liegen,[498] braucht die hiernach vorausgesetzte Störung der Anstaltsordnung nicht von dem betreffenden Gefangenen selbst auszugehen. Es wird sogar in Zweifel gezogen, dass die Normen in Ansehung von Gefahren eingreifen, die vom Adressaten der Zwangsmaßnahmen drohen.[499] Eine Absonderung von anderen Gefangenen kann z.B. auch dann erforderlich werden und zulässig sein, wenn der betroffene Gefangene von anderen bedroht wird und deshalb Auseinandersetzungen zu befürchten sind.[500] Den Vorrang genießen aber Maßnahmen gegenüber dem oder den Gefahrverursacher(n).[501] Die Störung der Anstaltsordnung mag auch **von außen** erfolgen (z.B. durch Banden-Komplizen); insoweit stellt die Gefahr der Befreiung einen Unterfall einer „erheblichen Störung der Anstaltsordnung" dar.[502] Durch die Hervorhebung dieses Beispielsfalles wird gleichzeitig eine Auslegungshilfe gegeben.[503] Hierdurch kommt zum Ausdruck, dass immer nur besonders gravierende Fälle der Störung der Anstaltsordnung gemeint sind.[504] Das Verstecken von Drogen zum Eigenkonsum soll eine solche noch nicht begründen,[505] wohl aber der über längere Zeit betriebene **Betäubungsmittelkon-**

---

493 *Walter* Rdn. 270.
494 *Bennefeld-Kersten* FS 2010, 341 ff.
495 *Petersen/Kunze/Thiel u.a.* Archiv für Kriminologie 239, 79.
496 Vgl. *Bennefeld-Kersten* FS 2010, 342; *Pecher/Nöldner/Postpischil* Suizide in der Justizvollzugsanstalt München 1984 bis 1993, ZfStrVo 1995, 347 ff; *Petersen/Kunze/Thiel u.a.* Archiv für Kriminologie 239, 84; *Schmitt* BewHi 2006, 294 f.
497 Dazu *Laubenthal* Rdn. 230.
498 OLG Frankfurt, Beschl. vom 26.2.2002 – 3 Ws 132/02 (StVollz), NStZ-RR 2002, 155.
499 So OLG Zweibrücken, Beschl. vom 3.9.1993 – 1 Ws 378/93 (Vollz), NStZ 1994, 151 f; dagegen *Hadeler* 2004, 65 ff.
500 *Arloth/Krä* § 88 StVollzG Rdn. 10; *Laubenthal/Nestler/Neubacher/Verrel* M Rdn. 84.
501 *Höflich/Schriever* S. 155; vgl. auch OLG Celle, Beschl. vom 9.2.2011 – 1 Ws 29/11 (StrVollz), NStZ 2011, 704, 706.
502 Vgl. SA, BT-Drucks. 7/3998, 33; krit. AK-*Goerdeler* Teil II § 78 Rdn. 10.
503 AK-*Goerdeler* Teil II § 78 Rdn. 10; *Laubenthal/Nestler/Neubacher/Verrel* M Rdn. 84.
504 SA, BT-Drucks. 7/3998, 34.
505 OLG Zweibrücken, Beschl. vom 3.9.1993 – 1 Ws 378/93 (Vollz), NStZ 1994, 151, 152; vgl. aber *Arloth/Krä* § 88 StVollzG Rdn. 10.

sum.[506] Ein relevanter Unterschied zwischen den beiden Konstellationen erschließt sich nicht ohne weiteres. – Die Beobachtung (bei Nacht) und eine Fesselung kommen nach dem Gesetzeswortlaut im Rahmen dieser Fälle **nicht** in Frage,[507] in Berlin ebenso wenig die Unterbringung im besonders gesicherten Haftraum.

40 **bb) Extremisten. Hessen** und **Sachsen** gestatten darüber hinaus nunmehr bes. S. mit Ausnahme der Beobachtung, der Unterbringung im besonders gesicherten Haftraum sowie der Fesselung, in Sachsen weiter der Beschränkung des Aufenthalts im Freien, wenn Gefangene auf eine **extremistische Verhaltensweise** hinwirken (**HE** § 50 Abs. 3 Satz 2, **SN** § 83 Abs. 3 Satz 2). Damit meint der Gesetzgeber, dass Gefangene versuchen, andere für ihre Positionen zu gewinnen und Propaganda zu treiben.[508] Erforderlichenfalls sollen ihnen Gegenstände, namentlich Propagandamittel, entzogen bzw. sie sollen von den Mitgefangenen isoliert werden, um die Rekrutierung neuer Mitglieder zu verhindern.[509] Den Anlass für die Schaffung der Vorschriften bildeten sicherlich islamistische Aktivitäten, sie können aber ebenso auf nicht religiös motivierte Rechts- oder Linksterroristen Anwendung finden. Das erscheint jedenfalls vorzugswürdig gegenüber dem von der Judikatur früher unternommenen Versuch, bei Extremisten gesteigerte Fluchtgefahr zu konstruieren, weil sie ihre Ziele im Vollzug nicht annähernd verwirklichen könnten,[510] und sie deshalb zu isolieren, zumal es nicht wenigen inhaftierten Islamisten in erster Linie darauf ankommen dürfte, Mitinsassen zu agitieren, nicht aber, selbst in den Kampf zu ziehen.

41 **d) Fesselung bei Ausführung, Vorführung und Transport.** Eine Fesselung kommt nach § 88 Abs. 4 StVollzG, **BW** § 67 Abs. 4 III, **BY** Art. 96 Abs. 4, **BE** § 86 Abs. 5 Satz 2, **BB** § 90 Abs. 7, **HB** § 79 Abs. 6, **HH** § 74 Abs. 5, **MV** § 78 Abs. 6, **NI** § 81 Abs. 4, **NW** § 69 Abs. 9, **RP** § 88 Abs. 6, **SL** § 78 Abs. 6, **SN** § 83 Abs. 6, **SH** § 108 Abs. 9 Satz 1, **TH** § 89 Abs. 6 **über die in Abs. 1 genannten Gründe hinaus** auch dann in Betracht, wenn der Gefangene Widerstand leistet oder ein fluchtverdächtiger Gefangener ausgeführt oder dem Gericht vorgeführt werden muss[511] oder sich ein solcher Gefangener auf Transport befindet.[512] Zu bedenken ist stets der diskriminierende Charakter bei Ausführungen unter den Augen Dritter.[513] – Die Beamten des Justizwachtmeisterdienstes dürfen einen **zum Gericht** durch Justizvollzugsbeamte **ausgeführten** und dort an sie übergebenen Strafgefangenen grundsätzlich nur dann fesseln, wenn die JVA darum ausdrücklich ersucht hat.[514] Unbeantwortet bleibt bisher umgekehrt die Frage, ob es dem Richter zusteht, die vom Anstaltsleiter angeordnete Fesselung (vorübergehend) aufzuheben.[515] War ein Gefangener bei einer Vorführung von kurzer Dauer ständig gefesselt und unter Aufsicht

---

506 OLG Koblenz, Beschl. vom 7.10.1994 – 2 Ws 580/94, ZfStrVo 1995, 249, 250; a.A. AK-*Goerdeler* Teil II § 78 Rdn. 10.
507 *Arloth/Krä* § 88 StVollzG Rdn. 10.
508 **HE** LT-Drucks. 19/2058, 24; **SN** LT-Drucks. 6/13475, 121.
509 *Arloth/Krä* § 50 HStVollzG Rdn. 2.
510 So AG Celle, Beschl. vom 15.9.1978 – 17 StVK 144/78, ZfStrVo SH 1979, 83; ablehnend zu Recht *Hadeler* 2004, 89 f.
511 RegE, BT-Drucks. 7/918, 78; vgl. LG Hildesheim, Beschl. vom 18.12.2006 – 23 StVK 566/06, Beck-Rs 2007, 17121; *Arloth/Krä* § 88 StVollzG Rdn. 9, 11.
512 *Arloth/Krä* § 88 StVollzG Rdn. 11; *Laubenthal* Rdn. 716.
513 OLG Celle, Beschl. vom 15.7.1991 – 1 VAs 15/90, NStZ 1991, 559, 560; OLG Karlsruhe, Beschl. vom 16.6.1993 – 2 Ws 201/92, ZfStrVo 1994, 177, 179; *Arloth/Krä* § 88 StVollzG Rdn. 9.
514 OLG Celle, Beschl. vom 15.7.1991 – 1 VAs 15/90, NStZ 1991, 559 m. ergänzender Anm. *Hartwig* ZfStrVo 1992, 196.
515 S. BVerfG, Beschl. vom 19.4.2011 – 2 BvR 2374/10, BVerfGK 18, 392, 394; die Frage verneinend *Hadeler* 2004, 117 ff; *Nagel*, NStZ 2001, 233, 234; a.A. *Roßkopf* 2018, 69 ff.

von Justizbediensteten, wobei er nur mit diesen und einem Richter Kontakt hatte, gilt eine mit Entkleidung verbundene Durchsuchung nach Rückkehr in die JVA grundsätzlich als unverhältnismäßig.[516]

Der **Gefahrmaßstab** als Voraussetzung der Fesselung differiert: Das StVollzG sowie **42** die Gesetze in Bayern und Schleswig-Holstein verlangen in erhöhtem Maß (Rdn. 11) Fluchtgefahr, in Niedersachsen bedarf es konkreter Anhaltspunkte für die Annahme, dass Beaufsichtigung alleine nicht genügt. Die Normen der übrigen Länder verzichten auf derartige Einschränkungen, lassen also die allgemeine Vermutung des Entweichens genügen;[517] in Hamburg wird ausdrücklich von einfacher Fluchtgefahr gesprochen, in Sachsen ausgeführt, es bedürfe nicht des erhöhten Maßes. Gleichwohl wird man generell bei Selbststellern mit kurzem Strafrest grundsätzlich von einer Fesselung während der Ausführung absehen können.[518] – **Sachsen-Anhalt** ordnet im Wege des Regel-Ausnahme-Verhältnisses die Fesselung an. Sie unterbleibt aber, wenn vorliegende Erkenntnisse den verlässlichen Schluss gestatten, der Gefangene werde sich dem weiteren Vollzug nicht entziehen. Ausdrücklich vorgeschrieben ist bei der Prognoseerstellung die Berücksichtigung der Dauer der Strafe und ihres bereits verbüßten Teils (**ST** § 89 Abs. 7). – In **Schleswig-Holstein** ist besonders vorgesehen, dass eine Fixierung beim Transport unter den hierfür generell vorgesehenen Voraussetzungen (Rdn. 36) möglich bleibt (**SH** § 108 Abs. 9 Satz 2).

Präzisiert wurde die einschlägige Regelung nunmehr ferner in **Hessen**.[519] HE § 50 **43** Abs. 4 Satz 1 gestattet die Fesselung von Gefangenen, deren Eignung für vollzugsöffnende Maßnahmen i.S.v. **HE** § 13 Abs. 3 Satz 1 nicht festgestellt ist. Im Umkehrschluss bedeutet dies, dass Gefangene mit entsprechender Eignung nicht zu fesseln sind. Zur Fesselung darf die Bewachung durch Bedienstete nicht ausreichen, die (einfache) Gefahr einer Entweichung oder eines Angriffs auf Personen (Bedienstete oder Dritte) zu beseitigen. Konstellationen, in denen die Bewachung nicht genügt, sind in Form von Regelbeispielen aufgezählt (**HE** § 50 Abs. 4 Satz 2). Das betrifft den Fall, in dem noch nicht zehn Jahre der Lebenszeitstrafe verbüßt oder noch mehr als 24 Monate zeitiger Freiheitsstrafe zu vollziehen sind (Nr. 1 i.V.m. **HE** § 13 Abs. 6), ferner Konstellationen, in denen wegen des Erfordernisses kurzfristiger Maßnahmendurchführung, etwa aus medizinischen Gründen beim Erfordernis einer externen Krankenbehandlung, oder mangels hinreichender Ortskenntnisse eine zureichende Gefahrabschätzung nicht möglich bleibt (Nr. 2 und 3). Besondere Umstände können jeweils die Regelwirkung bei der stets erforderlichen Einzelfallprüfung entkräften, etwa weil der Gefangene bereits zuvor ohne Probleme ungefesselt ausgeführt worden ist. Bei Ausführungen zur Entlassungsvorbereitung (**HE** § 16 Abs. 1) muss die Fesselung zur Abwehr der Gefahren des Entweichens oder des Angriffs unerlässlich sein (**HE** § 50 Abs. 4 Satz 3); auf eine mögliche Gefährdung des Eingliederungsziels ist besonders Rücksicht zu nehmen.

e) Verhältnismäßigkeitsgrundsatz. Bes. S. dürfen nur zur Bewältigung zeitlich ak- **44** tuell begrenzter Gefahrensituationen eingesetzt werden; im Falle der Dauergefahr genießt die Verlegung Vorrang.[520] § 88 Abs. 5 StVollzG, **BW** § 67 Abs. 5 III, **BY** Art. 96 Abs. 5, **BB** § 91 Abs. 5 Satz 1, **HE** § 51 Abs. 3 Satz 1, **NW** § 70 Abs. 3, **ST** § 90 Abs. 4 Satz 1, **SH** § 109

---

516 BVerfG, Beschl. vom 10.7.2013 – 2 BvR 2815/11, NJW 2013, 3291, 3292.
517 „Unverhältnismäßigen Fesselautomatismus" befürchten deshalb nicht zu Unrecht *Laubenthal/Nestler/Neubacher/Verrel* M Rdn. 85.
518 AK-*Goerdeler* Teil II § 78 Rdn. 35; a.A. *Arloth/Krä* § 88 StVollzG Rdn. 11.
519 Dazu **HE** LT-Drucks. 19/2058, 24 f; *Arloth/Krä* § 50 HStVollzG Rdn. 3.
520 OLG Zweibrücken, Beschl. vom 3.9.1993 – 1 Ws 378/93 (Vollz), NStZ 1994, 151; *Arloth/Krä* § 88 StVollzG Rdn. 2; *Laubenthal/Nestler/Neubacher/Verrel* M Rdn. 82.

Abs. 3 weisen in deklaratorischer Art noch einmal nachdrücklich auf die Berücksichtigung des Verhältnismäßigkeitsgrundsatzes (dazu oben Rdn. 4) hin, nach dem die Beschränkungen den Gefangenen nicht mehr und nicht länger als notwendig beeinträchtigen dürfen.[521] In der Sache gilt nichts anderes, sofern eine mit § 88 Abs. 5 StVollzG identische Vorschrift fehlt (Berlin, Bremen, Hamburg, Mecklenburg-Vorpommern, Niedersachsen, Rheinland-Pfalz, Saarland, Sachsen, Thüringen), selbst wenn die Auffassung, der Verhältnismäßigkeitsgrundsatz habe an dieser Stelle keiner besonderen Begründung bedurft,[522] wegen der hohen Eingriffsintensität der Maßnahmen diskussionsbedürftig bleibt.[523] Die bes. S. sind daher **aufzuheben,** wenn ihre Notwendigkeit nicht mehr besteht (ausdrücklich NI § 84 Abs. 4); der Gefangene hat darauf einen gerichtlich durchsetzbaren Anspruch.[524] Das heißt: bes. S. dürfen nur solange Bestand haben, als aus in der Person des Gefangenen liegenden Gründen im erhöhten Maße Fluchtgefahr oder die Gefahr von Gewalttätigkeiten gegen Personen oder Sachen oder die Gefahr des Selbstmordes oder der Selbstverletzung besteht und die angeordneten Maßnahmen zur Abwendung dieser Gefahr erforderlich sind.[525] Für die entsprechenden Prognosen kommt es auf die Entwicklung des Gefangenen im Vollzug an, die unter Hinzuziehung der Fachdienste (insbesondere von Stellungnahmen des psychologischen und/oder psychiatrischen Personals) im Rahmen einer Gesamtwürdigung zu beurteilen ist.[526]

45 Je länger die bes. S. andauern, desto mehr werden die Grundrechte des Gefangenen beeinträchtigt[527] und desto gründlicher ist ihre Zulässigkeit zu prüfen.[528] Die **Überprüfungspflicht** greifen einige Gesetze ausdrücklich auf (**BE** § 87 Abs. 3, **BB** § 91 Abs. 5 Satz 2, **HB** § 80 Abs. 4, **HH** § 75 Abs. 3, **HE** § 51 Abs. 3 Satz 1, **MV** § 79 Abs. 4, **RP** § 89 Abs. 4, **SL** § 79 Abs. 4, **SN** § 84 Abs. 4, **ST** § 90 Abs. 4 Satz 2, **TH** § 90 Abs. 4). In Berlin, Brandenburg[529] und Nordrhein-Westfalen besteht darüber hinaus die Verpflichtung, nicht nur die erstmalige Anordnung (dazu unten IV. 6.), sondern auch das Ergebnis der jeweiligen Überprüfung unter Einschluss der Durchführung der Maßnahmen und der Mitwirkung des ärztlichen Dienstes (bzgl. Durchführung und Mitwirkung auch **HE** § 51 Abs. 5 Satz 2) **aktenkundig** zu machen (**BE** § 87 Abs. 4 Satz 3, **BB** § 91 Abs. 5 Satz 3, **NW** § 70 Abs. 4 Satz 4); die Pflicht zur schriftlichen Ausarbeitung sollte einer routinemäßigen Verlängerung des Eingriffs ohne gründliche neue Würdigung entgegenstehen, zumal in Berlin, das ausdrücklich die Abfassung einer kurzen Begründung vorschreibt.

II. Einzelhaft

Bund	§ 89 StVollzG
Baden-Württemberg	BW § 68 III JVollzGB
Bayern	BY Art. 97 BayStVollzG
Berlin	BE §§ 86 Abs. 4 Satz 1, 87 Abs. 5 Satz 1 und 3, Abs. 6 StVollzG Bln

---

521 Vgl. BVerfG, Beschl. vom 13.4.1999 – 2 BvR 827/98, NStZ 1999, 428, 429.
522 Etwa **NI** LT-Drucks. 15/3565, 151.
523 So auch *Laubenthal/Nestler/Neubacher/Verrel* M Rdn. 86.
524 OLG Frankfurt, Beschl. vom 26.2.2002 – 3 Ws 132/02 (StVollz), NStZ-RR 2002, 155; AK-*Goerdeler* Teil II § 78 Rdn. 42.
525 Vgl. BVerfG, Beschl. vom 13.4.1999 – 2 BvR 827/98, NStZ 1999, 428, 429.
526 OLG Frankfurt, Beschl. vom 26.2.2002 – 3 Ws 132/02 (StVollz), NStZ-RR 2002, 155; *Laubenthal/Nestler/Neubacher/Verrel* M Rdn. 86.
527 K/S-*Schöch* § 8 Rdn. 12; *Laubenthal* Rdn. 715.
528 BVerfG, Beschl. vom 24.1.2008 – 2 BvR 1661/06, Beck-Rs 2008, 32830.
529 „Vorbildlich" nach AK-*Goerdeler* Teil II § 79 Rdn. 9.

Brandenburg	BB §§ 90 Abs. 4, 91 Abs. 6 und 7 BbgJVollzG
Bremen	HB §§ 79 Abs. 4, 80 Abs. 5 und 6 BremStVollzG
Hamburg	HH § 74 Abs. 3 HmbStVollzG
Hessen	HE § 50 Abs. 7 und 8 HStVollzG
Mecklenburg-Vorpommern	MV §§ 78 Abs. 4, 79 Abs. 5 und 6 StVollzG M-V
Niedersachsen	NI § 82 NJVollzG
Nordrhein-Westfalen	NW §§ 69 Abs. 6, 70 Abs. 6 S. 2 und 3, Abs. 7 StVollzG NRW
Rheinland-Pfalz	RP §§ 88 Abs. 4, 89 Abs. 5 und 6 LJVollzG
Saarland	SL §§ 78 Abs. 4, 79 Abs. 5 und 6 SLStVollzG
Sachsen	SN §§ 83 Abs. 4, 84 Abs. 5 und 6 SächsStVollzG
Sachsen-Anhalt	ST §§ 89 Abs. 5, 90 Abs. 5 und 6 JVollzGB LSA
Schleswig-Holstein	SH §§ 108 Abs. 5 und 8, 110 Abs. 1 und 2 LStVollzG SH
Thüringen	TH §§ 89 Abs. 4, 90 Abs. 5 und 6 ThürJVollzG

Schrifttum

S. bei I.

Übersicht

1. Einzelhaft als Unterfall der Absonderung —— 46
2. Unerlässlichkeit der Einzelhaft —— 47
3. Dauer der Einzelhaft —— 48
4. Verfahrensvorschriften —— 49

1. Einzelhaft als Unterfall der Absonderung. Bei der Einzelhaft gem. § 89 StVollzG, **46** **BW** § 68 III, **BY** Art. 97, **BE** § 86 Abs. 4 Satz 1, **BB** § 90 Abs. 4, **HB** § 79 Abs. 4, **HH** § 74 Abs. 3 Satz 1, **HE** § 50 Abs. 7, **MV** § 78 Abs. 4, **NI** § 82, **NW** § 69 Abs. 6, **RP** § 88 Abs. 4, **SL** § 78 Abs. 4, **SN** § 83 Abs. 4, **ST** § 89 Abs. 5, **SH** § 108 Abs. 5, **TH** § 89 Abs. 4 handelt es sich um einen Unterfall der Absonderung von anderen Gefangenen. Nur ein Teil der Gesetze spricht ausdrücklich von Einzelhaft (Bund, **BW, BY, HH, NI, SH**), während überwiegend von Absonderung von **mehr als 24 Stunden** die Rede ist (**BE, BB, HB, HE, MV, NW, RP, SL, SN, ST, TH**). Einzelhaft besteht in der „unausgesetzten" **räumlichen Absonderung** (Trennung) eines Gefangenen von Mitgefangenen, und zwar nicht nur in der Ruhezeit, sondern **auch in der Arbeits- und Freizeit**, schlechthin in jeder Vollzugssituation[530] (vgl. auch Rdn. 26 zu I.). Die Vorschrift begründet damit eine Ausnahme von der Regel, nach der Gefangene tagsüber während der Arbeits- und Freizeit gemeinsam untergebracht werden. Die nur „vorübergehende" Absonderung ist in § 88 Abs. 2 Nr. 3 StVollzG, **BW** § 62 Abs. 2 Nr. 3 III, **BY** Art. 96 Abs. 2 Nr. 3, **BE** § 86 Abs. 2 Satz 1 Nr. 3, **BB** § 90 Abs. 2 Nr. 3, **HB** § 79 Abs. 2 Nr. 3, **HH** § 74 Abs. 2 Satz 1 Nr. 3, **HE** § 50 Abs. 2 Nr. 3, **MV** § 78 Abs. 2 Nr. 3, **NI** § 81 Abs. 2 Nr. 3, **NW** § 69 Abs. 2 Nr. 2, **RP** § 88 Abs. 2 Nr. 3, **SL** § 78 Abs. 2 Nr. 3, **SN** § 83 Abs. 2 Nr. 3, **ST** § 89 Abs. 2 Nr. 3, **SH** § 108 Abs. 2 Nr. 3, **TH** § 89 Abs. 2 Nr. 3 geregelt (oben I. Rdn. 27). Einzelhaft soll **nicht zur Isolation** führen; deshalb dürfen die Kontakte zum Vollzugspersonal und zur Außenwelt (in Form von Besuchen) nicht unterbunden werden; möglich ist nach Ermessen der Anstaltsleitung[531] auch die Teilnahme an der

---

[530] OLG Schleswig, Beschl. vom 20.12.2017 – 1 VollzWS 424/17 (278/17), bei *Güntge/Füssinger* SchlHA 2018, 404.
[531] *Arloth/Krä* § 89 StVollzG Rdn. 3; *Laubenthal/Nestler/Neubacher/Verrel* M Rdn. 95.

täglichen Freistunde (Aufenthalt im Freien, so in **NI**) und am Gottesdienst (§ 89 Abs. 2 Satz 2 StVollzG, **BW** § 68 Abs. 2 Satz 2 III, **HH** § 74 Abs. 3 Satz 3, **NI** § 82 Abs. 2 Satz 2; im Übrigen nicht besonders geregelt).[532] Im Gegensatz zum Arrest als Disziplinarmaßnahme bleiben bei der bes. S. der Einzelhaft die Befugnisse zur Ausgestaltung des Haftraumes, Kleidung, Einkauf, Zeitungen, Zeitschriften, Hörfunk, Fernsehen, Besitz von Büchern und anderen Gegenständen für Freizeitbeschäftigung und Fortbildung unberührt.[533] Einzelhaft begründet schon als schwerwiegender Grundrechtseingriff ein Feststellungsinteresse (§ 115 Abs. 3 StVollzG).[534]

47   **2. Unerlässlichkeit der Einzelhaft.** Die Anordnung der Einzelhaft muss aus Gründen, die ausschließlich in der Person des Gefangenen liegen, „unerlässlich" sein; die dem Musterentwurf folgenden Gesetze sprechen mit geringen Nuancen ohne sachlichen Unterschied von einer in dessen Person liegenden Gefahr. Lediglich nach **HE** § 50 Abs. 7 spielt die Gefahrenquelle keine Rolle, die Maßnahme wird so zu einer Art „Schutzhaft" (dazu schon oben I. Rdn. 27). Unerlässlich ist die Einzelhaft nur dann, wenn sie nicht durch weniger einschneidende Maßnahmen ersetzt werden kann.[535] Dazu zählen insbesondere ärztlich-psychiatrische bzw. psychologische **Maßnahmen** oder Sozialarbeit,[536] aber auch eine Verlegung des Gefangenen.[537] Die **Gründe** für die Einzelhaft ergeben sich in erster Linie aus den Normen, die die Voraussetzungen der besonderen Sicherungsmaßnahmen umschreiben (deutlich **HH** § 74 Abs. 3 Satz 1, vgl. weiter oben I. Rdn. 8ff).[538] Es kommen aber auch z.B. eine ansteckende Krankheit oder ständige Gewalttätigkeiten gegen Mitgefangene in Betracht.[539] Der Anstalt steht bzgl. der Tatbestandsmerkmale ein **Beurteilungsspielraum** zu und ein Ermessen bei der Entscheidung (vgl. schon I. Rdn. 8).[540] Eine **kumulative Anordnung** von Einzelhaft mit anderen bes. S. ist zulässig, muss aber bzgl. jeder einzelnen bes. S. besonders sorgfältig begründet werden.[541]

48   **3. Dauer der Einzelhaft.** Die Einzelhaft ist zeitlich **nicht begrenzt**.[542] Sie darf jedoch nur solange Bestand haben, als die in der Person des Gefangenen liegenden Vorausset-

---

532   Für **BY** vgl. LT-Drucks. 15/8101, 69; a.A. wohl OLG Schleswig, Beschl. vom 20.12.2017 – 1 VollzWS 424/17 (278/17), bei *Güntge/Füssinger* SchlHA 2018, 404.
533   AK-*Goerdeler* Teil II § 78 Rdn. 28.
534   OLG Hamm, Beschl. vom 22.12.2016 – 1 Vollz (Ws) 508/16, Beck-Rs 2016, 119201 (bzgl. Maßregelvollzug).
535   BVerfG, Beschl. vom 13.4.1999 – 2 BvR 827/98, NStZ 1999, 428, 429; OLG Celle, Beschl. vom 5.10.1979 – 3 Ws 321/79, ZfStrVo 1980, 191; OLG Frankfurt, Beschl. vom 30.12.1986 – 3 Ws 918/86 (StVollz), ZfStrVo 1987, 381; OLG Karlsruhe, Beschl. vom 6.11.2003 – 1 Ws 315/03, ZfStrVo 2004, 186; *Arloth/Krä* § 89 StVollzG Rdn. 2; *Laubenthal/Nestler/Neubacher/Verrel* M Rdn. 96.
536   RegE, BT-Drucks. 7/918, 78; AK-*Goerdeler* Teil II § 78 Rdn. 24; *Arloth/Krä* § 89 StVollzG Rdn. 2; *Laubenthal/Nestler/Neubacher/Verrel* M Rdn. 96.
537   BVerfG, Beschl. vom 13.4.1999 – 2 BvR 827/98, NStZ 1999, 428, 429.
538   AK-*Goerdeler* Teil II § 78 Rdn. 24; *Laubenthal/Nestler/Neubacher/Verrel* M Rdn. 96; vgl. ferner OLG Hamm, Beschl. vom 8.4.1999 – 1 Vollz (Ws) 25/99, ZfStrVo 2000, 179, 180; OLG Nürnberg, Beschl. vom 2.2.1982 – Ws 805/81, NStZ 1982, 438.
539   Ebenso *Hadeler* 2004, 86.
540   OLG Bamberg, Beschl. vom 7.5.1979 – Ws 27/79, ZfStrVo SH 1979, 111, 112f; OLG Celle, Beschl. vom 31.8.2010 – 1 Ws 378/10, NStZ-RR 2011, 191; *Arloth/Krä* § 89 StVollzG Rdn. 2; AK-*Goerdeler* Teil II § 78 Rdn. 26; a.A. (kein Ermessen) OLG Celle, Beschl. vom 8.11.1978 – 3 Ws 307/78 (StrVollz), ZfStrVo SH 1979, 83.
541   *Arloth/Krä* § 89 StVollzG Rdn. 2; vgl. auch schon I. Rdn. 5.
542   *Arloth/Krä* § 89 StVollzG Rdn. 3; *Laubenthal/Nestler/Neubacher/Verrel* M Rdn. 97; *Laubenthal* Rdn. 717: „mehrere Monate".

zungen vorliegen.⁵⁴³ In Anbetracht der Schwere des Eingriffs sollte sie nicht über einen zu langen Zeitraum andauern.⁵⁴⁴ Die Unerlässlichkeit ist periodisch zu überprüfen und ggf. zu begründen.⁵⁴⁵ Um negative Auswirkungen (erheblicher Art), die die Reduktion von Umweltreizen auslösen kann, nicht zu übersehen, ist die regelmäßige **Überwachung** der Maßnahme **durch einen Arzt**⁵⁴⁶ (vgl. **BE** § 88 Abs. 2, **BB** § 92 Abs. 2, **HB** § 81 Abs. 2, **HH** § 76 Abs. 3, **HE** § 51 Abs. 2 Satz 3 [erstmals spätestens nach drei Tagen], **MV** § 80 Abs. 2, **NW** § 71 Abs. 2 Satz 3, **RP** § 90 Abs. 2, **SL** § 80 Abs. 2, **SN** § 85 Abs. 2, **ST** § 91 Abs. 2, **SH** § 111 Abs. 3, **TH** § 91 Abs. 2) oder Psychologen geboten.

4. Verfahrensvorschriften. Einer gesonderten richterlichen Anordnung bedarf es **49** nicht.⁵⁴⁷ Der Anstaltsleiter kann die Befugnis, Einzelhaft anzuordnen, nach den meisten Gesetzen mit Zustimmung der Aufsichtsbehörde (einem Abteilungsleiter) **übertragen** (oben I. Rdn. 6).⁵⁴⁸ Wenn die Maßnahme im Jahr als einem zusammenhängenden Zeitraum von 12 Monaten (nicht: Kalenderjahr)⁵⁴⁹ eine Gesamtdauer von 20 (**BB** § 91 Abs. 6 Satz 2, **SN** § 84 Abs. 5 Satz 2) oder 30 Tagen (**BE** § 87 Abs. 6 Satz 1, **HB** § 80 Abs. 5 Satz 2, **MV** § 79 Abs. 5 Satz 2, **NW** § 70 Abs. 6 Satz 2, **RP** § 89 Abs. 5 Satz 3, **SL** § 79 Abs. 5 Satz 2, **ST** § 90 Abs. 5 Satz 2, **SH** § 110 Abs. 2) bzw. drei Monaten (§ 89 Abs. 2 Satz 1 StVollzG, **BW** § 68 Abs. 2 Satz 1 III, **BY** Art. 97 Abs. 2, **HH** § 74 Abs. 3 Satz 2, **HE** § 50 Abs. 8 Satz 3, **NI** § 82 Abs. 2 Satz 1, **TH** § 90 Abs. 5 Satz 2) übersteigt, ist die **Zustimmung der Aufsichtsbehörde** (**NI**: des Fachministeriums) einzuholen. In Hessen und Thüringen gilt dies gem. den genannten Normen zudem nach 30 Tagen ununterbrochener Einzelhaft; dieser Fall sollte aber nach Möglichkeit nicht eintreten (Rdn. 48). Etliche Gesetze haben die bereits in VV zu § 89 StVollzG enthaltene Berichtspflicht aufgegriffen, lassen sie jedoch wesentlich früher eingreifen, nämlich bereits nach zwei Tagen (**BB** § 91 Abs. 6 Satz 1), 48 Stunden (**SN** § 84 Abs. 5 Satz 1) oder drei Tagen (**BE** § 87 Abs. 5 Satz 1, **HB** § 80 Abs. 5 Satz 1, **MV** § 79 Abs. 5 Satz 1, **RP** § 89 Abs. 5 Satz 1, **SL** § 79 Abs. 5 Satz 1, **ST** § 90 Abs. 5 Satz 1, **SH** § 110 Abs. 1 Alt. 2, **TH** § 90 Abs. 5 Satz 1). Zur Pflicht, die Betroffenen besonders zu betreuen (noch **HH** § 74 Abs. 3 Satz 4), den Verteidiger zu benachrichtigen, sowie gesteigerten Anforderungen bei gleichzeitiger Fesselung s. oben I. Rdn. 28 und 36.

III. Fesselung

Bund	§ 90 StVollzG
Baden-Württemberg	BW § 69 III JVollzGB
Bayern	BY Art. 98 BayStVollzG
Berlin	BE § 88 Abs. 5 bis 7 StVollzG Bln
Brandenburg	BB § 90 Abs. 5 und 6 BbgJVollzG
Bremen	HB § 79 Abs. 5 BremStVollzG
Hamburg	HH § 74 Abs. 6 HmbStVollzG
Hessen	HE § 50 Abs. 5 HStVollzG

---

543 OLG Frankfurt, Beschl. vom 26.2.2002 – 3 Ws 132/02 (StVollz), NStZ-RR 2002, 155.
544 So auch *Arloth/Krä* § 89 StVollzG Rdn. 3; *Hadeler* 2004, 81 f (vier Wochen); AK-*Goerdeler* Teil II § 78 Rdn. 27.
545 OLG Karlsruhe, Beschl. vom 6.11.2003 – 1 Ws 315/03, ZfStrVo 2004, 186; *Laubenthal* Rdn. 717.
546 Vgl. AK-*Goerdeler* Teil II § 78 Rdn. 29.
547 Siehe BVerfG, Urt. vom 24.7.2018 – 2 BvR 309/15, 2 BvR 502/16, NJW 2018, 2619, 2621 Rdn. 69.
548 Dazu OLG Hamm, Beschl. vom 8.4.1999 – 1 Vollz (Ws) 25/99, ZfStrVo 2000, 179, 180.
549 S. *Höflich/Schriever* S. 159.

Mecklenburg-Vorpommern	MV § 78 Abs. 5 StVollzG M-V
Niedersachsen	NI § 83 NJVollzG
Nordrhein-Westfalen	NW §§ 69 Abs. 7 und 8, 70 Abs. 5 StVollzG NRW
Rheinland-Pfalz	RP § 88 Abs. 5 LJVollzG
Saarland	SL § 78 Abs. 5 SLStVollzG
Sachsen	SN § 83 Abs. 5 SächsStVollzG
Sachsen-Anhalt	ST § 89 Abs. 6 JVollzGB LSA
Schleswig-Holstein	SH § 108 Abs. 6 und 7 LStVollzG SH
Thüringen	TH § 89 Abs. 5 ThürJVollzG

Übersicht
1. Modalitäten der Fesselung —— 50
2. Andere Art der Fesselung —— 51, 52
3. Lockerung —— 53
4. Dauer —— 54
5. Verfahren —— 55

50 **1. Modalitäten der Fesselung.** Die Vorschriften treffen **in Ergänzung** zu § 88 Abs. 2 Nr. 6 StVollzG, **BW** § 67 Abs. 2 Nr. 6 III, **BY** Art. 96 Abs. 2 Nr. 6, **BE** § 86 Abs. 2 Satz 1 Nr. 6, **BB** § 90 Abs. 2 Nr. 6, **HB** § 79 Abs. 2 Nr. 6, **HH** § 74 Abs. 2 Satz 1 Nr. 6, **HE** § 50 Abs. 2 Nr. 6, **MV** § 78 Abs. 2 Nr. 6, **NI** § 81 Abs. 2 Nr. 6, **NW** § 69 Abs. 2 Nr. 6, **RP** § 88 Abs. 2 Nr. 6, **SL** § 78 Abs. 2 Nr. 6, **SN** § 83 Abs. 2 Nr. 6, **ST** § 89 Abs. 2 Nr. 6, **SH** § 108 Abs. 2 Nr. 5 und 6, **TH** § 89 Abs. 2 Nr. 6 besondere Regelungen über die Modalitäten der Fesselung. Danach dürfen (so § 90 Satz 1 StVollzG, **BW** § 69 Abs. 1 Satz 1 III, **BY** Art. 98 Abs. 1 Satz 1 HS. 1, **BE** § 86 Abs. 5 Satz 1, **BB** § 90 Abs. 5 Satz 1, **HB** § 79 Abs. 5 Satz 1, **HH** § 74 Abs. 6 Satz 1, **HE** § 50 Abs. 5 Satz 1, **MV** § 78 Abs. 5 Satz 1, **NI** § 83 Satz 1, **NW** § 69 Abs. 8 Satz 1, **RP** § 88 Abs. 5 Satz 1, **SL** § 78 Abs. 5 Satz 1, **SN** § 83 Abs. 5 Satz 1, **ST** § 89 Abs. 6 Satz 1, **SH** § 108 Abs. 6 Satz 1, **TH** § 89 Abs. 5 Satz 1) grundsätzlich nur die **Hände** oder die **Füße** gefesselt werden. Die gleichzeitige Fesselung von Händen und Füßen bildet damit die Ausnahme.[550] Das spricht der neu gefasste **BY** Art. 98 Abs. 1 S. 1 HS. 1 einerseits deutlich aus, stellt damit aber andererseits auch deren Zulässigkeit klar, etwa zum Schutz gegen Selbstverletzungen, bei Umfesselung oder besonderer Fluchtgefährlichkeit.[551] Möglich ist aber auch die Fesselung an Gegenstände (z.B. an das Bett bei Krankenhausbehandlung[552] oder an Fahrzeugteile beim Transport) oder an Bedienstete.[553] Zu den Fesselungsgeräten vgl. oben I. Rdn. 34, zur **Anordnung** vgl. unten IV., zur **ärztlichen Überwachung** vgl. V., zur **Dauer** vgl. Rdn. 54 und zu (zeitweisen) **Lockerungen** Rdn. 4, zur Regelung in Hamburg bei Nacktheit des Betroffenen s. oben I. Rdn. 35.

51 **2. Andere Art der Fesselung.** Eine andere Art der Fesselung (§ 90 Satz 2 StVollzG, **BW** § 69 Abs. 1 Satz 2 III, **BY** Art. 98 Abs. 1 Satz 2, **BB** § 90 Abs. 5 Satz 2, **HB** § 79 Abs. 5 Satz 2, **HH** § 74 Abs. 6 Satz 2, **HE** § 50 Abs. 5 Satz 2, **MV** § 78 Abs. 5 Satz 2, **NI** § 83 Satz 2, **RP** § 88 Abs. 5 Satz 2, **SL** § 78 Abs. 5 Satz 2, **SN** § 83 Abs. 5 Satz 2, **ST** § 89 Abs. 6 Satz 2, **SH** § 108 Abs. 6 Satz 2, **TH** § 89 Abs. 5 Satz 2), z.B. die Verwendung einer Zwangsjacke, wird meist einen noch stärkeren Eingriff in die körperliche Bewegungsfreiheit des Gefangenen

---

[550] Vgl. **NW** LT-Drucks. 16/5413, 145.
[551] **BY** LT-Drucks. 17/21101, 35; insoweit partiell überholt OLG Nürnberg, Beschl. vom 8.11.2017 – 1 Ws 451/17, StV 2018, 646 = FS SH 2019, 36.
[552] LG Leipzig, Beschl. vom 8.9.2016 – II StVK 140/16, StV 2018, 667.
[553] Vgl. *Arloth/Krä* § 90 StVollzG Rdn. 2.

I. Besondere Sicherungsmaßnahmen

bedeuten als die – regelmäßige – Art der Fesselung von Händen oder Füßen. Diese darf nach der Intention des Bundesgesetzgebers[554] **nur im Interesse des Gefangenen** Anwendung finden und ist nur dann zulässig, wenn sie **geboten** und **geeignet** ist, den Gefangenen vor solchen erheblichen Selbstverletzungen zu bewahren, die z.B. durch die Hand- oder Fußfesseln im Zustand hochgradiger Erregung („akuter Haftknall") entstehen können. Nach VV Abs. 1 zu § 90 StVollzG nahm der gefesselte Gefangene nicht am gemeinsamen Aufenthalt im Freien teil; in Betracht kommt eine Einzelfreistunde, sofern nicht deren vollständiger Entzug angeordnet ist. Der **Grundsatz der Verhältnismäßigkeit** (dazu bereits oben I. Rdn. 4, 44) ist, je stärker der Eingriff ausfällt, strikt zu beachten.[555] Ausdrücklich geregelt ist die Erforderlichkeit i. S. d. Verhältnismäßigkeit in Berlin und Nordrhein-Westfalen (**BE** § 86 Abs. 7 Satz 1, **NW** § 69 Abs. 8 Satz 2), indem bei Art und Umfang von Fesselung und Fixierung die Schonung der Gefangenen vorgeschrieben wird.

Als andere Art der Fesselung war die **Fixierung** in **Berlin, Nordrhein-Westfalen und Schleswig-Holstein** bereits vor dem Urteil des BVerfG, wenn auch dessen Anforderungen nicht genügend, ausdrücklich **geregelt**. Dabei wurde in Berlin und Schleswig-Holstein die paternalistische Beschränkung auf den Schutz des Gefangenen vor sich selbst aufgegeben, wenn die gegenwärtige und erhebliche Gefahr ausreicht, der Gefangene versuche sich selbst **oder andere** zu verletzen oder zu töten (**BE** § 86 Abs. 6, **SH** § 110 Abs. 7 Satz 1). Gegenwärtig ist die Gefahr dabei dann, wenn mit ihrer Abwehr nicht mehr zugewartet werden kann. In Schleswig-Holstein ist die Fixierung nur statthaft in Kombination mit der Unterbringung im besonders gesicherten Haftraum (s. schon oben I. Rdn. 37), wobei die Unterbringung allein zur Gefahrenabwehr nicht ausreichen darf. Das betrifft primär Selbstschädigungen. **SH** § 108 Abs. 7 Satz 2 schreibt – eigentlich eine Selbstverständlichkeit – die regelmäßige Überprüfung der Voraussetzungen der Maßnahme vor. 52

3. Lockerung. Die Fesselung muss nach § 90 Satz 3 StVollzG, **BW** § 69 Abs. 1 Satz 3 III, **BY** Art. 98 Abs. 1 Satz 3, **BB** § 90 Abs. 5 Satz 3, **HB** § 79 Abs. 5 Satz 3, **MV** § 78 Abs. 5 Satz 3, **NI** § 83 Satz 3, **RP** § 88 Abs. 5 Satz 5, **SL** § 78 Abs. 5 Satz 3, **SN** § 83 Abs. 5 Satz 3, **ST** § 89 Abs. 6 Satz 3, **SH** § 108 Abs. 6 Satz 3, **TH** § 89 Abs. 5 Satz 3 zeitweise **gelockert** (**BW**: oder aufgehoben) werden, **soweit dies notwendig ist**: wann dies der Fall ist, wurde in den meisten Gesetzen nicht bestimmt. Bei Klagen des Gefangenen über eine zu harte Fesselung müssen die Fesseln jedenfalls überprüft werden. Eine Lockerung der Fesseln muss immer dann erfolgen, wenn sie der Arzt, der stets zu hören ist (vgl. § 92 Abs. 1 Satz 1 StVollzG, **BW** § 71 Abs. 1 Satz 1 III, **BY** Art. 100 Abs. 1 Satz 1, **BE** § 88 Abs. 1 [bei Fixierung], **BB** § 92 Abs. 1 Satz 1, **HB** § 81 Abs. 1 Satz 1, **HH** § 76 Abs. 2, **HE** § 51 Abs. 4 Satz 1, **MV** § 80 Abs. 1 Satz 1, **NI** § 85 Abs. 1 Satz 1, **NW** § 71 Abs. 2 Satz 1, **RP** § 90 Abs. 1 Satz 1, **SL** § 80 Abs. 1 Satz 1, **SN** § 85 Abs. 1 Satz 1, **ST** § 91 Abs. 1 Satz 1, **SH** § 111 Abs. 2 Satz 1, **TH** § 91 Abs. 1 Satz 1), befürwortet; sie resultiert aus Sachzwängen wie Essen, Waschen, Toilettengang (vgl. schon VV Abs. 2 zu § 90 StVollzG).[556] In Berlin sind beispielhaft die Verringerung der Gefahr sowie Nahrungsaufnahme und ärztliche Untersuchung genannt (**BE** § 86 Abs. 7 Satz 2). 53

4. Dauer. Die Fesselung ist **nicht befristet**. Sie darf aber nur soweit aufrechthalten werden, als es ihr Zweck erfordert. Art und Umfang der Fesselung sind deshalb streng 54

---

[554] SA, BT-Drucks. 7/3998, 34; so auch OLG Hamm, Beschl. vom 16.6.2011 – III-1 Vollz (Ws) 216/11, NStZ-RR 2011, 291, 292; *Arloth/Krä* § 90 StVollzG Rdn. 3; *Laubenthal/Nestler/Neubacher/Verrel* M Rdn. 93.
[555] SA, BT-Drucks. 7/3998, 34; *Arloth/Krä* § 90 StVollzG Rdn. 3; *Laubenthal/Nestler/Neubacher/Verrel* M Rdn. 94.
[556] Ähnlich AK-*Goerdeler* Teil II § 78 Rdn. 39; vgl. auch OLG Nürnberg, Beschl. vom 8.11.2017 - 1 Ws 451/17, FS SH 2019, 36, 37.

am Verhältnismäßigkeitsgrundsatz auszurichten.[557] Ausdrücklich im Gesetz niedergeschlagen hat sich dies in Berlin und Nordrhein-Westfalen; die Fesselung oder Fixierung wird entfernt, sobald die ihren Anlass bildende Gefahr nicht mehr fortbesteht oder mildere Mittel zur Abwehr genügen (**BE** § 86 Abs. 7 Satz 3, **NW** § 69 Abs. 8 Satz 3, **SH** § 108 Abs. 7 Satz 3). Als unverhältnismäßig beurteilt wurde die Fesselung zur Unterbindung von Fluchtversuchen bei Anwesenheit von vier Polizeibeamten[558] ebenso wie die Fesselung eines komatösen Gefangenen.[559]

55   **5. Verfahren.** Die Anordnung der Fesselung bedarf nicht der Schriftform.[560] Im Landesrecht ist bisweilen **Mitteilung an die Aufsichtsbehörde** vorgeschrieben. Teilweise betrifft dies jede Fesselung (nach 24 Stunden: **SH** § 110 Abs. 1 Alt. 1, nach zwei Tagen: **BB** § 91 Abs. 6 Satz 1, bzw. 48 Stunden: **SN** § 84 Abs. 5 Satz 1, nach drei Tagen: **HB** § 80 Abs. 5 Satz 1, **HH** § 75 Abs. 4, **HE** § 51 Abs. 6, **MV** § 79 Abs. 5 Satz 1, **NW** § 70 Abs. 6 Satz 1, **RP** § 89 Abs. 5 Satz 1 HS. 1, **SL** § 79 Abs. 5 Satz 1, **ST** § 90 Abs. 5 Satz 1, **TH** § 90 Abs. 5 Satz 1), teilweise nur die Fixierung (gem. **BE** § 87 Abs. 5 Satz 1 nach drei Tagen, bei gleichzeitiger Unterbringung im besonders gesicherten Haftraum gem. **BE** § 87 Abs. 5 Satz 2 bereits nach 24 Stunden. **RP** § 89 Abs. 5 S. 1 HS. 2 verpflichtet nunmehr zur unverzüglichen Mitteilung bei Fixierung. Nach **BE** § 87 Abs. 5 Satz 3 i.V.m. Satz 1 ist der **Verteidiger** auf Wunsch des Gefangenen unverzüglich von dieser in Kenntnis zu setzen, nach **NW** § 70 Abs. 6 Satz 3, **RP** § 89 Abs. 5 Satz 2, **SN** § 84 Abs. 5 Satz 1 auch von jeder anderen Fesselung, in Sachsen dem klaren Wortlaut zufolge erst nach 48 Stunden (Gedanke des Grundrechtsschutzes durch Verfahren). Zur Beobachtungspflicht bei Fesselung/Fixierung und Absonderung/Unterbringung im besonders gesicherten Haftraum bereits oben I. Rdn. 37.

IV. Anordnung besonderer Sicherungsmaßnahmen

Bund	§§ 91, 171a Abs. 2 und 3 StVollzG
Baden-Württemberg	BW § 69 Abs. 2 Satz 7, § 70, § 80 Abs. 3 III JVollzGB
Bayern	BY Art. 99 BayStVollzG
Berlin	BE § 87 Abs. 1, 2 und 4 StVollzG Bln
Brandenburg	BB § 91 Abs. 1 bis 4 BbgJVollzG
Bremen	HB § 80 Abs. 1 bis 3 BremStVollzG
Hamburg	HH §§ 75 Abs. 1 und 2, 76 Abs. 1 HmbStVollzG
Hessen	HE § 51 Abs. 1 und 2 Satz 1 und 2, Abs. 5 HStVollzG
Mecklenburg-Vorpommern	MV § 79 Abs. 1 bis 3 StVollzG M-V
Niedersachsen	NI § 84 NJVollzG
Nordrhein-Westfalen	NW §§ 70 Abs. 1, 2, 4 und 5, 71 Abs. 1 StVollzG NRW
Rheinland-Pfalz	RP § 89 Abs. 1 bis 3, Abs. 7 LJVollzG
Saarland	SL § 79 Abs. 1 bis 3 SLStVollzG
Sachsen	SN § 84 Abs. 1 bis 3 SächsStVollzG
Sachsen-Anhalt	ST § 90 Abs. 1 bis 3 JVollzGB LSA
Schleswig-Holstein	SH §§ 109 Abs. 1 und 2, 111 Abs. 1 LStVollzG SH
Thüringen	TH § 90 Abs. 1 bis 3 ThürJVollzG

---

557 *Arloth/Krä* § 90 StVollzG Rdn. 4; *Laubenthal/Nestler/Neubacher/Verrel* M Rdn. 94.
558 So OLG Nürnberg, Beschl. vom 8.11.2017 – 1 Ws 451/17, StV 2018, 646 = FS SH 2019, 36, 37.
559 LG Leipzig, Beschl. vom 8.9.2016 – II StVK 140/16, StV 2018, 667.
560 OLG Nürnberg, Beschl. vom 8.11.2017 – 1 Ws 451/17, FS SH 2019, 36.

I. Besondere Sicherungsmaßnahmen

Schrifttum

S. bei I.

Übersicht

1. Anordnungskompetenz des Anstaltsleiters —— 56–59
2. Richterliche Anordnung der Fixierung —— 60
3. Anordnungskompetenz bei Gefahr im Verzug —— 61
4. Zustimmung des Anstaltsleiters —— 62
5. Anhörung des Arztes —— 63
6. Verfahrensvorschriften —— 64

1. Anordnungskompetenz des Anstaltsleiters. Dass die Anordnung der besonderen Sicherungsmaßnahmen (bes. S.) in fast allen Gesetzen dem **Anstaltsleiter** bzw. der Anstaltsleiterin vorbehalten wurde (§ 91 Abs. 1 Satz 1 StVollzG, **BW** § 70 Abs. 1 Satz 1 III, **BY** Art. 99 Abs. 1 Satz 1, **BB** § 91 Abs. 1 Satz 1, **HB** § 80 Abs. 1 Satz 1, **HH** § 75 Abs. 1 Satz 1, **HE** § 51 Abs. 1 Satz 1, **MV** § 79 Abs. 1 Satz 1, **NI** § 84 Abs. 1 Satz 1, **NW** § 70 Abs. 1 Satz 1, **RP** § 89 Abs. 1 Satz 1, **SL** § 79 Abs. 1 Satz 1, **SN** § 84 Abs. 1 Satz 1, **ST** § 90 Abs. 1 Satz 1, **SH** § 109 Abs. 1 Satz 1, **TH** § 90 Abs. 1 Satz 1), entspricht der einschneidenden Bedeutung dieser Maßnahmen für die Gefangenen.[561] Nur in **Berlin** wurde auf die Primärkompetenz des Anstaltsleiters verzichtet; dieser bestimmt vielmehr allgemein die zur Anordnung befugten Bediensteten (**BE** § 87 Abs. 1 Satz 1). Dabei sollte das zu Rdn. 59 Ausgeführte Beachtung finden. Der Anstaltsleiter darf sich auch selbst bestimmen. – Zur **Aufhebung** einer bes. S., deren Voraussetzungen nicht mehr vorliegen, ist mangels gesonderter Regelung jeder Vollzugsbedienstete berechtigt.[562]

56

Nach § 156 Abs. 3 StVollzG, **BY** Art. 177 Abs. 3, **HH** § 104 Abs. 3, **NI** § 176 Abs. 1 Satz 2, **NW** § 97 Abs. 3, **ST** § 107 Abs. 2 kann die Befugnis **mit (personenbezogener) Zustimmung der Aufsichtsbehörde** (NI: des Fachministeriums) jedoch (z.B. auf Beamte des höheren Dienstes bzw. Abteilungsleiter) **übertragen** werden. Die für diese Delegation erforderliche Zustimmung der Aufsichtsbehörde kann abstrakt und vorab erteilt werden. Jedenfalls ist dem Wortlaut der Normen nicht zu entnehmen, dass die Aufsichtsbehörde jeder einzelnen Übertragung gesondert zustimmen müsste.[563] In nahezu allen anderen Ländern greift die **allgemeine Kompetenz zur Übertragung einzelner Aufgabenbereiche** ein (**BB** § 109 Abs. 1 Satz 2, **HB** § 96 Abs. 2 Satz 2, **HE** § 75 Abs. 1 Satz 2, **MV** § 95 Abs. 1 Satz 2, **RP** § 106 Abs. 1 Satz 2, **SL** § 95 Abs. 1 Satz 2, **SN** § 108 Abs. 1 Satz 2, **SH** § 134 Abs. 2 Satz 2, **TH** § 107 Abs. 1 Satz 2). Der Zustimmung der Aufsichtsbehörde bedarf es danach nur, wenn sie sich diese vorbehalten hat (**BB** § 109 Abs. 1 Satz 3, **HB** § 96 Abs. 2 Satz 3, **HE** § 75 Abs. 1 Satz 3, **MV** § 95 Abs. 1 Satz 3, **RP** § 106 Abs. 1 Satz 3, **SL** § 95 Abs. 1 Satz 3, **SN** § 108 Abs. 1 Satz 3, **SH** § 134 Abs. 2 Satz 3, **TH** § 107 Abs. 1 Satz 3). Auf die Regelung einer Übertragungsmöglichkeit verzichtet hat lediglich Baden-Württemberg (s. bereits oben I. Rdn. 6).

57

Die Kompetenzvorschriften sind **verfassungskonform**. Einer richterlichen Anordnung bedarf es trotz Art. 104 Abs. 2 Satz 1 GG auch in Ansehung von Einzelhaft, Unterbringung im besonders gesicherten Haftraum und Fesselung nicht, weil die Freiheitsentziehung im Strafurteil bereits rechtskräftig angeordnet worden ist und es vorliegend nur um deren Durchführung geht.[564]

58

---

561 Dazu schon RegE, BT-Drucks. 7/918, 78.
562 S. *Hadeler* 2004, 115f; *Höflich/Schriever* S. 157, auch zu weiteren Konstellationen.
563 LG Hildesheim, Beschl. vom 18.12.2006 – 23 StVK 566/06, Beck-Rs 2007, 17121.
564 So auch *Arloth/Krä* § 91 StVollzG Rdn. 1; BeckOK-*Bartel* § 91 StVollzG Rdn. 2; *Hadeler* 2004, 112ff.

59 Eine **Übertragung scheidet** aber **aus** hinsichtlich aktuell diensthabender Beamter des allgemeinen Vollzugsdienstes oder des Sicherheitsinspektors.[565] Denn es soll die Prüfung des Sachverhalts ohne Zorn und Eifer durch einen übergeordneten Bediensteten gewährleistet sein, und zwar einen, der an dem – häufig emotional aufgeladenen – Konflikt nicht beteiligt war und damit nicht als **befangen** angesehen werden kann.[566] In jedem Fall sollte sich der Befugte bei so schwerwiegenden Eingriffen wie der Beobachtung (bei Nacht), der Einzelhaft, der Unterbringung im besonders gesicherten Haftraum und der Fesselung bzw. Fixierung selbst durch Augenschein über die Art der Durchführung informieren; er sollte darüber hinaus bei länger andauernden Maßnahmen in kurzen Abständen prüfen, ob die Maßnahme noch gerechtfertigt ist.[567]

60 **2. Richterliche Anordnung der Fixierung.** Nach dem Urteil des BVerfG vom 24.7.2018 muss eine Fixierung, die nicht nur kurzzeitig, d.h. voraussichtlich für weniger als eine halbe Stunde (**BW** §§ 69 Abs. 2 Satz 7, 80 Abs. 3 Satz 5 III, **HH** § 75 Abs. 1 Satz 5) erfolgt, richterlich angeordnet werden (oben I Rdn. 36). Zu diesem Zweck hat täglich ein Bereitschaftsdienst von 6 bis 21 Uhr zur Verfügung zu stehen.[568] § 171a Abs. 3 Satz 1 und 3 StVollzG, **BW** §§ 69 Abs. 2 Satz 7, 80 Abs. 3 Satz 1 III, **BY** Art. 99 Abs. 3 Satz 1, **BB** § 91 Abs. 2 Satz 1, **HH** § 75 Abs. 1 Satz 6, **NW** § 70 Abs. 5 Satz 1, **RP** § 89 Abs. 1 Satz 3 erlegen dem Anstaltsleiter bzw. (Bund, **HH**) bei Gefahr im Verzug einem anderen Bediensteten auf, die richterliche Anordnung zu beantragen. Das gilt auch, sobald sich die ursprüngliche Prognose nur kurzer Dauer nicht mehr halten lässt.[569]

61 **3. Anordnungskompetenz bei Gefahr im Verzug.** Die Sonderregelung für Gefahr im Verzug (§ 91 Abs. 1 Satz 2 StVollzG, **BW** § 70 Abs. 1 Satz 2 III, **BY** Art. 99 Abs. 1 Satz 2, **BE** § 87 Abs. 1 Satz 2 HS. 1, **BB** § 91 Abs. 1 Satz 2 HS. 1, **HB** § 80 Abs. 1 Satz 2 HS. 1, **HH** § 75 Abs. 1 Satz 2, **HE** § 51 Abs. 1 Satz 2, **MV** § 79 Abs. 1 Satz 2 HS. 1, **NI** § 84 Abs. 2 Satz 1 HS. 1, **NW** § 70 Abs. 1 Satz 2 HS. 1, **RP** § 89 Abs. 1 Satz 2 HS. 1, **SL** § 79 Abs. 1 Satz 2 HS. 1, **SN** § 84 Abs. 1 Satz 2 HS. 1, **ST** § 90 Abs. 1 Satz 2 HS. 1, **SH** § 109 Abs. 1 Satz 2 HS. 1, **TH** § 90 Abs. 1 Satz 2 HS. 1) trägt den Erfordernissen der Praxis Rechnung.[570] Gefahr im Verzug liegt vor, wenn ohne Intervention nachteilige Folgen drohen bzw. nachteilige Folgen fortdauern.[571] Das gilt aber nur, sofern die Entscheidung des Anstaltsleiters (**BE:** des zuständigen Bediensteten) auch telefonisch nicht (mehr) eingeholt werden kann. In solchen Fällen können **auch andere Bedienstete** (wie z.B. der Inspektor für Sicherheit oder in der Nachtzeit der Inspektor vom Dienst)[572] bes. S. anordnen; dass insoweit grundsätzlich nur solche Bedienstete in Betracht kommen, die Weisungsbefugnisse besitzen, ergibt sich in sprachlicher Hinsicht schon aus dem Wort „anordnen".[573] Die Annahme von Gefahr im Verzug muss mit **Tatsachen** begründet werden, die auf den Einzelfall bezogen sind. Lediglich spekulativ-hypothetische Erwägungen oder auf kriminalistische Alltagserfahrungen gestützte, fallunabhängige Vermutungen reichen nicht aus.[574] – Nach § 171a

---

565 Vgl. *Arloth/Krä* § 91 StVollzG Rdn. 1; a.A. AK-*Goerdeler* Teil II § 79 Rdn. 3; *Hadeler* 2004, 106.
566 Siehe KG, Urt. vom 11.5.2005 – (5) 1 Ss 61/05 (12/05), NStZ 2006, 414, 415.
567 Vgl. dazu auch AK-*Goerdeler* Teil II § 79 Rdn. 2
568 BVerfG, Urt. vom 24.7.2018 – 2 BvR 309/15, 2 BvR 502/16, NJW 2018, 2619 ff.
569 Siehe **HH** LT-Drucks. 21/14828, 21.
570 RegE, BT-Drucks. 7/918, 78.
571 *Arloth/Krä* § 91 StVollzG Rdn. 1; *Laubenthal* Rdn. 718; vgl. auch oben I. Rdn. 7.
572 A. A. *Arloth/Krä* § 91 StVollzG Rdn. 1; BeckOK-*Bartel* § 91 StVollzG Rdn.4.
573 Ebenso AK-*Goerdeler* Teil II § 79 Rdn. 4; *Hadeler* 2004, 109.
574 BVerfG, Urt. vom 20.2.2001 – 2 BvR 1444/00, NJW 2001, 1121; KG, Urt. vom 11.5.2005 – (5) 1 Ss 61/05 (12/05), NStZ 2006, 414, 415.

Abs. 3 Satz 2 und 4 StVollzG, **BW** §§ 69 Abs. 2 Satz 7, 80 Abs. 3 Satz 2 und 3 III, **BY** Art. 99 Abs. 3 Satz 2 und 3, **BB** § 91 Abs. 2 Satz 2, **HH** § 75 Abs. 1 Satz 7, **NW** § 70 Abs. 5 Satz 2 und 3, **RP** § 89 Abs. 1 Satz 4 darf die **Fixierung** bei Gefahr im Verzug vom Anstaltsleiter oder (nicht in **NW**) sonstigen Bediensteten angeordnet werden, wobei unverzüglich richterliche Entscheidung (Rdn. 60) einzuholen ist. Außerhalb der Psychiatrie erscheint es angängig, die Eilkompetenz anderen Personen als Ärzten zuzusprechen.[575] § 171a Abs. 3 Satz 5 StVollzG, **BW** §§ 69 Abs. 2 Satz 7, 80 Abs. 3 Satz 4 III, **BY** Art. 99 Abs. 3 Satz 3, **HH** § 75 Abs. 1 Satz 8, **NW** § 70 Abs. 5 Satz 4 erklärt die Befassung des Gerichts für entbehrlich, wenn entweder von vornherein absehbar ist, dass vor dessen Entscheidung der Anlass der Maßnahme entfallen sein wird, oder die Fixierung vor der Entscheidung tatsächlich beendet wird, ohne dass Wiederholungsgefahr besteht. Im zweiten Fall wird der bereits gestellte Antrag zurückgenommen;[576] an der Möglichkeit des Gefangenen, die Feststellung der Rechtswidrigkeit zu beantragen, ändert dies nichts. Nach § 171a Abs. 3 Satz 6 StVollzG, **BB** § 91 Abs. 2 Satz 3, **NW** § 70 Abs. 5 Satz 5, **RP** § 89 Abs. 1 Satz 5 ist bei Beendigung der Fixierung vor Entscheidung des Richters dies dem Gericht unverzüglich mitzuteilen.

4. Zustimmung des Anstaltsleiters. Haben andere Bedienstete, also solche ohne 62 generelle Kompetenz (Rdn. 56 f), bes. S. vorläufig angeordnet, so ist die Entscheidung des Anstaltsleiters über ihr Fortbestehen **unverzüglich einzuholen** (§§ 91 Abs. 1 Satz 3, 171a Abs. 2 Satz 3 StVollzG, **BW** § 70 Abs. 1 Satz 3 III, **BY** Art. 99 Abs. 1 Satz 3, **BE** § 87 Abs. 1 Satz 2 HS. 2, **BB** § 91 Abs. 1 Satz 2 HS. 2, **HB** § 80 Abs. 1 Satz 2 HS. 2, **HH** § 75 Abs. 1 Satz 3, **HE** § 51 Abs. 1 Satz 3, **MV** § 79 Abs. 1 Satz 2 HS. 2, **NI** § 84 Abs. 2 Satz 2 HS. 1, **NW** § 70 Abs. 1 Satz 2 HS. 2, **RP** § 89 Abs. 1 Satz 2 HS. 2, **SL** § 79 Abs. 1 Satz 2 HS. 2, **SN** § 84 Abs. 1 Satz 2 HS. 2, **ST** § 90 Abs. 1 Satz 2 HS. 2, **SH** § 109 Abs. 1 Satz 2 HS. 2, **TH** § 90 Abs. 1 Satz 2 HS. 2). Aus dem Wort „unverzüglich" (nach der Legaldefinition in § 121 Abs. 1 BGB: „ohne schuldhaftes Zögern") folgt, dass die Entscheidung des Anstaltsleiters (oder des sonst i.S.v. Rdn. 56 f Befugten) möglichst auch außerhalb der allgemeinen Dienststunden, sogar zur Nachtzeit und an Sonn- und Feiertagen eingeholt werden muss; der reguläre Dienstbeginn des Befugten darf nicht abgewartet werden.[577] Denn gerade an Wochenenden, an denen i.d.R. Behandlungs- und Freizeitangebote fehlen, können Vorkommnisse eintreten, die die Anordnung von bes. S. erfordern (Tobsuchtsanfälle, Suizidversuche, Aggressionen gegen andere usw.).

5. Anhörung des Arztes. Eine generelle Pflicht des Anstaltsleiters, den Arzt zu hö- 63 ren, und zwar **vor der Anordnung** von bes. S., nicht erst im Nachhinein,[578] besteht nur in den Fällen, die in § 91 Abs. 2 Satz 1 StVollzG, **BW** § 70 Abs. 2 Satz 1 III, **BY** Art. 99 Abs. 2 Satz 1 Nr. 1 und 2, **BE** § 87 Abs. 2 Satz 1, **BB** § 91 Abs. 3 Satz 1, **HB** § 80 Abs. 2 Satz 1, **HH** § 76 Abs. 1 Satz 1, **MV** § 79 Abs. 2 Satz 1, **NI** § 84 Abs. 3 Satz 1, **NW** § 71 Abs. 1 Satz 1, **RP** § 89 Abs. 2 Satz 1, **SL** § 79 Abs. 2 Satz 1, **SN** § 84 Abs. 2 Satz 1, **ST** § 90 Abs. 2 Satz 1, **SH** § 111 Abs. 1 Satz 1, **TH** § 90 Abs. 2 Satz 1 genannt werden, also dann, wenn sich der Gefangene ohnehin in ärztlicher Behandlung befindet oder (z.B. wegen seines Geisteszustandes) beobachtet wird oder wenn der seelische Zustand den Anlass der bes. S. bildet. **HE** § 51 Abs. 2 Satz 1 spricht allgemeiner von begründetem Anlass und nennt als zu hö-

---

575 Wie hier *Schäferskupper* FS 2018, 357.
576 HH LT-Drucks. 21/14828, 21.
577 Wie hier AK-*Goerdeler* Teil II § 79 Rdn. 5; BeckOK-*Bartel* § 91 StVollzG Rdn. 9; *Laubenthal/Nestler/Neubacher/Verrel* M Rdn. 98; a.A. *Arloth/Krä* § 91 StVollzG Rdn. 1 a.E.
578 Wie hier BeckOK-*Bartel* § 91 StVollzG Rdn. 13; a.A. *Arloth/Krä* § 91 StVollzG Rdn. 2.

rende Stelle weiter den psychologischen Dienst.[579] Ärztliche Anhörung vor bzw. Hinzuziehung bei einer **Fixierung** schreiben vor § 171a Abs. 3 Satz 3, Abs. 4 Satz 1 StVollzG, **BW** § 71 Abs. 1 Satz 1 III, **BY** Art. 99 Abs. 2 Satz 1 Nr. 3, 100 Abs. 1 Satz 3, **NW** § 71 Abs. 3 Satz 1. Kann die vorherige Stellungnahme des Arztes (**HE:** oder Psychologen) nicht abgewartet werden (etwa zur Nachtzeit), liegt also Gefahr im Verzug vor, ist sie unverzüglich **nachzuholen** (§ 91 Abs. 2 Satz 2 StVollzG, **BW** § 70 Abs. 1 Satz 2 III, **BY** Art. 99 Abs. 2 Satz 2, **BE** § 87 Abs. 2 Satz 2, **BB** § 91 Abs. 3 Satz 2, **HB** § 80 Abs. 2 Satz 2, **HH** § 76 Abs. 1 Satz 2, **HE** § 51 Abs. 2 Satz 2, **MV** § 79 Abs. 2 Satz 2, **NI** § 84 Abs. 3 Satz 2, **NW** § 71 Abs. 1 Satz 2, **RP** § 89 Abs. 2 Satz 2, **SL** § 79 Abs. 2 Satz 2, **SN** § 84 Abs. 2 Satz 2, **ST** § 90 Abs. 2 Satz 2, **SH** § 111 Abs. 1 Satz 2, **TH** § 90 Abs. 2 Satz 2). Der Bundesgesetzgeber hat ferner die Erwartung geäußert, dass der Anstaltsleiter vor der Anordnung der bes. S. auch in anderen Fällen jedenfalls dann einen Arzt hinzuziehen wird, wenn bestimmte Anhaltspunkte dies zweckmäßig erscheinen lassen; dies ergibt sich auch aus der allgemeinen Fürsorgepflicht.[580] Da der Arzt **nur zu hören** ist, verbleibt die endgültige Entscheidung über Anordnung und Fortdauer der Maßnahmen allein beim Anstaltsleiter (oder dem sonst Befugten, Rdn. 56 f).[581] Deshalb führt das Unterlassen der Anhörung des Arztes alleine nicht zur Rechtswidrigkeit der bes. S.[582] Spricht sich der Arzt allerdings aus fachlicher Sicht gegen die Maßnahme aus, wird der Anstaltsleiter ihre Anordnung kaum begründen können.[583]

64   **6. Verfahrensvorschriften.** Etliche Länder statuieren **Dokumentationspflichten**, indem die Anordnung der Maßnahme nebst (in **BE, HE, NW**) ärztlicher (**HE:** und/oder psychologischer) Beteiligung mit kurzer Begründung schriftlich niederzulegen (und zur Personalakte des Betroffenen zu nehmen) ist (**BE** § 87 Abs. 4 Satz 4, **BB** § 91 Abs. 4 Satz 1 HS. 2 und Satz 2, **HB** § 80 Abs. 3 HS. 2, **HH** § 75 Abs. 2 Satz 1 HS. 2, **HE** § 51 Abs. 5 Satz 2, **MV** § 79 Abs. 3 HS. 2, **NI** § 84 Abs. 1 Satz 2, **NW** § 70 Abs. 4 Satz 4, **RP** § 89 Abs. 3 Satz 1 HS. 2, **SL** § 79 Abs. 3 HS. 2, **SN** § 84 Abs. 3 Satz 1 HS. 2, **ST** § 90 Abs. 3 HS. 2, **SH** § 109 Abs. 2 HS. 2, **TH** § 90 Abs. 3 Satz 1 HS. 2 und Satz 2); Hessen verlangt dabei nicht ausdrücklich die Begründung. Die Maßnahme aktenkundig zu machen erscheint im Hinblick sowohl auf die Selbstkontrolle der Verwaltung als auch auf eine spätere gerichtliche Überprüfung sinnvoll. Niedersachsen stellt klar, dass die schriftliche Begründung unterbleibt, wenn bei Gefahr im Verzug ein eigentlich nicht zuständiger Bediensteter handelt, jene aber vom Anstaltsleiter bei seiner Zustimmung (Rdn. 62) nachgeholt wird (**NI** § 84 Abs. 2 Satz 1 HS. 2, Satz 2 HS. 2). Bei **Fixierung** stellen § 171a Abs. 5 StVollzG, **BW** § 69 Abs. 2 Satz 4 III, **BY** Art. 98 Abs. 2 Satz 3 Nr. 1 bis 3, **BB** § 91 Abs. 4 Satz 3, **HH** § 75 Abs. 2 Satz 2, **NW** § 70 Abs. 4 Satz 4, **RP** § 89 Abs. 3 Satz 2 gesteigerte Anforderungen: Anordnung, Gründe, Verlauf, Art der Überwachung (in **BY** und **NW** ausdrücklich auch die Beteiligung des ärztlichen Dienstes) und Beendigung sind umfassend zu dokumentieren. Dies entspricht einer Forderung des BVerfG.[584] – Die Pflicht zur **Eröffnung bzw. Erläuterung** der Anordnung **gegenüber dem Gefangenen** (**BE** § 87 Abs. 4 Satz 2, **BB** § 91 Abs. 4 Satz 1 HS. 1, **HB** § 80 Abs. 3 HS. 1, **HH** § 75 Abs. 2 Satz 1 HS. 1, **HE** § 51 Abs. 5 Satz 1, **MV** § 79 Abs. 3 HS. 1, **NW** § 70 Abs. 4 Satz 1 [nur Soll-Vorschrift], **RP** § 89 Abs. 3 Satz 1 HS. 1, **SL** § 79 Abs. 3 HS. 1, **SN** § 84 Abs. 3 Satz 1 HS. 1, **ST** § 90 Abs. 3 HS. 1, **SH** § 109

---

579   Vgl. **HE** LT-Drucks. 18/1396, 109.
580   SA, BT-Drucks. 7/3998, 34; s. auch AK-*Goerdeler* Teil II § 79 Rdn. 6; *Laubenthal/Nestler/Neubacher/Verrel* M Rdn. 99.
581   Vgl. **BY** LT-Drucks. 15/8101, 69; *Laubenthal/Nestler/Neubacher/Verrel* M Rdn. 99.
582   So auch *Arloth/Krä* § 91 StVollzG Rdn. 2 unter Berufung auf den Charakter der Norm als Ordnungsvorschrift; a.A. OLG Naumburg, Beschl. vom 13.10.2011 – 2 Ws 145/11, bei *Roth* NStZ 2012, 436.
583   Vgl. *Hadeler* 2004, 123 f.
584   Siehe BVerfG, Urt. vom 24.7.2018 – 2 BvR 309/15, 2 BvR 502/16, NJW 2018, 2619, 2623 Rdn. 84.

I. Besondere Sicherungsmaßnahmen

Abs. 2 HS. 1, **TH** § 90 Abs. 3 Satz 1 HS. 1) bildet eigentlich eine Selbstverständlichkeit. Ist die Erklärung bei Gefahr im Verzug nicht möglich, etwa wegen der Erregung des Gefangenen, wird sie nachgeholt (**BE** § 87 Abs. 4 Satz 2, **NW** § 70 Abs. 4 Satz 2). In Sachsen ist man bei der Fesselung zwecks Ausführung, Vorführung oder Transport weder zu Dokumentation noch zu Eröffnung verpflichtet (**SN** § 84 Abs. 3 Satz 2 i.V.m. § 83 Abs. 6).

V. Ärztliche Überwachung

Baden-Württemberg	BW § 71 III JVollzGB;
Bayern	BY Art. 100 BayStVollzG;
Berlin	BE § 88 StVollzG Bln;
Brandenburg	BB § 92 BbgJVollzG;
Bremen	HB § 81 BremStVollzG;
Hamburg	HH § 76 Abs. 2, 3 HmbStVollzG;
Hessen	HE § 51 Abs. 4, 2 Satz 3 Alt. 1 HStVollzG;
Mecklenburg-Vorpommern	MV § 80 StVollzG M-V;
Niedersachsen	NI § 85 NJVollzG;
Nordrhein-Westfalen	NW § 71 Abs. 2 StVollzG NRW;
Rheinland-Pfalz	RP § 90 LJVollzG;
Saarland	SL § 80 SLStVollzG;
Sachsen	SN § 85 SächsStVollzG;
Sachsen-Anhalt	ST § 91 JVollzGB LSA;
Schleswig-Holstein	SH § 111 Abs. 2, 3 LStVollzG SH;
Thüringen	TH § 91 ThürJVollzG

Übersicht

1. Allgemeine Hinweise —— 1
2. Erläuterungen —— 2–7

a) Ärztliche Überwachung —— 2–6
b) Ärztliche Überwachung —— 7

1. Allgemeine Hinweise. Die Vorschriften BW § 71 III, BY Art. 100, BE § 88, BB § 92, HB § 81, HH § 76 Abs. 2, 3; HE § 51 Abs. 4, 2 Satz 3 Alt. 1, MV § 80, NI § 85, NW § 71 Abs. 2, RP § 90, SL § 80, SN § 85, ST § 91, SH § 111 Abs. 2, 3; TH § 91 haben einen medizinischen Kontext, gehören systematisch aber in den Abschnitt der Sicherheit und Ordnung. Die Unterbringung in einem besonders gesicherten Haftraum sowie die Fesselung bedeuten einen enormen Eingriff in die Rechtsstellung des Gefangenen und sind für diesen mit zahlreichen Beschränkungen und Belastungen verbunden. Dem kann medizinische Relevanz unter verschiedenen Gesichtspunkten zukommen. Dabei kommt die **Doppelrolle des Anstaltsarztes** (vgl. § 158 Rdn. 1) besonders deutlich zum Ausdruck. Denn dem Gefangenen steht unter besonderen Haftbedingungen ein Rechtsanspruch auf eine spezifizierte ärztliche Betreuung zu.[585] Ziel der Vorschriften ist demnach sowohl die Bewahrung der geistigen und körperlichen Gesundheit des Gefangenen, als auch die ständige Überprüfung der Zweckmäßigkeit einer außergewöhnlichen Sicherheitsmaßnahme auch aus ärztlicher Sicht.[586] Der Arzt hat somit Dienstleisterfunktion sowohl gegenüber dem Gefangenen als auch gegenüber dem Vollzug.

65

---

585 AK-*Goerdeler* Teil II § 80 Rdn. 7.
586 Vgl. zu damit verbundenen Fragen der „Berufsethik" AK-*Goerdeler* Teil II § 80 Rdn. 1.

2. Erläuterungen

66 **a) Ärztliche Überwachung.** BW § 71 III, BY Art. 100, BE § 88, BB § 92, HB § 81, HH § 76 Abs. 2; HE § 51 Abs. 3, MV § 80, NI § 85, NW § 71 Abs. 2, RP § 90, SL § 80, SN § 85, ST § 91, SH § 111 Abs. 2, TH § 91 regeln die ärztlichen Pflichten im Zusammenhang mit der besonderen Sicherungsmaßnahme der Unterbringung in einem besonders gesicherten Haftraum. Zu den ärztlichen Pflichten gehört in diesen Fällen, dass der Gefangene („möglichst", TH § 91 Abs. 1 Satz 1) alsbald in HH sowie SH gem. HH § 76 Abs. 2, SH § 111 Abs. 2 Satz 1 sogar unverzüglich, d.h. innerhalb der nächsten ein bis zwei Stunden aufgesucht und bei Verbleib im besonders gesicherten Haftraum möglichst täglich überwacht wird, BW § 71 Abs. 1 Satz 1 III, BY Art. 100 Abs. 1 Satz 1, BE § 88 Abs. 1, BB § 92 Abs. 1 Satz 1, HB § 81 Abs. 1 Satz 1, HH § 76 Abs. 2, HE § 51 Abs. 3, MV § 80 Abs. 1 Satz 1, NI § 85 Abs. 1 Satz 1, NW § 71 Abs. 2 Satz 1, RP § 90 Abs. 1 Satz 1, SL § 80 Abs. 1 Satz 1, SN § 85 Abs. 1 Satz 1, ST § 91 Abs. 1 Satz 1, SH § 111 Abs. 2 Satz 1, TH § 91 Abs. 1 Satz 1. HE § 51 Abs. 3 weicht insoweit ab, dass der Gefangene in der Folgezeit in der Regel täglich aufgesucht wird, was eine geringere Verbindlichkeit dieser Regelung bzw. größeren Raum für die Berücksichtigung vollzugsorganisatorischer Belange nahelegt. Die Gesetzesbegründung schweigt zu dieser Abweichung. Auf den Zusatz möglichst verzichten BB § 92 Abs. 1 Satz 1, HH § 76 Abs. 2, RP § 91 Abs. 1 Satz 1, ST § 91 Abs. 1 Satz 1, SH § 111 Abs. 2 Satz 1, TH § 91 Abs. 1 Satz 1.

67 Voraussetzung für eine rasch einsetzende und regelmäßig erfolgende ärztliche Überwachung ist die unverzügliche **Unterrichtung des Arztes** bei Anordnung einer Fesselung oder Unterbringung des Gefangenen in einen besonders gesicherten Haftraum. Bei Abwesenheit des Arztes kann dessen Überwachungspflicht vorübergehend auf einen Sanitätsbediensteten delegiert werden.[587]

68 Die Überwachung hat regelmäßig, sofern die personelle Situation dies zulässt täglich[588] zu erfolgen. Ein im Sanitätsdienst erfahrener Bediensteter kann die medizinische Überwachung des Gefangenen übernehmen. Da dies aber die Kontrolle durch Medizinalpersonal nicht zu ersetzen vermag, bleibt in der Praxis darauf hinzuwirken, dass mindestens an zwei Wochentagen, je nach Konstitution des Gefangenen und unter Berücksichtigung der Umstände des Einzelfalls entsprechend häufiger eine Überwachung durch den Anstaltsarzt selbst stattfindet.[589]

69 Gefangene, die gegen ihren Willen in einen besonders gesicherten Haftraum verbracht werden, tendieren nicht selten dazu, ihren Unwillen gegen diese Maßnahme z.B. durch Anrennen mit dem Kopf gegen die Wand zu demonstrieren und sich dadurch selbst zu verletzen, um einen Abbruch der Maßnahme herbeizuführen. Die ärztliche Überwachung von in einem besonders gesicherten Haftraum untergebrachten Gefangenen erstreckt sich daher auf die Art der Unterbringung, den Zustand des Haftraums, die allgemeine Hygiene, gesundheitliche Gesichtspunkte sowie die Dauer der Maßnahme. Die Überwachung muss zudem **Suizidgefahren** entgegenwirken. Bestehen gravierende medizinische Bedenken oder Risiken, so wird auf die Empfehlung des Anstaltsarztes hin die **Maßnahme beendet**.

70 Nach BW § 71 Abs. 1 Satz 2 III, BY Art. 100 Abs. 1 Satz 2, BB § 92 Abs. 1 Satz 2, HB § 81 Abs. 1 Satz 2, HE § 51 Abs. 3 Satz 2, MV § 80 Abs. 1 Satz 2, NI § 85 Abs. 1 Satz 2, NW § 71 Abs. 2 Satz 2, RP § 90 Abs. 1 Satz 2, SL § 80 Abs. 1 Satz 2, SN § 85 Abs. 1 Satz 2, ST § 91

---

[587] Vgl. hierzu auch *Arloth* Rdn. 1; *Laubenthal/Nestler/Neubacher/Verrel* 2015 M Rdn. 100; vgl. auch § 56 Rdn. 4.
[588] AK-*Goerdeler* Teil II § 80 Rdn. 6.
[589] Vgl. zur Häufigkeit auch *Arloth/Krä* 2017 Rdn. 1.

Abs. 1 Satz 2, SH § 111 Abs. 2 Satz 3, TH § 91 Abs. 1 Satz 2 besteht die normierte Pflicht bei einer **Fesselung** während einer Ausführung, Vorführung oder eines Transportes nicht. Eine weitergehende Beteiligung oder Konsultation des Arztes verbietet sich deswegen aber nicht, sondern ist sogar wünschenswert.[590]

b) Ärztliche Überwachung. Nach § 92 Abs. 2 war der Arzt regelmäßig zu hören, so- **71** lange einem Gefangenen der tägliche Aufenthalt im Freien entzogen wird. Denn der Entzug des Aufenthaltes im Freien kollidierte mit dem diesbezüglichen in § 64 StVollzG zum Ausdruck gekommenen und auf medizinischen Gründen beruhenden Gebot (dazu 6 G). Die Regelung, dass der Arzt regelmäßig zu hören ist, übernommen haben alle Länder, BW § 71 Abs. 2 III, BY Art. 100 Abs. 2, BE § 88 Abs. 2, BB § 92 Abs. 2, HB § 81 Abs. 2, HH § 76 Abs. 3, HE § 51 Abs. 2 Satz 3, MV § 80 Abs. 2, NI § 85 Abs. 2, NW § 71 Abs. 2 Satz 3, RP § 90 Abs. 2, SL § 80 Abs. 2, SN § 85 Abs. 2, ST § 91 Abs. 2, SH § 111 Abs. 3, TH § 91 Abs. 2. Dabei beschränken sich BW § 71 Abs. 2 III, BY Art. 100 Abs. 2, HE § 51 Abs. 2 Satz 3 sowie NI § 85 Abs. 2 nur auf eine Anhörungspflicht des Arztes, sofern dem Gefangenen der Aufenthalt im Freien entzogen wurde. HE § 51 Abs. 2 Satz 3 enthält darüber hinaus den Zusatz, dass eine Stellungnahme spätestens nach 3 Tagen und danach in angemessenen Abständen zu erfolgen hat. Die Vorschrift präzisiert insoweit die Voraussetzungen der Anordnung besonderer Sicherungsmaßnahmen.[591] Die Pflicht, den Arzt regelmäßig zu hören, erweitern BE § 88 Abs. 2, HB § 81 Abs. 2, NW § 71 Abs. 2 Satz 3, RP § 90 Abs. 2, SL § 80 Abs. 2, ST § 91 Abs. 2 und TH § 91 Abs. 2 auch auf die Fälle, in denen der Häftling länger als 24 Stunden abgesondert wird. HH § 76 Abs. 3 sieht zusätzlich zur Entziehung des Aufenthalts im Freien auch eine Anhörungspflicht bei Einzelhaft vor. Auf die Absonderung von mehr als 24 Stunden beschränken sich BB § 92 Abs. 2, MV § 80 Abs. 2, SN § 85 Abs. 2, SH § 111 Abs. 3. Der Entzug des Aufenthalts im Freien führt jedoch auch nach diesen Vorschriften zu einer Anhörungspflicht des Arztes und sind daher auch als Erweiterung der bundesgesetzlichen Norm zu verstehen.[592] Nach dem schleswig-holsteinischen Gesetzgeber stellt dies eine besondere Ausprägung des Grundsatzes der Verhältnismäßigkeit dar.[593] Der besondere Stellenwert dieser Mindestgarantie ergibt sich u.a. durch ihre Verortung im Abschnitt über die Gesundheitsfürsorge (6 G 2 f). Als ärztliche Beteiligung bei der Überwachung fordern die Vorschriften, dass der Arzt während dieser Zeit regelmäßig gehört wird. Seine Einschätzung kann der Arzt jedoch nur abgeben, wenn er den Gefangenen auch gesehen und ggf. untersucht hat.

J. Ersatz von Aufwendungen

Bund	§ 93 StVollzG
Baden-Württemberg	BW § 72 III JVollzGB
Bayern	BY Art. 89 BayStVollzG
Berlin	BE § 71 Abs. 3 StVollzG Bln
Brandenburg	BB §§ 74 Abs. 3, 75 Abs. 3 BbgJVollzG
Bremen	HB §§ 63 Abs. 3, 64 Abs. 3 BremStVollzG
Hamburg	HH § 77 HmbStVollzG
Hessen	HE § 52 HStVollzG

---

590 Vgl. AK-*Goerdeler* Teil II § 80 Rdn. 5.
591 HE LT-Drucks. 18/1396, 109.
592 Vgl. BB LT-Drucks 5/6437, 84 („auch").
593 Vgl. SH LT-Drucks 18/3153, 161.

Mecklenburg-Vorpommern	MV §§ 62 Abs. 3, 63 Abs. 3 StVollzG M-V
Niedersachsen	NI §§ 51, 86 NJVollzG
Nordrhein-Westfalen	NW § 110 Nr. 4 StVollzG NRW
Rheinland-Pfalz	RP §§ 72 Abs. 3, 73 Abs. 3 LJVollzG
Saarland	SL §§ 62 Abs. 3, 63 Abs. 3 SLStVollzG
Sachsen	SN §§ 63 Abs. 3, 64 Abs. 3 SächsStVollzG
Sachsen-Anhalt	ST §§ 73 Abs. 3 und 4, 74 Abs. 3, 122 JVollzGB LSA
Schleswig-Holstein	SH §§ 79 Abs. 3, 80 Abs. 3 LStVollzG SH
Thüringen	TH §§ 73 Abs. 3, 74 Abs. 3 ThürJVollzG

Schrifttum

Dargel Ersatz von Aufwendungen bei Selbstverletzung Gefangener (§ 93 II StVollzG), in: ZfStrVo 1982, 271; *Puhl* Zur Haftung des Strafgefangenen gemäß § 93 StVollzG bei Selbstverletzungen, in: NStZ 1989, 354.

Übersicht

I. Allgemeine Hinweise —— 1
II. Regelungsmodell nach StVollzG —— 2–16
   1. Zivilrechtlicher Aufwendungsersatz —— 2
   2. Sonstige zivilrechtliche Ansprüche —— 3
   3. Anwendungsbereich —— 4–8
     a) Eigen- und Fremdverletzung —— 4–6
     b) Weitere Haftungsfälle —— 7, 8
   4. Inanspruchnahme von Hausgeld —— 9, 10
   5. Rechtswegzuweisung —— 11, 12
   6. Absehen von Aufrechnung bzw. Vollstreckung —— 13–15
   7. Zuständigkeit bei Verlegung —— 16
III. Regelungsmodell nach Musterentwurf —— 17–21
   1. Selbstschädigung —— 17, 18
   2. Fremdschädigung —— 19, 20
   3. Verfahren —— 21

I. Allgemeine Hinweise

1   **Charakter und Struktur der Normen.** Die Materie der Ersatzansprüche der Vollzugsbehörde bei Selbst- und Fremdschädigung von Inhaftierten ist **nicht einheitlich** geregelt. Im StVollzG und den ihm ganz oder teilweise folgenden Bestimmungen von Baden-Württemberg, Bayern, Hamburg und Hessen sowie in **Niedersachsen und Nordrhein-Westfalen**, wo § 93 StVollzG in toto (**NW** § 110 Nr. 4) bzw. partiell (Abs. 1 Satz 1 gem. **NI** § 86) **fortgilt**, wird die Materie als Aspekt von Sicherheit und Ordnung geführt, während sie in den übrigen Ländern unter Adaption (sozial-)versicherungsrechtlicher Prinzipien[594] im Rahmen der Gesundheitsfürsorge behandelt ist. Die ersteren Vorschriften geben der Anstalt stets eine eigene Anspruchsgrundlage, während die Normen der zweiten Gruppe im Falle der Selbstschädigung einen Selbstbehalt vorsehen und bei Fremdschädigung Gefangener den **Übergang der** auf anderer Grundlage (etwa § 823 Abs. 1 oder Abs. 2 BGB mit § 223 StGB) entstandenen **Forderung des Gefangenen gegen den Dritten** auf das Land als Träger der Vollzugsbehörde anordnen; eine Konstruktion, wie man sie auch im (Sozial-)Versicherungs- und Beamtenrecht findet (zur Selbstbeteiligung s. § 52 Abs. 1 SGB V, zur cessio legis § 116 SGB X, § 86 Abs. 1 VVG, § 76 **BB**G). Weitere Unterschiede betreffen die haftungsbegründenden Sachverhalte, das Ausmaß der Haftung, die Möglichkeit der Inanspruchnahme des Hausgeldes sowie den Rechtsweg. **Sachsen-Anhalt** hat – ohne dass dafür ein Grund ersichtlich ist – beide Regelungsmodelle vorgesehen, auch wenn die dem Bundesrecht entsprechende Vorschrift (**ST** § 122) sich nicht bei den Normen zu Sicherheit und Ordnung findet.

---

[594] Vgl. *Laubenthal/Nestler/Neubacher/Verrel* M Rdn. 247.

II. Regelungsmodell nach StVollzG

1. Zivilrechtlicher Aufwendungsersatz. § 93 Abs. 1 Satz 1 StVollzG, **BW** § 72 Abs. 1 Satz 1 III, **BY** Art. 89 Abs. 1 Satz 1, **HH** § 77 Abs. 1 Satz 1, **HE** § 52 Abs. 1 Satz 1 und 2, **ST** § 122 Abs. 1 räumen der Vollzugsbehörde eine **zusätzliche Anspruchsgrundlage** zur Geltendmachung von Aufwendungsersatzansprüchen ein, die primär die Kosten medizinischer Versorgung betrifft.[595] Da verletzte Gefangene im Vollzug der Freiheitsstrafe die erforderliche ärztliche Betreuung erhalten, entstehen ihnen insoweit keine Unkosten. **Verletzt ein Insasse den anderen** vorsätzlich oder grob fahrlässig derart, dass dieser in der Anstalt ärztliche Hilfe in Anspruch nehmen muss, könnte die Anstalt für ihre Aufwendungen beim Schädiger jedenfalls nicht ohne Weiteres Ersatz verlangen. Auch wegen der schuldhaft herbeigeführten **Selbstverletzung** hätte die Vollzugsbehörde möglicherweise keinen Anspruch gegen den Gefangenen.[596] Um hier eine den freien Verhältnissen entsprechende Lage zu schaffen und den Staat nicht auf die Unwägbarkeiten eines eventuellen Anspruchs aus Geschäftsführung ohne Auftrag (§§ 677 ff BGB) zu verweisen, begründen die eingangs genannten Normen einen eigenen zivilrechtlichen Aufwendungsersatzanspruch der Vollzugsbehörde gegen Gefangene.[597] Ein Ausschluss der Haftung für leichte Fahrlässigkeit nimmt den Rechtsgedanken der Beschränkung des Rückgriffs des Arbeitgebers auf den Arbeitnehmer bei einer betrieblichen Tätigkeit[598] aus dem Arbeitsrecht auf. Wegen der zivilrechtlichen Natur der Ansprüche verweisen § 93 Abs. 3 StVollzG, **BW** § 72 Abs. 3 III, **BY** Art. 89 Abs. 3, **ST** § 122 Abs. 3 Streitigkeiten in die **Zuständigkeit der Zivilgerichte** (Rdn. 11). Letzteres gilt nicht in Hamburg, Hessen (**HE** § 52 Abs. 2 Satz 1) und Niedersachsen (Rdn. 12).

2. Sonstige zivilrechtliche Ansprüche. § 93 StVollzG, **BW** § 72 III, **BY** Art. 89, **HH** § 77, **HE** § 52, **ST** § 122 verändern und beeinträchtigen nicht die **Ansprüche**, die der Vollzugsbehörde **aus anderen Rechtsvorschriften** gegen den Gefangenen zustehen (deklaratorisch bekräftigt in § 93 Abs. 1 Satz 2 StVollzG, **BW** § 72 Abs. 1 Satz 2, **BY** Art. 89 Abs. 1 Satz 2, **HH** § 77 Abs. 1 Satz 2, **HE** § 52 Abs. 1 Satz 3, **ST** § 122 Abs. 1). Dies sind vor allem Schadensersatzansprüche aus unerlaubter Handlung, und zwar **auch bei leichter Fahrlässigkeit**[599] (etwa wegen der Beschädigung von Anstaltseigentum oder der Verletzung von Anstaltsbediensteten, soweit deren Ansprüche gegen den Schädiger auf den Dienstherrn übergegangen sind). Diese Ansprüche werden ebenfalls vor den ordentlichen Gerichten geltend gemacht. Die Normen betreffen auch nicht Ansprüche, die **Gefangenen gegeneinander** zustehen (z.B. Schmerzensgeld; Ersatz von Schäden, die nicht durch die in der Vollzugsanstalt erfolgte Behandlung ausgeglichen werden; Vermögenseinbußen, beispielsweise durch Ausfall von Arbeitsentgelt). Diese Ansprüche kann der Geschädigte auf dem Zivilrechtsweg geltend machen und durchsetzen. Dabei kommt ein Zugriff auf das Hausgeld (Kap. 4 I. II. c]) oder sonstige in der Anstalt geführte Mittel des Schädigers, die der Pfändung nicht unterworfen sind, wie Taschengeld (Kap. 4 I. I. 2. e]), Überbrückungs- bzw. Eingliederungsgeld sowie gesperrtes Eigengeld (Kap. 4 I. V. 2. e], 3, 4) nicht

---

[595] Vgl. schon BT-Drucks. 7/3998, 35.
[596] S. BGH, Urt. vom 12.12.1989 – XI ZR 117/89, NJW 1990, 1604, 1605 m. Anm. *K. Schmidt* JuS 1991, 250; LG Frankfurt a.M., Urt. vom 21.7.1977 – 2/24 S 46/77, NJW 1977, 1924 f; AG Diez, Urt. vom 26.2.1985 – 3 C 64/85, StV 1986, 260, 261; *Schubert* Grenzen der Geschäftsführung ohne Auftrag, in: NJW 1978, 687, 688; vgl. auch OLG Koblenz, Beschl. vom 28.5.1997 – 1 Ws 170/97, Justizblatt Rheinland-Pfalz 1997, 514.
[597] *Arloth/Krä* § 93 StVollzG Rdn. 2; *Laubenthal/Nestler/Neubacher/Verrel* M Rdn. 247.
[598] Dazu Palandt-*Weidenkaff* § 611 Rdn. 156 bis 158.
[599] *Arloth/Krä* § 93 StVollzG Rdn. 3; *Laubenthal/Nestler/Neubacher/Verrel* M Rdn. 252; a.A. *C-MD* § 93 Rdn. 1.

in Betracht. Ebenso betreffen § 93 Abs. 1 Satz 1 StVollzG, **BW** § 72 Abs. 1 Satz 1, **BY** Art. 89 Abs. 1 Satz 1, **HH** § 77 Abs. 1 Satz 1, **ST** § 122 Abs. 1 nicht die **Ansprüche dritter Personen** wie Anstaltsbediensteter, Besucher oder Außenstehender, die von einem Gefangenen, während dieser die Freiheitsstrafe verbüßt, geschädigt worden sind (vgl. aber Rdn. 5).

3. Anwendungsbereich

4   a) **Eigen- und Fremdverletzung.** § 93 Abs. 1 Satz 1 StVollzG, auch i.V.m. **NI** § 86 bzw. **NW** § 110 Nr. 4, **BW** § 72 Abs. 1 Satz 1 III, **BY** Art. 89 Abs. 1 Satz 1, **HH** § 77 Abs. 1 Satz 1, **HE** § 52 Abs. 1 Satz 1, **ST** § 122 Abs. 1 normieren einen zivilrechtlichen Aufwendungsersatzanspruch. Voraussetzung ist (bei Fremdverletzung) **rechtswidriges**, im Übrigen **vorsätzliches oder grob fahrlässiges (§ 277 BGB)**[600] Handeln des Gefangenen. Erfasst werden nur die tatsächlichen Aufwendungen (wie z.B. Kosten für Verbandsmaterial, Arzneimittel, besondere Zuziehung eines Facharztes, Fahrt im Anstalts-Pkw zum Unfallarzt, ggf. Transport ins Krankenhaus).[601] Nicht hierzu gehören die anteiligen Aufwendungen für das Gehalt des Anstaltsarztes und des Sanitätsbeamten[602] oder die der Vollzugsbehörde durch den Arbeitsausfall des verletzten Gefangenen entstandenen Verluste; auch nicht das dem verletzten Gefangenen etwa gewährte Taschengeld.[603] Der Anspruch beschränkt sich auf die zusätzliche Leistung, welche die Vollzugsbehörde zur Heilbehandlung während des Strafvollzugs zu gewähren verpflichtet ist.

5   Der Begriff der Verletzung i.S. der Vorschriften entspricht dem des § 223 Abs. 1 StGB; es bedarf also einer körperlichen Misshandlung oder Gesundheitsschädigung.[604] Der systematischen Stellung der Vorschriften entsprechend werden nur solche Handlungen des Gefangenen erfasst, die mit dem **Ziel der Störung von Sicherheit und Ordnung** ausgeführt werden.[605] Das sind z.B. die bei einer mutwilligen Schlägerei, einer Gefangenenmeuterei oder einer Selbstbefreiung empfangenen und anderen Gefangenen zugefügten Verletzungen.[606] Die **Selbstverletzung** umfasst nicht nur Verletzungshandlungen am eigenen Körper wie durch Alkohol- oder BtM-Intoxikation[607] oder das Schlucken von Gegenständen verursachte Beschädigungen, die ohne Selbsttötungsabsicht begangen werden, sondern auch die bei fehlgeschlagenen Suizidversuchen entstandenen Selbstbeschädigungen.[608] Wenig hilfreich und daher abzulehnen sind Differenzierungen zwischen Selbstverletzungen, die mit dem Vorsatz einer Störung der Sicherheit oder Ordnung der Anstalt begangen werden, und pathogenen Autoaggressionen ohne weitergehende Störungsabsichten.[609] Daher stellen auch der **Hungerstreik**,[610] das Trinken von selbst

---

600 Zu den Voraussetzungen grober Fahrlässigkeit s. BGH, Urt. vom 11.5.1953 – IV ZR 170/52, BGHZ 10, 14, 16; Palandt-*Grüneberg* § 277 Rdn. 5.
601 LG Koblenz, Urt. vom 3.10.1986 – 9 O 13/86, Justizblatt Rheinland-Pfalz 1987, 31, 32.
602 Vgl. *Arloth/Krä* § 93 StVollzG Rdn. 2 a. E.; AK-*Lesting* Teil II § 62 Rdn. 59; *Laubenthal/Nestler/Neubacher/Verrel* M Rdn. 251.
603 Anders für Taschengeld *Höflich/Schriever* S. 95 f.
604 Dazu *Fischer* § 223 Rdn. 3 ff.
605 OLG Jena, Beschl. vom 13.11.2009 – 1 Ws 307/09, FS 2010, 181, 182; OLG Koblenz, Urt. vom 7.7.1988 – 5 U 1194/86, ZfStrVo 1990, 248, 250; *Arloth/Krä* § 93 StVollzG Rdn. 2; BeckOK-*Bartel* § 93 StVollzG Rdn. 6.
606 C/MD § 93 Rdn. 4.
607 AG Krefeld, Urt. vom 30.9.1987 – 5 C 413/87, NStZ 1988, 152; vgl. auch OLG Jena, Beschl. vom 13.11.2009 – 1 Ws 307/09, FS 2010, 181, 182.
608 OLG Karlsruhe, Beschl. vom 4.11.1985 – 1 Ws 248/85, Die Justiz 1986, 223; OLG Stuttgart, Beschl. vom 19.2.2018 – 4 Ws 424/17, StV 2018, 646, 647; vgl. auch LG Trier, Urt. vom 29.1.1988 – 4 O 128/87, NStZ 1988, 244.
609 OLG Koblenz, Urt. vom 7.7.1988 – 5 U 1194/86, ZfStrVo 1990, 248, 250; *Arloth/Krä* § 93 StVollzG Rdn. 2 unter Verweis auf § 56 Abs. 2 StVollzG; BeckOK-*Bartel* § 93 StVollzG Rdn. 4; *Dargel* ZfStrVo 1982, 271;

angesetztem Alkohol oder das Einnehmen von Aufputschmitteln (wie etwa einer sog. Kaffeepeitsche), soweit sie Heilmaßnahmen erforderlich machen, also nicht bei bloßem Cannabis-Rauchen,[611] Selbstverletzungen in diesem Sinne dar. Allerdings muss hier besonders festgestellt werden, ob der Gefangene die Herbeiführung eines behandlungsbedürftigen Zustandes voraussehen konnte und damit vorsätzlich oder grob fahrlässig gehandelt hat. Das wird für viele derartige Fälle erst bei Wiederholung[612] oder nach besonderer Abmahnung angenommen werden dürfen. Erforderlich ist ferner eine sorgfältige Prüfung der **Verantwortlichkeit** des Gefangenen, ggf. unter Heranziehung des Anstaltsarztes, schon VV Nr. 1 zu § 93 StVollzG.[613] Aufwendungen der Vollzugsbehörde muss der Gefangene auch dann ersetzen, wenn sie im Hinblick auf seinen durch die Selbstverletzung eingetretenen Zustand nur erforderlich erscheinen. Ob sie im Nachhinein betrachtet tatsächlich notwendig gewesen sind, ist unerheblich.[614] „Selbstverletzung" meint insoweit auch die selbstverletzende Aktivität (Handlung oder Unterlassen) als solche.

Erweitert wurde der Anwendungsbereich der haftungsbegründenden Norm in **6** Hamburg, Hessen und Sachsen-Anhalt. HE § 52 Abs. 1 Satz 1, ST § 122 Abs. 1 nennen hier nicht die **Verletzung** von Mitgefangenen, sondern diejenige **anderer Personen**. Das betrifft zusätzlich einerseits die Verletzung von Anstaltsbediensteten, soweit deren Ansprüche nach den beamtenrechtlichen Vorschriften auf den Dienstherrn übergegangen sind, aber auch die Schädigung Vollzugsexterner, denen der Staat Ersatz leisten muss, etwa wegen Amtspflichtverletzung in Form von unzulänglicher Bewachung eines Inhaftierten, der deshalb einen Dritten zu verletzen in der Lage war.

b) Weitere Haftungsfälle. HH § 77 Abs. 1 Satz 1, **HE** § 52 Abs. 1 Satz 1 erstrecken sich **7** (bei Vorliegen der in Rdn. 5 erläuterten Voraussetzungen) weiter auf Aufwendungen der Institution wegen **Beschädigung fremder Sachen.** Insoweit kommt primär Anstaltseigentum, etwa bei Beschädigung der Hafttraumeinrichtung, in Betracht, ferner aber auch Sachen Dritter, z.B. eines einem Gefangenen auf der Flucht gestohlenen und beschädigten Fahrzeugs, soweit dem Eigentümer gegen den Träger der Vollzugseinrichtung, z.B. wegen Amtspflichtverletzung, ein Anspruch zusteht. **BW** § 72 Abs. 2 III, **ST** § 122 Abs. 2 schaffen demgegenüber keine zusätzliche Anspruchsgrundlage bei Eigentumsverletzung.[615] – **HE** § 52 Abs. 1 Satz 2 nennt darüber hinaus nicht mehr rückgängig zu machende **Kosten** der Anstalt **für Behandlungsmaßnahmen**, mit denen sich die Gefangenen zunächst einverstanden erklärt hatten, um die Mitwirkung hieran später doch mutwillig (Rdn. 17) und in Kenntnis der eingegangenen Verpflichtungen zu verweigern. Das betrifft etwa das Honorar eines externen Therapeuten. Trotz der wenig pointierten Formulierung („nicht mehr rückgängig zu machende Verpflichtungen") wird aber sorgfältig zu prüfen

---

K/S-*Schöch* § 7 Rdn. 211; *Laubenthal/Nestler/Neubacher/Verrel* M Rdn. 248; *Puhl* NStZ 1989, 354 ff; a.A. C/MD § 93 Rdn. 5 ff.
610 OLG Koblenz, Urt. vom 7.7.1988 – 5 U 1194/86, ZfStrVo 1990, 248; LG Koblenz, Urt. vom 3.10.1986 – 9 O 13/86, Justizblatt Rheinland-Pfalz 1987, 31 f; a.A. AK-*Lesting* Teil II § 62 Rdn. 63.
611 OLG Jena, Beschl. vom 13.11.2009 – 1 Ws 307/09, FS 2010, 181, 182; BeckOK-*Bartel* § 93 StVollzG Rdn. 3.
612 S. AG Krefeld, Urt. vom 30.9.1987 – 5 C 413/87, NStZ 1988, 152.
613 Dazu auch OLG Stuttgart, Beschl. vom 19.2.2018 – 4 Ws 424/17, StV 2018, 646, 647; *Arloth/Krä* § 93 StVollzG Rdn. 2; *Laubenthal/Nestler/Neubacher/Verrel* M Rdn. 249.
614 OLG Koblenz, Urt. vom 7.7.1988 – 5 U 1194/86, ZfStrVo 1990, 248, 250; a.A. AG Diez, Urt. vom 26.2.1985 – 3 C 64/85, StV 1986, 260, 261; *Arloth/Krä* § 93 StVollzG Rdn. 2; BeckOK-*Bartel* § 93 StVollzG Rdn. 5; *Laubenthal/Nestler/Neubacher/Verrel* M Rdn. 248; *Puhl* NStZ 1989, 356.
615 *Laubenthal/Nestler/Neubacher/Verrel* M Rdn. 250.

sein, inwieweit dem Behandler im Rahmen seiner Obliegenheiten zur Schadensminimierung eine sinnvolle alternative Nutzung der unerwartet frei gewordenen Zeit möglich war (Rechtsgedanke des § 615 Satz 2 BGB), wobei im Zivilrecht zudem weitergehend strittig ist, ob in derartigen Fällen überhaupt Zahlungsansprüche bestehen.[616]

8   Besteht wie in Hamburg und Hessen ein Anspruch wegen der **Beschädigung fremder Sachen**, haben als fremd (wie in § 242 StGB) alle körperlichen Gegenstände (§ 90 BGB) zu gelten, die nicht im Alleineigentum des beschädigenden Gefangenen stehen und nicht herrenlos sind.[617] Beschädigung ist wie bei § 303 StGB jede nicht bloß unerhebliche Beeinträchtigung der Sachsubstanz oder der bestimmungsgemäßen Brauchbarkeit.[618] Die zu ersetzenden Kosten umfassen die unmittelbar verursachten Aufwendungen, etwa für Reparaturmaterial, die Kosten externer Handwerker oder für die Ersatzbeschaffung bei unmöglicher oder unwirtschaftlicher Reparatur, nicht aber anteilige Personalkosten bei den mit der Abwicklung des Schadensfalles befassten Bediensteten. Letztlich handelt es sich um Schadensersatzansprüche, für die §§ 249 ff BGB einschließlich des Abzugs „Neu für alt" Anwendung finden.[619]

9   **4. Inanspruchnahme von Hausgeld.** Für die Ansprüche aus § 93 Abs. 1 Satz 1 StVollzG, auch i.V.m. **NI** § 86, **BW** § 72 Abs. 1 Satz 1 III, **BY** Art. 89 Abs. 1 Satz 1, **HH** § 77 Abs. 1 Satz 1, **HE** § 52 Abs. 1 Satz 1 und 2, **ST** § 122 Abs. 1 erlauben § 93 **Abs. 2** StVollzG, auch i.V.m. **NW** § 110 Nr. 4, **BW** § 72 Abs. 2 III, **BY** Art. 89 Abs. 2, **HH** § 77 Abs. 2, **HE** § 52 Abs. 2 Satz 2, **NI** § 51 Abs. 1, **ST** § 122 Abs. 2 eine teilweise Inanspruchnahme des Hausgeldes.[620] Damit wird der Behörde die **Aufrechnung** gestattet. Eine Anwendung der Vorschriften auf andere Ansprüche der Vollzugsbehörde, die mit den genannten Fällen vergleichbar sind, kommt wegen der eindeutigen und abschließenden Regelung nicht in Betracht.[621] Das wurde entschieden zu Aufwendungen bei Verletzung eines Bediensteten,[622] zur Beschädigung von Sachen eines Bediensteten[623] wie von Anstaltseigentum[624] und erst recht zum Eigenanteil bei medizinischer Behandlung,[625] für Ansprüche auf Rückerstattung überzahlter Gelder[626] sowie vertragliche Ansprüche eines Gefangenenhilfevereins.[627] Ebenso **ausgeschlossen** bleiben auf andere Rechtsgrundsätze gestützte **Ausnahmen**, wie z.B. dem Gefangenen bei vorsätzlicher unerlaubter Handlung auf-

---

616   Dazu etwa OLG Stuttgart, Urt. vom 17.4.2007 – 1 U 154/06, NJW-RR 2007, 1214 ff; *Wagner* in: Henssler/Krüger (Hrsg.), Münchener Kommentar zum Bürgerlichen Gesetzbuch, Bd. 4, 7. Aufl., München 2016, § 630a Rdn. 56 ff.
617   Näher *Fischer* § 242 Rdn. 5, 5b, 6.
618   Dazu *Fischer* § 303 Rdn. 5 ff.
619   OLG Frankfurt, Beschl. vom 30.1.2017 – 3 Ws 762/16 (StVollz), FS SH 2018, 25 f.
620   BGH, Beschl. vom 17.1.1989 – 5 AR Vollz 26/88, BGHSt 36, 80.
621   S. *Laubenthal/Nestler/Neubacher/Verrel* M Rdn. 253; K/S-*Schöch* § 7 Rdn. 211; a.A. OLG Hamm, Beschl. vom 18.8.1986 – 1 Vollz (Ws) 155/85, NStZ 1987, 190, 192 (Erstreckung auf sämtliche Ansprüche); LG Bielefeld, Beschl. vom 8.6.1984 – 15 Vollz. 29/84, NStZ 1984, 527 (alle Ansprüche bei Vorsatz und grober Fahrlässigkeit).
622   OLG Celle, Beschl. vom 25.10.1979 – 3 Ws 358/79 StrVollz, NStZ 1981, 78, 79 m. zust. Anm. *Ballhausen*.
623   OLG Karlsruhe, Beschl. vom 8.2.1985 – 1 Ws 245/84, NStZ 1985, 430 m. zust. Anm. *Volckart* NStZ 1985, 431 und Anm. *Feest/Lesting* StV 1985, 468.
624   KG, Beschl. vom 10.1.1985 – 4 VAs 25/84, ZfStrVo 1985, 381, 382; OLG Celle, Beschl. vom 31.3.1988 – 1 Ws 85/88 (StrVollz), NStZ 1988, 334, 335; OLG Hamm, Beschl. vom 21.2.1989 – 1 Vollz (Ws) 379/88, ZfStrVo 1990, 247, 248; OLG München, Beschl. vom 17.3.1986 – 1 Ws 1026/85, NStZ 1987, 45 m. Anm. *Seebode*; a.A. AG Geldern, Urt. vom 29.1.1988 – 14 C 434/87, NStZ 1988, 296.
625   OLG Frankfurt, Beschl. vom 14.12.1990 – 3 Ws 675/90 (StVollz), NStE § 93 StVollzG Nr. 9.
626   OLG Hamm, Beschl. vom 26.3.1984 – 1 Vollz (Ws) 2/84, NStZ 1984, 432; OLG Stuttgart, Beschl. vom 21.8.1985 – 4 Ws 232/85, NStZ 1986, 47.
627   OLG Frankfurt, Beschl. vom 12.7.1996 – 3 Ws 396/96 StVollz, NStZ-RR 1996, 350, 351.

grund von Treu und Glauben (§ 242 BGB) die Berufung auf ein Aufrechnungsverbot (§ 394 Satz 1 BGB) bzgl. des Hausgeldanspruchs zu versagen.[628] Da es sich um einen Eingriff in ein Recht des Gefangenen, über sein Hausgeld zu verfügen, handelt, müsste eine nicht im Gesetz geregelte Beschränkung den Voraussetzungen des § 4 Abs. 2 Satz 2 StVollzG bzw. einer vergleichbaren Norm standhalten. Daran fehlt es, weil zum einen die **gesetzliche Regelung abschließend** ist und es zum anderen zur Aufrechterhaltung von Sicherheit und Ordnung nicht unerlässlich erscheint, das Hausgeld in diesen Fällen in Anspruch zu nehmen. Die Vollzugsbehörde kann indessen wegen ihrer Ansprüche aus § 93 Abs. 1 Satz 1 StVollzG, **BW** § 72 Abs. 1 Satz 1 III, **BY** Art. 89 Abs. 1 Satz 1, **HH** § 77 Abs. 1 Satz 1, **HE** § 52 Abs. 1 Satz 1 und 2, **ST** § 122 Abs. 1 auch alle anderen Vermögenswerte des Gefangenen heranziehen, soweit sie pfändbar sind. Die Inanspruchnahme des Hausgeldes des Gefangenen steht im **Ermessen** der Vollzugsbehörde.[629] Das gilt nicht nur für die Frage, ob überhaupt das Hausgeld in Anspruch genommen wird, sondern auch, in welcher Höhe dies geschieht. Der genannte **Schonbetrag** in Höhe des dreifachen Tagessatzes der Eckvergütung muss dem Gefangenen in jedem Fall verbleiben.

In **Baden-Württemberg** und **Sachsen-Anhalt** darf das Hausgeld in der genannten **10** Höhe zusätzlich bei der Geltendmachung von Forderungen wegen vorsätzlicher oder grob fahrlässiger **Verletzung fremden Eigentums** in Anspruch genommen werden (**BW** § 72 Abs. 2 III, **ST** § 122 Abs. 2; s. schon Rdn. 7, auch zum Umfang der Haftung).[630] Der zu befriedigende Anspruch folgt aber ausschließlich aus Normen außerhalb des Vollzugsrechts, namentlich §§ 823, 826 BGB.

5. Rechtswegzuweisung. Die Prüfung des Bestehens und der Höhe der Ansprüche **11** nach § 93 Abs. 1 Satz 1 StVollzG, **BW** § 72 Abs. 1 Satz 1 III, **BY** Art. 89 Abs. 1 Satz 1, **ST** § 122 Abs. 1 liegt gem. § 93 **Abs. 3** StVollzG, auch i.V.m. **NW** § 110 Nr. 4, **BW** § 72 Abs. 3 III, **BY** Art. 89 Abs. 3, **ST** § 122 Abs. 3 bei den **ordentlichen Gerichten**. Die Vorschriften zwingen den Vollzug aber nicht zum Beschreiten des Zivilrechtswegs, sondern lassen die Möglichkeit der Aufrechnung unberührt.[631] Rechnet die Vollzugsbehörde mit einer ihr nach den eingangs genannten Normen zustehenden Forderung gegen das Haus- oder Eigengeld des Gefangenen auf, kommt erst dieser Erklärung, nicht aber vorangegangenen Mitteilungen über die Schadenshöhe Regelungscharakter zu.[632] Bestreitet der Gefangene Grund oder Höhe der Forderung, so ist der Antrag auf gerichtliche Entscheidung nach **§§ 109 ff StVollzG** statthaft (s. auch Kap. 4 I. VI. 2. d]). Die Vollstreckungskammer darf dann über Bestehen und Höhe des Anspruchs aufgrund von § 120 Abs. 1 Satz 2 StVollzG i.V.m. § 262 Abs. 1 StPO als Vorfrage selbst entscheiden und muss das Verfahren nicht bis

---

628 Wie hier *Laubenthal/Nestler/Neubacher/Verrel* M Rdn. 253; *Böhm* Rdn. 348; a.A. KG, Beschl. vom 10.1.1985 – 4 VAs 25/84, ZfStrVo 1985, 381, 382; OLG Dresden, Beschl. vom 8.7.1998 – 2 Ws 269/98, bei *Matzke* NStZ 1999, 44; OLG Frankfurt, Beschl. vom 12.7.1996 – 3 Ws 396/96 StVollz, NStZ-RR 1996, 350, 351; OLG Hamm, Beschl. vom 21.2.1989 – 1 Vollz (Ws) 379/88, ZfStrVo 1990, 247, 248; OLG Karlsruhe, Beschl. vom 8.2.1985 – 1 Ws 245/84, NStZ 1985, 430, 431 m. zust. Anm. *Volckart* und insoweit krit. Anm. *Feest/Lesting* StV 1985, 468 f; OLG München, Beschl. vom 17.3.1986 – 1 Ws 1026/85, NStZ 1987, 45 f m. insoweit krit. Anm. *Seebode*; OLG Stuttgart, Beschl. vom 21.8.1985 – 4 Ws 232/85, NStZ 1986, 47, 48; *Arloth/Krä* § 93 StVollzG Rdn. 4; offen gelassen von BGH, Beschl. vom 17.1.1989 – 5 AR Vollz 26/88, BGHSt 36, 80, 82; OLG Hamburg, Beschl. vom 6.1.1993 – 3 Vollz (Ws) 40/92, NStZ 1993, 256; OLG Hamm, Beschl. vom 26.3.1984 – 1 Vollz (Ws) 2/84, NStZ 1984, 432.
629 OLG Stuttgart, Beschl. vom 19.2.2018 – 4 Ws 424/17, StV 2018, 646, 648.
630 **BW** LT-Drucks. 14/5012, 232 nennt nur die Beschädigung von Anstaltseigentum.
631 Siehe OLG Hamm, Beschl. vom 22.12.1980 – 1 Vollz (Ws) 52/80, ZfStrVo 1981, 249 f; OLG Stuttgart, Beschl. vom 19.2.2018 – 4 Ws 424/17, StV 2018, 646, 647; *Arloth/Krä* § 93 StVollzG Rdn. 5; BeckOK-*Bartel* § 93 StVollzG Rdn. 11; *Laubenthal/Nestler/Neubacher/Verrel* M Rdn. 255.
632 OLG Stuttgart, Beschl. vom 19.2.2018 – 4 Ws 424/17, StV 2018, 646, 647.

zur Klärung durch das Zivilgericht aussetzen,[633] auch wenn sie dies tun kann (vgl. Kap. 12 B.). Eines zivilprozessualen Titels bedarf es danach aber stets, sofern vollzugsexternes Vermögen des Gefangenen in Anspruch genommen werden oder die Möglichkeit der Vollstreckung in künftige Werte erhalten bleiben soll.

12 Eine derartige Rechtswegzuweisung fehlt in **Hamburg, Hessen** und **Niedersachsen**; **NI** §§ 51, 86 enthalten auch keine Verweisung auf § 93 Abs. 3 StVollzG. Damit ist in diesen Ländern ohne Unterschied, also auch zur Entscheidung über zivilrechtliche Fragen, der Rechtsweg nach §§ 109 ff StVollzG einschlägig.[634] Besonders deutlich wird dies in Hessen, indem **HE** § 52 Abs. 2 Satz 1 die Geltendmachung des Anspruchs gegen den Gefangenen in **Bescheidform** gestattet. Unbeschadet der nicht ganz eindeutigen Formulierung dürfte sich diese Möglichkeit nur auf die in **HE** § 52 Abs. 1 Satz 1 und 2 genannten Ansprüche, nicht aber auf solche auf der Basis anderer Rechtsvorschriften (**HE** § 52 Abs. 1 Satz 3) beziehen,[635] bei Bestandskraft des Bescheides aber nach den Vorschriften über die Verwaltungsvollstreckung die Inanspruchnahme auch vollzugsexternen Vermögens ermöglichen.

13 **6. Absehen von Aufrechnung bzw. Vollstreckung.** Gem. § 93 Abs. 4 StVollzG, auch i.V.m. **NW** § 110 Nr. 4, **BW** § 72 Abs. 4 III, **BY** Art. 89 Abs. 4, **HH** § 77 Abs. 3, **HE** § 52 Abs. 3, **ST** § 122 Abs. 4 muss die Vollzugsbehörde von der Aufrechnung bzw. der Vollstreckung der in § 93 Abs. 1 StVollzG, **BW** § 72 Abs. 1 und 2 III (s. Rdn. 10), **BY** Art. 89 Abs. 1 Satz 1, **HH** § 77 Abs. 1 Satz 1, **HE** § 52 Abs. 1 Satz 1 und 2 (s. Rdn. 7 f) , **ST** § 122 Abs. 1 und 2 (Rdn. 10) genannten Forderungen absehen, wenn hierdurch die **Behandlung des Gefangenen oder seine Eingliederung behindert** würde. Nur auf die Erfüllung des Eingliederungsauftrags wird in Hessen abgehoben bzw. in Niedersachsen auf die Erreichung des Vollzugszieles (**NI** § 5 Satz 1); in der Sache bewirkt dies keinen Unterschied.[636] Hinsichtlich der gerade skizzierten Voraussetzungen besteht ein gerichtlich nur eingeschränkt überprüfbarer **Beurteilungsspielraum**.[637] Die Vorschriften binden die Behörde allerdings hinsichtlich der Ausübung ihres Ermessens. Obwohl sie sich ausdrücklich nur auf die aufgezählten Anspruchsgrundlagen beziehen, gilt **allgemein**, dass die Vollzugsbehörde mit ihren Maßnahmen die Behandlung und Eingliederung des Gefangenen nicht behindern darf;[638] nur die Sicherungsaufgabe erlaubt insoweit Abstriche. Deshalb sind Schadensersatzansprüche selbst wegen vorsätzlicher Sachbeschädigung oder Verletzung von Bediensteten in das pfändbare Vermögen des Gefangenen nicht zu vollstre-

---

633 OLG Dresden, Beschl. vom 29.10.1998 – 2 Ws 60/98, bei *Matzke* NStZ 1999, 446 f; OLG Hamburg, Beschl. vom 30.1.2009 – 3 Vollz (Ws) 73/08, bei *Roth* NStZ 2010, 442; OLG Karlsruhe, Beschl. vom 4.11.1985 – 1 Ws 248/85, Die Justiz 1986, 223; OLG München, Beschl. vom 17.3.1986 – 1 Ws 1026/85, NStZ 1987, 45, 46 m. insoweit zust. Anm. *Seebode*; OLG Naumburg, Beschl. vom 8.9.2015 – 1 Ws (RB) 91/15, FS SH 2016, 81, 82; OLG Stuttgart, Beschl. vom 21.8.1985 – 4 Ws 232/85, NStZ 1986, 47, 48; Beschl. vom 19.2.2018 – 4 Ws 424/17, StV 2018, 646, 647; *Arloth/Krä* § 93 StVollzG Rdn. 5; BeckOK-*Bartel* § 93 StVollzG Rdn. 20; a.A. OLG Hamm, Beschl. vom 18.8.1986 – 1 Vollz (Ws) 155/85, NStZ 1987, 190, 191; KG, Beschl. vom 9.5.2003 – 3 Ws 135/03 Vollz, NStZ-RR 2003, 317, 318 f; OLG Zweibrücken, Beschl. vom 22.5.2014 – 1 Ws 83/14, FS 2015, 65; LG Bielefeld, Beschl. vom 8.6.1984 – 15 Vollz. 29/84, NStZ 1984, 527; *Laubenthal/Nestler/Neubacher/Verrel* M Rdn. 255.
634 Vgl. *Arloth/Krä* § 77 HmbStVollzG Rdn. 1, § 52 HStVollzG Rdn. 2, § 86 NJVollzG Rdn. 1; *Laubenthal/Nestler/Neubacher/Verrel* M Rdn. 256.
635 S. **HE** LT-Drucks. 18/1396, 109.
636 Vgl. *Arloth/Krä* § 52 HStVollzG Rdn. 2; *Laubenthal/Nestler/Neubacher/Verrel* M Rdn. 258.
637 OLG Stuttgart, Beschl. vom 19.2.2018 – 4 Ws 424/17, StV 2018, 646, 648; BeckOK-*Bartel* § 93 StVollzG Rdn. 17.
638 So auch OLG Hamm, Beschl. vom 18.8.1986 – 1 Vollz (Ws) 155/85, NStZ 1987, 190, 192; *Laubenthal/Nestler/Neubacher/Verrel* M Rdn. 259.

cken,⁶³⁹ soweit ihre Durchsetzung die finanzielle Basis des Inhaftierten bei seiner Entlassung (etwa im Hinblick auf seine sonstige Schuldenlast) auf lange Zeit derart schmälert, dass er aus diesem Grund zusätzlich gefährdet erscheint.⁶⁴⁰ Die Möglichkeit der Beeinträchtigung eines zu den Vollzugsbediensteten gefassten Vertrauensverhältnisses genügt prinzipiell jedoch nicht.⁶⁴¹

In **Niedersachsen** hat gem. **NI** § 51 Abs. 2 – über § 93 Abs. 4 StVollzG hinausgehend – die Durchsetzung **sämtlicher Ansprüche** des Landes gegen einen Gefangenen zu unterbleiben, wenn dadurch die Erreichung des Vollzugszieles behindert würde. Ermessen des Anstaltsleiters besteht insoweit nicht,⁶⁴² allerdings ein gerichtlich nicht vollständig überprüfbarer Beurteilungsspielraum. 14

In den Fällen der Aufrechnung kann der Gefangene die Berücksichtigung der in Rdn. 13 f umschriebenen Gesichtspunkte durch die Vollzugsbehörde im **Verfahren nach §§ 109 ff StVollzG** überprüfen lassen. Das ist wegen der zu prüfenden materiellen Fragen (z.B. Beachtung des Vollzugsziels) zweckmäßig.⁶⁴³ 15

7. Zuständigkeit bei Verlegung. Wird der Gefangene verlegt, nachdem sich das den Anspruch begründende Geschehen ereignet hat, war für die Einziehung der Forderung sowie die Entscheidungen nach § 93 Abs. 2 und 4 StVollzG die aufnehmende Anstalt desselben Landes zuständig (VV Abs. 2 Satz 1 zu § 93 StVollzG). Die Anstalt eines anderen Landes sollte im Wege der **Amtshilfe** um die weitere Einziehung der Forderung ersucht werden (VV Abs. 2 Satz 2 zu § 93 StVollzG). Das wird auf der Basis von Art. 35 Abs. 1 GG weiterhin gelten. Allerdings kann ein Bundesland mangels Gegenseitigkeit nicht mit seinen Ansprüchen gegen die Forderungen des Gefangenen gegen ein anderes Bundesland aufrechnen; es bedarf auch hier eines zivilprozessualen Titels.⁶⁴⁴ 16

III. Regelungsmodell nach Musterentwurf

1. Selbstschädigung. Gem. **BB** § 74 Abs. 3 Satz 1, **HB** § 63 Abs. 3 Satz 1, **MV** § 62 Abs. 2 Satz 1, **RP** § 72 Abs. 3 Satz 1, **SL** § 62 Abs. 3 Satz 1, **SN** § 63 Abs. 3 Satz 1, **ST** § 73 Abs. 3, **SH** § 79 Abs. 3 Satz 1, **TH** § 73 Abs. 3 Satz 1 sind die Gefangenen in diesem Fall an den Kosten der von der Anstalt erbrachten medizinischen Leistungen **zu beteiligen**; lediglich in Berlin ist dies nicht vorgesehen. Vorausgesetzt wird aber eine **mutwillige** Selbstverletzung. Darunter fallen nicht solche Selbstschädigungen, die aus Krankheiten oder psychischen Störungen resultieren oder nachvollziehbare Reaktionen auf die Haftsituation darstellen, etwa Suizidversuche, die nicht als Nötigungsmittel eingesetzt werden.⁶⁴⁵ Die Kostenbeteiligung ist zwingend anzuordnen, allerdings nur **in angemessener Höhe**. Damit wird der Anstalt kein Ermessen eröffnet.⁶⁴⁶ Es handelt sich vielmehr um 17

---

639 Vgl. OLG München, Beschl. vom 17.3.1986 – 1 Ws 1026/85, NStZ 1987, 45, 46 m. Anm. *Seebode*; OLG Stuttgart, Beschl. vom 21.8.1985 – 4 Ws 232/85, NStZ 1986, 47, 48, allerdings jeweils für eine auf Treu und Glauben gestützte Ausnahme vom Aufrechnungsverbot (Rdn. 9).
640 So auch OLG Karlsruhe, Beschl. vom 4.11.1985 – 1 Ws 248/85, Die Justiz 1986, 223.
641 *Arloth/Krä* § 93 StVollzG Rdn. 6; a.A. BeckOK-*Bartel* § 93 StVollzG Rdn. 18; *Laubenthal/Nestler/Neubacher/Verrel* M Rdn. 258.
642 S. auch *Arloth/Krä* § 51 NJVollzG Rdn. 2; *Laubenthal/Nestler/Neubacher/Verrel* M Rdn. 259.
643 OLG Hamm, Beschl. vom 22.12.1980 – 1 Vollz (Ws) 52/80, ZfStrVo 1981, 249, 250; OLG München, Beschl. vom 17.3.1986 – 1 Ws 1026/85, NStZ 1987, 45, 46 m. insoweit zust. Anm. *Seebode*.
644 *Höflich/Schriever* S. 100.
645 Siehe **RP** LT-Drucks. 16/1910, 142 f; **SN** LT-Drucks. 5/10920, 130; *Arloth/Krä* § 63 SächsStVollzG Rdn. 4.
646 A. A. etwa **RP** LT-Drucks. 16/1910, 143; **SN** LT-Drucks. 5/10920, 130; *Arloth/Krä* § 63 SächsStVollzG Rdn. 4; AK-*Lesting* Teil II § 62 Rdn. 65.

einen gerichtlich voll überprüfbaren unbestimmten Rechtsbegriff.[647] Beachtliche Gesichtspunkte bilden insoweit das Ausmaß der Mutwilligkeit, die Höhe der dem Vollzug entstandenen Aufwendungen sowie die finanzielle Leistungsfähigkeit des Gefangenen.[648] Über letztere Auskunft zu erteilen, ist er allerdings nicht verpflichtet. Weil nur eine teilweise Kostenüberwälzung möglich wird und auch in subjektiver Hinsicht die Mutwilligkeit gesteigerte Anforderungen stellt, ist die Vorschrift für die Inhaftierten günstiger als das Modell nach StVollzG.

18   Nach **Satz 2** der vorstehend genannten Normen (**ST**: § 73 Abs. 4) **unterbleibt** – wie nach § 93 Abs. 4 StVollzG – die **Erhebung** des Selbstbehalts, wenn hierdurch die Erreichung des Vollzugsziels, namentlich die Eingliederung des Gefangenen, gefährdet würde. Damit scheidet zwingend eine Kostenbeteiligung aus; sie darf auch nicht in geringer Höhe verlangt werden.[649] Beispiele bilden die Demotivierung des Gefangenen durch die finanzielle Verpflichtung mit der Folge einer Ablehnung von Behandlungsmaßnahmen oder gravierende Auswirkungen der Schuldenlast für den Übergang in die Freiheit.[650]

19   **2. Fremdschädigung.** Nach **BE** § 71 Abs. 3 Satz 1, **BB** § 75 Abs. 3 Satz 1, **HB** § 64 Abs. 3 Satz 1, **MV** § 63 Abs. 3 Satz 1, **RP** § 73 Abs. 3 Satz 1, **SL** § 63 Abs. 3 Satz 1, **SN** § 64 Abs. 3 Satz 1, **ST** § 74 Abs. 3 Satz 1, **SH** § 80 Abs. 3 Satz 1, **TH** § 74 Abs. 3 Satz 1 **gehen gesetzliche Schadensersatzansprüche**, die Gefangenen wegen einer Körperverletzung (Rdn. 5) gegen Dritte erwachsen sind, etwa aus § 823 Abs. 1 BGB, § 823 Abs. 2 BGB i.V.m. § 223 StGB, § 826 BGB, mit ihrer Entstehung auf das jeweilige Bundesland als Träger des Vollzuges **über**, soweit dieser dem Gefangenen medizinische Leistungen zu gewähren hat. Es bleibt ohne Bedeutung, ob tatsächlich Leistungen erbracht werden.[651] Teil der Heilbehandlung ist nicht die Gewährung von Schmerzensgeld; Ansprüche hierauf sind von der cessio legis nicht erfasst. **Dritte** in diesem Sinne können vollzugsexterne Personen, aber auch Mitgefangene[652] oder Vollzugsbedienstete sein. Anders als nach § 93 Abs. 1 Satz 1 StVollzG besteht keine Beschränkung auf Vorsatz und grobe Fahrlässigkeit; die Legalzession erfolgt also auch bei leichter Fahrlässigkeit des Schädigers. Relevanz erlangt es aber, wenn z.B. ein Mitverschulden des Gefangenen (§ 254 BGB) vorliegt. An den Voraussetzungen für den Anspruchsübergang fehlt es bei einem Gefangenen im freien Beschäftigungsverhältnis (s. Kap. 4 H. Rdn. 5); hier kommt ggf. dessen Krankenversicherung in den Genuss des Forderungsübergangs.

20   Die Ansprüche werden nach **Satz 2** der soeben aufgezählten Vorschriften ebenfalls **nicht geltend gemacht**, wenn hierdurch die Erreichung des Vollzugsziels, speziell die Eingliederung, gefährdet würde (Rdn. 18). Dies gilt in den meisten Ländern ohne Ermessen der Anstalt; lediglich nach **MV** § 63 Abs. 3 Satz 2 besteht ein solches. Dort ist zudem allgemeiner formuliert, dass auf die Anspruchsdurchsetzung aus Billigkeitsgründen verzichtet werden kann. Ein solcher Verzicht kommt etwa gegenüber angehörigen Schädigern in Betracht, aber auch im Interesse der Begrenzung der Schuldenlast anspruchsverpflichteter Mitgefangener; Gefangener i.S.d. Vorschriften kann nach ihrem Wortlaut wie dem Normzweck sowohl der Schädiger als auch der Geschädigte sein.[653] Sonstige Verpflichtete schützen die Bestimmungen nicht; jene können sich nicht darauf berufen,

---

647 Wie hier *Laubenthal/Nestler/Neubacher/Verrel* M Rdn. 251.
648 Etwa **SN** LT-Drucks. 5/10920, 130; *Arloth/Krä* § 63 SächsStVollzG Rdn. 4.
649 *Arloth/Krä* § 63 SächsStVollzG Rdn. 5.
650 S. nur **SN** LT-Drucks. 5/10920, 130; *Arloth/Krä* § 63 SächsStVollzG Rdn. 5.
651 *Arloth/Krä* § 64 SächsStVollzG Rdn. 3; AK-*Lesting* Teil II § 63 Rdn. 37.
652 **SN** LT-Drucks. 5/10920, 131; *Arloth/Krä* § 64 SächsStVollzG Rdn. 3; AK-*Lesting* Teil II § 63 Rdn. 37.
653 So auch **SN** LT-Drucks. 5/10920, 131; *Arloth/Krä* § 64 SächsStVollzG Rdn. 3; AK-*Lesting* Teil II § 63 Rdn. 38; *Laubenthal/Nestler/Neubacher/Verrel* M Rdn. 254.

dass sie im Interesse des Geschädigten nicht in Anspruch zu nehmen wären.[654] In Mecklenburg-Vorpommern soll, obwohl der Wortlaut der dortigen Norm sogar einen Verzicht ausschließlich im Interesse eines vollzugsfremden Schädigers zuließe, ausweislich der Materialien nichts anderes gelten.[655]

3. Verfahren. Vorschriften nach Art von § 93 Abs. 2 und 3 StVollzG existieren nicht. **21** Ein Zugriff auf das Hausgeld kommt damit nicht in Betracht. Zudem bestehen keine besonderen Regelungen über den **Rechtsweg**. Ansprüche auf Kostenbeteiligung bei Selbstverletzung (Rdn. 17) macht die Anstalt durch Bescheid geltend; der Rechtsweg nach §§ 109 ff StVollzG ist eröffnet. Die übergegangenen Schadensersatzansprüche (Rdn. 19) sind im dafür vorgesehenen Rechtsweg, also i.d.R. vor den Zivilgerichten, einzuklagen.[656]

K. Unmittelbarer Zwang

I. Allgemeine Voraussetzungen

Bund	§ 94 StVollzG
Baden-Württemberg	BW § 73 III JVollzGB
Bayern	BY Art. 101 BayStVollzG
Berlin	BE § 90 StVollzG Bln
Brandenburg	BB § 94 BbgJVollzG
Bremen	HB § 83 BremStVollzG
Hamburg	HH § 79 HmbStVollzG
Hessen	HE § 53 Abs. 2 HStVollzG
Mecklenburg-Vorpommern	MV § 82 StVollzG M-V
Niedersachsen	NI § 87 NJVollzG
Nordrhein-Westfalen	NW § 73 StVollzG NRW
Rheinland-Pfalz	RP § 92 LJVollzG
Saarland	SL § 82 SLStVollzG
Sachsen	SN § 87 SächsStVollzG
Sachsen-Anhalt	ST § 93 JVollzGB LSA
Schleswig-Holstein	SH § 113 LStVollzG SH
Thüringen	TH § 93 ThürJVollzG
Musterentwurf	ME § 85

Schrifttum

Baier Der Einsatz der Polizei in Justizvollzugsanstalten, in: Festgabe für Knemeyer, Baden-Baden 2019, 105; *Bettendorf/Grochol/Samhuber* Einsatz von Diensthunden im Bayerischen Strafvollzug, in: FS 2017, 347; *Bothge* Nochmal: Die Anwendung unmittelbaren Zwangs in: ZfStrVo 2001, 335; *Grommek* Unmittelbarer Zwang im Strafvollzug, Köln 1982; *Koch* Zur Ausübung von Notwehrrechten im Rahmen der Anwendung unmittelbaren Zwanges gem. §§ 94 ff StVollzG, in: ZfStrVo 1995, 27; *Korndörfer* Aspekte der Sicherheit im Justizvollzug, in: Herrfahrdt (Hrsg.), Sicherheit und Behandlung – Strafvollzug im Wandel, Hannover 2002, 188; *Radtke/Britz* Zur Anwendung unmittelbaren Zwangs durch Vollzugsbeamte, in: ZfStrVo 2001, 134; *Suhrbier* Sicherheit im Justizvollzug, in: Herrfahrdt (Hrsg.), Strafvollzug in Europa, Hannover 2001, 98.

---

654 **SN** LT-Drucks. 5/10920, 131; *Arloth/Krä* § 64 SächsStVollzG Rdn. 3; *Laubenthal/Nestler/Neubacher/Verrel* H Rdn. 77 a.E.
655 S. **MV** LT-Drucks. 6/1337, 114.
656 So auch *Laubenthal/Nestler/Neubacher/Verrel* M Rdn. 257.

Übersicht

1. Allgemeine Hinweise: Bedeutung des unmittelbaren Zwanges —— 1–7
2. Erläuterungen —— 8–23
   a) Die anwendungsberechtigten Bediensteten —— 8, 9
   b) Die Anwendungsvoraussetzungen —— 10–13
      aa) Durchsetzung von Vollzugsmaßnahmen —— 11
      bb) Durchsetzung von Sicherungsmaßnahmen —— 12
      cc) Die Anwendungsvoraussetzung der Rechtmäßigkeit der Maßnahme —— 13
   c) Unmittelbarer Zwang gegen andere Personen —— 14
   d) Unmittelbarer Zwang aufgrund anderer Regelungen —— 15
   e) Abgrenzung: Unmittelbarer Zwang nach dem Strafvollzugsgesetz und Zwangsmaßnahmen nach anderen Regelungen —— 16–20
      aa) Problem der Überschneidung von Handlungsermächtigungen —— 17
      bb) Grundsatz: für Vollzugsbedienstete gilt die Regelung des Vollzugsgesetzes —— 18
      cc) Unmittelbarer Zwang zur Abwendung von Störungen des Vollzuges —— 19
      dd) Vollzugliche Befugnisse als leges speciales —— 20
   f) Die VV zu § 94 StVollzG —— 21
3. Beispiele —— 22, 23
   a) Die Abwehr bewaffneter Eindringlinge —— 22
   b) Die Abwehr von Demonstranten —— 23

1 **1. Allgemeine Hinweise.** Die Strafvollzugsgesetze haben den **Vollzugsbediensteten** die Befugnis zur **Anwendung unmittelbaren Zwanges** gegenüber Inhaftierten (Abs. 1 der eingangs genannten Vorschriften) und bei Vorliegen besonderer Voraussetzungen auch gegenüber nichtinhaftierten Personen (Abs. 2 der Normen) eingeräumt. Die sehr ausführlichen und inhaltlich aufeinander abgestimmten Regelungen der Gesetze machen deutlich, dass die Justizvollzugsbediensteten innerhalb der Anstalten Befugnisse erhalten sollen, die außerhalb von Justizvollzugsanstalten der Polizei obliegen. Insoweit nimmt der Gesetzgeber die Tradition des deutschen Strafvollzuges auf, wonach den Strafvollzugsbediensteten dem Grundsatz nach die **Polizeigewalt innerhalb der Justizvollzugsanstalten** zusteht. Das gilt allerdings nur, wenn der **präventivpolizeiliche Aufgabenbereich** eröffnet und/oder soweit im Vollzugsrecht eine einschlägige **Befugnisnorm** enthalten ist. Fehlt es an letzterer, sieht aber das Polizei- oder Sicherheitsgesetz des betreffenden Bundeslandes eine solche vor, ist in der Tat nicht einzusehen, warum sie nicht angewendet werden sollte. Insoweit trifft die Aussage zu, die JVA sei kein polizeifreier Raum.[657] Erst recht werden Aufgaben und Befugnisse der Polizei im Bereich der Strafverfolgung nicht berührt oder gar ersetzt. Wäre es anders, dürfte die Polizei etwa eine richterlich angeordnete Durchsuchung zur Auffindung von Beweismitteln in einem Ermittlungsverfahren gegen Vollzugsbedienstete ohne das Einverständnis des Anstaltsleiters nicht durchführen – ein offensichtlich unhaltbares Ergebnis. Insoweit ist allerdings zu beachten: Da die StPO keine Vorschriften über den unmittelbaren Zwang enthält, kommen hier primär wiederum die entsprechenden Vorschriften der Vollzugsgesetze zum Tragen.

2 Die **Polizei** konnte bisher aufgrund der Regelung im StVollzG in Justizvollzugsanstalten zur Gefahrenabwehr **im vollzuglichen Aufgabenbereich** i. d. R. nur tätig werden, wenn sie vom Anstaltsleiter im Wege der **Amtshilfe** um Mitwirkung gebeten wurde.[658] Ein solches Amtshilfeersuchen ist nach den allgemeinen Regeln der Amtshilfe nur zulässig, soweit der ersuchenden Behörde die sächlichen oder personellen Mittel zur Bewältigung der anstehenden Verwaltungsaufgabe fehlen. Für den Bereich der Anwen-

---

657 So *Arloth/Krä* § 94 StVollzG Rdn. 5; *Baier* 2019, 107 ff; wohl auch AK-*Feest* Teil II § 82 Rdn. 3; a.A. z. T. Voraufl. § 94 Rdn. 1.
658 AK-*Feest* Teil II § 82 Rdn. 3; *Laubenthal/Nestler/Neubacher/Verrel* M Rdn. 111; a.A *Arloth/Krä* § 94 StVollzG Rdn. 5; BeckOK-*Wachs* § 94 StVollzG Rdn. 5.

dung unmittelbaren Zwangs bedeutet dies, dass der Leiter einer Justizvollzugsanstalt die Polizei nur um eine Amtshilfe bitten kann, wenn er einer Gefahrensituation innerhalb der Anstalt nicht mit eigenen Kräften wirksam genug begegnen kann. Ein solcher Polizeieinsatz kann etwa bei größeren Meutereien oder bei Geiselnahmen in Betracht kommen (zum Fall der Geiselnahme vgl. auch unten VI. Rdn. 17 ff). Amtshilfe zu leisten kann als Folge der vorrangigen „Polizeigewalt" der Vollzugsbediensteten in den Anstalten **auch dem Vollzug abgefordert** werden, wenn z.B. Anordnungen von Strafverfolgungsbehörden innerhalb einer Justizvollzugsanstalt, wie etwa bei der zwangsweisen Vorführung zur Entnahme einer Speichelprobe zum Zwecke der DNA-Analyse, durchgesetzt werden.[659]

Eine unterschiedliche Regelung findet sich in **Berlin**: Nach **BE** § 90 Abs. 3 bleibt das **3** Recht zur Anwendung unmittelbaren Zwangs durch andere Hoheitsträger, insbesondere Polizeivollzugsbedienstete, unberührt. Dies zeigt deutlich, dass eine **originäre Kompetenz anderer Behörden** zur Anwendung unmittelbaren Zwangs unabhängig von einem Ersuchen der Anstaltsleitung bestehen soll. Gestatten die übrigen Gesetze die Ausübung unmittelbaren Zwangs aufgrund anderer Rechtsvorschriften (Rdn. 15), gehen jedenfalls die auf der Basis des Musterentwurfs handelnden Gesetzgeber davon aus, dass dies nicht nur die Handlungsmöglichkeiten der Vollzugsbediensteten erweitert, sondern auch die Befugnisse „aufgrund anderer Vorschriften **durch die dazu bestimmten Hoheitsträger**" betrifft,[660] mithin diese ebenso auf der Basis ihrer eigenen Ermächtigungsnormen selbständig handeln dürfen.

In den Ländern, in denen aus ME § 85 das **Verbot des Schusswaffengebrauchs** **4** **durch Vollzugsbedienstete innerhalb der Anstalten** übernommen wurde (Brandenburg, Mecklenburg-Vorpommern, Rheinland-Pfalz, Sachsen, Sachsen-Anhalt, Thüringen, mit Einschränkungen ferner Schleswig-Holstein), hat sich die bisherige Systematik entscheidend verändert, denn die Neuregelung hat der Polizei die alleinige Verantwortung für den Einsatz von Schusswaffen in den Anstalten übertragen und damit konsequenterweise insoweit auch die Entscheidungsbefugnis über die Art der Anwendung unmittelbaren Zwangs (näher unten VI. Rdn. 62f). Sinnvoll könnte es sein, wenn die Polizei sich durch regelmäßige Begehungen der Anstalten ein Bild von der jeweiligen Sicherheitslage wie auch den örtlichen Gegebenheiten macht.

Die Gesetze regeln in §§ 94–101, 178 StVollzG, **BW** §§ 73–80, 112 III, **BY** Art. 101–108, **5** 194, 208 a. E., **BE** §§ 75, 89–93, 115 Abs. 8, **BB** §§ 79, 93–97, 120 Abs. 8, **HB** §§ 68, 82–86, 106 Abs. 8, **HH** §§ 78–84, 130 Nr. 6, **HE** §§ 25, 53f, 83 Nr. 7, **MV** §§ 67, 81–85, 105 Abs. 8, **NI** §§ 87–93, **NW** §§ 72–78, 110 Nr. 8 und 9, **RP** §§ 77, 91–95, 117 Abs. 8, Art. 4 Nr. 6 Landesgesetz zur Weiterentwicklung von Justizvollzug, Sicherungsverwahrung und Datenschutz,[661] **SL** §§ 67, 81–85, 105 Abs. 8, 118 Satz 2 Nr. 5, **SN** §§ 68, 86–89, 118 Abs. 8, 120 Satz 2 Nr. 6, **ST** §§ 78, 92–96, 121 Abs. 8, 166 Nr. 6, **SH** §§ 86, 112–116, 140 Abs. 8, **TH** §§ 78, 92–96, 118 Abs. 8, 142 Satz 2 Nr. 6 **für die Justizvollzugsanstalten** die Rechte und Pflichten der Bediensteten bei der Anwendung unmittelbaren Zwanges. Diese Vorschriften **ermächtigen** und **verpflichten** unter bestimmten Umständen die Vollzugsbediensteten zur Anwendung unmittelbaren Zwanges. Sie schaffen keine eigene Rechtsgrundlage für

---

659 S. *Radtke/Britz* ZfStrVo 2001, 134 ff; *Arloth/Krä* § 94 StVollzG Rdn. 5; AK-*Feest* Teil II § 82 Rdn. 3; *Laubenthal* Rdn. 722; *Laubenthal/Nestler/Neubacher/Verrel* M Rdn. 111; krit. zur geltenden Regelung vollzuglicher Amtshilfe *Bothge* ZfStrVo 2001, 335 ff.
660 Etwa **HB** LT-Drucks. 18/1475, 149; **SH** LT-Drucks. 18/3153, 162; **SN** LT-Drucks. 5/10930, 140; **ST** LT-Drucks. 6/3799, 220; jeweils im Anschluss an ME-Begründung 147; nur unter Bezugnahme auf Vollzugsbedienstete demgegenüber z.B. **BY** LT-Drucks. 15/8101, 69.
661 Vom 8.5.2013, GVBl. 79, 131.

selbständige Eingriffe, etwa für den Fall der Vorführung zur Speichelprobe,[662] regeln aber abschließend die Voraussetzungen und Mittel für die zwangsweise Durchsetzung **rechtmäßiger Maßnahmen**, soweit Vollzugsbedienstete in ihrer dienstlichen Eigenschaft unmittelbaren Zwang anwenden (Grundsatz der **Akzessorietät**).[663] Auch für Vollzugsbedienstete bleiben allerdings nach herrschender Auffassung Regelungen gültig, die jeden Bürger zu Zwangsmaßnahmen berechtigen (unten Rdn. 15).

6   Weil jede Anwendung unmittelbaren Zwanges ein starker Eingriff in die Rechte des Betroffenen ist, hat der Gesetzgeber die Anwendung unmittelbaren Zwanges auf nicht anders lösbare Fälle beschränkt (Grundsatz der **Subsidiarität**) und hinsichtlich der Intensität der Zwangsanwendung das Prinzip der **Verhältnismäßigkeit** aus dem allgemeinen Polizeirecht übernommen (unten III.). Im Strafvollzug der Gegenwart lassen sich viele Alltagsprobleme in den Vollzugsanstalten ohne Anwendung unmittelbaren Zwanges regeln. Mit Recht wird in der Fachdiskussion stets der **Vorrang der Behandlung** betont.[664] Ein entspanntes Arbeitsklima entsteht, wenn das Sicherungskonzept der jeweiligen Anstaltsleitung den Vorrang **sozialer Sicherheit** vor der administrativ kontrollierten Sicherheit enthält.[665] Deshalb ist es nicht verwunderlich, dass in behandlungsintensiven oder offenen Vollzugseinrichtungen Fälle der Anwendung unmittelbaren Zwanges relativ selten auftreten, wobei in solchen Anstalten auch besondere Sicherungsmaßnahmen selten angeordnet werden. Die Anstaltsbediensteten derartiger Einrichtungen kennen deshalb die gesetzlichen Regelungen zum unmittelbaren Zwang oft nicht besonders gut. Das ist gefährlich, denn wenn er angewendet werden muss, sind die Auswirkungen solcher Vollzugsmaßnahmen in der Regel außerordentlich schwerwiegend. Rechtmäßiges Handeln der Vollzugsorgane ist deshalb besonders wichtig; rechtmäßig handeln kann aber am ehesten, wer mit den gesetzlichen Regelungen vertraut ist. Zudem sind die Vorschriften der Strafvollzugsgesetze über die Anwendung unmittelbaren Zwanges in der Rechtsprechung – auch in neuester Zeit – **kaum behandelt** worden[666] und sie werden in der einschlägigen Fachliteratur in der Regel nur kurz kommentiert.[667]

7   Die gesetzlichen Vorschriften über die Anwendung unmittelbaren Zwanges sind **sehr präzise formuliert** worden. Der Bundesgesetzgeber hatte in den §§ 94–100 StVollzG in wesentlich detaillierterer Form als in den sonstigen Vorschriften des Strafvollzugsgesetzes Handlungsermächtigungen und Handlungspflichten der Vollzugsbediensteten beschrieben.[668] Es ist deshalb nicht verwunderlich, dass die Bundesländer die meisten, wenn nicht gar sämtliche Regelungen des StVollzG inhaltlich bis auf wenige redaktionelle Änderungen übernommen haben. Als wesentliche Ausnahmen sind zu nennen in einigen Gliedstaaten einerseits das partielle Verbot des Schusswaffengebrauchs durch Vollzugsbedienstete (bereits Rdn. 4), andererseits die Präzisierung der Vorschriften über ärztliche Zwangsmaßnahmen (dazu unten L.) unter Überführung der Materie in den Komplex Gesundheitsfürsorge.

---

662 So zutreffend *Radtke/Britz* ZfStrVo 2001, 135.
663 Wie hier K/S-*Schöch* § 8 Rdn. 13; *Laubenthal* Rdn. 722; *Walter* Rdn. 498.
664 S. *Suhrbier* 2001, 105; AK-*Feest* Teil II § 82 Rdn. 8; K/S-*Schöch* § 8 Rdn. 1; *Laubenthal* Rdn. 722; *Laubenthal/Nestler/Neubacher/Verrel* M Rdn. 109.
665 Für Gleichrangigkeit von administrativer und sozialer Sicherheit *Korndörfer* 2002, 188 ff.
666 Als wohl einzige ausführlichere Ausnahme OLG Hamm, Beschl. vom 2.7.1991 – 1 Vollz (Ws) 48/91, NStZ 1991, 509 m. Anm. *Schriever* NStZ 1993, 103.
667 Vgl. *Böhm* Rdn. 349 ff; K/S-*Schöch* § 8 Rdn. 13 f; *Walter* Rdn. 498; *Calliess* 175 f; *Hauf* Strafvollzug, Neuwied u.a. 1994, 121; etwas detaillierter *Höflich/Schriever* S. 161 ff; *Kett-Straub/Streng* Strafvollzugsrecht, München 2016, S. 150 ff; *Laubenthal* Rdn. 719 ff; ausführlich *Grommek* 1982.
668 So auch *Arloth/Krä* § 94 StVollzG Rdn. 1; *Laubenthal/Nestler/Neubacher/Verrel* M Rdn. 106.

2. Erläuterungen

a) Die anwendungsberechtigten Bediensteten. Nur Bedienstete der Justizvollzugsanstalten dürfen unmittelbaren Zwang gegenüber Gefangenen bzw. anderen Personen anwenden. Andere Vollzugsbedienstete (z.B. Bedienstete von Aufsichtsbehörden) dürfen dies nicht. Der Gesetzgeber möchte durch diese Regelung die Anwendung unmittelbaren Zwanges speziell aus- und fortgebildeten Bediensteten vorbehalten. Wer Vollzugsbediensteter in einer Justizvollzugsanstalt ist, regeln § 155 StVollzG, **BW** § 12 I, **BY** Art. 176, **BE** § 104, **BB** § 110, **HB** § 97, **HH** § 105, **HE** § 76, **MV** § 96, **NI** § 177, **NW** § 96, **RP** § 107, **SL** § 96, **SN** § 109, **ST** § 108, **SH** § 132, **TH** § 108. Die Gesetzgeber gehen in § 94 StVollzG, **BW** § 73 III, **BY** Art. 101, **BE** § 90, **BB** § 94, **HB** § 83, **HH** § 79, **HE** § 53 Abs. 2, **MV** § 82, **NI** § 87, **NW** § 73, **RP** § 92, **SL** § 82, **SN** § 87, **ST** § 93, **SH** § 113, **TH** § 93 davon aus, dass alle Bediensteten der Justizvollzugsanstalten, nicht nur Beamte,[669] ausgebildet und geübt sind, prinzipiell unmittelbaren Zwang anzuwenden. Weitere Einschränkungen werden allerdings bei der Anwendung von Schusswaffen gemacht. Es würde der gesetzlichen Regelung widersprechen, wenn Bedienstete der Aufsichtsbehörden, soweit sie weisungsberechtigte Vorgesetzte des Anstaltsleiters sind, konkrete Zwangsmaßnahmen befehlen würden.[670] Zulässig wäre jedoch die generelle Weisung, in einer Gefahrensituation von den im Gesetz eingeräumten Möglichkeiten Gebrauch zu machen.

Weder ausgeübt noch angeordnet werden darf unmittelbarer Zwang von **Privaten**, die etwa als beliehene Unternehmer oder sonst vertraglich Verpflichtete im Vollzug Aufgaben übernommen haben. Dem stünde bereits Art. 33 Abs. 4 GG entgegen.[671] Auch eine Heranziehung als Verwaltungshelfer (z.B. gem. **ST** § 109 Abs. 1 Satz 2) scheidet insoweit aus.

b) Die Anwendungsvoraussetzungen. Welche Form des unmittelbaren Zwanges die Vollzugsbediensteten anwenden dürfen, ergibt sich aus den weiteren Vorschriften. § 94 StVollzG, **BW** § 73 III, **BY** Art. 101, **BE** § 90, **BB** § 94, **HB** § 83, **HH** § 79, **HE** § 53 Abs. 2, **MV** § 82, **NI** § 87, **NW** § 73, **RP** § 92, **SL** § 82, **SN** § 87, **ST** § 93, **SH** § 113, **TH** § 93 regeln zunächst die **Anwendungsvoraussetzungen**.

aa) Durchsetzung von Vollzugsmaßnahmen. Unmittelbarer Zwang darf nur angewendet werden, wenn **rechtmäßige Vollzugsmaßnahmen** durchzuführen sind und der damit verfolgte Zweck auf keine andere Weise erreicht werden kann, § 94 Abs. 1 StVollzG, **BW** § 73 Abs. 1 III, **BY** Art. 101 Abs. 1, **BE** § 90 Abs. 1, **BB** § 94 Abs. 1, **HB** § 83 Abs. 1, **HH** § 79 Abs. 1, **HE** § 53 Abs. 2 Satz 1, **MV** § 82 Abs. 1, **NI** § 87 Abs. 1, **NW** § 73 Abs. 1, **RP** § 92 Abs. 1, **SL** § 82 Abs. 1, **SN** § 87 Abs. 1 (s. aber Rdn. 13), **ST** § 93 Abs. 1, **SH** § 113 Abs. 1, **TH** § 93 Abs. 1. Die zwangsweise **Durchsetzung von Vollzugsmaßnahmen** wird in der Praxis selten vorkommen, da viele Vollzugsmaßnahmen von der Sache her nur in Übereinstimmung mit dem Gefangenen durchgeführt werden können. Es sind aber auch Fälle möglich, in denen Gefangene notwendigen Vollzugsmaßnahmen uneinsichtig begegnen (z.B. Verlegungen) oder sich nicht im Vollbesitz ihrer geistigen Kräfte befinden. Diese Vollzugsmaßnahmen werden notfalls im Wege des unmittelbaren Zwanges durchgesetzt werden müssen. Wichtig ist es, dass bei der zwangsweisen Durchsetzung von Vollzugsmaßnahmen besonders gründlich geprüft wird, ob der mit der Vollzugsmaß-

---

669 Dazu *Höflich/Schriever* S. 162.
670 AK-*Feest* Teil II § 82 Rdn. 4; a.A. *Arloth/Krä* § 94 StVollzG Rdn. 3.
671 *Arloth/Krä* § 94 StVollzG Rdn. 3; im Ergebnis auch AK-*Feest* Teil II § 82 Rdn. 4; BeckOK-*Wachs* § 94 StVollzG Rdn. 2; *Laubenthal/Nestler/Neubacher/Verrel* M Rdn. 108.

nahme verfolgte Zweck überhaupt erreicht werden kann, wenn die betroffenen Gefangenen nicht freiwillig zur Mitarbeit bereit sind. Wird nämlich der Zweck einer Vollzugsmaßnahme durch die Anwendung unmittelbaren Zwanges genauso wenig erreicht wie ohne seine Anwendung (III. Rdn. 2), so muss die Anwendung unmittelbaren Zwanges auch dann ausscheiden, wenn damit eigentlich sinnvolle Maßnahmen unterbleiben.[672]

12   bb) Durchsetzung von Sicherungsmaßnahmen. Unmittelbarer Zwang darf auch angewendet werden, wenn der Zweck von **Sicherungsmaßnahmen** (oben I. I. 1. b]) nicht auf andere Weise erreicht werden kann. Solche Sicherungsmaßnahmen können sich als allgemeine gegen Gefangene richten (etwa oben D. bis H.) oder können Sicherungsmaßnahmen sein, die zur Aufrechterhaltung der sicheren Verwahrung der untergebrachten Gefangenen generell getroffen worden sind. In der Praxis des Vollzuges ist eine Vielzahl von Fällen denkbar, in denen Gefangene sich Sicherungsmaßnahmen widersetzen wollen oder in denen sie generelle Maßnahmen der Anstalt nicht beachten, sei es, dass sie sich in aus Sicherheitsgründen besonders gesperrten Bereichen der Anstalt aufhalten oder dass sie sich gegen Maßnahmen, die sie selbst betreffen, zur Wehr setzen. Nicht immer ist die Abgrenzung der Sicherungsmaßnahmen von den Vollzugsmaßnahmen leicht, z.B. ist der gegen den Willen betroffener Gefangener durchgeführte Abbruch einer Gruppenveranstaltung überwiegend eine Vollzugsmaßnahme zur Aufrechterhaltung eines geordneten Vollzuges und keine Sicherungsmaßnahme (Beispiel: die für eine Fernsehgruppe im Rahmen des Dienstbetriebes vertretbare Zeit ist abgelaufen, die Live-Übertragung eines Fußballspieles aber noch nicht beendet).

13   cc) Die Anwendungsvoraussetzung der Rechtmäßigkeit der Maßnahme. Vollzugsmaßnahmen und Sicherungsmaßnahmen dürfen nur dann im Wege des unmittelbaren Zwanges durchgesetzt werden, wenn sie **rechtmäßig** sind. Das bedeutet, dass diese Maßnahmen auf einer gesetzlichen Ermächtigung innerhalb oder außerhalb des StVollzG[673] beruhen müssen; die allgemeine Gehorsamspflicht genügt nicht, weil diese ihrerseits eine rechtmäßige Anordnung auf der Basis einer Befugnisgrundlage voraussetzt.[674] Im Vollzugsalltag kann das Problem auftreten, dass Bedienstete zwar keine besonders sinnvollen, aber durchaus rechtmäßige Anweisungen geben. Manche Gefangene verweigern dann die Befolgung solcher Anordnungen. In diesem Fall können zur Wahrung der Autorität der Vollzugsverwaltung Zwangsmaßnahmen nur angeordnet werden, wenn dies zur Aufrechterhaltung der Sicherheit oder zur Abwendung einer schwerwiegenden Störung der Ordnung der Anstalt unerlässlich ist. Der in Sachsen jüngst erfolgte Verzicht auf die Voraussetzung der Rechtmäßigkeit der Maßnahme (**SN** § 87 Abs. 1 Satz 1 n.F.) unter Hinweis darauf, nach allgemeinen Grundsätzen werde nur deren Vollziehbarkeit vorausgesetzt,[675] überzeugt schon mangels spezifisch vollzuglicher Regeln hierzu nicht. – Die Anwendung unmittelbaren Zwangs, gegen die ex situatione regelmäßig kein Rechtsschutz erlangt werden kann, begründet wegen möglicher nachteiliger Folgen im

---

672 Im Ergebnis ähnlich AK-*Feest* Teil II § 82 Rdn. 5, 8; anders OLG Frankfurt, Beschl. vom 2.12.1996 – 3 Ws 771/96, NStZ-RR 1997, 152, 153 für Teilnahme an Beschäftigungstherapie.
673 *Arloth/Krä* § 94 StVollzG Rdn. 3; BeckOK-*Wachs* § 94 StVollzG Rdn. 2; *Böhm* Rdn. 349; wohl auch AK-*Feest* Teil II § 82 Rdn. 5.
674 *Schriever* Anm. zu OLG Hamm in: NStZ 1993, 103; vgl. auch OLG Celle, Beschl. vom 18.11.1993 – 1 Ws 260/93 (StrVollz), NStZ 1994, 205; OLG Frankfurt, Beschl. vom 21.3.2013 – 3 Ws 58/13 (StVollz), NStZ-RR 2014, 30; *Arloth/Krä* § 82 StVollzG Rdn. 4.
675 SN LT-Drucks. 6/13475, 122.

weiteren Vollzugsverlauf und des mit ihnen verbundenen erheblichen Grundrechtseingriffs ein **Feststellungsinteresse** (§ 115 Abs. 3 StVollzG).[676]

c) Unmittelbarer Zwang gegen andere Personen. Unmittelbarer Zwang darf nach **14** § 94 Abs. 2 StVollzG, **BW** § 73 Abs. 2 III, **BY** Art. 101 Abs. 2, **BE** § 90 Abs. 2, **BB** § 94 Abs. 2, **HB** § 83 Abs. 2, **HH** § 79 Abs. 2, **HE** § 53 Abs. 2 Satz 2, **MV** § 82 Abs. 2, **NI** § 87 Abs. 2, **NW** § 73 Abs. 2, **RP** § 92 Abs. 2, **SL** § 82 Abs. 2, **SN** § 87 Abs. 2, **ST** § 93 Abs. 2, **SH** § 113 Abs. 2, **TH** § 93 Abs. 2 auch gegen andere Personen als Gefangene angewendet werden. Zusätzliche Voraussetzung ist, dass diese Personen Gefangene befreien wollen oder widerrechtlich in den Anstaltsbereich (**BE, BB, HB, MV, RP, SL, SN, ST, SH, TH** ohne Unterschied in der Sache: die Anstalt) einzudringen versuchen (Beispiel: Eindringen eines Panzerfahrzeugs in die JVA Schwalmstadt), oder sich unbefugt, d.h. ohne Erlaubnis, darin aufhalten. „**Unternehmen**" i. S. d. Normen ist wie in § 11 Abs. 1 Nr. 6 StGB auszulegen, also unter Erstreckung auf das Versuchs-, aber nicht das Vorbereitungsstadium,[677] im Übrigen kann auf die Auslegung von § 123 Abs. 1 StGB verwiesen werden.[678] In räumlicher Hinsicht erstrecken sich die Befugnisnormen auf das gesamte für Außenstehende gesperrte **Anstaltsgelände**, unabhängig von der Sicherung durch Mauer oder Zaun.[679] Relativ häufig kommt es vor, dass randalierende oder angetrunkene Besucher oder auch ehemalige Gefangene, welche die Anstalt nicht freiwillig verlassen wollen, zwangsweise entfernt werden müssen.

d) Unmittelbarer Zwang aufgrund anderer Regelungen. In § 94 Abs. 3 StVollzG **15** **BW** § 73 Abs. 3 III, **BY** Art. 101 Abs. 3, **BB** § 94 Abs. 3, **HB** § 83 Abs. 3, **HH** § 79 Abs. 3, **HE** § 53 Abs. 2 Satz 3, **MV** § 82 Abs. 3, **NI** § 87 Abs. 3, **NW** § 73 Abs. 3, **RP** § 92 Abs. 3, **SL** § 82 Abs. 3, **SN** § 87 Abs. 3, **ST** § 93 Abs. 3, **SH** § 113 Abs. 3, **TH** § 93 Abs. 3 ist zusätzlich aufgeführt, dass das Recht zur Anwendung unmittelbaren Zwanges aufgrund anderer Regelungen **unberührt bleibt**; in Sachsen-Anhalt ist noch deutlicher formuliert, jener dürfe aufgrund anderer Rechtsvorschriften ausgeübt werden. Gedacht ist hier an gesetzliche Regelungen, wie sie z.B. in § 32 und § 34 StGB oder § 127 Abs. 1 StPO enthalten sind. Die grundlegende Frage, **ob** auf solche Rechtsgrundlagen, die jedermann auch ohne Bindung an die Verhältnismäßigkeitserwägungen der Vollzugsgesetze zur Anwendung von unmittelbarem Zwang ermächtigen, der im Dienst befindliche Amtsträger sich **überhaupt** berufen darf, ist damit allerdings **nicht beantwortet**.[680] Fehlt eine entsprechende Regelung in **Berlin**, lässt sich dies ausweislich der hierzu schweigenden Materialien[681] aber nicht als bewusste Entscheidung des Landesgesetzgebers interpretieren, den Vollzugsbediensteten das Handeln auf der Basis allgemeiner Notrechte abzuschneiden.

e) Abgrenzung: Unmittelbarer Zwang nach dem Strafvollzugsgesetz und 16 Zwangsmaßnahmen nach anderen Regelungen. Schwierig kann es im Einzelfall sein,

---

676 OLG Hamm, Beschl. vom 2.7.1991 – 1 Vollz (Ws) 48/91, NStZ 1991, 509, 510; OLG Frankfurt, Beschl. vom 21.3.2013 – 3 Ws 58/13 (StVollz), NStZ-RR 2014, 30; AK-*Feest* Teil II § 82 Rdn. 18; *Arloth/Krä* § 94 StVollzG Rdn. 6.
677 AK-*Feest* Teil II § 82 Rdn. 9; *Arloth/Krä* § 94 StVollzG Rdn. 4; BeckOK-*Wachs* § 94 StVollzG Rdn. 4; *Laubenthal/Nestler/Neubacher/Verrel* M Rdn. 110; a.A. *C/MD* § 94 Rdn. 3.
678 Siehe *Fischer* § 123 Rdn. 13 ff.
679 AK-*Feest* Teil II § 82 Rdn. 9; *Arloth/Krä* § 94 StVollzG Rdn. 4; BeckOK-*Wachs* § 94 StVollzG Rdn. 4; *Laubenthal/Nestler/Neubacher/Verrel* M Rdn. 110.
680 Zum Diskussionsstand nur *Fischer* Vor § 32 Rdn. 6, § 32 Rdn. 12 f, jeweils m.w.N.; s. auch *Koch* ZfStrVo 1995, 27.
681 **BE** LT-Drucks. 17/2442, 262.

die Befugnisse, auf die § 94 Abs. 3 StVollzG, **BW** § 73 Abs. 3 III, **BY** Art. 101 Abs. 3, **BB** § 94 Abs. 3, **HB** § 83 Abs. 3, **HH** § 79 Abs. 3, **HE** § 53 Abs. 2 Satz 3, **MV** § 82 Abs. 3, **NI** § 87 Abs. 3, **NW** § 73 Abs. 3, **RP** § 92 Abs. 3, **SL** § 82 Abs. 3, **SN** § 87 Abs. 3, **ST** § 93 Abs. 3, **SH** § 113 Abs. 3, **TH** § 93 Abs. 3 hinweisen, von den Befugnissen abzugrenzen, welche nur den Vollzugsbediensteten gemäß § 94 Abs. 1 und 2 StVollzG, **BW** § 73 Abs. 1 und 2 III, **BY** Art. 101 Abs. 1 und 2, **BE** § 90 Abs. 1 und 2, **BB** § 94 Abs. 1 und 2, **HB** § 83 Abs. 1, **HH** § 79 Abs. 1, **HE** § 53 Abs. 2 Satz 1 und 2, **MV** § 82 Abs. 1 und 2, **NI** § 87 Abs. 1 und 2, **NW** § 73 Abs. 1 und 2, **RP** § 92 Abs. 1 und 2, **SL** § 82 Abs. 1 und 2, **SN** § 87 Abs. 1 und 2, **ST** § 93 Abs. 1 und 2, **SH** § 113 Abs. 1 und 2, **TH** § 93 Abs. 1 und 2 eingeräumt werden.[682]

17   **aa) Problem der Überschneidung von Handlungsermächtigungen.** Für dienstlich tätige Vollzugsbeamte gilt zunächst die Regel, dass unmittelbarer Zwang unter Beachtung der Vorschriften des Strafvollzugsgesetzes anzuwenden ist. Wäre der Beamte in der konkreten Situation z.B. in Notwehr auch nach anderen Vorschriften zur Gewaltanwendung berechtigt, so erlangen nach herkömmlicher Sicht § 94 Abs. 3 StVollzG, **BW** § 73 Abs. 3 III, **BY** Art. 101 Abs. 3, **BB** § 94 Abs. 3, **HB** § 83 Abs. 3, **HH** § 79 Abs. 3, **HE** § 53 Abs. 2 Satz 3, **MV** § 82 Abs. 3, **NI** § 87 Abs. 3, **NW** § 73 Abs. 3, **RP** § 92 Abs. 3, **SL** § 82 Abs. 3, **SN** § 87 Abs. 3, **ST** § 93 Abs. 3, **SH** § 113 Abs. 3, **TH** § 93 Abs. 3 Bedeutung. Das Verhalten eines berechtigterweise Notwehr übenden Beamten soll danach rechtlich zulässig sein, obwohl die Voraussetzungen von § 94 Abs. 1 StVollzG, **BW** § 73 Abs. 1 III, **BY** Art. 101 Abs. 1, **BE** § 90 Abs. 1, **BB** § 94 Abs. 1, **HB** § 83 Abs. 1, **HH** § 79 Abs. 1, **HE** § 53 Abs. 2 Satz 1, **MV** § 82 Abs. 1, **NI** § 87 Abs. 1, **NW** § 73 Abs. 1, **RP** § 92 Abs. 1, **SL** § 82 Abs. 1, **SN** § 87 Abs. 1, **ST** § 93 Abs. 1, **SH** § 113 Abs. 1, **TH** § 93 Abs. 1 nicht beachtet werden, z.B. weil der verfolgte Zweck auch auf eine andere Weise hätte erreicht werden können. Ähnliches gilt für das Festnahmerecht nach § 127 Abs. 1 StPO, wobei dieses allerdings innerhalb einer geschlossenen Justizvollzugsanstalt nur selten praktisch werden kann.

18   **bb) Grundsatz: für Vollzugsbedienstete gilt die Regelung des Vollzugsgesetzes.** Schwieriger ist es, die Befugnisse der Vollzugsbediensteten zur Anwendung unmittelbaren Zwangs gegenüber Nicht-Gefangenen gem. § 94 Abs. 2 StVollzG, **BW** § 73 Abs. 2 III, **BY** Art. 101 Abs. 2, **BE** § 90 Abs. 2, **BB** § 94 Abs. 2, **HB** § 83 Abs. 2, **HH** § 79 Abs. 2, **HE** § 53 Abs. 2 Satz 2, **MV** § 82 Abs. 2, **NI** § 87 Abs. 2, **NW** § 73 Abs. 2, **RP** § 92 Abs. 2, **SL** § 82 Abs. 2, **SN** § 87 Abs. 2, **ST** § 93 Abs. 2, **SH** § 113 Abs. 2, **TH** § 93 Abs. 2 deutlich von Rechten aus Notwehr, Nothilfe und § 127 StPO zu unterscheiden, wenn im Einzelfall die Gewaltanwendung (oder auch Androhung) sowohl nach dem Vollzugsgesetz als auch nach § 32 StGB bzw. § 127 StPO möglich wäre. Grundsätzlich muss der Justizvollzugsbedienstete auch in solchen Fällen prüfen, ob die Voraussetzungen des Vollzugsrechts vorliegen, denn nur dessen Vorschriften ermöglichen ihm planvolles und nachhaltiges Vorgehen. § 32 StGB oder § 127 StPO ermächtigen zu Sofortmaßnahmen in Akutfällen, in solchen Fällen ist baldmöglichst polizeiliche Hilfe angezeigt; die eingangs aufgezählten Bestimmungen stellen hingegen grundsätzlich auf die Fähigkeit der Selbsthilfe durch Vollzugsorgane ab.

19   **cc) Unmittelbarer Zwang zur Abwendung von Störungen des Vollzuges.** § 94 StVollzG, **BW** § 73 III, **BY** Art. 101, **BE** § 90, **BB** § 94, **HB** § 83, **HH** § 79, **HE** § 53 Abs. 2, **MV** § 82, **NI** § 87, **NW** § 73, **RP** § 92, **SL** § 82, **SN** § 87, **ST** § 93, **SH** § 113, **TH** § 93 haben als Schutzgut allerdings nur den **störungsfreien Vollzugsverlauf**, d.h. werden in Anstalten Straftaten begangen, die diesen nicht tangieren (z.B. aus einer offenen Anstalt wird der

---

[682] Vgl. dazu OVG Münster, Beschl. vom 19.1.1990 – 3 Ws 36/89, ZfStrVo 1990, 311, 313.

Pkw eines Bediensteten gestohlen), so gilt primär § 127 StPO als Handlungsermächtigung für die anwesenden Bediensteten.[683]

dd) Vollzugliche Befugnisse als leges speciales. Die Schwierigkeit, die Befugnisse gem. § 94 Abs. 1 und 2 StVollzG, **BW** § 73 Abs. 1 und 2 III, **BY** Art. 101 Abs. 1 und 2, **BE** § 90 Abs. 1 und 2, **BB** § 94 Abs. 1 und 2, **HB** § 83 Abs. 1, **HH** § 79 Abs. 1, **HE** § 53 Abs. 2 Satz 1 und 2, **MV** § 82 Abs. 1 und 2, **NI** § 87 Abs. 1 und 2, **NW** § 73 Abs. 1 und 2, **RP** § 92 Abs. 1 und 2, **SL** § 82 Abs. 1 und 2, **SN** § 87 Abs. 1 und 2, **ST** § 93 Abs. 1 und 2, **SH** § 113 Abs. 1 und 2, **TH** § 93 Abs. 1 und 2 von den aus anderen Regelungen folgenden Befugnissen in gewissen Einzelfällen abzugrenzen, darf nicht zu der Auffassung führen, dass die genannten Vorschriften einen geringen Bedeutungsumfang hätten. Der dienstliche Einsatz von Vollzugsbediensteten muss sich – abgesehen von spontanen Aktionen einzelner i. S. von § 32 StGB oder § 127 Abs. 1 StPO handlungsberechtigter Bediensteter – immer nach dem Vollzugsgesetz richten, das für die Vollzugsorganisation als jeweilige **lex specialis** anzusehen ist.[684] 20

f) Die VV zu § 94 StVollzG. Die VV hatte den Bediensteten die Einhaltung gewisser formaler Pflichten vorgeschrieben. Die Formulierung der VV Abs. 1 zeigt, dass die Beistandsleistung gegenüber Verletzten als eine wichtigere Pflicht anzusehen ist als die eher formalen Beweissicherungspflichten und Meldepflichten, die in der VV Abs. 2 und 3 festgelegt worden sind. Die Bediensteten traf die Hilfspflicht der VV Abs. 1 Satz 1 jedoch erst dann, wenn „die Lage es zulässt". Aus dieser Formulierung folgt, dass die Gefahrensituation, die zur Anwendung unmittelbaren Zwanges geführt hat, beendet sein muss.[685] Hierbei handelt es sich um den **Ausdruck allgemeiner Grundsätze**, die sich auch aus § 323c Abs. 1 StGB ergeben[686] und deshalb fortgelten. 21

3. Beispiele

a) Die Abwehr bewaffneter Eindringlinge. In den letzten Jahren wächst in den besonders gesicherten Justizvollzugsanstalten der Länder der Bundesrepublik Deutschland die Furcht, dass das Recht zur Ausübung unmittelbaren Zwangs gegenüber vollzugsfremden Personen in größerem Umfange als bisher praxisrelevant werden könnte. Rechts- wie linksradikale oder fundamental-religiöse „Revolutionäre" und zunehmend auch ausländische Terroristen haben immer wieder die gewaltsame Befreiung von Gesinnungsgenossen ventiliert und auch berufskriminelle Kreise planen das gewaltsame Herausholen von inhaftierten Kumpanen. Beispiele für – allerdings überwiegend nicht durchgeführte – Pläne liegen inzwischen auch in Deutschland in mehreren Fällen vor. Verständlicherweise werden entsprechende polizeiliche Erkenntnisse zwar regelmäßig den betroffenen Justizvollzugsverwaltungen übermittelt, jedoch der Öffentlichkeit nicht zugänglich gemacht. Die in den Gesetzen enthaltene Ermächtigung kann für die eingesetzten Bediensteten zu einer **bewaffneten Auseinandersetzung** zwischen Eindringlingen und Vollzugsbediensteten führen. Besonders problematisch wäre eine solche Auseinandersetzung zwischen gewaltsam vorgehenden Gefangenenbefreiern und Vollzugsbediensteten dann, wenn sie zu einer Tageszeit erfolgen müsste, in der die Anstalt nur mit wenigen Bediensteten besetzt ist und wenn die Eindringlinge über moderne Waf- 22

---

683 Vgl. AK-*Feest* Teil II § 82 Rdn. 2.
684 Ebenso AK-*Feest* Teil II § 82 Rdn. 10; *Laubenthal/Nestler/Neubacher/Verrel* M Rdn. 111; *Höflich/Schriever* S. 165; *Koch* ZfStrVo 1995, 28.
685 So im Ergebnis auch *C/MD* § 94 Rdn. 4.
686 Vgl. auch AK-*Feest* Teil II § 82 Rdn. 19; *Arloth/Krä* § 94 StVollzG Rdn. 3.

fen verfügen würden. Auch soweit die Strafvollzugsgesetze die Bediensteten in solchen Situationen zu allen im Gesetz enthaltenen Zwangsmaßnahmen, die geeignet sind, den Angriff abzuschlagen, ermächtigen, machen gerade derartige Fälle jedoch in der Regel Amtshilfe durch Spezialisten der Landes- oder Bundespolizei notwendig, so dass die Vollzugsbediensteten dann nur die ersten Abwehrmaßnahmen treffen müssten. Besonders schwierig ist die Abwehr einer Gefangenenbefreiung vom Hubschrauber aus, denn das Beschießen eines Hubschraubers birgt das Risiko einer Explosion und wäre deshalb u. U. unverhältnismäßig und damit rechtswidrig.[687]

23   b) **Die Abwehr von Demonstranten.** Aus anderen Gründen könnte die Lage der Bediensteten dann schwierig werden, wenn das Eindringen in die Justizvollzugsanstalt in Form einer **Massendemonstration** geschehen sollte. In solchen Fällen können politische Erwägungen die Verantwortlichen dazu bringen, die Eindringlinge nicht gewaltsam aus dem Anstaltsbereich zu vertreiben. An dieser Fallkonstellation wird deutlich, dass § 94 Abs. 2 StVollzG, **BW** § 73 Abs. 2 III, **BY** Art. 101 Abs. 2, **BE** § 90 Abs. 2, **BB** § 94 Abs. 2, **HB** § 83 Abs. 2, **HH** § 79 Abs. 2, **HE** § 53 Abs. 2 Satz 2, **MV** § 82 Abs. 2, **NI** § 87 Abs. 2, **NW** § 73 Abs. 2, **RP** § 92 Abs. 2, **SL** § 82 Abs. 2, **SN** § 87 Abs. 2, **ST** § 93 Abs. 2, **SH** § 113 Abs. 2, **TH** § 93 Abs. 2 keine Pflicht zur Gewaltanwendung enthalten, sondern die Vollzugsorgane lediglich zur Anwendung der für erforderlich gehaltenen Zwangsmaßnahmen ermächtigen. Der Verzicht auf eine rechtlich mögliche Gewaltanwendung könnte auch auf einer Weisung von Vorgesetzten des Anstaltsleiters beruhen.

II. Begriffsbestimmungen

Bund	§ 95 StVollzG
Baden-Württemberg	BW § 74 III JVollzGB
Bayern	BY Art. 102 BayStVollzG
Berlin	BE § 89 StVollzG Bln
Brandenburg	BB § 93 BbgJVollzG
Bremen	HB § 82 BremStVollzG
Hamburg	HH § 78 HmbStVollzG
Hessen	HE § 53 Abs. 1 HStVollzG
Mecklenburg-Vorpommern	MV § 81 StVollzG M-V
Niedersachsen	NI § 88 NJVollzG
Nordrhein-Westfalen	NW § 72 StVollzG NRW
Rheinland-Pfalz	RP § 91 LJVollzG
Saarland	SL § 81 SLStVollzG
Sachsen	SN § 86 SächsStVollzG
Sachsen-Anhalt	ST § 92 JVollzGB LSA
Schleswig-Holstein	SH § 112 LStVollzG SH
Thüringen	TH § 92 ThürJVollzG

Schrifttum

S. bei I.

---

[687] Vgl. *Arloth/Krä* § 96 StVollzG Rdn. 1.

K. Unmittelbarer Zwang

Übersicht

1. Allgemeine Hinweise —— 24
2. Erläuterungen —— 25–37
   a) Unmittelbarer Zwang: Einwirkung auf Personen oder Sachen —— 25
   b) Einwirkung durch körperliche Gewalt —— 26
   c) Einwirkung unter Zuhilfenahme von Hilfsmitteln —— 27–31

   aa) Fesseln —— 28
   bb) Sonstige Hilfsmittel —— 29, 30
   cc) Zulassung —— 31
   d) Einwirkung durch Waffen —— 32–36
   aa) Zugelassene Hiebwaffen —— 33
   bb) Zugelassene Schusswaffen —— 34
   cc) Zugelassene Reizstoffe —— 35, 36
   e) Reine Definitionsnormen —— 37

1. Allgemeine Hinweise

In § 95 StVollzG, **BW** § 74 III, **BY** Art. 102, **BE** § 89, **BB** § 93, **HB** § 82, **HH** § 78, **HE** § 53 Abs. 1, **MV** § 81, **NI** § 88, **NW** § 72, **RP** § 91, **SL** § 81, **SN** § 86, **ST** § 92, **SH** § 112, **TH** § 92 beschreiben die Gesetzgeber die Formen der Anwendung unmittelbaren Zwangs, die den Vollzugsbediensteten zur Verfügung stehen. **24**

2. Erläuterungen

a) Unmittelbarer Zwang: Einwirkung auf Personen oder Sachen. Unmittelbarer **25** Zwang wird zunächst in **Abs. 1** (HE: Satz 1) der vorstehend genannten Normen beschrieben als Einwirkung auf Personen oder Sachen. Unmittelbarer Zwang ist meist ein Tätigwerden von Vollzugsbediensteten; eine Einwirkung auf Personen oder Sachen kann auch durch **Untätigbleiben** von Vollzugsbediensteten erfolgen, jedoch nur in Situationen, in denen auf die Gefangenen infolge eines solchen Untätigwerdens eingewirkt wird (z.B. einem von Mitgefangenen bedrohten Gefangenen wird nicht geholfen, ein vom Inhaftierten zerschlagenes Haftraumfenster wird trotz kalter Jahreszeit nicht repariert). Wenn Vollzugsbedienstete allerdings einen tobenden Gefangenen in seinem Haftraum nur verbleiben lassen, wenden sie keinen unmittelbaren Zwang an. Unmittelbarer Zwang kann nach der Vorstellung des Gesetzgebers aber auch ausgeübt werden, indem auf Sachen eingewirkt wird. Eine solche Einwirkung auf Sachen muss das Ziel verfolgen, **mittelbar auf** Gefangene oder andere **Personen**, gegen die unmittelbarer Zwang zulässig ist, einzuwirken. Zerstört also ein Bediensteter Gegenstände (z.B. eine als Drogenversteck beargwöhnte Bastelarbeit), die einem Gefangenen gehören, oder solche im Anstaltseigentum (die Tür des Raumes, in dem ein Inhaftierter sich verschanzt hat),[688] so ist dies keine Anwendung unmittelbaren Zwanges. Wohl aber liegt unmittelbarer Zwang gegenüber Gefangenen vor, wenn durch das Zudrücken von Haftraumtüren oder durch das Errichten von Absperrungen Gefangene zu einem bestimmten Verhalten gebracht werden sollen.

b) Einwirkung durch körperliche Gewalt. Die Einwirkung auf Personen kann **26** durch (**SN**: einfache) körperliche Gewalt geschehen. Unmittelbarer Zwang liegt gem. **Abs. 2** (HE: Satz 2) der in Rdn. 24 aufgezählten Bestimmungen dann vor, wenn der Vollzugsbedienstete unmittelbar, d.h. **von Körper zu Körper**, auf Personen oder Sachen einwirkt. Diese Anwendung unmittelbaren Zwangs ist im Vollzugsalltag die gebräuchlichste. Widerstand leistende Gefangene werden mit einigen Handgriffen in besonders gesicherte Haftträume verbracht; die diese Haftträume sichernde Tür wird gegen den körperlichen Widerstand des Gefangenen verschlossen. Diese Form der Anwendung unmit-

---

[688] Vgl. *Höflich/Schriever* S. 162.

telbaren Zwanges ist umso wirksamer, je besser die Bediensteten ausgebildet worden sind.

27   c) **Einwirkung unter Zuhilfenahme von Hilfsmitteln.** Die Vollzugsbediensteten können sich bei der Anwendung körperlicher Gewalt gewisser Hilfsmittel bedienen.

28   aa) **Fesseln.** Das hauptsächliche Hilfsmittel, das der Gesetzgeber vor anderen möglichen Hilfsmitteln in **Abs. 3** (**BE, BB, HB, MV, RP, SL, ST, SH, TH:** Abs. 3 Satz 1, **HE:** Satz 3) der zu Rdn. 24 referierten Vorschriften aufzählt, sind **Fesseln**. Fesseln werden im Bereich des Strafvollzuges oder der Untersuchungshaft oft aber nicht nur zur Anwendung unmittelbaren Zwanges, sondern zugleich als besondere Sicherungsmaßnahmen verwendet (oben I. III.): Um etwa die befürchtete Entweichung eines Gefangenen anlässlich einer Ausführung zu verhindern, wird der Gefangene gefesselt. Dennoch ist dies zugleich die Anwendung unmittelbaren Zwanges, da die Bewegungsfreiheit des Gefangenen durch die Fesselung eingeschränkt wird und die Fessel (z.B. durch Schmerz) auch unmittelbar auf den Körper einwirken kann. Fesseln müssen auch zuweilen verwendet werden, um tobende Gefangene an rechtswidriger Aktivität zu hindern. Bei selbstmordgefährdeten Gefangenen wird die Fesselung in der Regel allerdings primär eine besondere Sicherungsmaßnahme darstellen, da die Selbsttötung nicht rechtswidrig ist. Das Anlegen von Fesseln stellt aber immer dann auch unmittelbaren Zwang dar, wenn durch die Fesselung auf die Person des Gefangenen zur Durchsetzung rechtmäßiger Vollzugs- oder Sicherungsmaßnahmen unmittelbar eingewirkt werden soll.

29   bb) **Sonstige Hilfsmittel.** Einige Gesetzgeber lassen offen, welche **anderen Hilfsmittel** die Vollzugsverwaltung verwenden kann. In Berlin, Bremen, Hamburg, Mecklenburg-Vorpommern, Niedersachsen (dort zudem Hunde und Betäubungsstoffe, Rdn. 30, 36), Rheinland-Pfalz, Saarland, Sachsen-Anhalt und Schleswig-Holstein gelten dagegen auch **Reizstoffe** als Hilfsmittel. Denkbar wären darüber hinaus alle gegen Widerstand leistende Menschen in anderen Bereichen verwendeten Hilfsmittel. Viele solcher Hilfsmittel (wie z.B. Zwangsjacken und Beruhigungsspritzen) erscheinen aber als menschenunwürdig und damit gemäß Art. 1 GG als rechtlich bedenklich.[689] Solche Fragen sind im Einzelfall jedoch oft nicht einfach zu entscheiden. Welche Hilfsmittel wegen Verstoßes gegen die **Menschenwürde** (Art. 1 GG) unzulässig sind, kann häufig nur unter Abwägung widerstreitender Interessen entschieden werden. Wann ein Verstoß gegen die Menschenwürde im Sinne des Art. 1 GG anzunehmen ist, lässt sich vielfach nur im konkreten Fall eindeutig feststellen.[690] Bei extremem Verhalten von Personen kann z.B. der Einsatz eines Wasserschlauches vertretbar sein (etwa Zurückdrängen einer Menge), in anderen Situationen nicht (z.B. „Herunterspritzen" eines Eindringlings vom Dach der Vollzugsanstalt oder „Bespritzen" eines tobenden Gefangenen im Haftraum).[691] Der Grundsatz der Verhältnismäßigkeit wirkt demgemäß über Art. 1 GG schon auf die Frage ein, welches Hilfsmittel rechtmäßig verwendet werden darf. Generelle Aussagen lassen sich nur hinsichtlich der in jeder denkbaren Lage menschenunwürdigen Hilfsmittel (z.B. Elektroschockgeräte, Dunkelzellen, Hundepeitsche) machen.[692]

---

689 So auch AK-*Feest* Teil II § 81 Rdn. 6; *Laubenthal* Rdn. 720; *Laubenthal/Nestler/Neubacher/Verrel* M Rdn. 114.
690 Vgl. *Herdegen* in: Maunz/Dürig, 2010, Art. 1 Abs. 1 Rdn. 46 ff.
691 Großzügiger *Höflich/Schriever* S. 164.
692 Vgl. *Herdegen* in: Maunz/Dürig, 2010, Art. 1 Abs. 1 Rdn. 51; ferner unten III. Rdn. 40.

Der **Einsatz von abgerichteten Hunden** kann in Zukunft eine größere praktische 30
Bedeutung erlangen. Dies gilt zum einen für die Fälle der Rauschgiftsuche mit abgerichteten Tieren,[693] aber auch für mögliche Einsätze von Hundeführern mit Hunden im Bewachungsbereich außerhalb der Hafthäuser bzw. vor der Anstaltsmauer. Der Hund würde dann als Hilfsmittel verwendet (wie z.B. in Schweizer Strafanstalten). Ausdrücklich geregelt ist dies bisher nur in **NI** § 88 Abs. 3;[694] einer Zulassung durch die Aufsichtsbehörde bedarf es hier nicht (Rdn. 31).

cc) Zulassung. Soweit Reizstoffe nicht mehr als Waffen, sondern als Hilfsmittel der 31
körperlichen Gewalt gelten, ist die für Waffen vorgesehene Zulassung durch die vorgesetzte Stelle entbehrlich geworden (Hamburg, Niedersachsen).[695] Einige Länder setzen jedoch nicht nur für den Einsatz von Waffen, sondern **auch für Hilfsmittel** und damit, sofern ihr Recht hierunter Reizstoffe fasst (nicht in Brandenburg und Thüringen), für diese eine solche Zulassung voraus (**BE** § 89 Abs. 4, **BB** § 93 Abs. 4, **HB** § 93 Abs. 4, **MV** § 81 Abs. 4, **RP** § 91 Abs. 4, **SL** § 81 Abs. 4, **ST** § 92 Abs. 4, **SH** § 112 Abs. 4, **TH** § 92 Abs. 4).

d) Einwirkung durch Waffen. Die Einwirkung auf Personen oder auf Sachen kann 32
gem. **Abs. 4** (**BE, BB, HB, MV, RP, SL, ST, SH, TH:** Abs. 3 Satz 2, **HE:** Satz 4) der in Rdn. 24 genannten Regelungen auch durch besonders herausgehobene Hilfsmittel, nämlich durch Waffen, erfolgen. Die Gesetzgeber erklären jedoch **maximal drei Waffenarten** (Bund, **BW, BY, HE, NW, SN, TH**), nur zwei in denjenigen Ländern, die Reizstoffe als Hilfsmittel der körperlichen Gewalt einordnen (Rdn. 29), sowie in Brandenburg,[696] das Reizstoffe weder als Hilfsmittel noch als Waffe nennt, für zulässig, wobei die jeweilige Waffe dienstlich zugelassen sein muss (§ 95 Abs. 4 StVollzG, **BW** § 74 Abs. 4 III, **BY** Art. 102 Abs. 4, **BE** § 89 Abs. 4, **BB** § 93 Abs. 4, **HB** § 82 Abs. 4, **HH** § 78 Abs. 4, **HE** § 53 Abs. 1 Satz 4, **MV** § 81 Abs. 4, **NI** § 88 Abs. 4, **NW** § 72 Abs. 4, **RP** § 91 Abs. 4, **SL** § 81 Abs. 4, **SN** § 86 Abs. 4, **ST** § 92 Abs. 4, **SH** § 112 Abs. 4, **TH** § 92 Abs. 4).

aa) Zugelassene Hiebwaffen. Zugelassene Hiebwaffen sind in den Justizvollzugs- 33
anstalten bisher im Wesentlichen die sog. **Gummiknüppel.** Die Anwendung unmittelbaren Zwanges durch abgebrochene Stuhl- oder Tischbeine ist infolge der gesetzlichen Regelung nicht zulässig, wohl aber können solche Gegenstände im Rahmen der Notwehr zur Selbstverteidigung der Beamten verwendet werden. Dies ist für die Bediensteten der Vollzugsanstalten wichtig zu wissen, denn die Notwehrsituation endet dann, wenn der Angriff des Gefangenen abbricht, während auch danach noch die Anwendung unmittelbaren Zwanges zur Verbringung eines Gefangenen in einen besonders gesicherten Haftraum sinnvoll sein kann. Zu diesem Zweck dürften nur die dienstlich zugelassenen Hiebwaffen, d.h. Gummiknüppel, verwendet werden. Die Landesjustizverwaltungen sind unter Beachtung und im Rahmen des Verfassungsrechts (Rdn. 29) darin frei, welche Hiebwaffen sie dienstlich zulassen. Die Gesetzgeber beschreiben keine ausdrücklichen Grenzen. Dennoch ist diese Ermächtigung bei verfassungskonformer Anwendung nicht verfassungswidrig, weil die Gesetzgeber die Entwicklung vertretbarer Hilfsmittel nicht voraussehen konnten und deshalb der Verwaltung einen Handlungsspielraum eingeräumt haben.

---

[693] Hierzu *Bettendorf/Grochol/Samhuber* FS 2017, 347 ff.
[694] Krit. AK-*Feest* Teil II § 81 Rdn. 6; *Laubenthal/Nestler/Neubacher/Verrel* M Rdn. 114; a.A. *Arloth/Krä* § 95 StVollzG Rdn. 2; BeckOK-*Wachs* § 95 StVollzG Rdn. 3.
[695] *Laubenthal/Nestler/Neubacher/Verrel* M Rdn. 115.
[696] Vgl. auch *Arloth/Krä* § 86 SächsStVollzG Rdn. 1, mit nunmehr überholtem Bezug.

34 **bb) Zugelassene Schusswaffen.** Erlaubte Waffen für die Vollzugsbediensteten zur Anwendung unmittelbaren Zwanges sind auch die dienstlich zugelassenen Schusswaffen (zum Begriff Anlage 1 Nr. 1.1 zum Waffengesetz).[697] Kriegswaffen wie Maschinengewehre und Sprengmittel wie Handgranaten fallen nicht hierunter.[698] Hinsichtlich des Gebrauchs dieser besonders eingriffsintensiven Form von unmittelbarem Zwang stellen die Strafvollzugsgesetze noch **zusätzliche Voraussetzungen** auf (dazu unten VI. und VII.).

35 **cc) Zugelassene Reizstoffe.** Als Waffen werden auch Reizstoffe von einigen Gesetzgebern anerkannt (Rdn. 32). Auch diese müssen, wie sich zwar nicht aus dem Wortlaut, wohl aber aus dem **Sinn** der jeweiligen Vorschrift unzweideutig ergibt, **dienstlich zugelassen** werden (s. aber Rdn. 31), d.h. die Justizvollzugsanstalten können nicht alle erwerbbaren Mittel, die durch Haut- und Schleimhautreizung belästigende Wirkung ausüben (vgl. Anlage 1 Nr. 5 zum Waffengesetz, Rdn. 34), verwenden, sondern müssen sich auf die dienstlich zugelassenen Reizstoffe beschränken.[699] In der Praxis werden Tränengaswurfkörper oder Tränengaspatronen am meisten verwendet. In einigen Justizvollzugsanstalten ist auch die von der Polizei zum Teil verwendete sog. „chemische Keule" mit Billigung der Aufsichtsbehörden erprobt worden. Die bei besonderen Polizeieinsätzen zunehmend verwendeten Blendgranaten könnten auch im Vollzug zugelassen werden. Aber erst wenn solche Reizstoffwaffen rechtmäßig zugelassen sind, dürfen die Vollzugsbediensteten sie verwenden.

36 Nur in **Niedersachsen** sind darüber hinaus in Abkehr von einem jahrzehntelangen Konsens[700] gem. **NI § 88 Abs. 3** auch **Betäubungsstoffe** zulässige **Hilfsmittel** der körperlichen Gewalt (nicht: Waffen). Das erscheint im Hinblick auf die Gefahr von ernsten Gesundheitsschäden, gar tödlichen Nebenwirkungen bedenklich, zumal es nicht einmal einer Zulassung durch die vorgesetzte Stelle bedarf (Rdn. 31). Vorzugswürdig bleibt eine Verbringung in den besonders gesicherten Haftraum.[701]

37 **e) Reine Definitionsnormen.** § 95 StVollzG, **BW** § 74 III, **BY** Art. 102, **BE** § 89, **BB** § 93, **HB** § 82, **HH** § 78, **HE** § 53 Abs. 1, **MV** § 81, **NI** § 88, **NW** § 72, **RP** § 91, **SL** § 81, **SN** § 86, **ST** § 92, **SH** § 112, **TH** § 92 schildern die gesetzlich zugelassenen Hilfsmittel und Waffen bei der Anwendung unmittelbaren Zwanges. Diese Vorschriften regeln nicht die Frage, welche Waffe in der konkreten Situation die geeignetste ist. Das ergibt sich aus den weiteren Vorschriften. Vgl. die allgemeinen Ausführungen zu III. Rdn. 40.

III. Grundsatz der Verhältnismäßigkeit

Bund	§ 96 StVollzG
Baden-Württemberg	BW § 75 III JVollzGB
Bayern	BY Art. 103 BayStVollzG
Berlin	BE § 91 StVollzG Bln
Brandenburg	BB § 95 BbgJVollzG
Bremen	HB § 84 BremStVollzG

---

697 Vom 11. Oktober 2002, BGBl. I, 3970.
698 AK-*Feest* Teil II § 81 Rdn. 8; *Arloth/Krä* § 95 StVollzG Rdn. 2 a. E.
699 Ebenso AK-*Feest* Teil II § 81 Rdn. 7; *Arloth/Krä* § 95 StVollzG Rdn. 2.
700 Siehe *Arloth/Krä* § 95 StVollzG Rdn. 1; BeckOK-*Wachs* § 95 StVollzG Rdn. 1.
701 Sehr krit. zu der Regelung AK-*Feest* Teil II § 81 Rdn. 3.

Hamburg	HH § 80 HmbStVollzG
Hessen	HE § 53 Abs. 3 HStVollzG
Mecklenburg-Vorpommern	MV § 83 StVollzG M-V
Niedersachsen	NI § 4 NJVollzG
Nordrhein-Westfalen	NW § 74 StVollzG NRW
Rheinland-Pfalz	RP § 93 LJVollzG
Saarland	SL § 83 SLStVollzG
Sachsen	SN § 87 Abs. 1 SächsStVollzG
Sachsen-Anhalt	ST § 94 JVollzGB LSA
Schleswig-Holstein	SH § 114 LStVollzG SH
Thüringen	TH § 94 ThürJVollzG

Schrifttum

S. bei I.

Übersicht

1. Allgemeine Hinweise: Grundsatz der Verhältnismäßigkeit —— 38
2. Erläuterungen —— 39–43
   a) Verbot unmöglicher Maßnahmen —— 39
   b) Verbot ungeeigneter Maßnahmen —— 40
   c) Gebot der Geringstbeeinträchtigung —— 41
   d) Klarstellungen in der VV —— 42
   e) Der erkennbar unverhältnismäßige Einsatz —— 43
3. Beispiel: Schusswaffeneinsatz bei Ausbrüchen —— 44

1. Allgemeine Hinweise. § 96 StVollzG, **BW** § 75 III, **BY** Art. 103, **BE** § 91, **BB** § 95, **HB** 38 § 84, **HH** § 80, **HE** § 53 Abs. 3, **MV** § 83, **NW** § 74, **RP** § 93, **SL** § 83, **SN** § 87 Abs. 1, **ST** § 94, **SH** § 114, **TH** § 94 haben mit Ausnahme der sächsischen Norm in nahezu identischem Wortlaut den generell im Öffentlichen Recht und auch im Polizeirecht bekannten **Grundsatz der Verhältnismäßigkeit** für die Anwendung unmittelbaren Zwanges durch Strafvollzugsbedienstete übernommen. Aber nicht nur dieser Grundsatz ist in den Vorschriften enthalten, sondern sie regeln auch die Frage, mit welchen Mitteln Vollzugsbedienstete die Anwendung unmittelbaren Zwanges durchzusetzen haben. Zu den Anwendungsvoraussetzungen I. Rdn. 10 ff – Eine entsprechende Bestimmung findet sich in **Niedersachsen** nicht im Abschnitt zum unmittelbaren Zwang. Allerdings greift hier mit **NI** § 4 eine eingangs des NJVollzG enthaltene, sämtliche Vollzugsmaßnahmen begrenzende Vorschrift ein.

2. Erläuterungen

a) Verbot unmöglicher Maßnahmen. Die geplante Maßnahme muss zur Durchset- 39 zung des unmittelbaren Zwanges **möglich** sein, wobei der Gesetzgeber davon ausgeht, dass oft mehrere Möglichkeiten bestehen. Die Anwendung unmittelbaren Zwanges ist demgemäß nicht zulässig, wenn die in Aussicht genommenen Maßnahmen sich mit den vorhandenen Bediensteten nicht realisieren lassen.

b) Verbot ungeeigneter Maßnahmen. Die geplanten Zwangsmaßnahmen müssen 40 **geeignet** sein, um den angestrebten Erfolg zu erreichen. Ungeeignet sind z.B. Maßnahmen gegen Gefangene, welche zwar auf diese einwirken könnten, durch die jedoch die Bediensteten mehr beeinträchtigt würden als die Gefangenen, z.B. Anwendung von Tränengaswurfkörpern, wenn die Räumlichkeiten zu klein sind. Auch kann die Anwendung von Schusswaffen im Hinblick auf bestimmte räumliche Gegebenheiten völlig ungeeignet sein, eine Einwirkung auf das Verhalten der Gefangenen zu erzielen (z.B. die Anwendung einer Maschinenpistole in engen Räumen). Oft ist auch die Anwendung des Schlagstockes zur Durchsetzung des unmittelbaren Zwanges ungeeignet. Der Schlagstock eignet sich zum Zurückdrängen größerer Mengen von Menschen oder sonst zum Zurückschlagen eines tätlichen Angriffs. Der Schlagstock ist aber keine geeignete Waffe, um einen randalierenden Gefangenen zu bewegen, einen besonders gesicherten Haftraum freiwillig aufzusuchen. Hier wäre der Schlagstock keine Waffe zur unmittelbaren Einwirkung auf Personen, sondern ein Prügelinstrument, bei dessen Einsatz die Hoffnung besteht, dass durch Verprügeln der Gefangenen eine mittelbare Einwirkung auf die Person erzielt wird. Eine solche Praxis, die in der Vergangenheit in Hamburg, Köln und Mannheim zu Übergriffen geführt hat, ist durch die Strafvollzugsgesetze nicht gedeckt.[702] Mit dem Schlagstock könnte einem randalierenden Gefangenen nur „gedroht" werden, um ihn von einem Angriff auf Bedienstete abzuhalten. Das Verprügeln von Gefangenen darf nicht angedroht werden, da auch ein Androhen von Folter rechtswidrig wäre.

41   **c) Gebot der Geringstbeeinträchtigung.** Sind mehrere Maßnahmen möglich und geeignet, dann soll gem. **Abs. 1** (**HE, NI**: Satz 1) der eingangs genannten Normen diejenige Maßnahme ergriffen werden, die den Einzelnen und die Allgemeinheit voraussichtlich **am wenigsten beeinträchtigt**. Der handelnde Bedienstete muss hier eine Wahrscheinlichkeitsrechnung anstellen: Er darf nicht einfach die Maßnahme wählen, die ihn selbst am wenigsten gefährdet, sondern muss die Interessen dessen mit bedenken, gegen den unmittelbarer Zwang angewendet werden soll, und muss auch die Interessen der Allgemeinheit berücksichtigen. Das gilt angesichts der verfassungsrechtlichen Fundierung des Verhältnismäßigkeitsgrundsatzes auch in Niedersachsen, selbst wenn **NI** § 4 Satz 1 nur die Beeinträchtigung des bzw. der betroffenen Gefangenen nennt.[703] – In **Sachsen** fehlt als einzigem Land eine Vorschrift, in der das Gebot der geringsten Beeinträchtigung klar angesprochen wird. Der Landesgesetzgeber war der Auffassung, dies deutlich genug ausgedrückt zu haben, indem unmittelbarer Zwang nur angewendet werden darf, „soweit es ... erforderlich ist." (**SN** § 87 Abs. 1 Satz 1).[704]

42   **d) Klarstellungen in der VV.** In der VV zu § 96 StVollzG hatten die Landesjustizvollzugsverwaltungen noch gemeint, klarstellen zu müssen, dass eine Zwangsmaßnahme **eingestellt** werden müsse, wenn der Zweck erreicht ist. Dieses Übermaßverbot ergibt sich bei genauerem Lesen schon aus dem Wortlaut des Gesetzes. Auch das in der VV zu § 96 StVollzG ausdrücklich niedergelegte Gebot, Zwangsmaßnahmen einzustellen, wenn deutlich wird, dass der angestrebte Zweck nicht erreicht werden kann, folgt aus der gesetzlichen Regelung. Erweist sich nämlich eine Maßnahme als nicht mehr geeignet, so kann sie nicht als rechtmäßige Durchführung unmittelbaren Zwanges fortgesetzt werden. In das Gesetz übernommen wurde der Inhalt der VV mit **NI § 4 Satz 3**.

43   **e) Der erkennbar unverhältnismäßige Einsatz.** Eine tendenziell rückversichernde Einschränkung der Befugnis zur Anwendung von unmittelbarem Zwang hat der Gesetzgeber in **Abs. 2** (**HE, NI, SN**: Satz 2) der eingangs aufgezählten Normen niedergelegt. Nur **erkennbar unverhältnismäßige Maßnahmen** zwingen zum Einhalt. Für den einzelnen

---

702   So auch AK-*Feest* Teil II § 83 Rdn. 2; vgl. II. Rdn. 33.
703   Im Ergebnis ebenso *Laubenthal/Nestler/Neubacher/Verrel* M Rdn. 117.
704   S. **SN** LT-Drucks. 5/10920, 140.

Vollzugsbediensteten kann die jeweilige Vorschrift zur Verhältnismäßigkeit sich als in ihrem Anwendungsbereich schwer abschätzbar erweisen (vgl. das Beispiel Rdn. 44). Wie soll er in einer kritischen Situation ermessen, ob der zu erwartende Schaden erkennbar außer Verhältnis zu dem angestrebten Erfolg steht? Oft weiß man dies erst nach der Durchführung der Zwangsmaßnahme. Wird z.B. gegen Widerstand leistende Gefangene mit Reizstoffen, zugelassenen Hiebwaffen oder – soweit überhaupt statthaft – Schusswaffen vorgegangen, so ist unter bestimmten Umständen möglich, dass ein schwerer Schaden entsteht. Sowohl Reizstoffe als auch Hiebwaffen und insbesondere Schusswaffen können eine schwere Verletzung oder den Tod des betroffenen Gefangenen zur Folge haben. Im Ergebnis steht bei aller Gewaltanwendung oft der Schaden außer Verhältnis zu dem angestrebten Erfolg, der möglicherweise darin bestanden hat, dass der Gefangene an einer Entweichung gehindert wird. Besonderer Sorgfalt bedürfte es bei der Auswahl der Schusswaffen, wenn Vollzugsbedienstete zum finalen Rettungsschuss ermächtigt werden sollten. Die Landesjustizverwaltungen haben die Justizvollzugsanstalten allerdings bisher angewiesen, die für Fälle der Geiselnahme besser ausgebildete und bewaffnete Polizei zur Hilfe zu holen (vgl. auch VI. Rdn. 76).

3. Beispiel. Es gibt im Alltag des Vollzuges Situationen, die einen schweren Schaden für den Gefangenen erwarten ließen, würde unmittelbarer Zwang angewendet. Wenn etwa ein **ausbrechender Gefangener** ein höheres Gebäude erklettert oder sich gerade auf einer hohen Anstaltsmauer befindet, kann jede Anwendung von Schusswaffen dazu führen, dass der Gefangene vor Schreck oder aus Panik abstürzt und sich schwer verletzt. Würde nun jeder Bedienstete, der mit einer Schusswaffe ausgestattet ist und einen Postenstand besetzt hält, von dem aus der Ausbruch von Gefangenen verhindert werden soll, unter Berufung auf den Verhältnismäßigkeitsgrundsatz in solchem Falle die Anwendung von Schusswaffen vorsorglich unterlassen, dann würde die Wirksamkeit dieses Postenstandes erheblich beeinträchtigt. Diese Behinderung der Vollzugsbediensteten bei der rechtmäßigen Wahrnehmung ihres Amtes kann nicht der Sinn des Verbots unverhältnismäßiger Zwangsanwendung sein. Vielmehr muss unmittelbarer Zwang nur dann unterbleiben, wenn ein **erkennbar** ungewöhnliches Missverhältnis zwischen dem angestrebten Erfolg und dem zu erwartenden Schaden besteht. Dieses ungewöhnliche Missverhältnis würde bestehen, wenn mit Schusswaffen in einer offenen Anstalt auf flüchtende Gefangene geschossen würde. Deshalb ist das Verbot, das Entweichen aus offenen Anstalten mit Waffengewalt zu verhindern, eine konsequente Detailregelung, die das Prinzip, unverhältnismäßigen Zwang zu unterlassen, aufnimmt (VII. Rdn. 84f). Die nach dem einschlägigen Gesetz grundsätzlich gestattete Anwendung von Schusswaffen zur Verhinderung von Ausbrüchen aus geschlossenen Anstalten kann jedoch nur in Ausnahmefällen unzulässig sein, und zwar nur dann, wenn dem unmittelbaren Zwang anwendenden Bediensteten zufällig bekannt ist, dass ein für die Allgemeinheit ungefährlicher Gefangener den Ausbruch unternimmt. 44

IV. Handeln auf Anordnung

Bund	§ 97 StVollzG
Baden-Württemberg	BW § 76 III JVollzGB
Bayern	BY Art. 104 BayStVollzG
Berlin	BE § 117 Nr. 3 StVollzG Bln
Hamburg	HH § 81 HmbStVollzG
Hessen	HE § 83 Nr. 2 HStVollzG

Niedersachsen	NI § 89 NJVollzG
Nordrhein-Westfalen	NW § 110 Nr. 5 StVollzG NRW
Rheinland-Pfalz	RP Art. 4 Nr. 2 Landesgesetz zur Weiterentwicklung von Justizvollzug, Sicherungsverwahrung und Datenschutz
Sachsen-Anhalt	ST § 166 Nr. 2 JVollzGB LSA
Thüringen	TH § 142 Satz 2 Nr. 2 ThürJVollzG

Schrifttum
S. bei I.

Übersicht
1. Allgemeine Hinweise —— 45–47
2. Regelungsmodell gem. § 97 StVollzG —— 48–51
   a) Die Gehorsamspflicht und das Widerstandsrecht —— 48
   b) Die Widerstandspflicht —— 49
   c) Die Pflicht zur Geltendmachung von Rechtsbedenken —— 50
   d) Die VV zu § 97 StVollzG —— 51
3. Die dem Musterentwurf folgenden Länder —— 52

45 **1. Allgemeine Hinweise.** Eine Vorschrift wie § 97 StVollzG hielt man für erforderlich, weil das Beamtenrecht Vollzugsbediensteten zur Aufgabe macht, die Rechtmäßigkeit der von ihnen verlangten obrigkeitlichen Maßnahmen zu prüfen. § 36 Beamtenstatusgesetz[705] kennt Widerstandsrechte und Remonstrationspflichten der handelnden Beamten. Als Folge dieser im allgemeinen Beamtenrecht geltenden Grundsätze für den Bereich des Strafvollzuges befürchtete man die Ineffektivität der Anwendung unmittelbaren Zwangs.[706] Der Bundesgesetzgeber hatte deshalb besondere Regelungen (vergleichbar denen bei Militär und Polizei) hinsichtlich der Fragen, die beim **Handeln auf Anordnung** entstehen, getroffen.

46 Hinsichtlich der Behandlung der Materie durch die **Länder** lassen sich drei Vorgehensweisen unterscheiden. Das zieht im Ergebnis einen Unterschied nach sich. Ein Teil der Bundesländer hat **keine** einschlägige **Vorschrift** vorgesehen (Brandenburg, Bremen, Mecklenburg-Vorpommern, Saarland, Sachsen, Schleswig-Holstein), so dass es bei den im allgemeinen öffentlichen Dienstrecht geltenden Prinzipien sein Bewenden hat. Die zweite Gruppe bestimmt, dass **§ 97 StVollzG fortgilt** (**BE** § 117 Nr. 3, **HE** § 83 Nr. 2, **NW** § 110 Nr. 5, **RP** Art. 4 Nr. 2 Landesgesetz zur Weiterentwicklung von Justizvollzug, Sicherungsverwahrung und Datenschutz,[707] **ST** § 166 Nr. 2, **TH** § 142 Satz 2 Nr. 2), während die Dritten **eigene**, mit § 97 StVollzG bis auf redaktionelle Änderungen übereinstimmende **Paragraphen** haben (**BW** § 76 III, **BY** Art. 104, **HH** § 81, **NI** § 89).

47 Nicht nur die Fortgeltungsanordnungen sind **verfassungskonform** (Art. 125a Abs. 1 GG), sondern auch die Vorschriften in Baden-Württemberg, Bayern, Hamburg und Niedersachsen. Zwar bildet das BeamtStG nach seinem § 1 eine abschließende Regelung des Statusrechts der Landesbeamten. Aus diesem Grund haben die insoweit dem Musterentwurf folgenden Länder auf jede Normierung des Handelns auf Anordnung verzichtet.[708]

---

[705] Vom 17.6.2008, BGBl. I, 1010.
[706] S. Vorauf. § 97 Rdn. 1; zurückhaltend AK-*Feest* Teil II § 82 Rdn. 12.
[707] Vom 8.5.2013, GVBl. 79, 131.
[708] Vgl. ME-Begründung S. 147; **BB** LT-Drucks. 5/6437, Begründung S. 85; **HB** LT-Drucks. 18/1475, 149; **MV** LT-Drucks. 6/1337, 123; **SL** LT-Drucks. 15/386, 115.

Allerdings gestattet die noch anwendbare Bestimmung des § 16 UZwG[709] den Ländern, für ihre Vollzugsbeamten eine dem Grundsatz des § 7 UZwG entsprechende Regelung zu treffen. Stimmt § 97 StVollzG als speziellere Vorschrift gegenüber § 36 BeamtStG,[710] die der Bundesgesetzgeber durch den Erlass des BeamtStG nicht antasten wollte, wie ein Umkehrschluss aus § 63 BeamtStG belegt, bis auf redaktionelle Unterschiede mit § 7 UZwG überein und greifen **BW** § 76 III, **BY** Art. 104, **HH** § 81, **NI** § 89 ihrerseits § 97 StVollzG auf, handelt es sich um kompetenzrechtlich statthafte Regelungen i.S.v. § 16 UZwG.[711]

2. Regelungsmodell gem. § 97 StVollzG

a) Die Gehorsamspflicht und das Widerstandsrecht. Grundsätzlich ist **jeder 48 Vollzugsbedienstete verpflichtet**, die von seinem Vorgesetzten oder einer anderen zur Anordnung unmittelbaren Zwangs ermächtigten Person **befohlene Maßnahme auszuführen**. Die VV Nr. 1 Abs. 1 zu § 97 StVollzG beschreibt diese Personen näher.[712] Von seiner Gehorsamspflicht ist der Vollzugsbedienstete nur dann befreit, wenn die Anordnung die Menschenwürde verletzen würde oder erkennbar nicht zu dienstlichen Zwecken erteilt worden ist (§ 97 Abs. 1 StVollzG, **BW** § 76 Abs. 1 III, **BY** Art. 104 Abs. 1, **HH** § 81 Abs. 1, **NI** § 89 Abs. 1). Wann unmittelbarer Zwang die **Menschenwürde verletzen** könnte, hängt von der Situation des Einzelfalles ab (II. Rdn. 29). Die Menschenwürde eines Gefangenen ist nicht immer dann verletzt, wenn der betroffene Gefangene aus seiner Sicht infolge der Anwendung unmittelbaren Zwanges „gedemütigt, bloßgestellt, erniedrigt, grausam behandelt, in seiner Intimsphäre verletzt" wird „oder sein Willen gebrochen werden soll" (Beschreibung von Folter in Art. 5 Abs. 2 Amerikanische Menschenrechtskonvention, auf die sich das Folterverbot in Art. 3 EMRK bezieht), denn bei Zwangsmaßnahmen bildet es die zwar nicht beabsichtigte, aber sachnotwendige Folge, dass sie den betroffenen Gefangenen das Gefühl vermitteln, man würde sie demütigen, bloßstellen oder erniedrigen. Aus der Sicht Betroffener kann eine Zwangsmaßnahme zudem grausam wirken. Auch die Verletzung der Intimsphäre ist nicht auszuschließen, z.B. dann nicht, wenn ein Gefangener, der sich mit Kleidungsstücken strangulieren will, gewaltsam entkleidet wird. Nahezu jede Verbringung in einen besonders gesicherten Haftraum hat bei tobenden Gefangenen auch das Ziel, den Willen des Gefangenen in der konkreten Situation zu brechen. Gegen die Menschenwürde verstoßen Zwangsmaßnahmen nur dann, wenn sie gezielt grausam (etwa i.S. des § 211 StGB) wären oder die Demütigung, Erniedrigung oder der Bruch der Intimsphäre Ziel der Maßnahmen wäre. Ein Verstoß gegen die Menschenwürde liegt im Falle der Anwendung von Zwangsmaßnahmen im Vollzug nicht immer schon dann vor, wenn sich betroffene Gefangene nicht als besonders würdig behandelt fühlen.[713] Vielmehr soll der Schutzgedanke des Art. 1 GG aufgegriffen werden, dass jeder Mensch Mindestansprüche auf eine Behandlung als Mensch hat. Nach heutiger Vorstellung überschreitet z.B. das Foltern immer diese Grenze. Der Schutz der Menschenwürde in Art. 1 GG verfolgt das Ziel, Missbrauch des Menschen als bloßes Objekt von Staatsmaßnahmen zu verhindern. Nur wenn ein solcher Missbrauchs-

---

[709] Vom 10.3.1961, BGBl. I, 165.
[710] Vgl. auch die Erwägungen in **BE** LT-Drucks. 17/2442, 202f; **HE** LT-Drucks. 18/1396, 110.
[711] Ausführlich dazu *Laubenthal/Nestler/Neubacher/Verrel* M Rdn. 119.
[712] Vgl. z.B. OLG Hamm, Beschl. vom 5.11.1981 – 7 Vollz (Ws) 166/81, NStZ 1982, 220; s. auch *C/MD* § 97 Rdn. 2.
[713] Im Ergebnis ähnlich *AK-Feest* Teil II § 82 Rdn. 14; *Arloth/Krä* § 97 StVollzG Rdn. 1; *Laubenthal/Nestler/Neubacher/Verrel* M Rdn. 120.

fall erkennbar vorliegt, muss der Justizvollzugsbedienstete Anordnungen zur Anwendung unmittelbaren Zwanges nicht befolgen.

49 **b) Die Widerstandspflicht.** Während Abs. 1 das Widerstandsrecht regelt, beschreiben § 97 **Abs. 2** StVollzG, **BW** § 76 Abs. 2 III, **BY** Art. 104 Abs. 2, **HH** § 81 Abs. 2, **NI** § 89 Abs. 2 die Fälle, in denen der Vollzugsbedienstete zur Nichtausführung der Anordnung verpflichtet ist. Eine solche Widerstandspflicht besteht nur, wenn durch die Ausführung des angeordneten unmittelbaren Zwanges eine Straftat, d.h. eine rechtswidrige, nicht unbedingt schuldhafte Tat,[714] begangen würde. Zum Schutz des Bediensteten, der oft in einer schwierigen Situation schnell handeln muss, räumt das Gesetz dem betroffenen Bediensteten auch dann einen **Schuldausschließungsgrund**[715] ein, wenn er nicht erkannt hat, dass durch die Anwendung unmittelbaren Zwanges eine Straftat begangen wird, es sei denn, es war nach den ihm bekannten Umständen **offensichtlich**. In der Praxis des Vollzuges wird es nur selten offensichtlich sein, dass durch den angeordneten unmittelbaren Zwang eine Straftat begangen werden soll. Fälle einer solchen offensichtlichen Straftat liegen vor, wenn Gefangene durch Prügel oder ähnliche Maßnahmen „bestraft" werden sollen. Hier liegt für jeden Bediensteten erkennbar eine Körperverletzung im Amt vor.[716]

50 **c) Die Pflicht zur Geltendmachung von Rechtsbedenken.** In § 97 **Abs. 3** Satz 1 StVollzG, **BW** § 76 Abs. 3 Satz 1 III, **BY** Art. 104 Abs. 3 Satz 1, **HH** § 81 Abs. 3 Satz 1, **NI** § 89 Abs. 3 Satz 1 nimmt der Gesetzgeber Regelungen aus dem allgemeinen Beamtenrecht auf, wonach nämlich, wenn die Widerstandspflicht i.S. des Abs. 2 nicht besteht, der Bedienstete die Pflicht hat, Bedenken gegen die Rechtmäßigkeit der Anordnung **dem Anordnenden gegenüber** vorzubringen. Dies ist eine wichtige Pflicht mitdenkender Beamter. Sie besteht allerdings nur, soweit ihre Erfüllung den Umständen nach möglich ist. Mit dieser Einschränkung berücksichtigt der Gesetzgeber, dass in der Praxis eine Diskussion über die Anwendung unmittelbaren Zwanges oft nicht möglich sein wird, weil Eile geboten ist. Die abweichenden Vorschriften in § 36 Abs. 2 und 3 BeamtStG gelten nicht, § 97 Abs. 3 Satz 2 StVollzG, **BW** § 76 Abs. 3 Satz 2 III, **BY** Art. 104 Abs. 3 Satz 2, **HH** § 81 Abs. 3 Satz 2, **NI** § 89 Abs. 3 Satz 2.

51 **d) Die VV zu § 97 StVollzG.** Die VV zu § 97 StVollzG gelten in den Ländern, in denen die Weitergeltung der Norm angeordnet ist, ebenso fort, es sei denn das Land bestimmt etwas Anderes. Sie stellen noch einige organisatorische Fragen klar, namentlich zu potentiellen Kompetenzkonflikten (VV Nr. 1 Abs. 1), sprechen aber auch mit Nr. 2 ein sinnvolles Verbot einer „Ferndiagnose" aus[717] und sind aus sich heraus verständlich. Missverständlich ist lediglich die VV Nr. 1 Abs. 2. Es könnte der Eindruck entstehen, dass auch **über dem Anstaltsleiter stehende Vollzugsbedienstete** das Recht haben, unmittelbaren Zwang anzuordnen oder Anordnungen des Anstaltsleiters einzuschränken. Dies kann die VV nicht regeln, denn die Anordnung und Durchführung unmittelbaren Zwanges ist Bediensteten von Vollzugsanstalten vorbehalten (oben I. Rdn. 8) und die Aufsichtsbehörden haben nicht das Recht, Dienstgeschäfte der Bediensteten von Vollzugsanstalten selbst wahrzunehmen.[718] Allerdings könnte die Aufsichtsbehörde in konkreten

---

714 AK-*Feest* Teil II § 82 Rdn. 14.
715 So auch AK-*Feest* Teil II § 82 Rdn. 14; *Arloth/Krä* § 97 StVollzG Rdn. 2; *Laubenthal/Nestler/Neubacher/Verrel* M Rdn. 121.
716 Vgl. AK-*Feest* Teil II § 82 Rdn. 14.
717 *Böhm* Rdn. 350; lobend auch AK-*Feest* Teil II § 82 Rdn. 16.
718 A.A. BeckOK-*Wachs* § 97 StVollzG Rdn. 2.

3. Die dem Musterentwurf folgenden Länder

Brandenburg, Bremen, Mecklenburg-Vorpommern, Saarland, Sachsen, Schleswig-Holstein lassen es bei der **allgemeinen Regelung in § 36 BeamtStG** bewenden. Die Vollzugsbediensteten sind so in höherem Umfang dem Risiko ausgesetzt, sich für ihre Handlungen persönlich verantworten zu müssen (§ 36 Abs. 1 BeamtStG). Um hiervon frei zu werden, bedarf es der Remonstration ggf. über zwei Stufen (§ 36 Abs. 2 Satz 1 bis 3 BeamtStG); nur bei Gefahr im Verzug darf auf die Anrufung des höheren Vorgesetzten verzichtet werden (§ 36 Abs. 3 BeamtStG). Die Widerstandspflicht bleibt jedoch auch dann bestehen, und zwar nicht nur, wenn das aufgetragene Verhalten menschenwürdewidrig oder strafbar wäre; schon die Erfüllung eines Ordnungswidrigkeitentatbestands genügt. Zudem braucht die Strafbarkeit oder Ordnungswidrigkeit nicht offensichtlich, sondern nur erkennbar zu sein (§ 36 Abs. 2 Satz 4 BeamtStG). Wegen der Einzelheiten muss auf die Literatur zum Beamtenrecht verwiesen werden.[719]

52

V. Androhung

Bund	§ 98 StVollzG
Baden-Württemberg	BW § 77 III JVollzGB
Bayern	BY Art. 105 BayStVollzG
Berlin	BE § 92 StVollzG Bln
Brandenburg	BB § 96 BbgJVollzG
Bremen	HB § 85 BremStVollzG
Hamburg	HH § 82 HmbStVollzG
Hessen	HE § 53 Abs. 4 HStVollzG
Mecklenburg-Vorpommern	MV § 84 StVollzG M-V
Niedersachsen	NI § 90 NJVollzG
Nordrhein-Westfalen	NW § 75 StVollzG NRW
Rheinland-Pfalz	RP § 94 LJVollzG
Saarland	SL § 84 SLStVollzG
Sachsen	SN § 88 SächsStVollzG
Sachsen-Anhalt	ST § 95 JVollzGB LSA
Schleswig-Holstein	SH § 115 LStVollzG SH
Thüringen	TH § 95 ThürJVollzG

Schrifttum

S. bei I.

Übersicht

1. Allgemeine Hinweise —— 53
2. Erläuterungen —— 54–58
   a) Die Androhungspflicht als Grundsatz —— 54

   bb) Eine Straftat muss verhindert werden —— 57
   cc) Eine gegenwärtige Gefahr ist abzuwenden —— 58

---

[719] Etwa die Kommentierungen von § 36 BeamtStG durch *Leppek* in: Brinktrine/Schollendorf (Hrsg.), BeckOK Beamtenrecht Bund, Stand: 1.10.2017 und *Reich* Beamtenstatusgesetz, 3. Aufl., München 2018.

b) Ausnahmen von der Androhungspflicht —— 55–58
aa) Die Umstände lassen sie nicht
zu —— 56

3. Beispiel —— 59

53   **1. Allgemeine Hinweise.** § 98 StVollzG, **BW** § 77 III, **BY** Art. 105, **BE** § 92, **BB** § 96, **HB** § 85, **HH** § 82, **HE** § 53 Abs. 4, **MV** § 84, **NI** § 90, **NW** § 75, **RP** § 94, **SL** § 84, **SN** § 88, **ST** § 95, **SH** § 115, **TH** § 95 nehmen mit gänzlich identischem Wortlaut (Ausnahmen: **HE, SN**) Regelungen in das Strafvollzugsrecht auf, wie sie auch für andere Verwaltungen, die zur Anwendung unmittelbaren Zwanges berechtigt sind, gelten.

2. Erläuterungen

54   **a) Die Androhungspflicht als Grundsatz.** Die Anwendung unmittelbaren Zwanges ist nach **Satz 1** der in Rdn. 53 genannten Normen im Regelfall vorher (das Wort fehlt ohne Unterschied in der Sache in Sachsen) anzudrohen. Mit dieser Androhungspflicht für die Vollzugsbediensteten trägt man dem Grundgedanken des Strafvollzuges Rechnung, dass zunächst auf die Vernunft des Gefangenen eingewirkt werden muss.[720] Der Gefangene soll wissen, dass er für den Fall der nicht vorhandenen Gesetzestreue mit Zwangsmaßnahmen rechnen muss. In der täglichen Praxis in den Vollzugsanstalten genügt oft die Androhung der Anwendung unmittelbaren Zwanges, um das gewünschte Verhalten von den Gefangenen zu erreichen. Gewaltsame Auseinandersetzungen sind im deutschen Strafvollzug – im Gegensatz zur Vollzugspraxis in manchen anderen Ländern der Erde – relativ selten. Dieser Erfahrungssatz trifft trotz des zunehmenden Anteils betragensauffälliger Gefangener generell auch heute noch zu, obwohl Inhaftierte aus einigen wenigen Ländern der Erde unverhältnismäßig oft Gewaltanwendung durch Gewalttätigkeiten gegen Bedienstete und Mitgefangene „provozieren". Die meisten Gefangenen wissen, dass von Seiten der Bediensteten Gewaltanwendung als das letzte Mittel angesehen wird, welches zum Einsatz gelangt. Zum Verhältnis von Androhung und § 240 StGB vgl. Rdn. 59.

55   **b) Ausnahmen von der Androhungspflicht.** Der Gesetzgeber ermächtigt die Vollzugsbediensteten in **Satz 2** der in Rdn. 53 angeführten Bestimmungen, von der Androhung unmittelbaren Zwanges unter bestimmten Voraussetzungen abzusehen. **HE** § 53 Abs. 4 Satz 2 spricht nur von der Abwendung einer Gefahr als Beispiel dafür, dass die Umstände die Androhung nicht zulassen. Das bedeutet letztlich nichts anderes als das in Rdn. 56 bis 58 Gesagte: Wird eine Straftat verübt, bringt dies eine Gefahr für die geschützten Rechtsgüter mit sich, und ist die Gefahr nicht gegenwärtig, bleibt die vorherige Androhung des Zwangsmittels möglich.[721]

56   **aa) Die Umstände lassen sie nicht zu.** Die Androhung kann unterbleiben, wenn die Umstände sie nicht zulassen.[722] Im konkreten Einzelfall muss entschieden werden, ob die Androhung unmittelbaren Zwanges den Umständen nach nicht erforderlich ist. Oft sind dies Situationen, in denen zur Verhinderung von Schäden bei Menschen oder an

---

[720] Vgl. auch AK-*Feest* Teil II § 84 Rdn. 2; *Arloth/Krä* § 98 StVollzG Rdn. 1; *Laubenthal/Nestler/ Neubacher/Verrel* M Rdn. 123.
[721] Ebenso *Laubenthal/Nestler/Neubacher/Verrel* M Rdn. 124; im Ergebnis auch AK-*Feest* Teil II § 84 Rdn. 3; *Arloth/Krä* § 53 HStVollzG Rdn. 1.
[722] Solche Fälle soll es nach AK-*Feest* Teil II § 84 Rdn. 3 nur selten geben.

Sachen schnelles Handeln geboten ist. Tobende Gefangene, die erkennbar nicht Herr ihrer Sinne sind, gilt es durch sofortige Gewaltanwendung zur Ruhe zu bringen. Andere Umstände, welche die Androhung unmittelbaren Zwanges als sinnlos erscheinen lassen, könnten darin gesehen werden, dass die Anwendung unmittelbaren Zwanges zu spät käme, wenn sie zunächst angedroht würde, so z.B. bei Geiselnahmen oder bei fliehenden Gefangenen, denen die Entweichung fast schon geglückt ist. Andererseits ist auch bei Ausbrüchen aus geschlossenen Anstalten zuweilen die bloße Androhung unmittelbaren Zwanges, die z.T. durch einen Warnschuss unterstützt werden kann, ausreichend, um den Ausbruch zu verhindern.

bb) Eine Straftat muss verhindert werden. Die Androhung unmittelbaren Zwanges kann unterbleiben, wenn eine Straftat durch sofortigen Zugriff verhindert werden muss. Als solche Straftat kommt nicht nur der Ausbruch (z.B. in Form der Gefangenenmeuterei, § 121 StGB), sondern vor allem auch das gewaltsame Eindringen Dritter in die Justizvollzugsanstalt (Hausfriedensbruch oder Landfriedensbruch, §§ 123 ff StGB) oder die gewaltsame Gefangenenbefreiung (§ 120 StGB) in Betracht. Auch tätliche Angriffe auf Bedienstete oder Mitgefangene sind Straftaten, die eine sofortige Anwendung unmittelbaren Zwanges erforderlich machen. Die Straftat muss **rechtswidrig** sein. Der betreffenden Person darf somit kein Rechtfertigungsgrund zur Seite stehen, während schuldhaftes Handeln nicht verlangt wird. Steht die Begehung einer Ordnungswidrigkeit zu erwarten, suspendiert dies nicht vom Androhungserfordernis.   57

cc) Eine gegenwärtige Gefahr ist abzuwenden. Die Gesetzgeber lassen den Verzicht auf die Androhung der Anwendung unmittelbaren Zwanges auch dann zu, wenn eine „gegenwärtige Gefahr abzuwenden" ist. Gegenwärtig ist die Gefahr bereits dann, wenn der Eintritt des Schadens unmittelbar bevorsteht. Hier ist nicht an Straftaten oder Notwehrsituationen gedacht, denn da ist die Androhung unmittelbaren Zwanges ohnehin überflüssig, sondern es kann Fälle geben, in denen den betroffenen **Gefangenen selbst unmittelbar Gefahr droht**, ohne dass deshalb Straftaten begangen würden. Auch in diesen Fällen lässt der Gesetzgeber ein sofortiges Eingreifen zu. Solche Fälle liegen namentlich vor, wenn Gefangene sich selbst verletzen oder töten wollen.[723]   58

3. Beispiel. Die **Androhung** unmittelbaren Zwanges wird von redegewandten Gefangenen oft **als Nötigung** im Sinne des Strafgesetzbuches **bezeichnet**. Zuweilen wird in solchen Fällen der Gesetzestext des § 240 StGB zitiert. Um solchen sachlich ungerechtfertigten Vorwürfen wirksam begegnen zu können, sollte jeder Vollzugsbedienstete wissen, dass eine Straftat i.S.d. § 240 StGB nicht vorliegen kann, wenn von einer gesetzlich erteilten Ermächtigung wie den eingangs angeführten Paragraphen Gebrauch gemacht wird. Ihnen kommt insoweit die Funktion eines Rechtfertigungsgrundes zu.   59

VI. Allgemeine Vorschriften für den Schusswaffengebrauch

Bund	§ 99 StVollzG
Baden-Württemberg	BW § 78 III JVollzGB
Bayern	BY Art. 106 BayStVollzG
Berlin	BE § 93 Abs. 1–3 StVollzG Bln
Brandenburg	BB § 97 Abs. 1–4 BbgJVollzG

---

[723] Weitere Beispiele bei *Arloth/Krä* § 98 StVollzG Rdn. 2.

Bremen	HB § 86 Abs. 1–3 BremStVollzG
Hamburg	HH § 83 Abs. 1, 2 und 5 HmbStVollzG
Hessen	HE § 54 Abs. 1 Satz 1 HS. 2, Satz 2–6, Abs. 3 Satz 2 HStVollzG
Mecklenburg-Vorpommern	MV § 85 Abs. 1–4 StVollzG M-V
Niedersachsen	NI § 91 NJVollzG
Nordrhein-Westfalen	NW § 76 StVollzG NRW
Rheinland-Pfalz	RP § 95 Abs. 1–4 LJVollzG
Saarland	SL § 85 Abs. 1–3 SLStVollzG
Sachsen	SN § 89 Abs. 1–4 SächsStVollzG
Sachsen-Anhalt	ST § 96 Abs. 1–4 JVollzGB LSA
Schleswig-Holstein	SH § 116 Abs. 1–4 LStVollzG SH
Thüringen	TH § 96 Abs. 1–4 ThürJVollzG

Schrifttum

S. bei I.

Übersicht

1. Allgemeine Hinweise —— 60, 61
2. Erläuterungen —— 62–75
   a) Schusswaffengebrauch innerhalb und außerhalb der Einrichtung —— 62–65
   b) Gebrauchsmonopol für besonders bestimmte Vollzugsbedienstete —— 66, 67
   c) Anwendung unmittelbaren Zwanges als letztes Mittel —— 68
   d) Ziel der Anwendung von Schusswaffen —— 69, 70
   e) Verbot des Schusswaffeneinsatzes bei großer Gefährdung Unbeteiligter —— 71–73
   f) Die Androhungspflicht und die dazu ergangenen Ausnahmeregelungen —— 74, 75
3. Beispiel —— 76–79

60   **1. Allgemeine Hinweise.** §§ 99, 100 StVollzG, **BW** §§ 78, 79 III, **BY** Art. 106, 107, **NI** §§ 91, 92, **NW** §§ 76, 77 enthalten **wegen der erheblichen Auswirkungen**, die ein Schusswaffengebrauch haben kann, **besondere Regelungen** über die Anwendung von Schusswaffen.[724] Solche Bestimmungen finden sich auch in den übrigen Vollzugsgesetzen, in denen die Materie allerdings – wie im Musterentwurf (§ 85) – in einer Vorschrift zusammengefasst worden ist (**BE** § 93, **BB** § 97, **HB** § 86, **HH** § 83, **HE** § 54, **MV** § 85, **RP** § 95, **SL** § 85, **SN** § 89, **ST** § 96, **SH** § 116, **TH** § 96). Obwohl sich beides in **ME** § 85 findet, ist die Gruppe der Länder, die nur noch einen Paragraphen für die Bestimmungen zum Schusswaffeneinsatz kennen, nicht deckungsgleich mit derjenigen, die den Vollzugsbediensteten den Schusswaffengebrauch innerhalb der Einrichtung untersagen (Brandenburg, Mecklenburg-Vorpommern, Rheinland-Pfalz, Sachsen, Sachsen-Anhalt, Thüringen, partiell ferner Schleswig-Holstein). In Berlin, Bremen, Hamburg, Hessen und im Saarland ist eine solche Einschränkung nicht erfolgt, obwohl es auch hier nur eine einzige Vorschrift zum Schusswaffengebrauch gibt.

61   Die Vollzugsbediensteten sind in den Justizvollzugsanstalten des geschlossenen Vollzuges in den meisten Bundesländern mit **zeitgemäßen Schusswaffen** ausgestattet (II. Rdn. 34). Neben Pistolen gibt es automatische Gewehre mit zum Teil beträchtlicher Reichweite und Zielgenauigkeit. Solche Waffen sind in der Hand Ungeübter wegen ihres hohen Wirkungsgrades gefährlich. Noch mehr Übung braucht jemand, der z.B. Elektro-

---

[724] So auch *Arloth/Krä* § 99 StVollzG Rdn. 1.

schockpistolen („Taser") oder Blendgranaten einsetzen soll. Deshalb sind derartige Gegenstände im Vollzug bislang nicht zugelassen.

2. Erläuterungen

a) Schusswaffengebrauch innerhalb und außerhalb der Einrichtung. Die Gesetze 62
der meisten Länder gestatten in der Folge des StVollzG den Vollzugsbediensteten den Schusswaffengebrauch innerhalb wie außerhalb der Anstalt (Baden-Württemberg, Bayern, Berlin, Bremen, Hamburg, Hessen, Niedersachsen, Nordrhein-Westfalen, Saarland). Schleswig-Holstein hat eine differenzierende Regelung getroffen (**SH** § 116 Abs. 1 Satz 1 und 2), während die übrigen Bundesländer den **Empfehlungen des ME § 85** gefolgt sind (Rdn. 60), so dass dort **nur außerhalb der Anstalten** Schusswaffengebrauch durch Vollzugsbedienstete möglich wird (**BB** § 97 Abs. 1 Satz 1, **MV** § 85 Abs. 1 Satz 1, **RP** § 95 Abs. 1 Satz 1, **SN** § 89 Abs. 1 Satz 1, **ST** § 96 Abs. 1 Satz 1, **TH** § 96 Abs. 1 Satz 1). Wieweit er auch von Wachtürmen aus – z.B. in Anstaltshöfe hinein – statthaft bleiben soll, kann keineswegs als nicht völlig geklärt gelten,[725] sondern hier zu schießen ist schon nach dem Wortlaut der einschlägigen Vorschriften unzulässig. Hat man den von den Gesetzen verwendeten **Begriff** „Anstaltsbereich" bzw. „Anstalt" in den Vorschriften über die auch für den Schusswaffengebrauch gültigen allgemeinen Voraussetzungen unmittelbaren Zwangs **weit auszulegen** unter Einbeziehung selbst der nicht umzäunten bzw. ummauerten Bereiche der Anstalt (I. Rdn. 14), besteht kein Anlass, im Rahmen der speziellen Bestimmungen zum Schusswaffengebrauch ein engeres Verständnis zugrunde zu legen und „Anstalt" im vorliegenden Zusammenhang etwa nur als Anstaltsgebäude zu interpretieren.[726]

Das **Verbot** des Schusswaffengebrauchs für Vollzugsbedienstete **innerhalb der An-** 63
stalt wird mit der Erwägung motiviert, dass in derartigen Extremsituationen, die einen intramuralen Einsatz von Feuerwaffen unter der erhöhten Gefahr der Verletzung Unbeteiligter bedingen, ausschließlich für solche Lagen **speziell trainierte und besser an Waffen ausgebildete Polizeibeamte** tätig werden sollen.[727] Demzufolge verdeutlichen die Gesetze, dass deren Recht zum Schusswaffengebrauch auf der Basis des jeweiligen Polizei- oder Sicherheitsgesetzes unberührt bleibt (**BB** § 97 Abs. 1 Satz 2, **MV** § 85 Abs. 1 Satz 2, **RP** § 95 Abs. 1 Satz 2, **SN** § 89 Abs. 1 Satz 2, **ST** § 96 Abs. 1 Satz 2, **SH** § 116 Abs. 1 Satz 3, **TH** § 96 Abs. 1 Satz 2). Bedenklich erscheint allerdings, dass das Verbot des Schusswaffengebrauchs für Vollzugsangehörige ausnahmslos gilt.[728] Die Vollzugsbediensteten dürfen sich dieses Mittels also auch dann nicht bedienen, solange die Polizei noch nicht eingetroffen ist. Da dies eine gewisse Zeit dauert, zumal wenn ein weiter entfernt stationiertes Sondereinsatzkommando hinzugezogen werden muss, mögen Situationen auftreten, in denen eine Gefahr nicht abgewehrt werden kann. Erscheint sofortiges Handeln geboten (etwa beim Amoklauf eines bewaffneten Gefangenen), bleibt zumindest fraglich, ob ein **Vollzugsbediensteter**, der dem Vollzugsgesetz zuwider doch eine Schusswaffe einsetzt, **nach anderen Vorschriften** (etwa wegen Notwehr) **legitimiert** ist. Davon gehen zwar die meisten der Landesgesetzgeber aus.[729]

---

725 In diesem Sinne Voraufl. § 99 Rdn. 1.
726 Im Ergebnis ebenso AK-*Feest* Teil II § 85 Rdn. 12; *Laubenthal/Nestler/Neubacher/Verrel* M Rdn. 126; *Baier* 2019, 112 f.
727 S. **BB** LT-Drucks. 5/6437, Begründung S. 86; **MV** LT-Drucks. 6/1337, 124; RP LT-Drucks. 16/1910, 148; **SN** LT-Drucks. 5/10920, 141; **ST** LT-Drucks. 6/3799, 221; **SH** LT-Drucks. 18/3153, 163; **TH** LT-Drucks. 5/6700, 141; AK-*Feest* Teil II § 85 Rdn. 12; *Laubenthal/Nestler/Neubacher/Verrel* M Rdn. 126.
728 Krit. auch *Arloth/Krä* § 89 SächsStVollzG Rdn. 2, § 116 **SH** LStVollzG Rdn. 1; *Baier* 2019, 114 f.
729 **BB** LT-Drucks. 5/6437, Begründung S. 86; RP LT-Drucks. 16/1910, 148; **SN** LT-Drucks. 5/10920, 141; **ST** LT-Drucks. 6/3799, 221; **TH** LT-Drucks. 5/6700, 141; bereits ME- Begründung 148; ebenso *Arloth/Krä* § 89

Weil diese Frage aber als grundsätzlich ungeklärt gelten muss (oben I. Rdn. 15), sind die Gesetze dafür zu kritisieren, dass sie den Bediensteten insoweit Steine statt Brot geben (s. noch Rdn. 78).

64   Eine **vermittelnde Lösung**, der die soeben geäußerten Bedenken nicht in vollem Umfang entgegengehalten werden dürfen, hat man in **Schleswig-Holstein** gesucht. Bedienstete, d.h. Vollzugsbedienstete gem. **SH** § 132, dürfen Schusswaffen innerhalb der Einrichtung auf Anordnung des Anstaltsleiters während des Nachtdienstes führen (**SH** § 116 Abs. 1 Satz 1). Die Erwartung einer konkreten Gefahr bildet keine Voraussetzung für die Anordnung, zumal der Anstaltsleiter nachts im Regelfall nicht anwesend sein wird und die Regelung gerade von dem Grund getragen ist, dass während des Nachtdienstes die Anstalt sparsam mit Bediensteten besetzt ist und diese somit auf sich allein gestellt sein können, während sie z.B. Gefangenen gegenüberstehen, die einen Ausbruch versuchen.[730] Der Begriff des Führens ist wohl nicht technisch i. S. d. Waffenrechts gemeint, sondern schlicht als Tragen von Schusswaffen. Von ihnen Gebrauch gemacht werden darf nur zur Abwehr einer gegenwärtigen Gefahr für Leib oder Leben (**SH** § 116 Abs. 1 Satz 2).

65   Umgekehrt wurde in **Mecklenburg-Vorpommern**, **Sachsen** und **Schleswig-Holstein** zudem der Schusswaffengebrauch **außerhalb** der Anstalt stark **eingeschränkt**. Nach **MV** § 85 Abs. 2, **SN** § 89 Abs. 2 Satz 1, **SH** § 116 Abs. 2 Satz 1 ist er nur noch erlaubt bei **Aus- und Vorführungen** sowie **Gefangenentransporten**. Es handelt sich damit um die bundesweit restriktivsten Regelungen.

66   b) **Gebrauchsmonopol für besonders bestimmte Vollzugsbedienstete.** Schusswaffen dürfen nur von **dazu bestimmten Bediensteten** gebraucht werden (vgl. oben I. Rdn. 8), § 99 Abs. 2 Satz 1 StVollzG, **BW** § 78 Abs. 2 Satz 1 III, **BY** Art. 106 Abs. 2 Satz 1, **BE** § 93 Abs. 2 Satz 1, **BB** § 97 Abs. 3 Satz 1, **HB** § 86 Abs. 2 Satz 1, **HH** § 83 Abs. 2 Satz 1, **HE** § 54 Abs. 1 Satz 2, Abs. 3 Satz 2, **MV** § 85 Abs. 2, **NI** § 91 Abs. 2 Satz 1, **NW** § 76 Abs. 2 Satz 1, **RP** § 95 Abs. 3 Satz 1, **SL** § 85 Abs. 2 Satz 1, **SN** § 89 Abs. 2 Satz 1, **ST** § 96 Abs. 3 Satz 1, **SH** § 116 Abs. 2 Satz 1, **TH** § 96 Abs. 3 Satz 1. Bei der Auswahl dieser Vollzugsbediensteten muss darauf geachtet werden, dass nur im Umgang mit der Waffe geübte Bedienstete die Waffe anwenden. Die Ausbildung der Vollzugsbediensteten im Umgang mit Schusswaffen ist nicht immer ausreichend. Insbesondere sind die Übungsintervalle oft zu groß. So muss z.B. der Bedienstete, der automatische Waffen sachgerecht bedienen soll, mindestens in zweiwöchigem Abstand trainiert werden. Wenigstens sollte er jeden Monat Schießübungen machen können. Diese der Polizei geläufige Erkenntnis wird im Strafvollzug oft vernachlässigt und führt dann in den Fällen, in denen von Schusswaffen Gebrauch gemacht wird, zuweilen zu tragischen Folgen. Entweder werden Unbeteiligte verletzt oder der Schütze verfehlt sein Ziel so deutlich, dass die Wirksamkeit bewaffneter Bediensteter in den Augen der ausbruchsgeneigten Gefangenen stark herabgesetzt wird. Beides wollen die Gesetzgeber vermeiden, indem sie darauf hinweisen, dass es Vollzugsbedienstete in den Anstalten geben muss, die zum speziellen Gebrauch von Schusswaffen ausgebildet sind und dann auch zu deren Anwendung bestimmt werden können. Die Bestimmung dieser Bediensteten ist dem Anstaltsleiter vorbehalten; sinnvoll wäre, wenn er im Vorwege für den Fall kritischer Situationen festlegt, welche Bediensteten mit welchen Waffen ausgerüstet werden dürfen. Der Einsatz unzulänglich ausgebildeter Bediensteter an Schusswaffen könnte auch verfassungsrechtlichen (Art. 1

SächsStVollzG Rdn. 3; vgl. auch AK-*Feest* Teil II § 85 Rdn. 3; nicht thematisiert aber in **MV** LT-Drucks. 6/1337, 124; **SH** LT-Drucks. 18/3153, 163.
730   **SH** LT-Drucks. 18/3153, 163.

Abs. 1 GG) und damit beamtenrechtlichen Bedenken begegnen, da es menschenunwürdig sein kann, als Ungeübter von Schusswaffen Menschen gegenüber Gebrauch machen zu müssen.

Keine Beschränkung auf besonders bestimmte Bedienstete ist in **Schleswig-Holstein** vorausgesetzt, wenn in Ausnahme zum dort geltenden prinzipiellen Schusswaffenverbot innerhalb der Anstalten Bedienstete solche Waffen **während des Nachtdienstes** führen dürfen (Rdn. 64). Da dies nur auf Anordnung des Anstaltsleiters erfolgt (**SH** § 116 Abs. 1 Satz 1), lässt sich zumindest insofern eine Einschränkung feststellen, als der Anstaltsleiter die im Nachtdienst Tätigen zu Waffenträgern bestimmen muss. Das kann generell oder auch im Einzelfall geschehen. 67

c) Anwendung unmittelbaren Zwanges als letztes Mittel. Auch bei der Benutzung von Schusswaffen nehmen die Gesetzgeber den Grundsatz wieder auf, dass die Anwendung unmittelbaren Zwanges **das letzte Mittel** sein soll, welches zum Einsatz kommt (oben III. Rdn. 41ff). Diesen Grundgedanken beschreiben die Gesetzgeber dadurch, dass sie 68

aa) Schusswaffengebrauch nur zulassen, wenn andere Zwangsmittel erfolglos waren oder keinen Erfolg versprechen (§ 99 Abs. 1 Satz 1 StVollzG, **BW** § 78 Abs. 1 Satz 1 III, **BY** Art. 106 Abs. 1 Satz 1, **BE** § 93 Abs. 1 Satz 1, **BB** § 97 Abs. 2 Satz 1, **HB** § 86 Abs. 1 Satz 1, **HH** § 83 Abs. 1 Satz 1, **HE** § 54 Abs. 1 Satz 1, **MV** § 85 Abs. 3 Satz 1, **NI** § 91 Abs. 1 Satz 1, **NW** § 76 Abs. 1 Satz 1, **RP** § 95 Abs. 2 Satz 1, **SL** § 85 Abs. 1 Satz 1, **SN** § 89 Abs. 3 Satz 1, **ST** § 96 Abs. 2 Satz 1, **SH** § 116 Abs. 3 Satz 1, **TH** § 96 Abs. 2 Satz 1), und

bb) den Schusswaffengebrauch gegenüber Personen davon abhängig machen, dass das Ziel der Anwendung unmittelbaren Zwanges nicht auch durch Waffenwirkung gegen Sachen erreicht werden kann (z.B. Schießen auf ein Fluchtfahrzeug), § 99 Abs. 1 Satz 2 StVollzG, **BW** § 78 Abs. 1 Satz 2 III, **BY** Art. 106 Abs. 1 Satz 2, **BE** § 93 Abs. 1 Satz 2, **BB** § 97 Abs. 2 Satz 2, **HB** § 86 Abs. 1 Satz 2, **HH** § 83 Abs. 1 Satz 2, **MV** § 85 Abs. 3 Satz 2, **NI** § 91 Abs. 1 Satz 2, **NW** § 76 Abs. 1 Satz 2, **RP** § 95 Abs. 2 Satz 2, **SL** § 85 Abs. 1 Satz 2, **SN** § 89 Abs. 3 Satz 2, **ST** § 96 Abs. 2 Satz 2, **SH** § 116 Abs. 3 Satz 2, **TH** § 96 Abs. 2 Satz 2. In Hessen ist der Subsidiaritätsgrundsatz insoweit nicht ausdrücklich formuliert, gilt aber im Hinblick auf das aus dem Verhältnismäßigkeitsgrundsatz erwachsende Erfordernis, den geringstmöglichen Schaden anzurichten, ebenso.[731]

d) Ziel der Anwendung von Schusswaffen. Schusswaffen dürfen nur angewendet werden, „um angriffs- oder fluchtunfähig zu machen", § 99 Abs. 2 Satz 1 StVollzG, **BW** § 78 Abs. 2 Satz 1 III, **BY** Art. 106 Abs. 2 Satz 1, **BE** § 93 Abs. 2 Satz 1, **BB** § 97 Abs. 3 Satz 1, **HB** § 86 Abs. 2 Satz 1, **HH** § 83 Abs. 2 Satz 1, **HE** § 54 Abs. 1 Satz 2, Abs. 3 Satz 2, **MV** § 85 Abs. 3 Satz 2, **NI** § 91 Abs. 2 Satz 1, **NW** § 76 Abs. 2 Satz 1, **RP** § 95 Abs. 3 Satz 1, **SL** § 85 Abs. 2 Satz 1, **ST** § 96 Abs. 3 Satz 1, **SH** § 116 Abs. 2 Satz 1, **TH** § 96 Abs. 3 Satz 1. Mit dieser Formulierung wird von den Gesetzgebern eindeutig beschrieben, mit welcher Zielrichtung Vollzugsbedienstete Schusswaffen anwenden dürfen. Es darf nicht auf Personen geschossen werden, die nur Sachwerte beschädigen, z.B. Diebe oder Haftraumzertrümmerer in Justizvollzugsanstalten.[732] – Eine **differenzierende Regelung** findet sich in **Sachsen** und **Schleswig-Holstein**, wo auf Gefangene geschossen werden darf, um sie 69

---

[731] Wie hier *Arloth/Krä* § 54 HStVollzG Rdn. 1; *Laubenthal/Nestler/Neubacher/Verrel* M Rdn. 128.
[732] Vgl. auch AK-*Feest* Teil II § 85 Rdn. 9.

angriffs- oder fluchtunfähig zu machen (**SN** § 89 Abs. 5 a.E., **SH** § 116 Abs. 5 a.E.), auf andere Personen dagegen nur mit dem Ziel, sie angriffsunfähig zu machen (**SN** § 89 Abs. 6 a.E., **SH** § 116 Abs. 6 a.E.). Letztlich dürfte es sich nach allen übrigen Gesetzen aber nicht anders verhalten,[733] weil auch in diesen ein Festnahmerecht gegenüber Nicht-Gefangenen nicht statuiert ist, mithin kein Anlass besteht, sie fluchtunfähig zu machen, zumal das Jedermanns-Festnahmerecht nach § 127 Abs. 1 StPO ebenso wenig gezielte Schüsse auf Menschen gestattet.[734]

70 Die gesetzlichen Regelungen müssen allerdings dahingehend interpretiert werden, dass den Gesetzgebern das Risiko bewusst war, jeder auf einen Menschen gerichtete Schuss könne eine schwere Verletzung oder den Tod des Beschossenen herbeiführen. Vollzugsbedienstete sind zwar **nicht zur Abgabe eines gezielten Todesschusses ermächtigt**, wohl aber dürfen sie auf Menschen schießen, um diese angriffs- oder fluchtunfähig zu machen.[735] Mit dem Schusswaffengebrauch soll der Bedienstete das Ziel verfolgen, die Entweichung eines Gefangenen, das gewaltsame Eindringen in eine Justizvollzugsanstalt oder eine Gefangenenbefreiung wirksam zu verhindern. Dabei hat der Vollzugsbedienstete zunächst zu prüfen, welche Anwendung der ihm zur Verfügung stehenden Schusswaffen die geeignetste Form zur Verhinderung des Ausbruchs oder zur Abwehr des Angriffs ist. Er hat darauf zu achten, dass der angerichtete Schaden möglichst gering bleibt und das Risiko einer schweren Verletzung oder der Tötung eines Menschen nicht über das Normalmaß hinausgeht. Tritt der nicht beabsichtigte Erfolg infolge eines Missgeschicks oder anderer widriger Umstände dennoch ein, so war der Schusswaffengebrauch trotzdem rechtmäßig, solange der Vorsatz des Vollzugsbediensteten sich nicht auf den eingetretenen Erfolg erstreckte (zur Problematik des dolus eventualis vgl. unten Rdn. 79).

71 **e) Verbot des Schusswaffeneinsatzes bei großer Gefährdung Unbeteiligter.** Nahezu alle Gesetze schreiben vor, dass Schusswaffengebrauch zu unterbleiben hat, wenn dadurch erkennbar Unbeteiligte mit hoher Wahrscheinlichkeit gefährdet würden (§ 99 Abs. 2 Satz 2 StVollzG, **BW** § 78 Abs. 2 Satz 2 III, **BY** Art. 106 Abs. 2 Satz 2, **BB** § 97 Abs. 3 Satz 2, **HB** § 86 Abs. 2 Satz 2, **HH** § 83 Abs. 2 Satz 2, **HE** § 54 Abs. 1 Satz 3, Abs. 3 Satz 2, **NI** § 91 Abs. 2 Satz 2, **NW** § 76 Abs. 2 Satz 2, **RP** § 95 Abs. 3 Satz 2, **SL** § 85 Abs. 2 Satz 2, **SN** § 89 Abs. 2 Satz 2, **ST** § 96 Abs. 3 Satz 2, **SH** § 116 Abs. 2 Satz 2, **TH** § 96 Abs. 3 Satz 2). Die **Unbeteiligten müssen** als solche **erkennbar sein**. Wenn sich z.B. Journalisten in Ausübung ihres Berufes einer Gruppe von Menschen anschließen, die gewaltsam in eine Justizvollzugsanstalt eindringen (wie es in Berlin-Moabit bei einer Teilbesetzung der Anstalt vor Jahren der Fall gewesen sein soll), so können sie nicht damit rechnen, **erkennbar** Unbeteiligte zu sein. Auch **Gefangene** können Unbeteiligte sein,[736] wenn sie etwa an einem Angriff oder Fluchtversuch nicht mitwirken, erst recht (andere) Vollzugsbedienstete.[737]

72 Der Schusswaffengebrauch muss unterbleiben, wenn Unbeteiligte mit **hoher Wahrscheinlichkeit** gefährdet würden, d.h. es genügt nicht die bloße Möglichkeit der Ge-

---

733 A.A. wohl *Arloth/Krä* § 93 Bln StVollzG Rdn. 1, § 97 BbgJVollzG Rdn. 1, § 86 BremStVollzG Rdn. 1, § 85 M-V StVollzG Rdn. 1, § 85 SLStVollzG Rdn. 1.
734 Dazu *Meyer-Goßner/Schmitt*, § 127 Rdn. 15 m.w.N.; offengelassen von BGH, Urt. vom 18.11.1980 – VI ZR 151/78, NJW 1981, 745, 746.
735 So auch *Arloth/Krä* § 99 StVollzG Rdn. 3; zur Abgrenzung von Notwehr vgl. oben I. Rdn. 15 ff und unten Rdn. 78.
736 BT-Drucks. 7/3998, 36; *Arloth/Krä* § 99 StVollzG Rdn. 3, § 89 SächsStVollzG Rdn. 4; *Laubenthal/Nestler/Neubacher/Verrel* M Rdn. 129.
737 AK-*Feest* Teil II § 85 Rdn. 6.

fährdung Unbeteiligter, es genügt nicht einmal, dass die Gefährdung Unbeteiligter wahrscheinlich ist, sondern es muss ein hoher Grad von Wahrscheinlichkeit vorliegen. Um abschätzen zu können, was mit diesen Begriffen gemeint ist, sollten mit den Vollzugsbediensteten, die für die Anwendung von Schusswaffen in Betracht kommen, immer wieder Modellsituationen durchgesprochen werden, in welchen solche Gefährdungssituationen für Unbeteiligte mit hoher Wahrscheinlichkeit vorliegen können. Die Benutzung von Handfeuerwaffen auf belebten Straßen, in Fluren von Krankenhäusern oder an anderen Orten, wo sich viele Menschen sichtbar aufhalten, ist unzulässig. Diese Vorgaben sind aber nicht so zu verstehen, dass immer dann, wenn Unbeteiligte in der Nähe stehen, der Schusswaffengebrauch zu unterbleiben hat. Gerade die Anwendung von Pistolen oder Revolvern ist für den geübten Schützen auch möglich, wenn in einiger Entfernung Menschen stehen. Im konkreten Fall kann die Entscheidung der aufgeworfenen Fragen für den einzelnen Beamten sehr schwierig sein, so z.B. wenn ein gefährlicher Gefangener bei einer Ausführung zur Beerdigung naher Angehöriger auf dem Friedhof wegläuft. Hier kann der Schusswaffengebrauch durchaus zulässig sein, er kann sich aber auch in der konkreten Situation wegen zu vieler unbeteiligter dritter Personen, die in der Schussbahn stehen, verbieten. Die gesetzlichen Formulierungen machen deutlich, dass die Gesetzgeber den Vollzugsbediensteten ein hohes Maß an Sicherheit geben möchten. Der Beamte braucht nicht zu befürchten, dass jeder Irrtum bei der Verkennung der Situation zu seinen Lasten geht, vielmehr muss der Irrtum so groß sein, dass er bei Anwendung normaler Sorgfalt unterblieben wäre.

Enger sind die Grenzen des Schusswaffeneinsatzes in **Berlin** (**BE** § 93 Abs. 2 Satz 2) **73** und **Mecklenburg-Vorpommern** (**MV** § 85 Abs. 3 Satz 3) gezogen. Hier muss er bereits unterbleiben, wenn eine Gefährdung Unbeteiligter **nicht ausgeschlossen** werden kann. Es braucht sich also zum einen nicht um erkennbar Unbeteiligte zu handeln, die betroffen sein können, und zum anderen genügt die bloße Möglichkeit von deren Gefährdung. Zu Recht findet sich diese Gestaltung als für die Bediensteten wenig rechtssicher und zudem kaum je den Schusswaffengebrauch gestattend kritisiert.[738]

f) Die Androhungspflicht und die dazu ergangenen Ausnahmeregelungen. Zur **74** Androhung treffen die Gesetze eine Regelung, die § 98 StVollzG, **BW** § 77 III, **BY** Art. 105, **BE** § 92, **BB** § 96, **HB** § 85, **HH** § 82, **HE** § 53 Abs. 4, **MV** § 84, **NI** § 90, **NW** § 75, **RP** § 94, **SL** § 84, **SN** § 88, **ST** § 95, **SH** § 115, **TH** § 95 für die Fälle des Schusswaffengebrauchs ergänzt. Auch der **Schusswaffengebrauch ist** wie jede Anwendung unmittelbaren Zwangs **vorher anzudrohen**, § 99 Abs. 3 Satz 1 StVollzG, **BW** § 78 Abs. 3 Satz 1 III, **BY** Art. 106 Abs. 3 Satz 1, **BE** § 93 Abs. 3 Satz 1, **BB** § 97 Abs. 4 Satz 1, **HB** § 86 Abs. 3 Satz 1, **HH** § 83 Abs. 5 Satz 1 i.V.m. § 82, **HE** § 54 Abs. 1 Satz 4, Abs. 3 Satz 2, **MV** § 85 Abs. 4 Satz 1, **NI** § 91 Abs. 3 Satz 1, **NW** § 76 Abs. 3 Satz 1, **RP** § 95 Abs. 4 Satz 1, **SL** § 85 Abs. 3 Satz 1, **SN** § 89 Abs. 4 Satz 1, **ST** § 96 Abs. 4 Satz 1, **SH** § 116 Abs. 4 Satz 1, **TH** § 96 Abs. 4 Satz 1. Der **Warnschuss** wird als spezielle Form der Androhung ausdrücklich erwähnt (§ 99 Abs. 3 Satz 2 StVollzG, **BW** § 78 Abs. 3 Satz 2 III, **BY** Art. 106 Abs. 3 Satz 2, **BE** § 93 Abs. 3 Satz 2, **BB** § 97 Abs. 4 Satz 2, **HB** § 86 Abs. 3 Satz 2, **HH** § 83 Abs. 5 Satz 1, **HE** § 54 Abs. 1 Satz 5, Abs. 3 Satz 2, **MV** § 85 Abs. 4 Satz 2, **NI** § 91 Abs. 3 Satz 2, **NW** § 76 Abs. 3 Satz 2, **RP** § 95 Abs. 4 Satz 2, **SL** § 85 Abs. 3 Satz 2, **SN** § 89 Abs. 4 Satz 2, **ST** § 96 Abs. 4 Satz 2, **SH** § 116 Abs. 4 Satz 2, **TH** § 96 Abs. 4 Satz 2). Bei flüchtenden Gefangenen wird der Warnschuss in der Regel notwendig sein.[739]

---

[738] So *Arloth/Krä* § 85 M-V StVollzG Rdn. 1; ähnlich *Laubenthal/Nestler/Neubacher/Verrel* M Rdn. 129.
[739] Ebenso AK-*Feest* Teil II § 85 Rdn. 11.

75 Der Schusswaffengebrauch **ohne vorherige Androhung** ist deutlich an sehr viel engere Voraussetzungen geknüpft, als dies für die Anwendung der anderen Zwangsmittel in § 98 StVollzG, **BW** § 77 III, **BY** Art. 105, **BE** § 92, **BB** § 96, **HB** § 85, **HH** § 82, **HE** § 53 Abs. 4, **MV** § 84, **NI** § 90, **NW** § 75, **RP** § 94, **SL** § 84, **SN** § 88, **ST** § 95, **SH** § 115, **TH** § 95 geregelt ist. Er muss **erforderlich** sein, um eine **gegenwärtige Gefahr** für **Leib** oder **Leben abzuwenden** (§ 99 Abs. 3 Satz 3 StVollzG, **BW** § 78 Abs. 3 Satz 3 III, **BY** Art. 106 Abs. 3 Satz 3, **BE** § 93 Abs. 3 Satz 3, **BB** § 97 Abs. 4 Satz 3, **HB** § 86 Abs. 3 Satz 3, **HH** § 83 Abs. 5 Satz 2, **HE** § 54 Abs. 1 Satz 6, Abs. 3 Satz 2, jeweils i.V.m. Satz 1 Nr. 1 [zur Abwehr eines gegenwärtigen rechtswidrigen Angriffs auf Leib oder Leben, unten VII. Rdn. 82], **MV** § 85 Abs. 4 Satz 3, **NI** § 91 Abs. 3 Satz 3, **NW** § 76 Abs. 3 Satz 3, **RP** § 95 Abs. 4 Satz 3, **SL** § 85 Abs. 3 Satz 3, **SN** § 89 Abs. 4 Satz 3, **ST** § 96 Abs. 4 Satz 3, **SH** § 116 Abs. 4 Satz 3, **TH** § 96 Abs. 4 Satz 3). Es müssen somit Menschen konkret gefährdet sein. Die Gefährdung von Sachwerten genügt niemals. Zum Beispiel darf ein seinen Haftraum zertrümmernder Gefangener auch dann nicht mit Schusswaffen bekämpft werden, sofern andere Formen der Anwendung unmittelbaren Zwanges wegen der ungeheuren Körperkräfte des Gefangenen als aussichtslos erscheinen. Die Abgabe eines Warnschusses könnte in einer solchen Lage allerdings zulässig sein, falls die Gefahr besteht, dass der Gefangene Bedienstete angreift. Solche Situationen kommen selten vor, sind aber bei körperlich kräftigen Gefangenen denkbar, wenn zu wenige Bedienstete im Dienst sind, um die konkrete Gefahr anders als durch Schusswaffengebrauch abzuwenden. Der Warnschuss ist in der Regel überflüssig, wenn ein bewaffneter Angriff auf eine Justizvollzugsanstalt vorgetragen wird. Denn hier besteht die gegenwärtige Gefahr für Leib und Leben von Bediensteten und unbeteiligten Gefangenen, so dass ohne Vorwarnung gezielt geschossen werden darf.

76 **3. Beispiel.** Ein besonderer Fall, in dem ein Warnschuss nicht angebracht ist und im Einzelfall sogar sehr gefährlich werden kann, ist der Fall der **Geiselnahme durch bewaffnete Geiselnehmer**. In solchen Fällen haben alle Landesjustizverwaltungen in Absprache mit den Innenministerien die Regelung getroffen, dass Spezialkräfte der Polizei so schnell wie möglich zum Einsatz kommen. Kann wegen der Eilbedürftigkeit im konkreten Fall nur der **gezielte Befreiungsschuss** der vor Ort eingesetzten Vollzugsbeamten die Geiselnahme rechtzeitig beenden, so kann auch dieser gezielte Befreiungsschuss ein zulässiges Mittel der Gefahrenabwehr sein, wenn der Bedienstete, der sich zu einem solchen Schuss entschließt, durch seine Ausbildung und Fortbildung das Risiko, das Leben der Geiseln zu gefährden, auf ein vertretbares Maß mindern kann. Der gezielte Befreiungsschuss führt – je nach Lage des Einzelfalles – nicht zwangsläufig zum Tode des Geiselnehmers. Dies hat sich bei vielen Fällen polizeilichen Schusswaffengebrauchs gezeigt. Viele Vollzugsbedienstete sind aufgrund ihrer relativ geringen Übung im Schusswaffengebrauch jedoch nicht in der Lage, im Falle einer Geiselnahme durch bewaffnete Geiselnehmer einen gezielten Befreiungsschuss abzugeben.

77 Bei Geiselnahmen richtet sich die Antwort auf die Frage, wann die speziell eingesetzten **Polizeikräfte** einen gezielten Befreiungsschuss abgeben dürfen, nach den besonderen Vorschriften der jeweiligen **Landespolizeigesetze**, die u. U. aber eine Rückverweisung auf das Vollzugsgesetz enthalten.[740] Das Strafvollzugsrecht hat für solche besonderen Gefahrenlagen keine Regelungen treffen wollen, sondern in § 94 Abs. 3 StVollzG, **BW** § 73 Abs. 3 III, **BY** Art. 101 Abs. 3, **BE** § 90 Abs. 3, **BB** § 97 Abs. 1 Satz 2, **HB** § 83 Abs. 3, **HH** § 79 Abs. 3, **HE** § 53 Abs. 2 Satz 3, **MV** § 85 Abs. 1 Satz 2, **NI** § 87 Abs. 3,

---

740 S. *Arloth/Krä* § 100 StVollzG Rdn. 1 mit Beispiel; *Baier* 2019, 117 f.

NW § 73 Abs. 3, **RP** § 95 Abs. 1 Satz 2, **SL** § 82 Abs. 3, **SN** § 89 Abs. 1 Satz 2, **ST** § 96 Abs. 1 Satz 2, **SH** § 116 Abs. 1 Satz 3, **TH** § 96 Abs. 1 Satz 2 ausdrücklich auf ergänzend wirksam werdende Rechtsvorschriften hingewiesen. Die von den Gesetzen getroffene Regelung ist sinnvoll. Im Falle einer Geiselnahme geht es für die Geisel und auch den Geiselnehmer um Leben und Tod. Aufgrund des verfassungsrechtlich hohen Ranges des Rechtes auf Leben, das jedem Menschen zugebilligt wird, ist nicht nur eine gründliche Güter- und Pflichtenabwägung in der konkreten Einzelsituation erforderlich, sondern die maßvollste Anwendung von staatlichen Zwangsmaßnahmen geboten. Im Falle einer bewaffneten Geiselnahme in einer Justizvollzugsanstalt steht unter Beachtung dieser verfassungsrechtlichen Grundregeln nur im Gebrauch von Schusswaffen besonders ausgebildeten Bediensteten das Recht zur Abgabe eines gezielten Befreiungsschusses zu, sofern der Schusswaffengebrauch durch Bedienstete in der Anstalt nicht überhaupt untersagt ist (Rdn. 62). Über seine Befähigung kann der betroffene Bedienstete nicht selbst entscheiden; vielmehr sind insoweit die generellen Verwaltungsvorschriften der Landesjustizverwaltungen, die in Ergänzung der Vollzugsgesetze ergangen sind, zu beachten.[741]

Unabhängig von der Frage, wann Vollzugsbedienstete zur Abgabe des gezielten **78** Schusses befugt sind, ist allerdings das Problem der **Strafbarkeit** beim Schusswaffengebrauch innerhalb von Justizvollzugsanstalten zu prüfen; in der Regel können Vollzugsbedienstete infolge der vorliegenden **Notwehr- oder Nothilfesituation** (oben I. Rdn. 15) mit Straffreiheit rechnen. Dieser Gesichtspunkt wird im Schrifttum primär zur Rechtfertigung von Befreiungsschüssen herangezogen.[742] Daran soll sich nach Auffassung der meisten Gesetzgeber auch in den Ländern nichts ändern, die ihren Vollzugsbeamten den intramuralen Schusswaffengebrauch (eigentlich) untersagen (Rdn. 62). Freilich bleibt dabei weiter ungeklärt, ob trotz strafrechtlicher Rechtfertigung die Zuwiderhandlung gegen das Vollzugsgesetz die Annahme eines Dienstvergehens zu begründen sich eignet. Die Vollzugsbediensteten befinden sich damit in einer Zwickmühle: Handeln sie, droht disziplinarische Ahndung; bleiben sie untätig, könnte ein strafrechtlich relevanter Unterlassungsvorwurf erhoben werden, zumindest wegen unterlassener Hilfeleistung (§ 323c StGB), wenn nicht wegen eines unechten Unterlassungsdelikts (§ 13 StGB), sofern z.B. ein Geiselnehmer in der Folge Dritte getötet oder verletzt hat. Die Länder, die ein entsprechendes Modell eingeführt haben, haben so letztlich eine für ihre Bediensteten unzumutbare Rechtsunsicherheit bewirkt, die mit der beamtenrechtlichen Fürsorgepflicht schwerlich in Einklang zu bringen ist.

Nicht berechtigt ist der Vollzugsbedienstete **zur Abgabe eines gezielten Todes- 79 schusses.**[743] Andererseits birgt jeder auf einen Menschen gerichtete Schuss das Risiko, dass der Tod eines Menschen herbeigeführt wird, ohne dass dies vom Schützen beabsichtigt wird. Es reicht insoweit ebenso wenig aus, die Vollzugsbediensteten hinsichtlich dieses Risikos auf die Straffreiheit der Nothilfe zu verweisen.[744] Vielmehr müsste auch in solchen Fällen der Vollzugsbeamte die Gewissheit haben, dass er aufgrund der für ihn geltenden gesetzlichen Regelungen auf Menschen schießen darf. Rechtlich schwierig zu lösen ist das Problem dann, wenn der Bedienstete einen Schuss abgibt und dabei den Tod des Opfers billigend in Kauf nimmt, denn in solchen Fällen könnte ein mit Eventual-

---

741 Den gezielten Befreiungsschuss nur der Polizei vorbehalten will K/S-*Schöch* § 8 Rdn. 14; wie hier *Arloth/Krä* § 99 StVollzG Rdn. 3; *Laubenthal/Nestler/Neubacher/Verrel* M Rdn. 132; *Baier* 2019, 116 f.
742 So *Arloth/Krä* § 99 StVollzG Rdn. 3; BeckOK-*Wachs* § 99 StVollzG Rdn. 3; *C/MD* § 99 Rdn. 2; *Laubenthal* Rdn. 723; *Laubenthal/Nestler/Neubacher/Verrel* M Rdn. 132; s. auch bereits BT-Drucks. 7/3998, 36.
743 So auch *Arloth/Krä* § 99 StVollzG Rdn. 3; AK-*Feest* Teil II § 85 Rdn. 9; *Laubenthal/Nestler/Neubacher/Verrel* M Rdn. 132; *Höflich/Schriever* S. 168.
744 So aber *Laubenthal/Nestler/Neubacher/Verrel* M Rdn. 132; *Calliess* 176; *Laubenthal* Rdn. 723.

vorsatz abgegebener Todesschuss unterstellt werden. Diese Bewertung des Verhaltens von Vollzugsbediensteten ist nicht richtig, wenn sie sich zur Abgabe von Schüssen auf Menschen in besonders in den Gesetzen beschriebenen Gefahrensituationen entschließen, dabei jedoch die Zielsetzung nur das Flucht- bzw. Kampfunfähigmachen des Opfers ist. Wird durch ein Missgeschick oder andere unglückliche Umstände mehr als dieses Ziel, nämlich der Tod eines Menschen, bewirkt, so kann der von dem Vollzugsbediensteten abgegebene Schuss nicht schon deshalb als vorsätzlicher Todesschuss angesehen werden, weil der handelnde Beamte das generell bei einem auf Menschen gerichteten Schuss gegebene Tötungsrisiko in Kauf nimmt. Dieses mit jedem auf einen Menschen gerichteten Schuss verbundene Tötungsrisiko wird vom Gesetzgeber anerkannt, wenn er Bedienstete zur Abgabe eines Schusses in besonderen Gefahrensituationen ermächtigt.[745]

VII. Besondere Vorschriften für den Schusswaffengebrauch

Bund	§ 100 StVollzG
Baden-Württemberg	BW § 79 III JVollzGB
Bayern	BY Art. 107 BayStVollzG
Berlin	BE § 93 Abs. 4 und 5 StVollzG Bln
Brandenburg	BB § 97 Abs. 5 und 6 BbgJVollzG
Bremen	HB § 86 Abs. 4 und 5 BremStVollzG
Hamburg	HH § 83 Abs. 3 und 4 HmbStVollzG
Hessen	HE § 54 Abs. 1 Satz 1 HS. 1, Abs. 2 und 3 Satz 3 HStVollzG
Mecklenburg-Vorpommern	MV § 85 Abs. 5 und 6 StVollzG M-V
Niedersachsen	NI § 92 NJVollzG
Nordrhein-Westfalen	NW § 77 StVollzG NRW
Rheinland-Pfalz	RP § 95 Abs. 5 und 6 LJVollzG
Saarland	SL § 85 Abs. 4 und 5 SLStVollzG
Sachsen	SN § 89 Abs. 5 und 6 SächsStVollzG
Sachsen-Anhalt	ST § 96 Abs. 5 und 6 JVollzGB LSA
Schleswig-Holstein	SH § 116 Abs. 5 und 6 LStVollzG SH
Thüringen	TH § 96 Abs. 5 und 6 ThürJVollzG

Schrifttum

S. bei I.

Übersicht

1. Allgemeine Hinweise —— 80
2. Erläuterungen —— 81–89
   a) Schusswaffengebrauch gegen bewaffnete Gefangene —— 81, 82
   b) Schusswaffengebrauch bei Meuterei —— 83
   c) Schusswaffengebrauch bei Flucht aus geschlossener Anstalt —— 84–87
   d) Ausnahmen für bestimmte Personen —— 88
   e) Schusswaffengebrauch gegen andere Personen als Gefangene —— 89

---

745 Im Ergebnis auch *Arloth/Krä* § 99 StVollzG Rdn. 3.

K. Unmittelbarer Zwang

1. Allgemeine Hinweise

Der Schusswaffengebrauch durch Vollzugsbedienstete ist eine besonders gefährliche Form der Anwendung unmittelbaren Zwanges. Die Gesetze haben deshalb die zulässigen Fälle der Anwendung von Schusswaffen so präzise wie möglich und zugleich **abschließend** geregelt, d.h. andere Anwendungsfälle wären unzulässig.[746]

80

2. Erläuterungen

a) **Schusswaffengebrauch gegen bewaffnete Gefangene.** Gefangene, die mit einer **Waffe** oder einem anderen **gefährlichen Werkzeug** (§ 224 Abs. 1 Nr. 2 StGB)[747] bewaffnet sind und diese trotz wiederholter Aufforderung nicht ablegen, müssen mit dem Gebrauch von Schusswaffen rechnen (§ 100 Abs. 1 Satz 1 Nr. 1 StVollzG, **BW** § 79 Abs. 1 Satz 1 Nr. 1 III, **BY** Art. 107 Abs. 1 Satz 1 Nr. 1, **BE** § 93 Abs. 4 Satz 1 Nr. 1, **BB** § 97 Abs. 5 Satz 1 Nr. 1, **HB** § 86 Abs. 4 Satz 1 Nr. 1, **HH** § 83 Abs. 3 Satz 1 Nr. 1, **MV** § 85 Abs. 5 Nr. 1, **NI** § 92 Abs. 1 Satz 1 Nr. 1, **NW** § 77 Abs. 1 Nr. 1, **RP** § 95 Abs. 5 Satz 1 Nr. 1, **SL** § 85 Abs. 4 Satz 1 Nr. 1, **SN** § 89 Abs. 5 Nr. 1, **ST** § 96 Abs. 5 Satz 1 Nr. 1, **SH** § 116 Abs. 5 Nr. 1, **TH** § 96 Abs. 5 Satz 1 Nr. 1). Zwingend vorgeschrieben ist allerdings die **wiederholte Aufforderung**, Waffen bzw. Werkzeug abzulegen. Darin liegt eine besondere Form der Androhung des Schusswaffengebrauchs. Diese kann allerdings unterbleiben, wenn es zur Abwehr einer gegenwärtigen Gefahr für Leib und Leben eines Bediensteten erforderlich ist. Unzweckmäßig könnte z.B. die wiederholte Aufforderung, eine geladene Schusswaffe abzulegen, sein, wenn der Gefangene damit erkennbar sofort schießen will. Auch hier gelten die allgemeinen Vorschriften über den Schusswaffengebrauch (oben VI.). Der Sinn der Regelung liegt darin, den Vollzugsbediensteten beispielhaft vor Augen zu führen, wann Schusswaffengebrauch besonders naheliegend sein kann.

81

In **Hessen** darf die Schussabgabe gegen Gefangene außer zur Vereitelung einer Flucht bzw. zur Wiederergreifung nur zur **Abwehr eines gegenwärtigen rechtswidrigen Angriffs auf Leib oder Leben** Anwendung finden. Darin liegt eine bewusste Restriktion auf notwehrähnliche (§ 32 StGB) Lagen, **HE** § 54 Abs. 1 Satz 1 Nr. 1.[748] – Für **Schleswig-Holstein** ist zudem an die Möglichkeit zu erinnern, während des Nachtdienstes erforderlichenfalls zur Abwehr einer gegenwärtigen Gefahr für Leib oder Leben zu schießen (**SH** § 116 Abs. 1 Satz 2, dazu oben VI. Rdn. 64).

82

b) **Schusswaffengebrauch bei Meuterei.** Das Unternehmen (§ 11 Abs. 1 Nr. 6 StGB, vgl. Rdn. 89) einer Meuterei durch Gefangene wird – außer in Hessen (vgl. Rdn. 82) und Schleswig-Holstein[749] – außerdem ausdrücklich als ein Fall erwähnt, in dem Schusswaffen angewendet werden dürfen (§ 100 Abs. 1 Satz 1 Nr. 2 StVollzG, **BW** § 79 Abs. 1 Satz 1 Nr. 2 III, **BY** Art. 107 Abs. 1 Satz 1 Nr. 2, **BE** § 93 Abs. 4 Satz 1 Nr. 2, **BB** § 97 Abs. 5 Satz 1 Nr. 2, **HB** § 86 Abs. 4 Satz 1 Nr. 2, **HH** § 83 Abs. 3 Satz 1 Nr. 2, **MV** § 85 Abs. 5 Nr. 2, **NI** § 92 Abs. 1 Satz 1 Nr. 2, **NW** § 77 Abs. 1 Nr. 2, **RP** § 95 Abs. 5 Satz 1 Nr. 2, **SL** § 85 Abs. 4 Satz 1 Nr. 2, **SN** § 89 Abs. 5 Nr. 2, **ST** § 96 Abs. 5 Satz 1 Nr. 2, **TH** § 96 Abs. 5 Satz 1 Nr. 2). Wann

83

---

[746] So auch *Arloth/Krä* § 100 StVollzG Rdn. 1; *C/MD* § 100 Rdn. 1.
[747] *Arloth/Krä* § 100 StVollzG Rdn. 1; zur Auslegung *Fischer* § 224 Rdn. 12 ff.
[748] HE LT-Drucks. 18/1396, 110; *Laubenthal/Nestler/Neubacher/Verrel* M Rdn. 134; vgl. auch *Arloth/Krä* § 54 HStVollzG Rdn. 1; zur Auslegung des gegenwärtigen rechtswidrigen Angriffs etwa *Fischer* § 32 Rdn. 5 ff, 17 ff.
[749] *Arloth/Krä* § 116 SH LStVollzG Rdn. 1 a.E. gehen davon aus, dass dieser Fall sich unter die anderen Alternativen fassen lässt.

eine Meuterei vorliegt, ergibt sich aus **§ 121 StGB**. Nicht jeder Fall, der in § 121 StGB erwähnt wird, rechtfertigt allerdings die Anwendung von Schusswaffen; bedacht werden muss immer, dass andere Mittel keinen Erfolg mehr versprechen dürfen, sonst sind diese anzuwenden.[750] So war es durchaus folgerichtig, das bei den größeren Meutereien in den Jahren 1990/1991 in den Justizvollzugsanstalten Rheinbach, Hamburg-Fuhlsbüttel, Straubing und Bernau keine Schusswaffen gegen Gefangene eingesetzt worden sind.

84   **c) Schusswaffengebrauch bei Flucht aus geschlossener Anstalt.** Die **Flucht** aus einer **geschlossenen Anstalt** darf durch Schusswaffengebrauch vereitelt werden (vgl. dazu auch III. Rdn. 44). Zudem darf – außer in Sachsen und Schleswig-Holstein – das Wiederergreifen von Gefangenen, die aus geschlossenen Anstalten bzw. Abteilungen (**NI**) ausgebrochen oder geflohen sind, zum Schusswaffengebrauch führen (§ 100 Abs. 1 Satz 1 Nr. 3, Satz 2 StVollzG, **BW** § 79 Abs. 1 Satz 1 Nr. 3, Satz 2 III, **BY** Art. 107 Abs. 1 Satz 1 Nr. 3, Satz 2, **BE** § 93 Abs. 4 Satz 1 Nr. 3, Satz 2, **BB** § 97 Abs. 5 Satz 1 Nr. 3, Satz 3, **HB** § 86 Abs. 4 Satz 1 Nr. 3, Satz 2, **HH** § 83 Abs. 3 Satz 1 Nr. 3, Satz 2, **HE** § 54 Abs. 1 Satz 1 Nr. 2, Abs. 2, **MV** § 85 Abs. 5 Nr. 3, **NI** § 92 Abs. 1 Satz 1 Nr. 3, Satz 2, **NW** § 77 Abs. 1 Nr. 3, Satz 2, **RP** § 95 Abs. 5 Satz 1 Nr. 3, Satz 3, **SL** § 85 Abs. 4 Satz 1 Nr. 3, Satz 2, **SN** § 89 Abs. 5 Nr. 3, **ST** § 96 Abs. 5 Satz 1 Nr. 3, Satz 3, **SH** § 116 Abs. 5 Nr. 2, **TH** § 96 Abs. 5 Satz 1 Nr. 3, Satz 3). Ein solches Wiederergreifen kann im Rahmen des vollzuglichen Festnahmerechts (dazu oben G.) erfolgen. Selbst wenn die Gesetze ausdrücklich nur den Schusswaffengebrauch bei Flucht aus der offenen Anstalt verbieten, gilt dies erst recht für den Versuch, Gefangene aus dem offenen Vollzug wiederzuergreifen.[751]

85   In **Mecklenburg-Vorpommern**, **Sachsen** und **Schleswig-Holstein** ist im Rahmen der engen Möglichkeiten zum Schusswaffeneinsatz (VI. Rdn. 65) keine Ausnahme **gegenüber** Gefangenen aus dem **offenen Vollzug** statuiert. Auf diese zu schießen, um sie an der Flucht zu hindern (**MV, SN, SH**) oder wiederzuergreifen (**MV**), dürfte aber regelmäßig unverhältnismäßig sein.[752] **Sachsen-Anhalt gestattet** den Schusswaffengebrauch zur Verhinderung der Flucht aus dem offenen Vollzug oder zur Ergreifung eines aus ihm entwichenen Gefangenen, aber lediglich dann, wenn er das einzige Mittel zur Abwehr einer gegenwärtigen Lebensgefahr bildet (**ST** § 96 Abs. 5 Satz 4).

86   Fraglich ist, ob der Schusswaffengebrauch gegen Gefangene, die für den offenen Vollzug geeignet und in einer offenen Anstalt untergebracht waren, auch dann unzulässig bleibt, wenn diese Gefangenen sich **vorübergehend**, etwa zur Wahrnehmung von Gerichtsterminen oder auf Transporten, **nicht in einer offenen Anstalt** befinden. Bei sinngemäßer Auslegung muss die Anwendung von Schusswaffen gegen Gefangene unterbleiben, sofern diese sich generell zuständiger Weise in einer offenen Anstalt befinden. An dem Status eines Gefangenen des offenen Vollzugs ändert sich nichts, falls der Betroffene vorübergehend in einem Gefangenentransportfahrzeug oder in einer geschlossenen Anstalt untergebracht ist. Im letzteren Fall wird der Schusswaffengebrauch allerdings nur dann unzulässig, wenn der die Schusswaffe nutzende Beamte **erkannt hat oder zumindest hätte erkennen müssen**, dass der Gefangene aus dem offenen Vollzug stammte. Diese für Gefangene ggf. ungünstige Einschränkung folgt aus der gefahrenabwehrrechtlichen Differenzierung zwischen Anscheins- und Putativgefahr. In beiden Fällen fehlt es objektiv zwar an einer das Handeln legitimierenden Situation;

---

750   So auch BeckOK-*Wachs* § 100 StVollzG Rdn. 1.
751   *Arloth/Krä* § 100 StVollzG Rdn. 2; BeckOK-*Wachs* § 100 StVollzG Rdn. 1; *Laubenthal/Nestler/Neubacher/Verrel* M Rdn. 135; wohl auch AK-*Feest* Teil II § 85 Rdn. 19; differenzierend *Höflich/Schriever* S. 169.
752   Treffend *Laubenthal/Nestler/Neubacher/Verrel* M Rdn. 136.

dieses bleibt aber rechtmäßig, falls der Amtsträger bei pflichtgemäßer Würdigung der Sachlage von einer Gefahr ausgehen durfte.[753] Wusste der handelnde Beamte weder noch konnte er wissen, dass es sich um einen Gefangenen handelt, auf den das Schusswaffenverbot für den offenen Vollzug Anwendung findet, liegt eine solche Anscheinsgefahr vor.[754]

Andererseits soll ein Gefangener, der sich zwar räumlich noch in einer **offenen Anstalt** befindet, für diese aber (z.B. wegen begangener schwerer Straftaten) **nicht mehr geeignet** ist und weiß, dass er in den geschlossenen Vollzug zurückverlegt werden muss, durch Schusswaffengebrauch an einer Entweichung gehindert werden dürfen, weil gerade in dieser Situation ein Fluchtanreiz bestehe.[755] Letzteres mag zutreffen. Gleichwohl knüpfen die Gesetze an den aktuellen und nicht an den zukünftigen Status wie Aufenthaltsort des Gefangenen an. Darüber kann man sich nicht im Wege der Auslegung hinwegsetzen, zumal unter der Grundannahme äußerst präziser Formulierungen über die Anwendungsvoraussetzungen unmittelbaren Zwangs (oben I. Rdn. 7). Außerdem bliebe unklar, ab wann genau der Schusswaffengebrauch statthaft sein soll: erst mit Anordnung der Verlegung seitens des Anstaltsleiters oder bereits vorher nach dem die Verlegung gebietenden Verhalten oder gar erst nach Eintritt von Bestandskraft der Anordnung. Ohne klare gesetzliche Regelung erscheint es damit auch im Interesse der Bediensteten vorzugswürdig, wenn es beim Schusswaffenverbot sein Bewenden hat. 87

d) Ausnahmen für bestimmte Personen. In Brandenburg, Rheinland-Pfalz, Sachsen-Anhalt und Thüringen dürfen Schusswaffen nicht gegen **minderjährige**, in Sachsen-Anhalt zudem nicht gegen erkennbar **schwangere** Gefangene gebraucht werden, wenn diese eine Meuterei unternehmen oder um ihre Entweichung zu vereiteln bzw. sie wiederzuergreifen (**BB** § 97 Abs. 5 Satz 2, **RP** § 95 Abs. 5 Satz 2, **ST** § 96 Abs. 5 Satz 2, **TH** § 96 Abs. 5 Satz 2). Die Regelungen mit einer Beschränkung des Waffeneinsatzes auf notwehrähnliche Lagen[756] sind überwiegend der Tatsache geschuldet, dass in den genannten Ländern der Erwachsenen- und der Jugendstrafvollzug in einem Gesetz normiert ist. 88

e) Schusswaffengebrauch gegen andere Personen als Gefangene. Die Anwendung von Schusswaffen gegenüber anderen Personen als Gefangenen ist zulässig, wenn sie es unternehmen – d.h. es genügt der Versuch (§ 11 Abs. 1 Nr. 6 StGB)[757] –, **Gefangene gewaltsam zu befreien**, § 100 Abs. 2 StVollzG, **BW** § 79 Abs. 2 III, **BY** Art. 107 Abs. 2, **BE** § 93 Abs. 5, **BB** § 97 Abs. 6, **HB** § 86 Abs. 5, **HH** § 83 Abs. 4, **HE** § 54 Abs. 3 Satz 1, **MV** § 85 Abs. 6, **NI** § 92 Abs. 2, **NW** § 77 Abs. 3, **RP** § 95 Abs. 6, **SL** § 85 Abs. 5, **SN** § 89 Abs. 6, **ST** § 96 Abs. 6, **SH** § 116 Abs. 6, **TH** § 96 Abs. 6. Das StVollzG sowie die Länder Baden-Württemberg, Bayern, Berlin, Bremen, Hamburg, Hessen, Niedersachsen, Nordrhein-Westfalen und Saarland machen in den genannten Normen zudem deutlich, dass Justizvollzugsanstalten ein Territorium darstellen, in welches das **Unternehmen gewaltsamen Eindringens** auch mit Waffengewalt verhindert werden kann. Ein bloß widerrechtliches, gewaltfreies Eindringen oder gar unbefugtes Verweilen reicht dafür aber nicht 89

---

[753] Dazu etwa *Pieroth/Schlink/Kniesel* Polizei- und Ordnungsrecht, 9. Aufl., München 2016, § 4 Rdn. 48 ff.
[754] Großzügiger *Arloth/Krä* § 100 StVollzG Rdn. 2, die positive Kenntnis vom Status des Gefangenen verlangen.
[755] So *Arloth/Krä* § 100 StVollzG Rdn. 2; großzügiger noch *Laubenthal/Nestler/Neubacher/Verrel* M Rdn. 135; Voraufl. § 100 Rdn. 4 unter Verzicht auf Wissen des Inhaftierten; wie hier im Ergebnis aber AK-*Feest* Teil II § 85 Rdn. 19.
[756] Vgl. **ST** LT-Drucks. 6/3799, 222.
[757] *Arloth/Krä* § 100 StVollzG Rdn. 2; *Laubenthal/Nestler/Neubacher/Verrel* M Rdn. 138.

aus.[758] Glücklicherweise ist in der Bundesrepublik Deutschland bisher nur selten versucht worden, in Justizvollzugsanstalten einzudringen (Fälle in den JVAen Berlin-Moabit, Schwalmstadt, Werl und Wuppertal wurden bekannt). Deshalb erscheint es nachvollziehbar, dass in Brandenburg, Mecklenburg-Vorpommern, Rheinland-Pfalz, Sachsen, Sachsen-Anhalt, Schleswig-Holstein und Thüringen auf die Schaffung einer Befugnis für diesen Fall verzichtet worden ist. – In **Hessen** ist der Gebrauch von Schusswaffen untersagt bei Befreiungsversuchen aus dem **offenen Vollzug** und dem Eindringen in solche Einrichtungen. Das dürfte nach HE § 54 Abs. 3 Satz 2 i.V.m. Abs. 2 gerade auch bei gewaltsamen Aktivitäten gelten, so dass die Bediensteten ggf. vom Notwehr- bzw. Nothilferecht Gebrauch machen müssen (oben VI. Rdn. 78).

L. Zwangsmaßnahmen auf dem Gebiet der Gesundheitsfürsorge

Baden-Württemberg	BW § 80 JVollzGB III;
Bayern	BY Art. 108 BayStVollzG;
Berlin	BE § 75 StVollzG Bln;
Brandenburg	BB § 79 BbgJVollzG;
Bremen	HB § 68 BremStVollzG;
Hamburg	HH § 84 HmbStVollzG;
Hessen	HE § 25 HStVollzG;
Mecklenburg-Vorpommern	MV § 67 StVollzG M-V;
Niedersachsen	NI § 93 NJVollzG;
Nordrhein-Westfalen	NW § 78 StVollzG NRW;
Rheinland-Pfalz	RP § 77 LJVollzG;
Saarland	SL § 67 SLStVollzG;
Sachsen	SN § 68 SächsStVollzG;
Sachsen-Anhalt	ST § 78 JVollzGB LSA;
Schleswig-Holstein	SH § 86 LStVollzG SH;
Thüringen	TH § 78 ThürJVollzGB

Schrifttum

Koranyi Gesetzliche Kodifizierung einer (vermeintlich) überwundenen Eingriffsbefugnis: Anmerkungen zur Zwangsernährung im Strafvollzug – Aus Anlass der Novellierung der Vollzugsgesetze in Hamburg, Hessen und Niedersachsen sowie des Inkrafttretens fünf weiterer Landesstrafvollzugsgesetze am 1.6.2013 –, in: StV 2015, 257; *Nöldecke/Weichbrodt* Hungerstreik und Zwangsernährung – Muß § 101 Strafvollzugsgesetz reformiert werden?, in: NStZ 1981, 281.

Übersicht

I. Allgemeine Hinweise —— 1–4
II. Erläuterungen —— 5–20
  1. Begriff der Zwangsmaßnahmen —— 5–6
  2. Voraussetzungen der Anordnung —— 7–12
    a) Lebensgefahr, schwerwiegende Gefahr für die Gesundheit des Gefangenen oder Gefahr für die Gesundheit anderer Personen —— 7–9

    c) Keine erhebliche Gefahr für Leben oder Gesundheit des Gefangenen —— 11
    d) Sonstige Voraussetzungen und Verhältnismäßigkeit —— 12
  3. Ermessensspielraum —— 13, 14
  4. Voraussetzungen der Anordnung von Maßnahmen zum Zweck des Gesundheitsschutzes —— 15–19

---

758 *Arloth/Krä* § 100 StVollzG Rdn. 2; BeckOK-*Wachs* § 100 StVollzG Rdn. 3.

| b) Zumutbarkeit —— 10 | 5. Anordnungs- und Durchführungsbefugnis —— 20-23 |

I. Allgemeine Hinweise

Die Vorschriften **BW** § 80 III, **BY** Art. 108, **BE** § 75, **BB** § 79, **HB** § 68, **HH** § 84, **HE** 1
§ 25, **MV** § 67, **NI** § 93, **NW** § 78, **RP** § 77, **SL** § 67, **SN** § 68, **ST** § 78, **SH** § 86, **TH** § 78 regeln abschließend die Möglichkeiten einer medizinischen Zwangsbehandlung im Strafvollzug, die Voraussetzungen für die Zulässigkeit dieser Zwangsmaßnahmen, die Eingriffstatbestände sowie die Verantwortlichkeiten hierfür. Die Vorschrift des StVollzG erhielt ihre letzte Fassung mit Wirkung zum 7.3.1985.[759] Der frühere § 101 StVollzG war seit Schaffung des StVollzG umstritten.[760] Historisch erklärt sich dies durch den Umstand, dass die Norm vor allem im Zusammenhang mit den politisch motivierten, kollektiven Hungerstreiks der RAF zur Anwendung kam. Mittlerweile haben die Vorschriften an Brisanz verloren, da solche Hungerstreiks zur Seltenheit geworden sind.

In den 80er Jahren des 20. Jahrhunderts traten wiederholt wegen terroristischer Ge- 2
walttaten inhaftierte Personen in gemeinsame, zeitgleiche und lang andauernde **Hungerstreiks**, u.a. von Februar bis April des Jahres 1981, von Dezember 1984 bis Februar 1985 sowie von Februar bis Mai des Jahres 1989. Die Streikenden forderten bspw. eine Änderung der Haftbedingungen und eine Zusammenlegung in größere Gruppen. Obwohl diese Ziele, insbesondere die Zusammenlegung, nicht erreicht wurden, brachen die Gefangenen, die sich zum Teil trotz Zwangsernährung[761] gegen ihren Willen in hochkritischem Gesundheitszustand befanden, die Hungerstreiks jeweils ab. Mit der Änderung des früheren § 101 StVollzG im Jahr 1985[762] verband der Gesetzgeber die Erwartung, dies könne solche Hungerstreiks künftig verhindern. Durch die Modifikation eliminierte der damalige Gesetzgeber die Pflicht der Vollzugsbehörde, Zwangsmaßnahmen gegen den ausdrücklichen Willen des Gefangenen durchzuführen.

Die Landesgesetze regeln die Zwangsmaßnahmen auf dem Gebiet der Gesundheits- 3
fürsorge (noch) sehr unterschiedlich. Grund für diese Divergenzen ist der Beschluss des BVerfG vom 23.3.2011, der die Anforderungen an die gesetzliche Regelung medizinischer Zwangsbehandlung im Maßregelvollzug bestimmt.[763] Diese Entscheidung führte zu einigen Neufassungen der Regelungen innerhalb der Landesgesetze. **BW** § 80 III, **BY** Art. 108, **MV** § 67, **SL** § 67 entsprechen heute inhaltlich weitestgehend immer noch der früheren bundesrechtlichen Vorschrift. Diese Vorschriften entsprechen damit nicht mehr den verfassungsrechtlichen Vorgaben.[764] Die oben genannte Entscheidung des BVerfG betraf zwar den Maßregelvollzug, dessen Folgen sind aber auf den Strafvollzug zu übertragen.[765] Demnach sind Zwangsbehandlungen zur Erreichung des Vollzugsziels nur bei krankheitsbedingter Einsichtsunfähigkeit und unter Beachtung des Verhältnismäßigkeitsgrundsatzes sowie weiterer verfahrensrechtlicher Voraussetzungen zulässig. Diesen Erfordernissen entsprechen **BE** § 75, **BB** § 79, **HB** § 68, **HH** § 84, **HE** § 25, **NI** § 93, **NW** § 78, **RP** § 77, **SN** § 68, **ST** § 78, **SH** § 86, **TH** § 78.

---

759 BGBl. I/1985, 461.
760 Vgl. *Nöldecke/Weichbrodt* NStZ 1981, 285 zur a.F.
761 Zur Zwangsernährung im Strafvollzug Koranyi StV 2015, 257 ff.
762 BGBl. 1985/I, 461.
763 BVerfG 128, 282.
764 Vgl. *Laubenthal/Nestler/Neubacher/Verrel* M Rdn. 139.
765 Vgl. *Laubenthal/Nestler/Neubacher/Verrel* M Rdn. 140.

4 Das Recht, eine Heilbehandlung abzulehnen, ist in **Art. 2 Abs. 1 GG** verankert.[766] Den Landesstrafvollzugsgesetzen liegt die Überlegung zugrunde, dass in bestimmten Fällen dem **Selbstbestimmungsrecht** des Inhaftierten, seinem Recht auf freie Entfaltung der Persönlichkeit sowie seinem Recht auf körperliche Unversehrtheit nach Art. 2 Abs. 2 Satz 1 GG, die Rechte anderer Gefangener, Bediensteter oder Dritter kollidierend gegenüberstehen. Letztendlich verbietet auch das **Sozialstaatsprinzip** selbst, auf ein Einschreiten stets zu verzichten.[767]

II. Erläuterungen

5 **1. Begriff der Zwangsmaßnahmen.** Als mögliche Zwangsmaßnahmen nennen die Vorschriften die medizinische Untersuchung, Behandlung sowie Ernährung. Gemeint sind hierbei ausschließlich Maßnahmen auf dem Gebiet der Humanmedizin unter Einschluss diagnostischer Prozeduren.[768] Erfasst werden somit sämtliche Maßnahmen, sofern sie den Regeln ärztlicher Kunst entsprechend durchgeführt werden. Hierzu zählen sämtliche Formen der Diagnose einschließlich der dafür erforderlichen körperlichen Eingriffe, klassische Heilmaßnahmen zur Wiederherstellung der Gesundheit, Schutzimpfungen oder andere präventive Maßnahmen. Notwendig ist lediglich, dass die Maßnahme medizinisch indiziert ist. Nicht erfasst werden jedoch psychologische Testverfahren, Kastrationen oder stereotaktische Gehirnoperationen.[769] Gleichfalls nicht in den Anwendungsbereich der Norm fallen Maßnahmen, die lediglich vollzuglichen Ordnungszwecken dienen oder bloß zur Disziplinierung des Gefangenen ergriffen werden.[770]

6 Als zwangsweise durchgeführt gilt eine Maßnahme, wenn sie **gegen oder ohne den Willen** des Gefangenen vollzogen wird. Dies kann zunächst der Fall sein, wenn der Inhaftierte auf Nachfrage seine Einwilligung in den ärztlichen Eingriff auf Grundlage einer bewussten Entscheidung verweigert. In Ansehung des Selbstbestimmungsrechts des Patienten ist eine solche Verweigerung der Einwilligung auch grds. bis zur Grenze der gesetzlichen Voraussetzungen hinzunehmen. Auf die Art und Weise, in welcher der Gefangenen seinen entgegenstehenden Willen äußert, kommt es nicht an.[771] Der Gefangene kann daher seine Einwilligung sowohl ausdrücklich als auch konkludent verweigern, aber auch erteilen. Unwirksam ist indes eine durch Drohung oder auf sonstige Weise erzwungene Einwilligung. Maßnahmen, die ohne Wissen des Gefangenen heimlich durchgeführt werden, gelten als Zwangsmaßnahmen i.d.S. Eine andere Einordnung ist lediglich dann geboten, wenn nach allgemeinen strafrechtlichen Grundsätzen von einer mutmaßlichen Einwilligung auszugehen ist.[772] In diesem Fall, gehört die durchgeführte Maßnahme gleichfalls nicht in den Anwendungsbereich der Vorschriften.

2. Voraussetzungen der Anordnung

7 a) **Suizidverhinderung, Lebensgefahr, schwerwiegende Gefahr für die Gesundheit des Gefangenen oder Gefahr für die Gesundheit anderer Personen.** Medi-

---

766 BVerfGE 32, 98, 110.
767 AK-*Lesting* Teil II § 67 Rdn. 4.
768 Vgl. OLG Celle ZfStrVo 1979, 187; OLG Düsseldorf NStZ 1984, 381.
769 Vgl. AK-*Lesting* Teil II § 67 Rdn. 26.
770 AK-*Lesting* Teil II § 67 Rdn. 9.
771 Vgl. dazu *Laue* in: Hillenkamp/Tag (Hrsg.), 2005, 234.
772 AK-*Lesting* Teil II § 67 Rdn. 21; *Laubenthal/Nestler/Neubacher/Verrel* M Rdn. 145.

zinische Zwangsmaßnahmen sind nur bei Lebensgefahr oder einer schwerwiegenden Gefahr für die Gesundheit des Gefangenen bzw. bei Gefahr für die Gesundheit anderer Personen zulässig, **BW** § 80 Abs. 1 III, **BY** Art. 103 Abs. 1, **BE** § 75 Abs. 2, **BB** § 79 Abs. 2, **HB** § 68 Abs. 1, **HH** § 84 Abs. 1, **HE** § 25 Abs. 1, **MV** § 67 Abs. 1, **NI** § 93 Abs. 2, **NW** § 78 Abs. 1, **RP** § 77 Abs. 2, **SL** § 67 Abs. 1, **SN** § 68 Abs. 2, **ST** § 78 Abs. 2, **SH** § 86 Abs. 2, **TH** § 78 Abs. 1. Eingeschränkt wird dies in **BE** § 75 Abs. 2, **BB** § 79 Abs. 2, **HB** § 68 Abs. 1, **HH** § 84 Abs. 1, **HE** § 25 Abs. 1, **NI** § 93 Abs. 2, **NW** § 78 Abs. 1, **RP** § 77 Abs. 2, **SN** § 68 Abs. 2, **ST** § 78 Abs. 2, **SH** § 86 Abs. 2, **TH** § 78 Abs. 1 dadurch, dass diese Maßnahmen nur zulässig sind, sofern dem Gefangenen krankheitsbedingt die nötige Einsicht fehlt und darüber hinaus weitere normierte Voraussetzungen vorliegen, **BE** § 75 Abs. 3, **BB** § 79 Abs. 3, **HB** § 68 Abs. 2, **HH** § 84 Abs. 2, **HE** § 25 Abs. 2, **NI** § 93 Abs. 3, **NW** § 78 Abs. 1 Satz 2, **RP** § 77 Abs. 3, **SN** § 68 Abs. 3, **ST** § 78 Abs. 3, **SH** § 86 Abs. 3, **TH** § 78 Abs. 2. Hierzu gehören das Nichtvorliegen einer Patientenverfügung nach § 1901a BGB, die Aufklärung des betroffenen Gefangenen, Erforderlichkeit und Zumutbarkeit der Maßnahme in Art, Umfang und Dauer sowie, dass der von der Maßnahme erwartete Nutzen die mit der Maßnahme verbundene Belastung deutlich überwiegt. Lediglich bei Gefahr im Verzug sind gem. **BE** § 75 Abs. 6, **BB** § 79 Abs. 6, **HB** § 68 Abs. 6, **HH** § 84 Abs. 5, **HE** § 25 Abs. 6, **NI** § 93 Abs. 6, **RP** § 77 Abs. 6, **SN** § 68 Abs. 6 Satz 1, **ST** § 78 Abs. 6, **SH** § 86 Abs. 5, **TH** § 78 Abs. 6 diese Voraussetzungen zum Teil entbehrlich, wobei in **SN** gem. **SN** § 68 Abs. 6 Satz 2 bestimmte Erfordernisse unverzüglich nachzuholen sind. Die Vorschriften entsprechen damit den verfassungsrechtlichen Vorgaben (siehe Rdn. 3). **BW** § 80 Abs. 1 III, **BY** Art. 108 Abs. 1, **MV** § 67 Abs. 1, **SL** § 67 Abs. 1 enthalten keine Einschränkungen hinsichtlich der Einsichtsfähigkeit des Gefangenen. Gleichwohl müssen diese Wertungen auch auf **BW** § 80 Abs. 1 III, **BY** Art. 108 Abs. 1, **MV** § 67 Abs. 1 und **SL** § 67 Abs. 1 insoweit übertragen werden, dass eine Zwangsmaßnahme bei freiverantwortlicher Behandlungsverweigerung unterbleiben muss, sodass auch hier dem Selbstbestimmungsrecht entsprochen wird.[773] Andere Personen i.S.d. Vorschriften können neben Mitgefangenen auch Bedienstete oder Besucher sein. Das Gesetz trifft dabei eine Abstufung zwischen der schwerwiegenden Gefahr für den Betroffenen und der nur einfachen Gefahr für Dritte. Diese geringere Eingriffsschwelle beruht darauf, dass dem Selbstbestimmungsrecht des Gefangenen hier nicht nur die sich aus dem Sozialstaatsprinzip ergebende Fürsorgepflicht der Justizvollzuganstalt gegenübersteht, sondern eben zusätzlich die Rechte der gefährdeten Dritten. Eine Rolle spielt dies etwa bei Seuchen- oder schweren Infektionsgefahren (vgl. Rdn. 12). Unabhängig von einer fehlenden Einsichtsfähigkeit sehen **BE** § 75 Abs. 1, **BB** § 79 Abs. 1, **NI** § 93 Abs. 1, **RP** § 77 Abs. 1 und **SN** § 68 Abs. 1 die Möglichkeit von Zwangsmaßnahmen zur Verhinderung von Suiziden vor. Die Gesetze sprechen hier vom Erfolgen eines Selbsttötungsversuchs, was den Wortlaut auf Eingriffe beschränkt, die der Suizidhandlung zeitlich nachfolgen; präventive Maßnahmen fallen nicht unter diese Vorschriften. Abs. 1 Satz 2 der Vorschriften lassen eine Maßnahme auch dann zu, wenn von den Gefangenen eine gegenwärtige schwerwiegende Gefahr für die Gesundheit einer anderen Person ausgeht.

Lebensgefahr setzt die medizinische Diagnose voraus, dass aufgrund der physischen und/oder psychischen Konstitution des Gefangenen ohne Durchführung der medizinischen Zwangsmaßnahme der Tod des betreffenden Gefangenen wahrscheinlich ist bzw. sein Überleben nur noch vom Zufall abhängt. Eine schwerwiegende Gefahr für die Gesundheit besteht, wenn erhebliche gesundheitliche Folgen drohen, also wichtige Funktionen des Körpers ganz oder teilweise von einer dauerhaften Schädigung bedroht

8

---

773 Vgl. *Laubenthal/Nestler/Neubacher/Verrel* M Rdn. 149.

sind.⁷⁷⁴ Unwesentliche Schädigungen oder Beeinträchtigungen genügen hierfür nicht, selbst wenn sie bleibend sind.⁷⁷⁵

9   Eine Gefahr für die Gesundheit anderer Personen besteht bereits bei jeglichen Risiken in Gestalt auch bereits abstrakter Gefahren. Sofern die bestehenden Risiken aber lediglich Bagatellcharakter haben, können sie im Hinblick auf den Verhältnismäßigkeitsgrundsatz solche Eingriffe nicht rechtfertigen (siehe dazu auch unten Rdn. 12).

10 **b) Zumutbarkeit.** Die medizinischen Zwangsmaßnahmen müssen für alle Beteiligten zumutbar sein. Dies schließt jedenfalls sämtliche Maßnahmen von vorne herein aus, die gegen die **Menschenwürde** verstoßen, Art. 1 Abs. 1 GG.⁷⁷⁶ Auch sonstige entgegenstehende Grundrechte, bspw. Art. 4 GG, können die Unzumutbarkeit der Maßnahme für den Gefangenen begründen.⁷⁷⁷ Nicht zumutbar sind zudem Eingriffe, die nur unter Verstoß gegen die **Regeln ärztlicher Kunst** durchführbar sind.

11 **c) Keine erhebliche Gefahr für Leben oder Gesundheit des Gefangenen.** Die Normen schreiben als weitere Voraussetzung vor, dass bei Durchführung der Zwangsmaßnahme eine erhebliche Gefahr für Leben oder Gesundheit des Gefangenen nicht bestehen darf. Es handelt sich um eine Konkretisierung des **Verhältnismäßigkeitsgrundsatzes**, der für die Anwendung unmittelbaren Zwangs. Selbst sofern Gefahren für Dritte bestehen und die Maßnahme den Beteiligten grds. zumutbar ist, verbieten die Regelungen ihre Durchführung, sofern Leben oder Gesundheit des Gefangenen dadurch erheblichen Schaden nehmen können. Beispiele hierfür bilden riskante operative Eingriffe (z.B. Liquorentnahme aus Gehirn oder Rückenmark) im Gegensatz zu solchen, die nach allgemeiner ärztlicher Erfahrung als risikolos eingestuft werden. Abweichungen sind zudem denkbar bei eigentlich risikoarmen Eingriffen, die jedoch aufgrund einer spezifischen Prädisposition des betreffenden Gefangenen ausnahmsweise risikoreicher sind als es durchschnittlich der Fall ist.

12 **d) Sonstige Voraussetzungen und Verhältnismäßigkeit.** Bei Maßnahmen im Anwendungsbereich der Vorschriften handelt es sich um **Sonderfälle des unmittelbaren Zwangs**,⁷⁷⁸ so dass dessen Voraussetzungen vorliegen müssen, die Maßnahme insbesondere vor ihrer Durchführung **angedroht** werden muss. Die Zulässigkeit der Maßnahmen schränkt deshalb der Grundsatz der Verhältnismäßigkeit sowohl ihres Typus nach („ob") als auch in der konkreten Art und Weise ihrer Durchführung („wie") ein. Hierbei ist vor allem auf der Ebene der **Erforderlichkeit** danach zu fragen, ob nicht eine gleich effektive aber weniger eingriffsintensive Maßnahme zur Verfügung steht. Dies kann im Fall einer Drittgefährdung (vgl. oben Rdn. 7, 9) durch eine vom Gefangenen ausgehende Infektions- oder Seuchengefahr bspw. die Isolierung des Gefangenen sein. **Angemessen** (verhältnismäßig i.e.S.) ist die Zwangsmaßnahme nur dann, wenn der durch sie verursachte Schaden nicht außer Verhältnis zu dem angestrebten Erfolg steht.⁷⁷⁹ Je intensiver dabei der erforderliche körperliche Eingriff (Entnahme einer Gewebeprobe, Röntgenuntersuchungen oder radiologische Untersuchungen unter Vergabe von Kontrastmitteln

---

774 Vgl. AK-*Lesting* Teil II § 67 Rdn. 25.
775 *Laubenthal/Nestler/Neubacher/Verrel* M Rdn. 147; vgl. aber BVerfG BeckRS 2011, 49744 zur Zulässigkeit der Zwangsbehandlung im Maßregelvollzug zum Zweck der Erreichung des Vollzugsziels.
776 AK-*Lesting* Teil II § 67 Rdn. 26.
777 AK-*Lesting* Teil II § 67 Rdn. 26; *Laubenthal/Nestler/Neubacher/Verrel* M Rdn. 155.
778 *Laubenthal/Nestler/Neubacher/Verrel* M Rdn. 139; vgl. auch AK-*Lesting* Teil II § 67 Rdn. 10.
779 AK-*Lesting* Teil II § 67 Rdn. 25.

oder mit Isotopen angereicherten Substanzen, internistische Untersuchungen unter Vergabe von Beruhigungs- oder Betäubungsmitteln) ist, desto erheblicher müssen die drohenden Gefahren sein, die durch die Maßnahme verhindert werden sollen. **NW** § 78 Abs. 3 Satz 1 enthält zusätzliche Voraussetzungen für den Fall einer psychischen Erkrankung oder der Gefahr einer schwerwiegenden Beeinträchtigung im Fall einer anderen Erkrankung. **NW** § 78 Abs. 3 Satz 2 setzt die Höchstdauer der Anordnung auf drei Monate fest. Danach muss gemäß **NW** § 78 Abs. 3 Satz 3 eine neue Maßnahme angeordnet werden. **NW** § 78 Abs. 4 statuiert zugunsten der Personenvorsorgeberechtigten des Gefangenen eine unverzügliche Unterrichtungspflicht, dass Maßnahmen nach den Absätzen 1 und 3 getroffen wurden. „Unverzüglich" ist in diesem Zusammenhang – analog § 121 Abs. 1 Satz 1 BGB – als „ohne schuldhaftes Zögern" zu verstehen. Gem. **SN** § 68 Abs. 4 Satz 3 ist unverzüglich, der Verteidiger des Gefangenen zu benachrichtigen.

3. Ermessensspielraum. Für die Durchführung von Maßnahmen räumen die Vorschriften **BW** § 80 Abs. 1 Satz 2, **BY** Art. 108 Abs. 1 Satz 2, **MV** § 67 Abs. 1 Satz 2, **SL** § 67 Abs. 1 Satz 2 der Behörde einen **Ermessensspielraum** ein. Demnach ist die Vollzugsbehörde zur Durchführung der Maßnahmen nicht verpflichtet, solange von einer **freien Willensbestimmung** des Gefangenen ausgegangen werden kann. Im Rahmen der Ermessensentscheidung sind das Selbstbestimmungsrecht des Gefangenen sowie die mit dem Eingriff verbundenen Beeinträchtigungen mit den zu erwartenden Schäden abzuwägen. Hierbei kommt es jeweils auf deren Art und Ausmaß, mithin auf das abstrakte Rangverhältnis der betroffenen Interessen sowie den konkreten Grad der Beeinträchtigung an. **13**

Für Gefangene, die zu **keiner freien Willensbestimmung** (mehr) fähig sind, bedeuten die Regelungen in **BW** § 80 Abs. 1 Satz 1, **BY** Art. 108 Abs. 1 Satz 1, **MV** § 67 Abs. 1 Satz 1, **SL** § 67 Abs. 1 Satz 1 nach h.M. (unter Bezugnahme auf den früheren § 101 Abs. 1 Satz 2 StVollzG) argumentum e contrario, dass die notwendigen Zwangsmaßnahmen stets durchgeführt werden dürfen und müssen.[780] **BE** § 75 Abs. 2, **BB** § 79 Abs. 2, **HB** § 68 Abs. 1, **HH** § 84 Abs. 1, **HE** § 25 Abs. 1, **NI** § 93 Abs. 2, **NW** § 78 Abs. 1, **RP** § 77 Abs. 2, **SN** § 68 Abs. 2, **ST** § 78 Abs. 2, **SH** § 86 Abs. 2, **TH** § 78 Abs. 1 hingegen lassen Zwangsmaßnahmen nur noch bei fehlender krankheitsbedingter Einsichtsfähigkeit zu. Dieser **Umkehrschluss** ist bei Gefahren für Dritte ohne weiteres möglich, da in diesem Fall das durch die mangelnde Willensfreiheit beeinträchtigte Selbstbestimmungsrecht des Gefangenen gegenüber den Rechtsgütern Dritter im Rahmen der Abwägung an Gewicht verlieren mag. Steht allerdings die Verhinderung von ausschließlich den Gefangenen selbst betreffenden Gefahren im Raum, so ist bei einem solchen paternalistisch motivierten Umkehrschluss Zurückhaltung geboten. Die Vorschriften erlauben medizinische Zwangsmaßnahmen zur Verhinderung von gesundheitlichen Gefahren für den Gefangenen selbst nur unter der erhöhten Eingriffsschwelle, dass diese schwerwiegend sind (siehe oben Rdn. 7 f). Zwar besteht gegenüber dem Gefangenen, weil er sich in Unfreiheit befindet, eine im Vergleich zu Personen in Freiheit gesteigerte staatliche **Fürsorgepflicht**; diese gewährt aber nach wohl überwiegender Auffassung grds. lediglich dem Gefangenen einen Leistungsanspruch, nicht aber der Justizvollzugsbehörde eine Eingriffsbefugnis.[781] Sofern also von einer freien Willensentscheidung auszugehen ist, sollen in Ansehung des Selbstbestimmungsrechts selbst völlig sinnlose und nicht nachvollziehbare Behandlungsverweigerungen medizinischen Eingriffen – vorbehaltlich der lan- **14**

---

[780] Arloth/Krä § 101 StVollzG Rdn. 4; Laubenthal/Nestler/Neubacher/Verrel M Rdn. 148; krit. und diff. AK-Lesting Teil II § 67 Rdn. 18 f.
[781] Laue in: Hillenkamp/Tag (Hrsg.), 2005, 234.

desstrafvollzuglichen Regelungen – entgegenstehen.[782] Jedenfalls dürfen damit an die Zulässigkeit medizinischer Zwangsmaßnahmen bei mangelnder Willensfreiheit keine geringeren Anforderungen gestellt werden, als bei Personen in Freiheit. Für die Frage der Zulässigkeit des Eingriffs erscheint daher eine Orientierung an den im Rahmen von §§ 1896, 1901, 1904 BGB geltenden Grundsätzen geboten. Würde das zuständige Gericht die Einwilligung des Betreuers nach § 298 Abs. 1, Abs. 4 FamFG genehmigen, so liegt der Rückschluss nahe, dass eine solche Maßnahme auch im Strafvollzug zulässig sein muss.[783]

15 **4. Voraussetzungen der Anordnung von Maßnahmen zum Zweck des Gesundheitsschutzes.** Die Vorschriften **BW** § 80 Abs. 2 III, **BY** Art. 108 Abs. 2, **BE** § 75 Abs. 7, **BB** § 79 Abs. 7, **HB** § 68 Abs. 7, **HH** § 84 Abs. 6, **HE** § 25 Abs. 7, **MV** § 67 Abs. 2, **NI** § 93 Abs. 7 Satz 1, **NW** § 78 Abs. 5, **RP** § 77 Abs. 7 Satz 1, **SL** § 67 Abs. 2, **SN** § 68 Abs. 7 Satz 1, **ST** § 78 Abs. 7, **SH** § 86 Abs. 6, **TH** § 78 Abs. 7 habendie zwangsweise körperliche Untersuchung zum Zweck des Gesundheitsschutzes oder aus hygienischen Gründen im Blick. Zulässige Maßnahmen sind nur solche, die nicht mit körperlichen Eingriffen (vgl. zum Begriff § 81a StPO) verbunden sind. Umfasst sind damit grds. sämtliche körperliche Untersuchungen. Die Vorschriften dienen damit zugleich der Durchsetzung der Aufnahmeuntersuchung.[784] **BE** § 75 Abs. 7 Satz 4 nimmt im besonderen Maße Bezug auf die Möglichkeit einer Verletzung des Schamgefühl der Gefangenen. Es wird daher in diesen Fällen verlangt, dass die Untersuchung von einer Person oder Arzt oder Ärztin gleichen Geschlechts vorgenommen werden soll. Es ist insoweit auch Wünschen des Gefangenen zu entsprechen, wobei Duldungspflichten anderer Gesetze nach Satz 5 unberührt bleiben. **BE** § 75 Abs. 7 Satz 2, **BB** § 79 Abs. 7 Satz 2, **NI** § 93 Abs. 7 Satz 2, **RP** § 77 Abs. 7 Satz 2, **SN** § 68 Abs. 7 Satz 2, **ST** § 78 Abs. 7 Satz 2, **SH** § 86 Abs. 7 Satz 2 setzen darüber hinaus eine Anordnung der zwangsweisen körperlichen Untersuchung durch eine Ärztin oder einen Arzt voraus sowie die Durchführung unter deren oder dessen Leitung.

16 Die Vorschriften erlauben nur solche Maßnahmen, die Zwecken des Gesundheitsschutzes oder der Hygiene dienen. Notwendig ist hierfür nur die diesbezügliche **Zweckdienlichkeit**;[785] eine konkrete Gefahr braucht indes nicht zu bestehen.[786] Gesundheitsschutz meint dabei die Verhinderung von Gesundheitsstörungen im allgemeinen oder bedingt durch die Inhaftierung; Hygiene betrifft die Verhütung der Krankheiten und der Erhaltung, Förderung und Festigung der Gesundheit insbesondere durch Maßnahmen zur Vorbeugung von Infektionskrankheiten, Reinigung und Desinfektion.

17 Die Maßnahmen der Vorschriften dürfen **nicht invasiv** sein. Erfasst sind lediglich Untersuchungen, die nicht mit einem körperlichen Eingriff verbunden sind. Es geht hierbei um medizinische Maßnahmen wie z.B. Röntgen, Ultraschall, Kernspintomographie, EKG, EEG oder das Wiegen. Nicht von denVorschriften gedeckt sind Eingriffe wie Blutentnahmen oder Biopsien.

18 Die Maßnahmen müssen im Hinblick auf ihren Zweck **verhältnismäßig** sein.[787] Bei der Abwägung fällt bspw. ins Gewicht, ob es um den Gesundheitsschutz allein des Gefangenen selbst geht, oder ob der Gesundheitsschutz anderer Gefangener, des Anstaltspersonals oder sonstiger Dritter im Raum steht.

---

782 BVerfGE 58, 208, 225; vgl. auch BVerfG BeckRS 2011, 49744 zum Maßregelvollzug.
783 Vgl. BVerfG BeckRS 2011, 49744, das „besondere verfahrensmäßige Sicherungen" fordert.
784 *Arloth/Krä* § 101 StVollzG Rdn. 6.
785 *Arloth/Krä* § 101 StVollzG Rdn. 6.
786 AK-*Lesting* Teil II § 67 Rdn. 47.
787 *Arloth/Krä* § 101 StVollzG Rdn. 6.

§ 36 Abs. 4 Satz 7 IfSG erweitert die möglichen Untersuchungen um sog. **Reihenun-** 19
tersuchungen aus Gründen des Infektions- und Seuchenschutzes. Nach § 36 Abs. 4
Satz 7 IfSG sind Personen, die in eine Justizvollzugsanstalt aufgenommen werden, verpflichtet, eine ärztliche Untersuchung auf übertragbare Krankheiten einschließlich einer
Röntgenaufnahme der Lunge zu dulden. Das Verhältnis von § 36 Abs. 4 Satz 7 IfSG zu
Abs. 2 ist dabei umstritten. Nach eA handelt es sich bei den vollzugsgesetzlichen Regelungen um abschließende, so dass § 36 Abs. 4 Satz 7 IfSG darüber hinaus kein Recht gewährt, Blutentnahmen und Abstriche von Haut und Schleimhäuten vorzunehmen.[788]
Nach vorzugswürdiger a.A. stellt § 36 Abs. 4 Satz 7 IfSG jedoch einen eigenständigen
Eingriffstatbestand dar, der von den Landesstrafvollzugsgesetzen unabhängig bleibt.[789]
Für diese Auslegung spricht schon, dass der Anwendungsbereich des IfSG in Bezug auf
die relevanten Krankheiten wesentlich enger und spezieller gefasst ist, als derjenige der
Landesstrafvollzugsgesetz. Nach §§ 6f IfSG unterliegen nur bestimmte Krankheiten und
Erreger einer Meldepflicht, deren Umsetzung die Regelung des § 36 Abs. 4 Satz 7 IfSG
dient. Demgegenüber erfassen die Landesstrafvollzugsgesetze sämtliche gesundheitlichen oder hygienischen Abweichungen, die Anlass für derartige Maßnahmen sein können.

5. Anordnungs- und Durchführungsbefugnis. Die Vorschriften **BW** § 80 Abs. 3, 20
BY Art. 108 Abs. 3, **BE** § 75 Abs. 4, **BB** § 79 Abs. 4, **HB** § 68 Abs. 4, **HH** § 84 Abs. 4, **HE** § 25
Abs. 3, **MV** § 67 Abs. 3, **NI** § 93 Abs. 4, **NW** § 78 Abs. 2, **RP** § 77 Abs. 4, **SL** § 67 Abs. 3, **SN**
§ 68 Abs. 4, **ST** § 78 Abs. 4, **SH** § 86 Abs. 3 Satz 2, **TH** § 78 Abs. 4 regeln einen **Anordnungs- und Durchführungsvorbehalt**. Demnach dürfen die in den Vorschriften genannten Maßnahmen nur auf Anordnung und unter Leitung eines Arztes durchgeführt
werden. Etwas anderes gilt lediglich, sofern eine Hilfeleistung im Notfall erforderlich ist,
ein Arzt nicht rechtzeitig erreicht werden kann und mit einem Aufschub Lebensgefahr
verbunden ist. Der anordnende und durchführende Arzt muss nicht notwendigerweise
der Anstaltsarzt sein. Es genügt vielmehr, sofern ein externer Mediziner hinzugezogen
wird.[790] Andere Personen wie Sanitäter, Krankenpfleger, Sprechstundenhilfen oder medizinisch-technische Assistenten kommen jedoch nicht in Betracht. In **HE** § 25 Abs. 3
wurde der Anordnungs- und Durchführungsvorbehalt für die Hilfeleistung bei medizinischen Notfällen gestrichen.

Problematisch ist dabei die Reichweite der ärztlichen Kompetenz im Verhältnis zur 21
Verantwortung und **Leitungsbefugnis des Anstaltsleiters**. Diese Frage wird allerdings
nur relevant, sofern zwischen Anstaltsleitung und Arzt ein Dissens besteht; in Übereinstimmung dürfen Anordnungen ohne Weiteres erfolgen. Differieren die Auffassungen
von Anstaltsleiter und Arzt, so ist die Frage zu entscheiden, bei wem die Letztverantwortlichkeit liegt. Zum Teil wurde hierbei zwischen der beim Anstaltsleiter liegenden Kompetenz zur Anordnung der Maßnahme, dem „Ob", und der beim Arzt liegenden Kompetenz
zur Durchführung der Maßnahme, dem „Wie", unterschieden.[791]

Wie sich aus der systematischen Stellung der Vorschriften ergibt, handelt es sich bei 22
den Regelungen zu Zwangsmaßnahmen auf dem Gebiet der Gesundheitsfürsorge um
spezielle Befugnisnormen für die Anwendung unmittelbaren Zwangs und nicht um eine

---

788 *Boetticher* in: Hillenkamp/Tag (Hrsg.), 2005, 77 ff; *Laue* in: Hillenkamp/Tag (Hrsg.), 2005, 232 dort Fn. 69.
789 *Arloth/Krä* § 56 StVollzG Rdn. 3, § 101 StVollzG Rdn. 4; *Laubenthal/Nestler/Neubacher/Verrel* M Rdn. 159; *Laubenthal*, Rdn. 727.
790 *Arloth/Krä* § 101 StVollzG Rdn. 7.
791 *Nöldekke/Weichbrodt* NStZ 1981, 285.

primär dem Bereich der Gesundheitsfürsorge zuzuordnenden Regelung. Die Anordnung der Anwendung unmittelbaren Zwangs ist aber grds. der Anstaltsleitung vorbehalten. Erwägt der Arzt also die Durchführung einer solchen Maßnahme, so kann die Anstaltsleitung dies verbieten. Allerdings sind die Regelungen zu Zwangsmaßnahmen auf dem Gebiet der Gesundheitsfürsorge gegenüber den allgemeinen Zwangsbefugnissen lex specialis, so dass der Arzt seinerseits eine entsprechende Anordnung der Anstaltsleitung nicht zu befolgen braucht, wenn medizinische Bedenken hiergegen bestehen.[792]

23   BE § 75 Abs. 5, **BB** § 79 Abs. 5, **HB** § 68 Abs. 5, **HH** § 84 Abs. 4, **HE** § 25 Abs. 5, **NI** § 93 Abs. 5, **RP** § 77 Abs. 5 Satz 1, **SN** § 68 Abs. 5 Satz 1, **ST** § 78 Abs. 5 Satz 1, **TH** § 78 Abs. 5 Satz 1 regeln die Formalia der Maßnahme, wie z.B. schriftliche Bekanntgabe und Belehrung.

M. Disziplinarmaßnahmen

Schrifttum

Bammann Tätowierungen und das Recht, in: Bammann/Stöver (Hrsg.), Tätowierungen im Strafvollzug, Oldenburg 2006, 79 ff; *Baumann* Sicherheit und Ordnung in Vollzugsanstalten? Tübingen 1972; *Böhm* Zu den Disziplinarmaßnahmen und dem Disziplinarverfahren nach dem Strafvollzugsgesetz, in: FS Hanack, Berlin 1999, 457 ff; *Diepolder* Disziplinarmaßnahmen im Strafvollzug, Bemerkungen zu den §§ 102–107 StVollzG, in: ZfStrVo 1980, 140 ff; *Faber* Länderspezifische Unterschiede bezüglich Disziplinarmaßnahmen und der Aufrechterhaltung von Sicherheit und Ordnung im Jugendstrafvollzug, Mönchengladbach 2014; *Goeckenjan/Puschke/Singelnstein* Für die Sache – Kriminalwissenschaften aus unabhängiger Perspektive, in: FS Eisenberg, Berlin 2019, 325 ff; *Heghmanns* Die Anhörung des Gefangenen im vollzugsrechtlichen Disziplinarverfahren, in: ZfStrVo 1998, 232 ff; *Hohmeier* Hausstrafverfahren in der gegenwärtigen Form dysfunktional, in: ZfStrVo 1973, 24 ff; *Kretschmer* Das Phänomen des Tätowierens im Strafvollzug, in: FS Schwind, Heidelberg u.a. 2006, 579 ff; *Laubenthal* Erscheinungsformen subkultureller Gegenordnungen im Strafvollzug, in: FS Schwind, Heidelberg u.a. 2006, 593 ff; *ders.* Disziplinierung unbotmäßigen Verhaltens im Vollzug von Freiheitsstrafe nach dem Bayerischen Strafvollzugsgesetz, in: Laubenthal (Hrsg.): FG Paulus, Würzburg 2009, 97 ff; *Neuland* Disziplinarmaßnahmen („Hausstrafen") und Vergünstigungsdenken, in: Schwind/Blau 270 ff; *Ostendorf* Das Verbot einer strafrechtlichen und disziplinarrechtlichen Ahndung der Gefangenenbefreiung, in: NStZ 2007, 313 ff; *Pachmann* Der Disziplinarvorfall in der Praxis, in: ZfStrVo 1979, 226 ff; *Rotthaus* Tätowieren im Gefängnis, in: NStZ 2010, 199 f; *Skirl* Die Zulässigkeit von Disziplinarmaßnahmen nach Drogenkonsum eines Strafgefangenen, in: ZfStrVo 1995, 93 ff; *J. Walter* Disziplinarmaßnahmen, besondere Sicherungsmaßnahmen oder Selbstbeschädigungen – Indikatoren für die Konfliktbelastung einer Vollzugsanstalt? in: ZfStrVo 1988, 195 ff.

1. Anordnungsvoraussetzungen

Bund	§ 102 StVollzG
Baden-Württemberg	BW § 81 III JVollzGB
Bayern	BY Art. 109 BayStVollzG
Berlin	BE § 94 StVollzG Bln
Brandenburg	BB § 100 BbgJVollzG
Bremen	HB § 87 BremStVollzG
Hamburg	HH §§ 85, 86 HmbStVollzG
Hessen	HE § 55 HStVollzG
Mecklenburg-Vorpommern	MV § 86 StVollzG M-V
Niedersachsen	NI § 94 NJVollzG
Nordrhein-Westfalen	NW §§ 79, 80 StVollzG NRW

---

792 So auch *Arloth/Krä* § 101 StVollzG Rdn. 7.

Rheinland-Pfalz	RP § 97 LJVollzG
Saarland	SL § 86 SLStVollzG
Sachsen	SN § 90 SächsStVollzG
Sachsen-Anhalt	ST § 98 JVollzGB LSA
Schleswig-Holstein	SH § 117 LStVollzG SH
Thüringen	TH § 98 ThürJVollzG

Übersicht

I. Allgemeine Hinweise —— 1–3
   1. Aufgabe der Disziplinar-
      maßnahmen —— 1
   2. Subsidiarität —— 2
   3. Rechtsgrundlagen —— 3
II. Erläuterungen —— 4–27
   1. Katalogtatbestände —— 4–12
   2. Pflichtverstoß in Gesetzen ohne Tatbe-
      standskatalog —— 13–16

   3. Generalklauseln in Tatbestands-
      katalogen —— 17
   4. Schuldhafte Begehung —— 18
   5. Ermessensentscheidung —— 19–21
   6. Mehrere Verstöße, Verjährung, Dauer-
      pflichtverstoß —— 22–24
   7. Möglichkeit der Doppelsanktio-
      nierung —— 25
   8. Rechtsschutz —— 26
   9. Beispiel —— 27

I. Allgemeine Hinweise

1. Aufgabe der Disziplinarmaßnahmen. Sicherungsmaßnahmen beugen befürch- 1
teten Gefahren für Sicherheit und Ordnung vor, sie sollen präventiv wirken, die Zukunft
sichern; Zwangsmaßnahmen dienen dazu, eine gerade eingetretene gegenwärtige Gefahr
zu bekämpfen bzw. zu bannen. Dagegen haben die Disziplinarmaßnahmen die Ahndung
vergangener Angriffe auf Sicherheit und Ordnung zum Gegenstand. Ihre Aufgabe ist **repressiv**. Allerdings sollen auch die Disziplinarmaßnahmen präventiv wirken. Generalpräventiv wirken sie, indem ihre Verhängung den in der Justizvollzugsanstalt befindlichen Personen (Insassen und Bediensteten) die Verbindlichkeit der ein unter den
Bedingungen des Vollzugs der Freiheitsstrafe erträgliches Zusammenleben ermögli-
chenden Vorschriften verdeutlicht und so zu deren Befolgung ermuntert.[793] Insoweit
werden die Maßnahmen auch „im Blick auf andere"[794] angeordnet. Spezialpräventiv sind
sie erfolgreich, wenn der disziplinierte Gefangene sich künftig eines Pflichtverstoßes
enthält, wobei die Disziplinarmaßnahme eine (abschreckende) Warnwirkung entfalten
kann.[795]

2. Subsidiarität. Ein Erfolg im Sinne des Behandlungsziels wird durch die Diszi- 2
plinarmaßnahmen i.d.R. nicht herbeigeführt.[796] Deshalb ist die Subsidiarität der Disziplinarmaßnahmen hinter behandelnder Einflussnahme[797] zu betonen. Angesichts der
Realität des Lebensalltags in den Justizvollzugseinrichtungen mit nahezu alltäglichen Regelverstößen bis hin zur Gewaltausübung in den vollzuglichen Subkulturen[798]
kann allerdings nicht auf ihren Einsatz verzichtet werden.[799] Ein vorwiegend auf Kon-

---
[793] S. auch *Laubenthal/Nestler/Neubacher/Verrel* M Rdn. 169.
[794] *Neuland* 1988, 274; *Pachmann* 1979, 228; krit. AK-*Walter* Teil II vor § 86 LandesR Rdn. 8.
[795] *Laubenthal* Rdn. 728.
[796] *Böhm* 2003 Rdn. 355; *Hohmeier* 1973, 24.
[797] AK-*Walter* Teil II § 86 LandesR Rdn. 30; *Arloth/Krä* § 102 StVollzG Rdn. 1; *Laubenthal* Rdn. 693;
Müller-Dietz 1978, 210; s. auch BayVerfGH, v. 9.12.2010 - Vf. 3-VI-09.
[798] Dazu *Laubenthal* Rdn. 211 ff.
[799] S. auch *Arloth/Krä* § 102 StVollzG Rdn. 2; anders AK-*Walter* Teil II vor § 86 LandesR Rdn. 11.

fliktvermeidung ausgerichteter Vollzug entspricht nicht den Strafvollzugsgesetzen, weswegen sich die Qualität einer Anstalt oder eines Vollzugssystems nicht an der Häufigkeit der zu verhängenden Disziplinarmaßnahmen messen lässt. Disziplinarmaßnahmen ermöglichen es, leichtere, in der Justizvollzugsanstalt begangene Straftaten, durch die auch die Ordnung gestört wurde (Beleidigung, Körperverletzung, Sachbeschädigung, kleinere Diebstähle oder Widerstandshandlungen), zu ahnden, ohne ein den Insassen stärker belastendes Strafverfahren zu verursachen. Der geschädigte Mitgefangene oder Bedienstete verzichtet auf die Strafanzeige angesichts der Disziplinarmaßnahmen; die Staatsanwaltschaft stellt häufig im Hinblick auf die Disziplinarmaßnahme gem. §§ 153 ff StPO das Verfahren ein.[800]

3   **3. Rechtsgrundlagen.** Die Voraussetzungen für die Anordnung von Disziplinarmaßnahmen, das Disziplinarverfahren sowie die zulässigerweise verhängbaren Disziplinarfolgen sind normiert in §§ 102 bis 107 StVollzG, **BW** §§ 81 bis 86 III, **BY** Art. 109 bis 114, **BE** §§ 94 bis 97, **BB** §§ 100 bis 103, **HB** §§ 87 bis 90, **HH** §§ 85 bis 90, **HE** §§ 55 bis 56, **MV** §§ 86 bis 89, **NI** §§ 94 bis 99, **NW** §§ 79 bis 82, **RP** §§ 97 bis 100, **SL** §§ 86 bis 89, **SN** §§ 90 bis 93, **ST** §§ 98 bis 101, **SH** §§ 117 bis 121, **TH** §§ 98 bis 101. Alle Vollzugsgesetze sehen als Voraussetzung für die Verhängung von Disziplinarmaßnahmen einen schuldhaften Pflichtenverstoß vor. Was im Übrigen die Disziplinarvoraussetzungen betrifft, so ist bezüglich der **Regelungstechnik** im Wesentlichen zwischen zwei Modellen zu differenzieren. Die Bundesländer Baden-Württemberg, Bayern, Niedersachsen und Nordrhein-Westfalen verlangen in **BW** § 81 Abs. 1 III, **BY** Art. 109 Abs. 1, **NI** § 94 Abs. 1, **NW** § 79 Abs. 1 Satz 1 ebenso wie § 102 Abs. 1 StVollzG generalklauselartig einen schuldhaften Verstoß gegen Pflichten, welche den Gefangenen durch das jeweilige Vollzugsgesetz oder aufgrund des jeweiligen Gesetzes auferlegt sind. Diese Bestimmungen enthalten somit keinen Tatbestandskatalog. Einzelne Disziplinartatbestände listen dagegen **BE** § 94 Abs. 1, **BB** § 100 Abs. 1, **HB** § 87 Abs. 1, **HE** § 55 Abs. 1, **MV** § 86 Abs. 1, **RP** § 97 Abs. 1, **SL** § 86 Abs. 1, **SN** § 90 Abs. 1, **ST** § 98 Abs. 1 Satz 1, **SH** § 117 Abs. 1, **TH** § 98 Abs. 1 auf. Diese Kataloge sind jedoch insoweit nicht abschließend, als sie ebenfalls eine Art Generalklausel enthalten, wonach disziplinarisch auch belangt werden kann, wer das geordnete Zusammenleben in der Anstalt dadurch stört, dass er in nicht unerheblicher Weise (**BE** § 94 Abs. 1 Nr. 9) bzw. wiederholt oder schwerwiegend (**BB** § 100 Abs. 1 Nr. 9, **HB** § 87 Abs. 1 Nr. 8, **HE** § 55 Abs. 1 Nr. 6, **MV** § 86 Abs. 1 Nr. 8, **RP** § 97 Abs. 1 Nr. 9, **SL** § 86 Abs. 1 Nr. 8, **SN** § 90 Abs. 1 Nr. 8, **SH** § 117 Abs. 1 Nr. 8, **TH** § 98 Abs. 1 Nr. 9) gegen sonstige Pflichten verstößt, die ihm durch das jeweilige Vollzugsgesetz oder aufgrund dieses Gesetzes auferlegt sind. Da in Sachsen-Anhalt jedes das geordnete Zusammenleben in der Anstalt störende Verhalten einen gesonderten Disziplinartatbestand darstellt (**ST** § 98 Abs. 1 Satz 1 Nr. 11), beinhaltet dort die Generalklausel des **ST** § 98 Abs. 1 Satz 1 Nr. 12 keine entsprechende Einschränkung. In Hamburg enthält **HH** § 85 Abs. 1 Satz 1 der Regelung von § 102 Abs. 1 StVollzG folgend die Generalklausel sowie **HH** § 85 Abs. 2 einen Tatbestandskatalog, dessen Nr. 10 den Abs. 1 Satz 1 ergänzt um wiederholte oder schwerwiegende Verstöße gegen die Hausordnung sowie die Störung des geordneten Zusammenlebens in der Anstalt. Klargestellt ist in **HH** § 85 Abs. 1 Satz 2, dass ein Verstoß gegen die in Hamburg normierte Mitwirkungspflicht an der Behandlung (**HH** § 5 Abs. 1) nicht disziplinarisch geahndet werden darf.

---

800   *Arloth/Krä* § 102 StVollzG Rdn. 2; *Walter* 1999 Rdn. 519.

II. Erläuterungen

1. Katalogtatbestände. Mit den Tatbestandskatalogen von **BE** § 94 Abs. 1, **BB** § 100 **4** Abs. 1, **HB** § 87 Abs. 1, **HH** § 85 Abs. 2, **HE** § 55 Abs. 1, **MV** § 86 Abs. 1, **RP** § 97 Abs. 1, **SL** § 86 Abs. 1, **SN** § 90 Abs. 1, **ST** § 98 Abs. 1 Satz 1, **SH** § 117 Abs. 1, **TH** § 98 Abs. 1 haben die einer solchen Regelungstechnik folgenden Bundesländer im Hinblick auf die Möglichkeit einer besseren Berücksichtigung des Bestimmtheitsgrundsatzes sowie einer denkbaren Reduzierung von Unterschieden in der Praxis der Rechtsanwendung[801] explizit die Ahndung bestimmter rechtswidriger und schuldhafter Pflichtverletzungen vorgegeben. Hierbei handelt es sich um Verhaltensweisen als Pflichtverstöße, welche die jeweiligen Landesgesetzgeber für **regelmäßig disziplinarwürdig** erachten.

Den Disziplinartatbestand des **verbalen** oder **tätlichen Angriffs** einer anderen Per- **5** son normieren **BE** § 94 Abs. 1 Nr. 1, **BB** § 100 Abs. 1 Nr. 1, **HB** § 87 Abs. 1 Nr. 1, **HH** § 85 Abs. 2 Nr. 2, **MV** § 86 Abs. 1 Nr. 1, **RP** § 97 Abs. 1 Nr. 1, **SL** § 86 Abs. 1 Nr. 1, **SN** § 90 Abs. 1 Nr. 1, **ST** § 98 Abs. 1 Satz 1 Nr. 1, **SH** § 117 Abs. 1 Nr. 1, **TH** § 98 Abs. 1 Nr. 1. Eine vergleichbare Regelung enthält unter den Ländern mit Katalogregelung lediglich Hessen nicht; die Angriffe stellen in der Regel jedoch zugleich Straftaten gem. §§ 185, 223 ff StGB dar und können daher unter **HE** § 55 Abs. 1 Nr. 1 fallen.[802] Insbesondere bei beleidigenden Äußerungen oder Gesten bleibt – auch im Hinblick auf den Verhältnismäßigkeitsgrundsatz – zu prüfen, ob im konkreten Fall damit auch eine Störung des geordneten Zusammenlebens in der Anstalt verbunden ist.[803]

Sämtliche Kataloge von ahndungswürdigen Pflichtverletzungen enthalten den **Ver- 6 stoß gegen Strafgesetze** oder die **Begehung einer Ordnungswidrigkeit**, **BE** § 94 Abs. 1 Nr. 3, **BB** § 100 Abs. 1 Nr. 3, **HB** § 87 Abs. 1 Nr. 3, **HH** § 85 Abs. 2 Nr. 1, **HE** § 55 Abs. 1 Nr. 1, **MV** § 86 Abs. 1 Nr. 3, **RP** § 97 Abs. 1 Nr. 3, **SL** § 86 Abs. 1 Nr. 3, **SN** § 90 Abs. 1 Nr. 3, **ST** § 98 Abs. 1 Satz 1 Nr. 3, **SH** § 117 Abs. 1 Nr. 3, **TH** § 98 Abs. 1 Nr. 3. Zu beachten ist insoweit allerdings, dass die Begehung von Straftaten bzw. Ordnungswidrigkeiten während der Strafverbüßung (auch während einer Vollzugslockerung oder vollzugsöffnenden Maßnahme) grundsätzlich an sich noch nicht den vollzuglichen Pflichtenbereich tangiert. Dies gilt erst insoweit, wenn der Verstoß gegen ein Strafgesetz bzw. eine Ordnungswidrigkeitenvorschrift zugleich eine vollzugliche Pflichtverletzung darstellt (z.B. die Körperverletzung eines Mitgefangenen als Verstoß auch gegen die Pflicht zu einem das geordnete Zusammenleben nicht störenden Verhalten).[804]

Zu den Katalogtatbeständen gehört derjenige der **Zerstörung** oder **Beschädigung** **7** von Lebensmitteln oder von fremden Sachen, **BB** § 100 Abs. 1 Nr. 2, **HB** § 87 Abs. 1 Nr. 2, **HH** § 85 Abs. 2 Nr. 7, **MV** § 86 Abs. 1 Nr. 2, **RP** § 97 Abs. 1 Nr. 2, **SL** § 86 Abs. 1 Nr. 2, **SN** § 90 Abs. 1 Nr. 2, **ST** § 98 Abs. 1 Satz 1 Nr. 2, **TH** § 98 Abs. 1 Nr. 2. Der die Lebensmittel betreffende Tatbestand umfasst nicht nur solche in fremdem Eigentum, sondern auch diejenigen, die im Besitz oder Eigentum des handelnden Inhaftierten stehen.[805] Erfasst werden sollen zudem Fälle von Verschmutzung des Anstaltsgeländes dadurch, dass Gefangene Lebensmittel oder andere Gegenstände aus dem Haftraumfenster werfen.[806] Dies wird in Berlin auf der gesetzlichen Ebene geregelt, von **BE** § 94 Abs. 1 Nr. 2 sind über

---

801 *Laubenthal/Nestler/Neubacher/Verrel* M Rdn. 194.
802 *Arloth/Krä* § 55 HStVollzG Rdn. 1.
803 AK-*Walter* Teil II § 86 LandesR Rdn. 4.
804 *Laubenthal* 2009, S. 109; s. auch AK-*Walter* Teil II § 86 LandesR Rdn. 4; *Laubenthal/Nestler/Neubacher/Verrel* M Rdn. 198.
805 AK-*Walter* Teil II § 86 LandesR Rdn. 4; *Laubenthal/Nestler/Neubacher/Verrel* M Rdn. 197; krit. *Arloth/Krä* § 90 SächsStVollzG Rdn. 4.
806 *Laubenthal/Nestler/Neubacher/Verrel* M Rdn. 197.

die Beschädigung oder Zerstörung fremder Sachen hinaus die unbefugte nicht nur unerhebliche und nicht nur vorübergehende Veränderung des Erscheinungsbildes fremder Sachen erfasst sowie gem. Abs. 1 Nr. 4 das unsachgemäße Entsorgen von Lebensmitteln, Verpackungen und anderen Gegenständen entgegen der Hausordnung. Demgegenüber verzichtet der schleswig-holsteinische Gesetzgeber auf ein pauschal disziplinarwürdiges Verhalten in Bezug auf die Zerstörung oder Beschädigung von Lebensmitteln und beschränkt insoweit in **SH** § 117 Abs. 1 Nr. 2 den Tatbestand auf die Zerstörung oder Beschädigung fremder Sachen, wobei hinsichtlich des Umgangs mit Lebensmitteln die Ahndung eines Pflichtverstoßes auf Grundlage der ergänzenden Generalklausel von **SH** § 117 Abs. 1 Nr. 8 möglich bleibt.[807] Weder bezüglich der Beschädigung oder Zerstörung fremder Sachen noch derjenigen von Lebensmitteln enthält in Hessen der Katalog (**HE** § 55 Abs. 1) einen besonderen Disziplinartatbestand. Insoweit bleibt aber – je nach Fallkonstellation – über **HE** § 55 Abs. 1 Nr. 1 oder Nr. 6 eine Ahndung nicht ausgeschlossen.

8   Als regelmäßig disziplinarwürdige Pflichtverletzung normieren sämtliche Kataloge bestimmte Handlungen im Zusammenhang mit verbotenen Gegenständen, **BE** § 94 Abs. 1 Nr. 5, **BB** § 100 Abs. 1 Nr. 4, **HB** § 87 Abs. 1 Nr. 4, **HH** § 85 Abs. 2 Nr. 4 und 5, **HE** § 55 Abs. 1 Nr. 3, **MV** § 86 Abs. 1 Nr. 4, **RP** § 97 Abs. 1 Nr. 4, **SL** § 86 Abs. 1 Nr. 4, **SN** § 90 Abs. 1 Nr. 4, **ST** § 98 Abs. 1 Satz 1 Nr. 4, **SH** § 117 Abs. 1 Nr. 4, **TH** § 98 Abs. 1 Nr. 4. Dies betrifft das Einbringen verbotener (in Hessen unerlaubter) Gegenstände, die Beteiligung an dem Einbringen, deren Besitz sowie (außer in Hamburg) die Weitergabe (in Hessen die Abgabe). Soweit in Hamburg die Weitergabe nicht in den Katalog aufgenommen ist, bleibt eine solche dennoch unter den Voraussetzungen der Generalklausel von **HH** § 85 Abs. 1 ahndbar. Zwar spricht **HH** § 85 Abs. 2 Nr. 5 bezüglich Beteiligung und Besitz vom Einschmuggeln; aus dieser Begrifflichkeit ergibt sich allerdings im Vergleich zum Einbringen kein sachlicher Unterschied.[808] Geht es in den Katalogtatbeständen um den Besitz verbotener bzw. unerlaubter Gegenstände, fällt hierunter auch die Sachherrschaft an Objekten, die zwar legal in die Anstalt eingebracht wurden, für den Gefangenen jedoch verboten sind[809] (z.B. ein Inhaftierter eignet sich Klebeband an, das im Eigentum der Vollzugseinrichtung steht).[810] In Sachsen-Anhalt sind das Einbringen verbotener Gegenstände und die Beteiligung daran sowie der Besitz und die Weitergabe noch um die Tatmodalität des Versuchs erweitert.

9   Der unerlaubte Konsum von **Betäubungsmitteln** oder anderer **berauschender Stoffe** ist in allen Disziplinarkatalogen enthalten, **BE** § 94 Abs. 1 Nr. 6, **BB** § 100 Abs. 1 Nr. 5, **HB** § 87 Abs. 1 Nr. 5, **HH** § 85 Abs. 2 Nr. 8, **HE** § 55 Abs. 1 Nr. 5, **MV** § 86 Abs. 1 Nr. 5, **RP** § 97 Abs. 1 Nr. 5, **SL** § 86 Abs. 1 Nr. 5, **SN** § 90 Abs. 1 Nr. 5, **ST** § 98 Abs. 1 Satz 1 Nr. 5, **SH** § 117 Abs. 1 Nr. 5, **TH** § 98 Abs. 1 Nr. 5. Zu den anderen berauschenden Stoffen im Sinne der Bestimmungen gehört auch der Alkohol,[811] was in **ST** § 98 Abs. 1 Satz 1 Nr. 5 ausdrücklich klargestellt wird. Andere Formen des Umgangs mit Rauschmitteln als deren Konsum sind in Brandenburg, Hessen und Sachsen-Anhalt in die jeweiligen Katalognormen aufgenommen. Das betrifft in den drei Bundesländern das unerlaubte Herstellen (z.B. das Ansetzen von Alkohol), gem. § **ST** § 98 Abs. 1 Satz 1 Nr. 5 zudem den Besitz, die Annahme, die Weitergabe und den Versuch von Handlungsmodalitäten, die in den übrigen Bundesländern mit Tatbestandskatalogen bei Vorliegen der Voraussetzungen unter die Tatbestände des Verstoßes gegen Strafgesetze oder des Umgangs mit unerlaubten

---

807 *Arloth/Krä* § 117 **SH** LStVollzG Rdn. 1.
808 *Laubenthal/Nestler/Neubacher/Verrel* M Rdn. 199.
809 *Arloth/Krä* § 90 SächsStVollzG Rdn. 6.
810 OLG Frankfurt, Beschl. vom 14.5.2013 – 3 Ws 180/13 (StVollz).
811 *Arloth/Krä* § 90 SächsStVollzG Rdn. 7; *Laubenthal/Nestler/Neubacher/Verrel* M Rdn. 200.

Gegenständen fallen können. In Hessen hat der Gesetzgeber die Bestimmung des **HE** § 55 Abs. 1 Nr. 5 um die Verweigerung oder Manipulation einer Kontrolle im Zusammenhang mit der Bekämpfung des Suchtmittelmissbrauchs ergänzt.

Während in den Bundesländern ohne Disziplinarkatalog die Frage umstritten bleibt, **10** ob das Entweichen bzw. die Flucht aus der Vollzugseinrichtung ohne Fremdschädigung eine disziplinarrechtlich relevante Pflichtverletzung darstellt (s. Rdn. 15), haben die Landesgesetzgeber diese Frage in den Katalogen für ihren Bereich jeweils eindeutig entschieden. Als disziplinarwürdiges Verhalten qualifizieren alle Kataloge das **Entweichen**, **BE** § 94 Abs. 1 Nr. 7, **BB** § 100 Abs. 1 Nr. 6, **HB** § 87 Abs. 1 Nr. 6, **HH** § 85 Abs. 2 Nr. 6, **HE** § 55 Abs. 1 Nr. 4, **MV** § 86 Abs. 1 Nr. 6, **RP** § 97 Abs. 1 Nr. 6, **SL** § 86 Abs. 1 Nr. 6, **SN** § 90 Abs. 1 Nr. 6, **ST** § 98 Abs. 1 Satz 1 Nr. 6, **SH** § 117 Abs. 1 Nr. 6, **TH** § 98 Abs. 1 Nr. 6. Während prinzipiell ein disziplinarrechtlich relevanter Verstoß vollendet sein muss,[812] qualifizieren die Tatbestände zudem den **Versuch** des Entweichens als Pflichtverletzung, welche disziplinarisch geahndet werden kann.

Zu den in den Katalogen ausdrücklich normierten ahndungsfähigen Pflichtverletzungen gehört – außer in Hessen – der **Verstoß gegen Lockerungsweisungen**, **BE** § 94 **11** Abs. 1 Nr. 8, **BB** § 100 Abs. 1 Nr. 7, **HB** § 87 Abs. 1 Nr. 7, **HH** § 85 Abs. 2 Nr. 9, **MV** § 86 Abs. 1 Nr. 7, **RP** § 97 Abs. 1 Nr. 7, **SL** § 86 Abs. 1 Nr. 7, **SN** § 90 Abs. 1 Nr. 7, **ST** § 98 Abs. 1 Satz 1 Nr. 7, **SH** § 117 Abs. 1 Nr. 7, **TH** § 98 Abs. 1 Nr. 7. Der Tatbestand des Verstoßes gegen Weisungen im Zusammenhang mit der Gewährung von Lockerungen ist in **SH** § 117 Abs. 1 Nr. 7 erweitert um denjenigen im Zusammenhang mit der Gewährung von Ausführungen. **ST** § 98 Abs. 1 Satz 1 Nr. 7 erfasst bei Weisungsverstößen das vollendete oder versuchte Sich-Entziehen während einer Lockerung. Der Tatbestand des Verstoßes gegen Lockerungsweisungen in den Kataloggesetzen lässt die Möglichkeiten der Aufhebung von Lockerungen durch Widerruf oder Rücknahme unberührt.[813] Eine disziplinarische Ahndung des Verstoßes kann allerdings das insoweit mildere Mittel darstellen.[814]

Vereinzelt finden sich in den Kataloggesetzen **weitere** explizit normierte **Tatbe-** **12** **stände**. Das betrifft **HH** § 85 Abs. 2 Nr. 3, wonach eine ahndungswürdige Pflichtverletzung vorliegt, wenn Gefangene sich den ihnen zugewiesenen Aufgaben entziehen (z.B. gegen die Arbeitspflicht verstoßen). Dem entspricht **HE** § 55 Abs. 1 Nr. 2; danach können Disziplinarmaßnahmen angeordnet werden, wenn Gefangene ihnen zugewiesene Tätigkeiten nach **HE** § 27 Abs. 3 nicht ausüben, d.h. Verletzung der Pflicht zur Arbeit und anderer zugewiesener Tätigkeiten im Sinne dieser Vorschrift.[815] In Sachsen-Anhalt geht der Tatbestandskatalog von **ST** § 98 Abs. 1 Satz 1 inhaltlich deutlich über diejenigen der übrigen Bundesländer mit Kataloggesetzen hinaus. Das betrifft nicht nur Abs. 1 Satz 1 Nr. 5 bezüglich des Umgangs mit Rauschmitteln (s. Rdn. 9) sowie der Verstöße gegen Lockerungsweisungen (s. Rdn. 11). Erfasst wird auch das Nichtbefolgen von Anordnungen von Vollzugsbediensteten (Nr. 9), welche jedoch rechtmäßig erfolgt sein müssen. Zu den Katalogtatbeständen gehören ferner die Weigerung der Teilnahme an Maßnahmen zur Feststellung von Suchtmittelgebrauch (Nr. 10) und die Störung geordneten Zusammenlebens in der Anstalt (Nr. 11), weshalb die Generalklausel (Nr. 12) keine entsprechende Einschränkung mehr vorsieht (s. Rdn. 3). Das Sich-Entziehen von zugewiesenen Aufgaben oder aus zugewiesenen Bereichen qualifiziert **ST** § 98 Abs. 1 Satz 1 Nr. 13 als regelmäßig ahndungswürdige Pflichtenverstöße.

---

812 *Laubenthal* Rdn. 733.
813 *Laubenthal/Nestler/Neubacher/Verrel* M Rdn. 202.
814 *Arloth/Krä* § 90 SächsStVollzG Rdn. 9.
815 *Arloth/Krä* § 55 HStVollzG Rdn. 1.

11. Kapitel. Sicherheit und Ordnung

13   **2. Pflichtverstoß in Gesetzen ohne Tatbestandskatalog.** Im Bundes-Strafvollzugsgesetz sowie in den Bundesländern Baden-Württemberg, Bayern, Niedersachsen und Nordrhein-Westfalen haben die Gesetzgeber keine besonderen Tatbestände geschaffen, deren Verwirklichung Disziplinarmaßnahmen nach sich zieht, sondern sie enthalten eine **Generalklausel**. Die Anordnung von Disziplinarmaßnahmen ist zulässig bei der schuldhaften Verletzung von Pflichten, die dem Gefangenen durch das jeweilige Vollzugsgesetz oder aufgrund des jeweiligen Gesetzes auferlegt sind, § 102 Abs. 1 StVollzG, **BW** § 81 Abs. 1 III, **BY** Art. 109 Abs. 1, **NI** § 94 Abs. 1, **NW** § 79 Abs. 1 Satz 1.

14   **Durch ein Vollzugsgesetz** dem Gefangenen auferlegt ist z.B. die Pflicht, Anstaltskleidung zu tragen,[816] beim Besuch Gegenstände nur mit Erlaubnis zu übergeben oder in Empfang zu nehmen,[817] die Absendung und den Empfang seiner Schreiben durch die Anstalt vermitteln zu lassen und die eingehenden Schreiben unverschlossen zu verwahren,[818] eine ihm zugewiesene, seinen körperlichen Fähigkeiten angemessene Arbeit oder Beschäftigung auszuüben,[819] die Zustimmung, auch über drei Monate hinaus Hilfstätigkeiten nach § 41 Abs. 1 Satz 2 StVollzG ausüben zu wollen, nicht zur Unzeit zurückzunehmen,[820] die Zustimmung zur Teilnahme an berufsbildenden Maßnahmen nicht zur Unzeit zu widerrufen,[821] die notwendigen Maßnahmen zum Gesundheitsschutz und zur Hygiene zu unterstützen;[822] z.B. sich wiegen zu lassen, den Arzt zu einer medizinischen Belehrung aufsuchen. Auch die Verweigerung der Mitwirkung an einer – berechtigterweise – angeordneten Urinkontrolle kann Grund für die Verhängung einer Disziplinarmaßnahme sein,[823] ebenso die Verfälschung einer Urinprobe.[824] Der Inhaftierte hat sich nach der Tageseinteilung der Anstalt zu richten,[825] durch sein Verhalten gegenüber Vollzugsbediensteten, Mitgefangenen und anderen Personen das geordnete Zusammenleben nicht zu stören,[826] rechtmäßige Anordnungen von Vollzugsbediensteten zu befolgen, auch wenn der Gefangene sich durch sie beschwert fühlt,[827] einen ihm zugewiesenen Bereich nicht ohne Erlaubnis zu verlassen,[828] seinen Haftraum und die ihm von der Anstalt überlassenen Sachen in Ordnung zu halten und schonend zu behandeln,[829] Umstände, die eine Gefahr für das Leben oder eine erhebliche Gefahr für die Gesundheit einer Person bedeuten, unverzüglich zu melden[830] und nur Sachen in Gewahrsam zu haben oder anzunehmen, die ihm von der Vollzugsbehörde oder mit ihrer Zustimmung überlassen werden.[831] Keine Pflichtverletzung stellt insoweit dar eine fehlende Mitwirkung des Inhaftierten an der Gestaltung seiner Behandlung und der Erreichung des So-

---

816 S. 6 A.
817 S. 9 B.
818 S. 9 C.
819 S. 4 B.
820 S. 4 B.
821 S. 4 B.
822 S. 6 D und E.
823 BVerfG, Beschl. vom 6.8.2009 – 2 BvR 2280/07; BVerfG, FS 2011, 192; OLG Rostock StV 2004, 611; KG ZfStrVo 2006, 374; Beschl. vom 5.10.2017 – 2 Ws 92/17 Vollz = NStZ-RR 2018, 30, 31; OLG Jena NStZ-RR 2008, 59; LG Göttingen, Beschl. vom 29.6.2016 – 53 StVK 13/16.
824 OLG Hamm, Beschl. vom 20.12.2012 – III – 1 Vollz (Ws) 566/12; KG, Beschl. vom 5.10.2017 – 2 Ws 92/17 Vollz = NStZ-RR 2018, 30, 31.
825 S. 2 E.
826 S. 11 B.
827 S. 11 B.
828 S. 11 B.
829 S. 11 B.
830 S. 11 B.
831 S. 11 B.

zialisationsziels, weil diese nicht erzwingbar ist, sondern die Anstalt die Bereitschaft dazu wecken und fördern soll.[832]

Aufgrund des Gesetzes können dem Gefangenen besondere Pflichten auferlegt werden, die etwa die Tageseinteilung der Anstalt oder das geordnete Zusammenleben genauer bestimmen. Hierbei geht es einmal um generelle Regelungen, die in einem Vollzugsgesetz ihre Legitimationsgrundlage finden, wie etwa eine Hausordnung.[833] Pflichten werden zudem durch Einzelweisung begründet, wenn diese sich auf das jeweilige Gesetz stützt. So kann eine Hausordnung das Werfen von Gegenständen aus dem Haftraumfenster verbieten,[834] oder als besonderen Unterfall der Störung geordneten Zusammenlebens die geschäftsmäßige Rechtsberatung für andere Gefangene, die im Vollzug zu unerwünschten Abhängigkeitsverhältnissen führen mag.[835] Weitere Pflichten werden den Gefangenen durch Weisungen auferlegt, die die Anstaltsleitung für Lockerungen bzw. vollzugsöffnende Maßnahmen sowie Urlaub bzw. Langzeitausgang erteilt:[836] etwa pünktlich in die Anstalt zurückzukehren.[837] Sofern die Weisung keinerlei Bezug zu Sicherheit und Ordnung der Anstalt aufweist, sondern nur das Verhalten des Gefangenen während der Vollzugslockerung bzw. vollzugsöffnenden Maßnahme zum Inhalt hat, können Verstöße nicht mit Disziplinarmaßnahmen geahndet werden, z.B. den Bewährungshelfer aufzusuchen oder keine Straftaten zu begehen.[838] Sie können allerdings zum Widerruf der Lockerung führen. 15

Streitig ist, ob der Gefangene durch eine **Selbstbeschädigung** bzw. einen Suizidversuch gegen seine Pflichten verstößt. Einerseits wird auf das Fehlen einer ausdrücklichen Pflicht hingewiesen.[839] Auch wenn der Gefangene insoweit ergangenen Anweisungen entgegen handle, fehle es an einem Pflichtverstoß, weil er in erster Linie sich schädige.[840] Andererseits gibt es Fälle, in denen solche Handlungen das geordnete Zusammenleben in der Anstalt erheblich stören.[841] Es kommt auf den Einzelfall an. Ein Pflichtenverstoß liegt dann vor, wenn der Gefangene die Selbstbeschädigung als Nötigungsmittel einsetzen will oder eine Störung der Ordnung anstrebt.[842] Dagegen dürfte der Selbstmordversuch in aller Regel kein Pflichtenverstoß sein. Selbst wenn der Gefangene bei dieser Tat Sachen der Anstalt beschädigt, bleibt wegen der psychischen Ausnahmesituation des Insassen eine disziplinarische Behandlung des Vorfalls unzulässig.[843] Unerlaubtes Tätowieren[844] gefährdet zwar die Sicherheit der Anstalt nicht, vermag jedoch das Zusammenleben in der Anstalt insoweit zu stören, dass es zu einer Beeinträchtigung der Verpflichtung[845] führt, für den Schutz der Gesundheit Sorge zu tragen.[846] Der Verstoß 16

---

832 *Laubenthal* Rdn. 239.
833 Zur Hausordnung s. 13 N.
834 LG Trier, Beschl. vom 25.4.1990 – 57 Vollz 33/90.
835 BVerfG NStZ 1998, 103; OLG Koblenz NStZ 1997, 428 *M*; *Laubenthal/Nestler/Neubacher/Verrel* M Rdn. 183.
836 S. 10 E.
837 LG Hamburg ZfStrVo 1979 **SH** 84; OLG Celle ZfStrVo 1983, 317 f mit Anm. *Skirl* und *Dertinger* NStZ 1984, 192; AK-*Walter* Teil II § 86 LandesR Rdn. 7; *Arloth/Krä* § 102 StVollzG Rdn. 5; *Diepolder* 1980, 141; K/S-*Schöch* § 8 Rdn. 27; *Laubenthal/Nestler/Neubacher/Verrel* M Rdn. 183.
838 *Laubenthal/Nestler/Neubacher/Verrel* M Rdn. 189; a.A. bzgl. Straftaten *Arloth/Krä* § 102 StVollzG Rdn. 5.
839 AK-*Walter* Teil II § 86 LandesR Rdn. 10; *Stuth* ZfStrVo 1981, 83 f.
840 *Diepolder* 1980, 141.
841 OLG Celle, Beschl. vom 10.1.1980 – 3 Ws 395/79 zum Hungerstreik; *Rotthaus* ZfStrVo 1980, 53.
842 *Arloth/Krä* § 102 StVollzG Rdn. 6; *Laubenthal* Rdn. 731; *Laubenthal/Nestler/Neubacher/Verrel* M Rdn. 192.
843 *Stuth* ZfStrVo 1981, 83 f.
844 Dazu *Bammann* 2006, 83 ff.
845 S. Kap. 6 D und E.

gegen das Verbot, sich in der Anstalt parteipolitisch zu betätigen, kann geahndet werden, wenn er das Zusammenleben in der Anstalt stört.[847] Zur Frage, ob das gewaltlose Entweichen aus der (geschlossenen) Vollzugsanstalt in den Geltungsbereichen von Vollzugsgesetzen ohne die Disziplinarvoraussetzungen betreffende Tatbestandskataloge eine Pflichtverletzung darstellt, Rdn. 26.

17   **3. Generalklauseln in Tatbestandskatalogen.** In den meisten Bundesländern mit Katalogen disziplinarwürdiger Pflichtverletzungen sind diese regelmäßig ergänzt durch Generalklauseln, **BE** § 94 Abs. 1 Nr. 9, **BB** § 100 Abs. 1 Nr. 9, **HB** § 87 Abs. 1 Nr. 8, **HE** § 55 Abs. 1 Nr. 6, **MV** § 86 Abs. 1 Nr. 8, **RP** § 97 Abs. 1 Nr. 9, **SL** § 86 Abs. 1 Nr. 8, **SN** § 90 Abs. 1 Nr. 8, **ST** § 98 Abs. 1 Satz 1 Nr. 12, **SH** § 117 Abs. 1 Nr. 8, **TH** § 98 Abs. 1 Nr. 9. Diese entsprechen vom Grundsatz her der Regelung des § 102 Abs. 1 StVollzG, enthalten jedoch die Einschränkung des Verstoßes in nicht unerheblicher Weise bzw. des wiederholten oder schwerwiegenden Pflichtverstoßes (s. Rdn. 3). Zudem muss es – außer in Sachsen-Anhalt – zur Störung der Sicherheit und Ordnung bzw. des geordneten Zusammenlebens in der Anstalt gekommen sein. Liegt eine rechtswidrige und schuldhafte Pflichtverletzung vor, die nicht in einem der jeweils anderen Katalogtatbestände aufgeführt ist, so beinhalten die Generalklauseln der Kataloge erhöhte Anforderungen an die Verhängung von Disziplinarmaßnahmen als dies gem. § 102 Abs. 1 StVollzG, **BW** § 81 Abs. 1 III, **BY** Art. 109 Abs. 1, **NI** § 94 Abs. 1, **NW** § 79 Abs. 1 Satz 1 sowie auch nach **HH** § 85 Abs. 1 Satz 1 möglich ist. Für eine disziplinarische Ahndung auf der Grundlage der Generalklauseln der Kataloge wird somit eine **qualifizierte Pflichtverletzung** verlangt. Bei den Katalogklauseln, die einen wiederholten oder schwerwiegenden Verstoß gegen sonstige Pflichten erfordern, genügt für das Vorliegen einer Wiederholung bereits der zweite Fall.[848] Schwerwiegende Verfehlungen sind solche, welche die Anstaltssicherheit oder -ordnung massiv gefährden.[849] Wird in der Katalogklausel in nicht unerheblicher Weise vorausgesetzt (**BE** § 94 Abs. 1 Nr. 9), liegt dieses Erfordernis qualitativ deutlich unterhalb der Schwelle des wiederholten oder schwerwiegenden Verstoßes und eröffnet die Möglichkeit der Verhängung einer Disziplinarmaßnahme schon bei qualifizierten Pflichtverstößen geringerer Intensität.[850]

18   **4. Schuldhafte Begehung.** Der Pflichtverstoß muss rechtswidrig und schuldhaft begangen sein. Ein Schuldvorwurf setzt voraus, dass der Gefangene auf seine Pflichten, wenn sie nicht ganz selbstverständlich sind (dass man z.B. auf andere Menschen nicht einprügelt oder Gegenstände zerstört), in verständlicher Form hingewiesen wird, sodass die Disziplinarfähigkeit seines Verhaltens für den Betroffenen vorhersehbar ist.[851] Die Aushändigung eines Exemplars des jeweiligen Strafvollzugsgesetzes und der Hausordnung genügt i.d.R. nicht, besonders bei Ausländern oder Gefangenen, die Mühe mit Lesen und Verstehen von Vorschriften haben. Schuldhaft handelt nur, wer verantwortlich ist. So wird ein Gefangener, der volltrunken vom Ausgang zurückkommt und in diesem Zustand in der Anstalt randaliert, Personen angreift und Sachen beschädigt, diese Folgen seines Alkoholkonsums nicht schuldhaft begangen haben. Sein schuldhafter

---

846 OLG Karlsruhe ZfStrVo 2006, 176; *Arloth/Krä* § 102 StVollzG Rdn. 5; *Laubenthal* Rdn. 635; s. auch AG Rosenheim NStZ 2009, 215; *Rotthaus* 2010, 199 f; krit. *Kretschmer* 2006, 586 ff.
847 OLG Nürnberg ZfStrVo 1987, 252.
848 *Arloth/Krä* § 90 SächsStVollzG Rdn. 10.
849 Dazu *Laubenthal/Nestler/Neubacher/Verrel* M Rdn. 222.
850 *Arloth/Krä* § 94 Bln StVollzG Rdn. 1.
851 BVerfG StV 2013, 450.

Pflichtverstoß könnte aber in dem weisungswidrigen Alkoholgenuss während des Ausgangs liegen. Bestehen Zweifel an der Verantwortlichkeit zur Tatzeit, so ist der Arzt zu hören. I.d.R. ziehen nur vorsätzliche Pflichtverstöße Disziplinarmaßnahmen nach sich. Es dürften aber auch fahrlässig begangene Pflichtverstöße ein Disziplinarverfahren nach sich ziehen,[852] vor allem dann, wenn dadurch erhebliche Verletzungen oder Gefährdungen eingetreten sind. Bei Fahrlässigkeit liegen i.d.R. aber ein Absehen von einer Disziplinarmaßnahme und das Aussprechen von Verwarnungen nahe.[853] Der Versuch eines Gefangenen, gegen eine Pflicht zu verstoßen kann grundsätzlich keine Disziplinarmaßnahme auslösen.[854] Gleiches gilt für bloße Vorbereitungshandlungen.[855] Eine unzulässige Umgehung der gesetzlichen Regelungen würde es bedeuten, wollte man den Versuch eines Verstoßes ausreichen lassen, wenn sich bereits daraus eine Gefahr für das geordnete Zusammenleben in der Anstalt ergibt.[856] Der Versuch eines Pflichtverstoßes kann ausnahmsweise aber dann disziplinarisch zu sanktionieren sein, wenn Katalogtatbestände dies ausdrücklich vorsehen (**BE** § 94 Abs. 1 Nr. 7, **BB** § 100 Abs. 1 Nr. 6, **HB** § 87 Abs. 1 Nr. 6, **HH** § 85 Abs. 2 Nr. 6, **HE** § 55 Abs. 1 Nr. 4, **MV** § 86 Abs. 1 Nr. 6, **RP** § 97 Abs. 1 Nr. 6, **SL** § 86 Abs. 1 Nr. 6, **SN** § 90 Abs. 1 Nr. 6, **ST** § 98 Abs. 1 Satz 1 Nr. 6, **SH** § 117 Abs. 1 Nr. 6, **TH** § 98 Abs. 1 Nr. 6 hinsichtlich des Entweichungsversuchs; **ST** § 98 Abs. 1 Satz 1 Nr. 4, 5 und 7 bezüglich Versuchshandlungen im Zusammenhang mit dem Umgang mit unerlaubten Gegenständen und Rauschmitteln sowie dem Sich-Entziehen während einer Lockerung). Auch die Beteiligung am Pflichtenverstoß eines anderen genügt grundsätzlich nicht.[857] Sie wird nur in denjenigen Fällen disziplinarisch relevant, in denen Gesetzgeber die Beteiligung als ahndungswürdige Pflichtenverstöße in einem Tatbestandskatalog qualifiziert haben (**BE** § 94 Abs. 1 Nr. 5, **BB** § 100 Abs. 1 Nr. 4, **HB** § 87 Abs. 1 Nr. 4, **HH** § 85 Abs. 2 Nr. 5, **MV** § 86 Abs. 1 Nr. 4, **RP** § 97 Abs. 1 Nr. 4, **SL** § 86 Abs. 1 Nr. 4, **SN** § 90 Abs. 1 Nr. 4, **ST** § 98 Abs. 1 Satz 1 Nr. 4, **SH** § 117 Abs. 1 Nr. 4, **TH** § 98 Abs. 1 Nr. 4 für die Beteiligung an der Einbringung bzw. am Einschmuggeln verbotener Gegenstände). Schon am Verstoß gegen eine Pflicht fehlt es, wenn der Gefangene gerechtfertigt gegen den Wortlaut einer Vorschrift handelt, etwa einer ihm von einem Bediensteten zugerufenen Weisung zuwider den Angriff eines Mitgefangenen in Ausübung seines Notwehrrechts abwehrt[858] oder sich weigert, eine seine Gesundheit gefährdende Arbeit zu leisten.

5. Ermessensentscheidung. Bei einem schuldhaften Pflichtverstoß können Disziplinarmaßnahmen angeordnet werden. In keinem Fall muss von der Disziplinarbefugnis Gebrauch gemacht werden, vielmehr kann sich auch auf eine nach der Sachlage gebotene Sicherungsmaßnahme beschränkt werden.[859] Das liegt im pflichtgemäßen Ermessen des Inhabers der Disziplinarbefugnis. Die Ermessensentscheidung berührt die Frage, ob die Rechtsfolge eintreten soll. Das Ermessen erstreckt sich nicht auch darauf, ob ein schuldhafter Pflichtverstoß vorliegt oder nicht. Diese Voraussetzung für die Verhängung

19

---

[852] *Arloth/Krä* § 102 StVollzG Rdn. 7; *Laubenthal* Rdn. 734; *Laubenthal/Nestler/Neubacher/Verrel* M Rdn. 205; a.A. AK-*Walter* Teil II § 86 LandesR Rdn. 18.
[853] *Laubenthal/Nestler/Neubacher/Verrel* M Rdn. 205.
[854] AK-*Walter* Teil II § 86 LandesR Rdn. 9; *Laubenthal* Rdn. 733; *Laubenthal/Nestler/Neubacher/Verrel* M Rdn. 176.
[855] AK-*Walter* Teil II § 86 LandesR Rdn. 9; *Arloth/Krä* § 102 StVollzG Rdn. 3; *Laubenthal/Nestler/Neubacher/Verrel* M Rdn. 176; a.A. OLG Zweibrücken ZfStrVo 1982, 251 f.
[856] So aber *Arloth/Krä* § 102 StVollzG Rdn. 3.
[857] OLG Koblenz ZfStrVo 1989, 313 f; *Arloth/Krä* § 102 StVollzG Rdn. 3; *Laubenthal/Nestler/Neubacher/Verrel* M Rdn. 176.
[858] Vgl. *Müller-Dietz* 1978, 191.
[859] OLG Koblenz NStZ 1989, 342 f mit Anm. *Rotthaus*.

einer Disziplinarmaßnahme muss vielmehr zweifelsfrei erwiesen sein. Ein bloßer Verdacht genügt nicht zur Verhängung einer Disziplinarmaßnahme.[860] Da es sich um strafähnliche Reaktionen handelt und deshalb für Disziplinarmaßnahmen der Schuldgrundsatz gilt, darf es nicht zur Anordnung von Disziplinarmaßnahmen kommen, welche die Schuld des Gefangenen übersteigen oder das **Verhältnismäßigkeitsprinzip** außer Acht lassen.[861] Die Entscheidung ist zudem am **Grundsatz der Subsidiarität** auszurichten. Dieser kommt zum Ausdruck in § 102 Abs. 2 StVollzG, **BW** § 81 Abs. 2 III, **BY** Art. 109 Abs. 2, **HH** § 85 Abs. 1 Satz 1, **HE** § 55 Abs. 3 Satz 1, **MV** § 86 Abs. 1, **NI** § 94 Abs. 2, **NW** § 79 Abs. 2, **ST** § 98 Abs. 1 Satz 2. Demnach wird von einer Disziplinarmaßnahme insbesondere dann abgesehen, wenn es genügt, den Gefangenen zu verwarnen bzw. wenn eine andere Maßnahme ausreichend erscheint.

20   Die **Verwarnung** ist eine nichtförmliche Belehrung oder Zurechtweisung als Ausdruck der Missbilligung. Sie kann mündlich und schriftlich ausgesprochen werden. Eine Verwarnung oder eine Ermahnung darf auch ein der Anstaltsleitung nachgeordneter Bediensteter aussprechen. Obwohl die Verwarnung keine Disziplinarmaßnahme ist, kann sich der Gefangene dagegen beschweren. Es kommt ein Antrag auf gerichtliche Entscheidung in Betracht, wenn sie aktenkundig gemacht ist und dadurch Regelungscharakter besitzt.[862] Denn dann kann sie sowohl für andere Vollzugsentscheidungen (beispielsweise zur Begründung von Arrest bei mehrfach wiederholten Verfehlungen) als auch für Vollstreckungsmaßnahmen wie Stellungnahmen der Anstalt zum Antrag auf Entlassung zur Bewährung nach § 57 StGB von Bedeutung sein.[863]

21   Der Grundsatz der Subsidiarität liegt auch denjenigen landesrechtlichen Regelungen zugrunde, welche für geeignete Fälle die Möglichkeit einer **einvernehmlichen Streitbeilegung** zur Abwendung disziplinarischer Sanktionierung enthalten, **BE** § 97 Abs. 2, **HB** § 90 Abs. 2, **HH** § 89 Abs. 2, **MV** § 86 Abs. 1 i.V.m. § 89 Abs. 2, **RP** § 100 Abs. 2, **SL** § 89 Abs. 2, **SN** § 93 Abs. 2, **ST** § 101 Abs. 2, **SH** § 120 Abs. 2, **TH** § 101 Abs. 2. Ist eine Konfliktlösung erfolgreich und werden die getroffenen Vereinbarungen seitens der Gefangenen erfüllt, bleibt die Anordnung einer Disziplinarmaßnahme wegen der Verfehlung unzulässig. Zwar findet sich im Brandenburgischen Justizvollzugsgesetz der Subsidiaritätsgrundsatz nicht explizit auf der gesetzlichen Ebene wieder, dennoch gilt auch hier – wie in den übrigen Bundesländern gleichermaßen – der Grundsatz, dass es an der Notwendigkeit der Verhängung einer Disziplinarmaßnahme fehlt, wenn der Zweck der Aufrechterhaltung der Sicherheit und Ordnung durch ein milderes Mittel erreicht werden kann.[864]

22   **6. Mehrere Verstöße, Verjährung, Dauerpflichtverstoß.** Mehrere gleichzeitig bekannt gewordene Pflichtverstöße eines Gefangenen werden mit einer disziplinarischen Sanktionierung geahndet. Das ist wichtig, weil die Höchstgrenzen, die für einzelne Maßnahmen vorgesehen sind, nicht überschritten werden dürfen. Die Vorschriften über die Möglichkeit der Verbindung mehrerer Disziplinarmaßnahmen (§ 103 Abs. 3 StVollzG, **BW** § 82 Abs. 3 III, **BY** Art. 110 Abs. 3, **BE** § 94 Abs. 4, **BB** § 100 Abs. 4, **HB** § 87 Abs. 4, **HH** § 86 Abs. 3, **HE** § 55 Abs. 4 Satz 2, **MV** § 86 Abs. 4, **NI** § 95 Abs. 3, **NW** § 80 Abs. 3, **RP** § 97 Abs. 5, **SL** § 86 Abs. 4, **SN** § 90 Abs. 4, **ST** § 98 Abs. 5, **SH** § 117 Abs. 4, **TH** § 98 Abs. 5) gewähren insoweit genügend Flexibilität.

---

860   BVerfG StraFo 2007, 24; OLG Brandenburg FS 2010, 51.
861   BVerfG ZfStrVo 1995, 53; OLG Stuttgart NStZ-RR 2012, 29 f; LG Hamburg ZfStrVo 2001, 50.
862   *Arloth/Krä* § 102 StVollzG Rdn. 8.
863   OLG Bamberg ZfStrVo SH 1978, 40 f.
864   *Laubenthal/Nestler/Neubacher/Verrel* M Rdn. 207.

Es gibt keine Vorschrift, die die Verjährung von Verstößen regelt. Es ist in aller Regel 23
unnötig, lange zurückliegende Verfehlungen durch Disziplinarmaßnahmen zu ahnden.[865] Pflichtverletzungen, die keine strafbaren Handlungen darstellen, sollten – jedenfalls wenn sie der Anstaltsleitung bekannt sind – nach drei Monaten verjähren.[866] Wurde ein Disziplinarverfahren im Hinblick auf ein wegen des Pflichtverstoßes eingeleitetes Strafverfahren ausgesetzt, endet die Frist ab einem Zeitablauf von einem Jahr.[867]

Der Vollzug einer Disziplinarmaßnahme stellt eine Zäsur dar; wird der Pflichtverstoß 24
vom Inhaftierten fortgesetzt, darf er auch erneut geahndet werden.[868] Setzt etwa ein Gefangener die Arbeitsverweigerung nach der deswegen verhängten und vollzogenen Disziplinarmaßnahme fort, so begeht er eine neue Pflichtverletzung als **Dauerpflichtverstoß**.[869] Bei der erneuten Disziplinarmaßnahme ist der Anstaltsleiter nicht genötigt, die Höchstgrenze der Disziplinarmaßnahmen nach § 103 Abs. 1 in der Weise zu beachten, dass die neue und die alte Disziplinarmaßnahme zusammengenommen sich in deren Rahmen halten müssen.[870] Denn die Vollzugsgesetze normieren nur die jeweilige Höchstdauer einer einzelnen Disziplinarmaßnahme und legen keine zeitliche Höchstgrenze für die zu vollziehenden Maßnahmen fest.[871]

7. Möglichkeit der Doppelsanktionierung. Nicht jede **Straftat** eines Gefangenen 25
während des Vollzugs ist ein Pflichtverstoß i.S.d. disziplinarrechtlichen Bestimmungen der Vollzugsgesetze, z.B. wenn beim Besuch ein Gefangener seinem Besucher Tipps zum Begehen einer Straftat gibt. Bei Verstößen gegen die für jedermann durch die Strafgesetze auferlegten Pflichten machen sich Strafgefangene wie jeder andere strafbar. Umgekehrt sind viele Pflichtverstöße kein strafbares Unrecht. Es ist aber möglich, dass ein Pflichtverstoß zugleich einen Straftatbestand erfüllt, wenn der Gefangene beispielsweise einen fremden Gegenstand zerstört oder einen Mitgefangenen bestiehlt. In diesen Fällen ist eine Disziplinarmaßnahme auch zulässig, wenn wegen derselben Verfehlung ein Straf- oder Bußgeldverfahren eingeleitet wird, § 102 Abs. 3 StVollzG, **BW** § 81 Abs. 3 III, **BY** Art. 109 Abs. 3, **BE** § 94 Abs. 5, **BB** § 100 Abs. 5, **HB** § 87 Abs. 5, **HH** § 86 Abs. 4, **HE** § 55 Abs. 4 Satz 1, **MV** § 86 Abs. 5, **NI** § 94 Abs. 3, **NW** § 79 Abs. 1 Satz 2, **RP** § 97 Abs. 6, **SL** § 86 Abs. 5, **SN** § 90 Abs. 5, **ST** § 98 Abs. 6, **SH** § 117 Abs. 5, **TH** § 98 Abs. 6. Es handelt sich nicht um einen Verstoß gegen das **Verbot der Doppelbestrafung** des Art. 103 Abs. 3 GG,[872] weil dieses nicht das Verhältnis von Disziplinarmaßnahme und Kriminalstrafe betrifft. Einen Vorrang des Strafverfahrens gegenüber dem Disziplinarverfahren gibt es nicht. Es genügt, wenn bei dem späteren strafrechtlichen Vorgehen eine frühere, wegen desselben Verstoßes schon verhängte und vollzogene Disziplinarmaßnahme bei der Strafzumessung oder der Frage einer Einstellung des Verfahrens berücksichtigt wird.[873] Allerdings sollte die doppelte (disziplinäre und strafrechtliche) Ahndung die Ausnahme bleiben.[874] Sie ist nur angemessen, wenn die Schwere der Ordnungsstörung einerseits

---

865 Vgl. hierzu OLG Hamburg ZfStrVo 2004, 240.
866 S. auch OLG Nürnberg NStZ 1989, 246; AK-*Walter* Teil II § 86 LandesR Rdn. 14; *Arloth/Krä* § 102 StVollzG Rdn. 7; *Laubenthal/Nestler/Neubacher/Verrel* M Rdn. 179.
867 OLG München, Beschl. vom 14.11.2012 – 4 Ws 191/12 = FS 2013, S. 61.
868 *Arloth/Krä* § 102 StVollzG Rdn. 7; *Laubenthal/Nestler/Neubacher/Verrel* M Rdn. 178.
869 OLG Nürnberg bei *Pachmann* ZfStrVo 1981, 88; für fortgesetzten unbefugten Besitz von Sachen OLG Nürnberg NStZ 1981, 456.
870 *Pachmann* ZfStrVo 1981, 86; a.A. AK-*Walter* Teil II § 86 LandesR Rdn. 13; *Schaaf* ZfStrVo 1980, 146.
871 OLG Frankfurt NStZ 2008, 683.
872 BVerfGE 21, 378 ff.
873 *Arloth/Krä* § 102 StVollzG Rdn. 9; *Laubenthal/Nestler/Neubacher/Verrel* M Rdn. 208.
874 AK-*Walter* Teil II § 86 LandesR Rdn. 33.

eine Disziplinarmaßnahme an Ort und Stelle verlangt, weil sonst der innere Friede der Anstalt gestört ist, gleichzeitig aber das strafrechtliche Gewicht des Vorfalls so schwer wiegt, dass eine Verfolgung trotz der Disziplinarmaßnahme unerlässlich erscheint (z.B. bei Gefangenenmeuterei, erheblichen Fällen von Widerstand gegen die Staatsgewalt). Zu beachten ist jedoch, dass sich aus der Unschuldsvermutung von Art. 6 Abs. 2 EMRK ein zeitweiliges Verbot zur disziplinarrechtlichen Sanktionierung ergeben kann, wenn der zugleich eine rechtswidrige und schuldhafte Straftat darstellende Pflichtenverstoß noch nicht strafrechtlich geahndet wurde, kein Geständnis vorliegt und die Disziplinarfolge gerade unter dem Gesichtspunkt der Begehung einer Straftat besonders schwer ausfallen soll.[875] Ein Freispruch im Strafverfahren, weil sich etwa ein Rechtfertigungsgrund (Notwehr) des Angeklagten nicht ausschließen lässt, verbietet die Ahndung des Vorfalls mit einer Disziplinarmaßnahme,[876] d.h. ein wegen desselben Sachverhalts anhängiges Disziplinarverfahren ist einzustellen. Erfolgt der rechtskräftige Freispruch erst nach Abschluss des Disziplinarverfahrens, kann der Betroffene bei schon vollstreckter Disziplinarfolge bei der Strafvollstreckungskammer die Rechtswidrigkeit feststellen lassen.[877]

26   **8. Rechtsschutz.** Die Bejahung des Vorliegens eines Disziplinartatbestandes bzw. eines Pflichtverstoßes unterliegt der vollen Nachprüfung im Verfahren nach §§ 109 ff StVollzG.[878] Wegen ihrer Folgewirkung für künftige Disziplinarmaßnahmen, Lockerungsentscheidungen und Stellungnahmen zu Anträgen nach § 57 StGB besteht auch nach dem Vollzug der Disziplinarfolge sowie bei Verlegung in eine andere Anstalt ein Feststellungsinteresse daran, die Rechtmäßigkeit der Disziplinarmaßnahme gerichtlich überprüfen zu lassen.[879] Das scheidet aber aus, wenn der Gefangene einen zulässigen Anfechtungsantrag nicht angebracht hat.[880] Zwar soll nicht in jedem Fall mit dem Vollzug der Disziplinarmaßnahme eine Erledigung i.S.v. § 115 Abs. 3 StVollzG eintreten (wenn etwa die Rechtswidrigkeit auf die Verletzung von Vorschriften über das Verfahren gestützt wird, denn Verfahrensverstöße bewirken keine endgültige Rechtswidrigkeit einer Maßnahme). Dann könne dem Begehren des Gefangenen ausnahmsweise über den Weg des Anfechtungs- und Verpflichtungsantrags Rechnung getragen werden.[881] Im maßgeblichen Judikat des OLG Hamm lag jedoch überhaupt keine Vollziehung vor; vielmehr war die Disziplinarmaßnahme für eine kurze, bei Entscheidung bereits verstrichene Frist zur Bewährung ausgesetzt worden.[882] In diesem Fall mag die Maßnahme nach § 115 Abs. 2 StVollzG aufgehoben werden. Ansonsten, etwa nach durchgeführtem Arrest, hat sie sich gem. § 115 Abs. 3 StVollzG erledigt.[883] Beruht die Fehlerhaftigkeit einer

---

875   OLG Hamm, Beschl. vom 17.7.2012 – 1 Vollz (Ws) 323/12 = FS 2012, 306 m. Anm. *M. Walter*, FS 2012, 308 f; krit. auch *Laubenthal/Nestler/Neubacher/Verrel* M Rdn. 209.
876   OLG München ZfStrVo 1989, 185.
877   OLG München, Beschl. vom 2.8.2007 – 3 Ws 451/07 R.
878   BVerfG ZfStrVo 2004, 301 f; OLG Celle ZfStrVo SH 1979, 57; *Arloth/Krä* § 102 StVollzG Rdn. 10; *Laubenthal/Nestler/Neubacher/Verrel* M Rdn. 206.
879   BVerfG NStZ 2008, 292; OLG Zweibrücken ZfStrVo 1986, 383; KG StV 1987, 541; OLG Hamm BlStV 1/1990, 5; OLG Nürnberg, Beschl. vom 23.8.2001 – Ws 832/01 = ZfStrVo 2002, 246; bei Verhängung von Arrest schon wegen des schwerwiegenden Eingriffs: BVerfG ZfStrVo 2004, 301 f; *Lübbe-Wolff/Frotz* 2009, 682.
880   OLG Naumburg, Beschl. vom 14.6.2017 – 1 Ws (RB) 24/17 = FS SH 2018, 72.
881   OLG Hamm, Beschl. vom 2.7.1991 – 1 Vollz (Ws) 48/91 = ZfStrVo 1993, 312, 314; KG, Beschl. vom 13.11.2003 – 5 Ws 405/03 Vollz = Beck-Rs 2014, 2688.
882   Siehe OLG Hamm, Beschl. vom 2.7.1991 – 1 Vollz (Ws) 48/91 = ZfStrVo 1993, 312, 313.
883   OLG Hamburg, Beschl. vom 16.2.2004 – 3 Vollz (Ws) 133/03 = ZfStrVo 2004, 305, 306; OLG Hamm, Beschl. vom 20.4.1989 – 1 Vollz (Ws) 45/89 = ZfStrVo 1989, 250, 251; OLG Jena, Beschl. vom 27.6.2006 – 1 Ws 129/06 = NStZ 2006, 702; OLG Naumburg, Beschl. vom 14.6.2017 – 1 Ws (RB) 24/17 = FS SH 2018, 72 f;

(noch nicht vollzogenen) Disziplinarmaßnahme darauf, dass die Tatsachengrundlagen der Entscheidung falsch oder ungenügend ermittelt sind, so schließt dies die Verhängung einer neuen Disziplinarmaßnahme – unter Berücksichtigung des Verschlechterungsverbots – nicht aus.[884]

9. Beispiel. Der Gefangene A entweicht aus dem geschlossenen Vollzug. Er zwängt sich in dem Unternehmerbetrieb, in dem er zur Arbeit eingesetzt ist, aus dem WC-Fenster und klettert über den die Anstalt sichernden Zaun. Nach Wiederergreifung verhängt der Anstaltsleiter eine Disziplinarmaßnahme von sieben Tagen Arrest. Das OLG München[885] hat die Entscheidung des Anstaltsleiters bestätigt. „An einer ausdrücklichen Vorschrift, dass der Strafgefangene die Vollzugsanstalt bis zum Vollstreckungsende nicht ohne Erlaubnis verlassen dürfe, fehlt es im StVollzG allein deshalb, weil sie unausgesprochen der gesetzlichen Neuregelung des Strafvollzugs zugrunde liegt und daher als selbstverständlich gelten kann ... Um das vorgeschriebene Vollzugsziel der Resozialisierung nicht von vornherein zu vereiteln, muss sich der Strafgefangene den gesetzlichen Behandlungsmaßnahmen zur Verfügung halten. Wenn das StVollzG darüber hinaus dem Gefangenen die Pflichten auferlegt, ihm zugewiesene Beschäftigungen auszuüben, sich nach der Tageseinteilung der Anstalt zu richten und durch sein Verhalten gegenüber Vollzugsbediensteten, Mitgefangenen und anderen Personen das geordnete Zusammenleben nicht zu stören, die Anordnungen der Vollzugsbediensteten zu befolgen und den ihm zugewiesenen Bereich nicht ohne Erlaubnis zu verlassen, so führt jedes noch vertretbare Gesetzesverständnis zur Annahme der Grundpflicht des Strafgefangenen, nicht zu entweichen. Flucht und Fluchtversuche vermögen zudem die Anstaltsordnung schwerwiegend zu beeinträchtigen, da diese Ordnung unter den vielfältig gesteigerten Ansprüchen des neuen Strafvollzugsrechts für Störungen viel anfälliger geworden ist, zugleich aber eine der grundlegenden Voraussetzungen des Strafvollzugs bleibt und deshalb nun erst recht des schnellwirkenden disziplinarrechtlichen Schutzes bedarf." Auch das OLG Hamm[886] hält dies mit Teilen der Literatur[887] für rechtmäßig.

Dieser Ansicht steht jedoch entgegen,[888] dass nach dem strafrechtlichen Selbstbegünstigungsprinzip die Flucht bzw. das Entweichen aus der geschlossenen Anstalt ohne Fremdschädigung sowie entsprechende Versuchshandlungen gem. §§ 120, 258 Abs. 5 StGB straflos bleiben, solange es nicht zu Gewalttätigkeiten i.S.d. § 121 StGB kommt. Zudem fehlt es im StVollzG sowie in den Vollzugsgesetzen von Baden-Württemberg, Bayern, Niedersachsen und Nordrhein-Westfalen an einer ausdrücklich normierten Verpflichtung des Gefangenen zum Verbleib in der Justizvollzugsanstalt. Eine solche folgt auch nicht konkludent aus § 82 Abs. 2 Satz 2 StVollzG, **BW** § 62 Abs. 2 Satz 2 III, **BY** § 88 Abs. 2 Satz 2, **NI** § 75 Abs. 2 Satz 2, **NW** § 63 Abs. 3 Satz 2, wonach der Inhaftierte einen ihm zugewiesenen Bereich nicht ohne Erlaubnis verlassen darf. Denn diese Normen betreffen nicht den Anstaltsbereich als Ganzes, sondern lediglich Untergliederungen in-

---

OLG Nürnberg, Beschl. vom 23.8.2001 – Ws 832/01 = ZfStrVo 2002, 246; Beschl. vom 12.3.2007 – 2 Ws 52/07 = FS 2008, 93; *Arloth/Krä* § 102 StVollzG Rdn. 10.
884 OLG Hamm BlStV 2/1989, 4; Beschl. vom 2.7.1991 – 1 Vollz (Ws) 48/91 = ZfStrVo 1993, 312, 314; weitergehend KG, Beschl. vom 13.11.2003 – 5 Ws 405/03 Vollz = Beck-Rs 2014, 2688.
885 OLG München, Beschl. vom 23.5.1978 – 1 Ws 335/78 = ZfStrVo 1979, 63.
886 OLG Hamm NStZ 1988, 296.
887 AK-*Walter* Teil II § 86 LandesR Rdn. 11; *Arloth/Krä* § 102 StVollzG Rdn. 6; *Böhm* 2003, 189; *Grunau/Tiesler* Rdn. 3; K/S-*Schöch* § 8 Rdn. 29; *Laubenthal/Nestler/Neubacher/Verrel* M Rdn. 193.
888 Wie hier auch OLG Frankfurt NStZ-RR 1997, 153; *Calliess* 1992, 171; *Ostendorf* 2007, 315 ff; s. auch *Laubenthal* Rdn. 731.

nerhalb des Anstaltsgeländes.[889] Anders stellt sich die Rechtslage in den Bundesländern dar, die in ihren Tatbestandskatalogen das Entweichen sowie dessen Versuch als disziplinarisch ahndbare Pflichtverletzung qualifiziert haben (s. Rdn. 10).

2. Arten der Disziplinarmaßnahmen

Bund	§ 103 StVollzG
Baden-Württemberg	BW § 82 III JVollzGB
Bayern	BY Art. 110 BayStVollzG
Berlin	BE § 94 StVollzG Bln
Brandenburg	BB § 100 BbgJVollzG
Bremen	HB § 87 BremStVollzG
Hamburg	HH § 86 HmbStVollzG
Hessen	HE § 55 HStVollzG
Mecklenburg-Vorpommern	MV § 86 StVollzG M-V
Niedersachsen	NI § 95 NJVollzG
Nordrhein-Westfalen	NW § 80 StVollzG NRW
Rheinland-Pfalz	RP § 97 LJVollzG
Saarland	SL § 86 SLStVollzG
Sachsen	SN § 90 SächsStVollzG
Sachsen-Anhalt	ST § 98 JVollzGB LSA
Schleswig-Holstein	SH § 117 LStVollzG SH
Thüringen	TH § 98 ThürJVollzG

Übersicht

I. Allgemeine Hinweise —— 28
II. Erläuterungen —— 29–42
  1. Verhältnismäßigkeitsgrundsatz und Spiegelungsprinzip —— 29, 30
  2. Zulässige Disziplinarmaßnahmen —— 31–39
  3. Arrest —— 40
  4. Verbindung mehrerer Disziplinarmaßnahmen —— 41
  5. Nachträgliche Änderung —— 42

I. Allgemeine Hinweise

28   In allen Vollzugsgesetzen sind die zulässigen Disziplinarmaßnahmen **abschließend** aufgezählt, § 103 Abs. 1 StVollzG, **BW** § 82 Abs. 1 III, **BY** Art. 110 Abs. 1, **BE** § 94 Abs. 2, **BB** § 100 Abs. 3 Satz 1, **HB** § 87 Abs. 2, **HH** § 86 Abs. 1, **HE** § 55 Abs. 2, **MV** § 86 Abs. 2, **NI** § 95 Abs. 1, **NW** § 80 Abs. 1, **RP** § 97 Abs. 3 Satz 1, **SL** § 86 Abs. 2, **SN** § 90 Abs. 2, **ST** § 98 Abs. 3 Satz 1, **SH** § 117 Abs. 2, **TH** § 98 Abs. 3 Satz 1. Andere Rechtsbeschränkungen dürfen dem Gefangenen aus disziplinarischen Gründen nicht auferlegt werden.[890] Das gilt vor allem für den Entzug von Vollzugslockerungen bzw. vollzugsöffnenden Maßnahmen (vgl. aber Rdn. 39).[891] Insoweit bleibt auch die Anbindung einer automatischen Sperre an bestimmte Disziplinarmaßnahmen (etwa an Arrest) unzulässig, weil für die Gewährung von Lockerungen bzw. vollzugsöffnenden Maßnahmen allein die in den einschlägigen Normen

---

889 AK-*Goerdeler* Teil II § 74 LandesR Rdn. 19.
890 AK-*Walter* Teil II § 86 LandesR Rdn. 35; *Arloth/Krä* § 103 StVollzG Rdn. 1; *Laubenthal/Nestler/Neubacher/Verrel* M Rdn. 211.
891 OLG Bremen NStZ 1982, 84; OLG Celle ZfStrVo 1983, 317; OLG Rostock ZfStrVo 1995, 244.

der Vollzugsgesetze genannten Gesichtspunkte maßgeblich sind.[892] Die Ablösung eines Gefangenen von der Arbeit erst 14 Tage nach dem ihm zur Last gelegten Verstoß spricht für das Vorliegen einer „verkappten" Disziplinarmaßnahme[893] ebenso wie die Errichtung einer gesonderten Abteilung für arbeitsverweigernde oder sonst schwierige Gefangene (in verschiedenen Justizvollzugsanstalten) eine Umgehung des Disziplinarrechts darstellen kann.[894] Als unzulässig stellt sich auch dar: die Untersagung des Radioempfangs über drei Monate hinaus,[895] der Entzug aller eigenen Gegenstände,[896] das Verbot der Annahme von Nahrungsmitteln beim Besuch,[897] das Verbot der Beteiligung an religiösen Veranstaltungen.[898] Allerdings dürfen neben Maßnahmen zur disziplinarischen Ahndung andere Maßnahmen zur Behandlung oder zur Sicherung angeordnet werden.[899] Es empfiehlt sich, bei der Anordnung von Disziplinarfolgen die verhängten Maßnahmen am Wortlaut der jeweiligen Vorschrift zu orientieren.[900]

II. Erläuterungen

1. Verhältnismäßigkeitsgrundsatz und Spiegelungsprinzip. Ahndet der Inhaber 29 der Disziplinarbefugnis einen schuldhaften Pflichtverstoß mit einer Disziplinarmaßnahme, so ist das übergeordnete Zumessungsprinzip – bei Beachtung des Schuldüberschreitungsverbots – der Grundsatz der **Verhältnismäßigkeit**. Der Eingriff in die Rechte des Gefangenen darf umso höher ausfallen, je schwerer der Pflichtenverstoß und das Verschulden des Gefangenen wiegen. Während der in allen Katalogen von Disziplinarfolgen enthaltene Verweis die mildeste Sanktion darstellt und der – außer in Brandenburg und Sachsen – zulässige Arrest die schwerste, zeigt die Reihenfolge der anderen Maßnahmen keine Schwereskala an.

Nach § 103 Abs. 4 Satz 1 StVollzG und NI § 95 Abs. 4 Satz 1 sollen – außer bei Verweis 30 und den Möglichkeiten von Einschränkungen im Bereich von Hausgeld und Einkauf (§ 103 Abs. 1 Nr. 1, 2 StVollzG, **NI** § 95 Abs. 1 Nr. 1, 2) sowie dem Arrest (§ 103 Abs. 1 Nr. 9 StVollzG, **NI** § 95 Abs. 1 Nr. 7) – die Maßnahmen (§ 103 Abs. 1 Nr. 3 bis 8 StVollzG, **NI** § 95 Abs. 1 Nr. 3 bis 6) möglichst in einem Zusammenhang mit den Verfehlungen stehen, derentwegen sie verhängt werden, was wiederum nicht bei deren Verbindung mit Arrest gilt (§ 103 Abs. 4 Satz 2 StVollzG, **NI** § 95 Abs. 4 Satz 2). Diese **Spiegelung** soll nach Ansicht der Gesetzgeber einen pädagogischen Sinn haben und deshalb dem Vollzugsziel besonders entsprechen.[901] Sie ist zugleich als Mahnung zu verstehen, von den Maßnahmen nur zurückhaltend Gebrauch zu machen und aus vollzugspädagogischen Gründen im Einzelfall von der Spiegelung abzuweichen.[902] Der Zusammenhang, in dem sie mit den Verfehlungen stehen sollen, darf nicht so gesehen werden, dass die Anwendung der Vorschrift zu einer unpädagogischen „Lernsperre" wird.[903] Es ist bedenklich, dem Insas-

---

892 LG Hamburg ZfStrVo SH 1977, 15; ZfStrVo SH 1978, 4; vgl. auch OLG Saarbrücken ZfStrVo 1978, 182; OLG Frankfurt ZfStrVo 1985, 377.
893 OLG Frankfurt, Beschl. v. 5.9.1985 – 3 Ws 672–674/85.
894 OLG Nürnberg ZfStrVo 1980, 250; LG Hamburg ZfStrVo 2001, 50.
895 OLG Koblenz ZfStrVo 1987, 188.
896 OLG Koblenz ZfStrVo 1994, 182.
897 KG NStZ 2002, 613.
898 OLG Hamm ZfStrVo 1999, 306.
899 *Arloth/Krä* § 103 StVollzG Rdn. 1.
900 AK-*Walter* Teil II § 86 LandesR Rdn. 35; *Laubenthal/Nestler/Neubacher/Verrel* M Rdn. 211.
901 Vgl. *Laubenthal/Nestler/Neubacher/Verrel* M Rdn. 224.
902 AK-*Walter* Teil II § 86 LandesR Rdn. 53.
903 *Neuland* 1988, 274; s. auch *Böhm* 1999, 458.

sen gerade die Befugnisse zu entziehen, mit denen er nicht zu Rande kommt, denn dadurch kann er ihre Bewältigung nicht lernen.[904] Richtiger kann es stattdessen sein, etwa einen Verstoß gegen die Arbeitspflicht mit einer Beschränkung der Freizeitaktivitäten zu beantworten, weil „Freizeit das Korrelat zur Arbeitszeit ist".[905] Auf den Spiegelungsgrundsatz haben – außer Niedersachsen – alle anderen Landesvollzugsgesetze angesichts der Zweifel an dessen pädagogischer Sinnhaftigkeit verzichtet.[906] Doch auch dort gilt, dass gerade bei Disziplinarmaßnahmen neben der Angemessenheit und der Erforderlichkeit der Disziplinarfolge das Proportionalitätsprinzip zur Anwendung gelangen muss. Danach ist bei der Verhältnismäßigkeitsprüfung abzuwägen, ob nicht durch die Auferlegung einer Maßnahme die Erreichung des Sozialisationsauftrags beeinträchtigt wird. Eingriffe, die kurzfristige Sicherungs- und Ordnungserfolge bewirken, müssen unterbleiben, wenn sie die vollzugszielorientierte Behandlung langfristig gefährden.[907]

31 **2. Zulässige Disziplinarmaßnahmen.** Alle Kataloge der zulässigen Disziplinarmaßnahmen enthalten an erster Stelle den **Verweis**, § 103 Abs. 1 Nr. 1 StVollzG, **BW** § 82 Abs. 1 Nr. 1 III, **BY** Art. 110 Abs. 1 Nr. 1, **BE** § 94 Abs. 2 Nr. 1, **BB** § 100 Abs. 3 Satz 1 Nr. 1, **HB** § 87 Abs. 2 Nr. 1, **HH** § 86 Abs. 1 Nr. 1, **HE** § 55 Abs. 2 Nr. 1, **MV** § 86 Abs. 2 Nr. 1, **NI** § 95 Abs. 1 Nr. 1, **NW** § 80 Abs. 1 Nr. 1, **RP** § 97 Abs. 3 Satz 1 Nr. 1, **SL** § 86 Abs. 2 Nr. 1, **SN** § 90 Abs. 2 Nr. 1, **ST** § 98 Abs. 3 Satz 1 Nr. 1, **SH** § 117 Abs. 2 Nr. 1, **TH** § 98 Abs. 3 Satz 1 Nr. 1. Mit dieser Disziplinarfolge wird eine schuldhafte Pflichtverletzung festgestellt und seitens des Inhabers der Disziplinarbefugnis förmlich gerügt.

32 Sämtliche Auflistungen beinhalten Möglichkeiten von Einschränkungen im Bereich **Einkauf**. § 103 Abs. 1 Nr. 2 StVollzG, **HH** § 86 Abs. 1 Nr. 2, **HE** § 55 Abs. 2 Nr. 5, **NI** § 95 Abs. 1 Nr. 2, **NW** § 80 Abs. 1 Nr. 2, **SN** § 90 Abs. 2 Nr. 5 lassen die Beschränkung oder den Entzug der Verfügung über das Hausgeld und des Einkaufs für die Dauer von bis zu drei Monaten zu (in Nordrhein-Westfalen nur bis zu vier Wochen). **ST** § 98 Abs. 3 Satz 1 Nr. 5 beinhaltet vom Wortlaut her nur die Beschränkung; aus **ST** § 69 Abs. 1 Satz 2 ergibt sich jedoch, dass auch ein disziplinarischer Entzug möglich sein soll. **BW** § 82 Abs. 1 Nr. 2 III ergänzt Beschränkung und Entzug der Verfügung über das Hausgeld sowie des Einkaufs um das Sondergeld (**BW** § 54 III), **BY** Art. 110 Abs. 1 Nr. 2 bezieht den Sondereinkauf (**BY** Art. 25) ein. Nur einen Entzug des Einkaufs für die Dauer von bis zu einem Monat normiert **BE** § 94 Abs. 2 Nr. 6, lediglich Beschränkungen des Einkaufs ermöglichen **BB** § 100 Abs. 3 Satz 1 Nr. 5, **HB** § 87 Abs. 2 Nr. 5, **MV** § 86 Abs. 2 Nr. 5, **RP** § 97 Abs. 3 Satz 1 Nr. 5,[908] **SL** § 86 Abs. 2 Nr. 5, **SH** § 117 Abs. 2 Nr. 5, **TH** § 98 Abs. 3 Satz 1 Nr. 5. Die Obergrenze für eine solche Beschränkung liegt in Brandenburg bei zwei Monaten, im Übrigen bei drei Monaten. In den Ländern, die Einschränkungen der Verfügung über das Hausgeld (in Baden-Württemberg das Haus- oder Sondergeld) ermöglichen, geht der gesperrte Betrag den betroffenen Gefangenen nicht verloren. Dieser wird vielmehr überwiegend dem Überbrückungsgeld hinzugerechnet, § 104 Abs. 3 StVollzG, **BW** § 83 Abs. 3 III, **BY** Art. 111 Abs. 3, **HH** § 87 Abs. 3, **HE** § 56 Abs. 3 Satz 3, **NI** § 47 Abs. 1 Satz 2, **NW** § 82 Abs. 3, **ST** § 69 Abs. 1 Satz 2, nach **SN** § 91 Abs. 6 dem Eigengeld gutgeschrieben.

---

904 Ebenso AK-*Walter* Teil II § 86 LandesR Rdn. 53; *Arloth/Krä* § 103 StVollzG Rdn. 2; *Müller-Dietz* 1978, 212.
905 OLG Nürnberg NStZ 1981, 249 F; vgl. auch *Pachmann* ZfStrVo 1981, 86, 88.
906 S. z.B. Bayer. LT-Drucks. 15/8101, S. 70.
907 *Laubenthal* Rdn. 694.
908 Siehe OLG Zweibrücken, Beschl. vom 20.6.2017 – 1 Ws 211/16 Vollz = FS 2018, 87: keine Erstreckung auf das Hausgeld.

Problematisch erscheint die Anwendung derjenigen Regelungen, welche den Entzug der Verfügung über das Hausgeld (oder Sondergeld) sowie des Einkaufs vorsehen. Vor allem die vollständige sog. Einkaufssperre unter Ausnutzung der Dauer von drei Monaten birgt die Gefahr des Entstehens besonderer Abhängigkeiten derart disziplinarisch belangter Inhaftierter von anderen Insassen auf der subkulturellen Ebene.[909] Gerade um der Gefahr subkultureller Folgen zu begegnen, wurde in **NW** § 80 Abs. 1 Nr. 2 die Höchstdauer auf vier Wochen begrenzt.[910]

Als Disziplinarfolge lassen alle Vollzugsgesetze Restriktionen bei den **Informationsmitteln** der Gefangenen zu. Die weitestgehende Regelung stellt insoweit § 103 Abs. 1 Nr. 3 StVollzG dar. Danach darf bis zur Dauer von zwei Wochen der Lesestoff beschränkt oder entzogen werden, zudem der Hörfunk- und Fernsehempfang bis zu drei Monaten. Ein gleichzeitiger Entzug von Lesestoff und Radio- sowie Fernsehempfang bleibt jedoch nur bis zu zwei Wochen erlaubt. Wegen fehlender praktischer Bedeutung von Einschränkungen im Bereich Lesestoff[911] haben sämtliche Landesgesetzgeber diese Disziplinarfolge nicht in ihren jeweiligen Katalog aufgenommen. Darüber hinaus wurde partiell unter dem Gesichtspunkt des Grundrechts auf Informationsfreiheit[912] auch auf die Maßnahme der Beschränkung oder des Entzugs des Hörfunkempfangs verzichtet mit der Folge, dass gem. **BE** § 94 Abs. 2 Nr. 2, **BB** § 100 Abs. 3 Satz 1 Nr. 2, **HB** § 87 Abs. 2 Nr. 2, **HE** § 55 Abs. 2 Nr. 3, **RP** § 97 Abs. 3 Satz 1 Nr. 2, **SL** § 86 Abs. 2 Nr. 2, **SN** § 90 Abs. 2 Nr. 2, **ST** § 98 Abs. 3 Satz 1 Nr. 2, **TH** § 98 Abs. 3 Satz 1 Nr. 2 bezüglich der drei Informationsmittel nur der Fernsehempfang für bis zu drei Monate beschränkt oder entzogen (in Berlin beschränkt oder unterbunden) werden darf. Das gilt für den Fernsehempfang zudem nach **MV** § 86 Abs. 2 Nr. 2, wobei über diese Informationsquelle hinaus die disziplinarische Reaktionsmöglichkeit ebenso Geräte der Informations- und Unterhaltungselektronik umfasst. Diejenigen Bundesländer, in denen neben der Beschränkung oder dem Entzug des Fernsehempfangs auch die Einschränkung des Hörfunkempfangs möglich bleibt (in Hamburg unter dem Begriff Rundfunkempfang zusammengefasst), lassen die Begrenzung überwiegend bis zu drei Monaten zu. Insoweit bestehen allerdings divergierende Bestimmungen zur Höchstdauer eines Entzugs, der beide Informationsquellen betrifft. Nach **BW** § 82 Abs. 1 Nr. 3 III, **SH** § 117 Abs. 2 Nr. 2 ist zwar eine alternative Anordnung bis zu drei Monaten, ein gleichzeitiger Entzug aber nur bis zu zwei Wochen zulässig. Dagegen sehen **BY** § 110 Abs. 1 Nr. 3, **HH** § 86 Abs. 1 Nr. 3, **NI** § 95 Abs. 1 Nr. 3 keine Begrenzung bei kombinierter Verhängung vor. **NW** § 80 Abs. 1 Nr. 6 limitiert die Dauer der Einschränkung des Hörfunk- oder des Fernsehempfangs auf bis zu sechs Wochen. Die nach allen Vollzugsgesetzen zulässige sog. Fernsehsperre betrifft den Empfang mittels privater ebenso wie gemieteter Geräte, ferner die Teilnahme am gemeinschaftlichen Fernsehempfang.[913]

Eine Beschränkung oder der Entzug von **Gegenständen für die Freizeitbeschäftigung** ist in allen Katalogen der Vollzugsgesetze als Disziplinarmaßnahme enthalten, § 103 Abs. 1 Nr. 4 1. Alt. StVollzG, **BW** § 82 Abs. 1 Nr. 4 1. Alt. III, **BY** Art. 110 Abs. 1 Nr. 4 1. Alt., **BE** § 94 Abs. 2 Nr. 4, **BB** § 100 Abs. 3 Satz 1 Nr. 3, **HB** § 87 Abs. 2 Nr. 3, **HH** § 86 Abs. 1 Nr. 4 1. Alt., **HE** § 55 Abs. 2 Nr. 4, **MV** § 86 Abs. 2 Nr. 3, **NI** § 95 Abs. 1 Nr. 4 1. Alt., **NW** § 80 Abs. 1 Nr. 5, **RP** § 97 Abs. 3 Satz 1 Nr. 3, **SL** § 86 Abs. 2 Nr. 3, **SN** § 90 Abs. 2 Nr. 3, **ST** § 98 Abs. 3 Satz 1 Nr. 3, **SH** § 117 Abs. 2 Nr. 2, **TH** § 98 Abs. 3 Satz 1 Nr. 3. Soweit in ei-

---

909 AK-*Walter* Teil II § 86 LandesR Rdn. 38; *Diepolder* 1980, 142.
910 Vgl. *Arloth/Krä*, § 80 NRW StVollzG Rdn. 2.
911 S. z.B. Bayer. LT-Drucks. 15/8101, S. 70.
912 Vgl. *Laubenthal/Nestler/Neubacher/Verrel* M Rdn. 215.
913 AK-*Walter* Teil II § 86 LandesR Rdn. 39.

nigen Bundesländern in den jeweiligen Bestimmungen explizit klargestellt wird, dass die Beschränkung oder der Entzug von Lesestoff ausgenommen bleibt, hat dies lediglich deklaratorischen Charakter.[914] Denn dieser gehört zu den Informationsmitteln der Gefangenen und unterliegt – außer in § 103 Abs. 1 Nr. 3 StVollzG – in den insoweit einschlägigen Vorschriften keinen disziplinarischen Einschränkungen. Ganz überwiegend liegt nach den Vollzugsgesetzen die Höchstdauer der Disziplinarfolge bei bis zu drei Monaten. Lediglich in Niedersachsen und Nordrhein-Westfalen ist diese auf die Zeitspanne von maximal vier Wochen reduziert. In letzterem Bundesland enthält **NW** § 80 Abs. 1 Nr. 5 – im Gegensatz zu den übrigen Sanktionsregelungen – keine Eingrenzung der in Betracht kommenden Gegenstände auf solche für eine Beschäftigung in der Freizeit. Es können somit auch Beschränkung oder Entzug anderer einem Inhaftierten überlassener Sachen in Betracht kommen. Jedoch hat der Inhaber der Disziplinarbefugnis wie in den Geltungsbereichen der übrigen Vollzugsgesetze ebenso zu beachten, dass disziplinarische Einschränkungen in Bezug auf Gegenstände unzulässig sind, wenn für deren Besitz besondere privilegierende Normen bestehen (z.B. zum Besitz von Gegenständen des religiösen Gebrauchs).[915]

35   Die in der Praxis mit am häufigsten verhängten Disziplinarmaßnahmen[916] stellen Beschränkungen oder Entzug der **Teilnahme an gemeinschaftlichen Veranstaltungen** bzw. **Freizeitveranstaltungen** dar. Bis zu drei Monaten[917] darf nach § 103 Abs. 1 Nr. 4 2. Alt. StVollzG, **BW** § 82 Abs. 1 Nr. 4 2. Alt. III, **BY** Art. 110 Abs. 1 Nr. 4 2. Alt., **HH** § 86 Abs. 1 Nr. 4 2. Alt. eine Einschränkung der Teilnahme an – ggf. allen – gemeinschaftlichen Veranstaltungen dauern. **NI** § 95 Abs. 1 Nr. 4 2. Alt. begrenzt eine derartige Sanktionierung auf bis zu vier Wochen, **NW** § 80 Abs. 1 Nr. 3 auf bis zu sechs Wochen. Nur die Beschränkung oder den Entzug der Teilnahme an einzelnen Freizeitveranstaltungen (in Hessen als Ausschluss bezeichnet) lassen dagegen zu **BE** § 94 Abs. 2 Nr. 5 2. Alt., **BB** § 100 Abs. 3 Satz 1 Nr. 4 2. Alt., **HB** § 87 Abs. 2 Nr. 4, **HE** § 55 Abs. 2 Nr. 2 2. Alt., **MV** § 86 Abs. 2 Nr. 4 2. Alt., **RP** § 97 Abs. 3 Satz 1 Nr. 4 2. Alt., **SL** § 86 Abs. 2 Nr. 4 2. Alt., **SN** § 90 Abs. 2 Nr. 4 2. Alt., **ST** § 98 Abs. 3 Satz 1 Nr. 4 2. Alt., **SH** § 117 Abs. 2 Nr. 4 2. Alt., **TH** § 98 Abs. 3 Satz 1 Nr. 4 2. Alt. Auch die Zulässigkeit der Einschränkungsmöglichkeit im Hinblick auf nur einzelne Freizeitveranstaltungen ist überwiegend auf bis zu drei Monaten begrenzt, gem. **BB** § 100 Abs. 3 Satz 1 Nr. 4 2. Alt., **SH** § 117 Abs. 2 Nr. 4 2. Alt. allerdings nur auf bis zu vier Wochen. Mittels der Disziplinarfolge einer sog. Freizeitsperre dürfen nicht die Bestimmungen über den Ausschluss von Gefangenen von der Teilnahme am Gottesdienst oder anderen religiösen Veranstaltungen[918] umgangen werden; diese enthalten insoweit Sonderregelungen.[919] Werden die Disziplinarfolgen im Bereich der Teilnahme an gemeinschaftlichen Veranstaltungen bzw. Freizeitveranstaltungen zwar im Vollzugsalltag Freizeitsperren genannt, so bleibt jedoch bei der Verhängung die bloße Bezeichnung der Maßnahme als Freizeitsperre ohne eine weitere Konkretisierung zu ungenau.[920]

36   Eine **getrennte Unterbringung** während der Freizeit bis zu vier Wochen ist gem. § 103 Abs. 1 Nr. 5 StVollzG, **BW** § 82 Abs. 1 Nr. 5, **BY** Art. 110 Abs. 1 Nr. 5, **HB** § 87 Abs. 2 Nr. 6, **HH** § 86 Abs. 1 Nr. 5, **NI** § 95 Abs. 1 Nr. 5, **NW** § 80 Abs. 1 Nr. 4 zulässig. In der Voll-

---

914   *Laubenthal/Nestler/Neubacher/Verrel* M Rdn. 216.
915   S. zum Besitz von Gegenständen des religiösen Gebrauchs 8 A. Rdn. 23 f.
916   Vgl. AK-*Walter* Teil II § 86 LandesR Rdn. 40.
917   Zur Fristberechnung s. LG Kleve, Beschl. vom 24.4.2013 – 161 StVK 26/13 = NStZ-RR 2013, 261.
918   S. 8 B.
919   OLG Hamm ZfStrVo 1999, 306.
920   *Laubenthal/Nestler/Neubacher/Verrel* M Rdn. 217.

zugspraxis bleiben die Übergänge zwischen dieser Disziplinarfolge und der sog. Freizeitsperre fließend.[921] So kann etwa die Ausschließung eines Gefangenen vom Aufschluss oder vom Umschluss sowohl von § 103 Abs. 1 Nr. 4 und 5 StVollzG sowie den korrespondierenden Bestimmungen in Landesvollzugsgesetzen gedeckt sein.[922] In einem engen Bezug zur sog. Freizeitsperre steht auch die Maßnahme der **Beschränkung** oder des **Entzugs** des **Aufenthalts in Gemeinschaft**. Diese ermöglichen **BE** § 94 Abs. 2 Nr. 5 1. Alt., **MV** § 86 Abs. 2 Nr. 4 1. Alt., **RP** § 97 Abs. 3 Satz 1 Nr. 4 1. Alt., **SL** § 86 Abs. 2 Nr. 4 1. Alt., **SN** § 90 Abs. 2 Nr. 4 1. Alt., **ST** § 98 Abs. 3 Satz 1 Nr. 4 1. Alt., **TH** § 98 Abs. 3 Satz 1 Nr. 4 1. Alt. bis zu drei Monaten, **BB** § 100 Abs. 3 Satz 1 Nr. 4 1. Alt., **SH** § 117 Abs. 2 Nr. 4 1. Alt. bis zu vier Wochen. **HE** § 55 Abs. 2 Nr. 2 1. Alt. lässt den Ausschluss von gemeinsamer Freizeit bis zu vier Wochen zu. Da eine getrennte Unterbringung während der Freizeit nicht notwendigerweise eine Verlegung des betroffenen Inhaftierten für diese Tagesphase in ein anderes Haus oder eine andere Abteilung der Anstalt erfordert, bestehen – abgesehen von divergierenden Begrenzungen der zeitlichen Höchstdauer – zwischen den vollzugsgesetzlichen Regelungen keine inhaltlichen Divergenzen im Hinblick auf die Durchführung dieser Disziplinarmaßnahmen.

Verhängt werden kann als Disziplinarmaßnahme für die Dauer von vier Wochen **37** nach **HB** § 87 Abs. 2 Nr. 8, **HE** § 55 Abs. 2 Nr. 6, **MV** § 86 Abs. 2 Nr. 7, **RP** § 97 Abs. 3 Satz 1 Nr. 8, **SL** § 86 Abs. 2 Nr. 7, **SN** § 90 Abs. 2 Nr. 7, **ST** § 98 Abs. 3 Satz 1 Nr. 8, **SH** § 117 Abs. 2 Nr. 7, **TH** § 98 Abs. 3 Satz 1 Nr. 8 der **Entzug** der **zugewiesenen** bzw. übertragenen (**SN**) **Arbeit**. Der Anwendungsbereich der Disziplinarfolge ist in § 103 Abs. 1 Nr. 7 StVollzG, **BW** § 82 Abs. 1 Nr. 6 III, **BY** Art. 110 Abs. 1 Nr. 6, **HH** § 86 Abs. 1 Nr. 6, **NI** § 95 Abs. 1 Nr. 6 um die Möglichkeit des Entzugs der Beschäftigung erweitert, gem. **BE** § 94 Abs. 2 Nr. 8 um die Teilnahme an den Maßnahmen Arbeitstherapie, -training sowie schulische und berufliche Qualifizierungsmaßnahmen (**BE** §§ 21 bis 23). Soweit einige Vollzugsgesetze ausdrücklich für die Dauer des Entzugs zugewiesener Arbeit (oder Beschäftigung) den Wegfall der Bezüge vorsehen, hat dies keinen eigenen sanktionierenden Regelungsgehalt. Denn in dem Entzugszeitraum bleibt der Betroffene schuldhaft ohne Arbeit und erhält schon deshalb keine Bezüge.[923] Keinen Entzug zugewiesener Arbeit (oder Beschäftigung) enthalten die Auflistungen der Disziplinarfolgen der Länder Brandenburg und Nordrhein-Westfalen.

Bei der Sanktionierung eines Pflichtverstoßes mittels Entziehung von Arbeit (oder Beschäftigung) handelt es sich um eine sehr empfindliche Reaktion.[924] Denn diese kommt in ihren Auswirkungen nicht nur faktisch einer sog. Einkaufssperre gleich. Sie führt auch zu einer getrennten Unterbringung eines allein in seinem Haftraum Eingeschlossenen während der Arbeitszeit.

Den Bereich Arbeit betreffend erlauben **HB** § 87 Abs. 2 Nr. 7, **MV** § 86 Abs. 2 Nr. 6, **RP** **38** § 97 Abs. 3 Satz 1 Nr. 7, **SL** § 86 Abs. 2 Nr. 6, **SN** § 90 Abs. 2 Nr. 6, **SH** § 117 Abs. 2 Nr. 6, **TH** § 98 Abs. 3 Satz 1 Nr. 7 neben der Möglichkeit des Entzugs zugewiesener Arbeit als mildere Reaktion eine **Kürzung** des **Arbeitsentgelts** von zehn Prozent bis zu drei Monaten, **BE** § 94 Abs. 2 Nr. 7 eine solche von Vergütung und Vergütungsfortzahlung (**BE** §§ 61, 62). Zwar enthält **ST** § 98 Abs. 3 Satz 1 Nr. 7 die Kürzung sämtlicher Bezüge, jedoch sollte nach dem Willen des Gesetzgebers damit nur das Arbeitsentgelt (**ST** § 64 Abs. 1 Nr. 1) gemeint sein.[925] In Brandenburg sieht der Disziplinarkatalog arbeitsbezogen allein die

---

921 AK-*Walter* Teil II § 86 LandesR Rdn. 41; *Laubenthal/Nestler/Neubacher/Verrel* M Rdn. 218.
922 Dazu OLG Hamburg ZfStrVo 1978, 248.
923 *Laubenthal/Nestler/Neubacher/Verrel* M Rdn. 219.
924 AK-*Walter* Teil II § 86 LandesR Rdn. 43.
925 S. Sachsen-Anhalt LT-Drucks. 6/3799, S. 224.

zehnprozentige Kürzung des Arbeitsentgelts vor, **BB** § 100 Abs. 3 Satz 1 Nr. 7. Die Auflistung in Nordrhein-Westfalen beinhaltet weder Arbeitsentzug noch Entgeltkürzung.

39   Als sehr problematisch zu werten sind **Kommunikationsverbote** als Disziplinarmaßnahmen. Solche lassen § 103 Abs. 1 Nr. 8 StVollzG, **BW** § 82 Abs. 1 Nr. 7 III, **BY** Art. 110 Abs. 1 Nr. 7 als Beschränkung des Verkehrs mit Personen außerhalb der Anstalt auf dringende Fälle bis zu drei Monaten zu. Solche Restriktionen sind die Erreichung des Sozialisationsziels der Reintegration mehr beeinträchtigende Maßnahmen. Das über das kärgliche Mindestmaß hinausgehende Beschränken von Besuchskontakten, Schriftwechsel oder Ferngesprächen mit Angehörigen bzw. sonstigen Bezugspersonen im geschlossenen Vollzug erscheint regelmäßig kaum vertretbar. Kommt es zu Missbräuchen bei Besuchskontakten oder beim Schriftwechsel, kann dem außerhalb der Disziplinarbestimmungen durch die in diesen Bereichen geltenden Einschränkungsmöglichkeiten[926] ausreichend begegnet werden. Kritisch zu sehen sind auch die in Hessen vorgesehene Disziplinarfolge der Beschränkung oder des Entzugs von Ausgangsstunden bei der Gewährung von vollzugsöffnenden Maßnahmen bis zu drei Monaten, **HE** § 55 Abs. 2 Nr. 7, sowie die analog in Hamburg 2018 eingeführte Möglichkeit, die Freistellung von der Haft einschließlich derjenigen im Rahmen der Entlassungsvorbereitung zu beschränken, **HH** § 86 Abs. 1 Nr. 7. Zwar ging es den Landesgesetzgebern darum, auf Pflichtverstöße etwa von Freigängern angemessen reagieren zu können.[927] Jedoch sehen **HH** § 86, **HE** § 55 auch im Übrigen keinen Grundsatz der Spiegelung vor; zudem kann auf Verstöße im Zusammenhang mit vollzugsöffnenden Maßnahmen in geeigneter Weise gem. **HH** § 12 Abs. 2 und 4, **HE** § 14 reagiert werden.

40   **3. Arrest.** Der **schwerste Eingriff** als qualifizierte disziplinarische Reaktion auf schuldhafte Pflichtverstöße ist der Arrest, § 103 Abs. 1 Nr. 9 StVollzG, **BW** § 82 Abs. 1 Nr. 8 III, **BY** Art. 110 Abs. 1 Nr. 8, **BE** § 94 Abs. 2 Nr. 9, **HB** § 87 Abs. 2 Nr. 9, **HH** § 86 Abs. 1 Nr. 8, **HE** § 55 Abs. 2 Nr. 8, **MV** § 86 Abs. 2 Nr. 8, **NI** § 95 Abs. 1 Nr. 7, **NW** § 80 Abs. 1 Nr. 7, **RP** § 97 Abs. 3 Satz 1 Nr. 9, **SL** § 86 Abs. 2 Nr. 8, **SN** § 90 Abs. 2 Nr. 8, **ST** § 98 Abs. 3 Satz 1 Nr. 9, **SH** § 117 Abs. 2 Nr. 8, **TH** § 98 Abs. 3 Satz 1 Nr. 9. Ganz überwiegend darf dieser bis zu einer Dauer von vier Wochen verhängt werden, auf Empfehlung des Europäischen Ausschusses zur Verhütung von Folter und unmenschlicher oder erniedrigender Behandlung oder Strafe[928] in Hamburg und Hessen nur bis zu zwei Wochen, ebenso in Sachsen. Im Gegensatz zu den übrigen Vollzugsgesetzen sieht der Katalog zulässiger Disziplinarmaßnahmen von Brandenburg (**BB** § 100 Abs. 3 Satz 1) nicht die Sanktion des Arrests vor. In Sachsen wurde die Maßnahme durch Gesetzesänderung 2019 eingeführt und heißt statt Arrest „disziplinarische Trennung". Gem. **BE** § 94 Abs. 3 Satz 2 ist die Verhängung eines Arrests gegen Schwangere und weibliche Gefangene, die gemeinsam mit ihren Kindern in der Anstalt untergebracht sind, ausgeschlossen.

Arrest darf nach § 103 Abs. 2 StVollzG, **BW** § 82 Abs. 2 III, **BY** Art. 110 Abs. 2, **HH** § 86 Abs. 2, **HE** § 55 Abs. 4 Satz 4, **NI** § 95 Abs. 2, **NW** § 80 Abs. 2, **ST** § 98 Abs. 4 nur bei schweren oder mehrfach wiederholten – d.h. wenigstens zweimal wiederholten[929] – Verfehlungen verhängt werden. **BE** § 94 Abs. 3 Satz 1, **HB** § 87 Abs. 3, **MV** § 86 Abs. 3, **RP** § 97 Abs. 4, **SL** § 86 Abs. 3, **SN** § 90 Abs. 3, **SH** § 117 Abs. 3, **TH** § 98 Abs. 4 lassen dagegen eine Anordnung wegen schwerer oder wiederholter Verfehlungen zu. Was eine schwere Verfehlung ist, unterliegt der vollen Nachprüfung durch das Gericht im Verfahren nach

---

926 S. 9 B. und C.
927 S. Hamburg Bürgerschafts-Drucks. 21/11906, S. 39; Hess. LT-Drucks. 18/1396, S. 11.
928 S. Hamburg Bürgerschafts-Drucks. 21/11906, S. 39.
929 AK-*Walter* Teil II § 86 LandesR Rdn. 45.

§§ 109 ff StVollzG. Es handelt sich um einen unbestimmten Rechtsbegriff.[930] Als schwere Verfehlungen gelten solche, die eine Beeinträchtigung der inneren und äußeren Anstaltssicherheit durch Gewalttätigkeit gegen Personen oder Sachen bedeuten, worunter auch erhebliche Beeinträchtigungen des Funktionierens der grundlegenden Arbeits- und Kommunikationszusammenhänge in der Institution fallen.[931] Die Bewertung eines Pflichtenverstoßes als schwere Verfehlung muss einzelfallorientiert erfolgen. Schwere Verfehlungen sind regelmäßig eine Rückkehr vom Urlaub in angetrunkenem Zustand,[932] beleidigendes Verhalten gegenüber Vollzugsbeamten,[933] körperliche Übergriffe auf diese,[934] Einschmuggeln von Psychopharmaka,[935] Betäubungsmittelkonsum,[936] Verweigerung einer Urinprobe,[937] Besitz von selbst angesetzten alkoholischen Getränken,[938] unerlaubtes Tätowieren.[939] Die Feststellung einer leichten „Alkoholfahne" bei einem Gefangenen rechtfertigt die Annahme einer schweren Verfehlung noch nicht.[940] Nach einer in der Literatur vertretenen Ansicht soll angesichts der Verbitterung, mit der viele Gefangene auf den Arrest reagieren, die Disziplinarmaßnahme des Arrestes als Reaktion auf grobe Tätlichkeiten beschränkt bleiben[941] oder sogar ganz abgeschafft werden.[942] In Anbetracht der Realität in den Justizvollzugsanstalten mit eigenständigen subkulturellen Gegenordnungen, die u.a. geprägt sind von der alltäglichen Gewaltausübung sowie der Existenz von Gruppenhierarchien,[943] besteht aber durchaus die Notwendigkeit einer nachhaltigen Disziplinierungsmöglichkeit wie dem Arrest als Ultima Ratio.[944] Bei seiner Verhängung sind allerdings Subsidiaritäts-, Verhältnismäßigkeits- und Proportionalitätsprinzip besonders in die Abwägungsentscheidung des Inhabers der Disziplinarbefugnis einzubeziehen. So kann selbst bei wiederholten Verfehlungen Zurückhaltung geboten sein. Bedenklich erscheint etwa die Anordnung von Arrest bei hartnäckiger, wiederholter Arbeitsverweigerung oder bei unerlaubtem Besitz.[945] Keine schwere Verfehlung ist im offenen Vollzug der gegen die Hausordnung verstoßende Aufenthalt eines Gefangenen in dem benachbarten Haftraum eines anderen Gefangenen, weil dadurch eine erhebliche Ordnungsstörung, die das Funktionieren grundlegender Arbeitszusammenhänge in der Anstalt gefährdet, nicht vorliegt.[946]

4. Verbindung mehrerer Disziplinarmaßnahmen. Der Inhaber der Disziplinarbefugnis bleibt bei der Anordnung der Disziplinarfolge nicht auf eine einzelne im Sanktionskatalog enthaltene Maßnahme beschränkt. Er kann vielmehr als Reaktion auf einen 41

---

930 *Laubenthal/Nestler/Neubacher/Verrel* M Rdn. 222; *Treptow* ZfStrVo 1980, 67, 69.
931 BVerfG NStZ 1993, 605.
932 LG Hamburg BlStV 2/1980, 7.
933 OLG Hamm BlStV 1/1994, 6; hier ist aber eine besonders sorgfältige Abwägung erforderlich: BVerfG NStZ 1994, 300; OLG Stuttgart, Beschl. vom 4.10.2010 – 4 Ws 184/10 = NStZ-RR 2012, 29, 30.
934 Siehe Sächs. LT-Drs. 6/13475 S. 123.
935 LG Hamburg ZfStrVo SH 1977, 15 f.
936 OLG Koblenz BlStV 1/1995, 7; s. auch OLG Hamm, Beschl. vom 23.9.2014 – 1 Vollz (Ws) 378/14 = StV 2017, 331 m. Anm. Goerdeler; a.A. LG Arnsberg, Beschl. vom 4.6.2014 – 2 StVK 56/14 = StV 2017, 333.
937 OLG München FS 2012, 182.
938 OLG Düsseldorf StV 1987, 255.
939 OLG Karlsruhe ZfStrVo 2006, 176.
940 BVerfG NStZ 1993, 605; a.A. OLG Nürnberg NStZ 1993, 512.
941 *Diepolder* 1980, 144.
942 *AK-Walter* Teil II § 86 LandesR Rdn. 50.
943 S. *Laubenthal* Rdn. 213 ff.
944 *Laubenthal* Rdn. 746; s. auch *Arloth/Krä* § 103 StVollzG Rdn. 4.
945 OLG Nürnberg BlStV 6/1981, 4.
946 OLG Frankfurt ZfStrVo 1987, 251.

Pflichtenverstoß mehrere Disziplinarmaßnahmen miteinander kombinieren, § 103 Abs. 3 StVollzG, **BW** § 82 Abs. 3 III, **BY** Art. 110 Abs. 3, **BE** § 94 Abs. 4, **BB** § 100 Abs. 4, **HB** § 87 Abs. 4, **HH** § 86 Abs. 3, **HE** § 55 Abs. 4 Satz 2, **MV** § 86 Abs. 4, **NI** § 95 Abs. 3, **NW** § 80 Abs. 3, **RP** § 97 Abs. 5, **SL** § 86 Abs. 4, **SN** § 90 Abs. 4, **ST** § 98 Abs. 5, **SH** § 117 Abs. 4, **TH** § 98 Abs. 5. Die jeweiligen gesetzlich normierten zeitlichen Obergrenzen für den Vollzug stellen bei einer Verbindung keine Höchstgrenze für alle dann zu vollziehenden Disziplinarmaßnahmen dar.

42   **5. Nachträgliche Änderung.** Der Anstaltsleiter kann eine Disziplinarmaßnahme, deren Vollstreckung sich (etwa wegen des Gesundheitszustandes des Gefangenen) als undurchführbar erweist, durch eine andere Disziplinarmaßnahme, die den Gefangenen aber nicht stärker belasten darf, ersetzen.[947]

3. Vollzug der Disziplinarmaßnahmen. Aussetzung zur Bewährung

Bund	§ 104 StVollzG
Baden-Württemberg	BW § 83 III JVollzGB
Bayern	BY Art. 111 BayStVollzG
Berlin	BE § 95 StVollzG Bln
Brandenburg	BB § 101 BbgJVollzG
Bremen	HB § 88 BremStVollzG
Hamburg	HH § 87 HmbStVollzG
Hessen	HE § 56 Abs. 3, 4 HStVollzG
Mecklenburg-Vorpommern	MV § 87 StVollzG M-V
Niedersachsen	NI § 96 NJVollzG
Nordrhein-Westfalen	NW § 82 StVollzG NRW
Rheinland-Pfalz	RP § 98 LJVollzG
Saarland	SL § 87 SLStVollzG
Sachsen	SN § 91 SächsStVollzG
Sachsen-Anhalt	ST § 99 JVollzGB LSA
Schleswig-Holstein	SH § 118 LStVollzG SH
Thüringen	TH § 99 ThürJVollzG

Übersicht

I. Allgemeine Hinweise —— 43
II. Erläuterungen —— 44–49
   1. Grundsatz der sofortigen Vollstreckung —— 44
   2. Aussetzung zur Bewährung —— 45
   3. Verfügungsbeschränkung; Außenkontakte —— 46
   4. Arrestvollzug —— 47–49

I. Allgemeine Hinweise

43   Die Vorschriften befassen sich bis ins Einzelne mit der **Vollstreckung** der Disziplinarmaßnahmen. Sie ermöglichen auch die Aussetzung der Maßnahmen zur Bewährung.

---

947 KG ZfStrVo 1987, 252 LS.

II. Erläuterungen

1. Grundsatz der sofortigen Vollstreckung. Disziplinarmaßnahmen werden in der 44
Regel sofort vollstreckt, § 104 Abs. 1 StVollzG, **BW** § 83 Abs. 1 III, **BY** Art. 111 Abs. 1, **BE**
§ 95 Abs. 1, **BB** § 101 Abs. 1 Satz 1, **HB** § 88 Abs. 1 Satz 1, **HH** § 87 Abs. 1, **HE** § 56 Abs. 3
Satz 1, **MV** § 87 Abs. 1, **NI** § 96 Abs. 1, **NW** § 82 Abs. 1 Satz 1, **RP** § 98 Abs. 1 Satz 1, **SL** § 87
Abs. 1 Satz 1, **SN** § 91 Abs. 1 Satz 1, **ST** § 99 Abs. 1 Satz 1, **SH** § 118 Abs. 1 Satz 1, **TH** § 99
Abs. 1 Satz 1. Gerade angesichts der Aufgabe der Disziplinarmaßnahmen, das ordnungsgemäße Zusammenleben in der Justizvollzugsanstalt zu sichern, kommt einer zügigen Abwicklung große Bedeutung zu.[948] Die Vollstreckung, vor allem, wenn nicht sehr schwere Ordnungsverstöße der Disziplinarmaßnahme zugrunde liegen, ist für die sanktionierte Person sowie für andere Beteiligte schon wenige Wochen nach der Verhängung kaum noch einsehbar. Deshalb haben auch Beschwerden und Anträge auf gerichtliche Entscheidungen nach § 109 StVollzG zu Recht keine aufschiebende Wirkung; in Betracht kommt aber ein Antrag auf vorläufigen Rechtsschutz nach § 114 Abs. 2 StVollzG. Der Gefangene, der gegen die Disziplinarmaßnahme vorgehen will, ist über diese Möglichkeit und ihre Voraussetzungen zu belehren. Anstalt und Strafvollstreckungskammer haben für größtmögliche Beschleunigung zu sorgen, damit, wenn nicht schon die Anstaltsleitung den Vollzug der Maßnahme bis zur Entscheidung über den vorläufigen Rechtsschutz aufschiebt, dem Gericht die Möglichkeit bleibt, die Maßnahme, noch ehe sie vollzogen ist, auszusetzen. Bei nicht mehr rückgängig zu machenden, sofort zu vollziehenden Disziplinarmaßnahmen wird der Richter unverzüglich eine Entscheidung darüber zu treffen haben, ob die Maßnahme auszusetzen ist.[949] Demgemäß muss im Hinblick auf die Rechtsschutzgarantie des Art. 19 Abs. 4 GG die Strafvollstreckungskammer unverzüglich Kenntnis von dem Rechtsbehelf erlangen, d.h. das Verhalten der Anstaltsbediensteten darf nicht daraufhin angelegt werden, gerichtlichen Rechtsschutz zu vereiteln oder unzumutbar zu erschweren. Stellt ein Gefangener einen Antrag auf Erlass einer einstweiligen Anordnung, so hat deshalb die Vollzugsbehörde den Antrag unverzüglich weiterzuleiten, um dem Beschleunigungsgebot zu genügen. Kontrolliert die Anstalt in Bundesländern, in denen die Gerichte als Adressaten nicht zu den kontrollfreien Stellen gehören, ausgehende Briefe, so darf eine dadurch eintretende Verzögerung nicht zu Lasten des Rechtsschutz suchenden Gefangenen gehen. Da ein Inhaftierter insoweit auf die Tätigkeit der Anstalt angewiesen ist, hat diese bei einer Briefkontrolle Vorkehrungen zu treffen, dass ein Antrag das Gericht wie bei einer sofortigen Weiterbeförderung erreicht, z.B. durch Übermittlung mittels Telefax.[950] Dies gilt nicht für Brandenburg, Bremen, Hamburg, Sachsen, Sachsen-Anhalt und Schleswig-Holstein, wo nach **BB** § 42 Abs. 3 Satz 3, **HB** § 34 Abs. 3 Satz 4, **HH** § 30 Abs. 3 Nr. 7, **SN** § 33 Abs. 4 Satz 4, **ST** § 41 Abs. 2 Satz 1 Nr. 1, **SH** § 50 Abs. 3 Satz 1 Nr. 1 die Gerichte zu den privilegierten Stellen gehören und die Kenntnis der Anstaltsleitung von einem Eilantrag nicht von der Kontrolle ausgehender Schreiben an die Strafvollstreckungsbehörde stammen kann. Um dem Gebot von Art. 19 Abs. 4 GG Rechnung zu tragen, sehen **BB** § 101 Abs. 1 Satz 2, **HB** § 88 Abs. 1 Satz 2, **NW** § 82 Abs. 1 Satz 2, **RP** § 98 Abs. 1 Satz 2, **SL** § 87 Abs. 1 Satz 2, **SN** § 91 Abs. 1 Satz 2, **ST** § 99 Abs. 1 Satz 2, **SH** § 118 Abs. 1 Satz 2, **TH** § 99 Abs. 1 Satz 2 ausdrücklich vor, dass die Vollstreckung einer Disziplinarmaßnahme ausgesetzt werden muss, soweit dies für die

---

948 Vgl. auch OLG Hamburg ZfStrVo 2004, 240; OLG München, Beschl. vom 14.11.2012 – 4 Ws 191/12 = FS 2013, 61.
949 BVerfG ZfStrVo 1995, 371 ff; NJW 2001, 3770; § 114 Rdn. 2.
950 BVerfG ZfStrVo 1994, 180 ff.

Gewährung eines effektiven Rechtsschutzes erforderlich ist. Dies führt faktisch zu einer aufschiebenden Wirkung von Eilanträgen gegen Disziplinarmaßnahmen.[951]

Das aus Art. 19 Abs. 4 GG folgende Gebot der Gewährung effektiven Rechtsschutzes betrifft nicht nur die vollzugliche, sondern insbesondere auch die gerichtliche Ebene. Dort darf sich der Rechtsschutz nicht in der bloßen Möglichkeit der Anrufung eines Gerichts erschöpfen. Er muss vielmehr zu einer wirksamen Kontrolle in tatsächlicher und rechtlicher Hinsicht durch ein mit zureichender Entscheidungsmacht ausgestattetes Gericht führen.[952]

45   **2. Aussetzung zur Bewährung.** Die Vollstreckung einer Disziplinarmaßnahme kann ganz oder teilweise bis zu sechs Monaten zur Bewährung ausgesetzt werden, § 104 Abs. 2 StVollzG, **BW** § 83 Abs. 2 III, **BY** Art. 111 Abs. 2, **BE** § 95 Abs. 2 Satz 1, **BB** § 101 Abs. 2 Satz 1, **HB** § 88 Abs. 2 Satz 1, **HH** § 87 Abs. 2, **HE** § 56 Abs. 3 Satz 2, **MV** § 87 Abs. 2 Satz 1, **NI** § 96 Abs. 2, **NW** § 82 Abs. 2 Satz 1, **RP** § 98 Abs. 2 Satz 1, **SL** § 87 Abs. 2 Satz 1, **SN** § 91 Abs. 5 Satz 1, **ST** § 99 Abs. 2 Satz 1, **SH** § 118 Abs. 2 Satz 1, **TH** § 99 Abs. 2 Satz 1. Über die Frage der Aussetzung wird erst entschieden, wenn die angemessene Disziplinarmaßnahme festgelegt ist. Eine Disziplinarmaßnahme höher festzusetzen, weil sie zur Bewährung ausgesetzt wird, bleibt unzulässig,[953] schon deshalb, weil im Falle des Widerrufs diese doch vollstreckt werden muss. Die Aussetzung steht im Ermessen[954] des Inhabers der Disziplinarbefugnis. Sie erfolgt insbesondere, wenn die (vollständige) Vollstreckung weder zur Einwirkung auf den Gefangenen noch zur Aufrechterhaltung der Anstaltsordnung erforderlich erscheint. Unter generalpräventivem Aspekt wird die bloße Verhängung einer Disziplinarmaßnahme oft ausreichen. Leitlinie bei der Aussetzungsentscheidung ist also der Grundsatz der **Verhältnismäßigkeit**.[955] Wegen des Unterschieds zur Kriminalstrafe sind §§ 56, 57 StGB (günstige Sozialprognose) bei der disziplinarrechtlichen Aussetzungsentscheidung nicht dahingehend sinngemäß anwendbar,[956] dass der Betroffene sich die Verhängung zur Warnung dienen lässt und in Zukunft keine Pflichtverstöße mehr begeht. Mangels gesetzlicher Grundlage kann – außer in Sachsen (**SN** § 91 Abs. 5 Satz 2) – die Aussetzung zur Bewährung nicht mit Auflagen oder Weisungen verbunden werden.[957]

Der ganz oder teilweise **Widerruf** der Aussetzung zur Bewährung darf nur erfolgen, wenn der Gefangene schuldhaft gehandelt hat.[958] Meistens liegt ein neuer disziplinarrechtlich relevanter Pflichtenverstoß vor. Soweit andere mit der Aussetzung verbundene Erwartungen enttäuscht sind, müssten diese in der Aussetzungsentscheidung ausdrücklich formuliert gewesen sein (z.B.: Entschuldigung beim Verletzten). Auch insoweit rechtfertigt ihre schuldhafte Nichterfüllung den Widerruf. Die Nichterfüllung der der Aussetzung zugrundeliegenden Erwartungen als Widerrufsgrund ist in **BE** § 95 Abs. 2 Satz 2, **BB** § 101 Abs. 2 Satz 2, **HB** § 88 Abs. 2 Satz 2, **MV** § 87 Abs. 2 Satz 2, **RP** § 98 Abs. 2 Satz 2, **SL** § 87 Abs. 2 Satz 2, **SN** § 91 Abs. 5 Satz 3, **ST** § 99 Abs. 2 Satz 2, **SH** § 118 Abs. 2 Satz 2, **TH** § 99 Abs. 2 Satz 2 explizit gesetzlich normiert. **NW** § 82 Abs. 2 Satz 2 grenzt demgegenüber die Widerrufsmöglichkeit dahingehend ein, als ein erneuter Pflichtenverstoß i.S.v. **NW** § 79 Abs. 1 vorliegen muss. Der Widerruf ist aktenkundig zu machen, zu

---

951   *Arloth/Krä* § 91 SächsStVollzG Rdn. 2.
952   BVerfG NStZ 2004, 225.
953   KG StV 1986, 446.
954   *Laubenthal/Nestler/Neubacher/Verrel* M Rdn. 226.
955   *Arloth/Krä* § 104 StVollzG Rdn. 3; BeckOK-*Wachs* § 104 StVollzG Rdn. 2.
956   Anders KG StV 1986, 443; AK-*Walter* Teil II § 87 LandesR Rdn. 2; *Laubenthal/Nestler/Neubacher/Verrel* M Rdn. 226; s. auch *Faber* 2014, 138.
957   *Laubenthal/Nestler/Neubacher/Verrel* M Rdn. 226.
958   AK-*Walter* Teil II § 87 LandesR Rdn. 3; *Arloth/Krä* § 104 StVollzG Rdn. 3.

begründen und dem Gefangenen zu eröffnen. Auch der Widerruf kann Gegenstand einer Dienstaufsichtsbeschwerde oder eines Antrags nach § 109 StVollzG sein.

3. Verfügungsbeschränkung; Außenkontakte. In mehreren Vollzugsgesetzen finden sich in den Normen über den Vollzug der Disziplinarmaßnahmen Bestimmungen über die Modalitäten einer angeordneten Einschränkung der Verfügung über das Hausgeld, § 104 Abs. 3 StVollzG, **BW** § 83 Abs. 3 III, **BY** Art. 111 Abs. 3, **HH** § 87 Abs. 3, **HE** § 56 Abs. 3 Satz 3, **NW** § 82 Abs. 3, **SN** § 91 Abs. 6 (dazu Rdn. 5). Die Vorschriften stellen klar, dass die Verfügungsbeschränkung keine verkappte Geldstrafe bedeutet. Das verdiente Geld bleibt dem Gefangenen als unpfändbares Überbrückungsgeld (in Sachsen als Eigengeld) erhalten. Dass der Gefangene von sich aus nicht einkauft, obgleich ihm dies möglich wäre, ist kein Vollzug einer Einkaufssperre. Er bestimmt nicht den Zeitpunkt der Vollstreckung und kann einen Irrtum über die Art und Zeit der Vollstreckung durch Rückfrage vermeiden.[959] 46

Ein **Verbot des Verkehrs mit der Außenwelt** (dazu Rdn. 12) darf nicht die Verfolgung rechtlicher Ansprüche des Gefangenen beeinträchtigen, § 104 Abs. 4 StVollzG, **BW** § 83 Abs. 4 III, **BY** Art. 111 Abs. 4. Es bezieht sich nicht auf den Verkehr mit Behörden und Anwälten. Die dem Gefangenen zu eröffnende Möglichkeit, eine Person von dem Verbot des Brief- und Besuchverkehrs zu unterrichten, kann unangenehme Vorkommnisse verhindern (wie etwa das Erscheinen von weither angereister Besucher, die von dem Verbot nicht unterrichtet worden sind, am Besuchstag). Auch soll durch die gesetzlichen Vorgaben vermieden werden, dass außenstehende Bezugspersonen die Kommunikation mit dem Inhaftierten abbrechen, weil sie den Grund für dessen Verhalten nicht kennen. Auch wegen der Auswirkungen auf Dritte erscheint gerade diese Disziplinarmaßnahme im Regelfall ungeeignet.

4. Arrestvollzug. In § 104 Abs. 5 Satz 1 StVollzG, **BW** § 83 Abs. 5 Satz 1 III, **BY** Art. 111 Abs. 5 Satz 1, **HH** § 87 Abs. 4 Satz 1, **NI** § 96 Abs. 3 Satz 1 ist der Arrest als Einzelhaft definiert. Inhaltsgleich bestimmen **BE** § 95 Abs. 3 Satz 1, **MV** § 87 Abs. 3 Satz 1, **RP** § 98 Abs. 4 Satz 1, **SL** § 87 Abs. 3 Satz 1, **SN** 91 Abs. 2 Satz 1, **ST** § 99 Abs. 4 Satz 1, **SH** § 121 Abs. 1 Satz 1, **TH** § 99 Abs. 4 Satz 1, dass die Gefangenen für die Dauer des Arrests bzw. der disziplinarischen Trennung (**SN**) von den Mitinhaftierten getrennt untergebracht werden. Die Disziplinarmaßnahme des Arrests stellt eine unausgesetzte **Absonderung** von den übrigen Anstaltsinsassen dar. In **HB** § 88 Abs. 3 Satz 1, **HE** § 56 Abs. 4 Satz 1, **NW** § 82 Abs. 5 Satz 1 wird die Absonderung für den Arrestvollzug explizit vorgegeben. Arrest stellt keine „weitere" Freiheitsentziehung dar; es ändert sich lediglich der Vollzug der Freiheitsstrafe in der Form.[960] Es steht der Vollzugsbehörde frei, diese Einzelhaft in dem einem Gefangenen bereits zugewiesenen (Einzel-)Haftraum oder einem besonderen Haftraum zu vollziehen. Eine Unterbringung des Arrestanten in einem besonderen Arrestraum sieht keines der Vollzugsgesetze zwingend vor; ein solches Vorgehen steht im Ermessen der Vollzugsbehörde, § 104 Abs. 5 Satz 2 StVollzG, **BW** § 83 Abs. 5 Satz 2 III, **BY** Art. 111 Abs. 5 Satz 2, **BE** § 95 Abs. 3 Satz 2, **HB** § 88 Abs. 3 Satz 2, **HH** § 87 Abs. 4 Satz 2, **HE** § 56 Abs. 4 Satz 2, **MV** § 87 Abs. 3 Satz 2, **NI** § 96 Abs. 3 Satz 2, **NW** § 82 Abs. 5 Satz 2, **RP** § 98 Abs. 4 Satz 2, **SL** § 87 Abs. 3 Satz 2, **SN** § 91 Abs. 2 Satz 2, **ST** § 99 Abs. 4 Satz 2, **SH** § 121 Abs. 1 Satz 2, **TH** § 99 Abs. 4 Satz 2. Da sich die Absonderung prinzipiell auf alle Tagesphasen bezieht, geben die gesetzlichen Bestimmungen vor, dass die besonderen Ar- 47

---

959 KG NStZ 1982, 323 f.
960 BayVerfGH v. 9.12.2010 – Vf. 3-VI-09.

resträume den Anforderungen entsprechen müssen, die an einen Haftraum gestellt werden, welcher zum Aufenthalt bei Tag und Nacht bestimmt ist. Die Unterbringung in einem besonderen Arrestraum empfiehlt sich vor allem dann, wenn der Gefangene einen gut eingerichteten Raum mit vielen ihm erlaubten Gegenständen besitzt, die ihm für die Arrestzeit entzogen werden sollen. Die besonderen Arrestzellen sind i.d.R. so gelegen, dass sie leichter überwacht und versorgt werden können. Der Strafcharakter der Unterbringung wird dadurch hervorgehoben, dass diese Haftträume aus Sicherheitsgründen oft nur mit einer fest eingebauten Liegemöglichkeit eingerichtet sind und das Tageslicht durch Glasbausteine vermittelt wird.[961] Der Gefangene kann gegen die Art der Unterbringung als einen seine Rechte beeinträchtigenden Realakt Antrag auf gerichtliche Entscheidung stellen und vortragen, der Haftraum entspreche nicht den vollzugsgesetzlichen Anforderungen.[962] Die tägliche Freistunde bleibt dem Arrestanten erhalten, was gem. **BE** § 95 Abs. 3 Satz 5, **HB** § 88 Abs. 3 Satz 5, **MV** § 87 Abs. 3 Satz 5, **NW** § 82 Abs. 5 Satz 5, **RP** § 98 Abs. 4 Satz 5, **SL** § 87 Abs. 3 Satz 5, **SN** § 91 Abs. 2 Satz 6, **ST** § 99 Abs. 4 Satz 5, **SH** § 121 Abs. 1 Satz 5, **TH** § 99 Abs. 4 Satz 5 auch gesetzlich klargestellt wird. Der Anstaltsleiter kann aber allgemein oder im Einzelfall anordnen,[963] dass der Arrestant die Freistunde nicht mit den anderen Gefangenen verbringt (Einzelfreistunde). Die Teilnahme am gemeinsamen Gottesdienst steht dem Arrestanten zu – unabhängig davon, ob dies wie in **BE** § 95 Abs. 3 Satz 5, **HB** § 88 Abs. 3 Satz 5, **MV** § 87 Abs. 3 Satz 5, **NW** § 82 Abs. 5 Satz 5, **RP** § 98 Abs. 4 Satz 5, **SL** § 87 Abs. 3 Satz 5, **SN** § 91 Abs. 2 Satz 6, **ST** § 99 Abs. 4 Satz 5, **SH** § 121 Abs. 1 Satz 5, **TH** § 99 Abs. 4 Satz 5 auf der gesetzlichen Ebene ausdrücklich vorgegeben ist. Insoweit kommt ein Ausschluss nicht aus disziplinären Gründen in Betracht. Gem. **NW** § 82 Abs. 5 Satz 5 hat der Arrestant zudem weiterhin ein Recht zur Teilnahme an unaufschiebbaren Behandlungsmaßnahmen.

48 Während der Dauer des Arrestvollzugs **ruhen** – soweit nichts anderes angeordnet ist – **bestimmte Rechte** des betroffenen Inhaftierten, § 104 Abs. 5 Satz 3 StVollzG, **BW** § 83 Abs. 5 Satz 3 III, **BY** Art. 111 Abs. 5 Satz 3, **BE** § 95 Abs. 3 Satz 3, **HB** § 88 Abs. 3 Satz 3, **HH** § 87 Abs. 4 Satz 3, **HE** § 56 Abs. 4 Satz 3, **MV** § 87 Abs. 3 Satz 3, **NI** § 96 Abs. 3 Satz 3, **NW** § 82 Abs. 5 Satz 3, **RP** § 98 Abs. 4 Satz 3, **SL** § 87 Abs. 3 Satz 3, **SN** § 91 Abs. 2 Satz 4 u. 5, **ST** § 99 Abs. 4 Satz 3, **SH** § 121 Abs. 1 Satz 3, **TH** § 99 Abs. 4 Satz 3. Nach den Bestimmungen des Strafvollzugsgesetzes sowie denjenigen der Landesvollzugsgesetze handelt es sich in unterschiedlicher Bandbreite um das Recht zur Ausgestaltung des Haftraums mit eigenen Gegenständen, zum Einkauf, zum Hörfunk- und Fernsehempfang, zum Zeitungsbezug, den Besitz von Gegenständen für die Freizeitbeschäftigung (gem. **BE** § 95 Abs. 3 Satz 4, **HB** § 88 Abs. 3 Satz 4, **MV** § 87 Abs. 3 Satz 4, **NW** § 82 Abs. 5 Satz 4, **RP** § 98 Abs. 4 Satz 4, **SL** § 87 Abs. 3 Satz 4, **SN** § 91 Abs. 2 Satz 5, **ST** § 99 Abs. 4 Satz 4, **SH** § 121 Abs. 1 Satz 4, **TH** § 99 Abs. 4 Satz 4 mit Ausnahme des Lesestoffs). Teilweise ist das Ruhen der Teilnahme an Arbeit bzw. Unterricht normiert (in § 104 Abs. 5 Satz 3 StVollzG, **BW** § 83 Abs. 5 Satz 3 III, **BY** Art. 111 Abs. 5 Satz 3, **HH** § 87 Abs. 4 Satz 3, **HE** § 56 Abs. 4 Satz 3, **NI** § 96 Abs. 3 Satz 3), in anderen Ländern das Recht zur Teilnahme an Maßnahmen außerhalb des Haftraumes, in welchem der Arrest vollstreckt wird (**BE** § 95 Abs. 3 Satz 3, **HB** § 88 Abs. 3 Satz 3, **MV** § 87 Abs. 3 Satz 3, **SL** § 87 Abs. 3 Satz 3, **SN** § 91 Abs. 2 Satz 4, **SH** § 121 Abs. 1 Satz 3, **TH** § 99 Abs. 4 Satz 3), was in der Regel auch die Teilnahme an Arbeit und Unterricht mit einbezieht.[964] Dagegen umfassen die Regelungen von **NW**

---

961 Dazu KG NStZ 1984, 240.
962 OLG Nürnberg NStZ 1981, 249 f.
963 *Arloth/Krä* § 104 StVollzG Rdn. 6; *Laubenthal/Nestler/Neubacher/Verrel* M Rdn. 231; a.A. AK-*Walter* Teil II § 87 LandesR Rdn. 8: zulässig nur im Einzelfall.
964 *Laubenthal/Nestler/Neubacher/Verrel* M Rdn. 230.

§ 82 Abs. 5 Satz 3, **RP** § 98 Abs. 4 Satz 3, **ST** § 99 Abs. 4 Satz 3 über die ruhenden Gefangenenbefugnisse nicht diejenigen zur Teilnahme an Arbeit und Unterricht bzw. zur Teilnahme an Maßnahmen außerhalb des Raums, in dem der Arrest vollstreckt wird. In Baden-Württemberg, Bayern, Hamburg, und Niedersachsen kann auch das Recht zum Tragen eigener Kleidung ruhen (ebenso gem. § 104 Abs. 5 Satz 3 StVollzG).

Die in der Bestimmung des jeweiligen Vollzugsgesetzes über das Ruhen von Gefangenenbefugnissen während des Arrestvollzugs nicht enthaltenen Rechte bleiben dem Betroffenen **uneingeschränkt** erhalten (wenn nicht auf der Grundlage anderweitiger gesetzlicher Befugnisse ohne Bezug zum Arrestvollzug Beschränkungen angeordnet sind). So darf der Arrestant etwa grundlegende religiöse Schriften bei sich haben und Post empfangen, Briefe schreiben – wozu ihm auch technisch Gelegenheit gegeben werden muss[965] – sowie ggf. Besuch empfangen. Fraglich ist, ob der Gefangene im Arrest rauchen darf. Das hängt davon ab, wie man das Ruhen des Rechts auf Teilnahme am Einkauf auslegt: Ob der Gefangene nur von dem in die Arrestzeit fallenden Einkauf ausgeschlossen bleibt oder die beim Einkauf zuvor erworbenen Gegenstände während des Arrests nicht nutzen darf. Es kann nur Letzteres gemeint sein. Es bleibt dem Gefangenen also regelmäßig verboten, die durch Einkauf erlangten Sachen einschließlich Lebens- und Genussmittel in den Arrest mitzunehmen.[966] Der Hinweis auf diese Konsequenzen des Arrestvollzuges ist keine eigene anfechtbare Disziplinarmaßnahme.[967]

49

4. Disziplinarbefugnis

Bund	§ 105 StVollzG
Baden-Württemberg	BW § 84 III JVollzGB
Bayern	BY Art. 112 BayStVollzG
Berlin	BE § 96 StVollzG Bln
Brandenburg	BB § 102 BbgJVollzG
Bremen	HB § 89 BremStVollzG
Hamburg	HH § 88 HmbStVollzG
Hessen	HE § 56 Abs. 1 HStVollzG
Mecklenburg-Vorpommern	MV § 88 StVollzG M-V
Niedersachsen	NI § 97 NJVollzG
Nordrhein-Westfalen	NW § 81 Abs. 2 StVollzG NRW
Rheinland-Pfalz	RP § 99 LJVollzG
Saarland	SL § 88 SLStVollzG
Sachsen	SN § 92 SächsStVollzG
Sachsen-Anhalt	ST § 100 JVollzGB LSA
Schleswig-Holstein	SH § 119 LStVollzG SH
Thüringen	TH § 100 ThürJVollzG

Übersicht

I. Allgemeine Hinweise —— 50
II. Erläuterungen —— 51–53
   1. Örtliche Zuständigkeit —— 51
   2. Entscheidung der Aufsichtsbehörde —— 52
   3. Vollstreckung in einer anderen Anstalt —— 53

---

965 KG NStZ 1984, 240.
966 Ebenso *Arloth/Krä* § 194 StVollzG Rdn. 6; *Laubenthal/Nestler/Neubacher/Verrel* M Rdn. 231.
967 KG ZfStrVo 1985, 252.

I. Allgemeine Hinweise

50   Die Disziplinarbefugnis ist in den Vollzugsgesetzen ganz überwiegend dem Leiter bzw. der Leiterin der Justizvollzugsanstalt zugewiesen. Für Berlin gibt **BE** § 96 Abs. 1 Satz 1 vor, dass Disziplinarmaßnahmen von Bediensteten angeordnet werden, welche von der Anstaltsleitung dazu bestimmt sind. Nach § 156 Abs. 3 StVollzG, **BW** § 84 Abs. 1 Satz 3 III, **BY** Art. 177 Abs. 3, **HH** § 104 Abs. 3, **NI** § 176 Abs. 1 Satz 2, **NW** § 97 Abs. 3, **ST** § 107 Abs. 2 darf die Anstaltsleitung diese Befugnis zur Anordnung von Disziplinarmaßnahmen nur mit Zustimmung der Aufsichtsbehörde **delegieren**. In den übrigen Bundesländern differenzieren die Vollzugsgesetze nicht zwischen einzelnen Übertragungsbereichen und sehen auch im Hinblick auf Disziplinarmaßnahmen keine Zustimmung der Aufsichtsbehörde vor. Allerdings kann diese sich die Zustimmung zur Übertragung vorbehalten. Während in fast allen Regelungen zur Delegation von Befugnissen der Anstaltsleitung offen bleibt, auf welche Bedienstete die Disziplinarbefugnis übertragbar ist, begrenzt **BW** § 84 Abs. 1 Satz 3 III den Kreis der in Betracht kommenden Bediensteten auf Mitglieder der Anstalts- und Vollzugsabteilungsleitung.

Die Auffassung, eine so schwere Disziplinarmaßnahme wie Arrest könne nur von einem Richter verhängt werden,[968] die Anordnung durch den Anstaltsleiter sei sogar im Hinblick auf Art. 104 Abs. 2 GG verfassungswidrig, überzeugt nicht. Gemessen an der Einzelhaft als Sicherungsmaßnahme stellt der Arrest keine den Vollzug der Freiheitsstrafe entscheidend verändernde Freiheitsentziehung dar.[969] Eine Befugnis zur Ahndung eines während der Strafhaft begangenen Pflichtenverstoßes endet jedoch, wenn der Verurteilte aus dem Vollzug der Freiheitsstrafe entlassen wird.[970]

II. Erläuterungen

51   **1. Örtliche Zuständigkeit.** Örtlich ist die Anstaltsleitung zuständig, in deren Anstalt der Gefangene sich während des Verstoßes gegen seine Pflichten gerade befindet. Das ist nicht stets sachdienlich. In der Praxis machen Transportgefangene oft disziplinarrechtlich relevante Schwierigkeiten, die einige Tage in einer Anstalt auf den Weitertransport warten. In dieser Anstalt bleibt selten Zeit, die Disziplinarvorgänge aufzuklären, ehe der Inhaftierte die Einrichtung wieder verlässt. Mitunter werden zudem Gefangene, etwa nach einer Meuterei, sofort aus Sicherheitsgründen in eine andere Anstalt verlegt. Dann müsste durch die Bediensteten der bisherigen Anstalt in der „neuen" Anstalt der Vorgang ermittelt, der beschuldigte Insasse gehört und vom Leiter der „alten" Anstalt die Disziplinarmaßnahme in der „neuen" Anstalt ausgesprochen werden. Alle Vollzugsgesetze bestimmen daher, dass bei Pflichtverstößen auf dem Weg in eine andere Vollzugseinrichtung zum Zweck der **Verlegung** die Leitung der Bestimmungsanstalt (in Berlin ein damit betrauter Bediensteter der Bestimmungsanstalt) für die Anordnung von Disziplinarmaßnahmen zuständig ist, § 105 Abs. 1 Satz 2 StVollzG, **BW** § 84 Abs. 1 Satz 2 III, **BY** Art. 112 Abs. 1 Satz 2, **BE** § 96 Abs. 1 Satz 2, **BB** § 102 Abs. 1 Satz 2, **HB** § 89 Abs. 1 Satz 2, **HH** § 88 Abs. 1 Satz 2, **HE** § 56 Abs. 1 Satz 2, **MV** § 88 Abs. 1 Satz 2, **NI** § 97 Abs. 1 Satz 2, **NW** § 81 Abs. 2 Satz 3, **RP** § 99 Abs. 1 Satz 2, **SL** § 88 Abs. 1 Satz 2, **SN** § 92 Abs. 1 Satz 2, **ST** § 100 Abs. 1 Satz 2, **SH** § 119 Abs. 1 Satz 2, **TH** § 100 Abs. 1 Satz 2. Auf dem Wege

---

968   Bemmann NJW 2000, 3116; s. auch AK-*Walter* Teil II § 86 LandesR Rdn. 47, § 87 LandesR Rdn. 7.
969   BVerfG NJW 1994, 1339; Urt. vom 24.7.2018 – 2 BvR 309/15, 2 BvR 502/16 = NJW 2018, 2619, 2621 Rdn. 69; BayVfGH, Beschl. vom 9.12.2010 – Vf. 3-VI-09; *Arloth/Krä* § 105 StVollzG Rdn. 1; K/S-*Schöch* § 8 Rdn. 34; *Laubenthal/Nestler/Neubacher/Verrel* M Rdn. 234.
970   OLG München, Beschl. vom 14.11.2012 – 4 Ws 191/12 = FS 2013, 61.

in eine andere Anstalt bedeutet während des **Transports** (also etwa im Transportbus), nicht auch in der Einrichtung, in der der Gefangene im Verlaufe eines längeren Transports vorübergehend untergebracht ist.[971] Überwiegend nicht geregelt ist die örtliche Zuständigkeit für die disziplinarische Ahndung von Pflichtverstößen bei Transporten zum Zweck der **Überstellung**. Insoweit verbleibt es bei der Disziplinarbefugnis im Bereich der Stammanstalt.[972] Lediglich **BY** Art. 112 Abs. 1 Satz 2, **NI** § 97 Abs. 1 Satz 2 beinhalten eine ausdrückliche Erweiterung um den Transport zum Zweck der Überstellung. **HH** § 88 Abs. 1 Satz 2, **NW** § 81 Abs. 2 Satz 3 enthalten keine Konkretisierung des Transportzwecks, sodass dort sowohl die Verlegung als auch die Überstellung erfasst werden. In Bayern, Hamburg, Niedersachsen und Nordrhein-Westfalen ist damit auch bei Verstößen im Zusammenhang mit Überstellungen die Leitung der Bestimmungsanstalt zuständig. Allerdings sieht **BY** Art. 112 Abs. 1 Satz 3 vor, dass es bei der Zuständigkeit der Leitung der Stammanstalt bleibt, wenn im Überstellungsfall die Durchführung des Disziplinarverfahrens in der Bestimmungsanstalt aus besonderen Gründen nicht möglich bleibt; **HH** § 88 Abs. 1 Satz 3 erweitert diese Ausnahme auf alle Transportzwecke.

2. Entscheidung der Aufsichtsbehörde. Wer als Vollzugsbediensteter durch einen 52
Disziplinarverstoß selbst betroffen ist, darf aufgrund seiner Befangenheit **nicht selbst entscheiden**. Dem tragen § 105 Abs. 2 StVollzG, **BW** § 84 Abs. 2 III, **BY** Art. 112 Abs. 2, **BE** § 96 Abs. 2, **BB** § 102 Abs. 2, **HB** § 89 Abs. 2, **HH** § 88 Abs. 2, **HE** § 56 Abs. 1 Satz 3, **MV** § 88 Abs. 2, **NI** § 97 Abs. 2, **NW** § 81 Abs. 2 Satz 2, **RP** § 99 Abs. 2, **SL** § 88 Abs. 2, **SN** § 92 Abs. 2, **ST** § 100 Abs. 2, **SH** § 119 Abs. 2, **TH** § 100 Abs. 2 Rechnung. Anstaltsleiter bzw. Anstaltsleitung i.S. der Normen bedeutet die Inhaberschaft der Disziplinargewalt, also ggf. auch Teilanstalts- oder Abteilungsleiter. Auch wenn sich die Verfehlung des Gefangenen gegen letztere richtet, muss die Aufsichtsbehörde (nicht etwa der Leiter der Gesamtanstalt) entscheiden. Es bleibt unzulässig, dass in einem solchen Fall der Inhaber der Disziplinargewalt seinen Vertreter im Amt mit dem Fall betraut. Sogar wenn es sich zufällig ergibt, dass der Inhaber der Disziplinargewalt kurz nach der gegen ihn gerichteten Verfehlung seinen Urlaub antritt und deshalb sein Vertreter die Disziplinargewalt ausübt, darf dieser nicht entscheiden. Denn angesichts seiner dienstlichen Abhängigkeit von seinem Vorgesetzten muss er als befangen angesehen werden, sodass auch insoweit die Aufsichtsbehörde entscheidet.[973]

Abgesehen von den Fällen der Verfehlungen gegen die Anstaltsleitung ist die Aufsichtsbehörde nicht zur Verhängung einer Disziplinarmaßnahme – etwa im Wege des Selbsteintritts oder des Durchgriffs befugt.[974] Das verbietet die für die sachgerechte Durchführung des Vollzugs im Gesetz geregelte Zuständigkeit der sachnahen (unteren) Vollzugsbehörde. Soweit die Aufsichtsbehörde im Wege der Dienstaufsicht tätig wird, darf sie zwar die Maßnahme eines Anstaltsleiters aufheben oder bestätigen, ggf. eine Milderung anregen, jedoch die Maßnahme nicht durch eine eigene ersetzen.

3. Vollstreckung in einer anderen Anstalt. § 105 Abs. 3 StVollzG, **BW** § 84 Abs. 3 53
III, **BY** Art. 112 Abs. 3, **BE** § 96 Abs. 3, **BB** § 102 Abs. 3, **HB** § 89 Abs. 3, **HH** § 88 Abs. 3, **HE** § 56 Abs. 3 Satz 4, **MV** § 88 Abs. 3, **NI** § 97 Abs. 3, **NW** § 82 Abs. 6, **RP** § 99 Abs. 3, **SL** § 88

---

971 S. auch *Arloth/Krä* § 105 StVollzG Rdn. 2.
972 *Laubenthal/Nestler/Neubacher/Verrel* M Rdn. 233; anders *Arloth/Krä* § 105 StVollzG Rdn. 2.
973 AK-*Walter* Teil II § 88 LandesR Rdn. 2; *Arloth/Krä* § 105 StVollzG Rdn. 3;
Laubenthal/Nestler/Neubacher/Verrel M Rdn. 233; a.A. KG NStZ 2000, 111 mit krit. Anm. *Walter* NStZ 2000, 447.
974 S. hierzu OLG Karlsruhe ZfStrVo SH 1979, 70 f; AK-*Walter* Teil II § 88 LandesR Rdn. 2.

Abs. 3, **SN** § 92 Abs. 3, **ST** § 100 Abs. 3, **SH** § 119 Abs. 3, **TH** § 100 Abs. 3 regeln die Durchführung von Disziplinarmaßnahmen, welche gegen einen Inhaftierten in einer anderen Vollzugsanstalt oder partiell während der Untersuchungshaft angeordnet wurden. Die Vollstreckung einer anderwärts verhängten Disziplinarmaßnahme findet auf Ersuchen des jeweils zur Verhängung der Disziplinarmaßnahme Befugten statt. Soweit die Gesetze eine Übertragung der Disziplinarmaßnahme von einer Haftart in die andere erlauben, ist die Vollstreckung einer in Untersuchungshaft verhängten Disziplinarmaßnahme auf Ersuchen nur zulässig, wenn die Strafhaft unmittelbar der Untersuchungshaft folgt. Dagegen bleibt die Vollstreckung einer – wegen eines in Strafhaft begangenen Verstoßes – noch im Strafvollzug verhängten Disziplinarmaßnahme in einer anschließenden Untersuchungshaft unzulässig.[975] Wird die Freiheitsstrafe zur Durchführung von Untersuchungshaft unterbrochen und später fortgesetzt, so ist die weitere Vollstreckung einer vor Beginn der Untersuchungshaft verhängten Disziplinarmaßnahme vergleichbar mit dem Fall unzulässig, in dem der Gefangene entlassen wurde und alsbald – etwa durch Widerruf der Strafaussetzung zur Bewährung – zur weiteren Strafverbüßung sich wieder im Freiheitsstrafenvollzug befindet.

Die um die Vollstreckung einer anderwärts verhängten Disziplinarfolge ersuchte Anstaltsleitung hat nach den Vollzugsgesetzen das Recht, die Vollstreckung der Disziplinarmaßnahme nach eigenem Ermessen[976] zur Bewährung auszusetzen.

5. Verfahren

Bund	§ 106 StVollzG
Baden-Württemberg	BW § 85 III JVollzGB
Bayern	BY Art. 113 BayStVollzG
Berlin	BE § 97 StVollzG Bln
Brandenburg	BB § 103 BbgJVollzG
Bremen	HB § 90 BremStVollzG
Hamburg	HH § 89 HmbStVollzG
Hessen	HE § 56 HStVollzG
Mecklenburg-Vorpommern	MV § 89 StVollzG M-V
Niedersachsen	NI § 98 NJVollzG
Nordrhein-Westfalen	NW § 81 StVollzG NRW
Rheinland-Pfalz	RP § 100 LJVollzG
Saarland	SL § 89 SLStVollzG
Sachsen	SN § 93 SächsStVollzG
Sachsen-Anhalt	ST § 101 JVollzGB LSA
Schleswig-Holstein	SH § 120 LStVollzG SH
Thüringen	TH § 101 ThürJVollzG

Übersicht

I. Allgemeine Hinweise —— 54
II. Erläuterungen —— 55–61
   1. Aufklärung des Sachverhalts —— 55
   2. Ermittlung durch besondere Bedienstete —— 56

3. Ablauf des Verfahrens —— 57
4. Konferenzbesprechung —— 58
5. Anhörung des Arztes —— 59
6. Streitschlichtung —— 60
7. Eröffnung der Entscheidung —— 61

---

975 KG NStZ 1982, 46; *Arloth/Krä* § 105 StVollzG Rdn. 4.
976 AK-*Walter* Teil II § 88 LandesR Rdn. 4.

M. Disziplinarmaßnahmen

I. Allgemeine Hinweise

Alle Vollzugsgesetze regeln das bei der Ermittlung von disziplinarrechtlich relevan- 54
ten Pflichtverstößen, der Entscheidungsfindung und der Entscheidung selbst zu beachtende Verfahren. Die Festsetzung von Disziplinarfolgen muss unter besonderer Beschleunigung durchgeführt werden.[977] Es ist sicherzustellen, dass der Gefangene das rechtliche Gehör erhält. Der **strafähnliche Charakter**[978] der Disziplinarmaßnahmen erfordert – ungeachtet der Notwendigkeit einer zeitnahen Ahndung des Pflichtenverstoßes zur Erzielung eines Lernerfolges – die sorgfältige Beachtung der Verfahrensvorschriften. Diese stellen allerdings nur Mindestvoraussetzungen dar, welche in den jeweiligen Bestimmungen nicht abschließend normiert sind.[979] Da die Disziplinarmaßnahme einen nicht unerheblichen Eingriff in das Freiheitsrecht des Gefangenen darstellt,[980] ist eine lückenlose Ermittlung des Sachverhalts erforderlich,[981] die Schuld eindeutig festzustellen[982] und das Verfahren fair zu gestalten.[983] Die verhängte Maßnahme darf die Schuld des Gefangenen nicht übersteigen und muss verhältnismäßig sein. Die persönlichen und tatsächlichen Umstände des Einzelfalls sind einzubeziehen und mit Anlass und Auswirkungen der zu verhängenden Disziplinarmaßnahme abzuwägen.[984]

II. Erläuterungen

1. Aufklärung des Sachverhalts. Die Einleitung eines Disziplinarverfahrens ge- 55
schieht durch die Disziplinaranzeige eines Vollzugsbediensteten. Ist diese erfolgt, kommt es von Amts wegen[985] zur Ermittlung des Sachverhalts, was in den Vollzugsgesetzen zwingend vorgegeben ist, § 106 Abs. 1 Satz 1 StVollzG, **BW** § 85 Abs. 1 Satz 1 III, **BY** Art. 113 Abs. 1 Satz 1, **BE** § 97 Abs. 1 Satz 1, **BB** § 103 Abs. 1 Satz 1, **HB** § 90 Abs. 1 Satz 1, **HH** § 89 Abs. 1 Satz 1, **HE** § 56 Abs. 2 Satz 1, **MV** § 89 Abs. 1 Satz 1, **NI** § 98 Abs. 1 Satz 1, **NW** § 81 Abs. 1 Satz 1, **RP** § 100 Abs. 1 Satz 1, **SL** § 89 Abs. 1 Satz 1, **SN** § 93 Abs. 1 Satz 1, **ST** § 101 Abs. 1 Satz 1, **SH** § 120 Abs. 1 Satz 1, **TH** § 101 Abs. 1 Satz 1. Das erscheint zwar selbstverständlich, macht aber deutlich, dass Unbewiesenes, Vermutungen und bloßer Verdacht[986] nicht Grundlagen einer Disziplinarmaßnahme sein dürfen. Auch die Hintergründe des Vorfalls sind zu ermitteln und ggf. die Verantwortlichkeit des beschuldigten Gefangenen. Die verfassungsrechtlich gebotene[987] Verpflichtung zur Sachaufklärung beinhaltet auch, dass nicht nur belastende, sondern auch entlastende Umstände zu untersuchen sind. Einer besonderen Regelung wie in **BE** § 97 Abs. 1 Satz 1, **BB** § 103 Abs. 1 Satz 2, **HB** § 90 Abs. 1 Satz 2, **HE** § 56 Abs. 2 Satz 1, **MV** § 89 Abs. 1 Satz 2, **NW** § 81 Abs. 1 Satz 2, **RP** § 100 Abs. 1 Satz 2, **SL** § 89 Abs. 1 Satz 2, **SN** § 93 Abs. 1 Satz 2, **ST** § 101 Abs. 1 Satz 2, **SH** § 120 Abs. 1 Satz 2, **TH** § 101 Abs. 1 Satz 2 bedarf es insoweit nicht, sodass diese Bestimmungen letztlich deklaratorischen Charakter haben.

---

977 OLG München, Beschl. vom 14.11.2012 – 4 Ws 191/2 = FS 2013, 61.
978 BVerfG NStZ 1993, 605; StV 2004, 613; OLG Zweibrücken ZfStrVo 1986, 383.
979 Arloth/Krä § 106 StVollzG Rdn. 1; Laubenthal/Nestler/Neubacher/Verrel M Rdn. 235.
980 BVerfG ZfStrVo 1995, 371.
981 BVerfG ZfStrVo 1995, 53; OLG Hamm ZfStrVo 1987, 124.
982 BVerfG ZfStrVo 2004, 301 f; OLG Frankfurt NStZ-RR 1997, 152.
983 OLG Hamm BlStV 2/1989, 4.
984 BVerfG ZfStrVo 1995, 53 ff.
985 Laubenthal/Nestler/Neubacher/Verrel M Rdn. 236.
986 OLG Hamm, Beschl. vom 23.6.2015 – III – 1 Vollz (Ws) 243/15 = FS SH 2017, 48.
987 BVerfG ZfStrVo 1995, 53.

56 **2. Ermittlung durch besondere Bedienstete.** Im Regelfall ermittelt der Anstaltsleiter nicht selbst. Anderenfalls erschiene er dem Gefangenen möglicherweise als voreingenommen. Meistens gehören die Ermittlungen von Disziplinarverstößen zum festen Tätigkeitsbereich bestimmter Bediensteter. Sie dürfen im Einzelfall nicht selbst durch den Verstoß betroffen sein.

57 **3. Ablauf des Verfahrens.** Dem Gefangenen wird zunächst der **Vorwurf bekannt gemacht.** Dies ist gem. **BY** Art. 113 Abs. 1 Satz 2, **BE** § 97 Abs. 1 Satz 3, **BB** § 103 Abs. 1 Satz 4, **HB** § 90 Abs. 1 Satz 4, **HH** § 89 Abs. 1 Satz 2, **MV** § 89 Abs. 1 Satz 4, **NI** § 98 Abs. 1 Satz 3, **NW** § 81 Abs. 1 Satz 4, **RP** § 100 Abs. 1 Satz 4, **SL** § 89 Abs. 1 Satz 4, **SN** § 93 Abs. 1 Satz 4, **ST** § 101 Abs. 1 Satz 4, **SH** § 120 Abs. 1 Satz 3, **TH** § 101 Abs. 1 Satz 4 in die jeweilige Verfahrensvorschrift aufgenommen. Aber auch im Geltungsbereich des Strafvollzugsgesetzes, in Baden-Württemberg und Hessen, wo eine entsprechende Regelung nicht besteht, folgt dort bereits aus der Pflicht zur **Anhörung** des Gefangenen (§ 106 Abs. 1 Satz 2 StVollzG, **BW** § 85 Abs. 1 Satz 2 III, **HE** § 56 Abs. 2 Satz 2), dass dieser über den gegen ihn bestehenden Vorwurf **informiert** ist. Auch fast alle anderen Vollzugsgesetze (**BY** Art. 113 Abs. 1 Satz 2, **BE** § 97 Abs. 1 Satz 2, **BB** § 103 Abs. 1 Satz 3, **HB** § 90 Abs. 1 Satz 3, **HH** § 89 Abs. 1 Satz 2, **MV** § 89 Abs. 1 Satz 3, **NI** § 98 Abs. 1 Satz 2, **NW** § 81 Abs. 1 Satz 3, **RP** § 100 Abs. 1 Satz 3, **SL** § 89 Abs. 1 Satz 3, **SN** § 93 Abs. 1 Satz 3, **ST** § 101 Abs. 1 Satz 3, **TH** § 101 Abs. 1 Satz 3) gehen von einer Anhörung des betroffenen Inhaftierten aus. Eine explizite Benennung der Anhörung enthält zwar **SH** § 120 Abs. 1 nicht, das Erfordernis der Anhörung ergibt sich allerdings schon aus dem Grundsatz des rechtlichen Gehörs.

Der beschuldigte Gefangene muss darauf hingewiesen werden, dass es ihm freisteht, ob er sich zu dem Vorwurf äußern will. Eine solche Belehrungspflicht ordnen an **BY** Art. 113 Abs. 1 Satz 2, **BE** § 97 Abs. 1 Satz 4, **BB** § 103 Abs. 1 Satz 5, **HB** § 90 Abs. 1 Satz 5, **HH** § 89 Abs. 1 Satz 2, **HE** § 56 Abs. 2 Satz 3, **MV** § 89 Abs. 1 Satz 5, **NI** § 98 Abs. 1 Satz 4, **NW** § 81 Abs. 1 Satz 5, **RP** § 100 Abs. 1 Satz 5, **SL** § 89 Abs. 1 Satz 4, **SN** § 93 Abs. 1 Satz 5, **ST** § 101 Abs. 1 Satz 5, **SH** § 120 Abs. 1 Satz 4, **TH** § 101 Abs. 1 Satz 5. Das Strafvollzugsgesetz und das Justizvollzugsgesetzbuch von Baden-Württemberg enthalten zwar keine solche gesetzlich normierte Belehrungsregelung. Doch auch dort ist ein solches Vorgehen zwingend erforderlich.[988] Die Belehrung sollte aktenkundig gemacht werden. Ist die Belehrung nicht oder unrichtig erfolgt, kann dies zur Unverwertbarkeit der Aussage führen.[989] Prinzipiell nicht belehrt werden muss der beschuldigte Inhaftierte über ein Recht zur Konsultation eines **Verteidigers**.[990] Eine Ausnahme hiervon macht **SH** § 120 Abs. 1 Satz 4, wonach er darauf hinzuweisen ist, dass er sich von einem Verteidiger vertreten lassen kann. Wegen des strafähnlichen Charakters der Disziplinarmaßnahmen darf dem Gefangenen, der dies ausdrücklich wünscht, der Beistand seines Verteidigers nicht versagt werden.[991] Im vollzuglichen Disziplinarverfahren besteht jedoch ein besonderes Interesse an einer raschen Durchführung, damit sich – im Hinblick auf eine verhaltensbeeinflussende Wirkung der Sanktion im Erleben des Betroffenen – nicht der Zusammenhang von Pflichtenverstoß und Reaktion verliert. Angesichts dieses Bedürfnisses

---

988 AK-*Walter* Teil II § 89 LandesR Rdn. 4; *Arloth/Krä* § 106 StVollzG Rdn. 2, *Laubenthal/Nestler/Neubacher/Verrel* M Rdn. 238; enger BGH, StV 1997, 337: wenn die Pflichtverletzung zugleich eine Straftat darstellt.
989 Dazu *Laubenthal* Rdn. 736; für ein nachfolgendes Strafverfahren vgl. LG Detmold, Urt. vom 17.5.2017 – 22 Ns-35/17 = StV 2018, 649.
990 *Arloth/Krä* § 106 StVollzG Rdn. 2; *Laubenthal/Nestler/Neubacher/Verrel* M Rdn. 238; a.A. AK-*Walter* Teil II § 89 LandesR Rdn. 4; *Heghmanns* 1998, 234.
991 OLG Karlsruhe NStZ-RR 2002, 29 f; LG Hamburg, Beschl. vom 17.11.2015 – 609 Vollz 98/15; *Laubenthal* Rdn. 737.

nach einem zügigen Verfahrensablauf reicht es regelmäßig aus, wenn der Inhaftierte auf sein Verlangen hin den Verteidiger vor seiner Anhörung im Rahmen eines kurzfristig anzuberaumenden Besuchs oder jedenfalls telefonisch konsultieren kann.[992] Lediglich in Sachsen wird gem. **SN** § 93 Abs. 4 Satz 2 für Disziplinarverfahren zur Ahndung von schweren Verfehlungen gesetzlich bestimmt, dass auf Antrag des Betroffenen sein Verteidiger zu informieren ist. Bei der Anhörung des Gefangenen vor einer möglichen Disziplinaranordnung steht diesem jedoch kein Anspruch auf Teilnahme eines anwaltlichen Vertreters zu.[993] Für Schleswig-Holstein folgt ein solcher auch nicht aus **SH** § 120 Abs. 1 Satz 4.[994]

Die Erhebungen des ermittelnden Vollzugsbediensteten sind schriftlich zu fixieren; äußert sich der Inhaftierte bei seiner Anhörung, so sehen die Vollzugsgesetze zudem vor, dass – im Hinblick auf eine mögliche gerichtliche Überprüfbarkeit[995] – auch seine Einlassungen vermerkt werden, § 106 Abs. 1 Satz 3 StVollzG, **BW** § 85 Abs. 1 Satz 3 III, **BY** Art. 113 Abs. 1 Satz 3, **BE** § 97 Abs. 1 Satz 5, **BB** § 103 Abs. 1 Satz 6, **HB** § 90 Abs. 1 Satz 6, **HH** § 89 Abs. 1 Satz 3, **HE** § 56 Abs. 2 Satz 4, **MV** § 89 Abs. 1 Satz 6, **NI** § 98 Abs. 1 Satz 5, **NW** § 81 Abs. 1 Satz 6, **RP** § 100 Abs. 1 Satz 6, **SL** § 89 Abs. 1 Satz 6, **SN** § 93 Abs. 1 Satz 6, **ST** § 101 Abs. 1 Satz 6, **SH** § 120 Abs. 1 Satz 6, **TH** § 101 Abs. 1 Satz 6.

Nach Abschluss der Ermittlungen erhält der Gefangene Gelegenheit, sich auch zu dem Ergebnis zu äußern. Das **Schlussgehör** erfolgt zweckmäßigerweise im Beisein des Inhabers der Disziplinarbefugnis, der vor seiner Entscheidung einen persönlichen Eindruck gewinnen sollte.[996] Die Notwendigkeit eines solchen Schlussgehörs ergibt sich bereits aus dem Anspruch auf rechtliches Gehör.[997] Ausdrücklich in das jeweilige Vollzugsgesetz aufgenommen ist die nochmalige abschließende Anhörung in **BB** § 103 Abs. 4 Satz 1, **HB** § 90 Abs. 5 Satz 1, **MV** § 89 Abs. 4 Satz 2, **RP** § 100 Abs. 5 Satz 1, **SL** § 89 Abs. 5 Satz 1, **SN** § 93 Abs. 6 Satz 1, **ST** § 101 Abs. 5 Satz 1, **SH** § 120 Abs. 5 Satz 1, **TH** § 101 Abs. 5 Satz 1.

4. Konferenzbesprechung. Bei schweren Verstößen sollen sich die Inhaber der Disziplinarbefugnis mit Personen, die bei der Behandlung des Gefangenen mitwirken, in einer Konferenz besprechen, § 106 Abs. 2 Satz 1 StVollzG, **BW** § 85 Abs. 2 Satz 1 III, **BY** Art. 113 Abs. 2, **HH** § 89 Abs. 3, **HE** § 56 Abs. 2 Satz 5, **NI** § 98 Abs. 2 Satz 1, **NW** § 81 Abs. 3, **SN** § 93 Abs. 4 Satz 1. Die Einholung schriftlicher Stellungnahmen im Umlauf oder fernmündlicher Auskünfte wird den Vorgaben nicht gerecht. Der Anstaltsleitung steht es frei, auch andere als schwere Verstöße im Konferenzverfahren zu behandeln. Sie darf aber auch selbst bei schweren Verstößen ausnahmsweise (z.B., wenn Eile geboten ist) entscheiden, ohne sich beraten zu lassen. Nicht nur bei schweren Verstößen, sondern überhaupt bei allen disziplinarisch zu ahndenden Pflichtverstößen gilt das Konsultationsgebot gem. **BE** § 97 Abs. 4 Satz 1, **BB** § 103 Abs. 3 Satz 1, **HB** § 90 Abs. 4 Satz 1, **MV** § 89 Abs. 4 Satz 1, **RP** § 100 Abs. 4 Satz 1, **SL** § 89 Abs. 4 Satz 1, **ST** § 101 Abs. 4 Satz 1, **SH** § 120 Abs. 4 Satz 1, **TH** § 101 Abs. 4 Satz 1. 58

---

992 OLG Karlsruhe NStZ-RR 2002, 29; OLG Bamberg StV 2010, 647; OLG Nürnberg StV 2012, 169 m. Anm. *Krä* FS 2011, 384 f.
993 OLG Bamberg, Beschl. vom 9.10.2014 – 1 Ws 377/2014 = FS 2015, 126 m. Anm. *Krä* FS 2015, 131; *Laubenthal* 2019, 326 f; a.A. OLG Nürnberg, Beschl. vom 6.7.2011 – 2 Ws 57/11 = FS 2011, 281; Beschl. vom 5.3.2018 –2 Ws 47/18 = FS 2019, 83.
994 *Arloth/Krä* § 120 LStVollzG **SH** Rdn. 1.
995 *Laubenthal/Nestler/Neubacher/Verrel* M Rdn. 239.
996 *AK-Walter* Teil II § 89 LandesR Rdn. 10.
997 *Arloth/Krä* § 106 StVollzG Rdn. 2.

Die Entscheidung über die Disziplinarfolge fällt der Anstaltsleiter in eigener Verantwortung. Deshalb ist es nicht erforderlich, dem Gefangenen mitzuteilen, welche Bediensteten an einer solchen Konferenz mitgewirkt haben.[998] Die Konferenzmitglieder besitzen allerdings nur beratende Funktion.[999]

59   **5. Anhörung des Arztes.** Fast alle Vollzugsgesetze sehen in Disziplinarverfahren die Mitwirkung des Anstaltsarztes vor, § 106 Abs. 2 Satz 2 StVollzG, **BW** § 85 Abs. 2 Satz 2 III, **BE** § 97 Abs. 4 Satz 2, **BB** § 103 Abs. 3 Satz 2, **HB** § 90 Abs. 4 Satz 2, **MV** § 89 Abs. 4 Satz 3, **NI** § 98 Abs. 2 Satz 2, **NW** § 81 Abs. 4, **RP** § 100 Abs. 4 Satz 2, **SL** § 89 Abs. 4 Satz 2, **SN** § 93 Abs. 5, **ST** § 101 Abs. 4 Satz 2, **SH** § 120 Abs. 4 Satz 2, **TH** § 101 Abs. 4 Satz 2. Das betrifft Gefangene, die sich in ärztlicher (gem. **BE** § 97 Abs. 4 Satz 2 in regelmäßiger ärztlicher) Behandlung befinden, ferner schwangere Inhaftierte sowie stillende Mütter (in Niedersachen und Nordrhein-Westfalen Gefangene, die unlängst entbunden haben). Gem. **HE** § 56 Abs. 2 Satz 6 i.V.m. **HE** § 51 Abs. 2 Satz 1 und 2 ist eine ärztliche Stellungnahme einzuholen, wenn hierzu begründeter Anlass besteht. Dies ist zwar eine weitergehende Vorgabe, umfasst jedoch auch die in den anderen Vollzugsgesetzen bezeichneten Personenkreis. Die Anhörung des Arztes vor Anordnung von Disziplinarmaßnahmen (nach **SN** § 93 Abs. 5 schwerwiegenden Disziplinarfolgen) soll den Kenntnisstand des Inhabers der Disziplinarbefugnis über den Gesundheitszustand des Gefangenen erweitern sowie vor allem verhindern, dass eine Disziplinarmaßnahme verhängt wird, die aus ärztlichen Gründen nicht vollstreckt werden dürfte. Es handelt sich nicht um bloße Ordnungsvorschriften. Die Verletzung – die Normen dienen dem Schutz der Gesundheit von Inhaftierten – führt zur Aufhebung der angeordneten Disziplinarmaßnahme, wenn die jeweiligen gesetzlichen Anhörungsvoraussetzungen gegeben sind.[1000] Die Anhörungsnotwendigkeit gilt (außer in Sachsen) unabhängig von der Schwere der Pflichtverletzung und nicht nur bei schwerwiegenden Erkrankungen.[1001] Weil es sich häufig um einen bloßen Formalismus handeln soll,[1002] enthält **BY** Art. 113 keine Anhörungspflicht vor Anordnung einer Disziplinarmaßnahme. Eine Pflicht zur Einschaltung des Anstaltsarztes kann sich in Bayern jedoch im Zusammenhang mit der Sachverhaltsaufklärung ergeben.[1003] Auch für Hamburg normiert **HH** § 89 keine Anhörungspflicht vor Verhängung von Disziplinarmaßnahmen gegen Gefangene in ärztlicher Behandlung oder gegen Schwangere bzw. stillende Mütter. Einer solchen bedarf es nach **HH** § 90 erst vor dem Vollzug der verhängten Sanktionen (außer Verweis) gegen diese Personengruppen.

60   **6. Streitschlichtung.** **BE** § 97 Abs. 2, **BB** § 99, **HB** § 90 Abs. 2, **HH** § 89 Abs. 2, **MV** § 89 Abs. 2, **NW** § 79 Abs. 3, **RP** § 100 Abs. 2, **SL** § 89 Abs. 2, **SN** § 93 Abs. 2, **ST** § 101 Abs. 2, **SH** § 120 Abs. 2, **TH** § 101 Abs. 2 sehen zur Abwendung (gem. **NW** § 79 Abs. 3 auch zur Milderung) von Disziplinarmaßnahmen das Treffen von Vereinbarungen zur **einvernehmlichen Streitbeilegung** vor. Liegt in den Ländern mit vorgelagerter Konfliktlösungsmöglichkeit ein für eine Streitschlichtung geeigneter Fall vor, liegt die Entscheidung über ein solches Vorgehen im Ermessen der Anstaltsleitung. Hält der Gefangene seinen Teil einer gefundenen Vereinbarung ein, wird die Durchführung einer Diszipli-

---

998   OLG Hamm BlStV 1/1994, 6.
999   LG Kassel, Beschl. vom 1.6.2018 – 2 StVK 4/18 = StraFo 2019, 42.
1000   OLG Hamburg ZfStrVo 2004, 305; OLG Karlsruhe NStZ-RR 2006, 190; AK-*Walter* Teil II § 89 LandesR Rdn. 8; *Laubenthal* Rdn. 738; *Laubenthal/Nestler/Neubacher/Verrel* M Rdn. 245; a.A. *Arloth/Krä* § 106 StVollzG Rdn. 3.
1001   *Arloth/Krä* § 106 StVollzG Rdn. 3; *Laubenthal/Nestler/Neubacher/Verrel* M Rdn. 245.
1002   Vgl. *Arloth/Krä* Art. 113 BayStVollzG Rdn. 2.
1003   *Laubenthal/Nestler/Neubacher/Verrel* M Rdn. 245.

narverfolgung unzulässig bzw. kann in Nordrhein-Westfalen eine Disziplinarfolge der Vereinbarung gemäß auch gemildert werden. Als Vereinbarungsgegenstände kommen insbesondere Schadenswiedergutmachung, Entschuldigung beim Geschädigten, Erbringung von Leistungen für die Gemeinschaft oder ein vorübergehendes Verbleiben im Haftraum in Betracht, wobei die in den Bestimmungen enthaltenen Vereinbarungsinhalte nur beispielhaft angeführt sind.

7. Eröffnung der Entscheidung. Dem Gefangenen wird die Entscheidung **mündlich** eröffnet, § 106 Abs. 3 StVollzG, **BW** § 85 Abs. 3 III, **BY** Art. 113 Abs. 3, **BE** § 97 Abs. 5, **BB** § 103 Abs. 4 Satz 2, **HB** § 90 Abs. 5 Satz 2, **HH** § 89 Abs. 4, **HE** § 56 Abs. 2 Satz 7, **MV** § 89 Abs. 5, **NI** § 98 Abs. 3 Satz 1, **NW** § 81 Abs. 6 Satz 1, **RP** § 100 Abs. 5 Satz 2, **SL** § 89 Abs. 5 Satz 2, **SN** § 93 Abs. 6 Satz 2, **ST** § 101 Abs. 5 Satz 2, **SH** § 120 Abs. 5 Satz 2, **TH** § 101 Abs. 5 Satz 2. Die Bestimmungen des Bundes-Strafvollzugsgesetzes sowie von Baden-Württemberg, Brandenburg, Bremen, Hamburg, Mecklenburg-Vorpommern, Niedersachsen, Rheinland-Pfalz, Saarland, Sachsen, Schleswig-Holstein und Thüringen geben vor, dass dies durch den Anstaltsleiter bzw. die Anstaltsleitung erfolgt. Ist es – soweit zulässig – zu einer Übertragung der Disziplinarbefugnis auf einen anderen Vollzugsbediensteten gekommen, erfolgt die Eröffnung durch diesen[1004] (klargestellt in **BW** § 85 Abs. 3 III). Keine Benennung der für die Eröffnung zuständigen Person enthalten die Regelungen von Bayern, Berlin, Hessen, Nordrhein-Westfalen und Sachsen-Anhalt, sodass diese dort auch durch Abteilungsleiter oder Strafvollzugsbeamte erfolgen kann.[1005] Leistet der Gefangene der Aufforderung, sich zur eröffnenden Person zu begeben bzw. sich zu dieser vorführen zu lassen, keine Folge, begeht er jedoch keine schuldhafte Pflichtverletzung, die wiederum disziplinarisch geahndet werden könnte.[1006] Die zwangsweise Vorführung des Gefangenen[1007] wird i.d.R. nicht verhältnismäßig sein. In den Ländern mit gesetzlichen Vorgaben zur eröffnenden Person kann diese schriftlich entscheiden und die Begründung dann durch einen nachgeordneten Vollzugsbeamten eröffnen lassen, wenn der Betroffene die Eröffnung durch den Disziplinarbefugten verweigert und eine Anwendung unmittelbaren Zwangs zur Durchsetzung nicht angezeigt erscheint.[1008] Entscheidet die Aufsichtsbehörde in Fällen von Verfehlungen gegen den Anstaltsleiter, dann muss der dort zur Entscheidung befugte Sachbearbeiter selbst den Gefangenen zum Ermittlungsergebnis anhören, die Entscheidung fällen und sie dem Gefangenen mündlich eröffnen. Für eine Disziplinarentscheidung sehen die Vollzugsgesetze keine förmliche Rechtsbehelfsbelehrung vor. Es empfiehlt sich aber, im Anschluss an die Eröffnung dem Gefangenen eine entsprechende Belehrung zu erteilen oder auf die dem Gefangenen zur Verfügung stehenden entsprechenden Vorschriften hinzuweisen. Das ist auch im Hinblick auf die umgehende Vollstreckung erforderlich, denn der Gefangene muss wissen, dass er den Antrag nach § 114 Abs. 2 StVollzG umgehend stellen muss, wenn er die Vollstreckung vermeiden will. Alle Vollzugsgesetze sehen vor, dass die Entscheidung mit einer kurzen Begründung schriftlich abgefasst wird. Die Begründung muss im Hinblick auf eine gerichtliche Überprüfbarkeit aus sich heraus verständlich sein und einer rechtlichen Subsumtion zugängliche Feststellungen enthalten.[1009] Die

---

1004 *Laubenthal/Nestler/Neubacher/Verrel* M Rdn. 244.
1005 S. z.B. *Arloth/Krä* Art. 113 BayStVollzG Rdn. 3.
1006 OLG Frankfurt NStZ-RR 1997, 152; NStZ-RR 2004, 157; AK-*Walter* Teil II § 89 LandesR Rdn. 4; *Laubenthal* Rdn. 740; *Laubenthal/Nestler/Neubacher/Verel* M Rdn. 244; a.A. *Arloth/Krä* § 106 StVollzG Rdn. 4.
1007 Zulässig nach OLG Hamm ZfStrVo 1993, 312; OLG Nürnberg FS 2009, 153.
1008 *Arloth/Krä* § 106 StVollzG Rdn. 4.
1009 OLG Hamm NStZ 1986, 382.

Frist nach § 112 Abs. 1 StVollzG wird nur durch Aushändigung des schriftlichen Bescheides in Lauf gesetzt. Der Gefangene hat einen Anspruch auf Aushändigung der schriftlichen Begründung (in das Gesetz aufgenommen in **NI** § 98 Abs. 3 Satz 2, **NW** § 81 Abs. 6 Satz 2). Das OLG Koblenz leitet dies aus datenschutzrechtlichen Bestimmungen (§ 36 ff LJVollzDSG RLP) her.[1010] Die Verhängung der Disziplinarmaßnahme ist aber mit der mündlichen Eröffnung bereits gültig erfolgt.[1011] Wird dem Inhaftierten die schriftliche Begründung nicht ausgehändigt und legt er deshalb einen aussichtslosen Rechtsbehelf ein, können dessen Kosten der Staatskasse zur Last fallen.[1012]

In Sachsen ist die Verhängung einer disziplinarischen Trennung unverzüglich der Aufsichtsbehörde und auf Antrag des Gefangenen dem Verteidiger mitzuteilen, sofern sie länger als 48 Stunden vollzogen wird, **SN** § 91 Abs. 4.

Liegen **mehrere** disziplinarrechtlich relevante **Verfehlungen** eines Gefangenen vor, die gleichzeitig zu beurteilen sind, können diese durch eine Entscheidung geahndet werden. Dies geben einige Vollzugsgesetze vor, **BE** § 97 Abs. 3, **BB** § 103 Abs. 2, **HB** § 90 Abs. 3, **MV** § 89 Abs. 3, **RP** § 100 Abs. 3, **SL** § 89 Abs. 3, **SN** § 93 Abs. 3, **ST** § 101 Abs. 3, **SH** § 120 Abs. 3, **TH** § 101 Abs. 3. Die Möglichkeit der Sanktionierung mehrerer schuldhafter Pflichtverstöße durch eine Entscheidung besteht jedoch unabhängig von diesen Regelungen.[1013]

6. Mitwirkung des Arztes bei Arrestvollzug

Bund	§ 107 StVollzG
Baden-Württemberg	BW § 86 III JVollzGB
Bayern	BY Art. 114 BayStVollzG
Berlin	BE § 97 Abs. 6 StVollzG Bln
Bremen	HB § 90 Abs. 6 BremStVollzG
Hamburg	HH § 90 HmbStVollzG
Hessen	HE § 56 Abs. 4 Satz 4, 5 und 6 HStVollzG
Mecklenburg-Vorpommern	MV § 89 Abs. 6 StVollzG M-V
Niedersachsen	NI § 99 NJVollzG
Nordrhein-Westfalen	NW § 82 Abs. 4 StVollzG NRW
Rheinland-Pfalz	RP § 100 Abs. 6 LJVollzG
Saarland	SL § 89 Abs. 6 SLStVollzG
Sachsen	SN § 91 Abs. 3 SächsStVollzG
Sachsen-Anhalt	ST § 101 Abs. 6 JVollzGB LSA
Schleswig-Holstein	SH § 121 Abs. 2 und 3 LStVollzG SH
Thüringen	TH § 101 Abs. 6 ThürJVollzG

Übersicht

I. Allgemeine Hinweise —— 62
II. Erläuterungen —— 63

1010 OLG Koblenz, Beschl. vom 16.8.2018 – 2 Ws 255/18 Vollz = FS 2019, 81.
1011 OLG Koblenz, Beschl. vom 2.9.1980 – 2 Vollz (Ws) 32/80; vgl. auch OLG Bamberg, Beschl. vom 9.10.2014 – 1 Ws 377/2014 = FS 2015, 126, 130 m. Anm. *Krä* FS 2015, 131.
1012 LG Bielefeld, Beschl. vom 9.5.2016 – 101 StVK 927/16 = StV 2018, 649.
1013 *Laubenthal/Nestler/Neubacher/Verrel* M Rdn. 242.

I. Allgemeine Hinweise

Die Bestimmungen zur ärztlichen Mitwirkung im Zusammenhang mit der Durchführung der Disziplinarmaßnahme des Arrestes bzw. der disziplinarischen Trennung gehen von einer potenziellen Gesundheitsgefährdung durch Vollzug dieser Disziplinarfolge aus. Die Normen ergänzen die gesetzlichen Regelungen über den Arrestvollzug.[1014] Keine Regelungen über den Arrestvollzug und einer ärztlichen Mitwirkung daran enthält das Vollzugsgesetz von Brandenburg, weil es dort den Arrest als Disziplinarmaßnahme nicht mehr gibt.

II. Erläuterungen

Die ärztliche Anhörung und Aufsicht hat vor allem auch den Zweck zu gewährleisten, dass durch den Arrestvollzug keine gesundheitlichen Schäden eintreten, insbesondere die seelischen Folgen einer mit Untätigkeit und Fehlen von Ablenkung verbundenen Isolierung zu bedenken und im Blick zu behalten. Der betroffene Inhaftierte ist vor dem Arrestvollzug vom Anstaltsarzt auf seine **Arresttauglichkeit** hin zu untersuchen. Während des Arrestvollzugs obliegt diesem die Pflicht zur ärztlichen Überwachung (ggf. durch tägliche Besuche). Der sächsische Gesetzgeber will darüber hinaus eine regelmäßige persönliche Betreuung des Gefangenen durch die Angehörigen anderer Fachdienste sichergestellt sehen,[1015] hat dies jedoch nicht im Gesetz festgeschrieben.

Hat die Arresttauglichkeitsuntersuchung das Ergebnis, dass eine Gesundheitsgefahr vorliegt, muss der Arrestvollzug unterbleiben. Gleiches gilt, wenn die laufende ärztliche Aufsicht eine solche Gefahr feststellt. Dann wird der Arrestvollzug unterbrochen.

Im Gegensatz zu allen anderen Vollzugsgesetzen der Länder mit der Disziplinarfolge des Arrestes enthält dasjenige von Hamburg keine den Arrest betreffende besondere Regelung über eine Anhörung des Anstaltsarztes vor Arrestvollzug. Zwar gibt auch hier **HH** § 90 Abs. 1 Satz 2 vor, dass die Gefangenen während des Arrestes unter ärztlicher Aufsicht stehen. Doch die dem Vollzug vorausgehende Anhörungspflicht von **HH** § 90 Abs. 1 Satz 1 bezieht sich auf den Vollzug auch der anderen Disziplinarfolgen (ohne Verweis) und betrifft lediglich die Personengruppen der Gefangenen in ärztlicher Behandlung, Schwangere und stillende Mütter. Während die übrigen Regelungen zur ärztlichen Mitwirkung bei Arrestvollzug anordnen, dass dieser unterbleibt oder unterbrochen wird, wenn andernfalls die Gesundheit der Gefangenen gefährdet würde, bezieht sich die Regelung von **HH** § 90 Abs. 2 über das Unterbleiben bzw. die Unterbrechung nicht nur auf den Arrest, sondern auch auf den Vollzug anderer Disziplinarfolgen.

[1014] S. M Rdn. 47–49.
[1015] Sächs. LT-Drucks. 6/13475, S. 123.

12. KAPITEL
Rechtsbehelfe

Vorbemerkungen

Schrifttum

Althammer/Schäuble Effektiver Rechtsschutz bei überlanger Verfahrensdauer, in: NJW 2012, 1 ff; *Baier* Grundzüge des gerichtlichen Verfahrens in Strafvollzugssachen, in: JA 2001, 582 ff; *Baier* Probleme bei Vollstreckung und Vollzug der Sicherungsverwahrung, in: StraFo 2014, 397 ff; *Baumbach/Lauterbach/Albers/Hartmann* Zivilprozessordnung, 77. Aufl., München 2019; *Beaucamp* Ermessens- und Beurteilungsfehler im Vergleich, in: JA 2012, 193 ff; *Beschorner* Die Außenwirkung innerdienstlicher Maßnahmen im Sozialrecht, in: NVwZ 1986, 361 ff; *Böhm, K. M.* Das der Vollstreckung der Sicherungsverwahrung vorgelagerte gerichtliche Kontrollverfahren nach § 119a StVollzG – eine tickende Zeitbombe im Strafvollzug?, in: FPPK 12 (2018), 155 ff; *Böhm, R.* Rechte (Rechtsbehelfe) und Pflichten, in: Schwind/Blau 1. Aufl., Berlin 1976, 265 ff; *Diemer/Schatz/Sonnen* Jugendgerichtsgesetz, 7. Aufl., Heidelberg 2015; *Diepenbruck* Rechtsmittel im Strafvollzug, in: ZfStrVo 1982, 131 ff; *Dörr* Rechtsschutz gegen vollzogene Durchsuchungen und Beschlagnahme im Strafermittlungsverfahren, in: NJW 1984, 2258 ff; *Doller* Zwölf Jahre Strafvollstreckungskammer, in: DRiZ 1987, 264 ff; *Dopslaff* Abschied von den Entscheidungsfreiräumen bei Ermessen und unbestimmten Rechtsbegriffen mit Beurteilungsspielraum im Strafvollzugsgesetz, in: ZStW 100 (1988), 567 ff; *Drohsel* Interessenvertretung von Gefangenen – ein vernachlässigter Baustein der Strafvollzugsreform, in: FS 2012, 293 ff; *Dürbeck/Gottschalk* Prozess- und Verfahrenskostenhilfe, Beratungshilfe, 8. Aufl., München 2016; *Ebnet* Rechtsprobleme der Verwendung von Telefax, in: NJW 1992, 2985 ff; *Eichinger* Videokonferenz in der Strafvollstreckung. Eine rechtliche und empirische Analyse, Berlin 2015; *Eisenberg* Jugendgerichtsgesetz, 20. Aufl., München 2018; *Eyermann* Verwaltungsgerichtsordnung, 15. Aufl., München 2019; *Feest* Rechtsberatung für Gefangene, in: Strafvollzug in den 90er Jahren, FG Rotthaus, Pfaffenweiler 1995, 151 ff; *Flügge* Wer kontrolliert den Strafvollzug? in: FS 2012, 150 ff; *Franke* Vollzugspraxis und Rechtsprechung in Strafvollzugssachen, in: ZfStrVo 1978, 187 ff; *Frehsee* Neuere Tendenzen in der aktuellen Kommentar- und Lehrbuchliteratur zum Strafvollzug, in: NStZ 1993, 165 ff; *Frellesen* Konkretisierung des Strafvollzugsgesetzes durch sachfremde Verwaltungsvorschriften, in: NJW 1977, 2050 ff; *Frielinghaus* Die Verfassungsbeschwerde, in: Schwind/Blau 1. Aufl., Berlin 1976, 271 ff; *Ganter* Die Menschenrechtsbeschwerde in Strafvollzugssachen, in: Schwind/Blau 1. Aufl., Berlin 1976, 279 ff; *Goeckenjan/Puschke/Singelnstein* Für die Sache – Kriminalwissenschaften aus unabhängiger Pespektive, in FS 2019, 325 ff; *Gräfenstein* Menschenrechtsschutz und Strafvollzug in: ZfStrVo 2003, 10 ff; *Greiner* Anmerkung zum Beschluss des OLG Frankfurt v. 16.6.2016, in: NStZ-RR 2016, 390 f; *Groß* Beratungshilfe, Prozesskostenhilfe, Verfahrenskostenhilfe, 13. Aufl., Heidelberg 2015; *Grunewald/Römermann* Rechtsdienstleistungsgesetz, Köln 2008; *Haas* Anfechtbarkeit einstweiliger Anordnungen im Strafvollstreckungsrecht, in: NStZ 1986, 161 ff; *Helmken* Vornahmeantrag oder Feststellungsantrag?, in: ZfStrVo 1984, 270 ff; *Hennek* Form und Fristfragen beim Telefax, in: NJW 1998, 2194 ff; *Hötter* Verteidiger – Funktion im Sinne des Strafvollzugsgesetzes, in: ZfStrVo 2001, 26 ff; *Homann* Zur Richterablehnung in Strafvollzugssachen, in: ZfStrVo 1989, 81 ff; *Honecker* Zur aufschiebenden Wirkung der Rechtsbeschwerde der Vollzugsbehörde gegen einen den Strafgefangenen begünstigenden Verpflichtungsbeschluss, in: ZfStrVo 2005, 101 ff; *Jünemann* Gesetzgebungskompetenz für den Strafvollzug im föderalen System der Bundesrepublik Deutschland, Frankfurt a.M. u.a. 2012; *Justen* Unbestimmte Rechtsbegriffe mit „Beurteilungsspielraum" im Strafvollzugsgesetz, Mainz 1995; *Kamann* Die Rückkehr des humanen Strafvollzugs? Gedanken zur neueren Rechtsprechung des Bundesverfassungsgerichts auf diesem Gebiet, in: StV 1994, 459 ff; *Kassebohm,* Das Ende des Papierzeitalters – Gesetz zur Einführung der elektronischen Akte in Strafsachen vom 12.7.2017, in: StraFo 2017, 393 ff; *Kissel/Mayer* Gerichtsverfassungsgesetz, 9. Aufl., München 2018; *Kösling* Die Bedeutung verwaltungsprozessualer Normen und Grundsätze für das gerichtliche Verfahren nach dem Strafvollzugsgesetz, Pfaffenweiler 1991; *Konzak* Analogie im Verwaltungsrecht, in: NVwZ 1997, 82 ff; *Kopp/Ramsauer* Verwaltungsverfahrensgesetz, 19. Aufl., München 2018; *Kopp/Schenke* Verwaltungsgerichtsordnung, 24. Aufl., München 2018; *Kramer* Rechtlos in Bayern, in: StV 2004, 288 ff; *Kröpil* Mißbräuchliche Inanspruchnahme der Verwaltungsgerichtsbarkeit, in: DVBl. 2000, 686 ff; *Laubenthal* Schutz der Gefangenenrechte auf europäischer Ebene, in: FS 600 Jahre Würzburger Juristenfakultät, Berlin 2002, 169 ff; *ders.* 30 Jahre Vollzugs-

12. Kapitel. Rechtsbehelfe

zuständigkeit der Strafvollstreckungskammern, in: FS Böttcher, Berlin 2007, 325 ff; *ders.* Vorgehen gegen behördliche und gerichtliche Untätigkeit in Strafvollzugssachen, in: GS Walter, Berlin 2014, 579 ff; *Laubenthal* Anmerkung zum Beschluss des OLG Celle vom 9.5.2018, in: MedR 2018, 890 f; *Laubenthal/Nestler* Strafvollstreckung, 2. Aufl., Heidelberg 2018; *Lechner/Zuck* Bundesverfassungsgerichtsgesetz, 7. Aufl., München 2015; *Lesting/Feest* Die Neuregelungen des StVollzG durch das Gesetz zur bundesrechtlichen Umsetzung des Abstandsgebots im Recht der Sicherungsverwahrung, in: StV 2013, 278 ff; *Link/van Dorp* Rechtsschutz bei überlangen Gerichtsverfahren, München 2012; *Lübbe-Wolff* Die Rechtsprechung des Bundesverfassungsgerichts zum Strafvollzug und Untersuchungshaftvollzug, Baden-Baden 2016; *Lübbe-Wolff/Frotz* Neuere Rechtsprechung des BVerfG zum Straf-, Untersuchungshaft- und Maßregelvollzug, in: NStZ 2009, 616 ff, 677 ff; *Lübbe-Wolff/Lindemann* Neuere Rechtsprechung des BVerfG zum Straf- und Untersuchungshaftrecht, in: NStZ 2007, 450 ff; *Meyer* Kommentar zum Gerichtskostengesetz (GKG) und zum Gesetz über Gerichtskosten in Familiensachen (FamGKG), 16. Aufl., Berlin 2018; *Meyer-Goßner/Schmitt* Strafprozessordnung, 62. Aufl., München 2019; *Meyer-Ladewig* Ständiger Europäischer Gerichtshof für Menschenrechte in Straßburg, in: NJW 1998, 512 ff; *Müller* Begründung als Zulässigkeitsvoraussetzung des Antrags auf gerichtliche Entscheidung gem. § 109 StVollzG, in: ZfStrVo 1993, 211 ff; *ders.* Die Rechtsprechung des BGH zur Wiedereinsetzung in den vorigen Stand, in: NJW 1998, 497 ff; *Müller-Dietz* Die Rechtsprechung der Strafvollstreckungskammern zur Rechtsgültigkeit der VVStVollzG, in: NStZ 1981, 409 ff; *ders.* Die Strafvollstreckungskammer als besonderes Verwaltungsgericht, in: 150 Jahre Landgericht Saarbrücken, Köln 1985, 335 ff; *ders.* Grundfragen des heutigen Strafvollzugs, in: NStZ 1990, 305; *Neubacher* Der internationale Schutz von Menschenrechten Inhaftierter durch die Vereinten Nationen und den Europarat, in: ZfStrVo 1999, 210 ff; *ders.* Eine bislang kaum beachtete Perspektive: Die Auslegung des Strafvollzugsgesetzes im Lichte der Mindestgrundsätze der Vereinten Nationen für die Behandlung von Gefangenen, in: ZfStrVo 2001, 212 ff; *Peglau* Rechtsschutz in Strafvollzugssachen – Grundlagen und Fehlervermeidung, in: NJW 2014, 2012 ff; *ders.* Sicherungsverwahrung: Das strafvollzugsbegleitende gerichtliche Kontrollverfahren nach § 119a StVollzG, in: JR 2016, 45 ff; *Piltz* Petitionen in Strafvollzugssachen, in: Schwind/Blau 1. Aufl., Berlin 1976, 283 ff; *Pohlreich* Die Rechtsprechung des EGMR zum Vollzug von Straf- und Untersuchungshaft, in: NStZ 2011, 560 ff; *Pollähne/Woynar* Verteidigung in Vollstreckung und Vollzug, 5. Aufl., Heidelberg 2014; *Rotthaus* Die Rechtsberatung der Gefangenen im Justizvollzug, in: NStZ 1990, 164 ff; *ders.* Ein Ombudsmann für das deutsche Gefängniswesen, in: BewHi 2008, 373 ff; *Rühl* Der Umfang der Begründungspflicht von Petitionsbescheiden, in: DVBl. 1993, 14 ff; *Rüping* Verfassungs- und Verfahrensrecht im Grundsatz des rechtlichen Gehörs, in: NVwZ 1985, 304 ff; *Schäfersküpper/Grote* Vollzug der Sicherungsverwahrung, in: NStZ 2013, 447 ff; *dies.* Neues an der Sicherungsverwahrung – Eine aktuelle Bestandsaufnahme, in: NStZ 2016, 197 ff; *Schäfersküpper/Schmidt* Das neue Zwangsgeld gegen Vollzugsbehörden – Ein unbekanntes Wesen, in: StV 2014, 184 ff; *Schenke* Rechtsschutz bei überlanger Dauer verwaltungsgerichtlicher Verfahren, in: NVwZ 2012, 257 ff; *Schneider* Tempus fugit. Trendwende in der Rechtsprechung zu den unbestimmten Rechtsbegriffen?, in: ZfStrVo 1999, 140 ff; *Schrader* Wiedereinsetzung und Rechtsmittelbelehrung, in: NStZ 1987, 447 ff; *Schuler* Rechte (Rechtsbehelfe) und Pflichten, in: Schwind/Blau 2. Aufl., Berlin 1988, 255 ff; *Seebode* Einsicht in Personalakten Strafgefangener, in: NJW 1997, 1754 ff; *Sieckmann* Beurteilungsspielräume und richterliche Kontrollkompetenzen, in: DVBl. 1997, 101 ff; *Smeddinck* Der unbestimmte Rechtsbegriff – strikte Bindung oder Tatbestandsermessen, in: DÖV 1998, 370 ff; *Sodan/Ziekow* (Hrsg.) Verwaltungsgerichtsordnung. Großkommentar, 5. Aufl., Baden-Baden 2018 (zit: *Sodan/Ziekow-Bearbeiter*); *Spaniol* Die Arbeit der Strafvollstreckungskammer – Licht und Schatten, in: FS 2012, 253 ff; *Treptow* Zur Tätigkeit der Strafvollstreckungskammer in Vollzugssachen, in: NJW 1977, 1037 ff; *ders.* Gerichtliche Kontrolle von Ermessensentscheidungen und unbestimmten Rechtsbegriffen im Strafvollzugsrecht, in: NJW 1978, 2227 ff; *ders.* Gerichtliche Kontrolle der Anwendung unbestimmter Rechtsbegriffe seitens der Vollzugsorgane – Versuch einer Systematik, in: ZfStrVo 1980, 67 ff; *Ullenbruch* Vollzugsbehörde contra Strafvollstreckungskammer, in: NStZ 1993, 517 ff; *Voigtel* Zum Freibeweis bei Entscheidungen der Strafvollstreckungskammer. Eine Untersuchung zu ausgewählten Fragen des Beweisrechts im gerichtlichen Verfahren in Strafvollstreckungs- und Strafvollzugssachen, Frankfurt 1998; *Walter* Tätigkeitsbericht des Justizvollzugsbeauftragten des Landes Nordrhein-Westfalen, Köln 2012; *Wegner-Brandt* Totale Institution und Rechtsschutz, in: ZfStrVo 1992, 153 ff; *Wingenfeld* Die Verrechtlichung des Strafvollzugs in ihren Auswirkungen auf die judikative Entscheidungspraxis, Aachen 1999; *Wohlers* Zur gerichtlichen Beiordnung eines Rechtsbeistands in Strafvollstreckungs- und Strafvollzugssachen, in: Festschrift für Manfred Seebode, Berlin 2008, 573 ff; *Wolf* Sicherungsverwahrung – neue Regelungen für Rechtspfleger, in: Rpfleger 2013, 365 ff; *Wolf/Jabel* Strafvollstreckungsordnung und Grundrechtsschutz, in: NStZ 1994, 63 ff.

Übersicht
1. Allgemeine Hinweise —— 1
2. Verfassungsbeschwerde und Individualbeschwerde —— 2
3. Petitionsrecht —— 3
4. Beratungshilfe —— 4

1. Allgemeine Hinweise. Der Vierzehnte Titel des Bundes-Strafvollzugsgesetzes beinhaltet die Möglichkeiten der Überprüfung der Tätigkeit von Vollzugsbehörden auf ihre Übereinstimmung mit den maßgeblichen Vorschriften sowie den programmierten vollzuglichen Aufgabenstellungen und Gestaltungsprinzipien, gleichgültig, ob die Vorgänge bereits abgeschlossen sind oder nicht. Dadurch sollen das objektive Recht, das öffentliche Interesse wie auch die rechtserheblichen Interessen der Betroffenen gewahrt werden.[1] Die Kontrolle der Vollzugsbehörde erfolgt einmal als vollzugsinterne **Selbstkontrolle**, d.h. die Überprüfung von Vollzugsmaßnahmen durch die Verwaltung selbst; dies kann durch die erlassende oder die ihr instanzlich übergeordnete Behörde erfolgen. Sie ist verbunden mit der Befugnis, aufhebend oder ändernd einzugreifen. Im Gegensatz hierzu steht die vollzugsexterne **Fremdkontrolle**, d.h. die gerichtliche Überprüfung von Vollzugsmaßnahmen (Vollzugsverwaltungsakten). 1

2. Verfassungsbeschwerde und Individualbeschwerde. Es kann jedermann – also auch deutsche wie ausländische Gefangene bzw. Untergebrachte – nach ergebnisloser Ausschöpfung des innerstaatlichen Rechtsweges das **Bundesverfassungsgericht** anrufen, wenn er glaubt, durch eine Entscheidung der Vollzugsbehörde oder eine Gerichtsentscheidung in seinen Grundrechten verletzt zu werden, Art. 93 Abs. 1 Nr. 4 Buchstabe a GG.[2] Schließlich vermag sich gem. Art. 34 EMRK jeder, der sich in einem der nach der Konvention garantierten Rechten durch einen der Mitgliedstaaten verletzt fühlt, an den **Europäischen Gerichtshof für Menschenrechte in Straßburg** nach Erschöpfung des nationalen Rechtswegs mit einer Individualbeschwerde zu wenden.[3] Der Europäische Gerichtshof für Menschenrechte hat 2011 einen Leitfaden zu den Zulässigkeitsvoraussetzungen einer Menschenrechtsbeschwerde herausgegeben.[4] Der seit dem 1.11.1998 geschaffene ständige Europäische Gerichtshof für Menschenrechte ist als einziges Kontrollorgan nach der EMRK an die Stelle der vorherigen Europäischen Kommission und des zuvor nicht ständig tagenden EGMR getreten.[5] 2

3. Petitionsrecht. Art. 17 GG eröffnet zudem die Möglichkeit, Bitten und Beschwerden außerhalb der im Vierzehnten Titel des StVollzG vorgesehenen Rechtsbehelfe bei der zuständigen Stelle und bei der Volksvertretung außerhalb formaler Rechtsmittel und gerichtlicher Verfahren vorzubringen. Die Ausübung des Petitionsrechts kann sowohl einzeln als auch in Gemeinschaft mit anderen (**Sammelpetition**) erfolgen. Damit wird allerdings kein Anspruch der Gefangenen zum Kontakt mit anderen Inhaftierten begründet, um eine Sammelpetition vorzubereiten. Das Petitionsrecht verpflichtet die angegangene Stelle zur sachlichen Prüfung des Vorbringens. Volksvertretung i.S.v. Art. 17 GG sind der Deutsche Bundestag, die Landtage bzw. Bürgerschaften in Bremen und Ham- 3

---

1 *Müller-Dietz* 1985.
2 *Frielinghaus* 1976, 271; *Lechner/Zuck* 2015, § 90 Rdn. 73 ff; *Litwinski/Bublies* 1989, 112.
3 *Laubenthal* Rdn. 849 ff.
4 Die deutsche Version ist im Volltext zum Herunterladen auf www.echr.coe.int/Documents/Admissibility_guide_DEU.pdf.
5 Zum internationalen Schutz von Menschenrechten *Flügge* 2012, 150 ff; *Gräfenstein* 2003, 10 ff; *Laubenthal* 2002, 169 ff; *Neubacher* 1999, 210.

burg sowie das Abgeordnetenhaus in Berlin. Die Volksvertretungen haben selbst zwar keine unmittelbare Entscheidungskompetenz, sondern können die Eingabe der Regierung zur Berücksichtigung (das Anliegen war berechtigt), zur Erwägung (das Anliegen nochmals zu überprüfen) überweisen oder für erledigt erklären, wenn das Verhalten der Verwaltung nicht zu beanstanden ist.[6] Zur Behandlung der an die Volksvertretung gerichteten Petition bestellt diese einen Petitionsausschuss. Das Petitionsrecht umfasst nicht einen Anspruch, dass das Parlament seinem Bescheid eine Begründung beifügt. Zu einer schriftlichen Auseinandersetzung mit dem Vorbringen des Petenten einerseits und dem der Regierung andererseits ist die Volksvertretung nicht verpflichtet.[7] Für die Petition ist keine Beschwer des Petenten erforderlich. Die Berufung auf Art. 17 GG erfordert nicht die Geltendmachung eigener Rechte. Es genügt ein Eintreten für einen anderen oder das Gemeinwohl. In Rheinland-Pfalz kann auch der **Bürgerbeauftragte** entweder unmittelbar oder über den Petitionsausschuss des Landtages eingeschaltet werden.[8] Der Bürgerbeauftragte hat die Aufgabe, im Rahmen der Kontrollrechte des Landtages die Stellung des Bürgers im Verkehr mit den Behörden zu stärken.[9] Die Länder Mecklenburg-Vorpommern,[10] Schleswig-Holstein[11] und Thüringen[12] haben ebenfalls das Amt eines Bürgerbeauftragten eingeführt. Als Ansprechpartner in vollzuglichen Angelegenheiten gibt es im Bundesland Nordrhein-Westfalen den **Justizvollzugsbeauftragten**. Dieser wirkt an einem an den Menschenrechten und den sozial- und rechtsstaatlichen Grundsätzen ausgerichteten Justizvollzug mit. An ihn kann sich in Angelegenheiten des Justizvollzugs jedermann unmittelbar mit Beschwerden, Anregungen, Beobachtungen oder Hinweisen wenden; das gilt auch für Vollzugsbedienstete.[13] Der Justizvollzugsbeauftragte hat keine Entscheidungsbefugnis. Seine Aufgaben sind Vermittlung, Empfehlungen und Berichterstattung, aber auch Mitwirkung an der Entwicklung von Konzeptionen.[14]

4 **4. Beratungshilfe.** Die Möglichkeit, Hilfe nach dem Gesetz über Rechtsberatung und Vertretung für Bürger mit geringem Einkommen (Beratungshilfegesetz)[15] in Anspruch zu nehmen, steht auch Gefangenen sowie im Maßregelvollzug Untergebrachten offen, sofern sie nicht durch die Vollzugseinrichtung entsprechende Hilfe erhalten.[16] Diese muss dementsprechend durch geeignete Maßnahmen die Voraussetzungen für eine Inanspruchnahme der Beratungshilfe schaffen. Beratungshilfe bezieht sich jedoch nur auf zunächst außergerichtliche Aspekte[17] im Vorfeld des justiziellen Verfahrens und umfasst nicht die eigentliche Vertretung des Antragstellers im Verfahren über einen Antrag auf gerichtliche Entscheidung nach §§ 109 ff StVollzG.

---

6 *Arloth/Krä* Vorbemerkungen §§ 108 ff StVollzG Rdn. 4.
7 BayVerfGH NVwZ 1988, 820, 821.
8 Bürgerbeauftragtengesetz v. 3.5.1974 i.d.F. vom 5.11.1974, **RP** GVBl.1974, 469.
9 Näheres bei *Monz* Der Bürgerbeauftragte. Kommentar zum Landesgesetz über den Bürgerbeauftragten des Landes Rheinland-Pfalz, Mainz 1982.
10 Petitions- und Bürgerbeauftragtengesetz v. 5.4.1995, **MV** GVBl. 1995, 190.
11 Bürger- und Polizeibeauftragtengesetz v. 15.1.1992, **SH** GVBl. 1992, S. 42.
12 Bürgerbeauftragtengesetz v. 15.5.2007 (GVBl. 2007, S. 54).
13 AV des Justizministeriums NRW vom 13.12.2010 – 4400-IV.396; s. ferner *Rotthaus* 2008, 373 ff.
14 S. *Walter* 2012, 27 ff.
15 Beratungshilfegesetz vom 18.6.1980 (BGBl. I 1980, 689) i.d.F. vom 31.8.2015 (BGBl. I 2015, 1474).
16 AK-*Spaniol* Teil IV § 120 StVollzG Rdn. 21; *Eschke* 1993, 149; *Feest* 1995, 151 ff; *Rotthaus* 1990, 164.
17 *Dürbeck/Gottschalk* 2016, 373 f; *Groß*, § 2 BerHG Rdn. 5 f.

A. Beschwerderecht

Bund	§ 108 StVollzG
Baden-Württemberg	BW § 92 III JVollzGB
Bayern	BY Art. 115 BayStVollzG
Berlin	BE § 99 StVollzG Bln
Brandenburg	BB § 105 BbgJVollzG
Bremen	HB § 92 BremStVollzG
Hamburg	HH § 91 HmbStVollzG
Hessen	HE § 57 HStVollzG
Mecklenburg-Vorpommern	MV § 91 StVollzG M-V
Niedersachsen	NI § 101 NJVollzG
Nordrhein-Westfalen	NW § 84 StVollzG NRW
Rheinland-Pfalz	RP § 102 LJVollzG
Saarland	SL § 91 SLStVollzG
Sachsen	SN § 95 SächsStVollzG
Sachsen-Anhalt	ST § 103 JVollzGB LSA
Schleswig-Holstein	SH § 123 LStVollzG SH
Thüringen	TH § 103 ThürJVollzG

Übersicht

I. Allgemeine Hinweise —— 1
II. Erläuterungen —— 2–16
   1. Recht, sich an die Anstaltsleitung zu wenden —— 2–4
     a) Art und Weise —— 2, 3
     b) Anwesenheit eines Verteidigers —— 4
   2. Wenden an Vertreter der Aufsichtsbehörde —— 5, 6
   3. Nur in eigenen Angelegenheiten —— 7
   4. Dienstaufsichtsbeschwerde —— 8–10
     a) Formloser Rechtsbehelf —— 8
     b) Adressat der Beschwerde —— 9
     c) Bescheidung des Gefangenen —— 10
   5. Entscheidungen auf Beschwerden —— 11–14
   6. Formalien und Schranken —— 15, 16

I. Allgemeine Hinweise

Die Möglichkeit für einen Gefangenen, sich mit **Wünschen, Anregungen und Beschwerden** (Eingaben) an die Anstaltsleitung oder an einen Vertreter der Aufsichtsbehörde zu wenden, entspricht dem Petitionsrecht aus Art. 17 GG. Damit wird staatlich anerkannt, dass menschliche Sorgen und Nöte neben Beschwerden in geeigneter Form außerhalb formaler justizieller Rechtsbehelfe zur Kenntnis genommen, bearbeitet und geprüft sowie beschieden werden; insoweit kann ggf. auch eine gerichtliche Auseinandersetzung vermieden werden.[18]

II. Erläuterungen

1. Recht, sich an die Anstaltsleitung zu wenden

a) Art und Weise. § 108 Abs. 1 Satz 1 StVollzG, **BW** § 92 Abs. 1 Satz 1 III, **BY** Art. 115 Abs. 1 Satz 1, **BE** § 99 Abs. 1, **BB** § 105 Abs. 1, **HB** § 92 Abs. 1, **HH** § 91 Abs. 1 Satz 1, **HE** § 57 Abs. 1 Satz 1, **MV** § 91 Abs. 1, **NI** § 101 Abs. 1, **NW** § 84 Satz 1, **RP** § 102 Abs. 1, **SL** § 91

1

2

---

[18] *Arloth/Krä* § 108 StVollzG Rdn. 1; *Laubenthal* Rdn. 755; *Laubenthal/Nestler/Neubacher/Verel* P Rdn. 3; *Litwinski/Bublies* 1989, 115; *Schuler* 1988, 256.

Abs. 1, **SN** § 95 Abs. 1, **ST** § 103 Abs. 1 Satz 1, **SH** § 123 Abs. 1, **TH** § 103 Abs. 1 gewähren dem Gefangenen ein Recht, sich mit seinem – vollzugliche Angelegenheiten betreffenden – Anliegen an die Anstaltsleitung unmittelbar zu wenden. Dieses Recht kann schriftlich oder mündlich wahrgenommen werden, was in Hamburg und Niedersachsen auch in den Normtext aufgenommen ist. Durch die jeweiligen vollzugsgesetzlichen Bestimmungen wird das Petitionsrecht aus Art. 17 GG erweitert, das grundsätzlich die Schriftform erfordert. Das Grundgesetz verbietet zwar nicht die mündliche Anhörung, sie wird nur vom Grundrechtsschutz des Grundgesetzes ausgespart.[19]

3   In welcher Art und Weise das Recht, Wünsche, Anregungen und Beschwerden vorzubringen im Einzelnen gewährleistet wird, unterliegt der Regelung durch die Vollzugsbehörde im Rahmen ihres pflichtgemäßen Ermessens. Das gilt sowohl für diejenigen Bundesländer, die (neben § 108 StVollzG) explizit den Anstaltsleiter bzw. die Anstaltsleiterin als Adressat des Vorbringens benennen (Baden-Württemberg, Bayern, Brandenburg, Mecklenburg-Vorpommern, Rheinland-Pfalz, Sachsen, Sachsen-Anhalt, Schleswig-Holstein und Thüringen) als auch für jene, die allgemein von der Anstaltsleitung (Bremen, Hamburg, Hessen, Nordrhein-Westfalen, Saarland), von der Anstalt (Berlin) oder von der Vollzugsbehörde (Niedersachsen) sprechen. **Schriftlich** kann ein Gefangener **jederzeit** sein Anliegen vorbringen. Dies begründet jedoch kein Recht des Gefangenen, stets nach eigener Wahl sein Anliegen schriftlich oder mündlich vorzutragen. Die Verweisung eines schriftkundigen Gefangenen, sein Anliegen in schriftlicher Form darzustellen, ist daher zulässig; einem Schreibunkundigen muss jedoch Gelegenheit gegeben werden, auf andere Weise (Schreibhilfe, mündlicher Vortrag) seine Eingabe vorzutragen. Schreib- oder Formulierungshilfe kann ein Vollzugsbediensteter leisten.[20] **Hilfe durch Mitgefangene** wird in der Praxis geduldet, insbesondere dann, wenn sich die Beschwerde gegen einen Vollzugsbediensteten richtet. Wenn ein Gefangener einem anderen unterstützungsbedürftigen Mitgefangenen Hilfe bei der Wahrnehmung seiner Rechte im Einzelfall leistet, beurteilt sich die Zulässigkeit eines solchen Vorgehens nach dem RDG. Für die Einordnung als erlaubte oder als unerlaubte Tätigkeit ist nach § 6 RDG relevant, ob die Tätigkeit entgeltlich bzw. unentgeltlich erfolgt. Das ist eine Frage des Einzelfalls,[21] wobei im Hinblick auf die subkulturellen Abhängigkeitsverhältnisse allerdings die Erbringung irgendwelcher Gegenleistungen durch den unterstützten Mitgefangenen naheliegen wird. Dann handelt es sich um unerlaubte Tätigkeiten. Kann Entgeltlichkeit nicht festgestellt werden, bleiben die Dienstleistungen statthaft, wenn sie innerhalb familiärer, nachbarschaftlicher oder ähnlich enger persönlicher Beziehungen erfolgen. Die Gesetzesmaterialien[22] nennen als Beispiel für derartige persönliche Beziehungen lediglich Arbeitskollegen und Vereinsmitglieder. Es erscheint zweifelhaft, die vollzugliche Zwangsgemeinschaft nachbarschaftlichen oder sonstigen freiwillig eingegangenen persönlichen Beziehungen gleichzustellen.[23] In jedem Fall ist zu beachten: Nach § 6 RDG unzulässige Rechtsdienstleistungen erfüllen dann einen Ordnungswidrigkeitentatbestand, wenn die zuständige Behörde dem Betroffenen die Erbringung von Rechtsdienstleistungen vorher untersagt hat (§ 20 Abs. 1 Nr. 1 iVm § 9 Abs. 1 RDG). Die Antragstellung durch einen Bevollmächtigten ist zulässig. Ein Anspruch auf eine jederzeitige persönliche Anhörung kann aus den vollzugsgesetzlichen Bestimmungen zum Anbringen von Wünschen, Anregungen und Beschwerden nicht hergeleitet werden. Eine Vollzugsbehörde wäre insoweit organisatorisch überfordert. Die Ein-

---

19 Maunz/Dürig-*Dürig* Art. 17 Rdn. 65.
20 *Laubenthal/Nestler/Neubacher/Verrel* P Rdn. 6.
21 S. *Grunewald/Römermann/Müller* § 6 RDG Rdn. 6 ff.
22 BT-Drucks. 16/3655, 58.
23 Weiter gehend *Grunewald/Römermann/Müller* § 6 RDG Rdn. 18.

richtung von regelmäßigen **Sprechstunden** wird daher grundsätzlich gefordert und ist in einigen Vollzugsgesetzen ausdrücklich normiert (§ 108 Abs. 1 Satz 2 StVollzG, **BW** § 92 Abs. 1 Satz 2 III, **BY** Art. 115 Abs. 1 Satz 2, **HH** § 91 Abs. 1 Satz 2, **ST** § 103 Abs. 1 Satz 2). Ein Gefangener, der auf eine mündliche Vorsprache besteht, kann auf die Sprechstunden verwiesen werden. In diesem Falle ist der Gefangene dann persönlich anzuhören. Ein Gefangener ist jedoch nicht in seinen Rechten verletzt, wenn er wegen Urlaubs des Anstaltsleiters oder anderer zwingender Gründe an dessen Vertreter verwiesen wird.[24] Das gilt von vornherein schon in den Ländern, in denen als Adressat des Vorbringens allgemein die Anstaltsleitung bzw. die Vollzugsbehörde bezeichnet ist. Zulässig muss es auch sein, dass vor der mündlichen Vorsprache bei dem Anstaltsleiter ein Bediensteter der Anstalt den Gefangenen zunächst anhört, um den Anstaltsleiter sachkundig vorbereiten zu können. Denkbar ist auch, dass durch diese Vorklärung eine weitere Rücksprache bei dem Anstaltsleiter sich erübrigt, weil der Gefangene bei diesem Vorgespräch zufriedengestellt werden konnte. Bei größeren Justizvollzugsanstalten mit Zweiganstalten und größeren Abteilungen ist dem Recht des Gefangenen zudem durch die Vorsprache bei dem Teilanstaltsleiter, Zweiganstaltsleiter Genüge getan. Dies entspricht organisatorischen Bedürfnissen bei großen Vollzugseinrichtungen und gewährleistet eine größere Nähe zu dem entscheidungserheblichen Sachverhalt. **HH** § 91 Abs. 2 regelt sogar ausdrücklich die Möglichkeit, die Abwicklung von Sprechstunden auf die Leitung von Teilanstalten oder von Hafthäusern zu übertragen. Angesichts des eindeutigen gesetzlichen Wortlauts der meisten Vollzugsgesetze scheidet eine Delegation an weitere nachgeordnete Vollzugsbedienstete aus. Dagegen lässt **NW** § 84 Satz 2 die Übertragung auf von der Anstaltsleitung beauftragte Personen zu, **ST** § 103 Abs. 1 eine solche auf einen vom Anstaltsleiter beauftragten Bediensteten. Keines der Vollzugsgesetze gibt die Rechtsgrundlage dafür, einen den Beschwerdeweg bestreitenden Gefangenen zunächst seitens der Anstaltsleitung an die Gefangenenmitverantwortung zu verweisen.[25]

b) Anwesenheit eines Verteidigers. Ein Anspruch auf Anwesenheit eines Verteidigers bei der persönlichen Anhörung des Gefangenen durch den Anstaltsleiter kann zwar nicht aus § 137 Abs. 1 Satz 1 StPO i.V.m. § 120 Abs. 1 Satz 2 StVollzG hergeleitet werden, denn § 137 StPO setzt ein förmliches Verfahren voraus. Dennoch hat der Verteidiger ein Recht auf Anwesenheit bei dem Gespräch zwischen dem Anstaltsleiter und seinem Mandanten, soweit der Verteidigungsauftrag sich auf das Dauerrechtsverhältnis des Vollzugs der freiheitsentziehenden Unrechtsreaktion bezieht.[26] Ferner kann der Gefangene für die einzelne Beschwerde sich anwaltlich beraten und vertreten lassen.

2. Wenden an Vertreter der Aufsichtsbehörde. Nach § 108 Abs. 2 StVollzG, **BW** § 92 Abs. 2 III, **BY** Art. 115 Abs. 2, **BE** § 99 Abs. 2, **BB** § 105 Abs. 2, **HB** § 92 Abs. 2, **HH** § 91 Abs. 3, **HE** § 57 Abs. 2, **MV** § 91 Abs. 2, **NI** § 101 Abs. 2, **RP** § 102 Abs. 2, **SL** § 91 Abs. 2, **SN** § 95 Abs. 2, **ST** § 103 Abs. 2, **SH** § 123 Abs. 2, **TH** § 103 Abs. 2 muss gewährleistet werden, dass bei einer Besichtigung der Anstalt durch Vertreter der Aufsichtsbehörde ein Gefangener seine ihn betreffenden Anliegen anbringen kann. Daraus folgt nicht, dass der Gefangene einen Anspruch auf den Besuch eines Vertreters der Aufsichtsbehörde hat.[27] Bei dem Gespräch zwischen dem Vertreter der Aufsichtsbehörde und dem Gefangenen ist die

---

24 OLG Nürnberg ZfStrVo SH 1979, 93.
25 OLG München, Beschl. vom 16.7.2014 – 5 Ws 47/14 = FS 2015, 65.
26 AK-*Spaniol* Teil II § 91 StVollzG Rdn. 8; *Laubenthal* Rdn. 756; *Laubenthal/Nestler/Neubacher/Verrel* P Rdn. 8; a.A. OLG Nürnberg ZfStrVo SH 1979, 93; *Arloth/Krä* § 108 StVollzG Rdn. 3.
27 *Arloth/Krä* § 108 StVollzG Rdn. 5; *Laubenthal/Nestler/Neubacher/Verrel* P Rdn. 5.

Möglichkeit einzuräumen, dass der Inhaftierte seine Beschwerde in Abwesenheit der Anstaltsbediensteten vortragen kann.[28] Auf die Möglichkeit, sich bei deren Anstaltsbesuchen an Vertreter der Aufsichtsbehörde zu wenden, hat der Gesetzgeber in Nordrhein-Westfalen verzichtet. **NW** § 84 Satz 2 stellt stattdessen ergänzend klar, dass für die Gefangenen die Möglichkeit besteht, sich an die Justizvollzugsbeauftragte oder den Justizvollzugsbeauftragten des Landes zu wenden.

6   Die Möglichkeit der Sprechstunden und diejenige, sich an Vertreter der Aufsichtsbehörde zu wenden, wird in der **Hausordnung** der jeweiligen Justizvollzugsanstalt geregelt (ausdrücklich gesetzlich normiert in § 161 Abs. 2 Nr. 3 StVollzG, **BW** § 15 Abs. 1 Satz 3 Nr. 3 I, **BY** Art. 184 Abs. 2 Nr. 4, **HH** § 110 Abs. 2 Nr. 3, **NI** § 183 Abs. 2 Nr. 3, gem. **NW** § 102 Satz 2 nur für Beschwerden). Diese führt eine Liste, in die sich Gefangene für ein Gespräch mit dem Vertreter der Aufsichtsbehörde eintragen lassen können.

7   **3. Nur in eigenen Angelegenheiten.** Das Recht aus § 108 Abs. 1 und Abs. 2 StVollzG, **BW** § 92 Abs. 1, 2 III, **BY** Art. 115 Abs. 1, 2, **BE** § 99 Abs. 1, 2, **BB** § 105 Abs. 1, 2, **HB** § 92 Abs. 1, 2, **HH** § 91 Abs. 1, 3, **HE** § 57 Abs. 1, 2, **MV** § 91 Abs. 1, 2, **NI** § 101 Abs. 1, 2, **NW** § 84 Satz 1, **RP** § 102 Abs. 1, 2, **SL** § 91 Abs. 1, 2, **SN** § 95 Abs. 1, 2, **ST** § 103 Abs. 1, 2, **SH** § 123 Abs. 1, 2, **TH** § 103 Abs. 1, 2 steht einem Gefangenen nur in eigenen Angelegenheiten zu; also nur demjenigen, der sich durch eine Maßnahme (Vollzugsverwaltungsakt) in seinen rechtlich geschützten Interessen verletzt oder durch Unzweckmäßigkeit der Maßnahme sonstwie beeinträchtigt sieht. Für Beschwerden oder Anliegen zugunsten Dritter sehen die Vollzugsgesetze insoweit keine Regelungen vor. Dritte haben allerdings die Möglichkeit der Erhebung von Dienst- oder Sachaufsichtsbeschwerden.[29]

4. Dienstaufsichtsbeschwerde

8   **a) Formloser Rechtsbehelf.** Einen großen Teil der Eingaben von Gefangenen machen die Beschwerden aus.[30] Beschwerden können sich gegen Entscheidungen des Anstaltsleiters und gegen Entscheidungen anderer Vollzugsbediensteter richten, mit dem Ziel der Überprüfung und ggf. Korrektur einer dienstlichen Entscheidung oder einer vorgetragenen Pflichtverletzung.[31] Die Rechtsbehelfe dürfen formlos eingelegt werden; sie sind nicht fristgebunden und können demnach auch nicht den Fristablauf bezüglich des Unanfechtbarwerdens einer Maßnahme hemmen. Der formlose Rechtsbehelf ist nicht als Vorverfahren Antragsvoraussetzung i.S.v. § 109 Abs. 2 StVollzG. Eine Dienstaufsichtsbeschwerde ist ein selbständiges Verfahren zur Überprüfung einer Maßnahme, das losgelöst und wahlweise neben dem Verfahren nach § 109 StVollzG zur Verfügung steht und mit der Entscheidung der Aufsichtsbehörde abgeschlossen wird.[32]

9   **b) Adressat der Beschwerde.** Formlose Beschwerden richten sich an die Behörde, der die Organaufsicht über die erlassende Behörde zusteht. Begehrt wird von der Aufsicht führenden Behörde die Aufhebung oder Abänderung einer Maßnahme: Das Vorgehen stellt sich **als Sachaufsichtsbeschwerde** dar, wenn um Sachprüfung gebeten wird. Es bedeutet eine **Dienstaufsichtsbeschwerde**, wenn das persönliche Verhalten eines

---

28 AK-*Spaniol* Teil II § 91 StVollzG Rdn. 11; *Laubenthal* Rdn. 757; *Laubenthal/Nestler/Neubacher/Verrel* P Rdn. 5; a.A. *Arloth/Krä* § 108 StVollzG Rdn. 5.
29 *Arloth/Krä* § 108 StVollzG Rdn. 2.
30 Zur Rechtsnatur von Beschwerden OLG Frankfurt ZfStrVo 1987, 381.
31 OLG Frankfurt ZfStrVo 1987, 252.
32 OLG Hamburg NStZ 1991, 560; LG Hamburg ZfStrVo SH 1977, 43 und ZfStrVo 1979, 128.

Bediensteten gerügt und das Ziel eines behördeninternen Einwirkens zu aus Sicht des Beschwerdeführers richtigem Verhalten verfolgt wird. Über Aufsichtsbeschwerden entscheidet der jeweilige Dienstvorgesetzte. Für die Dienstaufsichtsbeschwerde folgt aus § 108 Abs. 3 StVollzG, **BW** § 92 Abs. 3 Satz 1 III, **BY** Art. 115 Abs. 3, **BE** § 99 Abs. 3, **BB** § 105 Abs. 3, **HB** § 92 Abs. 3, **HH** § 91 Abs. 4, **HE** § 57 Abs. 3, **MV** § 91 Abs. 3, **RP** § 102 Abs. 3, **SL** § 91 Abs. 3, **SN** § 95 Abs. 3, **ST** § 103 Abs. 3, **SH** § 123 Abs. 3, **TH** § 103 Abs. 3, dass sie unabhängig und neben den Beschwerdemöglichkeiten nach § 108 Abs. 1 und 2 StVollzG, **BW** § 92 Abs. 1 und 2 III, **BY** Art. 115 1 und 2, **BE** § 99 Abs. 1 und 2, **BB** § 105 Abs. 1 und 2, **HB** § 92 1 und 2, **HH** § 91 Abs. 1 und 3, **HE** § 57 Abs. 1 und 2, **MV** § 91 Abs. 1 und 2, **NI** § 101 Abs. 1 und 2, **RP** § 102 Abs. 1 und 2, **SL** § 91 Abs. 1 und 2, **SN** § 95 Abs. 1 und 2, **ST** § 103 Abs. 1 und 2, **SH** § 123 Abs. 1 und 2, **TH** § 103 Abs. 1 und 2 bestehen bleibt.[33] Nicht ausdrücklich vollzugsgesetzlich normiert ist die Möglichkeit der Dienstaufsichtsbeschwerde in Niedersachsen und Nordrhein-Westfalen.

c) Bescheidung des Gefangenen. Die für die Entscheidung über die Dienstaufsichtsbeschwerde zuständige Behörde muss den Rechtsbehelf entgegennehmen, die beanstandete Maßnahme in angemessener Frist sachlich überprüfen und den Beschwerdeführer nach Ermessen so bescheiden, dass eine gerichtliche Nachprüfung möglichst vermieden wird. Der Gefangene hat jedoch keinen Anspruch auf Erledigung in seinem Sinne.[34] Die Entscheidung ist zu begründen. Der Gefangene hat einen Anspruch, die Gründe einer für ihn negativen Entscheidung zu erfahren, denn nur dann kann er seine Rechte sachgemäß verteidigen.[35] Aus diesem rechtsstaatlichen Grundsatz folgt jedoch nicht, dass die Begründung in jedem Falle von Verfassungs wegen schriftlich erteilt werden muss.[36]

5. Entscheidungen auf Beschwerden. Das Beschwerderecht gilt nur gegenüber der zuständigen Stelle. Ein Anspruch auf Reaktion der angegangenen Behörde besteht nicht, wenn diese nicht zuständig ist.[37]

Bei einer formlosen Aufsichtsbeschwerde fordert die Aufsichtsbehörde von der unteren Behörde eine Stellungnahme (Bericht) an; ggf. ermittelt sie selbst. Hält die Aufsichtsbehörde die Beschwerde für unbegründet, so bescheidet sie den Beschwerdeführer. Ein Anspruch des Beschwerdeführers auf Einschreiten der Aufsichtsbehörde besteht nicht. Es genügt der Bescheid, dass sie keinen Anlass zum Einschreiten sieht.[38] Hält die Aufsichtsbehörde die Beschwerde für begründet, so weist sie die nachgeordnete Behörde an, eine neue Entscheidung zu treffen und teilt dies dem Beschwerdeführer mit. Die Aufsichtsbehörde sollte nur solche Maßnahmen der unteren Behörde aufheben oder selbst entscheiden, die sie nach allgemeinen Grundsätzen im Verhältnis zum Beschwerdeführer selbst erlassen darf. Gegen einen ablehnenden Bescheid (z.B. des Anstaltsleiters über eine Beschwerde gegen einen nachgeordneten Bediensteten) kann der Beschwerdeführer weitere Beschwerde bei der nächsthöheren Behörde einlegen. Mit deren Entscheidung ist das Dienstaufsichtsverfahren abgeschlossen.

Gegen die Zurückweisung einer **Dienstaufsichtsbeschwerde** ist ein Antrag auf gerichtliche Überprüfung nach § 109 StVollzG nicht zulässig, da kein Vollzugsverwaltungs-

---

33 OLG Koblenz ZfStrVo 1981, 82; OLG Frankfurt ZfStrVo 1987, 381.
34 *Kopp/Ramsauer* 2018 § 79 Rdn. 19.
35 BVerfG NJW 1957, 297; OLG Koblenz ZfStrVo 1992, 263; *Arloth/Krä* § 108 StVollzG Rdn. 4; *Rühl* 1993, 14.
36 BVerfG NJW 1976, 37; OLG Koblenz ZfStrVo 1981, 62; LG Hamburg ZfStrVo 1979, 128.
37 BVerfGE 2, 230.
38 BGH NJW 1971, 1699.

akt vorliegt; es fehlt an einer neuen Regelungswirkung, da Gegenstand des Antrages die vorausgegangene Maßnahme ist.[39] Eine Bescheidung der Dienstaufsichtsbeschwerde kann aus den gleichen Gründen nicht nach §§ 109, 113 StVollzG erzwungen werden.[40] Der Anspruch auf Verbescheidung einer Dienstaufsichtsbeschwerde ist im Verwaltungsrechtsweg gem. §§ 40 ff VwGO durchsetzbar.[41] Nur ein durch die Behörde neu veranlasster Verwaltungsakt kann im Wege der gerichtlichen Überprüfung gem. §§ 109 ff StVollzG angefochten werden. Ausnahmsweise stellt der eine Dienstaufsichtsbeschwerde zurückweisende abschließende Bescheid dann eine gem. § 109 StVollzG anfechtbare Maßnahme dar, wenn er erstmals eine den Insassen betreffende Sachentscheidung enthält.[42] Hat aber der Antrag bei Gericht als Begehren die Verbescheidung einer Dienstaufsichtsbeschwerde zum Inhalt, das als solches nicht zu einem Antrag nach § 109 StVollzG gemacht werden kann, ist die Strafvollstreckungskammer hinsichtlich der Eröffnung des Rechtswegs an eine Verweisungsentscheidung eines Verwaltungsgerichts nach § 17a Abs. 2 Satz 3 GVG gebunden.[43]

14 Wird die Beantwortung eines formlosen Vorgehens des Gefangenen nach § 108 Abs. 1 und Abs. 2 StVollzG, **BW** § 92 Abs. 1, 2 III, **BY** Art. 115 Abs. 1, 2, **BE** § 99 Abs. 1, 2, **BB** § 105 Abs. 1, 2, **HB** § 92 Abs. 1, 2, **HH** § 91 Abs. 1, 3, **HE** § 57 Abs. 1, 2, **MV** § 91 Abs. 1, 2, **NI** § 101 Abs. 1, 2, **NW** § 84 Satz 1, **RP** § 102 Abs. 1, 2, **SL** § 91 Abs. 1, 2, **SN** § 95 Abs. 1, 2, **ST** § 103 Abs. 1, 2, **SH** § 123 Abs. 1, 2, **TH** § 103 Abs. 1, 2 ausdrücklich oder stillschweigend abgelehnt, kann ein Vornahmeantrag nach § 109 Abs. 1 Satz 2, § 113, § 115 Abs. 4 Satz 1 StVollzG gestellt werden. Das Petitionsrecht aus Art. 17 GG gibt dem Beschwerdeführer **ein einklagbares Recht auf Beantwortung der Eingabe** durch die zuständige Stelle; diese darf sich nicht auf eine bloße Empfangsbestätigung beschränken, sondern muss zumindest die Kenntnisnahme von ihrem Inhalt und die Art ihrer Erledigung mitteilen.[44] Es genügt daher, wenn in einem Bescheid lediglich das Ergebnis der sachlichen Prüfung mitgeteilt wird und die Begründung sich in dem Hinweis erschöpft, dass die beanstandete Entscheidung mit der Sach- und Rechtslage übereinstimmt. Nach § 108 Abs. 1 StVollzG, **BW** § 92 Abs. 1 III, **BY** Art. 115 Abs. 1, **BE** § 99 Abs. 1, **BB** § 105 Abs. 1, **HB** § 92 Abs. 1, **HH** § 91 Abs. 1, **HE** § 57 Abs. 1, **MV** § 91 Abs. 1, **NI** § 101 Abs. 1, **NW** § 84 Satz 1, **RP** § 102 Abs. 1, **SL** § 91 Abs. 1, **SN** § 95 Abs. 1, **ST** § 103 Abs. 1, **SH** § 123 Abs. 1, **TH** § 103 Abs. 1 ist eine schriftliche Bescheidung eines schriftlich vorgebrachten Anliegens durch den Anstaltsleiter selbst nicht zwingend geboten; im Rahmen der zulässigen Geschäftsverteilung kann auch ein nachgeordneter Bediensteter dem Gefangenen antworten.

15 **6. Formalien und Schranken.** In **fremder Sprache** abgefaßte Eingaben und Beschwerden sind zulässig. Art. 17 GG sieht ebenso wie die Strafvollzugsgesetze in dieser Hinsicht keine Einschränkung vor. Art. 17 GG ist auch als Ausländergrundrecht gestaltet.[45] Die damit verbundenen technischen Schwierigkeiten (Übersetzungen) sind erheblich. Es ist jedoch zu beobachten, dass diese Schwierigkeiten von Gefangenen, wenn es

---

39 BVerwG NJW 1977, 118; OLG Frankfurt ZfStrVo 1977, 47; KG NStZ 1997, 428 M; OLG Karlsruhe ZfStrVo 2002, 189.
40 OLG Hamm NStZ 1993, 426 B.
41 OLG Koblenz, Beschl. vom 9.11.2015 – 2 Ws 501/15 Vollz; AK-*Spaniol* Teil II § 91 StVollzG Rdn. 13; *Arloth/Krä* § 108 StVollzG Rdn. 6.
42 KG NStZ 1991, 382; KG NStZ 1997, 428; OLG Celle FS 2009, 41; AK-*Spaniol* Teil II § 91 StVollzG Rdn. 13; *Arloth/Krä* § 108 StVollzG Rdn. 6; *Laubenthal/Nestler/Neubacher/Verrel* P Rdn. 15.
43 OLG Karlsruhe ZfStrVo 2002, 189.
44 BVerwG NJW 1976, 637, 638; OLG Naumburg, Beschl. vom 3.1.2013 – 2 Ws 226/12, vom 4.1.2013 – 2 Ws 225/12 = FS 2014, 63.
45 Maunz/Dürig-*Dürig* Art. 17 GG Rdn. 64.

irgendwie geht, ohnehin vermieden werden.⁴⁶ Bei mündlichen Anhörungen wird ggf. ein Dolmetscher heranzuziehen sein. Um den Aufwand hierbei so gering wie möglich zu halten, ist es zulässig, Sprechstunden nach den Einsatzmöglichkeiten der Dolmetscher anzubieten.

Obwohl das Petitionsrecht keine Schranken vorsieht, hat die Rechtsprechung bestimmte Grenzen ausgearbeitet.⁴⁷ Die gesetzlich eingeräumten Rechte zur vollzugsinternen Kontrolle von § 108 StVollzG, **BW** § 92 III, **BY** Art. 115, **BE** § 99, **BB** § 105, **HB** § 92, **HH** § 91, **HE** § 57, **MV** § 91, **NI** § 101, **NW** § 84, **RP** § 102, **SL** § 91, **SN** § 95, **ST** § 103, **SH** § 123, **TH** § 103 unterliegen dem **Verbot missbräuchlicher Ausübung**. Eine zulässige Petition liegt dann nicht vor, wenn sie in der Form den Anforderungen nicht entspricht, die an jede bei einer Behörde einzureichende Eingabe zu stellen sind, also etwa beleidigenden, herausfordernden oder erpresserischen Inhalt hat. Wurde eine Beschwerde schon durch einen ordnungsgemäßen Bescheid erledigt, so kann eine zweite Eingabe, die den gleichen Inhalt hat und an die gleiche Stelle gerichtet ist, nicht mehr Anspruch auf sachliche Verbescheidungen besitzen.⁴⁸ Durch die Ausübung des Petitionsrechts dürfen nicht unverhältnismäßig die Rechte anderer verletzt und unwahre Behauptungen aufgestellt werden.⁴⁹ Die Ausübung des Petitionsrechts muss sich im Rahmen des bürgerlichen Rechts und des Strafrechts halten. Es wäre auch ein Missbrauch staatsbürgerlicher Rechte, wenn der Petent für sich in Anspruch nehmen wollte, im Rahmen einer Petition den Petitionsadressaten zu beleidigen und vorsätzlich sein Ansehen zu untergraben.⁵⁰ Diese Grundsätze gelten entsprechend für die mündliche Vorsprache, weshalb bei ungebührlichem Verhalten eines Gefangenen das Gespräch abgebrochen werden kann. **BW** § 92 Abs. 3 Satz 2, 3 III und **HE** § 57 Abs. 1 Satz 2, 3 enthalten gesetzliche Bestimmungen über die Nichtbescheidung missbräuchlich ausgeübter Beschwerderechte sowie bloßer Wiederholungen, über die die Gefangenen zu unterrichten sind. **BW** § 92 Abs. 3 Satz 4 III stellt zudem klar, dass eine Überprüfung des Vorbringens von Amts wegen unberührt bleibt.

Feststellungen, dass zahlreiche Eingaben von Gefangenen aus Querulanz oder zur Durchsetzung unberechtigter Anliegen eingebracht werden, dürfen jedoch nicht dazu führen, das Petitionsrecht allgemein einzuschränken.⁵¹

B. Antrag auf gerichtliche Entscheidung

§ 109 StVollzG

Fortgeltung der §§ 109 bis 121 StVollzG:

Baden-Württemberg	BW § 93 III JVollzGB
Bayern	BY Art. 208 BayStVollzG
Berlin	BE § 117 StVollzG Bln
Brandenburg	Kein Verweis
Bremen	HB § 128 BremStVollzG
Hamburg	HH § 130 HmbStVollzG

---

46 BVerfG ZfStrVo 2004, 46.
47 OLG Frankfurt ZfStrVo SH 1979, 97; s. auch *Arloth/Krä* § 108 StVollzG Rdn. 1; *Laubenthal/Nestler/Neubacher/Verrel* P Rdn. 4.
48 BVerfGE 2, 225.
49 OLG Düsseldorf NJW 1972, 651.
50 OLG München NJW 1957, 795 und ZfStrVo 1982, 378.
51 *Böhm* Rdn. 390, 391; *Schuler* 1988, 258.

Hessen	HE § 83 HStVollzG
Mecklenburg-Vorpommern	Kein Verweis
Niedersachsen	NI § 102 NJVollzG
Nordrhein-Westfalen	NW § 110 StVollzG NRW
Rheinland-Pfalz	RP Art. 4 Nr. 3 Landesgesetz zur Weiterentwicklung von Justizvollzug, Sicherungsverwahrung und Datenschutz
Saarland	SL § 118 SLStVollzG
Sachsen	SN § 120 SächsStVollzG
Sachsen-Anhalt	ST § 166 JVollzGB LSA
Schleswig-Holstein	SH § 124 LStVollzG SH
Thüringen	TH § 142 ThürJVollzG

Übersicht

I. Allgemeine Hinweise —— 1
II. Erläuterungen —— 2–40
  1. Geltungsbereich —— 2–4
  2. Zuständigkeiten anderer Gerichte —— 5–9
    a) Zivilgerichte —— 5, 6
    b) Arbeits- und Sozialgerichte —— 7
    c) Strafsenat des OLG nach EGGVG —— 8
    d) Verwaltungsgerichte —— 9
  3. Nach § 109 StVollzG anfechtbare Maßnahmen —— 10–21
    a) Maßnahme auf dem Gebiet des Strafvollzugs —— 10
    b) Regelung einzelner Angelegenheiten —— 11–21
      aa) Nicht nur Maßnahmen des Anstaltsleiters —— 11
      bb) Begriff der Einzelmaßnahme —— 12
      cc) Regelungscharakter von Maßnahmen —— 13–21
  4. Ziel des Antrags nach § 109 Stvollzg —— 22–27
    a) Beseitigung der Maßnahme —— 23
    b) Erlass von Maßnahmen —— 24
    c) Vorbeugender Unterlassungsantrag —— 25
    d) Teilanfechtung —— 26
    e) Antragshäufung, Verbindung —— 27
  5. Antragsbefugnis —— 28–30
  6. Verwaltungsvorverfahren —— 31
  7. Missbrauch der Rechtspflege —— 32
  8. Beiordnung eines Rechtsanwalts —— 33–40
    a) Gegenstand des Verfahrens —— 35
    b) Einschränkender objektiv-subjektiver Maßstab —— 36–38
    c) Gerichtliches Verfahren —— 39, 40

I. Allgemeine Hinweise

1 Für die in Art. 19 Abs. 4 GG garantierte gerichtliche Überprüfung von Vollzugsverwaltungsakten (Rechtsweggarantie) haben die §§ 109 ff StVollzG seit dem 1.1.1977 die zuvor hierfür vorgesehene Möglichkeit der Anrufung eines Gerichts nach §§ 23 ff EGGVG abgelöst. Die Zuständigkeit liegt im ersten Rechtszug bei der Strafvollstreckungskammer beim Landgericht (§ 110 StVollzG) und in zweiter Instanz besteht die Möglichkeit der Nachprüfung gerichtlicher Entscheidungen der Strafvollstreckungskammern durch die Strafsenate der Oberlandesgerichte (§ 116 StVollzG). Zwar gilt nach der Übergangsregelung von Art. 125a Abs. 1 Satz 1 GG nach der Föderalismusreform[52] wegen der Änderung des Art. 74 Abs. 1 Nr. 1 GG durch Landesrecht ersetzbares Bundesrecht bis zu entsprechenden legislatorischen Aktivitäten des jeweiligen Landesgesetzgebers fort. Die Gesetzgebungskompetenz der Bundesländer bezieht sich infolge der Streichung der Materie „Strafvollzug" aus dem Katalog des Art. 74 Abs. 1 GG jedoch insoweit auf diesen Regelungsbereich. Die Vorschriften der §§ 109 bis 121 StVollzG über den gerichtlichen Rechts-

---

[52] BGBl. I 2006, 2034.

schutz beruhen aber nicht auf der früheren Bundeskompetenz für den Strafvollzug. Sie haben sich vielmehr aus der Gesetzgebungskompetenz gem. Art. 74 Abs. 1 Nr. 1 GG für „das gerichtliche Verfahren" ergeben. Demgemäß bleiben gem. **BW** § 93 III die §§ 109 bis 121 StVollzG unberührt und nimmt **BY** Art. 208 die §§ 109 bis 121 StVollzG vom Regelungsumfang des Landes-Strafvollzugsgesetzes aus. Gleiches gilt nach **BE** § 117 Nr. 4, **HB** § 128 S. 2 Nr. 2, **HH** § 130 Nr. 2, **HE** § 83 Nr. 3, **NW** § 110 Nr. 6, **SL** § 118 S. 2 Nr. 2, **SN** § 120 S. 2 Nr. 1, **ST** § 166 Nr. 3, **TH** § 142 S. 2 Nr. 3. **NI** § 102 verweist hinsichtlich des gerichtlichen Rechtsschutzes auf die §§ 109 bis 121 Abs. 4 StVollzG, **SH** § 124 auf §§ 109 bis 121 StVollzG.

II. Erläuterungen

1. Geltungsbereich. Die **§§ 109 ff StVollzG** gelten im Vollzug der Freiheitsstrafe 2 nach § 1 StVollzG, bei den freiheitsentziehenden Maßregeln der Besserung und Sicherung für die Sicherungsverwahrung sowie die Unterbringung im psychiatrischen Krankenhaus und in der Entziehungsanstalt, für den Vollzug des Strafarrestes in Justizvollzugsanstalten (§ 167 StVollzG) und für den Vollzug von Ordnungs-, Sicherungs-, Zwangs- und Erzwingungshaft (§ 171 StVollzG),[53] ferner bei Abschiebungshaft (§ 62 AufenthG), die im Wege der Amtshilfe in Justizvollzugsanstalten vollzogen wird (§ 422 Abs. 4 FamFG i.V.m. § 62a AufenthG). Der Vollzug der Unterbringung in einem psychiatrischen Krankenhaus (§ 63 StGB) in einer Entziehungsanstalt (§ 64 StGB) sowie in der Sicherungsverwahrung (§§ 66 ff StGB) richtet sich zwar nach Landesrecht. Für das gerichtliche Verfahren gelten die §§ 109 ff StVollzG gem. § 109 Abs. 1 Satz 1 StVollzG unmittelbar.

Die Normierung eines gerichtlichen Kontrollverfahrens für den Vollzug von Jugend- 3 strafe, Jugendarrest sowie der einen Jugendlichen betreffenden stationären Maßregeln der Besserung und Sicherung fällt nicht in den Bereich der Gesetzgebungskompetenz der Länder. Zuständig bleibt der Bund. Wie das BVerfG in seiner Entscheidung vom 31.5.2006 konstatierte,[54] genügte der Rechtsweg zu den Oberlandesgerichten nach §§ 23 ff EGGVG nicht den Erfordernissen eines effektiven Rechtsschutzes. Daher hat der Bundesgesetzgeber mit dem Zweiten Gesetz zur Änderung des Jugendgerichtsgesetzes und anderer Gesetze vom 13.12.2007[55] in der Neufassung von § 92 JGG Normierungen zum gerichtlichen Rechtsschutz getroffen. Der junge Inhaftierte bzw. Untergebrachte kann nach § 92 Abs. 1 Satz 1 JGG eine gerichtliche Entscheidung beantragen, wobei die §§ 109 und 111 bis 120 Abs. 1 StVollzG sowie § 67 Abs. 1 bis 3 und 5 JGG entsprechende Anwendung finden (§ 92 Abs. 1 Satz 2 1. Hs. JGG). Die Einlegung des Rechtsbehelfs kann gem. § 92 Abs. 1 Satz 2 2. Hs. JGG vom vorherigen Versuch einer gütlichen Streitbeilegung abhängig gemacht werden. Über den Antrag auf gerichtliche Entscheidung befindet nach § 92 Abs. 2 Satz 1 JGG die Jugendkammer, in deren Bezirk die beteiligte Vollzugsbehörde ihren Sitz hat. Gem. § 92 Abs. 2 Satz 2 JGG ist die Jugendkammer auch für Entscheidungen nach § 119a StVollzG zuständig. Für länderübergreifende Einrichtungen können die beteiligten Länder vereinbaren, dass die Jugendkammer bei dem Landgericht zuständig ist, in dessen Bezirk die für die Einrichtung zuständige Aufsichtsbehörde ihren Sitz hat (§ 92 Abs. 2 Satz 3 JGG). Der Gesetzgeber ging davon aus, dass dem Spruchkörper der Jugendkammer eine besondere erzieherische Kompetenz zukommt. Wegen seiner Nähe zum Vollzug und der damit zusammenhängenden Befürchtung der Befangenheit aus Sicht der Inhaftierten wurde von einer Erteilung der Zuständigkeit an den Jugendrichter als

---

53 Dazu OLG Frankfurt, NStZ-RR 2013, 230.
54 BVerfGE 116, 88.
55 BGBl. I 2007, 2894.

Vollstreckungsleiter abgesehen.[56] Die Jugendkammer entscheidet gem. § 92 Abs. 3 Satz 1 JGG über den Antrag durch Beschluss. Nach § 92 Abs. 3 Satz 2 JGG steht die Durchführung einer mündlichen Verhandlung im Ermessen des Gerichts. Auf seinen Antrag hin muss der Jugendliche vor einer Entscheidung persönlich angehört werden; hierüber ist er auch zu belehren (§ 92 Abs. 3 Satz 3 und 4 JGG). Findet keine mündliche Verhandlung statt, erfolgt nach § 92 Abs. 3 Satz 5 JGG seine Anhörung regelmäßig in der Vollzugseinrichtung. Die Jugendkammer entscheidet in der Besetzung mit einem Richter (§ 92 Abs. 4 Satz 1 JGG; zur Möglichkeit der Übernahme der Sache durch die Kammer bei besonderen Schwierigkeiten rechtlicher Art bzw. grundsätzlicher Bedeutung s. § 92 Abs. 4 Satz 3 bis 6 JGG). Für die Kosten des Verfahrens gilt § 121 des Strafvollzugsgesetzes mit der Maßgabe, dass entsprechend § 74 JGG davon abgesehen werden kann, dem Jugendlichen Kosten und Auslagen aufzuerlegen (§ 92 Abs. 5 JGG). Da § 92 Abs. 1 Satz 2 1. Hs. JGG nicht auf § 120 Abs. 2 StVollzG verweist, gelten nicht die Normen über die Gewährung von Prozesskostenhilfe (§§ 114 ff ZPO) entsprechend, sondern ist über § 120 Abs. 1 StVollzG die Regelung des § 140 Abs. 2 StPO anzuwenden. Es soll dadurch die Anwaltsbeiziehung nicht von der Erfolgsaussicht der Sache abhängen, sondern von der jugendgemäß zu beurteilenden Schwierigkeit der Sach- oder Rechtslage.[57] Verbüßt der zu Jugendstrafe Verurteilte nach Herausnahme aus dem Jugendstrafvollzug gem. § 89b Abs. 1 JGG diese in einer Justizvollzugsanstalt für den Vollzug der Freiheitsstrafe an Erwachsenen, richtet sich sein Rechtsschutz gem. § 92 Abs. 6 JGG nach den Vorschriften der §§ 109 bis 121 StVollzG. § 92 Abs. 1 bis 5 JGG finden dagegen keine Anwendung (§ 92 Abs. 6 Satz 1 JGG). § 92 Abs. 6 Satz 2 JGG stellt eine besondere Rechtswegeröffnung für den gerichtlichen Rechtsschutz dar. Der Inhaftierte kann sich an die Strafvollstreckungskammer beim Landgericht (§ 110 StVollzG) wenden, wenn es sich bei der Beanstandung oder dem Begehren um eine ihn betreffende Maßnahme zur Regelung einzelner Angelegenheiten auf dem Gebiet des Strafvollzugs oder um die Ablehnung oder das Unterlassen einer solchen Maßnahme handelt. Gleiches gilt im Vollzug der stationären Maßregeln, sobald der dem Jugendstrafrecht Unterfallende das 24. Lebensjahr vollendet hat (§ 92 Abs. 6 Satz 1 JGG).

4   Die so genannte Organisationshaft ist Vollzug einer Freiheitsstrafe mit der Folge, dass auch insoweit die §§ 109 ff StVollzG Anwendung finden.[58] Der Rechtsweg gem. §§ 109 ff StVollzG ist nicht gegeben im Bereich des Vollzugs von Untersuchungshaft (§ 119a StPO), einer Unterbringung gem. § 81 StPO oder einer Unterbringung aufgrund zivil- bzw. landesrechtlichen Regelungen. Bei der Auslieferungshaft besteht der Rechtsweg in der Anrufung des Vorsitzenden des Strafsenats gem. § 27 Abs. 3 IRG.

2. Zuständigkeiten anderer Gerichte

5   **a) Zivilgerichte.** Das Bundes-Strafvollzugsgesetz hat an der Zuständigkeit der Zivilgerichte für öffentlich-rechtliche Entschädigungsansprüche nichts geändert. Derartige Ansprüche sind durch §§ 13 GVG, 40 Abs. 2 Satz 1 VwGO den ordentlichen Gerichten zugewiesen und zwar den Zivilgerichten.[59] Das betrifft vor allem Schadensersatzansprüche aus Amtspflichtverletzungen gem. Art. 34 GG, § 839 BGB[60] oder andere Fälle der Staats-

---

56 Vgl. *Diemer/Schatz/Sonnen* 2015, § 92 JGG Rdn. 6.
57 BT-Drucks. 16/6978, 6.
58 BVerfG StV 1997, 476, 477; *Arloth/Krä* § 109 StVollzG Rdn. 1b.
59 OLG Celle ZfStrVo SH 1978, 73.
60 OLG Brandenburg FS 2010, 1; OLG Naumburg, Beschl. vom 22.4.2016 – 1 Ws (RB) 123/15 = StraFo 2017, 39; Beschl. vom 11.12.2017 – 1 Ws (RB) 58/17 = FS SH 2018, 71.

haftung.[61] Rechnet die Justizvollzugsanstalt mit einem zivilrechtlichen Anspruch gegen das Hausgeld eines Gefangenen auf, so ist zwar der Rechtsweg nach §§ 109 ff StVollzG gegeben; die Strafvollstreckungskammer kann insoweit das Verfahren nach § 120 Abs. 1 Satz 2 StVollzG, § 262 Abs. 2 StPO aussetzen und dem Anstaltsleiter eine Frist zur Geltendmachung des Anspruchs vor dem Zivilgericht setzen. Eine rechtskräftige Entscheidung einer Strafvollstreckungskammer über die Rechtswidrigkeit oder Rechtmäßigkeit einer Maßnahme auf dem Gebiet des Strafvollzugs führt zu einer Bindung des Zivilgerichts im Amtshaftungsprozess.[62]

Der Zivilrechtsweg bleibt bei der Geltendmachung zivilrechtlicher Ansprüche bestehen, selbst wenn diese im Zusammenhang mit dem Strafvollzug stehen, etwa bei Rückzahlung zu viel entrichteten Telefonentgelts.[63] So sind für einen Anspruch auf Schadensersatz, der einem Gefangenen dadurch entstanden sein könnte, dass er von der Arbeit abgelöst wurde und der Schaden darin zu sehen wäre, dass er infolge der Ablösung nicht das Arbeitsentgelt erhalten hat, das ihm ohne das schädigende Ereignis zu zahlen gewesen wäre, die Zivilgerichte zuständig.[64] Für Ansprüche der Vollzugsbehörden gegen Gefangene aus unerlaubter Handlung (§§ 823 ff BGB) ist der Zivilrechtsweg eröffnet, ebenso für Herausgabeansprüche von Inhaftierten nach einem angeblichen Diebstahl von Gefangeneneigentum durch Vollzugsbedienstete.[65] Für Einwendungen eines Inhaftierten gegen die Rechtmäßigkeit von Pfändungs- und Überweisungsbeschlüssen sowie andere Fragen einer Zwangsvollstreckung ist das Vollstreckungsgericht nach § 766 ZPO zuständig.[66] Etwas anderes gilt jedoch, wenn der Gefangene geltend macht, dass die Vollzugsbehörde sich bei der Überweisung nicht an den Inhalt des Pfändungs- und Überweisungsbeschlusses gehalten oder irrig Beträge abgebucht hat, die in Wirklichkeit nicht gepfändet wurden.[67] Die fehlerhafte Anlage des Überbrückungsgeldes ist allerdings keine vollzugsregelnde Maßnahme.[68]

b) Arbeits- und Sozialgerichte. Für Streitigkeiten aus dem öffentlich-rechtlichen Beschäftigungsverhältnis zwischen der Vollzugsbehörde und einem Strafgefangenen ist der Rechtsweg vor dem Arbeitsgericht nicht gegeben,[69] da insoweit keine bürgerlich-rechtlichen Rechtsbeziehungen zwischen der Vollzugsbehörde und dem Inhaftierten begründet werden. Die Arbeitsgerichte sind auch nicht zuständig für Rechtsstreitigkeiten in einem Berufsausbildungsverhältnis, das auf der Basis der öffentlich-rechtlichen Beziehungen besteht, in denen der Inhaftierte zum Staat steht. Anders ist dies bei Arbeitstätigkeit oder Berufsausbildung bzw. beruflicher Weiterbildung in einem freien Beschäftigungsverhältnis,[70] soweit die Streitigkeit das Verhältnis zwischen Arbeitgeber und Inhaftiertem betrifft.[71]

Der Rechtsweg nach §§ 109 ff StVollzG ist auch nicht zulässig bei Streitigkeiten über die Gewährung von Verletztengeld. Strafgefangene sind bei Arbeitsunfällen nach § 2 Abs. 2 Satz 2 SGB VII versichert. Die Entscheidung, ob ein Arbeitsunfall vorliegt und ein Anspruch auf Verletztengeld besteht, obliegt dem Versicherungsträger. Der Vollzugsbe-

---

61 *Laubenthal/Nestler/Neubacher/Verrel* P Rdn. 24.
62 BGH NJW 2005, 58.
63 OLG Zweibrücken, Beschl. vom 19.5.2019 – 2 Ws 175/17 Vollz = bei Roth NStZ 2019, 189, 197.
64 OLG Frankfurt 12.11.1979 – 3 Ws 877/79 (StVollz).
65 OLG Hamm, Beschl. v. 18.2.2014 – 1 Vollz [Ws] 33/14.
66 KG, NStZ 1996, 378; OLG Hamburg, FS 2012, 119.
67 OLG Thüringen, Beschl. v. 17.4.2015 – 1 Ws 531/14.
68 OLG Celle ZfStrVo 1988, 251.
69 LAG Berlin-Brandenburg, Beschl. vom 3.6.2009 – 13 Ta 1102/09.
70 LAG Hamm NStZ 1991, 455.
71 *Laubenthal* Rdn. 767.

hörde kommt insoweit keine eigene Entscheidungsbefugnis zu.[72] Gerichtlicher Rechtsschutz kann bei den Sozialgerichten beantragt werden.[73]

8 **c) Strafsenat des OLG nach EGGVG.** Für Maßnahmen auf dem Gebiet der Strafvollstreckung[74] ist der subsidiäre Rechtsweg nach §§ 23 ff EGGVG eröffnet,[75] soweit nicht speziellere Rechtsbehelfe gesetzlich normiert sind (§§ 458, 459o, 462a StPO). Die Zurückweisung eines Antrags auf Strafunterbrechung wegen Vollzugsuntauglichkeit durch die Staatsanwaltschaft als Vollstreckungsbehörde ist rechtlich die Anordnung einer Justizbehörde zur Regelung einer Angelegenheit auf dem Gebiet der Strafrechtspflege; die Entscheidung ist nicht gem. §§ 109 ff StVollzG gerichtlich überprüfbar, da diese sich ausschließlich auf Entscheidungen von Vollzugsbehörden beziehen.[76] Beanstandet ein Verurteilter, dass entgegen § 67 Abs. 1 StGB die Freiheitsstrafe vor der Maßregel vollzogen wird, so wendet er sich nicht gegen eine Einzelmaßnahme auf dem Gebiet des Strafvollzugs, sondern gegen die Zulässigkeit der Strafvollstreckung.[77] Einweisungsentscheidungen der Strafvollstreckungsbehörden nach dem Vollstreckungsplan sind keine Vollzugsmaßnahmen.[78] Gleiches gilt, wenn der Verurteilte sich zum Zeitpunkt der Einleitung der Strafvollstreckung in einer für ihn unzuständigen Vollzugsanstalt befindet im Hinblick auf die von der Vollstreckungsbehörde neben der Einweisung veranlasste Überführung.[79] Einem Verurteilten, der eine Ladung zum offenen Vollzug erhalten hat, droht jedoch eine Rechtsverletzung, die er nach § 109 StVollzG angreifen kann, wenn in der Justizvollzugsanstalt, in der er seine Strafe antreten soll, keine Einzelhafträume zur Verfügung stehen.[80] Gegen die ablehnende Entscheidung der Justizverwaltung des Bundeslandes, in das ein in einem anderen Bundesland inhaftierter Strafgefangener verlegt oder nur befristet überstellt[81] werden will, ist – im Gegensatz zur Anfechtbarkeit der Negativentscheidung des nicht verlegenden Landes gem. § 109 ff StVollzG[82] – der Rechtsweg nach §§ 23 ff EGGVG eröffnet,[83] weil die Strafe in dem um Aufnahme ersuchten Land noch nicht vollzogen wird und daher vollstreckungsrechtliche Aspekte die Entscheidung prägen. Gegen die eine Verlegung innerhalb desselben Bundeslandes ablehnende Entscheidung der Heimatanstalt ist der Rechtsweg gem. §§ 109 ff StVollzG eröffnet. Gleiches gilt bezüglich der Entscheidung der Vollzugsbehörde eines Bundeslandes, den Vollzug gegen einen aus Sicherheitsgründen in dieses überstellten Strafgefangenen nicht weiter in

---

72 OLG Jena ZfStrVo 2000, 379 B.
73 *Arloth/Krä* § 109 StVollzG Rdn. 2.
74 Dazu *Laubenthal/Nestler* 2018, 239 ff.
75 OLG Karlsruhe ZfStrVo 1999, 111.
76 OLG Koblenz ZfStrVo SH 1978, 68.
77 § 458 Abs. 1 StPO; OLG Düsseldorf NStZ 1981, 366.
78 OLG Celle ZfStrVo 1986, 64; OLG Frankfurt NStZ-RR 2006, 253; NStZ 2007, 173; OLG Koblenz, Beschl. vom 6.3.2018 – 2 VAs 3/18.
79 OLG Schleswig, NStZ 2008, 683.
80 KG NStZ-RR 2003, 125, 126.
81 KG, Beschl. vom 23.11.2018 – 2 Ws 220/18 Vollz = Beck-Rs 2018, 34394 Rdn. 9.
82 KG, Beschl. vom 23.11.2018 – 2 Ws 220/18 Vollz = Beck-Rs 2018, 34394 Rdn. 7; OLG Koblenz, Beschl. vom 26.2.2014 – 2 Ws 660/13 (Vollz) = FS 2015, 63; Beschl. vom 6.3.2018 – 2 Ws 3/18 Vollz = FS 2019, 81; OLG München, Beschl. vom 8.9.2014 – 4a Ws 28/14 = Beck-Rs 2014, 123038 Rdn. 22, 26 (insoweit nicht in FS 2015, 64 abgedruckt); OLG Zweibrücken, Beschl. vom 5.7.2011 – 1 Ws 53/11 (StrVollz) = Beck-Rs 2015, 18066.
83 BGH NStZ-RR 2002, 26; OLG Bamberg, Beschl. v. 18.10.2010 – 1 Ws 45/10; KG NStZ-RR 2007, 124; Beschl. vom 23.11.2018 – 2 Ws 220/18 Vollz = Beck-Rs 2018, 34394 Rdn. 8; OLG Frankfurt NStZ-RR 2006, 253; OLG Hamm ZfStrVo 2002, 315; OLG Koblenz, Beschl. vom 6.3.2018 – 2 Ws 3/18 Vollz = FS SH 2019, 18, 19; OLG Naumburg, Beschl. vom 27.9.2012 – 1 VAs 436/12 = StV 2013, 448; OLG Schleswig NStZ-RR 2007, 324; NStZ-RR 2008, 126; OLG Stuttgart NStZ 1997, 103; OLG Thüringen FS 2010, 50; *Laubenthal/Nestler/Neubacher/Verrel* P Rdn. 25; a.A. *Arloth/Krä* § 153 StVollzG Rdn. 7.

diesem durchzuführen[84] bzw. dem Verlegungsersuchen eines anderen Landes zu entsprechen.[85]

d) Verwaltungsgerichte. Eine Erlaubnis zu Filmaufnahmen (Drehgenehmigung) **9** durch den Anstaltsleiter betrifft zwar die Vollzugseinrichtung, sie ist jedoch keine Vollzugsmaßnahme, denn sie resultiert nicht aus den Rechtsbeziehungen, die sich zwischen Staat und Inhaftiertem aufgrund des jeweiligen Strafvollzugsgesetzes ergeben.[86] Eröffnet ist der Verwaltungsrechtsweg nach §§ 40 ff VwGO. Gleiches gilt für die Klage eines Gefangenen gegen den Einlass von Besuchergruppen zu Anstaltsbesichtigungen; die Entscheidung über den Einlass von Besuchern ist im Hausrecht des Behördenleiters begründet.[87] Für die Geltendmachung eines Anspruchs auf Auskunft der Vollzugsbehörde über Maßnahmen zur Beschränkung des Postverkehrs von Gefangenen steht einem Dritten der Verwaltungsrechtsweg offen.[88] Das gilt auch im Hinblick auf eine nicht ordnungsgemäße Verbescheidung von Eingaben, Beschwerden und Petitionen.[89] Für eine Klage, mit der ein Gefangener den Widerruf bzw. die Unterlassung von bestimmten Behauptungen der Anstaltsleitung in vollzugsbehördlichen Verfügungen begehrt, ist aber der Verwaltungsrechtsweg nicht eröffnet, sondern der Rechtsweg nach § 109 StVollzG.[90]

Bei Anträgen von Gefangenen kommt im Verfahren nach §§ 109 ff StVollzG eine besondere Fürsorgepflicht zum Tragen. So muss die Strafvollstreckungskammer nach Anhörung der Beteiligten und Verneinung ihrer Zuständigkeit den Rechtsstreit von Amts wegen gem. § 17a Abs. 2 Satz 1 GVG an das zuständige Gericht des zulässigen Rechtswegs verweisen.[91] Ein solcher Beschluss ist nach § 17a Abs. 2 Satz 3 GVG für das Gericht, an welches die Sache verwiesen wurde, bindend.

3. Nach § 109 StVollzG anfechtbare Maßnahmen

a) Maßnahme auf dem Gebiet des Strafvollzugs. Der Rechtsweg nach §§ 109 ff **10** StVollzG ist gegen Maßnahmen auf dem Gebiet des Vollzugs von Freiheitsstrafen sowie von stationären Maßregeln der Besserung und Sicherung gegeben (§ 109 Abs. 1 Satz 1 StVollzG). Es muss sich deshalb um Maßnahmen einer Vollzugsbehörde handeln, die in das Rechtsverhältnis zwischen einem Gefangenen bzw. Untergebrachten und dem Staat eingreifen, das sich auf der Grundlage des jeweiligen Straf- bzw. Maßregelvollzugsgesetzes ergibt.[92]

Auch Maßnahmen der Vollzugsbehörden gegenüber Außenstehenden können solche i. S. d. § 109 Abs. 1 Satz 1 StVollzG sein. So ist die Anfechtung der Nichteinstellung als Praktikant nach §§ 109 ff StVollzG statthaft;[93] ebenso die Anfechtung der Nichtzulassung oder des Widerrufs der Zulassung als ehrenamtlicher Vollzugshelfer.[94] Die Verweigerung

---

84 OLG Celle, Beschl. vom 24.10.2014 – 1 Ws 439/14 (StrVollz) = FS 2015, 63.
85 OLG Hamm, Beschl. vom 12.6.2018 – 1 VAs 3/18 = NStZ 2019, 55.
86 OLG Koblenz NStZ 1994, 380, 381 B; *Laubenthal* Rdn. 765.
87 VG Karlsruhe NStZ 2000, 467.
88 VGH Mannheim NJW 1997, 1866.
89 *Laubenthal/Nestler/Neubacher/Verrel* P Rdn. 26.
90 VGH Mannheim Justiz 2004, 219.
91 OLG Saarbrücken NJW 1994, 1425; OLG Hamm ZfStrVo 2002, 378; OLG München, FS 2011, 51; *Laubenthal* Rdn. 768.
92 *Laubenthal* Rdn. 764.
93 KG 23.2.1979 – 2 Ws 386/78 (Vollz).
94 OLG Frankfurt ZfStrVo 1984, 191; OLG Karlsruhe ZfStrVo 2002, 377; für Beiratsmitglieder OLG Stuttgart NStZ 1986, 382 mit Anm. *Dertinger*.

der Auskunft über den Aufenthalt eines Strafgefangenen in einer Justizvollzugsanstalt ist im Verfahren nach §§ 109 ff StVollzG anfechtbar.[95] Die Ablehnung eines Interviews mit einem Strafgefangenen gehört ebenso zu den Maßnahmen nach § 109 StVollzG.[96] Der Streit über die Berechtigung der Vollzugsbehörde, Dritten Einsicht in die Gefangenenpersonalakten zu gewähren, zählt auch dann zur Zuständigkeit der Strafvollstreckungskammer, wenn sich der Gefangene nicht mehr in Strafhaft befindet.[97] Die Kontaktaufnahme der Vollzugsbehörde zu außenstehenden Firmen zur Kontrolle der Bezahlung einer Warenlieferung durch einen Gefangenen stellt als Eingriff in das informationelle Selbstbestimmungsrecht eine Maßnahme i.S.v. § 109 StVollzG dar.[98]

b) Regelung einzelner Angelegenheiten

11   aa) Für die Frage, welche Maßnahme einer Vollzugsbehörde nach §§ 109 ff StVollzG anfechtbar ist, kommt es darauf an, ob sie zur Regelung einer einzelnen Angelegenheit, die auf **unmittelbare Rechtswirkung nach außen** gerichtet ist, getroffen wurde bzw. getroffen werden soll.[99] Der Begriff der Maßnahme knüpft insoweit an die Definition des Verwaltungsaktes an, wie sie § 35 Satz 1 VwVfG vorsieht.[100] Mit dem Begriff Maßnahme wird auch klargestellt, dass keine hohen formalen Anforderungen zu stellen sind.[101] Durch die vollzugliche Maßnahme müssen die Lebensverhältnisse des Gefangenen in irgendeiner Weise mit – zumindest auch – rechtlicher Wirkung gestaltet werden.[102] Der Maßnahmebegriff von § 109 Abs. 1 Satz 1 StVollzG ist unter Beachtung von Art. 19 Abs. 4 GG zu interpretieren. Deshalb kommt es für die Entscheidung, ob ein Handeln oder Unterlassen der Vollzugsbehörde eine regelnde Maßnahme darstellt, darauf an, ob die Möglichkeit der Verletzung von Rechten des Gefangenen durch das Handeln bzw. Unterlassen besteht.[103] Eine Maßnahme i. S. der §§ 109 ff StVollzG hat daher dann Regelungscharakter, wenn dadurch subjektive Rechte des Betroffenen begründet, geändert, aufgehoben bzw. verbindlich festgestellt werden oder die Begründung, Änderung, Aufhebung bzw. Feststellung solcher Rechte verbindlich abgelehnt wird.[104] Derartige Maßnahmen, die in die Rechtsposition eines Gefangenen eingreifen, vermag nicht nur der Leiter einer Justizvollzugsanstalt zu setzen. Zwar wird die Anstalt nach außen von dem Anstaltsleiter vertreten; er trägt auch die Verantwortung für den gesamten Vollzug (§ 156 Abs. 2 StVollzG, **BW** § 13 Abs. 2 I, **BY** Art. 177 Abs. 2, **BE** § 103 Abs. 1 Satz 2 Nr. 1 und 2, **BB** § 109 Abs. 1 Satz 1, **HB** § 96 Abs. 2 Satz 1, **HH** § 104 Abs. 2, **HE** 75 Abs. 1 Satz 1, **MV** § 95 Abs. 1 Satz 1, **NI** § 176 Abs. 1 Satz 1, **NW** § 97 Abs. 2 Satz 1, **RP** § 106 Abs. 1 Satz 1, **SL** § 95 Abs. 1 Satz 1, **SN** § 108 Abs. 1 Satz 1, **ST** § 107 Abs. 1, **SH** § 134 Abs. 2 Satz 1, **TH** § 107 Abs. 1 Satz 1). In Teilbereichen kann diese Verantwortung anderen Vollzugsbediensteten obliegen, wenn ihnen bestimmte Aufgabenbereiche zur verantwortlichen Erledigung zugewiesen sind. Soweit die Vollzugsbediensteten bei der Erledigung ihrer Aufgaben den Rechtskreis eines Gefangenen tangieren, setzen sie kraft der ihnen übertragenen Aufgaben (§ 155 Abs. 1 StVollzG, **BW** § 12 Abs. 1, **BY** Art. 176 Abs. 1, **BE** § 104 Satz 2 und 3, **BB**

---

95 KG GA 1985, 271.
96 BGHSt 27, 285.
97 OVG Rheinland-Pfalz NStZ 1986, 333.
98 OLG Hamm NStZ 1988, 525; zur Anfechtungsbefugnis Außenstehender s. Rdn. 28.
99 OLG Karlsruhe ZfStrVo 2003, 251.
100 *Arloth/Krä* § 109 StVollzG Rdn. 6; *Laubenthal* Rdn. 769; *Schuler* 1988, 259.
101 *Böhm* Rdn. 366.
102 KG NStZ 1993, 304.
103 *Lübbe-Wolff/Frotz* 2009, 619.
104 OLG Stuttgart ZfStrVo 1997, 54.

§ 110 Abs. 1, **HB** § 97 Abs. 1 Satz 1, **HH** § 105 Abs. 1, **HE** § 76 Abs. 1, **MV** § 96 Abs. 1 Satz 1, **NI** § 177 Abs. 1, **NW** § 96 Abs. 1, **RP** § 107 Abs. 1 Satz 1, **SL** § 96 Abs. 1 Satz 1, **SN** § 109 Abs. 1, **ST** §§ 108 Abs. 1, 109, **SH** § 132 Abs. 1, **TH** § 108 Abs. 1) Vollzugsverwaltungsakte, die der rechtlichen Überprüfung unterliegen.[105] Ein Vollzugsbediensteter setzt dann keinen Verwaltungsakt, wenn er lediglich Anordnungen seiner Vorgesetzten ausführt oder aus solchen Anordnungen Folgen zieht. Die Möglichkeit der Anfechtung der Anordnung bleibt hiervon unberührt. Ob ein Bediensteter befugt ist, eigene Anordnungen zu treffen, bleibt für die Frage der Existenz einer vollzuglichen Maßnahme i.S.d. § 109 Abs. 1 Satz 1 StVollzG auf gerichtliche Entscheidung ohne Bedeutung, sondern betrifft deren Rechtmäßigkeit.[106] Der Gefangene kann deshalb auch gegen solche Maßnahmen, die in seinen Rechtskreis eingreifen, ohne vorherige Anrufung des Anstaltsleiters einen Antrag auf gerichtliche Entscheidung stellen.[107] Nach der Auffassung des BVerfG verstößt es gegen das Willkürverbot, wenn die Strafvollstreckungskammer der Entscheidung eines intern nicht befugten Beamten der Vollzugsanstalt den Charakter einer vollzuglichen Maßnahme abspricht, denn der durch eine Verfahrensordnung bestimmte Zugang zu den Gerichten darf nicht in unzumutbarer und aus Sachgründen nicht zu rechtfertigender Weise erschwert werden.[108] Handlungen der Vollzugsbehörde als Verfahrensbeteiligte innerhalb eines gerichtlichen Verfahrens vor der Strafvollstreckungskammer sind keine selbständig nach § 109 StVollzG anfechtbaren Maßnahmen.[109]

bb) Die Maßnahme muss **zur Regelung einzelner Angelegenheiten** getroffen worden sein (§ 109 Abs. 1 Satz 1 StVollzG). Der Antrag auf gerichtliche Entscheidung muss sich gegen eine den Gefangenen betreffende und beschwerende konkrete Einzelmaßnahme einer Vollzugsbehörde richten. Regelungen allgemeiner Art können nicht Gegenstand der Überprüfung im vollzuglichen Gerichtsverfahren sein. Der Vollzugsplan stellt eine Maßnahme zur Regelung einzelner Angelegenheiten i.S.v. § 109 StVollzG dar.[110] Gerichtlich **anfechtbar** sind einzelne im Vollzugsplan vorgesehene Behandlungskriterien,[111] soweit sie Regelungscharakter mit unmittelbarer Rechtswirkung haben.[112] Als eine Maßnahme i.S.d. § 109 StVollzG, d.h. ein behördliches Handeln zur Regelung eines Einzelfalls mit unmittelbarer Rechtswirkung, zu qualifizieren ist aber auch die Aufstellung des Vollzugsplans als solche.[113] Der Betroffene kann deshalb den Vollzugsplan insgesamt angreifen.[114] Das BVerfG hat klargestellt, dass bei der Bedeutung des Vollzugsplans für

12

---

105 OLG Karlsruhe ZfStrVo SH 1978, 41; OLG Zweibrücken 18.12.1980 – 1 Vollz (Ws) 61/80; OLG Hamm NStZ 1982, 220; ZfStrVo 1982, 187; OLG Frankfurt NStZ 1994, 381 B; AK-*Spaniol* Teil IV § 109 StVollzG Rdn. 8f; *Arloth/Krä* § 109 StVollzG Rdn. 7; *Böhm* Rdn. 367; *Diepenbruck* 1982, 133ff; K/S-*Schöch* § 9 Rdn. 23.
106 *Arloth/Krä* § 109 StVollzG Rdn. 7; *Laubenthal* Rdn. 769.
107 OLG Zweibrücken NStZ 1990, 512 und ZfStrVo 1994, 52; *Eschke* 1993, 120ff; offengelassen von KG, Beschl. vom 10.3.2017 – 5 Ws 51/17 Vollz = FS SH 2018, 5, 7.
108 BVerfG NStZ 1990, 557; ZfStrVo 1999, 514; a.A. *Grunau/Tiesler* § 109 StVollzG Rdn. 3, wonach ein Gefangener sich bei Maßnahmen von Vollzugsbediensteten zunächst an den Anstaltsleiter zu wenden habe und erst dessen Entscheidung nach § 109 anfechtbar sein soll; s. auch OLG Hamm NStZ 1989, 592.
109 OLG Karlsruhe ZfStrVo 2003, 111, 114.
110 AK-*Feest/Joester* Teil II § 9 LandesR Rdn. 41; BeckOK-*Anstötz* § 7 StVollzG Rdn. 30; *Laubenthal* Rdn. 327; einschränkend dagegen KG ZfStrVo 1984, 370; OLG Koblenz ZfStrVo 1986, 58, 114 sowie 1990, 116 und 1992, 321; OLG Saarbrücken ZfStrVo 2004, 119; *Arloth/Krä* § 7 StVollzG Rdn. 13; K/S-*Schöch* § 9 Rdn. 25.
111 OLG Nürnberg ZfStrVo 1982, 308; KG ZfStrVo 1984, 370; OLG Koblenz NStZ 1986, 92; OLG Karlsruhe StV 2007, 200.
112 OLG Frankfurt NStZ 1995, 520; OLG Hamburg StraFo 2007, 390.
113 BVerfG StV 1994, 95; NStZ-RR 2008, 60f; OLG Hamburg StraFo 2007, 390; OLG Naumburg, Beschl. vom 21.8.2017 – 1 Ws (RB) 34/17 = FS 2018, 85.
114 BVerfG NStZ 2003, 620; OLG Celle, StV 2012, 171; a.A. OLG Koblenz ZfStrVo 1990, 116; *Arloth/Krä* § 7 StVollzG Rdn. 13.

das Erreichen des Vollzugsziels die Gerichte den Bestimmungen des § 109 StVollzG nicht im Wege der Auslegung einen Inhalt beimessen dürfen, bei dem ein Antrag auf gerichtliche Entscheidung nur zur Überprüfung einzelner Planmaßnahmen, nicht aber auch zur Überprüfung der Rechtsfehlerfreiheit des Aufstellungsverfahrens oder des inhaltlichen Gestaltungsermessens gestellt werden könnte. Der Vollzugsplan muss wegen seiner zentralen Bedeutung gerichtlich daraufhin kontrollierbar sein, ob die Rechtsvorschriften für das Aufstellungsverfahren beachtet wurden und das inhaltliche Gestaltungsermessen der Behörde rechtsfehlerfrei ausgeübt worden ist.[115] Die Versagung der Anstaltsleitung, den Verteidiger des Inhaftierten an der Vollzugsplankonferenz teilnehmen zu lassen, stellt für sich allein regelmäßig keine nach § 109 StVollzG anfechtbare Maßnahme dar, denn die Durchführung der Vollzugsplankonferenz ist ein rein behördeninterner Vorgang. Der Gefangene kann aber den später umgesetzten Vollzugsplan im Hinblick auf eine Rechtsfehlerhaftigkeit des Aufstellungsverfahrens einer gerichtlichen Kontrolle unterziehen.[116] Die Einordnung eines Gefangenen in eine bestimmte Kategorie von Straftätern (z.B. OK-Vermerk in den Gefangenenpersonalakten)[117] nimmt den Regelungscharakter einer Maßnahme an, wenn sie von sich aus Wirkungen entfaltet und die Rechtsstellung des Betroffenen berührt.[118] Auch dem Vermerk „Drogenabhängig"[119] oder der Einstufung als „gefährlich" sowie der Anordnung „von Hand-zu-Hand"[120] kommt der Charakter von Maßnahmen i.S.v. § 109 StVollzG zu. Dagegen ist die „Umklassifizierung" eines Strafgefangenen als kriminell gefährdet keine anfechtbare Vollzugsmaßnahme und kann demnach nicht Gegenstand eines Antrages auf gerichtliche Entscheidung sein, da es sich insoweit lediglich um eine vorgezogene Erklärung mit Selbstbindungswirkung handelt.[121] Die abstrakte gerichtliche Prüfung der Bedeutung und Wirksamkeit von Verwaltungsvorschriften, die zu den Normen der Strafvollzugsgesetze ergangen sind, ist nach § 109 StVollzG nicht zulässig.[122] Zu einer Überprüfung kommt es dann, sobald eine Einzelmaßnahme auf Verwaltungsvorschriften gestützt wird und die konkrete Maßnahme Gegenstand eines vollzugsgerichtlichen Verfahrens darstellt.[123] So ist die allgemeine Anordnung eines Anstaltsleiters, jeden in die Anstalt zurückkehrenden Gefangenen zu durchsuchen, einer unmittelbaren gerichtlichen Überprüfung nicht zugänglich. Der Gefangene kann jedoch bei Gericht beantragen, dass die allgemeine Anordnung auf ihn nicht angewendet wird.[124] Eine Haus- oder Rundverfügung kann dann gerichtlich angefochten werden, wenn sie entsprechend einem in Gestalt einer Allgemeinverfügung ergangenen Verwaltungsakt (§ 35 Satz 2 VwVfG) in Bezug auf einen Gefangenen die Regelung des Einzelfalles enthält.[125] Grundsätzlich stellen Haus- und Rundverfügungen, auch ein Aushang, der das Verfahren für die Beantragung von Besuchsscheinen regelt,[126] keine Regelungen einzelner Angelegenheiten dar.[127] Wird eine Allgemeinverfügung durch eine neue abgelöst, die im Vergleich zu der früheren Verfügung drastische Einschrän-

---

115 BVerfG NStZ 1993, 301; ZfStrVo 2003, 183; NStZ-RR 2008, 60.
116 OLG Celle NStZ 2011, 352.
117 OLG Naumburg, Beschl. vom 30.12.2013 – 1 Ws 345/13 = FS 2014, 198.
118 KG StV 1998, 208.
119 OLG Naumburg, Beschl. vom 28.1.2015 – 1 Ws (RB) 2/15 = FS SH 2016, 78 f.
120 KG, Beschl. vom 7.12.2012 – 2 Ws 540/12 Vollz = FS 2013, 196.
121 OLG Hamm NStZ 1990, 151.
122 LG Hamburg ZfStrVo SH 1977, 47.
123 Inzidentkontrolle K/S-*Schöch* § 9 Rdn. 27; OLG Karlsruhe ZfStrVo 2003, 251.
124 OLG Hamm ZfStrVo 1987, 119.
125 KG ZfStrVo 1980, 188; s. auch BVerfG, vom 5.5.2011 – 2 BvR 722/11.
126 KG, Beschl. vom 29.9.2016 – 5 Ws 101/16 Vollz = FS SH 2018, 8.
127 OLG Naumburg, Beschl. vom 18.4.2016 – 2 Ws (RB) 19/16 = FS SH 2017, 83 f.

kungen beinhaltet, so ist eine Anfechtung nach § 109 StVollzG zulässig, wenn sie bereits ohne das Hinzutreten eines umsetzenden Einzelaktes verbindlich ist und unmittelbar freiheitsbeschränkend rechtliche Wirkung entfaltet.[128] Die Anfechtung einer Hausordnung generell kann im Verfahren nach §§ 109 ff StVollzG nicht verfolgt werden.[129] Eine anfechtbare Maßnahme liegt erst dann vor, wenn die Hausordnung im Einzelfall auf den Gefangenen angewandt wird.[130] Beruht der ablehnende Bescheid eines Anstaltsleiters auf einer allgemeinen Anordnung der Aufsichtsbehörde, verliert er dadurch nicht den Charakter einer Einzelfallregelung mit unmittelbarer Rechtswirkung für den betroffenen Gefangenen.[131] Keinen eigenständigen Regelungscharakter i.S.v. § 109 Abs. 1 StVollzG hat jedoch die bloße Wiederholung einer schon früher bestandskräftig seitens der Vollzugsbehörde verfügten Ablehnung.[132] Anders als die bloß wiederholende Verfügung ohne erneute Sachprüfung stellt aber ein Zweitbescheid, der aufgrund neuer sachlicher Prüfung ergeht, eine Maßnahme dar.[133] Das Recht auf Wiederholung eines abgelehnten Antrags mit der Folge der Anfechtbarkeit der neuen Entscheidung findet seine Grenze bei rechtsmissbräuchlicher Ausübung.[134]

cc) Bei der Verhängung von Arrest ist nicht nur die Anordnung der Disziplinarmaßnahme als solche, sondern auch die Art und Weise ihres Vollzugs eine nach §§ 109 ff StVollzG anfechtbare Maßnahme. Der Gefangene kann möglicherweise in seinen Rechten verletzt sein, wenn nach seinem Vortrag die gesetzlichen Mindestanforderungen (z.B. im Hinblick auf Größe und Ausgestaltung des Raumes) nicht eingehalten sein sollten. Andernfalls müsste insoweit im Rahmen eines Verfahrens nach §§ 109 ff StVollzG, wenn die Anordnung der Disziplinarmaßnahme wegen eines Pflichtverstoßes des Gefangenen gerechtfertigt wäre, die Art der Unterbringung des Gefangenen im Arrest selbst in den denkbar krassesten Fällen unberücksichtigt bleiben.[135] 13

Eine Verwarnung als Reaktion auf einen schuldhaften Pflichtverstoß kann als förmliche Missbilligung des Verhaltens und Pflichtermahnung für den Gefangenen im Einzelfall nachteilige Folgen haben; die Verwarnung stellt daher i.d.R. eine nach §§ 109 ff StVollzG überprüfbare Vollzugsmaßnahme dar.[136] 14

Entscheidungen der Vollzugsbehörde über Geldmittel eines Gefangenen sind grundsätzlich vollzugsregelnde Verfügungen.[137] Die Verfügung, mit der aufgrund einer Aufrechnung die Einbehaltung von Hausgeld angeordnet wurde, stellt eine im Verfahren nach §§ 109 ff StVollzG nachprüfbare Vollzugsmaßnahme dar. Bei dieser Anordnung wird die Verfügungsmöglichkeit des Gefangenen über das Hausgeld berührt. Die das Hausgeld betreffenden Beziehungen zwischen der Vollzugsbehörde und dem Gefangenen sind öffentlich-rechtlicher Natur und erwachsen aus dem strafvollzugsgesetzlich geregelten Beschäftigungsverhältnis des Gefangenen.[138] Das Gleiche gilt für zu Unrecht 15

---

128 OLG Frankfurt NStZ 2001, 669, 670, 671 mit Anm. *Münster/Schneider*.
129 LG Lüneburg LS ZfStrVo SH 1979, 95; OLG Hamm NStZ 1985, 354 F; KG NStZ 1997, 429 M; *Arloth/Krä* § 109 StVollzG Rdn. 10; *Laubenthal/Nestler/Neubacher/Verrel* P Rdn. 30.
130 OLG Koblenz NStZ 2008, 683.
131 OLG Frankfurt ZfStrVo SH 1978, 28.
132 *Laubenthal/Nestler/Neubacher/Verrel* P Rdn. 29.
133 OLG Bamberg, Beschl. vom 29.6.2017 – 1 Ws 283/17 = FS SH 2018, 13, 15; AK-*Spaniol* Teil IV § 109 StVollzG Rdn. 11.
134 OLG Nürnberg ZfStrVo 2002, 180 f.
135 OLG Nürnberg NStZ 1981, 200.
136 OLG Bamberg ZfStrVo SH 1978, 40.
137 OLG Hamm NStZ 1988, 479, 480; OLG Koblenz NStZ 1988, 431; *Arloth/Krä* § 109 StVollzG Rdn. 3.
138 OLG Hamm ZfStrVo 1981, 249; OLG Stuttgart ZfStrVo 1986, 186; OLG Dresden NStZ 1999, 447 *M*.

vorgenommene Überweisungen vom Hausgeldkonto.[139] Die Überweisung an Gläubiger vom Eigengeldkonto, das aus Arbeitsentgelt stammt, ist eine belastende Vollzugsmaßnahme i.S.v. § 109 StVollzG.[140] Die Drittschuldnererklärung der Zahlstelle einer Vollzugsanstalt stellt dagegen keine Maßnahme i.S.v. § 109 StVollzG dar.[141] Bei der Ausführung von Pfändungs- und Überweisungsbeschlüssen durch die Vollzugsanstalt wird selbst dann keine Vollzugsmaßnahme getroffen, wenn die Anstalt das Konto des Gefangenen mit dem Status „Pfändung aktiv" versieht.[142] Einwendungen sind daher bei dem Vollstreckungsgericht (§ 766 ZPO) zu erheben.[143] Rechnet die Justizvollzugsanstalt gegen den Eigengeldanspruch eines Strafgefangenen auf, so ist für Einwendungen gegen diese Aufrechnung aber der Rechtsweg gem. §§ 109 ff StVollzG gegeben.[144]

16 Keine Vollzugsverwaltungsakte sind **bloße Meinungsäußerungen**, da sie keine sachliche Regelung darstellen. Stellungnahmen oder Mitteilungen im Rahmen von rechtlich geregelten Verfahren (z.B. Stellungnahmen in Gnadenverfahren oder zur Aussetzung des Strafrestes) enthalten von der Sache her nur die Wiedergabe von Beobachtungen und Einschätzungen der Vollzugsbehörde, die der Würdigung sowohl in tatsächlicher als auch in rechtlicher Hinsicht durch die letztlich entscheidende Stelle (Gericht, Gnadenbehörde) unterliegen, sie haben deshalb keinen selbständigen Regelungscharakter.[145] Bei derartigen Wissenserklärungen liegt die Verwertung beim Erklärungsempfänger.[146] Ebenso ist die Festsetzung des voraussichtlichen Entlassungszeitpunktes im Vollzugsplan nicht anfechtbar.[147] **Von der Mitteilung** und der **Verwertung von Kenntnissen**, die bei der Überwachung von Besuchen oder des Schriftwechsels gewonnen werden, gehen demgegenüber unmittelbare Rechtswirkungen aus.

17 Keine Verwaltungsakte sind mangels Fehlens einer Regelung, d.h. eines gestaltenden Eingreifens: Belehrungen, Hinweise auf Vorschriften, Ratschläge oder Warnungen. Gleiches gilt für eine Bitte, selbst wenn diese mit Nachdruck vorgebracht wird, denn dem Adressat steht es frei, diese nicht zu befolgen.[148] Auch eine vollzugsbehördliche Entscheidung über das Erfordernis einer Begutachtung des Inhaftierten entfaltet als rein vorbereitende Maßnahme keine unmittelbare Rechtswirkung.[149] Aktenvermerke können nicht angefochten werden, wenn sie keine weiteren Nachteile für den Betroffenen mit sich bringen.[150] Anders stellt sich dies aber dar, wenn sie ein weiteres rechtsbeeinträchtigendes Handeln der Vollzugsbehörde nach sich ziehen und damit die Rechtsstellung des Inhaftierten berühren.[151]

18 Ein **Realakt**, der auf die Lebensverhältnisse eines Betroffenen gestaltend einwirkt (z.B. Durchsuchung des Haftraumes, Zuweisung eines Haftraumes oder Verlegung in einen anderen Haftraum, Doppelbelegung eines Haftraumes), ferner die Anrede eines

---

139 OLG Celle ZfStrVo 1980, 253; LG Regensburg ZfStrVo 1981, 312.
140 OLG Frankfurt NStZ 1994, 380 *B*; OLG Hamburg ZfStrVo 1996, 182; KG ZfStrVo 2003, 302.
141 OLG Zweibrücken NStZ 1992, 101.
142 KG, Beschl. vom 25.9.2017 – 2 Ws 145/17 Vollz = StraFo 2017, 521.
143 OLG Hamm NStZ 1988, 479, 480; OLG Nürnberg NStZ 1996, 378 *B*; OLG Jena ZfStrVo 2005, 184; OLG Hamburg, NStZ 2010, 442; *Laubenthal* Rdn. 767.
144 OLG Hamburg FS 2010, 51 f; OLG Koblenz, Beschl. vom 9.9.2015 – 2 Ws 103/15 Vollz = FS SH 2016, 50.
145 KG, Beschl. vom 26.11.2018 – 2 Ws 201/18 Vollz = Beck-Rs 2018, 34389; OLG Koblenz, Beschl. vom 15.1.2015 – 2 Ws 576/14 Vollz = FS SH 2016, 49; OLG Naumburg, Beschl. vom 11.2.2015 – 1 Ws (RB) 155/14 = FS SH 2016, 79 f.
146 OLG Hamm ZfStrVo 1979, 252; NStZ 1997, 428 M; *Laubenthal* Rdn. 767.
147 OLG Frankfurt NStZ 1996, 358 mit Anm. *Walter/Dörlemann*; KG NStZ 1997, 207.
148 KG, Beschl. vom 29.7.2016 – 2 Ws 133/16 Vollz = StV 2017, 742.
149 OLG Brandenburg, Beschl. vom 25.9.2013 – 2 Ws (Vollz) 148/13 = NStZ 2014, 631.
150 KG NStZ 1993, 304.
151 KG ZfStrVo 1990, 377; OLG Nürnberg NStZ 1993, 425.

Gefangenen, kann eine anfechtbare Maßnahme i.S.v. § 109 StVollzG sein,[152] ebenso die Art und Weise der Aushändigung der Post[153] und der Weiterleitung der Habe bei Verlegung eines Gefangenen.[154] Beschränkungen der Bewegungsfreiheit eines Sicherungsverwahrten durch verschlossene Türen wurden ebenfalls als anfechtbare Maßnahme qualifiziert.[155] Maßgeblich für die Beurteilung, ob ein behördlicher Akt als eine Maßnahme mit Regelungswirkung angesehen werden kann, ist im Zweifel nicht das, was die Behörde gedacht hat, sondern wie der Betroffene unter Berücksichtigung aller ihm bekannten oder erkennbaren Umstände nach Treu und Glauben bei objektiver Auslegung die Erklärung oder das Verhalten der Behörde verstehen durfte bzw. musste. Bei einem Realakt als einem tatsächlichen Handeln, das eigentlich nicht aufgehoben werden kann, kommt unter Umständen ein Feststellungs- oder Unterlassungsantrag in Betracht, besonders dann, wenn dessen Wiederholung zu befürchten ist, da sich ein Gefangener anders gegen die drohende Maßnahme nicht zu wehren vermag.[156]

Vollzugsmaßnahmen können unter Umständen auch in einem **konkludenten Verhalten** liegen, z.B. Ausstellen einer Bescheinigung, Erteilung einer Auskunft. Dies wird nur dann der Fall sein, wenn unmissverständlich zum Ausdruck gebracht wird, dass eine verbindliche Regelung gewollt ist.[157] In der Aufforderung, einen Antrag später noch einmal zu stellen, liegt dann eine konkludente Ablehnung des Erstantrags.[158] Wird ein Konferenzbeschluss (z.B. Verlegung in den offenen Vollzug) mehrere Monate lang nicht umgesetzt, stellt dies eine anfechtbare Maßnahme dar.[159] Ebenso kann eine wertende Äußerung (z.B. Einordnung in eine bestimmte Gefangenen-Kategorie) neben einer Wissenserklärung auch eine regelnde Maßnahme i.S.v. § 109 StVollzG darstellen.[160] Für einen Antrag auf Widerruf von bestimmten Behauptungen der Anstaltsleitung in vollzugsbehördlichen Verfügungen ist der Rechtsweg nach § 109 StVollzG gegeben.[161] **Bloßes Stillschweigen** ist keine vollzugliche Maßnahme, es sei denn, es liegen im Einzelfall besondere Umstände vor, die zweifelsfrei für das Gegenteil sprechen. 19

Behördeninterne Vorgänge sind im Allgemeinen nicht nach §§ 109ff StVollzG anfechtbar, da sie noch keine Regelungswirkung entfalten; erst ihre Umsetzung (ihr Vollzug) gegen einen Betroffenen macht diese zu einer anfechtbaren Maßnahme. So entfaltet die Einstufung eines Gefangenen im Vollzugsplan als „Kommissionsfall" zur Vorbereitung der Entscheidung über die Begutachtung im Zusammenhang mit der Frage einer Lockerungsgewährung[162] ebenso wie eine Begutachtung selbst zur Feststellung der Voraussetzungen für eine Gewährung von Vollzugslockerungen als eine reine vorbereitende Verfahrenshandlung keine unmittelbare Regelungswirkung für den Betroffenen und stellt daher keine isoliert anfechtbare Maßnahme nach § 109 StVollzG dar.[163] Eine gerichtliche Prüfung verwaltungsinterner Vorgänge kann jedoch dann verlangt werden, wenn 20

---

152 OLG Celle NStZ 1981, 249; Beschl. vom 6.4.2017 – 3 Ws 156/17 = StV 2018, 639; OLG Hamm NStZ 1989, 592.
153 OLG Jena, Beschl. vom 25.11.2005 – 1 Ws 332/05 = ZfStrVo 2006, 372.
154 LG Bielefeld, Beschl. vom 23.7.2018 – 101 StVK 3867/17 = Beck-Rs 2018, 28334.
155 Siehe OLG Hamm, Beschl. vom 18.10.2016 – III-1 Vollz (Ws) 403/16 = FS SH 2018, 30 f.
156 *Arloth/Krä* § 109 StVollzG Rdn. 6; *Laubenthal/Nestler/Neubacher/Verrel* P Rdn. 28.
157 *Kopp/Schenke* 2018 Anh. § 42 Rdn. 39.
158 KG, Beschl. vom 26.6.2017 – 2 Ws 72/17 Vollz = StV 2018, 638.
159 OLG Hamm, Beschl. vom 28.11.2017 – 1 Vollz (Ws) 450/17 = StV 2018, 643.
160 OLG Celle NStZ 1981, 249; s. jedoch OLG Hamm NStZ 1990, 151.
161 VGH Mannheim Justiz 2004, 218 f.
162 OLG Hamm, Beschl. vom 12.11.2015 – III – 1 Vollz (Ws) 464, 509/15 = FS 2016, 365.
163 OLG Celle NStZ 2009, 577; OLG Brandenburg, Beschl. vom 25.9.2013 – 2 Ws (Vollz) 148/13 = NStZ 2014, 631.

die Behörde sie dazu verwendet, einen Einzelfall zu regeln.[164] Eine interne Verfügung über die einen Gefangenen betreffende Sicherungsmaßnahme ist eine Maßnahme i.S.v. § 109 StVollzG mit Außenwirkung.[165]

Eine **mehrstufige Vollzugsmaßnahme** liegt dann vor, wenn die Entscheidung einer Vollzugsbehörde zuvor die Zustimmung einer anderen Behörde erforderlich macht (Verlegung, Überstellung in eine andere Vollzugseinrichtung). Verweigert die JVA, in die der Gefangene verlegt werden soll, ihre Zustimmung oder lehnt die Aufsichtsbehörde die Abweichung vom Vollstreckungsplan ab, so erlässt die Anstalt, in der der Gefangene einsitzt, den ablehnenden Bescheid, da bei ihr das Begehren eingegangen ist. Gegenüber dem Gefangenen ergeht eine einheitliche Vollzugsmaßnahme unter Einschluss der Ablehnung der beteiligten Behörden. Daher kann er nur diese nach § 109 StVollzG anfechten, d.h. die Verweigerung der Zustimmung der Anstalt des gleichen Bundeslandes, in die der Gefangene verlegt werden sollte, kann nicht isoliert angefochten werden. Die Verweigerung der Zustimmung ist ein Verwaltungsinternum innerhalb des mehrstufigen Verwaltungsaktes und keine selbständig anfechtbare Vollzugsmaßnahme. Rechtsschutz gegen die Versagung einer derartigen Zustimmungserklärung wird dadurch gewährt, dass die Rechtmäßigkeit der Verweigerung bei einem Antrag auf gerichtliche Überprüfung gegen die Entscheidung der Behörde, die den ablehnenden Bescheid erlassen hat, mitgeprüft wird.[166] Um eine anfechtbare Maßnahme handelt es sich jedoch dann, wenn die Entscheidung der zur Mitwirkung berufenen Behörde als selbständige Vollzugsmaßnahme dem Gefangenen eröffnet wird, selbst wenn die Bekanntgabe zusammen mit der „Haupt"-Maßnahme erfolgt.[167]

21 **Ärztliches Handeln** kann ggf. die Rechte eines Gefangenen verletzen.[168] Ein Antrag auf gerichtliche Entscheidung ist nicht schon deshalb unzulässig, weil er auf die Vornahme bestimmter ärztlicher Maßnahmen gerichtet ist. Anordnungen des Anstaltsarztes gelten als Maßnahme der Vollzugsbehörde,[169] insbesondere wenn sie sich als Zwangsanordnung auswirken und dem Gefangenen eine begehrte ärztliche Versorgung verweigern. Ebenso wie eine Nichtbehandlung kann eine nicht fachgerechte medizinische Behandlung die Rechte eines Strafgefangenen bzw. Untergebrachten verletzen und als behördliche Rechtshandlung gem. § 109 StVollzG gerichtlich überprüft werden.[170] Gleiches gilt, wenn der Arzt auf das Begehren des Inhaftierten, krankgeschrieben zu werden, nicht reagiert.[171] Ob und welche Behandlung und Medikation erforderlich ist, um eine Krankheit zu behandeln, ist i.d.R. zwar von dem behandelnden Arzt nach pflichtgemäßem Ermessen zu entscheiden. Darunter hat man aber nicht mehr als die Wahrung der ärztlichen Therapiefreiheit bei der Behandlung lege artis zu verstehen.[172] Einer gerichtlichen Überprüfung unterliegt eine derartige ärztliche Entscheidung gleichwohl stets. Auch das Verschreiben eines bestimmten Medikaments oder dessen Dosierung sind damit Maßnahmen auf dem Gebiet des Vollzugs i.S.d. § 109 StVollzG.[173] Erst wenn erkenn-

---

164 BVerwGE 11, 181; *Beschorner* 1986, 361 ff.
165 KG ZfStrVo 2002, 247; s. auch Rdn. 12.
166 BVerwGE 26, 31, 40; BGH NStZ 1996, 207; OLG Hamm JR 1997, 83 mit Anm. *Böhm*; *Laubenthal* Rdn. 771.
167 BVerwGE 26, 31; BGH NStZ 1996, 207; zur Anfechtung von Negativentscheidungen bei Verlegungsanträgen siehe auch Rdn. 8.
168 BVerfG NStZ 2013, 168; KG, Beschl. vom 10.3.2017 – 5 Ws 51/17 Vollz = FS SH 2018, 5, 7.
169 *Arloth/Krä* § 109 StVollzG Rdn. 7.
170 BVerfG, Beschl. vom 10.10.2012 – 2 BvR 922/11 = NStZ 2014, 631.
171 BVerfG, Beschl. vom 19.1.2017 – 2 BvR 476/16 = StV 2018, 311, 312.
172 Siehe *Laubenthal* 2018, 891.
173 OLG Celle, Beschl. vom 9.5.2018 – 3 Ws 73/18 (StrVollz) = MedR 2018, 888, 889 m. Anm. *Laubenthal* und Anm. *Lesting* StV 2018, 639; OLG Zweibrücken, Beschl. vom 20.6.2017 – 1 Ws 211/16 Vollz = FS SH 2018,

bar ist, dass der Anstaltsarzt die Grenzen des pflichtgemäßen Ermessens überschritten hat, hat der Antrag auf gerichtliche Entscheidung Erfolg. Das ärztliche Ermessen darf nicht durch das Gericht ersetzt werden,[174] es muss sich jedoch erforderlichenfalls sachverständigen Rats bedienen, um das medizinisch Gebotene zu ermitteln.

4. Ziel des Antrags nach § 109 StVollzG. Der Antrag kann das Ziel haben (**Antragsarten**), die angefochtene belastende Maßnahme aufzuheben (§ 109 Abs. 1 Satz 1, § 115 Abs. 2 Satz 1 StVollzG) oder die Vollzugsbehörde zu verpflichten, eine abgelehnte oder unterlassene Maßnahme zu erlassen (§ 109 Abs. 1 Satz 2, § 115 Abs. 4 StVollzG), sowie bei zurückgenommenen oder anders erledigten Maßnahmen bei vorliegendem berechtigten Interesse festzustellen, dass die Maßnahme rechtswidrig war (§ 115 Abs. 3 StVollzG). Der Feststellungsantrag ist gegenüber Anfechtungs- und Verpflichtungsanträgen subsidiär.[175] Das gilt jedoch nicht, wenn ein Feststellungsantrag den effektiveren Rechtsschutz bietet und keine Umgehung der besonderen Voraussetzungen eines Anfechtungs- oder Verpflichtungsantrags droht, etwa in dem Fall, in dem der Gefangene aus nachvollziehbaren Gründen nur die Feststellung der Rechtswidrigkeit einer Verlegung begehrt, ohne die Rückverlegung anzustreben, weil diese nicht resozialisierungsförderlich wäre.[176]

Ein Antrag darf von einem Gericht nicht objektiv willkürlich ausgelegt werden. Denn das Rechtsstaatsprinzip verbietet es dem Richter, das Verfahrensrecht so auszulegen und anzuwenden, dass den Beteiligten der Zugang zu den in den Verfahrensordnungen eingeräumten Rechten in unzumutbarer, aus Sachgründen nicht mehr zu rechtfertigender Weise erschwert wird. Diesem Grundgedanken widerspricht es, dem Sachvortrag eines Beteiligten entgegen Wortlaut und erkennbarem Sinn eine Bedeutung beizulegen, die zur Zurückweisung des Antrags als unzulässig führen muss, während bei sachdienlicher Auslegung eine Sachentscheidung möglich wäre.[177]

Im gerichtlichen Antragsverfahren sind demnach möglich:

a) Beseitigung der Maßnahme. Die **Anfechtung einer Maßnahme** (§ 109 Abs. 1 Satz 1, § 115 Abs. 2 Satz 1 StVollzG).

Der Antrag auf Anfechtung hat die gerichtliche Aufhebung einer belastenden Vollzugsmaßnahme zum Ziel. Es handelt sich insoweit um einen Gestaltungsantrag. Er dient der Abwehr rechtswidriger Eingriffe seitens der Vollzugsbehörde. Als Annexantrag zum Anfechtungsantrag lässt § 115 Abs. 2 Satz 2 StVollzG bei bereits vollzogener belastender Maßnahme den Folgenbeseitigungsantrag zu (s. 12 I Rdn. 16).

b) Erlass von Maßnahmen. Antrag auf Erlass einer Maßnahme (§ 109 Abs. 1 Satz 2, § 115 Abs. 4 StVollzG). Dieser Antrag bezweckt die Vornahme einer abgelehnten oder unterlassenen Vollzugsmaßnahme. Der Antrag kann als **Vornahmeantrag** i.S.d. § 113

87, 89; a.A. noch OLG Koblenz, Beschl. vom 18.1.2016 – 2 Ws 645/15 = FS 2016, 367; OLG Rostock, Beschl. vom 20.10.2014 – 20 Ws 257/14 = Beck-Rs 2014, 22788.
174 OLG Frankfurt ZfStrVo 1981, 382.
175 OLG Zweibrücken ZfStrVo 1982, 318; OLG Frankfurt ZfStrVo 2004, 106; KG, Beschl. vom 25.9.2007 – 2/5 Ws 189/05 Vollz = StraFo 2007, 521; OLG Naumburg, Beschl. vom 14.6.2017 – 1 Ws (RB) 24/17 = FS SH 2018, 72; *Laubenthal* Rdn. 779; zum (Fortsetzungs-)Feststellungsantrag 12 I Rdn. 18.
176 OLG Hamm, Beschl. vom 22.3.2018 – 1 Vollz (Ws) 70/18 = Beck-Rs 2018, 11486 Rdn. 12 (insoweit in NStZ-RR 2018, 294 m. Praxishinweis *Müller-Metz* nicht abgedruckt); vgl. schon BVerfG, Beschl. vom 30.6.2015 – 2 BvR 1857/14, 2810/14 = NStZ-RR 2015, 389, 391.
177 BVerfG ZfStrVo 1994, 370; s. auch *Böhm* Anm. zu OLG Hamm JR 1994, 211; OLG Zweibrücken ZfStrVo 1994, 52.

StVollzG bei unterlassener Maßnahme als Untätigkeitsantrag sowohl auf ein Tätigwerden der Behörde in Form eines Verwaltungsaktes schlechthin (Bescheid auf einen gestellten Antrag, gleichgültig, ob dieser genehmigt oder abgelehnt wird), wie auch auf ein ganz bestimmtes Tätigwerden (Erlass einer beantragten Maßnahme) abzielen. Zu den Voraussetzungen eines Vornahmeantrags 12 G Rdn. 2ff. Bei ablehnendem Bescheid der Anstaltsleitung auf eine beantragte Maßnahme hin kann der Betroffene als spezialisierten Leistungsantrag einen **Verpflichtungsantrag** stellen (§ 109 Abs. 1 Satz 2 StVollzG). Dem Verpflichtungsantrag kommt insoweit ein Doppelcharakter zu; er ist Antrag auf Erlass eines Verwaltungsaktes und Anfechtungsantrag, soweit er zur Erreichung des Ziels die Beseitigung des ablehnenden Bescheides verfolgt (Versagungsgegenantrag).

25 **c) Vorbeugender Unterlassungsantrag.** Im Verfahren nach §§ 109ff StVollzG ist ein vorbeugender Unterlassungsantrag als eine Variante des allgemeinen Leistungsantrags gegen angedrohte Maßnahmen oder rechtswidriges Vorgehen der Vollzugsbehörde statthaft, wenn Wiederholungsgefahr dargelegt wird[178] oder wenn die Gefahr besteht, dass sonst vollendete, nicht mehr rückgängig zu machende Tatsachen geschaffen würden, oder wenn nicht wieder gutzumachender Schaden entstünde.[179] Ein vorbeugender Unterlassungsantrag ist dann zulässig, wenn ein effektiver Rechtsschutz nicht auf andere Weise erreichbar bleibt.[180] Für einen Unterlassungsantrag ist jedoch nur selten das Rechtsschutzbedürfnis zu bejahen. I.d.R. wird es genügen, dass gegen beschwerende Vollzugsmaßnahmen – zu denen auch die Realakte zählen – Antrag auf Aufhebung (Anfechtungsantrag) gestellt wird. Auch wegen einer Wiederholungsgefahr wird im Allgemeinen das Rechtsschutzbedürfnis nicht anzuerkennen sein, da – wenn nicht besondere Gründe eine Ausnahme rechtfertigen – erwartet werden kann, dass in einem Rechtsstaat die Behörden die gerichtlichen Entscheidungen respektieren und bei gleichbleibendem Sachverhalt sich die Anstaltsleitung durch die Rechtskraft der aufhebenden Entscheidung gehindert sieht, die gleiche Maßnahme wieder zu erlassen.[181]

26 **d) Teilanfechtung.** Auch gegen Nebenbestimmungen, wie **Auflagen** und **Weisungen**, ist ein isolierter gerichtlicher Rechtsschutz in Form eines Anfechtungsantrags (Teilanfechtung) bei objektiv abgrenzbaren und bezeichenbaren Teilen gewährleistet. Bei einer Teilanfechtung müssen in jedem Fall die Voraussetzungen für einen Antrag nach §§ 109ff StVollzG vorliegen. Nach Aufhebung der Auflage durch das Gericht kommt der Antragssteller in den Besitz einer uneingeschränkten – auflagefreien – begünstigenden Vollzugsmaßnahme.[182]

27 **e) Antragshäufung, Verbindung.** Ein Gefangener kann zulässigerweise gleichzeitig mehrere Antragsbegehren in einem Antrag auf gerichtliche Entscheidung nebeneinander geltend machen (Antragshäufung).[183] Die StPO kennt keine Regelung, die über § 120 Abs. 1 Satz 2 StVollzG eine Lösung anbietet. Die entsprechende Anwendung verwaltungsprozessualer Bestimmungen (z.B. § 44 VwGO) ist daher angezeigt. Voraussetzung

---

178 OLG Celle NStZ 1981, 250 F; AK-*Spaniol* Teil IV § 109 StVollzG Rdn. 32; *Arloth/Krä* § 109 StVollzG Rdn. 5; *Laubenthal/Nestler/Neubacher/Verrel* P Rdn. 31.
179 OLG Hamm, Beschl. v. 1.7.2014 – III – 1 Vollz [Ws] 249/14; OLG Jena NStZ-RR 2003, 189.
180 OLG Dresden NStZ 2007, 707; OLG München, Beschl. vom 4.9.2018 – 5 Ws 14/18 (R) = FS 2019, 82.
181 OLG Jena ZfStrVo 2003, 309 mit Anm. *Müller* ZfStrVo 2004, 53; s. auch *Kopp/Schenke* 2018 vor § 40 Rdn. 33; für eine Reduzierung der Anforderungen an das Rechtsschutzbedürfnis dagegen *Arloth/Krä* § 109 StVollzG Rdn. 5.
182 *Kopp/Schenke* 2018 § 42 Rdn. 22.
183 *Laubenthal/Nestler/Neubacher/Verrel* P Rdn. 32.

für eine Antragshäufung ist, dass sich die verschiedenen Einzelbegehren gegen denselben Antragsgegner richten und ein Zusammenhang zwischen den Antragsbegehren besteht.[184] Derselbe Antragsgegner ist die Vollzugsanstalt. Aus den Lebensumständen (Entstehungsgrund) der Beschränkung der Rechte während des laufenden Vollzugs ist der Zusammenhang der Begehren begründet und einem einheitlichen Lebensvorgang[185] zuzurechnen. Keine Antragshäufung, sondern ein einheitlicher Streitgegenstand liegt aber vor, wenn sich das Begehren im Sinne materieller Anspruchsnormenkonkurrenz auf mehrere Rechtsgrundlagen stützen lässt (z.B. ein Verlegungsantrag auf vollzugliche wie vollstreckungsrechtliche Vorschriften).[186]

Auch die Strafvollstreckungskammer kann durch Beschluss entsprechend § 93 VwGO, § 4 StPO mehrere bei ihr anhängige Verfahren zur gemeinsamen Entscheidung verbinden. Die Entscheidung über eine Verbindung liegt im Ermessen des Gerichts.[187]

5. Antragsbefugnis. Antragsberechtigt nach § 109 Abs. 2 StVollzG ist, wer durch eine 28 Maßnahme zur Regelung einzelner Angelegenheiten auf dem Gebiet des Strafvollzugs (einschließlich des Maßregelvollzugs) oder ihre Ablehnung oder ihre Unterlassung in seinen Rechten unmittelbar verletzt wird. Die Einschränkung entspricht Art. 19 Abs. 4 GG, wonach nur demjenigen der Rechtsweg offensteht, der durch die öffentliche Gewalt in seinen Rechten verletzt ist. Der Antragsteller hat geltend zu machen, durch ein rechtswidriges Handeln oder Unterlassen einer Vollzugsbehörde selbst beschwert zu sein. Es muss zugunsten des Antragstellers selbst ein subjektives Recht oder ein Recht auf fehlerfreie Ermessensentscheidung bestehen und die Annahme einer Rechtsbeeinträchtigung seinem Vortrag nach nicht als völlig abwegig erscheinen.[188] In der Begründung des Antrags muss er erkennen lassen, welche Maßnahme der Vollzugsbehörde er beanstandet oder beantragt und wodurch er sich in seinen Rechten verletzt fühlt.[189] Antragsberechtigt sind nicht nur Strafgefangene oder im Maßregelvollzug Untergebrachte, sondern auch außenstehende Dritte, die von einer Vollzugsmaßnahme unmittelbar betroffen sind,[190] z.B. der Besucher bei Ablehnung eines Besuchsantrags, der Absender bei Weigerung der Vollzugsbehörde, ein bestimmtes Schreiben an einen Gefangenen weiterzuleiten[191] oder diesem ein Paket auszuhändigen.[192] Antragsberechtigt ist auch der Verteidiger, der geltend macht, durch eine Vollzugsmaßnahme in seinen Rechten verletzt zu sein.[193] Allerdings kann ein Rechtsassessor, der für einen Rechtsanwalt strafrechtliche Mandate in Untervollmacht wahrnimmt und dem die für einen Verteidiger bestehenden Besuchsprivilegien verwehrt werden, eine Verletzung eigenen Rechts gem. § 109 Abs. 2 StVollzG nicht geltend machen, solange er nicht in einer konkreten Strafsache mit Genehmigung des Gerichts gem. § 138 Abs. 2 Satz 1 StPO zum Verteidiger gewählt ist.[194] Antragsberechtigt können der Anstaltsbeirat sowie dessen einzelne Mitglieder hinsichtlich ihrer Rechte aus den Strafvollzugsgesetzen sein. Ebenso ein Bürger, dessen Zulassung als ehrenamtlicher Vollzugshelfer abgelehnt wird,[195] oder ein

---

184 *Kopp/Schenke* 2018 § 44 Rdn. 4 f.
185 *Kopp/Schenke* 2018 § 44 Rdn. 5.
186 KG, Beschl. vom 22.2.2017 – 5 Ws 210/16 Vollz = FS 2017, 285, 286.
187 *Kopp/Schenke* 2018 § 93 Rdn. 1; *Meyer-Goßner/Schmitt* 2019 § 4 StPO Rdn. 10.
188 *Laubenthal* Rdn. 780.
189 OLG Celle NStZ 1989, 295.
190 KG ZfStrVo 1982, 125; OLG Dresden ZfStrVo 2000, 124; *Laubenthal* Rdn. 781.
191 OLG Hamm ZfStrVo SH 1977, 50; OLG Koblenz ZfStrVo 1980, 252.
192 OLG Frankfurt NStZ 1982, 221; OLG Nürnberg ZfStrVo 1982, 248.
193 OLG Celle ZfStrVo SH 1978, 26; OLG Dresden ZfStrVo 2000, 124; 2007, 707.
194 OLG Celle NStZ 2011, 598.
195 OLG Frankfurt ZfStrVo 1984, 191.

Journalist, der einen Gefangenen zu seiner Straftat interviewen will und dem dieses, trotz Einverständnisses des betroffenen Gefangenen, aus vollzuglichen Gründen versagt wird.[196] § 109 Abs. 2 StVollzG beschränkt die Antragsberechtigung nicht auf Einzelpersonen oder einzelne Gefangene.[197] Auch Vereinigungen steht ein Antragsrecht zu, wenn sie die Verletzung eigener Rechte behaupten und diese Verletzung möglich erscheint.[198]

29   Organe der **Gefangenenmitverantwortung** besitzen eine Antragsbefugnis nach § 109 Abs. 2 StVollzG. Die Zulässigkeit wird bejaht, soweit es sich um Streitigkeiten über den Umfang der Rechte der Gefangenenmitverantwortung und der sich aus den Strafvollzugsgesetzen ergebenden Aufgaben handelt.[199] Eine Insassenvertretung ist somit nicht in ihren eigenen Rechten verletzt, wenn die Anstaltsleitung nach Erörterung von Vorschlägen der Vertretung mit dieser deren Vorschläge ablehnt.[200] Ein aus Gefangenen gebildeter Verein zur Vertretung von Gefangeneninteressen ist weder mit einzelnen Inhaftierten noch mit der Insassenvertretung i.S. der Strafvollzugsgesetze identisch und kann nicht deren Rechte im Wege der Prozessstandschaft geltend machen.[201] Die Möglichkeit der Anfechtung einer Wahl der Gefangenenmitverantwortung durch einen Gefangenen kommt dann in Betracht, wenn die anstaltsinterne Wahlordnung dies vorsieht. Darüber hinaus ist einem Gefangenen die Anfechtung der Wahl zur Insassenvertretung im Verfahren nach § 109 StVollzG möglich, wenn schwerwiegende Wahlmanipulationen oder gleichgewichtige Fehler in Rede stehen. Der Antragsteller muss jedoch alle Tatsachen für die in Frage kommende Wahlmanipulation vortragen.[202] Einem **Verein**, der durch Gefangene geführt wird, in dem nur Gefangene Ämter wahrnehmen und der durch Eintragung im Vereinsregister Rechtsfähigkeit erlangt hat, steht ein Antragsrecht nach §§ 109ff StVollzG im Hinblick auf Angelegenheiten des Vereins selbst zu.[203] Einer Wohngruppe kommt keine Antragsberechtigung zu.[204] Diese stellt keine Rechtspersönlichkeit dar und ist damit nicht Trägerin von Rechten oder Pflichten.

30   Für die Zulässigkeit eines Antrags auf gerichtliche Entscheidung ist die **Prozessfähigkeit** nicht erforderlich. Die Zurückweisung eines Begehrens nur unter Hinweis auf eine fehlende Prozessfähigkeit würde das Recht des Antragstellers auf rechtliches Gehör verletzen.[205] Die Zulässigkeit des Antrags nach § 109 StVollzG setzt nicht voraus, dass der Antragsteller tatsächlich in seinen Rechten verletzt ist. Er hat lediglich **eine** solche **Rechtsverletzung geltend zu machen**. Es genügt jedoch nicht nur eine Verbalbehauptung, sondern es müssen tatsächliche Behauptungen aufgestellt werden, die eine Verletzung der Rechte des Antragstellers zumindest möglich erscheinen lassen.[206] Der Antrag

---

196 BGHSt 27, 285.
197 OLG Frankfurt ZfStrVo 1978, 121; OLG Hamm ZfStrVo 1981, 126; OLG Hamm NStZ 1981, 277, 278 mit Anm. *Kerner*.
198 OLG Nürnberg NStZ 1986, 286.
199 OLG Hamm ZfStrVo 1981, 126; OLG Hamburg NStZ 2002, 531 *M*; OLG Rostock, Beschl. vom 23.9.2014 – 20 Ws 171/14 = NStZ 2015, 484 (nur hinsichtlich Statusrechten und -pflichten); AK-*Spaniol* Teil IV § 109 StVollzG Rdn. 5; *Drohsel* 2012, 295; K/S-*Schöch* § 9 Rdn. 39; *Laubenthal* Rdn. 782; *Laubenthal/Nestler/Neubacher/Verrel* P Rdn. 33; a.A. *Arloth/Krä* § 109 StVollzG Rdn. 12.
200 OLG Rostock, Beschl. vom 4.12.2014 – 20 Ws 328/14 = NStZ 2015, 485.
201 OLG Hamburg NStZ 1981, 249 *F*; *Arloth/Krä* § 109 StVollzG Rdn. 12, *Laubenthal/Nestler/Neubacher/Verrel* P Rdn. 33.
202 OLG Hamburg ZfStrVo 2002, 181.
203 KG NStZ 1982, 222.
204 OLG Hamm JR 1994, 210 mit Anm. *Böhm*; *Laubenthal* Rdn. 782; a.A. AK-*Spaniol* Teil IV § 109 StVollzG Rdn. 5.
205 KG ZfStrVo 2001, 370; *Laubenthal/Nestler/Neubacher/Verrel* P Rdn. 35.
206 BVerwGE 3, 237; 39, 345; *Arloth/Krä* § 109 StVollzG Rdn. 13; *Laubenthal/Nestler/Neubacher/Verrel* P Rdn. 32.

auf gerichtliche Entscheidung ist deshalb zu begründen. Diese Begründung muss eine aus sich heraus verständliche Darstellung enthalten, welche Maßnahme der Vollzugsbehörde der Antragsteller beanstandet oder begehrt. Die Darstellung muss erkennen lassen, inwiefern sich der Antragsteller durch die gerügte Maßnahme oder die Ablehnung oder Unterlassung ihrer Vornahme in seinen Rechten verletzt fühlt.[207] Im Einzelfall kann dieses Erfordernis auch dadurch erfüllt werden, dass der Antragsteller auf andere bei der Strafvollstreckungskammer bekannte Verfahren verweist.[208] Fehlt es an einer zureichenden Begründung, ist der Antrag unzulässig, wenn die Begründung nicht noch rechtzeitig nachgeholt wird.[209] Die Anforderungen an eine Antragsschrift dürfen aber nicht überspannt werden. Unter Umständen ist das Gericht aufgrund seiner Fürsorgepflicht gehalten, auf Ergänzung des Sachvortrags hinzuwirken.[210] Aus Art. 19 Abs. 4 GG folgt zudem die Pflicht, Anträge auf gerichtliche Entscheidung so zu interpretieren, dass den erkennbaren Interessen des jeweiligen Antragstellers bestmöglich Rechnung getragen wird.[211]

Nach § 109 Abs. 2 StVollzG ist ein Antrag, bei dem jemand nicht seine eigenen Rechte verfolgt, sondern als Sachwalter eines bestimmten Dritten oder der Rechte aller Inhaftierter einer Anstalt oder der Allgemeinheit auftreten will, nicht zulässig.[212] Durch Art. 19 Abs. 4 GG ist nur die Verletzung **eigener Rechte** geschützt. Ein Berufen auf die Verletzung fremder Rechte scheidet aus.

6. Verwaltungsvorverfahren. Bis zum 31.5.2013 ermächtigte § 109 Abs. 3 StVollzG 31 a.F. die Länder, die Stellung des Antrags auf gerichtliche Entscheidung von der Durchführung eines Verwaltungsvorverfahrens abhängig zu machen. Die Möglichkeit, von der zuletzt nur noch wenige Bundesländer Gebrauch gemacht hatten, ist in Übereinstimmung mit der Entwicklung im allgemeinen Verwaltungsrecht entfallen.[213] Dies bewirkte nicht nur eine bundesweite Vereinheitlichung der Zulässigkeitsvoraussetzungen, sondern gestaltete auch das Rechtsschutzverfahren schneller und effektiver.[214]

7. Missbrauch der Rechtspflege. Im Verfahren nach §§ 109 ff StVollzG kann es an 32 einem Rechtsschutzbedürfnis des Antragstellers fehlen, wenn er ausschließlich **prozessfremde Zwecke** verfolgt. Ein Missbrauch der Rechtspflege ist jedoch dann noch nicht gegeben, wenn jemand von seinem Recht subjektiv in missbilligenswerter Absicht Gebrauch macht; vielmehr muss feststehen, dass die Rechtsausübung objektiv dem Berechtigten keinerlei Vorteil zu bringen vermag, sondern lediglich zur Schädigung eines anderen taugt. Dies wird insbesondere dann der Fall sein, wenn der Antragsteller von seinem Obsiegen keinen irgendwie gearteten Nutzen hätte und seine Rechtsverfolgung allein dem Zweck dient, dem Gegner zu schaden oder das Gericht zu belästigen. Eingaben, die sich in beleidigenden oder erpresserischen Ausführungen erschöpfen, entsprechen nicht den Mindestanforderungen, die an Eingaben bei Behörden und Gerichten zu stellen

---

[207] OLG Frankfurt ZfStrVo 1981, 317; OLG Celle ZfStrVo 1990, 310; OLG Zweibrücken NStZ 1992, 512; OLG Hamm NStZ 2002, 531.
[208] OLG Hamm ZfStrVo 2001, 364; 2002, 316.
[209] LG Hamburg ZfStrVo SH 1978, 46.
[210] OLG Hamburg ZfStrVo SH 1979, 56; OLG Stuttgart ZfStrVo 1992, 136; OLG Hamm, Beschl. vom 27.11.2012 – III – 1 Vollz (Ws) 533/12 = NStZ 2014, 631.
[211] BVerfGE 122, 198; BGH NStZ-RR 2017, 232; s. auch *Bachmann*, 363 ff; *Lübbe-Wolff* 2016, 386 ff.
[212] AK-*Spaniol* Teil IV § 109 StVollzG Rdn. 37; *Laubenthal* Rdn. 780; *Müller-Dietz* 1985, 348.
[213] Art. 4 Nr. 2 des Gesetzes zur bundesrechtlichen Umsetzung des Abstandsgebotes im Recht der Sicherungsverwahrung, BGBl. I 2012, 2425.
[214] *Laubenthal* Rdn. 784.

sind.[215] Die Mitteilungen des Gerichts an einen Antragsteller, Anträge wegen beleidigenden Inhalts nicht zu bearbeiten, stellen unabhängig von der gewählten Form nicht eine Untätigkeit, sondern gerichtliche Entscheidungen dar. Adäquates Mittel zur Sanktionierung von Beleidigungen ist allerdings das Strafrecht, nicht aber eine Beschneidung der Rechtsschutzmöglichkeiten über das Verfahrensrecht,[216] sodass im Einzelfall zu prüfen bleibt, ob nicht (auch) ein sachliches Anliegen verfolgt wird.[217]

33   **8. Beiordnung eines Rechtsanwalts.** § 109 Abs. 3 StVollzG in der seit 1.6.2013 geltenden Fassung schreibt die Beiordnung eines Rechtsanwalts in gerichtlichen Verfahren im Vollzug der Sicherungsverwahrung oder der ihr vorausgehenden Freiheitsstrafe wie auch – über § 92 Abs. 1 Satz 2 JGG – einer vorgeschalteten Jugendstrafe[218] vor. Das Beiordnungserfordernis gilt allerdings nur dann, wenn die vom Antragsteller begehrte oder angefochtene Maßnahme der Umsetzung von § 66c Abs. 1 StGB dient. Das vom BVerfG entwickelte Gesamtkonzept, um die **Sicherungsverwahrung** zu vermeiden oder so kurz wie möglich zu vollziehen,[219] begnügt sich nicht damit, Vorgaben für die Ausgestaltung des Vollzugs aufzustellen. Steht den Betroffenen danach ein Anspruch u.a. auf **gefährlichkeitsminimierende Maßnahmen** zu, bedarf es zu dessen effektiver Durchsetzung anwaltlicher Unterstützung.[220] Dem hat der Gesetzgeber mit § 109 Abs. 3 StVollzG Rechnung getragen. Er erhofft sich zugleich eine Entlastung der Strafvollstreckungskammern, indem die beigeordneten Anwälte ersichtlich unzulässige oder unbegründete Anträge zurücknehmen.[221] Dagegen spricht freilich, dass bei derartigen Begehren die Voraussetzungen der Beiordnung regelmäßig fehlen dürften. Im Übrigen spielen die Erfolgsaussichten keine Rolle.[222] Selbst wenn die Voraussetzungen der Beiordnung nach § 109 Abs. 3 StVollzG nicht vorliegen, bleibt die Beiordnung eines Anwalts über § 120 Abs. 2 StVollzG nach Gewährung von Prozesskostenhilfe möglich.[223]

34   Der Gesetzgeber bezeichnet den beigeordneten Anwalt als **Vertreter** des Gefangenen, dem nicht lediglich die Stellung eines Beistands zukomme.[224] Daraus darf man aber nicht herleiten, dass dem Gefangenen – namentlich im Zusammenhang mit Fristversäumnis und Wiedereinsetzung – ein Verschulden des Anwalts zuzurechnen wäre.[225] Neben den grundsätzlich gegen eine solche Sichtweise anzuführenden Erwägungen (s. F Rdn. 8) stünde sie weder im Einklang mit der Behandlung des Pflichtverteidigers im Erkenntnisverfahren noch mit dem zugrunde gelegten Regelungskonzept. Soll der Gefangene bei der Rechtswahrnehmung intensiv unterstützt werden, wäre es unstimmig, wenn fremdes Fehlverhalten ihm zum Nachteil gereichen dürfte.

---

215   BVerfG NStZ 2001, 616; ZfStrVo 2002, 253; NJW 2004, 1374; OLG Frankfurt ZfStrVo SH 1979, 97; KG NStZ 1998, 399 *M*; OLG Karlsruhe NStZ-RR 2000, 223; OLG Koblenz FS 2012, 116; AK-*Spaniol* Teil IV § 109 StVollzG Rdn. 34; *Arloth/Krä* § 109 StVollzG Rdn. 4; *Laubenthal* Rdn. 753; *Laubenthal/Nestler/Neubacher/Verrel* P Rdn. 32; *Meyer-Goßner/Schmitt* 2019 Einleitung Rdn. 111; zur missbräuchlichen Inanspruchnahme einer Gerichtsbarkeit *Kröpil* 2000, 686.
216   BVerfG NStZ 2001, 616.
217   KG, Beschl. vom 15.8.2018 – 2 Ws 130/18 Vollz = Beck-Rs 2018, 24367; *Laubenthal/Nestler/Neubacher/Verrel* P Rdn. 32.
218   *Eisenberg* 2018 § 92 Rdn. 180.
219   BVerfGE 128, 326 ff.
220   BVerfGE 128, 382; ausführlich zum Ganzen Laubenthal 2019, 329 ff.
221   BT-Drucks. 18/9874, S. 27.
222   KG, Beschl. vom 30.9.2014 – 2 Ws 342/14 Vollz = StV 2015, 578.
223   KG, Beschl. vom 19.1.2016 – 2 Ws 15/16 Vollz = NStZ 2017, 116; OLG Hamm, Beschl. vom 23.9.2014 – 1 Vollz (Ws) 181/14 = Beck-Rs 2014, 19799 Rdn. 25.
224   BT-Drucks. 17/8974, 27.
225   Wie hier AK-*Spaniol* Teil IV § 109 StVollzG Rdn. 38; offen gelassen von OLG Celle, Beschl. vom 24.6.2015 – 1 Ws 290/15 (StrVollz) = StraFo 2015, 347.

B. Antrag auf gerichtliche Entscheidung

a) Gegenstand des Verfahrens. Anders als in Vollstreckungsangelegenheiten, in denen nach § 463 Abs. 8 StPO für die gesamte Dauer der Unterbringung ein Verteidiger zu bestellen ist,[226] gilt § 109 Abs. 3 StVollzG **nur punktuell** für das jeweilige, bereits anhängige Verfahren. Die Beiordnung endet deshalb mit rechtskräftiger Entscheidung oder Rücknahme des Antrags.[227] Anwaltliche Unterstützung kann der Verurteilte beanspruchen, wenn die Ausgestaltung der Unterbringung gemäß § 66c Abs. 1 StGB im Streit steht. Das betrifft zum einen die Frage der individuellen, therapieorientierten und gefährlichkeitsminimierenden Betreuung i.S.v. § 66c Abs. 1 Nr. 1 StGB, zum anderen die Gewährung von vollzugsöffnenden Maßnahmen bzw. das Treffen sonstiger der Entlassungsvorbereitung dienender Maßnahmen unter den Voraussetzungen des § 66c Abs. 1 Nr. 3 StGB.[228] Streitigkeiten über eine dem Abstandsgebot genügende, vom Strafvollzug getrennte Unterbringung (§ 66c Abs. 1 Nr. 2 StGB) können ebenfalls zur Beiordnung führen; das berührt aber nur diejenigen Inhaftierten, die sich bereits im Vollzug der Sicherungsverwahrung und nicht mehr im vorangehenden Strafvollzug befinden. Der nötige Bezug zu § 66c StGB fehlt regelmäßig, wenn die Möglichkeit der Selbstverpflegung bzw. die Höhe des Verpflegungsgeldes,[229] das vollzugliche Arbeitsentgelt[230] oder Disziplinarmaßnahmen[231] den Streitgegenstand bilden.

35

b) Einschränkender objektiv-subjektiver Maßstab. Keine Beiordnung erfolgt, sofern wegen der Einfachheit der Sach- und Rechtslage die Mitwirkung eines Rechtsanwaltes nicht geboten erscheint oder der Antragsteller ersichtlich seine Rechte selbst ausreichend wahrnehmen kann.

36

Mit „Einfachheit der Sach- und Rechtslage" orientiert sich der Gesetzgeber an § 140 Abs. 2 Satz 1 StPO, wo reziprok die Schwierigkeit der Sach- oder Rechtslage die Bestellung eines Verteidigers bedingt.[232] Sowohl die tatsächliche als auch die rechtliche Situation muss als einfach zu beurteilen sein, um auf die Beiordnung eines Anwalts zu verzichten; eines alleine genügt dafür nicht. Von **einfacher Sachlage** lässt sich sprechen, sofern das Verfahren nicht umfangreich ist und ihm kein unübersichtlicher bzw. verworrener Lebenssachverhalt zugrunde liegt; auch zu erwartende höchstens durchschnittliche Dauer spricht für Einfachheit.[233] Namentlich ist an Streitigkeiten zu denken, denen bei der Verwirklichung der grundrechtlichen Vorgaben für den Maßregelvollzug nur geringere Bedeutung zukommt, etwa einzelne Fragen der Gestaltung des Unterbringungsraumes oder der Freizeit.[234] Geht es um das „Ob" gefährlichkeitsminimierender Behandlungsmaßnahmen, wird regelmäßig keine einfache Sachlage anzunehmen sein, zumal beim Erfordernis der Einholung eines Sachverständigengutachtens.[235] Anders kann es sich beim „Wie" der Maßnahmen verhalten.[236]

---

226   Dazu OLG Dresden, Beschl. vom 23.7.2014 – 2 Ws 312/14 = NStZ-RR 2014, 357; OLG Nürnberg, Beschl. vom 3.2.2016 – 2 Ws 748/15 = NStZ 2017, 118.
227   BT-Drucks. 17/9874, 27.
228   KG, Beschl. vom 30.9.2014 – 2 Ws 342/14 Vollz = StV 2015, 578.
229   OLG Hamm, Beschl. vom 23.9.2014 – 1 Vollz (Ws) 181/14 = Beck-Rs 2014, 19799 Rdn. 23.
230   OLG Hamm, Beschl. vom 27.5.2014 – 1 Vollz (Ws) 142/14= Beck-Rs 2014, 13402.
231   KG, Beschl. vom 19.1.2016 – 2 Ws 15/16 Vollz = NStZ 2017, 115; *Arloth/Krä* § 109 StVollzG Rdn. 14.
232   BT-Drucks. 17/9874, 27.
233   Vgl. auch *Laubenthal/Nestler/Neubacher/Verrel* P Rdn. 38.
234   BT-Drucks. 17/9874, 27; OLG Celle, Beschl. vom 11.2.2014 – 1 Ws 585/13 (StrVollz) = Beck-Rs 2016, 03454: Erwerb von Backpulver.
235   *Arloth/Krä* § 109 StVollzG Rdn. 14; *Laubenthal/Nestler/Neubacher/Verrel* P Rdn. 38.
236   KG, Beschl. vom 30.9.2014 – 2 Ws 342/14 = Beck-Rs 2014, 22079: ein oder zwei Begleitbeamte bei Ausführungen.

37 Die **Rechtslage** ist **einfach**, sofern weder in formell- oder in materiell-rechtlicher Hinsicht strittige oder neue Rechtsfragen beantwortet werden müssen noch sich die Subsumtion als problematisch erweisen wird.[237] Schwierig kann die Rechtslage insbesondere dann sein, wenn es um die Verfassungskonformität von Bestimmungen geht oder Analogieschlüsse zu erwägen sind. Einfachheit der Sachlage sollte nicht dazu verführen, vorschnell auf Einfachheit der Rechtslage zu schließen. Deshalb konnte sich im Jahr 2014 die Rechtslage hinsichtlich der Genehmigungsfähigkeit individueller Waschmaschinen und Wäschetrockner durchaus als schwierig darstellen.[238]

38 **Hinreichend selbst wahrnehmen** kann der Antragsteller seine Rechte, wenn er über diejenigen geistigen Fähigkeiten und Kenntnisse verfügt, deren es zur sachgerechten Verfolgung der eigenen Interessen bedarf. Das ist bei juristisch Vorgebildeten und denjenigen der Fall, die sich während des Vollzugs die benötigten Rechtskenntnisse angeeignet haben.[239] Erscheint Aktenkenntnis unabdingbar, ist zu berücksichtigen, inwieweit das anwendbare Vollzugsgesetz Akteneinsicht ermöglicht. Nicht wahrnehmen können ihre Rechte Analphabeten und solche Personen, die sich in der Gerichtssprache (deutsch) nicht (hinlänglich) auszudrücken vermögen oder deren psychische Prädisposition sinnvollen Vortrag und sonstige Mitwirkung im Verfahren verhindert.

39 **c) Gerichtliches Verfahren. Zur Entscheidung berufen** über Bestellung und Widerruf ist gemäß § 109 Abs. 3 Satz 2 StVollzG der Vorsitzende des nach § 110 StVollzG örtlich zuständigen Gerichts, also der Richter der kleinen Strafvollstreckungskammer.[240] Die Bestellung erfolgt bei Vorliegen der Voraussetzungen auch ohne Antrag von Amts wegen, unabhängig von der Bedürftigkeit des Betroffenen.[241] § 142 StPO ist entsprechend anzuwenden, so dass dem Inhaftierten Gelegenheit zu geben ist, einen Anwalt seines Vertrauens vorzuschlagen.[242] Bestellt werden kann nach dem eindeutigen Wortlaut trotz der Anlehnung an die Pflichtverteidigung aber nur ein Rechtsanwalt, nicht ein nach § 138 Abs. 1 StPO als Verteidiger wählbarer Hochschullehrer.[243] Ein **Widerruf** mit nachfolgender Bestellung eines anderen Anwalts ist möglich bei Zerrüttung des Vertrauensverhältnisses.[244]

40 Die Ablehnung der Bestellung oder ihr Widerruf sind **anfechtbar** mit einfacher Beschwerde, § 120 Abs. 1 Satz 2 StVollzG i.V.m. § 304 StPO.[245] Das OLG spricht im ersten Fall ggf. die Beiordnung nach § 309 Abs. 2 StPO aus. Unterblieb die gebotene Beiordnung, kann alternativ auch die Entscheidung in der Sache mit der Rechtsbeschwerde angegriffen werden.[246] Der Vorsitzende des Strafsenats darf in diesem Fall nicht die Beiordnung nach § 109 Abs. 3 Satz 2 StVollzG nachholen; das Rechtsbeschwerdegericht ist nicht das nach § 110 StVollzG zuständige Gericht.[247]

---

237 Vgl. *Meyer-Goßner/Schmitt* 2019 § 140 StPO Rdn. 27a.
238 OLG Hamm, Beschl. vom 22.5.2014 – 1 Vollz (Ws) 182/14 = Beck-Rs 2014, 12510; *Arloth/Krä* § 109 StVollzG Rdn. 14; a.A. *Laubenthal/Nestler/Neubacher/Verrel* P Rdn. 38.
239 Vgl. KG, Beschl. vom 30.9.2014 – 2 Ws 342/14 Vollz = StV 2015, 578.
240 §§ 78a Abs. 1 S. 2 Nr. 2, 78b Abs. 1 Nr. 2 GVG.
241 OLG Hamm, Beschl. vom 22.5.2014 – 1 Vollz (Ws) 182/14 = NStZ-RR 2014, 294.
242 AK-*Spaniol* Teil IV § 109 StVollzG Rdn. 40.
243 Vgl. § 118 StVollzG Rdn. 8.
244 AK-*Spaniol* Teil IV § 109 StVollzG Rdn. 40.
245 KG, Beschl. vom 30.9.2014 – 2 Ws 342/14 Vollz = StV 2015, 577.
246 Verfahrensrüge; vgl. OLG Celle, Beschl. vom 11.2.2014 – 1 Ws 585/13 (StrVollz) = Beck-Rs 2016, 03454.
247 *Laubenthal/Nestler/Neubacher/Verrel* P Rdn. 38; a.A. OLG Hamm, Beschl. vom 22.5.2014 – 1 Vollz (Ws) 182/14 = NStZ-RR 2014, 294; *Arloth/Krä* § 109 StVollzG Rdn. 14.

C. Zuständigkeit

§ 110 StVollzG

Übersicht

I. Allgemeine Hinweise —— 1
II. Erläuterungen —— 2–8

I. Allgemeine Hinweise

Über Anträge auf gerichtliche Entscheidung nach § 109 StVollzG entscheidet eine **1** **Strafvollstreckungskammer** als erstinstanzliches Tatsachengericht. Strafvollstreckungskammern sind bei den Landgerichten gebildet, in deren Bezirk die Justizvollzugsanstalten unterhalten werden oder andere Vollzugsbehörden ihren Sitz haben (§ 78a Abs. 1 Satz 2 Nr. 2 GVG). In vollzugsrechtlichen Sachen sind diese Kammern mit einem Richter besetzt (§ 78b Abs. 1 Nr. 2 GVG). Die richterliche Kontrolle von Vollzugsentscheidungen ist einem möglichst orts- und vollzugsnahen Gericht übertragen, das Erfahrungen in Vollzugsangelegenheiten mit Kenntnis der Anstalt und einem Eindruck von dem Gefangenen vereinen kann.[248]

II. Erläuterungen

§ 110 StVollzG regelt die **örtliche Zuständigkeit** der Strafvollstreckungskammern im **2** Verfahren nach § 109 StVollzG. Örtlich zuständig ist die Strafvollstreckungskammer, in deren Bezirk die beteiligte Vollzugsbehörde (Justizvollzugsanstalt, Einrichtung des Maßregelvollzugs, Aufsichtsbehörde), deren Maßnahme angefochten oder begehrt wird, ihren Sitz hat. Maßgebend für die Bestimmung des zuständigen Gerichts ist dabei der das gerichtliche Verfahren einleitende Antrag.[249] Der Sitz einer Vollzugsbehörde folgt aus dem Vollstreckungsplan.[250] Die Zuständigkeit der Strafvollstreckungskammer wird bereits mit der Aufnahme des Verurteilten in eine Justizvollzugsanstalt bzw. Einrichtung des Maßregelvollzugs ihres Bezirks begründet.[251] Für die Zuständigkeit einer Strafvollstreckungskammer bleibt es ohne Bedeutung, ob eine Ersatzfreiheitsstrafe oder eine Freiheitsstrafe verbüßt wird.[252] Die beteiligte Vollzugsbehörde ist gemäß § 111 Abs. 1 Nr. 2 StVollzG bestimmt. Für die Zuständigkeitsregelung nach § 110 StVollzG kommt es nicht darauf an, in welcher Anstalt sich der Gefangene zur Zeit als Vollzugsort befindet;[253] entscheidend ist der Landgerichtsbezirk, in dem die beteiligte Vollzugsbehörde ihren Sitz hat. Beteiligte Behörde im Sinne von § 110 StVollzG ist die, die über eine Maßnahme i.S.v. § 109 Abs. 1 StVollzG abschließend entschieden hat[254] oder deren Entscheidung begehrt wird.

Nach § 78a Abs. 2 GVG werden die Landesregierungen ermächtigt, im Bereich der **3** örtlichen Zuständigkeit durch Rechtsverordnung eine gerichtliche Konzentration vorzunehmen und auswärtige Strafvollstreckungskammern (am Sitz der Anstalt) einzurichten.

---

248 BT-Drucks. 7/918, 84; *Doller* 1987, 264; *Laubenthal* 2007, 326; *Voigtel* 1998, 27 ff.
249 BGH NStZ-RR 2017, 232.
250 OLG Naumburg, Beschl. vom 10.9.2009 – 1 Ws 371/09.
251 BGH MDR 1984, 683; NStZ 2000, 111; OLG Nürnberg ZfStrVo 2003, 59.
252 BGH NJW 1982, 248, 249.
253 *Arloth/Krä* § 110 StVollzG Rdn. 3.
254 BGH NJW 1978, 282.

Gem. § 78a Abs. 3 GVG können bei Vollzugsgemeinschaften Zuständigkeitsvereinbarungen für die Strafvollstreckungskammer getroffen werden.[255]

4   Die Strafvollstreckungskammer, in deren Bezirk die Hauptanstalt liegt, ist auch für Anträge nach § 109 StVollzG von den Gefangenen zuständig, die in einer außerhalb des Bezirks gelegenen Außenstelle der Justizvollzugsanstalt untergebracht sind.[256]

5   Hat die Aufsichtsbehörde etwa auf der Grundlage von **BW** § 21 I, **BE** § 109 Abs. 3, **BB** § 115 Abs. 3, **HB** 102 Abs. 2, **MV** § 101 Abs. 2, **NI** § 184 Abs. 2, **RP** § 112 Abs. 2, **SL** § 101 Abs. 2, **SN** § 114 Abs. 2, **ST** § 114 Abs. 2, **SH** § 141 Abs. 2, **TH** § 113 Abs. 2 die angefochtene Maßnahme in eigener Zuständigkeit erlassen, ist die Strafvollstreckungskammer örtlich zuständig, in deren Bezirk die Aufsichtsbehörde ihren Sitz hat.[257] Gleiches gilt, wenn die eine Maßnahme selbst erlassende Aufsichtsbehörde im konkreten Fall in die Regelungskompetenz der Anstaltsleitung eingegriffen hat.[258] Ein ablehnender Bescheid eines Anstaltsleiters verliert jedoch nicht dadurch seinen Charakter als Regelung eines Einzelfalles mit unmittelbarer Rechtswirkung für den Betroffenen, wenn er auf einer Anordnung der Aufsichtsbehörde beruht. Örtlich zuständig ist dementsprechend die Strafvollstreckungskammer, in deren Bezirk die Justizvollzugsanstalt ihren Sitz hat.[259] Ebenso bleibt es bei der durch den Sitz der Justizvollzugsanstalt begründeten örtlichen Zuständigkeit, wenn sich die Aufsichtsbehörde behördenintern die Zustimmung für eine Maßnahme vorbehalten und der Anstaltsleiter letztlich die Maßnahme mit Außenwirkung getroffen hat.[260] Zu behördeninternen Vorgängen und mehrstufigen Vollzugsmaßnahmen 12 B Rdn. 20.

6   Wird ein Inhaftierter während eines vollzugsgerichtlichen Verfahrens i.S.d. §§ 109 ff StVollzG in eine andere Justizvollzugsanstalt verlegt, ist hinsichtlich der örtlichen Zuständigkeit bei **Anstaltswechsel** zu beachten: Stellt der Anstaltswechsel eine **nicht vorübergehende Verlegung** dar, bleibt es grundsätzlich bei der örtlichen Zuständigkeit der Strafvollstreckungskammer, in deren Bezirk die Ausgangsanstalt liegt. Es gibt keinen automatischen Zuständigkeitswechsel. Die auf Dauer angelegte Strafortänderung kann jedoch zu einem Wechsel der Antragsgegnerin als Beteiligte i.S.d. § 111 Abs. 1 Nr. 2 StVollzG führen. In einem solchen Fall hat das Gericht die Sache an diejenige Strafvollstreckungskammer zu verweisen, in deren Bezirk die aufnehmende Anstalt ihren Sitz hat. Eine solche Verweisung erfolgt nicht von Amts wegen entsprechend § 83 VwGO, § 17a Abs. 2 GVG,[261] sondern auf einen entsprechenden Verweisungsantrag hin.[262] Dies folgt aus dem in Vollzugssachen geltenden Verfügungsgrundsatz,[263] nach dem die Gerichte an die Anträge der Beteiligten gebunden sind.[264] Die Bindungswirkung einer solchen Verweisung (§ 17a Abs. 2 Satz 3 GVG) tritt nicht ein, wenn die Entscheidung willkür-

---

255 Nachweise für entsprechende Verordnungen und Vereinbarungen bei *Meyer-Goßner/Schmitt* 2019 § 78a GVG Rdn. 5 und 6.
256 BGH ZfStrVo 1979, 55; NJW 1978, 2561; AK-*Spaniol* Teil IV § 110 StVollzG Rdn. 4; *Laubenthal/Nestler/Neubacher/Verrel* P Rdn. 41.
257 BGHSt 27, 284.
258 AK-*Spaniol* Teil IV § 110 StVollzG Rdn. 3.
259 OLG Frankfurt ZfStrVo SH 1978, 28.
260 OLG Karlsruhe ZfStrVo SH 1979, 70; *Arloth/Krä* § 110 StVollzG Rdn. 3.
261 *Arloth/Krä* § 110 StVollzG Rdn. 4; a.A. OLG Celle ZfStrVo 2002, 245; OLG Jena, Beschl. vom 28.11.2005 – 1 AR (S) 167/05 = ZfStrVo 2006, 373; OLG Frankfurt NStZ-RR 2008, 293; OLG Celle, Beschl. vom 7.4.2011 – 1 Ws 115/11; OLG Hamm, Beschl. vom 11.6.2015 – III – 1 Vollz (Ws) 163/15 = FS SH 2016, 38 ff; OLG Karlsruhe, Beschl. vom 17.5.2016 – 2 AR 16/16 = Beck-Rs 2016, 9302 Rdn. 17; OLG Saarbrücken, Beschl. vom 7.2.1994 – Vollz (Ws) 20/93 = NJW 1994, 1423, 1424; OLG Zweibrücken, Beschl. vom 16.1.2017 – 1 Ws 222/16 Vollz = FS SH 2018, 83, 85.
262 BGHSt 36, 36; BGH NStZ 1990, 205; BGH NStZ 1999, 158; *Laubenthal* Rdn. 788.
263 *Laubenthal* Rdn. 802.
264 *Arloth/Krä* § 110 StVollzG Rdn. 4.

lich erscheint, namentlich eine örtliche Zuständigkeit der StVK, an die verwiesen wurde, unter keinem Gesichtspunkt in Betracht kommt.[265]

Ob es bei einer nicht nur vorübergehenden Verlegung zu einem Wechsel der Antragsgegnerin kommt, richtet sich nach dem jeweiligen Antragsbegehren. Wird der Inhaftierte während eines Verfahrens verlegt, das einen Verpflichtungs- oder Vornahmeantrag zum Gegenstand hat und verfolgt er sein ursprüngliches Begehren weiter, wird beteiligte Vollzugsbehörde die aufnehmende Vollzugsanstalt.[266] Geht es dem Gefangenen mit seinem Antrag auf gerichtliche Entscheidung um eine Feststellung (z.B. der Rechtswidrigkeit einer von der Leitung der abgebenden Anstalt angeordneten und vollzogenen Disziplinarmaßnahme, die in die Personalakte eingetragen wurde und sich bei späteren Prognoseentscheidungen negativ auswirken kann),[267] ist das Verfahren gegen diejenige Justizvollzugsanstalt weiterzuführen, welche die Entscheidung getroffen hat. Bei Anfechtungsanträgen muss zwischen Dauermaßnahmen und Zustandsmaßnahmen differenziert werden, wobei Antragsgegnerin die Justizvollzugsanstalt ist, die über den Streitgegenstand verfügen und die belastende Maßnahme ggf. aufheben kann. Setzt sich die mögliche Rechtsbeeinträchtigung noch in der aufnehmenden Anstalt fort und wird sie dort vollzogen (z.B. bei der andauernden Maßnahme des Anhaltens eines Schreibens oder der Anordnung, Besuche optisch und akustisch zu überwachen), muss es im Sinne eines möglichst effektiven Rechtsschutzes zu einem Wechsel der Antragsgegnerin kommen,[268] weil anderenfalls ein Erfolg des Anfechtungsantrags keine die aufnehmende Anstalt verpflichtende Wirkung hätte.[269] Wendet sich der Inhaftierte gegen eine von der ursprünglichen Anstaltsleitung angeordnete Zustandsmaßnahme (z.B. die Verlegung in eine andere Einrichtung), deren Regelung mit der zustandsverändernden faktischen Verlegung abgeschlossen ist, verbleibt es trotz Durchführung der Maßnahme bei der abgebenden Anstalt als beteiligte Vollzugsbehörde i.S.d. § 111 Abs. 1 Nr. 2 StVollzG. Damit kommt es zu keiner Änderung der örtlichen Zuständigkeit der Strafvollstreckungskammer.[270] Entsprechendes soll nach dem BGH sogar dann gelten, wenn der Gefangene erst nach Verlegung eine vorherige Vollzugsplanänderung angreift, weil er die Möglichkeit haben müsse, eine Korrektur durch die abgebende Anstalt zu erreichen, die dann die aufnehmende Einrichtung binde, und nur die Altanstalt die maßgeblichen Erwägungen dartun könne.[271] Das überzeugt nicht, weil mit der Verlegung die neue Anstalt für die Vollzugsplanung zuständig wird und schon aus § 111 Abs. 2 StVollzG folgt, dass handelnde und beteiligte Behörde nicht identisch sein müssen, zumal in der Entscheidung nicht präzise genug untersucht ist, um welche Antragsart es geht. Wird der Gefangene nur **vorübergehend** in eine andere Justizvollzugsanstalt verlegt (Überstellung), wird dadurch die ursprüngliche Zuständigkeit der Strafvollstreckungskammer, in deren Bereich die Ausgangsanstalt liegt, nicht geändert.[272] Dies kann jedoch nicht gelten, wenn sich ein Gefangener ausschließlich gegen ihn belastende Maßnahmen

---

265 BGH, Beschl. vom 4.9.2018 – 2 ARs 151/18 = NStZ-RR 2018, 392; OLG Karlsruhe, Beschl. vom 17.5.2016 – 2 AR 16/16 = Beck-Rs 2016, 9302 Rdn. 16.
266 BGHSt 36, 35; OLG Koblenz, Beschl. vom 2.6.2016 – 2 Ws 250/16 Vollz = FS SH 2017, 64 ff; OLG Zweibrücken, Beschl. vom 16.1.2017 – 1 Ws 222/16 Vollz = FS SH 2018, 83, 84.
267 Dazu OLG Nürnberg ZfStrVo 2000, 182.
268 OLG Celle ZfStrVo 2002, 245; OLG Saarbrücken ZfStrVo 2004, 121.
269 OLG Stuttgart NStZ 1989, 496.
270 BGH, Beschl. vom 4.9.2018 – 2 ARs 151/18 = NStZ-RR 2018, 392; KG, Beschl. vom 17.9.1992 – 5 Ws 240/92 Vollz = NStZ 1993, 100 f; OLG Karlsruhe, Beschl. vom 17.5.2016 – 2 AR 16/16 = Beck-Rs 2016, 9302.
271 BGH, Beschl. vom 15.12.2016 – 2 ARs 398/16, 2 AR 248/16 = NStZ 2018, 171, 172; ebenso OLG Jena, Beschl. vom 28.11.2005 – 1 AR (S) 167/05 = ZfStrVo 2006, 373; OLG Koblenz, Beschl. vom 19.3.2018 – 2 Ws 470/17 Vollz = FS 2019, 81, auch für die Antragstellung vor Verlegung.
272 BGH NStZ 1989, 548; OLG Koblenz LS GA 1981, 524; *Arloth/Krä* § 110 StVollzG Rdn. 4; *Laubenthal/Nestler/Neubacher/Verrel* P Rdn. 42.

wendet, die die Anstalt gegen ihn verfügt hat, in der er sich vorübergehend aufhält (z.B. Beschränkung des Aufenthalts im Freien). Befindet sich ein Antragsteller z.B. bei Strafaussetzung auf freiem Fuß, so bleibt es bei der bisherigen Zuständigkeit, es sei denn, eine Aufnahme in eine andere Justizvollzugsanstalt begründet eine neue Zuständigkeit.[273]

7   Wurde ein wegen einer Jugendstraftat Verurteilter nach § 89b Abs. 1 JGG aus dem Jugendstrafvollzug herausgenommen, ist für den Antrag auf gerichtliche Entscheidung gegen Maßnahmen in der Erwachsenenanstalt die Strafvollstreckungskammer zuständig, in deren Bezirk die Justizvollzugsanstalt liegt (s. 12 B Rdn. 3).

8   Bei Kompetenzkonflikten gilt: Haben mehrere Gerichte sich für unzuständig i.S.v. § 110 StVollzG erklärt, obwohl eines zuständig ist, kommt gemäß § 120 Abs. 1 S. 2 StVollzG, je nachdem, ob die Entscheidungen unanfechtbar sind, § 19 StPO oder, wenn noch eine Anfechtung möglich ist, § 14 StPO entsprechend zur Anwendung.[274] Berufen zur Entscheidung über den Zuständigkeitsstreit ist das gemeinschaftliche obere Gericht.[275]

D. Elektronische Aktenführung

§ 110a StVollzG

Übersicht
I.   Allgemeine Hinweise —— 1
II. Erläuterungen —— 2–5

I. Allgemeine Hinweise

1   Die Vorschrift des § 110a StVollzG wurde durch das Gesetz zur Einführung der elektronischen Akte in der Justiz und zur weiteren Förderung des elektronischen Rechtsverkehrs vom 5.7.2017[276] eingeführt. Mit diesem entsprach der Bundesgesetzgeber der Erkenntnis, dass in der justiziellen Praxis ein Bedarf an einer elektronischen Aktenführung im Strafverfahren besteht, und schuf dafür eine gesetzliche Grundlage. Die derzeitige Fassung von § 110a StVollzG gilt bis zum 30.6.2025. Zum 1.7.2025 und zum 1.1.2026 sind weitere Änderungen vorgesehen.[277]

Mit Hilfe des § 110a StVollzG wurde die **optionale** Basis zur Einführung einer elektronischen Akte in Strafvollzugsverfahren geschaffen.[278] Erst nach dem Inkrafttreten einer weiteren Änderung des Strafvollzugsgesetzes zum 1.7.2025 und zum 1.1.2026 sollen die Akten auch im gerichtlichen Verfahren nach dem Strafvollzugsgesetz verpflichtend elektronisch geführt werden.[279]

Elektronische Aktenführung bedeutet, dass „Akten" nicht mehr als ein im Wesentlichen miteinander verbundenes Papier, sondern ein definiertes **System elektronisch gespeicherter Daten** darstellen.[280]

---

273 OLG Jena ZfStrVo 2003, 314.
274 BGH NStZ-RR 2007, 129; OLG Hamm NStZ-RR 2008, 79.
275 BGH, Beschl. vom 15.12.2016 – 2 ARs 398/16, 2 AR 248/16 = NStZ 2018, 171, 172; OLG Celle, Beschl. vom 19.10.2016 – 1 Ws 501/16 (StrVollz) = FS SH 2017, 18 f; OLG Karlsruhe, Beschl. vom 17.5.2016 – 2 AR 16/16 = Beck-Rs 2016, 9302 Rdn. 7.
276 BGBl. I 2017 S. 2208 ff; dazu *Kassebohm* 2017, 393 ff.
277 Vgl. Art. 6 des Gesetzes zur Einführung der elektronischen Akte in der Justiz und zur weiteren Förderung des elektronischen Rechtsverkehrs.
278 BT-Drucks. 18/9416 S. 73.
279 BT-Drucks. 18/9416 S. 74.
280 BT-Drucks. 18/9416 S. 42.

II. Erläuterungen

§ 110a Abs. 1 Satz 1 StVollzG schafft die Möglichkeit zur Einführung elektronischer **2** Akten in gerichtlichen Strafvollzugssachen. Da in den Verfahren nach dem Bundes-Strafvollzugsgesetz nur Gerichte der Länder zuständig sind, bestimmen gem. § 110a Abs. 1 Satz 2 StVollzG die Landesregierungen den Zeitpunkt, ab dem in ihrem jeweiligen Bereich die Akten elektronisch geführt werden, d.h. die elektronische Akte an die Stelle der zuvor in Papierform geführte tritt und diese ersetzt. § 110a Abs. 1 Satz 3 StVollzG enthält Regelungen über die nach Abs. 1 Satz 2 zu erlassende Rechtsverordnung. Ermöglicht wird – auch zum Zweck einer Einführung in verschiedenen Stufen[281] – die Beschränkung der elektronischen Aktenführung auf einzelne Gerichte oder auf allgemein bestimmte Verfahren. Zudem kann bestimmt werden, dass in Papierform angelegte Akten auch nach Einführung der elektronischen Aktenführung in Papierform weitergeführt werden. § 110a Abs. 1 Satz 4 StVollzG ermöglicht eine Subdelegation auf die jeweils zuständigen Landesministerien.

Gem. § 110a Abs. 2 Satz 1 StVollzG bestimmen die einzelnen Landesregierungen **3** durch Rechtsverordnungen für ihren Bereich die für die elektronische Aktenführung geltenden technischen und organisatorischen Rahmenbedingungen einschließlich Datenschutz und Datensicherheit. Einzuhalten sind zudem die Anforderungen der Barrierefreiheit im Sinne von § 4 Behindertengleichstellungsgesetz, um Menschen mit Behinderungen die uneingeschränkte Nutzung der neuen elektronischen Zugangswege und Dokumente zu ermöglichen. Wie Abs. 1 Satz 4 enthält auch § 110a Abs. 2 Satz 2 StVollzG eine Subdelegationsbefugnis.

Eine von Abs. 2 abweichende Verordnungsermächtigung normiert § 110a Abs. 3 **4** Satz 1 StVollzG für die für die Übermittlung von Akten zwischen Behörden und Gerichten geltenden Standards. Insoweit soll durch bundeseinheitliche Standards sichergestellt sein, dass ein Austausch von Akten auch über Ländergrenzen hinweg – vor allem ohne Medienbrüche – möglich bleibt.[282] Die Rahmenbedingungen in diesem besonderen Bereich werden deshalb durch eine Rechtsverordnung der Bundesregierung geregelt. Die Ermächtigung, Standards für die Einsicht in elektronische Akten zu verordnen, wurde durch Art. 2 des Gesetzes vom 17.12.2018[283] wieder gestrichen, weil jene bereits aus dem über § 120 Abs. 1 Satz 2 anwendbaren § 32f Abs. 6 StPO folgt.[284] Nach Abs. 3 Satz 2 kann die Ermächtigung auf die jeweils betroffenen Bundesministerien übertragen werden.

Neben den Vorgaben von § 110a StVollzG finden auf die elektronische Aktenführung **5** und die elektronische Kommunikation in justiziellen Vollzugssachen über § 120 Abs. 1 Satz 2 StVollzG die Vorschriften der Strafprozessordnung über Aktenführung und Kommunikation entsprechende Anwendung (insbesondere § 32 bis 32f StPO). § 120 Abs. 1 Satz 2 StVollzG bezieht in den analogen Geltungsbereich ergänzend die auf der Grundlage von § 32a Abs. 2 Satz 2, Abs. 4 Nr. 4, § 32b Abs. 5 und § 32f Abs. 6 StPO erlassenen Rechtsverordnungen ein.

---

281 BT-Drucks. 18/9416 S. 43.
282 BT-Drucks. 18/9416 S. 44.
283 BGBl. I 2018, S. 2571.
284 BT-Drucks. 19/4467, S. 25.

E. Beteiligte

§ 111 StVollzG

Übersicht

I. Allgemeine Hinweise —— 1
II. Erläuterungen —— 2–5
    1. Beteiligte —— 2
    2. Rechtsbeschwerdeverfahren —— 3–5

I. Allgemeine Hinweise

1 Die Frage, wer zum Kreis der Beteiligten im gerichtlichen Verfahren nach dem Bundes-Strafvollzugsgesetz gehört, wird in § 111 StVollzG abschließend geregelt. Die Beteiligten stehen sich gleichberechtigt gegenüber; ihnen kommen grundsätzlich die gleichen Rechte und Pflichten zu. Dieses Prinzip gilt ungeachtet der Tatsache, dass bei Erlass der Maßnahme die Vollzugsbehörde dem Gefangenen bzw. Untergebrachten kraft ihrer hoheitlichen Befugnisse gegenübergetreten ist. Die Gleichberechtigung gilt nur für das gerichtliche Verfahren. Bindungswirkung erlangt die gerichtliche Entscheidung in einer Straf- und Maßregelvollzugssache allein zwischen den Beteiligten des konkreten Verfahrens.[285]

II. Erläuterungen

1. Beteiligte. Beteiligt sind nach § 111 StVollzG:

2 **a)** der **Antragsteller** (Abs. 1 Nr. 1); die Beiladung Dritter ist im Verfahren nach §§ 109 ff StVollzG nicht vorgesehen und kommt auch entsprechend § 65 VwGO nicht in Betracht.[286]

b) die **Vollzugsbehörde** (Abs. 1 Nr. 2), die die angefochtene Maßnahme angeordnet oder die beantragte abgelehnt oder unterlassen hat. Entscheidend ist die formale Urheberschaft der Maßnahme.[287] In der Regel ist Antragsgegner die Justizvollzugsanstalt bzw. Maßregelvollzugseinrichtung, welche durch die Anstaltsleitung vertreten wird. Dabei bleibt es, wenn ärztliches Handeln zur Überprüfung gestellt wird (B Rdn. 21); der Anstaltsarzt ist dann kein Beteiligter.[288]

c) Im Einzelfall ist Beteiligte schon im erstinstanzlichen Verfahren die Aufsichtsbehörde, wenn der Vollzugsverwaltungsakt von dieser selbst erlassen wurde (s. 12 C Rdn. 5). Die Aufsichtsbehörde kann auch dann beteiligte Vollzugsbehörde sein, wenn der Anstaltsleiter eine Verfügung der Aufsichtsbehörde dem Gefangenen lediglich bekanntmacht und die Durchführung veranlasst.[289]

---

285 OLG Stuttgart NStZ 1997, 103.
286 OLG Celle NStZ 1984, 334, 335 mit Anm. *Seebode*; *Arloth/Krä* § 111 StVollzG Rdn. 1; *Müller-Dietz* 1985, 351; krit. im Hinblick auf Art. 103 Abs. 1 GG bei Maßnahmen, die neben den Antragsteller auch Dritte betreffen: AK-*Spaniol* Teil IV § 111 StVollzG Rdn. 1; *Laubenthal/Nestler/Neubacher/Verrel* P Rdn. 45.
287 AK-*Spaniol* Teil IV § 111 StVollzG Rdn. 2.
288 KG, Beschl. vom 10.3.2017 – 5 Ws 51/17 Vollz = FS SH 2018, 5, 7 f.
289 *Laubenthal* Rdn. 798.

2. Rechtsbeschwerdeverfahren

a) Gem § 111 Abs. 2 StVollzG ist im Rechtsbeschwerdeverfahren vor dem Oberlandesgericht die Aufsichtsbehörde der in der ersten Instanz beteiligten Vollzugsbehörde Verfahrensbeteiligte (Antragsgegner). Ebenso ist im Verfahren vor dem Bundesgerichtshof die Aufsichtsbehörde Verfahrensbeteiligte, wenn nach § 121 Abs. 2 GVG ein Vorlageverfahren durchgeführt wird, weil das angegangene Oberlandesgericht von der ihm bekannt gewordenen Entscheidung eines anderen Oberlandesgerichts abweichen will (Divergenzverfahren).

3

b) In Bayern wird das Bayerische Staatsministerium der Justiz als Aufsichtsbehörde, soweit es nach § 111 StVollzG Beteiligter des gerichtlichen Verfahrens ist, durch die Generalstaatsanwaltschaft bei dem Oberlandesgericht vertreten.[290] Am BayObLG (K Rdn. 1) nimmt nunmehr die Generalstaatsanwaltschaft beim OLG München die Geschäfte der Staatsanwaltschaft wahr (Art. 13 Abs. 2 Bayerisches AGGVG).

4

Zu der Frage, welche Vollzugsbehörde zur Einlegung und zur Begründung der Rechtsbeschwerde berechtigt ist, bietet sich die Auffassung, dass sowohl die Vollzugsanstalt als Beteiligte der ersten Instanz, wie auch die Aufsichtsbehörde als Beteiligte im Verfahren vor dem Oberlandesgericht hierzu befugt sind, als die praktikable Lösung an.[291] § 111 Abs. 2 StVollzG schließt jedenfalls die Berechtigung der Justizvollzugsanstalt zur Einlegung der Rechtsbeschwerde nicht aus.[292] Die Aufsichtsbehörde darf eine von der Anstalt eingelegte Rechtsbeschwerde zurücknehmen.[293]

5

F. Antragsfrist. Wiedereinsetzung

§ 112 StVollzG

Übersicht

I. Allgemeine Hinweise —— 1	a) Allgemeines —— 7
II. Erläuterungen —— 2–13	b) Fehlen der Rechtsmittelbelehrung kein Wiedereinsetzungsgrund —— 8
1. Frist zur Einlegung —— 2	c) Großzügige Gewährung —— 9
2. Form des Antrags —— 3–5	d) Inhalt des Antrags —— 10, 11
3. Feststellung der Verfahrensvoraussetzungen durch das Gericht —— 6	e) Ausschlussfrist —— 12
4. Wiedereinsetzung in den vorigen Stand bei Fristversäumnis —— 7–13	f) Rechtsmittel, Verwirkung —— 13

I. Allgemeine Hinweise

§ 112 StVollzG regelt die **Antragsfrist**, die **Antragsformalitäten** und das **Recht auf Wiedereinsetzung in den vorigen Stand**. Die Vorschrift entspricht § 26 EGGVG mit der Ausnahme, dass die Antragsfrist nicht einen Monat, sondern zwei Wochen beträgt.

1

---

[290] § 4 Abs. 2 Verordnung über die gerichtliche Vertretung des Freistaates Bayern – Vertretungsverordnung – i.d.F. vom 4.10.1995, Bayerisches GVBl. 1995, 733.
[291] Zum Meinungsstand OLG Karlsruhe ZfStrVo 2003, 244; § 118 Rdn. 3; AK-*Spaniol* Teil IV § 111 StVollzG Rdn. 5; *Arloth/Krä* § 111 StVollzG Rdn. 3; *Laubenthal/Nestler/Neubacher/Verrel* P Rdn. 44; *Ullenbruch* 1993, 517.
[292] KG NStZ 1984, 95, 96 mit Anm. *Kerner/Streng*; *Schuler* 1988, 261; OLG Stuttgart NStZ 1985, 356 *F*; OLG Zweibrücken ZfStrVo 1986, 379; OLG Jena NStZ 1999, 448.
[293] OLG Jena, Beschl. vom 7.10.2016 – 1 Ws 327/16 = FS SH 2018, 76 f.

Diese kürzere Frist trägt dem Bedürfnis Rechnung, dass die Verhältnisse im Straf- und Maßregelvollzug eine rasche Klärung erfordern und genügt auch, um den erforderlichen Rechtsschutz zu gewährleisten. Unter Frist ist ein Zeitraum zu verstehen, innerhalb dessen die Verfahrensbeteiligten Verfahrenshandlungen vorzunehmen haben, damit diese zulässig sind. Gesetzliche Fristen können nicht verlängert werden; es besteht jedoch bei unverschuldeter Versäumnis ein Anspruch auf Wiedereinsetzung in den vorigen Stand (§ 112 Abs. 2 und Abs. 3 StVollzG). Die **Berechnung der Fristen** – das Bundes-Strafvollzugsgesetz kennt Wochen- und Monatsfristen – erfolgt nach § 120 Abs. 1 Satz 2 StVollzG i.V.m. § 43 StPO. Der Lauf einer Frist wird gehemmt, solange ein Gefangener einer Maßnahme nach dem Kontaktsperregesetz unterworfen ist (§ 34 Abs. 2 EGGVG).

II. Erläuterungen

1. Frist zur Einlegung. Für einen Antrag nach § 109 StVollzG beträgt die Frist zwei Wochen beginnend mit der (förmlichen) Zustellung oder schriftlichen Bekanntmachung der Maßnahme oder ihrer Ablehnung an den Betroffenen (§ 112 Abs. 1 StVollzG). Die Vorschrift gilt bei einem Anfechtungs- und bei einem Verpflichtungsantrag, nicht aber für den Unterlassungs- sowie den Feststellungsantrag.[294] Für die Bestimmung des Zugangszeitpunkts bei schriftlicher Bekanntgabe ist § 130 BGB heranzuziehen.[295] Die Frist wird an dem Tag in Lauf gesetzt, an dem das Schreiben dem Empfänger zugeht.[296] Schriftliche Bekanntgabe setzt ein Schriftstück voraus, das eine Unterzeichnung oder eine Namenswiedergabe enthält, um sie von bloßen Entwürfen abzugrenzen.[297] Die Zustellung ist eine formstrenge, schriftliche Mitteilung; sie erfolgt nach § 120 Abs. 1 Satz 2 StVollzG i.V.m. § 37 Abs. 1 StPO, §§ 168 Abs. 1 Satz 2, 176 Abs. 1, 178 Abs. 1 Nr. 3 ZPO (bei inhaftierten Adressaten über einen Vollzugsbediensteten). Die Frist beginnt nicht erst mit Erlass der beanstandeten Maßnahme.[298] Die mündliche Eröffnung einer Maßnahme setzt die Frist nicht in Lauf.[299] Ebenso nicht die Vornahme eines Realaktes. Ist die Maßnahme nicht schriftlich bekannt gemacht worden oder steht die schriftliche Bekanntgabe nicht fest, kann analog zu § 113 Abs. 3 StVollzG bis zum Ablauf eines Jahres Antrag auf gerichtliche Entscheidung gestellt werden.[300] Bei mehrfacher Zustellung richtet sich die Berechnung der Frist nach der zuletzt bewirkten Zustellung; dies gilt nicht für eine Zustellung, die erst nach Fristablauf bewirkt wird.[301] Es lässt sich aus § 112 Abs. 1 StVollzG nicht herleiten, dass Maßnahmen der Vollzugsbehörden und ihre Begründung dem Betroffenen schriftlich bekanntzugeben sind. Eine mündliche Eröffnung reicht aus, solange kein gegenteiliges überwiegendes Interesse des Gefangenen ersichtlich ist.[302] Besteht auch kein

---

294 AK-*Spaniol* Teil IV § 112 StVollzG Rdn. 2; *Arloth/Krä* § 112 StVollzG Rdn. 2; *Laubenthal* Rdn. 794; *Laubenthal/Nestler/Neubacher/Verrel* P Rdn. 46.
295 OLG Frankfurt NStZ-RR 2002, 351.
296 OLG Karlsruhe, Beschl. vom 4.10.2016 – 2 Ws 264/16 = StraFo 2017, 38; *Laubenthal/Nestler/Neubacher/Verrel* P Rdn 46.
297 KG NStZ-RR 2005, 356.
298 OLG Frankfurt ZfStrVo 1979, 61.
299 OLG Koblenz ZfStrVo 1992, 321; *Arloth/Krä* § 112 StVollzG Rdn. 2; *Laubenthal/Nestler/Neubacher/Verrel* P Rdn. 47.
300 OLG Jena NStZ 2001, 414 *M*; OLG Frankfurt NJW 2003, 2843; KG, Beschl. vom 25.9.2007 – 2/5 Ws 189/05 Vollz = StraFo 2007, 521, 522; OLG Nürnberg, Beschl. vom 8.9.2014 – 1 Ws 344/14 = FS 2015, 64; *Laubenthal* Rdn. 794.
301 BGHSt 22, 221.
302 BVerfG NJW 1976, 34, 37; OLG Bamberg ZfStrVo SH 1979, 111; OLG Koblenz ZfStrVo 1981, 62; OLG Nürnberg NStZ 1998, 592.

Anspruch auf schriftliche Bescheidung vollzuglicher Maßnahmen, so kann im Fall einer besonders schwierigen Sach- und Rechtslage ein Anspruch auf schriftliche Begründung bestehen, um dem Betroffenen eine hinreichende Überprüfung zu ermöglichen.[303] Die Frist zur Stellung eines Antrages gem. § 109 StVollzG wird auch dann in Lauf gesetzt, wenn eine Entscheidung nur dem Verteidiger des Gefangenen bzw. Untergebrachten schriftlich bekannt gegeben wurde.[304] Verweigert ein Betroffener unberechtigt und grundlos die Annahme der schriftlichen Mitteilung der Vollzugsmaßnahmen, so gilt diese ihm in dem Zeitpunkt als zugegangen, in dem ihm deren Übergabe angeboten wurde.[305] Der Gefangene bzw. Untergebrachte ist auch nicht berechtigt, die Annahme mit dem Hinweis zu verweigern, er habe einen Rechtsanwalt mit seiner Vertretung beauftragt und diesem solle der vollzugsbehördliche Bescheid zugesandt werden.[306] Wird dem Betroffenen ein an dessen Verteidiger gerichtetes Schreiben übergeben, setzt dies die Antragsfrist nur dann in Lauf, wenn sich entweder aus dem Bescheid selbst oder aus weiteren Umständen eindeutig ergibt, dass mit dieser Aushändigung die Frist in Lauf gesetzt werden soll.[307] Die Zugangsfiktion von § 41 Abs. 2 VwVfG ist auf die Berechnung der Frist nicht anwendbar.[308] Kommt es zwischen dem Antragsteller und der Vollzugsbehörde einvernehmlich zu einer Vereinbarung über den Zeitpunkt des Zugangs (z.B. weil dann ein zuständiger Sachbearbeiter aus dem Urlaub zurückgekehrt ist), stellt dies keine Annahmeverweigerung dar, der Lauf der Frist beginnt vielmehr erst ab dem verabredeten Zeitpunkt.[309] Der Antragsteller ist grundsätzlich berechtigt, die ihm zur Einlegung des Rechtsbehelfs zur Verfügung stehende Frist voll auszuschöpfen. Das Ausschöpfen der Frist schließt allerdings den Zeitraum mit ein, welcher erforderlich ist, um den Antrag auf gerichtliche Entscheidung in der gesetzlich vorgeschriebenen Form bei Gericht anzubringen.[310]

2. Form des Antrags. Der Antrag auf gerichtliche Entscheidung muss gem. § 112 Abs. 1 **3** StVollzG **schriftlich oder zu Protokoll** der Geschäftsstelle[311] des Landgerichts (§ 110 StVollzG) gestellt werden, oder bei einem nach § 299 StPO zuständigen Amtsgericht. Den Gefangenen zu diesem auszuführen, ist die Anstalt jedenfalls dann nicht verpflichtet, wenn das beabsichtigte Rechtsmittel nicht statthaft ist.[312] Die Übergabe des Antrages an die Vollzugsbehörde, in der sich der Antragsteller befindet, genügt nicht.[313] Schriftliche Erklärungen müssen rechtzeitig in die Verfügungsgewalt des Gerichts bzw. an einen zur Empfangnahme zuständigen Beamten gelangen.[314] Zur Schriftform gehört, dass aus dem Schriftstück der Inhalt der Erklärung, die abgegeben werden soll, und die Person, von der sie ausgeht hinreichend zuverlässig entnommen werden können. Die Schriftform nach § 112 Abs. 1 StVollzG bedeutet nicht, dass der Antragsteller seinen Antrag unterzeichnen

---

303 OLG Hamm, Beschl. vom 23.5.2013 – III – 1 Vollz (Ws) 166/13 = NStZ 2014, 631.
304 OLG Nürnberg ZfStrVo 1988, 192; OLG Koblenz, Beschl. vom 28.4.2014 – 2 Ws 43/14 (Vollz) = FS 2015, 64; *Arloth/Krä* § 112 StVollzG Rdn. 2; *Laubenthal/Nestler/Neubacher/Verrel* P Rdn. 47.
305 OLG Frankfurt NStZ-RR 2002, 351; OLG Karlsruhe, Beschl. vom 4.10.2016 – 2 Ws 264/16 = StraFo 2017, 38.
306 OLG Frankfurt NStZ-RR 2002, 351; *Arloth/Krä* § 112 StVollzG Rdn. 3.
307 OLG Karlsruhe StraFo 2007, 86.
308 KG NStZ-RR 2002, 383; OLG Koblenz, Beschl. vom 28.4.2014 – 2 Ws 43/14 (Vollz) = FS 2015, 64; OLG Bamberg, Beschl. vom 29.6.2017 – 1 Ws 283/2017 = FS SH 2018, 13, 15; *Laubenthal* Rdn. 794.
309 OLG Karlsruhe, Beschl. vom 4.10.2016 – 2 Ws 264/16 = StraFo 2017, 38.
310 OLG Celle, Beschl. vom 23.8.2011 – 1 Ws 325/11.
311 Dazu bei der Rechtsbeschwerde § 118 StVollzG Rdn. 8.
312 OLG Rostock, Beschl. vom 2.6.2017 –20 Ws 94/17 = Beck-Rs 2017, 128622 Rdn. 19.
313 OLG Frankfurt ZfStrVo SH 1978, 44.
314 Meyer-Goßner/Schmitt 2019 vor § 42 StPO Rdn. 13.

muss. Das Fehlen der Unterschrift ist kein Mangel, der den Antrag unzulässig macht.[315] Es müssen aber der Verfasser als Antragsteller sowie seine Anschrift aus dem Schreiben erkennbar sein.[316] Zur Wahrung der Antragsfrist reicht die Einreichung einer nur in fremder Sprache abgefassten Schrift ohne Beifügung einer Übersetzung in die deutsche Sprache nicht aus.[317] Ein Antrag auf gerichtliche Entscheidung, der nicht **in deutscher Sprache** abgefasst ist, bleibt unzulässig (§ 184 Satz 1 GVG). Dies gilt auch, wenn der Antragsteller Ausländer und der deutschen Sprache nicht ausreichend mächtig ist. Es besteht nach Art. 6 Abs. 3 EMRK kein allgemeiner Anspruch auf Übersetzung durch einen Dolmetscher.[318] Es wird jedoch auch die Auffassung vertreten, ein Ausländer, der der deutschen Sprache nicht mächtig ist, könne mindestens dann, wenn er sich nicht auf freiem Fuß befindet und anwaltlich nicht vertreten wird, ein fristgebundenes Rechtsmittel zulässigerweise in einer europäischen Sprache einreichen. Ein Gericht dürfe ein solches Rechtsmittel als unzulässig verwerfen, wenn es anstatt selbst für eine Übersetzung zu sorgen, dem Ausländer aufgibt, unverzüglich eine Übersetzung nachzureichen, und der Ausländer dieser Aufforderung nicht nachkommt, obwohl er hierzu in der Lage gewesen wäre.[319] Bei fremdsprachigen Eingaben kann die Fürsorgepflicht gebieten, den Absender auf § 184 Satz 1 GVG hinzuweisen[320] oder Hilfen zu gewähren.[321] Auch insoweit sind die Grundsätze des rechtsstaatlichen, fairen Verfahrens zu beachten.[322]

4 Die nach § 109 Abs. 2 StVollzG nötige Begründung (12 B Rdn. 30) eines Antrages muss innerhalb der Frist für die Stellung eines Antrages von § 112 Abs. 1 StVollzG erfolgen; sie kann grundsätzlich nicht im Laufe des gerichtlichen Verfahrens nachgeholt werden, da sie als Zulässigkeitsvoraussetzung unmittelbar zu dem Antrag gehört und deshalb den Form- und Fristenerfordernissen unterliegt. Zulässig ist lediglich die Ergänzung oder nähere Darlegung einer den Anforderungen des § 109 Abs. 2 StVollzG bereits genügenden Antragsbegründung auch nach Ablauf der Frist. Ggf. muss das Gericht entsprechend seiner Fürsorgepflicht auf Mängel und eine Ergänzung des Sachvortrages hinweisen;[323] dies kann im Ausnahmefall mit der Gestattung verbunden werden, eine fehlende Erklärung auch noch nach Ablauf der zweiwöchigen Frist abzugeben, was jedoch nicht für Antragsschriften gilt, die Rechtsanwälte und forensisch erfahrene Gefangene einreichen.[324]

5 Zu Protokoll der Geschäftsstelle des Gerichts[325] kann eine telefonische Erklärung an das Gericht nicht wirksam erfolgen.[326] Wird der Antrag am letzten Tag der Antragsfrist schriftlich bei einem unzuständigen Gericht eingelegt, so wird die Antragsfrist dennoch gewahrt, wenn das zuständige Gericht noch an diesem Tage telefonisch von dem Inhalt des schriftlichen Antrages unterrichtet wird und der Urkundsbeamte der Geschäftsstelle

---

315 OLG Zweibrücken ZfStrVo SH 1979, 96; *Laubenthal* Rdn. 793.
316 Für Fernschreiben, Telebriefe, Telefax und Email *Meyer-Goßner/Schmitt* 2019 Einl. Rdn. 139, 139 a; s. auch 12 L Rdn. 9.
317 *Arloth/Krä* § 112 StVollzG Rdn. 4.
318 OLG Nürnberg ZfStrVo 1989, 187; 1990, 189; krit. AK-*Spaniol* Teil IV § 112 StVollzG Rdn. 8; *Laubenthal/Nestler/Neubacher/Verrel* P Rdn. 48.
319 Dazu auch *Kissel/Mayer* 2018 § 184 GVG Rdn. 5 f; im Übrigen zu dieser Problematik BVerfG StV 1991, 497; OLG Koblenz StV 1997, 429 mit Anm. *Kühne*.
320 *Meyer-Goßner/Schmitt* 2019 § 184 GVG Rdn. 2.
321 *Kissel/Mayer* 2018 § 184 GVG Rdn. 13 ff.
322 BVerfGE 64, 135.
323 OLG Celle NStZ 1990, 428 B; KG NStZ-RR 1997, 154; OLG Hamm, Beschl. vom 17.5.2018 – III-1 Vollz (Ws) 153/18, 154/18; *Arloth/Krä* § 112 StVollzG Rdn. 4; *Laubenthal/Nestler/Neubacher/Verrel* P Rdn. 48.
324 OLG Koblenz NStZ-RR 2011, 32.
325 Dazu *Meyer-Goßner/Schmitt* 2019 Einl. Rdn. 140.
326 BGH NJW 1981, 1627, AK-*Spaniol* Teil IV § 112 StVollzG Rdn. 7.

dieses Gerichts hierüber einen schriftlichen Aktenvermerk aufnimmt. Unterbleibt die fernmündliche Benachrichtigung des zuständigen Gerichts oder fertigt der Urkundsbeamte trotz Benachrichtigung keinen Vermerk an, so ist dem Antragsteller Wiedereinsetzung in den vorigen Stand gegen die Versäumung der Antragsfrist zu gewähren.[327]

3. Hinsichtlich der **Feststellung der Verfahrensvoraussetzungen**, z.B. der Fristwahrung, gilt für das Gericht die Pflicht zur Amtsermittlung.[328] **6**

4. Wiedereinsetzung in den vorigen Stand bei Fristversäumnis

a) Allgemeines. Die Voraussetzungen der Wiedereinsetzung in den vorigen Stand im gerichtlichen Verfahren nach §§ 109ff StVollzG bei Versäumung gesetzlicher Fristen regelt § 112 Abs. 2 StVollzG. Gesetzliche Bestimmungen über verfahrensrechtliche Fristen sind notwendig, damit gerichtliche Entscheidungen nach ungenutztem Fristablauf eine endgültige Wirkung entfalten können. Um diesen der Rechtssicherheit dienenden Zweck nicht zu vereiteln, muss die Wiedereinsetzung in den vorigen Stand eine Ausnahme bleiben. Eine Wiedereinsetzung in den vorigen Stand ist daher nur dann zu gewähren, wenn der Antragsteller ohne Verschulden gehindert war, die Antrags- bzw. Rechtsmittelfrist einzuhalten. Es wird die Ansicht vertreten, dass neben eigenem Verschulden ein Verfahrensbeteiligter im Zusammenhang mit der Versäumung einer Frist unter Umständen auch das schuldhafte Verhalten derjenigen Personen gegen sich gelten lassen muss, deren er sich als Vertreter zur Rechtsverfolgung bedient.[329] An einem Verschulden soll es aber dann fehlen, wenn der Betroffene alles ihm billigerweise Zumutbare getan hat, um die der Fristwahrung entgegenstehende Rechtsunkenntnis zu beseitigen und seine redlichen Bemühungen schuldlos ohne Erfolg geblieben sind. Da § 120 Abs. 1 Satz 2 StVollzG für das Verfahren vor der Strafvollstreckungskammer im Rahmen der §§ 109ff StVollzG auf die Regelungen der StPO verweist, gelten hinsichtlich eines Verschuldens des Verteidigers sowie eines sonstigen Vertreters an der Fristversäumnis zwar die strafprozessualen Grundsätze. Danach müssen im Strafverfahren Beteiligte, die sich nicht gegen einen Schuldvorwurf verteidigen, sich das Verteidigerverschulden zurechnen lassen.[330] Insbesondere das Verschulden des Verteidigers ist dem Gefangenen bzw. Untergebrachten im vollzugsrechtlichen Verfahren jedoch nicht zuzurechnen.[331] Denn der sich in Unfreiheit befindliche Inhaftierte kann nicht zur Überwachung seines Verteidigers verpflichtet werden. Ein eigenes Verschulden des Inhaftierten liegt aber vor, falls er sich nicht vor Stellung eines Antrags auf Prozesskostenhilfe vergewissert, dass der als beizuordnend benannte Anwalt willens und in der Lage ist, die erforderliche Tätigkeit zu erbringen.[332] An einem Verschulden des Antragstellers fehlt es, wenn das Versäumnis im Verantwortungsbereich der Vollzugsbehörde liegt, z.B. verspätete Weiterleitung des schriftlichen **7**

---

[327] OLG Zweibrücken NStZ 1982, 395.
[328] OLG Frankfurt ZfStrVo 1979, 61; hierzu 12 I Rdn. 2ff.
[329] *Arloth/Krä* § 112 StVollzG Rdn. 5; *Meyer-Goßner/Schmitt* 2019 § 44 StPO Rdn. 19; a.A. *Eschke* 1993, 182; *Litwinski/Bublies* 1989, 110.
[330] *Meyer-Goßner/Schmitt* 2019 § 44 StPO Rdn. 19.
[331] AK-*Spaniol* Teil IV § 112 StVollzG Rdn. 12; *Laubenthal* Rdn. 795; a.A. OLG Frankfurt, Beschl. vom 8.5.1981 – 3 Ws 63/81 = NStZ 1981, 408; OLG Hamm NStZ 2008, 684; Beschl. vom 17.9.2015 – 1 Vollz (Ws) 275, 276/15 = Beck-Rs 2015, 18295 Rdn. 12; OLG Celle, Beschl. vom 24.6.2015 – 1 Ws 290/15 (StrVollz) = FS SH 2016, 20f; OLG Zweibrücken, Beschl. vom 23.4.2018 – 1 Ws 12/18 (Vollz) Rdn. 4 (juris); differenzierend *Bachmann*, 369: keine Zurechnung anwaltlichen Fehlverhaltens, wenn Disziplinarmaßnahmen in Rede stehen (s. auch: *Laubenthal/Nestler/Neubacher/Verrel* P Rdn. 50).
[332] OLG Zweibrücken, Beschl. vom 23.4.2018 – 1 Ws 12/18 (Vollz) Rdn. 5 (juris).

Antrages.³³³ Bei einer Änderung einer jahrelangen gerichtlichen Verfahrenspraxis kann aus Gründen eines fairen rechtstaatlichen Verfahrens von Amts wegen die Wiedereinsetzung in eine versäumte Beschwerdefrist gewährt werden.³³⁴ An der Nichteinhaltung der Frist des § 112 Abs. 1 StVollzG trifft einen Antragsteller dann kein Verschulden, wenn sich dieser für bedürftig halten konnte und deshalb innerhalb der Frist zunächst nur einen Antrag auf Prozesskostenhilfe gestellt hat und erst nach Entscheidung darüber den Rechtsbehelf selbst einlegt. Ist zu diesem Zeitpunkt die Frist bereits abgelaufen, liegt ein Wiedereinsetzungsgrund vor.³³⁵ Auch Verzögerungen der Briefbeförderung durch die Post dürfen nicht als Verschulden angerechnet werden. Insoweit liegt es nur im Verantwortungsbereich des Absenders, das Schriftstück so ordnungsgemäß und rechtzeitig zur Post gegeben zu haben, dass es nach deren organisatorischen und betrieblichen Vorkehrungen bei normalem Verlauf der Dinge fristgerecht den Empfänger erreichen kann.³³⁶ Der Absender darf von einer eintägigen Postlaufzeit ausgehen, und zwar auch bei einem Einwurfeinschreiben.³³⁷

8   **b) Fehlen der Rechtsmittelbelehrung kein Wiedereinsetzungsgrund.** Das Fehlen einer Rechtsmittelbelehrung ist für sich allein noch kein Wiedereinsetzungsgrund im erstinstanzlichen gerichtlichen Verfahren in Straf- und Maßregelvollzugssachen.³³⁸ Der Bundesgesetzgeber hat das Verfahren auf Wiedereinsetzung in den dem Strafvollzugsgesetz unterliegenden Verfahren abschließend geregelt. Die Rechtsvermutung des § 44 Satz 2 StPO, wonach eine fehlende Rechtsmittelbelehrung als Wiedereinsetzungsgrund anzusehen ist, kann über § 120 Abs. 1 Satz 2 StVollzG nicht herangezogen werden.³³⁹ Hinsichtlich vollzuglicher Maßnahmen ist eine Rechtsbehelfsbelehrung nicht vorgeschrieben. Nach § 5 Abs. 2 StVollzG, **BW** § 4 Abs. 1 Satz 1 III, **BY** Art. 7 Abs. 2 Satz 1, **BE** § 7 Abs. 1 Satz 1, **BB** § 12 Abs. 1 Satz 1, **HB** § 6 Abs. 1 Satz 1, **HH** § 6 Abs. 2 Nr. 1, **HE** § 8 Abs. 1 Satz 2, **MV** § 6 Abs. 1 Satz 1, **NI** § 8 Abs. 1, **NW** § 8 Abs. 1 Satz 1, **RP** § 12 Abs. 1 Satz 1, **SL** § 6 Abs. 1 Satz 1, **SN** § 6 Abs. 1 Satz 1, **ST** § 12 Abs. 1 Satz 1, **SH** § 6 Abs. 1 Satz 2, **TH** § 12 Abs. 1 Satz 1 ist jeder Strafgefangene über seine Rechte, also auch über die Möglichkeiten der Anfechtung von Entscheidungen der Vollzugsbehörde zu unterrichten. Diese Unterrichtung gewährleistet die Informiertheit des Gefangenen. Die Vollzugsbehörde erfüllt ihre Informationspflicht durch die Aushändigung von Merkblättern und darüber hinaus i.d.R. durch die Aushändigung von Exemplaren des jeweiligen Strafvollzugsgesetzes, aus denen die Anfechtungsmöglichkeiten belastender Vollzugsverwaltungsakte entnommen werden können. Der Schutz des Betroffenen, den § 44 Abs. 2 StPO bezwecken will, ist in Vollzugssachen daher in anderer Weise gewährleistet.³⁴⁰ Hat die Vollzugsbehörde es jedoch unterlassen, derartige Informationsmöglichkeiten zu gewährleisten, wird einem Betroffenen die Versäumung einer Frist nicht zuzurechnen sein.³⁴¹ Dies gilt jedoch nicht, wenn der Antrag durch einen Rechtsanwalt gestellt wird.

9   **c) Großzügige Gewährung.** Im Allgemeinen sollten bei der Wiedereinsetzung bei Fristversäumnis durch in Unfreiheit befindliche Personen Nachsicht am Platze sein und

---

333 AK-*Spaniol* Teil IV § 112 StVollzG Rdn. 13.
334 OLG Karlsruhe ZfStrVo 2003, 244, 245 mit Anm. *Rösch*.
335 OLG Koblenz NStZ-RR 1997, 187.
336 BVerfG, Beschl. vom 7.3.2017 – 2 BvR 162/16 = StV 2017, 731.
337 OLG Frankfurt, Beschl. vom 12.1.2016 – 3 Ws 956/15 (StVollz) = Beck-Rs 2016, 4863.
338 OLG Frankfurt ZfStrVo SH 1978, 44; *Schrader* 1987, 447.
339 OLG Zweibrücken ZfStrVo 1990, 307; OLG Koblenz, Beschl. vom 4.9.2013 – 2 Ws 459/13 = FS 2014, 64; *Arloth/Krä* § 112 StVollzG Rdn. 5.
340 OLG Frankfurt NStZ 1986, 354 *F*; KG 15.3. 2002 – 5 Ws 138/02 Vollz.
341 AK-*Spaniol* Teil IV § 112 Rdn. 14; *Laubenthal/Nestler/Neubacher/Verrel* P Rdn. 47.

Förmlichkeiten nicht unnötig zum Rechtsverlust führen. Amtliches Verschulden ist einem Betroffenen nicht zuzurechnen.[342] Das gilt auch, wenn die Versäumung der Frist zur Einlegung des Rechtsbehelfs auf einer unrichtigen Belehrung beruht.[343] Als Mittel der Glaubhaftmachung (§ 45 Abs. 2 Satz 1 StPO) kann eine schlichte Erklärung des Gefangenen ausreichen, wenn andere Mittel nicht zur Verfügung stehen, etwa weil i. d. R. nicht damit gerechnet werden kann, dass sich Vollzugsbedienstete nach längerer Zeit an den genauen Termin der Übergabe eines Schriftstücks erinnern.[344]

d) Inhalt des Antrags. Der Antrag auf Wiedereinsetzung ist gem. § 112 Abs. 3 Satz 1 StVollzG binnen zwei Wochen nach Wegfall des Hindernisses, das der Einhaltung der Frist entgegenstand, zu stellen. Nach § 112 Abs. 3 Satz 2 StVollzG muss glaubhaft gemacht werden, dass die Versäumung ohne Verschulden eingetreten ist; es genügt nicht, dass die Möglichkeit besteht, die Frist könne ohne Verschulden versäumt worden sein. Glaubhaftmachen der Tatsachen zur Begründung des Antrags bedeutet eine Wahrscheinlichmachung, d.h. die behaupteten Tatsachen so weit zu beweisen, dass das Gericht sie für wahrscheinlich hält und es in die Lage versetzt wird, ohne das Verfahren verzögernde zusätzliche Ermittlungen entscheiden zu können.[345] Bei Strafgefangenen bzw. Untergebrachten bleibt es im Einzelfall ausreichend, wenn der inhaftierte Antragsteller zur Glaubhaftmachung eine eigene Erklärung abgibt.[346] 10

Mit dem Antrag zugleich, auf jeden Fall innerhalb der Zwei-Wochenfrist von § 112 Abs. 3 Satz 1 StVollzG, muss die versäumte Handlung nachgeholt werden, § 112 Abs. 3 Satz 3 StVollzG. 11

Auch ohne, dass ein Wiedereinsetzungsantrag ausdrücklich gestellt wurde, kann Wiedereinsetzung gewährt werden, wenn bei Vornahme der versäumten Rechtshandlung innerhalb der Frist von Abs. 3 Satz 1 aus dem Zusammenhang ersichtlich ist, es wird Wiedereinsetzung begehrt und ein Verschulden liegt nicht vor, § 112 Abs. 3 Satz 4 StVollzG. Gegen die Versäumung der Zwei-Wochenfrist des Abs. 3 Satz 1 ist ebenfalls Wiedereinsetzung zulässig.

e) Ausschlussfrist. § 112 Abs. 4 StVollzG enthält eine Ausschlussfrist. Gegen die Versäumung der Jahresfrist ist Wiedereinsetzung nicht möglich. Ist jedoch das Hindernis auf höhere Gewalt zurückzuführen, so kann auch nach späterer Beseitigung des Hindernisses Wiedereinsetzung binnen zwei Wochen beantragt werden. Höhere Gewalt setzt ein außergewöhnliches Ereignis voraus, das unter den gegebenen Umständen auch durch äußerste, nach Lage der Sache vom Betroffenen zu erwartende, Sorgfalt nicht verhindert werden kann.[347] 12

f) Rechtsmittel, Verwirkung. Der einem Antrag auf Wiedereinsetzung stattgebende Beschluss ist unanfechtbar (§ 120 Abs. 1 Satz 2 StVollzG, § 46 Abs. 2 StPO). Gegen die Ablehnung eines Wiedereinsetzungsantrages ist die sofortige Beschwerde nach § 120 Abs. 1 Satz 2 StVollzG i.V.m. § 46 Abs. 3 StPO statthaft.[348] 13

---

342 OLG Hamm NStZ 1989, 248; *Laubenthal* Rdn. 795.
343 BGH NJW 1982, 532.
344 BVerfG, Beschl. vom 22.3.2017 – 2 BvR 2459/16 = Beck-Rs 2017, 106849 Rdn. 7 f.
345 *Meyer-Goßner/Schmitt* 2019 § 26 StPO Rdn. 7.
346 BVerfG StV 1993, 351.
347 *Kissel/Mayer* 2018 § 26 EGGVG Rdn. 18; *Meyer-Goßner/Schmitt* 2019 § 26 EGGVG Rdn. 9.
348 OLG Celle FS 2016, 74.

Da die Frist des § 112 Abs. 1 StVollzG nicht für Feststellungs- und Unterlassungsanträge gilt, können diese in Ausnahmefällen durch Verwirkung unzulässig werden. Dies gilt dann, wenn der Betroffene über einen längeren Zeitraum hinweg untätig bleibt, obwohl er die Rechtslage kannte oder zumutbarerweise hätte erkennen müssen.

G. Vornahmeantrag

§ 113 StVollzG

Übersicht

I. Allgemeine Hinweise —— 1
II. Erläuterungen —— 2–5

I. Allgemeine Hinweise

1   Bei verzögerlicher Sachbehandlung durch die Vollzugsbehörde ermöglicht § 113 StVollzG im Interesse der Beschleunigung des Rechtsschutzes einen Antrag auf gerichtliche Entscheidung gegen die Unterlassung einer Maßnahme (z.B. Nichtbescheidung eines Antrages auf Gewährung von Hafturlaub bzw. Freistellung aus/von der Haft). Hat die Vollzugsbehörde eine Maßnahme unterlassen (d.h. auf einen Antrag auf Gewährung einer begünstigenden Maßnahme nicht reagiert), kann der Antragsteller sich mittels eines Vornahmeantrags (§§ 109 Abs. 1 Satz 2, 113 StVollzG) als Unterfall des allgemeinen Leistungsantrags gegen die Untätigkeit der Anstalt wenden (Untätigkeitsantrag). Dabei hat der von der Untätigkeit Betroffene zwei Vorgehensmöglichkeiten: Er verfolgt mit dem einfachen Untätigkeitsantrag das Ziel der Bescheidung (Genehmigung oder Ablehnung) seines ursprünglichen Begehrens (§ 115 Abs. 4 StVollzG). Oder der Inhaftierte geht im Wege eines Stufenantrags vor, indem er sich nicht nur gegen die Untätigkeit der Anstaltsleitung wendet, sondern zugleich das Ziel des Erlasses der Maßnahme durch die Anstaltsleitung begehrt.[349]

II. Erläuterungen

2   Vor Ablauf von drei Monaten seitdem an die Leitung der Vollzugseinrichtung gerichteten und von dieser nicht verbeschiedenen Antrag auf Vornahme einer Maßnahme kann gem. § 113 Abs. 1 StVollzG der Antrag auf gerichtliche Entscheidung prinzipiell nicht gestellt werden (Zulässigkeitsvoraussetzung). Die Drei-Monatsfrist wird als angemessene Handlungs- und Entscheidungsfrist angesehen.[350] Für die Berechnung der Drei-Monatsfrist kommt es auf den Zeitpunkt der gerichtlichen Entscheidung an.[351] Die Festlegung einer bestimmten Frist ist erforderlich, weil ein Betroffener nur schwer festzustellen vermag, welche Gründe die Vollzugsbehörde von einer früheren Entscheidung abhalten, und er Gefahr liefe, dass sein Antrag als unzulässig abgewiesen werden müsste. Eine kürzere Frist kann jedoch dann an die Stelle der Drei-Monatsfrist treten, wenn eine frühere Anrufung des Gerichts wegen besonderer Umstände des Falles geboten ist. Dies wird immer dann der Fall sein, wenn die Verzögerung der Entscheidung der Vollzugsbehörde dem Gefangenen unverhältnismäßige Nachteile bringt. Ob dies zutrifft und welche Frist angemessen und vertretbar ist, entscheidet das Gericht im Einzelfall. Die Drei-

---

[349] Laubenthal 2014, 581; Laubenthal/Nestler/Neubacher/Verrel P Rdn. 55.
[350] OLG Celle NStZ 1985, 576.
[351] OLG Nürnberg ZfStrVo 1990, 119.

G. Vornahmeantrag

Monatsfrist gilt auch nicht, wenn die Vollzugsbehörde sich explizit weigert, einen Antrag auf Gewährung einer begünstigenden Maßnahme zu verbescheiden.[352] Wird der Antrag auf gerichtliche Entscheidung nach Ablauf der Drei-Monats-Frist – oder ggf. an ihre Stelle getretene kürzere Frist – gestellt, so kann er nicht mehr als verfrüht, d.h. als unzulässig abgewiesen werden, wenn dem Erlass der beantragten Maßnahme weiterhin ein zureichender Grund entgegensteht. Die Strafvollstreckungskammer hat in diesem Fall das Verfahren bis zum Ablauf einer von ihr bestimmten Frist auszusetzen, innerhalb derer die Vollzugsbehörde zu entscheiden hat, § 113 Abs. 2 Satz 1 StVollzG. Die Behörde muss vorbringen, welche Hindernisse ihrer Entscheidung entgegenstehen, damit das Gericht beurteilen kann, welche Frist angemessen erscheint. Eine Verlängerung der (richterlichen) Frist bleibt möglich, § 113 Abs. 2 Satz 2 StVollzG.

3 Befindet die Vollzugsbehörde, gleichgültig aus welchem Grund nicht über den an sie gerichteten Antrag auf Vornahme einer Maßnahme, ist der Antrag auf gerichtliche Entscheidung zulässig; es ist in der Hauptsache zu entscheiden, d.h. es ist zu überprüfen, ob ein Anspruch auf Verbescheidung durch die Vollzugsbehörde besteht. Hat der Betroffene nicht nur einen einfachen Untätigkeitsantrag gestellt, sondern im Wege des Stufenantrags zugleich das Ziel des Erlasses der begehrten Maßnahme bei Gericht verfolgt, ist seitens der Strafvollstreckungskammer ggf. auch hierüber zu befinden.[353] Bei einer Bearbeitungsdauer eines Urlaubsantrages von mehr als drei Monaten spricht der erste Anschein für ein rechtswidriges „Liegenlassen" des Antrags.[354] Erlässt die Vollzugsbehörde die beantragte Maßnahme vor Ablauf der vom Gericht gesetzten Frist, ist der Rechtsstreit in der Hauptsache auch ohne ausdrückliche Erklärung erledigt (§ 113 Abs. 2 Satz 3 StVollzG) und das Gericht hat nur noch über die Kosten nach billigem Ermessen zu entscheiden (§ 121 Abs. 2 Satz 2 StVollzG). Ein an das Gericht gerichteter Antrag, festzustellen, dass die Nichtbescheidung eines Antrags durch die Anstaltsleitung während eines Zeitraumes von acht Wochen rechtswidrig gewesen sei, ist nach Ansicht der überwiegenden Rechtsprechung unzulässig, weil der Antrag nach § 115 Abs. 3 StVollzG voraussetzt, dass sich eine bereits getroffene Maßnahme erledigt hat.[355] Dieses Ergebnis bleibt aber in der Sache unbefriedigend und widerspricht dem grundgesetzlich garantierten Anspruch auf Rechtsschutz gem. Art. 19 Abs. 4 GG. Deshalb muss auch von einem Vornahmeantrag auf einen Antrag auf Feststellung (§ 115 Abs. 3 StVollzG) umgestellt werden können. Dies kann z.B. dann der Fall sein, wenn dem Gefangenen eine begehrte Maßnahme verweigert wurde und der Vornahmeantrag vor der gerichtlichen Entscheidung seine Erledigung gefunden hat.[356] Lehnt die Vollzugsbehörde nach Anhängigkeit des Vornahmeantrags den Erlass der vom Gefangenen begehrten Maßnahme (z.B. Urlaubsantrag wird negativ verbeschieden) ab, kann der Betroffene vom Vornahme- zum Verpflichtungsantrag übergehen.

4 Gem. § 113 Abs. 3 StVollzG ist ein an die Strafvollstreckungskammer gerichteter Vornahmeantrag nur bis zum Ablauf eines Jahres seit der Stellung des Antrags auf Vornahme der Maßnahme bei der Vollzugsbehörde zulässig, außer wenn die Antragstellung vor Ablauf der Jahresfrist infolge höherer Gewalt unmöglich war oder unter den besonderen Verhältnissen des Einzelfalles unterblieben ist. § 113 Abs. 3 StVollzG entspricht als Aus-

---

[352] AK-*Spaniol* Teil IV § 113 StVollzG Rdn. 5; *Arloth/Krä* § 113 StVollzG Rdn. 2.
[353] *Laubenthal* Rdn. 776.
[354] LG Hamburg ZfStrVo 1995, 245.
[355] OLG Frankfurt LS ZfStrVo SH 1979, 100; OLG Hamburg LS ZfStrVo SH 1979, 99; OLG Karlsruhe NStZ 1985, 525, 526, 527 mit Anm. *Helmken*.
[356] KG StV 1985, 70 f; AK-*Spaniol* Teil IV § 113 StVollzG Rdn. 8; *Arloth/Krä* § 113 StVollzG Rdn. 3; *Laubenthal/Nestler/Neubacher/Verrel* P Rdn. 55.

schlussfrist § 112 Abs. 4 StVollzG (dort Rdn. 12) mit der Ausnahme, dass auch „besondere Verhältnisse des Einzelfalles" den Fristablauf hindern können. Die besonderen Verhältnisse setzen voraus, dass Umstände vorliegen, die die Fristüberschreitung als geboten erscheinen lassen. Hierbei kommt es immer auf das Verhalten der Vollzugsbehörde an und wie der Gefangene dieses Verhalten deuten durfte.

5   Auch für den Vornahmeantrag nach § 113 StVollzG gelten die Voraussetzungen von § 109 Abs. 1 Satz 1 StVollzG,[357] wonach der Antrag auf gerichtliche Entscheidung sich auf Vornahme von Maßnahmen zur Regelung einzelner Angelegenheiten (dazu B Rdn. 11) richtet. Unzulässig ist dementsprechend ein Antrag, der die Verpflichtung der Vollzugsbehörde zu Tätigkeiten anstrebt, die keine Regelung einzelner Vollzugsangelegenheiten enthält.[358] Ein Gefangener hat auch kein Recht darauf, dass die Vollzugsbehörde über seinen Antrag zweimal entscheidet.[359] Das Unterlassen eines weiteren Bescheids auf einen früher schon beschiedenen Antrag ist grundsätzlich keine taugliche Grundlage für einen Vornahmeantrag nach § 113 StVollzG.[360]

H. Aussetzung der Maßnahme

§ 114 StVollzG

Übersicht

I. Allgemeine Hinweise —— 1
II. Erläuterungen —— 2–11
   1. Aussetzungsanordnung —— 2
   2. Einstweilige Anordnung —— 3–6
      a) Unterschied zur Aussetzung —— 3
      b) Voraussetzungen —— 4, 5
      c) Kein Nebeneinander von einstweiliger Anordnung und Aussetzung —— 6

3. Vorläufiger Rechtsschutz und Hauptsache —— 7
4. Keine weiteren vorläufigen Entscheidungen —— 8
5. Vorläufige Entscheidung nicht anfechtbar —— 9
6. Vorläufiger Rechtsschutz kann vor Antrag in der Hauptsache begehrt werden —— 10
7. Verfahren —— 11

I. Allgemeine Hinweise

1   § 114 StVollzG regelt zusammen mit § 116 Abs. 3 StVollzG den **vorläufigen Rechtsschutz** im gerichtlichen Verfahren nach dem Bundes-Strafvollzugsgesetz. Mit dieser Vorschrift soll i.S.v. Art. 19 Abs. 4 GG nicht nur das formelle Recht und die theoretische Möglichkeit, die Gerichte anzurufen, sondern auch die Effektivität des Rechtsschutzes gewährleistet werden, weshalb es auch schon im Eilverfahren zu einer wirksamen Kontrolle der beanstandeten Maßnahme in tatsächlicher und rechtlicher Hinsicht kommen muss.[361] Daraus folgt, dass der gerichtliche Rechtsschutz soweit wie möglich der Schaffung solcher vollendeter Tatsachen zuvorzukommen hat, die dann, wenn sich eine Maßnahme bei richterlicher Prüfung als rechtswidrig erweist, nicht mehr rückgängig gemacht werden können. Anträge von Gefangenen bzw. Untergebrachten sind im Hinblick darauf sachdienlich auszulegen.[362] Wirksamer Rechtsschutz bedeutet Rechtsschutz in-

---

357 *Laubenthal* 2014, 581.
358 KG 29.1.1979 – 2 Ws 145/78 Vollz.
359 Zur Abgrenzung von wiederholender Verfügung und Zweitbescheid OLG Bamberg, Beschl. vom 29.6.2017 – 1 Ws 283/2017 = FS SH 2018, 13ff; OLG Frankfurt, Beschl. vom 18.7.2003 – 3 Ws 606/03 = NStZ-RR 2004, 29, 30; siehe auch OLG Celle, Beschl. vom 1.4.2016 – 1 Ws 110 + 111/15 = StV 2018, 639.
360 OLG Celle ZfStrVo SH 1978, 47.
361 BVerfG, Beschl. vom 16.11.2016 – 2 BvR 2275/16 = StV 2018, 619, 620.
362 *Arloth/Krä* § 114 StVollzG Rdn. 1.

nerhalb angemessener Zeit. Was angemessen ist, bestimmt sich nach den Umständen des Einzelfalls.[363] Daraus folgt, dass im Bereich des Straf- und Maßregelvollzugs die Gewährleistung wirksamen Rechtsschutzes Vorkehrungen erfordert, damit der Betroffene rechtzeitig Zugang zum Gericht erhält. Das Verhalten der Vollzugsverwaltung darf nicht darauf angelegt werden, den gerichtlichen Rechtsschutz zu vereiteln oder unzumutbar zu erschweren.[364] Nach § 114 Abs. 1 StVollzG bewirkt ein Antrag auf gerichtliche Entscheidung **nicht automatisch eine aufschiebende Wirkung** gegenüber der angefochtenen Maßnahme. Bedenken gegen die Verfassungsmäßigkeit von Abs. 1 bestehen jedoch nicht.[365] Art. 19 Abs. 4 GG, wonach auch der Rechtsschutz gegen vorläufige Rechtsnachteile umfasst wird, verlangt nur die Gewährleistung eines vorläufigen Rechtsschutzes, wie ihn § 114 Abs. 2 Satz 1 und 2 StVollzG vorsehen.[366] Hierdurch wird sichergestellt, dass vor der Unanfechtbarkeit einer belastenden Vollzugsmaßnahme nicht vollendete Tatsachen geschaffen und Rechte beeinträchtigt werden können. Denn dem Betroffenen bleibt die Möglichkeit der Anrufung des Gerichts offen. Mit der Freistellung von der aufschiebenden Wirkung gem. § 114 Abs. 1 StVollzG wird einer möglichen Rechtsunsicherheit (sofortige Durchsetzung) bei Anfechtung von Anordnungen der Vollzugsbehörde entgegengewirkt. In der Praxis dient ein Großteil von Anordnungen der Gefahrabwehr gegen einen Störer, der durch sein Verhalten oder den Zustand einer von ihm beherrschten Sache eine Gefahr für die Sicherheit oder Ordnung der Anstalt herbeiführt, oder verhindert die Begehung von Straftaten bzw. Ordnungswidrigkeiten. Die Vollzugsbehörde kann allerdings bis zur gerichtlichen Entscheidung eine angefochtene Maßnahme selbst aussetzen. Vorläufiger Rechtsschutz im Rahmen eines Verfassungsbeschwerdeverfahrens oder in dessen Vorfeld kommt im Hinblick auf den Grundsatz der Subsidiarität der Verfassungsbeschwerde (§ 90 Abs. 2 BVerfGG) erst in Betracht, wenn der Antragsteller bestehende Möglichkeiten, fachgerichtlichen Eilrechtsschutz zu erlangen, ausgeschöpft hat.[367] Der Zulässigkeit einer Verfassungsbeschwerde gegen eine Entscheidung im vorläufigen Rechtsschutz steht der Grundsatz der materiellen Subsidiarität dann nicht entgegen, wenn eine Grundrechtsverletzung geltend gemacht wird, die nur für das vorläufige Verfahren bedeutsam ist und im Hauptverfahren nicht mehr ausgeräumt werden kann.[368] Bei Vollzugsverwaltungsakten kann für die Betroffenen die Gefahr bestehen, dass die Maßnahmen im Hinblick auf die Freistellung von der aufschiebenden Wirkung trotz Anfechtung bei sofortigem Vollzug nicht mehr rückgängig gemacht werden können (z.B. bei der Anordnung von Disziplinarmaßnahmen).

II. Erläuterungen

1. Aussetzungsanordnung. § 114 Abs. 2 Satz 1 StVollzG sieht die **Aussetzung des Vollzugs der angefochtenen Maßnahme durch das Gericht** vor. Die Entscheidung über den Antrag auf Aussetzung des Vollzugs der angefochtenen Maßnahme erfordert eine Abwägung zwischen dem im jeweiligen Strafvollzugsgesetz zum Ausdruck kommenden öffentlichen Interesse an dem geordneten und funktionsfähigen Ablauf des Strafvollzugs und dem Interesse des Betroffenen, einstweilen von einer belastenden

---

363 BVerfG NStZ 1994, 101; ZfStrVo 1995, 371; StV 2001, 698; s. *Lübbe-Wolff/Lindemann* 2007, 456.
364 BVerfG NStZ 1993, 508; *Laubenthal* Rdn. 837.
365 *Lübbe-Wolff* 2016, 423.
366 BVerfG ZfStrVo 1996, 46; *Böhm* Rdn. 383.
367 BVerfG NJW 2001, 3770; BVerfG, Beschl. vom 17.5.2016 – 2 BvQ 20/16; Beschl. vom 11.8.2016 – 2 BvQ 38/16; Beschl. vom 22.9.2016 – 2 BvQ 52/16; s. auch *Lübbe-Wolff/Frotz* 2009, 618.
368 BVerfG NStZ 1999, 532.

Maßnahme verschont zu bleiben.[369] Hierbei ist zu prüfen, ob die Gefahr besteht, dass die Verwirklichung eines Rechts vereitelt oder wesentlich erschwert wird.[370] Dabei kann auch der Umstand eine Rolle spielen, dass nach der summarischen Prüfung der Erfolgsaussichten der Antragsteller mit seinem Rechtsbehelf im Hauptverfahren voraussichtlich Erfolg haben wird.[371] Der Eilantrag muss die angefochtene Maßnahme nach Inhalt, Zeitpunkt und Begründung vollständig bezeichnen.[372] Aus der Rechtsschutzgarantie folgt ein Beschleunigungsgebot.[373] Bei nicht mehr rückgängig zu machenden, sofort vollziehbaren Disziplinarmaßnahmen hat das Gericht in jeweils situationsgerechter Weise unverzüglich eine Entscheidung darüber zu treffen, ob die Maßnahme auszusetzen ist. Hinsichtlich der Anordnung von Disziplinarmaßnahmen liegt in der Regel eine Aussetzungsanordnung nahe, weil angesichts ihrer sofortigen Vollstreckbarkeit der Rechtsschutz in der Hauptsache zu spät käme und dem Betroffenen regelmäßig nur noch die Stellung eines Fortsetzungsfeststellungsantrags gem. § 115 Abs. 3 StVollzG bliebe.[374] Das Gericht holt zur Gewährung effektiven Rechtsschutzes entscheidungserhebliche Informationen erforderlichenfalls kurzfristig und auf schnellen Kommunikationswegen ein. In besonders gelagerten Fällen der Eilbedürftigkeit wird es auch eine vorläufige Aussetzung der Disziplinarmaßnahme in Betracht zu ziehen haben, ohne eine Stellungnahme der Justizvollzugsanstalt zum Eilantrag abzuwarten. Das gilt umso mehr, als das Gericht seine Eilentscheidung gem. Abs. 2 S. 3 jederzeit wieder ändern kann.[375] Bei einer sofort vollzogenen Verlegungsentscheidung kann im Hinblick auf den Anspruch auf effektiven Rechtsschutz ein Eilantrag gem. § 114 Abs. 2 S. 1 StVollzG nicht mit der Begründung abgelehnt werden, eine Aussetzung komme wegen des schon erfolgten Vollzugs nicht mehr in Betracht. Der Antrag auf Rückverlegung im Wege des Eilrechtsschutzes stellt einen solchen auf Aussetzung der sofortigen Vollziehung dar.[376]

3   **2. Einstweilige Anordnung.** Nach § 114 Abs. 2 Satz 2 StVollzG kann das Gericht auch eine einstweilige Anordnung entsprechend § 123 Abs. 1 VwGO erlassen, aber nur auf Antrag, keinesfalls von Amts wegen.[377]

a) Unterschied zur Aussetzung. Einstweilige Anordnung und Aussetzung des Vollzugs einer angefochtenen Maßnahme (§ 114 Abs. 2 Satz 1 StVollzG) unterscheiden sich nach dem Gegenstand der Hauptsache. Die Aussetzungsanordnung betrifft eine belastende Vollzugssache (Anfechtungs- oder Unterlassungsantrag in der Hauptsache). Begehrt der Antragsteller eine Verpflichtung zum Erlass einer von der Vollzugsbehörde abgelehnten oder unterlassenen Maßnahme (Verpflichtungs- oder Vornahmeantrag in der Hauptsache), kommt vorläufiger Rechtsschutz nur unter den Voraussetzungen von § 114 Abs. 2 S. 2 StVollzG i.V.m. § 123 Abs. 1 VwGO in Betracht.[378] In ihrer Reichweite de-

---

369   *Arloth/Krä* § 114 StVollzG Rdn. 3; *Böhm* Rdn. 383.
370   S. BVerfG NStZ 2004, 223.
371   BVerfG, Beschl. vom 20.4.2007 – 2 BvR 203/07 = BVerfGK 11, 54, 62; BVerfG, Beschl. vom 29.5.2015 – 2 BvR 869/15 = NStZ-RR 2015, 355, 357.
372   *Laubenthal/Nestler/Neubacher/Verrel* P Rdn. 60.
373   *Laubenthal* Rdn. 838; *Lübbe-Wolff* 2016, 435.
374   BVerfG NStZ 2004, 223; *Arloth/Krä* § 114 StVollzG Rdn. 3.
375   BVerfG NStZ 1993, 507, 508; NJW 2001, 3770; *Laubenthal* Rdn. 838.
376   BVerfG, Beschl. vom 20.4.2007 – 2 BvR 203/07 = BVerfGK 11, 54, 61; Beschl. vom 29.5.2015 – 2 BvR 869/15 = NStZ-RR 2015, 355, 356; Beschl. vom 12.12.2016 – 2 BvR 656/16 = Beck-Rs 2016, 110567; s. *Lübbe-Wolff/Frotz* 2009, 678; vgl. auch J Rdn. 13.
377   KG, Beschl. vom 10.1.2019 – 2 Ws 260/18 Vollz = Beck-Rs 2019, 1790.
378   BVerfG, Beschl. vom 15.3.2006 – 2 BvR 917/05; BVerfG NStZ 2010, 442; *Laubenthal* Rdn. 834 f.

cken sich beide Maßnahmen keineswegs. Während die Aussetzung der Maßnahme nur ein begrenztes Verbot gibt und nur auf eine bestimmte vollziehbare Maßnahme gerichtet ist, kann die einstweilige Anordnung Gebote und Verbote in weitem Umfang enthalten und den ganzen Streitgegenstand erfassen.[379]

b) Voraussetzungen. Eine **einstweilige Anordnung** kann dann getroffen werden, 4 wenn die Gefahr besteht, dass durch eine Veränderung des bestehenden Zustands die Verwirklichung eines Rechts vereitelt oder wesentlich erschwert werden könnte (**Anordnung zur Sicherung** eines bestehenden Zustandes gem. § 123 Abs. 1 S. 1 VwGO), oder wenn die einstweilige Regelung eines vorläufigen Zustands zur Abwendung wesentlicher Nachteile oder aus anderen Gründen nötig ist (**Regelungsanordnung** nach § 123 Abs. 1 S. 2 VwGO vor allem bei einem auf Änderung oder Erweiterung der Rechtsposition gerichteten subjektiven Recht). Die einstweilige Anordnung kann erlassen werden, wenn aufgrund einer summarischen Prüfung der Anordnungsvoraussetzungen durch das Gericht eine überwiegende Wahrscheinlichkeit für das Bestehen eines **Anordnungsanspruchs** spricht, d.h. hinsichtlich des Rechts i.S.d. § 123 Abs. 1 Satz 1 VwGO bzw. dem Rechtsverhältnis i.S.d. § 123 Abs. 1 Satz 2 VwGO überwiegende Erfolgsaussichten in der Hauptsache bestehen. Zudem muss ein **Anordnungsgrund** gegeben sein.[380] Das ist dann der Fall, wenn es dem Antragsteller unter Abwägung seiner Interessen einerseits sowie der öffentlichen Interessen (ggf. auch derjenigen Dritter) andererseits nicht zugemutet werden kann, die Entscheidung in der Hauptsache abzuwarten. Außerdem darf es keine zumutbare oder einfachere Möglichkeit geben, das bestehende Recht vorläufig zu wahren oder zu sichern.

Der Erlass einer einstweiligen Anordnung ist nur gegen eine Maßnahme nach § 109 5 Abs. 1 Satz 1 StVollzG zulässig (B Rdn. 23) und wenn es nötig ist, die Verwirklichung eines Rechts zu sichern oder einen vorläufigen Zustand in Bezug auf ein streitiges Rechtsverhältnis zu regeln. Eine Gefahr i.S.v. § 123 Abs. 1 Satz 1 VwGO liegt noch nicht vor, wenn die bloße Möglichkeit beeinträchtigender Maßnahmen besteht; erforderlich sind vielmehr tatsächliche Vorgänge oder Handlungen, die auf unmittelbar bevorstehende und rechtserhebliche Veränderungen schließen lassen.[381] Die Voraussetzungen für den Erlass einer einstweiligen Anordnung verneint z.B. das OLG Karlsruhe bei einem Urlaubsantrag nach § 13 StVollzG. Dass ein Gefangener zumindest vorläufig keinen Urlaub erhält, bedeutet nach dieser Entscheidung keinen so schwerwiegenden Nachteil für ihn, dass es nötig wäre, eine vorläufige Regelung zu treffen.[382] Der Erlass einer einstweiligen Anordnung setzt ein Rechtsschutzbedürfnis für eine vorläufige Regelung voraus. Ein solches schutzwürdiges Interesse ist aber zu verneinen, wenn die angestrebte Entscheidung für den Antragsteller zur Durchsetzung seiner Rechte nicht notwendig ist.[383] Spricht die Rechtslage eindeutig gegen den Antragsteller, muss der Antrag abgelehnt werden. In Fällen, in denen der Antragsteller die Vornahme einer Verwaltungshandlung begehrt, gehört es zu den Obliegenheiten, dem Gericht drohenden Rechtsverlust oder unzumutbare Nachteile vorzutragen, da sich die Notwendigkeit einer schnellen Entscheidung in der Regel nicht ohne weiteres ergibt. Kommt der Antragsteller dieser Obliegenheit nicht nach, besteht für das Gericht kein Anlass und auch keine Verpflichtung aus Art. 19 Abs. 4 GG, schnell eine Klärung herbeizuführen, ob und wann tatsächlich ein

---

379 Eyermann-*Happ* 2019 VwGO § 123 Rdn. 16 und 48.
380 *Kopp/Schenke* 2018 § 123 Rdn. 26.
381 Eyermann-*Happ* 2019 VwGO § 123 Rdn. 21 f, 53.
382 OLG Karlsruhe ZfStrVo SH 1978, 58.
383 OLG Koblenz ZfStrVo 1978, 180.

Nachteil droht.[384] Es bedarf aber nicht der Glaubhaftmachung nach § 123 Abs. 3 VwGO i.V.m. § 920 ZPO; auf § 123 Abs. 3 VwGO wird gerade nicht verwiesen.[385]

6 **c) Kein Nebeneinander von einstweiliger Anordnung und Aussetzung.** Aussetzung des Vollzugs einer Maßnahme und einstweilige Anordnung können, soweit sie dasselbe Ziel verfolgen, nicht nebeneinander begehrt werden.[386] Ebenso ist ein Fortsetzungsfeststellungsantrag im Verfahren auf Erlass einer einstweiligen Anordnung nicht statthaft.[387]

7 **3. Vorläufiger Rechtsschutz und Hauptsache.** Der Antrag auf Erlass einer einstweiligen Anordnung ist seinem Sinn und Zweck nach auf diejenigen Fälle beschränkt, in denen der Antragsteller auch eine Entscheidung im Hauptsacheverfahren anstrebt; denn die einstweilige Anordnung soll nur vorläufigen Rechtsschutz bis zur Hauptsacheentscheidung ermöglichen. Versäumt der Antragsteller die Inanspruchnahme des Hauptsacherechtsbehelfs (Antrag nach § 109 StVollzG) und ist aus diesem Grunde ein Hauptsacheverfahren weder anhängig noch mehr möglich (z.B. wegen Verfristung gem. § 112 StVollzG), ist auch kein Raum für vorläufigen Rechtsschutz.[388] Ist der Antrag auf gerichtliche Entscheidung im Hauptsacheverfahren unzulässig, ist auch der Antrag auf Erlass einer einstweiligen Anordnung unzulässig, denn es kann nur die Maßnahme begehrt werden, die das Gericht auch im Hauptsacheverfahren erlassen könnte.[389] Durch die einstweilige Anordnung darf die endgültige Entscheidung grundsätzlich nicht vorweggenommen werden,[390] die vorläufige also faktisch nicht einer endgültigen gleichkommen.[391] Allerdings liegt noch keine Vorwegnahme der Hauptsache vor, wenn die einstweilige Anordnung einer Maßnahme begehrt wird, die bei entsprechendem Ausgang des Hauptsacheverfahrens wieder in Geltung gesetzt werden kann.[392] Auch die zeitweise Verhinderung einer Maßnahme (z.B. Verlegung) stellt für sich allein noch keine Vorwegnahme der Hauptsache dar, denn es soll nur die Vollziehung der Anordnung vorläufig ausgesetzt werden.[393] Eine die Hauptsache vorwegnehmende Gewährung von Eilrechtsschutz kann ausnahmsweise geboten sein bei besonders schweren sowie unzumutbaren, anders nicht abwendbaren Nachteilen, die durch die spätere Hauptsacheentscheidung nicht mehr beseitigt werden können.[394] Ist die Hauptsache mit einer endgültigen Ablehnung abgeschlossen, hat das Verfahren auf Erlass einer einstweiligen Anordnung seine Erledigung gefunden.[395] Aus ihrem vorläufigen Charakter folgt, dass die einstweilige Anordnung mit der abschließenden Entscheidung in der Hauptsache gegenstandslos wird. Bei Ermessensentscheidung der Vollzugsbehörde, bei der das Gericht nur auf Ermessensfehler nachprüfen darf, aber nicht sein Ermessen an die Stelle des Ermessens der Vollzugsbehörde setzen kann, ist eine einstweilige Anordnung grundsätzlich nicht möglich.

---

384 BVerfG ZfStrVo 1996, 46.
385 A. A. OLG Karlsruhe, Beschl. vom 4.3.2016 – 2 Ws 570/15, 61/16 = Beck-Rs 2016, 5659 Rdn. 18 (insoweit nicht in NStZ 2017, 119).
386 *Arloth/Krä* § 114 StVollzG Rdn. 4.
387 OLG Hamm NStZ 2001, 415 *M*.
388 OLG München LS ZfStrVo SH 1979, 103; *Arloth/Krä* § 114 StVollzG Rdn. 4.
389 LG Bielefeld ZfStrVo SH 1978, 48.
390 BVerfG NStZ 1999, 532.
391 BVerfG NVwZ 2003, 1112.
392 BVerfG, Beschl. vom 29.5.2015 – 2 BvR 869/15.
393 BVerfG, Beschl. vom 23.7.2015 – 2 BvR 48/15 = NStZ 2017, 215.
394 BVerfG NStZ 2000, 166; BVerfG, Beschl. vom 29.7.2014 – 2 BvR 1491/14; *Arloth/Krä* § 114 StVollzG Rdn. 4; *Laubenthal* Rdn. 837; *Lübbe-Wolff* 2016, 432.
395 KG, Beschl. vom 10.3.2017 – 5 Ws 51/17 Vollz = FS SH 2018, 5, 8.

Eine einstweilige Anordnung kann aber dann zulässig sein, wenn feststeht, dass das Ermessen nur noch in einer bestimmten Richtung auszuüben ist. Das Gleiche gilt beim Beurteilungsspielraum eines unbestimmten Rechtsbegriffs.[396] Beinhaltet der Beschluss der Strafvollstreckungskammer im Eilverfahren (Abs. 2) schon die endgültige Regelung in der Hauptsache, so liegt eine Entscheidung nach § 115 StVollzG vor, die mit der Rechtsbeschwerde angefochten werden kann.[397]

4. Keine weiteren vorläufigen Entscheidungen. Nach § 114 Abs. 2 StVollzG kann das Gericht lediglich den Vollzug der angefochtenen Maßnahme aussetzen oder eine einstweilige Anordnung erlassen. Für eine andere Entscheidung, wie z.B. für die Feststellung, dass die Vollzugsbehörde zu einer unverzüglichen Bescheidung des Antrages eines Gefangenen verpflichtet sei, gibt das Gesetz keine Handhabe.[398]

5. Vorläufige Entscheidung nicht anfechtbar. Nach § 114 Abs. 2 Satz 3 StVollzG sind die Entscheidungen auf Aussetzung des Vollzuges (Abs. 2 Satz 1) und einstweilige Anordnung (Abs. 2 Satz 2) nicht anfechtbar.[399] Das Gericht kann jedoch seine Entscheidung jederzeit ändern oder aufheben (Abs. 2 Satz 3). Ein Gefangener kann in seinen verfassungsmäßigen Rechten (Art. 19 Abs. 4 GG) verletzt sein, wenn die Strafvollstreckungskammer die Verwerfung seines Antrags auf Erlass einer einstweiligen Anordnung allein damit begründet, eine gemäß § 109 StVollzG zu überprüfende Maßnahme sei nicht erfolgt. Vorläufiger Rechtsschutz nach § 114 Abs. 2 StVollzG ist nicht auf die Überprüfung bereits erfolgter Maßnahmen beschränkt. Denn nach § 109 Abs. 1 Satz 2 StVollzG i.V.m. § 123 Abs. 1 VwGO kann auch ein Antrag auf Erlass einer einstweiligen Anordnung hinsichtlich der unterlassenen Maßnahme in Betracht kommen. Eine derartige von vornherein ausschließende Behandlung des Antrages verkürzt Tragweite und Umfang des Rechtsschutzes eines Vornahmebegehrens.[400]

6. Vorläufiger Rechtsschutz kann vor Antrag in der Hauptsache begehrt werden. § 114 Abs. 3 StVollzG stellt klar, dass die Anträge nach Abs. 2 schon vor dem Antrag auf gerichtliche Entscheidung gestellt werden können, um ein rechtzeitiges gerichtliches Eingreifen zu gewährleisten. Die Zurückweisung des Antrags auf Erlass einer einstweiligen Anordnung mit der Begründung, vorläufiger Rechtsschutz könne erst dann gewährt werden, wenn zunächst Widerspruch eingelegt sei, verletzt den Antragsteller in seinem Grundrecht aus Art. 19 Abs. 4 GG.[401]

7. Verfahren. Zuständig für die Entscheidungen über die Gewährung vollzugsrechtlichen Eilrechtsschutzes nach Abs. 2 ist das Gericht der Hauptsache (§ 110 StVollzG).[402] Ablehnende Beschlüsse der Strafvollstreckungskammer im einstweiligen Rechtsschutzverfahren sind – trotz fehlender vollzugsgesetzlich normierter Pflicht – zu begründen, § 120

---

396 *Arloth/Krä* § 114 StVollzG Rdn. 4; *Laubenthal/Nestler/Neubacher/Verrel* P Rdn. 61.
397 KG, Beschl. vom 10.1.2019 – 2 Ws 260/18 Vollz = Beck-Rs 2019, 1790; OLG Hamm ZfStrVo 1987, 378; OLG Karlsruhe NStZ 1993, 557; *Laubenthal* Rdn. 821; zur Ermessensüberprüfung I Rdn. 19 ff; zum unbestimmten Rechtsbegriff I Rdn. 21.
398 OLG Hamburg ZfStrVo 1979, 53; OLG Hamm 1984, 356 *F*.
399 BGH NJW 1979, 664; OLG Koblenz ZfStrVo 1986, 125; 1991, 377; KG, Beschl. vom 10.3.2017 – 5 Ws 51/17 Vollz = FS SH 2018, 5; *Haas* 1986, 161.
400 VGH Berlin ZfStrVo 2003, 248.
401 BVerfG NStZ 1993, 404, 405.
402 OLG Hamm LS ZfStrVo SH 1979, 101.

Abs. 1 Satz 2 StVollzG i.V.m. § 34 2. Alt. StPO.[403] Dabei muss die Begründung die rechtlichen und tatsächlichen Erwägungen erkennen lassen, auf denen die Entscheidung beruht.

I. Gerichtliche Entscheidung

§ 115 StVollzG

Übersicht

I. Allgemeine Hinweise —— 1–10
  1. Verfügungsgrundsatz —— 1
  2. Untersuchungsgrundsatz —— 2–5
    a) Aufklärungspflicht des Gerichts —— 2
    b) Einschränkungen —— 3
    c) Nachschieben von Gründen —— 4, 5
  3. Rechtliches Gehör —— 6–8
    a) Allgemeines —— 6
    b) Audiovisuelle Anhörung —— 7
    c) Einsicht in Akten; Vorlage bei Gericht —— 8
  4. Anwaltliche Vertretung —— 9
  5. Ablehnung des Richters —— 10
II. Erläuterungen —— 11–24
  1. Allgemeines zu Verfahren und Entscheidung —— 11–14
    a) Schriftliches Verfahren —— 11
    b) Prüfung der Zulässigkeitsvoraussetzungen —— 12
    c) Maßgeblicher Zeitpunkt für die Begründetheit des Antrages —— 13
    d) Mindestanforderungen der schriftlichen Begründung —— 14
  2. Entscheidung bei Anfechtungsantrag —— 15–17
    a) Umfang der Anfechtung —— 15, 16
    b) Folgenbeseitigungsanspruch —— 17
  3. Feststellung der Rechtswidrigkeit bei Erledigung —— 18
  4. Sachentscheidung des Gerichts und Spruchreife —— 19
  5. Ermessensentscheidungen und Beurteilungsspielräume —— 20–24
    a) Grundsätzlich keine Ersetzung der Entscheidung der Behörde durch das Gericht —— 20
    b) Ermessensfehler —— 21
    c) Unbestimmte Rechtsbegriffe und gerichtliche Überprüfbarkeit —— 22
    d) Beurteilungsspielraum der Behörde —— 23
    e) Verwaltungsvorschriften als Richtlinien und Entscheidungshilfen —— 24

I. Allgemeine Hinweise

1 **1. Verfügungsgrundsatz.** § 115 StVollzG enthält im Wesentlichen Regelungen für die Entscheidung über den Antrag und zum Verfahren selbst. Bei keiner anderen Vorschrift des Vierzehnten Titels des Bundes-Strafvollzugsgesetzes wird mehr deutlich, wie sehr das gerichtliche Verfahren auf Entlehnungen aus der VwGO und dem Verfahren nach §§ 23 ff EGGVG beruht, die letztlich durch Verweisungen auf die Straf- und Zivilprozessordnung ergänzt werden. Beherrscht wird dabei das Verfahren in Vollzugssachen eher durch die Grundsätze des Verwaltungsprozessrechts als durch diejenigen des Strafprozessrechts.[404] Im gerichtlichen Verfahren nach dem StVollzG gilt nicht die strafprozessuale Offizialmaxime, sondern der Verfügungsgrundsatz (Dispositionsmaxime), d.h. der Antragsteller bestimmt mit seinem Antrag den Streitgegenstand mit bindender Wirkung für das Gericht und die anderen Verfahrensbeteiligten.[405] Deshalb erfordert der Antrag auf gerichtliche Entscheidung eine aus sich heraus verständliche Darstellung.

---

[403] BVerfG, Beschl. vom 21.12.2016 – 2 BvR 2530/16, 2531/16 = StV 2018, 620, 621.
[404] *Kösling* 1991, 19 ff; *Laubenthal* Rdn. 760; *Müller-Dietz* 1985, 339; *ders.* 1990, 305; *Schuler* 1988, 259; *Voigtel* 1998, 73, 198 ff; *Walter* 1999 Rdn. 421 f.
[405] OLG Frankfurt ZfStrVo 2003, 300; OLG Nürnberg, Beschl. vom 19.8.2014 – 1 Ws 213/14 = FS 2014, 347; AK-*Spaniol* Teil IV § 115 StVollzG Rdn. 2; *Arloth/Krä* § 115 StVollzG Rdn. 1; *Laubenthal* Rdn. 802; *Laubenthal/Nestler/Neubacher/Verrel* P Rdn. 22, 67.

Das Gericht muss erkennen können, durch welche Maßnahme der Antragsteller sich beschwert fühlt und inwiefern und wodurch er sich in seinen Rechten verletzt erachtet. An das Vorbringen sind jedoch keine zu hohen Anforderungen zu stellen. Es bedarf keiner Darstellung, aus der sich eine Rechtsverletzung „schlüssig" ergibt.[406] Für eine dem Interesse des Gefangenen bzw. Untergebrachten Rechnung tragende Auslegung seines Antrages, die aufgrund der prozessualen Fürsorgepflicht des Gerichts geboten sein kann, ist aber kein Raum, wenn er seinen Willen in eindeutiger Weise zum Ausdruck gebracht hat.[407] Allerdings verstößt es gegen das Willkürverbot, wenn ein Gericht das Verfahrensrecht so auslegt, dass den Beteiligten der Zugang zu den in den Verfahrensordnungen eingeräumten Rechtsbehelf- und Rechtsmittelinstanzen in unzumutbarer, aus Sachgründen nicht mehr zu rechtfertigender Weise erschwert wird.[408] Der **Streitgegenstand** wird in dem an das Gericht gerichtete Begehren um Rechtsschutz beschrieben und damit begrenzt,[409] bei einem Anfechtungsantrag der Anspruch auf Aufhebung der angefochtenen Maßnahme und bei einem Verpflichtungsantrag der Anspruch des Antragstellers auf Verpflichtung der Vollzugsbehörde zur Vornahme des begehrten Vollzugsverwaltungsaktes. Auch eine Beschränkung des Antrags auf bestimmte Punkte ist zulässig. Ist derselbe Streitgegenstand schon gerichtlich anhängig, wirkt die doppelte Rechtshängigkeit wie sonst auch als Verfahrenshindernis.[410] Wenn aber die Strafvollstreckungskammer den Streitgegenstand von sich aus erweitert, ohne dass hierfür ein Rechtsschutzbedürfnis infolge eines entsprechenden Antrags besteht, so ist dies im Verfahren nach § 109 StVollzG im Hinblick auf die Dispositionsmaxime unzulässig.[411] So darf – vor allem bei Verpflichtungsanträgen – das Gericht dem Antragsteller nicht mehr zusprechen, als dieser ursprünglich bei der Vollzugsbehörde beantragt hat.[412]

2. Untersuchungsgrundsatz

a) Aufklärungspflicht des Gerichts. Für das gerichtliche Verfahren in Vollzugssachen gilt der Grundsatz der Amtsermittlung (Untersuchungsgrundsatz) § 120 Abs. 1 Satz 2 StVollzG i.V.m. § 244 Abs. 2 StPO. Das Gericht ist zur Aufklärung des Sachverhalts und zur Ermittlung der materiellen Wahrheit verpflichtet.[413] In dem gerichtlichen Verfahren erster Instanz ist über die Rechtmäßigkeit von Maßnahmen der Vollzugsbehörden zu befinden. Das besagt aber nicht, dass die Maßnahmen nur auf Rechtsverletzungen hin nachzuprüfen wären. Die Rechtsweggarantie des Art. 19 Abs. 4 GG wird vielmehr dann in vollem Umfange erfüllt, wenn auch die Tatsachenfeststellung der Behörde einer gerichtlichen Nachprüfung unterzogen wird.[414] Die Strafvollstreckungskammer darf deshalb im gerichtlichen Verfahren den tatsächlichen Sachverhalt, von dem die Vollzugsbehörde bei ihrer Entscheidung ausgegangen ist, nicht ungeprüft ihrer Entscheidung zugrunde

2

---

406 KG, NStZ-RR 2010, 61.
407 OLG Koblenz ZfStrVo 1993, 377.
408 BVerfG StV 1994, 202; *Lübbe-Wolff* 2016, 383.
409 OLG München, Beschl. vom 20.3.2014 – 4a Ws 28/14 = FS 2015, 64; KG, Beschl. vom 7.9.2017 – 2 Ws 122/17 = StV 2018, 639.
410 KG, Beschl. vom 16.7.2018 – 2 Ws 31/18 Vollz.
411 OLG Stuttgart NStZ 1999, 447 M; OLG Koblenz NStZ 2008, 684; OLG Nürnberg, Beschl. vom 19.8.2014 – 1 Ws 213/14 = FS 2014, 347.
412 OLG München, Beschl. vom 20.3.2014 – 4a Ws 28/14 = FS 2015, 64.
413 OLG Frankfurt ZfStrVo 1979, 188; OLG Koblenz ZfStrVo 1980, 186; OLG Celle ZfStrVo 1980, 191; OLG Hamm NStZ 2010, 441f; Beschl. vom 3.5.2016 – 1 Vollz (Ws) 130/16 = StV 2018, 644; KG, Beschl. vom 12.9.2011 – 2 Ws 294/11 Vollz; OLG Nürnberg, Beschl. vom 19.8.2014 – 1 Ws 213/14 = FS 2014, 347; *Laubenthal/Nestler/Neubacher/Verrel* P Rdn. 133; *Spaniol* 2012, 254; *Voigtel* 1998, 96ff, 106.
414 BVerfGE 21, 191; BVerfG, Beschl. vom 10.5.2014 – 2 BvR 2512/13.

legen⁴¹⁵ oder das Vorbringen eines Beteiligten als wahr unterstellen, weil es nicht bestritten wurde.⁴¹⁶ Pflicht der Strafvollstreckungskammer ist es, den zugrunde liegenden Sachverhalt vollständig aufzuklären, denn nur so kann sie der ihr gestellten Aufgabe, über die Rechtmäßigkeit von Vollzugsverwaltungsakten zu befinden, im Einzelfall nachkommen.⁴¹⁷ Dies gilt auch, soweit der Vollzugsanstalt ein Beurteilungsspielraum oder ein Ermessen eingeräumt ist.⁴¹⁸ Soll ein (hinreichend konkret bezeichneter) Bescheid mündlich ergangen sein, muss das Gericht ermitteln, ob und mit welcher Begründung die behauptete Maßnahme erlassen oder abgelehnt wurde.⁴¹⁹ Bei widersprüchlichem Vorbringen der Vollzugsbehörde zur Begründung einer Maßnahme sind besondere Anforderungen an die Aufklärung des Sachverhalts durch die Strafvollstreckungskammer zu stellen. Im Hinblick auf ein uneinheitliches Vorbringen der Vollzugsbehörde ist das Gericht gehalten, die wirklich maßgebenden Gründe für eine bestimmte Anordnung zu ermitteln und diese daraufhin zu untersuchen, ob sie die getroffene Maßnahme zu tragen geeignet sind. Von einer Vollzugsbehörde muss erwartet werden, dass sie die für eine Maßnahme tatsächlich ausschlaggebenden Gründe zutreffend, widerspruchsfrei und nachprüfbar darlegt, um nicht bei dem Adressaten den Eindruck willkürlichen Verhaltens aufkommen zu lassen.⁴²⁰ Rechtlich erhebliches Vorbringen kann dann unberücksichtigt bleiben, wenn es widerlegt ist. Dem Antragsteller darf eine Beweislast oder ein Beweisrisiko nicht aufgebürdet werden.⁴²¹ Hat der Gefangene unstreitig einen schriftlichen Antrag gestellt, der in den Unterlagen der Anstalt nicht mehr auffindbar ist, ist sie beweisbelastet, wenn sie die Angaben des Gefangenen zum Inhalt bestreitet.⁴²² Ist eine Beweiserhebung durch die Strafvollstreckungskammer erforderlich, richtet sich diese daher nach den Regeln des Freibeweisverfahrens.⁴²³ In diesem gelten die Grundsätze der Mündlichkeit, Unmittelbarkeit und Öffentlichkeit der Beweisaufnahme nicht. Daher bedarf es auch nicht zwingend einer parteiöffentlichen Vernehmung von Zeugen.

3   **b) Einschränkungen.** Im Einzelfall kann eine eingeschränkte Sachaufklärung mit dem Amtsermittlungsgrundsatz vereinbar sein. Das OLG Nürnberg hat aus Gründen der Sicherheit und Ordnung ein Geheimhaltungsbedürfnis hinsichtlich der Namen der Informanten und solcher Sachinformationen bejaht, die Rückschlüsse auf den jeweiligen Informanten zulassen.⁴²⁴ Die Strafvollstreckungskammer habe zu prüfen, ob nicht bereits ohne die zusätzlichen Informationen von einem bestimmten Sachverhalt ausgegangen werden kann.⁴²⁵ Ob ein Schriftstück wegen der Gefährdung der Sicherheit der Anstalt dem Gefangenen vorenthalten werden darf, hat das Gericht nach eigener Lektüre zu entscheiden.⁴²⁶

---

415 BVerfG NStZ-RR 2009, 218; OLG Bamberg, Beschl. vom 4.2.2010 – 1 Ws 694/09 = FS 2011, 54; OLG Naumburg NStZ 2012, 437.
416 OLG Hamm NStZ 1985, 355 F.
417 *Arloth/Krä* § 115 StVollzG Rdn. 2; *Laubenthal* Rdn. 804.
418 OLG Stuttgart ZfStrVo 1997, 371; OLG Koblenz, Beschl. vom 27.9.2018 – 2 Ws 459/18 Vollz = FS SH 2019, 13, 15.
419 KG, Beschl. vom 22.8.2016 – 5 Ws 111/16 Vollz = FS SH 2018, 11, 12.
420 OLG Koblenz 7.9.1981 – 2 Vollz (Ws) 53/81.
421 OLG Karlsruhe NStZ 1991, 509; OLG Hamm NStZ 2002, 224; *Arloth/Krä* § 115 StVollzG Rdn. 2; *Laubenthal* Rdn. 804.
422 OLG Hamm, Beschl. vom 9.1.2018 – 1 Vollz (Ws) 520/17 = Beck-Rs 2018, 4162.
423 OLG Hamm ZfStrVo 1990, 308; OLG Hamburg NStZ-RR 2010, 191; AK-*Spaniol* Teil IV § 115 StVollzG Rdn. 4; *Arloth/Krä* § 115 StVollzG Rdn. 2; *Voigtel* 1998, 139 ff.
424 Beschl. vom 2.2.1982 – Ws 805/81 unter Bezugnahme auf BVerfG NJW 1981, 1719; OLG Frankfurt NStZ 1981, 117; OLG Hamburg StV 1981, 537 und VGH München NJW 1980, 198.
425 S. auch *Arloth/Krä* § 115 StVollzG Rdn. 3; krit. AK-*Spaniol* Teil IV § 115 StVollzG Rdn. 15.
426 OLG Hamburg MDR 1978, 428.

c) Nachschieben von Gründen. Im Zusammenhang mit der Aufklärungspflicht kommt der Frage der Zulässigkeit des Nachschiebens von Gründen durch die Vollzugsbehörde Bedeutung zu. Im Verwaltungsgerichtsverfahren ist dies bei Ermessensentscheidungen grundsätzlich zulässig,[427] weil die Verwaltungsbehörde nicht stets gehalten ist, alle ihre Gründe in einem Bescheid anzugeben. Für das gerichtliche Verfahren in Strafvollzugssachen kann diese von der Rechtsprechung für das Verwaltungsgerichtsverfahren vertretene Auffassung jedoch nur mit Einschränkungen übernommen werden. Einer Vollzugsbehörde muss es möglich sein, auf diejenigen Tatsachen zurückzugreifen, die im Zeitpunkt ihrer Entschließung bekannt waren und von denen auch der Betroffene annehmen kann, dass sie von der Vollzugsbehörde bei der Ermessensausübung in die Erwägungen einbezogen worden sind.[428] Die Vollzugsbehörde darf im gerichtlichen Verfahren, das auf die Nachprüfung einer Ermessensentscheidung oder einer Entscheidung im Ermessensspielraum gerichtet ist (Rdn. 20 f), keine neuen, dem Gefangenen unbekannten Gründe nachschieben, auch nicht solche, dem Gefangenen zwar bekannten Gründe, die sie bei ihrer Würdigung allerdings ersichtlich außer Betracht gelassen hatte. Würden solche Gründe im Nachhinein im gerichtlichen Verfahren noch geltend gemacht werden können, würde möglicherweise sich nicht nur der Charakter der ursprünglichen Entschließung im gerichtlichen Verfahren ändern; es würde auch das Ergebnis einer neuen Abwägung mit neuen Faktoren an die Stelle der beantragten Abwägung gesetzt.[429] Der Betroffene hat Anspruch auf eine von Anfang an rechtmäßige und nicht erst unter dem Eindruck des gerichtlichen Verfahrens berichtigte Entscheidung.

Im gerichtlichen Verfahren ist es aber zulässig, dass ein Antragsteller selbst die ursprünglichen Mängel seines Antrags behebt. Dies kann z.B. dadurch geschehen, dass der Antragsteller sich einen von einem anderen Verfahrensbeteiligten eingebrachten Sachvortrag zu eigen macht.[430] Dies kommt etwa in Betracht bei Schriftsätzen, bei denen das Anliegen des Betroffenen für das Gericht erst durch die Stellungnahme der Vollzugsbehörde erkennbar wird.

3. Rechtliches Gehör

a) Allgemeines. Der Grundsatz des rechtlichen Gehörs dient der Gewährleistung sachrichtiger Entscheidungen ebenso wie der Wahrung der Subjektstellung der Beteiligten im gerichtlichen Verfahren.[431] Er erschöpft sich deshalb nicht in dem Recht des Verfahrensbeteiligten, Äußerungen abzugeben, und in der entsprechenden Pflicht des Gerichts, solche Äußerungen zur Kenntnis zu nehmen und in die Erwägungen einzubeziehen. **Art. 103 Abs. 1 GG** verleiht vielmehr dem Verfahrensbeteiligten darüber hinaus einen Anspruch darauf, zu Tatsachen und Beweisergebnissen, die das Gericht bei seiner Entscheidung berücksichtigen will, gehört zu werden, und verpflichtet demgemäß das Gericht, nur solche Tatsachen und Beweisergebnisse zu verwerten, zu denen Stellung zu

---

427 BVerfGE 22, 215.
428 OLG Nürnberg NStZ 1998, 592.
429 OLG Koblenz NStZ 1981, 495; OLG Frankfurt ZfStrVo 1982, 309; NStZ 1982, 349; ZfStrVo 1987, 111; OLG Stuttgart ZfStrVo 2002, 56; OLG Zweibrücken, Beschl. vom 12.5.2017 – 1 Ws 235/16 Vollz = FS 2018, 86; vgl. auch OLG Koblenz ZfStrVo 1982, 123; OLG Frankfurt NStZ 1986, 240; OLG Hamm StV 1997, 32; *Arloth/Krä* § 115 StVollzG Rdn. 4; *Franke* 1978, 187 f; *Laubenthal/Nestler/Neubacher/Verrel* P Rdn. 71; *Spaniol* 2012, 254.
430 OLG Hamm NStZ 1981, 368.
431 BVerfG, Beschl. vom 4.3.2016 – 2 BvR 550/15.

nehmen der Beteiligte Gelegenheit hatte.[432] Verwertet die Strafvollstreckungskammer in ihrem Beschluss Tatsachen und Beweisergebnisse, zu denen der Antragsteller mangels Kenntnissen nicht Stellung nehmen konnte, verletzt sie dessen Recht auf rechtliches Gehör.[433] Ist der Antragsteller durch einen Rechtsanwalt vertreten, sind Stellungnahmen der Vollzugsbehörde im gerichtlichen Verfahren auch diesem gesondert zur Kenntnis zu bringen.[434] Das Gericht wird dem Grundsatz des rechtlichen Gehörs nicht gerecht, wenn es die am Tage der Entscheidungsabfassung eingegangene Stellungnahme eines Verfahrensberechtigten nur zur Kenntnis nimmt. Das Gericht ist vielmehr verpflichtet, auch diese Ausführungen noch zu erwägen und ernsthaft in Betracht zu ziehen.[435] Eine Verletzung des Grundsatzes des rechtlichen Gehörs liegt auch dann vor, wenn das Gericht einen Antrag mangels Begründung verwirft unter Umgehung des Gesuchs um Einsicht in die Gefangenenpersonalakten.[436] Geht das Gericht in seinen Entscheidungsgründen auf einen wesentlichen Teil des Tatsachenvortrags einer Partei nicht ein, so lässt dies auf die Nichtberücksichtigung des Vortrags schließen.[437] Aus internen Berichten muss nur das mitgeteilt werden, was im Blick auf die jeweilige Sach- und Rechtslage für die Entscheidung benötigt wird. Diese Teile sind allerdings im Wortlaut bekannt zu geben.[438] Bei Geheimhaltungsgründen besteht kein Anspruch auf Einsichtnahme in einen angehaltenen Brief.[439] Der Anspruch auf rechtliches Gehör ist nicht verletzt bei der Verwertung von Erkenntnissen, die dem Antragsteller zwar vor der Entscheidung nicht mitgeteilt, aber ohnehin bekannt waren.[440] Ebenso wird der Anspruch auf rechtliches Gehör nicht verletzt, wenn einem Betroffenen vor Erlass eines Bescheides durch den Anstaltsleiter nicht Gelegenheit gegeben wurde, Stellung zu nehmen. Denn Art. 103 Abs. 1 GG gilt für das gerichtliche Verfahren.[441] Die Verletzung des Anspruchs auf rechtliches Gehör durch die Strafvollstreckungskammer kann nicht dadurch geheilt werden, dass im Verfahren vor dem Rechtsbeschwerdegericht rechtliches Gehör gewährt wird.[442] Ein Anspruch auf Nachholung des rechtlichen Gehörs[443] kann sich aus § 120 Abs. 1 Satz 2 StVollzG i.V.m. § 33a StPO ergeben.[444] Zum rechtlichen Gehör bei der Rechtsbeschwerde M Rdn. 3. Zu den elementaren Grundsätzen des gerichtlichen Verfahrens gehört neben dem Anspruch auf rechtliches Gehör auch das **Gebot eines fairen Verfahrens** (Art. 6 EMRK).[445] Dies kann eine mündliche Erörterung mit dem Antragsteller – auch aus Gründen der gerichtlichen Fürsorgepflicht – erfordern, wenn dieser im schriftlichen Ausdruck ungewandt und deshalb sein Begehren nicht klar erkennbar oder bei schwieriger Rechtslage auf die Stellung sachdienlicher Anträge hinzuweisen ist.[446] Zu einem fairen Verfahren gehört es auch, dass den Verfahrensbeteiligten das Ergebnis der Aufklärungsbemühungen des

---

432 BVerfG, Beschl. vom 23.3.2016 – 2 BvR 544/16; OLG Hamm ZfStrVo 1986, 127; *Arloth/Krä* § 115 StVollzG Rdn. 4; *Laubenthal* Rdn. 806; *Laubenthal/Nestler/Neubacher/Verrel* P Rdn. 70.
433 OLG Frankfurt ZfStrVo 1979, 251; NStZ 1989, 295.
434 OLG Brandenburg, Beschl. vom 16.7.2013 – 2 Ws (Vollz) 175/12 = FS 2014, 64.
435 BVerfGE 11, 218; OLG Celle NStZ 1990, 427 B; OLG München, Beschl. vom 31.7.2012 – 4 Ws 133/12.
436 OLG Karlsruhe StV 2002, 212, 213.
437 OLG Koblenz NStZ 2002, 531 *M*.
438 OLG Frankfurt ZfStrVo 1979, 113.
439 OLG Hamm ZfStrVo 1986, 191.
440 OLG München NStZ 1981, 249 *F*; *Laubenthal/Nestler/Neubacher/Verrel* P Rdn. 71.
441 KG NStZ 1998, 397 *M*.
442 OLG Bamberg ZfStrVo SH 1979, 111.
443 Zur Anhörungsrüge *Lübbe-Wolff/Frotz* 2009, 616 f.
444 OLG Celle NStZ 1992, 431 *B*.
445 BVerfGE 65, 171; *Laubenthal* Rdn. 807.
446 *Eschke* 1993, 145; *Böhm* Anm. zu OLG Hamm JR 1997, 84.

Gerichts mitgeteilt wird, so dass sie sich hierzu äußern und ggf. weitere Beweisanregungen einbringen können.[447]

b) Audiovisuelle Anhörung. Nach § 115 Abs. 1a StVollzG (eingefügt mit Wirkung 7 vom 1.11.2013 durch Art. 7 des Gesetzes zur Intensivierung des Einsatzes von Videokonferenztechnik in gerichtlichen und staatsanwaltschaftlichen Verfahren v. 25.4.2013)[448] braucht eine eventuelle mündliche Erörterung nicht bei gleichzeitiger persönlicher Anwesenheit von Richter und Gefangenem bzw. Untergebrachtem stattzufinden, sondern sie kann auch unter Einsatz von Videotechnik erfolgen. Hierdurch dürften insbesondere die Ressourcen des Vollzugs entlastet werden, indem eine Ausführung des in Unfreiheit Befindlichen zu Gericht entfällt. Der Norm kommt insofern nur deklaratorischer Charakter zu, als jedenfalls bei Einverständnis des Betroffenen auch nach alter Rechtslage ein solches Vorgehen möglich blieb.[449] Der Gefangene befindet sich bei der audiovisuellen Anhörung in der Vollzugsanstalt vor Kamera und Mikrofon. Seine Äußerungen werden in das Sitzungszimmer übertragen. Entsprechendes gilt für Fragen und Erklärungen des Richters (Satz 1). Sitzungszimmer ist dabei meist nicht – wie sonst im Beschlussverfahren – das Dienstzimmer des Richters, sondern derjenige Raum des Gerichts, der über die erforderliche technische Ausstattung verfügt. Hieran scheint es in der Praxis teilweise noch zu mangeln, erst recht bei den Vollzugsanstalten.[450] Die Anordnung trifft das Gericht nach pflichtgemäßem Ermessen; sie ist der Anfechtung entzogen (Satz 3). Damit ist nicht zugleich gesagt, dass im Rahmen der Rechtsbeschwerde eine diesbezügliche Verfahrensrüge unzulässig wäre; diese wird aber kaum Erfolg versprechen. Eine Aufzeichnung der Anhörung bleibt unzulässig (Satz 2). Keine Regelung enthält Abs. 1a hinsichtlich eines anwaltlichen Beistands des Inhaftierten. Will jener der Anhörung beiwohnen, kann er nach eigenem Ermessen entscheiden, ob er in der Vollzugsanstalt oder im Sitzungszimmer anwesend sein möchte.

c) Einsicht in Akten; Vorlage bei Gericht. Das Recht eines Gefangenen auf Einsicht 8 in seine Personalakten ist in § 185 Satz 1 StVollzG, **BW** § 66 I, **BY** Art. 203, § 28 Abs. 1 Satz 1 JVollzDSG Bln, **BB** § 135, **HB** § 121, **HH** 32 Abs. 1 HmbJVollzDSG, **HE** § 64 Satz 1, **MV** § 115 Abs. 7, **NI** § 198, **NW** 40 Abs. 1 JVollzDSG NRW, **RP** § 37 Abs. 1 LJVollzDSG RLP, **SL** § 115 Abs. 8, **SN** § 102, **ST** § 160 Abs. 1, § 41 Abs. 1 JVollzDSG **SH**, **TH** § 135 Abs. 1 geregelt. Die Aktenvorlage an Gerichte im Verfahren nach §§ 109 ff StVollzG ergibt sich aus § 180 Abs. 3 und Abs. 6 StVollzG, **BW** § 35 Abs. 1 I, **BY** Art. 197 Abs. 3 und Abs. 6, § 7 Abs. 4 Nr. 1 und 2 JVollzDSG Bln, **BB** § 127 Abs. 1, **HB** § 113 Abs. 1, **HH** § 10 Abs. 1 HmbJVollzDSG, **HE** § 60 Abs. 1 Nr. 1, **MV** § 110 Abs. 3, **NI** § 191 Abs. 4, **NW** § 12 Abs. 4 S. 1 JVollzDSG NRW, **RP** § 9 Abs. 2 Nr. 2 LJVollzDSG RLP, **SL** § 107 Abs. 3 und Abs. 6, **SN** § 96 Abs. 3, **ST** § 131 Abs. 2 Nr. 2, § 9 Abs. 2 Nr. 2 JVollzDSG **SH**, **TH** § 125 Abs. 1. Damit ist dem Interesse der Verfahrensbeteiligten an der umfassenden Klärung des Sachverhalts, von allen Vorgängen Kenntnis zu nehmen und ihr Vorbringen darauf abzustellen, Rechnung getragen. Eine Ausnahme ergibt sich aus § 120 Abs. 1 Satz 2 StVollzG i.V.m. § 96 StPO im Hinblick auf vertrauliche amtliche Schriftstücke.[451] Die Verweigerung der Akteneinsicht kann unter Umständen die Verletzung von Vorschriften nach EMRK bedeuten.[452]

---

447   *Böhm* Rdn. 375.
448   BGBl. I 2017 935.
449   BT-Drucks. 17/1224, 14.
450   Vgl. hierzu *Eichinger* 2015, 147 ff.
451   *Arloth/Krä* § 115 StVollzG Rdn. 3.
452   EGMR NStZ 1998, 429 mit Anm. *Deumeland*.

9   **4. Anwaltliche Vertretung.** Der **Beistand** im Vollzugssachen betreffenden gerichtlichen Verfahren gehört zum Tätigkeitsbereich des Rechtsanwalts;[453] ein Anwalt wird dann zum Verfahrensbevollmächtigten in einer Strafvollzugssache, wenn er einen Auftrag in einer oder mehreren ganz bestimmten Rechtssachen nachweist.[454] Die Beiordnung eines Pflichtverteidigers sieht das StVollzG nicht vor; sie ist auch über § 120 Abs. 1 Satz 2 StVollzG i.V.m. § 140 StPO nicht möglich, denn § 140 Abs. 2 StPO findet im Strafvollzugsverfahren keine Anwendung.[455] Das gerichtliche Verfahren nach §§ 109 ff StVollzG sieht die Möglichkeit der Beiordnung eines Rechtsanwalts im Wege der Prozesskostenhilfe vor (vgl. § 120 Abs. 2 StVollzG i.V.m. § 121 Abs. 2 ZPO). Die Antragstellung durch einen Bevollmächtigten ist gestattet.[456]

10   **5. Ablehnung des Richters.** Ein zur Entscheidung nach § 115 Abs. 1 Satz 1 StVollzG berufener Richter kann im Rahmen der in der StPO vorgesehenen Möglichkeiten vom Antragsteller abgelehnt (**Besorgnis der Befangenheit**) werden (§ 120 Abs. 1 Satz 2 StVollzG, §§ 24 ff StPO).[457] Der die Ablehnung verwerfende Beschluss ist nur mit der Rechtsbeschwerde zusammen anfechtbar (§ 120 Abs. 1 Satz 2 StVollzG i.V.m. § 28 Abs. 2 Satz 2 StPO).[458] Wesentliches Argument hierfür ist die Vermeidung einer unübersichtlichen Zersplitterung der Rechtswege.[459] Eine sofortige Beschwerde gem. § 120 Abs. 1 Satz 2 StVollzG, § 28 Abs. 2 Satz 1 StPO soll gegen die Zurückweisung eines Ablehnungsgesuchs ausnahmsweise in Betracht kommen, wenn dieses einen Richter betrifft, der mit der Sache von vornherein nicht oder nicht mehr befasst ist.[460] Hat das Gericht dem Strafgefangenen auf sein Verlangen hin die zur Mitwirkung in seinem Verfahren berufenen Richter mitgeteilt, muss es ihn über jede weitere Änderung der Besetzung von Amts wegen unterrichten.[461]

II. Erläuterungen

1. Allgemeines zu Verfahren und Entscheidung

11   **a) Schriftliches Verfahren.** Die Entscheidung der Strafvollstreckungskammer ergeht im schriftlichen Verfahren durch Beschluss (§ 115 Abs. 1 Satz 1 StVollzG); eine

---

453   OLG München ZfStrVo SH 1978, 24; OLG Hamm ZfStrVo 1980, 57.
454   LG Wuppertal NStZ 1992, 152; *Arloth/Krä* § 26 StVollzG Rdn. 1; a.A. AK-*Spaniol* Teil IV vor § 109 StVollzG Rdn. 11.
455   OLG Nürnberg NStZ 1981, 250; OLG Bremen NStZ 1984, 91; KG, Beschl. vom 19.1.2016 – 2 Ws 15/16 Vollz = FS 2016, 222; *Meyer-Goßner/Schmitt* 2019 § 140 StPO Rdn. 33 b; *Pollähne/Woynar* 2014, 211; *Wohlers* 2008, 582 ff.
456   *Laubenthal* Rdn. 762; s. auch OLG Zweibrücken, Beschl. vom 20.9.2015 – 1 Ws 188/15 Vollz = FS SH 2016, 110.
457   OLG Hamm NStZ 1982, 352; OLG Stuttgart NStZ 1985, 524; OLG Koblenz NStZ 1986, 384; *Homann* 1989, 81.
458   OLG Hamm NStZ 1982, 352; OLG Stuttgart MDR 1986, 79; OLG Frankfurt NStZ 1997, 429 M; OLG Celle ZfStrVo 1999, 447; OLG Brandenburg NStZ 2005, 296; OLG Hamburg, ZfStrVo 2005, 245; OLG Rostock, Beschl. vom 13.8.2010 – 1 Vollz (Ws) 9/10; OLG Koblenz, Beschl. vom 2.6.2016 – 2 Ws 250/16 Vollz = FS SH 2017, 64 ff; KG, Beschl. vom 24.5.2018 – 2 Ws 83/18 Vollz; OLG Bamberg, Beschl. vom 21.1.2019 – 1 Ws 643, 644/2018; a.A. OLG Nürnberg NStZ 1988, 475.
459   *Meyer-Goßner/Schmitt* 2019 § 28 StPO Rdn. 6 a; Laubenthal 2019, 328; a.A. OLG Hamm NStZ 2010, 715.
460   OLG Hamburg FS 2009, 43; zur einzelrichterlichen Entscheidungskompetenz über ein Ablehnungsgesuch BVerfG NStZ 1985, 91; zur Ablehnung eines Richters wegen Äußerungen in der Fachpresse. BVerfG NStZ-RR 1997, 23; zum Ausschluss eines ehemaligen Beamten einer Justizvollzugsanstalt als Richter OLG Dresden ZfStrVo 2001, 362.
461   OLG Nürnberg ZfStrVo 2000, 181.

mündliche Verhandlung ist nicht vorgesehen.⁴⁶² Im gerichtlichen Verfahren in Vollzugssachen gilt der Untersuchungsgrundsatz (s. Rdn. 2); im Rahmen ihrer Aufklärungspflicht kann die Strafvollstreckungskammer weitere ergänzende Ermittlungen veranlassen oder selbst durchführen (§ 120 Abs. 1 Satz 2 StVollzG; § 308 Abs. 2 StPO). Denn die Strafvollstreckungskammer ist an die von der Vollzugsbehörde getroffenen tatsächlichen Feststellungen nicht gebunden. Sie muss vielmehr, wie jede verwaltungsgerichtliche Tatsacheninstanz, den Sachverhalt selbst feststellen.⁴⁶³ Ggf. muss sie, wenn die behördlichen Tatsachenfeststellungen bestritten sind, Beweis erheben, sei es durch Zeugenvernehmungen, Augenschein, Anhörungen und Vorlage von Akten.⁴⁶⁴ Hierfür gelten die Regeln des **Freibeweises**⁴⁶⁵ mit der Pflicht zur Aufklärung des Sachverhalts. Beweisanträgen kommt danach nur die Bedeutung von Beweisanregungen zu.⁴⁶⁶ Es liegt im Ermessen des Gerichts, ob und inwieweit es Ermittlungen anordnet bzw. selbst durchführt, wobei jedoch die Beweismittel-, Beweismethoden- und Beweisverwertungsverbote zu beachten sind.⁴⁶⁷ Erfolgt eine Zeugenvernehmung nicht parteiöffentlich, ist dadurch der Anspruch auf Gewährung rechtlichen Gehörs oder der Grundsatz des fairen Verfahrens nicht verletzt. Denn im strafvollzuglichen Verfahren haben die Beteiligten keinen Anspruch darauf, einen Zeugen unmittelbar zu befragen.⁴⁶⁸ Eine Tatsache ist dann bewiesen, wenn das Gericht nach seiner Überzeugung die zu beweisende Tatsache für wahr und nicht lediglich für wahrscheinlich hält.⁴⁶⁹ Eine mündliche Anhörung des Antragstellers und die Vernehmung von Zeugen sind nicht ausgeschlossen.⁴⁷⁰

b) Prüfung der Zulässigkeitsvoraussetzungen. Eine Sachentscheidung nach § 115 **12** Abs. 1 StVollzG setzt u.a. voraus, dass das angerufene Gericht zuständig (§ 110 StVollzG) und der Antrag zulässig (§§ 109, 112, 113, 114 Abs. 2 und 3 StVollzG) ist. Sind diese Voraussetzungen erfüllt, kann die beantragte Überprüfung der angefochtenen Maßnahme erfolgen. Vor jeder Überprüfung der Begründetheit ist die Zulässigkeit des Antrags festzustellen. Im Rahmen dieser Überprüfung sollte das Gericht jedoch beachten, dass Anträge analog § 300 StPO entsprechend der Zielsetzung des Begehrens auszulegen sind. Ist z.B. der Verweisungsantrag eines Antragstellers zum Rechtsweg ersichtlich fehlerhaft, muss die mit der Sache befasste Strafvollstreckungskammer aus ihrer Fürsorgepflicht heraus die Stellung eines sachgerechten Antrags anregen.⁴⁷¹ Einzelheiten dazu bei § 109 StVollzG.

c) Maßgeblicher Zeitpunkt für die Begründetheit des Antrags. Hinsichtlich der **13** Frage des maßgeblichen Zeitpunkts für die Überprüfung der Rechtmäßigkeit durch das Gericht und damit für die Begründetheit des Antrags ist nach dem jeweiligen Rechtsschutzbegehren und der Art der vollzuglichen Maßnahme zu differenzieren.⁴⁷²

Bei einem **Anfechtungsantrag** (§ 109 Abs. 1 Satz 1 StVollzG) geht der Antragsteller davon aus, dass die ihn belastende Maßnahme von Anfang an rechtswidrig war. Es

---

462 Krit. *Laubenthal* Rdn. 845.
463 OLG Bamberg FS 2011, 54.
464 OLG Hamburg ZfStrVo SH 1978, 39; OLG Hamm ZfStrVo SH 1979, 111.
465 OLG Hamm NStZ 2010, 441 f; OLG Hamburg FS 2011, 53 f; *Laubenthal* Rdn. 805.
466 KG ZfStrVo 1990, 119 f.
467 AK-*Spaniol* Teil IV § 115 StVollzG Rdn. 4; *Laubenthal/Nestler/Neubacher/Verrel* P Rdn. 69.
468 OLG Hamburg FS 2011, 54.
469 Hierzu *Laubenthal* Rdn. 805.
470 *Arloth/Krä* § 115 StVollzG Rdn. 3; *Laubenthal/Nestler/Neubacher/Verrel* P Rdn. 69.
471 OLG Hamm ZfStrVo 2002, 378.
472 *Arloth/Krä* § 115 StVollzG Rdn. 5.

kommt dementsprechend prinzipiell auf den Zeitpunkt der letzten Behördenentscheidung an. Dies gilt insbesondere bei Ermessensentscheidungen sowie bei der Ausfüllung eines Beurteilungsspielraums durch die Vollzugsbehörde.[473] Wurde die angeordnete und den Betroffenen belastende Maßnahme noch nicht vollzogen, ist aber auf den Zeitpunkt der gerichtlichen Entscheidung abzustellen, denn es könnten im Einzelfall zwischenzeitlich für den Inhaftierten günstige Tatsachen eingetreten sein, welche seitens des Gerichts noch zu berücksichtigen sind.[474]

Bei einem **Verpflichtungsantrag** (§ 109 Abs. 1 Satz 2 StVollzG) bestimmt sich der für die gerichtliche Entscheidung maßgebliche Zeitpunkt entsprechend des Verfügungsgrundsatzes[475] grundsätzlich nach dem Antrag; dies wird i.d.R. der Zeitpunkt der gerichtlichen Entscheidung sein. Es ist also auf die Sach- und Rechtslage im Zeitpunkt der Entscheidung des Gerichts abzustellen.[476] Bei beantragter Verpflichtung zu Maßnahmen mit Beurteilungsspielraum oder Ermessen kommt es jedoch auf den Zeitpunkt an, zu dem der ablehnende Bescheid durch die Vollzugsbehörde ergangen ist.[477]

Für einen **Feststellungsantrag** bestimmt sich der maßgebliche Zeitpunkt grundsätzlich nach dem Inhalt des Antrags selbst.[478] Bei sog. **Dauermaßnahmen**, d.h. Maßnahmen, deren Wirkung auf Dauer gerichtet und die wieder aufzuheben sind, wenn die dafür maßgeblichen rechtlichen oder tatsächlichen Gründe später wieder wegfallen (z.B. Sicherungsmaßnahmen), kommt es auf die Sach- und Rechtslage im Zeitpunkt der gerichtlichen Entscheidung an.[479]

14   **d) Mindestanforderungen der schriftlichen Begründung.** Die Entscheidungen der Strafvollstreckungskammer sind schriftlich zu begründen und den Beteiligten vollständig zuzustellen;[480] an den Beschluss sind grundsätzlich dieselben Anforderungen zu stellen wie an die Begründung eines strafgerichtlichen Urteils (§ 120 Abs. 1 Satz 2 StVollzG i.V.m. §§ 267, 34 StPO), es sind also die vollständigen Personalien des Antragstellers[481] als auch die entscheidungserheblichen Tatsachen und rechtlichen Erwägungen anzuführen. Dies muss so umfassend und vollständig geschehen, dass eine hinreichende Überprüfung in einem Rechtsbeschwerdeverfahren möglich wird.[482] Daran hat sich durch die Einführung von § 115 Abs. 1 Satz 2 bis 4 StVollzG durch das 7. StVollzÄndG 2005[483] prinzipiell nichts geändert. Gemäß § 115 Abs. 1 Satz 2 StVollzG stellt das Gericht den Sach- und Streitgegenstand „seinem wesentlichen Inhalt nach" zusammen. Allerdings darf dies „gedrängt" erfolgen. Um das Vollzugsverfahren durch Erleichterungen für die gerichtliche Arbeit effektiver zu gestalten[484] – ohne den Rechtsschutz zu beein-

---

473 AK-*Spaniol* Teil IV § 115 StVollzG Rdn. 53.
474 *Kopp/Schenke* 2018 § 113 Rdn. 45.
475 Dazu Rdn. 1.
476 AK-*Spaniol* Teil IV § 115 StVollzG Rdn. 54.
477 BGH, Beschl. vom 15.12.2016 – 2 ARs 398/16, 2 AR 248/16 = NStZ 2018, 171, 172; KG, Beschl. vom 22.2.2017 – 5 Ws 210/16 Vollz = FS 2017, 285; OLG Celle NStZ 1989, 198; OLG Hamm NStZ 1990, 559; OLG Frankfurt ZfStrVo 2001, 53; OLG Nürnberg FS 2011, 53; OLG Karlsruhe, Beschl. vom 11.5.2018 – 2 Ws 112/18; OLG Koblenz, Beschl. vom 10.7.2018 – 2 Ws 326/18 Vollz = FS 2019, 81 ff; Beschl. vom 14.8.2018 – 2 Ws 296/18 Vollz = FS 2019, 82; *Arloth/Krä* § 115 StVollzG Rdn. 5; *Laubenthal/Nestler/Neubacher/Verrel* P Rdn. 75.
478 OLG Zweibrücken NStZ 1982, 352.
479 *Arloth/Krä* § 115 StVollzG Rdn. 5; *Laubenthal/Nestler/Neubacher/Verrel* P Rdn. 75.
480 OLG Hamburg ZfStrVo 1991, 311.
481 KG, Beschl. vom 15.8.2018 – 2 Ws 130/18 Vollz = Beck-Rs 2018, 24367.
482 BR-Drucks. 697/03, S. 4; OLG Celle NStZ-RR 2005, 357 f; OLG Hamburg ZfStrVo 2005, 252; OLG Nürnberg ZfStrVo 2006, 122; KG, Beschl. vom 18.8.2016 – 5 Ws 97/16 Vollz = FS SH 2018, 9, 10.
483 BGBl. I 2005, 930.
484 BR-Drucks. 697/03, S. 2.

trächtigen –, kann gem. Abs. 1 Satz 3 bei der Formulierung des Tatbestands soweit wie möglich auf in der Gerichtsakte befindliche Dokumente Bezug genommen werden. Müssen sie nach Herkunft und Datum genau bezeichnet sein, ist die exakte Blattnummer der Akte anzugeben.[485] Dabei muss aber gewährleistet sein, dass der Tatbestand für die Beteiligten ebenso wie für außen stehende Dritte eine verständliche, klare, vollständige und richtige Entscheidungsgrundlage bietet.[486] Die Ausführungen der Strafvollstreckungskammer in ihrer Begründung haben zwar die Gründe wiederzugeben, welche für die richterliche Überzeugungsbildung maßgebend waren. Es ist erlaubt, sich hierbei auch auf die Begründung der angefochtenen vollzugsbehördlichen Entscheidung zu beziehen (§ 115 Abs. 1 Satz 4 StVollzG). Insoweit muss allerdings deutlich werden, dass das Gericht sich diese Überlegungen zu eigen macht. Durch die Bezugnahme darf die Verständlichkeit der Darstellung sowie der Begründung aus sich heraus nicht in Frage gestellt werden.[487] Steht der Anstalt ein Beurteilungs- oder Ermessensspielraum zu, müssen deshalb ihre maßgeblichen Erwägungen wiedergegeben werden.[488] § 115 Abs. 1 Satz 4 StVollzG gestattet es aber lediglich, von der Darstellung der Entscheidungsgründe abzusehen, soweit die Strafvollstreckungskammer in der Begründung ihres Beschlusses der angefochtenen Entscheidung der Vollzugsbehörde folgt. Insoweit ist es nicht ausreichend, wenn das Gericht sich – bei nur mündlich ergangener Bekanntgabe der Maßnahme durch die Anstaltsleitung – lediglich auf die später vom Gericht zur Vorbereitung seiner Entscheidung eingeholte Stellungnahme der Vollzugseinrichtung bezieht. In einem solchen Fall enthalten die Ausführungen der Strafvollstreckungskammer dann keine den gesetzlichen Vorgaben entsprechende nachvollziehbare Begründung.[489] – § 275 Abs. 2 StPO gilt auch nicht entsprechend. Der Unterschrift des Richters bedarf es nicht, wenn aus den Umständen zweifelsfrei der Charakter als richterliche Entscheidung folgt.[490]

2. Entscheidung bei Anfechtungsantrag

a) Umfang der Anfechtung. Bei einem begründeten Anfechtungsantrag hebt das Gericht die angefochtene Maßnahme auf. Erforderlich ist, dass die angefochtene Maßnahme objektiv rechtswidrig ist und gerade den Antragsteller selbst in seinen Rechten verletzt (§ 115 Abs. 2 Satz 1 StVollzG). Wenn die Maßnahme nichtig ist, kommt ebenfalls eine Aufhebung in Betracht. Die Maßnahme muss grundsätzlich beseitigt werden; das Gericht kann die angefochtene Maßnahme nicht durch eine andere ersetzen.

Die **Aufhebung** wirkt i.d.R. auf den Zeitpunkt des Erlasses der Maßnahme zurück. „Soweit" in Abs. 2 Satz 1 bedeutet: Ist der Antrag nur zum Teil begründet, so wird auch nur der fehlerhafte Teil der Maßnahme aufgehoben. Kommt das Gericht jedoch zu dem Ergebnis, dass die Maßnahme ohne den aufzuhebenden Teil nicht hätte erlassen werden können, wird diese im Ganzen aufgehoben.[491]

---

485 KG, Beschl. vom 15.8.2018 – 2 Ws 130/18 Vollz = Beck-Rs 2018, 24367.
486 OLG Celle NStZ-RR 2005, 357; KG, Beschl. vom 18.8.2016 – 5 Ws 97/16 Vollz = FS SH 2018, 9, 10; s. auch OLG Karlsruhe NStZ-RR 2007, 325; Beschl. vom 4.3.2016 – 2 Ws 570/15 = NStZ 2017, 119, 120.
487 OLG Celle NStZ-RR 2005, 357.
488 OLG Karlsruhe, Beschl. vom 11.5.2018 – 2 Ws 112/18.
489 OLG Bamberg, Beschl. vom 31.8.2012 – 1 Ws 463/12; s. auch KG, Beschl. vom 15.7.2013 – 2 Ws 336/13 = NStZ-RR 2014, 31; OLG Celle FS 2013, 62; OLG München, Beschl. vom 30.3.2012 – 4 Ws 60/12 (R) = FS 2013, 59; OLG Nürnberg ZfStrVo 2006, 122f.
490 OLG Nürnberg, Beschl. vom 21.9.2018 – 1 Ws 173/18 = FS SH 2019, 33, 34.
491 Zur Teilanfechtung B Rdn. 26.

17 **b) Folgenbeseitigungsanspruch.** Auch bereits **vollzogene** rechtswidrige **Maßnahmen** sind aufzuheben. Mit der Aufhebung entsteht dem Antragsteller ein Anspruch gegen die Vollzugsbehörde auf Beseitigung der realen Folgen der Vollziehung der angefochtenen Maßnahme, ein sog. Folgenbeseitigungsanspruch, d.h. Wiederherstellung des Zustandes, der vorher bestanden hatte (§ 115 Abs. 2 Satz 2 StVollzG). Dieser Folgenbeseitigungsanspruch kann in dem Beschluss neben der Aufhebung der angefochtenen Maßnahme angeordnet werden, wenn die Sache spruchreif ist, also weitere Ermittlungen und Beweisaufnahmen nicht mehr erforderlich sind. Zudem bedarf es eines entsprechenden Annexantrags zum Anfechtungsantrag.[492] Allerdings muss die Rückgängigmachung der Vollzugsbehörde auch rechtlich und tatsächlich möglich sein. Der Folgenbeseitigung durch Löschung von Bestandteilen der Gefangenenpersonalakte kann der Grundsatz der Aktenvollständigkeit und -klarheit entgegenstehen.[493] Die Bedeutung des Folgenbeseitigungsanspruchs besteht darin, dass das Gericht aussprechen kann, ob und wie die Vollzugsbehörde die Vollziehung rückgängig zu machen hat.[494] Nicht unter die Folgenbeseitigung fällt grundsätzlich die Geltendmachung von Schadensersatz, wenn der ursprüngliche Zustand nicht mehr wiederhergestellt werden kann.[495] Ein Folgenbeseitigungsanspruch durch Geldzahlung kann nur in ganz eng begrenzten Ausnahmefällen in Betracht kommen, denn es würden sonst die engeren Anspruchsvoraussetzungen des Amtshaftungsanspruchs von Art. 34 GG i.V.m. § 839 BGB umgangen werden können (vor allem die Verschuldensabhängigkeit sowie die in § 839 BGB enthaltenen Haftungsprinzipien).[496]

18 **3. Feststellung der Rechtswidrigkeit bei Erledigung.** Hat sich die Hauptsache vor einer Entscheidung des Gerichts erledigt, so kann der Antragsteller bei berechtigtem Interesse die Feststellung beantragen, dass die Maßnahme rechtswidrig gewesen ist (§ 115 Abs. 3 StVollzG). Hat sich eine angeordnete oder beantragte Maßnahme schon vor Anbringung des Antrags auf gerichtliche Entscheidung erledigt,[497] kann ein Betroffener mit dem **allgemeinen Feststellungsantrag** entsprechend Abs. 3 die gerichtliche Feststellung der Rechtswidrigkeit des behördlichen Handelns oder Unterlassens begehren, wenn er ein berechtigtes Interesse an einer solchen Feststellung geltend macht. Ein solcher isolierter allgemeiner Feststellungsantrag ist trotz vorprozessualer Erledigung im Hinblick auf Art. 19 Abs. 4 GG zulässig, obwohl das Strafvollzugsgesetz einen solchen nicht ausdrücklich regelt.[498] Hat sich die Hauptsache erst nach Einlegung des Antrags auf gerichtliche Entscheidung erledigt, kann der Betroffene einen **Fortsetzungsfeststellungsantrag** stellen. Beim Übergang vom Anfechtungs- bzw. Verpflichtungsantrag zum Fortsetzungsfeststellungsantrag ist Letzterer nur zulässig, wenn auch für den zunächst gestellten Antrag alle Zulässigkeitsvoraussetzungen vorgelegen haben.[499] Die **Erledigung der Hauptsache** liegt vor, sobald die sich aus der Maßnahme ergebende Beschwer nachträglich weggefallen ist.[500] Dies kann geschehen z.B. durch Zurücknahme der angefochtenen Maßnahme oder wenn sie auf sonstige Weise in ihrer Substanz aufgehoben wird, z.B. durch Ersetzung der angefochtenen Maßnahme durch eine andere, bei Ertei-

---

492 *Laubenthal* Rdn. 774.
493 OLG Hamm, Beschl. vom 2.2.2017 – III-1 Vollz (Ws) 523/16 = FS SH 2018, 48, 49.
494 *Arloth/Krä* § 115 StVollzG Rdn. 7; *Laubenthal/Nestler/Neubacher/Verrel* P Rdn. 77.
495 LG Regensburg ZfStrVo 1981, 312.
496 OLG Naumburg, Beschl. vom 22.4.2016 – 1 Ws (RB) 123/15 = StraFo 2017, 39; Beschl. vom 11.12.2017 – 1 Ws (RB) 58/17 = FS SH 2018, 71.
497 S. auch OLG Dresden NStZ 2007, 708.
498 BVerfG, Beschl. vom 30.6.2015 – 2 BvR 1206/13.
499 BVerfG ZfStrVo 2003, 375; OLG Hamm ZfStrVo 1990, 308; *Arloth/Krä* § 115 StVollzG Rdn. 10.
500 OLG Koblenz NStZ 1984, 47; *Kopp/Schenke* 2018 § 113 Rdn. 102.

lung eines Zwischenbescheids,[501] durch Zeitablauf, Tod, Entlassung aus dem Strafvollzug. Erledigt sich eine Maßnahme durch Entlassung aus dem Strafvollzug, lebt sie durch erneute Inhaftierung in anderer Sache nicht wieder auf.[502] Die Fortschreibung eines Vollzugsplans führt nicht zu Erledigung, wenn sein Inhalt unverändert bleibt.[503]

U.U. kann auch infolge Verlegung in eine andere Vollzugseinrichtung Erledigung eintreten, insbesondere bei einer Maßnahme, die von den besonderen Verhältnissen der Vollzugsanstalt abhängt. Bei angefochtenen Maßnahmen, die ganz oder teilweise in der Person des Gefangenen oder Untergebrachten begründet sind, tritt dagegen durch die Verlegung keine Erledigung ein.[504] Wird ein Strafgefangener während eines laufenden Verfahrens nach § 109 StVollzG in eine andere Einrichtung verlegt, tritt keine Erledigung der Hauptsache ein, wenn die angegriffene Maßnahme dort fortwirkt. Das Verfahren ist deshalb, wenn die neue Anstalt zum Bezirk einer anderen Strafvollstreckungskammer gehört, auf einen entsprechenden Verweisungsantrag hin an die nun örtlich zuständige Strafvollstreckungskammer zu verweisen (s. C Rdn. 6). Eine Erledigung tritt auch dann nicht ein, wenn ein Gefangener, der gegen eine Disziplinarmaßnahme Antrag auf gerichtliche Entscheidung gestellt hat, in eine andere Justizvollzugsanstalt verlegt wurde; denn die Maßnahme kann dort noch vollstreckt werden.[505] Die Vollstreckung der Maßnahme bedeutet dann ihre Erledigung i.S.d. Abs. 3 mit der Folge, dass lediglich noch ein Antrag auf Feststellung ihrer Rechtswidrigkeit möglich ist, wenn der Eingriff nicht mehr rückgängig gemacht werden kann.[506] Der Antrag auf Gewährung von Urlaub bzw. Freistellung aus/von der Haft erledigt sich im Allgemeinen nicht schon dadurch, dass die für den Urlaub konkret gewünschte Zeit verstrichen ist. Wenn der Antrag nicht deutlich etwas anderes ergibt, ist vielmehr davon auszugehen, dass es dem Betroffenen in erster Linie darauf ankommt, überhaupt Urlaub zu erhalten. Das Rechtsschutzinteresse besteht fort.[507] Die Erledigung gem. Abs. 3 muss vor der Entscheidung des Gerichts eingetreten sein. Das Gericht hat den Eintritt des erledigenden Ereignisses in jeder Lage des Verfahrens von Amts wegen objektiv festzustellen[508] und eine Erledigung unabhängig vom Vorliegen einer förmlichen Erledigungserklärung des Antragstellers auszusprechen.[509] Das BVerfG geht bei Fällen tief greifender und schwerwiegender Grundrechtsverstöße vom Fortbestehen des Rechtsschutzbedürfnisses trotz Erledigung einer Disziplinarmaßnahme (Kap. 11 M Rdn. 26) aus, wenn vorläufiger Rechtsschutz versagt wurde.[510] Wird ein Gefangener, dem ein mehrfach belegter Haftraum zugewiesen wurde, vor oder nach Eingang des Antrags auf gerichtliche Entscheidung in einen Einzelhaftraum verlegt, kann Feststellung der Rechtswidrigkeit der Zuweisung eines Doppelhaftraums bzw. Nichtverlegung in eine Einzelzelle begehrt werden, da es sich insoweit um eine men-

---

501 OLG Nürnberg NStZ 1990, 429 B.
502 OLG Rostock, Beschl. vom 2.6.2017 –20 Ws 94/17 = Beck-Rs 2017, 128622 Rdn. 17.
503 OLG Celle, Beschl. vom 28.2.2013 – 1 Ws 533/10 (StrVollz) = StV 2013, 460; OLG Zweibrücken, Beschl. vom 6.3.2017 – 2 Ws 731/15 Vollz = FS SH 2018, 58, 59; vgl. auch BVerfG, Beschl. vom 19.12.2012 – 2 BvR 166/11 = NStZ-RR 2013, 120, 121.
504 OLG Frankfurt NStZ 1989, 392; KG NStZ 1997, 429 M; OLG Hamm, Beschl. vom 11.6.2015 – III-1 Vollz (Ws) 163/15 = FS SH 2016, 38 ff; Beschl. vom 10.11.2016 – III-1 Vollz (Ws) 414/16 = FS 2018, 82; OLG Zweibrücken, Beschl. vom 16.1.2017 – 1 Ws 222/16 Vollz = FS SH 2018, 83, 84; OL G München, Beschl. vom 20.7.2017 – 5 Ws 28/17 = FS 2018, 84; a.A. OLG Hamm NStZ 1985, 336.
505 OLG Nürnberg ZfStrVo 2000, 181.
506 *Laubenthal/Nestler/Neubacher/Verrel* P Rdn. 79.
507 OLG Frankfurt ZfStrVo SH 1979, 107; OLG Celle ZfStrVo 1981, 57; OLG München NStZ 1983, 573.
508 OLG München, Beschl. vom 3.2.2014 – 4a Ws 4/13 = FS 2015, 64; *Arloth/Krä* § 115 StVollzG Rdn. 9.
509 OLG Nürnberg, Beschl. vom 19.8.2014 – 1 Ws 213/14 = StraFo 2014, 523; a.A. OLG Hamm, Beschl. vom 24.1.2017 – III-1 Vollz (Ws) 528/16 = FS 2018, 83 (Verwerfung als unzulässig).
510 BVerfG NStZ 2004, 223.

schenunwürdige Unterbringung handeln kann.[511] Gerade in Verfahren, welche die Haftraumunterbringung eines Inhaftierten betreffen, entfällt, sofern eine Verletzung der Menschenwürde durch die Art und Weise der Unterbringung in Frage steht, das Rechtsschutzinteresse nicht mit der Beendigung der beanstandeten Unterbringung. Eine Verletzung der Menschenwürde steht dann schon in Rede, wenn der Betroffene einen Verstoß gegen Art. 2 Abs. 1 i.V.m. Art. 1 Abs. 1 GG substantiiert geltend macht, d.h. nach dem Sachvortrag des Gefangenen nicht von vornherein auszuschließen ist, dass ein Verstoß gegen die staatliche Pflicht zur Gewährleistung der materiellen Mindestvoraussetzungen menschenwürdiger Existenz auch in der Haft vorliegt.[512] Das gilt bei gemeinsamer Unterbringung mit Rauchern schon dann, wenn diese nur wenige Stunden oder noch kürzer angedauert hat.[513] Der **Feststellungsbeschluss** des Gerichts setzt einen **Antrag** des Betroffenen und ein berechtigtes Interesse an der Feststellung der Rechtswidrigkeit voraus. Ausnahmsweise kann der Antrag auf Feststellung aber auch stillschweigend gestellt sein.[514] Ein rechtliches Interesse ist nicht erforderlich; es genügt ein **berechtigtes Interesse**, d.h. jedes nach vernünftigen Erwägungen nach Lage des Falles anzuerkennende schutzwürdige Interesse rechtlicher, wirtschaftlicher oder auch ideeller Art. Entscheidend ist, dass die gerichtliche Entscheidung geeignet ist, die Position des Antragstellers in einem dieser Bereiche zu verbessern.[515] Dies ist dann der Fall, wenn sich die angefochtene Maßnahme bei späteren Entscheidungen für den Antragsteller nachteilig auswirken kann oder eine **Wiederholungsgefahr** nicht auszuschließen ist.[516] Die Wiederholungsgefahr muss sich allerdings konkret abzeichnen und den Umständen nach muss zu erwarten sein, dass die Vollzugsbehörde künftig ohne gerichtliche Entscheidung wiederum so verfahren werde, wie in dem angefochtenen Fall.[517] Nach Erledigung wegen Verlegung ist dies der Fall, wenn der Gefangene in etwa einem halben Jahr bereits dreimal verlegt worden ist.[518] Teilweise werden an die Konkretisierung nur geringe Anforderungen gestellt, wenn man sich etwa für die Möglichkeit der Wiederholung einer u. U. unzulässigen Gemeinschaftsunterbringung bereits mit der Haftfortdauer begnügt.[519] Ein Feststellungsinteresse ist zu bejahen, wenn die angefochtene Maßnahme eine diskriminierende Wirkung hatte und dem Antragsteller ein schutzwürdiges Interesse an seiner **Rehabilitierung** zukommt.[520] Ein fortbestehendes Interesse wegen fortwirkender Beeinträchtigung ist etwa im Falle unterlassener Aufstellung bzw. Fortschreibung eines Vollzugsplans wegen dessen Bedeutung für die Resozialisierung[521] sowie bei vollzogenen Disziplinarmaßnahmen anzunehmen, weil deren Rechtmäßigkeit bei zukünftigen Prognoseentscheidungen oder bei der Verhängung weiterer Disziplinarmaßnahmen Bedeutung erlangen kann.[522] Nach der Rechtsprechung des BVerfG ist davon auszugehen, dass

---

511 OLG Frankfurt NJW 2003, 2843; OLG Koblenz OLGSt StVollz § 109 Nr. 9.
512 BVerfG NJW 2011, 137; vgl. auch KG, Beschl. vom 25.9.2007 – 2/5 Ws 189/05 Vollz = StraFo 2007, 521, 522; OLG Karlsruhe, Beschl. vom 9.11.2018 – 2 Ws 225/18, 2 Ws 226/18 Rdn. 17 (juris).
513 OLG Hamm, Beschl. vom 24.8.2017 – 1 Vollz (Ws) 288/17 = Beck-Rs 2017, 142839; LG Bochum, Beschl. vom 4.4.2018 – V StVK 140/16 = Beck-Rs 2018, 11777.
514 OLG Frankfurt ZfStrVo SH 1979, 107; OLG Zweibrücken ZfStrVo 1986, 379.
515 *Kopp/Schenke* 2018 § 113 Rdn. 130.
516 BVerfG NStZ-RR 2013, 225; OLG Frankfurt ZfStrVo 1979, 58.
517 OLG Hamm ZfStrVo SH 1979, 114; OLG Frankfurt ZfStrVo 1990, 186; *Arloth/Krä* § 115 StVollzG Rdn. 8; *Kopp/Schenke* 2018 § 113 Rdn. 141; *Laubenthal/Nestler/Neubacher/Verrel* P Rdn. 81.
518 OLG Hamm, Beschl. vom 29.11.2018 – III-1 Vollz (Ws) 515/18 = Beck-Rs 2018, 36062.
519 OLG Karlsruhe, Beschl. vom 25.10.2018 – 1 Ws 220/18 Rdn. 6 (juris).
520 OLG Hamm ZfStrVo 1982, 186; OLG Zweibrücken NStZ 1982, 352; ZfStrVo 1982, 318; OLG Hamm NStZ 1989, 552; NStZ 1992, 430 B; NStZ 1993, 104; OLG Celle ZfStrVo 1993, 185; *Kopp/Schenke* 2018 § 113 Rdn. 142.
521 LG Bielefeld, Beschl. vom 22.10.2018 – 101 StVK 3105/18 = Beck-Rs 2018, 27273.
522 *Lübbe-Wolff* 2016, 406.

auch nachträglich ein Interesse an der Feststellung der Rechtswidrigkeit gegeben ist, wenn die diskriminierenden Folgen einer Maßnahme über deren Erledigung hinaus andauern, was insbesondere bei **schwerwiegenden Grundrechtseingriffen** vorliegt.[523] Das ist bei medizinischer Zwangsbehandlung der Fall.[524] Ein Feststellungsinteresse sowohl aus Gründen der Rehabilitierung als auch wegen schwer wiegenden Grundrechtseingriffs wurde trotz Haftentlassung nach Vollverbüßung bei der neun Monate lang verweigerten Rückverlegung in den offenen Vollzug angenommen.[525] Nach dem BVerfG liegt ein Feststellungsinteresse bei Beeinträchtigung der Resozialisierungsmöglichkeiten durch eine Verlegung[526] bzw. einer Verlegung gegen den Willen des Inhaftierten vor,[527] nach dem OLG Hamm bei der Versagung von Vollzugslockerungen.[528] Zum Feststellungsinteresse bei besonderen Sicherungsmaßnahmen Kap. 11 Rdn. 16, 34, 46. Daneben ist das Feststellungsinteresse zu bejahen, wenn die Frage der Rechtswidrigkeit der Maßnahme aus bestimmten Gründen **präjudiziell für ein anderes streitiges Rechtsverhältnis** ist.[529] Ein Feststellungsinteresse besteht insbesondere dann, wenn die Feststellung der Geltendmachung von Ansprüchen aus der Staatshaftung dienen soll, ein entsprechender Prozess mit hinreichender Sicherheit zu erwarten ist und nicht offenbar aussichtslos erscheint.[530] Die Erklärung, eine Maßnahme sei rechtswidrig gewesen, ist für den Gefangenen von Interesse, wenn er aufgrund dieser Feststellung einen Schadensersatzanspruch geltend machen kann.[531] Das für den Feststellungsantrag erforderliche Feststellungsinteresse entfällt aber bereits dann, wenn der Inhaftierte (z.B. wegen einer aus seiner Sicht rechtswidrigen Unterbringung) schon beim Zivilgericht einen Antrag auf Gewährung von Prozesskostenhilfe wegen Schadensersatzes gestellt[532] oder gar Klage erhoben hat.[533] Zu weit geht es, wenn die Vorbereitung eines Amtshaftungsanspruchs gar kein Feststellungsinteresse begründen soll.[534] Ein Feststellungsantrag i.S.v. § 115 Abs. 3 StVollzG ist im Rechtsbeschwerdeverfahren nicht zulässig (J Rdn. 11), denn Abs. 3 gilt dort nicht.[535]

---

523 BVerfG ZfStrVo 2002, 176; BVerfG NStZ-RR 2004, 59; BVerfG NJW 2011, 137; BVerfG, Beschl. vom 28.2.2013 – 2 BvR 612/12 = NStZ 2014, 631; sehr großzügig OLG Celle, Beschl. vom 7.1.2019 – 3 Ws 321/18 = Beck-Rs 2019, 88 Rdn. 12.
524 Siehe OLG Karlsruhe, Beschl. vom 16.2.2017 – 2 Ws 36/17 = NStZ-RR 2017, 125.
525 OLG Hamm, Beschl. vom 26.10.2017 – 1 Vollz (Ws) 464/17 = Beck-Rs 2017, 141976.
526 BVerfG, Beschl. vom 30.6.2015 – 2 BvR 1857/14, 2810/14 = NStZ-RR 2015, 389, 391.
527 BVerfG, Beschl. vom 20.4.2007 – 2 BvR 203/07 = BVerfGK 11, 54, 59.
528 OLG Hamm, Beschl. vom 22.11.2017 – 1 Vollz (Ws) 64/17 u. 65/17 = Beck-Rs 2017, 135607 Rdn. 12.
529 *Kopp/Schenke* 2018 § 113 Rdn. 136.
530 BVerwG NVwZ 1985, 265; OLG Hamm, Beschl. vom 22.12.2016 – 1 Vollz (Ws) 508/16 = Beck-Rs 2016, 119201 Rdn. 10; *Arloth/Krä* § 115 StVollzG Rdn. 8; *Kopp/Schenke* 2018 § 113 Rdn. 136; *Laubenthal/Nestler/Neubacher/Verrel* P Rdn. 81; großzügig LG Bielefeld, Beschl. vom 23.7.2018 – 101 StVK 3867/17 = Beck-Rs 2018, 28334 Rdn. 10.
531 OLG Hamm NStZ 2001, 414 *M.*
532 OLG Hamm FS 2010, 52; *Arloth/Krä* § 115 StVollzG Rdn. 8; zur Bindungswirkung rechtskräftiger Entscheidungen im Verfahren nach § 109 StVollzG für Zivilgerichte BGH, Urt. vom 4.11.2004 – III ZR 361/03 = NJW 2005, 58 f; OLG Celle ZfStrVo 2004, 55; OLG Saarbrücken, Beschl. vom 7.2.1994 – Vollz (Ws) 20/93 = NJW 1994, 1423, 1424.
533 OLG Naumburg, Beschl. vom 11.12.2017 – 1 Ws (RB) 58/17 = FS SH 2018, 71 f.
534 So aber OLG Karlsruhe, Beschl. vom 25.8.1988 – 2 Vollz (Ws) 52/88 bei *Bungert* NStZ 1989, 429; OLG Nürnberg, Beschl. vom 22.11.2012 – 2 Ws 633/12 = Beck-Rs 2012, 24585; OLG Naumburg, Beschl. vom 11.12.2017 – 1 Ws (RB) 58/17 = FS SH 2018, 71; Beschl. vom 14.6.2017 – 1 Ws (RB) 24/17 = FS SH 2018, 72, 73; OLG Zweibrücken, Beschl. vom 15.11.2018 – 1 Ws 287/18 Vollz = Beck-Rs 2018, 33018 Rdn. 11; ebenso OLG Stuttgart, Beschl. vom 30.1.1986 – 4 Ws 28/86 = NStZ 1986, 431 f m. Anm. *Volckart*; KG, Beschl. vom 6.3.1997 – 4 VAS 9/97 = NStZ 1997, 563 bei Erledigung vor Antragstellung.
535 OLG Hamm NStZ 1985, 576; NStZ 2010, 442; OLG München FS 2010, 52.

19   **4. Sachentscheidung des Gerichts und Spruchreife.** § 115 Abs. 4 StVollzG behandelt die gerichtliche Entscheidung bei rechtswidriger Ablehnung oder rechtswidriger Unterlassung einer Vollzugsmaßnahme, die den Antragsteller in seinen Rechten verletzt. Ist die Sache spruchreif, wird die Vollzugsbehörde verpflichtet, die beantragte Amtshandlung vorzunehmen (Abs. 4 Satz 1). **Spruchreif** ist eine Sache, wenn weitere Erhebungen nicht mehr erforderlich sind, um eine endgültige Entscheidung fällen zu können.[536] Die Spruchreife hat das Gericht grundsätzlich aufgrund des das gerichtliche Verfahren gem. §§ 109 ff StVollzG beherrschenden Untersuchungsgrundsatzes herbeizuführen.[537] Die Spruchreife kann jedoch vom Gericht nicht hergestellt werden, wenn die Entscheidung von weiteren Fragen abhängt, bezüglich derer der Vollzugsbehörde ein Ermessens- oder Beurteilungsspielraum zusteht. Das Gericht darf z.B. im Zusammenhang mit der Gewährung von Vollzugslockerungen bzw. vollzugsöffnenden Maßnahmen die Prognose einer Flucht- oder Missbrauchsbefürchtung der Vollzugsbehörde nicht durch seine eigene ersetzen. Infolgedessen ist es auch nicht Aufgabe des Gerichts, Tatsachen selbst zu ermitteln, welche die angefochtene Entscheidung rechtfertigen könnten, von der Vollzugsbehörde aber nicht berücksichtigt wurden.[538] Spruchreife ist in diesen Fällen ausnahmsweise dann anzunehmen, wenn im konkreten Fall nur eine einzige, bestimmte Entscheidung (Null-Reduktion) in Betracht kommt.[539] Spruchreife liegt dementsprechend nicht vor, wenn noch eine andere, rechtlich zulässige Ermessensentscheidung möglich ist oder die Vollzugsbehörde von ihrem Ermessen noch keinen Gebrauch gemacht hat. Fehlt die Spruchreife hinsichtlich des Inhalts der Maßnahme, so ist die Vollzugsbehörde zu verpflichten, den Antragsteller unter Beachtung der Rechtsauffassung des Gerichts zu bescheiden (**Bescheidungsbeschluss**, § 115 Abs. 4 Satz 2 StVollzG). Ein solcher Bescheidungsbeschluss ergeht auch, wenn der Vollzugsbehörde ein Beurteilungsspielraum zusteht, in dessen Rahmen mehrere konkretisierende Entscheidungen gleichermaßen noch vertretbar sind.[540] Ist ein gerichtlicher Bescheidungsbeschluss ergangen, bleibt die Vollzugsbehörde in erhöhtem Maße zur Beschleunigung verpflichtet.[541]

5. Ermessensentscheidungen und Beurteilungsspielräume

20   **a) Grundsätzlich keine Ersetzung der Entscheidung der Behörde durch das Gericht.** Ist die Vollzugsbehörde berechtigt, nach ihrem Ermessen zu handeln, so überprüft die Strafvollstreckungskammer die angefochtene Maßnahme der Vollzugsbehörde auf **Ermessensüberschreitung** oder **Ermessensfehlgebrauch,** § 115 Abs. 5 StVollzG. Ermessensfehlerhaftigkeit liegt auch dann vor, wenn die Vollzugsbehörde von ihrem Ermessen überhaupt keinen Gebrauch gemacht hat (**Ermessensnichtgebrauch**) oder eine **Ermessensunterschreitung** gegeben ist.[542] Die Überprüfung der Ermessensausübung hat sich auf die Ermittlung und Feststellung des Sachverhalts zu erstrecken, auf dem die Entscheidung der Vollzugsbehörde beruht.[543] Das Gericht kann eine Ermessensentschei-

---

536 *Arloth/Krä* § 115 StVollzG Rdn. 12; *Kopp/Schenke* 2018 § 113 Rdn. 193 ff.
537 *Laubenthal/Nestler/Neubacher/Verrel* P Rdn. 82.
538 OLG Karlsruhe ZfStrVO 2004, 186.
539 BGHSt 30, 320; LG Hamburg ZfStrVo SH 1978, 33; *Arloth/Krä* § 115 StVollzG Rdn. 12; *Kopp/Schenke* 2018 § 113 Rdn. 207; *Laubenthal* Rdn. 816; *Treptow* 1978, 2227.
540 BGHSt. 30, 327.
541 BVerfG, Beschl. vom 25.9.2013 – 2 BvR 1582/13 = NStZ 2014, 632.
542 Dazu *Beaucamp* 2012, 195.
543 OLG Koblenz ZfStrVo 1992, 197; KG StV 2003, 405, 406; OLG Hamm, Beschl. vom 24.1.2017 – III-1 Vollz (Ws) 538/16 = Beck-Rs 2017, 121674 Rdn. 14; Beschl. vom 27.6.2017 – III-1 Vollz (Ws) 190/17 = bei Roth NStZ 2019, 189, 169.

dung der Vollzugsbehörde nicht durch eine andere Entscheidung ersetzen, die es für sachdienlich hält. Trotz des Wortes „auch" in Abs. 5 darf daher die Strafvollstreckungskammer nicht ihr Ermessen an die Stelle des Ermessens der Vollzugsbehörde setzen; sie darf weder die Ermessenserwägungen der Vollzugsbehörde durch ihre eigenen ersetzen noch das der Vollzugsbehörde eröffnete Ermessen selbst ausüben. Die Ersetzung von fehlerhaften Ermessenserwägungen der Vollzugsbehörde durch solche seitens des Gerichts kommt nicht in Betracht.[544] Dass gerichtliches Ermessen nicht an die Stelle behördlichen Ermessens gesetzt werden darf, gilt auch im Fall des Unterlassens von Maßnahmen.[545] Zweckmäßigkeitserwägungen, Billigkeitsüberlegungen und die Frage nach etwaigen besseren, sachgemäßeren oder gerechteren Lösungen unterliegen nicht der Beurteilung der Gerichte und können daher allein nicht zur Aufhebung einer Maßnahme führen.[546] Weil bei einer Ermessensentscheidung verschiedene Vollzugsmaßnahmen (-handlungen) rechtmäßig sind, besteht für den Betroffenen grundsätzlich kein Anspruch auf eine ganz bestimmte behördliche Maßnahme, auf die günstigere oder auch zweckmäßigere, sondern nur ein Anspruch auf fehlerfreie Ermessensausübung.[547] Eine Ausnahme von diesem Grundsatz gilt dann, wenn wegen der besonderen Umstände des Einzelfalls überhaupt nur eine einzige Entscheidung ermessensfehlerfrei sein kann, also der Ermessensspielraum der Behörde auf „null reduziert" ist – sog. Nullreduzierung.[548]

b) Ermessensfehler. Von einer Ermessensentscheidung wird gesprochen, wenn die Behörde zwischen mehreren vom Gesetzgeber als rechtmäßig angesehenen Entscheidungen wählen darf. Ob eine Vorschrift der Behörde ein Ermessen einräumt, ist eine Frage der Auslegung. Sinn, Zweck und Wortlaut der materiellen Strafvollzugsvorschriften ergeben wichtige Anhaltspunkte dafür, ob die Vollzugsbehörde nach ihrem Ermessen befinden kann. Worte wie „kann", „soll" und „darf" in einer Gesetzesvorschrift sind typisch für das Vorliegen eines Ermessensspielraums. Das einer Vollzugsbehörde eingeräumte Ermessen bleibt aber kein gänzlich freies Ermessen; es handelt sich immer nur um pflichtgemäßes Ermessen, das sich am Zweck der Ermächtigung zu orientieren hat und die gesetzlichen Grenzen, die für die Ausübung des Ermessens gelten, nicht überschreiten darf.[549] Die Behörde muss eine angemessene Abwägung der öffentlichen Interessen mit den Interessen des Gefangenen im Rahmen des Zwecks der Ermächtigung vornehmen. Dementsprechend hat der Gefangene ein subjektiv öffentliches Recht darauf, dass die Behörde die gesetzlichen Grenzen ihres Ermessens nicht überschreitet und von dem Ermessen in einer dem Zweck der Ermächtigung entsprechenden Weise Gebrauch macht. Ein **Ermessensfehlgebrauch** liegt vor, wenn die Behörde bei ihrer Entscheidung von unzutreffenden tatsächlichen oder rechtlichen Voraussetzungen ausgeht;[550] Gesichtspunkte tatsächlicher oder rechtlicher Art berücksichtigt, die nach Sinn und Zweck des zu vollziehenden Gesetzes oder aufgrund anderer Rechtsvorschriften oder allgemeiner Rechtsgrundsätze dabei keine Rolle spielen können oder dürfen, oder

---

544 BVerfG, Beschl. vom 20.3.2013 – 2 BvR 2941/12; OLG Koblenz ZfStrVo SH 1977, 18; OLG Zweibrücken ZfStrVo SH 1977, 1; OLG Hamm NStZ 1991, 303; Beschl. vom 24.1.2017 – III-1 Vollz (Ws) 538/16 = Beck-Rs 2017, 121674 Rdn. 15; OLG Karlsruhe ZfStrVo 2002, 377; NStZ 2002, 614; OLG Nürnberg, Beschl. vom 18.7.2011 – 1 Ws 151/11; KG, Beschl. vom 18.8.2016 – 5 Ws 97/16 Vollz = FS SH 2018, 9, 11; OLG Zweibrücken, Beschl. vom 12.5.2017 – 1 Ws 235/16 Vollz = FS 2018, 86; *Treptow* 1978, 2227.
545 OLG Hamm, Beschl. vom 30.10.2014 – III – 1 Vollz (Ws) 488 – 490/14 = NStZ-RR 2015, 61.
546 *Kopp/Schenke* 2018 § 114 Rdn. 1.
547 OLG Koblenz ZfStrVo 1981, 246; OLG Nürnberg LS NStZ 1982, 399.
548 OLG Karlsruhe ZfStrVo SH 1978, 9.
549 *Kopp/Ramsauer* 2018 § 40 Rdn. 1.
550 OLG Celle LS ZfStrVo SH 1979, 57.

Gesichtspunkte außer Acht lässt, die zu berücksichtigen wären;[551] ebenso, wenn die Behörde sachfremde Erwägungen bei ihrer Entscheidung angestellt hat.[552] Eine **Ermessensüberschreitung** liegt vor, wenn die Behörde, gleich aus welchem Grund, sich nicht im Rahmen der ihr vom Gesetz gegebenen Ermächtigung hält.[553] Die Entscheidung ist dann nicht mehr von der Ermächtigungsgrundlage gedeckt, und es liegt eine von der Rechtsordnung im Ergebnis missbilligte Entscheidung vor. Bei einer **Ermessensunterschreitung** unterschätzt die Vollzugsbehörde die Bandbreite ihrer Handlungsmöglichkeiten.

22   c) **Unbestimmte Rechtsbegriffe und gerichtliche Überprüfbarkeit.** Neben zahlreichen Ermessensermächtigungen enthalten die Vorschriften der Strafvollzugsgesetze unbestimmte Rechtsbegriffe. Diese werden z.B. durch Worte wie „wichtige oder besondere Gründe", „Sicherheit", „Ordnung", „angemessen", „regelmäßig", „Eignung" ausgedrückt. Unbestimmte Rechtsbegriffe finden sich häufig auf der Tatbestandsseite des Rechtssatzes; sie können aber auch auf der Rechtsfolgenseite vorkommen. Die Auslegung unbestimmter Rechtsbegriffe (die Ermittlung ihres Sinngehalts) ist eine Rechtsfrage. Die Anwendung solcher Begriffe durch die Vollzugseinrichtung bleibt grundsätzlich gerichtlich voll nachprüfbar.[554] Insoweit können die angerufenen Gerichte im Gegensatz zu Ermessensentscheidungen prinzipiell letztverbindlich entscheiden. Die Auslegung durch die Rechtsprechung hat manche unbestimmten Rechtsbegriffe weitgehend objektiv bestimmt gemacht. An diese „Bestimmungen" sind die Vollzugsbehörden gebunden, ohne dass eine anpassende Fortbildung, insbesondere durch Gerichte, ausgeschlossen wäre.[555]

23   d) **Beurteilungsspielraum der Behörde.** Der Grundsatz, dem zufolge unbestimmte Rechtsbegriffe voll überprüfbar sind, gilt nicht uneingeschränkt. Bei manchen Begriffen steht der Vollzugsbehörde ein Beurteilungsspielraum zu, in dessen Rahmen sie mehrere Entscheidungen treffen kann, die gleichermaßen rechtlich vertretbar sind.[556] In diesen Fällen unterliegt die Anwendung unbestimmter Rechtsbegriffe auf bestimmte Sachverhalte ausnahmsweise nur in beschränktem Umfang einer richterlichen Kontrolle. Das Gericht hat in diesen Fällen lediglich zu prüfen, ob die Behörde von einem zutreffenden und vollständig ermittelten Sachverhalt ausgegangen ist, sowie alle entscheidungsrelevanten Umstände berücksichtigt hat (**Beurteilungsdefizit**), ob sie die Grenzen ihrer Einschätzungsprärogative – also ihres Beurteilungsspielraums – einhielt (**Beurteilungsüberschreitung**) und die richtigen Wertmaßstäbe angewendet hat (**Beurteilungsmissbrauch**). Somit ist die richterliche Kontrolle der Anwendung unbestimmter Rechtsbegriffe mit Beurteilungsspielraum ähnlich eingeschränkt wie bei Ermessensentscheidungen.[557] Ein solcher nur eingeschränkt justiziell nachprüfbarer Beurteilungsspielraum wird dann angenommen, wenn es sich um die Beurteilung in der Zukunft liegender Vorgänge (Prognoseentscheidungen) oder um sonstige Fragen handelt, die eine

---

551 OLG Karlsruhe ZfStrVo SH 1978, 9; OLG Saarbrücken ZfStrVo 1978, 182; OLG Hamburg ZfStrVo 1982, 312.
552 *Kopp/Schenke* 2018 § 114 Rdn. 13; *Laubenthal* Rdn. 811.
553 OLG Nürnberg LS NStZ 1982, 399.
554 BGH NStZ 1982, 173; NJW 1982, 1057; ZfStrVo 1982, 181; BGHSt 30, 320; s. auch Anm. *Volckart* NStZ 1982, 174; a.A. *Smeddinck* 1998, 370.
555 S. auch *Neubacher* 2001, 212, 213; *Schneider* 1999, 140; *Wingenfeld* 1999, 99 f.
556 BGH NStZ 1982, 173; NJW 1982, 1057; ZfStrVo 1982, 181; BGHSt 30, 320; s. auch Beaucamp 2012, 194.
557   OLG Frankfurt ZfStrVo 1982, 309; NStZ 1982, 349; OLG Koblenz ZfStrVo 1982, 247; OLG Hamburg ZfStrVo 1991, 244; OLG Hamm NStZ 1992, 430 B; OLG Zweibrücken ZfStrVo 1998, 179; OLG Karlsruhe ZfStrVo 2002, 377; NStZ 2002, 614; KG ZfStrVo 2003, 181; *Kopp/Schenke* 2018 § 114 Rdn. 23 ff; *Laubenthal* Rdn. 813; *Treptow* 1978, 2227; dazu auch *Arloth/Krä* § 115 StVollzG Rdn. 16; *Laubenthal/Nestler/Neubacher/ Verrel* P Rdn. 87 f; Vorbehalte bei AK-*Spaniol* Teil IV § 115 StVollzG Rdn. 30 f.

höchstpersönliche Wertung enthalten.[558] So eröffnet die für eine Gewährung von Vollzugslockerungen bzw. vollzugsöffnenden Maßnahmen zu prüfende Flucht- oder Missbrauchsgefahr als Prognoseentscheidung den Vollzugsbehörden einen Beurteilungsspielraum.[559] Bei der Prüfung, ob solche Maßnahmen zu gewähren sind, darf es die Vollzugsbehörde nicht bei bloßen pauschalen Wertungen oder bei dem abstrakten Hinweis auf die Flucht- oder Missbrauchsgefahr bewenden lassen. Sie hat vielmehr im Rahmen der Gesamtwürdigung nähere Anhaltspunkte darzulegen, welche geeignet sind, die Prognose einer Flucht- oder Missbrauchsgefahr in der Person des Gefangenen zu konkretisieren.[560] Stützt sie sich auf ein aktuelles Ermittlungsverfahren, muss sie dessen Gegenstand und Stand eruieren.[561] Die gerichtliche Nachprüfung von Prognoseentscheidungen hat sich demnach darauf zu beschränken, ob sich die Beurteilung oder Prognose in dem rechtlichen Rahmen hält. Eigene Erwägungen z.B. zur Missbrauchsgefahr sind der Strafvollstreckungskammer verwehrt.[562] Da das Gericht die Prognose der Vollzugsbehörde aufgrund der dieser zukommenden Entscheidungsprärogative nicht durch eine eigene prognostische und wertende Gesamtabwägung ersetzen darf, ist es ihm dementsprechend auch verwehrt, selbst ein Sachverständigengutachten zur Eignung des Inhaftierten für eine Vollzugslockerung einzuholen.[563] Der eingeschränkten Prüfungskompetenz bei Prognoseentscheidungen der Vollzugsbehörden wurde entgegengehalten, dass die Anerkennung solcher Spielräume nicht geboten sei, da die „Prognosemacht" durchaus in der Hand der sachnahen (und auch mit Prognosen gem. § 57 StGB betrauten) Strafvollstreckungskammern verbleiben könne.[564] Allerdings wird die Wirksamkeit des Rechtsschutzes durch eine Eingrenzung der gerichtlichen Kontrolldichte nicht beeinträchtigt. Sind mehrere Entscheidungen rechtlich vertretbar, verlangt Art. 19 Abs. 4 GG nicht, dass die Auswahl unter ihnen in letzter Verantwortung vom Gericht zu treffen ist.[565] Zudem bleibt nicht zu verkennen, dass auch dort, wo ein Beurteilungsspielraum vorliegt, kein „Freiraum" der Behörde besteht. Die notwendige Kontrolle im Hinblick auf die Einhaltung der verschiedenen rechtlichen Grenzen des Beurteilungsspielraums führt, ähnlich wie bei Ermessensentscheidungen, zu einer erheblichen justiziellen Kontrolldichte (vgl. Rdn. 20 f).

e) Verwaltungsvorschriften als Richtlinien und Entscheidungshilfen. Die bundeseinheitlichen Verwaltungsvorschriften zum StVollzG haben – ebenso wie die Verwaltungsvorschriften zu den Strafvollzugsgesetzen auf Länderebene – nur behördeninterne Bedeutung.[566] Sie enthalten Richtlinien für zulässige Ermessenserwägungen, die die Gerichte mangels Rechtsnormqualität nicht binden.[567] Diese sind jedoch befugt, sich einer Gesetzesauslegung, die in einer Verwaltungsvorschrift vertreten wird, aus eigener Über- 24

---

558 BGH NStZ 1982, 173, 174 mit Anm. *Volckart*; OLG Nürnberg NStZ 1998, 592; *Laubenthal* Rdn. 813.
559 OLG München FS 2011, 53; OLG Hamm, Beschl. vom 20.7.2017 – 1 Vollz (Ws) 276/17 = NStZ-RR 2017, 327 f.
560 BVerfG NStZ 1998, 430; OLG Hamm StV 1997, 32; OLG Zweibrücken ZfStrVo 1998, 179; OLG Kiel ZfStrVo 2004, 114; OLG München FS 2011, 53.
561 OLG Hamm, Beschl. vom 20.7.2017 – 1 Vollz (Ws) 276/17 = NStZ-RR 2017, 327 f.
562 OLG Karlsruhe ZfStrVo 2003, 111; OLG Hamm, Beschl. vom 24.1.2017 – 1 Vollz (Ws) 524/16 = Beck-Rs 2017, 107970.
563 OLG Hamm ZfStrVo 2006, 369; *Arloth/Krä* § 115 StVollzG Rdn. 16; *Laubenthal/Nestler/Neubacher/Verrel* P Rdn. 88.
564 *Dopslaff* 1988, 567, 586 ff; *Treptow* aaO; *Volckart* aaO; vgl. auch *Justen* 1995; *Schneider* 1999, 140.
565 BGH NStZ 1982, 173; BVerwGE 39, 197; BVerfG NStZ 1998, 430; *Grunau/Tiesler* Rdn. 10; *Meier* NStZ 1981, 406 Anm. zu OLG Hamburg 1981, 237; *Müller-Dietz* 1981, 409; 1985, 342.
566 Dazu *Arloth/Krä* § 115 StVollzG Rdn. 17; *Frellesen* 1977, 2055; *Laubenthal* Rdn. 42 f; *Müller-Dietz* 1981, 409 ff; *Treptow* 1978, 2227; *Walter* 1999 Rdn. 406.
567 OLG Celle NStZ 1998, 400 *M*; OLG Karlsruhe ZfStrVo 2003, 251.

zeugung anzuschließen.⁵⁶⁸ Die Verwaltungsvorschriften können die Aufgabe haben, das der Vollzugsbehörde eingeräumte Ermessen zu konkretisieren, um eine einheitliche Ausübung zu gewährleisten.⁵⁶⁹ Daher entbinden sie nicht von der Verpflichtung, in jedem Einzelfall die Richtigkeit der Ermessenskonkretisierung zu prüfen.⁵⁷⁰ Die VV dürfen das Ermessen der Vollzugsbehörde nicht an andere als die nach dem jeweiligen Gesetz maßgeblichen Gesichtspunkte binden. Andernfalls sind sie rechtswidrig und eine auf sie gestützte Entscheidung wäre ermessensfehlerhaft, weil sich die Vollzugsbehörde dann an eine Ermessensgrenze gebunden sieht, die in Wahrheit nicht besteht.⁵⁷¹ Dadurch, dass sie eine einheitliche Auslegung oder Ermessensausübung durch die Vollzugsbehörde herbeiführen, erhalten sie mittelbar über Art. 3 Abs. 1 GG (Rechtsanwendungsgleichheit) im Innenverhältnis eine gesetzesähnliche selbstbindende Bedeutung, auf die sich ein Gefangener berufen kann (Selbstbindung der Verwaltung).⁵⁷² Neben Ermessensrichtlinien können Verwaltungsvorschriften zudem den Charakter von tatbestandsinterpretierenden Richtlinien haben. Insoweit kommt ihnen aber nur die Qualität von Entscheidungshilfen zu.⁵⁷³ Bezogen auf die Tatbestandsebene dienen sie der Auslegung von unbestimmten Rechtsbegriffen und sie helfen bei der Ausfüllung von Beurteilungsspielräumen. Dabei beinhalten sie jedoch keine gesetzlichen Merkmalen entsprechenden zusätzlichen Gesichtspunkte. Vielmehr sind sie als Indizien für das Vorliegen der gesetzlichen Voraussetzungen im konkreten Fall heranzuziehen. Die innerbehördliche Verrechtlichung durch Verwaltungsvorschriften darf nicht zu einer schematischen Anwendung der Richtlinien bzw. Entscheidungshilfen führen. Sie entbindet die Vollzugsbehörde nicht von einer konkreten Prüfung und Begründung im Einzelfall. Andernfalls läge ein Defizit auf der Ebene des Beurteilungsspielraums oder ein Nichtgebrauch des Ermessens vor.⁵⁷⁴

J. Rechtsbeschwerde

§ 116 StVollzG

Übersicht

I. Allgemeine Hinweise —— 1
II. Erläuterungen —— 2–15
   1. Zulässigkeit der Rechtsbeschwerde —— 2–8
      a) Beschwer —— 3
      b) Fortbildung des Rechts —— 4
      c) Sicherung einer einheitlichen Rechtsprechung —— 5
      d) Unzulängliche Feststellungen —— 6
      e) Verletzung elementarer Verfahrensprinzipien —— 7
      f) Gebotensein der Nachprüfung —— 8

   2. Gesetzesverletzung —— 9
   3. Rechtsbeschwerde gegen Hauptsacheentscheidungen —— 10
   4. Kein Feststellungsantrag im Rechtsbeschwerdeverfahren —— 11
   5. Beschwerdeberechtigte —— 12
   6. Keine aufschiebende Wirkung —— 13
   7. Entsprechende Anwendung der StPO —— 14
   8. Rechtsschutz bei überlangen Verfahren —— 15

---

568 BVerfGE 78, 214, 227.
569 OLG Nürnberg 18.7.2011 – 1Ws 151/11.
570 OLG Hamburg ZfStrVo SH 1979, 21; KG ZfStrVo SH 1979, 23; OLG München ZfStrVo SH 1979, 25; OLG Frankfurt ZfStrVo 1981, 122.
571 OLG Celle ZfStrVo SH 1979, 19; OLG Koblenz ZfStrVo 1981, 246.
572 Hierzu BGH MDR 1988, 248, 249; BGH vom 24.11.1987 – 5 AR Vollz 4/87; OLG Celle LS ZfStrVo SH 1979, 46; ZfStrVo 1982, 314; *Böhm* Rdn. 380.
573 OLG Frankfurt NStZ 1982, 260; OLG Koblenz 2.3.1982 – 2 Vollz (Ws) 18/82; *Kopp/Schenke* 2018 § 114 Rdn. 10a, 41f; zur gerichtlichen Überprüfung von Verwaltungsvorschriften B Rdn. 12.
574 S. auch *Arloth/Krä* § 115 StVollzG Rdn. 16; *Laubenthal/Nestler/Neubacher/Verrel* P Rdn. 84.

I. Allgemeine Hinweise

Mit der Rechtsbeschwerde (§§ 116 bis 119 StVollzG) existiert ein Rechtsmittel gegen die erstinstanzlichen Entscheidungen (§ 115 StVollzG) der Strafvollstreckungskammern, um auf diese Weise die Fortbildung des Rechts und eine einheitliche Rechtsprechung zu gewährleisten. Diese Rechtsmittelinstanz ist notwendig, weil ansonsten eine für die Wahrung der Rechtseinheit notwendige zentrale gerichtliche Zuständigkeit nicht gegeben wäre.[575] Die Rechtsbeschwerde wurde vom Gesetzgeber revisionsähnlich ausgestaltet. Sie eröffnet keinen weiteren Tatsachenrechtszug. Zu einer Entscheidung des Bundesgerichtshofs kann es in den Fällen kommen, in denen ein Oberlandesgericht von der Entscheidung eines anderen Oberlandesgerichts oder des Bundesgerichtshofs abweichen will und deshalb die Sache letzterem vorlegen muss (§ 121 Abs. 2 GVG). Betrifft die Absicht eines Oberlandesgerichts zur Abweichung die Rechtsprechung des Oberlandesgerichts eines anderen Bundeslandes zu einer Bestimmung des dortigen Landes-Strafvollzugsgesetzes, scheidet allerdings eine Divergenzvorlage aus[576] – selbst wenn es sich um Normen gleichen Wortlauts handelt. Die Vorlagepflicht des § 121 Abs. 2 GVG greift damit insoweit nur noch bei Abweichungen zweier Oberlandesgerichte desselben Bundeslandes,[577] bei solchen betreffend §§ 109 bis 121 StVollzG,[578] zudem bei als partikulares Bundesrecht[579] im Übrigen fortgeltenden Vorschriften des Bundes-Strafvollzugsgesetzes. **1**

II. Erläuterungen

1. Zulässigkeit der Rechtsbeschwerde. Die Rechtsbeschwerde ist gem. § 116 Abs. 1 StVollzG zulässig, wenn es geboten ist, die Nachprüfung der Entscheidung der Strafvollstreckungskammer zur Fortbildung des Rechts oder zur Sicherung einer einheitlichen Rechtsprechung zu ermöglichen. Die in § 116 Abs. 1 StVollzG getroffene Regelung der besonderen Zulässigkeitsvoraussetzungen ist verfassungskonform.[580] Das Grundrecht auf effektiven Rechtsschutz gem. Art. 19 Abs. 4 GG wird aber dann verletzt, wenn die Zulässigkeitsvoraussetzungen in einer Art und Weise ausgelegt werden, welche die Kriterien des Zugangs zu einer Sachentscheidung gänzlich unvorhersehbar macht.[581] Die besonderen Zulässigkeitsvoraussetzungen müssen noch im Zeitpunkt der Entscheidung des OLG vorliegen.[582] Die Zulassung der Rechtsbeschwerde hängt nicht davon ab, ob es sich um eine Frage von grundsätzlicher Bedeutung handelt; es genügt, wenn es aus den angeführten Gründen geboten ist, die Nachprüfung der gerichtlichen Entscheidung zu ermöglichen. **2**

a) Beschwer. Neben den besonderen Zulässigkeitsvoraussetzungen von § 116 Abs. 1 StVollzG müssen auch die allgemeinen Zulässigkeitsvoraussetzungen gegeben sein: Im Zeitpunkt der Einlegung der Rechtsbeschwerde bedarf es einer Beschwer des Betroffenen, ist die Beschwer zu diesem Zeitpunkt entfallen bzw. überholt, bleibt das Rechtsmittel unzulässig[583] – so auch bei Erledigung vor Einlegung des Rechtsmittels mangels **3**

---

575 BT-Drucks. 7/918, 85.
576 Dazu *Jünemann*, 2012, 308 ff.
577 OLG Hamburg, StV 2008, 599; OLG Frankfurt NStZ-RR 2012, 95.
578 *Laubenthal/Nestler/Neubacher/Verrel* P Rdn. 89.
579 S. *Laubenthal* Rdn. 15.
580 BVerfG vom 12.3.2008 – 2 BvR 2219/06.
581 *Lübbe-Wolff/Frotz* 2009, 620.
582 OLG Hamm 15.10.1979 – 1 Vollz (Ws) 56/79.
583 OLG Saarbrücken ZfStrVo SH 1978, 57; OLG Koblenz ZfStrVo 1978, 180.

Rechtsschutzinteresses.[584] Dieses fehlt, wenn die Strafvollstreckungskammer einen Antrag zu Recht als unzulässig verworfen hat.[585] Eine Rechtsbeschwerde, die unter einer Bedingung eingelegt wird, ist ebenfalls unzulässig.[586] Entspricht die Vollzugsbehörde einem Antrag des Gefangenen bzw. Untergebrachten, nachdem dieser im Verfahren vor der Strafvollstreckungskammer obsiegt hat, und legt die Vollzugsbehörde anschließend Rechtsbeschwerde mit dem Ziel ein, die Entscheidung der Strafvollstreckungskammer überprüfen zu lassen, so bleibt die Rechtsbeschwerde unzulässig.[587] Denn die Hauptsache hat sich erledigt, da der z.B. zwischenzeitlich gewährte Urlaub nicht mehr zurückgenommen werden kann. Anderes gilt jedoch bei einer Maßnahme mit Dauerwirkung.[588] Die Ablehnung eines Nachholungsverfahrens i.S.v. § 33a StPO bei Verletzung des Anspruchs auf rechtliches Gehör ist keine mittels Rechtsbeschwerde anfechtbare Entscheidung nach § 115 StVollzG. Ein Gefangener ist nicht nur beschwert, wenn die Strafvollstreckungskammer die Vollzugsbehörde trotz gegebener Spruchreife gem. § 115 Abs. 4 Satz 2 StVollzG verpflichtet, anstatt in der Sache selbst zu entscheiden,[589] sondern stets, wenn auf seinen Verpflichtungsantrag hin die Anstalt nur zur Neubescheidung verpflichtet wird.[590] Mitteilungen der Strafvollstreckungskammer an einen Gefangenen, Anträge wegen beleidigenden Inhalts nicht zu bearbeiten, stellen unabhängig von der gewählten Form gerichtliche Entscheidungen dar.[591]

4   **b) Fortbildung des Rechts.** Eine Fortbildung des Rechts liegt dann vor, wenn der Einzelfall Veranlassung gibt, Leitsätze für die Auslegung von Gesetzesbestimmungen des materiellen oder des Verfahrensrechts aufzustellen oder Gesetzeslücken rechtsschöpferisch auszufüllen.[592] Mit der Zulassung der Rechtsbeschwerde soll das Oberlandesgericht Gelegenheit erhalten, seine Rechtsauffassung in einer für die nachgeordneten Gerichte richtungsgebenden Weise zum Ausdruck zu bringen oder ggf. durch Divergenzvorlage nach § 121 Abs. 2 GVG eine Grundsatzentscheidung des BGH herbeizuführen. Liegt bereits eine Entscheidung eines anderen OLG vor, in der die konkrete Rechtsfrage im gleichen Sinne entschieden wurde, wie es das zulassende OLG beabsichtigt, steht dies der Zulassung nicht entgegen, da dadurch ein aufgestellter Leitsatz gefestigt und eine einheitliche Rechtsprechung gesichert werden kann. Der Fortbildung des Rechts dient auch die Prüfung, ob ein Gesetz der Verfassung entspricht, wenn dies zweifelhaft erscheint oder wenn es zweifelhaft ist, ob eine Rechtsnorm gültig erlassen oder geändert wurde bzw. fortbesteht. Die Rechtsbeschwerde bleibt dann aber angesichts der Eindeutigkeit der gesetzlichen Regelung unzulässig, wenn diese weder gegen höherrangiges Recht noch gegen internationale Abkommen verstößt und eine Fortbildung des Rechts in der anstehenden Frage nicht möglich ist.[593]

---

584   OLG Hamm ZfStrVo 2000, 179.
585   KG, Beschl. vom 25.9.2007 – 2/5 Ws 189/05 Vollz = StraFo 2007, 521; Beschl. vom 29.9.2016 – 5 Ws 101/16 Vollz = FS SH 2018, 8; Beschl. vom 25.9.2017 – 2 Ws 145/17 Vollz = StraFo 2017, 521, 522; OLG Karlsruhe, Beschl. vom 9.11.2018 – 2 Ws 225/18, 2 Ws 226/18 Rdn. 17 (juris); OLG Koblenz, Beschl. vom 23.6.2010 – 2 Ws 184/10 = Beck-Rs 2010, 22226; OLG Zweibrücken, Beschl. vom 20.6.2017 – 1 Ws 211/16 Vollz = FS SH 2018, 87, 88; vgl. auch AK-*Spaniol* Teil IV § 116 StVollzG Rdn. 4.
586   OLG Hamm NStZ 1995, 436 B; *Arloth/Krä* § 116 StVollzG Rdn. 1.
587   OLG Hamm LS ZfStrVo SH 1979, 109.
588   OLG Celle, Beschl. vom 24.1.2017 – 3 Ws 82/17 (StrVollz) = FS SH 2018, 20, 21.
589   OLG Celle ZfStrVo 1991, 123.
590   BVerfG, Beschl. vom 7.3.2017 – 2 BvR 162/16 = StV 2018, 626.
591   BVerfG NStZ 2001, 616; s. B Rdn. 39.
592   BGHSt 24, 15; OLG Hamm ZfStrVo SH 1978, 49; AK-*Spaniol* Teil IV § 116 StVollzG Rdn. 6; *Arloth/Krä* § 116 StVollzG Rdn. 3; *Grunau/Tiesler* Rdn. 1; *Laubenthal* Rdn. 822; *Laubenthal/Nestler/Neubacher/Verrel* P Rdn. 91.
593   KG 22.8.1990 – 5 Ws 152/90 Vollz.

c) Sicherung einer einheitlichen Rechtsprechung. Zur Sicherung einer einheitli- 5
chen Rechtsprechung erfolgt die Zulassung der Rechtsbeschwerde, wenn vermieden
werden soll, dass schwer erträgliche Unterschiede in der Rechtsprechung entstehen oder
fortbestehen.[594] Diese Voraussetzungen sind dann gegeben, wenn ein Gericht in einer
bestimmten Rechtsfrage in ständiger Rechtsprechung von der höchstrichterlichen Rechtsprechung abweicht, nicht aber schon dann, wenn in einem Einzelfall eine Fehlentscheidung getroffen wurde, selbst wenn der Rechtsfehler offensichtlich ist.[595] Es muss
noch hinzukommen, dass die Entscheidung in einer grundsätzlichen Frage erfolgte; dass
sie schwer erträgliche Unterschiede in der Rechtsanwendung auslösen würde oder dass
ohne die höchstrichterliche Entscheidung mit weiteren Fehlentscheidungen in gleich
gelagerten Fällen zu rechnen wäre. Die Wiederholungsgefahr bleibt insoweit ein entscheidender Gesichtspunkt. Es ist somit auch in Fällen, in denen das erstinstanzliche
Gericht die Entscheidung ausdrücklich oder implizit auf eine unzutreffende oder von der
Rechtsprechung anderer Gerichte abweichende Rechtsansicht stützt, möglich, dass es an
der Erforderlichkeit der Nachprüfung zur Sicherung einer einheitlichen Rechtsprechung
fehlt, weil nicht zu erwarten bleibt, dass der Rechtsfehler in anderen weiteren Verfahren
Bedeutung erlangt. Im Hinblick auf Art. 19 Abs. 4 GG setzt eine solche Annahme der fehlenden Wiederholungsgefahr aber voraus, dass tatsächliche Umstände eine derartige
Prognose rechtfertigen.[596] Solche besonderen Umstände liegen etwa vor, wenn der
Rechtsfehler aufgrund einer singulären Fallgestaltung einer Wiederholung nicht zugänglich ist oder die Strafvollstreckungskammer einen von ihr begangenen Rechtsfehler
nachträglich erkannt und dies aktenkundig gemacht hat.[597] Die Zulassung der Rechtsbeschwerde zur Sicherung einer einheitlichen Rechtsprechung ist auch dann geboten,
wenn eine Strafvollstreckungskammer von der Rechtsprechung anderer Kammern
abweicht.[598] An der Zulässigkeitsvoraussetzung fehlt es jedoch, wenn eine unterschiedliche Rechtsprechung allein auf tatsächlichen Umständen beruht und nicht auf verschiedenartigen Rechtsauffassungen.[599] Der Zulassungsgrund der Einheitlichkeit der
Rechtsprechung liegt mit Inkrafttreten der Landes-Strafvollzugsgesetze nur noch bei
divergierenden Entscheidungen im verbleibenden Anwendungsbereich des Bundes-Strafvollzugsgesetzes vor, ferner bei Divergenzen im Anwendungsbereich des jeweiligen
Landes-Strafvollzugsgesetzes.[600] Denn der Bundesgesetzgeber hat sich mit der Verlagerung der Gesetzgebungskompetenz auf die Bundesländer bewusst für die Möglichkeit
der unterschiedlichen gesetzlichen Ausgestaltung des Strafvollzugs in den einzelnen
Bundesländern entschieden; daraus folgt auch eine unterschiedliche Ausgestaltung der
Rechtsprechung.

d) Unzulängliche Feststellungen. Die Rechtsbeschwerde ist ferner dann zulässig, 6
wenn die Feststellungen der angefochtenen Entscheidung nicht nachvollziehbar[601] bzw.

---

594 OLG Bamberg, Beschl. vom 28.2.2010 – 1 Ws 45/10; OLG Nürnberg FS 2010, 53; OLG München FS 2012, 178; *Laubenthal* Rdn. 822; krit. insoweit AK-*Spaniol* Teil IV § 116 StVollzG Rdn. 9; *Arloth/Krä* § 116 StVollzG Rdn. 3a; s. auch *Laubenthal/Nestler/Neubacher/Verrel* P Rdn. 93.
595 BGHSt 24, 15.
596 BVerfG, Beschl. vom 30.11.2016 – 2 BvR 1519/14.
597 BVerfG, Beschl. vom 27.10.2015 – 2 BvR 3071/14 = NStZ-RR 2016, 155.
598 OLG Bamberg ZfStrVo SH 1978, 31; OLG Koblenz ZfStrVo 1993, 244.
599 OLG Hamburg ZfStrVo SH 1978, 50.
600 OLG Hamburg StV 2008, 599; OLG Stuttgart, Beschl. vom 5.12.2011 – 4 Ws 69/10; OLG Frankfurt NStZ-RR 2012, 95.
601 OLG Bamberg, Beschl. vom 3.8.2016 – 1 Ws 364/16 = StV 2018, 639.

so unzulänglich sind, dass die Voraussetzungen der Zulässigkeit nicht überprüft werden können, das Vorliegen einer bedeutenden Rechtsfrage aber zu vermuten ist.[602]

7   **e) Verletzung elementarer Verfahrensprinzipien.** Sind elementare Verfahrensprinzipien verletzt, z.B. der Grundsatz des rechtlichen Gehörs (Art. 103 Abs. 1 GG), der Amtsermittlungsgrundsatz (dazu I Rdn. 2 ff) oder das Gebot eines fairen Verfahrens (Art. 6 EMRK), so führt dies nicht nur zu nicht mehr hinnehmbaren krassen Abweichungen in der Art und Weise der Ausübung der Rechtsprechung. Es ist i.d.R. die Gefahr einer Wiederholung gegeben, weil die Grundsätze in jedem Verfahren zu beachten sind.[603]

8   **f) Gebotensein der Nachprüfung.** Die Nachprüfung muss geboten sein; d.h. die Überprüfung der angefochtenen Entscheidung muss sich aufdrängen und nicht nur naheliegen. Setzt sich eine Strafvollstreckungskammer in Widerspruch zu den Rechtsausführungen verschiedener Oberlandesgerichte, so ist die Überprüfung der angefochtenen Entscheidung im Rechtsbeschwerdeverfahren geboten.[604] Soweit sich die Rechtsbeschwerde gegen eine im angefochtenen Beschluss getroffene Erledigterklärung richtet, ist sie unzulässig, da die Erledigung keine Rechtsfrage, sondern eine Tatsachenfrage ist, für deren Entscheidung die Zulässigkeitsvoraussetzungen nicht gegeben sind. Der Normzweck der Rechtsbeschwerde ist nicht die Überprüfung der einzelnen Entscheidungen der Strafvollstreckungskammer auf ihre Richtigkeit, sie dient der Fortbildung des Rechts und der Sicherung einer einheitlichen Rechtsprechung. Dies setzt aber den Fortbestand der zu überprüfenden Entscheidung voraus. Anders kann es jedoch dann sein, wenn die Strafvollstreckungskammer den Begriff der Erledigung der Maßnahme i.S.v. § 115 Abs. 3 StVollzG verkannt hat (dazu I Rdn. 18).

9   **2. Gesetzesverletzung.** § 116 Abs. 2 StVollzG macht eine Gesetzesverletzung zur Voraussetzung für eine erfolgreiche Rechtsbeschwerde. Die Rechtsbeschwerde eröffnet daher keinen weiteren Tatsachenrechtszug; dem Betroffenen sind tatsächliche Einwendungen gegen die Entscheidung der Strafvollstreckungskammer abgeschnitten.[605] Das Rechtsbeschwerdegericht hat von den getroffenen Tatsachenfeststellungen auszugehen und darf tatsächliche Einwendungen gegen die Entscheidung der Strafvollstreckungskammer und neues tatsächliches Vorbringen nicht berücksichtigen.[606] § 116 Abs. 2 StVollzG entspricht insoweit § 337 StPO. Die Gesetzesverletzung, die mit der Rechtsbeschwerde angegriffen werden kann, betrifft das Verfahren oder das sachliche Recht. Nach § 116 Abs. 2 Satz 2 StVollzG ist die Nichtanwendung anzuwendenden Rechts und die unzulässige oder unrichtige Anwendung des Rechts als Gesetzesverletzung anzusehen. Darüber hinaus begründet auch die Anwendung einer Nichtrechtsnorm die Rechtsnormverletzung.[607] Der Begriff Rechtsnorm umfasst neben dem in den Verfassungen,

---

602   OLG Frankfurt ZfStrVo 2001, 53; OLG Saarbrücken ZfStrVo 2004, 119; OLG Hamm, Beschl. vom 12.11.2013 – 1 Vollz (Ws) 517/13; Beschl. vom 23.2.2017 – III-1 Vollz (Ws) 38/17 = bei Roth NStZ 2019, 189; 197; KG, Beschl. vom 11.1.2016 – 2 Ws 303/15 Vollz = StV 2018, 636, 637; Beschl. vom 15.4.2016 – 2 Ws 81/16 Vollz = StV 2018, 657; Beschl. vom 22.8.2016 – 5 Ws 111/16 Vollz = FS SH 2018, 11; AK-*Spaniol* Teil IV § 116 StVollzG Rdn. 4; *Arloth/Krä* § 116 StVollzG Rdn. 4; *Laubenthal/Nestler/Neubacher/Verrel* P Rdn. 95.
603   OLG Frankfurt ZfStrVo 1979, 60, 251; ZfStrVo SH 1979, 116; OLG Bamberg ZfStrVo SH 1979, 111; OLG Düsseldorf NStZ 1984, 320; OLG Koblenz ZfStrVo 1994, 182.
604   OLG Hamm ZfStrVo 1984, 318.
605   OLG Hamm ZfStrVo 1983, 254.
606   OLG Hamburg ZfStrVo 1996, 310; AK-*Spaniol* Teil IV § 116 StVollzG Rdn. 14; *Arloth/Krä* § 116 StVollzG Rdn. 6.
607   *Meyer-Goßner/Schmitt* 2019 § 337 StPO Rdn. 33.

Gesetzen und Rechtsverordnungen des Bundes und der Länder niedergelegten Recht das ungeschriebene Recht, insbesondere alle Grundsätze, die sich aus dem Sinn und dem Zusammenhang der gesetzlichen Vorschriften ergeben. Dies gilt ebenso für die Gesetze der allgemeinen Lebenserfahrung. Eine Gesetzesverletzung liegt dementsprechend auch vor, wenn die Strafvollstreckungskammer gegen Denkgesetze verstoßen hat.[608] Keine Rechtsnormen sind Verwaltungsvorschriften, auch nicht diejenigen zu den Strafvollzugsgesetzen.[609]

3. Rechtsbeschwerde gegen Hauptsacheentscheidungen. § 116 StVollzG eröffnet 10 die Rechtsbeschwerde gegen Hauptsacheentscheidungen der Strafvollstreckungskammern. Sie ist nicht nur gegen Sach-, sondern auch gegen Prozessentscheidungen zulässig.[610] Ein Beschluss der Strafvollstreckungskammer, der ausspricht, dass der Antrag auf gerichtliche Entscheidung zurückgenommen ist, verneint die Sachentscheidungsvoraussetzungen und ist wie eine Sachentscheidung anfechtbar.[611] Nebenentscheidungen, wie Versagung der Prozesskostenhilfe,[612] Festsetzung des Streitwertes[613] oder Kostenentscheidungen,[614] sind nicht mit der Rechtsbeschwerde anfechtbar. Gleiches gilt grundsätzlich für Beschlüsse nach § 114 Abs. 2 StVollzG[615] im Rahmen des Eilrechtsschutzes.[616]

4. Kein Feststellungsantrag im Rechtsbeschwerdeverfahren. Im Rechtsbe- 11 schwerdeverfahren kann die Feststellung nach § 115 Abs. 3 StVollzG (dazu I Rdn. 18), dass eine Vollzugsmaßnahme rechtswidrig war, nicht erfolgen. Die gesamte Regelung nach § 115 StVollzG betrifft nach Wortlaut und Stellung nur das Verfahren vor der Strafvollstreckungskammer.[617] Kann dementsprechend eine Feststellung über die Rechtmäßigkeit der angefochtenen Maßnahme nicht getroffen werden, so ist die Rechtsbeschwerde jedoch andererseits nicht wegen Wegfalls des Rechtsschutzinteresses als unzulässig zu verwerfen. Im Beschwerdeverfahren der StPO, dessen Bestimmungen nach § 116 Abs. 4 StVollzG entsprechend anzuwenden sind, ist anerkannt, dass durch den erst nach Rechtsmitteleinlegung eintretenden Wegfall der Beschwer die Beschwerde nicht unzulässig wird, sondern prozessual überholt ist. Das Rechtsmittel wird gegenstandslos; eine Kostenentscheidung unterbleibt.[618] Eine Rechtsbeschwerde muss unbeschieden bleiben, wenn eine Sachentscheidung über den Antrag in dem Zeitpunkt, zu welchem sich das Beschwerdegericht mit der Angelegenheit befasst, infolge Zeitablaufs oder sonst

---

608 OLG Nürnberg ZfStrVo SH 1978, 50; *Laubenthal/Nestler/Neubacher/Verrel* P Rdn. 97; *Meyer-Goßner/Schmitt* 2019 § 337 StPO Rdn. 30.
609 *Meyer-Goßner/Schmitt* 2019 § 337 StPO Rdn. 3; *Müller-Dietz* 1981, 409; zur Rechtsnatur der Verwaltungsvorschriften I Rdn. 24.
610 *Laubenthal/Nestler/Neubacher/Verrel* P Rdn. 89.
611 OLG Hamm ZfStrVo SH 1979, 119.
612 OLG Zweibrücken, Beschl. vom 18.2.2014 – 1 Ws 294/13 = FS 2015, 64; KG, Beschl. vom 19.1.2016 – 2 Ws 15/16 (Vollz) = FS 2016, 223.
613 OLG Koblenz ZfStrVo SH 1979, 121; NStZ 1982, 48; OLG Hamburg MDR 1984, 963; a.A. OLG Hamm NStZ 1989, 495.
614 OLG Düsseldorf MDR 1983, 601; OLG Koblenz ZfStrVo SH 1977, 52, SH 1979, 121; OLG Saarbrücken NStZ 1988, 432; OLG Stuttgart NStZ 1989, 548.
615 BGH NJW 1979, 664.
616 Zur Ausnahme s. H Rdn. 7; zur Anfechtung der Kostenentscheidung sowie der Streitwertfestsetzung P Rdn. 4, 7; zur Anfechtung eines die Richterablehnung zurückweisenden Beschlusses I Rdn. 10; hinsichtlich Entscheidungen über die Gewährung von Prozesskostenhilfe P Rdn. 5.
617 OLG Bremen ZfStrVo SH 1979, 108; OLG Hamm NStZ 1985, 576; ZfStrVo 2000, 179; OLG Koblenz ZfStrVo SH 1979, 107; NStZ 1998, 400 *M*; OLG München NStZ 1981, 250; OLG Saarbrücken ZfStrVo SH 1978, 57.
618 OLG Celle NJW 1973, 863; OLG Koblenz LS ZfStrVo SH 1979, 107; OLG Celle NStZ 1992, 378 *B*.

nicht mehr getroffen werden kann. Die Rechtsbeschwerde ist in diesem Fall überholt.[619] Ist die Überholung schon im Zeitpunkt der Einlegung der Rechtsbeschwerde als eingetreten anzusehen, weil eine Sachentscheidung nicht mehr in Frage kommen kann, so ist die Rechtsbeschwerde unzulässig mit der Kostenfolge aus § 121 Abs. 4 StVollzG i.V.m. § 473 StPO.[620] Tritt die Überholung erst nach der Einlegung der Rechtsbeschwerde ein, so spricht das Gericht nur aus, dass die Rechtsbeschwerde infolge Erledigung gegenstandslos ist. Die Kostenfolge aus § 473 StPO tritt zu Lasten des Beschwerdeführers nicht ein.[621] Allerdings darf in besonderen Erledigungsfällen die Interpretation des Verfahrensrechts nicht dazu führen, dass eine Entscheidung über das Feststellungsbegehren gänzlich ausgeschlossen bleibt. Trotz Erledigung vor Eintritt der Rechtskraft kann ausnahmsweise ein Bedürfnis nach gerichtlicher Entscheidung fortbestehen, wenn das Interesse des Betroffenen an der Feststellung der Rechtswidrigkeit in besonderer Weise, wie in Fällen tief greifender Grundrechtseingriffe, als schutzwürdig erscheint.[622] Aus diesem verfassungsrechtlichen Grund darf eine Zurückgabe an die Strafvollstreckungskammer zur Entscheidung über den Feststellungsantrag ohne Bindung an die Vorentscheidung in Betracht kommen.[623] Bedarf es keiner weiteren Feststellungen mehr, soll nach dem OLG Hamm aus prozessökonomischen Gründen das Rechtsbeschwerdegericht selbst den Ausspruch über die Rechtswidrigkeit tun.[624]

12   **5. Beschwerdeberechtigte.** Zur Einlegung der Rechtsbeschwerde ist der Antragsteller berechtigt, der im erstinstanzlichen Verfahren vor der Strafvollstreckungskammer des Landgerichts nicht obsiegt hat. Gleiches gilt für die Vollzugsbehörde, wenn sie durch die landgerichtliche Entscheidung beschwert ist.

13   **6. Keine aufschiebende Wirkung.** Die Rechtsbeschwerde hat gem. § 116 Abs. 3 Satz 1 StVollzG keine aufschiebende Wirkung. Die Vollzugsbehörde ist daher verpflichtet, wenn die Strafvollstreckungskammer dem Antrag eines Gefangenen auf gerichtliche Entscheidung entsprochen hat, diese Entscheidung unter Beachtung der Rechtsauffassung des Gerichts auszuführen. Dies gilt auch bei einem stattgegebenen Verpflichtungsbegehren, solange nicht auf Antrag der Vollzugsbehörde eine Außervollzugsetzung der angefochtenen gerichtlichen Entscheidung gem. § 116 Abs. 3 Satz 2 i.V.m. § 114 Abs. 2 StVollzG angeordnet oder eine anders lautende Sachentscheidung im Rechtsbeschwerdeverfahren ergangen ist.[625] Unzulässig bleibt ein isolierter Antrag auf Außervollzugsetzung einer angefochtenen Entscheidung ohne Erhebung der Rechtsbeschwerde. Denn der Antrag nach § 116 Abs. 3 Satz 2 i.V.m. § 114 Abs. 2 StVollzG steht in Abhängigkeit zu diesem Rechtsbehelf. Verwiesen wird nicht auf § 114 Abs. 3 StVollzG, wonach der Eilan-

---

619   *Meyer-Goßner/Schmitt* 2019 vor § 296 StPO Rdn. 17.
620   *Arloth/Krä* § 116 StVollzG Rdn. 2; *Laubenthal/Nestler/Neubacher/Verrel* P Rdn. 78.
621   OLG Celle NStZ 1992, 378; *Arloth/Krä* § 116 Rdn. 2; a.A. OLG Jena ZfStrVo 2005, 245; *Laubenthal/Nestler/Neubacher/Verrel* P Rdn. 78.
622   AK-*Spaniol* Teil IV § 116 StVollzG Rdn. 5; *Arloth/Krä* § 116 StVollzG Rdn. 2; vgl. auch BVerfG, Beschl. vom 19.12.2012 – 2 BvR 166/11 = NStZ-RR 2013, 120 ff.
623   OLG Karlsruhe Justiz 2004, 216; OLG Hamm, Beschl. vom 22.11.2017 – 1 Vollz (Ws) 64/17 u. 65/17 = Beck-Rs 2017, 135607.
624   OLG Hamm, Beschl. vom 22.11.2017 – 1 Vollz (Ws) 64/17 u. 65/17 = Beck-Rs 2017, 135607.
625   OLG Koblenz ZfStrVo 1978, 180; OLG Hamm ZfStrVo SH 1979, 105; OLG Celle LS NStZ 1981, 118; OLG Frankfurt ZfStrVo 1986, 188; OLG Zweibrücken NStZ 1987, 344; OLG Karlsruhe FS 2010, 52; OLG Celle FS 2010, 306; Beschl. vom 14.7.2016 – 1 Ws 323/16 (StrVollz) = FS SH 2017, 16 ff; AK-*Spaniol* Teil IV § 116 StVollzG Rdn. 16; *Laubenthal/Nestler/Neubacher/Verrel* P Rdn. 98; *Müller-Dietz* 1985, 352; *Schuler* 1988, 265; a.A. OLG Stuttgart ZfStrVo SH 1979, 109; *Arloth/Krä* § 116 StVollzG Rdn. 7; *Honecker* 2005, 101; *Ullenbruch* 1993, 520 f.

trag schon vor Stellung eines Antrags auf gerichtliche Entscheidung nach § 109 StVollzG zulässig ist.[626] Zuständig für Entscheidungen nach § 116 Abs. 3 StVollzG ist das Rechtsbeschwerdegericht als das Gericht der Hauptsache.[627] Bei seiner Entscheidung hat es eine Abwägung der von der Vollzugsbehörde geltend gemachten Belange und der Interessen des Gefangenen bzw. Untergebrachten unter dem Gesichtspunkt vorzunehmen, ob eine Aussetzung des Vollzugs die Verwirklichung eines Rechts des Beschwerdeführers vereiteln oder wesentlich erschweren würde.[628]

7. Entsprechende Anwendung der StPO. Nach § 116 Abs. 4 StVollzG gelten für die Rechtsbeschwerde die Vorschriften der StPO über die Beschwerde entsprechend, soweit im StVollzG nichts anderes bestimmt ist. Die Frist für die Einlegung der Rechtsbeschwerde richtet sich gem. § 37 Abs. 2 StPO nach der letzten Zustellung, jedoch nicht, wenn zu diesem Zeitpunkt die durch die erste Zustellung in Gang gesetzte Frist bereits abgelaufen war.[629] Die Strafvollstreckungskammer kann jedoch nicht in entsprechender Anwendung von § 346 Abs. 1 StPO eine Rechtsbeschwerde selbst als unzulässig verwerfen.[630] Auch darf sie nicht entsprechend § 306 Abs. 2 StPO bei begründeter Rechtsbeschwerde ihre Entscheidung korrigieren (Abhilfeverfahren). Die Abhilfemöglichkeit nach § 306 Abs. 2 StPO setzt eine zulässige Beschwerde voraus. Die Zulässigkeit der Rechtsbeschwerde hängt neben den allgemeinen Voraussetzungen noch von den besonderen Zulässigkeitsvoraussetzungen nach § 116 Abs. 1 StVollzG ab. Die Abhilfeentscheidung müsste daher auf diese Fälle beschränkt bleiben. Dieses Ergebnis kann aber nicht dem Sinn von § 306 Abs. 2 StPO entsprechen. Daher lässt sich die für die (einfache) Beschwerde in § 306 Abs. 2 StPO vorgesehene Abhilfemöglichkeit mit den Besonderheiten der Rechtsbeschwerde in Vollzugssachen als revisionsähnlichem Rechtsmittel nicht vereinbaren.[631] Eine Abhilfe durch die Strafvollstreckungskammer kommt nur nach einer Anhörungsrüge gem. § 120 Abs. 1 Satz 2 StVollzG i.V.m. § 33a StPO in Betracht, wenn die Strafvollstreckungskammer die Rechtsbeschwerde wegen des nicht berücksichtigten Vorbringens für begründet erachtet.[632]

8. Rechtsschutz bei überlangen Verfahren. Aus Art. 2 Abs. 1 GG i.V.m. dem Rechtsstaatsprinzip gem. Art. 20 Abs. 3 GG folgt die Verpflichtung der Gerichte, die Gerichtsverfahren in angemessener Zeit zu einem Abschluss zu bringen; dies bedingt zugleich die Notwendigkeit einer Handhabe des Rechtsschutzsuchenden wirksamer Art gegen Verfahrensverzögerungen. Einen wirksamen Rechtsbehelf gegen überlange gerichtliche Verfahren erfordert zudem Art. 6 Abs. 1 i.V.m. 13 EMRK.[633] Um den Justizgewährungsanspruch im strafvollzugsrechtlichen Gerichtsverfahren sicherzustellen, konnte das Rechtsmittel der Rechtsbeschwerde ausnahmsweise gem. § 116 Abs. 1 StVollzG als Untätigkeitsbeschwerde zulässig sein, ohne dass eine Hauptsacheentscheidung des Landgerichts vorlag. Ein solches Rechtsmittel sollte in Betracht kommen, wenn nach Stellung eines Antrags gem. § 109 StVollzG die Strafvollstreckungskammer untätig blieb.

---

626 OLG Celle FS 2010, 306.
627 OLG Celle ZfStrVo SH 1979, 104.
628 OLG Hamm ZfStrVo SH 1979, 105.
629 OLG Koblenz, Beschl. vom 19.5.2017 – 2 Ws 175/17 Vollz = FS 2018, 84.
630 OLG Celle, Beschl. vom 3.3.2017 – 3 Ws 89/17 (MVollz) = StV 2017, 743.
631 OLG Stuttgart NStZ 1984, 528; *Arloth/Krä* § 116 StVollzG Rdn. 8; *Laubenthal/Nestler/Neubacher/Verrel* P Rdn. 93.
632 *Arloth/Krä* § 116 StVollzG Rdn. 8.
633 S. *Althammer/Schäuble* 2012, 1 ff; *Schenke* 2012, 257 ff.

Dabei reichte eine bloße Verfahrensverzögerung nicht aus. Vielmehr musste der unterlassenen, landgerichtlichen Entscheidung die Bedeutung einer endgültigen Ablehnung im Sinne einer faktischen Rechtsverweigerung zukommen[634] und die Beschwerde beim Oberlandesgericht geeignet sein, schwerste Rechtsverletzungen durch Zeitablauf zu verhindern.[635] Dies entsprach zugleich dem aus Art. 13 EMRK folgenden Anspruch auf eine wirksame Beschwerde sowie dem Recht auf ein faires Verfahren aus Art. 6 Abs. 1 EMRK.[636] Voraussetzung für die Untätigkeitsbeschwerde war nicht nur, dass die Unterlassung in ihrer Bedeutung einer endgültigen Ablehnung gleichkam bzw. faktisch eine Form der Rechtsverweigerung darstellte. Die unterlassene Entscheidung oder deren Ablehnung musste auch selbst anfechtbar sein, und es blieben vom Beschwerdeführer die besonderen Zulässigkeitsvoraussetzungen des Rechtsbeschwerdeverfahrens einzuhalten,[637] soweit dem nicht das Wesen der beanstandeten Untätigkeit – z.B. bezüglich der Einhaltung einer Rechtsbeschwerdefrist – entgegenstand. Aufgrund der im Rechtsbeschwerdeverfahren dem Oberlandesgericht nur eingeschränkt zukommenden Rechtskontrolle konnte eine Untätigkeitsbeschwerde nur darauf gerichtet sein, die Untätigkeit der Strafvollstreckungskammer für rechtswidrig zu erklären. Die vom Betroffenen begehrte konkrete verfahrensbeendende Entscheidung traf nicht der Strafsenat; diese blieb dem Gericht des ersten Rechtszugs vorbehalten.[638] Der EGMR hat wiederholt betont, dass bei überlanger Dauer gerichtlicher Verfahren Art. 6 Abs. 1 und Art. 13 EMRK verletzt sein können, und aus Art. 13 EMRK die Garantie eines Rechtsbehelfs bei einer innerstaatlichen Instanz hergeleitet, mittels dessen ein Betroffener sich gegen Gefährdungen und Verletzungen seines Anspruchs auf angemessene Verfahrensdauer wehren kann.[639] In seiner Entscheidung vom 2.9.2010[640] hatte der EGMR schließlich den deutschen Gesetzgeber verpflichtet, einen Rechtsbehelf zu schaffen, welcher dem aus Art. 6 Abs. 1, 13 EMRK herzuleitenden Erfordernis eines zeitgerechten Rechtsschutzes Rechnung trägt. Dieser Verpflichtung kam die Legislative mit dem am 3.12.2011 in Kraft getretenen Gesetz über den Rechtsschutz bei überlangen Gerichtsverfahren und strafrechtlichen Ermittlungsverfahren[641] nach. Mit Art. 1 ÜVerfBesG wurde mit den §§ 198 bis 201 als Siebzehnter Titel im GVG in das System staatlicher Ersatzleistungen ein neuartiger **Entschädigungsanspruch** eigener Art eingefügt.[642] § 198 GVG schützt die in § 198 Abs. 6 Nr. 2 GVG genannten Beteiligten vor Nachteilen, die sich als Folge einer unangemessenen Dauer des gerichtlichen Verfahrens ergeben. § 198 Abs. 2 Satz 1 GVG normiert die widerlegbare Vermutung, dass im Fall eines überlangen Verfahrens von einem Nachteil ausgegangen wird, wobei die Entschädigung dem Ausgleich der dadurch bedingten seelischen und körperlichen Belastungen dient. Allerdings kommt eine solche Entschädigung nach § 198 Abs. 2 Satz 2, Abs. 4 GVG nur in Betracht, wenn eine Wiedergutmachung auf andere Weise nicht ausreichend ist – etwa durch die gerichtliche Feststellung, dass die Verzögerung unangemessen war. Nach § 201 Abs. 1 Satz 1 GVG ist für die Klage auf Entschädigung gegen ein Land das Oberlandesgericht zuständig, in dessen Bezirk die Regierung des beklagten Landes ihren Sitz hat. Gem. § 201 Abs. 2 Satz 1 GVG gelten die Vorschriften der

---

634 BVerfG ZfStrVo 2003, 58.
635 OLG Hamburg 4.11.2002 – 3 Vollz [Ws] 100/02; OLG Frankfurt ZfStrVo 2002, 370, NStZ-RR 2002, 188; OLG Stuttgart NStZ-RR 2003, 284.
636 OLG Celle StV 2008, 92.
637 OLG Frankfurt NStZ-RR 2006, 356.
638 OLG Celle StV 2008, 93.
639 EGMR NJW 2001, 2694; EGMR NJW 2007, 1259.
640 NJW 2010, 3355.
641 BGBl. I 2011, 2302.
642 Dazu *Link/van Dorp* 2012, 11 f.

ZPO über das Verfahren vor den Landgerichten im ersten Rechtszug entsprechend. Voraussetzung für einen Entschädigungsanspruch ist jedoch gem. § 198 Abs. 3 Satz 1 GVG grundsätzlich die Einlegung einer **Verzögerungsrüge** bei dem mit der Sache befassten Gericht.[643] Der von überlanger Verfahrensdauer Betroffene muss also prinzipiell zunächst beim Ausgangsgericht (im erstinstanzlichen Verfahren gem. §§ 109 ff StVollzG bei der Strafvollstreckungskammer) die Dauer des Verfahrens rügen, bevor er beim Oberlandesgericht[644] Klage erheben kann. Verzögert sich das Verfahren beim Rechtsbeschwerdegericht, bedarf es der Verzögerungsrüge zunächst bei dem nach § 117 StVollzG zuständigen Strafsenat des Oberlandesgerichts. Eine Verzögerungsrüge kann erst erhoben werden, wenn zu der Besorgnis Anlass besteht, das Verfahren werde nicht in angemessener Zeit abgeschlossen.[645] Die Rüge stellt eine präventive Prozesshandlung dar, ist jedoch kein Rechtsbehelf, sondern nur eine Obliegenheit. Sie soll als eine Art Warnschuss dem mit der Sache befassten Gericht zur Prüfung der Verfahrensdauer Anlass geben und ihm eine Abhilfemöglichkeit eröffnen.[646] Hilft das Gericht nicht ab, besteht keine Beschwerdemöglichkeit. Vielmehr kann nach § 198 Abs. 3 Satz 2 2. Halbs. GVG frühestens nach sechs Monaten die Verzögerungsrüge wiederholt werden, es sei denn, eine frühere, weitere Rüge drängt sich angesichts des konkreten Verfahrensablaufs förmlich auf.[647] Mit dem ÜVerfBesG beabsichtigt der Gesetzgeber eine abschließende Regelung des Rechtsschutzes bei überlangen Gerichtsverfahren.[648] Damit sind von der Rechtsprechung entwickelte Rechtsbehelfskonstruktionen hinfällig geworden. Insoweit besteht keine planwidrige Regelungslücke mehr, da die Legislative sich ausdrücklich gegen die Einführung einer Untätigkeitsbeschwerde entschieden hat.[649] Auch in Strafvollzugsachen bleibt deshalb die Untätigkeitsbeschwerde zum Oberlandesgericht unstatthaft, für dieses Institut ist kein Spielraum mehr vorhanden.[650] Denn §§ 198 ff GVG sind auf das gerichtliche Verfahren gem. §§ 109 ff StVollzG unmittelbar anzuwenden.[651]

K. Zuständigkeit für die Rechtsbeschwerde

§ 117 StVollzG

Über die Rechtsbeschwerde entscheidet gem. § 117 StVollzG ein Strafsenat des Oberlandesgerichts, in dessen Bezirk die Strafvollstreckungskammer ihren Sitz hat. Die Vorschrift regelt damit die örtliche Zuständigkeit für Entscheidungen über die Rechtsbeschwerde. Die sachliche Zuständigkeit ergibt sich aus § 121 Abs. 1 Nr. 3 GVG. 1

§ 121 Abs. 3 GVG enthält die Befugnis, in einem Bundesland mit mehreren Oberlandesgerichten die Zuständigkeit einem von ihnen zuzuweisen. Von der Ermächtigung zur

---

643 Zu Ausnahmen s. *Schenke* 2012, 261 f.
644 § 201 Abs. 1 Satz 1 GVG.
645 § 198 Abs. 3 Satz 2 1. Halbs. GVG.
646 *Link/van Dorp* 2012, 16.
647 *Link/van Dorp* 2012, 17.
648 BT-Drucks. 17/3802, 16.
649 *Althammer/Schäuble* 2012, 5.
650 OLG Hamburg StraFo 2012, 160; OLG Frankfurt NStZ-RR 2013, 264; OLG München FS 2013, 264; FS 2014, 64; *Arloth/Krä* § 113 StVollzG Rdn. 1; *Kissel/Mayer* 2018 § 198 GVG Rdn. 45; a.A. KG, Beschl. vom 26.5.2015 – Ws 104/15 = NStZ-RR 2015, 291, wenn ein weiteres Hinausschieben der Entscheidung zu einer durch finanzielle Kompensation nicht mehr auszugleichenden Verletzung des Freiheitsgrundrechts führt.
651 BGH Urteil vom 13.2.2014 – III ZR 311/13 = NJW 2014, 1183 ff.

Zuständigkeitskonzentration haben Nordrhein-Westfalen mit dem OLG Hamm[652] und Niedersachsen mit dem OLG Celle[653] Gebrauch gemacht.[654] In **Bayern** bleibt es nur für bis zum 31.1.2019 anhängig gemachte Rechtsbeschwerden bei der Zuständigkeit der Oberlandesgerichte. Danach ist das auf der Basis der §§ 8 ff EGGVG wiedererrichtete BayObLG zuständig,[655] und zwar die auswärtigen Strafsenate in Nürnberg (Art. 5 Abs. 3 Nr. 3 Bayerisches AGGVG)[656].

Die Zuständigkeitskonzentration gilt auch für Beschwerden gegen prozessuale Nebenentscheidungen der Strafvollstreckungskammern (z.B. Versagung von Prozesskostenhilfe, Streitwertfestsetzung) in Straf- und Maßregelvollzugsangelegenheiten.[657]

L. Form. Frist. Begründung

§ 118 StVollzG

Übersicht

I. Allgemeine Hinweise —— 1
II. Erläuterungen —— 2–10
  1. Frist —— 2, 3
  2. Antrag —— 4
  3. Begründung —— 5–7
  4. Form —— 8, 9
  5. Wiedereinsetzung bei Fristversäumung —— 10

I. Allgemeine Hinweise

1 Form, Frist und Begründung der Rechtsbeschwerdeeinlegung regelt § 118 StVollzG. Im Gegensatz zu den Revisionsvorschriften der StPO (§§ 341, 345) sieht das StVollzG für die Einlegung und die Begründung der Rechtsbeschwerde eine einheitliche Frist vor. Damit soll auf die besondere Situation im Straf- und Maßregelvollzug sowie auf die Ausgestaltung des Rechtsbeschwerdeverfahrens Rücksicht genommen werden. Die Monatsfrist für die Einlegung der Rechtsbeschwerde erscheint notwendig und ausreichend, um auch unter den erschwerten Bedingungen des Freiheitsentzuges sachkundige Beratung zu erhalten. Eine kürzere Frist könnte in Vollzugssachen dazu führen, dass allein zur Fristwahrung zunächst Rechtsbeschwerde eingelegt wird.[658]

II. Erläuterungen

2 **1. Frist.** Nach § 118 Abs. 1 Satz 1 StVollzG ist die Rechtsbeschwerde bei dem Gericht einzulegen, das die anzufechtende Entscheidung erlassen hat. Gegen die Entscheidung einer auswärtigen Strafvollstreckungskammer ist zwar die Rechtsbeschwerde bei dieser einzulegen; es genügt aber auch die Fristwahrung bei dem Stammgericht.[659] Die Rechtsbeschwerdefrist beträgt für die Einlegung und Begründung einen Monat nach (förmli-

---

652 GVBl NW 1985, 46.
653 Nds. GVBl 2009, 506 ff.
654 Vgl. *Meyer-Goßner/Schmitt* 2019 § 121 GVG Rdn. 17.
655 Art. 54a Gerichtliche ZuständigkeitsVO Justiz i.d.F. der VO vom 28.12.2018, BayGVBl. 2019, S. 2.
656 I.d.F. vom 12.7.2018, BayGVBl. 2018, S. 545.
657 OLG Celle, Beschl. vom 24.6.2015 – 1 Ws 290/15 (StrVollz) = StraFo 2015, 346; *Meyer-Goßner/Schmitt* 2019 § 121 GVG Rdn. 17; a.A. OLG Düsseldorf FS 2013, 57 (bzgl. Streitwertfestsetzung); *Arloth/Krä* § 117 StVollzG Rdn. 2.
658 BT-Drucks. 7/918, 76.
659 *Meyer-Goßner/Schmitt* 2019 § 78 GVG Rdn. 2 und § 341 StPO Rdn. 6; zur Möglichkeit der Rechtsmitteleinlegung nicht auf freiem Fuß befindlicher Beschwerdeführer beim Amtsgericht s. Rdn. 8.

cher) Zustellung. Diese erfolgt bei in Justizvollzugsanstalten inhaftierten Strafgefangenen bzw. Sicherungsverwahrten gem. § 120 Abs. 1 Satz 2 StVollzG, §§ 35, 37 StPO, §§ 168 Abs. 1 Satz 2, 176 Abs. 1, 178 Abs. 1 Nr. 3 ZPO mittels Übergabe der Entscheidung durch einen Justizvollzugsbediensteten. Eine Hinterlegung der Sendung im Haftraum genügt nicht den Anforderungen an eine Ersatzzustellung.[660] Die Zustellung kann auch an den Rechtsanwalt des Betroffenen als Verfahrensbevollmächtigten erfolgen. Bei der Prüfung der Zulässigkeit der Rechtsbeschwerde ist allein das im Empfangsbekenntnis genannte Zustellungsdatum zugrunde zu legen.[661] Eine Verlängerung der Beschwerdefrist (gesetzliche Frist) ist nicht möglich. Zweifel an der Wahrung der Rechtsmittelfrist dürfen nicht zu Lasten desjenigen gehen, in dessen Einflussbereich die Zweifelsursache nicht liegt.[662]

Die Befugnis zur Einlegung der Rechtsbeschwerde ergibt sich aus § 111 StVollzG. Ein Gefangener kann sich bei der Einlegung der Rechtsbeschwerde zu Protokoll der Geschäftsstelle durch einen schriftlich bevollmächtigten Dritten, auch durch einen Mitgefangenen vertreten lassen.[663] 3

2. Antrag. Das Rechtsbeschwerdebegehren (§ 118 Abs. 1 Satz 2 StVollzG) muss einen 4
Antrag enthalten, aus dem sich ergibt, ob die gerichtliche Entscheidung ganz oder teilweise angefochten und inwieweit ihre Aufhebung betrieben wird. Eine Beschränkung der Rechtsbeschwerde ist zulässig (§ 120 Abs. 1 Satz 2 StVollzG i.V.m. § 344 Abs. 1 StPO). Sind die Rechtsbeschwerdeanträge nicht ausdrücklich formuliert, ergeben sie sich jedoch ausreichend aus dem Zusammenhang der Beschwerdebegründung, kann dies genügen.[664] Im Zweifel gilt die Rechtsbeschwerde als im Umfang nicht beschränkt.[665] Wird ausdrücklich nur die Verfahrensrüge erhoben, so liegt eine stillschweigende Sachrüge nicht vor.[666]

3. Begründung. Die Rechtsbeschwerde ist gem. § 118 Abs. 1 Satz 3 StVollzG zu begründen. An die Begründung sind nach § 118 Abs. 2 StVollzG besondere Anforderungen gestellt, je nachdem, ob es sich um die Rüge verfahrensrechtlicher Rechtsnormen handelt (Verfahrensrüge) oder ob die Entscheidung wegen der Verletzung einer anderen Rechtsnorm angefochten wird (Sachrüge). 5

Soweit die Verletzung einer Rechtsnorm über das Verfahren gerügt wird (**Verfahrensrüge**) sind nach § 118 Abs. 2 Satz 2 StVollzG, die den Mangel enthaltenen Tatsachen so vollständig und genau anzugeben, dass das Rechtsbeschwerdegericht ohne Beiziehung von Akten oder anderen Unterlagen schon anhand der Beschwerdeschrift prüfen kann, ob ein Verfahrensfehler vorliegt, wenn die behaupteten Tatsachen bewiesen werden.[667] Eine Umgehung von § 118 Abs. 2 Satz 2 StVollzG stellt eine Bezugnahme auf beigefügte Schriftstücke dar, wenn erst durch die Kenntnisnahme vom Anlageninhalt die notwendige geschlossene Sachdarstellung erreicht wird; das gilt gleichermaßen, wenn die Anlagen der Beschwerdeschrift nicht beigefügt, sondern so in die Schrift eingefügt 6

---

660 *Laubenthal/Nestler/Neubacher/Verrel* P Rdn. 102.
661 OLG Rostock NStZ 1997, 429 *M*.
662 OLG Celle NStZ 1990, 456.
663 OLG Hamm 22.2.1980 – 1 Vollz (Ws) 6/80; OLG Saarbrücken, Beschl. vom 7.2.1994 – Vollz (Ws) 20/93 = NJW 1994, 1423, 1424 gegen OLG Celle NStZ 1981, 250.
664 OLG Hamm 24.2.1978 – 1 Vollz (Ws) 47/77.
665 *Meyer-Goßner/Schmitt* 2019 § 344 StPO Rdn. 3.
666 OLG München 15.3.1982 – 1 Ws 203, 211/82.
667 OLG Hamm ZfStrVo SH 1978, 52; OLG Frankfurt ZfStrVo SH 1979, 107; OLG Rostock NStZ 1997, 429 *M*; OLG Celle NStZ 2010, 398; OLG München NStZ-RR 2012, 385; KG, Beschl. vom 10.3.2017 – 5 Ws 51/17 Vollz = FS SH 2018, 5, 6.

sind, dass das Beschwerdevorbringen ohne Kenntnisnahme des Eingefügten nicht verständlich bleibt.[668] Die Behauptung der Verletzung der Aufklärungspflicht gehört zur Verfahrensrüge.[669] Sie ist daher nur dann ordnungsgemäß erhoben, wenn der Beschwerdeführer angibt, auf welchem Weg die Strafvollstreckungskammer die erstrebte Aufklärung hätte versuchen müssen.[670] Die Bezeichnung der verletzten Rechtsnorm ist nicht unbedingt erforderlich, ihre falsche Bezeichnung schadet nicht. Wird in der Rechtsbeschwerde gerügt, dass das berechtigte Interesse an der Feststellung der Rechtswidrigkeit einer Maßnahme zu Unrecht verneint und dem Feststellungsantrag nicht entsprochen worden sei, so wird damit die zugrundeliegende Entscheidung wegen der Verletzung einer Rechtsnorm über das Verfahren angefochten.

7   Soweit die Verletzung einer anderen Rechtsnorm gerügt wird (**Sachrüge**), kann diese in allgemeiner Form erhoben werden, ohne dass die Angabe der den Mangel enthaltenen Tatsachen zwingend erforderlich ist. Es genügt, wenn vorgebracht wird, das materielle Recht sei durch die angefochtene Entscheidung verletzt worden. Der Vortrag des Beschwerdeführers kann sich auf die Rüge bestimmter Rechtsverletzungen beschränken. In beiden Fällen wird vom Rechtsbeschwerdegericht, sofern die Rechtsbeschwerde zulässig ist, die gesamte Entscheidung unbeschränkt nachgeprüft.[671]

8   **4. Form.** Die Rechtsbeschwerde kann gem. § 118 Abs. 3 StVollzG von dem Antragsteller § 111 Abs. 1 Nr. 1 StVollzG nur in einer von einem Rechtsanwalt unterzeichneten Schrift oder zu Protokoll der Geschäftsstelle des Gerichts eingelegt und begründet werden. Der Sinn dieser Vorschrift ist es, sicherzustellen, dass das Vorbringen des Antragstellers in sachlich und rechtlich geordneter Weise in das Verfahren eingeführt wird und dass die Gerichte von unsachgemäßen und sinnlosen Anträgen entlastet bleiben.[672] Das Formerfordernis dient zugleich den Interessen der in der Regel juristisch unerfahrenen Beschwerdeführer, damit deren Rechtsmittel nicht von vornherein an rechtlichen (Form-)Mängeln scheitern.[673] Eine wirksame Vollmacht muss vorliegen.[674] Eine Rechtsbeschwerdeschrift genügt dann nicht der Form von § 118 Abs. 3 StVollzG, wenn sie zwar die anwaltliche Unterschrift trägt, dieser jedoch nicht die volle Verantwortung für den Inhalt übernimmt und die Begründung des Rechtsanwaltes unter Bezugnahme auf privatschriftliche Äußerungen des Betroffenen verfertigt wurde.[675] Der Rechtsanwalt muss eigenverantwortlich gestaltend an der Abfassung der Rechtsbeschwerdeschrift mitwirken.[676] Hochschullehrer sind nicht nach § 120 Abs. 1 Satz 2 StVollzG i.V.m. §§ 138 Abs. 1, 345 Abs. 2 StPO zur Vertretung im vollzuglichen Rechtsbeschwerdeverfahren zugelassen.[677] Anders als bei der Revisionseinlegung nach § 345 Abs. 2 StPO differenziert das

---

668 OLG Brandenburg, Beschl. vom 18.2.2014 – 2 Ws (Vollz) 105/13, 2 Ws 35/14 = FS 2015, 64.
669 OLG Hamm BlStV 1/1990, 4.
670 OLG München 15.3.1982 – 1 Ws 203, 211/82; OLG Jena, Beschl. vom 25.11.2005 – 1 Ws 332/05 = ZfStrVo 2006, 372.
671 *Arloth/Krä* § 118 StVollzG Rdn. 4; *Laubenthal/Nestler/Neubacher/Verrel* P Rdn. 110.
672 OLG Celle ZfStrVo SH 1978, 53; OLG Karlsruhe ZfStrVo SH 1978, 54; OLG Stuttgart ZfStrVo SH 1978, 55; OLG Hamm ZfStrVo SH 1979, 110.
673 BVerfG, Beschl. vom 10.10.2012 – 2 BvR 1095/12; *Laubenthal/Nestler/Neubacher/Verrel* P Rdn. 105; zum Nachweis der Urheberschaft eines Rechtsanwalts einer Begründungsschrift s. BGH NJW 1986, 1760.
674 OLG Jena ZfStrVo 2004, 183.
675 BGH NStZ 1984, 563; BVerwG NJW 1997, 1865; OLG Hamm NStZ 1992, 208; OLG Celle NStZ 1998, 400 M.
676 OLG Stuttgart Justiz 2002, 233; *Laubenthal/Nestler/Neubacher/Verrel* P Rdn. 105.
677 OLG Bremen ZfStrVo 1987, 382; OLG Nürnberg ZfStrVo 1990, 121; BeckOK-Euler § 118 StVollzG Rdn. 2; Laubenthal 2019, 333; a.A. AK-*Spaniol* Teil IV § 118 StVollzG Rdn. 4; *Arloth/Krä* § 118 StVollzG Rdn. 5; *Laubenthal/Nestler/Neubacher/Verrel* P Rdn. 105.

StVollzG nicht zwischen Verteidiger und Rechtsanwalt. Gemäß § 118 Abs. 3 StVollzG bleiben alle anderen Personen, die nicht Rechtsanwalt sind, von der Einlegung und Begründung der Rechtsbeschwerde ausgeschlossen, soweit dies nicht zu Protokoll der Geschäftsstelle erfolgt. Das Formerfordernis von § 118 Abs. 3 StVollzG gilt auch, wenn eine Behörde, die nicht Aufsichtsbehörde i.S.v. § 111 Abs. 2 StVollzG ist, in vollzuglichen Gerichtsverfahren als Antragstellerin auftritt (z.B. eine sonstige Verwaltungsbehörde) und Rechtsbeschwerde einlegt. Ein Verwaltungsmitarbeiter erfüllt die Voraussetzung der von einem Rechtsanwalt unterzeichneten Schrift selbst dann nicht, wenn er Volljurist ist.[678] Eine Rechtsbeschwerde der Aufsichtsbehörde, die nicht unterschrieben ist, sondern nur maschinenschriftlich den Namen ihres Verfassers enthält, entspricht nicht der Form nach § 118 Abs. 3 StVollzG.[679] Die Rechtsbeschwerde der Anstalt muss zweifelsfrei vom Anstaltsleiter oder einem sonstigen zur Vertretung der Einrichtung berechtigten Bediensteten herrühren.[680] Bei Behörden genügt jedoch auch die maschinenschriftliche Wiedergabe des Namens des Verfassers, wenn dieser mit einem Beglaubigungsvermerk versehen wurde. Nach § 118 Abs. 3 StVollzG ist nicht nur die Einlegung formbedürftig, sondern auch die Erklärung, inwieweit die Entscheidung angefochten und ihre Aufhebung beantragt wird, ferner die Begründung der Rechtsbeschwerde.[681] § 118 Abs. 3 StVollzG lässt nur die in der Vorschrift genannten beiden alternativen Formen zu; von beiden Möglichkeiten kann jedoch im selben Verfahren Gebrauch gemacht werden.[682] Hinsichtlich der Einlegung und Begründung zu **Protokoll** der **Geschäftsstelle** braucht ein inhaftierter Antragsteller ausnahmsweise seine Rechtsmittelerklärung nicht bei dem Gericht einzubringen, dessen Entscheidung angefochten wird (Rdn. 2). Nach § 120 Abs. 1 Satz 2 StVollzG i.V.m. § 299 StPO genügt zur Wahrung der Frist, wenn innerhalb der Monatsfrist das Protokoll (§ 299 Abs. 2 StPO) bei der Geschäftsstelle des Amtsgerichts aufgenommen wird, in dessen Bezirk die JVA liegt (§ 299 Abs. 1 StPO). Diese Möglichkeit bringt in Flächenstaaten einerseits den Justizvollzugsanstalten Erleichterungen, da unter Umständen lange und aufwendige Vorführungen zum zuständigen Landgericht (Strafvollstreckungskammer) bzw. die Notwendigkeit eines Aufsuchens des Inhaftierten durch den Urkundsbeamten eines entfernt liegenden Landgerichts entbehrlich werden. Andererseits soll diese Vorschrift nach Sinn und Zweck den inhaftierten Beschuldigten nur gegen Fristversäumung schützen. Die entsprechende Anwendung des § 299 StPO auf das Verfahren nach dem StVollzG bedeutet daher, dass nur der Strafgefangene bzw. Untergebrachte Rechtsmittelerklärungen zu Protokoll der Geschäftsstelle des Amtsgerichts abgeben kann, dessen Anträge der eigenen Rechtsverfolgung gem. §§ 109ff StVollzG dienen. Bei Anträgen, die ein Vorgehen für oder gegen andere bezwecken, entfällt dieses Schutzbedürfnis. Zu Protokoll der Geschäftsstelle bedeutet, dass ein Rechtspfleger (§ 24 Abs. 1 Nr. 1a RPflG) als **Urkundsbeamter** der Geschäftsstelle zur wirksamen Protokollierung der Rechtsbeschwerde zuständig ist.[683] Dieser hat sich über den Kern des sachlichen Anliegens des Antragstellers Klarheit zu verschaffen und gibt dem Vorbringen eine möglichst zweckmäßige Form. Durch diesen formellen Zwang soll erreicht werden, dass der Rechtspfleger die ihm vorgetragenen Anträge nach Form und Inhalt eigenverantwortlich prüft und den Antragsteller belehrt. Berechtigten Anliegen hat er einen klaren und angemessenen Ausdruck zu geben. Ist das Vorbringen zur Begründung des erstreb-

---

[678] OLG Celle NStZ 2007, 226.
[679] OLG Stuttgart NStZ 1997, 152.
[680] KG, Beschl. vom 19.6.2018 – 2 Ws 139/17 Vollz = StV 2018, 633.
[681] OLG Hamm ZfStrVo SH 1978, 52; OLG München 13.1.1978 – 1 Ws 1350/77.
[682] *Meyer-Goßner/Schmitt* 2019 § 345 StPO Rdn. 9.
[683] BayObLG NStZ 1993, 193.

ten Verfahrensziels völlig ungeeignet, so muss der Rechtspfleger die Verantwortung für die Aufnahme in das Protokoll ablehnen und so auf die Verhütung offenbar zweckloser Belästigungen des Gerichts hinwirken. Der Rechtspfleger wird der ihm vom Gesetz übertragenen Aufgabe nicht gerecht, wenn er als bloße Schreibkraft des Antragstellers oder nur als Briefannahmestelle tätig wird; er darf sich nicht damit begnügen, im Protokoll auf eine Privatschrift des Antragstellers Bezug zu nehmen oder einen von diesem vorgelegten Schriftsatz lediglich mit den üblichen Eingangs- und Schlussformeln eines Protokolls zu umkleiden und zu den Akten zu nehmen.[684] Gleiches gilt bei lediglich hineinkopierten bzw. eingescannten, schriftlichen Äußerungen des Rechtsmittelführers.[685] In einem derartigen Verhalten eines Rechtspflegers kann ein behördliches Verschulden gesehen werden, dessentwegen von Amts wegen Wiedereinsetzung in den vorigen Stand zu gewähren ist.[686] Dem Rechtspfleger kommt als rechtskundige Person eine wichtige Filterfunktion zu.[687] Die schlichte Übernahme einer vom Beschwerdeführer selbst gefertigten Beschwerdeschrift ohne eigenverantwortliche Mitwirkung des Urkundsbeamten genügt auch dann nicht den Anforderungen von § 118 Abs. 3 StVollzG an eine wirksame Erhebung des Rechtsmittels zu Protokoll der Geschäftsstelle, wenn der Beschwerdeführer zwar Jurist ist, jedoch kein zugelassener Rechtsanwalt.[688] Es reicht aber als Mitwirkungshandlung, wenn der Rechtspfleger ausführt, er habe den aus seiner Sicht verantwortbaren Schriftsatz vollständig zur Kenntnis genommen und mache ihn deshalb zum Protokollinhalt.[689] Eine zulässige und übliche Sachrüge muss der Rechtspfleger ohne Vorbehalt in das Protokoll aufnehmen; ein dennoch erkennbarer Vorbehalt ist unbeachtlich.[690] Die Rechtsmitteleinlegung ist auch dann wirksam, wenn die Unterschrift des Urkundsbeamten fehlt, aber feststeht, dass das Protokoll vom zuständigen Urkundsbeamten herrührt und keinen bloßen Entwurf darstellt.[691] Ein Strafgefangener bzw. Untergebrachter hat kein Recht auf Bestimmung eines Protokollierungstermins, sondern nur einen Anspruch auf fristgerechte Protokollierung seiner Rechtsbeschwerde.[692] Beantragt er eine Vorführung zur Protokollierung der Rechtsbeschwerde, kann er angesichts des damit verbundenen, organisatorischen Aufwands für Vollzugseinrichtung und Gericht nicht darauf vertrauen, dass ihm zu jeder Zeit und innerhalb kürzester Frist die Erklärung zu Protokoll der Geschäftsstelle ermöglicht werden kann.[693] Vielmehr muss der Antrag so rechtzeitig erfolgen, dass dies vor Ablauf der Rechtsmittelfrist im Zuge eines ordentlichen Geschäftsgangs möglich ist.[694] Hat der Betreffende sich nicht rechtzeitig um eine Vorführung beim Rechtspfleger bemüht, trifft ihn ein Verschulden an der Fristversäumnis.[695]

---

684 OLG Celle NStZ-RR 2008, 127; OLG München StV 2009, 200; OLG Hamburg, Beschl. vom 7.9.2009 – 3 Vollz (Ws) 48/09; OLG Thüringen, Beschl. vom 15.6.2010 – 1 Ws 186/10 = FS 2011, 54; OLG Koblenz NStZ 2012, 437.
685 OLG Hamm, Beschl. vom 3.5.2016 – III – 1 Vollz (Ws) 135/16 = FS SH 2017, 34 f.
686 BVerfG, Beschl. vom 13.5.2014 – 2 BvR 599/14; OLG Koblenz NStZ 1998, 400 *M*.
687 OLG Celle ZfStrVo SH 1978, 53; OLG Hamm ZfStrVo SH 1978, 52; OLG Karlsruhe ZfStrVo SH 1978, 54; OLG Stuttgart ZfStrVo SH 1978, 55; OLG Hamm NStZ 1982, 220; OLG Karlsruhe NStZ 1995, 436 *B*; *Arloth/Krä* § 118 StVollzG Rdn. 6.
688 OLG Celle NStZ-RR 2008, 127.
689 OLG Schleswig, Beschl. vom 23.3.2017 – 1 VollzWs 109/17 (65/17) = bei *Güntge/Füssinger* SchlHA 2018, 405.
690 OLG Koblenz 6.7.1978 – 2 Vollz [Ws] 18/78.
691 OLG Celle ZfStrVo 1999, 56.
692 OLG Koblenz NStZ 2002, 531.
693 OLG Thüringen, Beschl. vom 29.10.2007 – 1 Ws 356/07.
694 OLG Hamm NStZ 2011, 227.
695 OLG Hamm, Beschl. vom 28.5.2015 – 1 Vollz (Ws) 248/15 = NStZ-RR 2015, 327; zum Rechtsschutz bei verweigerter oder nicht zeitgerechter Protokollierung s. *Lübbe-Wolff/Frotz* 2009, 620.

Die Einlegung der Rechtsbeschwerde durch Telefax oder Fernschreiben ist zuläs- 9
sig.[696] Den Formerfordernissen genügt jedoch nicht eine fernmündliche Erklärung.[697]
Die Rücknahme der Rechtsbeschwerde ist an die gleiche Form wie die Einlegung gebunden. Sie kann nur schriftlich durch einen Rechtsanwalt oder zu Protokoll der Geschäftsstelle erfolgen. Dementsprechend ist ein telefonisch erklärter Rechtsmittelverzicht unwirksam.[698] Ebenso genügt eine von dem Strafgefangenen selbst verfasste Schrift nicht.[699]

5. Wiedereinsetzung bei Fristversäumung. Bei Versäumung der Rechtsbeschwer- 10
defrist ist die Wiedereinsetzung in den vorigen Stand zulässig. Allerdings bleibt in Rechtsbeschwerdeverfahren eine Anwendung des § 112 Abs. 2 bis Abs. 4 StVollzG ausgeschlossen, da diese Vorschriften nur die Wiedereinsetzung bei Fristversäumung bei erstinstanzlichem Antrag auf gerichtliche Entscheidung regeln (F Rdn. 7 ff). In Rechtsbeschwerdeverfahren sind insoweit die Bestimmungen der StPO anzuwenden (§ 120 Abs. 1 Satz 2 StVollzG; §§ 44 ff StPO). Dies hat zur Folge, dass in Abweichung von der in § 112 Abs. 3 Satz 1 StVollzG bestimmten Frist von zwei Wochen im Rechtsbeschwerdeverfahren nur eine Frist von einer Woche (§ 45 Abs. 1 Satz 1 StPO) gilt.[700] Im Rechtsbeschwerdeverfahren gilt bei fehlender Rechtsmittelbelehrung die unwiderlegbare Annahme einer unverschuldeten Versäumung (§ 44 Satz 2 StPO). Voraussetzung für eine Wiedereinsetzung ist, dass der Antragsteller die Fristversäumung nicht verschuldet hat (§ 44 StPO). Davon kann man regelmäßig ausgehen, wenn der Rechtsmittelführer ein Protokollierungsersuchen mindestens fünf Werktage vor Ablauf der Rechtsmittelfrist abgesendet und damit seinerseits alles Zumutbare veranlasst hat, um eine rechtzeitige Protokollierung sicherzustellen.[701] Geht die Versäumung der formgerechten Rechtsbeschwerdebegründung auf unrichtige Amtsführung des Urkundsbeamten zurück, kann der Antragsteller Wiedereinsetzung begehren.[702] Ebenso bei amtlichem Verschulden. Ist der Wiedereinsetzungsgrund ein den Gerichten zuzuordnender Fehler, verlangt der Grundsatz des fairen Verfahrens eine ausdrückliche Belehrung des Betroffenen hierüber.[703] Erst diese Belehrung setzt die Wiedereinsetzungsfrist in Lauf.[704] Bei rechtzeitiger Nachholung der zuvor nicht wirksam eingelegten Rechtsbeschwerde ist die Wiedereinsetzung dann von Amts wegen zu gewähren.[705] Der in Unfreiheit befindliche Antragsteller muss sich ein Verschulden des ihn im Rechtsbeschwerdeverfahren vertretenden Rechtsanwalts nicht wie eigenes Verschulden zurechnen lassen (s. auch F Rdn. 7).

---

696 BVerfG NJW 1987, 2067; *Laubenthal/Nestler/Neubacher/Verrel* P Rdn. 105.
697 BGH NJW 1981, 1627.
698 OLG Hamm ZfStrVo 1986, 189.
699 OLG Koblenz NStZ 2000, 468.
700 OLG Frankfurt NStZ 1981, 408; AK-*Spaniol* Teil IV § 118 StVollzG Rdn. 19.
701 OLG Hamm, Beschl. vom 28.5.2015 – 1 Vollz (Ws) 248/15 = NStZ-RR 2015, 327.
702 OLG Stuttgart ZfStrVo SH 1978, 55.
703 OLG Hamm, Beschl. vom 3.5.2016 – III – 1 Vollz (Ws) 135/16 = FS SH 2017, 34 f.
704 BVerfG, Beschl. vom 23.10.2013 – 2 BvR 28/13.
705 BVerfG NJW 2005, 3629 f.

M. Entscheidung über die Rechtsbeschwerde
§ 119 StVollzG

Übersicht

I. Allgemeine Hinweise —— 1, 2
II. Erläuterungen —— 3–9
  1. Schriftliches Verfahren —— 3

2. Nachprüfung des Rechtsbeschwerdegerichts und Verzicht auf Begründung —— 4, 5
3. Gerichtliche Entscheidungen —— 6–9

I. Allgemeine Hinweise

1 § 119 StVollzG enthält die wesentlichen Regelungen über **das Verfahren** und die **Entscheidung** des Rechtsbeschwerdegerichts. Die zulässige Rechtsbeschwerde (§ 116 Abs. 1 StVollzG) führt zur Überprüfung des Beschlusses einer Strafvollstreckungskammer und des Verfahrens in rechtlicher Hinsicht (J Rdn. 9). Maßgeblicher Zeitpunkt für die Rechtslage ist derjenige der Entscheidung des Rechtsbeschwerdegerichts. Für die tatsächlichen Feststellungen kommt es auf die Sachlage im Zeitpunkt der Entscheidung der Strafvollstreckungskammer als Tatsacheninstanz an. Den Verfahrensbeteiligten ist es daher verwehrt, im Rechtsbeschwerdeverfahren neue Tatsachen (Nachschieben von Gründen, I Rdn. 4) einzubringen.[706] Ebenso darf das Rechtsbeschwerdegericht keine neuen tatsächlichen Feststellungen treffen, da dies dem Wesen der Rechtsbeschwerde widerspricht, die nur zur rechtlichen und nicht zur tatsächlichen Überprüfung führt.[707]

2 Als Rechtsverletzung ist auch anzusehen, wenn die Entscheidung einer Strafvollstreckungskammer an Mängeln leidet, welche die Feststellung unmöglich machen, ob eine Rechtsverletzung vorliegt.[708] Bei der Überprüfung der Beurteilung von Ermessensentscheidungen der Vollzugsbehörden durch das Rechtsbeschwerdegericht liegt eine Rechtsverletzung dann vor, wenn die Strafvollstreckungskammer den Inhalt und die Grenzen, die der Ermessensausübung der Behörde gesetzt sind, verkannt oder die Regeln über die gerichtliche Nachprüfung vollzugsbehördlichen Ermessens verletzt hat (§ 115 Abs. 5 StVollzG; I Rdn. 20 ff). Die Beweiswürdigung (z.B. bei der Anordnung einer Disziplinarmaßnahme) kann nur daraufhin überprüft werden, ob die Strafvollstreckungskammer gegen anerkannte Verfahrenssätze oder Denkgesetze verstoßen hat (J Rdn. 9), nicht dagegen, ob die Beweiswürdigung überzeugend ist. Beachtlich ist auch die Verletzung der Aufklärungspflicht durch die Strafvollstreckungskammer (I Rdn. 2).

II. Erläuterungen

3 **1. Schriftliches Verfahren.** Nach § 119 Abs. 1 StVollzG entscheidet der Strafsenat des OLG ohne mündliche Verhandlung (wie § 115 Abs. 1 Satz 1 StVollzG) im Beschlussverfahren. Dem Anspruch der Verfahrensbeteiligten auf rechtliches Gehör (Art. 103 Abs. 1 GG) – I Rdn. 6 – ist durch die wechselseitige Mitteilung der Schriftsätze Rechnung zu tragen. Die Verletzung des Anspruchs auf rechtliches Gehör durch die Strafvollstreckungskammer kann nicht dadurch geheilt werden, dass im Verfahren vor dem Rechts-

---

[706] OLG Bremen ZfStrVo SH 1979, 118; OLG Nürnberg NStZ 1987, 361 F; *Arloth/Krä* § 119 StVollzG Rdn. 3; *Franke* ZfStrVo 1978, 187, 188; *Laubenthal/Nestler/Neubacher/Verrel* P Rdn. 10.
[707] OLG Celle LS ZfStrVo SH 1978, 114; OLG Stuttgart ZfStrVo SH 1979, 16; OLG Frankfurt LS ZfStrVo SH 1979, 116.
[708] OLG Celle ZfStrVo SH 1979, 114; OLG Hamm ZfStrVo SH 1979, 114; KG, Beschl. vom 11.1.2016 – 2 Ws 303/15 Vollz = StV 2018, 636, 637.

beschwerdegericht das rechtliche Gehör gewährt wird.[709] Im Übrigen s. I Rdn. 6; J Rdn. 7. Da die vollzugliche Rechtsbeschwerde revisionsähnlich ausgestaltet ist, gilt im Fall der Verletzung des rechtlichen Gehörs durch das Beschwerdegericht bei der Entscheidung über eine Rechtsbeschwerde für die Anhörungsrüge gem. § 120 Abs. 1 Satz 2 StVollzG die Regelung von § 356a StPO.[710]

2. Nachprüfung des Rechtsbeschwerdegerichts und Verzicht auf Begründung. 4
§ 119 Abs. 2 StVollzG begrenzt die Nachprüfung des Rechtsbeschwerdegerichts. Seiner Prüfung unterliegen nur die Beschwerdeanträge. Bei der Sachrüge, die allgemein erhoben werden kann, wird die Anwendung des materiellen Rechts umfassend nachgeprüft, soweit der Beschluss der Strafvollstreckungskammer angefochten ist. Bei der formellen Rüge findet eine Überprüfung nur aufgrund der vorgebrachten Tatsachen statt; sie kann nur dann Erfolg haben, wenn diese Tatsachen nachgewiesen sind. Der Grundsatz in dubio pro reo gilt nicht.[711] Zur Verfahrens- und Sachrüge L Rdn. 6 f. Im Rechtsbeschwerdeverfahren ist ein Feststellungsantrag nach § 115 Abs. 3 StVollzG nicht zulässig (J Rdn. 11).

§ 119 Abs. 3 StVollzG sieht zur Entlastung der Gerichte bei Verwerfung der Rechtsbe- 5
schwerde die Möglichkeit des Verzichts auf eine Begründung vor, wenn der Strafsenat einstimmig die Rechtsbeschwerde für unzulässig (§ 116 Abs. 1 StVollzG) oder für offensichtlich unbegründet erachtet.[712] Eine Verwerfung ohne Begründung verletzt allerdings den Beschwerdeführer in seinem Grundrecht aus Art. 19 Abs. 4 GG, wenn der angegriffene Beschluss offenkundig von der Rechtsprechung des Bundesverfassungsgerichts abweicht.[713]

3. Gerichtliche Entscheidungen. Erweist sich die Rechtsbeschwerde als begründet, 6
so stehen dem Strafsenat gem. § 119 Abs. 4 StVollzG zwei Entscheidungsmöglichkeiten offen. Er kann die angefochtene Entscheidung aufheben und in der Sache **selbst entscheiden**, wenn die Sache **spruchreif** ist (Abs. 4 Satz 1 und Satz 2). Spruchreife ist gegeben, wenn eine Sachentscheidung ohne weitere (tatsächliche) Aufklärung möglich ist.[714] Dies wird in erster Linie der Fall sein, wenn die Aufhebung der Entscheidung der Strafvollstreckungskammer nur wegen Gesetzesverletzung bei Anwendung auf den festgestellten Sachverhalt erfolgt. Steht die Maßnahme im Ermessen der Vollzugsbehörde oder hat diese hinsichtlich der näheren Bestimmung ihres Inhalts einen Beurteilungsspielraum, so ist Spruchreife lediglich dann gegeben, wenn aufgrund der näheren Umstände des Falles nur eine einzige, bestimmte Entscheidung möglich wäre (Null-Reduktion).[715]

Der Strafsenat kann bei fehlender Spruchreife die angefochtene Entscheidung aufhe- 7
ben und die Sache zur neuen Entscheidung an die Strafvollstreckungskammer **zurückverweisen**, die zuvor entschieden hat (§ 119 Abs. 4 Satz 1 und Satz 3 StVollzG). Fehlen der

---

709 OLG Bamberg ZfStrVo SH 1979, 111.
710 OLG Frankfurt NStZ-RR 2009, 30; KG, Beschl. vom 7.7.2015 – 2 Ws 97/15 Vollz = NStZ-RR 2015, 392; Beschl. vom 12.4.2018 – 3 Ws 946/17 StVollz; KG, Beschl. vom 26.10.2015 – 2 Ws 140/15 Vollz = FS SH 2016, 18 f.; AK-*Spaniol* Teil IV § 119 StVollzG Rdn. 2; *Arloth/Krä* § 119 StVollzG Rdn. 1; BeckOK-*Euler* § 119 StVollzG Rdn. 1; a.A. BVerfG, Beschl. vom 25.10.2011 – 2 BvR 2407/10; *Laubenthal/Nestler/Neubacher/Verrel* P Rdn. 109; offengelassen von BVerfG, Beschl. vom 22.3.2017 – 2 BvR 2459/16 = Beck-Rs 2017, 106849 Rdn. 9.
711 BGH bei *Pfeiffer* NStZ 1982, 190.
712 Dazu BVerfG NStZ-RR 2002, 95; NStZ-RR 2012, 388; BVerfG, Beschl. vom 10.7.2013 – 2 BvR 2815/11.
713 BVerfG, Beschl. vom 20.12.2016 – 2 BvR 1541/15 = StV 2018, 627, 629; Beschl. vom 19.1.2017 – 2 BvR 476/16 = StV 2018, 311, 312; Beschl. vom 12.6.2017 – 2 BvR 1160/17 = StV 2018, 626.
714 OLG Karlsruhe ZfStrVo 1985, 245; OLG München NStZ 1994, 560; *Arloth/Krä* § 119 StVollzG Rdn. 5; *Laubenthal/Nestler/Neubacher/Verrel* P Rdn. 112.
715 A.A. OLG München NStZ 1994, 560, wonach auch in den Fällen Spruchreife gegeben sein soll, in denen der Senat die Verpflichtung aussprechen kann, den Antragsteller unter Beachtung der Rechtsauffassung des Senats zu bescheiden.

12. Kapitel. Rechtsbehelfe

Spruchreife ist immer dann anzunehmen, wenn durch weitere Ermittlungen und durch die Entscheidung von Fragen, die die Vollzugsbehörde bisher in eigener Verantwortung noch nicht geprüft hat, in die Kompetenz der Behörde eingegriffen werden würde. Dies ist insbesondere dann der Fall, wenn nicht ausgeschlossen werden kann, dass die Strafvollstreckungskammer bei erforderlicher Aufklärung und Berücksichtigung aller verwertbaren Ermessenserwägungen zu einer anderen Entscheidung gekommen wäre.[716] Die Zurückverweisung an eine andere Vollstreckungskammer wurde vom Gesetzgeber nicht vorgesehen, da sie dem Prinzip der örtlichen Zuständigkeit der Strafvollstreckungskammern widersprechen würde, wonach einer Vollzugseinrichtung nur ein Gericht zugeordnet sein soll.[717] Selbst wenn nach Verlegung eine andere StVK örtlich zuständig geworden ist, kann die erforderliche Verweisung (C Rdn. 6) nicht durch das Rechtsbeschwerdegericht erfolgen.[718] Eine Zurückverweisung an die Vollzugsbehörde durch den Strafsenat bleibt aufgrund des eindeutigen Gesetzeswortlautes ausgeschlossen.[719] § 115 Abs. 4 Satz 2 StVollzG gilt nicht für das Rechtsbeschwerdeverfahren. Diese Regelung betrifft wie § 115 StVollzG insgesamt nur das Verfahren vor der Strafvollstreckungskammer.

8   Durch die Zurückverweisung gem. § 119 Abs. 4 Satz 3 StVollzG wird das Verfahren bei der Strafvollstreckungskammer im Umfang der Aufhebung und Zurückverweisung wieder anhängig. Neue Anträge und das Vorbringen neuer Tatsachen sind grundsätzlich zulässig, da sich die zurückverwiesene Sache in derselben prozessualen Lage befindet wie vor der ersten angefochtenen Entscheidung. Die Strafvollstreckungskammer ist jedoch gem. § 120 Abs. 1 Satz 2 StVollzG i.V.m. § 358 Abs. 1 StPO an die der Aufhebung zugrunde liegende rechtliche Beurteilung des Falles durch das Rechtsbeschwerdegericht gebunden.[720] Diese Bindung kann entfallen, bei einer Änderung der Rechtslage oder bei wesentlicher Veränderung des zu beurteilenden Sachverhalts.

9   Nach § 119 Abs. 5 StVollzG ist die Entscheidung des Strafsenats endgültig, d.h. unanfechtbar. Die Möglichkeit, eine Verfassungsbeschwerde zu erheben, wird hiervon nicht betroffen. Ebenso wenig die Verpflichtung zur Vorlage beim BGH (§ 121 Abs. 2 GVG). Eine Gegenvorstellung gegen den Beschluss des Strafsenats ist unzulässig.[721]

N. Strafvollzugsbegleitende gerichtliche Kontrolle bei angeordneter oder vorbehaltener Sicherungsverwahrung

§ 119a StVollzG

Übersicht

I. Allgemeine Hinweise —— 1–3
   1. Regelungszweck und Anwendungsbereich —— 1, 2
   2. Inhalt der Vorschrift —— 3
II. Erläuterungen —— 4–18
   1. Prüfungsmaßstab —— 4, 5
   2. Überprüfungsverfahren —— 6–10

   3. Zuständigkeit —— 11
   4. Gestaltung des Verfahrens —— 12
   5. Entscheidung —— 13, 14
   6. Rechtsmittel —— 15, 16
      a. Zulässigkeitsvoraussetzungen —— 15

---

716 OLG München ZfStrVo 1984, 171.
717 BT-Drucks. 7/918, 86.
718 OLG Saarbrücken, Beschl. vom 7.2.1994 – Vollz (Ws) 20/93 = NJW 1994, 1423, 1425; OLG Zweibrücken, Beschl. vom 16.1.2017 – 1 Ws 222/16 Vollz = FS SH 2018, 83, 85.
719 *Arloth/Krä* § 119 StVollzG Rdn. 6.
720 OLG Stuttgart MDR 1985, 434; OLG Nürnberg StV 2000, 573, 574; AK-*Spaniol* Teil IV § 119 StVollzG Rdn. 9; *Arloth/Krä* § 119 StVollzG Rdn. 6; *Laubenthal/Nestler/Neubacher/Verrel* P Rdn. 114.
721 *Arloth/Krä* § 119 StVollzG Rdn. 1.

b. Entscheidung des Beschwerdegerichts ── 16

7. Bindungswirkung ── 17, 18

I. Allgemeine Hinweise

1. Regelungszweck und Anwendungsbereich. § 119a StVollzG ist durch das Gesetz 1
zur bundesrechtlichen Umsetzung des Abstandsgebotes im Recht der Sicherungsverwahrung[722] in das StVollzG eingefügt worden und am 1. Juni 2013 in Kraft getreten. Die Bestimmung bildet den bundesstrafvollzugsrechtlichen Kern der umfangreichen Neuregelungen, die das BVerfG in seinem Urteil zur Sicherungsverwahrung[723] zwecks Schaffung verfassungskonformer Zustände vorgegeben hat.[724] Die Anforderungen wirken auf den Vollzug der Freiheitsstrafe voraus, indem bereits in diesem Stadium alles zu unternehmen ist, um die Gefährlichkeit der Betroffenen so zu minimieren, dass sich der Vollzug der Unterbringung nach Möglichkeit vermeiden lässt.[725] Die materiellen Anforderungen an den Strafvollzug vor potentieller Sicherungsverwahrung ergeben sich aus **§ 66c Abs. 2 StGB** sowie den einschlägigen landesrechtlichen Bestimmungen.[726] Insofern statuieren die Landesgesetze ein weiteres Vollzugsziel.[727] Abgesichert wird die Einhaltung der Anforderungen an die Gestaltung der Strafhaft durch das in § 119a StVollzG niedergelegte zeitnahe und periodische gerichtliche Kontrollverfahren. Zudem soll der Vollzugsbehörde Rechtssicherheit verschafft werden, weil dem Verurteilten die Möglichkeit genommen wird, sich erst nach Ende der Strafhaft auf mangelnde Betreuung und daraus resultierende Unverhältnismäßigkeit der Unterbringung (§ 67c Abs. 1 Satz 1 Nr. 2 StGB) zu berufen.[728]

Damit handelt es sich um ein **Verfahren eigener Art**, nicht um einen Unterfall des 2
§ 109 StVollzG. Es bestehen nicht nur wegen § 119a Abs. 7 StVollzG Verflechtungen und Wechselwirkungen mit dem Vollstreckungsrecht. § 119a StVollzG findet auch bei der Anordnung von Sicherungsverwahrung neben lebenslanger Freiheitsstrafe Anwendung, obwohl der Vollzug der Maßregel hier unwahrscheinlich bleibt.[729] Keine Rolle spielt es ferner, ob gerade die Freiheitsstrafe aus dem Urteil vollzogen wird, in dem auf Sicherungsverwahrung entschieden wurde.[730] Ist nach § 67c StGB über die Verhältnismäßigkeit der Maßregelvollstreckung zu entscheiden, braucht ein noch ausstehender Beschluss gemäß § 119a StVollzG nicht abgewartet zu werden,[731] mit Beginn des Vollzugs der Sicherungsverwahrung tritt im § 119a-Verfahren Erledigung ein.[732] Während des Voll-

---

[722] BGBl. I 2012, 2425.
[723] BVerfGE 128, 326 ff.
[724] Dazu *Laubenthal/Nestler/Neubacher/Verrel* P Rdn. 116; *Laubenthal* Rdn. 918 ff m.w.Nachw.
[725] Vgl. §§ 66a Abs. 3 Satz 2, 66c Abs. 1 Nr. 1 Buchstabe b, 67c Abs. 1 Satz 1 Nr. 1 StGB; ferner BVerfGE 128, 379.
[726] Näher *Böhm K. M.* 2018, 157 ff; *Laubenthal* Rdn. 962, 965.
[727] *Laubenthal* Rdn. 962; *Schäferskupper/Grote* 2013, 452.
[728] BT-Drucks. 17/9874, 28; *Lesting/Feest* 2013, 279.
[729] OLG Celle, Beschl. vom 9.9.2015 – 1 Ws 353/15 (StrVollz) = FS 2016, 75; OLG Frankfurt, Beschl. vom 14.1.2016 – 3 Ws 780/15 (StVollz) = FS 2016, 221.
[730] Vgl. BT-Drucks. 17/9874, 18; OLG Frankfurt, Beschl. vom 14.1.2016 – 3 Ws 780/15 (StVollz) = FS 2016, 221; OLG Karlsruhe, Beschl. vom 9.5.2016 – 1 Ws 169/15 = NStZ-RR 2016, 261; OLG Rostock, Beschl. vom 2.11.2018 – 20 Ws 214/18 = Beck-Rs 2018, 29393; *Peglau* 2016, 46.
[731] OLG Hamm, Beschl. vom 10.5.2016 – 4 Ws 114/16 = NStZ-RR 2016, 230.
[732] OLG Hamm, Beschl. vom 28.6.2016 – 1 Vollz (Ws) 18/16 = Beck-Rs 2016, 18359; LG Marburg, Beschl. vom 11.5.2017 – 7 StVK 61/17 = Beck-Rs 2017, 144708 Rdn. 13 ff; anders OLG Karlsruhe, Beschl. vom 9.5.2016 – 1 Ws 169/15 = NStZ-RR 2016, 260 für Organisationshaft vor Entscheidung gemäß § 67c StGB; *Böhm K. M.* 2018, 159 f.

zugs der Sicherungsverwahrung gelten für die Überprüfung §§ 67d Abs. 2 Satz 2, 67e Abs. 1 Satz 2, Abs. 2 StGB.[733]

3   **2. Inhalt der Vorschrift.** § 119a Abs. 1 StVollzG beschreibt das Prüfprogramm des Gerichts: Es hat retrospektiv zu untersuchen, ob das Betreuungsangebot für den Gefangenen den gesetzlichen Anforderungen entsprochen hat, bzw. – falls dies nicht der Fall war – für die Zukunft die gebotenen Maßnahmen selbst festzusetzen. Die Entscheidungen sind in bestimmten Abständen zu treffen (Abs. 3). Zudem sieht Abs. 2 ein Initiativrecht der Vollzugsbehörde vor: Unter den genannten Voraussetzungen kann sie selbst eine gerichtliche Entscheidung herbeiführen. Aus Abs. 4 ergibt sich sowohl die Zuständigkeit der Strafvollstreckungskammer als auch deren Besetzung. Das Verfahren ist in Abs. 6 geregelt: Satz 1 betrifft die anwaltliche Vertretung, Satz 2 Anhörungspflichten und Satz 3 verweist auf weitere anwendbare Normen. Der statthafte Rechtsbehelf gegen Entscheidungen der Strafvollstreckungskammer nach § 119a StVollzG ergibt sich aus Abs. 5. Abs. 7 schließlich statuiert eine Bindungswirkung der Gerichte an die Entscheidungen im Überprüfungsverfahren des § 119a StVollzG.

II. Erläuterungen

4   **1. Prüfungsmaßstab**

a) Frage hinlänglichen Betreuungsangebots. Gemäß § 119a Abs. 1 Nr. 1 StVollzG muss das Gericht bei angeordneter (§ 66 StGB) oder vorbehaltener Sicherungsverwahrung (§ 66a StGB) nach Ablauf der in § 119a Abs. 3 StVollzG festgesetzten Fristen von Amts wegen feststellen, ob die Vollzugsbehörde dem Gefangenen in der Vergangenheit eine Betreuung angeboten hat, die den in § 66c Abs. 2 i.V.m. Abs. 1 Nr. 1 StGB verankerten Prinzipien entspricht. § 66c Abs. 2 StGB verleiht dem ultima-ratio-Grundsatz Ausdruck, indem dem Verurteilten bereits während des Strafvollzugs eine Betreuung gemäß § 66c Abs. 1 Nr. 1 StGB, insbesondere eine sozialtherapeutische Behandlung,[734] mit dem Ziel anzubieten ist, die Vollstreckung der Unterbringung oder deren Anordnung möglichst entbehrlich zu machen. § 66c Abs. 1 Nr. 1 Buchstabe a) StGB umschreibt die geforderte Betreuung näher als eine solche, die individuell, intensiv sowie geeignet sein muss, die Mitwirkungsbereitschaft des Inhaftierten zu wecken und zu fördern. Wie sich aus jener Norm weiter ergibt, kann dabei auch eine psychiatrische oder psychologische Behandlung veranlasst sein, ferner eine hierfür unabdingbare medizinische Therapie.[735] Soweit standardisierte Angebote keinen Erfolg versprechen, muss die Behandlung speziell auf den individuellen Betroffenen zugeschnitten sein.[736] Der gerichtlichen Beurteilung unterliegt nur das Betreuungsangebot, nicht aber der Erfolg im Sinne realisierter Gefährlichkeitsherabsetzung. Ebenso wenig kommt es darauf an, ob der Inhaftierte das Angebot angenommen hat.[737] Allerdings kann fehlende Akzeptanz eine Prüfung veranlassen, ob es eines anderen Angebots bedarf. Als defizitär beurteilt werden muss das

---

733   Vgl. *Peglau* 2016, 45.
734   Näher hierzu OLG Karlsruhe, Beschl. vom 23.7.2018 – 1 Ws 255/17 L.
735   KG, Beschl. vom 6.2.2018 – 2 Ws 2/18 = NStZ-RR 2018, 388, 389 f.
736   Vgl. OLG Celle, Beschl. vom 28.8.2014 – 1 Ws 355/14 (StrVollz) = StV 2015, 374; OLG Karlsruhe, Beschl. vom 8.7.2016 – 1 Ws 14/16 = NStZ-RR 2017, 60.
737   BT-Drucks. 17/9874, 28; KG, Beschl. vom 19.8.2015 – 2 Ws 154/15 = StraFo 2015, 434; OLG Karlsruhe, Beschl. vom 23.7.2018 – 1 Ws 255/17 L Rdn. 16 (juris); OLG Rostock, Beschl. vom 15.6.2017 – 20 Ws 59/17 = Beck-Rs 2017, 114750 Rdn. 14; OLG Saarbrücken, Beschl. vom 2.1.2017 – 1 Ws 109/16 = NStZ-RR 2017, 124; *Laubenthal/Nestler/Neubacher/Verrel* P Rdn. 119.

Angebot bei unzulänglichen Behandlungskapazitäten,[738] ferner stets bereits dann, wenn es an der Durchführung eines Diagnoseverfahrens oder der Aufstellung des Vollzugsplans fehlt.[739] Deshalb bedarf es während eines bis zu zehnwöchigen Einweisungsverfahrens keines Behandlungsangebots.[740] Ohne Bedeutung bleibt, ob der Gefangene das Angebot als ungenügend gerügt hat.[741] Ist der Gefangene aus der Sozialtherapie zurückverlegt worden, sind die gesetzlichen Anforderungen an diese Maßnahme von Amts wegen zu überprüfen.[742] Keinen Gegenstand der Kontrolle bilden § 66c Abs. 1 Nr. 2 und 3 StGB: Die besonderen Anforderungen an die Unterbringung nach Nr. 2 gelten gerade noch nicht und der Gesetzgeber erachtet die Einhaltung der Vorgaben von Nr. 3 – trotz der Verknüpfung mit Nr. 1 Buchstabe b) – nicht für geboten.[743]

b) Ergänzender Entscheidungsinhalt bei unzureichendem Angebot. Gelangt 5 das Gericht bei der Prüfung zum Ergebnis, die Betreuung habe nicht den in § 119a Abs. 1 Nr. 1 StVollzG niedergelegten Anforderungen entsprochen, muss es nach Abs. 1 Nr. 2 weiter feststellen, welche bestimmten Maßnahmen die Vollzugsbehörde dem Gefangenen künftig anzubieten hat, um den sich aus § 66c StGB ergebenden Anforderungen zu genügen. Denkbar bleibt, dass das Gericht zwar unzureichende Betreuung für die Vergangenheit feststellt, die Defizite zum Entscheidungszeitpunkt aber behoben sind.[744] Dann bedarf es ebenso wenig der Aufzählung zu ergreifender Maßnahmen wie in dem Fall, in dem sich die tatsächliche Sachlage seit Ablauf des zu prüfenden Zeitraums, namentlich bis zur Entscheidung des Rechtsmittelgerichts, wesentlich verändert hat.[745] Obliegt es aber dem Gericht, solche zu benennen, bedeutet dies, dass es die Anforderungen so konkret wie möglich festzulegen hat.[746] Das schließt ggf. die Erarbeitung speziell auf den Betroffenen bezogener, individueller Angebote ein.[747] Es genügt etwa nicht, gesteigerte Motivationsbemühungen zu fordern, sondern diese sind genau zu umschreiben, wobei auch der Entzug von Vergünstigungen, auf die kein Anspruch besteht, anzuordnen sein kann.[748] Die gerichtliche Anordnung gilt nur unter der Prämisse sich nicht wesentlich ändernder Sachlage.

2. Überprüfungsverfahren 6

a) Außerordentliche Überprüfung. Abweichend vom Grundsatz regelmäßiger Überprüfung von Amts wegen (§ 119a Abs. 3 StVollzG) bestimmt Abs. 2 der Norm, dass Entscheidungen auch **auf Antrag der Vollzugsbehörde** getroffen werden können. Dem

---

738 KG, Beschl. vom 9.4.2018 – 2 Ws 55/18 = StV 2018, 658; OLG Hamm, Beschl. vom 6.7.2017 – 1 Vollz (Ws) 21/17 = NStZ-RR 2018, 262; Beschl. vom 1.3.2018 – 1 Vollz (Ws) 513/17 = Beck-Rs 2018, 15779.
739 OLG Koblenz, Beschl. vom 21.7.2016 – 2 Ws 79/16 = Beck-Rs 2016, 13532 Rdn. 24; a.A. *Peglau* 2016, 48.
740 OLG Hamm, Beschl. vom 6.7.2017 – 1 Vollz (Ws) 21/17 = NStZ-RR 2018, 262.
741 OLG Hamm, Beschl. vom 29.12.2016 – III-1 Vollz (Ws) 458/16 = FS SH 2018, 54, 56.
742 OLG Karlsruhe, Beschl. vom 11.5.2016 – 1 Ws 190/15 = FS 2016, 299.
743 BT-Drucks. 17/9874, 18; OLG Braunschweig, Beschl. vom 5.10.2015 – 1 Ws 189/15 = Beck-Rs 2015, 19040 Rdn. 14; OLG Frankfurt, Beschl. vom 22.5.2018 – 3 Ws 366/18 (StVollz) = Beck-Rs 2018, 10113; OLG Nürnberg, Beschl. vom 22.2.2016 – 1 Ws 6/16 = NStZ-RR 2016, 391; *Baier* 2014, 402.
744 OLG Hamm, Beschl. vom 7.1.2016 – 1 Vollz (Ws) 422/15 = Beck-Rs 2016, 03073 Rdn. 13 ff.
745 OLG Hamm, Beschl. vom 4.7.2017 – 1 Vollz (Ws) 310/16 = Beck-Rs 2017, 141730.
746 BT-Drucks. 17/9874, 28; OLG Hamm, Beschl. vom 26.1.2016 – III-1 Vollz (Ws) 410/15 = Beck-Rs 2016, 12991 Rdn. 21.
747 OLG Hamm, Beschl. vom 26.1.2016 – III-1 Vollz (Ws) 410/15 = Beck-Rs 2016, 12991 Rdn. 22; AK-*Spaniol* Teil IV § 119a StVollzG Rdn. 4.
748 *Laubenthal/Nestler/Neubacher/Verrel* P Rdn. 120.

Gefangenen selbst wurde kein Antragsrecht eingeräumt.[749] Er kann das Überprüfungsverfahren des § 119a StVollzG höchstens mittelbar durch Bestreiten der Angemessenheit der Betreuung gegenüber der Vollzugseinrichtung initiieren. Im Übrigen bleibt er darauf beschränkt, einzelne Betreuungsmaßnahmen im Wege des Anfechtungs- oder Verpflichtungsantrags nach **§ 109 StVollzG** anzugreifen oder einzufordern.[750] Er hat aber keinen Anspruch auf Unterlassung von Versuchen, ihn zur Teilnahme an solchen Maßnahmen zu motivieren.[751] Das Gesetz benennt in § 119a Abs. 2 StVollzG als erstes die allgemeine Konstellation. Die Vollzugsbehörde muss in ihrem Antrag deutlich machen, ob sie die Prüfung im Sinne von Abs. 2 Satz 1 oder Satz 2 anstrebt.[752] Die Judikatur verlangt darüber hinaus als Zulässigkeitsvoraussetzung eine aus sich selbst verständliche, schlüssige Darstellung in der behördlichen Antragsschrift. Näher beschrieben sein müssen das Ergebnis der Behandlungsuntersuchung, die festgestellte Indikation, die Vollzugspläne, die angebotenen Betreuungsmaßnahmen, geprüfte Behandlungsalternativen sowie im Längsschnitt der Vollzugsverlauf seit der Anlassverurteilung, soweit dies für die Therapie Bedeutung erlangen kann.[753] Näher darzulegen ist im Falle von Satz 1 ferner das berechtigte Interesse, im Falle von Satz 2, worin die wesentliche Änderung liegt.[754] Die bloße Übersendung der Gefangenenpersonalakte oder von Kopien hieraus genügt keinesfalls den Anforderungen an die Antragsbegründung.[755]

7   Um zu einem beliebigen Zeitpunkt eine Entscheidung mit dem Inhalt nach § 119a Abs. 1 StVollzG zu beantragen, muss gemäß Abs. 2 Satz 1 an der von der Vollzugsbehörde begehrten Feststellung ein **berechtigtes Interesse** bestehen. Ein solches definiert der Gesetzgeber als jedes nach dem konkreten Sach- und Verfahrensstand anzuerkennende, behördliche Interesse, sich vor der nächsten vom Gericht von Amts wegen durchzuführenden Überprüfung der Rechtmäßigkeit der angebotenen Betreuung zu versichern.[756] Dieser Fall ist jedenfalls bei wesentlich geänderter Sachlage gegeben. Beispielhaft lässt sich denken an die Rückverlegung aus der Sozialtherapie oder das Entfallen der Möglichkeit, eine geplante Maßnahme durchzuführen.[757] Zudem reicht „qualifiziertes" Bestreiten der Angemessenheit durch den Gefangenen aus.[758] Entsprechend der zu Satz 2 entwickelten Grundsätze (Rdn. 8) fehlt es am berechtigten Interesse, wenn eine Entscheidung nicht wesentlich zeitnäher als eine solche in einem regulären Überprüfungsverfahren nach Vollzugs- oder Vollstreckungsrecht zu erwarten ist.[759]

---

749   OLG Naumburg, Beschl. vom 22.1.2018 – 1 Ws (s) 329/17 = FS 2019, 82.
750   BT-Drucks. 17/9874, 28 f; KG, Beschl. vom 6.12.2018 – 2 Ws 233/18 – 121 AR 224/18 = Beck-Rs 2018, 34396 Rdn. 22; krit. wegen minderer Prüfungsdichte und Einzelrichterzuständigkeit AK-*Spaniol* 2017 Rdn. 5.
751   OLG Hamm, Beschl. vom 1.2.2016 – 1 Vollz (Ws) 466/15 = Beck-Rs 2016, 06657.
752   OLG Karlsruhe, Beschl. vom 4.9.2014 – 1 Ws 91/14 = Beck-Rs 2014, 19285; OLG Koblenz, Beschl. vom 21.7.2016 – 2 Ws 79/16 = Beck-Rs 2016, 13532 Rdn. 16 f.
753   OLG Karlsruhe, Beschl. vom 4.9.2014 – 1 Ws 91/14 = Beck-Rs 2014, 19285 Rdn. 10; Beschl. vom 9.5.2016 – 1 Ws 169/15 = NStZ-RR 2016, 260 f; OLG Nürnberg, Beschl. vom 6.8.2015 – 1 Ws 167/15 = NStZ-RR 2016, 127; *Arloth/Krä* § 119a StVollzG Rdn. 4; großzügiger *Peglau* 2016, 50; vgl. ferner AK-*Spaniol* Teil IV § 119a StVollzG Rdn. 5.
754   OLG Karlsruhe, Beschl. vom 4.9.2014 – 1 Ws 91/14 = Beck-Rs 2014, 19285 Rdn. 10, 16; OLG Nürnberg, Beschl. vom 6.8.2015 – 1 Ws 167/15 = NStZ-RR 2016, 127.
755   KG, Beschluss vom 9.2.2016 – 141 AR 47/16 = Beck-Rs 2016, 05033; BeckOK-*Euler* § 119a StVollzG Rdn. 9.
756   BT-Drucks. 17/9874, 28; OLG Nürnberg, Beschl. vom 6.8.2015 – 1 Ws 167/15 = NStZ-RR 2016, 127.
757   *Laubenthal/Nestler/Neubacher/Verrel* P Rdn. 121.
758   BT-Drucks. 17/9874, 28; OLG Hamm, Beschl. vom 18.11.2014 – III – 1 Vollz (Ws) 540/14 = Beck-Rs 2014, 23199 Rdn. 9; OLG Karlsruhe, Beschl. vom 4.9.2014 – 1 Ws 91/14 = Beck-Rs 2014, 19285 Rdn. 10.
759   OLG Hamm, Beschl. vom 20.11.2014 – 1 Vollz (Ws) 494/14 = Beck-Rs 2015, 00248 Rdn. 14; *Peglau* 2016, 49.

Ausdrücklich geregelt ist in § 119a Abs. 2 Satz 2 StVollzG der Fall, dass ein **Vollzugs-** 8
plan erstmals aufgestellt oder zu einem späteren Zeitpunkt wesentlich geändert worden ist, so dass dahinstehen darf, ob die Überprüfbarkeit in diesem Falle schon aus Satz 1 folgen würde. Die Rechtsprechung fordert auch für die Entscheidung nach Satz 2 ein berechtigtes Interesse, wobei es daran fehlt, sofern die Entscheidung nicht oder nur unwesentlich eher ergehen würde als eine solche im Rahmen der periodischen Überprüfung nach Abs. 1 und 3 oder im Rahmen der vollstreckungsrechtlichen Prüfung nach § 67c StGB.[760] Nach § 119a Abs. 2 Satz 2 Halbs. 1 StVollzG ist ein Antrag der Vollzugsbehörde auf Feststellung statthaft, ob die im Vollzugsplan vorgesehenen Maßnahmen im Falle ihres Angebots bei sich nicht wesentlich ändernder Sachlage eine den Anforderungen nach § 66c Abs. 2 und Abs. 1 Nr. 1 StGB entsprechende Betreuung darstellen würden. Insoweit kann bereits zu Beginn einer vorgesehenen Behandlung Klarheit über die Eignung der geplanten Maßnahmen geschaffen werden.[761] Gemäß § 119a Abs. 2 Satz 2 Halbs. 2 StVollzG muss das Gericht in diesem Fall die Prüfung der Angemessenheit der Maßnahmen im Sinne des § 119a Abs. 1 StVollzG auch auf die Vergangenheit, also den Zeitraum seit der letzten Überprüfung, erstrecken, und zwar auch dann, wenn eine periodische Überprüfung mangels Fristablaufs nach § 119a Abs. 3 StVollzG eigentlich noch nicht anstünde. Wurde der Vollzugsplan erstmals aufgestellt und im Entscheidungszeitpunkt noch nicht umgesetzt, bildet den Prüfungsgegenstand der Zeitraum bis zu dessen Aufstellung unter Einschluss des Aufstellungsverfahrens.[762]

b) Fristgemäße Überprüfung. Die Frist für die **periodische Kontrolle von Amts** 9
wegen beträgt nach § 119a Abs. 3 Satz 1 StVollzG zwei Jahre. Fristbeginn ist mit Vollzug der Freiheitsstrafe (Abs. 3 Satz 3 Halbs. 1). Dies richtet sich nach § 38 StVollstrO.[763] Die Vorschrift differenziert etwa danach, ob der Betreffende aus der Freiheit in amtliche Verwahrung gelangt oder sich bereits in Untersuchungshaft befunden hat.[764] Untersuchungshaft wird für den Fristbeginn nicht berücksichtigt,[765] desgleichen Strafhaft vor Rechtskraft der Verurteilung zu Sicherungsverwahrung[766] oder Unterbringung nach § 64 StGB.[767] Bei Personen, die sich bei Inkrafttreten der Norm am 1. Juni 2013 bereits im Strafvollzug befanden, begann die Frist an diesem Tag zu laufen,[768] sofern die Sicherungsverwahrung rechtskräftig angeordnet war.[769] Die Zeit bis zum 31. Mai 2013 bleibt schon deshalb bei der Prüfung außer Betracht, weil das Betreuungserfordernis seinerzeit noch nicht bestand. Die Frist für Folgeentscheidungen beginnt mit Bekanntgabe einer erstinstanzlichen Entscheidung nach § 119a Abs. 1 StVollzG (Abs. 3 Satz 3 Halbs. 2). Hier kommt es auf den Termin der Zustellung (§ 120 Abs. 1 Satz 2 i.V.m. §§ 35 Abs. 2 Satz 1, 37 StPO) an.[770] Durch rechtzeitige Einleitung und zügige Gestaltung des Verfahrens ist dafür

---

760 OLG Hamm, Beschl. vom 18.11.2014 – III – 1 Vollz (Ws) 540/14 = Beck-Rs 2014, 23199 Rdn. 10; ebenso Laubenthal/Nestler/Neubacher/Verrel P Rdn. 121; a.A. AK-*Spaniol* Teil IV § 119a StVollzG Rdn. 5.
761 BT-Drucks. 17/9874, 28.
762 BT-Drucks. 17/9874, 28.
763 OLG Hamm, Beschl. vom 7.1.2016 – 1 Vollz (Ws) 422/15 = Beck-Rs 2016, 03073 Rdn. 7.
764 Näher *Laubenthal/Nestler* 2018 Rdn. 140 ff.
765 OLG Hamm, Beschl. vom 7.1.2016 – 1 Vollz (Ws) 422/15 = Beck-Rs 2016, 03073 Rdn. 8 f.
766 OLG Hamm, Beschl. vom 29.12.2016 – III-1 Vollz (Ws) 458/16 = FS SH 2018, 54 f; OLG Rostock, Beschl. vom 2.11.2018 – 20 Ws 214/18 = Beck-Rs 2018, 29393 Rdn. 5.
767 OLG Hamm, Beschl. vom 19.10.2017 – 1 Vollz (Ws) 448/17 = Beck-Rs 2017, 142905.
768 Art. 316f Abs. 3 Satz 2 EGStGB; s. auch OLG Koblenz, Besch. vom 21.7.2016 – 2 Ws 79/16 = Beck-Rs 2016, 13532 Rdn. 16; OLG Saarbrücken, Beschl. vom 2.1.2017 – 1 Ws 109/16 = Beck-Rs 2017, 101701 Rdn. 5.
769 OLG Rostock, Beschl. vom 15.6.2017 – 20 Ws 59/17 = Beck-Rs 2017, 114750.
770 *Laubenthal/Nestler/Neubacher/Verrel* P Rdn. 123; AK-*Spaniol* Teil IV § 119a StVollzG Rdn. 7.

12. Kapitel. Rechtsbehelfe

Sorge zu tragen, dass die Entscheidungsfristen eingehalten werden,[771] auch wenn das nur versehentliche Unterlassen einer Prüfungsentscheidung die spätere Sicherungsverwahrung nicht unverhältnismäßig macht.[772] Wurde das Verfahren verspätet eingeleitet, verlängert sich der Prüfungszeitraum gleichwohl nicht über zwei Jahre hinaus bis zum Tag der Entscheidung der Strafvollstreckungskammer.[773]

10 Bei einer, also der ersten oder auch einer nachfolgenden Entscheidung im regelmäßigen Überprüfungsverfahren von Amts wegen nach § 119a Abs. 1 StVollzG kann das Gericht ausnahmsweise[774] eine **längere Frist** für die Regelüberprüfung bis zu maximal fünf Jahren festsetzen (Abs. 3 Satz 2).[775] Das gilt nur, soweit die verlängerte Frist im Hinblick auf die Gesamtdauer der noch zu vollziehenden Freiheitsstrafe angemessen erscheint. Die Frist von fünf Jahren wird das Gericht lediglich bei Lebenszeitstrafe, zumal unter Feststellung besonderer Schuldschwere, ausschöpfen dürfen.[776] Nicht eindeutig ist, ob das Gericht nur die seiner Entscheidung unmittelbar folgende Frist verlängern oder einen generell längeren Fristenlauf einrichten darf. Gegen letzteres spricht, dass zu einem bestimmten Zeitpunkt eine verlängerte Frist im Hinblick auf die Dauer der noch zu vollziehenden Strafe nicht mehr angemessen sein wird, das Gesetz die Möglichkeit, die Frist (wieder) zu verkürzen, aber nicht eingeräumt hat. Die Möglichkeit der Fristverlängerung besteht auch, wenn im Rahmen der anlassbezogenen Überprüfung nach § 119a Abs. 2 Satz 2 StVollzG das Gericht die nach Abs. 1 gebotenen Feststellungen treffen muss. Eine Abkürzung der Zwei-Jahres-Frist scheidet aus.[777]

11 **3. Zuständigkeit.** Zuständig für die Entscheidungen nach § 119a StVollzG ist die **Strafvollstreckungskammer** am Sitz der Justizvollzugsanstalt (§§ 119a Abs. 6 Satz 3, 110 StVollzG). Sie und nicht das erkennende Gericht wird bereits kompetent, solange die vorbehaltene Sicherungsverwahrung noch nicht angeordnet wurde.[778] Bei Verlegung des Verurteilten wechselt die Gerichtszuständigkeit; eine Fortwirkung der zuerst begründeten Gerichtszuständigkeit gibt es im Verfahren des § 119a StVollzG nicht.[779] Die Kammer ist anders als in Verfahren nach § 109 StVollzG besetzt mit drei Berufsrichtern einschließlich des Vorsitzenden (§ 119a Abs. 4 StVollzG). Der Gesetzgeber hat die gleiche Besetzung wie bei Entscheidungen über die Vollstreckung der Sicherungsverwahrung (§ 78b Abs. 1 Nr. 1 GVG) gewählt, weil die Beschlüsse nach § 119a StVollzG Aussetzungsentscheidungen wesentlich beeinflussen können und somit besonders schwer wiegen.[780] Als vorteilhaft für die Beurteilung des Einzelfalls dürfte es sich erweisen, sofern die Besetzung der Kammer in vollzuglichen und vollstreckungsrechtlichen Angelegenheiten identisch ist

---

[771] Vgl. OLG Celle, Beschl. vom 16.9.2015 – 1 Ws 421/15 (StrVollz) = Beck-Rs 2015, 19071 Rdn. 3; BeckOK-*Euler* § 119a StVollzG Rdn. 6.
[772] KG, Beschl. vom 29.10.2015 – 2 Ws 257/15 = NStZ-RR 2016, 125.
[773] OLG Dresden, Beschl. vom 5.1.2018 – 2 Ws 252/17 = Beck-Rs 2018, 11940; OLG Hamm, Beschl. vom 11.10.2018 – 1 Vollz (Ws) 340/18 = Beck-Rs 2018, 34393; OLG Nürnberg, Beschl. vom 22.2.2016 – 1 Ws 6/16 = NStZ-RR 2016, 391; OLG Saarbrücken, Beschl. vom 2.1.2017 – 1 Ws 109/16 = Beck-Rs 2017, 101701 Rdn. 5; *Arloth/Krä* § 119a StVollzG Rdn. 6; *Böhm K. M.* 2018, 159; a.A. *Peglau* 2016, 46 f.
[774] BT-Drucks. 17/9874, 28; KG, Beschl. vom 19.8.2015 – 2 Ws 154/15 = StraFo 2015, 435.
[775] Krit. AK-*Spaniol* Teil IV § 119a StVollzG Rdn. 6; gegen Anwendbarkeit bei Heranwachsenden und jüngeren Erwachsenen *Eisenberg* 2018 § 92 Rdn. 177.
[776] Vgl. KG, Beschl. vom 19.8.2015 – 2 Ws 154/15 = StraFo 2015, 435; OLG Celle, Beschl. vom 9.9.2015 – 1 Ws 353/15 (StrVollz) = FS 2016, 75; *Laubenthal/Nestler/Neubacher/Verrel* P Rdn. 123.
[777] OLG Hamm, Beschl. vom 1.12.2015 – 1 Vollz (Ws) 254/15 = Beck-Rs 2016, 03071 Rdn. 1.
[778] BT-Drucks. 17/9874, 28.
[779] BGH, Beschl. vom 8.12.2016 – 2 ARs 5/16 = StV 2018, 354, 356; LG Marburg, Beschl. vom 11.5.2017 – 7 StVK 61/17 = Beck-Rs 2017, 144708 Rdn. 12.
[780] BT-Drucks. 17/9874, 28.

und ihr auch derjenige Richter angehört, der als Einzelrichter über Anträge des Betroffenen nach § 109 StVollzG zu entscheiden hat.[781] Wurde die Sicherungsverwahrung auf der Basis des JGG vorbehalten, obliegen die Entscheidungen nach § 119a StVollzG der ebenfalls mit drei Richtern besetzten Jugendkammer (§§ 92 Abs. 2 Satz 2, Abs. 4 Satz 1, 110 Abs. 1 JGG).

4. Gestaltung des Verfahrens. Das Gesetz enthält für die Gestaltung des Verfahrens nur wenige Vorgaben. Dem Gefangenen ist nach § 119a Abs. 6 Satz 1 StVollzG von Amts wegen ein **Rechtsanwalt** beizuordnen.[782] Die Zuständigkeit hierfür liegt beim Vorsitzenden der Strafvollstreckungskammer, Abs. 6 Satz 3 i.V.m. § 109 Abs. 3 Satz 2 StVollzG, bzw. der Jugendkammer. Anders als bei Beiordnungen auf der Basis von § 109 Abs. 3 Satz 1 StVollzG existieren keine Ausnahmen von der Beiordnungspflicht. Der Anwalt hat ein Recht auf Akteneinsicht einschließlich der Gefangenenpersonalakte.[783] **Beteiligt** am Verfahren sind die Vollzugsbehörde und der Gefangene (§ 119a Abs. 6 Satz 3 i.V.m. § 111 StVollzG), obwohl letzterer mangels Antragsrechts nicht als Antragsteller gelten kann.[784] Vor der Entscheidung anzuhören sind nach § 119a Abs. 6 Satz 2 StVollzG die Beteiligten sowie die Staatsanwaltschaft als Vollstreckungsbehörde (§ 451 StPO). Eine mündliche Verhandlung findet nicht statt, § 119a Abs. 6 Satz 3 i.V.m. § 115 Abs. 1 S. 1 StVollzG. Auch eine mündliche Anhörung ist nicht vorgeschrieben, darf allerdings nach Ermessen der Kammer durchgeführt werden.[785] Völlige Identität zwischen anhörenden und entscheidenden Richtern braucht nicht gewahrt zu werden.[786] Das Gericht entscheidet ferner nach pflichtgemäßem Ermessen, ob es zur Beurteilung der Tauglichkeit des Betreuungsangebots sachverständigen Rats bedarf bzw. ob ein interner oder ein Sachverständiger, der nicht zum Personalstab der Vollzugsanstalt gehört, beauftragt wird.[787] Der Grundsatz der bestmöglichen Sachaufklärung wird dabei die Gutachteneinholung gebieten, sofern fraglich ist, welche bzw. ob überhaupt eine Behandlungsmaßnahme sich im konkreten Fall eignet.[788] Das gilt umso mehr bei einem gesundheitlich Beeinträchtigten.[789] Im Jugendstrafvollzug kann mündliche Verhandlung durchgeführt werden; auf Antrag ist der Betroffene persönlich anzuhören (§§ 92 Abs. 3 Satz 2 bis 5, 110 Abs. 1 JGG).

5. Entscheidung. Sie ergeht in Beschlussform, § 119a Abs. 6 Satz 3 i.V.m. § 115 Abs. 1 Satz 1 StVollzG, und ist nicht nach § 120 Abs. 1 Satz 1 StVollzG erzwingbar (dazu O Rdn. 3). Zulässig ist die Feststellung, die Betreuung habe nur für einen bestimmten Teil des Prüfungszeitraums den Anforderungen entsprochen.[790] Eine Fristverlängerung nach § 119a Abs. 3 Satz 2 StVollzG ist in den Tenor aufzunehmen,[791] für die Kostenentscheidung gilt § 121 Abs. 3 Satz 1 StVollzG (dazu P Rdn. 4). Strittig ist, ob die Wertfestsetzung

---

781 AK-*Spaniol* Teil IV § 119a StVollzG Rdn. 9.
782 Laubenthal 2019, 336 ff.
783 OLG Frankfurt, Beschl. vom 27.9.2018 – 3 Ws 239/18 (StVollz) = NStZ-RR 2019, 263.
784 BT-Drucks. 17/9874, 29.
785 BT-Drucks. 17/9874, 29; AK-*Spaniol* Teil IV § 119a StVollzG Rdn. 10; *Böhm K. M.* 2018, 160.
786 KG, Beschl. vom 6.2.2018 – 2 Ws 2/18 = NStZ-RR 2018, 388, 389.
787 BT-Drucks. 17/9874, 29; *Arloth/Krä* § 119a StVollzG Rdn. 8.
788 OLG Karlsruhe, Beschl. vom 8.7.2016 – 1 Ws 14/16 = NStZ-RR 2017, 60; vgl. auch OLG Koblenz, Beschl. vom 21.7.2016 – 2 Ws 79/16 = Beck-Rs 2016, 13532 Rdn. 32; *Böhm K. M.* 2018, 160 f.
789 KG, Beschl. vom 6.2.2018 – 2 Ws 2/18 = NStZ-RR 2018, 388, 390 (Einschränkung des Sprachvermögens nach Schlaganfall).
790 OLG Hamm, Beschl. vom 26.1.2016 – III-1 Vollz (Ws) 410/15 = Beck-Rs 2016, 12991 Rdn. 16.
791 BT-Drucks. 17/9874, 28; KG, Beschl. vom 19.8.2015 – 2 Ws 154/15 = StraFo 2015, 435.

sich nach § 52 Abs. 1 oder 2 GKG richtet.[792] Verwiesen wird in § 119a Abs. 6 Satz 3 StVollzG auch auf § 115 Abs. 1 Satz 2 StVollzG, weshalb der **Beschluss** den Sach- und Streitstand seinem wesentlichen Inhalt nach gedrängt zusammenstellt (I Rdn. 14). Nicht anwendbar bleibt § 115 Abs. 1 Satz 3 StVollzG; der Gesetzgeber hat wegen der Bindungswirkung von § 119a Abs. 7 StVollzG bewusst auf die Möglichkeit, hinsichtlich der Einzelheiten auf bei den Akten befindliche Schriftstücke zu verweisen, verzichtet.[793] Eine richterliche Unterschrift darf wie beim Urteil durch einen Abwesenheitsvermerk ersetzt werden.[794]

14 Die **Anforderungen an die Begründung** sollen dem Kammergericht[795] zufolge, um der Bindungswirkung von Abs. 7 gerecht zu werden, mindestens so streng sein wie diejenigen an die Urteilsbegründung gemäß § 267 StPO, wenn nicht noch strenger: Die Gründe, die für die richterliche Überzeugungsbildung zum Sachverhalt und für dessen rechtliche Beurteilung im Einzelfall maßgebend gewesen seien, müssen in einer Weise wiedergegeben werden, die vom Leser ohne aufwändige, eigene Bemühungen nachvollzogen werden kann. Dafür genügt die undifferenzierte Übernahme des Akteninhalts nicht.[796] Es bleibe unmissverständlich klarzustellen, von welchen Feststellungen das Gericht ausgegangen sei; gegebenenfalls gelte es herauszuarbeiten, warum die Kammer welchen Vortrag für zutreffend und erheblich gehalten habe. Weiter bedürfe es der nachvollziehbaren Darstellung des Störungsbildes oder der Defizite, denen mit den Betreuungsmaßnahmen begegnet werden solle. Dazu gehöre die Wiedergabe des Ergebnisses der Behandlungsuntersuchung und der den Überprüfungszeitraum betreffenden Vollzugspläne. Soweit danach indizierte Maßnahmen nicht angeboten oder umgesetzt worden seien, seien die Gründe dafür differenziert zu erläutern. Eingegangen werden müsse bei therapeutischer Relevanz schließlich regelmäßig auf den Werdegang des Gefangenen einschließlich Anlassverurteilung und Vollzugsverlaufs. Es bedarf zudem der Schilderung der Anlassverurteilung und der Bewertung des gesamten Prüfungszeitraums, auch bei einer währenddessen erfolgten Verlegung.[797] Auf Entscheidungen im Vollstreckungsverfahren nach §§ 67d und e StGB sind die hohen Begründungsanforderungen nicht übertragbar.[798] **Verweigert** der Gefangene kategorisch seine Mitwirkung an Betreuungsmaßnahmen, sollen sich die Anforderungen an die Begründung aber redu-

---

792 Für letzteres OLG Frankfurt, Beschl. vom 21.4.2016 – 3 Ws 723/15 (StVollz) = NStZ-RR 2016, 296; *Arloth/Krä* § 119a StVollzG Rdn. 1; a.A. OLG Braunschweig, Beschl. vom 5.10.2015 – 1 Ws 189/15 = Beck-Rs 2015, 19040 Rdn. 16; OLG Karlsruhe, Beschl. vom 4.9.2014 – 1 Ws 91/14 = Beck-Rs 2014, 19285 Rdn. 25; OLG Nürnberg, Beschl. vom 6.8.2015 – 1 Ws 167/15 = Beck-Rs 2015, 14771 Rdn. 20; OLG Saarbrücken, Beschl. vom 2.1.2017 – 1 Ws 109/16 = Beck-Rs 2017, 101701 Rdn. 13; *Greiner* 2016, 390 f.
793 BT-Drucks. 17/9874, 29; KG, Beschl. vom 6.12.2018 – 2 Ws 233/18 – 121 AR 224/18 = Beck-Rs 2018, 34396 Rdn. 17; OLG Karlsruhe, Beschl. vom 9.5.2016 – 1 Ws 169/15 = NStZ-RR 2016, 261; OLG Koblenz, Beschl. vom 21.7.2016 – 2 Ws 79/16 = Beck-Rs 2016, 13532 Rdn. 18.
794 Näher KG, Beschl. vom 6.2.2018 – 2 Ws 2/18 = NStZ-RR 2018, 388, 389.
795 KG, Beschl. vom 19.8.2015 – 2 Ws 154/15 = StraFo 2015, 435; Beschl. vom 9.2.2016 – 2 Ws 18/16 – 141 AR 47/16 = Beck-Rs 2016, 05033 Rdn. 8; Beschl. vom 9.4.2018 – 2 Ws 55/18 = StV 2018, 658, 659; ähnlich OLG Karlsruhe, Beschluss vom 4.9.2014 – 1 Ws 91/14 = Beck-Rs 2014, 19285; Beschl. vom 9.5.2016 – 1 Ws 169/15 = NStZ-RR 2016, 261; Beschl. vom 11.5.2016 – 1 Ws 190/15 = FS 2016, 300; OLG Koblenz, Beschl. vom 21.7.2016 – 2 Ws 79/16 = Beck-Rs 2016, 13532 Rdn. 23, 27 ff; OLG Saarbrücken, Beschl. vom 2.1.2017 – 1 Ws 109/16 = Beck-Rs 2017, 101701 Rdn. 6; anders wohl OLG Frankfurt, Beschl. vom 14.1.2016 – 3 Ws 780/15 (StVollz) = FS 2016, 221; krit. AK-*Spaniol* Teil IV § 119a StVollzG Rdn. 11; *Böhm K. M.* 2018, 161; *Peglau* 2016, 48 f.
796 KG, Beschl. vom 6.12.2018 – 2 Ws 233/18 – 121 AR 224/18 = Beck-Rs 2018, 34396.
797 OLG Hamm, Beschl. vom 29.12.2016 – III-1 Vollz (Ws) 458/16 = FS SH 2018, 54, 55.
798 OLG Hamm, Beschl. vom 15.3.2017 – 3 Ws 511/17 = Beck-Rs 2017, 153924.

zieren.⁷⁹⁹ Sie muss aber schon der präjudiziellen Wirkung wegen erkennen lassen, dass die Angemessenheit des Motivationsangebots gründlich geprüft wurde.⁸⁰⁰ Eine Verweigerung darf nicht unterstellt werden, nur weil der Betroffene krankheitsbedingt in seinem Sprachvermögen erheblich eingeschränkt ist.⁸⁰¹

6. Rechtsmittel

15

a) Zulässigkeitsvoraussetzungen. Gegen die Entscheidung der Strafvollstreckungs- bzw. Jugendkammer ist nach § 119a Abs. 5 StVollzG die **Beschwerde** statthaft. Sie kann (nur) auf den Ausspruch nach § 119a Abs. 1 Nr. 2 StVollzG beschränkt werden.⁸⁰² Obwohl in § 119a Abs. 6 Satz 3 StVollzG auf einige Normen über die Rechtsbeschwerde verwiesen wird, handelt es sich weder um eine solche noch um eine (sofortige) Beschwerde nach §§ 304, 311 StPO. Der Gesetzgeber spricht von einer „verwaltungsprozessrechtlich determinierte[n] Beschwerde sui generis", auf die dann aber nicht Vorschriften der VwGO Anwendung finden, sondern einerseits die in § 119a Abs. 6 Satz 3 StVollzG genannten Regelungen der §§ 117, 118 Abs. 1 Satz 1 und 119 Abs. 1 und 5 StVollzG sowie andererseits über § 120 Abs. 1 Satz 2 StVollzG ergänzend die Vorschriften der StPO.⁸⁰³ Beschwerdeberechtigt sind Vollzugsbehörde bzw. Aufsichtsbehörde (Abs. 6 Satz 3, § 111 Abs. 2 StVollzG)⁸⁰⁴ und Gefangener als Beteiligte,⁸⁰⁵ nicht aber die Staatsanwaltschaft als Vollstreckungsbehörde, da diese keine Verfahrensbeteiligte ist.⁸⁰⁶ Die Vollzugseinrichtung ist beschwert, sofern ihr Betreuungsangebot als unzulänglich bewertet wird, der Gefangene sowohl in diesem Fall als auch dann, wenn die Angebote als genügend eingestuft sind,⁸⁰⁷ ferner in dem Fall, in dem die StVK – etwa wegen Verkennung des Fristlaufs – eine Sachentscheidung unterlassen hat.⁸⁰⁸ Keine Zulässigkeitsvoraussetzung bildet das Erfordernis der Nachprüfung zur Fortbildung des Rechts oder der Sicherung einheitlicher Rechtsprechung; § 116 StVollzG gilt nicht entsprechend.⁸⁰⁹ Einzulegen ist die Beschwerde binnen eines Monats nach Zustellung des erstinstanzlichen Beschlusses beim iudex a quo, also der Strafvollstreckungs- bzw. Jugendkammer, die entschieden hat (§ 119a Abs. 6 Satz 3 i.V.m. § 118 Abs. 1 Satz 1 StVollzG), (auch privat-)schriftlich oder zu Protokoll der Geschäftsstelle (§ 120 Abs. 1 Satz 2 StVollzG, § 306 Abs. 1 StPO). Die übrigen Formalien des § 118 StVollzG gelten mangels Begründungspflicht nicht.⁸¹⁰ Abhilfe seitens des erstinstanzlichen Gerichts (§ 306 Abs. 2 StPO) bleibt wie bei der Beschwerde im Verwaltungsprozessrecht möglich.⁸¹¹ Das Rechtsschutzinteresse entfällt, wenn während des

---

799 OLG Hamm, Beschl. vom 1.12.2015 – 1 Vollz (Ws) 254/15 = NStZ-RR 2016, 126; OLG Karlsruhe, Beschl. vom 9.5.2016 – 1 Ws 169/15 = NStZ-RR 2016, 262; OLG Saarbrücken, Beschl. vom 2.1.2017 – 1 Ws 109/16 = Beck-Rs 2017, 101701 Rdn. 8; *Arloth/Krä* 2017 Rdn. 2.
800 Vgl. AK-*Spaniol* Teil IV § 119a StVollzG Rdn. 12; MüKoStGB-*Morgenstern/Drenkhahn* 2016 § 66c Rdn. 80.
801 KG, Beschl. vom 6.2.2018 – 2 Ws 2/18 = NStZ-RR 2018, 388.
802 KG, Beschl. vom 6.12.2018 – 2 Ws 233/18 – 121 AR 224/18 = Beck-Rs 2018, 34396 Rdn. 14.
803 BT-Drucks. 17/9874, 29.
804 OLG Frankfurt, Beschl. vom 22.5.2018 – 3 Ws 366/18 (StVollz) = Beck-Rs 2018, 10113.
805 BT-Drucks. 17/9874, 29.
806 OLG Celle, Beschl. vom 7.3.2017 – 3 Ws 63/17 (StrVollz) = StraFo 2017, 258.
807 AK-*Spaniol* Teil IV § 119a StVollzG Rdn. 15; *Baier* 2014, 404; *Peglau* 2016, 51.
808 OLG Rostock, Beschl. vom 2.11.2018 – 20 Ws 214/18 = Beck-Rs 2018, 29393 Rdn. 3.
809 KG, Beschl. vom 19.8.2015 – 2 Ws 154/15 = StraFo 2015, 435; *Laubenthal/Nestler/Neubacher/Verrel* P Rdn. 125.
810 OLG Koblenz, Beschl. vom 21.7.2016 – 2 Ws 79/16 = Beck-Rs 2016, 13532 Rdn. 14.
811 OLG Hamm, Beschl. vom 11.10.2018 – 1 Vollz (Ws) 340/18 = Beck-Rs 2018, 34393 Rdn. 22; *Peglau* 2016, 52; nach AK-*Spaniol* Teil IV § 119a StVollzG Rdn. 16 nur in Ausnahmefällen; offengelassen von KG, Beschl. vom 9.4.2018 – 2 Ws 55/18 = StV 2018, 658, 659 .

Beschwerdeverfahrens über die Vollstreckung der Unterbringung nach § 67c StGB entschieden wird.[812]

16   **b) Entscheidung des Beschwerdegerichts.** Über die Beschwerde entscheidet das für den Sitz der Strafvollstreckungs- bzw. Jugendkammer örtlich zuständige Oberlandesgericht ohne mündliche Verhandlung durch Beschluss (§ 119a Abs. 6 Satz 3 i.V.m. §§ 117, 119 Abs. 1 StVollzG). In Niedersachsen greift die Zuständigkeitskonzentration (K Rdn. 1) nicht ein.[813] Am Verfahren beteiligt ist die Aufsichtsbehörde, § 119a Abs. 6 Satz 3 i.V.m. § 111 Abs. 2 StVollzG,[814] die Vollstreckungsbehörde (hier: Generalstaatsanwaltschaft) bleibt anzuhören.[815] § 119 Abs. 2 bis 4 StVollzG mit der Beschränkung auf die revisionsartige Rechtmäßigkeitskontrolle gelten nicht entsprechend. Das OLG unterzieht den Beschluss im Rahmen der Anfechtung deshalb **vollumfänglicher Überprüfung** wie bei der Beschwerde nach der StPO.[816] Nach § 120 Abs. 1 Satz 2 StVollzG, §§ 308 Abs. 2, 309 Abs. 2 StPO darf das OLG daher selbst Ermittlungen und eigene Ermessenserwägungen anstellen.[817] Das gilt sogar für den Fall, dass die Strafvollstreckungskammer bei der Prüfung nach § 119a Abs. 3 Satz 1 StVollzG einen Teil der mittlerweile abgelaufenen Zwei-Jahres-Frist unberücksichtigt gelassen hat; diesen Mangel kann die Beschwerdeinstanz dann beseitigen.[818] Erweist sich die Beschwerde als begründet, trifft das Oberlandesgericht grundsätzlich die gebotene Entscheidung in der Sache.[819] Es bedarf der Streitwertfestsetzung, weil Gerichtsgebühren anfallen (Anlage 1 zum GKG Nr. 3820).[820] Entsprechend der zu § 309 StPO entwickelten Grundsätze[821] darf die Sache ausnahmsweise, namentlich bei schweren Verfahrensfehlern, auch der Verfehlung des Prüfungsgegenstandes[822] oder völlig unzulänglicher Sachverhaltsermittlung,[823] unter bloßer Aufhebung deren Beschlusses an die erste Instanz zurückverwiesen werden.[824] Eine Divergenzvorlage an den BGH nach § 121 Abs. 2 Nr. 2 GVG scheidet aus.[825] Ein weiterer Rechtsbehelf gegen den Beschluss des OLG ist nicht eingeräumt, § 119a Abs. 6 Satz 3 i.V.m. § 119 Abs. 5 StVollzG.

---

812 OLG Hamm, Beschl. vom 10.5.2016 – 4 Ws 114/16 = NStZ-RR 2016, 231; a.A. OLG Frankfurt, Beschl. vom 22.5.2018 – 3 Ws 366/18 (StVollz) = Beck-Rs 2018, 10113 Rdn. 6.
813 OLG Celle, Beschl. vom 9.9.2015 – 1 Ws 353/15 (StrVollz) = FS 2016, 75.
814 BT-Drucks. 17/9874, 29.
815 *Peglau* 2016, 52.
816 KG, Beschl. vom 9.2.2016 – 2 Ws 18/16 – 141 AR 47/16 = Beck-Rs 2016, 05033 Rdn. 16; OLG Celle, Beschl. vom 9.9.2015 – 1 Ws 353/15 (StrVollz) = Beck-Rs 2015, 19041 Rdn. 7; OLG Frankfurt, Beschl. vom 14.1.2016 – 3 Ws 780/15 (StVollz) = FS 2016, 221; OLG Hamm, Beschl. vom 7.1.2016 – 1 Vollz (Ws) 422/15 = Beck-Rs 2016, 03073 Rdn. 11; OLG Karlsruhe, Beschl. vom 9.5.2016 – 1 Ws 169/15 = NStZ-RR 2016, 261; OLG Koblenz, Beschl. vom 21.7.2016 – 2 Ws 79/16 = Beck-Rs 2016, 13532 Rdn. 41.
817 *Arloth/Krä* § 119a StVollzG Rdn. 10; *Laubenthal/Nestler/Neubacher/Verrel* P Rdn. 126; AK-*Spaniol* Teil IV § 119a StVollzG Rdn. 16.
818 OLG Hamm, Beschl. vom 7.1.2016 – 1 Vollz (Ws) 422/15 = Beck-Rs 2016, 03073; noch großzügiger wohl OLG Braunschweig, Beschl. vom 5.10.2015 – 1 Ws 189/15 = Beck-Rs 2015, 19040 Rdn. 11, wenn eine geringfügige Verkürzung der Prüfungsfrist durch die erste Instanz unschädlich bleiben soll.
819 Als Beispiel OLG Hamm, Beschl. vom 26.1.2016 – III-1 Vollz (Ws) 410/15 = Beck-Rs 2016, 12991.
820 Siehe BT-Drucks. 17/9874, S. 30; OLG Koblenz, Beschl. vom 26.10.2017 – 2 Ws 138/17 Vollz = FS SH 2018, 62, 64.
821 Dazu *Meyer-Goßner/Schmitt* 2019 § 309 StPO Rdn. 7 ff.
822 OLG Hamm, Beschl. vom 11.10.2018 – 1 Vollz (Ws) 340/18 = Beck-Rs 2018, 34393; OLG Koblenz, Beschl. vom 21.7.2016 – 2 Ws 79/16 Beck-Rs 2016, 13532 Rdn. 44.
823 OLG Hamm, Beschl. vom 29.12.2016 – III-1 Vollz (Ws) 458/16 = FS SH 2018, 54.
824 OLG Hamm, Beschl. vom 7.1.2016 – 1 Vollz (Ws) 422/15 = Beck-Rs 2016, 03073; KG, Beschl. vom 28.4.2017 – 2 Ws 18/17 Vollz = StraFo 2017, 345; *Laubenthal/Nestler/Neubacher/Verrel* P Rdn. 126; AK-*Spaniol* Teil IV § 119a StVollzG Rdn. 16.
825 OLG Hamm, Beschl. vom 28.6.2016 – 1 Vollz(Ws) 18/16 = Beck-Rs 2016, 18359 Rdn. 18.

7. Bindungswirkung. Gemäß § 119a Abs. 7 StVollzG sind alle Gerichte bei nach- 17
folgenden Entscheidungen an die rechtskräftigen Beschlüsse nach Abs. 1 und 2 Satz 2
gebunden. In dieser unbeschadet der Rechtskraftwirkung ausdrücklich getroffenen Anordnung sieht der Gesetzgeber den maßgeblichen Zweck des § 119a StVollzG.[826] Die Bindungswirkung umfasst die Feststellung, dass dem Gefangenen auf der Basis des Vollzugsplans hinreichende Betreuungsangebote unterbreitet worden sind, im umgekehrten
Fall unzulänglicher Betreuung die Feststellung, welche Angebote dem Betroffenen zu
unterbreiten sind. Die letztgenannte Feststellung präjudiziert aber nur so weit, wie sich
die Sachlage nicht wesentlich verändert.[827] Diese Einschränkung folgt aus der Natur der
Sache und ist bereits in § 119a Abs. 1 Nr. 2 StVollzG ausdrücklich ausgesprochen. Teilweise wird die Bindungswirkung wegen des Wortlauts der Norm auch auf die den Beschlüssen zugrundeliegenden Tatsachenfeststellungen (etwa Diagnose einer psychischen Störung) und Prognosen erstreckt.[828] Dagegen spricht allerdings gerade, dass im Wortlaut
nicht allgemein von Feststellungen, sondern nur von denjenigen „nach den Absätzen 1
und 2 Satz 2" und zudem von den rechtskräftigen Feststellungen die Rede ist und im Allgemeinen in Rechtskraft nur der Tenor von Entscheidungen erwächst.[829] Deshalb dürfte
auch denjenigen Beschlüssen Bindungswirkung zukommen, die den Prüfungsgegenstand nicht detailliert genug (s. Rdn. 14) beschreiben.[830]

Die Bindungswirkung erstreckt sich auf „alle Gerichte bei nachfolgenden Entschei- 18
dungen". Dazu zählt zunächst das Vollzugsgericht selbst im Verfahren nach § 109
StVollzG, falls der Gefangene Betreuungsmaßnahmen initiieren, ändern oder entfallen
lassen möchte,[831] desgleichen das **Vollstreckungsgericht** bei Entscheidungen über die
(Nicht-)Aussetzung der Maßregel, § 67c Abs. 1 Satz 1 Nr. 2 StGB.[832] Die Strafvollstreckungskammer darf bei dieser Entscheidung auch in anderer Besetzung die (Un-)
Angemessenheit des Betreuungsangebots nicht abweichend werten. Die Bindungswirkung auf alle Entscheidungen im Rahmen der Vollstreckung der Sicherungsverwahrung
nach §§ 67d und 67e StGB auszudehnen[833] dürfte nur Anlass bestehen, sofern man auch
die tatsächlichen Feststellungen im Verfahren nach § 119a StVollzG als bindend ansieht
(s. Rdn. 17). Erlangen die Feststellungen in Verfahren über die Vollstreckung der Freiheitsstrafe Bedeutung, etwa bei Entscheidungen nach §§ 57 und 57a StGB, soll die Bindungswirkung ebenfalls gelten.[834]

---

826 BT-Drucks. 17/9874, 29.
827 BT-Drucks. 17/9874, 29; *Laubenthal/Nestler/Neubacher/Verrel* P Rdn. 128.
828 AK-*Spaniol* Teil IV § 119a StVollzG Rdn. 13; differenzierend *Peglau* 2016, 52 f.
829 *Meyer-Goßner/Schmitt* 2019 Einl Rdn. 170.
830 Offengelassen von OLG Koblenz, Beschl. vom 21.7.2016 – 2 Ws 79/16 = Beck-Rs 2016, 13532 Rdn. 36;
a.A. *Peglau* 2016, 53.
831 AK-*Spaniol* Teil IV § 119a StVollzG Rdn. 14; *Böhm K. M.* 2018, 162.
832 BT-Drucks. 17/9874, 20; *Böhm K. M.* 2018, 162.
833 So AK-*Spaniol* Teil IV § 119a StVollzG Rdn. 14; vgl. auch OLG Hamm, Beschl. vom 6.9.2018 – 3 Ws
308/18 = Beck-Rs 2018, 33966 Rdn. 43.
834 OLG Celle, Beschl. vom 9.9.2015 – 1 Ws 353/15 (StrVollz) = Beck-Rs 2015, 19041 Rdn. 13; *Böhm K. M.*
2018, 162.

O. Entsprechende Anwendung anderer Vorschriften

§ 120 StVollzG

Übersicht

I. Allgemeine Hinweise —— 1
II. Erläuterungen —— 2–13
  1. Anwendung von § 172 VwGO —— 2–8
    a) Anwendungsbereich —— 3, 4

    b) Vollstreckungsentscheidung, Zuständigkeit und Verfahren —— 5–8
  2. Anwendung der StPO —— 9, 10
  3. Prozesskostenhilfe —— 11–13

I. Allgemeine Hinweise

1 Das StVollzG kennt kein eigenständiges und in sich geschlossenes Verfahrensrecht. Soweit die Vorschriften des Vierzehnten Titels keine Regelungen enthalten, sind gem. § 120 Abs. 1 Satz 2 StVollzG die Vorschriften der StPO entsprechend anzuwenden, obwohl es sich im Grunde bei den im gerichtlichen Verfahren des StVollzG zu überprüfenden Maßnahmen vorwiegend um Verwaltungshandeln von Vollzugsbehörden handelt. Neben der allgemeinen Verweisung auf Vorschriften der StPO gelten nach § 116 Abs. 4 StVollzG im Rechtsbeschwerdeverfahren die Vorschriften der StPO über die Beschwerde und nach § 121 Abs. 4 StVollzG die Kostenvorschriften §§ 464 bis 473 StPO entsprechend. Für die Prozesskostenhilfe wird in § 120 Abs. 2 StVollzG auf die entsprechenden Bestimmungen der ZPO verwiesen (dies gilt aber nicht in Jugendstrafvollzugssachen, wo § 92 Abs. 1 Satz 2 JGG keine Verweisung auf § 120 Abs. 2 StVollzG enthält; s. B Rdn. 3). Neben unmittelbaren Verweisungen in § 120 Abs. 1 Satz 1 StVollzG auf § 172 VwGO sowie in § 114 Abs. 2 Satz 2 StVollzG auf § 123 Abs. 1 VwGO kommen auch andere Grundsätze aus dem Verwaltungsverfahrens- sowie dem Verwaltungsprozessrecht, wie z.B. zum Verwaltungsakt, Ermessens- und Beurteilungsspielraum, zur Anwendung, soweit weder das StVollzG noch die StPO einschlägige Regelungen zur Problemlösung enthalten und demgegenüber VwVfG und VwGO sachgerechte Regelungen anbieten. Das gerichtliche Verfahren gem. §§ 109 ff StVollzG ist daher weitgehend durch Richterrecht geprägt, um effektiven und widerspruchsfreien Rechtsschutz zu gewährleisten und Unsicherheiten auszuräumen.[835]

II. Erläuterungen

2 **1. Anwendung von § 172 VwGO.** In § 120 Abs. 1 Satz 1 StVollzG, eingefügt durch Art. 4 Nr. 7 des Gesetzes zur Umsetzung des Abstandsgebotes im Recht der Sicherungsverwahrung,[836] wird eine Regelung zur **Vollstreckung von Entscheidungen** getroffen. Diese Ergänzung stellt sich als Reaktion auf die Forderung des BVerfG nach effektiv durchsetzbaren Rechtsschutz im Freiheitsentzug[837] dar. Damit hat der Gesetzgeber zugleich einem häufig beklagten Missstand abgeholfen. Denn nach früherer Rechtslage war kein Ausweg vorgesehen, falls sich die Vollzugsbehörde weigerte, gerichtliche Entscheidungen umzusetzen. Dieser sog. vollzuglichen Renitenz konnte nach alter Rechtslage nur durch das Ergreifen weiterer Rechtsbehelfe (etwa Vornahmeantrag, § 113 StVollzG) begegnet werden; eine analoge Anwendung der §§ 170, 172 VwGO wurde jeden-

---

[835] Arloth/Krä § 120 StVollzG Rdn. 1; *Müller-Dietz* 1985, 341; zur Kritik *Kösling* 1991, 271 ff; *Laubenthal* Rdn. 760, 844; *Voigtel* 1998, 73 ff, 317 ff.
[836] BGBl. I 2012, 2425.
[837] BVerfGE 128, 382.

falls von der Rechtsprechung abgelehnt.[838] Die Situation erwies sich als unbefriedigend, nicht nur für die betroffenen Gefangenen bzw. Untergebrachten, sondern auch im Hinblick auf die verfassungsbasierte Hierarchie der Staatsgewalten, der zufolge die Verwaltung an die Rechtsprechung gebunden bleibt und die Entscheidungen letzterer umzusetzen hat. Dem soll durch die Möglichkeit abgeholfen werden, mittels **Verhängung eines Zwangsgeldes** einen „Beugeeffekt"[839] zu erzielen, und so die Behörde dazu bringen, die Gerichtsentscheidung umzusetzen.

a) Anwendungsbereich. Obwohl die Bestimmung auf die Judikatur des BVerfG zur 3 Sicherungsverwahrung zurückgeht, ist der Anwendungsbereich von § 120 Abs. 1 Satz 1 StVollzG nicht auf Streitigkeiten im Vollzug dieser Maßregel oder des ihr vorangehenden Strafvollzugs beschränkt.[840] Sie kommt damit allen Gefangenen zugute, über § 92 Abs. 1 Satz 2 JGG auch denjenigen im Jugendstrafvollzug, ferner außenstehenden Dritten als Nicht-Gefangenen (s. B Rdn. 28). Voraussetzung ist, dass das Gericht auf einen Anfechtungsantrag hin Folgenbeseitigung (§ 115 Abs. 2 Satz 2 StVollzG) oder auf einen Verpflichtungsantrag hin die Vornahme einer bestimmten Amtshandlung angeordnet hat, den Antragsteller neu zu bescheiden (§ 115 Abs. 4 StVollzG). Auch nach dem Erlass einstweiliger Anordnungen (§ 114 Abs. 2 Satz 2 StVollzG i.V.m. § 123 Abs. 1 VwGO) kann Zwangsgeld verhängt werden. Nicht in Betracht kommt dies nach dem Wortlaut aber, wenn die Vollzugsbehörde entgegen § 114 Abs. 2 Satz 1 StVollzG trotz Aussetzungsentscheidung eine Maßnahme weiter vollzieht. Allerdings wird für § 172 VwGO trotz analoger Formulierung unter Anknüpfung an einzelne Entscheidungen angenommen, dass die dortige Aufzählung nur beispielhaften Charakter aufweist und die Norm auf weitere Konstellationen angewandt werden darf.[841] Auch Entscheidungen über anzubietende Maßnahmen in dem der Sicherungsverwahrung vorgelagerten Strafvollzug (§ 119a Abs. 1 Nr. 2 StVollzG) sind nicht mit der Beugewirkung verknüpft.[842] Das erscheint aber insofern nachvollziehbar, als der Gefangene solche Maßnahmen mit einem Verpflichtungsantrag begehren kann und auf diesen hin ein Vorgehen nach § 120 Abs. 1 Satz 1 StVollzG offen steht. Zudem sollte die Gefahr, dass es anderenfalls zu einer Aussetzung der Maßregel zur Bewährung kommen kann (§ 67c Abs. 1 Satz 1 Nr. 2 StGB), den Vollzug zur Beachtung der Entscheidungen im Verfahren des § 119a StVollzG motivieren.[843]

Anwendung findet § 120 Abs. 1 Satz 1 StVollzG zunächst auf Beschlüsse der **Straf-** 4 **vollstreckungskammern**. Weder Wortlaut noch systematische Stellung der Bestimmung sprechen aber dagegen, sie ebenfalls bei Entscheidungen der **Strafsenate** im Rechtsbeschwerdeverfahren anzuwenden, sofern diese bei Spruchreife in der Sache entschieden (§ 119 Abs. 4 Satz 2 StVollzG) oder eine einstweilige Anordnung erlassen haben (§§ 116 Abs. 3 Satz 2, 114 Abs. 2 Satz 2 StVollzG). Eventuelle Renitenz der Strafvollstreckungskammer gegenüber dem Strafsenat im Falle von § 119 Abs. 4 Satz 3 StVollzG wird von der Norm nicht erfasst.

---

838 OLG Frankfurt NStZ 1983, 335; OLG Karlsruhe ZfStrVo 2004, 315; OLG Schleswig NStZ 2009, 576; zum Ganzen AK-*Spaniol* Teil IV § 120 StVollzG Rdn. 9; *Laubenthal* Rdn. 819; *Laubenthal/Nestler/Neubacher/Verrel* P Rdn. 129.
839 *Schäferskupper/Schmidt* 2014, 186.
840 BT.-Drucks. 17/9874, 29; AK-*Spaniol* Teil IV § 120 StVollzG Rdn. 10; *Baier* 2014, 404; *Schäferskupper/Grote* 2013, 453.
841 *Kopp/Schenke* 2018 § 172 VwGO Rdn. 2; *Sodan/Ziekow-Heckmann* 2018 § 172 VwGO Rdn. 29 ff.
842 Krit. dazu *Laubenthal/Nestler/Neubacher/Verrel* P Rdn. 130; a.A. *Wolf* 2013, 366.
843 Vgl. *Schäferskupper/Grote* 2016, 202 f.

12. Kapitel. Rechtsbehelfe

5   **b) Vollstreckungsentscheidung, Zuständigkeit und Verfahren.** Nach § 172 Satz 1 VwGO kann das Gericht des ersten Rechtszuges auf Antrag unter Fristsetzung gegen die Behörde, nicht gegen einzelne Bedienstete[844] ein Zwangsgeld bis zehntausend Euro durch Beschluss androhen, nach fruchtlosem Fristablauf festsetzen und von Amts wegen vollstrecken. Androhung, Festsetzung und Vollstreckung stehen trotz der Formulierung als Kann-Vorschrift nicht im Ermessen des Gerichts;[845] Ermessen kommt ihm nur hinsichtlich der Höhe des Zwangsgeldes und der Dauer der festgesetzten Frist zu.[846] Zuständig ist also stets die Strafvollstreckungskammer als Gericht des ersten Rechtszuges (§ 110 StVollzG), auch wenn es um die Durchsetzung eines Erkenntnisses des Rechtsbeschwerdegerichts geht. Die Strafvollstreckungskammer leitet das Vollstreckungsverfahren nur auf Antrag ein, nicht von Amts wegen. Voraussetzung ist, dass die Behörde **nach Ablauf einer** im Lichte der Umstände des Einzelfalls angemessenen, nicht zu großzügig zu beurteilenden **Frist**[847] **grundlos säumig** bleibt,[848] also die gerichtliche Entscheidung gar nicht oder nur unzureichend[849] umgesetzt hat. Unzureichende Umsetzung liegt etwa vor, wenn der Vollzug auf einen Bescheidungsbeschluss hin den Antragsteller zwar neu verbeschieden, aber die Rechtsauffassung des Gerichts dabei nicht beachtet hat.[850] Die der Behörde zuzubilligende Umsetzungsfrist ist auch vor Vollstreckung einer einstweiligen Anordnung zu beachten; die Androhung darf nicht sogleich in der einstweiligen Anordnung selbst ausgesprochen werden.[851]

6   Das Zwangsgeld wird zunächst in bestimmter Höhe unter Fristsetzung in einem Beschluss **angedroht**. Nach fruchtlosem Fristablauf setzt die Strafvollstreckungskammer es auf gesonderten Antrag hin in einem weiteren Beschluss fest. Umstritten ist, ob der Antrag auf Festsetzung bereits mit dem Antrag auf Androhung verbunden werden kann. Sieht man die wesentliche Funktion des **Festsetzungsantrags** darin, dem Gericht die behördliche Nichterfüllung anzuzeigen, spricht dies für das Erfordernis eines zweiten Antrags nach Ablauf der Androhungsfrist.[852] Vollstreckt wird schließlich von Amts wegen nach den Vorschriften des JBeitrG (§ 1 Abs. 1 Nr. 3, Abs. 2 JBeitrG).[853] Die Vollstreckung richtet sich dabei nach den in § 6 Abs. 1 Nr. 1 JBeitrG genannten Vorschriften der ZPO; tätig wird der Vollziehungsbeamte (§ 6 Abs. 3 Satz 1 JBeitrG).

7   Bleibt dieses Vorgehen erfolglos, kann das Zwangsgeld auf erneuten Antrag hin[854] bis zur Erfüllung der Verpflichtung **wiederholt** angedroht, festgesetzt und vollstreckt werden (§ 120 Abs. 1 Satz 1 StVollzG i.V.m. § 172 Satz 2 VwGO). Zudem wird wegen Art. 19 Abs. 4 GG erwogen, bei anhaltender Renitenz trotz mehrfacher Zwangsgeldfestsetzung über § 167 Abs. 1 Satz 1 VwGO – wohl gegen den Anstaltsleiter – Zwangshaft gemäß § 888 Abs. 1 ZPO anzuordnen.[855] Dagegen sprechen allerdings sowohl das Fehlen einer Verweisung auf § 167 VwGO im StVollzG als auch die Tatsache, dass § 172 VwGO im Verwaltungsprozessrecht selbst jedenfalls von einer Meinung als abschließende Regelung an-

---

844 *Kopp/Schenke* 2018 § 172 VwGO Rdn. 5; *Schäfersküpper/Schmidt* 2014, 187.
845 *Kopp/Schenke* 2018 § 172 VwGO Rdn. 6a.
846 *Laubenthal/Nestler/Neubacher/Verrel* P Rdn. 131; *Sodan/Ziekow-Heckmann* 2018 § 172 VwGO Rdn. 67.
847 *Arloth/Krä* § 120 StVollzG Rdn. 1a; *Schäfersküpper/Schmidt* 2014, 187.
848 Vgl. BVerwGE 33, 232.
849 *Laubenthal/Nestler/Neubacher/Verrel* P Rdn. 131; *Kopp/Schenke* 2018 § 172 VwGO Rdn. 6.
850 *Kopp/Schenke* 2018 § 172 VwGO Rdn. 6.
851 *Kopp/Schenke* 2018 § 172 VwGO Rdn. 5.
852 *Sodan/Ziekow-Heckmann* 2018 § 172 VwGO Rdn. 70.
853 Vgl. *Sodan/Ziekow-Heckmann* 2018 § 172 VwGO Rdn. 9, 82.
854 AK-*Spaniol* Teil IV § 120 StVollzG Rdn. 11; *Schäfersküpper/Schmidt* 2014, 187.
855 So *Schäfersküpper/Schmidt* 2014, 188 unter – sehr weitgehender – Berufung auf BVerfG NVwZ 1999, 1330; a.A. AK-*Spaniol* Teil IV § 120 StVollzG Rdn. 11.

zusehen ist,⁸⁵⁶ ferner der Widerspruch zu dem Grundsatz, dass gegen die Behörde und nicht gegen einzelne Amtswalter vollstreckt wird. Umstritten ist schließlich, ob das Vollstreckungsverfahren eingestellt werden muss, wenn die Behörde ihre Verpflichtung erst nach Fristablauf, aber vor Festsetzung bzw. Beitreibung erfüllt.⁸⁵⁷ Dafür lässt sich anführen, dass es an einem Rechtsschutzinteresse für die weitere Vollstreckung fehlt, wenn der „Vollstreckungsgläubiger" in der Sache erhalten hat, was er verlangen kann.

Fraglich ist, ob ein bzw. welcher **Rechtsbehelf** gegen Beschlüsse im Zwangsgeldverfahren zur Verfügung steht.⁸⁵⁸ Hätte der Gesetzgeber diese der Anfechtung entziehen wollen, hätte er dies wie auch sonst ausdrücklich angeordnet. Auf die Beschwerde nach § 146 VwGO wird nicht verwiesen, die Rechtsbeschwerde knüpft in § 116 Abs. 1 StVollzG nur an Entscheidungen nach § 115 StVollzG an. Das spricht dafür, über § 120 Abs. 1 Satz 2 StVollzG die einfache Beschwerde nach §§ 304 ff. StPO als statthaften Rechtsbehelf anzusehen.⁸⁵⁹ Vornahmeanträge (s. Rdn. 2) sind nunmehr mangels Rechtsschutzinteresses unzulässig.⁸⁶⁰ Kommt die Vollzugsbehörde nach Beschwerdeeinlegung ihrer Verpflichtung nach, ist die Erledigung auszusprechen und entsprechend § 121 Abs. 2 Satz 2 StVollzG über die Kosten zu entscheiden, wobei ein Streitwert für das Beschwerdeverfahren nicht festgesetzt wird.⁸⁶¹ Zur Erschöpfung des Rechtswegs vor Erhebung einer Verfassungsbeschwerde wegen Untätigkeit der Vollzugsbehörde im Hinblick auf die Umsetzung einer gerichtlichen Entscheidung bedarf es der Stellung des Vollstreckungsantrags nach § 120 Abs. 1 Satz 1 StVollzG.⁸⁶² **8**

2. Anwendung der StPO. Nach § 120 Abs. 1 Satz 2 sind die Vorschriften der StPO, soweit sich aus dem StVollzG nichts anderes ergibt, entsprechend anzuwenden. Diese Bestimmung gilt für das gesamte förmliche justizielle Recht; also für das Verfahren vor der Strafvollstreckungskammer ebenso wie für das Rechtsbeschwerdeverfahren vor dem Strafsenat des Oberlandesgerichts. Bei der Anwendung von Vorschriften der StPO ist jedoch jeweils zu prüfen, ob eine uneingeschränkte Übernahme mit dem Sinn und Inhalt des Strafvollzugsrechts in Einklang steht.⁸⁶³ Ausdrücklich normiert ist im Hinblick auf die elektronische Kommunikation und die elektronische Aktenführung (§ 110a StVollzG), dass zusätzlich zu den einschlägigen Bestimmungen der StPO (insbesondere §§ 32 bis 32f StPO) die auf der Grundlage von § 32a Abs. 2 Satz 2, Abs. 4 Nr. 4, § 32b Abs. 5 und § 32f Abs. 6 StPO erlassenen Rechtsverordnungen einbezogen sind. **9**

Im gerichtlichen Verfahren nach dem StVollzG gelten der Untersuchungsgrundsatz gem. § 244 StPO (s. I Rdn. 2ff) und die Pflicht zur Beweiswürdigung entsprechend § 261 StPO⁸⁶⁴ (s. M Rdn. 2). Bei der Aufrechnung mit einem zivilrechtlichen Anspruch gegen das Eigengeld eines Gefangenen ist zwar der Rechtsweg nach § 109 StVollzG zulässig; dem Gericht ist jedoch verwehrt, über die zivilrechtliche Forderung mitzuentscheiden; sie muss vielmehr das Verfahren insoweit nach § 120 Abs. 1 Satz 2 StVollzG in Verbin- **10**

---

856 *Kopp/Schenke* 2018 § 172 VwGO Rdn. 3; *Sodan/Ziekow-Heckmann* 2018 § 172 VwGO Rdn. 4.
857 Näher *Kopp/Schenke* 2018 § 172 VwGO Rdn. 6b m.w.N.; *Sodan/Ziekow-Heckmann* 2018 § 172 VwGO Rdn. 85.
858 Nicht erörtert in BT-Drucks. 17/9874, 29.
859 OLG Koblenz, Beschl. vom 26.10.2017 – 2 Ws 138/17 Vollz = FS 2018, 84; AK-*Spaniol* Teil IV § 120 StVollzG Rdn. 12; *Laubenthal/Nestler/Neubacher/Verrel* P Rdn. 131; *Schäfersküpper/Schmidt* 2014, 189.
860 OLG Hamm, Beschl. vom 3.9.2015 – III-1 Vollz (Ws) 358/15.
861 OLG Koblenz, Beschl. vom 26.10.2017 – 2 Ws 138/17 Vollz = FS 2018, 84.
862 AK-*Spaniol* Teil IV § 120 StVollzG Rdn. 9; vgl. auch BVerfG NStZ-RR 2013, 389.
863 *Laubenthal/Nestler/Neubacher/Verrel* P Rdn. 132.
864 KG, Beschl. vom 11.1.2016 – 2 Ws 303/15 Vollz = StV 2018, 636, 638.

dung mit § 262 Abs. 2 StPO aussetzen.[865] Die Rechte eines Verteidigers/Prozessbevollmächtigten ergeben sich aus §§ 147, 148 StPO.[866] Das Recht auf Einsicht in die Gerichtsakten besteht.[867] Die Antragstellung durch einen Bevollmächtigten ist gestattet. Denn die StPO kennt keine Vorschrift, die für die Abgabe von Willenserklärungen die Vertretung im Willen und in der Erklärung ausschließt.[868] Allerdings bleibt die Bestellung eines Pflichtverteidigers (§ 140 StPO) im Verfahren gemäß §§ 109 ff StVollzG durch die positive gesetzliche Regelung in § 120 Abs. 2 StVollzG i.V.m. § 114 ZPO ausgeschlossen (s. I Rdn. 9). Für die schriftliche Abfassung der Entscheidung der Strafvollstreckungskammer s. I Rdn. 14. Bei der Ausschließung von Richtern finden die §§ 22 ff StPO entsprechend Anwendung.[869] Die Ablehnung von Richtern ist im Beschlussverfahren jedoch nur bis zum Erlass der Entscheidung zulässig.[870] Ein blinder Richter kann grundsätzlich als Einzelrichter einer Strafvollstreckungskammer in Strafvollzugssachen entscheiden; die in der Rechtsprechung für die Hauptverhandlung in Strafsachen entwickelten Grundsätze sind insoweit auf das Verfahren nach §§ 109 ff StVollzG nicht übertragbar.[871] In Vollzugssachen gelten die §§ 33, 33a StPO[872] sowie § 356a StPO[873] entsprechend; ebenso bei der Zustellung die §§ 35, 37 StPO.[874] Die Verbindung von Verfahren erfolgt nach § 4 Abs. 1 StPO (s. B Rdn. 27). Ein Wiederaufnahmeverfahren ist im gerichtlichen Verfahren nach dem Strafvollzugsgesetz nicht statthaft.[875] Allerdings wurde ein Restitutionsantrag nach § 173 VwGO i.V.m. § 580 Nr. 7 Buchst. a) ZPO bei Entscheidung eines Richters in Unkenntnis der präjudiziellen Entscheidung eines anderen Richters als statthaft angesehen[876] bzw. der Widerruf eines Beschlusses erwogen, dem durch nachträglich bekannt gewordene Tatsachen der Boden entzogen ist.[877] Aus der grundsätzlichen Beschränkung des gerichtlichen Verfahrens auf einen Rechtszug ergibt sich, dass Nebenentscheidungen keiner weitergehenden Nachprüfung unterliegen können als die Sachentscheidung selbst.[878] Im Übrigen s. auch C Rdn. 8; J Rdn. 14.

11 **3. Prozesskostenhilfe.** Für die Gewährung von Prozesskostenhilfe finden gem. § 120 Abs. 2 StVollzG die Vorschriften der ZPO (§§ 114 ff ZPO) Anwendung.[879] Nach der ständigen Rechtsprechung des BVerfG ergibt sich aus Art. 3 Abs. 1 GG in Verbindung mit dem Rechtsstaatsprinzip das Gebot einer weitgehenden Angleichung der Situation von Bemittelten und Unbemittelten bei der Verwirklichung des Rechtsschutzes. Das Prozesskostenhilfeverfahren will aber den grundrechtlich gewährleisteten Rechtsschutz nicht selbst bieten, sondern zugänglich machen. Deshalb dürfen die Fachgerichte die Anforderungen an die Erfolgsaussicht nicht überspannen und auf diese Weise den Zweck der Prozesskostenhilfe vereiteln.[880] Denn die Benachteiligung der unbemittelten Partei, der erst

---

865 KG NStZ-RR 2003 317, 318.
866 OLG Hamm ZfStrVo 1980, 57.
867 OLG Frankfurt, Beschl. vom 27.9.2018 – 3 Ws 239/18 (StVollz) = NStZ-RR 2019, 263, 264.
868 OLG Nürnberg NStZ 1997, 360.
869 OLG Hamm ZfStrVo SH 1979, 43; OLG Celle ZfStrVo 1999, 55.
870 OLG Koblenz NStZ 1982, 217.
871 OLG Hamburg ZfStrVo 2001, 122.
872 OLG Frankfurt ZfStrVo SH 1979, 82; OLG Bamberg ZfStrVo SH 1979, 111; OLG Celle NStZ 1992, 431 B.
873 OLG Frankfurt NStZ-RR 2009, 30.
874 Zur Wiedereinsetzung bei Versäumung von Fristen s. F Rdn. 7 ff und L Rdn. 10.
875 OLG Hamburg ZfStrVo 2001, 368; OLG Rostock NStZ-RR 2012, 359.
876 LG Marburg, Beschl. vom 8.11.2017 – 4 a StVK 133/16 = NStZ 2019, 56.
877 OLG Hamm, Beschl. vom 22.11.2018 – 1 Vollz (Ws) 78/18 = Beck-Rs 2018, 33834.
878 OLG Koblenz ZfStrVo SH 1979, 121.
879 Dazu *Dürbeck/Gottschalk* 2016, 44 ff; *Groß* 2015, 133 ff.
880 BVerfGE 81, 347; BVerfG, ZfStrVo 2001, 187; NStZ 2010, 442.

durch Bewilligung der Prozesskostenhilfe abgeholfen werden kann, liegt gerade darin, dass sie ohne rechtskundigen Beistand auskommen muss und ihr deshalb formale Fehler unterlaufen können.[881] Für das Prozesskostenhilfeverfahren selbst kann keine Prozesskostenhilfe gewährt werden.[882] Die Prozesskostenhilfe wird dann bewilligt, wenn der Antragsteller nach seinen persönlichen und wirtschaftlichen Verhältnissen die Kosten der Prozessführung nicht, nur zum Teil oder nur in Raten aufbringen kann (**allgemeine Voraussetzungen**) und die beabsichtigte Rechtsverfolgung oder Rechtsverteidigung hinreichend Aussicht auf Erfolg bietet (**sachliche Voraussetzungen**). Die beabsichtigte Rechtsverfolgung darf nicht mutwillig erscheinen. Erfolgsaussicht bedeutet nicht Erfolgsgewissheit, sondern Erfolgswahrscheinlichkeit, welche in tatsächlicher und rechtlicher Hinsicht nur summarisch zu prüfen ist. Dabei darf kein Auslegungsmaßstab verwendet werden, der einem unbemittelten Antragsteller seine beabsichtigte Rechtsverfolgung unverhältnismäßig erschwert.[883] Hängt die Entscheidung in der Hauptsache von der Beantwortung einer schwierigen, bislang ungeklärten Rechtsfrage ab, hat das Rechtsschutzbegehren in der Regel hinreichende Aussicht auf Erfolg.[884] Denn die Prüfung der Erfolgsaussicht dient nicht dazu, die Rechtsverfolgung bzw. -verteidigung selbst in das Prozesskostenhilfeverfahren vorzuverlagern und es an die Stelle des Hauptsacheverfahrens treten zu lassen.[885] Der Antrag auf Bewilligung der Prozesskostenhilfe ist beim Prozessgericht zu stellen. Er kann zu Protokoll der Geschäftsstelle erklärt werden (§ 117 Abs. 1 ZPO). Erforderlich ist für den Antrag auf Prozesskostenhilfe, dass der Antragsteller eine Erklärung über seine persönlichen und wirtschaftlichen Verhältnisse vorlegt, aufgrund derer er seine Hilfsbedürftigkeit geltend macht. Der Antragsteller muss seiner Erklärung entsprechende Belege beifügen und zwar in deutscher Sprache (§ 117 Abs. 2 ZPO). Die Verwendung des hierfür eingeführten Formulars ist zwingend und dieses muss vollständig ausgefüllt sein. Andernfalls bleibt der Antrag auf Prozesskostenhilfe grundsätzlich unzulässig,[886] es sei denn, aus vorausgegangenen Verfahren sind dem Gericht die wirtschaftlichen Verhältnisse des Antragstellers bereits hinreichend bekannt.[887] Ermittlungen des Gerichts hierzu sind unter Beachtung des Datenschutzes möglich.[888] Die allgemeinen Voraussetzungen werden bei einem Strafgefangenen in der Regel gegeben sein.[889] Das Bewilligungsverfahren richtet sich nach § 118 ZPO. Ein arbeitsunwilliger Strafgefangener ist nicht hilfebedürftig i.S.v. § 114 ZPO, weil er seine gegenwärtige Leistungsunfähigkeit böswillig herbeigeführt hat.[890]

Die Bewilligung der Prozesskostenhilfe ist seitens der Staatskasse anfechtbar gem. § 127 Abs. 2 Satz 1 i.V.m. Abs. 3 ZPO. Hinsichtlich des Beschlusses, durch den der Antrag auf Bewilligung von Prozesskostenhilfe abgelehnt wird, ist nach dem Grund für die Verneinung der Prozesskostenhilfe zu differenzieren. Gemäß § 127 Abs. 2 Satz 2 ZPO findet die sofortige Beschwerde statt, wenn der Streitwert der Hauptsache den in § 511 ZPO für

12

---

881 BVerfG StV 1996, 445.
882 BGH NJW 1984, 2106; OLG Hamm NJW 1983, 2335.
883 BVerfG ZfStrVo 2001, 187.
884 BVerfG NStZ 2010, 442; Beschl. vom 20.5.2016 – 1 BvR 3359/14 = NJW 2016, 3228 f; Beschl. vom 28.7.2016 – 1 BvR 1695/15 = StV 2018, 621.
885 S. *Lübbe-Wolff/Frotz* 2009, 621.
886 OLG Frankfurt NStZ-RR 2013, 261; OLG Koblenz, Beschl. vom 14.8.2018 – 2 Ws 296/18 Vollz = FS 2019, 82.
887 *Arloth/Krä* § 120 StVollzG Rdn. 5; *Laubenthal/Nestler/Neubacher/Verrel* P Rdn. 35.
888 *Baumbach/Lauterbach/Albers/Hartmann* 2019 § 117 Rdn. 27.
889 OLG Frankfurt NStZ 1984, 356 F; *Böhm* Rdn. 382.
890 OLG Nürnberg NStZ 1997, 359; *Arloth/Krä* § 120 StVollzG Rdn. 6; krit AK-*Spaniol* Teil IV § 120 StVollzG Rdn. 14.

die Statthaftigkeit der Berufung genannten Betrag (§ 511 Abs. 2 Nr. 1 ZPO: der Wert des Beschwerdegegenstandes von mehr als 600 EUR) übersteigt. Wurde die Gewährung von Prozesskostenhilfe jedoch mangels hinreichender Aussicht des Hauptsacheantrags auf Erfolg abgelehnt, bleibt der allgemeine Rechtssatz zu beachten, wonach der Beschwerderechtszug nicht länger als der Rechtszug in der Hauptsache sein darf. Es darf also insoweit im Prozesskostenhilfeverfahren kein Rechtsmittel zu einer Instanz (dem Oberlandesgericht) eröffnet werden, welche in der Hauptsache (dem Rechtsbeschwerdeverfahren gem. §§ 116 ff StVollzG) nicht als Tatsacheninstanz fungiert.[891] Die gleichwohl eingelegte sofortige Beschwerde wird ohne Kostenentscheidung als unzulässig zurückgewiesen.[892] Wurde die Bewilligung von Prozesskostenhilfe aber ausschließlich wegen Verneinung der erforderlichen persönlichen oder wirtschaftlichen Verhältnisse abgelehnt, bleibt eine sofortige Beschwerde gegen die Entscheidung – selbst bei einem den Betrag von 600 EUR nicht übersteigenden Streitwert – nach § 127 Abs. 2 Satz 2 ZPO statthaft.

13 Dem Antragsteller steht es frei, seinen Antrag auf gerichtliche Entscheidung oder die Rechtsbeschwerde gleichzeitig zusammen mit dem Antrag auf Bewilligung einer Prozesskostenhilfe oder später einzureichen. Soweit dann die Kostentscheidung für ihn günstig ist (P Rdn. 2 f), bedarf es keiner gesonderten Bescheidung des Prozesskostenhilfegesuchs.[893] Bei getrennter Antragstellung ist jedoch auf die Einhaltung der Fristen (§ 112 Abs. 1, § 118 Abs. 1 Satz 1 StVollzG) besonders zu achten. Der Antrag auf Prozesskostenhilfe hemmt den Fristablauf nicht. Ein Antragsteller hat jedoch unter Umständen Anspruch auf Wiedereinsetzung in den vorigen Stand gegen die Versäumung der Rechtsbeschwerdefrist, wenn er den Antrag auf Bewilligung der Prozesskostenhilfe bis zum Ablauf der Rechtsmittelfrist eingereicht hat.[894] Die Bewilligung von Prozesskostenhilfe muss und kann für jede Instanz gesondert beantragt werden (§ 119 ZPO). Nach § 119 Abs. 1 Satz 2 ZPO sind in der höheren Instanz (d.h. im Rechtsbeschwerdeverfahren gem. §§ 116 ff StVollzG vor dem Oberlandesgericht) die Erfolgsaussichten nicht zu prüfen, wenn der Gegner (die Vollzugsbehörde) das Rechtsmittel eingelegt hat. Führt die Rechtsbeschwerde zu Aufhebung und Zurückverweisung, prüft das Rechtsbeschwerdegericht nicht den möglichen Ausgang erster Instanz.[895] Für die Verfahren der Kosten- oder Streitwertbeschwerde ist Prozesskostenhilfe nicht vorgesehen.[896] Unter den Voraussetzungen von § 121 Abs. 2 ZPO kann im strafvollzugsrechtlichen Gerichtsverfahren, in dem kein Anwaltszwang besteht, auf Antrag hin ein Rechtsanwalt beigeordnet werden. Allerdings bedarf es einer solchen Beiordnung nur dann, wenn die Vertretung durch einen Rechtsanwalt erforderlich erscheint oder wenn der Gegner durch einen Anwalt vertreten ist.[897] Hat die Strafvollstreckungskammer Prozesskostenhilfe gewährt und dabei aber die Beiordnung eines Rechtsanwalts abgelehnt, ist gegen die Entscheidung die sofortige Beschwerde statthaft. Eine Beiordnung als Pflichtverteidiger nach § 140 Abs. 2 StPO scheidet – außer in Jugendstrafvollzugssachen (s. B Rdn. 3) – jedoch aus (s. I Rdn. 9).

---

891 S. OLG Hamburg FS 2010, 52f; OLG Zweibrücken, Beschl. vom 18.2.2014 – 1 Ws 294/13 = FS 2015, 64; OLG Koblenz, Beschl. vom 14.8.2018 – 2 Ws 296/18 Vollz = FS 2019, 82; *Arloth/Krä* § 120 StVollzG Rdn. 7; *Laubenthal/Nestler/Neubacher/Verrel* P Rdn. 140.
892 OLG Koblenz, Beschl. vom 14.8.2018 – 2 Ws 296/18 Vollz = FS 2019, 82.
893 OLG Karlsruhe, Beschl. vom 9.11.2018 – 2 Ws 225/18, 2 Ws 226/18 Rdn. 42 (juris).
894 BVerfG ZfStrVo 2001, 187; BGHZ 16, 1; OLG Hamm, Beschl. vom 17.9.2015 – 1 Vollz (Ws) 275, 276/15 = Beck-Rs 2015, 18295 Rdn. 2.
895 OLG Jena, Beschl. vom 25.11.2005 – 1 Ws 332/05 = ZfStrVo 2006, 372f.
896 OLG Koblenz, Beschl. vom 6.3.2018 – 2 Ws 3/18 Vollz Rdn. 14 (juris).
897 OLG Koblenz, Beschl. vom 18.2.2013 – 2 Ws 886/12 (Vollz) = NStZ 2014, 632.

P. Kosten des Verfahrens

§ 121 StVollzG

Übersicht

I. Allgemeine Hinweise —— 1
II. Erläuterungen —— 2–8
III. Landesrechtliche Regelungen —— 9

I. Allgemeine Hinweise

Die Kosten des gerichtlichen Verfahrens in Vollzugssachen behandelt § 121 StVollzG **1** und die Regelung lehnt sich grundsätzlich an die Kostenvorschriften der StPO an (Abs. 4). Wegen der unterschiedlichen Art des Verfahrens und der Entscheidung im Strafprozess (s. O Rdn. 1 ff) sind jedoch ergänzende Vorschriften für die Zurücknahme eines Antrages (Abs. 2 Satz 2), das erstinstanzliche Verfahren nach § 119a (Abs. 3 Satz 1) und für die Kostenentscheidung bei einem Feststellungsantrag (§ 115 Abs. 3 StVollzG) notwendig (Abs. 3 Satz 2).

Zu den Kosten des Verfahrens gehören die Gebühren und Auslagen der Staatskasse (§ 464a Abs. 1 StPO). Was zu den notwendigen Auslagen eines Beteiligten gehört, ergibt sich aus § 464a Abs. 2 StPO. § 121 StVollzG gilt gem. § 92 Abs. 5 JGG für Jugendstrafvollzugssachen (s. B Rdn. 3) entsprechend mit der Maßgabe, dass von einer Kostenauferlegung nach § 74 JGG abgesehen werden kann.

Bestimmungen über die Höhe der Kosten und die Wertfestsetzung ergeben sich aus §§ 60, 52 GKG (s. Rdn. 8).

II. Erläuterungen

§ 121 Abs. 1 StVollzG entspricht dem Grundsatz in § 464 Abs. 1 und Abs. 2 StPO, wo- **2** nach in jeder ein gerichtliches Verfahren abschließenden Entscheidung eine Bestimmung über die **Verteilung der Kosten und notwendigen Auslagen** zu treffen ist. Eine Erstattung notwendiger Auslagen aus der Staatskasse kommt jedoch nur bei entsprechender Auslagenentscheidung in Betracht. Die einem Strafgefangenen bzw. Untergebrachten entstandenen, notwendigen Auslagen können daher nur dann zur Erstattung aus der Staatskasse festgesetzt werden, wenn das Gericht in seinem Beschluss ausdrücklich die dahingehende Entscheidung getroffen hat. Anders als ein Rechtsanwalt kann der Gefangene die ihm tatsächlich entstandenen Kosten (etwa für Papier und Farbbänder) geltend machen.[898]

Unterliegt der Antragsteller im gerichtlichen Verfahren oder nimmt er seinen Antrag **3** auf gerichtliche Entscheidung zurück, hat er gem. § 121 Abs. 2 Satz 1 StVollzG die Kosten des Verfahrens und die notwendigen Auslagen zu tragen. Dies ist zwingend normiert; einen Ermessensspielraum räumt das Gesetz dem Gericht nicht ein.[899] Die Staatskasse ist verpflichtet, dem Antragsteller die notwendigen Auslagen (§ 464a Abs. 2 StPO), insbesondere die Gebühren und Auslagen eines Rechtsanwalts, zu erstatten, sofern der Antragsteller in vollem Umfang obsiegt hat. Eine Kostenquotelung und Auslagenaufteilung zwischen Staatskasse und Antragsteller ist nach § 121 Abs. 4 StVollzG i.V.m. §§ 465 Abs. 2, 473 Abs. 4 StPO aus Billigkeitsgründen zulässig. Hat sich die Vollzugsmaßnahme vor einer verfahrensabschließenden gerichtlichen Entscheidung in anderer Weise als

---
[898] BVerfG, Beschl. vom 4.10.2017 – 2 BvR 821/16 = StV 2018, 624.
[899] OLG Köln, Beschl. vom 26.10.2010 – 2 Ws 682/10.

durch die Zurücknahme des Antrags erledigt (s. I Rdn. 18), so hat das Gericht über die Kosten des gesamten Verfahrens und die darin erwachsenen, notwendigen Auslagen nach billigem Ermessen zu entscheiden, § 121 Abs. 2 Satz 2 StVollzG. Hierbei kann maßgebend sein, wie das Verfahren unter Berücksichtigung des bisherigen Sach- und Streitstandes ohne das erledigende Ereignis vermutlich ausgegangen wäre.[900] Abs. 2 Satz 2 gilt auch für das Rechtsbeschwerdeverfahren.[901]

4 § 121 Abs. 3 Satz 1 StVollzG spricht aus, dass im Verfahren der **strafvollzugsbegleitenden gerichtlichen Kontrolle** bei angeordneter oder vorbehaltener Sicherungsverwahrung (§ 119a StVollzG) die Kosten des Verfahrens und die notwendigen Auslagen bei erstinstanzlichen Entscheidungen der Staatskasse zur Last fallen. Der Gesetzgeber hat das damit begründet, dass dieses Kontrollverfahren auch die Schaffung von Rechtssicherheit im Interesse der Vollzugsbehörde bezwecken soll.[902] Die Regelung erscheint zudem sachgerecht, weil nicht der Gefangene jenes Verfahren initiieren kann, sondern Entscheidungen nur von Amts wegen bzw. auf Antrag der Vollzugsbehörde ergehen, § 119a Abs. 2 Satz 1, Abs. 3 Satz 1 StVollzG.[903] Zu den notwendigen Auslagen zählen insbesondere die Gebühren des dem Gefangenen zwingend beizuordnenden Rechtsanwalts (§ 119a Abs. 6 Satz 1 StVollzG). Im Beschwerdeverfahren (§ 119a Abs. 5 StVollzG) gilt die Bestimmung nicht,[904] zumal Beschwerde auch der Inhaftierte einlegen kann (s. N Rdn. 15).

5 Nach § 121 Abs. 3 Satz 2 StVollzG findet die Regelung von Abs. 2 Satz 2 keine Anwendung bei Entscheidungen nach § 115 Abs. 3 StVollzG, da bei der Umstellung eines Anfechtungs- oder Verpflichtungsantrags auf einen **Feststellungsantrag** sich die Kostenentscheidung nach dem Ausgang der Entscheidung über den neuen Antrag richtet (Abs. 2 Satz 1). Hat sich jedoch der Feststellungsantrag (§ 115 Abs. 3 StVollzG) wegen Wegfalls des Feststellungsinteresses erledigt, ist über die Kosten des Verfahrens und die notwendigen Auslagen wiederum gemäß Abs. 2 Satz 2 nach billigem Ermessen zu entscheiden.[905]

6 Die Vorschriften der §§ 464 bis 473 StPO finden gem. § 121 Abs. 4 StVollzG **entsprechende Anwendung**. Das gerichtliche Verfahren nach dem StVollzG kennt daher auch die von der Hauptsache getrennte Anfechtung der Kostenentscheidung mit der sofortigen Beschwerde entsprechend § 464 Abs. 3 StPO.[906] Eine selbständige Anfechtung der Kostenentscheidung ist nach § 464 Abs. 3 Satz 1 StPO zulässig, sofern eine Rechtsbeschwerde statthaft gewesen wäre und der Wert des Beschwerdegegenstandes 200 Euro übersteigt (§ 304 Abs. 3 StPO).[907] Allerdings bleibt nach § 464 Abs. 3 Satz 1 Halbs. 2 StPO die sofortige Beschwerde unzulässig, wenn eine Anfechtung der Hauptsacheentscheidung nicht statthaft ist. Es wird die weniger bedeutsame Kostenentscheidung der Nachprüfung bei Unanfechtbarkeit der Entscheidung in der Hauptsache entzogen.[908] Hat sich

---

900 OLG München NStZ 1986, 96; LG Hamburg NStZ 1992, 303; AK-*Spaniol* Teil IV § 121 StVollzG Rdn. 7; *Laubenthal/Nestler/Neubacher/Verrel* P Rdn. 143.
901 OLG Hamm ZfStrVo 2002, 243.
902 BT-Drucks. 17/9874, 29.
903 *Baier* 2014, 404.
904 Anders OLG Frankfurt, Beschl. vom 22.5.2018 – 3 Ws 366/18 (StVollz) = Beck-Rs 2018, 10113 Rdn. 12.
905 OLG Zweibrücken, Beschl. vom 6.3.2017 – 2 Ws 731/15 Vollz = FS SH 2018, 58, 59.
906 KG NStZ-RR 2002, 62.
907 OLG Bamberg, Beschl. vom 12.7.2010 – 1 Ws 351/10 (insoweit nicht in FS 2011, 54 abgedruckt); a.A. OLG Rostock, Beschl. vom 12.11.2012 – I Vollz (Ws) 28/12 = NStZ-RR 2013, 92.
908 OLG Hamm, Beschl. vom 13.7.2010 – 1 Vollz (Ws) 381/10; OLG Koblenz, Beschl. vom 14.8.2018 – 2 Ws 296/18 Vollz = FS SH 2019, 22; *Laubenthal/Nestler/Neubacher/Verrel* P Rdn. 145.

der Antrag auf gerichtliche Entscheidung erledigt, ohne dass der Antragsteller in das Feststellungsverfahren nach § 115 Abs. 3 StVollzG übergeht, unterliegt die Kostenentscheidung nach § 121 Abs. 2 Satz 2 StVollzG prinzipiell keiner Anfechtung, weil in der Hauptsache kein Rechtsmittel zulässig bleibt.[909] Hat die Strafvollstreckungskammer ausdrücklich die Erledigung der Hauptsache festgestellt, stellt dies keine sachlich-rechtliche, sondern eine prozessuale Entscheidung dar. Legt der Betroffene gegen diese Rechtsbeschwerde gem. § 116 StVollzG ein, weil das Landgericht zu Unrecht die Erledigung festgestellt hat – und damit inzident auch über die Hauptsache entschieden wurde – ist ausnahmsweise gegen eine solche Prozessentscheidung die Rechtsbeschwerde zulässig.[910] Ist eine Auslagenentscheidung nicht getroffen worden, darf sie von der Strafvollstreckungskammer weder nachgeholt noch ergänzt werden.[911] Dieser Mangel ist allein durch die sofortige Beschwerde (§ 464 Abs. 3 Satz 1 StPO) korrigierbar (ggf. in Verbindung mit einem Wiedereinsetzungsantrag). Wollte man für diesen Fall der unterlassenen Kosten- oder Auslagenentscheidung eine isolierte Kostenbeschwerde nicht zulassen, wenn eine Rechtsbeschwerde in der Hauptsache nicht mehr statthaft ist (fehlende Beschwer, dem Antrag auf gerichtliche Entscheidung wurde entsprochen), würde dies im Ergebnis dazu führen, dass eine Erstattung der Auslagen durch die Staatskasse, insbesondere der Anwaltskosten, nicht in Betracht käme. Der Betroffene könnte nur noch versuchen, seine Auslagen als Schaden in einem Regressprozess zu erhalten. Die Kostenentscheidung unterliegt in einem solchen Fall daher ausnahmsweise der sofortigen Beschwerde,[912] wenn der Beschwerdewert die Grenze von 200 Euro übersteigt (§ 304 Abs. 3 StPO).

Die Höhe der zu tragenden Kosten sowie die Festsetzung des Streitwerts ergeben sich aus dem GKG. Gemäß § 60 GKG gelten im gerichtlichen Verfahren nach dem StVollzG für die von Amts wegen festzusetzende **Höhe des Streitwerts** (§ 65 GKG) die Bestimmungen von § 52 Abs. 1 bis 3 GKG entsprechend. Danach ist der Wert nach der Bedeutung der Sache zu bestimmen, die diese für den Antragsteller hat (§ 52 Abs. 1 GKG).[913] Maßgeblich ist hierfür, was der Antragsteller mit seinem Rechtsbehelf erreichen will und was er zur Begründung seines Rechtsschutzziels vorträgt.[914] Geht es ihm um eine bezifferte Geldleistung oder eine hierauf gerichtete Entscheidung der Vollzugsverwaltung, ist gem. § 52 Abs. 3 GKG deren Höhe maßgeblich. Nur wenn der Sach- und Streitstand keine genügenden Anhaltspunkte für eine Bewertung der Bedeutung der Sache bietet, wird ein Auffangwert von 5.000 EUR angenommen (§ 52 Abs. 2 GKG). Der Betrag bleibt jedoch nur ein subsidiärer Ausnahmewert,[915] kein Auffangwert. In Strafvollzugssachen ist der Streitwert vielmehr regelmäßig eher niedrig festzusetzen, weil – angesichts der geringen finanziellen Leistungsfähigkeit der meisten Strafgefangenen bzw. Untergebrachten – aus rechtsstaatlichen Gründen die Streitwertbemessung nicht zu einem unzumutbaren Kostenrisiko bei Anrufung des Gerichts führen darf.[916] Auf der anderen Seite soll zu berücksichtigen sein, dass anwaltliche Tätigkeit in wirtschaftlicher

---

[909] OLG Jena NStZ-RR 1996, 254; OLG Düsseldorf NStZ-RR 2000, 31; OLG Schleswig NStZ-RR 2007, 326; OLG Bamberg, Beschl. vom 12.7.2010 – 1 Ws 351/10 = FS 2011, 54; s. *Arloth/Krä* § 121 StVollzG Rdn. 5; *Laubenthal/Nestler/Neubacher/Verrel* P Rdn. 145; a.A. AK-*Spaniol* Teil IV § 121 StVollzG Rdn. 8.
[910] OLG Schleswig NStZ-RR 2007, 326; s. auch *Arloth/Krä* § 121 StVollzG Rdn. 3; *Laubenthal/Nestler/Neubacher/Verrel* P Rdn. 145.
[911] *Meyer-Goßner/Schmitt* 2019 § 464 StPO Rdn. 12.
[912] S. auch *Arloth/Krä* § 121 StVollzG Rdn. 5; *Laubenthal/Nestler/Neubacher/Verrel* P Rdn. 145.
[913] KG, Beschl. vom 25.8.2014 – 2 Ws 296/14 Vollz = FS 2015, 65.
[914] *Meyer* 2018 § 60 GKG Rdn. 5.
[915] KG, Beschl. vom 14.2.2014 – 2 Ws 27/14 Vollz; OLG Karlsruhe, Beschl. vom 10.3.2016 – 2 Ws 67/16.
[916] OLG Nürnberg ZfStrVo 1986, 61; KG, Beschl. v. 30.3.2007 – 2 Ws 151/07; OLG Celle FS 2010, 111.

Hinsicht nicht völlig unmöglich wird.[917] Gegen die Entscheidung der Strafvollstreckungskammer über die Streitwertfestsetzung ist gem. § 68 Abs. 1 GKG die Beschwerde statthaft (nicht § 120 Abs. 1 Satz 2 StVollzG i.V.m. § 304 StPO), wenn der Wert des Beschwerdegegenstandes (die Differenz der Gebühren nach dem festgesetzten und dem begehrten Streitwert) 200 EUR übersteigt oder das Gericht die Beschwerde wegen der grundsätzlichen Bedeutung der zur Entscheidung stehenden Frage im Streitwertbeschluss zulässt. Keiner gesonderten Streitwertbeschwerde bedarf es bei Einlegung der Rechtsbeschwerde gem. § 116 StVollzG gegen die Hauptsache, weil der Strafsenat des OLG die in der ersten Instanz erfolgte Streitwertfestsetzung nach § 63 Abs. 3 Satz 1 GKG auch von Amts wegen ändern kann, wenn das Verfahren wegen der Hauptsache – oder wegen der Entscheidung über den Kostenansatz – in der Rechtsmittelinstanz schwebt.[918] Statthaft ist auch eine isolierte Streitwertbeschwerde unabhängig von den Überprüfungsmöglichkeiten hinsichtlich der Sachentscheidung selbst.[919] Eine solche Beschwerde kann über § 32 Abs. 2 RVG auch der Prozessbevollmächtigte des Gefangenen mit dem Ziel der Festsetzung eines höheren Streitwerts einlegen.[920] Der Strafsenat entscheidet über eine Streitwertbeschwerde in der Besetzung mit drei Richtern.[921] Die Festsetzung der Höhe der Kosten erfolgt im **Kostenansatzverfahren** gem. §§ 19 ff GKG durch den Kostenbeamten des mit der Sache jeweils befassten Gerichts. Gegen dessen Entscheidung ist gem. § 66 Abs. 1 GKG der Rechtsbehelf der Erinnerung gegeben, über welchen dasjenige Gericht entscheidet, bei dem die Kosten angesetzt wurden. Gegen Erinnerungsentscheidungen der Strafvollstreckungskammer eröffnet § 66 Abs. 2 GKG das Rechtsmittel der Beschwerde, wenn der Wert des Beschwerdegegenstandes 200 EUR übersteigt bzw. das entscheidende Gericht wegen einer Frage von grundsätzlicher Bedeutung die Beschwerde zulässt. Die Entscheidung des Strafsenats des Oberlandesgerichts bleibt unanfechtbar (§ 66 Abs. 3 GKG).

8 § 121 Abs. 5 StVollzG wurde durch Art. 22 des 2. Gesetzes zur Verbesserung der Haushaltsstruktur (2. Haushaltsstrukturgesetz), BGBl. I 1981, 1523, 1535 eingefügt. Damit soll für Gefangene, wie es auch den Verhältnissen in der Freiheit entspricht, ein höheres Kostenrisiko geschaffen werden, um dadurch zu einer Verringerung nicht sachgemäßer Anträge nach §§ 109 ff StVollzG zu kommen. Vor Einführung von Abs. 5 ging die Kostentragungspflicht häufig ins Leere, weil der Gefangene in der Regel nicht über Eigengeld in der nach den Pfändungsgrenzen festgesetzten Höhe verfügt. Seit der Neufassung durch das Fünfte Gesetz zur Änderung des Strafvollzugsgesetzes kann der den dreifachen Tagessatz der Eckvergütung nach § 43 Abs. 2 StVollzG übersteigende Teil des Hausgeldes (§ 47 StVollzG) für Gerichtskosten in Anspruch genommen werden. Zwar benennt § 121 Abs. 5 StVollzG explizit § 47 StVollzG. Über diesen Abs. 5 kann dennoch auf Hausgeld nach den landesrechtlichen Bestimmungen (**BW** § 53 Abs. 2 und 4 III, **BY** Art. 50, **BE** § 67, **BB** § 70, **HB** § 60, **HH** § 45, **HE** § 40, **MV** § 59, **NI** § 46, **NW** § 36, **RP** § 69, **SL** § 59, **SN** § 59, **ST** § 68, **SH** § 75, **TH** § 70) zurückgegriffen werden.[922] Gegen § 121 Abs. 5 StVollzG bestehen keine verfassungsrechtlichen Bedenken.[923] Eine analoge Anwendung von Abs. 5

---

917 KG, Beschl. vom 14.2.2014 – 2 Ws 27/14 Vollz; OLG Karlsruhe, Beschl. vom 11.5.2018 – 2 Ws 112/18.
918 *Meyer* 2018 § 65 GKG Rdn. 2.
919 OLG Hamm ZfStrVo 1990, 252; KG, Beschl. v. 30.3.2007 – 2 Ws 151/07; OLG Karlsruhe, Beschluss vom 10.3.2016 – 2 Ws 67/16; a.A. *Arloth/Krä* § 121 StVollzG Rdn. 1.
920 OLG Hamm, Beschl. vom 27.12.2016 – III-1 Vollz (Ws) 427/16 = FS SH 2018, 39, 41; OLG Karlsruhe, Beschluss vom 10.3.2016 – 2 Ws 67/16 Rdn. 6 (juris).
921 OLG Karlsruhe, Beschluss vom 10.3.2016 – 2 Ws 67/16.
922 OLG München FS 2010, 53; *Arloth/Krä* § 121 StVollzG Rdn. 6; *Laubenthal/Nestler/Neubacher/Verrel* P Rdn. 146.
923 OLG Frankfurt ZfStrVo 1987, 126.

durch Aufrechnung von Verfahrenskosten gegen den Taschengeldanspruch verstößt jedoch gegen Art. 2 i.V.m. Art. 20 Abs. 3 GG.[924] Wird das Hausgeld für gerichtliche Verfahrenskosten durch Aufrechnung herangezogen, ist hiergegen der Rechtsweg gem. §§ 109 ff StVollzG gegeben.[925] Werden Kostenforderungen gegen das sonstige Eigengeld aufgerechnet, kann der Betroffene dagegen vor den Zivilgerichten vorgehen.[926]

III. Landesrechtliche Regelungen

In den Bundesländern Baden-Württemberg, Berlin, Bayern, Bremen, Hamburg, Hessen, Nordrhein-Westfalen, Rheinland-Pfalz, Saarland, Sachsen, Sachsen-Anhalt, Schleswig-Holstein und Thüringen enthalten die jeweiligen Strafvollzugsgesetze Bestimmungen über die Fortgeltung der §§ 109 bis 121 StVollzG im jeweiligen Bundesland (s. B Rdn. 1). Lediglich **NI** § 102 normiert, dass gegen eine vollzugliche Entscheidung oder sonstige Maßnahme Rechtsschutz nach Maßgabe der §§ 109 bis 121 Abs. 4 StVollzG beantragt werden kann. Damit geht der Landesgesetzgeber davon aus, dass § 121 Abs. 5 StVollzG zur Gesetzgebungskompetenz des Landes gehört. **NI** § 51 Abs. 1 bestimmt, dass zur Durchsetzung eines Anspruchs des Landes auch aus § 121 StVollzG die Vollzugsbehörde gegen den Anspruch auf Auszahlung des Hausgeldes aufrechnen kann, soweit dieser den dreifachen Tagessatz der Eckvergütung nach **NI** § 40 Abs. 1 Satz 2 übersteigt. Diese Einbeziehung von § 121 StVollzG in die landesrechtliche Norm besitzt keinen eigenen Regelungsgehalt, weil § 121 Abs. 5 StVollzG auch in Niedersachsen fortgilt.[927] Gleiches gilt bezüglich § 121 Abs. 5 StVollzG auch für die Bundesländer Brandenburg und Mecklenburg-Vorpommern, deren Vollzugsgesetze keine ausdrücklichen Bestimmungen über die Fortgeltung von §§ 109 bis § 121 StVollzG beinhalten.

Q. Gerichtliche Zuständigkeit bei dem Richtervorbehalt unterliegenden Maßnahmen

§ 121a StVollzG

Schrifttum

Baur Die bundesrechtlichen Neuregelungen für Fixierungen im Straf- und Maßregelvollzug, in: NJW 2019, 2273; *Fölsch* Richtervorbehalt bei Fixierungen im Strafvollzug?, in: NJW-aktuell 47/2018, 3; *Fölsch/Grotkopp* Fixierung im Justizvollzug im Fokus der Gesetzgebung, in: DRiZ 2019, 84; *Grotkopp/Fölsch* Richtervorbehalt bei Fixierungen birgt Herausforderungen, in: DRiZ 2018, 326; *Haußmann* Die praktische Verfahrensweise vor dem Hintergrund der Rechtsprechung des BVerfG vom 24.7.2018 – ein Problemaufriss, in: SchlHA 2019, 2; *Kaehler/Petit* Zwangsfixierungen im Straf- und Maßregelvollzug – zu den Fernwirkungen der Entscheidung des BVerfG v. 24.7.2018 in Bezug auf Straf- und Maßregelvollzug, in: FamRZ 2019, 164; *Lesting* Anmerkung zum Urteil des BVerfG vom 24.7.2018, in: Zeitschrift für Medizinstrafrecht 2018, 378; *Rodenbusch* Die Fixierungsentscheidung des Bundesverfassungsgerichts vom 24. Juli 2018 und ihre Folgen für parallele Anordnungsfälle, in: NStZ 2019, 10; *Schäferskupper* Vollzug, Fixierungen und Verfassungsrecht, in: FS 2018, 353; *Ziethen* Anmerkung zum Beschluss des LG Lübeck vom 10.8.2018, in: StV 2019, 278.

---

924 BVerfG NStZ 1996, 615; s. auch Anm. Rotthaus NStZ 1997, 206; *Arloth/Krä* § 121 StVollzG Rdn. 6; Konzak NVwZ 1997, 872; a.A. OLG Koblenz NStZ 1986, 144.
925 AK-*Spaniol* Teil IV § 121 StVollzG Rdn. 17; *Arloth/Krä* § 121 StVollzG Rdn. 6; Laubenthal/Nestler/Neubacher/Verrel P Rdn. 146.
926 OLG Nürnberg ZfStrVo 1999, 302; AK-*Spaniol* Teil IV § 121 StVollzG Rdn. 17; *Arloth/Krä* § 121 StVollzG Rdn. 6; s. auch OLG Zweibrücken, Beschl. vom 22.5.2014 – 1 Ws 83/14 = FS 2015, 65.
927 S. a. *Arloth/Krä* § 51 NJVollzG Rdn. 1; BeckOK-*Reichenbach* § 51 NJVollzG Rdn. 6.

Übersicht

I. Allgemeine Hinweise —— 1
II. Erläuterungen —— 2–6
  1. Anwendungsbereich —— 2
  2. Zuständigkeit des Amtsgerichts
     (Abs. 1) —— 3–4
  3. Sonderfall der örtlichen Zuständigkeit (Abs. 2) —— 5
  4. Fehlen gesetzlicher Regelungen im Vollzugsgesetz —— 6

I. Allgemeine Hinweise

1   Zur Fünf-Punkt- und Sieben-Punkt-Fixierung von Psychiatriepatienten unter Festbinden sämtlicher Gliedmaßen mit Gurten am Bett hat das **BVerfG** im Jahr 2018 entschieden, dass es sich um einen Eingriff in das Grundrecht auf Freiheit der Person (Art. 2 Abs. 2, 104 Abs. 2 GG) handelt, der von der zugrundeliegenden Unterbringungsanordnung nicht gedeckt ist. Jede nicht nur kurzzeitige, voraussichtlich länger als eine halbe Stunde andauernde Maßnahme dieser Art bedarf deshalb prinzipiell einer gesonderten richterlichen Anordnung.[928] Zu diesem Zweck hat täglich ein Bereitschaftsdienst von 6 bis 21 Uhr zur Verfügung zu stehen.[929] Diese Erwägungen ließen sich auf Fixierungen im Maßregel- wie im Strafvollzug übertragen;[930] dem trägt der Bundesgesetzgeber mit den Ergänzungen des StVollzG durch Art. 1 Gesetz zur Stärkung der Rechte von Betroffenen bei Fixierungen im Rahmen von Freiheitsentziehungen[931] Rechnung.

Schon zuvor war in Rheinland-Pfalz das LJVollzG reformiert worden, wobei man auch Vorschriften über das gerichtliche Verfahren geschaffen hatte. Gemäß **BW** § 69 Abs. 2 Satz 7 i.V.m. § 80 Abs. 3 Satz 1 JVollzGB III, **BY** Art. 99 Abs. 3a Satz 1, **RP** § 89 Abs. 1a Satz 1 ist das für die jeweilige Anstalt örtlich zuständige AG zur Entscheidung berufen, das Verfahren richtet sich nach dem FamFG (**BW** § 69 Abs. 2 Satz 7 i.V.m. § 80 Abs. 3 Satz 6 JVollzGB III, **BY** Art. 99 Abs. 3a Satz 2 unter Konkretisierung auf § 312 Nr. 2 FamFG, **RP** § 89 Abs. 1a Satz 2), auch für die Kosten gelten die Vorschriften der freiwilligen Gerichtsbarkeit (**RP** § 89 Abs. 1a Satz 3). Diese Regelungen sind jedoch durch Schaffung der Bestimmungen im StVollzG obsolet geworden, weil den Ländern jedenfalls danach die **Gesetzgebungskompetenz** für Vorschriften über das gerichtliche Verfahren fehlt.[932] Demgemäß findet sich anderenorts im Landesrecht entweder die Anordnung, der Antrag müsse beim zuständigen Gericht gestellt werden (**HH** § 75 Abs. 1 Satz 4), ein Verweis auf §§ 121a und b StVollzG (**NW** § 70 Abs. 8) oder gar nichts zur gerichtlichen Zuständigkeit (**BB** § 91 Abs. 2).

II. Erläuterungen

2   **1. Anwendungsbereich.** Bildeten die Fünf- bzw. Sieben-Punkt-Fixierung den Anlass für die Schaffung der Vorschriften, ist ihr Anwendungsbereich hierauf nicht be-

---

928 BVerfG, Urt. vom 24.7.2018 – 2 BvR 309/15, 2 BvR 502/16, NJW 2018, 2619 ff.
929 BVerfG, Urt. vom 24.7.2018 – 2 BvR 309/15, 2 BvR 502/16, NJW 2018, 2619 ff.
930 BT-Drucks. 19/8939, 11 f; **BB** LT-Drucks. 6/10692, Begründung 34; **HH** LT-Drucks. 21/14828, 2, 13; **RP** LT-Drucks. 17/7073, 3; OLG Saarbrücken, Beschl. vom 2.11.2018 – Vollz (Ws) 16/18, Rn 18 (juris); LG Lübeck, Beschl. vom 10.8.2018 – 5x StVK 1/18, Beck-Rs 2018, 17918 Rn 9; AG Lübeck, Beschl. vom 10.8.2018 – 150 XIV 1820 L, Beck-Rs 2018, 17923 Rn 11; *Baur* NJW 2019, 2274; *Grotkopp/Fölsch* DRiZ 2018, 329; *Kaehler/Petit* FamRZ 2019, 165; *Rodenbusch* NStZ 2019, 12; *Schäfersküpper* FS 2018, 355; vgl. ferner *Haußmann* SchlHA 2019, 4; *Lesting* Zeitschrift für Medizinstrafrecht 2018, 378.
931 Vom 19. Juni 2019, BGBl. I, 840.
932 Vgl. BT-Drucks. 19/8939, 2; 19/9767, 8; **HH** LT-Drucks. 21/14828, 20; **NW** LT-Drucks. 17/6597, 2; *Fölsch* NJW-aktuell 47/2018, 3; siehe auch **BY** LT-Drucks. 18/1040, 9 f: vorläufige Regelung bis zum Inkrafttreten bundesgesetzlicher Vorschriften.

schränkt. Der Bundesgesetzgeber will der besonderen gerichtlichen Zuständigkeit vielmehr alle diejenigen Sachverhalte unterwerfen, für die in den Vollzugsgesetzen eine Maßnahme vorheriger gerichtlicher Anordnung oder gerichtlicher Genehmigung bedarf.[933] Im Bundesrecht betrifft dies nach dem ebenfalls neu eingefügten § 171a die Fixierung im Rahmen der Zivilhaft, ferner über § 167 Satz 1 n.F. den in Justizvollzugsanstalten vollzogenen, nicht von vorrangigem Landesrecht erfassten militärischen Strafarrest. Praktische Bedeutung dürfte beidem kaum zukommen.[934] Über § 138 Abs. 4 n.F. finden §§ 121a und b für den Vollzug der Unterbringung im psychiatrischen Krankenhaus und der Entziehungsanstalt Anwendung. Im Geltungsbereich des JGG folgt Entsprechendes aus § 93 JGG n.F. Die Länder sind im Übrigen nicht gehindert, vergleichbar gravierende Beschränkungen der Bewegungsfreiheit ebenso an einen Richtervorbehalt zu koppeln. Das gilt namentlich für Fixierungen anderer Art.[935]

2. Zuständigkeit nach dem Amtsgericht (Abs. 1). Anders als nach § 110 ist nicht 3 die Zuständigkeit der StVK, sondern diejenige des AG eröffnet. Unbeschadet im Schrifttum vorgebrachter Einwände[936] und obwohl für die StVK neben dem Sachzusammenhang die Beibehaltung des einstufigen Rechtsmittelzuges gesprochen hätte, hat sich der Gesetzgeber für die Zuständigkeit des oft ortsnäheren und sachkundigen, weil in anderem Zusammenhang mit Fixierungen befassten AG entschieden, zumal ansonsten auch beim LG ein Bereitschaftsdienst hätte eingerichtet werden müssen. Außerdem wäre für die StVK in Vollzugssachen eine (vorgängige) Rechtskontrolle auf staatlichen Antrag hin systemfremd.[937] Zur Vermeidung einer Zuständigkeitsspaltung wurde weiter § 327 Abs. 1 FamFG dahingehend abgeändert, dass die nachträgliche Überprüfung der **konkreten Durchführung** der Maßnahme ebenfalls dem AG zugewiesen ist, und zwar auch dann, wenn die Einholung der eigentlich erforderlichen Genehmigung verabsäumt wurde.[938] **Örtlich** zuständig ist das AG, in dessen Bezirk die Maßnahme durchgeführt wird oder wurde bzw. beabsichtigt ist, also das AG am Sitz der jeweiligen Vollzugseinrichtung. Dem Ansinnen des Bundesrates, eine Zuständigkeitskonzentration bei einem AG innerhalb eines LG-Bezirks zu ermöglichen, wurde durch Ergänzung von § 23d Satz 1 GVG entsprochen.[939] Die Konzentration bleibt aber nicht auf LG-Bezirke beschränkt; auch Sachen aus den Sprengeln von zwei oder mehr Landgerichten eines Bundeslandes können bei einem AG zusammengefasst werden.[940] Hinsichtlich des **Bereitschaftsdienstes** wurde § 22c Abs. 1 Satz 1 GVG dahingehend abgeändert, dass ein AG diesen nunmehr nicht mehr nur für mehrere Amtsgerichte innerhalb eines LG-Bezirks, sondern auch für den Bezirk mehrerer Landgerichte in demselben OLG-Bezirk übernehmen darf.[941] Offen bleibt einstweilen, wie sich dies mit der grundsätzlich vorgeschriebenen persönlichen Anhörung des Betroffenen in Einklang bringen lassen wird. In Hamburg hat man

---

933 BT-Drucks. 19/9767, 8.
934 So auch *Baur* NJW 2019, 2277.
935 Dazu OLG Saarbrücken, Beschl. vom 2.11.2018 – Vollz (Ws) 16/18, Rn 17 (juris); *Grotkopp/Fölsch* DRiZ 2018, 327; *Schäferskünper* FS 2018, 355.
936 Krit. *Fölsch* NJW-aktuell 47/2018, 3; *Fölsch/Grotkopp* DRiZ 2019, 86; *Grotkopp/Fölsch* DRiZ 2018, 329; vgl ferner *Baur*, NJW 2019, 2276: Gefahr für Entscheidungsqualität durch Beseitigung der Zuständigkeitskonzentration in Vollstreckungs- und Vollzugssachen.
937 A.A. de lege ferenda **HH** LT-Drucks. 21/14828, 20 f.
938 Siehe BT-Drucks. 19/9767, 15; 19/10243, 22; *Baur*, NJW 2019, 2276.
939 Siehe BT-Drucks. 19/9767, 18; 19/10243, 24.
940 Vgl. BeckOK GVG/*Conrad/Graf* § 23d Rn 4.
941 Dazu BT-Drucks. 19/8939, 20.

von der Möglichkeit der Zentralisierung innerhalb des LG-Bezirks sogleich Gebrauch gemacht.[942]

4   Eine (letztlich unbefriedigende) Aufspaltung der Zuständigkeit bleibt insoweit bestehen, als die nachträgliche Überprüfung der Anordnung wie der Durchführung **rein vollzugsbehördlicher**, weil kurzzeitiger Maßnahmen (nach Bundesrecht gem. § 171a Abs. 3 Satz 5) im Verfahren der §§ 109 ff durch die StVK erfolgt, denn insoweit greift § 121a Abs. 1 nach seinem Wortlaut nicht ein.[943] Dem Anstaltsleiter steht kein Recht auf gerichtliche Billigung der beendeten Maßnahme zu.[944]

5   **3. Sonderfall der örtlichen Zuständigkeit (Abs. 2).** Unterhält ein Land eine Justiz- oder Maßregelvollzugsanstalt auf dem Gebiet eines anderen Landes, kann durch Vereinbarung an die Stelle des AG, zu dessen Bezirk die Einrichtung gehört, dasjenige am Sitz der für die Anstalt zuständigen Aufsichtsbehörde, also ein AG auf dem Gebiet eines anderen Bundeslandes treten. Das entspricht der z.B. in § 78a Abs. 3 GVG enthaltenen Regelung und betrifft praktisch Hamburg im Verhältnis zu Niedersachsen und Schleswig-Holstein.[945] Von dieser Möglichkeit, vom Grundsatz der Entscheidungsnähe abzuweichen, sollte vorliegend im Hinblick auf damit verbundene Erschwerungen bei der persönlichen Anhörung der Betroffenen sparsam Gebrauch gemacht werden. Deren Vornahme im Wege der Rechtshilfe kommt zwar im Verfahren der einstweiligen Anordnung in Betracht (§ 331 Satz 2 FamFG); damit würde aber zumindest teilweise die Absicht, nicht die Justiz eines Landes für Sachen eines anderen Landes in Anspruch zu nehmen, konterkariert.

6   **4. Fehlen gesetzlicher Regelungen im Vollzugsgesetz.** Es war in diesem Fall zunächst umstritten, ob es wegen der behördlichen Normbefolgungspflicht überhaupt einer richterlichen Anordnung bedarf[946] und bejahendenfalls die Fixierung beim AG,[947] der StVK[948] oder beim VG[949] zu beantragen ist. Solange nicht alle Landesgesetze ergänzt sind, kann der Dissens nicht als beigelegt gelten. Zweifel am Erfordernis richterlicher Anordnung leuchten im Hinblick auf Art. 104 Abs. 2 Satz 1 und 2 GG aber kaum ein. Sachgerecht erscheint nunmehr die (entsprechende) Anwendung der §§ 121a, b StVollzG, zumal ein Verständnis des § 121a Abs. 1 möglich bleibt, dem zufolge es nach dem Vollzugsgesetz i.V.m. der Judikatur des BVerfG einer richterlichen Anordnung bedarf.

---

942 § 1 Abs. 1 VO zur Errichtung eines Bereitschaftsdienstes beim AG Hamburg und zur Einbeziehung der Richterinnen und Richter des LG in den Bereitschaftsdienst (Bereitschaftsdienstverordnung) vom 22.7.2019, GVBl., 245 f.
943 Im Ergebnis wie hier BT-Drucks. 19/8939, 18; **BW** LT-Drucks. 16/5984, 134; BB LT-Drucks. 6/10692, Begründung 35; *Baur*, NJW 2019, 2276.
944 So schon OLG Saarbrücken, Beschl. vom 2.11.2018 – Vollz (Ws) 16/18 (juris).
945 BT-Drucks. 19/9767, 14.
946 Verneint von KG, Beschl. vom 23.1.2019 – 2 Ws 20/19 Vollz, StraFo 2019, 349, 350; OLG Frankfurt, Beschl. vom 13.11.2018 – 3 Ws 847/18 (StVollz), NStZ 2019, 365 (Maßregelvollzug) m. abl. Anm. *Mazur*; LG Darmstadt, Beschl. vom 6.9.2018 – 3a StVK 1314/18, Beck-Rs 2018, 23966 Rn 7 ff; *Rodenbusch* NStZ 2019, 13 ff.; *Ziethen* StV 2019, 280 f.
947 Dafür LG Kleve, Beschl. vom 10.8.2018 – 182 StVK 11/18, Beck-Rs 2018, 31511; *Haußmann* SchlHA 2019, 5; wohl auch *Schäferskipper* FS 2018, 356.
948 OLG Saarbrücken, Beschl. vom 2.11.2018 – Vollz (Ws) 16/18, Rn 13: bindende Verweisung (juris); LG Lübeck, Beschl. vom 10.8.2018 – 5x StVK 1/18, StV 2019, 278 m. abl. Anm. *Ziethen*; AG Lübeck, Beschl. vom 10.8.2018 – 150 XIV 1820 L, Beck-Rs 2018, 17923; *Kaehler/Petit* FamRZ 2019, 166 f; wohl auch *Fölsch* NJW-aktuell 47/2018, 3; nur de lege ferenda *Rodenbusch* NStZ 2019, 16.
949 LG Kleve, Beschl. vom 7.9.2018 – 4 T 181/18, Beck-Rs 2018, 23901 (Maßregelvollzug); vgl. *Rodenbusch* NStZ 2019, 14.

R. Gerichtliches Verfahren bei dem Richtervorbehalt unterliegenden Maßnahmen

§ 121b StVollzG

Schrifttum

S. zu § 121a

Übersicht

I. Allgemeine Hinweise —— 1
II. Erläuterungen —— 2–5
   1. Anwendbarkeit des FamFG (Abs. 1 Satz 1 und 2) —— 2–3

   2. Rechtsbehelfe (Abs. 1 Satz 3) —— 4
   3. Kosten (Abs. 2) —— 5

I. Allgemeine Hinweise

§ 121b trifft nähere Anordnungen zum gerichtlichen Verfahren, sofern Maßnahmen gem. § 121a dem Richtervorbehalt unterliegen. Im Unterschied zu § 120 Abs. 1 Satz 2 sind nicht die Vorschriften der StPO (bzw. ergänzend diejenigen der VwGO) anzuwenden. Der Gesetzgeber hat sich zudem gegen die Schaffung eines eigenständigen präventiven Verfahrensrechts im StVollzG entschieden,[950] sondern auch sonst in Freiheitsentziehungsangelegenheiten einschlägige Bestimmungen des FamFG für anwendbar erklärt. **1**

II. Erläuterungen

1. Anwendbarkeit des FamFG (Abs. 1 Satz 1 und 2). Der Verweis auf das FamFG in Abs. 1 Satz 1 wird durch Abs. 1 Satz 2 konkretisiert. Entsprechend anzuwenden sind die für **Unterbringungssachen** i.S.v. § 312 Nr. 4 FamFG einschlägigen Bestimmungen. Der entsprechenden Anwendung bedarf es, weil die Norm direkt Maßnahmen bei der nach Landesrecht zu beurteilenden Unterbringung psychisch Kranker betrifft. Anwendbar sind damit etwa folgende Vorschriften: Beteiligung (§ 315 FamFG), Verfahrensfähigkeit des Betroffenen (§ 316 FamFG), Bestellung eines Verfahrenspflegers (§ 317 FamFG), Anhörungspflichten (§§ 319 f FamFG) und Einholung eines ärztlichen Zeugnisses (§ 321 Abs. 2 FamFG). Für Inhalt, Wirksamkeit und Bekanntgabe des Beschlusses gelten §§ 323–325 FamFG. Die Beiordnung eines Verteidigers ist nicht vorgesehen; kann ggf ein Verfahrenspfleger bestellt werden, kommt auch eine entsprechende Anwendung von § 140 StPO[951] nicht in Betracht. **2**

Wegen der Eilbedürftigkeit wird über Fixierungen regelmäßig im Wege der **einstweiligen Anordnung** entschieden werden, § 331 Satz 1 Nr. 1 i.V.m. §§ 49 ff FamFG. Auch in diesem Fall bedarf es prinzipiell der vorherigen persönlichen Anhörung des Betroffenen wie der Bestellung und Anhörung des Verfahrenspflegers (§ 331 Satz 1 Nr. 3 und 4 FamFG). Beides kann jedoch bei gesteigerter Dringlichkeit nachgeholt werden, § 332 FamFG. Selbst dann muss jedoch vor der Entscheidung ein **ärztliches Zeugnis** (§ 321 Abs. 2 FamFG) über den Zustand des Betroffenen und die Notwendigkeit der Maßnahme, also die Voraussetzungen nach dem anwendbaren Vollzugsgesetz (etwa Selbsttötungsgefahr), eine zumindest rudimentäre Diagnostik, die voraussichtlich erforderliche Dauer **3**

---

[950] Baur, NJW 2019, 2276.
[951] So aber LG Lübeck, Beschl. vom 10.8.2018 – 5x StVK 1/18, StV 2019, 278.

der Maßnahme und mit ihrer Durchführung verbundene Gesundheitsrisiken,[952] vorliegen; nach der Neufassung von § 331 Satz 1 Nr. 2 FamFG braucht der Arzt weder Facharzt für Psychiatrie zu sein noch Erfahrung auf dem Gebiet der Psychiatrie zu besitzen. Damit will man neben systematischen Unstimmigkeiten bei den Anordnungen nach dem FamFG wohl weiter der Tatsache Rechnung tragen, dass die Vollzugseinrichtungen insbesondere außerhalb der üblichen Arbeitszeiten häufig auf die Inanspruchnahme von Notärzten angewiesen sind.[953]

4   **2. Rechtsbehelfe (Abs. 1 Satz 3).** Der Instanzenzug bestimmt sich nicht nach § 116 StVollzG, sondern nach §§ 58 ff und 70 ff FamFG (**Beschwerde und Rechtsbeschwerde**). Über die Beschwerde (zur Einlegung beachte noch §§ 335 f FamFG) entscheidet eine Zivilkammer des LG, über die Rechtsbeschwerde ein Zivilsenat des BGH. Die Rechtsbeschwerde muss entweder vom LG aus den in § 70 Abs. 2 FamFG genannten revisionsähnlichen Gründen zugelassen worden sein (§ 70 Abs. 1 FamFG), kommt darüber hinaus aber auch ohne Zulassung nach § 70 Abs. 3 Satz 1 Nr. 2 1. Alt., Satz 2 FamFG in Betracht. Es bedarf im Rechtsbeschwerdeverfahren der Vertretung durch einen beim BGH zugelassenen Rechtsanwalt, § 10 Abs. 4 Satz 1 FamFG, für die Vollzugsbehörde kann allerdings ein Beschäftigter mit Befähigung zum Richteramt auftreten (§ 10 Abs. 4 Satz 2 FamFG). **Einstweilige Anordnungen** sind mit der Beschwerde anfechtbar (§§ 51 Abs. 2 Satz 1, 58 Abs. 1 FamFG); die Rechtsbeschwerde ist nicht statthaft (§ 70 Abs. 4 FamFG). Sämtliche Rechtsmittel sind fristgebunden (§§ 63 Abs. 1 und 2 Nr. 1, 71 FamFG).

5   **3. Kosten (Abs. 2).** Für das Verfahren der vorherigen richterlichen Anordnung oder der gerichtlichen Genehmigung werden in Abweichung von der in § 337 FamFG vorgesehenen Regelung keine Kosten und Auslagen[954] erhoben. Einer Kostenentscheidung bedarf es damit nicht. Nicht Gegenstand der **Kostenfreiheit** ist nach Wortlaut und Systematik das nachträgliche Überprüfungsverfahren gem. § 327 FamFG; insoweit hat es mit § 337 FamFG sein Bewenden.

---

952 Siehe *Baur*, NJW 2019, 2276.
953 Vgl BT-Drucks. 19/8939, 10, 16 f.
954 Siehe BT-Drucks. 19/8939, 18.

13. KAPITEL
Anstaltsorganisation

A. Justizvollzugsanstalten

Bund	§ 139 StVollzG;
Baden-Württemberg	BW § 3 I JVollzGB;
Bayern	BY Art. 165 BayStVollzG;
Berlin	BE § 101 StVollzG Bln;
Brandenburg	BB § 107 BbgJVollzG;
Bremen	HB § 94 BremStVollzG;
Hamburg	HH § 98 HmbStVollzG;
Hessen	HE § 70 HStVollzG;
Mecklenburg-Vorpommern	MV § 93 StVollzG;
Niedersachsen	NI § 170 NJVollzG;
Nordrhein-Westfalen	NW § 93 StVollzG NRW;
Rheinland-Pfalz	RP § 104 LJVollzG;
Saarland	SL § 93 SLStVollzG;
Sachsen	SN § 106 SächsStVollzG;
Sachsen-Anhalt	ST § 105 JVollzGB LSA;
Schleswig-Holstein	SH § 126 LStVollzG SH;
Thüringen	TH § 105 ThürJVollzG

Schrifttum

Best Die amerikanische Strafkultur und die Privatisierung: kein Vorbild für die europäische Kriminalpolitik, in: Feltes u.a. (Hrsg.), FS Schwind, Heidelberg 2006, 3ff; *Bonk* Rechtliche Rahmenbedingungen einer Privatisierung im Strafvollzug, in: JZ 2000, 435ff; *Bosch/Reichert* Die Konkurrenz der Strafvollzugsmodelle in den USA, in: ZStW 113 (2001), 207ff; *Brandler* Das Prognosezentrum im niedersächsischen Justizvollzug, in: Praxis der Rechtspsychologie 24 (1), 2014, 92ff; *Flügge/Maelicke/Preusker* Das Gefängnis als lernende Organisation, Baden-Baden 2001; *Kaplan/Norton* Balanced Scorecard. Strategien erfolgreich umsetzen, Stuttgart 1997; *Köhne* Menschen(un)würdige Unterbringung von Strafgefangenen, in: StV 2009, 215ff; *ders.* Geschlechtertrennung im Strafvollzug, in: Bewährungshilfe 49 (2002), 221ff; *Koop/Kappenberg* (Hrsg.) Hauptsache ist, dass nichts passiert? Selbstbild und Außendarstellung des Justizvollzugs in Deutschland, Lingen 2006; *Kretschmer* Die menschen(un)würdige Unterbringung von Strafgefangenen, in: NJW 2009, 2406ff; *Müller-Dietz* Verfassungs- und strafvollzugsrechtliche Aspekte der Privatisierung im Strafvollzug, in: NK 2006, 11ff; *Nitsch* Die Unterbringung von Gefangenen nach dem Strafvollzugsgesetz, 2006; *Preusker/Maelicke/Flügge* Das Gefängnis als Risiko-Unternehmen, Baden-Baden 2010; *Schott* Strafausspruch, Strafzumessung und Strafvollzug in Zeiten der Überbelegung, in: ZfStrVo 2003, 195ff; *Theile* Menschenwürde und Mehrfachbelegung im geschlossenen Vollzug, in: StV 2002, 670ff; *Steinhilper* Prognosezentrum für den gesamten niedersächsischen Justizvollzug bei der JVA Hannover, in: Forum Strafvollzug 4/2008, 163ff; *Syrnik/Scholand-Kuhl* Diagnostik vor Behandlung. 44 Jahre Einweisungsverfahren in Nordrhein-Westfalen, in: Rettenberger/Dessecker (Hrsg.) Behandlung im Justizvollzug, Wiesbaden 2016, 93ff; *Zolondek* Lebens- und Haftbedingungen im deutschen und europäischen Frauenstrafvollzug, Mönchengladbach 2007.

Übersicht

I. Allgemeine Hinweise —— 1
II. Erläuterungen —— 2–4

1. Begriff der Anstalt —— 2
2. Zuständigkeit der Bundesländer und der Justizressorts —— 3, 4

I. Allgemeine Hinweise

1 Nach den Vorgaben sämtlicher Justizvollzugsgesetze erfolgt der Vollzug von Freiheitsstrafen in **Anstalten**. Die Regelungen einiger Bundesländer sehen zudem vor, dass es sich dabei um *Justiz*vollzugsanstalten handeln muss (wie § 139 StVollzG: **BW** § 3 Abs. 1 I, **BY** Art. 165, **HH** § 98 Abs. 1, **HE** § 70 Abs. 1, **NI** § 170 Abs. 1). Die Vorschriften legen damit zusätzlich die Ressortzuordnung des Strafvollzuges zur Justiz fest. Die übrigen Ländergesetze folgen der Formulierung in **ME** § 93 Abs. 1 („es werden Anstalten und Abteilungen eingerichtet") und verzichten auf eine gesetzliche Ressortzuordnung.

II. Erläuterungen

2 **1. Begriff der Anstalt.** Eine **Anstalt** ist eine Zusammenfassung von Sach- und Personalmitteln zur längerfristigen Erfüllung einer öffentlichen Aufgabe. Sie ist organisatorisch abgrenzbar, aber nicht in rechtlicher Hinsicht selbständig, sondern Teil der unmittelbaren Landesverwaltung. Damit ist weder eine privatrechtliche, noch eine Organisationsform der mittelbaren Staatsverwaltung möglich. Gleichzeitig zieht der Rückgriff der Justizvollzugsgesetze auf den überkommenen Anstaltsbegriff Grenzen der Organisation. Deshalb dürfte beispielsweise eine Matrixorganisation, in der der Justizvollzug innerhalb eines Bundeslandes nach Funktionen wie Versorgung, Liegenschaftsbetreuung, Behandlung etc. aufgebaut ist und die lokalen Einrichtungen ausschließlich für die Unterbringung der Gefangenen zuständig sind, nicht mehr vom Wortlaut gedeckt sein. Weil die jeweiligen Normen als Organisationsvorschriften nur die Behördenstruktur und die Ressortzuständigkeit regeln, ist mit dem Anstaltsbegriff keine bestimmte räumliche oder bauliche Dimension verbunden. Eine Anstalt muss demnach kein geschlossenes Gebäudeensemble darstellen. Der Vollzug *in Anstalten* steht der Gewährung von Vollzugslockerungen nicht entgegen. Das gilt auch für sehr weitgehende Lockerungen wie den Sonderurlaub zur Entlassungsvorbereitung, den die meisten Justizvollzugsgesetze kennen (wie § 124 Abs. 1 StVollzG: **BW** § 89 Abs. 4 III, **BB** § 50 Abs. 4, **HH** § 15 Abs. 2 Nr. 2, **HE** § 16 Abs. 3, **MV** § 42 Abs. 3, **NI** § 105 Abs. 1, **RP** § 49 Abs. 3, **SL** § 42 Abs. 3, **SN** § 42 Abs. 3). Wer mehrere Monate am Stück beurlaubt ist und sich, von Weisungen abgesehen, wie ein freier Mensch bewegen kann, bleibt doch Strafgefangener. Der Vollzug erfolgt damit immer noch *in* einer Anstalt, zumindest im Sinne der Organisationsvorschriften. Die Frage, ob der Justizvollzug beispielsweise in Hotels und Wohnwagen stattfinden kann,[1] dürfte deshalb auch nicht hier zu entscheiden sein. Aus dem Charakter der jeweiligen Landesnorm als Organisationsvorschrift folgt zudem, dass sie Gefangenen keine subjektiven, einklagbaren Rechte gewährt.

3 **2. Zuständigkeit der Bundesländer und der Justizressorts.** Der Begriff der *Landes*justizverwaltung nimmt dort, wo er von den Justizvollzugsgesetzen verwendet wird (**BW** § 3 Abs. 1 I, **HH** § 98 Abs. 1, **NI** § 170 Abs. 1), zunächst Bezug auf die Kompetenzverteilung des Grundgesetzes in Art. 83 GG. Danach ist die Errichtung von Justizvollzugsanstalten des Bundes, die etwa für Fälle der Zuständigkeit des Generalbundesanwalts beim Bundesgerichtshof denkbar wäre, nicht vorgesehen. Auch in seiner historischen Entwicklung war der Strafvollzug in Deutschland, abgesehen von den Jahren zwischen 1935 und 1945, immer Sache der Länder.[2] Für die übrigen Ländergesetze scheint es sich inso-

---

[1] Vgl. *Arloth/Krä* § 139 Rdn. 2 mit Bezugnahme auf AK-*Huchting/Pollähne*, 6. Auflage, § 139 Rdn. 6.
[2] Böhm, S. 35 Rdn. 64.

fern um eine unmittelbar aus der grundgesetzlichen Kompetenzverteilung folgende Selbstverständlichkeit zu handeln, die nicht regelungsbedürftig war.

Neben dem Hinweis auf die Zuständigkeit im föderalen Staatsaufbau nehmen die entsprechenden Regelungen eine gesetzlich verbriefte Ressortzuordnung des Justizvollzuges zur Justiz vor, die von der Geschäftsverteilung der jeweiligen Landesregierung nicht geändert werden kann. Der Gesetzgeber hat sich damit vor allem gegen die Unterstellung des Strafvollzuges unter die Innenressorts entschieden. Das ist nicht selbstverständlich: in Preußen war die Vollstreckung von Freiheitsstrafen Sache der Innenverwaltungen,[3] und in der DDR war der Strafvollzug dem Ministerium des Innern unterstellt und in die Gesamtstruktur der Polizei eingebettet.[4] In der Reformdiskussion der siebziger Jahre, die der Schaffung des Strafvollzugsgesetzes voranging, wurde auch die Anbindung des Justizvollzuges an die Sozialressorts erwogen.[5] Für die Unterbringung in Entziehungsanstalten und psychiatrischen Krankenhäusern nach §§ 63, 64 StGB ist dies zu Recht in nahezu allen Ländern der Fall; lediglich in **SL** ressortiert der Maßregelvollzug im Justizministerium.[6] Im Hinblick auf den Erziehungsgedanken des Jugendstrafrechts in § 2 Abs. 1 Satz 2 JGG wäre im Übrigen auch die Zuordnung des Jugendstrafvollzuges zu den Kultusministerien denkbar. Für die Zuordnung des Jugendstrafvollzuges zu den Sozialressorts spräche deren Zuständigkeit für die Kinder- und Jugendhilfe, darunter auch die Jugendgerichtshilfe nach § 38 JGG. Für den Vollzug des Jugendarrestes sind allerdings gemäß § 90 Abs. 2 Satz 1 JGG die Landesjustizverwaltungen zuständig. Letztlich dürfte die Zuständigkeit der Justizministerien in allen Vollzugsarten wegen des engen Zusammenhanges zwischen dem gerichtlichen Urteil und der Strafe, im Interesse der Zusammenarbeit zwischen Strafvollzugs- und Strafvollstreckungsbehörden und wegen der besonderen Rolle der Justizministerien als „Hüter des Rechts" im grundrechtssensiblen Bereich des Strafvollzuges den besten Weg darstellen. Dafür spricht auch, dass die Organisation des Justizvollzuges aus einer Hand die Bündelung von Kenntnissen und Erfahrungen etwa über die Behandlung und Wiedereingliederung von Straffälligen oder über Sicherheits- und Bauangelegenheiten befördert.

Die Regelungen stehen zugleich einer vollständigen **Privatisierung** des Strafvollzuges entgegen. Dass Privatisierung *im* Strafvollzug, also die Wahrnehmung einzelner Aufgaben durch vertraglich verpflichtete Personen, grundsätzlich möglich ist, ergibt sich schon aus einem Vergleich zum Wortlaut der ehemaligen Vorschrift des § 155 Abs. 1 Satz 2, 2. HS StVollzG („vertraglich verpflichteten Personen übertragen werden") bzw. den entsprechenden Justizvollzugsgesetzen der Länder.[7] Vollständig privat geführte Anstalten, wie sie etwa in den USA existieren,[8] wären mit den Organisationsvorschriften (insoweit § 140 StVollzG entsprechend) der Länder aber nicht vereinbar. Sie könnten auch durch eine Änderung der Justizvollzugsgesetze nicht ermöglicht werden, denn die Vollziehung der Freiheitsstrafe steht als Ausfluss des staatlichen Gewaltmonopols unter dem Funktionsvorbehalt von Art. 33 Abs. 4 GG.[9]

4

---

3   AK-*Feest/Walter*, Teil II, § 101 Rdn. 2.
4   *Finn, Gerhard*: Politischer Strafvollzug in der DDR. Köln, 1981, S. 20 f.
5   *Laubenthal/Nestler/Neubacher/Verrel* N Rdn. 6.
6   In **MV** ist das Justizministerium für die baulich-instrumentelle Sicherheit des Maßregelvollzuges zuständig. Dazu *Pollähne*, Maßregelvollzugsrecht auf Abwegen, Recht & Psychiatrie 2001, 195.
7   Zu den Grenzen vgl. Abschnitt J.
8   Vgl. *Bosch/Reichert*, ZStW 113 (2001), 205, 207; *Best*, FS Schwind, S. 19.
9   Vgl. hierzu *Laubenthal/Nestler/Neubacher/Verrel* A Rdn. 40; *Bonk*, JZ 2000, 437; *Müller-Dietz*, NK 2006, 11.

B. Trennung des Vollzuges

Bund	§ 140 StVollzG;
Baden-Württemberg	BW § 4 I JVollzGB;
Bayern	BY Art. 166 BayStVollzG;
Berlin	BE § 11 StVollzG Bln;
Brandenburg	BB § 17 BbgJVollzG;
Bremen	HB § 10 BremStVollzG;
Hamburg	HH § 98 HmbStVollzG;
Hessen	HE § 70 HStVollzG;
Mecklenburg-Vorpommern	MV § 10 StVollzG;
Niedersachsen	NI §§ 170, 171, 172 NJVollzG;
Nordrhein-Westfalen	NW § 85 StVollzG NRW;
Rheinland-Pfalz	RP § 17 LJVollzG;
Saarland	SL § 10 SLStVollzG;
Sachsen	SN § 10 SächsStVollzG;
Sachsen-Anhalt	ST § 17 JVollzGB LSA;
Schleswig-Holstein	SH § 10 LStVollzG SH;
Thüringen	TH § 17 ThürJVollzG

Schrifttum:

Siehe unter A.

Übersicht

I. Allgemeine Hinweise —— 1
II. Erläuterungen —— 2–6
   1. Begriffsbestimmungen —— 2
   2. Trennung von Sicherungsverwahrten und Gefangenen —— 3
   3. Trennung nach dem Geschlecht —— 4, 5
   4. Abweichungen vom Trennungsgrundsatz —— 6

I. Allgemeine Hinweise

1 Die Binnenorganisation von Justizvollzugsanstalten wird wesentlich von den Prinzipien der Trennung und der Differenzierung geprägt. Dabei knüpft das **Trennungsprinzip** an äußere Kriterien wie das Geschlecht und die Vollzugsart an, während die Differenzierung individuellen Behandlungs- und Sicherheitserfordernissen Rechnung tragen soll. Das Trennungsprinzip ist in den Justizvollzugsgesetzen der Länder unterschiedlich ausgestaltet. Einige Vorschriften lehnen sich an § 140 StVollzG an und regeln nur die Trennung nach dem Geschlecht (**HE** § 70 Abs. 2, **MV** § 10 Satz 1, **NW** § 85 Abs. 1, **SH** § 10 Abs. 1), andere führen in diesem Zusammenhang auch die Jugendstrafe (**BY** Art. 166 Abs. 1, **HH** § 98 Abs. 2, **TH** § 17 Abs. 1) oder die Untersuchungshaft (**BB** § 17 Abs. 1 Nr. 3, **BW** § 4 Abs. 2 I) ausdrücklich an und **NI** § 171 Abs. 2 spricht pauschal von der Trennung der *einzelnen Vollzugsarten*. Inhaltlich ist das Trennungsprinzip aber identisch. So ist in allen Ländern die Trennung von Frauen und Männern, von Untersuchungs- und Strafgefangenen, von jugendlichen und erwachsenen Gefangenen sowie von Gefangenen und Sicherungsverwahrten obligatorisch. Auf die getrennte Unterbringung besteht ein Rechtsanspruch der Gefangenen und Sicherungsverwahrten. Der Anspruch kann mit dem Antrag auf gerichtliche Entscheidung nach § 109 Abs. 1 Satz 2 StVollzG geltend gemacht werden.[10]

---

[10] Näheres *Arloth/Krä* § 141 Rdn. 5; AK-*Weßels/Böning*, Teil II, § 11 Rdn. 21.

II. Erläuterungen

1. Begriffsbestimmungen. Der Trennungsgrundsatz erstreckt sich nicht nur auf die 2
Hafträume oder Unterkunftsbereiche der Gefangenen. Das ergibt sich aus einigen Ländergesetzen nur mittelbar über die Ausnahmevorschriften, aus anderen auch über den Rückgriff auf den Begriff der Unterbringung (wie § 17 StVollzG: **BW** § 14 III, **BY** Art. 19, **HH** § 19, **NI** § 19): Dem Wortlaut nach werden auch während der Arbeit und der Freizeit Gefangene „untergebracht"; das Trennungsprinzip muss also auch dort gelten. Damit ist allerdings nicht gesagt, dass sich Gefangene, die getrennt unterzubringen sind, in einer Anstalt überhaupt nicht begegnen dürften (von Fällen der Tätertrennung nach § 119 Abs. 1 Satz 2 Nr. 4 StPO abgesehen).[11] Im medizinischen Bereich oder in den Besuchsräumen ließe sich das auch nur mit erheblichem Aufwand vermeiden.

Eine **getrennte Anstalt** ist eine selbständige Justizvollzugsbehörde. Ihre Selbständigkeit ist dadurch gekennzeichnet, dass sie über zugewiesene Haushaltsmittel verfügt und einer hauptamtlichen Leiterin bzw. einem hauptamtlichen Leiter untersteht, die oder der den nachgeordneten Beamtinnen und Beamten dienstvorgesetzt im Sinne von § 3 Abs. 2 BBG ist. Bei einer Teilanstalt oder Außenstelle ist das regelmäßig nicht der Fall, auch wenn die dortigen Leiterinnen und Leiter im Alltag oft selbständig handeln können und den Bediensteten in fachlicher Hinsicht weisungsbefugt sind. Eine selbstständige Abteilung ist eine zwar räumlich und personell abgetrennte, aber organisatorisch und rechtlich nicht selbständige Einheit. Das kann eine Außenstelle sein, die baulich eigenständig ist und u.U. weit entfernt von der Hauptanstalt liegt. Es kann sich aber auch um ein eigenes Haus auf dem Anstaltsgelände oder auch nur einen abgetrennten Flügel oder ein abgetrenntes Geschoss handeln. Solcherart abgetrennte Unterbringungstrakte können nach dem Normzweck aber nur dann selbständige Abteilungen sein, wenn sie sich Funktionsbereiche wie Duschen, Teeküchen, Telefonzellen und Aufenthaltsräume für Gefangene nicht mit anderen Abteilungen teilen müssen. Die Möglichkeit der akustischen Kontaktaufnahme zwischen den Abteilungen spricht nicht gegen eine getrennte Unterbringung.[12] Wesentlich für die Selbständigkeit sind zudem fest zugewiesenes Personal und eine eigene Leitung, die für die Vollzugsgestaltung in der Abteilung zuständig ist.[13]

2. Trennung von Sicherungsverwahrten und Gefangenen. Nach § 140 Abs. 1 3
StVollzG („Die Unterbringung in der Sicherungsverwahrung wird in getrennten Anstalten oder in getrennten Abteilungen einer für den Vollzug der Freiheitsstrafe bestimmten Vollzugsanstalt vollzogen") waren Sicherungsverwahrte getrennt von Gefangenen unterzubringen. Ale Länder haben entsprechende Regelungen in ihre Sicherungsverwahrungsvollzugsgesetze aufgenommen. Das Trennungserfordernis gilt unabhängig von der Vollzugsart und der Vollzugsdauer der Gefangenen. Auch mit Gefangenen, die lebenslange Freiheitsstrafen verbüßen und solchen mit im Einzelfall identischem Bedarf an Hilfs- und Therapiemaßnahmen dürfen Sicherungsverwahrte gegen ihren Willen nicht gemeinsam untergebracht werden. Eine eigenständige Anstalt für Sicherungsverwahrte ist bislang in keinem Bundesland eingerichtet.[14] Wegen der vergleichsweise geringen Anzahl der Sicherungsverwahrten in jedem einzelnen Bundesland dürfte dies auch zu-

---

11 *Arloth/Krä* § 140 Rdn. 2.
12 OLG Hamm, Beschluss vom 26.2.1987 – 1 Vollz (Ws) 36/87 –.
13 Vgl. KG, Beschluss vom 8.3.2010 – 2 Ws 40/10 –, StraFo 2010, 510; OLG Hamm, Beschluss vom 25.8.1988 – 1 Vollz (Ws) 230/88 –, ZfStrVo 1988, 61.
14 *Arloth/Krä* § 140 Rdn. 2.

künftig nicht sinnvoll sein. Die Unterbringung von Sicherungsverwahrten in getrennten Abteilungen innerhalb von Justizvollzugsanstalten ist mit Art. 2 Abs. 2 Satz 2 i.V.m. Art. 104 Abs. 1 GG vereinbar, wie das Bundesverfassungsgericht in seiner Entscheidung vom 4. Mai 2011 ausdrücklich festgestellt hat.[15] Abstriche im Hinblick auf das therapeutische Angebot oder den Umfang der Besuchsmöglichkeiten für die Sicherungsverwahrten dürfen aus der Einbindung in eine Justizvollzugsanstalt aber nicht folgen.[16] Das Prinzip der getrennten Unterbringung erfordert auch bei Sicherungsverwahrten nicht, dass jeder Kontakt zu Gefangenen innerhalb einer Anstalt vermieden werden muss.[17] Die genannten Prinzipien gelten gleichermaßen für die Unterbringung von Frauen in der Sicherungsverwahrung. Nach § 135 StVollzG („Die Sicherungsverwahrung einer Frau kann auch in einer für den Vollzug der Freiheitsstrafe bestimmten Frauenanstalt durchgeführt werden, wenn diese Anstalt für die Sicherungsverwahrung eingerichtet ist") war wegen der geringen Zahl weiblicher Sicherungsverwahrter deren Unterbringung in einer Anstalt des Frauenstrafvollzuges möglich. Die Vorschrift entsprach, wie der gesamte erste Titel des dritten Abschnittes (§§ 129–135 StVollzG), jedoch nicht den Vorgaben des verfassungsrechtlichen Abstandsgebotes.[18] Mittlerweile befinden sich bundesweit mehrere Frauen in Sicherungsverwahrung. Die entsprechenden Sicherungsverwahrungsvollzugsgesetze der Länder ermöglichen auch weiterhin die Bildung von Vollzugsgemeinschaften (vgl. 13 F), was den Vorteil hat, dass einerseits die Vorgaben des Abstandsgebotes beachtet und andererseits der sozialen Isolation sicherungsverwahrter Frauen entgegengewirkt werden kann. Das Prinzip der heimatnahen Unterbringung muss dabei allerdings unter Umständen hintenangestellt werden.

4   **3. Trennung nach dem Geschlecht.** Die Strafvollzugsgesetze aller Länder sehen eine Trennung von weiblichen und männlichen Gefangenen vor. Die Trennung dient der Wahrung des grundrechtlichen Anspruches auf den Schutz der Intim- und Sexualsphäre,[19] der sich aus Art. 2 Abs. 1 i.V.m. Art. 1 Abs. 1 GG ergibt.[20] Mit diesem Anspruch wäre die aufgezwungene Nähe zumindest des geschlossenen Vollzuges nicht vereinbar.[21] Dem Angleichungsgrundsatz entspricht die strikte Trennung allerdings nicht.[22] Das Regel-Ausnahme-Verhältnis zugunsten eigenständiger Frauenanstalten in § 140 Abs. 2 StVollzG[23] haben nur zwei Ländergesetze übernommen (**BB** § 17 Abs. 1 Satz 2, **RP** § 17 Abs. 1 Satz 2), die übrigen Gesetze verhalten sich dazu nicht oder stellen gesonderte Anstalten und getrennte Abteilungen in Anstalten des Männervollzuges einander gleich. Tatsächlich ist ein großer Teil der Haftplätze für Frauen nach wie vor in gesonderten Abteilungen von Anstalten des Männervollzuges eingerichtet. Selbständige Justizvollzugsanstalten für Frauen bestehen derzeit in Frankfurt am Main III, Berlin, Schwäbisch Gmünd, Vechta und Willich II. Gemischtgeschlechtlicher Justizvollzug wird in Deutschland gegenwärtig nicht praktiziert, wenngleich in der Vergangenheit in geringem Umfang bereits Erfahrungen damit gemacht wurden und beispielsweise Dänemark mittler-

---

15 BVerfG, Urteil vom 4.5.20177 – 2 BvR 2365/09 u.a. –, NJW 2011, 1931.
16 BVerfG aaO, vgl. auch *Arloth/Krä* § 140 Rdn. 2.
17 OLG Hamm, Beschluss vom 17.7.2012 – 1 Vollz Ws 297/12 –.
18 BVerfGE aaO, Rdn. 121.
19 *Laubenthal/Nestler/Neubacher/Verrel* N Rdn. 7; ebenso *Arloth/Krä* § 140 Rdn. 3.
20 Vgl. BVerfG, Urteil vom 21.12.1977 – 1 BvL 1/75 u.a. –, NJW 1978, 807.
21 KG, Beschluss vom 26.7.2006 – 5 Ws 392/06 – für den Maßregelvollzug.
22 So auch *Köhne*, BewHi 49 (2002), 221, 223.
23 Die Strafvollzugskommission ging sogar noch von selbständigen Frauenanstalten als einzig möglicher Variante aus, vgl. *Zolondek* 2007, S 48 f.

weile keine Geschlechtertrennung mehr vornimmt.[24] In Hamburg bestimmt § 95 Abs. 3, dass Männer und Frauen *in der Regel* getrennt untergebracht werden. Die damit geschaffene Öffnungsklausel steht in der hamburgischen Tradition gemeinsamer Unterbringung in der Sozialtherapeutischen Anstalt in Hamburg-Altengamme und dem offenen Vollzug im Moritz-Liepmann-Haus, die beide jedoch mittlerweile geschlossen sind.[25]

Das Trennungsprinzip steht auch der gemeinsamen Unterbringung inhaftierter Eheleute entgegen. Das Grundrecht nach Art. 6 GG wird hierdurch nicht verletzt, weil die Trennung zweier inhaftierter Eheleute keine stärkeren Belastungen mit sich bringt, als sie der Inhaftierung eines einzelnen Ehepartners eigen sind.[26] Gleichwohl ist die Haft im Falle der Inhaftierung beider Ehepartner von Verfassungs wegen und im Interesse der Resozialisierung so auszugestalten, dass die Beziehung zwischen den Ehepartnern aufrechterhalten bleiben kann. Dazu können beispielsweise regelmäßige Besuchszusammenführungen[27] oder gemeinsame Vollzugslockerungen beitragen.

Für die Unterbringung transsexueller Menschen ist das sog. „rechtliche Geschlecht" **5** maßgeblich, also dasjenige, das im Geburtsregister (§ 21 Abs. 1 Nr. 3 PStG) und in der Geburtsurkunde (§ 59 Abs. 1 Nr. 2 PStG) erfasst ist. Nach § 8 des Transsexuellengesetzes können Menschen mit Transidentität die Zugehörigkeit zum anderen Geschlecht gerichtlich feststellen lassen. In der Folge werden der Geburtseintrag, die Geburtsurkunde und alle Ausweisdokumente hinsichtlich des Geschlechtseintrages geändert. Dabei kann auch ein neuer Vorname eingetragen werden. Ab dem Zeitpunkt dieser gerichtlichen Feststellung richtet sich auch die Zuständigkeit des Justizvollzuges nach dem geänderten Geschlecht; und zwar unabhängig vom Phänotyp der Person.[28] Die bloße Änderung des Vornamens nach § 1 TSG genügt hierfür aber nicht. Ob die Sondertatbestände zur Verlegung aus Gründen der Sicherheit und Ordnung (wie § 85 StVollzG: **BW** § 65 III, **BY** Art. 92, **BB** § 87, **HH** § 9 Abs. 2, **HE** § 11 Abs. 1 Nr. 2, **MV** § 75, **NI** § 10 Abs. 1 Nr. 2–4, **RP** § 85, **SL** § 75, **SN** § 76) im Einzelfall die Unterbringung in einer Anstalt der Zuständigkeit für das frühere Geschlecht ermöglicht, ist sehr fraglich.[29] Wenn die Regelungen überhaupt Ausnahmen vom Trennungsprinzip und nicht lediglich vom Vollstreckungsplan zulassen, wäre die Voraussetzung, dass die oder der Gefangene tatsächlich „gefährlich" und nicht lediglich „gefährdet" ist.[30] Eine Gefährdung der Anstaltsordnung durch die bloße Anwesenheit einer transsexuellen Person dürfte deren Verlegung jedenfalls solange nicht rechtfertigen, wie noch Maßnahmen gegen die potentiellen Störer möglich sind.[31]

---

24 *Zolondek*, aaO S. 143.
25 *Zolondek*, aaO; zur Sozialtherapeutischen Anstalt Hamburg-Altengamme ausführlicher *Rehn*, Sozialtherapie im Justizvollzug – eine kritische Bilanz, in: *Wischka, Pecher* u.a. (Hrsg.): Behandlung von Straftätern, Freiburg 2013, S. 55 ff.
26 OLG Schleswig, Beschluss vom 20.3.1980 – 2 Ws 11/80 –, ZfStrVo 1981, 64 unter Bezugnahme auf BVerfG, Beschluss vom 6.4.1976 – 2 BvR 61/76 –, NJW 1976, 1311; ebenso OLG Hamm, Beschluss vom 16.4.1984 – 1 Vollz (Ws) 72/84 –, NStZ 1984, 432 (Ls).
27 Vgl. OLG Bremen, Beschluss vom 2.6.2014 – 1 Ws 12/14 –, NStZ-RR 2014, 326.
28 VerfGH Berlin, Beschluss vom 31.10.2002 – 66/02 u.a. –, NStZ 2003, 50. Die frühere Rechtsprechung, z.B. OLG Frankfurt, Beschluss vom 9.1.1981 – 3 Ws 966/80 –, ist überholt. Zum Anspruch einer transsexuellen Person auf ärztliche Behandlung im Strafvollzug siehe OLG Karlsruhe, Beschluss vom 30.11.2000 – 3 Ws 173/99 –, NJW 2001, 3422. Zum Anspruch auf das Tragen von Damenkleidung im Männervollzug siehe OLG Celle, Beschluss vom 9.2.2011 – 1 Ws 29/11 –, NJW 2011, 704.
29 Bejahend *Arloth/Krä* § 140 Rdn. 3, a.A. wohl *C/MD*, 11. Auflage, § 140 Rdn. 3.
30 Vgl. OLG Karlsruhe, Beschluss vom 28.12.2009 – 1 Ws 285/08, StraFo 2010, 128; KG, Beschluss vom 27.8.2007 – 2/5 Ws 376/06 –; a.A. *Arloth/Krä* § 86 Rdn. 2.
31 Vgl. BVerfG, Beschluss vom 27.6.2006 – 2 BvR 1295/05 –, NJW 2006, 2683; OLG Celle, Beschluss vom 9.2.2011 – 1 Ws 29/11 –, NStZ 2012, 430.

6 **4. Abweichungen vom Trennungsgrundsatz.** Wie § 140 Abs. 3 StVollzG lassen **BW** § 4 Abs. 6 Satz 1 I, **BY** Art. 166 Abs. 3, **BB** § 17 Abs. 5, **HH** § 98 Abs. 4, **MV** § 10 Satz 2, **NI** § 172 Abs. 1 Satz 2, **RP** § 17 Abs. 5, **SL** § 10 Satz 2 und **SN** § 10 Satz 2 Ausnahmen vom Trennungsgrundsatz zur Teilnahme an (Behandlungs-)maßnahmen in einer anderen Anstalt oder Abteilung zu. Die unterschiedlichen, von den Ländergesetzen verwendeten Begrifflichkeiten der Maßnahme, Behandlungsmaßnahme oder vollzuglichen Maßnahme können hier sämtlich weit verstanden werden.[32] Umfasst sind demnach nicht nur besondere Hilfs- und Behandlungsmaßnahmen im Sinne von § 7 Abs. 2 Nr. 6 StVollzG, sondern alle Maßnahmen mit dem Ziel der Resozialisierung. In Betracht kommen deshalb neben therapeutischen und seelsorgerischen Veranstaltungen auch gemeinsame Arbeit und Maßnahmen der Aus- und Weiterbildung. Bei der Ausnahme vom Trennungsgrundsatz handelt es sich um eine Ermessensentscheidung. Ansprüche der Gefangenen richten sich deshalb nur auf die fehlerfreie Ermessensausübung der Anstalt. Weil auf die getrennte Unterbringung ein Anspruch besteht und § 140 Abs. 3 StVollzG die Teilnahme an Behandlungsmaßnahmen nur *ermöglichen* sollte („um dem Gefangenen die Teilnahme an Behandlungsmaßnahmen in einer anderen Anstalt oder in einer anderen Abteilung zu ermöglichen"), ist im Übrigen die Zustimmung der oder des Gefangenen erforderlich. In der Praxis können die Trennungsgrundsätze die Belegungssteuerung mitunter erheblich erschweren, weil für jede Kombination von Vollzugsart, Alter und Geschlecht möglichst dezentral eine ausreichende Anzahl von Haftplätzen vorgehalten werden muss, ohne dass ineffiziente Überkapazitäten bestehen. Einige Länder haben deshalb zusätzlich zu den oben genannten Ausnahmen aus Behandlungsgründen auch das Abweichen vom Trennungsgrundsatz aus „dringenden Gründen der Vollzugsorganisation" zugelassen (**NI** § 171 Abs. 2 Nr. 3 und **HE** § 70 Abs. 4 Nr. 4). Weitere, über die ehemalige Regelung in § 140 Abs. 3 StVollzG hinausgehende Ausnahmen können in einzelnen Ländergesetzen mit Zustimmung der oder des Gefangenen (**BW** § 4 I, **HE** § 70) und bei Hilfsbedürftigkeit oder Gefahr für Leib oder Leben (**HE** § 70) erfolgen.

C. Differenzierung

Bund	§ 141 StVollzG
Baden-Württemberg	BW § 5 JVollzGB I; §§ 2 Abs. 6, 5 Abs. 2, 7 JVollzGB III
Bayern	BY Art. 12 Abs. 1, Art. 167 BayStVollzG
Berlin	BE §§ 3 Abs. 6, 16 Abs. 1, 17 Abs. 1 StVollzG Bln
Brandenburg	BB §§ 7 Abs. 4, 22 Abs. 1, 87 BbgJVollzG
Bremen	HB §§ 3 Abs. 7, 15 Abs. 1, 76 BremStVollzG
Hamburg	HH §§ 3 Abs. 2 S. 2, 99 HmbStVollzG
Hessen	HE §§ 3 Abs. 4, 5 Abs. 1, 13 Abs. 1, 72 HStVollzG
Mecklenburg-Vorpommern	MV §§ 3 Abs. 7, 15 Abs. 1, 75 StVollzG M-V
Niedersachsen	NI §§ 10 Abs. 2, 12, 173 NJVollzG
Nordrhein-Westfalen	NW §§ 2 Abs. 2 S. 2, 6, 11 Abs. 1, 93 StVollzG NRW
Rheinland-Pfalz	RP §§ 7 Abs. 3, 22 Abs. 1, 85 LJVollzG RP
Saarland	SL §§ 3 Abs. 7, 15 Abs. 1, 75 SLStVollzG
Sachsen	SN §§ 3 Abs. 7, 15 Abs. 3, 76 SächsSTVollzG
Sachsen-Anhalt	ST §§ 7 Abs. 3, 22 Abs. 1, 86 JVollzGB LSA
Schleswig-Holstein	SH §§ 3 Abs. 5, 16 Abs. 1, 103 LStVollzG SH

---

[32] AK-*Weßels/Böning*, Teil II, § 10 Rdn. 19.

| Thüringen | TH §§ 7 Abs. 3, 22 Abs. 1, 86 ThürJVollzG |
| Musterentwurf | ME §§ 3 Abs. 6, 15, 75 ME-StVollzG |

Schrifttum

Andrews/Bonta The psychology of criminal conduct. Fifth edition. London/New York 2015; *Dünkel/Pruin* Wandlungen im Strafvollzug am Beispiel vollzugsöffnender Maßnahmen – Internationale Standards, Gesetzgebung und Praxis in den Bundesländern, in: KrimPäd 2015, 30 ff; *Egg* (Hrsg.): Straffällige mit besonderen Bedürfnissen. Wiesbaden 2014; *Guéridon/Marks* Die Bedürfnisse von Straftätern: Für und Wider eines bedürfnisorientierten Umgangs mit Straftätern, in: Egg (Hrsg.): Straffällige mit besonderen Bedürfnissen. Wiesbaden 2014, 153 ff; *Jung/Müller-Dietz* Vorschläge zum Entwurf eines Strafvollzugsgesetzes, Fachausschuß I „Strafrecht und Strafvollzug" des Bundeszusammenschlusses für Straffälligenhilfe, Bonn-Bad Godesberg 1974; *Krebs* Freiheitsentzug, Entwicklung von Praxis und Theorie seit der Aufklärung, Berlin 1978; *Kröber* Insassen-Bedürfnisse und Therapie-Bedarf: angemessene Behandlung aus Sicht des forensischen Psychiaters, in: Egg (Hrsg.): Straffällige mit besonderen Bedürfnissen. Wiesbaden 2014, 59 ff; *Kurmann* Differenzierung und Klassifizierung im Strafvollzug, in: MSchrkrim 1970, 358 ff, *Müller-Dietz* Differenzierung und Klassifizierung im Strafvollzug, in: ZfStrVo 1977, 18 ff; *Petrzika* Persönlichkeitsforschung und Differenzierung im Strafvollzug: Eine kriminalgeschichtliche Betrachtung mit besonderer Berücksichtigung der „kriminalbiologischen Untersuchung" in den Strafanstalten Bayerns und des „Service d'Antropologie Pénitentiaire" in Belgien. Hamburg 1930, *Paetow* Die Klassifizierung im Erwachsenenstrafvollzug, Stuttgart 1972; *Prätor* Anspruch und Wirklichkeit. Zur Auslastung des offenen Vollzuges in Deutschland, in: Forum Kriminalprävention 2016, 3 ff; *Schöch* Klassifikation und Typologie, in: Kaiser/Kerner/Sack/Schellhoss (Hrsg.), Kleines Kriminologisches Wörterbuch, 3. Aufl., Heidelberg 1993, 214 ff; *Poltrock* Gleichbehandlung oder altersentsprechende Differenzierung: Brauchen wir ein besonderes „Altersstrafrecht"? Mönchengladbach 2013; *Verrel* Offener Vollzug in den Ländervollzugsgesetzen. Über Sinn und Unsinn der Föderalismusreform, in: Neubacher/Kubink (Hrsg.): Kriminologie – Jugendkriminalrecht – Strafvollzug. Gedächtnisschrift für Michael Walter. Berlin 2014, 62 ff; *Ward/Maruna* Rehabilitation. Beyond the Risk Paradigm. London 2007; *Wirth* Risk and Need Assessment. Eine begrifflich-ideengeschichtliche Einführung in „britische" Verhältnisse, in: BewHi 2007, 323 ff; *Wirth* Jugendstrafvollzug: Maßnahmen der Wiedereingliederung und Übergangsmanagement aus kriminal- und sozialpolitischer Sicht, in: Dollinger/Schmidt-Semisch (Hrsg.): Handbuch Jugendkriminalität. Interdisziplinäre Perspektiven. Wiesbaden 2018, 711 ff.

Übersicht

I. Allgemeine Hinweise —— 1–5
   1. Differenzierungsgrundsatz —— 1
   2. Differenzierungsbegriff —— 2
   3. Geschichtlicher Hintergrund —— 3
   4. Absicht des Bundesgesetzgebers —— 4
   5. Landesgesetze —— 5
II. Erläuterungen —— 6–21
   1. Differenzierungsarten —— 6–8
     a) Externe Differenzierung —— 7
     b) Interne Differenzierung —— 8
   2. Differenzierung nach Bedürfnislagen —— 9–11
     a) Basale Bedürfnisse —— 10
     b) Besondere Bedürfnisse —— 11
   3. Differenzierung nach Behandlungsbedarfen —— 12–14
     a) Bedarfsorientierung —— 13
     b) Risikoorientierung —— 14
   4. Differenzierung nach Sicherheitserfordernissen —— 15–18
     a) Sicherungsniveau der Anstalten —— 16
     b) Merkmale geschlossener Vollzugseinrichtungen —— 17
     c) Merkmale offener Vollzugseinrichtungen —— 18
   5. Entwicklung des offenen Vollzuges —— 19–21
     a) Quantitative Bedeutung des offenen Vollzuges —— 20
     b) Normative Bedeutung des offenen Vollzuges —— 21

I. Allgemeine Hinweise

1. Differenzierungsgrundsatz. § 141 StVollzG hat als Differenzierungsgebot zwei Grundsätze für die Gestaltung des Strafvollzuges im Allgemeinen und die Vollzugseinrichtungen im Besonderen hervorgehoben: Zum einen verlangte er die Einrichtung von Haftplätzen in verschiedenen Anstalten oder Abteilungen, in denen eine auf die unterschiedlichen Bedürfnisse der Gefangenen abgestimmte Behandlung gewährleistet ist. Des Weiteren regelte er, dass Anstalten des geschlossenen Vollzuges eine sichere Unterbringung der Gefangenen vorzusehen hatten, Anstalten des offenen Vollzuges keine oder nur verminderte Vorkehrungen gegen Entweichungen. Diesen Grundsätzen folgen die einzelnen Landesgesetze, wobei allerdings erhebliche Unterschiede bezüglich der Konkretisierung von Differenzierungsmerkmalen bestehen (s. näher Rdn. 5 und 9 ff.).

2. Differenzierungsbegriff. Konkret auf den Strafvollzug bezogen ist mit dem Differenzierungsbegriff die Schaffung unterschiedlicher Vollzugsformen gemeint, die jeweils spezielle Angebotsmerkmale und Sicherheitsvorkehrungen aufweisen, um den unterschiedlichen Bedürfnissen und Behandlungserfordernissen einer in vielfacher Hinsicht heterogenen Vollzugspopulation angemessen und effektiv Rechnung tragen zu können. In der Reformdiskussion der 1960er und 1970er Jahre sah *Schüler-Springorum*[33] den Begriff gar als eine Art Zauberwort, das gewissermaßen als Pendant zu dem für den modernen Behandlungsvollzug ebenfalls bedeutsamen **Klassifizierungsbegriff** zu betrachten ist.[34] Gemäß der terminologischen Unterscheidung zwischen Differenzierung und Klassifizierung sind die Gefangenen in Gruppen mit je gleichen oder ähnlichen Behandlungsbedürfnissen zu unterteilen, um sie auf dieser Grundlage Anstalten oder Anstaltsabteilungen mit bedarfsgerechten Maßnahmeangeboten zuweisen zu können. In Anlehnung an die griffige Formulierung *Schüler-Springorums*:[35] „‚klassifiziert' werden Gefangene, ‚differenziert' wird der Vollzug", ist also zwischen der individuellen Feststellung von Behandlungs- und Unterbringungserfordernissen und der organisatorischen Bereitstellung entsprechender Behandlungs- und Unterbringungsmöglichkeiten im Rahmen eines gegliederten Vollzugssystems zu unterscheiden. Aber natürlich bedingen Klassifizierung der Gefangenen und Differenzierung der Anstalten einander insofern, als die Diagnose unterschiedlicher Behandlungserfordernisse ins Leere geht, wenn keine darauf bezogenen Behandlungseinrichtungen existieren, während die Schaffung eben dieser Einrichtungen wenig Erfolg verspricht, solange nicht festgestellt werden kann, welche Gefangenen ihrer bedürfen oder sich für sie eignen und welche nicht.[36]

3. Geschichtlicher Hintergrund. Das Thema „Vollzugsform und Differenzierung der Anstalten" lässt sich über mehr als zwei Jahrhunderte zurückverfolgen, wie *Krebs*[37] zeigt. Ihm zufolge klingt eine Art von Differenzierung bereits bei *John Howard* an, der schon 1778 nicht nur die heute selbstverständliche Trennung der Gefangenen nach Alter und Geschlecht als notwendig ansah, sondern der auch die „Willigen und Fleißigen"[38] bei ihrer Unterbringung und Ernährung begünstigt sehen wollte. Die damaligen Klassifi-

---

33 *Schüler-Springorum* 1969, 223.
34 Vgl. zu den Begriffen auch *Paetow* 1972; *Müller-Dietz* 1977, *Laubenthal* 2015, Rdn. 303 ff.
35 *Schüler-Springorum* 1969, 223.
36 Vgl. auch *Müller-Dietz* 1977, 18; *Mey* Diagnose, Planung und Verlauf der Jugendstrafe in Nordrhein-Westfalen, in: Kerner/Dolde/Mey (Hrsg.), Jugendstrafvollzug und Bewährung. Analysen zum Vollzugsverlauf und zur Rückfallentwicklung, Bonn 1996, 389 ff.
37 Vgl. *Krebs* 1978, 17.
38 *Krebs* 1978, 47.

zierungen beschränkten sich insofern auf eher simplifizierende Zuschreibungen spezifischer Persönlichkeitsmerkmale oder Verhaltensattribute bzw. auf die Einteilung der Inhaftierten in vorwissenschaftliche und vor allem medizinisch-anthropologische „Verbrechertypologien".[39] So ging beispielsweise auch *v. Liszts* Forderung nach einer spezialpräventiven **Differenzierung des Strafensystems**, die sich an Abschreckung, Besserung und Sicherung orientierte und die erhebliche Veränderungen im deutschen Strafrecht nach sich zog, auf eine Dreiteilung der Straffälligen in Gelegenheitsverbrecher, besserungsfähige und unverbesserliche Gewohnheitsverbrecher zurück.[40] Im Zuge der weiteren Strafvollzugsreform sind indes zunehmend empirisch begründbare Tätertypologien entwickelt worden, um eine diagnostische Basis für die Ausdifferenzierung von Behandlungsmaßnahmen zu legen, die dem Vollzugsziel des modernen Strafvollzuges Rechnung tragen können. Beispielhaft lässt sich dies an der Typisierung von Sexualstraftätern und darauf bezogener Behandlungsansätze zeigen.[41]

4. Absicht des Bundesgesetzgebers. Nach *Kaiser*[42] sind Differenzierung der Anstalten und Klassifizierung der Gefangenen „die unabdingbare Grundlage eines Strafvollzugssystems, das in erster Linie zum Ziel hat, den Straftäter zu einem Leben in sozialer Verantwortung ohne Straftaten zu befähigen". Nach der Absicht des Gesetzgebers muss sich dies in der inneren und äußeren Organisationsstruktur des Vollzuges niederschlagen. Dabei darf sich die geforderte Differenzierung nicht allein auf die Bereitstellung von Einrichtungen mit unterschiedlichen Sicherungsvorkehrungen beschränken. Vielmehr müssen explizit Haftplätze in Anstalten oder Abteilungen mit unterschiedlichen Behandlungsmöglichkeiten vorgehalten werden. Ausdrücklich wurde im Hinblick auf die Art der vorzuhaltenden Einrichtungen in § 141 StVollzG allerdings lediglich zwischen Anstalten des geschlossenen und des offenen Vollzuges unterschieden, während Einrichtungen für spezifische Behandlungszwecke nicht gleichermaßen explizit benannt wurden. Das Differenzierungsprinzip ist im Laufe der Beratungen zum StVollzG immer weniger bestimmt formuliert worden. Während § 134 KE und § 7 AE-StVollzG noch ausdrücklich aufzählen, welche Anstaltsarten mindestens einzurichten sind, verzichtet der RE hierauf mit der Begründung, auf diese Weise eine möglichst große Elastizität zur Fortentwicklung des Strafvollzuges in den einzelnen Bundesländern zu gewährleisten.[43] Die individualistischer gehaltene Forderung nach einem auf die Bedürfnisse „des einzelnen Gefangenen" abgestimmten Behandlungsangebot ist durch die Beratungen im Bundesrat mit der Begründung abgeschwächt worden, eine so weitgehende Differenzierung sei weder zu realisieren, noch sei sie zur Erreichung des Vollzugsziels erforderlich.[44] Zu einer weiter konkretisierten Differenzierung der Anstalten konnte das StVollzG somit keine verbindlichen Vorgaben schaffen. Dies blieb den Ländern überlassen, aber auch die neuen Landesgesetze haben die Differenzierungsmöglichkeiten des Strafvollzuges nur partiell konkretisiert.[45]

4

---

39 Vgl. *Lombroso* Der Verbrecher, Hamburg 1887; *Petrzilka* 1930.
40 *v. Liszt* Der Zweckgedanke im Strafrecht, in: ders. (Hrsg.), Strafrechtliche Aufsätze und Vorträge, Berlin 1905, vgl. *Schöch* 1993, 215.
41 Vgl. *Biedermann* Die Klassifizierung von Sexualstraftätern anhand ihres Tatverhaltens im Kontext der Rückfallprognose und Prävention: Ein typologieorientierter Ansatz bei sexuellen Missbrauchs- und Gewalttätern mittels der Latent Class Analyse, Frankfurt/M. 2014; *Wößner* Typisierung von Sexualstraftätern. Ein empirisches Modell zur Generierung typenspezifischer Behandlungsansätze. Berlin 2006.
42 K/S-*Kaiser* 2003 § 10 Rdn. 13.
43 Vgl. BT-Drucks. 7/918, 92.
44 Vgl. BT-Drucks. 7/918, 125.
45 vgl. *Laubenthal* 2015, Rdn. 62.

5 **5. Landesgesetze.** Das Differenzierungsprinzip wird in allen Landesgesetzen aufgegriffen, allerdings nur teilweise unter expliziter Verwendung des Differenzierungsbegriffs und zudem mit unterschiedlichen Schwerpunktsetzungen. **BW** § 5 I, **BY** Art. 167, **HE** § 72, **HH** § 99 sowie **NI** § 173 haben jeweils eine eigenständige Differenzierungsvorschrift formuliert. Auch **NW** nutzt den Differenzierungsbegriff im Gesetzestext – und zwar als Behandlungsdifferenzierung in **NW** §§ 93 Abs. 2 bzw. als Binnendifferenzierung in **NW** § 6 Abs. 3. Die Regelungen in **BW**, **BY** und **HH** beziehen sich teilweise wortgleich auf die in § 141 StVollzG geforderte Differenzierung gemäß unterschiedlicher Behandlungsbedürfnisse und Sicherheitserfordernisse, während in **NI** § 173 ohne inhaltliche Konkretisierung lediglich verlangt wird, die Anstalten so zu gestalten und zu differenzieren, dass die Ziele und Aufgaben des Vollzuges gewährleistet werden.[46] Dies gilt auch für die hessische Differenzierungsvorschrift **HE** § 72, die allerdings durch einen allgemeinen **Gestaltungsgrundsatz** (**HE** § 3 Abs. 4) ergänzt wird, wonach die unterschiedlichen Betreuungs- und Behandlungserfordernisse, insbesondere im Hinblick auf Alter, Geschlecht und Herkunft, zu berücksichtigen sind. Ähnlich sind nach **NW** § 2 Abs. 2 Satz 2 die Lebenslagen und Bedürfnisse der Gefangenen zu berücksichtigen, wobei neben Alter und Geschlecht als weitere Kriterien Zuwanderungshintergrund, Religion, Behinderung und sexuelle Identität genannt sind. Demgegenüber heben **BW** § 2 Abs. 6 III und **HH** § 3 Abs. 2 lediglich die unterschiedlichen Lebenslagen und/oder Bedürfnisse von männlichen und weiblichen Gefangenen besonders hervor. Die übrigen Länder greifen die Notwendigkeit einer bedürfnisorientierten Vollzugsgestaltung ebenfalls an hervorgehobener Stelle in ihren Gestaltungsgrundsätzen auf. Dies geschieht jeweils in Anlehnung an ME § 3 Abs. 6, der auf die unterschiedlichen Bedürfnisse der Gefangenen, insbesondere im Hinblick auf Geschlecht, Alter und Herkunft, im Allgemeinen und im Einzelfall abstellt, in **BE** § 3 Abs. 6, **BB** § 7 Abs. 4, **HB** § 3 Abs. 7, **MV** § 3 Abs. 7, **RP** § 7 Abs. 3, **SL** § 3 Abs. 7, **SN** § 3 Abs. 7, **ST** § 7 Abs. 3, **SH** § 3 Abs. 5 und **TH** § 7 Abs. 3. Die zusätzliche Differenzierung des Vollzuges der Freiheitsstrafe nach Maßgabe unterschiedlicher Sicherheitserfordernisse haben diese Länder in ihre Regelungen zum geschlossenen und offenen Vollzug integriert (**BE** § 16 Abs. 1, **BB** § 22 Abs. 1, **HB** § 15 Abs. 1, **MV** § 15 Abs. 1, **RP** § 22 Abs. 1, **SL** § 15 Abs. 1, **SN** § 15 Abs. 3, **ST** § 22 Abs. 1, **SH** § 16 Abs. 1, **TH** § 22 Abs. 1) (s. 10 A Rdn. 1). **NW** tut dies in **NW** § 6 („Sicherheit") und **NW** § 93 („Organisation der Anstalten"). **BW** § 5 Abs. 2 III, **BY** Art. 167 Abs. 2, **HE** § 72 Abs. 2 sowie **HH** § 99 Abs. 3 tun dies innerhalb der Differenzierungsvorschrift, während **NI** auch hier auf eine ausdrückliche gesetzliche Regelung verzichtet und nur bei der Unterbringung den Begriff des offenen Vollzugs verwendet (**NI** § 12).

II. Erläuterungen

6 **1. Differenzierungsarten.** Zur Umsetzung des Differenzierungsgebotes sind verschiedene **Differenzierungsarten** denkbar. Da das Differenzierungsprinzip auf Haftplätze und nicht etwa ausschließlich auf Anstaltsarten abstellt, kann zwischen externer und interner Differenzierung unterschieden werden. Dabei ist auch eine Unterscheidung zwischen Differenzierungen nach formalen und individuellen **Klassifizierungsmerkmalen** der Gefangenen zu beachten.

7 **a) Externe Differenzierung.** Im Wege externer Differenzierung können Anstalten mit unterschiedlichem Sicherheits- und Lockerungsniveau, variabler Größe, Bau- und

---

[46] Im Interesse der Wahrung hoher Flexibilität verzichtet **NI** vollständig auf eine besondere Betonung einzelner Differenzierungsansätze (vgl. **NI** LT-Drucks.15/3565, 207 ff).

Organisationsform, verschiedenartigen Arbeits- und Freizeitprogrammen, spezifischen Behandlungsangeboten und spezialisiertem Fachpersonal für bestimmte Tätergruppen vorgehalten werden.[47] Konkret beinhaltet dies nicht nur die Einrichtung von Anstalten des offenen und geschlossenen Vollzugs, sondern beispielsweise auch von Einrichtungen mit Schwerpunkt- oder Spezialaufgaben wie z.B. Sozialtherapeutische Anstalten, Einrichtungen zur Durchführung des Aufnahmeverfahrens oder der Entlassungsvorbereitung, Zentren für schulische oder berufliche Bildungsmaßnahmen, Anstalten für Frauen und Mutter-Kind-Einrichtungen, Einrichtungen für junge Erwachsene („Jungtäter") oder alte Gefangene („Senioren"), Behandlungsstätten für drogenabhängige oder psychisch kranke Straftäter, Justizvollzugskrankenhäuser etc. Auch eine Differenzierung nach der voraussichtlichen Haftdauer sowie für erstmals und wiederholt inhaftierte Strafgefangene wird diskutiert.[48] Zudem ist an die Schaffung von Verbundanstalten im Rahmen von länderübergreifenden Vollzugsgemeinschaften zu denken, die § 150 StVollzG vorgesehen hatte. Die externe Differenzierung ist nicht zuletzt deshalb in Verbindung mit dem **Vollstreckungsplan** (s. 13 H Rdn. 1ff.) zu sehen, der sich typischerweise an **formalen Klassifizierungskriterien** wie z.B. Geschlecht, Alter, Nationalität, Haftart, Vollzugsdauer, Inhaftierungshäufigkeit, Straftat, Wohnort, Gerichtsbezirk usw. orientiert. Ein nicht an Vollzugsanstalten, sondern allein an Haftplätzen orientiertes Differenzierungsverständnis mag mit der Bezugnahme auf den **Vollzugsplan** (s. 2 C Rdn. 4ff.) auskommen,[49] der anhand der Ergebnisse spezifischer Behandlungsuntersuchungen erstellt wird. Die daraus abgeleiteten **individuellen Klassifizierungen** können freilich auch mit der Einrichtung extern differenzierter **Einweisungsanstalten** (s. auch 13 H Rdn. 7f.) verbunden sein, in denen auf diagnostischer Grundlage einzelfallbezogene Behandlungsempfehlungen mit anschließender Festlegung der jeweils zuständigen Anstalt erarbeitet werden. Ein Beispiel bietet das in Nordrhein-Westfalen bereits 1971 eingerichtete und seither mehrfach modifizierte Einweisungsverfahren.[50]

b) Interne Differenzierung. Eine starke externe Differenzierung kann vor allem in 8 Flächenstaaten tendenziell zu Lasten einer heimatnahen Unterbringung der Gefangenen gehen und die für die spätere Wiedereingliederung wichtige Aufrechterhaltung familiärer und sozialer Bindungen erschweren. Für die kleineren Bundesländer und Stadtstaaten trifft dies natürlich weniger zu, doch fehlen gerade ihnen die Möglichkeiten zur Schaffung eines breit gefächerten Systems differenzierter Anstaltsarten. Die interne Differenzierung, also die flexibler handhabbare Einrichtung speziell ausgestatteter Vollzugseinheiten oder Abteilungen innerhalb einer Anstalt kann (nicht nur) hier als geeignete Alternative erscheinen. Zusätzlich zu der damit möglichen inneren Aufgliederung des Behandlungsangebotes soll eine verstärkte **Binnendifferenzierung** durch überschaubare Wohn-, Betreuungs- oder Behandlungsgruppen (s. dazu auch 13 D Rdn. 3) außerdem vor allem in großen Anstalten zur Schaffung und Bewahrung eines gewaltfreien Klimas beitragen, wie es beispielsweise **HH** § 3 Abs. 2 Satz 3 fordert. Ein weiteres Beispiel ist die Einrichtung von Entlassungsabteilungen, z.B. in Form von offenen Abteilungen im geschlossenen Strafvollzug (s. dazu auch Rdn. 18), die den Übergang der Ge-

---

47 Vgl. *Laubenthal* 2015, Rdn. 61ff.
48 Mit Blick auf die mit Letzterem einhergehende Unterscheidung zwischen „Erstvollzug" und „Regelvollzug" zustimmend *Arloth/Krä* 2017, § 141 StVollzG Rdn. 1, sowie ablehnend AK-*Pollähne* 2017, § 93 LandesR. Rdn. 26.
49 So AK-*Huchting/Pollähne* 2012 Rdn. 1–3.
50 Vgl. *Syrnik/Scholand-Kuhl* Diagnostik vor Behandlung. 44 Jahre Einweisungsverfahren in Nordrhein-Westfalen, in: Rettenberger/Dessecker (Hrsg.): Behandlung im Justizvollzug, Wiesbaden 2016, 93ff.

fangenen in die Freiheit erleichtern bzw. anstaltsintern fließende Übergänge im Wege der sogenannten „internen Progression" ermöglichen.[51] Allerdings ist kaum davon auszugehen, dass selbst große Anstalten immer das gesamte Spektrum ggf. erforderlicher Behandlungsmaßnahmen vorhalten und insoweit alle Differenzierungserfordernisse intern lösen (können). Soweit das Differenzierungsgebot die Bereitstellung von Haftplätzen in verschiedenen Anstalten oder Abteilungen (etwa **NW** § 93 Abs. 1) verlangt, muss auch nicht jede JVA die gesamte Bandbreite an Maßnahmen vorhalten, die für eine dem Vollzugziel entsprechende Behandlungsdifferenzierung angezeigt sein können. Insofern ist eine Mischung der beiden Differenzierungsformen in der Regel unabdingbar.

9   **2. Differenzierung nach Bedürfnislagen.** Die Differenzierungserfordernisse ergeben sich nach der früheren Bundesregelung des § 141 StVollzG und ihr folgend nach dem weit überwiegenden Teil der Landesgesetze (s. näher Rdn. 5) aus den „unterschiedlichen Bedürfnissen der Gefangenen", auf die die Behandlung im Vollzug der Freiheitsstrafe abzustimmen ist. So ist es beispielsweise unzulässig, den Antrag eines Gefangenen auf Verbüßung seiner Strafe im offenen Vollzug abzulehnen, wenn dieser dadurch aufgrund einer unzureichenden Abwägung in seinem Persönlichkeitsrecht verletzt ist. Entsprechende Entscheidungen müssen unter Beachtung des Grundsatzes der Gleichbehandlung getroffen werden, dürfen also nicht eine Gruppe von Verurteilten bevorzugen, ohne dass gewichtige Gründe vorliegen, die eine Differenzierung rechtfertigen können.[52] Es ist allerdings auch nicht zulässig, den Antrag eines Gefangenen auf Unterbringung in eine familiennähere Anstalt mit der Begründung abzulehnen, die räumliche Trennung von Angehörigen sei die regelmäßige Folge des Strafvollzuges und im Interesse der justizinternen Differenzierung hinzunehmen.[53] Damit ist gleichwohl nicht garantiert, dass jeder Gefangene Anspruch auf einen seinen individuellen Bedürfnissen entsprechenden Haftplatz hat. Die Begründungen der meisten Landesgesetze machen dies deutlich, indem sie darauf hinweisen, dass es sich bei den Gestaltungsgrundsätzen um Programmsätze handelt, die zwar sowohl im Allgemeinen als auch im Einzelfall gelten, aus denen die Gefangenen aber keine unmittelbaren Rechte ableiten können.[54] Tatsächlich ist kaum zu erwarten, dass im Strafvollzug alle denkbaren und vielleicht wünschenswerten Bedürfnisse der Gefangenen berücksichtigt werden können. **ST** § 7 Abs. 3 bringt dies durch Formulierung des entsprechenden Gestaltungsgrundsatzes als Sollvorschrift zum Ausdruck, da die Berücksichtigung seltener „herkunftsspezifischer Ansprüche" die Vollzugsbehörden im Einzelfall vor unlösbare Schwierigkeiten stellen könne.[55] Andererseits lässt beispielsweise die bayerische Gesetzesbegründung erkennen, dass der Differenzierungsgrundsatz nicht nur als Notwendigkeit gesehen werden muss, den „besonderen Behandlungs- und Sicherheitsbedürfnissen" zu genügen, sondern auch als Möglichkeit, den Behandlungsauftrag zugleich mit wirtschaftlich vertretbaren Mitteln erfüllen zu

---

51 **NW** LT-Drucks. 16/5413, 165; vgl. auch *Laubenthal* 2015, Rdn. 70.
52 VerfGH Saarland Lv 6/12 vom 18.3.2013.
53 BVerfGE 2 BvR 345/17 vom 20.6.2017, wenngleich Erschwernisse, etwa bei der Besuchsabwicklung, die aus einer sachlich gerechtfertigten Differenzierung folgen, hingenommen werden müssen (vgl. *Arloth/Krä* 2017, § 141 StVollzG Rdn. 1 mit Verweis auf OLG Hamm, ZfStrVo 2002, 315).
54 So ausdrücklich und nahezu gleichlautend in den Begründungen zu **BE** § 3 Abs. 6, **BB** § 7 Abs. 4, **HB** § 3 Abs. 7, **MV** § 3 Abs. 7, **RP** § 7 Abs. 3, **SL** § 3 Abs. 7, **ST** § 7 Abs. 3; **SH** § 3 Abs. 5; **TH** § 7 Abs. 3. Sieht der Vollzugsplan jedoch spezifische Behandlungsmaßnahmen vor und werden diese den betreffenden Gefangenen während der Haft mangels ausreichender Ressourcen vorenthalten, ist nach AK-*Huchting/Pollähne* 2012 Rdn. 3 und 13 ein Verstoß gegen die Bereitstellungsverpflichtung (dazu auch AK-*Pollähne* 2017, § 93 LandesR Rdn. 23 f) gegeben.
55 **ST** LT-Drucks. 6/3799, 11.

können.⁵⁶ Jedoch fehlt es generell nicht nur dem Behandlungsbegriff,⁵⁷ sondern auch dem Bedürfnisbegriff an Eindeutigkeit. Die in den Landesgesetzen zu findende Auflistung von Gefangenengruppen, deren unterschiedliche Bedürfnislagen bei der Vollzugsgestaltung insbesondere zu berücksichtigen sind, schafft hier nur bedingt Abhilfe.

a) Basale Bedürfnisse. Die entsprechenden Unterscheidungskriterien variieren in **10** Art und Anzahl. Mit Ausnahme von **BY** und **NI**, die generell auf eine Benennung im Gesetz verzichten, führen alle Länder (**BW** § 2 Abs. 6, **BE** § 3 Abs. 6, **BB** § 7 Abs. 4, **HB** § 3 Abs. 7, **HH** § 3 Abs. 2, **HE** § 3 Abs. 4, **MV** § 3 Abs. 7, **NW** § 2 Abs. 2, **RP** § 7 Abs. 3, **SL** § 3 Abs. 7, **SN** § 3 Abs. 7, **ST** § 7 Abs. 3, **SH** § 3 Abs. 5, **TH** § 7 Abs. 3) das Geschlecht als Klassifizierungskriterium an, wobei **BW** und **NW** ausdrücklich auf Grundsätze des Gender Mainstreaming bzw. die Europäischen Strafvollzugsgrundsätze⁵⁸ Bezug nehmen, nach denen die Vollzugsbehörden bei allen Entscheidungen, die die Belange von inhaftierten Frauen betreffen, ein besonderes Augenmerk auf deren spezifische Bedürfnisse, etwa in körperlicher, beruflicher, sozialer und psychologischer Sicht, zu richten haben. Daneben werden in zwölf Ländern (**BE** § 3 Abs. 6, **BB** § 7 Abs. 4, **HB** § 3 Abs. 7, **HE** § 3 Abs. 4, **MV** § 3 Abs. 7, **NW** § 2 Abs. 2, **RP** § 7 Abs. 3, **SL** § 3 Abs. 7, **SN** § 3 Abs. 7, **ST** § 7 Abs. 3, **SH** § 3 Abs. 5, **TH** § 7 Abs. 3) auch Alter und Herkunft (in **NW** Zuwanderungshintergrund) sowie in sechs Ländern (**BE** § 3 Abs. 6, **BB** § 7 Abs. 4, **NW** § 2 Abs. 2, **RP** § 7 Abs. 3, **SN** § 3 Abs. 7, **SH** § 3 Abs. 5) die Bedürfnisse von Gefangenen mit Behinderungen als besonders zu berücksichtigende Kriterien benannt. Außerdem finden noch die Kriterien Religion bzw. Glauben in **BE** § 3 Abs. 6 (hier ergänzt durch Weltanschauung), **BB** § 7 Abs. 4, **NW** § 2 Abs. 2 und **SN** § 3 Abs. 7 sowie Bedürfnisse, die mit unterschiedlicher sexueller Orientierung oder Identität verbunden sind (**BE** § 3 Abs. 6, **BB** § 7 Abs. 4, **NW** § 2 Abs. 2 und **RP** § 7 Abs. 3), explizite Berücksichtigung. Diese nicht abschließenden Aufzählungen sind in der Regel auf Art. 3 Abs. 2 und 3 GG bezogen, verlangen dem Vollzug aber über das Diskriminierungsgebot hinaus ein „aktives Tätigwerden"⁵⁹ ab. Rechnung getragen wird dem u.a. durch die gesetzlich abgesicherte Trennung von männlichen und weiblichen Gefangenen sowie durch die Berücksichtigung bestimmter Wünsche der Gefangenen bei Verpflegung und Einkauf, der Ausstattung des Haftraums sowie dem Besitz religiöser Schriften oder der Zulassung von Gegenständen – all dies „basale Bedürfnisse", die von den „besonderen Bedürfnissen" der Strafgefangenen unterschieden werden müssen.⁶⁰

b) Besondere Bedürfnisse. Während die basalen Bedürfnisse der Gefangenen bei **11** der ansonsten in einer Strafhaft gegebenen Einschränkung der Möglichkeiten zur persönlichen Bedürfnisbefriedigung stets allgemein mit Blick auf die Achtung der Persönlichkeit und Würde der Gefangenen zu berücksichtigen sind,⁶¹ geht es bei den besonderen Bedürfnissen der Inhaftierten um die Berücksichtigung substantieller Korrelate der

---

56 **BY** LT-Drucks. 15/8101, 88; ähnlich **BW** LT-Drucks. 14/5012, 171. Zu einer entsprechenden Kommentierung des § 141 StVollzG vgl. *Arloth/Krä* 2017, § 141 StVollzG Rdn. 1.
57 Vgl. *Mey* Zum Begriff der Behandlung im Strafvollzugsgesetz (aus psychologisch-therapeutischer Sicht), in: ZfStrVo 1987, 42 ff; 1987, 43; *Schriever* Behandlungsvollzug – Abschied von einem überkommenen Begriff, in: ZfStrVo 2006, 262 ff; *Wirth* (2018, 714 ff) mit dem Vorschlag, von „Befähigungsmaßnahmen" anstelle von „Behandlungsmaßnahmen" zu sprechen; AK-*Pollähne* (2017, § 93 LandesR Rdn. 25) präferiert den Begriff der „Vollzugsmaßnahmen".
58 Nr. 34.1 der Empfehlung REC (2006) des Europarats vom 11. Januar 2006.
59 AK *Feest/Lesting* 2017, § 3 LandesR Rdn. 44.
60 Zur Unterscheidung der Bedürfnisarten vgl. *Kröber* 2014, 60, aber auch *Guèridon/Marks* 2014, 6, die anstelle von „basalen Bedürfnissen" von „universalen und fundamentalen Bedürfnissen" sprechen.
61 Vgl. **NW** LT-Drucks. 16/5413, 78.

spezifischen Lebenslagen[62] von Personengruppen, denen entweder eine besondere Verletzlichkeit und Schutzbedürftigkeit oder eine besondere Gefährlichkeit, oftmals sogar all dies gleichzeitig, zugeschrieben wird.[63] Explizit genannt werden in diesem Zusammenhang ausländische Gefangene,[64] drogenabhängige Gefangene,[65] lebenslang Inhaftierte,[66] psychisch Kranke[67] oder Psychopathen[68] sowie (wiederum) Frauen,[69] alte[70] und behinderte Menschen,[71] aber auch spezifische Tätergruppen wie etwa Sexualstraftäter,[72] deren jeweils speziellen Problemlagen in der Fachliteratur ebenso beschrieben werden wie darauf bezogene Behandlungsansätze. Allerdings wird die Frage, welche Gefangenengruppen als Straftäter mit derart besonderen Behandlungsbedürfnissen zu betrachten sind, sowohl in der Strafvollzugspraxis als auch in der Strafvollzugsforschung unterschiedlich und nicht abschließend beantwortet, zumal sich im Zeitablauf immer wieder unterschiedliche Entwicklungen und Fokussierungen ergeben. Naheliegend ist allerdings die Feststellung von *Guéridon/Marks*, dass besondere Bedürfnisse der Gefangenen in der Regel besondere Probleme und besonderen Aufwand für die Strafvollzugsbehörden bedeuten,[73] zumindest, wenn diese sich auf eine rein defizitorientierte Sicht beschränken bzw. auf „all das, was man ungern sieht und beseitigen möchte",[74] um die Voraussetzungen für ein Leben in sozialer Verantwortung ohne weitere Straftaten zu schaffen.

12   **3. Differenzierung nach Behandlungsbedarfen.** An dieser Stelle wirkt der Bedürfnisbegriff besonders missverständlich, sind hier doch nicht zwingend Behandlungswünsche angesprochen, die die Gefangenen selbst artikuliert haben, sondern vor allem Behandlungsbedarfe, die sie persönlich gar nicht sehen (mögen) und die dann ohne systematische Diagnostik und gezielte Motivierungsarbeit weder vollzugsplan- noch (be-)handlungsrelevant werden (können). Nicht subjektiv empfundene Mängellagen, sondern professionell diagnostizierte Problemlagen, nicht das **Bedürfnisempfinden** der Gefangenen, sondern die **Bedarfsdefinitionen** der Fachdienste bilden die Basis einer auf die Erreichung des Vollzugszieles ausgerichteten Behandlung. So lässt sich auch **HE** § 3 Abs. 4 lesen, der – anders als die übrigen Landesregelungen – nicht von Behandlungsbedürfnissen, sondern von **Betreuungs- und Behandlungserfordernissen** der

---

62   Der eher operationalisierbare Begriff der Lebenslage ist ausdrücklich in die Regelungen zu **BW** § 2 Abs. 6, **HH** § 3 Abs. 2 und **NW** § 2 Abs. 2 aufgenommen worden; zum Lebenslagekonzept allgemein vgl. *Wirth* 2018, 713 f.
63   *Guéridon/Marks* 2014, 33 ff.
64   AK-*Graebsch* 2017, Teil VII.1; *Lürßen/Walkenhorst* Schwerpunkt: Flüchtlinge und Integration. Eine Herausforderung für Gesellschaft und Justizvollzug, in FS 2017, 81 ff.
65   AK-*Stöver* Teil 2017, VII.2.; vgl. zudem die Schwerpunkthefte „Drogen und Straffälligenhilfe – Konzepte", in: BewHi 2016, 322 ff. sowie „Drogen und Straffälligenhilfe – empirische Befunde", in BewHi 2017, 2 ff.
66   AK-*Pollähne* 2017, Teil VII.4.; *Wirth/Koop* Schwerpunkt: Lebenslang!, in: FS 2017, 221 ff.
67   AK-*Lindemann* Teil 2017, VII.6; *Koop/Wirth* Schwerpunkt: Umgang mit psychisch Kranken, in: FS 2015, 232 ff.; vgl. auch die Beiträge in dem Schwerpunktheft „Psychisch Auffällige", BewHi 2016, 98 ff.
68   *Kröger* 2014 Behandlungsprogramm für Patienten mit hoher Psychopathieausprägung, in: Egg 2014, 71 ff.
69   AK-*Böning/Weßels* 2017, Teil V.3., *Haverkamp* Frauen im Strafvollzug, in Egg 2014, 133 ff.
70   *Baumeister/Keller* Alte Menschen im Straf- und Maßnahmenvollzug, in: Egg 2014, 153 ff.; Poltrok 2013.
71   AK-*Tolmein* 2017, Teil VII.5.
72   *Kliesch* 2014 Besonderheiten der deliktpräventiven Psychotherapie mit Sexualstraftätern, in: Egg 2014, 89 ff; *Wischka* Das Behandlungsprogramm für Sexualstraftäter (BPS-R): Erfahrungen und Evaluationsergebnisse, in: Recht & Psychiatrie 2013, 138 ff.
73   *Guéridon/Marks* 2014, 33.
74   *Kröber* 2014, 59

Gefangenen spricht.[75] In Verbindung mit **HE** § 5 Abs. 1 geht es dabei aber nicht allein um die Aufarbeitung von Defiziten, die die Straffälligkeit begünstigt oder gar verursacht haben, sondern auch um die Entwicklung von Fähigkeiten und Fertigkeiten, die die Legalbewährung fördern können – beides erfordert jedoch nicht selten ein gezieltes Bemühen um Motivations- und Verhaltensänderungen der Inhaftierten.[76]

a) Bedarfsorientierung. Nun mögen die in den Gesetzestexten formal definierten 13 Gefangenengruppen durch jeweils gruppentypische Behandlungsbedürfnisse charakterisierbar sein, doch impliziert dies nicht bei allen Gruppenmitgliedern identische Behandlungserfordernisse im Hinblick auf die Erreichung des Vollzugszieles. So können männliche und weibliche Gefangene ebenso wie alte oder junge, deutsche oder ausländische Inhaftierte mehr oder weniger stark von behandlungsbedürftigen, oftmals gar multiplen kriminogenen Problemlagen betroffen sein, die eine (sukzessive) Durchführung unterschiedlicher Behandlungsmaßnahmen erfordern. Die Beachtung des hier zum Ausdruck kommenden „**criminogenic need principle**"[77] verlangt indes individuelle Klassifizierungen gemäß fachdienstlicher Bedarfsfeststellungen zur Einleitung entsprechend ausdifferenzierter Behandlungsmaßnahmen. Hier ist das schon früh geforderte **Individualisierungsprinzip**[78] erkennbar, das wie das Differenzierungsgebot nach schlüssiger Feststellung entsprechender Differenzierungsgründe als Absage an eine für alle Gefangenen in gleicher Weise angezeigte oder umzusetzende Behandlungsmethode zu verstehen ist – wenngleich nicht als Aufforderung, nur Einzelmaßnahmen vorzusehen, wenn Gruppenmaßnahmen den gleichen oder gar größeren Erfolg versprechen. In kontinuierlichen Analysen des Behandlungsbedarfes, die etwa **NW** § 126 Abs. 2 als Aufgabe des Kriminologischen Dienstes betrachtet, konnte beispielsweise für den Jugendstrafvollzug gezeigt werden, dass pro „durchschnittlichem Gefangenen" ein Bedarf an drei bis vier unterschiedlichen Behandlungsmaßnahmen aktenkundig ist,[79] was natürlich integrierte Behandlungsansätze erforderlich macht, die nicht immer problemlos mit der organisatorischen Untergliederung des Strafvollzugssystems in Einklang gebracht werden können. Bei diesen Behandlungsbedarfen handelt es sich um Suchtberatungen oder Suchttherapievorbereitungen bei über 70 % der Inhaftierten, Maßnahmen der beruflichen Vorbereitung, Qualifizierung oder Ausbildung bei etwa zwei Drittel, soziale Trainingsmaßnahmen bei knapp 60 %, schulische Bildungsmaßnahmen bei etwa der Hälfte, Anti-Gewalt-Trainings und andere deliktorientierte Maßnahmen bei knapp 40 % sowie Schuldnerberatungen bei etwa jedem vierten jungen Gefangenen, um nur die wichtigsten zu nennen, die insofern besondere Beachtung verdienen.[80]

b) Risikoorientierung. Das auch in der Fachliteratur zumeist eher umgangssprach- 14 lich als „Bedürfnisprinzip" übersetzte „need principle", ist folglich eher als kriminolo-

---

75 Zumindest im Gesetzestext, nicht aber in der Gesetzesbegründung, in der der Bedürfnisbegriff synonym verwendet, ansonsten aber die Logik einer bedarfsorientierten Sichtweise beibehalten wird (vgl. HE LT-Drucks. 18/1396, 78). SH § 3 Abs. 5 spricht von „individuellen Erfordernissen und Bedürfnissen", ohne dies weiter zu begründen.
76 Zum Verhältnis von „Bedürfnis" und „Bedarf" sowie zur Notwendigkeit, Behandlungsmaßnahmen an den Möglichkeiten und Ressourcen der Gefangenen zu orientieren auch *Kröber* 2014.
77 *Andrews/Bonta* 2015, 48 ff.
78 Vgl. *Müller-Dietz* 1977, 19, im Verhältnis zum Klassifizierungsbegriff *Laubenthal* 2015, Rdn. 215.
79 Die hier dargestellten Daten beziehen sich zunächst nur auf den Jugendstrafvollzug. Entsprechende Erhebungen für den Vollzug der Freiheitsstrafe sind in Vorbereitung.
80 Vgl. *Lobitz/Wirth* Wirkung? Wirkung! Wirkung? Was leistet das Gefängnis?, in: Schweder (Hrsg): Jugendstrafvollzug – (k)ein Ort der Bildung?! Weinheim und Basel 2017, 174 ff.

gisch begründbares „Bedarfsprinzip" zu verstehen. Es ist Teil des weltweit rezipierten „RNR Model of Correctional Assessment and Treatment"[81] und darin mit dem besonders bedeutsamen **„risk principle"** insoweit eng verknüpft, als die zu beachtenden kriminogenen Faktoren wesentlich die Rückfallwahrscheinlichkeit der Inhaftierten und damit auch die Auswahl der Behandlungsmaßnahmen bestimmen, die zur Reduzierung eben dieses Risikos erforderlich sind.[82] Neben **R**isk und **N**eed beinhaltet das RNR-Modell drittens noch das so genannte **„responsivity principle"**, das gelegentlich ebenso verkürzend nur auf die motivationale „Ansprechbarkeit" der Gefangenen bezogen wird, tatsächlich aber auch eine „ansprechende" Maßnahmegestaltung fordert, d.h. die Aufforderung, als erforderlich erachtete Behandlungsmaßnahmen responsiv an den individuellen Stärken, Schwächen, Motivationen und Präferenzen der Gefangenen auszurichten.[83] Meta-analytische Evaluationsstudien haben gezeigt, dass Behandlungsprogramme, die alle drei Prinzipien erfüllen, die Rückfallraten um etwa 15–30 Prozent senken können, aber auch, dass die Effektstärken abnehmen, je weniger eine Intervention den drei Prinzipien entspricht.[84] Insofern ist *Guéridon/Marks* grundsätzlich darin zuzustimmen, dass der Strafvollzug einen Teil seiner möglichen Wirksamkeit verschenkt, wenn er die Bedürfnisse der Gefangenen ignoriert.[85] Die daraus abgeleitete Forderung nach einer „bedürfnisorientierten Sichtweise"[86] kann die professionell fundierte Bedarfsorientierung sinnvoll ergänzen, wird aber vor allem mit Blick auf die behandlerischen Konsequenzen der fachlichen Risikoorientierung[87] begrenzt bleiben müssen. Denn schließlich fordert das „risk principle", dass sich die Behandlungsintensität an der Gefährlichkeit und Rückfallwahrscheinlichkeit der Gefangenen orientieren soll. Danach sind für Täter mit geringem Rückfallrisiko eher niedrigschwellige und weniger eingreifende Maßnahmen angezeigt, während für Gefangene mit hohem oder mittlerem Rückfallrisiko die Vorhaltung besonders intensiver Behandlungsangebote gefordert wird.[88] Dies kann auch mit der Unterbringung in mehr oder weniger stark gesicherten Vollzugseinrichtungen einhergehen, wobei Letzteres in der Regel nicht den individuellen Bedürfnissen der Gefangenen entsprechen dürfte.

15   **4. Differenzierung nach Sicherheitserfordernissen.** Bei besonders gefährlichen und rückfallgefährdeten Gefangenen wäre es unverantwortlich, die im Differenzierungsgebot des § 141 Abs. 2 StVollzG vorgesehene, in den Landesvorschriften aber nunmehr überwiegend separat geregelte **„sichere Unterbringung"**[89] (s. auch 11 E) der Gefangenen

---

81   *Andrews/Bonta* 2015, 45 ff.
82   Vgl. *Andrews/Bonta* 2015, 49.
83   Vgl. *Andrews/Bonta* 2015, 46, zur Übersetzung der Begriffe auch *Wirth* 2007, 324.
84   Vgl. *Lösel/Bender* Konzepte, Ergebnisse und Perspektiven der Behandlung von Straftätern: Ein internationaler Überblick. Teil 2: Befunde zu unterschiedlichen Ansätzen der Straftäterbehandlung, in: FS 2018, S. 144 ff.
85   Vgl. *Guéridon/Marks* 2014, 47.
86   Dazu neben *Guéridon/Marks* 2014, 47, auch Kröber 2014, 69.
87   Zur Diskussion des Konzeptes in Deutschland und der Schweiz vgl. *Mayer/Treuthardt* Risikoorientierung in Straf- und Maßnahmenvollzug und Bewährungshilfe. In: BewHi 2014, 132 ff. In Abgrenzung, teilweise aber auch in Ergänzung zu dem grundsätzlich defizitorientierten Ansatz der „Risikoorientierung" und des „RNR-Modells" wird zunehmend eine stärkere „Desistanceorientierung" in Verbindung mit dem „Good-Lives Model" (*Ward/Maruna* 2007) und Fokussierung auf Stärken und Ressourcen von Straffälligen gefordert. Eine kritische Diskussion der beiden Perspektiven bietet *Graebsch* Risikoorientierung vs. Desistanceorientierung der Straffälligenhilfe, in: BAG-S Informationsdienst Straffälligenhilfe 2018; 29 ff.
88   Vgl. *Endres/Schwanengel* Straftäterbehandlung, in BewHi 2015, 293 ff.
89   In Verbindung mit dem Differenzierungsgebot wird der Begriff der „sicheren Unterbringung" in den § 141 StVollzG explizit folgenden Landesvorschriften **BW** § 5 Abs. 2 I, **BY** Art. 167 Abs. 2, **HH** 99 Abs. 3 und

unberücksichtigt zu lassen. Doch wäre es gleichwohl verfehlt, sich allein darauf zu beschränken. Vielmehr ist gerade für diese Tätergruppen eine beständige Ausweitung und Verbesserung der Behandlungsangebote zu fordern, was letztlich auch dem Schutz der Allgemeinheit dient. Die individuelle Feststellung von Bedürfnislagen und Behandlungsbedarfen zur differenzierten Maßnahmegestaltung sowie die gleichsam personenbezogene Einschätzung von Sicherheitsgefährdungen und Sicherheitserfordernissen zur differenzierten Unterbringung der Gefangenen müssen bei Entscheidungen über die Einweisung der Gefangenen in mehr oder weniger gesicherte Anstalten bzw. Anstaltsbereiche Hand in Hand gehen, handelt es sich hier doch um die zwei Seiten der einen Medaille „Differenzierung". Dabei ist die Unterteilung der Anstalten nach unterschiedlichem Sicherheitsgrad gewissermaßen als „klassische Differenzierung"[90] im Sinne des § 141 StVollzG zu betrachten. Besonders augenfällig wird dies in **BY** Art. 167, der neben den „Behandlungsbedürfnissen der Gefangenen" explizit auch „Sicherheitserfordernisse" als zusätzliches Differenzierungskriterium benennt und in Verbindung mit **BY** Art. 4 auf den Schutz der Allgemeinheit bezieht.[91] Ähnlich unterscheidet **HH** § 99 zwischen „Sicherheitserfordernissen" und „Bedürfnissen des Einzelnen", während die in der baden-württembergischen Gesetzesbegründung genutzte Begrifflichkeit „der Behandlungs- und Sicherheitsbedürfnisse der Gefangenen" auch auf deren Schutzbedürftigkeit verweisen kann; beispielsweise mit Blick auf Einzelunterbringungen zum Schutz vor Übergriffen durch Mitgefangene, aber auch auf Gemeinschaftsunterbringungen im Interesse einer Suizidprophylaxe. Die beiden, auf die Allgemeinheit und die Gefangenen bezogenen Differenzierungsaspekte werden in **NW** § 6 Abs. 3 exemplarisch verbunden, indem allgemein gefordert wird, die Sicherheitsstandards an den Aufgaben der Anstalten und den zu bewältigenden Gefahren zu orientieren, dabei aber speziell auch die besonderen Belange und Gefährdungsgrade weiblicher und lebensälterer Gefangener sowie Gefangener mit Behinderungen einzubeziehen.

a) Sicherungsniveau der Anstalten. Hinsichtlich der Sicherheit im Vollzug ist nach **16** *Suhrbier*[92] zwischen „äußerer Sicherheit" (z.B. Maßnahmen gegen Fluchtversuche, Angriffe und Sabotageakte, Einschleusen unerlaubter Gegenstände, verbotene Außenkontakte der Gefangenen) und „innerer Sicherheit" (z.B. Verschluss der Gefangenen in den Haftäumen, Aufrechterhaltung von Sicherheit und Ordnung in der Anstalt, Beherrschung von Geiselnahmen, Meutereien, Verhinderung von Sachbeschädigungen) zu unterscheiden. Die Gewährleistung der Sicherheit ergibt sich demnach aus Art und Intensität instrumenteller (baulich-technischer) Vorkehrungen, administrativer Vorgaben, kooperativen Handelns der beteiligten Behörden und Bediensteten sowie der Sozialkontakte zu den Gefangenen – wobei jedes für sich natürlich die Behandlungsmöglichkeiten mehr oder weniger stark beeinflusst. Die in § 141 Abs. 2 StVollzG vorgenommene Unterscheidung zwischen **geschlossenen Vollzugsanstalten**, die eine sichere Unterbringung der Gefangenen vorsehen, und Anstalten des **offenen Vollzuges**, in denen keine oder nur verminderte Vorkehrungen gegen Entweichungen zu treffen sind, wird in den Lan-

---

HE § 72 Abs. 2 aufgegriffen. Für Gefangene, bei denen in erhöhtem Maße die Gefahr einer Entweichung oder Befreiung gegeben ist oder deren Verhalten oder Zustand eine Gefahr für die Sicherheit der Anstalt darstellt, sind Verlegungen zur Gewährleistung einer sicheren Unterbringung in **BE** § 17 Abs. 1, **BB** § 87, **HB** § 76, **MV** § 75, **NI** § 10 Abs. 2, **NW** § 11 Abs. 1, **RP** § 85, **SH** § 103, **SL** § 75, **SN** § 76, **ST** § 86 und **TH** § 86 geregelt.
90 *Hauf* 1994, 84.
91 **BY** LT-Drucks. 15/8101, 81.
92 *Suhrbier* Sicherheit im Justizvollzug, in: Herrfahrdt (Hrsg.), Strafvollzug in Europa, Hannover 2001, 98 ff.

desgesetzen wiederum in unterschiedlicher Weise aufgegriffen. Während sich die Länder mit eigenständigen Differenzierungsvorschriften weitgehend an der zuvor geltenden Bundesregelung orientieren (**BW** § 5 Abs. 2 III, **BY** Art. 167 Abs. 2, **HE** § 72 Abs. 2 sowie **HH** § 99 Abs. 3) folgen die übrigen Länder im Wesentlichen § 15 ME-StVollzG, indem sie das Differenzierungsgebot in ihre Regelungen zum geschlossenen und offenen Vollzug aufgenommen haben (s. Rdn. 5 bzgl. der einzelnen Landesvorschriften). Über die konkrete Ausgestaltung maximaler Sicherheitsstufen und/oder minimaler Vorkehrungen gegen Entweichungen gibt es ebenfalls unterschiedliche Vorstellungen mit mehr oder weniger verbindlicher Normierung. Beispielsweise verzichtet **NI** auf die gesetzliche Absicherung der Unterschiede zwischen geschlossenem und offenem Vollzug, da sich diese „bereits aus der unterschiedlichen Begrifflichkeit" ergeben würden,[93] während die VV zu **HE** § 3 explizit zwei unterschiedliche Sicherheitsstufen vorsehen, denen die dortigen Anstalten des geschlossenen Vollzuges jeweils eindeutig zugeordnet werden.

17   **b) Merkmale geschlossener Vollzugseinrichtungen.** Soweit überhaupt inhaltliche Merkmalsdefinitionen für den geschlossenen Vollzug vorliegen, verlangen diese teilweise mit Bezug auf VV zu § 141 StVollzG besondere bauliche und technische Vorkehrungen wie Umfassungsmauern, Fenstergitter, besonders gesicherte Türen, Alarmanlagen, Kameraüberwachung etc. sowie eine ständige und unmittelbare Beaufsichtigung der Gefangenen außerhalb der Haftträume. Allerdings kann eine überzogene Sicherung nach außen nicht nur die innere Sicherheit der JVA beeinträchtigen (z.B. durch Meutereien); übermäßige Einschränkungen der Außenkontakte machen auch schädliche Folgen des Freiheitsentzuges wie den Verlust sozialer Beziehungen wahrscheinlicher, was mit Blick auf den **Gegensteuerungsgrundsatz** zu vermeiden ist. Tatsächlich wächst die Gefahr kontraproduktiver Effekte nicht nur bei Gefangenen, die als besonders gefährlich gelten, sondern auch bei anderen, da „das Ausmaß der Sicherungen auf den gesamten Vollzug ausstrahlt".[94] Besonders gesicherte Einrichtungen bis hin zu Hochsicherheitstrakten[95] werden indes vor allem mit der **Gefährlichkeit der Gefangenen** legitimiert. So sollen z.B. nach der Begründung zu **BY** Art. 167 besonders gefährliche Gefangene gezielt in Anstalten höchster Sicherheitsstufe eingewiesen werden können.[96] Diese werden allerdings kontrovers diskutiert – und zwar sowohl aus rechtlichen Erwägungen,[97] aber nicht zuletzt auch, weil prognostische Risikoeinschätzungen und die damit verbundenen Klassifizierungen der Gefangenen umstritten sind.[98] *Cornel* sieht gar eine „Gefährlichkeit von Gefährlichkeitsprognosen".[99] Da absolut sichere Prognosen menschlichen Verhal-

---

93   **NI** LT-Drucks. 15/3565, 207.
94   *Walter* 1999, Rdn. 163.
95   Kritisch AK-*Pollähne* 2017, § 93 LandesR Rdn. 50, der Hochsicherheitstrakte als Pervertierung des geschlossenen Vollzuges betrachtet, ungeachtet der generellen Bedenken aber zu Recht hervorhebt, dass derartige Haftträume, wie auch Arresträume, wenn sie denn eingerichtet sind, „wohnlich sein" müssen. Sie dürfen insofern die basalen Bedürfnisse der Inhaftierten (vgl. Rdn. 10) nicht ignorieren bzw. deren Befriedigung unmöglich machen.
96   **BY** LT-Drucks. 15/8101, 88.
97   siehe dazu AK-*Goerdeler* 2017, § 75 LandesR Rdn. 7 sowie *Arloth/Krä* 2017, § 141 StVollzG Rdn. 1 mit jeweils weiteren Literaturhinweisen.
98   Zum Stand der Forschung stellvertretend *Rettenberger* Aktuelle Entwicklungen und Perspektiven psychologisch fundierter Kriminalprognosen, in: Praxis der Rechtspsychologie 2015, 135ff; *ders*. Des Kaisers neue Kleider – Mythen und wissenschaftliche Erkenntnisse über kriminalprognostische Einschätzungen bei Gewalt- und Sexualstraftätern, in: Saimeh (Hrsg.): Straftäter behandeln: Therapie, Intervention und Prognostik in der Forensischen Psychiatrie. Berlin, 221ff; *Kröber* Gutachten zur Kriminalprognose. In: Forensische Psychiatrie, Psychologie, Kriminologie 2017, 185ff.
99   *Cornel* Die Gefährlichkeit von Gefährlichkeitsprognosen, in: NK 3/1994, 21ff.

tens unmöglich sind, besteht die Gefahr der „Übersicherung von ungefährlichen Personen" und einer Stigmatisierung ungünstig beurteilter Gefangener,[100] was wiederum zum Scheitern der Resozialisierungsbemühungen oder gar zu einer Erhöhung des Rückfallrisikos führen kann. Auch wenn der Anstaltsleitung zugestanden ist, die Aufsicht u.U. zu lockern, um im Wege einer Binnendifferenzierung derart schädliche Folgen der Sicherheitsvorkehrungen nach außen durch Lockerungen nach innen einzugrenzen, rechtfertigt dies Kritik an einer überzogenen Risikoorientierung. Gleichwohl ist es im Interesse der inneren und äußeren Sicherheit der Anstalt sowie zum Schutz der Bevölkerung unerlässlich, das Gefährlichkeitspotential Inhaftierter im Einzelfall sorgfältig abzuschätzen, wenn über ihre Unterbringung in mehr oder weniger gesicherten Vollzugsbereichen entschieden wird.

c) Merkmale offener Vollzugseinrichtungen. Die Ausdifferenzierung des offenen 18 Vollzuges ist in allen Landesgesetzen vorgesehen. Sie ist primär aus dem **Angleichungs- und Integrationsgrundsatz** abgeleitet. Dabei ist der Resozialisierungsauftrag, anders als im geschlossenen Vollzug, nicht mit der Sicherungsaufgabe verbunden. Insoweit bestimmen 13 Länder, dass der offene Vollzug keine oder nur verminderte Vorkehrungen gegen Entweichungen vorsieht. **BY** Art. 167 Abs. 2 und **HH** § 99 Abs. 3 verzichten auf diese Möglichkeit der Binnendifferenzierung und stellen ausschließlich auf verminderte Vorkehrungen gegen Entweichungen ab.[101] Sechs Landesgesetze (**BE** § 16 Abs. 1, **HB** § 15 Abs. 1, **MV** § 15 Abs. 1, **SL** § 15 Abs. 1, **SN** § 15 Abs. 3, **SH** § 16 Abs. 1) beziehen ihre Regelungen allein auf Abteilungen, während die übrigen von Anstalten und/oder Abteilungen (**BB** § 22 Abs. 1, **HH** § 99 Abs. 3, **NI** § 12 Abs. 2, **NW** § 6 Abs. 4 in Verbindung mit § 93 Abs. 2, **RP** § 22 Abs. 1, **ST** § 22 Abs. 1, **TH** § 22 Abs. 1) oder allgemein von „Einrichtungen des offenen Vollzuges" sprechen (**BW** § 5 Abs. 2 I, **BY** Art. 167, Abs. 2, **HE** § 72 Abs. 2). Während der geschlossene Vollzug Möglichkeiten zur Gestaltung unterschiedlicher Sicherheitsgrade zulässt, sind im offenen Vollzug also Abstufungen des Öffnungsgrades und Organisationsformen mit fließenden Übergängen möglich.[102] Die dabei denkbaren Mischformen provozieren allerdings den Vorwurf des „Etikettenschwindels",[103] wenn „halboffene" Einrichtungen[104] mehr Merkmale des geschlossenen als des offenen Vollzuges aufweisen. Die Vollzugsbehörden haben hier einen nur teilweise durch Verwaltungsvorschriften begrenzten Definitionsspielraum. So sehen auch detaillierte Vorschriften wie etwa die VV zu **BW** § 7 III z.B. vor, dass die Gefangenen im offenen Vollzug nur beaufsichtigt werden, „soweit dies die Anstaltsleiterin oder der Anstaltsleiter anordnet." Ein ähnliches Gestaltungsermessen ermöglicht die mancherorts nach wie vor geltende VV Nr. 2 zu § 141 StVollzG, nach der die ständige und unmittelbare Aufsicht in der Anstalt lediglich „in der Regel" entfällt, es den Gefangenen ermöglicht wird, sich in der JVA „nach Maßgabe der dafür getroffenen Regelungen" frei zu bewegen, baulich-technische Sicherungsvorkehrungen sowie der Verschluss der Außentüren entfallen und die Wohnräume der Gefangenen während der Ruhezeit geöffnet bleiben „können".[105] Freilich kann eine Harmonisierung des Übergangs von geschlossenen in offene Bereiche in einem strukturell abgestuften Gesamtsystem die schrittweise Überleitung in die Freiheit för-

---

100 AK-*Huchting/Pollähne* 2012, Rdn. 7 f mit weiteren Verweisen, ähnlich AK-*Pollähne* 2017, § 93 LandesR Rdn. 27 f.
101 Zu **NI** siehe Rdn. 17.
102 Walter 1999, Rdn. 162.
103 AK-*Lesting* 2017, § 15 LandesR Rdn. 3 f.
104 *Grunau/Tiesler* 1982, Rdn. 2.
105 Zur Forderung nach präziseren Regelungen s. AK-*Lesting* 2017, § 15 LandesR Rdn. 4.

dern. Dies stützt den Gedanken, dass Gefangene grundsätzlich aus dem offenen Vollzug entlassen werden sollten[106] und kann dazu beitragen, den Anteil der dort Untergebrachten zu erhöhen.

19 **5. Entwicklung des offenen Vollzuges.** Angesichts der Definitionsspielräume, die die Landesjustizverwaltungen bei der Gestaltung offener Vollzugseinrichtungen haben, sind statistische Ländervergleiche der Platz- und Belegungszahlen natürlich schwierig und teilweise auch fragwürdig.[107] Gleichwohl gibt es empirische Kennwerte zum Bestand der Gefangenen im offenen Vollzug bzw. ihres Anteils an der Gesamtbelegung des Strafvollzuges, welche eine eher geringe quantitative Bedeutung des offenen Vollzuges belegen, die der ihm ursprünglich beigemessenen normativen Bedeutung nicht entspricht.

20 **a) Quantitative Bedeutung des offenen Vollzuges.** Die entsprechenden Veröffentlichungen des Statistischen Bundesamtes[108] zeigen, dass in der Zeit von 2012 bis 2018 bundesweit relativ konstant zwischen 15 % und 17 % der Gefangenen im offenen Vollzug untergebracht waren.[109] Dabei ist im Beobachtungszeitraum für zwei Länder (**BB, HB**) eine tendenzielle Steigerung der Quoten um drei oder mehr Prozentpunkte zu erkennen, für drei andere (**BE, MV, RP**) ein Absinken des Anteils in entsprechender Größenordnung. In den übrigen Ländern bewegten sich die Vergleichswerte relativ stabil unterhalb dieser Margen. In den aktuellsten verfügbaren Daten (Stichtag 31.3.2018) lag der Anteil der im offenen Vollzug Untergebrachten bundesweit bei exakt 15,4 % – allerdings mit erheblichen Unterschieden zwischen den Ländern. Für **BY, HE, RP, SN, ST, SH** und **TH** sind Werte unter zehn Prozent veröffentlicht, für **MV** mit 10,8% ein nur geringfügig höherer Anteil. Andererseits gibt es „Spitzenwerte" von 26,6 % in **BE** und 27,2 % in **NW**. Mit Ausnahme des leicht überdurchschnittlichen Vergleichswertes in **BB** (19,6%) entsprechen die übrigen Länderquoten in etwa dem Bundesdurchschnitt. Interessant ist auch ein ergänzender Blick auf die **Auslastungsquoten** des offenen Vollzuges. Die diesbezüglich von *Prätor*[110] vorgestellten Daten zeigen, dass die für den offenen Vollzug gemeldeten Platzkapazitäten in keinem einzigen Bundesland vollständig ausgelastet sind. 2016 waren bundesweit nur 73 % der gemeldeten Plätze belegt – bei maximalen Auslastungsquoten von 91 % in **RP** und 43 % in **ST** und einem Vergleichswert von bundesweit 90 % für den geschlossenen Vollzug.[111]

21 **b) Normative Bedeutung des offenen Vollzuges.** Damit ist das der ursprünglichen Intention des Bundesgesetzgebers folgende, gleichwohl strittige Konzept des offenen Vollzugs als Regelvollzugsform, praktisch aufgegeben, nachdem es allerdings auch auf normativer Ebene bereits zuvor durch einschränkende Regelungen relativiert worden war.[112] Heute gilt der geschlossene Vollzug in **BY** Art. 12 Abs. 1, **HE** § 13 Abs. 1 S. 1, **NI** § 12

---

106 Diese schon früh formulierte Idee (vgl. BT-Drucks. 7/918, 93) findet aktuell in den Begründungen zu **NW** § 93 besonderen Niederschlag, vgl. **NW** LT-Drucks. 16/5413, 165.
107 Vgl. *Walter* 1999, Rdn. 162.
108 Vgl. Strafvollzugsstatistik, Rechtspflege, Fachserie 10, Reihe 4.1. (Stichtag 31.3.2018, erschienen am 30.11.2018). Die hier genutzten Daten beziehen sich zusammenfassend auf alle Strafgefangenen (inkl. Jugendstrafgefangene) und Sicherungsverwahrte. Bei einer ausschließlichen Betrachtung der Gefangenen im Vollzug der Freiheitsstrafe ergeben sich Verzerrungen, die der Art der Datenerfassung zuzuschreiben sind.
109 Zur Entwicklung in früheren Jahren vgl. *Dünkel/Pruin* 2015, 34 f.
110 *Prätor* 2016, 5.
111 *Prätor* 2016, 6.
112 Zur „Aufgabe des offenen Vollzugs als Regelvollzugsform" *Verrel* 2014, 622.

Abs. 1 und **SL** § 15 Abs. 1 Satz 1 als Regelvollzugsform, während das Landesrecht in **BW** § 7 III zumindest teilweise im Sinne einer konzeptionellen Beibehaltung des offenen Vollzuges als unter Umständen vorrangige Unterbringungsform interpretiert wird;[113] in den übrigen Ländern werden der offene und der geschlossene Vollzug als gleichrangige Vollzugsform betrachtet (s. 10 A Rdn. 4): Für die Unterbringung im offenen Vollzug soll „allein",[114] zumindest aber „in erster Linie"[115] entscheidend sein, ob die Gefangenen für diese Vollzugsform geeignet sind oder nicht, was allerdings faktisch auch schon zuvor galt. So hat *Müller-Dietz* schon um die Jahrtausendwende beklagt, dass das eigentliche Problem in der Bestimmung eben dieser **Eignung für den offenen Vollzug** liege.[116] Die o. a. Belegungsunterschiede können tatsächlich nicht allein mit objektiven Unterschieden der Gefangenenstruktur erklärt werden, sondern sind offensichtlich zu großen Teilen auf mehr oder weniger restriktive Prüfkriterien[117] zurückzuführen, die im Zuge (kriminal)politischer Neuausrichtungen auf Länderebene durchaus veränderlich sind. Es ist deutlich, dass der Anteil der im offenen Vollzug Untergebrachten in vielen Bundesländern nicht dem Anteil der Gefangenen entspricht, die in anderen Ländern als für diese Vollzugsform geeignet klassifiziert werden. Dem wird man auch angesichts der generellen Grenzen von prognostischer Eignungsprüfungen nicht vollständig abhelfen können, doch könnten vergleichende Legalbewährungskontrollen Entscheidungen über die Unterbringung bestimmter Tätergruppen im offenen Vollzug empirisch fundieren und damit erleichtern. Die erstaunlich wenigen dazu vorliegenden Studien legen tendenziell bessere Eingliederungs- und Legalbewährungsquoten bei Gefangenen nahe, die im offenen Vollzug untergebracht oder zumindest aus dem offenen Vollzug entlassen worden waren.[118] Auch wenn manche Ergebnisse aus methodischen Gründen relativiert werden müssen, so geben sie doch keinen Anlass für eine restriktivere Nutzung des offenen Vollzuges. Sie legen vielmehr die vermehrte Unterbringung in (halb)offenen, übergangsorientierten Einrichtungen nahe – im Interesse einer erfolgreichen Resozialisierung der Gefangenen, aber nicht zuletzt auch aus ökonomischen Erwägungen.

D. Größe und Gestaltung der Anstalten

Bund	§ 143 StVollzG;
Baden-Württemberg	BW § 6 I JVollzGB;
Bayern	BY Art. 169 BayStVollzG;
Berlin	BE § 101 StVollzG Bln;
Brandenburg	BB § 107 BbgJVollzG;
Bremen	HB § 94 BremStVollzG;
Hamburg	HH § 99 HmbStVollzG;
Hessen	HE § 72 HStVollzG;
Mecklenburg-Vorpommern	MV § 93 StVollzG;
Niedersachsen	NI § 173 NJVollzG;

---

113 Vgl. *Verrel* 2014, 622; AK-*Lesting* 2017, § 15 LandesR Rdn. 5; abweichend *Dünkel/Pruin* 2015, 33, *Prätor* 2016, 4.
114 AK-*Lesting* 2017, § 15 LandesR Rdn. 5.
115 *Verrel* 2014, 622.
116 Vgl. *Müller-Dietz* Offener Vollzug – ein Weg von der Freiheitsentziehung zur kontrollierten Freiheit?, in: ZfStrVo 1999, 279 ff, 280.
117 Eine Übersicht der hier übergeordneten „Verantwortungs-„ und „Befürchtungsklauseln" ist bei Dünkel/Pruin 2015, 33 zu finden.
118 Vgl. dazu *Prätor* 2015, 4; AK-*Lesting* 2017, § 15 LandesR Rdn. 12.

Nordrhein-Westfalen	NW § 93 StVollzG NRW;
Rheinland-Pfalz	RP § 104 LJVollzG;
Saarland	SL § 93 SLStVollzG;
Sachsen	SN § 106 SächsStVollzG;
Sachsen-Anhalt	ST § 105 JVollzGB LSA;
Schleswig-Holstein	SH § 128 LStVollzG SH;
Thüringen	TH § 105 ThürJVollzG

Schrifttum:

Siehe unter A.

Übersicht

I. Allgemeine Hinweise —— 1
II. Erläuterungen —— 2–4
  1. Gestaltung der Anstalt —— 2
  2. Gliederung der Anstalt —— 3
  3. Sozialtherapeutische Anstalten und Anstalten für Frauen —— 4

I. Allgemeine Hinweise

1   Mit der Vorschrift des § 143 StVollzG, die im Wesentlichen den Inhalt der Empfehlungen in Nummer 63 Abs. 3 der Mindestgrundsätze der Vereinten Nationen für die Behandlung der Gefangenen[119] aufgreift, wollte der Bundesgesetzgeber der Gefahr begegnen, dass durch zu große oder nicht hinreichend gegliederte Anstalten die in den Grundsätzen der §§ 2 bis 4 StVollzG verankerte individualisierende Behandlung der Gefangenen erschwert oder gar unmöglich gemacht wird.[120] Dem Umstand, dass den gesetzlichen Anforderungen in bestehenden Anstalten vielfach nur durch umfangreiche und aufwendige bauliche Veränderungen genügt werden konnte,[121] trägt die Übergangsvorschrift in § 201 Nr. 4 Rechnung. Die Grundsätze nach § 143 Abs. 1 und 2 StVollzG gelten danach für Anstalten, mit deren Errichtung vor dem 1.1.1977 begonnen wurde, für eine unbefristete Zeit als Soll-Vorschrift. Diese Regelung macht deutlich, dass der Gesetzgeber inhaltliche und bauliche Rahmenbedingungen nicht dergestalt miteinander verknüpft gesehen hat, dass ein den gesetzlichen Anforderungen entsprechender Vollzug nur in bestimmten Räumlichkeiten durchzuführen sei.[122] Die landesgesetzlichen Bestimmungen entsprechen weitgehend § 143 Abs. 1 und 2 StVollzG (zu den Einzelheiten siehe Rdn. 2 und 3). Einzelne Gefangene können aus diesen Vorschriften keine Rechte herleiten. Die Verpflichtung richtet sich ausschließlich an die Vollzugsbehörden und vermittelt einzelnen Gefangenen keinen subjektiven Anspruch auf eine bestimmte Gestaltung und Gliederung der Anstalten.[123]

II. Erläuterungen

2   **1. Gestaltung der Anstalt.** Durch die bauliche und organisatorische Gestaltung der Anstalt soll eine auf die individuellen Bedürfnisse der Gefangenen abgestellte Behand-

---

[119] www.un.org/depts/german/menschenrechte/gefangene.pdf.
[120] BT-Drucks. 7/918, 93.
[121] BT-Drucks. 7/918, 130 f.
[122] So auch *Laubenthal/Nestler/Neubacher/Verrel* D Rdn. 34; C/MD, § 143 Rdn. 2.
[123] Vgl. zur ähnlichen Situation bei § 144: KG Berlin, Beschluss vom 25.9.2007 – 2/5 Ws 189/05 Vollz – StraFo 2007, 521; ebenso *Arloth/Krä* § 143 StVollzG Rdn. 5; *Laubenthal/Nestler/Neubacher/Verrel*, aaO.

lung gesichert werden.[124] Sie ist deshalb in erster Linie am Vollzugsziel der Resozialisierung auszurichten. Dass die Anstalt darüber hinaus eine sichere Unterbringung der Gefangenen zu gewährleisten hat, ergibt sich aus dem als Aufgabe oder (wie etwa in **NI**) weiteres Ziel des Vollzuges formulierten Schutz der Allgemeinheit vor weiteren Straftaten. Während **BY Art. 169 Abs. 1, HH § 99 Abs. 1 Satz 1 und NW § 93 Abs. 1** wie § 143 Abs. 1 StVollzG auf die Bedürfnisse der einzelnen Gefangenen als Gestaltungsmaxime abstellen, liegt der Bezugspunkt nach **BW § 6 Abs. 1 Satz 1 I, BE § 101 Abs. 1, BB § 107 Abs. 1, HB § 94 Abs. 1, HE § 72 Abs. 1, MV § 93 Abs. 1, NI § 173 Satz 1, RP § 104 Abs. 1, SL § 93 Abs. 1, SN § 106 Abs. 1, ST § 105 Abs. 1, SH § 128 Abs. 1 Satz 1 und TH § 105 Abs. 1** in den Aufgaben und Zielen bzw. Anforderungen des (**BW**: „zeitgemäßen") Vollzuges. **BW § 6 Abs. 1 Satz 2 I** fordert zudem die Beachtung völkerrechtlicher Vorgaben und internationaler Standards mit Menschenrechtsbezug.

Ein wesentliches Gestaltungsmerkmal ist die Größe einer Anstalt. Verbindliche Grenzen legen weder § 143 Abs. 1 StVollzG noch die landesgesetzlichen Bestimmungen fest. Welche Größe einer Anstalt die geforderte individualisierende Behandlung der Gefangenen (noch) zulässt, wird unterschiedlich beurteilt, wobei die als angemessen erachteten Obergrenzen zwischen 400[125] und 700[126] Haftplätzen liegen. Der zuletzt genannten Auffassung liegt die Erwägung zugrunde, dass der Anstaltsleiter bis zu einer Personalstärke von 300 bis 350 Bediensteten diese noch alle persönlich kennen lernen könne, was bei einem Personalschlüssel von einem Bediensteten pro zwei Gefangene die genannte Grenze ergibt. Zu berücksichtigen ist auch, dass größere Anstalten mit entsprechenden personellen und sachlichen Ressourcen eher in der Lage sind, ein differenziertes Versorgungs-, Betreuungs- und Therapieangebot vorzuhalten.[127] In der Bundesrepublik Deutschland existieren auch deutlich größere Anstalten, als es die zur Maximalkapazität vertretenen Auffassungen nahe legen. So hat die JVA Tegel gegenwärtig eine Belegungsfähigkeit von 933 Haftplätzen[128] und die JVA Bielefeld-Senne ist mit 1645 Haftplätzen die größte Justizvollzugsanstalt Deutschlands sowie die größte offene Anstalt in Europa.[129] Entscheidend dürfte letztlich sein, ob eine Anstalt unabhängig von ihrer Größe die Grundbedingungen für ein bedarfsgerechtes Behandlungsangebot erfüllt.[130] Nachteile, die aus der räumlichen Dimension der Anstalt resultieren können, müssen durch eine Differenzierung kompensiert werden, die sich ihrerseits an den Gestaltungsgrundsätzen des Vollzuges orientiert.

2. Gliederung der Anstalt. § 143 Abs. 2 StVollzG sowie die entsprechenden, wenn auch als Soll-Bestimmungen ausgestalteten Landesvorschriften (**BW § 6 Abs. 2 Satz 2 I, BY Art. 169 Abs. 2, HH § 99 Abs. 1 Satz 2, NW § 93 Abs. 4**) sehen eine Gliederung der Anstalt durch die Zusammenfassung der Gefangenen in überschaubaren Betreuungs- und Behandlungsgruppen vor. Welche Organisationseinheiten mit diesem Begriffspaar konkret gemeint sind, lässt sich den Gesetzesmaterialien zu § 143 StVollzG nicht entnehmen. Unter einer Betreuungsgruppe ist regelmäßig eine eher verwaltungstechnische Zuordnung von Gefangenen etwa zu einer Vollzugsabteilung zu verstehen.[131] Eine Betreuungsgruppe kann mehrere der in § 7 Abs. 2 Nr. 3 StVollzG genannten Wohngruppen

3

---

124 BT-Drucksache 7/918, S. 93.
125 AK-*Pollähne/Galli*, § 93 Rdn. 21.
126 *Arloth/Krä* § 143 StVollzG Rdn. 2.
127 So auch *Arloth/Krä*, aaO.
128 www.berlin.de/justizvollzug/anstalten/jva-tegel/die-anstalt/.
129 www.jva-bielefeldsenne.nrw.de/behoerde/behoerdenvorstellung/zahlen_fakten/index.php.
130 *Laubenthal/Nestler/Neubacher/Verrel* D Rdn. 36.
131 *Laubenthal/Nestler/Neubacher/Verrel*, D Rdn. 39; *Arloth/Krä* § 143 Rdn. 3.

umfassen. Mit Blick auf die Formulierung der Norm ist der Begriff „Wohngruppe" nicht als Synonym der „Behandlungsgruppe" zu verstehen; die Aufzählung in § 7 Abs. 2 Nr. 3 StVollzG würde sonst keinen Sinn ergeben. Behandlungsgruppen sind Gruppen, die unter therapeutischen Gesichtspunkten zusammengefasst werden; sie können sich aus Mitgliedern verschiedener Wohngruppen zusammensetzen.[132] Die Gliederung in Gruppen, deren (maximale) Größe weder bundes- noch landesgesetzlich festgelegt ist, soll die aus Behandlungsgründen notwendige Überschaubarkeit der Sozialstruktur einer Anstalt gewährleisten. Sie ist damit eine zentrale organisatorische Voraussetzung für die Einübung eines „Lebens in sozialer Verantwortung".[133] Mit dem unbestimmten Begriff der Überschaubarkeit soll zum Ausdruck gebracht werden, dass die Gruppen ungeachtet ihrer unterschiedlichen Aufgaben nicht so groß sein dürfen, dass die Eigenart des einzelnen Gruppenangehörigen und seine Bedürfnisse nicht hinreichend berücksichtigt werden können.[134] Zur Überschaubarkeit gehört auch eine personelle Kontinuität auf Seiten der mit der Behandlung und Betreuung der Gruppe betrauten Bediensteten.[135] Bis zu welcher Größe noch von einer Überschaubarkeit der Gruppe ausgegangen werden kann und welchen Anforderungen diese im Übrigen genügen muss, wird unterschiedlich beurteilt.[136] Angesichts der unterschiedlichen baulichen und personellen Ressourcen sowie der Vielfalt an Organisations- und Differenzierungsmodellen in den Anstalten können „ideale" Gruppengrößen nicht abstrakt bestimmt werden. Um den Begriff der Überschaubarkeit inhaltlich auszufüllen, sind im Einzelfall insbesondere die Systematik des Gesetzes, Erkenntnisse der Gruppenpädagogik sowie entsprechende Ansätze und Erfahrungen aus der bisherigen Vollzugspraxis heranzuziehen.[137]

Soweit die Landesgesetze eine Gliederung in Gruppen nicht vorsehen, wird teils auf bedarfsgerechte Einrichtungen **(BE § 101 Abs. 2, BB § 107 Abs. 2)** bzw. eine bedarfsgerechte Anzahl und Ausstattung insbesondere von Therapie-, Bildungs- und Beschäftigungsplätzen **(HB § 94 Abs. 2, MV § 93 Abs. 2, RP § 104 Abs. 2, SL § 93 Abs. 2, SN § 106 Abs. 2, ST § 105 Abs. 3, SH § 128 Abs. 1 Satz 2 und TH § 105 Abs. 2; HE § 72 Abs. 4 Satz 2:** „ausreichende Anzahl") abgestellt. **BW § 6 Abs. 2 Satz 1 I und NW § 93 Abs. 3** verlangen eine solche Ausstattung zusätzlich zu der Gliederung in überschaubare Betreuungs- und Behandlungsgruppen. **NI § 173** beinhaltet zugleich eine Ermächtigung und eine Verpflichtung der zuständigen Stellen, innerhalb der verschiedenen Vollzugsarten die zur Erreichung bzw. Erfüllung der jeweiligen Ziele und Aufgaben notwendigen Differenzierungen vorzunehmen, wobei im Interesse einer hohen Flexibilität auf eine besondere Betonung einzelner Differenzierungsansätze verzichtet wird.[138]

4   **3. Sozialtherapeutische Anstalten und Anstalten für Frauen.** Nach § 143 Abs. 3 StVollzG sollen sozialtherapeutische Anstalten und Justizvollzugsanstalten für Frauen nicht über mehr als 200 Haftplätze verfügen. Die Vollzugsgesetze der Länder haben auf solche Kapazitätsbegrenzungen verzichtet.

Der bundesgesetzlichen Vorschrift liegt die Annahme des Gesetzgebers zugrunde, ein erheblicher Teil der in sozialtherapeutischen Anstalten untergebrachten Personen sei „behandlungsschwierig und persönlichkeitsgestört", weshalb die therapeutische Be-

---

132 *Arloth/Krä* § 143 StVollzG Rdn. 3; AK-*Huchting/Pollähne*, 6. Auflage, § 143 Rdn. 10.
133 *Laubenthal/Nestler/Neubacher/Verrel*, D Rdn. 38; C/MD, § 143 Rdn. 5.
134 BT-Drucks. 7/918, 93.
135 *Arloth/Krä*, aaO.
136 *Arloth/Krä*, aaO; *Laubenthal/Nestler/Neubacher/Verrel*, D Rdn. 39; C/MD, § 143 Rdn. 6; AK-*Weßels/Böning*, § 13 Rdn. 4.
137 C/MD, § 143 Rdn. 5.
138 RegE, LT-Drucks. 15/3565, 207 [zu § 166].

handlung sich in größer dimensionierten Einrichtungen nicht durchführen lasse. Der Gesetzgeber hat sich ferner davon leiten lassen, dass im Vollzug an Frauen „hinsichtlich der Zusammensetzung der Anstaltsinsassen wie auch der Behandlungsnotwendigkeit gleichartige Verhältnisse wie in der sozialtherapeutischen Anstalt vorliegen".[139] Gesicherte empirische Daten legt der Bundesgesetzgeber, soweit es den Materialien entnommen werden kann, den Annahmen nicht zugrunde.

Ob eine selbständige Anstalt mit nur maximal 200 Gefangenen wirtschaftlich geführt werden kann,[140] darf ebenso bezweifelt werden wie die Sinnhaftigkeit einer konzentrierten Unterbringung von bis zu 200 Gefangenen mit sozialtherapeutischem Behandlungsbedarf. Entscheidend für eine an den Zielen und Aufgaben des Vollzuges orientierte Gestaltung sind die Differenzierungsmöglichkeiten innerhalb der Anstalt.

E. Größe und Ausgestaltung der Räume

Schrifttum:

Siehe unter A.

Übersicht

I. Grundsätze —— 1–10
   1. Allgemeine Hinweise —— 1–3
   2. Erläuterungen —— 4–5
     a) Räume im Sinne von Abs. 1 Satz 1 —— 4
     b) Ausgestaltungsaspekte —— 5
   3. Landesgesetzliche Besonderheiten —— 6–10
II. Festsetzung der Belegungsfähigkeit —— 11–17
   1. Allgemeine Hinweise —— 11
   2. Erläuterungen —— 12, 13
   3. Landesgesetzliche Besonderheiten —— 14–17
III. Überbelegung —— 18–24
   1. Allgemeine Hinweise —— 18
   2. Erläuterungen —— 19–24
     a) Verbot der Überbelegung —— 19, 20
     b) Ausnahmen vom Verbot der Überbelegung —— 21, 22
     c) Belegungsentwicklung und Konsequenzen —— 23, 24

I. Grundsätze

Bund	§ 144 StVollzG:
Baden-Württemberg	BW § 9 I JVollzGB;
Bayern	BY Art. 170 BayStVollzG;
Berlin	BE § 101 StVollzG Bln;
Brandenburg	BB § 107 BbgJVollzG;
Bremen	HB § 94 BremStVollzG;
Hamburg	HH § 101 HmbStVollzG;
Hessen	HE § 72 HStVollzG;
Mecklenburg-Vorpommern	MV § 93 StVollzG M-V;
Niedersachsen	NI § 174 NJVollzG;
Nordrhein-Westfalen	NW § 93 StVollzG NRW;
Rheinland-Pfalz	RP § 104 LJVollzG;
Saarland	SL § 93 SLStVollzG;
Sachsen	SN § 106 SächsStVollzG;

---

139 BT-Drucks. 7/918, 93.
140 Ablehnend *Arloth/Krä* § 143 StVollzG Rdn. 4.

Sachsen-Anhalt	ST § 105 JVollzGB LSA;
Schleswig-Holstein	SH § 128 LStVollzG SH;
Thüringen	TH § 105 ThürJVollzG

1 **1. Allgemeine Hinweise.** Die Landesgesetze haben weitgehend (zu den Besonderheiten siehe Rdn. 6 ff) die Regelung in § 144 Abs. 1 StVollzG übernommen, die lautet: „Räume für den Aufenthalt während der Ruhe- und Freizeit sowie Gemeinschafts- und Besuchsräume sind wohnlich oder sonst ihrem Zweck entsprechend auszugestalten. Sie müssen hinreichend Luftinhalt haben und für eine gesunde Lebensführung ausreichend mit Heizung und Lüftung, Boden- und Fensterfläche ausgestattet sein.".

Hiermit werden elementare Gestaltungsbedingungen für von Gefangenen genutzte **Räumlichkeiten** aufgestellt und die Bestimmungen zur Unterbringung der Gefangenen (s. 2 E-F) unter baulichen und organisatorischen Aspekten ergänzt. Während dort bestimmt ist, zu welchen Zeiten und unter welchen Voraussetzungen Gefangene einzeln unterzubringen sind bzw. eine gemeinsame Unterbringung zulässig ist und in welchem Umfang sie ihre Hafträume mit eigenen Sachen ausstatten können, wird hier die Vollzugsbehörde zur Einhaltung bestimmter räumlicher Standards verpflichtet. § 144 Absatz 1 Satz 2 StVollzG gibt vor, welche Aspekte bei der Größe und Ausgestaltung der Räume (mindestens) zu beachten sind. Grundsätzlich gilt, dass in der Art der Unterbringung keine zusätzliche Übelszufügung liegen darf; mit der Forderung, dass Hafträume auch wohnlich auszugestalten sind, hat der Bundesgesetzgeber dem Gestaltungsgrundsatz der Angleichung an das Leben außerhalb der Anstalt Rechnung tragen wollen.[141] Die Vorschrift vermittelt jedoch keinen subjektiven Anspruch auf eine bestimmte Haftraumausstattung.[142]

Da das Bundesministerium der Justiz von der Verordnungsermächtigung nach § 144 Abs. 2 StVollzG keinen Gebrauch gemacht hat, oblag es in erster Linie der Rechtsprechung, die Vorgaben des § 144 Abs. 1 StVollzG zu konkretisieren. Die hierzu entwickelten Grundsätze bieten auch für die Auslegung der einschlägigen landesrechtlichen Bestimmungen eine Orientierung, da diese keine grundsätzliche Abkehr von den bundesgesetzlichen Vorgaben beinhalten.

2 Der Gefangene hat Anspruch auf eine **menschenwürdige Unterbringung**.[143] Die grundlegenden Voraussetzungen individueller und sozialer Existenz des Menschen müssen auch dann erhalten bleiben, wenn der Grundrechtsberechtigte seiner freiheitlichen Verantwortung nicht gerecht wird und die Gemeinschaft ihm wegen begangener Straftaten die Freiheit entzieht.[144] Dem Ermessen der Vollzugsbehörde werden durch das Recht des Gefangenen auf Achtung der Menschenwürde (Art. 1 Abs. 1 GG) und das Verbot unmenschlicher und erniedrigender Strafe oder Behandlung (Art. 3 EMRK) Grenzen gesetzt.[145] Ob die Unterbringung in einem Haftraum gegen die Menschenwürde verstößt, ist im Rahmen einer Gesamtschau anhand der konkreten Umstände, insbesondere der Größe des Haftraumes, der Gestaltung der Sanitärbereiche, aber auch der täglichen Ein-

---

141 BT-Drucks. 7/918, 93.
142 OLG Hamm, Beschluss vom 24.5.1994 – 1 Vollz (Ws) 104/94 –, juris; OLG Hamm, Beschluss vom 7.6.2005 – 1 Vollz (Ws) 83/05 –, juris; KG Berlin, Beschluss vom 25.9.2007 – 2/5 Ws 189/05 Vollz – StraFo 2007, 52; OLG Frankfurt a.M., Beschluss vom 24.9.2013 – 3 Ws 768/13 (StVollz) – = NStZ-RR 2014, 191.
143 BVerfG, Beschluss vom 16.3.1993 – 2 BvR 202/93 –, juris.
144 BVerfG, Beschluss vom 14.7.2015 – 1 BvR 1127/14 –, juris.
145 BVerfG, Beschluss vom 13.3.2002 – 2 BvR 261/01 –; OLG Zweibrücken, Beschluss vom 8.9.2004 – 1 Ws 276/04 (Vollz) –; OLG Frankfurt, Beschluss vom 21.2.2005 – 3 Ws 1342-1343/04 –; BVerfG, Beschluss vom 13.11.2007 – 2 BvR 2201/05 –, alle juris.

schlusszeiten und der Dauer der Unterbringung zu beurteilen.[146] Es überrascht daher nicht, dass es zwar eine umfangreiche einschlägige Kasuistik, aber kaum verallgemeinerungsfähige Vorgaben gibt. Die Frage, wann die Unterbringung eines Gefangenen die Menschenwürde verletzt, lässt sich nicht abstrakt-generell klären, sondern muss der tatrichterlichen Beurteilung überlassen bleiben.[147] Kein Verstoß gegen die Menschenwürde wird in einem Einzelfall bei der Unterbringung in einem Einzelhaftraum trotz fehlender Abtrennung oder gesonderter Entlüftung der Toilette gesehen, allerdings habe der Gefangene insoweit Anspruch auf besondere Rücksichtnahme durch das Personal. Ein Bediensteter, der den Haftraum betreten will, müsse sein Kommen in angemessener Weise rechtzeitig ankündigen.[148] Als menschenunwürdig bewertet wird dagegen die Unterbringung eines Strafgefangenen in einem Einzelhaftraum von 5,25 m² Bodenfläche mit räumlich nicht abgetrennter Toilette für einen Zeitraum von drei Monaten bei Einschlusszeiten von durchschnittlich zwischen 15,5 und mehr als 18 Stunden täglich.[149] Keinen Einwänden begegnet die Unterbringung von zwei Gefangenen in einem 12,59 m² großen Einzelhaftraum mit Abtrennung des Sanitärbereichs.[150] Bei der Mehrfachbelegung eines Haftraumes wird ein Verstoß gegen die Menschenwürde insbesondere dann bejaht, wenn keine abgetrennte oder gesondert entlüftete Toilette vorhanden ist und/oder eine bestimmte **Mindestbodenfläche** für jeden Gefangenen unterschritten wird: „[…] Bei einer Grundfläche von weniger als 5 m² ist die Fortbewegungsmöglichkeit und Freizeitbeschäftigung des Gefangenen auf der Fläche, die ihm unter Berücksichtigung des für die Möblierung notwendigen Flächenbedarfs noch verbleibt, bereits derart eingeschränkt, dass von einer menschenwürdigen Unterbringung kaum mehr die Rede sein kann. […] Unabhängig von der Zellengröße führt hier jedenfalls die **sanitäre Ausstattung** zur Annahme einer menschenunwürdigen Unterbringung. Die Toilette war räumlich nicht abgetrennt. Der vorhandene Vorhang bot weder hinreichenden Sicht- noch Geräusch- oder Geruchsschutz. In dieser Situation wird im Falle der Toilettenbenutzung durch einen Gefangenen in unzumutbarer Weise beiden Gefangenen jeder Rückzugsraum genommen, in ihre Intimsphäre eingegriffen und ihre Menschenwürde negiert. […]".[151] Die verschiedentlich von Rechtsprechung und Schrifttum geforderten Mindestmaße sind allerdings nicht isoliert, sondern stets in einem Gesamtkontext zu betrachten. So wird ein Verfassungsverstoß verneint, wenn „16m³ Luftraum und 6 bis 7m² Bodenfläche pro untergebrachtem Gefangenen in einem Haftraum geringfügig unterschritten werden und eine Unterbringung im offenen Vollzug mit ausreichend Rückzugsmöglichkeiten vorliegt".[152] Unter welchen Voraussetzungen eine Verkürzung der Einschlusszeit bei räumlichen Gegebenheiten, die die genannten Mindeststandards unterschreiten, einen Menschenwürdeverstoß entfallen lässt, ist nicht abschließend geklärt; nicht ausreichen soll hierfür jedenfalls die Stunde Aufenthalt im Freien pro Tag in Kombination mit in der Regel halbstündigen Sport- und Freizeitangeboten.[153] Die von Art. 1 Abs. 1 GG geforderte Achtung der Menschenwürde verbietet es schließlich, Gefangene „grob unhygienischen und widerlichen Haftraumbedingungen

---

146 VerfGH Berlin, Beschluss vom 3.11.2009 – 184/07 –, juris.
147 BGH, Urteil vom 11.3.2010 – III ZR 124/09 –, juris.
148 BVerfG, Beschluss vom 13.11.2007 – 2 BvR 939/07 –, juris.
149 VerfGH Berlin, aaO; bestätigt durch BVerfG, Beschluss vom 14.7.2015 – 1 BvR 1127/14 –, juris.
150 BGH, Beschluss vom 11.10.2005 – 5 ARs (Vollz) 54/05 –, juris.
151 OLG Hamm, Beschluss vom 13.6.2008 – 11 W 86/07 –, juris; ähnlich OLG Frankfurt, Beschluss vom 18.7.2003 – 3 Ws 578/03 (StVollz) –; OLG Sachsen-Anhalt, Beschluss vom 3.8.2004 – 4 W 20/04 –; OLG Koblenz, Beschluss vom 16.9.2004 – 2 Ws 231/04 –; OLG Hamm, Beschluss vom 25.3.2009 – 11 W 106/08 –; BVerfG, Beschluss vom 7.11.2011 – 1 BvR 1403/09 –, alle juris.
152 BVerfG, Beschluss vom 13.11.2007 – 2 BvR 2201/05 –, juris.
153 BVerfG, Beschluss vom 22.2.2011 – 1 BvR 409/09 –, juris.

auszusetzen", indem sie etwa in einem mit Fäkalien oder rassistischen Schmierereien verunreinigten Haftraum untergebracht werden.[154] Von der Verpflichtung, Gefangene unter Achtung ihrer Menschenwürde unterzubringen, werden die Anstalten nicht durch unzureichende räumliche Kapazitäten entlastet; kann ein Verstoß anders nicht vermieden werden, so ist der Betroffene in eine andere Anstalt zu verlegen.[155]

3 Der Anspruch auf menschenwürdige Unterbringung kann mit einem Anfechtungs- (§ 109 Abs. 1 Satz 1 StVollzG) oder Verpflichtungsantrag (§ 109 Abs. 1 Satz 2 StVollzG) sowie im Wege des einstweiligen **Rechtsschutzes**[156] geltend gemacht werden. Mangels Disponibilität des Art. 1 Abs. 1 GG sowie des gesetzlichen Auftrags aus § 144 StVollzG können Gefangene in eine menschenunwürdige Unterbringung nicht wirksam einwilligen.[157] Hiervon zu unterscheiden ist der Ausschluss eines Amtshaftungsanspruchs bei unterlassener Einlegung eines Rechtsmittels (vgl. § 839 Abs. 3 BGB).[158]

2. Erläuterungen

4 **a) Räume.** Das Erfordernis einer wohnlichen bzw. zweckentsprechenden Ausgestaltung gilt gleichermaßen für Räume, in denen sich der Gefangene während der Ruhe- und Freizeit aufhält, wie für Gemeinschafts- und Besuchsräume.[159] Die 2006 neu gefassten Europäischen Strafvollzugsgrundsätze[160] sehen vor, dass alle für Gefangene, insbesondere für deren nächtliche Unterbringung, vorgesehenen Räume den Grundsätzen der Menschenwürde zu entsprechen, die Privatsphäre so weit wie möglich zu schützen und den Erfordernissen der Gesundheit und Hygiene zu genügen haben (Nr. 18.1). In allen Gebäuden, in denen Gefangene leben, arbeiten oder sich aufhalten, müssen die Fenster groß genug sein, damit die Gefangenen unter normalen Bedingungen bei Tageslicht lesen und arbeiten können und Frischluft einströmen kann, es sei denn, eine entsprechende Klimaanlage ist vorhanden (Nr. 18.2, lit. a). Gefangene müssen jederzeit Zugang zu sanitären Einrichtungen haben, die hygienisch sind und die Intimsphäre schützen (Nr. 19.3). In von mehreren Gefangenen bewohnten Haftträumen muss eine vollständig abgetrennte Nasszelle mit eigener Lüftung zur Verfügung stehen. Andernfalls muss die Möglichkeit der Benutzung von Wasch- und WC-Anlagen außerhalb des Haftraumes tags und nachts bestehen. Die Anbringung einer Sichtblende vor dem Haftraumfenster verletzt die Menschenwürde oder andere Grundrechte nicht, wenn sie aus Sicherheitsgründen erforderlich ist, dem Gefangenen der Blick ins Freie nicht völlig genommen wird, der Haftraum tagsüber nicht künstlich beleuchtet werden muss, eine ausreichende Belüftung des Haftraumes sichergestellt ist und gesundheitliche Beeinträchtigungen vermieden werden.[161] Nachts müssen die Gefangenen sich gegen störenden Lichteinfall schützen können. Deshalb sollten die Fenster mit einfachen Vorhängen verdunkelt werden können.[162] Mit mehreren Gefange-

---

154 BVerfG, Beschluss vom 16.3.1993 – 2 BvR 202/93 –; BVerfG, Beschluss vom 15.7.2010 – 2 BvR 1023/08 –, beide juris.
155 BVerfG, Beschluss vom 16.3.1993 – 2 BvR 202/93 –, juris.
156 Vgl. BVerfG, Beschluss vom 16.3.1993 – 2 BvR 202/93 –, juris.
157 *Laubenthal/Nestler/Neubacher/Verrel* D Rdn. 63; *Arloth/Krä* § 144 StVollzG Rdn. 2 m.w.N.
158 OLG Hamm, Urteil vom 29.9.2010 – 11 U 367/09, I-11 U 367/09 –, juris.
159 *Laubenthal/Nestler/Neubacher/Verrel* D Rdn. 62.
160 www.humanrights.ch/upload/pdf/100825_Europ_Strafvollzugsgrundsaetze_2006.pdf.
161 BVerfG, Beschluss vom 13.11.2007 – 2 BvR 939/07 – m.w.N., juris; ablehnend *C/MD*, § 144 Rdn. 1 sowie AK-*Pollähne*, § 93 Rdn. 39.
162 So auch AK-*Pollähne*, § 93 Rdn. 39; einschränkend *Arloth/Krä* § 144 StVollzG Rdn. 3: „Nicht zwingend, aber sinnvoll".

nen belegte Haftäume müssen dem Einzelnen eine gewisse Bewegungsfreiheit erlauben. Der Gefangene hat zudem Anspruch auf eine nach den Umständen zumutbare Raumtemperatur.[163] Die Anordnung an Strafgefangene im geschlossenen Vollzug, den Sichtspion an der Tür ihres Haftraumes freizuhalten, bedarf einer Einzelfallprüfung; sie ist nur zulässig, soweit auch eine Beobachtung als besondere Sicherungsmaßnahme angeordnet werden dürfte.[164] Auch dem Gefangenen muss ein Innenraum verbleiben, in dem er in Ruhe gelassen wird und in welchem er ein Recht auf Einsamkeit genießen kann.[165] Die Mindestanforderungen gelten grundsätzlich auch für Arresträume.[166] Für die sonstigen Gemeinschaftsräume, die nicht regelmäßig zur Freizeitgestaltung genutzt werden, und für Besuchsräume gilt, dass sie möglichst wohnlich, zumindest aber ihrem Zweck entsprechend auszustatten sind.

b) Ausgestaltungsaspekte. Die Vorschrift des § 144 Abs. 1 Satz 2 StVollzG ist von 5 den Landesgesetzen weitgehend übernommen worden (zu den Besonderheiten siehe Rdn. 6 ff). Es wird bestimmt, welche Aspekte bei der Größe und Ausgestaltung der Räume (mindestens) zu beachten sind. So müssen diese hinreichend Luftinhalt haben und für eine gesunde Lebensführung ausreichend mit Heizung und Lüftung, Boden- und Fensterfläche ausgestattet sein. Der Gesetzgeber hat darauf verzichtet, konkrete Mindestanforderungen zu normieren.[167] Verbindliche Grenzen für das Ermessen der Vollzugsbehörde setzen allgemein der Anspruch der Gefangenen auf Achtung ihrer Menschenwürde nach Art. 1 Abs. 1 GG sowie das Verbot unmenschlicher und erniedrigender Strafe oder Behandlung nach Art. 3 EMRK.[168] Die von der Rechtsprechung insoweit entwickelten Maßstäbe zeigen auf, welche Grenzen nicht unterschritten werden dürfen. Orientierung bieten darüber hinaus die Empfehlungen für den Bau von Justizvollzugsanstalten (Stand: September 1999), die von einer Arbeitsgruppe im Auftrag des Strafvollzugsausschusses der Länder entwickelt wurden. Für Haftäume sehen diese Empfehlungen z.B. eine Mindestgröße von 9 qm vor (Nr. 3.2.1. der Empfehlungen). Konkrete Vorgaben enthielt auch die DVollzO, die bis zum 1.1.1977 in allen Bundesländern galt und für Haftäume z.B. einen Mindestluftraum von 22 m^3 und eine Mindestfenstergröße von 1 m^2 vorschrieb (Nr. 106 Abs. 2 DVollzO). Nach Nr. 106 Abs. 4 DVollzO waren bei Mehrfachbelegung für jeden Gefangenen 16 m^3 Luftraum vorzusehen. Weitere verbindliche Richtwerte, die allerdings nicht der Rechtsstellung der Gefangenen geschuldet sind, sondern dem Schutz vor Brand- oder sonstigen allgemeinen Gefahren dienen, ergeben sich z.B. aus Vorschriften des öffentlichen Baurechts.

3. Landesgesetzliche Besonderheiten. BW § 9 Abs. 1 I, BY Art. 170, HH § 101 und 6 SH § 128 Abs. 2 übernehmen den vollständigen Regelungsgehalt des § 144 Abs. 1 StVollzG, **BE § 101 Abs. 3, BB § 107 Abs. 3, HB § 94 Abs. 3, HE § 72 Abs. 3, MV § 93 Abs. 3, NI § 174 Abs. 2, RP § 104 Abs. 3, SL § 93 Abs. 3, ST § 105 Abs. 4, SN § 106 Abs. 3 und TH § 105 Abs. 3** jeweils ohne die Maßgabe einer „wohnlichen" Ausgestaltung. Auf eine Verordnungsermächtigung entsprechend § 144 Abs. 2 StVollzG verzichten alle Landesgesetze.

---

163 Vgl. OLG Stuttgart, Beschluss vom 7.7.2015 – 4 Ws 38/15 (V) –, juris.
164 BGH, Beschluss vom 8.5.1991 – 5 AR Vollz 39/90 – juris.
165 BGH, Beschluss vom 11.10.2005 – 5 ARs (Vollz) 54/05 –; ähnlich BVerfG, Beschluss vom 30.5.1996 – 2 BvR 727/94, 2 BvR 884/94 –, beide juris.
166 AK-*Pollähne*, § 93 Rdn. 50; *Arloth/Krä* § 143 StVollzG Rdn. 3.
167 Vgl. Nr. 18.3 der Europäischen Strafvollzugsgrundsätze (2006).
168 Zur Kasuistik siehe Rdn. 2.

13. Kapitel. Anstaltsorganisation

7 BE § 101 Abs. 3 Satz 1 konkretisiert zudem den Begriff „Funktionsräume" dahingehend, dass „insbesondere Gruppen- und Gemeinschafträume" gemeint sind. Solche Räume sind bedarfsgerecht vorzuhalten. Gemäß **Absatz 3 Satz 2** gelten die Vorgaben des Satzes 1 für Besuchs-, Freizeit- und Sporträume sowie für Räume der Seelsorge entsprechend.

8 NW § 93 Abs. 3 Satz 2 ist nahezu wortgleich mit § 144 Abs. 1 Satz 1 StVollzG, soweit es die Ausstattung von Gemeinschafts- und Besuchsräumen betrifft. Zur Ausgestaltung von Hafträumen verhält sich die Vorschrift nicht explizit. Nach der Gesetzesbegründung wird eine menschenwürdige Unterbringung in ausreichend großen und mit einer Mindestausstattung im Sinne von § 144 StVollzG versehenen Hafträumen durch die gesetzliche Verpflichtung der Vollzugsbehörde zur Achtung der Persönlichkeit und der Würde der Gefangenen (**NW § 2 Abs. 2 Satz 1**) gewährleistet.[169]

9 NI § 174 Abs. 2 Satz 2 und ST § 105 Abs. 4 Satz 2 verlangen jeweils eine vollständige bauliche Abtrennung der Sanitärbereiche in Gemeinschaftshafträumen und greifen damit die Rechtsprechung zur menschenwürdigen Unterbringung auf.[170] Nach NI § 174 Abs. 2 Satz 3 und ST § 105 Abs. 4 Satz 3 muss zudem die Größe von Gemeinschaftshafträumen den darin untergebrachten Gefangenen unter Berücksichtigung der Umstände des Einzelfalls zumutbar sein. Insoweit formen die Vorschriften den Anspruch auf menschenwürdige Unterbringung weiter aus.[171]

10 Die in NI § 174 Abs. 4 Satz 4 enthaltene Verpflichtung zur kindgerechten Ausgestaltung von Besuchsräumen trägt den besonderen Bedürfnissen von kindlichen Besuchern Rechnung. Mit dem Aufenthalt in einer Justizvollzugsanstalt möglicherweise einhergehende Belastungen sollen auf ein Mindestmaß reduziert werden.[172]

II. Festsetzung der Belegungsfähigkeit

Bund	§ 145 StVollzG;
Baden-Württemberg	BW § 7 I JVollzGB;
Bayern	BY Art. 171 BayStVollzG;
Berlin	BE § 102 StVollzG Bln;
Brandenburg	BB § 108 BbgJVollzG;
Bremen	HB § 95 BremStVollzG;
Hamburg	HH § 102 HmbStVollzG;
Hessen	HE § 72 HStVollzG;
Mecklenburg-Vorpommern	MV § 94 StVollzG M-V;
Niedersachsen	NI § 174 NJVollzG;
Nordrhein-Westfalen	NW § 95 StVollzG NRW;
Rheinland-Pfalz	RP § 105 LJVollzG;
Saarland	SL § 94 SLStVollzG;
Sachsen	SN § 107 SächsStVollzG;
Sachsen-Anhalt	ST § 106 JVollzGB LSA;
Schleswig-Holstein	SH § 129 LStVollzG SH;
Thüringen	TH § 106 ThürJVollzG

---

169 LT-Drucks. 16/5413, 78.
170 S. Rdn. 2ff.
171 So auch *Arloth/Krä* § 105 LSA JVollzGB Rdn. 2.
172 RegE, LT-Drucks. 17/7414, 22.

E. Größe und Ausgestaltung der Räume

1. Allgemeine Hinweise. § 145 StVollzG verpflichtet die Aufsichtsbehörde zur Fest- 11
setzung der Belegungsfähigkeit für jede Anstalt. Nach dem Willen des Gesetzgebers soll dies gewährleisten, dass eine Anstalt nicht mit mehr Personen belegt wird, als in ihr nach den Vorschriften über die Rechtsstellung der Gefangenen beschäftigt und versorgt werden können.[173] Zweck der Bestimmung ist damit die Verhinderung einer Überbelegung. Die Europäischen Strafvollzugsgrundsätze fordern im nationalen Recht „Mechanismen [...], die sicherstellen, dass diese <in Nrn. 18.1 und 18.2 formulierten> Mindestanforderungen im Fall einer Überbelegung von Justizvollzugsanstalten nicht unterschritten werden" (Nr. 18.4).

Die landesgesetzlichen Vorschriften haben – zum Teil im Wortlaut – die bundesgesetzliche Regelung übernommen (zu den Besonderheiten siehe Rdn. 14 ff.).

Neben gesetzlichen Vorgaben wie etwa dem Grundsatz der Einzelunterbringung sowie den Anforderungen an die Größe und Ausgestaltung der Räume hat die Aufsichtsbehörde dabei auch die tatsächlichen Verhältnisse in der Anstalt zu berücksichtigen.

Die Festsetzung entfaltet gegenüber einzelnen Gefangenen keine Regelungswirkung. Sie kann daher nicht gerichtlich angefochten werden.[174]

2. Erläuterungen. Mit dem Begriff „Belegungsfähigkeit" ist die Zahl der verfügbaren 12
Haftplätze gemeint.[175] Nach § 145 Satz 1 StVollzG setzt die Aufsichtsbehörde die **Belegungsfähigkeit** für jede Anstalt so fest, dass eine angemessene Unterbringung während der Ruhezeit gewährleistet ist. Bei der Festsetzung ist mithin der Grundsatz der Einzelunterbringung zu beachten. Eine gemeinsame Unterbringung während der Ruhezeit ist nur in Ausnahmefällen zulässig (s. 4 A).

Nach § 145 Satz 2 StVollzG ist bei der **Festsetzung** der Belegungsfähigkeit zu be- 13
rücksichtigen, dass eine ausreichende Anzahl von Arbeits-, Aus- und Weiterbildungsplätzen sowie Räumen unter anderem für Freizeit, therapeutische Maßnahmen und Besuche zur Verfügung steht. Dabei hat der (Bundes-)Gesetzgeber von zahlenmäßigen Vorgaben abgesehen, so dass die Aufsichtsbehörde einen Beurteilungsspielraum hat. Diese Maßgabe haben die landesgesetzlichen Bestimmungen weitgehend übernommen (zu den Abweichungen s. Rdn. 14). Die Vorschriften wollen gewährleisten, dass für jeden Gefangenen diejenigen Angebote zur Verfügung stehen, die insbesondere zur Erreichung des Vollzugszieles der Resozialisierung und zur Umsetzung der Gestaltungsgrundsätze erforderlich sind. Angebote, Räumlichkeiten, Personal und Belegungsfähigkeit stehen dabei in einem Abhängigkeitsverhältnis, das es zu beachten gilt. Bei der Festsetzung der Belegungsfähigkeit sind die Eigenheiten der betreffenden Anstalt und die Bedürfnisse der dort regelmäßig untergebrachten Gefangenen zu berücksichtigen. So bedarf es einer restriktiven Festsetzung, wenn eine den gesetzlichen Anforderungen entsprechende Unterbringung und Betreuung der Gefangenen anderenfalls nicht gewährleistet werden kann.[176]

3. Landesgesetzliche Besonderheiten. BY Art. 171 und HH § 102 übernehmen – 14
jeweils unter Bezugnahme auf die landesgesetzliche Vorschrift über die Unterbringung während der Ruhezeit – den Wortlaut des § 145 StVollzG. **NW § 95 Abs. 1** greift den Regelungsgehalt des Bundesgesetzes durch einen Verweis auf die landesrechtlichen Vor-

---

[173] BT-Drucksache 7/918, 93.
[174] *Arloth/Krä* § 145 StVollzG Rdn. 1.
[175] AK-*Pollähne*, § 94 Rdn. 9.
[176] Begrifflich enger („aus Behandlungsgründen") *Arloth/Krä* § 145 StVollzG Rdn. 2; *Laubenthal/Nestler/Neubacher/Verrel*, D Rdn. 40.

schriften über die Unterbringung während der Ruhezeit und die bedarfsgerechte Ausstattung der Anstalt (**NW § 14 Abs. 1, NW § 93 Abs. 3**) auf. **HE § 72 Abs. 4** entspricht mit Ausnahme der Vorgabe einer angemessenen Unterbringung während der Ruhezeit § 145 StVollzG.

15 **BE § 102 Abs. 1, BB § 108 Abs. 1, HB § 95 Abs. 1, MV § 94 Abs. 1, RP § 105 Abs. 1, SL § 94 Abs. 1, SN § 107 Abs. 1, ST § 106 Abs. 1, SH § 129 Abs. 1 und TH § 106** verzichten jeweils auf eine Beschränkung auf die Ruhezeit und verweisen im Übrigen auf die Vorschriften zur Gestaltung und Gliederung der Anstalten.

16 **BW § 7 Abs. 1 I** übernimmt sinngemäß den Regelungsgehalt von § 145 StVollzG. Ausgangspunkt ist nach **Satz 2** der Vorschrift die Grundfläche der Haftäume ohne Einbeziehung der Fläche der Sanitäreinrichtungen (Nettogrundfläche). Die **Absätze 2 und 3** enthalten Übergangsregelungen und **Absatz 5** begrenzt die Mehrfachunterbringung im geschlossenen Vollzug auf maximal 6 Personen.

17 **NI § 174 Abs. 1** verzichtet darauf, die Kriterien für die Festsetzung der Belegungsfähigkeit und die Zahl der Einzel- und Gemeinschaftshafträume ausdrücklich darzulegen. Nach der Begründung ergeben diese sich insbesondere aus den Zielen, Zwecken und Aufgaben der jeweiligen Vollzugsarten sowie aus höherrangigem Recht.[177]

III. Überbelegung

Bund	§ 146 StVollzG;
Baden-Württemberg	BW § 8 I JVollzGB;
Bayern	BY Art. 176 BayStVollzG;
Berlin	BE § 102 StVollzG Bln;
Brandenburg	BB § 108 BbgJVollzG;
Bremen	HB § 95 BremStVollzG;
Hamburg	HH § 103 HmbStVollzG;
Hessen	HE § 72 Abs. 5 HStVollzG;
Mecklenburg-Vorpommern	MV § 94 StVollzG;
Niedersachsen	NI § 174 NJVollzG;
Nordrhein-Westfalen	NW § 95 StVollzG NRW;
Rheinland-Pfalz	RP § 105 LJVollzG;
Saarland	SL § 94 SLStVollzG;
Sachsen	SN § 107 SächsStVollzG;
Sachsen-Anhalt	ST § 106 JVollzGB LSA;
Schleswig-Holstein	SH § 129 LStVollzG SH;
Thüringen	TH § 106 ThürJVollzG

18 **1. Allgemeine Hinweise.** Mit Ausnahme von **NI**, wo dies selbstverständlich erschien,[178] normieren die Strafvollzugsgesetze aller Länder ein **Verbot der Überbelegung**. Regelungstechnisch verhelfen die Verbote der Festsetzung der Belegungsfähigkeit zu praktischer Wirksamkeit, indem die Belegung jedes einzelnen Haftraumes nur entsprechend der nach **BW § 7 Abs. 1 I, BY** Art. 171, **BB** § 108 Abs. 1, **HH** § 102, **HE** § 72 Abs. 4, **MV** § 94 Abs. 1, **RP** § 105 Abs. 1, **SL** § 94 Abs. 1, **SN** § 107 Abs. 1 von der Aufsichtsbehörde berechneten Kapazität erfolgen darf.

---

177 RegE, LT-Drucks. 15/3565, 209 [zu § 167].
178 RegE, LT-Drucks. 15/3565, S. 209 [zu § 167].

a) Verbot der Überbelegung

2. Erläuterungen. Die Vorschriften dienen dem Schutz der Behandlungsarbeit.[179] Steht infolge der Überbelegung zu wenig Personal zur Verfügung, dann besteht die Gefahr, dass der Umfang der angebotenen Behandlungsmaßnahmen eingeschränkt werden muss und die Behandlungsintensität sowie die Qualität sinkt.[180] Zudem kommt es zu längeren Bearbeitungszeiten, z.B. bei der Erstellung und Fortschreibung von Vollzugsplänen und bei Lockerungsentscheidungen. Auch das Angebot an Arbeits- und Ausbildungsplätzen sowie Sport- und Freizeitmaßnahmen würde aus Kapazitätsgründen nicht mehr alle Gefangenen erreichen können. Schließlich besteht die Gefahr, dass vollzugliche Differenzierungsmaßnahmen etwa für abhängigkeitskranke oder schutzbedürftige Gefangene unmöglich gemacht werden.[181] Die Überbelegung beeinflusst des Weiteren das Berufsbild des Allgemeinen Vollzugsdienstes, das bei zunehmendem Missverhältnis zwischen Personalbestand und Belegung zulasten der Behandlungs- und Betreuungsfunktion auf die Gewährleistung der notwendigen Sicherheit reduziert wird. Überbelegung wirkt sich zudem negativ auf das Anstaltsklima aus und kann Spannungen und Übergriffe zwischen Gefangenen einerseits sowie Gefangenen und Bediensteten andererseits begünstigen.[182] Erhebliche Überbelegung kann das Grundrecht nach Art. 1 Abs. 1 GG und das Verbot unmenschlicher und erniedrigender Strafe oder Behandlung gemäß Art. 3 EMRK beinträchtigen, weil daraus jeweils ein Recht auf menschenwürdige Unterbringung der Gefangenen folgt.[183] Die Beeinträchtigung kann insbesondere auch für die Mehrfachbelegung eines Einzelhaftraumes gelten.[184] Die gemeinsame Unterbringung an sich stellt nach der Rechtsprechung jedoch noch keine Verletzung des Menschenwürdegebotes dar.[185]

Das Überbelegungsverbot ermöglicht es den Justizvollzugsanstalten, die Aufnahme von Gefangenen abzulehnen, wenn die Belegungsfähigkeit ausgeschöpft ist.[186] Das gilt gleichermaßen für Aufnahmen zum Strafantritt und Verlegungsersuchen aus anderen Anstalten wie für die Zuführung von Gefangenen in die Untersuchungshaft durch die Polizei. Die Praxis wird sich in der Regel bemühen, die Gefangenen zunächst aufzunehmen und sodann die Zustimmung nach Abs. 2 einzuholen oder zeitnah für eine Verlegung bzw. einen Belegungsausgleich zu sorgen. Die Verlegung von Gefangenen zur Vermeidung einer Überbelegung war nach § 8 Abs. 1 Nr. 2 StVollzG zulässig;[187] entsprechende Regelungen finden sich in den Landesgesetzen. Das Überbelegungsverbot richtet sich ausschließlich an die Justizvollzugsbehörden und gewährt Gefangenen deshalb keine subjektiven Rechte.[188] Auch Justizvollzugsbedienstete, die sich wegen des gestie-

---

179 *C/MD*, 11. Auflage, § 146 Rdn. 1; *Arloth/Krä* § 146 Rdn. 1.
180 *Schott*, ZfStrVo 2003, 195.
181 *Schott*, aaO, S. 196.
182 AK-*Pollähne*, Teil II, § 94 Rdn. 21 mit Hinweis auf den Amoklauf eines Gefangenen in der JVA Uelzen im Jahr 1999, dem zwei Bedienstete zum Opfer fielen. Die bedenkliche Verknüpfung suggeriert, die Justizvollzugsverwaltungen könnten mitverantwortlich an derartigen Vorfällen sein, wenn sie Überbelegung duldeten.
183 Vgl. OLG Zweibrücken, Beschluss vom 17.2.1982 – 1 Vollz (Ws) 78/81 –, ZfStrVo 1982, 318; OLG Karlsruhe, Beschluss vom 13.1.2004 – 1 Ws 27/03 –, ZfStrVo 2004, 304; BVerfG, Beschluss vom 13.11.2007 – 2 BvR 2201/05 –.
184 *Köhne* StV 2009, 215.
185 Vgl. BGH, Beschluss vom 11.10.2005 – 5 ARs (Vollz) 54/05 –, NJW 2006, 306; OLG Hamm, Urteil vom 18.3.2009 – 11 U 88/08 –, StV 2009, 262.
186 RegE, BT-Drucks. 7/918, S. 93 [zu § 133]; *Arloth/Krä* § 146 Rdn. 2.
187 Vgl. auch *Arloth/Krä* § 146 Rdn. 1.
188 *Arloth/Krä* § 146 Rdn. 3; Theile, StV 2002, 670/673; a.A. wohl AK-*Pollähne*, Teil II, § 95 Rdn. 29.

genen sozialen Drucks infolge der Überbelegung in ihrer Sicherheit gefährdet sehen, können keine Ansprüche auf die Beseitigung der Überbelegung daraus herleiten.[189] Gleichwohl ist festzuhalten, dass auch die Bediensteten der Justizvollzugsanstalten zu den Leidtragenden einer Überbelegung gehören.[190]

21   **b) Ausnahmen vom Verbot der Überbelegung.** Die bundesgesetzliche Regelung des § 146 Abs. 2 **StVollzG** sah eine Ausnahme vom Überbelegungsverbot vor. Der **ME-StVollzG** und ihm folgend die Ländergesetze **BY** Art. 172 Abs. 2, **BB** § 108 Abs. 3, **HH** § 103 Abs. 2, **HE** § 72 Abs. 5 Satz 2, **MV** § 94 Abs. 3, **RP** § 105 Abs. 3, **SL** § 94 Abs. 3 und **SN** § 107 Abs. 3 ermöglichen ebenfallseine **Ausnahme** vom Verbot der Überbelegung. Die Überbelegung ist danach ausnahmsweise zulässig, wenn sie nur vorübergehender Natur ist (Ausnahme: **BW**, siehe unten) und die Aufsichtsbehörde zustimmt. Die Zustimmung der Aufsichtsbehörde muss nicht bereits zum Zeitpunkt der Aufnahme der oder des Gefangenen vorliegen; alles andere liefe auf eine unzulässige Vorratsgenehmigung hinaus.[191] Die Justizvollzugsanstalt muss der Aufsichtsbehörde jedoch zeitnah berichten, wenn die Situation der Überbelegung bereits eingetreten ist. Ob die Zustimmung der Aufsichtsbehörde konkludent erteilt werden kann, hängt von den Umständen des Einzelfalles ab. Nimmt die Aufsichtsbehörde eine regelmäßige Mitteilung der Überbelegung ohne Reaktion hin, dürfte hierin die Zustimmung zu sehen sein.[192] Die Zustimmung der Aufsichtsbehörde suspendiert im Übrigen lediglich die Festsetzung der Belegungsfähigkeit, nicht aber die Vorgaben zur Größe und Ausgestaltung der Haftträume. Auch die vorübergehende Umwidmung von Funktionsräumen wie Büros, Lager-, Gruppen- oder Besprechungsräumen zu Hafträumen ist nicht zulässig.[193] Die Justizvollzugsgesetze weisen zudem darauf hin, dass Ausnahmen nicht von Dauer sein dürfen. Nur **BW** § 8 Abs. 1 I verzichtet auf die zeitliche Begrenzung, indem das Wort *vorübergehend* weggelassen wird. Das Verbot der Überbelegung wird damit allerdings, zumindest unterhalb der Schwelle einer menschenunwürdigen Unterbringung, weitgehend ausgehöhlt.[194]

22   Bis zu welchem **Zeitraum** eine Überbelegung vorübergehender Natur ist, ist nicht eindeutig geklärt. AK-*Huchting/Pollähne*[195] sehen eine einwöchige Überbelegung als zulässig, eine dreimonatige jedenfalls als problematisch an. Nach *Böhm*[196] liegt die absolute Grenze bei sechs Monaten. Das OLG Celle[197] hält eine Überbelegung von etwas weniger als sechs Monaten für zu lang, wenn die Ursache derselben eine allgemeine, chronische Situation der Überbelegung und keine vorübergehende Notlage vergleichbar der plötzlichen Schließung einer anderen Anstalt oder dem Ausfall einer Heizungsanlage ist. Mit Verweis auf diese Entscheidung haben in der Folge mehrere Strafvollstreckungskammern die Überbelegung als unzulässig angesehen, wenn keine konkrete zeitliche Perspektive auf die Beendigung bestand.[198] Nach hier vertretener Auffassung sind die Gege-

---

189 VG Köln, Urteil vom 5.9.1990 – 19 K 1123/89 –, ZfStrVo 1992, 73; a.A. wohl AK-*Pollähne*, Teil II, § 95 Rdn. 21.
190 Ebenso *Laubenthal*, S. 257 Rdn. 372.
191 Vgl. hierzu OLG Celle, Beschluss vom 5.11.1998 – 1 Ws 200/98 –, ZfStrVo 1999, 57; AK-*Pollähne*, Teil II, § 95 Rdn. 27.
192 Ebenso *Arloth/Krä* § 146 Rdn. 2 und *Koop* in der 4. Auflage; offen gelassen vom OLG Celle, aaO.
193 AK-*Huchting/Pollähne*, Teil II, § 94 Rdn. 12.
194 So auch *Laubenthal/Nestler/Neubacher/Verrel* D Rdn. 44.
195 § 146 Rdn. 7.
196 *Böhm*, Rdn. 210 Fn. 175.
197 AaO Fn. 36; ähnlich schon LG Braunschweig, Beschluss vom 15.4.1983 – 50 StVK 555/82 –, NStZ 1984, 286.
198 LG Hamburg ZfStrVo 2001, 50; LG Kassel, ZfStrVo 2001, 119: jedenfalls keine mehrjährige Überbelegung.

benheiten des Einzelfalls entscheidend. Wenn die Umstände der Unterbringung menschenunwürdig sind, etwa weil sie den von der Rechtsprechung entwickelten Grundsätzen zum Mindestrauminhalt und zu abgetrennten Toiletten nicht entsprechen,[199] dann kommt es auf die zeitliche Perspektive nicht mehr an. Unterhalb dieser Schwelle können die Umstände der Unterbringung, etwa die Dauer des Aufschlusses und die Gelegenheit zu Arbeit und Sport, aber durchaus bei der Frage berücksichtigt werden, wie lange die konkrete Situation der Überbelegung hinnehmbar ist.[200] Dem Wortlaut nach vorübergehend ist eine Überbelegung des Weiteren dann nicht, wenn sie chronischer Natur ist und keinerlei Aussicht auf Besserung besteht. Andererseits dürfte auch eine langfristige, u.U. mehrjährige Überbelegung hinzunehmen sein, wenn die Ursachen derselben nicht im Einflussbereich der Justizverwaltung liegen und diese alles Zumutbare unternimmt, um der Situation Herr zu werden.[201]

c) Belegungsentwicklung und Konsequenzen. In den 1990er Jahren war die Belegungsentwicklung im deutschen Strafvollzug durch einen stetigen Anstieg der Gefangenenzahlen geprägt. Die Entwicklung hat Mitte der 2000er Jahre ihren Höhepunkt gefunden. So betrug die Belegung am 31.3.2004 bundesweit 81.166 Gefangene, für die aber nur 79.204 Haftplätze zur Verfügung standen.[202] Seither ist ein Rückgang der Gefangenenzahlen zu verzeichnen. So betrug die Belegung am 31.3.2010 noch 72.052 Gefangene, für die 78.450 Haftplätze und am 31.3.2017 noch 64.193 Gefangene, für die 73.411 Haftplätze zur Verfügung standen.[203] Die Auslastungsquote der Justizvollzugsanstalten beträgt damit am 31.3.2017 bundesweit und über alle Vollzugsarten etwa 87,5%.[204] Das bedeutet aber nicht, dass Überkapazitäten bestünden. Um auch bei Belegungsspitzen im Rahmen der üblichen Schwankungen sowohl Überbelegung als auch „Vollstreckungsstau" vermeiden zu können, müssen die Landesjustizverwaltungen eine Haftraumreserve bereithalten. Im Hinblick auf den Umfang dieser Reserve ist zu berücksichtigen, dass Haftraumkapazitäten zwischen unterschiedlichen Vollzugsarten, Altersstufen und Geschlechtern nur sehr eingeschränkt ausgetauscht werden können und schon die üblichen „jahreszeitlichen" Schwankungen der Auslastung bis zu 6% der Belegungskapazität betragen.[205] In der Praxis hat sich deshalb eine Haftraumreserve von 10% der Belegungsfähigkeit als erforderlich erwiesen.[206] Ob dabei die Belegungsfähigkeit durch die Aufsichtsbehörde um 10% niedriger angesetzt wird, als tatsächlich Haftplätze vorhanden sind,[207] oder eine zu 90% ausgelastete Einrichtung als voll gilt,[208] hätte vor allem Auswirkungen auf die Ressourcenausstattung der Anstalt.

23

Die abnehmende Belegung ist vielfach dafür genutzt worden, die Möglichkeiten der Einzelunterbringung auszuweiten. So betrug der Anteil der Einzelhaftplätze an der Ge-

24

---

199 Vgl. die Erläuterungen zu § 144.
200 So auch *Grote* in der Vorauflage, § 146 Rdn. 4; a.A. wohl *Laubenthal/Nestler/Neubacher/Verrel* D Rdn. 44.
201 So auch *Arloth/Krä* § 146 Rdn. 2 für die Situation nach dem Fall des „eisernen Vorhangs".
202 Statistisches Bundesamt, Bestand der Gefangenen und Verwahrten in den deutschen Justizvollzugsanstalten, www.destatis.de.
203 Statistisches Bundesamt, aaO.
204 Statistisches Bundesamt, aaO.
205 *Koop* in der 5. Auflage, § 146 Rdn. 2, mit Verweis auf die Strafvollzugsstatistik des Jahres 2000.
206 So auch *Böhm*, Rdn. 201; ebenso *Koop* in der 5. Auflage, Rdn. 2; *Schott*, ZfStrVo 2003, 195; *Grunau/Tiesler*, Strafvollzugsgesetz, 2. Auflage 1981, § 146 Rdn. 1.
207 So *Grunau/Tiesler*, aaO.
208 So *Böhm*, aaO; *Schwind/Hasenpusch* in der 4. Auflage, § 146 Rdn. 4.

samtbelegungskapazität am 31.3.2006 noch etwa 65% und zehn Jahre später bereits 74%.[209] Angesichts des gesetzlichen Regelfalls in § 18 Abs. 1 Satz 1 **StVollzG, BW** § 13 Abs. 1 Satz 1 III, **BY** Art. 20 Abs. 1 Satz 1, **BB** § 18 Abs. 1, **HH** § 20 Abs. 1, **MV** § 11 Abs. 1, **NI** § 20 Abs. 1 Satz 1, **RP** § 18 Abs. 1, **SL** § 11 Abs. 1 und **SN** § 11 Abs. 1[210] und der gewaltpräventiven Wirkung der Einzelunterbringung[211] sind aber auch drei Viertel Einzelunterbringungsquote nicht genug. Schwierigkeiten bei der Vermeidung der Überbelegung und dem Ausbau der Einzelunterbringung bereitet zudem der schlechte bauliche Zustand vieler Unterkunftsbereiche für Gefangene. Teilweise jahrzehntelanger Sanierungsstau führt dazu, dass Haftträume zwar vorhanden sind, wegen ihres schlechten Zustandes oder während langwieriger Baumaßnahmen aber nicht genutzt werden können. Hier wäre mehr Verständnis für die Notwendigkeit baulicher Investitionen in den Justizvollzug bei Politik und Öffentlichkeit zu wünschen. Es liegt nahe, dass ein konstruktiver, humanistischer Ansatz auf Seiten des Personals und eine Verhaltensänderung zum Positiven bei den Gefangenen von einem ständig präsenten mangelhaften Umfeld erschwert werden können.[212] Der bauliche Sanierungsstau im öffentlichen Sektor mag im Übrigen auch auf andere Bereiche wie Schulen, Ämter und Gerichte zutreffen. Anders als in den Justizvollzugsanstalten sind dort aber nicht rund um die Uhr Menschen untergebracht, die sich der Situation nicht entziehen können.

F. Vollzugsgemeinschaften

Bund	§ 150 StVollzG;
Berlin	BE § 110 StVollzG Bln;
Brandenburg	BB § 116 BbgJVollzG;
Bremen	HB § 103 BremStVollzG;
Mecklenburg-Vorpommern	MV § 102 StVollzG M-V;
Rheinland-Pfalz	RP § 113 LJVollzG;
Saarland	SL § 102 SLStVollzG;
Sachsen	SN § 115 SächsStVollzG;
Sachsen-Anhalt	ST § 115 JVollzGB LSA;
Schleswig-Holstein	SH § 142 LStVollzG SH;
Thüringen	TH § 114 ThürJVollzG;

Schrifttum:

Siehe unter A.

Übersicht

I. Allgemeine Hinweise und
   Erläuterungen —— 1–2

---

209 Statistisches Bundesamt, aaO.
210 Ebenso die europäischen Strafvollzugsgrundsätze in Nr. 18.5.
211 Vgl. *Kretzschmer*, NJW 2009, 2406, 2407.
212 Zum Effekt des Anstaltsklimas auf die Resozialisierungschancen *Drenkhahn*, Anstaltsklima im Strafvollzug, Weiches Kuschelthema oder harter Erfolgsfaktor?, GreifRecht 1/2011, S. 25.

I. Allgemeine Hinweise und Erläuterungen

§ 150 StVollzG bildete die Ermächtigungsgrundlage für länderübergreifende Vollzugsgemeinschaften. Die Vorschrift lautet: *„Für Vollzugsanstalten nach den §§ 139 bis 149 können die Länder Vollzugsgemeinschaften bilden."* Sie eröffnete insbesondere kleineren Bundesländern, die dem Trennungs- oder Differenzierungsgebot (s. 13 B, C) entsprechende Einrichtungen nicht unterhalten können oder über Abteilungen für Mütter mit ihren Kindern (s. 4 G) oder besonders gesicherte Anstalten nicht verfügen, die Möglichkeit, Kooperationen mit anderen Ländern einzugehen. **1**

Die Vorschrift besitzt in keinem Bundesland mehr Gültigkeit. Da die Kompetenz des Bundes zur Regelung des Strafvollzuges an die Länder übergegangen ist, lassen sich Vollzugsgemeinschaften bei Bedarf auch ohne bundesgesetzliche Ermächtigung bilden.[213]

Einige vor allem größere Bundesländer haben darauf verzichtet, eine entsprechende Landesvorschrift zu schaffen (**BW, BY, HH, HE, NI** und **NW**). Die übrigen Länder haben die Formulierung des **ME** übernommen. In den Vollzugsgesetzen **BE** § 110 Abs. 2, **BB** § 116 Abs.2, **HB** § 103 Abs. 2, **MV** § 102 Abs. 2, **RP** § 113 Abs. 2, **SL** § 102 Abs. 2, **SN** § 115 Abs. 2 , **ST** § 115 Abs. 2, **SH** § 142 Abs. 2 und **TH** § 114 Abs. 2 heißt es übereinstimmend wie in **ME** § 102 Abs. 2: *„Im Rahmen von Vollzugsgemeinschaften kann der Vollzug auch in Vollzugseinrichtungen anderer Länder vorgesehen werden."*

Vollzugsgemeinschaften können aufgrund einer größeren räumlichen Entfernung zu Familienangehörigen oder anderen wichtigen Bezugspersonen mit Nachteilen für die Gefangenen verbunden sein, welche mit den Vorteilen einer besseren Behandlung abzuwägen sind. Den Behandlungsmaximen muss dabei in der Weise Rechnung getragen werden, dass der größeren Trennung der Gefangenen von ihren Familien, Angehörigen und Freunden sowie dem übrigen sozialen Umfeld erheblich bessere Behandlungsmöglichkeiten gegenüberstehen müssen.[214]

Vereinbarungen zu Vollzugsgemeinschaften müssen ihren Niederschlag im Vollstreckungsplan finden (s. Erl. zu 13 H). Länderübergreifende Kooperationen werden vor allem zur gemeinsamen Nutzung von stationären Einrichtungen der medizinischen Versorgung, für die Unterbringung von weiblichen Gefangenen, auch nur für einzelne Zielgruppen in Mutter-Kind-Einrichtungen oder der Sozialtherapie, sowie den Vollzug der Sicherungsverwahrung (§ 66 StGB) geschlossen. Vereinbarungen, die die Unterbringung von männlichen Gefangenen in einer besonders gesicherten Anstalt betreffen, bilden die Ausnahme. **HB** und **NI** haben eine entsprechende Vereinbarung getroffen, wonach zu Freiheitsstrafe verurteilte männliche Gefangene, bei denen die Voraussetzungen gem. HB § 76 vorliegen, in eine niedersächsische Anstalt eingewiesen werden.[215] **2**

G. Aufsichtsbehörden

Bund	§ 151 StVollzG;
Baden-Württemberg	BW § 19 Satz 1 I JVollzGB;
Bayern	BY Art. 173 BayStVollzG;
Berlin	BE § 109 StVollzG Bln;

---

213 Nds. LT – Drucks. 15/3565, 214 [Begr. zu § 178 NJVollzG];vgl. BeckOK-*Engelstätter* §150 Rdn. 2.
214 KG Berlin FS 2009, 42 – 2 Ws 770/07 m. Anm. *Dünkel* Vorrang heimatnaher Unterbringung, FS 2010 S. 61ff; so auch BeckOK-*Engelstätter* § 150 Rdn. 1; AK-*Feest* II § 102 Rdn. 7; *Laubenthal/Nestler/Neubacher/Verrel* N Rdn. 11.
215 s. Vollstreckungs- und Einweisungsplan für das Land Bremen vom 31.1.2013 (www.justiz.de/onlinedienste/vollstreckungsplaene/vollstreckungsplan_bremen.pdf).

Brandenburg	BB § 115 BbgJVollzG;
Bremen	HB § 102 BremStVollzG;
Hamburg	HH § 111 HmbStVollzG;
Hessen	HE § 80 HStVollzG;
Mecklenburg-Vorpommern	MV § 101 StVollzG M-V;
Niedersachsen	NI § 184 NJVollzG;
Nordrhein-Westfalen	NW § 103 StVollzG NRW;
Rheinland-Pfalz	RP § 112 LJVollzG;
Saarland	SL § 101 SLStVollzG;
Sachsen	SN § 114 SächsStVollzG;
Sachsen-Anhalt	ST § 114 JVollzGB LSA;
Schleswig-Holstein	SH § 141 LStVollzG SH;
Thüringen	TH § 113 ThürJVollzG;

Schrifttum:

Siehe unter A.

Übersicht

I. Allgemeine Hinweise: —— 1–4
II. Erläuterungen —— 5–16
   1. Die Aufsichtspflicht der Landesjustizverwaltung —— 5–9
   2. VVen Nr. 1 und Nr. 2 —— 10–12
   3. Aufsicht über einzelne Fachbereiche —— 13
   4. Aufsicht und politische Verantwortung —— 14–16
   5. Funktions- und Bedeutungswandel der Aufsichtsbehörde —— 17
III. Landesgesetzliche Besonderheiten —— 18

I. Allgemeine Hinweise

1   § 151 **StVollzG** regelt zusammen mit den §§ 152 und 153 die Aufsicht über die Justizvollzugsanstalten und überträgt sie den Landesjustizverwaltungen, die für Organisation und Durchführung des Strafvollzugs zuständig sind. Mit § 151 Abs. 1 („*Die Landesjustizverwaltungen führen die Aufsicht über die Justizvollzugsanstalten. Sie können Aufsichtsbefugnisse auf Justizvollzugsämter übertragen.*") wurden die Justizministerien bzw. Senatsverwaltungen unmittelbar als Aufsichtsbehörden festgesetzt. Was Aufsicht ist, wird in den Bestimmungen nicht näher definiert. In Abs. 2 heißt es: „*An der Aufsicht über das Arbeitswesen sowie über die Sozialarbeit, die Weiterbildung, die Gesundheitsfürsorge und die sonstige fachlich begründete Behandlung der Gefangenen sind eigene Fachkräfte zu beteiligen; soweit die Aufsichtsbehörde nicht über eigene Fachkräfte verfügt, ist fachliche Beratung sicherzustellen.*" In der Literatur wird Aufsicht im Sinne von § 151 **StVollzG** definiert als **Rechts- und Fachaufsicht**.[216] Die Landesjustizverwaltungen üben ferner **Dienstaufsicht** gegenüber den Behörden und den dort tätigen Bediensteten aus. Die Begriffe „Dienstaufsicht, „Fachaufsicht" und „Rechtsaufsicht" sind vom Gesetzgeber nicht konkretisiert, sondern nur durch einschlägige kasuistische Rechtsprechung näher eingegrenzt. Sie sind auch nicht trennscharf. Während die Fachaufsicht über die Justizvollzugsanstalten die Rechtsaufsicht mit einschließt (Prüfung der Recht- und Zweckmäßigkeit des Verwaltungshandelns), prüft reine Rechtsaufsicht, ob der beaufsichtigte Ver-

---

[216] *Arloth/Krä* § 151 Rdn. 2; *C/MD* § 151 Rdn. 1; BeckOK-*Engelstätter* § 151 Rdn. 2; AK-*Feest/Walter* II § 101 Rdn. 7; *Laubenthal/Nestler/Neubacher/Verrel* N Rdn 12.

waltungsträger (der nicht innerhalb der unmittelbaren Landesverwaltung angesiedelt ist, z.B. Krankenhäuser, Kassenärztliche Vereinigungen, Gemeinden und Landkreise) im eigenen oder übertragenen Wirkungskreis rechtmäßig handelt.

Die Landesjustizverwaltungen sind berechtigt und verpflichtet, vergleichbare Vollzugsbedingungen in gleichartigen Vollzugsformen und die Einhaltung von Gesetz und Recht zu gewährleisten. Dies gilt uneingeschränkt auch für **teilprivatisierte Anstalten** (vollständige Privatisierung ist verfassungsrechtlich nicht zulässig s. 13 J Rdn. 1). Soweit einem privaten Dritten bestimmte, nicht hoheitliche Aufgaben im Betrieb einer Justizvollzugsanstalt übertragen werden (Kooperationsform „Public Private Partnership"),[217] hat die Aufsichtsbehörde eine präzise und an landesweiten Qualitätsstandards ausgerichtete Vertragsgestaltung (zur Einheitlichkeit des Vollzugsgeschehens landesweit) und die Einhaltung dieser Verträge (Leistungskontrollen) zu gewährleisten. Sie muss sich zudem ein umfassendes jederzeitiges Prüfungsrecht der Leistungen vorbehalten. Auch die in VV Nr. 1 von der Aufsichtsbehörde geforderte regelmäßige Besichtigung der Anstalten, wie sie auch in den Verwaltungsvorschriften von **BW** (VV zu § 19), **BY** (VV zu Art. 173) und **HE** (HVV § 52) vorgesehen ist, muss die auf private Dritte übertragenen Leistungsbereiche (z.B. Versorgung und Beschäftigung der Gefangenen) mit einbeziehen. Insoweit greift auch hier die klassische umfassende staatliche Fachaufsicht.

Aufsicht hat sich im Wesentlichen auf Rahmenplanung und Globalsteuerung des Vollzugsgeschehens zu beschränken, so dass den Anstalten Gestaltungsspielräume verbleiben.[218] Eine Zuständigkeit für Einzelfallregelungen ist nur in Ausnahmefällen begründet. Umstritten ist, ob die Aufsichtsbehörde Entscheidungen aus der Zuständigkeit des Anstaltsleiters (s. 13 K) an sich ziehen kann und ihr somit ein sog. **Selbsteintrittsrecht** zusteht, was von der Rechtsprechung grundsätzlich verneint wird, soweit dies nicht gesetzlich normiert ist wie z.B. im Fall von Verfehlungen gegen den Anstaltsleiter (s. 11 M Rdn. 50) und von Verlegungen.[219] Bei den seltenen Fällen von Gefahr im Verzuge wird hingegen ein Selbsteintrittsrecht bejaht.[220] Unter großem medialem Druck können Justizminister versucht sein, einen „faktischen Selbsteintritt" zu vollziehen (s. ausführlicher Rdn. 14 f). Vom Recht zum Selbsteintritt zu unterscheiden ist ein aufsichtsbehördliches **Durchgriffsrecht,** welches es der Aufsichtsbehörde aufgrund der parlamentarischen Verantwortung seiner politischen Spitze erlaubt, im Einzelfall zu entscheiden oder Weisungen zu erteilen,[221] was von Feest/Walter als stets problematisch angesehen wird.[222] Alle Vorgaben der Aufsichtsbehörde ändern allerdings nichts an der grundsätzlichen Zuständigkeit des Anstaltsleiters, Verwaltungsvorschriften und Allgemeinverfügungen entbinden ihn nicht von der Einzelfallprüfung.[223] Auch im Falle von **Zustimmungsvorbehalten** ist die Versagung der Zustimmung durch die Aufsichtsbehörde nicht gerichtlich anfechtbar, sondern nur die Entscheidung des Anstaltsleiters, die das Votum der Aufsichtsbehörde aufnimmt.[224]

---

217   S. *Stober* Privatisierung öffentlicher Aufgaben, in: NJW 2008, 2301 ff.
218   So auch *C/MD* § 151 Rdn. 2; *Laubenthal/Nestler/Neubacher/Verrel* N Rdn. 13; AK-*Feest/Walt*er II § 101 Rdn. 12, 13; *Arloth/Krä* § 151 Rdn. 2; BeckOK-*Engelstätter* § 151 Rdn. 3.
219   OLG Hamm ZfStrVo 1981, 190, – 1 Vollz (Ws) 143/80; OLG Stuttgart, ZfStrVo **SH** 1979, 35, – 4 Ws 206/79 V –; s. auch Erl. zu 13 H.
220   OLG Stuttgart aaO.; vgl. *Arloth/Krä* § 151 Rdn. 3; BeckOK-*Engelstätter* § 151 Rdn. 5; AK-*Feest/Walter* II § 101 Rdn. 8; *Laubenthal/Nestler/Neubacher/Verrel* aaO.
221   *Arloth/Krä* aaO; BeckOK-*Engelstätter* aaO.
222   AK-*Feest/Walter* II § 101 Rdn. 9.
223   *Laubenthal/Nestler/Neubacher/Verrel* aaO.
224   OLG Frankfurt ZfStrVo **SH** 1978, 28, – 3 Ws 653/77 (StVollzG); vgl. *Arloth/Krä* aaO; *C/MD* aaO; AK-*Feest/Walter* II § 101 Rdn. 11; *Laubenthal/Nestler/Neubacher/Verrel* aaO.

4 Bei der Handhabung ihrer Aufsichtsbefugnisse orientieren sich die Landesjustizverwaltungen an modernen Methoden der Führung und nutzen **neue Steuerungsinstrumente**. Aufsicht über die Justizvollzugsanstalt heißt nicht primär Kontrolle und Sanktion, sondern vielmehr (prospektive) Steuerung und Beratung. Moderne Aufsicht sorgt durch Festlegung von Qualitätsstandards und Rahmenplanung für eine einheitliche Ausgestaltung des Strafvollzugs und steuert die Fortentwicklung durch Zielvereinbarungen und Controlling.[225] Die neuen Steuerungsinstrumente führen Personal- und Sachhaushalt zu einem Globalbudget zusammen, schaffen Transparenz auf der Grundlage von Kosten und Leistungen und ermöglichen eine systematische und schnelle Steuerung über Zielvereinbarungen auf der Grundlage von Kennzahlen. Aus diesem Grund hat **NI** den „Verwaltungsbereich Justizvollzug" eingerichtet, der mit eigenen Führungs- und Entscheidungsstrukturen und Verantwortung für den Ressourceneinsatz in hohem Maße eigenständig ist.

II. Erläuterungen

5 **1. Die Aufsichtspflicht der Landesjustizverwaltung.** Das Bundesgesetz verwendet den übergeordneten Begriff der **Landesjustizverwaltung**; das sind die Justizministerien und Senatsverwaltungen (**BE, HB, HH**) der Bundesrepublik Deutschland, die in den einzelnen Landesgesetzen als Aufsichtsbehörde eingesetzt sind. Landesjustizverwaltungen sind unterschiedliche Verwaltungsgebilde. **HH** hat ein Amt für Justizvollzug und Recht eingerichtet, das als Teil der Justizbehörde dem Justizsenator (über den Staatsrat) unmittelbar unterstellt und zentral für alle Personalangelegenheiten der Vollzugsbediensteten zuständig ist. **BE, HB** und alle Flächenstaaten haben für den Strafvollzug eine eigene Fachabteilung eingerichtet, die sich nicht nur auf die inhaltliche Gestaltung des Vollzugs mit Dienst- und Fachaufsicht beschränkt, sondern die auch für Personal, Finanzen und Bauangelegenheiten im Justizvollzug zuständig ist. Die Zentralabteilungen der Ministerien haben für den Justizvollzug überwiegend koordinierende Funktionen, z.B. bei der Aufstellung des Personal-, Sach- und Bauhaushalts.

Erst eine umfassende Ressourcen- und Aufgabenverantwortung ermöglicht es den Fachabteilungen, Verantwortung für die Ergebnisse des Justizvollzugs zu übernehmen. Ergebnisverantwortung wiederum ist für eine erfolgreiche Aufsicht über den Justizvollzug von entscheidender Bedeutung und Voraussetzung für die Anwendung der neuen Steuerungsmodelle.

6 Die Verpflichtung zur Aufsicht der Landesjustizverwaltungen folgt nicht nur aus der Organisationsvorschrift, sondern auch aus dem Beschwerderecht der Gefangenen (s. 12 A). Justizvollzugsanstalten unterliegen in allen Bundesländern einer umfassenden Aufsicht. § 151 Abs. 1Satz 1 **StVollzG** findet seine Entsprechung in **BE** § 109 Abs. 1 Halbsatz 1, **BB** § 115 Abs. 1, **BW** § 19 Satz 1 I, **BY** Art. 173 Abs. 1, **HE** § 80, **HB** § 102 Abs. 1, **HH** § 111, **NI** § 184 Abs. 1, **NW** § 103 Abs. 1 Satz 1 Halbsatz 1, **MV** § 101 Abs. 1, **RP** § 112 Abs. 1, **SH** § 141 Abs. 1 Satz 1 Halbsatz 1, **SL** § 101 Abs. 1, **SN** § 114 Abs. 1, **ST** § 114 Abs. 1 und **TH** § 113 Abs. 1. **Dienstaufsicht** bezieht sich auf die Angelegenheiten des Personals und dessen dienstliches Verhalten. Die Landesjustizverwaltungen haben mittlerweile weitreichende dienstrechtliche Befugnisse auf die Anstaltsleitungen übertragen. Die personelle Dienstaufsicht überprüft daher insbesondere, ob die Anstaltsleitungen ihre Dienstaufsicht gleichmäßig und ordnungsgemäß ausüben (z.B. in Disziplinarangelegenheiten, in personalvertretungsrechtlichen Fragen). **Fachaufsicht** bedeutet Gewährleistung der

---

[225] *Schroven* FS A-Z „Controlling"; kritisch zu den Zielen neuer Steuerungsinstrumente *Müller* Behandlung – Reformnotwendigkeit des Strafvollzuges, in: *Preusker/Maelicke/Flügge*, 2010, 74 ff.

sachgerechten Ausübung einzelner Tätigkeitsbereiche. Sie erstreckt sich auch auf die Aufbau- und Ablauforganisation der Vollzugseinrichtungen, deren Verwaltungsstruktur, Geschäftsverteilung und Geschäftsführung. Fachaufsicht soll sicherstellen, dass Fachaufgaben unter Beachtung der geltenden Rechts- und Verwaltungsvorschriften rechtlich richtig und zweckmäßig erfüllt werden. Fachaufsicht schließt mithin die Rechtsaufsicht ein. Sie ist Bestandteil einer umfassenden Kontroll- und Aufsichtsfunktion der Landesjustizverwaltungen in Fachaufgaben. Weisungen der Dienst- und Fachaufsicht können sich auf die Aufhebung und Korrektur bereits erfolgter Maßnahmen und auf zukünftiges Handeln beziehen. Sie sollten sich auf das notwendige Maß beschränken.[226]

Während die Bundesvorschrift des § 151 Abs. 2 **StVollzG** vorschreibt, dass die Fach- **7** aufsicht im Hinblick auf „die Sozialarbeit, die Weiterbildung, die Gesundheitsfürsorge und die sonstige fachlich begründete Behandlung der Gefangenen" fachkundig zu bewerkstelligen ist, verzichten die Landesgesetze – mit Ausnahme von **BB** § 115 Abs. 2 (s. Rdn. 17) – auf die konkrete Nennung von Fachgebieten. So wird entweder ganz auf eigene Nennung der Fachaufsicht verzichtet (so **BW** § 19 Abs. 1 Satz 1 I, **HH** § 111, **NI** § 184, **ME** § 101 und ihm folgend **HB** § 102, **MV** § 101, **RP** § 112, **SL** § 101, **SN** § 114 und **TH** § 113) oder es wird abstrakt Qualitätssicherung durch Fachkräfte bzw. fachliche Beratung gefordert (**BY** Art. 173 Abs. 2, **HE** § 80 Abs. 2, **NW** § 103 Abs.1 Satz 1, **BE** § 109 Abs. 2, **SH** § 141 Abs. 1). In jedem Fall reicht es aus, wenn sich die Aufsichtsbehörde erforderlichenfalls des Fachwissens jeweiliger Fachkräfte bedient. In Betracht kommen insoweit auch Kooperationen mit anderen Ressorts (z.B. Sozialministerium) und die vertragliche Einbindung anderer Disziplinen (regelmäßig oder fallbezogen).[227]

Die Gefangenen haben aufgrund der Regelung in § 151 **StVollzG** keinen Rechtsan- **8** spruch gegen den Staat auf konkrete Maßnahmen der **Aufsichtsführung** über einzelne JVAen. Sie können sich lediglich in Eingaben und Beschwerden an die Aufsichtsbehörde wenden oder Vertreter der Aufsichtsbehörden anlässlich von Anstaltsbesuchen sprechen (s. 12 A Rdn. 5, 6).[228] Wie die Aufsichtsbehörden solche Beschwerden von Gefangenen bearbeiten, liegt in ihrem Handlungsermessen, das sich aus ihrer Organisationsgewalt ergibt. Der Gefangene hat allenfalls nach § 113 **StVollzG** die Möglichkeit, ein Tätigwerden der Aufsichtsbehörden in den Fällen zu erzwingen, in denen Rechtsverstöße von Bediensteten, die Rechtsposition des Gefangenen schmälern würden, nicht behoben werden (vgl. im Einzelnen 12 A Rdn. 5ff).

Der Bundesgesetzgeber ermächtigt die Länder, Aufsichtsbefugnisse, nicht jedoch **9** die vollständige Aufsicht, auf **Justizvollzugsämter** zu übertragen. Von dieser Möglichkeit macht inzwischen kein Land mehr Gebrauch. Ein dreistufiger Verwaltungsaufbau hat sich für den Justizvollzug nicht bewährt. Die von Politik und Öffentlichkeit eingeforderte unmittelbare und umfassende Verantwortung des Justizministers für Angelegenheiten des Strafvollzugs sowie effektive Aufsicht und Steuerung verlangen schnelle und direkte Abstimmung der Landesjustizverwaltungen mit den Anstaltsleitungen, die ihrerseits für ihre Verantwortungsübernahme möglichst weitreichende und nicht mit einer Mittelbehörde geteilte Kompetenzen in Organisation, Finanzen, Personal und Vollzugsgestaltung benötigen.

2. VVen Nr. 1 und Nr. 2. Die VVen zu § 151 **StVollzG** sind von den Ländern zum Teil **10** übernommen und ergänzt worden. Der Regelungsgehalt der VV Nr. 1 und 2 zu § 151

---

226 So auch AK-*Feest/Walter* II aaO.
227 Ebenso AK-*Feest/Walter* II § 101 Rdn. 17; kritisch *Arloth/Krä* § 151 Rdn. 5; BeckOK-*Engelstätter* § 151 Rdn. 7; **BE** § 109 Abs. 2 regelt, dass externe Fachkräfte hinzugezogen werden können, s. Rdn. 18.
228 Ebenso *Arloth/Krä* § 151 Rdn. 6; AK-*Feest/Walter* II § 101 Rdn. 19, 20.

StVollzG („(1) *Die Aufsichtsbehörde sucht alle Anstalten so häufig auf, dass sie stets über den gesamten Vollzug unterrichtet bleibt. (2) Die Landesjustizverwaltungen regeln den Besuch von Anstalten durch anstaltsfremde Personen sowie den Verkehr von Gefangenen mit Vertretern von Publikationsorganen (Presse, Hörfunk, Film, Fernsehen).*") wird in **BW** VV zu § 19 I und **BY** VV zu Art. 173 aufgenommen. **HE** regelt die Anstaltsbesichtigungen in HVV § 52 Nr. 1 zu **HE** § 80 analog zu VV Nr. 1 und sieht vor, dass alle Anstalten jederzeit aufgesucht werden können und in unregelmäßiger Folge mit Ankündigung überprüft werden sollen. HVV § 52 regelt ferner das Verfahren bei Anstaltsbesuchen und die Zusammenarbeit mit den Medien. NAV zu **NI** § 151 trifft Regelungen analog zu Nr. 2.

11   Die Regelung in VV Nr. 1 zu § 151 **StVollzG** stellt in der Praxis nicht erfüllbare Anforderungen an die Aufsichtsbehörden. Ein „Unterrichtetsein über den gesamten Vollzug" ist bei der Größe heutiger Vollzugsanstalten und der Komplexität der Vollzugssysteme nicht möglich, auch wenn die Anstalten regelmäßig aufgesucht werden. In der Vollzugspraxis besichtigen die Landesjustizverwaltungen die Anstalten in der Regel einmal im Jahr, und zwar durch einzelne „Inspekteure" oder durch Besichtigungsteams, denen auch Vertreter (anderer) Justizvollzugsanstalten angehören können. Aufsichtsbereiche, die einer Besichtigung zugänglich sind, sollten zuvor möglichst präzise (z.B. in Form von Checklisten) definiert und die Feststellungen dazu objektiviert werden, um auch zwischen den einzelnen Anstalten vergleichen und den Handlungsbedarf ableiten zu können. Besichtigungen sind lediglich ein Baustein einer umfassenden Aufsicht, diese darf sich darin nicht erschöpfen. Unverzichtbar sind u.a. Auswertungen von Beschwerden der Gefangenen, Beobachtung des Vollzugsgeschehens anhand von Kennzahlen und Statistiken, Analyse und Bewertung besonderer Vorkommnisse. Besichtigungen werden den Anstaltsleitungen vorher bekanntgegeben, so dass diese sich darauf vorbereiten und erforderliche Unterlagen bereithalten können. Besichtigungen durch Vertreter der Aufsichtsbehörde können auch unangemeldet erfolgen oder durch ein aktuelles Vorkommnis veranlasst sein. Im weiteren Sinne haben auch alle anderen Besuche durch Vertreter der Aufsichtsbehörden Aufsichtscharakter; sie dienen dazu, über den gesamten Vollzug soweit möglich unterrichtet zu sein.

12   Die Regelung der VV Nr. 2 ist durch die Rspr. korrigiert worden.[229] Nach §§ 151 und 156 **StVollzG** trifft die Anstaltsleitung sowohl die Entscheidung über den Besuch der Anstalten durch anstaltsfremde Personen als auch Entscheidungen im Bereich des Verkehrs von Gefangenen mit Vertretern von Publikationsorganen. Die Aufsichtsbehörden können Rahmenrichtlinien zur Ermessensausübung erlassen und allenfalls Nachfragepflichten für die Anstaltsleitungen festlegen.[230] Entsprechend enthalten die Verwaltungsvorschriften von **BW**, **BY** und **HE** Regelungen dazu, welche Besuche durch die Anstaltsleitungen eigenständig entschieden werden können und welche Entscheidungen der Zustimmung der Aufsichtsbehörde bedürfen.

13   **3. Aufsicht über einzelne Fachbereiche.** Ob die Landesjustizverwaltungen ihrer Verpflichtung zu einer umfassenden Aufsicht durch Integration fachspezifisch vorgebildeter Mitarbeiter in die Aufsichtsbehörde nachkommen oder durch wissenschaftliche Beiräte bzw. vertraglich verpflichtete, nebenamtlich tätige Fachberater, ist ihnen überlassen. Dass das Problem der Fachaufsicht für die Aufsichtsbehörden interdisziplinär nicht unerheblich ist, zeigt die in den letzten Jahren angestiegene Zahl der in den Anstal-

---

229   OLG Stuttgart ZfStrVo **SH** 1979, 35 ff – 4 Ws 206/79 V –.
230   OLG Hamm Beschl. v. 15.12.1978 – 1 Vollz (Ws) 42/78 –, juris; so auch *ArlothKrä* § 151 Rdn. 4.

ten vorhandenen Fachkräfte.[231] Das **Arbeitswesen** in den JVAen ist vielgestaltig. Die Eigenbetriebe und die Unternehmerbetriebe in den Anstalten sind in eine Arbeitsbetriebsorganisation eingegliedert worden, die betriebswirtschaftliche Fachkenntnisse berücksichtigen muss. Die auf der Ebene der Aufsichtsbehörden mit der Führung des Arbeitsbetriebswesens betrauten Verwaltungskräfte benötigen korrespondierende Kenntnisse. Inzwischen haben die meisten Landesjustizverwaltungen dem Rechnung getragen. Die Fachaufsicht über die **Gesundheitsfürsorge** muss Ärzten vorbehalten bleiben. Diese können als hauptamtliche Mitarbeiter in der Aufsichtsbehörde mit dieser Aufgabe betraut werden oder vertraglich, auch in Kooperation mit anderen Ressorts. Gesundheitsfürsorgeverträge mit privaten Dritten (z.B. bei teilprivatisierten Justizvollzugsanstalten) müssen sicherstellen, dass bei ärztlichen Handlungen im Zusammenhang mit der Anwendung unmittelbarer oder mittelbarer Gewalt gegen den Willen des Gefangenen (Zwangsmaßnahmen) der durchführende Arzt unmittelbar dazu von einem Hoheitsträger ermächtigt ist und er der staatlichen Fachaufsicht unterliegt.[232] Entsprechendes gilt für psychodiagnostische und therapeutische Aufgaben. Für den **psychologischen Dienst** muss eine Fachaufsicht durch Psychologen gewährleistet sein.

4. Aufsicht und politische Verantwortung. Die Landesgesetze regeln die Aufsicht 14 durch die Landesjustiz**verwaltungen**, d.h. die Justizministerien bzw. Senatsverwaltungen. Nicht ausdrücklich angesprochen ist die politische Verantwortung des jeweiligen Ministers bzw. Senators. Dessen politische Verpflichtung, den eigenen Geschäftsbereich zu überwachen, ergibt sich aus dem jeweiligen Landesverfassungsrecht. Die Parlamente und auch die Öffentlichkeit erwarten, dass die Justizminister sich persönlich für einen im Grundsatz rechtsstaatlichen Strafvollzug verbürgen. Es wird ebenfalls erwartet, dass die Fachminister durch persönliche Informationsbesuche einen Eindruck von den Verhältnissen in den Vollzugsanstalten gewinnen und sich von der Rechtmäßigkeit des Strafvollzuges regelmäßig überzeugen. Insofern hat Aufsicht über den Justizvollzug nicht nur eine rechtliche Dimension. Sie beschränkt sich also nicht nur auf die Überprüfung der Einhaltung von Gesetz und Recht und inhaltliche Vorgaben für einzelne Arbeitsbereiche der Anstalten.[233] In der gegenwärtigen medienbeeinflussten Demokratie hängt das „politische Schicksal" des jeweiligen Justizministers davon u.U. auch ab, ob ihm zugetraut wird, eine effektive Aufsicht über „seine" JVAen zu garantieren. Kommt es zu spektakulären Ausbrüchen oder zu gewaltsamen Aktionen bis hin zu Meutereien, zu Übergriffen auf Bedienstete oder zu schweren Straftaten während eines Hafturlaubs oder unter Ausnutzung einer Vollzugslockerung, so werden diese spektakulären Ereignisse von der Öffentlichkeit in der Regel als Folge mangelhafter Aufsicht über den Justizvollzug und als Bedrohung der eigenen Sicherheitslage verstanden.[234] Ob die Sicherheit der Bürger dadurch objektiv gefährdet ist, spielt in der politischen Diskussion meist nur eine untergeordnete Rolle. Das Versagen einzelner Bediensteter oder Gefangener wird nur sehr selten in Beziehung gesetzt zu den hohen Erfolgsquoten bei den meisten Vollzugsent-

---

231 Personalstatistiken im Bereich Justizvollzug des Bundesministeriums für Justiz für die Erstellung der jährlichen Statistik des Europarates – SPACE I – (https://www.coe.int/en/web/prison/space).
232 S. Urteil des Nds. StGH vom 5.12.2008 – StGH 2/07.
233 Zur Interdependenz zwischen Aufsicht über JVA und politischer Verantwortlichkeit s. *Steinhilper/Steinhilper* Aufsicht über die Justizvollzugsanstalten (§ 151 StVollzG) – Kontrolle oder Steuerung des Strafvollzugs? –, in: NK 2005, 19 ff.
234 Dazu anschaulich *Alisch* Sicherheit ist, wenn der Minister nicht in den Innen- und Rechtsausschuss muss, in: *Wischka/Jesse/Klettke/Schaffer* Justizvollzug in neuen Grenzen, Lingen 2002, 34 f.

scheidungen (Missbrauchsquote unter 1%),[235] sondern als „typische Vollzugspanne" verallgemeinert, dramatisiert und politisiert. In den üblichen medial begleiteten politischen Diskussionen greift die jeweilige parlamentarische Opposition Einzelfälle auf, um der Regierung tatsächliche oder vermeintliche Versäumnisse anzulasten.

15   Bei Angriffen aus Medien und Politik besteht die Gefahr, dass die Justizminister in kritischen Situationen der Versuchung erliegen, auch die der Aufsichtsbehörde grundsätzlich nicht vorbehaltenen Einzelfallentscheidungen selbst treffen oder maßgeblich beeinflussen zu wollen (z.B. die Anordnung der Rücknahme von Vollzugslockerungen bei einzelnen Gefangenen oder deren Begutachtung oder von Versetzungen und Umsetzungen von Bediensteten, die Einleitung von Disziplinarverfahren gegen Beamte). Anstatt sich in Einzelsachen zurück zu halten, kommt es in solchen Fällen zu einem **„faktischen Selbsteintritt"** des Ministers mit der Folge, dass alle Fehler und Fehleinschätzungen bei der Entscheidungsfindung zu Lasten des politisch verantwortlichen Ministers gehen und dann oft Rücktrittsforderungen laut werden. Die Maxime, dass „im Vollzug nichts passieren darf", ist eine schlechte Handlungsanleitung für eine Aufsichtsbehörde, ein solcher Anspruch unrealistisch und lebensfern.[236] Sicherlich ist es für die Aufsichtsbehörden nicht leicht, die Balance zu finden zwischen einer fachgerechten globalen Aufsicht über die JVAen und dem verständlichen Bemühen, spektakuläre Ereignisse, welche durch mediale Aufbereitung und populistische Folgeentscheidungen den gesamten Justizvollzug nachhaltig negativ beeinflussen können, zu verhindern. Eine entlastende Funktion kann insoweit die Pressestelle der Aufsichtsbehörde übernehmen. Ihre Aufgabe ist es, Einzelfälle in Gesamtzusammenhänge einzuordnen und diese der Öffentlichkeit zu vermitteln. Wenn durch kontinuierliche Medienarbeit – und zwar ohne dass spektakuläre Ereignisse vorliegen – Transparenz über die Arbeitsweise des Justizvollzuges hergestellt werden kann, wird es auch eher gelingen überzeugend darzustellen, dass eine misslungene Vollzugslockerung kein Indiz für schlechte Aufsicht darstellt und deshalb nicht die Frage des Rücktritts des Fachministers aufgeworfen werden muss.

16   Aufsichtsbehörden müssen sich stets bewusst machen, dass Strafvollzug erheblich in die Freiheitsrechte der betroffenen Bürger eingreift und dass die Grundrechte der Gefangenen auch gegenüber negativer Stimmungslage der Öffentlichkeit oder populistischen Erwartungen einzelner Politiker zu schützen sind. Diese Aufgabenstellung erfordert von den Aufsichtsbehörden gegenwärtig mehr Mut als in den 1970er Jahren zur Zeit des Inkrafttretens des Strafvollzugsgesetzes, weil damals Bürger, Medien, Politik und Rspr. eine gemeinsame positive Grundhaltung zu einem konsequent am Ziel der Resozialisierung ausgerichteten Vollzug hatten. Heute sind manche Politiker schnell bereit, nach spektakulären Einzelfällen dem öffentlichen Druck nachzugeben und drängen dann oft auf Gesetzesänderung.[237] *Hassemer* spricht in diesem Zusammenhang von einer „symbolischen Kriminalpolitik". Dabei sei es nicht das Ziel, Rechtsgüter durch politische Aktivitäten besser zu schützen, vielmehr gehe es um die Darstellung des „aktiven" Politikers als „jemand, der die Strafbedürfnisse der Bevölkerung glaubhaft in die Praxis verlagert".[238]

17   **5. Funktions- und Bedeutungswandel der Aufsichtsbehörde.** In den vergangenen Jahren hat sich das Profil der Aufsichtsbehörden auch im Bereich des Justizvollzuges

---

235 S. *Dünkel/Pruin* Wandlungen im Strafvollzug am Beispiel vollzugsöffnender Maßnahmen – Internationale Standards, Gesetzgebung und Praxis in den Bundesländern, in: KrimPäd 2015, 19 ff.
236 S. auch die Dokumentation der Fachtagung „Hauptsache ist, dass nichts passiert?" in: *Koop/Kappenberg*, 2006.
237 So auch *Maelicke* Quo vadis Strafvollzug?, in: KrimPäd 2002, 11 ff.
238 *Hassemer* Der Staat muss das Strafbedürfnis der Bevölkerung beachten, in: ZRP 2004, 93 ff.

grundlegend gewandelt. *Flügge* spricht von einem **Funktions- und Bedeutungswandel der Aufsichtsbehörde.**[239] Erfahrungen aus der Privatwirtschaft haben zu neuen Modellen der Organisations- und Personalentwicklung geführt und den Justizvollzug zu einer „lernenden Organisation" umgestaltet.[240] Die Verwaltungsreform im öffentlichen Dienst hat die Organisationsstrukturen im Justizvollzug verändert: umfassende Delegation dienstrechtlicher Befugnisse, wirtschaftliche Eigenverantwortung der Anstalten und die Einführung der Kosten- und Leistungsrechnung sowie des Controlling haben neue Aufsichtssysteme entstehen lassen[241] und sich auf Führung und Steuerung der Justizvollzugseinrichtungen durch die Anstaltsleitungen ausgewirkt.[242] Das veränderte Selbstverständnis der Aufsichtsbehörden nimmt den Anstaltsleitern die Rolle des „Beaufsichtigten" und macht sie zu Partnern bei der Zukunftsgestaltung. Fehlentwicklungen im Justizvollzug, aber auch die Verallgemeinerung und Dramatisierung seltener Ereignisse können am wirksamsten verhindert werden, wenn sich Aufsicht über Justizvollzugsanstalten nicht nur in Ausführungsvorschriften, Erlassen und Berichtsanforderungen manifestiert, sondern an Gesamtergebnissen und an der Zielerreichung orientiert und wenn moderne Steuerungsinstrumente genutzt werden.

III. Landesgesetzliche Besonderheiten

ME berücksichtigt, dass Interdisziplinarität bei der Ausübung von Fachaufsicht und die Beteiligung externen Sachverstands selbstverständlich sind, und verzichtet folglich auch auf Abs. 2 der Bundesvorschrift. **ME** § 101 stellt klar, dass zu den Aufgaben der Aufsichtsbehörde auch Entscheidungen über Verlegungen und Überstellungen gehören, und knüpft somit an den Regelungsgehalt von § 153 **StVollzG** (s. 13 H) an. Die Vorschrift lautet. *„(1) Das für Justiz zuständige Ministerium führt die Aufsicht über die Anstalten (Aufsichtsbehörde). (2) Die Aufsichtsbehörde kann sich Entscheidungen über Verlegungen und Überstellungen vorbehalten."* **HB** § 102, **MV** § 101, **RP** § 112, **SL** § 101, **SN** § 114 Abs. 1 und **TH** § 113 haben wortgleich oder sinngemäß die Regelungen des **ME** übernommen. Auch **BW** § 19 Abs.1 Satz 1 I, **HH** § 111 und **NI** § 184 verzichten auf die ausdrückliche Nennung von Fachkräften. Demgegenüber fordern **HE** § 80 Abs. 2, **NW** § 103 Abs. 1 Satz 1, **SH** § 141 Abs. 1 abstrakt Qualitätssicherung und **BY** Art. 173 Abs. 2 sowie **BE** § 109 Abs. 2 konkrete Qualitätssicherung durch Fachkräfte bzw. fachliche Beratung.

Lediglich **BB** § 115 Abs. 2 nennt einzelne Fachbereiche: *„ An der Aufsicht über die Gesundheitsfürsorge sowie die Betreuung und Behandlung der Gefangenen sind pädagogische, sozialpädagogische, psychologische, psychiatrische und medizinische Fachkräfte zu beteiligen."*

18

H. Vollstreckungsplan und Zuständigkeit für Verlegungen

Bund	§§ 152, 153 StVollzG;
Baden-Württemberg	BW §§ 20, 21 Satz 1 I JVollzGB;
Bayern	BY Art. 174 BayStVollzG;
Berlin	BE §§ 109, 110 StVollzG Bln;

---

239 *Flügge* Von der Aufsicht zur Globalsteuerung, in: *Flügge/Maelicke/Preusker*, 325 ff; 2003, 325.
240 Vgl. den Überblick bei *Flügge/Maelicke/Preusker* 2001.
241 *Koop* Führung und Zusammenarbeit im Wandel, in: *Flügge/Maelicke/Preusker*, 2001, 188; und *Steinhilper* Controlling im niedersächsischen Justizvollzug, in: ZfStrVo 2003, 143 ff; *dies.* Justizvollzug in Bewegung, in: *Minthe* (Hrsg.), Neues in der Kriminalpolitik, Wiesbaden 2003, 85 ff.
242 *Jesse* Organisationsentwicklung in der Jugendanstalt Hameln, in: *Preusker/Maelicke/Flügge*, 2010, 113 ff.

13. Kapitel. Anstaltsorganisation

Brandenburg	BB §§ 115, 116 BbgJVollzG;
Bremen	HB §§ 102, 103 BremStVollzG;
Hamburg	HH § 112 HmbStVollzG;
Hessen	HE § 71 HStVollzG;
Mecklenburg-Vorpommern	MV §§ 101, 102 StVollzG M-V;
Niedersachsen	NI §§ 11, 184, 185 NJVollzG;
Nordrhein-Westfalen	NW §§ 103, 104 StVollzG NRW;
Rheinland-Pfalz	RP §§ 112, 113 LJVollzG;
Saarland	SL §§ 101, 102 SLStVollzG;
Sachsen	SN §§ 114, 115 SächsStVollzG;
Sachsen-Anhalt	ST § 114, 115 JVollzGB LSA;
Schleswig-Holstein	SH § 141, 142 LStVollzG SH;
Thüringen	TH § 113, 114 ThürJVollzG;

Schrifttum:

Siehe unter A.

Übersicht

I. Allgemeine Hinweise —— 1–5
  1. Zuständigkeitsbegründung nach allgemeinen Merkmalen —— 3
  2. Zuständigkeitsregelung unter Behandlungsgesichtspunkten —— 4
  3. VV zu § 152 StVollzG —— 5
II. Erläuterungen —— 6–12
  1. Die Zuständigkeitsregelung durch den Vollstreckungsplan —— 6
  2. Die Zuständigkeitsregelung durch Einweisungsanstalten —— 7, 8
  3. Einweisungen in den offenen Vollzug —— 9
  4. Zuständigkeit für Verlegungen —— 10
  5. Verlegungen in andere Bundesländer —— 11
  6. Die Rechte der Gefangenen —— 12–15
  8. Die Ein- und Zuweisungsverfahren in den einzelnen Ländern —— 16
III. Landesgesetzliche Besonderheiten —— 16, 17

I. Allgemeine Hinweise

1   Wie der Bundesgesetzgeber in § 152 Abs. 1 **StVollzG** verpflichten alle Landesgesetze die jeweilige Aufsichtsbehörde, vorab die örtliche und sachliche Zuständigkeit ihrer Anstalten festzulegen (s. Rdn. 19). Gleichzeitig soll mit § 152 Abs. 2 **StVollzG** wie in **HE** § 71 Abs. 2, **NI** § 185 Satz 2 und **NW** § 104 Abs. 2 Satz 2 Halbsatz 1 eine an Behandlungsgesichtspunkten ausgerichtete differenzierte Unterbringung der Gefangenen ermöglicht werden. Insofern eröffnen sich zwei Optionen, im Vollstreckungsplan unterschiedliche Zielvorstellungen bei der Festlegung der örtlichen und sachlichen Zuständigkeit der Justizvollzugsanstalten miteinander zu vereinbaren. Im Vollstreckungsplan wird für jede und jeden Gefangenen im Vorwege verbindlich die für ihre oder seine Strafverbüßung örtlich und sachlich zuständige Justizvollzugsanstalt eines Landes festgelegt. Somit wird rechtsstaatlichen und organisatorischen Erfordernissen Rechnung getragen, wonach jeder strafgerichtlich Verurteilte möglichst im Voraus wissen soll, in welcher Justizvollzugsanstalt die gegen ihn vom Gericht ausgesprochene Freiheitsstrafe zu verbüßen ist. Die Selbstbindung ist auch aus verfassungsrechtlichen Gründen geboten, weil sich aus der Zuständigkeit der Anstalt gemäß § 110 **StVollzG** die Zuständigkeit der Vollstreckungskammer ableitet. Der Vollstreckungsplan erlaubt die Aufnahme in eine zuständige Anstalt mit Beginn der Haft, die Vollstreckungsbehörde kann direkt in die zuständige

Anstalt zum Strafantritt laden.²⁴³ Der Vollstreckungsplan ist eine Verwaltungsvorschrift und enthält eine unter Beachtung der Vorschriften der Strafvollstreckungsordnung formulierte Zuständigkeitsübersicht über die Justizvollzugsanstalten des jeweiligen Landes.²⁴⁴ Der Vollstreckungsplan darf nicht mit dem Vollzugsplan verwechselt werden, der in Absprache mit dem Gefangenen Regelungen für dessen individuellen Vollzugsverlauf trifft (s. 2 C).

Die Bundesvorschrift des § 153 **StVollzG** betrifft die **Zuständigkeit** für Verlegungen. Sie ermächtigt die Landesjustizverwaltungen, sich die Entscheidungen über Verlegungen in Abweichung vom Vollstreckungsplan vorzubehalten oder sie einer zentralen Stelle zu übertragen. Damit wurde bezweckt, dass Verlegungsentscheidungen unabhängig von der abgebenden und aufnehmenden Anstalt erfolgen können.²⁴⁵ Ähnlich wird in **NI** § 184 Abs. 2 bestimmt, dass das Justizministerium *„sich Entscheidungen über Verlegungen vorbehalten oder solche Entscheidungen [...] auf ihm nachgeordnete Stellen übertragen"* kann.

Die Ermächtigung für den Entscheidungsvorbehalt der Aufsichtsbehörde über Verlegungen wird wie im **ME** auch in den Landesgesetzen **BE, BB, HB, MV, RP, SL, SN, ST, SH** und **TH** normiert (s. Rdn. 19).

BW § 21 I und **NW** § 103 Abs. 3 hingegen eröffnen die Möglichkeit, einzelne Entscheidungen einer zentralen Stelle zu übertragen.

Sofern eine Landesjustizverwaltung keine Regelung getroffen hat, ist der Leiter derjenigen Anstalt, in der die Strafe vollzogen wird, für die Verlegungsentscheidung zuständig.²⁴⁶

1. Zuständigkeitsbegründung nach allgemeinen Merkmalen. Die örtliche und sachliche Zuständigkeit einer Justizvollzugsanstalt soll sich gem. § 152 Abs. 3 **StVollzG** ebenso wie gem. **BW** § 20 I, **BY** Art. 174, **HE** § 71 Abs. 1, **NI** § 185 Satz 1, **NW** § 104 Abs. 1 aus **allgemeinen Merkmalen** aufgrund eines Vollstreckungsplanes ergeben. Die Gesetze verzichten auf eine Bestimmung dieser Merkmale. Die übrigen Länder haben keinen Bedarf gesehen, die Zuständigkeit nach allgemeinen Merkmalen gesetzlich zu normieren, wobei die Vorschrift der Sache nach auch Gültigkeit hat.²⁴⁷ Als **örtlich zuständige** Vollzugsanstalt wird in der Regel diejenige gewählt, in deren Nähe der Gefangene seinen bisherigen Wohnsitz oder persönliche Bindungen hatte. Dies empfehlen auch die Europäischen Strafvollzugsgrundsätze.²⁴⁸ Regelungen im Vollstreckungsplan, die eine vom Lebensmittelpunkt eines Gefangenen zu weit entfernt liegende JVA für zuständig erklären, können rechtswidrig sein. Dies muss insbesondere bei der Bildung von Vollzugsgemeinschaften mehrerer Bundesländer Berücksichtigung finden.²⁴⁹ Allgemeine Merkmale für die **sachliche Zuständigkeit** der Justizvollzugsanstalten können Alter und Geschlecht, Strafart und Vollzugsdauer, der Umstand, ob der Verurteilte erstmalig eine Haftstrafe verbüßt oder bereits über Vollzugserfahrungen verfügt (Erst- oder Regelvollzug), sowie Sicherheitsgesichtspunkte sein.²⁵⁰ Der Bundesgesetzgeber geht bei der in § 152 Abs. 1 und 3 **StVollzG** getroffenen Regelung davon aus, dass in allen Justizvoll-

---

243 So auch AK-*Feest* II § 102 Rdn. 2.
244 *Arloth/Krä* § 152 Rdn. 1; *Laubenthal/ Nestler/Neubacher/Verrel* N Rdn. 15.
245 So auch *Arloth/Krä* § 153 Rdn. 1.
246 OLG Zweibrücken FS 2012, 118, – 1 Ws 53/11 (Vollz) – ; *Arlot/Krä* § 153 Rdn. 1; *C/MD* § 153 Rdn. 1; BeckOK-*Engelstätter* § 153 Rdn. 1.
247 Für **HH** s. BeckOK-*Schatz* HmbStVollzG § 112 Rdn. 3.
248 REC 2006/2 Nr. 17.1.
249 KG Berlin FS 2009, 42 – 2 Ws 770/07 s. 13 F Rdn. 1.
250 So auch *Arloth/Krä* § 152 Rdn. 3; *Laubenthal/Nestler/Neubacher/Verrel* N Rdn. 1.

zugsanstalten ein Mindestangebot an Angeboten zur Erreichung des Vollzugszieles besteht (vgl. 1 C Rdn. 14). Kein Gefangener hat einen unmittelbar aus dem Gesetz ableitbaren Rechtsanspruch auf Aufnahme in einer bestimmten Justizvollzugsanstalt, da der Gesetzgeber die Landesjustizverwaltungen ermächtigt, durch Verwaltungsvorschriften nach den vorstehend geschilderten Kriterien die Zuständigkeit von Justizvollzugsanstalten festzulegen. Das Handlungsermessen der Justizverwaltungen kann jedoch dadurch eingeengt werden, dass die Verwaltung bei der Ermessensausübung ihre Selbstbindung, die sie sich hinsichtlich der Zuständigkeiten der Justizvollzugsanstalten im Vollstreckungsplan auferlegt hat, beachten muss. Mithin kann keine Justizvollzugsanstalt die Aufnahme eines Gefangenen ohne sachlichen Grund ablehnen, wenn sie nach dem Vollstreckungsplan als die zuständige Anstalt ausgewiesen wird.[251] Dies gilt auch für Einrichtungen des **offenen Vollzuges**. Ein sachlicher Grund für die Nichtaufnahme eines Gefangenen kann sich aus der Überbelegung von Anstalt ergeben, die eine Aufnahme unmöglich macht. In einem solchen Falle oder aus einem anderen sachlichen Grund wäre die Aufnahme des Gefangenen in einer anderen Anstalt zulässig, da die Justizvollzugsverwaltung auch aus Gründen der Vollzugsorganisation Zuständigkeiten verändern können.[252] Die Entscheidung einer Justizvollzugsanstalt, im konkreten Falle einen Gefangenen nicht aufzunehmen, ist nach den §§ 109 ff **StVollzG** (s. 12 B ff) gerichtlich anfechtbar, da die Aufnahme eines Gefangenen eine Vollzugsmaßnahme darstellt (s. 2 A). Falls mehrere Justizvollzugsanstalten zur Vollstreckung einer Strafe in Betracht kommen, hat ein Gefangener, der mehrere Strafen nacheinander verbüßen muss, in der Regel einen Anspruch darauf, in der Anstalt verbleiben zu dürfen, in welcher der Strafvollzug begonnen wurde.[253] Bei der Fortsetzung des unterbrochenen Vollzugs einer Freiheitsstrafe erfolgt die Wiedereinweisung in dieselbe Vollzugsanstalt, sofern sich an der örtlichen und sachlichen Zuständigkeit nichts geändert hat.[254] § 26 StVollstrO definiert die Voraussetzungen für eine mögliche Abweichung vom Vollstreckungsplan; eine Einweisung in eine nach dem Vollstreckungsplan nicht zuständige Anstalt ist unter den in § 26 StVollstrO bestimmten und in § 8 Abs.1 **StVollzG** umschriebenen Voraussetzungen zulässig.[255]

4 **2. Zuständigkeitsregelung unter Resozialöisierungsgesichtspunkten.** In § 152 Abs. 2 **StVollzG** wie in **HE** § 71 Abs. 2, **NI** § 185 Satz 2 und **NW** § 104 Abs. 2 Satz 2 Halbsatz 1 werden die Landesjustizverwaltungen ermächtigt, eine den individuellen Bedürfnissen der einzelnen Gefangenen stärker Rechnung tragende Zuständigkeitsregelung zu treffen und **Einweisungsanstalten oder -abteilungen** einzurichten, denen die Zuweisung von Gefangenen übertragen wird. Jedoch können wie z.B. in **BE** (s. Rdn. 15) Einweisungsabteilungen auch ohne gesetzliche Ermächtigung eingerichtet werden. Sofern Einweisungsabteilungen oder -anstalten eingerichtet werden, muss aus dem Vollstreckungsplan ersichtlich werden, welche Gefangenen einzuweisen sind.[256] Mit zentralisierten Einweisungsverfahren wird erreicht, dass für die Strafverbüßung der einzelnen Gefangenen die Justizvollzugsanstalten nicht aufgrund des landesweiten Rahmenplanes der Landesjustizverwaltungen zuständig werden, sondern dass nach einem diagnostischen Verfahren (s. 2 B) die Justizvollzugsanstalt für den Gefangenen zuständig wird, in

---

[251] OLG Nürnberg FS 2011, 55 – 2 Ws 191/10.
[252] Vgl. *Arloth/Krä* § 152 Rdn. 3.
[253] OLG Stuttgart ZfStrVo 1998, 372 ff – 4 Ws 52/98 –.
[254] OLG Karlsruhe FS 2009, 42 – 3 Ws 489/06.
[255] OLG Stuttgart NStZ 1996, 359 – 4 VAs 3/96; s. 2 D.
[256] *C/MD* § 152 Rdn. 3.

der seine Wiedereingliederung am besten gefördert werden kann. Dem Vorteil der individuellen Eingangsdiagnostik steht dabei der Zeitverlust bis zum Beginn eines Angebots gegenüber.[257] Die durch die Einweisungseinrichtung nach der Behandlungsuntersuchung durchgeführte Verlegung des Gefangenen ist nicht identisch mit einer aus Gründen des speziellen Einzelfalles möglichen Verlegung im Sinne des § 8 **StVollzG**. Vielmehr ist das Verlegungsverfahren der Einweisungseinrichtung eine Vollzugsmaßnahme, die den Vollstreckungsplan im Einzelfall konkretisiert. Die Entscheidung der Einweisungseinrichtung legt zwar die für den Gefangenen zuständige Anstalt fest, kann dies jedoch nur in Übereinstimmung mit den im Vollstreckungsplan enthaltenen Rahmenrichtlinien tun.[258]

3. VV zu § 152 StVollzG: Die VV enthält eine Aufforderung an die Länder, ihre offenen Justizvollzugsanstalten und Abteilungen für die betroffenen Gefangenen kenntlich zu machen. **NW** § 104 Abs. 2 S. 1 greift die Vorschrift auf und ergänzt sie (s. Rdn. 18). Zwar wurden in den Ländern keine entsprechenden Verwaltungsvorschriften geschaffen, jedoch haben alle Länder Vollstreckungspläne veröffentlicht, die offene Einrichtungen kenntlich machen. 5

II. Erläuterungen

1. Die Zuständigkeitsregelung durch den Vollstreckungsplan. Der Vollstreckungsplan enthält eine unter Beachtung der Vorschriften der Strafvollstreckungsordnung formulierte Zuständigkeitsübersicht über die Justizvollzugsanstalten des jeweiligen Landes nach typisierten allgemeinen Merkmalen. Es kann nach Sachkriterien (z.B. Alter, Geschlecht, Straflänge, Hafterfahrung, Sicherheitsgesichtspunkten) unterschieden werden: **sachliche Zuständigkeit**. Zugleich werden die Gefangenen in der Regel den Anstalten auch unter Berücksichtigung ihres Wohnortes, Heimatortes oder Aufenthaltsortes oder auch des Ortes, an dem die Straftat begangen wurde, zugewiesen: **örtliche Zuständigkeit**. 6

2. Die Zuständigkeitsregelung durch Einweisungsanstalten. Ein Einweisungsverfahren erlaubt die Berücksichtigung der besonderen Erfordernisse des Einzelfalles und die optimale Nutzung der Angebote, die der Justizvollzug bereithält. 7

Nicht jede Justizvollzugsanstalt besitzt die erforderlichen räumlichen und personellen Ressourcen, um alle beruflichen und schulischen Förder- oder geeigneten Behandlungsmaßnahmen anbieten zu können. Für sehr spezifische Behandlungs- oder Bildungsangebote bedarf es zudem einer ausreichenden Anzahl von Gefangenen, die zur Teilnahme geeignet sind und der Zielgruppe angehören, an die sich die Maßnahme wendet. Manche Justizvollzugsanstalten haben sich deshalb auf bestimmte Förder- oder Behandlungsangebote spezialisiert. Diesem **differenzierten Vollzugsangebot** kann ein Einweisungsverfahren entgegenkommen, welches es erlaubt, die vorhandenen Haftplätze in spezialisierten Anstalten in vollem Umfang zu nutzen. 8

Einweisungsanstalten sind allerdings relativ personalaufwändige Diagnosezentren und deshalb nur vertretbar, wenn ein differenziertes Vollzugsangebot auch in mehreren Vollzugsanstalten vorhanden ist und genutzt werden kann. Das differenzierte Vollzugsangebot kann durch spätere Verlegung von Gefangenen (s. 2 D) oder durch individuelle,

---

[257] Arloth/Krä § 152 Rdn. 4.
[258] OLG Celle ZfStrVo 1980, 250; OLG Stuttgart ZfStrVo 1998, 372 ff.

in Einweisungsanstalten bzw. -abteilungen durchgeführten Diagnoseverfahren (s. 2 B) bei allen von der Strafzeit her für die vorgesehenen Maßnahmen geeigneten Gefangenen ausgeschöpft werden. Vollstreckungspläne ermöglichen nur eine Zuweisung von Gefangenen aufgrund genereller Merkmale. Grundsätzlich ist eine Freiheitsstrafe in der Vollzugsanstalt zu vollziehen, deren Zuständigkeit sich aus dem Vollstreckungsplan ergibt.[259] Jede den individuellen Bedürfnissen einzelner Gefangener nicht entsprechende Zuweisung zu den Anstalten muss durch eine Verlegung in Abweichung vom Vollstreckungsplan zu korrigieren versucht werden (s. 2 D).[260] Bei der Weiterverlegung nach § 152 Absatz 2 StVollzG handelt es sich um eine Konkretisierung des Vollstreckungsplans und nicht um eine Abweichung vom Vollstreckungsplan.[261] Über Verlegungen **nach Abschluss des Einweisungsverfahrens** entscheidet nicht die Einweisungskommission, sondern der Leiter der Justizvollzugsanstalt, in die der Gefangene eingewiesen war.[262]

9   **3. Einweisungen in den offenen Vollzug.** Ladungen zum Strafantritt in eine Justizvollzugsanstalt des offenen Vollzugs begründen keinen Anspruch auf Verbleib im offenen Vollzug; nach einem Aufnahme- oder Einweisungsverfahren ist eine Verlegung in den geschlossenen Vollzug möglich.[263] Bei der Entscheidung über die Einweisung in den geschlossenen oder offenen Vollzug sind die Folgen für die Aufrechterhaltung eines Arbeitsverhältnisses zu berücksichtigen.[264]

10 **4. Zuständigkeit für Verlegungen.** Der Bundesgesetzgeber sowie **BE**, **BB**, **HB**, **NI**, **MV**, **RP**, **SL**, **SN**, **ST**, **SH** und **TH** eröffnen den Landesjustizverwaltungen die Möglichkeit, sich die Entscheidung über vom Vollstreckungsplan abweichende Verlegungen selbst vorzubehalten oder jedenfalls bedeutsame Verlegungsentscheidungen von ihrer Zustimmung abhängig zu machen (s. Rdn. 17, 19). Die Verlegung eines Gefangenen gegen seinen Willen in eine andere JVA besitzt Grundrechtsrelevanz. Eine Verlegung kann „den Anspruch des Strafgefangenen auf einen auf das Ziel der Resozialisierung ausgerichteten Strafvollzug beeinträchtigen".[265] § 153 **StVollzG** und die entsprechenden Landesvorschriften tragen dieser besonderen Bedeutung von Verlegungen für Gefangene und für die rechtliche Zuständigkeit Rechnung.[266]

Die Entscheidung über Abweichungen vom Vollstreckungsplan kann gem. der bundesgesetzlichen Vorschrift sowie **BW** § 21 I, **NI** § 184 Abs. 2 und **NW** § 103 Abs. 3 einer **zentralen** oder **nachgeordneten Stelle**, z.B. einer eingerichteten Mittelbehörde oder auch einer Einweisungsabteilung oder -anstalt, übertragen werden. Wird eine solche Entscheidung durch eine Einweisungskommission getroffen, besitzt diese für den Leiter der aufnehmenden Anstalt Verbindlichkeit, auch wenn dessen Zustimmung zuvor nicht eingeholt wurde.[267]

11 **5. Verlegungen in andere Bundesländer.** § 153 **StVollzG** trifft keine Regelungen zu Verlegungen in andere Bundesländer. **ST** § 23 Abs. 4 sieht für den Fall einer länderüber-

---

259 OLG Koblenz ZfStrVo **SH** 1979, 86f – 2 Voll (Ws) 6/78; OLG Frankfurt ZfStrVo 1982, 189ff – 3 Ws 174/81 (StVollz) –.
260 OLG Celle ZfStrVo **SH** 1979, 86 – 3 Ws 401/78 (StVollz).
261 OLG Celle ZfStrVo 1980, 250 – 3 Ws 191/80 StVollz; vgl. *Arloth/Krä* § 152 Rdn. 5.
262 OLG Hamm NStZ 1994, 608 – 1 Vollz (Ws) 141/94; *C/MD* Erl. zu § 152 Rdn. 1; vgl. *Arloth/Krä* aaO.
263 KG NSte Nr. 4. zu § 10 StVollzG – 5 Ws 389/93 Vollz; vgl. *Arloth/Krä* aaO.
264 BVerfG Beschl. v. 27.9.2007 – 2 BvR 725/07, juris; vgl. *Arloth/Krä* aaO.
265 BVerfG stattgebender Kammerbeschluss v. 30.6.2015 – 2 BvR 1857/14 –, juris.
266 *C/MD* § 153 Rdn. 1.
267 OLG Zweibrücken ZfStrVo 1983, 61, – 1 Vollz /Ws) 99/81 –.

greifenden Verlegung die Zustimmung der Aufsichtsbehörde vor. **NI § 11** hat eine weiter gehende gesetzliche Regelung zur Verlegung in ein anderes Bundesland geschaffen (s. Rdn. 17). Die Vorschrift stellt sicher, dass sich zum Beispiel aus Pflichtarbeit ergebende Ansprüche der Gefangenen gegenüber dem „abgebenden" Land nicht verloren gehen.[268] Aufgrund der Justizhoheit der Länder sind Verlegungen von einem Bundesland in das andere nur im einverständlichen Zusammenwirken der beteiligten Landesjustizverwaltungen möglich,[269] das abgebende Land kann die Verlegung nur mit Zustimmung des aufnehmenden Landes vornehmen.[270]

Auch § 26 StVollstrO sieht bei länderübergreifenden Verlegungen eine Einigung der obersten Vollzugsbehörden beider Länder vor. Die Verlegung von Gefangenen in ein anderes Bundesland erfolgt nach § 8 **StVollzG** (s. 2 D) entsprechenden Kriterien.[271]

6. Die Rechte der Gefangenen. Der Vollstreckungsplan als solcher ist nicht anfechtbar.[272] Die im Vollstreckungsplan vorgesehen Zuständigkeiten zum Vollzug von Freiheitsstrafen sind grundsätzlich verbindlich. Das gilt auch dann, wenn der Vollstreckungsplan nicht die für die Gefangenen günstigste Unterbringung gewährleistet.[273] Gefangene müssen sogar Verlegungen in andere Anstalten hinnehmen, wenn der Vollstreckungsplan aus sachlichen Gründen geändert wird.[274] 12

§ 26 StrVollstrO definiert die Voraussetzungen für eine mögliche Abweichung vom Vollstreckungsplan.

Gegen eine **staatsanwaltschaftliche Ladung** zum Strafantritt (§ 27 StrVollstrO) ist neben der Beschwerde zur Aufsichtsbehörde (vgl. § 21) der Rechtsweg nach §§ 23 ff EGGVG eröffnet.[275] Weil Strafgefangenen die nach Art. 11 GG gewährleistete Freizügigkeit genommen worden ist, können sie sich die für sie zuständige Anstalt nicht aussuchen. Sie haben keinen Rechtsanspruch darauf, in die Anstalt verlegt zu werden, die die vermutlich besten Bedingungen für sie bereithält.[276] Auch Art. 6 Abs. 1 GG begründet keinen Anspruch auf Verlegung in eine familiennähere Justizvollzugsanstalt, es sei denn, eine Verlegung erschiene zur Resozialisierung aufgrund besonderer Umstände unerlässlich.[277] Obwohl die Verlegung von Strafgefangenen in eine andere JVA, die gegen ihren Willen geschehen soll, Grundrechtsrelevanz besitzt,[278] erfordert die Verlegung in die nach dem Vollstreckungsplan zuständige Anstalt keine darüber hinausgehenden besonderen Gründe, solche dürfen nur nicht entgegenstehen.[279] Die Unterbringung von Gefangenen darf nicht menschenunwürdig sein.[280]

Entscheidungen über Verlegungen im Sinne des § 153 **StVollzG** sind Vollzugsangelegenheiten, die nicht die Strafvollstreckung, sondern den Strafvollzug betreffen. Wird eine Verlegungsentscheidung von der Landesjustizverwaltung oder einer zentralen Stel-

---

268 Nds. LT-Drucks. 15/3565, 98 f.
269 OLG Frankfurt NStZ-RR 1996, 188 – 3 Ws 26/96 (StVollz) –.
270 OLG Schleswig-Holstein FS 2013, 57 – 1 VAs 7/12 –.
271 OLG Hamm ZfStrVo 2004, 10, – 1 VAs 94/02 –.
272 *Arloth/Krä* § 152 Rdn. 6; AK-*Feest*, II § 103 Rdn. 8.
273 OLG Koblenz ZfStrVo **SH** 1979, aaO.
274 OLG Frankfurt ZfStrVo 1982, 189 ff – 3 Ws 174/81 (StVollz).
275 OLG Karlsruhe FS 2009, 42 – 3 Ws 489/06; OLG Stuttgart NStZ 1996, 359 – 4 VAs 3/96; *Arloth/Krä* aaO.
276 OLG Koblenz ZfStrVo **SH** 1979 aaO.
277 OLG Rostock NStZ 1997, 381, I Vollz (Ws) 4/96.
278 BVerfG stattgebender Kammerbeschluss v. 30.6.2015 aaO.
279 OLG Rostock Beschl. v. 7.1.2014 – Vollz (Ws) 27/13 –, juris.
280 OLG Celle ZfStrVo 1999, 57.

le selbst getroffen, kann der Gefangene diese Entscheidung gesondert angreifen.[281] Anders verhält es sich, wenn die Entscheidung der Anstalt nur der Zustimmung der Landesjustizverwaltung oder einer zentralen Stelle bedarf. Zustimmung oder Ablehnung stellen verwaltungsinterne Prozesse dar, die Entscheidung hat die abgebende Anstalt als eigene, im Ablehnungsfall anfechtbare Maßnahme zu eröffnen.[282]

13   Gefangene haben ebenso wie bei Verlegungen in Abweichung vom Vollstreckungsplan keinen Rechtsanspruch auf Verlegung in eine Justizvollzugsanstalt eines anderen Landes,[283] jedoch haben sie auch bei länderübergreifenden Verlegungsentscheidungen Anspruch auf fehlerfreie Ermessensausübung, die dem verfassungsrechtlichen Gewicht des Resozialisierungsziels Rechnung trägt.[284] Die Voraussetzungen einer Verlegung hat die abgebende Anstalt zunächst nach pflichtgemäßem Ermessen zu prüfen.[285] Das aufnehmende Bundesland muss dabei für eine ordnungsgemäße Ermessensentscheidung den Sachverhalt eigenverantwortlich vollständig aufklären und eine eigene „Schlüssigkeitsprüfung" vornehmen.[286] In den Fällen, in denen sich eine Landesjustizverwaltung die Entscheidung über Verlegungen in ein anderes Bundesland **nicht** vorbehalten hat, stellt die Ablehnung eines Antrags auf Verlegung in den Strafvollzug eines anderen Bundeslandes durch die **Justizvollzugsanstalt**, in der der Gefangene untergebracht ist, eine Maßnahme i.S.d. § 109 **StVollzG** dar (s. 12 B).[287] Der ablehnende Bescheid einer **Landesjustizvollzugsverwaltung** desjenigen Landes, in dessen Anstalt ein Gefangener in Abweichung vom Vollstreckungsplan aufgenommen werden möchte, ist hingegen nicht als Maßnahme auf dem Gebiet des Strafvollzugs anzusehen, weshalb der Rechtsweg nach §§ 23 ff. EGGVG eröffnet ist.[288]

14   Gefangene können einen schriftlich begründeten Einweisungsbescheid unter Mitteilung der Behandlungsempfehlungen verlangen.[289] Einweisungsentscheidungen sind aufgrund ihrer erheblichen Bedeutung für die Gefangenen gerichtlich anfechtbar.[290] Wurde ein Strafgefangener durch eine Einweisungskommission in eine offene Einrichtung eingewiesen, so trifft der Leiter der Kommission die Entscheidung über eine Rückverlegung in den geschlossenen Vollzug, diese Entscheidung ist ebenfalls gerichtlich überprüfbar.[291] Keine anfechtbaren Justizverwaltungsakte sind jedoch die mit Einweisungsentscheidungen oft verbundenen Empfehlungen für die Aufstellung des Vollzugsplanes, wenn die aufnehmenden Justizvollzugsanstalten nicht an die Empfehlungen gebunden sind.[292]

---

281 OLG Brandenburg ZfStrVo 2004, 179 – 2 VAs 6/03 –; vgl. *Arloth/Krä* § 153 Rdn. 5; BeckOK-*Engelstätter* § 153, Rdn. 3.
282 OLG Frankfurt ZfStrVo 1985, 111 – 3 Ws 163/84 (StVollz) –; *Arloth/Krä* § 153 Rdn. 6; BeckOK-*Engelstätter* aaO; *Laubenthal/ Nestler/Neubacher/Verrel* D Rdn. 33.
283 OLG Rostock ZfStrVo 2004, 181 – VAs 6/03 –.
284 BVerfG stattgebender Kammerbeschl. v. 20.6.2017 – 2 BvR 345/17 –, juris; OLG Koblenz BeckRS 2014, 08624 – 2 Ws 660/13 (Vollz).
285 OLG Celle FS 2013, 62 – 1 Ws 261/12 /StrVollz –.
286 OLG Thüringen FS 2010, 50 – 1 VAs 2/08 –.
287 OLG Koblenz, Beschl. v. 26.2.2014 – 2 Ws 660/13 (Vollz) –, juris.
288 BGH NStZ-RR 2002, 26, 2 ARs 71/01, 2 ARs 71/01 – 2 AR 39/01; OLG Koblenz Beschl. v. 14.12.2015 – 2 VAs 16/15 –, juris.
289 OLG Celle NStZ 1982, 136 – 3 Ws 327/81 (StrVollz); OLG Hamm ZfStrVo 1998, 312 – 1 Vollz (Ws) 109/98.
290 OLG Hamm ZfStrVo 1998, 312 – 1 Voll (Ws) 109/98 –; *Arloth/Krä* § 6 Rdn. 9; *C/MD* § 152 Rdn. 3; AK-*Feest* II § 102 Rdn. 9.
291 OLG Stuttgart ZfStrVo 1995, 251 – 4 Ws 154/94.
292 OLG Hamm ZfStrVo 1983, 247 – 7 Vollz (Ws) 137/82.

7. Die Ein- und Zuweisungsverfahren in den einzelnen Ländern. Über Einwei- 15
sungsabteilungen verfügen die JVA Moabit in **BE**, die JVA Weiterstadt in **HE** und die JVA
Hagen in **NW**. Von dort sollen Gefangene in Einrichtungen des offenen oder geschlossenen Vollzuges, die den Bedürfnissen der Gefangenen am ehesten Rechnung tragen, eingewiesen und dabei Sicherheitsgesichtspunkte berücksichtigt werden.[293] In **NW** hat das Einweisungsverfahren eine lange Tradition und wird nach wie vor trotz der personellen, logistischen und finanziellen Aufwände als wichtiges Steuerungsinstrument angesehen, um Gefangene auf Grundlage der Behandlungsuntersuchung entsprechend ihrer Behandlungsbedürfnisse in eine Anstalt zu verlegen, die den Erfordernissen am besten Rechnung tragen kann.[294]

Das Ziel, nach gründlicher Diagnostik Behandlungsempfehlungen und prognostische Einschätzungen abzugeben, verfolgen **zentrale Diagnoseabteilungen**, wie sie beispielsweise **MV** mit dem Diagnostikzentrum in der JVA Bützow und **NI** mit dem Prognosezentrum in der JVA Hannover eingerichtet haben. Auch hier arbeiten wie in Einweisungsabteilungen Fachleute für Diagnostik zumeist in interdisziplinären Teams nach hohen verbindlichen Qualitätsstandards und auf Grundlage aktueller wissenschaftlicher Erkenntnisse. Im Diagnostikzentrum der JVA Bützow wird das Diagnoseverfahren mit der Erstellung eines Vollzugs- und Eingliederungsplan abgeschlossen, zudem werden prognostische Stellungnahmen gefertigt.[295] Im Prognosezentrum der JVA Hannover werden auf Grundlage der Diagnostik Behandlungsempfehlungen erarbeitet und Prognosegutachten für bestimmte Tätergruppen erstellt.[296] **BW**, **BB** und **HH** haben hingegen ihre zentralen Einweisungsverfahren bzw. die Zentralabteilung Diagnostik wieder aufgegeben.[297]

III. Landesgesetzliche Besonderheiten

Mit **BW** § 20 I Satz 2 soll die Vorschrift dazu beitragen, dass Jugendliche, Heran- 16
wachsende und junge Erwachsene getrennt werden. Regelungen, die § 152 Abs. 2 und 3 **StVollzG** entsprechen, sind entfallen. **BW** § 21 I eröffnet die Möglichkeit, „*Entscheidungen über Verlegungen in eine sozialtherapeutische Einrichtung oder in eine Behandlungsabteilung einer Justizvollzugsanstalt einer zentralen Stelle*" zu übertragen.

NI § 11 Abs. 1 Satz 1 bestimmt, dass „*die oder der Gefangene [...] mit Zustimmung des* 17
für Justiz zuständigen Ministeriums [...] in eine Anstalt eines anderen Landes verlegt werden (kann), wenn die in diesem Gesetz geregelten Voraussetzungen für eine Verlegung vorliegen und die zuständige Behörde des anderen Landes der Verlegung in die dortige Anstalt zustimmt." Durch Satz 2 und 3 wird sichergestellt, dass aufgrund von Arbeit erworbene Ansprüche entweder durch das Land erfüllt oder in einem anderen Land anerkannt werden. Abs. 2 macht die Aufnahme eines Gefangenen aus einem anderen Bundesland von der Zustimmung des Fachministeriums abhängig.

Nach **NW** § 104 Abs. 2 S. 1 soll der Vollstreckungsplan insbesondere bestimmen, 18
welche Anstalten oder Abteilungen sozialtherapeutische Einrichtungen oder solche des offenen Vollzuges sind. Insoweit greift die Vorschrift die bundeseinheitliche Verwal-

---

293 S. die derzeit gültige Fassung des Vollstreckungsplans für das Land Berlin
(https://www.berlin.de/justizvollzug/service/vollstreckungsplan), HVV § 45 zu **HE** § 71.
294 *Syrnik/Scholand-Kuhl* aaO.
295 S. https://de.wikipedia.org/wiki/Diagnostikzentrum_f%C3%BCr_den_Justizvollzug_in
_Mecklenburg-Vorpommern.
296 *Brandler* aaO.
297 BeckOK-Futter/Wulf JVollzGB I § 20, Rdn. 4; BeckOK-Schatz HmbStVollzG § 112, Rdn. 3; abw.
Arloth/Krä § 152 Rdn. 4.

tungsvorschrift zu § 152 **StVollzG** auf und ergänzt diese. Nach **NW** § 104 Abs. 2 Satz 2 Halbsatz 2 soll im Vollstreckungsplan ferner geregelt werden, welche Gefangenen, die sich freiwillig zum Strafantritt stellen, bis zum Abschluss der Behandlungsuntersuchung in eine Anstalt des offenen Vollzuges aufzunehmen sind (Selbststellerregelung). Mit dieser Vorschrift soll verhindert werden, dass Gefangene, die sich freiwillig zum Strafantritt stellen, nicht allein aufgrund der Durchführung des Einweisungsverfahrens im geschlossenen Vollzug untergebracht werden.[298]

19   **ME-StVollzG** enthält in § 102 Abs. 1 die § 152 Abs.1 **StVollzG** entsprechende Regelung: „*(1) Die Aufsichtsbehörde regelt die örtliche und sachliche Zuständigkeit der Anstalten in einem Vollstreckungsplan.*" Diese Formulierung haben wortgleich oder entsprechend **BE** § 110 Abs. 1, **BB** § 116 Abs. 1, **HB** § 103 Abs. 1, **MV** § 102 Abs. 1, **RP** § 113 Abs. 1, **SL** § 102 Abs. 1, **SN** § 115 Abs. 1, **ST** § 115 Abs. 1, **SH** § 142 und **TH** § 114 übernommen.

In **ME** § 101 Abs. 2 wird die Regelung nach § 153 **StVollzG** aufgegriffen: „*Die Aufsichtsbehörde kann sich Entscheidungen über Verlegungen und Überstellungen vorbehalten.*" Die Möglichkeit, die Entscheidungen einer zentralen Stelle zu übertragen, wird nicht normiert. **ME-StVollzG** sieht ebenso wie das **StVollzG** keine Regelung für länderübergreifende Verlegungen vor. **ME** § 101 Abs. 2 findet seine Entsprechung in **BE** § 110 Abs. 3, **BB** § 115 Abs. 3, **HB** § 102 Abs. 2, **MV** § 101 Abs. 2, **RP** § 112 Abs. 2, **SL** § 102 Abs. 1, **SN** § 114 Abs. 2, **ST** § 114 Abs. 2, **SH** § 141 Abs. 2 und **TH** § 113 Abs. 2.

I. Zusammenarbeit

Bund	§ 154 StVollzG
Baden-Württemberg	BW § 16 I JVollzGB
Bayern	BY Art. 175 BayStVollzG
Berlin	BE § 46 Abs. 2 StVollzG Bln
Brandenburg	BB § 50 Abs. 2 BbgJVollzG
Bremen	HB § 42 Abs. 2 BremStVollzG
Hamburg	HH §§ 105 Abs. 2 S. 2, 107 HmbStVollzG
Hessen	HE §§ 7, 76 Abs. 4 HStVollzG
Mecklenburg-Vorpommern	MV §§ 42 Abs. 2, 96 Abs. 3 StVollzG M-V
Niedersachsen	NI § 181 NJVollzG
Nordrhein-Westfalen	NW § 58 Abs. 2 StVollzG NRW
Rheinland-Pfalz	RP § 49 Abs. 2 LJVollzG
Saarland	SL § 42 Abs. 2 SLStVollzG
Sachsen	SN §§ 42 Abs. 2, 109 Abs. 4 SächsStVollzG
Sachsen-Anhalt	ST § 49 Abs. 2 JVollzGB LSA
Schleswig-Holstein	SH § 59 Abs. 2 LStVollzG SH
Thüringen	TH § 50 Abs. 2 ThürJVollzG

Schrifttum

Alisch Sicherheit als Steuerungsproblem, in: Flügge/Maelicke/Preusker (Hrsg.), Das Gefängnis als lernende Organisation, Baden-Baden 2000, 105 ff; *Bayerisches Staatsministerium der Justiz* Ehrenamt im Strafvollzug, München 2015; *Buchert* Neue Wege zur Gewinnung von ehrenamtlichen Betreuern im geschlossenen Erwachsenenvollzug der JVA Geldern, in: ZfStrVo 1994, 354 ff; *Bundesarbeitsgemeinschaft für Straffälligenhilfe* Ehrenamtliche Mitarbeit in der Freien Straffälligenhilfe in NRW – Ein Leitfaden, Bonn 1996; *Busch* Professionelle Sozialarbeit und freiwillige Mitarbeit in der Straffälligenhilfe, in: Niedersächsi-

---

298   Vgl. BeckOK-Hilzinger StVollzG NRW § 104 Rdn. 15f; *Arloth/Krä* aaO.

sche Gesellschaft für Straffälligenbetreuung und Bewährungshilfe e.V. (Hrsg.) 1980, 37 ff; *Busch* Ehren- und nebenamtliche Mitarbeit im Strafvollzug, in: Schwind/Blau 1988, 221 ff; *Cyrus* Ehrenamtlich – Laienhelfer im Strafvollzug und in der Bewährungshilfe, in: BewHi 1982, 357; *Dietl* Alle im Vollzug Tätigen arbeiten zusammen, in: ZfStrVo 1989, 4 ff; *Düringer/Schäfer* (Hrsg.) Was kann kirchliche Straffälligenhilfe leisten?, Haag + Herchen 2012; *Eggert* Die Herkunft ehrenamtlicher Mitarbeiter in der Straffälligenhilfe – Eine Untersuchung an zwölf Gruppen ehrenamtlicher Mitarbeiter in Niedersachsen und Lübeck, in: ZfStrVo 1981, 359 ff; *Goll/Wulf* Nachsorge für junge Strafentlassene – Ein innovatives Netzwerk in Baden-Württemberg, in: ZRP 2006, 91–93; *Guéridon/Suhling* Evaluation des Übergangsmanagements in Niedersachsen, Kriminologischer Dienst, Niedersachsen, 2016; *Hompesch/Kawamura/Reindl* (Hrsg.) Verarmung – Abweichung – Kriminalität, Bonn 1996; *Janßen/Schneider* Wünsche nach ehrenamtlicher Unterstützung im Strafvollzug – Ergebnisse einer repräsentativen Befragung inhaftierter Männer in Baden-Württemberg, in: FS 2017, 55–59, *Jesse u.a.* Am selben Strick ziehen:Vernetzung und interdisizplinäre Zusammenarbeit im Justizvollzug; Beiträge der 8. Freiburger Strafvollzugstage, Stämpfli 2013; *Justizministerium Baden-Württemberg* Bürgerschaftliches Engagement im Justizvollzug, Stuttgart 2010; *Lindemann* „Die Gefangenen sind nicht das Problem ..." – Gelingende Zusammenarbeit der Professionen als Voraussetzung erfolgreicher Sozialtherapie, in: Behandlung von Straftätern, 2. Auflage 2013, Freiburg; *Maelicke* Freie und ambulante Straffälligenhilfe als Alternative zur Freiheitsentziehung, in: BewHi 1982, 5; *Mathiesen* Überwindet die Mauern! Die skandinavische Gefangenenbewegung als Modell politischer Randgruppenarbeit, 2. Aufl., Neuwied 1992; *Müller-Dietz* Strafvollzugsrecht, 2. Aufl., Berlin/New York 1978; *ders.* Aufgabe, Rechte und Pflichten ehrenamtlicher Vollzugshelfer, in: 20 Jahre Bundeshilfswerk für Straffälligenhilfe e.V., Bonn 1978, 9 ff; *ders.* Ehrenamtliche Helfer und Strafvollzug, in: Blätter der Wohlfahrtspflege 1987, 204 ff; *ders.* Zusammenarbeit zwischen Justizvollzug und freien Trägern der Straffälligenhilfe, in: ZfStrVo 1997, 35 ff; *Muriset u.a.* Überwachen und Strafen: neuere Entwicklungen im Justizvollzug, Stämpfli 2018; *Preusker* Wer und was sind die Vollzugsmanager der Zukunft, in: Flügge/Maelicke/Preusker (Hrsg.), Das Gefängnis als lernende Organisation, Baden-Baden 2000, 363 ff; *Quack* Eine andere Art der Diensteinteilung, in: ZfStrVo 1976, 91 f; *Rotthaus* Partner im sozialen Umfeld des Vollzuges, in: Kury (Hrsg.), Strafvollzug und Öffentlichkeit, Freiburg 1980, 155 ff; *ders.* Zum praktischen Umgang mit dem therapeutischen Geheimnis im Strafvollzug, in: ZfStrVo 2000, 280 ff; *Schäfer* Die Vollzugshelfer, in: ZfStrVo 1981, 352 ff; *Schulenberg* Extremistische Gefangene im Justizvollzug: zur Zusammenarbeit mit den Sicherheitsbehörden, FS 2018, 131–136; *Theißen* Ehrenamtliche Mitarbeit im Strafvollzug der Bundesrepublik Deutschland, Bonn 1990; *ders.* Ehrenamtliche Mitarbeit im Strafvollzug, in: ZfStrVo 1991, 3 ff; *Wydra* Der Anstaltsleiter als Krisenmanager, in: Bundesvereinigung der Anstaltsleiter im Strafvollzug, Dokumentation der 22. Arbeits- und Fortbildungstagung vom 6. bis 10. Mai 1996 in Ellwangen, 162 ff.

Übersicht

I. Allgemeine Hinweise —— 1
II. Erläuterungen —— 2–9
   1. Zusammenarbeit des Anstaltspersonals —— 2–4
   2. Zusammenarbeit mit Behörden, öffentlichen Stellen und den Trägern der freien Wohlfahrtspflege —— 5
   3. Zusammenarbeit mit Einzelpersonen und Vereinen, deren Arbeit dem Vollzugsziel dient —— 6–9

I. Allgemeine Hinweise

Das Strafvollzugsgesetz, welches für die Landesgesetzgebung wichtiger Orientierungspunkt war, kannte in § 154 **StVollzG** eine detaillierte Regelung der Zusammenarbeit: *"(1) Alle im Vollzug Tätigen arbeiten zusammen und wirken daran mit, die Aufgaben des Vollzuges zu erfüllen. (2) Mit den Behörden und Stellen der Entlassenenfürsorge, der Bewährungshilfe, den Aufsichtsstellen für die Führungsaufsicht, den Agenturen für Arbeit, den Trägern der Sozialversicherung und der Sozialhilfe, den Hilfeeinrichtungen anderer Behörden und den Verbänden der freien Wohlfahrtspflege ist eng zusammenzuarbeiten. Die Vollzugsbehörden sollen mit Personen und Vereinen, deren Einfluß die Eingliederung* *des Gefangenen fördern kann, zusammenarbeiten.*" Das Bundesgesetz unterschied hierbei verschiedene **Ebenen der Zusammenarbeit**

1 a) Die im Vollzug, also innerhalb der Vollzugsanstalt, Tätigen **mussten** zusammenarbeiten (Abs. 1);

b) Mit Behörden, öffentlichen Stellen und den Trägern der freien Wohlfahrtspflege **war** eng zusammenzuarbeiten (Abs. 2 Satz 1);

c) Entsprechendes **sollte** geschehen mit Einzelpersonen und Vereinen, deren Arbeit dem Vollzugsziel diente (Abs. 2 Satz 2).

Dagegen haben die Landesgesetze **BE, BB, HB, NI, NW, RP, SL, ST, SH** und **TH** keine dem Abs. 1 entsprechende Regelung; diese „enthalte eine Selbstverständlichkeit, die keiner ausdrücklichen Regelung im Gesetz bedarf" (Gesetzesbegründung zum NJVollzG 2007, 213). Die Landesgesetze **BY** Art. 175 Abs. 1 S. 1, **BW** § 16 Abs. 1 I, **HH** § 105 Abs. 2 S. 2, **SN** § 109 Abs. 4, **MV** § 96 Abs. 3 und **HE** § 76 Abs. 4 haben eine entsprechende Regelung zur Zusammenarbeit aller Vollzugsbediensteten vorgesehen.

II. Erläuterungen

1. Zusammenarbeit des Anstaltspersonals. Der Gesetzesbefehl des § 154 Abs. 1 **StVollzG** und der vergleichbaren Landesregelungen ist mehr als ein Programmsatz, auch mehr als eine Selbstverständlichkeit (s.o. Rdn. 1). Hier wird eine andere Art von Zusammenarbeit gefordert, als sie sonst dem Arbeitsergebnis und dem Wohlbefinden des Personals nützlich ist: die Mitarbeiter im Strafvollzug tragen „eine sachlich gleichwertige, wenn auch funktional unterschiedliche Verantwortung".[299] Besondere Bedeutung hat das Gebot der Zusammenarbeit auf dem Hintergrund von Erfahrungen mit Störungen der Zusammenarbeit angesichts der Zielkonflikte im Strafvollzug.[300] Sicherheit und Ordnung, geordneter Geschäftsgang der Verwaltung und sinnvolle Behandlung der Gefangenen wollen berücksichtigt werden, wobei die Reihenfolge der Aufzählung keine Rangfolge bedeutet, sondern ein Fortschreiten vom Einfachen zum Schwierigen. Zusammenarbeit dient der Verwirklichung beider Aufgaben des Vollzuges (1 B Rdn. 3). Die differenzierte Betrachtung der Sicherheit als instrumentelle, administrative und soziale Sicherheit rückt mit der letzteren das Beziehungsgefüge in den Vordergrund,[301] das es zu gestalten gilt. Zusammenarbeit entsteht nicht von selbst, sie muss planvoll organisiert und gesteuert werden. Es ist eine vorrangige Aufgabe des Anstaltsleiters, im Rahmen der Organisationsentwicklung die Veränderungsprozesse zu gestalten[302] und dabei die Zusammenarbeit aller Bediensteten zu fördern.[303]

2 Besondere Aufmerksamkeit verdient die Zusammenarbeit mit dem allgemeinen Vollzugsdienst. Diese Gruppe von Mitarbeitern ist ihrer Zahl nach die größte. Sie hat auch den häufigsten und engsten Kontakt zu den Gefangenen. Sind die Beamten des allgemeinen Vollzugsdienstes nicht einbezogen in die Behandlung, so werden sie diese – gewollt oder ungewollt – stören, zumal die Gefangenen meist große Erfahrung darin haben, ihre Vorgesetzten gegeneinander auszuspielen. Neben der Funktion für die Behandlung und für die Sicherheit hat die Zusammenarbeit auch Modellfunktion für die Gefangenen. Gute Zusammenarbeit lehrt sie, wie Menschen in rechter Weise miteinander

---

[299] *Laubenthal/Nestler/Neubacher/Verrel* N IV Rdn. 19.
[300] *Dietl* 1989.
[301] *Alisch* 2000, 107.
[302] *Preusker* 2000, 363.
[303] *Wydra* 1996, 177 f.

umgehen können. Misslingt die Zusammenarbeit des Personals, wird den Insassen sowohl deren Bereitschaft wie Fähigkeit zum Helfen unglaubhaft.

a) Schon bei der **Auswahl künftiger Mitarbeiter** muss auf die Fähigkeit zur Zusammenarbeit Wert gelegt werden. Es gibt tüchtige Fachleute, die für sich allein Gutes leisten, denen aber die Fähigkeit zur Zusammenarbeit fehlt. Sie sind für den Strafvollzug ungeeignet. In der Ausbildung und Fortbildung sind alle Angehörigen des Personals über die Arbeitsfelder der jeweils anderen Mitarbeitergruppen in Grundzügen zu informieren, damit sie die anderen – ihre Schwierigkeiten und ihre Bedürfnisse – verstehen können. Darüber hinaus muss die Verwirklichung der Zusammenarbeit, die eine Integration von kognitivem Wissen und emotionaler Einstellung erfordert, durch zusätzliche Maßnahmen angeregt werden (z.B. durch interdisziplinäre Veranstaltungen, Teamentwicklung u.a.).

Für die Auswahlentscheidung, die sich an den Grundsätzen des Leistungsprinzips 3 zu orientieren hat, legt der Dienstherr im Rahmen seiner Organisationsgewalt ein entsprechendes Anforderungsprofil fest, welches der Bewerber unabhängig von seiner dienstlichen Beurteilung erfüllen muss. Eine Auswahlentscheidung zwischen mehreren Bewerbern erfolgt erst dann, wenn diese insgesamt das Anforderungsprofil erfüllen.[304] Aus Gründen der Beförderungsgerechtigkeit kann das Anforderungsprofil mehrfach geändert werden, wenn eine geeignete Stelle für Angehörige von bestimmten Laufbahnen geschaffen werden soll.[305]

b) Eine wichtige Voraussetzung für die Zusammenarbeit ist die **Gliederung der Anstalt** in überschaubare Bereiche (vgl. 13 D Rdn. 3). Niemand kann sich – sei es in der Rolle des Behandlers oder des Kollegen – einer Gruppe von hundert oder noch mehr Menschen verbunden fühlen und zu ihnen eine Beziehung aufbauen. Bedeutsam ist es, den Dienst in einer für die Mitarbeiter durchschaubaren und ihre Bedürfnisse berücksichtigenden Weise einzuteilen. Beim allgemeinen Vollzugsdienst könnte beispielsweise die Gliederung in Gruppen mit einer dezentralen Dienstplangestaltung die Zusammenarbeit mit anderen Diensten erleichtern. Das setzt ebenfalls gegliederte Anstalten voraus.[306] Dort kann – wenn auch nur ansatzweise – ein Stück Rollentausch und Rollenvermischung stattfinden, wie es in sozialtherapeutischen Anstalten sehr zur Entschärfung der Gegensätze zwischen den verschiedenen Mitarbeitergruppen beigetragen hat. Zwar muss jeder in erster Linie das tun, wofür er ausgebildet ist und was er dementsprechend gut leisten kann. Doch darf sich niemand für eine niedriger eingestufte Arbeit zu schade sein oder von seiner höherwertigen Tätigkeit meinen, die anderen verstünden sie nicht. Ohne eine vollständige Einbeziehung des allgemeinen Vollzugsdienstes ist eine sachgemäße Zusammenarbeit nicht denkbar. Gegen die größte Mitarbeitergruppe lässt sich in einer Vollzugsanstalt gar nichts bewirken.

c) Konferenzen sind ebenfalls ein wichtiges Mittel zur Gestaltung der Zusammenarbeit (vgl. die Erläuterung unter 13 L Rdn. 6), ebenso die Übertragung von Entscheidungsbefugnissen auf nachgeordnete Mitarbeiter.[307] Auch **Supervision** kann hilfreich sein, um die in der Zusammenarbeit aufkommenden Konflikte in kleinen Gruppen unter Leitung eines unparteiischen, nicht zum Personal oder wenigstens nicht zur Anstaltslei-

---

[304] VG Lüneburg LS 12.9.2007 – 1 B 15/07.
[305] OVG Lüneburg Rdn. 12 29.2.2008 – 5 ME 352/07.
[306] *Quack* 1976.
[307] zur Anstaltsleitung 13 K Rdn. 6.

tung gehörigen Fachmannes aufzuarbeiten. Informelle Kontakte in den Arbeitspausen, z.B. in der Kantine, können die Zusammenarbeit erleichtern, wenn diese Kontakte zwanglos unter allen Mitarbeitergruppen möglich sind. Überhaupt soll sich der partnerschaftliche Umgang des Personals bei der gemeinsamen Arbeit in einem persönlichen Umgangsstil zeigen, der von gegenseitigem Respekt getragen ist. Die jüngeren Mitarbeiter pflegen sich heute am Arbeitsplatz zu duzen. Diese Anrede garantiert nicht die bessere Zusammenarbeit, sie braucht aber auch nicht zu stören. Nicht zuletzt gehört zur Zusammenarbeit auch ein gutes Verhältnis von Anstaltsleiter und Personalrat. Dabei dient ein kritischer und für die Probleme aller Mitarbeiter aufgeschlossener Personalrat sehr viel besser den Interessen der Anstaltsleitung als eine Personalvertretung, die stets nur zustimmt. Die Zusammenarbeit beginnt, lange bevor mitwirkungspflichtige Entscheidungen zu treffen sind, in einem ständigen, möglichst offenen Gedankenaustausch in regelmäßigen Gesprächen.

4   **2. Zusammenarbeit mit Behörden, öffentlichen Stellen und den Trägern der freien Wohlfahrtspflege.** Nach der ebenfalls zwingenden Vorschrift des § 154 Abs. 2 Satz 1 **StVollzG** und der entsprechenden Landesgesetze (**BW** § 16 Abs. 2 S. 1 I, **BY** Art. 175 Abs. 2, **BE** § 46 Abs. 2, **BB** § 50 Abs. 2, **HB** § 42 Abs. 2, **HH** § 107 Abs. 1, **HE** § 7, **MV** § 42 Abs. 2, **NI** § 181 Abs. 1 S. 1, **NW** § 58 Abs. 2, **RP** § 49 Abs. 2, **SL** § 42 Abs. 2, **SN** § 42 Abs. 2, **ST** § 49 Abs. 2, **SH** § 59 Abs. 2, **TH** § 50 Abs. 2) soll sich die Anstalt als Glied eines Verbundsystems zur Erreichung des Vollzugsziels verstehen. Die Notwendigkeit der Zusammenarbeit mit Externen ist in allen Landesgesetzen festgeschrieben, unterschiedlich präzise sind jedoch die Vorgaben wie diese Zusammenarbeit ausgestaltet werden soll. Die Landesgesetze von Baden-Württemberg und Hessen (**BW** § 16 Abs. 1 I, **HE** § 7) machen nur sehr rudimentäre Vorgaben, andere Gesetze enthalten detaillierte Regelungen, vgl. **BE** § 46 Abs. 2, **BB** § 50 Abs. 2, **HH** § 107 Abs. 1 und **NI** § 181 Abs. 1 S. 1. Die Aufzählung der Stellen, mit denen Zusammenarbeit geboten ist, kann nur beispielhaft sein; das stellt **NI** § 181 Abs. 1 Satz 1 (... „insbesondere" ...) für Niedersachsen ausdrücklich klar. Außerdem sind hier Einrichtungen zu erwähnen, die auf kulturellem Gebiet tätig sind: z.B. die Volkshochschulen, die weiterführenden Abendschulen. Aber auch mit den anderen Einrichtungen der Justiz und den Strafverfolgungsbehörden muss eng zusammengearbeitet werden. Für die Strafvollstreckungskammer bedarf das keiner Begründung. Weil aber Gefangene im Urlaub und bei Vollzugslockerungen gelegentlich versagen, ist ein guter Kontakt zur Staatsanwaltschaft und zur Polizei notwendig, um dort Überreaktionen aus Unmut vorzubeugen.

5   Besondere Bedeutung hat der zwingende Charakter von § 154 Abs. 2 **StVollzG** für die **„Verbände der freien Wohlfahrtspflege"** (z.B. die Caritas, die Diakonie und die Bundesarbeitsgemeinschaft für Straffälligenhilfe), denen hierdurch ein Anspruch auf Zusammenarbeit zuerkannt wurde. Dieser Anspruch ist auch gerichtlich im Wege der Verpflichtungsklage nach § 109 StVollzG durchsetzbar.[308] Fast alle Ländergesetze haben diese Verpflichtung der Justizvollzugsanstalten in ihren Gesetzen aufgenommen und damit eine zum Teile langjährige Praxis geändert. Oftmals hatten die Verwaltungsvorschriften der Länder diese Verbände und ihre hauptamtlichen Mitarbeiter wie „Personen und Vereine" nach § 154 Abs. 2 Satz 2 StVollzG behandelt und damit dem Gesetz widersprochen. Lediglich **NI** § 181 Abs. 1 Satz 2 sieht eine Sollvorschrift vor: *„Die Vollzugsbehörden sollen mit Personen und Vereinen zusammenarbeiten, deren Einfluss die Eingliederung der Gefangenen sowie die Durchführung von Maßnahmen zur Wiedergutmachung der*

---

[308] BeckOK-*Engelstätter* § 154 Rdn. 4.

Folgen ihrer Straftaten fördern kann." Es genügt jedoch nicht, diese Fachkräfte der freien Wohlfahrtspflege lediglich wohlwollend und großzügig zu überprüfen. Andererseits bedeutet es auch nicht, dass alle Vertreter dieser Verbände ohne weiteres in den Vollzugsanstalten tätig werden könnten. Insoweit bedarf es des Einvernehmens mit den zuständigen Stellen der Justizverwaltung. Die Regelung der Zusammenarbeit mit den Religionsgemeinschaften (8. Kap.) bei der Auswahl von Gefängnis-Seelsorgern und ihren Helfern ist sinngemäß anzuwenden (für die Seelsorgehelfer, 8 D). Bei ihrer Entscheidung wird die Vollzugsverwaltung von der fachlichen Eignung der hauptamtlichen Mitarbeiter der Verbände ausgehen müssen. Ablehnungsgründe können sich ausnahmsweise aus der Persönlichkeit des Bewerbers ergeben (wegen der „Regelanfrage" vgl. Rdn. 9).

Viele Landesgesetze (**BY** Art. 175 Abs. 4, **BE** § 46 Abs. 2, **BB** § 50 Abs. 2, **HB** § 42 Abs. 2, **MV** § 42 Abs. 2, **NW** § 58 Abs. 2, **RP** § 49 Abs. 2, **SL** § 42 Abs. 2, **SN** § 42 Abs. 2, **ST** § 49 Abs. 2, **SH** § 59 Abs. 2, **TH** § 50 Abs. 2) normieren explizit, dass eine frühzeitige Kontaktaufnahme durch die Anstalt mit externen Kräften erfolgen müsse um eine sorgfältige Entlassungsplanung zu ermöglichen. In Einzelfällen kann auch die Einrichtung sog. „Runder Tische" sinnvoll sein.[309]

Weil die Mitarbeiter der Verbände der freien Wohlfahrtspflege teilweise auch Hilfen anbieten, auf die die Gefangenen nach den Strafvollzugsgesetzen Anspruch haben, ist die Forderung erhoben worden, die Vollzugsverwaltung habe deren Arbeit zu bezahlen.[310] Dies kann jedoch höchstens dann gelten, wenn sie Aufgaben wahrnehmen, die dem Minimum zuzurechnen sind, das üblicherweise von Sozialarbeitern und Psychologen im Vollzugsdienst geleistet wird, und wenn die Vollzugsverwaltung so offensichtlich Stellen einspart. Häufig bieten die Verbände aber gerade Hilfen an, die Vollzugsangehörige ihrer Einbindung in die Anstaltsorganisation wegen nicht zu leisten vermögen, z.B. Psychotherapie. Hier haben die Landesjustizverwaltungen und die Landesparlamente die Pflicht zu prüfen, ob sie aufgrund der Zielvorgaben des Strafvollzugs (1 C Rdn. 1) und zur Erfüllung des Sozialstaatsgebots Haushaltsmittel zur Unterstützung der Verbände und ihrer Gliederungen bereitstellen müssen. In manchen Bundesländern wird seit langem nach diesem Grundsatz verfahren.

Zusammenarbeit setzt eine ständige Kommunikation der Beteiligten voraus. Dabei reicht es nicht aus, dass auf der Ebene der Behördenleiter Kontakt gehalten wird. Es kommt auf die Zusammenarbeit der „Sachbearbeiter" an. Beide Seiten müssen jeweils den zuständigen Ansprechpartner kennen, den sie zwanglos anrufen, wenn ein die gemeinsame Arbeit berührendes Problem auftaucht. Oftmals wird die Zusammenarbeit den Bereich der Sozialarbeiter betreffen. Zweckmäßig kann es deshalb sein, einen von ihnen als Ansprechpartner zu bestellen für alle die Fälle, in denen eine andere Zuständigkeit nicht erkennbar ist. Wegen seines Monopols zur Außenvertretung (K Rdn. 6) ist es notwendig, dass der Anstaltsleiter über die Entwicklung der Zusammenarbeit ständig informiert ist. Eine Monopolisierung der Zusammenarbeit selbst wäre sachwidrig, sie muss so breit wie möglich angelegt sein.

Zur grundsätzlichen Idee und Entwicklungen im Bereich des Übergangsmanagements geben *Maelicke*, FS 2009, 60–62 und FS Heft 6/2011 und *Reckling FS 2014, 107–111* einen ersten Überblick.

---

[309] *Arloth/Krä* 2017 **BY** Art. 175 Rdn. 2.
[310] *Müller-Dietz* 1997, 36.

3. Zusammenarbeit mit Einzelpersonen und Vereinen, deren Arbeit dem Vollzugsziel dient. Die Sollvorschrift des unscheinbaren zweiten Satzes von § 154 Abs. 2 StVollzG war einst die Grundlage für eine der **wichtigsten Neuerungen** im Strafvollzug: die Öffnung der Vollzugsanstalten für Einzelpersonen, Gruppen oder Vereine, deren Arbeit die Eingliederung der Gefangenen fördern kann. In fast allen landesgesetzlichen Regelungen hat diese Vorschrift Verpflichtungscharakter bekommen. Beispielhaft ist **SL** § 42 Abs. 2 genannt: „*Die Anstalt arbeitet frühzeitig mit Personen und Einrichtungen außerhalb des Vollzugs zusammen, insbesondere um zu erreichen, dass die Gefangenen nach ihrer Entlassung über eine geeignete Unterbringung und eine Arbeits- oder Ausbildungsstelle verfügen. Bewährungshilfe und Führungsaufsicht beteiligen sich frühzeitig an der sozialen und beruflichen Eingliederung der Gefangenen.*" Lediglich in **NI** § 181 Abs. 1 S. 2 blieb es bei einer Sollvorschrift. Die Justizministerien mehrerer Bundesländer (z.B. Baden-Württemberg und Bayern) und die Arbeitsgemeinschaft Straffälligenhilfe in Bonn haben Broschüren herausgegeben, die einen Überblick über die verschiedenen Formen ehrenamtlicher Tätigkeit im Strafvollzug vermitteln und den neu berufenen Betreuern eine gute Hilfestellung geben können.[311] Zu erwähnen ist das in Baden-Württemberg geschaffene Qualitätskonzept „Bürgerschaftliches Engagement im Justizvollzug", welches entwickelt worden ist um dem Engagement der Ehrenamtlichen besser Rechnung zu tragen.[312] Ein interessantes Beispiel ist das Nachsorgenetzwerk für junge Strafentlassene, die zum einen besonders hilfebedürftig, zum anderen mit Resozialisierungsmaßnahmen besonders beeinflussbar sind.[313] In einigen Bundesländern gibt es ergänzende Verwaltungsvorschriften, durch die die ehrenamtlichen Betreuer auch auf die Notwendigkeiten von Ordnung und Sicherheit in der Anstalt verpflichtet werden sollen. Eine knappe, aber trotzdem umfassende Darstellung findet sich bei Laubenthal, Rdn. 292.

6   Zur Praxis dieser Zusammenarbeit ist zu sagen, dass sie fast unbeschränkte Möglichkeiten eröffnet, zugleich aber auch Risiken und Gefahren mit sich bringt. Eine erfolgreiche Arbeit setzt seitens der Betreuer menschliche Reife und eine Klärung ihrer Ziele und Bedürfnisse voraus. Die drei Partner der Zusammenarbeit, Insassen, Betreuer und Anstalt, müssen offenlegen, welche Wünsche sie haben und welchen Einsatz sie zu geben bereit sind. Gefahren erwachsen aus dem naiven Engagement oder aus der Autoritätsscheu der Helfer und andererseits aus dem Misstrauen des Anstaltspersonals. Die Ehrenamtlichen gehören fast ausschließlich der Mittelschicht an,[314] was oftmals den Kontakt zum allgemeinen Vollzugsdienst erschwert. Es kann auch zur Folge haben, dass den Gefangenen für sie nicht erreichbare Ziele für das Leben draußen aufgezeigt werden. Die Zusammenarbeit kann nur gelingen, wenn Mitarbeiter der Anstalt zu den Betreuern ständig Kontakt halten können. Die Vollzugsbehörden dürfen die Betreuer nicht allein lassen; Angebote wie Einführungs- und Fortbildungskurse (vgl. die Tagungen für ehrenamtliche Betreuer und ihre Ansprechpartner aus dem Vollzug an der Bay. Justizvollzugsakademie) sind ebenso wichtig wie räumliche und sachliche Vorkehrungen für die Durchführung der Arbeit.[315]

7   Liegt der Vollzugsbehörde ein Antrag auf Zusammenarbeit, etwa auf Zulassung zur Betreuung von Gefangenen in der Anstalt, vor, so hat sie zunächst zu prüfen, ob der Einfluss der erstrebten Betreuungsarbeit die Eingliederung des Gefangenen fördern kann. Hier ist die Frage nach der persönlichen Zuverlässigkeit und Eignung zu beantworten.

---

311 Beispiele für die Mitarbeit auch bei *Busch* 1988, 224; *Müller-Dietz* 1978; *Rotthaus* 1980.
312 BeckOK-*Futter/Wulf* § 16 Rdn. 4.
313 *Goll/Wulf* 2006, 91–93.
314 *Eggert* 1981.
315 *Böhm* 2003 Rdn. 108.

Die Gewissheit eines fördernden Einflusses darf nicht verlangt werden. Die Vorschrift hat nur eine „Negativauslese"[316] zum Ziel. Nur in Niedersachsen hat die Anstalt ihr durch die Sollvorschrift, **NI** § 181 Abs. 1 S. 2, in engen Grenzen eingeräumtes Ermessen auszuüben.[317] Der Betroffene hat dort einen Anspruch auf eine ermessensfehlerfreie Entscheidung, die von Anfang an rechtmäßig sein muss und nicht erst unter dem Eindruck des gerichtlichen Verfahrens berichtigt wird.[318] Generell kommt die **Ablehnung der Zulassung nur in „atypischen" Fällen** in Betracht, wenn etwa der Gefangene, der betreut werden soll, ein besonderes Sicherheitsrisiko darstellt oder die Anstalt die Betreuung weiterer freier Helfer nicht zu leisten vermag. Letzteres dürfte eher selten vorkommen, weil das Interesse an ehrenamtlicher Mitarbeit im Strafvollzug zurückgegangen ist. In vielen Anstalten besteht ein schmerzlicher Mangel an Helfern.

Das Zusammenarbeitsgebot des § 154 Abs. 2 Satz 2 **StVollzG** erstreckte sich nur auf Personen und Vereinigungen, die außerhalb des Strafvollzugs stehen, nicht auf einen (eingetragenen) Verein, der von Gefangenen geführt wird und dessen Ämter nur von Gefangenen bekleidet werden können.[319] Dasselbe gilt selbstverständlich für die entsprechenden landesgesetzlichen Bestimmungen.

Die ehrenamtlichen Betreuer erwarten vom Vollzug **Vertrauen**. Sie sind enttäuscht **8** und verletzt, wenn die Anstalt ihnen **mit Misstrauen** begegnet. Daher ist inzwischen eine Sicherheitsüberprüfung nur bei gegebenem Anlass vorgesehen. Der Widerruf einer Zulassung sollte auf gravierende Fälle beschränkt sein; ein solcher Fall liegt etwa vor, „wenn das Vertrauensverhältnis zwischen Anstaltsleitung und der Betreuerin dadurch gestört worden ist, dass sie ... die Verhältnisse in den Strafvollzugsanstalten in maßlos verzerrender und unsachlicher Weise kritisiert hat".[320] Gegen die Versagung der Zulassung besteht für die nicht zugelassenen Mitarbeiter, wie für die Gefangenen die Möglichkeit einer Verpflichtungsklage gemäß § 109 StVollzG. Allerdings überprüft das Gericht die Entscheidung der Vollzugsbehörde nur im Hinblick auf Ermessensfehler.[321]

Die **unüberwachte Aussprache** ist ein wichtiges Element ehrenamtlicher Betreu- **9** ung. Dabei erfahren die Betreuer Dinge, von denen die Gefangenen erwarten oder bezüglich derer sie ausdrücklich darum bitten, dass der Betreuer sie für sich behält. Zwischen Vollzugsbehörden und Betreuern gab es gelegentlich Meinungsverschiedenheiten, ob dem Recht zum unüberwachten mündlichen Verkehr **besondere Offenbarungspflichten** entsprechen, die über die allgemeinen Gesetze (zum Beispiel § 138 StGB) hinausgehen. Die gesetzlichen Regelungen zur vollzuglichen Offenbarungspflicht haben die Frage für die einer besonderen beruflichen Schweigepflicht nach § 203 Abs. 1 Nr. 1, 2 und 5 StGB unterliegenden Mitarbeiter des Strafvollzugs (Ärzte, Zahnärzte und ihre Hilfspersonen, Diplom-Psychologen, Diplom-Sozialarbeiter und Diplom-Sozialpädagogen) entschieden. Die Grundsätze dieser Regelung können auch einer Vereinbarung mit den ehrenamtlichen Betreuern zugrunde gelegt werden. Dann sind diese verpflichtet, „sich gegenüber dem Anstaltsleiter zu offenbaren, soweit dies für die Aufgabenerfüllung der

---

316 *Theißen* 1991, 4.
317 OLG Karlsruhe ZfStrVo 2002, 377 ff.
318 *OLG Karlsruhe* aaO.
319 KG ZfStrVo 1982, 319 = NStZ 1982, 222 mit zust. Anm. *Müller-Dietz:* „Können doch die hier gemeinte Funktion des Brückenschlags' der gesellschaftlichen Mitwirkung am Resozialisierungsprozess nur solche Personen und Vereinigungen wahrnehmen, die nicht in der Anstalt, sondern in der freien Gesellschaft, angesiedelt' sind"; *Theißen* 1991, 4.
320 Darstellung einer Vollzugsanstalt als eines mehrgeschossigen Gebäudes mit vergitterten Fenstern in der Form eines Sarges – OLG Hamm NStZ 1985, 238 f = ZfStrVo 1985, 125; NStZ 1990, 256; a.A. AK-*Feest* 2012 Rdn. 14.
321 BeckOK-*Engelstätter* § 154 Rdn. 11.

Vollzugsbehörde oder zur Abwehr von erheblichen Gefahren für Leib und Leben des Gefangenen oder Dritter erforderlich ist". Ohne eine solche Verpflichtung gelten für die ehrenamtlichen Betreuer nur die für alle geltenden Rechtsnormen.[322]

J. Vollzugsbedienstete

Bund	§ 155 StVollzG
Baden-Württemberg	BW § 12 I JVollzGB
Bayern	BY Art. 176 BayStVollzG
Berlin	BE § 104 StVollzG Bln
Brandenburg	BB § 110 BbgJVollzG
Bremen	HB § 97 BremStVollzG
Hamburg	HH § 105 HmbStVollzG
Hessen	HE § 76 HStVollzG
Mecklenburg-Vorpommern	MV § 96 StVollzG M-V
Niedersachsen	NI §§ 177, 178 NJVollzG
Nordrhein-Westfalen	NW § 96 StVollzG NRW
Rheinland-Pfalz	RP § 107 LJVollzG
Saarland	SL § 96 SLStVollzG
Sachsen	SN § 109 SächsStVollzG
Sachsen-Anhalt	ST §§ 108, 109 JVollzGB LSA
Schleswig-Holstein	SH §§ 132, 133 LStVollzG SH
Thüringen	TH § 108 ThürJVollzGB

Schrifttum

Arloth Neue Entwicklungen im Strafvollzug im internationalen Vergleich, in: ZfStrVo 2002, 3 ff; *Becker* Arbeitsgruppe „Konzepte der Mitarbeiterführung", in: Blätter für Strafvollzugskunde 2012, 73–80; *Blanck* Die Ausbildung von Strafvollzugsbediensteten in Deutschland, in Schriften zum Strafvollzug, Jugendstrafrecht und zur Kriminologie 54, 2015; *Bonk* Rechtliche Rahmenbedingungen einer Privatisierung im Strafvollzug, in: JZ 2000, 453 ff; *Busch* Sozialarbeit im Strafvollzug?, in: Schmidtobreick (Hrsg.), Kriminalität und Sozialarbeit, Freiburg 1972, 25 ff; *Chatterjee* Verletzlichkeit im Justizvollzug: Anmerkungen einer Gefängnisärztin, in Verletzlichkeit und Risiko im Justizvollzug, 2015, 233–240; *Dietz* Der Funktionsstellenbedarf von Justizvollzugsanstalten, in: ZfStrVo 1991, 334 ff; *Fleck* Notwendigkeit der Vermittlung Interreligiöser Kompetenz an die Bediensteten des Allgemeinen Vollzugsdienstes, in Blätter für Strafvollzugskunde 2011, 1–6; *Gusy/Lührmann* Rechtliche Grenzen des Einsatzes privater Sicherheitsdienste im Strafvollzug, in: StV 2001, 46 ff; *Herzog/Künecke* Berufsethik in der AVD-Ausbildung-Das Berliner Modell, in: FS 2016, 208–212; *Kulas* Privatisierung hoheitlicher Verwaltung – Zur Zulässigkeit privater Strafvollzugsanstalten, 2. Aufl., Köln 2001; *Lehmann* „Irgendwie hier ne Perspektive schaffen ...": Zielsetzungen, Hoffnungen und Arbeitsalltag im Justizvollzugsdienst, FS 2010, 2011–2016; *Meischner-Al-Mousawi/Hinz* Risiko- und indikationsorientierte psychologische Arbeit im Justizvollzug-Mindeststandards für den psychologischen Dienst des sächsischen Justizvollzugs, in: FS 2016, 40–45; *Meyer* Privatisierung und Strafvollzug, in: BewHi 2004, 272–282; *Mösinger* Privatisierung des Strafvollzugs, in: BayVBl 2007, 417–428; *Mühlenkamp* (Teil-)Privatisierung von Justizvollzugsanstalten, in: DÖV 2008, 525–535; *Pieper* Bewältigung von Übergriffen und Traumatischem Stress (BTÜS) in Justizvollzugsanstalten, in FS 2011, 15–19; *Preusker* Angst essen Seele auf, in: FS 2011, 7–8; *Rotthaus* Zur Frage der Personalausstattung von Vollzugsanstalten, in: ZfStrVo 1993, 323 ff; *Schollbach* Personalentwicklung, Arbeitsqualität und betriebliche Gesundheitsförderung im Justizvollzug in Mecklenburg-Vorpommern, Godesberg 2013; *Schroven/Walkenhorst u.a.* Der AVD-Ein Berufsleben hinter Gittern, FS Heft 3/2013, 139–158, 168–172; *Singer/Mielke* Privatisierung im

---

[322] A.A. BeckOK-*Arloth* Art. 175 BayStVollzG Rdn. 2–3.

Strafvollzug, in: JuS 2007, 1111–1117; *Walkenhorst* Abarbeiten oder Mission? Überlegungen zur beruflichen Haltung der Professionellen Im Strafvollzug, Weichen gestellt für den Justizvollzug? Herausforderungen und Strategien, Wiesbaden 2016, 54–69.

Übersicht
I. Allgemeine Hinweise —— 1
II. Erläuterungen —— 2–5

I. Allgemeine Hinweise

Der Strafvollzug ist Ländersache. Es ist deshalb verständlich, dass sich der Bundesgesetzgeber bei der bedeutsamen Regelung der Frage der **Vollzugsbediensteten** große Zurückhaltung auferlegt hatte. So lautete der Grundsatz in § 155 Abs. 1 Satz 1 **StVollzG**, dass die Aufgaben der Justizvollzugsanstalten von Vollzugs**beamten** wahrgenommen werden. Diesem Grundsatz sind die meisten Landesgesetze treu geblieben: **BW** § 12 Abs. 1 S. 1 I, **BY** Art. 176 Abs. 1 S. 1, **BE** § 104 S. 2, **HH** § 105 Abs. 1 S. 1, **HE** § 76 Abs. 1 S. 1, **NI** § 177 Abs. 1 S. 1, **NRW** § 96 Abs. 1 S. 1, **SN** § 109 Abs. 1 S. 1, **ST** § 108 Abs. 1 S. 1, **SH** § 132 Abs. 1 S. 1, **TH** § 108 Abs. 1 S. 1.

Dies entspricht den verfassungsrechtlichen Anforderungen des Art. 33 Abs. 4 GG, **1** welcher verbietet, dass hoheitliche Befugnisse in größerem Umfang auf Nichtbeamte übertragen werden; denn der Vollzug der Freiheitsstrafe beinhaltet die Wahrnehmung von **hoheitlichen** Aufgaben (1 B Rdn. 1). Der hoheitliche Charakter dieser Aufgaben ist für die Maßnahmen zum Schutz der Allgemeinheit vor weiteren Straftaten im Hinblick auf die damit verbundenen massiven Grundrechtseinschränkungen leicht nachzuvollziehen: Sie sind nicht nur partielle Freiheitsbeschränkungen, sondern totaler Freiheitsentzug.[323] Für die grundrechtsgewährleistenden Maßnahmen im Behandlungsvollzug zur Erreichung des Vollzugszieles gilt aber ebenso, dass sie zur Verwirklichung von Grundrechten notwendig und daher eine hoheitliche Aufgabe sind; denn nach der h.M. kann die Vorenthaltung einer solchen Leistung zu ganz massiven Grundrechtseinschränkungen führen.[324] Bei einer so starken Bestimmung der zentralen Aufgaben einer Justizvollzugsanstalt durch das Gewaltmonopol des Staates ist die vollständige Privatisierung einer Vollzugsanstalt nach der überwiegenden Meinung mit der Verfassung und dem geltendem Recht nicht in Einklang zu bringen;[325] vgl. auch G. Rdn. 2. Unabhängig von diesen Überlegungen haben die Landesgesetzgeber **BB** § 110, **HB** § 97, **MV** § 96, **RP** § 107, **SL** § 96 auf eine ausdrückliche Wiedergabe des Funktionsvorbehaltes des Art. 33 Abs. 4 GG verzichtet. Inhaltlich hat dieser Verzicht keine Folgen.[326]

II. Erläuterungen

Die Diskussion über die **Privatisierung** des Strafvollzugs, welche in den letzten Jahren immer intensiver geworden war, hat sich inzwischen etwas beruhigt; in erster Linie sind für diese Überlegungen fiskalische Aspekte ursächlich, aber auch betriebswirtschaftliche, wettbewerbspolitische und gesellschaftspolitische.[327] Mit der Annahme, dass die Rechtsfigur des „Beleihens" für den Strafvollzug weder vom Grundgesetz – auch nicht vom Funktionsvorbehalt des Art. 33 Abs. 4 GG – noch von allgemeinen Verwal-

---

[323] *Laubenthal/Nestler/Neubacher/Verrel* N IV Rdn. 29.
[324] *Gusy/Lührmann* 1999, 1, 5 m.w.N.; *C/MD* 2008 Rdn. 5.
[325] *Laubenthal/Nestler/Neubacher/Verrel* N IV Rdn. 27, BeckOK-*Engelstätter* § 155 Rdn. 1–2.
[326] BeckOK-*Kühl* § 110 Rdn. 4.
[327] *Kulas* 2001, 7 ff.

tungsgrundsätzen ausgeschlossen sei, wird von Kulas sogar die Privatisierung einer gesamten Vollzugsanstalt für zulässig gehalten;[328] dabei wird jedoch von vornherein einschränkend angenommen, dass nicht alle Vollzugsanstalten privatisiert werden (können), dass es also daneben noch staatliche Vollzugsanstalten gibt, und dass eine (einfach-)gesetzliche Ermächtigung für eine solche Privatisierung erfolgen müsste.[329] Als Argument für die Möglichkeit einer Privatisierung wird auch auf die privaten Vollzugsanstalten in Großbritannien und den Vereinigten Staaten verwiesen.[330] Demgegenüber geht die überwiegende Meinung davon aus, dass eine vollständige Privatisierung des Strafvollzugs auch in Form der Beleihung einer privaten Anstalt unzulässig ist.[331] Der Staat hat die letzte Verantwortung für die Kontrolle und Wohlfahrt des Gefangenen; das ist eine hoheitliche Aufgabe. Bei der Vielzahl der Indikatoren für einen Qualitätsvergleich zwischen „staatlichen" und privaten Vollzugsanstalten ist eine eindeutige Evaluation nicht möglich;[332] daher können die Verträge für die „Beleihung" wohl kaum eindeutig genug die Kriterien festlegen, die für die hoheitliche Erfüllung der Vollzugsaufgaben gelten. Die rechtlichen Unterschiede beim Vollzug in Großbritannien und in den Vereinigten Staaten lassen eine Bezugnahme auf die dortigen Privatisierungsmöglichkeiten nicht zu.[333] Im Übrigen bestehen berechtigte Zweifel, ob die privaten Vollzugsanstalten billiger arbeiten als die staatlichen.[334]

2   Neben einer generellen Unzulässigkeit der Privatisierung der gesamten JVA werden Differenzierungslösungen unterschiedlich bewertet. Erörtert wird dabei die Frage nach Ermächtigungsgrundlagen zur Aufgabenerfüllung durch privates Vollzugspersonal im Rahmen der sog. funktionellen Privatisierung.[335] Für eine **Beleihung** sind diese bei der jetzigen Rechtslage nicht gegeben.[336] Für **private Verwaltungshelfer** besteht keine Ermächtigung zur Gewaltausübung. Der Einsatz Privater im Wege der Verwaltungshilfe kommt daher umso weniger in Betracht, je intensiver aufgrund potenzieller Befugnisse in Grundrechte eingegriffen werden kann. Nach geltendem Recht können Private daher nur bei Dienst- und Serviceleistungen (z.B. in der Küche, der Wäscherei u.ä.) oder bei Überwachungsaufgaben ohne Ausübung von Gewalt (z.B. bei der Überwachung von Monitoren u.ä.) eingesetzt werden.[337] Dabei muss der Anstalt letztlich die unmittelbare Verantwortung bleiben.[338] Zu bedenken ist jedoch, ob die Aussonderung von „nicht hoheitlichen Tätigkeiten" aus den beamteten Dienstaufgaben sinnvoll und für die verbleibenden Beamten befriedigend ist.[339] (Zu den Problemstellungen der Privatisierung einer Vollzugsanstalt vergl. von *Singer/Mielke* 2007, 1111–1117; Zu den Erfahrungen mit der Leitung der „teilprivatisierten" JVA Hünfeld vergl. den Beitrag des ehemaligen Anstaltsleiters *Päckert*, FS 2011, 357.)

3   Die Ausnahmevorschrift des § 155 Abs. 1 Satz 2 **StVollzG**, welche inhaltlich von **BY** Art. 176 Abs. 1 S. 2, **BE** § 104 S. 3, **BB** § 110 Abs. 2 S. 2, **HB** § 97 Abs. 2 S. 2, **HH** § 105 Abs. 1

---

328 AaO, 139.
329 AaO, 65, 143.
330 AaO, 118 ff.
331 *Gusy/Lührmann* 2001, 46 ff; *Böhm* 2003 Rdn. 87 m.w.N.; *C/MD* 2008 Rdn. 2; zweifelnd K/S-*Schöch* 2002 § 5 Rdn. 76.
332 K/S-*Schöch* 2002 § 5 Rdn. 75.
333 *Meyer* 2004, 279 f; *Mösinger* 2007, 420.
334 *Arloth/Krä* 2017 § 155 Rdn. 4 m.w.N.; *Mühlenkamp* 2008, 534 f; s. auch § 139 Rdn. 5.
335 *Meyer* 2004, 273 ff; *Mösinger* 2007, 417 ff.
336 *Arloth/Krä* 2017 § 155 Rdn. 3 mit Nachweisen; *Mösinger* 2007, 426.
337 *Arloth/Krä* 2017 § 155 Rdn. 5; *Mösinger* 2007, 427; *Böhm* 2003 Rdn. 85.
338 *Böhm* 2003 Rdn. 87.
339 *Böhm* aaO.

S. 2, **HE** § 76 Abs. 1 S. 2, **MV** § 96 Abs. 2 S. 2, **NI** §§ 177 Abs. 1 S. 2, 178, **NRW** § 96 Abs. 1 S. 2, **RP** § 107 Abs. 2 S. 2, **SL** § 96 Abs. 2 S. 2, **SN** § 109 Abs. 1 S. 2, Abs. 3 S. 2, **ST** §§ 108 Abs. 1 S. 2, Abs. 2 S. 3, 109, **SH** §§ 132 Abs. 1 S. 2, 133, **TH** § 108 Abs. 1 S. 2, Abs. 3 S. 2 übernommen wurde, ließ aus besonderen Gründen die Übertragung von hoheitlichen Aufgaben auf andere Bedienstete der Justizvollzugsanstalten (z.B. Angestellte, die etwa durch ein Gelöbnis besonders verpflichtet werden), nebenamtlich verpflichtete Personen (z.B. Facharzt einer Klinik) oder vertraglich verpflichtete Personen zu; bei letzteren ist eine Verpflichtung nach dem VerpflG erforderlich, wodurch sie zu Amtsträgern werden; sie arbeiten im Auftrag der Behörde.[340] Die Ausnahmevorschrift erlaubt aber grundsätzlich nicht den Einsatz von Polizeibeamten bei hoheitlichen Vollzugsaufgaben,[341] etwa bei der Überwachung des Besuches und des Briefverkehrs oder bei der Haftraumkontrolle. Als Sachverständige zur Unterstützung eines Vollzugsbeamten können sie herangezogen werden, wenn sie der Aufsicht des Anstaltsleiters unterstehen und die Wahrnehmungen allein diesem zugänglich machen.[342] **Baden-Württemberg** schloss sich nur scheinbar dem Gedanken des § 155 Abs. 1 S. 2 StVollzG an. So führt zwar **BW** § 12 Abs. 1 Satz 1 I aus: *„Die Aufgaben in den Justizvollzugsanstalten werden grundsätzlich von beamteten Bediensteten des Landes wahrgenommen."* Doch wird dann in Satz 2 sogleich ergänzt: *„Sie können anderen Bediensteten sowie nebenamtlich oder vertraglich verpflichteten Personen übertragen werden."* Besondere Gründe für eine solche Übertragung sind – im Gegensatz zu § 155 StVollzG – nicht mehr erforderlich, so dass hier nun ein größeres Maß an Privatisierung möglich ist. Inwieweit es tatsächlich in der Praxis zu Änderungen kommt, ist zur Zeit fraglich.[343] In diese Richtung geht auch **BW** § 12 Abs. 2 I, welcher lautet: *„Die Erledigung von nicht hoheitlichen Aufgaben kann freien Trägern und privaten Dienstleistern übertragen werden."* In der Gesetzesbegründung[344] wird zur Möglichkeit dieser Übertragung ausgeführt: „In Betracht kommt dabei eine Vielzahl unterschiedlichster Aufgaben, die etwa von Reinigungsarbeiten bis zur sozialen oder psychologischen Betreuung der Gefangenen reichen können." Als Beispiel für eine Neuregelung der Aufgabenwahrnehmung durch Justizvollzugsbedienstete ist **Niedersachsen** genannt. **NI** § 177 Abs. 1 entspricht mit kleinen redaktionellen Änderungen im Wesentlichen § 155 Abs. 1 StVollzG; ausgenommen ist hier die Regelung bei vertraglich verpflichteten Personen, die in **NI** § 178 übernommen wurde. Zur Definition des Begriffs „Vollzugsbediensteter" vergleiche Rspr. zu **NI** § 177[345] und Kommentierung zu Rdn. 4.

NI § 178 ist neu und lautet: *„Fachlich geeignete und zuverlässige natürliche Personen, juristische Personen des öffentlichen oder privaten Rechts oder sonstige Stellen können beauftragt werden, Aufgaben für die Vollzugsbehörde wahrzunehmen, soweit dabei keine Entscheidungen oder sonstige in die Rechte der Gefangenen, Sicherungsverwahrten oder anderer Personen eingreifende Maßnahmen zu treffen sind. Eine Übertragung von vollzuglichen Aufgaben zur eigenverantwortlichen Wahrnehmung ist ausgeschlossen."* Auch hier ist nun eine weitergehende Privatisierung ohne Angabe von Gründen möglich. In der Gesetzesbegründung[346] heißt es, dass § 178 bei der Übertragung von Aufgaben der Vollzugsbehörden auf vertraglich verpflichtete Personen „zum einem auf dem Hinter-

---

340 *Laubenthal/Nestler/Neubacher/Verrel* N IV Rdn. 33.
341 *Laubenthal/Nestler/Neubacher/Verrel* N IV Rdn. 26 und BeckOK-*Engelstätter* § 155 Rdn. 9.
342 OLG Koblenz ZfStrVo 1981, 59.
343 *Kinzig/Richter*, FS 2011, 317, 320, derzeit ist eher wieder eine Abkehr von der Privatisierung zu erkennen. So wird die seit ihrer Eröffnung 2009 teilprivatisierte JVA Hünfeld seit dem 1.6.2014 wieder rein staatlich geführt. Gleiches gilt für die JVA Offenburg, vgl. BeckOK-*Futter/Wulf* § 12 Rdn. 5.
344 LT-Drucks. 14/5012, 174.
345 OVG Lüneburg, Beschl. vom 29.2.2008 – 5 ME 352/07, nur bei juris.
346 LT-Drucks. 15/3565, 211.

grund des Artikels 33 Abs. 4 GG die Voraussetzungen (präzisiert), unter denen dies zulässig ist. Zum anderen betont er, dass das Land – unbeschadet der Verantwortlichkeit des Privaten für die Einzelheiten der Aufgabenwahrnehmung – für die Aufgabenerfüllung als solche verantwortlich bleibt. Eine Beleihung, also die Verleihung der Befugnis, Aufgaben auf dem Gebiet des Straf- oder Untersuchungshaftvollzuges im eigenen Namen und in den Handlungsformen des öffentlichen Rechts wahrzunehmen, soll mit der Vorschrift nicht ermöglicht werden." Für eine Übertragung der Aufgabenwahrnehmung kämen klar abgrenzbare Dienstleistungsaufgaben, wie z.B. das Gebäudemanagement, der Betrieb von Wäscherei und Küche etc. in Betracht – die Letztverantwortung des Landes für die Aufgabenerfüllung vorausgesetzt. Für den Bereich der Telekommunikation hat das BVerfGe entschieden, dass der Justizvollzug überhöhte Gebühren privater Telefonanbieter nicht den Inhaftierten aufbürden kann unter Berufung auf die eigene Vertragsbindung. Vielmehr handele es sich bei Telefonkontakten um einen Aspekt der Behandlung der Gefangenen und damit den Kernbereich hoheitlicher Vollzugsverwaltung, die allein dem Staat und dessen verfassungsrechtlicher Bindung vorbehalten ist.[347]

Der Bau von Vollzugsanstalten durch private Unternehmer, von denen sie der Staat dann least, mietet oder durch Ratenzahlungen erwirbt, gehört nicht im engeren Sinn zur Diskussion um die Privatisierung des Strafvollzugs. Er gehört zum privatrechtlichen Handeln des Staates, das hier unter den Stichworten „Private Public Partnership" (PPP) und alternative Finanzierungsformen diskutiert wird. Solche privat (vor)finanzierte Bauten werfen gegebenenfalls haushaltsrechtliche Probleme auf.[348]

Der Einsatz von „Neuen Steuerungsinstrumenten" im Vollzug ist keine Frage der Privatisierung, sondern eine Möglichkeit zur verändernden Entwicklung der Organisation Strafvollzug und damit eine „verfassungskonforme Alternative" zur Privatisierung.[349]

Laut § 155 Abs. 2 **StVollzG** war für jede Anstalt „entsprechend ihrer Aufgabe die erforderliche Anzahl von Bediensteten der verschiedenen Berufsgruppen, namentlich des allgemeinen Vollzugsdienstes, des Verwaltungsdienstes und des Werkdienstes, sowie von Seelsorgern, Ärzten, Pädagogen, Psychologen und Sozialarbeitern vorzusehen". Diese Vorgabe einer ausreichenden Personalausstattung ist im Gesetzestext von **BW** § 12 Abs. 4 I, Abs. 6 I, **BY** Art. 176 Abs. 2, **BE** § 104 S. 1, **BB** § 110 Abs. 1 S. 1, Abs. 2 S. 1, **HB** § 97 Abs. 1 S. 1, Abs. 2 S.1, **HH** § 105 Abs. 2, **HE** § 76 Abs. 2, **MV** § 96 Abs. 1 S. 1, Abs. 2 S. 1, **NRW** § 76 Abs. 2, Abs. 3, **RP** § 107 Abs. 1 S.1, Abs. 2 S.1, **SL** § 96 Abs. 1 S.1, Abs. 2 S.1, **SN** § 109 Abs. 2 S. 1, Abs. 3 S. 1, **ST** §§ 108 Abs. 2 S. 2, 105 Abs. 1 S. 2, **SH** § 132 Abs. 4, S. 1, **TH** § 108 Abs. 2, Abs. 3 zumindest ansatzweise übernommen worden. Das LG Hamburg zog aus der Vorgabe den Schluss einem für einen begleitenden Ausgang grundsätzlich geeigneten Gefangenen könnte diese Vollzugslockerung im konkreten Fall nicht mangels ausreichend Personal verweigert werden. Das Gesetz sähe in **HH** § 105 Abs. 2 die Pflicht vor entsprechend den Aufgaben der Justizvollzugsbehörde die erforderliche Anzahl von Bediensteten vorzusehen.[350]

4   Die Reihenfolge der Aufzählung der Mitarbeiter der verschiedenen Berufsgruppen in **StVollzG** § 155 Abs. 2 war aus sprachlichen Gründen gewählt worden und enthält keine Wertung oder Rangfolge.[351] Die Aufzählung selbst ist beispielhaft und hindert die Länder nicht, bei Bedarf noch andere Fachkräfte (z.B. Soziologen, Arbeitstherapeuten) als Voll-

---

347 Reichenbach, NstZ 2018, S. 170 f, zum Beschluss des BVerfGe vom 8.11.2017, 2 BvR 2221/16
348 Vgl. *Kulas* 2001, 22.
349 C/MD 2008 Rdn. 2, BeckOK-*Graf* § 178 Rdn. 1 und 2.
350 LG Hamburg, Beschl. vom 20.2.2018 – 633 Vollz 26/18, juris
351 OVG Lüneburg, Beschl. vom 29.2.2008 – 5 ME 352/07, nur bei juris.

zugsbeamte einzustellen. Das Bundesgesetz verzichtete auf eine Funktionsbeschreibung der verschiedenen Dienste und auf organisationsrechtliche Regelungen, was sich wieder mit der Rücksicht auf die Bundesländer erklärt, die das Gesetz ausführen. Zu diesem Thema: *Böhm* 2003 Rdn. 83ff; K/S-*Schöch* 2002 § 11 Rdn. 1–23; *Müller-Dietz* 1978, 279ff. **Bayern** hat in den **BY** Art. 180 bis 182 eine Funktionsbeschreibung für den pädagogischen Dienst, den Sozialdienst und den psychologischen Dienst in das Gesetz aufgenommen. **HH** § 105, **HB** § 97, **RP** § 107, **SL** § 96, **ST** § 108 und **SH** § 132 haben auf eine konkrete Nennung der im Strafvollzug tätigen Berufsgruppen verzichtet), in **Niedersachsen** fehlt eine dem § 155 Abs. 2 StVollzG entsprechende Regelung völlig (**NI** § 177).

Einen Überblick über die eindrucksvolle Verbesserung der personellen Ausstattung der Vollzugsanstalten in den ersten Jahren nach Erlass des StVollzG geben *Dünkel/Rosner*.[352] Bei teilweise erheblichen Unterschieden in den einzelnen Bundesländern kamen 2017 auf je 100 Gefangene im Bundesdurchschnitt 41,76 Angehörige des allgemeinen Justizvollzugsdienstes, 3,30 Werkbeamte, 2,31 des gehobenen Vollzugs- und Verwaltungsdienstes, 2,17 Sozialarbeiter, 1,28 Psychologen, 0,62 Lehrer, 0,33 Ärzte, 0,11 Seelsorger und 0,71 des höheren Vollzugs- und Verwaltungsdienstes; hierzu kommen (in jährlich steigender Anzahl) nicht planmäßig angestellte sowie externe Fachkräfte.[353] Dabei darf aus der Tatsache, dass neben den Stellen für die Fachdienste auch die für den allgemeinen Vollzugsdienst erheblich vermehrt wurden, nicht auf eine Akzentuierung des Sicherungsauftrags geschlossen werden. Behandlung und Betreuung können nur stattfinden, wenn die Gefangenen sich auch abends und am Wochenende außerhalb der Haftträume bewegen können. Der allgemeine Vollzugsdienst muss die Anstalten auch zu diesen Zeiten „in Betrieb" halten. Außerdem sind den Beamten dieser Laufbahn vielfältige Betreuungsaufgaben übertragen worden. Der konkrete Bedarf an Mitarbeitern ist jeweils vom Vollzugsauftrag abhängig. Eine offene Einrichtung zum Vollzug kurzer Freiheitsstrafen kommt mit sehr viel weniger Personal aus als eine nach außen hoch gesicherte, nach innen offene sozialtherapeutische Anstalt.

Unterschiedliche Größe und Struktur der Anstalten machen es unmöglich, für den allgemeinen Vollzugsdienst Schlüsselzahlen (Verhältnis von Beamten zu Gefangenen) zu bestimmen. Personalberatung von außen kann Anregungen geben,[354] der Justizverwaltung aber ihre Verantwortung nicht abnehmen. Muss in einer Anstalt an mehr als zwei Tagen der Woche der Einschluss vor 22 Uhr erfolgen und sind an Wochenenden oder an mehr als zwei Tagen der Woche Gefangenenbesuche nicht möglich, so herrscht ein schwerwiegender Personalmangel. Über die Ausstattung der Gefängnisse in England, Frankreich, den Niederlanden sowie Nordrhein-Westfalen und Baden-Württemberg mit Beamten des allgemeinen Vollzugsdienstes hat der Generaldirektor des Gefängniswesens von England und Wales, *Richard Tilt*, eine vergleichende Untersuchung angestellt.[355] Eher – und das mag überraschend scheinen – lassen sich Schlüsselzahlen für den Bereich der Behandlung bestimmen. So hat *Busch* für die Sozialarbeit bereits vor 45 Jahren ein Verhältnis von 1 : 25 gefordert.[356] Dieser Durchschnittswert umfasst jedoch sehr unterschiedliche Zahlen, die von dem je nach Art der Anstalt unterschiedlichen Hilfsbedarf der Klientel abhängig sind.

Zunehmend an Bedeutung gewinnen Auswahl, Ausbildung, Fortbildung und Praxisbegleitung der Mitarbeiter in den Justizvollzugsanstalten. Dieser Entwicklung haben

---

352 *Dünkel/Rosner* 1982, 537ff.
353 Personalbestandsmeldungen der Länder für die EU #"Space I" – Stand 1.9.2017, BayStMJ.
354 *Dietz* aaO.
355 Referiert von *Rotthaus* 1993, 323ff.
356 *Busch* 1972, 25ff.

einige Landesgesetzgeber Rechnung getragen, indem sie hierzu gesetzliche Vorgaben formulieren. In **Hessen** führt **HE** § 76 Abs. 3 neu aus, dass das Personal für die Gestaltung des Vollzugs persönlich geeignet und fachlich qualifiziert sein müsse. Darüber hinaus seien regelmäßig Fortbildungen für die Bediensteten durchzuführen. Die Gesetzesbegründung[357] betont, dass hierdurch der bestehende hohe Standard des hessischen Strafvollzugs erhalten bliebe und noch weiter ausgebaut werde. „Fortbildung und Praxisberatung für die im Strafvollzug tätigen Bediensteten gewährleisten Kenntnisse und Fähigkeiten auf dem jeweils aktuellen wissenschaftlichen und technischen Stand." Auch **BW** § 12 Abs. 5 I verlangt die regelmäßige Durchführung von Fortbildungsveranstaltungen für die in den Justizvollzugsanstalten tätigen Personen. Die Bedeutung von Fortbildung, Praxisberatung und -begleitung für die Bediensteten betonen auch **BE** § 104 Satz 3 und **NW** § 96 Abs. 3. In **BB** § 110 Abs. 2 und 3, **HB** § 97 Abs. 1 S. 2 und Abs. 2, **MV** § 96 Abs. 1 S. 2 und Abs. 2, **RP** § 107 Abs. 1 S. 2 und Abs. 2 und 3, **SL** § 96 Abs. 1 S. 2 und Abs. 2, **SN** § 109 Abs. 2 S. 2 und Abs. 3, **ST** § 108 Abs. 2 und **TH** § 108 Abs. 3 verlangt der Gesetzgeber eine besondere Qualifikation seiner Bediensteten für den Umgang mit besonderen Gefangenengruppen (z.B. jungen Gefangenen, Gefangenen mit vorbehaltener oder angeordneter Sicherungsverwahrung).

K. Anstaltsleitung

Bund	§ 156 StVollzG
Baden-Württemberg	BW § 13 I JVollzGB
Bayern	BY Art. 177 BayStVollzG
Berlin	BE § 103 StVollzG Bln
Brandenburg	BB § 109 BbgJVollzG
Bremen	HB § 96 BremStVollzG
Hamburg	HH § 104 HmbStVollzG
Hessen	HE § 75 HStVollzG
Mecklenburg-Vorpommern	MV § 95 StVollzG M-V
Niedersachsen	NI § 176 NJVollzG
Nordrhein-Westfalen	NW § 97 StVollzG NRW
Rheinland-Pfalz	RP § 106 LJVollzG
Saarland	SL § 95 SLStVollzG
Sachsen	SN § 108 SächsStVollzG
Sachsen-Anhalt	ST § 107 JVollzGB LSA
Schleswig-Holstein	SH § 134 LStVollzG SH
Thüringen	TH § 107 ThürJVollzGB

Schrifttum

Alisch Von der Erneuerung alter Gefängnisse: Erfahrungen eines Anstaltsleiters, in FS 2011, 219–227; *Feldmann* Aus der Praxis des Strafvollzuges, in: Bandell u.a., Hinter Gittern. Wir auch? Frankfurt 1985, 59 ff; *Doppler/Lauterburg* Change Management – Den Unternehmenswandel gestalten, 10. Aufl., Frankfurt/New York 2002; *Hausmann* Konferenzen im Strafvollzug: eine dogmatisch-empirische Untersuchung, Baden-Baden 2012; *Kloff* Wege zur Neuorganisation einer Justizvollzugsanstalt, in: Flügge/Maelicke/Preusker (Hrsg.): Das Gefängnis als lernende Organisation, Baden-Baden 2001, 59 ff; *Koop* Erfolgreiche Gewaltprävention in der JVA Oldenburg: Erfahrungen eines Anstaltsleiters, in: FS 2013, 95–102; *Mentz* Der AVD aus der Sicht eines Anstaltsleiters, in FS 2013, 151–153; *Reinermann* Die Krise als Chance: Wege inno-

---

357 LT-Drucks. 18/1396, 122.

vativer Verwaltungen, Speyer, 5. Aufl., 1995; *Rotthaus* Die Aufgaben der Fachaufsicht im Strafvollzug, in: Häußling/Reindl (Hrsg.), Sozialpädagogik und Strafrechtspflege, Pfaffenweiler 1995, 517 ff; *ders.* Sozialtherapie in der JVA Gelsenkirchen, in: ZfStrVo 1981, 323 ff; *Weigand* Rolle und Aufgaben der Anstaltsleitung im Jugendstrafvollzug, in: Schweder/Marcel (Hrsg.), Handbuch Jugendstrafvollzug, Weinheim/Basel 2015, 260–276, *Wilson/Bryans* The Prison Governor – Theory and Practice, Leyhill/England 1998; *Winchenbach* Praxisprobleme der Anstaltsleitung, in: Bandell u.a., Hinter Gittern. Wir auch? Frankfurt 1985, 125 ff; *Wydra* Der Anstaltsleiter als Krisenmanager, in: Bundesvereinigung der Anstaltsleiter im Strafvollzug, Dokumentation der 22. Arbeits- und Fortbildungstagung vom 6. bis 10. Mai 1996 in Ellwangen, 162 ff.

Übersicht

I. Allgemeine Hinweise —— 1–3
   1. Begriff Anstaltsleitung —— 1
   2. Verantwortung des Anstaltsleiters —— 2
   3. Anforderungen an den Anstaltsleiter —— 3
II. Erläuterungen —— 4–14
   1. Bestellung eines hauptamtlichen Leiters, Abs. 1 —— 4
   2. Kein Juristenmonopol —— 5
   3. Vertretung der Anstalt nach außen und Aufgabenübertragung im Wege des Mandats —— 6–8
     a) Anzeigepflicht bei Straftaten von Personal oder Gefangenen —— 7
     b) Berichtspflicht und Meldepflicht —— 8
   4. Übertragung von Aufgabenbereichen im Wege der Delegation —— 9, 10
   5. Delegation auf Gremien oder Konferenzen —— 11
   6. Zustimmung der Aufsichtsbehörde für bestimmte Entscheidungen —— 12
   7. Aufsicht des Anstaltsleiters über die Fachdienste —— 13
   8. Einschränkungen der Übertragung bei besonderen Sicherungs- und Disziplinarmaßnahmen —— 14

I. Allgemeine Hinweise

1. Begriff Anstaltsleitung. Der Bundesgesetzgeber und einige Landesgesetze verwenden weiterhin den Begriff des Anstaltsleiters (§ 156 **StVollzG**, **SN** § 108 Abs. 1 S. 1, **ST** § 107 Abs. 1 S. 1, **TH** § 107 Abs. 1 S. 1). Darüber hinaus kommen in den Landesgesetzen die Begriffe der Anstaltsleiterin und des Anstaltsleiters (auch in umgekehrter Reihenfolge, **BW** § 13 Abs. 1 I, **BY** Art. 177 Abs. 1 S. 1, **BE** § 103 Abs. 1 S. 1, **BB** § 109 Abs. 1 S. 1, **HH** § 104 Abs. 2, **HE** § 75 Abs. 1 S. 1, **MV** § 95 Abs. 1 S. 1, **NI** § 176 Abs. 1 S. 1, **RP** § 106 Abs. 1 S. 1, **SL** § 95 Abs. 1 S. 1, **SH** § 134 Abs. 2 S. 1) und der Anstaltsleitung (**HB** § 96 Abs. 1 S. 1, **NW** § 97 Abs. 2) vor. Inhaltlich macht es keinen Unterschied. Die vorliegende Kommentierung bleibt im Anschluss an den Gesetzestext des § 156 **StVollzG** weiterhin beim Begriff Anstaltsleiter, der die Anstaltsleiterin einbezieht. 1

2. Verantwortung des Anstaltsleiters. Den Gefangenen und vielfach auch Mitarbeitern und Außenstehenden erscheint der Anstaltsleiter als **„allzuständiger und allverantwortlicher Chef"**,[358] der die Anstalt nach seinen Wünschen und Vorstellungen gestaltet und über Wohl und Wehe von Mitarbeitern und Gefangenen entscheidet. Die Wirklichkeit sieht anders aus. Weit mehr als die Strafvollzugsgesetze mit ihren weiten Ermessensspielräumen engen Verwaltungsvorschriften (1 E Rdn. 20) mit vielen ins Einzelne gehenden Regelungen den Entscheidungsspielraum ein. Vor allem aber sind es vielfältige Sachzwänge, die sich mit den Stichworten Mangel an Personal, an Räumen und an Haushaltsmitteln umschreiben lassen, und die Gestaltungsmöglichkeiten begrenzen. So fühlt sich der Anstaltsleiter nicht selten eher als Gefangener der Institution denn als deren Herr. Diese Realität beschreibt *Winchenbach*[359] in einer Weise, die die 2

---

[358] *Böhm* 2003, Rdn. 88.
[359] 1985, 125 ff.

Schwierigkeiten klar hervortreten lässt. Anschaulich, aber auch kritisch zu dem sich wandelnden Bild des Anstaltsleiters auch AK-*Galli* 2017 Teil II § 95 LandesR Rdn. 4; *Walter* 1999 Rdn. 182 ff; *Wilson/Bryans* 1988, 119 ff.

Infolgedessen hat auch die Verantwortung des Anstaltsleiters ihre Grenzen. *Böhm*[360] hat deutlich beschrieben, wie ein geschickter Verwaltungstechniker sich gut absichern kann. Ein Anstaltsleiter, der sein Amt konsequent nach dem Prinzip der Vermeidung eigenen Risikos ausübt, wird allerdings lähmend auf seine Mitarbeiter wirken. Denn diese Technik der Absicherung bedroht die Mitarbeiter und zwingt sie, sich ähnlicher Techniken zu bedienen. Die Anstalt wird auf diese Weise zu einem starren, unbeweglichen System, bei dem die entfernte Möglichkeit der Veränderung von allen Beteiligten bis hin zu den Gefangenen als beängstigend und bedrohend empfunden wird. In einem solchen Klima können sich weder die Mitarbeiter entfalten noch die Gefangenen – im Sinne des Vollzugsziels – soziales Verhalten lernen (1 C Rdn. 20). Obwohl also die Gestaltungsfreiheit des Anstaltsleiters erheblich beschränkt ist, bestimmt er durch sein Verhalten in entscheidender Weise das Klima der Anstalt. Andererseits steht der Anstaltsleiter ständig in der Gefahr, überfordert zu werden.

Eindrücklich hat diese Rolle des Anstaltsleiters BE § 103 dargestellt. Absatz 1 präzisiert die Aufgaben und Befugnisse, die die Anstaltsleiterin oder der Anstaltsleiter als Führungskraft hat und betont deren Gesamtverantwortung für die Anstalt – auch im Hinblick auf die Eingliederung und sichere Unterbringung der Gefangenen. Der Gesetzestext verdeutlicht, dass der Schwerpunkt der Arbeitsweise der Anstaltsleitung im Management der Anstalt liegt. Zu einer zeitgemäßen Verwaltung gehört neben der dezentralen Fachverantwortung auch die Verlagerung der Verantwortung für die Ressourcen auf die Fachbereiche, um so die Schaffung von Transparenz, die Vereinfachung von Strukturen und die umfassende personelle Eigenverantwortung zu fördern.[361]

3   **3. Anforderungen an den Anstaltsleiter.** Zunächst einmal muss er in der Anstalt viel anwesend und ansprechbar sein. Er muss deutlich machen, dass seine Leitertätigkeit ihm wichtig und ein wesentlicher Teil seiner Lebensinteressen ist. Ein schwer überwindbares Vorzimmer und komplizierte Vormeldewege sind Barrieren, die den Anstaltsleiter von wichtigen Informationen ausschließen. Im Gespräch muss er erkennen lassen, dass ihm seine Mitarbeiter und Gefangenen wichtig sind, d.h. er muss vor allem zuhören können. Im Regelfall sollte der Anstaltsleiter die Mitarbeiter eher beraten als anweisen. Das gilt nicht nur für die Mitglieder der Fachdienste (vgl. 13 G Rdn. 13), deren besondere Sachkunde ihm nicht zu Gebote steht, sondern auch für den allgemeinen Vollzugsdienst und den Verwaltungsdienst. Entscheidet er anders, muss er sich mit den von den Mitarbeitern vorgeschlagenen Lösungen eingehend auseinandersetzen und seine Entscheidung für sie einsehbar begründen. Zurückhaltung muss der Anstaltsleiter üben, wenn es um die Einzelfallhilfe für Gefangene geht. Hier muss er seine Gesprächspartner immer wieder an die unmittelbaren Betreuer verweisen. Systematische Arbeit ist für die Fachdienste und auch für die Betreuer aus dem allgemeinen Vollzugsdienst nicht möglich, wenn der Anstaltsleiter an ihnen vorbei betreut und entscheidet. Auch für die Motivation der Mitarbeiter der Verwaltung ist es schädlich, wenn er Einzelfälle oftmals an sich zieht. Seine Tätigkeit, für die er Zeit zu grundsätzlichen Überlegungen braucht, ähnelt mehr der eines Managers;[362] die Einführung von „Neuen Steuerungselementen"[363] und Füh-

---

360   2003, Rdn. 88.
361   Gesetzesbegründung Berlin Drucks. 17/ 2442 vom 9.9.2015, S.271 ff.
362   *Böhm* 2003 Rdn. 89.
363   *Reinermann* 1995, 4 f.

rungskonzepten aus der freien Wirtschaft (dazu auch 13 G Rdn. 4) fordern von ihm neue Führungsqualitäten.[364] In Krisensituationen ist sein ruhiges und sicheres Verhalten von Bedeutung[365]. Er ist als „Change Agent"[366] verantwortlich dafür, dass sich die Anstalt auf die sich ändernden Verhältnisse einstellt. Organisationsentwicklung in ihren verschiedenen Ansätzen hat er auf den Weg zu bringen.[367] Die Erneuerung einer Anstalt ist ein lange dauernder Prozess, der Geduld und Beständigkeit verlangt. Seinen Mitarbeitern sollte der Anstaltsleiter, wo immer es geht, Erfolgserlebnisse vermitteln. Er selbst muss ihnen gegenüber die Verantwortung für Fehlschläge übernehmen. Das bedeutet aber nicht, Pannen und Fehler im Vollzugsablauf mit dem Mantel der Liebe zuzudecken. Offene kritische Worte sind manchmal notwendig. Solche Gespräche gehören zu den Aufgaben der Führungsspitze. Manchmal muss er seine Mitarbeiter vor der Aufsichtsbehörde in Schutz nehmen. Das kann er sich ohne Gefahr für sich selbst leisten, denn Maßnahmen der Dienstaufsicht gegen Anstaltsleiter sind selten. Er hat einen breiteren Rücken, als er selbst glaubt, und kann sich deshalb schützend vor die Mitarbeiter stellen. Das hat stabilisierende Wirkung für die gesamte Anstalt, weil Befürchtungen und Ängste gemildert werden. Führungsverhalten und Persönlichkeitsstruktur des Anstaltsleiters sind nicht zu trennen. Viele Entscheidungen gibt es, bei denen die Alternativen so dicht beieinanderliegen, dass die Entscheidung für die eine oder andere Lösung weniger wichtig ist als der Ablauf der Entscheidungsfindung. **Der Anstaltsleiter muss sich bei seinem Team verständlich machen und berechenbar sein.**

Die noch in der 3. Auflage erhobene Forderung, ein Anstaltsleiter solle nicht über allzu lange Zeit mit dieser Funktion in derselben Anstalt betraut werden,[368] ist problematisch; er braucht Zeit, um mit den Gegebenheiten einer Anstalt vertraut zu werden und beispielsweise personelle und bauliche Planungen durchzuführen.[369] Im Übrigen ist er gehalten, sich durch intensives persönliches Lernen auf die Situation der Anstalt in der Weise einzulassen, dass er die erforderlichen Veränderungen anregt, ohne „betriebsblind" zu werden.[370]

Wie aus diesen Ausführungen bereits deutlich wird, sind die Anforderungen an den Anstaltsleiter hoch.

II. Erläuterungen

1. Bestellung eines hauptamtlichen Leiters. Alle Landesgesetze (**BW** § 13 Abs. 1 S. 1 I, **BY** Art. 177 Abs. 1 S. 1, **BE** § 103 Abs. 3, **BB** § 109 Abs. 2, S. 1, **HB** § 96 Abs. 1 S. 1, **HH** § 104 Abs. 1, S. 1, **MV** § 95 Abs. 2, **NI** § 176 Abs. 2 S. 1, **NW** § 97 Abs. 1 S. 1, **RP** § 106 Abs. 2 S. 1, **SL** § 95 Abs. 2 S. 1, **SN** § 108 Abs. 2 S. 1, **ST** § 107 Abs. 2 S. 1, **SH** § 134 Abs. 1, **TH** § 107 Abs. 2) fordern, was § 156 **StVollzG** in Abs. 1 Satz 1 normierte: *Für jede Justizvollzugsanstalt ist ein Beamter des höheren Dienstes zum hauptamtlichen Leiter zu bestellen.* In Satz 2 hieß es dann: *Aus besonderen Gründen kann eine Anstalt auch von einem Beamten des gehobenen Dienstes geleitet werden.* Nach dieser Vorschrift musste jede Anstalt einen hauptamtlichen Leiter haben, der regelmäßig dem höheren Dienst angehörte (Abs. 1 Satz 1). Über die Fachrichtung der (akademischen) Ausbildung des Leiters sagte das Ge-

---

364 *Böhm* 2003 Rdn. 89 m.w.N.
365 *Böhm* 2003 Rdn. 89; *Wydra* 1996, 164 ff.
366 *Doppler/Lauterburg* 2002, 65.
367 *Kloff* 2001, 80 ff.
368 3. Auflage, § 156 Rdn. 90.
369 *Böhm* 2003 Rdn. 90.
370 *Wydra* 1996, 180.

setz nichts. Er konnte auch aus dem gehobenen Dienst kommend als Aufstiegsbeamter dem höheren Dienst angehören.[371] *"Aus besonderen Gründen"* konnten auch Beamte des gehobenen Dienstes Anstaltsleiter sein (Abs. 1 Satz 2). Wiederum ließ das Gesetz die Fachausbildung offen. Neben Beamten des gehobenen Vollzugs- und Verwaltungsdienstes, die ein auf den Justizvollzug orientiertes Fachhochschul-Studium absolviert haben, kommen auch Angehörige des Sozialdienstes oder Pädagogen in Betracht. Ob die Ausnahmevorschrift für den gehobenen Dienst notwendig ist, erscheint zweifelhaft. Wenn ein solcher Beamter eine besondere Qualifikation oder spezielle Fachkenntnisse erworben hat und deshalb zum Anstaltsleiter bestellt werden soll, ist es wohl auch gerechtfertigt, ihn in den höheren Dienst aufsteigen zu lassen. So verzichten die Landesgesetze von Mecklenburg-Vorpommern (**MV** § 95 Abs. 2) und Sachsen-Anhalt (**ST** § 107 Abs. 3 Satz 2) auf diese Ausnahmevorschrift und verlangen stattdessen die Bestellung eines Anstaltsleiters der Laufbahngruppe 2, zweites Einstiegsamt. **BE** § 103 Abs. 3 verzichtet im Gegensatz dazu auf eine besondere Fachrichtung der Ausbildung, **NI** enthält zur formalen Qualifikation keine Regelung in § 176 Abs. 2 S. 2, mit der Begründung, dass die Anstaltsleitung vom Fachministerium nach sorgfältiger Prüfung bestellt werde.

5 **2. Kein Juristenmonopol.** Zwar sollte durch § 147 KE das Juristenmonopol für Leiter von Vollzugsanstalten gesetzlich festgelegt werden, doch war schon der damalige Bundesgesetzgeber dem Vorschlag, die Befähigung zum Richteramt zur Zugangsvoraussetzung für das Amt des Anstaltsleiters zu erheben, mit Recht nicht gefolgt. Ein solches Juristenmonopol ist im Ausland unbekannt. Es ist auch sachlich nicht zu rechtfertigen. Zwar hat ein Jurist als Anstaltsleiter manche Vorteile vor den Angehörigen der Fachdienste.[372] Es wird ihm im Allgemeinen leichter fallen, den beständigen, engen Kontakt zur Staatsanwaltschaft, zur Strafvollstreckungskammer, zur Aufsichtsbehörde und den zahlreichen weiteren Behörden mit juristischer Spitze zu halten. Auch scheint es manchmal so, als wenn die Fachdienste den „fachlosen" Juristen als Vorgesetzten eher akzeptieren als einen Vertreter ihres eigenen oder eines anderen Fachdienstes. Trotzdem ist nicht zu übersehen, dass die Tätigkeit des Anstaltsleiters nur zum kleinen Teil Rechtsanwendung ist. Überwiegend liegen die Aufgaben des Anstaltsleiters auf dem Gebiet der Personalführung und des Managements. Das aber sind Funktionen, auf die keiner der in Betracht kommenden Studiengänge vorbereitet. Außerdem lehren Direktoren der psychiatrischen Kliniken, dass Ärzte durchaus in der Lage sind, eine der Vollzugsanstalt vergleichbare hochkomplexe Einrichtung zu leiten. Auch Psychologen haben sich als Leiter von herkömmlichen Vollzugsanstalten und von Anstalten mit besonderen Vollzugsaufträgen (Jugendvollzug, Sozialtherapie) bewährt. Wer allerdings als Vertreter eines Fachdienstes die Aufgabe des Anstaltsleiters übernimmt, muss sich darüber im Klaren sein, dass damit für ihn nicht die ärztliche Tätigkeit oder die Psychotherapie an erster Stelle stehen darf, sondern eben Personalführung und Management.

6 **3. Vertretung der Anstalt nach außen und Aufgabenübertragung im Wege des Mandats.** *Der Anstaltsleiter vertritt* – wie jeder andere Behördenleiter, sonst verdiente er die Bezeichnung Leiter nicht – **die Anstalt nach außen** (§ 156 StVollzG Abs. 2 Satz 1, **entsprechende Regelungen beinhalten alle Landesgesetze: BW** § 13 Abs. 2 I, **BY** Art. 177 Abs. 2 S. 1, **BE** § 103 Abs. 1 Nr. 2, **BB** § 109 Abs. 1 S. 1, **HB** § 96 Abs. 2 S. 1, **HH** § 104 Abs. 2, **MV** § 95 Abs. 1 S. 1, **NI** § 176 Abs. 1 S. 1, **NW** § 97 Abs. 2 S. 1, **RP** § 106 Abs. 1 S. 1, **SL**

---

371 VG Düsseldorf 20.7.2006 – 13 L 604/06.
372 Vgl. *Böhm* 2003 Rdn. 90.

§ 95 Abs. 1 S. 1, **SN** § 108 Abs. 1 S. 1, **ST** § 107 Abs. 1 S. 1, **SH** § 134 Abs. 2 S. 1, **TH** § 107 Abs. 1 S. 1). Er entscheidet beispielsweise gegenüber dem Gericht die Frage, ob eine vorzeitige Entlassung oder eine Drogentherapie nach § 35 BtMG befürwortet wird.[373] Die besondere Hervorhebung der Außenvertretung verleitet jedoch zu dem Missverständnis, sie sei dem Leiter in besonderer Weise und abweichend von den für andere Behörden geltenden Regelungen vorbehalten. Dieses Missverständnis wird außerdem begünstigt durch die Verwaltungstradition aus einer Zeit, in der es unterhalb der Anstaltsleitung noch keinen leistungsfähigen Mittelbau gab. Die **bundeseinheitliche Verwaltungsvorschrift Nr. 2 Abs. 1 StVollzG** korrigierte das Bild durch die Bestimmung, dass der Anstaltsleiter schriftlich festzulegen hat, *„welche Bediensteten in seinem Auftrag Entscheidungen treffen können"*. Diese Möglichkeit der Auftragsdelegation besteht in **allen Bundesländern**. Zu den Entscheidungen, die **im Wege des Mandats** übertragen werden, gehören auch viele mit Außenwirkung. Die Verantwortung bleibt – im Gegensatz zu der andernorts geregelten Delegation siehe unten Rdn. 9 – beim Anstaltsleiter. Für diese in seinem Auftrag getroffenen Entscheidungen bezieht sich die Verantwortung auf die zweckentsprechende Auswahl der zu übertragenden Aufgaben und der Beauftragten, die Anleitung und Überwachung der Mitarbeiter und lässt das Recht und in kritischen Fällen die Pflicht des Anstaltsleiters unberührt, dem Beauftragten zur Erledigung seines Auftrags Einzelweisungen zu erteilen oder eine Sache an sich zu ziehen. Auch die Anhörung des Gefangenen (Wünsche, Anregungen und Beschwerden) durch den Anstaltsleiter (12 A Rdn. 2) kann auf den Abteilungsleiter[374] oder Teilanstaltsleiter[375] übertragen werden, soweit es um Fragen geht, die in dessen Zuständigkeit fallen. Hält sich der beauftragte Bedienstete bei seiner Entscheidung an den Rahmen der Aufgabenverteilung, so ist diese Entscheidung eine Vollzugsmaßnahme der Anstalt und als solche nach § 109 ff. StVollzG anfechtbar: einer bestätigenden Entscheidung des Anstaltsleiters bedarf es nicht.[376] Handelt ein Bediensteter ohne Auftrag, so kann die Entscheidung – je nach Fallgestaltung – gleichwohl der Anstalt zurechenbar und damit, ohne dass zuvor der Anstaltsleiter hätte eingeschaltet werden müssen, nach § 109 StVollzG anfechtbar sein.[377] Vgl. hierzu 12 B Rdn. 11.

Praxisbeispiel – Erfahrungen mit der Aufgabenübertragung. Im Allgemeinen ist das Mandat (siehe oben) das geeignete und ausreichende Instrument, um Entscheidungszuständigkeiten nach unten zu verlagern. Bei größeren Anstalten sollte der Abteilungsleiter oder Teilanstaltsleiter für alle Entscheidungen zu Fragen der Behandlung der Gefangenen bis hin zum Urlaub und zur Stellungnahme wegen der vorzeitigen Entlassung zuständig sein. Dann verändert sich für die Gefangenen wie für das Personal das Klima der Anstalt grundlegend, weil ein „Anstaltsleiter zum Anfassen" da ist, den man täglich sieht und ansprechen kann. Die skeptischen Ausführungen von *Feldmann*[378] dürften damit zusammenhängen, dass der Abteilungsleiter dort nicht selbst entscheiden konnte, sondern dem Anstaltsleiter lediglich zuarbeitete. Das ist weder Mandat noch Delegation (für die heutige Mandatierung in Nordrhein-Westfalen vgl. die Ausführungen in der Gesetzesbegründung zu **NW** § 97 mit gutem Beispiel des Behandlungsvollzugs).[379]

---

373 VGH Baden-Württemberg ZfStrVo 1991, 181 ff mit Anm. *Konrad*; *Böhm* 2003, Rdn. 88.
374 OLG Hamm JMBl. **NW** 1986, 261; ZfStrVo 1987, 382.
375 KG ZfStrVo 1988, 125.
376 OLG Frankfurt NStZ 1994, 381 B.
377 BVerfG NStZ 1990, 557.
378 1985, 68 f.
379 LT-Drucks 16/5413, 168.

Bei der **Geschäftsverteilung** wird der Anstaltsleiter auch zu berücksichtigen haben, dass die Adressaten von Entscheidungen – besonders wenn es sich um Justizbehörden handelt – Wert darauf legen, die Stellungnahme des „Chefs" oder seines Vertreters kennenzulernen, weil sie von rechtskundigen Beamten eine besonders verlässliche Äußerung erwarten. Diese Gegebenheiten muss der Anstaltsleiter im Interesse der Sache berücksichtigen, damit sie – z.B. die Stellungnahmen zur Frage der vorzeitigen Entlassung – das wünschenswerte Gewicht haben. Den Fachdiensten und seinen anderen Mitarbeitern wird er dann verständlich machen müssen, warum er sich in solchen Fällen das Zeichnungsrecht vorbehält, damit deren Motivation zur Mitarbeit nicht leidet. Wichtig aber ist vor allem, dass Kontakt und gute Zusammenarbeit auf allen Ebenen geübt werden. Die Grenzen zur „Außenvertretung" sind fließend. Wenn der Anstaltsleiter gewiss sein kann, dass er über alles Wichtige im Kontakt nach draußen ebenso unterrichtet wird wie über wichtige Vorgänge innerhalb der Anstaltsmauern, kann er seinen Mitarbeitern auch in diesem Bereich Spielraum einräumen (vgl. 13 I Rdn. 5). Einige Beispiele mögen das Gemeinte veranschaulichen: natürlich ist es die Sache des Leiters, der Presse gegenüber eine Erklärung über den Selbstmord eines Gefangenen abzugeben; doch können Anstaltsarzt und Anstaltspsychologe im Rahmen einer Pressekonferenz ausführlich zu Wort kommen. Die Grundsatzfrage, ob Gefangene im Wege des Ausgangs in die Abendrealschule aufgenommen werden können, werden Anstaltsleiter und Schulamt klären müssen. Ob aber der Gefangene A den sofort benötigten Personalausweis beschleunigt erhält, die Familie des Gefangenen B in einer dringenden Wohnungsangelegenheit Hilfe findet, entscheidet sich auf der Ebene der Sachbearbeiter. Ob sich die Beamten der Schutzpolizei nachdrücklich an der Nacheile (11 G Rdn. 5) und Fahndung nach dem Gefangenen C beteiligen, hängt von den guten Kontakten der Beamten des allgemeinen Vollzugsdienstes zu den Kollegen von der Polizei ab. Gute Beziehungen des Anstaltsleiters zum Oberbürgermeister und zum Polizeipräsidenten sind eine nützliche Sache, können aber den Kontakt an der Basis nicht ersetzen.

7   **a) Anzeigepflicht bei Straftaten von Personal oder Gefangenen. Werden dem Anstaltsleiter Straftaten bekannt**, die Gefangene während der Zeit der Strafverbüßung begangen haben, so steht ihm bei der Entscheidung der Frage, ob er Strafanzeige erstattet, ein Ermessensspielraum zu. Das Interesse an der Erreichung des Vollzugsziels und die Verpflichtung zum Schutz der Allgemeinheit sind abzuwägen. Wegen Strafvereitelung soll er sich nach Auffassung des OLG Hamburg[380] jedoch strafbar machen, wenn er schwere Straftaten von Anstaltsinsassen nicht zur Anzeige bringt. Das OLG hat eine Verwirklichung des Tatbestandes des § 258a StGB durch Unterlassen angenommen und die für Unterlassungsdelikte geforderte Garantenpflicht (§ 13 Abs. 1 StGB) aus der Vollzugsaufgabe nach § 2 StVollzG (1 C Rdn. 14) abgeleitet, für deren Erfüllung der Anstaltsleiter nach § 156 Abs. 2 Satz 2 die Verantwortung trage. Diese Auffassung hat der BGH[381] abgelehnt. Das Urteil betrifft den umgekehrten Fall. Gefangene waren von Anstaltsbeamten misshandelt worden und andere Anstaltsbedienstete, die den Vorgang beobachtet hatten, hatten weder den Anstaltsleiter noch die Strafverfolgungsbehörde unterrichtet. Nach dem Urteil des BGH begehen „Strafvollzugsbeamte einer JVA (…) **keine Strafvereitelung durch Unterlassen**, wenn sie Straftaten, die Anstaltsbedienstete an Gefangenen verübt haben, nicht den Strafverfolgungsbehörden anzeigen". Strafvollzugsbeamte kämen als Täter nach § 258a StGB nicht in Betracht; eine Verpflichtung zur Anzeige ergebe

---

[380] NStZ 1996, 102 mit zustimmender Anm. von *Kleszewski* = ZfStrVo 1996, 371 ff mit abl. Anm. von *Kubink*, ablehnend ebenso *Volckart* StV 1996, 608 und *Küpper* JR 1996, 524.
[381] NStZ 1997, 597 mit zust. Anm. *Rudolphi*.

sich weder aus den VV noch aus § 2 StVollzG, der eine bloße Zielbestimmungsnorm sei, die nicht einzelne Handlungsgebote enthalte. Vgl. auch 1 C 3 Rdn. 15.

b) Berichtspflicht und Meldepflicht. Anstaltsleiter und Anstaltsbeamte verletzen **8** jedoch ihre Dienstpflichten, wenn sie derartige Straftaten nicht der Aufsichtsbehörde berichten oder dem Anstaltsleiter melden[382]. Diese Dienstpflichten reichen viel weiter als der Verdacht von Straftaten. Die Meldepflicht der Anstaltsbeamten ergibt sich bundeseinheitlich aus Nr. 9 DSVollz (Anhang). Zu melden sind „alle wichtigen Vorgänge unverzüglich". Die Interpretation der Begriffe gibt einen Ermessensspielraum, der jedoch eng ist. In Dienstbesprechungen und bei der Erörterung von Einzelfällen wird der Anstaltsleiter seinen Mitarbeitern Umfang und Grenzen der Meldepflicht immer wieder verdeutlichen müssen. Der Meldepflicht der Anstaltsbediensteten entspricht die Berichtpflicht des Anstaltsleiters (§ 156 StVollzG VV Nr. 3 und entsprechende VVs bzw. Erlasse der Bundesländer). Bestimmte „besondere Vorkommnisse" wie Ausbrüche aus dem geschlossenen Bereich, unnatürliche Todesfälle von Gefangenen (§ 159 StPO) sind sofort telefonisch auch außerhalb der Dienststunden (von Bereitschaftsdienst zu Bereitschaftsdienst) zu berichten. Bei anderen Vorkommnissen hat der Anstaltsleiter einen Ermessenspielraum, was den Weg und den Zeitpunkt der Berichterstattung angeht. Auch hier verdeutlichen die Aufsichtsbehörden bei Konferenzen und anhand von Einzelfällen die Grenzen der Berichtspflicht. Insbesondere legen sie Wert darauf, über alle Vorgänge rechtzeitig unterrichtet zu werden, die Anfragen der Medien – Presse, Rundfunk und Fernsehen – auslösen können. Ein für sich genommen unbedeutendes Ereignis kann „berichtspflichtig" sein, weil es einen im Mittelpunkt des öffentlichen Interesses stehenden Gefangenen betrifft, oder im Zusammenhang mit aktuellen politischen Vorgängen (radikale politische Gruppen, Drogenhandel) steht.

4. Übertragung von Aufgabenbereichen im Wege der Delegation. § 156 StVollzG **9** Abs. 2 Satz 2 lautete: *Er* („Der Anstaltsleiter") *trägt die Verantwortung für den gesamten Vollzug, soweit nicht bestimmte Aufgabenbereiche der Verantwortung anderer Vollzugsbediensteter oder ihrer gemeinsamen Verantwortung übertragen sind.* Vergleichbare Regelungen beinhalten die meisten Landesgesetze (**BY** Art. 177 Abs. 3, **BE** § 103 Abs. 1 Nr. 4, Abs. 2, **BB** § 109 Abs. 1 S. 2, **HB** § 96 Abs. 2 S. 2, **HH** § 104 Abs. 2, **MV** § 95 Abs. 1 S. 2, **RP** § 106 Abs. 1 S. 2, **SL** § 95 Abs. 1 S. 2, **SN** § 108 Abs. 1 S. 2, **ST** § 107 Abs. 1 S. 1, **SH** § 134 Abs. 2 S. 1, **TH** § 107 Abs. 1 S. 1). Die Regelung der **verantwortungsverschiebenden Übertragung** von Aufgabenbereichen (**Delegation** im Gegensatz zum Mandat, Rdn. 5) hat zu Missverständnissen Anlass gegeben. So lässt die passivische Fassung (§ 156 Abs. 2 Satz 2 2. HS **StVollzG**) die Auslegung zu, der Anstaltsleiter selbst könne delegieren. Deshalb entspreche es nicht dem Wortlaut und dem Sinn des Gesetzes, wenn entsprechende VVs diese Übertragung von der Zustimmung der Aufsichtsbehörde abhängig machen.[383] Diese Kritik ist jedoch unbegründet, weil die Aufsichtsbehörde durch die Delegation unmittelbar betroffen ist und deshalb die Verantwortungsverschiebung mittragen muss. Aus verfassungsrechtlichen Gründen, nämlich zur Gewährleistung der parlamentarischen Verantwortung des Ministers für sein Ressort (z.B. Art. 55 Abs. 2 LV **NW**), darf durch die verantwortungsverschiebende Aufgabenübertragung kein weisungsfreier Raum entstehen. An die Stelle der Weisungsbefugnis des Anstaltsleiters tritt deshalb zwangsläufig die der Aufsichtsbehörde. Es versteht sich von selbst, dass eine solche Er-

---

[382] BGH aaO = BlStV 4/5/1997, 1 mit Anm. *Rösch.*
[383] *Laubenthal/Nestler/Neubacher/Verrel* Rdn. 41, AK-*Galli* 2017 Teil II § 95 LandesR Rdn. 11.

weiterung der Aufsichtspflichten und der Verantwortung nicht ohne deren Zustimmung der Aufsichtsbehörde gewissermaßen zufallen kann (G Rdn. 5). Die Delegation wirft aber noch weitere Folgeprobleme auf. So muss der Anstaltsleiter, um die Verantwortung für die nicht übertragenen Aufgabenbereiche tragen zu können, über die übertragenen vollständig unterrichtet sein. Auch wird man ihm ein Kriseninterventionsrecht zugestehen müssen. Das alles bedarf sorgfältiger Regelung, um Kompetenzkonflikten vorzubeugen. Sonst können durch Delegation statt einer sachgemäßeren Aufgaben- und Verantwortungsverteilung zusätzliche Schwierigkeiten und Reibungsverluste entstehen. Es ist daher verständlich, dass von der Möglichkeit der Delegation bisher kaum Gebrauch gemacht wurde und repräsentative Erfahrungen nicht vorliegen.

10 **Beispiele** für eine sinnvolle Delegation von Entscheidungszuständigkeit und Verantwortung gibt es dort, wo Fachkunde besondere Geltung beanspruchen kann: im Einweisungsverfahren (2 A Rdn. 10), in sozialtherapeutischen Anstalten[384] und in einem Justizvollzugskrankenhaus.[385] Eine solche Regelung sollte dann aber, wie in Nrn. 6 und 7 aaO geschehen, auf die gesetzliche Ausnahmeregelung Bezug nehmen und die „anderen Vollzugsbediensteten" (Ärztlicher Direktor, Leitender Arzt einer Krankenabteilung u.a.) ebenso benennen wie diejenigen, die an Stelle des Behördenleiters die Dienstaufsicht übernehmen (Nr. 2.1 aaO: Justizministerium).

Im Landesgesetz Niedersachsens (**NI** § 176 Abs. 1 S. 2) wurde – wegen der Verknüpfung mit Folgeproblemen – die Möglichkeit einer allgemeinen verantwortungsverschiebenden Übertragung von Aufgabenbereichen innerhalb des Vollzugs fallen gelassen. Ebenso sehen die Landesgesetze von Baden-Württemberg (**BW** § 13 I) und Nordrhein-Westfalen (**NW** § 97 Abs. 2 S. 2, aber Abs. 3) eine Delegation – mit wenigen Ausnahmen – grundsätzlich nicht mehr vor. **BE** § 103 Abs. 1 Nr. 4, Abs. 2 sieht die Delegation zahlreicher Angelegenheiten zur eigenverantwortlichen Erledigung auf Bedienstete vor. Dies geschieht durch einen Geschäftsverteilungsplan.[386]

Die Fragen der Verteilung von Aufgaben und Verantwortung werden vielfach mit rechtlichen Argumenten diskutiert, während es in Wahrheit um Macht und Status geht. Doch entspricht es den strukturellen Vorgaben aller gesetzlichen Regelungen,[387] die Entscheidungen – soweit möglich – an die Basis zu verlagern und z.B. bereits die Wohngruppenleiter mit Entscheidungsfunktionen zu betrauen. Zu berücksichtigen ist jedoch, dass solche Entscheidungen dann anfechtbare Vollzugsmaßnahmen i.S. von § 109 StVollzG sind (12 B Rdn. 11). Es kann deshalb sinnvoll sein, die in die Rechte der Gefangenen eingreifenden Entscheidungen einem Vorgesetzten (Anstaltsleiter, Abteilungsleiter) vorzubehalten, weniger der Kontrolle wegen als deshalb, weil er die Entscheidung im Falle der Anfechtung im Verwaltungsvorverfahren (§ 109 Abs. 3 StVollzG) oder im Verfahren auf den Antrag auf gerichtliche Entscheidung (§ 109 Abs. 1 StVollzG) vertreten muss (12 B). Außerdem stehen Mitarbeiter, die ständig und sehr nahe mit einem Gefangenen umgehen, in der Gefahr, sich zu sehr mit diesem zu identifizieren. Das kann dazu führen, dass sie bei ihren Entscheidungen zu hohe Risiken eingehen, im Falle der Enttäuschung aber auch zu streng reagieren. Letzten Endes geht es bei diesen Zuständigkeitsregelungen um die Frage der sachgemäßen Zusammenarbeit. Besteht in einer Anstalt ein Vertrauensverhältnis zwischen Leitung und Mitarbeitern und gibt es Möglich-

---

384 OLG Celle ZfStrVo 1984, 168 – Anstaltskommission der JVA Gandersheim; *Rotthaus* 1981, 324 – Behandlungskonferenz.
385 Organisationsstatut für das Justizvollzugskrankenhaus NRW in Fröndenberg – AV des JM vom 7.1.2010 (4402 – IV.106) – JMBl. NRW S. 52.
386 *Arloth/Krä* § 103 StVollzG Bln Rdn. 3.
387 *Laubenthal/Nestler/Neubacher/Verrel* Rdn. 39.

keiten zum offenen Gespräch, so tritt die Bedeutung der Zuständigkeitsfragen und der Abgrenzung von Verantwortung zurück. An die Stelle von Weisung und Gehorsam tritt Kommunikation.[388] Ein Vertrauensverhältnis muss aber auch zwischen Vollzugsanstalt und Aufsichtsbehörde bestehen. Kontrolle ist nicht besser als Vertrauen, sondern beide Prinzipien, Vertrauen und Kontrolle, müssen im Zusammenwirken aller im Vollzug Tätigen (vgl. I Rdn. 1) ihren Platz haben.

5. Delegation auf Gremien oder Konferenzen. § 156 **StVollzG** sah die Delegation nicht nur auf einzelne Mitarbeiter, sondern ausdrücklich auch zur gemeinsamen Verantwortung vor. Die Landesgesetze ermöglichen diese Form der Delegation zum Teil explizit, zum Teil implizit. Damit ist es möglich, wesentliche Leiter-Befugnisse auf ein Gremium oder auf eine Konferenz zu delegieren. Doch muss zumindest für die Außenwelt die Funktion des Anstaltsleiters als Ansprechpartner erhalten bleiben. Es ist Außenstehenden nicht zuzumuten, dass sie sich zunächst über die Verteilung der Zuständigkeiten informieren müssen.[389]

11

6. Zustimmung der Aufsichtsbehörde für bestimmte Entscheidungen. Die Landesgesetze, die hierzu erlassenen VV (wie auch die entsprechenden VV zu § 156 StVollzG) und weitere Verwaltungsvorschriften der Bundesländer verpflichten den Anstaltsleiter, zu bestimmten Entscheidungen (z.B. Verlegung eines zu lebenslanger Freiheitsstrafe verurteiltem Gefangenen in den offenen Vollzug; Entscheidung über Vollzugslockerungen bei ebensolchen Strafgefangenen) die Zustimmung der Aufsichtsbehörde einzuholen. Gleichwohl ist die so getroffene Entscheidung eine Maßnahme des Anstaltsleiters i.S.v. § 109 Abs. 1 StVollzG und der Antrag auf gerichtliche Entscheidung deshalb gegen diesen zu richten (vgl. 12 B Rdn. 10, 12 C Rdn. 5).

12

Ein **Zustimmungsvorbehalt** für schwerwiegende, seltene Einzelfälle ist akzeptabel. Es widerspricht jedoch dem Sinn des Strafvollzugsgesetzes und ist deshalb ein Missbrauch, wenn sich die Aufsichtsbehörde die Zustimmung zu bloßen Routineentscheidungen wie der Beurlaubung von Gefangenen im geschlossenen Vollzug mit kurzen und mittleren Strafresten vorbehält.[390] Es besteht der Verdacht, dass auf diese Weise die – aus politischen Gründen unerwünschten – hohen Lockerungszahlen reduziert werden sollen. Die Rechnung geht erfahrungsgemäß auf, weil die Anstalten bei der Prüfung von Lockerungswünschen die vermutete Entscheidung der Aufsichtsbehörde in ihre Überlegungen einbeziehen. Sie möchten vermeiden, dass ihre Vorschläge „abgeschmettert" werden und die Arbeit des Vorlageberichts vergeblich war. So wird dem Gefangenen der Rat erteilt, keinen Antrag – weil ohnehin aussichtslos – zu stellen. Verfolgt der Gefangene sein Anliegen trotzdem weiter, so wird der Antrag schon in der Anstalt abgelehnt.

7. Aufsicht des Anstaltsleiters über die Fachdienste. Die Frage der **Fachaufsicht** (G Rdn. 6 für die Aufsichtsbehörde) des Anstaltsleiters über die Angehörigen der Fachdienste war durch VV Nr. 2 Abs. 2 und 3 zu § 156 StVollzG (und ist in ähnlicher Form in den Verwaltungsvorschriften, Erlassen u. ä. der Länder) geregelt. Der Text lautet, wie folgt: *„(2) Der Anstaltsleiter kann in fachlichen Angelegenheiten des Dienstes der Seelsorger, Ärzte, Pädagogen, Psychologen und Sozialarbeiter, die sich seiner Beurteilung entziehen, Auskunft verlangen und Anregungen geben. (3) Die Durchführung von Maßnahmen*

13

---

388 *Laubenthal/Nestler/Neubacher/Verrel* Rdn. 39.
389 Vgl. die Erläuterung zu Konferenzen, hier L.
390 Dazu AK-*Galli* 2017 Teil II § 95 LandesR Rdn. 11; *Dammann* Effizientere Verwaltung mit weniger Personal, in: NRW Justiz intern Nr. 3/1997, 6.

der in Absatz 2 genannten Fachkräfte, die nach seiner Überzeugung die Sicherheit der Anstalt, die Ordnung der Verwaltung oder die zweckmäßige Behandlung der Gefangenen gefährden, kann der Anstaltsleiter bis zur Entscheidung der Aufsichtsbehörde aussetzen, wenn eine Aussprache zwischen den Beteiligten zu keiner Einigung führt." Die Worte „bis zur Entscheidung der Aufsichtsbehörde" zeigen, dass es auch hier einen weisungsfreien Raum nicht gibt. Die Aufsichtsbehörde bedient sich bei ihrer Entscheidung eigener Fachkräfte oder fachlicher Beratung. Obwohl Konflikte zwischen Anstaltsleiter und Fachdiensten nicht selten vorkommen, haben diese Vorschriften kaum praktische Bedeutung, waren insbesondere bisher nicht Gegenstand gerichtlicher Überprüfung. Aus diesem Grunde blieb bisher unentschieden, ob hier ein Sonderfall der verantwortungsverschiebenden Delegation (siehe oben) vorliegt. Die Frage dürfte indessen zu verneinen sein, weil der Anstaltsleiter nicht wie im Fall der Delegation von der (alleinigen) Entscheidung ausgeschlossen ist, sondern nur soweit, wie sich die Angelegenheiten der Fachdienste seiner Beurteilung entziehen. So sind auch die Entscheidungen des Anstaltsarztes dem Anstaltsleiter, der allein die Vollzugsbehörde repräsentiert, zuzurechnen.[391] Auch über die Einsicht in die Krankenakten entscheidet der Anstaltsleiter, wenn auch nach Beratung durch den Anstaltsarzt.[392]

Praktische Beispiele für Konflikte: Mit dem Seelsorger über die Grenzen des Seelsorgegeheimnisses mit dem Anstaltsarzt über den Aufwand für Facharztvorführungen und Arzneimittel, mit dem Psychologen über das Risiko von Lockerungen. In der Praxis sind seltener Fachfragen als Fragen der Organisation, der gegenseitigen Information und der Zusammenarbeit im allgemeinen Anlass zu Konflikten.[393] Wenn sich die Meinungsverschiedenheiten nicht in Gesprächen – ggf. unter Beteiligung der Fachreferenten oder der Fachberater der Aufsichtsbehörde oder durch Supervision – auflösen lassen, führen sie oft zu einer Emotionalisierung und zur Beendigung der Zusammenarbeit. Der Mitarbeiter scheidet aus dem Dienstverhältnis aus oder – wenn er Schwierigkeiten voraussieht, einen neuen Arbeitsplatz zu finden – beschränkt seine Tätigkeit auf das unbedingt Notwendige (innere Kündigung).

Auskunft verlangen und Anregungen geben (vgl. VV Nr. 2 Abs. 2 zu § 156 StVollzG sowie entsprechende untergesetzliche Regelungen der Länder) sind selbstverständliche Elemente guter Zusammenarbeit. Der Anstaltsleiter ist auf die Auskünfte der Mitarbeiter angewiesen, wenn er über das, was in der Anstalt vorgeht, unterrichtet sein will. „In fachlichen Angelegenheiten (...), die sich seiner Beurteilung entziehen", ist ihm der Mund nicht verboten. Er kann und muss nachfragen und aus seiner Sicht Stellung nehmen. Das Auskunftsrecht gilt freilich nicht unbeschränkt. Es ist das Beichtgeheimnis (§ 139 Abs. 2 StGB) zu beachten. Außerdem besteht für die in § 203 Abs. 1 Nr. 1, 2 und 5 StGB genannten Fachkräfte (Ärzte, Zahnärzte und ihre Hilfspersonen, Diplom-Psychologen, Diplom-Sozialarbeiter und Diplom-Sozialpädagogen) auch dem Anstaltsleiter gegenüber Schweigepflicht für das ihnen von einem Gefangenen als Geheimnis Anvertraute, soweit nicht die Strafvollzugsgesetze ausnahmsweise die Offenbarung des Geheimnisses gebieten oder erlauben (15 D).

14 **8. Einschränkungen der Übertragung bei besonderen Sicherungs- und Disziplinarmaßnahmen.** Der Bundesgesetzgeber schränkte die Delegationsbefugnisse des Anstaltsleiters in den § 156 **StVollzG** Abs. 3 ein. Dort stand: *„Die Befugnis, die Durchsu-*

---

[391] Unzutreffend LG Arnsberg NStZ 1984, 46 mit abl. Anm. *Flügge* NStZ 1984, 430 f für den Fall einer Verlegung nach § 65 Abs. 2; OLG Hamm 28.2.1986 – 1 Vollz (Ws) 196/85.
[392] OLG Nürnberg 25.5.1985 – Ws 1072/84; KG 10.12.1984 – Ws 363/84 Vollz.
[393] VGH Baden-Württemberg ZfStrVo 1991, 181 ff mit Anm. von *Konrad*; Rotthaus 1995, 525.

chung nach § 84 Abs. 2, die besonderen Sicherungsmaßnahmen nach § 88 und die Disziplinarmaßnahmen nach § 103 anzuordnen, darf nur mit Zustimmung der Aufsichtsbehörde übertragen werden." Vergleichbare Regelungen gibt es in **BY** Art. 177 Abs. 3, **HH** § 104 Abs. 2, **NI** § 176 Abs. 1 S. 2, **NW** § 97 Abs. 3, **ST** § 107 Abs. 2. Abweichend von § 156 Abs. 3 StVollzG kann sich in **BE** § 103 Abs. 2 S. 2, **BB** § 109 Abs. 1 S. 3, **HB** § 96 Abs. 2 S. 3, **HE** § 75 Abs. 1 S. 3, **MV** § 95 Abs. 1 S. 3, **RP** § 106 Abs. 1 S. 3, **SL** § 95 Abs. 1 S. 3, **SN** § 108 Abs. 1 S. 3, **SH** § 134 Abs. 2 S. 3, **TH** § 107 Abs. 1 S. 3 die Aufsichtsbehörde das Recht vorbehalten einer unbeschränkten Aufgabenübertragung auf bestimmte Bereiche zustimmen zu müssen.

Die mit Entkleidung verbundene Durchsuchung des Gefangenen, besondere Sicherungsmaßnahmen und Disziplinarmaßnahmen greifen tief in die Persönlichkeitsrechte des Gefangenen ein. Außerdem sind sie Anzeichen für Krisen im geordneten Zusammenleben in der Anstalt. Die Befugnis zur Anordnung, die auch generell auf einen anderen Justizbediensteten übertragen werden kann[394] darf deshalb insoweit nur mit Zustimmung der Aufsichtsbehörde übertragen werden. Diese Zustimmung kann abstrakt vorab erteilt werden.[395] Gleiches gilt für die Anordnung von Einzelhaft, da es sich hier um einen Qualifizierungstatbestand zu den besonderen Sicherungsmaßnahmen handelt.[396] So wird sichergestellt, dass ein leitender Beamter der Anstalt, neben dem Anstaltsleiter kommt dessen Vertreter oder ein Abteilungsleiter in Betracht, über die Vorfälle unterrichtet wird und die Verantwortung übernehmen kann.

L. Konferenzen

Bund	§ 159 StVollzG
Baden-Württemberg	BW § 17 I JVollzGB
Bayern	BY Art. 183 BayStVollzG
Berlin	BE § 9 Abs. 5 StVollzG Bln
Brandenburg	BB § 14 Abs. 5 BbgJVollzG
Bremen	HB § 8 Abs. 4 BremStVollzG
Hamburg	HH § 108 HmbStVollzG
Hessen	HE § 75 Abs. 3 HStVollzG
Mecklenburg-Vorpommern	MV § 8 Abs. 5 StVollzG M-V
Niedersachsen	NI § 9 Abs. 4 NJVollzG
Nordrhein-Westfalen	NW § 10 Abs. 3 StVollzG NRW
Rheinland-Pfalz	RP § 14 Abs. 5 LJVollzG
Saarland	SL § 8 Abs. 5 SLStVollzG
Sachsen	SN § 8 Abs. 5 SächsStVollzG
Sachsen-Anhalt	ST § 14 Abs. 5 JVollzGB LSA
Schleswig-Holstein	SH §§ 8 Abs. 6, 138 LStVollzG SH
Thüringen	TH § 14 Abs. 5 ThürJVollzGB

Übersicht

I. Allgemeine Hinweise —— 1, 2
  1. Aufgabe der Konferenzen —— 1
  2. Konferenzen als Entscheidungsorgane und Beratungsorgane —— 2

II. Erläuterungen —— 3–10
  1. Mitwirkender Teilnehmerkreis —— 3
  2. Arten von Konferenzen —— 4
  3. Behandlungskonferenz —— 5

---

394 LG Hildesheim LS 18.12.2006 – 23 StVK 566/06.
395 LG Hildesheim aaO.
396 OLG Hamm ZfStrVo 2000, 179 f.

4. Organisationskonferenz —— 6
5. Beteiligung von Gefangenen und Externen —— 7
6. Niederschriften —— 8
7. Dienstbesprechung mit anderen Vollzugsbediensteten —— 9
8. Krisenstab —— 10

I. Allgemeine Hinweise

1 **1. Aufgabe der Konferenzen.** Für die effektive Arbeit einer Vollzugsanstalt sind Konferenzen von großer Bedeutung, weshalb sie in allen Landesgesetzen weiterhin vorgesehen sind. Sie haben eine doppelte Aufgabe: einmal dienen sie der **Verbesserung der Entscheidungsqualität**. Die Fülle der den Mitarbeitern zur Verfügung stehenden Informationen lässt sich am ehesten in einer Konferenz zusammentragen und im Hinblick auf die zu entscheidende Frage gewichten. Zum anderen sind Konferenzen notwendig, um die harmonische **Zusammenarbeit des Personals** zu gewährleisten. Alle Mitarbeiter einer Vollzugsanstalt müssen über alles Wesentliche, was in der Anstalt vorgeht, wenigstens in groben Zügen unterrichtet sein. Nur wenn sie die Zusammenhänge der gemeinsamen Arbeit verstehen, können sie die Behandlung der Gefangenen – im weitesten Sinne des Wortes – mittragen und mitverantworten. Nur wenn jeder Mitarbeiter in der Lage ist, das Handeln der Anstalt im Gespräch mit Gefangenen und Außenstehenden zu vertreten, ist die Glaubwürdigkeit der Anstalt gewährleistet. Die Konferenzen haben also mit Leitung (K.) und mit Zusammenarbeit (I.) zu tun, so dass auf die Erläuterung zu diesen Themen Bezug genommen werden kann.

Dagegen dienen Konferenzen **nicht der Verwirklichung von Demokratie** am Arbeitsplatz. Die Vollzugsanstalt ist keine Selbstverwaltungskörperschaft wie eine Gemeinde oder eine Universität. Es entspricht den verfassungsrechtlichen Grundsätzen (z.B. Art. 55 Abs. 2 LV NRW), dass das Personal der Vollzugsanstalt im Auftrag des Ressortministers als Teil der unmittelbaren Staatsverwaltung den im Parlament demokratisch gebildeten Willen in die Wirklichkeit umsetzt (G. Rdn. 14). Die monokratische Verwaltungsstruktur lässt dieses Verfassungsprinzip sogar klarer hervortreten als eine auf Konferenzen beruhende Entscheidungsfindung. Doch rechtfertigt die Notwendigkeit, das Fachwissen des interdisziplinären Teams zu nutzen und die Fülle der Informationen auszuwerten, in Vollzugsanstalten gewisse Einschränkungen des hierarchischen Behördenaufbaus.[397]

2 **2. Konferenzen als Entscheidungsorgane und Beratungsorgane.** Die Frage, ob Konferenzen Entscheidungsorgane sein müssen und ob Beratungskonferenzen überhaupt sinnvoll arbeiten können,[398] ist – in der Praxis noch mehr als in der Literatur – leidenschaftlich erörtert worden.

Die Frage lässt sich in befriedigender Weise nicht allgemein beantworten. Die Unterschiede in den einzelnen Konferenzen, in ihrer jeweiligen Zielsetzung und in der Zahl ihrer Teilnehmer, führen zu unterschiedlichen Antworten. Konferenzen mit Entscheidungscharakter sind nach der Gesetzeslage nicht nur denkbar, sondern gelegentlich auch wichtig und funktional.[399] Konferenzen mit Beratungsfunktion erfüllen aber in vielen Fällen die Forderung, dass das Fachwissen der interdisziplinär zusammengesetzten Bediensteten und die Fülle der über sie verfügbaren Informationen für die fälligen Entscheidungen nutzbar gemacht werden. *Rotthaus* schildert eindrucksvoll, wie ein wirk-

---

[397] *Böhm* 2003 Rdn. 88.
[398] *Sagebiel* Zur Sicherung einer therapeutisch orientierten Organisationsstruktur für sozialtherapeutische Anstalten, Göttingen 1980.
[399] *Koepsel* ZfStrVo 1982, 195.

lich zuhörender Anstaltsleiter die Motivation von Mitarbeitern in Konferenzen nutzen kann.[400] Hierzu weiterführend Hausmann.[401]

II. Erläuterungen

1. Mitwirkender Teilnehmerkreis. § 159 **StVollzG** enthielt in der Form des beschreibenden Präsens den **Gesetzesbefehl, Konferenzen durchzuführen**. Dieser Vorgabe sind alle Landesgesetzgeber gefolgt: **BW** § 17 I, **BY** Art. 183, **BE** § 9 Abs. 5, **BB** § 14 Abs. 5, **HB** § 8 Abs. 4 , **HH** § 108, **HE** § 75 Abs. 3, **MV** § 8 Abs. 5, **NI** § 9 Abs. 4, **NW** § 10 Abs. 3, **RP** § 14 Abs. 5, **SL** § 8 Abs. 5, **SN** § 8 Abs. 5, **ST** § 14 Abs. 5 **SH** §§ 8 Abs. 6, 138, **TH** § 14 Abs. 5. An diesen Konferenzen nehmen die „**an der Behandlung maßgeblich Beteiligten**" teil: wahrlich eine vage Beschreibung des Teilnehmerkreises. Gleichwohl wurde diese Formulierung von allen Landesgesetzgebern übernommen. Mit dem Wortlaut der Gesetze wäre es deshalb zu vereinbaren, dass sich der Anstaltsleiter darauf beschränkt, die traditionellen Dienstbesprechungen mit den Beamten des höheren und des gehobenen Vollzugs- und Verwaltungsdienstes, den Angehörigen der Fachdienste und den Leitern des allgemeinen Vollzugsdienstes und des Werkdienstes fortzusetzen. Dem Sinn der Vorschriften aber würde es nicht entsprechen, wenn in einer Anstalt ausschließlich solche „Honoratiorenkonferenzen" durchgeführt werden. Insbesondere die dem Gebot der Zusammenarbeit (I.) zugrundeliegenden Überlegungen gebieten eine breite Beteiligung aller Mitarbeiter.[402] Unter „maßgeblich beteiligt" ist nicht nur die „leitende" Beteiligung zu verstehen, sondern auch die unmittelbare und ständige Mitwirkung an der Behandlung, wie sie vom allgemeinen Vollzugsdienst geleistet wird. Er ist deshalb an den Konferenzen zu beteiligen.[403] Allein die Funktion als Leiter der sozialtherapeutischen Anstalt der Justizvollzugsanstalt indiziert nicht die direkte Beteiligung an der Vollzugsgestaltung.[404] Weiterführend Hausmann.[405] Zur Beteiligung Externer vgl. 5.

2. Arten von Konferenzen. § 159 **StVollzG** unterscheidet, wie auch **BW** § 17 Abs. 1, **BY** Art. 183, **HH** §§ 108, 8 Abs. 6, **HE** § 75 Abs. 3, **NW** §§ 10 Abs. 3, 100 und **SH** §§ 138, 8 Abs. 6 **zwei Arten** von Konferenzen, solche zur „Aufstellung und Überprüfung des Vollzugsplanes" und andere „zur Vorbereitung wichtiger Entscheidungen im Vollzug". Der erste Typ von Konferenz hat mit der Behandlung (2 B Rdn. 1) der einzelnen Gefangenen zu tun (Rdn. 5). Hier ist die Bestimmung so eindeutig, dass mit *Grunau/Tiesler*[406] von einer konstitutiven Bedeutung der Mitwirkung der Konferenz auszugehen ist und ein ohne Beteiligung einer Konferenz zustande gekommener Vollzugsplan an einem „wesentlichen Mangel" leidet,[407] ebenso seine Änderung ohne Beteiligung einer Konferenz;[408] unterlässt ein Anstaltsleiter die Beteiligung einer Konferenz bei Einschränkungen konkreter Einzelmaßnahmen aus dem Vollzugsplan wegen Personalknappheit,

---
400 *Schwind/Böhm* 3. Auflage Rdn. 2.
401 *Hausmann* Konferenzen im Strafvollzug, Eine dogmatisch empirische Untersuchung, Nomos 2012, III. Kapitel E.
402 Mit zahlreichen Beispielen BeckOK-*Goers* § 14 Rdn. 9 ff.
403 *Laubenthal/Nestler/Neubacher/Verrel* N Rdn. 44; *Arloth/Krä* 2017 § 159 Rdn. 1.
404 OLG Brandenburg, Beschl. Vom 15.1.14 – 1 Ws (Vollz) 193/13 FS 2015, 65, *Arloth/Krä* 2017 *§ 159* Rdn. 1.
405 *Hausmann* Konferenzen im Strafvollzug, Eine dogmatisch empirische Untersuchung, Nomos 2012, III. Kapitel A.
406 1982 Rdn. 4.
407 KG ZfStrVo 1990, 119.
408 OLG Karlsruhe StraFo 2004, 363.

dann liegt darin ein Rechtsfehler bei der Ausübung des Anstaltsermessens.[409] Es bedarf einer gemeinsamen Beratung. Daher ist den gesetzlichen Anforderungen „nicht genügt, wenn ein Vollzugsbediensteter den Plan entwirft und die Dienstvorgesetzten sich auf eine Überprüfung des Entwurfs beschränken".[410] Marksteine der Fortschreibung des Vollzugsplanes (2 C Rdn. 7) sind neben der Festlegung anderer Behandlungsmaßnahmen (2 C Rdn. 22) besonders die Entscheidungen über die im Zuge des Vollzuges möglichen Lockerungen. Beispiele für die Gefangenen mit lebenslanger Strafe nannten die bundeseinheitlichen Verwaltungsvorschriften (Nr. 4 Abs. 2 Satz 1 zu § 10; Nr. 5 Abs. 1 Satz 1 zu § 11; Nr. 7 Abs. 3 Satz 1 zu § 13). Entsprechende untergesetzliche Regelungen auf Landesebene finden Anwendung. Deshalb erscheint es zweifelhaft, ob dem KG[411] auch darin zu folgen ist, dass ein selbständig gestellter Antrag auf Vollzugslockerungen ohne Beteiligung der Konferenz beschieden werden kann. Sachgemäß wäre es, einen solchen Antrag i.S. des Gefangenen in einen Antrag auf Fortschreibung des Vollzugsplanes umzudeuten, selbst wenn dieser – wie im entschiedenen Fall – anwaltlich vertreten ist. Manche Länderverwaltungsvorschriften schreiben die Beteiligung von Konferenzen in weiteren Fällen vor. Konferenzen, die sich mit Fragen der Behandlung einzelner Gefangener befassen, kann man als **Behandlungs-** oder als **Vollzugsplankonferenzen** (Rdn. 5) bezeichnen. Der andere Typ von Konferenzen hat grundsätzliche Entscheidungen der Vollzugsgestaltung zum Gegenstand. Die Arbeitszeit der Gefangenen, die Gestaltung der Gefangenenbesuche und ihre Überwachung, die Organisation eines Arbeitsbetriebs und der Ablauf der Freizeit der Gefangenen sind Regelungsbereiche, die das Gemeinte beispielhaft verdeutlichen können. Demgemäß kann man diese Konferenzen als **Organisationskonferenzen** (Rdn. 6) bezeichnen. Das bedeutet jedoch nicht, dass sich hier die Beteiligung auf die Leiter, die Organisatoren, beschränken könne. Da organisatorische Entscheidungen sich unmittelbar auf die Basis auswirken, müssen alle Mitarbeiter auch hier Gelegenheit zur Mitwirkung an der Entscheidungsfindung haben.[412] – Diese **gesetzlichen Vorgaben für eine Konferenzverfassung** sind, wie zuzugeben ist, dürftig. Weitere gesetzliche Regelungen sind jedoch kaum möglich, weil die Justizvollzugsanstalten nach Vollzugsauftrag (Freiheitsstrafe, Untersuchungshaftvollzug), Sicherheitsgrad (offener, geschlossener Vollzug), Größe, Gliederung, Behandlungsangeboten, Personalausstattung und noch weiteren Merkmalen so unterschiedlich sind, dass die erforderlichen Konferenzen sehr unterschiedlich zusammengesetzt sein müssen. Für jede Anstalt muss – gewissermaßen nach Maß – eine ihren Bedürfnissen entsprechende Konferenzverfassung entwickelt werden.

5   **3. Behandlungskonferenz.** Grundlage für die Aufstellung des Vollzugsplanes und für seine Fortschreibung mit den sich anschließenden Einzelentscheidungen muss eine umfassende Sammlung der beim Personal vorhandenen Informationen über den Gefangenen sein. Aus diesem Grund kommt der gemeinsamen Beratung aller an der Behandlung eines Gefangenen maßgeblich beteiligten Personen – die nicht durch ein ausschließlich schriftliches, auf den Austausch entsprechender Aktenvermerke beschränktes Verfahren ersetzt werden darf[413] – große Bedeutung zu.[414] Eine Aufspaltung des Entscheidungsprozesses in zwei getrennte Gremien (vorbereitende Konferenz ohne An-

---

409   OLG Karlsruhe StraFo 2004, 362–363 = ZfStrVo 2005, 125 = NStZ 2005, 53–54.
410   KG NStZ 1995, 360.
411   ZfStrVo 1990, 119.
412   Laubenthal/Nestler/Neubacher/Verrel N Rdn. 43.
413   KG 20.2.1995 – 5 Ws 471/94 Vollz.; Arloth/Krä 2017 § 159 Rdn. 2.
414   BVerfG JR 2007, 470 = FS 2007, 39–43 = StraFo 2006, 512–514.

staltsleiter und entscheidungstragende Besprechung mit Anstaltsleiter) entspricht nicht dem Erfordernis einer Konferenz als einem Entscheidungsprozess, der durch Gedankenaustausch und gemeinsame Beratung geprägt ist.[415]

Der allgemeine Vollzugsdienst hat dabei, weil er den Gefangenen im Alltag erlebt, einen wichtigen Beitrag zu leisten, selbstverständlich aber auch die Angehörigen der Fachdienste, soweit sie den Gefangenen kennen. Der Einzeltherapeut eines Gefangenen gehört zu den maßgeblich an der Behandlung Beteiligten; seine Nichtteilnahme an der Vollzugskonferenz führt grundsätzlich zur Rechtswidrigkeit der im Vollzugsplan enthaltenen Einzelmaßnahmen.[416] Unabdingbar ist im Hinblick auf „den zukunftsweisenden Teil der Vollzugsplanung" die Teilnahme der zuständigen Mitarbeiter der Abteilung, in die der Gefangene verlegt worden ist.[417] Wer dagegen den Gefangenen nicht kennt und deshalb zur Informationssammlung nicht beitragen kann, sollte an dieser Konferenz nicht beteiligt werden. Schon unter dem Gesichtspunkt der zweckmäßigen Nutzung der Arbeitskraft der Mitarbeiter sind bei Konferenzen Statisten unerwünscht. Ob die Vollzugsplankonferenzen vom Anstaltsleiter selbst geleitet werden müssen, ist fraglich.[418] In der Praxis stellt sich eine Leitung der Vollzugsplankonferenzen durch den Anstaltsleiter selbst häufig als Überforderung dar, etwa wenn in Regelvollzugsanstalten mit relativ kurzer Haftdauer für eine Vielzahl von Gefangenen Vollzugspläne aufzustellen und fortzuschreiben sind. Die Möglichkeit der Beauftragung eines anderen Vollzugsbediensteten im Sinne der Delegation (K Rdn. 9 bejaht beiläufig OLG Hamburg).[419]

Zur Sammlung von Informationen müssen sich die Konferenzen – nach Zusammensetzung und Zeitpunkt – flexibel treffen, um den im Schichtdienst tätigen Angehörigen des allgemeinen Vollzugsdienstes die Teilnahme zu ermöglichen. Die Konferenz ist gewissermaßen von unten her zu organisieren. Nach der Zusammenstellung der Informationen können auch andere Mitarbeiter und die Leiter beteiligt werden. Fachleute können dann an die Informationsträger Ergänzungsfragen richten und die Informationen gewichten und deuten. Doch ist es in der Praxis oft schwierig, Spitze und Basis zusammenzubringen. Es hat sich bewährt, die Entscheidungen auf der unteren Ebene vorzubereiten und Entscheidungsvorschläge durch zwei oder drei Vertreter bei einer Kernkonferenz, bestehend aus dem Anstaltsleiter und dessen engsten Beratern aus den Fachdiensten, aber auch aus dem allgemeinen Vollzugsdienst, vortragen zu lassen. Diese Überlegungen können allerdings nur für beratende Konferenzen gelten, wo eine bestimmte Zusammensetzung nicht gefordert werden kann. Soll die Konferenz Beschlussorgan sein, so sollte sie eher einem Ausschuss als einem Parlament gleichen. – Doch mag über den Kreis der an der Entscheidung so Beteiligten hinaus in der Anstalt ein Bedürfnis nach Information über das Ergebnis des Entscheidungsprozesses bestehen. Das gilt insbesondere dann, wenn ein Einzelfall als besonderes Vorkommnis nicht nur die an der Behandlung unmittelbar Beteiligten emotional erfasst hat. Es muss dann ein größeres Gremium vorhanden sein, in dem solche Entscheidungen bekannt gegeben und erläutert werden können. Zur Vollzugsplankonferenz vgl. auch 2 C Rdn. 14.

---

415 KG Berlin, Beschl. vom 18.4.2011 – 5 Ws 500/10 Vollz, FS 2012, 112.
416 OLG Frankfurt LS 1.3.2007 – 3 Ws 1051/06, FS 2009, 38.
417 Abteilung für Sicherungsverwahrte; KG Berlin, Beschl. vom 21.7.2010 – 2 Ws 117/10 Vollz., StraFo 2010, 512, FS 2011, 52, LS.
418 Böhm 2003 Rdn. 109 mit gewichtigen Argumenten bejahend, zumindest für die Aufstellung des Vollzugsplanes.
419 StraFo 2007, 392.

6   **4. Organisationskonferenz.** Eine Konferenz zur Vorbereitung wichtiger Entscheidungen im Vollzug, vgl. § 159 **StVollzG**, ist nur in **BW** § 17 I, **BY** Art. 183, **HH** §§ 108, 8 Abs. 6, **HE** § 75 Abs. 3, **NW** §§ 10 Abs. 3, 100 und **SH** §§ 138, 8 Abs. 6, zum Teil mit eigenen Akzenten, gesetzlich vorgesehen. Die übrigen Gesetzgeber haben auf eine solche Vorgabe verzichtet.

Jedoch besteht das Bedürfnis einer umfassenden Beteiligung der Mitarbeiter bei Vorbereitung und Planung organisatorischer Veränderungen in der Anstalt. Doch empfiehlt es sich nicht, den Kreis der mit der Erarbeitung von Lösungsvorschlägen Betrauten zu weit zu fassen. Eine Konferenz von mehr als 20 Teilnehmern ist nicht mehr arbeitsfähig. Hier kann ein Repräsentativ-System zweckmäßig sein, damit jede Mitarbeitergruppe die Gewissheit hat, von Anfang an bei den Beratungen beteiligt zu sein. Oft bewährt es sich, nach einer Sammlung der Informationen und einer grundsätzlichen Diskussion der möglichen Lösungsvorschläge eine kleine Arbeitsgruppe mit der Ausarbeitung der Einzelregelungen zu beauftragen. Zum Schluss müssen dann in einer umfassenden Konferenz der oder die Lösungsvorschläge diskutiert und die Frage – sei es durch Beschluss der Konferenz oder durch Verfügung des Anstaltsleiters (beachte K Rdn. 9) – entschieden werden. Die Vorbereitung der Entscheidung in kleinen Gruppen ist aus arbeitsökonomischen Gründen wichtig. Sie ist aber auch das einzige Mittel, um dem mittleren Dienst eine ausreichende Chance zur Mitwirkung zu geben. Erfahrungsgemäß äußern sich die Beamten des allgemeinen Vollzugsdienstes unbefangen nur in Kleingruppen. Andererseits darf durch die Einrichtung solcher Gruppen nicht der Eindruck der Geheimpolitik entstehen. Alle Mitarbeiter sollten deshalb den Arbeitsauftrag dieser Gruppen kennen. Am Ende des Entscheidungsprozesses ist wiederum eine umfassende Information aller Mitarbeiter notwendig.

7   **5. Beteiligung von Gefangenen und Externen. Vollzugsplankonferenzen** sind in erster Linie Dienstbesprechungen von Vollzugsmitarbeitern.[420] Deshalb ist in § 159 **StVollzG** sowie **BW** § 17 I, **BY** Art. 183, **HE** § 75 Abs. 3 und **NI** § 9 Abs. 4 der Personenkreis, der zur Teilnahme an der Vollzugs(plan)konferenz berechtigt ist, auf die anstaltsinternen Bediensteten beschränkt. Teilnehmer sind daher nur die Mitarbeiter derjenigen Anstalt, deren Leiter die Konferenz durchführt.[421] Eine **Beteiligung von Personen, die nicht Vollzugsmitarbeiter sind**, insbesondere von Gefangenen, ist in diesen Gesetzen nicht vorgesehen,[422] sie ist aber ebenso wenig untersagt; sie kann vielmehr zweckmäßig sein (vgl. auch 2 B Rdn. 17). Es steht im pflichtgemäßen Ermessen des Anstaltsleiters, mit welchem Teilnehmerkreis er die Konferenzen durchführt, ob er also einen externen Therapeuten[423] oder einen Gefangenen und seinen Rechtsanwalt an der Vollzugsplankonferenz beteiligt.[424] Ein Anwesenheitsrecht des Gefangenen oder seines Rechtsanwalts scheidet aus;[425] es ist auch nicht aus einer analogen Anwendung des § 14 Abs. 4 VwVfG herzuleiten.[426] Anders stellt sich die rechtliche Situation in den sonstigen Bundesländern dar: **Eine Ausweitung des zu beteiligenden Personenkreises** sehen **BB** § 14 Abs. 5

---

420   KG LS FS 2007, 280 f.
421   KG Berlin, Beschl. vom 21.7.2011 – 2 Ws 176/11 Vollz, nur juris.
422   Zum fehlenden Teilnahmerecht des Rechtsanwalts eines Gefangenen an der Vollzugsplankonferenz s. Rspr. zu **NI** § 9 Abs. 4 Rdn. 7.
423   KG aaO; BeckOK-*Arloth* Art. 183 BayStVollzG Rdn. 1 mit Beispielen.
424   OLG Stuttgart BlStV 3/2001; a.A. *Arloth/Krä* 2017 § 159 Rdn. 1, der eine Beteiligung von Gefangenen mit Sinn und Zweck der Konferenz als Vollzugskonferenz für schwerlich vereinbar hält.
425   OLG Celle FS 2010, 304, 305 – 1 Ws 143/10.
426   OLG Stuttgart aaO; BeckOK-*Arloth* Art. 183 BayStVollzG Rdn. 1a; AK-*Feest*/Joester Teil II § 8 LandesR Rdn. 17.

S. 2, Abs. 7, **BE** § 9 Abs. 5 S. 2, Abs. 6, **HB** § 8 Abs. 4 S. 2, Abs. 6, **HH** § 8 Abs. 6 S. 2, Abs. 7, **MV** § 8 Abs. 5 S. 2, Abs. 7, **RP** § 14 Abs. 5 S. 2, Abs. 7, **SL** § 8 Abs. 5 S. 2, Abs. 7, **SN** § 8 Abs. 5 S. 2, Abs. 7, **ST** § 14 Abs. 5 S. 2, Abs. 7, **SH** § 8 Abs. 4 S. 2, Abs. 8 und **TH** § 14 Abs. 5 S. 2, Abs. 7 vor. Möglich ist nun eine Konferenzteilnahme des bisherigen **Bewährungshelfers**. Hiermit besteht die Chance, wertvolle Erkenntnisse über die Entwicklung und behandlungsbedürftige Defizite des Gefangenen in die Vollzugsplanung mit einfließen zu lassen.[427] Im Hinblick auf eine Verbesserung der Entlassungsvorbereitung ist eine Beteiligung des zukünftigen Bewährungshelfers in den letzten 12 Monaten der Inhaftierung ebenfalls möglich. Eine Teilnahmemöglichkeit für „**an der Eingliederung mitwirkende Personen außerhalb des Vollzugs**[428]" sehen **BB** § 14 Abs. 6, **BE** § 9 Abs. 6 S. 2, **HB** § 8 Abs. 5 S. 2, **MV** § 8 Abs. 6, **NW** § 10 Abs. 3 S. 2, **RP** § 14 Abs. 6 S. 2, **SL** § 8 Abs. 6 S. 2, **SN** § 8 Abs. 6 S. 2, **ST** § 14 Abs. 6 S. 2, **SH** § 8 Abs. 7 S. 2 und **TH** § 14 Abs. 6 S. 2 vor. Mit Zustimmung des Gefangenen können Angehörige, Ehrenamtliche und externe Therapeuten an der Konferenz beteiligt werden. Dies kann dazu führen, dass diese für den Gefangenen wichtigen Bezugspersonen besser in die Vollzugsplanung eingebunden werden können. Ein gerichtlich durchsetzbares **Recht des Verteidigers** auf Teilnahme an der Vollzugsplankonferenz hat lediglich **SN** § 8 Abs. 5 S. 3 gesetzlich normiert. Diese Regelung soll dem Gefangenen ein faires Verfahren garantieren, verhindert aber im Einzelfall eine offene, kontroverse Diskussion unter den Vollzugsmitarbeitern und ist daher verfehlt.[429] **BE** § 9 Abs. 5 S. 3, **BB** § 14 Abs. 5 S. 4, **HB** § 8 Abs. 4 S. 3, **MV** § 8 Abs. 5 S. 3, **RP** § 14 Abs. 5 S. 3, **SL** § 8 Abs. 5 S. 3, **SN** § 8 Abs. 5 S. 4, **ST** § 14 Abs. 5 S. 3, und **TH** § 14 Abs. 5 S. 3 sehen die Eröffnung des Vollzugsplanes gegenüber dem Gefangenen im Rahmen der Konferenz vor. Zu diesem Zeitpunkt hat der Inhaftierte einen Anspruch auf Teilnahme an der Konferenz.

Bei **Organisationskonferenzen** gilt ebenfalls, dass eine Beteiligung von Gefangenen im Einzelfall zweckmäßig sein kann. Ausgeschlossen ist ihre Beteiligung jedoch in den Bereichen, die Fragen der Sicherheit der Anstalt, Personalfragen und Fragen, die die Behandlung einzelner Gefangener berühren (M Rdn. 11).

6. Niederschriften. Es empfiehlt sich, über alle Konferenzen Aufzeichnungen in Form von Niederschriften zu fertigen, mit denen der Informationsfluss zwischen den Beteiligten hergestellt oder verbessert wird;[430] anderenfalls geraten die Beratungsergebnisse in Vergessenheit und gehen so verloren. Ob ein gesondertes Konferenzprotokoll angefertigt werden muss,[431] kann dahinstehen;[432] jedenfalls müssen die für den Gefangenen einsehbaren Unterlagen eine hinreichende Auseinandersetzung mit der Person des Beffenen im Rahmen der seiner Vollzugsplanung gewidmeten Konferenz erkennen lassen.[433] Leider stehen den Anstalten für die Fertigung von Niederschriften meist spezifisch vorgebildete Mitarbeiter nicht zur Verfügung. In der Praxis findet sich etwa die Lösung, dass im Wechsel jeweils ein Teilnehmer das Protokoll für eine Konferenz übernimmt.

7. Dienstbesprechung mit anderen Vollzugsbediensteten. Die VVs der Länder (wie des Bundes) bzw. entsprechende Erlasse schreiben außer den Konferenzen weitere

---

427 *Arloth/Krä* 2017 § 8 SächStVollzG Rdn. 8.
428 So z.B. **SN** § 8 Abs. 6 S. 2.
429 So auch *Arloth/Krä* 2017 § 8 SächStVollzG Rdn. 9.
430 *Laubenthal/Nestler/Neubacher/Verrel* N Rdn. 46.
431 In diese Richtung *Arloth/Krä* 2017 § 159 Rdn. 2.
432 BVerfG JR 2007, 470 = FS 2007, 468–471 = StraFo 2006, 512–514.
433 BVerfG aaO.

Dienstbesprechungen auch mit den anderen Vollzugsbediensteten der Anstalt, soweit diese also nicht an der Behandlung maßgeblich beteiligt sind, in regelmäßigen Abständen vor. Diese Dienstbesprechungen werden in sehr unterschiedlicher Weise durchgeführt. Bei ihnen steht die Information der Mitarbeiter an erster Stelle. Sie haben im Strafvollzug Tradition und hießen in vielen Anstalten „Beamtenbelehrungen", an denen aber nur die Beamten des „Aufsichtsdienstes" teilzunehmen hatten, als wenn nur sie Information oder Belehrung nötig hätten. Diese Dienstbesprechungen verliefen deshalb meist in der Weise, dass ein Vorgesetzter vortrug und sich abschließend nach weiteren Fragen erkundigte. Solche Besprechungen haben wenig Sinn. Es empfiehlt sich, die Mitarbeiter zur Erfüllung dieses Auftrags in kleinen Gruppen zusammenzufassen und mit ihnen das zu diskutieren, was der Leitung, aber auch was den Mitarbeitern erörterungswürdig erscheint.

10   **8. Krisenstab.** Für die seltenen Fälle, „in denen es auf kühles klares Kommandieren ankommt" und in denen schnelle Entscheidungen notwendig sind, sollte in der Anstalt eine kleine interdisziplinäre Arbeitsgruppe bestehen, die als Krisenstab zusammengerufen werden kann.

M. Gefangenenmitverantwortung

Bund	§ 160 StVollzG
Baden-Württemberg	BW § 14 I JVollzGB
Bayern	BY Art. 116 BayStVollzG
Berlin	BE § 107 StVollzG Bln
Brandenburg	BB § 113 BbgJVollzG
Bremen	HB § 100 BremStVollzG
Hamburg	HH § 109 HmbStVollzG
Hessen	HE § 78 HStVollzG
Mecklenburg-Vorpommern	MV § 99 StVollzG M-V
Niedersachsen	NI § 182 NJVollzG
Nordrhein-Westfalen	NW § 101 StVollzG NRW
Rheinland-Pfalz	RP § 110 LJVollzG
Saarland	SL § 99 SLStVollzG
Sachsen	SN § 112 SächsStVollzG
Sachsen-Anhalt	ST § 112 JVollzGB LSA
Schleswig-Holstein	SH § 139 LStVollzG SH
Thüringen	TH § 111 ThürJVollzGB

Schrifttum

Anonym Verein für Kriminalreform Nordrhein-Westfalen, in: KrimJ 1981, 291f; *Baumann* Einige Modelle zum Strafvollzug, Bielefeld 1979; *Bulczak* Erziehung und Behandlung in der Jugendanstalt Hameln, Hameln 1979; *Drohsel* Interessenvertretung von Gefangenen – ein vernachlässigter Baustein der Strafvollzugsreform, in: FS 2012, 293–298; *Egg* Synopse der sozialtherapeutischen Einrichtungen. Teil 18, Interessenvertretung der Insassen, in: Egg (Hrsg.), Sozialtherapie in den 90er Jahren, Wiesbaden 1993, 170f; *Galli/Weilandt/u.a.* Do it yourself? Partizipation als Maßstab eines mündigen Vollzuges, in FS 2015, 82–85; *Geitner* Gefangenenmitverantwortung – Mitarbeit im Vollzug zwischen Frust, Problemen und (Schein-)Erfolgen, in: ZfStrVo 2004, 330–333; *Hausmann* Konferenzen im Strafvollzug: eine dogmatisch-empirische Untersuchung, Baden-Baden 2012; *Hötter* Beobachtungen aus der Praxis zu § 160 StVollzG (Gefangenen-Mitverantwortung), in ZfStrVo 1997, 319); *Klein* Gefangenenpresse, Bonn 1992; *Koepsel* Gefangenenmitverantwortung, in: Schwind/Blau 1988, 308 ff; *Lesting/Feest* Zensur von Gefangenenzeitschriften, in: Klein/Koch (Hrsg.), Gefangenenliteratur, Hagen 1988; *Müller-Dietz* Klausur 7. Gefangenenmitverantwortung, in: Müller-Dietz/Kaiser/Kerner, Einführung und Fälle zum Strafvollzug, Heidelberg 1985, 177 ff; *Nix* Die Vereinigungsfreiheit im Strafvollzug, Gießen 1990; *Nix/Schürrhoff* Gefangenenvertretungen in Hessen und Rheinland-Pfalz, in: MschrKrim 1991, 113 ff; *Rotthaus* Sozialtherapie in der JVA Gelsenkirchen, in: ZfStrVo 1981, 325 ff; *ders.* Meinungsfreihheit für Gefangenenzeitungen, in: ZfStrVo 2001, 171 ff; *Stossun/Walkenhorst* Partizipation als vollzugliche Gestaltungsaufgabe, in FS 2015, 76 ff., *Vollmer* Gefangenenzeitschriften – Eine Analyse ihrer Funktion in den nordrheinwestfälischen Haftanstalten, Bochum 1980, *Watts* Die kollektive Insassenbeteiligung im Strafvollzug, Münster 2014, **MV** Wissenschaft.

Übersicht

I. Allgemeine Hinweise —— 1, 2
II. Erläuterungen —— 3–13
  1. GMV und Verantwortlichkeit der Anstaltsleitung —— 3
  2. Bedeutung der Mussvorschrift/Sollvorschrift —— 4–8
    a) Grundsätzlich ist GMV einzurichten —— 5
    b) Grenzen der Mitwirkung Außenstehender —— 6
    c) Antragsbefugnisse der GMV nach § 109 StVollzG —— 7
    d) Verkehr der GMV mit der Außenwelt —— 8
  3. Möglichkeiten der Ausgestaltung der GMV —— 9, 10
  4. Angelegenheiten von gemeinsamem Interesse —— 11
  5. Erfahrungen —— 12
  6. Beispiel Gefangenenzeitung —— 13

I. Allgemeine Hinweise

§ 160 **StVollzG** legte seinerseits den Grundstein für ein Mitspracherecht der Gefangenen, indem er ihnen die Möglichkeit einräumte, *„an der Verantwortung für Angelegenheiten von gemeinsamem Interesse teilzunehmen, die sich ihrer Eigenart und der Aufgabe der Anstalt nach für ihre Mitwirkung eignen."* Inzwischen sehen alle Landesgesetze eine **Gefangenenmitverantwortung** (GMV) vor, wenngleich die meisten Bundesländer (**BE** § 107, **BB** § 113, **HB** § 100, **HE** § 78, **MV** § 99, **NI** § 182, **RP** § 110, **SL** § 99, **ST** § 112, **SH** § 139, **TH** § 111), die wohl passendere Bezeichnung der „Interessenvertretung der Gefangenen" gewählt haben.[434] Lediglich **BW** § 14 I, **BY** Art. 116, **HH** § 109 und **NW** § 101 blieben bei der Bezeichnung „Gefangenenmitverantwortung". In **SN** § 112 heißt sie schlicht „Mitverantwortung der Gefangenen". 1

Die GMV ist das notwendige Gegenstück zu dem Anspruch des Gefangenen auf Beteiligung an seiner Behandlung (1 D Rdn. 17). Das Strafvollzugsgesetz des Bundes verpflichtete die Vollzugsbehörde erstmals zum **partnerschaftlichen Umgang** nicht nur mit dem einzelnen Gefangenen, sondern auch mit den Insassen als Gruppe. Es stellte damit einen – sicherlich bescheidenen – Fortschritt im Vergleich zu früheren Auffassungen dar, die den Gefangenen jegliche Koalitionsfreiheit absprachen. So konnte die Vorschrift mit *Grunau*[435] als Grundlage für die „therapeutische Einübung von Demokratieverständnis als Keimling einer Art von Gefangenenvertretungsgesetz" verstanden werden.

Die Notwendigkeit der GMV lässt sich auch aus der Erkenntnis ableiten, dass das Vollzugsziel nur durch **soziales Lernen** erreicht werden kann (1 C Rdn. 14). Nur wer als Mitglied einer Gruppe mit anderen sinnvoll umgehen kann, wird „in sozialer Verantwortung ein Leben ohne Straftaten führen" können. Der Gefangene braucht soziale Bezüge.

---

[434] BeckOK -*Schäferskupper* § 100 Rdn. 1.
[435] 1. Aufl., 1977, zu § 160.

Daher wird GMV am ehesten dort gelingen, wo die Idee der therapeutischen Gemeinschaft – wie in der Sozialtherapie und wie sonst im Wohngruppenvollzug – wenigstens ansatzweise verwirklicht ist.[436] „Erst in einem veränderten Vollzugsklima, in dem sich Gefangene und Bedienstete nicht mehr frontal gegenüberstehen, ist Gefangenenmitverantwortung, die diesen Namen verdient, möglich".[437]

2 Es gibt aber eine Reihe von Gründen, die die **praktische Umsetzung der Vorschrift schwierig** machen. In geschlossenen Anstalten (D Rdn. 2) mit geringer Bewegungsfreiheit ist der Wunsch nach Mitwirkung bei den Insassen am stärksten ausgeprägt. Dort leiden sie unter dem Gefühl der Machtlosigkeit und des Ausgeliefertseins an die Subkultur (1 D Rdn. 12), unter den wild wuchernden Gerüchten, die eine sachgemäße Information ersetzen. Andererseits: „Es scheint nach aller Erfahrung ein Trugschluss zu sein, dass Gefangene ein erhöhtes Maß an Solidarität kennen und praktizieren. Das Gegenteil ist eher der Fall: der vitale Lebensinteressen einschränkende Druck des Gefängnissystems führt zu einem egozentrischen Verhalten, zur vorrangigen Verfolgung eigener Interessen. Gemeinsames Handeln und Fordern tritt in den Hintergrund".[438] In den offenen Anstalten dagegen gleicht sich die Lage im Guten wie im Schlechten an das Leben in der Freiheit an. Sachliche Information – die Grundlage aller Mitwirkung und Mitbestimmung – kann sich der Gefangene dort selbst verschaffen. Damit ist ein menschliches Grundbedürfnis abgesättigt. Im Übrigen aber wenden sich die Interessen der Insassen nach draußen. Ihnen sind ihr Arbeitsplatz und ihre Kontakte zu Angehörigen und Freunden wichtig. Es schwindet die Motivation, sich um „Angelegenheiten von gemeinsamem Interesse" zu kümmern. Gerade da, wo die Chancen für eine Gefangenenmitverantwortung von der Struktur der Anstalt her günstig sind, fehlt es häufig am Engagement der Insassen. Sie verhalten sich allerdings nicht anders als freie Mitbürger, die von ihren Mitwirkungsrechten im öffentlichen Leben ebenfalls oft keinen Gebrauch machen. So gibt es nicht einmal in allen sozialtherapeutischen Anstalten eine GMV.[439]

II. Erläuterungen

3 **1. GMV und Verantwortlichkeit der Anstaltsleitung.** Wenn eine GMV besteht, mindert sich dadurch nicht die Verantwortung der Anstaltsleitung für den gesamten Vollzug (K.). Aufgabe der Anstaltsleitung ist es, sämtliche Aspekte des Anstaltslebens zu berücksichtigen, während die GMV in erster Linie die Interessen der Insassen vertreten wird (vgl. Interessenvertretung der Gefangenen, Rdn. 1). Neben den Notwendigkeiten von Ordnung und Sicherheit (11 A Rdn. 1) wird die Leitung vor allem auch die Bedürfnisse des Personals berücksichtigen müssen. Die GMV ist auch dann zum Scheitern verurteilt, wenn sie zwar – vorübergehend – Erfolge erzielt, sich damit aber in einen dauernden Gegensatz zu den Mitarbeitern und zum Personalrat setzt. Bei realistischer Einschätzung ist der Spielraum für GMV begrenzt. Trotzdem zwingt diese Erkenntnis nicht zu der Feststellung, von Mit**verantwortung** könne keine Rede sein. Auch wer an Entscheidungen nur beratend mitwirkt, trägt eine Mitverantwortung am Ergebnis des Entscheidungsprozesses (vgl. auch Rdn. 11).

Die Gesetze räumen der GMV jedoch keinen Vorrang vor den Individualrechten der einzelnen Gefangenen ein. „Dem Anspruch des Gefangenen auf ein ausgewogenes Programm i.S. des § 69 Abs. 1 Satz 2" StVollzG (für den Hörfunk oder den gemeinschaftli-

---

436 Vgl. hierzu §§ 19, 20, 26 AE StVollzG; *Böhm* 2003 Rdn. 119; *Rotthaus* 1981, 325.
437 *Dertinger* Anm. zu OLG Hamm, NStZ 1981, 118 ff.
438 *Anonym* 1981.
439 *Egg* 1993, 170.

chen Fernsehempfang) „wird nicht schon dadurch genügt, dass die Programmauswahl der gemeinschaftlichen Verantwortung der GMV übertragen wird. Zur Gewährleistung eines ausgewogenen Programms verbleibt die Entscheidung über die Programmauswahl letztlich der Vollzugsbehörde".[440]

2. Bedeutung der Mussvorschrift/Sollvorschrift. BW § 14 Abs. 1 S. 1 I, **BE** § 107 S. 1, **HH** § 109, **NW** § 101 S. 1, **SN** § 112 Abs. 1 und **SH** § 139 S. 1 haben **verpflichtend** die Einrichtung einer **Gefangenenmitverantwortung** in ihren Gesetzen aufgenommen. Die **BY** Art. 116 Abs. 1, **BB** § 113 S.1, **HB** § 100 S. 1, **HE** § 78 S. 1, **MV** § 99 S. 1, **NI** § 182 S. 1, **RP** § 110 S. 1, **SL** § 99 S. 1, **ST** § 112 S. 1 und **TH** § 111 S. 1 beließen es bei der bisherigen Sollvorschrift. Diese im Allgemeinen recht unbestimmt gefassten Vorschriften zur GMV wurden von den Gerichten unterschiedlich ausgelegt. Folgende grundsätzliche, miteinander in engem Zusammenhang stehende Fragen waren bisher zu entscheiden:

a) Hat die Anstaltsleitung bei der Ausgestaltung der GMV volle Dispositionsfreiheit, die sie auch in der Weise der Nichteinführung einer GMV ausüben kann,[441] oder muss sie nach pflichtgemäßem, gerichtlich nachprüfbarem Ermessen handeln?[442]

b) Kann eine aus Insassen einer bestimmten Anstalt gebildete Personenvereinigung, die sich das Ziel gesetzt hat, in der Anstalt GMV zu verwirklichen, § 160 StVollzG als Plattform zur Verwirklichung ihrer Absicht nutzen?[443]

c) Ist die GMV berechtigt, einen Antrag auf gerichtliche Entscheidung nach § 109 StVollzG zu stellen?[444]

d) Kann die GMV die Aushändigung von an sie gerichteten Postsendungen verlangen?[445] Darf sie Postsendungen absenden?

a) Grundsätzlich ist GMV einzurichten. Die gesetzliche Sollvorschrift stellt einen Gesetzesbefehl dar, der die Anstaltsleitung im Regelfall zum Handeln verpflichtet. Ausnahmen sind denkbar, dürften in der Praxis aber selten sein. Zwar gibt es völlig gemeinschaftsunfähige Gefangene und hochgefährliche Insassen, denen der für eine Beteiligung an der GMV erforderliche Spielraum nicht eröffnet werden kann. Niemand wird jedoch Anstalten ausschließlich mit solchen Gefangenen belegen. Auf dem Hintergrund der einzelnen Anstalt und ihrer Belegung muss die Anstaltsleitung entscheiden, wie sie das gesetzliche Gebot in die Wirklichkeit umsetzen kann. Bei größeren Anstalten liegt es nahe, ein die ganze Anstalt umfassendes Repräsentantensystem einzuführen. Das ist jedoch nicht immer möglich, im Übrigen aber auch nicht ausreichend. In Anstalten, in denen überwiegend Untersuchungsgefangene und Strafgefangene mit sehr kurzen Strafen untergebracht sind, lässt sich ein Repräsentantensystem nicht sinnvoll einrichten. Möglich und auch neben einem Repräsentantensystem notwendig ist die Einräumung von Mitverantwortung an der Basis im Rahmen einer Wohngruppe, einer Abteilung, eines Arbeitsbetriebs, einer Freizeitgruppe. Diese Art der Mitbestimmung setzt freilich die Gliederung der Anstalt in überschaubare Gruppen voraus. Dann können aktuelle Fragen im kleinen Kreis diskutiert werden, so dass auch weniger selbstbewusste Gefangene –

---

440 OLG Celle ZfStrVo 1982, 183; 1983, 382f; § 69 Rdn. 6.
441 OLG Frankfurt ZfStrVo 1981, 254; OLG Koblenz NStZ 1981, 160.
442 *Laubenthal/Nestler/Neubacher/Verrel* N Rdn. 47; AK-Graebsch 2017 Teil II § 99 Rdn. 9.
443 Das BayOLG NStZ 1982, 84 ff m. krit. Anm. von *Seebode* hat die Eintragung eines solchen Vereins in das Vereinsregister abgelehnt.
444 Bejahend OLG Hamm mit abl. Anm. von *Dertinger* NStZ 1981, 118 ff; wohl auch OLG Celle NStZ 1981, 495; abl. OLG Frankfurt aaO; KG NStZ 1981, 366; neuerdings jedoch bejahend KG NStZ 1993, 427 *B*; OLG Hamburg ZfStrVo 2002, 181 f.
445 Verneinend: OLG Koblenz aaO.

das ist die Mehrzahl – an ihrer Beratung teilnehmen können. Diese Erfahrung ist wichtiger als die einer geschlossenen Willensbildung aller Insassen der Gesamtanstalt.[446] Ein „Repräsentantensystem" kann allenfalls eine Übergangslösung darstellen, da es die Gefahr beinhaltet, dass subkulturelle Hierarchien entstehen.[447] Darüber hinaus verfehlt es die Zielsetzung des auf soziales Lernen ausgerichteten Behandlungsvollzuges, die das Gesetz mit der GMV beabsichtigt: es sollen die Interessengegensätze zwischen Gefangenen und den Vollzugsbehörden geebnet werden, aber nicht durch institutionelle Konfrontation, sondern durch institutionelle Kooperation.[448] Das Gesetz erlaubt freies Experimentieren, aber keine Untätigkeit. So hat das KG festgestellt, dass ein Anstaltsleiter dem Grundgedanken der GMV im Sinne des § 160 StVollzG nicht gerecht wird, wenn er es ablehnt, sich mit Vorschlägen einer Interessenvertretung zur Gestaltung einer Tätigkeit auch nur zu befassen und zu ihnen Stellung zu nehmen.[449] Entsprechendes gilt für **BY** Art. 116 Abs. 2 S. 2, **HH** § 109, **HE** § 78 S. 2 und **SN** § 112 Abs. 3. Dort haben die Landesgesetzgeber nicht explizit geregelt, in welcher Form die Anstaltsleitung sich mit den Belangen der GMV befassen muss. Während in **BB** § 113 S. 3 die Anstalt die Vorschläge der Interessenvertretung der Gefangenen mit deren Vertretung erörtern muss,[450] gilt in den übrigen Bundesländern (**BW** § 14 Abs. 1 S. 3 I, **BE** § 107 S. 3, **HB** § 100 S. 3, **MV** § 99 S. 3, **NI** § 182 S. 3, **NW** § 101 S. 3, **RP** § 110 S. 3, **SL** § 99 S. 3, **ST** § 112 S. 3, **SH** § 139 S. 3 und **TH** § 111 S. 3), dass eine solche „Erörterung" zwischen der Anstaltsleitung und der GMV stattfinden soll. Nicht ausreichend ist in diesen Fällen eine schriftliche Stellungnahme der Anstaltsleitung.[451] Auf keinen Fall ist die Anstalt gesetzlich verpflichtet, Vertreter der GMV an Organisationskonferenzen der Haftanstalt teilnehmen zu lassen.[452] Eine gerichtliche Nachprüfung der Ausgestaltung der GMV ist grundsätzlich möglich, doch muss das Gericht die örtlichen Verhältnisse berücksichtigen und der Anstalt Raum lassen, die für sie angemessene Form der GMV durch versuchsweise Lösungen herauszufinden.[453]

6 **b) Grenzen der Mitwirkung Außenstehender.** Kann eine GMV im Wege der „Gefangeneninitiative" entstehen? Die Vorschriften zur GMV begründen Pflichten für die Anstaltsleitung. Wenn sie ihrem Auftrag nachkommt und die Gefangenen an ihrer Verantwortung teilnehmen lässt, so gibt sie damit ein – kleines – Stück ihrer eigenen Verantwortung ab. Die Insassen, denen Mitverantwortung ermöglicht ist, sind Träger dieser Mitverantwortung aus abgeleitetem Recht;[454] ein originäres, unmittelbar aus § 160 **StVollzG**, oder dem entsprechenden Landesrecht, folgendes Mitbestimmungsrecht besteht nicht.[455] Deshalb ist es nicht möglich, dass eine „Gefangeneninitiative", die sich irgendwie unabhängig von der Anstaltsleitung gebildet hat, **unter Berufung auf § 160 StVollzG (u.ä.)** Mitverantwortungsrechte beansprucht. Dabei ist es gleichgültig, ob der Verein nur aus Gefangenen oder ob er teilweise aus Außenstehenden besteht, wenn der Vereinszweck auf Ausübung der GMV gerichtet ist.[456] Zwar ist der Kritik von *Seebode*

---

446 C/MD 2008 Rdn. 3; K/S-*Schöch* 2002 § 5 Rdn. 97.
447 C/MD 2008 Rdn. 3; *Hötter* 1997, 319 berichtet dazu, dass Unruhestifter sich in die GMV aufnehmen lassen.
448 C/MD 2008 Rdn. 5.
449 KG NStZ 1993, 427 B.
450 BeckOK-*Kühl* § 113 Rdn. 5b.
451 So auch *Arloth*/Krä 2017 § 101 StVollzG NRW Rdn. 1.
452 OLG Rostock vom 23.9.2014 – 20 Ws 171/14, so aber AK-*Graebsch* 2017 Teil II § 99 LandesR Rdn. 14.
453 Vgl. Ermessensüberprüfung durch das Gericht 12 I Rdn. 20.
454 K/S-*Schöch* 2002 § 5 Rdn. 101.
455 *Laubenthal/Nestler/Neubacher/Verrel* N Rdn. 52.
456 BayObLG NStZ 1982, 84 mit abl. Anm. *Seebode*; BVerfG NStZ 1983, 331; OLG Karlsruhe NStZ 1983, 527 f.

insofern zuzustimmen, als § 160 StVollzG das verfassungsmäßig garantierte Recht der Vereinigungsfreiheit (Art. 9 Abs. 1 GG) nicht einzuschränken vermag, wie die genannten, die Vereinseintragung ablehnenden Entscheidungen meinen.[457] Das Grundrecht der Vereinigungsfreiheit unterliegt im Vollzug nur den Einschränkungen, die sich aus den vom StVollzG gedeckten Beschränkungen der Bewegungsfreiheit der Gefangenen und ihrer Kommunikation untereinander ergeben. Auch ist *Seebodes* Forderung zuzustimmen, dass die Anstalt Ansätze fördern solle, „die Gefangene von sich aus unternehmen, um Mitverantwortung zu üben und zu tragen", und dass die Entstehungsgeschichte der Norm nichts darüber besagt, „dass auf diesem Gebiet ausschließlich die Anstaltsleitung agieren und eine Gefangenengruppe sich nicht um Mitverantwortung bemühen dürfe".[458] In den beiden zu entscheidenden Fällen setzte sich der Verein jedoch mit seinem „Alleinvertretungsanspruch" in Widerspruch zu dem Gesetz. Dadurch wurde nämlich der irreführende Anschein erweckt, als sei der Verein *die* repräsentative Vertretung aller Gefangenen der Anstalt. Zwar mag die Anstaltsleitung zu dem Ergebnis kommen, dass es zweckmäßig ist, mit einer solchen „Gefangeneninitiative" das Gespräch und die Auseinandersetzung zu beginnen. Doch muss der Verein dann seinen Zweck dahin ändern, dass er z.B. Kandidaten für die GMV aufstellt und für sie wirbt. Er kann dann freilich diese Aktivitäten nur im Rahmen der für alle Gefangenen eingeräumten Bewegungsfreiheit entwickeln. Sonderrechte aus § 160 StVollzG u.ä. kann er nicht ableiten, eben so wenig aus den Vorschriften zur Zusammenarbeit mit Externen (vgl. I Rdn. 4). Beharrt der Verein aber auf seinen unerlaubten Zweck, so kann der Anstaltsleiter seine Betätigung verbieten. Das gilt besonders auch für den Verkehr mit der Außenwelt (9).

Entsprechendes gilt für die 2014 in der JVA Berlin-Tegel gegründete „Gefangenengewerkschaft", bei der es sich um einen nicht rechtsfähigen Verein handelt, welcher sich vorrangig zum Ziel gesetzt hat Rechte von Gefangenen als Arbeitnehmer zu fördern.[459]

c) Antragsbefugnisse der GMV nach § 109 StVollzG. Die Frage, ob die GMV berechtigt ist, Anträge auf gerichtliche Entscheidung nach § 109 StVollzG zu stellen, ist strittig (12 B Rdn. 29); sie wird in der neueren Rechtsprechung bejaht, und zwar auch für ein einzelnes Mitglied der GMV.[460] Das Recht ergibt sich also nicht unmittelbar aus dem Gesetz,[461] ist aber aus der Erwägung heraus anzuerkennen, dass sowohl die GMV wie auch ein einzelnes Mitglied der GMV die Möglichkeit haben muss, Maßnahmen überprüfen zu lassen, die die Tätigkeit der GMV oder des Mitglieds einschränken; damit soll der Gefahr der Rechtlosstellung der GMV und des Mitglieds und einer Entwertung des Instituts der GMV begegnet werden.[462]

Die GMV ist nur berechtigt, ihre eigenen Rechte gerichtlich zu verfolgen; dazu gehören ihre Art, ihr Umfang[463] und das Verfahren der Teilnahme an der GMV, insbesondere die Wahlen;[464] die Rechte können auch durch Verwaltungsvorschriften der Landesjustizverwaltungen oder durch örtliche Vorschriften begründet werden. Die Anfechtung der Wahl zur GMV ist – im Rechtsweg nach § 109 StVollzG – zulässig, wenn eine schwerwie-

---

457 *Müller-Dietz* 1985, 186.
458 AaO 88.
459 BeckOK-*Engelstätter* § 160 Rdn. 3; a.A. *Graebsch* FS 2016, 25 f.; *Feest/Galli* FS 2016, 20 ff; BeckOK-*Kühl* § 113 Rdn. 8–10.
460 OLG Hamburg ZfStrVo 2002, 181f.
461 So auch *Dertinger* aaO.
462 OLG Hamburg aaO.
463 OLG Rostock vom 23.9.2014 – 20 Ws 171/14 verneinte die Frage, ob der GMV ein Teilnahmerecht an Konferenzen der Anstaltsleitung zustehe.
464 *Laubenthal/Nestler/Neubacher/Verrel* N Rdn. 54.

gende Wahlmanipulation oder ein sonstiger, ähnlich gewichtiger Fehler in Rede steht und der Antragsteller einen solchen Fehler sowie die Tatsachen substantiiert vorträgt, die für die Wahrscheinlichkeit eines ursächlichen Zusammenhangs zwischen Fehler und Mandatsinhaberschaft relevant sind.[465] Keine Antragsberechtigung liegt vor für den Fall, dass ein Mitglied der GMV nach erfolgloser Erörterung von Verbesserungsvorschlägen mit der Anstaltsleitung diese gerichtlich durchsetzen möchte.[466] Eine Wohngruppe dagegen kann nicht Träger von Rechten und Pflichten sein, der Wohngruppensprecher kann für die Wohngruppe keine Rechte gerichtlich geltend machen.[467] Der einzelne Gefangene hat keinen Anspruch auf kollektive Mitwirkung an Angelegenheiten von allgemeinem Interesse oder auf eine bestimmte organisatorische Ausgestaltung der GMV.[468] Zu den außergerichtlichen Beschwerdemöglichkeiten der GMV vgl. 12 A Rdn. 8; zur Problematik der Antragsberechtigung bei § 109 StVollzG (12 B Rdn. 29).

8   **d) Verkehr der GMV mit der Außenwelt.** Die Entscheidung der Fragen, ob die GMV Empfänger und Absender von Postsendungen sein kann, hängt von der Realverfassung der GMV ab. Voraussetzung ist, dass ein Insassensprecher oder ein Gremium von Insassen gewählt oder auch bestellt ist, um die Gesamtheit der Insassen zu vertreten; sonst fehlt es an einem Empfänger oder Absender. Doch gelten für die GMV nicht die Vorschriften über den Verkehr der Gefangenen mit der Außenwelt.[469] Eine andere Regelung würde dem Recht und der Pflicht des Anstaltsleiters zuwiderlaufen, die Anstalt nach außen allein zu vertreten (K Rdn. 8).

Dieser Grundsatz ist jedoch insoweit eingeschränkt, als die GMV ihre Teilhaberechte gerichtlich (Rdn. 7) oder durch Eingaben und Beschwerden zur Geltung bringen will. Auch ist die Anstaltsleitung nicht gehindert, die GMV am Verkehr mit der Außenwelt teilnehmen zu lassen. Sie kann insoweit nach pflichtmäßigem Ermessen entscheiden. In der Praxis ermöglichen Anstaltsleitungen der GMV, besonders den bei der Gestaltung einer Gefangenenzeitung mitwirkenden Insassen, nicht selten persönliche und schriftliche Kontakte mit der Außenwelt. Das LG Hamburg[470] hat den Ermessensspielraum des Anstaltsleiters bei der Herausgabe einer Anstaltszeitung ausführlich dargestellt. Danach bedarf „sowohl die Herausgabe einer in der JVA verfassten und redigierten Anstaltszeitung als auch die Mitwirkung der Insassen an der Herausgabe und inhaltlichen Gestaltung (...) der Zulassung durch die Anstaltsleitung, die sich in ihrer Ermessensausübung an den Vollzugszielen zu orientieren hat". „Es ist demnach in das Ermessen der Vollzugsbehörde gestellt, ob, in welcher Form und mit welchen Mitteln sie eine Mitwirkung des Gefangenenkollektivs an der Verwirklichung des Vollzugsziels auch durch Einrichtung einer Haus- bzw. Anstaltszeitung ermöglicht" (vgl. Rdn. 13).

9   **3. Möglichkeiten der Ausgestaltung der GMV. Die praktischen Ausgestaltungsmöglichkeiten** sind so vielfältig, dass sie hier nur angedeutet werden können. Ein interessantes Beispiel bildet etwa die Leitung der wöchentlichen Sprecherkonferenz durch einen Externen.[471] Besondere Schwierigkeiten ergeben sich, wenn in geschlosse-

---

465 OLG Hamburg vom 15.10.2001 – 3 Vollz (Ws) 78/01.
466 OLG Rostock vom 4.12.2014 – 20 Ws 328/14.
467 OLG Hamm NStZ 1993, 512.
468 KG NStZ 1990, 208 B.
469 §§ 23–34; OLG Koblenz NStZ 1981, 160; § 28 Rdn. 3; C/MD 2008 Rdn. 6; a.A. AK-*Joester/Wegner* 2012 § 28 Rdn. 2; AK-*Graebsch* 2017 Teil II § 99 LandesR Rdn. 22; vgl. auch OLG Nürnberg NStZ 1986, 286 für den von Gefangenen einer Anstalt gebildeten Ortsverband einer Partei.
470 NStZ 1987, 383.
471 *Geitner*, ZfStrVo 2002, 330–333.

nen Anstalten Insassenvertreter gewählt werden sollen. Die dort bestehenden Einschränkungen der Bewegungsfreiheit der Gefangenen erschweren eine angemessene Bildung des Wählerwillens. Die vielfach geäußerte Befürchtung, subkulturelle Machtstrukturen könnten durch die GMV legitimiert werden,[472] scheint unbegründet zu sein, wohl weil die „starken" Gefangenen die vertrauten Wege der Machtausübung für wirksamer halten. Eher wird GMV dadurch behindert und gestört, dass ihre Mitglieder eigennützige Interessen verfolgen.[473]

Erfolgreiche GMV setzt ein Mindestmaß von Vertrauen unter den Partnern voraus. 10 Da die Mitwirkung der GMV auf von der Anstaltsleitung abgeleitetem Recht (Rdn. 6) beruht, ist diese befugt, Kandidaten für die GMV von der Wahl und Mitglieder der GMV von der weiteren Mitwirkung auszuschließen.[474] Die Voraussetzungen für eine solche Maßnahme müssen jedoch eng und klar umschrieben sein, damit nicht der Eindruck eines willkürlichen Eingriffs in die GMV entsteht. In Sachsen-Anhalt regelt **ST** § 112 S. 4, dass der Anstaltsleiter einen Gefangenen von der Interessenvertretung ausschließen kann, solange durch seine Teilnahme die Sicherheit oder Ordnung der Anstalt gefährdet wäre. In Verwaltungsvorschriften und Erlassen haben andere Bundesländer ähnliche Regelungen, in denen die aufgeführten Ausschließungsgründe konkretisiert sind. Dabei müssen konkrete Anhaltspunkte für die genannten Gründe vorliegen.[475] Hierbei handelt es sich um überprüfbare Begriffe. Sehen die Statuten der GMV einer Anstalt vor, dass von einer Kandidatur für die GMV oder von ihrer Mitwirkung an ihr solche Strafgefangene ausgeschlossen werden, die schuldhaft ohne Arbeit sind, so reicht die bloße Ablösung eines Strafgefangenen von seinem Arbeitsplatz hierfür nicht aus, wenn die für die Ablösung ursächliche Verfehlung aufgrund ihrer Schwere nicht die Verhängung von Arrest rechtfertigen kann.[476] Eine verständige Anstaltsleitung wird von ihrem Eingriffsrecht nur im Notfall Gebrauch machen. Es darf nicht der Anschein entstehen, die Leitung wolle sich der Auseinandersetzung mit ihr unangenehmem Vorbringen entziehen.

4. Angelegenheiten von gemeinsamem Interesse. Hierfür eignen sich zum Bei- 11 spiel die Gestaltung des Speiseplanes und die Organisation der Freizeit im weitesten Sinne.[477] Dazu gehören etwa auch Vereinbarungen, sich nur so viel Brot aushändigen zu lassen wie man benötigt. Damit wird ermöglicht, dass für das eingesparte Geld besondere Zusatznahrungsmittel für die Gefangenen beschafft werden können – und verhindert, dass das überschüssige Brot durch das Fenster geworfen wird (eine solche Vereinbarung hat sich in der Justizvollzugsanstalt Straubing bereits bewährt). In vielen Anstalten gibt es bereits eine lange Tradition aus der Zeit vor dem StVollzG zur GMV. Die Teilnahme an GMV-Sitzungen während der Arbeitszeit begründet einen Anspruch auf Arbeitsentgelt.[478] Ein Negativkatalog von Gegenständen, die für die GMV nicht in Betracht kommen, besteht regelmäßig für Personalangelegenheiten, Fragen der Behandlung einzelner Gefangener und alles, was mit der Anstaltssicherheit zusammenhängt. So explizit geregelt ist

---

472 C/MD 2008 Rdn. 3.
473 K/S-*Kerner* 2002 § 13 Rdn. 32.
474 OLG Koblenz NStZ 1991, 511 mit zustimmender Anm. von *Rotthaus* und ablehnender Anm. von *Nix* NStZ 1992, 304; OLG Nürnberg ZfStrVo 2002, 243.
475 OLG Hamm ZfStrVo 2002, 243 f.
476 OLG Karlsruhe LS ZfStrVo 2005, 124 f = NStZ 2005, 292; zust. *Arloth* 2011 Rdn. 2 mit Vorbehalt gegen die Forderung, dass die Schwere der Verfehlung Arrest rechtfertigen solle, BeckOK-*Futter/Wulf* § 14 Rdn. 4, 5 mit Beispiel der Statuten einer JVA.
477 BeckOK-*Engelstätter* § 160 Rdn. 6 mit weiteren Beispielen.
478 LG Mannheim NStZ 1985, 239.

dies nur in **SL** § 112 Abs. 3 S. 2.[479] Doch darf dieser an sich sachgemäße Katalog nicht dahin missverstanden werden, dass die Anstaltsleitung zu diesen Themen auch nicht informierend Stellung nehmen dürfte. Geheimhaltung ist in Anstalten aller Art, nicht nur in Vollzugsanstalten, äußerst schwierig. Eine freimütige Information ist besser als ein Wuchernlassen der Gerüchte. Um ein hochempfindliches Beispiel zu wählen: auch für den betroffenen Mitarbeiter kann es besser sein, wenn er über sein Fehlverhalten und die Reaktion der Anstaltsleitung darauf informiert wird, als wenn diese Information gerüchteweise durchs Haus läuft.[480] Natürlich muss sich der Anstaltsleiter in diesem Fall mit dem Mitarbeiter abstimmen. Falsch wäre es nur, wenn die Anstalt sich durch den Negativkatalog gehindert sähe, in solchen Fällen in die brodelnde Gerüchteküche klärend einzugreifen. Diese Überlegungen gelten für Einzelfragen der Behandlung von Gefangenen und selbst für Fragen der Anstaltssicherheit entsprechend. Zur Beteiligung der Gefangenen an Konferenzen L Rdn. 7.

12   **5. Erfahrungen.** Seit dem Inkrafttreten des StVollzG konnten Erfahrungen mit der GMV gewonnen werden. Vielfach ist festzustellen, dass sich „nur sehr kümmerliche Formen der GMV durchgesetzt haben".[481] In den Ländern Hessen und Rheinland-Pfalz hat es, wie *Nix/Schürrhoff* festgestellt haben, im Jahre 1990 in 37% der Anstalten noch nie eine GMV gegeben. Ob dieses erschreckende Defizit, wie *Nix/Schürrhoff* meinen, auf der restriktiven Rechtsprechung zu § 160 StVollzG beruht, muss bezweifelt werden. Zumal neuere Zahlen von *Watts* bezogen auf das gesamte Bundesgebiet Ähnliches belegen. An einer bundesweiten Anfrage zur GMV beteiligten sich 146 Anstalten, von denen 23% angaben, dass es bei ihnen zur Zeit keine Insassenvertretung gäbe. Mitbestimmung ist ein schwieriges Geschäft – nicht nur im Strafvollzug. Dort wird es erschwert durch die Strukturen der oft viel zu großen Anstalten und ihre Belegung z.B. mit einem hohen Anteil von Untersuchungsgefangenen und Kurzstrafern. Doch ist einzuräumen, dass manche Anstaltsleiter nicht besonders betrübt sind, wenn GMV nicht zustande kommt. Andere Anstaltsleiter bemühen sich aber redlich, „ihre" GMV zu stützen und anzuregen. Gegen die einseitige Schuldzuweisung von *Nix/Schürrhoff* spricht vor allem, dass nicht einmal unter den außergewöhnlich günstigen Bedingungen der Sozialtherapie GMV in jedem Falle gelingt (vgl. Rdn. 2). Die Länder Baden-Württemberg (**BW** § 14 Abs. 1 S. 4 I) und Bayern (**BY** Art. 116 Abs. 2) versuchen hier entgegenzusteuern, indem sie den Bediensteten auftragen, Gefangene zur Mitwirkung zu motivieren und die Arbeit von Mitwirkungsgremien explizit zu fördern.[482]

Als positive Beispiele referiert *Kerner*[483] die Erfahrungen mit GMV in der Jugendanstalt Hameln[484] und in Berlin.[485] Beiden Beispielen ist gemeinsam, dass es sich nicht um bloße Repräsentantensysteme handelt, sondern dass die Mitwirkung an überschaubaren Bereichen der Anstalten ansetzt. Durch Formalisierung kann das Interesse erlahmen. Ein „Vierteljahresgespräch", in dem der Anstaltsleiter die Anfragen der GMV entgegennimmt, um sie schriftlich zu beantworten, wird den Bedürfnissen der Gefangenen nicht gerecht.

13   **6. Beispiel Gefangenenzeitung.** Eine Möglichkeit, welche GMV eröffnet, ist die **Gefangenenzeitung**.[486] In vielen Anstalten erscheinen solche Hauszeitungen. Sie vermit-

---

479 BeckOK-*Strasser* § 112 Rdn. 13.
480 1991, 113 ff.
481 *Koepsel* 1988, 309; K/S-*Schöch* 2002 § 5 Rdn. 103; *Nix* 1990.
482 BeckOK-*Arloth* Art. 116 BayStVollzG Rdn. 3.
483 AaO.
484 *Bulczak* 1979.
485 *Baumann* 1979.
486 *Vollmer* 1980; *Klein* 1992.

teln ein lebendiges Bild vom Leben in der Anstalt. An ihrer Herausgabe entzünden sich jedoch oft Konflikte zwischen der Anstaltsleitung und den Mitarbeitern der Zeitung.[487] Wenn die Anstaltsleitung, wie regelmäßig, Herausgeber der Zeitung ist, hat sie das Recht, und wegen ihrer Gesamtverantwortung (K) die Pflicht, auf den Inhalt der Gefangenenzeitung Einfluss zu nehmen. Diese Einflussnahme ist keine Zensur, die nach Art. 5 Abs. 1 GG verboten ist. Die Anstaltsleitung und der Herausgeber dürfen einen Redakteur unter den engen oben umschriebenen Voraussetzungen (Rdn. 10) von der weiteren Mitarbeit ausschließen.[488] Bei dieser Organisationsform hat die Redaktion der Gefangenenzeitung keinen presserechtlichen Auskunftsanspruch über Angelegenheiten der Vollzugsanstalt der Vollzugsbehörde gegenüber.[489] Rotthaus sieht jedoch, angeregt durch die Forschungsarbeit von Vomberg[490] Entwicklungsmöglichkeiten bei den Gefangenenzeitungen; einen vorsichtigen Kompromiss könne er darin finden, dass der Anstaltsleiter Herausgeber bleibt, sich den Redakteuren gegenüber aber festlegt, nur in bestimmten Grenzfällen einzugreifen, z.B. bei Gefahr für Sicherheit und Ordnung der Anstalt, um Gefangenen-Redakteure vor Strafverfolgung zu bewahren, Schadensersatzansprüche gegen das Land zu vermeiden und Beamte und Gefangene zu schützen.[491] Ein Beispiel für ein lebendiges Miteinander zwischen Redakteuren und der Anstaltsleitung stellt der „Lichtblick", die Gefangenenzeitung der JVA Tegel, dar. Seit 49 Jahren erscheint diese Zeitung in der Regel alle drei Monate mit einer Auflage von 8000 Exemplaren und wird über die Berliner Landesgrenze hinaus in Gefängnissen, aber auch Anwaltskanzleien und Gerichten gelesen.[492] Eine Besonderheit der Zeitung: Herausgeber ist die Redaktionsgemeinschaft, bestehend aus Insassen der JVA Tegel. Jedoch stellt nicht jedes Streben von Inhaftierten nach einer unzensierten Gefangenenzeitung eine Tätigkeit im Rahmen der GMV dar, hierfür erforderlich ist die tatsächliche Zugehörigkeit dieser Inhaftierten zu einer GMV.[493]

N. Hausordnung

Bund	§ 161 StVollzG
Baden-Württemberg	BW § 15 I JVollzGB
Bayern	BY Art. 184 BayStVollzG
Berlin	BE § 108 StVollzG Bln
Brandenburg	BB § 114 BbgJVollzG
Bremen	HB § 101 BremStVollzG
Hamburg	HH § 110 HmbStVollzG
Hessen	HE § 79 HStVollzG.
Mecklenburg-Vorpommern	MV § 100 StVollzG M-V
Niedersachsen	NI § 183 NJVollzG
Nordrhein-Westfalen	NW § 102 StVollzG NRW
Rheinland-Pfalz	RP § 111 LJVollzG.
Saarland	SL § 100 SLStVollzG

---

487 Lesting/Feest 1988.
488 LG Hamburg NStZ 1987, 383; KG NStZ 1989, 429 B.
489 OLG Hamburg ZfStrVo 1991, 134.
490 Hinter Schloss und Riegel – Gefangenenzeitungen aus Nordrhein-Westfalen und Brandenburg zwischen Anspruch und Wirklichkeit, Mönchengladbach 2000.
491 Rotthaus 2001, 175.
492 Deckwerth FS 2010, 17, 19, Schroven FS 2015, 86.
493 KG Berlin vom 27.7.2017 – 2 Ws 70/17 Vollz.

Sachsen	SN § 113 SächsStVollzG
Sachsen-Anhalt	ST § 113 JVollzGB LSA
Schleswig-Holstein	SH § 140 LStVollzG SH
Thüringen	TH § 112 ThürJVollzGB

I. Allgemeine Hinweise

1   Die Strafvollzugsgesetze können die Rechte und Pflichten der Gefangenen nur in Grundzügen regeln. Die gesetzlich gebotene Differenzierung (C) wird dazu führen, dass sich die Vollzugsanstalten künftig noch weiter auseinanderentwickeln, als das bis heute schon geschehen ist. Im Zuge dieser Entwicklung kommt örtlichen Regelungen zunehmend größere Bedeutung zu. Die wesentlichen in einer Anstalt geltenden Sondervorschriften sind in einer Hausordnung zusammenzufassen. Eine Ermächtigungsgrundlage für diese Vorschriften findet sich in allen Landesstrafvollzugsgesetzen: **BW** § 15 I, **BY** Art. 184, **BE** § 108, **BB** § 114, **HB** § 101, **HH** § 110, **HE** § 79, **MV** § 100, **NI** § 183, **NW** § 102, **RP** § 111, **SL** § 100, **SN** § 113, **ST** § 113, **SH** § 140, **TH** § 112. In § 161 Abs. 1 **StVollzG stand** hierzu: *„Der Anstaltsleiter erlässt eine Hausordnung. Sie bedarf der Zustimmung der Aufsichtsbehörde."* Alle Bundesländer haben ihre Anstaltsleitungen zum Erlass einer Hausordnung ermächtigt, aber auch verpflichtet. In **BW** § 15 Abs. 1 S. 2, **BE** § 108 S. 2 und **RP** § 111 S. 2 ist hierbei die Beteiligung der Insassenvertretung gesetzlich normiert. Das Zustimmungserfordernis der Aufsichtsbehörde besteht in **BW** § 15 Abs. 1 S. 2 I, **BY** Art. 184 Abs. 1 S. 2, **HH** § 110 Abs. 1 S. 2 und **ST** § 113 Abs. 1 S. 2. In **BE** § 108 S. 3, **BB** § 114 S. 2, **HB** § 101 S. 2, **MV** § 100 S. 2, **RP** § 111 S. 3, **SL** § 100 S. 2, **SN** § 113 S. 2, **SH** § 140 S. 3 und **TH** § 112 S. 2. hat sich die Aufsichtsbehörde die Genehmigung vorbehalten.

Man kann die Normen der Hausordnung mit den Allgemeinen Geschäftsbedingungen vergleichen, die – für einen Teilbereich des Wirtschaftslebens – die Normen des Gesetzes ergänzen. Hausordnungen waren früher in trockenem Verwaltungsstil mit dem Schwergewicht auf den Geboten und Verboten abgefasst. Heute bemühen sich viele Anstalten, die Rechtsnormen einfühlsam und für Laien verständlich zu formulieren, auf die Rechte der Gefangenen hinzuweisen und damit Ratschläge für ihre Verwirklichung zu verbinden.[494] Trotzdem teilen die Hausordnungen auch heute noch das Schicksal alles „Kleingedruckten"; sie werden von den meisten Gefangenen nicht gelesen. Stattdessen informieren sich die Insassen lieber durch Nachfrage bei ihren Mitgefangenen, welche Regeln sie in der für sie neuen Anstalt beachten müssen. Diese Art der Weitergabe von Information birgt erhebliche Fehlerquellen in sich. Eine negativ geprägte Subkultur hat hier ein gefährliches Betätigungsfeld. Diese Sachlage muss die Anstaltsleitung berücksichtigen. Es hat sich bewährt, dem Bedürfnis der Gefangenen nach mündlicher Vermittlung der notwendigen Informationen Rechnung zu tragen. Das kann in der Weise geschehen, dass die Zugänge möglichst unmittelbar nach der Aufnahme in kleinen Gruppen zusammengefasst und mit den wichtigsten Vorschriften der Hausordnung vertraut gemacht werden. Die Anstalt hat die Möglichkeit, bei solchen Gruppengesprächen zugleich die Gründe der Regelung zu erläutern und für die Einhaltung der Normen zu werben. Auch die in vielen Haftträumen vorhandenen Fernsehgeräte können für eine Bekanntgabe der Hausordnung in leicht verständlicher Form verwendet werden. Zur Unterrichtung im Aufnahmeverfahren 2 A Rdn. 6.

---

[494] Ein schönes Beispiel hierfür liefert die Hausordnung der Untersuchungshaftanstalt Hamburg, in Auszügen in FS 2017, 96–97.

II. Erläuterungen

Etliche Bundesländer haben, wie der Bundesgesetzgeber, die in der Hausordnung zu 2
regelnden Bereiche präzisiert (**BW** § 15 I, **BY** Art. 184, **HH** § 110, **HE** § 79, **NI** § 183, **NW**
§ 102, **ST** § 113, **SH** § 140),[495] vgl. hierzu § 161 Abs. 2 StVollzG: *„In die Hausordnung sind namentlich die Anordnungen aufzunehmen über 1. Die Besuchszeiten, Häufigkeit und Dauer der Besuche, 2. die Arbeitszeit, Freizeit und Ruhezeit sowie 3. die Gelegenheit, Anträge und Beschwerden anzubringen, oder sich an einen Vertreter der Aufsichtsbehörde zu wenden."* Bayern hat in **BY** Art. 184 Abs. 2 in Nr. 3 neu aufgenommen: *„auf der Grundlage dieses Gesetzes besonders auferlegte Pflichten"*; Hiermit soll klargestellt werden, dass Verhaltenspflichten (z.B. Alkoholverbot und Rauchverbot in bestimmten Bereichen der Anstalt) ein wichtiger Bestandteil der Hausordnung sind.[496]

Die Hausordnung kann **im Wege der Selbstbindung der Verwaltung Ansprüche des Gefangenen**, die im Gesetz nicht enthalten sind, **neu begründen**. Umgekehrt kann sie über das Gesetz hinausgehende Pflichten nicht festsetzen, insbesondere keine neuen Eingriffsbefugnisse für die Vollzugsbehörde schaffen. Legt die Hausordnung z.B. die monatliche Mindestbesuchszeit, über den gesetzlichen Anspruch hinausgehend, auf drei Stunden fest, so hat jeder Gefangene Anspruch auf Besuch in diesem Umfang (9 B). Die Anstaltsleitung kann jedoch in der Hausordnung im Nachhinein bei den täglichen Aufschlusszeiten eine Differenzierung zwischen arbeitenden und nicht arbeitenden Gefangenen während der Woche vorsehen. Voraussetzung hierfür ist, dass diese Regelung „der bloßen Organisation des Tagesablaufs in der Vollzugsanstalt dient und keine Diskriminierung oder gar Bestrafung der nicht arbeitenden Gefangenen darstellt".[497] Die gesetzliche Arbeitspflicht dagegen (4 B) kann in der Hausordnung nur näher konkretisiert werden. Die Hausordnung kann also bestimmen, wann und wo die Arbeitspflicht zu erfüllen ist. „Eine Verlängerung der Arbeitszeit liegt bis zur Länge der in der freien Wirtschaft und im öffentlichen Dienst geltenden Arbeitszeit im pflichtgemäßen Ermessen der Vollzugsbehörde".[498]

Die Problematik einer fast lückenlosen Reglementierung des Zeitbudgets eines Gefangenen durch die Hausordnung zeigt *Böhm*[499] auf: sie erleichtert zwar die Arbeit der Bediensteten und gibt den Gefangenen Verhaltenssicherheit, sie verlangt aber keine eigenen Entscheidungen und steht damit einer Entwicklung zur Eigenverantwortlichkeit im Sinne des Vollzugsziels entgegen.

Nach § 161 Abs. 3 StVollzG war in jedem Haftraum ein **Abdruck der Hausordnung** auszulegen. Die Vorschrift konkretisierte die allgemeine Verpflichtung der Anstalt, den Gefangenen „über seine Rechte und Pflichten zu unterrichten" (2 A Rdn. 6). Diese Information ist auch deshalb geboten, weil wegen schuldhafter Verletzung der Pflichten, die dem Gefangenen auf Grund des jeweiligen Strafvollzugsgesetzes durch die Hausordnung auferlegt werden, Disziplinarmaßnahmen angeordnet werden können (11 M Rdn. 15). Allerdings hat sich diese Regelung, nach der in jedem Haftraum ein Abdruck der Hausordnung auszulegen ist, in der Praxis nicht bewährt, da die ursprünglich ausgelegten Exemplare häufig beschädigt oder beseitigt wurden. Deshalb verlangen die Landesgeset-

---

495 Davon abgesehen haben Berlin, Brandenburg, Bremen, Mecklenburg-Vorpommern, Rheinland-Pfalz, das Saarland, Sachsen und Thüringen.
496 BeckOK-*Arloth* § 184 Rdn. 1.
497 LG Hildesheim, Beschl. vom 27.7.2011 – 23 StVK 502/11, nur bei juris.
498 § 3 Abs. 1, VV Nr. 4 Abs. 1 Satz 1 zu § 37 StVollzG – KG NStZ 1989, 445.
499 *Böhm* 2003 Rdn. 335.

ze von Bayern⁵⁰⁰ (**BY** Art. 184 Abs. 3) und Hamburg (**HH** § 110 Abs. 3) die Aushändigung eines Abdrucks an jeden Inhaftierten. In Niedersachsen (**NI** § 183 Abs. 3) und Sachsen-Anhalt (**ST** § 113 Abs. 3) soll die Hausordnung allgemein zugänglich und bei Bedarf ausgehändigt werden. **BW** § 15 Abs. 2 I fordert die Hausordnung den Gefangenen in geeigneter Weise zugänglich zu machen.⁵⁰¹ Auf diese Weise ist sichergestellt, dass die Gefangenen sich über ihre Rechte und Pflichten informieren können. In den übrigen Landesgesetzen gibt es zur Frage der Bekanntgabe der Hausordnung keine Regelung. Einen weiteren Aspekt der Bekanntgabe gibt es bei inhaftierten Ausländern. **BW** § 15 Abs. 3 I⁵⁰² verlangt zusätzlich, dass die Hausordnung oder zumindest wichtige Auszüge *„in den Muttersprachen der wesentlichen Gefangenengruppen der Justizvollzugsanstalt"* vorliegen sollen. Ähnliche Regelungen treffen **BB** § 114 S. 3 und **BE** § 108 S. 4. Dies entspricht einem dringenden Bedürfnis der Praxis.

3   Einen Gesetzestext erhält der Gefangene dagegen nicht ohne weiteres, er muss ihm aber auf Verlangen ausgehändigt werden.⁵⁰³ Die von den Landesjustizverwaltungen herausgegebenen „Informationen zum Strafvollzugsgesetz", die stattdessen ausgegeben werden, sind kein geeigneter Ersatz.

4   Die Hausordnung ist eine Sammlung von Rechtsvorschriften, keine „Maßnahme zur Regelung einzelner Angelegenheiten" (§ 109 Abs. 1 Satz 1 **StVollzG**). Deshalb ist ein Antrag auf gerichtliche Entscheidung mit dem Ziel der Aufhebung der Hausordnung unzulässig.⁵⁰⁴ Anfechtbar aber ist der Verwaltungsakt, der sich auf die in der Hausordnung enthaltene Rechtsvorschrift stützt.⁵⁰⁵ Ausnahmsweise sind einzelne in Hausordnungen enthaltene Normen anfechtbar, wenn diese nach Art einer Allgemeinverfügung unmittelbar in den Rechtskreis des Gefangenen eingreifen.⁵⁰⁶ In zweifelhaften Fällen stellt jedoch der Betroffene – es kann auch ein Außenstehender sein – vorsorglich einen Antrag, die in der Hausordnung enthaltene Regelung nicht auf ihn anzuwenden, und ficht die daraufhin ergehende Entscheidung an.⁵⁰⁷

5   Ein **Beispiel** für die Konkretisierung einer sehr allgemeinen Norm war Gegenstand verfassungsgerichtlicher Überprüfung.⁵⁰⁸ Es ging um das in der Hausordnung festgelegte **Verbot, Mitgefangene in Rechtssachen zu beraten**. Im zu entscheidenden Fall hatte der Gefangene „regelmäßig und in bedeutendem Umfang Strafgefangene rechtlich beraten und deren schriftliche Geschäftsbesorgung übernommen". Für seine Tätigkeit hatte er Gegenleistungen in Form von Lebensmitteln, Tabak oder Briefmarken angenommen. In Übereinstimmung mit der Strafvollstreckungskammer hat das Bundesverfassungsgericht in diesem Verhalten einen Verstoß gegen das damals geltende Rechtsberatungsgesetz (§ 1 Abs. 1), aber zugleich auch eine Störung des Zusammenlebens in der Anstalt gesehen. „Nach § 82 Abs. 1 Satz 2 StVollzG darf ein Strafgefangener durch sein Verhalten gegenüber Vollzugsbediensteten, Mitgefangenen und anderen Personen das geordnete Zusammenleben in der Anstalt nicht stören. Welche spezifischen Verhaltenspflichten den Strafgefangenen insofern auferlegt sind, bestimmt auf der Grundlage des § 161 StVollzG die jeweilige Hausordnung, sofern nicht das Strafvollzugsgesetz selbst, wie z.B.

---

500   BeckOK-*Arloth* § 184 Rdn. 3.
501   BeckOK-*Futter/Wulf* § 15 Rdn. 4.
502   BeckOK-*Futter/Wulf* § 15 Rdn. 5.
503   OLG Celle NStZ 1987, 44 f.
504   OLG Hamm NStZ 1985, 354 *F*.
505   BeckOK-*Engelstätter* § 161 Rdn. 5.
506   OLG Celle NStZ 90, 427 *B*; KG NStZ 1997, 429 *M* für den Fall der Vorverlegung des Abendeinschlusses.
507   Vgl. OLG Hamm ZfStrVo 1987, 383.
508   BVerfG NStZ 1998, 103 f, (vgl. hierzu BVerfG StV 1996, 499 f).

in § 83 StVollzG die Verhaltenspflichten bereichsspezifisch und insofern abschließend normiert hat".

O. Beirat

Bund	§§ 162 bis 165 StVollzG
Baden-Württemberg	BW § 18 I JVollzGB
Bayern	BY Art. 185 bis 188 BayStVollzG
Berlin	BE §§ 111, 112 StVollzG Bln
Brandenburg	BB § 117 BbgJVollzG
Bremen	HB § 104 BremStVollzG
Hamburg	HH §§ 114 bis 117 HmbStVollzG
Hessen	HE § 81 HStVollzG
Mecklenburg-Vorpommern	MV § 103 StVollzG M-V
Niedersachsen	NI §§ 186 bis 188 NJVollzG
Nordrhein-Westfalen	NW §§ 105 bis 107 StVollzG NRW
Rheinland-Pfalz	RP § 114 LJVollzG
Saarland	SL § 103 SLStVollzG
Sachsen	SN § 116 SächsStVollzG
Sachsen-Anhalt	ST § 116 JVollzGB LSA
Schleswig-Holstein	SH § 143 LStVollzG SH
Thüringen	TH § 115 ThürJVollzGB

Schrifttum

Dürr Anstaltsbeiräte – Vertreter der Öffentlichkeit ohne Wirkung auf die Öffentlichkeit, in: Soziale Arbeit 1983, 57 ff; *Felix u.a.* Tätigkeitsbericht des Anstaltsbeirats der Jugendstrafanstalt Plötzensee, in: KrimJ 1979, 296 ff; *Gandela* Anstaltsbeiräte, in: Schwind/Blau 1988, 229 ff; *Gerken* Anstaltsbeiräte: Erwartungen an die Beteiligung in der Öffentlichkeit am Strafvollzug und praktische Erfahrungen in Hamburg – eine empirische Studie, Frankfurt 1986; *Münchbach* Strafvollzug und Öffentlichkeit mit besonderer Berücksichtigung der Anstaltsbeiräte, Stuttgart 1973; *Schäfer* Anstaltsbeiräte – die institutionalisierte Öffentlichkeit? Eine empirische Untersuchung über die Tätigkeit der Anstaltsbeiräte an den hessischen Vollzugsanstalten, Heidelberg 1987; *ders.* Anstaltsbeiräte und parlamentarische Kontrolle im hessischen Justizvollzug, in: Busch/Edel/Müller-Dietz (Hrsg.), Gefängnis und Gesellschaft, Pfaffenweiler 1994, 196 ff; *Prieschl* Anstaltsbeiräte zwischen normativem Anspruch und tatsächlicher Praxis, Frankfurt am Main 2016; *Schibol/Senff* Anstaltsbeiräte – Aufgaben und Funktion, in: ZfStrVo 1986, 202 ff; *Schmid* Landesbeirat für Strafvollzug und Kriminologie in Rheinland-Pfalz, in: ZfStrVo 1994, 85 ff; *Vagg/Maguire* Out of sight, out of mind? Prison Staff and Boards of Visitors, in: Prison Service Journal, July 1985, 15 ff; *Wagner* Die Länderregelungen zur Ernennung, Entlassung und Suspendierung von Anstaltsbeiräten gemäß § 162 III StVollzG, in: ZfStrVo 1986, 340 ff.

Übersicht

I. Allgemeine Hinweise —— 1
II. Erläuterungen —— 2–8
 1. Bildung der Beiräte —— 2
 2. Aufgabe der Beiräte —— 3–6
 3. Befugnisse —— 7
 4. Pflicht zur Verschwiegenheit —— 8
 5. Praxisbeispiele —— 9

I. Allgemeine Hinweise

Die Anstaltsbeiräte, zu deren Bildung die Vollzugsbehörden verpflichtet sind, haben **1** eine **doppelte Aufgabe**. Die eine ist auf die Öffentlichkeit gerichtet. Der Strafvollzug muss sich, um seine Sicherungsfunktion zu erfüllen (1 C Rdn. 23), aber auch um die Gefangenen nicht bloßzustellen, von der Außenwelt abschließen. Die Beiräte sollen ein Stück Öffentlichkeit herstellen, die Vollzugsarbeit in den Anstalten kontrollieren und dem Misstrauen vieler Mitbürger dem Vollzug gegenüber entgegenwirken. Der zweite Tätigkeitsbereich betrifft das Leben in der Anstalt. Hier haben die Beiräte „*bei der Gestaltung des Vollzuges und bei der Betreuung der Gefangenen*[509]" mitzuwirken. In der Praxis ist es für die Beiräte nicht leicht, ihr Tätigkeitsgebiet zu finden und den Zielsetzungen des Gesetzes entsprechend abzugrenzen. Der Gesetzgeber des StVollzG hatte sich hier auf wenige Grundregeln beschränkt, um bewährte Länderentwicklungen nicht zu stören oder Ländern, die durch das Gesetz verpflichtet wurden, Anstaltsbeiräte erstmals einzuführen, Spielraum für Experimente zu lassen.[510] Diese Regelungspraxis ist von den Landesgesetzgebern übernommen worden, so dass auch in keinem der Landesgesetze den Beiräten Mitbestimmungsrechte zugewiesen worden sind. Die Folge ist, dass die Anstalten auch ohne die Arbeit des Beirats „laufen" und auf diesen nicht angewiesen sind. Es gibt deshalb Anstalten, wo in einer „Kaffeestunde" lediglich ein unverbindlicher Meinungsaustausch zwischen Anstaltsleiter und Beirat stattfindet.[511] Auf eine Aufnahme in den Anstaltsbeirat besteht kein Rechtsanspruch.[512]

II. Erläuterungen

2   **1. Bildung der Beiräte.** § 162 Abs. 1 StVollzG sah ebenso wie alle Landesgesetze (**BW** § 18 Abs. 1 I, **BY** Art. 185 Abs. 1, **BE** § 111 Abs. 1, **BB** § 117 Abs. 1, **HB** § 104 Abs. 1, **HH** § 114 Abs. 1, **HE** § 81 Abs. 1, **MV** § 103 Abs. 1, **NI** § 186 Abs. 1, **NW** § 105 Abs. 1, **RP** § 114 Abs. 1, **SL** § 103 Abs. 1, **SN** § 116 Abs. 1, **ST** § 116 Abs. 1, **SH** § 143 Abs. 1, **TH** § 115 Abs. 1) verpflichtend die Einrichtung eines Beirates bei den Justizvollzugsanstalten vor.[513] Ein Überblick über die Verwaltungsvorschriften der Länder findet sich bei *Wagner* 1986, 341, der eingehend darlegt, dass das Nähere (§ 162 Abs. 3 StVollzG), insbesondere die Ermächtigungsgrundlage für die Ernennung der Beiräte, von den Ländern durch Gesetz geregelt werden müsse (aaO 343f). Dies ist mittlerweile für alle Bundesländer erfolgt. Die Details der Auswahl und Bestimmung der Mitglieder obliegt in den Bundesländern entweder der Aufsichtsbehörde, oder ist in Verordnungen geregelt. Hierbei sind zum Teil sehr unterschiedliche Schwerpunkte gesetzt worden. So sehen **BE** § 111 Abs. 1 S. 2 und **RP** § 114 Abs. 1 S. 2 bereits im Gesetz explizit die ausgewogene Beteiligung von Frauen vor. **BE** § 111 Abs. 1 S. 2 strebt darüber hinaus eine angemessene Beteiligung von Vertretern mit Migrationshintergrund an. In den Landesverordnungen werden zum Beispiel die Beteiligung von Personen aus dem Bereich der Sozialarbeit, Vertreter der Arbeitnehmer- und Arbeitgeberorganisationen, oder kommunaler Verbände gefordert. Auch eine ausgewogene Besetzung mit Frauen und Männern und die Beteiligung von Landtagsabgeordneten ist vorgesehen. (Zwei Praxisbeispiele finden sich unter 5.) Nicht zulässig ist laut OLG Stuttgart die „Konkurrentenklage" eines nicht berücksichtigten Bewerbers für einen Beirat.[514] Der Beschluss und die kritische Anmerkung von *Dertinger* befassen sich mit Fragen der Rechtsschutzgewährung für den übergangenen Bewerber und den ihn stützenden Verein. Eine Abberufung eines Mitgliedes aus wichtigem Grund ist ebenfalls in den meisten Ländern möglich. Bei einer schwerwiegenden Pflichtverletzung, z.B. einer

---

509   § 163 S. 1 StVollzG.
510   Ausführlich hierzu *Kerner* Anm. zu OLG Hamm NStZ 1981, 277, 280.
511   Hierzu kritisch *Graebsch*, FS 2014, 393.
512   OLG Stuttgart NStZ 1986, 382ff; *Arloth/Krä* 2017 § 162.
513   BeckOK-*Engelstätter* § 162 Rdn. 3.
514   NStZ 1986, 382ff.

Verletzung der Schweigepflicht (Rdn. 7) ist dies vorstellbar. Die Anzahl der Beiratsmitglieder ist in den einzelnen Bundesländern unterschiedlich. Die Zahl orientiert sich an der Größe der Haftanstalt und reicht von drei bis 13 Mitgliedern. Die Amtsdauer liegt laut den Vorschriften der Länder zwischen drei und fünf Jahren und ermöglicht so eine gewisse Kontinuität der Aufgabenwahrnehmung.

2. Aufgabe der Beiräte – Gemeinwesenarbeit und nicht ausschließlich Einzelfallhilfe. Sämtliche Landesgesetze haben die Aufgabenbeschreibung des § 163 StVollzG in ihre Gesetze integriert: **BW** § 18 Abs. 2 I, **BY** Art. 186, **BE** § 111 Abs. 2 und 3, **BB** § 117 Abs. 2 und 3, **HB** § 104 Abs. 2 und 3, **HH** § 115, **HE** § 81 Abs. 2, **MV** § 103 Abs. 2 und 3, **NI** § 187 Abs. 1, **NW** § 105 Abs. 2, **RP** § 114 Abs. 2 und 3, **SL** § 103 Abs. 2 und 3, **SN** § 116 Abs. 2, **ST** § 116 Abs. 2 und 3, **SH** § 143 Abs. 2 und 3, **TH** § 115 Abs. 2 und 3. Im § 163 **StVollzG** hieß es: „*Die Mitglieder des Beirats wirken bei der Gestaltung des Vollzuges und bei der Betreuung der Gefangenen mit. Sie unterstützen den Anstaltsleiter durch Anregungen und Verbesserungsvorschläge und helfen bei der Eingliederung der Gefangenen nach der Entlassung.*" Einige Länder haben die Aufgaben des Beirats um weitere Aspekte erweitert (hierzu später, Rdn. 4).

Ein **Missverständnis** der **Aufgaben des Anstaltsbeirats** liegt vor, wenn sich seine Arbeit in der **Beschäftigung mit Einzelsachen erschöpft**, einerlei, ob es sich mehr um die Überprüfung von Beschwerden oder um soziale Einzelfallhilfe handelt. Doch ist es für die Beiratsmitglieder schwer, sich den Erwartungen der Gefangenen zu entziehen, gerade wenn in der Anstalt Missstände, insbesondere Mangel an Betreuungskräften, die sachgemäße Vollzugsgestaltung behindern. Andererseits gibt es auch Einzelfälle, bei deren Behandlung wichtige Erkenntnisse über strukturelle Mängel der Anstalt und über Möglichkeiten zur Fortentwicklung des Vollzuges zu gewinnen sind. Der Beirat würde sich deshalb einer wichtigen Wirkungsmöglichkeit verschließen, wenn er die Beschäftigung mit Einzelfällen ausnahmslos ablehnte. Ein Beirat jedoch, der sich in erster Linie als (zusätzliche) Beschwerdeinstanz oder als „Feuerwehr" auf dem Gebiet der sozialen Einzelfallhilfe versteht, verfehlt seinen Auftrag.

Gefordert ist vorrangig eine Art von **Gemeinwesenarbeit**. Sie ist einmal auf das Leben innerhalb der Anstaltsmauern gerichtet. Dabei muss sich der Beirat auch um das Wohl des Personals kümmern. **BE** § 111 Abs. 3, **BB** § 117 Abs. 3, **HB** § 104 Abs. 3, **MV** § 103 Abs. 3, **RP** § 114 Abs. 3, **SL** § 103 Abs. 3, **SN** § 116 Abs. 3[515] und **ST** § 116 Abs. 3 äußern sich explizit zu der Betreuung der Mitarbeiter, andere verzichten auf Ausführungen hierzu, doch lassen sich die Interessen und Bedürfnisse der Insassen und ihrer Behandler nicht voneinander trennen. Gerade weil Verbesserungsvorschläge für die Behandlung und Betreuung der Gefangenen oft zusätzliche Aufgaben für das Personal bedeuten, muss der Beirat, um nicht in die Rolle des Gegners der Beamten zu geraten, sich auch für diese einsetzen. Möglichkeiten dazu ergeben sich besonders, wenn die Anstalt oder einzelne ihrer Mitarbeiter in der Öffentlichkeit angegriffen werden. Der Beirat wird sich aber auch für die Arbeitsbedingungen der Mitarbeiter interessieren und Vorschläge für ihre Verbesserung machen dürfen. Außerdem geht es bei der Gemeinwesenarbeit darum, die Anstalt in ihr soziales Umfeld einzubeziehen. Die Beiratsmitglieder sollen also Kontakte zu öffentlichen und privaten Einrichtungen herstellen, damit den Gefangenen deren Angebote (Stadtbücherei, Sportplätze, Jugendzentren) zugänglich werden. Im Hinblick auf die Entlassungsvorbereitung sind Kontakte zu Arbeitgebern und zu Stellen, die Wohnraum zu vergeben haben, von Bedeutung.

---

[515] Für den Personalrat.

13. Kapitel. Anstaltsorganisation

5 Eine Erweiterung des Aufgabenkreises haben die Landesgesetzgeber in **BE** § 111 Abs. 2 S. 2, **BB** § 117 Abs. 2 S. 2, **HB** § 104 Abs. 2 S. 2 („Anstalten" statt „Einrichtungen"), **MV** § 103 Abs. 2 S. 2, **RP** § 114 Abs. 2 S. 2, **SL** § 103 Abs. 2 S. 2, **SN** § 116 Abs. 2 S. 2 und **ST** § 116 Abs. 2 S. 2 vorgenommen. Dort sind die Beiratsmitglieder aufgefordert das „*Verständnis für den Vollzug und seine gesellschaftliche Akzeptanz*" zu fördern und „*Kontakte zu öffentlichen und privaten Einrichtungen*"[516] zu vermitteln. Auf diese Weise soll die Öffentlichkeit in besonderem Maße für die Belange des Vollzuges sensibilisiert werden[517] und um zusätzliche gesellschaftliche Unterstützung geworben werden.

6 Die Aufgaben und die **Möglichkeiten der Betätigung für Anstaltsbeiräte** sind groß;[518] die Regelungen in den Landesgesetzen sind nicht abschließend.[519] Die Mitglieder der Anstaltsbeiräte sind deshalb mitverantwortlich für die Verhältnisse in der Anstalt, bei der sie bestellt sind. Sie tragen oft schwer an dieser Verantwortung und sind enttäuscht, wenn ihre Bemühungen an den harten Realitäten des Vollzuges, vor allem an Überbelegung, Personalmangel und am Fehlen zusätzlicher Haushaltsmittel, wenn nicht scheitern, so doch ihre Grenze finden. Vor allem aus den 80er Jahren liegen Untersuchungen und Arbeiten vor, die ein anschauliches Bild vermitteln.[520] An den Realitäten dürfte sich zwischenzeitlich nicht viel geändert haben. Die Beiräte sind überall zu einer festen Institution im Strafvollzug geworden. Sie funktionieren zumindest so, dass der gesetzliche Auftrag als befolgt erscheint. Die hohen in sie gesetzten Erwartungen erfüllen sie indessen meist nicht, wobei sich die begrenzten Wirkungsmöglichkeiten und das beschränkte Zeitbudget der oft mit mehreren Ehrenämtern belasteten Beiratsmitglieder negativ – auch auf das Engagement – auswirken können. Will ein Beirat grundlegende Veränderungen erreichen, kommt es regelmäßig zu Konflikten mit Vollzugsbediensteten, Anstaltsleitung und Aufsichtsbehörde. „Am Ende steht dann im Extrem entweder gegenseitiges Blockieren oder der offene Eklat, gegebenenfalls mit Rücktritt des Beirates".[521] Da viele Schwierigkeiten der Anstalten (Überbelegung, Personalmangel, Bausachen) nur überörtlich durch die Aufsichtsbehörden behoben werden können, könnte man an einen Landesbeirat denken,[522] der vom Bundesgesetz nicht vorgesehen war, den es aber z.B. in Berlin gibt. Der Berliner Vollzugsbeirat wirkt gemäß **BE** § 112 „*bei der Planung und Fortentwicklung des gesamten Berliner Vollzugs beratend mit*". Auf diese Weise verfügt die Berliner Senatsverwaltung als Aufsichtsbehörde über ein zusätzliches Gremium zur Beratung in Vollzugsfragen. Obwohl auf dem Gebiet des Strafvollzugs tätig, ist ein Ausschuss von Fachleuten, der die Landesjustizverwaltung in Vollzugsangelegenheiten berät, kein Anstaltsbeirat i.S. des Gesetzes. Ein solcher „Landesbeirat für Strafvollzug und Kriminologie" besteht seit 45 Jahren in Rheinland-Pfalz.[523] Dessen Mitglieder werden vom Minister der Justiz und für Verbraucherschutz berufen. Der Landesbeirat berät das Justizministerium in grundsätzlichen Fragen des Strafvollzugs und der Strafrechtspflege. Er unterstützt das Ministerium bei der Entwicklung und Erprobung von Vollzugsmaßnahmen, bei der Vorbereitung allgemeiner Richtlinien für die Vollzugsgestaltung sowie bei der Ausbildung der Vollzugsbediensteten. Durch Anstaltsbesichtigungen, durch die Teilnahme an Vollzugsmaßnahmen und Konferenzen, sowie Gesprä-

---

516 Vgl. Rdn. 5.
517 So auch *Arloth*/*Krä* 2017 § 116 SächsStVollzG Rdn. 1.
518 Vgl. auch *Münchbach* 1973.
519 AK-Graebsch 2017, Teil II § 103 LandesR Rdn. 29, BeckOK-*Engelstätter* § 163 Rdn. 2.
520 *Dürr* 1983; *Gandela* 1988; *Gerken* 1986; *Schäfer* 1987, 1994; *Schibol*/*Senff* 1986; *Vagg*/*Maguire* 1985.
521 K/S-*Schöch* 2002 § 4 Rdn. 43.
522 AK-*Graebsch* 2017 Teil II § 103 LandesR Rdn. 16.
523 Verwaltungsvorschrift des Ministeriums der Justiz vom 26. März 1986, JBl. S. 89; 2003 S. 199, in der Fassung vom 3.12.2013.

chen mit Inhaftierten kann sich der Landesbeirat einen unmittelbaren Eindruck von der Lage in den Vollzugseinrichtungen des Landes verschaffen.

3. Befugnisse. Die Befugnisse des Beirats bestehen in einem **umfassenden Informationsrecht.** § 164 StVollzG führte hierzu aus: *(1) Die Mitglieder des Beirats können namentlich Wünsche, Anregungen und Beanstandungen entgegennehmen. Sie können sich über die Unterbringung, Beschäftigung, berufliche Bildung, Verpflegung, ärztliche Versorgung und Behandlung unterrichten sowie die Anstalt und ihre Einrichtungen besichtigen. (2) Die Mitglieder des Beirats können die Gefangenen und Untergebrachten in ihren Räumen aufsuchen. Aussprache und Schriftwechsel werden nicht überwacht.* Entsprechende Regelungen finden sich in allen Landesvorschriften: **BW** § 18 Abs. 3 S. 2 und 3 I, **BY** Art. 187, **BE** § 111 Abs. 4, **BB** § 117 Abs. 4, **HB** § 104 Abs. 4, **HH** § 116, **HE** § 81 Abs. 3, **MV** § 103 Abs. 4, **NI** § 187 Abs. 3, **NW** § 106, **RP** § 114 Abs. 4, **SL** § 103 Abs. 4, **SN** § 116 Abs. 3, **ST** § 116 Abs. 4, **SH** § 143 Abs. 4, **TH** § 115 Abs. 4.

Der Beirat kann sich frei in der Vollzugsanstalt bewegen – schon aus praktischen Gründen nicht „zu jeder Tageszeit", wie *Feest/Graebsch*[524] meinen – und sich unüberwacht mit den Gefangenen und selbstverständlich auch mit den Mitarbeitern unterhalten (Recht auf Besuch – 9 B 1). „Diese Befugnis steht auch jedem einzelnen Mitglied des Beirats zu, ohne dass es dazu eines Mehrheitsbeschlusses des Beirats oder der besonderen Erlaubnis des Anstaltsleiters bedarf";[525] sie kann mit Verpflichtungsklage nach § 109 StVollzG geltend gemacht werden.[526] Das betreffende Mitglied aber hat die Verpflichtung, die übrigen Mitglieder über den Inhalt der Aussprachen zu unterrichten. Die gesetzlichen Befugnisse des Beirats können nicht durch untergesetzliche Regelung beschränkt werden.[527] Das Recht zu originärer, selbständiger Information wird ergänzt durch ein ebenfalls weit gefasstes Recht auf sekundäre **Information durch die Anstalt.**[528] Die Allgemeine Verfügung des Justizministeriums des Landes Nordrhein-Westfalen über Beiräte (Rdn. 8) hat dieses Informationsrecht konkretisiert. Danach hat der Anstaltsleiter bestimmte Vorfälle, die voraussichtlich besonderes Aufsehen in der Öffentlichkeit erregen werden, von sich aus dem Beiratsvorsitzenden mitzuteilen, während er im Übrigen verpflichtet ist, dem Beirat Auskunft zu erteilen und an Sitzungen und Anstaltsbesichtigungen teilzunehmen. Streitig war in diesem Zusammenhang, wieweit der Beirat Anspruch auf Auskunft über die ärztliche Behandlung eines Gefangenen und auf Einsicht in die Krankenakten hat. Da dem Beirat nicht die Aufgabe der Dienstaufsicht übertragen ist, hat das OLG Frankfurt[529] einen solchen Anspruch verneint. Diese Beschränkung ist sachgemäß, weil der Schwerpunkt der Arbeit des Beirats auf dem Gebiet der Verbesserung der Ausgestaltung des Vollzuges liegt und ein zu häufiges und zu weitgehendes Eingehen auf Einzelfälle den Beirat von seinen eigentlichen Aufgaben ablenkt (Rdn. 3; für ein Recht auf Akteneinsicht – mit Zustimmung des Gefangenen auch der Krankenblätter – nur AK-*Feest/Graebsch*.[530] Allerdings räumen **BW** § 18 Abs. 3 S. 2 I, **NI** § 187 Abs. 2 S. 2, **NW** § 106 Abs. 1 S. 2 und **SN** § 116 Abs. 2 S. 3 und 5 dem Anstaltsleiter explizit die Möglichkeit ein, dem Beirat, mit Zustimmung des Gefangenen, Einsicht in den Gefangenenpersonalakt zu ermöglichen. Zum Schriftverkehr mit dem Anstaltsbeirat 9 C II.

---

524 AK-*Graebsch* 2017 Teil II § 103 LandesR Rdn. 1.
525 OLG Hamm NStZ 1981, 277 ff mit zust. Anm. *Kerner*.
526 OLG Hamm aaO; *Arloth*/Krä 2017 § 109 Rdn. 2.
527 OLG Hamm aaO.
528 BeckOK-*Engelstätter* § 164 Rdn. 1, *Laubenthal/Nestler/Neubacher/Verrel* V Rdn. 66.
529 NJW 1978, 2351 f, BeckOK-*Engelstätter* § 164 Rdn. 2–3.
530 AK-*Graebsch* 2017 Teil II § 103 LandesR Rdn. 41.

8   **4. Pflicht zur Verschwiegenheit. BW** § 18 Abs. 4 I, **BY** Art. 188, **BE** § 111 Abs. 5, **BB** § 117 Abs. 5, **HB** § 104 Abs. 5, **HH** § 117, **HE** § 81 Abs. 4, **MV** § 103 Abs. 5, **NI** § 188, **NW** § 107, **RP** § 114 Abs. 5, **SL** § 103 Abs. 5, **SN** § 116 Abs. 4, **ST** § 116 Abs. 5, **SH** § 143 Abs. 5, **TH** § 115 Abs. 5 regeln die Verschwiegenheitspflicht inhaltlich wie der Bundesgesetzgeber in § 165 StVollzG. Dort war ausgeführt: *„Die Mitglieder des Beirats sind verpflichtet, außerhalb ihres Amtes über alle Angelegenheiten, die ihrer Natur nach vertraulich sind, besonders über Namen und Persönlichkeit der Gefangenen und Untergebrachten, Verschwiegenheit zu bewahren. Dies gilt auch nach Beendigung ihres Amtes."* Den umfassenden Informationsbefugnissen entspricht eine ebenso umfassende **Verschwiegenheitspflicht**, deren Verletzung gem. § 203 Abs. 2 Nr. 2 StGB strafbewehrt ist.[531] Doch hat diese Verschwiegenheitspflicht ihre Grenzen. Wenn der Beirat nach Ausschöpfung aller Möglichkeiten bestimmte schwerwiegende Missstände nicht abstellen konnte, so kann eine Güterabwägung bei § 34 StGB im Einzelfall zu dem Ergebnis führen, dass die Verschwiegenheitspflicht zurückzutreten hat.[532]

9   **5. Praxisbeispiele. Regelungen für Anstaltsbeiräte in Nordrhein-Westfalen und Bayern.** Das Land **Nordrhein-Westfalen**, um ein Beispiel zu nennen, hat nach NRW § 105 Abs. 1 S. 3 *„Bestellung, Amtszeit und Abberufung der Mitglieder"* in der Allgemeinen Verfügung des Justizministers vom 24.8.1998,[533] auf etwa vier Druckseiten geregelt. Die Allgemeine Verfügung enthält Vorschriften über die Größe (vier bis acht Mitglieder), die Zusammensetzung der Beiräte und wie deren Angehörige im Zusammenwirken von Anstalt, Rat der Stadt oder Kreistag von der Aufsichtsbehörde bestellt werden. Dem Beirat sollen möglichst ein Landtagsabgeordneter, je ein Vertreter einer Arbeitnehmer- und Arbeitgeberorganisation und eine auf dem Gebiet der Sozialarbeit tätige Person angehören. Insbesondere in Anstalten mit Frauenabteilungen soll mindestens ein Mitglied eine Frau sein. Er soll einmal monatlich zusammentreten. Die Namen der Mitglieder sind den Gefangenen – z.B. durch Aushang oder in einer Anlage zur Hausordnung – zusammen mit dem Hinweis bekannt zu geben, dass sie sich mit Wünschen, Anregungen und Beanstandungen an diese wenden können. Weiter regelt die Vorschrift die Verpflichtung des Anstaltsleiters, den Beirat bei seiner Arbeit zu unterstützen, ihm auf sein Verlangen die erforderlichen Auskünfte zu erteilen und an Sitzungen und Anstaltsbesichtigungen teilzunehmen. Der Beirat ist nicht berechtigt, die Gefangenenpersonalakten einzusehen, doch dürfen ihm aus diesen Akten mit Zustimmung des Gefangenen Mitteilungen gemacht werden, soweit sie nicht Einzelheiten aus anhängigen Strafverfahren betreffen. Die Einschränkung des letzten Halbsatzes ist erforderlich, weil sich die Beiräte auch um die Vollzugsangelegenheiten der Untersuchungsgefangenen (z.B. Unterbringung, Verpflegung, ärztliche Versorgung) kümmern, eine Regelung, die zwar über den Rahmen des Gesetzes hinausgeht, jedoch aus Gründen des Sachzusammenhangs (in der Mehrzahl der Justizvollzugsanstalten des Landes **NW** sind sowohl Strafgefangene wie Untersuchungsgefangene untergebracht) sinnvoll ist. Aus der Öffentlichkeitsorientierung der Arbeit des Beirats (Rdn. 1) ergeben sich Mitteilungs- und Berichtspflichten. So ist der Beiratsvorsitzende über „besondere Vorkommnisse" wie Sterbefälle von Gefangenen und Entweichungen aus dem geschlossenen Bereich der Anstalt zu unterrichten. Der Beirat erhält auf der vom Anstaltsleiter mindestens einmal jährlich durchzuführenden Presse-

---

531 Arloth/Krä 2017 § 165.
532 Laubenthal/Nestler/Neubacher/Verrel V Rdn. 67; AK-*Graebsch* 2017 Teil II § 103 Rdn. 43, die in diesem Zusammenhang auf die Notwendigkeit hinweist, im Regelfall auch die Datenschutzbestimmungen zu beachten.
533 JMBl. **NW** 1998, 262, in der Fassung vom 29. März 2011.

konferenz Gelegenheit, über seine Arbeit zu berichten. Bei der Aufsichtsbehörde wird kein Beirat gebildet, einen gewissen Ersatz stellt die Besprechung dar, die das Justizministerium mindestens einmal im Jahr mit den Vorsitzenden der Beiräte durchführt. Weiter erwähnt die Vorschrift, dass der Anstaltsleiter die Bestellung eines Beirats aus wichtigem Grund, besonders wegen Verletzung der Pflicht zur Verschwiegenheit, zurücknehmen kann. Schließlich finden sich Hinweise auf die finanzielle Stellung der Beiratsmitglieder. Sie werden nach einem Landesgesetz über die Entschädigung der ehrenamtlichen Mitglieder von Ausschüssen entschädigt und sind gemäß § 2 Abs. 1 Nr. 10 SGB VII bei ihrer Tätigkeit unfallversichert.

Bayern hatte nach dem Zweiten Weltkrieg als erstes Bundesland (wieder) Anstaltsbeiräte, vor dem Inkrafttreten von § 162 Abs. 1 StVollzG (1.1.1980) jedoch nur bei den großen Vollzugsanstalten. Unter den Mitgliedern mussten sich je zwei Abgeordnete des für Eingaben und Beschwerden zuständigen Landtagsausschusses befinden. Diese Regelung hatte sich gut bewährt, weil der Petitionsausschuss, der sich zu einem erheblichen Teil seiner Arbeitskraft mit Eingaben von Gefangenen zu befassen hat, auf diese Weise über die Entwicklung des Vollzuges aus eigener Anschauung informiert war. Inzwischen sieht die Regelung des **BY** Art. 185 Abs. 2 vor, dass der Vorsitzende des Anstaltsbeirates und sein Vertreter Abgeordnete des Bayerischen Landtags sind. Sie werden vom Bayerischen Landtag gewählt. Diese Regelung gewährleistet, dass die Gesellschaft durch ihre Repräsentanten Einblick in die verschlossene Welt des Vollzugs erhält, um bei dessen Gestaltung mitwirken zu können.[534] Im Übrigen ähnelt die jetzige Regelung der von Nordrhein-Westfalen. Weder in Bayern noch in Nordrhein-Westfalen hat die Bestellung von Landespolitikern zu einer Politisierung der Arbeit dieser Einrichtung geführt (vgl. jedoch die Warnung bei AK-*Feest/Graebsch*).[535] Umgekehrt lässt sich sagen, dass Personen, die nicht gleichzeitig im öffentlichen Leben und im wirtschaftlichen Bereich wenigstens lokal bedeutsame Schlüsselstellungen einnehmen, angesichts der Aufgabenstellung als Beiratsmitglieder ungeeignet sind.[536]

---

[534] So die Begründung zum Entwurf des Gesetzes, LT-Drucks. 15/8101, S. 90, BeckOK-*Arloth* Art. 186 BayStVollzG Rdn. 1.
[535] AK-*Graebsch* 2017 Teil II § 103 Rdn. 27, 28.
[536] *Laubenthal/Nestler/Neubacher/Verrel* V Rdn. 64.

14. KAPITEL
Frauenstrafvollzug

A. Vorbemerkung: Die besondere Situation inhaftierter Frauen

Schrifttum

Albrecht Die sanfte Minderheit. Mädchen und Frauen als Straftäterinnen, in: BewHi 1987, 341 ff; *Bachmann* Bundesverfassungsgericht und Strafvollzug. Eine Analyse aller veröffentlichten Entscheidung, Berlin 2015; *Barbaret* Women, Crime and Criminal Justice: A Global Enquiry, Oxford 2014; *Beer*, Schulische und berufliche Voraussetzungen von weiblichen Jugendstrafgefangenen im Kontext der Bildungsangebote in deutschen Justizvollzugsanstalten, FS 2014, 358 ff; *Bieganski/Starke/Urban* Informationsbroschüre. Kinder von Inhaftierten – Auswirkungen. Risiken. Perspektiven. Ergebnisse und Empfehlungen der COPING-Studie, Nürnberg/Dresden, http://www.treffpunkt-nbg.de/tl_files/PDF/Projekte/Coping/Broschuere.pdf (abgerufen am 1.2.2018); *Birtsch/Riemann/Rosenkranz* Mütter und Kinder im Strafvollzug. Forschungsbericht des ISS, Frankfurt 1988; *Blinne-von der Crone/Puchta* Familienorientierte Vollzugsgestaltung in Sachsen, in: Halbhuber-Gassner/Grote-Kux (Hrsg.), Frauen in Haft, Freiburg i. Br. 2017, 59 ff; *Cernko* Die Umsetzung der CPT-Empfehlungen im deutschen Strafvollzug, Berlin 2014; *Deutsches Institut für Menschenrechte* Menschenrechtsbericht 2017, Berlin 2017; *Dünkel/Kestermann/Zolondek* Internationale Studie zum Frauenstrafvollzug; Bestandsaufnahme, Bedarfsanalyse und „best practice", Greifswald 2005; *Einsele/Bernhardt* Frauenanstalten, in: Schwind/Blau 1988, 58 ff; *Einsele/Krüger* Frauen im Strafvollzug, in: Kerner (Hrsg.), Deutsche Forschung zur Kriminalitätsentstehung und Kriminalitätskontrolle, Köln 1983, 2039 ff; *Etzler* Sozialtherapie im Strafvollzug 2016, Wiesbaden 2016; *European Committee for the Prevention of Torture and Inhuman or Degrading Treatment or Punishment (CPT)* Factsheet Women in prison CPT/Inf(2018)5, Strasbourg 2018; *Fachausschuss „Straffällig gewordene Frauen" der BAG-S* Werkstattpapier zur frauenspezifischen Straffälligenhilfe, in: Halbhuber-Gassner/Grote-Kux (Hrsg.), Frauen in Haft, Freiburg i. Br. 2017, 101; *Gartner/McCarthy* (Hrsg.) The Oxford Handbook of Gender, Sex, and Crime, London 2014, *Geiger/Steinert* Straffällige Frauen und das Konzept der „Durchgehenden sozialen Hilfe". Band 11 der Schriftenreihe des Bundesministeriums für Frauen und Jugend, Stuttgart 1993; *Grote-Kux* Bundesarbeitsgemeinschaft Frauenvollzug Dr. Helga Einsele e.V. in: Halbhuber-Gassner/Grote-Kux (Hrsg.) Frauen in Haft, Freiburg i. Br. 2017, 115 ff; *Halbhuber-Gassner/Pravda* (Hrsg.), Frauengesundheit im Gefängnis, Freiburg i. Br. 2013; *Halbhuber-Gassner/Grote-Kux* (Hrsg.) Frauen in Haft, Freiburg i. Br. 2017; *Harjes* „Frauenfreigang" zur Versorgung der Kinder und des Haushalts, in: ZfStrVo 1985, 284 ff; *Haverkamp* Frauenvollzug in Deutschland. Eine empirische Untersuchung vor dem Hintergrund der Europäischen Strafvollzugsgrundsätze, Berlin 2011; *dies.* Kriminalität junger Frauen und weiblicher Jugendvollzug, in: NK 2015, 301 ff; *Hissel u.a.* Dynamics in the caregiving situation of children of incarcerated mothers, in: Kruttschnitt/Bijleveld (Hrsg.), Lives of Incarcerated Women. An international Perspective, London/New York 2016, 89 ff; *Hüdepohl* Sozialtherapie. Das Leiden der Mütter und das Leiden der Kinder – Abschied von übernommenen Beziehungsmustern, in: FS 2014, 375 ff; *Jansen/Schreiber* „Die Mädchen sind wieder frech geworden". Zur Bedeutung von Disziplinierung im Strafvollzug an jugendlichen Frauen, in: MschrKrim 1994, 137 ff; *Jansen* „Der Frauenknast" – Entmystifizierung einer Organisation, in: Zander/Hartwig/Jansen (Hrsg.): Geschlecht Nebensache?: Zur Aktualität einer Gender-Perspektive in der Sozialen Arbeit, Wiesbaden 2006, 287 ff; *Jansen* Mädchen in Haft – weit entfernt vom Gender Mainstream, in: Betrifft: Mädchen 2/2010, 60; *Jehle/Albrecht/Hohmann-Fricke/Tetal* Legalbewährung nach strafrechtlichen Sanktionen. Eine bundesweite Rückfalluntersuchung 2010 – 2013, 2004 – 2013, Berlin 2016; *Jones u.a.* Children of Prisoners: Interventions and mitigations to strengthen mental health. University of Huddersfield, Huddersfield; *Junker* Mutter-Kind-Einrichtungen im Strafvollzug. Eine bundesweite empirische Untersuchung zu den Rahmenbedingungen, Münster 2011; *Kawamura-Reindl* Resozialisierung straffälliger Frauen, in: Cornel/Kawamura-Reindl/Sonnen (Hrsg.), Resozialisierung, 4. Aufl. Baden-Baden 2017a, 350 ff; *dies.* Hilfen für Angehörige Inhaftierter, in: Cornel/Kawamura-Reindl/Sonnen (Hrsg.), Resozialisierung, 4., Aufl. Baden-Baden 2017b, 503 ff; *Keppler* Frauenvollzug, in: Keppler/Stöver (Hrsg.): Gefängnismedizin: Medizinische Versorgung unter Haftbedingungen, Stuttgart 2009, 128 ff; *Kerwien* Alle(s) unter einem Dach, in: Krell/Halbhuber-Gassner/Kappenberg (Hrsg.) Wenn Inhaftierung die Lebenssituation prägt, 2. Aufl. Freiburg i. Br. 2017, 261; *Knapp* Familienorientierung im Strafvollzug Schleswig-Holstein. Vor-

14. Kapitel. Frauenstrafvollzug

trag beim Fachgespräch „Kinder von Inhaftierten" am 1.12.2016 beim Deutschen Institut für Menschenrechte in Berlin, *Köhne* Geschlechtertrennung im Strafvollzug, in: BewHi 2002, 221 ff; *Krüger* Gefangene Mütter – Bestrafte Kinder? Neuwied 1982; *Krell/Halbhuber-Gassner/Kappenberg (Hrsg.)* Wenn Inhaftierung die Lebenssituation prägt, 2. Aufl. Freiburg i. Br. 2017; *Kühl* Die gesetzliche Reform des Jugendstrafvollzugs in Deutschland im Licht der European Rules for Juvenile Offenders Subject to Sanctions or Measures (ERJOSSM), Mönchengladbach 2012; *Lübbe-Wolf* Die Rechtsprechung des Bundesverfassungsgerichts zum Strafvollzug und Untersuchungshaftvollzug, Bielefeld 2016; *Medlicott* Women in Prison, in: Yewkes (Hrsg.): Handbook on Prisons, Cullompton 2007, 250 ff; *Linnartz* Die Besonderheiten des Frauenvollzug, in: FS 2014, 356; *Maelicke* Einrichtungen im Strafvollzug zwischen Resozialisierung der Mutter und Wohl des Kindes, in: ZfStrVo 1983, 144 ff; *Meyer* Die besondere Problematik des Strafvollzugs für weibliche Jugendliche, in: BMJ (Hrsg.), Tagungsberichte der Jugendstrafvollzugskommission, Band VII, Bonn 1979, 124 ff; *Moore/Scraton* Doing gendered time. The harms of Women's incarceration, in: Yewkes/Bennett/Crewe (Hrsg.): Handbook on Prisons. Second edition London/New York 2017; 549 ff; *Müller* Die Auswirkungen der Föderalismusreform auf die frauenspezifische Straffälligenhilfe, in: Halbhuber-Gassner/Grote-Kux (Hrsg.) Frauen in Haft, Freiburg i. Br. 2017, 93 ff; *Murray/Loeber/Pardini* Parental involvement in the criminal justice system and the development of youth theft, depression, marijuana use, and poor academic performance, in: Criminology, 255; *Obermöller* Reform des Frauenstrafvollzugs durch problemorientierte Rechtsanwendung, Baden-Baden 2002; *Ochmann*, Gesundheit und Gesundheitsförderung von Frauen im Gefängnis, in: Halbhuber-Gassner/Grote-Kux (Hrsg.) Frauen in Haft, Freiburg i. Br. 2017, 75; *Ott* Klein(st)kinder mit ihren Müttern in Haft. Eine ethnographische Studie zu Entwicklungsbedingungen im (offenen und geschlossenen) Strafvollzug. Frankfurt a.M. 2012, *Plewig/Oelkers*, Mädchen im (Jugend)Strafvollzug, in: Betrifft: Mädchen 2/2010, 73 ff; *Prätor* Basisdokumentation im Frauenvollzug Situation von Frauen in Haft und Auswirkungen auf die Legalbewährung, Celle; *Rehn*, Logik und Fachlichkeit bleiben auf der Strecke, FS 2014, 269 ff; *Roggenthin* Kinder Inhaftierter – Vom Verschiebebahnhof aufs Präventionsgleis, in: Kerner/Erich Marks (Hrsg.) Internetdokumentation des Deutschen Präventionstages. Hannover 2015, www.praeventionstag.de/dokumentation.cms/3209; *Scheffler* Inhaftierte Mütter – „Stiefkinder" des Strafvollzugs? Erhalt familiärer Bindungen inhaftierter Frauen; in: BewHi 2009, Heft 1, 45 ff; *Schmalz* Kommunikation und Interaktion weiblicher Inhaftierter in einer Justizvollzugsanstalt, Hamburg 2015; *Schmölzer* Aktuelle Diskussionen zum Thema „Frauenkriminalität" – ein Einstieg in die Auseinandersetzung mit gegenwärtigen Erklärungsversuchen, in: MschrKrim 1995, 219 ff; *dies.* Frauen als die bessere Hälfte der Menschheit, in: Elz (Hrsg.), Täterinnen, Wiebaden 2008, 21 ff; *Schröttle/Müller* Lebenssituation, Sicherheit und Gesundheit von Frauen in Deutschland, Berlin 2004; *Schulze* Die Untersuchungshaftvollzugsgesetze der Länder im Vergleich, Mönchengladbach 2017; *Steinhilper* Junge Frauen im Strafvollzug, in: Trenczek (Hrsg.), Freiheitsentzug bei jungen Straffälligen, Bonn 1993, 145 ff; *Thiele* Ehe- und Familienschutz im Strafvollzug: Strafvollzugsrechtliche und -praktische Maßnahmen und Rahmenbedingungen zur Aufrechterhaltung familiärer Beziehungen von Strafgefangenen, Mönchengladbach 2016; *Tittle* Inmate Organization; Sex Differentiation and the Influence of Criminal Subcultures, in: American Sociological Review 1969, 432; *United Nations Office on Drugs and Crime (UNODC)* Handbook on Women and Imprisonment, 2nd edition, Wien 2014; *van den Bergh/Plugge/Yordi Aguirre* Women's health and the prison setting, Kopenhagen 2014; *van den Boogaart* Psychische Probleme inhaftierter Frauen, in: Halbhuber-Gassner/Grote-Kux (Hrsg.) Frauen in Haft, Freiburg i. Br. 2017, 11 ff; *Wester* Die Prüfung des „Wohl des Kindes" zur Unterbringung von Kindern mit ihren Müttern im Strafvollzug. Forschungsbericht des ISS, Frankfurt 1988; *Weßels*, U-Haft im Frauenvollzug, in: FS 2016, 100; *WHO Regional Office for Europe/UNODC* Women's health in prison. Correcting gender inequity in prison health, Kopenhagen, 2009; *Zolondek* Lebens- und Haftbedingungen im deutschen und europäischen Frauenvollzug, Mönchengladbach 2007.

Übersicht

I. Frauenkriminalität und Strafverfolgung —— 1–3
II. Frauenstrafvollzug —— 4–11
   1. Statistik —— 4
   2. Aktuelle Bedingungen des Strafvollzugs für Frauen in Deutschland, Unterbringung —— 5, 6
   3. Jugend- und Untersuchungshaftvollzug —— 7
   4. Bildung und Behandlung —— 8, 9
   5. Besondere Bedürfnisse und Lebenslagen inhaftierter Frauen —— 10
   6. Inhaftierung von Müttern —— 11
   7. Kompensatorische Vollzugspraxis —— 12
III. Frauenspezifisches in den Landesgesetzen —— 13–16

A. Vorbemerkung: Die besondere Situation inhaftierter Frauen

I. Frauenkriminalität und Strafverfolgung

In wenigen sozialen Bereichen sind die Unterschiede zwischen den Geschlechtern so 1
markant wie bei der Kriminalitätsbelastung und der Strafverfolgung – der ohnehin geringe Frauenanteil verkleinert sich auf jeder Stufe des Strafverfahrens und mit Zunahme der Eingriffsintensität der Sanktionen nochmals. Diese geringe quantitative Bedeutung wurde bislang verantwortlich dafür gemacht, dass auch das Interesse von Kriminalpolitik, Forschung und Öffentlichkeit am Thema „Frauen und Strafvollzug" eher gering war. In den letzten Jahren hat es jedoch eine Reihe von deutschsprachigen empirischen Studien mit verschiedenen methodischen Ansätzen gegeben[1] und auch Fachliteratur aus der Praxis[2] trägt dazu bei, den Kenntnisstand zu verbessern und das Problembewusstsein mit Blick auf diese marginalisierten Gruppe im Strafvollzug zu erhöhen. Impulse hierzu kommen auch von den über eine Bundesarbeitsgemeinschaft (BAG Dr. Helga Einsele e.V.) vernetzten Praktikerinnen aus dem Frauenvollzug.[3]

2016 betrug der Anteil von Mädchen und Frauen an den **Tatverdächtigen** 25,1% 2
(PKS 2016, 10; ohne ausländerrechtliche Verstöße 24,5%); ihr Anteil an den **Verurteilten** belief sich 2016 auf 19,3% (Strafverfolgungsstatistik 2016, Statistisches Bundesamt 2017). Jugend- und Freiheitsstrafen verbüßten zum Stichtag 31.8.2017 2.968 Frauen (ohne vorübergehend Abwesende); damit betrug ihr Anteil an allen **Strafgefangenen** nur 5,9%. Unter den insgesamt 540 Sicherungsverwahrten befand sich eine Frau (Statistisches Bundesamt: Bestand der Gefangenen und Verwahrten in den deutschen Justizvollzugsanstalten, Stichtag 31.8.2017). Die Deliktsbelastungen von Männern und Frauen nähern sich allerdings mit zunehmendem Lebensalter etwas an. So sind 21,6% der über 60-jährigen Verurteilten weiblich, aber nur 17,5% der 14–24-jährigen.

Der Anteil der **Ausländerinnen** an der Gesamtzahl **weiblicher Verurteilter** verzeichnet nach zeitweiligem Rückgang einen deutlichen Anstieg (1986: 10,0%, 1990: 15,2%, 1996: 20,1%, 2002: 21,2%, 2006: 20,1%, 2011: 19,7%, 2015: 24,2% und 2016: 25,9%); damit spiegelt sich ein allgemeiner Trend wider, der auch die männlichen Verurteilten erfasst (alle Werte berechnet mit Daten der Strafverfolgungsstatistik 2016, Statistisches Bundesamt 2017). Ausweislich der Strafvollzugsstatistik besaßen am 31.3.2017 19,1% der weiblichen Strafgefangenen eine ausländische Staatsbürgerschaft oder waren staatenlos.

Die **Kriminalitätsstruktur weiblicher Tatverdächtiger** ist anders als die männli- 3
cher. Der Anteil von Frauen an der schweren Kriminalität ist gering (Tötungsdelikte 12,1%, Raubdelikten 9,6%, Gefährliche und schwere Körperverletzung 15,0%,). Schwerpunkt der Frauenkriminalität ist der Diebstahl ohne erschwerende Umstände – 31% aller Tatverdächtigen sind hier Frauen; beim einfachen Ladendiebstahl sogar 35,5% (PKS 2016, 10). Auch bei den Betrugsdelikten ist der Anteil mit gut 30% der Tatverdächtigen relativ hoch, als typisch gelten Warenkreditbetrug (gut 46%) und der Missbrauch von Scheck- und Kreditkarten (46%). Untersuchungen sprechen für eine durchschnittlich geringere Tatschwere bei den von Frauen begangenen Straftaten, für mehr Beihilfehandlungen und weniger intensive Täterschaft.[4] Weibliche Tatverdächtige bzw. Verurteilte sind erheblich seltener polizeibekannt und vorbestraft. Weibliche Straffällige führen erheblich seltener Schusswaffen mit sich als männliche. Die geringere Kriminalitätsbe-

---

1   Z. B. *Zolondek* 2007, *Junker* 2011, *Haverkamp* 2011, *Prätor* 2013, *Schmalz* 2015, *Ochmann* 2017.
2   Z. B. in den Sammelbänden von *Halbhuber-Gassner/Pravda* (Hrsg.) 2013 und *Halbhuber-Gassner/Grote-Kux* (Hrsg.) 2017.
3   *Grote-Kux* 2017, 115 ff.
4   *Albrecht* 1987, 346 ff; vgl. auch *Schmölzer* 2008, 32 ff.

14. Kapitel. Frauenstrafvollzug

lastung von Frauen ist ein weltweiter Befund.[5] Auch die Rückfallquote verurteilter Frauen liegt deutlich niedriger als die der Männer; nach der Untersuchung von *Jehle* u.a. betrug sie für den neunjährigen Beobachtungszeitraums circa 35%, bei den männlichen Verurteilten circa 52%.[6]

II. Frauenstrafvollzug

4   **1. Statistik.** Am 31.8.2017 waren bundesweit insgesamt 3.800 Frauen inhaftiert (Statistisches Bundesamt: Bestand der Gefangenen und Verwahrten in den deutschen Justizvollzugsanstalten, Stichtag 31. August 2017), davon 733 in Untersuchungshaft. Frauen machten damit 5,9% der gesamten Vollzugspopulation (N = 64.223) aus. Ein sehr niedriger Anteil weiblicher Gefangener an der Gesamtpopulation der Gefangenen ist ein weltweit zu beobachtendes Phänomen; ausweislich der letzten Ausgabe der „World Female Imprisonment List"[7] liegt ihr Anteil in etwa 80% der Staaten zwischen 2 und 9%, in kaum einem Staat übersteigt er die 20%-Marke.

Ebenso wie bei den männlichen Gefangenen und Verwahrten ist die Zahl der Insassinnen in Deutschland seit Jahren rückläufig, allerdings sind Anstiege bei den Untersuchungsgefangenen (beiderlei Geschlechts) zu verzeichnen. Der Anteil der weiblichen Gefangenen an der Gesamtpopulation ist seit Jahren ähnlich, zeigt aber eine leicht ansteigende Tendenz (bis 2005 hatte er stets knapp unter 5% gelegen).

Die meisten weiblichen Strafgefangenen waren ausweislich der Strafvollzugsstatistik (Statistisches Bundesamt 2017, Strafvollzug – Demographische und kriminologische Merkmale der Strafgefangenen zum Stichtag 31.3.) im Jahr 2016 wegen Diebstahl und Unterschlagung (29,2%) und wegen Betrug und Untreue (24,6%) inhaftiert; es folgten Straftaten nach dem Betäubungsmittelgesetz (12,1%) und gegen das Leben (7,4%). Zur Altersverteilung: 40,7% der weiblichen Strafgefangenen waren 40 Jahre und älter (im Vergleich zu 36,0% bei den Männern), 13,0% waren unter 25 Jahre alt.

Weibliche Strafgefangene am 31.3.2016 nach Dauer des Vollzuges

Vollzugsdauer	Anzahl	Prozent
bis zu 9 Monaten	1531	51,4%
9 Monate bis 2 Jahre	729	24,5%
2 bis 5 Jahre	486	16,3%
5 bis 15 Jahre	121	4,0%
lebenslang	113	3,8%
Zusammen	2980	

Quelle: *Statistisches Bundesamt* 2017, Strafvollzug – Demographische und kriminologische Merkmale der Strafgefangenen zum Stichtag 31.3. – Fachserie 10, Reihe 4.1, 2016, 11.

5   **2. Aktuelle Bedingungen des Strafvollzugsrechts für Frauen in Deutschland, Unterbringung.** Weder das Strafvollzugsgesetz noch die nunmehr geltenden Landes-

---

5 Zu den divergierenden Erklärungsansätzen für die unterschiedliche Kriminalitätsbelastung der Geschlechter s. *Schmölzer* 1995, 219 ff; *dies.* 2008, 38 ff; zusammenfassend *Haverkamp* 2011, 89 ff; aktuelle kriminologische Erkenntnisse hierzu vor allem aus dem anglo-amerikanischen Raum in *Barbaret* 2014, 137 ff und *Gartner/McCarthy* (Hrsg.) 2015.
6 *Jehle/Albrecht/Hohmann-Fricke/Tetal* 2016, 189 ff.
7 *Walmsley*, World Female Imprisonment List 4th edition, Stand September 2017, www.prisonstudies.org

vollzugsgesetze machen für weibliche Gefangene wesentlich andere Vorgaben als für männliche (vgl. aber unten III., Rdn. 13 ff). 2008 stellte das Bundesverfassungsgericht mit Blick auf unterschiedliche Regelungen für männliche und weibliche Strafgefangene fest, dass Art. 3 GG an das Geschlecht anknüpfende differenzierende Regelungen nur zulasse, „soweit sie zur Lösung von Problemen, die ihrer Natur nach nur bei Männern oder nur bei Frauen auftreten können, zwingend erforderlich sind, oder eine Abwägung mit kollidierendem Verfassungsrecht sie legitimiert. Geschlechtsbezogene Zuschreibungen, die allenfalls als statistische eine Berechtigung haben mögen (Geschlechterstereotype), und tradierte Rollenerwartungen können danach zur Rechtfertigung von Ungleichbehandlungen nicht dienen."[8] Die Entscheidung, in der es u.a. um den Bezug von Kosmetika ging, lässt jedoch ausdrücklich Raum dafür, auf der Basis von objektivierbaren Erfahrungen der Vollzugspraxis bzw. mit Blick auf Deliktsstruktur, Disziplinarproblemen, Lockerungsmissbräuche etc. Unterschiede zwischen weiblichen und männlichen Gefangenen zu machen. Selbst wenn eine unterschiedliche Behandlung, die in dieser Weise an Sicherheitsgründe anknüpfte, im Ergebnis faktisch zu einer Besserstellung der inhaftierten Frauen führte, wäre sie verfassungsrechtlich nicht zu beanstanden: Sie ergäbe sich nicht auf Grund einer Anknüpfung an das Geschlecht, sondern als Folge des Abstellens auf die **Vollzugssicherheit**.[9] Auf die Notwendigkeit, hier die geschlechterspezifischen Unterschiede als maßgeblich zu berücksichtigen verwies jüngst auch das Europäische Komitee zur Verhütung von Folter, CPT.[10]

Vielfach wird aber auch darüber hinaus wegen der prinzipiell unterschiedlichen kriminologischen und sozialen Anforderungen an den Frauenstrafvollzug befürwortet, differenzierte gesetzliche Grundlagen zur Verfügung zu stellen. Die Landesgesetzgeber sind diesen Forderungen überwiegend in noch geringerem Maße nachgekommen als der Bundesgesetzgeber mit dem Strafvollzugsgesetz.[11] Differenzierte normative Grundlagen fordern auch Empfehlungen des Europäischen Parlaments und ein Handbuch zum Frauenstrafvollzug der Vereinten Nationen (vgl. unten Rdn. 12). Entsprechende Diskussionen gibt es auch in anderen Staaten.[12] Erforderliche Normierungen, die auch der Praxis eine bessere Handhabe bieten könnten, Ressourcen für entsprechende Angebote einzufordern, umfassen z.B. geschlechtsspezifische Angebote bei Therapien, Arbeit, Qualifikationsmaßnahmen und im Freizeitbereich.[13]

Männliche und weibliche Gefangene sind **grundsätzlich getrennt unterzubringen**, 6 gemeinsame Maßnahmen, insbesondere zur schulischen und beruflichen Qualifizierung, sind aber zulässig (vgl. Kapitel 13 B. Trennung des Vollzugs und **BB** § 17, **BE** § 11, **BW** § 4, **BY** Art. 166, **HB** § 10, **HH** § 98, **HE** § 70, **MV** § 10, **NRW** § 85, **NI** §§ 170–172, § 17 **RP**, **SH** § 10, **SL** § 10, **SN** § 10, **ST** § 17, **TH** § 17). Dieses Trennungsgebot wird auch von den Europäischen Strafvollzugsgrundsätzen (Recommendation Rec(2006)2 of the Committee of Ministers to member states on the European Prison Rules) postuliert, die ebenfalls ge-

---

8 BVerfG, Beschluss vom 7.11.2008 – 2 BvR 1870/07, NJW 2009, 661; zustimmend z.B. *Laubenthal* 2015 Rdn. 681.
9 Vgl. auch *Lübbe-Wolf* 2016, 39 f.
10 *European Committee for the Prevention of Torture and Inhuman or Degrading Treatment or Punishment (CPT)* 2018, 1.
11 Zur Entwicklung der Rechtsgrundlagen des Frauenstrafvollzugs *Zolondek* 2007, 29 ff; zu besonderen Bedürfnissen weiblicher Gefangener, die spezifische Regelungen notwendig machen würden, AK-*Böning/Weßels* 2017, Teil VII Rdn. 1 und 39 („mangelnde Genderkompetenz"); *Müller* 2017, 9; Fachausschuss „Straffällig gewordene Frauen" der BAG-S 2017, 103; *Kawamura-Reindl* 2017a, Rdn. 62 und unten Rdn. 10, 13 ff.
12 *Moore/Scraton* 2017, 557 ff; *Medlicott* 2007, 262; *Zolondek* 2007 137 ff.
13 Vgl. zu den Desideraten AK-*Böning/Weßels* 2017, Teil VII Rdn. 3.

meinsamen Arbeits- und Freizeitangeboten positiv gegenüberstehen, so lange die Vulnerabilität bestimmter Gefangenengruppen – in diesem Fall weiblicher Gefangener – berücksichtigt wird.[14]

Wegen der geringen Zahl inhaftierter Frauen gibt es **nur wenige selbständige Frauenanstalten** (JVA für Frauen Berlin, JVA Chemnitz, JVA Frankfurt am Main III, JVA Schwäbisch Gmünd, JVA für Frauen in Vechta, JVA Willich II; die JVA Aichach ist weit überwiegend mit Frauen belegt). Die meisten **Vollzugseinrichtungen**, in denen Frauen untergebracht werden, sind hingegen organisatorisch, personell oder räumlich mit Anstalten für Männer verbunden oder lediglich unselbständige Abteilungen von Männeranstalten. Die gesetzliche Forderung nach Unterbringung in besonderen Frauenanstalten ist damit selten erfüllt; die Ausnahmevorschrift des § 140 Abs. 2 Satz 2 StVollzG und seiner Länderentsprechungen ist in der Praxis die Regel.[15]

Wechselnde **Vollzugsgemeinschaften für den Frauenvollzug** (möglich gem. **BB** § 116, **HB** § 103, **MV** § 102, **RP** § 113, **SH** § 142, **SN** § 102, **ST** § 115, **TH** § 114, früher § 150 StVollzG) bestehen zwischen verschiedenen Bundesländern (z.B. Saarland und Rheinland-Pfalz; Sachsen-Anhalt und Brandenburg). Vollzugsgemeinschaften bieten größere Differenzierungsmöglichkeiten, erschweren aber auch die Kontakte zu Bezugspersonen und damit Entlassungsvorbereitung und Übergangsmanagement, u.a. aus diesem Grund wurde z.B. die geplante Vollzugsgemeinschaft zwischen Schleswig-Holstein und Hamburg kritisiert und letztlich verworfen.[16] Eigenständige Anstalten des offenen Vollzuges für Frauen gibt es nicht. Obwohl die wiederholte Tatbegehung bei Frauen seltener und das Risiko für die Allgemeinheit bei Vollzugslockerungen aufgrund der weiblichen Deliktsstruktur geringer ist als bei männlichen Strafgefangenen, waren am 31.8.2017 lediglich 556 Frauen im offenen Vollzug untergebracht.[17] Insgesamt verfügte der Frauenvollzug zu diesem Zeitpunkt über 3552 Haftplätze, davon 738 im offenen Vollzug (Statistisches Bundesamt 2017, Strafvollzugsstatistik).

7   **3. Jugend- und Untersuchungshaftvollzug.** Eine besondere Herausforderung für die Vollzugsorganisation stellen **junge Insassinnen** dar, deren schulische und berufliche Ausbildung, Behandlungs- und Betreuungsbedürfnisse oftmals vernachlässigt werden.[18] Am 31.3.2016 verbüßten insgesamt 144 weibliche Gefangene eine Jugendstrafe (zum Vergleich: 3866 männliche Gefangene), davon waren 31 minderjährig. Sie sind in Abteilungen oder Wohnfluren der jeweiligen Frauenanstalten untergebracht. Da zentrale Jugendanstalten für weibliche Gefangene (Vollzugsgemeinschaften, s. oben Rdn. 5) weite Entfernungen zum Heimatort zur Folge hätten, andererseits die Situation der **Jugendlichen** und Heranwachsenden in Anstalten des Erwachsenenvollzugs überwiegend nicht befriedigend ist und Probleme in Bezug auf das Trennungsgebot birgt, liegt die Überlegung nahe, weibliche Gefangene in besonderen Abteilungen der Jugendanstalten für

---

14   Vgl. zu weiteren europäischen Empfehlungen durch das Anti-Folter-Komitee des Europarats, CPT, *Cernko* 2014, 361 ff und unten Rdn. 12.
15   S. auch *Laubenthal* 2015, Rdn. 681; sehr kritisch zur Verlagerung des zuvor separaten Hamburger Frauenvollzugs in eine große Männeranstalt daher *Rehn* 2014, 369 ff; zur Notwendigkeit separater oder wenigstens deutlich abgetrennter Frauenvollzüge *Fachausschuss „Straffällig gewordene Frauen" der BAG-S* 2017, 105.
16   Stellungnahme des *Landesverbands Hamburger Straffälligenhilfe e.V.* vom 15.6.2017, http://www.straffaelligenhilfe-hamburg.de; Pressemitteilung des Hamburger Justizsenators v. 28.11.2017, www.hamburg.de.
17   *Albrecht* 1987, 350; *Prätor* 2013, 34 ff; *Jehle* u.a. 2016, 15 f und 189 ff.
18   S. schon *Meyer* 1979, 124; *Jansen/Schreiber* 1994, 137 ff, *Beer* 2014, 358 ff zu den je nach Anstalt divergierenden Angeboten.

männliche Gefangene unterzubringen Die Angliederung an Anstalten für männliche junge Gefangene soll die Bildung von Lern- und Ausbildungseinheiten Gleichaltriger mit ihren spezifischen altersgemäßen Problemen sichern.[19] Die Vollzugspraxis ist von der **Koedukation** in gemeinsamen Anstalten allerdings oft nicht überzeugt, weil die behaupteten Vorteile in erster Linie aus Sicht der männlichen Gefangenen bestünden und die mitgebrachten Sozialisationsprobleme der jungen weiblichen Gefangenen außer Acht ließen, und nutzt die dementsprechend die rechtlichen Möglichkeiten nicht.[20] Sie setzt eher auf die Angliederung von Abteilungen für junge weibliche Gefangene an Vollzugseinrichtungen für Frauen.[21] Aus europäischer Sicht findet sich kein eindeutiges Bekenntnis zum koedukativen Vollzug, vielmehr soll nach der entsprechenden Empfehlung von 2008 (CM/Rec(2008)11 of the Committee of Ministers to member states on the European Rules for juvenile offenders subject to sanctions or measures, ERJOSSM) der Trennungsgrundsatz bei der Unterbringung von weiblichen und männlichen Gefangenen eingehalten werden lediglich die Teilnahme an gemeinsamen Maßnahmen, insbesondere gemeinsame Schul- und Berufsausbildung, wird befürwortet. Entsprechend sind auch die Landesgesetze zum Jugendstrafvollzug gestaltet.[22]

Die rechtlichen und tatsächlichen Anforderungen an den **Untersuchungshaftvollzug** sind wieder andere; auch hier ist die Situation für weibliche Gefangene aber dadurch geprägt, dass sie eine kleine Minderheit darstellen: Von insgesamt 13.443 Untersuchungsgefangenen am 31.8.2017 waren nur 733 weiblich (5,4%), auch hier ergeben sich daher die genannten Probleme in Bezug auf die Trennung und die Unterbringung ggf. weit entfernt vom Wohnort.[23]

4. Bildung und Behandlung. Auch für den Erwachsenenvollzug gilt, dass Arbeit, schulische und berufliche Aus- und Fortbildung, soziale Hilfen und Freizeitmaßnahmen wegen der geringen Zahl inhaftierter Frauen bzw. ihrer relativ kurzen Verweildauer im Vollzug nicht so differenziert angeboten werden wie in Vollzugsanstalten für männliche Gefangene.[24] Allerdings dürfte sich die Lage in den letzten Jahren verbessert haben,[25] denn mit Blick auf schulische und berufliche **Bildungsmaßnahmen** für Frauen hat durchaus ein Umdenken stattgefunden. Das Angebot in den Anstalten erweitert sich, u.a. durch Projekte des Europäischen Sozialfonds; versucht wird, neben den klassischen geringqualifizierten und -bezahlten Frauenberufen wie Haushaltshilfe, Textilreinigerin, Friseurin etc., auch andere berufliche Perspektiven zu eröffnen.[26] Gemeinsamen Angeboten für Männer und Frauen steht die Vollzugspraxis trotz des Angleichungsgrundsatzes auch im Erwachsenenvollzug nach wie vor skeptisch gegenüber.[27] Die Vorbehalte gelten angesichts der klassischen sicherheitsorientierten Ausgestaltung des Männervollzugs; befürchtet wird außerdem, dass sich die Frauen aufgrund des meist unausgewogenen Zahlenverhältnisses und ihres mangelnden Selbstbewusstseins bzw. wegen erfahrener

8

---

19 *Meyer* 1979, 126; a.A. *Einsele/Bernhardt* 1988, 66f, *Jansen* 2006, 287f.
20 *Plewig/Oelkers* 2010, 73ff; *Haverkamp* 2011, 312f und 760ff. sowie *Haverkamp* 2015, 312.
21 *Steinhilper* 1993, 146ff, *Jansen* 2010, 60ff, *Beer* 2014, 360, *Haverkamp* 2015, 311.
22 Im Überblick *Kühl* 2012, 173ff.
23 Teilweise sind diese Schwierigkeiten noch deutlich verschärft, vgl. zur Problematik des Untersuchungshaftvollzugs bei Frauen *Haverkamp* 2011, 533; *Weßels* 2016, 100f; zu den Länderuntersuchungshaftvollzugsgesetzen, die Bedürfnisse weiblicher Untersuchungsgefangener in unterschiedlichem Maße und mitunter gar nicht berücksichtigen *Schulze* 2017, 100f und 134ff.
24 *Zolondek* 2007, 232ff, *Haverkamp* 2011, 350f, *Kawamura-Reindl* 2017a, Rdn. 31f.
25 Vgl. auch AK-*Böning/Weßels* 2017, Teil VII Rdn. 19.
26 Kritisch *Haverkamp* 2011, 350, differenzierend *Zolondek* 2007, 232f.
27 Vgl. *Zolondek* 2007, 58, *Haverkamp* 2011, 760f, *Rehn* 2014, 372f.

Gewalt oder anderer psychischer und sozialisationsbedingter Probleme gegenüber den männlichen Mitgefangenen nicht behaupten können. Stattdessen werden schulische und berufliche Maßnahmen auch für kleinste Lerngruppen anstaltsintern durchgeführt.[28]

9   **Sozialtherapeutische Abteilungen** (**BW** § 94, **BY** Art. 117, **BE** § 19, **BB** § 107, **HB** § 94, § 70 **HE**, **HH** § 99, **MV** § 93, **NI** § 103ff, NRW § 88, **RP** § 104, **SL** § 93, **SN** § 17, **ST** § 104, **SH** § 27, **TH** § 105, § 123 Abs. 2 StVollzG) für Frauen gab es ausweislich der jährlichen Erhebung der Kriminologischen Zentralstelle zum Stichtag 31.3.2016 in sechs Anstalten (Aichach, Berlin-Neukölln, Chemnitz, Frankfurt am Main, Vechta und Willich II).[29] Nachdem durch die Landesjustizvollzugsgesetze die Sozialtherapie tendenziell eine Stärkung erfahren hat, stehen auch für Frauen nun deutlich mehr Plätze als im Jahr zuvor zur Verfügung; insgesamt waren es 94 Plätze. Dennoch ist das Angebot sozialtherapeutischer Abteilungen weit überwiegend auf männliche Gefangene zugeschnitten und zielt gem. § 9 Abs. 1 StVollzG und seiner Nachfolgeregelungen in den Landesvollzugsgesetzen nach wie vor allem auf wegen Sexualstraftaten Verurteilte: Den genannten 94 Plätzen für Frauen stehen 2302 Plätze für männliche Gefangene gegenüber.[30] Die größte Gruppe der weiblichen Strafgefangenen in Sozialtherapie stellen diejenigen dar, die wegen Tötungsdelikten verurteilt sind (2016: 51%),[31] gefolgt von der Gruppe mit sonstigen Delikten (21%) und der mit Eigentums- bzw. Vermögensdelikten (18%).[32]

Sowohl vollzugsinterne soziale Hilfen als auch Maßnahmen der **Entlassungsvorbereitung**, die im Vollzug beginnen und nach der Entlassung fortgesetzt werden (durchgehende Hilfen) sind in den Flächenstaaten bei zentralen Vollzugseinrichtungen für Frauen erschwert; bei beiden mangelt es an frauenspezifischen Angeboten.[33] Vorbildhaft ist nach wie vor die seit 1977 bestehende Anlaufstelle für strafentlassene Frauen in Frankfurt a.M.; es gibt jedoch auch in anderen Städten frauenspezifische Angebote, oft verbunden mit Maßnahmen zur Stärkung des Selbstbewusstseins, mit Beratung bei Verschuldung, mit Unterstützung bei den Kontakten zu Kindern oder auch mit Wohnprojekten oder Übergangswohnheimen.[34]

10   **5. Besondere Bedürfnisse und Lebenslagen inhaftierter Frauen.** Bei der Organisation des Frauenvollzuges sind spezifische Bedürfnisse inhaftierter Frauen zu beachten. Sie werden häufig als stark belastete Persönlichkeiten beschrieben,[35] wobei sich hier deutsche und ausländische Erfahrungen decken.[36] Berichtet wird über früh angelegte Fehlentwicklungen, traumatische Kindheits- und Jugenderlebnisse (oftmals sexuelle Misshandlungen), Gewalterfahrungen, Lebenswege mit gestörtem Selbstbewusstsein, ohne Durchhaltevermögen und Lebensperspektive.[37] Offensichtlich leiden inhaftierte

---

28   Für eine gemeinsame Unterbringung von männlichen und weiblichen (Straf-)Gefangenen aus rechtlich nicht überzeugenden Gründen hingegen *Köhne* 2002, 221 ff, nach seiner Auffassung widerspricht die getrennte Unterbringung dem Angleichungsgrundsatz. Zum koedukativen Vollzug differenzierend *Obermöller* 2002, 133 ff.
29   *Etzler* 2016, 8.
30   *Etzler* 2016, 11; zum Bedarf an sozialtherapeutischen Plätze für Frauen s. *Zolondek* 2007, 111.
31   Zu Therapieansätzen *Hüdepohl* 2014, 375 f.
32   *Etzler* 2016, 39; zur Altersstruktur der Klientinnen in der Sozialtherapie s. *Etzler* 2016, 24 ff.
33   *Kawamura-Reindl* 2017a, Rdn. 48 f.
34   www.awo-frankfurt.com; eine Übersicht mit Angeboten für haftentlassene Frauen findet sich auf der Internetseite der BAG-S (www.bags-de), vgl. auch *Kawamura-Reindl* 2017a, Rdn. 59 ff.
35   Schon *Einsele/Bernhardt* 1988, 59 ff, *Geiger/Steinert* 1993, 21 ff, in neuerer Zeit *Haverkamp* 2011, 509 ff und 611 ff sowie die Beiträge in Halbhuber-Gassner/Grote-Kux (Hrsg.) 2017.
36   *Medlicott* 2007, 253 ff, *United Nations Office on Drugs and Crime (UNODC)* 2014, 7 ff, sowie zu den Ergebnissen einer Studie in acht europäischen Staaten *Zolondek* 2007, 188 ff.
37   Mit Ergebnissen einer großangelegten bundesweiten empirischen Studie *Schröttle/Müller* 2004, 13 ff.

Frauen auch stärker als männliche Gefangene unter der Einengung im vollzuglichen Alltag (reglementierter Tagesablauf, Einschluss, formalisierte Entscheidungsabläufe, Brief- und Paketkontrollen, Trennung von der Familie bzw. Erschwernisse beim Kontakt). Viele Insassinnen haben vor ihrer Inhaftierung Gewalt erlebt und reagieren auf jegliche Formen körperlicher Gewalt empfindlich und aggressiv, auch wenn sie nicht selbst, sondern Mitgefangene betroffen sind.

Stärker ausgeprägt als bei männlichen Gefangenen sind auch **gesundheitliche Probleme**; häufig treten Hauterkrankungen, Kopfschmerzen, Rückenbeschwerden, Magenbeschwerden und andere psychosomatische Störungen auf.[38] Ein Problem und häufiges Thema in Gesprächen inhaftierter Frauen untereinander ist das Verhältnis zu (Ehe-)Männern, das nicht selten von Gewalt geprägt ist.[39] Anders als im Männervollzug ist auch die Anstaltsatmosphäre: Die – soweit erlaubt – wohnlich eingerichteten Crafträume sind in der Regel sehr sauber und lassen ein starkes Bedürfnis nach Individualität und Geborgenheit erkennen.[40] Im Frauenvollzug gibt es wenig ausgeprägte Subkulturen;[41] körperliche Aggressivität und Rücksichtslosigkeit sind Ausnahmen, die Auseinandersetzungs- und Beschwerdebereitschaft vergleichsweise gering.[42] Bedarf besteht an einer sozialtherapeutischen Umgestaltung des gesamten Frauenvollzugs,[43] zunächst aber an eigenständigen Einrichtungen für Frauen sowie frauenspezifischen Hilfeangebote in der Anstalt und als durchgehende Hilfe.[44]

Besondere Anforderungen an die Vollzugsgestaltung stellen die **Substanzabhängigen**, deren Anteil an allen weiblichen Strafgefangenen auf mindestens 50% geschätzt wird.[45] Nach einer repräsentativen Studie des Kriminologischen Dienstes des nds. Justizvollzugs (Celle 2006) haben ca. 40% der weiblichen Gefangenen in den vier Wochen vor der Inhaftierung illegal Drogen konsumiert; dabei haben sie prozentual häufiger Heroin gespritzt als männliche Gefangene. Andere Studien[46] ergeben bei im Übrigen durchgehender Höherbelastung von Frauen mit psychischen Problemen eine vergleichbar starke Substanzabhängigkeit von Gefangenen mit 70% (Frauen) und 72% (Männer).

Dass eine der wenigen ausdrücklichen genderspezifischen Unterschiede lange ausgerechnet darin bestand, dass Frauen im Gegensatz zu Männern zweckgebundenes Eigengeld für den Einkauf von Kosmetika verwenden durften, hat das BVerfG (vgl. oben Rdn. 5) richtigerweise als einen Verstoß gegen das Gleichbehandlungsgebot (Art. 3 Abs. 1 GG) betrachtet.[47]

6. Inhaftierung von Müttern. Ein besonderes Problem im Frauenstrafvollzug ist die Inhaftierung von Müttern.[48] Sowohl nach der Erhebung von *Dünkel/Kestermann/*

---

38 Zu den gesundheitlichen Problemen von Frauen im Vollzug s. umfassend *Zolondek* 2007, 203 ff; *Haverkamp* 2011, 608 ff; *Ochmann* 2017, 76 ff; zu spezifischen psychischen Problemen und deutlich erhöhter Suizidalität und Gefahr von Selbstverletzungen *van den Boogaart* 2017, 11 ff sowie *WHO Regional Office for Europe/UNODC* 2009, 26 ff und *van den Bergh/Plugge/Yordi Aguirre* 2014.
39 Fachausschuss „Straffällig gewordene Frauen" der BAG-S 2017, 108, 104; s. zum Bedürfnis nach heterosexuellen Kontakten *Schmalz* 2015, 138.
40 *Blinne-von der Crone/Puchta* 2017, 61, vgl. zu erlebten Beschränkungen *Schmalz* 2015, 64 f.
41 Vgl. schon *Tittle* 1969, 492 ff; ausführlich anhand einer empirischen Untersuchung in einer deutschen Anstalt *Schmalz* 2015, 268 ff.
42 *Linnartz* 2014, 356 f; *Schmalz* 2015, 270 ff.
43 So schon *Einsele/Bernhardt* 1988, 66.
44 Fachausschuss „Straffällig gewordene Frauen" der BAG-S 2017, 108; *Kawamura-Reindl* 2017, Rdn. 62 ff.
45 *Zolondek* 2007, 206; *Haverkamp* 2011, 532; *Ochmann* 2017, 76 m.w.N.
46 Nachweise bei *van den Boogart* 2017, 14 f.
47 Beschl. vom 7.11.2008 – 2 BvR 1870/07, NJW 2009, 66.
48 *Kawamura-Reindl* 2017b, Rdn. 6 f; AK-*Böning/Weßels* 2017, Teil VII Rdn. 22–26.

Zolondek (2005)[49] als auch der Studie von *Haverkamp* (2011, 362) sind knapp zwei Drittel der weiblichen Gefangenen in Deutschland Mütter. Schwerwiegenden Erziehungsschäden sehr junger Kinder inhaftierter Mütter soll durch eine gemeinsame Unterbringung in Mutter-Kind-Einrichtungen entgegengewirkt werden (vgl. unten C.); diese Regelung reicht jedoch nicht aus. Zum einen ist eine Unterbringung kleiner Kinder im Vollzug aus pädagogischer Sicht nicht unproblematisch, zum anderen ist nur die Versorgung der Kinder bis maximal zum Eintritt der Schulpflicht erfasst. Die **Trennung** von den Kindern wird von den Frauen selbst als besonders hart empfunden, bringt aber vor allem auch für die Kinder ganz erhebliche Belastungen mit sich, vor allem mit Blick auf oft wechselnde Betreuungsssituationen.[50] Die Beziehung zwischen Mutter und Kind ist oft die einzige kontinuierliche Bindung, die auch für die Wiedereingliederung der Straffälligen eine wichtige Rolle spielt. Hier wird allgemein beklagt, dass in Deutschland relativ wenig Problembewusstsein im Hinblick auf einen familienorientierten Vollzug herrscht, aber auch konstatiert, dass Bewegung in die Frage gekommen ist; ausdrücklich gefordert wird, sich erfolgreiche Konzepte aus anderen Staaten zum Vorbild zu nehmen.[51] Zu begrüßen ist es, wenn die Anstalten versuchen, der Entfremdung zwischen Mutter und Kind durch Familienseminare (mehrtägige Veranstaltungen mit Müttern, Kindern, Partnern und anderen Bezugspersonen außerhalb der Anstalt), Familiennachmittagen in der Anstalt und durch Besuchsausgänge (die Frauen können mit ihrer Familie die Anstalten für einige Stunden verlassen, um ungestört mit ihnen zusammen zu sein) entgegenzuwirken. Eine weitere Möglichkeit bietet der Freigang für Mütter zur Versorgung der Kinder und des Haushalts, der sog. (Haus-)Frauenfreigang, der bislang jedoch nur gelegentlich praktiziert wird.[52] Besonders wichtig sind Besuchsregelungen, die den Kontakbedarf von Kindern berücksichtigen, ob hier die in vielen Gesetzen enthaltene Begrenzung des zusätzlichen Besuchsbedarf auf Kinder unter 14 Jahren sachgerecht ist (ME § 26), ist angesichts der Probleme pubertierender Kinder zu bezweifeln.[53] Notwendig sind darüber hinaus **familienunterstützende Angebote,** die inhaftierten Eltern Hilfe bei der Bewältigung ihrer familiären Situation, zur Aufrechterhaltung und Pflege ihrer familiären Beziehungen unterstützen und die in einigen Bundesländern angeboten werden, in Schleswig-Holstein nun aber als vorzuhaltendes Angebot auch ausdrücklich in das Gesetz aufgenommen sind (**SH** § 24, s. hierzu noch unten C III).[54]

12 **7. Kompensatorische Vollzugspraxis.** Die Besonderheiten des Frauenvollzugs haben in den neuen Vollzugsgesetzen der Länder nur zu einem geringen Teil ihren Niederschlag in besonderen Vorschriften (vgl. aber sogleich Rdn. 13) gefunden.[55] Sie haben jedoch die Formulierungen in den Bereichen Unterbringung, Ernährung und Gesundheitsfürsorge beeinflusst, so dass diese Raum für eine flexible Handhabung lassen und

---

49 S. auch *Zolondek* 2007, 135.
50 *Kawamura-Reindl* 2017b, Rdn. 7; entsprechende Ergebnisse liefern empirische Studien z.B. aus Deutschland *Bieganski/Starke/Urban* 2013, Großbritannien *Jones u.a.* 2013; den Niederlanden *Hissel* u.a. 2016 und den USA *Murray/Loeber/Pardini* 2012 (differenzierend: Probleme vor allem durch andere soziale Schwierigkeiten bedingt).
51 Ausführlich *Roggenthin* 2015 und der Band von Krell/Halbhuber/Gassner (Hrsg.) 2017; zu einem erfolgreichen dänischen Projekt *Kerwien* 2017, 261ff.
52 *Harjes* 1985, 284; *Haverkamp* 2011, 255f; AK-Böning/Weßels 2017, Teil VII Rdn. 29.
53 Kritisch zur Besuchspraxis in den meisten Bundesländern (und mit einer Bestandsaufnahme der regulären Besuchszeiten und Zusatzregelungen) *Deutsches Institut für Menschenrechte* 2017, 79ff, das mit Blick auf die Kinderrechtskonvention und Art. 6 GG familiensensible Besuchsgestaltungen fordert.
54 Vgl. *Roggenthin* 2015, 12 und zu **SH** *Knapp* 2016.
55 S. oben Rdn. 5; kritisch insoweit auch AK-Böning/Weßels 2017, Teil VII Rdn. 39.

den Bedürfnissen des Strafvollzugs für Frauen zumindest teilweise Rechnung getragen werden kann. Wenngleich ergänzende gesetzliche Regelungen zu angemessen differenzierten Angeboten und getrennter Unterbringung teilweise befürwortet werden,[56] ist jedenfalls eine **„kompensatorische Vollzugspraxis"**, die strukturell vorgegebene Benachteiligungen inhaftierter Frauen ausgleicht, notwendig. Hier bleibt die Praxis noch vielfach hinter den z.B. durch den *Fachausschuss „Straffällig gewordene Frauen" der BAG-S* (2017, 105ff) entwickelten „Prinzipien frauenspezifischer Straffälligenhilfe" zurück, die u.a. eine ganzheitliche Problemsicht und –bearbeitung der besonderen kriminogenen und sozialen Bedürfnisse der in der Regel besonders vulnerablen weiblichen Gefangenen verlangen, den Einbezug der Kinder in die Hilfestellung, angemessene Haftbegleitung und Entlassungsvorbereitung im Sinne durchgehender Hilfe, sowie Hilfen zur Existenzsicherung und dem Aufbau einer Lebensperspektive nach der Haftentlassung, gerade auch mit Blick auf die Kinder. Ähnliche Forderungen nach einer **frauenspezifischen Ausgestaltung des Vollzugs** (teilweise noch weitergehend auch der Sanktionspraxis) finden sich auch **international** in einer Entschließung des Europäischen Parlaments vom 13. März 2008 (BR-Drucks. 265/08), den Strafvollzugsgrundsätzen des Europarats,[57] den durch das Anti-Folter-Komitee des Europarats (CPT) entwickelten Empfehlungen bzw. Standards[58] sowie den von den Vereinten Nationen 2010 verabschiedeten „Grundsätzen für die Behandlung weiblicher Gefangener und für nicht-freiheitsentziehende Maßnahmen bei weiblichen Straffälligen", den sog. Bangkok-Regeln.[59]

III. Frauenspezifisches in den Landesgesetzen

Soweit vorhanden, werden die Landesvorschriften zu **Mutterschaft und Schwangerschaft** und zur **Unterbringung von Müttern bzw. Eltern mit Kindern** in den nachfolgenden Abschnitten B. und C. kommentiert. Im Folgenden sollen hingegen zusammengefasst werden, inwiefern die Landesgesetzgeber überhaupt **spezielle Vorgaben für die Frauenvollzug** machen. 13

Im Musterentwurf (ME § 3 Abs. 6) findet sich bei den Gestaltungsgrundsätzen die Vorgabe für die Anstalten unter Beachtung von Artikel 3 Abs. 2 und 3 GG aus Alter, Geschlecht und Herkunft resultierende unterschiedliche Bedürfnisse der Gefangenen sowohl bei der Vollzugsgestaltung insgesamt als auch im Einzelfall zu berücksichtigen, sie folgen insofern dem Konzept einer kompensatorischen Vollzugspraxis. Über die Aspekte der Trennung männlicher und weiblicher Gefangener (ME § 10) hinausgehend findet sich allenfalls die Berücksichtigung bei Verpflegung und Einkauf **(ME § 53; BE § 58)**. Einige Länder erwähnen die Rechte von Schwangeren und stillenden Müttern außerdem bei den Regelungen zur **Arbeitspflicht (BE §§ 24 Abs. 2, Abs. 1; HE § 27; ST § 29 Abs. 2, TH § 29)** und mit Blick auf das Erfordernis ärztlichen Rats bei **Disziplinarmaßnahmen (BB § 103; BE § 94; HB § 90; HE § 90; MV § 89; RP § 89; SL § 89; SN § 93; TH § 101)**. Alle ME-Länder haben die allgemeine Vorschrift zur **differenzierten Vollzugsgestaltung** übernommen **(BB § 7 Abs. 4; § 3 Abs. 6; HB § 3 Abs. 7; HE § 3 Abs. 4; MV § 3 Abs. 7; RP § 7 Abs. 3; SL § 3 Abs. 7; SN § 3 Abs. 7; ST § 7 Abs. 3; TH § 7 Abs. 3)**. Aspekte der Ge- 14

---

[56] In diesem Sinne aber wohl AK-Böning/*Weßels* 2017, Teil VII Rdn. 39.
[57] O. Rdn. 5, ausführlich zu den frauenspezifischen Regelungen *Zolondek* 2007, 85ff und *Haverkamp* 2011, 44ff.
[58] Hierzu *Cernko* 2014, 361f; *European Committee for the Prevention of Torture and Inhuman or Degrading Treatment or Punishment (CPT)* 2018.
[59] www.un.org/depts/german/menschenrechte/ar65229.pdf, abgerufen am 31.12.2017, hierzu *Kawamura-Reindl* 2017a, Rdn. 68 und ausführlich *United Nations Office on Drugs and Crime (UNODC)* 2014, 5ff.

sundheitsfürsorge während der Schwangerschaft bzw. nach der Geburt sind nicht mehr ausdrücklich geregelt (vgl. unten B Rdn. 8ff).

15 **Bayern, Niedersachsen und Baden-Württemberg** orientieren sich am StVollzG (§§ 76–80 StVollzG) und enthalten jeweils einen Abschnitt zum Frauenstrafvollzug, der jedoch nur Besonderheiten für Mütter und Schwangere regelt: **BW** §§ 37, 38 III, **BY** Art. 82–86, **NI** §§ 71–73 (s. näher B). Darüber hinaus berücksichtigen **Baden-Württemberg** und **Hamburg** bei den Behandlungs- bzw. Gestaltungsgrundsätzen (**BW** § 2 Abs. 6 III, **HH** § 3 Abs. 2) die „unterschiedlichen Lebenslagen und Bedürfnisse der weiblichen und männlichen Gefangenen". Die Vorschriften zur Arbeit verweisen auf gesetzliche Beschäftigungsverbote zum Schutz erwerbstätiger Mütter (**BW** § 47, **HH** § 38), die Vorschriften zu den Disziplinarmaßnahmen schreiben bei der Anordnung von bestimmten Disziplinarmaßnahmen gegen Schwangere oder stillende Mütter eine ärztliche Stellungnahme vor (**BW** § 85 Abs. 2 III, **HH** § 91).

16 **Nur zwei Länder haben gegenüber dem StVollzG echte Neuerungen aufgenommen:** In einem „Besondere Vorschriften für den Frauenstrafvollzug" betitelten Abschnitt (**NW** §§ 85–87) fasst das Landesgesetz von **Nordrhein-Westfalen** den **Trennungsgrundsatz** in Bezug auf weibliche und männliche Gefangene (mit der Möglichkeit gemeinsamer Angebote) und die weitgehend aus dem StVollzG übernommenen Vorschriften zu Schwangerschaft und den Belangen von Müttern mit Kindern zusammen. Ähnlich wie im ME und den ihm folgenden Gesetzen findet sich bei den Gestaltungsgrundsätzen die Differenzierungsvorschrift, die u.a. auf das Geschlecht, zusätzlich aber auch auf die sexuelle Orientierung eingeht (**NW** § 2 Abs. 2). Bei der Anordnung von Disziplinarmaßnahmen gegen Schwangere oder Mütter, die vor kurzem entbunden haben, ist eine ärztliche Stellungnahme einzuholen (**NW** § 81 Abs. 4). Zwei Besonderheiten sind positiv hervorzuheben: Zum einen verweist es in den Vorschriften zur **Sicherheit** auf notwendige Binnendifferenzierungen, wonach bei der Festlegung der Sicherheitsstandards „auch die besonderen Belange weiblicher und lebensälterer Gefangener sowie Gefangener mit Behinderungen einzubeziehen" sind (**NW** § 6 Abs. 3). Zum anderen enthält es eine Vorschrift zur Prüfung von **Haftvermeidungsoptionen bei Schwangeren** vor oder unmittelbar nach der Geburt (**NW** § 86 Abs. 1, s. unten B Rdn. 19).

In **Schleswig-Holstein** berücksichtigt das Landesgesetz in deutlich stärkerem Maße als die übrigen Gesetze die Forderungen nach einem **frauenspezifischen Vollzug**, denn der „Besondere Vorschriften für den Frauenvollzug" benannte 14. Abschnitt, **SH** §§ 91–94, enthält neben den traditionellen auch Vorschriften zur **Unterbringung und Vollzugsgestaltung**, der z.B. eine Soll-Vorschrift für den Wohngruppenvollzug enthält und dem Frauenvollzug fachliche Selbständigkeit ermöglicht. Auch die notwendige **Anpassung der Sicherheitsmaßnahmen** wird erfasst (**SH** § 91 Abs. 4). Nach **SH** §§ 92, 93 müssen sich außerdem die **Behandlungs- und Qualifizierungsmaßnahmen** sowie die **Arbeit** (auch) an den „geschlechtsspezifischen Bedarfslagen" ausrichten; ggf. extern einholende Angebote sollen geeignet sein, Gewalt- und Missbrauchserfahrungen und „geschlechtsspezifischen Identitäts- und Rollenproblematiken" zu erfassen. In **SH** § 35 wird mit Blick auf die Arbeitspflicht auf das gesetzliche Beschäftigungsverbot zum Schutz erwerbstätiger werdender und stillender Mütter verwiesen. Bei der Anordnung von Disziplinarmaßnahmen, die über einen Verweis hinausgehen, gegen Schwangere oder stillende Mütter ist eine ärztliche Stellungnahme einzuholen (**SH** § 120). Ebenso wie in NRW findet sich die positiv hervorzuhebende Vorschrift des **SH** § 94 Abs. 1, wonach die Entlassung der Gefangenen aus der Haft vor oder unmittelbar nach der Geburt anzustreben ist (s. unten B Rdn. 20). Eine gemeinsame Unterbringung von Gefangenen mir ihren Kindern ist nicht vorgesehen (s. unten C 17).

B. Bestimmungen zu Schwangerschaft und Mutterschaft

Bund	76–79 StVollzG
Baden-Württemberg	BW §§ 37, 38 III;
Bayern	BY Art. 82–83;
Hamburg	HH § 66 Abs. 2, 3;
Hessen	HE § 27; NI § 71;
Nordrhein-Westfalen	NRW § 86;
Schleswig-Holstein	SH § 94 Abs. 3, 4;

Schrifttum:

Schrifttum s. unter A.

Übersicht

I. Allgemeine Hinweise —— 1
II. Erläuterungen —— 2
  1. Verpflichtung zur Rücksichtnahme —— 2
  2. Vorschriften des Mutterschutzgesetzes —— 3–6
    a) Eingeschränkte Beschäftigung und Beschäftigungsverbot während der Schwangerschaft —— 3, 4
    b) Beschäftigungsverbot nach der Entbindung —— 5
    c) Stillzeiten —— 6
  3. Erziehungsurlaub —— 7
  4. Medizinische Versorgung —— 8, 9
  5. Arznei-, Verband- und Heilmittel —— 10
  6. Soziale Hilfe und psychologische Betreuung —— 11
  7. Schwangerschaftsabbruch —— 12
  8. Entbindung —— 13–15
  9. Art, Umfang und Ruhen der Leistungen bei Schwangerschaft und Mutterschaft —— 16
  10. Geburtsanzeige —— 17
III. Landesgesetze und Musterentwurf —— 18–24
  1. Musterentwurf und Hessen —— 18
  2. Baden-Württemberg —— 19
  3. Bayern —— 20

I. Allgemeine Hinweise

Die besonderen Regeln für den Frauenvollzug konzentrierten sich schon im StVollzG **1** im wesentlichen auf spezifische Aspekte der Gesundheitsfürsorge für Schwangere und für Frauen nach Geburt des Kindes (zur Kritik vgl. A Rdn. 5, zur Struktur der Landesgesetze A Rdn. 13 ff). Noch zurückhaltender waren die Landesgesetzgeber: Schwangerschaft und Mutterschaft als Regelungsgegenstände kommen in den Landesgesetzen oft nicht mehr gesondert vor. Allerdings verweisen manche der dem ME folgenden Länder in ihren Vorschriften zur Beschäftigung auf die gesetzlichen Beschäftigungsverbote zum Mutterschutz (s. A Rdn. 14 und unten Rdn. 3) und erwähnen Schwangere und stillende Mütter bei den Disziplinarmaßnahmen (A Rdn. 14 und M Rdn. 40 und 59 ff). Eine Änderung der bisherigen Rechtslage ist damit nicht verbunden.[60] Einen eigenständigen Abschnitt „Besondere Vorschriften für den Frauenstrafvollzug" enthalten nur noch die Gesetze von Bayern, Niedersachsen, Nordrhein-Westfalen und Schleswig-Holstein.

Die Vorschriften zu Leistungen bei Schwangerschaft und Mutterschaft, zu entsprechenden Arznei-, Verband- und Heilmitteln, zu Art, Umfang und Ruhen der Leistungen bei Schwangerschaft und Mutterschaft sowie zur Geburtsanzeige (früher: §§ 76–79 StVollzG) werden hier gemeinsam behandelt.

---

[60] *Arloth/Krä* 2017 Rdn. 1 zu **HH** § 24.

II. Erläuterungen

1. Verpflichtung zur Rücksichtnahme. Schwangerschaften im Vollzug sind kein ganz seltenes Ereignis, geschätzt wird, dass jeweils bis zu 8% der Gefangenen schwanger sind.[61] In den meisten Landesgesetzen findet sich ausdrücklich (**BW** § 37 Abs. 1; **BY** Art. 82 Abs. 1; **NI** § 71 Abs. 1, **NRW** § 86 Abs. 2; **SH** § 93 Abs. 1) oder konkludent das Gebot der **Rücksichtnahme**; z.B. **SH** § 94 Abs. 3: „**Auf den Zustand einer Gefangenen, die schwanger ist oder unlängst entbunden hat, ist Rücksicht zu nehmen,** die Vorschriften des Mutterschutzgesetzes gelten entsprechend". Er lehnt sich eng an § 76 Abs. 1 S. 1 StVollzG an. Das Gebot folgt aus **Art. 6 Abs. 4 GG,** der jeder Mutter „Schutz und Fürsorge der Gemeinschaft" als Anspruch und nicht als Programmsatz garantiert (BVerfGE 32, 273, 277). Dem soll das Mutterschutzgesetz (MuSchG) Rechnung tragen, auf das einige Gesetze bei den Regeln zur Arbeitspflicht auch ausdrücklich verweisen (sogleich Rdn. 3ff). Dieses Grundrecht wird durch das StVollzG ebenso wenig eingeschränkt wie das Grundrecht auf Leben und körperliche Unversehrtheit des Kindes einer inhaftierten Mutter vor und nach seiner Geburt (Art. 2 Abs. 2 Satz 1 GG). Die Verpflichtung zur Rücksichtnahme ist ein übergeordnetes Behandlungsprinzip, das sich aber nicht nur in der Beachtung von Arbeitsschutzbestimmungen und in der Gewährung medizinischer Versorgung erschöpfen sollte. Die Rücksichtnahme gebührt der Schwangeren wegen ihres Gesundheitszustandes und dient letztlich dem Wohl des Kindes.[62]

2. Vorschriften des Mutterschutzgesetzes. Für Gefangene, die in einem freien Arbeitsverhältnis stehen (sog. Freigängerinnen),[63] gilt unmittelbar das **Gesetz zum Schutz von Müttern bei der Arbeit, in der Ausbildung und im Studium (Mutterschutzgesetz – MuSchG)** vom 23. Mai 2017 (BGBl. I S. 1228). Das Gesetz, das bis 31.12.2017 als Gesetz zum Schutze der erwerbstätigen Mutter galt,[64] wurde zur Umsetzung einer EU-Richtlinie neu gefasst.[65] In seiner neuen Fassung erstreckt § 1 MuSchG den Anwendungsbereich des Gesetzes auf zahlreiche weitere Gruppen, die in § 1 Abs. 2 Nr. 1 bis 8 MuSchuG aufgeführt sind. Arbeitende Gefangene sind hier jedoch nicht aufgelistet und können auch nicht als „arbeitnehmerähnliche Person" qualifiziert werden,[66] so dass nach wie vor für inhaftierte Frauen, die innerhalb des Justizvollzugs arbeiten, die Bestimmungen des MuSchG nicht unmittelbar gelten: Sie stehen nicht in einem Arbeitsverhältnis i.S. des MuSchG, auch wenn sie ein Entgelt erhalten.[67] Auch begründet eine im Strafvollzug gewährte Berufsausbildung kein Berufsausbildungsverhältnis i.S. des Berufsbildungsgesetzes.

---

61 *Keppler* 2009, S. 133.
62 Zu den Schutzvorschriften für inhaftierte Frauen und zum medizinischen Leistungsumfang bei Schwangerschaft, Geburt und nach der Entbindung s. eingehend *Junker* 2011, 74 ff.
63 Zum Freigang LAG Hamm NStZ 1991, 455.
64 Mutterschutzgesetz (MuSchG) in der Fassung der Bekanntmachung vom 20. Juni 2002 (BGBl. I S. 2318).
65 Umsetzung der Richtlinie 92/85/EWG des Rates vom 19.10.1992 über die Durchführung von Maßnahmen zur Verbesserung der Sicherheit und des Gesundheitsschutzes von schwangeren Arbeitnehmerinnen, Wöchnerinnen und stillenden Arbeitnehmerinnen am Arbeitsplatz (zehnte Einzelrichtlinie im Sinne des Art. 16 Ab. 1 der Richtlinie 89/391/EWG) (ABl. L 348 vom 28.11.1992, S. 1), die zuletzt durch die Richtlinie 2014/27/EU (ABl. L 65 vom 5.3.2014, S. 1) geändert worden ist.
66 S. *Roos/Henssen* § 5 Abs. 1 Arbeitsgerichtsgesetz, Däubler/Hjort/Schubert/Wolmerath, Arbeitsrecht, 4. Auflage 2017, Rdn. 5.
67 Ausdrücklich BAG 24.4.1969 und 3.10.1978, AP Nr. 18 zu § 5 ArbGG 1953 und AP Nr. 18 zu § 5 BetrVG 1972.

B. Bestimmungen zu Schwangerschaft und Mutterschaft

Die Schutzvorschriften des MuSchG **gelten jedoch für arbeitende Gefangene entsprechend:** Ausgehend von der Intention der Vorschrift des § 76 StVollzG, die Situation der Gefangenen dem Leben in Freiheit anzugleichen,[68] sollten **alle substantiellen Schutzvorschriften** des MuSchG Anwendung finden. Unabhängig von Rücksichtnahmegebot und der allgemeinen Fürsorgepflicht der Anstalten für Gefangene hat das Bundessozialgericht für die Versicherungspflicht Gefangener jüngst festgestellt, dass deren Zweck gerade darin liege, die Lebensverhältnisse im Vollzug den allgemeinen Lebensverhältnissen anzugleichen und die Resozialisierung zu fördern. Daraus leitet es ab, dass eine **weitgehende Gleichbehandlung von Gefangenenarbeit mit Arbeit auf dem allgemeinen Arbeitsmarkt** geboten sei.[69]

Eine entsprechende Anwendung des MuSchG war bislang ausdrücklich zum einen für die Gestaltung des Arbeitsplatzes bzw. der Arbeitsbedingungen (§ 2 MuSchuG a.F., jetzt § 9 MuSchG) vorgesehen. Zum anderen enthielt § 41 Abs. 1 StVollzG die Ausnahme von der Arbeitspflicht für werdende und stillende Mütter im Rahmen der gesetzlichen Beschäftigungsverbote. Aus dem Schweigen des ME und der ihm folgenden Landesgesetze muss in Anbetracht des allgemeinen Rücksichtnahmegebots und des Angleichungsgrundsatzes daher angenommen werden, dass zumindest diese Aspekte fortgelten. Zu den ausdrücklichen Regelungen der Länder unten Rdn. 18 ff.

a) Nach dem MuSchG ist die **Beschäftigungsmöglichkeit** von Schwangeren **eingeschränkt** (Schutzfristen vor und nach der Entbindung sind nunmehr zusammengefasst in § 3 MuSchG). Der Arbeitsplatz ist bei werdenden und stillenden Müttern entsprechend auszugestalten, d.h. gem. § 9 Abs. 1 MuSchG müssen insgesamt bei der Gestaltung der Arbeitsbedingungen einer schwangeren oder stillenden Frau alle erforderlichen Maßnahmen für den Schutz ihrer physischen und psychischen Gesundheit sowie der ihres Kindes getroffen werden. Zugrundezulegen ist eine sog. Gefährdungsbeurteilung nach § 10 MuSchG. §§ 11 und 12 MuSchG beschreiben unzulässige Tätigkeiten und Arbeitsbedingungen für schwangere Frauen, verboten sind z.B. Arbeiten mit als reproduktionstoxisch eingestuften gesundheitsgefährdenden Stoffen oder Strahlen, hoher Gewichtsbelastung, auf Fahrzeugen, am Fließband. § 9 Abs. 2 und § 12 sehen vor, dass die Arbeitsbedingungen so zu gestalten sind, dass Gefährdungen einer schwangeren oder stillenden Frau oder ihres Kindes vermieden werden; ggf. muss der Arbeitsplatz umgestaltet werden. Während Sitzgelegenheiten oder ungestörte Räume zum Stillen zu ermöglichen sind,[70] sind an die Zumutbarkeit von Umgestaltungsmaßnahmen im Vollzug jedoch geringere Anforderungen zu stellen als in großen Betrieben der freien Wirtschaft.

b) Ausdrücklich aufgehoben war nach altem Recht nur die **Arbeitspflicht** schwangerer und stillender Gefangener (§ 41 Abs. 1 Satz 3 StVollzG) während der im MuSchG genannten Fristen. Aus den in Rdn. 2 geschilderten allgemeinen Rücksichtnahmeerwägungen war aber der allgemeine Grundsatz zu entnehmen, dass auf die gesundheitliche Belange der Gefangenen während und nach der Schwangerschaft insgesamt Rücksicht zu nehmen ist. Dies bedeutet konkret, dass gefahrengeneigte Tätigkeiten und belastende Arbeitszeiten zu unterbinden sind. Der Wunsch der Gefangenen ist aber (abgesehen von der zwingenden Frist von acht Wochen nach der Entbindung, § 3 Abs. 2 MuSchG) dabei zu berücksichtigen. Diese wird im Zweifel eine zumutbare Beschäftigung während und nach der Schwangerschaft einer bloßen Untätigkeit im Vollzug vorziehen, da dann auch

---

68 BT-Drucks. 7/3998, 29.
69 BSG, Entsch. v. 12.9.2017 – B 11 AL 18/16 R, Rdn. 18 ff.
70 *Laubenthal/Nestler/Neubacher/Verrel* K Rdn. 5.

das Arbeitsentgelt (§ 42) weiter zu zahlen ist und soziale Kontakte erhalten bleiben.[71] Der Gedanke wird auch § 9 Abs. 1 S. 3 MuSchG aufgegriffen, wonach der Frau grundsätzlich auch während der Schwangerschaft, nach der Entbindung und in der Stillzeit die Fortführung ihrer u. U. angepassten Tätigkeit (umgestalteter Arbeitsplatz) ermöglicht werden soll. Gegebenenfalls ist zum Schutz der Gefangenen eine medizinische Beratung erforderlich.

6   c) § 7 MuSchG fordert außerdem **Rücksichtnahme auf erforderliche Untersuchungszeiten** während der Schwangerschaft und auf gesundheitliche Beeinträchtigungen nach der Entbindung (z.B. vorübergehende Freistellung von Arbeit) sowie auf **Stillzeiten.** So ist stillenden Müttern u.a. auf ihr Verlangen die zum Stillen erforderliche Zeit (mindestens zweimal täglich eine halbe Stunde oder einmal täglich eine Stunde) freizugeben. Der damit verbundene Arbeitszeitverlust darf nicht zu einem Verdienstausfall führen.

7   **3. Elternzeit.** Nach dem Angleichungsgrundsatz sollte inhaftierten Müttern, die gemeinsam mit ihren Kindern im Vollzug untergebracht sind (vgl. unten „Unterbringung von Müttern mit Kindern") auf Antrag **Erziehungsurlaub** analog § 15 des Gesetze zum Elterngeld und zur Elternzeit (Bundeselterngeld- und Elternzeitgesetz – BEEG) In der Fassung der Bekanntmachung vom 27. Januar 2015 gewährt werden. Einen solchen Anspruch hat jedoch das Bundessozialgericht abgelehnt.[72] Zu empfehlen ist, dass während der ersten 6 Monate nach der Entbindung für die Mütter die Arbeitspflicht ausgesetzt wird, damit diese Zeit für eine intensive Betreuung und Pflege des Säuglings genutzt werden kann. Bei Bedürftigkeit kann den Müttern während der Zeit des Erziehungsurlaubs Taschengeld gewährt werden.

8   **4. Medizinische Versorgung.** Schwangerschaften im Gefängnis bergen wegen verschiedener Risikofaktoren (darunter die gegenüber der Allgemeinbevölkerung wesentlich erhöhte Substanzmissbrauchsprävalenz) höhere Risiken für Mutter und Kind.[73] Gewährleistet sind auch in der Justizvollzugsanstalt die ärztliche Versorgung und Hebammenhilfe, die Versorgung muss der gesetzlich versicherter Schwangerer in Freiheit grundsätzlich entsprechen. Zur ärztlichen Betreuung zählen diagnostische und therapeutische sowie vorbeugende Maßnahmen, die gemäß der Mutterschaftsrichtlinien der „Sicherung einer nach den Regeln der ärztlichen Kunst und unter Berücksichtigung des allgemein anerkannten Standes der medizinischen Erkenntnisse ausreichenden, zweckmäßigen und wirtschaftlichen Betreuung der Versicherten während der Schwangerschaft und nach der Entbindung dienen".[74] Innerhalb der Anstalt ist daher auch die Chance gegeben, dass Frauen, die außerhalb des Vollzugs gesundheitlich nicht auf sich achten, Schwangerschaftsvorsorgeuntersuchungen in Anspruch nehmen und trotz der schwierigen Situation einer Schwangerschaft in Unfreiheit für ihre und die Gesundheit des Ungeborenen gesorgt werden kann.[75] Gesetzlich versicherte – und damit auch inhaf-

---

71 So auch *Haverkamp* 2011, 147.
72 BSG, Entsch. v. 4.9.2013 – B 10 EG 4/12 R.
73 *van den Bergh/Plugge/Yordi Aguirre* 2014, 126; *Keppler* 2009, 133.
74 Richtlinien des Gemeinsamen Bundesausschusses über die ärztliche Betreuung während der Schwangerschaft und nach der Entbindung („Mutterschafts-Richtlinien") in der Fassung vom 10. Dezember 1985 (veröffentlicht im Bundesanzeiger Nr. 60a vom 27. März 1986) zuletzt geändert am 21. April 2016.
75 *Keppler* 2009, 133.

tierte – Frauen haben Anspruch auf Hebammenhilfe, die auch Betreuung im Wochenbett umfasst.

Über die medizinische Versorgung hinaus sollte den Gefangenen auch Schwangerschaftsgymnastik zur Vorbereitung auf die Entbindung angeboten werden, da Gefangene häufig unter Bewegungsarmut leiden. Schwangere sollten aus Gründen der Vorsorge grundsätzlich in einer Justizvollzugsanstalt mit ärztlich geleiteter und sachlich und personell entsprechend ausgestatteter Krankenstation untergebracht werden, damit auch eine Betreuung in Sonderfällen (z.B. drohender Abortus) gewährleistet ist. Die gynäkologische Versorgung im Vollzug wird oft durch Konsiliarärztinnen oder -ärzte geleistet. In diesem Zusammenhang ist es sinnvoll, wenn weibliche Gefangene, die Opfer von sexueller Gewalt wurden, oder Frauen, für die wegen ihres kulturellen Hintergrundes die Behandlung durch männliche Ärzten problematisch ist, bei Bedarf von einer Ärztin untersucht und behandelt werden können. Eine solche Forderung wird auch von den Bangkok-Regeln der Vereinten Nationen (Nr. 10.1. und 10.2) erhoben.[76] 9

Reicht die Versorgungsmöglichkeit in der Krankenstation der Justizvollzugsanstalt nicht aus, ist die Gefangene in ein geeignetes Krankenhaus außerhalb zu verlegen.[77]

5. Arznei-, Verband- und Heilmittel. Bei Schwangerschaftsbeschwerden und im Zusammenhang mit der Entbindung werden **Arznei-, Verband- und Heilmittel** geleistet. Die Gefangene hat damit Anspruch auf Arznei-, Verband- und Heilmittel wie eine Schwangere in Freiheit (s. §§ 31, 32 SGB V). Die ausdrückliche Festschreibung dieser Vorgabe findet sich nur noch in wenigen Gesetzen (**BW** § 37 Abs. 3; **BY** Art. 83; **HH** § 66 Abs. 1; **NI** § 71 Abs. 4) und ist entbehrlich. 10

6. Soziale Hilfe und psychologische Betreuung. Soziale Hilfen und psychologische Betreuung fordert das Gesetz nicht ausdrücklich. Inhaftierung und Trennung vom gewohnten sozialen Umfeld, eine ungewollte Schwangerschaft oder sonstige Gründe erschweren es der Gefangenen aber u.U., sich auf das erwartete Kind einzustellen. Weiß die Gefangene zu wenig über die Schwangerschaft und die mit der Geburt verbundenen Vorgänge oder belastet sie ihre noch ungewisse Zukunft, so können psychologische Beratung und Therapie über die medizinische Versorgung hinaus angezeigt sein.[78] 11

7. Schwangerschaftsabbruch. Mit Blick auf die ärztlichen Beratung über Empfängnisverhütung und für Leistungen bei nicht rechtswidrigem **Schwangerschaftsabbruch finden sich in den Strafvollzugsgesetzen keine Bestimmungen**. Ist eine Schwangerschaftsunterbrechung gewollt bzw. medizinisch-sozial oder kriminologisch indiziert, gelten die allgemeinen Regelungen. Das bedeutet, dass schwangere Gefangene auch Anspruch auf Beratung bzgl. eines möglichen Schwangerschaftsabbruchs hat und Kosten der medizinischen Behandlung und Krankenpflege auch im Vollzug gedeckt sind; besteht für die gesetzlichen Krankenkassen keine Leistungspflicht, so ist der Schwangerschaftsabbruch von der schwangeren Patientin grundsätzlich selbst zu finanzieren (Berechnungsgrundlage: Gebührenordnung für Ärzte = GOÄ). Sind einer Patientin die Kosten für eine privatärztliche Behandlung nicht zumutbar, hat die Schwangere einen Anspruch auf vollständige Behandlung nach dem sog. Sachleistungsprinzip. Bei der Krankenkasse ist die Kostenübernahme zu beantragen. 12

---

76 S. A. Rdn. 12.
77 BT-Drucks. 7/3998, 30.
78 *Keppler* 2009, 134.

14. Kapitel. Frauenstrafvollzug

13   **8. Entbindung.** § 76 Abs. 3 StVollzG sah vor, dass Gefangene **grundsätzlich außerhalb der Justizvollzugsanstalt** entbinden sollen (zurückhaltender die Europäischen Strafvollzugsgrundsätze 2006 in Nr. 34.3: „Den Gefangenen ist zu gestatten, außerhalb der Justizvollzugsanstalt zu entbinden"). Dadurch sollen eine bessere Versorgung gewährleistet und Komplikationen besser aufgefangen werden; schließlich ist der Stigmatisierung des Kindes wegen seiner Geburt in einer Justizvollzugsanstalt vorzubeugen.[79] Die Anzahl der Geburten ist niedrig: nach allerdings nicht mehr aktuellen Angaben der Landesjustizverwaltungen[80] lag sie selten über 40 Geburten jährlich 1992 (34), 1993 (44), 1994 (33), 1995 (26), 1996 (27); nennenswert höher dürfte sie nicht geworden sein, denn seitdem ist die Zahl der weiblichen Gefangenen tendenziell gesunken.

Eine Entbindung in einer Justizvollzugsanstalt sollte nach altem Recht ausnahmsweise zulässig sein, wenn besondere Gründe vorliegen, z.B. wenn aus Sicherheits- oder anderen zwingenden Vollzugsgesichtspunkten eine Verlegung in eine Klinik außerhalb und die dort erforderliche Bewachung nicht oder nur mit erheblichen Kosten möglich sind.[81] Der Wunsch der Gefangenen, in der Anstalt zu entbinden, sollte allerdings kein ausreichender Rechtfertigungsgrund für eine anstaltsinterne Geburt sein. Von den Landesgesetzen entsprechen noch **BW** § 37 III und **BY** Art. 82 der ursprünglichen Gesetzesfassung, **HH** § 66 Abs. 2 übernimmt die Vorschrift und verweist ausnahmsweise auf eine Möglichkeit zur Entbindung im Zentralkrankenhaus der Hamburger Untersuchungshaftanstalt; **NI** § 71 hingegen sieht keine Ausnahmeregelung vor. § 76 Abs. 3 StVollzG[82] sprach von „Vollzugsanstalten mit Entbindungsabteilung", die, soweit ersichtlich, lediglich im JVK Fröndenberg tatsächlich vorhanden ist. Da das Gesetz selbst stets die Entbindung in einem externen Krankenhaus anstrebte und der erforderliche personelle und sächliche Aufwand enorm wäre, erwähnen die meisten Landesgesetze diese Möglichkeit nicht mehr.

14   In Bezug auf die Umstände der Entbindung ist bemerkenswert eine Stellungnahme der Evangelischen Konferenz für Gefängnisseelsorge in Deutschland vom Mai 2011,[83] in der von einer „verbreiteten Praxis" gesprochen wird, wonach jedenfalls in manchen Anstalten **Ausführungen zur Entbindung** „ausgesprochen restriktiv" gestaltet werden und trotz der Begleitung durch zwei Bedienstete Fesselungen ans Bett bis kurz vor Beginn des zum eigentlichen Entbindungsvorgang und gleich wieder danach vorsehen. Solche **Fesselungen**, die auch aus anderen Staaten bekannt sind,[84] verstoßen gegen die Menschenwürde von Mutter und Kind und den Verhältnismäßigkeitsgrundsatz – das Entweichungsrisiko unter der Geburt, sollte es tatsächlich das Motiv für die Fesselungen sein, dürfte grotesk überschätzt sein.[85]

---

79   BT-Drucks. 7/3998, 31.
80   BT-Drucks. 13/9329.
81   BT-Drucks. 7/3998, 31.
82   „Zur Entbindung ist die Schwangere in ein Krankenhaus außerhalb des Vollzuges zu bringen. Ist dies aus besonderen Gründen nicht angezeigt, so ist die Entbindung in einer Vollzugsanstalt mit Entbindungsabteilung vorzunehmen. Bei der Entbindung wird Hilfe durch eine Hebamme und, falls erforderlich, durch einen Arzt gewährt."
83   S. auch Evangelische Konferenz für Gefängnisseelsorge, Stellungnahme der Evangelischen Konferenz für Gefängnisseelsorge in Deutschland zum Umgang mit Schwangerschaft und Entbindung im Vollzug (verabschiedet 5. Mai 2011), FS 2011, 264 f.
84   Quinn 'In Labor, in Chains. The Outrageous Shackling of Pregnant Inmates', The New York Times, 26.7.2014 (https://www.nytimes.com/2014/07/27/opinion/sunday/the-outrageous-shackling-of-pregnant-inmates.html, abgerufen am 1.2.2018).
85   Vgl. auch AK-*Böning/Weßels* Teil VII Rdn. 25. Sie werden auch durch die Bangkok-Regeln der Vereinten Nationen (s. A. Rdn. 12) verboten: „Zwangsmittel dürfen bei Frauen während der Wehen sowie während und unmittelbar nach der Entbindung nie angewandt werden."

Obwohl besondere Regeln zur **Haftvermeidung zur Entbindung bzw. nach einer** 15
Geburt vielfach gefordert werden[86] und in verschiedenen Staaten auch möglich sind[87] sieht das deutsche Recht solche Möglichkeiten grundsätzlich nicht vor, insbesondere eine Unterbrechung der Strafe nach § 45 StVollstrO kommt in der Regel nicht in Betracht, da er auf § 455 StrVollstrO verweist (Strafausstand wegen Vollzugsuntauglichkeit) dessen Voraussetzungen i.d.R. nicht vorliegen. Allerdings ist ein Strafaufschub dann möglich, wenn die Verurteilte sich in einem „körperlichen Zustand befindet, bei dem eine sofortige Vollstreckung mit der Einrichtung der Strafanstalt unverträglich ist", § 455 Abs. 3 StrVollstrO.[88] Die Möglichkeit des Urlaubs zur Entbindung am Heimatort ist eingeschränkt, da eine Gefangene kaum für die Entbindungskosten selbst aufkommen kann, und scheitert in der Regel an der Zeitgrenze.

Es gibt jedoch auch andere gesetzgeberische Entscheidungen: **NW § 86 Abs. 1 und SH § 96 Abs. 1** verpflichten die Anstalt im Wege einer **„Soll-Vorschrift", vor oder unmittelbar nach der Geburt die Entlassung der Gefangenen aus der Haft im Benehmen mit den Justizbehörden und dem Jugendamt anzustreben** (s. unten Rdn. 19 und 20). Diese Vorschrift ist den Bestimmungen zur Schwangerschaft und Mutterschaft vorangestellt, kann daher durchaus als Programmsatz verstanden werden. In einer solchen Situation stehen sich die Durchsetzung des staatlichen Strafanspruchs und das Kindeswohl als zwei Verfassungsprinzipien von hohem Wert gegenüber. Der Gesetzentwurf **SH** geht in seiner Begründung davon aus, dass „nicht notwendig die Durchsetzung des staatlichen Strafanspruchs mehr Gewicht für sich beanspruchen kann als der Schutz des Kindeswohles", welchem besser mit dem Aufwachsen bei der Mutter außerhalb der Anstalt gedient sei. Die Anstalt soll sich daher in solchen Fällen mit dem Jugendamt und den der Strafvollstreckungsbehörde darüber verständigen, wie dem Kindeswohl am besten gedient werden kann. Da hier vollstreckungsrechtliche Fragen betroffen sind, kann die Anstalt aus eigener Kompetenz keine Entscheidung treffen, sondern die Staatsanwaltschaft als Strafvollstreckungsbehörde muss entscheiden, ob der Fall einer Vollstreckungsunterbrechung, einer Aussetzung des Strafrestes zur Bewährung oder einer gnadenweisen Regelung zugänglich ist.[89]

9. Art, Umfang und Ruhen der Leistungen bei Schwangerschaft und Mutter- 16
schaft. Die Regelungen des § 78 StVollzG betreffen die Kostentragung für die Leistungen bei Schwangerschaft und Mutterschaft und verwiesen auf die entsprechenden Vorschriften aus dem Abschnitt zur Gesundheitsfürsorge. Für die Mutterschaftshilfe gelten die Regelungen zur Krankenbehandlung im Urlaub, zu Art und Umfang der Leistungen, zum Ruhen der Ansprüche und zur Verlegung entsprechend. Mutterschaftsgeld, Erziehungsgeld und Pauschbetrag für sonstige Aufwendungen sind dagegen ausgeschlossen. Entsprechende Regelungen haben **nur BY** (Art. 84) und **NI** (§ 71 Abs. 5) ausdrücklich übernommen.

Befindet sich eine Schwangere im Urlaub, kann ihr allerdings nicht zugemutet werden, (lediglich) ärztliche Hilfe in der für sie zuständigen Vollzugsanstalt in Anspruch zu nehmen, vgl. auch die Regelung in **NW** (unten Rdn. 23).[90] Zeichnen sich vor der Geburt medizinische Komplikationen ab, so ist die Gefangene außerdem in ein Krankenhaus

---

[86] Z.B. *Evangelische Konferenz für Gefängnisseelsorge* 2011, 266; *WHO Regional Office for Europe/UNODC* 2009, 47 ff.
[87] Z.B. in Griechenland, Kroatien, Litauen, Slowenien (Zolondek 2007, S. 149 ff).
[88] Eine Schwangerschaft soll hier „i.d.R. nicht ausreichen", vgl. Meyer-Goßner/*Schmitt* § 455 Rdn. 6.
[89] **SH** LT-Drs. 18/3153, 152.
[90] Zust. *Laubenthal/Nestler/Neubacher/Verrel* K Rdn. 9.

außerhalb der Justizvollzugsanstalt einzuweisen, damit sie dort durchgehend ärztlich betreut werden kann.[91] Zum Schwangerschaftsabbruch oben Rdn. 12.[92]

17   **10. Geburtsanzeige.** Da eine Gefangene regelmäßig in einem Krankenhaus außerhalb der Vollzugsanstalt entbindet, hat die Vorschrift keine große praktische Bedeutung. Soweit ausnahmsweise in der Vollzugsanstalt entbunden wird, darf das Leben eines Kindes nicht dadurch belastet werden, dass die Justizvollzugsanstalt als Geburtsort urkundlich festgehalten wird. Auch in allen anderen Urkunden und Bescheinigungen, die das Kind betreffen, ist zu vermeiden, dass die Geburtsstätte und die Inhaftierung der Mutter erwähnt werden. Zu beachten ist diese Sorgfaltspflicht auch gegenüber kirchlichen Behörden (Taufurkunde). Die Vorschrift berücksichtigt zu Recht mögliche Stigmatisierungseffekte, auch wenn sie sich an Formalitäten orientiert. Dass darüber hinaus mögliche schädliche Folgen für die Persönlichkeit des Kindes aufgrund der Prisonisierung schwerer wiegen können, macht diese Überlegung nicht überflüssig.[93] **BW** § 38 Abs. 2, **BY** Art. 85, **HH** § 89 Abs. 4, **NI** § 72, **NW** § 86 Abs. 6 und **SH** § 94 Abs. 5 haben die Vorschrift inhaltsgleich in ihre Gesetze übernommen.

III. Besonderheiten in den Landesgesetzen

18   **1.** In den Landesgesetzen gibt es zum Regelungsgegenstand **wenige hervorzuhebende Besonderheiten** (vgl. schon oben A Rdn. 13 ff). Im **Musterentwurf** und Hessen fehlen speziellen Vorschrift zu Leistungen bei Schwangerschaft und Mutterschaft. Nach der Begründung gehören zu den in ME § 62 (Art und Umfang der medizinischen Leistungen, Kostenbeteiligung, vgl. 6 F) geregelten medizinischen Leistungen ohne weiteres auch solche bei Schwangerschaft und Mutterschaft, denn alle Gefangenen haben Anspruch auf „wirtschaftliche, ausreichende, notwendige und zweckmäßige medizinische Leistungen nach dem Standard der gesetzlichen Krankenkassen".[94] In **Baden-Württemberg** ist im Bezug auf **die Gesundheitsfürsorge** zu findenden **BW** § 37 Abs. 1 und 2 III die ärztliche Betreuung während der Schwangerschaft konkretisiert, die auch die „Bedeutung der Mundgesundheit" betont. **BW** § 38 Abs. 1 III übernimmt weitgehend wortgleich die alte bundesgesetzliche Regelung, wonach dass Gefangene grundsätzlich außerhalb der Justizvollzugsanstalt entbinden sollen; beinhaltet aber auch noch die Aufnahmeregel (vgl. oben Rdn. 12 f). Das **Hamburger** Gesetz beinhaltet in **§ 66** einen Hinweis auf mögliche Entbindungen im Zentralkrankenhaus der Untersuchungshaftanstalt.

19   **2. Nordrhein-Westfalen.** In **NW** § 86 Abs. 1 wird – positiv hervorzuheben – die Anstalt aufgefordert, „im Benehmen mit den Justizbehörden und dem Jugendamt **die Entlassung der Gefangenen aus der Haft vor oder unmittelbar nach der Geburt**" anzustreben. Nach der Gesetzesbegründung geht diese auf die Leitlinien für den Strafvollzug des Landes Nordrhein-Westfalen zurück, die der Erkenntnis Rechnung tragen sollen, dass der Freiheitsentzug gerade für werdende und junge Mütter besonders belastend ist. Außerdem sollen „die einschneidenden Persönlichkeitsveränderungen, die in der Regel mit der Geburt einhergehen" berücksichtigt und ein „normaleres, unbelastetes Aufwach-

---

[91] Entsprechend AK-*Böning/Weßels* 2017 Teil VII 3. Rdn. 36; *Laubenthal/Nestler/Neubacher/Verrel* K Rdn. 7.
[92] Zum Leistungsumfang der Schwangerschaft und Mutterschaft s. *Junker* 2011, 78 ff.
[93] AK-*Weßels/Böning* 2017 § 14 LandesR Rdn. 13 monieren, die Nachteile, die durch Vermerke auf Urkunden entstehen können, würden folgenreicher eingeschätzt als die Prisonisierung.
[94] Vgl. näher im Abschnitt Gesundheitsfürsorge 6 D.

sen des neu geborenen Kindes" ermöglicht werden.[95] Über die nach dem StVollzG zu gewährleistende Rücksichtnahme und Übernahme von Leistungen bei Schwangerschaft und Mutterschaft (o. Rdn. 2, 8–13) hinaus enthält das Gesetz eine zusätzliche Vorschrift in **NW** § 86 Abs. 4, die die medizinische Versorgung schwangerer Gefangener im Falle gravierender Schwangerschaftsbeschwerden während eines **Langzeitausgangs oder anderer vollzugsöffnender Maßnahmen** erfasst. Sie ermöglicht es, bei gravierenden Schwangerschaftsbeschwerden ärztliche Hilfe in einem Krankenhaus außerhalb des Vollzuges in Anspruch zu nehmen, wenn die Rückkehr in die Anstalt nicht zumutbar ist, und eröffnet dadurch auch Spielräume der zeitweiligen Haftvermeidung. Die Anstalt hat nämlich die Kosten zu tragen, wenn die Gefangene Ansprüche aus einer Krankenversicherung nicht geltend machen kann.

3. Schleswig-Holstein. Der 14. Abschnitt (**SH** §§ 91–94) des Gesetzes berücksichtigt 20 die **Besonderheiten des Frauenvollzugs umfassend** und setzt damit die internationalen Vorgaben und Empfehlungen (Bangkok-Rules der Vereinten Nationen, CPT-Standards, s. oben A Rdn. 12) um. Er enthält neben den traditionellen auch Vorschriften zur Unterbringung und Vollzugsgestaltung (s. oben A Rdn. 19). Nach **SH** §§ 92, 93 müssen sich außerdem die Behandlungs- und Qualifizierungsmaßnahmen sowie die Arbeit (auch) an den „geschlechtsspezifischen Bedarfslagen" ausrichten; ggf. extern einzuholende Angebote sollen geeignet sein, ggf. Gewalt- und Missbrauchserfahrungen und „geschlechtsspezifischen Identitäts- und Rollenproblematiken" zu erfassen; dies erfasst auch die psychosozialen Bedürfnisse bzw. therapeutischen Angebote, die oben in Rdn. 12 beschrieben wurden. Auf die der Regelung in **NW** entsprechende Soll-Vorschrift zur **Haftvermeidung bei Schwangeren** kurz vor bzw. kurz nach der Geburt (**SH** § 94 Abs. 1) ist bereits hingewiesen worden (o. Rdn. 15). Schwangere und entbindende Gefangene haben Anspruch auf **medizinische, psychologische und pädagogische Begleitung**, um die besonderen Belastungen, die mit einer Schwangerschaft und Geburt in Freiheitsentziehung verbunden sind, besser bewältigen zu können (**SH** § 94 Abs. 2). Nach **SH** § 94 Abs. 3 ist bei der Durchsetzung der vollzuglichen Pflichten auf den schwangerschaftsbedingten Zustand der Gefangenen Rücksicht zu nehmen. Die Schutzvorschriften des Mutterschutzgesetzes sind auch im Strafvollzug einzuhalten (auf das **gesetzliche Beschäftigungsverbot zum Schutz erwerbstätiger werdender und stillender Mütter** verweist SH § 35). **SH** § 94 Abs. 4 bestimmt, dass die Entbindung selbst in Krankenhäusern außerhalb des Vollzuges erfolgt; sollte dennoch eine Geburt in einer JVA unvermeidbar sein, gibt Abs. 5 vor, dass die **Geburtsanzeige** keinen Hinweis auf den Vollzug der Freiheitsstrafe an der Mutter enthalten darf.

C. Unterbringung mit Kindern

Bund	§§ 80, 142 StVollzG,
Baden-Württemberg	BW § 10 I;
Bayern	BY Art. 68, 168;
Berlin	BE § 15;
Brandenburg	BB § 21;
Bremen	HB § 14;
Hamburg	HH §§ 21, 100;
Hessen	HE § 74;
Mecklenburg-Vorpommern	MV § 14;

---

95 NRW LT-Drucksache 16/5413, S. 156.

Niedersachsen	NI §§ 73, 173;
Nordrhein-Westfalen	NRW § 87;
Rheinland-Pfalz	RP § 21;
Saarland	SL § 14;
Sachsen	SN § 14;
Sachsen-Anhalt	ST § 21;
Thüringen	TH § 21

Schrifttum

s. unter A.

Übersicht

I. Allgemeine Hinweise —— 1–3
 1. Vermeidung der Trennung von Mutter und Kind —— 1
 2. Versorgung älterer Kinder und familienorientierter Vollzug —— 2
 3. Koordination und Kooperation zwischen Justiz und Jugendhilfe —— 3
II. Erläuterungen —— 4–13
 1. Freiwillige Leistung der Justizvollzugsanstalt —— 4
 2. Eingliederungshilfe für die Mutter —— 5
 3. Sorgeberechtigte Väter —— 6
 4. Wohl des Kindes —— 7–11
  a) Mitwirkung der Jugendämter —— 8
  b) Prüfung anderer Unterbringungsmöglichkeiten —— 9
  c) Aufnahmekriterien —— 10
  d) Alter des Kindes —— 11
 5. Kosten der Unterbringung —— 12, 13
 6. Einrichtungen —— 14
III. Besonderheiten der Landesgesetze —— 15–19
 1. Orientierung am StVollzG —— 15
 2. Gesundheitsfürsorge —— 16
 3. Familienorientierung —— 17

I. Allgemeine Hinweise

1 **1. Vermeidung der Trennung von Mutter und Kind.** In allen Bundesländern (**BB** § 21, **BW** § 10, **BY** Art. 86 und 168, **BE** § 15, **HB** § 14, **HH** §§ 21, 100, **HE** § 74, **MV** § 14, **NI** § 73, **NW** § 87, **RP** § 14, **SL** § 14, **SN** § 14, **ST** § 21, **TH** § 21, **ME** § 14) außer Schleswig-Holstein ist prinzipiell vorgesehen, dass kleine Kinder mit ihren Müttern gemeinsam in eine Mutter-Kind-Abteilung aufgenommen werden können, wenn bestimmte Voraussetzungen, namentlich das Kindeswohl betreffend, erfüllt sind. Sie folgen dem Vorbild von § 80 StVollzG, der lautete:

„(1) Ist das Kind einer Gefangenen noch nicht schulpflichtig, so kann es mit Zustimmung des Inhabers des Aufenthaltsbestimmungsrechts in der Vollzugsanstalt untergebracht werden, in der sich seine Mutter befindet, wenn dies seinem Wohl entspricht. Vor der Unterbringung ist das Jugendamt zu hören.

(2) Die Unterbringung erfolgt auf Kosten des für das Kind Unterhaltspflichtigen. Von der Geltendmachung des Kostenersatzanspruchs kann abgesehen werden, wenn hierdurch die gemeinsame Unterbringung von Mutter und Kind gefährdet würde."

Die Vorschriften ziehen Konsequenzen aus der Erkenntnis, dass die **Trennung eines Kindes** in den ersten Lebensjahren von seiner ständigen Bezugsperson, in der Regel der Mutter, zu **erheblichen Schädigungen** in der Persönlichkeitsbildung und sozialen Entwicklung führen kann. Häufig stehen für Kinder inhaftierter Mütter keine weiteren Bezugspersonen zur Verfügung, so dass die Kinder sonst in Heimen oder Pflegestellen unterzubringen wären. Tatsächlich ist dies ein quantitativ durchaus bedeutsames Problem, als die meisten der inhaftierten Frauen Kinder haben, die während der Haft versorgt werden müssen (s. oben A Rdn. 11). Nach einer älteren Stichtagserhebung in zwei Frauenanstalten (N = 411) waren 18% der Kinder unter 6, weitere 27% zwischen 6 und 13 Jahren.⁹⁶ Die Länderregelungen sehen unterschiedliche Altersgrenzen vor und erfassen Kinder höchstens bis zum schulpflichtigen Alter (vgl. u. Rdn. 11). Es gilt in jedem Einzelfall die schädigenden Folgen einer Trennung von der Mutter und die Gefährdungen der Prisonisierung gegeneinander abzuwägen.

2. Versorgung älterer Kinder und familienorientierter Vollzug. Die Vorschriften lösen nicht die Probleme der **Versorgung schulpflichtiger Kinder** inhaftierter Mütter. Deshalb sollten auch die Vollzugsbedingungen im Regelvollzug so gestaltet werden, dass inhaftierte Frauen den Kontakt zu ihren Kindern aufrechterhalten können. Um die emotionale Bindung zwischen beiden zu sichern, sind regelmäßige Besuche für Mutter und Kind notwendig. Günstiger als Besuche in der Anstalt sind Besuche der Mütter in der Umgebung des Kindes. Um den täglichen Bezug zur Familie zu erhalten, wäre der sog. Hausfrauenfreigang gut geeignet,⁹⁷ der allerdings nur in den seltenen Fällen der wohnortnahen Unterbringung in Betracht kommt. Insgesamt sind die strukturellen Voraussetzungen für eine Aufrechterhaltung des Kontakts zwischen inhaftierten Müttern und ihren Kindern eher ungünstig.⁹⁸ Unter Verzicht auf Mutter-Kind-Einrichtungen hat Schleswig-Holstein unter Berücksichtigung dieser Überlegungen einen dezidierten Weg zur familienorientierten Gestaltung gewählt (**SH** § 24, zum **Bedarf an familienorientierter Gestaltung des Vollzugs** schon oben A Rdn. 11 und unten Rdn. 17).

3. Koordination und Kooperation zwischen Justiz und Jugendhilfe. Sowohl die Trennung von der Mutter als auch die gemeinsame Unterbringung in einer Mutter-Kind-Einrichtung sind stets Kompromisse und nicht ohne Probleme. Nur für Säuglinge und Kleinkinder kann die Unterbringung mit der Mutter in einer Mutter-Kind-Einrichtung eine zufriedenstellende Lösung sein. Als Konsequenz aus ihren Forschungsergebnissen fordern *Birtsch/Riemann/Rosenkranz* eine durch Erlass der Landesjustizverwaltungen der Länder angeordnete obligatorische Beteiligung der Gerichtshilfe, um den familiären Lebenszusammenhang der angeklagten Frauen angemessen berücksichtigen zu können (1988, 414); auch sollte das Jugendamt bereits zu diesem Zeitpunkt zur Prüfung des Kindeswohls herangezogen werden. Nach *Maelicke* (1986, 33) wird die spezielle Problemlage von Mutter und Kind schon im Urteil zu wenig bedacht. Die Gefahren der Trennung wie auch die der möglichen Schädigung des Kindes bei gemeinsamer Unterbringung im Justizvollzug werden selten bei der richterlichen Entscheidungsfindung abgewogen, obwohl bei der Strafzumessung die Wirkungen für das künftige Leben der Täterin in der Gesellschaft – und damit auch der Angehörigen – zu berücksichtigen sind (vgl. zu den Regelungen bei Schwangeren in NRW und **SH** s. oben B. Rdn. 19 und 20). Gefordert werden daher neben einer verbesserten **Koordination und Kooperation zwischen Justiz und Jugendhilfe** die Entwicklung von ambulanten Alternativen zur Freiheitsentziehung und die Einrichtung von Wohngruppen für unter Bewährung stehende Frauen und ihre Kinder, die dort von der Bewährungshilfe in einem resozialisierungsfreundlichen und für die Entwicklung der Kinder günstigen Lebensraum betreut werden.⁹⁹

---

96 *Birtsch/Riemann/Rosenkranz* 1988, 129.
97 S. schon oben A. 12, zu den rechtlichen Aspekten und den Chancen und Grenzen des „Hausfrauenfreigangs" *Junker* 2011, 129 ff.
98 *Scheffler* 2009, 47.
99 *Maelicke* 1986, 34; *Zolondek* 2007, 69 ff; vgl. zur Übergangsbetreuung auch *Roggenthin* 2015, 13 ff.

II. Erläuterungen

4 **1. Freiwillige Leistung der Justizvollzugsanstalt.** Das Kind kann nur mit Zustimmung des Inhabers des Aufenthaltsbestimmungsrechts aufgenommen werden. Inwieweit **eine Pflicht der Justizvollzugsanstalt** zur Aufnahme besteht, ist strittig. Grundsätzlich ist die Aufnahme eine Ermessensentscheidung;[100] richtigerweise muss man aber von einer Ermessensreduzierung auf Null ausgehen,[101] wenn die Voraussetzungen vorliegen, die ja ohnehin weit gefasst sind und z.B. in den meisten dem ME folgenden Ländern (**BB** § 21, **HB** § 14, **MV** § 14, **NI** § 73, **RP** § 14, **SL** § 14, **ST** § 21, **TH** § 21, **ME** § 14) von ‚baulichen Gegebenheiten' oder der Verfügbarkeit eines Platzes (**BW** § 10, **NW** § 87) abhängen. Jedenfalls muss die Entscheidung allein am Wohl des Kindes orientiert werden, von dem Schäden abgewendet werden soll, die durch die Trennung von der Mutter entstehen würden (so auch Nr. 36.1 der Europäischen Strafvollzugsgrundsätze 2006).

5 **2. Eingliederungshilfe für die Mutter.** Darüber hinaus soll durch Aufbau, Aufrechterhaltung und Pflege einer stabilen Mutter-Kind-Beziehung die Bedingungen für die **Resozialisierung** von inhaftierten Müttern verbessert, die aus Trennung und Beziehungsstörungen resultierenden **schädlichen Folgen** für die Mutter abgewendet und deren **soziale Verantwortung** für die Kinder gestärkt werden. Auch dabei ist stets das Kindeswohl zu bedenken, außerdem darf dies nicht so geschehen, dass die Familienorientierung zu einer Zementierung von Rollenklischees führt und letztlich unzulässig instrumentalisiert wird.[102]

6 **3. Sorgeberechtigte Väter.** Der Wortlaut des § 80 StVollzG richtete sich ausschließlich an weibliche Gefangene. Diese Festlegung findet sich auch in den meisten Landesgesetzen, lediglich in **BB** § 21, **HE** § 74, **SN** § 14, **ST** § 21 und **TH** § 21 ist eine gemeinsame Unterbringung prinzipiell sowohl mit der Mutter als auch mit dem Vater möglich bzw. das Gesetz geschlechterneutral formuliert. Im Lichte des Art. 3 GG (Gleichheitsgrundsatz) ergibt sich daher die Frage, ob eine Gefangene im Sinne des Gesetzes auch ein **sorgeberechtigter Vater** sein kann (ablehnend OLG Hamm NStZ 1983, 575; erfolglos auch eine Petition an den Deutschen Bundestag 1987; BT-Drucks. 11/528). In der Praxis gilt es bislang nur Einzelfälle. Derzeit ist, soweit ersichtlich, die gemeinsame Unterbringung in regelmäßigerem Umfang nur in der JVA Waldheim (Sachsen) realisierbar;[103] die 3 zur Verfügung stehenden Plätze sind aber oft nicht belegt.[104] Nach einer Entscheidung des BVerfG (27.2.1989 – 2 BvR 573/88) verstößt es jedoch nicht gegen Grundrechte, wenn das Zusammenleben von Vater und Kind in einer Justizvollzugsanstalt abgelehnt wird. Eine geschlechtsbezogene Differenzierung ist jedoch nur dann mit Art. 3 Abs. 3 S. 1 GG vereinbar, wenn sie zur Lösung von Problemen, welche ihrer Natur nach entweder bei Frauen oder Männern auftreten können, zwingend erforderlich ist, oder die durch eine Abwägung mit kollidierendem Verfassungsrecht ausnahmsweise legitimiert ist. Dass das Kindeswohl ganz kleiner Kinder die Unterbringung vorzugsweise mit der Mutter fordern würde, kann nur im Einzelfall, aber gerade nicht grundsätzlich ein Argument sein. Tradi-

---

100 Arloth/Krä 2017 § 80 Rdn. 1, *Laubenthal/Nestler/Neubacher/Verrel* K Rdn. 14.
101 AK-*Böning/Weßels* 2017 Teil VII, Rdn. 13; LG Leipzig StV 2013, 39 f.
102 Kritisch daher AK-*Böning/Weßels* 2017 Teil VII, Rdn. 13.
103 *Junker* 2011, 30.
104 Antwort der Sächsischen Landesregierung auf die Kleine Anfrage der Abgeordneten Katja Meier, Fraktion Bündnis 90/Die Grünen vom 2.5.2016, Drs.-Nr.: 614824; zur Begründung wurde angegeben, dass den wenigen gestellten Anträge nicht stattgegeben werden konnte, da es sich um eine Anstalt des Offenen Vollzug handelte.

tionelle Rollenbilder und statistische Häufigkeiten dürfen nicht als Rechtfertigungsgründe für diese Ungleichbehandlung herangezogen werden.[105] Auf europäischer Ebene befürworten die *Europäischen Strafvollzugsgrundsätze* von 2006 in Nr. 31.1 die Unterbringung eines Kindes im Vollzug ggf. auch beim Vater.

4. Wohl des Kindes. Ob die Aufnahme des Kindes in die Anstalt tatsächlich seinem **Wohl** dient und ihm nicht Schaden zufügt, bedarf in jedem Einzelfall einer sorgfältigen Prüfung, an der nach allen Landesgesetzen auch das **Jugendamt** mitzuwirken hat.[106]

7

a) Diese Anhörungspflicht betrifft die Frage, **ob** das Kind in eine Mutter-Kind-Einrichtung aufgenommen wird. Die Stellungnahme **des für das Kind zuständigen Jugendamts** muss neben der Prüfung der Mutter-Kind-Beziehung und der Unterbringungsmöglichkeiten außer der Justizvollzugsanstalt auch berücksichtigen, ob die Unterbringung in der Anstalt den Anforderungen des SGB VIII entspricht. Die Bundesarbeitsgemeinschaft der Landesjugendämter und überörtlichen Erziehungsbehörden hat 1986 „Grundsätze für die Unterbringung von Kindern in Mutter-Kind-Abteilungen in Justizvollzugsanstalten" vorgelegt, teilweise existieren außerdem entsprechende Länderregelungen.[107] Danach kann die Unterbringung nur verantwortet werden, wenn die personellen, räumlichen und organisatorischen Bedingungen für eine sozialpädagogische Betreuung des Kindes gewährleistet sind. Das Wohl des Kindes ist jedoch nicht nur bei der Aufnahme, sondern regelmäßig auch während des Aufenthalts in der Mutter-Kind-Einrichtung zu prüfen. Dies ergibt aus der Tatsache, dass § 85 Abs. 2 Nr. 6 SGB VIII unmittelbar auch für Mutter-Kind-Einrichtungen in Justizvollzugsanstalten gilt. Während für die Mitwirkung im Einzelfall das örtliche Jugendamt (am Heimatort des Kindes bzw. bei Eilentscheidungen am Ort der Anstalt) zuständig ist, so ist für die Aufsicht über die Einrichtung das Landesjugendamt zuständig (zum Schutze der Kinder; zusätzlich zur Aufsicht durch die Vollzugsbehörde).

8

b) Das für das Kind zuständige Jugendamt (§ 85 SGB VIII) hat zunächst zu prüfen, ob der Anspruch des Kindes auf Erziehung in der Zeit der Inhaftierung der Mutter nicht bereits von anderen Familienangehörigen voll erfüllt wird. Die Aufnahme in die Justizvollzugsanstalt ist im Sinne des Kindeswohls nur dann zu befürworten, wenn nicht die Herausnahme aus der Restfamilie als schwerer wiegender Verlust zu bewerten ist als der zeitweilige Ausfall der Mutter als Bezugsperson. Unverantwortlich wäre es etwa, das Kind einer Gefangenen, das bislang in einem Heim oder an einer Pflegestelle untergebracht war, keine Beziehung zu seiner Mutter hat und auch nach der Entlassung nicht bei seiner Mutter leben kann, für die Dauer der Strafverbüßung der Mutter aus seiner bisherigen Umgebung herauszunehmen oder das Kind einer Frau mit einer langen Strafdauer (z.B. lebenslängliche Freiheitsstrafe) zuerst an die Mutter zu gewöhnen, um ihm dann die Trennung zuzumuten. Das Hamburger Gesetz formuliert diesen **Subsidiaritätsgrundsatz**, indem es eine Unterbringung in der Anstalt nur zulässt, wenn es „keine Alternative" gibt (**HH** § 74).

9

---

105 Entsprechend *Bachmann* 2015, 239, der ebenfalls von einem Verstoß gegen Art. 3 GG ausgeht; zustimmend hingegen *Lübbe-Wolff*, 2016, 227.
106 Zu den einzubeziehenden Fragen s. *Arloth/Krä* 2017 § 80 Rdn. 2.
107 Z.B. in Berlin die Gemeinsame Richtlinie der Senatsverwaltung für Justiz; der für Jugend zuständigen Senatsverwaltung sowie der für Frauen zuständigen Senatsverwaltung zu ‚Standards der gemeinsamen Unterbringung von Müttern und Kindern im Strafvollzug/Jugendstrafvollzug/Untersuchungshaftvollzug' vom 30. Juli 2003 in der aktualisierten Fassung vom 1. September 2013.

10   c) Neben dem **Bericht des Jugendamts** über die bisherige Entwicklung des Kindes mit psychosozialer Diagnose muss vor Aufnahme in die Justizvollzugsanstalt nach den von einzelnen Landesjustizverwaltungen erlassenen Richtlinien ein **ärztliches Attest** über den allgemeinen Gesundheitszustand des Kindes, die **Kostenübernahmeerklärung für den Tagespflegesatz** durch den Träger der Jugendhilfemaßnahme und eine schriftliche Zustimmungserklärung des/der Personensorgeberechtigten für das Kind vorliegen. Grundsätzlich nicht aufgenommen werden Kinder mit erheblichen Erkrankungen, die einer ständigen ärztlichen Überwachung bedürfen, und Mütter, deren Gesundheitszustand befürchten lässt, dass sie nicht in der Lage sind, selbständig für ihre Kinder zu sorgen. Gegen eine Aufnahme spricht es darüber hinaus, wenn die Mutter akut drogenabhängig ist oder sie vor ihrer Inhaftierung das Wohl des Kindes erheblich gefährdet hat (z.B. Kindesmisshandlung) und nicht zu erwarten ist, dass durch die in der konkreten Einrichtung vorhandenen sozialpädagogischen oder sozialtherapeutischen Maßnahmen positive Mutter-Kind-Beziehungen entwickelt werden können.

11   d) Umstritten ist noch immer die Frage, bis zu welchem **Alter** ein Kind in Mutter-Kind-Einrichtungen bleiben soll. Praxiserfahrungen und wissenschaftliche Erkenntnisse sprechen dafür, dass Neugeborene bei der Mutter bleiben sollten, da das erste Lebensjahr für das Kind zum Aufbau seiner Beziehung zur Mutter von entscheidender Bedeutung ist.[108] Die Ergebnisse einer 4-jährigen empirischen Studie über die Entwicklung der Kinder in zwei Mutter-Kind-Einrichtungen (Frankfurt am Main III und Schwäbisch-Gmünd) des Instituts für Sozialarbeit und Sozialpädagogik (ISS) legen nahe, jedenfalls **Kinder über 3 Jahre vorrangig außerhalb des (geschlossenen) Vollzugs** unterzubringen, da ab diesem Alter wegen der eingeschränkten Bewegungsfreiheit die Gefahr einer emotionalen Verunsicherung und von Verhaltensauffälligkeiten zunimmt.[109] Auch für die jüngeren Kinder bleibt es bei dem Dilemma der Unterbringung in Haft ohne eigene Inhaftierung, das das Risiko der Prisonisierung des Kindes in sich trägt und allenfalls abgemildert, aber nicht aufgelöst werden kann.[110] § 80 StVollzG ermöglichte die **Unterbringung noch nicht schulpflichtiger** Kinder; ihm folgen nur **BY Art. 86; BB § 21, HE § 74; NW § 87; NI § 73** – die Einrichtungen in Fröndenberg/NRW, Frankfurt und Vechta nehmen schon lange auch Kinder auf, die beim voraussichtlichen Entlassungszeitpunkt der Mutter deutlich älter als 3 Jahre sind. Die Mehrheit der Bundesländer berücksichtigt hingegen die genannten Überlegungen und lässt dem ME folgend die gemeinsame Unterbringung **nur bis zum Alter von 3 Jahren zu (BW § 10; BE § 15; HB § 21; MV § 14; RP § ; SL § 14; SN § 21; ST § 21; TH § 21). HH hat eine Altersgrenze von 5 Jahren (HH § 21).**

12   **5. Kosten der Unterbringung.** Die Landesgesetze (**BB** § 21, **BW** § 10, **BY** Art. 86 und 168, **BE** § 15, **HB** § 14, **HH** §§ 21, 100, **HE** § 74, **MV** § 14, **NI** § 73, **NW** § 87, **RP** § 14, **SL** § 14, **SN** § 14, **ST** § 21, **TH** § 21, **ME** § 14) stellen klar, dass grundsätzlich der Unterhaltspflichtige die **Kosten der Unterbringung** in der Justizvollzugsanstalt tragen muss; an dieser Kostenpflicht soll andererseits die dem Wohle des Kindes dienende Unterbringung nicht scheitern (dieser Zusatz fehlt hingegen in **BW** § 10 Abs. 2 I, der ausdrücklich klarstellt, dass die Kosten für die Unterbringung des Kindes ‚regelmäßig' nicht vom Justizvollzug übernommen werden und in **SN** § 14, in dessen Abs. 2 es lapidar heißt: „Die Unterbringung erfolgt auf Kosten der für das Kind Unterhaltspflichtigen.").

---

108 *Wester* 1988, 80.
109 *Birtsch/Riemann/Rosenkranz* 1988, 427.
110 Mit einer jüngeren Studie zur Frankfurter Anstalt *Ott* 2012.

In der Regel beantragt die Mutter als gesetzliche Vertreterin beim Jugendamt (als örtlichem Träger der Jugendhilfe; § 89 Abs. 1 i.V. mit § 69 Abs. 1 SGB VIII) Leistungen für sich und das Kind nach § 27 i.V.m. § 39 SGB VIII. Zunächst war strittig, ob Mutter-Kind-Einrichtungen des Justizvollzugs der Jugendhilfe unterfallen; nach Ansicht des BVerwG[111] ist dies der Fall. Die Jugendämter müssen daher die Kosten für die Unterbringung des Kindes in der Mutter-Kind-Einrichtung und die Kosten der Erziehung tragen.[112] Nach Auffassung des Gerichts gibt es kein Rangverhältnis zwischen den Jugendhilfevorschriften des SGB VIII und dem StVollzG. § 80 Abs. 2 sei keine abschließende spezialgesetzliche Kostenregelung, dies ist auf die neuen Länderregelungen zu übertragen. Dies gilt sowohl für die Unterbringungs- als auch für die Betreuungskosten. Begründen lässt sich dies auch aus den Gesetzesmaterialien zum StVollzG (BT-Drucks. 7/918, 119), wonach durch Gesetz lediglich der Rückgriff auf den tatsächlichen Unterhaltspflichtigen gewährleistet, aber nicht die Hauptlast dem Strafvollzug oder der Jugendhilfe zugeordnet werden soll. Der Pflicht zur Kostentragung durch die Jugendämter steht nach Auffassung des BVerwG auch nicht entgegen, dass das Jugendamt bei der Aufnahme eines Kindes in eine Mutter-Kind-Einrichtung die Jugendhilfe nicht selbst durchführen darf.

Die Zahlungen des Jugendamtes nach § 27 i.V.m. § 39 SGB VIII sind Vorleistungen, **13** für die der örtliche Träger zuständig ist (sog. Wohnort-Jugendamt). Das Jugendamt bemüht sich dann bei dem tatsächlichen Unterhaltspflichtigen um Erstattung (s. §§ 93, 94 SGB XII). Kann nur auf die Mutter als Unterhaltspflichtige zurückgegriffen werden (z.B. wenn der Kindesvater nicht bekannt ist), kann deren Vermögen oder regelmäßiges Einkommen (z.B. Kindergeld, Rente) für den Unterhalt in Anspruch genommen werden. Von der Kostenerstattung kann nach Abs. 2 Satz 2 abgesehen werden, wenn hierdurch die gemeinsame Unterbringung von Mutter und Kind gefährdet würde. Dieser Verzicht dürfte die Regel sein.[113] Darüber hinausgehende Leistungen wie etwa Elterngeld wird nicht gewährt.[114]

6. Einrichtungen. § 142 StVollzG lautete: „In Anstalten für Frauen sollen Einrich- **14** tungen vorgesehen werden, in denen Mütter mit ihren Kindern untergebracht werden können." Dem sind die Landesjustizverwaltungen nur teilweise gefolgt. 2015 gab es in Deutschland zehn Mutter-Kind-Einrichtungen in Justizvollzugsanstalten mit insgesamt 109 Haftplätzen, davon 62 im offenen Vollzug und zwei in der Sozialtherapie (Berlin).[115] Nur noch **BY** Art. 168, **HH** § 100 und **HE** § 74 Abs. 3 sehen besondere Vorschriften für die Einrichtungen vor, die sich jedoch in der Vorgabe erschöpfen, *dass* in geeigneten Anstalten Einrichtungen vorgesehen werden *sollen*, in denen Gefangene mit ihren Kindern untergebracht werden können.

In den übrigen Ländern ist jedenfalls vorgesehen, dass kleine Kinder mit ihren Müttern in einer Mutter-Kind-Einrichtung aufgenommen werden können (s. Rdn. 1).

---

111 Grundsatzentscheidung: BVerwGE 117, 261 = DVBl 2003, 1003 = NJW 2003, 2399.
112 Inzwischen h. A. *Maelicke*, H. 2004, 119; *Zolondek* 2007, 72; *Laubenthal* 2015 Rdn. 684; präzisierend Arloth/*Krä* 2017 § 80 Rdn. 3: „Vorleistungspflicht".
113 *Laubenthal/Nestler/Neubacher/Verrel* K Rdn. 15.
114 BSG, Entsch. v. 4.9.2013 – B 10 EG 4/12 R; vgl. aber B. Rdn. 7.
115 Ausführlich dazu AK-*Weßels/Böning* 2017 § 14 LandesR Rdn. 11 mit tabellarischer Übersicht. Zu den konkreten Bedingungen der gemeinsamen Unterbringung von Mutter und Kind in bestehenden Mutter-Kind-Einrichtungen (Stand 1.1.2008) und zu den rechtlichen Aspekten der Unterbringung s. ausführlich *Junker* 2011; zur Frankfurter Anstalt s. *Ott* 2012.

III. Besonderheiten der Landesgesetze

15 **1. Orientierung am StVollzG.** Abgesehen vom **Sonderweg Schleswig-Holsteins** (s. oben A Rdn. 17, und sogleich unten) ähneln die Länderregelungen den Vorschriften der §§ 80, 142 StVollzG. **Unterschiede** ergeben sich bei in der Frage, wie **alt** die mituntergebrachten Kinder höchstens sein dürfen (s. oben Rdn. 11) und ob nur **Mütter oder auch Väter** als primäre Bezugspersonen in Frage kommen, denen eine solche gemeinsame Unterbringung ermöglicht werden kann (s. oben Rdn. 6). Unterschiede in der Regelungstechnik betreffen die Zusammenfassung der früher getrennten Vorschriften zu den Voraussetzungen der gemeinsamen Unterbringung (§ 80 StVollzG) und ihren organisatorischen Bedingungen (§ 142 StVollzG); die meisten Länder haben hier für eine gemeinsame Vorschrift optiert (o. Rdn. 14).

16 **2. Gesundheitsfürsorge. BY** Art. 86 trägt den besonderen Bedürfnissen eines im Vollzug erkrankten Kindes einer Gefangenen Rechnung, um einerseits zu verdeutlichen, dass ein Kind regelmäßig nur dann aufgenommen wird, wenn seine Mitgliedschaft in der gesetzlichen Krankenversicherung (oder eine anderweitige Absicherung) auf Kosten Unterhaltspflichtiger oder Dritter (einschließlich der Sozialbehörden) gewährleistet ist. Abs. 3 regelt hingegen im Unterschied zu den anderen Gesetzen die Verlegung eines erkrankten Kindes in ein Krankenhaus außerhalb des Vollzuges und bestimmt, dass auch die Mutter dorthin zu bringen ist, wenn ihre Anwesenheit medizinisch erforderlich ist und vollzugliche Gründe nicht entgegenstehen. Eine ähnliche Vorschrift enthält **NI** § 87 Abs. 3.

17 **3. Familienorientierung.** Erkenntnisse zur Notwendigkeit größerer Durchlässigkeit der Gefängnismauern für Angehörige sind in **SH** umgesetzt; dafür fehlen Vorschriften zur gemeinsamen Unterbringung von Gefangenen mit ihren Kindern. **SH § 24** sieht vor, dass „familienunterstützende Angebote" den Gefangenen Hilfe bei der Bewältigung ihrer familiären Situation, zur Aufrechterhaltung und Pflege ihrer familiären Beziehungen sowie Unterstützung in der Wahrnehmung ihrer elterlichen Verantwortung anbieten. Beispielhaft werden Familien- und Paarberatung sowie Väter- oder Müttertraining genannt. Kinder und Partner der Gefangenen können in die Gestaltung einbezogen werden. Statt Kinder in den Vollzug zu holen, wird in Abs. 2 der Vorschrift festgelegt, dass die Einrichtung **nach außen** im Einvernehmen mit dem Jugendamt „den Erhalt und die Pflege der Beziehung der Gefangenen zu ihren minderjährigen Kindern fördern" muss, insbesondere wenn sich die Kinder in einer Fremdunterbringung befinden. Praktisch besonders wichtig ist die Vorgabe, dass für **Besuche und Kontakte im Rahmen dieser Angebote sind geeignete Räumlichkeiten** vorzuhalten sind.

D. Sicherungsverwahrung in Frauenanstalten

Bund	§ 135 StVollzG
Bayern	BY Art. 166
Hamburg	HH § 98;
Hessen	HE § 70

Schrifttum s. unter A.

D. Sicherungsverwahrung in Frauenanstalten

Übersicht

I.	Allgemeine Hinweise —— 1	1. Gesetze zum Vollzug der Sicherungs-verwahrung —— 2
	Vermeidung von Isolierung —— 1	
II.	Erläuterungen —— 2, 3	2. Landesvorschriften —— 3

I. Allgemeine Hinweise.

Vermeidung von Isolierung. Am 31.8.2017 war nur eine der 540 Sicherungsverwahrten eine Frau. § 135 StVollzG sollte die erhebliche Gefahr einer Unterbringung in Einzelhaft vermeiden. Die Vorschrift ist damit unter Berücksichtigung der Motive als Ausnahme zum Trennungsgrundsatz zu verstehen, der die getrennte Unterbringung von Sicherungsverwahrten und Strafgefangenen vorschreibt; steht allerdings im Spannungsverhältnis zum Abstandsgebot, das das o.g. Urteil des BVerfG postuliert hat: Es ist unklar, wie bei gemeinsamer Unterbringung ein solcher Abstand mit dem Anstaltsklima verträglich gewahrt werden soll. **1**

II. Erläuterungen

1. Gesetze um Vollzug der Sicherungsverwahrung. Die Vorschrift des § 135 StVollzG (Sicherungsverwahrung in Frauenanstalten) lautete: „Die Sicherungsverwahrung einer Frau kann auch in einer für den Vollzug der Freiheitsstrafe bestimmten Frauenanstalt durchgeführt werden, wenn diese Anstalt für die Sicherungsverwahrung eingerichtet ist." Sie hat in den weitaus meisten Länderstrafvollzugsgesetzen keine Entsprechung mehr; die Länder haben nach dem Urteil des BVerfG 128, 326 spezielle Gesetze zum Vollzug der Sicherungsverwahrung erlassen. **2**

2. Landesvorschriften. Die Vorschrift ist sinngemäß in **NI** (§ 171 Abs. 2 Nr. 2) übernommen. In den im Übrigen an ihre Stelle getretenen Vorschriften der Länder (**BY** Art. 166; **HE** § 70; **HH** § 98) wird grundsätzlich bestimmt, dass von den Trennungsgeboten u.a. wegen der geringen Anzahl Sicherungsverwahrter abgesehen werden kann; in den Begründungen wird hier insbesondere auf die Situation im Frauenvollzug hingewiesen. Auch in den Gesetzen zum Vollzug der Sicherungsverwahrung finden sich Trennungsgebote; eine gemeinsame Unterbringung ist danach aber in Ausnahmefällen zulässig (stellvertretend § 86 Abs. 3 SGV NRW:[116] „Von einer vom Strafvollzug getrennten Unterbringung nach Absatz 1 darf ausnahmsweise abgewichen werden, wenn die Voraussetzungen für eine Verlegung oder Überstellung nach § 13 Absatz 2 vorliegen. Die Unterbringungsbedingungen müssen sich im Rahmen der vorhandenen Gegebenheiten von denen der Strafgefangenen unterscheiden. [...]."). Die gemeinsame Unterbringung wird daher zumeist durch die gemeinsame Teilnahme an vollzuglichen Maßnahmen gerechtfertigt. **3**

---

[116] Gesetz zur Regelung des Vollzuges der Sicherungsverwahrung in Nordrhein-Westfalen (Sicherungsverwahrungsvollzugsgesetz Nordrhein-Westfalen – SVVollzG NRW) vom 30.4.2013.

15. KAPITEL
Besondere Vollzugsformen

A. Unterbringung in einem psychiatrischen Krankenhaus und in einer Entziehungsanstalt

Schrifttum

Baur Die bundesrechtlichen Neuregelungen für Fixierungen im Straf- und Maßregelvollzug, in NJW 2019, 2273 ff; *Boetticher/Kröber/Müller-Isberner/Böhm/Müller-Metz/Wolf* Mindestanforderungen für Prognose Gutachten, in: NStZ 2005, 57 ff; *Boetticher/Nedopil/Bosinski/Saß* Schuldfähigkeitsgutachten, in: Der Nervenarzt (76) 2005; *Bongartz* Abschiebehaft einmal anders. Die Justizvollzugsanstalt Büren stellt sich vor, in: ZfStrVo 2004, 345 ff; *Burgi* Gutachten für den 67. Dt. Juristentag, Privatisierung öffentlicher Aufgaben – Gestaltungsmöglichkeiten, Grenzen Regelungsbedarf, 2008; *DBH* (Hrsg.) Privatisierung und Hoheitlichkeit in Bewährungshilfe und Strafvollzug, Köln 2008; *Blau/Kammeier* Straftäter in der Psychiatrie – Situation und Tendenzen des Maßregelvollzuges, Stuttgart 1984; *Dahmen* Die Verpflichtung zur Arbeit im Strafvollzug: Untersuchung zur Vereinbarkeit der Regelung zu Arbeitspflicht, Entlohnung und Sozialversicherung nach dem Strafvollzugsgesetz mit deutschem Verfassungsrecht und Völkerrecht, Frankfurt am Main 2011; *Dessecker* Gefährlichkeit und Verhältnismäßigkeit: eine Untersuchung zum Maßregelrecht, Berlin 2004; *ders.* Straftäter und Psychiatrie: eine empirische Untersuchung zur Praxis der Maßregel nach § 63 StGB im Vergleich mit der Maßregel nach § 64 StGB und sanktionslosen Verfahren, Wiesbaden 1997; *ders.* Suchtbehandlung als strafrechtliche Sanktion – Eine empirische Untersuchung zur Anordnung und Vollstreckung der Maßregel nach § 64 StGB, Wiesbaden 1996; *ders.* Hat die strafrechtliche Unterbringung in einer Entziehungsanstalt eine Zukunft?, in: NStZ 1995, 318 ff; *ders.* (Hrsg.) Privatisierung in der Strafrechtspflege, Wiesbaden 2008; *ders.* Die Problematik des § 63 StGB, in: DRiZ 2013, 172 ff; *Deutscher Bundestag* Bericht über die Lage der Psychiatrie in der Bundesrepublik Deutschland (BT-Drucks. 7/4200); *Egg* (Hrsg.) Der Aufbau des Maßregelvollzuges in den neuen Bundesländern: Chancen und Probleme, Wiesbaden 1996; *Förster/Venzlaff/Dreßing/Habermeyer* Psychiatrische Begutachtung: ein praktisches Handbuch für Ärzte und Juristen, 6. Auflage, München 2015; *Goerdeler* Richtervorbehalt und 1:1-Betreuung für Fixierungen, in: R&P 2018, 199 ff; *Grünebaum* Zur Strafbarkeit der Therapeuten im Maßregelvollzug bei fehlgeschlagenen Lockerungen, Frankfurt/Main 1996; *ders.* Wie ein Gesetz misslingt. Die Neuregelung im Land Brandenburg zur Zwangsbehandlung im Maßregelvollzug, in: R&P 2015, 3 ff; *ders.* Zur Privatisierung des Maßregelvollzugs: Wie eine Diskussion haarscharf am Kern vorbeigeht, in: R&P 2006, 24 (2), 55 ff; *v.d. Haar* Zum Urteil des BVerfG über die Unterbringung in einer Entziehungsanstalt gem. § 64 StGB aus klinischer Sicht, in: NStZ 1995, 315 ff; *Heide* Medizinische Zwangsbehandlung, Berlin 2001; *Heinhold* (Hrsg.) Abschiebungshaft in Deutschland: die rechtlichen Voraussetzungen und der Vollzug, 2. Aufl. Karlsruhe 2004; *Horstkotte* Realität und notwendige Grenzen der Abschiebehaft, in: NK 1999, 31 ff; *Jehle* Strafrechtliche Unterbringung in einem Psychiatrischen Krankenhaus, in: BewHi 2005, 3 ff; *ders.* Drogentherapie im strafrechtlichen Rahmen – die Zurückstellungslösung der §§ 35, 38 BtMG, in: Kroeber u.a. (Hrsg.) Handbuch für Forensische Psychiatrie Bd. 1, Berlin/Heidelberg 2007, 349 ff; *ders.* Rechtswirklichkeit der strafrechtlichen Unterbringung in einem psychiatrischen Krankenhaus, in: Duncker u.a. (Hrsg.), FS Venzlaff, Lengerich 2008, 211 ff; *ders.* Zur Privatisierung des Maßregelvollzugs, in: Koriath u.a. (Hrsg.), Grundfragen des Strafrechts, Rechtsphilosophie und die Reform der Juristenausbildung, Göttingen 2010, 85 ff; *ders.* Strafrechtspflege in Deutschland, hrsg. vom Bundesministerium der Justiz 2015; *ders.* Grenzen der Spezialprävention am Beispiel der Maßregeln, in: Safferling u.a. (Hrsg.), FS Streng, Heidelberg 2017; *Kaehler/Petit* Zwangsfixierungen im Straf- und Maßregelvollzug – zu den Fernwirkungen der Entscheidung des BVerfG v. 24.7.2018 in Bezug auf Straf- und Maßregelvollzug, in: Fam RZ 2019, 164 ff; *Kammeier/Pollähne* Maßregelvollzugsrecht, 4. Auflage, Berlin/Boston 2018; *Koller* Juristische Grundlagen, in: Müller (Hrsg.), Neurobiologie forensisch relevanter Störungen, Stuttgart 2010, 26 ff; *Konrad* Fehleinweisungen in den psychiatrischen Maßregelvollzug, in: NStZ 1991, 315 ff; *Kurze* Strafrechtspraxis und Drogentherapie. Eine Implementationsstudie zu den Therapieregelungen des Betäubungsmittelrechts, Wiesbaden 1994; *Leygraf* Psychisch kranke Straftäter, Berlin 1988; *Meier* Strafrechtliche Sanktionen, 4. Auflage, Heidelberg 2015; *Marx* Abschiebungshaft und Abschiebung aus rechtlicher Sicht, in: Deutsches Institut für Menschenrechte (Hrsg.), Baden-Baden 2007, S. 259 ff; *Meier/Metrikat* Verbessert, aber nicht umgestaltet. Zu den Auswirkungen der Bundesverfassungsgerichtsentscheidung vom 16. März 1994 (BVerfGE 91, 1) für die Maßregel nach § 64 StGB, in: MSchrKrim 2003, 117 ff; *Missoni* Über die Situation der Psychiatrie in den JVAen in Deutschland, in: ZfStrVo 1996, 143 ff; *Müller* (Hrsg.) Neurobiologie forensisch relevanter Störungen, darin: Neurobiologie der Aggressionsgenese, 127 ff, Neurobiologische Grundlagen der „Psychopathy", 314 ff, Neurobiologie und Prognose, 461 ff, Stuttgart 2010; *Müller/Hajak* Über das Dürfen und Müssen der Forschung mit forensischen Patienten, Aachen 2003; *dies.* Willensbestimmung zwischen Recht und Psychiatrie, Berlin 2005; *Nedopil* Forensische Psychiatrie: Schutz oder Risiko für die Allgemeinheit?, in: Schöch/Jehle (Hrsg.), Angewandte Kriminologie zwischen Freiheit und Sicherheit, Mönchengladbach 2004, 347 ff; *Nedopil/Müller* Forensische Psychiatrie: Klinik, Begutachtung und Behandlung zwischen Psychiatrie und Recht, 5. Auflage, Stuttgart 2017; *Nowara* Stationäre Behandlungsmöglichkeiten im Maßregelvollzug nach § 63 StGB und der Einsatz von Lockerungen als therapeutisches Instrument, in: MschrKrim 1997, 116 ff; *Peglau* Das Gesetz zur Neuordnung des Rechts der Sicherungsverwahrung und zu begleitenden Regelungen (Teil 2), in: jurisPR-StrafR 2/2011 Anm. 1; *ders.* Das Gesetz zur bundesrechtlichen Umsetzung des Abstandsgebots im Recht der Sicherungsverwahrung, in: JR 2013, 249 ff; *Pollähne* Vollstreckung und Vollzug der Sicherungsverwahrung nach Inkrafttreten des Gesetzes zur bundesrechtlichen Umsetzung des Abstandsgebotes im Recht der Sicherungsverwahrung, in: StV 2013, 249 ff; *Renzikowski* Abstand halten! – Die Neuregelung der Sicherungsverwahrung, in: NJW 2013, 1638 ff; *Pollähne* Lockerungen im Maßregelvollzug, Bern 1994; *ders.* Ärztliche Verantwortung für rechtswidrige Taten Untergebrachter, in NStZ 1999, 53 ff; *Rasch* Krank und/oder kriminell, Münster 1984; *Rasch/Konrad* Forensische Psychiatrie, 4. Auflage, Stuttgart 2012; *Rodenbusch* Die Fixierungsentscheidung des Bundesverfassungsgerichts vom 24. Juli 2018 und ihre Folgen für parallele Anordnungsfälle, in: NStZ 2019, 10 ff; *Royen* Die Unterbringung in einem psychiatrischen Krankenhaus bzw. in einer Entziehungsanstalt nach §§ 63, 64 StGB als kleine Sicherungsverwahrung?, in: StV 2008, 606 ff; *Rössner* Dissoziale Persönlichkeitsstörung und Strafrecht, in: Schöch/Jehle (Hrsg.), Angewandte Kriminologie zwischen Freiheit und Sicherheit, Mönchengladbach 2004, 391 ff; *Scherer* Vom staatlichen zum staatlich regulierten Maßregelvollzug, in: Gorning u.a. (Hrsg.), FS Frotscher, Berlin 2007, 617 ff; *Schmidt-Quernheim/Hax-Schoppenhorst* Professionelle forensische Psychiatrie: Behandlung und Rehabilitation im Maßregelvollzug, 2. Auflage, Berlin 2008; *Schöch* Das Gesetz zur Bekämpfung von Sexualdelikten und anderen gefährlichen Straftaten vom 26.1.1998, in: NJW 1998, 1257 ff; *Schumann* Psychisch kranke Rechtsbrecher, Stuttgart 1987; *Seidler/Schaffner/Kneip* Arbeit im Vollzug: neue Wege in der Betriebsführung, in: ZfStrVO 1988, S. 328–332; *Seifert* Gefährlichkeitsprognosen: eine empirische Untersuchung über Patienten des psychiatrischen Maßregelvollzugs, Darmstadt 2007; *Seifert/Jahn/Bolten* Zur momentanen Entlassungssituation forensischer Patienten und zur Problematik der Gefährlichkeitsprognose, Fortschritte der Neurologie, in: Psychiatrie 2001, 245 ff; *Stober* (Hrsg.) Privatisierung im Strafvollzug?, Köln/Berlin/Bonn/München 2001; *Stolpmann* Bietet mehr Sicherung mehr Sicherheit?, in: NStZ 1997, 316 ff; *ders.* Psychiatrische Maßregelbehandlung: eine Einführung, Göttingen 2001; *Streng* Strafrechtliche Sanktionen, 3. Auflage, Stuttgart 2012; *ders.* Problembereiche und Reformperspektiven der Unterbringung in einem psychiatrischen Krankenhaus gem. § 63 StGB, in: ZG 2014, 24 ff; *Thiele* Art. 33 Abs. 4 GG als Privatisierungsschranke. Zugleich Anmerkung zum Urteil des Niedersächsischen Staatsgerichtshofs vom 5.12.2008, 2/07, in: Der Staat 2010, 274 ff; *Ullenbruch* Schadensersatz wegen Amtspflichtverletzung durch Gewährung von Vollzugslockerungen und Hafturlaub, in: NJW 2002, 416 ff; *Venzlaff/Dreßing/Habermeyer* (Hrsg.) Psychiatrische Begutachtung. Ein praktisches Handbuch für Ärzte und Juristen, 6. Auflage, München 2015; *Volckart/Grünebaum* Maßregelvollzug, 8. Auflage, Köln 2015; *Wagner* Effektiver Rechtsschutz im Maßregelvollzug – § 63 StGB – Unterbringung im psychiatrischen Krankenhaus, Bonn 1988; *Weber* Gefährlichkeitsprognose im Maßregelvollzug, Pfaffenweiler 1996; *Westfälischer Arbeitskreis Maßregelvollzug* Lockerungen im Maßregelvollzug (§ 63 StGB) – ein „kalkuliertes Risiko", in: NStZ 1991, 64 ff; *Willenbruch/Bischoff* Verfassungsrechtliche Zulässigkeit der Privatisierung des Maßregelvollzugs, in: NJW 2006, 1776 ff. *Winter* Vollzug der Zivilhaft, Heidelberg 1987; *ders.* Der Vollzug der Untersuchungs- und Zivilhaft, in: Schwind/Blau 1988, 82 ff.

Übersicht

I. Grundsätzliches —— 1–8
   1. Gesetzgebungskompetenz —— 1, 2
   2. Voraussetzung und Zweck der Unterbringung —— 3
   3. Vollstreckung —— 4
   4. Zum Vollzug —— 5
   5. Zur Privatisierung —— 6–8
II. Unterbringung in einem psychiatrischen Krankenhaus, § 136 StVollzG —— 9–20
   1. Allgemeine Hinweise —— 9–13

A. Unterbringung in einem psychiatrischen Krankenhaus und in einer Entziehungsanstalt

a) Anordnungsvoraussetzung —— 9–12
b) Zahlenmäßige Entwicklung —— 13
2. Erläuterungen —— 14–19
   a) Zweck der Maßregel —— 14, 15
   b) Behandlung —— 16
   c) Ziel der Behandlung, Methoden —— 17
   d) Betreuung, Pflege, Aufsicht —— 18
   e) Trennung —— 19
   f) Schutz der Allgemeinheit —— 20
III. Unterbringung in einer Entziehungsanstalt,
§ 137 StVollzG —— 21–23

IV. Anwendung anderer Vorschriften,
§ 138 StVollzG —— 24–30
1. Verweis auf Landesrecht —— 24, 25
2. Bundesgesetzliche Vorschriften —— 26
3. Unterbringungskosten —— 27
4. Gerichtliche Anordnungen und Rechtskontrolle —— 28
5. Landesgesetze zum Vollzug der Maßregeln nach §§ 63, 64 StGB —— 29, 30

I. Grundsätzliches

1. Gesetzgebungskompetenz. Infolge der Föderalismusreform (s. A Rdn. 8 ff) fällt **1** die Gesetzgebungskompetenz für die **Regelung des Maßregelvollzugs** in die **Zuständigkeit der Länder**. Davor hatte der Bund von der bestehenden konkurrierenden Gesetzgebungszuständigkeit für den Strafvollzug, die nach BVerfGE 85, 134 auch den Maßregelvollzug umfasste, nur sehr zurückhaltend Gebrauch gemacht. Die §§ 136 und 137 StVollzG legen im Wesentlichen die **generellen Ziele und Aufgaben der Unterbringung** gem. §§ 63, 64 StGB fest. Im Übrigen beschränkt sich das StVollzG in § 138 Abs. 1 Satz 1 darauf, die Regelung des Maßregelvollzugs grundsätzlich den Ländern zu überlassen, wenn Bundesregelungen nicht entgegenstehen. Die hierzu ergangenen Landesgesetze lassen sich in zwei Gruppen einteilen: Manche Länder betrachten den Maßregelvollzug als Teil der öffentlichrechtlichen Unterbringung und regeln ihn in einem Abschnitt der Unterbringungsgesetze (PsychKG), manche haben eigenständige Maßregelvollzugsgesetze erlassen. Teils dieser rechtlichen Struktur folgend, teils unabhängig davon, wird der Maßregelvollzug organisatorisch in eigenständigen Einrichtungen oder in Abteilungen von psychiatrischen Krankenhäusern durchgeführt, die daneben auch für die öffentlichrechtliche oder zivilrechtliche Unterbringung zuständig sind.[1] § 138 Abs. 1 Satz 2, Abs. 2 StVollzG und Abs. 3 regeln im Übrigen die entsprechende **Anwendbarkeit einzelner Vorschriften des StVollzG** auch im **Maßregelvollzug**. Dabei handelt es sich um Regelungen zum Haftkostenbeitrag und zur Pfändbarkeit von Überbrückungsgeld und Entlassungsbeihilfe. Darüber hinaus gelten im Maßregelvollzug für das gerichtliche Verfahren die §§ 109 ff StVollzG entsprechend.

Die **bundesrechtlichen Regelungen** der §§ 136–138 StVollzG **gelten** in den meisten **2 Ländern fort**. Explizit geregelt ist dies in **BY** Art. 208, **BE** § 117, **HB** § 128 Satz 2, **HH** § 130, **HE** § 83, **NW** § 121, **RP** in Art. 4 des Landesgesetzes zur Weiterentwicklung von Justizvollzug, Sicherungsverwahrung und Datenschutz v. 8.5.13, **SL** § 118 Satz 2, **SN** § 120, **ST** § 166, **TH** § 142 Satz 2; **BB**, **MV** und **NI** haben keine ausdrückliche Regelung zur Fortgeltung des Bundesrechts getroffen. Lediglich **BW** hat in sein Landesstrafvollzugsgesetz eigene Vorschriften, **BW** §§ 104–106 III, aufgenommen, die aber inhaltsgleich sind und außerdem auf die zwingenden bundesrechtlichen Vorschriften zum Pfändungsschutz und Rechtsschutz, § 138 Abs. 2 Satz 3 und Abs. 3 StVollzG, verweisen. Ganz grundsätzlich spricht viel dafür, dass der Bundesgesetzgeber eine Annexkompetenz von den materiellrechtlichen Regelungen der §§ 63, 64 StGB abgeleitet behalten hat.[2] Denn das BVerfG hat in seiner Entscheidung zur Sicherungsverwahrung konstatiert: Wenn der Bundesgesetzgeber sich „für ein zweispuriges Sanktionensystem und den Einsatz einer so einschneidenden frei-

---

1 Kammeier/Pollähne-*Baur* 2018 C Rdn. 56.
2 So auch AK-*Pollähne* 2017 Teil IV § 136 StVollzG.

heitsentziehenden Maßnahme (...) entscheidet, muss er die wesentlichen Leitlinien des freiheitsorientierten und therapiegerichteten Gesamtkonzepts (...) selbst regeln (...)".[3]

Im Übrigen finden sich in den Landesgesetzen zum Maßregelvollzug Zielbestimmungen für den Vollzug der Unterbringung in einem psychiatrischen Krankenhaus und einer Entziehungsanstalt, die auf §§ 136, 137 StVollzG verweisen, den Wortlaut wiederholen oder inhaltsgleiche Formulierungen treffen. Ergänzend wird in einigen Landesgesetzen zum Maßregelvollzug ausdrücklich der Schutz der Allgemeinheit als Vollzugsaufgabe festgeschrieben (s. näher u. Rdn. 20).

3   **2. Voraussetzung und Zweck der Unterbringung.** Die **Maßregeln nach §§ 63, 64 StGB**[4] können nur **angeordnet** werden, wenn vom Unterzubringenden die **Gefahr der künftigen Begehung erheblicher rechtswidriger Taten** ausgeht.[5] Mit der am 1.8.2016 in Kraft getretenen Novelle hat der Gesetzgeber die Erheblichkeit konkretisiert und versteht darunter Taten, „durch welche die Opfer seelisch oder körperlich erheblich geschädigt oder erheblich gefährdet werden oder schwerer wirtschaftlicher Schaden angerichtet wird", § 63 Satz 1 StGB; allerdings hat er auch unterhalb dieser Schwelle ausnahmsweise Unterbringungen zugelassen, § 63 Satz 2 StGB. Bei der Unterbringung in einem psychiatrischen Krankenhaus muss diese Gefahr eine Folge fortdauernder psychischer Störung im Sinne der vier Fallgruppen des § 20 StGB sein und sich bereits in der Anlasstat derart niedergeschlagen haben, dass hierfür keine volle strafrechtliche Verantwortlichkeit bestanden, also Schuldunfähigkeit oder verminderte Schuldfähigkeit vorgelegen hat.[6] Dem gegenüber kann die Unterbringung in einer Entziehungsanstalt auch bei voller Schuldfähigkeit angeordnet werden, wenn die Anlasstat auf einen Hang zum Rauschmittelkonsum zurückgeht und aus diesem zugleich die Gefahr künftiger erheblicher rechtswidriger Taten erwächst.

Zweck beider Maßregeln ist der **Schutz der Allgemeinheit** vor weiteren Taten der Untergebrachten. Im Falle von § 64 StGB darf dies ausschließlich im Wege der positiven Spezialprävention, also der **Besserung** angestrebt werden: D.h., der Rauschmittelabhängige ist – innerhalb der Befristung – solange zu behandeln, bis die mit dem Hang zu Rauschmitteln verknüpfte Gefahr soweit abgeklungen ist, dass eine positive Legalprognose gestellt werden kann. Stellt sich heraus, dass dieser Besserungszweck nicht erreichbar ist, so ist die Unterbringung für erledigt zu erklären, oder besteht von vornherein keine hinreichend konkrete Aussicht auf Erfolg, muss die Anordnung gar völlig unterbleiben (§§ 64 Satz 2, 67d Abs. 5 StGB).[7]

Auch bei § 63 StGB soll durch heilende oder bessernde Einwirkung auf den Täter sowie durch seine Verwahrung die von ihm ausgehende Gefahr weiterer Taten abgewendet oder verringert werden (positive Spezialprävention). Die Unterbringung in einem psychiatrischen Krankenhaus setzt jedoch eine Erfolgsaussicht der Therapie – im Unterschied zu § 64 StGB – nicht zwingend voraus, vielmehr kann – grundsätzlich unbefristet – notfalls lediglich der **Sicherungszweck** verfolgt werden (negative Spezialprävention). Die Unterbringung dauert daher fort, solange vom Untergebrachten die in § 63 StGB genannte Gefahr fortbesteht, es sei denn, sie sei aus Verhältnismäßigkeitsgründen für erledigt zu erklären; § 67d Abs. 6 StGB.[8]

---

3   BVerfGE 128, 326.
4   Vgl. dazu ausführlich LK-*Schöch* 2008 §§ 63, 64; Sch/Sch-*Kinzig* §§ 63, 64.
5   SSW-StGB-*Kaspar* § 63 Rdn. 19 ff; Sch/Sch-*Kinzig* § 63 Rdn. 17.
6   Sch/Sch-*Kinzig* § 63 Rdn. 12; MüKo/StGB-*van Gemmeren* § 63 Rdn. 16.
7   SSW-StGB-*Kaspar* § 64 Rdn. 34 ff; Sch/Sch-*Kinzig* § 64 Rdn. 14 ff.
8   SSW-StGB-*Jehle* § 67d Rdn. 26 ff.

3. Vollstreckung. Auch wenn die Maßregeln nach §§ 63, 64 StGB gemäß § 138 Abs. 1 **4**
StVollzG i.V.m. den Landesmaßregelvollzugsgesetzen in Einrichtungen der Gesundheits-
und Sozialverwaltung vollzogen werden (Rdn. 5, 6), handelt es sich um eine **Vollstreckung strafrechtlicher Sanktionen**, die der justiziellen Kontrolle bedarf. So ist die
Staatsanwaltschaft als Vollstreckungsbehörde an den Entscheidungen über Vollzugslockerungen beteiligt; vor allem aber ist gemäß §§ 463 Abs. 1, Abs. 5, 462 StPO die
Strafvollstreckungskammer für die entscheidenden Weichenstellungen der Maßregelunterbringung zuständig: die Entscheidungen, dass die weitere Vollstreckung der Unterbringung zur Bewährung ausgesetzt (§ 67d Abs. 2 Satz 1 StGB) oder die Maßregel für erledigt erklärt wird (§ 67d Abs. 6 StGB).[9] Zur Vorbereitung dieser Entscheidungen kann die
Strafvollstreckungskammer jederzeit tätig werden, muss aber bei der Unterbringung in
einer Entziehungsanstalt innerhalb von sechs Monaten und in einem psychiatrischen
Krankenhaus binnen eines Jahres prüfen, ob die weitere Vollstreckung der Unterbringung zur Bewährung auszusetzen ist (§ 67e StGB). Kommt eine Aussetzung in Betracht,
ist – neben der Anhörung von Staatsanwaltschaft, Untergebrachtem und der Vollzugsanstalt (§ 454 Abs. 1 Satz 2 StPO) – ein Sachverständigengutachten einzuholen, das sich
zu der Frage äußern muss, ob die Gefährlichkeit des Untergebrachten noch fortbesteht
(§§ 463 Abs. 3, 454 Abs. 2 StPO).

4. Zum Vollzug. Systematisch gehört der Maßregelvollzug zum **Strafvollzugs-** **5**
recht, wie auch die Maßregeln zum Strafrecht gehören.[10] Es handelt sich aber nur im weiteren Sinne um Strafvollzug. Der Vollzug wird nämlich nicht in Justizvollzugsanstalten,
sondern in psychiatrischen Krankenhäusern durchgeführt. Diese sind nicht der Justizverwaltung mit dem Justizministerium an der Spitze unterstellt, sondern Teil der Gesundheitsverwaltung. Der **Maßregelvollzug** wird in den **Krankenhäusern** ohne justizielle
Beteiligung in Eigenregie durchgeführt. Dies gilt nicht nur für die Behandlung selbst,
sondern auch für Zwangsmaßnahmen im Maßregelvollzug. Die Art und Weise der Durchführung des Maßregelvollzugs, insbesondere das Erzielen von Therapiefortschritten beim
Untergebrachten, ist allerdings durchaus Vorbedingung für justizielle Entscheidungen,
z.B. die bedingte Entlassung aus dem Maßregelvollzug gem. § 67d Abs. 2 Satz 1 StGB.

Aus der Natur der – zunächst jedenfalls – geschlossenen Unterbringung ergeben
sich – vergleichbar mit dem Strafvollzug – zwangsläufig **Grundrechtseinschränkungen**, z.B. im Hinblick auf Außenkontakte, die über die reinen Zwecke der Behandlung
und sicheren Unterbringung hinausgehen. Insofern bedarf es dafür ausdrücklicher Legitimation wie im Strafvollzug und die Position der Leitung eines Maßregelvollzugskran-
kenhauses ist der eines Anstaltsleiters vergleichbar. Die bestehenden Maßregelvollzugsgesetze der Länder erreichen indes zumeist nicht die Differenziertheit des StVollzG im
Hinblick auf die Rechte und Pflichten der Untergebrachten.[11]

5. Zur Privatisierung. Die **Durchführung des Maßregelvollzugs** ist unbestritten **6**
eine **staatliche Aufgabe**. Manche Landesgesetze haben jedoch vorgesehen, dass die
Wahrnehmung dieser Aufgabe auf **Private** übertragen werden kann; und einige Länder
haben tatsächlich von dieser Möglichkeit Gebrauch gemacht. Während noch Anfang der
2000er Jahre der Maßregelvollzug ausschließlich in staatlichen Einrichtungen, seien es
separate Maßregelvollzugseinrichtungen, seien es psychiatrische Landes- bzw. Bezirks-
krankenhäuser, durchgeführt wurde, haben sich inzwischen verschiedene Formen der

---
9 S. hierzu SSW-StGB-*Jehle* § 67d Rdn. 3 ff, 20 ff; Sch/Sch-*Kinzig* § 67d Rdn. 2 ff, 15 ff.
10 Vgl. BVerfGE 85, 134.
11 Ähnlich AK-*Pollähne* 2017 Teil IV Vor § 136 StVollzG Rdn. 9.

Privatisierung entwickelt, die von der reinen Organisationsprivatisierung in Form landeseigener Gesellschaften bis hin zur vollständigen Übertragung der Aufgabe auf private Träger reichen. Ob und in welcher Form eine Privatisierung verfassungsrechtlich zulässig ist, ist umstritten.[12] Demgegenüber besteht weithin Einigkeit, dass im Strafvollzug eine Übertragung der Aufgabe an beliehene private Unternehmer nicht zulässig ist.[13]

7   Auf **Landesebene** ist das Urteil des Niedersächsischen StGH[14] von Bedeutung. Anders als *Burgi*, der die Übertragung auf Private mit der medizinisch-therapeutisch geprägten Aufgabenstellung des Maßregelvollzugs rechtfertigt, zählt der Nds. StGH – zu Recht – auch die Behandlung und die damit evtl. verbundenen Zwangsmaßnahmen zum eingriffsintensiven Bereich. Er lässt allerdings private Träger dann zu, wenn deren Bedienstete von der staatlichen Aufsichtsbehörde zu Verwaltungsvollzugsbeamten im Sinne des Nds. SOG ernannt worden und damit zu Zwangseingriffen legitimiert sind. Mit dieser fragwürdigen Konstruktion wird freilich die Regelung des Art. 60 der Niedersächsischen Landesverfassung bzw. Art. 33 Abs. 4 GG, dass die Erfüllung hoheitlicher Aufgaben Statusbeamten vorbehalten sein soll, unterlaufen.[15]

8   Das **BVerfG** hat inzwischen entschieden, dass die Übertragung von Aufgaben des Maßregelvollzuges auf formell privatisierte Träger mit Art. 33 Abs. 4 GG sowie dem Demokratieprinzip und den Grundrechten der Untergebrachten vereinbar sein kann.[16] Zwar gelte Art. 33 Abs. 4 GG auch für die Wahrnehmung hoheitlicher Aufgaben in privatrechtlichen Organisationsformen, doch sehe die Vorschrift Ausnahmen von der Funktionsvorbehaltsregel vor.[17] Eine solche Ausnahme bedarf nach dem BVerfG und herrschender Meinung in der Literatur zur Rechtfertigung eines besonderen sachlichen Grundes.[18] Insoweit könne berücksichtigt werden, ob eine auf ihre Ausnahmefähigkeit hin zu beurteilende Tätigkeit Besonderheiten aufweist, deretwegen Kosten und Sicherungsnutzen des Einsatzes von Berufsbeamten in einem anderen – deutlich ungünstigeren – als dem nach Art. 33 Abs. 4 GG im Regelfall vorauszusetzenden Verhältnis stünden.[19] Die hessische Privatisierungslösung, die der Entscheidung des BVerfG zu Grunde lag, diene gerade der Erhaltung des organisatorischen Verbundes der Maßregelvollzugseinrichtungen und der sonstigen derzeit unter dem Dach der jeweiligen gGmbH zusammengefassten psychiatrischen Einrichtungen, um so durch Synergieeffekte, sowie verbesserte Personalgewinnungs-, Ausbildungs- und Fortbildungsmöglichkeiten dem Maßregelvollzug zugutezukommen.[20] Damit ist aber nicht entschieden, dass eine Ausnahme vom Funktionsvorbehalt gerechtfertigt ist, wenn der Träger nicht öffentlich-rechtlicher Art, sondern ein kommerzielles Unternehmen, wie z.B. in Niedersachsen, ist.

II. Unterbringung in einem psychiatrischen Krankenhaus

§ 136 StVollzG: Die Behandlung des Untergebrachten in einem psychiatrischen Krankenhaus richtet sich nach ärztlichen Gesichtspunkten. Soweit möglich, soll er

---

12 S. dazu *Burgi* 2008; DBH (Hrsg.) 2008; *Dessecker* 2008; *Grünebaum* R&P 2006, 55 ff; *Scherer* 2007, 617 ff; Stober (Hrsg.) 2001; *Willenbruch/Bischoff* NJW 2006, 1776 ff.
13 *Burgi* 2008, 63.
14 NdsVBl 2009, 77 ff.
15 *Jehle* 2010, 85 ff, 99 ff; vgl. auch *Thiele* Der Staat 2010, 274 ff.
16 BVerfG NJW 2012, 1563 ff.
17 BVerfG NJW 2012, 1563, 1564.
18 BVerfG aaO, 1565; *Jarass/Pieroth* Grundgesetz 2018 Art. 33 Rdn. 42; Dreier-*Brosius-Gersdorf* Grundgesetz 2015 Art. 33 Rdn. 166; Umbach/Clemens-*Dollinger/Umbach* Grundgesetz 2002 Art. 33 Rdn. 83; v. Münch/Kunig Grundgesetz-Kommentar 2012 Art. 33 Rdn. 50.
19 BVerfG aaO, 1566.
20 BVerfG aaO.

A. Unterbringung in einem psychiatrischen Krankenhaus und in einer Entziehungsanstalt

geheilt oder sein Zustand so weit gebessert werden, dass er nicht mehr gefährlich ist. Ihm wird die nötige Aufsicht, Betreuung und Pflege zuteil.

1. Allgemeine Hinweise

a) Anordnungsvoraussetzungen. Die Unterbringung in einem psychiatrischen Krankenhaus ist eingebettet in das staatliche System der freiheitsentziehenden **Maßregeln der Besserung und Sicherung** (§§ 61ff StGB). Dabei kommt die **Psychiatrie** auf zweierlei Weise ins Spiel: Zum einen ist ein Gutachten über die Voraussetzungen der Schuld(un)fähigkeit und die Notwendigkeit des Maßregelvollzugs abzugeben; nur auf dieser Grundlage kann das Gericht die Unterbringung anordnen. Zum anderen übernimmt die Psychiatrie die Durchführung der Unterbringung und die Therapie des Untergebrachten, wobei wiederum das fachärztliche Gutachten die Entscheidungsgrundlage für die richterlich angeordnete Entlassung bildet.

Voraussetzung für die **Anordnung der Unterbringung** nach § 63 StGB ist zunächst, dass der Täter die Tat im Zustand der Schuldunfähigkeit oder der verminderten Schuldfähigkeit begangen hat. Als erstes muss eine **psychische Störung** vorliegen; das Gesetz nennt hier vier Fallgruppen[21] und die ersten drei entsprechen weitgehend psychiatrisch zu definierenden psychischen Defekten: krankhafte seelische Störung (das sind vor allem die Psychosen), tiefgreifende Bewusstseinsstörung (hierunter fallen insbesondere Affektdelikte), Schwachsinn, d.h. angeborene oder erworbene Intelligenzschwäche. Die vierte Fallgruppe, die schwere andere seelische Abartigkeit ist im Zuge der großen Strafrechtsreform eingefügt worden; mit ihr werden schwere psychische Abweichungen erfasst, die nicht einem klassischen psychiatrischen Krankheitsbild unterfallen, aber – wie die Rechtsprechung festgelegt hat – einen sog. Krankheitswert besitzen, also in ihrer Schwere den psychiatrischen Krankheitsbildern gleichkommen. Es geht hier um sog. Persönlichkeitsstörungen, in anderer Terminologie auch Psychopathien, Neurosen oder Triebstörungen. Die Weite und Konturlosigkeit dieser 4. Fallgruppe bringt es mit sich, dass über die Abgrenzungen vielfach Streit besteht.[22] Nach einer verbreiteten, in der forensischen Psychiatrie und der Rechtswissenschaft vertretenen Ansicht soll eine Exkulpation nur unter ganz besonderen Voraussetzungen in seltenen Ausnahmefällen erfolgen; und auch die Anwendung der verminderten Schuldfähigkeit soll hier eine Ausnahme bleiben.

Liegt eine der genannten vier Fallgruppen vor, muss psychologisch-normativ festgestellt werden, ob die Fähigkeit, das Unrecht der Tat einzusehen, bzw. die Fähigkeit, nach dieser Einsicht zu handeln, ausgeschlossen ist. Wenn ja, führt dies zur **Schuldunfähigkeit** und zur Straflosigkeit, gegebenenfalls kann aber eine Unterbringung in einem psychiatrischen Krankenhaus erfolgen. In der Strafrechtspraxis dominieren die schuldunfähig Untergebrachten, die daneben keine Strafe zu verbüßen haben.[23] Das **Nebeneinander von Maßregel und Strafe** betrifft nur die **vermindert Schuldfähigen**. Hier gilt die Regel, dass die Maßregel zunächst zu vollziehen ist.[24] Dabei wird die Unterbringungszeit auf die Strafdauer angerechnet (sog. Vikariieren), so dass die meisten Untergebrachten nicht anschließend eine Strafe verbüßen müssen, sondern in die Freiheit entlassen werden (die Anrechnung erfolgt bis zu zwei Dritteln der Strafe, der Strafrest wird zeitgleich mit der Unterbringungsaussetzung zur Bewährung ausgesetzt, §§ 67, 67d i.V.m. § 57 StGB).

---

21 Vgl. dazu Sch/Sch-*Perron/Weißer* § 20 Rdn. 5–24; SSW-StGB-*Kaspar* § 20 Rdn. 28–94.
22 Hierzu *Venzlaff/Foerster* 2009, 94; *Nedopil/Müller* 2017, 45 f.
23 S. genauer *Dessecker* 1997, 98 sowie *Jehle* 2008, 211.
24 S. dazu im Einzelnen SSW-*Jehle* § 67 Rdn. 6 f; Sch/Sch-*Kinzig* § 67 Rdn. 2.

12 Weitere Voraussetzung für die **Unterbringung** in einem psychiatrischen Krankenhaus ist, dass aus der psychischen Störung **die Gefahr künftiger erheblicher Straftaten** resultiert (s.o. Rdn. 2). Die Unterbringung im psychiatrischen Krankenhaus ist grundsätzlich unbefristet. Das Gericht setzt die Vollstreckung der Unterbringung nur bei günstiger Täterprognose zur Bewährung aus, „wenn zu erwarten ist, dass der Untergebrachte keine erheblichen rechtswidrigen Taten mehr begehen wird" (§ 67d Abs. 2 Satz 1 StGB). Jedenfalls ist zwingend das Gutachten eines Sachverständigen einzuholen, wenn das Gericht erwägt, die Vollstreckung auszusetzen (§§ 463 Abs. 3 Satz 3 i.V.m. 454 Abs. 2 Nr. 2 StPO). Die Unterbringung kann auch beendet werden, wenn das Gericht sie für erledigt erklärt, entweder weil die Voraussetzungen der Maßregel nicht (mehr) vorliegen oder die weitere Vollstreckung unverhältnismäßig wäre, § 67d Abs. 6 Satz 1 StGB. Inzwischen hat der Gesetzgeber die Verhältnismäßigkeit konkretisiert, indem er nach Ablauf von 6 und 10 Jahren differenzierte Voraussetzungen für die Fortdauer der Unterbringung aufstellt.[25]

13 **b) Zahlenmäßige Entwicklung.** Um die Bedeutung der Unterbringung in einem psychiatrischen Krankenhaus ermessen zu können, lohnt es sich, einen Blick auf die **zahlenmäßige Entwicklung** zu werfen. Von einem hohen Anfangsniveau in den 1960er Jahren ausgehend kommt es zwischen 1970 und Ende der 1980er Jahre bei den Belegungszahlen zu einer erstaunlichen Abnahme; die Anzahl der Insassen halbiert sich nahezu. Dieser Vorgang lässt sich mit parallelen, einander verstärkenden Entwicklungen in der Strafrechtspraxis und in der Psychiatrie erklären. Der Gesetzgeber hatte den Gesichtspunkt der Verhältnismäßigkeit (§ 62 StGB) auch für die Anordnung und die Vollstreckung der Maßregel nach § 63 StGB statuiert und zum Ausdruck gebracht, dass es vorrangiges Ziel des Maßregelvollzugs sei, die Betroffenen zu bessern und damit wieder in Freiheit entlassen zu können. Zur gleichen Zeit ist der therapeutische Anspruch der Allgemeinpsychiatrie und insbesondere der forensischen Psychiatrie verstärkt worden; die Krankenhäuser haben sich von Verwahreinrichtungen in Behandlungseinrichtungen gewandelt.[26]

Seit Anfang der 1990er Jahre kann wieder eine gegenläufige Entwicklung beobachtet werden. Die Unterbringungsanordnungen steigen wieder, zunächst gemächlich, dann sehr deutlich, so dass sie sich in einem kurzen Zeitraum mehr als verdoppeln auf knapp über 1000 (2008) pro Jahr.[27] Eine gesetzgeberische Änderung liegt dem nicht zugrunde; allerdings haben sich im kriminalpolitischen Klima starke Veränderungen ergeben, die den Gesichtspunkt der Sicherheit verstärkt hervortreten lassen und die ersichtlich auch Einfluss auf die Strafrechtspraxis gewonnen haben. Noch deutlicher schlägt sich dies in einer steigenden Belegung nieder. Die Patientenzahl hat mit rund 6.800 Personen im Jahr 2012 einen historischen Höchststand erreicht.[28] Seither sind die Zahlen wieder etwas zurückgegangen, bewegen sich aber immer noch auf hohem Niveau. Die gestiegene Zahl der Untergebrachten ist nicht nur Folge vermehrter Anordnungen, sondern auch einer sich verlängernden Verweildauer. Offensichtlich werden bei der Entlassungsprognose verschärfte Kriterien angewandt, und es ist die Bereitschaft, zugunsten der zu Entlassenden ein gewisses Risiko einzugehen, gesunken. Mit diesen Veränderungen der Belegungszahlen hat sich zugleich auch die Klientel der Untergebrachten geändert. Bei mehr

---

25 S. näher SSW-StGB-*Jehle* § 67d Rdn. 26 ff; Sch/Sch-*Kinzig* § 67d Rdn. 23 ff.
26 *Nedopil* 2004, 347 ff.
27 Strafverfolgungsstatistik jeweiliger Jahrgang, hrsg. vom Statistischen Bundesamt, Wiesbaden; vgl. auch *Jehle* 2015, 39.
28 Strafverfolgungsstatistik jeweiliger Jahrgang, hrsg. vom Statistischen Bundesamt, Wiesbaden; vgl. auch *Jehle* 2015, 56; freilich beziehen sich diese Zahlen nur auf die alten Bundesländer und Gesamtberlin; Zahlen zu den neuen Bundesländern fehlen.

als 70% der nach § 63 Untergebrachten liegen Gewalt- oder Sexualdelikte zugrunde. Daneben haben Brandstiftungen mit ca. 10% einen beachtlichen Anteil. Reine Eigentums- und Vermögensdelikte spielen heute (mit 3%) kaum noch eine Rolle, während sie noch in den 60er und 70er Jahren einen bedeutsamen Anteil an der Maßregelvollzugspopulation besaßen. Ganz offensichtlich hat hier der Prognosemaßstab, dass erhebliche Straftaten drohen müssen, sowie der generell für das Maßregelrecht geltende Verhältnismäßigkeitsgrundsatz (§ 62 StGB) zu einer Konzentration auf schwerere Delikte geführt.[29]

2. Erläuterungen

a) Zweck der Maßregel. Zweck der Maßregel der Unterbringung in einem psychiatrischen Krankenhaus nach § 63 StGB ist es, die **Gesellschaft vor weiteren erheblichen Straftaten der Betroffenen zu schützen**.[30] Dementsprechend formuliert § 136 StVollzG als Ziel der Behandlung während der Unterbringung, dass der Untergebrachte für die Allgemeinheit „nicht mehr gefährlich ist" (Satz 2). Freilich darf dies nicht mit allein sichernden Maßnahmen geschehen; vielmehr muss der Aufenthalt in psychiatrischen Krankenhaus dazu genutzt werden, im Sinne der **„Besserung"** – die der Gesetzgeber vorrangig nennt – auf die Betroffenen einzuwirken. Anders als bei der Maßregel der Unterbringung in einer Entziehungsanstalt muss das psychiatrische Krankenhaus aber auch Personen aufnehmen, bei denen die Behandlung von vorneherein mehr oder weniger aussichtslos erscheint. Liegt allerdings die psychische Störung i.S.v. § 20 StGB nicht mehr vor oder hat sie von vornherein nicht bestanden, so ist die Maßregel für erledigt zu erklären (§ 67d Abs. 6 StGB) und der Betroffene aus dem Maßregelvollzug zu entlassen. Bei fortbestehender Gefährlichkeit kann dann ggf. nachträgliche Sicherungsverwahrung nach § 66b StGB angeordnet werden. 14

Ziel des Maßregelvollzugs ist also, auf die Patienten so einzuwirken, dass sie möglichst bald wieder entlassen werden können – ohne befürchten zu müssen, dass sie wieder erheblich straffällig werden. Dies geschieht gem. **Satz 1** durch Behandlung in einem psychiatrischen Krankenhaus nach ärztlichen Gesichtspunkten. Mit der Formel **„psychiatrisches Krankenhaus"** (§ 63 StGB, § 136 StVollzG) hat der Gesetzgeber indes keine Vorentscheidung darüber getroffen, ob es sich um eine spezialisierte Maßregelvollzugseinrichtung oder um eine Klinik der psychiatrischen Allgemeinversorgung handeln soll.[31] Entscheidend ist aber, dass die Einrichtung **nach ärztlichen Gesichtspunkten** geführt und damit die Unterbringung nach den durch den Zustand des Untergebrachten bedingten therapeutischen Erfordernissen gestaltet wird. Die Untergebrachten sind also keine Gefangenen im strafrechtlichen Sinne, sondern Patienten, die einen Behandlungsanspruch besitzen, mit dem eine Behandlungspflicht seitens der Einrichtung korrespondiert.[32] Dies bedeutet negativ, dass die Unterbringung keinen bloßen Verwahrcharakter[33] haben darf. 15

b) Behandlung. Die Ausrichtung auf ärztliche Gesichtspunkte darf jedoch nicht zu dem Irrtum verführen, jede Form des Umgangs mit den Untergebrachten sei ärztlich-psychiatrische **Behandlung**. Solche Behandlungsmaßnahmen umfassen nur einen begrenzten Bereich. Die daneben stehenden **Sicherungs- und Ordnungsmaßnahmen**, die 16

---

29 S. näher *Jehle* 2008, 211 ff.
30 S. LK-*Schöch* 2008 §§ 61 ff; Sch/Sch-*Kinzig* § 63 Rdn. 1.
31 Kammeier-*Baur* 2002 C Rdn. 50 ff.
32 So auch AK-*Pollähne* 2017 Teil IV Vor § 136 Rdn. 19 f.
33 C/MD 2008 § 136 Rdn. 1; *Laubenthal/Nestler/Neubacher/Verrel* 2015 Q Rdn. 5.

sich auf andere Normen stützen, dürfen nicht als ärztliche Maßnahmen deklariert werden, um sie so der Rechtskontrolle zu entziehen.

Ein besonderes Problem bildet die **Zwangsbehandlung**, die nach den Landesgesetzen zum Maßregelvollzug i.V.m. §§ 136, 138 StVollzG, im Detail aber von Land zu Land unterschiedlich geregelt ist. Nach einer neueren Entscheidung des BVerfG kann eine Zwangsbehandlung im Einzelfall zwar gerechtfertigt sein, doch folgen aus dem Grundsatz der Verhältnismäßigkeit strenge Anforderungen an die Zulässigkeit des Eingriffs, da insbesondere die medikamentöse Zwangsbehandlung ein schwerwiegender Eingriff in das Grundrecht auf körperliche Unversehrtheit ist.[34] Selbst die Einwilligung des für einen einsichts- und einwilligungsunfähigen Untergebrachten bestellten Betreuers nimmt der Maßnahme nicht den Eingriffscharakter, der darin liegt, dass sie gegen den natürlichen Willen des Betroffenen erfolgt[35] (zumal das Betreuungsrecht ohnehin keine ausreichende gesetzliche Grundlage für die Zwangsbehandlung darstellt).[36] Die Anforderungen an die Zulässigkeit der Zwangsbehandlung betreffen sowohl die materiellen Eingriffsvoraussetzungen als auch deren Sicherung durch verfahrensrechtliche Vorkehrungen.[37] Die Eingriffsvoraussetzungen müssen in hinreichend klarer und bestimmter Weise gesetzlich geregelt sein.[38] Die Zwangsbehandlung ist nach dem BVerfG zur Erreichung des Vollzugsziels nur zulässig, soweit der Untergebrachte krankheitsbedingt zur Einsicht in die Behandlungsbedürftigkeit oder zum Handeln gemäß dieser Einsicht nicht fähig ist.[39] Zwangsbehandlung ist nicht nur eine Ausnahme ihrer rechtlichen Regelung nach, sie ist es auch im psychiatrischen Alltag, denn jede Form des Zwanges bei einer Behandlung mindert deren Erfolgsaussichten. Unmittelbarer Zwang ist nach Einführung der modernen Psychopharmaka äußerst selten geworden. Die bei vielen forensischen Patienten angezeigte Psychotherapie ist zwangsweise ohnehin nicht möglich. Doch selbst die medikamentöse Behandlung bedarf, wenn sie nachhaltig erfolgreich wirken soll, der Mitarbeit des Patienten. Inzwischen sind die Maßregelvollzugsgesetze der Länder im Sinne der verfassungsrechtlichen Vorgaben novelliert worden.[40]

17 c) **Ziel der Behandlung, Methoden.** Ziel der Behandlung ist idealer Weise die **Heilung** des Untergebrachten (Satz 2, 1. Alt.) oder jedenfalls die **Besserung** seines Zustands (2. Alt.) bis dahin, dass die Entlassungsreife nach § 67d Abs. 2 StGB erreicht wird, mithin der Maßregelvollzug beendet werden kann. Die **Behandlungsmethoden**, um dieses Ziel zu erreichen, richten sich nach der Art der zugrunde liegenden Störung, sind aber nicht auf ärztliche Maßnahmen im engeren Sinne begrenzt. Vielmehr ist auf den interessanten Aspekt hinzuweisen, dass neben medikamentöse Behandlung und Psychotherapie zunehmend Methoden treten, die der Sozialtherapie des Strafvollzugs ähneln.[41] Dies hat seinen Grund darin, dass sich die Klientel des Strafvollzugs und des Maßregelvollzugs in mancherlei Hinsicht gleichen. Betrachtet man die biographische Entwicklung der Probanden, so fallen bei Strafgefangenen wie bei Maßregelvollzugs-Patienten vielfach Sozialisationsdefizite ebenso wie ein Versagen bei der gesellschaftlichen Integration, im Beruf und in sozialen Beziehungen auf.[42] Die forensische Psychiatrie hat es heute zu-

---

34 BVerfG NJW 2011, 2113.
35 BVerfG aaO, 2114 m.w.N.
36 BGHZ 145, 297; OLG Celle R&P 2005, 196.
37 BVerfG aaO, 2214.
38 BVerfG aaO, 2118 f.
39 BVerfG aaO, 2116.
40 Vgl. *Pollähne* 2014; *Grünebaum* R&P 2015, 3 ff.
41 *Nedopil* 2004, 347 ff.
42 *Rössner* 2004, 391 ff.

nehmend mit dissozialen Persönlichkeiten zu tun. Insoweit ergeben sich Überschneidungen mit der Klientel des Strafvollzugs, insbesondere der Sozialtherapeutischen Anstalt, und es nähern sich Behandlungsansätze und -konzepte einander an. Neben der eigentlichen psychiatrischen Behandlung der psychischen Störung kommt es also für die Rückfallprävention entscheidend darauf an, die Betroffenen auf eine **soziale (Re)Integration vorzubereiten**. Das **therapeutische Konzept** baut heute in der Regel auf einem Stufenplan auf: die Behandlung und Unterbringung erfolgt zunächst in einem vollkommen geschlossenen Bereich und gibt dann – nach therapeutischem Fortschritt – von Stufe zu Stufe mehr Freiheiten und Verantwortung für den Patienten.[43] Bei diesen sog. **Lockerungen** kann auch getestet werden, ob und wann eine Entlassung in Frage kommt. Freilich ist das Konzept nicht ohne Risiko. So hat eine Essener Studie[44] herausgefunden, dass immerhin 10% der Patienten während des Maßregelvollzugs erneut Straftaten begehen. Es ist allerdings unvermeidlich, ein gewisses **Risiko bei der Entlassungsvorbereitung** einzugehen. Sichere Prognosen gibt es nun einmal nicht, absolute Sicherheit gäbe es nur, wenn niemand mehr entlassen würde. Indessen genießt der Schutz der Gesellschaft vor Straftaten keinen absoluten Vorrang. Vielmehr hat das Bundesverfassungsgericht[45] statuiert, der Verhältnismäßigkeitsgrundsatz gebiete, das Schutzinteresse der Allgemeinheit gegen das Freiheitsinteresse des Einzelnen abzuwägen; je länger die Unterbringung dauere, desto stärker falle das Freiheitsinteresse des Betroffenen ins Gewicht und desto eher sei an eine Entlassung zu denken. Schon aus verfassungsmäßigen Gründen müssen also Entlassungschancen eingeräumt und damit auch Risiken eingegangen werden.

d) Betreuung, Pflege, Aufsicht. Unabhängig davon, ob das Behandlungsziel nach Satz 2 erreicht werden kann, formuliert **Satz 3** als **Mindestauftrag**, dass dem Untergebrachten in erforderlichem Umfang Aufsicht, Betreuung und Pflege zuteil werden. **Betreuung und Pflege** werden im klinischen Gebrauch oft als Begriffspaar genannt; sie überschneiden sich im Bedeutungsgehalt weitgehend. Neben der in einem Krankenhaus selbstverständlichen (Kranken-)Pflege geht es bei psychisch gestörten Personen um den Schutz vor sich selbst und – insbesondere im Hinblick auf die langfristigen Aufenthalte – um eine milieu- und soziotherapeutische Pflege,[46] nicht zuletzt in Form der Pflege von Beziehungen;[47] hierbei sind die betreuenden Pflegekräfte von überragender Bedeutung.[48] Die Verpflichtung zur **Aufsicht** bezieht sich zum einen auf die Sicherheit nach innen: Mitpatienten und Bedienstete sind vor den Untergebrachten, die Patienten aber auch vor sich selbst zu schützen. Zum anderen leitet sich vom Sicherungszweck, dem Schutz der Allgemeinheit ab, dass Aufsichtsmaßnahmen getroffen werden, die Entweichungen verhindern bzw. Gefährdungen bei Lockerungen eingrenzen. Insofern beschränkt die aus dem Sicherungszweck abgeleitete Aufsichtspflicht das Risiko, das mit Lockerungen eingegangen werden darf. Allerdings resultiert daraus kein absoluter Vorrang der Sicherheit[49] in dem Sinne, dass keinerlei Risiko eingegangen werden darf; denn die Erprobung von Lockerungen ist notwendiger Zwischenschritt zum gesetzgeberischen Ziel der Spezialprävention durch Besserung (s. Rdn. 14).

---

43 *Nedopil* 2004.
44 *Seifert/Jahn/Bolten* Psychiatrie 2001, 245 ff.
45 BVerfGE 70, 297 ff.
46 *Schmidt-Quernheim/Hax-Schoppenhorst* 2008, 123 ff.
47 *Stolpmann* 2001, 76 f.
48 Kammeier/Pollähne-*Baur* 2018 C Rdn. 90.
49 *Arloth/Krä* 2017 § 136 StVollzG Rdn. 4.

19   **e) Trennung.** Diese Überlegungen haben auch Bedeutung für die Frage, ob **Untergebrachte von anderen** psychiatrischen **Patienten zu trennen** sind. Eine solche Absonderung ist bei gleichartigen Behandlungsbedürfnissen nach dem Gesetz nicht geboten.[50] Andererseits darf die Behandlung der anderen Patienten nicht durch die für manche Untergebrachten erforderlichen Sicherungsmaßnahmen gestört werden. So wird auch künftig ein Teil von ihnen in besonders gesicherten Häusern zu verwahren sein. Die Trennung kann auch deshalb angezeigt sein, weil die Untergebrachten oft schwierige Persönlichkeiten sind, die ihren Mitmenschen – Patienten oder Personal – im täglichen Umgang das Leben schwer machen. Aus diesem Grunde findet in der Praxis eine Trennung der Forensik fast durchgehend statt. Jedoch geschieht dies nicht aus Gründen der unterschiedlichen Rechtsgrundlage ihres Aufenthalts in der Psychiatrie.

20   **f) Schutz der Allgemeinheit.** In einigen Landesgesetzen zum Maßregelvollzug findet sich eine der Schutzaufgabe des Strafvollzugs nachgebildete Klausel, der Maßregelvollzug diene „außerdem (oder zugleich) dem Schutz der Allgemeinheit" (so z.B. **BB** § 36 Abs. 1 PschyKG, **NI** § 2 Satz 1 **MV**ollzG, **SH** § 2 Abs. 1 MRVG) oder solle „die Allgemeinheit vor weiteren erheblichen rechtswidrigen Taten schützen" (so **SL** § 1 Abs. 1 MRVG). Dieser ausdrücklichen Zweckbestimmung des Maßregelvollzugs bedarf es nicht,[51] denn der Schutz der Allgemeinheit vor erheblichen rechtswidrigen Taten ist bereits (ausschließliche) materiellrechtliche Legitimationsgrundlage der Unterbringung: Wie bereits die differenzierende Regelung für die Aussetzung der Vollstreckung und die Erledigung der Maßregel zeigen, hat indes der Schutz der Allgemeinheit keinen absoluten Vorrang, sondern muss mit dem Rehabilitationsinteresse der Patienten abgewogen werden (s.o. Rdn. 17). Das gilt konsequenterweise auch für die Lockerungen, denn ohne eine schrittweise Erprobung des Patienten kann eine Aussetzung der Vollstreckung nicht verantwortet werden.

III. Unterbringung in einer Entziehungsanstalt

§ 137 StVollzG: Ziel der Behandlung des Untergebrachten in einer Entziehungsanstalt ist es, ihn von seinem Hang zu heilen und die zugrunde liegende Fehlhaltung zu beheben.

21   Die Vorschrift konkretisiert, dass der Zweck der Maßregel der Unterbringung in einer Entziehungsanstalt nach § 64 StGB im Wege der Behandlung zu erreichen ist. Als **Ziel der Behandlung** gilt die Heilung des Hangs, Rauschmittel „im Übermaß zu sich zu nehmen" (§ 64 Abs. 1 StGB), und die ihm „zugrunde liegende Fehlhaltung" zu beheben.[52] Damit greift das StVollzG den umstrittenen Hangbegriff[53] auf. Ob eine „Heilung" des Hangs erwartet werden kann, ist zweifelhaft; jedenfalls muss Ziel der Behandlung sein, die aus dem Hang resultierende Gefahr der Begehung erheblicher rechtswidriger Taten zu vermindern. Anders als bei der Unterbringung in einem psychiatrischen Krankenhaus darf dies aber **nur im Wege der Besserung** geschehen: Sobald feststeht, dass keine hinreichende Aussicht auf den Erfolg der Behandlung mehr besteht, muss der Vollzug beendet und die Maßregel für erledigt erklärt werden (§ 67d Abs. 5 StGB). Fehlt es an dieser hinreichenden Erfolgsaussicht von vornherein, darf die Maßregel schon gar nicht ange-

---

50 *Volckart/Grünebaum* 2015 III. Rdn. 570 ff; a.A. *Grunau/Tiesler* 1982 Rdn. 3.
51 So auch *Arloth/Krä* 2017 § 136 StVollzG Rdn. 1; AK-*Pollähne* 2017 Teil IV § 136 StVollzG Rdn. 2.
52 RegE BT-Drucks. 7/918, S. 90.
53 Vgl. LK-*Schöch* 2008 § 64 Rdn. 44 ff.

ordnet werden (§ 64 Abs. 2 StGB). Mithin hat der Vollzug der Maßregel **therapeutische Funktion** und der Untergebrachte einen Anspruch auf Suchtbehandlung.[54] Aber selbstverständlich ergibt sich aus dem übergeordneten Sicherungszweck der Maßregel (§§ 136–138 StVollzG), dass während der Unterbringung der Schutz der Allgemeinheit zu gewährleisten ist und Entweichungen zu verhindern sind.[55]

Die **Unterbringung** nach § 64 StGB ist von vornherein **zeitlich befristet**. Die nach § 67d Abs. 1 StGB bestehende Höchstdauer von zwei Jahren kann überschritten werden, wenn – was bei § 64 StGB regelmäßig der Fall ist – eine Parallelstrafe verhängt wurde. Ob allerdings aus Behandlungsgründen eine Verweildauer über zwei Jahre hinaus zweckmäßig ist, erscheint zweifelhaft. Problematisch sind die nach § 64 StGB untergebrachten Schwerkriminellen mit langen Freiheitsstrafen im Vorwegvollzug. Da die Alkoholtherapie z.B. nach kurzer geschlossener Phase die Erprobung in Lockerungen verlangt, die für sie aber ausgeschlossen sind, lässt sich eine Therapie schwer durchführen. Auch ist die Motivation des Untergebrachten verständlicherweise schwach, wenn ihm im Anschluss an eine erfolgreiche Behandlung vielleicht noch mehrere Jahre Strafvollzug bevorstehen. Deshalb soll entgegen der gesetzlichen Regel des § 67 Abs. 1 StGB bei Parallelstrafen von über drei Jahren in der Regel der **Vorwegvollzug der Strafe** angeordnet werden (§ 67 Abs. 2 Satz 2 StGB), um eine Gefährdung des Erfolgs der Unterbringung durch den nachfolgenden Strafvollzug auszuschließen und die Ausgangsbedingungen der Therapie zu verbessern.[56] War die Behandlung erfolgreich, so setzt das Gericht nach § 67d Abs. 2 StGB die weitere Vollstreckung der Unterbringung (und ggf. den nach Anrechnung der Unterbringungsdauer verbleibenden Strafrest gem. § 67 Abs. 5 i.V.m. § 57 StGB) zur Bewährung aus. Darüber hinaus kann der Untergebrachte nicht nur durch Behandlungserfolge seine Unterbringung verkürzen oder beenden, sondern auch dadurch, dass er sich einer Behandlung gerade widersetzt und deshalb keine Erfolgsaussicht besteht.

Waren die Entziehungsanstalten als ehemalige „Trinkerheilanstalten" früher auf Alkoholabhängige zugeschnitten, hat sich das Bild heute deutlich gewandelt.[57] Immer mehr **Drogenabhängige** werden nach § 64 StGB untergebracht. Zwar war die Strafrechtspraxis lange Zeit skeptisch, was die Erfolgsaussichten einer Drogentherapie in den Entziehungsanstalten angeht,[58] und hat deshalb die Therapiemöglichkeit im Rahmen der Zurückstellung der Strafvollstreckung nach § 35 BtMG bevorzugt.[59] Inzwischen wachsen die Zahlen in beiden Therapieformen an;[60] die Drogenabhängigen stellten im Jahr 2017 mit über 2.400 Personen gegenüber rund 1.300 Alkoholabhängigen die Mehrzahl der nach § 64 StGB Untergebrachten dar.[61]

IV. Anwendung anderer Vorschriften

§ 138 StVollzG: (1) Die Unterbringung in einem psychiatrischen Krankenhaus oder in einer Entziehungsanstalt richtet sich nach Landesrecht, soweit Bundesge-

---

54 OLG Celle NStZ 1995, 255.
55 So auch *Arloth/Krä* 2017 § 137 StVollzG Rdn. 1; *Laubenthal/Nestler/Neubacher/Verrel* 2015 Q Rdn. 7; missverständlich AK-*Pollähne* 2017 Teil IV § 137 StVollzG Rdn. 3.
56 BGH NStZ 2000, 529.
57 *Meier/Metrikat* MschrKrim 2003, 117 ff.
58 Vgl. nur *Körner/Patzak/Volkmer* BtMG-Kommentar 2016 § 35 Rdn. 309.
59 S. näher *Jehle* 2007, 349 ff; vgl. auch *Kurze* 1994.
60 Zu §§ 35, 38 BtMG *Jehle* aaO.
61 Zusammenstellung von Länderlieferungen der Datenerhebung zum Maßregelvollzug im Auftrag des BMJV, hrsg. vom Statistischen Bundesamt, Wiesbaden.

setze nichts anderes bestimmen. § 51 Abs. 4 und 5 sowie § 75 Abs. 3 gelten entsprechend.

(2) Für die Erhebung der Kosten der Unterbringung gilt § 50 entsprechend mit der Maßgabe, dass in den Fällen des § 50 Abs. 1 Satz 2 an die Stelle erhaltener Bezüge die Verrichtung zugewiesener oder ermöglichter Arbeit tritt und in den Fällen des § 50 Abs. 1 Satz 4 dem Untergebrachten ein Betrag in der Höhe verbleiben muss, der dem Barbetrag entspricht, den ein in einer Einrichtung lebender und einen Teil der Kosten seines Aufenthalts selbst tragender Sozialhilfeempfänger zur persönlichen Verfügung erhält. Bei der Bewertung einer Beschäftigung als Arbeit sind die besonderen Verhältnisse des Maßregelvollzugs zu berücksichtigen. Zuständig für die Erhebung der Kosten ist die Vollstreckungsbehörde; die Landesregierungen können durch Rechtsverordnung andere Zuständigkeiten begründen. Die Kosten werden als Justizverwaltungsabgabe erhoben.

(3) Für das gerichtliche Verfahren gelten die §§ 109 bis 121 entsprechend.

(4) Soweit nach den Vollzugsgesetzen eine Maßnahme der vorherigen gerichtlichen Anordnung oder gerichtlichen Genehmigung bedarf, gelten die §§ 121a und 121b entsprechend.

24   1. **Verweis auf Landesrecht. Abs. 1 Satz 1** beinhaltet die grundsätzliche Entscheidung des Bundesgesetzgebers, die Regelung des Maßregelvollzugs nach §§ 63, 64 StGB weitgehend den **Ländern** zu überlassen – in deren Gesetzgebungszuständigkeit diese Aufgabe ohnehin nach der Föderalismusreform fällt. Der Gesetzgeber geht hier davon aus, dass sich die Behandlung einer nach § 63, 64 StGB untergebrachten Person in einem psychiatrischen Krankenhaus oder einer Entziehungsanstalt im Wesentlichen nach denselben Grundsätzen zu richten hat, wie sie für die Behandlung der anderen Patienten in diesen Einrichtungen gelten.[62] Insofern übernimmt das Gesetz die **Regelungen des Vollzugs der Freiheitsstrafe** für die Unterbringung in einem psychiatrischen Krankenhaus oder in einer Entziehungsanstalt **nur zu einem geringen Teil** (Abs. 1 Satz 2: § 51 StVollzG Überbrückungsgeld, § 75 StVollzG Entlassungsbeihilfe; Abs. 3: §§ 109–121 StVollzG Rechtsschutz).

25   Wie oben (Rdn. 2) schon erwähnt, haben die meisten Bundesländer ausdrücklich die Fortgeltung von § 138 StVollzG in ihren Landesgesetzen bestimmt; Baden-Württemberg hat darauf verwiesen (**BW** § 106 III) und auch für die Länder, welche die Fortgeltung von § 138 StVollzG nicht bestimmt haben, gelten die bundesgesetzlichen Vorschriften des Pfändungs- und Rechtsschutz. Im Übrigen haben alle **Bundesländer** den Maßregelvollzug in eigenen Landesgesetzen detailliert geregelt (s. näher Rdn. 28). Die Vorschriften über den Vollzug der Freiheitsstrafe (§§ 3–126 StVollzG) sind nicht entsprechend anwendbar.

26   2. **Bundesgesetzliche Vorschriften.** In **Abs. 1 Satz 2** werden die Vorschriften des StVollzG über den **Pfändungsschutz** von **Überbrückungsgeld** (§ 51 Abs. 4 und 5 StVollzG) und **Entlassungsbeihilfe** (§ 75 Abs. 3 StVollzG) für anwendbar erklärt. Diese Norm gilt auch nach der Föderalismusreform fort, da sie sich auf eine bundesgesetzliche Materie der ZPO bezieht. Dagegen bleibt es dem Landesgesetzgeber überlassen, die Voraussetzungen für die Bildung eines Überbrückungsgeldes und die Gewährung von Entlassungsbeihilfe zu schaffen. Davon hat **BW** § 106 Abs. 2 III Gebrauch gemacht.

27   3. **Unterbringungskosten. Abs. 2** regelt die Erhebung von **Unterbringungskosten** und ordnet hierfür die entsprechende Geltung des § 50 StVollzG an. Mit dieser Neurege-

---

62   BT-Drucks. 7/918, S. 90; C/MD 2008 § 138 Rdn. 1.

lung hatte der Bundesgesetzgeber die Konsequenz aus der Entscheidung des BVerfG[63] gezogen, nach der landesrechtliche Regelungen über die Kostenerstattung wegen der bestehenden bundesrechtlichen Regelung mangels Gesetzgebungskompetenz unzulässig waren.[64] Inzwischen liegt die Gesetzgebungskompetenz wieder bei den Ländern, von denen aber nur wenige Gebrauch gemacht haben. In der Regel kommt die Erhebung eines Unterbringungsbeitrags nicht in Betracht; dies gilt namentlich, wenn der Untergebrachte arbeitstherapeutisch beschäftigt ist (Abs. 2 Satz 2). Praktische Bedeutung dürfte die Vorschrift nur gewinnen, wenn der Untergebrachte außerhalb der Einrichtung laufende Einkünfte, z.B. durch Rentenbezug, erzielt.[65] Die Erhebung der Kosten erfolgt gem. Satz 3 und 4 i.V.m. § 50 Abs. 1 Satz 1 und 5 durch die Staatsanwaltschaft als Vollstreckungsbehörde.[66]

4. Gerichtliche Anordnungen und Rechtskontrolle. Eine wichtige bundesrechtliche Neuerung brachte das StVollzÄndG vom 20.1.1984,[67] das die **Rechtskontrolle** über den Vollzug der Maßregeln, die das Strafvollzugsgesetz zunächst weiterhin den Oberlandesgerichten (§§ 23 ff EGGVG) überlassen hatte, der Regelung für den Strafvollzug entsprechend **den Strafvollstreckungskammern** übertrug (**Abs. 3**). Damit ist auch hier der ‚nahe' Vollstreckungsrichter, der seit 1975 für die Entscheidung über die Beendigung der Maßregel zuständig ist, auch für die Kontrolle der Art und Weise des Vollzuges verantwortlich.[68] Abs. 3 gilt trotz der Übertragung der Gesetzgebungskompetenz für den Strafvollzug auf die Länder fort, da das gerichtliche Verfahren nach wie vor Gegenstand der konkurrierenden Gesetzgebung ist.[69] Mit dem Gesetz zur Stärkung der Rechte von Betroffenen bei Fixierungen im Rahmen von Freiheitsentziehungen[70] hat der Bundesgesetzgeber § 138 einen Absatz 4 hinzugefügt, der die gleichfalls neu geschaffenen Verfahrensbestimmungen der §§ 121a und 121b StVollzG für entsprechend anwendbar erklärt. Materiell geht es um **Fixierungen**, die nach einer Entscheidung des BVerfG[71] einer gesonderten richterlichen Anordnung oder wenigstens einer nachträglichen richterlichen Genehmigung bedürfen. Zwar hat die Entscheidung Patienten der Allgemeinpsychiatrie gegolten; ihre Erwägungen ließen sich jedoch auf Fixierungen im Maßregel- und Strafvollzug und in anderen Vollzugsformen übertragen[72]. So hat der Bundesgesetzgeber in seiner Zuständigkeit materielle Regelungen für Fixierungen in der Zivilhaft (§ 171a StVollzG; s. D Rdn. 9) und im Strafarrest (§ 167 StVollzG, s. C Rdn. 10) getroffen und die Länder haben in ihren Strafvollzugsgesetzen entsprechende Regelungen zu treffen (s. näher 11 I Rdn. 60). Für die materiell nach Landesrecht erfolgenden Fixierungen im Maßregelvollzug gelten die bundesgesetzlichen Verfahrensvorschriften der §§ 121a und 121b StVollzG entsprechend, welche die gerichtliche Zuständigkeit und das gerichtliche Verfahren bei dem Richtervorbehalt unterliegenden Maßnahmen regeln (s. näher 12 Q, R).

---

63 BVerfG NJW 1992, 1555.
64 *C/MD* 2008 § 138 Rdn. 2.
65 So auch *Arloth/Krä* 2017 § 138 StVollzG Rdn. 4.
66 OLG Frankfurt, Beschl. v. 21.5.2013 – 3 Ws 1077/12 (StVollz).
67 BGBl. I 1984, S. 97.
68 *Wagner* 1988; zu den grundlegenden und bundesrechtlichen Fragen auch AK-*Pollähne* 2017 Teil IV Vor § 136 StVollzG Rdn. 5 ff.
69 BVerfG, Nichtannahmebeschl. v. 24.9.2014 – 2 BvR 1899/14; BVerfG, Nichtannahmebeschl. v. 23.10.2013 – 2 BvR 28/13; BVerfG, Nichtannahmebeschl. v. 7.7.2015 – 2 BvR 1180/15.
70 Vom 19. Juni 2019, BGBl. I, 840.
71 BVerfG, Urt. vom 24.7.2018 – 2 BvR 309/15, 2 BvR 502/16, NJW 2018, 2619 ff.
72 So *Baur* NJW 2019, 2274; *Goerdeler* R&P 2018, 199, *Kaehler/Petit* FamRZ 2019, 165; *Rodenbusch* NStZ 2019, 12; vgl. auch 12. Kap. Q, R.

15. Kapitel. Besondere Vollzugsformen

29 **5. Landesgesetze zum Vollzug der Maßregeln nach §§ 63, 64 StGB.** Durch die landesrechtlichen Regelungen hat der Vollzug der Unterbringung nach §§ 63, 64 StGB seine verfassungsrechtlich notwendigen gesetzlichen Grundlagen erhalten. Die Regelung durch ein eigenes Maßregelvollzugsgesetz einerseits oder durch Sonderregelungen im Rahmen eines PsychKG anderseits sind – rechtlich betrachtet – gleichwertig. Den Besonderheiten des Umgangs mit forensischen Patienten wird eine **Regelung durch ein besonderes Gesetz** jedoch **eher gerecht**. Neben den Urlaubsregelungen sind dies die vollzuglichen Eingriffsmöglichkeiten (z.B. Kontrolle des Verkehrs mit der Außenwelt, Durchsuchung) sowie die Fragen, die mit dem Behandlungsanspruch des Untergebrachten und der Berücksichtigung oder Einschränkung seiner Selbstbestimmung[73] bei der Behandlungsplanung zusammenhängen.[74]

30 Derzeit (Stand Mai 2018) sind folgende Landesgesetze zum Maßregelvollzug in Kraft:

Baden-Württemberg	**PsychKHG** v. 25.11.2014, GBl. S. 534, i.d.F. v. 1.12.2015, GBl. 1047, 1052
Bayern	**UnterbringungsG** v. 5.4.1992, GVBl. S. 60, i.d.F. v. 17.7.2015 GVBl. S. 222
Berlin	**PsychKG** v. 17.6.2016, GVBl. S. 336, i.d.F. v. 17.6.2016, GVBl. S. 336
Brandenburg	**PsychKG** v. 5.9.2009 GVBl. S. 134, i.d.F. v. 25.1.2016 GVBl. S. 4
Bremen	**PsychKG** v. 19.12.2000, GBl. S. 471, i.d.F. v. 2.8.2016 GVBl. S. 434
Hamburg	**MVollzG** v. 7.9.2007, GVBl. 2007, 301, i.d.F. v. 3.6.2015, GVBl. S. 108
Hessen	**MVollzG** v. 3.12.1981, GVBl. S. 414, i.d.F. v. 4.5.2017 GVBl. S. 66
Mecklenburg-Vorpommern	**PsychKG** v. 13.4.2000, GVBl. S. 736, i.d.F. v. 14.7.2016, GVOBl. S. 593
Niedersachsen	**MVollzG** v. 1.6.1982, GVBl. S. 131, i.d.F. v. 12.5.2015 Nds. GVBl. S. 82
Nordrhein-Westfalen	**MVollzG** v. 15.6.1999, GVBl. S. 402, i.d.F. v. 7.4.2017 GVBl. S. 511
Rheinland-Pfalz	**MVollzG** v. 22.12.2015, GVBl. S. 487, i.d.F. v. 22.12.2015, GVBl. S. 487
Saarland	**MRVG** v. 29.11.1989, ABl. 1990 S. 81, i.d.F. v. 16.5.2007 ABl. S. 1226
Sachsen	**PsychKG** v. 10.10.2007, GVBl. S. 422, i.d.F. v. 7.8.2014 GVBl. S. 446
Sachsen-Anhalt	**MVollzG** v. 21.10.2010, GVBl. S. 510
Schleswig-Holstein	**MVollzG** v. 19.1.2000, GVOBl. S. 114, i.d.F. v. 7.5.2015, GVOBl. S. 106
Thüringen	**PsychKG** v. 5.2.2009, GVBl. S. 10, i.d.F. v. 8.8.2014, GVBl. S. 539

---

73 KG Berlin NStZ-RR 2008, 92 ff; OLG Hamm NStZ 1987, 144: Ersatz der Zustimmung des Untergebrachten durch die seines Vormundes für den Fall einer psychopharmakologischen Behandlung.
74 *Kammeier/Pollähne* 2018; *Volckart/Grünebaum* 2015.

B. Sicherungsverwahrung

Schrifttum

Alex Die Anhörung im Bundestag zur Neuordnung der Sicherungsverwahrung. Ein Beispielsfall für die parlamentarische Geringschätzung von Sachverständigen, in: MschrKrim 2011, 266 ff; *Anders* Kritik der nachträglichen Therapieunterbringung, in: JZ 2012, 498 ff; *Bartsch* Sicherungsverwahrung – Recht, Vollzug, aktuelle Probleme, in: Gießener Schriften zum Strafrecht und zur Kriminologie, Bd. 36, Baden-Baden 2000; *ders.* (Schon wieder) Neues von der Sicherungsverwahrung, Konsequenzen des bundesverfassungsgerichtlichen Urteils vom 4.5.2011 für Gesetzgebung und Vollzug, in: FS 2011, 267 ff; *Balzer* Ein (verspäteter?) Vorschlag zur Reform der Sicherungsverwahrung, in: KritV 2011, 38 ff; *Böttcher* Reform der Sicherungsverwahrung: Überlegungen aus Opfersicht, in: FS 2011, 281 ff; *Dessecker* Lebenslange Freiheitsstrafe und Sicherungsverwahrung, Dauer und Gründe der Beendigung im Jahr 2010, 2012; *ders.* Das neue Recht des Vollzugs der Sicherungsverwahrung: ein erster Überblick, in: BewHi 2013, 309 ff; *ders.* Die produktive Krise der Sicherungsverwahrung und ihre Folgen aus empirischer Sicht, in: Neubacher/Bögelein (Hrsg.), Krise – Kriminalität – Kriminologie, Mönchengladbach 2016, 473 ff; *Ebner* Die Vereinbarkeit der Sicherungsverwahrung mit deutschem Verfassungsrecht und der Europäischen Menschenrechtskonvention, Hamburg 2015; *Höffler/Stadtland* Mad or bad? Der Begriff „psychische Störung" des ThUG im Lichte der Rechtsprechung des BVerfG und des EGMR, in: StV 2012, 239 ff; *Hörnle* Einige kritische Bemerkungen zum Urteil des EGMR vom 17.12.2009 in Sachen Sicherungsverwahrung, in: Bernsmann (Hrsg.), FS Rissing van Saan, 239 ff; *Kinzig* Schrankenlose Sicherheit? – Das Bundesverfassungsgericht vor der Entscheidung über die Geltung des Rückwirkungsverbots im Maßregelrecht, in: StV 2000, 330 ff; *ders.* Die Neuordnung des Rechts der Sicherungsverwahrung, in: NJW 2011, 177 ff; *ders.* Das Recht der Sicherungsverwahrung nach dem Urteil des EGMR in Sachen M. gegen Deutschland, in: NStZ 2010, 233 ff; *Knauer* Die Sicherungsverwahrung nach geltendem Recht – Allgemeine Überlegungen aus Sicht der Wissenschaft und praktische Folgerungen für die Strafverteidigung, in: StraFo 2014, 46 ff; *Köhne* Die „neue" Sicherungsverwahrung – eine schon jetzt gescheiterte Reform?, in: KritJ 2013, 336 ff; *Kreuzer* Strafrecht als präventiver Opferschutz?, in: NK 2010, 89 ff; *ders.* Beabsichtigte bundesgesetzliche Neuordnung des Rechts der Sicherungsverwahrung, in: ZRP 2011, 7 ff; *Laue* Die Sicherungsverwahrung auf dem Prüfstand, in: JR 2010, 198 ff; *Ullenbruch* Verschärfung der Sicherungsverwahrung auch rückwirkend – populär, aber verfassungswidrig?, in: NStZ 1998, 326 ff; *Peglau* Zur Rückwirkung von § 67d StGB gem. Art. 1a III EGStGB, in: NJW 2000, 179 ff; *ders.* Das Gesetz zur Neuordnung des Rechts der Sicherungsverwahrung und zu begleitenden Regelungen (Teil 2), in: jurisPR-StrafR 2/2011 Anm. 1; *ders.* Das Gesetz zur bundesrechtlichen Umsetzung des Abstandsgebots im Recht der Sicherungsverwahrung, in: JR 2013, 249 ff; *Pollähne* Vollstreckung und Vollzug der Sicherungsverwahrung nach Inkrafttreten des Gesetzes zur bundesrechtlichen Umsetzung des Abstandsgebotes im Recht der Sicherungsverwahrung, in: StV 2013, 249 ff; *Radtke* Konventionswidrigkeit des Vollzugs erstmaliger Sicherungsverwahrung nach Ablauf der früheren Höchstfrist? Innerstaatliche Wirkungen und Folgen des Urteils des EGMR vom 17.12.2009, in: NStZ 2010, 537 ff; *Renzikowski* Abstand halten! – Die Neuregelung der Sicherungsverwahrung, in: NJW 2013, 1638 ff; *ders.* Das Elend mit der rückwirkend verlängerten und der nachträglich angeordneten Sicherungsverwahrung, in: ZIS 2011, 531 ff; *Schäferskupper/Grote* Vollzug der Sicherungsverwahrung, in: NStZ 2013, 447 ff; *Suhling* Behandlung „gefährlicher" und „schwieriger" Straftäter, in: FS 2011, 275 ff; *von Liszt* Der Zweckgedanke im Strafrecht, in: ZStW 1883, 1 ff.

Übersicht

I. Sicherungsverwahrung als Maßregel der Besserung und Sicherung —— 1–8
  1. Geschichtliche Entwicklung —— 1–4
  2. Urteil des Bundesverfassungsgerichts vom 4.5.2011 —— 5, 6
  3. Entwicklung der Anordnungen und Belegungszahlen —— 7, 8
II. Bundesrechtliche Grundsätze des Vollzugs der Unterbringung in Sicherungsverwahrung —— 9–17
  1. Leitlinienkompetenz —— 9
  2. Gestaltung der Betreuung und Unterbringung —— 10–12
  3. Vollzugsöffnende Maßnahmen —— 13–15
  4. Gerichtliche Kontrolle der Betreuung —— 16
  5. Konkretisierung durch Landesgesetze zum Sicherungsverwahrungsvollzug —— 17
III. Bundesrechtliche Vollzugsgrundsätze bei drohender Sicherungsverwahrung —— 18–25
  1. Grundsatz —— 18

2. Behandlung von Strafgefangenen mit drohender Sicherungsverwahrung —— 19
3. Insbesondere Sozialtherapie —— 20
4. Vollzugsplanung und -lockerungen —— 21
5. Flankierende gerichtliche Kontrollen —— 23–25
IV. Landesrechtliche Regelungen bei Gefangenen mit drohender Sicherungsverwahrung —— 26–31

I. Sicherungsverwahrung als Maßregel der Besserung und Sicherung

1 **1. Geschichtliche Entwicklung.** Die SV gehört zur zweiten Spur der strafrechtlichen Sanktionen, den schuldunabhängigen **Maßregeln der Besserung und Sicherung** (§§ 61 ff. StGB). Die drei freiheitsentziehenden Maßregeln gem. §§ 63, 64, 66 StGB dienen dem **Schutz der Allgemeinheit** zunächst dadurch, dass der gefährlich erscheinende Täter sicher untergebracht wird. Im Vollzug der Unterbringung in einem psychiatrischen Krankenhaus (§ 63) oder einer Entziehungsanstalt (§ 64) steht dann allerdings eindeutig der Besserungsgedanke im Vordergrund: Die psychische Störung i.S.v. § 20 oder die Suchtabhängigkeit soll geheilt oder so weit gebessert werden (§§ 136, 137 StVollzG), dass der Täter nicht mehr gefährlich ist und infolgedessen entlassen werden kann (s.o. A); diesem Ziel dient auch der Vorwegvollzug der Maßregeln gem. § 67 Abs. 1 StGB. Hingegen wird die Freiheitsstrafe stets vorwegvollzogen, wenn zugleich SV angeordnet worden ist. Es geht aber auch hier nicht nur um Sicherung; spätestens mit der Entscheidung des BVerfG v. 4.5.2011[75] muss auch die SV therapiegerichtet und freiheitsorientiert sein (s. näher Rdn. 5). Da es beim Vorwegvollzug der Strafe bleibt, ist umso stärker vor Ende des Strafvollzuges zu prüfen, ob der Zweck der Maßregel die Unterbringung noch erfordert (§ 67c Abs. 1 Satz 1 StGB).

2 Die SV wurde erstmals durch das Gewohnheitsverbrechergesetz vom 24.11.1933[76] als § 42a StGB eingeführt, war aber als Idee keineswegs neu, sondern in der kriminalpolitischen Konzeption der Zweckstrafe von *Franz v. Liszt*[77] bereits angelegt. Trotz Kritik an dem Konzept des »gefährlichen Gewohnheitsverbrechers« wurde die SV auch in der Bundesrepublik beibehalten. Ein entscheidender Schritt zu ihrer **Eingrenzung** erfolgte durch die **Große Strafrechtsreform**, indem dem Verhältnismäßigkeitsgrundsatz allgemein (§ 62) und durch tatbestandliche Erheblichkeitskriterien stärker Geltung verschafft wurde.[78] Dies führte in der Praxis zu einem enormen Rückgang der Zahl der Sicherungsverwahrten.

3 Diese Tendenz zu einer immer restriktiveren Handhabung der SV hat sich infolge einer **kriminalpolitischen Wende** zunächst in ihr Gegenteil verkehrt:[79] Im Jahr 1998[80] wurden die Anwendungsvoraussetzungen und die Fortdauerentscheidungen erleichtert und insbesondere die mit dem 2. StrG eingeführte 10-Jahres-Höchstfrist bei erstmaliger Anordnung der SV gemäß § 67d Abs. 1 Satz 1, Abs. 3 Satz 1 StGB wieder beseitigt, und zwar auch rückwirkend für Altfälle, die bereits in der SV untergebracht waren oder denen gegenüber SV bereits angeordnet worden war. Der nächste Schritt zur Erweiterung des Sicherungsverwahrungsrechts war die Einführung der **vorbehaltenen SV** in § 66a StGB[81] und später der **nachträglichen SV** in § 66b StGB,[82] die schließlich auch für Jugendliche eingeführt wurde.[83]

---

75 BVerfGE 128, 326 = NJW 2011, 1931.
76 RGBl. I 1933, S. 995.
77 *v. Liszt* ZStW 1883, 1.
78 1. und 2. StrRG v. 25.6. und 4.7.1969; BGBl. I 1969, S. 645 und S. 717.
79 Vgl. z.B. *Knauer* StraFo 2014, 46 f.
80 BGBl. I 1998, S. 160.
81 Gesetz v. 21.8.2002, BGBl. I, S. 3344.

Eine erneute Wende hat erst die Verurteilung Deutschlands durch den EGMR[84] her- **4**
beigeführt, welche die **Konventionswidrigkeit** der rückwirkenden Beseitigung der 10-
Jahres-Befristung und – in einer späteren Entscheidung[85] – der Anordnung nachträglicher SV festgestellt hat.[86] Im zeitlichen und inhaltlichen Zusammenhang damit hat der Gesetzgeber bald darauf das SichVNOG[87] erlassen. Hierdurch wurde vor allem die primäre SV hinsichtlich tauglicher Anlass- und Vortaten begrenzt,[88] die Anordnung nachträglicher SV auf Fälle der Erledigung der Maßregel nach § 63 StGB beschränkt,[89] zugleich aber die Anordnungsmöglichkeiten vorbehaltener SV deutlich ausgeweitet.[90]

2. Urteil des Bundesverfassungsgerichts vom 4.5.2011. Mit Urteil vom 4.5.2011 hat **5**
das Bundesverfassungsgericht die seit dem 1.1.2011 geltenden sowie verschiedene frühere Fassungen der Regelungen über die Sicherungsverwahrung u.a. wegen unzureichender Umsetzung des verfassungsrechtlichen Abstandsgebots[91] für nicht mit dem Grundgesetz vereinbar und unter näher ausgeführten Maßgaben für längstens bis zum 31.5.2013 anwendbar erklärt.[92] Das Bundesverfassungsgericht hat dem Bundes- und den Landesgesetzgebern aufgegeben, ein **freiheitsorientiertes und therapiegerichtetes Gesamtkonzept** für die Unterbringung in der Sicherungsverwahrung zu entwickeln.[93] Es hat dazu konkrete Vorgaben gemacht,[94] die sich auch mit der Vermeidung der Vollstreckung oder Anordnung der Sicherungsverwahrung befassen. Bei Gefangenen mit angeordneter oder vorbehaltener Sicherungsverwahrung sind danach schon im Vollzug der Freiheits- oder Jugendstrafe alle Möglichkeiten auszuschöpfen, um deren Gefährlichkeit für die Allgemeinheit zu mindern.[95]

Zugleich hat das Bundesverfassungsgericht den Bundesgesetzgeber verpflichtet, **6**
Leitlinien sowohl für den Vollzug der Unterbringung in der Sicherungsverwahrung als auch für den Vollzug der Freiheits- und Jugendstrafe bei angeordneter oder vorbehaltener Sicherungsverwahrung vorzugeben.[96] Diese Leitlinien bilden gewissermaßen den Rahmen, den die Länder mit ihren Vollzugsgesetzen auszufüllen und zu beachten haben.

3. Entwicklung der Anordnungen und der Belegungszahlen. Lag die Anzahl der **7**
jährlichen Anordnungen zu Beginn der 1960er Jahre noch bei 200, so sank sie nach der Großen Strafrechtsreform auf unter 50, 1993 gar auf 27.[97] Dementsprechend ging auch die Zahl der zu einem Stichtag untergebrachten Sicherungsverwahrten von annähernd 500

---

82 Gesetz v. 23.7.2004, BGBl. I, S. 1838.
83 Gesetz v. 8.7.2008; BGBl. I, S. 1212.
84 EGMR, Urt. v. 17.12.2009 – 19359/04 – M./Deutschland = NJW 2010, 2495.
85 EGMR, Urt. v. 13.1.2011 – 6587/04 – Haidn/Deutschland = NJW 2011, 3423.
86 Vgl. *Ebner* 2015; *Hörnle* 2011, 239; *Kinzig* NStZ 2010, 233; *Kreuzer* NK 2010, 89; *Laue* JR 2010, 198; *Radtke* NStZ 2010, 537; *Renzikowski* ZIS 2011, 531.
87 SichVNOG v. 22.12.2010; BGBl. I, S. 2300; dazu *Alex* MschrKrim 2011, 266; *Kinzig* NJW 2011, 177; *Baltzer* KritV 2011, 38.
88 § 66 StGB; s. dazu SSW-StGB-*Jehle/Harrendorf* § 66 Rdn. 9, 11.
89 § 66b StGB; s. dazu SSW-StGB-*Jehle/Harrendorf* § 66b Rdn. 1.
90 § 66a StGB; s. dazu SSW-StGB-*Jehle/Harrendorf* § 66a Rdn. 1.
91 Vgl. dazu bereits BVerfG BVerfGE 109, 133/174 = NJW 2004, 739 – 2 BvR 2029/01.
92 BVerfG aaO.
93 BVerfG aaO Rdn. 120.
94 „Sieben Gebote", aaO Rdn. 112 ff; *Bartsch* 2011, 267, 271 ff.
95 „Ultima-ratio-Prinzip", aaO Rdn. 112.
96 BVerfG aaO Rdn. 96, 129 f.
97 Strafverfolgungsstatistik, jeweiliger Jahrgang, hrsg. vom Statistischen Bundesamt, Wiesbaden.

Personen Mitte der 1960er Jahre auf rund 200 bis Mitte der 1990er Jahre zurück.[98] Entsprechend der kriminalpolitischen Wende stiegen die Anordnungszahlen wieder an: Schon 1998 wurde die SV 61-mal verhängt. In den kommenden Jahren nahmen die Zahlen in leichten Wellenbewegungen zu, bis schließlich 2008 mit 111 verhängten Unterbringungen der Höhepunkt erreicht war; 2010 gab es 101 Anordnungen (Strafverfolgungsstatistik). Die Zahl der zum Stichtag 31. März Untergebrachten stieg in dieser Phase von 198 (1998) auf 536 (2010).[99]

8   Die durch die Urteile des EGMR und des BVerfG ausgelösten neueren Entwicklungen führten zu einem **erheblichen Rückgang der Anordnungszahlen der Sicherungsverwahrung**, konkret von 101 im Jahr 2010 auf 32 im Jahr 2013; in den Folgejahren sind die Zahlen wieder leicht angestiegen, haben aber bei Weitem das Niveau der 2000er Jahre nicht mehr erreicht: 2016 erfolgten nur 51 Anordnungen.[100] Bei der Zahl der zum Stichtag 31. März im Vollzug der SV Untergebrachten ergab sich von 2010 auf 2012 aufgrund der wegen der EGMR-Entscheidung[101] und wegen des SichVNOG nötig gewordenen Entlassungen ein Rückgang von 524 auf 445. Seither steigen die Zahlen aber wieder (30.11.2017: 540; Bestandsstatistik der Gefangenen und Verwahrten). Aufgrund des erheblichen zeitlichen Abstands zwischen Anordnung und Vollzugsbeginn der SV sowie der langen Vollzugsdauer wird es noch einige Jahre dauern, bis der Rückgang der Anordnungszahlen sich auch in den Belegungszahlen deutlicher auswirkt.

II. Bundesrechtliche Grundsätze des Vollzugs der Unterbringung in Sicherungsverwahrung.

9   **1. Leitlinienkompetenz.** Der Bundestag hat die ihm vom BVerfG zugeschriebene Leitlinienkompetenz aufgegriffen und ein Gesetz zur bundesrechtlichen Umsetzung des Abstandsgebotes im Recht der Sicherungsverwahrung beschlossen, das am 1.6.2013 in Kraft getreten ist. Das Gesetz sieht u.a. gerichtliche Kontrollen zur Überprüfung der Bemühungen der Vollzugsbehörden bei der Betreuung und Behandlung von Gefangenen mit angeordneter oder vorbehaltener Sicherungsverwahrung und die Verkürzung von gerichtlichen Überprüfungsfristen im Vollzug der Unterbringung in der Sicherungsverwahrung vor. Die wesentlichen Leitlinien sind insbesondere in dem neu geschaffenen § 66c StGB geregelt worden. Sie stellen für die Länder verbindliche Mindestanforderungen für die Ausgestaltung der Unterbringung in der SV.[102] Die Vorschrift bestimmt im Kern, dass Sicherungsverwahrte und Gefangene mit angeordneter oder vorbehaltener Sicherungsverwahrung in besonderer Weise zu betreuen sind und ihnen die bestmögliche – auch individuelle – Behandlung anzubieten ist.

10   **2. Gestaltung der Betreuung und Unterbringung.** Die Gestaltungsgrundsätze bestimmen sich maßgeblich durch das Abstandsgebot und das Unterbringungsziel. Das **Abstandsgebot** erfordert einerseits eine Besserstellung der Sicherungsverwahrten gegenüber den Strafgefangenen, was die Angleichung an die allgemeinen Lebensverhältnisse und insbesondere die Unterbringung in Haftträumen betrifft,[103] andererseits eine

---

98 Bestandsstatistik der Gefangenen und Verwahrten, jeweiliger Jahrgang, hrsg. vom Statistischen Bundesamt, Wiesbaden.
99 Bestandsstatistik der Gefangenen und Verwahrten, jeweiliger Jahrgang, hrsg. vom Statistischen Bundesamt, Wiesbaden.
100 Strafverfolgungsstatistik, jeweiliger Jahrgang, hrsg. vom Statistischen Bundesamt, Wiesbaden.
101 EGMR v. 17.12.2009 – 19359/04 – M./Deutschland = NJW 2010, 2495.
102 SSW-StGB-*Jehle/Harrendorf* § 66c StGB Rdn. 4; Sch/Sch-*Kinzig* § 66c Rdn. 1.
103 S. näher SSW-StGB-*Jehle/Harrendorf* § 66c Rdn. 14; Sch/Sch-*Kinzig* § 66c Rdn. 7.

Trennung zwischen (Regel-)Strafvollzug und Unterbringung in der SV, welche die Unterbringung in besonderen Abteilungen oder Einrichtungen erforderlich macht (§ 66c Abs. 1 Nr. 2b). Ausnahmsweise kann diese Trennung zugunsten einer behandlungsfreundlichen Ausgestaltung durchbrochen werden.

Unterbringungsziel ist es nach § 66c Abs. 1 Nr. 1b StGB, mithilfe einer individuellen und intensiven Betreuung eine so weitgehende Minderung der Gefährlichkeit zu erreichen, dass die weitere Vollstreckung gemäß § 67d Abs. 2 StGB ausgesetzt oder nach §67d Abs. 3 StGB vollständig für erledigt erklärt werden kann.[104]

Abs. 1 Nr. 1a regelt zunächst die Betreuung in der SV im Sinne des **Individualisierungs- und Intensivierungsgebotes**.[105] Im Mittelpunkt steht dabei die Pflicht, den Untergebrachten eine individuelle und intensive Betreuung anzubieten, wobei nach der Gesetzesbegründung alle geeigneten therapeutischen Möglichkeiten zur Minimierung der Gefährlichkeit ausgeschöpft werden sollen. Zu diesem Zweck sollen nach einer eingehenden wissenschaftlich fundierten **Behandlungsuntersuchung** multidisziplinär im Rahmen eines fortlaufend aktualisierten **individuellen Vollzugsplanes** ausschließlich evidenzbasierte und in Bezug auf die konkrete behandlungsbedürftige Auffälligkeit geeignete Therapien eingesetzt werden.[106] Neben psychiatrischer Behandlung (s. dazu auch Rdn. 19) und Psychotherapie spricht das Gesetz auch ausdrücklich sozialtherapeutische Behandlungen an. Das Bundesverfassungsgericht hat wiederholt auf das in „der Sozialtherapie liegende Potential" hingewiesen.[107] Freilich dürften die Voraussetzungen für eine erfolgreiche Durchführung einer Sozialtherapie nicht bei vielen Sicherungsverwahrten von vornherein gegeben sein, sodass abzuwarten bleibt, ob sich die Sozialtherapie auch bei Sicherungsverwahrten als Erfolg versprechende Behandlungsmethode etablieren kann (vgl. 3 A Rdn. 16ff). Die Regelung sonstiger Betreuungsangebote wie z.B. Aus- und Weiterbildungsmaßnahmen wurde bewusst den Ländern überlassen.[108]

11

Daneben etabliert Abs. 1 Nr. 1a die Pflicht, i.S.d. **Motivierungsgebotes**[109] die Betreuung so zu gestalten, dass sie geeignet ist, „die Mitwirkungsbereitschaft zu wecken und zu fördern". Dadurch soll insbesondere verhindert werden, dass möglicherweise geeignete Betreuungsangebote mit dem schlichten Hinweis auf eine Partizipationsunwilligkeit der Betroffenen unterlassen werden können.[110] Vielmehr sollen den Untergebrachten stets konkrete und individuelle Anreize zur Förderung ihrer Behandlungswilligkeit geboten und versucht werden, sie von der Sinnhaftigkeit einer Behandlung zu überzeugen, worin sich die Pflicht dann aber auch erschöpft. Trotz Dauerhaftigkeit der Motivationspflicht können die Einrichtungen Behandlung selbstverständlich nicht erzwingen und deshalb keine Gewähr dafür übernehmen, dass die Untergebrachten von den angebotenen Maßnahmen auch tatsächlich Gebrauch machen.[111] Gleichwohl dürfen auch dauerhaft behandlungsunwillig erscheinende Untergebrachte nicht „in Ruhe gelassen" werden.

12

3. Vollzugsöffnende Maßnahmen. Soweit es die Umstände zulassen, gebietet § 66c Abs. 1 Nr. 3a StGB zunächst, im Sinne des Unterbringungsziels möglichst frühzeitig **voll-**

13

---

104 SSW-StGB-*Jehle/Harrendorf* § 66c Rdn. 12; Sch/Sch-*Kinzig* § 66c Rdn. 5.
105 BVerfG, Urt. v. 4.5.2011 – 2 BvR 2365/09, Rdn. 113 = NJW 2011, 1931, 1938.
106 Vgl. BT-Drucks. 17/9874, S. 15.
107 BVerfG, Urt. v. 4.5.2011 – 2 BvR 2365/09, Rdn. 124 = NJW 2011, 1931, 1940; vgl. a. BT-Drucks. 17/9874, S. 15.
108 BT-Drucks. 17/9874, S. 15.
109 BVerfG, Urt. v. 4.5.2011 – 2 BvR 2365/09, Rdn. 114 = NJW 2011, 1931, 1939.
110 Vgl. BT-Drucks. 17/9874, S. 15.
111 BT-Drucks. 17/9874, S. 15.

zugsöffnende Maßnahmen einzuleiten sowie **Entlassungsvorbereitungen** zu treffen. Dies trägt dem vom Bundesverfassungsgericht vorgegebenen Minimierungsgebot[112] Rechnung und unterstreicht nochmals den Aspekt der **Freiheitsorientierung**. Mit der Wahl des Begriffes der vollzugsöffnenden Maßnahmen wollte der Gesetzgeber bewusst über den Umfang der Vollzugslockerungen i.S.d. § 11 StVollzG i.V.m. § 130 StVollzG und Maßnahmen nach dem alten § 134 StVollzG hinausgehen.[113] Grundsätzlich ist die Unterbringung aber zum Schutz der Allgemeinheit in geschlossenen Einrichtungen vorzunehmen. Lediglich zur Entlassungsvorbereitung soll die Unterbringung im **offenen Vollzug** zulässig sein; falls die Voraussetzungen für eine Durchbrechung des Trennungsgrundsatzes nach Absatz 1 Nr. 2b vorliegen, auch zusammen mit Strafgefangenen.[114]

14   Ein zwingender Grund, der vollzugsöffnenden Maßnahmen entgegenstehen kann, ist eine auf **konkrete Anhaltspunkte** gestützte Gefahr, dass der Untergebrachte sich im Rahmen der Lockerungen der SV entziehen könnte oder diese zur Begehung **erheblicher Straftaten** missbrauchen könnte. Diese Hinderungsgründe entsprechen der sog. **Flucht- und Missbrauchsgefahr** nach § 11 StVollzG, sind aber bezüglich drohender Straftaten enger gefasst. Es muss die Begehung erheblicher Straftaten i.S.v. § 66 Abs. 1 Satz 1 Nr. 4 StGB drohen,[115] die die Anordnung oder Fortdauer der Unterbringung rechtfertigen würden; es ist also grundsätzlich der gleiche **Prognosemaßstab** wie bei der Aussetzung (§ 67d Abs. 2 StGB) und Erledigung (§ 67d Abs. 3 StGB) der SV anzulegen. Andernfalls hat der Untergebrachte einen Anspruch auf die Gewährung von – durch die Länder zu konkretisierenden – vollzugsöffnenden Maßnahmen, auch wenn leichtere Straftaten zu befürchten sind, durch die die Opfer nicht „seelisch oder körperlich schwer geschädigt werden".[116]

15   Schließlich soll § 66c Abs. 1 Nr. 3b StGB gewährleisten, dass die Betreuung der Untergebrachten auch über deren Entlassung hinausgeht. Mit der Vorschrift soll eine Pflicht der Einrichtungen zur Abstimmung entsprechender Angebote etabliert werden, während die grundsätzliche Gewährleistung der Angebote zur **Nachsorge** den Ländern überlassen bleibt.[117] Zu denken ist neben den im Rahmen der Führungsaufsicht tätigen Institutionen der Führungsaufsichtsstelle, der Bewährungshilfe und der Forensischen Ambulanz an Nachsorgeeinrichtungen wie etwa betreutes Wohnen.

16   **4. Gerichtliche Kontrolle der Betreuung.** Das Gericht ist verpflichtet, im Rahmen seiner regelmäßigen Überprüfung, für die nunmehr gemäß § 67e Abs. 2 StGB eine Frist von einem Jahr und nach zehnjährigem Vollzug von neun Monaten gilt, auch das Betreuungsangebot zu überprüfen. Falls dieses nicht den Anforderungen des § 66c Abs. 1 Nr. 1 StGB genügt, setzt es eine Frist von 6 Monaten, bis zu der die vom Gericht zu bestimmenden Maßnahmen angeboten sein müssen (§ 67d Abs. 2 Satz 2, 2. Halbs. StGB). Sind diese Maßnahmen nach Ablauf der Frist immer noch nicht umgesetzt, hat das Gericht die weitere Vollstreckung der Unterbringung zur Bewährung auszusetzen (§ 67d Abs. 2 Satz 2, 1. Halbs. i.V.m. Satz 2 StGB). Diese unerwünschte Rechtsfolge ist letztlich ein Druckmittel, um ein ausreichendes Betreuungsangebot zu erzwingen.[118]

---

112 BVerfG, Urt. v. 4.5.2011 – 2 BvR 2365/09 Rdn. 116 = NJW 2011, 1931, 1939.
113 BT-Drucks. 17/9874, S. 17.
114 BT-Drucks. 17/9874, S. 17.
115 BT-Drucks. 17/9874, S. 17.
116 § 66 Abs. 1 Nr. 4 StGB; kritisch dazu *Peglau* JR 2013, 249, 251 f.
117 Vgl. BT-Drucks. 17/9874, S. 18.
118 S. näher SSW-StGB-*Jehle* § 67d Rdn. 7–9; Sch/Sch-*Kinzig* § 67d Rdn. 9.

5. Konkretisierung durch Landesgesetze zum Sicherungsverwahrungsvollzug. 17
In Übereinstimmung mit diesen bundesrechtlichen Leitlinien zur Ausgestaltung der Sicherungsverwahrung haben alle Bundesländer spezielle Sicherungsverwahrungsvollzugsgesetze erlassen.[119] Zugleich haben sie – unter teils großem baulichen und organisatorischen Aufwand – die tatsächlichen Voraussetzungen für die Wahrung des Abstandsgebots und die Besserstellung der Sicherungsverwahrten auch in der Vollzugspraxis geschaffen.[120] Dies darzustellen hätte die Konzeption des Kommentars gesprengt (s.o. 1 A Rdn. 19). Dagegen finden die oben besprochenen bundesrechtlichen Leitlinien zur Ausgestaltung der Sicherungsverwahrung Eingang in den Strafvollzug, indem sie weitgehend auch für Strafgefangene mit vorbehaltener oder angeordneter Sicherungsverwahrung gelten. Insoweit sind neben den bundesrechtlichen Vorgaben (s.u. III.) auch die Vorschriften in den Landesvollzugsgesetzen zu beachten (IV.).

III. Bundesrechtliche Vollzugsgrundsätze bei drohender Sicherungsverwahrung

1. Grundsatz. „Kommt Sicherungsverwahrung in Betracht, müssen schon während 18 des Strafvollzugs alle Möglichkeiten ausgeschöpft werden, um die Gefährlichkeit des Verurteilten zu reduzieren; insbesondere müssen sozialtherapeutische Behandlungen (...) zeitig beginnen (...) und möglichst vor dem Strafende abgeschlossen werden." Mit diesem Diktum aus dem Urteil vom 14.5.2011[121] hat das Bundesverfassungsgericht den eigentlichen Bereich des Vollzugs der Sicherungsverwahrung überschritten und aus ihrem **Ultima-Ratio-Charakter** eine Pflicht abgeleitet, ihre Vollstreckung, wenn irgend möglich, zu vermeiden. Damit kommt es entscheidend auf den ihr vorausgehenden Aufenthalt im Strafvollzug an. Von daher entfalten die Regelungen, die der Gesetzgeber dem Bundesverfassungsgericht folgend getroffen hat, direkte Auswirkungen auf den Umgang mit Strafgefangenen, denen gegenüber Sicherungsverwahrung angeordnet oder vorbehalten worden ist.

Wie in dem bahnbrechenden Urteil des Bundesverfassungsgerichts festgestellt, müssen Strafgefangene mit drohender Sicherungsverwahrung besonders behandelt werden. Dies folgt aus dem Ultima-Ratio-Gedanken, der bereits im § 67c Abs. 1 Satz 1 a.F. bzw. in § 67c Abs. 1 Satz 1 Ziff. 1 n.F. StGB zum Ausdruck kommt: Die Sicherungsverwahrung ist nur zu vollstrecken, wenn der Zweck der Maßregel die Unterbringung noch erfordert, wenn also bei Strafende noch eine Gefährlichkeit vorliegt. Indessen gehen das Bundesverfassungsgericht und der ihm folgende Bundesgesetzgeber darüber hinaus: Nunmehr wird eine aktive Verpflichtung statuiert, Sicherungsverwahrung durch behandlerische Vollzugsmaßnahmen im Sinne von § 66c Abs. 1 StGB zu vermeiden. Dies hat zur Konsequenz, dass entsprechende Angebote einer Betreuung, insbesondere einer sozialtherapeutischen Behandlung, „schon im Strafvollzug" gemacht werden müssen.

2. Behandlung von Strafgefangenen mit drohender Sicherungsverwahrung. Die 19 Behandlung von Strafgefangenen mit drohender Sicherungsverwahrung ist nach § 66c Abs. 2 StGB mit dem Ziel anzubieten, die Vollstreckung der Unterbringung oder deren Anordnung möglichst entbehrlich zu machen. Bezüglich der Art der Betreuung verweist Abs. 2 auf § 66c Abs. 1 Nr. 1 StGB. Dort ist die vorgeschrieben, eine umfassende **Behandlungsuntersuchung** durchzuführen und den Vollzugsplan regelmäßig fortzuschreiben;

---
119 Vgl. die Texte auf der Homepage: strafvollzugsarchiv.de.
120 S. den Überblick bei *Dessecker* BewHi 2013, 309 ff.
121 BVerfGE 128, 326, 379.

als **Behandlungsmaßnahmen** werden solche psychiatrischer, psycho- oder sozialtherapeutischer Art ausdrücklich genannt. Während der Justizvollzug mit sozial- und psychotherapeutischer Behandlung von Gefangenen bzw. Untergebrachten Erfahrung besitzt, ist eine **psychiatrische Behandlung** bisher in der Regel nicht gewährleistet. Diese ausdrücklich zu erwähnen, sah sich der Gesetzgeber wohl dadurch veranlasst, dass er in den sog. Vertrauensschutzfällen, in denen eine psychische Störung und eine daraus resultierende hochgradige Gefahr schwerster Gewalt- und Sexualdelikte vorliegt, weiterhin die nachträgliche Anordnung bzw. Fortdauer der Sicherungsverwahrung zulässt.[122] Insofern stellt sich der Gesetzgeber vor, dass bei Personen mit solchen psychischen Störungen eine medizinisch-therapeutische Betreuung im Vordergrund zu stehen hat, die auf die Behandlung dieser Störung ausgerichtet sein muss.[123]

Ob die Einrichtungen für Sicherungsverwahrung dies allerdings tatsächlich selbst anbieten können, ist fraglich; in Betracht käme auch eine Überweisung in ein psychiatrisches Krankenhaus gemäß 67a Abs. 2 Satz 2 StGB, wobei allerdings die „Abschiebung" von behandlungsresistenten und störenden Sicherungsverwahrten ausgeschlossen sein muss. Nach dem neuen Satz 2 von § 67a Abs. 2 StGB wird bereits vor Antritt der Sicherungsverwahrung noch während des Strafvollzugs eine Überweisung in das Psychiatrische Krankenhaus bzw. die Entziehungsanstalt ermöglicht. Diese Lösung verfolgt das Ziel, einen psychisch erkrankten oder suchtkranken Verurteilten, gegen den Sicherungsverwahrung angeordnet oder vorbehalten worden ist, bereits frühzeitig in den zu seiner Behandlung besser geeigneten Maßregelvollzug nach §§ 63 oder 64 StGB zu überführen, um damit die Resozialisierung zu fördern und eine Sicherungsverwahrung eventuell überflüssig zu machen. Angezeigt ist eine Überweisung nur, wenn die Behandlung im psychiatrischen Krankenhaus Erfolg versprechend im Sinne des Resozialisierungsziels ist. Jedenfalls nicht angezeigt ist eine Überweisung behandlungsunwilliger therapieresistenter Strafgefangener mit Persönlichkeitsstörungen.[124]

20   **3. Insbesondere Sozialtherapie.** Die Regelung des § 66c Abs. 2 verweist auf den Abs. 1 StGB und statuiert damit zentral die Pflicht, den Untergebrachten bzw. den Strafgefangenen mit drohender Sicherungsverwahrung eine individuelle und intensive Betreuung anzubieten. Deshalb ist es entscheidend, im Sinne des **Motivierungsgebots**[125] die Betreuung so zu gestalten, dass sie geeignet ist, „die Mitwirkungsbereitschaft zu wecken und zu fördern". Freilich dürften die Voraussetzungen für eine erfolgreiche Durchführung einer Sozialtherapie nicht bei vielen (potentiellen) Sicherungsverwahrten von vornherein gegeben sein.[126] Neben der psychiatrischen Behandlung und der Psychotherapie spricht das Gesetz ausdrücklich sozialtherapeutische Behandlungen an. Sofern die zuständigen Bundesländer keine weiteren **Plätze in der Sozialtherapie** schaffen, kann in gewisser Weise eine Konkurrenz zu den „normalen" Strafgefangenen ohne drohende Sicherungsverwahrung entstehen. Empirisch stellt sich die Frage, ob tatsächlich Gefangene mit drohender Sicherungsverwahrung viele Plätze in der Sozialtherapie beanspruchen würden. Aufgrund der bisherigen Zahlen lässt sich schätzen, dass pro Jahr ca. 50–60 Gefangene mit drohender, also angeordneter oder vorbehaltener Sicherungsverwah-

---

122 S. näher SSW-StGB-*Jehle* § 66 Rdn. 55; kritisch zum Konzept der „psychischen Störungen" *Höffler/Stadtland* StV 2012, 239 ff m.w.N.
123 BT-Drucks. 17/9874, S. 15.
124 Vgl. näher SSW-StGB-*Jehle*, § 67a Rdn. 10; auch Sch/Sch-*Kinzig* § 67a Rdn. 6.
125 Vgl. SSW-StGB-*Jehle* § 66c Rdn. 10.
126 Vgl. auch das Rahmenkonzept zur Sozialtherapie im Niedersächsischen Justizvollzug, Niedersächsisches Justizministerium 2011, 34 ff.

rung neu hinzukommen. Wenn man die Hälfte als therapiegeeignet einschätzt und den durchschnittlichen Aufenthalt in der Sozialtherapie mit 2 Jahren veranschlagt, dann bedarf es 100 zusätzlicher Plätze. Mit anderen Worten: Es gibt langfristig nur einen geringen Mehrbedarf an Plätzen. Jedoch ist kurzfristig erheblicher Mehrbedarf gegeben, da ja nicht nur die Neuzugänge, sondern die bereits in Strafhaft befindlichen Gefangenen mit drohender Sicherungsverwahrung ebenfalls der Sozialtherapie zugeführt werden müssen. Nach der Untersuchung von *Dessecker*[127] ist für 417 Gefangene mit drohender SV ein Bedarf an Unterbringung in der Sozialtherapie festgestellt worden, jedoch sind nur 180 davon tatsächlich dort untergebracht; die Gründe dafür sind freilich nicht bekannt.

4. Vollzugsplanung und -lockerungen. Der Verweis in § 67c Abs. 2 StGB bezieht sich nur auf die Behandlungsmaßnahmen nach Abs. 1 Nr. 1, jedoch nicht auf vollzugsöffnende Maßnahmen nach Abs. 1 Nr. 3. Wenn nach dem Gesetzestext und der Gesetzesbegründung vollzugsöffnende Maßnahmen nicht explizit eingeschlossen sind, so ist der Gesetzgeber hier ersichtlich „zu kurz gesprungen".[128] Es erscheint wie eine Nachwirkung der alten VV Nr. 6 Abs. 1d zu § 11 StVollzG, wonach bei Gefangenen, gegen die eine freiheitsentziehende Maßregel der Besserung und Sicherung gerichtlich angeordnet ist, Lockerungen ausgeschlossen sind. Freilich setzt sich der Gesetzgeber damit in Widerspruch zu seinem Gesamtkonzept: Denn zu einem Vollzugsplan, der das Ziel hat, die Vollstreckung der Unterbringung (§ 67c Abs. 1 Satz 1 Nummer 1 StGB) oder deren Anordnung (66a Abs. 3 StGB) möglichst entbehrlich zu machen, gehört die Option vollzugsöffnender Maßnahmen. Zunächst einmal wirkt die vom erkennenden Gericht ursprünglich getroffene Gefährlichkeitsprognose nach; sie kann nur abgeändert werden, wenn beim Gefangenen ersichtlich Verhaltensveränderungen feststellbar sind. Indessen ist insoweit die Aussagekraft des reinen Vollzugsverhaltens äußerst fragwürdig. Erst die Erprobung des Gefangenen in kontrollierter Freiheit kann für eine solche Änderung der Prognose eine stabile Grundlage liefern. Ohne eine derartige Erprobung und nur aufgrund von verändertem Vollzugsverhalten ist letztlich eine Aussetzung der Vollstreckung nicht zu verantworten. Wenn also das Vermeidungsgebot des § 66c Abs. 2 StGB nicht leerlaufen soll, müssen Strafgefangene mit drohender Sicherungsverwahrung die Möglichkeit haben, während Vollzugslockerungen zu zeigen, dass man ihre Entlassung verantworten kann. 21

Selbstverständlich kommen nicht bei allen Strafgefangenen mit drohender Sicherungsverwahrung Lockerungen in Betracht. Infolge der halbherzigen Entscheidung des Gesetzgebers richten sich die Hinderungsgründe hier allerdings nicht nach der eingeschränkten Ausschlussformel des § 66c Abs. 1 Nr. 3 StGB, die konkrete Anhaltspunkte für die Gefahr der Begehung erheblicher Straftaten verlangt, sondern nach dem Maßstab von § 11 Abs. 2 StVollzG bzw. der entsprechenden Landesvorschriften. Dieser Maßstab wird in der Vollzugspraxis problematisch angewendet: Der große Beurteilungsspielraum wird durch typisierte Gefahrenlagen mittels VV (z.B. Suchtgefährdung) eingeschränkt und zugleich sieht das Gesetz keine Differenzierung nach Entlassungszeitpunkt vor. Dies führt zu einer inzwischen äußerst restriktiven Lockerungspraxis, welche das Vollzugsziel der Wiedereingliederung beeinträchtigt (s.o. 1 C Rdn. 9, 10 C Rdn. 68). 22

5. Flankierende gerichtliche Kontrollen. Wie mehrfach betont, trifft die Strafvollzugsbehörden die Pflicht, Strafgefangenen mit drohender Sicherungsverwahrung eine besondere Behandlung und Betreuung angedeihen zu lassen. Der Gesetzgeber hat nun 23

---

127 *Dessecker* 2016, 473, 483.
128 Vgl. auch die Stellungnahme des Deutschen Anwaltsvereins, Nr. 56/2012, II. 2. D.

ein Instrumentarium geschaffen, um die Einhaltung dieser Verpflichtung zu kontrollieren. So kann ein Gefangener, dem Sicherungsverwahrung droht, durch gerichtlichen Antrag gemäß § 109 Abs. 1 StVollzG **konkrete Betreuungsmaßnahmen beantragen oder anfechten** (s. 12 B Rdn. 2, 10). Darüber hinaus sieht § 119a StVollzG eine von Amts wegen alle 2 Jahre, bei langen Strafen spätestens nach 5 Jahren durchzuführende gerichtliche Kontrolle mit bindenden Zwischenentscheidungen durch die Vollstreckungskammern vor (s. 12 N Rdn. 1, 2). Diese Orientierung an der Strafdauer gemessen vom Beginn der Strafhaft an ist nicht unproblematisch; besser wäre es, die Frist vom Strafende her zu berechnen und beispielsweise eine solche gerichtliche Kontrolle spätestens 3 Jahre vor dem möglichen Übergang in die Sicherungsverwahrung vorzuschreiben.

24　　Offenbaren sich bei der Überprüfung **Defizite in der Betreuung und Behandlung**, kann das Gericht gegebenenfalls konkrete Maßnahmen vorschreiben. Dies ist nicht ganz unproblematisch. Zunächst versteht sich von selbst, dass der Gefangene keinen Anspruch auf eine bestimmte Maßnahme hat. Vielmehr ist der Justizvollzugsanstalt bei der Frage der Geeignetheit ein Beurteilungsspielraum und bei mehreren geeigneten Maßnahmen ein Auswahlermessen einzuräumen (s. 12 I Rdn. 20 ff). Aber immerhin kann sich die JVA Sicherheit bezüglich der ausreichenden Betreuung verschaffen, indem sie jederzeit eine gerichtliche Entscheidung darüber herbeiführen kann (§ 119a Abs. 2 StVollzG). Dabei kann sich das Gericht bei fehlender eigener Expertise auch eines externen Sachverständigen bedienen. Ist eine gerichtliche Entscheidung rechtskräftig, so entfaltet die Feststellung hinsichtlich des ausreichenden Betreuungsangebots Bindung für alle nachfolgenden Entscheidungen (§ 119a Abs. 7 StVollzG).

25　　Schließlich hat rechtzeitig vor Strafende und einem potentiellen Übergang in die Sicherungsverwahrung die Prüfung zu erfolgen, ob insgesamt eine ausreichende Betreuung angeboten worden ist. Insofern ist es nicht genügend, dass die JVA einem Gefangenen einmalig Behandlungsangebote gemacht und bei Ablehnung von weiteren Angeboten abgesehen hat. Vielmehr bedarf es ständig wiederkehrender Versuche, seine Mitwirkungsbereitschaft zu wecken und zu fördern. War dies jedoch nicht der Fall, so gilt nach § 67c Abs. 1 Ziffer 2 StGB die Unterbringung in der **Sicherungsverwahrung als unverhältnismäßig** und das Gericht hat die Vollstreckung der Unterbringung zur Bewährung auszusetzen,[129] und zwar auch dann, wenn an sich der Zweck der Maßregel die Unterbringung noch erfordert, der Täter also noch gefährlich ist. Diese unerwünschte Konsequenz soll natürlich nach der gesetzgeberischen Intention[130] nicht eintreten; sie ist gewissermaßen ein Druckmittel, die Beachtung der Ausgestaltungsgrundsätze für den vorhergehenden Strafvollzug bei angeordneter oder vorbehaltener Sicherungsverwahrung zu erzwingen.[131] Man darf Zweifel haben, ob dieses Druckmittel wirklich geeignet ist und ob sich jemals ein Gericht finden wird, diese höchst unerwünschte Konsequenz zu ziehen.[132]

IV. Landesrechtliche Regelungen bei Gefangenen mit drohender Sicherungsverwahrung

Baden-Württemberg	BW §§ 97–103 JVollzGB III;
Bayern	BY Art. 159–163 BayStVollzG;
Berlin	BB § 8 Abs. 4 BbgJVollzG;
Brandenburg	BE § 3 Abs. 7 StVollzG Bln;

129　SSW-StGB-*Jehle* § 67c Rdn. 9; Sch/Sch-*Kinzig* § 67c Rdn. 8.
130　BT-Drucks. 17/9874, S. 20.
131　Vgl. auch *Renzikowski* NJW 2013, 1638, 1640.
132　Ebenfalls skeptisch hinsichtlich der Wirkung *Pollähne* StV 2013, 249, 253.

Bremen	HB § 3 Abs. 3 BremStVollzG;
Hamburg	HH §§ 93–97 HmbStVollzG;
Hessen	HE § 66 HStVollzG;
Mecklenburg-Vorpommern	MV § 3 Abs. 3 StVollzG M-V;
Niedersachsen	NI §§ 107–112b NJVollzG;
Nordrhein-Westfalen	NW §§ 91–92 StVollzG NRW;
Rheinland-Pfalz	RP § 8 Abs. 3 LJVollzG;
Saarland	SL § 3 Abs. 3 SL StVollzG;
Sachsen	SN § 3 Abs. 3 SächsStVollzG;
Sachsen-Anhalt	ST § 8 Abs. 3 JVollzG;
Schleswig-Holstein	SH § 1 SVStVollzG SH;
Thüringen	TH § 8 Abs. 3

In § 66c Abs. 2 StGB hat der Bundesgesetzgeber Leitlinien für die Behandlung von 26 Strafgefangenen mit angeordneter oder vorbehaltener SV festgelegt, die für die Landesgesetzgeber bindend sind. Dementsprechend haben die Landesstrafvollzugsgesetze **besondere Vorschriften bei angeordneter oder vorbehaltener Sicherungsverwahrung** geschaffen, einige in einem eigenen Abschnitt, **BW** §§ 97–103 III, **BY** Art. 159–163; **HH** §§ 93–97, **HE** § 66, **NI** §§ 107–112b, **NW** §§ 91, 92, **SH** §§ 95–99; die übrigen Länder haben dem Musterentwurf folgend eine generelle Bestimmung, die die bundesgesetzliche Bestimmung in § 67c StGB aufgreift, in die Vollzugsgrundsätze aufgenommen: „Gefangene mit angeordneter oder vorbehaltener Sicherungsverwahrung sind individuell und intensiv zu betreuen, um ihre Unterbringung in der Sicherungsverwahrung entbehrlich zu machen. Soweit standardisierte Maßnahmen nicht ausreichen oder keine Erfolge versprechen, sind individuelle Maßnahmen zu entwickeln", **BB** § 8 Abs. 4, **BE** § 3 Abs. 7, **HB** § 3 Abs. 3, **MV** § 3 Abs. 3, **RP** § 8 Abs. 3, **SL** § 3 Abs. 3, **SN** § 3 Abs. 3, **ST** § 8 Abs. 3, **TH** § 8 Abs. 3. Über diese generellen Grundsätze hinaus finden sich besondere Regelungen in den jeweiligen für alle Strafgefangenen geltenden Vollzugsbereichen, die freilich im Konkretionsgrad nur wenig über die bundesrechtlichen Leitlinien hinausgehen.

Nach § 66c Abs. 2 StGB soll durch entsprechende Betreuung die spätere Sicherungs- 27 verwahrung nach Möglichkeit vermieden werde. Diesen **ultima-ratio-Grundsatz** greifen die Landesstrafvollzugsgesetze inhaltsgleich auf, indem sie – dem Musterentwurf folgend – in ihren Vollzugsgrundsätzen die Betreuung mit diesem spezifischen Zweck verknüpfen oder dem Abschnitt über Vorschriften bei angeordneter oder vorbehaltener SV ein besonderes Vollzugsziel als „zusätzliche Aufgabe" (so **HE** § 67) voranstellen. Das bereits in § 66c StGB bestimmte Mittel zur Zielerreichung, nämlich eine **individuelle und intensive Betreuung** und, soweit standardisierte Angebote nicht ausreichen oder keinen Erfolg versprechen, individuell zugeschnittene Angebote werden in den – dem Musterentwurf folgenden Ländern (s.o. Rdn. 26) – eigens ausgedrückt, andere Länder verzichten auf eine Wiederholung der bundesgesetzlichen Vorgabe.

Bezüglich der Art der Betreuung verweist § 66c Abs. 2 auf § 66c Abs. 1 Nummer 1 28 StGB. Dort ist die vorgeschrieben, eine umfassende **Behandlungsuntersuchung** durchzuführen und den Vollzugsplan regelmäßig fortzuschreiben. Hierzu haben alle Landesgesetze konkrete Vorgaben gemacht: Bezüglich der Behandlungsuntersuchung bzw. des Diagnoseverfahrens verpflichten alle Landesgesetze zur Anwendung von **Methoden, die wissenschaftlichen Erkenntnissen genügen**, also hinreichend wissenschaftlich evaluiert sind (s. näher 2 B Rdn. 17). Dies setzt entsprechend geschultes Personal voraus. Der Musterentwurf und die ihm folgenden **BB** § 13 Abs. 2 Satz 2, **BE** § 8 Abs. 2 Satz 2, **HB** § 7 Abs. 2 Satz 2, **MV** § 7 Abs. 2 Satz 2, **RP** § 13 Abs. 2 Satz 2, **SL** § 7 Abs. 2 Satz 2, **SN** § 6 Abs. 2 Satz 2, **ST** § 13 Abs. 2 Satz 2, **SH** § 97 Satz 2, **TH** § 13 Abs. 2 Satz 2, sprechen sogar von

Personen mit einschlägiger wissenschaftlicher Qualifikation für die Behandlung von Gefangenen mit angeordneter oder vorbehaltener SV. Darunter sind allerdings nicht wissenschaftlich Tätige, sondern die Fachdienste mit spezifischer Zusatzausbildung oder Fortbildung zu verstehen.

29 Der Pflichtkatalog des je individuell zu erstellenden **Vollzugsplans** wird für die Gefangenen mit drohender SV ergänzt bzw. modifiziert. Der Musterentwurf und die inhaltsgleichen Bestimmungen von **BB** § 15 Abs. 1 Satz 2, **BE** § 10 Abs. 1 Satz 2, **HB** § 9 Abs. 1 Satz 2, **RP** § 15 Abs. 1 Satz 2, **SL** § 9 Abs. 1 Satz 2, **SN** § 9 Abs. 1 Satz 2, **ST** § 15 Abs. 1 Satz 2, **TH** § 15 Abs. 1 Satz 2, schreiben ergänzend **Angaben** zu sonstigen Maßnahmen im Sinne nicht standardisierter, individueller Maßnahmen (so auch **NW** § 92 Abs. 1 Satz 3) sowie Angaben hinsichtlich gerichtlicher Feststellung eines hinreichenden Betreuungsangebots (§ 119a Abs. 2 StVollzG) vor. Die anderen Länder sehen für Gefangene mit drohender SV einen gesonderten Katalog der in den Vollzugsplan aufzunehmenden Maßnahmen vor, die spezieller auf Behandlung und Behandlungsmotivation abstellen; **BW** § 99 Abs. 1 Satz 2 III, **BY** Art. 161 Abs. 1 Satz 2, **HE** § 68 Abs. 5, **HH** 94, **NI** § 110. Mit den spezifischen Angaben im Vollzugsplan verbindet sich zugleich eine **Dokumentationspflicht** bezüglich der erfolgten Betreuungsangebote und Behandlungsmaßnahmen; dies gilt für alle Landesgesetze und geht schon daraus hervor, dass das Gericht bei seiner Kontrolle nach § 119a StVollzG die entsprechenden Bemühungen der Anstalt nachvollziehen können muss.

30 Im Besonderen verlangt § 66c Abs. 2 StGB, den Strafgefangenen mit drohender Sicherungsverwahrung „eine **sozialtherapeutische Behandlung** anzubieten". Daraus erwächst ein Anspruch des Gefangenen auf ein entsprechendes Angebot. Umgekehrt hat nach allen Landesgesetzen eine Verlegung in die Sozialtherapie zu erfolgen, „wenn die „Teilnahme an den dort angebotenen Behandlungsmaßnahmen zur Verringerung ihrer erheblichen **Gefährlichkeit** angezeigt" ist, so die dem Musterentwurf folgenden **BB** § 25 Abs. 2, **BE** § 18 Abs. 2, **HB** § 17 Abs. 2, **MV** § 17 Abs. 2, **RP** § 24 Abs. 2, **SH** § 18 Abs. 1, **SL** § 17 Abs. 2, **SN** § 17 Abs. 2, **ST** § 24 Abs. 2; **TH** § 24 Abs. 2, wobei diese Länder Gefährlichkeit durch die Erwartung schwerwiegender Taten definiert haben. Unabhängig, ob von erheblicher Gefährlichkeit, von Gefährlichkeit (**BY** Art. 162 Abs. 2, **HE** § 68 Abs. 6, **HH** § 93 Abs. 1) oder von Gefahr (**NW** § 92 Abs. 3) bzw. nur von indizierter Behandlung (**BW** § 100 Abs. 3 III) die Rede ist, geht es bei den Betroffenen um Personen, bei denen gerichtlich eine Gefährlichkeit im Sinne von §§ 66, 66a StGB festgestellt oder für wahrscheinlich gehalten wurde. Insofern ergibt sich die Behandlungsindikation aus dieser spezifischen Gefährlichkeit, die zu vermeiden oder zu vermindern gerade das Behandlungsziel nach § 66c StGB darstellt.[133] Die genannten Vorschriften der Landesgesetze bestimmen ergänzend, dass die Unterbringung in der Sozialtherapie zu einem **Zeitpunkt** erfolgen soll, der den Abschluss der Behandlung noch während des Vollzugs der Freiheitsstrafe erwarten lässt.

31 Wie oben bereits angesprochen (Rdn. 23 f), hat der Bundesgesetzgeber in § 66c Abs. 2 StGB nicht auf die besonderen Voraussetzungen für **Vollzugslockerungen** bei Sicherungsverwahrten nach § 66c Abs. 1 Nr. 3a verwiesen. Auch die Landesgesetze haben dazu keine Regelungen getroffen.[134] Es bleibt also bei den für alle Strafgefangenen geltenden allgemeinen Voraussetzungen für vollzugsöffnende Maßnahmen bzw. Lockerungen. Es hätte nahe gelegen, die restriktiveren Maßstäbe von § 66c Abs. 1 StGB anzulegen. Denn das BVerfG[135] hat ausdrücklich darauf hingewiesen, dass es für eine gerichtliche Entlassungsentscheidung sehr hinderlich sei, dass den Gefangenen mit angeordneter oder vorbehaltener SV „Vollzugslockerungen wie Ausgang und Urlaub oder die

---

133 Ähnlich AK-*Feest/Grüter* 2017 Teil VI Rdn. 56.
134 Vgl. AK-*Feest/Grüter* 2017 Teil VI Rdn. 60.
135 BVerfG, Urt. v. 4.5.2011 – 2 BvR 2333/08 Rdn. 125.

Unterbringung im offenen Vollzug regelmäßig nicht gewährt" werden. Wenn das Vermeidungsgebot des § 66c Abs. 2 StGB nicht leerlaufen soll, müssen Strafgefangene mit drohender Sicherungsverwahrung die Möglichkeit haben, während Vollzugslockerungen zu zeigen, dass man ihre Entlassung verantworten kann. In diese Richtung gehen neuerdings einige obergerichtliche Entscheidungen. Nach OLG Hamm[136] sind Lockerungen auch zum Beweis zu gewähren, dass sich nach Durchführung therapeutischer Maßnahmen die Gefährlichkeit reduziert hat und gleichzeitig der Betroffene zu weiteren Behandlungsmaßnahmen motiviert ist, die geeignet sind, einen Vollzug der SV zu vermeiden oder zumindest deren Vollzugsdauer zu verkürzen.

C. Vollzug des Strafarrests in Justizvollzugsanstalten

Schrifttum

Dahmen Die Verpflichtung zur Arbeit im Strafvollzug: Untersuchung zur Vereinbarkeit der Regelung zu Arbeitspflicht, Entlohnung und Sozialversicherung nach dem Strafvollzugsgesetz mit deutschem Verfassungsrecht und Völkerrecht, Frankfurt am Main 2011; *Heinhold* (Hrsg.) Abschiebungshaft in Deutschland: die rechtlichen Voraussetzungen und der Vollzug, 2. Auflage, Karlsruhe 2004; *Horstkotte* Realität und notwendige Grenzen der Abschiebehaft, in: NK 1999, 31 ff; *Lingens/Korte* Wehrstrafgesetz 5. Auflage, München 2012; *Marx* Abschiebungshaft und Abschiebung aus rechtlicher Sicht, in: Deutsches Institut für Menschenrechte (Hrsg.), Baden-Baden 2007, S. 259 ff; *Seidler/Schaffner/Kneip* Arbeit im Vollzug: neue Wege in der Betriebsführung, in: ZfStrVo 1988, 328 ff; *Winter* Vollzug der Zivilhaft, Heidelberg 1987; *ders.* Der Vollzug der Untersuchungs- und Zivilhaft, in: Schwind/Blau (Hrsg.), Strafvollzug in der Praxis, Berlin/New York 1988, 82 ff.

§ 167 StVollzG
Grundsatz

Für den Vollzug des Strafarrestes in Justizvollzugsanstalten gelten die Vorschriften über den Vollzug der Freiheitsstrafe (§§ 2 bis 121b, 171a, 179 bis 187) entsprechend, soweit im folgenden nichts anderes bestimmt ist. § 50 findet nur in den Fällen einer in § 39 erwähnten Beschäftigung Anwendung.

Baden-Württemberg	BW JVollzGB III § 108;
Bayern	Bay StVollzG Art. 190;
Berlin	Bln StVollzG § 114;
Brandenburg	Bbg JVollzG § 119;
Bremen	Brem StVollzG § 105;
Hamburg	Hmb StVollzG § 130;
Hessen	H StVollzG § 83 Nr. 5;
Mecklenburg-Vorpommern	M-V StVollzG § 104;
Niedersachsen	–
Nordrhein-Westfalen	NRW StVollzG § 121 Nr. 8;
Rheinland-Pfalz	RhPf LJVollzG § 116;
Saarland	SL StVollzG § 104;
Sachsen	Sächs StVollzG § 117;
Sachsen-Anhalt	LSA JVollzGB § 120;

---

136 OLG Hamm StV 2015, 373 ff.

Schleswig-Holstein	SH LStVollzG § 144;
Thüringen	Thür JVollzGB § 117

§ 168 StVollzG
Unterbringung, Besuche und Schriftverkehr

(1) Eine gemeinsame Unterbringung während der Arbeit, Freizeit und Ruhezeit (§§ 17 und 18) ist nur mit Einwilligung des Gefangenen zulässig. Dies gilt nicht, wenn Strafarrest in Unterbrechung einer Strafhaft oder einer Unterbringung im Vollzuge einer freiheitsentziehenden Maßregel der Besserung und Sicherung vollzogen wird.

(2) Dem Gefangenen soll gestattet werden, einmal wöchentlich Besuch zu empfangen.

(3) Besuche und Schriftwechsel dürfen nur untersagt oder überwacht werden, wenn dies aus Gründen der Sicherheit oder Ordnung der Anstalt notwendig ist.

Baden-Württemberg	BW JVollzGB III § 109;
Bayern	Bay StVollzG Art. 191;
Berlin	Bln StVollzG § 115;
Brandenburg	Bbg JVollzG § 120;
Bremen	Brem StVollzG § 106;
Hamburg	Hmb StVollzG § 130;
Hessen	H StVollzG § 83 Nr. 5;
Mecklenburg-Vorpommern	M-V StVollzG § 105;
Niedersachsen	–
Nordrhein-Westfalen	NRW StVollzG § 121 Nr. 8;
Rheinland-Pfalz	RhPf LJVollzG § 117;
Saarland	SL StVollzG § 105;
Sachsen	Sächs StVollzG § 118;
Sachsen-Anhalt	LSA JVollzGB § 121;
Schleswig-Holstein	SH LStVollzG § 145;
Thüringen	Thür JVollzGB § 118

§ 169 StVollzG
Kleidung, Wäsche und Bettzeug

Der Gefangene darf eigene Kleidung, Wäsche und eigenes Bettzeug benutzen, wenn Gründe der Sicherheit nicht entgegenstehen und der Gefangene für Reinigung, Instandsetzung und regelmäßigen Wechsel auf eigene Kosten sorgt.

Baden-Württemberg	BW JVollzGB III § 110;
Bayern	Bay StVollzG Art. 192;
Berlin	Bln StVollzG § 115;
Brandenburg	Bbg JVollzG § 120;
Bremen	Brem StVollzG § 106;
Hamburg	Hmb StVollzG § 130;
Hessen	H StVollzG § 83 Nr. 5;
Mecklenburg-Vorpommern	M-V StVollzG § 105;

Niedersachsen	–
Nordrhein-Westfalen	NRW StVollzG § 121 Nr. 8;
Rheinland-Pfalz	RhPf LJVollzG § 117;
Saarland	SL StVollzG § 105;
Sachsen	Sächs StVollzG § 118;
Sachsen-Anhalt	LSA JVollzGB § 121;
Schleswig-Holstein	SH LStVollzG § 145;
Thüringen	Thür JVollzGB § 118

§ 170 StVollzG
Einkauf

Der Gefangene darf Nahrungs- und Genussmittel sowie Mittel zur Körperpflege in angemessenem Umfang durch Vermittlung der Anstalt auf eigene Kosten erwerben.

Baden-Württemberg	BW JVollzGB III § 111;
Bayern	Bay StVollzG Art. 193;
Berlin	Bln StVollzG § 115;
Brandenburg	Bbg JVollzG § 120;
Bremen	Brem StVollzG § 106;
Hamburg	Hmb StVollzG § 130;
Hessen	H StVollzG § 83 Nr. 5;
Mecklenburg-Vorpommern	M-V StVollzG § 105;
Niedersachsen	–
Nordrhein-Westfalen	NRW StVollzG § 121 Nr. 8;
Rheinland-Pfalz	RhPf LJVollzG § 117;
Saarland	SL StVollzG § 105;
Sachsen	Sächs StVollzG § 118;
Sachsen-Anhalt	LSA JVollzGB § 121;
Schleswig-Holstein	SH LStVollzG § 145;
Thüringen	Thür JVollzGB § 118

Übersicht
I. Allgemeine Hinweise —— 1–3
   1. Bundes- und Landesrecht —— 1
   2. Strafarrest als Kriminalstrafe —— 2
   3. Häufigkeit —— 3
II. Erläuterungen —— 4–9

I. Allgemeine Hinweise

1. Bundes- und Landesrecht. Im Zuge der Föderalismusreform ist die Gesetzge- 1 bungskompetenz für die Regelung des **Vollzugs des Strafarrests** auf die Länder übergegangen. Von dieser Gesetzgebungszuständigkeit haben einige Länder keinen Gebrauch gemacht; hier gilt das Bundesrecht fort: **HH** § 130, **HE** § 83 Nr. 5, **NW** § 121 Nr. 8; Niedersachsen hat diesbezüglich keine ausdrückliche Fortgeltung erwähnt. Die Mehrzahl der Länder erklärt die Landesvorschriften zum Vollzug der Freiheitsstrafe auf den Vollzug des Strafarrests entsprechend anwendbar; so **BW** § 108 III, **BY** Art. 190 sowie die dem Musterentwurf folgenden **BB** § 119, **BE** § 114 Abs. 1, **HB** § 105 Abs. 1, **MV** § 104 Abs. 1, **RP** § 116, **SH** § 144, **SL** § 104 Abs. 1, **SN** § 117 Abs. 1, **ST** § 121, **TH** § 117.

2 2. Strafarrest als Kriminalstrafe. Strafarrest, § 9 WStG, wird gegen Soldaten verhängt, die eine Straftat während der Ausübung des Dienstes oder in Beziehung auf ihren Dienst begangen haben. Wird in solchen Fällen gegen Soldaten Geldstrafe bis zu 180 Tagessätzen verhängt, so ist die Ersatzfreiheitsstrafe immer Strafarrest (§ 11 WStG). Hier ersetzt der Strafarrest die – den Zivilisten treffende – Freiheitsstrafe. Als kurzfristige Strafe (2 Wochen bis 6 Monate) wird der Strafarrest dann verhängt, wenn eine Geldstrafe (auch) deshalb nicht in Betracht kommt, weil die Disziplin die Verhängung einer Freiheitsstrafe gebietet (§§ 10, 12 WStG). Dieser Strafarrest wird nach § 14a WStG zur Bewährung ausgesetzt, wenn die Voraussetzungen des § 56 Abs. 1 Satz 1 StGB vorliegen und nicht die Wahrung der Disziplin die Vollstreckung gebietet. Dem Strafarrest können sowohl allgemeine Vergehen und Verbrechen wie militärische Straftaten (§§ 15ff WStG) zugrunde liegen. Der Strafarrest wird von Behörden der Bundeswehr vollzogen (Art. 5 Einführungsgesetz WStG). Ist der mit Strafarrest bestrafte Soldat aber aus dem Wehrdienst ausgeschieden, so findet der **Vollzug** in den zivilen **Justizvollzugsanstalten** statt.[137]

3 3. Häufigkeit. Im Jahr 2013 wurden noch 6 Personen zu Strafarrest verurteilt. Bei drei von ihnen wurde die Vollstreckung der Strafe zur Bewährung ausgesetzt. Die meisten Verurteilungen ergingen wegen Straftaten nach dem Wehrstrafgesetz. In früheren Jahren befanden sich ständig zwischen 3 und 10 zu Strafarrest verurteilte Personen in Justizvollzugsanstalten (zum Stichtag 30.11.2017 befand sich keine zu Strafarrest verurteilte Person im Strafvollzug). Es wird sich überwiegend um Verurteilte handeln, bei denen die Bewährung nach der Entlassung aus der Bundeswehr widerrufen werden musste.[138]

II. Erläuterungen

4 Der Strafarrest ist eine **echte Kriminalstrafe.** Deshalb ist in seinem Vollzug auch das Vollzugsziel zu verwirklichen. Es besteht **Arbeitspflicht**, und auch im Übrigen gelten die Vorschriften des StVollzG bzw. der Landesstrafvollzugsgesetze. Allerdings ist der Strafarrest eine **„mildere Strafart"** als die Freiheitsstrafe.[139] Deshalb ist der Strafarrestant in bestimmten Bereichen besser gestellt als der eine Freiheitsstrafe Verbüßende: Die im Bundesgesetz statuierten Privilegien finden sich wortgleich auch in den einschlägigen Landesvorschriften.

5 1. Einzelbestimmungen: Unterbringung. Nicht nur während der Ruhezeit auch während der Arbeit und der Freizeit ist der Strafarrestant getrennt unterzubringen, sofern er nicht seine Einwilligung zur gemeinsamen Unterbringung erteilt, § 168 Abs.1 Satz 1 StVollzG und die inhaltsgleichen Landesvorschriften. Sein Recht auf getrennte Unterbringung entfällt aber, sofern der Strafarrest den **Vollzug** einer Freiheitsstrafe oder Maßregel unterbricht (§ 168 Abs. 1 Satz 2 StVollzG und die inhaltsgleichen Landesvorschriften). Die dem Musterentwurf folgenden Länder sehen zusätzlich die **Unterbringung im offenen** Vollzug als Sollvorschrift vor, **BB** § 120 Abs. 1, **BE** § 115 Abs. 1, **HB** § 106 Abs. 1, **MV** § 105 Abs. 1, **RP** § 117 Abs. 1, **SH** § 145 Abs. 1, **SL** § 105 Abs. 1, **SN** § 118 Abs. 1, **ST** § 121 Abs. 1, **TH** § 118 Abs. 1. In den übrigen Ländern dürften die Voraussetzungen für die Unterbringung im offenen Vollzug in der Regel ebenfalls gegeben sein.

---

137 S. näher *Lingens/Korte* 2012, Art. 5 EG zum WStG Rdn. 3.
138 Ebenso *Grunau/Tiesler* 1982 zu § 167 StVollzG.
139 AK-Kellermann/Köhne 2012 § 167 Rdn. 2; Laubenthal/Nestler/Neubacher/Verrel 2015 Q Rdn. 14.

Besuche. Über den Mindestbesuch bei Strafgefangenen hinaus verpflichten § 168 **6** Abs. 2 StVollzG und die gleichlautenden Landesvorschriften die Vollzugsbehörde als Sollvorschrift, dem Arrestanten einmal wöchentlich Besuch zu gestatten. Darüber hinaus können bei ihm gemäß § 168 Abs. 3 StVollzG und den gleichlautenden Landesvorschriften Besuchs-, Schriftverkehr und Telefongespräch nicht aus Gründen der Behandlung überwacht oder untersagt werden.

Kleidung, Wäsche, Bettzeug. § 169 StVollzG und die gleichlautenden Landesvor- **7** schriften geben dem Strafarrestanten das Recht, eigene Kleidung, Wäsche und eigenes Bettzeug zu benutzen, sofern er auf eigene Kosten für Reinigung, Instandsetzung und regelmäßigen Wechsel sorgt und Gründe der Sicherheit nicht entgegenstehen. Mögliche Störungen der Ordnung lassen sich dagegen also nicht geltend machen.

Einkauf. Über die begrenzten Einkaufsmöglichkeiten für die Strafgefangenen hin- **8** aus räumen § 170 StVollzG und die gleichlautenden Landesvorschriften dem Strafarrestanten das Recht ein, auf eigene Kosten Nahrungs- und Genussmittel sowie Mittel zur Körperpflege in angemessenem Umfang zu erwerben.

Durchsuchung, Schusswaffengebrauch. Während das StVollzG bezüglich der **9** Durchsuchung keine Privilegierung des Strafarrestanten vorsieht, lassen die dem Musterentwurf folgenden Landesgesetze eine mit Entkleidung verbundene körperliche Durchsuchung nur bei Gefahr im Verzug zu, **BB** § 120 Abs. 1, **BE** § 115 Abs. 7, **HB** § 106 Abs. 1, **MV** § 105 Abs. 7, **RP** § 117 Abs. 2, **SL** § 105 Abs. 7, **SH** § 145 Abs. 7, **SN** § 118 Abs. 7, **ST** § 121 Abs. 7, **TH** § 118 Abs. 7. Gemäß den für den Vollzug der Zivilhaft s.u. 15 D) und des Strafarrests gemeinsamen Vorschriften des § 178 Abs. 3 Satz 1 StVollzG ist **Schusswaffengebrauch** zur Vereitelung einer Flucht und zur Wiederergreifung nicht zulässig, es sei denn, der Strafarrest würde den Vollzug einer Freiheitsstrafe oder Maßregel unterbrechen, § 178 Abs. 3 Satz 2 StVollzG. Bezogen auf den Strafarrest finden sich inhaltsgleiche Regelungen in sämtlichen Ländern, **BB** § 120 Abs. 8, **BE** § 115 Abs. 8, **BW** § 112 III, **BY** Art. 194, **HE** § 83 Nr. 7 i.V.m. § 178 Abs. 3 StVollzG, **HB** § 106 Abs. 8, **HH** § 130 Nr. 6 i.V.m. § 178 Abs. 3 StVollzG, **MV** § 105 Abs. 8, **NI** ohne expliziten Verweis auf § 178 Abs. 3 StVollzG, **NW** § 121 Nr. 8 i.V.m. § 178 Abs. 3 StVollzG, **RP** § 117 Abs. 8; **SH** § 145 Abs. 8, **SL** § 105 Abs. 8, **SN** § 118 Abs. 8, **ST** § 121 Abs. 8, **TH** § 118 Abs. 8.

2. Fixierungen. Mit dem Gesetz zur Stärkung der Betroffenen bei Fixierungen im **10** Rahmen von Freiheitsentziehungen[140] hat der Bundesgesetzgeber für den Strafarrest die entsprechende Anwendung der neu geschaffenen materiellrechtlichen Vorschrift bezüglich der Zivilhaft und der ebenfalls neu geschaffenen Verfahrensbestimmungen der §§ 121a und 121b StVollzG geregelt. In der Sache geht es um Fixierungen, die nach einer Entscheidung des BVerfG[141] einer gesonderten richterlichen Anordnung oder wenigstens einer nachträglichen richterlichen Genehmigung bedürfen. Zwar hat die Entscheidung Patienten der Allgemeinpsychiatrie gegolten; ihre Erwägungen ließen sich jedoch auf Fixierungen im Maßregel- und Strafvollzug und in anderen Vollzugsformen übertragen[142]. So hat der Bundesgesetzgeber in seiner Zuständigkeit materielle Regelungen für Zivilhaft (§ 171a StVollzG s. D Rdn. 9) getroffen, die im Strafarrest entsprechend gelten (§ 167 mit dem Verweis auf § 171a).[143] Ebenfalls gelten im Strafarrest die bundesrechtli-

---

140 Vom 19. Juni 2019, BGBl. I, 840.
141 BVerfG, Urt. vom 24.7.2018 – 2 BvR 309/15, 2 BvR 502/16, NJW 2018, 2619ff.
142 So *Baur* NJW 2019, 2274; *Goerdeler* R&P 2018, 199, *Kaehler/Petit* FamRZ 2019, 165; *Rodenbusch* NStZ 2019, 12; vgl. auch 12. Kap. Q, R.
143 Soweit die Länder eigene Regelungen zum Strafarrest getroffen haben (s.o. Rdn. 1), ist die materiellrechtliche Regelung in den Landesgesetzen zu treffen (s. auch 11 I Rdn. 60).

chen Verfahrensregelungen für die materiell nach Bundes- oder Landesrecht erfolgenden Fixierungen, welche die gerichtliche Zuständigkeit und das gerichtliche Verfahren bei dem Richtervorbehalt unterliegenden Maßnahmen regeln, entsprechend (s. näher 12 Q, R).

D. Vollzug von Ordnungs-, Sicherungs-, Zwangs- und Erzwingungshaft

§ 171 StVollzG
Grundsatz

Für den Vollzug einer gerichtlich angeordneten Ordnungs-, Sicherungs-, Zwangs- und Erzwingungshaft gelten die Vorschriften über den Vollzug der Freiheitsstrafe (§§ 3 bis 49, 51 bis 122, 179 bis 187) entsprechend, soweit nicht Eigenart und Zweck der Haft entgegenstehen oder im folgenden etwas anderes bestimmt ist.

VV

1

Im Vollzug der Zivilhaft dürfen über den bloßen Freiheitsentzug hinausgehende Beschränkungen nur angeordnet werden, soweit dies zur Abwendung einer Gefahr für Sicherheit oder Ordnung der Anstalt erforderlich ist. Dies gilt nicht, wenn Zivilhaft in Unterbrechung einer Untersuchungshaft, einer Strafhaft oder einer Unterbringung im Vollzuge einer freiheitsentziehenden Maßregel der Besserung und Sicherung vollzogen wird.

2

(1) Bei der Aufnahme und der Entlassung wird der Gefangene vom Anstaltsarzt untersucht.
(2) Der Anstaltsleiter kann in den Fällen der Nummer 1 Satz 1 ausnahmsweise gestatten, dass der Gefangene sich auf eigene Kosten innerhalb der Anstalt von einem Arzt seiner Wahl behandeln lässt.

3

(1) Beantragt der Gefangene seine Ausführung zum Gericht, um die Handlung vorzunehmen oder die Erklärung abzugeben, zu deren Erzwingung, Erwirkung oder Erreichung die Haft angeordnet wurde, so ist der Antrag unverzüglich dem zuständigen Gericht zu übermitteln.
(2) Die Ausführung des Gefangenen bedarf der Zustimmung des Gerichts, das die Haft angeordnet hat. In Eilfällen ist die Zustimmung des Gerichts telefonisch einzuholen. Die Kosten der Ausführung trägt der Gefangene.

4

Nummern 1 bis 3 finden keine Anwendung, wenn Abschiebungshaft im Wege der Amtshilfe vollzogen wird.

§ 171a StVollzG s. Anhang

D. Vollzug von Ordnungs-, Sicherungs-, Zwangs- und Erzwingungshaft

§ 172 StVollzG
Unterbringung

Eine gemeinsame Unterbringung während der Arbeit, Freizeit und Ruhezeit (§§ 17 und 18) ist nur mit Einwilligung des Gefangenen zulässig. Dies gilt nicht, wenn Ordnungshaft in Unterbrechung einer Strafhaft oder einer Unterbringung im Vollzuge einer freiheitsentziehenden Maßregel der Besserung und Sicherung vollzogen wird.

§ 173 StVollzG
Kleidung, Wäsche und Bettzeug

Der Gefangene darf eigene Kleidung, Wäsche und eigenes Bettzeug benutzen, wenn Gründe der Sicherheit nicht entgegenstehen und der Gefangene für Reinigung, Instandsetzung und regelmäßigen Wechsel auf eigene Kosten sorgt.

§ 174 StVollzG
Einkauf

Der Gefangene darf Nahrungs- und Genussmittel sowie Mittel zur Körperpflege in angemessenem Umfang durch Vermittlung der Anstalt auf eigene Kosten erwerben.

§ 175 StVollzG
Arbeit

Der Gefangene ist zu einer Arbeit, Beschäftigung oder Hilfstätigkeit nicht verpflichtet.

Schrifttum

Bongartz Abschiebehaft einmal anders. Die Justizvollzugsanstalt Büren stellt sich vor, in: ZfStrVo 2004, 345 ff; *Dahmen* Die Verpflichtung zur Arbeit im Strafvollzug: Untersuchung zur Vereinbarkeit der Regelung zu Arbeitspflicht, Entlohnung und Sozialversicherung nach dem Strafvollzugsgesetz mit deutschem Verfassungsrecht und Völkerrecht, Frankfurt am Main 2011; *Hahne/Schlögel/Schlünder* BeckOK-FamFG, 26. Edition 2018; *Heinhold* (Hrsg.) Abschiebungshaft in Deutschland: die rechtlichen Voraussetzungen und der Vollzug, 2. Auflage, Karlsruhe 2004; *Hofmann-Keßler* Ausländerrecht, 2. Auflage, Baden-Baden 2016; *Horstkotte* Realität und notwendige Grenzen der Abschiebehaft, in: NK 1999, 31 ff; *Kluth/Heusch* BeckOK-Ausländerrecht, 17. Edition 2018; *Marx* Abschiebungshaft und Abschiebung aus rechtlicher Sicht, in: Deutsches Institut für Menschenrechte (Hrsg.), Baden-Baden 2007, 259 ff; *Seidler/Schaffner/Kneip* Arbeit im Vollzug: neue Wege in der Betriebsführung, in: ZfStrVo 1988, 328 ff; *Winter* Vollzug der Zivilhaft, Heidelberg 1987; *ders.* Der Vollzug der Untersuchungs- und Zivilhaft, in: Schwind/Blau (Hrsg.), Strafvollzug in der Praxis, Berlin/New York 1988, 82 ff.

Übersicht

I. Allgemeine Hinweise —— 1–5
   1. Fortgeltung des Bundesrechts nach der Föderalismusreform —— 1
   2. Zum Vollzug von „Zivilhaft" in Justizvollzugsanstalten —— 2
   3. Verschiedene Haftarten —— 3

4. Abschiebungshaft —— 4
5. Anzahl der unter diese Regelung
   fallenden Personen —— 5
II. Erläuterungen —— 6–8

1. Unzureichende gesetzliche
   Grundlage —— 6–7
2. Einzelbestimmungen —— 8
3. Anordnung von Fixierungen —— 9–13

I. Allgemeine Hinweise

1. Fortgeltung des Bundesrechts nach der Föderalismusreform. Die §§ 171–175 StVollzG schaffen für den Vollzug der sog. **Zivilhaft** – die nach den verschiedenen Vorschriften aus StPO, GVG, ZPO und anderen Gesetzen verhängt wird – eine gesetzliche Grundlage. Da das gerichtliche Verfahren (StPO, GVG, ZPO) sowie das bürgerliche Recht auch nach der Föderalismusreform Gegenstand der konkurrierenden Gesetzgebung sind, gelten die Bestimmungen auch in den Ländern fort, unabhängig davon, ob sie deklaratorisch die Fortgeltung bestimmt haben oder nicht.[144]

2. Zum Vollzug von „Zivilhaft" in Justizvollzugsanstalten. Es entspricht der Tradition, dass Zivilhaft in Justizvollzugsanstalten vollzogen wird. Da die Anlässe, die zur Anordnung von Zivilhaft führen, niemals Verurteilungen wegen Straftaten sind und den Haftgefangenen die Verübung strafbaren Unrechts nicht vorgeworfen wird, erscheint die Einbeziehung dieser Haft in das StVollzG und die Haftverbüßung in den normalen Justizvollzugsanstalten unangemessen (wenn auch „praktisch" und „billig"). Eine völlige Trennung, sowohl gesetzlich wie in der praktischen Durchführung, wäre – etwa der Sonderstellung des Jugendarrestes entsprechend – angebracht. Dies würde auch die Merkwürdigkeit beseitigen, dass in derselben Justizvollzugsanstalt inhaftierte Strafgefangene nach Landesgesetz und eine Zivilhaft Verbüßende nach Bundesgesetz behandelt werden.

3. Verschiedene Haftarten. Jede Art der Zivilhaft beruht auf einer **richterlichen Entscheidung**.

Ordnungshaft (bis zu einer Woche) kann das Gericht wegen ungebührlichen Verhaltens gegen in einer Gerichtssitzung als Beteiligte oder Zuhörer anwesende Personen verhängen (§ 178 GVG). Bis zu 6 Wochen kann die Ordnungshaft dauern, die das Gericht verhängt, wenn ein Zeuge, der unentschuldigt dem Termin fernbleibt, obwohl er ordnungsgemäß geladen ist, oder der im Termin grundlos die Aussage oder deren Beeidigung verweigert, das deshalb gegen ihn verhängte Ordnungsgeld nicht bezahlt (Art. 6 EGStGB, §§ 51, 77 Abs. 2 StPO; §§ 380 Abs. 1, 390 Abs. 1 ZPO).

Sicherungshaft ordnet das Gericht auf Antrag des Gläubigers an, wenn dies erforderlich ist, um die gefährdete Zwangsvollstreckung in das Vermögen des Schuldners zu sichern (§§ 916, 918, 933 ZPO).[145] Der Ausdruck „Sicherungshaft" ist insoweit unglücklich gewählt, weil auch die nach § 453c StPO vom Richter angeordnete Haft, um sich eines unter Bewährungsaufsicht stehenden, zu Freiheitsstrafe oder Jugendstrafe Verurteilten zur Prüfung der Frage des Widerrufs der Strafaussetzung zu versichern, als „Sicherungshaft" bezeichnet wird; die Vollstreckung eines solchen Sicherungshaftbefehls nach § 453c Abs. 2 StPO wird nicht von § 171 StVollzG erfasst. Diese Sicherungshaft wird wie Untersuchungshaft durchgeführt.[146]

---

144 Vgl. auch *Laubenthal/Nestler/Neubacher/Verrel* 2015 B Rdn. 10.
145 Zur Frage der Zuständigkeit bei Anträgen oder Beschwerden des Sicherungshäftlings vgl. LG Hamburg MDR 1982, 605.
146 BT-Drucks. 7/3998, S. 48; *C/MD* 2008 Rdn. 1.

Zwangshaft ist die Haft, die das Gericht im Straf- oder Zivilverfahren gegen Zeugen anordnet, um das grundlos verweigerte Zeugnis zu erzwingen (bis zu höchstens 6 Monaten: § 70 Abs. 2 StPO, § 390 Abs. 2 ZPO). Zwangshaft ist auch die Haft, die angeordnet werden kann, wenn ein zu einer nur durch ihn vorzunehmenden („unvertretbaren") Handlung Verurteilter diese Handlung nicht vornimmt (§ 888 ZPO) oder ein Schuldner die eidesstattliche Versicherung über seinen Vermögensstand nach fruchtloser Pfändung verweigert (§§ 807, 883 Abs. 2 ZPO).

Erzwingungshaft verhängt das Gericht, wenn die in einem nach dem OWiG durchgeführten Verfahren verhängte Geldbuße nicht gezahlt wird. Sie darf 6 Wochen, bei wegen mehrerer in einer Bußgeldentscheidung festgesetzten Geldbußen 3 Monate, nicht übersteigen (§ 96 OWiG).

Die Darstellung der Zivilhaftfälle ist nicht abschließend (vgl. etwa „Ersatzzwangshaft" in § 334 Abgabenordnung oder in § 16 Abs. 1 VwVfG).

4. Abschiebungshaft. Wird Abschiebungshaft (§ 62 AufenthG) – Haft gegen Ausländer, die im Rahmen eines Ausweisungsverfahrens das Gebiet der Bundesrepublik Deutschland verlassen sollen – im Wege der Amtshilfe in Justizvollzugsanstalten vollzogen, so gelten die §§ 171, 173–175 StVollzG und 178 Abs. 3 StVollzG entsprechend (§ 422 Abs. 4 FamFG). Dies gilt nicht, wenn sie im Polizeigewahrsam stattfindet. 4

Die Abschiebungshaft soll als „Vorbereitungshaft" sechs Wochen nicht überschreiten, wenn sie zur Vorbereitung der Entscheidung über die Ausweisung erforderlich ist (§ 62 Abs. 1 AufenthG). Sechs Monate kann die Abschiebungshaft dauern, die zur Sicherung der vollziehbaren Abschiebung notwendig wird. Verhindert der Ausländer seine Abschiebung, so kann diese „Sicherungshaft" um höchstens zwölf Monate verlängert werden (§ 62 Abs. 4 AufenthG).

War früher die Abschiebungshaft vielfach in Justizvollzugsanstalten vollzogen worden, weil die meisten Bundesländer über keine gesonderten Hafteinrichtungen verfügten, so ist nunmehr nach § 62a Abs. 1 Satz 1 AufenthG die Abschiebungshaft **„grundsätzlich in speziellen Hafteinrichtungen"** zu vollziehen. Diese sind als organisatorisch eigenständige Einrichtungen zu führen; sofern ein räumlicher Zusammenhang mit einer JVA besteht, ist auf strikte räumliche Trennung zwischen JVA und der Abschiebungseinrichtung zu achten.[147] Sind spezielle Einrichtungen in einem bestimmten Bundesland nicht vorhanden, ist über Verwaltungsvereinbarungen mit einem anderen Land die Unterbringung der betreffenden Abschiebungsgefangenen in einer speziellen Einrichtung sicherzustellen.[148] In jedem Fall ist der Vollzug Sache der Ausländerbehörde.

Nur ganz **ausnahmsweise** kann daher der **Vollzug der Abschiebungshaft in einer JVA** stattfinden. Mit dem Gesetz zur besseren Durchführung der Ausreisepflicht v. 20.7.2017 (BGBl. I 2017, 2780) wurde in § 62a Abs. 1 Satz 2 AufenthG die Möglichkeit geschaffen, dass der Abschiebungshaftvollzug in „sonstigen Haftanstalten", also auch in einer JVA stattfinden kann, wenn von dem Ausländer eine erhebliche Gefahr für Leib und Leben Dritter oder bedeutende Rechtsgüter der inneren Sicherheit" ausgeht. Aber auch hier sind die Abschiebungsgefangenen getrennt von Strafgefangenen unterzubringen (§ 62a Abs. 1 Satz 3 AufenthG); ferner gestattet § 62a Abs. 2 AufenthG den Abschiebungsgefangenen, „mit Rechtsvertretern, Familienangehörigen, den zuständigen Konsularbehörden und einschlägig tätigen Hilfs- und Unterstützungsorganisationen Kontakt aufzunehmen". Im Übrigen erklärt § 422 Abs. 4 FamFG die Vorschriften der §§ 171, 173–

---

147 *Kluth/Heusch* 2018 § 62a AufenthG Rdn. 8 f.
148 *Hofmann-Keßler* 2016 § 62a AufenthG Rdn. 5.

178, 178 Abs. 3 StVollzG für entsprechend anwendbar. Daher ist dort auch gegen Einzelmaßnahmen des Vollzugs der Rechtsweg zu den Strafvollstreckungskammern gem. § 109 StVollzG eröffnet und nicht wie in den speziellen Einrichtungen der Verwaltungsrechtsweg.[149]

In früheren Jahren haben sich jeweils zum 31. März zwischen 400 und 800 Abschiebungsgefangene in einer JVA aufgehalten. Seit der Änderung der Rechtslage ist diese Zahl enorm zurückgegangen (auf 129 am 30.11.2017).

5   **5. Anzahl der unter diese Regelung fallenden Personen.** Die anderen Fälle der Zivilhaft werden in den Belegungsstatistiken nicht gesondert ausgewiesen. Es handelt sich um eine Teilmenge der unter „sonstige Freiheitsentziehung" (abzüglich Strafarrest und Abschiebungshaft) verbuchten Gefangenen. Das waren in früheren Jahren jeweils am 31. März etwa 1200 Personen (davon in der Regel 4–5% Frauen). Am 31. November 2017 befanden sich 1526 Personen (davon 93 Frauen) im „sonstigen Freiheitsentzug". Zu ihnen werden aber auch andere Gefangenengruppen gerechnet, über deren Größe nichts bekannt ist.[150] Darunter die **Auslieferungshaft**, die gegen Ausländer auf Betreiben ausländischer Behörden, die die Auslieferung des Verhafteten zum Zwecke der Strafverbüßung begehren, angeordnete Haft (§§ 24, 25, 27 IRG), die wie Untersuchungshaft durchgeführt wird.[151]

II. Erläuterungen

6   **1. Unzureichende gesetzliche Grundlage.** Nach § 171 StVollzG gelten für den Vollzug der Zivilhaft die §§ 3 bis 49, 51 bis 122, 179 bis 187 StVollzG entsprechend, soweit nicht Eigenart und Zweck der Haft entgegenstehen. Diese Regelung ist sehr undeutlich. Mit ihr ist der Gesetzgeber nicht seiner Verpflichtung nachgekommen, eine **hinreichende gesetzliche Grundlage** für den Vollzug zu schaffen.[152] Das BVerfG hat es als verfassungswidrig angesehen, an die Stelle der entsprechenden Anwendung der Vorschriften des StVollzG Vorschriften aus anderen Gesetzen zu setzen.[153] Die **Vorbehaltsklausel** („soweit nicht Eigenart und Zweck der Haft entgegenstehen oder in §§ 172–175 StVollzG etwas anderes bestimmt ist") erlaube es nur, gewisse Vorschriften des StVollzG (ganz oder teilweise) nicht anzuwenden.[154] Da die Zivilhaftgefangenen nicht strafbares Unrecht begangen haben, gelten die Aufgaben des Freiheitsstrafvollzugs für sie nicht (s.o. 1 C Rdn. 1 ff). Weder müssen sie befähigt werden, ein Leben ohne Straftaten zu führen, noch muss die Allgemeinheit vor ihrem strafbaren Tun bewahrt werden. Infolge dessen kommen die Vorschriften über Behandlungsuntersuchung und Vollzugsplan (§§ 6, 7 StVollzG) sowie über die Verlegung in eine sozialtherapeutische Einrichtung (§ 9 StVollzG) nicht zur Anwendung.[155] Gleichwohl dürfen sich Zivilgefangene der Haft nicht entziehen und können somit durch Sicherungsmaßnahmen festgehalten werden. Zur

---

149   Hahne/Schlögel/Schlünder 2018 § 422 Rdn. 9.
150   S. auch Winter 1987, 170.
151   Grunau/Tiesler 1982 Rdn. 3 zu § 171 StVollzG; Laubenthal/Nestler/Neubacher/Verrel 2015 Q Rdn. 24; Laubenthal 2015 Rdn. 970–974.
152   So auch Laubenthal/Nestler/Neubacher/Verrel 2015 Q Rdn. 25.
153   Kontrolle des Verkehrs mit der Außenwelt bei Ordnungshaft durch den Ermittlungsrichter des BGH, NJW 2000, 273.
154   Ausführlich zur (Nicht-)Anwendbarkeit der Vorschriften über den Vollzug der Freiheitsstrafe auf die Zivilhaft AK-Kellermann/Köhne 2012 § 171 Rdn. 10 f.
155   Winter, 1987, 89 ff; vgl. auch Arloth/Krä 2017 § 171 StVollzG Rdn. 2; Laubenthal/Nestler/Neubacher/Verrel 2015 Q Rdn. 25.

Fluchthinderung ist **Schusswaffengebrauch** (wenn die Zivilhaft nicht in Unterbrechung von Untersuchungshaft, Strafhaft oder einer freiheitsentziehenden Maßregel der Besserung und Sicherung vollzogen wird) unzulässig (§ 178 Abs. 3 StVollzG). Besondere Bedeutung haben die Vollzugsgrundsätze v.a. das **Gegensteuerungs- und Angleichungsprinzip** (s.o. 1 D). Insofern müssen den Zivilgefangenen nicht nur mehr Besuch (s.u.), sondern auch **mehr Lockerungen** und Urlaub gewährt werden, sofern der Haftzweck es gestattet. Bei Zwangs- und Erzwingungshaft kommen grundsätzlich keine Lockerungen in Frage;[156] bei Sicherungs- und Abschiebungshaft wohl nur begleitete Ausgänge oder Ausführungen aus wichtigem Anlass (§ 35 StVollzG). Bedenklich erscheint es, dass **Disziplinarmaßnahmen** gem. §§ 102ff verhängt werden können. Insoweit hätte es nähergelegen, die Zivilhaftgefangenen den von der Unschuldsvermutung geprägten und damit die Rechte der Inhaftierten stärker beachtenden Regeln der Untersuchungshaft zu unterwerfen. In jedem Fall sind Durchführungsanordnungen der JVA im Rahmen der Ordnungshaft nach § 109ff. StVollzG anfechtbar.[157]

VV Nr. 1 zu § 171 StVollzG konkretisiert die **Vorbehaltsklausel** dahin, dass über 7 den bloßen Freiheitsentzug hinausgehende Beschränkungen nur angeordnet werden dürfen, soweit dies zur Abwendung einer Gefahr für Sicherheit und Ordnung der Anstalt erforderlich ist. Hierbei sind strenge verfassungsrechtliche Maßstäbe anzulegen; im Sinne der Generalklausel § 4 Abs. 2 Satz 2 StVollzG (s.o. 1 E) muss es sich um eine schwerwiegende Störung der Ordnung handeln und die angeordnete Maßnahme muss unerlässlich sein.[158] Dieser Maßstab gilt jedoch gem. VV Nr. 1 zu § 171 StVollzG nicht, wenn die Zivilhaft den Vollzug einer Freiheitsstrafe, Untersuchungshaft oder Maßregel unterbricht; nach *Arloth* gelten dann die Maßstäbe der unterbrochenen Haftform,[159] ähnlich wie dies einige Landesgesetze beim Strafarrest gesetzlich regeln.[160]

Weitere Konkretisierungen treffen VV Nr. 2 Abs. 2, wonach sich der Zivilhaftgefangene auf eigene Kosten von einem Arzt seiner Wahl innerhalb der Anstalt behandeln lassen kann, sowie VV Nr. 3, die dem Zivilgefangenen mit Zustimmung des zuständigen Gerichts eine Ausführung zum Gericht auf eigene Kosten gestattet. All diese in den VV Nr. 1 bis 3 genannten Konkretisierungen gelten aber nach VV Nr. 4 nicht für Abschiebungshäftlinge.

2. Einzelbestimmungen. §§ 172 bis 174 stellen die **Zivilhaftgefangenen** hinsicht- 8 lich der **Unterbringung**, der Benutzung eigener **Kleidung**, **Wäsche** und eigenen Bettzeugs sowie des **Einkaufs** den im Strafarrest befindlichen Gefangenen gleich (s.o. 15 C). Das heißt, die Zivilhaftgefangenen sind tagsüber und nachts einzeln unterzubringen, wenn sie nicht explizit darauf verzichten (§ 172 Satz 1 StVollzG) oder die Ordnungshaft den Vollzug einer Freiheitsstrafe oder Maßregel unterbricht (§ 172 Satz 2 StVollzG). Sie können auf eigene Kosten eigene Kleidung, Wäsche und Bettzeug benutzen (§ 173 StVollzG) und „in angemessenem Umfang" Nahrungs- und Genussmittel sowie Mittel zur Körperpflege einkaufen (§ 174 StVollzG). Nach **§ 175** StVollzG ist der Zivilhaftgefangene nicht zur **Arbeit** verpflichtet. Aus § 172 Satz 1 folgt aber, dass der Zivilhaftgefangene das Recht hat, im Rahmen der Möglichkeiten die Arbeits-, Ausbildungs-, Beschäftigungs-,

---

156 AK-*Kellermann/Köhne* 2012 § 171 Rdn. 11; *Winter* 1987, 100ff; *Laubenthal/Nestler/Neubacher/Verrel* 2015 Q Rdn. 25.
157 OLG Frankfurt, Beschl. v. 5.2.2013 – 3 Ws 1112/12 (StVollz), juris.
158 Ähnlich *Laubenthal/Nestler/Neubacher/Verrel* 2015 Q Rdn. 26; *Winter* 1987, 80; *Arloth/Krä* 2017 § 171 StVollzG Rdn. 3.
159 So *Arloth/Krä* 2017 § 171 StVollzG Rdn. 3; a.A. AK-*Kellermann/Köhne* 2012 § 171 Rdn. 6.
160 Da hier aber das Gesetz schweigt, geht die VV über die gesetzliche Regelung hinaus; deshalb müsste den praktischen Bedürfnissen durch eine gesetzliche Bestimmung entsprochen werden.

Unterrichts- und Freizeitangebote der Anstalt zu nutzen. Dann gelten Regelungen über das Arbeitsentgelt und die mit ihm verknüpften Vorschriften mit folgenden Modifikationen: So gilt die Arbeitsentgeltregelung des § 43 Abs. 2 auch für Zivilhaftgefangene. Der Betrag wird dem Eigengeld gutgeschrieben. Die Freistellung nach § 42 – ein solcher Fall wird praktisch kaum eintreten – kommt den Zivilhaftgefangenen nach Nr. 8 VV zu § 42 StVollzG zugute. Die Entgeltregelungen der Abs. 6–11 des § 43 können für sie aber nur insofern gelten, als die Freistellung in Form eines Arbeitsurlaubs außerhalb der Anstalt verwirklicht wird, sofern dies mit den Haftzwecken der jeweiligen Zivilhaft vereinbar ist; ausgeschlossen ist indessen eine Anrechnung der Freistellungstage auf den Entlassungszeitpunkt analog § 43 Abs. 9 StVollzG. Einem arbeitswilligen Zivilhaftgefangenen, dem keine Arbeit zugewiesen werden kann, wird auch kein Taschengeld gewährt.[161] Dafür haben bedürftige Zivilhaftgefangene u.U. einen Taschengeldanspruch gegen den Sozialhilfeträger.[162]

9 **3. Anordnung von Fixierungen.** Mit dem Gesetz zur Stärkung der Rechte von Betroffenen bei **Fixierungen** im Rahmen von Freiheitsentziehungen[163] hat der Bundesgesetzgeber im bundesrechtlich geregelten Bereich der Zivilhaft die Bestimmung des § 171a StVollzG geschaffen, welche die materiell-rechtlichen Voraussetzungen für Fixierungen während der Freiheitsentziehung regelt. Parallel wurden die formellen Bestimmungen der §§ 121a und 121b StVollzG zur gerichtlichen Zuständigkeit und zum gerichtlichen Verfahren eingeführt (s. 12 Q und R). Anlass dazu gab eine Entscheidung des BVerfG[164] zu Fixierungen in der allgemeinen Psychiatrie, deren grundsätzliche Erwägungen aber auch auf andere freiheitsentziehende Maßnahmen zu erstrecken waren.[165] Denn die Kernaussage des BVerfG trifft auf alle Formen der Freiheitsentziehung zu. Bei der vollständigen Aufhebung der Bewegungsfreiheit handelt es sich um eine eigenständig zu beurteilende Eingriffsintensität, die den Richtervorbehalt nach Art. 104 II GG auslöst.[166] Sie stellt gewissermaßen eine „Freiheitsentziehung in der Freiheitsentziehung" dar.[167] Man mag aber daran zweifeln, ob die neuen Regelungen im Bereich der Zivilhaft große praktische Bedeutung entfalten.

10 Die Bestimmung des § 171a regelt im Detail die Voraussetzungen. **Abs. 1** enthält eine **Legaldefinition** der Fixierung: „eine Fesselung, durch die die Bewegungsfreiheit des Gefangenen vollständig aufgehoben wird". Damit ist nicht nur eine 5-Punkt- oder 7-Punkt-Fixierung gemeint, die Gegenstand der BVerfG-Entscheidung waren; vielmehr sind alle Fesselungen, welche die Bewegungsfreiheit völlig aufheben, also auch 4-Punkt-Fixierungen gemeint[168]. Zugleich bestimmt Abs. 1 als materielle Voraussetzung, dass „eine **gegenwärtige erhebliche Gefahr** von Gewalttätigkeiten gegen Personen, der Selbsttötung oder Selbstverletzung besteht" und dass „die Fixierung zur Abwehr dieser Gefahr unerlässlich ist". Gerade in der Zivilhaft wird zu prüfen sein, ob der weitere Vollzug samt Fixierung noch in einem angemessenen Verhältnis zum verfolgten Haftzweck steht und ob die zur Fixierung führende Zuspitzung nicht einen psychiatrischen Behand-

---

161 Vgl. auch *Winter* 1987, 127–134.
162 AK-*Kellermann/Köhne* 2012 § 171 Rdn. 11.
163 Vom 19. Juni 2019, BGBl. I, 840.
164 BVerfG, Urt. vom 24.7.2018 – 2 BvR 309/15, 2 BvR 502/16, NJW 2018, 2619 ff.
165 So *Baur* NJW 2019, 2274; *Goerdeler* R&P 2018, 199, *Kaehler/Petit* FamRZ-2019, 165; *Rodenbusch* NStZ 2019, 12; vgl. auch 12. Kap. Q, R.
166 BVerfG, NJW 2018, 2619, Rdn. 69.
167 Vgl. *Baur* NJW 2019, 2274; BVerfG, NJW 2018, 2619, Rdn. 68.
168 So der Rechtsausschuss; vgl. BT-Drucks. 19/10243, 22.

lungsbedarf anzeigt, der eine Verlegung in ein Vollzugskrankenhaus oder eine psychiatrische Unterbringung erfordert[169].

Nach **Abs. 2** stehen absehbar **kurzfristige Fixierungen** unter einem **Anstaltsleitervorbehalt** (S. 1). Allerdings können bei Gefahr in Verzug auch andere zuständige Bedienstete die Fixierung anordnen, müssen jedoch allerdings die Entscheidung des Anstaltsleiters unverzüglich einholen (S. 2). Als kurzfristig kann eine Fixierung mit einer Dauer von weniger als einer halben Stunde gelten.[170] Dagegen stehen **nicht nur kurzfristige Fixierungen** unter **Richtervorbehalt** (**Abs. 3**). Bei Gefahr in Verzug kann die Anordnung der Fixierung durch die Anstaltsleitung oder einen anderen zuständigen Bediensteten getroffen werden (S. 2). Dann ist aber die richterliche Entscheidung unverzüglich nachzuholen (S. 4). Nicht unproblematisch, aber wohl Praktikabilitätsgründen geschuldet ist nach S. 5 kein Richtervorbehalt vorgesehen, „wenn bereits zu Beginn der Fixierung abzusehen ist, dass die Entscheidung erst nach Wegfall des Grundes der Fixierung ergehen wird, oder wenn die Fixierung vor der Herbeiführung der richterlichen Entscheidung tatsächlich beendet und auch keine Wiederholungsgefahr zu erwarten ist". 11

Abs. 3 S. 3 bestimmt, dass unverzüglich ein **Arzt** hinzuzuziehen ist, was freilich praktische Probleme aufwerfen dürfte. Ferner muss ein Arzt während der Dauer der Fixierung eine angemessene medizinische Überwachung sicherzustellen (Abs. 4 S. 1). Das bedeutet keine ständige Anwesenheit des Arztes, aber die Überwachung von Maßnahmen, um den Gefangenen vor körperlichen und psychischen Schäden zu bewahren, und die laufende Einschätzung, ob die Fixierung noch notwendig ist.[171] Dagegen muss ein ständiger Sicht- und Sprechkontakt die Betreuung des Gefangenen durch **geschulte Vollzugsbedienstete** sicherstellen (Abs. 4 S. 2). Anders als in der Allgemeinpsychiatrie wird man keine Betreuung durch therapeutisches oder pflegerisches Personal[172] erwarten dürfen, jedoch verlangen, dass die betreffenden Vollzugsbediensteten sich hinreichende Grundkenntnisse erworben haben, um Gesundheitsrisiken und Interventionsbedarf zu erkennen.[173] 12

Schließlich müssen die von einer anstaltsseitigen Anordnung der Fixierung Betroffenen auf die Möglichkeit einer **richterlichen Überprüfung** hingewiesen werden (Abs. 6 S. 1), was auch zu protokollieren ist (Abs. 6 S. 2). 13

---

169 Vgl. *Baur* NJW 2019, 2275; Stellungnahme des Bundesrates, BT-Drucks. 19/9767, 10.
170 BVerfG, NJW 2018, 2619, Rdn. 68.
171 Vgl. *Baur* NJW 2019, 2275.
172 BVerfG, NJW 2018, 2619, Rdn. 83.
173 Vgl. *Baur* NJW 2019, 2275.

16. KAPITEL
Kriminologische Forschung

§ 166 StVollzG	
Baden-Württemberg	§ 107 JVollzG III; §§ 35 Abs. 2, 40 JVollzGB I
Bayern	Art. 189 StVollzG
Berlin	§ 100 StVollzG; § 34 JVollzDSG
Brandenburg	§§ 106, 136 JVollzG
Bremen	§§ 93, 122 StVollG
Hamburg	§ 113 StVollzG
Hessen	§ 69 StVollzG
Mecklenburg-Vorpommern	§ 92 StVollzG
Niedersachsen	§§ 189, 199 JVollzG
Nordrhein-Westfalen	§§ 117, 119 StVollzG
Rheinland-Pfalz	§ 103 JVollzG; § 16 LJVollzDSG
Saarland	§ 92 StVollzG
Sachsen	§ 105 StVollzG
Sachsen-Anhalt	§§ 104, 139 JVollzG
Schleswig-Holstein	§ 125 StVollzG; § 17 JVollzDSG
Thüringen	§§ 104, 136 JVollzG
ME	§ 92

Schrifttum

Alex Nachträgliche Sicherungsverwahrung: ein rechtsstaatliches und kriminalpolitisches Debakel, 2. Aufl. Holzkirchen 2013; *Basra/Neumann/Brunner* Criminal pasts, terrorist futures: European jihadists and the new crime-terror nexus, London 2016; *Bauer* Entstehungsursachen einer Suchterkrankung und die Grenzen sowie Möglichkeiten der Behandlung von Suchtkranken im Strafvollzug: aufgezeigt anhand des hessischen Strafvollzugs, Paderborn 2015; *Bennefeld-Kersten* Psychologisch auffällige Menschen im Gefängnis: eine Erhebung im niedersächsischen Strafvollzug, in: BewHi 2005, 30 ff; *Bereswill/Greve* (Hrsg.), Forschungsthema Strafvollzug, Baden-Baden 2001; *Beywl* Evaluation, in: Ludwig-Mayerhofer (Hrsg.), Internet-Lexikon der Methoden der empirischen Sozialforschung, Siegen 1999 (http://wlm.userweb.mwn.de/Ilmes/ilm_e13.htm); *Boehlen* Frauen im Gefängnis: ihr Werdegang und ihre Bewährung, Chur 2000; *Böhm* Probleme der Strafvollzugsforschung, in: Kury (Hrsg.), Kriminologische Forschung in der Diskussion, Köln 1985, 575 ff; *ders.* Vollzugsberatung. Dargestellt am Beispiel des Landesbeirats für Strafvollzug und Kriminologie bei dem Ministerium der Justiz des Landes Rheinland-Pfalz, in: Busch (Hrsg.), Gefängnis und Gesellschaft, GS Krebs, Pfaffenweiler 1994, 230 ff; *Böhm/Erhard* Strafrestaussetzung und Legalbewährung. Ergänzungsuntersuchung, Wiesbaden 1991; *Bölter* Verlauf von Lockerungen im Langstrafenvollzug. Kriminologische Befunde und vollzugspraktische Folgerungen, in: ZfStrVo 1991, 71 ff; *Bosold/Lauterbach* Leben ohne Gewalt organisieren: Evaluation eines Trainings für Gewalttäter im Jugendstrafvollzug, in: FPPK 2010, 269 ff; *Boxberg et al.* Gewalt als Anpassungsstrategie? Zum Umgang mit Belastungen im Jugendstrafvollzug, in: MschrKrim 2016, 428 ff; *Breuer et al.* Forschung über den Strafvollzug in Deutschland: die Rolle der Kriminologischen Dienste, in: NK 2018; *Budde* Risikomanagement im Strafvollzug, in: BewHi 2014, 161 ff; *Burg* Substanzkonsum und psychiatrische Morbidität bei Frauen im Strafvollzug: eine epidemiologische Studie, Saarbrücken 2013; *Christian/Schönenberg* Entwicklung und Evaluation eines Emotionalen Sensitivitätstrainings bei aggressiven Straftätern, in: FS 2016, 117 ff; *Cummerow* Chancengleichheit? Frauen und Männer im Strafvollzug, in: BewHi 2006, 153 ff; *Dessecker* Die Vollstreckung lebenslanger Freiheitsstrafen: Dauer und Gründe der Beendigung im Jahr 2015, Wiesbaden 2017; *Dessecker/Egg* Gewalt im privaten Raum: aktuelle Formen und Handlungsmöglichkeiten, Wiesbaden 2008; *Dessecker/Leuschner* Sicherungsverwahrung und vorgelagerte Freiheitsstrafe: eine empirische Untersuchung zur Ausgestaltung der Unterbringung und des vorhergehenden Strafvollzugs, Wiesbaden 2019; *Dix* Grundrechtsschutz durch informationelle Gewaltenteilung, in: Roggan/Busch (Hrsg.), Das Recht in guter Verfassung? FS Kutscha, Baden-Baden 2013, 95 ff; *Dolde* Wissenschaftliche Begleitung des Strafvollzugs unter besonderer Berücksichtigung des Kriminologischen Dienstes, in: ZfStrVo 1987, 16 ff; *dies.* Die Arbeitsunzufriedenheit des allgemeinen Vollzugsdienstes und Werkdienstes im Langstrafenvollzug – ein Problem für die Vollzugsorganisation, in: ZfStrVo 1990, 350 ff; *dies.* Zehn Jahre Erfahrung mit dem Vollzug der Freiheitsstrafe ohne soziale Desintegration, in: ZfStrVo 1992, 24 ff; *dies.* Vollzugslockerungen im Spannungsfeld zwischen Resozialisierungsversuchen und Risiko für die Allgemeinheit, in: Jung/Müller-Dietz (Hrsg.), Langer Freiheitsentzug – wie lange noch?, Bonn 1994, 105 ff; *dies.* Drogengefährdete und Drogenabhängige im Justizvollzug, in: Dessecker/Egg (Hrsg.), Die strafrechtliche Unterbringung in einer Entziehungsanstalt. Rechtliche, empirische und praktische Aspekte, Wiesbaden 1995, 93 ff; *dies.* Therapie in Untersuchungs- und Strafhaft, in: Deutsche Hauptstelle gegen die Suchtgefahren e.V./Gaßmann (Hrsg.), Suchtprobleme hinter Mauern. Drogen, Sucht und Therapie im Straf- und Maßregelvollzug, Freiburg 2002, 131 ff; *Dolde/Grübl* Jugendstrafvollzug in Baden-Württemberg: Untersuchungen zur Biographie, zum Vollzugsverlauf und zur Rückfälligkeit von ehemaligen Jugendstrafgefangenen, in: Kerner/Dolde/Mey 1996, 219 ff; *Drenkhahn* Anstaltsklima im Strafvollzug: weiches Kuschelthema oder harter Erfolgsfaktor? in: *Greifswalder Halbjahresschrift für Rechtswissenschaft* 2011, 25 ff; *Dünkel* Empirische Forschung im Strafvollzug. Bestandsaufnahme und Perspektiven, Bonn 1996; *ders.* Vollzugslockerungen im deutschen Strafvollzug: Gesetzgebung und Praxis, *Schweizerische Zeitschrift für Kriminologie* 14, 1, 13 ff; *Dünkel/Geng* Strukturdaten des Jugendstrafvollzugs in Deutschland, in: Dölling/Jehle (Hrsg.), *Täter – Taten – Opfer: Grundlagenfragen und aktuelle Probleme der Kriminalität und ihrer Kontrolle*, Mönchengladbach 2013, 622 ff; *Egg* Der Streitfall Sozialtherapie. Praxis und Ergebnisse behandlungsorientierter Einrichtungen im Strafvollzug, in: Müller-Dietz/Walter (Hrsg.), Strafvollzug in den 90er Jahren. Festgabe für Rotthaus, Pfaffenweiler 1995, 55 ff; *ders.* Die Behandlung von Sexualstraftätern in sozialtherapeutischen Anstalten, in: Egg (Hrsg.) Behandlung von Sexualstraftätern im Justizvollzug, Wiesbaden 2000, 75 ff; *Eisenberg/Kölbel* Kriminologie, 7. Aufl. Tübingen 2017; *Elz* Täterinnen: Befunde, Analysen, Perspektiven, Wiesbaden 2009; *Endres* Die Kriminalprognose im Strafvollzug: Grundlagen, Methoden und Probleme der Vorhersage von Straftaten, in: ZfStrVo 2000, 67 ff; *ders.* Determinanten der Behandlungsteilnahme und des Behandlungsabbruchs bei inhaftierten Sexualstraftätern, in: FS 2014, 237 ff; *Endres/Breuer/Nolte* Wiederinhaftierung nach Entlassung aus dem Jugendstrafvollzug, in: MschrKrim 2016, 342 ff; *Endres/Haas* Behandlungserfolg in der Sozialtherapie: Zusammenhänge mit biografischen Merkmalen, Persönlichkeit und Therapiezielen, in: FS 2017, 21 ff; *Entorf/Meyer/Möbert* Evaluation des Justizvollzugs: Ergebnisse einer bundesweiten Feldstudie, Heidelberg 2008; *Ernst* Gewalt unter erwachsenen männlichen Inhaftierten in deutschen Justizvollzugsanstalten, Hamburg 2008; *Etzler* Sozialtherapie im Strafvollzug 2018: Ergebnisübersicht zur Stichtagserhebung zum 31.3.2018, Wiesbaden 2018; *Fährmann/Knop* Forschungsfreiheit im Strafvollzug: mehr als eine hohle Phrase? in: *NK* 2017, 251 ff; *Fischer-Jehle* Frauen im Strafvollzug: eine empirische Untersuchung über Lebensentwicklung und Delinquenz strafgefangener Frauen, Bonn 1991; *Funk* Inhaftierte Frauen: eine aktuelle Bestandsaufnahme des Frauenstrafvollzugs in Deutschland, in: NK 2009, 50–57; *Funsch* Seelsorge im Strafvollzug: eine dogmatisch-empirische Untersuchung zu den rechtlichen Grundlagen und der praktischen Tätigkeit der Gefängnisseelsorge, Baden-Baden 2015; *Görgen/Greve* Alte Menschen in Haft: der Strafvollzug vor den Herausforderungen durch eine wenig beachtete Personengruppe, in: BewHi 2005, 116 ff; *Grübl/Walter* „Russlanddeutsche" im Jugendstrafvollzug, in: BewHi 1999, 360 ff; *Häßler/Suhling* Wer nimmt denn im Gefängnis Drogen? Prävalenz und individuelle Prädiktoren des Suchtmittelkonsums im Justizvollzug, in: BewHi 2017, 17 ff; *Hagemann* Leistungsgerechte Entlohnung im Strafvollzug: das Hamburger Modell, in: MschrKrim 1995, 341 ff; *Haverkamp* Frauenvollzug in Deutschland: eine empirische Untersuchung vor dem Hintergrund der Europäischen Strafvollzugsgrundsätze, Berlin 2011; *Heimerdinger* Alkoholabhängige Täter – justizielle Praxis und Strafvollzug: Argumente zur Zurückstellung der Strafvollstreckung bei Therapieteilnahme, Wiesbaden 2006; *Heinrich* Gewalt im Gefängnis: eine Untersuchung der Entwicklung von Gewalt im hessischen Justizvollzug (1989–1998), in: BewHi 2002, 369 ff; *Heinz* Evidenzbasierte Kriminalpolitik in punitiven Zeiten? in: Joerden/Schmoller (Hrsg.), FS Yamanaka, Berlin 2017, 625 ff; *Hillenkamp* Zur Beobachtungs- und Nachbesserungspflicht des Gesetzgebers im Strafrecht, in: Müller/Sander/Válková (Hrsg.), FS Eisenberg, München 2009, 301 ff; *Hinz/Hartenstein* Jugendgewalt im Strafvollzug, in: ZJJ 2010, 176 ff; *Hirtenlehner/Birklbauer* Rückfallprävention durch Restaussetzung oder Austauschbarkeit der Entlassungsformen? Eine empirische Untersuchung am Beispiel von Sexual- und Raubstraftätern in Österreich, in: NK 2005, 111 ff; *Höynck/Hosser* Jugendstrafvollzugsgesetzgebung im „empirischen Blindflug"? Orientierungspunkte aus dem KFN-Forschungsprojekt Entwicklungsfolgen der Jugendstrafe, in: BewHi

2007, 387 ff; *Hoffmann et al.* Extremismus und Justizvollzug: Literaturauswertung und empirische Erhebungen, Wiesbaden 2017; *Hofinger/Schmidinger* Endbericht zur Begleitforschung Deradikalisierung im Gefängnis, Wien 2017; *Hosser* Soziale Unterstützung im Strafvollzug: Hafterleben und protektive Faktoren bei jungen Männern, Baden-Baden 2001; *Hosser/Taefi* Die subkulturelle Einbindung von Aussiedlern im Jugendstrafvollzug, in: MschrKrim 2008, 131 ff; *Hosser/Taefi/Giebel* Delinquenzverläufe nach Entlassung aus dem Jugendstrafvollzug, in: Bannenberg/Jehle (Hrsg.), Gewaltdelinquenz – Lange Freiheitsstrafe – Delinquenzverläufe, Mönchengladbach 2011, 447 ff; *Hostettler/Marti/Richter* Lebensende im Justizvollzug: Gefangene, Anstalten, Behörden, Bern 2016; *Huchzermeier et al.* Psychopathie und Persönlichkeitsstörungen. Beziehungen der „Psychopathie-Checkliste" nach Hare zu der Klassifikation der DSM-IV bei Gewaltstraftätern, in: MschrKrim 2003, 206 ff; *Hürlimann* Führer und Einflußfaktoren in der Subkultur des Strafvollzugs, Pfaffenweiler 1993; *Jacobs/Reinhold* Psychische Störungen inhaftierter Jugendlicher und Heranwachsender, in: Recht & Psychiatrie 2004, 142 ff; *Jary* Medizinische Forschung an Strafgefangenen: eine Gratwanderung zwischen historisch geprägtem Paternalismus und der Achtung der Grundrechte Strafgefangener unter besonderer Berücksichtigung weitestgehender Äquivalenzherstellung im Strafvollzug, Hamburg 2010; *Jehle* (Hrsg.), Datenzugang und Datenschutz in der kriminologischen Forschung, Wiesbaden 1987; *ders.* Der Kriminologische Dienst in der Bundesrepublik Deutschland. Eine Bestandsaufnahme im Jahre 1987, Wiesbaden 1988; *ders.* Arbeit und Entlohnung von Strafgefangenen, in: ZfStrVo 1994, 259 ff; *ders.* Strafvollzug und Empirie, in: Feuerhelm u.a. (Hrsg.), FS Böhm, Berlin 1999 a, 235 ff; *ders.* in: Hamm/Möller (Hrsg.), Datenschutz und Forschung, Forum Datenschutz Bd. 7, Baden-Baden 1999 b, 69 ff; *ders.* (Hrsg.), Datensammlungen und Akten in der Strafrechtspflege, Wiesbaden 1989; *Kailer* Vermessung des Verbrechers: die Kriminalbiologische Untersuchung in Bayern, 1923–1945, Bielefeld 2011; *Kaiser* Kriminologie. Ein Lehrbuch, 3. Aufl., Heidelberg 1996; *Kerner/Dolde/Mey* (Hrsg.), Jugendstrafvollzug und Bewährung. Analysen zum Vollzugsverlauf und zur Rückfallentwicklung, Bonn 1996; *Kerner et al.* Legalbewährung und Rückfälligkeit junger Gefangener nach der Entlassung: eine empirische Studie am Beispiel des Jugendstrafvollzugs Hessen, Entlassungsjahrgänge 2003 und 2006, Tübingen 2017; *Kestermann* Inhaftierte Frauen in Europa: aktuelle Situation und gesundheitliche Problemlagen, in: Praxis der Rechtspsychologie 2007, 285 ff; *Klatt/Baier* Gewalt im Jugendstrafvollzug: Einflussfaktoren der Opfer- und Täterschaft, in: ZJJ 2016, 253 ff; *Klose* Deskriptive Darstellung der subjektiv empfundenen Haftsituation männlicher türkischer Inhaftierter im geschlossenen Justizvollzug in Nordrhein-Westfalen, Frankfurt/M. 2002; *Koch/Suhling* Basisdokumentation im Frauenvollzug: Erprobung eines Verfahrens und erste Ergebnisse zu den Inhaftierten und Methoden, in: MschrKrim 2005, 93 ff.; *Konrad* Psychisch kranke Gefangene im Justizvollzug: wer kommt überhaupt in den Justizvollzug? Selektionswege im Umgang mit psychisch gestörten Rechtsbrechern, in: FS 2016, 233 ff; *Kühnel* Gruppen und Gruppenkonflikte im Jugendstrafvollzug, in: MschrKrim 2006, 276 ff; *Kury/Adams* Prognosegutachten im Strafvollzug, in: FS 2010, 81 ff; *Langenhoff* Gewaltstraftäter im Strafvollzug, in: FS 2013, 89 ff; *Lauterbach* Jugendstrafvollzug: soziale Integration und Delinquenz nach Entlassung aus dem Jugendstrafvollzug, in: ZJJ 2009, 44 ff; *Lehmann* Belastungen und Stress bei Bediensteten im Justizvollzug, in: Praxis der Rechtspsychologie 2007, 345 ff; *Lobitz/Giebel/Suhling* Strukturelle Merkmale des Jugendstrafvollzuges in Deutschland: erste Ergebnisse einer länderübergreifenden Bestandsaufnahme durch die Kriminologischen Dienste, in: FS 2013, 340 ff; *Maelicke* Ist Frauenstrafvollzug Männersache? Eine kritische Bestandsaufnahme des Frauenstrafvollzuges in der Bundesrepublik Deutschland, Baden-Baden 1995; *Matt* Gewalttätiger Extremismus, Radikalisierung und Gefängnis, in: FS 2010, 216 ff; *Mey/Wirth* Veränderte Vollzugspopulationen und kontinuierliche Vollzugsforschung: der Jugendstrafvollzug im Blick des Kriminologischen Dienstes, in: Feuerhelm u.a. (Hrsg.), FS für Alexander Böhm, Berlin 1999, 581 ff; *Müller et al.* Legalbewährung nach nicht angeordneter nachträglicher Sicherungsverwahrung. in: *Der Nervenarzt* 84 (2013), 340 ff; *Müller-Dietz* Empirische Forschung und Strafvollzug, Frankfurt 1976; *Negnal* Die Konstruktion einer Problemgruppe: eine Ethnografie über russischsprachige Inhaftierte im Jugendstrafvollzug, Weinheim 2016; *Neu* Betriebswirtschaftliche und volkswirtschaftliche Aspekte einer tariforientierten Gefangenenentlohnung, Berlin 1995; *Neubacher* Gewalt im Jugendstrafvollzug: ein Überblick über Ergebnisse des Kölner Forschungsprojekts, in: FS 2014, 320 ff; *Neuber* Gewalt im Jugendstrafvollzug: kollektive Deutungsmuster und subjektive Bedeutung, in: ZJJ 2015, 248 ff; *Niemeczek/Richter* Sexualstraftäter im Land Sachsen-Anhalt: eine Vergleichsstudie im Maßregelvollzug, in der Sozialtherapeutischen Anstalt Halle (Saale) und im Regelvollzug, in: MschrKrim 2012, 205 ff; *Niemz* Evaluation sozialtherapeutischer Behandlung im Justizvollzug, Wiesbaden 2015; *Nowara* Stationäre Behandlungsmöglichkeiten im Maßregelvollzug nach § 63 StGB und der Einsatz von Lockerungen als therapeutisches Instrument, in: MschrKrim 1997, 116 ff; *Obergfell-Fuchs/Wulf* Methodische Folgerungen für die Evaluation des Jugendstrafvollzugs: aus der Evaluation von Projekt Chance, in: Bannenberg/Jehle (Hrsg.), Gewaltdelinquenz – Lange Freiheitsstrafe – Delinquenzverläufe, Mönchengladbach 2011, 273 ff; *Oberthür* Kriminologie in der Strafrechtspraxis. Kriminologischer Dienst und Zentralinstitut für Kriminologie, Stuttgart 1976; *Özsöz* Rechtsextremistische Gewalttäter im Jugendstrafvollzug: der Einfluss von Jugendhaft auf rechtsextremistische Orientierungsmuster jugendlicher Gewalttäter, Berlin 2009; *Pauli* Heitere (Behandlungs-)Aussichten? Methodische Grundlagen und empirische Evidenzen der Anstaltsklimaforschung im Justizvollzug, in: FS 2017, 17 ff; *Prätor/Suhling* Legalbewährung von Frauen: Befunde einer Untersuchung im niedersächsischen Frauenvollzug, in: MschrKrim 2016, 215 ff; *Quenzer* Jugendliche und heranwachsende Sexualstraftäter: eine empirische Studie über Rückfälligkeit und Risikofaktoren im Vergleich mit Gewaltstraftätern, Berlin 2010; *Rehder/Suhling* Rückfälligkeit haftentlassener Sexualstraftäter, in: MschrKrim 2008, 250 ff; *Rehder/Wischka* Behandlung von Sexualstraftätern: Meta-Evaluationsergebnisse und Folgerungen für die Entwicklung von Behandlungskonzepten, in: KrimPäd 2002, 70 ff; *Rehn et al.* (Hrsg.) Behandlung „gefährlicher Straftäter". Grundlagen, Konzepte, Ergebnisse, Herbolzheim 2001; *Rieder-Kaiser* Vollzugliche Ausländerproblematik und Internationalisierung der Strafverbüßung, Frankfurt/M. 2004; *Schmidt* Theorie und Empirie deutschsprachiger Strafvollzugsforschung: ein Zwischenruf, in: KrimJ 2016, 202 ff; Schmidt-Quernheim/Seifert Evaluation der ambulanten Nachsorge forensischer Patienten (§ 63 StGB) in Nordrhein-Westfalen, in: Der Nervenarzt 85 (2014), 1133 ff; *Schmitt* Inhaftierte Sexualstraftäter, in: BewHi 1996, 3 ff; *Schollbach/Krüger* Alte Menschen im Strafvollzug: eine Bestandsaufnahme über den Vollzugsalltag in Deutschland, in: FS 2009, 130 ff; *Schramke* Alte Menschen im Strafvollzug: empirische Untersuchung und kriminalpolitische Überlegungen, Bonn 1996; *Schröder* Psychische Erkrankungen bei männlichen Gefangenen im geschlossenen Vollzug, Lübeck 2005; *Schwind* Kriminologische Forschung und Kriminalpolitik, in: Kury (Hrsg.), Perspektiven und Probleme kriminologischer Forschung, Köln u.a. 1981, 80 ff; *D. Seifert* Zur Gefährlichkeit ehemaliger Patienten des Maßregelvollzugs (§ 63 StGB): aktuelle Daten der Essener prospektiven Prognosestudie, in: FPPK 2010, 64 ff; *S. Seifert* Der Umgang mit Sexualstraftätern: Bearbeitung eines sozialen Problems im Strafvollzug und Reflexion gesellschaftlicher Erwartungen, Wiesbaden 2014; *Simmler/Kohler/Markwalder* Kriminalität, Schwarzmarkt und Multikulturalität: eine empirische Untersuchung zu den Herausforderungen des Schweizer Strafvollzugs, in: FS 2017, 45 ff; *Simon* Kriminalbiologie und Zwangssterilisation: eugenischer Rassismus 1920–1945, Münster 2001; *Steinhilper* Der Kriminologische Dienst (§ 166 StVollzG) – Anspruch und Wirklichkeit, in: Kerner/Göppinger/Streng (Hrsg.); Kriminologie – Psychiatrie – Strafrecht (FS Leferenz zum 70. Geb.), Heidelberg 1983, 91 ff; *ders.* Der Kriminologische Dienst, in: Schwind/Blau 1988, 189 ff; *Stelly/Thomas* Evaluation des Jugendstrafvollzugs in Baden-Württemberg: Bericht 2015/16, Stuttgart 2017; *Stelly/Walter* Vollzugslockerungen im Jugendstrafvollzug: am Beispiel der JVA Adelsheim, in: MschrKrim 2008, 269 ff; *Stöver* Gesundheitliche Versorgung in Haft: Realitäten und Herausforderungen, in: FS 2013, 275 ff; *Suhling* Behandlung „gefährlicher" und „schwieriger" Gefangener, in: FS 2011, 285 ff; *ders.* Wirksamkeitsuntersuchungen im Strafvollzug, in: FS 2016, 163 ff; *Suhling/Neumann* Strafvollzugsforschung im Wandel? Positive Entwicklungen und Herausforderungen für Wissenschaft und Praxis, in: KrimPäd 2015, 46 ff; *Suhling/Rabold* Gewalt im Gefängnis: normative, empirische und theoretische Grundlagen, in: FS 2013, 70 ff; *Suhling/Rehder* Zur Validität des Prognoseinstruments „Rückfallrisiko bei Sexualstraftätern", in: FPPK 2012, 17 ff; *Weidner/Wolters* Aggression und Delinquenz: ein spezialpräventives Training für gewalttätige Wiederholungstäter, in: MschrKrim 1991, 210 ff; *Weigelt* Bewähren sich Bewährungsstrafen? Eine empirische Untersuchung der Praxis und des Erfolgs der Strafaussetzung von Freiheits- und Jugendstrafen, Göttingen 2009; *Werner* Jugendstrafvollzug in Deutschland: eine rechtstatsächliche Betrachtung zum Jugendstrafvollzug an besonders jungen Gefangenen, Ausländern und Aussiedlern sowie weiblichen Inhaftierten, Frankfurt/M. 2012; *Widmann* Die Prävalenz psychischer Störungen bei Frauen in Haft, Aachen 2005; *Wirth* Untersuchungen zum Jugendstrafvollzug in Nordrhein-Westfalen, in: Kerner/Dolde/Mey 1996a, 97 ff; *ders.* Legalbewährung nach Jugendstrafvollzug: Probleme und Chancen von Aktenanalyse, Wirkungsanalyse und Bedingungsanalyse, in: Kerner/Dolde/Mey 1996b, 467 ff; *ders.* Gewalt unter Gefangenen: Kernbefunde einer empirischen Studie im Strafvollzug des Landes Nordrhein-Westfalen, in: BewHi 2007, 185 ff; *ders.* Der kriminologische Dienst des Landes Nordrhein-Westfalen: praxisorientierte Forschung und mehr, in: BewHi 2008, 344 ff; *Wischka* Entwicklung und Evaluation eines Behandlungsprogramms für Sexualstraftäter (BPS) im Kontext integrativer Sozialtherapie, Diss. Hildesheim 2014; *Zdun* Russlanddeutsche im Jugendstrafvollzug: eine explorative Studie über ethnische Gruppenbildung, Ehre und Gewalt im Strafvollzug, in: Soziale Probleme 23 (2012), 67 ff.

1. Unter der Geltung des Bundesgesetzes hatte § 166 StVollzG das Thema empiri- **1**
scher Forschung im Strafvollzug allein auf den (klein geschriebenen) „kriminologischen
Dienst" bezogen, dessen Aufgaben allgemein umrissen und die bereichsspezifischen
Datenschutzvorschriften über Auskunft und Akteneinsicht für wissenschaftliche Zwecke
für anwendbar erklärt. Alle **Landesgesetze** sehen nun etwas umfassendere Regelungen
vor. Diese unterscheiden deutlicher zwischen wissenschaftlicher Forschung im Strafvollzug, die auch durch vollzugsexterne Institute durchgeführt werden kann, und dem engeren Aufgabenbereich kriminologischer Dienste der Länder.

2. Für den Gesetzgeber des StVollzG stand die **Notwendigkeit eines kriminologi-** **2**
schen Dienstes außer Frage; eine entsprechende Organisation war ausdrücklich gefordert worden.[1] Auch der AE-StVollzG hatte eine selbständige und einflussreiche Organisation gewollt, die Wissenschaft und Forschung eine deutliche Gestaltungsmöglichkeit verschafft hätte, um den Strafvollzug grundlegend zu verbessern.[2] Der Gedanke der kriminologischen Dienste knüpft letztlich an kriminalbiologische Untersuchungen von Gefangenen an, die seit der Zeit der Weimarer Republik vor allem in Bayern praktiziert und institutionalisiert wurden.[3] Von biologischen Orientierungen haben sich die kriminologischen Dienste jedoch längst gelöst. Heute bestehen sie in kleinen Arbeitseinheiten innerhalb der Vollzugsverwaltung, die praxisnahe kriminologische Forschung ermöglichen und teilweise selbst durchführen, um den Strafvollzug auf der Basis empirischer Erkenntnisse im Sinne des Vollzugsziels fortentwickeln zu können.

Dem Bundesgesetzgeber ist es **nicht** gelungen, den kriminologischen Dienst **als** **3**
Pflichtaufgabe zu verankern.[4] Vielmehr überließ es der frühere § 166 StVollzG den Justizverwaltungen der Länder, einen solchen Dienst nach ihren jeweiligen finanziellen, personellen und auch organisatorischen Möglichkeiten einzurichten.[5] Die meisten Landesgesetze setzen voraus, dass kriminologische Dienste existieren. Das gilt jedenfalls für
BW (§ 55 Abs. 2 JVollzGB I, § 107 Abs. 2 JVollzGB III), **BY** (Art. 189 Abs. 1), **BE** (§ 100 Abs. 2), **BB** (§ 106 Abs. 2), **HB** (§ 93 Abs. 2), **HH** (§ 113 Abs. 2), **HE** (§ 69 Abs. 1), **MV** (§ 92 Abs. 2), **NW** (§ 119), **RP** (§ 103 Abs. 2), **SL** (§ 92 Abs. 2), **SN** (§ 105 Abs. 2), **ST** (§ 104 Abs. 2) und **TH** (§ 104 Abs. 2). **NI** § 189 und **SH** § 125 haben dagegen Vorschriften über Evaluation und kriminologische Forschung eingeführt, die Forschungseinrichtungen nur allgemein ansprechen. Was **NI** betrifft, war damit keine Abschaffung des bestehenden Kriminologischen Dienstes in Celle beabsichtigt.[6] Für **SH** findet sich auch in der Begr. keine konkretere Aussage.[7] Den Schwerpunkt legen die Landesgesetze insgesamt nun eher auf die wissenschaftliche Begleitung und Erforschung des Strafvollzugs einschließlich der Zeit nach der Entlassung mit dem Ziel der Fortentwicklung des Vollzugs.[8]

3. In den Bundesländern sind die kriminologischen Dienste sehr **unterschiedlich** **4**
organisiert und ausgebaut. NI hatte innerhalb des Justizministeriums seit 1979 für etwa

---
1 § 152 RegE, BT-Drucks. 7/918, 98.
2 §§ 37 bis 39 AE-StVollzG mit Begründung 97 ff; vgl. auch Deutscher Juristentag 1970, Teil N, Beschluss 8.
3 Zu Geschichte, Zielen und früheren Organisationsformen etwa *Kailer* 2011; *Oberthür* 1976, 6 ff; *Simon* 2001, 97 ff.
4 *Arloth*/Krä 2017 § 166 StVollzG Rdn. 1; anders wohl AK-*Graebsch* 2017 § 92 LandesR Rdn. 1.
5 BT-Drucks. 7/3998, 47.
6 Die Begr. zum Gesetzentwurf **NI**, LT-Drucks. 15/3565, S. 215 f, spricht sich vielmehr für „größere Flexibilität in der exekutiven Ausgestaltung" aus.
7 Begr. zum Gesetzentwurf **SH**, LT-Drucks. 18/3153, S. 169.
8 AK-*Graebsch* 2017 § 92 LandesR Rdn. 1; *Laubenthal/Nestler/Neubacher/Verrel* 2015 N Rdn. 69.

zehn Jahre eine Referatsgruppe „Planung und Forschung" eingerichtet.[9] Kriminologische Dienste mit mehreren Planstellen für wissenschaftliches Personal bestehen inzwischen eher außerhalb der Fachministerien, so etwa der Kriminologische Dienst des Landes **NW** in Düsseldorf.[10] Sie sind häufig Vollzugsanstalten oder sonstigen vollzugsnahen Einrichtungen angegliedert. Das gilt etwa für **BW** (Anbindung an das Bildungszentrum Justizvollzug in Stuttgart), **BY** (Anbindung an die JVA Erlangen), **BE** (Anbindung an die JVA Plötzensee), **NI** (Anbindung an das Bildungsinstitut des niedersächsischen Justizvollzuges in Celle), **SN** (Anbindung an die JVA Leipzig), **ST** (Anbindung an die Jugendanstalt Raßnitz) und **TH** (Anbindung an die Justizvollzugsausbildungsstätte im Bildungszentrum Gotha). Eine zweite Gruppe von Ländern mit **BB, HB, HH, HE, RP, SL** und **SH** hat diese Aufgaben einem Referat in der Strafvollzugsabteilung des Justizministeriums übertragen, das je nach Zuschnitt meist auch für weitere Sachgebiete zuständig ist. In **MV** ist der Kriminologische Forschungsdienst im Strafvollzug an der Fachhochschule für öffentliche Verwaltung, Polizei und Rechtspflege in Güstrow angesiedelt.

5   Darüber hinaus besteht in **RP** ein Gremium ehrenamtlicher Fachberater, das sachkundig das Justizministerium in Vollzugsfragen berät und einschlägige Forschungen anregen kann.[11] Die **Zuständigkeit** der kriminologischen Dienste beschränkt sich fast überall auf den Strafvollzug; lediglich **BE** hat ausdrücklich die Sozialen Dienste der Justiz einbezogen.

6   Schon zu dem früheren § 166 StVollzG wurde wiederholt angemerkt, die Vorschrift sei überwiegend Programm geblieben.[12] Obwohl die kriminologischen Dienste fast durchweg mit kriminologisch, psychologisch oder soziologisch qualifizierten Wissenschaftlerinnen und Wissenschaftlern besetzt sind, ist erkennbar, dass die personelle und finanzielle Ausstattung in vielen Ländern nach wie vor dürftig ausfällt. Die weitgehende Einbindung in die Vollzugsverwaltungen der Länder bringt es mit sich, dass die kriminologischen Dienste **nicht überall als unabhängige Forschungsstellen** agieren können. Ein ausdrückliches Direktionsrecht des Ministeriums formulieren zwar nur **BW** § 107 Abs. 4 und **HE** § 69 Abs. 4.[13] Doch führt diese Stellung dazu, dass sie nicht selten mit Verwaltungsarbeiten beschäftigt sind. Eine gewisse Kompensationsmöglichkeit besteht im Rahmen regionaler Kooperationen mit Hochschulen und Forschungsinstituten. Darüber hinaus finden regelmäßig bundesweite Arbeitstreffen statt, die einen überregionalen Erfahrungstausch ermöglichen und meist von der Kriminologischen Zentralstelle (KrimZ) organisiert werden.

7   4. Die Landesgesetze fordern unabhängig von bestehenden Forschungsressourcen innerhalb der kriminologischen Dienste eine **Fortentwicklung des Strafvollzugs auf der Grundlage wissenschaftlicher Erkenntnisse**. Das gilt insbesondere für Konzeption, Standardisierung und Wirksamkeitsüberprüfung von Behandlungsprogrammen. In diesem Sinne wird praxisnahe kriminologische Vollzugsforschung außer in **HE** überall als Pflichtaufgabe definiert. Manche Landesgesetze sehen dazu Berichtspflichten gegenüber dem Landesparlament vor (**BB, RP**). Andererseits wird die regelmäßige Begleitung und Erforschung der allgemeinen Vollzugsgestaltung durch die Eröffnung von Ermessen der Verwaltung (**HB, HH, HE, MV, RP, SL, SN, ST, SH, TH**) relativiert.

---

9   Zum früheren Ausbaustand *Dolde* 1987; *Jehle* 1988; *Steinhilper* 1983, 96f; *ders.* 1988, 189ff.
10   *Wirth* 2008.
11   *Böhm* 1994, 230ff.
12   *Böhm* 2003, Rdn. 56; kritisch und skeptisch auch AK-*Graebsch* 2017, § 92 LandesR Rdn. 24f; K/S-*Schöch* 2002, § 11 Rdn. 28.
13   Zur Kritik AK-*Graebsch* 2017, § 92 LandesR Rdn. 24.

Damit entsprechen die Landesgesetze den **verfassungsrechtlichen Anforderungen**, die das BVerfG für den Jugendstrafvollzug besonders betont hat.[14] Das BVerfG verpflichtet den Gesetzgeber, alle vorhandenen Erkenntnisquellen auszuschöpfen und sich dafür nicht nur auf das Erfahrungswissen der Vollzugspraxis, sondern auch auf den Stand der wissenschaftlichen Forschung zu stützen. Erfolge und Misserfolge des Vollzugs müssen vor allem im Hinblick auf die Legalbewährung evaluiert werden, wobei die Gesetzgebung erforderlichenfalls zur Nachbesserung verpflichtet ist. Dies gilt nicht nur für den Jugendstrafvollzug, sondern unter Berücksichtigung dieser ursprünglich am Beispiel anderer Rechtsgebiete entwickelten Verfassungsrechtsprechung für den Justizvollzug insgesamt.[15] 8

5. Der Grundgedanke der Vorschriften über Evaluation, kriminologische Forschung und Fortentwicklung des Strafvollzugs besteht darin, dass bestehende **Defizite einer wissenschaftlichen Grundlegung des Strafvollzugs und der Kriminalpolitik zu überwinden** sind. Ausgangspunkt ist die Vorstellung, die Vollzugspraxis sollte sich nicht nach subjektiven, jederzeit wandelbaren Eindrücken und Erkenntnissen, nach nicht verallgemeinerungsfähigen Einzelerfahrungen, Alltagstheorien oder auch einseitigen politischen Vorgaben richten, sondern auf empirisch gesicherte, objektive Befunde stützen. Dasselbe gilt für den ambulanten Teil der Straffälligenhilfe. Die kriminologische Forschung ist zwar seit den 1980er-Jahren ausgebaut worden. Dies hat auch zu einer Professionalisierung der Forschung im Strafvollzug geführt. Für die Strafvollzugsforschung werden dennoch immer wieder erhebliche Defizite konstatiert. Das gilt nicht zuletzt für die Wirkung spezifischer Behandlungsmaßnahmen, ebenso für die Konzentration auf bestimmte Tätergruppen und die Beobachtung, dass ein großer Teil der vorliegenden Forschungsergebnisse auf Untersuchungen eher bescheidener methodologischer Qualität beruht, andererseits aber konkurrierende Untersuchungsansätze und Methoden vernachlässigt werden.[16] Auch an einer wissenschaftlichen Grundlegung der Kriminalpolitik fehlt es weitgehend.[17] Allerdings dürfte die Wahrnehmung von Defiziten zumindest teilweise darauf zurückgehen, dass vorhandene Forschungsergebnisse nicht in voller Breite aufgenommen werden. 9

6. In den vergangenen Jahrzehnten hat in Deutschland eine ganze Reihe beachtlicher **Forschungen zum Strafvollzug** stattgefunden. Einen deutlichen Aufschwung hat die Vollzugsforschung im Zusammenhang mit der großen Strafrechtsreform Ende der 1960er-Jahre und mit den nachfolgenden legislatorischen Bemühungen um ein Strafvollzugsgesetz Mitte der 1970er-Jahre erfahren. Neben Bestandsaufnahmen[18] wurden zunächst Fragen erforscht, die mit dem zentralen Vollzugsziel, der Resozialisierung, zusammenhängen. Paradigmatisch wandte sich das Forschungsinteresse der Gestaltung und dem Erfolg der **sozialtherapeutischen Einrichtungen** zu – einem Forschungsthema, das heute erneut größere Aufmerksamkeit genießt.[19] 10

Eine Reihe von Untersuchungen gruppiert sich um Fragen des Erfolgs bzw. der Rückfälligkeit bei **Vollzugslockerungen**[20] und bei **Strafaussetzungen** zur Bewäh-

---

14 BVerfGE 116, 69 (90 f.).
15 AK-*Graebsch* 2017, § 92 LandesR Rdn. 13; *Hillenkamp* 2009.
16 AK-*Graebsch* 2017, § 92 LandesR Rdn. 10 ff; *Eisenberg/Kölbel* 2017, 750 ff; *Jehle* 1999a, 248 f; zur Gefahr einer unhinterfragten Orientierung an Praxisbedürfnissen *Schmidt* 2016.
17 *Eisenberg/Kölbel* 2017, 40 ff; *Heinz* 2017, 633 ff.
18 Dazu und zur Strafvollzugsforschung generell *Dünkel* 1996; *Jehle* 1999a; *Suhling/Neumann* 2015.
19 Resümierend bereits *Egg* 1995; *Eisenberg/Kölbel* 2017, 761 f; *Etzler* 2018; *Niemz* 2015, 131 ff.
20 *Bölter* 1991; *Dolde* 1992; *dies.* 1994; *Dünkel* 2015; für den Jugendstrafvollzug *Stelly/Walter* 2008.

rung.[21] Weiter haben angesichts des gestiegenen kriminalpolitischen Interesses Rückfalluntersuchungen bei (potentiellen) Maßregelprobanden an Bedeutung gewonnen.[22]

11 Andere Untersuchungen richten sich auf besondere Personengruppen unter den Gefangenen. Ein gewisser Schwerpunkt liegt schon traditionell bei **jungen Strafgefangenen** und dem Jugendstrafvollzug.[23] Trotz immer wieder erkennbarer kriminalpolitischer und öffentlicher Aufmerksamkeit geraten **ältere Insassen** demgegenüber deutlich seltener in den Blickpunkt der Forschung.[24] Zunehmende Beachtung finden gefangene **Frauen**.[25] Unter dem Gesichtspunkt des Kulturkonflikts ebenso wie unter dem von Herausforderungen im Vollzugsalltag interessieren unterschiedliche Gruppen von Gefangenen mit **Migrationshintergrund**, und zwar nicht nur im Jugendstrafvollzug.[26]

12 Weniger empirische Forschungsergebnisse sind jedenfalls bisher über Gefangene mit **extremistischen Orientierungen** zu verzeichnen.[27] Eine stärkere Konzentration besteht im Hinblick auf spezifische Gruppen von Straftätern, die durch Deliktschwerpunkte charakterisiert werden, und ihre Behandlung. Das gilt insbesondere für **Sexualstraftäter**[28] und **Gewalttäter**.[29] Darüber hinaus gibt es einige Untersuchungen über Gefangene mit **psychischen Auffälligkeiten** unterschiedlicher Diagnosegruppen[30] bis zu den Erscheinungsformen von Substanzkonsum und -abhängigkeit.[31] Im Hinblick auf „gefährliche" Straftäter treten neben der Evaluation von Behandlungsprogrammen prognostische Fragen in den Vordergrund.[32]

13 Ein anderer Schwerpunkt liegt auf den **Vollzugsbedingungen**, die mit verschiedenen Betonungen betrachtet werden können. Dazu zählen Subkulturen unter den Gefangenen,[33] die Arbeits(un)zufriedenheit der Bediensteten unterschiedlicher Berufsgruppen und deren Wahrnehmung alltäglicher Herausforderungen[34] sowie schließlich das Vollzugsklima insgesamt, das durch die Interaktionen von Gefangenen und Bediensteten entsteht.[35] In jüngerer Zeit sind (wieder) verstärkt Untersuchungen zur **Gewalt in den**

---

21 *Böhm/Erhard* 1991; *Weigelt* 2009; zu Österreich *Hirtenlehner/Birklbauer* 2005; zusammenfassend *Eisenberg/Kölbel* 2017, 765 ff.
22 Zur Entlassung aus dem psychiatrischen Krankenhaus *Schmidt-Quernheim/Seifert* 2014 und *D. Seifert* 2010; zur Sicherungsverwahrung *Alex* 2013 und *Müller et al.* 2013.
23 *Dolde/Grübl* 1996; *Dünkel/Geng* 2013; *Höynck/Hosser* 2007; *Kerner et al.* 2017; *Lauterbach* 2009; *Stelly/Thomas* 2017; *Werner* 2012; *Wirth* 1996a und 1996b.
24 Zu dieser Gruppe *Görgen/Greve* 2005; *Hostettler/Marti/Richter* 2016; *Schollbach/Krüger* 2009; *Schramke* 1996.
25 *Boehlen* 2000; *Cummerow* 2006; *Elz* 2009; *Fischer-Jehle* 1991; *Funk* 2009; *Haverkamp* 2011; *Kestermann* 2007; *Koch/Suhling* 2005; *Maelicke* 1995; *Prätor/Suhling* 2016.
26 *Grübl/Walter* 1999; *Hosser/Taefi* 2008; *Klose* 2002; *Negnal* 2016; *Rieder-Kaiser* 2004; *Werner* 2012, 135 ff; *Zdun* 2012.
27 *Basra/Neumann/Brunner* 2016; *Hoffmann et al.* 2017; *Hofinger/Schmidinger* 2017; *Matt* 2010; *Özsöz* 2009.
28 *Egg* 2000; *Endres* 2014; *Etzler* 2018; *Niemeczek/Richter* 2012; *Quenzer* 2010; *Rehder/Suhling* 2008; *Schmitt* 1996; *S. Seifert* 2014; *Wischka* 2014.
29 *Bosold/Lauterbach* 2010; *Christian/Schönenberg* 2016; *Dessecker/Egg* 2008; *Endres/Haas* 2017; *Hirtenlehner/Birklbauer* 2005; *Langenhoff* 2013; *Suhling* 2011; *Weidner/Wolters* 1991.
30 *Bennefeld-Kersten* 2005; *Burg* 2013; *Jacobs/Reinhold* 2004; *Konrad* 2016; *Schröder* 2005; *Widmann* 2005.
31 *Bauer* 2015; *Burg* 2013; *Dolde* 1995; dies. 2002; *Häßler/Suhling* 2017; *Heimerdinger* 2006; *Stöver* 2013.
32 *Budde* 2014; *Endres* 2000; *Huchzermeier et al.* 2003; *Kury/Adams* 2010; *Nowara* 1997; *Rehder/Wischka* 2002; *Rehn et al.* 2001; *Suhling/Rehder* 2012.
33 *Boxberg et al.* 2016; *Hosser/Taefi* 2008; *Hürlimann* 1993; *Kühnel* 2006; *Negnal* 2016; *Zdun* 2012.
34 *Dolde* 1990; *Funsch* 2015, 409 ff; *Lehmann* 2007; *Simmler/Kohler/Markwalder* 2017.
35 *Boxberg et al.* 2016; *Drenkhahn* 2011; *Hosser* 2001; *Pauli* 2017.

Vollzugsanstalten ins Blickfeld gerückt.[36] Selten empirisch untersucht werden dagegen **ökonomische Voraussetzungen** des Strafvollzugs, darunter solche der Arbeitsbetriebe und damit zusammenhängende Fragen der Entlohnung von Strafgefangenen.[37]

Auch wenn an dieser Stelle kein vollständiger Überblick gegeben werden kann, wird klar, dass der Strafvollzug in empirischer Hinsicht nicht mit einer weißen Landkarte vergleichbar ist. Das gilt umso mehr, als Behandlungsprogramme für bestimmte Zielgruppen unter den Gefangenen nicht lokal entwickelt und eingesetzt werden können, ohne die Frage nach ihrer Vereinbarkeit mit dem internationalen Forschungsstand aufzuwerfen. Zu welchen Fragen aussagekräftige wissenschaftliche Erkenntnisse vorliegen, hängt allerdings von **vielfältigen Einflüssen** ab. Dazu zählen – über die Zeit wechselnde – kriminalpolitische Interessen ebenso wie die vorhandenen Forschungsressourcen und die Zugänglichkeit ohnehin für Zwecke der Vollzugsverwaltung oder der amtlichen Statistik gesammelter Daten. Dass Forschungsergebnisse sich ungleich verteilen, ist daher erwartbar. Dass sie durchaus ergänzungs- und im Hinblick auf neuere Entwicklungen aktualisierungsbedürftig sind, ebenso. Denn die Rahmenbedingungen des Strafvollzugs haben sich in den Jahrzehnten seit Erlass des StVollzG entscheidend verändert. So sind die Anteile der Drogenabhängigen unter den Gefangenen und die der Gefangenen mit – im Einzelnen vielfältig gestaltetem – Migrationshintergrund stark gewachsen.[38] Ferner ist die Akzeptanz des Strafvollzugs immer von dessen öffentlicher Wahrnehmung abhängig. Werden Strafgefangene in erster Linie als gefährliche Sexual- und Gewalttäter dargestellt und wahrgenommen, sind kriminalpolitische Debatten mit der Gefahr verbunden, dass Forderungen nach einem möglichst repressiven Strafvollzug immer mehr Gehör finden und unvermeidbare Risiken im Zusammenhang mit vollzugsöffnenden Maßnahmen oder Strafaussetzungen zur Bewährung immer weniger hingenommen werden.

7. Die Art der kriminologischen Forschung im Strafvollzug, welche die Landesgesetze vorsehen, wird dort nur mit allgemeinen Begriffen bezeichnet. Angegeben wird das Ziel der Fortentwicklung des Vollzugs, insbesondere der Behandlungsmaßnahmen (oben Rdn. 7). Die meisten Gesetze gebrauchen zumindest als Überschrift das Wort **Evaluation** (**BE, BB, HB, HH, MV, NI, RP, SL, SN, ST, SH, TH**). Dieser Begriff ist nicht umgangssprachlich zu verstehen, sondern so, wie er in der empirischen Forschung systematisch gebraucht wird. Mit Recht stellen auch Begründungen der Gesetzentwürfe die Forderung nach „wissenschaftlich fundierter, anerkannter Methodik" der kriminologischen Forschung auf.[39] „Evaluation" ist demnach zu verstehen als Oberbegriff für *die systematische, datenbasierte Beschreibung und Bewertung von Programmen (z.B. Hilfe- oder Beratungskonzeptionen), zeitlich beschränkten Projekten (z.B. Modellvorhaben) oder Institutionen (z.B. Zulassung von Trägern) in Bildung, Sozialer Arbeit, Gesundheitswesen u.a.*[40] Diese Definition erscheint gut geeignet, im Einzelnen vielfältige **praxisorientierte Bedarfsforschung** im Strafvollzug zu charakterisieren. Dabei kann es um die rechtstatsächliche Fundierung von Reformen gehen, genauso aber um die vertiefte Betrachtung bereits praktizierter Behandlungsprogramme. Einige regelmäßige quantitative Erhebungen werden weitgehend bundeseinheitlich und länderübergreifend durchgeführt, teil-

---

36 *Boxberg et al.* 2016; *Ernst* 2008; *Heinrich* 2002; *Hinz/Hartenstein* 2010; *Klatt/Baier* 2016; *Neubacher* 2014; *Neuber* 2015; *Simmler/Kohler/Markwalder* 2017; *Suhling/Rabold* 2013; *Wirth* 2007.
37 *Entorf/Meyer/Möbert* 2008; *Hagemann* 1995; *Jehle* 1994; *Neu* 1995.
38 *Eisenberg/Kölbel* 2017, 577 ff.
39 Begr. zum Gesetzentwurf **BE**, Abgeordnetenhaus-Drucks. 17/2442, S. 270.
40 *Beywl* 1999.

weise mit regionalen Ergänzungen. Dazu gehören in den letzten Jahren Datenerhebungen zum Jugendstrafvollzug,[41] zur lebenslangen Freiheitsstrafe,[42] zur Sicherungsverwahrung,[43] zur Sozialtherapie[44] und zur stoffgebundenen Suchtproblematik. Forschung dieser Art hat sich an den Mängeln der Praxis und ihren Reform- und Verbesserungswünschen zu orientieren; sie darf dabei aber nicht theorielos und einseitig sein in dem Sinne, dass eine bestehende Praxis lediglich (pseudowissenschaftlich) bestätigt wird. Darüber hinausgehend erscheint es wichtig, dass aus den erzielten Forschungsergebnissen auch Vorschläge zur Umsetzung der Erkenntnisse im Sinne der Verbesserung des Strafvollzugs unterbreitet werden.[45] Vorrangig, wenn auch besonders schwierig, ist dabei die Beurteilung der Wirksamkeit einzelner Maßnahmen im Strafvollzug.

16   **Forschung im Strafvollzug** sollte sich aber nicht auf die Evaluation von Behandlungsprogrammen beschränken, die möglicherweise nur für wenige Gefangene in Betracht kommen, oder auf generalisierende quantitative Analysen, die in manchen Bereichen die Lücken der Strafvollzugsstatistik korrigieren. Es gibt auch Forschungen, die aus wissenschaftlicher Sicht lohnend erscheinen, ohne dass der Strafvollzug davon kurzfristig einen unmittelbaren Nutzen erwarten kann.[46] Die Ländergesetze lassen erkennen, dass kriminologische Vollzugsforschung unabhängig von ihrer theoretischen Ausrichtung, ihrem methodologischen Ansatz und ihren konkreten Fragestellungen nicht nur grundsätzlich zulässig ist, sondern aus der Sicht der Gesetzgebung erwünscht, weil sie zumindest auf längere Sicht der Gesetzgebung oder der Vollzugspraxis insgesamt nützen wird.

17   Die Arbeitsmethoden richten sich nach den jeweiligen Aufgaben und **Projekten**. Um unstrukturierte Datensammlungen zu vermeiden, liegt es nahe, projektbezogen nach der Formulierung von Forschungsfragen und der Entwicklung von Auswertungskonzepten gezielt Informationen zu erheben. Gleichwohl ist es angezeigt, bestimmte flächendeckende Daten nach einheitlichem Muster zu erheben, wie es mit den amtlichen Strafvollzugsstatistiken geschieht.

18   8. Die **Aufgaben kriminologischer Dienste** sind vielfältig.[47] Ihre Arbeitsmöglichkeiten hängen aber maßgeblich von den Prioritäten der Landesjustizverwaltungen ab. Das gilt insbesondere für deren eigene kriminologische Forschung. Inhaltlich können sich die kriminologischen Dienste dabei mit allen Fragen in und um den Strafvollzug befassen (bis hin zu Untersuchungen zu Alternativen zum Strafvollzug). Das kommt nur in BE auch darin zum Ausdruck, dass die Zuständigkeit des kriminologischen Dienstes auf die Sozialen Dienste der Justiz ausgedehnt wurde.

19   Schon aus Gründen beschränkter Kapazitäten liegt es nahe, Forschungsaufträge an Hochschulinstitute oder außeruniversitäre Forschungsinstitute zu vergeben (**Auftragsforschung**) oder praxiserhebliche Fragen an die Wissenschaft heranzutragen, damit sie systematisch untersucht werden können (Veranlassung von **Fremdforschung**). In den letzten Jahren ist zu erkennen, dass auch in den Hochschulen großes Interesse daran besteht, im Strafvollzug Forschung zu betreiben. Es ist Aufgabe der kriminologischen Dienste, diese Anliegen zu unterstützen, wenn immer begründete und nachvollziehbare

---

41   *Endres/Breuer/Nolte* 2016; *Lobitz/Giebel/Suhling* 2013; *Stelly/Thomas* 2017.
42   *Dessecker* 2017.
43   *Dessecker/Leuschner* 2019.
44   *Etzler* 2018.
45   *Breuer et al.* 2018.
46   AK-*Graebsch* 2017, § 92 LandesR Rdn. 6 ff; *Breuer et al.* 2018; *Fährmann/Knop* 2017; *Schmidt* 2016.
47   *Breuer et al.* 2018; *Dolde* 1987; *Kaiser* 1996, 922 f; K/S-*Schöch* 2002, § 10 Rdn. 28; *Steinhilper* 1983, 99 ff.

Forschungsfragen erkennbar sind und gute Gründe angegeben werden können, weshalb diese gerade im Strafvollzug untersucht werden sollen. In den meisten Ländern sind die kriminologischen Dienste daher an der Prüfung und Genehmigung extern betriebener Forschungsvorhaben im Hinblick auf Wissenschaftlichkeit, Verhältnis von Aufwand und Nutzen sowie die Einhaltung forschungsethischer Grundsätze maßgeblich beteiligt.[48] Diese Verfahren können den Zugang zum Untersuchungsfeld erleichtern, Datenerhebungen fördern und die Kluft zwischen Wissenschaft und Praxis abzubauen helfen. Dabei wird darauf zu achten sein, dass in der empirischen Forschung akzeptierte wissenschaftliche Standards auch dann eingehalten werden, wenn Forschungsvorhaben zugleich als akademische Qualifikationsarbeiten betrieben werden. Schon unter diesem Gesichtspunkt müssen die kriminologischen Dienste mit Forschungseinrichtungen zusammenarbeiten, die sich mit kriminologischer Vollzugsforschung im weitesten Sinne befassen.

20 Durch die fachliche Einbeziehung der kriminologischen Dienste lassen sich Mehrbelastungen für den Strafvollzug und Störungen minimieren, auf welche die **Vollzugspraxis** verständlicherweise in der Regel empfindlich reagiert. Den kriminologischen Diensten eröffnet sich hierbei die Chance, zwischen den Forschungsanliegen und den Bedürfnissen der Praxis zu vermitteln. Der Forschung ist anzuraten, die Ergebnisse von Forschungsprojekten so aufzubereiten, dass sie in der Vollzugspraxis zur Kenntnis genommen werden können, wo dafür Interesse besteht.

21 Seit jeher wird gefordert, Maßnahmen im, neben und auch nach dem Strafvollzug auf ihre Wirksamkeit hin zu überprüfen.[49] Häufig werden jedoch Behandlungskonzepte, organisatorische und strukturelle Änderungen im Strafvollzug ohne **wissenschaftliche Begleitung** begonnen. Vergleiche zwischen dem Stand vor und nach der neuen Vollzugsmaßnahme sind daher nicht möglich, Erfolge lassen sich nur schwer beurteilen. Die Ländergesetze lassen klar erkennen, dass die Gesetzgebung stärker als früher auf Behandlungsprogramme setzt, deren Wirksamkeit wissenschaftlich evaluiert wurde.

22 9. Seit dem grundlegenden Volkszählungsurteil des BVerfG vom 15. Dezember 1983 mit der Anerkennung eines Grundrechts auf informationelle Selbstbestimmung[50] haben sich die rechtlichen Bedingungen für den **Zugang zu kriminologischen Daten** verändert. Die Entscheidung des Gerichts betraf in ihrem Kern zwar die Abwehrrechte des Bürgers gegenüber staatlicher Eingriffsverwaltung; sie begrenzt jedoch auch die Forschungsfreiheit durch das informationelle Selbstbestimmungsrecht, das von dem Grundsatz der Freiwilligkeit der Preisgabe personenbezogener Daten ausgeht. Die Einwilligung der Betroffenen oder gesetzliche Grundlagen für die Erhebung, Speicherung, Auswertung und Weitergabe personenbezogener Daten zu Forschungszwecken sind daher erforderlich. Denn an der Einwilligung der Betroffenen – im Fall der Vollzugsforschung also insbesondere der Gefangenen – wird es bei empirischen kriminologischen Untersuchungen häufig fehlen.

23 Bereichsspezifische gesetzliche Grundlagen, welche die **Erhebung personenbezogener kriminologischer Daten** ohne Einwilligung der Betroffenen ermöglichen, wurden für den Strafvollzug zuerst 1998 eingeführt.[51] Damit wurde § 166 Abs. 2 StVollzG eingefügt, nach dem die Vorschrift über Auskunft und Akteneinsicht für wissenschaftliche

---

48 *Breuer et al.* 2018; *Fährmann/Knop* 2017, 256 ff; *Schmidt* 2016, 204 ff.
49 Grundlegend schon *Müller-Dietz* 1976; vgl. auch *Jehle* 1999a; zum aktuellen Forschungsstand zusammenfassend AK-*Graebsch* 2017 § 92 LandesR Rdn. 9 ff; *Eisenberg/Kölbel* 2017, 752 ff.
50 BVerfGE 65, 1.
51 Viertes Gesetz zur Änderung des Strafvollzugsgesetzes vom 26. August 1998 (BGBl. I, S. 2461 ff).

Zwecke für den kriminologischen Dienst entsprechend anzuwenden war. Die Landesgesetze haben diese Regelung teils im Wesentlichen übernommen (**BY, HH, MV, SL, SN**), teils differenziertere Normen eingeführt, teils aber auch auf spezielle Vorschriften verzichtet. So definiert **BW** §§ 55 Abs. 2, 35 Abs. 2 JVollzGB I die Forschung durch den Kriminologischen Dienst Baden-Württemberg allgemein als vollzugsbegleitenden Zweck der Datenverarbeitung und sieht besondere Rechtsgrundlagen für die Teilnahme an automatisierten Abrufverfahren vor. **HE** § 69 Abs. 2 und **NW** §§ 119 Abs. 3, 117 haben allgemeinere Rechtsgrundlagen für die Datenverarbeitung zu Forschungszwecken geschaffen. **BE** § 34 JVollzDSG, **BB** § 136, **HB** § 122, **NI** §§ 189 Abs. 2 Satz 3, 199, **RP** § 16 LJVollzDSG, **SH** § 17 JVollzDSG, **ST** § 139 und **TH** § 136 verweisen zur Auskunft und Akteneinsicht für wissenschaftliche Zwecke insgesamt auf § 476 StPO.[52] Soweit die allgemeinen Datenschutzvorschriften der Vollzugsgesetze anwendbar sind, kann hier auf den Ergänzungsband Kapitel 15 H verwiesen werden.

24   Soweit **Besonderheiten für die kriminologischen Dienste** gelten, ist Folgendes zu beachten. Zum einen können vollzugsrechtliche Datenschutzvorschriften über Auskunft und Akteneinsicht für wissenschaftliche Zwecke nur Anwendung finden, soweit es um die Erhebung von Strafvollzugsdaten geht. Wenn darüber hinaus Daten erhoben werden sollen, z.B. aus Strafverfahrensakten oder durch Auskünfte aus dem Bundeszentralregister, sind speziellere Ermächtigungsgrundlagen zu suchen. Solche bereichsspezifischen Datenschutzregelungen sind bezüglich der Einträge im Bundeszentralregister und im Erziehungsregister in § 42a BZRG, bezüglich der Strafverfahrensakten in § 476 StPO zu finden. Ansonsten sind die allgemeinen Datenschutzvorschriften für Forschungszwecke heranzuziehen (z.B. § 40 BDSG über „Verarbeitung und Nutzung personenbezogener Daten durch Forschungseinrichtungen" und § 14 Abs. 2 Nr. 9 BDSG, der die Möglichkeit eröffnet, amtlich erhobene Daten „zur Durchführung wissenschaftlicher Forschung" zu nutzen, bzw. die entsprechenden Vorschriften der Landesdatenschutzgesetze). Für die Einsicht in Strafverfahrensakten zu Forschungszwecken ist nach § 476 StPO ein „erheblich überwiegendes öffentliches Interesse an der Forschung" erforderlich. Immerhin hat der Gesetzgeber in § 476 Abs. 1 Satz 2 StPO statuiert, dass bei der Abwägung „das wissenschaftliche Interesse an dem Forschungsvorhaben besonders zu berücksichtigen" sei.

25   Angesichts der Organisationsform der kriminologischen Dienste liegt ein weiteres spezifisches Problem in der Abschottung der für Forschungszwecke erhobenen Daten vom Verwaltungsvollzug. Unabhängige Forschung ist aus Rechtsgründen seit der Entscheidung des BVerfG von der Verwaltung klar zu trennen; man spricht insoweit von der **informationellen Gewaltenteilung**.[53] Dem ist bei der Auslegung der vollzugsrechtlichen Datenschutzvorschriften Rechnung zu tragen. Daten aus dem Forschungsbereich dürfen demnach nicht für andere Zwecke in den Verwaltungsbereich überführt werden. Die Forschung der kriminologischen Dienste unterliegt im Übrigen denselben Datenschutzbedingungen wie externe Forschung (z.B. Datensicherung bei der forschenden Stelle, Aufbewahrungsfristen, Anonymisierungspflicht bei personenbezogenen Daten, Verbot der unzulässigen Weitergabe).

---

52 Hierzu AK-*Goerdeler* 2017, Teil III Rdn. 154 ff.
53 Dazu *Berg* Informationelle Selbstbestimmung und Forschungsfreiheit, in: Jehle (Hrsg.) 1987, 45; *Dix* 2013.

ANHANG

Gesetz über den Vollzug der Freiheitsstrafe und der freiheitsentziehenden Maßregeln der Besserung und Sicherung (Strafvollzugsgesetz – StVollzG)

vom 16. März 1976 (BGBl. I S. 581, 2088; 1977 I S. 436)

Erster Abschnitt. Anwendungsbereich

§ 1

Dieses Gesetz regelt den Vollzug der Freiheitsstrafe in Justizvollzugsanstalten und der freiheitsentziehenden Maßregeln der Besserung und Sicherung.

1 A 20, 1 B 2, 1 B 16, 12 B 2

Zweiter Abschnitt. Vollzug der Freiheitsstrafe

Erster Titel. Grundsätze

§ 2 Aufgaben des Vollzuges

Im Vollzug der Freiheitsstrafe soll der Gefangene fähig werden, künftig in sozialer Verantwortung ein Leben ohne Straftaten zu führen (Vollzugsziel). Der Vollzug der Freiheitsstrafe dient auch dem Schutz der Allgemeinheit vor weiteren Straftaten.

1 A 15, 1 C 1, 1 C 7, 1 C 8, 1 C 12, 1 C 13, 1 C 14, 1 C 24, 3 A 26, 4 D 5, 5 B 26, 9 A 2, 11 A 3, 11 D 5, 13 D 1, 13 K 7

§ 3 Gestaltung des Vollzuges

(1) Das Leben im Vollzug soll den allgemeinen Lebensverhältnissen soweit als möglich angeglichen werden.

(2) Schädlichen Folgen des Freiheitsentzuges ist entgegenzuwirken.

(3) Der Vollzug ist darauf auszurichten, daß er dem Gefangenen hilft, sich in das Leben in Freiheit einzugliedern.

1 D 1, 1 D 4, 1 D 5, 1 D 11, 1 D 14, 3 A 26, 5 A 6, 11 A 3, 11 D 5, 13 D 1, 15 A 25, 15 D 6

§ 4 Stellung des Gefangenen

(1) Der Gefangene wirkt an der Gestaltung seiner Behandlung und an der Erreichung des Vollzugszieles mit. Seine Bereitschaft hierzu ist zu wecken und zu fördern.

(2) Der Gefangene unterliegt den in diesem Gesetz vorgesehenen Beschränkungen seiner Freiheit. Soweit das Gesetz eine besondere Regelung nicht enthält, dürfen ihm nur Beschränkungen auferlegt werden, die zur Aufrechterhaltung der Sicherheit oder zur Abwendung einer schwerwiegenden Störung der Ordnung der Anstalt unerläßlich sind.

1 C 7, 1 C 24, 1 E 2, 1 E 7, 1 E 10, 1 E 18, 1 E 24, 1 E 26, 1 E 31, 2 F 8, 4 I 110, 6 A 10, 9 A 2, 9 B 87, 10 F 3, 11 A 3, 11 A 10, 11 A 12, 11 C 4, 11 C 17, 11 D 5, 11 I 17, 11 J 9, 13 D 1, 15 A 25, 15 D 6, 15 D 7

Zweiter Titel. Planung des Vollzuges

§ 5 Aufnahmeverfahren

(1) Beim Aufnahmeverfahren dürfen andere Gefangene nicht zugegen sein.

(2) Der Gefangene wird über seine Rechte und Pflichten unterrichtet.

(3) Nach der Aufnahme wird der Gefangene alsbald ärztlich untersucht und dem Leiter der Anstalt oder der Aufnahmeabteilung vorgestellt.

2 A 1, 2 A 8, 2 A 9, 12 F 8, 15 A 25, 15 D 6

§ 6 Behandlungsuntersuchung. Beteiligung des Gefangenen

(1) Nach dem Aufnahmeverfahren wird damit begonnen, die Persönlichkeit und die Lebensverhältnisse des Gefangenen zu erforschen. Hiervon kann abgesehen werden, wenn dies mit Rücksicht auf die Vollzugsdauer nicht geboten erscheint.

(2) Die Untersuchung erstreckt sich auf die Umstände, deren Kenntnis für eine planvolle Behandlung des Gefangenen im Vollzug und für die Eingliederung nach seiner Entlassung notwendig ist. Bei Gefangenen, die wegen einer Straftat nach den §§ 174 bis 180 oder 182 des Strafgesetzbuches verurteilt worden sind, ist besonders gründlich zu prüfen, ob die Verlegung in eine sozialtherapeutische Anstalt angezeigt ist.

(3) Die Planung der Behandlung wird mit dem Gefangenen erörtert.

2 A 1, 2 B 1, 2 B 9, 2 B 29, 2 B 35, 2 C 7, 15 A 25, 15 D 6

§ 7 Vollzugsplan

(1) Auf Grund der Behandlungsuntersuchung (§ 6) wird ein Vollzugsplan erstellt.

(2) Der Vollzugsplan enthält Angaben mindestens über folgende Behandlungsmaßnahmen:
1. die Unterbringung im geschlossenen oder offenen Vollzug,
2. die Verlegung in eine sozialtherapeutische Anstalt,
3. die Zuweisung zu Wohngruppen und Behandlungsgruppen,
4. den Arbeitseinsatz sowie Maßnahmen der beruflichen Ausbildung oder Weiterbildung,
5. die Teilnahme an Veranstaltungen der Weiterbildung,
6. besondere Hilfs- und Behandlungsmaßnahmen,
7. Lockerungen des Vollzuges und
8. notwendige Maßnahmen zur Vorbereitung der Entlassung.

(3) Der Vollzugsplan ist mit der Entwicklung des Gefangenen und weiteren Ergebnissen der Persönlichkeitserforschung in Einklang zu halten. Hierfür sind im Vollzugsplan angemessene Fristen vorzusehen.

(4) Bei Gefangenen, die wegen einer Straftat nach den §§ 174 bis 180 oder 182 des Strafgesetzbuches zu Freiheitsstrafe von mehr als zwei Jahren verurteilt worden sind, ist über eine Verlegung in eine sozialtherapeutische Anstalt jeweils nach Ablauf von sechs Monaten neu zu entscheiden.

2 A 1, 2 C 7, 2 C 22, 2 C 24, 2 C 26, 2 C 41, 10 G 1, 13 B 6, 13 D 3, 15 A 25, 15 D 6

§ 8 Verlegung. Überstellung

(1) Der Gefangene kann abweichend vom Vollstreckungsplan in eine andere für den Vollzug der Freiheitsstrafe zuständige Anstalt verlegt werden,
1. wenn die Behandlung des Gefangenen oder seine Eingliederung nach der Entlassung hierdurch gefördert wird oder
2. wenn dies aus Gründen der Vollzugsorganisation oder aus anderen wichtigen Gründen erforderlich ist.

(2) Der Gefangene darf aus wichtigem Grund in eine andere Vollzugsanstalt überstellt werden.

2 D 6, 3 A 25, 11 E 1, 13 H 3, 13 H 4, 13 H 11, 15 A 25, 15 D 6

§ 9 Verlegung in eine sozialtherapeutische Anstalt

(1) Ein Gefangener ist in eine sozialtherapeutische Anstalt zu verlegen, wenn er wegen einer Straftat nach den §§ 174 bis 180 oder 182 des Strafgesetzbuches zu zeitiger Freiheitsstrafe von mehr als zwei Jahren verurteilt worden ist und die Behandlung in einer sozialtherapeutischen Anstalt nach § 6 Abs. 2 Satz 2 oder § 7 Abs. 4 angezeigt ist. Der Gefangene ist zurückzuverlegen, wenn der Zweck der Behandlung aus Gründen, die in der Person des Gefangenen liegen, nicht erreicht werden kann.

(2) Andere Gefangene können mit ihrer Zustimmung in eine sozialtherapeutische Anstalt verlegt werden, wenn die besonderen therapeutischen Mittel und sozialen Hilfen der Anstalt zu ihrer Resozialisierung angezeigt sind. In diesen Fällen bedarf die Verlegung der Zustimmung des Leiters der sozialtherapeutischen Anstalt.

(3) Die §§ 8 und 85 bleiben unberührt.

3 A 1, 3 A 5, 3 A 12, 3 A 15, 3 A 16, 3 A 17, 3 A 18, 3 A 19, 3 A 20, 3 A 23, 3 A 26, 14 A 9, 15 A 25, 15 D 6

§ 10 Offener und geschlossener Vollzug

(1) Ein Gefangener soll mit seiner Zustimmung in einer Anstalt oder Abteilung des offenen Vollzuges untergebracht werden, wenn er den besonderen Anforderungen des offenen Vollzuges genügt und namentlich nicht zu befürchten ist, daß er sich dem Vollzug der Freiheitsstrafe entziehen oder die Möglichkeiten des offenen Vollzuges zu Straftaten mißbrauchen werde.

(2) Im übrigen sind die Gefangenen im geschlossenen Vollzug unterzubringen. Ein Gefangener kann auch dann im geschlossenen Vollzug untergebracht oder dorthin zurückverlegt werden, wenn dies zu seiner Behandlung notwendig ist.

10 A 4, 10 A 11, 10 A 14, 10 C 10, 10 F 3, 10 H 7, 15 A 25, 15 D 6

§ 11 Lockerungen des Vollzuges

(1) Als Lockerung des Vollzuges kann namentlich angeordnet werden, daß der Gefangene
1. außerhalb der Anstalt regelmäßig einer Beschäftigung unter Aufsicht (Außenbeschäftigung) oder ohne Aufsicht eines Vollzugsbediensteten (Freigang) nachgehen darf oder
2. für eine bestimmte Tageszeit die Anstalt unter Aufsicht (Ausführung) oder ohne Aufsicht eines Vollzugsbediensteten (Ausgang) verlassen darf.

(2) Diese Lockerungen dürfen mit Zustimmung des Gefangenen angeordnet werden, wenn nicht zu befürchten ist, daß der Gefangene sich dem Vollzug der Freiheitsstrafe entziehen oder die Lockerungen des Vollzuges zu Straftaten mißbrauchen werde.

1 C 9, 1 C 13, 1 C 16, 1 E 15, 3 A 18, 4 D 43, 4 H 11, 4 H 12, 7 C 3, 10 B 1, 10 B 3, 10 C 3, 10 C 7, 10 C 12, 10 C 17, 10 C 38, 10 C 46, 10 C 47, 10 C 49, 10 C 50, 10 C 56, 10 C 57, 10 C 58, 10 C 59, 10 C 60, 10 C 61, 10 C 63, 10 C 65, 10 C 66, 10 C 68, 10 D 1, 10 D 9, 10 D 10, 10 F 2, 15 A 25, 15 B 13, 15 B 14, 15 B 21, 15 B 22, 15 D 6

§ 12 Ausführung aus besonderen Gründen

Ein Gefangener darf auch ohne seine Zustimmung ausgeführt werden, wenn dies aus besonderen Gründen notwendig ist.

10 D 3, 10 D 11, 15 A 25, 15 D 6

§ 13 Urlaub aus der Haft

(1) Ein Gefangener kann bis zu einundzwanzig Kalendertagen in einem Jahr aus der Haft beurlaubt werden. § 11 Abs. 2 gilt entsprechend.

(2) Der Urlaub soll in der Regel erst gewährt werden, wenn der Gefangene sich mindestens sechs Monate im Strafvollzug befunden hat.

(3) Ein zu lebenslanger Freiheitsstrafe verurteilter Gefangener kann beurlaubt werden, wenn er sich einschließlich einer vorhergehenden Untersuchungshaft oder einer anderen Freiheitsentziehung zehn Jahre im Vollzug befunden hat oder wenn er in den offenen Vollzug überwiesen ist.

(4) Gefangenen, die sich für den offenen Vollzug eignen, aus besonderen Gründen aber in einer geschlossenen Anstalt untergebracht sind, kann nach den für den offenen Vollzug geltenden Vorschriften Urlaub erteilt werden.

(5) Durch den Urlaub wird die Strafvollstreckung nicht unterbrochen.

1 C 7, 1 E 20, 3 C 4, 3 C 8, 4 D 42, 4 D 43, 7 E 10, 10 A 11, 10 B 1, 10 B 4, 10 C 2, 10 C 8, 10 C 17, 10 C 18, 10 C 19, 10 C 20, 10 C 23, 10 C 24, 10 C 25, 10 C 34, 10 C 35, 10 C 36, 10 C 46, 10 C 47, 10 C 49, 10 C 50, 10 C 56, 10 C 57, 10 C 58, 10 C 59, 10 C 60, 10 C 61, 10 C 63, 10 C 64, 10 C 66, 10 C 72, 10 D 1, 10 D 9, 10 E 13, 10 F 2, 11 D 12, 12 G 5, 15 A 25, 15 D 6

§ 14 Weisungen, Aufhebung von Lockerungen und Urlaub

(1) Der Anstaltsleiter kann dem Gefangenen für Lockerungen und Urlaub Weisungen erteilen.

(2) Er kann Lockerungen und Urlaub widerrufen, wenn
1. er auf Grund nachträglich eingetretener Umstände berechtigt wäre, die Maßnahmen zu versagen,
2. der Gefangene die Maßnahmen mißbraucht oder
3. der Gefangene Weisungen nicht nachkommt.

Er kann Lockerungen und Urlaub mit Wirkung für die Zukunft zurücknehmen, wenn die Voraussetzungen für ihre Bewilligung nicht vorgelegen haben.

2 C 41, 3 C 4, 3 C 7, 3 C 8, 4 D 43, 4 H 12, 4 H 15, 6 A 10, 10 A 14, 10 B 3, 10 C 12, 10 D 9, 10 E 3, 10 E 4, 10 E 5, 10 E 6, 10 E 11, 10 F 1, 10 F 2, 10 F 4, 10 F 7, 11 D 12, 15 A 25, 15 D 6

§ 15 Entlassungsvorbereitung

(1) Um die Entlassung vorzubereiten, soll der Vollzug gelockert werden (§ 11).

(2) Der Gefangene kann in eine offene Anstalt oder Abteilung (§ 10) verlegt werden, wenn dies der Vorbereitung der Entlassung dient.

(3) Innerhalb von drei Monaten vor der Entlassung kann zu deren Vorbereitung Sonderurlaub bis zu einer Woche gewährt werden. § 11 Abs. 2, § 13 Abs. 5 und § 14 gelten entsprechend.

(4) Freigängern (§ 11 Abs. 1 Nr. 1) kann innerhalb von neun Monaten vor der Entlassung Sonderurlaub bis zu sechs Tagen im Monat gewährt werden. § 11 Abs. 2, § 13 Abs. 5 und § 14 gelten entsprechend. Absatz 3 Satz 1 findet keine Anwendung.

7 D 19, 10 E 1, 10 F 2, 10 G 1, 10 H 2, 10 H 3, 10 H 4, 10 H 5, 10 H 7, 10 H 10, 10 H 11, 10 H 13, 15 A 25, 15 D 6

§ 16 Entlassungszeitpunkt

(1) Der Gefangene soll am letzten Tag seiner Strafzeit möglichst frühzeitig, jedenfalls noch am Vormittag entlassen werden.

(2) Fällt das Strafende auf einen Sonnabend oder Sonntag, einen gesetzlichen Feiertag, den ersten Werktag nach Ostern oder Pfingsten oder in die Zeit vom 22. Dezember bis zum 2. Januar, so kann der Gefangene an dem diesem Tag oder Zeitraum vorhergehenden Werktag entlassen werden, wenn dies nach der Länge der Strafzeit vertretbar ist und fürsorgerische Gründe nicht entgegenstehen.

(3) Der Entlassungszeitpunkt kann bis zu zwei Tagen vorverlegt werden, wenn dringende Gründe dafür vorliegen, daß der Gefangene zu seiner Eingliederung hierauf angewiesen ist.

4 D 52, 10 G 1, 10 I 1, 10 I 2, 10 I 3, 10 I 4, 10 I 5, 10 I 6, 10 I 8, 10 I 9, 15 A 25, 15 D 6

Dritter Titel. Unterbringung und Ernährung des Gefangenen

§ 17 Unterbringung während der Arbeit und Freizeit

(1) Die Gefangenen arbeiten gemeinsam. Dasselbe gilt für Berufsausbildung, berufliche Weiterbildung sowie arbeitstherapeutische und sonstige Beschäftigung während der Arbeitszeit.

(2) Während der Freizeit können die Gefangenen sich in der Gemeinschaft mit den anderen aufhalten. Für die Teilnahme an gemeinschaftlichen Veranstaltungen kann der Anstaltsleiter mit Rücksicht auf die räumlichen, personellen und organisatorischen Verhältnisse der Anstalt besondere Regelungen treffen.

(3) Die gemeinschaftliche Unterbringung während der Arbeitszeit und Freizeit kann eingeschränkt werden,
1. wenn ein schädlicher Einfluß auf andere Gefangene zu befürchten ist,
2. wenn der Gefangene nach § 6 untersucht wird, aber nicht länger als zwei Monate,
3. wenn es die Sicherheit oder Ordnung der Anstalt erfordert oder
4. wenn der Gefangene zustimmt.

2 B 4, 2 E 1, 2 E 5, 2 E 6, 2 E 8, 2 E 9, 2 E 10, 2 E 11, 2 E 12, 2 E 13, 2 E 15, 2 E 16, 2 E 17, 11 I 26, 13 B 2, 15 A 25, 15 D 6

§ 18 Unterbringung während der Ruhezeit

(1) Gefangene werden während der Ruhezeit allein in ihren Haftäumen untergebracht. Eine gemeinsame Unterbringung ist zulässig, sofern ein Gefangener hilfsbedürftig ist oder eine Gefahr für Leben oder Gesundheit eines Gefangenen besteht.

(2) Im offenen Vollzug dürfen Gefangene mit ihrer Zustimmung während der Ruhezeit gemeinsam untergebracht werden, wenn eine schädliche Beeinflussung nicht zu befürchten ist. Im geschlossenen Vollzug ist eine gemeinschaftliche Unterbringung zur Ruhezeit außer in den Fällen des Absatzes 1 nur vorübergehend und aus zwingenden Gründen zulässig.

2 E 1, 2 E 32, 2 E 35, 2 E 37, 13 E 24, 15 A 25, 15 D 6

§ 19 Ausstattung des Haftraumes durch den Gefangenen und sein persönlicher Besitz

(1) Der Gefangene darf seinen Haftraum in angemessenem Umfang mit eigenen Sachen ausstatten. Lichtbilder nahestehender Personen und Erinnerungsstücke von persönlichem Wert werden ihm belassen.

(2) Vorkehrungen und Gegenstände, die die Übersichtlichkeit des Haftraumes behindern oder in anderer Weise Sicherheit oder Ordnung der Anstalt gefährden, können ausgeschlossen werden.

2 F 1, 2 F 6, 2 F 8, 2 F 9, 2 F 10, 2 F 15, 4 H 19, 5 D 2, 11 C 1, 11 C 3, 11 C 9,
15 A 25, 15 D 6

§ 20 Kleidung

(1) Der Gefangene trägt Anstaltskleidung. Für die Freizeit erhält er eine besondere Oberbekleidung.

(2) Der Anstaltsleiter gestattet dem Gefangenen, bei einer Ausführung eigene Kleidung zu tragen, wenn zu erwarten ist, daß er nicht entweichen wird. Er kann dies auch sonst gestatten, sofern der Gefangene für Reinigung, Instandsetzung und regelmäßigen Wechsel auf eigene Kosten sorgt.

4 I 55, 6 A 1, 6 A 3, 6 A 4, 6 A 5, 6 A 7, 11 C 1, 15 A 25,
15 D 6

§ 21 Anstaltsverpflegung

Zusammensetzung und Nährwert der Anstaltsverpflegung werden ärztlich überwacht. Auf ärztliche Anordnung wird besondere Verpflegung gewährt. Dem Gefangenen ist zu ermöglichen, Speisevorschriften seiner Religionsgemeinschaft zu befolgen.

15 A 25, 15 D 6

§ 22 Einkauf

(1) Der Gefangene kann sich von seinem Hausgeld (§ 47) oder von seinem Taschengeld (§ 46) aus einem von der Anstalt vermittelten Angebot Nahrungs- und Genußmittel sowie Mittel zur Körperpflege kaufen. Die Anstalt soll für ein Angebot sorgen, das auf Wünsche und Bedürfnisse der Gefangenen Rücksicht nimmt.

(2) Gegenstände, die die Sicherheit oder Ordnung der Anstalt gefährden, können vom Einkauf ausgeschlossen werden. Auf ärztliche Anordnung kann dem Gefangenen der Einkauf einzelner Nahrungs- und Genußmittel ganz oder teilweise untersagt werden, wenn zu befürchten ist, daß sie seine Gesundheit ernsthaft gefährden. In Krankenhäusern und Krankenabteilungen kann der Einkauf einzelner Nahrungs- und Genußmittel auf ärztliche Anordnung allgemein untersagt oder eingeschränkt werden.

(3) Verfügt der Gefangene ohne eigenes Verschulden nicht über Haus- oder Taschengeld, wird ihm gestattet, in angemessenem Umfang vom Eigengeld einzukaufen.

4 I 27, 4 I 111, 4 I 112, 6 C 6, 6 C 10, 6 C 11, 6 C 12, 6 C 13, 6 C 14, 6 C 15,
6 C 17, 11 C 1, 11 C 3, 15 A 25, 15 D 6

Vierter Titel. Besuche, Schriftwechsel sowie Urlaub, Ausgang und Ausführung aus besonderem Anlaß

§ 23 Grundsatz

Der Gefangene hat das Recht, mit Personen außerhalb der Anstalt im Rahmen der Vorschriften dieses Gesetzes zu verkehren. Der Verkehr mit Personen außerhalb der Anstalt ist zu fördern.

9 A 1, 9 A 5, 9 A 7, 9 Vorb. 4, 15 A 25, 15 D 6

§ 24 Recht auf Besuch

(1) Der Gefangene darf regelmäßig Besuch empfangen. Die Gesamtdauer beträgt mindestens eine Stunde im Monat. Das Weitere regelt die Hausordnung.

(2) Besuche sollen darüber hinaus zugelassen werden, wenn sie die Behandlung oder Eingliederung des Gefangenen fördern oder persönlichen, rechtlichen oder geschäftlichen Angelegenheiten dienen, die nicht vom Gefangenen schriftlich erledigt, durch Dritte wahrgenommen oder bis zur Entlassung des Gefangenen aufgeschoben werden können.

(3) Aus Gründen der Sicherheit kann ein Besuch davon abhängig gemacht werden, daß sich der Besucher durchsuchen läßt.

9 B 6, 9 B 7, 9 B 14, 9 B 20, 9 B 23, 9 B 28, 9 B 84, 11 A 10, 15 A 25,
15 D 6

§ 25 Besuchsverbot

Der Anstaltsleiter kann Besuche untersagen,
1. wenn die Sicherheit oder Ordnung der Anstalt gefährdet würde,
2. bei Besuchern, die nicht Angehörige des Gefangenen im Sinne des Strafgesetzbuches sind, wenn zu befürchten ist, daß sie einen schädlichen Einfluß auf den Gefangenen haben oder seine Eingliederung behindern würden.

1 E 25, 1 E 29, 9 B 33, 9 B 34, 15 A 25, 15 D 6

§ 26 Besuche von Verteidigern, Rechtsanwälten und Notaren

Besuche von Verteidigern sowie von Rechtsanwälten oder Notaren in einer den Gefangenen betreffenden Rechtssache sind zu gestatten. § 24 Abs. 3 gilt entsprechend. Eine inhaltliche Überprüfung der vom Verteidiger mitgeführten Schriftstücke und sonstigen Unterlagen ist nicht zulässig. § 29 Abs. 1 Satz 2 und 3 bleibt unberührt.

9 B 51, 9 B 57, 9 B 58, 9 B 61, 9 B 64, 15 A 25, 15 D 6

§ 27 Überwachung der Besuche

(1) Die Besuche dürfen aus Gründen der Behandlung oder der Sicherheit oder Ordnung der Anstalt überwacht werden, es sei denn, es liegen im Einzelfall Erkenntnisse dafür vor, daß es der Überwachung nicht bedarf. Die Unterhaltung darf nur überwacht werden, soweit dies im Einzelfall aus diesen Gründen erforderlich ist.

(2) Ein Besuch darf abgebrochen werden, wenn Besucher oder Gefangene gegen die Vorschriften dieses Gesetzes oder die auf Grund dieses Gesetzes getroffenen Anordnungen trotz Abmahnung verstoßen. Die Abmahnung unterbleibt, wenn es unerläßlich ist, den Besuch sofort abzubrechen.

(3) Besuche von Verteidigern werden nicht überwacht.

(4) Gegenstände dürfen beim Besuch nur mit Erlaubnis übergeben werden. Dies gilt nicht für die bei dem Besuch des Verteidigers übergebenen Schriftstücke und sonstigen Unterlagen sowie für die bei dem Besuch eines Rechtsanwalts oder Notars zur Erledigung einer den Gefangenen betreffenden Rechtssache übergebenden Schriftstücke und sonstigen Unterlagen; bei dem Besuch eines Rechtsanwalts oder Notars kann die Übergabe aus Gründen der Sicherheit oder Ordnung der Anstalt von der Erlaubnis abhängig gemacht werden. § 29 Abs. 1 Satz 2 und 3 bleibt unberührt.

1 E 29, 9 B 68, 9 B 69, 9 B 71, 9 B 73, 9 B 75, 9 B 77, 9 B 79, 9 B 83, 9 B 84, 9 B 88, 15 A 25, 15 D 6

§ 28 Recht auf Schriftwechsel

(1) Der Gefangene hat das Recht, unbeschränkt Schreiben abzusenden und zu empfangen.

(2) Der Anstaltsleiter kann den Schriftwechsel mit bestimmten Personen untersagen,
1. wenn die Sicherheit oder Ordnung der Anstalt gefährdet würde,
2. bei Personen, die nicht Angehörige des Gefangenen im Sinne des Strafgesetzbuches sind, wenn zu befürchten ist, daß der Schriftwechsel einen schädlichen Einfluß auf den Gefangenen haben oder seine Eingliederung behindern würde.

1 E 30, 9 C 3, 9 C 7, 9 C 9, 9 C 17, 15 A 25, 15 D 6

§ 29 Überwachung des Schriftwechsels

(1) Der Schriftwechsel des Gefangenen mit seinem Verteidiger wird nicht überwacht. Liegt dem Vollzug der Freiheitsstrafe eine Straftat nach § 129a, auch in Verbindung mit § 129b Abs. 1, des Strafgesetzbuches zugrunde, gelten § 148 Abs. 2, § 148a der Strafprozeßordnung entsprechend; dies gilt nicht, wenn der Gefangene sich in einer Einrichtung des offenen Vollzuges befindet oder wenn ihm Lockerungen des Vollzuges gemäß § 11 Abs. 1 Nr. 1 oder 2 zweiter Halbsatz oder Urlaub gemäß § 13 oder § 15 Abs. 3 gewährt worden sind und ein Grund, der den Anstaltsleiter nach § 14 Abs. 2 zum Widerruf oder zur Zurücknahme von Lockerungen und Urlaub ermächtigt, nicht vorliegt. Satz 2 gilt auch, wenn gegen einen Strafgefangenen im Anschluß an die dem Vollzug der Freiheitsstrafe zugrundeliegende Verurteilung eine Freiheitsstrafe wegen einer Straftat nach § 129a, auch in Verbindung mit § 129b Abs. 1, des Strafgesetzbuches zu vollstrecken ist.

(2) Nicht überwacht werden ferner Schreiben des Gefangenen an Volksvertretungen des Bundes und der Länder sowie an deren Mitglieder, soweit die Schreiben an die Anschriften dieser Volksvertretungen gerichtet sind und den Absender zutreffend angeben. Entsprechendes gilt für Schreiben an das Europäi-

sche Parlament und dessen Mitglieder, den Europäischen Gerichtshof für Menschenrechte, die Europäische Kommission für Menschenrechte, den Europäischen Ausschuß zur Verhütung von Folter und unmenschlicher oder erniedrigender Behandlung oder Strafe und die Datenschutzbeauftragten des Bundes und der Länder. Schreiben der in den Sätzen 1 und 2 genannten Stellen, die an den Gefangenen gerichtet sind, werden nicht überwacht, sofern die Identität des Absenders zweifelsfrei feststeht.

(3) Der übrige Schriftwechsel darf überwacht werden, soweit es aus Gründen der Behandlung oder der Sicherheit oder Ordnung der Anstalt erforderlich ist.

1 E 29, 1 E 30, 9 B 61, 9 C 20, 9 C 22, 9 C 23, 9 C 29, 9 C 32, 15 A 25, 15 D 6

§ 30 Weiterleitung von Schreiben. Aufbewahrung

(1) Der Gefangene hat Absendung und Empfang seiner Schreiben durch die Anstalt vermitteln zu lassen, soweit nichts anderes gestattet ist.

(2) Eingehende und ausgehende Schreiben sind unverzüglich weiterzuleiten.

(3) Der Gefangene hat eingehende Schreiben unverschlossen zu verwahren, sofern nichts anderes gestattet wird; er kann sie verschlossen zu seiner Habe geben.

1 E 30, 9 C 43, 15 A 25, 15 D 6

§ 31 Anhalten von Schreiben

(1) Der Anstaltsleiter kann Schreiben anhalten,
1. wenn das Ziel des Vollzuges oder die Sicherheit oder Ordnung der Anstalt gefährdet würde,
2. wenn die Weitergabe in Kenntnis ihres Inhalts einen Straf- oder Bußgeldtatbestand verwirklichen würde,
3. wenn sie grob unrichtige oder erheblich entstellende Darstellungen von Anstaltsverhältnissen enthalten,
4. wenn sie grobe Beleidigungen enthalten,
5. wenn sie die Eingliederung eines anderen Gefangenen gefährden können oder
6. wenn sie in Geheimschrift, unlesbar, unverständlich oder ohne zwingenden Grund in einer fremden Sprache abgefaßt sind.

(2) Ausgehenden Schreiben, die unrichtige Darstellungen enthalten, kann ein Begleitschreiben beigefügt werden, wenn der Gefangene auf der Absendung besteht.

(3) Ist ein Schreiben angehalten worden, wird das dem Gefangenen mitgeteilt. Angehaltene Schreiben werden an den Absender zurückgegeben oder, sofern dies unmöglich oder aus besonderen Gründen untunlich ist, behördlich verwahrt.

(4) Schreiben, deren Überwachung nach § 29 Abs. 1 und 2 ausgeschlossen ist, dürfen nicht angehalten werden.

1 E 30, 9 C 51, 9 C 53, 9 C 56, 9 C 58, 9 C 59, 9 C 64, 9 C 69, 15 A 25, 15 D 6

§ 32 Ferngespräche und Telegramme

Dem Gefangenen kann gestattet werden, Ferngespräche zu führen oder Telegramme aufzugeben. Im übrigen gelten für Ferngespräche die Vorschriften über den Besuch und für Telegramme die Vorschriften über den Schriftwechsel entsprechend. Ist die Überwachung der fernmündlichen Unterhaltung erforderlich, ist die beabsichtigte Überwachung dem Gesprächspartner des Gefangenen unmittelbar nach Herstellung der Verbindung durch die Vollzugsbehörde oder den Gefangenen mitzuteilen. Der Gefangene ist rechtzeitig vor Beginn der fernmündlichen Unterhaltung über die beabsichtigte Überwachung und die Mitteilungspflicht nach Satz 3 zu unterrichten.

1 E 29, 9 D 1, 9 D 2, 9 D 3, 9 D 8, 9 D 12, 15 A 25, 15 D 6

§ 33 Pakete

(1) Der Gefangene darf dreimal jährlich in angemessenen Abständen ein Paket mit Nahrungs- und Genußmitteln empfangen. Die Vollzugsbehörde kann Zeitpunkt und Höchstmengen für die Sendung und für einzelne Gegenstände festsetzen. Der Empfang weiterer Pakete oder solcher mit anderem Inhalt bedarf ihrer Erlaubnis. Für den Ausschluß von Gegenständen gilt § 22 Abs. 2 entsprechende.

(2) Pakete sind in Gegenwart des Gefangenen zu öffnen. Ausgeschlossene Gegenstände können zu seiner Habe genommen oder dem Absender zurückgesandt werden. Nicht ausgehändigte Gegenstände, durch die bei der Versendung oder Aufbewahrung Personen verletzt oder Sachschäden verursacht werden

können, dürfen vernichtet werden. Die hiernach getroffenen Maßnahmen werden dem Gefangenen eröffnet.

(3) Der Empfang von Paketen kann vorübergehend versagt werden, wenn dies wegen Gefährdung der Sicherheit oder Ordnung der Anstalt unerläßlich ist.

(4) Dem Gefangenen kann gestattet werden, Pakete zu versenden. Die Vollzugsbehörde kann ihren Inhalt aus Gründen der Sicherheit oder Ordnung der Anstalt überprüfen.

1 E 27, 4 I 121, 6 C 3, 9 E 1, 9 E 2, 9 E 3, 9 E 4, 9 E 6, 9 E 7, 9 E 9, 9 E 10, 9 E 12, 9 E 13, 9 E 15, 9 E 17, 9 E 18, 15 A 25, 15 D 6

§ 34 Verwertung von Kenntnissen
(weggefallen)

15 A 25, 15 D 6

§ 35 Urlaub, Ausgang und Ausführung aus wichtigem Anlaß

(1) Aus wichtigem Anlaß kann der Anstaltsleiter dem Gefangenen Ausgang gewähren oder ihn bis zu sieben Tagen beurlauben; der Urlaub aus anderem wichtigen Anlaß als wegen einer lebensgefährlichen Erkrankung oder wegen des Todes eines Angehörigen darf sieben Tage im Jahr nicht übersteigen. § 11 Abs. 2, § 13 Abs. 5 und § 14 gelten entsprechend.

(2) Der Urlaub nach Absatz 1 wird nicht auf den regelmäßigen Urlaub angerechnet.

(3) Kann Ausgang oder Urlaub aus den in § 11 Abs. 2 genannten Gründen nicht gewährt werden, kann der Anstaltsleiter den Gefangenen ausführen lassen. Die Aufwendungen hierfür hat der Gefangene zu tragen. Der Anspruch ist nicht geltend zu machen, wenn dies die Behandlung oder die Eingliederung behindern würde.

4 I 55, 10 B 1, 10 C 8, 10 D 1, 10 D 4, 10 D 8, 10 D 9, 10 D 10, 10 D 12, 10 E 1, 10 E 3, 10 F 2, 15 A 25, 15 D 6

§ 36 Gerichtliche Termine

(1) Der Anstaltsleiter kann einem Gefangenen zur Teilnahme an einem gerichtlichen Termin Ausgang oder Urlaub erteilen, wenn anzunehmen ist, daß er der Ladung folgt und keine Entweichungs- oder Mißbrauchsgefahr (§ 11 Abs. 2) besteht. § 13 Abs. 5 und § 14 gelten entsprechend.

(2) Wenn ein Gefangener zu einem gerichtlichen Termin geladen ist und Ausgang oder Urlaub nicht gewährt wird, läßt der Anstaltsleiter ihn mit seiner Zustimmung zu dem Termin ausführen, sofern wegen Entweichungs- oder Mißbrauchsgefahr (§ 11 Abs. 2) keine überwiegenden Gründe entgegenstehen. Auf Ersuchen eines Gerichts läßt er den Gefangenen vorführen, sofern ein Vorführungsbefehl vorliegt.

(3) Die Vollzugsbehörde unterrichtet das Gericht über das Veranlaßte.

10 B 1, 10 D 2, 10 D 4, 10 D 6, 10 D 8, 10 D 9, 10 D 10, 10 D 12, 10 D 14, 10 E 1, 10 E 3, 10 F 2, 15 A 25, 15 D 6

Fünfter Titel. Arbeit, Ausbildung und Weiterbildung

§ 37 Zuweisung

(1) Arbeit, arbeitstherapeutische Beschäftigung, Ausbildung und Weiterbildung dienen insbesondere dem Ziel, Fähigkeiten für eine Erwerbstätigkeit nach der Entlassung zu vermitteln, zu erhalten oder zu fördern.

(2) Die Vollzugsbehörde soll dem Gefangenen wirtschaftlich ergiebige Arbeit zuweisen und dabei seine Fähigkeiten, Fertigkeiten und Neigungen berücksichtigen.

(3) Geeigneten Gefangenen soll Gelegenheit zur Berufsausbildung, beruflichen Weiterbildung oder Teilnahme an anderen ausbildenden oder weiterbildenden Maßnahmen gegeben werden.

(4) Kann einem arbeitsfähigen Gefangenen keine wirtschaftlich ergiebige Arbeit oder die Teilnahme an Maßnahmen nach Absatz 3 zugewiesen werden, wird ihm eine angemessene Beschäftigung zugeteilt.

(5) Ist ein Gefangener zu wirtschaftlich ergiebiger Arbeit nicht fähig, soll er arbeitstherapeutisch beschäftigt werden.

3 A 8, 4 A 2, 4 A 6, 4 A 8, 4 A 9, 4 A 13, 4 A 14, 4 A 31, 4 A 32, 4 A 34, 4 B 10, 4 B 17, 4 B 21, 4 C 5, 4 C 22, 4 E 2, 4 E 6, 4 G 2, 4 G 5, 4 G 13, 5 A 29, 15 A 25, 15 D 6

§ 38 Unterricht

(1) Für geeignete Gefangene, die den Abschluß der Hauptschule nicht erreicht haben, soll Unterricht in den zum Hauptschulabschluß führenden Fächern oder ein der Sonderschule entsprechender Unterricht vorgesehen werden. Bei der beruflichen Ausbildung ist berufsbildender Unterricht vorzusehen; dies gilt auch für die berufliche Weiterbildung, soweit die Art der Maßnahme es erfordert.

(2) Unterricht soll während der Arbeitszeit stattfinden.

4 E 1, 4 E 2, 4 E 9, 4 E 10, 4 E 13, 4 E 14, 4 E 17, 4 G 2, 15 A 25, 15 D 6

§ 39 Freies Beschäftigungsverhältnis, Selbstbeschäftigung

(1) Dem Gefangenen soll gestattet werden, einer Arbeit, Berufsausbildung oder beruflichen Weiterbildung auf der Grundlage eines freien Beschäftigungsverhältnisses außerhalb der Anstalt nachzugehen, wenn dies im Rahmen des Vollzugsplanes dem Ziel dient, Fähigkeiten für eine Erwerbstätigkeit nach der Entlassung zu vermitteln, zu erhalten oder zu fördern und nicht überwiegende Gründe des Vollzuges entgegenstehen. § 11 Abs. 1 Nr. 1, Abs. 2 und § 14 bleiben unberührt.

(2) Dem Gefangenen kann gestattet werden, sich selbst zu beschäftigen.

(3) Die Vollzugsbehörde kann verlangen, daß ihr das Entgelt zur Gutschrift für den Gefangenen überwiesen wird.

4 G 7, 4 H 2, 4 H 10, 4 H 11, 4 H 24, 4 H 28, 4 I 67, 10 C 29, 10 C 30, 15 A 25, 15 D 6

§ 40 Abschlußzeugnis

Aus dem Abschlußzeugnis über eine ausbildende oder weiterbildende Maßnahme darf die Gefangenschaft eines Teilnehmers nicht erkennbar sein.

4 F 3, 15 A 25, 15 D 6

§ 41 Arbeitspflicht

(1) Der Gefangene ist verpflichtet, eine ihm zugewiesene, seinen körperlichen Fähigkeiten angemessene Arbeit, arbeitstherapeutische oder sonstige Beschäftigung auszuüben, zu deren Verrichtung er auf Grund seines körperlichen Zustandes in der Lage ist. Er kann jährlich bis zu drei Monaten zu Hilfstätigkeiten in der Anstalt verpflichtet werden, mit seiner Zustimmung auch darüber hinaus. Die Sätze 1 und 2 gelten nicht für Gefangene, die über 65 Jahre alt sind, und nicht für werdende und stillende Mütter, soweit gesetzliche Beschäftigungsverbote zum Schutz erwerbstätiger Mütter bestehen.

(2) Die Teilnahme an einer Maßnahme nach § 37 Abs. 3 bedarf der Zustimmung des Gefangenen. Die Zustimmung darf nicht zur Unzeit widerrufen werden.

(3)

Fußnote

§ 41 Abs. 1 Satz 1 (iVm § 37 Abs. 2 u. 4, § 43 Abs. 1 u. 2, § 198 Abs. 3): Nach Maßgabe der Entscheidungsformel mit GG (100-1) vereinbar gem. BVerfGE v. 1.7.1998 I 2208 (2 BvR 441/90 u.a.)

1 E 32, 4 B 1, 4 B 4, 4 B 7, 4 B 10, 4 B 11, 4 B 12, 4 B 14, 4 B 19, 4 B 24, 4 B 25, 4 B 26, 4 C 22, 4 D 2, 4 D 10,
4 E 6, 11 M 14, 14 B 3, 14 B 5, 15 A 25, 15 D 6

§ 42 Freistellung von der Arbeitspflicht

(1) Hat der Gefangene ein Jahr lang zugewiesene Tätigkeit nach § 37 oder Hilfstätigkeiten nach § 41 Abs. 1 Satz 2 ausgeübt, so kann er beanspruchen, achtzehn Werktage von der Arbeitspflicht freigestellt zu werden. Zeiten, in denen der Gefangene infolge Krankheit an seiner Arbeitsleistung verhindert war, werden auf das Jahr bis zu sechs Wochen jährlich angerechnet.

(2) Auf die Zeit der Freistellung wird Urlaub aus der Haft (§§ 13, 35) angerechnet, soweit er in die Arbeitszeit fällt und nicht wegen einer lebensgefährlichen Erkrankung oder des Todes eines Angehörigen erteilt worden ist.

(3) Der Gefangene erhält für die Zeit der Freistellung seine zuletzt gezahlten Bezüge weiter.

(4) Urlaubsregelungen der Beschäftigungsverhältnisse außerhalb des Strafvollzuges bleiben unberührt.

4 C 1, 4 C 3, 4 C 6, 4 C 7, 4 C 8, 4 C 9, 4 C 14, 4 C 15, 4 C 16, 4 C 17, 4 C 19, 4 C 21,
4 C 22, 4 D 34, 4 D 40, 4 D 45, 4 D 67, 4 G 5, 4 G 12, 14 B 5, 15 A 25,
15 D 6, 15 D 8

Anhang

§ 43 Arbeitsentgelt, Arbeitsurlaub und Anrechnung der Freistellung auf den Entlassungszeitpunkt

(1) Die Arbeit des Gefangenen wird anerkannt durch Arbeitsentgelt und eine Freistellung von der Arbeit, die auch als Urlaub aus der Haft (Arbeitsurlaub) genutzt oder auf den Entlassungszeitpunkt angerechnet werden kann.

(2) Übt der Gefangene eine zugewiesene Arbeit, sonstige Beschäftigung oder eine Hilfstätigkeit nach § 41 Abs. 1 Satz 2 aus, so erhält er ein Arbeitsentgelt. Der Bemessung des Arbeitsentgelts ist der in § 200 bestimmte Satz der Bezugsgröße nach § 18 des Vierten Buches Sozialgesetzbuch zu Grunde zu legen (Eckvergütung). Ein Tagessatz ist der zweihundertfünfzigste Teil der Eckvergütung; das Arbeitsentgelt kann nach einem Stundensatz bemessen werden.

(3) Das Arbeitsentgelt kann je nach Leistung des Gefangenen und der Art der Arbeit gestuft werden. 75 vom Hundert der Eckvergütung dürfen nur dann unterschritten werden, wenn die Arbeitsleistungen des Gefangenen den Mindestanforderungen nicht genügen.

(4) Übt ein Gefangener zugewiesene arbeitstherapeutische Beschäftigung aus, erhält er ein Arbeitsentgelt, soweit dies der Art seiner Beschäftigung und seiner Arbeitsleistung entspricht.

(5) Das Arbeitsentgelt ist dem Gefangenen schriftlich bekannt zu geben.

(6) Hat der Gefangene zwei Monate lang zusammenhängend eine zugewiesene Tätigkeit nach § 37 oder eine Hilfstätigkeit nach § 41 Abs. 1 Satz 2 ausgeübt, so wird er auf seinen Antrag hin einen Werktag von der Arbeit freigestellt. Die Regelung des § 42 bleibt unberührt. Durch Zeiten, in denen der Gefangene ohne sein Verschulden durch Krankheit, Ausführung, Ausgang, Urlaub aus der Haft, Freistellung von der Arbeitspflicht oder sonstige nicht von ihm zu vertretende Gründe an der Arbeitsleistung gehindert ist, wird die Frist nach Satz 1 gehemmt. Beschäftigungszeiträume von weniger als zwei Monaten bleiben unberücksichtigt.

(7) Der Gefangene kann beantragen, dass die Freistellung nach Absatz 6 in Form von Urlaub aus der Haft gewährt wird (Arbeitsurlaub). § 11 Abs. 2, § 13 Abs. 2 bis 5 und § 14 gelten entsprechend.

(8) § 42 Abs. 3 gilt entsprechend.

(9) Stellt der Gefangene keinen Antrag nach Absatz 6 Satz 1 oder Absatz 7 Satz 1 oder kann die Freistellung nach Maßgabe der Regelung des Absatzes 7 Satz 2 nicht gewährt werden, so wird die Freistellung nach Absatz 6 Satz 1 von der Anstalt auf den Entlassungszeitpunkt des Gefangenen angerechnet.

(10) Eine Anrechnung nach Absatz 9 ist ausgeschlossen,
1. soweit eine lebenslange Freiheitsstrafe oder Sicherungsverwahrung verbüßt wird und ein Entlassungszeitpunkt noch nicht bestimmt ist,
2. bei einer Aussetzung der Vollstreckung des Restes einer Freiheitsstrafe oder einer Sicherungsverwahrung zur Bewährung, soweit wegen des von der Entscheidung des Gerichts bis zur Entlassung verbleibenden Zeitraums eine Anrechnung nicht mehr möglich ist,
3. wenn dies vom Gericht angeordnet wird, weil bei einer Aussetzung der Vollstreckung des Restes einer Freiheitsstrafe oder einer Sicherungsverwahrung zur Bewährung die Lebensverhältnisse des Gefangenen oder die Wirkungen, die von der Aussetzung für ihn zu erwarten sind, die Vollstreckung bis zu einem bestimmten Zeitpunkt erfordern,
4. wenn nach § 456a Abs. 1 der Strafprozessordnung von der Vollstreckung abgesehen wird,
5. wenn der Gefangene im Gnadenwege aus der Haft entlassen wird.

(11) Soweit eine Anrechnung nach Absatz 10 ausgeschlossen ist, erhält der Gefangene bei seiner Entlassung für seine Tätigkeit nach Absatz 2 als Ausgleichsentschädigung zusätzlich 15 vom Hundert des ihm nach den Absätzen 2 und 3 gewährten Entgelts oder der ihm nach § 44 gewährten Ausbildungsbeihilfe. Der Anspruch entsteht erst mit der Entlassung; vor der Entlassung ist der Anspruch nicht verzinslich, nicht abtretbar und nicht vererblich. Einem Gefangenen, bei dem eine Anrechnung nach Absatz 10 Nr. 1 ausgeschlossen ist, wird die Ausgleichszahlung bereits nach Verbüßung von jeweils zehn Jahren der lebenslangen Freiheitsstrafe oder Sicherungsverwahrung zum Eigengeld (§ 52) gutgeschrieben, soweit er nicht vor diesem Zeitpunkt entlassen wird; § 57 Abs. 4 des Strafgesetzbuches gilt entsprechend.

1 B 5, 4 C 1, 4 D 1, 4 D 3, 4 D 5, 4 D 10, 4 D 11, 4 D 17, 4 D 18, 4 D 19, 4 D 20, 4 D 21, 4 D 22, 4 D 25, 4 D 30, 4 D 32, 4 D 34, 4 D 35, 4 D 36, 4 D 37, 4 D 39, 4 D 42, 4 D 43, 4 D 45, 4 D 46, 4 D 49, 4 D 53, 4 D 54, 4 D 55, 4 D 56, 4 D 57, 4 D 58, 4 D 59, 4 D 60, 4 D 61, 4 D 62, 4 D 64, 4 D 67, 4 D 70, 4 D 90, 4 D 92, 4 G 10, 4 G 11, 4 G 13, 4 I 21, 4 I 23, 4 I 67, 7 C 17, 7 E 9, 11 C 17, 12 P 8, 15 A 25, 15 D 6, 15 D 8

§ 44 Ausbildungsbeihilfe

(1) Nimmt der Gefangene an einer Berufsausbildung, beruflichen Weiterbildung oder an einem Unterricht teil und ist er zu diesem Zweck von seiner Arbeitspflicht freigestellt, so erhält er eine Ausbildungsbeihilfe, soweit ihm keine Leistungen zum Lebensunterhalt zustehen, die freien Personen aus solchem Anlaß gewährt werden. Der Nachrang der Sozialhilfe nach § 2 Abs. 2 des Zwölften Buches Sozialgesetzbuch wird nicht berührt.

(2) Für die Bemessung der Ausbildungsbeihilfe gilt § 43 Abs. 2 und 3 entsprechend.

(3) Nimmt der Gefangene während der Arbeitszeit stunden- oder tageweise am Unterricht oder an anderen zugewiesenen Maßnahmen gemäß § 37 Abs. 3 teil, so erhält er in Höhe des ihm dadurch entgehenden Arbeitsentgelts eine Ausbildungsbeihilfe.

4 D 5, 4 D 13, 4 D 25, 4 D 70, 4 G 5, 4 G 7, 4 G 8, 4 G 9, 4 G 10, 4 G 11, 4 G 14, 4 I 21, 4 I 23, 4 I 67, 11 C 17, 15 A 25, 15 D 6

§ 45 Ausfallentschädigung
(zukünftig in Kraft)

4 D 13, 4 D 70, 4 D 93, 4 I 23, 11 C 17, 15 A 25, 15 D 6

§ 46 Taschengeld

Wenn ein Gefangener ohne sein Verschulden kein Arbeitsentgelt und keine Ausbildungsbeihilfe erhält, wird ihm ein angemessenes Taschengeld gewährt, falls er bedürftig ist.

4 I 1, 4 I 3, 4 I 4, 4 I 5, 4 I 14, 4 I 16, 4 I 23, 15 A 25, 15 D 6

§ 47 Hausgeld

(1) Der Gefangene darf von seinen in diesem Gesetz geregelten Bezügen drei Siebtel monatlich (Hausgeld) und das Taschengeld (§ 46) für den Einkauf (§ 22 Abs. 1) oder anderweitig verwenden.

(2) Für Gefangene, die in einem freien Beschäftigungsverhältnis stehen (§ 39 Abs. 1) oder denen gestattet ist, sich selbst zu beschäftigen (§ 39 Abs. 2), wird aus ihren Bezügen ein angemessenes Hausgeld festgesetzt.

4 I 19, 4 I 21, 4 I 22, 4 I 23, 4 I 25, 12 P 8, 15 A 25, 15 D 6

§ 48 Rechtsverordnung

Das Bundesministerium der Justiz und für Verbraucherschutz wird ermächtigt, im Einvernehmen mit dem Bundesministerium für Wirtschaft und Energie mit Zustimmung des Bundesrates zur Durchführung der §§ 43 bis 45 Rechtsverordnungen über die Vergütungsstufen zu erlassen.

15 A 25, 15 D 6

§ 49 Unterhaltsbeitrag
(zukünftig in Kraft)

4 I 35, 15 A 25, 15 D 6

§ 50 Haftkostenbeitrag

(1) Als Teil der Kosten der Vollstreckung der Rechtsfolgen einer Tat (§ 464a Abs. 1 Satz 2 der Strafprozessordnung) erhebt die Vollzugsanstalt von dem Gefangenen einen Haftkostenbeitrag. Ein Haftkostenbeitrag wird nicht erhoben, wenn der Gefangene
1. Bezüge nach diesem Gesetz erhält oder
2. ohne sein Verschulden nicht arbeiten kann oder
3. nicht arbeitet, weil er nicht zur Arbeit verpflichtet ist.

Hat der Gefangene, der ohne sein Verschulden während eines zusammenhängenden Zeitraumes von mehr als einem Monat nicht arbeiten kann oder nicht arbeitet, weil er nicht zur Arbeit verpflichtet ist, auf diese Zeit entfallende Einkünfte, so hat er den Haftkostenbeitrag für diese Zeit bis zur Höhe der auf sie entfallenden Einkünfte zu entrichten. Dem Gefangenen muss ein Betrag verbleiben, der dem mittleren Arbeitsentgelt in den Vollzugsanstalten des Landes entspricht. Von der Geltendmachung des Anspruchs ist abzusehen, soweit dies notwendig ist, um die Wiedereingliederung des Gefangenen in die Gemeinschaft nicht zu gefährden.

(2) Der Haftkostenbeitrag wird in Höhe des Betrages erhoben, der nach § 17 Abs. 1 Nr. 4 des Vierten Buches Sozialgesetzbuch durchschnittlich zur Bewertung der Sachbezüge festgesetzt ist. Das Bundesministerium der Justiz und für Verbraucherschutz stellt den Durchschnittsbetrag für jedes Kalenderjahr nach den am 1. Oktober des vorhergehenden Jahres geltenden Bewertungen der Sachbezüge, jeweils getrennt für das in Artikel 3 des Einigungsvertrages genannte Gebiet und für das Gebiet, in dem das Strafvollzugsgesetz schon vor dem Wirksamwerden des Beitritts gegolten hat, fest und macht ihn im Bundesanzeiger bekannt. Bei Selbstverpflegung entfallen die für die Verpflegung vorgesehenen Beträge. Für den Wert der Unterkunft ist die festgesetzte Belegungsfähigkeit maßgebend. Der Haftkostenbeitrag darf auch von dem unpfändbaren Teil der Bezüge, nicht aber zu Lasten des Hausgeldes und der Ansprüche unterhaltsberechtigter Angehöriger angesetzt werden.

(3) Im Land Berlin gilt einheitlich der für das in Artikel 3 des Einigungsvertrages genannte Gebiet geltende Durchschnittsbetrag.

(4) Die Selbstbeschäftigung (§ 39 Abs. 2) kann davon abhängig gemacht werden, dass der Gefangene einen Haftkostenbeitrag bis zur Höhe des in Absatz 2 genannten Satzes monatlich im Voraus entrichtet.

(5) Für die Erhebung des Haftkostenbeitrages können die Landesregierungen durch Rechtsverordnung andere Zuständigkeiten begründen. Auch in diesem Fall ist der Haftkostenbeitrag eine Justizverwaltungsabgabe; auf das gerichtliche Verfahren finden die §§ 109 bis 121 entsprechende Anwendung.

1 B 5, 4 D 28, 4 H 25, 4 H 29, 4 I 36, 4 I 37, 4 I 39, 4 I 40, 4 I 43, 4 I 45, 4 I 47, 4 I 49, 4 I 50, 4 I 51, 4 I 52, 4 I 53, 4 I 54, 4 I 76, 15 A 25, 15 A 27

§ 51 Überbrückungsgeld

(1) Aus den in diesem Gesetz geregelten Bezügen und aus den Bezügen der Gefangenen, die in einem freien Beschäftigungsverhältnis stehen (§ 39 Abs. 1) oder denen gestattet ist, sich selbst zu beschäftigen (§ 39 Abs. 2), ist ein Überbrückungsgeld zu bilden, das den notwendigen Lebensunterhalt des Gefangenen und seiner Unterhaltsberechtigten für die ersten vier Wochen nach seiner Entlassung sichern soll.

(2) Das Überbrückungsgeld wird dem Gefangenen bei der Entlassung in die Freiheit ausgezahlt. Die Vollzugsbehörde kann es auch ganz oder zum Teil dem Bewährungshelfer oder einer mit der Entlassenenbetreuung befaßten Stelle überweisen, die darüber entscheiden, wie das Geld innerhalb der ersten vier Wochen nach der Entlassung an den Gefangenen ausgezahlt wird. Der Bewährungshelfer und die mit der Entlassenenbetreuung befaßte Stelle sind verpflichtet, das Überbrückungsgeld von ihrem Vermögen gesondert zu halten. Mit Zustimmung des Gefangenen kann das Überbrückungsgeld auch dem Unterhaltsberechtigten überwiesen werden.

(3) Der Anstaltsleiter kann gestatten, daß das Überbrückungsgeld für Ausgaben in Anspruch genommen wird, die der Eingliederung des Gefangenen dienen.

(4) Der Anspruch auf Auszahlung des Überbrückungsgeldes ist unpfändbar. Erreicht es nicht die in Absatz 1 bestimmte Höhe, so ist in Höhe des Unterschiedsbetrages auch der Anspruch auf Auszahlung des Eigengeldes unpfändbar. Bargeld des entlassenen Gefangenen, an den wegen der nach Satz 1 oder Satz 2 unpfändbaren Ansprüche Geld ausgezahlt worden ist, ist für die Dauer von vier Wochen seit der Entlassung insoweit der Pfändung nicht unterworfen, als es dem Teil der Ansprüche für die Zeit von der Pfändung bis zum Ablauf der vier Wochen entspricht.

(5) Absatz 4 gilt nicht bei einer Pfändung wegen der in § 850d Abs. 1 Satz 1 der Zivilprozeßordnung bezeichneten Unterhaltsansprüche. Dem entlassenen Gefangenen ist jedoch so viel zu belassen, als er für seinen notwendigen Unterhalt und zur Erfüllung seiner sonstigen gesetzlichen Unterhaltspflichten für die Zeit von der Pfändung bis zum Ablauf von vier Wochen seit der Entlassung bedarf.

1 B 5, 1 B 15, 4 D 28, 4 D 30, 4 I 11, 4 I 64, 4 I 66, 4 I 69, 4 I 70, 4 I 73, 4 I 75, 4 I 76, 4 I 78, 4 I 83, 4 I 84, 4 I 85, 4 I 86, 4 I 87, 4 I 91, 4 I 93, 4 I 94, 4 I 95, 4 I 98, 4 I 105, 4 I 113, 7 A 10, 7 C 1, 7 E 5, 7 E 6, 7 E 10, 7 E 11, 7 E 12, 15 A 24, 15 A 25, 15 A 26, 15 D 6

§ 52 Eigengeld

Bezüge des Gefangenen, die nicht als Hausgeld, Haftkostenbeitrag, Unterhaltsbeitrag oder Überbrückungsgeld in Anspruch genommen werden, sind dem Gefangenen zum Eigengeld gutzuschreiben.

4 I 100, 4 I 101, 11 C 1, 11 C 2, 11 C 17, 15 A 25, 15 D 6

Sechster Titel. Religionsausübung

§ 53 Seelsorge

(1) Dem Gefangenen darf religiöse Betreuung durch einen Seelsorger seiner Religionsgemeinschaft nicht versagt werden. Auf seinen Wunsch ist ihm zu helfen, mit einem Seelsorger seiner Religionsgemeinschaft in Verbindung zu treten.

(2) Der Gefangene darf grundlegende religiöse Schriften besitzen. Sie dürfen ihm nur bei grobem Mißbrauch entzogen werden.

(3) Dem Gefangenen sind Gegenstände des religiösen Gebrauchs in angemessenem Umfang zu belassen.

8 A 7, 8 A 14, 8 A 19, 8 A 21, 8 A 25, 11 C 1, 11 C 3, 15 A 25, 15 D 6

§ 54 Religiöse Veranstaltungen

(1) Der Gefangene hat das Recht, am Gottesdienst und an anderen religiösen Veranstaltungen seines Bekenntnisses teilzunehmen.

(2) Zu dem Gottesdienst oder zu religiösen Veranstaltungen einer anderen Religionsgemeinschaft wird der Gefangene zugelassen, wenn deren Seelsorger zustimmt.

(3) Der Gefangene kann von der Teilnahme am Gottesdienst oder anderen religiösen Veranstaltungen ausgeschlossen werden, wenn dies aus überwiegenden Gründen der Sicherheit oder Ordnung geboten ist; der Seelsorger soll vorher gehört werden.

8 B 1, 8 B 17, 8 B 18, 8 B 23, 15 A 25, 15 D 6

§ 55 Weltanschauungsgemeinschaften

Für Angehörige weltanschaulicher Bekenntnisse gelten die §§ 53 und 54 entsprechend.

8 C 4, 15 A 25, 15 D 6

Siebter Titel. Gesundheitsfürsorge

§ 56 Allgemeine Regeln

(1) Für die körperliche und geistige Gesundheit des Gefangenen ist zu sorgen. § 101 bleibt unberührt.

(2) Der Gefangene hat die notwendigen Maßnahmen zum Gesundheitsschutz und zur Hygiene zu unterstützen.

1 E 29, 6 D 1, 6 D 24, 11 B 6, 11 D 3, 11 D 12, 11 D 13, 15 A 25, 15 D 6

§ 57 Gesundheitsuntersuchungen, medizinische Vorsorgeleistungen

(1) Gefangene, die das fünfunddreißigste Lebensjahr vollendet haben, haben jedes zweite Jahr Anspruch auf eine ärztliche Gesundheitsuntersuchung zur Früherkennung von Krankheiten, insbesondere zur Früherkennung von Herz-Kreislauf- und Nierenerkrankungen sowie der Zuckerkrankheit.

(2) Gefangene haben höchstens einmal jährlich Anspruch auf eine Untersuchung zur Früherkennung von Krebserkrankungen, Frauen frühestens vom Beginn des zwanzigsten Lebensjahres an, Männer frühestens vom Beginn des fünfundvierzigsten Lebensjahres an.

(3) Voraussetzung für die Untersuchungen nach den Absätzen 1 und 2 ist, daß

1. es sich um Krankheiten handelt, die wirksam behandelt werden können,
2. das Vor- oder Frühstadium dieser Krankheiten durch diagnostische Maßnahmen erfaßbar ist,
3. die Krankheitszeichen medizinisch-technisch genügend eindeutig zu erfassen sind,
4. genügend Ärzte und Einrichtungen vorhanden sind, um die aufgefundenen Verdachtsfälle eingehend zu diagnostizieren und zu behandeln.

(4) Gefangene Frauen haben für ihre Kinder, die mit ihnen in der Vollzugsanstalt untergebracht sind, bis zur Vollendung des sechsten Lebensjahres Anspruch auf Untersuchungen zur Früherkennung von Krankheiten, die die körperliche oder geistige Entwicklung ihrer Kinder in nicht geringfügigem Maße gefährden.

(5) Gefangene, die das vierzehnte, aber noch nicht das zwanzigste Lebensjahr vollendet haben, können sich zur Verhütung von Zahnerkrankungen einmal in jedem Kalenderhalbjahr zahnärztlich untersuchen lassen. Die Untersuchungen sollen sich auf den Befund des Zahnfleisches, die Aufklärung über Krankheitsursachen und ihre Vermeidung, das Erstellen von diagnostischen Vergleichen zur Mundhygiene, zum Zu-

stand des Zahnfleisches und zur Anfälligkeit gegenüber Karieserkrankungen, auf die Motivation und Einweisung bei der Mundpflege sowie auf Maßnahmen zur Schmelzhärtung der Zähne erstrecken.

(6) Gefangene haben Anspruch auf ärztliche Behandlung und Versorgung mit Arznei-, Verband-, Heil- und Hilfsmitteln, wenn diese notwendig sind,
1. eine Schwächung der Gesundheit, die in absehbarer Zeit voraussichtlich zu einer Krankheit führen würde, zu beseitigen,
2. einer Gefährdung der gesundheitlichen Entwicklung eines Kindes entgegenzuwirken oder
3. Pflegebedürftigkeit zu vermeiden.

6 E 3, 6 E 6, 6 E 7, 6 E 8, 6 E 9, 6 F 2, 6 F 18, 15 A 25, 15 D 6

§ 58 Krankenbehandlung

Gefangene haben Anspruch auf Krankenbehandlung, wenn sie notwendig ist, um eine Krankheit zu erkennen, zu heilen, ihre Verschlimmerung zu verhüten oder Krankheitsbeschwerden zu lindern. Die Krankenbehandlung umfaßt insbesondere
1. ärztliche Behandlung,
2. zahnärztliche Behandlung einschließlich der Versorgung mit Zahnersatz,
3. Versorgung mit Arznei-, Verband-, Heil- und Hilfsmitteln,
4. medizinische und ergänzende Leistungen zur Rehabilitation sowie Belastungserprobung und Arbeitstherapie, soweit die Belange des Vollzuges dem nicht entgegenstehen.

6 D 37, 6 E 3, 6 F 1, 6 F 2, 6 F 3, 6 F 18, 6 F 34, 15 A 25, 15 D 6

§ 59 Versorgung mit Hilfsmitteln

Gefangene haben Anspruch auf Versorgung mit Seh- und Hörhilfen, Körperersatzstücken, orthopädischen und anderen Hilfsmitteln, die im Einzelfall erforderlich sind, um den Erfolg der Krankenbehandlung zu sichern oder eine Behinderung auszugleichen, sofern dies nicht mit Rücksicht auf die Kürze des Freiheitsentzugs ungerechtfertigt ist und soweit die Hilfsmittel nicht als allgemeine Gebrauchsgegenstände des täglichen Lebens anzusehen sind. Der Anspruch umfaßt auch die notwendige Änderung, Instandsetzung und Ersatzbeschaffung von Hilfsmitteln sowie die Ausbildung in ihrem Gebrauch, soweit die Belange des Vollzuges dem nicht entgegenstehen. Ein erneuter Anspruch auf Versorgung mit Sehhilfen besteht nur bei einer Änderung der Sehfähigkeit um mindestens 0,5 Dioptrien. Anspruch auf Versorgung mit Kontaktlinsen besteht nur in medizinisch zwingend erforderlichen Ausnahmefällen.

6 E 3, 6 F 18, 15 A 25, 15 D 6

§ 60 Krankenbehandlung im Urlaub

Während eines Urlaubs oder Ausgangs hat der Gefangene gegen die Vollzugsbehörde nur einen Anspruch auf Krankenbehandlung in der für ihn zuständigen Vollzugsanstalt.

15 A 25, 15 D 6

§ 61 Art und Umfang der Leistungen

Für die Art der Gesundheitsuntersuchungen und medizinischen Vorsorgeleistungen sowie für den Umfang dieser Leistungen und der Leistungen zur Krankenbehandlung einschließlich der Versorgung mit Hilfsmitteln gelten die entsprechenden Vorschriften des Sozialgesetzbuchs und die auf Grund dieser Vorschriften getroffenen Regelungen.

6 E 3, 6 F 18, 6 F 28, 15 A 25, 15 D 6

§ 62 Zuschüsse zu Zahnersatz und Zahnkronen

Die Landesjustizverwaltungen bestimmen durch allgemeine Verwaltungsvorschriften die Höhe der Zuschüsse zu den Kosten der zahnärztlichen Behandlung und der zahntechnischen Leistungen bei der Versorgung mit Zahnersatz. Sie können bestimmen, daß die gesamten Kosten übernommen werden.

6 F 34, 6 F 35, 15 A 25, 15 D 6

§ 62a Ruhen der Ansprüche

Der Anspruch auf Leistungen nach den §§ 57 bis 59 ruht, solange der Gefangene auf Grund eines freien Beschäftigungsverhältnisses (§ 39 Abs. 1) krankenversichert ist.

4 H 5, 6 F 55, 15 A 25, 15 D 6

§ 63 Ärztliche Behandlung zur sozialen Eingliederung

Mit Zustimmung des Gefangenen soll die Vollzugsbehörde ärztliche Behandlung, namentlich Operationen oder prothetische Maßnahmen durchführen lassen, die seine soziale Eingliederung fördern. Er ist an den Kosten zu beteiligen, wenn dies nach seinen wirtschaftlichen Verhältnissen gerechtfertigt ist und der Zweck der Behandlung dadurch nicht in Frage gestellt wird.

4 I 55, 6 F 41, 6 F 42, 6 F 50, 15 A 25, 15 D 6

§ 64 Aufenthalt im Freien

Arbeitet ein Gefangener nicht im Freien, so wird ihm täglich mindestens eine Stunde Aufenthalt im Freien ermöglicht, wenn die Witterung dies zu der festgesetzten Zeit zuläßt.

6 G 1, 6 I 7, 15 A 25, 15 D 6

§ 65 Verlegung

(1) Ein kranker Gefangener kann in ein Anstaltskrankenhaus oder in eine für die Behandlung seiner Krankheit besser geeignete Vollzugsanstalt verlegt werden.

(2) Kann die Krankheit eines Gefangenen in einer Vollzugsanstalt oder einem Anstaltskrankenhaus nicht erkannt oder behandelt werden oder ist es nicht möglich, den Gefangenen rechtzeitig in ein Anstaltskrankenhaus zu verlegen, ist dieser in ein Krankenhaus außerhalb des Vollzuges zu bringen.

6 F 72, 15 A 25, 15 D 6

§ 66 Benachrichtigung bei Erkrankung oder Todesfall

(1) Wird ein Gefangener schwer krank, so ist ein Angehöriger, eine Person seines Vertrauens oder der gesetzliche Vertreter unverzüglich zu benachrichtigen. Dasselbe gilt, wenn ein Gefangener stirbt.

(2) Dem Wunsch des Gefangenen, auch andere Personen zu benachrichtigen, soll nach Möglichkeit entsprochen werden.

6 H 2, 15 A 25, 15 D 6

Achter Titel. Freizeit

§ 67 Allgemeines

Der Gefangene erhält Gelegenheit, sich in seiner Freizeit zu beschäftigen. Er soll Gelegenheit erhalten, am Unterricht einschließlich Sport, an Fernunterricht, Lehrgängen und sonstigen Veranstaltungen der Weiterbildung, an Freizeitgruppen, Gruppengesprächen sowie an Sportveranstaltungen teilzunehmen und eine Bücherei zu benutzen.

1 E 27, 5 A 1, 5 A 4, 5 A 8, 5 A 10, 5 A 18, 5 A 19, 5 A 24, 5 A 25, 5 A 27, 5 A 32, 5 A 36, 5 A 44, 5 A 45, 5 A 48, 15 A 25, 15 D 6

§ 68 Zeitungen und Zeitschriften

(1) Der Gefangene darf Zeitungen und Zeitschriften in angemessenem Umfang durch Vermittlung der Anstalt beziehen.

(2) Ausgeschlossen sind Zeitungen und Zeitschriften, deren Verbreitung mit Strafe oder Geldbuße bedroht ist. Einzelne Ausgaben oder Teile von Zeitungen oder Zeitschriften können dem Gefangenen vorenthalten werden, wenn sie das Ziel des Vollzuges oder die Sicherheit oder Ordnung der Anstalt erheblich gefährden würden.

1 E 29, 5 A 1, 5 B 5, 5 B 13, 5 B 23, 5 B 24, 5 B 26, 5 B 27, 5 B 28, 11 C 1, 11 C 3, 15 A 25, 15 D 6

§ 69 Hörfunk und Fernsehen

(1) Der Gefangene kann am Hörfunkprogramm der Anstalt sowie am gemeinschaftlichen Fernsehempfang teilnehmen. Die Sendungen sind so auszuwählen, daß Wünsche und Bedürfnisse nach staatsbürgerlicher Information, Bildung und Unterhaltung angemessen berücksichtigt werden. Der Hörfunk- und Fernsehempfang kann vorübergehend ausgesetzt oder einzelnen Gefangenen untersagt werden, wenn dies zur Aufrechterhaltung der Sicherheit oder Ordnung der Anstalt unerläßlich ist.

(2) Eigene Hörfunk- und Fernsehgeräte werden unter den Voraussetzungen des § 70 zugelassen.

4 I 55, 5 A 1, 5 C 2, 5 C 5, 5 C 7, 5 C 9, 5 C 10, 5 C 12, 5 C 17, 5 C 19, 5 C 20, 5 C 30, 5 C 35, 5 C 36, 5 C 41, 5 C 42, 5 C 43, 5 C 44, 5 C 45, 5 D 2, 13 M 3, 15 A 25, 15 D 6

§ 70 Besitz von Gegenständen für die Freizeitbeschäftigung

(1) Der Gefangene darf in angemessenem Umfang Bücher und andere Gegenstände zur Fortbildung oder zur Freizeitbeschäftigung besitzen.

(2) Dies gilt nicht, wenn der Besitz, die Überlassung oder die Benutzung des Gegenstands
1. mit Strafe oder Geldbuße bedroht wäre oder
2. das Ziel des Vollzuges oder die Sicherheit oder Ordnung der Anstalt gefährden würde.

(3) Die Erlaubnis kann unter den Voraussetzungen des Absatzes 2 widerrufen werden.

2 F 12, 2 F 13, 5 A 1, 5 C 14, 5 C 17, 5 C 19, 5 C 24, 5 C 27, 5 C 30, 5 C 35, 5 C 41, 5 C 42, 5 C 43, 5 C 45, 5 D 2, 5 D 5, 5 D 6, 5 D 13, 5 D 15, 5 D 17, 5 D 21, 5 D 22, 5 D 23, 5 D 26, 5 D 30, 5 D 32, 5 D 33, 5 D 35, 10 F 3, 11 C 1, 11 C 3, 11 C 9, 15 A 25, 15 D 6

Neunter Titel. Soziale Hilfe

§ 71 Grundsatz

Der Gefangene kann die soziale Hilfe der Anstalt in Anspruch nehmen, um seine persönlichen Schwierigkeiten zu lösen. Die Hilfe soll darauf gerichtet sein, den Gefangenen in die Lage zu versetzen, seine Angelegenheiten selbst zu ordnen und zu regeln.

7 A 8, 15 A 25, 15 D 6

§ 72 Hilfe bei der Aufnahme

(1) Bei der Aufnahme wird dem Gefangenen geholfen, die notwendigen Maßnahmen für hilfsbedürftige Angehörige zu veranlassen und seine Habe außerhalb der Anstalt sicherzustellen.

(2) Der Gefangene ist über die Aufrechterhaltung einer Sozialversicherung zu beraten.

2 A 12, 7 B 1, 7 B 9, 15 A 25, 15 D 6

§ 73 Hilfe während des Vollzuges

Der Gefangene wird in dem Bemühen unterstützt, seine Rechte und Pflichten wahrzunehmen, namentlich sein Wahlrecht auszuüben sowie für Unterhaltsberechtigte zu sorgen und einen durch seine Straftat verursachten Schaden zu regeln.

1 D 22, 7 B 1, 7 C 1, 7 C 6, 15 A 25, 15 D 6

§ 74 Hilfe zur Entlassung

Um die Entlassung vorzubereiten, ist der Gefangene bei der Ordnung seiner persönlichen, wirtschaftlichen und sozialen Angelegenheiten zu beraten. Die Beratung erstreckt sich auch auf die Benennung der für Sozialleistungen zuständigen Stellen. Dem Gefangenen ist zu helfen, Arbeit, Unterkunft und persönlichen Beistand für die Zeit nach der Entlassung zu finden.

7 D 1, 7 D 8, 7 D 19, 7 D 39, 10 G 1, 15 D 6

§ 75 Entlassungsbeihilfe

(1) Der Gefangene erhält, soweit seine eigenen Mittel nicht ausreichen, von der Anstalt eine Beihilfe zu den Reisekosten sowie eine Überbrückungsbeihilfe und erforderlichenfalls ausreichende Kleidung.

(2) Bei der Bemessung der Höhe der Überbrückungsbeihilfe sind die Dauer des Freiheitsentzuges, der persönliche Arbeitseinsatz des Gefangenen und die Wirtschaftlichkeit seiner Verfügungen über Eigengeld und Hausgeld während der Strafzeit zu berücksichtigen. § 51 Abs. 2 Satz 2 und 3 gilt entsprechend. Die Überbrückungsbeihilfe kann ganz oder teilweise auch dem Unterhaltsberechtigten überwiesen werden.

(3) Der Anspruch auf Beihilfe zu den Reisekosten und die ausgezahlte Reisebeihilfe sind unpfändbar. Für den Anspruch auf Überbrückungsbeihilfe und für Bargeld nach Auszahlung einer Überbrückungsbeihilfe an den Gefangenen gilt § 51 Abs. 4 Satz 1 und 3, Abs. 5 entsprechend.

1 B 5, 1 B 15, 7 E 1, 7 E 2, 7 E 5, 7 E 9, 7 E 10, 10 G 1, 15 A 24, 15 A 25, 15 A 26, 15 D 6

Zehnter Titel. Besondere Vorschriften für den Frauenstrafvollzug

§ 76 Leistungen bei Schwangerschaft und Mutterschaft

(1) Bei einer Schwangeren oder einer Gefangenen, die unlängst entbunden hat, ist auf ihren Zustand Rücksicht zu nehmen. Die Vorschriften des Gesetzes zum Schutz der erwerbstätigen Mutter über die Gestaltung des Arbeitsplatzes sind entsprechend anzuwenden.

(2) Die Gefangene hat während der Schwangerschaft, bei und nach der Entbindung Anspruch auf ärztliche Betreuung und auf Hebammenhilfe in der Vollzugsanstalt. Zur ärztlichen Betreuung während der Schwangerschaft gehören insbesondere Untersuchungen zur Feststellung der Schwangerschaft sowie Vorsorgeuntersuchungen einschließlich der laborärztlichen Untersuchungen.

(3) Zur Entbindung ist die Schwangere in ein Krankenhaus außerhalb des Vollzuges zu bringen. Ist dies aus besonderen Gründen nicht angezeigt, so ist die Entbindung in einer Vollzugsanstalt mit Entbindungsabteilung vorzunehmen. Bei der Entbindung wird Hilfe durch eine Hebamme und, falls erforderlich, durch einen Arzt gewährt.

4 B 21, 14 A 15, 14 B 2, 14 B 3, 14 B 13, 15 A 25, 15 D 6

§ 77 Arznei-, Verband- und Heilmittel

Bei Schwangerschaftsbeschwerden und im Zusammenhang mit der Entbindung werden Arznei-, Verband- und Heilmittel geleistet.

14 A 15, 15 A 25, 15 D 6

§ 78 Art, Umfang und Ruhen der Leistungen bei Schwangerschaft und Mutterschaft

Die §§ 60, 61, 62a und 65 gelten für die Leistungen nach den §§ 76 und 77 entsprechend.

14 A 15, 14 B 16, 15 A 25, 15 D 6

§ 79 Geburtsanzeige

In der Anzeige der Geburt an das Standesamt dürfen die Anstalt als Geburtsstätte des Kindes, das Verhältnis des Anzeigenden zur Anstalt und die Gefangenschaft der Mutter nicht vermerkt sein.

15 A 25, 15 D 6

§ 80 Mütter mit Kindern

(1) Ist das Kind einer Gefangenen noch nicht schulpflichtig, so kann es mit Zustimmung des Inhabers des Aufenthaltsbestimmungsrechts in der Vollzugsanstalt untergebracht werden, in der sich seine Mutter befindet, wenn dies seinem Wohl entspricht. Vor der Unterbringung ist das Jugendamt zu hören.

(2) Die Unterbringung erfolgt auf Kosten des für das Kind Unterhaltspflichtigen. Von der Geltendmachung des Kostenersatzanspruchs kann abgesehen werden, wenn hierdurch die gemeinsame Unterbringung von Mutter und Kind gefährdet würde.

14 C 1, 14 C 6, 14 C 11, 14 C 12, 14 C 15, 15 A 25, 15 D 6

Elfter Titel. Sicherheit und Ordnung

§ 81 Grundsatz

(1) Das Verantwortungsbewußtsein des Gefangenen für ein geordnetes Zusammenleben in der Anstalt ist zu wecken und zu fördern.

(2) Die Pflichten und Beschränkungen, die dem Gefangenen zur Aufrechterhaltung der Sicherheit oder Ordnung der Anstalt auferlegt werden, sind so zu wählen, daß sie in einem angemessenen Verhältnis zu ihrem Zweck stehen und den Gefangenen nicht mehr und nicht länger als notwendig beeinträchtigen.

11 A 3, 11 A 4, 11 A 5, 11 A 7, 11 A 9, 11 B 1, 11 C 2, 11 I 4, 15 A 25, 15 D 6

§ 82 Verhaltensvorschriften

(1) Der Gefangene hat sich nach der Tageseinteilung der Anstalt (Arbeitszeit, Freizeit, Ruhezeit) zu richten. Er darf durch sein Verhalten gegenüber Vollzugsbediensteten, Mitgefangenen und anderen Personen das geordnete Zusammenleben nicht stören.

(2) Der Gefangene hat die Anordnungen der Vollzugsbediensteten zu befolgen, auch wenn er sich durch sie beschwert fühlt. Einen ihm zugewiesenen Bereich darf er nicht ohne Erlaubnis verlassen.

(3) Seinen Haftraum und die ihm von der Anstalt überlassenen Sachen hat er in Ordnung zu halten und schonend zu behandeln.

(4) Der Gefangene hat Umstände, die eine Gefahr für das Leben oder eine erhebliche Gefahr für die Gesundheit einer Person bedeuten, unverzüglich zu melden.

5 A 1, 11 A 10, 11 B 1, 11 B 4, 11 B 6, 11 B 7, 11 B 8, 11 B 9, 11 M 27, 13 N 5, 15 A 25, 15 D 6

§ 83 Persönlicher Gewahrsam. Eigengeld

(1) Der Gefangene darf nur Sachen in Gewahrsam haben oder annehmen, die ihm von der Vollzugsbehörde oder mit ihrer Zustimmung überlassen werden. Ohne Zustimmung darf er Sachen von geringem Wert von einem anderen Gefangenen annehmen; die Vollzugsbehörde kann Annahme und Gewahrsam auch dieser Sachen von ihrer Zustimmung abhängig machen.

(2) Eingebrachte Sachen, die der Gefangene nicht in Gewahrsam haben darf, sind für ihn aufzubewahren, sofern dies nach Art und Umfang möglich ist. Geld wird ihm als Eigengeld gutgeschrieben. Dem Gefangenen wird Gelegenheit gegeben, seine Sachen, die er während des Vollzuges und für seine Entlassung nicht benötigt, abzusenden oder über sein Eigengeld zu verfügen, soweit dieses nicht als Überbrückungsgeld notwendig ist.

(3) Weigert sich ein Gefangener, eingebrachtes Gut, dessen Aufbewahrung nach Art und Umfang nicht möglich ist, aus der Anstalt zu verbringen, so ist die Vollzugsbehörde berechtigt, diese Gegenstände auf Kosten des Gefangenen aus der Anstalt entfernen zu lassen.

(4) Aufzeichnungen und andere Gegenstände, die Kenntnisse über Sicherungsvorkehrungen der Anstalt vermitteln, dürfen von der Vollzugsbehörde vernichtet oder unbrauchbar gemacht werden.

4 I 11, 4 I 12, 4 I 76, 4 I 80, 4 I 93, 4 I 100, 4 I 102, 4 I 103, 4 I 105, 4 I 113, 4 I 118, 6 C 15, 11 A 10, 11 B 1, 11 C 1, 11 C 2, 11 C 3, 11 C 4, 11 C 12, 11 C 13, 11 C 15, 11 C 16, 11 C 17, 13 N 5, 15 A 25, 15 D 6

§ 84 Durchsuchung

(1) Gefangene, ihre Sachen und die Haftäume dürfen durchsucht werden. Die Durchsuchung männlicher Gefangener darf nur von Männern, die Durchsuchung weiblicher Gefangener darf nur von Frauen vorgenommen werden. Das Schamgefühl ist zu schonen.

(2) Nur bei Gefahr im Verzug oder auf Anordnung des Anstaltsleiters im Einzelfall ist es zulässig, eine mit einer Entkleidung verbundene körperliche Durchsuchung vorzunehmen. Sie darf bei männlichen Gefangenen nur in Gegenwart von Männern, bei weiblichen Gefangenen nur in Gegenwart von Frauen erfolgen. Sie ist in einem geschlossenen Raum durchzuführen. Andere Gefangene dürfen nicht anwesend sein.

(3) Der Anstaltsleiter kann allgemein anordnen, daß Gefangene bei der Aufnahme, nach Kontakten mit Besuchern und nach jeder Abwesenheit von der Anstalt nach Absatz 2 zu durchsuchen sind.

1 E 29, 11 D 1, 11 D 2, 11 D 4, 11 D 5, 11 D 9, 11 D 10, 15 A 25, 15 D 6

§ 85 Sichere Unterbringung

Ein Gefangener kann in eine Anstalt verlegt werden, die zu seiner sicheren Unterbringung besser geeignet ist, wenn in erhöhtem Maß Fluchtgefahr gegeben ist oder sonst sein Verhalten oder sein Zustand eine Gefahr für die Sicherheit oder Ordnung der Anstalt darstellt.

3 A 25, 11 E 1, 11 E 3, 11 E 10, 13 B 5, 15 A 25, 15 D 6

§ 86 Erkennungsdienstliche Maßnahmen

(1) Zur Sicherung des Vollzuges sind als erkennungsdienstliche Maßnahmen zulässig
1. die Abnahme von Finger- und Handflächenabdrücken,
2. die Aufnahme von Lichtbildern mit Kenntnis des Gefangenen,
3. die Feststellung äußerlicher körperlicher Merkmale,
4. Messungen.

(2) Die gewonnenen erkennungsdienstlichen Unterlagen werden zu den Gefangenenpersonalakten genommen. Sie können auch in kriminalpolizeilichen Sammlungen verwahrt werden. Die nach Absatz 1 erhobenen Daten dürfen nur für die in Absatz 1, § 87 Abs. 2 und § 180 Abs. 2 Nr. 4 genannten Zwecke verarbeitet und genutzt werden.

(3) Personen, die aufgrund des Absatzes 1 erkennungsdienstlich behandelt worden sind, können nach der Entlassung aus dem Vollzug verlangen, daß die gewonnenen erkennungsdienstlichen Unterlagen mit Ausnahme von Lichtbildern und der Beschreibung von körperlichen Merkmalen vernichtet wer-

den, sobald die Vollstreckung der richterlichen Entscheidung, die dem Vollzug zugrunde gelegen hat, abgeschlossen ist. Sie sind über dieses Recht bei der erkennungsdienstlichen Behandlung und bei der Entlassung aufzuklären.

11 F 1, 11 F 2, 15 A 25, 15 D 6

§ 86a Lichtbilder

(1) Unbeschadet des § 86 dürfen zur Aufrechterhaltung der Sicherheit und Ordnung der Anstalt Lichtbilder der Gefangenen aufgenommen und mit den Namen der Gefangenen sowie deren Geburtsdatum und -ort gespeichert werden. Die Lichtbilder dürfen nur mit Kenntnis der Gefangenen aufgenommen werden.

(2) Die Lichtbilder dürfen nur
1. genutzt werden von Justizvollzugsbediensteten, wenn eine Überprüfung der Identität der Gefangenen im Rahmen ihrer Aufgabenwahrnehmung erforderlich ist,
2. übermittelt werden
   a) an die Polizeivollzugsbehörden des Bundes und der Länder, soweit dies zur Abwehr einer gegenwärtigen Gefahr für erhebliche Rechtsgüter innerhalb der Anstalt erforderlich ist,
   b) nach Maßgabe des § 87 Abs. 2.

(3) Die Lichtbilder sind nach der Entlassung der Gefangenen aus dem Vollzug oder nach ihrer Verlegung in eine andere Anstalt zu vernichten oder zu löschen.

11 F 2, 15 A 25, 15 D 6

§ 87 Festnahmerecht

(1) Ein Gefangener, der entwichen ist oder sich sonst ohne Erlaubnis außerhalb der Anstalt aufhält, kann durch die Vollzugsbehörde oder auf ihre Veranlassung hin festgenommen und in die Anstalt zurückgebracht werden.

(2) Nach § 86 Abs. 1 erhobene und nach §§ 86a, 179 erhobene und zur Identifizierung oder Festnahme erforderliche Daten dürfen den Vollstreckungs- und Strafverfolgungsbehörden übermittelt werden, soweit dies für Zwecke der Fahndung und Festnahme des entwichenen oder sich sonst ohne Erlaubnis außerhalb der Anstalt aufhaltenden Gefangenen erforderlich ist.

3 C 8, 10 C 14, 11 G 1, 11 G 2, 11 G 3, 11 G 5, 15 A 25, 15 D 6

§ 88 Besondere Sicherungsmaßnahmen

(1) Gegen einen Gefangenen können besondere Sicherungsmaßnahmen angeordnet werden, wenn nach seinem Verhalten oder auf Grund seines seelischen Zustands in erhöhtem Maß Fluchtgefahr oder die Gefahr von Gewalttätigkeiten gegen Personen oder Sachen oder die Gefahr des Selbstmordes oder der Selbstverletzung besteht.

(2) Als besondere Sicherungsmaßnahmen sind zulässig:
1. der Entzug oder die Vorenthaltung von Gegenständen,
2. die Beobachtung bei Nacht,
3. die Absonderung von anderen Gefangenen,
4. der Entzug oder die Beschränkung des Aufenthalts im Freien,
5. die Unterbringung in einem besonders gesicherten Haftraum ohne gefährdende Gegenstände und
6. die Fesselung.

(3) Maßnahmen nach Absatz 2 Nr. 1, 3 bis 5 sind auch zulässig, wenn die Gefahr einer Befreiung oder eine erhebliche Störung der Anstaltsordnung anders nicht vermieden oder behoben werden kann.

(4) Bei einer Ausführung, Vorführung oder beim Transport ist die Fesselung auch dann zulässig, wenn aus anderen Gründen als denen des Absatzes 1 in erhöhtem Maß Fluchtgefahr besteht.

(5) Besondere Sicherungsmaßnahmen dürfen nur soweit aufrechterhalten werden, als es ihr Zweck erfordert.

10 C 7, 10 C 50, 11 I 3, 11 I 4, 11 I 6, 11 I 8, 11 I 14, 11 I 34, 11 I 39, 11 I 41, 11 I 44, 11 I 46, 11 I 50, 15 A 25, 15 D 6

§ 89 Einzelhaft

(1) Die unausgesetzte Absonderung eines Gefangenen (Einzelhaft) ist nur zulässig, wenn dies aus Gründen, die in der Person des Gefangenen liegen, unerlässlich ist.

(2) Einzelhaft von mehr als drei Monaten Gesamtdauer in einem Jahr bedarf der Zustimmung der Aufsichtsbehörde. Diese Frist wird nicht dadurch unterbrochen, daß der Gefangene am Gottesdienst oder an der Freistunde teilnimmt.

11 I 6, 11 I 46, 11 I 49, 15 A 25, 15 D 6

§ 90 Fesselung

In der Regel dürfen Fesseln nur an den Händen oder an den Füßen angelegt werden. Im Interesse des Gefangenen kann der Anstaltsleiter eine andere Art der Fesselung anordnen. Die Fesselung wird zeitweise gelockert, soweit dies notwendig ist.

11 I 6, 11 I 50, 11 I 51, 11 I 53, 15 A 25, 15 D 6

§ 91 Anordnung besonderer Sicherungsmaßnahmen

(1) Besondere Sicherungsmaßnahmen ordnet der Anstaltsleiter an. Bei Gefahr im Verzug können auch andere Bedienstete der Anstalt diese Maßnahmen vorläufig anordnen. Die Entscheidung des Anstaltsleiters ist unverzüglich einzuholen.

(2) Wird ein Gefangener ärztlich behandelt oder beobachtet oder bildet sein seelischer Zustand den Anlaß der Maßnahme, ist vorher der Arzt zu hören. Ist dies wegen Gefahr im Verzug nicht möglich, wird seine Stellungnahme unverzüglich eingeholt.

11 I 3, 11 I 6, 11 I 7, 11 I 56, 11 I 61, 11 I 62, 11 I 63, 15 A 25, 15 D 6

§ 92 Ärztliche Überwachung

(1) Ist ein Gefangener in einem besonders gesicherten Haftraum untergebracht oder gefesselt (§ 88 Abs. 2 Nr. 5 und 6), so sucht ihn der Anstaltsarzt alsbald und in der Folge möglichst täglich auf. Dies gilt nicht bei einer Fesselung während einer Ausführung, Vorführung oder eines Transportes (§ 88 Abs. 4).

(2) Der Arzt ist regelmäßig zu hören, solange einem Gefangenen der tägliche Aufenthalt im Freien entzogen wird.

6 I 7, 11 I 53, 15 A 25, 15 D 6

§ 93 Ersatz von Aufwendungen

(1) Der Gefangene ist verpflichtet, der Vollzugsbehörde Aufwendungen zu ersetzen, die er durch eine vorsätzliche oder grob fahrlässige Selbstverletzung oder Verletzung eines anderen Gefangenen verursacht hat. Ansprüche aus sonstigen Rechtsvorschriften bleiben unberührt.

(2) Bei der Geltendmachung dieser Forderungen kann auch ein den dreifachen Tagessatz der Eckvergütung nach § 43 Abs. 2 übersteigender Teil des Hausgeldes (§ 47) in Anspruch genommen werden.

(3) Für die in Absatz 1 genannten Forderungen ist der ordentliche Rechtsweg gegeben.

(4) Von der Aufrechnung oder Vollstreckung wegen der in Absatz 1 genannten Forderungen ist abzusehen, wenn hierdurch die Behandlung des Gefangenen oder seine Eingliederung behindert würde.

4 I 27, 4 I 34, 11 J 1, 11 J 2, 11 J 3, 11 J 4, 11 J 5, 11 J 9, 11 J 11, 11 J 12, 11 J 13, 11 J 14, 11 J 16, 11 J 18, 11 J 21, 15 A 25, 15 D 6

Zwölfter. Titel Unmittelbarer Zwang

§ 94 Allgemeine Voraussetzungen

(1) Bedienstete der Justizvollzugsanstalten dürfen unmittelbaren Zwang anwenden, wenn sie Vollzugs- und Sicherungsmaßnahmen rechtmäßig durchführen und der damit verfolgte Zweck auf keine andere Weise erreicht werden kann.

(2) Gegen andere Personen als Gefangene darf unmittelbarer Zwang angewendet werden, wenn sie es unternehmen, Gefangene zu befreien oder in den Anstaltsbereich widerrechtlich einzudringen, oder wenn sie sich unbefugt darin aufhalten.

(3) Das Recht zu unmittelbarem Zwang auf Grund anderer Regelungen bleibt unberührt.

11 K 5, 11 K 7, 11 K 8, 11 K 11, 11 K 14, 11 K 15, 11 K 16, 11 K 17, 11 K 18, 11 K 19, 11 K 20, 11 K 21, 11 K 23, 11 K 79, 15 A 25, 15 D 6

§ 95 Begriffsbestimmungen

(1) Unmittelbarer Zwang ist die Einwirkung auf Personen oder Sachen durch körperliche Gewalt, ihre Hilfsmittel und durch Waffen.

(2) Körperliche Gewalt ist jede unmittelbare körperliche Einwirkung auf Personen oder Sachen.

(3) Hilfsmittel der körperlichen Gewalt sind namentlich Fesseln.

(4) Waffen sind die dienstlich zugelassenen Hieb- und Schußwaffen sowie Reizstoffe.

11 K 5, 11 K 7, 11 K 24, 11 K 32, 11 K 37, 15 A 25, 15 D 6

§ 96 Grundsatz der Verhältnismäßigkeit

(1) Unter mehreren möglichen und geeigneten Maßnahmen des unmittelbaren Zwanges sind diejenigen zu wählen, die den Einzelnen und die Allgemeinheit voraussichtlich am wenigsten beeinträchtigen.

(2) Unmittelbarer Zwang unterbleibt, wenn ein durch ihn zu erwartender Schaden erkennbar außer Verhältnis zu dem angestrebten Erfolg steht.

11 K 5, 11 K 7, 11 K 38, 11 K 42, 15 A 25, 15 D 6

§ 97 Handeln auf Anordnung

(1) Wird unmittelbarer Zwang von einem Vorgesetzten oder einer sonst befugten Person angeordnet, sind Vollzugsbedienstete verpflichtet, ihn anzuwenden, es sei denn, die Anordnung verletzt die Menschenwürde oder ist nicht zu dienstlichen Zwecken erteilt worden.

(2) Die Anordnung darf nicht befolgt werden, wenn dadurch eine Straftat begangen würde. Befolgt der Vollzugsbedienstete sie trotzdem, trifft ihn eine Schuld nur, wenn er erkennt oder wenn es nach den ihm bekannten Umständen offensichtlich ist, daß dadurch eine Straftat begangen wird.

(3) Bedenken gegen die Rechtmäßigkeit der Anordnung hat der Vollzugsbedienstete dem Anordnenden gegenüber vorzubringen, soweit das nach den Umständen möglich ist. Abweichende Vorschriften des allgemeinen Beamtenrechts über die Mitteilung solcher Bedenken an einen Vorgesetzten (§ 36 Abs. 2 und 3 des Beamtenstatusgesetzes) sind nicht anzuwenden.

11 K 5, 11 K 7, 11 K 45, 11 K 46, 11 K 47, 11 K 48, 11 K 49, 11 K 50, 11 K 51, 15 A 25, 15 D 6

§ 98 Androhung

Unmittelbarer Zwang ist vorher anzudrohen. Die Androhung darf nur dann unterbleiben, wenn die Umstände sie nicht zulassen oder unmittelbarer Zwang sofort angewendet werden muß, um eine rechtswidrige Tat, die den Tatbestand eines Strafgesetzes erfüllt, zu verhindern oder eine gegenwärtige Gefahr abzuwenden.

11 K 5, 11 K 7, 11 K 53, 11 K 74, 11 K 75, 15 A 25, 15 D 6

§ 99 Allgemeine Vorschriften für den Schußwaffengebrauch

(1) Schußwaffen dürfen nur gebraucht werden, wenn andere Maßnahmen des unmittelbaren Zwanges bereits erfolglos waren oder keinen Erfolg versprechen. Gegen Personen ist ihr Gebrauch nur zulässig, wenn der Zweck nicht durch Waffenwirkung gegen Sachen erreicht wird.

(2) Schußwaffen dürfen nur die dazu bestimmten Vollzugsbediensteten gebrauchen und nur, um angriffs- oder fluchtunfähig zu machen. Ihr Gebrauch unterbleibt, wenn dadurch erkennbar Unbeteiligte mit hoher Wahrscheinlichkeit gefährdet würden.

(3) Der Gebrauch von Schußwaffen ist vorher anzudrohen. Als Androhung gilt auch ein Warnschuß. Ohne Androhung dürfen Schußwaffen nur dann gebraucht werden, wenn das zur Abwehr einer gegenwärtigen Gefahr für Leib oder Leben erforderlich ist.

11 K 5, 11 K 7, 11 K 60, 11 K 66, 11 K 68, 11 K 69, 11 K 71, 11 K 74, 11 K 75, 15 A 25, 15 D 6

§ 100 Besondere Vorschriften für den Schußwaffengebrauch

(1) Gegen Gefangene dürfen Schußwaffen gebraucht werden,
1. wenn sie eine Waffe oder ein anderes gefährliches Werkzeug trotz wiederholter Aufforderung nicht ablegen,
2. wenn sie eine Meuterei (§ 121 des Strafgesetzbuches) unternehmen oder
3. um ihre Flucht zu vereiteln oder um sie wiederzuergreifen.

Um die Flucht aus einer offenen Anstalt zu vereiteln, dürfen keine Schußwaffen gebraucht werden.

(2) Gegen andere Personen dürfen Schußwaffen gebraucht werden, wenn sie es unternehmen, Gefangene gewaltsam zu befreien oder gewaltsam in eine Anstalt einzudringen.

11 K 5, 11 K 7, 11 K 60, 11 K 83, 11 K 85, 11 K 86, 11 K 91, 15 A 25, 15 D 6

§ 101 Zwangsmaßnahmen auf dem Gebiet der Gesundheitsfürsorge

(1) Medizinische Untersuchung und Behandlung sowie Ernährung sind zwangsweise nur bei Lebensgefahr, bei schwerwiegender Gefahr für die Gesundheit des Gefangenen oder bei Gefahr für die Gesundheit anderer Personen zulässig; die Maßnahmen müssen für die Beteiligten zumutbar und dürfen nicht mit erheblicher Gefahr für Leben oder Gesundheit des Gefangenen verbunden sein. Zur Durchführung der Maßnahmen ist die Vollzugsbehörde nicht verpflichtet, solange von einer freien Willensbestimmung des Gefangenen ausgegangen werden kann.

(2) Zum Gesundheitsschutz und zur Hygiene ist die zwangsweise körperliche Untersuchung außer im Falle des Absatzes 1 zulässig, wenn sie nicht mit einem körperlichen Eingriff verbunden ist.

(3) Die Maßnahmen dürfen nur auf Anordnung und unter Leitung eines Arztes durchgeführt werden, unbeschadet der Leistung erster Hilfe für den Fall, daß ein Arzt nicht rechtzeitig erreichbar und mit einem Aufschub Lebensgefahr verbunden ist.

11 K 5, 11 L 1, 11 L 2, 15 A 25, 15 D 6

Dreizehnter Titel. Disziplinarmaßnahmen

§ 102 Voraussetzungen

(1) Verstößt ein Gefangener schuldhaft gegen Pflichten, die ihm durch dieses Gesetz oder auf Grund dieses Gesetzes auferlegt sind, kann der Anstaltsleiter gegen ihn Disziplinarmaßnahmen anordnen.

(2) Von einer Disziplinarmaßnahme wird abgesehen, wenn es genügt, den Gefangenen zu verwarnen.

(3) Eine Disziplinarmaßnahme ist auch zulässig, wenn wegen derselben Verfehlung ein Straf- oder Bußgeldverfahren eingeleitet wird.

11 D 18, 11 M 3, 11 M 13, 11 M 17, 11 M 19, 11 M 25, 15 A 25, 15 D 6

§ 103 Arten der Disziplinarmaßnahmen

(1) Die zulässigen Disziplinarmaßnahmen sind:
1. Verweis,
2. die Beschränkung oder der Entzug der Verfügung über das Hausgeld und des Einkaufs bis zu drei Monaten,
3. die Beschränkung oder der Entzug des Lesestoffs bis zu zwei Wochen sowie des Hörfunk- und Fernsehempfangs bis zu drei Monaten; der gleichzeitige Entzug jedoch nur bis zu zwei Wochen,
4. die Beschränkung oder der Entzug der Gegenstände für eine Beschäftigung in der Freizeit oder der Teilnahme an gemeinschaftlichen Veranstaltungen bis zu drei Monaten,
5. die getrennte Unterbringung während der Freizeit bis zu vier Wochen,
6. (weggefallen)
7. der Entzug der zugewiesenen Arbeit oder Beschäftigung bis zu vier Wochen unter Wegfall der in diesem Gesetz geregelten Bezüge,
8. die Beschränkung des Verkehrs mit Personen außerhalb der Anstalt auf dringende Fälle bis zu drei Monaten,
9. Arrest bis zu vier Wochen.

(2) Arrest darf nur wegen schwerer oder mehrfach wiederholter Verfehlungen verhängt werden.

(3) Mehrere Disziplinarmaßnahmen können miteinander verbunden werden.

(4) Die Maßnahmen nach Absatz 1 Nr. 3 bis 8 sollen möglichst nur angeordnet werden, wenn die Verfehlung mit den zu beschränkenden oder zu entziehenden Befugnissen im Zusammenhang steht. Dies gilt nicht bei einer Verbindung mit Arrest.

11 M 3, 11 M 22, 11 M 24, 11 M 28, 11 M 30, 11 M 31, 11 M 32, 11 M 33, 11 M 34, 11 M 35, 11 M 36, 11 M 37, 11 M 39, 11 M 40, 11 M 41, 15 A 25, 15 D 6

§ 104 Vollzug der Disziplinarmaßnahmen. Aussetzung zur Bewährung

(1) Disziplinarmaßnahmen werden in der Regel sofort vollstreckt.

(2) Eine Disziplinarmaßnahme kann ganz oder teilweise bis zu sechs Monaten zur Bewährung ausgesetzt werden.

(3) Wird die Verfügung über das Hausgeld beschränkt oder entzogen, ist das in dieser Zeit anfallende Hausgeld dem Überbrückungsgeld hinzuzurechnen.

(4) Wird der Verkehr des Gefangenen mit Personen außerhalb der Anstalt eingeschränkt, ist ihm Gelegenheit zu geben, dies einer Person, mit der er im Schriftwechsel steht oder die ihn zu besuchen pflegt, mitzuteilen. Der Schriftwechsel mit den in § 29 Abs. 1 und 2 genannten Empfängern, mit Gerichten und Justizbehörden in der Bundesrepublik sowie mit Rechtsanwälten und Notaren in einer den Gefangenen betreffenden Rechtssache bleibt unbeschränkt.

(5) Arrest wird in Einzelhaft vollzogen. Der Gefangene kann in einem besonderen Arrestraum untergebracht werden, der den Anforderungen entsprechen muß, die an einen zum Aufenthalt bei Tag und Nacht bestimmten Haftraum gestellt werden. Soweit nichts anderes angeordnet wird, ruhen die Befugnisse des Gefangenen aus den §§ 19, 20, 22, 37, 38, 68 bis 70.

4 I 73, 11 M 3, 11 M 32, 11 M 44, 11 M 45, 11 M 46, 11 M 47, 11 M 48, 15 A 25, 15 D 6

§ 105 Disziplinarbefugnis

(1) Disziplinarmaßnahmen ordnet der Anstaltsleiter an. Bei einer Verfehlung auf dem Weg in eine andere Anstalt zum Zwecke der Verlegung ist der Leiter der Bestimmungsanstalt zuständig.

(2) Die Aufsichtsbehörde entscheidet, wenn sich die Verfehlung des Gefangenen gegen den Anstaltsleiter richtet.

(3) Disziplinarmaßnahmen, die gegen einen Gefangenen in einer anderen Vollzugsanstalt oder während einer Untersuchungshaft angeordnet worden sind, werden auf Ersuchen vollstreckt. § 104 Abs. 2 bleibt unberührt.

11 M 3, 11 M 51, 11 M 52, 11 M 53, 15 A 25, 15 D 6

§ 106 Verfahren

(1) Der Sachverhalt ist zu klären. Der Gefangene wird gehört. Die Erhebungen werden in einer Niederschrift festgelegt; die Einlassung des Gefangenen wird vermerkt.

(2) Bei schweren Verstößen soll der Anstaltsleiter sich vor der Entscheidung in einer Konferenz mit Personen besprechen, die bei der Behandlung des Gefangenen mitwirken. Vor der Anordnung einer Disziplinarmaßnahme gegen einen Gefangenen, der sich in ärztlicher Behandlung befindet, oder gegen eine Schwangere oder eine stillende Mutter ist der Anstaltsarzt zu hören.

(3) Die Entscheidung wird dem Gefangenen vom Anstaltsleiter mündlich eröffnet und mit einer kurzen Begründung schriftlich abgefaßt.

11 B 6, 11 M 3, 11 M 55, 11 M 57, 11 M 58, 11 M 59, 11 M 61, 15 A 25, 15 D 6

§ 107 Mitwirkung des Arztes

(1) Bevor der Arrest vollzogen wird, ist der Arzt zu hören. Während des Arrestes steht der Gefangene unter ärztlicher Aufsicht.

(2) Der Vollzug des Arrestes unterbleibt oder wird unterbrochen, wenn die Gesundheit des Gefangenen gefährdet würde.

11 B 6, 11 M 3, 15 A 25, 15 D 6

Vierzehnter Titel. Rechtsbehelfe

§ 108 Beschwerderecht

(1) Der Gefangene erhält Gelegenheit, sich mit Wünschen, Anregungen und Beschwerden in Angelegenheiten, die ihn selbst betreffen, an den Anstaltsleiter zu wenden. Regelmäßige Sprechstunden sind einzurichten.

(2) Besichtigt ein Vertreter der Aufsichtsbehörde die Anstalt, so ist zu gewährleisten, daß ein Gefangener sich in Angelegenheiten, die ihn selbst betreffen, an ihn wenden kann.

(3) Die Möglichkeit der Dienstaufsichtsbeschwerde bleibt unberührt.

11 A 8, 12 A 2, 12 A 3, 12 A 5, 12 A 7, 12 A 9, 12 A 14, 12 A 16, 15 A 25, 15 D 6

§ 109 Antrag auf gerichtliche Entscheidung

(1) Gegen eine Maßnahme zur Regelung einzelner Angelegenheiten auf dem Gebiet des Strafvollzuges oder des Vollzuges freiheitsentziehender Maßregeln der Besserung und Sicherung kann gerichtliche Entscheidung beantragt werden. Mit dem Antrag kann auch die Verpflichtung zum Erlaß einer abgelehnten oder unterlassenen Maßnahme begehrt werden.

(2) Der Antrag auf gerichtliche Entscheidung ist nur zulässig, wenn der Antragsteller geltend macht, durch die Maßnahme oder ihre Ablehnung oder Unterlassung in seinen Rechten verletzt zu sein.

(3) Dient die vom Antragsteller begehrte oder angefochtene Maßnahme der Umsetzung des § 66c Absatz 1 des Strafgesetzbuches im Vollzug der Sicherungsverwahrung oder der ihr vorausgehenden Freiheitsstrafe, so ist dem Antragsteller für ein gerichtliches Verfahren von Amts wegen ein Rechtsanwalt beizuordnen, es sei denn, dass wegen der Einfachheit der Sach- und Rechtslage die Mitwirkung eines Rechtsanwalts nicht geboten erscheint oder es ersichtlich ist, dass der Antragsteller seine Rechte selbst ausreichend wahrnehmen kann. Über die Bestellung und einen Widerruf entscheidet der Vorsitzende des nach § 110 zuständigen Gerichts.

1 A 14, 1 B 5, 1 B 16, 2 A 14, 2 B 32, 2 C 24, 2 C 27, 2 C 43, 2 D 13, 2 E 24, 2 E 29, 4 A 38, 4 D 29, 4 I 16, 4 I 33, 4 I 34, 4 I 54, 4 I 96, 4 I 115, 4 I 128, 4 I 132, 6 A 2, 6 A 3, 6 A 4, 6 C 6, 9 B 9, 9 B 10, 9 B 86, 9 C 2, 10 C 5, 10 C 72, 11 J 11, 11 J 12, 11 J 15, 11 J 21, 11 M 26, 11 M 40, 11 M 44, 11 M 45, 12 A 8, 12 A 13, 12 A 14, 12 B 1, 12 B 2, 12 B 3, 12 B 4, 12 B 5, 12 B 7, 12 B 8, 12 B 9, 12 B 10, 12 B 11, 12 B 12, 12 B 13, 12 B 14, 12 B 15, 12 B 18, 12 B 19, 12 B 20, 12 B 21, 12 B 22, 12 B 23, 12 B 24, 12 B 25, 12 B 26, 12 B 28, 12 B 29, 12 B 30, 12 B 31, 12 B 32, 12 B 33, 12 B 39, 12 B 40, 12 C 1, 12 C 2, 12 C 4, 12 C 6, 12 E 2, 12 F 2, 12 F 4, 12 F 7, 12 G 1, 12 G 5, 12 G 7, 12 G 9, 12 I 1, 12 I 8, 12 I 9, 12 I 12, 12 I 13, 12 I 19, 12 J 1, 12 J 13, 12 J 15, 12 K 8, 12 N 2, 12 N 6, 12 N 11, 12 N 12, 12 N 18, 12 O 1, 12 O 10, 12 P 8, 12 P 9, 12 Vorb. 3, 13 B 1, 13 E 3, 13 I 5, 13 I 9, 13 K 6, 13 K 10, 13 K 12, 13 M 4, 13 M 7, 13 N 4, 15 A 1, 15 A 24, 15 A 25, 15 B 23, 15 D 4, 15 D 6

§ 110 Zuständigkeit

Über den Antrag entscheidet die Strafvollstreckungskammer, in deren Bezirk die beteiligte Vollzugsbehörde ihren Sitz hat.

1 A 14, 2 A 14, 1 B 5, 1 B 16, 2 D 13, 2 E 24, 2 E 29, 4 A 38, 4 I 16, 4 I 33, 4 I 34, 4 I 54, 4 I 96, 4 I 115, 4 I 128, 4 I 132, 9 B 86, 10 C 72, 11 J 11, 11 J 12, 11 J 15, 11 J 21, 11 M 26, 11 M 40, 12 A 13, 12 B 1, 12 B 2, 12 B 3, 12 B 4, 12 B 5, 12 B 7, 12 B 8, 12 B 9, 12 B 10, 12 B 11, 12 B 12, 12 B 13, 12 B 14, 12 B 15, 12 B 20, 12 B 25, 12 B 26, 12 B 29, 12 B 32, 12 B 39, 12 B 40, 12 C 2, 12 C 6, 12 C 8, 12 E 2, 12 F 3, 12 F 7, 12 G 11, 12 I 8, 12 I 9, 12 I 19, 12 J 1, 12 J 15, 12 K 8, 12 N 11, 12 O 1, 12 O 5, 12 O 10, 12 P 8, 12 P 9, 12 Vorb. 3, 13 H 1, 15 A 1, 15 A 24, 15 A 25, 15 D 6

§ 110a Elektronische Aktenführung; Verordnungsermächtigungen

(1) Die Gerichtsakten können elektronisch geführt werden. Die Landesregierungen bestimmen durch Rechtsverordnung den Zeitpunkt, von dem an die Akten elektronisch geführt werden. Sie können die Einführung der elektronischen Aktenführung dabei auf einzelne Gerichte oder auf allgemein bestimmte Verfahren beschränken und bestimmen, dass Akten, die in Papierform angelegt wurden, auch nach Einführung der elektronischen Aktenführung in Papierform weitergeführt werden; wird von der Beschränkungsmöglichkeit Gebrauch gemacht, kann in der Rechtsverordnung bestimmt werden, dass durch Verwaltungsvorschrift, die öffentlich bekanntzumachen ist, geregelt wird, in welchen Verfahren die Akten elektronisch zu führen sind. Die Ermächtigung kann durch Rechtsverordnung auf die zuständigen Landesministerien übertragen werden.

(2) Die Landesregierungen bestimmen durch Rechtsverordnung die für die elektronische Aktenführung geltenden organisatorischen und dem Stand der Technik entsprechenden technischen Rahmenbedingungen einschließlich der einzuhaltenden Anforderungen des Datenschutzes, der Datensicherheit und der Barrierefreiheit. Sie können die Ermächtigung durch Rechtsverordnung auf die zuständigen Landesministerien übertragen.

(3) Die Bundesregierung bestimmt durch Rechtsverordnung mit Zustimmung des Bundesrates die für die Übermittlung elektronischer Akten zwischen Behörden und Gerichten geltenden Standards. Sie kann die Ermächtigung durch Rechtsverordnung ohne Zustimmung des Bundesrates auf die zuständigen Bundesministerien übertragen.

1 A 14, 2 A 14, 1 B 5, 1 B 16, 2 D 13, 2 E 24, 2 E 29, 4 A 38, 4 I 16, 4 I 33, 4 I 34, 4 I 54, 4 I 96, 4 I 115, 4 I 128, 4 I 132, 9 B 86, 10 C 72, 11 J 11, 11 J 12, 11 J 15, 11 J 21, 11 M 26, 11 M 40, 12 A 13, 12 B 1, 12 B 2, 12 B 4, 12 B 5, 12 B 7, 12 B 8, 12 B 9, 12 B 10, 12 B 11, 12 B 12, 12 B 13, 12 B 14, 12 B 15, 12 B 20, 12 B 25, 12 B 26, 12 B 29, 12 B 32, 12 C 6, 12 D 1, 12 D 2, 12 D 3, 12 D 4, 12 D 5, 12 E 2, 12 F 7, 12 I 8, 12 I 9, 12 I 19, 12 J 1, 12 J 15, 12 K 8, 12 O 1, 12 O 9, 12 O 10, 12 P 8, 12 P 9, 12 Vorb. 3, 15 A 1, 15 A 24, 15 A 25, 15 D 6

§ 111 Beteiligte

(1) Beteiligte des gerichtlichen Verfahrens sind
1. der Antragsteller,
2. die Vollzugsbehörde, die die angefochtene Maßnahme angeordnet oder die beantragte abgelehnt oder unterlassen hat.

(2) In dem Verfahren vor dem Oberlandesgericht oder dem Bundesgerichtshof ist Beteiligte nach Absatz 1 Nr. 2 die zuständige Aufsichtsbehörde.

1 B 5, 1 B 16, 12 B 1, 12 B 3, 12 C 2, 12 C 6, 12 E 1, 12 E 4, 12 J 1, 12 K 3, 12 K 8, 12 N 12, 12 P 9, 15 A 24, 15 A 25, 15 D 6

§ 112 Antragsfrist. Wiedereinsetzung

(1) Der Antrag muß binnen zwei Wochen nach Zustellung oder schriftlicher Bekanntgabe der Maßnahme oder ihrer Ablehnung schriftlich oder zu Protokoll der Geschäftsstelle des Gerichts gestellt werden.

(2) War der Antragsteller ohne Verschulden verhindert, die Frist einzuhalten, so ist ihm auf Antrag Wiedereinsetzung in den vorigen Stand zu gewähren.

(3) Der Antrag auf Wiedereinsetzung ist binnen zwei Wochen nach Wegfall des Hindernisses zu stellen. Die Tatsachen zur Begründung des Antrags sind bei der Antragstellung oder im Verfahren über den Antrag glaubhaft zu machen. Innerhalb der Antragsfrist ist die versäumte Rechtshandlung nachzuholen. Ist dies geschehen, so kann die Wiedereinsetzung auch ohne Antrag gewährt werden.

(4) Nach einem Jahr seit dem Ende der versäumten Frist ist der Antrag auf Wiedereinsetzung unzulässig, außer wenn der Antrag vor Ablauf der Jahresfrist infolge höherer Gewalt unmöglich war.

1 B 5, 1 B 16, 2 A 14, 9 C 45, 10 C 72, 11 M 61, 12 B 1, 12 B 3, 12 F 1, 12 F 2, 12 F 3, 12 F 4, 12 F 7, 12 F 10, 12 F 11, 12 F 12, 12 G 4, 12 G 7, 12 I 12, 12 J 1, 12 K 10, 12 O 13, 12 P 9, 15 A 24, 15 A 25, 15 D 6

§ 113 Vornahmeantrag

(1) Wendet sich der Antragsteller gegen das Unterlassen einer Maßnahme, kann der Antrag auf gerichtliche Entscheidung nicht vor Ablauf von drei Monaten seit dem Antrag auf Vornahme der Maßnahme gestellt werden, es sei denn, daß eine frühere Anrufung des Gerichts wegen besonderer Umstände des Falles geboten ist.

(2) Liegt ein zureichender Grund dafür vor, daß die beantragte Maßnahme noch nicht erlassen ist, so setzt das Gericht das Verfahren bis zum Ablauf einer von ihm bestimmten Frist aus. Die Frist kann verlängert werden. Wird die beantragte Maßnahme in der gesetzten Frist erlassen, so ist der Rechtsstreit in der Hauptsache erledigt.

(3) Der Antrag nach Absatz 1 ist nur bis zum Ablauf eines Jahres seit der Stellung des Antrags auf Vornahme der Maßnahme zulässig, außer wenn die Antragstellung vor Ablauf der Jahresfrist infolge höherer Gewalt unmöglich war oder unter den besonderen Verhältnissen des Einzelfalles unterblieben ist.

1 B 5, 1 B 16, 12 A 13, 12 A 14, 12 B 1, 12 B 3, 12 B 24, 12 F 2, 12 G 1, 12 G 2, 12 G 3, 12 G 4, 12 G 5, 12 I 12, 12 J 1, 12 O 2, 12 P 9, 13 G 8, 15 A 24, 15 A 25, 15 D 6

§ 114 Aussetzung der Maßnahme

(1) Der Antrag auf gerichtliche Entscheidung hat keine aufschiebende Wirkung.

(2) Das Gericht kann den Vollzug der angefochtenen Maßnahme aussetzen, wenn die Gefahr besteht, daß die Verwirklichung eines Rechts des Antragstellers vereitelt oder wesentlich erschwert wird und ein höher zu bewertendes Interesse an dem sofortigen Vollzug nicht entgegensteht. Das Gericht kann auch eine einstweilige Anordnung erlassen; § 123 Abs. 1 der Verwaltungsgerichtsordnung ist entsprechend anzuwenden. Die Entscheidungen sind nicht anfechtbar; sie können vom Gericht jederzeit geändert oder aufgehoben werden.

(3) Der Antrag auf eine Entscheidung nach Absatz 2 ist schon vor Stellung des Antrags auf gerichtliche Entscheidung zulässig.

1 B 5, 1 B 16, 9 C 45, 11 M 44, 12 B 1, 12 B 3, 12 G 8, 12 G 9, 12 G 10, 12 H 1, 12 H 2, 12 H 3, 12 I 12, 12 J 1, 12 J 10, 12 J 13, 12 O 1, 12 O 3, 12 O 4, 12 P 9, 15 A 24, 15 A 25, 15 D 6

§ 115 Gerichtliche Entscheidung

(1) Das Gericht entscheidet ohne mündliche Verhandlung durch Beschluß. Der Beschluss stellt den Sach- und Streitstand seinem wesentlichen Inhalt nach gedrängt zusammen. Wegen der Einzelheiten kann

auf in der Gerichtsakte befindliche Dokumente, die nach Herkunft und Datum genau zu bezeichnen sind, verwiesen werden, soweit sich aus ihnen der Sach- und Streitstand ausreichend ergibt. Das Gericht kann von einer Darstellung der Entscheidungsgründe absehen, soweit es der Begründung der angefochtenen Entscheidung folgt und dies in seiner Entscheidung feststellt.

(1a) Das Gericht kann anordnen, dass eine Anhörung unter Verzicht auf die persönliche Anwesenheit des Gefangenen zeitgleich in Bild und Ton in die Vollzugsanstalt und das Sitzungszimmer übertragen wird. Eine Aufzeichnung findet nicht statt. Die Entscheidung nach Satz 1 ist nicht anfechtbar.

(2) Soweit die Maßnahme rechtswidrig und der Antragsteller dadurch in seinen Rechten verletzt ist, hebt das Gericht die Maßnahme auf. Ist die Maßnahme schon vollzogen, kann das Gericht auch aussprechen, daß und wie die Vollzugsbehörde die Vollziehung rückgängig zu machen hat, soweit die Sache spruchreif ist.

(3) Hat sich die Maßnahme vorher durch Zurücknahme oder anders erledigt, spricht das Gericht auf Antrag aus, daß die Maßnahme rechtswidrig gewesen ist, wenn der Antragsteller ein berechtigtes Interesse an dieser Feststellung hat.

(4) Soweit die Ablehnung oder Unterlassung der Maßnahme rechtswidrig und der Antragsteller dadurch in seinen Rechten verletzt ist, spricht das Gericht die Verpflichtung der Vollzugsbehörde aus, die beantragte Amtshandlung vorzunehmen, wenn die Sache spruchreif ist. Anderenfalls spricht es die Verpflichtung aus, den Antragsteller unter Beachtung der Rechtsauffassung des Gerichts zu bescheiden.

(5) Soweit die Vollzugsbehörde ermächtigt ist, nach ihrem Ermessen zu handeln, prüft das Gericht auch, ob die Maßnahme oder ihre Ablehnung oder Unterlassung rechtswidrig ist, weil die gesetzlichen Grenzen des Ermessens überschritten sind oder von dem Ermessen in einer dem Zweck der Ermächtigung nicht entsprechenden Weise Gebrauch gemacht ist.

1 B 5, *1 B 16*, *6 A 7*, *10 C 69*, *10 D 4*, *11 I 16*, *11 I 34*, *11 I 46*, *11 I 61*, *11 K 13*, *11 M 26*, *12 A 14*, *12 B 1*, *12 B 3*, *12 B 22*, *12 B 23*, *12 B 24*, *12 G 1*, *12 G 3*, *12 G 7*, *12 H 2*, *12 I 1*, *12 I 7*, *12 I 10*, *12 I 11*, *12 I 12*, *12 I 14*, *12 I 15*, *12 I 17*, *12 I 18*, *12 I 19*, *12 I 20*, *12 J 1*, *12 J 3*, *12 J 8*, *12 J 11*, *12 M 2*, *12 M 3*, *12 M 4*, *12 M 7*, *12 N 12*, *12 N 13*, *12 O 3*, *12 O 8*, *12 P 1*, *12 P 5*, *12 P 6*, *12 P 9*, *15 A 24*, *15 A 25*, *15 D 6*

§ 116 Rechtsbeschwerde

(1) Gegen die gerichtliche Entscheidung der Strafvollstreckungskammer ist die Rechtsbeschwerde zulässig, wenn es geboten ist, die Nachprüfung zur Fortbildung des Rechts oder zur Sicherung einer einheitlichen Rechtsprechung zu ermöglichen.

(2) Die Rechtsbeschwerde kann nur darauf gestützt werden, daß die Entscheidung auf einer Verletzung des Gesetzes beruhe. Das Gesetz ist verletzt, wenn eine Rechtsnorm nicht oder nicht richtig angewendet worden ist.

(3) Die Rechtsbeschwerde hat keine aufschiebende Wirkung. § 114 Abs. 2 gilt entsprechend.

(4) Für die Rechtsbeschwerde gelten die Vorschriften der Strafprozeßordnung über die Beschwerde entsprechend, soweit dieses Gesetz nichts anderes bestimmt.

1 B 5, *1 B 16*, *11 I 60*, *12 B 1*, *12 B 3*, *12 J 1*, *12 J 2*, *12 J 3*, *12 J 9*, *12 J 10*, *12 J 11*, *12 J 13*, *12 J 14*, *12 J 15*, *12 M 1*, *12 M 5*, *12 N 15*, *12 O 1*, *12 O 4*, *12 O 12*, *12 O 13*, *12 P 6*, *12 P 7*, *12 P 9*, *15 A 24*, *15 A 25*, *15 D 6*

§ 117 Zuständigkeit für die Rechtsbeschwerde

Über die Rechtsbeschwerde entscheidet ein Strafsenat des Oberlandesgerichts, in dessen Bezirk die Strafvollstreckungskammer ihren Sitz hat.

1 B 5, *1 B 16*, *12 B 1*, *12 B 3*, *12 J 1*, *12 J 15*, *12 N 15*, *12 N 16*, *12 O 12*, *12 O 13*, *12 P 9*, *15 A 24*, *15 A 25*, *15 D 6*

§ 118 Form. Frist. Begründung

(1) Die Rechtsbeschwerde muß bei dem Gericht, dessen Entscheidung angefochten wird, binnen eines Monats nach Zustellung der gerichtlichen Entscheidung eingelegt werden. In dieser Frist ist außerdem die Erklärung abzugeben, inwieweit die Entscheidung angefochten und ihre Aufhebung beantragt wird. Die Anträge sind zu begründen.

(2) Aus der Begründung muß hervorgehen, ob die Entscheidung wegen Verletzung einer Rechtsnorm über das Verfahren oder wegen Verletzung einer anderen Rechtsnorm angefochten wird. Ersterenfalls müssen die den Mangel enthaltenden Tatsachen angegeben werden.

(3) Der Antragsteller als Beschwerdeführer kann dies nur in einer von einem Rechtsanwalt unterzeichneten Schrift oder zu Protokoll der Geschäftsstelle tun.

1 B 5, 1 B 16, 12 B 1, 12 B 3, 12 J 1, 12 K 1, 12 K 2, 12 K 4, 12 K 5, 12 K 6, 12 K 8, 12 N 15, 12 O 12, 12 O 13, 12 P 9, 15 A 24, 15 A 25, 15 D 6

§ 119 Entscheidung über die Rechtsbeschwerde

(1) Der Strafsenat entscheidet ohne mündliche Verhandlung durch Beschluß.

(2) Seiner Prüfung unterliegen nur die Beschwerdeanträge und, soweit die Rechtsbeschwerde auf Mängel des Verfahrens gestützt wird, nur die Tatsachen, die in der Begründung der Rechtsbeschwerde bezeichnet worden sind.

(3) Der Beschluß, durch den die Beschwerde verworfen wird, bedarf keiner Begründung, wenn der Strafsenat die Beschwerde einstimmig für unzulässig oder für offensichtlich unbegründet erachtet.

(4) Soweit die Rechtsbeschwerde für begründet erachtet wird, ist die angefochtene Entscheidung aufzuheben. Der Strafsenat kann an Stelle der Strafvollstreckungskammer entscheiden, wenn die Sache spruchreif ist. Sonst ist die Sache zur neuen Entscheidung an die Strafvollstreckungskammer zurückzuverweisen.

(5) Die Entscheidung des Strafsenats ist endgültig.

1 B 5, 1 B 16, 2 A 6, 12 B 1, 12 B 3, 12 J 1, 12 M 1, 12 M 3, 12 M 4, 12 M 5, 12 M 6, 12 M 7, 12 M 8, 12 M 9, 12 N 15, 12 N 16, 12 O 4, 12 O 13, 12 P 9, 15 A 24, 15 A 25, 15 D 6

§ 119a Strafvollzugsbegleitende gerichtliche Kontrolle bei angeordneter oder vorbehaltener Sicherungsverwahrung

(1) Ist die Unterbringung in der Sicherungsverwahrung angeordnet oder vorbehalten, stellt das Gericht während des Vollzuges der Freiheitsstrafe nach Ablauf der in Absatz 3 genannten Fristen von Amts wegen fest,
1. ob die Vollzugsbehörde dem Gefangenen im zurückliegenden Zeitraum eine Betreuung angeboten hat, die § 66c Absatz 2 in Verbindung mit Absatz 1 Nummer 1 des Strafgesetzbuches entspricht;
2. soweit die Betreuung nicht den in Nummer 1 genannten Anforderungen entsprochen hat, welche bestimmten Maßnahmen die Vollzugsbehörde dem Gefangenen bei sich nicht wesentlich ändernder Sachlage künftig anzubieten hat, um den gesetzlichen Anforderungen an die Betreuung zu genügen.

(2) Die Vollzugsbehörde kann jederzeit eine Entscheidung nach Absatz 1 beantragen, sofern hieran ein berechtigtes Interesse besteht. Nach der erstmaligen Aufstellung oder einer wesentlichen Änderung des Vollzugsplans kann die Vollzugsbehörde auch beantragen, festzustellen, ob die im Vollzugsplan vorgesehenen Maßnahmen im Falle ihres Angebots bei sich nicht wesentlich ändernder Sachlage eine dem § 66c Absatz 2 in Verbindung mit Absatz 1 Nummer 1 des Strafgesetzbuches entsprechende Betreuung darstellen würden; in diesem Fall hat das Gericht die Feststellungen nach Absatz 1 auch zu treffen, wenn die Frist gemäß Absatz 3 noch nicht abgelaufen ist.

(3) Entscheidungen von Amts wegen sind alle zwei Jahre zu treffen. Das Gericht kann bei einer Entscheidung nach Absatz 1, auch in Verbindung mit Absatz 2 Satz 2, im Hinblick auf die Gesamtdauer der noch zu vollziehenden Freiheitsstrafe eine längere Frist festsetzen, die fünf Jahre nicht überschreiten darf. Die Frist für die erste Entscheidung von Amts wegen beginnt mit dem Vollzug der Freiheitsstrafe zu laufen, die Frist für jede weitere mit Bekanntgabe einer erstinstanzlichen Entscheidung nach Absatz 1.

(4) Die Strafvollstreckungskammer ist bei Entscheidungen nach den Absätzen 1 und 2 Satz 2 mit drei Richtern unter Einschluss des Vorsitzenden besetzt.

(5) Gegen die gerichtliche Entscheidung ist die Beschwerde zulässig.

(6) Für das gerichtliche Verfahren ist dem Gefangenen von Amts wegen ein Rechtsanwalt beizuordnen. Vor einer Entscheidung sind der Gefangene, die Vollzugsbehörde und die Vollstreckungsbehörde anzuhören. Im Übrigen gelten § 109 Absatz 3 Satz 2, die §§ 110, 111, 115 Absatz 1 Satz 1 und 2 sowie die §§ 117, 118 Absatz 1 Satz 1, § 119 Absatz 1 und 5 entsprechend.

(7) Alle Gerichte sind bei nachfolgenden Entscheidungen an die rechtskräftigen Feststellungen nach den Absätzen 1 und 2 Satz 2 gebunden.

1 B 5, 1 B 16, 2 A 6, 2 C 38, 2 C 39, 12 B 1, 12 B 3, 12 J 1, 12 N 1, 12 N 2, 12 N 3, 12 N 4, 12 N 5, 12 N 6, 12 N 7, 12 N 8, 12 N 9, 12 N 10, 12 N 11, 12 N 12, 12 N 13, 12 N 15, 12 N 16, 12 N 17, 12 O 3, 12 P 1, 12 P 4, 12 P 9, 15 A 24, 15 A 25, 15 B 23, 15 B 24, 15 B 29, 15 D 6

§ 120 Entsprechende Anwendung anderer Vorschriften

(1) Kommt die Behörde in den Fällen des § 114 Absatz 2 Satz 2 sowie des § 115 Absatz 2 Satz 2 und Absatz 4 der ihr in der einstweiligen Anordnung oder im Beschluss auferlegten Verpflichtung nicht nach, gilt § 172 der Verwaltungsgerichtsordnung entsprechend. Im Übrigen sind die Vorschriften der Strafprozessordnung und die auf der Grundlage des § 32a Absatz 2 Satz 2 und Absatz 4 Nummer 4, des § 32b Absatz 5 und des § 32f Absatz 6 der Strafprozessordnung erlassenen Rechtsverordnungen entsprechend anzuwenden, soweit sich aus diesem Gesetz nichts anderes ergibt.

(2) Auf die Bewilligung der Prozeßkostenhilfe sind die Vorschriften der Zivilprozeßordnung entsprechend anzuwenden.

1 B 5, 1 B 16, 2 A 6, 11 J 11, 12 A 4, 12 B 1, 12 B 3, 12 B 5, 12 B 27, 12 B 33, 12 C 8, 12 D 5, 12 F 1, 12 F 2, 12 F 7, 12 F 8, 12 F 13, 12 G 11, 12 I 2, 12 I 6, 12 I 8, 12 I 9, 12 I 10, 12 I 11, 12 I 14, 12 J 1, 12 J 14, 12 K 2, 12 K 4, 12 K 8, 12 K 10, 12 M 3, 12 M 8, 12 N 9, 12 N 13, 12 N 15, 12 N 16, 12 O 1, 12 O 2, 12 O 3, 12 O 4, 12 O 7, 12 O 8, 12 O 9, 12 O 10, 12 O 11, 12 P 7, 12 P 9, 15 A 24, 15 A 25, 15 D 6

§ 121 Kosten des Verfahrens

(1) In der das Verfahren abschließenden Entscheidung ist zu bestimmen, von wem die Kosten des Verfahrens und die notwendigen Auslagen zu tragen sind.

(2) Soweit der Antragsteller unterliegt oder seinen Antrag zurücknimmt, trägt er die Kosten des Verfahrens und die notwendigen Auslagen. Hat sich die Maßnahme vor einer Entscheidung nach Absatz 1 in anderer Weise als durch Zurücknahme des Antrags erledigt, so entscheidet das Gericht über die Kosten des Verfahrens und die notwendigen Auslagen nach billigem Ermessen.

(3) Bei erstinstanzlichen Entscheidungen des Gerichts nach § 119a fallen die Kosten des Verfahrens und die notwendigen Auslagen der Staatskasse zur Last. Absatz 2 Satz 2 gilt nicht im Falle des § 115 Abs. 3.

(4) Im übrigen gelten die §§ 464 bis 473 der Strafprozeßordnung entsprechend.

(5) Für die Kosten des Verfahrens nach den §§ 109ff. kann auch ein den dreifachen Tagessatz der Eckvergütung nach § 43 Abs. 2 übersteigender Teil des Hausgeldes (§ 47) in Anspruch genommen werden.

1 B 5, 1 B 16, 4 I 20, 4 I 34, 12 B 1, 12 B 3, 12 G 3, 12 J 1, 12 J 11, 12 N 13, 12 O 1, 12 O 13, 12 P 1, 12 P 2, 12 P 3, 12 P 4, 12 P 5, 12 P 6, 12 P 8, 12 P 9, 15 A 24, 15 A 25, 15 D 6

§ 121a Gerichtliche Zuständigkeit bei dem Richtervorbehalt unterliegenden Maßnahmen

(1) Soweit nach den Vollzugsgesetzen eine Maßnahme der vorherigen gerichtlichen Anordnung oder der gerichtlichen Genehmigung bedarf, ist das Amtsgericht zuständig, in dessen Bezirk die Maßnahme durchgeführt wird.

(2) Unterhält ein Land eine Anstalt, in der Freiheitsstrafen oder freiheitsentziehende Maßregeln der Besserung und Sicherung vollzogen werden, auf dem Gebiet eines anderen Landes, so können die beteiligten Länder vereinbaren, dass für gerichtliche Entscheidungen im Sinne des Absatzes 1 das Amtsgericht zuständig ist, in dessen Bezirk die für die Anstalt zuständige Aufsichtsbehörde ihren Sitz hat.

11 I 34, 12 Q 1, 12 Q 2, 12 Q 4, 12 Q 6, 12 R 1, 15 A 24, 15 A 28, 15 C 10, 15 D 9

§ 121b Gerichtliches Verfahren bei dem Richtervorbehalt unterliegenden Maßnahmen

(1) Das gerichtliche Verfahren im Sinne des § 121a richtet sich nach dem Gesetz über das Verfahren in Familiensachen und in den Angelegenheiten der freiwilligen Gerichtsbarkeit. Die für Unterbringungssachen nach § 312 Nummer 4 des Gesetzes über das Verfahren in Familiensachen und in den Angelegenheiten der freiwilligen Gerichtsbarkeit anzuwendenden Bestimmungen gelten entsprechend. Über die Beschwerde entscheidet das Landgericht, über die Rechtsbeschwerde der Bundesgerichtshof.

(2) Für das Verfahren werden keine Kosten erhoben.

12 R 1, 12 Q 2, 12 Q 6, 15 A 24, 15 A 28, 15 C 10, 15 D 9

Fünfzehnter Titel. Strafvollstreckung und Untersuchungshaft

§ 122

(weggefallen)

15 A 25, 15 D 6

Sechzehnter Titel. Sozialtherapeutische Anstalten

§ 123 Sozialtherapeutische Anstalten und Abteilungen

(1) Für den Vollzug nach § 9 sind von den übrigen Vollzugsanstalten getrennte sozialtherapeutische Anstalten vorzusehen.

(2) Aus besonderen Gründen können auch sozialtherapeutische Abteilungen in anderen Vollzugsanstalten eingerichtet werden. Für diese Abteilungen gelten die Vorschriften über die sozialtherapeutische Anstalt entsprechend.

3 A 1, 3 A 5, 3 B 1, 3 B 2, 14 A 9, 15 A 25

§ 124 Urlaub zur Vorbereitung der Entlassung

(1) Der Anstaltsleiter kann dem Gefangenen zur Vorbereitung der Entlassung Sonderurlaub bis zu sechs Monaten gewähren. § 11 Abs. 2 und § 13 Abs. 5 gelten entsprechend.

(2) Dem Beurlaubten sollen für den Urlaub Weisungen erteilt werden. Er kann insbesondere angewiesen werden, sich einer von der Anstalt bestimmten Betreuungsperson zu unterstellen und jeweils für kurze Zeit in die Anstalt zurückzukehren.

(3) § 14 Abs. 2 gilt entsprechend. Der Urlaub wird widerrufen, wenn dies für die Behandlung des Gefangenen notwendig ist.

3 A 1, 3 C 1, 3 C 6, 3 C 7, 3 C 8, 10 G 1, 10 H 3, 10 H 10, 10 H 12, 10 H 15, 13 A 2, 15 A 25

§ 125 Aufnahme auf freiwilliger Grundlage

(1) Ein früherer Gefangener kann auf seinen Antrag vorübergehend wieder in die sozialtherapeutische Anstalt aufgenommen werden, wenn das Ziel seiner Behandlung gefährdet und ein Aufenthalt in der Anstalt aus diesem Grunde gerechtfertigt ist. Die Aufnahme ist jederzeit widerruflich.

(2) Gegen den Aufgenommenen dürfen Maßnahmen des Vollzuges nicht mit unmittelbarem Zwang durchgesetzt werden.

(3) Auf seinen Antrag ist der Aufgenommene unverzüglich zu entlassen.

3 A 1, 3 D 3, 3 D 6, 10 G 1, 15 A 25

§ 126 Nachgehende Betreuung

Die Zahl der Fachkräfte für die sozialtherapeutische Anstalt ist so zu bemessen, daß auch eine nachgehende Betreuung der Gefangenen gewährleistet ist, soweit diese anderweitig nicht sichergestellt werden kann.

3 A 1, 3 E 2, 3 E 3, 10 G 1, 15 A 25

§§ 127 und 128 (aufgehoben)

Dritter Abschnitt. Besondere Vorschriften über den Vollzug der freiheitsentziehenden Maßregeln der Besserung und Sicherung

Erster Titel. Sicherungsverwahrung

§ 129 Ziel der Unterbringung

Der Sicherungsverwahrte wird zum Schutz der Allgemeinheit sicher untergebracht. Ihm soll geholfen werden, sich in das Leben in Freiheit einzugliedern.

1 A 13, 1 B 15, 13 B 3

§ 130 Anwendung anderer Vorschriften

Für die Sicherungsverwahrung gelten die Vorschriften über den Vollzug der Freiheitsstrafe (§§ 3 bis 119, 120 bis 126 sowie 179 bis 187) entsprechend, soweit im folgenden nichts anderes bestimmt ist.

1 A 13, 1 B 15, 13 B 3, 15 B 13

§ 131 Ausstattung

Die Ausstattung der Sicherungsanstalten, namentlich der Haftträume, und besondere Maßnahmen zur Förderung und Betreuung sollen dem Untergebrachten helfen, sein Leben in der Anstalt sinnvoll zu gestalten, und ihn vor Schäden eines langen Freiheitsentzuges bewahren. Seinen persönlichen Bedürfnissen ist nach Möglichkeit Rechnung zu tragen.

1 A 13, 1 B 15, 13 B 3

§ 132 Kleidung

Der Untergebrachte darf eigene Kleidung, Wäsche und eigenes Bettzeug benutzen, wenn Gründe der Sicherheit nicht entgegenstehen und der Untergebrachte für Reinigung, Instandsetzung und regelmäßigen Wechsel auf eigene Kosten sorgt.

1 A 13, 1 B 15, 13 B 3

§ 133 Selbstbeschäftigung. Taschengeld

(1) Dem Untergebrachten wird gestattet, sich gegen Entgelt selbst zu beschäftigen, wenn dies dem Ziel dient, Fähigkeiten für eine Erwerbstätigkeit nach der Entlassung zu vermitteln, zu erhalten oder zu fördern.

(2) Das Taschengeld (§ 46) darf den dreifachen Tagessatz der Eckvergütung nach § 43 Abs. 2 im Monat nicht unterschreiten.

1 A 13, 1 B 15, 13 B 3

§ 134 Entlassungsvorbereitung

Um die Entlassung zu erproben und vorzubereiten, kann der Vollzug gelockert und Sonderurlaub bis zu einem Monat gewährt werden. Bei Untergebrachten in einer sozialtherapeutischen Anstalt bleibt § 124 unberührt.

1 A 13, 1 B 15, 13 B 3, 15 B 13

§ 135 Sicherungsverwahrung in Frauenanstalten

Die Sicherungsverwahrung einer Frau kann auch in einer für den Vollzug der Freiheitsstrafe bestimmten Frauenanstalt durchgeführt werden, wenn diese Anstalt für die Sicherungsverwahrung eingerichtet ist.

1 A 13, 1 B 15, 13 B 3, 14 D 1, 14 D 2

Zweiter Titel. Unterbringung in einem psychiatrischen Krankenhaus und in einer Entziehungsanstalt

§ 136 Unterbringung in einem psychiatrischen Krankenhaus

Die Behandlung des Untergebrachten in einem psychiatrischen Krankenhaus richtet sich nach ärztlichen Gesichtspunkten. Soweit möglich, soll er geheilt oder sein Zustand so weit gebessert werden, daß er nicht mehr gefährlich ist. Ihm wird die nötige Aufsicht, Betreuung und Pflege zuteil.

1 A 13, 1 A 14, 1 B 16, 15 A 1, 15 A 2, 15 A 8, 15 A 14, 15 A 15, 15 A 16, 15 A 21, 15 B 1

§ 137 Unterbringung in einer Entziehungsanstalt

Ziel der Behandlung des Untergebrachten in einer Entziehungsanstalt ist es, ihn von seinem Hang zu heilen und die zugrunde liegende Fehlhaltung zu beheben.

1 A 13, 1 A 14, 1 B 16, 15 A 1, 15 A 2, 15 A 20, 15 A 21, 15 B 1

§ 138 Anwendung anderer Vorschriften

(1) Die Unterbringung in einem psychiatrischen Krankenhaus oder in einer Entziehungsanstalt richtet sich nach Landesrecht, soweit Bundesgesetze nichts anderes bestimmen. § 51 Abs. 4 und 5 sowie § 75 Abs. 3 gelten entsprechend.

(2) Für die Erhebung der Kosten der Unterbringung gilt § 50 entsprechend mit der Maßgabe, dass in den Fällen des § 50 Abs. 1 Satz 2 an die Stelle erhaltener Bezüge die Verrichtung zugewiesener oder ermöglichter Arbeit tritt und in den Fällen des § 50 Abs. 1 Satz 4 dem Untergebrachten ein Betrag in der Höhe verbleiben muss, dem dem Barbetrag entspricht, den ein in einer Einrichtung lebender und einen Teil der Kosten seines Aufenthalts selbst tragender Sozialhilfeempfänger zur persönlichen Verfügung erhält. Bei der Bewertung einer Beschäftigung als Arbeit sind die besonderen Verhältnisse des Maßregelvollzugs zu

berücksichtigen. Zuständig für die Erhebung der Kosten ist die Vollstreckungsbehörde; die Landesregierungen können durch Rechtsverordnung andere Zuständigkeiten begründen. Die Kosten werden als Justizverwaltungsabgabe erhoben.

(3) Für das gerichtliche Verfahren gelten die §§ 109 bis 121 entsprechend.

(4) Soweit nach den Vollzugsgesetzen eine Maßnahme der vorherigen gerichtlichen Anordnung oder gerichtlichen Genehmigung bedarf, gelten die §§ 121a und 121b entsprechend.

1 A 13, 1 A 14, 1 B 15, 1 B 16, 4 I 37, 15 A 1, 15 A 2, 15 A 4, 15 A 16, 15 A 21, 15 A 23, 15 A 25

Vierter Abschnitt. Vollzugsbehörden

Erster Titel. Arten und Einrichtung der Justizvollzugsanstalten

§ 139 Justizvollzugsanstalten

Die Freiheitsstrafe sowie die Unterbringung in der Sicherungsverwahrung werden in Anstalten der Landesjustizverwaltungen (Justizvollzugsanstalten) vollzogen.

13 A 1

§ 140 Trennung des Vollzuges

(1) Die Unterbringung in der Sicherungsverwahrung wird in getrennten Anstalten oder in getrennten Abteilungen einer für den Vollzug der Freiheitsstrafe bestimmten Vollzugsanstalt vollzogen.

(2) Frauen sind getrennt von Männern in besonderen Frauenanstalten unterzubringen. Aus besonderen Gründen können für Frauen getrennte Abteilungen in Anstalten für Männer vorgesehen werden.

(3) Von der getrennten Unterbringung nach den Absätzen 1 und 2 darf abgewichen werden, um dem Gefangenen die Teilnahme an Behandlungsmaßnahmen in einer anderen Anstalt oder in einer anderen Abteilung zu ermöglichen.

13 A 4, 13 B 1, 13 B 3, 13 B 4, 13 B 6, 14 A 6

§ 141 Differenzierung

(1) Für den Vollzug der Freiheitsstrafe sind Haftplätze vorzusehen in verschiedenen Anstalten oder Abteilungen, in denen eine auf die unterschiedlichen Bedürfnisse der Gefangenen abgestimmte Behandlung gewährleistet ist.

(2) Anstalten des geschlossenen Vollzuges sehen eine sichere Unterbringung vor, Anstalten des offenen Vollzuges keine oder nur verminderte Vorkehrungen gegen Entweichungen.

1 D 16, 13 C 1, 13 C 4, 13 C 5, 13 C 9, 13 C 15, 13 C 16, 13 C 17, 13 C 18

§ 142 Einrichtungen für Mütter mit Kindern

In Anstalten für Frauen sollen Einrichtungen vorgesehen werden, in denen Mütter mit ihren Kindern untergebracht werden können.

14 C 14, 14 C 15

§ 143 Größe und Gestaltung der Anstalten

(1) Justizvollzugsanstalten sind so zu gestalten, daß eine auf die Bedürfnisse des einzelnen abgestellte Behandlung gewährleistet ist.

(2) Die Vollzugsanstalten sind so zu gliedern, daß die Gefangenen in überschaubaren Betreuungs- und Behandlungsgruppen zusammengefaßt werden können.

(3) Die für sozialtherapeutische Anstalten und für Justizvollzugsanstalten für Frauen vorgesehene Belegung soll zweihundert Plätze nicht übersteigen.

3 A 7, 13 D 1, 13 D 2, 13 D 3, 13 D 4

§ 144 Größe und Ausgestaltung der Räume

(1) Räume für den Aufenthalt während der Ruhe- und Freizeit sowie Gemeinschafts- und Besuchsräume sind wohnlich oder sonst ihrem Zweck entsprechend auszugestalten. Sie müssen hinreichend Luftinhalt haben und für eine gesunde Lebensführung ausreichend mit Heizung und Lüftung, Boden- und Fensterfläche ausgestattet sein.

(2) Das Bundesministerium der Justiz und für Verbraucherschutz wird ermächtigt, mit Zustimmung des Bundesrates durch Rechtsverordnung Näheres über den Luftinhalt, die Lüftung, die Boden- und Fensterfläche sowie die Heizung und Einrichtung der Räume zu bestimmen.

13 E 1, 13 E 3, 13 E 5, 13 E 6, 13 E 8

§ 145 Festsetzung der Belegungsfähigkeit

Die Aufsichtsbehörde setzt die Belegungsfähigkeit für jede Anstalt so fest, daß eine angemessene Unterbringung während der Ruhezeit (§ 18) gewährleistet ist. Dabei ist zu berücksichtigen, daß eine ausreichende Anzahl von Plätzen für Arbeit, Ausbildung und Weiterbildung sowie von Räumen für Seelsorge, Freizeit, Sport, therapeutische Maßnahmen und Besuche zur Verfügung steht.

5 A 4, 13 E 11, 13 E 12, 13 E 13, 13 E 14, 13 E 16

§ 146 Verbot der Überbelegung

(1) Haftträume dürfen nicht mit mehr Personen als zugelassen belegt werden.

(2) Ausnahmen hiervon sind nur vorübergehend und nur mit Zustimmung der Aufsichtsbehörde zulässig.

13 E 21

§ 147 Einrichtungen für die Entlassung

Um die Entlassung vorzubereiten, sollen den geschlossenen Anstalten offene Einrichtungen angegliedert oder gesonderte offene Anstalten vorgesehen werden.

10 A 15

§ 148 Arbeitsbeschaffung, Gelegenheit zur beruflichen Bildung

(1) Die Vollzugsbehörde soll im Zusammenwirken mit den Vereinigungen und Stellen des Arbeits- und Wirtschaftslebens dafür sorgen, daß jeder arbeitsfähige Gefangene wirtschaftlich ergiebige Arbeit ausüben kann, und dazu beitragen, daß er beruflich gefördert, beraten und vermittelt wird.

(2) Die Vollzugsbehörde stellt durch geeignete organisatorische Maßnahmen sicher, daß die Bundesagentur für Arbeit die ihr obliegenden Aufgaben wie Berufsberatung, Ausbildungsvermittlung und Arbeitsvermittlung durchführen kann.

4 J 1, 4 J 7

§ 149 Arbeitsbetriebe, Einrichtungen zur beruflichen Bildung

(1) In den Anstalten sind die notwendigen Betriebe für die nach § 37 Abs. 2 zuzuweisenden Arbeiten sowie die erforderlichen Einrichtungen zur beruflichen Bildung (§ 37 Abs. 3) und arbeitstherapeutischen Beschäftigung (§ 37 Abs. 5) vorzusehen.

(2) Die in Absatz 1 genannten Betriebe und sonstigen Einrichtungen sind den Verhältnissen außerhalb der Anstalten anzugleichen. Die Arbeitsschutz- und Unfallverhütungsvorschriften sind zu beachten.

(3) Die berufliche Bildung und die arbeitstherapeutische Beschäftigung können auch in geeigneten Einrichtungen privater Unternehmen erfolgen.

(4) In den von privaten Unternehmen unterhaltenen Betrieben und sonstigen Einrichtungen kann die technische und fachliche Leitung Angehörigen dieser Unternehmen übertragen werden.

4 E 8, 4 K 1, 4 K 2, 4 K 3, 4 K 5, 4 K 6, 4 K 7, 4 K 9

§ 150 Vollzugsgemeinschaften

Für Vollzugsanstalten nach den §§ 139 bis 149 können die Länder Vollzugsgemeinschaften bilden.

13 F 1

Zweiter Titel. Aufsicht über die Justizvollzugsanstalten

§ 151 Aufsichtsbehörden

(1) Die Landesjustizverwaltungen führen die Aufsicht über die Justizvollzugsanstalten. Sie können Aufsichtsbefugnisse auf Justizvollzugsämter übertragen.

(2) An der Aufsicht über das Arbeitswesen sowie über die Sozialarbeit, die Weiterbildung, die Gesundheitsfürsorge und die sonstige fachlich begründete Behandlung der Gefangenen sind eigene Fachkräfte zu beteiligen; soweit die Aufsichtsbehörde nicht über eigene Fachkräfte verfügt, ist fachliche Beratung sicherzustellen.

13 G 1, 13 G 6, 13 G 7, 13 G 8, 13 G 11, 13 G 12

§ 152 Vollstreckungsplan

(1) Die Landesjustizverwaltung regelt die örtliche und sachliche Zuständigkeit der Justizvollzugsanstalten in einem Vollstreckungsplan.

(2) Der Vollstreckungsplan sieht vor, welche Verurteilten in eine Einweisungsanstalt oder -abteilung eingewiesen werden. Über eine Verlegung zum weiteren Vollzug kann nach Gründen der Behandlung und Eingliederung entschieden werden.

(3) Im übrigen ist die Zuständigkeit nach allgemeinen Merkmalen zu bestimmen.

3 A 19, 13 G 1, 13 H 1, 13 H 3, 13 H 4, 13 H 5, 13 H 8, 13 H 16, 13 H 18, 13 H 19

§ 153 Zuständigkeit für Verlegungen

Die Landesjustizverwaltung kann sich Entscheidungen über Verlegungen vorbehalten oder sie einer zentralen Stelle übertragen.

13 G 1, 13 G 18, 13 H 2, 13 H 10, 13 H 11, 13 H 12, 13 H 19

Dritter Titel. Innerer Aufbau der Justizvollzugsanstalten

§ 154 Zusammenarbeit

(1) Alle im Vollzug Tätigen arbeiten zusammen und wirken daran mit, die Aufgaben des Vollzuges zu erfüllen.

(2) Mit den Behörden und Stellen der Entlassenenfürsorge, der Bewährungshilfe, den Aufsichtsstellen für die Führungsaufsicht, den Agenturen für Arbeit, den Trägern der Sozialversicherung und der Sozialhilfe, den Hilfeeinrichtungen anderer Behörden und den Verbänden der freien Wohlfahrtspflege ist eng zusammenzuarbeiten. Die Vollzugsbehörden sollen mit Personen und Vereinen, deren Einfluß die Eingliederung des Gefangenen fördern kann, zusammenarbeiten.

4 E 8, 7 A 3, 8 D 6, 9 B 11, 13 I 1, 13 I 2, 13 I 5, 13 I 6, 13 I 8

§ 155 Vollzugsbedienstete

(1) Die Aufgaben der Justizvollzugsanstalten werden von Vollzugsbeamten wahrgenommen. Aus besonderen Gründen können sie auch anderen Bediensteten der Justizvollzugsanstalten sowie nebenamtlichen oder vertraglich verpflichteten Personen übertragen werden.

(2) Für jede Anstalt ist entsprechend ihrer Aufgabe die erforderliche Anzahl von Bediensteten der verschiedenen Berufsgruppen, namentlich des allgemeinen Vollzugsdienstes, des Verwaltungsdienstes und des Werkdienstes, sowie von Seelsorgern, Ärzten, Pädagogen, Psychologen und Sozialarbeitern vorzusehen.

8 D 4, 11 K 8, 12 B 11, 13 A 4, 13 J 1, 13 J 3, 13 J 4

§ 156 Anstaltsleitung

(1) Für jede Justizvollzugsanstalt ist ein Beamter des höheren Dienstes zum hauptamtlichen Leiter zu bestellen. Aus besonderen Gründen kann eine Anstalt auch von einem Beamten des gehobenen Dienstes geleitet werden.

(2) Der Anstaltsleiter vertritt die Anstalt nach außen. Er trägt die Verantwortung für den gesamten Vollzug, soweit nicht bestimmte Aufgabenbereiche der Verantwortung anderer Vollzugsbediensteter oder ihrer gemeinsamen Verantwortung übertragen sind.

(3) Die Befugnis, die Durchsuchung nach § 84 Abs. 2, die besonderen Sicherungsmaßnahmen nach § 88 und die Disziplinarmaßnahmen nach § 103 anzuordnen, darf nur mit Zustimmung der Aufsichtsbehörde übertragen werden.

11 I 6, 11 I 57, 11 M 50, 12 B 11, 13 G 11, 13 K 1, 13 K 4, 13 K 6, 13 K 9, 13 K 11, 13 K 12, 13 K 13, 13 K 14

§ 157 Seelsorge

(1) Seelsorger werden im Einvernehmen mit der jeweiligen Religionsgemeinschaft im Hauptamt bestellt oder vertraglich verpflichtet.

(2) Wenn die geringe Zahl der Angehörigen einer Religionsgemeinschaft eine Seelsorge nach Absatz 1 nicht rechtfertigt, ist die seelsorgerische Betreuung auf andere Weise zuzulassen.

(3) Mit Zustimmung des Anstaltsleiters dürfen die Anstaltsseelsorger sich freier Seelsorgehelfer bedienen und für Gottesdienste sowie für andere religiöse Veranstaltungen Seelsorger von außen zuziehen.

8 A 7, 8 B 5, 8 C 3, 8 D 1, 8 D 2, 8 D 6, 8 D 10, 8 D 28

§ 158 Ärztliche Versorgung

(1) Die ärztliche Versorgung ist durch hauptamtliche Ärzte sicherzustellen. Sie kann aus besonderen Gründen nebenamtlichen oder vertraglich verpflichteten Ärzten übertragen werden.

(2) Die Pflege der Kranken soll von Personen ausgeübt werden, die eine Erlaubnis nach dem Krankenpflegegesetz besitzen. Solange Personen im Sinne von Satz 1 nicht zur Verfügung stehen, können auch Bedienstete des allgemeinen Vollzugsdienstes eingesetzt werden, die eine sonstige Ausbildung in der Krankenpflege erfahren haben.

6 D 35

§ 159 Konferenzen

Zur Aufstellung und Überprüfung des Vollzugsplanes und zur Vorbereitung wichtiger Entscheidungen im Vollzug führt der Anstaltsleiter Konferenzen mit an der Behandlung maßgeblich Beteiligten durch.

2 C 14, 10 C 46, 13 L 3, 13 L 4, 13 L 6, 13 L 7

§ 160 Gefangenenmitverantwortung

Den Gefangenen und Untergebrachten soll ermöglicht werden, an der Verantwortung für Angelegenheiten von gemeinsamem Interesse teilzunehmen, die sich ihrer Eigenart und der Aufgabe der Anstalt nach für ihre Mitwirkung eignen.

11 A 8, 13 M 1, 13 M 6, 13 M 12

§ 161 Hausordnung

(1) Der Anstaltsleiter erläßt eine Hausordnung. Sie bedarf der Zustimmung der Aufsichtsbehörde.

(2) In die Hausordnung sind namentlich die Anordnungen aufzunehmen über
1. die Besuchszeiten, Häufigkeit und Dauer der Besuche,
2. die Arbeitszeit, Freizeit und Ruhezeit sowie
3. die Gelegenheit, Anträge und Beschwerden anzubringen, oder sich an einen Vertreter der Aufsichtsbehörde zu wenden.

(3) Ein Abdruck der Hausordnung ist in jedem Haftraum auszulegen.

9 B 5, 12 A 6, 13 N 1, 13 N 2, 13 N 3, 13 N 5

Vierter Titel. Anstaltsbeiräte

§ 162 Bildung der Beiräte

(1) Bei den Justizvollzugsanstalten sind Beiräte zu bilden.

(2) Vollzugsbedienstete dürfen nicht Mitglieder der Beiräte sein.

(3) Das Nähere regeln die Länder.

13 O 2, 13 O 9

§ 163 Aufgabe der Beiräte

Die Mitglieder des Beirats wirken bei der Gestaltung des Vollzuges und bei der Betreuung der Gefangenen mit. Sie unterstützen den Anstaltsleiter durch Anregungen und Verbesserungsvorschläge und helfen bei der Eingliederung der Gefangenen nach der Entlassung.

13 O 2

§ 164 Befugnisse

(1) Die Mitglieder des Beirats können namentlich Wünsche, Anregungen und Beanstandungen entgegennehmen. Sie können sich über die Unterbringung, Beschäftigung, berufliche Bildung, Verpflegung, ärztliche Versorgung und Behandlung unterrichten sowie die Anstalt und ihre Einrichtungen besichtigen.

(2) Die Mitglieder des Beirats können die Gefangenen und Untergebrachten in ihren Räumen aufsuchen. Aussprache und Schriftwechsel werden nicht überwacht.

9 B 11, 9 C 29, 13 O 6

§ 165 Pflicht zur Verschwiegenheit

Die Mitglieder des Beirats sind verpflichtet, außerhalb ihres Amtes über alle Angelegenheiten, die ihrer Natur nach vertraulich sind, besonders über Namen und Persönlichkeit der Gefangenen und Untergebrachten, Verschwiegenheit zu bewahren. Dies gilt auch nach Beendigung ihres Amtes.

13 O 7

Fünfter Titel. Kriminologische Forschung im Strafvollzug

§ 166

(1) Dem kriminologischen Dienst obliegt es, in Zusammenarbeit mit den Einrichtungen der Forschung den Vollzug, namentlich die Behandlungsmethoden, wissenschaftlich fortzuentwickeln und seine Ergebnisse für Zwecke der Strafrechtspflege nutzbar zu machen.

(2) Die Vorschriften des § 186 gelten entsprechend.

16 I, 16 6

Fünfter Abschnitt. Vollzug weiterer freiheitsentziehender Maßnahmen in Justizvollzugsanstalten, Datenschutz, Sozial- und Arbeitslosenversicherung, Schlußvorschriften

Erster Titel. Vollzug des Strafarrestes in Justizvollzugsanstalten

§ 167 Grundsatz

Für den Vollzug des Strafarrestes in Justizvollzugsanstalten gelten § 119 Abs. 5 und 6 der Strafprozessordnung sowie die Vorschriften über den Vollzug der Freiheitsstrafe (§§ 2 bis 121b, 171a, 179 bis 187) entsprechend, soweit im folgenden nichts anderes bestimmt ist. § 50 findet nur in den Fällen einer in § 39 erwähnten Beschäftigung Anwendung.

1 B 12, 4 D 25, 12 B 2

§ 168 Unterbringung, Besuche und Schriftverkehr

(1) Eine gemeinsame Unterbringung während der Arbeit, Freizeit und Ruhezeit (§§ 17 und 18) ist nur mit Einwilligung des Gefangenen zulässig. Dies gilt nicht, wenn Strafarrest in Unterbrechung einer Strafhaft oder einer Unterbringung im Vollzug einer freiheitsentziehenden Maßregel der Besserung und Sicherung vollzogen wird.

(2) Dem Gefangenen soll gestattet werden, einmal wöchentlich Besuch zu empfangen.

(3) Besuche und Schriftwechsel dürfen nur untersagt oder überwacht werden, wenn dies aus Gründen der Sicherheit oder Ordnung der Anstalt notwendig ist.

15 C 5, 15 C 6

§ 169 Kleidung, Wäsche und Bettzeug

Der Gefangene darf eigene Kleidung, Wäsche und eigenes Bettzeug benutzen, wenn Gründe der Sicherheit nicht entgegenstehen und der Gefangene für Reinigung, Instandsetzung und regelmäßigen Wechsel auf eigene Kosten sorgt.

2 F 4, 15 C 7

§ 170 Einkauf

Der Gefangene darf Nahrungs- und Genußmittel sowie Mittel zur Körperpflege in angemessenem Umfang durch Vermittlung der Anstalt auf eigene Kosten erwerben.

15 C 8

Zweiter Titel. Vollzug von Ordnungs-, Sicherungs-, Zwangs- und Erzwingungshaft

§ 171 Grundsatz

Für den Vollzug einer gerichtlich angeordneten Ordnungs-, Sicherungs-, Zwangs- und Erzwingungshaft gelten § 119 Abs. 5 und 6 der Strafprozessordnung sowie die Vorschriften über den Vollzug der Freiheitsstrafe (§§ 3 bis 49, 51 bis 121b, 179 bis 187) entsprechend, soweit nicht Eigenart und Zweck der Haft entgegenstehen oder im folgenden etwas anderes bestimmt ist.

4 D 25, 12 B 2, 15 D 1, 15 D 3, 15 D 4, 15 D 6, 15 D 7

§ 171a Fixierung

(1) Eine Fesselung, durch die die Bewegungsfreiheit des Gefangenen vollständig aufgehoben wird (Fixierung), ist nur zulässig, soweit und solange eine gegenwärtige erhebliche Gefahr von Gewalttätigkeiten gegen Personen, der Selbsttötung oder der Selbstverletzung besteht und die Fixierung zur Abwehr dieser Gefahr unerlässlich ist.

(2) Eine absehbar kurzfristige Fixierung wird durch die Anstaltsleitung angeordnet. Bei Gefahr im Verzug können auch andere zuständige Bedienstete der Anstalt die Fixierung vorläufig anordnen. Die Entscheidung der Anstaltsleitung ist unverzüglich einzuholen.

(3) Eine nicht nur kurzfristige Fixierung bedarf der vorherigen Anordnung durch das Gericht. Bei Gefahr im Verzug kann die Anordnung der Fixierung durch die Anstaltsleitung oder einen anderen zuständigen Bediensteten der Anstalt getroffen werden. Ein Arzt ist unverzüglich hinzuzuziehen. Die richterliche Entscheidung ist unverzüglich herbeizuführen. Einer richterlichen Entscheidung bedarf es nicht oder nicht mehr, wenn bereits zu Beginn der Fixierung abzusehen ist, dass die Entscheidung erst nach Wegfall des Grundes der Fixierung ergehen wird, oder wenn die Fixierung vor der Herbeiführung der richterlichen Entscheidung tatsächlich beendet und auch keine Wiederholung zu erwarten ist. Ist eine richterliche Entscheidung beantragt und die Fixierung vor deren Erlangung beendet worden, so ist dies dem Gericht unverzüglich mitzuteilen.

(4) Während der Dauer der Fixierung stellt ein Arzt eine angemessene medizinische Überwachung des Gefangenen sicher. Geschulte Vollzugsbedienstete stellen durch ständigen Sicht- und Sprechkontakt die Betreuung des Gefangenen sicher.

(5) Die Anordnung, die maßgeblichen Gründe hierfür, ihre Durchsetzung, ihre Dauer und die Art der Überwachung sind durch die Anstalt zu dokumentieren.

(6) Nach Beendigung einer Fixierung, die nicht gerichtlich angeordnet wurde, ist der Gefangene durch den Arzt auf sein Recht hinzuweisen, die Zulässigkeit der durchgeführten Maßnahme beim zuständigen Gericht überprüfen zu lassen. Der Hinweis ist aktenkundig zu machen.

11 I 34, 11 I 37, 11 I 56, 11 I 60, 11 I 61, 11 I 62, 11 I 63, 11 I 64, 12 Q 2, 12 Q 4, 15 A 28, 15 C 1, 15 C 10, 15 D 9, 15 D 10

§ 172 Unterbringung

Eine gemeinsame Unterbringung während der Arbeit, Freizeit und Ruhezeit (§§ 17 und 18) ist nur mit Einwilligung des Gefangenen zulässig. Dies gilt nicht, wenn Ordnungshaft in Unterbrechung einer Strafhaft oder einer Unterbringung im Vollzug einer freiheitsentziehenden Maßregel der Besserung und Sicherung vollzogen wird.

1 B 12, 15 D 1, 15 D 6, 15 D 8

§ 173 Kleidung, Wäsche und Bettzeug

Der Gefangene darf eigene Kleidung, Wäsche und eigenes Bettzeug benutzen, wenn Gründe der Sicherheit nicht entgegenstehen und der Gefangene für Reinigung, Instandsetzung und regelmäßigen Wechsel auf eigene Kosten sorgt.

2 F 4, 15 D 8, 15 D 1, 1 B 12, 15 D 6, 15 D 4

§ 174 Einkauf

Der Gefangene darf Nahrungs- und Genußmittel sowie Mittel zur Körperpflege in angemessenem Umfang durch Vermittlung der Anstalt auf eigene Kosten erwerben.

1 B 12, 15 D 1, 15 D 4, 15 D 6, 15 D 8

§ 175 Arbeit
Der Gefangene ist zu einer Arbeit, Beschäftigung oder Hilfstätigkeit nicht verpflichtet.

1 B 12, 4 C 21, 15 D 1, 15 D 4, 15 D 6, 15 D 8

Dritter Titel
Arbeitsentgelt in Jugendstrafanstalten und im Vollzug der Untersuchungshaft

§ 176 Jugendstrafanstalten
(1) Übt ein Gefangener in einer Jugendstrafanstalt eine ihm zugewiesene Arbeit aus, so erhält er unbeschadet der Vorschriften des Jugendarbeitsschutzgesetzes über die Akkord- und Fließarbeit ein nach § 43 Abs. 2 und 3 zu bemessendes Arbeitsentgelt. Übt er eine sonstige zugewiesene Beschäftigung oder Hilfstätigkeit aus, so erhält er ein Arbeitsentgelt nach Satz 1, soweit dies der Art seiner Beschäftigung und seiner Arbeitsleistung entspricht. § 43 Abs. 5 bis 11 gilt entsprechend.

(2) (zukünftig in Kraft)

(3) Wenn ein Gefangener ohne sein Verschulden kein Arbeitsentgelt und keine Ausbildungsbeihilfe erhält, wird ihm ein angemessenes Taschengeld gewährt, falls er bedürftig ist.

(4) Im übrigen gelten § 44 und die §§ 49 bis 52 entsprechend.

1 B 13

§ 177 Untersuchungshaft
Übt der Untersuchungsgefangene eine ihm zugewiesene Arbeit, Beschäftigung oder Hilfstätigkeit aus, so erhält er ein nach § 43 Abs. 2 bis 5 zu bemessendes und bekannt zu gebendes Arbeitsentgelt. Der Bemessung des Arbeitsentgelts ist abweichend von § 200 fünf vom Hundert der Bezugsgröße nach § 18 des Vierten Buches Sozialgesetzbuch zu Grunde zu legen (Eckvergütung). § 43 Abs. 6 bis 11 findet keine Anwendung. Für junge und heranwachsende Untersuchungsgefangene gilt § 176 Abs. 1 Satz 1 und 2 entsprechend.

1 B 14

Vierter Titel. Unmittelbarer Zwang in Justizvollzugsanstalten

§ 178
(1) Die §§ 94 bis 101 über den unmittelbaren Zwang gelten nach Maßgabe der folgenden Absätze auch für Justizvollzugsbedienstete außerhalb des Anwendungsbereichs des Strafvollzugsgesetzes (§ 1).

(2) Beim Vollzug des Jugendarrestes, des Strafarrestes sowie der Ordnungs-, Sicherungs-, Zwangs- und Erzwingungshaft dürfen zur Vereitelung einer Flucht oder zur Wiederergreifung (§ 100 Abs. 1 Nr. 3) keine Schußwaffen gebraucht werden. Dies gilt nicht, wenn Strafarrest oder Ordnungs-, Sicherungs-, Zwangs- oder Erzwingungshaft in Unterbrechung einer Untersuchungshaft, einer Strafhaft oder einer Unterbringung im Vollzug einer freiheitsentziehenden Maßregel der Besserung und Sicherung vollzogen wird.

(3) Das Landesrecht kann, namentlich beim Vollzug der Jugendstrafe, weitere Einschränkungen des Rechtes zum Schußwaffengebrauch vorsehen.

1 B 13, 1 B 14, 11 K 5, 15 C 9, 15 D 4

Fünfter Titel. Datenschutz

§ 179 Datenerhebung
(1) Die Vollzugsbehörde darf personenbezogene Daten erheben, soweit deren Kenntnis für den ihr nach diesem Gesetz aufgegebenen Vollzug der Freiheitsstrafe erforderlich ist.

(2) Personenbezogene Daten sind bei dem Betroffenen zu erheben. Für die Erhebung ohne Mitwirkung des Betroffenen, die Erhebung bei anderen Personen oder Stellen und für die Hinweis- und Aufklärungspflichten gilt § 4 Abs. 2 und 3 und § 13 Abs. 1a des Bundesdatenschutzgesetzes.

(3) Daten über Personen, die nicht Gefangene sind, dürfen ohne ihre Mitwirkung bei Personen oder Stellen außerhalb der Vollzugsbehörde nur erhoben werden, wenn sie für die Behandlung eines Gefangenen, die Sicherheit der Anstalt oder die Sicherung des Vollzuges einer Freiheitsstrafe unerläßlich sind und die Art der Erhebung schutzwürdige Interessen der Betroffenen nicht beeinträchtigt.

(4) Über eine ohne seine Kenntnis vorgenommene Erhebung personenbezogener Daten wird der Betroffene unter Angabe dieser Daten unterrichtet, soweit der in Absatz 1 genannte Zweck dadurch nicht gefährdet wird. Sind die Daten bei anderen Personen oder Stellen erhoben worden, kann die Unterrichtung unterbleiben, wenn
1. die Daten nach einer Rechtsvorschrift oder ihrem Wesen nach, namentlich wegen des überwiegenden berechtigten Interesses eines Dritten, geheimgehalten werden müssen oder
2. der Aufwand der Unterrichtung außer Verhältnis zum Schutzzweck steht und keine Anhaltspunkte dafür bestehen, daß überwiegende schutzwürdige Interessen des Betroffenen beeinträchtigt werden.

15 D 6

§ 180 Verarbeitung und Nutzung

(1) Die Vollzugsbehörde darf personenbezogene Daten verarbeiten und nutzen, soweit dies für den ihr nach diesem Gesetz aufgegebenen Vollzug der Freiheitsstrafe erforderlich ist. Die Vollzugsbehörde kann einen Gefangenen verpflichten, einen Lichtbildausweis mit sich zu führen, wenn dies aus Gründen der Sicherheit oder Ordnung der Anstalt erforderlich ist.

(2) Die Verarbeitung und Nutzung personenbezogener Daten für andere Zwecke ist zulässig, soweit dies
1. zur Abwehr von sicherheitsgefährdenden oder geheimdienstlichen Tätigkeiten für eine fremde Macht oder von Bestrebungen im Geltungsbereich dieses Gesetzes, die durch Anwendung von Gewalt oder darauf gerichtete Vorbereitungshandlungen
    a) gegen die freiheitliche demokratische Grundordnung, den Bestand oder die Sicherheit des Bundes oder eines Landes gerichtet sind,
    b) eine ungesetzliche Beeinträchtigung der Amtsführung der Verfassungsorgane des Bundes oder eines Landes oder ihrer Mitglieder zum Ziele haben oder
    c) auswärtige Belange der Bundesrepublik Deutschland gefährden,
2. zur Abwehr erheblicher Nachteile für das Gemeinwohl oder einer Gefahr für die öffentliche Sicherheit,
3. zur Abwehr einer schwerwiegenden Beeinträchtigung der Rechte einer anderen Person,
4. zur Verhinderung oder Verfolgung von Straftaten sowie zur Verhinderung oder Verfolgung von Ordnungswidrigkeiten, durch welche die Sicherheit oder Ordnung der Anstalt gefährdet werden, oder
5. für Maßnahmen der Strafvollstreckung oder strafvollstreckungsrechtliche Entscheidungen

erforderlich ist.

(3) Eine Verarbeitung oder Nutzung für andere Zwecke liegt nicht vor, soweit sie dem gerichtlichen Rechtsschutz nach den §§ 109 bis 121 oder den in § 14 Abs. 3 des Bundesdatenschutzgesetzes genannten Zwecken dient.

(4) Über die in den Absätzen 1 und 2 geregelten Zwecke hinaus dürfen zuständigen öffentlichen Stellen personenbezogene Daten übermittelt werden, soweit dies für
1. Maßnahmen der Gerichtshilfe, Jugendgerichtshilfe, Bewährungshilfe oder Führungsaufsicht,
2. Entscheidungen in Gnadensachen,
3. gesetzlich angeordnete Statistiken der Rechtspflege,
4. Entscheidungen über Leistungen, die mit der Aufnahme in einer Justizvollzugsanstalt entfallen oder sich mindern,
5. die Einleitung von Hilfsmaßnahmen für Angehörige (§ 11 Abs. 1 Nr. 1 des Strafgesetzbuchs) des Gefangenen,
6. dienstliche Maßnahmen der Bundeswehr im Zusammenhang mit der Aufnahme und Entlassung von Soldaten,
7. ausländerrechtliche Maßnahmen oder
8. die Durchführung der Besteuerung

erforderlich ist. Eine Übermittlung für andere Zwecke ist auch zulässig, soweit eine andere gesetzliche Vorschrift dies vorsieht und sich dabei ausdrücklich auf personenbezogene Daten über Gefangene bezieht.

(5) Öffentlichen und nicht-öffentlichen Stellen darf die Vollzugsbehörde auf schriftlichen Antrag mitteilen, ob sich eine Person in Haft befindet sowie ob und wann ihre Entlassung voraussichtlich innerhalb eines Jahres bevorsteht, soweit

1. die Mitteilung zur Erfüllung der in der Zuständigkeit der öffentlichen Stelle liegenden Aufgaben erforderlich ist oder
2. von nicht-öffentlichen Stellen ein berechtigtes Interesse an dieser Mitteilung glaubhaft dargelegt wird und der Gefangene kein schutzwürdiges Interesse an dem Ausschluß der Übermittlung hat.

Dem Verletzten einer Straftat können darüber hinaus auf schriftlichen Antrag Auskünfte über die Entlassungsadresse oder die Vermögensverhältnisse des Gefangenen erteilt werden, wenn die Erteilung zur Feststellung oder Durchsetzung von Rechtsansprüchen im Zusammenhang mit der Straftat erforderlich ist. Der Gefangene wird vor der Mitteilung gehört, es sei denn, es ist zu besorgen, daß dadurch die Verfolgung des Interesses des Antragstellers vereitelt oder wesentlich erschwert werden würde, und eine Abwägung ergibt, daß dieses Interesse des Antragstellers das Interesse des Gefangenen an seiner vorherigen Anhörung überwiegt. Ist die Anhörung unterblieben, wird der betroffene Gefangene über die Mitteilung der Vollzugsbehörde nachträglich unterrichtet.

(6) Akten mit personenbezogenen Daten dürfen nur anderen Vollzugsbehörden, den zur Dienst- oder Fachaufsicht oder zu dienstlichen Weisungen befugten Stellen, den für strafvollzugs-, strafvollstreckungs- und strafrechtliche Entscheidungen zuständigen Gerichten sowie den Strafvollstreckungs- und Strafverfolgungsbehörden überlassen werden; die Überlassung an andere öffentliche Stellen ist zulässig, soweit die Erteilung einer Auskunft einen unvertretbaren Aufwand erfordert oder nach Darlegung der Akteneinsicht begehrenden Stellen für die Erfüllung der Aufgabe nicht ausreicht. Entsprechendes gilt für die Überlassung von Akten an die von der Vollzugsbehörde mit Gutachten beauftragten Stellen.

(7) Sind mit personenbezogenen Daten, die nach den Absätzen 1, 2 oder 4 übermittelt werden dürfen, weitere personenbezogene Daten des Betroffenen oder eines Dritten in Akten so verbunden, daß eine Trennung nicht oder nur mit unvertretbarem Aufwand möglich ist, so ist die Übermittlung auch dieser Daten zulässig, soweit nicht berechtigte Interessen des Betroffenen oder eines Dritten an deren Geheimhaltung offensichtlich überwiegen; eine Verarbeitung oder Nutzung dieser Daten durch den Empfänger ist unzulässig.

(8) Bei der Überwachung der Besuche oder des Schriftwechsels sowie bei der Überwachung des Inhaltes von Paketen bekanntgewordene personenbezogene Daten dürfen nur für die in Absatz 2 aufgeführten Zwecke, für das gerichtliche Verfahren nach den §§ 109 bis 121, zur Wahrung der Sicherheit oder Ordnung der Anstalt oder nach Anhörung des Gefangenen für Zwecke der Behandlung verarbeitet und genutzt werden.

(9) Personenbezogene Daten, die gemäß § 179 Abs. 3 über Personen, die nicht Gefangene sind, erhoben worden sind, dürfen nur zur Erfüllung des Erhebungszweckes, für die in Absatz 2 Nr. 1 bis 3 geregelten Zwecke oder zur Verhinderung oder Verfolgung von Straftaten von erheblicher Bedeutung verarbeitet oder genutzt werden.

(10) Die Übermittlung von personenbezogenen Daten unterbleibt, soweit die in § 182 Abs. 2, § 184 Abs. 2 und 4 geregelten Einschränkungen oder besondere gesetzliche Verwendungsregulierungen entgegenstehen.

(11) Die Verantwortung für die Zulässigkeit der Übermittlung trägt die Vollzugsbehörde. Erfolgt die Übermittlung auf Ersuchen einer öffentlichen Stelle, trägt diese die Verantwortung. In diesem Fall prüft die Vollzugsbehörde nur, ob das Übermittlungsersuchen im Rahmen der Aufgaben des Empfängers liegt und die Absätze 8 bis 10 der Übermittlung nicht entgegenstehen, es sei denn, daß besonderer Anlaß zur Prüfung der Zulässigkeit der Übermittlung besteht.

12 I 8, 15 D 6

§ 181 Zweckbindung

Von der Vollzugsbehörde übermittelte personenbezogene Daten dürfen nur zu dem Zweck verarbeitet oder genutzt werden, zu dessen Erfüllung sie übermittelt worden sind. Der Empfänger darf die Daten für andere Zwecke nur verarbeiten oder nutzen, soweit sie ihm auch für diese Zwecke hätten übermittelt werden dürfen, und wenn im Falle einer Übermittlung an nicht-öffentliche Stellen die übermittelnde Vollzugsbehörde zugestimmt hat. Die Vollzugsbehörde hat den nicht-öffentlichen Empfänger auf die Zweckbindung nach Satz 1 hinzuweisen.

15 D 6

§ 182 Schutz besonderer Daten

(1) Das religiöse oder weltanschauliche Bekenntnis eines Gefangenen und personenbezogene Daten, die anläßlich ärztlicher Untersuchungen erhoben worden sind, dürfen in der Anstalt nicht allgemein kenntlich gemacht werden. Andere personenbezogene Daten über den Gefangenen dürfen innerhalb der Anstalt allgemein kenntlich gemacht werden, soweit dies für ein geordnetes Zusammenleben in der Anstalt erforderlich ist; § 180 Abs. 8 bis 10 bleibt unberührt.

(2) Personenbezogene Daten, die den in § 203 Absatz 1 Nummer 1, 2 und 6 des Strafgesetzbuchs genannten Personen von einem Gefangenen als Geheimnis anvertraut oder über einen Gefangenen sonst bekanntgeworden sind, unterliegen auch gegenüber der Vollzugsbehörde der Schweigepflicht. Die in § 203 Absatz 1 Nummer 1, 2 und 6 des Strafgesetzbuchs genannten Personen haben sich gegenüber dem Anstaltsleiter zu offenbaren, soweit dies für die Aufgabenerfüllung der Vollzugsbehörde oder zur Abwehr von erheblichen Gefahren für Leib oder Leben des Gefangenen oder Dritter erforderlich ist. Der Arzt ist zur Offenbarung ihm im Rahmen der allgemeinen Gesundheitsfürsorge bekanntgewordener Geheimnisse befugt, soweit dies für die Aufgabenerfüllung der Vollzugsbehörde unerläßlich oder zur Abwehr von erheblichen Gefahren für Leib oder Leben des Gefangenen oder Dritter erforderlich ist. Sonstige Offenbarungsbefugnisse bleiben unberührt. Der Gefangene ist vor der Erhebung über die nach den Sätzen 2 und 3 bestehenden Offenbarungsbefugnisse zu unterrichten.

(3) Die nach Absatz 2 offenbarten Daten dürfen nur für den Zweck, für den sie offenbart wurden oder für den eine Offenbarung zulässig gewesen wäre, und nur unter denselben Voraussetzungen verarbeitet oder genutzt werden, unter denen eine in § 203 Absatz 1 Nummer 1, 2 und 6 des Strafgesetzbuchs genannte Person selbst hierzu befugt wäre. Der Anstaltsleiter kann unter diesen Voraussetzungen die unmittelbare Offenbarung gegenüber bestimmten Anstaltsbediensteten allgemein zulassen.

(4) Sofern Ärzte oder Psychologen außerhalb des Vollzuges mit der Untersuchung oder Behandlung eines Gefangenen beauftragt werden, gilt Absatz 2 mit der Maßgabe entsprechend, daß der beauftragte Arzt oder Psychologe auch zur Unterrichtung des Anstaltsarztes oder des in der Anstalt mit der Behandlung des Gefangenen betrauten Psychologen befugt sind.

15 D 6

§ 183 Schutz der Daten in Akten und Dateien

(1) Der einzelne Vollzugsbedienstete darf sich von personenbezogenen Daten nur Kenntnis verschaffen, soweit dies zur Erfüllung der ihm obliegenden Aufgabe oder für die Zusammenarbeit nach § 154 Abs. 1 erforderlich ist.

(2) Akten und Dateien mit personenbezogenen Daten sind durch die erforderlichen technischen und organisatorischen Maßnahmen gegen unbefugten Zugang und unbefugten Gebrauch zu schützen. Gesundheitsakten und Krankenblätter sind getrennt von anderen Unterlagen zu führen und besonders zu sichern. Im übrigen gilt für die Art und den Umfang der Schutzvorkehrungen § 9 des Bundesdatenschutzgesetzes.

15 D 6

§ 184 Berichtigung, Löschung und Sperrung

(1) Die in Dateien gespeicherten personenbezogenen Daten sind spätestens zwei Jahre nach der Entlassung des Gefangenen oder der Verlegung des Gefangenen in eine andere Anstalt zu löschen. Hiervon können bis zum Ablauf der Aufbewahrungsfrist für die Gefangenenpersonalakte die Angaben über Familienname, Vorname, Geburtsname, Geburtstag, Geburtsort, Eintritts- und Austrittsdatum des Gefangenen ausgenommen werden, soweit dies für das Auffinden der Gefangenenpersonalakte erforderlich ist.

(2) Personenbezogene Daten in Akten dürfen nach Ablauf von zwei Jahren seit der Entlassung des Gefangenen nur übermittelt oder genutzt werden, soweit dies
1. zur Verfolgung von Straftaten,
2. für die Durchführung wissenschaftlicher Forschungsvorhaben gemäß § 186,
3. zur Behebung einer bestehenden Beweisnot,
4. zur Feststellung, Durchsetzung oder Abwehr von Rechtsansprüchen im Zusammenhang mit dem Vollzug einer Freiheitsstrafe

unerläßlich ist. Diese Verwendungsbeschränkungen enden, wenn der Gefangene erneut zum Vollzug einer Freiheitsstrafe aufgenommen wird oder der Betroffene eingewilligt hat.

(3) Bei der Aufbewahrung von Akten mit nach Absatz 2 gesperrten Daten dürfen folgende Fristen nicht überschritten werden:

Gefangenenpersonalakten, Gesundheitsakten und Krankenblätter　　　　　　　　　　20 Jahre,
Gefangenenbücher　　　　　　　　　　　　　　　　　　　　　　　　　　　　　　　　　　　　30 Jahre.

es gilt nicht, wenn aufgrund bestimmter Tatsachen anzunehmen ist, daß die Aufbewahrung für die in Absatz 2 Satz 1 genannten Zwecke weiterhin erforderlich ist. Die Aufbewahrungsfrist beginnt mit dem auf das Jahr der aktenmäßigen Weglegung folgenden Kalenderjahr. Die archivrechtlichen Vorschriften des Bundes und der Länder bleiben unberührt.

(4) Wird festgestellt, daß unrichtige Daten übermittelt worden sind, ist dies dem Empfänger mitzuteilen, wenn dies zur Wahrung schutzwürdiger Interessen des Betroffenen erforderlich ist.

(5) Im übrigen gilt für die Berichtigung, Löschung und Sperrung personenbezogener Daten § 20 Abs. 1 bis 4 und 6 bis 8 des Bundesdatenschutzgesetzes.

15 D 6

§ 185 Auskunft an den Betroffenen, Akteneinsicht

Der Betroffene erhält nach Maßgabe des § 19 des Bundesdatenschutzgesetzes Auskunft und, soweit eine Auskunft für die Wahrnehmung seiner rechtlichen Interessen nicht ausreicht und er hierfür auf die Einsichtnahme angewiesen ist, Akteneinsicht. An die Stelle des Bundesbeauftragten für den Datenschutz in § 19 Abs. 5 und 6 des Bundesdatenschutzgesetzes tritt der Landesbeauftragte für den Datenschutz, an die Stelle der obersten Bundesbehörde tritt die entsprechende Landesbehörde.

12 I 8, 15 D 6

§ 186 Auskunft und Akteneinsicht für wissenschaftliche Zwecke

Für die Auskunft und Akteneinsicht für wissenschaftliche Zwecke gilt § 476 der Strafprozessordnung entsprechend.

15 D 6

§ 187 Anwendung des Bundesdatenschutzgesetzes

Die Regelungen des Bundesdatenschutzgesetzes über öffentliche und nicht-öffentliche Stellen (§ 2), weitere Begriffsbestimmungen (§ 3), Einholung und Form der Einwilligung des Betroffenen (§ 4a Abs. 1 und 2), das Datengeheimnis (§ 5), unabdingbare Rechte des Betroffenen (§ 6 Abs. 1) und die Durchführung des Datenschutzes (§ 18 Abs. 2) gelten entsprechend. Die Landesdatenschutzgesetze bleiben im Hinblick auf die Schadensersatz-, Straf- und Bußgeldvorschriften sowie die Bestimmungen über die Kontrolle durch die Landesbeauftragten für den Datenschutz unberührt.

15 D 6

Sechster Titel. Anpassung des Bundesrechts

§ 188
(weggefallen)

§ 189 Verordnung über Kosten im Bereich der Justizverwaltung
–

Siebter Titel. Sozial- und Arbeitslosenversicherung

§ 190 Reichsversicherungsordnung
–

4 I 128, 4 I 131, 4 I 132, 7 B 11

§ 191 Angestelltenversicherungsgesetz
–

4 I 128, 4 I 131

Anhang

§ 192 Reichsknappschaftsgesetz
–

4 I 128, 4 I 131

§ 193 Gesetz über die Krankenversicherung der Landwirte
–

7 B 11

§ 194
(weggefallen)

4 I 133, 7 B 11

§ 195 Einbehaltung von Beitragsteilen
Soweit die Vollzugsbehörde Beiträge zur Kranken- und Rentenversicherung sowie zur Bundesagentur für Arbeit zu entrichten hat, kann sie von dem Arbeitsentgelt, der Ausbildungsbeihilfe oder der Ausfallentschädigung einen Betrag einbehalten, der dem Anteil des Gefangenen am Beitrag entsprechen würde, wenn er diese Bezüge als Arbeitnehmer erhielte.

4 I 133, 7 B 11

Achter Titel. Einschränkung von Grundrechten, Inkrafttreten

§ 196 Einschränkung von Grundrechten
Durch dieses Gesetz werden die Grundrechte aus Artikel 2 Abs. 2 Satz 1 und 2 (körperliche Unversehrtheit und Freiheit der Person) und Artikel 10 Abs. 1 (Brief-, Post- und Fernmeldegeheimnis) des Grundgesetzes eingeschränkt.

1 E 32

§ 197
(weggefallen)

§ 198 Inkrafttreten
(1) Dieses Gesetz tritt unbeschadet der §§ 199 und 201 am 1. Januar 1977 in Kraft, soweit die Absätze 2 und 3 nichts anderes bestimmen.
(2) 1.
Am 1. Januar 1980 treten folgende Vorschriften in Kraft:

§ 37	– Arbeitszuweisung –
§ 39 Abs. 1	– Freies Beschäftigungsverhältnis –
§ 41 Abs. 2	– Zustimmungsbedürftigkeit bei weiterbildenden Maßnahmen –
§ 42	– Freistellung von der Arbeitspflicht –
§ 149 Abs. 1	– Arbeitsbetriebe, Einrichtungen zur beruflichen Bildung –
§ 162 Abs. 1	– Beiräte –.

2.
3.
(3) Durch besonderes Bundesgesetz werden die folgenden Vorschriften an inzwischen vorgenommene Gesetzesänderungen angepaßt und in Kraft gesetzt:

§ 41 Abs. 3	– Zustimmungsbedürftigkeit bei Beschäftigung in Unternehmerbetrieben –
§ 45	– Ausfallentschädigung –
§ 46	– Taschengeld –
§ 47	– Hausgeld –
§ 49	– Unterhaltsbeitrag –
§ 50	– Haftkostenbeitrag –
§ 65 Abs. 2 Satz 2	– Krankenversicherungsleistungen bei Krankenhausaufenthalt –
§ 93 Abs. 2	– Inanspruchnahme des Hausgeldes –
§ 176 Abs. 2 und 3	– Ausfallentschädigung und Taschengeld im Jugendstrafvollzug –
§ 189	– Verordnung über Kosten –
§ 190 Nr. 1 bis 10 und 13 bis 18, §§ 191 bis 193 - Sozialversicherung –.	

(4) Über das Inkrafttreten des § 41 Abs. 3 – Zustimmungsbedürftigkeit bei Beschäftigung in Unternehmerbetrieben – wird zum 31. Dezember 1983 und über die Fortgeltung des § 201 Nr. 1 – Unterbringung im offenen Vollzug – wird zum 31. Dezember 1985 befunden.

4 D 93, 4 I 1, 4 I 21, 4 I 128, 4 I 129, 4 I 131, 7 B 11

§ 199 Übergangsfassungen

(1) Bis zum Inkrafttreten des besonderen Bundesgesetzes nach § 198 Abs. 3 gilt folgendes:

1. § 46 – Taschengeld – erhält folgende Fassung:
„Wenn ein Gefangener ohne sein Verschulden kein Arbeitsentgelt und keine Ausbildungsbeihilfe erhält, wird ihm ein angemessenes Taschengeld gewährt, falls er bedürftig ist."
2. § 47 – Hausgeld – erhält folgende Fassung:
„(1) Der Gefangene darf von seinen in diesem Gesetz geregelten Bezügen drei Siebtel monatlich (Hausgeld) und das Taschengeld (§ 46) für den Einkauf (§ 22 Abs. 1) oder anderweitig verwenden.
(2) Für Gefangene, die in einem freien Beschäftigungsverhältnis stehen (§ 39 Abs. 1) oder denen gestattet ist, sich selbst zu beschäftigen (§ 39 Abs. 2), wird aus ihren Bezügen ein angemessenes Hausgeld festgesetzt."
3. (weggefallen)
4. § 93 Abs. 2 – Inanspruchnahme des Hausgeldes – erhält folgende Fassung:
„(2) Bei der Geltendmachung dieser Forderungen kann auch ein den dreifachen Tagessatz der Eckvergütung nach § 43 Abs. 2 übersteigender Teil des Hausgeldes (§ 47) in Anspruch genommen werden."
5. § 176 Abs. 3 – Taschengeld im Jugendstrafvollzug – erhält folgende Fassung:
„(3) Wenn ein Gefangener ohne sein Verschulden kein Arbeitsentgelt und keine Ausbildungsbeihilfe erhält, wird ihm ein angemessenes Taschengeld gewährt, falls er bedürftig ist."
6. (weggefallen)

(2) Bis zum 31. Dezember 2002 gilt § 9 Abs. 1 Satz 1 in der folgenden Fassung:
„Ein Gefangener soll in eine sozialtherapeutische Anstalt verlegt werden, wenn er wegen einer Straftat nach den §§ 174 bis 180 oder 182 des Strafgesetzbuches zu zeitiger Freiheitsstrafe von mehr als zwei Jahren verurteilt worden ist und die Behandlung in einer sozialtherapeutischen Anstalt nach § 6 Abs. 2 Satz 2 oder § 7 Abs. 4 angezeigt ist."

4 I 1, 4 I 21

§ 200 Höhe des Arbeitsentgelts

Der Bemessung des Arbeitsentgelts nach § 43 sind 9 vom Hundert der Bezugsgröße nach § 18 des Vierten Buches Sozialgesetzbuch zu Grunde zu legen.

4 D 3, 4 D 5, 4 D 17, 7 B 11

§ 201 Übergangsbestimmungen für bestehende Anstalten

Für Anstalten, mit deren Errichtung vor Inkrafttreten dieses Gesetzes begonnen wurde, gilt folgendes:

1. Abweichend von § 10 dürfen Gefangene ausschließlich im geschlossenen Vollzug untergebracht werden, solange die räumlichen, personellen und organisatorischen Anstaltsverhältnisse dies erfordern.
2. Abweichend von § 17 kann die gemeinschaftliche Unterbringung während der Arbeitszeit und Freizeit auch eingeschränkt werden, wenn und solange die räumlichen, personellen und organisatorischen Verhältnisse der Anstalt dies erfordern; die gemeinschaftliche Unterbringung während der Arbeitszeit jedoch nur bis zum Ablauf des 31. Dezember 1988.
3. Abweichend von § 18 dürfen Gefangene während der Ruhezeit auch gemeinsam untergebracht werden, solange die räumlichen Verhältnisse der Anstalt dies erfordern. Eine gemeinschaftliche Unterbringung von mehr als acht Personen ist nur bis zum Ablauf des 31. Dezember 1985 zulässig.
4. bweichend von § 143 Abs. 1 und 2 sollen Justizvollzugsanstalten so gestaltet und gegliedert werden, daß eine auf die Bedürfnisse des einzelnen abgestellte Behandlung gewährleistet ist und daß die Gefangenen in überschaubaren Betreuungs- und Behandlungsgruppen zusammengefaßt werden können.

5. bweichend von § 145 kann die Belegungsfähigkeit einer Anstalt nach Maßgabe der Nummern 2 und 3 festgesetzt werden.

2 E 3, 2 E 15, 2 E 23, 2 E 24, 2 E 28, 13 D 1

§ 202 Freiheitsstrafe und Jugendhaft der Deutschen Demokratischen Republik

(1) Für den Vollzug der nach dem Strafgesetzbuch der Deutschen Demokratischen Republik gegen Jugendliche und Heranwachsende erkannten Freiheitsstrafe gelten die Vorschriften für den Vollzug der Jugendstrafe, für den Vollzug der Jugendhaft die Vorschriften über den Vollzug des Jugendarrestes.

(2) Im übrigen gelten für den Vollzug der nach dem Strafgesetzbuch der Deutschen Demokratischen Republik rechtskräftig erkannten Freiheitsstrafe und der Haftstrafe die Vorschriften des Strafvollzugsgesetzes über den Vollzug der Freiheitsstrafe.

1 B 17

Gesetzbuch über den Justizvollzug in Baden-Württemberg (Justizvollzugsgesetzbuch – JVollzGB)

Buch 1. Gemeinsame Regelungen und Organisation (JVollzGB I)
Vom 10. November 2009
(GBl. 2009, 545)

Buch 1. Gemeinsame Regelungen und Organisation (JVollzGB I)

Abschnitt 1. Anwendungsbereich und Aufgaben

§ 1 Anwendungsbereich
(1) Dieses Gesetz regelt den Vollzug
1. der Untersuchungshaft, der einstweiligen Unterbringung, der sichernden Unterbringung bei vorbehaltener oder nachträglicher Sicherungsverwahrung, der Sicherungshaft, der Haft nach § 127b Absatz 2, § 230 Absatz 2, §§ 236, 275a Absatz 5, § 329 Absatz 4 Satz 1, § 412 Satz 1 und § 453c Absatz 1 der Strafprozessordnung (StPO),
2. der Freiheitsstrafe und des Strafarrestes,
3. der Jugendstrafe nach den §§ 17 und 18 des Jugendgerichtsgesetzes (JGG) und der Freiheitsstrafe nach § 114 JGG und
4. der Maßregel der Unterbringung in der Sicherungsverwahrung sowie anderer freiheitsentziehender Maßregeln der Besserung und Sicherung.

(2) Die Regelungen der Strafprozessordnung zur Vollziehung der Untersuchungshaft, namentlich zur Abwehr einer Flucht-, Verdunkelungs- oder Wiederholungsgefahr (§ 119 StPO), sowie die Vorschriften über die Kontaktsperre (§§ 31 bis 38a des Einführungsgesetzes zum Gerichtsverfassungsgesetz) bleiben unberührt.

1 B 1, 1 B 4

§ 2 Ziele des Vollzugs
(1) Die kriminalpräventive Zielsetzung des Strafvollzugs und des Jugendstrafvollzugs in Baden-Württemberg liegt im Schutz der Bürgerinnen und Bürger vor weiteren Straftaten. Strafvollzug und Jugendstrafvollzug leisten einen Beitrag für die Eingliederung der Gefangenen in die Gesellschaft, die innere Sicherheit und für den Rechtsfrieden.

(2) Der Vollzug der Untersuchungshaft dient dem Zweck, durch sichere Unterbringung der Untersuchungsgefangenen die Durchführung eines geordneten Strafverfahrens zu gewährleisten und eine spätere Strafvollstreckung sicherzustellen.

(3) Der Vollzug der Sicherungsverwahrung dient dem Ziel, die Gefährlichkeit der Untergebrachten für die Allgemeinheit so zu mindern, dass die Vollstreckung der Unterbringung möglichst bald zur Bewährung ausgesetzt oder für erledigt erklärt werden kann. Im Vollzug der Sicherungsverwahrung sollen die Untergebrachten fähig werden, künftig in sozialer Verantwortung ein Leben ohne Straftaten zu führen. Der Vollzug der Sicherungsverwahrung bezweckt zugleich den Schutz der Allgemeinheit vor erheblichen Straftaten.

1 C 13, 1 C 24

Abschnitt 2. Grundsätze der Unterbringung

§ 3 Grundsätze zum Vollzug der Haftarten
(1) Die Freiheitsstrafe und der Strafarrest werden in Justizvollzugsanstalten des Landes vollzogen.

(2) Die Untersuchungshaft wird in besonderen Justizvollzugsanstalten, in Teilanstalten, Außenstellen oder Abteilungen von Justizvollzugsanstalten vollzogen.

(3) Die Unterbringung in der Sicherungsverwahrung wird in besonderen Justizvollzugsanstalten, in Teilanstalten, Außenstellen oder Abteilungen von Justizvollzugsanstalten (Einrichtungen der Sicherungsverwahrung) vollzogen.

(4) Die Jugendstrafe wird in besonderen Justizvollzugsanstalten, in Teilanstalten oder Außenstellen von Justizvollzugsanstalten (Jugendstrafanstalten) oder in besonderen Abteilungen von Justizvollzugsanstalten vollzogen.

Anhang

(5) Das Justizministerium bestimmt im Einvernehmen mit dem Sozialministerium die für den Jugendstrafvollzug in freier Form zugelassenen Einrichtungen. Während der Unterbringung im Jugendstrafvollzug in freier Form besteht das Vollzugsverhältnis der Gefangenen zur Justizvollzugsanstalt fort.

13 A 1, 13 A 3

§ 4 Trennungsgrundsätze

(1) Frauen sind getrennt von Männern in besonderen Justizvollzugsanstalten für Frauen oder in getrennten Abteilungen in Justizvollzugsanstalten für Männer unterzubringen. Sie sind auch sonst von den männlichen Gefangenen und männlichen Untergebrachten getrennt zu halten.

(2) Untersuchungsgefangene sollen soweit möglich von anderen Gefangenen, insbesondere Strafgefangenen, getrennt gehalten werden. Mit ihrer Zustimmung darf hiervon abgewichen werden.

(3) Der Vollzug der Unterbringung in der Sicherungsverwahrung erfolgt vom Strafvollzug getrennt in Einrichtungen nach § 3 Absatz 3. Von einer getrennten Unterbringung nach Satz 1 darf ausnahmsweise abgewichen werden

1. zur Behandlung, insbesondere in einer sozialtherapeutischen Anstalt,
2. zur Durchführung einer Behandlungsuntersuchung oder Begutachtung,
3. zur Behandlung einer Krankheit oder besseren medizinischen Versorgung in einem Justizvollzugskrankenhaus oder in einer Krankenabteilung einer Justizvollzugsanstalt,
4. auf Antrag der Untergebrachten aus wichtigem Grund,
5. zur Entlassungsvorbereitung in einer Einrichtung des offenen Vollzugs oder
6. vorübergehend zur Abwehr einer erheblichen Gefahr für die Sicherheit der Justizvollzugsanstalt oder für Leib oder Leben von Untergebrachten oder Dritten.

Die Unterbringungsbedingungen sollen sich im Rahmen der vorhandenen Gegebenheiten von denen der Strafgefangenen unterscheiden, soweit dies mit der Aufgabenerfüllung der aufnehmenden Anstalt vereinbar ist. Im Übrigen bleiben die Rechte der Untergebrachten nach diesem Gesetz unberührt.

(4) Im Jugendstrafvollzug sollen Jugendliche, Heranwachsende und junge Erwachsene (junge Gefangene) getrennt untergebracht und altersgemäß erzogen werden. Die sozialtherapeutische Behandlung junger Gefangener erfolgt in einer Außenstelle einer sozialtherapeutischen Anstalt oder in gesonderten Abteilungen von Jugendstrafanstalten. Die Unterbringung von jungen weiblichen Gefangenen erfolgt in getrennten Abteilungen einer Justizvollzugsanstalt für Frauen oder einer Jugendstrafanstalt für junge männliche Gefangene.

(5) Soweit junge Gefangene, ohne vom Jugendstrafvollzug ausgenommen zu sein, aus besonderen Gründen in Justizvollzugsanstalten gemeinsam mit Erwachsenen untergebracht sind, sollen sie von den anderen Gefangenen getrennt werden. Der Vollzug erfolgt nach den Vorschriften dieses Gesetzes über den Jugendstrafvollzug.

(6) Von der Trennung nach den Absätzen 1 und 3 bis 5 darf abgewichen werden, soweit es erforderlich ist, Gefangenen oder Untergebrachten die Teilnahme an Beschäftigungs-, Behandlungs- und Erziehungsmaßnahmen sowie Freizeitangeboten und Angeboten der Religionsausübung zu ermöglichen. Junge Gefangene sind vor schädlichen Einflüssen zu schützen.

(7) Beim Vollzug der Untersuchungshaft darf von der getrennten Unterbringung nach den Absätzen 1 und 2 abgesehen werden, um es Untersuchungsgefangenen zu ermöglichen, zu arbeiten oder an Bildungsmaßnahmen oder Freizeitangeboten teilzunehmen. Ausnahmen von der getrennten Unterbringung nach Absatz 2 sind darüber hinaus zulässig

1. im Fall der Unterbringung von Untersuchungsgefangenen in einer Krankenabteilung einer Justizvollzugsanstalt oder in einem Justizvollzugskrankenhaus oder
2. wenn dies aus Gründen der Sicherheit oder Ordnung der Justizvollzugsanstalt, der Vollzugsorganisation oder aus anderen wichtigen Gründen erforderlich ist.

(8) Während eines Transports zur Durchführung einer Verlegung, Überstellung, Ausantwortung oder Vorführung von in der Sicherungsverwahrung Untergebrachten darf von der Trennung nach Absatz 3 Satz 1 abgewichen werden.

13 B 1, 13 B 6

§ 5 Differenzierung

(1) Für den Vollzug der Freiheitsstrafe und der Jugendstrafe sind Haftplätze in verschiedenen Justizvollzugsanstalten oder Abteilungen vorzusehen, in denen eine auf die unterschiedlichen Bedürfnisse der Gefangenen abgestimmte Behandlung gewährleistet ist.

(2) Justizvollzugsanstalten des geschlossenen Vollzugs sehen eine sichere Unterbringung vor, Einrichtungen des offenen Vollzugs keine oder nur verminderte Vorkehrungen gegen Entweichungen.

1 D 16, 13 C 5, 13 C 18

§ 6 Gestaltung der Justizvollzugsanstalten

(1) Justizvollzugsanstalten sind entsprechend ihrem Zweck und den jeweiligen Erkenntnissen der Erfordernisse eines zeitgemäßen Justizvollzugs auszugestalten. Völkerrechtlichen Vorgaben und den internationalen Standards mit Menschenrechtsbezug, wie sie in den von den Vereinten Nationen oder Organen des Europarats beschlossenen einschlägigen Richtlinien und Empfehlungen enthalten sind, ist Rechnung zu tragen.

(2) Justizvollzugsanstalten sollen eine bedarfsgerechte Anzahl und Ausstattung von Plätzen insbesondere für therapeutische Maßnahmen, für Maßnahmen der Beschäftigung, Freizeit, Sport und Seelsorge vorsehen. Sie sollen so gegliedert werden, dass die Gefangenen und Untergebrachten in überschaubaren Betreuungs- und Behandlungsgruppen zusammengefasst werden können. Die Gestaltung von Einrichtungen der Sicherungsverwahrung muss therapeutischen Erfordernissen entsprechen und Wohngruppenvollzug ermöglichen. Die besonderen Belange von Gefangenen und Untergebrachten mit Migrationshintergrund sind zu berücksichtigen. Insbesondere ist soziokulturellen und religiösen Bedürfnissen Rechnung zu tragen.

(3) Um die Entlassung aus dem Strafvollzug oder Jugendstrafvollzug vorzubereiten, sollen den geschlossenen Justizvollzugsanstalten offene Einrichtungen angegliedert oder zugeordnet oder gesonderte offene Justizvollzugsanstalten vorgesehen werden.

10 A 15, 13 D 2, 13 D 3

§ 7 Festsetzung der Belegungsfähigkeit

(1) Die Aufsichtsbehörde setzt die Belegungsfähigkeit der Justizvollzugsanstalten fest. Sie geht dabei von der Grundfläche der Hafträume ohne Einbeziehung der Fläche der Sanitäreinrichtungen (Nettogrundfläche) aus. Die Aufsichtsbehörde berücksichtigt, dass eine ausreichende Anzahl von Plätzen für Arbeit, Ausbildung und Weiterbildung sowie von Räumen für Seelsorge, Freizeit, Sport, therapeutische Maßnahmen und Besuche zur Verfügung steht.

(2) In Justizvollzugsanstalten, mit deren Errichtung vor Inkrafttreten dieses Gesetzes begonnen wurde, haben Gemeinschaftshafträume bei Doppelbelegung eine Nettogrundfläche von mindestens 4,5 Quadratmetern, bei einer höheren Belegung mindestens sechs Quadratmeter je Gefangener oder Gefangenem aufzuweisen. Für An- und Zubauten bei Anstalten nach Satz 1, mit deren Errichtung nach Inkrafttreten dieses Gesetzes begonnen wurde, gilt Absatz 3 entsprechend.

(3) Bei Justizvollzugsanstalten, mit deren Errichtung nach Inkrafttreten dieses Gesetzes begonnen wurde, ist im geschlossenen Vollzug eine Einzelunterbringung der Gefangenen zur Ruhezeit zugrunde zu legen. Einzelhafträume haben eine Nettogrundfläche von mindestens neun Quadratmetern, Gemeinschaftshafträume von mindestens sieben Quadratmetern je Gefangener oder Gefangenem aufzuweisen.

(4) Gemeinschaftshafträume müssen über eine baulich abgetrennte und entlüftete Sanitäreinrichtung verfügen, falls nicht ein ständiger Zugang zu einer Toilette außerhalb des Haftraums besteht.

(5) Im geschlossenen Vollzug ist eine gemeinschaftliche Unterbringung von mehr als sechs Gefangenen nicht zulässig.

(6) In Einrichtungen der Sicherungsverwahrung haben Zimmer der Untergebrachten eine Nettogrundfläche in Höhe der doppelten Quadratmeterzahl der für Gefangene in einem Gemeinschaftshaftraum nach Absatz 3 vorgesehenen Fläche.

2 E 20, 2 E 26, 2 E 27, 13 E 16, 13 E 18

§ 8 Belegung der Hafträume

(1) Hafträume dürfen nicht mit mehr Personen als zugelassen belegt werden. Über Ausnahmen entscheidet die Anstaltsleiterin oder der Anstaltsleiter mit Zustimmung der Aufsichtsbehörde.

(2) Die Mehrfachunterbringung in einem Haftraum entgegen § 7 Abs. 4 sowie bei Unterschreiten der Mindestfläche je Gefangenem bei vor Inkrafttreten dieser Vorschrift errichteten Justizvollzugsanstalten ist nur mit schriftlicher Zustimmung der Gefangenen zulässig. Die Zustimmung kann jederzeit schriftlich oder zur Niederschrift der Vollzugsgeschäftsstelle widerrufen werden.

2 E 20, 13 E 21

§ 9 Ausgestaltung der Räume und Kostenbeteiligung

(1) Räume für den Aufenthalt während der Ruhe- und Freizeit sowie Gemeinschafts- und Besuchsräume sind wohnlich oder sonst ihrem Zweck entsprechend auszustatten. Sie müssen hinreichend Luftinhalt haben und für eine gesunde Lebensführung ausreichend mit Heizung und Lüftung sowie Fensterfläche ausgestattet sein.

(2) Die Gefangenen und Untergebrachten können an den Betriebskosten der in ihrem Besitz befindlichen Geräte beteiligt werden.

4 I 56, 5 C 32, 5 C 41, 13 E 6

§ 10 Mutter-Kind-Abteilung

(1) Eine Gefangene kann mit ihrem Kind, das das dritte Lebensjahr noch nicht vollendet haben soll, in eine Mutter-Kind-Abteilung in einer Justizvollzugsanstalt für weibliche Gefangene aufgenommen werden, wenn beide für die Unterbringung dort geeignet sind, ein Platz für Mutter und Kind zur Verfügung steht, dies dem Wohl des Kindes entspricht und die oder der Aufenthaltsbestimmungsberechtigte zustimmt. Vor der Unterbringung ist das Jugendamt zu hören.

(2) Die Kosten der Unterbringung des Kindes einschließlich der Gesundheitsfürsorge werden vom Justizvollzug regelmäßig nicht übernommen.

14 C 1, 14 C 4, 14 C 11, 14 C 12

§ 11 Ausbildung und Beschäftigung

(1) In den Justizvollzugsanstalten sind Einrichtungen zur schulischen und beruflichen Bildung, zur arbeitstherapeutischen Beschäftigung sowie Arbeitsbetriebe vorzusehen.

(2) Die in Absatz 1 genannten Einrichtungen und Betriebe sind den Verhältnissen außerhalb der Justizvollzugsanstalt anzugleichen. Die Arbeitsschutz- und Unfallverhütungsvorschriften sind zu beachten.

(3) Die Schule im Jugendstrafvollzug soll als Ganztageseinrichtung betrieben werden.

4 J 2, 4 J 3, 4 J 5, 4 J 6,

Abschnitt 3. Organisation der Justizvollzugsanstalten

§ 12 Aufgabenwahrnehmung

(1) Die Aufgaben in den Justizvollzugsanstalten werden grundsätzlich von beamteten Bediensteten des Landes wahrgenommen. Sie können anderen Bediensteten sowie nebenamtlich oder vertraglich verpflichteten Personen übertragen werden.

(2) Die Erledigung von nicht hoheitlichen Aufgaben kann freien Trägern und privaten Dienstleistern übertragen werden.

(3) Mit der Erziehung junger Gefangener soll nur betraut werden, wer für die Erziehungsaufgabe des Jugendstrafvollzugs geeignet und ausgebildet ist.

(4) Für jede Justizvollzugsanstalt ist entsprechend ihrer Aufgabe die erforderliche Anzahl von Bediensteten, namentlich des allgemeinen Vollzugsdienstes, des Verwaltungsdienstes und des Werkdienstes sowie von Personen der verschiedenen Berufsgruppen, insbesondere der Seelsorger, Ärzte, Pädagogen, Psychologen und Sozialarbeiter, vorzusehen.

(5) Fortbildungsmaßnahmen für die in den Justizvollzugsanstalten tätigen Personen werden regelmäßig durchgeführt.

(6) Für den Vollzug der Sicherungsverwahrung ist die erforderliche Anzahl von Bediensteten der verschiedenen Fachrichtungen, des allgemeinen Vollzugsdienstes und des Werkdienstes vorzusehen, um eine an den Vollzugszielen orientierte Behandlung und Betreuung der Untergebrachten zu gewährleisten. Die in Einrichtungen der Sicherungsverwahrung tätigen Bediensteten müssen hierfür persönlich geeignet und fachlich qualifiziert sein. Fortbildungen sowie Praxisberatung und Praxisbegleitung werden regelmäßig durchgeführt. Die Bediensteten des allgemeinen Vollzugsdienstes, des psychologischen und des sozialen Dienstes sollen Wohngruppen zugeordnet werden. Eine Betreuung in den Wohngruppen ist auch in der beschäftigungsfreien Zeit der Untergebrachten, insbesondere am Wochenende, in dem erforderlichen Umfang zu gewährleisten. Entsprechendes gilt für Bedienstete, die mit der Betreuung und Behandlung von Strafgefangenen mit angeordneter oder vorbehaltener Sicherungsverwahrung betraut sind.

(7) Anstaltsseelsorgerinnen und Anstaltsseelsorger werden im Einvernehmen mit der jeweiligen Religionsgemeinschaft haupt- oder nebenamtlich bestellt. Das Nähere regeln Vereinbarungen zwischen dem Land und den Religionsgemeinschaften. Wenn die geringe Zahl der Angehörigen einer Religionsgemeinschaft eine Seelsorge nach Satz 1 nicht rechtfertigt, ist die seelsorgerische Betreuung auf andere Weise zuzulassen. Mit Zustimmung der Anstaltsleiterin oder des Anstaltsleiters dürfen die Anstaltsseelsorger sich freier Seelsorgehelfer bedienen und für Gottesdienste sowie für andere religiöse Veranstaltungen Seelsorgerinnen und Seelsorger von außen zuziehen.

4 J 7, 4 J 9, 6 D 38, 6 D 39, 8 C 3, 8 D 1, 8 D 2, 8 D 6, 8 D 10, 8 D 28, 11 K 8, 12 B 11, 13 J 1, 13 J 3, 13 J 4, 13 J 5

§ 13 Anstaltsleitung

(1) Für jede Justizvollzugsanstalt bestellt die Aufsichtsbehörde eine Beamtin oder einen Beamten des höheren Dienstes zur hauptamtlichen Anstaltsleiterin oder zum hauptamtlichen Anstaltsleiter. Aus besonderen Gründen kann eine Justizvollzugsanstalt auch von einer Beamtin oder einem Beamten des gehobenen Dienstes geleitet werden.

(2) Die Anstaltsleiterin oder der Anstaltsleiter vertritt die Justizvollzugsanstalt nach außen und trägt die Verantwortung für den gesamten Vollzug.

12 B 11, 13 K 1, 13 K 3, 13 K 5, 13 K 9

§ 14 Mitverantwortung

(1) Den Gefangenen und den Untergebrachten ist zu ermöglichen, eine Vertretung zu wählen. Diese kann in Angelegenheiten von gemeinsamem Interesse, die sich ihrer Eigenart und der Aufgabe der Justizvollzugsanstalt nach für eine Mitwirkung eignen, Vorschläge und Anregungen an die Anstaltsleiterin oder den Anstaltsleiter herantragen. Die Vorschläge und Anregungen sollen mit der Vertretung erörtert werden. Die Gefangenen und die Untergebrachten werden zur Mitarbeit ermutigt.

(2) Wird die Unterbringung in der Sicherungsverwahrung in Teilanstalten, Außenstellen oder Abteilungen von Justizvollzugsanstalten vollzogen, ist der Mitverantwortung der Untergebrachten zu gestatten, an der Gefangenenmitverantwortung mitzuwirken, soweit Interessen und Belange der Untergebrachten berührt sind.

13 M 1, 13 M 4, 13 M 12

§ 15 Hausordnung

(1) Die Anstaltsleiterin oder der Anstaltsleiter erlässt mit Zustimmung der Aufsichtsbehörde eine Hausordnung. Dabei soll die Gefangenenmitverantwortung gehört werden. In die Hausordnung sind insbesondere Regelungen aufzunehmen über
1. die Besuchszeiten, die Häufigkeit und Dauer der Besuche,
2. die Arbeitszeit, die Freizeit und Ruhezeit sowie
3. die Gelegenheit, Anträge und Beschwerden anzubringen oder sich an einen Vertreter der Aufsichtsbehörde zu wenden.

(2) Die Hausordnung ist den Gefangenen in geeigneter Weise zugänglich zu machen.

(3) Die Hausordnung oder zumindest wichtige Auszüge aus ihr sollen in den Muttersprachen der wesentlichen Gefangenengruppen der Justizvollzugsanstalt vorliegen.

9 B 5, 12 A 6, 13 N 1, 13 N 2, 13 N 3

§ 16 Zusammenarbeit und Einbeziehung Dritter

(1) Alle im Justizvollzug Tätigen arbeiten zusammen und wirken an der Erfüllung der Aufgaben des Vollzugs mit.

(2) Die Justizvollzugsanstalten arbeiten mit anderen Einrichtungen, Organisationen und Personen, die für die Gefangenen und Untergebrachten förderliche soziale Hilfestellungen leisten oder deren Einfluss ihre Eingliederung, Behandlung oder Erziehung fördern können, eng zusammen. Die Unterstützung insbesondere der in Sicherungsverwahrung Untergebrachten durch ehrenamtliche Betreuerinnen und Betreuer ist zu fördern.

(3) Im Untersuchungshaftvollzug wirken Justizvollzugsanstalten, Gerichte und Staatsanwaltschaften so zusammen, dass insbesondere Möglichkeiten der Haftvermeidung ergriffen und die Sicherheit sowie die Ordnung der Justizvollzugsanstalt gewahrt werden. Sie unterrichten sich gegenseitig unverzüglich über

Anhang

Umstände, deren Kenntnis für die Erfüllung ihrer jeweiligen Aufgaben erforderlich sind. Bei Erhebung der öffentlichen Klage ist der Justizvollzugsanstalt eine Mehrfertigung der Anklageschrift zu übermitteln.

4 E 8, 13 I 1, 13 I 4

§ 17 Konferenzen

Zur Aufstellung und Überprüfung des Vollzugs- oder Erziehungsplans sowie zur Vorbereitung wichtiger Entscheidungen im Strafvollzug und im Jugendstrafvollzug führt die Anstaltsleiterin oder der Anstaltsleiter Konferenzen mit an der Behandlung und Erziehung maßgeblich Beteiligten durch.

13 L 3, 13 L 6, 13 L 7

§ 18 Anstaltsbeiräte

(1) Bei den Justizvollzugsanstalten sind Beiräte zu bilden. Das Nähere regelt die Aufsichtsbehörde.

(2) Die Mitglieder des Beirats wirken bei der Gestaltung des Vollzugs und bei der Betreuung der Gefangenen mit. Sie unterstützen die Anstaltsleiterin oder den Anstaltsleiter durch Anregungen und Verbesserungsvorschläge und helfen bei der Eingliederung der Gefangenen nach der Entlassung. Im Jugendstrafvollzug sollen die Mitglieder in der Erziehung junger Menschen erfahren oder dazu befähigt sein.

(3) Die Mitglieder des Beirats können namentlich Wünsche, Anregungen und Beanstandungen entgegennehmen. Sie können sich über die Unterbringung, Beschäftigung, berufliche Bildung, Verpflegung, ärztliche Versorgung und Behandlung unterrichten, die Justizvollzugsanstalt und ihre Einrichtungen besichtigen und die Gefangenen in ihren Räumen aufsuchen. Aussprache und Schriftwechsel werden nicht überwacht.

(4) Die Mitglieder des Beirats haben über die ihnen in ihrem Amt bekannt gewordenen Angelegenheiten, soweit sie ihrer Natur nach vertraulich sind, Verschwiegenheit zu wahren. Dies gilt auch nach Beendigung ihres Amts.

(5) Vollzugsbedienstete dürfen nicht Mitglieder des Beirats sein.

13 O 1, 13 O 2, 13 O 6, 13 O 7

Abschnitt 4. Aufsicht über die Justizvollzugsanstalten

§ 19 Aufsichtsbehörde

Das Justizministerium (Aufsichtsbehörde) führt die Aufsicht über die Justizvollzugsanstalten. Die Aufsicht über Einrichtungen im Jugendstrafvollzug in freien Formen wird im Einvernehmen mit dem Sozialministerium geregelt.

13 G 2, 13 G 6, 13 G 7, 13 G 10, 13 G 18

§ 20 Vollstreckungsplan

Die Aufsichtsbehörde regelt die örtliche und sachliche Zuständigkeit der Justizvollzugsanstalten nach allgemeinen Merkmalen in einem Vollstreckungsplan. Der Vollstreckungsplan soll im Jugendstrafvollzug dazu beitragen, dass Jugendliche, Heranwachsende und junge Erwachsene getrennt werden.

13 H 3, 13 H 16

§ 21 Zuständigkeit für Verlegungen

Die Aufsichtsbehörde kann Entscheidungen über Verlegungen in eine sozialtherapeutische Einrichtung oder in eine Behandlungsabteilung einer Justizvollzugsanstalt einer zentralen Stelle übertragen.

9 B 21, 12 C 5, 13 H 2, 13 H 10, 13 H 16

Abschnitt 5. Verhinderung von Mobilfunkverkehr; Videobeobachtung

§ 22 Feststellung von Mobilfunkendgeräten und Störung des Mobilfunkverkehrs

(1) Gefangenen ist der Besitz und Betrieb von Mobilfunkendgeräten auf dem Gelände der Justizvollzugsanstalten untersagt. Für Einrichtungen, die der Unterbringung von Freigängern dienen, können Ausnahmen zugelassen werden.

(2) Die Justizvollzugsanstalten dürfen auf ihrem Gelände technische Geräte
1. zur Aktivierung von Mobilfunkendgeräten zum Zweck ihres Auffindens sowie
2. zur Störung von Frequenzen, die der Herstellung unerlaubter Mobilfunkverbindungen dienen,

betreiben. Der Mobilfunkverkehr außerhalb des Geländes der Justizvollzugsanstalten darf hierdurch nicht beeinträchtigt werden.

9 D 6

§ 23 Videoüberwachung

Die Justizvollzugsanstalten können das Anstaltsgelände sowie das Innere der Anstaltsgebäude offen mittels Videotechnik beobachten. Die Anfertigung von Aufzeichnungen hiervon sowie die Beobachtung und Aufzeichnung der unmittelbaren Anstaltsumgebung sind zulässig, sofern dies zum Zweck der Aufrechterhaltung der Sicherheit oder Ordnung der Justizvollzugsanstalt oder zur Verhinderung oder Verfolgung von Straftaten oder Ordnungswidrigkeiten, durch welche die Sicherheit oder Ordnung der Justizvollzugsanstalt gefährdet wird, erforderlich ist.

Abschnitt 6. Nichtraucher- und Gesundheitsschutz

§ 24 Rauchverbot in Justizvollzugsanstalten

In Gebäuden und sonstigen vollständig umschlossenen Räumen von Justizvollzugsanstalten ist das Rauchen nach Maßgabe von § 25 verboten.

5 C 8

§ 25 Ausnahmen vom Rauchverbot

(1) In Haftträumen darf geraucht werden, wenn alle in ihnen untergebrachten Gefangenen damit einverstanden sind.

(2) Die Anstaltsleiterin oder der Anstaltsleiter kann Ausnahmen vom Rauchverbot bei besonderen Veranstaltungen zulassen. Die Anstaltsleiterin oder der Anstaltsleiter kann das Rauchen zudem in bestimmten baulich abgeschlossenen Räumen oder in entlüfteten Einrichtungen gestatten, wenn und soweit die Belange des Nichtraucherschutzes dadurch nicht beeinträchtigt werden.

5 C 8

§ 26 Gesundheitsschutz in Jugendstrafanstalten

In Einrichtungen des Jugendstrafvollzugs, in denen überwiegend Jugendliche untergebracht sind, darf aus Gründen des Gesundheitsschutzes nicht geraucht und kein Alkohol getrunken werden; §§ 24 und 25 finden keine Anwendung.

Abschnitt 7. Datenschutz

Unterabschnitt 1. Allgemeine Bestimmungen

§ 27 Aufgabe und Anwendungsbereich

(1) Aufgabe der Vorschriften dieses Abschnitts ist es, bei der Verarbeitung personenbezogener Daten die Persönlichkeitsrechte von Gefangenen und sonstigen betroffenen Personen zu wahren, den Justizvollzugsanstalten die effiziente Erfüllung ihrer Aufgaben zu ermöglichen, die Sicherheit oder Ordnung der Justizvollzugsanstalten zu gewährleisten und einen Beitrag für die innere Sicherheit zu leisten. Die Vorschriften dienen auch der Umsetzung der Richtlinie (EU) 2016/680 des Europäischen Parlamentes und des Rates vom 27. April 2016 zum Schutz natürlicher Personen bei der Verarbeitung personenbezogener Daten durch die zuständigen Behörden zum Zwecke der Verhütung, Ermittlung, Aufdeckung oder Verfolgung von Straftaten oder der Strafvollstreckung sowie zum freien Datenverkehr und zur Aufhebung des Rahmenbeschlusses 2008/977/JI des Rates (ABl. L 119 vom 4.5.2016, S. 89) sowie der Anpassung an die Verordnung (EU) 2016/679 des Europäischen Parlamentes und des Rates vom 27. April 2016 zum Schutz natürlicher Personen bei der Verarbeitung personenbezogener Daten, zum freien Datenverkehr und zur Aufhebung der Richtlinie 95/46/EG (Datenschutz-Grundverordnung) (ABl. L 119 vom 4.5.2016 S. 1, ber. ABl. L 314 vom 22. 11. 2016, S. 72 und ABl. L 127 vom 23.5.2018, S. 2).

(2) Die Vorschriften dieses Abschnitts gelten für den Vollzug von gerichtlich angeordneten Freiheitsentziehungen in Justizvollzugsanstalten. Sie finden mit Ausnahme der §§ 37 und 52 entsprechende Anwendung auf den Vollzug des Jugendarrests. Soweit dieses Gesetz Vorschriften für Auftragsverarbeiter enthält, gilt es auch für diese.

(3) Beim Vollzug von Freiheitsentziehungen, die nicht wegen des Verdachts oder des Nachweises einer rechtswidrigen Tat angeordnet worden sind, finden § 48 Absatz 1 Satz 1 Nummer 3 sowie §§ 49, 50, 55, 89 und 90 keine Anwendung, wenn unter Berücksichtigung der Art der Daten und der Rechtsstellung der Gefangenen die betroffenen Personen ein schutzwürdiges Interesse am Ausschluss der Übermittlung haben.

§ 28 Behördliche Datenschutzbeauftragte oder behördlicher Datenschutzbeauftragter

(1) Die Justizvollzugsanstalt bestellt eine Datenschutzbeauftragte oder einen Datenschutzbeauftragten zur Erfüllung der Aufgaben nach Absatz 2 (behördliche Datenschutzbeauftragte oder behördlicher Datenschutzbeauftragter). Die Bestellung bedarf der Schriftform und ist dem Justizministerium sowie der oder dem Landesbeauftragten für den Datenschutz mitzuteilen. Die Mitteilung soll den Namen und die Kontaktdaten der bestellten Person beinhalten.

(2) Für die Benennung, Stellung und die Aufgaben der oder des behördlichen Datenschutzbeauftragten gelten §§ 5, 6 Absatz 1 bis 3, Absatz 4 Satz 1, Absatz 5 und 6, § 7 Absatz 1 Satz 1, Absatz 2 und 3 des Bundesdatenschutzgesetzes (BDSG) entsprechend. Die Möglichkeiten zur Kündigung des Arbeitsverhältnisses der oder des behördlichen Datenschutzbeauftragten aus anderen Gründen bleiben unberührt.

§ 29 Zulässigkeit der Datenverarbeitung

Die Justizvollzugsanstalt darf personenbezogene Daten verarbeiten, wenn dieses Gesetz oder eine andere Rechtsvorschrift es erlaubt oder die betroffene Person eingewilligt hat.

Unterabschnitt 2. Datenverarbeitung zu Zwecken der Richtlinie (EU) 2016/680 Anwendungsbereich, Begriffsbestimmungen und allgemeine Grundsätze für die Datenverarbeitung

§ 30 Anwendungsbereich und vollzugliche Zwecke

(1) Die Vorschriften der Unterabschnitte 2 bis 6 regeln die Verarbeitung personenbezogener Daten durch die Justizvollzugsanstalten zu den Zwecken nach Artikel 1 Absatz 1 der Richtlinie (EU) 2016/680, insbesondere zum Zweck des ihnen aufgegebenen Vollzugs der Freiheitsentziehung.

(2) Vollzugliche Zwecke in diesem Sinne sind
1. die Erreichung des jeweiligen Vollzugsziels,
2. der Schutz der Allgemeinheit vor weiteren Straftaten der Gefangenen,
3. die Aufrechterhaltung der Sicherheit und Ordnung in der Justizvollzugsanstalt,
4. die Sicherung des Vollzuges,
5. die Mitwirkung des Justizvollzuges an den ihm durch Gesetz übertragenen sonstigen Aufgaben, insbesondere an Gefangene betreffenden gerichtlichen Entscheidungen durch Abgabe von Stellungnahmen.

An die Stelle des in Satz 1 Nummer 1 bestimmten Zwecks tritt für den Vollzug der Untersuchungshaft der Zweck, durch die sichere Unterbringung der Gefangenen die Durchführung eines geordneten Strafverfahrens zu gewährleisten.

§ 31 Begriffsbestimmungen

(1) Im Sinne dieses Gesetzes bezeichnet der Begriff:
1. der Gefangenen Personen, an denen Freiheitsstrafe, Jugendstrafe, Jugendarrest, Untersuchungshaft, Strafarrest oder die Unterbringung in der Sicherungsverwahrung vollzogen wird. Gefangene sind auch Personen, die sich in Haft nach § 127b Absatz 2, § 230 Absatz 2, §§ 236, 329 Absatz 3, § 412 Satz 1 oder § 453c der Strafprozessordnung (StPO) befinden, sowie Personen, die nach § 275a Absatz 6 StPO einstweilig untergebracht sind,
2. der personenbezogenen Daten alle Informationen, die sich auf eine identifizierte oder identifizierbare natürliche Person (betroffene Person) beziehen; als identifizierbar wird eine natürliche Person angesehen, die direkt oder indirekt, insbesondere mittels Zuordnung zu einer Kennung wie einem Namen, zu einer Kennnummer, zu Standortdaten, zu einer Online-Kennung oder zu einem oder mehreren be-

sonderen Merkmalen, die Ausdruck der physischen, physiologischen, genetischen, psychischen, wirtschaftlichen, kulturellen oder sozialen Identität dieser Person sind, identifiziert werden kann,

3. der Verarbeitung das Erheben, Speichern, Verändern, Übermitteln, Nutzen und Löschen personenbezogener Daten; im Einzelnen ist, ungeachtet der dabei angewendeten Verfahren:
   a) Erheben das Beschaffen von personenbezogenen Daten über den Betroffenen,
   b) Speichern das Erfassen, Aufnehmen oder Aufbewahren von personenbezogenen Daten auf einem Datenträger zum Zwecke ihrer weiteren Verarbeitung,
   c) Verändern das inhaltliche Umgestalten gespeicherter personenbezogener Daten,
   d) Übermitteln das Bekanntgeben personenbezogener Daten an einen Dritten in der Weise, dass die Daten an den Dritten weitergegeben werden oder der Dritte zur Einsicht oder zum Abruf bereitgehaltene Daten einsieht oder abruft,
   e) Nutzen jede sonstige Verwendung personenbezogener Daten innerhalb der datenverarbeitenden Stelle,
   f) Löschen das Unkenntlichmachen gespeicherter personenbezogener Daten.
4. der Einschränkung der Verarbeitung die Markierung gespeicherter personenbezogener Daten mit dem Ziel, ihre künftige Verarbeitung einzuschränken,
5. des Profilings jede Art der automatisierten Verarbeitung personenbezogener Daten, bei der diese Daten verwendet werden, um bestimmte persönliche Aspekte, die sich auf eine natürliche Person beziehen, zu bewerten, insbesondere um Aspekte der Arbeitsleistung, der wirtschaftlichen Lage, der Gesundheit, der persönlichen Vorlieben, der Interessen, der Zuverlässigkeit, des Verhaltens, der Aufenthaltsorte oder der Ortswechsel dieser natürlichen Person zu analysieren oder vorherzusagen,
6. der Pseudonymisierung die Verarbeitung personenbezogener Daten in einer Weise, in der die Daten ohne Hinzuziehung zusätzlicher Informationen nicht mehr einer spezifischen betroffenen Person zugeordnet werden können, sofern diese zusätzlichen Informationen gesondert aufbewahrt werden und technischen und organisatorischen Maßnahmen unterliegen, die gewährleisten, dass die Daten keiner betroffenen Person zugewiesen werden können,
7. der Anonymisierung das Verändern personenbezogener Daten derart, dass die Einzelangaben über persönliche oder sachliche Verhältnisse nicht mehr oder nur mit einem unverhältnismäßig großen Aufwand an Zeit, Kosten und Arbeitskraft einer bestimmten oder bestimmbaren natürlichen Person zugeordnet werden kann,
8. des Dateisystems jede strukturierte Sammlung personenbezogener Daten, die nach bestimmten Kriterien zugänglich sind, unabhängig davon, ob diese Sammlung zentral, dezentral oder nach funktionalen oder geografischen Gesichtspunkten geordnet geführt wird,
9. des Verantwortlichen die natürliche oder juristische Person, Behörde, Einrichtung oder andere Stelle, die allein oder gemeinsam mit anderen über die Zwecke und Mittel der Verarbeitung von personenbezogenen Daten entscheidet,
10. des Auftragsverarbeiters eine natürliche oder juristische Person, Behörde, Einrichtung oder andere Stelle, die personenbezogene Daten im Auftrag der Justizvollzugsanstalt oder des Justizministeriums verarbeitet,
11. des Empfängers eine natürliche oder juristische Person, Behörde, Einrichtung oder andere Stelle, der personenbezogene Daten offengelegt werden, unabhängig davon, ob es sich bei ihr um einen Dritten handelt oder nicht; Behörden, die im Rahmen eines bestimmten Untersuchungsauftrags nach dem Unionsrecht oder anderen Rechtsvorschriften personenbezogene Daten erhalten, gelten jedoch nicht als Empfänger; die Verarbeitung dieser Daten durch die genannten Behörden erfolgt im Einklang mit den geltenden Datenschutzvorschriften gemäß den Zwecken der Verarbeitung,
12. der Verletzung des Schutzes personenbezogener Daten eine Verletzung der Sicherheit, die zur unbeabsichtigten oder unrechtmäßigen Vernichtung, zum Verlust, zur Veränderung oder zur unbefugten Offenlegung von oder zum unbefugten Zugang zu personenbezogenen Daten geführt hat, die verarbeitet wurden,
13. der besonderen Kategorien personenbezogener Daten personenbezogene Daten, aus denen die rassische oder ethnische Herkunft, politische Meinungen, religiöse oder weltanschauliche Überzeugungen oder die Gewerkschaftszugehörigkeit hervorgehen, sowie genetische Daten, biometrische Daten zur eindeutigen Identifizierung einer natürlichen Person, Gesundheitsdaten oder Daten zum Sexualleben oder zur sexuellen Orientierung,

14. der genetischen Daten personenbezogene Daten zu den ererbten oder erworbenen genetischen Eigenschaften einer natürlichen Person, die eindeutige Informationen über die Physiologie oder die Gesundheit dieser Person liefern, insbesondere solche, die aus der Analyse einer biologischen Probe der Person gewonnen wurden,
15. der biometrischen Daten mit speziellen technischen Verfahren gewonnene personenbezogene Daten zu den physischen, physiologischen oder verhaltenstypischen Merkmalen einer natürlichen Person, die die eindeutige Identifizierung dieser natürlichen Person ermöglichen oder bestätigen, insbesondere Gesichtsbilder oder daktyloskopische Daten,
16. der Gesundheitsdaten personenbezogene Daten, die sich auf die körperliche oder geistige Gesundheit einer natürlichen Person, einschließlich der Erbringung von Gesundheitsdienstleistungen, beziehen und aus denen Informationen über deren Gesundheitszustand hervorgehen,
17. der internationalen Organisation eine völkerrechtliche Organisation und ihre nachgeordneten Stellen sowie jede sonstige Einrichtung, die durch eine von zwei oder mehr Staaten geschlossene Übereinkunft oder auf der Grundlage einer solchen Übereinkunft geschaffen wurde,
18. der Einwilligung jede freiwillig für den bestimmten Fall, in informierter Weise und unmissverständlich abgegebene Willensbekundung in Form einer Erklärung oder einer sonstigen eindeutigen bestätigenden Handlung, mit der die betroffene Person zu verstehen gibt, dass sie mit der Verarbeitung der sie betreffenden personenbezogenen Daten einverstanden ist,
19. der erkennungsdienstlichen Unterlagen mittels erkennungsdienstlicher Maßnahmen gewonnene personenbezogene Daten in Form von Finger- und Handflächenabdrücken, Lichtbildern, äußerlichen körperlichen Merkmale, Körpermaßen und biometrischen Daten des Körpers und der Stimme.

(2) § 2 BDSG gilt entsprechend mit der Maßgabe, dass vom Begriff der öffentlichen Stellen auch Behörden, Organe der Rechtspflege und andere öffentlich-rechtlich organisierte Einrichtungen eines Mitgliedstaates der Europäischen Union umfasst sind.

§ 32 Grundsätze der Datenverarbeitung

(1) Im Vollzug ist das Recht einer jeden Person zu schützen, grundsätzlich selbst über die Preisgabe und Verwendung ihrer personenbezogenen Daten zu bestimmen.

(2) Die Datenverarbeitung ist an dem Ziel auszurichten, so wenig personenbezogene Daten wie möglich zu verarbeiten. Von den Möglichkeiten der Anonymisierung und Pseudonymisierung ist frühestmöglich Gebrauch zu machen, soweit dies nach dem Verarbeitungszweck möglich ist.

(3) Die Justizvollzugsanstalt hat bei der Verarbeitung personenbezogener Daten so weit wie möglich zwischen den verschiedenen Kategorien betroffener Personen zu unterscheiden. Dies betrifft insbesondere folgende Kategorien:
1. Personen, gegen die ein begründeter Verdacht besteht, dass sie eine Straftat begangen haben,
2. Personen, gegen die ein begründeter Verdacht besteht, dass sie in naher Zukunft eine Straftat begehen werden,
3. verurteilte Straftäter,
4. Opfer einer Straftat oder Personen, bei denen bestimmte Tatsachen darauf hindeuten, dass sie Opfer einer Straftat sein könnten, und
5. andere Personen wie insbesondere Zeugen, Hinweisgeber oder Personen, die mit den in den Nummern 1 bis 4 genannten Personen in Kontakt oder Verbindung stehen.

(4) Bei der Verarbeitung personenbezogener Daten ist so weit wie möglich danach zu unterscheiden, ob diese auf Tatsachen oder auf persönlichen Einschätzungen beruhen. Zu diesem Zweck soll die Justizvollzugsanstalt, soweit dies im Rahmen der jeweiligen Verarbeitung möglich und angemessen ist, Beurteilungen, die auf persönlichen Einschätzungen beruhen, als solche kenntlich machen. Es muss außerdem feststellbar sein, welche Stelle die Unterlagen führt, die der auf einer persönlichen Einschätzung beruhenden Beurteilung zugrunde liegen.

(5) Eine ausschließlich auf einer automatisierten Verarbeitung beruhende Entscheidung, die mit einer nachteiligen Rechtsfolge für die betroffene Person verbunden ist oder sie erheblich beeinträchtigt, ist nur zulässig, wenn sie in einer Rechtsvorschrift vorgesehen ist. Entscheidungen nach Satz 1 dürfen nicht auf besonderen Kategorien personenbezogener Daten beruhen, sofern nicht geeignete Maßnahmen zum Schutz der Rechtsgüter sowie der berechtigten Interessen der betroffenen Personen getroffen wurden. Profiling, das zur Folge hat, dass betroffene Personen auf der Grundlage von besonderen Kategorien personenbezogener Daten diskriminiert werden, ist verboten.

§ 33 Einwilligung

(1) Soweit die Verarbeitung personenbezogener Daten auf der Grundlage einer Einwilligung erfolgt, muss die Justizvollzugsanstalt die Einwilligung der betroffenen Person nachweisen können.

(2) Erfolgt die Einwilligung der betroffenen Person durch eine schriftliche Erklärung, die noch andere Sachverhalte betrifft, muss das Ersuchen um Einwilligung in verständlicher und leicht zugänglicher Form in einer klaren und einfachen Sprache so erfolgen, dass es von den anderen Sachverhalten klar zu unterscheiden ist.

(3) Die betroffene Person hat das Recht, ihre Einwilligung jederzeit zu widerrufen. Durch den Widerruf der Einwilligung wird die Rechtmäßigkeit der aufgrund der Einwilligung bis zum Widerruf erfolgten Verarbeitung nicht berührt. Die betroffene Person ist vor Abgabe der Einwilligung hiervon in Kenntnis zu setzen.

(4) Die Einwilligung ist nur wirksam, wenn sie auf der freien Entscheidung der betroffenen Person beruht. Bei der Beurteilung, ob die Einwilligung freiwillig erteilt wurde, müssen die Umstände der Erteilung, etwa die besondere Situation der Freiheitsentziehung oder eines gegen die betroffene Person betriebenen Verfahrens, berücksichtigt werden. Freiwilligkeit kann insbesondere vorliegen, wenn für die betroffene Person ein rechtlicher oder tatsächlicher Vorteil erreicht wird oder die verantwortliche Stelle und die betroffene Person gleichgelagerte Interessen verfolgen. Die betroffene Person ist auf den vorgesehenen Zweck der Verarbeitung hinzuweisen. Ist dies nach den Umständen des Einzelfalles erforderlich oder verlangt die betroffene Person dies, ist sie auch über die Folgen der Verweigerung der Einwilligung zu belehren.

(5) Soweit besondere Kategorien personenbezogener Daten verarbeitet werden, muss sich die Einwilligung ausdrücklich auf diese Daten beziehen.

(6) Bei beschränkt geschäftsfähigen Gefangenen bestimmt sich die Einwilligungsfähigkeit nach der tatsächlichen Einsichtsfähigkeit.

Unterabschnitt 3. Datenverarbeitung zu Zwecken der Richtlinie (EU) 2016/680 Rechtsgrundlagen der Verarbeitung personenbezogener Daten

§ 34 Datenerhebung

(1) Die Justizvollzugsanstalt darf personenbezogene Daten erheben, soweit deren Kenntnis für den ihr aufgegebenen Vollzug der Freiheitsentziehung erforderlich ist. Die Erhebung besonderer Kategorien personenbezogener Daten zu diesem Zweck ist nur zulässig, wenn sie unbedingt erforderlich ist.

(2) Personenbezogene Daten sind vorrangig bei der betroffenen Person zu erheben. Werden sie auf Grund einer Rechtsvorschrift erhoben, die zur Auskunft verpflichtet, oder ist die Erteilung der Auskunft Voraussetzung für die Gewährung von Rechtsvorteilen, so ist die betroffene Person hierauf, sonst auf die Freiwilligkeit ihrer Angaben hinzuweisen.

(3) Sofern es für die Aufgabenerfüllung der Justizvollzugsanstalt erforderlich ist und keine Anhaltspunkte dafür bestehen, dass überwiegende schutzwürdige Interessen der betroffenen Person beeinträchtigt werden, kann die Erhebung bei der betroffenen Person auch ohne deren Kenntnis sowie bei anderen Personen oder Stellen erfolgen. Erfolgt die Erhebung bei einer nichtöffentlichen Stelle, so ist diese auf die Rechtsvorschrift, die zur Auskunft verpflichtet, sonst auf die Freiwilligkeit ihrer Angaben hinzuweisen.

(4) Daten über Personen, die nicht Gefangene sind, dürfen ohne ihre Mitwirkung bei Personen oder Stellen außerhalb der Justizvollzugsanstalt nur erhoben werden, wenn sie für Hilfsmaßnahmen für Angehörige der Gefangenen, die Behandlung von Gefangenen, die Sicherheit oder Ordnung der Justizvollzugsanstalt oder die Sicherung des Vollzugs der Freiheitsentziehung erforderlich sind und die Art der Erhebung nicht überwiegende schutzwürdige Interessen der betroffenen Person beeinträchtigt.

11 F 1

§ 35 Videotechnik

(1) Die Beobachtung von Hafträumen mittels Videotechnik ist nur auf Anordnung der Anstaltsleiterin oder des Anstaltsleiters und zur Abwehr von erheblichen Gefahren für Leib oder Leben von Gefangenen oder Dritten oder zur Verhinderung und Verfolgung von erheblichen Straftaten zulässig. Gleiches gilt für die Beobachtung von Kabinen der Sammeltransportfahrzeuge mittels Videotechnik. Die Anstaltsleiterin oder der Anstaltsleiter kann allgemein anordnen, dass besonders gesicherte Hafträume mittels Videotechnik zu beobachten sind. Die Anfertigung von Videoaufzeichnungen ist im Einzelfall zulässig. Sofern in

Hafträumen eine Beobachtung über einen Zeitraum von aufeinanderfolgend mehr als zwei Wochen erfolgt, bedarf sie der Zustimmung des Justizministeriums als Aufsichtsbehörde.

(2) In hierfür besonders eingerichteten Hafträumen des Justizvollzugskrankenhauses ist auf ärztliche Anordnung eine optische und akustische Beobachtung von Gefangenen mittels Videotechnik zulässig, sofern zureichende Anhaltspunkte für Fremd- oder Eigengefährdung vorliegen oder dies aus Gründen der therapeutischen Sicherheit angezeigt ist. Die Erhebung besonderer Kategorien personenbezogener Daten zu diesem Zweck ist nur zulässig, wenn sie unbedingt erforderlich ist. Absatz 1 Satz 3 und 4 gilt entsprechend.

(3) Die Beobachtung mittels Videotechnik und die Anfertigung von Videoaufzeichnungen nach diesem Gesetz dürfen auch durchgeführt werden, wenn Personen, hinsichtlich derer die Voraussetzungen der Datenerhebung nicht vorliegen, unvermeidbar betroffen werden. Für die Dauer der religiösen Betreuung ist die Überwachung auf Verlangen der Seelsorgerin oder des Seelsorgers auszusetzen. Die Videobeobachtung und -aufzeichnung ist durch geeignete Maßnahmen zum frühestmöglichen Zeitpunkt erkennbar zu machen, soweit nicht der Zweck der Maßnahme dadurch vereitelt wird.

11 I 18, 11 I 21, 11 I 25

§ 36 Radio-Frequenz-Identifikation (RFID)

(1) Aus Gründen der Sicherheit oder Ordnung der Justizvollzugsanstalt oder zur Überwachung des Aufenthaltsorts von Gefangenen auf dem Anstaltsgelände kann die Justizvollzugsanstalt Daten über den Aufenthaltsort und den Zeitpunkt der Datenerhebung mittels RFID-Transponder durch Empfangsgeräte automatisiert erheben.

(2) Mit Zustimmung der oder des Gefangenen kann ein RFID-Transponder zur automatisierten Identifikation und Lokalisierung so mit ihrem oder seinem Körper verbunden werden, dass eine ordnungsgemäße Trennung nur durch die Justizvollzugsanstalt erfolgen kann. Von der Zustimmung können die Rücknahme besonderer Sicherungsmaßnahmen oder die Einteilung der oder des Gefangenen zu einer in bestimmten Bereichen auf dem Anstaltsgelände zu leistenden Arbeit abhängig gemacht werden.

§ 37 Elektronische Aufenthaltsüberwachung durch das Global Positioning System (GPS)

(1) Die elektronische Aufenthaltsüberwachung erfolgt durch die ergänzende technische Beaufsichtigung einer oder eines Gefangenen bei einer Ausführung ohne angeordnete Fesselung in Begleitung von Bediensteten der Justizvollzugsanstalt. Die elektronische Aufenthaltsüberwachung dient dem Zweck, im Falle einer Entweichung der zu überwachenden Person diese auf Grundlage eines Bewegungsprofils erleichtert wieder ergreifen zu können. Die elektronische Aufenthaltsüberwachung endet mit der ordnungsgemäßen Rückkehr der zu überwachenden Person in die Justizvollzugsanstalt.

(2) Zur elektronischen Aufenthaltsüberwachung kann eine für die elektronische Aufenthaltsüberwachung zuständige zentrale Datenverarbeitungsstelle Daten über den Aufenthaltsort der Gefangenen und den Zeitpunkt der Datenerhebung (aufenthaltsbezogene Daten) mit der zugelassenen Technik, namentlich mittels Global Positioning (GPS) und Funksystemen, durch Empfangsgeräte erheben (Überwachungsstelle). Es kann als Sender ein Überwachungsgerät zur automatisierten Identifikation und Lokalisierung mit dem Hand- oder Fußgelenk der zu überwachenden Person so verbunden werden, dass eine ordnungsgemäße Trennung nur durch die Justizvollzugsanstalt oder die Überwachungsstelle erfolgen kann.

(3) Verantwortliche Stelle im Sinne des Datenschutzgesetzes ist das Justizministerium.

(4) Zur Einhaltung der Zweckbindung erfolgt die Erhebung und Verarbeitung der aufenthaltsbezogenen Daten automatisiert. Bei jedem Abruf sind zumindest der Zeitpunkt, die abgerufenen Daten und die Bearbeiter zu protokollieren.

(5) Die nach Absatz 1 erhobenen aufenthaltsbezogenen Daten sind nach Abschluss der Ausführung innerhalb einer Frist von 24 Stunden automatisiert zu löschen. Hierzu teilt die Justizvollzugsanstalt der Überwachungsstelle unverzüglich das Ende der elektronischen Aufenthaltsüberwachung mit, die die Löschung der Daten veranlasst, soweit nicht eine weitere Speicherung und Verarbeitung im Einzelfall zur Aufklärung und Ahndung eines Pflichtenverstoßes, zur Aufklärung oder Verfolgung von Straftaten oder zur Abwehr erheblicher gegenwärtiger Gefahr für das Leben, die körperliche Unversehrtheit, die persönliche Freiheit oder die sexuelle Selbstbestimmung Dritter erforderlich ist. Ist die automatisierte Löschung der aufenthaltsbezogenen Daten zu diesen Zwecken auszusetzen, beantragt die Justizvollzugsanstalt dies unverzüglich bei der Überwachungsstelle. Für die erweiterten Zwecke darf die Überwachungsstelle die Daten mit Zustimmung der Justizvollzugsanstalt unmittelbar den zuständigen Polizei- und Strafverfolgungsbehörden übermitteln.

(6) Im Falle einer Entweichung darf die Überwachungsstelle den für die Fahndung oder die Wiederergreifung zuständigen Polizeidienststellen die bei der elektronischen Aufenthaltsüberwachung erhobenen aufenthaltsbezogenen Daten unmittelbar mitteilen. Absatz 5 gilt entsprechend. Die Frist des Absatzes 5 Satz 1 beginnt mit der Wiederergreifung der oder des Gefangenen oder mit der Beendigung der elektronischen Aufenthaltsüberwachung.

(7) Absatz 1 bis 6 finden im Jugendarrest keine Anwendung.

§ 38 Auslesen von Datenspeichern

(1) Elektronische Datenspeicher sowie elektronische Geräte mit Datenspeicher, die Gefangene ohne Erlaubnis der Justizvollzugsanstalt besitzen, dürfen auf einzelfallbezogene schriftliche Anordnung der Anstaltsleitung ausgelesen werden, soweit tatsächliche Anhaltspunkte die Annahme rechtfertigen, dass dies zu erheblichen vollzuglichen Zwecken oder zu den in § 42 Absatz 1 Satz 1 Nummer 2, 4 oder 5 genannten Zwecken erforderlich ist. Die so erhobenen Daten dürfen nur verarbeitet werden, soweit dies zu den in Satz 1 genannten Zwecken erforderlich ist.

(2) Die nach Absatz 1 erhobenen Daten dürfen nicht verarbeitet werden, soweit sie zum Kernbereich privater Lebensgestaltung gehören. Insoweit sind die Daten unverzüglich zu löschen. Die Tatsachen der Erfassung der Daten und der Löschung sind zu dokumentieren. Die Dokumentation darf ausschließlich für Zwecke der Datenschutzkontrolle verwendet werden. Sie ist zu löschen, wenn sie für diese Zwecke nicht mehr erforderlich ist, spätestens jedoch am Ende des Kalenderjahres, das dem Jahr der Dokumentation folgt.

(3) Die Gefangenen sind bei der Aufnahme über die Möglichkeit des Auslesens von Datenspeichern zu belehren.

§ 39 Zweckänderung

Eine Verarbeitung personenbezogener Daten zu einem anderen Zweck als demjenigen, zu dem sie erhoben wurden, ist zulässig, wenn es sich bei dem anderen Zweck um einen der in § 30 genannten Zwecke handelt, die Justizvollzugsanstalt befugt ist, Daten zu diesem Zweck zu verarbeiten, und die Verarbeitung zu diesem Zweck erforderlich und verhältnismäßig ist. Die Verarbeitung personenbezogener Daten zu einem anderen, in § 30 nicht genannten Zweck ist zulässig, wenn sie in einer Rechtsvorschrift vorgesehen ist.

§ 40 Übermittlung, Nutzung, Veränderung und Speicherung von Daten zu Vollzugszwecken

(1) Die Justizvollzugsanstalt darf personenbezogene Daten übermitteln, nutzen, verändern und speichern, soweit dies für den ihr aufgegebenen Vollzug der Freiheitsentziehung erforderlich ist. Die Übermittlung, Nutzung, Veränderung und Speicherung besonderer Kategorien personenbezogener Daten ist zu diesem Zweck zulässig, wenn sie unbedingt erforderlich ist.

(2) Zu ihrer Aufgabenerfüllung kann die Justizvollzugsanstalt personenbezogene Daten auch unter Einsatz von elektronischen Kommunikationsdiensten, einschließlich solcher mit Bildübertragung, verarbeiten.

(3) Die erhobenen personenbezogenen Daten können zu den Gefangenenpersonalakten genommen sowie elektronisch in Dateien gespeichert werden. Erkennungsdienstliche Unterlagen können auch in kriminalpolizeilichen Sammlungen verwahrt werden.

(4) Die Justizvollzugsanstalt kann anordnen, dass Gefangene einen Lichtbildausweis mit sich führen.

(5) Sofern es aus Gründen der Sicherheit oder Ordnung der Justizvollzugsanstalt oder zur Überwachung des Aufenthaltsorts von Gefangenen in der Justizvollzugsanstalt erforderlich ist, kann die Justizvollzugsanstalt Ausweise mit einem RFID-Transponder ausstatten und anordnen, dass diese offen zu tragen sind.

§ 41 Übermittlung, Nutzung, Veränderung und Speicherung von Daten zu vollzugsbegleitenden Zwecken

(1) Eine Übermittlung, Nutzung, Veränderung und Speicherung personenbezogener Daten zu vollzugsbegleitenden Zwecken ist der Verarbeitung zu Vollzugszwecken gleichgestellt, soweit sie gerichtlichen Verfahren sowie deren außergerichtlicher Bearbeitung, der Wahrnehmung von Aufsichts- und Kontrollbefugnissen, der Rechnungsprüfung oder der Durchführung von Organisationsuntersuchungen für die verantwortliche Stelle dient.

(2) Das gilt auch für die Übermittlung, Nutzung, Veränderung und Speicherung zu Ausbildungs- und Prüfungszwecken durch die verantwortliche Justizvollzugsanstalt und das Bildungszentrum Justizvollzug Baden-Württemberg sowie zu Zwecken wissenschaftlicher Forschung durch den Kriminologischen Dienst Baden-Württemberg, soweit nicht überwiegende schutzwürdige Interessen der betroffenen Person entgegenstehen. Sofern der Ausbildungs-, Prüfungs- oder Forschungszweck es erlaubt und der Aufwand in einem angemessenen Verhältnis zu dem angestrebten Schutzzweck steht, sind die personenbezogenen Daten zu anonymisieren.

(3) Die Justizvollzugsanstalt darf die Religionszugehörigkeit sowie sonstige personenbezogene Daten der Gefangenen, insbesondere Name, Geburtsdatum und Aufnahmedatum, zu Zwecken der Seelsorge im Justizvollzug verarbeiten und an die oder den Seelsorger übermitteln, soweit dies erforderlich ist, um die Seelsorge aufnehmen zu können. Dies setzt voraus, dass die oder der Gefangene deutlich darauf hingewiesen wurde, dass die Angabe über die Religionszugehörigkeit freiwillig erfolgt und Zwecken der Seelsorge dient. Eine Übermittlung ist unzulässig, wenn die oder der Gefangene dieser ausdrücklich widerspricht.

(4) Die Justizvollzugsanstalt darf personenbezogene Daten von Gefangenen an Mitglieder des Anstaltsbeirats übermitteln, soweit dies für die Wahrnehmung der gesetzlichen Aufgaben der Beiräte erforderlich ist. Besondere Kategorien personenbezogener Daten dürfen zu diesem Zweck übermittelt werden, soweit dies unbedingt erforderlich ist; die Übermittlung erkennungsdienstlicher Unterlagen ist unzulässig. Anstelle der Übermittlung kann die Anstaltsleiterin oder der Anstaltsleiter die Einsichtnahme von Akten durch Mitglieder des Anstaltsbeirats zulassen, soweit eine solche zur Aufgabenerfüllung unerlässlich ist; Gesundheitsakten und Krankenblätter dürfen nur mit Zustimmung der oder des Gefangenen eingesehen werden. Die Regelung über das Datengeheimnis nach § 73 Absatz 1 gilt entsprechend.

§ 42 Übermittlung, Nutzung, Veränderung und Speicherung von Daten zum Schutz der Allgemeinheit

(1) Die Übermittlung, Nutzung, Veränderung und Speicherung personenbezogener Daten durch die Justizvollzugsanstalt ist auch zulässig, soweit dies
1. zur Abwehr von sicherheitsgefährdenden oder geheimdienstlichen Tätigkeiten für eine fremde Macht oder von Bestrebungen im Geltungsbereich dieses Gesetzes, die durch Anwendung von Gewalt oder darauf gerichtete Vorbereitungshandlungen
    a) gegen die freiheitliche demokratische Grundordnung, den Bestand oder die Sicherheit des Bundes oder eines Landes gerichtet sind,
    b) eine ungesetzliche Beeinträchtigung der Amtsführung der Verfassungsorgane des Bundes oder eines Landes oder ihrer Mitglieder zum Ziele haben oder
    c) auswärtige Belange der Bundesrepublik Deutschland gefährden,
2. zur Abwehr erheblicher Nachteile für das Gemeinwohl oder einer Gefahr für die öffentliche Sicherheit,
3. zur Abwehr einer schwerwiegenden Beeinträchtigung der Rechte einer anderen Person,
4. zur Verhinderung oder Verfolgung von Straftaten sowie zur Verhinderung oder Verfolgung von Ordnungswidrigkeiten von erheblicher Bedeutung, durch welche die Sicherheit oder Ordnung der Justizvollzugsanstalt gefährdet werden, oder
5. zur Identifizierung, Fahndung oder Festnahme von Gefangenen durch Vollstreckungs- und Strafverfolgungsbehörden in den Fällen, in denen eine Gefangene oder ein Gefangener entwichen ist oder sich sonst ohne Erlaubnis außerhalb der Justizvollzugsanstalt aufhält,

erforderlich ist. Die Übermittlung, Nutzung, Veränderung und Speicherung besonderer Kategorien personenbezogener Daten ist zu den Zwecken nach Satz 1 zulässig, wenn sie unbedingt erforderlich ist.

(2) Die Justizvollzugsanstalt darf den für die Eingabe von Daten in das polizeiliche Informations- und Auskunftssystem zuständigen Polizeidienststellen den Beginn, die Unterbrechung und die Beendigung von Freiheitsentziehungen, die wegen des Verdachts oder des Nachweises einer rechtswidrigen Tat richterlich angeordnet worden sind, Verlegungen in eine andere Justizvollzugsanstalt, die Gewährung von vollzugsöffnenden Maßnahmen einschließlich des Verlassens der Justizvollzugsanstalt aus wichtigem Anlass, die Entlassungsadresse sowie die zur Identifizierung der Gefangenen erforderlichen personenbezogenen Daten auch anlassunabhängig übermitteln.

§ 43 Identitätsfeststellung

(1) Bestehen Zweifel an der Identität von Gefangenen, übermittelt die Justizvollzugsanstalt die von ihr gemäß § 34 erhobenen personenbezogenen Daten unverzüglich dem Landeskriminalamt, soweit dies zur

Identitätsfeststellung erforderlich ist. Das Landeskriminalamt veranlasst den Abgleich der übermittelten Daten zum Zwecke der Identifizierung der Gefangenen und teilt das Ergebnis der Justizvollzugsanstalt mit.

(2) Unter den Voraussetzungen des Absatzes 1 dürfen die Justizvollzugsanstalten auch das Bundeskriminalamt sowie das Bundesamt für Migration und Flüchtlinge um einen Abgleich der erkennungsdienstlichen Daten und Identitätsdaten ersuchen.

§ 44 Überprüfung Gefangener
(1) Zum Zwecke der Aufrechterhaltung der Sicherheit der Anstalt prüft die Justizvollzugsanstalt, ob sicherheitsrelevante Erkenntnisse über Gefangene vorliegen. Sicherheitsrelevant sind Erkenntnisse insbesondere über extremistische, gewaltorientierte Einstellungen oder Kontakte zu derartigen Organisationen, Gruppierungen oder Personen oder Kontakte zur organisierten Kriminalität.

(2) Die Justizvollzugsanstalt darf Justiz- und Sicherheitsbehörden hierzu um Auskunft ersuchen. Insbesondere
1. holt sie eine Auskunft nach § 41 Absatz 1 Nummer 1 des Bundeszentralregistergesetzes ein und
2. fragt sicherheitsrelevante Erkenntnisse der Polizeibehörden und des Landesamts für Verfassungsschutz ab.

Hiervon soll nur abgesehen werden, wenn im Einzelfall aufgrund einer Gesamtwürdigung eine Gefährdung der Sicherheit der Anstalt ausgeschlossen werden kann.

(3) Die Abfrage bei den Polizeibehörden erstreckt sich nur auf die personengebundenen Hinweise und die Erkenntnisse des polizeilichen Staatsschutzes. Bei der Anfrage bei dem Landesamt für Verfassungsschutz erfolgt die Abfrage des nachrichtendienstlichen Informationssystems durch das Landesamt.

(4) Die Justizvollzugsanstalt übermittelt den angefragten Behörden soweit möglich den Nachnamen, Geburtsnamen, die Vornamen, das Geburtsdatum, das Geschlecht, den Geburtsort, das Geburtsland und die Staatsangehörigkeit der Gefangenen. Über Satz 1 hinaus sollen bekannt gewordene Aliaspersonalien, die voraussichtliche Vollzugsdauer sowie das Aktenzeichen der der Vollstreckung zugrundeliegenden Entscheidung mitgeteilt werden.

(5) Die gemäß Absatz 2 Satz 2 Nummer 2 angefragten Behörden teilen den Justizvollzugsbehörden die sicherheitsrelevanten Erkenntnisse über die Gefangenen mit. Die mitgeteilten Erkenntnisse werden in gesonderten Akten oder Dateien geführt.

(6) Die Verarbeitungs- und Übermittlungsbefugnis zur Aufrechterhaltung der Sicherheit der Anstalt schließt die Verarbeitungsbefugnis zum Zwecke der Vollzugs- und Eingliederungsplanung der Gefangenen ein.

§ 45 Überprüfung von Besuchspersonen
(1) Bei Personen, die die Zulassung zum Besuch von besonders gefährlichen Gefangenen, zu denen sicherheitsrelevante Erkenntnisse nach § 44 Absatz 1 Satz 2 vorliegen, begehren, dürfen die Justizvollzugsanstalten mit deren Einwilligung eine Zuverlässigkeitsüberprüfung vornehmen. Gleiches gilt für die Zulassung zum Besuch von Gefangenen oder zum Besuch der Anstalt bei tatsächlichen Anhaltspunkten einer drohenden Gefahr für die Sicherheit oder Ordnung der Anstalt. § 44 Absatz 1 bis 3 und 4 Satz 1 und Absatz 5 Satz 1 gilt entsprechend. In den Fällen des § 44 Absatz 2 Satz 2 Nummer 2 teilen die Justizvollzugsanstalten auch mit, ob und für welche Gefangenen die Zulassung zum Besuch begehrt wird. Sicherheitsrelevant können hierbei auch Erkenntnisse über erhebliche strafrechtliche Verurteilungen, eine bestehende Suchtproblematik oder andere für die Beurteilung der Zuverlässigkeit erhebliche Umstände sein.

(2) Absatz 1 gilt nicht für Besuche von Verteidigerinnen und Verteidigern und Beiständen sowie für Rechtsanwältinnen, Rechtsanwälte sowie Notarinnen und Notare in einer die Gefangenen betreffenden Rechtssache sowie für die in § 24 Absatz 3 des Dritten Buchs genannten Personen und Stellen.

(3) Werden den Justizvollzugsbehörden sicherheitsrelevante Erkenntnisse bekannt, wird die betroffene Person nicht oder nur unter Beschränkungen zum Besuch zugelassen. Gleiches gilt, wenn die betroffene Person die Einwilligung in eine Zuverlässigkeitsüberprüfung verweigert.

(4) Eine erneute Zuverlässigkeitsüberprüfung soll erfolgen, wenn neue sicherheitsrelevante Erkenntnisse vorliegen, spätestens jedoch nach Ablauf von fünf Jahren, sofern ihre Erforderlichkeit und die Voraussetzungen nach Absatz 1 fortbestehen.

§ 46 Überprüfung sonstiger anstaltsfremder Personen

(1) Personen, die in Justizvollzugsanstalten oder an deren Einrichtungen tätig werden und in keinem Dienst- oder Arbeitsverhältnis zum Land stehen, dürfen zu diesen Tätigkeiten nur zugelassen werden, wenn keine Sicherheitsbedenken bestehen. Die Justizvollzugsanstalten sollen zur Aufrechterhaltung der Sicherheit oder Ordnung der Anstalt mit Einwilligung der betroffenen Person eine Zuverlässigkeitsüberprüfung vornehmen. § 44 Absatz 1 bis 3 und 4 Satz 1 und Absatz 5 Satz 1 sowie § 45 Absatz 1 Satz 5, Absatz 3 und 4 gelten entsprechend.

(2) Ist eine Überprüfung in Eilfällen nicht möglich, soll eine Beaufsichtigung der Person bei der Tätigkeit in der Anstalt erfolgen.

(3) Die Justizvollzugsbehörden sollen von einer Abfrage nach Absatz 1 Satz 3 absehen, wenn aufgrund des Anlasses, der Art, des Umfangs oder der Dauer des Aufenthalts oder der Tätigkeit in der Anstalt eine Gefährdung der Sicherheit der Anstalt fernliegt.

§ 47 Fallkonferenzen

(1) Im Rahmen von Fallkonferenzen dürfen die Justizvollzugsbehörden personenbezogene Daten, einschließlich solcher besonderer Kategorien, die sie zulässig erhoben haben, insbesondere den voraussichtlichen Entlassungszeitpunkt, die voraussichtliche Entlassungsadresse sowie die Vollzugs- und Eingliederungspläne, den Polizeibehörden des Bundes und der Länder übermitteln, sofern
1. tatsächliche Anhaltspunkte für die fortdauernde erhebliche Gefährlichkeit des jeweiligen Gefangenen für die Allgemeinheit vorliegen,
2. die Entlassung des jeweiligen Gefangenen aller Voraussicht nach in einem Zeitraum von nicht mehr als einem Jahr bevorsteht und
3. dies zur vorbeugenden Bekämpfung von Straftaten von erheblicher Bedeutung erforderlich ist.

Fallkonferenzen dürfen auch zur Vorbereitung von Ausführungen, Vorführungen, Ausantwortungen, Überstellungen und Verlegungen bei tatsächlichen Anhaltspunkten für eine Gefahr der Entweichung, von Gewalttätigkeiten gegen Personen oder Sachen von bedeutendem Wert, deren Erhaltung im öffentlichen Interesse geboten ist, und der Selbstverletzung oder Selbsttötung von Gefangenen stattfinden. An den Fallkonferenzen nach Satz 1 sollen die Bewährungshilfe und die Führungsaufsichtsstellen beteiligt werden. Im Rahmen der Fallkonferenzen dürfen personenbezogene Daten, einschließlich solcher besonderer Kategorien, durch die Justizvollzugsbehörden bei den Polizeibehörden abgefragt und erhoben werden.

(2) Im Rahmen von Fallkonferenzen dürfen die Justizvollzugsbehörden personenbezogene Daten, einschließlich solcher besonderer Kategorien, die sie zulässig erhoben haben, insbesondere den voraussichtlichen Entlassungszeitpunkt, die voraussichtliche Entlassungsadresse sowie die Vollzugs- und Eingliederungspläne den Verfassungsschutzbehörden des Bundes und der Länder übermitteln, sofern
1. bestimmte Tatsachen den Verdacht für sicherheitsgefährdende oder geheimdienstliche Tätigkeiten für eine fremde Macht oder für Bestrebungen in der Bundesrepublik Deutschland begründen, die durch Anwendung von Gewalt oder darauf gerichtete Vorbereitungshandlungen
    a) gegen die freiheitliche demokratische Grundordnung, den Bestand oder die Sicherheit des Bundes oder eines Landes gerichtet sind,
    b) eine ungesetzliche Beeinträchtigung der Amtsführung der Verfassungsorgane des Bundes oder eines Landes oder ihrer Mitglieder zum Ziele haben oder
    c) auswärtige Belange der Bundesrepublik Deutschland gefährden,
2. eine damit im Zusammenhang stehende Gefahr für die Sicherheit der Anstalt oder die Erreichung des Vollzugsziels in einem überschaubaren Zeitraum einzutreten droht und
3. dies zur Verhütung der in Satz 1 Nummer 2 genannten Gefahren notwendig ist.

An den Fallkonferenzen sollen die Bewährungshilfe und die Führungsaufsichtsstellen beteiligt werden, sofern die Entlassung der Gefangenen in voraussichtlich nicht mehr als einem Jahr bevorsteht. Im Rahmen der Fallkonferenzen dürfen personenbezogene Daten, einschließlich solcher besonderer Kategorien, durch die Justizvollzugsbehörden bei den Verfassungsschutzbehörden des Bundes und der Länder abgefragt und erhoben werden.

(3) Fallkonferenzen dürfen zwischen den Justizvollzugsbehörden, den Polizeibehörden des Bundes und der Länder und den Verfassungsschutzbehörden des Bundes und der Länder stattfinden, sofern
1. bestimmte Tatsachen die Annahme einer gegenwärtigen Gefahr für Leib, Leben, Gesundheit oder Freiheit einer Person oder für Sachen von erheblichem Wert, deren Erhaltung im öffentlichen Interesse geboten ist, begründen,

2. bestimmte Tatsachen den Verdacht nach Absatz 2 Satz 1 Nummer 1 begründen und
3. dies zur Abwehr der in Nummer 1 genannten Gefahren notwendig ist.

Absatz 2 Satz 2 gilt entsprechend. Im Rahmen der vorgenannten Fallkonferenzen dürfen personenbezogene Daten, einschließlich solcher besonderer Kategorien, durch die Justizvollzugsbehörden bei den Polizeibehörden des Bundes und der Länder sowie den Verfassungsschutzbehörden des Bundes und der Länder auch abgefragt und erhoben werden.

(4) Die wesentlichen Ergebnisse der stattgefundenen Fallkonferenzen sind zu dokumentieren.

(5) Die Vollzugs- und Eingliederungsplanung bleibt den Justizvollzugsbehörden vorbehalten.

§ 48 Übermittlung, Nutzung, Veränderung und Speicherung von Daten zu vollzugsunterstützenden Zwecken

(1) Die Justizvollzugsanstalt darf personenbezogene Daten mit Ausnahme der erkennungsdienstlichen Unterlagen nutzen, verändern und speichern sowie an die zuständigen öffentlichen Stellen sowie geeignete nichtöffentliche Stellen und Personen übermitteln, soweit dies
1. für Maßnahmen der Gerichtshilfe, Jugendgerichtshilfe, Bewährungshilfe, der Führungsaufsicht und der forensischen Ambulanzen, auch zur Vorbereitung und Vorprüfung dieser Maßnahmen im Rahmen der Entlassungsvorbereitung und Nachsorge,
2. für Hilfsmaßnahmen für Angehörige der Gefangenen oder
3. zur Vorbereitung und Durchführung sonstiger Maßnahmen, die die Fähigkeit der Gefangenen fördern, in sozialer Verantwortung ein Leben ohne Straftaten zu führen, einschließlich der Entlassungsvorbereitung und Nachsorge

erforderlich ist. Die Übermittlung, Nutzung, Veränderung und Speicherung besonderer Kategorien personenbezogener Daten mit Ausnahme der erkennungsdienstlichen Unterlagen ist zu den Zwecken nach Satz 1 zulässig, wenn sie unbedingt erforderlich ist.

(2) Die Befugnisse nach Absatz 1 finden auch auf die Vorbereitung und Durchführung von Maßnahmen Anwendung, die erst nach der Haftentlassung zum Tragen kommen und der Eingliederung der Gefangenen in ein soziales und berufliches Umfeld dienen.

§ 49 Datenübermittlung zu vollzugsfremden Zwecken

Die Übermittlung personenbezogener Daten mit Ausnahme der erkennungsdienstlichen Unterlagen durch die Justizvollzugsanstalt an die zuständigen öffentlichen Stellen ist auch zulässig, soweit dies für
1. Maßnahmen der Strafvollstreckung oder strafvollstreckungsrechtliche Entscheidungen oder
2. Entscheidungen in Gnadensachen

erforderlich ist.

Die Übermittlung, Nutzung, Veränderung und Speicherung besonderer Kategorien personenbezogener Daten mit Ausnahme der erkennungsdienstlichen Unterlagen ist zu den Zwecken nach Satz 1 zulässig, wenn sie unbedingt erforderlich ist.

§ 50 Datenübermittlung zum Zweck des Opferschutzes

Die Justizvollzugsanstalt darf den nach § 406d Absatz 2 StPO auskunftspflichtigen Stellen die für die Erteilung von Auskünften an die Verletzte oder den Verletzten erforderlichen Daten über die Vollziehung freiheitsentziehender Maßnahmen sowie die Gewährung von vollzugsöffnenden Maßnahmen einschließlich des Verlassens der Justizvollzugsanstalt aus wichtigem Anlass übermitteln.

§ 51 Schutz besonderer Kategorien personenbezogener Daten

(1) Personenbezogene Daten besonderer Kategorien dürfen in der Justizvollzugsanstalt nicht allgemein kenntlich gemacht werden. Die an der Verarbeitung dieser Daten Beteiligten sind auf die besondere Schutzwürdigkeit der Daten hinzuweisen. Gesundheitsakten und Krankenblätter sind, auch wenn sie in Dateien gespeichert sind, von anderen Unterlagen oder Dateien getrennt zu führen und besonders zu sichern. Durch organisatorische Maßnahmen ist sicherzustellen, dass nur die in der Anstalt tätigen Personen Zugang zu den Akten oder Dateien nach Satz 3 erhalten, für deren Aufgabenerfüllung die Kenntnis dieser Daten unbedingt erforderlich ist. Andere personenbezogene Daten über Gefangene dürfen innerhalb der Justizvollzugsanstalt allgemein kenntlich gemacht werden, soweit dies für ein geordnetes Zusammenleben in der Justizvollzugsanstalt erforderlich ist; § 61 Absatz 1 und 2 sowie § 62 Absatz 2 bleiben unberührt.

(2) Personenbezogene Daten, die durch die in § 203 Absatz 1 Nummer 1, 2 und 6 des Strafgesetzbuchs (StGB) genannten Personen oder den seelsorgerlichen Dienst erhoben oder diesen sonst bekannt geworden sind, unterliegen auch gegenüber der Justizvollzugsanstalt der Schweigepflicht. Die in § 203 Absatz 1 Nummer 1, 2 und 6 StGB genannten Personen haben sich gegenüber der Anstaltsleiterin oder dem Anstaltsleiter zu offenbaren, soweit dies zur Abwehr von Gefahren für die Sicherheit der Justizvollzugsanstalt oder für Leib oder Leben von Gefangenen oder Dritten erforderlich ist oder die Tatsachen sonst für die Aufgabenerfüllung der Justizvollzugsanstalt erforderlich sind. Handelt es sich bei den zu offenbarenden Daten um personenbezogene Daten besonderer Kategorien, haben sich die genannten Personen zu offenbaren, soweit dies zur Erreichung der in Satz 2 genannten Zwecke unbedingt erforderlich ist. Auch die Angehörigen der anderen Fachdienste im Justizvollzug mit Ausnahme des seelsorgerlichen Dienstes sowie alle anderen Vollzugsbediensteten haben sich gegenüber der Anstaltsleiterin oder dem Anstaltsleiter zu offenbaren, sofern dies für den Vollzug der Freiheitsentziehung erforderlich ist. Sonstige Offenbarungspflichten und -befugnisse bleiben unberührt. Die Gefangenen sind bei Eintritt in die Justizvollzugsanstalt über die nach Satz 2 bis 4 bestehenden Offenbarungspflichten zu unterrichten.

(3) Die nach Absatz 2 Satz 2 und 3 offenbarten Daten dürfen nur für den Zweck, für den sie offenbart wurden oder für den eine Offenbarung zulässig gewesen wäre, und nur unter denselben Voraussetzungen verarbeitet werden, unter denen die in § 203 Absatz 1 Nummer 1, 2 und 6 StGB genannten Personen selbst hierzu befugt wären. Die Anstaltsleiterin oder der Anstaltsleiter kann unter diesen Voraussetzungen die unmittelbare Offenbarung gegenüber bestimmten Anstaltsbediensteten oder der Vollzugskonferenz allgemein zulassen. Medizinische Warnhinweise, die keinen Rückschluss auf konkrete Erkrankungen zulassen, sind in Akten und Dateien zulässig, soweit dies zur Abwehr von Gefahren für Leib oder Leben von Gefangenen oder Dritten erforderlich ist.

(4) Sofern Angehörige von Fachdiensten außerhalb des Vollzugs mit der Untersuchung, Behandlung oder Betreuung einer oder eines Gefangenen beauftragt werden, gilt Absatz 2 mit der Maßgabe entsprechend, dass die beauftragte Person auch zur Unterrichtung des entsprechenden Fachdienstes in der Justizvollzugsanstalt befugt ist.

§ 52 Besondere Übermittlungsbefugnisse bei Untersuchungsgefangenen

(1) Wird Untersuchungshaft vollzogen oder ist Untersuchungshaft als Überhaft notiert, darf die Justizvollzugsanstalt personenbezogene Daten an das zuständige Gericht übermitteln, soweit dies für die vom Gericht anzuordnenden Maßnahmen sowie für die sonstigen die Untersuchungshaft betreffenden gerichtlichen Entscheidungen erforderlich ist. Soweit Aufgaben oder Befugnisse auf die Staatsanwaltschaft oder deren Ermittlungspersonen übertragen sind, ist auch eine Übermittlung an diese Stelle zulässig. Besondere Kategorien personenbezogener Daten dürfen nur übermittelt werden, soweit dies unbedingt erforderlich ist.

(2) Die nach § 48 Absatz 1 Satz 1 Nummer 3 sowie §§ 49, 50 und 55 zulässigen Übermittlungen unterbleiben, wenn unter Berücksichtigung der Art der Information und der Rechtsstellung von Untersuchungsgefangenen die Betroffenen ein überwiegendes schutzwürdiges Interesse an dem Ausschluss der Übermittlung haben. Durch die Übermittlung darf nicht der Eindruck entstehen, dass an der oder dem Untersuchungsgefangenen eine Strafe vollzogen wird.

§ 53 Besondere Übermittlungsbefugnisse bei jungen Gefangenen

(1) Über die §§ 40 bis 50, 52 und 55 hinaus darf die Justizvollzugsanstalt personenbezogene Daten mit Ausnahme der erkennungsdienstlichen Unterlagen an die in § 16 Absatz 2 dieses Buchs und § 2 Absatz 9 des Vierten Buchs genannten Stellen und Personen übermitteln, soweit eine Einwilligung nach § 33 erteilt wurde oder im Diagnoseverfahren die Erforderlichkeit der der Datenübermittlung zu Grunde liegenden Maßnahme festgestellt worden ist. Die Übermittlung besonderer Kategorien personenbezogener Daten mit Ausnahme erkennungsdienstlicher Unterlagen ist zulässig, soweit sie für die Planung oder Durchführung der Maßnahme unbedingt erforderlich ist oder eine Einwilligung erteilt wurde.

(2) Bei minderjährigen Gefangenen ist die Übermittlung personenbezogener Daten mit Ausnahme der erkennungsdienstlichen Unterlagen an die Personensorgeberechtigten zulässig, sofern sie das Kindeswohl nicht gefährdet.

(3) Die sonstigen Befugnisse der Justizvollzugsanstalt zur Datenverarbeitung bleiben unberührt.

§ 54 Überlassung von Akten
(1) Akten mit personenbezogenen Daten dürfen von der Justizvollzugsanstalt nur
1. anderen Justizvollzugsanstalten,
2. den zur Dienst- oder Fachaufsicht oder zu dienstlichen Weisungen befugten Stellen,
3. den für strafvollzugs-, strafvollstreckungs- und strafrechtliche Entscheidungen zuständigen Gerichten,
4. den Strafvollstreckungs- und Strafverfolgungsbehörden,
5. den mit Gutachten über Gefangene beauftragten Stellen sowie
6. den mit der Übernahme von Aufgaben des Vollzugs beauftragten Stellen (§ 60)

überlassen werden, sofern dies für die Aufgabenerfüllung der genannten Stellen erforderlich ist. Die Überlassung an andere öffentliche Stellen ist zulässig, soweit die Erteilung einer Auskunft einen unvertretbaren Aufwand erfordert oder nach Darlegung der Akteneinsicht begehrenden Stellen für die Erfüllung der Aufgabe nicht ausreicht. Entsprechendes gilt für die Überlassung an die für Maßnahmen der Gerichtshilfe, Jugendgerichtshilfe, Bewährungshilfe und Führungsaufsicht zuständigen Stellen, an die forensischen Ambulanzen sowie für die in die Entlassungsvorbereitung oder Nachsorge eingebundenen Stellen. Sind in den Akten besondere Kategorien personenbezogener Daten enthalten, muss die Überlassung zu diesem Zweck unbedingt erforderlich sein.

(2) Sind mit personenbezogenen Daten, die nach §§ 40 bis 49, 52, 53 und 55 übermittelt werden dürfen, weitere personenbezogene Daten der betroffenen Person oder Dritter in Akten so verbunden, dass eine Trennung nicht oder nur mit unvertretbarem Aufwand möglich ist, ist die Übermittlung auch dieser Daten zulässig, soweit nicht berechtigte Interessen der betroffenen Person oder Dritter an deren Geheimhaltung offensichtlich überwiegen; eine Verarbeitung dieser Daten durch den Empfänger ist unzulässig. Soweit es sich um personenbezogene Daten besonderer Kategorien handelt, ist regelmäßig von einem überwiegenden berechtigten Interesse der betroffenen Person oder Dritter an der Geheimhaltung auszugehen.

(3) Für die elektronische Versendung einer Gesamtheit von Dateien über eine Gefangene oder einen Gefangenen (elektronische Akte) gelten Absatz 1 und 2 entsprechend. Die Art der Versendung wird durch Verwaltungsvorschrift geregelt.

§ 55 Auskunft und Akteneinsicht für wissenschaftliche Zwecke
(1) Für die Auskunft und Akteneinsicht für wissenschaftliche Zwecke gilt § 476 StPO entsprechend.

(2) Die Befugnisse des Kriminologischen Dienstes Baden-Württemberg nach § 41 Absatz 2 und § 59 Absatz 2 Satz 1 Nummer 1 bleiben unberührt.

16 3, 16 24

§ 56 Einsichtnahme in Gefangenenpersonalakten, Gesundheitsakten und Krankenblätter durch internationale Organisationen
Die Mitglieder einer Delegation des Europäischen Ausschusses zur Verhütung von Folter und unmenschlicher oder erniedrigender Behandlung oder Strafe erhalten während des Besuchs in der Justizvollzugsanstalt Einsicht in die Gefangenenpersonalakten, Gesundheitsakten und Krankenblätter im Justizvollzugskrankenhaus, soweit dies zur Wahrnehmung der Aufgaben des Ausschusses erforderlich ist.

§ 57 Elektronische Aktenführung
Die Justizvollzugsanstalten können die Akten auch elektronisch führen. Das Justizministerium wird ermächtigt, Regelungen für die elektronische Führung von Akten durch Rechtsverordnung zu treffen.

§ 58 Anstaltsübergreifende Datenverarbeitung
(1) Bei Verlegungen und Überstellungen von Gefangenen oder in Verwaltungsvorgängen, an denen mehrere Justizvollzugsanstalten beteiligt sind, darf die Justizvollzugsanstalt anderen Justizvollzugsanstalten personenbezogene Daten übermitteln, soweit diese für die Erfüllung der Aufgaben der die Daten empfangenden Justizvollzugsanstalt erforderlich sind. Sollen personenbezogene Daten besonderer Kategorien übermittelt werden, muss dies zur Aufgabenerfüllung der empfangenden Justizvollzugsanstalt unbedingt erforderlich sein. Satz 1 und 2 gelten entsprechend für die Übermittlung von personenbezogenen Daten aus früher vollzogenen Inhaftierungen (Vorinhaftierungen) an andere Justizvollzugsanstalten. Satz 1 bis 3 gelten entsprechend bei Verlegungen, Überstellungen und der Übermittlung von personenbezogenen Daten von Gefangenen aus Vorinhaftierungen an die Vollzugsbehörden anderer Bundesländer.

(2) Die Justizvollzugsanstalt darf personenbezogene Daten von in anderen Justizvollzugsanstalten des Landes inhaftierten Gefangenen verarbeiten, soweit diese
1. zur anstaltsübergreifenden Steuerung der Belegung, insbesondere für Überstellungen und Verlegungen, oder
2. für die Erstellung von Kriminalprognosen über Gefangene

erforderlich sind. Die Verarbeitung besonderer Kategorien personenbezogener Daten ist zulässig, wenn sie für die in Satz 1 genannten Zwecke unbedingt erforderlich ist.

(3) Die Befugnisse zur anstaltsübergreifenden Datenverarbeitung bestehen auch, sofern zureichende tatsächliche Anhaltspunkte vorliegen, dass die Sicherheit oder Ordnung der Justizvollzugsanstalt durch anstaltsübergreifende Kontakte oder Strukturen dieser Gefangenen in besonderem Maße gefährdet ist. Aus diesen Gründen darf die Justizvollzugsanstalt auch personenbezogene Daten mit Ausnahme erkennungsdienstlicher Unterlagen von Dritten verarbeiten, soweit zureichende tatsächliche Anhaltspunkte dafür vorliegen, dass diese in Kommunikationsstrukturen der Gefangenen eingebunden sind.

(4) Sofern das Justizministerium als Aufsichtsbehörde Aufgaben der Justizvollzugsanstalten selbst wahrnimmt oder Stellen innerhalb des Justizvollzugs des Landes mit der Wahrnehmung anstaltsübergreifender vollzuglicher Aufgaben beauftragt, stehen dem Justizministerium sowie den von ihm beauftragten Stellen die Befugnisse zur Verarbeitung personenbezogener Daten nach diesem Gesetz zu.

(5) Bestehen auf Grund einer entsprechenden Vereinbarung Vollzugsgemeinschaften mit anderen Ländern, ist die Übermittlung personenbezogener Daten direkt an die beteiligten Justizvollzugsanstalten sowie deren Justizministerien als Aufsichtsbehörde zulässig, soweit dies für die vereinbarte länderübergreifende Aufgabenerfüllung erforderlich ist. Die Übermittlung besonderer Kategorien personenbezogener Daten ist zulässig, wenn sie für die in Satz 1 genannten Zwecke unbedingt erforderlich ist. Näheres regelt eine Verwaltungsvorschrift.

§ 59 Automatisierte Übermittlungs- und Abrufverfahren

(1) Für die Übermittlung und den Abruf personenbezogener Daten dürfen automatisierte Verfahren eingerichtet werden, soweit dies unter Berücksichtigung der schutzwürdigen Interessen der betroffenen Person und der Aufgaben der beteiligten Stellen angemessen ist. Die Übermittlung und der Abruf besonderer Kategorien personenbezogener Daten ist nur zulässig, wenn sie unbedingt erforderlich sind.

(2) Am automatisierten Abrufverfahren können neben bestimmten Bediensteten der Justizvollzugsanstalten sowie des Justizministeriums als Aufsichtsbehörde beteiligt werden:
1. der Kriminologische Dienst Baden-Württemberg,
2. die Vollstreckungsbehörden sowie deren Aufsichtsbehörden,
3. die Jugendrichter als Vollstreckungsleiter,
4. die Strafvollstreckungskammern bei den Landgerichten und
5. die beauftragten Dritten als verantwortliche Stellen oder Personen.

Darüber hinaus kann die Übermittlung personenbezogener Daten nach § 42 Absatz 2, § 44 Absatz 4 und § 58 Absatz 1 automatisiert erfolgen. Das Justizministerium wird ermächtigt, durch Rechtsverordnung weitere Beteiligte an automatisierten Übermittlungs- und Abrufverfahren zu benennen, soweit dies erforderlich ist.

(3) Die beteiligten Stellen haben zu gewährleisten, dass die Zulässigkeit des Übermittlungs- oder Abrufverfahrens kontrolliert werden kann. Hierzu haben sie schriftlich festzulegen:
1. den Anlass und Zweck des Verfahrens,
2. die Empfänger der Übermittlung,
3. die Art der abzurufenden oder zu übermittelnden Daten und
4. die erforderlichen technischen und organisatorischen Maßnahmen.

Die verantwortliche Stelle hat insbesondere durch Zuweisung von beschränkten Abrufrechten sicherzustellen, dass nur die zur Aufgabenerfüllung des Empfängers erforderlichen Daten übermittelt werden können. Die erforderlichen Festlegungen können auch durch das Justizministerium als Aufsichtsbehörde mit Wirkung für die ihrer Aufsicht unterliegenden Stellen des Landes getroffen werden.

(4) Die Zulässigkeit einzelner Übermittlungen und Abrufe beurteilt sich nach den für die Erhebung und Übermittlung geltenden Vorschriften. Die Verantwortung für die Zulässigkeit des einzelnen Abrufs trägt der Empfänger. Die verantwortliche Stelle prüft die Zulässigkeit des Abrufs nur, wenn dazu ein besonderer Anlass besteht. Die verantwortliche Stelle hat zu gewährleisten, dass der Abruf personenbezogener Daten durch geeignete Stichprobenverfahren festgestellt und überprüft werden kann.

§ 60 Datenverarbeitung bei Übertragung von Vollzugsaufgaben

(1) Werden Aufgaben des Vollzugs ganz oder teilweise an öffentliche oder nichtöffentliche Stellen oder Personen zur Erledigung übertragen, dürfen die für die Aufgabenwahrnehmung erforderlichen personenbezogenen Daten an diese übermittelt werden. Soweit erforderlich, dürfen ihnen Dateien und Akten zur Aufgabenerfüllung überlassen werden.

(2) Die Aufgaben sind von der Justizvollzugsanstalt oder dem Justizministerium als Aufsichtsbehörde mit Wirkung für die Justizvollzugsanstalt an einen sorgfältig auszuwählenden Dritten als verantwortliche Stelle oder Person zu übertragen. Dabei ist auch zu berücksichtigen, ob die verantwortliche Stelle oder Person ausreichend Gewähr dafür bietet, dass er oder sie die für eine datenschutzgerechte Datenverarbeitung erforderlichen technischen und organisatorischen Maßnahmen zu treffen in der Lage ist. Der Auftrag ist schriftlich zu erteilen und muss Angaben zu Gegenstand und Umfang der erforderlichen Datenüberlassung sowie das Erfordernis der Verpflichtung des einzusetzenden Personals nach dem Verpflichtungsgesetz enthalten. Die Justizvollzugsanstalt oder das Justizministerium als Auftraggeber haben sich das Recht vorzubehalten, die Einhaltung datenschutzrechtlicher Maßnahmen zu überprüfen.

(3) Soweit die übertragenen Vollzugsaufgaben innerhalb von Justizvollzugsanstalten geleistet werden, finden die nach § 27 Absatz 2 Satz 1 für die Verarbeitung personenbezogener Daten geltenden Vorschriften dieses Abschnitts entsprechende Anwendung.

§ 61 Einschränkungen der Verarbeitung, Übermittlungsverantwortung und Verfahren

(1) Bei der Überwachung der Besuche, des Schriftwechsels, der Telekommunikation sowie des Paketverkehrs bekannt gewordene personenbezogene Daten dürfen nur für die in § 41 Absatz 1, § 42 Absatz 1, § 48 Absatz 1 und § 49 Satz 1 Nummer 1 und 2 aufgeführten Zwecke, zur Wahrung der Sicherheit oder Ordnung der Justizvollzugsanstalt oder nach Anhörung der Gefangenen für Zwecke der Behandlung verarbeitet werden. Die Verarbeitung besonderer Kategorien personenbezogener Daten ist nur zulässig, wenn sie zu den in Satz 1 genannten Zwecken unbedingt erforderlich ist.

(2) Die Übermittlung von personenbezogenen Daten unterbleibt, soweit die in § 51 Absatz 2 sowie in § 81 Absatz 1 bis 3 und 6 geregelten Einschränkungen oder besondere gesetzliche Verwendungsregelungen entgegenstehen.

(3) Die Verantwortung für die Zulässigkeit der Übermittlung personenbezogener Daten trägt die Justizvollzugsanstalt. Erfolgt die Übermittlung an eine öffentliche Stelle im Geltungsbereich des Grundgesetzes auf deren Ersuchen, trägt diese die Verantwortung und erteilt erforderlichenfalls die Informationen nach Artikel 14 der Verordnung (EU) 2016/679. Die Justizvollzugsanstalt hat im Falle des Satz 2 lediglich zu prüfen, ob das Übermittlungsersuchen im Rahmen der Aufgaben der ersuchenden öffentlichen Stelle liegt. Die Rechtmäßigkeit des Ersuchens prüft sie nur, wenn im Einzelfall hierzu Anlass besteht.

9 B 72

§ 62 Zweckbindung

(1) Von der Justizvollzugsanstalt übermittelte personenbezogene Daten dürfen nur zu dem Zweck verarbeitet werden, zu dessen Erfüllung sie übermittelt worden sind. Der Empfänger darf die Daten für andere Zwecke nur verarbeiten, soweit sie ihm auch für diese Zwecke hätten übermittelt werden dürfen und wenn im Falle einer Übermittlung an nichtöffentliche Stellen die übermittelnde Justizvollzugsanstalt zugestimmt hat. Die Justizvollzugsanstalt hat nichtöffentliche Empfänger auf die Zweckbindung nach Satz 1 und die Geltung des Datengeheimnisses nach § 73 Absatz 1 hinzuweisen.

(2) Personenbezogene Daten, die nach § 34 Absatz 4 über Personen, die nicht Gefangene sind, erhoben worden sind, dürfen nur zur Erfüllung des Erhebungszweckes sowie für die in § 42 Absatz 1 Nummer 1 bis 4 und § 48 Absatz 1 geregelten Zwecke verarbeitet werden.

§ 63 Datenübermittlung an Drittstaaten und internationale Organisationen

Für die Übermittlung von personenbezogenen Daten an Stellen in Drittstaaten oder an internationale Organisationen gelten §§ 78 bis 81 des Bundesdatenschutzgesetzes (BDSG) entsprechend.

Anhang

Unterabschnitt 4. Datenverarbeitung zu Zwecken der Richtlinie (EU) 2016/680 Rechte der betroffenen Personen

§ 64 Allgemeine Informationen zu Datenverarbeitungen

Die Justizvollzugsanstalt stellt in allgemeiner Form und für die Gefangenen und andere betroffenen Personen zugänglich Informationen zur Verfügung über

1. den Namen und die Kontaktdaten der Justizvollzugsanstalt,
2. die Kontaktdaten des zuständigen Datenschutzbeauftragten,
3. die Zwecke, zu denen die personenbezogenen Daten verarbeitet werden,
4. die Kontaktdaten der oder des Landesbeauftragten für den Datenschutz und
5. die im Hinblick auf die Verarbeitung ihrer personenbezogenen Daten bestehenden Rechte der betroffenen Personen nach §§ 66, 67 und 69.

§ 65 Benachrichtigung betroffener Personen

(1) Über eine ohne ihre Kenntnis vorgenommene Erhebung personenbezogener Daten werden die betroffenen Personen unter Angabe dieser Daten benachrichtigt, sofern sie nicht bereits auf andere Weise Kenntnis erlangt haben. Die Benachrichtigung hat zumindest die folgenden Angaben zu enthalten:

1. die in § 64 genannten Angaben,
2. die Rechtsgrundlage der Verarbeitung,
3. die Dauer, für die die personenbezogenen Daten gespeichert werden, oder, falls keine Fristenregelungen bestehen, die Kriterien, nach denen sich die Dauer der Speicherung bestimmt,
4. die Kategorien von Empfängern der personenbezogenen Daten, auch der Empfänger in Drittländern oder in internationalen Organisationen und
5. erforderlichenfalls weitere Informationen.

(2) Werden die durch Videotechnik erhobenen Daten einer bestimmten Person zugeordnet, so ist diese über eine weitere Verarbeitung zu benachrichtigen, sofern sie nicht bereits auf andere Weise Kenntnis von der weiteren Verarbeitung erlangt hat. Die Benachrichtigung hat zumindest die in Absatz 1 Satz 2 genannten Angaben zu enthalten.

(3) In den Fällen von Absatz 1 und 2 kann die Justizvollzugsanstalt die Benachrichtigung aufschieben, einschränken oder unterlassen, soweit und solange andernfalls

1. die ordnungsgemäße Erfüllung der in ihrer Zuständigkeit liegenden Aufgaben gefährdet würde,
2. die Verhütung, Ermittlung, Aufdeckung oder Verfolgung von Straftaten oder von Ordnungswidrigkeiten von erheblicher Bedeutung oder die Strafvollstreckung beeinträchtigt würden,
3. die öffentliche Sicherheit gefährdet oder sonst dem Wohl des Bundes oder eines Landes Nachteile bereitet würden oder
4. Rechtsgüter Dritter gefährdet würden

und, wenn das Interesse an der Vermeidung dieser Gefahren das Informationsinteresse der betroffenen Person überwiegt.

(4) Bezieht sich die Benachrichtigung auf die Übermittlung personenbezogener Daten an Behörden der Staatsanwaltschaft, an Polizeidienststellen, Verfassungsschutzbehörden oder, soweit sie in Erfüllung ihrer gesetzlichen Aufgaben im Anwendungsbereich der Abgabenordnung zur Überwachung und Prüfung personenbezogene Daten speichern, an Behörden der Finanzverwaltung, ist diesen Behörden vorab Gelegenheit zur Stellungnahme zu geben. Satz 1 findet auch Anwendung auf die Übermittlung personenbezogener Daten an den Bundesnachrichtendienst, den Militärischen Abschirmdienst und, soweit die Sicherheit des Bundes berührt wird, an andere Behörden des Bundesministeriums der Verteidigung. Satz 1 und 2 gelten entsprechend für die Herkunft der Daten von den genannten Behörden.

(5) Im Fall der Einschränkung nach Absatz 3 gilt § 66 Absatz 8 und 9 entsprechend.

§ 66 Auskunftsrecht, Akteneinsicht

(1) Die Justizvollzugsanstalt erteilt betroffenen Personen auf Antrag Auskunft darüber, ob sie diese Personen betreffende Daten verarbeitet. Betroffene Personen haben darüber hinaus das Recht, Informationen zu erhalten über

1. die personenbezogenen Daten, die Gegenstand der Verarbeitung sind, und die Kategorie, zu der sie gehören,
2. die verfügbaren Informationen über die Herkunft der Daten,

3. die Zwecke der Datenverarbeitung und deren Rechtsgrundlage,
4. die Empfänger oder die Kategorien von Empfängern, gegenüber denen die Daten offengelegt worden sind, insbesondere bei Empfängern in Drittländern oder bei internationalen Organisationen,
5. die Dauer, für die die personenbezogenen Daten gespeichert werden, oder, falls keine Fristenregelungen bestehen, die Kriterien, nach denen sich die Dauer der Speicherung bestimmt,
6. das Bestehen eines Rechts auf Berichtigung, Löschung oder Einschränkung der Verarbeitung personenbezogener Daten der betroffenen Person durch die Justizvollzugsanstalt,
7. das Recht, die Landesbeauftragte oder den Landesbeauftragten für den Datenschutz anzurufen, sowie deren oder dessen Kontaktdaten.

Soweit eine Auskunft für die Wahrnehmung der rechtlichen Interessen der betroffenen Person nicht ausreicht und sie auf die Einsichtnahme angewiesen ist, erhält sie Akteneinsicht. Auf einen entsprechenden Antrag ist Gefangenen in ihre Gesundheitsakten in der Regel Akteneinsicht zu gewähren.

(2) Absatz 1 gilt nicht für personenbezogene Daten, die nur deshalb verarbeitet werden, weil sie aufgrund gesetzlicher Aufbewahrungsvorschriften nicht gelöscht werden dürfen oder die ausschließlich Zwecken der Datensicherung oder der Datenschutzkontrolle dienen, wenn die Auskunftserteilung einen unverhältnismäßigen Aufwand erfordern würde und eine Verarbeitung zu anderen Zwecken durch geeignete technische und organisatorische Maßnahmen ausgeschlossen ist.

(3) Von der Auskunftserteilung ist abzusehen, wenn die betroffene Person keine Angaben macht, die das Auffinden der Daten ermöglichen, und deshalb der für die Erteilung der Auskunft erforderliche Aufwand außer Verhältnis zu dem von der betroffenen Person geltend gemachten Informationsinteresse steht.

(4) Die Justizvollzugsanstalt kann unter den Voraussetzungen des § 65 Absatz 3 von der Auskunft nach Absatz 1 absehen oder die Auskunftserteilung einschränken. Dies gilt für die Akteneinsicht entsprechend. Ein Recht auf Akteneinsicht besteht zudem nicht, wenn die Daten der betroffenen Person mit Daten Dritter oder geheimhaltungsbedürftigen nicht personenbezogenen Daten derart verbunden sind, dass ihre Trennung nicht oder nur mit unverhältnismäßig großem Aufwand möglich ist; in diesem Fall ist der betroffenen Person Auskunft zu erteilen.

(5) Die Auskunft und die Gewährung von Akteneinsicht können versagt werden, wenn sie den Zweck der Untersuchungshaft gefährden.

(6) § 65 Absatz 4 gilt entsprechend.

(7) Die Justizvollzugsanstalt hat die betroffene Person über das Absehen von oder die Einschränkung einer Auskunft unverzüglich schriftlich zu unterrichten. Dies gilt nicht, wenn bereits die Erteilung dieser Informationen eine Gefährdung oder ein Nachteil im Sinne des § 65 Absatz 3 mit sich bringen würde. Die Unterrichtung nach Satz 1 ist zu begründen, es sei denn, dass die Mitteilung der Gründe den mit dem Absehen von oder der Einschränkung der Auskunft verfolgten Zweck gefährden würde.

(8) Wird die betroffene Person nach Absatz 7 über das Absehen von oder die Einschränkung der Auskunft unterrichtet, kann sie ihr Auskunftsrecht auch über die Landesbeauftragte oder den Landesbeauftragten für den Datenschutz ausüben. Die Justizvollzugsanstalt hat die betroffene Person über diese Möglichkeit sowie darüber zu unterrichten, dass sie die Landesbeauftragte oder den Landesbeauftragten für den Datenschutz anrufen oder gerichtlichen Rechtsschutz suchen kann. Macht die betroffene Person von ihrem Recht nach Satz 1 Gebrauch, ist die Auskunft auf ihr Verlangen der oder dem Landesbeauftragten für den Datenschutz zu erteilen, soweit nicht das Justizministerium im Einzelfall feststellt, dass dadurch die Sicherheit des Bundes oder eines Landes gefährdet würde. Die oder der Landesbeauftragte für den Datenschutz hat die betroffene Person zumindest darüber zu unterrichten, dass alle erforderlichen Prüfungen erfolgt sind oder eine Überprüfung durch sie stattgefunden hat. Diese Mitteilung kann die Information enthalten, ob datenschutzrechtliche Verstöße festgestellt wurden. Die Mitteilung der oder des Landesbeauftragten für den Datenschutz an die betroffene Person darf keine Rückschlüsse auf den Erkenntnisstand der Justizvollzugsanstalt zulassen, sofern diese keiner weitergehenden Auskunft zustimmt. Die Justizvollzugsanstalt darf die Zustimmung nur insoweit und solange verweigern, wie sie nach Absatz 4 Satz 1 von einer Auskunft absehen oder sie einschränken könnte. Die oder der Landesbeauftragte für den Datenschutz hat zudem die betroffene Person über ihr Recht auf gerichtlichen Rechtsschutz zu unterrichten.

(9) Die Justizvollzugsanstalt hat die sachlichen oder rechtlichen Gründe für die Entscheidung zu dokumentieren.

(10) Weitergehende Auskunftsrechte nach allgemeinen Grundsätzen finden für den Bereich des Justizvollzugs keine Anwendung.

§ 67 Rechte auf Berichtigung und Löschung sowie Einschränkung der Verarbeitung

(1) Die betroffene Person hat das Recht, von der Justizvollzugsanstalt unverzüglich die Berichtigung sie betreffender unrichtiger Daten zu verlangen. Insbesondere im Fall von Aussagen oder Beurteilungen betrifft die Frage der Richtigkeit nicht den Inhalt der Aussage oder Beurteilung. Wenn die Richtigkeit oder Unrichtigkeit der Daten nicht festgestellt werden kann, tritt an die Stelle der Berichtigung eine Einschränkung der Verarbeitung. In diesem Fall hat die Justizvollzugsanstalt die betroffene Person zu unterrichten, bevor sie die Einschränkung wieder aufhebt. Die betroffene Person kann zudem die Vervollständigung unvollständiger personenbezogener Daten verlangen, wenn dies unter Berücksichtigung der Verarbeitungszwecke angemessen ist.

(2) Die betroffene Person hat das Recht, von der Justizvollzugsanstalt unverzüglich die Löschung sie betreffender Daten zu verlangen, wenn deren Verarbeitung unzulässig ist, deren Kenntnis für die Aufgabenerfüllung nicht mehr erforderlich ist oder diese zur Erfüllung einer rechtlichen Verpflichtung gelöscht werden müssen.

(3) Anstatt die personenbezogenen Daten zu löschen, kann die Justizvollzugsanstalt deren Verarbeitung einschränken, wenn
1. die betroffene Person die Richtigkeit der personenbezogenen Daten bestreitet und die Richtigkeit oder Unrichtigkeit nicht festgestellt werden kann,
2. Grund zu der Annahme besteht, dass eine Löschung berechtigte Interessen einer betroffenen Person beeinträchtigen würde,
3. eine Löschung wegen der besonderen Art der Speicherung nicht oder nur mit unverhältnismäßigem Aufwand möglich ist oder
4. die Daten zu Beweiszwecken weiter aufbewahrt werden müssen.

In ihrer Verarbeitung nach Satz 1 eingeschränkte Daten dürfen nur zu dem Zweck verarbeitet werden, der ihrer Löschung entgegenstand.

(4) Bei automatisierten Dateisystemen ist technisch sicherzustellen, dass eine Einschränkung der Verarbeitung eindeutig erkennbar ist und eine Verarbeitung für andere Zwecke nicht ohne weitere Prüfung möglich ist.

(5) Hat die Justizvollzugsanstalt eine Berichtigung vorgenommen, hat sie einer Stelle, die ihr die personenbezogenen Daten zuvor übermittelt hat, die Berichtigung mitzuteilen. In Fällen der Berichtigung, Löschung oder Einschränkung der Verarbeitung nach Absatz 1 bis 3 hat die Justizvollzugsanstalt Empfängern, denen die Daten übermittelt wurden, diese Maßnahmen mitzuteilen. Der Empfänger hat die Daten zu berichtigen, zu löschen oder ihre Verarbeitung einzuschränken.

(6) Die Justizvollzugsanstalt hat die betroffene Person über ein Absehen von der Berichtigung oder Löschung personenbezogener Daten oder über die an deren Stelle tretende Einschränkung der Verarbeitung schriftlich zu unterrichten. Dies gilt nicht, wenn bereits die Erteilung dieser Informationen eine Gefährdung im Sinne des § 65 Absatz 3 mit sich bringen würde. Die Unterrichtung nach Satz 1 ist zu begründen, es sei denn, dass die Mitteilung der Gründe den mit dem Absehen von der Unterrichtung verfolgten Zweck gefährden würde.

(7) § 66 Absatz 8 und 9 findet entsprechende Anwendung.

§ 68 Verfahren für die Ausübung der Rechte der betroffenen Person

(1) Die Justizvollzugsanstalt hat mit betroffenen Personen unter Verwendung einer klaren und einfachen Sprache in präziser, verständlicher und leicht zugänglicher Form zu kommunizieren. Unbeschadet besonderer Formvorschriften soll sie bei der Beantwortung von Anträgen grundsätzlich die für den Antrag gewählte Form verwenden.

(2) Bei Anträgen hat die Justizvollzugsanstalt die betroffene Person unbeschadet des § 66 Absatz 7 und des § 67 Absatz 6 unverzüglich schriftlich darüber in Kenntnis zu setzen, wie verfahren wurde.

(3) Die Erteilung von Informationen nach § 64, die Benachrichtigungen nach den §§ 65 und 76 und die Bearbeitung von Anträgen nach den §§ 66 und 67 erfolgen unentgeltlich. Bei offenkundig unbegründeten oder exzessiven Anträgen nach den §§ 66 und 67 kann die Justizvollzugsanstalt entweder eine angemessene Gebühr auf der Grundlage der Verwaltungskosten verlangen oder sich weigern, aufgrund des Antrags tätig zu werden. In diesem Fall muss die Justizvollzugsanstalt den offenkundig unbegründeten oder exzessiven Charakter des Antrags belegen können.

(4) Hat die Justizvollzugsanstalt begründete Zweifel an der Identität einer betroffenen Person, die einen Antrag nach den §§ 66 oder 67 gestellt hat, kann sie von ihr zusätzliche Informationen anfordern, die zur Bestätigung ihrer Identität erforderlich sind.

§ 69 Anrufung der oder des Landesbeauftragten für den Datenschutz

(1) Jede betroffene Person kann sich unbeschadet anderweitiger Rechtsbehelfe mit einer Beschwerde an die Landesbeauftragte oder den Landesbeauftragten für den Datenschutz wenden, wenn sie der Auffassung ist, bei der Verarbeitung ihrer personenbezogenen Daten durch die verantwortlichen Stellen in ihren Rechten verletzt worden zu sein.

(2) Die oder der Landesbeauftragte für den Datenschutz unterrichtet die betroffene Person über den Stand und das Ergebnis der Prüfung und weist sie hierbei auf die Möglichkeit, gerichtlichen Rechtsschutz nach § 70 in Anspruch zu nehmen, hin.

(3) Werden bei der oder dem Landesbeauftragten für den Datenschutz Beschwerden eingelegt, die eine Verarbeitung betreffen, die in die Zuständigkeit der oder des Bundesbeauftragten für den Datenschutz oder einer datenschutzrechtlichen Aufsichtsbehörde in einem anderen Mitgliedstaat der Europäischen Union fällt, leitet sie oder er diese Beschwerde unverzüglich an die zuständige Behörde weiter. Die oder der Landesbeauftragte unterrichtet die betroffene Person über die Weiterleitung nach Satz 1.

§ 70 Rechtsschutz gegen Entscheidungen der oder des Landesbeauftragten für den Datenschutz oder bei deren oder dessen Untätigkeit

(1) Jede natürliche oder juristische Person kann unbeschadet anderer Rechtsbehelfe gerichtlich gegen eine verbindliche Entscheidung der oder des Landesbeauftragten für den Datenschutz vorgehen.

(2) Absatz 1 gilt entsprechend zugunsten betroffener Personen, wenn sich die oder der Landesbeauftragte für den Datenschutz mit einer Beschwerde nach § 69 nicht befasst oder die betroffene Person nicht innerhalb von drei Monaten nach Einlegung der Beschwerde über den Stand oder das Ergebnis der Beschwerde in Kenntnis gesetzt hat.

Unterabschnitt 5. Datenverarbeitung zu Zwecken der Richtlinie (EU) 2016/680 Pflichten der Justizvollzugsanstalten und der Auftragsverarbeiter

§ 71 Datenverarbeitung im Auftrag

(1) Die Justizvollzugsanstalten dürfen personenbezogene Daten durch andere Personen oder Stellen im Auftrag verarbeiten lassen. Dies gilt auch für Prüfungs- oder Wartungsarbeiten und vergleichbare Hilfstätigkeiten einschließlich der Fernwartung, über deren Durchführung neben der verantwortlichen Stelle auch das Justizministerium als Aufsichtsbehörde mit Wirkung für die ihrer Aufsicht unterliegenden Stellen entscheiden kann.

(2) Werden personenbezogene Daten im Auftrag einer Justizvollzugsanstalt durch andere Personen oder Stellen verarbeitet, bleibt die Justizvollzugsanstalt für die Einhaltung der Vorschriften dieses Gesetzes und anderer Vorschriften über den Datenschutz verantwortlich. Die Rechte der betroffenen Personen auf Auskunft, Berichtigung, Löschung, Einschränkung der Verarbeitung und Schadensersatz sind in diesem Fall gegenüber der Justizvollzugsanstalt geltend zu machen.

(3) Eine Justizvollzugsanstalt darf nur solche Auftragsverarbeiter mit der Verarbeitung personenbezogener Daten beauftragen, die mit geeigneten technischen und organisatorischen Maßnahmen sicherstellen, dass die Verarbeitung im Einklang mit den gesetzlichen Anforderungen erfolgt und der Schutz der Rechte der betroffenen Personen gewährleistet wird.

(4) Auftragsverarbeiter dürfen ohne vorherige schriftliche Genehmigung der Justizvollzugsanstalt keine weiteren Auftragsverarbeiter hinzuziehen. Hat die Justizvollzugsanstalt dem Auftragsverarbeiter eine allgemeine Genehmigung zur Hinzuziehung weiterer Auftragsverarbeiter erteilt, hat der Auftragsverarbeiter die Justizvollzugsanstalt über jede beabsichtigte Hinzuziehung oder Ersetzung zu informieren. Die Justizvollzugsanstalt kann in diesem Fall die Hinzuziehung oder Ersetzung untersagen.

(5) Zieht ein Auftragsverarbeiter einen weiteren Auftragsverarbeiter hinzu, so hat er diesem dieselben Verpflichtungen aus seinem Vertrag mit der Justizvollzugsanstalt nach Absatz 6 aufzuerlegen, die auch für ihn gelten, soweit diese Pflichten für den weiteren Auftragsverarbeiter nicht schon aufgrund anderer Vorschriften verbindlich sind. Erfüllt ein weiterer Auftragsverarbeiter diese Verpflichtungen nicht, so haftet

der ihn beauftragende Auftragsverarbeiter gegenüber der Justizvollzugsanstalt für die Einhaltung der Pflichten des weiteren Auftragsverarbeiters.

(6) Die Verarbeitung durch einen Auftragsverarbeiter hat auf der Grundlage eines Vertrags oder eines anderen Rechtsinstruments zu erfolgen, der oder das den Auftragsverarbeiter an die Justizvollzugsanstalt bindet und der oder das den Gegenstand, die Dauer, die Art und den Zweck der Verarbeitung, die Art der personenbezogenen Daten, die Kategorien betroffener Personen und die Rechte und Pflichten der Justizvollzugsanstalt festlegt. Der Vertrag oder das andere Rechtsinstrument haben insbesondere vorzusehen, dass der Auftragsverarbeiter

1. nur auf dokumentierte Weisung der Justizvollzugsanstalt handelt; ist der Auftragsverarbeiter der Auffassung, dass eine Weisung rechtswidrig ist, hat er die Justizvollzugsanstalt unverzüglich zu informieren,
2. gewährleistet, dass die zur Verarbeitung der personenbezogenen Daten befugten Personen zur Vertraulichkeit verpflichtet werden, soweit sie keiner angemessenen gesetzlichen Verschwiegenheitspflicht unterliegen,
3. die Justizvollzugsanstalt mit geeigneten Mitteln dabei unterstützt, die Einhaltung der Bestimmungen über die Rechte der betroffenen Person zu gewährleisten,
4. alle personenbezogenen Daten nach Abschluss der Erbringung der Verarbeitungsleistungen nach Wahl der Justizvollzugsanstalt zurückgibt oder löscht und bestehende Kopien vernichtet, wenn nicht nach einer Rechtsvorschrift eine Verpflichtung zur Speicherung der Daten besteht,
5. der Justizvollzugsanstalt alle erforderlichen Informationen, insbesondere die gemäß § 82 erstellten Protokolle, zum Nachweis der Einhaltung seiner Pflichten zur Verfügung stellt,
6. Überprüfungen, die von der Justizvollzugsanstalt oder einem von dieser beauftragten Prüfer durchgeführt werden, ermöglicht und dazu beiträgt,
7. die in Absatz 4 und 5 aufgeführten Bedingungen für die Inanspruchnahme der Dienste eines weiteren Auftragsverarbeiters einhält,
8. alle gemäß § 74 erforderlichen Maßnahmen ergreift und
9. unter Berücksichtigung der Art der Verarbeitung und der ihm zur Verfügung stehenden Informationen die Justizvollzugsanstalt bei der Einhaltung der in den §§ 74 bis 77 und 84 genannten Pflichten unterstützt.

(7) Der Vertrag im Sinne des Absatzes 6 ist in schriftlicher oder elektronischer Form abzufassen.

(8) Ein Auftragsverarbeiter, der die Zwecke und Mittel der Verarbeitung unter Verstoß gegen diese Vorschrift bestimmt, gilt in Bezug auf diese Verarbeitung als Verantwortlicher anstelle der Justizvollzugsanstalt.

§ 72 Gemeinsam Verantwortliche

Legen zwei oder mehr Verantwortliche gemeinsam die Zwecke und die Mittel der Verarbeitung fest, gelten sie als gemeinsam Verantwortliche. Gemeinsam Verantwortliche haben ihre jeweiligen Aufgaben und datenschutzrechtlichen Verantwortlichkeiten in transparenter Form in einer Vereinbarung festzulegen, soweit diese nicht bereits in Rechtsvorschriften festgelegt sind. Aus der Vereinbarung muss insbesondere hervorgehen, wer welchen Informationspflichten nachzukommen hat und wie und gegenüber wem betroffene Personen ihre Rechte wahrnehmen können. Fehlt eine Regelung nach Satz 3, kann die betroffene Person ihre Rechte gegenüber jedem der gemeinsam Verantwortlichen geltend machen.

§ 73 Datengeheimnis

(1) Den bei Justizvollzugsanstalten beschäftigten Personen ist es untersagt, personenbezogene Daten unbefugt zu verarbeiten oder sonst zu verwenden (Datengeheimnis). Personen, die keine Amtsträger sind, sind bei der Aufnahme ihrer Tätigkeit nach dem Verpflichtungsgesetz vom 2. März 1974 (BGBl. I S. 469, 547), das durch § 1 Nummer 4 des Gesetzes vom 15. August 1974 (BGBl. I S. 1942) geändert worden ist, in der jeweils geltenden Fassung auf das Datengeheimnis zu verpflichten. Das Datengeheimnis besteht auch nach Beendigung der Tätigkeit fort.

(2) Alle im Justizvollzug Tätigen dürfen sich von personenbezogenen Daten Kenntnis verschaffen, soweit dies zur Erfüllung der ihnen obliegenden Aufgaben oder für die zur gemeinsamen Aufgabenerfüllung gebotene Zusammenarbeit aller Vollzugsbediensteten erforderlich ist. Von personenbezogenen Daten besonderer Kategorien dürfen sie sich nur Kenntnis verschaffen, soweit dies zur Erfüllung der in Satz 1 genannten Zwecke unbedingt erforderlich ist.

§ 74 Anforderungen an die Sicherheit der Datenverarbeitung
(1) § 64 BDSG gilt entsprechend.

(2) Das Justizministerium wird ermächtigt, die erforderlichen technischen und organisatorischen Maßnahmen durch Rechtsverordnung näher zu bestimmen.

§ 75 Meldung von Verletzungen
(1) Im Falle einer Verletzung des Schutzes personenbezogener Daten hat die Justizvollzugsanstalt unverzüglich und möglichst innerhalb von 72 Stunden nach Bekanntwerden der Verletzung diese der oder dem Landesbeauftragten für den Datenschutz zu melden. Erfolgt die Meldung nicht innerhalb von 72 Stunden, ist der späteren Meldung eine Begründung für die Verzögerung beizufügen.

(2) Die Meldung nach Absatz 1 kann unterbleiben, wenn die Verletzung des Schutzes personenbezogener Daten voraussichtlich nicht zu einem Risiko für die Rechte und Freiheiten natürlicher Personen führt.

(3) Die Meldung nach Absatz 1 muss zumindest folgende Informationen enthalten:
1. eine Beschreibung der Art der Verletzung des Schutzes personenbezogener Daten, soweit möglich mit Angabe der Kategorien und der ungefähren Zahl der betroffenen Personen, der betroffenen Kategorien personenbezogener Daten und der ungefähren Zahl der betroffenen personenbezogenen Datensätze,
2. Name und Kontaktdaten der oder des Datenschutzbeauftragten oder einer sonstigen Anlaufstelle für weitere Informationen,
3. eine Beschreibung der wahrscheinlichen Folgen der Verletzung des Schutzes personenbezogener Daten und
4. eine Beschreibung der von der Justizvollzugsanstalt ergriffenen oder vorgeschlagenen Maßnahmen zur Behandlung der Verletzung des Schutzes personenbezogener Daten und gegebenenfalls der Maßnahmen zur Abmilderung ihrer möglichen nachteiligen Auswirkungen.

Können zum Zeitpunkt der Meldung nach Absatz 1 nicht alle Informationen nach Absatz 3 bereitgestellt werden, kann die Justizvollzugsanstalt diese Informationen ohne unangemessene weitere Verzögerung schrittweise zur Verfügung stellen.

(4) Ein Auftragsverarbeiter hat eine Verletzung des Schutzes personenbezogener Daten nach Bekanntwerden unverzüglich der Justizvollzugsanstalt zu melden.

(5) Die Justizvollzugsanstalt dokumentiert Verletzungen des Schutzes personenbezogener Daten nach Absatz 1 einschließlich aller im Zusammenhang mit der Verletzung des Schutzes personenbezogener Daten stehenden Umstände, deren Auswirkungen und die ergriffenen Abhilfemaßnahmen in einer Weise, die es der oder dem Landesbeauftragten für den Datenschutz ermöglicht, die Einhaltung der Voraussetzungen nach dieser Vorschrift zu überprüfen.

(6) Soweit von einer Verletzung des Schutzes personenbezogener Daten personenbezogene Daten betroffen sind, die von einem oder an einen Verantwortlichen in einem anderen Mitgliedstaat der Europäischen Union übermittelt wurden, sind die in Absatz 3 genannten Informationen dem dortigen Verantwortlichen unverzüglich zu übermitteln.

(7) Die Justizvollzugsanstalt hat es zu ermöglichen, dass ihr vertrauliche Meldungen über in ihrem Verantwortungsbereich erfolgende Verstöße gegen Datenschutzvorschriften zugeleitet werden können.

(8) Weitere Pflichten der Justizvollzugsanstalt zu
Benachrichtigungen über Verletzungen des Schutzes personenbezogener Daten bleiben unberührt.

§ 76 Benachrichtigung betroffener Personen
(1) Geht mit der Verletzung des Schutzes personenbezogener Daten nach § 75 Absatz 1 voraussichtlich ein hohes Risiko für die Rechte und Freiheiten natürlicher Personen einher, benachrichtigt die Justizvollzugsanstalt die betroffenen Personen unverzüglich. Die Benachrichtigung beschreibt in klarer und einfacher Sprache die Art der Verletzung und enthält zumindest die Angaben nach § 75 Absatz 3 Satz 1 Nummer 2 bis 4.

(2) Von einer Benachrichtigung nach Absatz 1 kann abgesehen werden, wenn
1. die Justizvollzugsanstalt geeignete Vorkehrungen nach § 74 getroffen hat und diese Vorkehrungen auf die von der Verletzung des Schutzes personenbezogener Daten betroffenen Daten angewandt wurden, insbesondere solche, durch die die personenbezogenen Daten für alle Personen, die keine

Zugangsbefugnis zu den personenbezogenen Daten besitzen, unzugänglich gemacht wurden, beispielsweise durch Verschlüsselung,
2. die Justizvollzugsanstalt nach Eintritt der Verletzung durch geeignete Maßnahmen sichergestellt hat, dass das hohe Risiko für die Rechte und Freiheiten der betroffenen Personen gemäß Absatz 1 aller Wahrscheinlichkeit nach nicht mehr besteht oder
3. die Benachrichtigung mit einem unverhältnismäßigen Aufwand verbunden wäre.

In den Fällen des Satzes 1 Nummer 3 hat anstelle der persönlichen Benachrichtigung eine öffentliche Bekanntmachung oder eine ähnliche Maßnahme zu erfolgen, durch die die betroffenen Personen in vergleichbar wirksamer Weise informiert werden.

(3) Unterlässt die Justizvollzugsanstalt die Benachrichtigung nach Absatz 1, kann die oder der Landesbeauftragte für den Datenschutz das Vorliegen der Voraussetzungen nach Absatz 2 prüfen und dies feststellen. Ergibt die Prüfung nach Satz 1, dass die Voraussetzungen nach Absatz 2 nicht vorlagen, kann die oder der Landesbeauftragte für den Datenschutz unter Berücksichtigung der Wahrscheinlichkeit, mit der die Verletzung des Schutzes personenbezogener Daten zu einem hohen Risiko führt, von der Justizvollzugsanstalt die Nachholung der Benachrichtigung verlangen.

(4) Die Benachrichtigung der betroffenen Personen nach Absatz 1 kann unter den in § 65 Absatz 3 genannten Voraussetzungen aufgeschoben, eingeschränkt oder ganz unterlassen werden.

§ 77 Datenschutz-Folgenabschätzung

(1) Hat eine Form der Verarbeitung, insbesondere bei Verwendung neuer Technologien, aufgrund der Art, des Umfangs, der Umstände und der Zwecke der Verarbeitung voraussichtlich ein hohes Risiko für die Rechte und Freiheiten natürlicher Personen zur Folge, führt die Justizvollzugsanstalt vorab eine Abschätzung der Folgen der vorgesehenen Verarbeitungsvorgänge für den Schutz personenbezogener Daten durch.

(2) Für die Untersuchung mehrerer ähnlicher Verarbeitungsvorgänge mit ähnlich hohem Gefahrenpotential kann eine gemeinsame Datenschutz-Folgenabschätzung vorgenommen werden.

(3) Der Verantwortliche hat die Datenschutzbeauftragte oder den Datenschutzbeauftragten an der Durchführung der Folgenabschätzung zu beteiligen.

(4) Die Folgenabschätzung gemäß Absatz 1 hat den Rechten der von der Verarbeitung betroffenen Personen und sonstiger Betroffener Rechnung zu tragen und zumindest Folgendes zu enthalten:
1. eine allgemeine Beschreibung der geplanten Verarbeitungsvorgänge und der Zwecke der Verarbeitung,
2. eine Bewertung der Notwendigkeit und Verhältnismäßigkeit der Verarbeitungsvorgänge in Bezug auf deren Zweck,
3. eine Bewertung in Bezug auf die Rechte und Freiheiten der betroffenen Personen bestehenden Risiken und
4. die geplanten Maßnahmen, mit denen bestehenden Risiken abgeholfen werden soll, einschließlich der Garantien, der Sicherheitsvorkehrungen und der Verfahren, durch die der Schutz personenbezogener Daten sichergestellt und die Einhaltung der gesetzlichen Vorgaben nachgewiesen werden sollen.

(5) Soweit erforderlich, hat der Verantwortliche eine Überprüfung durchzuführen, ob die Verarbeitung den Maßgaben folgt, die sich aus der Folgenabschätzung ergeben haben.

§ 78 Verzeichnis von Verarbeitungstätigkeiten

(1) Die Justizvollzugsanstalt hat ein Verzeichnis aller Kategorien von Verarbeitungstätigkeiten zu führen, die in ihre Zuständigkeit fallen. Dieses Verzeichnis hat die folgenden Angaben zu enthalten:
1. den Namen und die Kontaktdaten der Justizvollzugsanstalt und gegebenenfalls des oder der gemeinsam mit ihr Verantwortlichen sowie den Namen und die Kontaktdaten der oder des behördlichen Datenschutzbeauftragten,
2. die Zwecke der Verarbeitung personenbezogener Daten,
3. die Kategorien von Empfängern, gegenüber denen die personenbezogenen Daten offengelegt worden sind oder noch offengelegt werden, einschließlich der in Drittländern oder internationalen Organisationen,
4. eine Beschreibung der Kategorien betroffener Personen und der Kategorien personenbezogener Daten,

5. gegebenenfalls die Verwendung von Profiling,
6. gegebenenfalls die Kategorien von Übermittlungen personenbezogener Daten an Stellen in einem Drittstaat oder an eine internationale Organisation,
7. Angaben über die Rechtsgrundlage der Verarbeitung, einschließlich der Übermittlung, für die die personenbezogenen Daten bestimmt sind,
8. die vorgesehenen Fristen für die Löschung der verschiedenen Kategorien personenbezogener Daten und
9. eine allgemeine Beschreibung der technischen und organisatorischen Maßnahmen gemäß § 74.

(2) Jeder Auftragsverarbeiter führt ein Verzeichnis zu allen Kategorien von Verarbeitungen, die er im Auftrag einer Justizvollzugsanstalt durchführt, das Folgendes enthält:
1. den Namen und die Kontaktdaten des Auftragsverarbeiters, der Justizvollzugsanstalt und gegebenenfalls jedes weiteren Verantwortlichen, in dessen Auftrag der Auftragsverarbeiter tätig ist, sowie einer oder eines etwaigen Datenschutzbeauftragten,
2. die Kategorien von Verarbeitungen, die im Auftrag jedes Verantwortlichen durchgeführt werden,
3. gegebenenfalls Übermittlungen von personenbezogenen Daten an ein Drittland oder an eine internationale Organisation, wenn vom Verantwortlichen entsprechend angewiesen, einschließlich der Identifizierung des Drittlandes oder der internationalen Organisation und
4. eine allgemeine Beschreibung der technischen und organisatorischen Maßnahmen gemäß § 74.

(3) Die in Absatz 1 und 2 genannten Verzeichnisse sind in schriftlicher oder in elektronischer Form zu führen.

(4) Justizvollzugsanstalt und Auftragsverarbeiter stellen auf Anforderung ihre Verzeichnisse der oder dem Landesbeauftragten für den Datenschutz zur Verfügung.

§ 79 Datenschutz durch Technikgestaltung und datenschutzfreundliche Voreinstellung

(1) Die Justizvollzugsanstalt trifft sowohl zum Zeitpunkt der Festlegung der Mittel für die Verarbeitung als auch zum Zeitpunkt der Verarbeitung selbst angemessene Vorkehrungen, die geeignet sind, die Datenschutzgrundsätze wie etwa die Datensparsamkeit wirksam umzusetzen und die sicherstellen, dass die gesetzlichen Anforderungen eingehalten und die Rechte der betroffenen Personen geschützt werden. Sie hat hierbei den Stand der Technik, die Implementierungskosten und die Art, den Umfang, die Umstände und die Zwecke der Verarbeitung sowie die unterschiedliche Eintrittswahrscheinlichkeit und Schwere der mit der Verarbeitung verbundenen Gefahren für die Rechtsgüter der betroffenen Personen zu berücksichtigen. Insbesondere ist bei der Verarbeitung personenbezogener Daten und der Auswahl und Gestaltung von Datenverarbeitungssystemen § 32 Absatz 2 zu beachten.

(2) Die Justizvollzugsanstalt trifft geeignete technische und organisatorische Maßnahmen, die sicherstellen, dass durch Voreinstellungen grundsätzlich nur solche personenbezogenen Daten verarbeitet werden, deren Verarbeitung für den jeweiligen bestimmten Verarbeitungszweck erforderlich ist. Dies betrifft die Menge der erhobenen Daten, den Umfang ihrer Verarbeitung, ihre Speicherfrist und ihre Zugänglichkeit. Die Maßnahmen müssen insbesondere gewährleisten, dass die Daten durch Voreinstellungen nicht automatisiert einer unbestimmten Anzahl von Personen zugänglich gemacht werden können.

§ 80 Verfahren bei Übermittlungen

(1) Die Justizvollzugsanstalt ergreift angemessene Maßnahmen, um zu gewährleisten, dass personenbezogene Daten, die unrichtig, unvollständig oder nicht mehr aktuell sind, nicht übermittelt oder sonst zur Verfügung gestellt werden. Zu diesem Zweck überprüft sie, soweit dies mit angemessenem Aufwand möglich ist, die Qualität der Daten vor ihrer Übermittlung oder Bereitstellung. Bei jeder Übermittlung personenbezogener Daten fügt sie zudem, soweit dies möglich und angemessen ist, Informationen bei, die es dem Empfänger gestatten, die Richtigkeit, die Vollständigkeit und die Zuverlässigkeit der Daten sowie deren Aktualität zu beurteilen.

(2) Gelten für die Verarbeitung von personenbezogenen Daten besondere Bedingungen, weist bei Datenübermittlungen die übermittelnde Stelle den Empfänger auf diese Bedingungen und die Pflicht zu ihrer Beachtung hin. Die Hinweispflicht kann dadurch erfüllt werden, dass die Daten entsprechend markiert werden.

(3) Die übermittelnde Stelle darf auf Empfänger in anderen Mitgliedstaaten der Europäischen Union und auf Einrichtungen und sonstige Stellen, die nach Kapitel 4 und 5 des Titels V des Dritten Teils des

Anhang

Vertrags über die Arbeitsweise der Europäischen Union errichtet wurden, keine Bedingungen nach Absatz 2 anwenden, die nicht auch für entsprechende innerstaatliche Datenübermittlungen gelten.

§ 81 Berichtigung, Löschung und Einschränkung der Verarbeitung

(1) Die Justizvollzugsanstalt berichtigt personenbezogene Daten, wenn sie unrichtig sind. Eine Berichtigung teilt sie einer Stelle, die die Daten zuvor an sie übermittelt hat, mit.

(2) Die Justizvollzugsanstalt löscht personenbezogene Daten unverzüglich, wenn ihre Verarbeitung unzulässig ist, sie zur Erfüllung einer rechtlichen Verpflichtung gelöscht werden müssen oder ihre Kenntnis für ihre Aufgabenerfüllung nicht mehr erforderlich ist.

(3) § 67 Absatz 3 bis 5 ist entsprechend anzuwenden. Sind unrichtige personenbezogene Daten oder personenbezogene Daten unrechtmäßig übermittelt worden, ist dies dem Empfänger mitzuteilen.

(4) Die in Dateien gespeicherten personenbezogenen Daten von Gefangenen und ihnen zuordenbaren Dritten sind fünf Jahre nach der Entlassung oder Verlegung der Gefangenen in eine andere Justizvollzugsanstalt zu löschen oder so zu anonymisieren, dass die Daten nicht mehr einer bestimmten oder bestimmbaren Person zugeordnet werden können. Hiervon ausgenommen sind in Dateien gespeicherte personenbezogene Gesundheitsdaten; für sie gilt die Aufbewahrungsfrist für Gesundheitsakten und Krankenblätter. Auch können bis zum Ablauf der Aufbewahrungsfrist für die Gefangenenpersonalakte Angaben über Familienname, Vorname, Geburtsname, Geburtstag, Geburtsort, Eintritts- und Austrittsdatum, die nach Verlegung zuständige Justizvollzugsanstalt sowie aktenbezogene Vermerke ausgenommen werden, die für das Auffinden und die weitere Verwendung der Gefangenenpersonalakte erforderlich sind. In Dateien gespeicherte personenbezogene Daten von Dritten ohne Bezug zu Gefangenen sind drei Jahre nach ihrer Erhebung zu löschen oder nach Satz 1 zu anonymisieren.

(5) Video-Aufzeichnungen und mittels RFID-Technik erhobene personenbezogene Daten sind vier Wochen nach ihrer Erhebung zu löschen, sofern und solange nicht ihre fortdauernde Speicherung oder Aufbewahrung im Einzelfall zur Aufklärung oder Verfolgung der dokumentierten Vorkommnisse erforderlich ist. Sie sind unverzüglich zu löschen, wenn überwiegende schutzwürdige Interessen der betroffenen Person einer weiteren Speicherung entgegenstehen.

(6) Personenbezogene Daten in Akten dürfen nach Ablauf von fünf Jahren seit der Entlassung der Gefangenen nur übermittelt oder genutzt werden, soweit dies
1. zur Verfolgung von Straftaten,
2. für die Durchführung von Evaluations- oder Forschungsvorhaben,
3. zur Behebung einer bestehenden Beweisnot,
4. zur Feststellung, Durchsetzung oder Abwehr von Rechtsansprüchen im Zusammenhang mit dem Vollzug einer Freiheitsentziehung oder
5. zur Abwehr einer Gefahr für die Sicherheit einer Justizvollzugsanstalt

erforderlich ist. Diese Verwendungsbeschränkungen enden, wenn die oder der Gefangene erneut in den Vollzug aufgenommen wird oder die betroffene Person eingewilligt hat.

(7) Bei der Aufbewahrung von Akten mit nach Absatz 6 in der Verarbeitung eingeschränkten Daten dürfen folgende Fristen nicht überschritten werden:
1. bei Gefangenenpersonalakten, Gesundheitsakten und Krankenblättern 20 Jahre,
2. bei Gefangenenbüchern 30 Jahre.

Dies gilt nicht, wenn auf Grund bestimmter Tatsachen anzunehmen ist, dass die Aufbewahrung für die in Absatz 6 Satz 1 genannten Zwecke weiterhin erforderlich ist. Die Aufbewahrungsfrist beginnt mit dem auf das Jahr der aktenmäßigen Weglegung folgenden Kalenderjahr.

(8) Vor einer Löschung von Daten oder einer Vernichtung von Akten sind diese nach § 3 des Landesarchivgesetzes dem Landesarchiv zur Übernahme anzubieten.

(9) Die Einhaltung der vorgenannten Maßnahmen ist durch geeignete verfahrensrechtliche Vorkehrungen sicherzustellen.

§ 82 Protokollierung

(1) Werden automatisierte Verarbeitungssysteme verwendet, haben Justizvollzugsanstalt und Auftragsverarbeiter zumindest die folgenden Vorgänge zu protokollieren:
1. Erhebung,
2. Veränderung,
3. Abfrage,

4. Offenlegung einschließlich Übermittlung,
5. Kombination und
6. Löschung

von personenbezogenen Daten. Die Protokolle über Abfragen und Offenlegungen müssen es ermöglichen, die Begründung, das Datum und die Uhrzeit dieser Vorgänge und so weit wie möglich die Identität der Person, die die personenbezogenen Daten abgefragt oder offengelegt hat, und die Identität des Empfängers der Daten festzustellen. Es genügt dabei, wenn sich die Begründung aus der Identifizierung der abfragenden oder offenlegenden Person ableiten lässt.

(2) Die Protokolle werden ausschließlich zur Überprüfung der Rechtmäßigkeit der Datenverarbeitung, der Eigenüberwachung, der Sicherstellung der Integrität und Sicherheit der personenbezogenen Daten sowie für Straf- und Disziplinarverfahren verwendet. Sie sind am Ende des zweiten auf deren Generierung folgenden Jahres zu löschen.

(3) Die Protokolle sind auf Verlangen der oder dem Landesbeauftragten für den Datenschutz zur Verfügung zu stellen.

Unterabschnitt 6. Datenverarbeitung zu Zwecken der Richtlinie (EU) 2016/680 Datenschutzaufsicht, Haftung und Sanktion

§ 83 Aufsicht der oder des Landesbeauftragten für den Datenschutz

Die Vorschriften der §§ 8 und 9 Absatz 1 bis 3 und 5 des Landesdatenschutzgesetzes für Justiz- und Bußgeldbehörden in der jeweils geltenden Fassung gelten entsprechend für die datenschutzrechtliche Aufsicht über die Justizvollzugsanstalten durch die Landesbeauftragte oder den Landesbeauftragten für den Datenschutz.

§ 84 Zusammenarbeit mit der oder dem Landesbeauftragten für den Datenschutz

(1) Die verantwortlichen Stellen sind verpflichtet, die Landesbeauftragte oder den Landesbeauftragten für den Datenschutz sowie ihre oder seine Beauftragten bei der Erfüllung ihrer oder seiner Aufgaben zu unterstützen.

(2) Das Justizministerium beteiligt die Landesbeauftragte oder den Landesbeauftragten für den Datenschutz rechtzeitig bei der Ausarbeitung von Rechts- und Verwaltungsvorschriften, welche die Verarbeitung personenbezogener Daten betreffen.

(3) Die verantwortliche Stelle hat vor der Inbetriebnahme von neu anzulegenden Dateisystemen die Landesbeauftragte oder den Landesbeauftragten für den Datenschutz anzuhören, wenn
1. aus einer Datenschutz-Folgenabschätzung nach § 77 hervorgeht, dass die Verarbeitung ein hohes Risiko für die Rechtsgüter der betroffenen Personen zur Folge hätte, wenn der Verantwortliche keine Abhilfemaßnahmen treffen würde, oder
2. die Form der Verarbeitung, insbesondere bei der Verwendung neuer Technologien, Mechanismen oder Verfahren, eine erhebliche Gefahr für die Rechtsgüter der betroffenen Personen zur Folge hat.

Die oder der Landesbeauftragte kann eine Liste der Verarbeitungsvorgänge erstellen, die der Pflicht zur Anhörung nach Satz 1 unterliegen.

(4) Der oder dem Landesbeauftragten sind im Fall des Absatzes 3 vorzulegen:
1. die nach § 77 durchgeführte Datenschutz-Folgenabschätzung;
2. gegebenenfalls Angaben zu den jeweiligen Zuständigkeiten der verantwortlichen Stelle, der gemeinsam Verantwortlichen und der an der Verarbeitung beteiligten Auftragsverarbeiter;
3. Angaben zu den Zwecken und Mitteln der beabsichtigten Verarbeitung;
4. Angaben zu den zum Schutz der Rechtsgüter der betroffenen Personen vorgesehenen Maßnahmen und Garantien und
5. Name und Kontaktdaten der oder des Datenschutzbeauftragten.

Auf Anforderung sind ihr oder ihm zudem alle sonstigen Informationen zu übermitteln, die sie oder er benötigt, um die Rechtmäßigkeit der Verarbeitung sowie insbesondere die in Bezug auf den Schutz der personenbezogenen Daten der betroffenen Personen bestehenden Gefahren und die diesbezüglichen Garantien bewerten zu können.

(5) Falls die oder der Landesbeauftragte für den Datenschutz der Auffassung ist, dass die geplante Verarbeitung gegen datenschutzrechtliche Vorgaben verstoßen würde, insbesondere, weil die verantwortliche Stelle das Risiko nicht ausreichend ermittelt oder keine ausreichenden Abhilfemaßnahmen getroffen

hat, kann sie oder er der verantwortlichen Stelle und gegebenenfalls dem Auftragsverarbeiter innerhalb eines Zeitraums von sechs Wochen nach Einleitung der Anhörung schriftliche Empfehlungen unterbreiten, welche Maßnahmen noch ergriffen werden sollten. Die oder der Landesbeauftragte für den Datenschutz kann diese Frist um einen Monat verlängern, wenn die geplante Verarbeitung besonders komplex ist. Sie oder er hat in diesem Fall innerhalb eines Monats nach Einleitung der Anhörung der verantwortlichen Stelle und gegebenenfalls den Auftragsverarbeiter über die Fristverlängerung zu informieren.

(6) Hat die beabsichtigte Verarbeitung erhebliche Bedeutung für die Aufgabenerfüllung der verantwortlichen Stelle und ist sie daher besonders dringlich, kann sie mit der Verarbeitung nach Beginn der Anhörung, aber vor Ablauf der in Absatz 5 Satz 1 genannten Frist beginnen. In diesem Fall sind die Empfehlungen der oder des Landesbeauftragten für den Datenschutz im Nachhinein zu berücksichtigen und sind die Art und Weise der Verarbeitung daraufhin gegebenenfalls anzupassen.

§ 85 Schadensersatz und Entschädigung

Für den Anspruch auf Schadensersatz und Entschädigung gilt § 83 des Bundesdatenschutzgesetzes entsprechend.

§ 86 Strafvorschrift

(1) Mit Freiheitsstrafe bis zu zwei Jahren oder mit Geldstrafe wird bestraft, wer
1. unbefugt von Vorschriften der Justizvollzugsgesetzbücher geschützte personenbezogene Daten, die nicht allgemein zugänglich sind,
    a) speichert, nutzt, verändert, übermittelt oder löscht,
    b) zum Abruf mittels automatisierten Verfahrens bereithält oder
    c) abruft oder sich oder einem anderen aus Dateien verschafft oder
2. die Übermittlung von personenbezogenen Daten, die durch die Vorschriften der Justizvollzugsgesetzbücher geschützt werden und nicht offenkundig sind, durch unrichtige Angaben erschleicht

und hierbei gegen Entgelt oder in der Absicht handelt, sich oder einen anderen zu bereichern oder einen anderen zu schädigen.

(2) Die Tat wird nur auf Antrag verfolgt. Antragsberechtigt sind die betroffene Person, die verantwortliche Stelle, der Auftragsverarbeiter, die oder der Landesbeauftragte für den Datenschutz und das Justizministerium.

Unterabschnitt 7. Datenverarbeitung zu anderen Zwecken

§ 87 Anwendungsbereich

Die Vorschriften dieses Unterabschnitts regeln die Datenverarbeitung der Justizvollzugsanstalten zu anderen Zwecken als denen nach Artikel 1 Absatz 1 der Richtlinie (EU) 680/2016.

§ 88 Anwendbare Vorschriften

Für Datenverarbeitungen der Justizvollzugsanstalten zu anderen Zwecken als denen nach Artikel 1 Absatz 1 der Richtlinie (EU) 680/2016 gelten die Verordnung (EU) 679/2016 und das Landesdatenschutzgesetz (LDSG), soweit sich aus den Vorschriften dieses Unterabschnitts nichts anderes ergibt.

§ 89 Datenverarbeitung zu vollzugsfremden Zwecken

(1) Die Übermittlung personenbezogener Daten mit Ausnahme der erkennungsdienstlichen Unterlagen durch die Justizvollzugsanstalt an die zuständigen öffentlichen Stellen ist zulässig, soweit dies für
1. gesetzlich angeordnete Statistiken der Rechtspflege,
2. sozialrechtliche Maßnahmen,
3. dienstliche Maßnahmen der Bundeswehr im Zusammenhang mit der Aufnahme und Entlassung von Soldaten oder
4. die Durchführung der Besteuerung sowie die Geltendmachung von sonstigen Forderungen von juristischen Personen des öffentlichen Rechts

erforderlich ist.

(2) Die Übermittlung, Nutzung, Veränderung und Speicherung personenbezogener Daten durch die Justizvollzugsanstalt ist auch zulässig, soweit dies für ausländerrechtliche Maßnahmen erforderlich ist.

(3) An die zuständige Meldebehörde darf die Justizvollzugsanstalt die Aufnahme sowie die Entlassung von Gefangenen sowie die zur Aufgabenerfüllung der Meldebehörde erforderlichen Daten mitteilen. Die erforderlichen Personalpapiere dürfen übersandt werden.

(4) Eine Übermittlung zu den in Absatz 1 und 3 genannten Zwecken ist auch zulässig, soweit sie der Sicherung von eigenen Mitteilungs- und Meldepflichten der Gefangenen dient. In diesen Fällen können Gefangene die von Amts wegen erfolgende Datenübermittlung durch den Nachweis abwenden, dass sie ihrer Verpflichtung innerhalb von vier Wochen nach Eintritt des mitteilungs- oder meldepflichtigen Ereignisses nachgekommen sind oder eine Verpflichtung aus anderen Gründen nicht oder nicht mehr besteht. Hierüber sind die Gefangenen bei der Aufnahme in eine Justizvollzugsanstalt zu belehren.

(5) Die nach Absatz 1, 3 und 4 zulässigen Übermittlungen unterbleiben, wenn unter Berücksichtigung der Art der Information und der Rechtsstellung von Untersuchungsgefangenen die Betroffenen ein überwiegendes schutzwürdiges Interesse an dem Ausschluss der Übermittlung haben. Durch die Übermittlung darf nicht der Eindruck entstehen, dass an der oder dem Untersuchungsgefangenen eine Strafe vollzogen wird.

§ 90 Datenverarbeitung zum Zweck des Gläubigerschutzes

(1) Öffentlichen und nichtöffentlichen Stellen darf die Justizvollzugsanstalt auf schriftlichen Antrag mitteilen, ob sich eine Person in Haft befindet sowie ob und wann ihre Entlassung voraussichtlich innerhalb eines Jahres bevorsteht, soweit
1. die Mitteilung zur Erfüllung der in der Zuständigkeit der öffentlichen Stelle liegenden Aufgaben erforderlich ist oder
2. von nichtöffentlichen Stellen ein berechtigtes Interesse an dieser Mitteilung glaubhaft dargelegt wird und die oder der Gefangene kein überwiegendes schutzwürdiges Interesse an dem Ausschluss der Übermittlung hat.

Bei Untersuchungsgefangenen besteht die Mitteilung in der Angabe, ob sich eine Person in der Justizvollzugsanstalt in Untersuchungshaft befindet.

(2) Öffentlichen Stellen können darüber hinaus in der Vergangenheit liegende Inhaftierungen und die Entlassungsadresse von Gefangenen mitgeteilt werden, soweit die Mitteilung zur Erfüllung der in der Zuständigkeit der öffentlichen Stelle liegenden Aufgaben erforderlich ist.

(3) Der oder dem Verletzten sowie sonst aus einer Straftat Anspruchsberechtigten können über Absatz 1 hinaus auf schriftlichen Antrag Auskünfte über die Entlassungsadresse und die Vermögensverhältnisse von rechtskräftig verurteilten Gefangenen erteilt werden, wenn die Erteilung zur Feststellung oder Durchsetzung von Rechtsansprüchen im Zusammenhang mit der Straftat erforderlich ist.

(4) In Haft befindliche Gefangene werden vor der Mitteilung gehört, sofern nicht zu besorgen ist, dass dadurch die Verfolgung des Interesses der Antragstellerin oder des Antragstellers vereitelt oder wesentlich erschwert werden würde, und eine Abwägung ergibt, dass dieses Interesse das Interesse der oder des Gefangenen an einer vorherigen Anhörung überwiegt. Ist eine Anhörung unterblieben, wird die oder der Gefangene über die Mitteilung der Justizvollzugsanstalt nachträglich unterrichtet.

(5) Die nach Absatz 1 bis 3 zulässigen Übermittlungen unterbleiben, wenn unter Berücksichtigung der Art der Information und der Rechtsstellung von Untersuchungsgefangenen die Betroffenen ein überwiegendes schutzwürdiges Interesse an dem Ausschluss der Übermittlung haben. Durch die Übermittlung darf nicht der Eindruck entstehen, dass an der oder dem Untersuchungsgefangenen eine Strafe vollzogen wird.

§ 91 Strafvorschrift und Ordnungswidrigkeiten

(1) Mit Freiheitsstrafe bis zu zwei Jahren oder mit Geldstrafe wird bestraft, wer
1. unbefugt von den Unterabschnitten 1 und 7 dieses 7. Abschnitts oder der Verordnung (EU) 2016/679 geschützte personenbezogene Daten, die nicht offenkundig sind,
    a) speichert, nutzt, verändert, übermittelt oder löscht,
    b) zum Abruf mittels automatisierten Verfahrens bereithält oder
    c) abruft oder sich oder einem anderen aus Dateien verschafft oder
2. die Übermittlung von personenbezogenen Daten, die durch die Unterabschnitte 1 und 7 dieses 7. Abschnitts oder die Verordnung (EU) 2016/679 geschützt werden und nicht offenkundig sind, durch unrichtige Angaben erschleicht

und hierbei gegen Entgelt oder in der Absicht handelt, sich oder einen anderen zu bereichern oder einen anderen zu schädigen.

(2) Die Tat wird nur auf Antrag verfolgt. Antragsberechtigt sind die betroffene Person, die verantwortliche Stelle, der Auftragsverarbeiter, die oder der Landesbeauftragte für den Datenschutz und die Aufsichtsbehörden.

(3) Die Regelung des § 28 LDSG in seiner jeweils geltenden Fassung gilt für Ordnungswidrigkeiten entsprechend.

Unterabschnitt 8. Übergangsvorschrift

§ 92 Übergangsvorschrift für die Anpassung automatisierter Verarbeitungssysteme

(1) Automatisierte Verarbeitungssysteme, die vor dem 6. Mai 2016 eingerichtet worden sind und deren Anpassung an die Anforderungen dieses Gesetzes mit einem unverhältnismäßigen Aufwand verbunden ist, werden bis zum 6. Mai 2023 mit den Vorgaben dieses Gesetzes in Einklang gebracht.

(2) Die Frist des Absatzes 1 kann bei Eintreten oder Vorliegen außergewöhnlicher Umstände verlängert werden, wenn hierdurch sonst schwerwiegende Schwierigkeiten für den Betrieb dieses automatisierten Verarbeitungssystems entstehen würden. Die verlängerte Frist muss vor dem 6. Mai 2026 enden. Die Verlängerung der Frist nach Satz 2 sowie die Gründe hierfür sind der Europäischen Kommission mitzuteilen.

(3) Bis zu diesem Zeitpunkt gelten § 46 Absatz 3 Satz 4 des Ersten Buchs (5. Juni 2019) in Verbindung mit § 9 Absatz 3 Nummer 7 des Landesdatenschutzgesetzes in der am 20. Juni 2018 geltenden Fassung weiter.

Abschnitt 8. Strafvollzugsbeauftragte

§ 93 Strafvollzugsbeauftragte

(1) Je einem von dem Präsidenten des Landtags von Baden-Württemberg der Aufsichtsbehörde benannten Mitglied der im Landtag vertretenen Fraktionen (Strafvollzugsbeauftragte) ist der Zutritt zu den Justizvollzugsanstalten des Landes ohne Anmeldung gestattet.

(2) Bei ihren Besuchen in den Justizvollzugsanstalten können sich die Strafvollzugsbeauftragten über die Unterbringungs- und sonstigen Lebensverhältnisse der Gefangenen, die Arbeitsbedingungen der Vollzugsbediensteten sowie den baulichen Zustand der Anstalten unterrichten. Gespräche mit Gefangenen werden nicht überwacht. § 119 StPO bleibt unberührt.

9 B 11

Abschnitt 9. Einschränkung von Grundrechten

§ 94 Einschränkung von Grundrechten

Die Grundrechte auf freie Entfaltung der Persönlichkeit (Artikel 2 Abs. 1 des Grundgesetzes), körperliche Unversehrtheit (Artikel 2 Abs. 2 Satz 1 des Grundgesetzes) und der Freiheit der Person (Artikel 2 Abs. 2 Satz 2 und Artikel 104 Abs. 1 Satz 1 des Grundgesetzes) sowie das Brief-, Post- und Fernmeldegeheimnis (Artikel 10 Abs. 1 des Grundgesetzes) werden durch dieses Gesetzbuch eingeschränkt.

1 E 32

Gesetzbuch über den Justizvollzug in Baden-Württemberg (Justizvollzugsgesetzbuch – JVollzGB)

Buch 3 Strafvollzug (JVollzGB III)
Vom 10. November 2009
(GBl. S. 545)

Buch 3. Strafvollzug (JVollzGB III)

Abschnitt 1. Grundsätze

§ 1 Vollzugsziel

Im Vollzug der Freiheitsstrafe sollen die Gefangenen fähig werden, künftig in sozialer Verantwortung ein Leben ohne Straftaten zu führen.

1 C 13, 1 C 14

§ 2 Behandlungsgrundsätze

(1) Die Gefangenen sind unter Achtung ihrer Grund- und Menschenrechte zu behandeln. Niemand darf unmenschlicher oder erniedrigender Behandlung unterworfen werden.

(2) Das Leben im Vollzug soll den allgemeinen Lebensverhältnissen soweit wie möglich angeglichen werden.

(3) Schädlichen Folgen des Freiheitsentzugs ist entgegenzuwirken. Die Gefangenen sind vor Übergriffen zu schützen.

(4) Der Vollzug ist darauf auszurichten, dass er den Gefangenen hilft, sich in das Leben in Freiheit einzugliedern.

(5) Zur Erreichung des Vollzugsziels sollen die Einsicht in die dem Opfer zugefügten Tatfolgen geweckt und geeignete Maßnahmen zum Ausgleich angestrebt werden.

(6) Bei der Gestaltung des Vollzugs und bei allen Einzelmaßnahmen werden die unterschiedlichen Lebenslagen und Bedürfnisse der weiblichen und männlichen Gefangenen berücksichtigt.

1 D 1, 1 D 4, 1 D 11, 1 D 14, 1 D 17, 1 D 18, 1 D 21, 1 D 23, 1 E 3, 1 E 4, 13 C 5,
13 C 10, 14 A 15

§ 3 Stellung der Gefangenen

(1) Die Gefangenen wirken an ihrer Behandlung und an der Erreichung des Vollzugsziels mit. Ihre Bereitschaft hierzu ist zu wecken und zu fördern.

(2) Soweit das Gesetz eine besondere Regelung nicht enthält, dürfen den Gefangenen nur Beschränkungen auferlegt werden, die zur Aufrechterhaltung der Sicherheit oder zur Abwendung einer schwerwiegenden Störung der Ordnung der Justizvollzugsanstalt unerlässlich sind.

1 E 2, 1 E 7, 1 E 10, 1 E 18, 1 E 24, 6 A 10, 11 I 17, 11 I 21

Abschnitt 2. Planung, Ablauf und Öffnung des Vollzugs

§ 4 Aufnahme und Behandlungsuntersuchung

(1) Bei der Aufnahme werden die Gefangenen über ihre Rechte und Pflichten in einer für sie verständlichen Form unterrichtet. Nach der Aufnahme werden sie alsbald ärztlich untersucht und der Anstaltsleiterin oder dem Anstaltsleiter oder den von diesen beauftragten Bediensteten vorgestellt. Beim Aufnahmeverfahren und bei der ärztlichen Untersuchung dürfen andere Gefangene nicht zugegen sein; Ausnahmen bedürfen der Zustimmung der oder des Gefangenen.

(2) Nach der Aufnahme werden die Umstände erhoben, deren Kenntnis für eine planvolle Behandlung der Gefangenen im Vollzug und für die Eingliederung nach der Entlassung erforderlich sind. Hiervon kann abgesehen werden, wenn dies mit Rücksicht auf die Vollzugsdauer nicht geboten erscheint. Es ist zu prüfen, ob eine Verlegung in eine sozialtherapeutische Einrichtung oder andere therapeutische Maßnahmen angezeigt sind.

2 A 1, 2 A 5, 2 A 8, 2 A 9, 2 A 11, 2 B 1, 2 B 10, 2 B 17, 2 B 29, 2 C 25,
12 F 8, 14 A 6

§ 5 Vollzugsplan

(1) Auf Grund der Behandlungsuntersuchung wird ein Vollzugsplan erstellt.

(2) Der Vollzugsplan enthält mindestens Angaben über
1. die Unterbringung im geschlossenen oder offenen Vollzug,
2. die Verlegung in eine sozialtherapeutische Einrichtung,
3. die Zuweisung zu Wohngruppen und Behandlungsgruppen,
4. den Arbeitseinsatz, Maßnahmen der schulischen Bildung und der beruflichen Aus- oder Weiterbildung,
5. die Teilnahme an Veranstaltungen der Weiterbildung,
6. besondere Hilfs- und Behandlungsmaßnahmen,
7. vollzugsöffnende Maßnahmen sowie
8. Entlassungsvorbereitung und Nachsorge.

(3) Die Vollzugsplanung wird mit der oder dem Gefangenen erörtert. Ihnen wird Gelegenheit gegeben, eine Stellungnahme in der Vollzugsplankonferenz abzugeben.

(4) Der Vollzugsplan wird mit der Billigung durch die Anstaltsleiterin oder den Anstaltsleiter wirksam. Die Aufsichtsbehörde kann sich vorbehalten, dass der Vollzugsplan in bestimmten Fällen erst mit ihrer Zustimmung wirksam wird.

(5) Der Vollzugsplan ist in regelmäßigen Abständen auf seine Umsetzung hin zu überprüfen und mit der Entwicklung der oder des Gefangenen sowie weiteren für die Behandlung bedeutsamen Erkenntnissen in Einklang zu halten. Hierfür sind im Vollzugsplan angemessene Fristen vorzusehen. Die Fortschreibung des Vollzugsplans wird mit den Gefangenen erörtert.

1 D 21, 2 A 1, 2 B 35, 2 C 7, 2 C 14, 2 C 21, 2 C 23, 2 C 25, 2 C 28, 2 C 31, 4 E 1, 5 A 13, 10 G 2, 13 C 16

§ 6 Verlegung, Überstellung und Ausantwortung

(1) Gefangene können abweichend vom Vollstreckungsplan in eine andere Justizvollzugsanstalt überstellt oder verlegt werden,
1. wenn ihre Behandlung oder Eingliederung nach der Entlassung hierdurch gefördert wird,
2. zur Prüfung ihrer Eignung für die Behandlung in einer sozialtherapeutischen Einrichtung,
3. zur Durchführung einer kriminalprognostischen Begutachtung oder
4. wenn dies aus Gründen der Vollzugsorganisation oder aus sonstigen wichtigen Gründen erforderlich ist.

(2) In begründeten Fällen ist das befristete Überlassen von Gefangenen in den Gewahrsam einer Polizei-, Zoll- oder Finanzbehörde zulässig. Die Justizvollzugsanstalt kann zur Durchführung der Ausantwortung Anordnungen treffen.

2 D 6, 2 D 7, 2 D 15, 2 D 16, 10 D 3, 10 D 15

§ 7 Offener und geschlossener Vollzug

(1) Gefangene sollen in einer Justizvollzugsanstalt oder Abteilung des offenen Vollzugs untergebracht werden, wenn sie den besonderen Anforderungen des offenen Vollzugs genügen und insbesondere nicht zu befürchten ist, dass sie sich dem Vollzug der Freiheitsstrafe entziehen oder die Möglichkeiten des offenen Vollzugs zu Straftaten missbrauchen werden.

(2) Eignen sich Gefangene nicht für den offenen Vollzug, so werden sie im geschlossenen Vollzug untergebracht. Erweisen sich Gefangene für die Unterbringung im offenen Vollzug während des Aufenthalts dort als nicht geeignet, werden sie in den geschlossenen Vollzug zurückverlegt. Gefangene können auch dann im geschlossenen Vollzug untergebracht oder dorthin zurückverlegt werden, wenn dies zu ihrer Behandlung notwendig ist.

1 B 7, 10 A 4, 10 A 7, 10 A 9, 10 A 13, 13 C 18

§ 8 Verlegung in eine sozialtherapeutische Einrichtung

(1) Gefangene sollen in eine sozialtherapeutische Einrichtung verlegt werden, wenn deren besondere therapeutischen Mittel und sozialen Hilfen zu ihrer Resozialisierung angezeigt und erfolgversprechend sind, von ihnen ohne Behandlung erhebliche Straftaten zu erwarten sind und die Anstaltsleiterin oder der Anstaltsleiter der sozialtherapeutischen Einrichtung zustimmt. Ist die Entscheidung über Verlegungen in eine sozialtherapeutische Einrichtung einer zentralen Stelle übertragen, bedarf es der Zustimmung nach Satz 1 nicht.

(2) Vor einer Verlegung ist die Bereitschaft der Gefangenen zur Teilnahme an therapeutischen Maßnahmen zu wecken und zu fördern.

(3) Gefangene sind zurückzuverlegen, wenn der Zweck der Behandlung aus Gründen, die in ihrer Person liegen, nicht erreicht werden kann.

(4) § 6 Abs. 1 und § 65 bleiben unberührt.

2 C 6, 3 A 10, 3 A 12, 3 A 16, 3 A 20, 3 A 22, 3 A 23, 3 A 25

§ 9 Vollzugsöffnende Maßnahmen

(1) Gefangenen können mit ihrer Zustimmung vollzugsöffnende Maßnahmen gewährt werden, wenn sie für die jeweilige Maßnahme geeignet sind, insbesondere ihre Persönlichkeit ausreichend gefestigt und nicht zu befürchten ist, dass sie sich dem Vollzug der Freiheitsstrafe entziehen oder die Maßnahme zur Begehung von Straftaten missbrauchen werden.

(2) Als vollzugsöffnende Maßnahme kann insbesondere angeordnet werden, dass Gefangene
1. einer regelmäßigen Beschäftigung außerhalb der Justizvollzugsanstalt unter Aufsicht einer oder eines Vollzugsbediensteten (Außenbeschäftigung) oder ohne Aufsicht (Freigang) nachgehen dürfen,
2. die Justizvollzugsanstalt für eine bestimmte Tageszeit unter Aufsicht einer oder eines Vollzugsbediensteten (Ausführung) oder ohne Aufsicht (Ausgang), gegebenenfalls in Begleitung einer Bezugsperson (Ausgang in Begleitung), verlassen dürfen oder
3. bis zu 21 Kalendertage in einem Vollstreckungsjahr aus der Haft freigestellt werden (Freistellung aus der Haft).

(3) Freistellung aus der Haft soll in der Regel erst gewährt werden, wenn sich Gefangene mindestens sechs Monate im Strafvollzug befunden haben. Zu lebenslanger Freiheitsstrafe verurteilte Gefangene können aus der Haft freigestellt werden, wenn sie sich einschließlich einer vorhergehenden Untersuchungshaft oder einer anderen Freiheitsentziehung zehn Jahre im Vollzug befunden haben oder wenn sie in den offenen Vollzug überwiesen oder hierfür geeignet sind.

(4) Durch vollzugsöffnende Maßnahmen wird die Vollstreckung der Freiheitsstrafe nicht unterbrochen.

4 D 42, 4 D 43, 4 H 11, 4 H 37, 6 F 52, 10 B 1, 10 B 3, 10 B 4, 10 C 2, 10 C 3, 10 C 7, 10 C 10, 10 C 12, 10 C 17, 10 C 18, 10 C 20, 10 C 22, 10 C 24, 10 C 25, 10 C 29, 10 C 34, 10 C 35, 10 C 38, 10 C 39, 10 C 41, 10 C 44, 10 C 46, 10 C 48, 10 C 49, 10 C 50, 10 C 58, 10 C 59, 10 C 60, 10 C 66, 10 C 70, 10 D 3, 10 E 9

§ 10 Verlassen der Justizvollzugsanstalt aus wichtigem Anlass

(1) Aus wichtigem Anlass kann die Anstaltsleiterin oder der Anstaltsleiter Gefangenen Ausgang gewähren oder sie bis zu sieben Tage von der Haft freistellen; Freistellung aus anderem wichtigen Anlass als wegen einer lebensgefährlichen Erkrankung oder wegen des Todes Angehöriger darf sieben Tage im Vollstreckungsjahr nicht übersteigen. § 9 Abs. 1 und 4 gilt entsprechend.

(2) Eine Freistellung aus wichtigem Anlass wird nicht auf die Freistellung aus der Haft angerechnet.

(3) Kann Ausgang oder Freistellung aus den in § 9 Abs. 1 genannten Gründen nicht gewährt werden, kann die Anstaltsleiterin oder der Anstaltsleiter Gefangene ausführen lassen. Die Aufwendungen hierfür haben die oder der Gefangene zu tragen, es sei denn, dies würde die Behandlung oder die Eingliederung behindern.

(4) Gefangene dürfen auch ohne ihre Zustimmung ausgeführt werden, wenn dies aus besonderen Gründen notwendig ist.

(5) Die Absätze 1 bis 4 gelten für die Teilnahme von Gefangenen an gerichtlichen Terminen entsprechend. Auf Ersuchen eines Gerichts lässt die Anstaltsleiterin oder der Anstaltsleiter Gefangene auch ohne deren Zustimmung vorführen, sofern ein Vorführungsbefehl vorliegt. Die Justizvollzugsanstalt unterrichtet das Gericht über das Veranlasste.

10 C 38, 10 D 3, 10 D 4, 10 D 8, 10 D 9, 10 D 10, 10 D 11, 10 D 12, 10 D 14

§ 11 Weisungen und Aufhebung vollzugsöffnender Maßnahmen

(1) Die Anstaltsleiterin oder der Anstaltsleiter kann Gefangenen für vollzugsöffnende Maßnahmen, das Verlassen der Justizvollzugsanstalt aus wichtigem Anlass oder zur Teilnahme an gerichtlichen Terminen Weisungen, insbesondere hinsichtlich ihres Aufenthaltsorts sowie der Freistellungsgestaltung, erteilen.

Anhang

(1a) Bei Ausführungen ohne angeordnete Fesselung kann die Anstaltsleiterin oder der Anstaltsleiter Gefangenen die Weisung erteilen, die für eine elektronische Überwachung des Aufenthaltsorts erforderlichen technischen Mittel ständig in betriebsbereitem Zustand bei sich zu führen und deren Funktionsfähigkeit nicht zu beeinträchtigen, wenn dies erforderlich ist, um die Gefangenen davon abzuhalten, sich dem Vollzug der Freiheitsstrafe zu entziehen.

(2) Die Anstaltsleiterin oder der Anstaltsleiter kann Maßnahmen nach den §§ 9 und 10 widerrufen, wenn
1. sie oder er auf Grund nachträglich eingetretener Umstände berechtigt wäre, die Maßnahme zu versagen,
2. Gefangene Weisungen nicht nachkommen oder
3. Gefangene die Maßnahme missbrauchen; bei schweren Verstößen sind die Maßnahmen zu widerrufen.

Die Anstaltsleiterin oder der Anstaltsleiter kann Maßnahmen nach den §§ 9 und 10 mit Wirkung für die Zukunft zurücknehmen, wenn die Voraussetzungen für ihre Bewilligung nicht vorgelegen haben.

4 D 43, 4 H 14, 4 H 15, 4 K 2, 4 K 3, 4 K 5, 4 K 6, 10 D 9, 10 E 1, 10 E 4, 10 E 11, 10 F 4, 10 F 6, 10 F 9, 10 F 10, 10 F 11, 10 F 12, 10 F 15, 10 F 17, 11 C 7

§ 12 Zustimmung der Aufsichtsbehörde

Die Aufsichtsbehörde kann sich vorbehalten, dass in bestimmten Fällen die Entscheidung über die Unterbringung von Gefangenen im offenen Vollzug, die Gewährung vollzugsöffnender Maßnahmen mit Ausnahme der Ausführung sowie die Gewährung von Maßnahmen nach § 10 Abs. 1 dieses Buchs, auch in Verbindung mit Absatz 5 Satz 1, erst mit ihrer Zustimmung wirksam wird.

4 D 43, 4 H 12, 4 K 7, 4 K 9, 10 A 14, 10 C 39, 10 C 40

Abschnitt 3. Grundversorgung

§ 13 Unterbringung

(1) Gefangene sollen während der Ruhezeit allein in ihren Haftäumen untergebracht werden. Mit ihrer Zustimmung können Gefangene auch während der Ruhezeit gemeinsam untergebracht werden, wenn eine schädliche Beeinflussung nicht zu befürchten ist.

(2) Auch ohne ihre Zustimmung ist eine gemeinsame Unterbringung zulässig, wenn Gefangene hilfsbedürftig sind oder eine Gefahr für Leben oder Gesundheit Gefangener besteht.

2 E 1, 2 E 17, 2 E 26, 2 E 31, 2 E 32, 2 E 35, 13 E 24

§ 14 Einschränkung gemeinschaftlicher Unterbringung während der Arbeit und der Freizeit

Die gemeinschaftliche Unterbringung während der Arbeitszeit und Freizeit kann eingeschränkt werden,
1. wenn ein schädlicher Einfluss auf andere Gefangene zu befürchten ist,
2. wenn Gefangene nach § 4 Abs. 2 untersucht werden, aber nicht länger als zwei Monate,
3. wenn es die Sicherheit oder Ordnung der Justizvollzugsanstalt erfordert oder
4. wenn die oder der Gefangene zustimmt.

2 B 4, 2 E 1, 2 E 6, 2 E 9, 2 E 10, 2 E 11, 2 E 12, 2 E 13, 2 E 15, 2 E 16, 11 I 26, 13 B 2

§ 15 Ausstattung des Haftraums

Gefangene dürfen ihren Haftraum in angemessenem Umfang mit eigenen Gegenständen ausstatten. Hierdurch dürfen die Übersichtlichkeit des Haftraums sowie die Sicherheit und Ordnung der Justizvollzugsanstalt nicht beeinträchtigt werden.

2 F 1, 2 F 8, 2 F 9, 2 F 10, 2 F 16, 12 A 6

§ 16 Kleidung

(1) Gefangene tragen Anstaltskleidung. Für die Freizeit erhalten sie besondere Oberbekleidung.

(2) Die Anstaltsleiterin oder der Anstaltsleiter gestattet den Gefangenen bei einer Ausführung eigene Kleidung zu tragen, wenn zu erwarten ist, dass sie nicht entweichen werden. Die Anstaltsleiterin oder der

Anstaltsleiter kann dies auch sonst gestatten, sofern die Gefangenen für Reinigung, Instandsetzung und regelmäßigen Wechsel auf eigene Kosten sorgen.

4 E 8, 6 A 1, 6 A 3, 6 A 4, 6 A 5, 6 A 7, 7 C 17

§ 17 Verpflegung

(1) Die Verpflegung wird in Übereinstimmung mit den jeweils gültigen Werten für eine ausreichende und ausgewogene Ernährung in Gemeinschaftsverpflegung angeboten.

(2) Den Gefangenen soll ermöglicht werden, religiöse Speisevorschriften zu befolgen.

6 B 2, 6 B 4, 6 B 6, 6 B 10, 7 C 17, 13 L 4

§ 18 Einkauf

(1) Gefangene können von ihrem Haus- oder Taschengeld aus einem von der Justizvollzugsanstalt vermittelten Angebot Waren kaufen. Das Warenangebot ist auf die Bedürfnisse der Gefangenen abzustimmen. Gegenstände, die die Sicherheit oder Ordnung der Justizvollzugsanstalt gefährden, sind vom Einkauf ausgeschlossen. Der Einkauf kann in Form eines Listeneinkaufs durchgeführt werden.

(2) In begründeten Ausnahmefällen, insbesondere wenn ein zugelassener Artikel sonst nicht beschafft werden kann, kann die Justizvollzugsanstalt einen Einkauf über andere sichere Bezugsquellen gestatten.

(3) Verfügen Gefangene weder über Sondergeld nach § 54 Abs. 1 noch ohne eigenes Verschulden über Haus- oder Taschengeld, wird ihnen gestattet, in angemessenem Umfang vom Eigengeld einzukaufen.

4 I 27, 4 I 111, 4 I 112, 6 C 6, 6 C 7, 6 C 8, 6 C 10, 6 C 11, 6 C 14, 11 C 17

Abschnitt 4. Verkehr mit der Außenwelt

§ 19 Pflege sozialer Beziehungen

(1) Gefangene haben das Recht, mit Personen außerhalb der Justizvollzugsanstalt im Rahmen der Vorschriften dieses Gesetzes zu verkehren. Der Kontakt zu Angehörigen und Personen, von denen ein günstiger Einfluss auf die Gefangenen erwartet werden kann, wird gefördert.

(2) Gefangene dürfen regelmäßig Besuch empfangen. Die Gesamtdauer beträgt mindestens eine Stunde im Monat.

(3) Besuche sollen darüber hinaus zugelassen werden, wenn sie die Behandlung oder Eingliederung der Gefangenen fördern oder persönlichen, rechtlichen oder geschäftlichen Angelegenheiten dienen, die von den Gefangenen weder schriftlich erledigt, noch durch Dritte wahrgenommen oder bis zur Entlassung aufgeschoben werden können.

(4) Aus Gründen der Sicherheit oder Ordnung der Justizvollzugsanstalt kann ein Besuch davon abhängig gemacht werden, dass sich die Besucherin oder der Besucher durchsuchen oder mit technischen Mitteln oder sonstigen Hilfsmitteln auf verbotene Gegenstände absuchen lässt. Aus den gleichen Gründen kann die Anzahl der gleichzeitig zu einem Besuch zugelassenen Personen beschränkt werden.

9 B 18, 9 B 28, 9 Vorb. 4

§ 20 Verbot von Besuchen

Die Anstaltsleiterin oder der Anstaltsleiter kann Besuche untersagen,
1. wenn die Sicherheit oder Ordnung der Justizvollzugsanstalt gefährdet würde,
2. bei Besuchern, die nicht Angehörige der oder des Gefangenen im Sinne des Strafgesetzbuchs sind, wenn zu befürchten ist, dass sie einen schädlichen Einfluss auf die Gefangene oder den Gefangenen haben oder die Eingliederung behindern würden.

9 B 34

§ 21 Überwachung von Besuchen

(1) Besuche dürfen aus Gründen der Behandlung oder der Sicherheit oder Ordnung der Justizvollzugsanstalt überwacht werden, es sei denn, es liegen im Einzelfall Erkenntnisse dafür vor, dass es der Überwachung nicht bedarf. Die Unterhaltung darf überwacht werden, soweit dies im Einzelfall aus diesen Gründen erforderlich ist.

(2) Die optische Überwachung von Besuchen kann durch technische Hilfsmittel erfolgen. Auf eine Überwachung nach Satz 1 sind die Gefangenen und ihre Besucher vorher hinzuweisen. Zur Verhinderung der Übergabe von Gegenständen können besondere Vorkehrungen, insbesondere durch Tischaufsätze

oder Trennscheiben, getroffen werden, wenn bei der oder dem Gefangenen verbotene Gegenstände gefunden wurden oder sonst konkrete Anhaltspunkte vorliegen, dass es zu einer verbotenen Übergabe von Gegenständen kommt.

(3) Gegenstände dürfen beim Besuch nur mit Erlaubnis der Justizvollzugsanstalt übergeben werden. Gefangenen dürfen Nahrungs- und Genussmittel in geringer Menge übergeben werden. Die Justizvollzugsanstalt kann anordnen, dass die Nahrungs- und Genussmittel durch ihre Vermittlung beschafft werden.

(4) Ein Besuch darf abgebrochen werden, wenn Gefangene oder ihre Besucherinnen oder Besucher gegen Vorschriften dieses Gesetzes oder auf Grund dieses Gesetzes getroffene Anordnungen trotz Ermahnung verstoßen. Einer Ermahnung bedarf es nicht, wenn es unerlässlich ist, den Besuch sofort abzubrechen.

9 B 71, 9 B 77, 9 B 80, 9 B 82

§ 22 Besuche bestimmter Personen

(1) Besuche von Verteidigern sowie von Rechtsanwälten und Notaren in einer die Gefangene oder den Gefangenen betreffenden Rechtssache sind zu gestatten. Die Justizvollzugsanstalt kann die Modalitäten der Besuche entsprechend ihren organisatorischen Möglichkeiten regeln. Der Besuch kann davon abhängig gemacht werden, dass sich die Besucher vorher aus Gründen der Sicherheit oder Ordnung der Justizvollzugsanstalt durchsuchen oder mit technischen Mitteln oder sonstigen Hilfsmitteln auf verbotene Gegenstände absuchen lassen. Eine Kenntnisnahme vom gedanklichen Inhalt der von Verteidigern mitgeführten Schriftstücke und sonstigen Unterlagen ist unzulässig.

(2) Besuche von Verteidigern werden nicht überwacht. Zur Übergabe von Schriftstücken und sonstigen Unterlagen bedürfen Verteidiger, Rechtsanwälte und Notare keiner Erlaubnis, sofern diese unmittelbar der Vorbereitung oder Durchführung der Verteidigung oder der Erledigung einer die Gefangene oder den Gefangenen betreffenden Rechtssache dienen. Beim Besuch von Rechtsanwälten und Notaren kann die Übergabe von Schriftstücken oder sonstigen Unterlagen aus Gründen der Sicherheit oder Ordnung der Justizvollzugsanstalt von der Erlaubnis abhängig gemacht werden.

(3) § 24 Abs. 2 Satz 3 und 4 bleibt unberührt.

9 B 51 ff

§ 23 Recht auf Schriftwechsel

(1) Gefangene haben das Recht, unbeschränkt Schreiben abzusenden und zu empfangen.

(2) Die Anstaltsleiterin oder der Anstaltsleiter kann den Schriftwechsel mit bestimmten Personen untersagen,
1. wenn die Sicherheit oder Ordnung der Justizvollzugsanstalt gefährdet würde,
2. bei Personen, die nicht Angehörige der oder des Gefangenen sind, wenn zu befürchten ist, dass der Schriftwechsel einen schädlichen Einfluss auf die Gefangene oder den Gefangenen haben oder ihre oder seine Eingliederung behindern würde.

(3) Die Kosten des Schriftwechsels tragen die Gefangenen. Sind sie dazu nicht in der Lage, kann die Justizvollzugsanstalt die Kosten in begründeten Fällen in angemessenem Umfang übernehmen.

9 C 3, 9 C 9

§ 24 Überwachung des Schriftwechsels

(1) Der Schriftwechsel der Gefangenen darf überwacht werden, soweit dies aus Gründen der Behandlung oder aus Gründen der Sicherheit oder Ordnung der Justizvollzugsanstalt erforderlich ist.

(2) Der Schriftwechsel der Gefangenen mit ihren Verteidigern wird nicht überwacht. Die Schreiben dürfen, ohne sie zu öffnen, auf verbotene Gegenstände untersucht werden. Liegt dem Vollzug der Freiheitsstrafe eine Straftat nach § 129a StGB, auch in Verbindung mit § 129b Abs. 1 StGB, zu Grunde, gelten § 148 Abs. 2 und § 148a StPO entsprechend; dies gilt nicht, wenn die Gefangenen sich in einer Einrichtung des offenen Vollzugs befinden, ihnen vollzugsöffnende Maßnahmen oder Freistellung aus der Haft nach § 89 Abs. 3 gewährt worden sind und ein Grund, der die Anstaltsleiterin oder den Anstaltsleiter zum Widerruf oder zur Zurücknahme von vollzugsöffnenden Maßnahmen oder der Freistellung ermächtigt, nicht vorliegt. Satz 3 gilt auch, wenn gegen Gefangene im Anschluss an die dem Vollzug der Freiheitsstrafe zu Grunde liegende Verurteilung eine Freiheitsstrafe wegen einer Straftat nach § 129a StGB, auch in Verbindung mit § 129b Abs. 1 StGB, zu vollstrecken ist.

(3) Absatz 2 gilt entsprechend für Schreiben von Gefangenen an
1. die Volksvertretungen des Bundes und der Länder sowie an deren Mitglieder,
2. das Europäische Parlament und dessen Mitglieder,
3. den Europäischen Gerichtshof für Menschenrechte,
4. den Europäischen Ausschuss zur Verhütung von Folter und unmenschlicher oder erniedrigender Behandlung oder Strafe,
5. die Datenschutzbeauftragten des Bundes und der Länder sowie die Aufsichtsbehörden nach § 38 Bundesdatenschutzgesetz,
6. den Europäischen Datenschutzbeauftragten,
7. den Europäischen Bürgerbeauftragten,
8. den Menschenrechtsausschuss der Vereinten Nationen sowie
9. den Ausschuss der Vereinten Nationen gegen Folter, den zugehörigen Unterausschuss zur Verhütung von Folter und die entsprechenden nationalen Präventionsmechanismen,

wenn die Schreiben an die Anschriften dieser Stellen gerichtet sind und den Absender zutreffend angeben. Schreiben der in Satz 1 genannten Stellen, die an Gefangene gerichtet sind, dürfen nicht überwacht werden, wenn die Identität des Absenders zweifelsfrei feststeht.

9 C 23

§ 25 Weiterleitung und Aufbewahrung von Schreiben

(1) Gefangene haben Absendung und Empfang ihrer Schreiben durch die Justizvollzugsanstalt vermitteln zu lassen, soweit nichts anderes gestattet ist.

(2) Eingehende und ausgehende Schreiben sind unverzüglich weiterzuleiten.

(3) Gefangene haben eingehende Schreiben unverschlossen zu verwahren, sofern nichts anderes gestattet wird. Die Schreiben können auch verschlossen zur Habe gegeben werden.

9 C 43 ff

§ 26 Anhalten von Schreiben

(1) Schreiben können angehalten werden, wenn
1. das Ziel des Vollzugs oder die Sicherheit oder Ordnung einer Justizvollzugsanstalt gefährdet würde,
2. die Weitergabe in Kenntnis ihres Inhalts einen Straf- oder Bußgeldtatbestand verwirklichen würde,
3. sie grob unrichtige oder erheblich entstellende Darstellungen von Anstaltsverhältnissen enthalten,
4. sie grobe Beleidigungen enthalten,
5. sie die Eingliederung anderer Gefangener gefährden können oder
6. sie in Geheimschrift, unlesbar, unverständlich oder ohne zwingenden Grund in einer fremden Sprache abgefasst sind; ein zwingender Grund zur Abfassung eines Schreibens in fremder Sprache liegt in der Regel nicht vor bei einem Schriftwechsel zwischen deutschen Gefangenen und Dritten, die die deutsche Staatsangehörigkeit besitzen oder ihren Lebensmittelpunkt im Geltungsbereich des Grundgesetzes haben.

(2) Ausgehenden Schreiben, die unrichtige Darstellungen enthalten, kann ein Begleitschreiben beigefügt werden, wenn die oder der Gefangene auf der Absendung besteht.

(3) Ist ein Schreiben angehalten worden, wird dies der oder dem Gefangenen mitgeteilt. Hiervon kann vorübergehend abgesehen werden, wenn dies die Sicherheit oder Ordnung der Justizvollzugsanstalt erfordert. Angehaltene Schreiben werden an die Absenderin oder den Absender zurückgegeben oder, sofern dies unmöglich oder aus besonderen Gründen untunlich ist, behördlich verwahrt.

(4) Schreiben, deren Überwachung ausgeschlossen ist, dürfen nicht angehalten werden.

9 C 56, 9 C 70

§ 27 Telefongespräche

(1) Gefangenen kann gestattet werden, zu telefonieren.

(2) Im Übrigen gelten für Telefonate die für den Besuch geltenden Vorschriften mit Ausnahme von § 19 Abs. 2 entsprechend. Die Überwachung der Unterhaltung ist den Gesprächspartnern der Gefangenen unmittelbar nach Herstellung der Verbindung von der Justizvollzugsanstalt oder den Gefangenen mitzuteilen. Die Gefangenen sind rechtzeitig vor Beginn des Telefongesprächs über die beabsichtigte Überwachung und die Mitteilungspflicht zu unterrichten.

(3) Die Kosten der Telefongespräche tragen die Gefangenen. Sind sie dazu nicht in der Lage, kann die Justizvollzugsanstalt die Kosten in begründeten Fällen in angemessenem Umfang übernehmen.

9 D 12

§ 28 Pakete

(1) Der Empfang von Paketen bedarf der vorherigen Erlaubnis der Justizvollzugsanstalt. Für den Ausschluss von Gegenständen gilt § 18 Abs. 1 Satz 3 entsprechend. Pakete mit Nahrungs- und Genussmitteln sind ausgeschlossen.

(2) Pakete sind in Gegenwart der oder des Gefangenen zu öffnen. Ausgeschlossene Gegenstände können zur Habe der oder des Gefangenen genommen oder an die Absenderin oder den Absender zurückgesandt werden. Nicht ausgehändigte Gegenstände, durch die bei der Aufbewahrung Personen verletzt oder Sachschäden verursacht werden können oder die verderblich sind, dürfen vernichtet werden. Die hiernach getroffenen Maßnahmen werden der oder dem Gefangenen eröffnet.

(3) Gefangenen kann gestattet werden, Pakete zu versenden. Der Inhalt kann aus Gründen der Sicherheit oder Ordnung der Justizvollzugsanstalt überprüft werden.

(4) Die Kosten des Paketverkehrs tragen die Gefangenen. Sind sie dazu nicht in der Lage, kann die Justizvollzugsanstalt die Kosten in begründeten Fällen in angemessenem Umfang übernehmen.

6 C 3, 9 E 1 ff

Abschnitt 5. Religionsausübung

§ 29 Seelsorge

(1) Gefangenen darf religiöse Betreuung durch eine Seelsorgerin oder einen Seelsorger ihrer Religionsgemeinschaft nicht versagt werden. Ihnen ist auf Wunsch zu helfen, mit einer Seelsorgerin oder einem Seelsorger ihrer Religionsgemeinschaft in Verbindung zu treten. Das Beicht- und Seelsorgegeheimnis ist unverletzlich.

(2) Gefangene dürfen grundlegende religiöse Schriften besitzen. Diese dürfen ihnen nur bei grobem Missbrauch entzogen werden.

(3) Gefangenen sind Gegenstände des religiösen Gebrauchs in angemessenem Umfang zu belassen.

8 A 14, 8 A 19, 8 A 21, 8 A 22, 8 A 23, 8 A 25

§ 30 Religiöse Veranstaltungen

(1) Gefangene haben das Recht, am Gottesdienst und an anderen religiösen Veranstaltungen ihres Bekenntnisses teilzunehmen.

(2) Gefangene werden zu dem Gottesdienst oder zu religiösen Veranstaltungen einer anderen Religionsgemeinschaft zugelassen, wenn deren Seelsorgerin oder Seelsorger zustimmt.

(3) Gefangene können von der Teilnahme am Gottesdienst oder anderen religiösen Veranstaltungen ausgeschlossen werden, wenn dies aus überwiegenden Gründen der Sicherheit oder Ordnung der Justizvollzugsanstalt geboten ist; die Seelsorgerin oder der Seelsorger soll vorher gehört werden.

8 B 1, 8 B 18, 8 B 22

§ 31 Weltanschauungsgemeinschaften

Für Angehörige weltanschaulicher Bekenntnisse gelten die §§ 29 und 30 entsprechend.

9 C 1 ff

Abschnitt 6. Gesundheitsfürsorge

§ 32 Gesunde Lebensführung und Aufenthalt im Freien

(1) Den Gefangenen ist die Bedeutung einer gesunden Lebensführung in geeigneter Form zu vermitteln. Sie sind insbesondere über die schädlichen Wirkungen des Suchtmittelkonsums aufzuklären.

(2) Die Justizvollzugsanstalt kann Anordnungen zum Gesundheitsschutz und zur Hygiene treffen.

(3) Den Gefangenen wird täglich mindestens eine Stunde Aufenthalt im Freien ermöglicht, wenn die Witterung dem nicht zwingend entgegensteht.

6 D 1, 6 D 17, 6 D 24, 6 G 1, 6 G 4, 6 G 6

§ 33 Anspruch auf medizinische Leistung

(1) Gefangene haben einen Anspruch auf notwendige, ausreichende und zweckmäßige medizinische Versorgung unter Beachtung des Grundsatzes der Wirtschaftlichkeit. Der Anspruch umfasst Untersuchungen zur Früherkennung von Krankheiten und Vorsorgeleistungen. Die Beurteilung der Notwendigkeit orientiert sich an der Versorgung der gesetzlich Versicherten. Leistungen zur medizinischen Rehabilitation und ergänzende Leistungen werden erbracht, soweit die Belange des Vollzugs dem nicht entgegenstehen.

(2) Der Anspruch nach Absatz 1 umfasst die Versorgung mit Hilfsmitteln nach § 33 des Fünften Buchs Sozialgesetzbuch, wenn dies nicht mit Rücksicht auf die Kürze des Freiheitsentzugs unangemessen ist.

(3) An den Kosten für medizinische Leistungen können die Gefangenen in angemessenem Umfang beteiligt werden, höchstens jedoch bis zum Umfang der Beteiligung gesetzlich Versicherter.

4 I 55, 6 E 1, 6 E 3, 6 E 9, 6 F 1, 6 F 18, 6 F 19, 6 F 20, 6 F 25, 6 F 28, 6 F 29, 6 F 35, 7 C 17

§ 34 Verlegung aus medizinischen Gründen

(1) Kranke, pflegebedürftige oder hilfsbedürftige Gefangene können in eine zur Behandlung ihrer Krankheit oder in eine für ihre Versorgung besser geeignete Justizvollzugsanstalt oder in ein Justizvollzugskrankenhaus überstellt oder verlegt werden.

(2) Erforderlichenfalls können Gefangene für die notwendige Dauer der Behandlung oder Versorgung in ein Krankenhaus außerhalb des Vollzugs gebracht werden. Eine möglichst rasche Rückverlegung in ein Justizvollzugskrankenhaus oder eine Justizvollzugsanstalt ist anzustreben.

6 F 58, 6 F 59, 6 F 61, 6 F 65, 6 F 66, 6 F 71

§ 35 Anspruch auf Krankenbehandlung in besonderen Fällen

(1) Während einer Freistellung oder eines Ausgangs haben Gefangene einen Anspruch auf Krankenbehandlung in der für sie zuständigen Justizvollzugsanstalt.

(2) Der Anspruch auf Leistungen nach § 33 ruht, solange Gefangene aufgrund eines freien Beschäftigungsverhältnisses krankenversichert sind.

4 H 5, 6 F 51, 6 F 52, 6 F 54, 6 F 55, 16 24

§ 36 Medizinische Behandlung zur sozialen Eingliederung

Mit Zustimmung der Gefangenen soll die Justizvollzugsanstalt medizinische Behandlungen, insbesondere Operationen oder prothetische Maßnahmen, durchführen lassen, die die soziale Eingliederung der Gefangenen fördern. Die Kosten tragen die Gefangenen. Sind sie dazu nicht in der Lage, kann die Justizvollzugsanstalt die Kosten in begründeten Fällen in angemessenem Umfang übernehmen.

4 I 55, 4 I 122, 6 F 41, 6 F 42, 6 F 48, 6 F 50

§ 37 Leistungen bei Schwangerschaft und Mutterschaft

(1) Auf den gesundheitlichen Zustand einer schwangeren Gefangenen oder einer Gefangenen, die unlängst entbunden hat, ist Rücksicht zu nehmen. Die Vorschriften des Mutterschutzgesetzes über die Gestaltung des Arbeitsplatzes gelten entsprechend.

(2) Die Gefangene hat während der Schwangerschaft sowie bei und nach der Entbindung Anspruch auf ärztliche Betreuung einschließlich der Untersuchungen zur Feststellung der Schwangerschaft und zur Schwangerenvorsorge sowie auf Hebammenhilfe. Die ärztliche Betreuung umfasst die Beratung der Schwangeren zur Bedeutung der Mundgesundheit für Mutter und Kind einschließlich des Zusammenhangs zwischen Ernährung und Krankheitsrisiko sowie die Einschätzung oder Bestimmung des Übertragungsrisikos von Karies.

(3) Bei Schwangerschaftsbeschwerden und im Zusammenhang mit der Entbindung werden Arznei-, Verbands- und Heilmittel geleistet.

4 B 21, 14 A 15, 14 B 2, 14 B 10, 14 B 13, 14 B 18

§ 38 Entbindung und Geburtsanzeige

(1) Eine schwangere Gefangene ist zur Entbindung in ein Krankenhaus außerhalb des Vollzugs zu bringen. Ist dies aus besonderen Gründen nicht angezeigt, ist die Entbindung in einer Justizvollzugsanstalt mit Entbindungsabteilung vorzunehmen. Bei der Entbindung wird Hilfe durch eine Hebamme und falls erforderlich durch eine Ärztin oder einen Arzt gewährt.

(2) In der Anzeige der Geburt an das Standesamt dürfen die Justizvollzugsanstalt als Geburtsstätte des Kindes, das Verhältnis der anzeigenden Person zur Justizvollzugsanstalt und die Gefangenschaft der Mutter nicht vermerkt sein.

14 A 15, 14 B 17

§ 39 Benachrichtigung bei Erkrankung oder Todesfall

(1) Erkranken Gefangene schwer, ist eine Angehörige oder ein Angehöriger, eine Vertrauensperson oder eine gesetzliche Vertreterin oder ein gesetzlicher Vertreter unverzüglich zu benachrichtigen. Hiervon kann auf Wunsch der oder des Gefangenen abgesehen werden. Im Fall des Todes von Gefangenen, ist eine der in Satz 1 genannten Personen unverzüglich zu benachrichtigen.

(2) Dem Wunsch von Gefangenen, auch andere Personen zu benachrichtigen, soll nach Möglichkeit entsprochen werden.

6 H 1, 6 H 2, 6 H 3, 6 H 4

Abschnitt 7. Soziale Hilfe

§ 40 Grundsatz

Die soziale Hilfe der Justizvollzugsanstalt soll darauf gerichtet sein, die Gefangenen in die Lage zu versetzen, ihre persönlichen Angelegenheiten selbst zu regeln.

7 A 8, 7 A 9, 7 C 1

§ 41 Hilfe während des Vollzugs

(1) Bei der Aufnahme wird den Gefangenen geholfen, die notwendigen Maßnahmen für hilfsbedürftige Angehörige zu veranlassen und ihre Habe außerhalb der Justizvollzugsanstalt sicherzustellen.

(2) Gefangenen ist eine Beratung in für sie bedeutsamen rechtlichen und sozialen Fragestellungen zu ermöglichen. Ihnen ist zu helfen, für Unterhaltsberechtigte zu sorgen, Schulden zu regulieren und den durch die Straftat verursachten Schaden zu regeln. Die Beratung soll hierbei auch die Benennung von Stellen und Einrichtungen außerhalb der Justizvollzugsanstalt umfassen.

(3) Auf Grund der Behandlungsuntersuchung oder auf Wunsch können suchtgefährdete oder süchtige Gefangene Suchtberatung und Vermittlung in Therapieeinrichtungen des Justizvollzugs oder anderer Träger erhalten.

2 A 12, 7 B 1, 7 B 4, 7 C 1, 7 C 6, 7 C 8

Abschnitt 8. Arbeit, Ausbildung und Weiterbildung

§ 42 Beschäftigung

(1) Arbeit, arbeitstherapeutische Beschäftigung, schulische Bildung, Ausbildung und Weiterbildung dienen insbesondere dem Ziel, Fähigkeiten für eine Erwerbstätigkeit nach der Entlassung zu vermitteln, zu erhalten oder zu fördern.

(2) Die Justizvollzugsanstalt soll Gefangenen wirtschaftlich ergiebige Arbeit zuweisen und dabei ihre Fähigkeiten und Neigungen nach Möglichkeit berücksichtigen.

(3) Sind Gefangene zu wirtschaftlich ergiebiger Arbeit nicht fähig, sollen sie arbeitstherapeutisch beschäftigt werden.

(4) Geeigneten Gefangenen soll Gelegenheit zur schulischen oder beruflichen Bildung, Weiterbildung, Umschulung oder Teilnahme an anderen ausbildenden oder weiterbildenden Maßnahmen gegeben werden.

4 Vorb. 5, 4 A 2, 4 A 6, 4 A 8, 4 A 9, 4 A 13, 4 A 15, 4 A 34, 4 E 2, 4 E 6, 4 G 2, 4 G 5, 4 G 13

§ 43 Unterricht

(1) Für geeignete Gefangene soll Unterricht in den zum Hauptschulabschluss führenden Fächern, ein der Förderschule entsprechender Unterricht oder nach Möglichkeit Unterricht zur Erlangung anderer staatlich anerkannter Schulabschlüsse vorgesehen werden. Bei der beruflichen Ausbildung ist berufsbildender Unterricht vorzusehen; dies gilt auch für die berufliche Weiterbildung, soweit die Art der Maßnahme es erfordert.

(2) Unterricht soll während der Arbeitszeit stattfinden.

4 Vorb. 5, 4 D 31, 4 E 1, 4 E 2, 4 E 9, 4 E 10, 4 E 12, 4 E 13, 4 E 14, 4 E 17, 4 G 2

§ 44 Zeugnisse über Bildungsmaßnahmen

Aus dem Zeugnis über eine Bildungsmaßnahme darf die Inhaftierung einer Teilnehmerin oder eines Teilnehmers nicht erkennbar sein.

4 Vorb. 5

§ 45 Freies Beschäftigungsverhältnis und Selbstbeschäftigung

(1) Gefangenen soll gestattet werden, einer Arbeit, Berufsausbildung oder beruflichen Weiterbildung auf der Grundlage eines freien Beschäftigungsverhältnisses außerhalb der Justizvollzugsanstalt nachzugehen, wenn dies im Rahmen des Vollzugsplans dem Ziel dient, Fähigkeiten für eine Erwerbstätigkeit nach der Entlassung zu vermitteln, zu erhalten oder zu fördern und nicht überwiegende Gründe des Vollzugs entgegenstehen. § 9 Abs. 1 und Abs. 2 Nr. 1 sowie die §§ 11 und 12 bleiben unberührt.

(2) Gefangenen kann gestattet werden, sich selbst zu beschäftigen.

(3) Das Entgelt ist der Justizvollzugsanstalt zur Gutschrift für die Gefangenen zu überweisen.

4 Vorb. 5, 4 G 7, 4 H 2, 4 H 10, 4 H 11, 4 H 19, 4 H 28, 4 I 67, 6 F 56

§ 46 Sprachkompetenz

Aus Gründen der Integration und zur Förderung der Sprachkompetenz sollen Gefangenen, soweit erforderlich, Deutschkurse angeboten werden.

4 Vorb. 5, 4 E 1, 4 E 15, 4 G 3

§ 47 Arbeitspflicht

(1) Gefangene sind verpflichtet, eine ihnen zugewiesene, ihren Fähigkeiten angemessene Arbeit oder arbeitstherapeutische Beschäftigung auszuüben, soweit sie dazu körperlich in der Lage sind. Sie können jährlich bis zu drei Monaten zu Hilfstätigkeiten in der Justizvollzugsanstalt verpflichtet werden, mit ihrer Zustimmung auch darüber hinaus. Die Sätze 1 und 2 gelten nicht für Gefangene, die über 65 Jahre alt sind, und nicht für werdende und stillende Mütter, soweit gesetzliche Beschäftigungsverbote zum Schutz erwerbstätiger Mütter bestehen.

(2) Die Teilnahme an einer Maßnahme nach § 42 Abs. 4 bedarf der Zustimmung der oder des Gefangenen. Die Zustimmung darf nicht zur Unzeit widerrufen werden.

4 Vorb. 5, 4 B 2, 4 B 7, 4 B 11, 4 B 12, 4 B 14, 4 B 19, 4 B 24, 4 B 25, 4 B 26, 4 D 10, 4 E 6, 14 A 15

§ 48 Freistellung von der Arbeitspflicht

(1) Haben Gefangene ein Jahr lang eine Beschäftigung nach § 42 oder Hilfstätigkeiten nach § 47 Abs. 1 Satz 2 ausgeübt, so können sie beanspruchen, 18 Werktage von der Arbeitspflicht freigestellt zu werden. Zeiten, in denen Gefangene infolge Krankheit an ihrer Arbeitsleistung verhindert waren, werden auf das Jahr bis zu sechs Wochen jährlich angerechnet.

(2) Auf die Zeit der Freistellung von der Arbeitspflicht wird Freistellung aus der Haft angerechnet, soweit sie in die Arbeitszeit fällt und nicht wegen einer lebensgefährlichen Erkrankung oder des Todes einer oder eines Angehörigen erteilt worden ist.

(3) Die Gefangenen erhalten für die Zeit der Freistellung ihre zuletzt gezahlten Bezüge weiter.

(4) Urlaubsregelungen der Beschäftigungsverhältnisse außerhalb des Strafvollzugs bleiben unberührt.

4 Vorb. 5, 4 C 1, 4 C 3, 4 C 6, 4 C 7, 4 C 14, 4 C 16, 4 C 18, 4 C 23, 4 D 33, 4 D 34, 4 D 45, 4 G 5, 4 G 12

§ 49 Arbeitsentgelt, Freistellung von der Arbeit und Anrechnung der Freistellung auf den Entlassungszeitpunkt

(1) Die Arbeit der Gefangenen wird anerkannt durch Arbeitsentgelt und Freistellung von der Arbeit, die auch als Freistellung aus der Haft genutzt oder auf den Entlassungszeitpunkt angerechnet werden kann.

(2) Üben Gefangene eine zugewiesene Arbeit oder eine Hilfstätigkeit aus, so erhalten sie ein Arbeitsentgelt. Der Bemessung des Arbeitsentgelts sind neun Prozent der Bezugsgröße nach § 18 des Vierten Buchs Sozialgesetzbuch zu Grunde zu legen (Eckvergütung). Ein Tagessatz ist der zweihundertfünfzigste Teil der Eckvergütung; das Arbeitsentgelt kann nach einem Stundensatz bemessen werden.

(3) Das Arbeitsentgelt kann je nach Leistung der Gefangenen und der Art der Arbeit gestuft werden. 75 Prozent der Eckvergütung dürfen nur dann unterschritten werden, wenn die Arbeitsleistung Gefangener den Mindestanforderungen nicht genügt.

(4) Üben Gefangene eine zugewiesene arbeitstherapeutische Beschäftigung aus, erhalten sie ein Arbeitsentgelt, soweit dies der Art ihrer Beschäftigung und ihrer Arbeitsleistung entspricht.

(5) Die Höhe des Arbeitsentgelts ist den Gefangenen schriftlich bekannt zu geben.

(6) Haben Gefangene zwei Monate lang zusammenhängend eine zugewiesene Tätigkeit oder eine Hilfstätigkeit ausgeübt, so werden sie auf ihren Antrag hin einen Werktag von der Arbeit freigestellt. Die Regelung des § 48 bleibt unberührt. Durch Zeiten, in denen Gefangene ohne Verschulden durch Krankheit, Ausführung, Ausgang, Freistellung aus der Haft, Freistellung von der Arbeitspflicht oder sonstige nicht von ihnen zu vertretende Gründe an der Arbeitsleistung gehindert sind, wird die Frist nach Satz 1 gehemmt. Beschäftigungszeiträume von weniger als zwei Monaten bleiben unberücksichtigt.

(7) Gefangene können beantragen, dass die Freistellung nach Absatz 6 Satz 1 in Form von Freistellung aus der Haft (Arbeitsfreistellung) gewährt wird. § 9 Abs. 1, 3 und 4 sowie die §§ 11 und 12 gelten entsprechend.

(8) § 48 Abs. 3 gilt entsprechend.

(9) Stellt die oder der Gefangene keinen Antrag nach Absatz 6 Satz 1 oder Absatz 7 Satz 1 oder kann die Freistellung nach Maßgabe der Regelung des Absatzes 7 Satz 2 nicht gewährt werden, so wird die Freistellung nach Absatz 6 Satz 1 von der Justizvollzugsanstalt auf den Entlassungszeitpunkt der oder des Gefangenen angerechnet.

(10) Eine Anrechnung nach Absatz 9 ist ausgeschlossen,
1. soweit eine lebenslange Freiheitsstrafe oder Sicherungsverwahrung verbüßt wird und ein Entlassungszeitpunkt noch nicht bestimmt ist,
2. bei einer Aussetzung der Vollstreckung des Rests einer Freiheitsstrafe oder einer Sicherungsverwahrung zur Bewährung, soweit wegen des von der Entscheidung des Gerichts bis zur Entlassung verbleibenden Zeitraums eine Anrechnung nicht mehr möglich ist,
3. wenn dies vom Gericht angeordnet wird, weil bei einer Aussetzung des Rests einer Freiheitsstrafe oder einer Sicherungsverwahrung zur Bewährung die Lebensverhältnisse der oder des Gefangenen oder die Wirkungen, die von der Aussetzung für sie oder ihn zu erwarten sind, die Vollstreckung bis zu einem bestimmten Zeitpunkt erfordern,
4. wenn nach § 456a Abs. 1 StPO von der Vollstreckung abgesehen wird,
5. bei Entlassung der oder des Gefangenen aus der Haft im Gnadenweg, soweit wegen des von der Gnadenentscheidung bis zur Entlassung verbleibenden Zeitraums eine Anrechnung nicht mehr möglich ist.

(11) Soweit eine Anrechnung nach Absatz 10 ausgeschlossen ist, erhalten die Gefangenen bei der Entlassung für ihre Tätigkeit nach Absatz 2 als Ausgleichsentschädigung zusätzlich 15 Prozent des ihnen nach Absatz 2 und 3 gewährten Entgelts oder der Ausbildungsbeihilfe. Der Anspruch entsteht erst mit der Entlassung; vor der Entlassung ist der Anspruch nicht verzinslich, nicht abtretbar und nicht vererblich. Gefangenen, bei denen eine Anrechnung nach Absatz 10 Nr. 1 ausgeschlossen ist, wird die Ausgleichszahlung bereits nach Verbüßung von jeweils zehn Jahren der lebenslangen Freiheitsstrafe oder der Sicherungsverwahrung zum Eigengeld gutgeschrieben, soweit sie nicht vor diesem Zeitpunkt entlassen werden; § 57 Abs. 4 StGB gilt entsprechend.

4 Vorb. 5, 4 C 1, 4 D 6, 4 D 10, 4 D 11, 4 D 17, 4 D 18, 4 D 19, 4 D 21, 4 D 22, 4 D 26, 4 D 28, 4 D 31, 4 D 32, 4 D 33, 4 D 34, 4 D 36, 4 D 39, 4 D 40, 4 D 42, 4 D 43, 4 D 45, 4 D 49, 4 D 53, 4 D 54, 4 D 55, 4 D 57, 4 D 58, 4 D 59, 4 D 60, 4 D 61, 4 D 62, 4 D 64, 4 G 10, 4 G 13, 4 I 23, 4 I 67, 6 F 56, 7 C 17

§ 50 Ausbildungsbeihilfe

(1) Nehmen Gefangene an einer Berufsausbildung, beruflichen Weiterbildung oder an einem Unterricht teil und sind sie zu diesem Zweck von der Arbeitspflicht freigestellt, so erhalten sie eine Ausbildungsbeihilfe, soweit ihnen keine Leistungen zum Lebensunterhalt zustehen, die freien Personen aus solchem Anlass gewährt werden. Der Nachrang der Sozialhilfe nach § 2 Abs. 2 des Zwölften Buchs Sozialgesetzbuch wird nicht berührt.

(2) Für die Bemessung der Ausbildungsbeihilfe gilt § 49 Abs. 2 und 3 entsprechend.

(3) Werden Maßnahmen nach Absatz 1 stunden- oder tageweise durchgeführt, erhalten die Gefangenen eine Ausbildungsbeihilfe in Höhe des ihnen dadurch entgehenden Arbeitsentgelts.

4 Vorb. 5, 4 D 6, 4 D 13, 4 D 25, 4 G 5, 4 G 7, 4 G 8, 4 G 9, 4 G 10, 4 G 14, 4 I 23, 4 I 67

§ 51 Haftkostenbeitrag

(1) Als Teil der Kosten der Vollstreckung der Rechtsfolgen einer Tat (§ 464a Abs. 1 Satz 2 StPO) erhebt die Justizvollzugsanstalt einen Haftkostenbeitrag, wenn Gefangene
1. in einem freien Beschäftigungsverhältnis stehen,
2. sich selbst beschäftigen oder
3. während eines zusammenhängenden Zeitraums von mehr als einem Monat keine Bezüge nach diesem Gesetz erhalten und auf diese Zeit fallende Einkünfte erzielen. Die Gefangenen haben den Haftkostenbeitrag für diese Zeit bis zur Höhe der auf sie entfallenden Einkünfte zu entrichten.

Der oder dem Gefangenen muss ein Betrag verbleiben, der dem mittleren Arbeitsentgelt in den Justizvollzugsanstalten des Landes entspricht, es sei denn, sie oder er arbeitet im Fall des Satzes 1 Nr. 3 entgegen einer bestehenden Pflicht schuldhaft nicht. Von der Geltendmachung des Anspruchs ist abzusehen, soweit dies notwendig ist, um die Wiedereingliederung der oder des Gefangenen in die Gemeinschaft nicht zu gefährden.

(2) Der Haftkostenbeitrag wird in Höhe des Betrags erhoben, der nach § 17 Abs. 1 Nr. 4 des Vierten Buchs Sozialgesetzbuch durchschnittlich zum 1. Oktober des vorhergehenden Jahres zur Bewertung der Sachbezüge festgesetzt ist. Bei Selbstverpflegung entfallen die für die Verpflegung vorgesehenen Beträge. Für den Wert der Unterkunft ist die festgesetzte Belegungsfähigkeit maßgebend. Der Haftkostenbeitrag darf auch von dem unpfändbaren Teil der Bezüge, nicht aber zu Lasten des Hausgelds und der Ansprüche unterhaltsberechtigter Angehöriger angesetzt werden.

(3) Die Gefangenen haben über ihre Einkünfte Auskunft zu erteilen, soweit dies zur Ermittlung des Haftkostenbeitrags erforderlich ist. Die Angaben der Gefangenen dürfen abweichend von §§ 34 bis 45 des Ersten Buchs nur zur Ermittlung des Haftkostenbeitrags verarbeitet werden.

(4) Die Selbstbeschäftigung kann davon abhängig gemacht werden, dass Gefangene einen Haftkostenbeitrag bis zur Höhe des in Absatz 2 genannten Satzes monatlich im Voraus entrichten.

3 D 8, 4 Vorb. 5, 4 D 30, 4 H 25, 4 H 29, 4 I 39, 4 I 41, 4 I 43, 4 I 45, 4 I 46, 4 I 47, 4 I 49, 4 I 50, 4 I 52, 7 C 17

§ 52 Überbrückungsgeld

(1) Aus den in diesem Gesetz geregelten Bezügen und aus den Bezügen der Gefangenen, die in einem freien Beschäftigungsverhältnis stehen oder denen gestattet ist, sich selbst zu beschäftigen, ist ein Überbrückungsgeld zu bilden, das den notwendigen Lebensunterhalt der Gefangenen und ihrer Unterhaltsberechtigten in den ersten vier Wochen nach der Entlassung sichern soll.

(2) Das Überbrückungsgeld wird den Gefangenen bei der Entlassung in die Freiheit ausbezahlt. Die Justizvollzugsanstalt kann es ganz oder zum Teil der Bewährungshilfe oder einer mit der Entlassenenbetreuung befassten Stelle überweisen, die darüber entscheidet, wie das Geld innerhalb der ersten vier Wochen nach der Entlassung an die Entlassenen ausbezahlt wird. Die Bewährungshilfe und die mit der Entlassenenbetreuung befasste Stelle sind verpflichtet, das Überbrückungsgeld von ihrem Vermögen gesondert zu halten. Mit Zustimmung der Gefangenen kann das Überbrückungsgeld auch an Unterhaltsberechtigte überwiesen werden.

(3) Das Überbrückungsgeld kann für Ausgaben in Anspruch genommen werden, die der Eingliederung der Gefangenen dienen.

(4) Der Anspruch auf Auszahlung des Überbrückungsgelds ist unpfändbar. Erreicht es nicht die in Absatz 1 bestimmte Höhe, so ist in Höhe des Unterschiedsbetrags auch der Anspruch auf Auszahlung des Eigengelds unpfändbar. Bargeld entlassener Gefangener, an die wegen der nach Satz 1 oder Satz 2 unpfändbaren Ansprüche Geld ausgezahlt worden ist, ist für die Dauer von vier Wochen seit der Entlassung insoweit der Pfändung nicht unterworfen, als es dem Teil der Ansprüche für die Zeit von der Pfändung bis zum Ablauf der vier Wochen entspricht.

(5) Absatz 4 gilt nicht bei einer Pfändung wegen der in § 850d Abs. 1 Satz 1 der Zivilprozessordnung (ZPO) bezeichneten Unterhaltsansprüche. Entlassenen Gefangenen ist jedoch so viel zu belassen, als sie für ihren notwendigen Unterhalt und zur Erfüllung ihrer sonstigen gesetzlichen Unterhaltpflichten für die Zeit von der Pfändung bis zum Ablauf von vier Wochen seit der Entlassung bedürfen.

4 Vorb. 5, 4 I 11, 4 I 64, 4 I 67, 4 I 69, 4 I 78, 4 I 83, 4 I 84, 4 I 85, 4 I 87, 4 I 91, 4 I 95, 7 C 17

§ 53 Taschen-, Haus- und Eigengeld

(1) Gefangene, die ohne Verschulden kein Arbeitsentgelt und keine Ausbildungsbeihilfe erhalten, wird ein angemessenes Taschengeld gewährt, falls sie bedürftig sind. Nicht verbrauchtes Taschengeld ist bei der Bedürftigkeitsprüfung nicht zu berücksichtigen.

(2) Gefangene dürfen monatlich drei Siebtel von ihren in diesem Gesetz geregelten Bezügen (Hausgeld) und das Taschengeld nach Absatz 1 für den Einkauf oder anderweitig verwenden.

(3) Bezüge Gefangener, die nicht als Hausgeld, Haftkostenbeitrag oder Überbrückungsgeld in Anspruch genommen werden, sind dem Eigengeld gutzuschreiben.

(4) Für Gefangene, die in einem freien Beschäftigungsverhältnis stehen oder denen gestattet ist, sich selbst zu beschäftigen, wird aus ihren Bezügen ein angemessenes Hausgeld festgesetzt.

4 Vorb. 5, 4 I 4, 4 I 5, 4 I 10, 4 I 12, 4 I 16, 4 I 19, 4 I 23, 4 I 25, 4 I 101, 11 C 17, 12 P 8

§ 54 Sondergeld

(1) Für Gefangene kann monatlich ein Betrag in angemessener Höhe einbezahlt werden, der als Sondergeld gutzuschreiben ist und wie Hausgeld genutzt werden kann.

(2) Über Absatz 1 hinaus kann Sondergeld in angemessener Höhe für folgende Zwecke eingezahlt werden:
1. Maßnahmen der Eingliederung, insbesondere Kosten der Gesundheitsfürsorge und der Aus- und Fortbildung, und
2. Maßnahmen zur Pflege sozialer Beziehungen, insbesondere Telefonkosten und Fahrtkosten anlässlich vollzugsöffnender Maßnahmen.

(3) Soweit das Guthaben des Sondergelds nach Absatz 1 die Summe von drei Monatseinzahlungen übersteigt, ist es dem Überbrückungsgeld zuzuführen. Ist bereits ein Überbrückungsgeld in angemessener Höhe gebildet, ist das Guthaben dem Eigengeld zuzuschreiben. Sondergeld im Sinne von Absatz 2 ist dem Eigengeld zuzuschreiben, wenn es zum bezeichneten Zweck nicht eingesetzt werden kann und eine Rückerstattung an die Einzahler nicht möglich ist.

(4) Der Anspruch auf Auszahlung des Sondergelds nach Absatz 1 und 2 ist unpfändbar.

4 Vorb. 5, 4 I 74, 4 I 122, 4 I 126, 4 I 127, 6 C 3, 6 C 14, 11 M 32

§ 55 Rechtsverordnung

Das Justizministerium wird ermächtigt, zur Durchführung der §§ 49 und 50 im Einvernehmen mit dem Finanz- und Wirtschaftsministerium Vergütungsstufen und die Höhe der Vergütung in den einzelnen Vergütungsstufen einschließlich der Gewährung von Zulagen durch Rechtsverordnung zu bestimmen.

4 Vorb. 5, 4 D 71

§ 56 Einbehaltung von Beitragsteilen

Soweit die Justizvollzugsanstalt Beiträge zur Bundesagentur für Arbeit zu entrichten hat, kann sie von dem Arbeitsentgelt einen Betrag einbehalten, der dem Anteil der oder des Gefangenen am Beitrag entsprechen würde, wenn sie oder er diese Bezüge als Arbeitnehmer erhielte.

4 Vorb. 5, 4 I 133

Abschnitt 9. Freizeit

§ 57 Allgemeines

Die Gefangenen sind zur Teilnahme und Mitwirkung an Angeboten der Freizeitgestaltung zu motivieren und anzuleiten. Gefangene sollen insbesondere an Unterricht einschließlich Fernunterricht, Lehrgängen und sonstigen Veranstaltungen der Weiterbildung, Freizeitgruppen und Gruppengesprächen teilnehmen und ermutigt werden, den verantwortungsvollen Umgang mit neuen Medien zu erlernen und zu praktizieren sowie eine Bücherei zu benutzen. Angebote zur sportlichen Betätigung, insbesondere während des Aufenthalts im Freien sind vorzuhalten.

5 A 8, 5 A 9, 5 A 12, 5 A 18, 5 A 19, 5 A 24, 5 A 25, 5 A 26, 5 A 30, 5 A 31, 5 A 32, 5 A 44, 11 I 4

§ 58 Besitz von Gegenständen zur Freizeitbeschäftigung

(1) Gefangene dürfen in angemessenem Umfang Bücher und andere Gegenstände zur Freizeitbeschäftigung besitzen. Die Angemessenheit des Umfangs kann auch an der in der Justizvollzugsanstalt verfügbaren Kapazität für Haftraumkontrollen und am Wert eines Gegenstands ausgerichtet werden.

(2) Absatz 1 Satz 1 gilt nicht, wenn der Besitz, die Überlassung oder die Benutzung eines Gegenstands
1. mit Strafe oder Geldbuße bedroht wäre,
2. das Ziel des Vollzugs oder die Sicherheit oder Ordnung der Justizvollzugsanstalt gefährden würde oder
3. die Überprüfung des Gegenstands auf eine mögliche missbräuchliche Verwendung mit vertretbarem Aufwand von der Justizvollzugsanstalt nicht leistbar wäre.

(3) Die Zulassung von bestimmten Gerätetypen, insbesondere der elektronischen Unterhaltungsmedien, durch die Justizvollzugsanstalt kann der Zustimmung der Aufsichtsbehörde vorbehalten sein. Die Aufsichtsbehörde kann allgemeine Richtlinien für die Gerätebeschaffenheit erlassen. Eine ohne Zustimmung nach Satz 1 erfolgte Zulassung kann zurückgenommen werden.

(4) Die Erlaubnis kann unter den Voraussetzungen des Absatzes 2 widerrufen werden.

5 A 44, 5 B 11, 5 B 20, 5 B 21, 5 B 25, 5 C 4, 5 C 12, 5 C 14, 5 C 17, 5 C 18, 5 C 19, 5 C 25, 5 C 26, 5 C 30, 5 C 41, 5 D 5, 5 D 10, 5 D 11, 5 D 14, 5 D 16, 5 D 20, 5 D 21, 5 D 22, 5 D 23, 5 D 30

§ 59 Hörfunk und Fernsehen

(1) Der Besitz von Hörfunk- und Fernsehgeräten ist nach Maßgabe von § 58 zulässig.

(2) Die Justizvollzugsanstalt kann den Betrieb von Empfangsanlagen und die Ausgabe von Hörfunk- und Fernsehgeräten einem Dritten übertragen. Sofern sie hiervon Gebrauch macht, können Gefangene nicht den Besitz eigener Geräte verlangen.

(3) Die Justizvollzugsanstalt entscheidet über die Einspeisung einzelner Rundfunk- und Fernsehprogramme in die Empfangsanlage. Vor der Entscheidung soll die Gefangenenmitverantwortung gehört werden.

(4) Der Empfang von Bezahlfernsehen und der Einsatz von zusätzlichen Empfangseinrichtungen im Haftraum sind nicht statthaft.

5 C 4, 5 C 9, 5 C 12, 5 C 14, 5 C 16, 5 C 17, 5 C 18, 5 C 19, 5 C 22, 5 C 23, 5 C 30, 5 C 31, 5 C 41

§ 60 Zeitungen und Zeitschriften

Gefangene dürfen Zeitungen und Zeitschriften in angemessenem Umfang durch Vermittlung der Justizvollzugsanstalt beziehen. § 58 Abs. 1 Satz 2, Abs. 2 und 4 gilt entsprechend.

5 B 5, 5 B 6, 5 B 11, 5 B 13, 5 B 15, 5 B 20, 5 B 21, 5 B 23, 5 B 25

Abschnitt 10. Sicherheit und Ordnung

§ 61 Grundsatz

(1) Das Verantwortungsbewusstsein der Gefangenen für ein geordnetes Zusammenleben in der Justizvollzugsanstalt ist zu wecken und zu fördern.

(2) Die Pflichten und Beschränkungen, die Gefangenen zur Aufrechterhaltung der Sicherheit oder Ordnung der Justizvollzugsanstalt auferlegt werden, sind so zu wählen, dass sie in einem angemessenen Verhältnis zu ihrem Zweck stehen und die Gefangenen nicht mehr und nicht länger als notwendig beeinträchtigen.

11 A 4, 11 A 7, 11 A 9, 11 B 2

§ 62 Verhaltensvorschriften

(1) Die Gefangenen haben sich nach der Tageseinteilung der Justizvollzugsanstalt (Arbeitszeit, Freizeit, Ruhezeit) zu richten. Sie dürfen durch ihr Verhalten gegenüber Vollzugsbediensteten, Mitgefangenen und anderen Personen das geordnete Zusammenleben nicht stören.

(2) Die Gefangenen haben die Anordnungen der Vollzugsbediensteten zu befolgen, auch wenn sie sich durch sie beschwert fühlen. Einen ihnen zugewiesenen Bereich dürfen sie nicht ohne Erlaubnis verlassen.

(3) Die Gefangenen haben ihren Haftraum und die ihnen von der Justizvollzugsanstalt überlassenen Sachen in Ordnung zu halten und schonend zu behandeln.

(4) Die Gefangenen haben Umstände, die eine Gefahr für das Leben oder eine erhebliche Gefahr für die Gesundheit einer Person bedeuten, unverzüglich zu melden.

5 A 2, 11 B 4, 11 B 6, 11 B 7, 11 B 8, 11 B 9, 11 I 21, 11 I 46, 11 M 27

§ 63 Persönlicher Gewahrsam und Eigengeld

(1) Die Gefangenen dürfen nur Sachen in Gewahrsam haben oder annehmen, die ihnen von der Justizvollzugsanstalt oder mit ihrer Zustimmung überlassen werden. Ohne Zustimmung dürfen sie Sachen weder abgeben noch annehmen, außer solche von geringem Wert. Die Justizvollzugsanstalt kann die Abgabe, Annahme und den Gewahrsam auch dieser Sachen von ihrer Zustimmung abhängig machen.

(2) Eingebrachte Sachen, die die Gefangenen nicht in Gewahrsam haben dürfen, sind für sie aufzubewahren, sofern dies nach Art und Umfang möglich ist. Eingebrachtes Geld wird als Eigengeld gutgeschrieben. Den Gefangenen wird Gelegenheit gegeben, ihre Sachen, die sie während des Vollzugs und für die Entlassung nicht benötigen, abzusenden oder über das Eigengeld zu verfügen, soweit dieses nicht als Überbrückungsgeld notwendig ist.

(3) Weigern sich Gefangene, eingebrachte Gegenstände, deren Aufbewahrung nach Art oder Umfang nicht möglich ist, aus der Justizvollzugsanstalt zu verbringen, so ist die Justizvollzugsanstalt berechtigt, diese auf Kosten der oder des Gefangenen entfernen zu lassen.

(4) Aufzeichnungen und andere Gegenstände, die Kenntnisse über Sicherungsvorkehrungen einer Justizvollzugsanstalt vermitteln, dürfen vernichtet oder unbrauchbar gemacht werden.

4 I 11, 4 I 80, 4 I 93, 4 I 102, 4 I 103, 4 I 105, 4 I 118, 6 C 15, 11 C 2, 11 C 3, 11 C 12, 11 C 13, 11 C 14, 11 C 15, 11 C 16, 11 C 17, 11 I 3, 11 I 4

§ 64 Durchsuchung und Kontrollen auf Suchtmittelmissbrauch

(1) Gefangene, ihre Sachen und die Haftträume dürfen durchsucht werden. Die Durchsuchung männlicher Gefangener darf nur von Männern, die Durchsuchung weiblicher Gefangener darf nur von Frauen vorgenommen werden; dies gilt nicht für das Absuchen der Gefangenen mit technischen Mitteln oder mit sonstigen Hilfsmitteln. Das Schamgefühl ist zu schonen.

(2) Nur auf Anordnung der Anstaltsleiterin oder des Anstaltsleiters oder bei Gefahr im Verzug ist es im Einzelfall zulässig, eine mit einer Entkleidung verbundene körperliche Durchsuchung vorzunehmen. Sie darf bei männlichen Gefangenen nur in Gegenwart von Männern, bei weiblichen Gefangenen nur in Gegenwart von Frauen erfolgen. Sie ist in einem geschlossenen Raum durchzuführen. Andere Gefangene dürfen nicht anwesend sein.

(3) Die Anstaltsleiterin oder der Anstaltsleiter kann allgemein anordnen, dass Gefangene bei der Aufnahme, nach Kontakten mit Besuchern und nach jeder Abwesenheit von der Justizvollzugsanstalt nach Absatz 2 durchsucht werden können.

(4) Gefangene können Suchtmittelkontrollen unterzogen werden, wenn der Verdacht besteht, dass sie Suchtmittel besitzen oder konsumieren. Die ergriffenen Maßnahmen dürfen nicht mit einem körperlichen Eingriff verbunden sein. Bei Gefangenen, die die Mitwirkung an der Durchführung der Kontrolle verweigern, ist in der Regel davon auszugehen, dass Suchtmittelfreiheit nicht gegeben ist.

11 D 2, 11 D 3, 11 D 4, 11 D 5, 11 D 7, 11 D 9, 11 D 10, 11 D 12, 11 D 14, 11 D 15, 11 D 17

§ 65 Sichere Unterbringung

Gefangene können in eine andere Justizvollzugsanstalt verlegt werden, die zu ihrer sicheren Unterbringung besser geeignet ist, wenn in erhöhtem Maß Fluchtgefahr besteht oder sonst ihr Verhalten oder ihr Zustand eine Gefahr für die Sicherheit oder Ordnung der Justizvollzugsanstalt darstellt.

11 E 1, 11 E 4, 11 E 6, 13 B 5

§ 66 Festnahmerecht

Gefangene, die entwichen sind oder sich sonst ohne Erlaubnis außerhalb der Justizvollzugsanstalt aufhalten, können durch die Justizvollzugsanstalt oder auf ihre Veranlassung hin festgenommen und in die Justizvollzugsanstalt zurückgebracht werden, solange ein unmittelbarer Bezug zum Strafvollzug besteht.

10 C 14, 11 G 2, 11 G 4

§ 67 Besondere Sicherungsmaßnahmen

(1) Gegen Gefangene können besondere Sicherungsmaßnahmen angeordnet werden, wenn nach ihrem Verhalten oder auf Grund ihres seelischen Zustands in erhöhtem Maß die Gefahr der Flucht, von Gewalttätigkeiten gegen Personen oder Sachen, der Selbsttötung oder der Selbstverletzung besteht.

(2) Als besondere Sicherungsmaßnahmen sind zulässig
1. der Entzug oder die Vorenthaltung von Gegenständen,
2. die Beobachtung bei Nacht,
3. die Absonderung von anderen Gefangenen,
4. der Entzug oder die Beschränkung des Aufenthalts im Freien,
5. die Unterbringung in einem besonders gesicherten Haftraum ohne gefährdende Gegenstände und
6. die Fesselung und die Fixierung.

(3) Maßnahmen nach Absatz 2 Nr. 1, 3 bis 5 sind auch zulässig, wenn die Gefahr einer Befreiung oder eine erhebliche Störung der Anstaltsordnung anders nicht vermieden oder behoben werden kann.

(4) Bei einer Ausführung, Vorführung oder beim Transport ist die Fesselung auch dann zulässig, wenn aus anderen Gründen als denen des Absatzes 1 Fluchtgefahr besteht.

(5) Besondere Sicherungsmaßnahmen dürfen nur soweit aufrechterhalten werden, wie es ihr Zweck erfordert.

5 A 27, 11 I 3, 11 I 8, 11 I 14, 11 I 39, 11 I 41, 11 I 44, 11 I 50

§ 68 Einzelhaft

(1) Die unausgesetzte Absonderung Gefangener ist nur zulässig, wenn dies aus Gründen, die in der Person der oder des Gefangenen liegen, unerlässlich ist.

(2) Einzelhaft von mehr als drei Monaten Gesamtdauer in einem Jahr bedarf der Zustimmung der Aufsichtsbehörde. Diese Frist wird nicht dadurch unterbrochen, dass Gefangene am Gottesdienst oder am gemeinschaftlichen Aufenthalt im Freien teilnehmen.

11 I 46, 11 I 49, 11 I 50

§ 69 Fesselung und Fixierung

(1) In der Regel dürfen Fesseln nur an den Händen oder an den Füssen angelegt werden. Im Interesse der oder des Gefangenen kann eine andere Art der Fesselung angeordnet werden. Die Fesselung wird zeitweise gelockert oder aufgehoben, soweit dies notwendig ist.

(2) Eine Fesselung, durch die die Bewegungsfreiheit der oder des Gefangenen weitgehend oder vollständig aufgehoben wird (Fixierung), ist nur zur Abwendung einer gegenwärtigen erheblichen Gefahr einer Selbstverletzung oder Selbsttötung der oder des Gefangenen zulässig. Eine Fixierung darf nur angeordnet werden, wenn und solange durch mildere Mittel eine erhebliche Selbstverletzung oder Selbsttötung der oder des Gefangenen nicht abgewendet werden kann. Bei Fixierungen ist insbesondere eine ständige und unmittelbare Überwachung sicherzustellen. Anordnung, Gründe, Dauer und Art der Überwachung sowie Beendigung der Fixierung sind zu dokumentieren. Nach Beendigung der Fixierung ist, sobald es der Zustand der oder des Gefangenen zulässt, eine zu dokumentierende Nachbesprechung durchzuführen, in der insbesondere die Gründe für die Fixierung zu nennen sind. Nach Beendigung der Fixierung sind die Gefangenen darüber zu belehren, dass sie die Zulässigkeit der durchgeführten Fixierung gerichtlich überprüfen lassen können. Für die verfahrensrechtliche Ausgestaltung der Fixierung insbesondere der richterlichen Entscheidung gilt § 80 Absatz 3 entsprechend

11 I 51, 11 I 53

§ 70 Anordnung besonderer Sicherungsmaßnahmen

(1) Besondere Sicherungsmaßnahmen ordnet die Anstaltsleiterin oder der Anstaltsleiter an. Bei Gefahr im Verzug können auch andere Bedienstete der Justizvollzugsanstalt diese Maßnahmen vorläufig anordnen. Die Entscheidung der Anstaltsleiterin oder des Anstaltsleiters ist unverzüglich einzuholen.

(2) Werden Gefangene ärztlich behandelt oder beobachtet oder bildet ihr seelischer Zustand den Anlass der Maßnahme, ist vor der Anordnung besonderer Sicherungsmaßnahmen die Ärztin oder der Arzt zu hören. Ist dies wegen Gefahr im Verzug nicht möglich, wird die Stellungnahme unverzüglich eingeholt.

11 I 6, 11 I 7, 11 I 56, 11 I 61, 11 I 62, 11 I 63

§ 71 Ärztliche Überwachung

(1) Sind Gefangene in einem besonders gesicherten Haftraum untergebracht, gefesselt oder fixiert, sucht sie die Ärztin oder der Arzt alsbald und in der Folge möglichst täglich auf. Dies gilt nicht bei einer Fesselung während einer Ausführung, Vorführung oder eines Transports.

(2) Solange Gefangenen der tägliche Aufenthalt im Freien entzogen wird, ist in regelmäßigen Abständen eine ärztliche Stellungnahme einzuholen.

11 I 65, 11 I 66, 11 I 70, 11 I 71

§ 72 Ersatz von Aufwendungen

(1) Gefangene sind verpflichtet, der Justizvollzugsanstalt Aufwendungen zu ersetzen, die sie durch eine vorsätzlich oder grob fahrlässig begangene Selbstverletzung oder Verletzung anderer Gefangener verursacht haben. Ansprüche aus sonstigen Rechtsvorschriften bleiben unberührt.

(2) Die Justizvollzugsanstalt kann bei der Geltendmachung von Forderungen nach Absatz 1 oder wegen einer vorsätzlichen oder grob fahrlässigen Verletzung fremden Eigentums durch Gefangene auch einen den dreifachen Tagessatz der Eckvergütung nach § 49 Abs. 2 übersteigenden Teil des Hausgelds in Anspruch nehmen.

(3) Für die in Absatz 1 genannten Forderungen ist der ordentliche Rechtsweg gegeben.

(4) Von der Aufrechnung oder Vollstreckung wegen der in Absatz 1 und 2 genannten Forderungen ist abzusehen, wenn hierdurch die Behandlung der oder des Gefangenen oder ihre Eingliederung behindert würde.

3 D 6, 4 I 27, 4 I 34, 11 J 2, 11 J 3, 11 J 4, 11 J 7, 11 J 9, 11 J 10, 11 J 11, 11 J 13

Abschnitt 11..Unmittelbarer Zwang

§ 73 Allgemeine Voraussetzungen

(1) Bedienstete der Justizvollzugsanstalten dürfen unmittelbaren Zwang anwenden, wenn sie Vollzugs- und Sicherungsmaßnahmen rechtmäßig durchführen und der damit verfolgte Zweck auf keine andere Weise erreicht werden kann.

(2) Gegen andere Personen als Gefangene darf unmittelbarer Zwang angewendet werden, wenn sie es unternehmen, Gefangene zu befreien, in den Anstaltsbereich widerrechtlich einzudringen oder wenn sie sich unbefugt darin aufhalten.

(3) Das Recht zu unmittelbarem Zwang auf Grund anderer Regelungen bleibt unberührt.

3 D 6, 11 K 5, 11 K 8, 11 K 11, 11 K 14, 11 K 15, 11 K 16, 11 K 17, 11 K 18, 11 K 19, 11 K 20, 11 K 23, 11 K 79

§ 74 Begriffsbestimmungen

(1) Unmittelbarer Zwang ist die Einwirkung auf Personen oder Sachen durch körperliche Gewalt, ihre Hilfsmittel und durch Waffen.

(2) Körperliche Gewalt ist jede unmittelbare körperliche Einwirkung auf Personen oder Sachen.

(3) Hilfsmittel der körperlichen Gewalt sind namentlich Fesseln.

(4) Waffen sind die dienstlich zugelassenen Hieb- und Schusswaffen sowie Reizstoffe.

11 K 5, 11 K 24, 11 K 32, 11 K 37

§ 75 Grundsatz der Verhältnismäßigkeit

(1) Unter mehreren möglichen und geeigneten Maßnahmen des unmittelbaren Zwangs sind diejenigen zu wählen, die den Einzelnen und die Allgemeinheit voraussichtlich am wenigsten beeinträchtigen.

(2) Unmittelbarer Zwang unterbleibt, wenn ein durch ihn zu erwartender Schaden erkennbar außer Verhältnis zu dem angestrebten Erfolg steht.

11 K 5, 11 K 38

§ 76 Handeln auf Anordnung

(1) Wird unmittelbarer Zwang von Vorgesetzten oder sonst befugten Personen angeordnet, sind Vollzugsbedienstete verpflichtet, ihn anzuwenden, es sei denn, die Anordnung verletzt die Menschenwürde oder ist nicht zu dienstlichen Zwecken erteilt worden.

(2) Die Anordnung darf nicht befolgt werden, wenn dadurch eine Straftat begangen würde. Befolgen Vollzugsbedienstete sie trotzdem, trifft sie eine Schuld nur, wenn sie erkennen oder wenn es nach den ihnen bekannten Umständen offensichtlich ist, dass dadurch eine Straftat begangen wird.

(3) Bedenken gegen die Rechtmäßigkeit der Anordnung haben die Vollzugsbediensteten der anordnenden Person gegenüber vorzubringen, soweit das nach den Umständen möglich ist. Abweichende Vorschriften des allgemeinen Beamtenrechts über die Mitteilung solcher Bedenken an Vorgesetzte sind nicht anzuwenden.

11 K 5, 11 K 46, 11 K 47, 11 K 48, 11 K 49, 11 K 50

§ 77 Androhung

Unmittelbarer Zwang ist vorher anzudrohen. Die Androhung darf nur dann unterbleiben, wenn die Umstände sie nicht zulassen oder unmittelbarer Zwang sofort angewendet werden muss, um eine rechtswidrige Tat, die den Tatbestand eines Strafgesetzes erfüllt, zu verhindern oder eine gegenwärtige Gefahr abzuwenden.

11 K 5, 11 K 53, 11 K 74, 11 K 75

§ 78 Allgemeine Vorschriften für den Schusswaffengebrauch

(1) Schusswaffen dürfen nur gebraucht werden, wenn andere Maßnahmen des unmittelbaren Zwangs bereits erfolglos waren oder keinen Erfolg versprechen. Gegen Personen ist ihr Gebrauch nur zulässig, wenn der Zweck nicht durch Waffenwirkung gegen Sachen erreicht wird.

(2) Schusswaffen dürfen nur die dazu bestimmten Vollzugsbediensteten gebrauchen und nur, um angriffs- oder fluchtunfähig zu machen. Ihr Gebrauch unterbleibt, wenn dadurch erkennbar Unbeteiligte mit hoher Wahrscheinlichkeit gefährdet würden.

(3) Der Gebrauch von Schusswaffen ist vorher anzudrohen. Als Androhung gilt auch ein Warnschuss. Ohne Androhung dürfen Schusswaffen nur dann gebraucht werden, wenn dies zur Abwehr einer gegenwärtigen Gefahr für Leib oder Leben erforderlich ist.

11 K 5, 11 K 60, 11 K 66, 11 K 68, 11 K 69, 11 K 71, 11 K 74, 11 K 75

§ 79 Besondere Vorschriften für den Schusswaffengebrauch

(1) Gegen Gefangene dürfen Schusswaffen gebraucht werden,
1. wenn sie eine Waffe oder ein anderes gefährliches Werkzeug trotz wiederholter Aufforderung nicht ablegen,
2. wenn sie eine Meuterei (§ 121 StGB) unternehmen oder
3. um ihre Flucht zu vereiteln oder um sie wieder zu ergreifen.

Um die Flucht aus einer Einrichtung des offenen Vollzugs zu vereiteln, dürfen keine Schusswaffen gebraucht werden.

(2) Gegen andere Personen dürfen Schusswaffen gebraucht werden, wenn sie es unternehmen, Gefangene gewaltsam zu befreien oder gewaltsam in eine Justizvollzugsanstalt einzudringen.

11 K 5, 11 K 60, 11 K 83, 11 K 85, 11 K 86, 11 K 91

§ 80 Zwangsmaßnahmen in der Gesundheitsfürsorge

(1) Medizinische Untersuchung, Behandlung und Ernährung sowie eine in diesem Zusammenhang erforderliche Fixierung sind gegen den natürlichen Willen der Gefangenen nur zulässig, soweit sie dazu dienen, eine Lebensgefahr oder eine gegenwärtige erhebliche Gefahr für die Gesundheit
1. der oder des Gefangenen oder
2. dritter Personen

abzuwenden. Maßnahmen nach Satz 1 dürfen nur angeordnet werden, wenn
1. eine Ärztin oder ein Arzt die Gefangenen zuvor, soweit möglich, angemessen aufgeklärt und sie auch über die Gründe, Art, Umfang und Dauer der Maßnahme informiert hat,
2. eine Ärztin oder ein Arzt erfolglos versucht hat, die auf Vertrauen begründete Zustimmung der Gefangenen zu erreichen,
3. die Maßnahme Erfolg verspricht und als letztes Mittel eingesetzt wird, wenn mildere Mittel, insbesondere eine weniger eingreifende Behandlung, aussichtslos sind und

Anhang

4. die mit der Maßnahme für den Gefangenen verbundenen Belastungen nicht zu dem erwartbaren Nutzen außer Verhältnis steht und der erwartbare Nutzen mögliche Schäden der Nichtbehandlung deutlich feststellbar überwiegt.

Maßnahmen nach Satz 1 Nummer 1 sind darüber hinaus nur zulässig, wenn die oder der Gefangene zur Einsicht in die Notwendigkeit der Maßnahme oder zum Handeln nach dieser Einsicht krankheitsbedingt nicht in der Lage ist.

(2) Maßnahmen nach Absatz 1 Satz 1 dürfen nur auf ärztliche Anordnung und unter ärztlicher Überwachung durchgeführt werden. Bei Fixierungen ist insbesondere eine ständige und unmittelbare Überwachung sicherzustellen. Die Maßnahmen sind zu dokumentieren, einschließlich ihres Zwangscharakters, ihrer Durchsetzungsweise, ihrer maßgeblichen Gründe, der Dauer und Art der Überwachung sowie der Wirkungsüberwachung. Die Maßnahmen sind unverzüglich aufzuheben, wenn die Voraussetzungen für ihre Anordnung weggefallen sind. Eine zu dokumentierende Nachbesprechung durch die behandelnde Ärztin oder den behandelnden Arzt, in der insbesondere die Gründe für die Maßnahme zu nennen sind, muss erfolgen, sobald es der Gesundheitszustand zulässt. Nach Beendigung der Maßnahmen nach Absatz 1 sind die Gefangenen darüber zu belehren, dass sie die Zulässigkeit der durchgeführten Maßnahmen gerichtlich überprüfen lassen können.

(3) Eine Maßnahme nach Absatz 1 ist auf Antrag der Justizvollzugsanstalt nur mit vorheriger richterlicher Entscheidung des Amtsgerichts zulässig, in dessen Bezirk die beteiligte Justizvollzugsanstalt ihren Sitz hat. Dies gilt nicht, wenn hierdurch die Behandlung verzögert würde und sich hieraus Nachteile für das Leben oder die Gesundheit der gefährdeten Person ergeben würden (Gefahr im Verzug). Die richterliche Entscheidung ist unverzüglich nachträglich einzuholen. Eine nachträgliche richterliche Entscheidung ist nicht erforderlich, wenn bereits zu Beginn der Maßnahme abzusehen ist, dass die Entscheidung erst nach Wegfall des Grundes der Maßnahme ergehen wird, oder die Maßnahme vor Herbeiführung der Entscheidung tatsächlich beendet und auch keine Wiederholung zu erwarten ist. Handelt es sich um eine lediglich kurzfristige Fixierung, die absehbar die Dauer von einer halben Stunde unterschreitet, ist eine richterliche Entscheidung nicht erforderlich. Für das gerichtliche Verfahren gelten die Vorschriften des Gesetzes über das Verfahren in Familiensachen und in den Angelegenheiten der freiwilligen Gerichtsbarkeit entsprechend.

(4) Zur Gewährleistung des Gesundheitsschutzes und der Hygiene ist die zwangsweise körperliche Untersuchung der Gefangenen über Absatz 1 hinaus zulässig, wenn sie nicht mit einem körperlichen Eingriff verbunden ist. Duldungspflichten der Gefangenen nach Vorschriften anderer Gesetze bleiben unberührt.

11 K 5, 11 L 1, 11 L 3, 11 L 7, 11 L 13, 11 L 14, 11 L 15, 11 L 20, 12 Q 1

Abschnitt 12. Disziplinarmaßnahmen

§ 81 Voraussetzungen

(1) Verstoßen Gefangene schuldhaft gegen Pflichten, die ihnen durch dieses Gesetz oder auf Grund dieses Gesetzes auferlegt sind, können gegen sie möglichst in engem zeitlichen Zusammenhang mit der Pflichtverletzung Disziplinarmaßnahmen angeordnet werden.

(2) Von einer Disziplinarmaßnahme wird abgesehen, wenn es genügt, Gefangene zu verwarnen.

(3) Eine Disziplinarmaßnahme ist auch zulässig, wenn wegen derselben Verfehlung ein Straf- oder Bußgeldverfahren eingeleitet wird.

11 M 3, 11 M 13, 11 M 17, 11 M 19, 11 M 25

§ 82 Arten der Disziplinarmaßnahmen

(1) Die zulässigen Disziplinarmaßnahmen sind:
1. Verweis,
2. die Beschränkung oder der Entzug der Verfügung über das Hausgeld, das Sondergeld und des Einkaufs bis zu drei Monaten,
3. die Beschränkung oder der Entzug des Hörfunk- und Fernsehempfangs bis zu drei Monaten; der gleichzeitige Entzug jedoch nur bis zu zwei Wochen,
4. die Beschränkung oder der Entzug der Gegenstände für eine Beschäftigung in der Freizeit oder der Teilnahme an gemeinschaftlichen Veranstaltungen bis zu drei Monaten,
5. die getrennte Unterbringung während der Freizeit bis zu vier Wochen,

6. der Entzug der zugewiesenen Arbeit oder Beschäftigung bis zu vier Wochen unter Wegfall der in diesem Gesetz geregelten Bezüge,
7. die Beschränkung des Verkehrs mit Personen außerhalb der Justizvollzugsanstalt auf dringende Fälle bis zu drei Monaten,
8. Arrest bis zu vier Wochen.

(2) Arrest darf nur wegen schwerer oder mehrfach wiederholter Verfehlungen verhängt werden.

(3) Mehrere Disziplinarmaßnahmen können miteinander verbunden werden.

4 I 122, 11 M 3, 11 M 22, 11 M 28, 11 M 31, 11 M 32, 11 M 33, 11 M 34, 11 M 35, 11 M 36, 11 M 37, 11 M 39, 11 M 40, 11 M 41

§ 83 Vollstreckung und Vollzug der Disziplinarmaßnahmen

(1) Disziplinarmaßnahmen werden in der Regel sofort vollstreckt.

(2) Eine Disziplinarmaßnahme kann ganz oder teilweise bis zu sechs Monaten zur Bewährung ausgesetzt werden.

(3) Wird die Verfügung über das Haus- oder Sondergeld beschränkt oder entzogen, ist das in dieser Zeit anfallende Geld dem Überbrückungsgeld hinzuzurechnen.

(4) Wird der Verkehr von Gefangenen mit Personen außerhalb der Justizvollzugsanstalt eingeschränkt, ist ihnen Gelegenheit zu geben, dies einer Person, mit der sie im Schriftwechsel stehen oder die sie zu besuchen pflegt, mitzuteilen. Der Schriftwechsel mit den in § 24 Abs. 2 und 3 genannten Empfängern, mit Gerichten und Justizbehörden in der Bundesrepublik sowie mit Rechtsanwälten und Notaren in einer die Gefangenen betreffenden Rechtssache bleibt unbeschränkt.

(5) Arrest wird in Einzelhaft vollzogen. Die Gefangenen können in einem besonderen Arrestraum untergebracht werden, der den Anforderungen entsprechen muss, die an einen zum Aufenthalt bei Tag und Nacht bestimmten Haftraum gestellt werden. Soweit nichts anderes angeordnet wird, ruhen die Befugnisse der Gefangenen aus §§ 15 und 16 Abs. 2 sowie den §§ 18, 42, 43 und 57 bis 60.

4 I 73, 4 I 122, 11 M 3, 11 M 32, 11 M 44, 11 M 45, 11 M 46, 11 M 47, 11 M 48

§ 84 Disziplinarbefugnis

(1) Disziplinarmaßnahmen ordnet die Anstaltsleiterin oder der Anstaltsleiter an. Bei einer Verfehlung auf dem Weg in eine andere Justizvollzugsanstalt zum Zweck der Verlegung ist die Leiterin oder der Leiter der Bestimmungsanstalt zuständig. Die Befugnis, Disziplinarmaßnahmen nach § 82 anzuordnen, kann nur auf Mitglieder der Anstalts- oder Vollzugsabteilungsleitung übertragen werden.

(2) Die Aufsichtsbehörde entscheidet, wenn sich Verfehlungen von Gefangenen gegen die Anstaltsleiterin oder den Anstaltsleiter richten.

(3) Disziplinarmaßnahmen, die gegen Gefangene in einer anderen Justizvollzugsanstalt oder während einer Untersuchungshaft angeordnet worden sind, werden auf Ersuchen vollstreckt, soweit sie nicht zur Bewährung ausgesetzt sind. § 83 Abs. 2 bleibt unberührt.

11 M 3, 11 M 50, 11 M 51, 11 M 52, 11 M 53

§ 85 Disziplinarverfahren

(1) Der Sachverhalt ist zu klären. Die oder der Gefangene wird gehört. Die Erhebungen werden in einer Niederschrift festgelegt; die Einlassung der oder des Gefangenen wird vermerkt.

(2) Bei schweren Verstößen soll sich die Anstaltsleiterin oder der Anstaltsleiter vor der Entscheidung mit Personen besprechen, die bei der Behandlung der oder des Gefangenen mitwirken. Vor der Anordnung einer Disziplinarmaßnahme gegen Gefangene in ärztlicher Behandlung, gegen Schwangere oder stillende Mütter ist eine ärztliche Stellungnahme einzuholen.

(3) Die Entscheidung wird der oder dem Gefangenen von der Anstaltsleiterin oder dem Anstaltsleiter oder im Falle einer Übertragung der Disziplinarbefugnis nach § 84 Abs. 1 Satz 3 von der beauftragten Person mündlich eröffnet und mit einer kurzen Begründung schriftlich abgefasst.

11 M 3, 11 M 55, 11 M 57, 11 M 58, 11 M 59, 11 M 61, 14 A 15

§ 86 Ärztliche Mitwirkung

(1) Bevor der Arrest vollzogen wird, ist eine ärztliche Stellungnahme einzuholen. Während des Arrests steht die oder der Gefangene unter ärztlicher Aufsicht.

(2) Der Vollzug des Arrests unterbleibt oder wird unterbrochen, wenn die Gesundheit der oder des Gefangenen gefährdet würde.

11 M 3, 11 M 62ff

Abschnitt 13. Entlassungsvorbereitung, Entlassung und Nachsorge

§ 87 Zusammenarbeit mit Dritten

Die Justizvollzugsanstalt arbeitet frühzeitig vor der voraussichtlichen Entlassung einer oder eines Gefangenen mit Institutionen und Personen, namentlich der Bewährungshilfe, zusammen, um ihr oder ihm insbesondere Arbeit, eine Wohnung und ein soziales Umfeld für die Zeit nach der Entlassung zu vermitteln und um es zu ermöglichen, eine im Vollzug begonnene Behandlung fortzuführen.

4 J 2, 7 A 1, 7 B 6, 7 D 8, 7 D 19, 9 B 11, 10 G 2

§ 88 Freistellung aus der Haft für Freigänger

Gefangenen, die einer regelmäßigen Beschäftigung im Rahmen des Freigangs nachgehen, kann innerhalb von neun Monaten vor der Entlassung Freistellung aus der Haft von bis zu sechs Tagen im Monat gewährt werden. § 9 Abs. 1 und 4 sowie die §§ 11 und 12 gelten entsprechend. § 89 Abs. 3 Satz 1 findet keine Anwendung.

10 C 31, 10 G 2, 10 H 3, 10 H 10, 10 H 13

§ 89 Entlassungsvorbereitung

(1) Um die Entlassung vorzubereiten, sollen Gefangenen vollzugsöffnende Maßnahmen gewährt werden.

(2) Gefangene können in eine Einrichtung des offenen Vollzugs verlegt werden, wenn dies der Vorbereitung der Entlassung dient.

(3) Innerhalb von drei Monaten vor der Entlassung kann zu deren Vorbereitung Freistellung aus der Haft bis zu einer Woche gewährt werden. § 9 Abs. 1 und 4 sowie die §§ 11 und 12 gelten entsprechend.

(4) Die Anstaltsleiterin oder der Anstaltsleiter kann Gefangenen in einer sozialtherapeutischen Einrichtung oder Gefangenen, die während des laufenden Freiheitsentzugs in einer sozialtherapeutischen Einrichtung behandelt worden sind, zur Vorbereitung der Entlassung Freistellung aus der Haft von bis zu sechs Monaten gewähren. § 9 Abs. 1 und 4 sowie die §§ 11 und 12 gelten entsprechend; Absatz 3 Satz 1 und § 88 finden keine Anwendung. Gefangenen können insbesondere angewiesen werden, sich einer von der Justizvollzugsanstalt bestimmten Betreuungsperson zu unterstellen und jeweils für kurze Zeit in die Justizvollzugsanstalt zurückzukehren. Die Freistellung aus der Haft wird widerrufen, wenn dies für die Behandlung der oder des Gefangenen notwendig ist.

3 C 1, 3 C 2, 3 C 6, 3 C 7, 3 C 8, 10 G 2, 10 H 3, 10 H 5, 10 H 7, 10 H 10, 10 H 11,
10 H 15, 13 A 2

§ 90 Entlassungsbeihilfe

(1) Gefangene erhalten, soweit ihre eigenen Mittel nicht ausreichen, bei ihrer Entlassung aus der Haft von der Justizvollzugsanstalt eine Beihilfe zu den Reisekosten sowie erforderlichenfalls ausreichende Kleidung. Bedürftige Gefangene erhalten darüber hinaus eine Beihilfe, die sie in die Lage versetzt, ohne Inanspruchnahme fremder Hilfe ihren notwendigen Lebensunterhalt zu bestreiten, bis sie ihn voraussichtlich anderweitig decken können. Die Justizvollzugsanstalt kann die Überbrückungsbeihilfe ganz oder teilweise der Bewährungshilfe oder einer mit der Entlassenenbetreuung befassten Stelle überweisen, die darüber entscheidet, wie das Geld nach der Entlassung an die Gefangenen ausbezahlt wird. Die Bewährungshilfe und die mit der Entlassenenbetreuung befasste Stelle sind verpflichtet, die Überbrückungsbeihilfe von ihrem Vermögen gesondert zu halten.

(2) Der Anspruch auf Beihilfe zu den Reisekosten und die ausgezahlte Reisebeihilfe sind unpfändbar. Für den Anspruch auf Überbrückungsbeihilfe und für Bargeld nach Auszahlung einer Überbrückungsbeihilfe an Gefangene gilt § 52 Abs. 4 Satz 1 und 3 und Abs. 5 entsprechend.

7 D 19, 7 E 1, 7 E 2, 10 G 2

§ 91 Entlassungszeitpunkt

(1) Gefangene sind am letzten Tag der Strafzeit möglichst frühzeitig zu entlassen.

(2) Der Entlassungszeitpunkt kann bis zu fünf Tage vorverlegt werden, wenn dringende Gründe dafür vorliegen, dass die oder der Gefangene zu ihrer oder seiner Eingliederung hierauf angewiesen ist. Dies ist regelmäßig anzunehmen, wenn der Entlassungszeitpunkt auf ein Wochenende oder auf einen gesetzlichen Feiertag fällt. Die Vorverlegung des Entlassungszeitpunkts muss im Hinblick auf die Länge der Strafzeit vertretbar sein.

10 G 2, 10 I 2, 10 I 4, 10 I 5, 10 I 9

Abschnitt 14. Beschwerderecht und Rechtsbehelfe

§ 92 Beschwerderecht

(1) Die Gefangenen haben das Recht, sich mit Wünschen, Anregungen und Beschwerden in Angelegenheiten, die sie selbst betreffen, an die Anstaltsleiterin oder den Anstaltsleiter zu wenden. Regelmäßige Sprechstunden sind einzurichten.

(2) Besichtigen Vertreter der Aufsichtsbehörde die Justizvollzugsanstalt, so ist zu gewährleisten, dass die Gefangenen sich in sie selbst betreffenden Angelegenheiten an diese wenden können.

(3) Die Möglichkeit der Dienstaufsichtsbeschwerde bleibt unberührt. Eingaben, Beschwerden und Dienstaufsichtsbeschwerden, die nach Form oder Inhalt nicht den im Verkehr mit Behörden üblichen Anforderungen entsprechen oder bloße Wiederholungen enthalten, brauchen nicht beschieden zu werden. Die Gefangenen sind entsprechend zu unterrichten. Eine Überprüfung des Vorbringens von Amts wegen bleibt unberührt.

12 A 2, 12 A 3, 12 A 5, 12 A 7, 12 A 9, 12 A 14, 12 A 16

§ 93 Rechtsbehelfe

Die §§ 109 bis 121 des Strafvollzugsgesetzes (StVollzG), auch in Verbindung mit § 130 StVollzG über das gerichtliche Verfahren, bleiben unberührt.

12 B 1

Abschnitt 15. Sozialtherapeutische Einrichtungen

§ 94 Sozialtherapeutische Einrichtungen

Für den Vollzug nach § 8 sind sozialtherapeutische Anstalten oder Abteilungen (sozialtherapeutische Einrichtungen) vorzusehen.

3 B 3, 14 A 9

§ 95 Nachgehende Betreuung

Die sozialtherapeutischen Einrichtungen sollen für entlassene und während des Freiheitsentzugs sozialtherapeutisch behandelte Gefangene eine vorübergehende nachgehende Betreuung gewährleisten, soweit diese anderweitig nicht sichergestellt werden kann.

3 E 2, 3 E 4, 3 E 6, 3 E 7, 3 E 8, 10 G 2

§ 96 Aufnahme auf freiwilliger Grundlage

(1) Frühere Gefangene der sozialtherapeutischen Einrichtungen können dort auf Antrag vorübergehend wieder aufgenommen werden, wenn das Ziel ihrer Behandlung gefährdet und ein Aufenthalt in der Einrichtung aus diesem Grund gerechtfertigt ist. Der Antrag darf nicht zur Unzeit widerrufen werden.

(2) Gegen die Aufgenommenen dürfen Maßnahmen des Vollzugs nicht mit unmittelbarem Zwang durchgesetzt werden; § 73 Abs. 2 und 3 bleibt unberührt.

(3) § 51 gilt entsprechend.

3 D 3, 3 D 5, 3 D 6, 3 D 8, 10 G 2

Anhang

Abschnitt 16. Besondere Vorschriften über den Vollzug der freiheitsentziehenden Maßregeln der Besserung und Sicherung

Unterabschnitt 1. Besondere Vorschriften bei angeordneter oder vorbehaltener Sicherungsverwahrung

§ 97 Ziele und Gestaltung des Vollzugs

(1) Bei Gefangenen mit angeordneter oder vorbehaltener Sicherungsverwahrung gelten die Vorschriften über den Vollzug der Freiheitsstrafe nach Maßgabe der Vorschriften dieses Unterabschnitts.

(2) Bei angeordneter oder vorbehaltener Sicherungsverwahrung dient der Vollzug der Freiheitsstrafe auch dem Ziel, die Gefährlichkeit der Gefangenen für die Allgemeinheit so zu mindern, dass die Vollstreckung der Unterbringung oder deren Anordnung möglichst entbehrlich wird.

(3) Ist Sicherungsverwahrung angeordnet oder vorbehalten, ist bereits der Vollzug der Freiheitsstrafe therapiegerichtet auszugestalten.

(4) Die Erreichung der Vollzugsziele erfordert die Mitwirkung der Gefangenen. Ihre Bereitschaft hierzu ist fortwährend zu wecken und zu fördern. Die Motivationsmaßnahmen sind zu dokumentieren.

1 D 27, 15 B 26

§ 98 Behandlungsuntersuchung

(1) An das Aufnahmeverfahren schließt sich zur Vorbereitung der Vollzugsplanung unverzüglich eine umfassende Behandlungsuntersuchung unter Berücksichtigung wissenschaftlicher Erkenntnisse an.

(2) Die Behandlungsuntersuchung erstreckt sich auf alle Umstände, deren Kenntnis für eine planvolle Behandlung der Gefangenen und für die Beurteilung ihrer Gefährlichkeit maßgeblich sind. Im Rahmen der Behandlungsuntersuchung sind insbesondere die Ursachen der Straftaten, die individuellen Risikofaktoren sowie der Behandlungsbedarf, die Behandlungsfähigkeit und die Behandlungsmotivation der Gefangenen festzustellen. Gleichzeitig sollen die Fähigkeiten der Gefangenen ermittelt werden, deren Stärkung ihrer Gefährlichkeit entgegenwirken kann. Erkenntnisse aus vorangegangenen Freiheitsentziehungen sind einzubeziehen.

(3) Bei der Behandlungsuntersuchung wirken Bedienstete verschiedener Fachrichtungen in enger Abstimmung zusammen. Soweit dies erforderlich ist, sind externe Fachkräfte einzubeziehen. Die Gefangenen wirken an der Behandlungsuntersuchung mit.

1 D 27, 15 B 26

§ 99 Vollzugsplan

(1) Aufgrund der Behandlungsuntersuchung wird unverzüglich ein Vollzugsplan erstellt, der die individuellen Behandlungsziele festlegt und die zu ihrer Erreichung geeigneten und erforderlichen Maßnahmen benennt. Der Vollzugsplan enthält mindestens Angaben über
1. psychiatrische, psychotherapeutische oder sozialtherapeutische Behandlungsmaßnahmen,
2. andere Einzel- oder Gruppenbehandlungsmaßnahmen,
3. Maßnahmen zur Förderung der Behandlungsmotivation,
4. die Unterbringung in einer sozialtherapeutischen Einrichtung,
5. die Zuweisung zu Wohngruppen,
6. Art und Umfang der Beschäftigung,
7. Maßnahmen zur Gestaltung der Freizeit,
8. Maßnahmen zur Ordnung der finanziellen Verhältnisse,
9. Maßnahmen zur Ordnung der familiären Verhältnisse,
10. Maßnahmen zur Förderung von Außenkontakten,
11. Maßnahmen zur Vorbereitung eines sozialen Empfangsraums,
12. vollzugsöffnende Maßnahmen sowie
13. Entlassungsvorbereitung und Nachsorge.

(2) Der Vollzugsplan ist fortlaufend auf seine Umsetzung hin zu überprüfen und mit der Entwicklung der Gefangenen sowie mit weiteren für die Behandlung bedeutsamen Erkenntnissen in Einklang zu halten. Hierfür sind im Vollzugsplan angemessene Fristen vorzusehen, die sechs Monate nicht übersteigen sollen.

(3) Zur Vorbereitung der Aufstellung und Fortschreibung des Vollzugsplans werden Konferenzen mit den an der Vollzugsgestaltung maßgeblich Beteiligten durchgeführt. An der Behandlung mitwirkende Personen außerhalb des Vollzugs sollen in die Planung einbezogen werden; sie können mit Zustimmung der Gefangenen auch an den Konferenzen beteiligt werden.

(4) Der Vollzugsplan wird mit der Billigung durch die Anstaltsleiterin oder den Anstaltsleiter wirksam. Die Aufsichtsbehörde kann sich vorbehalten, dass der Vollzugsplan in bestimmten Fällen erst mit ihrer Zustimmung wirksam wird.

(5) Die Vollzugsplanung wird mit den Gefangenen erörtert. Ihnen wird Gelegenheit gegeben, eine Stellungnahme in der Vollzugsplankonferenz abzugeben. Der Vollzugsplan ist ihnen auszuhändigen.

1 D 27, 2 C 39, 15 B 26, 15 B 29

§ 100 Behandlung und Verlegung in eine sozialtherapeutische Einrichtung

(1) Den Gefangenen sind die zur Erreichung der Vollzugsziele erforderlichen Behandlungsmaßnahmen anzubieten. Diese haben wissenschaftliche Erkenntnisse zu berücksichtigen. Soweit standardisierte Angebote nicht ausreichen oder keinen Erfolg versprechen, sind individuelle Behandlungsangebote zu entwickeln.

(2) Bei der Behandlung wirken Bedienstete verschiedener Fachrichtungen in enger Abstimmung zusammen. Soweit dies erforderlich ist, sind externe Fachkräfte einzubeziehen. Die Gefangenen wirken an ihrer Behandlung mit. Den Gefangenen sollen Bedienstete als feste Ansprechpartner zur Verfügung stehen.

(3) Ist Sicherungsverwahrung angeordnet oder vorbehalten, sind Gefangene bereits während des Vollzugs der Freiheitsstrafe in eine sozialtherapeutische Abteilung oder Anstalt zu verlegen, wenn dies aus behandlerischen Gründen angezeigt ist. Die Verlegung soll zu einem Zeitpunkt erfolgen, der den Abschluss der Behandlung während des Vollzugs der Freiheitsstrafe erwarten lässt.

1 D 27, 15 B 26, 15 B 30

§ 101 Freistellung aus der Haft zur Vorbereitung der Entlassung

(1) Abweichend von § 89 Absatz 3 Satz 1 kann die Justizvollzugsanstalt den Gefangenen nach Anhörung der Vollstreckungsbehörde zur Vorbereitung der Entlassung Freistellung aus der Haft bis zu sechs Monaten gewähren. § 9 Absatz 1 und 4 sowie § 12 gelten entsprechend. § 88 findet keine Anwendung.

(2) Den Gefangenen sollen für die Freistellung nach Absatz 1 Weisungen erteilt werden. Sie können insbesondere angewiesen werden, sich einer von der Justizvollzugsanstalt bestimmten Betreuungsperson zu unterstellen, sich an bestimmten Orten oder in bestimmten Einrichtungen außerhalb des Vollzugs aufzuhalten und jeweils für kurze Zeit in die Justizvollzugsanstalt zurückzukehren. Die Freistellung nach Absatz 1 wird widerrufen, wenn dies die Behandlung erfordert.

1 D 27, 10 G 2, 10 H 3, 10 H 10, 10 H 17, 15 B 26

§ 102 Nachgehende Betreuung

Die Justizvollzugsanstalt kann früheren Gefangenen auf Antrag Hilfestellung gewähren, soweit diese nicht anderweitig sichergestellt werden kann und der Erfolg der Behandlung gefährdet erscheint.

1 D 27, 10 G 2, 15 B 26

§ 103 Verbleib und Aufnahme auf freiwilliger Grundlage

(1) Frühere Gefangene können auf ihren Antrag vorübergehend in einer Justizvollzugsanstalt verbleiben oder wieder aufgenommen werden, wenn die Eingliederung gefährdet ist. Der Verbleib und die Aufnahme sind jederzeit widerruflich.

(2) Gegen verbliebene oder aufgenommene Personen dürfen Maßnahmen des Vollzugs nicht mit unmittelbarem Zwang durchgesetzt werden. § 73 Absatz 2 und 3 bleibt unberührt.

(3) Auf ihren Antrag sind die verbliebenen oder aufgenommenen Personen unverzüglich zu entlassen.

(4) § 51 gilt entsprechend.

1 D 27, 15 B 26

Anhang

Unterabschnitt 2. Unterbringung in einem psychiatrischen Krankenhaus oder in einer Entziehungsanstalt

§ 104 Unterbringung in einem psychiatrischen Krankenhaus
Die Behandlung der Untergebrachten in einem psychiatrischen Krankenhaus richtet sich nach medizinischen Gesichtspunkten. Soweit möglich, sollen sie geheilt oder ihr Zustand soweit gebessert werden, dass sie nicht mehr gefährlich sind. Ihnen wird die nötige Aufsicht, Betreuung und Pflege zuteil.

1 A 13, 15 A 2

§ 105 Unterbringung in einer Entziehungsanstalt
Ziel der Behandlung der Untergebrachten in einer Entziehungsanstalt ist es, sie von ihrem Hang zu heilen und die zu Grunde liegende Fehlhaltung zu beheben.

1 A 13, 15 A 2

§ 106 Anwendung anderer Vorschriften
(1) Der Vollzug der Unterbringung in einem psychiatrischen Krankenhaus oder in einer Entziehungsanstalt richtet sich nach § 15 UBG, soweit dieses Gesetz im Folgenden nichts anderes bestimmt.
(2) Für die Erhebung eines Beitrags zu den Kosten der Unterbringung gilt § 51 entsprechend mit der Maßgabe, dass in den Fällen von § 51 Abs. 1 Satz 1 Nr. 3 an die Stelle nicht erhaltener Bezüge die Nichtverrichtung zugewiesener oder ermöglichter Arbeit tritt und in den Fällen von § 51 Abs. 1 Satz 2 den Untergebrachten ein Betrag in der Höhe verbleiben muss, der dem Barbetrag entspricht, den in einer Einrichtung lebende und einen Teil der Kosten ihres Aufenthalts selbst tragende Sozialhilfeempfänger zur persönlichen Verfügung erhalten. Bei der Bewertung einer Beschäftigung als Arbeit sind die besonderen Verhältnisse des Maßregelvollzugs zu berücksichtigen.
(3) § 138 Abs. 2 Satz 3 und 4 sowie § 138 Abs. 3 StVollzG bleiben unberührt.

1 A 13, 15 A 2, 15 A 25, 15 A 26

Abschnitt 17. Kriminologische Forschung im Strafvollzug

§ 107 Fortentwicklung des Vollzugs und kriminologische Forschung
(1) Der Strafvollzug ist fortzuentwickeln. Maßnahmen zur Behandlung der Gefangenen sind auf der Grundlage wissenschaftlicher Erkenntnisse zu konzipieren, zu standardisieren und auf ihre Wirksamkeit zu überprüfen.
(2) Der Strafvollzug, insbesondere seine Aufgabenerfüllung und Gestaltung, die Umsetzung seiner Leitlinien und die Behandlungsmaßnahmen sowie deren Wirkungen auf das Vollzugsziel, wird regelmäßig durch den kriminologischen Dienst in Zusammenarbeit mit Hochschulen oder anderen Stellen wissenschaftlich begleitet und erforscht.
(3) In die Untersuchung ist einzubeziehen, ob die Gefangenen nach der Entlassung in der Lage sind, in sozialer Verantwortung ein Leben ohne Straftaten zu führen.
(4) Die Leitung der kriminologischen Forschung obliegt der Aufsichtsbehörde.

16 3, 16 6

Abschnitt 18. Vollzug weiterer freiheitsentziehender Maßnahmen in Justizvollzugsanstalten

Unterabschnitt 1. Vollzug des Strafarrests

§ 108 Grundsatz
Für den Vollzug des Strafarrests in Justizvollzugsanstalten gelten die Vorschriften über den Vollzug der Freiheitsstrafe entsprechend, soweit im Folgenden nichts anderes bestimmt ist. § 51 findet nur in den Fällen einer in § 45 erwähnten Beschäftigung Anwendung.

4 D 25, 15 C 1

§ 109 Unterbringung, Besuche und Schriftwechsel
(1) Eine gemeinsame Unterbringung während der Arbeit, Freizeit und Ruhezeit ist nur mit Einwilligung der Gefangenen zulässig. Dies gilt nicht, wenn Strafarrest in Unterbrechung einer Strafhaft oder einer

Unterbringung im Vollzug einer freiheitsentziehenden Maßregel der Besserung und Sicherung vollzogen wird.

(2) Den Gefangenen soll gestattet werden, einmal wöchentlich Besuch zu empfangen.

(3) Besuche und Schriftwechsel dürfen nur untersagt oder überwacht werden, wenn dies aus Gründen der Sicherheit oder Ordnung der Justizvollzugsanstalt notwendig ist.

§ 110 Kleidung, Wäsche und Bettzeug

Gefangene dürfen eigene Kleidung, Wäsche und eigenes Bettzeug benutzen, wenn Gründe der Sicherheit nicht entgegenstehen und die Gefangenen für Reinigung, Instandsetzung und regelmäßigen Wechsel auf eigene Kosten sorgen.

2 F 4

§ 111 Einkauf

Die Gefangenen dürfen Waren in angemessenem Umfang durch Vermittlung der Justizvollzugsanstalt auf eigene Kosten erwerben.

§ 112 Unmittelbarer Zwang

Beim Vollzug des Strafarrests dürfen zur Vereitelung einer Flucht oder zur Wiederergreifung keine Schusswaffen gebraucht werden. Dies gilt nicht, wenn Strafarrest in Unterbrechung einer Untersuchungshaft, einer Strafhaft oder einer Unterbringung im Vollzug einer freiheitsentziehenden Maßregel der Besserung und Sicherung vollzogen wird.

15 C 9

Unterabschnitt 2. Vollzug von Ordnungs-, Sicherungs-, Zwangs- und Erzwingungshaft

§ 113 Vollzug von Ordnungs-, Sicherungs-, Zwangs- und Erzwingungshaft

Die §§ 171 bis 175 StVollzG, auch in Verbindung mit § 178 Absatz 1 bis 3 StVollzG, sowie §§ 179 bis 186 StVollzG bleiben unberührt.

4 D 25

Gesetz über den Vollzug der Freiheitsstrafe und der Jugendstrafe (Bayerisches Strafvollzugsgesetz – BayStVollzG)

Vom 10. Dezember 2007
(GVBl. S. 866)
BayRS 312-2-1-J

Teil 1. Anwendungsbereich

Art. 1 Anwendungsbereich

Dieses Gesetz regelt den Vollzug der Freiheitsstrafe, der Jugendstrafe und des Strafarrests in Justizvollzugsanstalten.

1 B 1ff

Teil 2. Vollzug der Freiheitsstrafe

Abschnitt 1. Grundsätze

Art. 2 Aufgaben des Vollzugs

¹Der Vollzug der Freiheitsstrafe dient dem Schutz der Allgemeinheit vor weiteren Straftaten. ²Er soll die Gefangenen befähigen, künftig in sozialer Verantwortung ein Leben ohne Straftaten zu führen (Behandlungsauftrag).

1 C 13, 1 C 14, 1 C 24, 1 D 4, 5 B 26

Art. 3 Behandlung im Vollzug

¹Die Behandlung umfasst alle Maßnahmen, die geeignet sind, auf eine künftige deliktfreie Lebensführung hinzuwirken. ²Sie dient der Verhütung weiterer Straftaten und dem Opferschutz. ³Die Behandlung beinhaltet insbesondere schulische und berufliche Bildung, Arbeit, psychologische und sozialpädagogische Maßnahmen, seelsorgerische Betreuung und Freizeitgestaltung. ⁴Art und Umfang der Behandlung orientieren sich an den für die Tat ursächlichen Defiziten der Gefangenen.

1 C 13, 1 E 2, 1 E 4, 10 C 66

Art. 4 Schutz der Allgemeinheit

Der Schutz der Allgemeinheit vor weiteren Straftaten wird durch eine sichere Unterbringung und sorgfältige Beaufsichtigung der Gefangenen, eine gründliche Prüfung vollzugsöffnender Maßnahmen sowie geeignete Behandlungsmaßnahmen gewährleistet.

1 C 13, 1 C 24, 13 C 15

Art. 5 Gestaltung des Vollzugs

(1) Das Leben im Vollzug soll den allgemeinen Lebensverhältnissen soweit als möglich angeglichen werden.

(2) Schädlichen Folgen des Freiheitsentzugs ist entgegenzuwirken.

(3) Der Vollzug ist darauf auszurichten, dass er den Gefangenen hilft, sich in das Leben in Freiheit einzugliedern.

1 D 1, 1 D 11, 1 D 14

Art. 5a Opferbezogene Vollzugsgestaltung

(1) ¹Die Belange der Opfer sind bei der Gestaltung des Vollzugs, insbesondere bei vollzugsöffnenden Maßnahmen sowie bei der Eingliederung und Entlassung der Gefangenen, zu berücksichtigen. ²Dem Schutzinteresse gefährdeter Dritter ist Rechnung zu tragen.

(2) ¹Die Einsicht der Gefangenen in ihre Verantwortung für die Tat, insbesondere für die beim Opfer verschuldeten Tatfolgen, soll geweckt werden. ²Die Gefangenen sind anzuhalten, den durch die Straftat verursachten Schaden wiedergutzumachen. ³Die Durchführung eines Täter-Opfer-Ausgleichs ist in geeigneten Fällen anzustreben.

Art. 6 Stellung der Gefangenen

(1) ¹Die Gefangenen sollen an der Gestaltung ihrer Behandlung und an der Erfüllung des Behandlungsauftrags mitwirken. ²Ihre Bereitschaft hierzu ist zu wecken und zu fördern.

(2) ¹Die Gefangenen unterliegen den in diesem Gesetz vorgesehenen Beschränkungen ihrer Freiheit. ²Soweit das Gesetz eine besondere Regelung nicht enthält, dürfen ihnen nur Beschränkungen auferlegt werden, die zur Aufrechterhaltung der Sicherheit oder zur Abwendung einer schwerwiegenden Störung der Ordnung der Anstalt unerlässlich sind.

1 E 2, 1 E 7, 1 E 10, 1 E 18, 1 E 24

Abschnitt 2. Planung des Vollzugs

Art. 7 Aufnahmeverfahren

(1) Beim Aufnahmeverfahren ist das Persönlichkeitsrecht der Gefangenen in besonderem Maße zu wahren.

(2) ¹Die Gefangenen werden über ihre Rechte und Pflichten unterrichtet. ²Mit den Gefangenen wird ein Zugangsgespräch geführt.

(3) Nach der Aufnahme werden die Gefangenen alsbald ärztlich untersucht.

2 A 1, 2 A 4, 2 A 5, 2 A 8, 2 A 9, 10 C 66, 12 F 8

Art. 8 Behandlungsuntersuchung

(1) ¹Nach dem Aufnahmeverfahren wird damit begonnen, die Persönlichkeit und die Lebensverhältnisse der Gefangenen zu erforschen. ²Hiervon kann abgesehen werden, wenn dies mit Rücksicht auf die Vollzugsdauer nicht geboten erscheint.

(2) ¹Die Behandlungsuntersuchung erstreckt sich auf die Umstände, deren Kenntnis für eine planvolle Behandlung der Gefangenen im Vollzug und für die Eingliederung nach ihrer Entlassung notwendig ist. ²Es ist zu prüfen, ob eine Verlegung in eine sozialtherapeutische Einrichtung nach Art. 11 Abs. 1 oder 2 oder andere therapeutische Maßnahmen angezeigt sind.

2 A 1, 2 B 1, 2 B 10, 2 B 16, 2 B 29, 2 C 25

Art. 9 Vollzugsplan, Beteiligung der Gefangenen

(1) ¹Auf Grund der Behandlungsuntersuchung gemäß Art. 8 wird ein Vollzugsplan erstellt. ²Er enthält insbesondere Angaben über vollzugliche, pädagogische und sozialpädagogische sowie therapeutische Maßnahmen. ³Das Nähere regelt das Staatsministerium der Justiz durch Verwaltungsvorschrift.

(2) Der Vollzugsplan ist jeweils nach Ablauf eines Jahres an die Entwicklung der Gefangenen und die weiteren Ergebnisse der Persönlichkeitserforschung anzupassen.

(3) Über eine Verlegung in eine sozialtherapeutische Einrichtung gemäß Art. 11 Abs. 1 oder 2 ist jeweils nach Ablauf von sechs Monaten neu zu entscheiden.

(4) Die Planung der Behandlung wird mit den Gefangenen erörtert.

2 A 1, 2 B 35, 2 C 7, 2 C 12, 2 C 14, 2 C 19, 2 C 23, 2 C 25, 2 C 28, 4 E 1, 5 A 13

Art. 10 Verlegung, Überstellung, Ausantwortung

(1) Gefangene können abweichend vom Vollstreckungsplan in eine andere für den Vollzug der Freiheitsstrafe zuständige Anstalt verlegt werden, wenn
1. die Behandlung der Gefangenen oder ihre Eingliederung nach der Entlassung hierdurch gefördert wird oder
2. dies aus Gründen der Vollzugsorganisation oder aus anderen wichtigen Gründen erforderlich ist.

(2) Gefangene dürfen aus wichtigem Grund in eine andere Anstalt überstellt werden.

(3) Gefangene dürfen befristet dem Gewahrsam einer Polizei-, Zoll- oder Finanzbehörde überlassen werden.

1 B 7, 2 D 1, 2 D 6, 2 D 7, 2 D 15, 2 D 16, 10 D 3, 10 D 15

Art. 11 Verlegung in eine sozialtherapeutische Einrichtung

(1) Gefangene sind in eine sozialtherapeutische Einrichtung zu verlegen, wenn sie wegen einer Straftat nach den §§ 174 bis 180 oder § 182 des Strafgesetzbuchs (StGB) zu Freiheitsstrafe von mehr als zwei

Jahren verurteilt worden sind und die Behandlung in einer sozialtherapeutischen Einrichtung angezeigt ist.

(2) Andere Gefangene, von denen schwerwiegende Straftaten gegen Leib oder Leben oder gegen die sexuelle Selbstbestimmung zu erwarten sind, sollen in eine sozialtherapeutische Einrichtung verlegt werden, wenn deren besondere therapeutische Mittel und soziale Hilfen zu ihrer Resozialisierung angezeigt sind.

(3) Vor einer Verlegung nach Abs. 1 oder 2 ist die Bereitschaft der Gefangenen zur Teilnahme an therapeutischen Maßnahmen zu wecken und zu fördern.

(4) Wenn der Zweck der Behandlung aus Gründen, die in der Person der Gefangenen liegen, nicht erreicht werden kann, unterbleibt die Verlegung nach Abs. 1 oder 2; nach einer bereits erfolgten Verlegung sind sie zurückzuverlegen.

(5) Art. 10 und 92 bleiben unberührt.

3 A 10, 3 A 12, 3 A 15, 3 A 17, 3 A 20, 3 A 22, 3 A 23

Art. 12 Geschlossener und offener Vollzug

(1) Gefangene sind im geschlossenen Vollzug unterzubringen.

(2) Gefangene sollen mit ihrer Zustimmung in einer Einrichtung des offenen Vollzugs untergebracht werden, wenn sie den besonderen Anforderungen des offenen Vollzugs genügen und insbesondere nicht zu befürchten ist, dass sie sich dem Vollzug der Freiheitsstrafe entziehen oder die Möglichkeiten des offenen Vollzugs zu Straftaten missbrauchen werden.

(3) Gefangene sollen in den geschlossenen Vollzug zurückverlegt werden, wenn dies zu ihrer Behandlung notwendig ist; sie sind zurückzuverlegen, wenn sie den Anforderungen nach Abs. 2 nicht entsprechen.

10 A 4, 10 A 7, 10 A 8, 10 A 9, 10 A 13, 10 A 14, 13 C 18

Art. 13 Lockerungen des Vollzugs

(1) Als Lockerung des Vollzugs kann insbesondere angeordnet werden, dass Gefangene
1. außerhalb der Anstalt regelmäßig einer Beschäftigung unter Aufsicht (Außenbeschäftigung) oder ohne Aufsicht Vollzugsbediensteter (Freigang) nachgehen dürfen oder
2. für eine bestimmte Tageszeit die Anstalt unter Aufsicht (Ausführung) oder ohne Aufsicht Vollzugsbediensteter (Ausgang) verlassen dürfen.

(2) Diese Lockerungen dürfen mit Zustimmung der Gefangenen angeordnet werden, wenn nicht zu befürchten ist, dass die Gefangenen sich dem Vollzug der Freiheitsstrafe entziehen oder die Lockerungen des Vollzugs zu Straftaten missbrauchen werden.

4 D 43, 4 H 11, 4 H 12, 10 B 1, 10 B 3, 10 C 3, 10 C 7, 10 C 10, 10 C 12, 10 C 17, 10 C 26, 10 C 29, 10 C 32, 10 C 38, 10 C 39, 10 C 41, 10 C 44, 10 C 46, 10 C 48, 10 C 49, 10 C 50, 10 C 58, 10 C 59, 10 C 60, 10 C 68, 10 D 3, 10 E 9

Art. 14 Urlaub aus der Haft

(1) ¹Den Gefangenen kann Urlaub aus der Haft bis zu 21 Kalendertagen im Vollstreckungsjahr gewährt werden. ² Art. 13 Abs. 2 gilt entsprechend.

(2) Der Urlaub soll in der Regel erst gewährt werden, wenn die Gefangenen sich mindestens sechs Monate im Strafvollzug befunden haben.

(3) Zu lebenslanger Freiheitsstrafe verurteilte Gefangene können beurlaubt werden, wenn sie sich einschließlich einer vorhergehenden Untersuchungshaft oder einer anderen Freiheitsentziehung zwölf Jahre im Vollzug befunden haben oder wenn sie in den offenen Vollzug überwiesen oder hierfür geeignet sind.

(4) ¹Gefangenen, die zum Freigang (Art. 13 Abs. 1 Nr. 1) zugelassen oder hierfür geeignet sind, kann innerhalb von neun Monaten vor der Entlassung weiterer Urlaub bis zu sechs Tagen im Monat gewährt werden. ² Art. 17 Abs. 3 Satz 1 findet keine Anwendung.

(5) Durch den Urlaub wird die Strafvollstreckung nicht unterbrochen.

4 D 42, 4 D 43, 10 B 1, 10 B 4, 10 C 2, 10 C 17, 10 C 18, 10 C 19, 10 C 20, 10 C 22, 10 C 24, 10 C 25, 10 C 26, 10 C 31, 10 C 34, 10 C 35, 10 C 39, 10 C 41, 10 C 44, 10 C 46, 10 C 48, 10 C 49, 10 C 58, 10 C 59, 10 C 60, 10 C 66, 10 C 68, 10 D 3, 10 H 3, 10 H 10, 10 H 13

Art. 15 Besondere Vorschriften für Gewalt- und Sexualstraftäter

¹Bei Gefangenen, gegen die während des laufenden Freiheitsentzugs eine Strafe wegen einer schwerwiegenden Straftat gegen Leib oder Leben oder gegen die sexuelle Selbstbestimmung mit Ausnahme der §§ 180a und 181a StGB vollzogen wurde oder zu vollziehen ist, ist eine Unterbringung im offenen Vollzug, eine Lockerung des Vollzugs oder eine Gewährung von Urlaub aus dem Vollzug besonders gründlich zu prüfen. ²Bei der Entscheidung sind auch die Feststellungen im Urteil und die im Ermittlungs- oder Strafverfahren erstatteten Gutachten zu berücksichtigen.

3 C 6, 4 D 43, 4 H 12, 10 B 1, 10 C 41, 10 C 44, 10 C 46, 10 C 57,
10 C 66

Art. 16 Weisungen, Aufhebung von Lockerungen und Urlaub

(1) Der Anstaltsleiter oder die Anstaltsleiterin kann den Gefangenen für Lockerungen und Urlaub Weisungen erteilen.

(2) ¹Er oder sie kann Lockerungen und Urlaub widerrufen, wenn
1. er oder sie auf Grund nachträglich eingetretener Umstände berechtigt wäre, die Maßnahmen zu versagen,
2. die Gefangenen die Maßnahmen missbrauchen oder
3. die Gefangenen einer Weisung nicht nachkommen.

²Er oder sie kann Lockerungen und Urlaub mit Wirkung für die Zukunft zurücknehmen, wenn die Voraussetzungen für ihre Bewilligung nicht vorgelegen haben.

4 D 43, 4 H 14, 4 H 15, 10 E 1, 10 E 4, 10 E 11, 10 F 5, 10 F 6, 10 F 9, 10 F 10,
10 F 11, 10 F 12, 10 F 15

Art. 17 Entlassungsvorbereitung

(1) Um die Entlassung vorzubereiten, soll der Vollzug gelockert werden (Art. 13).

(2) Gefangene können in eine Einrichtung des offenen Vollzugs (Art. 12 Abs. 2) verlegt werden, wenn dies der Vorbereitung der Entlassung dient.

(3) ¹Innerhalb von drei Monaten vor der Entlassung kann zu deren Vorbereitung Sonderurlaub bis zu einer Woche gewährt werden. ²Art. 13 Abs. 2, Art. 14 Abs. 5, Art. 15 und 16 gelten entsprechend.

3 C 3, 10 G 2, 10 H 3, 10 H 5, 10 H 7, 10 H 10,
10 H 11

Art. 18 Entlassungszeitpunkt

(1) Die Gefangenen sollen am letzten Tag der Strafzeit möglichst frühzeitig, jedenfalls noch am Vormittag entlassen werden.

(2) Fällt das Strafende auf einen Samstag oder Sonntag, einen gesetzlichen Feiertag, den ersten Werktag nach Ostern oder Pfingsten oder in die Zeit vom 22. Dezember bis zum 6. Januar, so können die Gefangenen an dem diesem Tag oder Zeitraum vorhergehenden Werktag entlassen werden, wenn dies nach der Länge der Strafzeit vertretbar ist und fürsorgerische Gründe nicht entgegenstehen.

(3) Der Entlassungszeitpunkt kann bis zu zwei Tage vorverlegt werden, wenn dringende Gründe dafür vorliegen, dass die Gefangenen zu ihrer Eingliederung hierauf angewiesen sind.

10 G 2, 10 I 2, 10 I 4, 10 I 5,
10 I 8

Abschnitt 3. Unterbringung und Ernährung der Gefangenen

Art. 19 Unterbringung während der Arbeit und Freizeit

(1) ¹Die Gefangenen arbeiten gemeinsam. ²Dasselbe gilt für Berufsausbildung, berufliche Weiterbildung sowie arbeitstherapeutische und sonstige Beschäftigung während der Arbeitszeit.

(2) ¹Während der Freizeit können sich die Gefangenen in der Gemeinschaft mit anderen aufhalten. ²Für die Teilnahme an gemeinschaftlichen Veranstaltungen kann der Anstaltsleiter oder die Anstaltsleiterin mit Rücksicht auf die räumlichen, personellen und organisatorischen Verhältnisse der Anstalt besondere Regelungen treffen.

(3) Die gemeinschaftliche Unterbringung während der Arbeitszeit und Freizeit kann eingeschränkt werden, wenn

1. ein schädlicher Einfluss auf andere Gefangene zu befürchten ist,
2. die Gefangenen nach Art. 8 untersucht werden, aber nicht länger als zwei Monate,
3. es die Sicherheit oder Ordnung der Anstalt erfordert oder
4. die Gefangenen zustimmen.

2 B 4, 2 E 1, 2 E 5, 2 E 6, 2 E 8, 2 E 9, 2 E 10, 2 E 11, 2 E 12, 2 E 13, 2 E 15, 2 E 16, 11 B 3, 11 I 26, 13 B 2

Art. 20 Unterbringung während der Ruhezeit

(1) ¹Gefangene sollen während der Ruhezeit allein in ihren Hafträumen untergebracht werden. ²Mit ihrer Zustimmung können Gefangene auch während der Ruhezeit gemeinsam untergebracht werden, wenn eine schädliche Beeinflussung nicht zu befürchten ist.

(2) Auch ohne ihre Zustimmung ist eine gemeinsame Unterbringung zulässig, sofern ein Gefangener oder eine Gefangene hilfsbedürftig ist oder eine Gefahr für Leben oder Gesundheit eines oder einer Gefangenen besteht oder die räumlichen Verhältnisse der Anstalt dies erfordern.

(3) Eine gemeinschaftliche Unterbringung von mehr als acht Gefangenen ist nicht zulässig.

2 E 1, 2 E 17, 2 E 23, 2 E 26, 2 E 31, 2 E 32, 2 E 35, 11 B 3, 13 E 24

Art. 21 Ausstattung des Haftraums und persönlicher Besitz

(1) ¹Gefangene dürfen ihren Haftraum in angemessenem Umfang mit eigenen Sachen ausstatten. ²Lichtbilder nahestehender Personen und Erinnerungsstücke von persönlichem Wert werden ihnen belassen.

(2) Vorkehrungen und Gegenstände, die die Übersichtlichkeit des Haftraums behindern oder in anderer Weise Sicherheit oder Ordnung der Anstalt gefährden, können ausgeschlossen werden.

2 F 1, 2 F 6, 2 F 8, 2 F 9, 2 F 10, 2 F 15

Art. 22 Kleidung

(1) Gefangene tragen Anstaltskleidung.

(2) ¹Der Anstaltsleiter oder die Anstaltsleiterin gestattet den Gefangenen, bei einer Ausführung eigene Kleidung zu tragen, wenn zu erwarten ist, dass sie nicht entweichen werden. ²Er oder sie kann dies auch sonst gestatten, sofern die Gefangenen für Reinigung, Instandsetzung und regelmäßigen Wechsel auf eigene Kosten sorgen.

6 A 1, 6 A 4, 6 A 5, 6 A 7

Art. 23 Anstaltsverpflegung

¹Zusammensetzung und Nährwert der Anstaltsverpflegung werden ärztlich überwacht. ²Auf ärztliche Anordnung wird besondere Verpflegung gewährt. ³Den Gefangenen ist zu ermöglichen, Speisevorschriften ihrer Religionsgemeinschaft zu befolgen.

6 B 4, 6 B 6, 6 B 9, 6 B 10

Art. 24 Einkauf

(1) ¹Die Gefangenen können sich vom Hausgeld (Art. 50) oder Taschengeld (Art. 54) aus einem von der Anstalt vermittelten Angebot Nahrungs- und Genussmittel sowie Mittel zur Körperpflege kaufen. ²Die Anstalt soll für ein Angebot sorgen, das auf Wünsche und Bedürfnisse der Gefangenen Rücksicht nimmt.

(2) ¹Gegenstände, die die Sicherheit oder Ordnung der Anstalt gefährden, können vom Einkauf ausgeschlossen werden. ²Auf ärztliche Anordnung kann den Gefangenen der Einkauf einzelner Nahrungs- und Genussmittel ganz oder teilweise untersagt werden, wenn zu befürchten ist, dass sie ihre Gesundheit ernsthaft gefährden. ³In Krankenhäusern und Krankenabteilungen kann der Einkauf einzelner Nahrungs- und Genussmittel auf ärztliche Anordnung allgemein untersagt oder eingeschränkt werden.

(3) Verfügen die Gefangenen ohne eigenes Verschulden nicht über Haus- oder Taschengeld, wird ihnen gestattet, in angemessenem Umfang vom Eigengeld einzukaufen.

4 I 27, 4 I 111, 4 I 112, 6 C 6, 6 C 10, 6 C 11, 6 C 13, 6 C 14, 6 C 18, 11 C 17

Art. 25 Sondereinkauf

(1) Sondereinkauf aus einem durch die Anstalt vermittelten Angebot von Nahrungs- und Genussmitteln ist zugelassen zu Weihnachten, Ostern und einem von den Gefangenen zu wählenden weiteren Zeitpunkt.

(2) Gefangenen, die nicht einer christlichen Religionsgemeinschaft angehören, kann anstelle des Weihnachts- und des Ostereinkaufs je ein Sondereinkauf zu einem anderen Zeitpunkt gestattet werden.

(3) Für den Sondereinkauf können die Gefangenen in angemessenem Umfang das zu diesem Zweck nach Art. 53 eingezahlte Sondergeld oder ihr Eigengeld (Art. 52) verwenden.

(4) Art. 24 bleibt unberührt.

4 I 123, 6 C 3, 6 C 18, 11 M 32

Abschnitt 4. Besuch, Schriftwechsel, Urlaub, Ausgang und Ausführung aus wichtigem Anlass

Art. 26 Grundsatz

¹Gefangene haben das Recht, mit Personen außerhalb der Anstalt im Rahmen der Vorschriften dieses Gesetzes zu verkehren. ²Der Verkehr mit Personen außerhalb der Anstalt ist zu fördern.

9 A 5, 9 Vorb. 4

Art. 27 Recht auf Besuch

(1) ¹Gefangene dürfen regelmäßig Besuch empfangen. ²Die Gesamtdauer beträgt mindestens eine Stunde im Monat. ³Das Weitere regelt die Hausordnung.

(2) Besuche sollen darüber hinaus zugelassen werden, wenn sie die Behandlung oder Eingliederung der Gefangenen fördern oder persönlichen, rechtlichen oder geschäftlichen Angelegenheiten dienen, die nicht von den Gefangenen schriftlich erledigt, durch Dritte wahrgenommen oder bis zur Entlassung aufgeschoben werden können.

(3) Aus Gründen der Sicherheit oder Ordnung der Anstalt kann ein Besuch davon abhängig gemacht werden, dass sich die Besucher durchsuchen oder mit technischen Mitteln oder sonstigen Hilfsmitteln auf verbotene Gegenstände absuchen lassen.

9 B 28

Art. 28 Besuchsverbot

Der Anstaltsleiter oder die Anstaltsleiterin kann Besuche untersagen,
1. wenn die Sicherheit oder Ordnung der Anstalt gefährdet würde,
2. bei Besuchern, die nicht Angehörige des oder der Gefangenen im Sinn des Strafgesetzbuchs sind, wenn zu befürchten ist, dass sie einen schädlichen Einfluss auf den Gefangenen oder die Gefangene haben oder deren Eingliederung behindern würden.

9 B 34

Art. 29 Besuche bestimmter Personen

¹Besuche von Verteidigern, Angehörigen der Gerichtshilfe, der Bewährungshilfe und der Aufsichtsstellen für die Führungsaufsicht sowie von Rechtsanwälten oder Notaren in einer den Gefangenen oder die Gefangene betreffenden Rechtssache sind zu gestatten. ²Art. 27 Abs. 3 gilt entsprechend. ³Eine inhaltliche Überprüfung der vom Verteidiger oder der Verteidigerin mitgeführten Schriftstücke und sonstigen Unterlagen ist nicht zulässig. ⁴Art. 32 Abs. 1 Sätze 2 und 3 bleiben unberührt.

9 B 11, 9 B 64

Art. 30 Überwachung der Besuche

(1) ¹Die Besuche dürfen aus Gründen der Behandlung oder der Sicherheit oder Ordnung der Anstalt überwacht werden, es sei denn, es liegen im Einzelfall Erkenntnisse dafür vor, dass es der Überwachung nicht bedarf. ²Die Überwachung und Aufzeichnung mit technischen Mitteln ist zulässig, wenn die Besucher und die Gefangenen vor dem Besuch darauf hingewiesen werden. ³Die Aufzeichnungen sind spätestens mit Ablauf eines Monats zu löschen.

(2) ¹Die Unterhaltung darf nur überwacht werden, soweit dies im Einzelfall aus den in Abs. 1 genannten Gründen erforderlich ist. ²Abs. 1 Sätze 2 und 3 sind nicht anwendbar.

(3) Zur Verhinderung der Übergabe von unerlaubten Gegenständen kann im Einzelfall angeordnet werden, dass der Besuch unter Verwendung einer Trennvorrichtung abzuwickeln ist.

(4) ¹Ein Besuch darf abgebrochen werden, wenn Besucher oder Gefangene gegen die Vorschriften dieses Gesetzes oder die auf Grund dieses Gesetzes getroffenen Anordnungen trotz Abmahnung verstoßen. ²Die Abmahnung unterbleibt, wenn es unerlässlich ist, den Besuch sofort abzubrechen.

(5) Besuche von Verteidigern werden nicht überwacht.

(6) ¹Gegenstände dürfen beim Besuch nur mit Erlaubnis übergeben werden. ²Dies gilt nicht für die bei dem Besuch von Verteidigern übergebenen Schriftstücke und sonstigen Unterlagen sowie für die bei dem Besuch von Rechtsanwälten oder Notaren zur Erledigung einer den Gefangenen oder die Gefangene betreffenden Rechtssache übergebenen Schriftstücke und sonstigen Unterlagen; bei dem Besuch von Rechtsanwälten oder Notaren kann die Übergabe aus Gründen der Sicherheit oder Ordnung der Anstalt von der Erlaubnis abhängig gemacht werden. ³Art. 32 Abs. 1 Sätze 2 und 3 bleiben unberührt.

9 B 71, 9 B 74, 9 B 77, 9 B 82

Art. 31 Recht auf Schriftwechsel

(1) Gefangene haben das Recht, unbeschränkt Schreiben abzusenden und zu empfangen.

(2) Der Anstaltsleiter oder die Anstaltsleiterin kann den Schriftwechsel mit bestimmten Personen untersagen,
1. wenn die Sicherheit oder Ordnung der Anstalt gefährdet würde,
2. bei Personen, die nicht Angehörige des oder der Gefangenen im Sinn des Strafgesetzbuchs sind, wenn zu befürchten ist, dass der Schriftwechsel einen schädlichen Einfluss auf den Gefangenen oder die Gefangene hat oder deren Eingliederung behindern würde.

(3) ¹Die Kosten des Schriftverkehrs tragen die Gefangenen. ²Sind sie dazu nicht in der Lage, kann die Anstalt die Kosten in begründeten Fällen in angemessenem Umfang übernehmen.

9 C 3, 9 C 9

Art. 32 Überwachung des Schriftwechsels

(1) ¹Der Schriftwechsel der Gefangenen mit ihren Verteidigern wird nicht überwacht. ²Liegt dem Vollzug der Freiheitsstrafe eine Straftat nach § 129a StGB, auch in Verbindung mit § 129b Abs. 1 StGB, zugrunde, gelten § 148 Abs. 2, § 148a der Strafprozessordnung (StPO) entsprechend; dies gilt nicht, wenn die Gefangenen sich in einer Einrichtung des offenen Vollzugs befinden oder wenn ihnen Lockerungen des Vollzugs gemäß Art. 13 Abs. 1 Nr. 1 oder 2 zweite Alternative oder Urlaub gemäß Art. 14 oder Art. 17 Abs. 3 gewährt worden sind und ein Grund, der den Anstaltsleiter oder die Anstaltsleiterin nach Art. 16 Abs. 2 zum Widerruf oder zur Rücknahme von Lockerungen und Urlaub ermächtigt, nicht vorliegt. ³Satz 2 gilt auch, wenn gegen Strafgefangene im Anschluss an die dem Vollzug der Freiheitsstrafe zugrunde liegende Verurteilung eine Freiheitsstrafe wegen einer Straftat nach § 129a StGB, auch in Verbindung mit § 129b Abs. 1 StGB, zu vollstrecken ist.

(2) ¹Nicht überwacht werden Schreiben der Gefangenen an
1. Volksvertretungen des Bundes und der Länder und ihre Mitglieder,
2. die Aufsichtsbehörden des Bundes und der Länder im Sinne des Bundesdatenschutzgesetzes,
3. das Europäische Parlament und seine Mitglieder,
4. den Europäischen Gerichtshof,
5. den Europäischen Datenschutzbeauftragten,
6. den Europäischen Bürgerbeauftragten,
7. die Agentur der Europäischen Union für Grundrechte,
8. die Parlamentarische Versammlung des Europarates,
9. den Europäischen Gerichtshof für Menschenrechte,
10. den Europäischen Ausschuss zur Verhütung von Folter und unmenschlicher oder erniedrigender Behandlung oder Strafe,
11. die Europäische Kommission gegen Rassismus und Intoleranz,
12. den Menschenrechtsausschuss der Vereinten Nationen,
13. die Ausschüsse der Vereinten Nationen für die Beseitigung der Rassendiskriminierung und für die Beseitigung der Diskriminierung der Frau,
14. den Ausschuss der Vereinten Nationen gegen Folter und den zugehörigen Unterausschuss zur Verhütung der Folter und
15. die Nationale Stelle zur Verhütung von Folter,

soweit die Schreiben an die Anschrift der jeweiligen Stelle gerichtet sind und den Absender zutreffend angeben. ²Eingehende Schreiben, die an Gefangene gerichtet sind, werden nur dann nicht überwacht, sofern zweifelsfrei eine der in Satz 1 genannten Stellen Absender ist.

(3) Der übrige Schriftwechsel darf ohne Anwesenheit der Gefangenen überwacht werden, soweit es aus Gründen der Behandlung oder der Sicherheit oder Ordnung der Anstalt erforderlich ist.

9 C 23

Art. 33 Weiterleitung von Schreiben, Aufbewahrung
(1) Gefangene haben Absendung und Empfang ihrer Schreiben durch die Anstalt vermitteln zu lassen, soweit nichts anderes gestattet ist.
(2) Eingehende und ausgehende Schreiben sind unverzüglich weiterzuleiten.
(3) Gefangene haben eingehende Schreiben unverschlossen zu verwahren, sofern nichts anderes gestattet wird; sie können sie verschlossen zur Habe geben.

9 C 43 ff

Art. 34 Anhalten von Schreiben
(1) Der Anstaltsleiter oder die Anstaltsleiterin kann Schreiben anhalten, wenn
1. die Erfüllung des Behandlungsauftrags oder die Sicherheit oder Ordnung der Anstalt gefährdet würde,
2. die Weitergabe in Kenntnis ihres Inhalts einen Straf- oder Bußgeldtatbestand verwirklichen würde,
3. sie grob unrichtige oder erheblich entstellende Darstellungen von Anstaltsverhältnissen enthalten,
4. sie grobe Beleidigungen enthalten,
5. sie die Eingliederung anderer Gefangener gefährden können oder
6. sie in Geheimschrift, unlesbar, unverständlich oder ohne zwingenden Grund in einer fremden Sprache abgefasst sind; ein zwingender Grund zur Abfassung eines Schreibens in einer fremden Sprache liegt in der Regel nicht vor bei einem Schriftwechsel zwischen deutschen Gefangenen und Dritten, die die deutsche Staatsangehörigkeit oder ihren Lebensmittelpunkt im Geltungsbereich des Grundgesetzes haben.

(2) Ausgehenden Schreiben, die unrichtige Darstellungen enthalten, kann ein Begleitschreiben beigefügt werden, wenn der oder die Gefangene auf der Absendung besteht.
(3) ¹Die Anhaltung der Schreiben wird den Gefangenen mitgeteilt. ²Angehaltene Schreiben werden behördlich verwahrt oder an den Absender zurückgegeben.
(4) Schreiben, deren Überwachung nach Art. 32 Abs. 1 und 2 ausgeschlossen ist, dürfen nicht angehalten werden.

9 C 49 ff

Art. 35 Ferngespräche
(1) ¹Gefangenen kann in dringenden Fällen gestattet werden, Ferngespräche zu führen. ²Die Vorschriften über den Besuch gelten entsprechend. ³Ist die Überwachung der fernmündlichen Unterhaltung erforderlich, ist die beabsichtigte Überwachung den Gesprächspartnern der Gefangenen unmittelbar nach Herstellung der Verbindung durch die Anstalt oder die Gefangenen mitzuteilen. ⁴Die Gefangenen sind rechtzeitig vor Beginn der fernmündlichen Unterhaltung über die beabsichtigte Überwachung und die Mitteilungspflicht nach Satz 3 zu unterrichten.
(2) ¹Die Kosten der Ferngespräche tragen die Gefangenen. ²Sind sie dazu nicht in der Lage, kann die Anstalt die Kosten in begründeten Fällen in angemessenem Umfang übernehmen.
(3) ¹Die Anstalt darf technische Geräte zur Störung von Frequenzen betreiben, die der Herstellung unerlaubter Mobilfunkverbindungen auf dem Anstaltsgelände dienen. ²Sie hat hierbei die von der Bundesnetzagentur gemäß § 55 Abs. 1 Satz 5 des Telekommunikationsgesetzes festgelegten Rahmenbedingungen zu beachten. ³Der Mobilfunkverkehr außerhalb des Geländes der Anstalt darf nicht beeinträchtigt werden.

9 D 3, 9 D 12

Art. 36 Pakete
(1) ¹Der Empfang von Paketen bedarf der vorherigen Erlaubnis der Anstalt. ²Für den Ausschluss von Gegenständen gilt Art. 24 Abs. 2 Satz 1 entsprechend. ³Pakete mit Nahrungs- und Genussmitteln sind ausgeschlossen.
(2) ¹Pakete sind in Gegenwart des oder der Gefangenen zu öffnen. ²Ausgeschlossene Gegenstände können zur Habe genommen oder dem Absender zurückgesandt werden. ³Nicht ausgehändigte Gegenstände, durch die bei der Versendung oder Aufbewahrung Personen verletzt oder Sachschäden verursacht

werden können, dürfen vernichtet werden. ⁴Die hiernach getroffenen Maßnahmen werden dem oder der Gefangenen eröffnet.

(3) ¹Gefangenen kann gestattet werden, Pakete zu versenden. ²Der Inhalt kann aus Gründen der Sicherheit oder Ordnung der Anstalt überprüft werden.

(4) ¹Die Kosten des Paketverkehrs nach Abs. 2 und 3 tragen die Gefangenen. ²Sind sie dazu nicht in der Lage, kann die Anstalt die Kosten in begründeten Fällen in angemessenem Umfang übernehmen.

6 C 3, 9 E 1 ff

Art. 37 Ausgang, Urlaub und Ausführung aus wichtigem Anlass

(1) ¹Aus wichtigem Anlass kann der Anstaltsleiter oder die Anstaltsleiterin Gefangenen Ausgang gewähren oder sie bis zu sieben Tagen beurlauben; der Urlaub aus anderem wichtigen Anlass als wegen einer lebensgefährlichen Erkrankung oder wegen des Todes Angehöriger darf sieben Tage im Jahr nicht übersteigen. ²Art. 13 Abs. 2, Art. 14 Abs. 5, Art. 15 und 16 gelten entsprechend.

(2) Der Urlaub nach Abs. 1 wird nicht auf den regelmäßigen Urlaub gemäß Art. 14 Abs. 1 angerechnet.

(3) ¹Kann Ausgang oder Urlaub aus den in Art. 13 Abs. 2 genannten Gründen nicht gewährt werden, kann der Anstaltsleiter oder die Anstaltsleiterin Gefangene ausführen lassen. ²Die Kosten tragen die Gefangenen. ³Der Anspruch ist nicht geltend zu machen, wenn dies die Behandlung oder die Eingliederung behindern würde.

(4) Gefangene dürfen auch ohne ihre Zustimmung ausgeführt werden, wenn dies aus besonderen Gründen notwendig ist.

10 B 1, 10 C 38, 10 D 3, 10 D 8, 10 D 9, 10 D 10, 10 D 11, 10 D 12, 10 E 3

Art. 38 Gerichtliche Termine

(1) ¹Der Anstaltsleiter oder die Anstaltsleiterin kann Gefangenen zur Teilnahme an einem gerichtlichen Termin Ausgang oder Urlaub erteilen, wenn anzunehmen ist, dass sie der Ladung folgen und keine Entweichungs- oder Missbrauchsgefahr (Art. 13 Abs. 2) besteht. ²Art. 14 Abs. 5, Art. 15 und 16 gelten entsprechend.

(2) ¹Wenn Gefangene zu einem gerichtlichen Termin geladen sind und Ausgang oder Urlaub nicht gewährt wird, lässt der Anstaltsleiter oder die Anstaltsleiterin sie mit ihrer Zustimmung zu dem Termin ausführen, sofern wegen Entweichungs- oder Missbrauchsgefahr (Art. 13 Abs. 2) keine überwiegenden Gründe entgegenstehen. ²Sind die Gefangenen als Partei oder Beteiligte geladen, ist ihre Ausführung nur zu ermöglichen, wenn ihr persönliches Erscheinen durch das Gericht oder von Gesetzes wegen angeordnet ist. ³Die Kosten tragen die Gefangenen. ⁴Sind sie dazu nicht in der Lage, kann die Anstalt die Kosten in begründeten Fällen in angemessenem Umfang übernehmen.

(3) Auf Ersuchen eines Gerichts lässt der Anstaltsleiter oder die Anstaltsleiterin Gefangene vorführen, sofern ein Vorführungsbefehl vorliegt.

(4) Die Anstalt unterrichtet das Gericht über das Veranlasste.

10 B 1, 10 D 4, 10 D 6, 10 D 8, 10 D 9, 10 D 10, 10 D 12, 10 D 13, 10 D 14, 10 E 3

Abschnitt 5. Arbeit, Ausbildung, Weiterbildung

Art. 39 Beschäftigung

(1) Arbeit, arbeitstherapeutische Beschäftigung, Ausbildung und Weiterbildung dienen insbesondere dem Ziel, Fähigkeiten für eine Erwerbstätigkeit nach der Entlassung zu vermitteln, zu erhalten oder zu fördern.

(2) ¹Die Anstalt soll den Gefangenen wirtschaftlich ergiebige Arbeit zuweisen und dabei ihre Fähigkeiten, Fertigkeiten und Neigungen berücksichtigen. ²Sie soll auch im Zusammenwirken mit den Vereinigungen und Stellen des Arbeits- und Wirtschaftslebens dazu beitragen, dass die Gefangenen beruflich gefördert, beraten und vermittelt werden. ³Die Arbeitsschutz- und Unfallverhütungsvorschriften sind zu beachten.

(3) Sind Gefangene zu wirtschaftlich ergiebiger Arbeit nicht fähig, sollen sie arbeitstherapeutisch beschäftigt werden.

(4) ¹Geeigneten Gefangenen soll Gelegenheit zur Berufsausbildung, beruflichen Weiterbildung oder Teilnahme an anderen ausbildenden oder weiterbildenden Maßnahmen gegeben werden. ²Die Teilnahme

an einer dieser Maßnahmen bedarf der Zustimmung des oder der Gefangenen. ³Die Zustimmung darf nicht zur Unzeit widerrufen werden.

(5) ¹Maßnahmen nach Abs. 1 können in von privaten Unternehmen unterhaltenen Betrieben und sonstigen Einrichtungen durchgeführt werden. ²Hierbei kann die technische und fachliche Leitung Angehörigen dieser Unternehmen übertragen werden.

4 Vorb. 5, 4 A 2, 4 A 6, 4 A 8, 4 A 9, 4 A 13, 4 A 15, 4 A 34, 4 B 25, 4 B 26, 4 E 2, 4 E 6, 4 G 2, 4 G 5, 4 G 13,
4 J 1, 4 K 2, 4 K 6, 4 K 7, 4 K 9

Art. 40 Unterricht

(1) ¹Für geeignete Gefangene, die den Abschluss der Hauptschule nicht erreicht haben, soll Unterricht in den zum Hauptschulabschluss führenden Fächern oder ein der Förderschule entsprechender Unterricht vorgesehen werden. ²Bei der beruflichen Ausbildung ist berufsbildender Unterricht vorzusehen; dies gilt auch für die berufliche Weiterbildung, soweit die Art der Maßnahme es erfordert.

(2) Gefangene haben an einem von der Anstalt angebotenen Deutschunterricht teilzunehmen, wenn sie der deutschen Sprache nicht ausreichend mächtig sind, um sich nach ihrer Entlassung im Alltag fließend in deutscher Sprache verständigen zu können, und körperlich sowie geistig dazu in der Lage sind.

(3) ¹Gefangene haben an einem von der Anstalt angebotenen Integrationsunterricht teilzunehmen, wenn sie Integrationsdefizite aufweisen und körperlich sowie geistig dazu in der Lage sind. ²Der Integrationsunterricht dient den in Art. 1 des Bayerischen Integrationsgesetzes genannten Integrationszielen.

(4) Unterricht soll während der Arbeitszeit stattfinden.

4 Vorb. 5, 4 E 1, 4 E 2, 4 E 7, 4 E 9, 4 E 10, 4 E 13, 4 E 14, 4 E 15, 4 E 17, 4 G 2, 4 G 3

Art. 41 Zeugnisse über Bildungsmaßnahmen

Aus dem Zeugnis über eine Bildungsmaßnahme darf die Inhaftierung eines Teilnehmers oder einer Teilnehmerin nicht erkennbar sein.

4 Vorb. 5, 4 F 1 ff

Art. 42 Freies Beschäftigungsverhältnis, Selbstbeschäftigung

(1) ¹Gefangenen soll gestattet werden, einer Arbeit, Berufsausbildung oder beruflichen Weiterbildung auf der Grundlage eines freien Beschäftigungsverhältnisses außerhalb der Anstalt nachzugehen, wenn dies im Rahmen des Vollzugsplans dem Ziel dient, Fähigkeiten für eine Erwerbstätigkeit nach der Entlassung zu vermitteln, zu erhalten oder zu fördern und nicht überwiegende Gründe des Vollzugs entgegenstehen. ²Art. 13 Abs. 1 Nr. 1, Abs. 2, Art. 15 und 16 bleiben unberührt.

(2) Gefangenen kann gestattet werden, sich selbst zu beschäftigen.

(3) Die Anstalt kann verlangen, dass ihr das Entgelt zur Gutschrift für den Gefangenen oder die Gefangene überwiesen wird.

4 Vorb. 5, 4 G 7, 4 H 2, 4 H 10, 4 H 11, 4 H 19, 4 H 28, 4 I 67, 6 F 56

Art. 43 Arbeitspflicht

¹Gefangene sind verpflichtet, eine ihnen zugewiesene, ihren Fähigkeiten angemessene Arbeit oder arbeitstherapeutische Beschäftigung auszuüben, soweit sie dazu körperlich und geistig in der Lage sind. ²Sie können zu Hilfstätigkeiten in der Anstalt verpflichtet werden. ³Diese Tätigkeiten sollen in der Regel nicht über drei Monate jährlich hinausgehen. ⁴Die Sätze 1 und 2 gelten nicht für Gefangene, die über 65 Jahre alt sind, und nicht für werdende und stillende Mütter, soweit gesetzliche Beschäftigungsverbote zum Schutz erwerbstätiger Mütter bestehen.

4 Vorb. 5, 4 B 2, 4 B 7, 4 B 11, 4 B 12, 4 B 14, 4 B 18, 4 B 19, 4 D 10

Art. 44 Ablösung

Gefangene können von einer Beschäftigung oder einem Unterricht nach Art. 39, 40, 42 oder 43 Satz 2 abgelöst werden, wenn dies aus Gründen der Sicherheit oder Ordnung der Anstalt oder aus Gründen der Behandlung erforderlich ist oder wenn sich herausstellt, dass sie den Anforderungen nicht genügen.

4 Vorb. 5, 4 A 36, 4 E 23, 4 H 16, 4 H 27

Art. 45 Freistellung von der Arbeitspflicht

(1) ¹Haben die Gefangenen ein Jahr lang eine Beschäftigung nach Art. 39 oder Hilfstätigkeiten nach Art. 43 Satz 2 ausgeübt, so können sie beanspruchen, 18 Werktage von der Arbeitspflicht freigestellt zu werden. ²Zeiten, in denen Gefangene infolge Krankheit an ihrer Arbeitsleistung verhindert waren, werden bis zu sechs Wochen jährlich angerechnet.

(2) Auf die Zeit der Freistellung wird Urlaub aus der Haft (Art. 14, 37) angerechnet, soweit er in die Arbeitszeit fällt und nicht wegen einer lebensgefährlichen Erkrankung oder des Todes eines oder einer Angehörigen erteilt worden ist.

(3) Die Gefangenen erhalten für die Zeit der Freistellung ihre zuletzt gezahlten Bezüge weiter.

(4) Urlaubsregelungen der Beschäftigungsverhältnisse außerhalb des Strafvollzugs bleiben unberührt.

4 Vorb. 5, 4 C 1, 4 C 3, 4 C 6, 4 C 7, 4 C 14, 4 C 16, 4 C 18, 4 C 23, 4 D 34, 4 D 45, 4 G 5, 4 G 12

Art. 46 Arbeitsentgelt, Arbeitsurlaub, Anrechnung der Freistellung auf den Entlassungszeitpunkt

(1) Die Arbeit der Gefangenen wird anerkannt durch Arbeitsentgelt und eine Freistellung von der Arbeit, die auch als Urlaub aus der Haft (Arbeitsurlaub) genutzt oder auf den Entlassungszeitpunkt angerechnet werden kann.

(2) ¹Üben Gefangene eine zugewiesene Arbeit oder eine Hilfstätigkeit nach Art. 43 Satz 2 aus, so erhalten sie ein Arbeitsentgelt. ²Der Bemessung des Arbeitsentgelts sind 9 v.H. der Bezugsgröße nach § 18 des Vierten Buches Sozialgesetzbuch (SGB IV) zugrunde zu legen (Eckvergütung). ³Ein Tagessatz ist der zweihundertfünfzigste Teil der Eckvergütung; das Arbeitsentgelt wird nach einem Stundensatz bemessen.

(3) ¹Das Arbeitsentgelt kann je nach Leistung der Gefangenen und der Art der Arbeit gestuft werden. ²75 v.H. der Eckvergütung dürfen nur dann unterschritten werden, wenn die Arbeitsleistungen der Gefangenen den Mindestanforderungen nicht genügen.

(4) Üben Gefangene eine zugewiesene arbeitstherapeutische Beschäftigung aus, erhalten sie ein Arbeitsentgelt, soweit dies der Art ihrer Beschäftigung und ihrer Arbeitsleistung entspricht.

(5) Das Arbeitsentgelt ist den Gefangenen schriftlich bekannt zu geben.

(6) ¹Haben die Gefangenen zwei Monate lang zusammenhängend eine Beschäftigung nach Art. 39 oder eine Hilfstätigkeit nach Art. 43 Satz 2 ausgeübt, so werden sie auf ihren Antrag hin einen Werktag von der Arbeit freigestellt. ²Die Regelung des Art. 45 bleibt unberührt. ³Durch Zeiten, in denen die Gefangenen ohne Verschulden durch Krankheit, Ausführung, Ausgang, Urlaub aus der Haft, Freistellung von der Arbeitspflicht oder sonstige nicht von ihnen zu vertretende Gründe an der Arbeitsleistung gehindert sind, wird die Frist nach Satz 1 gehemmt. ⁴Beschäftigungszeiträume von weniger als zwei Monaten bleiben unberücksichtigt.

(7) ¹Die Gefangenen können beantragen, dass die Freistellung nach Abs. 6 in Form von Arbeitsurlaub gewährt wird. ² Art. 13 Abs. 2, Art. 14 Abs. 2, 3 und 5, Art. 15 und 16 gelten entsprechend.

(8) Art. 45 Abs. 3 gilt entsprechend.

(9) Nehmen die Gefangenen nicht innerhalb eines Jahres nach Vorliegen der Voraussetzungen die Freistellung nach Abs. 6 Satz 1 oder Abs. 7 Satz 1 in Anspruch oder kann die Freistellung nach Maßgabe der Regelung des Abs. 7 Satz 2 nicht gewährt werden, so wird die Freistellung nach Abs. 6 Satz 1 von der Anstalt auf den Entlassungszeitpunkt angerechnet.

(10) Eine Anrechnung nach Abs. 9 ist ausgeschlossen,
1. soweit eine lebenslange Freiheitsstrafe verbüßt wird und ein Entlassungszeitpunkt noch nicht bestimmt ist,
2. bei einer Aussetzung der Vollstreckung des Restes einer Freiheitsstrafe zur Bewährung, soweit wegen des von der Entscheidung des Gerichts bis zur Entlassung verbleibenden Zeitraums eine Anrechnung nicht mehr möglich ist,
3. wenn dies vom Gericht angeordnet wird, weil bei einer Aussetzung der Vollstreckung des Restes einer Freiheitsstrafe zur Bewährung die Lebensverhältnisse des oder der Gefangenen oder die Wirkungen, die von der Aussetzung für ihn oder sie zu erwarten sind, die Vollstreckung bis zu einem bestimmten Zeitpunkt erfordern,
4. wenn nach § 456a Abs. 1 StPO von der Vollstreckung abgesehen wird,
5. wenn der oder die Gefangene im Gnadenweg aus der Haft entlassen wird.

(11) ¹Soweit eine Anrechnung nach Abs. 10 ausgeschlossen ist, erhalten die Gefangenen bei Entlassung für ihre Tätigkeit nach Abs. 2 als Ausgleichsentschädigung zusätzlich 15 v.H. des ihnen nach den Abs. 2 und 3 gewährten Entgelts oder der ihnen nach Art. 47 gewährten Ausbildungsbeihilfe. ²Der Anspruch entsteht erst mit der Entlassung. ³Gefangenen, bei denen eine Anrechnung nach Abs. 10 Nr. 1 ausgeschlossen ist, wird die Ausgleichszahlung bereits nach Verbüßung von jeweils zehn Jahren der lebenslangen Freiheitsstrafe zum Eigengeld (Art. 52) gutgeschrieben, soweit sie nicht vor diesem Zeitpunkt entlassen werden; § 57 Abs. 4 StGB gilt entsprechend.

4 Vorb. 5, 4 C 1, 4 D 6, 4 D 10, 4 D 11, 4 D 17, 4 D 18, 4 D 19, 4 D 21, 4 D 22, 4 D 26, 4 D 31, 4 D 32, 4 D 34, 4 D 36, 4 D 39, 4 D 40, 4 D 41, 4 D 42, 4 D 43, 4 D 45, 4 D 49, 4 D 53, 4 D 54, 4 D 55, 4 D 57, 4 D 58, 4 D 59, 4 D 60, 4 D 61, 4 D 62, 4 D 64, 4 G 10, 4 G 13, 4 I 16, 4 I 23, 4 I 67, 6 F 56

Art. 47 Ausbildungsbeihilfe

(1) ¹Nehmen Gefangene an einer Berufsausbildung, beruflichen Weiterbildung oder an einem Unterricht teil und sind sie zu diesem Zweck von der Arbeitspflicht freigestellt, so erhalten sie eine Ausbildungsbeihilfe, soweit ihnen keine Leistungen zum Lebensunterhalt zustehen, die freien Personen aus solchem Anlass gewährt werden. ²Der Nachrang der Sozialhilfe nach § 2 Abs. 2 des Zwölften Buches Sozialgesetzbuch wird nicht berührt.

(2) Für die Bemessung der Ausbildungsbeihilfe gelten Art. 46 Abs. 2 und 3 entsprechend.

(3) Nehmen Gefangene während der Arbeitszeit stunden- oder tageweise am Unterricht oder an anderen zugewiesenen Maßnahmen gemäß Art. 39 Abs. 4 teil, so erhalten sie in Höhe des ihnen dadurch entgehenden Arbeitsentgelts eine Ausbildungsbeihilfe.

4 Vorb. 5, 4 D 6, 4 D 13, 4 D 25, 4 G 3, 4 G 5, 4 G 7, 4 G 8, 4 G 9, 4 G 10, 4 G 14, 4 I 23, 4 I 67

Art. 48 Rechtsverordnung

Das Staatsministerium der Justiz wird ermächtigt, zur Durchführung der Art. 46 und 47 eine Rechtsverordnung über die Vergütungsstufen zu erlassen.

4 Vorb. 5, 4 D 71, 4 G 10

Art. 49 Haftkostenbeitrag

(1) ¹Als Teil der Kosten der Vollstreckung der Rechtsfolgen einer Tat (§ 464a Abs. 1 Satz 2 StPO) erhebt die Anstalt von den Gefangenen einen Haftkostenbeitrag. ²Ein Haftkostenbeitrag wird nicht erhoben, wenn der oder die Gefangene
1. Bezüge nach diesem Gesetz erhält oder
2. ohne Verschulden nicht arbeiten kann oder
3. nicht arbeitet, weil er oder sie nicht zur Arbeit verpflichtet ist.

³Haben Gefangene, die ohne Verschulden während eines zusammenhängenden Zeitraums von mehr als einem Monat nicht arbeiten können oder nicht arbeiten, weil sie nicht zur Arbeit verpflichtet sind, auf diese Zeit entfallende Einkünfte, so haben sie den Haftkostenbeitrag für diese Zeit bis zur Höhe der auf sie entfallenden Einkünfte zu entrichten. ⁴Den Gefangenen muss ein Betrag verbleiben, der der Eckvergütung (Art. 46 Abs. 2 Satz 2) entspricht. ⁵Von der Geltendmachung des Anspruchs ist abzusehen, soweit dies notwendig ist, um die Wiedereingliederung der Gefangenen in die Gemeinschaft nicht zu gefährden.

(2) ¹Der Haftkostenbeitrag wird im Kalenderjahr in Höhe des Betrags erhoben, der nach § 17 Abs. 1 Satz 1 Nr. 4 SGB IV durchschnittlich zum 1. Oktober des vorhergehenden Jahres zur Bewertung der Sachbezüge festgesetzt ist. ²Bei Selbstverpflegung entfallen die für die Verpflegung vorgesehenen Beträge. ³Für den Wert der Unterkunft ist die festgesetzte Belegungsfähigkeit maßgebend.

(3) Die Selbstbeschäftigung (Art. 42 Abs. 2) kann davon abhängig gemacht werden, dass der oder die Gefangene einen Haftkostenbeitrag bis zur Höhe des in Abs. 2 genannten Satzes monatlich im Voraus entrichtet.

4 Vorb. 5, 4 D 30, 4 H 25, 4 H 29, 4 I 39, 4 I 40, 4 I 43, 4 I 45, 4 I 47, 4 I 49, 4 I 50, 4 I 52

Abschnitt 6. Gelder der Gefangenen

Art. 50 Hausgeld

(1) Gefangene dürfen von ihren in diesem Gesetz geregelten Bezügen drei Siebtel monatlich (Hausgeld) für den Einkauf (Art. 24 Abs. 1) oder anderweitig verwenden.

Anhang

(2) Für Gefangene, die in einem freien Beschäftigungsverhältnis stehen (Art. 42 Abs. 1) oder denen gestattet ist, sich selbst zu beschäftigen (Art. 42 Abs. 2), wird aus ihren Bezügen ein angemessenes Hausgeld festgesetzt.

4 Vorb. 5, 4 I 23, 4 I 25, 12 P 8

Art. 51 Überbrückungsgeld

(1) Aus den in diesem Gesetz geregelten Bezügen und aus den Bezügen der Gefangenen, die in einem freien Beschäftigungsverhältnis stehen (Art. 42 Abs. 1) oder denen gestattet ist, sich selbst zu beschäftigen (Art. 42 Abs. 2), ist ein Überbrückungsgeld zu bilden, das den notwendigen Lebensunterhalt der Gefangenen und ihrer Unterhaltsberechtigten für die ersten vier Wochen nach der Entlassung sichern soll.

(2) ¹Das Überbrückungsgeld wird den Gefangenen bei der Entlassung in die Freiheit ausgezahlt. ²Die Anstalt kann es auch ganz oder zum Teil den Bewährungshelfern oder einer mit der Entlassenenbetreuung befassten Stelle überweisen, die darüber entscheiden, wie das Geld innerhalb der ersten vier Wochen nach der Entlassung an die Gefangenen ausgezahlt wird. ³Die Bewährungshelfer und die mit der Entlassenenbetreuung befasste Stelle sind verpflichtet, das Überbrückungsgeld von ihrem Vermögen gesondert zu halten. ⁴Mit Zustimmung der Gefangenen kann das Überbrückungsgeld auch den Unterhaltsberechtigten überwiesen werden.

(3) Der Anstaltsleiter oder die Anstaltsleiterin kann gestatten, dass das Überbrückungsgeld für Ausgaben in Anspruch genommen wird, die der Eingliederung der Gefangenen dienen.

4 Vorb. 5, 4 I 11, 4 I 64, 4 I 67, 4 I 78, 4 I 83, 4 I 84, 4 I 85, 4 I 87, 4 I 91

Art. 52 Eigengeld

(1) ¹Als Eigengeld wird gutgeschrieben
1. eingebrachtes Geld,
2. Bezüge der Gefangenen, die nicht als Hausgeld, Haftkostenbeitrag oder Überbrückungsgeld in Anspruch genommen werden,
3. Geld, das für die Gefangenen eingezahlt wird.

²Art. 53 bleibt unberührt.

(2) Die Gefangenen können über ihr Eigengeld verfügen, soweit dieses nicht als Überbrückungsgeld notwendig ist.

4 Vorb. 5, 4 I 11, 4 I 93, 4 I 101, 4 I 102, 4 I 103, 4 I 105, 4 I 118, 6 C 15, 11 C 17

Art. 53 Sondergeld

¹Für die Gefangenen kann zum Zweck des Sondereinkaufs gemäß Art. 25 oder für die Kosten einer Krankenbehandlung Geld einbezahlt werden. ²Dieses ist als Sondergeld gutzuschreiben. ³Kann das Geld nicht oder nicht in vollem Umfang für den konkret zu bezeichnenden Zweck eingesetzt werden, ist es zum Eigengeld gutzuschreiben.

4 Vorb. 5, 4 I 123, 6 C 3

Art. 54 Taschengeld

¹Wenn Gefangene ohne Verschulden kein Arbeitsentgelt und keine Ausbildungsbeihilfe erhalten, wird ihnen auf Antrag ein angemessenes Taschengeld gewährt, falls sie bedürftig sind. ²Das Taschengeld darf für den Einkauf (Art. 24 Abs. 1) oder anderweitig verwendet werden.

4 Vorb. 5, 4 I 3, 4 I 4, 4 I 5, 4 I 10, 4 I 16, 4 I 19, 4 I 23

Abschnitt 7. Religionsausübung

Art. 55 Seelsorge

(1) ¹Den Gefangenen darf religiöse Betreuung durch einen Seelsorger oder eine Seelsorgerin ihrer Religionsgemeinschaft nicht versagt werden. ²Auf ihren Wunsch ist ihnen zu helfen, mit einem Seelsorger oder einer Seelsorgerin ihrer Religionsgemeinschaft in Verbindung zu treten.

(2) ¹Gefangene dürfen grundlegende religiöse Schriften besitzen. ²Sie dürfen ihnen nur bei grobem Missbrauch entzogen werden.

(3) Den Gefangenen sind Gegenstände des religiösen Gebrauchs in angemessenem Umfang zu belassen.

8 A 14, 8 A 19, 8 A 21, 8 A 22, 8 A 23

Art. 56 Religiöse Veranstaltungen

(1) Gefangene haben das Recht, am Gottesdienst und an anderen religiösen Veranstaltungen ihres Bekenntnisses teilzunehmen.

(2) Zu dem Gottesdienst oder zu religiösen Veranstaltungen einer anderen Religionsgemeinschaft werden Gefangene zugelassen, wenn deren Seelsorger zustimmen.

(3) Gefangene können von der Teilnahme am Gottesdienst oder anderen religiösen Veranstaltungen ausgeschlossen werden, wenn dies aus überwiegenden Gründen der Sicherheit oder Ordnung geboten ist; der Seelsorger oder die Seelsorgerin soll vorher gehört werden.

8 B 1, 8 B 18, 8 B 22

Art. 57 Weltanschauungsgemeinschaften

Für Angehörige weltanschaulicher Bekenntnisse gelten die Art. 55 und 56 entsprechend.

8 C 1 ff

Abschnitt 8. Gesundheitsfürsorge

Art. 58 Allgemeine Regeln

(1) ¹Für die körperliche und geistige Gesundheit der Gefangenen ist zu sorgen. ²Art. 108 bleibt unberührt.

(2) Die Gefangenen haben die notwendigen Maßnahmen zum Gesundheitsschutz und zur Hygiene zu unterstützen.

(3) Der Schutz der Nichtraucher ist, soweit es bauliche und organisatorische Maßnahmen ermöglichen, zu gewährleisten.

6 D 1, 6 D 17, 6 D 24, 6 D 32, 6 E 7

Art. 59 Gesundheitsuntersuchungen, medizinische Vorsorgeleistungen

(1) Gefangene, die das 35. Lebensjahr vollendet haben, haben jedes zweite Jahr Anspruch auf eine ärztliche Gesundheitsuntersuchung zur Früherkennung von Krankheiten, insbesondere zur Früherkennung von Herz-Kreislauf- und Nierenerkrankungen sowie der Zuckerkrankheit.

(2) Gefangene haben höchstens einmal jährlich Anspruch auf eine Untersuchung zur Früherkennung von Krebserkrankungen, Frauen frühestens vom Beginn des 20. Lebensjahres an, Männer frühestens vom Beginn des 45. Lebensjahres an.

(3) Voraussetzung für die Untersuchungen nach Abs. 1 und 2 ist, dass
1. es sich um Krankheiten handelt, die wirksam behandelt werden können,
2. das Vor- oder Frühstadium dieser Krankheiten durch diagnostische Maßnahmen erfassbar ist,
3. die Krankheitszeichen medizinisch-technisch genügend eindeutig zu erfassen sind.

(4) Weibliche Gefangene haben für ihre Kinder, die mit ihnen in der Anstalt untergebracht sind, Anspruch auf Untersuchungen zur Früherkennung von Krankheiten, die die körperliche oder geistige Entwicklung ihrer Kinder in nicht geringfügigem Maße gefährden.

(5) Gefangene haben Anspruch auf ärztliche Behandlung und Versorgung mit Arznei-, Verband-, Heil- und Hilfsmitteln, wenn diese notwendig sind, um
1. eine Schwächung der Gesundheit, die in absehbarer Zeit voraussichtlich zu einer Krankheit führen würde, zu beseitigen,
2. einer Gefährdung der gesundheitlichen Entwicklung eines Kindes entgegenzuwirken,
3. Krankheiten zu verhüten oder deren Verschlimmerung zu vermeiden oder
4. Pflegebedürftigkeit zu vermeiden.

6 E 1, 6 E 6, 6 E 7, 6 E 8

Art. 60 Krankenbehandlung

¹Gefangene haben Anspruch auf Krankenbehandlung, wenn sie notwendig ist, um eine Krankheit zu erkennen, zu heilen, ihre Verschlimmerung zu verhüten oder Krankheitsbeschwerden zu lindern. ²Die Krankenbehandlung umfasst
1. ärztliche Behandlung,
2. zahnärztliche Behandlung,
3. Versorgung mit Zahnersatz einschließlich Zahnkronen und Suprakonstruktionen,

4. Versorgung mit Arznei-, Verband-, Heil- und Hilfsmitteln,
5. Krankenhausbehandlung,
6. Leistungen zur medizinischen Rehabilitation und ergänzende Leistungen, soweit die Belange des Vollzugs dem nicht entgegenstehen.

6 E 7, 6 F 1, 6 F 12

Art. 61 Versorgung mit Hilfsmitteln

(1) ¹Gefangene haben Anspruch auf Versorgung mit Seh- und Hörhilfen, Körperersatzstücken, orthopädischen und anderen Hilfsmitteln, die im Einzelfall erforderlich sind, um den Erfolg der Krankenbehandlung zu sichern, einer drohenden Behinderung vorzubeugen oder eine Behinderung auszugleichen, sofern dies nicht mit Rücksicht auf die Kürze des noch verbleibenden Freiheitsentzugs ungerechtfertigt ist und soweit die Hilfsmittel nicht als allgemeine Gebrauchsgegenstände des täglichen Lebens anzusehen sind. ²Der Anspruch umfasst auch die ohne Verschulden des oder der Gefangenen notwendige Änderung, Instandsetzung und Ersatzbeschaffung von Hilfsmitteln sowie die Ausbildung in ihrem Gebrauch, soweit die Belange des Vollzugs dem nicht entgegenstehen.

(2) ¹Ein Anspruch auf Sehhilfen besteht nur, wenn der oder die Gefangene auf beiden Augen eine schwere Sehbeeinträchtigung im Sinn des § 33 Abs. 2 Satz 2 des Fünften Buches Sozialgesetzbuch aufweist. ²Liegen diese Voraussetzungen nicht vor, können Gefangene Sehhilfen erhalten, wenn sie die Kosten tragen oder wenn sie bedürftig sind. ³Ein Anspruch auf therapeutische Sehhilfen besteht, wenn diese der Behandlung von Augenverletzungen oder Augenerkrankungen dienen. ⁴Anspruch auf Versorgung mit Kontaktlinsen besteht nur in medizinisch zwingend erforderlichen Ausnahmefällen. ⁵Ein erneuter Anspruch auf Versorgung mit Sehhilfen besteht nur bei einer Änderung der Sehfähigkeit um mindestens 0,5 Dioptrien.

6 E 7, 6 F 18, 6 F 19, 6 F 20, 6 F 23, 6 F 25

Art. 62 Krankenbehandlung im Urlaub

Während eines Urlaubs oder Ausgangs haben Gefangene nur einen Anspruch auf Krankenbehandlung in der für sie zuständigen Anstalt.

6 E 7, 6 F 51

Art. 63 Art und Umfang der Leistungen, Kostenbeteiligung

(1) Für die Art der Gesundheitsuntersuchungen und medizinischen Vorsorgeleistungen sowie für den Umfang dieser Leistungen und der Leistungen zur Krankenbehandlung einschließlich der Versorgung mit Hilfsmitteln gelten die entsprechenden Vorschriften des Sozialgesetzbuchs und die auf Grund dieser Vorschriften getroffenen Regelungen.

(2) ¹Gefangene können an den Kosten der Krankenbehandlung im Sinn des Art. 60 in angemessenem Umfang beteiligt werden. ²Für nicht verschreibungspflichtige Arzneimittel werden in der Regel die vollen Kosten erhoben.

4 I 55, 4 I 123, 6 E 7, 6 F 18, 6 F 28, 6 F 29, 6 F 31, 6 F 32, 6 F 35

Art. 64 Ruhen der Ansprüche

Der Anspruch auf Leistungen nach den Art. 59 bis 61 ruht, solang die Gefangenen auf Grund eines freien Beschäftigungsverhältnisses (Art. 42 Abs. 1) krankenversichert sind.

4 H 5, 6 E 7, 6 F 55

Art. 65 Ärztliche Behandlung zur sozialen Eingliederung

¹Mit Zustimmung des oder der Gefangenen soll die Anstalt ärztliche Behandlungen, insbesondere Operationen oder prothetische Maßnahmen durchführen lassen, die ihre soziale Eingliederung fördern. ²Die Kosten tragen die Gefangenen. ³Sind sie dazu nicht in der Lage, kann die Anstalt die Kosten in begründeten Fällen in angemessenem Umfang übernehmen.

4 I 55, 4 I 123, 6 E 7, 6 F 41, 6 F 42, 6 F 48, 6 F 50

Art. 66 Aufenthalt im Freien

Arbeiten Gefangene nicht im Freien, so wird ihnen täglich mindestens eine Stunde Aufenthalt im Freien ermöglicht, wenn die Witterung dies zu der festgesetzten Zeit zulässt.

6 G 1, 6 G 6

Art. 67 Überstellung, Verlegung

(1) Kranke Gefangene können in ein Anstaltskrankenhaus oder in eine für die Behandlung ihrer Krankheit besser geeignete Anstalt überstellt oder verlegt werden.

(2) Kann die Krankheit in einer Anstalt oder einem Anstaltskrankenhaus nicht erkannt oder behandelt werden oder ist es nicht möglich, die Gefangenen rechtzeitig in ein Anstaltskrankenhaus zu überstellen oder zu verlegen, sind sie in ein Krankenhaus außerhalb des Vollzugs zu bringen.

6 E 7, 6 F 58, 6 F 59, 6 F 61, 6 F 65, 6 F 71

Art. 68 Benachrichtigung bei Erkrankung oder Todesfall

(1) ¹Werden Gefangene schwer krank, so ist ein Angehöriger, eine Person ihres Vertrauens oder der gesetzliche Vertreter oder die gesetzliche Vertreterin unverzüglich zu benachrichtigen. ²Dasselbe gilt, wenn Gefangene sterben.

(2) Dem Wunsch der Gefangenen, auch andere Personen zu benachrichtigen, soll nach Möglichkeit entsprochen werden.

6 E 7, 6 H 1, 6 H 2

Abschnitt 9. Freizeit

Art. 69 Allgemeines

¹Gefangene erhalten Gelegenheit, sich in ihrer Freizeit sinnvoll zu beschäftigen. ²Im Rahmen des Behandlungsauftrags sollen die Gefangenen Gelegenheit erhalten, eine Bücherei zu benutzen und an sonstigen Freizeitangeboten der Anstalt teilzunehmen, insbesondere an Unterricht, Lehrgängen, sonstigen Veranstaltungen der Weiterbildung, Sport, Freizeitgruppen, Gruppengesprächen sowie kulturellen Veranstaltungen.

5 A 6, 5 A 8, 5 A 9, 5 A 10, 5 A 11, 5 A 13, 5 A 18, 5 A 19, 5 A 25, 5 A 26, 5 A 27, 5 A 30, 5 A 32, 5 A 45, 5 D 31

Art. 70 Zeitungen und Zeitschriften

(1) Gefangene dürfen Zeitungen und Zeitschriften in angemessenem Umfang durch Vermittlung der Anstalt beziehen.

(2) ¹Ausgeschlossen sind Zeitungen und Zeitschriften, deren Verbreitung mit Strafe oder Geldbuße bedroht ist. ²Einzelne Ausgaben oder Teile von Zeitungen oder Zeitschriften können den Gefangenen vorenthalten werden, wenn sie die Erfüllung des Behandlungsauftrags oder die Sicherheit oder Ordnung der Anstalt erheblich gefährden würden.

5 B 5, 5 B 6, 5 B 13, 5 B 15, 5 B 23, 5 B 26

Art. 71 Hörfunk und Fernsehen

(1) ¹Eigene Hörfunk- und Fernsehgeräte werden unter den Voraussetzungen des Art. 72 zugelassen. ²Die Betriebskosten können den Gefangenen auferlegt werden.

(2) Der Hörfunk- und Fernsehempfang kann vorübergehend ausgesetzt oder einzelnen Gefangenen untersagt werden, wenn dies zur Aufrechterhaltung der Sicherheit oder Ordnung der Anstalt unerlässlich ist.

5 C 4, 5 C 10, 5 C 12, 5 C 14, 5 C 17, 5 C 18, 5 C 19, 5 C 32, 5 C 42

Art. 72 Besitz von Gegenständen für die Freizeitbeschäftigung

(1) Gefangene dürfen in angemessenem Umfang Bücher und andere Gegenstände zur Fortbildung oder zur Freizeitbeschäftigung besitzen.

(2) Dies gilt nicht, wenn der Besitz, die Überlassung oder die Benutzung des Gegenstands
1. mit Strafe oder Geldbuße bedroht wäre oder
2. die Erfüllung des Behandlungsauftrags oder die Sicherheit oder Ordnung der Anstalt gefährden würde; eine solche Gefährdung liegt in der Regel bei elektronischen Unterhaltungsmedien vor.

(3) Die Erlaubnis kann unter den Voraussetzungen des Abs. 2 widerrufen werden.

5 C 4, 5 C 12, 5 C 14, 5 C 17, 5 C 18, 5 C 19, 5 C 25, 5 C 26, 5 C 42, 5 D 5, 5 D 10, 5 D 11, 5 D 14, 5 D 16, 5 D 21, 5 D 22, 5 D 23, 5 D 31

Anhang

Art. 73 Kostenbeteiligung
Die Gefangenen können in angemessenem Umfang an den Stromkosten, die durch die Nutzung der in ihrem Besitz befindlichen Gegenstände entstehen, beteiligt werden.

4 I 56, 5 C 32, 5 C 42

Abschnitt 10. Soziale und psychologische Hilfe

Art. 74 Grundsatz
Die Beratungs-, Betreuungs- und Behandlungsangebote der Anstalt dienen dazu, die für die Tat ursächlichen Defizite des oder der Gefangenen abzubauen, zur Lösung persönlicher Schwierigkeiten beizutragen und die Entlassung vorzubereiten.

7 A 1, 7 A 8

Art. 75 Soziale Hilfe
Die soziale Hilfe soll darauf gerichtet sein, die Gefangenen in die Lage zu versetzen, ihre Angelegenheiten selbst zu ordnen und zu regeln.

7 A 8, 7 A 9, 7 C 7

Art. 76 Psychologische Behandlung
(1) Psychologische Behandlungsmaßnahmen setzen eine diagnostische Abklärung und eine Einschätzung des Rückfallrisikos voraus.

(2) Die psychotherapeutischen Behandlungsmethoden haben sich an den nach dem Psychotherapeutengesetz anerkannten Verfahren, die sonstigen psychologischen Behandlungsmaßnahmen an den wissenschaftlichen Erkenntnissen über die Behandlung von Straftätern zu orientieren.

7 A 8

Art. 77 Hilfe bei der Aufnahme
(1) Bei der Aufnahme wird den Gefangenen geholfen, die notwendigen Maßnahmen für hilfsbedürftige Angehörige zu veranlassen und ihre Habe außerhalb der Anstalt sicherzustellen.

(2) Die Gefangenen sind über die Aufrechterhaltung einer Sozialversicherung zu beraten.

2 A 12, 7 B 1, 7 B 4, 7 B 10

Art. 78 Hilfe während des Vollzugs
Die Gefangenen werden in dem Bemühen unterstützt, ihre Rechte und Pflichten wahrzunehmen, insbesondere das Wahlrecht auszuüben, sowie für Unterhaltsberechtigte zu sorgen.

1 D 17, 1 D 21, 1 D 23, 7 C 1, 7 C 6, 7 C 7

Art. 79 Hilfe zur Entlassung
[1]Um die Entlassung vorzubereiten, sind die Gefangenen bei der Ordnung ihrer persönlichen, wirtschaftlichen und sozialen Angelegenheiten zu beraten. [2]Die Beratung erstreckt sich auch auf die Benennung der für Sozialleistungen zuständigen Stellen. [3]Den Gefangenen ist insbesondere zu helfen, Arbeit, Unterkunft und persönlichen Beistand für die Zeit nach der Entlassung zu finden.

7 A 1, 7 D 8

Art. 80 Entlassungsbeihilfe
(1) Die Gefangenen erhalten, soweit ihre eigenen Mittel nicht ausreichen, von der Anstalt eine Beihilfe zu den Reisekosten sowie eine Überbrückungsbeihilfe und erforderlichenfalls ausreichende Kleidung.

(2) Die Überbrückungsbeihilfe soll die Gefangenen in die Lage versetzen, ohne Inanspruchnahme fremder Hilfe ihren notwendigen Lebensunterhalt zu bestreiten, bis sie ihn anderweitig decken können.

(3) [1]Art. 51 Abs. 2 Sätze 2 und 3 gelten entsprechend. [2]Die Überbrückungsbeihilfe kann ganz oder teilweise auch den Unterhaltsberechtigten überwiesen werden.

7 E 1, 7 E 9, 10 G 2

Art. 81 Hilfe nach Entlassung
Auf Antrag der Gefangenen kann die Anstalt nach deren Entlassung vorübergehend Hilfestellung im Einzelfall gewähren, soweit diese nicht anderweitig durchgeführt werden kann und der Erfolg der Behandlung der Gefangenen gefährdet ist.

7 D 23, 7 D 27

Abschnitt 11. Besondere Vorschriften für den Frauenstrafvollzug

Art. 82 Leistungen bei Schwangerschaft und Mutterschaft
(1) ¹Bei einer Schwangeren oder einer Gefangenen, die unlängst entbunden hat, ist auf ihren Zustand Rücksicht zu nehmen. ²Die Vorschriften des Mutterschutzgesetzes über die Gestaltung des Arbeitsplatzes sind entsprechend anzuwenden.

(2) ¹Die Gefangene hat während der Schwangerschaft, bei und nach der Entbindung Anspruch auf ärztliche Betreuung und auf Hebammenhilfe in der Anstalt. ²Zur ärztlichen Betreuung während der Schwangerschaft gehören insbesondere Untersuchungen zur Feststellung der Schwangerschaft sowie Vorsorgeuntersuchungen einschließlich der laborärztlichen Untersuchungen.

(3) ¹Zur Entbindung ist die Schwangere in ein Krankenhaus außerhalb des Vollzugs zu bringen. ²Ist dies aus besonderen Gründen nicht angezeigt, so ist die Entbindung in einer Anstalt mit Entbindungsabteilung vorzunehmen. ³Bei der Entbindung wird Hilfe durch eine Hebamme und, falls erforderlich, durch einen Arzt oder eine Ärztin gewährt.

4 B 21, 6 E 7, 14 A 15, 14 B 2, 14 B 13

Art. 83 Arznei-, Verband- und Heilmittel
Bei Schwangerschaftsbeschwerden und im Zusammenhang mit der Entbindung werden Arznei-, Verband- und Heilmittel geleistet.

6 E 7, 14 A 15, 14 B 10

Art. 84 Art, Umfang und Ruhen der Leistungen bei Schwangerschaft und Mutterschaft
Art. 62, 63 Abs. 1, Art. 64 und 67 gelten für die Leistungen nach Art. 82 und 83 entsprechend.

6 E 7, 14 A 15, 14 B 16

Art. 85 Geburtsanzeige
In der Anzeige der Geburt an das Standesamt dürfen die Anstalt als Geburtsstätte des Kindes, das Verhältnis der anzeigenden Person zur Anstalt und die Inhaftierung der Mutter nicht vermerkt sein.

6 E 7, 14 B 17

Art. 86 Mütter mit Kindern
(1) ¹Ist das Kind einer Gefangenen noch nicht schulpflichtig, so kann es mit Zustimmung der aufenthaltsbestimmungsberechtigten Person in der Anstalt untergebracht werden, in der sich seine Mutter befindet, wenn dies seinem Wohl entspricht. ²Vor der Unterbringung ist das Jugendamt zu hören.

(2) ¹Die Unterbringung einschließlich der Gesundheitsfürsorge erfolgt auf Kosten der für das Kind unterhaltspflichtigen Person. ²Von der Geltendmachung des Kostenersatzanspruchs kann abgesehen werden, wenn hierdurch die gemeinsame Unterbringung von Mutter und Kind gefährdet würde.

(3) ¹Kann die Krankheit eines nach Abs. 1 mit der Mutter in der Anstalt untergebrachten Kindes dort nicht erkannt oder behandelt werden, ist das Kind in ein Krankenhaus außerhalb des Vollzugs zu bringen. ²Soweit die Anwesenheit der Mutter medizinisch erforderlich ist und vollzugliche Gründe nicht entgegenstehen, ist auch die Mutter dorthin zu bringen.

6 E 7, 14 C 1, 14 C 11, 14 C 16

Abschnitt 12. Sicherheit und Ordnung

Art. 87 Grundsatz
(1) Das Verantwortungsbewusstsein der Gefangenen für ein geordnetes Zusammenleben in der Anstalt ist zu wecken und zu fördern.

(2) Die Pflichten und Beschränkungen, die den Gefangenen zur Aufrechterhaltung der Sicherheit oder Ordnung der Anstalt auferlegt werden, sind so zu wählen, dass sie in einem angemessenen Verhältnis zu ihrem Zweck stehen und die Gefangenen nicht mehr und nicht länger als notwendig beeinträchtigen.

11 A 4, 11 A 7, 11 A 9, 11 I 4

Art. 88 Verhaltensvorschriften

(1) ¹Die Gefangenen haben sich nach der Tageseinteilung der Anstalt (Arbeitszeit, Freizeit, Ruhezeit) zu richten. ²Sie dürfen durch ihr Verhalten gegenüber Vollzugsbediensteten, Mitgefangenen und anderen Personen das geordnete Zusammenleben nicht stören.

(2) ¹Die Gefangenen haben die Anordnungen der Vollzugsbediensteten zu befolgen, auch wenn sie sich durch sie beschwert fühlen. ²Einen ihnen zugewiesenen Bereich dürfen sie nicht ohne Erlaubnis verlassen.

(3) Ihren Haftraum und die ihnen von der Anstalt überlassenen Sachen haben sie in Ordnung zu halten und schonend zu behandeln.

(4) Die Gefangenen haben Umstände, die eine Gefahr für das Leben oder eine erhebliche Gefahr für die Gesundheit einer Person bedeuten, unverzüglich zu melden.

5 A 2, 11 B 2, 11 B 4, 11 B 6, 11 B 7, 11 B 8, 11 B 9, 11 M 27

Art. 89 Ersatz von Aufwendungen

(1) ¹Die Gefangenen sind verpflichtet, der Anstalt Aufwendungen zu ersetzen, die sie durch eine vorsätzliche oder grob fahrlässige Selbstverletzung oder Verletzung anderer Gefangener verursacht haben. ²Ansprüche aus sonstigen Rechtsvorschriften bleiben unberührt.

(2) Bei der Geltendmachung dieser Forderungen kann auch ein den dreifachen Tagessatz der Eckvergütung nach Art. 46 Abs. 2 Satz 2 übersteigender Teil des Hausgeldes in Anspruch genommen werden.

(3) Für die in Abs. 1 genannten Forderungen ist der ordentliche Rechtsweg gegeben.

(4) Von der Aufrechnung oder Vollstreckung wegen der in Abs. 1 genannten Forderungen ist abzusehen, wenn hierdurch die Behandlung der Gefangenen oder ihre Eingliederung behindert würde.

4 I 27, 4 I 34, 11 J 2, 11 J 3, 11 J 4, 11 J 9, 11 J 11, 11 J 13

Art. 90 Eingebrachte Sachen, persönlicher Gewahrsam

(1) ¹Die Gefangenen dürfen nur Sachen in Gewahrsam haben oder annehmen, die ihnen von der Anstalt oder mit ihrer Zustimmung überlassen werden. ²Ohne Zustimmung dürfen sie Sachen weder abgeben noch annehmen, außer solche von geringem Wert. ³Die Anstalt kann die Abgabe, Annahme und den Gewahrsam auch dieser Sachen von ihrer Zustimmung abhängig machen.

(2) ¹Eingebrachte Sachen, die die Gefangenen nicht in Gewahrsam haben dürfen, sind für sie aufzubewahren, sofern dies nach Art und Umfang möglich ist. ²Den Gefangenen wird Gelegenheit gegeben, ihre Sachen, die sie während des Vollzugs und für ihre Entlassung nicht benötigen, abzusenden.

(3) Weigern sich Gefangene, eingebrachtes Gut, dessen Aufbewahrung nach Art und Umfang nicht möglich ist, aus der Anstalt zu verbringen, so ist die Anstalt berechtigt, diese Gegenstände auf Kosten der Gefangenen aus der Anstalt entfernen zu lassen.

(4) Aufzeichnungen und andere Gegenstände, die Kenntnisse über Sicherungsvorkehrungen der Anstalt vermitteln, dürfen von der Anstalt vernichtet oder unbrauchbar gemacht werden.

4 I 80, 11 C 2, 11 C 3, 11 C 12, 11 C 13, 11 C 14, 11 C 15, 11 C 16

Art. 91 Durchsuchung

(1) ¹Gefangene, ihre Sachen und die Hafträume dürfen durchsucht werden. ²Die Durchsuchung männlicher Gefangener darf nur von Männern, die Durchsuchung weiblicher Gefangener darf nur von Frauen vorgenommen werden; dies gilt nicht für das Absuchen der Gefangenen mit technischen Mitteln oder mit sonstigen Hilfsmitteln. ³Das Schamgefühl ist zu schonen.

(2) ¹Nur bei Gefahr im Verzug oder auf Anordnung des Anstaltsleiters oder der Anstaltsleiterin im Einzelfall ist es zulässig, eine mit einer Entkleidung verbundene körperliche Durchsuchung vorzunehmen. ²Sie darf bei männlichen Gefangenen nur in Gegenwart von Männern, bei weiblichen Gefangenen nur in Gegenwart von Frauen erfolgen. ³Sie ist in einem geschlossenen Raum durchzuführen. ⁴Andere Gefangene dürfen nicht anwesend sein.

(3) Der Anstaltsleiter oder die Anstaltsleiterin kann allgemein anordnen, dass Gefangene bei der Aufnahme, nach Kontakten mit Besuchern und nach jeder Abwesenheit von der Anstalt nach Abs. 2 zu durchsuchen sind.

(4) ¹Elektronische Datenspeicher sowie elektronische Geräte mit Datenspeichern, die Gefangene ohne Erlaubnis der Anstalt in Gewahrsam haben, dürfen auf schriftliche Anordnung des Anstaltsleiters oder der Anstaltsleiterin im Einzelfall ausgelesen werden, soweit tatsächliche Anhaltspunkte die Annahme rechtfertigen, dass dies zu vollzuglichen Zwecken oder für die in Art. 197 Abs. 2 genannten Zwecke erforderlich ist. ²Die so erhobenen Daten dürfen nur für die in Satz 1 genannten Zwecke verarbeitet werden.

(5) ¹Nach Abs. 4 erhobene Daten dürfen nicht weiterverarbeitet werden, soweit
1. sie Inhalte betreffen, über die das Zeugnis nach den §§ 53, 53a StPO verweigert werden könnte, oder sie in einem Vertrauensverhältnis mit anderen Berufsgeheimnisträgern zuzuordnen sind oder
2. sie dem Kernbereich privater Lebensgestaltung zuzurechnen sind.

²Für Gefangene gilt Satz 1 Nr. 2 nur, soweit die weitere Verarbeitung auch unter Berücksichtigung der verfolgten Verarbeitungszwecke sowie der Unzulässigkeit des Besitzes und der Nutzung des Datenspeichers für die betroffenen Gefangenen unzumutbar ist. ³Soweit die weitere Verarbeitung nach den Sätzen 1 und 2 unzulässig ist, sind die Daten unverzüglich zu löschen. ⁴Die Erfassung und die Löschung der Daten sind zu dokumentieren. ⁵Für die Dokumentation gilt Art. 199 Abs. 4 entsprechend.

(6) ¹Die Gefangenen sind bei der Aufnahme über die Möglichkeit des Auslesens von Datenspeichern zu belehren. ²Die Belehrung ist aktenkundig zu machen.

11 D 2, 11 D 4, 11 D 5, 11 D 7, 11 D 9, 11 D 10

Art. 92 Sichere Unterbringung

Gefangene können in eine Anstalt verlegt werden, die zu ihrer sicheren Unterbringung besser geeignet ist, wenn in erhöhtem Maß Fluchtgefahr gegeben ist oder sonst ihr Verhalten oder ihr Zustand eine Gefahr für die Sicherheit oder Ordnung der Anstalt darstellt.

11 E 1, 11 E 4, 11 E 6, 13 B 5

Art. 93 Erkennungsdienstliche Maßnahmen

(1) Zur Sicherung des Vollzugs, zur Aufrechterhaltung der Sicherheit oder Ordnung der Anstalt oder zur Identitätsfeststellung sind mit Kenntnis der Gefangenen zulässig
1. die Aufnahme von Lichtbildern,
2. die Feststellung äußerlicher körperlicher Merkmale,
3. Messungen,
4. die Erfassung biometrischer Merkmale von Fingern, Händen, Gesicht und Stimme.

(2) ¹Die hierbei gewonnenen Unterlagen oder Daten werden zu den Gefangenenpersonalakten genommen oder in personenbezogenen Dateien gespeichert. ²Sie können auch in kriminalpolizeilichen Sammlungen verwahrt werden. ³Die nach Abs. 1 erhobenen Daten dürfen nur für die in Abs. 1, Art. 95 Abs. 2 und Art. 197 Abs. 2 Satz 1 Nr. 3 genannten Zwecke verarbeitet und genutzt werden. ⁴Art. 201 Abs. 4 Satz 2 bleibt unberührt.

11 F 1 ff

Art. 94 Maßnahmen zur Feststellung von Suchtmittelkonsum

(1) ¹Zur Aufrechterhaltung der Sicherheit und Ordnung der Anstalt kann der Anstaltsleiter oder die Anstaltsleiterin allgemein oder im Einzelfall Maßnahmen anordnen, die geeignet sind, den Missbrauch von Suchtmitteln festzustellen. ²Diese Maßnahmen dürfen nicht mit einem körperlichen Eingriff verbunden sein.

(2) Wird Suchtmittelmissbrauch festgestellt, können die Kosten der Maßnahme den Gefangenen auferlegt werden.

11 D 3, 11 D 12, 11 D 15, 11 D 16, 11 D 18

Art. 95 Festnahmerecht

(1) Gefangene, die entwichen sind oder sich sonst ohne Erlaubnis außerhalb der Anstalt aufhalten, können durch die Anstalt oder auf ihre Veranlassung hin festgenommen und in die Anstalt zurückgebracht werden.

(2) Die nach diesem Gesetz erhobenen Daten dürfen den Vollstreckungs- und Strafverfolgungsbehörden übermittelt werden, soweit dies für Zwecke der Fahndung und Festnahme der entwichenen oder sich sonst ohne Erlaubnis außerhalb der Anstalt aufhaltenden Gefangenen erforderlich ist.

10 C 14, 11 G 2, 11 G 3, 11 G 4

Art. 96 Besondere Sicherungsmaßnahmen

(1) Gegen Gefangene können besondere Sicherungsmaßnahmen angeordnet werden, wenn nach ihrem Verhalten oder auf Grund ihres seelischen Zustands in erhöhtem Maß Fluchtgefahr oder die Gefahr von Gewalttätigkeiten gegen Personen oder Sachen oder die Gefahr des Selbstmords oder der Selbstverletzung besteht.

(2) Als besondere Sicherungsmaßnahmen sind zulässig:
1. der Entzug oder die Vorenthaltung von Gegenständen,
2. die ständige Beobachtung, auch mit technischen Mitteln,
3. die Absonderung von anderen Gefangenen,
4. der Entzug oder die Beschränkung des Aufenthalts im Freien,
5. die Unterbringung in einem besonders gesicherten Haftraum ohne gefährdende Gegenstände und
6. die Fesselung.

(3) Maßnahmen nach Abs. 2 Nrn. 1, 3 bis 5 sind auch zulässig, wenn die Gefahr einer Befreiung oder eine erhebliche Störung der Anstaltsordnung anders nicht vermieden oder behoben werden kann.

(4) Bei einer Ausführung, Vorführung oder beim Transport ist die Fesselung auch dann zulässig, wenn aus anderen Gründen als denen des Abs. 1 in erhöhtem Maß Fluchtgefahr besteht.

(5) Besondere Sicherungsmaßnahmen dürfen nur soweit aufrechterhalten werden, als es ihr Zweck erfordert.

11 I 3, 11 I 4, 11 I 6, 11 I 8, 11 I 14, 11 I 39, 11 I 41, 11 I 44, 11 I 46, 11 I 50

Art. 97 Einzelhaft

(1) Die unausgesetzte Absonderung eines oder einer Gefangenen (Einzelhaft) ist nur zulässig, wenn dies aus Gründen, die in der Person des oder der Gefangenen liegen, unerlässlich ist.

(2) Einzelhaft von mehr als drei Monaten Gesamtdauer in einem Jahr bedarf der Zustimmung der Aufsichtsbehörde.

11 I 6, 11 I 46, 11 I 49

Art. 98 Fesselung, Fixierung

(1) ¹Fesseln dürfen nur an den Händen oder an den Füßen, im Ausnahmefall auch an Händen und Füßen angelegt werden; Satz 2 und Abs. 2 bleiben unberührt. ²Im Interesse des oder der Gefangenen kann der Anstaltsleiter oder die Anstaltsleiterin eine andere Art der Fesselung anordnen. ³Die Fesselung wird zeitweise gelockert, soweit dies notwendig ist.

(2) ¹Eine Fesselung der Gefangenen, durch welche die Bewegungsfreiheit an allen Gliedmaßen aufgehoben wird (Fixierung), ist nur zulässig, wenn und solange sie zur Abwendung einer gegenwärtigen erheblichen Gefahr von Gewalttätigkeiten gegen Personen oder des Selbstmords oder der Selbstverletzung unerlässlich ist. ²Es sind zu dokumentieren
1. die Anordnung der Fixierung und deren Gründe,
2. Entscheidungen zur Fortdauer,
3. die Durchführung und Überwachung der Maßnahmen einschließlich der Beteiligung des ärztlichen Dienstes und
4. der Hinweis nach Satz 3.

³Nach Beendigung der Fixierung sind die Gefangenen auf die Möglichkeit hinzuweisen, die Zulässigkeit der Fixierung nachträglich gerichtlich überprüfen zu lassen.

11 I 6, 11 I 50, 11 I 51, 11 I 53

Art. 99 Anordnung besonderer Sicherungsmaßnahmen, Verfahren

(1) ¹Besondere Sicherungsmaßnahmen ordnet vorbehaltlich des Abs. 3 der Anstaltsleiter oder die Anstaltsleiterin an. ²Bei Gefahr im Verzug können auch andere Bedienstete der Anstalt diese Maßnahmen vorläufig anordnen. ³Die Entscheidung des Anstaltsleiters oder der Anstaltsleiterin ist unverzüglich einzuholen.

(2) ¹Vorher ist der Arzt oder die Ärztin zu hören, wenn
1. Gefangene ärztlich behandelt oder beobachtet werden,
2. der seelische Zustand der Gefangenen Anlass der Maßnahme ist oder
3. eine Fixierung angeordnet werden soll.
²Ist dies wegen Gefahr im Verzug nicht möglich, wird die ärztliche Stellungnahme unverzüglich eingeholt.

(3) ¹Die Fixierung bedarf der vorherigen Anordnung des zuständigen Gerichts, es sei denn, es handelt sich um eine kurzfristige Maßnahme. ²Bei Gefahr im Verzug kann ohne vorherige Anordnung nach Satz 1 mit der Fixierung begonnen werden. ³Die richterliche Entscheidung ist unverzüglich nachzuholen, es sei denn, es ist absehbar, dass die Fixierung vor Erlangung einer richterlichen Entscheidung beendet sein und eine zeitnahe Wiederholung nicht erforderlich werden wird.

(3a) ¹Zuständiges Gericht im Sinne des Abs. 3 Satz 1 ist das Amtsgericht, in dessen Bezirk die Fixierung vollzogen wird. ²Die Bestimmungen über das Unterbringungsverfahren nach § 312 Nr. 2 des Gesetzes über das Verfahren in Familiensachen und in den Angelegenheiten der freiwilligen Gerichtsbarkeit gelten entsprechend.

(4) ¹Während der Absonderung von anderen Gefangenen, der Unterbringung in einem besonders gesicherten Haftraum oder der Fixierung sind die Gefangenen in besonderem Maß zu betreuen. ²Sind die Gefangenen fixiert oder während der Absonderung oder der Unterbringung in einem besonders gesicherten Haftraum sonst gefesselt, sind sie durch geeignete Bedienstete ständig und unmittelbar zu beobachten. ³Bei der Fixierung dürfen nur Bedienstete zur Beobachtung eingesetzt werden, die ärztlich in solche Aufgaben eingewiesen wurden.

11 I 3, 11 I 6, 11 I 7, 11 I 56, 11 I 61, 11 I 62, 11 I 63, 12 Q 1

Art. 100 Ärztliche Überwachung

(1) ¹Gefangene, die in einem besonders gesicherten Haftraum untergebracht oder gefesselt sind (Art. 96 Abs. 2 Nrn. 5 und 6), sucht der Arzt oder die Ärztin alsbald und in der Folge möglichst täglich auf. ²Dies gilt nicht bei einer Fesselung während einer Ausführung, Vorführung oder eines Transports (Art. 96 Abs. 4). ³Bei einer Fixierung stellt der Arzt oder die Ärztin eine angemessene ärztliche Überwachung sicher.

(2) Der Arzt oder die Ärztin ist regelmäßig zu hören, solang Gefangenen der tägliche Aufenthalt im Freien entzogen wird.

6 I 1, 6 I 2, 6 I 6, 6 I 7, 11 I 53

Abschnitt 13. Unmittelbarer Zwang

Art. 101 Allgemeine Voraussetzungen

(1) Bedienstete der Anstalten dürfen unmittelbaren Zwang anwenden, wenn sie Vollzugs- und Sicherungsmaßnahmen rechtmäßig durchführen und der damit verfolgte Zweck auf keine andere Weise erreicht werden kann.

(2) Gegen andere Personen als Gefangene darf unmittelbarer Zwang angewendet werden, wenn sie es unternehmen, Gefangene zu befreien oder in den Anstaltsbereich widerrechtlich einzudringen, oder wenn sie sich unbefugt darin aufhalten.

(3) Das Recht zu unmittelbarem Zwang auf Grund anderer Regelungen bleibt unberührt.

11 K 5, 11 K 8, 11 K 11, 11 K 14, 11 K 15, 11 K 16, 11 K 17, 11 K 18, 11 K 19, 11 K 20, 11 K 23,
11 K 79

Art. 102 Begriffsbestimmungen

(1) Unmittelbarer Zwang ist die Einwirkung auf Personen oder Sachen durch körperliche Gewalt, ihre Hilfsmittel und durch Waffen.
(2) Körperliche Gewalt ist jede unmittelbare körperliche Einwirkung auf Personen oder Sachen.
(3) Hilfsmittel der körperlichen Gewalt sind insbesondere Fesseln.
(4) Waffen sind die dienstlich zugelassenen Hieb- und Schusswaffen sowie Reizstoffe.

11 K 5, 11 K 24, 11 K 32, 11 K 37

Anhang

Art. 103 Grundsatz der Verhältnismäßigkeit

(1) Unter mehreren möglichen und geeigneten Maßnahmen des unmittelbaren Zwangs sind diejenigen zu wählen, die den Einzelnen und die Allgemeinheit voraussichtlich am wenigsten beeinträchtigen.

(2) Unmittelbarer Zwang unterbleibt, wenn ein durch ihn zu erwartender Schaden erkennbar außer Verhältnis zu dem angestrebten Erfolg steht.

11 K 5, 11 K 38, 11 L 7

Art. 104 Handeln auf Anordnung

(1) Wird unmittelbarer Zwang von einer vorgesetzten oder sonst befugten Person angeordnet, sind Vollzugsbedienstete verpflichtet, ihn anzuwenden, es sei denn, die Anordnung verletzt die Menschenwürde oder ist nicht zu dienstlichen Zwecken erteilt worden.

(2) ¹Die Anordnung darf nicht befolgt werden, wenn dadurch eine Straftat begangen würde. ²Befolgen Vollzugsbedienstete sie trotzdem, trifft sie eine Schuld nur, wenn sie erkennen oder wenn es nach den ihnen bekannten Umständen offensichtlich ist, dass dadurch eine Straftat begangen wird.

(3) ¹Bedenken gegen die Rechtmäßigkeit der Anordnung haben die Vollzugsbediensteten der anordnenden Person gegenüber vorzubringen, soweit das nach den Umständen möglich ist. ²Abweichende Vorschriften des allgemeinen Beamtenrechts über die Mitteilung solcher Bedenken an einen Vorgesetzten (§ 36 Abs. 2 und 3 des Beamtenstatusgesetzes) sind nicht anzuwenden.

11 K 5, 11 K 46, 11 K 47, 11 K 48, 11 K 49, 11 K 50

Art. 105 Androhung

¹Unmittelbarer Zwang ist vorher anzudrohen. ²Die Androhung darf nur dann unterbleiben, wenn die Umstände sie nicht zulassen oder unmittelbarer Zwang sofort angewendet werden muss, um eine rechtswidrige Tat, die den Tatbestand eines Strafgesetzes erfüllt, zu verhindern oder eine gegenwärtige Gefahr abzuwenden.

11 K 5, 11 K 53, 11 K 74, 11 K 75

Art. 106 Allgemeine Vorschriften für den Schusswaffengebrauch

(1) ¹Schusswaffen dürfen nur gebraucht werden, wenn andere Maßnahmen des unmittelbaren Zwangs bereits erfolglos waren oder keinen Erfolg versprechen. ²Gegen Personen ist ihr Gebrauch nur zulässig, wenn der Zweck nicht durch Waffenwirkung gegen Sachen erreicht wird.

(2) ¹Schusswaffen dürfen nur die dazu bestimmten Vollzugsbediensteten gebrauchen und nur, um angriffs- oder fluchtunfähig zu machen. ²Ihr Gebrauch unterbleibt, wenn dadurch erkennbar Unbeteiligte mit hoher Wahrscheinlichkeit gefährdet würden.

(3) ¹Der Gebrauch von Schusswaffen ist vorher anzudrohen. ²Als Androhung gilt auch ein Warnschuss. ³Ohne Androhung dürfen Schusswaffen nur dann gebraucht werden, wenn das zur Abwehr einer gegenwärtigen Gefahr für Leib oder Leben erforderlich ist.

11 K 5, 11 K 60, 11 K 66, 11 K 68, 11 K 69, 11 K 71, 11 K 74, 11 K 75

Art. 107 Besondere Vorschriften für den Schusswaffengebrauch

(1) ¹Gegen Gefangene dürfen Schusswaffen gebraucht werden,
1. wenn sie eine Waffe oder ein anderes gefährliches Werkzeug trotz wiederholter Aufforderung nicht ablegen,
2. wenn sie eine Meuterei (§ 121 StGB) unternehmen oder
3. um ihre Flucht zu vereiteln oder um sie wieder zu ergreifen.

²Um die Flucht aus einer Einrichtung des offenen Vollzugs zu vereiteln, dürfen keine Schusswaffen gebraucht werden.

(2) Gegen andere Personen dürfen Schusswaffen gebraucht werden, wenn sie es unternehmen, Gefangene gewaltsam zu befreien oder gewaltsam in eine Anstalt einzudringen.

11 K 5, 11 K 60, 11 K 83, 11 K 85, 11 K 86, 11 K 91

Art. 108 Zwangsmaßnahmen auf dem Gebiet der Gesundheitsfürsorge

(1) Medizinische Untersuchung und Behandlung sowie Ernährung sind auch gegen den natürlichen Willen der Gefangenen zulässig, um

1. eine konkrete Gefahr für das Leben oder eine konkrete schwerwiegende Gefahr für die Gesundheit der betroffenen Gefangenen oder
2. eine konkrete Gefahr für das Leben oder die Gesundheit einer dritten Person

abzuwenden.

(2) Maßnahmen nach Abs. 1 dürfen nur angeordnet werden, wenn
1. ärztlich über Art, Dauer, Erfolgsaussichten und Risiken der beabsichtigten Maßnahmen aufgeklärt wurde,
2. zuvor frühzeitig, ernsthaft und ohne Druck auszuüben versucht wurde, die Zustimmung der Gefangenen zu erhalten,
3. die Maßnahmen zur Abwehr der Gefahr geeignet sind,
4. mildere Mittel keinen Erfolg versprechen,
5. der zu erwartende Nutzen die zu erwartenden Beeinträchtigungen deutlich überwiegt,
6. Art und Dauer auf das zwingend erforderliche Maß beschränkt werden und
7. in den Fällen des Abs. 1 Nr. 1 zusätzlich
    a) die betroffenen Gefangenen krankheitsbedingt nicht zur Einsicht in die Notwendigkeit der Maßnahme oder zum Handeln gemäß dieser Einsicht fähig sind und
    b) der nach § 1901a des Bürgerlichen Gesetzbuches (BGB) zu beachtende Wille der Gefangenen nicht entgegensteht.

(3) ¹Die Maßnahmen dürfen nur auf Anordnung und unter Leitung eines Arztes oder einer Ärztin durchgeführt werden. ²Die Anordnung bedarf der Zustimmung des Anstaltsleiters oder der Anstaltsleiterin. ³Sie gilt höchstens für die Dauer von zwölf Wochen und kann wiederholt getroffen werden. ⁴Das Recht zur Leistung erster Hilfe für den Fall, dass ein Arzt oder eine Ärztin nicht rechtzeitig erreichbar und mit dem Aufschub Lebensgefahr verbunden ist, bleibt unbeschadet. ⁵Die Maßnahmen sind zu dokumentieren; dabei werden festgehalten:
1. die Gründe für ihre Anordnung,
2. ihr Zwangscharakter,
3. die Art und Weise ihrer Durchführung,
4. die vorgenommenen Kontrollen,
5. die ärztliche Überwachung der Wirksamkeit,
6. die Aufklärung nach Abs. 2 Nr. 1 und der Versuch, die Zustimmung des Gefangenen zu erhalten, nach Abs. 2 Nr. 2,
7. Erklärungen des oder der Gefangenen, die im Zusammenhang mit Zwangsmaßnahmen von Bedeutung sein können.

(4) ¹Die Anordnung der Maßnahme ist vor ihrer Durchführung schriftlich bekannt zu geben
1. dem oder der Gefangenen und
2. einem Betreuer oder einem Bevollmächtigten im Sinn des § 1896 Abs. 2 Satz 2 BGB; soweit eine solche Person nicht bekannt ist, regt die Justizvollzugsanstalt unverzüglich die Bestellung eines Betreuers bei Gericht an.

²Die Bekanntgabe ist mit der Belehrung zu verbinden, dass gegen die Anordnung bei Gericht um einstweiligen Rechtsschutz nachgesucht und Antrag auf gerichtliche Entscheidung gestellt werden kann. ³Die Maßnahme darf erst dann vollzogen werden, wenn der oder die Gefangene und eine Person nach Satz 1 Nr. 2 die Gelegenheit hatten, eine gerichtliche Entscheidung herbeizuführen.

(5) ¹Bei Gefahr in Verzug kann von den Vorgaben gemäß Abs. 2 Nr. 1, 2, Abs. 3 Satz 2 und Abs. 4 abgewichen werden. ²Unterbliebene Mitteilungen nach Abs. 2 Nr. 1 sowie Abs. 4 Satz 1 sind unverzüglich nachzuholen.

(6) Die zwangsweise körperliche Untersuchung zum Gesundheitsschutz und zur Hygiene ist über die Abs. 1 bis 5 hinaus zulässig, wenn sie nicht mit einem körperlichen Eingriff verbunden ist.

11 K 5, 11 L 1, 11 L 3, 11 L 13, 11 L 14, 11 L 15, 11 L 20

Abschnitt 14. Disziplinarmaßnahmen

Art. 109 Voraussetzungen

(1) Verstoßen Gefangene schuldhaft gegen Pflichten, die ihnen durch dieses Gesetz oder auf Grund dieses Gesetzes auferlegt sind, kann der Anstaltsleiter oder die Anstaltsleiterin gegen sie Disziplinarmaßnahmen anordnen.

(2) Von einer Disziplinarmaßnahme wird abgesehen, wenn es genügt, die Gefangenen zu verwarnen.
(3) Eine Disziplinarmaßnahme ist auch zulässig, wenn wegen derselben Verfehlung ein Straf- oder Bußgeldverfahren eingeleitet wird.

11 M 3, 11 M 13, 11 M 17, 11 M 19, 11 M 25

Art. 110 Arten der Disziplinarmaßnahmen
(1) Die zulässigen Disziplinarmaßnahmen sind:
1. Verweis,
2. die Beschränkung oder der Entzug der Verfügung über das Hausgeld und des Einkaufs gemäß Art. 24 und 25 bis zu drei Monaten,
3. die Beschränkung oder der Entzug des Hörfunk- und Fernsehempfangs bis zu drei Monaten,
4. die Beschränkung oder der Entzug der Gegenstände für eine Beschäftigung in der Freizeit oder der Teilnahme an gemeinschaftlichen Veranstaltungen bis zu drei Monaten,
5. die getrennte Unterbringung während der Freizeit bis zu vier Wochen,
6. der Entzug der zugewiesenen Arbeit oder Beschäftigung bis zu vier Wochen unter Wegfall der in diesem Gesetz geregelten Bezüge,
7. die Beschränkung des Verkehrs mit Personen außerhalb der Anstalt auf dringende Fälle bis zu drei Monaten,
8. Arrest bis zu vier Wochen.

(2) Arrest darf nur wegen schwerer oder mehrfach wiederholter Verfehlungen verhängt werden.
(3) Mehrere Disziplinarmaßnahmen können miteinander verbunden werden.

11 M 3, 11 M 22, 11 M 28, 11 M 31, 11 M 32, 11 M 33, 11 M 34,
11 M 35, 11 M 36, 11 M 37, 11 M 39, 11 M 40, 11 M 41

Art. 111 Vollzug der Disziplinarmaßnahmen, Aussetzung zur Bewährung
(1) Disziplinarmaßnahmen werden in der Regel sofort vollstreckt.
(2) Eine Disziplinarmaßnahme kann ganz oder teilweise bis zu sechs Monaten zur Bewährung ausgesetzt werden.
(3) Wird die Verfügung über das Hausgeld beschränkt oder entzogen, ist das in dieser Zeit anfallende Hausgeld dem Überbrückungsgeld hinzuzurechnen.
(4) ¹Wird der Verkehr der Gefangenen mit Personen außerhalb der Anstalt eingeschränkt, ist ihnen Gelegenheit zu geben, dies einer Person, mit der sie im Schriftwechsel stehen oder die sie zu besuchen pflegt, mitzuteilen. ²Der Schriftwechsel mit den in Art. 32 Abs. 1 und 2 genannten Empfängern, mit Gerichten und Justizbehörden in der Bundesrepublik Deutschland sowie mit Rechtsanwälten und Notaren in einer den Gefangenen oder die Gefangene betreffenden Rechtssache bleibt unbeschränkt.
(5) ¹Arrest wird in Einzelhaft vollzogen. ²Gefangene können in einem besonderen Arrestraum untergebracht werden, der den Anforderungen entsprechen muss, die an einen zum Aufenthalt bei Tag und Nacht bestimmten Haftraum gestellt werden. ³Soweit nichts anderes angeordnet wird, ruhen die Befugnisse der Gefangenen aus den Art. 21, 22, 24, 25, 39, 40 und 70 bis 72.

4 I 73, 11 M 3, 11 M 32, 11 M 44, 11 M 45, 11 M 46, 11 M 47,
11 M 48

Art. 112 Disziplinarbefugnis
(1) ¹Disziplinarmaßnahmen ordnet der Anstaltsleiter oder die Anstaltsleiterin an. ²Bei einer Verfehlung auf dem Weg in eine andere Anstalt zum Zweck der Verlegung oder bei einer Überstellung ist der Leiter oder die Leiterin der Bestimmungsanstalt zuständig. ³Ist im Fall einer Überstellung die Durchführung des Disziplinarverfahrens dort aus besonderen Gründen nicht möglich, liegt die Disziplinarbefugnis bei dem Leiter oder der Leiterin der Stammanstalt.
(2) Die Aufsichtsbehörde entscheidet, wenn sich die Verfehlung des oder der Gefangenen gegen den Anstaltsleiter oder die Anstaltsleiterin richtet.
(3) ¹Disziplinarmaßnahmen, die gegen Gefangene in einer anderen Anstalt oder während einer Untersuchungshaft angeordnet worden sind, werden auf Ersuchen vollstreckt. ²Art. 111 Abs. 2 bleibt unberührt.

11 M 3, 11 M 51, 11 M 52, 11 M 53

Art. 113 Verfahren

(1) ¹Der Sachverhalt ist zu klären. ²Vor der Anhörung werden die Gefangenen darüber unterrichtet, welche Verfehlung ihnen zur Last gelegt wird und dass es ihnen freisteht, sich zur Sache zu äußern. ³Die Erhebungen, insbesondere die Einlassungen der Gefangenen, werden schriftlich festgehalten.

(2) Bei schweren Verstößen soll der Anstaltsleiter oder die Anstaltsleiterin sich vor der Entscheidung in einer Konferenz mit Personen besprechen, die bei der Behandlung der Gefangenen mitwirken.

(3) Die Entscheidung wird den Gefangenen mündlich eröffnet und mit einer kurzen Begründung schriftlich abgefasst.

11 M 3, 11 M 55, 11 M 57, 11 M 58, 11 M 61

Art. 114 Ärztliche Mitwirkung

(1) ¹Bevor der Arrest vollzogen wird, ist der Arzt oder die Ärztin zu hören. ²Während des Arrests stehen die Gefangenen unter ärztlicher Aufsicht.

(2) Der Vollzug des Arrests unterbleibt oder wird unterbrochen, wenn die Gesundheit der Gefangenen gefährdet würde.

11 M 3, 11 M 62 ff

Abschnitt 15. Beschwerde, Aufhebung von Maßnahmen und Gefangenenmitverantwortung

Art. 115 Beschwerde

(1) ¹Gefangene erhalten Gelegenheit, sich mit Wünschen, Anregungen und Beschwerden in Angelegenheiten, die sie selbst betreffen, an den Anstaltsleiter oder die Anstaltsleiterin zu wenden. ²Regelmäßige Sprechstunden sind einzurichten.

(2) Besichtigen Vertreter der Aufsichtsbehörde die Anstalt, so ist zu gewährleisten, dass Gefangene sich in Angelegenheiten, die sie selbst betreffen, an diese wenden können.

(3) Die Möglichkeit der Dienstaufsichtsbeschwerde bleibt unberührt.

12 A 2, 12 A 3, 12 A 5, 12 A 7, 12 A 9, 12 A 14, 12 A 16

Art. 115a Aufhebung von Maßnahmen

¹Kann der Zweck einer vollzuglichen Maßnahme dauerhaft nicht erreicht werden, so soll sie beendet werden. ²Im Übrigen gelten für den Widerruf und die Rücknahme von Maßnahmen nach diesem Gesetz Art. 48 bis 49a des Bayerischen Verwaltungsverfahrensgesetzes entsprechend, soweit dieses Gesetz keine abweichende Regelung enthält.

2 F 8, 4 D 20, 6 A 10, 10 F 5, 10 F 8, 10 F 19

Art. 116 Gefangenenmitverantwortung

(1) ¹Den Gefangenen soll ermöglicht werden, an der Verantwortung für Angelegenheiten von gemeinsamem Interesse teilzunehmen, die sich ihrer Eigenart und der Aufgabe der Anstalt nach für ihre Mitwirkung eignen. ²Eine weitergehende Übernahme der Mitverantwortung für die alltäglichen Abläufe wird angestrebt.

(2) ¹Die Einrichtung von Mitwirkungsgremien wird von den Anstalten gefördert und begleitet. ²Den Gefangenen soll insbesondere ermöglicht werden, Vertreter zu wählen, die die gemeinsamen Interessen an den Anstaltsleiter oder die Anstaltsleiterin und den Beirat herantragen können.

13 M 1, 13 M 4, 13 M 5, 13 M 12

Abschnitt 16. Sozialtherapeutische Einrichtungen

Art. 117 Sozialtherapeutische Einrichtungen

Die Behandlung nach Art. 11 erfolgt in sozialtherapeutischen Anstalten oder Abteilungen (sozialtherapeutische Einrichtungen).

3 B 3, 14 A 9

Art. 118 Urlaub zur Vorbereitung der Entlassung

(1) ¹Gefangenen kann zur Vorbereitung der Entlassung von dem Anstaltsleiter oder der Anstaltsleiterin Sonderurlaub bis zu sechs Monaten gewährt werden. ²Art. 13 Abs. 2, Art. 14 Abs. 5 und Art. 15 gelten entsprechend.

Anhang

(2) ¹Den Beurlaubten sollen für den Urlaub Weisungen erteilt werden. ²Sie können insbesondere angewiesen werden, sich einer von der Anstalt bestimmten Betreuungsperson zu unterstellen und jeweils für kurze Zeit in die Anstalt zurückzukehren.

(3) ¹ Art. 16 Abs. 2 gilt entsprechend. ²Der Urlaub wird widerrufen, wenn dies für die Behandlung der Gefangenen notwendig ist.

3 C 1, 3 C 6, 3 C 7, 3 C 8, 10 G 2, 10 H 3, 10 H 10, 10 H 15

Art. 119 Nachsorge

Die sozialtherapeutischen Einrichtungen sollen nach Entlassung der Gefangenen die im Vollzug begonnene Betreuung vorübergehend fortführen, soweit diese nicht anderweitig durchgeführt werden kann.

3 E 2, 3 E 6, 3 E 7, 3 E 8, 10 G 2

Art. 120 Aufnahme auf freiwilliger Grundlage

(1) ¹Frühere Gefangene können auf Antrag vorübergehend wieder in die sozialtherapeutische Einrichtung aufgenommen werden, wenn der Erfolg ihrer Behandlung gefährdet und ein Aufenthalt in der Einrichtung aus diesem Grund gerechtfertigt ist. ²Ein Widerruf des Antrags darf nicht zur Unzeit erfolgen.

(2) ¹Gegen die Aufgenommenen dürfen Maßnahmen des Vollzugs nicht mit unmittelbarem Zwang durchgesetzt werden. ²Art. 101 Abs. 2 und 3 bleiben unberührt.

3 A 17, 3 D 3, 3 D 5, 3 D 6, 10 G 2

Teil 3. Vollzug der Jugendstrafe

Art. 121 Aufgaben des Jugendstrafvollzugs

¹Der Vollzug der Jugendstrafe dient dem Schutz der Allgemeinheit vor weiteren Straftaten. ²Die Gefangenen im Vollzug der Jugendstrafe (junge Gefangene) sollen dazu erzogen werden, künftig einen rechtschaffenen Lebenswandel in sozialer Verantwortung zu führen (Erziehungsauftrag).

Art. 122 Anwendung anderer Vorschriften

Für den Vollzug der Jugendstrafe gelten die Vorschriften des Teils 2 über den Vollzug der Freiheitsstrafe entsprechend, soweit in diesem Teil nichts anderes bestimmt ist.

Art. 123 Behandlung im Vollzug der Jugendstrafe

(1) Für die Behandlung gilt Art. 3 entsprechend.

(2) Die jungen Gefangenen sind verpflichtet, an der Erfüllung des Erziehungsauftrags mitzuwirken.

(3) ¹Die jungen Gefangenen sind während der Arbeitszeit zur Teilnahme an schulischen und beruflichen Maßnahmen oder speziellen Maßnahmen zur Förderung ihrer schulischen, beruflichen oder persönlichen Entwicklung oder zur Arbeit, arbeitstherapeutischen oder sonstigen Beschäftigung verpflichtet, soweit sie dazu körperlich und geistig in der Lage sind. ²Bei gleichermaßen geeigneten Maßnahmen zur Erfüllung des Erziehungsauftrags hat die Ausbildung Vorrang.

(4) Weibliche junge Gefangene können auch an den Behandlungsmaßnahmen für weibliche erwachsene Gefangene teilnehmen.

Art. 124 Ausstattung des Jugendstrafvollzugs

Personelle Ausstattung, sachliche Mittel und Organisation werden am Erziehungsauftrag und an den besonderen Bedürfnissen junger Gefangener ausgerichtet.

Art. 125 Stellung der jungen Gefangenen

(1) ¹Die jungen Gefangenen unterliegen den in diesem Gesetz vorgesehenen Beschränkungen ihrer Freiheit. ²Soweit dieses Gesetz keine besonderen Regelungen enthält, dürfen ihnen nur Beschränkungen auferlegt werden, die zur Aufrechterhaltung der Sicherheit oder zur Abwendung einer Störung der Ordnung der Jugendstrafvollzugsanstalt erforderlich sind.

(2) Vollzugliche Maßnahmen sollen den jungen Gefangenen erläutert werden.

Art. 126 Zusammenarbeit mit Behörden und freien Trägern

(1) ¹Die Jugendstrafvollzugsanstalten arbeiten mit fachbezogenen außervollzuglichen Einrichtungen und Organisationen eng zusammen. ²Dies gilt insbesondere für Schulen und Schulaufsichtsbehörden, Einrichtungen für berufliche Bildung, Behörden und Stellen der staatlichen und privaten Straffälligenhilfe, die Jugendgerichtshilfe, Träger der öffentlichen und freien Jugendhilfe, Polizeibehörden, Agenturen für Arbeit, Gesundheits- und Ausländerbehörden, Suchtberatungsstellen und Schuldnerberatung, Ausländer- und Integrationsbeauftragte, Träger der Sozialversicherung und der Sozialhilfe, Hilfeeinrichtungen anderer Behörden und Träger der freien Wohlfahrtspflege.

(2) ¹Die Personensorgeberechtigten werden in die Planung und Gestaltung des Vollzugs einbezogen, soweit dies zweckmäßig ist. ²Dies ist zwingend, wenn die Personensorgeberechtigten anders ihrer gesetzlichen Verpflichtung nicht nachkommen können.

7 B 10

Art. 127 Ehrenamtliche Mitarbeit

(1) Die Jugendstrafvollzugsanstalten arbeiten in besonderer Weise mit Personen und Vereinen, deren Einfluss die Eingliederung der jungen Gefangenen fördern kann, zusammen.

(2) Jungen Gefangenen, die den sozialen Anschluss verloren haben, sollen durch die Anstalt nach Möglichkeit vertrauenswürdige Personen vermittelt werden, die sie bei der Wiedereingliederung in die Gesellschaft unterstützen (ehrenamtliche Betreuer).

(3) Zur Unterstützung bei der Erfüllung des Erziehungsauftrags sollen nach Möglichkeit vertrauenswürdige Personen in der Anstalt mitarbeiten, die in der Lage sind, die Erziehungsmaßnahmen der Jugendstrafvollzugsanstalt sinnvoll zu ergänzen (ehrenamtliche Mitarbeiter).

Art. 128 Aufnahmeverfahren

¹Für das Aufnahmeverfahren gilt Art. 7 entsprechend. ²Das für die Mitwirkung in dem Verfahren nach dem Jugendgerichtsgesetz (JGG) nach § 87b des Achten Buches Sozialgesetzbuch zuständige Jugendamt wird von der Aufnahme unterrichtet. ³Die Personensorgeberechtigten sollen von der Aufnahme unterrichtet werden.

Art. 129 Behandlungsuntersuchung, Beteiligung der jungen Gefangenen, Zugangsabteilung

(1) Nach dem Aufnahmeverfahren werden den jungen Gefangenen der Erziehungsauftrag der Jugendstrafvollzugsanstalt sowie die vorhandenen Unterrichts-, Bildungs-, Arbeits- und Freizeitmaßnahmen erläutert.

(2) ¹Die Untersuchung zur Vorbereitung der Erziehung erstreckt sich auf die Persönlichkeit, die Lebensverhältnisse sowie alle Umstände, deren Kenntnis für eine planvolle Behandlung und für die Eingliederung nach der Entlassung notwendig erscheint. ²Es ist zu prüfen, ob eine Verlegung in eine sozialtherapeutische Einrichtung nach Art. 132 oder andere therapeutische Maßnahmen angezeigt sind.

(3) ¹Die Planung der Behandlung und die Bedeutung des Vollzugsplans werden den jungen Gefangenen mitgeteilt. ²Sie sollen zu sinnvollen Anregungen und Vorschlägen ermutigt werden.

(4) Die jungen Gefangenen sollen bei Strafantritt in der Jugendstrafvollzugsanstalt für wenigstens eine Woche in einer hierfür eingerichteten eigenen Abteilung (Zugangsabteilung) untergebracht werden.

Art. 130 Vollzugsplan

(1) Für den Vollzugsplan gelten Art. 9 Abs. 1 und 2 entsprechend mit der Maßgabe, dass bei den pädagogischen Maßnahmen auch aufzunehmen ist, welche schulischen, berufsorientierenden, -qualifizierenden oder arbeitstherapeutischen Maßnahmen zu ergreifen sind.

(2) ¹Die Personensorgeberechtigten können Anregungen und Vorschläge einbringen. ²Auf Verlangen können die Regelungen des Vollzugsplans den Personensorgeberechtigten bekannt gegeben werden, wenn hierdurch die Erfüllung des Erziehungsauftrags nicht beeinträchtigt wird.

(3) Über eine Verlegung in eine sozialtherapeutische Einrichtung gemäß Art. 132 Abs. 1 oder 2 ist jeweils nach Ablauf von sechs Monaten neu zu entscheiden.

Art. 131 Verlegung, Überstellung, Ausantwortung

(1) ¹Junge Gefangene können abweichend vom Vollstreckungsplan in eine andere Jugendstrafvollzugsanstalt verlegt werden, wenn die Erfüllung des Erziehungsauftrags oder die Eingliederung nach der Entlassung hierdurch gefördert wird, eine Störung der Ordnung der Jugendstrafvollzugsanstalt auf andere Weise nicht vermieden werden kann oder wenn Gründe der Vollzugsorganisation oder andere wichtige Gründe eine Verlegung erforderlich machen. ²Auf die Struktur der aufnehmenden Anstalt ist Rücksicht zu nehmen.

(2) Junge Gefangene dürfen aus wichtigem Grund, insbesondere zur Erleichterung einer schulischen oder beruflichen Maßnahme, in eine andere Jugendstrafvollzugsanstalt oder in eine Anstalt für den Vollzug von Freiheitsstrafe überstellt werden.

(3) Für die Ausantwortung gilt Art. 10 Abs. 3 entsprechend.

(4) ¹Die Jugendämter werden von der Verlegung unterrichtet. ²Die Personensorgeberechtigten sollen von der Verlegung unterrichtet werden.

Art. 132 Verlegung in eine sozialtherapeutische Einrichtung

(1) Junge Gefangene sind in eine sozialtherapeutische Einrichtung einer Jugendstrafvollzugsanstalt zu verlegen, wenn die Wiederholung einer Straftat nach den §§ 174 bis 180 oder § 182 StGB zu befürchten und die Behandlung in einer sozialtherapeutischen Einrichtung nach Art. 129 Abs. 2 Satz 2 oder Art. 130 Abs. 3 angezeigt ist.

(2) Andere junge Gefangene, von denen schwerwiegende Straftaten gegen Leib oder Leben oder gegen die sexuelle Selbstbestimmung zu erwarten sind, sollen in eine sozialtherapeutische Einrichtung einer Jugendstrafvollzugsanstalt verlegt werden, wenn deren besondere therapeutische Mittel und soziale Hilfen zu ihrer Resozialisierung angezeigt sind.

(3) Art. 11 Abs. 3 bis 5 und Art. 117 gelten entsprechend.

Art. 133 Geschlossener Vollzug und offener Vollzug

Art. 12 gilt entsprechend mit der Maßgabe, dass zu einer Unterbringung in einer Einrichtung des offenen Vollzugs die Zustimmung der jungen Gefangenen nicht erforderlich ist.

Art. 134 Lockerungen des Vollzugs

(1) Für die Lockerungen des Vollzugs gilt Art. 13 Abs. 1 entsprechend.

(2) Die Lockerungen dürfen zur Erfüllung des Erziehungsauftrags oder zur Förderung der Wiedereingliederung mit Zustimmung der jungen Gefangenen gewährt werden, wenn verantwortet werden kann zu erproben, dass sie sich nicht dem Vollzug der Jugendstrafe entziehen und die Lockerungen nicht zur Begehung von Straftaten missbrauchen werden.

(3) Art. 15 und 16 gelten entsprechend.

Art. 135 Urlaub aus der Haft

(1) Jungen Gefangenen kann Urlaub aus der Haft als Behandlungsmaßnahme bis zu 21 Kalendertagen im Vollstreckungsjahr gewährt werden.

(2) ¹Jungen Gefangenen, die zum Freigang (Art. 13 Abs. 1 Nr. 1) zugelassen sind, kann innerhalb von neun Monaten vor der Entlassung weiterer Urlaub bis zu sechs Tagen im Monat gewährt werden. ²Art. 136 Abs. 5 Satz 1 findet keine Anwendung.

(3) Art. 15, 16 und 134 Abs. 2 gelten entsprechend.

(4) Durch den Urlaub wird die Vollstreckung der Jugendstrafe nicht unterbrochen.

Art. 136 Entlassungsvorbereitung

(1) ¹Rechtzeitig vor dem voraussichtlichen Entlassungstermin arbeiten die Jugendstrafvollzugsanstalten mit vertrauenswürdigen Dritten und Institutionen außerhalb des Vollzugs zusammen, um zu erreichen, dass die jungen Gefangenen bei der Entlassung über eine geeignete Unterbringung und eine Arbeits- oder Ausbildungsstelle verfügen. ²Die Jugendämter und, soweit angeordnet, die Bewährungshilfe werden unterrichtet. ³Die Personensorgeberechtigten werden unterrichtet, wenn dies nicht der Erfüllung des Erziehungsauftrags widerspricht.

(2) Um die Entlassung vorzubereiten, soll der Vollzug gelockert werden (Art. 134).

(3) Junge Gefangene können in den offenen Vollzug (Art. 133 in Verbindung mit Art. 12 Abs. 2) verlegt werden, wenn dies der Vorbereitung der Entlassung dient.

(4) Die Jugendstrafvollzugsanstalten können eigene Abteilungen einrichten, in die die jungen Gefangenen kurz vor ihrer Entlassung verlegt werden (Entlassungsabteilung).

(5) ¹Innerhalb von vier Monaten vor der Entlassung kann zu deren Vorbereitung Sonderurlaub bis zu einem Monat gewährt werden. ²Art. 15, 16, 134 Abs. 2 und Art. 135 Abs. 4 gelten entsprechend.

9 B 11

Art. 137 Entlassung, Unterbringung auf freiwilliger Grundlage

(1) Für den Entlassungszeitpunkt und die Entlassungsbeihilfe gelten Art. 18 und 80 entsprechend.

(2) ¹Die Jugendstrafvollzugsanstalt kann auf Antrag der jungen Gefangenen nach Entlassung die im Vollzug begonnene Betreuung vorübergehend fortführen, soweit diese nicht anderweitig durchgeführt werden kann. ²Hierzu können junge Gefangene auf Antrag auch vorübergehend über den Entlassungszeitpunkt hinaus in einer Abteilung des offenen Vollzugs verbleiben oder in einer solchen nach Entlassung wieder aufgenommen werden, wenn der Erfolg der Erziehung gefährdet und ein Aufenthalt in der Jugendstrafvollzugsanstalt aus diesem Grund gerechtfertigt ist. ³Ein Widerruf des Antrags darf nicht zur Unzeit erfolgen. ⁴Nach dem Entlassungszeitpunkt oder der Wiederaufnahme sind die nach diesem Gesetz geltenden Vorschriften mit der Maßgabe entsprechend anzuwenden, dass Maßnahmen des Vollzugs nicht mit unmittelbarem Zwang durchgesetzt werden dürfen. ⁵Art. 101 Abs. 2 und 3 bleiben unberührt.

Art. 138 Unterbringung während der Ausbildung, Arbeit und Freizeit

(1) ¹Unterricht, Berufsausbildung, berufliche Fortbildung, Umschulung, Arbeit sowie arbeitstherapeutische und sonstige Beschäftigung während der Arbeitszeit finden in Gemeinschaft statt. ²Die gemeinsame Schul- und Berufsausbildung weiblicher und männlicher junger Gefangener ist zulässig.

(2) ¹Während der Freizeit können sich die jungen Gefangenen in Gemeinschaft mit anderen aufhalten. ²Für die Teilnahme an gemeinschaftlichen Veranstaltungen kann der Anstaltsleiter oder die Anstaltsleiterin mit Rücksicht auf die räumlichen, personellen und organisatorischen Verhältnisse der Anstalt besondere Regelungen treffen.

(3) Die gemeinschaftliche Unterbringung während der Arbeitszeit und Freizeit kann eingeschränkt werden, wenn
1. ein schädlicher Einfluss auf andere junge Gefangene zu befürchten ist,
2. junge Gefangene nach Art. 129 untersucht werden, aber nicht länger als zwei Monate,
3. es die Sicherheit oder Ordnung der Anstalt erfordert oder
4. die jungen Gefangenen zustimmen.

(4) Die gemeinschaftliche Unterbringung kann ferner eingeschränkt werden, wenn dies aus erzieherischen Gründen angezeigt ist.

Art. 139 Unterbringung während der Ruhezeit

(1) Für die Unterbringung in der Ruhezeit gilt Art. 20 entsprechend.

(2) ¹Weibliche junge Gefangene können in getrennten Abteilungen des Strafvollzugs für erwachsene Frauen untergebracht werden. ²Weibliche junge und erwachsene Gefangene, die gemeinsam mit ihren Kindern untergebracht sind (Art. 151 Abs. 1 Satz 1, Art. 86 Abs. 1 Satz 1), können gemeinsam in einer getrennten Abteilung des Strafvollzugs für erwachsene Frauen untergebracht werden. ³Männliche junge Gefangene können vorübergehend in einer Anstalt für den Vollzug von Freiheitsstrafe an erwachsenen Männern untergebracht werden, wenn dies zur Aufnahme oder Fortführung einer schulischen oder beruflichen Ausbildung oder einer Erwerbstätigkeit erforderlich ist. ⁴Der Vollzug erfolgt nach den Vorschriften dieses Teils.

Art. 140 Unterbringung in Wohngruppen

(1) Geeignete junge Gefangene können in Wohngruppen untergebracht werden, deren Größe sich nach dem Erziehungsauftrag bemisst.

(2) Wohngruppenvollzug wird von pädagogisch ausgebildeten Bediensteten geleitet, verfügt über Räume für gemeinschaftliche Beschäftigung und bietet besondere Behandlungs- und Freizeitangebote.

(3) Nicht für die Unterbringung in der Wohngruppe geeignet sind in der Regel junge Gefangene, die auf Grund ihres Verhaltens nicht gruppenfähig sind oder eine Gefährdung der Sicherheit oder Ordnung

Anhang

der Jugendstrafvollzugsanstalt darstellen oder die die Freiräume der Wohngruppe wiederholt missbrauchen.

Art. 141 Ausstattung des Haftraums und persönlicher Besitz
Art. 21 gilt entsprechend mit der Maßgabe, dass auch Vorkehrungen und Gegenstände ausgeschlossen werden können, die die Erfüllung des Erziehungsauftrags gefährden.

Art. 142 Kleidung
[1]Art. 22 gilt entsprechend mit der Maßgabe, dass der Anstaltsleiter oder die Anstaltsleiterin in der Jugendstrafvollzugsanstalt oder in bestimmten Abteilungen mit Zustimmung der Aufsichtsbehörde das Tragen eigener Kleidung allgemein zulassen kann. [2]Dies gilt insbesondere in Wohngruppen (Art. 140).

Art. 143 Anstaltsverpflegung
[1]Zusammensetzung und Nährwert der Anstaltsverpflegung werden ärztlich überwacht und entsprechen den besonderen Anforderungen an eine gesunde Ernährung junger Menschen. [2]Auf ärztliche Anordnung wird besondere Verpflegung gewährt. [3]Den jungen Gefangenen ist zu ermöglichen, Speisevorschriften ihrer Religionsgemeinschaft zu befolgen.

Art. 144 Besuch, Schriftwechsel, Pakete, Urlaub, Ausgang und Ausführung aus wichtigem Anlass
(1) Art. 26 bis 38 gelten entsprechend, soweit sich aus den folgenden Absätzen nicht etwas anderes ergibt.

(2) [1]Abweichend von Art. 27 Abs. 1 Satz 2 beträgt die Gesamtdauer des Besuchs mindestens vier Stunden im Monat. [2]Hierauf können Ausführungen oder Ausgänge, die den jungen Gefangenen gewährt wurden, angerechnet werden. [3]Abweichend von Art. 28 kann der Anstaltsleiter oder die Anstaltsleiterin Besuche auch untersagen, wenn bei minderjährigen Gefangenen Personensorgeberechtigte nicht einverstanden sind.

(3) [1]Für Kinder junger Gefangener können Sonderbesuche vorgesehen werden, die auf die Regelbesuchszeiten nicht angerechnet werden, wenn dies mit dem Erziehungsauftrag und dem Kindeswohl vereinbar ist. [2]Durch eine Bescheinigung des Jugendamts muss nachgewiesen werden, dass der Sonderbesuch dem Kindeswohl entspricht.

(4) [1]Auf Besuche von Beiständen nach § 69 JGG findet Art. 29 entsprechende Anwendung. [2]Art. 29 Sätze 1 und 2 gelten auch für Angehörige der Jugendgerichtshilfe. [3]Für Besuche der in Satz 1 und 2 genannten Personen gelten Art. 30 Abs. 5 und 6 entsprechend.

(5) Abweichend von Art. 30 Abs. 4 darf ein Besuch auch abgebrochen werden, wenn von der besuchenden Person ein schädlicher Einfluss auf den jungen Gefangenen oder die jungen Gefangene ausgeübt wird.

(6) Abweichend von Art. 31 Abs. 2 kann der Anstaltsleiter oder die Anstaltsleiterin den Schriftwechsel mit bestimmten Personen auch untersagen, wenn bei minderjährigen Gefangenen Personensorgeberechtigte nicht einverstanden sind.

(7) Auf den Schriftverkehr mit Beiständen nach § 69 JGG findet Art. 32 Abs. 1 entsprechende Anwendung.

(8) Art. 37 und 38 gelten entsprechend mit der Maßgabe, dass an die Stelle der dort genannten Art. 13 Abs. 2 und Art. 14 Abs. 5 die Art. 134 Abs. 2 und Art. 135 Abs. 4 treten.

9 B 19

Art. 145 Unterricht, Ausbildung
(1) Dem Unterricht kommt im Jugendstrafvollzug besondere Bedeutung zu.

(2) [1]Schulpflichtige junge Gefangene erhalten Hauptschul-, Förderschul- und Berufsschulunterricht in Anlehnung an die für öffentliche Schulen geltenden Vorschriften. [2]An dem Unterricht können auch nicht schulpflichtige junge Gefangene teilnehmen.

(3) Daneben soll nach Möglichkeit Unterricht zur Erlangung anderer staatlich anerkannter Schulabschlüsse sowie lebenskundlicher Unterricht, soziales Training, berufsbildender Unterricht auf Einzelgebieten und Deutschunterricht erteilt werden.

(4) Bei der beruflichen Ausbildung oder Umschulung ist berufsbildender Unterricht vorzusehen; dies gilt auch für die berufliche Weiterbildung, soweit die Art der Maßnahme es erfordert.

(5) Art. 40 Abs. 4 und Art. 41 gelten entsprechend.

Art. 146 Beschäftigung
(1) Geeigneten jungen Gefangenen soll Gelegenheit zur Berufsausbildung, beruflichen Weiterbildung oder Teilnahme an anderen ausbildenden oder weiterbildenden Maßnahmen gegeben werden.
(2) ¹Die in den Einrichtungen des Vollzugs Auszubildenden sollen auf die Abschlussprüfungen nach dem Berufsbildungsgesetz oder der Handwerksordnung vorbereitet werden. ²Die für die Zulassung zur Prüfung erforderliche Bescheinigung wird von der Jugendstrafvollzugsanstalt ausgestellt, wenn der oder die Auszubildende die Voraussetzungen erfüllt.
(3) Art. 39 Abs. 1, 2, 3 und 5, Art. 43 Sätze 2, 3 und 4 Alternative 2 sowie Art. 45 gelten für die Arbeit in den Jugendstrafvollzugsanstalten entsprechend.

Art. 147 Freies Beschäftigungsverhältnis
Art. 42 Abs. 1 und 3 gelten entsprechend mit der Maßgabe, dass an die Stelle des dort genannten Art. 13 Abs. 2 Art. 134 Abs. 2 tritt.

Art. 148 Ablösung
Art. 44 gilt entsprechend mit der Maßgabe, dass eine Ablösung auch erfolgen kann, wenn dies aus erzieherischen Gründen angezeigt ist.

Art. 149 Arbeitsentgelt, Arbeitsurlaub, Anrechnung der Freistellung auf den Entlassungszeitpunkt, Ausbildungsbeihilfe, Taschengeld
(1) ¹Üben junge Gefangene eine ihnen zugewiesene Arbeit aus, so erhalten sie unbeschadet der Vorschriften des Jugendarbeitsschutzgesetzes über die Akkordarbeit und tempoabhängige Arbeit ein nach Art. 46 Abs. 2 und 3 zu bemessendes Arbeitsentgelt. ²Üben sie eine sonstige zugewiesene Beschäftigung oder Hilfstätigkeit aus, so erhalten sie ein Arbeitsentgelt nach Satz 1, soweit dies der Art ihrer Beschäftigung und ihrer Arbeitsleistung entspricht. ³Art. 46 Abs. 5 bis 11 gelten entsprechend.
(2) Art. 47 gilt entsprechend mit der Maßgabe, dass der Anstaltsleiter oder die Anstaltsleiterin den jungen Gefangenen auch dann eine Ausbildungsbeihilfe gewähren kann, wenn sie an therapeutischen Maßnahmen teilnehmen.
(3) Art. 54 gilt für das Taschengeld entsprechend.

Art. 150 Haftkostenbeitrag, Gelder
Art. 49 bis 53 gelten entsprechend mit der Maßgabe, dass
1. aus besonderen Gründen, insbesondere zur Förderung von Unterhaltszahlungen, Schadenswiedergutmachung, sonstiger Schuldenregulierung oder für besondere Aufwendungen zur Wiedereingliederung, ganz oder teilweise von der Erhebung eines Haftkostenbeitrags abgesehen werden kann,
2. die Jugendstrafvollzugsanstalt das Überbrückungsgeld ganz oder teilweise auch den Personensorgeberechtigten überweisen kann, die darüber entscheiden, wie das Geld innerhalb der ersten vier Wochen nach der Entlassung an die jungen Gefangenen ausgezahlt wird.

Art. 151 Gesundheitsfürsorge
(1) ¹Art. 58, Art. 59 Abs. 2 bis 5, Art. 60, Art. 62 bis 65, Art. 67 und 68 sowie Art. 82 bis 86 gelten entsprechend. ²Art. 61 gilt entsprechend mit der Maßgabe, dass ein Verschulden der jungen Gefangenen in der Regel unbeachtlich bleiben kann und nicht für junge Gefangene gilt, die das 18. Lebensjahr noch nicht vollendet haben.
(2) Junge Gefangene, die das 18. Lebensjahr noch nicht vollendet haben, können sich zur Verhütung von Zahnerkrankungen einmal in jedem Kalenderhalbjahr zahnärztlich untersuchen lassen.
(3) ¹Die Rechte der Personensorgeberechtigten werden beachtet. ²Insbesondere werden die Personensorgeberechtigten stets von einer schweren Erkrankung oder dem Tod minderjähriger Gefangener benachrichtigt.
(4) Arbeiten junge Gefangene nicht im Freien, so haben sie sich täglich mindestens eine Stunde, an arbeits- und ausbildungsfreien Tagen mindestens zwei Stunden im Freien aufzuhalten, wenn die Witterung dies zu der festgesetzten Zeit zulässt.

6 E 7

Art. 152 Freizeit

(1) ¹Junge Gefangene sind zur Teilnahme und Mitwirkung an Angeboten der Freizeitgestaltung zu motivieren und anzuleiten. ²Sie sollen insbesondere am Unterricht, am Fernunterricht, an Lehrgängen und sonstigen Veranstaltungen der Fortbildung, an Freizeitgruppen und Gruppengesprächen teilnehmen und ermutigt werden, eine Bücherei zu benutzen sowie den verantwortungsvollen Umgang mit neuen Medien zu erlernen, soweit dies mit der Sicherheit in der Jugendstrafvollzugsanstalt vereinbar ist.

(2) ¹Art. 70, 72 und 73 gelten entsprechend. ²Art. 71 gilt entsprechend mit der Maßgabe, dass der Anstaltsleiter oder die Anstaltsleiterin festlegen kann, ob und unter welchen zusätzlichen Voraussetzungen eigene Fernsehgeräte zugelassen werden. ³Elektronische Unterhaltungsmedien, die keinen pädagogischen Wert haben, sind nicht zugelassen.

Art. 153 Sport

(1) ¹Der sportlichen Betätigung kommt im Jugendstrafvollzug besondere Bedeutung zu. ²Hierfür sind ausreichende Angebote vorzuhalten.

(2) Junge Gefangene sind, soweit sie dazu körperlich in der Lage sind, zur Teilnahme an Sportveranstaltungen anzuhalten.

(3) Insbesondere während des Aufenthalts im Freien (Art. 151 Abs. 4) ist den jungen Gefangenen Gelegenheit zur sportlichen Betätigung zu geben.

Art. 154
Sicherheit und Ordnung; unmittelbarer Zwang

(1) Art. 87 bis 100 gelten entsprechend mit der Maßgabe, dass Art. 100 Abs. 2 auch in den Fällen des Art. 97 Abs. 2 anzuwenden ist.

(2) ¹Art. 108 gilt entsprechend mit der Maßgabe, dass bei minderjährigen Gefangenen die Personensorgeberechtigten an die Stelle der Personen nach Art. 108 Abs. 4 Satz 1 Nr. 2 treten. ²Der Durchführung von Maßnahmen nach Art. 108 Abs. 1 Nr. 1 müssen sie zustimmen. ³Bei Gefahr in Verzug kann von Satz 2 abgewichen werden.

Art. 155 Erzieherische Maßnahmen

(1) ¹Verstoßen junge Gefangene schuldhaft gegen Pflichten, die ihnen durch dieses Gesetz oder auf Grund dieses Gesetzes auferlegt sind, kann unmittelbar auf die Pflichtverletzung eine Maßnahme angeordnet werden, die geeignet ist, ihnen ihr Fehlverhalten bewusst zu machen (erzieherische Maßnahme). ²Erzieherische Maßnahmen sind insbesondere die Erteilung von Weisungen und Auflagen sowie beschränkende Anordnungen in Bezug auf die Freizeit bis zur Dauer einer Woche.

(2) Der Anstaltsleiter oder die Anstaltsleiterin legt fest, welche Bediensteten befugt sind, Maßnahmen nach Abs. 1 anzuordnen.

Art. 156 Disziplinarmaßnahmen

(1) Reichen bei schuldhaften Pflichtverstößen Maßnahmen nach Art. 155 nicht aus, kann der Anstaltsleiter oder die Anstaltsleiterin gegen junge Gefangene Disziplinarmaßnahmen anordnen.

(2) Art. 109 Abs. 3 gilt entsprechend.

(3) Die zulässigen Disziplinarmaßnahmen sind:
1. die Beschränkung oder der Entzug der Verfügung über das Hausgeld und des Einkaufs gemäß Art. 122 in Verbindung mit Art. 24 und 25 bis zu zwei Monaten,
2. die Beschränkung oder der Entzug des Hörfunk- und Fernsehempfangs bis zu drei Monaten,
3. die Beschränkung oder der Entzug der Gegenstände für eine Beschäftigung in der Freizeit oder der Teilnahme an gemeinschaftlichen Veranstaltungen bis zu drei Monaten,
4. die getrennte Unterbringung während der Freizeit bis zu vier Wochen,
5. der Entzug der zugewiesenen Arbeit oder Beschäftigung bis zu vier Wochen unter Wegfall der in diesem Gesetz geregelten Bezüge,
6. die Beschränkung des Verkehrs mit Personen außerhalb der Anstalt auf dringende Fälle bis zu drei Monaten,
7. Arrest bis zu zwei Wochen.

(4) Art. 110 Abs. 2 und 3, Art. 111 bis 114 gelten entsprechend mit der Maßgabe, dass die Höchstfrist der Aussetzung zur Bewährung nach Art. 111 Abs. 2 drei Monate beträgt.

Art. 157 Vollzugsbedienstete

Die Bediensteten müssen für die Erfüllung des Erziehungsauftrags geeignet und ausgebildet sein.

Art. 158 Gefangenenvertretung

¹Den jungen Gefangenen soll ermöglicht werden, Vertreter zu wählen, die die gemeinsamen Interessen der jungen Gefangenen an den Anstaltsleiter oder die Anstaltsleiterin herantragen. ²Die Vorschläge sollen mit den Vertretern erörtert werden.

Teil 4. Besondere Vorschriften bei angeordneter oder vorbehaltener Sicherungsverwahrung

Abschnitt 1. Besondere Vorschriften bei angeordneter oder vorbehaltener Sicherungsverwahrung im Vollzug der Freiheitsstrafe

Art. 159 Gestaltung des Vollzugs

¹Bei angeordneter oder vorbehaltener Sicherungsverwahrung dient der Vollzug der Freiheitsstrafe neben den in Art. 2 genannten Aufgaben dem Ziel, die Gefährlichkeit der Gefangenen für die Allgemeinheit so zu mindern, dass die Vollstreckung der Sicherungsverwahrung oder deren Anordnung möglichst entbehrlich wird. ²Dies erfordert die Mitwirkung der Gefangenen. ³Die Bereitschaft der Gefangenen hierzu ist fortwährend zu wecken und zu fördern. ⁴Die Motivationsmaßnahmen sind zu dokumentieren.

1 D 27, 15 B 26

Art. 160 Behandlungsuntersuchung

¹An das Aufnahmeverfahren schließt sich zur Vorbereitung der Vollzugsplanung unverzüglich eine umfassende Behandlungsuntersuchung nach Art. 8 unter Berücksichtigung des Stands der wissenschaftlichen Erkenntnisse an, die sich auf alle Umstände, deren Kenntnis für eine planvolle Behandlung der Gefährlichkeit der Gefangenen zum Schutz der Allgemeinheit und für die Eingliederung nach ihrer Entlassung notwendig ist, erstreckt. ²Im Rahmen der Behandlungsuntersuchung werden insbesondere die Ursachen der Straftaten, die individuellen Risikofaktoren sowie der Behandlungsbedarf, die Behandlungsfähigkeit und die Behandlungsmotivation der Gefangenen festzustellen. ³Gleichzeitig sollen die Fähigkeiten der Gefangenen ermittelt werden, deren Stärkung einer Gefährlichkeit für die Allgemeinheit entgegenwirkt. ⁴Erkenntnisse aus vorangegangenen Freiheitsentziehungen sind einzubeziehen.

1 D 27, 15 B 26

Art. 161 Vollzugsplan

(1) ¹Auf der Grundlage der in der Behandlungsuntersuchung gewonnenen Erkenntnisse wird unverzüglich ein Vollzugsplan nach Art. 9 aufgestellt, der die individuellen Behandlungsziele festlegt und die zu ihrem Erreichen geeigneten und erforderlichen Maßnahmen benennt. ²Er enthält insbesondere Angaben über
1. sozialtherapeutische, psychotherapeutische oder psychiatrische Behandlungsmaßnahmen,
2. andere Einzel- oder Gruppenbehandlungsmaßnahmen,
3. Maßnahmen zur Förderung der Behandlungsbereitschaft,
4. die Unterbringung in einer sozialtherapeutischen Einrichtung,
5. die Zuweisung zu Wohngruppen,
6. Art und Umfang der Beschäftigung,
7. Vorschläge zur Gestaltung der Freizeit,
8. Vorschläge zur Ordnung der finanziellen Verhältnisse,
9. Vorschläge zur Ordnung der familiären Verhältnisse,
10. Vorschläge zur Förderung von Außenkontakten,
11. Maßnahmen zur Vorbereitung eines sozialen Empfangsraums,
12. Vollzugslockerungen, Urlaub und offener Vollzug,
13. Maßnahmen der Entlassungsvorbereitung und Nachsorge.

(2) ¹Der Vollzugsplan ist fortlaufend der Entwicklung der Gefangenen anzupassen und mit weiteren für die Behandlung bedeutsamen Erkenntnissen in Einklang zu halten. ²Hierfür hat der Vollzugsplan eine angemessene Frist vorzusehen, die sechs Monate nicht übersteigen soll.

Anhang

(3) An der Behandlung mitwirkende Personen außerhalb des Vollzugs sollen in die Planung einbezogen werden.

(4) ¹Die Vollzugsplanung wird mit den Gefangenen erörtert. ²Der Vollzugsplan ist ihnen auszuhändigen.

2 C 39, 1 D 27, 15 B 26, 15 B 29

Art. 162 Behandlung, Verlegung in eine sozialtherapeutische Einrichtung

(1) ¹Den Gefangenen sind die neben Art. 3 erforderlichen Behandlungsmaßnahmen nach § 66c Abs. 2 StGB anzubieten. ²Diese haben wissenschaftliche Erkenntnisse zu berücksichtigen. ³Bei der Behandlung wirken Bedienstete der verschiedenen Fachrichtungen in enger Abstimmung zusammen. ⁴Seelsorgerische Betreuung ist anzubieten. ⁵Soweit dies erforderlich ist, sind externe Fachkräfte einzubeziehen. ⁶Den Gefangenen sollen feste Ansprechpartner zur Verfügung stehen.

(2) ¹Ist Sicherungsverwahrung angeordnet oder vorbehalten, sind Gefangene bereits während des Vollzugs der Freiheitsstrafe in eine sozialtherapeutische Einrichtung zu verlegen, wenn die Teilnahme an den dortigen Behandlungsprogrammen zur Verringerung ihrer Gefährlichkeit für die Allgemeinheit angezeigt ist. ²Die Verlegung soll zu einem Zeitpunkt erfolgen, der den Abschluss der Behandlung während des Vollzugs der Freiheitsstrafe erwarten lässt.

1 D 27, 15 B 26, 15 B 30

Art. 163 Urlaub zur Vorbereitung der Entlassung, Nachsorge und Aufnahme auf freiwilliger Grundlage

Bei angeordneter und vorbehaltener Sicherungsverwahrung gelten Art. 118 bis 120 entsprechend.

1 D 27, 10 G 2, 10 H 3, 10 H 10, 10 H 17, 15 B 26

Abschnitt 2. Besondere Vorschriften bei vorbehaltener Sicherungsverwahrung im Vollzug der Jugendstrafe

Art. 164 Vorbehaltene Sicherungsverwahrung

¹Ist bei Gefangenen im Vollzug der Jugendstrafe die Anordnung der Sicherungsverwahrung vorbehalten, gelten die Vorschriften in Abschnitt 1 entsprechend, soweit Zweck und Eigenart des Vollzugs der Jugendstrafe nicht entgegenstehen. ²§ 7 Abs. 3 und § 106 Abs. 5 JGG bleiben unberührt.

Teil 5. Vollzugsbehörden

Abschnitt 1. Arten und Einrichtung der Justizvollzugsanstalten

Art. 165 Justizvollzugsanstalten

Die in Art. 1 genannten Freiheitsentziehungen werden in Justizvollzugsanstalten vollzogen.

13 A 1

Art. 166 Trennung des Vollzugs

(1) Jugendstrafe wird in eigenen Justizvollzugsanstalten (Jugendstrafvollzugsanstalten) vollzogen.

(2) Frauen und Männer sind getrennt voneinander in gesonderten Anstalten oder Abteilungen unterzubringen.

(3) Von der getrennten Unterbringung nach Abs. 2 darf abgewichen werden, um den Gefangenen die Teilnahme an Behandlungsmaßnahmen in einer anderen Anstalt oder in einer anderen Abteilung zu ermöglichen.

13 B 1, 13 B 6, 14 A 6, 14 D 3

Art. 167 Differenzierung

(1) Für den Vollzug der Freiheitsstrafe und der Jugendstrafe sind Haftplätze in verschiedenen Anstalten oder Abteilungen vorzusehen, die den unterschiedlichen Behandlungsbedürfnissen der Gefangenen und den Sicherheitserfordernissen Rechnung tragen.

BayStVollzG

(2) ¹In Anstalten des geschlossenen Vollzugs gewährleisten besondere bauliche und technische Vorkehrungen eine sichere Unterbringung der Gefangenen. ²Einrichtungen des offenen Vollzugs sehen nur verminderte Vorkehrungen gegen Entweichungen vor.

1 D 16, 13 C 5, 13 C 15, 13 C 16, 13 C 17,
13 C 18

Art. 168 Einrichtungen für Mütter mit Kindern
In Anstalten für Frauen sollen Einrichtungen vorgesehen werden, in denen Mütter mit ihren Kindern untergebracht werden können.

14 C 1, 14 C 14

Art. 169 Gestaltung der Anstalten
(1) Justizvollzugsanstalten sind so zu gestalten, dass eine auf die Bedürfnisse der Einzelnen abgestellte Behandlung gewährleistet ist.

(2) Die Anstalten sollen so gegliedert werden, dass die Gefangenen in überschaubaren Betreuungs- und Behandlungsgruppen zusammengefasst werden können.

13 D 2, 13 D 3

Art. 170 Größe und Ausgestaltung der Räume
¹Räume für den Aufenthalt während der Ruhe- und Freizeit sowie Gemeinschafts- und Besuchsräume sind wohnlich oder sonst ihrem Zweck entsprechend auszugestalten. ²Sie müssen hinreichend Luftinhalt haben und für eine gesunde Lebensführung ausreichend mit Heizung und Lüftung, Boden- und Fensterfläche ausgestattet sein.

13 E 6

Art. 171 Festsetzung der Belegungsfähigkeit
¹Das Staatsministerium der Justiz setzt die Belegungsfähigkeit für jede Anstalt so fest, dass eine angemessene Unterbringung während der Ruhezeit (Art. 20) gewährleistet ist. ²Dabei ist zu berücksichtigen, dass eine ausreichende Anzahl von Plätzen für Arbeit, Ausbildung und Weiterbildung sowie von Räumen für Seelsorge, Freizeit, Sport, therapeutische Maßnahmen und Besuche zur Verfügung steht.

13 E 14, 13 E 18

Art. 172 Verbot der Überbelegung
(1) Berlieferung dürfen nicht mit mehr Personen als zugelassen belegt werden.

(2) Ausnahmen hiervon sind nur vorübergehend und nur mit Zustimmung des Staatsministeriums der Justiz zulässig.

13 E 21

Abschnitt 2. Aufsicht über die Justizvollzugsanstalten

Art. 173 Aufsichtsbehörde
(1) Das Staatsministerium der Justiz führt die Aufsicht über die Justizvollzugsanstalten (Aufsichtsbehörde).

(2) ¹Soweit die Aufsichtsbehörde nicht über eigene Fachkräfte verfügt, ist fachliche Beratung sicherzustellen. ²Hierzu können Fachberater oder Fachberaterinnen bestellt werden.

13 G 2, 13 G 6, 13 G 7, 13 G 10, 13 G 18

Art. 174 Vollstreckungsplan
Die Aufsichtsbehörde regelt in dem Vollstreckungsplan für den Freistaat Bayern die örtliche und sachliche Zuständigkeit der Justizvollzugsanstalten nach allgemeinen Merkmalen.

13 H 3

Anhang

Abschnitt 9 Innerer Aufbau der Justizvollzugsanstalten

Art. 175 Zusammenarbeit

(1) ¹Alle im Vollzug Tätigen arbeiten zusammen und wirken daran mit, die Aufgaben des Vollzugs zu erfüllen. ²Die Sicherheit der Anstalt ist durch die erforderlichen organisatorischen Maßnahmen und geeignete Behandlungsmaßnahmen zu gewährleisten.

(2) Die Anstalten arbeiten mit Behörden, Verbänden der freien Wohlfahrtspflege, Vereinen und Personen, deren Einfluss die Eingliederung der Gefangenen fördern kann, eng zusammen.

(3) Die Anstalt stellt durch geeignete organisatorische Maßnahmen sicher, dass die Bundesagentur für Arbeit die ihr obliegenden Aufgaben wie Berufsberatung, Ausbildungsvermittlung und Arbeitsvermittlung durchführen kann.

(4) Soweit erforderlich, ist zur Entlassungsvorbereitung insbesondere mit der Bewährungshilfe, den Aufsichtsstellen für die Führungsaufsicht und den Einrichtungen der Strafentlassenenhilfe frühzeitig Kontakt aufzunehmen.

4 J 7, 7 J 3, 7 B 6, 7 D 8, 13 I 1, 13 I 5

Art. 176 Vollzugsbedienstete

(1) ¹Die Aufgaben der Justizvollzugsanstalten werden von Vollzugsbeamten wahrgenommen. ²Aus besonderen Gründen können sie auch anderen Bediensteten der Justizvollzugsanstalten sowie nebenamtlichen oder vertraglich verpflichteten Personen übertragen werden.

(2) Für jede Anstalt ist entsprechend ihrer Aufgabe die erforderliche Anzahl von Bediensteten der verschiedenen Berufsgruppen, insbesondere des allgemeinen Vollzugsdienstes, des Werkdienstes, des Krankenpflegedienstes und des Verwaltungsdienstes, sowie von Seelsorgern, Ärzten, Pädagogen, Psychologen und Sozialarbeitern vorzusehen.

11 K 8, 12 B 11, 13 J 1, 13 J 3, 13 J 4

Art. 177 Anstaltsleiter oder Anstaltsleiterin

(1) ¹Für jede Justizvollzugsanstalt ist ein Beamter oder eine Beamtin, der oder die für ein Amt ab der Besoldungsgruppe A 14 qualifiziert ist, hauptamtlich mit der Leitung zu beauftragen (Anstaltsleiter oder Anstaltsleiterin). ²Aus besonderen Gründen kann eine Anstalt auch von einem Beamten oder einer Beamtin, der oder die für ein Amt ab der Besoldungsgruppe A 10 qualifiziert ist, geleitet werden.

(2) ¹Der Anstaltsleiter oder die Anstaltsleiterin vertritt die Anstalt nach außen. ²Er oder sie trägt die Verantwortung für den gesamten Vollzug, soweit nicht bestimmte Aufgabenbereiche der Verantwortung anderer Vollzugsbediensteter oder ihrer gemeinsamen Verantwortung übertragen sind.

(3) Die Befugnis, die Durchsuchung nach Art. 91 Abs. 2, die besonderen Sicherungsmaßnahmen nach Art. 96 und die Disziplinarmaßnahmen nach Art. 110 anzuordnen, darf nur mit Zustimmung der Aufsichtsbehörde übertragen werden.

11 I 6, 11 I 57, 11 M 50, 12 B 11, 13 K 1, 13 K 4, 13 K 6, 13 K 9, 13 K 14

Art. 178 Seelsorge

(1) Seelsorger werden im Einvernehmen mit der jeweiligen Religionsgemeinschaft im Hauptamt bestellt oder vertraglich verpflichtet.

(2) Wenn die geringe Anzahl der Angehörigen einer Religionsgemeinschaft eine Seelsorge nach Abs. 1 nicht rechtfertigt, ist die seelsorgerische Betreuung auf andere Weise zuzulassen.

(3) Mit Zustimmung des Anstaltsleiters oder der Anstaltsleiterin dürfen die Anstaltsseelsorger sich freier Seelsorgehelfer bedienen und für Gottesdienste sowie für andere religiöse Veranstaltungen Seelsorger von außen zuziehen.

(4) ¹Den Seelsorgern obliegt insbesondere die religiöse Betreuung der Gefangenen. ²Die Seelsorger wirken ferner mit bei der Behandlungsuntersuchung der Gefangenen, bei der Aufstellung, Durchführung und Änderung des Vollzugsplans, bei der Freizeitgestaltung der Gefangenen, bei der sozialen Hilfe für die Gefangenen und bei der Aus- und Fortbildung der Vollzugsbediensteten.

8 C 3, 8 D 1, 8 D 2, 8 D 6, 8 D 10, 8 D 28

Art. 179 Ärztliche Versorgung

(1) ¹Die ärztliche Versorgung ist durch hauptamtliche Ärzte sicherzustellen. ²Sie kann aus besonderen Gründen nebenamtlichen oder vertraglich verpflichteten Ärzten übertragen werden.

(2) ¹Die Pflege der Kranken soll von Personen ausgeübt werden, die eine Erlaubnis nach dem Krankenpflegegesetz besitzen. ²Solang Personen im Sinn von Satz 1 nicht zur Verfügung stehen, können auch Bedienstete eingesetzt werden, die eine sonstige Ausbildung in der Krankenpflege erfahren haben.

(3) ¹Den Ärzten obliegt insbesondere die Gesundheitsfürsorge für die Gefangenen, die Überwachung der gesundheitlichen und hygienischen Verhältnisse in der Anstalt, die ärztliche Überwachung der Anstaltsverpflegung und die Durchführung von Zwangsmaßnahmen auf dem Gebiet der Gesundheitsfürsorge. ²Sie wirken ferner mit bei der Behandlungsuntersuchung der Gefangenen, bei der Aufstellung, Durchführung und Änderung des Vollzugsplans, bei der Beurteilung der Gefangenen, bei der Anordnung und beim Vollzug besonderer Sicherungsmaßnahmen und von Disziplinarmaßnahmen in dem vorgesehenen Umfang sowie bei der Aus- und Fortbildung der Vollzugsbediensteten.

6 D 35

Art. 180 Pädagogischer Dienst

(1) ¹Die pädagogische Behandlung ist durch hauptamtliche Lehrkräfte sicherzustellen. ²Aus besonderen Gründen kann sie auch nebenamtlichen oder vertraglich verpflichteten Lehrkräften übertragen werden.

(2) ¹Den Lehrkräften obliegt insbesondere die Erteilung von Unterricht und die Organisation der Ausbildung für die Gefangenen, die Sorge für sonstige Maßnahmen der Aus- und Weiterbildung der Gefangenen sowie die Beratung und Betreuung der Gefangenen in Fragen der Aus- und Weiterbildung. ²Die Lehrkräfte wirken ferner mit bei der Behandlungsuntersuchung der Gefangenen, bei der Aufstellung, Durchführung und Änderung des Vollzugsplans, bei der Beurteilung und der Freizeitgestaltung der Gefangenen, der Gestaltung des kulturellen Lebens der Anstalt sowie bei der Aus- und Fortbildung der Vollzugsbediensteten.

4 E 8, 13 J 4

Art. 181 Sozialdienst

(1) Die sozialpädagogische Behandlung und Betreuung der Gefangenen ist durch hauptamtliche Sozialarbeiter sicherzustellen.

(2) ¹Den Sozialarbeitern obliegt insbesondere die soziale Hilfe für die Gefangenen. ²Die Sozialarbeiter wirken ferner mit bei der Behandlungsuntersuchung der Gefangenen, bei der Aufstellung, Durchführung und Änderung des Vollzugsplans, bei der Beurteilung und der Freizeitgestaltung der Gefangenen sowie bei der Aus- und Fortbildung der Vollzugsbediensteten.

13 J 4

Art. 182 Psychologischer Dienst

(1) ¹Die psychologische Behandlung ist durch hauptamtliche Psychologen sicherzustellen. ²Aus besonderen Gründen kann sie nebenamtlichen oder vertraglich verpflichteten Psychologen übertragen werden.

(2) ¹Zu den Aufgaben des psychologischen Dienstes gehören insbesondere Diagnostik und Prognostik, Krisenintervention und psychologische Beratung, Psychotherapie sowie Dokumentation und Evaluation. ²Die Psychologen wirken ferner mit bei der Behandlungsuntersuchung der Gefangenen, der Aufstellung, Durchführung und Änderung des Vollzugsplans sowie der Personalauswahl, Organisationsentwicklung und Aus- und Fortbildung des Personals.

13 J 4

Art. 183 Konferenzen

Zur Aufstellung und Überprüfung des Vollzugsplans und zur Vorbereitung wichtiger Entscheidungen im Vollzug führt der Anstaltsleiter oder die Anstaltsleiterin Konferenzen mit den an der Behandlung maßgeblich Beteiligten durch.

13 L 3, 13 L 4, 13 L 6,
13 L 7

Anhang

Art. 184 Hausordnung
(1) ¹Der Anstaltsleiter oder die Anstaltsleiterin erlässt eine Hausordnung. ²Sie bedarf der Zustimmung der Aufsichtsbehörde.
(2) In die Hausordnung sind insbesondere die Anordnungen aufzunehmen über
1. Besuchszeiten, Häufigkeit und Dauer der Besuche,
2. Arbeitszeit, Freizeit und Ruhezeit,
3. auf der Grundlage dieses Gesetzes besonders auferlegte Pflichten sowie
4. die Gelegenheit, Anträge und Beschwerden anzubringen, oder sich an Vertreter der Aufsichtsbehörde zu wenden.
(3) Gefangene erhalten einen Abdruck der Hausordnung.

2 A 8, 12 A 6, 13 N 1, 13 N 2, 13 N 3

Abschnitt 4. Anstaltsbeiräte

Art. 185 Beiräte
(1) Bei den Justizvollzugsanstalten sind Beiräte zu bilden.
(2) ¹Der oder die Vorsitzende und deren Vertreter werden aus der Mitte des Bayerischen Landtags gewählt. ²Vollzugsbedienstete dürfen nicht Mitglieder der Beiräte sein.
(3) Die Mitglieder der Beiräte arbeiten ehrenamtlich.

13 O 2, 13 O 9

Art. 186 Aufgaben
¹Die Mitglieder des Beirats wirken bei der Gestaltung des Vollzugs und bei der Betreuung der Gefangenen mit. ²Sie unterstützen den Anstaltsleiter oder die Anstaltsleiterin durch Anregungen und Verbesserungsvorschläge und helfen bei der Eingliederung der Gefangenen nach der Entlassung.

Art. 187 Befugnisse
(1) ¹Die Mitglieder des Beirats können insbesondere Wünsche, Anregungen und Beanstandungen entgegennehmen. ²Sie können sich über die Unterbringung, Beschäftigung, berufliche Bildung, Verpflegung, ärztliche Versorgung und Behandlung unterrichten sowie die Anstalt und ihre Einrichtungen besichtigen.
(2) ¹Die Mitglieder des Beirats können die Gefangenen in ihren Räumen aufsuchen. ²Aussprache und Schriftwechsel werden nicht überwacht.

13 O 6

Art. 188 Pflicht zur Verschwiegenheit
¹Die Mitglieder des Beirats sind verpflichtet, außerhalb ihres Amtes über alle Angelegenheiten, die ihrer Natur nach vertraulich sind, besonders über Namen und Persönlichkeit der Gefangenen, Verschwiegenheit zu bewahren. ²Dies gilt auch nach Beendigung ihres Amtes.

13 O 7

Abschnitt 5. Kriminologische Forschung im Strafvollzug

Art. 189 Kriminologischer Dienst
(1) Dem kriminologischen Dienst obliegt es, in Zusammenarbeit mit den Einrichtungen der Forschung den Vollzug, insbesondere die Behandlungsmethoden, wissenschaftlich fortzuentwickeln und seine Ergebnisse für Zwecke der Strafrechtspflege nutzbar zu machen.
(2) Art. 197 Abs. 4a gilt entsprechend.

16 3

Teil 6. Vollzug des Strafarrests, Akten, Datenschutz, Arbeitslosenversicherung

Abschnitt 1. Vollzug des Strafarrests in Justizvollzugsanstalten

Art. 190 Grundsatz

¹Für den Vollzug des Strafarrests in Justizvollzugsanstalten gelten die Vorschriften über den Vollzug der Freiheitsstrafe (Art. 2 bis 116) entsprechend, soweit im Folgenden nichts anderes bestimmt ist. ²Art. 49 findet nur in den Fällen einer in Art. 42 erwähnten Beschäftigung Anwendung.

4 D 25, 15 C 1

Art. 191 Unterbringung, Besuche und Schriftverkehr

(1) ¹Eine gemeinsame Unterbringung während der Arbeit, Freizeit und Ruhezeit (Art. 19 und 20) ist nur mit Einwilligung der Gefangenen zulässig. ²Dies gilt nicht, wenn Strafarrest in Unterbrechung einer Strafhaft oder einer Unterbringung im Vollzug einer freiheitsentziehenden Maßregel der Besserung und Sicherung vollzogen wird.

(2) Den Gefangenen soll gestattet werden, einmal wöchentlich Besuch zu empfangen.

(3) Besuche und Schriftwechsel dürfen nur untersagt oder überwacht werden, wenn dies aus Gründen der Sicherheit oder Ordnung der Anstalt notwendig ist.

Art. 192 Kleidung, Wäsche und Bettzeug

Gefangene dürfen eigene Kleidung, Wäsche und eigenes Bettzeug benutzen, wenn Gründe der Sicherheit nicht entgegenstehen und die Gefangenen für Reinigung, Instandsetzung und regelmäßigen Wechsel auf eigene Kosten sorgen.

2 F 4

Art. 193 Einkauf

Gefangene dürfen Nahrungs- und Genussmittel sowie Mittel zur Körperpflege in angemessenem Umfang durch Vermittlung der Anstalt auf eigene Kosten erwerben.

Art. 194 Unmittelbarer Zwang

¹Beim Vollzug des Strafarrests dürfen zur Vereitelung einer Flucht oder zur Wiederergreifung (Art. 107 Abs. 1 Nr. 3) keine Schusswaffen gebraucht werden. ²Dies gilt nicht, wenn Strafarrest in Unterbrechung einer Untersuchungshaft, einer Strafhaft oder einer Unterbringung im Vollzug einer freiheitsentziehenden Maßregel der Besserung und Sicherung vollzogen wird.

11 K 5, 15 C 9

Abschnitt 2. Akten

Art. 195 Akten

(1) Über jeden Gefangenen und jede Gefangene werden Personalakten geführt (Gefangenenpersonalakten).

(2) Für jeden Gefangenen und jede Gefangene sind vom Arzt oder der Ärztin Gesundheitsakten zu führen.

(3) Über die im Rahmen einer Therapie erhobenen Daten im Sinn von Art. 201 Abs. 1 Satz 1 Nr. 2 und 3 sind Therapieakten zu führen.

(4) Die in Abs. 1 bis 3 genannten Akten können auch elektronisch geführt werden.

Abschnitt 3. Datenschutz

Art. 196 Datenerhebung

(1) ¹Die Anstalt darf personenbezogene Daten erheben, soweit deren Kenntnis für die Erfüllung ihrer Aufgaben erforderlich ist. ²Sie darf beim Landesamt für Verfassungsschutz Anfragen nach vorhandenen Erkenntnissen stellen, die für die Aufrechterhaltung der Sicherheit und Ordnung der Anstalt erhebliche Bedeutung haben. ³Bei Gefangenen soll von der Abfrage nur abgesehen werden, wenn im Einzelfall auf Grund einer Gesamtwürdigung eine Gefährdung der Sicherheit oder Ordnung der Anstalt ausgeschlossen wird.

Anhang

(2) ¹Daten über Personen, die nicht Gefangene sind, dürfen ohne ihre Mitwirkung bei Personen oder Stellen außerhalb der Anstalt nur erhoben werden, wenn sie für die Behandlung der Gefangenen, die Sicherheit der Anstalt oder die Sicherung des Vollzugs einer Freiheitsstrafe unerlässlich sind und die Art der Erhebung schutzwürdige Interessen der betroffenen Person nicht beeinträchtigt. ²Im Übrigen gilt Art. 4 Abs. 2 des Bayerischen Datenschutzgesetzes (BayDSG) entsprechend.

Art. 197 Datenweiterverarbeitung

(1) ¹Die Anstalt darf personenbezogene Daten weiterverarbeiten, soweit dies für die Erfüllung ihrer Aufgaben erforderlich ist. ²Die Anstalt kann Gefangene verpflichten, einen Lichtbildausweis mit sich zu führen, wenn dies aus Gründen der Sicherheit oder Ordnung der Anstalt erforderlich ist.

(2) ¹Die Verarbeitung personenbezogener Daten für andere Zwecke ist zulässig, soweit dies
1. zur Abwehr erheblicher Nachteile für das Gemeinwohl oder einer Gefahr für die öffentliche Sicherheit,
2. zur Abwehr einer schwerwiegenden Beeinträchtigung der Rechte einer anderen Person,
3. zur Verhinderung oder Verfolgung von Ordnungswidrigkeiten, durch die die Sicherheit oder Ordnung der Anstalt gefährdet werden, oder von Straftaten oder
4. für Maßnahmen der Strafvollstreckung oder strafvollstreckungsrechtliche Entscheidungen

erforderlich ist. ²Die Anstalten können personenbezogene Daten an Verfassungsschutzbehörden des Bundes oder der Länder, den Bundesnachrichtendienst und den Militärischen Abschirmdienst übermitteln, wenn die Daten konkrete Erkenntnisse zu einer Gefährdung der jeweiligen Rechtsgüter erkennen lassen, die für die Lagebeurteilung nach Maßgabe der Aufgaben der genannten Behörden bedeutsam sind; Art. 24 des Bayerischen Verfassungsschutzgesetzes bleibt unberührt.

(3) Eine Verarbeitung für andere Zwecke liegt über die Fälle des Art. 6 Abs. 1 BayDSG hinaus nicht vor, soweit sie dem gerichtlichen Rechtsschutz nach den §§ 109 bis 121 StVollzG dient.

(4) ¹Über die in Abs. 1 und 2 geregelten Zwecke hinaus dürfen zuständigen öffentlichen Stellen personenbezogene Daten übermittelt werden, soweit dies für
1. Maßnahmen der Gerichtshilfe, Jugendgerichtshilfe, Bewährungshilfe oder Führungsaufsicht,
2. Entscheidungen in Gnadensachen,
3. Statistiken der Rechtspflege,
4. sozialrechtliche Maßnahmen,
5. die Einleitung von Hilfsmaßnahmen für Angehörige (§ 11 Abs. 1 Nr. 1 StGB) der Gefangenen,
6. dienstliche Maßnahmen der Bundeswehr im Zusammenhang mit der Aufnahme und Entlassung von Soldaten,
7. ausländerrechtliche Maßnahmen oder
8. die Durchführung der Besteuerung oder die Geltendmachung von sonstigen Forderungen von juristischen Personen des öffentlichen Rechts

erforderlich ist. ²Eine Übermittlung für andere Zwecke ist auch zulässig, soweit eine andere gesetzliche Vorschrift dies vorsieht und sich dabei ausdrücklich auf personenbezogene Daten über Gefangene bezieht.

(4a) ¹Die Regelungen der Strafprozessordnung für die Übermittlung personenbezogener Daten in Akten an Hochschulen, andere Einrichtungen, die wissenschaftliche Forschung betreiben, und öffentliche Stellen für wissenschaftliche Zwecke gelten entsprechend. ²Es können auch elektronisch gespeicherte personenbezogene Daten übermittelt werden. ³Die Übermittlung ist, soweit dies zur Erfüllung des jeweiligen Zwecks ausreicht, auf anonymisierte und pseudonymisierte Daten zu beschränken und kann auch auf elektronischem Wege erfolgen.

(5) ¹Öffentlichen und nichtöffentlichen Stellen darf die Anstalt auf schriftlichen Antrag mitteilen, ob sich eine Person in Haft befindet sowie ob und wann ihre Entlassung voraussichtlich bevorsteht und wie die Entlassungsadresse lautet, soweit
1. die Mitteilung zur Erfüllung der in der Zuständigkeit der öffentlichen Stelle liegenden Aufgaben erforderlich ist oder
2. von nichtöffentlichen Stellen ein berechtigtes Interesse an dieser Mitteilung glaubhaft dargelegt wird und die Gefangenen kein schutzwürdiges Interesse an dem Ausschluss der Übermittlung haben.

²Verletzten einer Straftat können darüber hinaus auf schriftlichen Antrag Auskünfte über die Vermögensverhältnisse von Gefangenen erteilt werden, wenn die Erteilung zur Feststellung oder Durchsetzung von Rechtsansprüchen im Zusammenhang mit der Straftat erforderlich ist. ³Die Gefangenen werden vor der

Mitteilung gehört, es sei denn, hierdurch droht eine Vereitelung des Zwecks der Mitteilung. ⁴Ist die Anhörung unterblieben, werden die betroffenen Gefangenen über die Mitteilung der Anstalt nachträglich unterrichtet. ⁵Besteht Anlass zu der Besorgnis, dass die Offenlegung von Lebensumständen von Verletzten einer Straftat deren Leib oder Leben gefährdet, kann die Offenlegung gegenüber den Gefangenen ganz unterbleiben. ⁶Die Mitteilung der Anschrift der Verletzten an die Gefangenen bedarf der Einwilligung der Verletzten.

(6) ¹Akten mit personenbezogenen Daten dürfen nur anderen Justizvollzugsanstalten, Einrichtungen für Sicherungsverwahrung, Jugendarrestanstalten, den zur Dienst- oder Fachaufsicht oder zu dienstlichen Weisungen befugten Stellen, den für strafvollzugs-, strafvollstreckungs- und strafrechtliche Entscheidungen zuständigen Gerichten sowie den Strafvollstreckungs- und Strafverfolgungsbehörden überlassen werden; die Überlassung an andere öffentliche Stellen ist zulässig, soweit die Erteilung einer Auskunft einen unvertretbaren Aufwand erfordert oder nach Darlegung der Akteneinsicht begehrenden Stellen für die Erfüllung der Aufgabe nicht ausreicht. ²Entsprechendes gilt für die Überlassung von Akten an die von der Anstalt mit Gutachten beauftragten Stellen.

(7) Bei der Überwachung der Besuche oder des Schriftwechsels sowie bei der Überwachung des Inhalts von Paketen bekannt gewordene personenbezogene Daten dürfen nur für die in Abs. 2 aufgeführten Zwecke, für das gerichtliche Verfahren nach den §§ 109 bis 121 StVollzG, zur Wahrung der Sicherheit oder Ordnung der Anstalt oder nach Anhörung der Gefangenen für Zwecke der Behandlung verarbeitet werden.

(8) Personenbezogene Daten, die gemäß Art. 196 Abs. 2 Satz 1 über Personen, die nicht Gefangene sind, erhoben worden sind, dürfen nur zur Erfüllung des Erhebungszwecks oder für die in Abs. 2 geregelten Zwecke verarbeitet werden.

(9) ¹Daten, die erhoben wurden, ohne dass die Voraussetzungen für ihre Erhebung vorgelegen haben, dürfen nur dann weiterverarbeitet werden, wenn dies erforderlich ist zur Abwehr einer gegenwärtigen Gefahr für
1. den Bestand oder die Sicherheit des Bundes oder eines Landes,
2. Leben, Gesundheit oder Freiheit oder
3. Güter der Allgemeinheit, deren Bedrohung die Grundlagen der Existenz der Menschen berührt.

²Über die Verarbeitung nach Satz 1 entscheidet der Anstaltsleiter oder die Anstaltsleiterin oder der Stellvertreter.

(10) ¹Soweit möglich soll erkennbar werden, ob Daten auf Tatsachen oder persönlichen Einschätzungen beruhen. ²Bei einer Datenverarbeitung soll nach Möglichkeit unterschieden werden, ob die Daten Verdächtige, Verurteilte, Opfer oder andere Personen betreffen.

12 I 8

Art. 198 Allgemeine Regelungen der Datenübermittlung

(1) ¹Die Anstalt unterlässt die Übermittlung personenbezogener Daten, die erkennbar unrichtig, unvollständig oder nicht mehr auf dem gegenwärtigen Stand sind. ²Soweit möglich unterzieht sie die Daten vor Übermittlung einer diesbezüglichen Überprüfung. ³Die empfangende Stelle beurteilt die Richtigkeit, Vollständigkeit, die Zuverlässigkeit und Aktualität der Daten in eigener Zuständigkeit. ⁴Die übermittelnde Stelle fügt nach Möglichkeit die zur Prüfung erforderlichen Informationen bei.

(2) ¹Werden Daten nach ihrer Übermittlung nach Art. 202 Abs. 4 gelöscht oder wird nach Art. 202 Abs. 5 ihre Verarbeitung eingeschränkt, ist dies dem Empfänger unverzüglich mitzuteilen. ²Erweisen sich personenbezogene Daten nach ihrer Übermittlung als unrichtig, sind sie unverzüglich zu berichtigen,
1. bei einer Übermittlung durch die Anstalt gegenüber der empfangenden Stelle, wenn dies zur Wahrung schutzwürdiger Interessen des Betroffenen erforderlich ist, und
2. bei einer Übermittlung an die Anstalt gegenüber der übermittelnden Stelle, soweit dies möglich und zumutbar ist.

(3) ¹Erweist sich die Übermittlung personenbezogener Daten als unrechtmäßig, ist dies der empfangenden Stelle unverzüglich mitzuteilen. ²Die Daten dürfen von dieser nicht mehr verarbeitet werden und sind unverzüglich in der Verarbeitung einzuschränken, wenn sie zu Zwecken der Dokumentation noch benötigt werden; andernfalls sind sie von dieser unverzüglich zu löschen.

(4) ¹Die empfangende Stelle darf die übermittelten personenbezogenen Daten nur zu dem Zweck verarbeiten, zu dem sie ihr übermittelt worden sind. ²Die empfangende Stelle darf die Daten für andere Zwecke nur verarbeiten, soweit sie ihr auch für diese Zwecke hätten übermittelt werden dürfen. ³Bestehen für

die Verarbeitung besondere Bedingungen, ist die empfangende Stelle darauf hinzuweisen. ⁴Nicht öffentliche Stellen im Sinn des Art. 1 BayDSG bedürfen für die Weiterverarbeitung nach Satz 2 der Zustimmung der Anstalt; sie sind auf die Regelungen des Halbsatzes 1 sowie der Sätze 1 und 2 hinzuweisen.

(5) Die Anstalt darf auf Empfänger in anderen Mitgliedstaaten der Europäischen Union oder in Staaten, die die Bestimmungen des Schengen-Besitzstandes auf Grund eines Assoziierungsübereinkommens mit der Europäischen Union über die Umsetzung, Anwendung und Entwicklung des Schengen-Besitzstandes anwenden, sowie auf Organisationen der Europäischen Union keine Bedingungen anwenden, die nicht auch für entsprechende innerstaatliche Datenübermittlungen gelten.

Art. 199 Zentrale Datei, automatisiertes Verfahren

(1) Die gemäß Art. 196 erhobenen Daten können für sämtliche Anstalten im Geltungsbereich dieses Gesetzes in einer zentralen Datei gespeichert werden.

(2) ¹Die Einrichtung eines automatisierten Verfahrens, das die Verarbeitung, insbesondere die Übermittlung oder den Abruf personenbezogener Daten aus der zentralen Datei gemäß den Art. 196 Abs. 1 Satz 2, Art. 197 Abs. 2 und 4 ermöglicht, ist zulässig. ²Die automatisierte Übermittlung der für § 32 Abs. 2 Satz 1 des Bundeskriminalamtgesetzes erforderlichen personenbezogenen Daten kann auch anlassunabhängig erfolgen. ³Art. 7 Abs. 1 Satz 2 BayDSG gilt entsprechend.

(3) ¹Folgende Verarbeitungsvorgänge nach Abs. 2 müssen protokolliert werden:
1. Erhebung,
2. Veränderung,
3. Abruf,
4. Offenlegung einschließlich Übermittlung,
5. Verknüpfung und
6. Löschung.

²Die Protokolle über Abrufe und Offenlegungen müssen die dafür maßgeblichen Gründe nennen sowie Datum und Uhrzeit dieser Vorgänge enthalten und, soweit möglich, die Feststellung der Identität der abrufenden oder offenlegenden Person sowie des Empfängers ermöglichen.

(4) ¹Die nach Abs. 3 erstellten Protokolle dürfen nur verwendet werden zur
1. Überprüfung der Rechtmäßigkeit der Datenverarbeitung einschließlich der Eigenüberwachung,
2. Gewährleistung der Integrität und Sicherheit der personenbezogenen Daten,
3. Verhütung oder Verfolgung von Straftaten und Ordnungswidrigkeiten und
4. Kontrolle durch den Landesbeauftragten für den Datenschutz (Landesbeauftragter).

²Sie sind dem Landesbeauftragten auf Anforderung in auswertbarer Weise zur Verfügung zu stellen. ³Soweit sie für Zwecke des Satzes 1 nicht mehr benötigt werden, spätestens aber nach Ablauf des dritten Kalenderjahres, das dem Jahr der Protokollierung folgt, sind sie zu löschen. ⁴Die Auswertung für Zwecke des Satzes 1 Nr. 3 bedarf der Anordnung des Anstaltsleiters oder der Anstaltsleiterin, der oder die die Anordnungsbefugnis allgemein oder im Einzelfall auf Beamte oder Beamtinnen, die die Voraussetzungen für den Einstieg in die vierte Qualifikationsebene erfüllen, delegieren kann.

Art. 200 Datenschutz-Folgenabschätzung und Anhörung des Landesbeauftragten

(1) Soweit die Verarbeitung personenbezogener Daten automatisiert erfolgt, gelten Art. 35 Abs. 1, 2 und 7 der Verordnung (EU) 2016/679 (Datenschutz-Grundverordnung – DSGVO) und Art. 14 Abs. 1 BayDSG entsprechend.

(2) § 69 des Bundesdatenschutzgesetzes (BDSG) gilt entsprechend.

Art. 201 Besondere Kategorien personenbezogener Daten, Schutz der Daten

(1) ¹Personenbezogene Daten, die
1. Ärzten, Zahnärzten oder Angehörigen eines solchen Heilberufs, der für die Berufsausübung oder die Führung der Berufsbezeichnung eine staatlich geregelte Ausbildung erfordert,
2. Berufspsychologen mit staatlich anerkannter wissenschaftlicher Abschlussprüfung,
3. staatlich anerkannten Sozialarbeitern oder staatlich anerkannten Sozialpädagogen

von Gefangenen als Geheimnis anvertraut oder über Gefangene sonst bekannt geworden sind, unterliegen auch gegenüber der Anstalt der Schweigepflicht. ²Die in Satz 1 genannten Personen haben sich gegenüber dem Anstaltsleiter oder der Anstaltsleiterin zu offenbaren, soweit dies für die Aufgabenerfüllung der Anstalt oder zur Abwehr von erheblichen Gefahren für Leib oder Leben der Gefangenen oder Dritter erforderlich ist. ³Der Arzt oder die Ärztin ist zur Offenbarung ihm oder ihr im Rahmen der allgemeinen Gesundheitsfürsorge bekannt gewordener Geheimnisse befugt, soweit dies für die Aufgabenerfüllung der Anstalt unerlässlich oder zur Abwehr von erheblichen Gefahren für Leib oder Leben der Gefangenen oder Dritter erforderlich ist. ⁴Sonstige Offenbarungsbefugnisse, insbesondere nach einer Entbindung von der Schweigepflicht, bleiben unberührt. ⁵Die Gefangenen sind vor der Erhebung über die nach den Sätzen 2 und 3 bestehenden Offenbarungsbefugnisse zu unterrichten.

(2) ¹Die nach Abs. 1 offenbarten Daten dürfen nur für den Zweck, für den sie offenbart wurden oder für den eine Offenbarung zulässig gewesen wäre, und nur unter denselben Voraussetzungen verarbeitet oder genutzt werden, unter denen eine in Abs. 1 Satz 1 Nr. 1 bis 3 genannte Person selbst hierzu befugt wäre. ²Der Anstaltsleiter oder die Anstaltsleiterin kann unter diesen Voraussetzungen die unmittelbare Offenbarung gegenüber bestimmten Anstaltsbediensteten allgemein zulassen. ³Warnhinweise, die keinen Rückschluss auf konkrete Erkrankungen zulassen, sind zulässig, soweit dies zur Abwehr von erheblichen Gefahren für Leib oder Leben der Gefangenen oder Dritter erforderlich ist.

(3) Sofern Ärzte oder Psychologen außerhalb des Vollzugs mit der Untersuchung oder Behandlung Gefangener beauftragt werden, gilt Abs. 1 entsprechend mit der Maßgabe, dass die beauftragte Person auch zur Unterrichtung der in der Anstalt mit der entsprechenden Behandlung betrauten Person befugt ist.

(4) ¹Im Übrigen ist die Verarbeitung besonderer Kategorien personenbezogener Daten im Sinn des Art. 9 Abs. 1 DSGVO zulässig,
1. soweit andernfalls die Erfüllung vollzuglicher Aufgaben gefährdet oder wesentlich erschwert ist,
2. zur Abwehr von Gefahren für ein bedeutendes Rechtsgut,
3. wenn dies für Maßnahmen der Strafverfolgung und -vollstreckung, der Gerichtshilfe, Jugendgerichtshilfe, Bewährungshilfe oder Führungsaufsicht sowie für Entscheidungen in Gnadensachen erforderlich ist,
4. wenn die betroffene Person der Datenverarbeitung zugestimmt hat und die Daten nur für den Zweck verarbeitet werden, zu dem die Zustimmung erteilt wurde,
5. wenn die betroffene Person sie bereits offensichtlich öffentlich gemacht hat,
6. wenn dies zu Zwecken der Eigensicherung erforderlich ist oder
7. soweit dies für die in Art. 197 Abs. 4a und Art. 204 Abs. 4 genannten Zwecke erforderlich ist.

²Solche Daten sollen besonders gekennzeichnet und der Zugriff darauf besonders ausgestaltet werden, und soweit dies für den Schutz der betroffenen Personen erfordert. ³Vor Erteilung der Zustimmung nach Satz 1 Nr. 4 ist die betroffene Person über den Zweck der Verarbeitung sowie darüber aufzuklären, dass sie die Zustimmung verweigern sowie jederzeit widerrufen kann; die Zustimmung ist zu dokumentieren. ⁴Gesundheits- und Therapieakten sind getrennt von anderen Unterlagen zu führen und besonders zu sichern.

(5) Andere personenbezogene Daten über die Gefangenen dürfen vorbehaltlich abweichender Regelung innerhalb der Anstalt allgemein kenntlich gemacht werden, soweit dies für ein geordnetes Zusammenleben in der Anstalt erforderlich ist.

Art. 202 Berichtigung, Löschung und Einschränkung der Verarbeitung

(1) ¹Personenbezogene Daten sind zu berichtigen, wenn sie unrichtig sind. ²Die Berichtigung kann auch eine Ergänzung der Daten erforderlich machen, wenn eine mangelnde Vollständigkeit die Unrichtigkeit der Daten für den Verarbeitungszweck zur Folge hat. ³Ist die Berichtigung nicht möglich oder nicht hinreichend, ist eine weitere Verarbeitung der Daten unzulässig.

(2) Die Anstalt soll angemessene Maßnahmen ergreifen, dass gespeicherte personenbezogene Daten sachlich richtig, vollständig und erforderlichenfalls auf dem neusten Stand sind, und zu diesem Zweck die Qualität der Daten überprüfen.

(3) ¹Die Speicherung von personenbezogenen Daten ist auf das erforderliche Maß zu beschränken. ²Personenbezogene Daten sind spätestens fünf Jahre nach der Entlassung der Gefangenen oder ihrer Verlegung in eine andere Anstalt zu löschen. ³Bis zum Ablauf einer Aufbewahrungsfrist nach Abs. 6 Satz 1 für die Gefangenenpersonalakten können die Angaben über Familienname, Vorname, Geburtsname, Geburtstag, Geburtsort, Eintritts- und Austrittsdatum der Gefangenen verarbeitet werden, soweit dies für das Auffinden der Gefangenenpersonalakte erforderlich ist.

(4) Personenbezogene Daten sind unverzüglich zu löschen, wenn
1. ihre Erhebung oder weitere Verarbeitung unzulässig war oder

2. sie zur Erfüllung einer rechtlichen Verpflichtung gelöscht werden müssen.

(5) ¹Die Löschung unterbleibt, soweit und solange
1. Grund zu der Annahme besteht, dass schutzwürdige Interessen der betroffenen Person beeinträchtigt würden,
2. die Daten für Beweiszwecke einer weiteren Aufbewahrung bedürfen,
3. dies zur Verfolgung oder Verhütung von Straftaten erforderlich ist,
4. dies im Einzelfall nicht oder nur mit unverhältnismäßig hohem Aufwand möglich ist,
5. dies zur Durchführung wissenschaftlicher Forschungsvorhaben nach Art. 197 Abs. 4a erforderlich ist oder
6. ein Fall des Art. 197 Abs. 9 vorliegt.

²In diesen Fällen sind die Daten in der Verarbeitung einzuschränken. ³Sie dürfen nur zu den in Satz 1 Nr. 2, 3, 5 und 6 genannten Zwecken oder mit Einwilligung der betroffenen Person verarbeitet werden.

(6) ¹Die Löschung von Daten in Akten unterbleibt außerdem bis zum Ablauf von in Rechtsvorschriften bestimmten Aufbewahrungsfristen. ²Die Akten können länger aufbewahrt werden, sofern dies im Einzelfall für die in Abs. 5 Satz 1 genannten Zwecke weiterhin erforderlich ist. ³Abs. 5 Satz 2 und 3 gilt entsprechend. ⁴Die Einschränkung der Verarbeitung endet, wenn die Gefangenen erneut zum Vollzug einer Freiheitsstrafe aufgenommen werden oder die betroffene Person einwilligt.

(7) ¹Es ist ein Verfahren festzulegen, das die Einhaltung der Fristen sicherstellt. ²Die archivrechtlichen Vorschriften bleiben unberührt.

Art. 203 Ausübung der Rechte der betroffenen Person

(1) ¹Die Anstalt informiert die Gefangenen und andere betroffene Personen in allgemeiner und verständlicher Form über
1. die Zwecke, zu denen personenbezogene Daten verarbeitet werden,
2. ihre Bezeichnung und Kontaktdaten und diejenigen des behördlichen Datenschutzbeauftragten,
3. die Kontaktdaten des Landesbeauftragten sowie das Recht, sich an ihn zu wenden,
4. die Rechte auf Auskunft, Berichtigung, Löschung und Einschränkung der Verarbeitung personenbezogener Daten.

²Die Anstalt weist auf Verlangen darüber hinaus in geeigneter Weise auf die Rechtsgrundlage der Datenerhebung sowie auf eine im Einzelfall bestehende gesetzliche Auskunftspflicht oder die Freiwilligkeit der Auskunft hin. ³Über eine ohne ihre Kenntnis vorgenommene Erhebung personenbezogener Daten wird die betroffene Person unverzüglich unter Angabe dieser Daten unterrichtet.

(2) ¹Die Informationen nach Abs. 1 Satz 2 und 3 können zunächst unterbleiben, soweit und solange
1. die Erreichung der in Art. 196 Abs. 1 genannten Zwecke auf andere Weise gefährdet oder wesentlich erschwert würde,
2. dies für die in Art. 197 Abs. 2 genannten Zwecke erforderlich ist oder
3. anzunehmen ist, dass dies überwiegenden Interessen oder Belangen der betroffenen Person oder Dritter dient.

²Sind die Voraussetzungen nach Satz 1 entfallen, ist die betroffene Person zu benachrichtigen und sind unterbliebene Informationen unverzüglich zu erteilen. ³Die Benachrichtigung hat zumindest die Angaben nach Abs. 1 Satz 1, die Rechtsgrundlage der Datenerhebung und gegebenenfalls der weiteren Verarbeitung, Informationen über die mutmaßliche Dauer der Datenspeicherung oder, falls diese Angabe nicht möglich ist, Kriterien hierfür sowie gegebenenfalls über die Kategorien der Empfänger der Daten zu enthalten. ⁴Bezieht sich die Benachrichtigung auf die Herkunft personenbezogener Daten von oder deren Übermittlung an die Staatsanwaltschaft, Polizei, Finanzverwaltung, Organe der überörtlichen Rechnungsprüfung, den Verfassungsschutz, den Bundesnachrichtendienst, den Militärischen Abschirmdienst oder andere Behörden des Bundesministeriums der Verteidigung, ist sie nur nach Zustimmung dieser Stellen zulässig.

(3) ¹Die betroffene Person kann nach Maßgabe des Art. 202 Abs. 1, 4 und 5 die unverzügliche Berichtigung, Löschung oder Einschränkung der Verarbeitung verlangen. ²Im Fall von Aussagen, Beurteilungen oder anderweitigen Wertungen betrifft die Frage der Richtigkeit nicht deren Inhalt, sondern die Tatsache, ob die Aussage, Beurteilung oder anderweitige Wertung so erfolgt ist. ³Kann die Richtigkeit der Daten nicht erwiesen werden, werden die Daten in der Verarbeitung eingeschränkt. ⁴In diesem Fall wird die betroffene Person unterrichtet, bevor die Einschränkung der Verarbeitung aufgehoben wird. ⁵Bestehen begründete

Zweifel an der Identität der antragstellenden Person, kann die Bearbeitung ihres Anliegens von der Erbringung geeigneter Nachweise abhängig gemacht werden.

(4) ¹Die betroffene Person wird unverzüglich darüber in Kenntnis gesetzt, wie mit dem Antrag nach Abs. 3 verfahren wird, falls über ihn nicht unverzüglich entschieden wird. ²Soweit ein Antrag abgelehnt wird, ist die betroffene Person hierüber schriftlich und unter Mitteilung der Gründe zu unterrichten. ³Sie ist darauf hinzuweisen, dass sie Beschwerde bei dem Landesbeauftragten einlegen, ihre Rechte auch über diesen ausüben oder gerichtlichen Rechtsschutz in Anspruch nehmen kann. ⁴Abs. 2 Satz 1 gilt entsprechend.

(5) Bei offensichtlich unbegründeten oder in ungebührlichem Umfang gestellten Anträgen können angemessene Kosten erhoben werden, soweit nicht ausnahmsweise schon von der Bearbeitung abgesehen werden kann.

12 I 8

Art. 204 Auskunftsrecht und Akteneinsicht

(1) ¹Die Anstalt teilt einer Person auf Antrag mit, ob sie betreffende personenbezogene Daten verarbeitet werden. ²Ist dies der Fall, erhält die Person ihrem Antrag entsprechend Auskunft über sie betreffende personenbezogene Daten und über
1. die Rechtsgrundlage und die Zwecke der Verarbeitung,
2. verfügbare Informationen zur Herkunft der Daten oder, falls dies im Einzelfall nicht möglich ist, zu den Kategorien personenbezogener Daten, die verarbeitet werden,
3. die Empfänger, gegenüber denen die personenbezogenen Daten offengelegt wurden,
4. die für deren Speicherung vorgesehene Dauer oder, falls dies im Einzelfall nicht möglich ist, die Kriterien für deren Festlegung,
5. die bestehenden Rechte auf Berichtigung, Löschung oder Einschränkung der Verarbeitung und
6. die Kontaktdaten des Landesbeauftragten und die Möglichkeit, bei ihm Beschwerde einzulegen.

³Art. 203 Abs. 2 Satz 4 und Abs. 3 Satz 5 sowie Art. 10 Abs. 2 BayDSG gelten entsprechend.

(2) ¹Art. 203 Abs. 4 und 5 gilt entsprechend. ²Die Gründe für die Ablehnung eines Antrags sind zu dokumentieren. ³Sie sind dem Landesbeauftragten für dessen Kontrolle in auswertbarer Weise zur Verfügung zu stellen, soweit nicht die Aufsichtsbehörde im Einzelfall feststellt, dass dadurch die Sicherheit des Bundes oder eines Landes gefährdet würde. ⁴Eine Mitteilung des Landesbeauftragten an die betroffene Person im Beschwerdeverfahren darf keine Rückschlüsse auf den Erkenntnisstand der Anstalt oder der in Art. 203 Abs. 2 Satz 4 genannten Stellen zulassen, sofern diese nicht einer weitergehenden Auskunft zustimmen.

(3) ¹Soweit eine Auskunft für die Wahrnehmung der rechtlichen Interessen der betroffenen Person nicht ausreicht und sie hierfür auf die Einsichtnahme angewiesen ist, erhält sie Akteneinsicht. ²Abs. 1 Satz 3 gilt entsprechend.

(4) Die Mitglieder einer Delegation des Europäischen Ausschusses zur Verhütung von Folter und unmenschlicher oder erniedrigender Behandlung oder Strafe erhalten während des Besuchs in der Anstalt Einsicht in die Gefangenenpersonalakten und Gesundheitsakten, soweit dies zur Wahrnehmung der Aufgaben des Ausschusses erforderlich ist.

Art. 205 Weitere Bestimmungen

(1) Die datenschutzrechtlichen Regelungen über Anstalten gelten entsprechend für die Aufsichtsbehörde.

(2) Die §§ 78 bis 81 BDSG gelten entsprechend.

(3) Das Bayerische Datenschutzgesetz findet ergänzend Anwendung.

(4) ¹Protokollierungen im Sinn von Art. 199 Abs. 3 müssen bei vor dem 6. Mai 2016 eingerichteten automatisierten Verarbeitungssystemen erst ab 6. Mai 2023 erfolgen, wenn andernfalls ein unverhältnismäßiger Aufwand entstünde. ²Die Anwendung von Satz 1 ist zu begründen, zu dokumentieren und der Aufsichtsbehörde mitzuteilen. ³Der Landesbeauftragte ist über das betroffene Verarbeitungssystem und die Gründe für die Anwendung von Satz 1 zu unterrichten.

Anhang

Abschnitt 4. Arbeitslosenversicherung

Art. 206 Einbehaltung von Beitragsteilen
Soweit die Anstalt Beiträge zur Bundesagentur für Arbeit zu entrichten hat, hat sie von dem Arbeitsentgelt oder der Ausbildungsbeihilfe einen Betrag einzubehalten, der dem Anteil der Gefangenen am Beitrag entsprechen würde, wenn sie diese Bezüge als Arbeitnehmer erhielten.

4 I 133

Teil 7. Schlussvorschriften

Art. 207 Einschränkung von Grundrechten
Auf Grund dieses Gesetzes können die Grundrechte auf Leben, körperliche Unversehrtheit und Freiheit der Person sowie das Brief-, Post- und Fernmeldegeheimnis (Art. 2 Abs. 2 Sätze 1 und 2 sowie Art. 10 Abs. 1 des Grundgesetzes, Art. 102 Abs. 1, Art. 112 Abs. 1 und Art. 109 der Verfassung) eingeschränkt werden.

1 E 32

Art. 208 Regelungsumfang
Dieses Gesetz ersetzt im Freistaat Bayern § 91 Abs. 4 und § 92 Abs. 1 des Jugendgerichtsgesetzes (JGG) in der Fassung der Bekanntmachung vom 11. Dezember 1974 (BGBl I S. 3427), zuletzt geändert durch Art. 3 des Gesetzes vom 13. April 2007 (BGBl I S. 513), sowie das Gesetz über den Vollzug der Freiheitsstrafe und der freiheitsentziehenden Maßregeln der Besserung und Sicherung (Strafvollzugsgesetz – StVollzG) vom 16. März 1976 (BGBl I S. 581, ber. S. 2088, 1977 I S. 436), zuletzt geändert durch Art. 2 Abs. 11 des Gesetzes vom 19. Februar 2007 (BGBl I S. 122), mit Ausnahme der Vorschrift des § 43 Abs. 11 Satz 2 Halbsatz 2 und der Vorschriften über den Pfändungsschutz (§ 50 Abs. 2 Satz 5, § 51 Abs. 4 und 5, § 75 Abs. 3, §§ 130 und 176 Abs. 4), das gerichtliche Verfahren (§§ 109 bis 121 und 130), die Strafvollstreckung und Untersuchungshaft (§§ 122 und 177), die Sicherungsverwahrung (§§ 129 bis 135), die Unterbringung in einem psychiatrischen Krankenhaus und einer Entziehungsanstalt (§§ 136 bis 138), den Vollzug von Ordnungs-, Sicherungs-, Zwangs- und Erzwingungshaft (§§ 171 bis 175) sowie den unmittelbaren Zwang in Justizvollzugsanstalten beim Vollzug der Untersuchungshaft, der einstweiligen Unterbringung nach § 126a StPO, des Jugendarrests und der Ordnungs-, Sicherungs-, Zwangs- und Erzwingungshaft (§ 178 Abs. 1 bis 3).

4 D 25, 4 D 64, 4 I 53, 4 I 95, 11 K 5, 12 B 1, 15 A 2

Art. 209 Inkrafttreten, Außerkrafttreten
(1) ¹Dieses Gesetz tritt am 1. Januar 2008 in Kraft. ²Abweichend von Satz 1 treten Art. 137 Abs. 2 Sätze 2 bis 5 am 1. Januar 2011 in Kraft.

(2) Art. 205 Abs. 4 tritt mit Ablauf des 6. Mai 2023 außer Kraft.

Gesetz über den Vollzug der Freiheitsstrafe in Berlin (Berliner Strafvollzugsgesetz – StVollzG Bln)

Vom 4. April 2016
(GVBl. S. 152)

Abschnitt 1. Allgemeine Bestimmungen

§ 1 Anwendungsbereich

Dieses Gesetz regelt den Vollzug der Freiheitsstrafe (Vollzug) und den Vollzug des Strafarrests in Justizvollzugsanstalten (Anstalten).

1 B 4, 3 A 21

§ 2 Ziel und Aufgabe des Vollzugs

Der Vollzug dient dem Ziel, die Gefangenen zu befähigen, künftig in sozialer Verantwortung ein Leben ohne Straftaten zu führen. Er hat die Aufgabe, die Allgemeinheit vor weiteren Straftaten zu schützen.

1 C 12, 1 C 14, 1 C 24

§ 3 Grundsätze der Vollzugsgestaltung

(1) Der Vollzug ist auf die Auseinandersetzung der Gefangenen mit ihren Straftaten und deren Folgen auszurichten.

(2) Der Vollzug wirkt von Beginn an auf die Eingliederung der Gefangenen in das Leben in Freiheit hin.

(3) Das Leben im Vollzug ist den allgemeinen Lebensverhältnissen soweit wie möglich anzugleichen.

(4) Schädlichen Folgen des Freiheitsentzugs ist entgegenzuwirken.

(5) Der Bezug der Gefangenen zum gesellschaftlichen Leben ist zu wahren und zu fördern. Personen und Einrichtungen außerhalb des Vollzugs sollen in den Vollzugsalltag einbezogen werden. Den Gefangenen ist sobald wie möglich die Teilnahme am Leben in der Freiheit zu gewähren.

(6) Die unterschiedlichen Bedürfnisse der Gefangenen, insbesondere im Hinblick auf Geschlecht, Alter, Herkunft, Religion, Weltanschauung, Behinderung und sexuelle Identität, werden bei der Vollzugsgestaltung im Allgemeinen und im Einzelfall berücksichtigt.

(7) Gefangene mit angeordneter oder vorbehaltener Sicherungsverwahrung sind individuell und intensiv zu betreuen, um ihre Unterbringung in der Sicherungsverwahrung entbehrlich zu machen. Soweit standardisierte Maßnahmen nicht ausreichen oder keinen Erfolg versprechen, sind individuelle Maßnahmen zu entwickeln.

(8) Beim Vollzug der Ersatzfreiheitsstrafe sind die Gefangenen zur Abwendung der weiteren Vollstreckung vorrangig bei der Tilgung ihrer Geldstrafe zu unterstützen.

1 D 4, 1 D 11, 1 D 14, 1 D 15, 1 D 16, 1 D 17, 1 D 27, 13 C 5,
13 C 10, 15 B 26

§ 4 Stellung der Gefangenen, Mitwirkung

(1) Die Persönlichkeit der Gefangenen ist zu achten. Ihre Selbständigkeit im Vollzugsalltag ist soweit wie möglich zu erhalten und zu fördern.

(2) Die Gefangenen werden an der Gestaltung des Vollzugsalltags beteiligt. Vollzugliche Maßnahmen sind ihnen zu erläutern.

(3) Zur Erreichung des Vollzugsziels bedarf es der Mitwirkung der Gefangenen. Ihre Bereitschaft hierzu ist zu wecken und zu fördern.

(4) Die Gefangenen unterliegen den in diesem Gesetz vorgesehenen Beschränkungen ihrer Freiheit. Soweit das Gesetz eine besondere Regelung nicht enthält, dürfen ihnen nur Beschränkungen auferlegt werden, die zur Aufrechterhaltung der Sicherheit oder zur Abwendung einer schwerwiegenden Störung der Ordnung der Anstalt unerlässlich sind.

1 E 2, 1 E 3, 1 E 7, 1 E 10, 1 E 17, 1 E 18, 1 E 24

§ 5 Soziale Hilfe und Eigenverantwortung

Die Gefangenen werden darin unterstützt, ihre persönlichen, wirtschaftlichen und sozialen Schwierigkeiten zu beheben. Sie sollen dazu angeregt und in die Lage versetzt werden, ihre Angelegenheiten eigenverantwortlich zu regeln, insbesondere eine Schuldenregulierung herbeizuführen.

7 A 8, 7 C 1, 7 C 8, 7 D 2

§ 6 Verletztenbezogene Vollzugsgestaltung

(1) Die berechtigten Belange der Verletzten von Straftaten sind bei der Gestaltung des Vollzugs, insbesondere bei der Erteilung von Weisungen für Lockerungen, bei der Eingliederung und Entlassung der Gefangenen, zu berücksichtigen.

(2) Der Vollzug ist darauf auszurichten, dass die Gefangenen sich mit den Folgen ihrer Straftat für die Verletzten und insbesondere auch deren Angehörige auseinandersetzen und Verantwortung für ihre Straftat übernehmen.

(3) Die Gefangenen sollen angehalten werden, den durch die Straftat verursachten materiellen und immateriellen Schaden wieder gut zu machen.

(4) Für Fragen des Schutzes von Verletzten und des Tatausgleichs sollen Ansprechpartnerinnen oder Ansprechpartner in den Anstalten zur Verfügung stehen. Verletzte, die sich an die Anstalten wenden, sind in geeigneter Form auf ihre Rechte, auch ihre Auskunftsansprüche nach § 46 des Justizvollzugsdatenschutzgesetzes Berlin vom 21. Juni 2011 (GVBl. S. 287) in der jeweils geltenden Fassung hinzuweisen. § 47 des Justizvollzugsdatenschutzgesetzes Berlin bleibt unberührt.

1 D 21, 1 D 23, 1 D 24, 1 D 25, 7 C 1, 7 C 6

Abschnitt 2. Aufnahme- und Diagnostikverfahren, Vollzugs- und Eingliederungsplanung

§ 7 Aufnahmeverfahren

(1) Mit den Gefangenen wird unverzüglich nach der Aufnahme ein Aufnahmegespräch geführt, in dem ihre gegenwärtige Lebenssituation erörtert wird und sie über ihre Rechte und Pflichten informiert werden. Sofern es für die sprachliche Verständigung mit den Gefangenen erforderlich ist, sind Sprachmittlerinnen oder Sprachmittler hinzuzuziehen. Den Gefangenen wird ein Exemplar der Hausordnung ausgehändigt oder in anderer Weise dauerhaft zugänglich gemacht. Dieses Gesetz, die von ihm in Bezug genommenen Gesetze sowie die zu seiner Ausführung erlassenen Rechtsverordnungen und Verwaltungsvorschriften sind den Gefangenen auf Verlangen zugänglich zu machen.

(2) Während des Aufnahmeverfahrens dürfen andere Gefangene nicht zugegen sein.

(3) Die Gefangenen werden alsbald ärztlich untersucht.

(4) Die Gefangenen werden dabei unterstützt, etwaig notwendige Maßnahmen für hilfsbedürftige Angehörige, zur Erhaltung des Arbeitsplatzes und der Wohnung und zur Sicherung ihrer Habe außerhalb der Anstalt zu veranlassen.

(5) Bei Gefangenen, die eine Ersatzfreiheitsstrafe verbüßen, sind die Möglichkeiten der Abwendung der Vollstreckung durch freie Arbeit oder Tilgung der Geldstrafe, auch in Raten, zu erörtern und zu fördern, um so auf eine möglichst baldige Entlassung hinzuwirken.

2 A 1, 2 A 4, 2 A 5, 2 A 8, 2 A 9, 2 A 12, 2 A 13, 7 B 4, 7 B 7, 12 F 8,
12 I 8

§ 8 Diagnostikverfahren

(1) An das Aufnahmeverfahren schließt sich zur Vorbereitung der Vollzugs- und Eingliederungsplanung das Diagnostikverfahren an.

(2) Das Diagnostikverfahren muss wissenschaftlichen Erkenntnissen genügen. Insbesondere bei Gefangenen mit angeordneter oder vorbehaltener Sicherungsverwahrung ist es von Bediensteten mit einschlägiger wissenschaftlicher Qualifikation durchzuführen.

(3) Das Diagnostikverfahren erstreckt sich auf die Persönlichkeit und die Lebensverhältnisse der Gefangenen, die Ursachen und Umstände der Straftat sowie alle sonstigen Gesichtspunkte, deren Kenntnis für eine zielgerichtete und wirkungsorientierte Vollzugsgestaltung und die Eingliederung der Gefangenen nach der Entlassung notwendig erscheint. Neben den Unterlagen aus der Vollstreckung und dem Vollzug vorangegangener Freiheitsentziehungen sind insbesondere auch Erkenntnisse der Gerichts- und Bewährungshilfe sowie der Führungsaufsichtsstellen einzubeziehen.

(4) Im Diagnostikverfahren werden die im Einzelfall die Straffälligkeit begünstigenden Faktoren ermittelt. Gleichzeitig sollen auch diejenigen Umstände ermittelt werden, deren Stärkung einer erneuten Straffälligkeit der Gefangenen entgegenwirken kann.

(5) Bei einer voraussichtlichen Vollzugsdauer von bis zu einem Jahr kann das Diagnostikverfahren auf die Umstände beschränkt werden, deren Kenntnis für eine angemessene Vollzugsgestaltung unerlässlich und für die Eingliederung erforderlich ist. Wird ausschließlich Ersatzfreiheitsstrafe vollzogen, tritt an die Stelle des Diagnostikverfahrens in der Regel die Feststellung der für eine angemessene Vollzugsgestaltung wesentlichen Gesichtspunkte zur Person und zum Lebensumfeld der Gefangenen.

(6) Das Ergebnis ihres Diagnostikverfahrens wird mit den Gefangenen erörtert.

2 A 1, 2 B 1, 2 B 5, 2 B 6, 2 B 11, 2 B 13, 2 B 14, 2 B 17, 2 B 28, 2 B 35, 2 C 8, 7 A 1, 7 B 1, 15 B 28

§ 9 Vollzugs- und Eingliederungsplanung

(1) Auf der Grundlage des Ergebnisses des Diagnostikverfahrens wird ein Vollzugs- und Eingliederungsplan erstellt. Er zeigt den Gefangenen bereits zu Beginn der Strafhaft unter Berücksichtigung der voraussichtlichen Vollzugsdauer die zur Erreichung des Vollzugsziels erforderlichen Maßnahmen auf. Daneben kann er weitere Hilfsangebote und Empfehlungen enthalten. Auf die Fähigkeiten, Fertigkeiten und Neigungen der Gefangenen ist Rücksicht zu nehmen.

(2) Der Vollzugs- und Eingliederungsplan wird regelmäßig innerhalb der ersten sechs Wochen erstellt, nachdem die Vollstreckungsbehörde der Anstalt eine mit der Bescheinigung der Rechtskraft versehene beglaubigte Abschrift der zu vollziehenden gerichtlichen Entscheidung nebst Gründen übermittelt hat. Bei einer voraussichtlichen Vollzugsdauer von unter einem Jahr verkürzt sich die Frist des Satzes 1 auf vier Wochen.

(3) Der Vollzugs- und Eingliederungsplan sowie die darin vorgesehenen Maßnahmen werden regelmäßig alle sechs Monate, spätestens aber alle zwölf Monate überprüft und fortgeschrieben. Die Entwicklung der Gefangenen und die in der Zwischenzeit gewonnenen Erkenntnisse sind zu berücksichtigen. Die durchgeführten Maßnahmen sind zu dokumentieren.

(4) Die Vollzugs- und Eingliederungsplanung wird mit den Gefangenen erörtert. Dabei werden deren Anregungen und Vorschläge einbezogen, soweit sie der Erreichung des Vollzugsziels dienen.

(5) Zur Erstellung und Fortschreibung des Vollzugs- und Eingliederungsplans führt die Anstalt eine Konferenz mit den an der Vollzugsgestaltung maßgeblich Beteiligten durch. Standen die Gefangenen vor ihrer Inhaftierung unter Bewährung oder Führungsaufsicht, so können auch die für sie bislang zuständigen Bewährungshelferinnen oder Bewährungshelfer an der Konferenz beteiligt werden. Den Gefangenen wird der Vollzugs- und Eingliederungsplan regelmäßig in der Konferenz eröffnet und erläutert. Sie können auch darüber hinaus an der Konferenz beteiligt werden.

(6) An der Eingliederung mitwirkende Personen außerhalb des Vollzugs sollen in die Planung einbezogen werden. Sie können mit Zustimmung der Gefangenen auch an der Konferenz beteiligt werden.

(7) Werden die Gefangenen nach der Entlassung voraussichtlich unter Bewährungs- oder Führungsaufsicht gestellt, so ist den künftig zuständigen Bewährungshelferinnen oder Bewährungshelfern in den letzten zwölf Monaten vor dem voraussichtlichen Entlassungszeitpunkt die Teilnahme an der Konferenz zu ermöglichen und es sind ihnen Ausfertigungen des Vollzugs- und Eingliederungsplans und der nachfolgenden Fortschreibungen zu übersenden.

(8) Der Vollzugs- und Eingliederungsplan und seine Fortschreibungen werden den Gefangenen ausgehändigt.

2 A 1, 2 B 4, 2 B 34, 2 C 2, 2 C 6, 2 C 7, 2 C 9, 2 C 10, 2 C 12, 2 C 14, 2 C 19, 2 C 20, 7 B 1, 10 G 2, 13 L 3, 13 L 7

§ 10 Inhalt des Vollzugs- und Eingliederungsplans

(1) Der Vollzugs- und Eingliederungsplan sowie seine Fortschreibungen enthalten insbesondere folgende Angaben:
1. Zusammenfassung der für die Vollzugs- und Eingliederungsplanung maßgeblichen Ergebnisse des Diagnostikverfahrens,
2. voraussichtlicher Entlassungszeitpunkt,
3. Unterbringung im geschlossenen oder offenen Vollzug,
4. Maßnahmen zur Förderung der Mitwirkungsbereitschaft,
5. Unterbringung in einer sozialtherapeutischen Einrichtung und Teilnahme an deren Behandlungsprogrammen,

6. Teilnahme an einzel- oder gruppentherapeutischen Maßnahmen,
7. Berücksichtigung indizierter medizinischer Maßnahmen, sofern diese zur Erreichung des Vollzugsziels erforderlich sind,
8. Teilnahme an Maßnahmen zur Behandlung von Suchtmittelabhängigkeit und Suchtmittelmissbrauch,
9. Teilnahme an strukturierten sozialpädagogischen Maßnahmen,
10. Teilnahme an schulischen und beruflichen Qualifizierungsmaßnahmen einschließlich Alphabetisierungs- und Deutschkursen,
11. Teilnahme an arbeitstherapeutischen Maßnahmen oder am Arbeitstraining,
12. Arbeit,
13. freies Beschäftigungsverhältnis, Selbstbeschäftigung,
14. Teilnahme an Sportangeboten und Maßnahmen zur strukturierten Gestaltung der Freizeit,
15. Ausführungen zur Erreichung des Vollzugsziels, Außenbeschäftigung,
16. Lockerungen zur Erreichung des Vollzugsziels,
17. Aufrechterhaltung, Förderung und Gestaltung von Außenkontakten,
18. Schuldnerberatung, Schuldenregulierung und Erfüllung von Unterhaltspflichten,
19. Ausgleich von Tatfolgen,
20. Maßnahmen zur Vorbereitung von Entlassung, Eingliederung, Nachsorge und zur Bildung eines Eingliederungsgeldes und
21. Frist zur Fortschreibung des Vollzugs- und Eingliederungsplans.

Bei angeordneter oder vorbehaltener Sicherungsverwahrung enthalten der Vollzugs- und Eingliederungsplan sowie seine Fortschreibungen darüber hinaus Angaben zu individuellen Maßnahmen nach § 3 Absatz 7 Satz 2 und zu einer Antragstellung gemäß § 119a Absatz 2 des Strafvollzugsgesetzes vom 16. März 1976 (BGBl. I S. 581, 2088 und 1977 I S. 436), das zuletzt durch Artikel 152 der Verordnung vom 31. August 2015 (BGBl. I S. 1474) geändert worden ist.

(2) Maßnahmen nach Absatz 1 Satz 1 Nummer 5 bis 11 und § 3 Absatz 7 Satz 2, die nach dem Ergebnis des Diagnostikverfahrens als zur Erreichung des Vollzugsziels zwingend erforderlich erachtet werden, sind als solche zu kennzeichnen und gehen allen anderen Maßnahmen vor. Andere Maßnahmen dürfen nicht gestattet werden, soweit sie die Teilnahme an Maßnahmen nach Satz 1 beeinträchtigen würden.

(3) Spätestens ein Jahr vor dem voraussichtlichen Entlassungszeitpunkt hat die Planung zur Vorbereitung der Eingliederung zu beginnen.

Anknüpfend an die bisherige Vollzugs- und Eingliederungsplanung werden ab diesem Zeitpunkt die Maßnahmen nach Absatz 1 Satz 1 Nummer 20 konkretisiert oder ergänzt. Insbesondere ist Stellung zu nehmen zur

1. Unterbringung im offenen Vollzug oder zum Aufenthalt in einer Übergangseinrichtung,
2. Unterkunft sowie Arbeit oder Ausbildung nach der Entlassung,
3. Unterstützung bei notwendigen Behördengängen und der Beschaffung der notwendigen persönlichen Dokumente,
4. Beteiligung der Bewährungshilfe und der Forensischen Ambulanzen,
5. Kontaktaufnahme zu Einrichtungen der Entlassenenhilfe,
6. Fortsetzung von im Vollzug noch nicht abgeschlossenen Maßnahmen,
7. Anregung von Auflagen und Weisungen für die Bewährungsoder Führungsaufsicht,
8. Vermittlung in nachsorgende Maßnahmen und
9. nachgehenden Betreuung durch Vollzugsbedienstete.

(4) Bei einer voraussichtlichen Vollzugsdauer von bis zu einem Jahr hat für die Vollzugs- und Eingliederungsplanung der Gefangenen eine Stellungnahme entsprechend den Vorgaben des Absatzes 3 Satz 2 und 3 zu erfolgen. Darüber hinaus sind in den Vollzugs- und Eingliederungsplan nur diejenigen Maßnahmen nach Absatz 1 Satz 1 aufzunehmen, die für die Erreichung des Vollzugsziels als zwingend erforderlich erachtet werden.

(5) Wird ausschließlich Ersatzfreiheitsstrafe vollzogen, so kann der Vollzugs- und Eingliederungsplan abweichend von den Absätzen 1, 3 und 4 in der Regel auf die folgenden Angaben beschränkt werden:
1. Zusammenfassung der für eine angemessene Vollzugsgestaltung festgestellten wesentlichen Gesichtspunkte nach § 8 Absatz 5 Satz 2,
2. Unterbringung im geschlossenen oder offenen Vollzug,

3. Unterstützung bei der Abwendung der weiteren Vollstreckung der Ersatzfreiheitsstrafe durch freie Arbeit oder Zahlung der restlichen Geldstrafe,
4. Maßnahmen zur Stabilisierung der Lebenssituation während und nach dem Vollzug und
5. Maßnahmen zur Vorbereitung der Entlassung.

2 C 6, 2 C 8, 2 C 23, 2 C 26, 2 C 28, 2 C 31, 2 C 33, 2 C 35, 2 C 39, 4 A 3, 4 E 1, 4 E 2, 4 E 15, 4 E 18, 4 G 3, 4 G 7, 4 H 9, 4 I 99, 5 A 13, 10 G 2, 15 B 29

Abschnitt 3. Unterbringung und Verlegung

§ 11 Trennung von männlichen und weiblichen Gefangenen

Weibliche Gefangene werden von männlichen Gefangenen getrennt in einer gesonderten Anstalt untergebracht. Eine gemeinsame Unterbringung zum Zweck der medizinischen Behandlung und gemeinsame Maßnahmen, insbesondere zur schulischen und beruflichen Qualifizierung, sind zulässig.

13 B 1 ff, 14 A 6

§ 12 Unterbringung während der Einschlusszeiten

(1) Die Gefangenen werden im geschlossenen Vollzug während der Einschlusszeiten in ihren Hafträumen einzeln untergebracht. Wenn schädliche Einflüsse nicht zu befürchten sind, können Gefangene mit ihrer Zustimmung in dafür zugelassenen Hafträumen zu zweit untergebracht werden; dies gilt auch dann, wenn eine Gefahr für Leben oder eine ernsthafte Gefahr für die Gesundheit einer oder eines Gefangenen besteht. Die Anstalt setzt die Einschlusszeiten unter Berücksichtigung der in § 3 geregelten Grundsätze der Vollzugsgestaltung fest.

(2) Über die Fälle des Absatzes 1 Satz 2 hinaus ist eine gemeinsame Unterbringung nur im offenen Vollzug, während der stationären Behandlung im Justizvollzugskrankenhaus oder vorübergehend und aus zwingenden Gründen zulässig. Schädliche Einflüsse auf die Gefangenen dürfen hierdurch nicht zu befürchten sein.

2 E 1, 2 E 17, 2 E 28, 2 E 30, 2 E 31, 2 E 33, 2 E 36, 2 E 37

§ 13 Aufenthalt außerhalb der Einschlusszeiten

(1) Außerhalb der Einschlusszeiten dürfen sich die Gefangenen in Gemeinschaft aufhalten.
(2) Der gemeinschaftliche Aufenthalt kann eingeschränkt werden,
1. wenn ein schädlicher Einfluss auf andere Gefangene zu befürchten ist,
2. wenn es die Sicherheit oder Ordnung der Anstalt erfordert oder
3. während der stationären Behandlung im Justizvollzugskrankenhaus.

2 E 1, 2 E 4, 2 E 6, 2 E 8, 2 E 9, 2 E 10, 2 E 12, 2 E 13, 2 E 14, 2 E 15, 2 E 16, 11 I 26

§ 14 Unterbringung in Wohnbereichen

(1) Wohnbereiche werden baulich abgegrenzt für eine bestimmte Anzahl von Gefangenen eingerichtet. Neben den Hafträumen gehören zu jedem Wohnbereich Einrichtungen zur gemeinsamen Nutzung, insbesondere Küchen und Aufenthaltsbereiche. Die Wohnbereiche werden in der Regel von fest zugeordneten Bediensteten betreut.

(2) Der Vollzug in Wohnbereichen dient der Einübung sozialverträglichen Zusammenlebens, insbesondere von Toleranz sowie der Übernahme von Verantwortung für sich und andere. Die Gefangenen sollen dazu angehalten werden, ihren Vollzugsalltag außerhalb der Einschlusszeiten der Anstalt selbständig zu regeln und zu gestalten.

§ 15 Unterbringung von weiblichen Gefangenen mit ihren Kindern

(1) Bis zur Vollendung ihres dritten Lebensjahres können Kinder von weiblichen Gefangenen mit Zustimmung der oder des Aufenthaltsbestimmungsberechtigten mit ihrer Mutter gemeinsam in der Anstalt untergebracht werden, wenn Sicherheitsgründe nicht entgegenstehen. Vor der Unterbringung ist das Jugendamt zu hören.

(2) Die Unterbringung erfolgt auf Kosten der für das Kind Unterhaltspflichtigen. Von der Geltendmachung des Kostenersatzanspruchs kann ausnahmsweise abgesehen werden, wenn hierdurch die gemeinsame Unterbringung gefährdet würde.

14 C 1, 14 C 11, 14 C 12

Anhang

§ 16 Geschlossener und offener Vollzug

(1) Die Gefangenen werden im geschlossenen oder im offenen Vollzug untergebracht. Abteilungen des offenen Vollzugs sehen keine oder nur verminderte Vorkehrungen gegen Entweichungen vor.

(2) Die Gefangenen sind im offenen Vollzug unterzubringen, wenn sie dessen besonderen Anforderungen genügen, insbesondere nicht zu befürchten ist, dass sie sich dem Vollzug entziehen oder die Möglichkeiten des offenen Vollzugs zur Begehung von Straftaten missbrauchen werden.

(3) Genügen die Gefangenen den besonderen Anforderungen des offenen Vollzugs nicht oder nicht mehr, so werden sie im geschlossenen Vollzug untergebracht. Gefangene können abweichend von Absatz 2 im geschlossenen Vollzug untergebracht oder dorthin zurückverlegt werden, wenn dies zur Erreichung des Vollzugsziels notwendig ist. § 17 Absatz 3 gilt entsprechend.

10 A 1, 10 A 4, 10 A 7, 10 A 9, 10 A 13, 10 A 14, 13 C 5, 13 C 18

§ 17 Verlegung und Überstellung

(1) Die Gefangenen können abweichend vom Vollstreckungsplan in eine andere Anstalt verlegt werden, wenn
1. die Erreichung des Vollzugsziels hierdurch gefördert wird,
2. in erhöhtem Maße die Gefahr der Entweichung oder Befreiung gegeben ist oder sonst ihr Verhalten oder ihr Zustand eine Gefahr für die Sicherheit der Anstalt darstellt und die aufnehmende Anstalt zur sicheren Unterbringung der Gefangenen besser geeignet ist oder
3. Gründe der Vollzugsorganisation oder andere wichtige Gründe dies erfordern.

(2) Die Gefangenen dürfen aus wichtigem Grund, insbesondere zur Durchführung medizinischer Maßnahmen, zur Begutachtung oder Besuchszusammenführung, befristet in eine andere Anstalt überführt werden (Überstellung).

(3) Vor Verlegung oder vor Überstellung sind die Gefangenen anzuhören. Bei einer Gefährdung der Sicherheit kann dies auch nachgeholt werden. Die Verlegung wird den Verteidigerinnen oder den Verteidigern auf Antrag der Gefangenen unverzüglich mitgeteilt.

2 D 1, 2 D 6, 2 D 7, 2 D 8, 2 D 15, 11 E 4

Abschnitt 4. Sozialtherapie und sozialtherapeutische Einrichtungen

§ 18 Sozialtherapie

(1) Sozialtherapie dient der Verringerung einer erheblichen Gefährlichkeit der Gefangenen. Auf der Grundlage einer therapeutischen Gemeinschaft bedient sie sich psychotherapeutischer, sozialpädagogischer und arbeitstherapeutischer Methoden, die in umfassenden Behandlungsprogrammen verbunden werden. Personen aus dem Lebensumfeld der Gefangenen außerhalb des Vollzugs werden in die Behandlung einbezogen.

(2) Gefangene sind in einer sozialtherapeutischen Einrichtung unterzubringen, wenn ihre Teilnahme an den dortigen Behandlungsprogrammen zur Verringerung ihrer erheblichen Gefährlichkeit angezeigt ist. Eine erhebliche Gefährlichkeit liegt vor, wenn schwerwiegende Straftaten gegen Leib oder Leben, die persönliche Freiheit oder gegen die sexuelle Selbstbestimmung zu erwarten sind.

(3) Andere Gefangene können in einer sozialtherapeutischen Einrichtung untergebracht werden, wenn die Teilnahme an den dortigen Behandlungsprogrammen zur Erreichung des Vollzugsziels angezeigt ist. In diesen Fällen bedarf die Unterbringung der Zustimmung der sozialtherapeutischen Einrichtung.

(4) Die Unterbringung soll zu einem Zeitpunkt erfolgen, der entweder den Abschluss der Behandlung zum voraussichtlichen Entlassungszeitpunkt erwarten lässt oder die Fortsetzung der Behandlung nach der Entlassung ermöglicht. Ist Sicherungsverwahrung angeordnet oder vorbehalten, soll die Unterbringung zu einem Zeitpunkt erfolgen, der den Abschluss der Behandlung noch während des Vollzugs der Freiheitsstrafe erwarten lässt.

(5) Die Unterbringung der Gefangenen in der sozialtherapeutischen Einrichtung wird beendet, wenn das Ziel der Behandlung aus Gründen, die in ihrer Person liegen, nicht erreicht werden kann.

3 A 3, 3 A 12, 3 A 15, 3 A 16, 3 A 20, 3 A 23, 15 B 30

§ 19 Sozialtherapeutische Einrichtungen

(1) Sozialtherapie wird in sozialtherapeutischen Anstalten oder in besonderen Abteilungen sonstiger Anstalten (sozialtherapeutische Einrichtungen) vollzogen.

(2) Der Vollzug erfolgt in überschaubaren Wohngruppen, deren Ausgestaltung an den Grundsätzen sozialtherapeutischer Behandlung auszurichten ist. Die Wohngruppen werden jeweils durch Mitarbeiterinnen oder Mitarbeiter des Sozialdienstes, Psychologinnen oder Psychologen und fest zugeordnete Bedienstete des allgemeinen Vollzugsdienstes betreut.

(3) Neben den Haft- und Therapieräumen gehören zum Wohngruppenvollzug Einrichtungen zur gemeinsamen Nutzung, insbesondere Küchen und Aufenthaltsräume.

3 A 3, 3 A 15, 3 A 16, 3 B 3, 14 A 9

Abschnitt 5. Arbeitstherapeutische Maßnahmen, Arbeitstraining, schulische und berufliche Qualifizierungsmaßnahmen und Arbeit

§ 20 Ziel von Qualifizierung und Arbeit

Arbeitstherapeutische Maßnahmen, Arbeitstraining, schulische und berufliche Qualifizierungsmaßnahmen und Arbeit haben insbesondere das Ziel, die Fähigkeiten der Gefangenen zur Aufnahme einer Erwerbstätigkeit nach der Entlassung zu vermitteln, zu verbessern oder zu erhalten. Beschäftigung im Vollzug ist daher danach auszurichten, dass sie den Erfordernissen des Arbeitsmarktes Rechnung trägt.

4 Vorb. 5, 4 A 6, 4 A 7, 4 A 8

§ 21 Arbeitstherapeutische Maßnahmen

Arbeitstherapeutische Maßnahmen dienen dazu, dass die Gefangenen Eigenschaften wie Selbstvertrauen, Durchhaltevermögen und Konzentrationsfähigkeit einüben, um sie stufenweise an die Grundanforderungen des Arbeitslebens heranzuführen.

4 Vorb. 5, 4 A 9, 11 M 37

§ 22 Arbeitstraining

Arbeitstraining dient dazu, Gefangenen, die nicht in der Lage sind, einer regelmäßigen und erwerbsorientierten Beschäftigung nachzugehen, Fähigkeiten und Fertigkeiten zu vermitteln, die eine Eingliederung in das leistungsorientierte Arbeitsleben fördern. Die in der Anstalt dafür vorgehaltenen Maßnahmen sind danach auszurichten, dass sie den Gefangenen für den Arbeitsmarkt relevante Qualifikationen vermitteln.

4 Vorb. 5, 4 A 9, 11 M 37

§ 23 Schulische und berufliche Qualifizierungsmaßnahmen

(1) Schulische und berufliche Aus- und Weiterbildung und vorberufliche Qualifizierung im Vollzug (schulische und berufliche Qualifizierungsmaßnahmen) haben das Ziel, den Gefangenen die Fähigkeiten zur Eingliederung und zur Aufnahme einer Erwerbstätigkeit nach der Entlassung zu vermitteln sowie vorhandene Fähigkeiten zu erhalten oder zu verbessern. Sie werden in der Regel als Vollzeitmaßnahme durchgeführt. Bei der Festlegung von Inhalten, Methoden und Organisationsformen der Qualifizierungsangebote werden die Bedürfnisse und Besonderheiten der jeweiligen Zielgruppe berücksichtigt.

(2) Berufliche Qualifizierungsmaßnahmen sind darauf auszurichten, den Gefangenen für den Arbeitsmarkt relevante Qualifikationen zu vermitteln.

(3) Geeigneten Gefangenen soll die Teilnahme an einer schulischen oder beruflichen Aus- oder Weiterbildung ermöglicht werden, die zu einem anerkannten Abschluss führt.

(4) Die Vollzugs- und Eingliederungsplanung ist darauf auszurichten, dass die Gefangenen Qualifizierungsmaßnahmen während ihrer Haftzeit abschließen oder danach fortsetzen können. Können Maßnahmen während der Haftzeit nicht abgeschlossen werden, soll die Anstalt dafür Sorge tragen, dass die begonnene Qualifizierungsmaßnahme nach der Entlassung fortgesetzt werden kann. Sie kann hierbei mit außervollzuglichen Einrichtungen zusammenarbeiten.

(5) Nachweise über schulische und berufliche Qualifizierungsmaßnahmen dürfen keinen Hinweis auf die Inhaftierung enthalten.

4 Vorb. 5, 4 A 19, 4 A 21, 4 A 23, 4 A 24, 4 E 1, 4 E 3, 4 E 6, 4 E 9, 4 E 12, 4 E 17, 4 G 13, 11 M 37

§ 24 Arbeitspflicht

(1) Gefangene sind zur Teilnahme an arbeitstherapeutischen Maßnahmen oder Arbeitstraining oder zu Arbeit verpflichtet, wenn und soweit sie dazu in der Lage sind. § 10 Absatz 2 bleibt unberührt. Bei der Zuweisung einer Beschäftigung sind Fähigkeiten, Fertigkeiten und Neigungen der Gefangenen zu berücksichtigen.

(2) Die Verpflichtung entfällt mit dem Erreichen des gesetzlichen Renteneintrittsalters und für weibliche Gefangene soweit das gesetzliche Beschäftigungsverbot zum Schutz erwerbstätiger werdender und stillender Mütter nach dem Mutterschutzgesetz in der Fassung der Bekanntmachung vom 20. Juni 2002 (BGBl. I S. 2318), das zuletzt durch Artikel 6 des Gesetzes vom 23. Oktober 2012 (BGBl. I S. 2246) geändert worden ist, in der jeweils geltenden Fassung besteht.

4 Vorb. 5, 4 A 3, 4 A 15, 4 B 2, 4 B 7, 4 B 8, 4 B 11, 4 B 12, 4 B 19,
14 A 14

§ 25 Beschäftigungsbedingungen und Ablösung

(1) Nehmen die Gefangenen an Maßnahmen gemäß §§ 21 bis 23 teil oder üben sie eine Arbeit gemäß § 24 aus, so gelten die von der Anstalt festgelegten Beschäftigungsbedingungen. Für schwangere und stillende Gefangene sind die Vorschriften des Mutterschutzgesetzes über die Gestaltung des Arbeitsplatzes entsprechend anzuwenden.

(2) Die Gefangenen können von den in Absatz 1 Satz 1 benannten Beschäftigungen abgelöst werden, wenn
1. sie den Anforderungen nicht gewachsen sind,
2. sie trotz Abmahnung wiederholt gegen die Beschäftigungsvorschriften verstoßen,
3. dies zur Erfüllung der Vollzugs- und Eingliederungsplanung geboten ist oder
4. dies aus Gründen der Sicherheit oder Ordnung der Anstalt erforderlich ist.

(3) Vor Ablösung sind die Gefangenen anzuhören. Bei einer Gefährdung der Sicherheit der Anstalt kann dies auch nachgeholt werden. Werden Gefangene nach Absatz 2 Nummer 2 oder aufgrund ihres Verhaltens nach Absatz 2 Nummer 4 abgelöst, gelten sie als verschuldet ohne Beschäftigung.

4 Vorb. 5, 4 A 36, 4 A 37, 4 B 21, 4 B 28, 4 E 23, 4 I 9, 14 A 14

§ 26 Freies Beschäftigungsverhältnis, Selbstbeschäftigung

(1) Gefangenen, die zum Freigang gemäß § 42 Absatz 1 Nummer 4 zugelassen sind, soll gestattet werden, einer Arbeit, Berufsausbildung oder beruflichen Weiterbildung auf der Grundlage eines freien Beschäftigungsverhältnisses oder der Selbstbeschäftigung außerhalb der Anstalt nachzugehen, wenn die Beschäftigungsstelle geeignet ist und nicht überwiegende Gründe des Vollzugs entgegenstehen. § 44 gilt entsprechend.

(2) Das Entgelt ist der Anstalt zur Gutschrift für die Gefangenen zu überweisen. Die Anstalt kann in geeigneten Fällen hiervon Ausnahmen zulassen.

4 Vorb. 5, 4 G 7, 4 H 2, 4 H 10, 4 H 13, 4 H 14, 4 H 19, 4 H 28, 6 F 56, 14 A 14

§ 27 Freistellung

(1) Haben die Gefangenen ein halbes Jahr lang gearbeitet, so können sie beanspruchen, zehn Arbeitstage von der Arbeit freigestellt zu werden. Zeiten, in denen die Gefangenen infolge Krankheit an der Arbeitsleistung gehindert waren, werden auf das Halbjahr mit bis zu 15 Arbeitstagen angerechnet. Der Anspruch verfällt, wenn die Freistellung nicht innerhalb eines Jahres nach seiner Entstehung erfolgt ist.

(2) Auf die Zeit der Freistellung wird Langzeitausgang gemäß § 42 Absatz 1 Nummer 3 angerechnet, sofern er in die Arbeitszeit fällt. Gleiches gilt für einen Langzeitausgang nach § 43 Absatz 1, sofern er nicht wegen des Todes oder einer lebensgefährlichen Erkrankung naher Angehöriger erteilt worden ist.

(3) Die Gefangenen erhalten für die Zeit der Freistellung ihr Arbeitsentgelt weiter.

(4) Urlaubsregelungen freier Beschäftigungsverhältnisse außerhalb der Anstalt bleiben unberührt.

(5) Für arbeitstherapeutische Maßnahmen, Arbeitstraining sowie für schulische und berufliche Qualifizierungsmaßnahmen gelten die Absätze 1 bis 4 entsprechend, sofern diese den Umfang der regelmäßigen wöchentlichen Arbeitszeit erreichen.

4 Vorb. 5, 4 C 1, 4 C 3, 4 C 4, 4 C 5, 4 C 6, 4 C 7, 4 C 14, 4 C 16, 4 C 18, 4 C 23, 4 D 34, 4 D 45, 4 D 48,
4 G 12, 10 C 19

Abschnitt 6. Besuche, Telefongespräche, Schriftwechsel, andere Formen der Telekommunikation und Pakete

§ 28 Grundsatz

Die Gefangenen haben das Recht, mit Personen außerhalb der Anstalt im Rahmen der Bestimmungen dieses Gesetzes zu verkehren. Die Anstalt fördert den Kontakt der Gefangenen mit Personen, von denen ein günstiger Einfluss erwartet werden kann.

9 Vorb. 4, 12 I 8

§ 29 Besuch

(1) Die Gefangenen dürfen regelmäßig Besuch empfangen. Die Gesamtdauer beträgt mindestens zwei Stunden im Monat. Bei Besuchen von minderjährigen Kindern der Gefangenen erhöht sich die Gesamtdauer der Besuchszeit nach Satz 2 um eine weitere Stunde. Näheres zum Verfahren und zum Ablauf der Besuche regelt die Anstalt.

(2) Besuche von Angehörigen im Sinne von § 11 Absatz 1 Nummer 1 des Strafgesetzbuchs werden besonders unterstützt.

(3) Besuche sollen über die Fälle des Absatzes 1 hinaus zugelassen werden, wenn sie die Eingliederung der Gefangenen fördern oder persönlichen, rechtlichen oder geschäftlichen Angelegenheiten dienen, die nicht von den Gefangenen schriftlich erledigt, durch Dritte wahrgenommen oder bis zur Entlassung aufgeschoben werden können.

(4) Die Anstalt kann über Absatz 1 hinausgehend mehrstündige, unbeaufsichtigte Besuche (Langzeitbesuch) zulassen, wenn dies zur Pflege der familiären, partnerschaftlichen oder diesen gleichzusetzender Kontakte der Gefangenen geboten erscheint und die Gefangenen hierfür geeignet sind.

(5) Besuche von Verteidigerinnen und Verteidigern sowie von Rechtsanwältinnen, Rechtsanwälten, Notarinnen und Notaren in einer die jeweiligen Gefangenen betreffenden Rechtssache sind zu gestatten.

9 B 19, 9 B 24

§ 30 Untersagung von Besuchen

Besuche können untersagt werden, wenn
1. die Sicherheit oder Ordnung der Anstalt gefährdet würde,
2. zu befürchten ist, dass Personen, die nicht Angehörige der Gefangene im Sinne von § 11 Absatz 1 Nummer 1 des Strafgesetzbuchs sind, einen schädlichen Einfluss auf die Gefangenen haben oder die Erreichung des Vollzugsziels behindern, oder
3. zu befürchten ist, dass die Begegnung mit den Gefangenen Personen, die Verletzte der Straftat waren, schadet.

9 B 34, 9 B 47

§ 31 Durchführung der Besuche

(1) Aus Gründen der Sicherheit der Anstalt können Besuche davon abhängig gemacht werden, dass die Besucherinnen und Besucher sich und ihre mitgeführten Sachen durchsuchen und mit technischen oder sonstigen Hilfsmitteln absuchen lassen. Die Durchsuchung darf nur von Personen des gleichen Geschlechts vorgenommen werden; das Schamgefühl ist zu schonen.

(2) Eine inhaltliche Überprüfung der von Verteidigerinnen und Verteidigern sowie von Rechtsanwältinnen, Rechtsanwälten, Notarinnen und Notaren beim Besuch in einer die jeweiligen Gefangenen betreffenden Rechtssache mitgeführten Schriftstücke und sonstigen Unterlagen ist nicht zulässig. § 37 Absatz 2 Satz 2 und 3 bleibt unberührt.

(3) Besuche werden vorbehaltlich des Absatzes 4 regelmäßig beaufsichtigt. Über Ausnahmen entscheidet die Anstalt. Die Beaufsichtigung kann mittels optisch-elektronischer Einrichtungen durchgeführt werden.

(4) Besuche von Verteidigerinnen und Verteidigern sowie von Rechtsanwältinnen, Rechtsanwälten, Notarinnen und Notaren in einer die jeweiligen Gefangenen betreffenden Rechtssache werden nicht beaufsichtigt.

(5) Besuche dürfen abgebrochen werden, wenn Besucherinnen, Besucher oder Gefangene gegen dieses Gesetz oder aufgrund dieses Gesetzes getroffene Anordnungen trotz Abmahnung verstoßen. Die Abmahnung unterbleibt, wenn es unerlässlich ist, den Besuch sofort abzubrechen.

Anhang

(6) Beim Besuch dürfen Gefangene grundsätzlich keine Gegenstände, und Besucherinnen und Besucher nur Gegenstände, die sie innerhalb der Anstalt an dafür zugelassenen Einrichtungen zum Einkauf für die Gefangenen erworben haben, übergeben. Dies gilt nicht für die bei dem Besuch der Verteidigerinnen und Verteidiger übergebenen Schriftstücke und sonstigen Unterlagen sowie für die bei dem Besuch von Rechtsanwältinnen, Rechtsanwälten, Notarinnen und Notaren zur Erledigung einer die jeweiligen Gefangenen betreffenden Rechtssache übergebenen Schriftstücke und sonstigen Unterlagen. Bei dem Besuch von Rechtsanwältinnen, Rechtsanwälten, Notarinnen und Notaren kann die Übergabe aus Gründen der Sicherheit oder Ordnung der Anstalt von der Erlaubnis der Anstalt abhängig gemacht werden. § 37 Absatz 2 Satz 2 und 3 bleibt unberührt.

(7) Die Anstalt kann im Einzelfall die Nutzung einer Trennvorrichtung anordnen, wenn dies zum Schutz von Personen oder zur Verhinderung einer Übergabe von Gegenständen erforderlich ist.

9 B 57, 9 B 71, 9 B 80, 9 B 82, 9 B 85

§ 32 Überwachung von Gesprächen

(1) Gespräche dürfen nur überwacht werden, soweit es im Einzelfall wegen einer Gefährdung der Erreichung des Vollzugsziels oder aus Gründen der Sicherheit erforderlich ist.

(2) Gespräche mit Verteidigerinnen und Verteidigern sowie mit Rechtsanwältinnen, Rechtsanwälten, Notarinnen und Notaren in einer die jeweiligen Gefangenen betreffenden Rechtssache werden nicht überwacht.

9 B 78

§ 33 Telefongespräche

(1) Den Gefangenen kann gestattet werden, Telefongespräche durch Vermittlung der Anstalt zu führen. Die Vorschriften über den Besuch der § 29 Absatz 5, §§ 30, 31 Absatz 5 und § 32 gelten entsprechend.

Die angeordnete Überwachung teilt die Anstalt den Gefangenen rechtzeitig vor Beginn des Telefongesprächs und den Gesprächspartnerinnen und Gesprächspartnern der Gefangenen unmittelbar nach Herstellung der Verbindung mit.

(2) Die Kosten der Telefongespräche tragen die Gefangenen. Sind sie dazu nicht in der Lage, so kann die Anstalt die Kosten in begründeten Fällen in angemessenem Umfang übernehmen.

9 D 12

§ 34 Schriftwechsel

(1) Die Gefangenen haben das Recht, Schreiben abzusenden und zu empfangen. Sie sind frühzeitig zu einem Schriftwechsel mit ihren Angehörigen und mit Einrichtungen außerhalb des Vollzugs, die sie bei ihrer Eingliederung unterstützen können, zu motivieren und anzuleiten.

(2) Die Kosten des Schriftwechsels tragen die Gefangenen. Sind sie dazu nicht in der Lage, so kann die Anstalt die Kosten in begründeten Fällen in angemessenem Umfang übernehmen.

9 C 3, 16 24

§ 35 Untersagung von Schriftwechsel

Der Schriftwechsel mit bestimmten Personen kann untersagt werden, wenn
1. die Sicherheit oder Ordnung der Anstalt gefährdet würde,
2. zu befürchten ist, dass diese Personen, die nicht Angehörige der Gefangenen im Sinne von § 11 Absatz 1 Nummer 1 des Strafgesetzbuchs sind, einen schädlichen Einfluss auf die Gefangenen haben oder die Erreichung des Vollzugsziels behindern, oder
3. zu befürchten ist, dass dieser Personen, die Verletzte der Straftat waren, schadet.

9 C 9, 9 C 13

§ 36 Sichtkontrolle, Weiterleitung und Aufbewahrung von Schreiben

(1) Die Gefangenen haben das Absenden und den Empfang von Schreiben durch die Anstalt vermitteln zu lassen, soweit nichts anderes gestattet ist. Ein- und ausgehende Schreiben sind unverzüglich weiterzuleiten.

(2) Ein- und ausgehende Schreiben werden im geschlossenen Vollzug regelmäßig durch Sichtkontrolle auf verbotene Gegenstände überprüft.

(3) Bei der Sichtkontrolle des Schriftwechsels der Gefangenen mit ihren Verteidigerinnen und Verteidigern sowie mit Rechtsanwältinnen, Rechtsanwälten, Notarinnen und Notaren in einer sie betreffenden Rechtssache dürfen die ein- und ausgehenden Schreiben nur ungeöffnet auf verbotene Gegenstände untersucht werden. Besteht der Verdacht, dass diese Schreiben verbotene Gegenstände enthalten, oder bestehen Zweifel am Vorliegen eines Mandatsverhältnisses oder der Berufsträgereigenschaft, so werden sie an die Absenderinnen oder Absender zurückgesandt oder den absendenden Gefangenen zurückgegeben, sofern nicht der dringende Verdacht besteht, dass ungeöffnete Schreiben verbotene strafrechtlich relevante Gegenstände enthalten und eine Sicherstellung nach strafprozessualen Vorschriften in Betracht kommt.

(4) Die Gefangenen haben eingehende Schreiben unverschlossen zu verwahren, sofern nichts anderes gestattet wird. Sie können sie verschlossen zu ihrer Habe geben.

9 C 23, 9 C 24

§ 37 Überwachung von Schriftwechsel

(1) Der Schriftwechsel darf nur überwacht werden, soweit dies wegen einer Gefährdung der Erreichung des Vollzugsziels oder aus Gründen der Sicherheit erforderlich ist.

(2) Der Schriftwechsel der Gefangenen mit ihren Verteidigerinnen und Verteidigern sowie mit Rechtsanwältinnen, Rechtsanwälten, Notarinnen und Notaren in einer die jeweiligen Gefangenen betreffenden Rechtssache wird nicht überwacht. Liegt dem Vollzug eine Straftat nach § 129a, auch in Verbindung mit § 129b Absatz 1 des Strafgesetzbuchs zugrunde, so gelten § 148 Absatz 2 und § 148a der Strafprozessordnung entsprechend; dies gilt nicht, wenn die Gefangenen sich im offenen Vollzug befinden oder wenn ihnen Lockerungen nach § 42 gewährt worden sind und ein Grund, der die Anstalt zum Widerruf von Lockerungen ermächtigt, nicht vorliegt. Satz 2 gilt auch, wenn eine Freiheitsstrafe wegen einer Straftat nach § 129a, auch in Verbindung mit § 129b Absatz 1 des Strafgesetzbuchs, erst im Anschluss an den Vollzug der Freiheitsstrafe, der eine andere Verurteilung zugrunde liegt, zu vollstrecken ist.

9 C 23, 9 C 33

§ 38 Anhalten von Schreiben

(1) Schreiben können angehalten werden, wenn
1. bei deren Weitergabe die Erreichung des Vollzugsziels oder die Sicherheit oder Ordnung der Anstalt gefährdet würde,
2. die Weitergabe in Kenntnis ihres Inhalts einen Straf- oder Bußgeldtatbestand verwirklichen würde,
3. sie grob unrichtige oder erheblich entstellende Darstellungen von Anstaltsverhältnissen oder grobe Beleidigungen enthalten,
4. sie die Eingliederung anderer Gefangener gefährden können,
5. zu befürchten ist, dass der Schriftwechsel mit den Gefangenen Personen, die Verletzte der Straftat waren, schadet oder
6. sie in Geheim- oder Kurzschrift, unlesbar, unverständlich oder ohne zwingenden Grund in einer fremden Sprache abgefasst sind.

(2) Ausgehenden Schreiben, die unrichtige Darstellungen enthalten, kann ein Begleitschreiben beigefügt werden, wenn die Gefangenen auf das Absenden bestehen.

(3) Sind Schreiben angehalten worden, wird dies den Gefangenen mitgeteilt. Soweit angehaltene Schreiben nicht als Beweismittel nach strafprozessualen Vorschriften sichergestellt werden, werden sie an die Absenderin oder den Absender zurückgegeben oder, sofern dies unmöglich oder aus besonderen Gründen nicht angezeigt ist, von der Anstalt verwahrt.

(4) Schreiben, deren Überwachung nach § 37 Absatz 2 ausgeschlossen ist, dürfen nicht angehalten werden.

9 C 68

§ 39 Kontakte mit bestimmten Institutionen und Personen

(1) Der Schriftwechsel der Gefangenen mit
1. den Volksvertretungen des Bundes und der Länder sowie deren Mitgliedern,
2. dem Bundesverfassungsgericht und dem für sie zuständigen Landesverfassungsgericht,
3. der oder dem für sie zuständigen Bürgerbeauftragten eines Landes,
4. der oder dem Datenschutzbeauftragten des Bundes oder der Länder,
5. dem europäischen Parlament sowie dessen Mitgliedern,

6. dem Europäischen Gerichtshof für Menschenrechte,
7. dem Europäischen Gerichtshof,
8. der oder dem Europäischen Datenschutzbeauftragten,
9. der oder dem Europäischen Bürgerbeauftragten,
10. dem Europäischen Ausschuss zur Verhütung von Folter und unmenschlicher oder erniedrigender Behandlung oder Strafe,
11. der Europäischen Kommission gegen Rassismus und Intoleranz,
12. dem Menschenrechtsausschuss der Vereinten Nationen,
13. den Ausschüssen der Vereinten Nationen für die Beseitigung der Rassendiskriminierung und für die Beseitigung der Diskriminierung der Frau,
14. dem Ausschuss der Vereinten Nationen gegen Folter, dem zugehörige Unterausschuss zur Verhütung von Folter und den entsprechenden Nationalen Präventivmechanismen,
15. den konsularischen Vertretungen ihres Heimatlandes,
16. der für sie zuständigen Führungsaufsichtsstelle, Bewährungs- und Gerichtshilfe,
17. der oder dem Opferbeauftragten des Landes Berlin und
18. den Anstaltsbeiräten und dem Berliner Vollzugsbeirat sowie deren Mitgliedern

wird nicht überwacht, wenn die Schreiben an die Anschriften dieser Stellen oder Personen gerichtet sind und die Absenderinnen oder Absender zutreffend angegeben sind. Schreiben der in Satz 1 genannten Stellen oder Personen, die an die Gefangenen gerichtet sind, dürfen nicht überwacht werden, wenn die Identität der Absenderinnen oder Absender zweifelsfrei feststeht. In diesem Fall ist jedoch eine Sichtkontrolle entsprechend § 36 Absatz 3 vorzunehmen. § 37 Absatz 2 Satz 2 und 3 gilt entsprechend.

(2) Für den Schriftwechsel zur Ausübung des Wahlrechts gilt Absatz 1 entsprechend.

(3) Schreiben, deren Überwachung nach Absatz 1 ausgeschlossen ist, dürfen nicht nach § 38 angehalten werden.

(4) Besuche von Mitgliedern der in Absatz 1 Satz 1 genannten Stellen und von dort aufgeführten Personen sind zu gestatten. Sie werden weder beaufsichtigt noch die geführten Gespräche überwacht.

Im Übrigen gilt für die Durchführung der Besuche § 31 Absatz 1, 2, 5 und 6 Satz 3 und 4 sowie Absatz 7 entsprechend.

(5) Telefongespräche mit Mitgliedern der in Absatz 1 Satz 1 genannten Stellen und von dort aufgeführten Personen sind zu gestatten und werden nicht überwacht. Im Übrigen gilt § 33 entsprechend.

9 C 30

§ 40 Andere Formen der Telekommunikation

Die Anstalt kann den Gefangenen gestatten, andere von der Aufsichtsbehörde zugelassene Formen der Telekommunikation auf ihre Kosten zu nutzen. Im Übrigen finden in Abhängigkeit von der Art der Telekommunikation die Vorschriften dieses Abschnitts über den Schriftwechsel, den Besuch und über Telefongespräche entsprechende Anwendung.

5 A 31, 5 C 29, 5 C 37, 9 D 9

§ 41 Pakete

(1) Den Gefangenen kann gestattet werden, Pakete zu empfangen. Der Empfang von Paketen mit Nahrungs-, Genuss- und Körperpflegemitteln sowie Arzneimitteln ist untersagt. Die Anstalt kann Anzahl, Gewicht und Größe von Sendungen und einzelnen Gegenständen festsetzen. Über § 50 Absatz 1 Satz 2 hinaus kann sie Gegenstände und Verpackungsformen ausschließen, die einen unverhältnismäßigen Kontrollaufwand verursachen würden.

(2) Die Anstalt kann die Annahme von Paketen, deren Einbringung nicht gestattet ist oder die die Voraussetzungen des Absatzes 1 nicht erfüllen, ablehnen oder solche Pakete an die Absenderinnen oder Absender zurücksenden.

(3) Pakete sind in Gegenwart der Gefangenen zu öffnen, an die sie adressiert sind. Sie sind auf verbotene Gegenstände zu durchsuchen. Mit nicht zugelassenen oder ausgeschlossenen Gegenständen ist gemäß § 53 Absatz 3 zu verfahren. Sie können auch auf Kosten der Gefangenen zurückgesandt werden.

(4) Der Empfang von Paketen kann vorübergehend versagt werden, wenn dies wegen einer Gefährdung der Sicherheit oder Ordnung der Anstalt unerlässlich ist. (5) Den Gefangenen kann gestattet werden, Pakete zu versenden. Der Inhalt kann aus Gründen der Sicherheit oder Ordnung der Anstalt überprüft werden. § 35 gilt entsprechend.

(6) Die Kosten des Paketversandes tragen die Gefangenen. Sind sie dazu nicht in der Lage, kann die Anstalt die Kosten in begründeten Fällen in angemessenem Umfang übernehmen.

6 C 3, 9 E 1ff

Abschnitt 7. Lockerungen und sonstige Aufenthalte außerhalb der Anstalt

§ 42 Lockerungen zur Erreichung des Vollzugsziels

(1) Aufenthalte außerhalb der Anstalt ohne Aufsicht (Lockerungen) sind insbesondere
1. das Verlassen der Anstalt für bis zu 24 Stunden in Begleitung einer von der Anstalt zugelassenen Person (Begleitausgang),
2. das Verlassen der Anstalt für bis zu 24 Stunden ohne Begleitung (unbegleiteter Ausgang),
3. das Verlassen der Anstalt für mehr als 24 Stunden (Langzeitausgang) und
4. die regelmäßige Beschäftigung außerhalb der Anstalt (Freigang).

(2) Die Lockerungen dürfen gewährt werden, wenn sie der Erreichung des Vollzugsziels dienen und verantwortet werden kann zu erproben, dass die Gefangenen sich weder dem Vollzug der Freiheitsstrafe entziehen noch die Lockerungen zur Begehung von Straftaten missbrauchen werden.

(3) Ein Langzeitausgang nach Absatz 1 Nummer 3 soll im geschlossenen Vollzug in der Regel erst gewährt werden, wenn die Gefangenen sich mindestens sechs Monate im Strafvollzug befunden haben. Zu lebenslanger Freiheitsstrafe verurteilte Gefangene können einen Langzeitausgang erst erhalten, wenn sie sich einschließlich einer vorhergehenden Untersuchungshaft oder einer anderen Freiheitsentziehung in der Regel zehn Jahre im Vollzug befunden haben oder wenn sie im offenen Vollzug untergebracht sind.

(4) Durch Lockerungen wird die Vollstreckung der Freiheitsstrafe nicht unterbrochen.

4 D 43, 4 H 13, 6 F 52, 10 B 1, 10 B 3, 10 B 4, 10 C 1, 10 C 2, 10 C 3, 10 C 11, 10 C 12, 10 C 17, 10 C 18, 10 C 19, 10 C 20, 10 C 24, 10 C 25, 10 C 26, 10 C 29, 10 C 34, 10 C 35, 10 C 38, 10 C 39, 10 C 41, 10 C 44, 10 C 46, 10 C 48, 10 C 49, 10 C 58, 10 C 60, 10 C 63, 10 C 64, 10 C 66, 10 C 68, 10 D 3, 10 E 9

§ 43 Lockerungen aus wichtigem Anlass

(1) Lockerungen können auch aus wichtigem Anlass gewährt werden. Wichtige Anlässe sind insbesondere die Teilnahme an gerichtlichen Terminen, die medizinische Behandlung der Gefangenen sowie der Tod oder eine lebensgefährliche Erkrankung naher Angehöriger.

(2) § 42 Absatz 2 und 4 gilt entsprechend.

10 B 1, 10 D 3, 10 D 4, 10 D 9

§ 44 Weisungen für Lockerungen

Für Lockerungen sind die nach den Umständen des Einzelfalles erforderlichen Weisungen zu erteilen. Bei der Ausgestaltung der Lockerungen ist auch den Belangen der Verletzten von Straftaten Rechnung zu tragen.

4 H 14, 10 B 1, 10 C 67, 10 E 1, 10 E 3, 10 E 4, 10 E 6, 10 E 10, 10 E 11

§ 45 Ausführung, Außenbeschäftigung, Vorführung und Ausantwortung

(1) Den Gefangenen kann das Verlassen der Anstalt unter ständiger und unmittelbarer Aufsicht durch Bedienstete (Ausführung) gestattet werden, wenn dies aus besonderen Gründen notwendig ist. Die Gefangenen können auch gegen ihren Willen ausgeführt werden. Liegt die Ausführung ausschließlich im Interesse der Gefangenen, so können ihnen die Kosten auferlegt werden, soweit dies die Erreichung des Vollzugsziels oder die Eingliederung nicht behindert.

(2) Den Gefangenen kann gestattet werden, außerhalb der Anstalt einer regelmäßigen Beschäftigung unter ständiger Aufsicht oder unter Aufsicht in unregelmäßigen Abständen durch Bedienstete (Außenbeschäftigung) nachzugehen. § 42 Absatz 2 und 4 gilt entsprechend.

(3) Auf Ersuchen eines Gerichts werden Gefangene vorgeführt, sofern ein Vorführungsbefehl vorliegt.

(4) Gefangene dürfen befristet dem Gewahrsam eines Gerichts, einer Staatsanwaltschaft oder einer Polizei-, Ordnungs-, Zoll- oder Finanzbehörde auf Antrag überlassen werden (Ausantwortung).

10 C 7, 10 C 8, 10 C 10, 10 C 38, 10 C 50, 10 D 3, 10 D 10, 10 D 11, 10 D 12, 10 D 14, 10 D 15, 10 E 3

Abschnitt 8. Vorbereitung der Eingliederung, Entlassung und nachgehende Betreuung

§ 46 Vorbereitung der Eingliederung

(1) Die Maßnahmen zur sozialen und beruflichen Eingliederung sind auf den Zeitpunkt der voraussichtlichen Entlassung in die Freiheit abzustellen. Die Gefangenen sind bei der Ordnung ihrer persönlichen, wirtschaftlichen und sozialen Angelegenheiten zu unterstützen. Dies umfasst die Vermittlung in nachsorgende Maßnahmen.

(2) Die Anstalt arbeitet frühzeitig unter Beteiligung der Gefangenen mit den Agenturen für Arbeit, den Meldebehörden, den Trägern der Sozialversicherung und der Sozialhilfe, den Hilfeeinrichtungen anderer Behörden, den Verbänden der Freien Wohlfahrtspflege, der Forensisch-Therapeutischen Ambulanz und weiteren Personen und Einrichtungen außerhalb des Vollzugs zusammen, insbesondere, um zu erreichen, dass die Gefangenen nach ihrer Entlassung über eine geeignete Unterkunft und eine Arbeits- oder Ausbildungsstelle verfügen. Die Bewährungshilfe und die Führungsaufsichtsstelle beteiligen sich frühzeitig an der sozialen und beruflichen Eingliederung der Gefangenen.

(3) Den Gefangenen können Aufenthalte in geeigneten Einrichtungen außerhalb des Vollzugs (Übergangseinrichtungen) gewährt werden, wenn dies zur Vorbereitung der Eingliederung erforderlich ist. Haben Gefangene die Hälfte ihrer zeitigen Freiheitsstrafe im Vollzug verbüßt, mindestens jedoch sechs Monate, kann ihnen auch ein zusammenhängender Langzeitausgang bis zu sechs Monaten gewährt werden, wenn dies zur Vorbereitung der Eingliederung erforderlich ist. § 42 Absatz 2 und 4 sowie § 44 gelten entsprechend.

(4) In einem Zeitraum von sechs Monaten vor der voraussichtlichen Entlassung sind den Gefangenen die zur Vorbereitung der Eingliederung erforderlichen Lockerungen zu gewähren, sofern nicht mit hoher Wahrscheinlichkeit zu erwarten ist, dass die Gefangenen sich dem Vollzug der Freiheitsstrafe entziehen oder die Lockerungen zur Begehung von Straftaten missbrauchen werden. § 42 Absatz 4 und § 44 gelten entsprechend.

3 C 1, 3 C 5, 3 C 6, 4 J 2, 4 J 7, 7 A 1, 7 B 6, 7 B 10, 7 D 8, 9 B 11, 10 B 5, 10 G 2, 10 H 4, 10 H 6, 10 H 9, 10 H 10, 10 H 12, 13 I 5

§ 47 Entlassung

(1) Die Gefangenen sollen am letzten Tag ihrer Strafzeit möglichst frühzeitig, jedenfalls noch am Vormittag, entlassen werden.

(2) Fällt das Strafende auf einen Sonnabend oder Sonntag, einen gesetzlichen Feiertag, den ersten Werktag nach Ostern oder Pfingsten oder in die Zeit vom 22. Dezember bis zum 2. Januar, so können die Gefangenen an dem diesem Tag oder Zeitraum vorhergehenden Werktag entlassen werden, wenn dies gemessen an der Dauer der Strafzeit vertretbar ist und fürsorgerische Gründe nicht entgegenstehen.

(3) Der Entlassungszeitpunkt kann bis zu zwei Tage vorverlegt werden, wenn die Gefangenen zu ihrer Eingliederung hierauf dringend angewiesen sind.

(4) Bedürftigen Gefangenen kann eine Entlassungsbeihilfe in Form eines Reisekostenzuschusses, angemessener Kleidung oder einer sonstigen notwendigen Unterstützung gewährt werden.

7 E 1, 10 G 2, 10 I 2, 10 I 4, 10 I 5, 10 I 8

§ 48 Nachgehende Betreuung

Mit Zustimmung der Anstalt können Bedienstete an der nachgehenden Betreuung Entlassener mit deren Einverständnis mitwirken, wenn ansonsten die Eingliederung gefährdet wäre. Die nachgehende Betreuung kann auch außerhalb der Anstalt erfolgen. In der Regel ist sie auf die ersten sechs Monate nach der Entlassung beschränkt. Erfolgt die nachgehende Betreuung innerhalb der Anstalt gilt § 49 Absatz 1 Satz 3 und Absatz 2 bis 4 entsprechend.

3 E 2, 3 E 5, 3 E 6, 3 E 7, 7 D 23, 10 G 2

§ 49 Verbleib oder Aufnahme auf freiwilliger Grundlage

(1) Sofern es die Belegungssituation zulässt, können die entlassenen Gefangenen auf Antrag ausnahmsweise vorübergehend in der Anstalt verbleiben oder wieder aufgenommen werden, wenn die Eingliederung gefährdet und ein Aufenthalt in der Anstalt aus diesem Grunde gerechtfertigt ist. § 48 Satz 3 gilt entsprechend. Der freiwillige Aufenthalt erfolgt auf vertraglicher Basis.

(2) Gegen die sich in der Anstalt befugt aufhaltenden Entlassenen dürfen Maßnahmen des Vollzugs nicht mit unmittelbarem Zwang durchgesetzt werden.

(3) Bei Störung des Anstaltsbetriebs durch die Entlassenen oder aus vollzugsorganisatorischen Gründen kann der freiwillige Aufenthalt jederzeit beendet werden. Die Entlassenen sind vorher zu hören.

(4) Die in der Anstalt verbliebenen oder wieder aufgenommenen Entlassenen dürfen die Anstalt auf ihren Wunsch jederzeit unverzüglich verlassen.

3 D 2, 3 D 3, 3 D 4, 3 D 6, 3 D 7, 3 D 8, 3 E 5, 10 G 2

Abschnitt 9. Grundversorgung und Freizeit

§ 50 Einbringen von Gegenständen

(1) Gegenstände dürfen durch oder für die Gefangenen nur mit Zustimmung der Anstalt eingebracht werden. Die Anstalt kann die Zustimmung verweigern, wenn die Gegenstände ihrer Art oder Beschaffenheit nach geeignet sind, die Sicherheit oder Ordnung der Anstalt oder die Erreichung des Vollzugsziels zu gefährden oder ihre Aufbewahrung nach Art oder Umfang nicht möglich ist.

(2) Das Einbringen von Nahrungs-, Genuss- und Körperpflegemitteln sowie von Arzneimitteln ist nicht gestattet. Die Anstalt kann eine abweichende Regelung treffen.

5 D 16, 11 C 2, 11 C 10, 11 C 11

§ 51 Gewahrsam an Gegenständen

(1) Die Gefangenen dürfen Gegenstände nur mit Zustimmung der Anstalt in Gewahrsam haben, annehmen oder abgeben.

(2) Ohne Zustimmung dürfen sie abweichend von Absatz 1 Gegenstände von geringem Wert an andere Gefangene weitergeben und von anderen Gefangenen annehmen; die Abgabe und Annahme dieser Gegenstände nebst dem Gewahrsam daran können von der Zustimmung der Anstalt abhängig gemacht werden.

11 C 2, 11 C 3, 11 C 12

§ 52 Ausstattung des Haftraums

(1) Die Gefangenen dürfen ihren Haftraum in angemessenem Umfang mit eigenen Gegenständen ausstatten oder diese dort aufbewahren. Gegenstände, die einzeln oder in ihrer Gesamtheit geeignet sind, die Sicherheit oder Ordnung der Anstalt, insbesondere die Übersichtlichkeit des Haftraumes, oder die Erreichung des Vollzugsziels zu gefährden, dürfen nicht in den Haftraum eingebracht werden. Entgegen Satz 2 eingebrachte Gegenstände werden daraus entfernt.

(2) Die Gefangenen tragen die Kosten für die aus Gründen der Sicherheit der Anstalt notwendige technische Überprüfung der von ihnen im Haftraum genutzten Elektrogeräte. Sind sie dazu nicht in der Lage, so kann die Anstalt die Kosten in begründeten Fällen in angemessenem Umfang übernehmen.

2 F 1, 2 F 8, 2 F 9, 2 F 10, 2 F 11, 2 F 12, 2 F 16, 2 F 17, 4 I 55, 4 I 59, 5 C 12, 5 C 17, 5 C 18, 5 C 26, 5 C 37, 5 D 6, 5 D 11, 5 D 14, 5 D 20, 5 D 21, 5 D 29

§ 53 Aufbewahrung und Vernichtung von Gegenständen

(1) Gegenstände, die die Gefangenen nicht im Haftraum aufbewahren dürfen oder wollen, werden von der Anstalt aufbewahrt, soweit dies nach Art und Umfang möglich ist und Gründe der Sicherheit oder Ordnung der Anstalt, insbesondere auch hygienische Gründe, nicht dagegen sprechen. Die Anstalt kann eine angemessene Beschränkung des Umfangs der aufzubewahrenden Gegenstände vornehmen.

(2) Den Gefangenen wird Gelegenheit gegeben, ihre Gegenstände, die sie während des Vollzugs und für ihre Entlassung nicht benötigen, zu versenden. § 41 Absatz 6 gilt entsprechend.

(3) Werden Gegenstände, deren Aufbewahrung nach Absatz 1 ausgeschlossen ist, von den Gefangenen trotz Aufforderung nicht innerhalb einer angemessenen Frist aus der Anstalt verbracht, so darf die stalt diese Gegenstände auf Kosten der Gefangenen außerhalb der Anstalt verwahren, verwerten oder vernichten. Für das Verfahren der Verwertung und Vernichtung gilt § 40 des Allgemeinen Sicherheits-und Ordnungsgesetzes in der Fassung vom 11. Oktober 2006 (GVBl. S. 930), das zuletzt durch Gesetz vom 7. April 2015 (GVBl. S. 66) geändert worden ist, in der jeweils geltenden Fassung entsprechend.

(4) Aufzeichnungen und andere Gegenstände, die Kenntnisse über Sicherungsvorkehrungen der Anstalt vermitteln oder Schlussfolgerungen auf diese zulassen, dürfen vernichtet oder unbrauchbar gemacht werden.

11 C 2, 11 C 13, 11 C 14, 11 C 15, 11 C 16

§ 54 Zeitungen und Zeitschriften

Die Gefangenen dürfen auf eigene Kosten Zeitungen und Zeitschriften in angemessenem Umfang durch Vermittlung der Anstalt beziehen. Ausgeschlossen sind Zeitungen und Zeitschriften, deren Verbreitung mit Strafe oder Geldbuße bedroht ist. Einzelne Ausgaben oder Teile von Zeitungen und Zeitschriften können den Gefangenen vorenthalten oder entzogen werden, wenn die Kenntnisnahme von deren Inhalten die Erreichung des Vollzugsziels oder die Sicherheit oder Ordnung der Anstalt erheblich gefährden würde.

5 B 5, 5 B 6, 5 B 12, 5 B 13, 5 B 15, 5 B 21, 5 B 23,
5 B 27

§ 55 Religiöse Schriften und Gegenstände

Die Gefangenen dürfen grundlegende religiöse Schriften sowie in angemessenem Umfang Gegenstände des religiösen Gebrauchs besitzen. Diese dürfen den Gefangenen nur bei grobem Missbrauch entzogen werden.

8 A 21, 8 A 22, 8 A 23

§ 56 Rundfunk, Informations- und Unterhaltungselektronik

(1) Der Zugang zum Hörfunk- und Fernsehempfang (Rundfunk) ist zu ermöglichen. Die Anstalt entscheidet über die Einspeisung einzelner Hörfunk- und Fernsehprogramme, soweit eine Empfangsanlage vorhanden ist. Die Wünsche und Bedürfnisse der Gefangenen sind angemessen zu berücksichtigen.

(2) Eigene Hörfunk- und Fernsehgeräte der Gefangenen werden zugelassen, wenn nicht Gründe des § 52 Absatz 1 Satz 2 entgegenstehen.

Die Gefangenen können auf von der Anstalt vermittelte Mietgeräte oder Haftraummediensysteme verwiesen werden. In diesem Fall ist den Gefangenen abweichend von Satz 1 der Besitz eigener Geräte im Haftraum in der Regel nicht gestattet.

(3) Die Gefangenen haben die Kosten für die Überprüfung, Überlassung und den Betrieb der von ihnen genutzten Hörfunk- und Fernsehgeräte sowie die Bereitstellung des Hörfunk- und Fernsehempfangs zu tragen. Sind sie dazu nicht in der Lage, so kann die Anstalt die Kosten in begründeten Fällen in angemessenem Umfang übernehmen.

(4) Andere Geräte der Informations- und Unterhaltungselektronik können unter den Voraussetzungen des Absatzes 2 Satz 1 zugelassen werden. § 40 bleibt unberührt.

4 I 56, 4 I 59, 5 C 4, 5 C 6, 5 C 9, 5 C 12, 5 C 14, 5 C 17, 5 C 18, 5 C 22,
5 C 25, 5 C 26, 5 C 29, 5 C 32, 5 C 37, 5 D 10

§ 57 Kleidung

(1) Die Gefangenen tragen Anstaltskleidung.
(2) Die Anstalt kann eine von Absatz 1 abweichende Regelung treffen.

Für Reinigung, Instandsetzung und regelmäßigen Wechsel der eigenen Kleidung haben die Gefangenen auf ihre Kosten zu sorgen.

6 A 1, 6 A 5, 6 A 7

§ 58 Verpflegung

Zusammensetzung und Nährwert der Anstaltsverpflegung haben den Anforderungen an eine gesunde Ernährung zu entsprechen. Auf ärztliche Anordnung wird besondere Verpflegung gewährt. Den Gefangenen ist zu ermöglichen, Speisevorschriften ihrer Religionsgemeinschaft zu befolgen sowie sich fleischlos zu ernähren. Geschlechtsspezifische Unterschiede in der Ernährungsweise von männlichen und weiblichen Gefangenen sind zu berücksichtigen.

5 C 14, 6 B 4, 6 B 6, 6 B 9, 6 B 10, 6 D 1, 14 A 14

§ 59 Einkauf

(1) Den Gefangenen wird ermöglicht einzukaufen. Die Anstalt wirkt auf ein Angebot hin, das auf Wünsche und Bedürfnisse der Gefangenen Rücksicht nimmt. Das Verfahren des Einkaufs regelt die Anstalt. Gegenstände, die nach Art oder Menge geeignet sind, die Sicherheit oder Ordnung der Anstalt zu gefährden, sind vom Einkauf ausgeschlossen oder mengenmäßig zu beschränken.

(2) Nahrungs- und Genussmittel können nur vom Haus- und Taschengeld, andere Gegenstände in angemessenem Umfang auch vom Eigengeld eingekauft werden. Dies gilt nicht für den ersten Einkauf, den die Gefangenen unmittelbar nach ihrer Aufnahme in eine Anstalt tätigen.

4 I 111, 4 I 112, 6 C 5, 6 C 6, 6 C 7, 6 C 10, 6 C 11, 6 C 12, 6 C 16, 11 C 17

§ 60 Freizeit

(1) Zur Ausgestaltung der Freizeit hat die Anstalt insbesondere Angebote zur sportlichen und kulturellen Betätigung, Bildungsangebote sowie Angebote zur kreativen Entfaltung vorzuhalten. Die Anstalt stellt eine angemessen ausgestattete Bücherei zur Verfügung.

(2) Die Gefangenen sind zur Teilnahme und Mitwirkung an Angeboten der Freizeitgestaltung zu motivieren und anzuleiten.

5 A 8, 5 A 9, 5 A 12, 5 A 18, 5 A 19, 5 A 24, 5 A 25, 5 A 26, 5 A 30, 5 A 32, 5 A 39

Abschnitt 10. Vergütung, Gelder der Gefangenen und Haftkostenbeitrag

§ 61 Vergütung

(1) Die Gefangenen erhalten eine Vergütung in Form von
1. Arbeitsentgelt für die Teilnahme an arbeitstherapeutischen Maßnahmen oder am Arbeitstraining nach § 10 Absatz 1 Satz 1 Nummer 11 oder für Arbeit nach § 10 Absatz 1 Satz 1 Nummer 12 oder
2. Ausbildungsbeihilfe für die Teilnahme an schulischen und beruflichen Qualifizierungsmaßnahmen nach § 10 Absatz 1 Satz 1 Nummer 10.

(2) Der Bemessung der Vergütung sind 9 Prozent der Bezugsgröße nach § 18 des Vierten Buches Sozialgesetzbuch – Gemeinsame Vorschriften für die Sozialversicherung – in der Fassung der Bekanntmachung vom 12. November 2009 (BGBl. I S. 3710, 3973; 2011 I S. 363), das zuletzt durch Artikel 28 des Gesetzes vom 20. November 2015 (BGBl. I S. 2010) geändert worden ist, in der jeweils geltenden Fassung zugrunde zu legen (Eckvergütung). Ein Tagessatz ist der 250. Teil der Eckvergütung; die Vergütung kann nach einem Stundensatz bemessen werden.

(3) Die Vergütung kann je nach Art der Maßnahme und Leistung der Gefangenen gestuft werden. Sie beträgt mindestens 75 Prozent der Eckvergütung. Die für Justiz zuständige Senatsverwaltung wird ermächtigt, die Vergütungsstufen durch Rechtsverordnung zu bestimmen.

(4) Soweit Beiträge zur Bundesagentur für Arbeit zu entrichten sind, kann von dem Arbeitsentgelt oder der Ausbildungsbeihilfe ein Betrag einbehalten werden, der dem Anteil der Gefangenen am Beitrag entsprechen würde, wenn sie diese Vergütung als Arbeitnehmerin oder Arbeitnehmer erhielten.

(5) Die Höhe der Vergütung ist den Gefangenen schriftlich bekannt zu geben.

(6) Gefangene, die an einer Maßnahme nach § 23 teilnehmen, erhalten hierfür nur eine Ausbildungsbeihilfe, soweit kein Anspruch auf Leistungen zum Lebensunterhalt besteht, die außerhalb des Vollzugs aus solchem Anlass gewährt werden.

4 Vorb. 5, 4 D 6, 4 D 10, 4 D 11, 4 D 12, 4 D 17, 4 D 18, 4 D 19, 4 D 21, 4 D 22, 4 D 25, 4 D 26, 4 D 72, 4 G 2, 4 G 3, 4 G 7, 4 G 8, 4 G 10, 4 G 11, 4 I 23, 4 I 133, 6 F 56, 11 M 38

§ 62 Vergütungsfortzahlung

Nehmen Gefangene an Maßnahmen nach § 10 Absatz 1 Satz 1 Nummer 5 bis 9 oder § 3 Absatz 7 Satz 2 teil, die während ihrer regulären Beschäftigungszeit stattfinden und nach § 10 Absatz 2 für zwingend erforderlich erachtet wurden, so wird ihnen als finanzieller Ausgleich für diesen Zeitraum eine Fortzahlung der Vergütung nach § 61 Absatz 1 gewährt.

1 E 14, 4 Vorb. 5, 4 D 13, 4 D 14, 4 D 15, 4 G 15, 6 F 56, 11 M 38

§ 63 Zusätzliche Anerkennung und Ausgleichsentschädigung

(1) Haben Gefangene jeweils drei Monate lang zusammenhängend eine Tätigkeit nach §§ 21 bis 24 ausgeübt, so erhalten sie auf Antrag als zusätzliche Anerkennung über die Vergütung nach §§ 61 und 62 und die Freistellung nach § 27 hinaus eine weitere Freistellung von zwei Beschäftigungstagen unter Fortzahlung der Vergütung entsprechend § 27 Absatz 3. Die Gefangenen erhalten auf Antrag die Freistellung in Form von Langzeitausgang, sofern die Voraussetzungen nach § 42 Absatz 2 und 3 vorliegen.

(2) Anstatt die weiteren Freistellungstage nach Absatz 1 zu nehmen, können die Gefangenen auch beantragen, dass diese durch gleichwertige Vergütung entsprechend § 27 Absatz 3, die ihrem Hausgeldkonto gutzuschreiben ist, abgegolten werden.

(3) Nehmen die Gefangenen die zusätzliche Anerkennung nach Absatz 1 oder 2 nicht innerhalb eines Jahres nach Vorliegen der Voraussetzungen in Anspruch, so wird der Entlassungszeitpunkt vorbehaltlich des Absatzes 4 um die Freistellungstage nach Absatz 1 Satz 1 vorverlegt. Durch Zeiten, in denen die Gefangenen ohne ihr Verschulden durch Krankheit, Lockerungen, Freistellung oder sonstige nicht von ihnen zu vertretende Gründe an der Tätigkeit nach §§ 21 bis 24 gehindert sind, wird die Frist nach Absatz 1 Satz 1 gehemmt. Beschäftigungszeiträume von weniger als drei Monaten bleiben unberücksichtigt.

(4) Eine Vorverlegung des Entlassungszeitpunktes nach Absatz 3 Satz 1 ist ausgeschlossen,
1. bei Gefangenen, die eine lebenslange Freiheitsstrafe verbüßen oder bei denen Sicherungsverwahrung angeordnet oder vorbehalten und ein Entlassungszeitpunkt noch nicht bestimmt ist,
2. bei einer Aussetzung der Vollstreckung des Restes einer Freiheitsstrafe zur Bewährung, soweit wegen des von der Entscheidung des Gerichts bis zur Entlassung verbleibenden Zeitraums eine Anrechnung nicht mehr möglich ist,
3. wenn dies vom Gericht angeordnet wird, weil bei einer Aussetzung der Vollstreckung des Restes einer Freiheitsstrafe zur Bewährung die Lebensverhältnisse der Gefangenen oder die Wirkungen, die von der Aussetzung für sie zu erwarten sind, die Vollstreckung bis zu einem bestimmten Zeitpunkt erfordern,
4. wenn nach § 456a Absatz 1 der Strafprozessordnung von der Vollstreckung abgesehen wird oder
5. wenn Gefangene im Gnadenwege aus der Haft entlassen werden.

(5) Soweit eine Vorverlegung des Entlassungszeitpunktes nach Absatz 4 ausgeschlossen ist, erhalten Gefangene bei ihrer Entlassung eine Ausgleichsentschädigung von zusätzlich 15 Prozent der ihnen für den Zeitraum, der Grundlage für die Gewährung der Freistellungstage gewesen ist, nach §§ 61 und 62 gezahlten Vergütung. Der Anspruch entsteht erst mit der Entlassung. Vor der Entlassung ist der Anspruch nicht verzinslich. Gefangenen, bei denen eine Vorverlegung des Entlassungszeitpunktes nach Absatz 4 Nummer 1 ausgeschlossen ist, wird die Ausgleichszahlung abweichend von Satz 2 bereits nach Verbüßung von jeweils zehn Jahren Freiheitsstrafe zum Eigengeld nach § 64 gutgeschrieben, soweit sie nicht vor diesem Zeitpunkt entlassen werden. § 57 Absatz 4 des Strafgesetzbuchs gilt entsprechend.

(6) Bei der Verlegung in ein anderes Land, nach dessen Landesrecht weder erworbene Freistellungstage nach Absatz 1 noch die Vorverlegung des Entlassungszeitpunktes nach Absatz 3 Satz 1 gewährt werden können, hat die Anstalt die gleichwertige Vergütung nach Absatz 2 zu gewähren. Bei der Verlegung in ein anderes Land, das nach seinem Landesrecht keine gleichwertige Vergütung im Sinne von Absatz 2 vorsieht, ist ein Antrag auf Abgeltung der Freistellungstage nach Absatz 2 spätestens am Tag der Verlegung zu stellen.

4 Vorb. 5, 4 C 1, 4 D 6, 4 D 31, 4 D 32, 4 D 34, 4 D 36, 4 D 39, 4 D 40, 4 D 41, 4 D 42, 4 D 43, 4 D 45, 4 D 48, 4 D 49, 4 D 53, 4 D 54, 4 D 55, 4 D 57, 4 D 58, 4 D 59, 4 D 60, 4 D 61, 4 D 62, 4 D 64, 4 D 66, 4 G 13, 6 F 56

§ 64 Eigengeld

(1) Das Eigengeld besteht aus den Beträgen, die die Gefangenen bei Strafantritt in die Anstalt mitbringen und die sie während der Haftzeit erhalten, sowie den Teilen der Vergütung, die nicht als Hausgeld, Eingliederungsgeld oder Haftkostenbeitrag in Anspruch genommen werden.

(2) Die Gefangenen können über das Eigengeld verfügen. § 59 Absatz 2 und §§ 67 und 68 bleiben unberührt.

4 Vorb. 5, 4 I 101, 4 I 102, 4 I 103, 4 I 109, 4 I 112, 11 C 17

§ 65 Taschengeld

(1) Bedürftigen Gefangenen wird Taschengeld gewährt. Bedürftig sind Gefangene, soweit ihnen aus Hausgeld (§ 67) und Eigengeld (§ 64) monatlich ein Betrag bis zur Höhe des Taschengelds nach Absatz 3 voraussichtlich nicht zur Verfügung steht. Es bleiben bis zur Höhe des Taschengeldbetrages unberücksichtigt Arbeitsentgelt für die Teilnahme an arbeitstherapeutischen Maßnahmen oder am Arbeitstraining nach § 61 Absatz 1 Nummer 1, nicht verbrauchtes Taschengeld sowie zweckgebundene Einzahlungen nach § 68 Absatz 1 Satz 1.

(2) Die Anstalt kann anordnen, dass Gefangene für die Dauer von bis zu drei Monaten als nicht bedürftig gelten, wenn ihnen ein Betrag nach Absatz 1 Satz 2 deshalb nicht zur Verfügung steht, weil sie

einer ihnen zugewiesenen zumutbaren Beschäftigung nach §§ 21 bis 24 nicht nachgehen oder von einer ausgeübten Beschäftigung im Sinne von § 25 Absatz 3 Satz 3 verschuldet abgelöst wurden.

(3) Das Taschengeld beträgt 14 Prozent der Eckvergütung nach § 61 Absatz 2 Satz 1. Es wird zu Beginn des Monats im Voraus gewährt. Gehen den Gefangenen im Laufe des Monats nach Absatz 1 zu berücksichtigende Gelder zu, so wird zum Ausgleich ein Betrag bis zur Höhe des gewährten Taschengeldes einbehalten.

(4) Die Gefangenen dürfen über das Taschengeld im Rahmen der Bestimmungen dieses Gesetzes verfügen. Es wird dem Hausgeldkonto gutgeschrieben.

4 Vorb. 5, 4 I 5, 4 I 9, 4 I 10, 4 I 12, 4 I 14, 4 I 16, 4 I 17, 4 I 18, 4 I 19, 4 I 23

§ 66 Konten, Bargeld

(1) Gelder der Gefangenen werden auf Hausgeld-, Eigengeld- und Eingliederungsgeldkonten in der Anstalt geführt.

(2) Der Besitz von Bargeld in der Anstalt ist den Gefangenen nicht gestattet. Im offenen Vollzug kann eine abweichende Regelung getroffen werden.

(3) Geld in Fremdwährung wird in der Regel in der Zahlstelle verwahrt oder zur Habe genommen.

4 Vorb. 5, 4 I 99, 4 I 104, 4 I 116, 4 I 117, 4 I 120

§ 67 Hausgeld

(1) Das Hausgeld wird aus drei Siebteln der nach §§ 61 und 62 geregelten Vergütung gebildet.

(2) Für Gefangene, die aus einem freien Beschäftigungsverhältnis, aus einer Selbstbeschäftigung oder anderweitig regelmäßige Einkünfte haben, wird daraus ein angemessenes monatliches Hausgeld festgesetzt.

(3) Für Gefangene, die über Eigengeld nach § 64 verfügen und keine hinreichende Vergütung nach diesem Gesetz erhalten, gilt Absatz 2 entsprechend.

(4) Die Gefangenen dürfen über das Hausgeld im Rahmen der Bestimmungen dieses Gesetzes verfügen. Der Anspruch auf Auszahlung ist nicht übertragbar.

4 Vorb. 5, 4 I 23, 4 I 25, 4 I 27, 4 I 28, 6 C 4, 12 P 8

§ 68 Zweckgebundene Einzahlungen, Eingliederungsgeld

(1) Für Maßnahmen der Eingliederung, insbesondere Kosten der Gesundheitsfürsorge und der Aus- und Fortbildung, und für Maßnahmen der Pflege sozialer Beziehungen, insbesondere Telefonkosten und Fahrtkosten anlässlich von Lockerungen, kann zweckgebunden Geld eingezahlt werden. Das Geld darf nur für den jeweiligen Zweck verwendet werden. Der Anspruch auf Auszahlung ist nicht übertragbar.

(2) Die Gefangenen dürfen für Zwecke der Eingliederung ein Guthaben in angemessener Höhe bilden (Eingliederungsgeld) und auch bereits vor der Entlassung darüber verfügen. Der Anspruch auf Auszahlung ist nicht übertragbar. Bei der Verlegung in ein anderes Land, nach dessen Landesrecht gebildetes Eingliederungsgeld nicht anerkannt werden kann, wird das Eingliederungsgeld vorbehaltlich des Satzes 4 dem Eigengeldkonto gutgeschrieben. Sofern das aufnehmende Land die Bildung eines Überbrückungsgeldes im Sinne des § 51 des Strafvollzugsgesetzes vorsieht, können die Gefangenen bis spätestens zum Tag ihrer Verlegung erklären, dass ihr Eingliederungsgeld vom aufnehmenden Land als Überbrückungsgeld behandelt werden soll; geben die Gefangenen bis zu ihrer Verlegung diese Erklärung nicht ab, so wird das gebildete Eingliederungsgeld ihrem Eigengeldkonto gutgeschrieben.

4 Vorb. 5, 4 D 20, 4 I 65, 4 I 81, 4 I 99, 4 I 126, 4 I 127, 11 C 17

§ 69 Haftkostenbeitrag

(1) Die Anstalt erhebt von Gefangenen, die sich in einem freien Beschäftigungsverhältnis befinden, sich selbst beschäftigen oder über anderweitige regelmäßige Einkünfte verfügen, für diese Zeit einen Haftkostenbeitrag. Vergütungen und zusätzliche Anerkennungen nach den §§ 61 bis 63 bleiben unberücksichtigt. Von Gefangenen, die sich selbst beschäftigen, kann der Haftkostenbeitrag monatlich im Voraus ganz oder teilweise gefordert werden. Den Gefangenen muss täglich ein Tagessatz gemäß § 61 Absatz 2 Satz 2 verbleiben. Von der Geltendmachung des Anspruchs ist abzusehen, soweit die Wiedereingliederung der Gefangenen hierdurch gefährdet würde.

(2) Der Haftkostenbeitrag wird in Höhe des Betrages erhoben, der nach § 17 Absatz 1 Satz 1 Nummer 4 des Vierten Buches Sozialgesetzbuch durchschnittlich zur Bewertung der Sachbezüge festgesetzt ist. Die

Anhang

für Justiz zuständige Senatsverwaltung stellt den Durchschnittsbetrag für jedes Kalenderjahr nach den am 1. Oktober des vorhergehenden Jahres geltenden Bewertungen der Sachbezüge fest. Bei Selbstverpflegung entfallen die für die Verpflegung vorgesehenen Beträge. Für den Wert der Unterkunft ist die festgesetzte Belegungsfähigkeit maßgebend.

4 Vorb. 5, 4 H 25, 4 H 29, 4 I 41, 4 I 43, 4 I 45, 4 I 47, 4 I 49, 4 I 50, 4 I 52

Abschnitt 11. Gesundheitsfürsorge
§ 70 Art und Umfang der medizinischen Leistungen, Kostenbeteiligung

(1) Die Gefangenen haben einen Anspruch auf notwendige, ausreichende und zweckmäßige medizinische Leistungen unter Beachtung des Grundsatzes der Wirtschaftlichkeit und unter Berücksichtigung des Leistungsumfangs der gesetzlichen Krankenversicherung. Der Anspruch umfasst auch Vorsorgeleistungen, ferner die Versorgung mit medizinischen Hilfsmitteln, soweit diese nicht außer Verhältnis zur Dauer des Freiheitsentzugs steht und die Hilfsmittel nicht als allgemeine Gebrauchsgegenstände des täglichen Lebens anzusehen sind. Den besonderen Belangen behinderter und chronisch kranker Gefangener ist Rechnung zu tragen.

(2) Für Leistungen, die über Absatz 1 hinausgehen, können den Gefangenen die Kosten auferlegt werden.

4 I 55, 6 E 1, 6 E 3, 6 F 1, 6 F 18, 6 F 19, 6 F 20, 6 F 23, 6 F 25, 6 F 28, 6 F 35

§ 71 Durchführung der medizinischen Leistungen, Forderungsübergang

(1) Medizinische Leistungen nach § 70 Absatz 1 erfolgen in der Anstalt, erforderlichenfalls nach § 76 oder § 17 Absatz 2 in einer hierfür besser geeigneten Anstalt, im Vollzugskrankenhaus oder ausnahmsweise auch außerhalb der Anstalt.

(2) Wird die Strafvollstreckung während einer Behandlung von Gefangenen unterbrochen oder beendet, so hat das Land nur für diejenigen Leistungen die Kosten zu tragen, die bis zur Unterbrechung oder Beendigung der Strafvollstreckung erbracht worden sind.

(3) Gesetzliche Schadensersatzansprüche, die Gefangenen infolge einer Körperverletzung zustehen, gehen insoweit auf das Land über, als den Gefangenen Leistungen nach § 70 Absatz 1 zu gewähren sind. Von der Geltendmachung der Ansprüche ist im Interesse der Gefangenen abzusehen, wenn hierdurch die Erreichung des Vollzugsziels oder die Eingliederung gefährdet würde.

11 J 19

§ 72 Medizinische Behandlung zur sozialen Eingliederung

Mit Zustimmung der Gefangenen soll die Anstalt medizinische Behandlungen, insbesondere Operationen oder prothetische Maßnahmen, durchführen lassen, die die soziale Eingliederung fördern.

6 F 41, 6 F 42, 6 F 48, 6 F 50

§ 73 Gesundheitsschutz und Hygiene

(1) Die Anstalt unterstützt die Gefangenen bei der Wiederherstellung und Erhaltung ihrer körperlichen, geistigen und seelischen Gesundheit. Sie fördert das Bewusstsein für gesunde Ernährung und Lebensführung. Die Gefangenen haben die notwendigen Anordnungen zum Gesundheitsschutz und zur Hygiene zu befolgen.

(2) Den Gefangenen wird ermöglicht, sich täglich mindestens eine Stunde im Freien aufzuhalten. § 86 Absatz 2 Satz 1 Nummer 4 in Verbindung mit Absatz 4 Satz 2 bleibt unberührt.

(3) Der Nichtraucherschutz ist angemessen zu gewährleisten. Den Gefangenen soll die Teilnahme an Raucherentwöhnungsmaßnahmen ermöglicht werden.

6 D 1, 6 D 17, 6 D 24, 6 D 32, 6 G 1, 6 G 6

§ 74 Krankenbehandlung während Lockerungen

(1) Während Lockerungen haben die Gefangenen außer im Falle unaufschiebbarer Notfallmaßnahmen einen Anspruch auf medizinische Leistungen nach § 70 Absatz 1 gegen das Land nur in der für sie zuständigen Anstalt. Eine ambulante Krankenbehandlung kann in der nächstgelegenen Anstalt erfolgen,

wenn eine Rückkehr in die zuständige Anstalt nicht zumutbar ist. § 43 Absatz 1 Satz 2 zweiter Fall bleibt unberührt.

(2) Der Anspruch auf Leistungen nach § 70 Absatz 1 ruht, solange die Gefangenen aufgrund eines freien Beschäftigungsverhältnisses krankenversichert sind.

4 H 5, 6 F 51, 6 F 52, 6 F 54, 6 F 55

§ 75 Zwangsmaßnahmen auf dem Gebiet der Gesundheitsfürsorge

(1) Eine medizinische Untersuchung und Behandlung ist ohne Einwilligung der Gefangenen zulässig, um den Erfolg eines Selbsttötungsversuchs zu verhindern. Eine Maßnahme nach Satz 1 ist auch zulässig, wenn von den Gefangenen eine gegenwärtige schwerwiegende Gefahr für die Gesundheit einer anderen Person ausgeht.

(2) Über die Fälle des Absatzes 1 hinaus sind medizinische Untersuchung und Behandlung sowie eine Ernährung zwangsweise bei gegenwärtiger Lebensgefahr oder schwerwiegender Gefahr für die Gesundheit der oder des Gefangenen zulässig, wenn diese oder dieser zur Einsicht in das Vorliegen der Gefahr und die Notwendigkeit der Maßnahme oder zum Handeln gemäß solcher Einsicht krankheitsbedingt nicht fähig ist und eine gegen die Durchführung gerichtete wirksame Patientenverfügung im Sinne des § 1901a Absatz 1 Satz 1 des Bürgerlichen Gesetzbuchs der Anstalt nicht vorliegt.

(3) Zwangsmaßnahmen nach Absatz 1 Satz 2 und Absatz 2 dürfen nur angeordnet werden, wenn

1. die Gefangenen durch eine Ärztin oder einen Arzt über Notwendigkeit, Art, Umfang, Dauer, zu erwartende Folgen und Risiken der Maßnahme in einer ihrer Auffassungsgabe und ihrem Gesundheitszustand angemessenen Weise aufgeklärt wurden,
2. der ernsthafte und ohne Ausübung von Druck unternommene Versuch einer Ärztin oder eines Arztes, eine Zustimmung der Gefangenen zu der Maßnahme zu erreichen, erfolglos geblieben ist,
3. die Maßnahme zur Abwendung einer Gefahr nach Absatz 1 Satz 2 oder Absatz 2 geeignet, in Art, Umfang und Dauer erforderlich und für die Beteiligten zumutbar ist und
4. der von der Maßnahme erwartete Nutzen die mit der Maßnahme verbundene Belastung deutlich überwiegt und der bei Unterlassen der Maßnahme mögliche Schaden deutlich schwerer wiegt als die mit der Maßnahme verbundene Belastung.

(4) Maßnahmen nach den Absätzen 1 und 2 dürfen nur auf Anordnung und unter Leitung einer Ärztin oder eines Arztes durchgeführt werden. Unberührt bleibt die Leistung erster Hilfe für den Fall, dass eine Ärztin oder ein Arzt nicht rechtzeitig erreichbar und mit einem Aufschub Lebensgefahr verbunden ist. In den Fällen des Absatzes 1 Satz 2 und Absatzes 2 bedarf die Anordnung der Zustimmung der Anstaltsleiterin oder des Anstaltsleiters und der Aufsichtsbehörde. Die Anordnung wird den Verteidigerinnen und den Verteidigern auf Antrag der Gefangenen unverzüglich mitgeteilt. Die Gründe und die Voraussetzungen für die Anordnung einer Maßnahme nach den Absätzen 1 oder 2, die ergriffenen Maßnahmen einschließlich ihres Zwangscharakters, die Durchsetzungsweise, die Wirkungsüberwachung sowie der Untersuchungs- und Behandlungsablauf sind zu dokumentieren. Gleiches gilt für Erklärungen der Gefangenen, die im Zusammenhang mit Zwangsmaßnahmen von Bedeutung sein können.

(5) Die Anordnung einer Maßnahme nach Absatz 1 Satz 2 oder Absatz 2 ist den Gefangenen vor Durchführung der Maßnahme schriftlich bekannt zu geben. Sie sind darüber zu belehren, dass sie gegen die Anordnung bei Gericht um einstweiligen Rechtsschutz ersuchen und auch Antrag auf gerichtliche Entscheidung stellen können. Mit dem Vollzug einer Anordnung ist zuzuwarten, bis die Gefangenen Gelegenheit hatten, eine gerichtliche Entscheidung herbeizuführen.

(6) Bei Gefahr im Verzug finden Absatz 3 Nummer 1 und 2, Absatz 4 Satz 3 und Absatz 5 keine Anwendung.

(7) Zur Gewährleistung des Gesundheitsschutzes und der Hygiene ist die zwangsweise körperliche Untersuchung der Gefangenen zulässig, wenn sie nicht mit einem körperlichen Eingriff verbunden ist. Sie darf nur von den von der Anstaltsleiterin oder dem Anstaltsleiter dazu bestimmten Bediensteten auf der Grundlage einer ärztlichen Stellungnahme angeordnet werden. Durchführung und Überwachung unterstehen ärztlicher Leitung. Kann die körperliche Untersuchung das Schamgefühl verletzen, so wird sie von einer Person gleichen Geschlechts oder von einer Ärztin oder einem Arzt vorgenommen; bei berechtigtem Interesse der Gefangenen soll ihrem Wunsch, die Untersuchung einer Person oder einem Arzt bestimmten Geschlechts zu übertragen, entsprochen werden. Duldungspflichten der Gefangenen nach Vorschriften anderer Gesetze bleiben unberührt.

11 K 5, 11 L 1, 11 L 3, 11 L 7, 11 L 14, 11 L 15, 11 L 20, 11 L 23

§ 76 Überstellung und Verlegung aus medizinischen Gründen

(1) Erkrankte Gefangene können in das Justizvollzugskrankenhaus überstellt oder in eine für die medizinische Behandlung und Betreuung besser geeignete Anstalt verlegt werden.

(2) Können Krankheiten von Gefangenen in einer Anstalt oder im Justizvollzugskrankenhaus nicht erkannt oder behandelt werden oder ist es nicht möglich, Gefangene rechtzeitig in das Justizvollzugskrankenhaus zu überstellen, sind sie in ein Krankenhaus oder eine andere entsprechend geeignete medizinische Einrichtung außerhalb des Vollzugs zu bringen.

(3) Zur Entbindung sind schwangere Gefangene in ein Krankenhaus außerhalb des Vollzugs zu bringen, sofern dies im Hinblick auf den Geburtsvorgang möglich ist.

6 F 58, 6 F 59, 6 F 61, 6 F 65, 6 F 71

§ 77 Benachrichtigungspflicht

Erkranken Gefangene schwer oder versterben sie, wird eine Angehörige oder ein Angehöriger benachrichtigt. Im Falle einer schweren Erkrankung ist die Einwilligung der Gefangenen erforderlich. Kann die Einwilligung, insbesondere aus Krankheitsgründen, nicht erlangt werden, so erfolgt die Benachrichtigung, wenn diese dem mutmaßlichen Interesse der Gefangenen entspricht. Dem Wunsch der Gefangenen, auch andere Personen zu benachrichtigen, soll nach Möglichkeit entsprochen werden.

6 H 1, 6 H 2, 6 H 3

Abschnitt 12. Religionsausübung

§ 78 Seelsorge

Den Gefangenen ist religiöse Betreuung durch eine Seelsorgerin oder einen Seelsorger ihrer Religionsgemeinschaft zu ermöglichen. Auf Wunsch ist ihnen zu helfen, mit einer Seelsorgerin oder einem Seelsorger in Verbindung zu treten.

8 A 14, 8 A 19

§ 79 Religiöse Veranstaltungen

(1) Die Gefangenen haben das Recht, am Gottesdienst und an anderen religiösen Veranstaltungen ihrer Religionsgemeinschaft teilzunehmen.

(2) Die Zulassung zu Gottesdiensten oder religiösen Veranstaltungen einer anderen Religionsgemeinschaft bedarf der Zustimmung der Seelsorgerin oder des Seelsorgers dieser Religionsgemeinschaft.

(3) Gefangene können von der Teilnahme am Gottesdienst oder anderen religiösen Veranstaltungen ausgeschlossen werden, wenn dies aus überwiegenden Gründen der Sicherheit oder Ordnung der Anstalt geboten ist. Die Seelsorgerin oder der Seelsorger ist dazu vorher anzuhören; bei einer Gefährdung der Sicherheit der Anstalt kann dies auch nachgeholt werden.

8 B 1, 8 B 18, 8 B 22

§ 80 Weltanschauungsgemeinschaften

Für Angehörige weltanschaulicher Bekenntnisse gelten §§ 55, 78 und 79 entsprechend.

8 C 1ff

Abschnitt 13. Sicherheit und Ordnung

§ 81 Grundsatz der Sicherheit und Ordnung

(1) Sicherheit und Ordnung der Anstalt bilden die Grundlage des auf die Erreichung des Vollzugsziels ausgerichteten Anstaltslebens und tragen dazu bei, dass in der Anstalt ein gewaltfreies Klima herrscht. Die Sicherheitsstandards richten sich nach den Aufgaben der Anstalt.

(2) Die Pflichten und Beschränkungen, die den Gefangenen zur Aufrechterhaltung der Sicherheit oder Ordnung der Anstalt auferlegt werden, sind so zu wählen, dass sie in einem angemessenen Verhältnis zu ihrem Zweck stehen und die Gefangenen nicht mehr und nicht länger als notwendig beeinträchtigen. Es sind insbesondere geschlechtsspezifische Belange sowie die besonderen Belange lebensälterer und behinderter Gefangener zu berücksichtigen.

11 A 4, 11 A 6, 11 A 9, 11 A 11, 11 C 8, 11 I 4

§ 82 Allgemeine Verhaltenspflichten

(1) Die Gefangenen sind für das geordnete Zusammenleben in der Anstalt mitverantwortlich und müssen mit ihrem Verhalten dazu beitragen. Ihr Bewusstsein hierfür ist zu entwickeln und zu stärken. Auf eine einvernehmliche und gewaltfreie Streitbeilegung ist hinzuwirken.

(2) Die Gefangenen haben die Anordnungen der Bediensteten zu befolgen, auch wenn sie sich durch diese beschwert fühlen.

(3) Die Gefangenen haben ihren Haftraum und die ihnen von der Anstalt überlassenen Sachen in Ordnung zu halten und schonend zu behandeln.

(4) Die Gefangenen haben Umstände, die eine Gefahr für das Leben oder eine erhebliche Gefahr für die Gesundheit einer Person bedeuten, unverzüglich zu melden.

11 A 4, 11 A 7, 11 B 5, 11 B 6, 11 B 8, 11 B 9

§ 83 Absuchung, Durchsuchung und Haftraumrevision

(1) Die Gefangenen und ihre Sachen dürfen, auch unter Verwendung technischer oder sonstiger Hilfsmittel, abgesucht und durchsucht werden. Entsprechendes gilt für die Haftträume (Haftraumrevision). Schreiben und Unterlagen, die gemäß § 37 Absatz 2 oder § 39 Absatz 1 nicht überwacht werden dürfen, werden in Gegenwart der Gefangenen nur einer groben Sichtung auf verbotene Beilagen oder Schriftstücke unterzogen.

(2) Es kann allgemein angeordnet werden, dass bei der Aufnahme, nach Kontakten mit Besucherinnen oder Besuchern sowie nach jeder Abwesenheit von der Anstalt in der Regel eine mit einer Entkleidung verbundene körperliche Durchsuchung der Gefangenen durchzuführen ist. Ansonsten ist eine solche Durchsuchung nur bei Gefahr im Verzug oder auf Anordnung der von der Anstaltsleiterin oder dem Anstaltsleiter dazu bestimmten Bediensteten im Einzelfall zulässig. (3) Die Durchsuchung der Gefangenen darf nur von Personen des gleichen Geschlechts vorgenommen werden. Entkleidungen erfolgen einzeln in einem geschlossenen Raum. Während der Entkleidung dürfen bei männlichen Gefangenen nur männliche Bedienstete und bei weiblichen Gefangenen nur weibliche Bedienstete zugegen sein. Abweichend von den Sätzen 1 und 3 soll bei berechtigtem Interesse der Gefangenen ihrem Wunsch, die mit der Entkleidung verbundene körperliche Durchsuchung Bediensteten eines bestimmten Geschlechts zu übertragen, entsprochen werden; nur Bedienstete des benannten Geschlechts dürfen in diesem Fall während der Entkleidung anwesend sein. Das Schamgefühl ist zu schonen.

11 D 2, 11 D 4, 11 D 5, 11 D 6, 11 D 7, 11 D 8, 11 D 9, 11 D 10

§ 84 Maßnahmen zur Feststellung von Suchtmittelgebrauch

Zur Aufrechterhaltung der Sicherheit oder Ordnung der Anstalt können allgemein oder im Einzelfall Maßnahmen angeordnet werden, die geeignet sind, den Gebrauch von Suchtmitteln festzustellen. Diese Maßnahmen dürfen nicht mit einem körperlichen Eingriff verbunden sein.

11 D 3, 11 D 12, 11 D 15, 11 D 16

§ 85 Festnahmerecht

Gefangene, die entwichen sind oder sich sonst ohne Erlaubnis außerhalb der Anstalt aufhalten, können durch die Anstalt oder auf deren Veranlassung festgenommen und zurückgebracht werden. Führt die Verfolgung oder die von der Anstalt veranlasste Fahndung nicht alsbald zur Wiederergreifung, so sind die weiteren Maßnahmen der Vollstreckungsbehörde zu überlassen.

10 C 14, 11 G 2

§ 86 Besondere Sicherungsmaßnahmen

(1) Gegen Gefangene können besondere Sicherungsmaßnahmen angeordnet werden, wenn nach ihrem Verhalten oder aufgrund ihres seelischen Zustandes in erhöhtem Maße die Gefahr der Entweichung, von Gewalttätigkeiten gegen Personen oder Sachen, der Selbsttötung oder der Selbstverletzung besteht.

(2) Als besondere Sicherungsmaßnahmen sind zulässig:
1. der Entzug oder die Vorenthaltung von Gegenständen,
2. die Beobachtung der Gefangenen in ihren Haftträumen, im besonders gesicherten Haftraum oder im Krankenzimmer,
3. die Trennung von allen anderen Gefangenen (Absonderung),
4. der Entzug oder die Beschränkung des Aufenthalts im Freien,

Anhang

5. die Unterbringung in einem besonders gesicherten Haftraum ohne gefährdende Gegenstände und
6. die Fesselung oder die Fixierung mittels spezieller Gurtsysteme an dafür vorgesehenen Gegenständen, insbesondere Matratzen oder Liegen.

Mehrere besondere Sicherungsmaßnahmen können nebeneinander angeordnet werden, wenn die Gefahr anders nicht abgewendet werden kann.

(3) Der Entzug oder die Vorenthaltung von Gegenständen, die Absonderung und die Beschränkung des Aufenthalts im Freien sind auch zulässig, wenn die Gefahr einer Befreiung oder eine erhebliche Störung der Ordnung der Anstalt anders nicht vermieden oder behoben werden kann.

(4) Eine Absonderung von mehr als 24 Stunden Dauer ist nur zulässig, wenn sie zur Abwehr einer in der Person der oder des Gefangenen liegenden Gefahr unerlässlich ist. Ein Entzug des Aufenthalts im Freien ist nur zulässig, wenn eine Unterbringung im besonders gesicherten Haftraum erfolgt und aufgrund fortbestehender erheblicher Gefahr der Selbst- oder Fremdgefährdung nicht verantwortet werden kann, einen täglichen Aufenthalt im Freien zu gewähren.

(5) In der Regel darf die Fesselung nur an den Händen oder an den Füßen der Gefangenen erfolgen. Zur Verhinderung von Entweichungen dürfen Gefangene bei einer Ausführung, Vorführung oder beim Transport auch über die Fälle des Absatzes 1 hinaus im erforderlichen Umfang gefesselt werden.

(6) Eine Fixierung des Körpers oder von Teilen davon ist nur zulässig, wenn die gegenwärtige und erhebliche Gefahr besteht, dass Gefangene sich selbst oder andere ernsthaft zu verletzen oder zu töten versuchen.

(7) Hinsichtlich der Art und des Umfangs der Fesselung oder Fixierung sind die Gefangenen zu schonen. Die Fesselung oder Fixierung ist unverzüglich zu lockern, wenn die Gefahr sich verringert hat oder dies zeitweise, beispielsweise zur Nahrungsaufnahme oder ärztlichen Untersuchung, notwendig ist. Sie ist zu entfernen, sobald die Gefahr nicht mehr fortbesteht oder durch mildere Mittel abgewendet werden kann.

11 I 3, 11 I 4, 11 I 5, 11 I 8, 11 I 14, 11 I 17, 11 I 27, 11 I 31, 11 I 34, 11 I 36, 11 I 39, 11 I 41, 11 I 46, 11 I 50, 11 I 51, 11 I 52, 11 I 53, 11 I 54

§ 87 Anordnung besonderer Sicherungsmaßnahmen, Verfahren

(1) Besondere Sicherungsmaßnahmen ordnen die von der Anstaltsleiterin oder dem Anstaltsleiter dazu bestimmten Bediensteten an. Bei Gefahr im Verzug können auch andere Bedienstete diese Maßnahmen vorläufig anordnen; die Entscheidung der nach Satz 1 zuständigen Bediensteten ist unverzüglich einzuholen.

(2) Werden die Gefangenen ärztlich behandelt oder beobachtet oder bildet ihr seelischer Zustand den Anlass der besonderen Sicherungsmaßnahme, so ist vorher eine ärztliche Stellungnahme zu den gesundheitlichen Auswirkungen einzuholen. Ist dies wegen Gefahr im Verzug nicht möglich, so wird die Stellungnahme unverzüglich nachträglich eingeholt.

(3) Besondere Sicherungsmaßnahmen sind in angemessenen Abständen daraufhin zu überprüfen, ob und in welchem Umfang sie aufrechterhalten werden müssen.

(4) Den Gefangenen sind besondere Sicherungsmaßnahmen zusammen mit deren Anordnung zu erläutern. Bei einer Gefährdung der Sicherheit kann dies ausnahmsweise nachgeholt werden. Die Anordnung, Entscheidungen zur Fortdauer und die Durchführung der Maßnahmen einschließlich der ärztlichen Beteiligung sind mit einer kurzen Begründung schriftlich abzufassen.

(5) Eine Absonderung, Unterbringung im besonders gesicherten Haftraum oder Fixierung sind der Aufsichtsbehörde unverzüglich mitzuteilen, wenn sie länger als drei Tage aufrechterhalten werden. Sind die Gefangenen in einem besonders gesicherten Haftraum untergebracht und fixiert, so hat die Mitteilung an die Aufsichtsbehörde nach Ablauf von 24 Stunden zu erfolgen. Auf Antrag der Gefangenen sind deren Verteidigerinnen oder Verteidiger über die besonderen Sicherungsmaßnahmen nach Satz 1 unverzüglich zu benachrichtigen.

(6) Die Absonderung und die Unterbringung im besonders gesicherten Haftraum von mehr als 30 Tagen Gesamtdauer innerhalb von zwölf Monaten bedürfen der Zustimmung der Aufsichtsbehörde. Während der Absonderung und Unterbringung im besonders gesicherten Haftraum sind die Gefangenen in besonderem Maße zu betreuen. Sind die Gefangenen darüber hinaus fixiert, so sind sie ständig und in unmittelbarem Sichtkontakt zu beobachten.

11 I 3, 11 I 4, 11 I 6, 11 I 7, 11 I 28, 11 I 32, 11 I 33, 11 I 34, 11 I 37, 11 I 45, 11 I 49, 11 I 55, 11 I 56, 11 I 63, 11 I 64

§ 88 Ärztliche Überwachung

(1) Sind die Gefangenen in einem besonders gesicherten Haftraum untergebracht oder fixiert, so sucht sie die Ärztin oder der Arzt alsbald und in der Folge möglichst täglich auf.

(2) Die Ärztin oder der Arzt ist regelmäßig zu den gesundheitlichen Auswirkungen zu hören, solange den Gefangenen im besonders gesicherten Haftraum der tägliche Aufenthalt im Freien entzogen ist oder sie länger als 24 Stunden abgesondert sind.

6 I 1, 6 I 2, 6 I 7, 11 I 48, 11 I 53

Abschnitt 14. Unmittelbarer Zwang

§ 89 Begriffsbestimmungen

(1) Unmittelbarer Zwang ist die Einwirkung auf Personen oder Sachen durch körperliche Gewalt, durch Hilfsmittel der körperlichen Gewalt oder durch Waffen.

(2) Körperliche Gewalt ist jede unmittelbare körperliche Einwirkung auf Personen oder Sachen.

(3) Hilfsmittel der körperlichen Gewalt sind insbesondere Fesseln und Reizstoffe. Waffen sind Hieb- und Schusswaffen.

(4) Es dürfen nur dienstlich zugelassene Hilfsmittel und Waffen verwendet werden.

11 K 5, 11 K 24, 11 K 31, 11 K 32, 11 K 37

§ 90 Allgemeine Voraussetzungen

(1) Zur Durchführung rechtmäßiger Vollzugs- und Sicherungsmaßnahmen dürfen Bedienstete unmittelbaren Zwang anwenden, soweit der damit verfolgte Zweck auf keine andere Weise erreicht werden kann.

(2) Gegen andere Personen als Gefangene darf unmittelbarer Zwang angewendet werden, wenn sie es unternehmen, Gefangene zu befreien oder widerrechtlich in die Anstalt einzudringen, oder wenn sie sich unbefugt darin aufhalten.

(3) Das Recht zur Anwendung unmittelbaren Zwangs durch andere Hoheitsträger, insbesondere Polizeivollzugsbedienstete, bleibt unberührt.

11 K 3, 11 K 5, 11 K 8, 11 K 11, 11 K 14, 11 K 15, 11 K 16, 11 K 17, 11 K 18, 11 K 19, 11 K 20, 11 K 23, 11 K 79

§ 91 Grundsatz der Verhältnismäßigkeit

(1) Unter mehreren möglichen und geeigneten Maßnahmen des unmittelbaren Zwangs sind diejenigen zu wählen, die Einzelne und die Allgemeinheit voraussichtlich am wenigsten beeinträchtigen.

(2) Unmittelbarer Zwang unterbleibt, wenn ein durch ihn zu erwartender Schaden erkennbar außer Verhältnis zu dem angestrebten Erfolg steht.

11 K 5, 11 K 38

§ 92 Androhung

Unmittelbarer Zwang ist vorher anzudrohen. Die Androhung darf nur dann unterbleiben, wenn die Umstände sie nicht zulassen oder unmittelbarer Zwang sofort angewendet werden muss, um eine rechtswidrige Tat, die den Tatbestand eines Strafgesetzes erfüllt, zu verhindern oder eine gegenwärtige Gefahr abzuwenden.

11 K 5, 11 K 53, 11 K 74, 11 K 75

§ 93 Schusswaffengebrauch

(1) Schusswaffen dürfen nur gebraucht werden, wenn andere Maßnahmen des unmittelbaren Zwangs bereits erfolglos waren oder keinen Erfolg versprechen. Gegen Personen ist ihr Gebrauch nur zulässig, wenn der Zweck nicht durch Waffenwirkung gegen Sachen erreicht werden kann.

(2) Schusswaffen dürfen nur die dazu bestimmten Bediensteten gebrauchen und nur, um angriffs- oder fluchtunfähig zu machen. Ihr Gebrauch unterbleibt, wenn eine Gefährdung Unbeteiligter nicht ausgeschlossen werden kann.

(3) Der Gebrauch von Schusswaffen ist vorher anzudrohen. Als Androhung gilt auch ein Warnschuss. Ohne Androhung dürfen Schusswaffen nur dann gebraucht werden, wenn dies zur Abwehr einer gegenwärtigen Gefahr für Leib oder Leben erforderlich ist.

(4) Gegen Gefangene dürfen Schusswaffen gebraucht werden,
1. wenn sie eine Waffe oder ein anderes gefährliches Werkzeug trotz wiederholter Aufforderung nicht ablegen,
2. wenn sie eine Meuterei nach § 121 des Strafgesetzbuchs unternehmen oder
3. um ihre Entweichung zu vereiteln oder sie wiederzuergreifen.

Satz 1 Nummer 3 findet keine Anwendung auf Gefangene, die im offenen Vollzug untergebracht sind.
(5) Gegen andere Personen dürfen Schusswaffen gebraucht werden, wenn sie es unternehmen, Gefangene gewaltsam zu befreien oder gewaltsam in eine Anstalt einzudringen.

11 K 5, 11 K 60, 11 K 66, 11 K 68, 11 K 69, 11 K 73, 11 K 74, 11 K 75, 11 K 83, 11 K 85, 11 K 86, 11 K 91

Abschnitt 15. Disziplinarverfahren

§ 94 Disziplinarmaßnahmen

(1) Disziplinarmaßnahmen können angeordnet werden, wenn die Gefangenen rechtswidrig und schuldhaft
1. andere Personen oder Mitgefangene mit Worten oder mittels einer Tätlichkeit beleidigen, körperlich misshandeln, bedrohen oder nötigen,
2. fremde Sachen zerstören, beschädigen oder unbefugt deren Erscheinungsbild nicht nur unerheblich und nicht nur vorübergehend verändern,
3. in sonstiger Weise gegen Strafgesetze verstoßen oder eine Ordnungswidrigkeit begehen,
4. Lebensmittel, Verpackungen sowie andere Gegenstände unsachgemäß entgegen der Hausordnung entsorgen,
5. verbotene Gegenstände in die Anstalt einbringen, sich an deren Einbringung beteiligen, sie besitzen oder weitergeben,
6. unerlaubt Betäubungsmittel oder andere berauschende Stoffe konsumieren,
7. entweichen oder zu entweichen versuchen,
8. gegen Weisungen im Zusammenhang mit der Gewährung von Lockerungen verstoßen oder
9. in nicht unerheblicher Weise gegen sonstige Pflichten oder Anordnungen verstoßen, die ihnen durch dieses Gesetz oder aufgrund dieses Gesetzes auferlegt sind, und dadurch die Sicherheit oder Ordnung der Anstalt stören.

(2) Zulässige Disziplinarmaßnahmen sind
1. der Verweis,
2. die Beschränkung oder die Unterbindung des Fernsehempfangs für die Dauer von bis zu drei Monaten,
3. der Entzug anderer Geräte der Informations- und Unterhaltungselektronik mit Ausnahme eines Hörfunkgeräts für die Dauer von bis zu drei Monaten,
4. die Beschränkung oder der Entzug der Gegenstände für die Freizeitbeschäftigung mit Ausnahme des Lesestoffs für die Dauer von bis zu drei Monaten,
5. die Beschränkung oder der Entzug des Aufenthalts in Gemeinschaft oder der Teilnahme an einzelnen Freizeitveranstaltungen für die Dauer von bis zu drei Monaten,
6. der Entzug des Einkaufs für die Dauer von bis zu einem Monat,
7. die Kürzung der Vergütung nach §§ 61 und 62 um 10 Prozent für die Dauer von bis zu drei Monaten,
8. der Entzug der zugewiesenen Arbeit oder der Teilnahme an Maßnahmen nach §§ 21 bis 23 für die Dauer von bis zu vier Wochen unter Wegfall der nach §§ 61 und 62 geregelten Vergütung und
9. der Arrest von bis zu vier Wochen.

(3) Arrest darf nur wegen schwerer oder wiederholter Verfehlungen verhängt werden. Gegen Schwangere und weibliche Gefangene, die gemeinsam mit ihren Kindern in der Anstalt untergebracht sind, darf ein Arrest nicht verhängt werden.
(4) Mehrere Disziplinarmaßnahmen können miteinander verbunden werden.
(5) Disziplinarmaßnahmen sind auch zulässig, wenn wegen derselben Verfehlung ein Straf- oder Bußgeldverfahren eingeleitet wird.

11 M 3, 11 M 4, 11 M 5, 11 M 6, 11 M 7, 11 M 8, 11 M 9, 11 M 10, 11 M 11, 11 M 17, 11 M 18, 11 M 22, 11 M 25, 11 M 28, 11 M 31, 11 M 32, 11 M 33, 11 M 34, 11 M 35, 11 M 36, 11 M 37, 11 M 38, 11 M 40, 11 M 41, 14 A 14

§ 95 Vollzug der Disziplinarmaßnahmen, Aussetzung zur Bewährung

(1) Disziplinarmaßnahmen werden in der Regel sofort vollstreckt.

(2) Die Vollstreckung von Disziplinarmaßnahmen kann ganz oder teilweise bis zu sechs Monate zur Bewährung ausgesetzt werden. Die Aussetzung zur Bewährung kann ganz oder teilweise widerrufen werden, wenn die Gefangenen die ihr zugrundeliegenden Erwartungen nicht erfüllen.

(3) Für die Dauer des Arrests werden die Gefangenen getrennt von anderen Gefangenen untergebracht. Sie können in einem besonderen Arrestraum untergebracht werden, der den Anforderungen entsprechen muss, die an einen zum Aufenthalt bei Tag und Nacht bestimmten Haftraum gestellt werden. Soweit nichts anderes angeordnet wird, ruhen die Befugnisse der Gefangenen zur Teilnahme an Maßnahmen außerhalb des Raums, in dem Arrest vollstreckt wird, sowie die Befugnisse zur Ausstattung des Haftraums mit eigenen Gegenständen, zum Fernsehempfang und Einkauf. Gegenstände für die Freizeitbeschäftigung mit Ausnahme des Lesestoffs sind nicht zugelassen. Die Rechte zur Teilnahme am Gottesdienst und anderen religiösen Veranstaltungen in der Anstalt sowie auf Aufenthalt im Freien bleiben unberührt.

11 M 3, 11 M 44, 11 M 45, 11 M 47, 11 M 48

§ 96 Disziplinarbefugnis

(1) Disziplinarmaßnahmen ordnen die von der Anstaltsleiterin oder dem Anstaltsleiter dazu bestimmten Bediensteten an. Bei einer Verfehlung auf dem Weg in eine andere Anstalt zum Zweck der Verlegung sind die damit betrauten Bediensteten der Anstalt am Bestimmungsort zuständig.

(2) Richtet sich die Verfehlung gegen die Anstaltsleiterin oder den Anstaltsleiter, so ist die Aufsichtsbehörde für die Anordnung von Disziplinarmaßnahmen zuständig.

(3) Disziplinarmaßnahmen, die gegen die Gefangenen in einer anderen Anstalt oder während einer Untersuchungshaft angeordnet worden sind, werden auf Ersuchen vollstreckt. § 95 Absatz 2 bleibt unberührt.

11 M 3, 11 M 50, 11 M 51, 11 M 52, 11 M 53

§ 97 Verfahren

(1) Bei der Klärung des Sachverhalts sind sowohl belastende als auch entlastende Umstände zu ermitteln. Die betroffenen Gefangenen werden gehört. Sie werden darüber unterrichtet, welche Verfehlungen ihnen zur Last gelegt werden. Sie sind darauf hinzuweisen, dass es ihnen freisteht, sich zu äußern oder nicht zur Sache auszusagen. Die Äußerungen der Gefangenen und die Ergebnisse der Ermittlungen sind zu dokumentieren.

(2) In geeigneten Fällen können zur Abwendung von Disziplinarmaßnahmen im Wege einvernehmlicher Streitbeilegung Vereinbarungen getroffen werden. Insbesondere kommen die Wiedergutmachung des Schadens, die Entschuldigung bei Geschädigten, die Erbringung von Leistungen für die Gemeinschaft und der vorübergehende Verbleib auf dem Haftraum in Betracht. Erfüllen die Gefangenen die Vereinbarung, so hat die Anordnung einer Disziplinarmaßnahme aufgrund dieser Verfehlung zu unterbleiben.

(3) Mehrere Verfehlungen, die gleichzeitig zu beurteilen sind, werden durch eine Entscheidung geahndet.

(4) Die für die Anordnung von Disziplinarmaßnahmen zuständigen Bediensteten sollen sich vor der Entscheidung mit anderen Bediensteten besprechen, die maßgeblich an der Vollzugsgestaltung mitwirken. Bei Schwangeren, stillenden Gefangenen oder Gefangenen, die sich in regelmäßiger ärztlicher Behandlung befinden, ist zudem eine Ärztin oder ein Arzt zu den gesundheitlichen Auswirkungen zu hören.

(5) Die Entscheidung wird den Gefangenen mündlich eröffnet und mit einer kurzen Begründung schriftlich abgefasst.

(6) Bevor Arrest vollzogen wird, ist eine Ärztin oder ein Arzt zur Arrestfähigkeit zu hören. Während des Arrests stehen die Gefangenen unter ärztlicher Aufsicht. Der Vollzug des Arrests unterbleibt oder wird unterbrochen, wenn ansonsten die Gesundheit der oder des Gefangenen gefährdet würde.

11 M 3, 11 M 21, 11 M 55, 11 M 57, 11 M 58, 11 M 59, 11 M 60, 11 M 61

Anhang

Abschnitt 16. Aufhebung von Maßnahmen und Beschwerderecht

§ 98 Aufhebung von Maßnahmen

(1) Die Aufhebung von Maßnahmen zur Regelung einzelner Angelegenheiten auf dem Gebiet des Vollzugs richtet sich nach den Absätzen 2 bis 5, soweit dieses Gesetz keine abweichende Bestimmung enthält.

(2) Rechtswidrige Maßnahmen können ganz oder teilweise mit Wirkung für die Vergangenheit oder die Zukunft zurückgenommen werden.

(3) Rechtmäßige Maßnahmen können ganz oder teilweise mit Wirkung für die Zukunft widerrufen werden, wenn
1. aufgrund nachträglich eingetretener oder bekannt gewordener Umstände die Maßnahmen hätten versagt werden können,
2. die Maßnahmen missbraucht werden oder
3. Weisungen nicht befolgt werden.

(4) Begünstigende Maßnahmen dürfen nach den Absätzen 2 oder 3 nur aufgehoben werden, wenn die vollzuglichen Interessen an der Aufhebung in Abwägung mit dem schutzwürdigen Vertrauen der Betroffenen auf den Bestand der Maßnahmen überwiegen. Davon ist insbesondere auszugehen, wenn die Aufhebung der Maßnahme unerlässlich ist, um die Sicherheit der Anstalt zu gewährleisten.

(5) Der gerichtliche Rechtsschutz bleibt unberührt.

2 F 8, 4 A 36, 4 H 16, 6 A 10, 10 D 9, 10 F 5, 10 F 7, 10 F 9,
10 F 10, 10 F 11, 10 F 12, 10 F 15, 10 F 16, 10 F 17,
10 F 19

§ 99 Beschwerderecht

(1) Die Gefangenen erhalten Gelegenheit, sich in Angelegenheiten, die sie selbst betreffen, mit Wünschen, Anregungen und Beschwerden an die Anstalt zu wenden.

(2) Besichtigen Vertreterinnen oder Vertreter der Aufsichtsbehörde die Anstalt, so ist zu gewährleisten, dass die Gefangenen sich in Angelegenheiten, die sie selbst betreffen, an diese wenden können.

(3) Die Möglichkeit der Dienstaufsichtsbeschwerde bleibt unberührt.

12 A 2, 12 A 5, 12 A 7, 12 A 9, 12 A 14,
12 A 16

Abschnitt 17. Kriminologische Forschung

§ 100 Evaluation, kriminologische Forschung

(1) Behandlungsprogramme für die Gefangenen sind auf der Grundlage wissenschaftlicher Erkenntnisse zu konzipieren, zu standardisieren und auf ihre Wirksamkeit hin zu überprüfen.

(2) Der Vollzug, insbesondere seine Aufgabenerfüllung und Gestaltung, die Umsetzung seiner Leitlinien sowie die Behandlungsprogramme und deren Wirkungen auf die Erreichung des Vollzugsziels, soll regelmäßig durch den Kriminologischen Dienst, durch eine Hochschule oder durch eine andere geeignete Stelle wissenschaftlich begleitet und erforscht werden. § 34 des Justizvollzugsdatenschutzgesetzes Berlin findet mit der Maßgabe Anwendung, dass die Daten auch an den Kriminologischen Dienst des Berliner Justizvollzugs übermittelt werden dürfen.

16 3

Abschnitt 18. Aufbau und Organisation der Anstalten

§ 101 Anstalten

(1) In den Anstalten werden Teilanstalten oder Bereiche eingerichtet, die in Wohnbereiche gemäß § 14 unterteilt den unterschiedlichen vollzuglichen Anforderungen Rechnung tragen. Es sind sozialtherapeutische Anstalten oder Abteilungen gemäß § 19 Absatz 1 vorzusehen.

(2) Es sind bedarfsgerechte Einrichtungen, insbesondere für schulische und berufliche Qualifizierung, Arbeitstraining und Arbeitstherapie sowie zur Ausübung von Arbeit, vorzuhalten. Diese können von gemeinnützigen freien Trägern oder anderen Dritten technisch und fachlich geleitet werden.

(3) Haft- und Funktionsräume, insbesondere Gruppen- und Gemeinschaftsräume, sind bedarfsgerecht vorzuhalten und zweckentsprechend auszustatten. Entsprechendes gilt für Räume zum Zweck des Besuchs, der Freizeit, des Sports und der Seelsorge.

4 K 2, 4 K 3, 4 K 7, 4 K 9, 13 D 2, 13 D 3, 13 E 6, 13 E 7

§ 102 Festsetzung der Belegungsfähigkeit, Verbot der Überbelegung

(1) Die Aufsichtsbehörde setzt die Belegungsfähigkeit der Anstalt so fest, dass eine angemessene Unterbringung der Gefangenen gewährleistet ist. § 101 Absatz 2 und 3 ist zu berücksichtigen.

(2) Hafträume dürfen nicht mit mehr Gefangenen als zugelassen, im geschlossenen Vollzug jedoch höchstens mit zwei Gefangenen, belegt werden.

(3) Ausnahmen von Absatz 2 sind nur vorübergehend und nur mit Zustimmung der Aufsichtsbehörde zulässig.

2 E 28, 13 E 15

§ 103 Leitung der Anstalt

(1) Jede Anstalt wird von einer Anstaltsleiterin oder einem Anstaltsleiter geleitet. Zu ihren oder seinen Aufgaben und Befugnissen als Führungskraft gehören insbesondere
1. die Gesamtverantwortung für den Vollzug und dessen Gestaltung, auch im Hinblick auf die Eingliederung und sichere Unterbringung der Gefangenen,
2. die Vertretung der Anstalt nach außen,
3. die Haushalts- sowie Wirtschaftsführung für die gesamte Anstalt,
4. die Regelung von Zuständigkeiten in Form eines Geschäftsverteilungsplans,
5. die Umsetzung der dezentralen Fach- und Ressourcenverantwortung nebst dem dazugehörigen Berichtswesen,
6. das Personalmanagement, insbesondere die bedarfs-, anforderungs- und eignungsgerechte Beschäftigung der Bediensteten und eine gezielte Personalentwicklung und
7. das Qualitätsmanagement.

(2) Die Anstalt teilt der Aufsichtsbehörde in regelmäßigen Abständen die im Rahmen ihrer Geschäftsverteilung vorgenommenen personellen Zuständigkeiten hinsichtlich der folgenden Aufgaben mit:
1. Festsetzung von Einschlusszeiten nach § 12 Absatz 1 Satz 3,
2. Entscheidungen nach § 16 oder über Verlegungen nach § 17 Absatz 1,
3. Untersagungen oder Überwachungen von Besuchen, Schriftwechseln und Telefonaten nach §§ 30, 32, 33, 35 und 37,
4. Anordnung der zwangsweisen körperlichen Untersuchung nach § 75 Absatz 7 Satz 2, der mit einer Entkleidung verbundenen körperlichen Durchsuchung nach § 83 Absatz 2, der besonderen Sicherungsmaßnahmen nach § 87 Absatz 1 Satz 1, der Maßnahmen zur Feststellung von Suchtmittelgebrauch nach § 84 sowie der Disziplinarmaßnahmen nach § 96 Absatz 1 Satz 1 und
5. Erarbeitung und Erlass einer Hausordnung nach § 108.

Die Aufsichtsbehörde kann sich die Zustimmung zur Übertragung einzelner Aufgabenbereiche auf andere Bedienstete vorbehalten.

(3) Die Anstaltsleiterin oder der Anstaltsleiter ist hauptamtlich tätig und steht in einem öffentlich-rechtlichen Dienst- und Treueverhältnis zum Land.

12 B 11, 13 K 1, 13 K 2, 13 K 4, 13 K 6, 13 K 9, 13 K 14

§ 104 Bedienstete

Die Anstalt wird mit dem für die Erreichung des Vollzugsziels und die Erfüllung ihrer Aufgaben erforderlichen Personal, insbesondere im allgemeinen Vollzugsdienst, im Werkdienst, im sozialen, psychologischen, pädagogischen und medizinischen Dienst und im Verwaltungsdienst, ausgestattet. Die Aufgaben der Anstalt werden von Vollzugsbeamtinnen und Vollzugsbeamten wahrgenommen. Aus besonderen Gründen können sie auch anderen Bediensteten der Anstalten sowie nebenamtlichen oder vertraglich verpflichteten Personen übertragen werden. Soweit es erforderlich ist, sind externe Fachkräfte einzubeziehen. Die Bediensteten werden fortgebildet und erhalten Praxisberatung und -begleitung sowie die Gelegenheit zur Supervision.

11 K 8, 12 B 11, 13 J 1, 13 J 3, 13 J 4, 13 J 5

Anhang

§ 105 Seelsorgerinnen und Seelsorger

(1) Seelsorgerinnen und Seelsorger werden im Einvernehmen mit der Aufsichtsbehörde von der jeweiligen Religionsgemeinschaft hauptamtlich oder nebenamtlich berufen. Ist dies aus organisatorischen Gründen einer Religionsgemeinschaft nicht möglich oder rechtfertigt die geringe Anzahl der Angehörigen einer Religionsgemeinschaft eine Seelsorge nach Satz 1 nicht, so ist die seelsorgerische Betreuung auf andere Weise zuzulassen; Näheres hierzu regelt die Aufsichtsbehörde.

(2) Die Seelsorgerinnen und Seelsorger wirken in enger Zusammenarbeit mit den anderen im Vollzug Tätigen eigenverantwortlich an der Erreichung des Vollzugsziels mit.

(3) Mit Zustimmung der Anstalt dürfen die Anstaltsseelsorgerinnen und Anstaltsseelsorger sich freier Seelsorgehelferinnen und Seelsorgehelfer bedienen und diese für Gottesdienste sowie für andere religiöse Veranstaltungen von außen zuziehen.

(4) Seelsorgerische Einzelgespräche und Telefonate mit nach Absatz 1 zugelassenen Seelsorgerinnen und Seelsorgern sind zu gestatten und werden weder beaufsichtigt noch überwacht; seelsorgerischer Schriftwechsel der Gefangenen mit nach Absatz 1 zugelassenen Seelsorgerinnen und Seelsorgern wird ebenfalls nicht überwacht. Im Übrigen gelten § 31 Absatz 1, 2, 5 und 6 Satz 3 und 4 sowie Absatz 7, §§ 33, 36 Absatz 3, § 37 Absatz 2 Satz 2 und 3 sowie § 38 Absatz 4 entsprechend.

8 C 3, 8 D 1, 8 D 2, 8 D 6, 8 D 10, 8 D 28

§ 106 Medizinische Versorgung

(1) Die ärztliche Versorgung ist sicherzustellen.

(2) Die Pflege der Kranken soll von Bediensteten ausgeführt werden, die eine Erlaubnis nach dem Krankenpflegegesetz vom 16. Juli 2003 (BGBl. I S. 1442), das zuletzt durch Artikel 9 des Gesetzes vom 16.

Juli 2015 (BGBl. I S. 1211) geändert worden ist, in der jeweils geltenden Fassung besitzen. Solange diese nicht zur Verfügung stehen, können auch Bedienstete eingesetzt werden, die eine sonstige Ausbildung in der Krankenpflege erfahren haben.

6 D 38, 6 D 39

§ 107 Interessenvertretung der Gefangenen

Den Gefangenen wird ermöglicht, Vertretungen zu wählen. Die Vertretungen können in Angelegenheiten von gemeinsamem Interesse, die sich ihrer Eigenart nach für eine Mitwirkung eignen, Vorschläge und Anregungen an die Anstalt herantragen. Diese sollen mit der Vertretung erörtert werden.

13 M 1, 13 M 4, 13 M 5

§ 108 Hausordnung

Die Anstalt erlässt zur Gestaltung und Organisation des Vollzugsalltags eine Hausordnung auf der Grundlage dieses Gesetzes. Vor deren Erlass oder Änderung wird die Interessenvertretung der Gefangenen beteiligt. Die Aufsichtsbehörde kann sich die Genehmigung der Hausordnung vorbehalten. Die Hausordnung ist in die am häufigsten benötigten Fremdsprachen zu übersetzen.

9 B 5, 13 N 1, 13 N 3

Abschnitt 19. Aufsicht, Beirat und Besichtigungen

§ 109 Aufsichtsbehörde

(1) Die für Justiz zuständige Senatsverwaltung führt die Aufsicht über die Anstalten (Aufsichtsbehörde) und sichert gemeinsam mit ihnen die Qualität des Vollzugs.

(2) An der Aufsicht über die Fachdienste sind eigene Fachkräfte zu beteiligen. Soweit die Aufsichtsbehörde nicht über eigene Fachkräfte verfügt, ist fachliche Beratung sicherzustellen.

(3) Die Aufsichtsbehörde kann sich Entscheidungen über Verlegungen und Überstellungen vorbehalten.

2 D 10, 11 E 10, 12 C 5, 13 G 6, 13 G 7, 13 G 18

§ 110 Vollstreckungsplan, Vollzugsgemeinschaften

(1) Die Aufsichtsbehörde regelt die örtliche und sachliche Zuständigkeit der Anstalten in einem Vollstreckungsplan.

(2) Im Rahmen von Vollzugsgemeinschaften kann der Vollzug auch in Vollzugseinrichtungen anderer Länder vorgesehen werden.

13 F 1, 13 H 19

§ 111 Anstaltsbeiräte

(1) Bei jeder Anstalt ist ein Anstaltsbeirat zu bilden. Bei der Besetzung des Anstaltsbeirats ist auf ein ausgewogenes Verhältnis von Frauen und Männern hinzuwirken sowie eine Beteiligung von Vertreterinnen und Vertretern mit Migrationshintergrund gemäß § 4 Absatz 6 in Verbindung mit § 2 des Partizipations- und Integrationsgesetzes des Landes Berlin vom 15. Dezember 2010 (GVBl. S. 560) in der jeweils geltenden Fassung anzustreben. Bedienstete dürfen nicht Mitglieder des Beirats sein.

(2) Die Mitglieder des Beirats wirken beratend bei der Gestaltung des Vollzugs und der Eingliederung der Gefangenen mit. Sie fördern das Verständnis für den Vollzug und seine gesellschaftliche Akzeptanz und vermitteln Kontakte zu öffentlichen und privaten Einrichtungen.

(3) Der Beirat steht der Anstaltsleiterin oder dem Anstaltsleiter, den Bediensteten und den Gefangenen als Ansprechpartner zur Verfügung.

(4) Die Mitglieder des Beirats können sich über die Unterbringung der Gefangenen und die Gestaltung des Vollzugs informieren, die Anstalt gemäß § 113 Absatz 1 besichtigen und sie ohne Begleitung durch Bedienstete begehen. Sie können die Gefangenen in ihren Hafträumen aufsuchen.

(5) Die Mitglieder des Beirats sind verpflichtet, außerhalb ihres Amtes über alle Angelegenheiten, die ihrer Natur nach vertraulich sind, insbesondere über Namen und Persönlichkeit der Gefangenen, Verschwiegenheit zu bewahren. Dies gilt auch nach Beendigung ihres Amtes.

(6) Die Aufsichtsbehörde regelt die Berufung, Amtszeit, Zusammensetzung, Sitzungsgelder und Abberufung der ehrenamtlichen Beiratsmitglieder.

13 O 2, 13 O 4, 13 O 6, 13 O 7

§ 112 Berliner Vollzugsbeirat

(1) Der Berliner Vollzugsbeirat wirkt bei der Planung und Fortentwicklung des gesamten Berliner Vollzugs beratend mit. Er erörtert mit der Aufsichtsbehörde seine Anregungen und Verbesserungsvorschläge in grundlegenden Angelegenheiten. Zur Förderung einer vertrauensvollen Zusammenarbeit informieren sich der Berliner Vollzugsbeirat und die Aufsichtsbehörde in regelmäßigen Abständen gegenseitig.

(2) Der Berliner Vollzugsbeirat besteht aus den jeweils gewählten Vorsitzenden der einzelnen Anstaltsbeiräte oder sonst von diesen bestimmten Mitgliedern. Die weiteren Mitglieder setzen sich aus Personen zusammen, die aufgrund ihrer beruflichen Tätigkeit oder Zugehörigkeit zu einer Organisation besonders geeignet sind, sich für die Belange des gesamten Berliner Vollzugs und entsprechend § 3 Absatz 6 für die unterschiedlichen Bedürfnisse der Gefangenen einzusetzen.

(3) § 111 Absatz 1 Satz 2 und 3 und Absatz 4 bis 6 gilt entsprechend.

13 O 5

§ 113 Besichtigungen

(1) Den Mitgliedern der in § 39 Absatz 1 Satz 1 genannten Stellen und den dort aufgeführten Personen ist die Besichtigung der Anstalten zu gestatten.

(2) Anderen Personen kann die Besichtigung insbesondere zu Ausbildungszwecken und aus Gründen eines beruflichen oder sonstigen sachlichen Interesses gestattet werden. An die Erlaubnis können Auflagen geknüpft werden. Die Erlaubnis ist zu versagen, wenn durch die Besichtigung die Sicherheit oder Ordnung der Anstalt gefährdet wird. Besichtigungen durch Medienvertreterinnen und Medienvertreter bedürfen der Zustimmung der Aufsichtsbehörde.

(3) Die Persönlichkeitsrechte der Gefangenen sind zu berücksichtigen.

Abschnitt 20. Vollzug des Strafarrests

§ 114 Grundsatz des Vollzugs des Strafarrests

(1) Für den Vollzug des Strafarrests in Anstalten gelten die Bestimmungen der §§ 2 bis 113 entsprechend, soweit § 115 nicht Abweichendes bestimmt.

Anhang

(2) § 115 Absatz 1 bis 3, 7 und 8 gilt nicht, wenn Strafarrest in Unterbrechung einer anderen freiheitsentziehenden Maßnahme vollzogen wird.

4 D 25, 15 C 1

§ 115 Besondere Bestimmungen

(1) Strafarrestantinnen und Strafarrestanten sollen im offenen Vollzug untergebracht werden.

(2) Eine gemeinsame Unterbringung ist nur mit Einwilligung der Strafarrestantinnen und Strafarrestanten zulässig.

(3) Besuche, Telefongespräche und Schriftwechsel dürfen nur untersagt oder überwacht werden, wenn dies aus Gründen der Sicherheit oder Ordnung der Anstalt notwendig ist. (4) Den Strafarrestantinnen und Strafarrestanten soll gestattet werden, einmal wöchentlich Besuch zu empfangen.

(5) Strafarrestantinnen und Strafarrestanten dürfen eigene Kleidung tragen und eigenes Bettzeug benutzen, wenn Gründe der Sicherheit der Anstalt nicht entgegenstehen und sie für Reinigung, Instandsetzung und regelmäßigen Wechsel auf eigene Kosten sorgen.

(6) Sie dürfen Nahrungs-, Genuss- und Körperpflegemittel in angemessenem Umfang durch Vermittlung der Anstalt auf eigene Kosten erwerben.

(7) Eine mit einer Entkleidung verbundene körperliche Durchsuchung ist nur bei Gefahr im Verzug zulässig.

(8) Zur Vereitelung einer Entweichung und zur Wiederergreifung dürfen Schusswaffen nicht gebraucht werden.

2 F 4, 11 K 5, 15 C 5, 15 C 9

Abschnitt 21. Schlussbestimmungen

§ 116 Einschränkung von Grundrechten

Durch dieses Gesetz werden die Grundrechte der körperlichen Unversehrtheit (Artikel 2 Absatz 2 Satz 1 des Grundgesetzes), der Freiheit der Person (Artikel 2 Absatz 2 Satz 2 des Grundgesetzes) und des Brief-, Post- und Fernmeldegeheimnisses (Artikel 10 Absatz 1 des Grundgesetzes) eingeschränkt.

§ 117 Ersetzung von Bundesrecht

Dieses Gesetz ersetzt nach Artikel 125a Absatz 1 Satz 2 des Grundgesetzes in seinem Geltungsbereich das Strafvollzugsgesetz vom 16. März 1976 (BGBl. I S. 581, 2088 und 1977 I S. 436), das zuletzt durch Artikel 152 der Verordnung vom 31. August 2015 (BGBl. I S. 1474) geändert worden ist, mit Ausnahme der Vorschriften über

1. den Pfändungsschutz (§ 43 Absatz 11 Satz 2, § 50 Absatz 2 Satz 5, § 51 Absatz 4 und 5, § 75 Absatz 3 des Strafvollzugsgesetzes),
2. die Geburtsanzeige (§ 79 des Strafvollzugsgesetzes),
3. das Handeln auf Anordnung (§ 97 des Strafvollzugsgesetzes),
4. das gerichtliche Verfahren (§§ 109 bis 121 des Strafvollzugsgesetzes),
5. die Unterbringung in einem psychiatrischen Krankenhaus und einer Entziehungsanstalt (§§ 136 bis 138 des Strafvollzugsgesetzes) und
6. den Vollzug von Ordnungs-, Sicherungs-, Zwangs- und Erzwingungshaft (§§ 171 bis 175, 178 Absatz 2 des Strafvollzugsgesetzes).

4 D 25, 4 D 64, 4 I 53, 11 K 46, 12 B 1, 15 A 2

§ 118 Übergangsbestimmung

(1) Für im Zeitpunkt des Inkrafttretens dieses Gesetzes gemäß § 51 des Strafvollzugsgesetzes bereits gebildetes Überbrückungsgeld können die Gefangenen binnen der ersten sechs Wochen ab Inkrafttreten dieses Gesetzes entscheiden, ob und in welcher Höhe sie es ihrem Eigengeld- oder ihrem Eingliederungsgeldkonto gutschreiben wollen. Treffen Gefangene innerhalb dieser Frist keine Entscheidung, so wird gebildetes Überbrückungsgeld ihrem Eigengeldkonto gutgeschrieben. Die Anstalt hat die Gefangenen hierüber entsprechend zu belehren.

(2) Bis zum 31. Dezember 2017 ist § 29 Absatz 1 Satz 2 mit der Maßgabe anzuwenden, dass die Gesamtdauer für den Besuch mindestens eine Stunde im Monat beträgt.

4 I 66

Gesetz über den Vollzug der Freiheitsstrafe, der Jugendstrafe und der Untersuchungshaft im Land Brandenburg (Brandenburgisches Justizvollzugsgesetz – BbgJVollzG)

vom 24. April 2013 (GVBl.I/13, [Nr. 14])

Abschnitt 1. Allgemeine Bestimmungen

§ 1 Anwendungsbereich, Allgemeine Begriffsbestimmungen

(1) Dieses Gesetz regelt den Vollzug der Freiheitsstrafe, der Jugendstrafe, der Untersuchungshaft und des Strafarrests in Justizvollzugsanstalten (Anstalten).

(2) Für den Vollzug der Haft nach § 127b Absatz 2, § 230 Absatz 2, §§ 236, 329 Absatz 4 Satz 1, § 412 Satz 1 und § 453c der Strafprozessordnung sowie der einstweiligen Unterbringung nach § 275a Absatz 6 der Strafprozessordnung gelten die Bestimmungen für den Vollzug der Untersuchungshaft entsprechend.

(3) Gefangene im Sinne dieses Gesetzes sind Strafgefangene, Jugendstrafgefangene und Untersuchungsgefangene.

(4) Junge Untersuchungsgefangene im Sinne dieses Gesetzes sind solche, die zur Tatzeit das 21. Lebensjahr noch nicht vollendet hatten und die das 24. Lebensjahr noch nicht vollendet haben.

(5) Junge Gefangene im Sinne dieses Gesetzes sind Jugendstrafgefangene und junge Untersuchungsgefangene.

1 B 1ff

§ 2 Ziel und Aufgabe des Vollzugs der Freiheits- und Jugendstrafe

Der Vollzug der Freiheitsstrafe und der Jugendstrafe dient dem Ziel, die Straf- und Jugendstrafgefangenen zu befähigen, künftig in sozialer Verantwortung ein Leben ohne Straftaten zu führen. Er hat die Aufgabe, die Allgemeinheit vor weiteren Straftaten zu schützen.

1 C 12, 1 C 14, 1 C 24

§ 3 Aufgabe des Vollzugs der Untersuchungshaft, Zusammenarbeit

(1) Der Vollzug der Untersuchungshaft hat die Aufgabe, durch sichere Unterbringung der Untersuchungsgefangenen die Durchführung eines geordneten Strafverfahrens zu gewährleisten und der Gefahr weiterer Straftaten zu begegnen.

(2) Die Anstalt arbeitet eng mit Gericht und Staatsanwaltschaft zusammen, um die Aufgabe des Vollzugs der Untersuchungshaft zu erfüllen und die Sicherheit und Ordnung der Anstalt zu gewährleisten.

(3) Die Anstalt hat Anordnungen nach § 119 Absatz 1 der Strafprozessordnung zu beachten und umzusetzen.

§ 4 Stellung der Gefangenen

(1) Die Persönlichkeit der Gefangenen ist zu achten. Ihre Selbstständigkeit im Vollzugsalltag ist so weit wie möglich zu erhalten und zu fördern.

(2) Die Gefangenen werden an der Gestaltung des Vollzugsalltags beteiligt. Vollzugliche Maßnahmen sind ihnen regelmäßig zu erläutern.

(3) Die Gefangenen unterliegen den in diesem Gesetz vorgesehenen Beschränkungen ihrer Freiheit. Soweit das Gesetz eine besondere Regelung nicht enthält, dürfen ihnen nur Beschränkungen auferlegt werden, die zur Aufrechterhaltung der Sicherheit oder zur Abwendung einer schwerwiegenden Störung der Ordnung der Anstalt oder im Vollzug der Untersuchungshaft zur Umsetzung einer Anordnung nach § 119 Absatz 1 der Strafprozessordnung unerlässlich sind. Sie müssen in einem angemessenen Verhältnis zum Zweck der Anordnung stehen und dürfen die Gefangenen nicht mehr und nicht länger als notwendig beeinträchtigen.

1 E 2, 1 E 3, 1 E 7, 1 E 17, 1 E 18, 1 E 24

§ 5 Besondere Stellung der Untersuchungsgefangenen

Die Untersuchungsgefangenen gelten als unschuldig. Sie sind so zu behandeln, dass der Anschein vermieden wird, sie würden zur Verbüßung einer Strafe festgehalten.

§ 6 Mitwirkung im Vollzug der Freiheits- und Jugendstrafe

(1) Zur Erreichung des Vollzugsziels bedarf es der Mitwirkung der Straf- und Jugendstrafgefangenen. Ihre Bereitschaft hierzu ist zu wecken und zu fördern.

(2) Die Jugendstrafgefangenen sind verpflichtet, an der Erreichung des Vollzugsziels mitzuwirken.

1 E 10

§ 7 Allgemeine Gestaltungsgrundsätze

(1) Das Leben im Vollzug ist den allgemeinen Lebensverhältnissen so weit wie möglich anzugleichen.

(2) Schädlichen Folgen des Freiheitsentzugs ist entgegenzuwirken.

(3) Ein besonderes Augenmerk ist auf die Verhütung von Selbsttötungen und den Schutz der Gefangenen vor Übergriffen Mitgefangener zu richten.

(4) Die unterschiedlichen Bedürfnisse der Gefangenen, insbesondere im Hinblick auf Geschlecht, Alter, Herkunft, Religion, Behinderung und sexuelle Identität werden bei der Vollzugsgestaltung berücksichtigt.

1 D 1, 1 D 4, 1 D 11, 1 D 13, 1 D 16, 13 C 5, 13 C 10, 14 A 14

§ 8 Grundsätze der Gestaltung des Vollzugs der Freiheits- und Jugendstrafe

(1) Der Vollzug der Freiheits- und Jugendstrafe ist auf die Auseinandersetzung der Straf- und Jugendstrafgefangenen mit ihren Straftaten, deren Ursachen und deren Folgen auszurichten. Das Bewusstsein für die den Opfern zugefügten Schäden soll geweckt werden.

(2) Der Vollzug der Freiheits- und Jugendstrafe wird von Beginn an auf die Eingliederung der Straf- und Jugendstrafgefangenen in das Leben in Freiheit ausgerichtet.

(3) Die Straf- und Jugendstrafgefangenen sind zu einer selbstständigen, eigenverantwortlichen und gemeinschaftsfähigen Lebensführung in Achtung der Rechte anderer zu befähigen.

(4) Strafgefangene mit angeordneter oder vorbehaltener Sicherungsverwahrung und Jugendstrafgefangene mit vorbehaltener Sicherungsverwahrung sind individuell und intensiv zu betreuen, um ihre Unterbringung in der Sicherungsverwahrung entbehrlich zu machen. Soweit standardisierte Maßnahmen nicht ausreichen oder keinen Erfolg versprechen, sind individuell zugeschnittene Behandlungsangebote zu unterbreiten.

(5) Der Bezug der Straf- und Jugendstrafgefangenen zum gesellschaftlichen Leben ist zu wahren und zu fördern. Personen und Einrichtungen außerhalb des Vollzugs sollen in den Vollzugsalltag einbezogen werden. Straf- und Jugendstrafgefangenen ist so bald wie möglich die Teilnahme am Leben in der Freiheit zu gewähren.

1 D 1, 1 D 14, 1 D 15, 1 D 17, 1 D 27, 2 B 5, 7 D 8, 15 B 26

§ 9 Erzieherische Gestaltung des Vollzugs der Jugendstrafe

(1) Der Vollzug der Jugendstrafe ist erzieherisch zu gestalten und auf die Förderung der Jugendstrafgefangenen auszurichten.

(2) Erziehung und Förderung erfolgen durch Maßnahmen und Programme zur Entwicklung und Stärkung der Fähigkeiten und Fertigkeiten der Jugendstrafgefangenen im Hinblick auf die Erreichung des Vollzugsziels.

(3) Durch differenzierte Angebote soll auf den jeweiligen Entwicklungsstand und den unterschiedlichen Erziehungs- und Förderbedarf der Jugendstrafgefangenen eingegangen werden. Die besonderen Lebenslagen und Bedürfnisse von minderjährigen Jugendstrafgefangenen sind zu berücksichtigen.

(4) Die Maßnahmen und Programme richten sich insbesondere auf die Auseinandersetzung mit den eigenen Straftaten, deren Ursachen und Folgen, die schulische und berufliche Qualifizierung, die soziale Integration und die verantwortliche Gestaltung des alltäglichen Zusammenlebens, der freien Zeit sowie der Außenkontakte.

(5) Die Personensorgeberechtigten und die Eltern von volljährigen Jugendstrafgefangenen mit deren Einverständnis sind, soweit dies möglich ist und dem Vollzugsziel nicht zuwiderläuft, in die Planung und Gestaltung des Vollzugs einzubeziehen.

§ 10 Erzieherische Gestaltung des Vollzugs der Untersuchungshaft an jungen Untersuchungsgefangenen

(1) Für den Vollzug der Untersuchungshaft an jungen Untersuchungsgefangenen gilt § 9 Absatz 1 und 3 entsprechend.

(2) Die Personensorgeberechtigten sind, soweit dies möglich ist, in die Gestaltung des Vollzugs einzubeziehen, ebenso die Eltern volljähriger junger Untersuchungsgefangener auf deren Antrag.

(3) Von der Anwendung der Bestimmungen dieses Gesetzes über junge Untersuchungsgefangene kann abgesehen werden, wenn diese volljährig sind und die erzieherische Ausgestaltung des Vollzugs für sie nicht oder nicht mehr angezeigt ist. Diese Bestimmungen können ausnahmsweise auch über die Vollendung des 24. Lebensjahres hinaus angewendet werden, wenn dies im Hinblick auf die voraussichtlich nur noch geringe Dauer der Untersuchungshaft zweckmäßig erscheint.

(4) Beschränkungen können minderjährigen Untersuchungsgefangenen auch auferlegt werden, soweit es dringend geboten ist, um sie vor einer Gefährdung ihrer Entwicklung zu bewahren.

§ 11 Soziale Hilfe

(1) Die Gefangenen werden darin unterstützt, ihre persönlichen, wirtschaftlichen und sozialen Schwierigkeiten zu beheben. Sie sollen dazu angeregt und in die Lage versetzt werden, ihre Angelegenheiten selbst zu regeln. Bei Freiheits- und Jugendstrafen bis zu zwei Jahren hält die bislang zuständige Bewährungshelferin oder der bislang zuständige Bewährungshelfer auch während des Vollzugs Kontakt zu ihren oder seinen Probanden und beteiligt sich an der Gewährung der Hilfen.

(2) Die Straf- und Jugendstrafgefangenen sollen angehalten werden, den durch die Straftat verursachten materiellen und immateriellen Schaden wieder gutzumachen und eine Schuldenregulierung herbeizuführen. Sie erhalten Hilfe insbesondere bei der Feststellung und Regelung von Unterhaltsverpflichtungen und Schadensersatzforderungen sowie Beratung in sozialen und finanziellen Angelegenheiten.

(3) Die Beratung der Untersuchungsgefangenen soll die Benennung von Stellen und Einrichtungen außerhalb der Anstalt umfassen, die sich um eine Vermeidung der weiteren Untersuchungshaft bemühen. Auf Wunsch sind den Untersuchungsgefangenen Stellen und Einrichtungen zu benennen, die sie in ihrem Bestreben unterstützen können, einen Ausgleich mit dem Tatopfer zu erreichen oder auf andere Weise zur Wiedergutmachung beizutragen.

1 D 21, 7 A 1, 7 A 8, 7 B 6, 7 C 1, 7 C 6, 7 C 8, 7 D 8

Abschnitt 2. Aufnahme, Diagnose, Vollzugs- und Eingliederungsplanung

§ 12 Aufnahmeverfahren

(1) Mit den Gefangenen wird unverzüglich nach der Aufnahme ein Zugangsgespräch geführt, in dem ihre gegenwärtige Lebenssituation erörtert wird und sie über ihre Rechte und Pflichten in einer für sie verständlichen Form informiert werden. Soweit erforderlich, ist eine Sprachmittlerin oder ein Sprachmittler oder eine Gebärdendolmetscherin oder ein Gebärdendolmetscher hinzuzuziehen. Den Gefangenen wird ein Exemplar der Hausordnung ausgehändigt oder in anderer Form zur Verfügung gestellt. Dieses Gesetz, die von ihm in Bezug genommenen Gesetze sowie die zu seiner Ausführung erlassenen Rechtsverordnungen und Verwaltungsvorschriften sind den Gefangenen auf Verlangen zugänglich zu machen.

(2) Während des Aufnahmeverfahrens dürfen andere Gefangene nicht zugegen sein.

(3) Die Gefangenen werden alsbald ärztlich untersucht.

(4) Die Gefangenen werden dabei unterstützt, etwa notwendige Maßnahmen für hilfsbedürftige Angehörige, zur Erhaltung des Arbeitsplatzes und der Wohnung und zur Sicherung ihrer Habe außerhalb der Anstalt zu veranlassen.

(5) Den Untersuchungsgefangenen ist Gelegenheit zu geben, eine Angehörige oder einen Angehörigen oder eine Vertrauensperson von der Aufnahme in die Anstalt zu benachrichtigen.

(6) Die Personensorgeberechtigten, die zuständige Vollstreckungsleiterin oder der zuständige Vollstreckungsleiter und das Jugendamt werden von der Aufnahme der jungen Gefangenen unverzüglich unterrichtet.

(7) Bei Strafgefangenen, die eine Ersatzfreiheitsstrafe verbüßen, sind die Möglichkeiten der Abwendung der Vollstreckung durch freie Arbeit oder ratenweise Tilgung der Geldstrafe zu erörtern und zu fördern, um so auf eine möglichst baldige Entlassung hinzuwirken.

2 A 1, 2 A 4, 2 A 5, 2 A 8, 2 A 9, 2 A 12, 2 A 13, 7 B 4, 7 B 7, 12 F 8

§ 13 Diagnoseverfahren

(1) Im Vollzug der Freiheits- und Jugendstrafe schließt sich an das Aufnahmeverfahren das Diagnoseverfahren zur Vorbereitung der Vollzugs- und Eingliederungsplanung an.

(2) Das Diagnoseverfahren muss wissenschaftlichen Erkenntnissen genügen. Insbesondere bei Strafgefangenen mit angeordneter oder vorbehaltener Sicherungsverwahrung und Jugendstrafgefangenen mit vorbehaltener Sicherungsverwahrung ist es von Personen mit einschlägiger wissenschaftlicher Qualifikation durchzuführen.

(3) Das Diagnoseverfahren erstreckt sich auf die Persönlichkeit, die Lebensverhältnisse, die Ursachen und Umstände der Straftat sowie alle sonstigen Gesichtspunkte, deren Kenntnis für eine zielgerichtete und wirkungsorientierte Vollzugsgestaltung und die Eingliederung nach der Entlassung notwendig erscheint. Neben den Unterlagen aus der Vollstreckung und dem Vollzug vorangegangener Freiheitsentziehungen sind insbesondere auch Erkenntnisse der Gerichts-, Jugendgerichts- und Bewährungshilfe sowie der Führungsaufsichtsstellen einzubeziehen.

(4) Im Diagnoseverfahren werden die im Einzelfall die Straffälligkeit begünstigenden Faktoren ermittelt. Gleichermaßen werden die Fähigkeiten der Straf- und Jugendstrafgefangenen ermittelt, deren Stärkung einer erneuten Straffälligkeit entgegenwirken kann.

(5) Im Vollzug der Freiheitsstrafe kann bei einer voraussichtlichen Vollzugsdauer bis zu einem Jahr das Diagnoseverfahren auf die Umstände beschränkt werden, deren Kenntnis für eine angemessene Vollzugsgestaltung unerlässlich und für die Eingliederung erforderlich ist. Unabhängig von der Vollzugsdauer gilt dies auch, wenn ausschließlich Ersatzfreiheitsstrafen zu vollziehen sind.

(6) Im Vollzug der Jugendstrafe ist das Diagnoseverfahren maßgeblich auf die Ermittlung des Förder- und Erziehungsbedarfs auszurichten.

(7) Das Ergebnis des Diagnoseverfahrens wird mit den Straf- und Jugendstrafgefangenen erörtert.

2 A 1, 2 B 1, 2 B 6, 2 B 11, 2 B 13, 2 B 14, 2 B 17, 2 B 28, 2 B 35, 2 C 8, 7 B 1, 15 B 28

§ 14 Vollzugs- und Eingliederungsplanung

(1) Auf der Grundlage des Ergebnisses des Diagnoseverfahrens wird ein Vollzugs- und Eingliederungsplan erstellt. Er zeigt den Straf- und Jugendstrafgefangenen bereits zu Beginn der Haftzeit unter Berücksichtigung der voraussichtlichen Vollzugsdauer die zur Erreichung des Vollzugsziels erforderlichen Maßnahmen auf. Daneben kann er weitere Hilfsangebote und Empfehlungen enthalten. Auf die Fähigkeiten, Fertigkeiten und Neigungen der Straf- und Jugendstrafgefangenen ist Rücksicht zu nehmen. Stehen zur Erreichung des Vollzugsziels mehrere geeignete Maßnahmen zur Verfügung, so haben die Straf- und Jugendstrafgefangenen ein Wahlrecht.

(2) Der Vollzugs- und Eingliederungsplan wird regelmäßig innerhalb der ersten acht Wochen nach der Aufnahme erstellt. Diese Frist verkürzt sich bei einer voraussichtlichen Vollzugsdauer von unter einem Jahr auf vier Wochen.

(3) Der Vollzugs- und Eingliederungsplan sowie die darin vorgesehenen Maßnahmen werden für Straf- und Jugendstrafgefangene regelmäßig alle sechs Monate, spätestens aber alle zwölf Monate überprüft und fortgeschrieben. Bei Jugendstrafen von weniger als drei Jahren erfolgt die Überprüfung regelmäßig alle vier Monate. Die Entwicklung der Straf- und Jugendstrafgefangenen und die in der Zwischenzeit gewonnenen Erkenntnisse sind zu berücksichtigen. Die durchgeführten Maßnahmen sind zu dokumentieren.

(4) Die Vollzugs- und Eingliederungsplanung wird mit den Straf- und Jugendstrafgefangenen erörtert. Dabei werden deren Anregungen und Vorschläge einbezogen, soweit sie der Erreichung des Vollzugsziels dienen.

(5) Zur Erstellung und Fortschreibung des Vollzugs- und Eingliederungsplans führt die Anstaltsleiterin oder der Anstaltsleiter eine Konferenz mit den an der Vollzugsgestaltung maßgeblich Beteiligten durch. Standen die Straf- und Jugendstrafgefangenen vor ihrer Inhaftierung unter Bewährungs- oder Führungsaufsicht, ist auch die für sie bislang zuständige Bewährungshelferin oder der für sie bislang zuständige Bewährungshelfer an der ersten Konferenz zu beteiligen. Bei Freiheits- und Jugendstrafen bis zu zwei Jahren ist ihre oder seine regelmäßige Teilnahme auch an den weiteren Konferenzen vorzusehen. Den Straf- und Jugendstrafgefangenen wird der Vollzugs- und Eingliederungsplan in der Konferenz eröffnet und erläutert. Sie können auch darüber hinaus an der Konferenz beteiligt werden.

(6) Personen außerhalb des Vollzugs, die an der Eingliederung mitwirken, sind nach Möglichkeit in die Planung einzubeziehen. Sie können mit Zustimmung der Straf- und Jugendstrafgefangenen auch an der Konferenz beteiligt werden.

(7) Werden die Straf- und Jugendstrafgefangenen nach der Entlassung voraussichtlich unter Bewährungs- oder Führungsaufsicht gestellt, so ist der künftig zuständigen Bewährungshelferin oder dem künf-

tig zuständigen Bewährungshelfer in den letzten zwölf Monaten vor dem voraussichtlichen Entlassungszeitpunkt die Teilnahme an der Konferenz zu ermöglichen und sind ihr oder ihm der Vollzugs- und Eingliederungsplan und seine Fortschreibungen zu übersenden.

(8) Der Vollzugs- und Eingliederungsplan und seine Fortschreibungen werden den Straf- und Jugendstrafgefangenen ausgehändigt. Im Vollzug der Jugendstrafe werden sie der Vollstreckungsleiterin oder dem Vollstreckungsleiter und auf Verlangen den Personensorgeberechtigten übersandt.

2 A 1, 2 B 4, 2 C 2, 2 C 6, 2 C 7, 2 C 9, 2 C 10, 2 C 12, 2 C 14, 2 C 19, 2 C 20, 2 C 30, 7 D 8, 10 G 2, 13 L 3, 13 L 7

§ 15 Inhalt des Vollzugs- und Eingliederungsplans

(1) Der Vollzugs- und Eingliederungsplan sowie seine Fortschreibungen enthalten insbesondere folgende Angaben:

1. Zusammenfassung der für die Vollzugs- und Eingliederungsplanung maßgeblichen Ergebnisse des Diagnoseverfahrens,
2. voraussichtlicher Entlassungszeitpunkt,
3. Unterbringung im geschlossenen oder offenen Vollzug,
4. Unterbringung in einer Wohneinheit,
5. Maßnahmen zur Förderung der Mitwirkungsbereitschaft,
6. Unterbringung in einer Wohngruppe und Teilnahme am Wohngruppenvollzug,
7. Unterbringung in einer sozialtherapeutischen Abteilung und Teilnahme an deren Behandlungsprogrammen,
8. Teilnahme an einzel- oder gruppentherapeutischen Maßnahmen, insbesondere Psychotherapie,
9. Teilnahme an psychiatrischen Behandlungsmaßnahmen,
10. Teilnahme an Maßnahmen zur Behandlung von Suchtmittelabhängigkeit und -missbrauch,
11. Teilnahme an Trainingsmaßnahmen zur Verbesserung der sozialen Kompetenzen,
12. Teilnahme an schulischen und beruflichen Qualifizierungsmaßnahmen einschließlich Alphabetisierungs- und Deutschkursen,
13. Teilnahme an arbeitstherapeutischen Maßnahmen oder am Arbeitstraining,
14. Arbeit,
15. Freies Beschäftigungsverhältnis, Selbstbeschäftigung,
16. Teilnahme an Sportangeboten und Maßnahmen zur strukturierten Gestaltung der Freizeit,
17. Ausführungen, Außenbeschäftigung,
18. Lockerungen zur Erreichung des Vollzugsziels,
19. Aufrechterhaltung, Förderung und Gestaltung von Außenkontakten, insbesondere familiärer Beziehungen,
20. Schuldnerberatung, Schuldenregulierung und Erfüllung von Unterhaltspflichten,
21. Ausgleich von Tatfolgen,
22. Maßnahmen zur Vorbereitung von Entlassung, Eingliederung und Nachsorge, Bildung eines Eingliederungsgeldes und
23. Frist zur Fortschreibung des Vollzugs- und Eingliederungsplans.

Bei angeordneter oder vorbehaltener Sicherungsverwahrung enthalten der Vollzugs- und Eingliederungsplan sowie seine Fortschreibungen darüber hinaus Angaben zu sonstigen Maßnahmen im Sinne des § 8 Absatz 4 Satz 2 und einer Antragstellung im Sinne des § 119a Absatz 2 des Strafvollzugsgesetzes.

(2) Bei Strafgefangenen sind Maßnahmen nach Absatz 1 Satz 1 Nummer 7 bis 13 und Satz 2, die nach dem Ergebnis des Diagnoseverfahrens als zur Erreichung des Vollzugsziels zwingend erforderlich erachtet werden, als solche zu kennzeichnen und gehen allen anderen Maßnahmen vor. Andere Maßnahmen dürfen nicht gestattet werden, soweit sie die Teilnahme an Maßnahmen nach Satz 1 beeinträchtigen würden.

(3) Die Jugendstrafgefangenen sind verpflichtet, an den im Vollzugs- und Eingliederungsplan als erforderlich erachteten Maßnahmen teilzunehmen. § 30 Absatz 1 bleibt unberührt.

(4) Spätestens ein Jahr vor dem voraussichtlichen Entlassungszeitpunkt hat die Planung zur Vorbereitung der Eingliederung zu beginnen. Anknüpfend an die bisherige Vollzugsplanung werden ab diesem Zeitpunkt die Maßnahmen nach Absatz 1 Satz 1 Nummer 22 konkretisiert oder ergänzt. Insbesondere ist Stellung zu nehmen zu:

1. Unterbringung im offenen Vollzug, in einer Eingliederungsabteilung oder in einer Übergangseinrichtung,

2. Unterkunft sowie Arbeit oder Ausbildung nach der Entlassung,
3. Unterstützung bei notwendigen Behördengängen und der Beschaffung der notwendigen persönlichen Dokumente,
4. Beteiligung der Bewährungshilfe und der forensischen Ambulanzen,
5. Kontaktaufnahme zu Einrichtungen der Entlassenenhilfe und freien Trägern der Straffälligenhilfe sowie gegebenenfalls Unterrichtung der Personensorgeberechtigten und des Jugendamtes,
6. Fortsetzung von im Vollzug noch nicht abgeschlossenen Maßnahmen,
7. Anregung von Auflagen und Weisungen für die Bewährungs- oder Führungsaufsicht,
8. Vermittlung in nachsorgende Maßnahmen und
9. nachgehende Betreuung durch Bedienstete.

Ab diesem Zeitpunkt enthält der Vollzugs- und Eingliederungsplan zudem für diejenigen Straf- und Jugendstrafgefangenen, bei denen der Eintritt der Führungsaufsicht zu erwarten ist, eine Gefährlichkeitsprognose. Diese dient, vorbehaltlich der Entscheidung des Gerichts, der Bewährungshilfe als Grundlage für die weitere Arbeit mit den Straf- und Jugendstrafgefangenen.

1 D 23, 2 A 1, 2 C 6, 2 C 23, 2 C 25, 2 C 26, 2 C 28, 2 C 29, 2 C 31, 2 C 33, 2 C 35, 2 C 39, 4 A 3, 4 E 1, 4 E 2, 4 E 15, 4 E 18, 4 G 7, 4 H 9, 4 I 99, 5 A 13, 7 D 8, 10 G 2, 15 B 29

§ 16 Ermittlung des Förder- und Erziehungsbedarfs der jungen Untersuchungsgefangenen, Maßnahmen

(1) Nach dem Aufnahmeverfahren wird der Förder- und Erziehungsbedarf der jungen Untersuchungsgefangenen unter Berücksichtigung ihrer Persönlichkeit und ihrer Lebensverhältnisse ermittelt.

(2) In einer Konferenz mit an der Erziehung maßgeblich beteiligten Bediensteten werden der Förder- und Erziehungsbedarf erörtert und die sich daraus ergebenden Maßnahmen festgelegt. Diese werden mit den jungen Untersuchungsgefangenen besprochen und den Personensorgeberechtigten auf Verlangen mitgeteilt.

(3) Den jungen Untersuchungsgefangenen ist eine Bedienstete oder ein Bediensteter als besondere Vertrauensperson zuzuordnen.

2 A 1

Abschnitt 3 Unterbringung und Verlegung

§ 17 Trennungsgrundsätze

(1) Jeweils getrennt voneinander werden untergebracht
1. männliche und weibliche Gefangene,
2. Strafgefangene, Jugendstrafgefangene und Untersuchungsgefangene und
3. junge Untersuchungsgefangene und die übrigen Untersuchungsgefangenen.

Die Unterbringung erfolgt in eigenständigen Anstalten, zumindest in getrennten Abteilungen.

(2) Abweichend von Absatz 1 Satz 1 Nummer 2 können Untersuchungsgefangene zusammen mit Strafgefangenen untergebracht werden
1. mit Zustimmung der einzelnen Untersuchungsgefangenen,
2. zur Umsetzung einer Anordnung nach § 119 Absatz 1 der Strafprozessordnung oder
3. aus Gründen der Sicherheit oder Ordnung der Anstalt.

Das gilt für junge Untersuchungsgefangene nur, wenn eine erzieherische Gestaltung des Vollzugs gewährleistet bleibt und schädliche Einflüsse auf die jungen Untersuchungsgefangenen nicht zu befürchten sind. Unter den Voraussetzungen von Satz 1 und 2 können sie auch mit den übrigen Untersuchungsgefangenen und mit Jugendstrafgefangenen untergebracht werden.

(3) Über Absatz 2 hinaus können Gefangene ausnahmsweise mit solchen anderer Haftarten untergebracht werden, wenn ihre geringe Anzahl eine getrennte Unterbringung nicht zulässt und das Vollzugsziel nicht gefährdet wird. Bei jungen Gefangenen muss zudem die erzieherische Gestaltung des Vollzugs gewährleistet sein.

(4) Absatz 1 gilt nicht für eine Unterbringung zum Zwecke der medizinischen Behandlung.

(5) Gemeinsame Maßnahmen, insbesondere zur schulischen und beruflichen Qualifizierung, sind zulässig.

13 B 1, 13 B 4, 13 B 6, 14 A 6

§ 18 Unterbringung während der Einschlusszeiten

(1) Die Gefangenen werden in ihren Haftträumen einzeln untergebracht.

(2) Eine gemeinsame Unterbringung ist zulässig:
1. auf Antrag der Gefangenen, wenn schädliche Einflüsse nicht zu befürchten sind, oder
2. wenn Gefangene hilfsbedürftig sind oder eine Gefahr für Leben oder Gesundheit besteht.

In den Fällen des Satzes 1 Nummer 2 bedarf es der Zustimmung der nicht gefährdeten oder hilfsbedürftigen Gefangenen zur gemeinsamen Unterbringung.

(3) Darüber hinaus ist eine gemeinsame Unterbringung nur vorübergehend und zur Überwindung einer nicht vorhersehbaren Notlage zulässig.

2 E 1, 2 E 31, 2 E 32, 2 E 35, 2 E 37, 13 E 24

§ 19 Aufenthalt außerhalb der Einschlusszeiten

(1) Außerhalb der Einschlusszeiten dürfen sich die Gefangenen in Gemeinschaft aufhalten.

(2) Der gemeinschaftliche Aufenthalt kann eingeschränkt werden,
1. wenn es die Sicherheit oder Ordnung der Anstalt erfordert,
2. wenn ein schädlicher Einfluss auf andere Gefangene zu befürchten ist,
3. während des Diagnoseverfahrens, aber nicht länger als sechs Wochen,
4. bei jungen Gefangenen, wenn dies aus erzieherischen Gründen unerlässlich ist,
5. zur Umsetzung einer Anordnung nach § 119 Absatz 1 der Strafprozessordnung oder
6. bei jungen Untersuchungsgefangenen während der ersten zwei Wochen nach der Aufnahme.

2 E 1, 2 E 4, 2 E 8, 2 E 10, 2 E 11, 2 E 12, 2 E 13, 2 E 15, 2 E 16, 11 I 26

§ 20 Unterbringung in einer Wohneinheit

(1) Zur Erhaltung ihrer Selbstständigkeit können Gefangene, die zu korrekter Führung unter geringerer Aufsicht fähig sind und die Bereitschaft zur Einordnung in die Gemeinschaft sowie zur Mitarbeit am Vollzugsziel mitbringen, mit ihrer Zustimmung in einer Wohneinheit untergebracht werden.

(2) Eine Wohneinheit wird in einem baulich abgegrenzten Bereich eingerichtet, zu dem neben den Haftträumen weitere Räume und Einrichtungen zur gemeinsamen Nutzung gehören. Diese Form der Unterbringung ermöglicht es den dort Untergebrachten, ihren Vollzugsalltag selbstständig zu regeln.

§ 21 Unterbringung von Eltern mit Kindern

(1) Ein Kind kann mit Zustimmung des Aufenthaltsbestimmungsberechtigten bis zur Vollendung des dritten Lebensjahres gemeinsam mit seiner Mutter oder seinem Vater in der Anstalt untergebracht werden, wenn die baulichen Gegebenheiten dies zulassen und Sicherheitsgründe nicht entgegenstehen. Vor der Unterbringung ist das Jugendamt zu hören.

(2) Die Unterbringung erfolgt auf Kosten der oder des für das Kind Unterhaltspflichtigen. Von der Geltendmachung des Kostenersatzanspruchs kann ausnahmsweise abgesehen werden, wenn hierdurch die gemeinsame Unterbringung von Mutter oder Vater und Kind gefährdet würde.

14 C 1, 14 C 4, 14 C 6, 14 C 11, 14 C 12

§ 22 Geschlossener und offener Vollzug

(1) Die Straf- und Jugendstrafgefangenen werden im geschlossenen oder im offenen Vollzug untergebracht. Anstalten des offenen Vollzugs sehen keine oder nur verminderte Vorkehrungen gegen Entweichungen vor.

(2) Die Strafgefangenen sind im offenen Vollzug unterzubringen, wenn sie dessen Anforderungen genügen, insbesondere verantwortet werden kann zu erproben, dass sie sich dem Vollzug nicht entziehen oder die Möglichkeiten des offenen Vollzugs nicht zu Straftaten missbrauchen werden. Sie können mit ihrer Zustimmung im geschlossenen Vollzug untergebracht werden oder verbleiben, wenn dies der Erreichung des Vollzugsziels dient.

(3) Die Jugendstrafgefangenen sind im offenen Vollzug unterzubringen, wenn sie dessen Anforderungen genügen, insbesondere verantwortet werden kann zu erproben, dass sie sich dem Vollzug nicht entziehen oder die Möglichkeiten des offenen Vollzugs nicht zur Begehung von Straftaten missbrauchen werden. Sie können im geschlossenen Vollzug untergebracht werden oder verbleiben, wenn dies der Erreichung des Vollzugsziels dient.

(4) Genügen die Straf- und Jugendstrafgefangenen den Anforderungen des offenen Vollzugs nicht mehr, werden sie im geschlossenen Vollzug untergebracht.

(5) Die Untersuchungsgefangenen werden im geschlossenen Vollzug untergebracht.

10 A 4, 10 A 7, 10 A 9, 10 A 13, 13 C 5, 13 C 18

§ 23 Wohngruppenvollzug

(1) Der Wohngruppenvollzug dient der Einübung sozialverträglichen Zusammenlebens, insbesondere von Toleranz sowie der Übernahme von Verantwortung für sich und andere. Er ermöglicht der dort Untergebrachten, ihren Vollzugsalltag weitgehend selbstständig zu regeln.

(2) Eine Wohngruppe wird in einem baulich abgegrenzten Bereich für bis zu 15 Personen eingerichtet, zu dem neben den Hafträumen weitere Räume und Einrichtungen zur gemeinsamen Nutzung gehören. Sie wird in der Regel von fest zugeordneten Bediensteten verschiedener Fachrichtungen betreut.

(3) Geeignete junge Gefangene sind in Wohngruppen unterzubringen. Nicht geeignet sind in der Regel junge Gefangene, die aufgrund ihres Verhaltens nicht gruppenfähig sind.

(4) Geeignete Strafgefangene sollen in Wohngruppen untergebracht werden.

§ 24 Verlegung und Überstellung

(1) Die Gefangenen können abweichend vom Vollstreckungsplan in eine andere Anstalt verlegt werden, wenn Gründe der Vollzugsorganisation oder andere wichtige Gründe dies erfordern. Sie dürfen aus wichtigem Grund in eine andere Anstalt überstellt werden.

(2) Darüber hinaus können die Straf- und Jugendstrafgefangenen abweichend vom Vollstreckungsplan in eine andere Anstalt verlegt werden, wenn die Erreichung des Vollzugsziels hierdurch gefördert wird.

(3) Die Untersuchungsgefangenen können zur Umsetzung einer Anordnung nach § 119 Absatz 1 der Strafprozessordnung verlegt oder überstellt werden.

(4) Vor einer Verlegung oder Überstellung von Untersuchungsgefangenen ist dem Gericht und der Staatsanwaltschaft Gelegenheit zur Stellungnahme zu geben. § 12 Absatz 5 gilt entsprechend.

(5) Bei jungen Gefangenen werden die Personensorgeberechtigten und das Jugendamt, bei Jugendstrafgefangenen auch die Vollstreckungsleiterin oder der Vollstreckungsleiter von der Verlegung unverzüglich unterrichtet.

2 D 1, 2 D 6, 2 D 7, 2 D 15

Abschnitt 4. Sozial- und Psychotherapie

§ 25 Sozialtherapie

(1) Sozialtherapie dient der Verringerung einer erheblichen Gefährlichkeit der Straf- und Jugendstrafgefangenen. Auf der Grundlage einer therapeutischen Gemeinschaft bedient sie sich psychotherapeutischer, sozialpädagogischer und arbeitstherapeutischer Methoden, die in umfassenden Behandlungsprogrammen verbunden werden. Personen aus dem Lebensumfeld der Straf- und Jugendstrafgefangenen außerhalb des Vollzugs werden in die Behandlung einbezogen.

(2) Straf- und Jugendstrafgefangene sind in einer sozialtherapeutischen Abteilung unterzubringen, wenn ihre Teilnahme an den dortigen Behandlungsprogrammen zur Verringerung ihrer erheblichen Gefährlichkeit angezeigt ist. Eine erhebliche Gefährlichkeit liegt vor, wenn schwerwiegende Straftaten gegen Leib oder Leben, die persönliche Freiheit oder die sexuelle Selbstbestimmung zu erwarten sind.

(3) Im Übrigen können Straf- und Jugendstrafgefangene in einer sozialtherapeutischen Abteilung untergebracht werden, wenn die Teilnahme an den dortigen Behandlungsprogrammen zur Erreichung des Vollzugsziels angezeigt ist.

(4) Die Unterbringung soll zu einem Zeitpunkt erfolgen, der entweder den Abschluss der Behandlung zum voraussichtlichen Entlassungszeitpunkt erwarten lässt oder die Fortsetzung der Behandlung nach der Entlassung ermöglicht. Hierzu arbeitet die sozialtherapeutische Abteilung eng mit forensischen Ambulanzen oder anderen ambulanten Nachsorgeeinrichtungen zusammen. Ist Sicherungsverwahrung angeordnet oder vorbehalten, soll die Unterbringung zu einem Zeitpunkt erfolgen, der den Abschluss der Behandlung noch während des Vollzugs der Freiheits- oder Jugendstrafe erwarten lässt.

(5) Die Unterbringung wird beendet, wenn das Ziel der Behandlung aus Gründen, die in der Person des Straf- oder Jugendstrafgefangenen liegen, nicht erreicht werden kann.

3 A 3, 3 A 12, 3 A 16, 3 A 20, 3 A 21, 3 A 23, 7 D 8, 15 B 30

§ 26 Psychotherapie

Psychotherapie im Vollzug dient insbesondere der Behandlung psychischer Störungen des Verhaltens und Erlebens, die in einem Zusammenhang mit der Straffälligkeit stehen. Sie wird durch systematische Anwendung wissenschaftlich fundierter psychologischer Methoden der Gesprächsführung mit einer oder mehreren Personen durchgeführt.

Abschnitt 5. Arbeitstherapeutische Maßnahmen, Arbeitstraining, schulische und berufliche Qualifizierungsmaßnahmen, Arbeit

§ 27 Arbeitstherapeutische Maßnahmen

Arbeitstherapeutische Maßnahmen dienen dazu, dass die Gefangenen Eigenschaften wie Selbstvertrauen, Durchhaltevermögen und Konzentrationsfähigkeit einüben, um sie stufenweise an die Grundanforderungen des Arbeitslebens heranzuführen.

4 Vorb. 5, 4 A 9

§ 28 Arbeitstraining

Arbeitstraining dient dazu, Gefangenen, die nicht in der Lage sind, einer regelmäßigen und erwerbsorientierten Beschäftigung nachzugehen, Fähigkeiten und Fertigkeiten zu vermitteln, die eine Eingliederung in das leistungsorientierte Arbeitsleben fördern. Die in der Anstalt dafür vorzuhaltenden Maßnahmen müssen den Anforderungen des Arbeitsmarktes Rechnung tragen.

4 Vorb. 5, 4 A 9

§ 29 Schulische und berufliche Qualifizierungsmaßnahmen

(1) Schulische und berufliche Aus- und Weiterbildung und vorberufliche Qualifizierung (schulische und berufliche Qualifizierungsmaßnahmen) im Vollzug haben das Ziel, die Fähigkeiten der Gefangenen zur Eingliederung und zur Aufnahme einer Erwerbstätigkeit nach der Haftentlassung zu vermitteln, zu verbessern oder zu erhalten. Bei der Festlegung von Inhalten, Methoden und Organisationsformen der Bildungsangebote werden die Besonderheiten der jeweiligen Zielgruppe berücksichtigt. Schulische und berufliche Aus- und Weiterbildung werden in der Regel als Vollzeitmaßnahmen durchgeführt.

(2) Schulpflichtige junge Gefangene nehmen in der Anstalt am allgemein- oder berufsbildenden Unterricht nach den für öffentliche Schulen geltenden Bestimmungen teil.

(3) Die Jugendstrafgefangenen sind vorrangig zur Teilnahme an schulischen und beruflichen Orientierungs-, Berufsvorbereitungs-, Aus- und Weiterbildungsmaßnahmen oder speziellen Maßnahmen zur Förderung ihrer schulischen, beruflichen oder persönlichen Entwicklung verpflichtet. Die minderjährigen Untersuchungsgefangenen können hierzu verpflichtet werden.

(4) Geeigneten Straf- und Jugendstrafgefangenen soll die Teilnahme an einer schulischen oder beruflichen Ausbildung ermöglicht werden, die zu einem anerkannten Abschluss führt.

(5) Geeigneten Untersuchungsgefangenen soll nach Möglichkeit Gelegenheit zum Erwerb oder zur Verbesserung schulischer und beruflicher Kenntnisse, auch zum Erwerb eines anerkannten Abschlusses, gegeben werden, soweit es die besonderen Bedingungen der Untersuchungshaft zulassen.

(6) Berufliche Qualifizierungsmaßnahmen sind danach auszurichten, dass sie den Gefangenen für den Arbeitsmarkt relevante Qualifikationen vermitteln.

(7) Bei der Vollzugsplanung ist darauf zu achten, dass die Straf- und Jugendstrafgefangenen Qualifizierungsmaßnahmen während ihrer Haftzeit abschließen oder sie nach der Inhaftierung fortsetzen können. Können Maßnahmen während der Haftzeit nicht abgeschlossen werden, trägt die Anstalt in Zusammenarbeit mit außervollzuglichen Einrichtungen dafür Sorge, dass die begonnene Qualifizierungsmaßnahme nach der Haft fortgesetzt werden kann.

(8) Nachweise über schulische und berufliche Qualifizierungsmaßnahmen dürfen keinen Hinweis auf die Inhaftierung enthalten.

4 Vorb. 5, 4 A 6, 4 A 19, 4 A 21, 4 A 23, 4 A 24, 4 E 1, 4 E 3, 4 E 6, 4 E 9, 4 E 12, 4 E 17, 7 D 8

§ 30 Arbeit

(1) Den Gefangenen soll Arbeit angeboten und ihnen auf Antrag oder mit ihrer Zustimmung zugewiesen werden, soweit dadurch nach dem Vollzugs- und Eingliederungsplan vorrangige Maßnahmen nicht beeinträchtigt werden.

(2) Nehmen die Gefangenen eine Arbeit auf, gelten die von der Anstalt festgelegten Arbeitsbedingungen. Die Arbeit darf nicht zur Unzeit niedergelegt werden.

4 Vorb. 5, 4 A 3, 4 B 22, 4 B 23

§ 31 Freies Beschäftigungsverhältnis, Selbstbeschäftigung

(1) Straf- und Jugendstrafgefangenen, die zum Freigang (§ 46 Absatz 1 Satz 1 Nummer 4) zugelassen sind, soll gestattet werden, einer Arbeit oder einer schulischen oder beruflichen Qualifizierungsmaßnahme auf der Grundlage eines freien Beschäftigungsverhältnisses oder der Selbstbeschäftigung außerhalb der Anstalt nachzugehen, wenn die Beschäftigungsstelle geeignet ist und nicht überwiegende Gründe des Vollzugs entgegenstehen. § 48 gilt entsprechend.

(2) Das Entgelt ist der Anstalt zur Gutschrift für die Straf- und Jugendstrafgefangenen zu überweisen.

4 Vorb. 5, 4 G 7, 4 H 2, 4 H 10, 4 H 13, 4 H 14, 4 H 19, 4 H 28, 6 F 56

§ 32 Freistellung von der Arbeit

(1) Haben die Gefangenen ein halbes Jahr lang gearbeitet, so können sie beanspruchen, zehn Arbeitstage von der Arbeit freigestellt zu werden. Zeiten, in denen die Gefangenen infolge Krankheit an der Arbeitsleistung gehindert waren, werden bis zu 15 Arbeitstagen auf das Halbjahr angerechnet. Der Anspruch verfällt, wenn die Freistellung nicht innerhalb eines Jahres nach seiner Entstehung erfolgt ist.

(2) Auf die Zeit der Freistellung wird Langzeitausgang (§ 46 Absatz 1 Satz 1 Nummer 3) angerechnet, soweit er in die Arbeitszeit fällt. Gleiches gilt für einen Langzeitausgang nach § 47 Absatz 1, soweit er nicht wegen des Todes oder einer lebensgefährlichen Erkrankung naher Angehöriger erteilt worden ist.

(3) Die Gefangenen erhalten für die Zeit der Freistellung ihr Arbeitsentgelt weiter.

(4) Urlaubsregelungen freier Beschäftigungsverhältnisse bleiben unberührt.

(5) Für Arbeitstraining, schulische und berufliche Qualifizierungsmaßnahmen gelten Absätze 1 bis 4 entsprechend, sofern diese den Umfang der regelmäßigen wöchentlichen Arbeitszeit erreichen.

4 Vorb. 5, 4 C 1, 4 C 3, 4 C 4, 4 C 5, 4 C 6, 4 C 7, 4 C 14, 4 C 16, 4 C 18, 4 C 23, 4 G 12

Abschnitt 6. Besuche, Telefongespräche, Schriftwechsel, andere Formen der Telekommunikation und Pakete

§ 33 Grundsatz

Die Gefangenen haben das Recht, mit Personen außerhalb der Anstalt im Rahmen der Bestimmungen dieses Gesetzes zu verkehren. Der Verkehr mit der Außenwelt, insbesondere die Erhaltung der Kontakte zu Bezugspersonen und die Schaffung eines sozialen Empfangsraums, ist zu fördern.

9 Vorb. 4, 9 A 5

§ 34 Besuch

(1) Die Gefangenen dürfen regelmäßig Besuch empfangen. Die Gesamtdauer beträgt im Vollzug der Freiheitsstrafe und der Untersuchungshaft mindestens vier, im Vollzug der Jugendstrafe und der Untersuchungshaft an jungen Untersuchungsgefangenen mindestens sechs Stunden im Monat.

(2) Besuche von Angehörigen im Sinne von § 11 Absatz 1 Nummer 1 des Strafgesetzbuches werden besonders unterstützt.

(3) Besuche sollen darüber hinaus zugelassen werden, wenn sie
1. persönlichen, rechtlichen oder geschäftlichen Angelegenheiten der Gefangenen dienen, die von diesen nicht schriftlich erledigt, durch Dritte wahrgenommen oder bis zur voraussichtlichen Entlassung aufgeschoben werden können,
2. die Eingliederung der Straf- und Jugendstrafgefangenen fördern oder
3. die Erziehung der jungen Gefangenen fördern.

(4) Mehrstündige, unbeaufsichtigte Besuche (Langzeitbesuche) sind zuzulassen, wenn dies zur Pflege der familiären, partnerschaftlichen oder ihnen gleichzusetzender Kontakte der Straf- und Jugendstrafgefangenen geboten erscheint und die Straf- und Jugendstrafgefangenen hierfür geeignet sind. Die Entscheidung trifft die Anstaltsleiterin oder der Anstaltsleiter.

(5) Besuche von Verteidigerinnen oder Verteidigern sowie von Rechtsanwältinnen oder Rechtsanwälten und Notarinnen oder Notaren in einer die Gefangenen betreffenden Rechtssache sind zu gestatten. Dies gilt auch für Besuche von Beiständen nach § 69 des Jugendgerichtsgesetzes.

9 B 24

§ 35 Untersagung der Besuche
Die Anstaltsleiterin oder der Anstaltsleiter kann Besuche untersagen, wenn
1. die Sicherheit oder Ordnung der Anstalt gefährdet würde,
2. bei Personen, die nicht Angehörige der Strafgefangenen und jungen Gefangenen im Sinne von § 11 Absatz 1 Nummer 1 des Strafgesetzbuches sind, zu befürchten ist, dass sie einen schädlichen Einfluss auf die Strafgefangenen oder jungen Gefangenen haben oder die Erreichung des Vollzugsziels behindern,
3. bei Personen, die Opfer der Straftat waren oder im Haftbefehl als Opfer benannt werden, zu befürchten ist, dass die Begegnung mit den Gefangenen einen schädlichen Einfluss auf sie hat,
4. die Personensorgeberechtigten nicht einverstanden sind.

9 B 34, 9 B 47

§ 36 Durchführung der Besuche
(1) Aus Gründen der Sicherheit können Besuche davon abhängig gemacht werden, dass sich die Besucherinnen und Besucher durchsuchen oder mit technischen Hilfsmitteln absuchen lassen. § 86 Absatz 1 Satz 2 und 3 gilt entsprechend. Eine inhaltliche Überprüfung der von Verteidigerinnen und Verteidigern oder von Beiständen nach § 69 des Jugendgerichtsgesetzes mitgeführten Schriftstücke und sonstigen Unterlagen ist nicht zulässig. § 42 Absatz 2 Satz 2 und 3 bleibt unberührt.

(2) Besuche werden regelmäßig beaufsichtigt. Über Ausnahmen entscheidet die Anstaltsleiterin oder der Anstaltsleiter. Die Beaufsichtigung kann mittels optisch-elektronischer Einrichtungen durchgeführt werden; die betroffenen Personen sind vorher darauf hinzuweisen. Eine Aufzeichnung findet nicht statt.

(3) Besuche von Verteidigerinnen und Verteidigern und von Beiständen nach § 69 des Jugendgerichtsgesetzes werden nicht beaufsichtigt.

(4) Besuche dürfen abgebrochen werden, wenn Besucherinnen oder Besucher oder Gefangene gegen dieses Gesetz oder aufgrund dieses Gesetzes getroffene Anordnungen trotz Abmahnung verstoßen oder von den Besucherinnen oder Besuchern ein schädlicher Einfluss auf junge Gefangene ausgeht. Dies gilt auch bei einem Verstoß gegen eine Anordnung nach § 119 Absatz 1 der Strafprozessordnung. Die Abmahnung unterbleibt, wenn es unerlässlich ist, den Besuch sofort abzubrechen.

(5) Gegenstände dürfen beim Besuch nicht übergeben werden. Dies gilt nicht für die bei dem Besuch der Verteidigerinnen und Verteidiger oder der Beistände nach § 69 des Jugendgerichtsgesetzes übergebenen Schriftstücke und sonstigen Unterlagen sowie für die bei dem Besuch von Rechtsanwältinnen und Rechtsanwälten oder Notarinnen und Notaren zur Erledigung einer die Gefangenen betreffenden Rechtssache übergebenen Schriftstücke und sonstigen Unterlagen. Bei dem Besuch von Rechtsanwältinnen und Rechtsanwälten oder Notarinnen und Notaren kann die Übergabe aus Gründen der Sicherheit oder Ordnung der Anstalt von der Erlaubnis der Anstaltsleiterin oder des Anstaltsleiters abhängig gemacht werden. § 42 Absatz 2 Satz 2 und 3 bleibt unberührt.

(6) Die Anstaltsleiterin oder der Anstaltsleiter kann im Einzelfall die Nutzung einer Trennvorrichtung anordnen, wenn dies zum Schutz von Personen oder zur Verhinderung einer Übergabe von Gegenständen erforderlich ist.

9 B 71, 9 B 74, 9 B 80, 9 B 82

§ 37 Überwachung der Gespräche
(1) Gespräche dürfen überwacht werden, soweit es im Einzelfall
1. aus Gründen der Sicherheit,
2. bei den Straf- und Jugendstrafgefangenen wegen einer Gefährdung der Erreichung des Vollzugsziels oder
3. bei jungen Gefangenen aus Gründen der Erziehung

erforderlich ist.

(2) Gespräche mit Verteidigerinnen und Verteidigern oder mit Beiständen nach § 69 des Jugendgerichtsgesetzes werden nicht überwacht.

9 B 78

§ 38 Telefongespräche

(1) Den Gefangenen kann gestattet werden, Telefongespräche zu führen. Die Bestimmungen über den Besuch gelten entsprechend. Eine beabsichtigte Überwachung teilt die Anstalt den Gefangenen rechtzeitig vor Beginn des Telefongesprächs und den Gesprächspartnerinnen oder Gesprächspartnern der Gefangenen unmittelbar nach Herstellung der Verbindung mit.

(2) Die Kosten der Telefongespräche tragen die Gefangenen. Sind sie dazu nicht in der Lage, kann die Anstalt die Kosten in begründeten Fällen in angemessenem Umfang übernehmen.

9 D 12

§ 39 Schriftwechsel

(1) Die Gefangenen haben das Recht, Schreiben abzusenden und zu empfangen.

(2) Die Kosten des Schriftwechsels tragen die Gefangenen. Sind sie dazu nicht in der Lage, kann die Anstalt die Kosten in begründeten Fällen in angemessenem Umfang übernehmen.

9 C 1 ff

§ 40 Untersagung des Schriftwechsels

Die Anstaltsleiterin oder der Anstaltsleiter kann den Schriftwechsel mit bestimmten Personen untersagen, wenn
1. die Sicherheit oder Ordnung der Anstalt gefährdet würde,
2. bei Personen, die nicht Angehörige der Strafgefangenen und jungen Gefangenen im Sinne von § 11 Absatz 1 Nummer 1 des Strafgesetzbuches sind, zu befürchten ist, dass der Schriftwechsel einen schädlichen Einfluss auf die Strafgefangenen oder jungen Gefangenen haben oder die Erreichung des Vollzugsziels behindern würde, oder
3. bei Personen, die Opfer der Straftat waren oder im Haftbefehl als Opfer benannt werden, zu befürchten ist, dass der Schriftwechsel mit den Gefangenen einen schädlichen Einfluss auf sie hätte,
4. die Personensorgeberechtigten nicht einverstanden sind.

9 C 9, 9 C 13

§ 41 Sichtkontrolle, Weiterleitung und Aufbewahrung von Schreiben

(1) Die Gefangenen haben das Absenden und den Empfang ihrer Schreiben durch die Anstalt vermitteln zu lassen, soweit nichts anderes gestattet ist.

(2) Ein- und ausgehende Schreiben werden in Anwesenheit der Gefangenen auf verbotene Gegenstände kontrolliert und sind unverzüglich weiterzuleiten.

(3) Die Gefangenen haben eingehende Schreiben unverschlossen zu verwahren, sofern nichts anderes gestattet wird. Sie können sie verschlossen zu ihrer Habe geben.

9 C 23, 9 C 26

§ 42 Überwachung des Schriftwechsels

(1) Der Schriftwechsel darf überwacht werden, soweit es im Einzelfall
1. aus Gründen der Sicherheit,
2. bei den Straf- und Jugendstrafgefangenen wegen einer Gefährdung der Erreichung des Vollzugsziels oder
3. bei jungen Gefangenen aus Gründen der Erziehung

erforderlich ist.

(2) Der Schriftwechsel der Gefangenen mit ihren Verteidigerinnen und Verteidigern oder Beiständen nach § 69 des Jugendgerichtsgesetzes wird nicht überwacht. Liegt dem Vollzug der Freiheits- oder Jugendstrafe eine Straftat nach § 129a, auch in Verbindung mit § 129b Absatz 1 des Strafgesetzbuches zugrunde, gelten § 148 Absatz 2 und § 148a der Strafprozessordnung entsprechend; dies gilt nicht, wenn die Straf- oder Jugendstrafgefangenen sich im offenen Vollzug befinden oder wenn ihnen Lockerungen nach § 46 gewährt worden sind und ein Grund, der die Anstaltsleiterin oder den Anstaltsleiter zum Widerruf von Lockerungen ermächtigt, nicht vorliegt. Satz 2 gilt auch, wenn eine Freiheits- oder Jugendstrafe wegen einer Straftat nach § 129a, auch in Verbindung mit § 129b Absatz 1 des Strafgesetzbuches erst im Anschluss an den Vollzug der Freiheits- oder Jugendstrafe, der eine andere Verurteilung zugrunde liegt, zu vollstrecken ist.

(3) Nicht überwacht werden Schreiben der Gefangenen an Volksvertretungen des Bundes und der Länder sowie an deren Mitglieder, soweit die Schreiben an die Anschriften dieser Volksvertretungen ge-

richtet sind und die Absenderin oder den Absender zutreffend angeben. Entsprechendes gilt für Schreiben an das Europäische Parlament und dessen Mitglieder, den Europäischen Gerichtshof für Menschenrechte, den Europäischen Ausschuss zur Verhütung von Folter und unmenschlicher oder erniedrigender Behandlung oder Strafe, den Ausschuss der Vereinten Nationen gegen Folter, den zugehörigen Unterausschuss zur Verhütung von Folter und die entsprechenden Nationalen Präventionsmechanismen, die konsularische Vertretung ihres Heimatlandes und weitere Einrichtungen, mit denen der Schriftverkehr aufgrund völkerrechtlicher Verpflichtungen der Bundesrepublik Deutschland geschützt ist. Satz 1 gilt auch für den Schriftverkehr mit Gerichten, Staatsanwaltschaften und der Aufsichtsbehörde sowie den Bürgerbeauftragten der Länder und den Datenschutzbeauftragten des Bundes und der Länder. Schreiben der in den Sätzen 1 bis 3 genannten Stellen, die an die Gefangenen gerichtet sind, werden nicht überwacht, sofern die Identität der Absenderin oder des Absenders zweifelsfrei feststeht.

9 C 23, 9 C 25, 9 C 30, 11 M 44

§ 43 Anhalten von Schreiben
(1) Die Anstaltsleiterin oder der Anstaltsleiter kann Schreiben anhalten, wenn
1. die Sicherheit oder Ordnung der Anstalt gefährdet würde,
2. die Weitergabe in Kenntnis ihres Inhalts einen Straf- oder Bußgeldtatbestand verwirklichen würde,
3. sie grob unrichtige oder erheblich entstellende Darstellungen von Anstaltsverhältnissen oder grobe Beleidigungen enthalten,
4. sie in Geheim- oder Kurzschrift, unlesbar, unverständlich oder ohne zwingenden Grund in einer fremden Sprache abgefasst sind,
5. bei Straf- oder Jugendstrafgefangenen die Erreichung des Vollzugsziels gefährdet würde,
6. es die Aufgabe des Vollzugs der Untersuchungshaft erfordert oder
7. sie die Eingliederung anderer Straf- und Jugendstrafgefangener gefährden können.

(2) Ausgehenden Schreiben, die unrichtige Darstellungen enthalten, kann ein Begleitschreiben beigefügt werden, wenn die Gefangenen auf dem Absenden bestehen.

(3) Sind Schreiben angehalten worden, wird das den Gefangenen mitgeteilt. Hiervon kann im Vollzug der Untersuchungshaft abgesehen werden, wenn und solange es dessen Aufgabe erfordert. Soweit angehaltene Schreiben nicht beschlagnahmt werden, werden sie an die Absenderin oder den Absender zurückgegeben oder, sofern dies unmöglich oder aus besonderen Gründen nicht angezeigt ist, verwahrt.

(4) Schreiben, deren Überwachung ausgeschlossen ist, dürfen nicht angehalten werden.

9 C 49 ff

§ 44 Andere Formen der Telekommunikation
Nach Zulassung anderer Formen der Telekommunikation im Sinne des Telekommunikationsgesetzes durch die Aufsichtsbehörde (§ 115 Absatz 1) kann die Anstaltsleiterin oder der Anstaltsleiter den Gefangenen gestatten, diese Formen auf ihre Kosten zu nutzen. Die Bestimmungen dieses Abschnitts gelten entsprechend.

5 A 31, 5 C 29, 5 C 36, 9 D 9

§ 45 Pakete
(1) Der Empfang von Paketen bedarf der Erlaubnis der Anstalt, welche Zeitpunkt und Höchstmengen für die Sendungen und für einzelne Gegenstände festsetzen kann. Für den Ausschluss von Gegenständen gilt § 55 Satz 2 entsprechend. Die Anstalt kann darüber hinaus Gegenstände und Verpackungsformen ausschließen, die einen unverhältnismäßigen Kontrollaufwand bedingen.

(2) Die Anstalt kann die Annahme von Paketen, deren Einbringung nicht gestattet ist oder die die Voraussetzungen des Absatzes 1 nicht erfüllen, ablehnen oder solche Pakete an die Absenderin oder den Absender zurücksenden.

(3) Pakete sind in Gegenwart der Gefangenen zu öffnen, an die sie adressiert sind. Mit nicht zugelassenen oder ausgeschlossenen Gegenständen ist gemäß § 58 Absatz 3 zu verfahren. Sie können auch auf Kosten der Gefangenen zurückgesandt werden.

(4) Der Empfang von Paketen kann vorübergehend versagt werden, wenn dies wegen der Gefährdung der Sicherheit oder Ordnung der Anstalt unerlässlich ist.

(5) Den Gefangenen kann gestattet werden, Pakete zu versenden. Der Inhalt kann aus Gründen der Sicherheit oder Ordnung der Anstalt überprüft werden.

Anhang

(6) Die Kosten des Paketversandes tragen die Gefangenen. Sind sie dazu nicht in der Lage, kann die Anstalt die Kosten in begründeten Fällen in angemessenem Umfang übernehmen.

9 E 1 ff

Abschnitt 7 Lockerungen und sonstige Aufenthalte außerhalb der Anstalt

§ 46 Lockerungen zur Erreichung des Vollzugsziels

(1) Aufenthalte außerhalb der Anstalt ohne Aufsicht (Lockerungen) können den Straf- und Jugendstrafgefangenen zur Erreichung des Vollzugsziels gewährt werden, namentlich
1. das Verlassen der Anstalt für bis zu 24 Stunden in Begleitung einer von der Anstalt zugelassenen Person (Begleitausgang),
2. das Verlassen der Anstalt für bis zu 24 Stunden ohne Begleitung (unbegleiteter Ausgang),
3. das Verlassen der Anstalt für mehrere Tage (Langzeitausgang),
4. die regelmäßige Beschäftigung außerhalb der Anstalt (Freigang) und
5. im Vollzug der Jugendstrafe die Unterbringung in besonderen Erziehungseinrichtungen.

Vor Gewährung von Lockerungen nach Satz 1 Nummer 5 wird die Vollstreckungsleiterin oder der Vollstreckungsleiter gehört.

(2) Die Lockerungen dürfen gewährt werden, wenn verantwortet werden kann zu erproben, dass die Straf- und Jugendstrafgefangenen sich dem Vollzug der Freiheitsstrafe nicht entziehen oder die Lockerungen nicht zu Straftaten missbrauchen werden. Jugendstrafgefangenen können sie versagt werden, wenn sie ihren Mitwirkungspflichten nicht nachkommen.

(3) Durch Lockerungen wird die Vollstreckung der Freiheits- oder Jugendstrafe nicht unterbrochen.

4 H 13, 10 B 1, 10 B 3, 10 B 4, 10 C 1, 10 C 2, 10 C 12, 10 C 17, 10 C 18, 10 C 20, 10 C 49, 10 C 68, 10 D 3,
10 E 9

§ 47 Lockerungen aus sonstigen Gründen

(1) Lockerungen können auch aus wichtigem Anlass gewährt werden. Wichtige Anlässe sind insbesondere die Teilnahme an gerichtlichen Terminen, die medizinische Behandlung der Straf- und Jugendstrafgefangenen sowie der Tod oder eine lebensgefährliche Erkrankung naher Angehöriger.

(2) Erkranken Straf- oder Jugendstrafgefangene so schwer, dass aufgrund ihrer Erkrankung in Kürze mit dem Tod gerechnet werden muss, so können sie bis zu einer Entscheidung der Vollstreckungsbehörde über einen Strafausstand nach § 455 Absatz 4 der Strafprozessordnung Langzeitausgang erhalten.

(3) § 46 Absatz 2 und 3 gilt entsprechend.

10 B 1, 10 D 3, 10 D 4, 10 D 9

§ 48 Weisungen für Lockerungen, Zustimmung der Aufsichtsbehörde

(1) Für Lockerungen sind die nach den Umständen des Einzelfalles erforderlichen Weisungen zu erteilen. Bei der Ausgestaltung der Lockerungen ist nach Möglichkeit auch den Belangen der Opfer Rechnung zu tragen.

(2) Zu lebenslanger Freiheitsstrafe verurteilten Strafgefangenen dürfen Lockerungen nur mit Zustimmung der Aufsichtsbehörde gewährt werden.

1 D 24, 4 H 12, 4 H 14, 10 B 1, 10 C 39, 10 C 67, 10 D 9, 10 E 1, 10 E 3, 10 E 10, 10 E 11

§ 49 Ausführung, Außenbeschäftigung, Vorführung, Ausantwortung

(1) Den Gefangenen kann das Verlassen der Anstalt unter ständiger und unmittelbarer Aufsicht gestattet werden, wenn dies aus besonderen Gründen notwendig ist (Ausführung). Die Gefangenen können auch gegen ihren Willen ausgeführt werden. Liegt die Ausführung ausschließlich im Interesse der Gefangenen, können ihnen die Kosten auferlegt werden. Hiervon ist bei Straf- und Jugendstrafgefangenen abzusehen, soweit dies die Erreichung des Vollzugsziels, insbesondere die Eingliederung, behindert.

(2) Ausführungen zur Befolgung einer gerichtlichen Ladung sind zu ermöglichen, soweit darin das persönliche Erscheinen angeordnet ist.

(3) Vor der Gewährung einer Ausführung Untersuchungsgefangener ist dem Gericht und der Staatsanwaltschaft Gelegenheit zur Stellungnahme zu geben.

(4) Straf- und Jugendstrafgefangenen kann gestattet werden, außerhalb der Anstalt einer regelmäßigen Beschäftigung unter ständiger Aufsicht oder unter Aufsicht in unregelmäßigen Abständen (Außenbeschäftigung) nachzugehen. § 46 Absatz 2 gilt entsprechend.

(5) Auf Ersuchen eines Gerichts werden Gefangene vorgeführt, sofern ein Vorführungsbefehl vorliegt. Über Untersuchungsgefangene betreffende Vorführungsersuchen in anderen als dem der Inhaftierung zugrunde liegenden Verfahren sind das Gericht und die Staatsanwaltschaft unverzüglich zu unterrichten.

(6) Gefangene dürfen befristet dem Gewahrsam eines Gerichts, einer Staatsanwaltschaft oder einer Polizei-, Zoll- oder Finanzbehörde auf Antrag überlassen werden (Ausantwortung). Absatz 3 gilt entsprechend.

10 C 7, 10 C 8, 10 C 10, 10 C 38, 10 C 50, 10 D 3, 10 D 10, 10 D 11, 10 D 12, 10 D 13, 10 D 14, 10 D 15, 10 E 3

Abschnitt 8 Vorbereitung der Eingliederung, Entlassung und nachgehende Betreuung

§ 50 Vorbereitung der Eingliederung

(1) Die Maßnahmen zur sozialen und beruflichen Eingliederung sind auf den Zeitpunkt der voraussichtlichen Entlassung in die Freiheit abzustellen. Die Straf- und Jugendstrafgefangenen sind bei der Ordnung ihrer persönlichen, wirtschaftlichen und sozialen Angelegenheiten zu unterstützen. Dies umfasst auch die Vermittlung in nachsorgende Maßnahmen.

(2) Die Anstalt arbeitet frühzeitig mit den Kommunen, den Agenturen für Arbeit, den Trägern der Sozialversicherung und der Sozialhilfe, den Hilfeeinrichtungen anderer Behörden, den forensischen Ambulanzen, den Verbänden der freien Wohlfahrtspflege und weiteren Personen und Einrichtungen außerhalb des Vollzugs zusammen, insbesondere um zu erreichen, dass die Straf- und Jugendstrafgefangenen nach ihrer Entlassung über eine geeignete Unterbringung und eine Arbeits- oder Ausbildungsstelle verfügen. Bewährungshilfe und Führungsaufsichtsstellen beteiligen sich frühzeitig an der sozialen und beruflichen Eingliederung der Straf- und Jugendstrafgefangenen. § 12 Absatz 6 gilt entsprechend.

(3) Um die Eingliederung vorzubereiten, sollen die Straf- und Jugendstrafgefangenen in eine Eingliederungsabteilung verlegt werden.

(4) Den Straf- und Jugendstrafgefangenen können Aufenthalte in Einrichtungen außerhalb des Vollzugs (Übergangseinrichtungen) gewährt werden, wenn dies zur Vorbereitung der Eingliederung erforderlich ist. Die Vollstreckungsleiterin oder der Vollstreckungsleiter ist zu hören. Haben sich die Straf- und Jugendstrafgefangenen mindestens sechs Monate im Vollzug befunden, kann ihnen auch ein zusammenhängender Langzeitausgang bis zu sechs Monaten, zur Unterbringung in einer Einrichtung freier Träger auch darüber hinaus, gewährt werden, wenn dies zur Vorbereitung der Eingliederung erforderlich ist. § 46 Absatz 2 und 3 sowie § 48 gelten entsprechend.

(5) In einem Zeitraum von sechs Monaten vor der voraussichtlichen Entlassung sind den Straf- und Jugendstrafgefangenen die zur Vorbereitung der Eingliederung erforderlichen Lockerungen zu gewähren, sofern nicht mit hoher Wahrscheinlichkeit zu erwarten ist, dass die Straf- und Jugendstrafgefangenen sich dem Vollzug der Freiheits- oder Jugendstrafe entziehen oder die Lockerungen zu Straftaten missbrauchen werden.

(6) Die Beratung der Straf- und Jugendstrafgefangenen, die voraussichtlich nicht unter Bewährung oder Führungsaufsicht gestellt werden und bei denen nach ihrer Entlassung ein Hilfebedarf besteht, soll die Vermittlung des Kontaktes zu Stellen und Einrichtungen außerhalb der Anstalt umfassen, die die Eingliederung der Straf- und Jugendstrafgefangenen am Wohnort begleiten und fördern können. Insbesondere sind die regionalen freien Träger frühzeitig in die Vorbereitung der Eingliederung einzubinden, um die Straf- und Jugendstrafgefangenen nach der Entlassung an ihrem Wohnort unverzüglich unterstützen zu können.

3 C 1, 3 C 2, 3 C 3, 3 C 5, 3 C 6, 4 J 2, 4 J 7, 7 B 6, 7 B 10, 7 D 8, 10 B 5, 10 G 2, 10 H 4, 10 H 6, 10 H 9, 10 H 10, 10 H 12, 13 A 2, 13 I 5

§ 51 Entlassung der Straf- und Jugendstrafgefangenen

(1) Die Straf- und Jugendstrafgefangenen sollen am letzten Tag ihrer Strafzeit möglichst frühzeitig, jedenfalls noch am Vormittag, entlassen werden.

(2) Fällt das Strafende auf einen Sonnabend oder Sonntag, einen gesetzlichen Feiertag, den ersten Werktag nach Ostern oder Pfingsten oder in die Zeit vom 22. Dezember bis zum 6. Januar, so können die Straf- und Jugendstrafgefangenen an dem diesem Tag oder Zeitraum vorhergehenden Werktag entlassen werden, wenn dies gemessen an der Dauer der Strafzeit vertretbar ist und fürsorgerische Gründe nicht entgegenstehen.

(3) Der Entlassungszeitpunkt kann bis zu zwei Tage vorverlegt werden, wenn die Straf- und Jugendstrafgefangenen zu ihrer Eingliederung hierauf dringend angewiesen sind.

(4) Bedürftigen Straf- und Jugendstrafgefangenen kann eine Entlassungsbeihilfe in Form eines Reisekostenzuschusses, angemessener Kleidung oder einer sonstigen notwendigen Unterstützung gewährt werden.

7 E 1, 10 G 2, 10 I 2, 10 I 4, 10 I 5, 10 I 8

§ 52 Nachgehende Betreuung

Mit Zustimmung der Anstaltsleiterin oder des Anstaltsleiters können Bedienstete an der nachgehenden Betreuung entlassener Straf- und Jugendstrafgefangener mit deren Einverständnis mitwirken, wenn ansonsten die Eingliederung gefährdet wäre. Die nachgehende Betreuung kann auch außerhalb der Anstalt erfolgen. In der Regel ist sie auf die ersten sechs Monate nach der Entlassung begrenzt.

3 D 3, 3 E 2, 3 E 4, 3 E 5, 3 E 6, 3 E 7, 7 D 8, 10 G 2

§ 53 Verbleib oder Aufnahme auf freiwilliger Grundlage

(1) Sofern es die Belegungssituation zulässt, können die Straf- und Jugendstrafgefangenen auf Antrag ausnahmsweise vorübergehend in der Anstalt verbleiben oder wieder aufgenommen werden, wenn die Eingliederung gefährdet und ein Aufenthalt in der Anstalt aus diesem Grunde gerechtfertigt ist.

(2) Die Jugendstrafgefangenen können ausnahmsweise nach ihrer Entlassung im Vollzug begonnene Ausbildungs- oder Behandlungsmaßnahmen fortführen, soweit diese nicht anderweitig durchgeführt werden können. Hierzu können sie vorübergehend in der Anstalt untergebracht werden.

(3) Die Unterbringung erfolgt auf vertraglicher Basis. Gegen die in der Anstalt untergebrachten Entlassenen dürfen Maßnahmen des Vollzugs nicht mit unmittelbarem Zwang durchgesetzt werden.

(4) Bei Störung des Anstaltsbetriebes durch die Entlassenen oder aus vollzugsorganisatorischen Gründen können die Unterbringung und die Maßnahme jederzeit beendet werden.

3 D 2, 3 D 4, 3 D 6, 3 D 7, 3 D 8, 10 G 2

§ 54 Entlassung der Untersuchungsgefangenen

(1) Auf Anordnung des Gerichts oder der Staatsanwaltschaft entlässt die Anstalt die Untersuchungsgefangenen unverzüglich aus der Haft, es sei denn, es ist in anderer Sache eine richterlich angeordnete Freiheitsentziehung zu vollziehen.

(2) Aus fürsorgerischen Gründen kann den Untersuchungsgefangenen der freiwillige Verbleib in der Anstalt bis zum Vormittag des zweiten auf den Eingang der Entlassungsanordnung folgenden Werktages gestattet werden. Der freiwillige Verbleib setzt das schriftliche Einverständnis der Untersuchungsgefangenen voraus, dass die bisher bestehenden Beschränkungen aufrechterhalten bleiben.

(3) § 51 Absatz 4 gilt entsprechend.

Abschnitt 9. Grundversorgung und Freizeit

§ 55 Einbringen von Gegenständen

Gegenstände dürfen durch oder für die Gefangenen nur mit Zustimmung der Anstalt eingebracht werden. Die Anstalt kann die Zustimmung verweigern, wenn die Gegenstände geeignet sind, die Sicherheit oder Ordnung der Anstalt oder die Erreichung des Vollzugsziels zu gefährden, oder ihre Aufbewahrung nach Art oder Umfang offensichtlich nicht möglich ist.

5 C 22, 6 C 11, 11 C 2, 11 C 10

§ 56 Gewahrsam an Gegenständen

(1) Die Gefangenen dürfen Gegenstände nur mit Zustimmung der Anstalt in Gewahrsam haben, annehmen oder abgeben.

(2) Ohne Zustimmung dürfen sie Gegenstände von geringem Wert an andere Gefangene weitergeben und von anderen Gefangenen annehmen; die Abgabe und Annahme auch dieser Gegenstände und der Gewahrsam daran können von der Zustimmung der Anstalt abhängig gemacht werden.

11 C 2, 11 C 3, 11 C 12

§ 57 Ausstattung des Haftraums
Die Gefangenen dürfen ihren Haftraum in angemessenem Umfang mit eigenen Gegenständen ausstatten oder diese dort aufbewahren. Gegenstände dürfen nicht in den Haftraum eingebracht werden oder werden aus dem Haftraum entfernt, wenn sie geeignet sind,
1. die Sicherheit oder Ordnung der Anstalt, insbesondere die Übersichtlichkeit des Haftraums, zu gefährden oder
2. bei den Straf- und Jugendstrafgefangenen die Erreichung des Vollzugsziels zu gefährden.

2 F 1, 2 F 8, 2 F 9, 2 F 10, 2 F 12, 2 F 16, 2 F 17, 5 C 12, 5 C 14, 5 C 17, 5 C 18, 5 C 36, 5 D 6, 5 D 11, 5 D 14, 5 D 20, 5 D 21, 5 D 28

§ 58 Aufbewahrung und Vernichtung von Gegenständen
(1) Gegenstände, die die Gefangenen nicht im Haftraum aufbewahren dürfen oder wollen, werden von der Anstalt aufbewahrt, soweit dies nach Art und Umfang möglich ist.

(2) Den Gefangenen wird Gelegenheit gegeben, ihre Gegenstände, die sie während des Vollzugs und für ihre Entlassung nicht benötigen, zu versenden. § 45 Absatz 6 gilt entsprechend.

(3) Werden Gegenstände, deren Aufbewahrung nach Art oder Umfang nicht möglich ist, von den Gefangenen trotz Aufforderung nicht aus der Anstalt verbracht, so darf die Anstalt diese Gegenstände auf Kosten der Gefangenen außerhalb der Anstalt verwahren, verwerten oder vernichten. Für die Voraussetzungen und das Verfahren der Verwertung und Vernichtung gilt § 27 des Brandenburgischen Polizeigesetzes entsprechend.

(4) Aufzeichnungen und andere Gegenstände, die Kenntnisse über Sicherungsvorkehrungen der Anstalt vermitteln oder Schlussfolgerungen auf diese zulassen, dürfen vernichtet oder unbrauchbar gemacht werden.

11 C 2, 11 C 13, 11 C 14, 11 C 15, 11 C 16

§ 59 Religiöse Schriften und Gegenstände
Die Gefangenen dürfen grundlegende religiöse Schriften sowie in angemessenem Umfang Gegenstände des religiösen Gebrauchs besitzen. Diese dürfen ihnen nur bei grobem Missbrauch entzogen werden.

8 A 21, 8 A 22, 8 A 23

§ 60 Zeitungen und Zeitschriften
(1) Die Gefangenen dürfen auf eigene Kosten Zeitungen und Zeitschriften in angemessenem Umfang durch Vermittlung der Anstalt beziehen. Ausgeschlossen sind lediglich Zeitungen und Zeitschriften, deren Verbreitung mit Strafe oder Geldbuße bedroht ist.

(2) Den Straf- und Jugendstrafgefangenen können einzelne Ausgaben vorenthalten oder entzogen werden, wenn deren Inhalte die Erreichung des Vollzugsziels oder die Sicherheit oder Ordnung der Anstalt erheblich gefährden würden.

(3) Den Untersuchungsgefangenen können Zeitungen oder Zeitschriften vorenthalten werden, wenn dies zur Umsetzung einer Anordnung nach § 119 Absatz 1 der Strafprozessordnung erforderlich ist. Für einzelne Ausgaben gilt dies auch dann, wenn deren Inhalte die Sicherheit oder Ordnung der Anstalt erheblich gefährden würden.

5 B 5, 5 B 6, 5 B 12, 5 B 13, 5 B 14, 5 B 15, 5 B 20, 5 B 21, 5 B 23, 5 B 24

§ 61 Rundfunk, Informations- und Unterhaltungselektronik
(1) Der Zugang zum Rundfunk ist zu ermöglichen.

(2) Eigene Hörfunk- und Fernsehgeräte werden zugelassen, wenn nicht Gründe des § 57 Satz 2 oder bei jungen Gefangenen erzieherische Gründe entgegenstehen. Andere Geräte der Informations- und Unterhaltungselektronik können unter diesen Voraussetzungen zugelassen werden. Die Gefangenen können auf Mietgeräte oder auf ein Haftraummediensystem verwiesen werden. § 44 bleibt unberührt.

(3) Der Rundfunkempfang kann vorübergehend ausgesetzt oder einzelnen Gefangenen untersagt werden, wenn dies zur Aufrechterhaltung der Sicherheit oder Ordnung der Anstalt, bei einzelnen Untersuchungsgefangenen auch zur Umsetzung einer Anordnung nach § 119 Absatz 1 der Strafprozessordnung unerlässlich ist.

5 C 4, 5 C 6, 5 C 10, 5 C 12, 5 C 14, 5 C 17, 5 C 18, 5 C 22, 5 C 25, 5 C 26, 5 C 28, 5 C 29, 5 C 36, 5 D 10

§ 62 Kleidung

(1) Im geschlossenen Vollzug tragen die Straf- und Jugendstrafgefangenen Anstaltskleidung. Die Anstaltsleiterin oder der Anstaltsleiter kann eine abweichende Regelung treffen.

(2) Die Untersuchungsgefangenen dürfen eigene Kleidung tragen. Dieses Recht kann eingeschränkt oder ausgeschlossen werden, soweit es zur Umsetzung einer Anordnung nach § 119 Absatz 1 der Strafprozessordnung oder zur Gewährleistung der Sicherheit oder Ordnung der Anstalt erforderlich ist.

(3) Für Reinigung und Instandsetzung eigener Kleidung haben die Gefangenen auf ihre Kosten zu sorgen. Die Anstaltsleiterin oder der Anstaltsleiter kann anordnen, dass Reinigung und Instandhaltung nur durch Vermittlung der Anstalt erfolgen dürfen.

6 A 1, 6 A 2, 6 A 5, 6 A 7, 6 A 9

§ 63 Verpflegung und Einkauf

(1) Zusammensetzung und Nährwert der Anstaltsverpflegung entsprechenden Anforderungen an eine gesunde Ernährung und werden ärztlich überwacht. Auf ärztliche Anordnung wird besondere Verpflegung gewährt. Den Gefangenen ist zu ermöglichen, Speisevorschriften ihrer Religionsgemeinschaft zu befolgen oder sich fleischlos zu ernähren.

(2) Den Gefangenen wird ermöglicht einzukaufen. Die Anstalt wirkt auf ein Angebot hin, das auf Wünsche und Bedürfnisse der Gefangenen Rücksicht nimmt. Das Verfahren des Einkaufs regelt die Anstaltsleiterin oder der Anstaltsleiter. Straf- und Jugendstrafgefangene können Nahrungs-, Genuss- und Körperpflegemittel nur vom Haus- und Taschengeld, andere Gegenstände in angemessenem Umfang auch vom Eigengeld einkaufen.

4 I 111, 4 I 112, 6 B 4, 6 B 6, 6 B 9, 6 B 10, 6 C 5, 6 C 6, 6 C 7, 6 C 10, 11 C 17

§ 64 Annehmlichkeiten im Vollzug der Untersuchungshaft

Die Untersuchungsgefangenen dürfen sich auf ihre Kosten von den §§ 57 sowie 59 bis 63 nicht umfasste Annehmlichkeiten verschaffen, soweit und solange die Sicherheit oder Ordnung der Anstalt nicht gefährdet wird.

§ 65 Freizeit

(1) Zur Ausgestaltung der Freizeit hat die Anstalt insbesondere Angebote zur sportlichen und kulturellen Betätigung und Bildungsangebote vorzuhalten. Die Anstalt stellt eine angemessen ausgestattete Mediathek zur Verfügung.

(2) Dem Sport kommt bei der Gestaltung des Vollzugs der Jugendstrafe und der Untersuchungshaft an jungen Untersuchungsgefangenen besondere Bedeutung zu. Für die jungen Gefangenen sind ausreichende und geeignete Angebote vorzuhalten, um ihnen eine sportliche Betätigung von mindestens vier Stunden wöchentlich zu ermöglichen.

(3) Im Vollzug der Jugendstrafe dient der Sport auch der Erreichung des Vollzugsziels und kann zur Diagnostik und gezielten Behandlung eingesetzt werden.

5 A 8, 5 A 12, 5 A 18, 5 A 19, 5 A 24, 5 A 25, 5 A 26, 5 A 30, 5 A 32, 5 A 40

Abschnitt 10. Vergütung, Gelder der Gefangenen und Kosten

§ 66 Vergütung

(1) Die Gefangenen erhalten eine Vergütung in Form von

1. Arbeitsentgelt für Arbeit,
2. Ausbildungsbeihilfe für die Teilnahme an schulischen und beruflichen Qualifizierungsmaßnahmen, arbeitstherapeutischen Maßnahmen und Arbeitstraining oder
3. finanzieller Anerkennung für die Teilnahme an Maßnahmen nach § 15 Absatz 1 Satz 1 Nummer 8 bis 11 und Satz 2, soweit sie für die Strafgefangenen nach § 15 Absatz 2 als zwingend erforderlich, für die

Jugendstrafgefangenen nach § 15 Absatz 3 als erforderlich erachtet wurden oder Teil des Behandlungsprogramms der sozialtherapeutischen Abteilung sind.

(2) Der Bemessung der Vergütung sind 9 Prozent der Bezugsgröße nach § 18 des Vierten Buches Sozialgesetzbuch zugrunde zu legen (Eckvergütung). Ein Tagessatz ist der 250. Teil der Eckvergütung; die Vergütung kann nach einem Stundensatz bemessen werden.

(3) Die Vergütung kann je nach Art der Maßnahme und Leistung der Gefangenen gestuft werden. Sie beträgt mindestens 75 Prozent der Eckvergütung. Das für den Justizvollzug zuständige Mitglied der Landesregierung wird ermächtigt, durch Rechtsverordnung Vergütungsstufen zu regeln.

(4) Soweit Beiträge zur Bundesagentur für Arbeit zu entrichten sind, kann vom Arbeitsentgelt oder der Ausbildungsbeihilfe ein Betrag einbehalten werden, der dem Anteil der Gefangenen am Beitrag entsprechen würde, wenn sie diese Bezüge als Arbeitnehmerin oder Arbeitnehmer erhielten.

(5) Die Höhe der Vergütung ist den Gefangenen schriftlich bekannt zu geben.

(6) Die Gefangenen, die an einer Maßnahme nach § 29 teilnehmen, erhalten hierfür nur eine Ausbildungsbeihilfe, soweit kein Anspruch auf Leistungen zum Lebensunterhalt besteht, die außerhalb des Vollzugs aus solchem Anlass gewährt werden.

1 E 14, 4 Vorb. 5, 4 D 6, 4 D 9, 4 D 10, 4 D 11, 4 D 13, 4 D 14, 4 D 19, 4 D 21, 4 D 22, 4 D 25, 4 D 26, 4 D 71, 4 G 2, 4 G 3, 4 G 7, 4 G 8, 4 G 10, 4 G 11, 4 I 14, 4 I 23, 4 I 133, 6 F 56

§ 67 Eigengeld

(1) Das Eigengeld besteht aus den Beträgen, die die Gefangenen bei der Aufnahme in die Anstalt mitbringen und die sie während der Haftzeit erhalten, und der Vergütung, soweit diese nicht im Vollzug der Freiheits- und Jugendstrafe als Hausgeld oder Eingliederungsgeld und im Vollzug der Freiheitsstrafe als Haftkostenbeitrag in Anspruch genommen wird.

(2) Die Gefangenen können über das Eigengeld verfügen. § 63 Absatz 2 sowie die §§ 70 und 71 bleiben unberührt.

4 Vorb. 5, 4 I 99, 4 I 101, 4 I 102, 4 I 103, 4 I 109, 4 I 112, 11 C 17

§ 68 Taschengeld

(1) Bedürftigen Straf- und Jugendstrafgefangenen wird auf Antrag Taschengeld gewährt. Bedürftig sind sie, soweit ihnen aus Hausgeld (§ 70) und Eigengeld (§ 67) monatlich ein Betrag bis zur Höhe des Taschengeldes voraussichtlich nicht zur Verfügung steht. Finanzielle Anerkennungen nach § 66 Absatz 1 Nummer 3 bleiben bis zur Höhe des Taschengeldbetrags unberücksichtigt.

(2) Straf- und Jugendstrafgefangene gelten als nicht bedürftig, wenn ihnen ein Betrag nach Absatz 1 Satz 2 deshalb nicht zur Verfügung steht, weil sie eine ihnen zumutbare Arbeit nicht angenommen oder eine ausgeübte Arbeit verschuldet verloren haben. Das gilt auch dann, wenn Jugendstrafgefangene eine nach § 15 Absatz 3 als erforderlich erachtete Arbeit nicht aufgenommen oder verschuldet verloren haben.

(3) Bedürftigen Untersuchungsgefangenen wird auf Antrag Taschengeld gewährt. Bedürftig sind sie, soweit ihnen im laufenden Monat ein Betrag bis zur Höhe des Taschengeldes voraussichtlich nicht aus eigenen Mitteln zur Verfügung steht.

(4) Das Taschengeld beträgt 14 Prozent der Eckvergütung (§ 66 Absatz 2). Es wird zu Beginn des Monats im Voraus gewährt. Gehen den Gefangenen im Laufe des Monats Gelder zu, wird zum Ausgleich ein Betrag bis zur Höhe des gewährten Taschengeldes einbehalten.

(5) Die Gefangenen dürfen über das Taschengeld im Rahmen der Bestimmungen dieses Gesetzes verfügen. Im Vollzug der Freiheits- und Jugendstrafe wird es dem Hausgeldkonto gutgeschrieben.

4 Vorb. 5, 4 I 3, 4 I 5, 4 I 10, 4 I 14, 4 I 16, 4 I 17, 4 I 18, 4 I 19, 4 I 23, 4 I 116

§ 69 Konten, Bargeld

(1) Für die Straf- und Jugendstrafgefangenen werden Hausgeld- und Eigengeldkonten, für die Untersuchungsgefangenen nur Eigengeldkonten in der Anstalt geführt.

(2) Der Besitz von Bargeld in der Anstalt ist den Gefangenen nicht gestattet. Über Ausnahmen entscheidet die Anstaltsleiterin oder der Anstaltsleiter.

(3) Geld in Fremdwährung wird zur Habe genommen.

4 Vorb. 5, 4 I 99, 4 I 104, 4 I 109, 4 I 116, 4 I 117, 4 I 120

§ 70 Hausgeld

(1) Das Hausgeld wird aus drei Siebteln der in diesem Gesetz geregelten Vergütung gebildet.

(2) Für Straf- und Jugendstrafgefangene, die aus einem freien Beschäftigungsverhältnis, aus einer Selbstbeschäftigung oder anderweitig regelmäßige Einkünfte haben, wird daraus ein angemessenes monatliches Hausgeld festgesetzt.

(3) Für Straf- und Jugendstrafgefangene, die über Eigengeld (§ 67) verfügen und keine hinreichende Vergütung nach diesem Gesetz erhalten, gilt Absatz 2 entsprechend.

(4) Die Straf- und Jugendstrafgefangenen dürfen über das Hausgeld im Rahmen der Bestimmungen dieses Gesetzes verfügen. Der Anspruch auf Auszahlung ist nicht übertragbar.

4 Vorb. 5, 4 I 23, 4 I 25, 4 I 27, 4 I 28, 6 C 4, 12 P 8

§ 71 Zweckgebundene Einzahlungen

Für Maßnahmen der Eingliederung, insbesondere Kosten der Gesundheitsfürsorge und der Aus- und Fortbildung, und für Maßnahmen der Pflege sozialer Beziehungen, insbesondere Telefonkosten und Fahrtkosten anlässlich Lockerungen, kann zweckgebunden Geld eingezahlt werden. Das Geld darf nur für diese Zwecke verwendet werden. Der Anspruch auf Auszahlung ist nicht übertragbar.

4 Vorb. 5, 4 I 12, 4 I 126, 4 I 127

§ 72 Haftkostenbeitrag, Kostenbeteiligung

(1) Die Anstalt erhebt von den Strafgefangenen, die sich in einem freien Beschäftigungsverhältnis befinden oder über anderweitige regelmäßige Einkünfte verfügen, für diese Zeit einen Haftkostenbeitrag. Vergütungen nach diesem Gesetz bleiben unberücksichtigt. Den Strafgefangenen muss täglich ein Tagessatz gemäß § 66 Absatz 2 Satz 2 verbleiben. Von der Geltendmachung des Anspruchs ist abzusehen, soweit die Wiedereingliederung der Strafgefangenen hierdurch gefährdet würde.

(2) Der Haftkostenbeitrag wird in Höhe des Betrages erhoben, der nach § 17 Absatz 1 Satz 1 Nummer 4 des Vierten Buches Sozialgesetzbuch durchschnittlich zur Bewertung der Sachbezüge festgesetzt ist. Bei Selbstverpflegung entfallen die für die Verpflegung vorgesehenen Beträge. Für den Wert der Unterkunft ist die festgesetzte Belegungsfähigkeit maßgebend.

(3) Die Gefangenen können an den Betriebskosten der in ihrem Gewahrsam befindlichen Geräte beteiligt werden.

4 Vorb. 5, 4 H 29, 4 I 41, 4 I 43, 4 I 45, 4 I 47, 4 I 49, 4 I 50, 4 I 52, 4 I 56, 5 C 32, 5 C 36

§ 73 Eingliederungsgeld

(1) Die Strafgefangenen dürfen für Zwecke der Eingliederung nach der Entlassung ein Guthaben in angemessener Höhe bilden (Eingliederungsgeld). Die Jugendstrafgefangenen sind hierzu verpflichtet. Der Anspruch auf Auszahlung ist nicht übertragbar.

(2) Die Straf- und Jugendstrafgefangenen dürfen bereits vor der Entlassung für Zwecke des Absatzes 1 Satz 1 über das Eingliederungsgeld verfügen. Die Anstaltsleiterin oder der Anstaltsleiter kann ihnen gestatten, das Eingliederungsgeld zur Entschädigung der Opfer ihrer Straftaten in Anspruch zu nehmen.

4 Vorb. 5, 4 I 65, 4 I 89, 4 I 99, 11 C 17

Abschnitt 11 . Gesundheitsfürsorge

§ 74 Art und Umfang der medizinischen Leistungen, Kostenbeteiligung

(1) Die Gefangenen haben einen Anspruch auf notwendige, ausreichende und zweckmäßige medizinische Leistungen unter Beachtung des Grundsatzes der Wirtschaftlichkeit und unter Berücksichtigung des allgemeinen Standards der gesetzlichen Krankenversicherung. Der Anspruch umfasst auch Vorsorgeleistungen, ferner die Versorgung mit medizinischen Hilfsmitteln, soweit diese mit Rücksicht auf die Dauer des Freiheitsentzugs nicht ungerechtfertigt ist und die Hilfsmittel nicht als allgemeine Gebrauchsgegenstände des täglichen Lebens anzusehen sind.

(2) An den Kosten nach Absatz 1 können die Gefangenen in angemessenem Umfang beteiligt werden, höchstens jedoch bis zum Umfang der Beteiligung vergleichbarer gesetzlich Versicherter. Für Leistungen, die über Absatz 1 hinausgehen, können den Gefangenen die gesamten Kosten auferlegt werden.

(3) Erhalten die Gefangenen Leistungen nach Absatz 1 infolge einer mutwilligen Selbstverletzung, sind sie in angemessenem Umfang an den Kosten zu beteiligen. Bei den Straf- und Jugendstrafgefangenen

unterbleibt die Kostenbeteiligung, wenn hierdurch die Erreichung des Vollzugsziels, insbesondere die Eingliederung, gefährdet würde.

(4) Den Untersuchungsgefangenen soll die Anstaltsleiterin oder der Anstaltsleiter nach Anhörung des ärztlichen Dienstes der Anstalt auf ihren Antrag hin gestatten, auf ihre Kosten externen ärztlichen Rat einzuholen. Die Erlaubnis kann versagt werden, wenn die Untersuchungsgefangenen die gewählte ärztliche Vertrauensperson und den ärztlichen Dienst der Anstalt nicht wechselseitig von der Schweigepflicht entbinden oder wenn es zur Umsetzung einer Anordnung nach § 119 Absatz 1 der Strafprozessordnung oder zur Aufrechterhaltung der Sicherheit oder Ordnung der Anstalt erforderlich ist. Die Konsultation soll in der Anstalt stattfinden.

4 I 55, 6 E 1, 6 E 3, 6 F 1, 6 F 18, 6 F 19, 6 F 20, 6 F 23, 6 F 25, 6 F 28, 6 F 35, 11 J 17

§ 75 Durchführung der medizinischen Leistungen, Forderungsübergang

(1) Medizinische Diagnostik, Behandlung und Versorgung kranker und hilfsbedürftiger Gefangener erfolgen in der Anstalt, erforderlichenfalls in einer hierfür besser geeigneten Anstalt oder einem Vollzugskrankenhaus, ausnahmsweise auch außerhalb des Vollzugs. Erfolgt eine Behandlung junger Gefangener außerhalb der Anstalt, sind die Personensorgeberechtigten und das Jugendamt, im Vollzug der Jugendstrafe ist auch die Vollstreckungsleiterin oder der Vollstreckungsleiter zu unterrichten. Im Vollzug der Untersuchungshaft ist dem Gericht und der Staatsanwaltschaft im Falle einer Behandlung außerhalb der Anstalt nach Möglichkeit Gelegenheit zur Stellungnahme zu geben.

(2) Wird die Strafvollstreckung während einer Behandlung von Straf- oder Jugendstrafgefangenen unterbrochen oder beendet oder werden Untersuchungsgefangene während einer Behandlung aus der Haft entlassen, so hat das Land nur diejenigen Kosten zu tragen, die bis zur Unterbrechung oder Beendigung der Strafvollstreckung oder bis zur Entlassung angefallen sind.

(3) Gesetzliche Schadensersatzansprüche, die Gefangenen infolge einer Körperverletzung gegen Dritte zustehen, gehen insoweit auf das Land über, als den Gefangenen Leistungen nach § 74 Absatz 1 zu gewähren sind. Von der Geltendmachung der Ansprüche ist im Interesse der Straf- oder Jugendstrafgefangenen abzusehen, wenn hierdurch die Erreichung des Vollzugsziels, insbesondere die Eingliederung, gefährdet würde.

6 F 58, 6 F 59, 6 F 61, 6 F 65, 6 F 71, 11 J 19

§ 76 Ärztliche Behandlung zur sozialen Eingliederung

Mit Zustimmung der Straf- oder Jugendstrafgefangenen soll die Anstalt ärztliche Behandlungen, insbesondere Operationen oder prothetische Maßnahmen, durchführen lassen, die ihre soziale Eingliederung fördern. Die Kosten tragen die Straf- oder Jugendstrafgefangenen. Sind sie dazu nicht in der Lage, kann die Anstalt die Kosten in begründeten Fällen in angemessenem Umfang übernehmen.

4 I 55, 6 F 41, 6 F 42, 6 F 48, 6 F 50

§ 77 Gesundheitsschutz und Hygiene

(1) Die Anstalt unterstützt die Gefangenen bei der Wiederherstellung und Erhaltung ihrer körperlichen, geistigen und seelischen Gesundheit. Sie fördert das Bewusstsein für gesunde Ernährung und Lebensführung. Die Gefangenen haben die notwendigen Anordnungen zum Gesundheitsschutz und zur Hygiene zu befolgen.

(2) Den Gefangenen wird ermöglicht, sich täglich mindestens eine Stunde im Freien aufzuhalten.

6 D 1, 6 D 17, 6 D 24, 6 G 1, 6 G 6

§ 78 Krankenbehandlung während Lockerungen

(1) Die Straf- und Jugendstrafgefangenen haben während Lockerungen einen Anspruch auf medizinische Leistungen gegen das Land nur in der für sie zuständigen Anstalt. § 47 Absatz 1 bleibt unberührt.

(2) Der Anspruch auf Leistungen ruht, solange die Straf- und Jugendstrafgefangenen aufgrund eines freien Beschäftigungsverhältnisses krankenversichert sind.

4 H 5, 6 F 51, 6 F 55

§ 79 Zwangsmaßnahmen auf dem Gebiet der Gesundheitsfürsorge

(1) Eine medizinische Untersuchung und Behandlung ist ohne Einwilligung der Gefangenen zulässig, um den Erfolg eines Selbsttötungsversuchs zu verhindern. Eine Maßnahme nach Satz 1 ist auch zulässig,

wenn von den Gefangenen eine schwerwiegende Gefahr für die Gesundheit einer anderen Person ausgeht und die Maßnahme verhältnismäßig ist.

(2) Eine medizinische Untersuchung und Behandlung sowie eine Zwangsernährung sind bei Lebensgefahr oder schwerwiegender Gefahr für die Gesundheit der Gefangenen zulässig, wenn diese zur Einsicht in das Vorliegen der Gefahr und die Notwendigkeit der Maßnahme oder zum Handeln gemäß solcher Einsicht krankheitsbedingt nicht fähig sind.

(3) Eine Maßnahme nach Absatz 2 darf nur angeordnet werden, wenn
1. eine Patientenverfügung im Sinne des § 1901a Absatz 1 Satz 1 des Bürgerlichen Gesetzbuches, deren Festlegungen auf die aktuelle Lebens- und Behandlungssituation zutreffen und gegen die Durchführung der Maßnahme gerichtet sind, der Anstalt nicht vorliegt,
2. die Gefangenen durch eine Ärztin oder einen Arzt über Notwendigkeit, Art, Umfang, Dauer, zu erwartende Folgen und Risiken der Maßnahme in einer ihrer Auffassungsgabe und ihrem Gesundheitszustand angemessenen Weise aufgeklärt wurden,
3. der ernsthafte und ohne Ausübung von Druck unternommene Versuch einer Ärztin oder eines Arztes, ein Einverständnis der Gefangenen mit der Maßnahme zu erwirken, erfolglos geblieben ist,
4. die Maßnahme zur Abwendung einer Gefahr nach Absatz 2 geeignet und erforderlich ist und
5. der von der Maßnahme erwartete Nutzen die mit der Maßnahme verbundene Belastung und den durch das Unterlassen der Maßnahme möglichen Schaden deutlich überwiegt.

(4) Maßnahmen nach den Absätzen 1 und 2 dürfen nur von der Anstaltsleiterin oder dem Anstaltsleiter auf der Grundlage einer ärztlichen Empfehlung angeordnet werden. Die Anordnung bedarf der Zustimmung der medizinischen Fachaufsicht. Durchführung und Überwachung unterstehen ärztlicher Leitung. Unberührt bleibt die Leistung erster Hilfe für den Fall, dass eine Ärztin oder ein Arzt nicht rechtzeitig erreichbar und mit einem Aufschub Lebensgefahr verbunden ist. Die Gründe für die Anordnung einer Maßnahme nach Absatz 1 oder Absatz 2, in den Fällen des Absatzes 2 auch das Vorliegen der dort genannten Voraussetzungen sowie die ergriffene Maßnahme, einschließlich ihres Zwangscharakters, die Durchsetzungsweise, die Wirkungsüberwachung sowie der Untersuchungs- und Behandlungsverlauf sind zu dokumentieren. Gleiches gilt für Erklärungen der Gefangenen, die im Zusammenhang mit Zwangsmaßnahmen von Bedeutung sein können.

(5) Die Anordnung einer Maßnahme nach Absatz 1 Satz 2 oder Absatz 2 ist den Gefangenen vor Durchführung der Maßnahme schriftlich bekannt zu geben. Sie sind darüber zu belehren, dass sie gegen die Anordnung bei Gericht um einstweiligen Rechtsschutz ersuchen und auch Antrag auf gerichtliche Entscheidung stellen können. Mit dem Vollzug einer Anordnung ist zuzuwarten, bis die Gefangenen Gelegenheit hatten, eine gerichtliche Entscheidung herbeizuführen.

(6) Bei Gefahr im Verzug finden Absatz 3 Nummer 2 und 3 und Absatz 5 keine Anwendung.

(7) Die zwangsweise körperliche Untersuchung der Gefangenen zum Gesundheitsschutz und zur Hygiene ist zulässig, wenn sie nicht mit einem körperlichen Eingriff verbunden ist. Sie darf nur von der Anstaltsleiterin oder dem Anstaltsleiter auf der Grundlage einer ärztlichen Stellungnahme angeordnet werden. Durchführung und Überwachung unterstehen ärztlicher Leitung.

11 K 5, 11 L 1, 11 L 3, 11 L 7, 11 L 14, 11 L 15, 11 L 20, 11 L 23

§ 80 Benachrichtigungspflicht

Erkranken Gefangene schwer oder versterben sie, werden Angehörige und Personensorgeberechtigte sowie gegebenenfalls Verteidigerinnen und Verteidiger und Beistände nach § 69 des Jugendgerichtsgesetzes benachrichtigt. Dem Wunsch der Gefangenen, auch andere Personen zu benachrichtigen, soll nach Möglichkeit entsprochen werden.

6 H 1, 6 H 2

Abschnitt 12 . Religionsausübung

§ 81 Seelsorge

Den Gefangenen darf religiöse Betreuung durch eine Seelsorgerin oder einen Seelsorger nicht versagt werden. Auf Wunsch ist ihnen zu helfen, mit einer Seelsorgerin oder einem Seelsorger ihrer Religionsgemeinschaft in Verbindung zu treten.

8 A 14, 8 A 19

§ 82 Religiöse Veranstaltungen

(1) Die Gefangenen haben das Recht, am Gottesdienst und an anderen religiösen Veranstaltungen ihres Bekenntnisses in der Anstalt teilzunehmen.

(2) Die Zulassung zu den Gottesdiensten oder religiösen Veranstaltungen einer anderen Religionsgemeinschaft bedarf der Zustimmung der Seelsorgerin oder des Seelsorgers der Religionsgemeinschaft.

(3) Gefangene können von der Teilnahme am Gottesdienst oder an anderen religiösen Veranstaltungen ausgeschlossen werden, wenn dies aus überwiegenden Gründen der Sicherheit oder Ordnung, bei Untersuchungsgefangenen auch zur Umsetzung einer Anordnung nach § 119 Absatz 1 der Strafprozessordnung geboten ist; die Seelsorgerin oder der Seelsorger soll vorher gehört werden.

8 B 1, 8 B 18, 8 B 22

§ 83 Weltanschauungsgemeinschaften

Für Angehörige weltanschaulicher Bekenntnisse gelten die §§ 59, 81 und 82 entsprechend.

9 C 1ff

Abschnitt 13
Sicherheit und Ordnung

§ 84 Grundsatz

(1) Sicherheit und Ordnung der Anstalt bilden die Grundlage des Anstaltslebens und tragen dazu bei, dass in der Anstalt ein gewaltfreies Klima herrscht.

(2) Die Pflichten und Beschränkungen, die den Gefangenen zur Aufrechterhaltung der Sicherheit oder Ordnung der Anstalt auferlegt werden, sind so zu wählen, dass sie in einem angemessenen Verhältnis zu ihrem Zweck stehen und die Gefangenen nicht mehr und nicht länger als notwendig beeinträchtigen.

11 A 4, 11 A 6, 11 A 9, 11 I 4

§ 85 Allgemeine Verhaltenspflichten

(1) Die Gefangenen sind für das geordnete Zusammenleben in der Anstalt mitverantwortlich und müssen mit ihrem Verhalten dazu beitragen. Auf eine einvernehmliche Streitbeilegung ist hinzuwirken.

(2) Die Gefangenen haben die Anordnungen der Bediensteten zu befolgen, auch wenn sie sich durch diese beschwert fühlen.

(3) Die Gefangenen haben ihren Haftraum und die ihnen von der Anstalt überlassenen Sachen in Ordnung zu halten und schonend zu behandeln.

(4) Die Gefangenen haben Umstände, die eine Gefahr für das Leben oder eine erhebliche Gefahr für die Gesundheit einer Person bedeuten, unverzüglich zu melden.

11 A 4, 11 A 7, 11 B 5, 11 B 6, 11 B 8, 11 B 9

§ 86 Absuchung, Durchsuchung

(1) Die Gefangenen, ihre Sachen und die Haftäume dürfen mit technischen Mitteln oder sonstigen Hilfsmitteln abgesucht und durchsucht werden. Die Durchsuchung der männlichen Gefangenen darf nur von Männern, die Durchsuchung weiblicher Gefangener darf nur von Frauen vorgenommen werden. Das Schamgefühl ist zu schonen.

(2) Nur bei Gefahr im Verzug oder auf Anordnung der Anstaltsleiterin oder des Anstaltsleiters im Einzelfall ist es zulässig, eine mit einer Entkleidung verbundene körperliche Durchsuchung vorzunehmen. Sie darf bei männlichen Gefangenen nur in Gegenwart von Männern, bei weiblichen Gefangenen nur in Gegenwart von Frauen erfolgen. Sie ist in einem geschlossenen Raum durchzuführen. Andere Gefangene dürfen nicht anwesend sein.

(3) Die Anstaltsleiterin oder der Anstaltsleiter kann allgemein anordnen, dass die Gefangenen in der Regel bei der Aufnahme, nach Kontakten mit Besucherinnen und Besuchern sowie nach jeder unbeaufsichtigten Abwesenheit von der Anstalt nach Absatz 2 zu durchsuchen sind.

(4) Die Anordnung ist zu begründen. Anordnung, Durchführung und Ergebnis der Durchsuchungen nach den Absätzen 2 und 3 sind aktenkundig zu machen.

11 D 2, 11 D 4, 11 D 5, 11 D 7, 11 D 9, 11 D 10

§ 87 Sichere Unterbringung

Gefangene können in eine Anstalt verlegt werden, die zu ihrer sicheren Unterbringung besser geeignet ist, wenn in erhöhtem Maße die Gefahr der Entweichung oder Befreiung gegeben ist oder sonst ihr

Verhalten oder ihr Zustand eine Gefahr für die Sicherheit der Anstalt darstellt. § 24 Absatz 4 und 5 gilt entsprechend.

11 E 1, 11 E 4, 13 B 5

§ 88 Maßnahmen zur Feststellung von Suchtmittelgebrauch

(1) Zur Aufrechterhaltung der Sicherheit oder Ordnung der Anstalt kann die Anstaltsleiterin oder der Anstaltsleiter allgemein oder im Einzelfall Maßnahmen anordnen, die geeignet sind, den Gebrauch von Suchtmitteln festzustellen. Diese Maßnahmen dürfen nicht mit einem körperlichen Eingriff verbunden sein.

(2) Verweigern Gefangene die Mitwirkung an Maßnahmen nach Absatz 1 ohne hinreichenden Grund, ist davon auszugehen, dass Suchtmittelfreiheit nicht gegeben ist.

(3) Wird verbotener Suchtmittelgebrauch festgestellt, können die Kosten der Maßnahmen den Gefangenen auferlegt werden.

11 D 3, 11 D 12, 11 D 15, 11 D 16, 11 D 17, 11 D 18

§ 89 Festnahmerecht

Gefangene, die entwichen sind oder sich sonst ohne Erlaubnis außerhalb der Anstalt aufhalten, können durch die Anstalt oder auf deren Veranlassung festgenommen und zurückgebracht werden. Führt die Verfolgung oder die von der Anstalt veranlasste Fahndung nicht alsbald zur Wiederergreifung, so sind die weiteren Maßnahmen der Vollstreckungsbehörde zu überlassen.

10 C 14, 11 G 2, 11 G 4

§ 90 Besondere Sicherungsmaßnahmen

(1) Gegen Gefangene können besondere Sicherungsmaßnahmen angeordnet werden, wenn nach ihrem Verhalten oder aufgrund ihres seelischen Zustandes in erhöhtem Maße die Gefahr der Entweichung, von Gewalttätigkeiten gegen Personen oder Sachen, der Selbsttötung oder der Selbstverletzung besteht.

(2) Als besondere Sicherungsmaßnahmen sind zulässig:
1. der Entzug oder die Vorenthaltung von Gegenständen,
2. die Beobachtung der Gefangenen, auch mit optisch-elektronischen Einrichtungen,
3. die Trennung von allen anderen Gefangenen (Absonderung),
4. die Beschränkung des Aufenthalts im Freien,
5. die Unterbringung in einem besonders gesicherten Haftraum ohne gefährdende Gegenstände und
6. die Fesselung.

(3) Maßnahmen nach Absatz 2 Nummer 1 und 3 bis 5 sind auch zulässig, wenn die Gefahr einer Befreiung oder eine erhebliche Störung der Ordnung anders nicht vermieden oder behoben werden kann, nach Absatz 2 Nummer 4 jedoch nicht bei jungen Gefangenen.

(4) Eine Absonderung von mehr als 24 Stunden Dauer ist nur zulässig, wenn sie zur Abwehr einer in der Person des Gefangenen liegenden Gefahr unerlässlich ist.

(5) In der Regel dürfen Fesseln nur an den Händen oder an den Füßen angelegt werden. Im Interesse der Gefangenen kann die Anstaltsleiterin oder der Anstaltsleiter eine andere Art der Fesselung anordnen. Die Fesselung wird zeitweise gelockert, soweit dies notwendig ist.

(6) Eine Fesselung, durch die die Bewegungsfreiheit vollständig aufgehoben wird (Fixierung), ist nur zulässig, soweit und solange die Gefahr von Gewalttätigkeiten gegen Personen, der Selbsttötung oder der Selbstverletzung in erhöhtem Maß besteht und die Fixierung zur Abwehr dieser Gefahr unerlässlich ist.

(7) Besteht die Gefahr der Entweichung, dürfen die Gefangenen bei einer Ausführung, Vorführung oder beim Transport gefesselt werden.

11 I 3, 11 I 8, 11 I 14, 11 I 27, 11 I 39, 11 I 41, 11 I 46, 11 I 50, 11 I 51, 11 I 53

§ 91 Anordnung besonderer Sicherungsmaßnahmen, Verfahren

(1) Besondere Sicherungsmaßnahmen ordnet die Anstaltsleiterin oder der Anstaltsleiter an. Bei Gefahr im Verzug können auch andere Bedienstete diese Maßnahmen vorläufig anordnen; die Entscheidung der Anstaltsleiterin oder des Anstaltsleiters ist unverzüglich einzuholen.

(2) Eine nicht nur kurzfristige Fixierung bedarf einer vorherigen richterlichen Anordnung. Bei Gefahr im Verzug können auch die Anstaltsleiterin oder der Anstaltsleiter die Fixierung vorläufig anordnen; die

Entscheidung des Gerichts ist unverzüglich einzuholen. Wird die vorläufige Anordnung der Fixierung vor Erlangung einer richterlichen Entscheidung aufgehoben, so ist dies dem Gericht unverzüglich mitzuteilen.

(3) Werden die Gefangenen ärztlich behandelt oder beobachtet oder bildet ihr seelischer Zustand den Anlass der besonderen Sicherungsmaßnahme, ist vorher eine ärztliche Stellungnahme einzuholen. Ist dies wegen Gefahr im Verzug nicht möglich, wird die Stellungnahme unverzüglich nachträglich eingeholt.

(4) Die Entscheidung wird den Gefangenen von der Anstaltsleiterin oder dem Anstaltsleiter mündlich eröffnet und mit einer kurzen Begründung schriftlich abgefasst. Die Anordnung ist aktenkundig zu machen. Die Anordnung einer Fixierung, deren Grund und deren Verlauf, insbesondere die Art der Überwachung und Betreuung, sind umfassend zu dokumentieren.

(5) Besondere Sicherungsmaßnahmen dürfen nur so weit aufrechterhalten werden, wie es ihr Zweck erfordert. Sie sind in angemessenen Abständen daraufhin zu überprüfen, ob und in welchem Umfang sie aufrechterhalten werden müssen. Das Ergebnis der Überprüfungen und die Durchführung der Maßnahmen einschließlich der Beteiligung des ärztlichen Dienstes sind aktenkundig zu machen.

(6) Absonderung, Unterbringung im besonders gesicherten Haftraum und Fesselung sind der Aufsichtsbehörde, im Vollzug der Untersuchungshaft auch dem Gericht und der Staatsanwaltschaft, unverzüglich mitzuteilen, wenn sie länger als zwei Tage aufrechterhalten werden. Absonderung und Unterbringung im besonders gesicherten Haftraum von mehr als 20 Tagen Gesamtdauer innerhalb von zwölf Monaten bedürfen der Zustimmung der Aufsichtsbehörde.

(7) Während der Absonderung, der Fixierung und Unterbringung im besonders gesicherten Haftraum sind die Gefangenen in besonderem Maße zu betreuen. Sind die Gefangenen fixiert, sind sie durch Bedienstete ständig und in unmittelbarem Sichtkontakt zu beobachten.

(8) Nach Beendigung der Fixierung sind die Gefangenen auf ihr Recht hinzuweisen, die Rechtmäßigkeit der Anordnung gerichtlich überprüfen zu lassen. Der Hinweis ist aktenkundig zu machen.
11 I 3, 11 I 4, 11 I 6, 11 I 7, 11 I 28, 11 I 32, 11 I 33, 11 I 34, 11 I 37, 11 I 44, 11 I 45, 11 I 49, 11 I 55, 11 I 56, 11 I 61, 11 I 62, 11 I 63, 11 I 64, 12 Q 1

§ 92 Ärztliche Überwachung
(1) Sind die Gefangenen in einem besonders gesicherten Haftraum untergebracht oder gefesselt, sucht sie die Ärztin oder der Arzt alsbald und in der Folge täglich auf. Dies gilt nicht bei einer Fesselung während einer Ausführung, Vorführung oder eines Transports sowie bei Bewegungen innerhalb der Anstalt.

(2) Die Ärztin oder der Arzt ist regelmäßig zu hören, solange Gefangene länger als 24 Stunden abgesondert sind.
6 I 1, 6 I 2, 6 I 6, 6 I 7, 11 I 48, 11 I 53

Abschnitt 14 Unmittelbarer Zwang

§ 93 Begriffsbestimmungen
(1) Unmittelbarer Zwang ist die Einwirkung auf Personen oder Sachen durch körperliche Gewalt, ihre Hilfsmittel oder durch Waffen.

(2) Körperliche Gewalt ist jede unmittelbare körperliche Einwirkung auf Personen oder Sachen.

(3) Hilfsmittel der körperlichen Gewalt sind namentlich Fesseln. Waffen sind Hieb- und Schusswaffen.

(4) Es dürfen nur dienstlich zugelassene Hilfsmittel und Waffen verwendet werden.
11 K 5, 11 K 24, 11 K 31, 11 K 32, 11 K 37

§ 94 Allgemeine Voraussetzungen
(1) Bedienstete dürfen unmittelbaren Zwang anwenden, wenn sie Vollzugs- und Sicherungsmaßnahmen rechtmäßig durchführen und der damit verfolgte Zweck auf keine andere Weise erreicht werden kann.

(2) Gegen andere Personen als Gefangene darf unmittelbarer Zwang angewendet werden, wenn sie es unternehmen, Gefangene zu befreien oder widerrechtlich in die Anstalt einzudringen, oder wenn sie sich unbefugt darin aufhalten.

(3) Das Recht zu unmittelbarem Zwang aufgrund anderer Regelungen bleibt unberührt.
11 K 5, 11 K 8, 11 K 11, 11 K 14, 11 K 15, 11 K 16, 11 K 17, 11 K 18, 11 K 19, 11 K 20, 11 K 23

§ 95 Grundsatz der Verhältnismäßigkeit

(1) Unter mehreren möglichen und geeigneten Maßnahmen des unmittelbaren Zwangs sind diejenigen zu wählen, die den Einzelnen und die Allgemeinheit voraussichtlich am wenigsten beeinträchtigen.

(2) Unmittelbarer Zwang unterbleibt, wenn ein durch ihn zu erwartender Schaden erkennbar außer Verhältnis zu dem angestrebten Erfolg steht.

11 K 5, 11 K 38

§ 96 Androhung

Unmittelbarer Zwang ist vorher anzudrohen. Die Androhung darf nur dann unterbleiben, wenn die Umstände sie nicht zulassen oder unmittelbarer Zwang sofort angewendet werden muss, um eine rechtswidrige Tat, die den Tatbestand eines Strafgesetzes erfüllt, zu verhindern oder eine gegenwärtige Gefahr abzuwenden.

11 K 5, 11 K 53, 11 K 74, 11 K 75

§ 97 Schusswaffengebrauch

(1) Der Gebrauch von Schusswaffen durch Bedienstete innerhalb der Anstalt ist verboten. Das Recht zum Schusswaffengebrauch aufgrund anderer Vorschriften durch Polizeivollzugsbedienstete bleibt davon unberührt.

(2) Außerhalb der Anstalt dürfen Schusswaffen durch Bedienstete nur nach Maßgabe der folgenden Absätze und nur dann gebraucht werden, wenn andere Maßnahmen des unmittelbaren Zwangs bereits erfolglos waren oder keinen Erfolg versprechen. Gegen Personen ist ihr Gebrauch nur zulässig, wenn der Zweck nicht durch Waffenwirkung gegen Sachen erreicht werden kann.

(3) Schusswaffen dürfen nur die dazu bestimmten Bediensteten gebrauchen und nur, um angriffs- oder fluchtunfähig zu machen. Ihr Gebrauch unterbleibt, wenn dadurch erkennbar Unbeteiligte mit hoher Wahrscheinlichkeit gefährdet würden.

(4) Der Gebrauch von Schusswaffen ist vorher anzudrohen. Als Androhung gilt auch ein Warnschuss. Ohne Androhung dürfen Schusswaffen nur dann gebraucht werden, wenn dies zur Abwehr einer gegenwärtigen Gefahr für Leib oder Leben erforderlich ist.

(5) Gegen Gefangene dürfen Schusswaffen gebraucht werden,
1. wenn sie eine Waffe oder ein anderes gefährliches Werkzeug trotz wiederholter Aufforderung nicht ablegen,
2. wenn sie eine Meuterei (§ 121 des Strafgesetzbuches) unternehmen oder
3. um ihre Entweichung zu vereiteln oder um sie wieder zu ergreifen.

Satz 1 Nummer 2 und 3 findet auf minderjährige Gefangene keine Anwendung. Satz 1 Nummer 3 findet keine Anwendung auf Gefangene, die im offenen Vollzug untergebracht sind.

(6) Gegen andere Personen dürfen Schusswaffen gebraucht werden, wenn sie es unternehmen, Gefangene gewaltsam zu befreien.

11 K 5, 11 K 60, 11 K 62, 11 K 63, 11 K 66, 11 K 68, 11 K 69,
11 K 71, 11 K 74, 11 K 75, 11 K 79, 11 K 83, 11 K 85, 11 K 86,
11 K 90, 11 K 91

Abschnitt 15. Erzieherische Maßnahmen, Einvernehmliche Streitbeilegung, Disziplinarmaßnahmen

§ 98 Erzieherische Maßnahmen

(1) Verstöße der jungen Gefangenen gegen Pflichten, die ihnen durch oder aufgrund dieses Gesetzes auferlegt sind, sind unverzüglich im erzieherischen Gespräch aufzuarbeiten. Daneben können Maßnahmen angeordnet werden, die geeignet sind, den jungen Gefangenen ihr Fehlverhalten bewusst zu machen (erzieherische Maßnahmen). Als erzieherische Maßnahmen kommen namentlich in Betracht die Erteilung von Weisungen und Auflagen, die Beschränkung oder der Entzug einzelner Gegenstände für die Freizeitbeschäftigung und der Ausschluss von gemeinsamer Freizeit oder von einzelnen Freizeitveranstaltungen bis zur Dauer einer Woche.

(2) § 99 Absatz 1 findet entsprechende Anwendung. Erfüllen die jungen Gefangenen die Vereinbarung, ist die Anordnung erzieherischer Maßnahmen ausgeschlossen.

(3) Die Anstaltsleiterin oder der Anstaltsleiter legt fest, welche Bediensteten befugt sind, erzieherische Gespräche zu führen und erzieherische Maßnahmen anzuordnen.

(4) Es sollen solche erzieherischen Maßnahmen angeordnet werden, die mit der Verfehlung in Zusammenhang stehen.

§ 99 Einvernehmliche Streitbeilegung

(1) Verstoßen Gefangene gegen Pflichten, die ihnen durch oder aufgrund dieses Gesetzes auferlegt sind, können in geeigneten Fällen zur Abwendung von Disziplinarmaßnahmen im Wege einvernehmlicher Streitbeilegung Vereinbarungen getroffen werden. Insbesondere kommen die Wiedergutmachung des Schadens, die Entschuldigung beim Geschädigten, die Erbringung von Leistungen für die Gemeinschaft und das vorübergehende Verbleiben im Haftraum in Betracht. Die Vereinbarungen sind in der Gefangenenpersonalakte zu dokumentieren.

(2) Erfüllen die Gefangenen die Vereinbarungen, so ist die Durchführung eines Disziplinarverfahrens unzulässig.

11 M 60

§ 100 Disziplinarmaßnahmen

(1) Disziplinarmaßnahmen können angeordnet werden, wenn die Gefangenen rechtswidrig und schuldhaft
1. andere Personen verbal oder tätlich angreifen,
2. Lebensmittel oder fremde Sachen zerstören oder beschädigen,
3. in sonstiger Weise gegen Strafgesetze verstoßen oder eine Ordnungswidrigkeit begehen,
4. verbotene Gegenstände in die Anstalt einbringen, sich an deren Einbringung beteiligen, sie besitzen oder weitergeben,
5. unerlaubt Betäubungsmittel oder andere berauschende Stoffe herstellen oder konsumieren,
6. entweichen oder zu entweichen versuchen,
7. gegen Weisungen im Zusammenhang mit der Gewährung von Lockerungen verstoßen,
8. gegen eine Anordnung nach § 119 Absatz 1 der Strafprozessordnung verstoßen,
9. wiederholt oder schwerwiegend gegen sonstige Pflichten verstoßen, die ihnen durch dieses Gesetz oder aufgrund dieses Gesetzes auferlegt sind, und dadurch das geordnete Zusammenleben in der Anstalt stören oder
10. im Vollzug der Jugendstrafe sich zugewiesenen Aufgaben entziehen.

(2) Disziplinarmaßnahmen dürfen gegen junge Gefangene nur angeordnet werden, wenn erzieherische Maßnahmen nicht nach § 98 Absatz 2 Satz 2 ausgeschlossen sind oder nicht ausreichen, um ihnen das Unrecht ihrer Handlung zu verdeutlichen.

(3) Zulässige Disziplinarmaßnahmen sind
1. der Verweis,
2. die Beschränkung oder der Entzug des Fernsehempfangs bis zu drei Monaten,
3. die Beschränkung oder der Entzug der Gegenstände für die Freizeitbeschäftigung, mit Ausnahme des Lesestoffs, bis zu drei Monaten,
4. die Beschränkung oder der Entzug des Aufenthalts in Gemeinschaft oder der Teilnahme an einzelnen Freizeitveranstaltungen bis zu vier Wochen,
5. die Beschränkung des Einkaufs bis zu zwei Monaten,
6. die Beschränkung oder der Entzug von Annehmlichkeiten nach § 64 bis zu drei Monaten,
7. die Kürzung des Arbeitsentgelts um 10 Prozent bis zu drei Monaten.

Auf junge Gefangene findet Satz 1 Nummer 1 keine Anwendung; Maßnahmen nach Satz 1 Nummer 2, 3, 6 und 7 sind nur bis zu zwei Monaten, die Maßnahme nach Satz 1 Nummer 5 ist nur bis zu vier Wochen zulässig. Maßnahmen nach Satz 1 Nummer 4 sind auf die Teilnahme an gemeinschaftlicher Freizeit und einzelne Freizeitveranstaltungen begrenzt.

(4) Mehrere Disziplinarmaßnahmen können miteinander verbunden werden.

(5) Disziplinarmaßnahmen sind auch zulässig, wenn wegen derselben Verfehlung ein Straf- oder Bußgeldverfahren eingeleitet wird.

(6) Bei der Auswahl der Disziplinarmaßnahmen im Vollzug der Untersuchungshaft sind Grund und Zweck der Haft sowie die psychischen Auswirkungen der Untersuchungshaft und des Strafverfahrens auf die Untersuchungsgefangenen zu berücksichtigen. Durch die Anordnung und den Vollzug einer Diszipli-

narmaßnahme dürfen die Verteidigung, die Verhandlungsfähigkeit und die Verfügbarkeit der Untersuchungsgefangenen für die Verhandlung nicht beeinträchtigt werden.

11 M 3, 11 M 4, 11 M 5, 11 M 6, 11 M 7, 11 M 8, 11 M 9, 11 M 10, 11 M 11, 11 M 17, 11 M 18, 11 M 22, 11 M 25, 11 M 28, 11 M 31, 11 M 32, 11 M 33, 11 M 34, 11 M 35, 11 M 36, 11 M 38, 11 M 40, 11 M 41

§ 101 Vollzug der Disziplinarmaßnahmen, Aussetzung zur Bewährung

(1) Disziplinarmaßnahmen werden in der Regel sofort vollstreckt. Die Vollstreckung ist auszusetzen, soweit es zur Gewährung eines effektiven Rechtsschutzes erforderlich ist.

(2) Disziplinarmaßnahmen können ganz oder teilweise bis zu sechs Monaten zur Bewährung ausgesetzt werden. Die Aussetzung zur Bewährung kann ganz oder teilweise widerrufen werden, wenn Gefangene die ihr zugrunde liegenden Erwartungen nicht erfüllen.

(3) Im Vollzug der Untersuchungshaft angeordnete Disziplinarmaßnahmen können ganz oder zum Teil auch während einer der Untersuchungshaft unmittelbar nachfolgenden Haft vollstreckt werden.

11 M 3, 11 M 44, 11 M 45

§ 102 Disziplinarbefugnis

(1) Disziplinarmaßnahmen ordnet die Anstaltsleiterin oder der Anstaltsleiter an. Bei einer Verfehlung auf dem Weg in eine andere Anstalt zum Zweck der Verlegung ist die Leiterin oder der Leiter der Bestimmungsanstalt zuständig.

(2) Die Aufsichtsbehörde entscheidet, wenn sich die Verfehlung gegen die Anstaltsleiterin oder den Anstaltsleiter richtet.

(3) Disziplinarmaßnahmen, die in einer anderen Anstalt angeordnet worden sind, werden auf Ersuchen vollstreckt. § 101 Absatz 2 bleibt unberührt.

11 M 3, 11 M 51, 11 M 52, 11 M 53

§ 103 Verfahren

(1) Der Sachverhalt ist zu klären. Hierbei sind sowohl belastende als auch entlastende Umstände zu ermitteln. Die betroffenen Gefangenen werden gehört. Sie werden darüber unterrichtet, welche Verfehlungen ihnen zur Last gelegt werden. Sie sind darauf hinzuweisen, dass es ihnen freisteht sich zu äußern. Die Erhebungen werden in einer Niederschrift festgelegt; die Einlassung der Gefangenen wird vermerkt.

(2) Mehrere Verfehlungen, die gleichzeitig zu beurteilen sind, werden durch eine Entscheidung geahndet.

(3) Die Anstaltsleiterin oder der Anstaltsleiter soll sich vor der Entscheidung mit Personen besprechen, die an der Vollzugsgestaltung mitwirken. Bei Schwangeren, stillenden Müttern oder bei Gefangenen, die sich in ärztlicher Behandlung befinden, ist eine Ärztin oder ein Arzt zu hören.

(4) Vor der Entscheidung über eine Disziplinarmaßnahme erhalten die Gefangenen Gelegenheit, sich zu dem Ergebnis der Ermittlungen zu äußern. Die Entscheidung wird den Gefangenen von der Anstaltsleiterin oder vom Anstaltsleiter mündlich eröffnet und mit einer kurzen Begründung schriftlich abgefasst.

11 M 3, 11 M 55, 11 M 57, 11 M 58, 11 M 59, 11 M 61, 14 A 14

Abschnitt 16. Aufhebung von Maßnahmen, Beschwerde

§ 104 Aufhebung von Maßnahmen

(1) Die Aufhebung von Maßnahmen zur Regelung einzelner Angelegenheiten auf dem Gebiet des Vollzugs richtet sich nach den nachfolgenden Absätzen, soweit dieses Gesetz keine abweichende Bestimmung enthält.

(2) Rechtswidrige Maßnahmen können ganz oder teilweise mit Wirkung für die Vergangenheit und die Zukunft zurückgenommen werden.

(3) Rechtmäßige Maßnahmen können ganz oder teilweise mit Wirkung für die Zukunft widerrufen werden, wenn
1. aufgrund nachträglich eingetretener oder bekannt gewordener Umstände die Maßnahmen hätten unterbleiben können,
2. die Maßnahmen missbraucht werden oder
3. Weisungen nicht befolgt werden.

(4) Begünstigende Maßnahmen dürfen nach Absatz 2 oder Absatz 3 nur aufgehoben werden, wenn die vollzuglichen Interessen an der Aufhebung in Abwägung mit dem schutzwürdigen Vertrauen der Betroffenen auf den Bestand der Maßnahmen überwiegen. Davon ist auszugehen, wenn die Aufhebung einer Maßnahme unerlässlich ist, um die Sicherheit der Anstalt zu gewährleisten.

(5) Der gerichtliche Rechtsschutz bleibt unberührt.

2 F 8, 4 A 36, 4 D 20, 4 H 16, 6 A 10, 10 A 14, 10 D 9, 10 F 5, 10 F 7, 10 F 9, 10 F 10, 10 F 11, 10 F 12, 10 F 15, 10 F 16, 10 F 17, 10 F 19

§ 105 Beschwerderecht

(1) Die Gefangenen erhalten Gelegenheit, sich mit Wünschen, Anregungen und Beschwerden in vollzuglichen Angelegenheiten, die sie selbst betreffen, an die Anstaltsleiterin oder den Anstaltsleiter zu wenden.

(2) Besichtigen Vertreterinnen oder Vertreter der Aufsichtsbehörde die Anstalt, so ist zu gewährleisten, dass die Gefangenen sich in vollzuglichen Angelegenheiten, die sie selbst betreffen, an diese wenden können.

(3) Die Möglichkeit der Dienstaufsichtsbeschwerde bleibt unberührt.

12 A 2, 12 A 5, 12 A 7, 12 A 9, 12 A 14, 12 A 16

Abschnitt 17. Kriminologische Forschung

§ 106 Evaluation, kriminologische Forschung, Berichtspflicht

(1) Behandlungsprogramme für Straf- und Jugendstrafgefangene sind auf der Grundlage wissenschaftlicher Erkenntnisse zu konzipieren, zu standardisieren und auf ihre Wirksamkeit hin zu überprüfen.

(2) Der Vollzug der Freiheits- und der Jugendstrafe, insbesondere seine Aufgabenerfüllung und Gestaltung, die Umsetzung seiner Leitlinien sowie die Behandlungsprogramme und deren Wirkungen auf die Erreichung des Vollzugsziels, soll regelmäßig von dem kriminologischen Dienst, von einer Hochschule oder von einer anderen Stelle wissenschaftlich begleitet und erforscht werden.

(3) Das für den Justizvollzug zuständige Mitglied der Landesregierung berichtet dem Rechtsausschuss des Landtages erstmals im Jahr 2014 und sodann im zweiten und im vierten Jahr der jeweiligen Legislaturperiode unter Einbeziehung der sich aus den wissenschaftlichen Untersuchungen nach den Absätzen 1 und 2 ergebenden Erkenntnisse zum Stand des Justizvollzugs im Land Brandenburg.

16 3

Abschnitt 18 . Aufbau und Organisation der Anstalten

§ 107 Anstalten

(1) Es werden Anstalten und Abteilungen eingerichtet, die den unterschiedlichen vollzuglichen Anforderungen Rechnung tragen. Für den Vollzug der Freiheits- und Jugendstrafe sind insbesondere sozialtherapeutische Abteilungen und Eingliederungsabteilungen vorzusehen.

(2) Es sind bedarfsgerechte Einrichtungen für therapeutische Maßnahmen, schulische und berufliche Qualifizierung, Arbeitstraining, Arbeitstherapie und Arbeit vorzusehen. Gleiches gilt für Besuche, Freizeit, Sport und Seelsorge.

(3) Haft- und Funktionsräume sind zweckentsprechend auszustatten.

(4) Unterhalten private Unternehmen Betriebe in Anstalten, kann die technische und fachliche Leitung ihren Mitarbeiterinnen und Mitarbeitern übertragen werden.

3 B 3, 4 K 2, 4 K 3, 4 K 8, 4 K 9, 13 D 2, 13 D 3, 13 E 6, 14 A 9

§ 108 Festsetzung der Belegungsfähigkeit, Verbot der Überbelegung

(1) Die Aufsichtsbehörde setzt die Belegungsfähigkeit der Anstalt so fest, dass eine angemessene Unterbringung der Gefangenen gewährleistet ist. § 107 Absatz 2 ist zu berücksichtigen.

(2) Hafträume dürfen nicht mit mehr Gefangenen als zugelassen, höchstens jedoch mit zwei Gefangenen, belegt werden.

(3) Ausnahmen von Absatz 2 sind nur vorübergehend und nur mit Zustimmung der Aufsichtsbehörde zulässig.

(4) Ein für eine Belegung mit zwei Gefangenen zugelassener Haftraum muss über eine Grundfläche von mindestens 14 Quadratmetern verfügen.

2 E 28, 13 E 15, 13 E 18, 13 E 21

§ 109 Anstaltsleitung

(1) Die Anstaltsleiterin oder der Anstaltsleiter trägt die Verantwortung für den gesamten Vollzug und vertritt die Anstalt nach außen. Sie oder er kann einzelne Aufgabenbereiche auf andere Bedienstete übertragen. Die Aufsichtsbehörde kann sich die Zustimmung zur Übertragung vorbehalten.

(2) Für jede Anstalt ist eine Beamtin oder ein Beamter des höheren Dienstes zur hauptamtlichen Leiterin oder zum hauptamtlichen Leiter zu bestellen. Aus besonderen Gründen kann eine Anstalt auch von einer Beamtin oder einem Beamten des gehobenen Dienstes geleitet werden.

11 I 6, 11 I 57, 12 B 11, 13 K 1, 13 K 4, 13 K 6, 13 K 9, 13 K 14

§ 110 Bedienstete

(1) Die Anstalt wird mit dem für die Erreichung des Vollzugsziels und die Erfüllung ihrer Aufgaben erforderlichen Personal, insbesondere im medizinischen, psychologischen, pädagogischen und sozialen Dienst, im allgemeinen Vollzugsdienst und im Werkdienst, ausgestattet. Die im Vollzug der Jugendstrafe und der Untersuchungshaft an jungen Untersuchungsgefangenen tätigen Bediensteten müssen für die erzieherische Gestaltung geeignet und qualifiziert sein.

(2) Für die Betreuung von Strafgefangenen mit angeordneter oder vorbehaltener Sicherungsverwahrung und Jugendstrafgefangenen mit vorbehaltener Sicherungsverwahrung nach § 66c Absatz 2 des Strafgesetzbuches ist besonders qualifiziertes Personal vorzusehen und eine fachübergreifende Zusammenarbeit zu gewährleisten. Soweit erforderlich, sind externe Fachkräfte einzubeziehen.

(3) Fortbildung sowie Praxisberatung und -begleitung werden regelmäßig durchgeführt.

11 K 8, 12 B 11, 13 J 1, 13 J 3, 13 J 5

§ 111 Anstaltsseelsorgerinnen, Anstaltsseelsorger

(1) Die Anstalt wird mit der für die religiöse Betreuung der Gefangenen erforderlichen Anzahl von Seelsorgerinnen oder Seelsorgern (Anstaltsseelsorgerinnen, Anstaltsseelsorger) ausgestattet. Anstaltsseelsorgerinnen und Anstaltsseelsorger werden von der jeweiligen Religionsgemeinschaft im Einvernehmen mit der Aufsichtsbehörde berufen. Sie wirken in enger Zusammenarbeit mit den anderen im Vollzug Tätigen eigenverantwortlich an der Erreichung des Vollzugsziels mit.

(2) Wenn die geringe Anzahl der Angehörigen einer Religionsgemeinschaft eine Seelsorge nach Absatz 1 nicht rechtfertigt, ist die seelsorgerische Betreuung auf andere Weise zuzulassen.

(3) Mit Zustimmung der Anstaltsleiterin oder des Anstaltsleiters darf die Anstaltsseelsorgerin oder der Anstaltsseelsorger sich freier Seelsorgehelferinnen und Seelsorgehelfer bedienen und diese für Gottesdienste sowie für andere religiöse Veranstaltungen von außen zuziehen.

8 C 3, 8 D 1, 8 D 2, 8 D 6, 8 D 10, 8 D 28

§ 112 Medizinische Versorgung

(1) Die ärztliche Versorgung ist sicherzustellen.

(2) Die Pflege der Kranken soll von Bediensteten ausgeführt werden, die eine Erlaubnis nach dem Krankenpflegegesetz besitzen. Solange diese nicht zur Verfügung stehen, können auch Bedienstete eingesetzt werden, die eine sonstige Ausbildung in der Krankenpflege erfahren haben.

6 D 38, 6 D 39

§ 113 Interessenvertretung der Gefangenen

Den Gefangenen soll ermöglicht werden, Vertretungen zu bilden. Diese können in Angelegenheiten von gemeinsamem Interesse, die sich ihrer Eigenart nach für eine Mitwirkung eignen, Vorschläge und Anregungen an die Anstalt herantragen. Diese sind mit der Vertretung zu erörtern.

13 M 1, 13 M 4, 13 M 5

§ 114 Hausordnung

Die Anstaltsleiterin oder der Anstaltsleiter erlässt zur Gestaltung und Organisation des Vollzugsalltags eine Hausordnung auf der Grundlage dieses Gesetzes. Die Aufsichtsbehörde kann sich die Genehmigung vorbehalten. Die Hausordnung ist in die am häufigsten benötigten Fremdsprachen zu übersetzen.

9 B 5, 13 N 1, 13 N 3

Abschnitt 19. Aufsicht, Beirat

§ 115 Aufsichtsbehörde

(1) Das für den Justizvollzug zuständige Mitglied der Landesregierung führt die Aufsicht über die Anstalten (Aufsichtsbehörde).

(2) An der Aufsicht über die Gesundheitsfürsorge sowie die Betreuung und Behandlung der Gefangenen sind pädagogische, sozialpädagogische, psychologische, psychiatrische und medizinische Fachkräfte zu beteiligen.

(3) Die Aufsichtsbehörde kann sich Entscheidungen über Verlegungen und Überstellungen vorbehalten.

2 D 10, 11 E 10, 12 C 5, 13 G 6, 13 G 7, 13 G 18, 13 H 19

§ 116 Vollstreckungsplan, Vollzugsgemeinschaften

(1) Die Aufsichtsbehörde regelt die örtliche und sachliche Zuständigkeit der Anstalten in einem Vollstreckungsplan.

(2) Im Rahmen von Vollzugsgemeinschaften kann der Vollzug auch in Vollzugseinrichtungen anderer Länder vorgesehen werden.

13 F 1, 13 H 19, 14 A 6

§ 117 Beirat

(1) Bei der Anstalt ist ein Beirat zu bilden. Auf eine ausgewogene Besetzung mit Frauen und Männern wird hingewirkt. Bedienstete dürfen nicht Mitglieder des Beirats sein.

(2) Die Mitglieder des Beirats wirken beratend bei der Gestaltung des Vollzugs und der Eingliederung der Gefangenen mit. Sie fördern das Verständnis für den Vollzug und seine gesellschaftliche Akzeptanz und vermitteln Kontakte zu öffentlichen und privaten Einrichtungen.

(3) Der Beirat steht der Anstaltsleiterin oder dem Anstaltsleiter, den Bediensteten und den Gefangenen als Ansprechpartner zur Verfügung.

(4) Die Mitglieder des Beirats können sich über die Unterbringung der Gefangenen und die Gestaltung des Vollzugs sowie die Arbeitsbedingungen der Bediensteten unterrichten und die Anstalt besichtigen. Sie können die Gefangenen in ihren Räumen aufsuchen. Unterhaltung und Schriftwechsel werden nicht überwacht.

(5) Die Mitglieder des Beirats sind verpflichtet, außerhalb ihres Amtes über alle Angelegenheiten, die ihrer Natur nach vertraulich sind, besonders über Namen und Persönlichkeit der Gefangenen, Verschwiegenheit zu bewahren. Dies gilt auch nach Beendigung ihres Amtes.

13 O 2, 13 O 4, 13 O 6, 13 O 7

Abschnitt 20. Verhinderung von Mobilfunkverkehr

§ 118 Verbot und Störung des Mobilfunkverkehrs

(1) Der Besitz und die Benutzung von Geräten zur funkbasierten Übertragung von Informationen sind auf dem Anstaltsgelände des geschlossenen Vollzugs verboten. Die Anstaltsleiterin oder der Anstaltsleiter kann abweichende Regelungen treffen.

(2) Die Anstalt darf technische Geräte betreiben, die
1. das Auffinden von Geräten zur Funkübertragung ermöglichen,
2. Geräte zur Funkübertragung zum Zwecke des Auffindens aktivieren können oder
3. Frequenzen stören oder unterdrücken, die der Herstellung oder Aufrechterhaltung unerlaubter Funkverbindungen auf dem Anstaltsgelände dienen.

Sie hat die von der Bundesnetzagentur gemäß § 55 Absatz 1 Satz 5 des Telekommunikationsgesetzes festgelegten Rahmenbedingungen zu beachten. Frequenznutzungen außerhalb des Anstaltsgeländes dürfen nicht erheblich gestört werden.

9 D 6

Abschnitt 21. Vollzug des Strafarrests

§ 119 Grundsatz

(1) Für den Vollzug des Strafarrests in Anstalten gelten die die Strafgefangenen betreffenden Bestimmungen dieses Gesetzes entsprechend, soweit § 120 nicht Abweichendes bestimmt.

(2) § 120 Absatz 1 bis 3, 7 und 8 gilt nicht, wenn Strafarrest in Unterbrechung einer anderen freiheitsentziehenden Maßnahme vollzogen wird.

4 D 25, 15 C 1

§ 120 Besondere Bestimmungen

(1) Strafarrestanten sollen im offenen Vollzug untergebracht werden.

(2) Eine gemeinsame Unterbringung ist nur mit Einwilligung der Strafarrestanten zulässig.

(3) Besuche, Telefongespräche und Schriftwechsel dürfen nur untersagt oder überwacht werden, wenn dies aus Gründen der Sicherheit oder Ordnung der Anstalt notwendig ist.

(4) Den Strafarrestanten soll gestattet werden, einmal wöchentlich Besuch zu empfangen.

(5) Strafarrestanten dürfen eigene Kleidung tragen und eigenes Bettzeug benutzen, wenn Gründe der Sicherheit nicht entgegenstehen und sie für Reinigung, Instandsetzung und regelmäßigen Wechsel auf eigene Kosten sorgen.

(6) Sie dürfen Nahrungs- und Genussmittel sowie Mittel zur Körperpflege in angemessenem Umfang durch Vermittlung der Anstalt auf eigene Kosten erwerben.

(7) Eine mit einer Entkleidung verbundene körperliche Durchsuchung ist nur bei Gefahr im Verzug zulässig.

(8) Zur Vereitelung einer Entweichung und zur Wiederergreifung dürfen Schusswaffen nicht gebraucht werden.

2 F 4, 11 K 5, 15 C 5, 15 C 9

Abschnitt 22. Datenschutz

§ 121 Anwendung des Brandenburgischen Polizei-, Justizvollzugs- und Maßregelvollzugsdatenschutzgesetzes

Das Brandenburgische Polizei-, Justizvollzugs- und Maßregelvollzugsdatenschutzgesetz findet Anwendung, soweit in diesem Gesetz nicht Abweichendes geregelt ist.

§ 122 Grundsatz, Begriffsbestimmungen

(1) Die Anstalt und die Aufsichtsbehörde dürfen personenbezogene Daten verarbeiten, soweit deren Kenntnis für vollzugliche Zwecke erforderlich ist.

(2) Vollzugliche Zwecke sind die Erreichung des Vollzugsziels, der Schutz der Allgemeinheit vor weiteren Straftaten der Gefangenen, die Aufrechterhaltung der Sicherheit und Ordnung der Anstalt sowie die Sicherung des Vollzugs.

§ 123 Erhebung von Daten über Gefangene bei Dritten

Daten über Gefangene dürfen ohne deren Kenntnis bei Dritten nur erhoben werden, wenn
1. eine Rechtsvorschrift dies vorsieht oder zwingend voraussetzt,
2. die zu erfüllende Aufgabe nach Art oder Zweck eine Erhebung bei anderen Personen oder Stellen erforderlich macht oder
3. die Erhebung bei den Gefangenen einen unverhältnismäßigen Aufwand erfordern würde

und keine Anhaltspunkte dafür bestehen, dass überwiegende schutzwürdige Interessen der Gefangenen beeinträchtigt werden.

§ 124 Erhebung von Daten über andere Personen

Daten über andere Personen als die Gefangenen dürfen für vollzugliche Zwecke ohne deren Kenntnis nur erhoben werden, wenn dies unerlässlich ist und die Art der Erhebung schutzwürdige Interessen dieser Personen nicht beeinträchtigt.

§ 125 Unterrichtungspflichten

Die Betroffenen werden über eine ohne ihre Kenntnis vorgenommene Erhebung ihrer Daten unterrichtet, soweit vollzugliche Zwecke dadurch nicht gefährdet werden. Sind die Daten bei anderen Personen oder Stellen erhoben worden, kann die Unterrichtung unterbleiben, wenn
1. die Daten nach einer Rechtsvorschrift oder ihrem Wesen nach, namentlich wegen des überwiegenden berechtigten Interesses Dritter, geheim gehalten werden müssen oder
2. der Aufwand der Unterrichtung außer Verhältnis zum Schutzzweck steht und keine Anhaltspunkte dafür bestehen, dass überwiegende schutzwürdige Interessen der Betroffenen beeinträchtigt werden.

§ 126 Besondere Formen der Datenerhebung

(1) Zur Sicherung des Vollzugs und zur Aufrechterhaltung der Sicherheit oder Ordnung der Anstalt, insbesondere zur Identitätsfeststellung, sind mit Kenntnis der Gefangenen folgende erkennungsdienstliche Maßnahmen zulässig:
1. die Abnahme von Finger- und Handflächenabdrücken,
2. die Aufnahme von Lichtbildern,
3. die Feststellung äußerlicher körperlicher Merkmale,
4. die elektronische Erfassung biometrischer Merkmale und
5. Messungen.

(2) Aus Gründen der Sicherheit oder Ordnung ist die Beobachtung einzelner Bereiche des Anstaltsgebäudes einschließlich des Gebäudeinneren, des Anstaltsgeländes oder der unmittelbaren Umgebung der Anstalt mit optisch-elektronischen Einrichtungen (Videoüberwachung) zulässig. Eine Aufzeichnung der Videobilder darf nur im Bereich der unmittelbaren Außensicherung der Anstalt sowie darüber hinaus im Einzelfall auf Anordnung der Anstaltsleiterin oder des Anstaltsleiters in besonders sicherheitsrelevanten Bereichen erfolgen. Die Videoüberwachung ist durch geeignete Maßnahmen erkennbar zu machen, soweit ihr Zweck dadurch nicht vereitelt wird. Eine Videoüberwachung von Haftraumen ist ausgeschlossen. § 90 Absatz 2 Nummer 2 bleibt unberührt.

(3) Das Betreten des Anstaltsgeländes durch vollzugsfremde Personen kann davon abhängig gemacht werden, dass diese zur Identitätsfeststellung
1. ihren Vornamen, ihren Namen und ihre Anschrift angeben und durch amtliche Ausweise nachweisen und
2. die Erfassung biometrischer Merkmale des Gesichts, der Augen, der Hände, der Stimme oder der Unterschrift dulden, soweit dies erforderlich ist, um eine verwechslungsbedingte Entlassung von Gefangenen zu verhindern.

(4) Die Anstaltsleiterin oder der Anstaltsleiter kann das Auslesen von elektronischen Datenspeichern sowie elektronischen Geräten mit Datenspeichern anordnen, die Gefangene ohne Erlaubnis besitzen, wenn konkrete Anhaltspunkte die Annahme rechtfertigen, dass dies für vollzugliche Zwecke erforderlich ist. Die Gefangenen sind bei der Aufnahme über die Möglichkeit des Auslesens von Datenspeichern zu belehren.

§ 127 Übermittlung und Nutzung für weitere Zwecke

(1) Für eine Übermittlung oder Nutzung von personenbezogenen Daten stehen die Zwecke des gerichtlichen Rechtsschutzes den vollzuglichen Zwecken des § 122 Absatz 2 gleich.

(2) Die Übermittlung und Nutzung von personenbezogenen Daten ist über Absatz 1 hinaus auch zulässig, soweit dies erforderlich ist
1. zur Abwehr von sicherheitsgefährdenden oder geheimdienstlichen Tätigkeiten für eine fremde Macht oder von Bestrebungen im Geltungsbereich des Grundgesetzes, die durch Anwendung von Gewalt oder darauf gerichtete Vorbereitungshandlungen
    a. gegen die freiheitliche demokratische Grundordnung, den Bestand oder die Sicherheit des Bundes oder eines Landes gerichtet sind,
    b. eine ungesetzliche Beeinträchtigung der Amtsführung der Verfassungsorgane des Bundes oder eines Landes oder ihrer Mitglieder zum Ziel haben oder
    c. auswärtige Belange der Bundesrepublik Deutschland gefährden,
2. zur Abwehr erheblicher Nachteile für das Gemeinwohl oder einer Gefahr für die öffentliche Sicherheit,

3. zur Abwehr einer schwerwiegenden Beeinträchtigung der Rechte einer anderen Person,
4. zur Verhinderung oder Verfolgung von Straftaten sowie zur Verhinderung oder Verfolgung von Ordnungswidrigkeiten, durch welche die Sicherheit oder Ordnung der Anstalt gefährdet werden oder
5. für Maßnahmen der Strafvollstreckung oder strafvollstreckungsrechtliche Entscheidungen sowie für die Anordnung von Maßnahmen nach § 119 Absatz 1 der Strafprozessordnung.

Weitergehende Übermittlungspflichten gegenüber der Verfassungsschutzbehörde nach § 14 Absatz 1 des Brandenburgischen Verfassungsschutzgesetzes bleiben unberührt.

§ 128 Datenübermittlung an öffentliche Stellen

(1) Den zuständigen öffentlichen Stellen dürfen personenbezogene Daten übermittelt werden, soweit dies erforderlich ist für
1. die Vorbereitung und Durchführung von Maßnahmen der Gerichtshilfe, Jugendgerichtshilfe, Bewährungshilfe, Führungsaufsicht oder forensischen Ambulanzen,
2. Entscheidungen in Gnadensachen,
3. gesetzlich angeordnete Statistiken der Rechtspflege,
4. Maßnahmen der für Sozialleistungen zuständigen Leistungsträger,
5. die Einleitung von Hilfsmaßnahmen für Angehörige der Gefangenen im Sinne des § 11 Absatz 1 Nummer 1 des Strafgesetzbuches,
6. dienstliche Maßnahmen der Bundeswehr im Zusammenhang mit der Aufnahme und Entlassung von Soldaten,
7. ausländerrechtliche Maßnahmen oder
8. die Durchführung der Besteuerung.

Eine Übermittlung für andere Zwecke ist auch zulässig, soweit eine andere gesetzliche Bestimmung dies vorsieht und sich dabei ausdrücklich auf Daten über Gefangene bezieht.

(2) Absatz 1 gilt entsprechend, wenn sich die öffentlichen Stellen zur Erfüllung ihrer Aufgaben nichtöffentlicher Stellen bedienen und deren Mitwirkung ohne Übermittlung der Daten unmöglich oder wesentlich erschwert würde.

§ 129 Verarbeitung besonders erhobener Daten

(1) Bei der Überwachung der Besuche, der Telefongespräche, anderer Formen der Telekommunikation oder des Schriftwechsels sowie bei der Überprüfung des Inhalts von Paketen bekannt gewordene personenbezogene Daten dürfen für die in § 122 Absatz 2 und § 127 Absatz 1 genannten Zwecke verarbeitet werden.

(2) Die aufgrund erkennungsdienstlicher Maßnahmen nach § 126 Absatz 1 gewonnenen Daten und Unterlagen werden zu den Gefangenenpersonalakten genommen oder in personenbezogenen Dateien gespeichert. Sie dürfen nur für die in § 126 Absatz 1, § 127 Absatz 2 Satz 1 Nummer 4 genannten Zwecke verarbeitet oder den Vollstreckungs- und Strafverfolgungsbehörden zum Zwecke der Fahndung und Festnahme der entwichenen oder sich sonst ohne Erlaubnis außerhalb der Anstalt aufhaltenden Gefangenen übermittelt werden.

(3) Die zur Identifikation von vollzugsfremden Personen nach § 126 Absatz 3 erhobenen Daten dürfen ausschließlich verarbeitet werden
1. zum Zweck des Abgleichs beim Verlassen der Vollzugsanstalt oder
2. zur Verfolgung von während des Aufenthalts in der Anstalt begangenen Straftaten; in diesem Fall können die Daten auch an Strafverfolgungsbehörden ausschließlich zum Zwecke der Verfolgung dieser Straftaten übermittelt werden.

(4) Die beim Auslesen von Datenspeichern nach § 126 Absatz 4 erhobenen Daten dürfen nur verarbeitet werden, soweit dies zu den dort genannten Zwecken erforderlich ist. Das gilt nicht, soweit sie zum Kernbereich der privaten Lebensgestaltung der Gefangenen oder Dritter gehören.

(5) Nach § 124 erhobene Daten über Personen, die nicht Gefangene sind, dürfen nur zur Erfüllung des Erhebungszwecks oder für die in § 127 Absatz 2 Satz 1 Nummer 1 bis 3 geregelten Zwecke oder zur Verhinderung oder Verfolgung von Straftaten von erheblicher Bedeutung verarbeitet werden.

§ 130 Mitteilung über Haftverhältnisse

(1) Die Anstalt oder die Aufsichtsbehörde darf öffentlichen oder nichtöffentlichen Stellen auf schriftlichen Antrag mitteilen, ob sich eine Person in Haft befindet sowie ob und wann die Entlassung aus dem Vollzug einer Freiheits- oder Jugendstrafe voraussichtlich innerhalb eines Jahres bevorsteht, soweit
1. die Mitteilung zur Erfüllung der in der Zuständigkeit der öffentlichen Stelle liegenden Aufgaben erforderlich ist oder
2. von nichtöffentlichen Stellen
   a. ein berechtigtes Interesse an dieser Mitteilung glaubhaft dargelegt wird und
   b. die Gefangenen kein schutzwürdiges Interesse an dem Ausschluss der Übermittlung haben.

(2) Die Mitteilung ist in der Gefangenenpersonalakte zu dokumentieren.

(3) Den Verletzten einer Straftat sowie deren Rechtsnachfolgerinnen und Rechtsnachfolgern können darüber hinaus auf schriftlichen Antrag Auskünfte über die Entlassungsadresse oder die Vermögensverhältnisse von Straf- und Jugendstrafgefangenen erteilt werden, wenn die Erteilung zur Feststellung oder Durchsetzung von Rechtsansprüchen im Zusammenhang mit der Straftat erforderlich ist.

(4) Die Gefangenen werden vor der Mitteilung gehört, es sei denn, es ist zu besorgen, dass dadurch die Verfolgung des Interesses der Antragstellerinnen und Antragsteller vereitelt oder wesentlich erschwert werden würde, und eine Abwägung ergibt, dass dieses Interesse das Interesse der Gefangenen an ihrer vorherigen Anhörung überwiegt. Ist die Anhörung unterblieben, werden die betroffenen Gefangenen über die Mitteilung nachträglich unterrichtet.

(5) Bei einer nicht nur vorläufigen Einstellung des Verfahrens, einer unanfechtbaren Ablehnung der Eröffnung des Hauptverfahrens oder einem rechtskräftigen Freispruch sind auf Antrag der betroffen Untersuchungsgefangenen die Stellen, die eine Mitteilung nach Absatz 1 Nummer 1 erhalten haben, über den Verfahrensausgang in Kenntnis zu setzen. Die betroffenen Untersuchungsgefangenen sind bei der Anhörung oder nachträglichen Unterrichtung nach Absatz 4 auf ihr Antragsrecht hinzuweisen.

§ 131 Überlassung von Akten

(1) Akten dürfen nur
1. anderen Anstalten und Aufsichtsbehörden,
2. der Gerichtshilfe, der Jugendgerichtshilfe, der Bewährungshilfe, den Führungsaufsichtsstellen und den forensischen Ambulanzen,
3. den für strafvollzugs-, strafvollstreckungs- und strafrechtliche Entscheidungen zuständigen Gerichten und
4. den Strafvollstreckungs- und Strafverfolgungsbehörden

überlassen oder im Falle elektronischer Aktenführung in Form von Duplikaten übermittelt werden.

(2) Die Überlassung an andere öffentliche Stellen und nichtöffentliche Stellen, denen Aufgaben nach Absatz 1 Nummer 2 gemäß § 128 Absatz 2 übertragen sind, ist zulässig, soweit die Erteilung einer Auskunft einen unvertretbaren Aufwand erfordert oder nach Darlegung der Akteneinsicht begehrenden Stellen für die Erfüllung der Aufgabe nicht ausreicht. Entsprechendes gilt für die Überlassung von Akten an die von einer Anstalt oder Aufsichtsbehörde, einer Strafvollstreckungsbehörde oder einem Gericht mit Gutachten beauftragten Stellen.

§ 132 Kenntlichmachung in der Anstalt, Lichtbildausweise

(1) Mit Ausnahme des religiösen oder weltanschaulichen Bekenntnisses, personenbezogener Daten über die ethnische Herkunft, sexuelle Identität, politische Meinungen, die Gewerkschaftszugehörigkeit und der personenbezogenen Daten von Gefangenen, die anlässlich ärztlicher Untersuchungen erhoben worden sind, dürfen Daten von Gefangenen in der Anstalt allgemein kenntlich gemacht werden, soweit dies für ein geordnetes Zusammenleben erforderlich ist.

(2) Die Anstalt kann die Gefangenen verpflichten, einen Lichtbildausweis mit sich zu führen, wenn dies aus Gründen der Sicherheit oder Ordnung der Anstalt erforderlich ist. Dieser ist bei der Verlegung in eine andere Anstalt oder bei der Entlassung einzuziehen oder zu vernichten.

§ 133 Offenbarungspflichten und -befugnisse der Berufsgeheimnisträgerinnen und Berufsgeheimnisträger

(1) Soweit in den folgenden Absätzen nicht Abweichendes geregelt ist, unterliegen

Anhang

1. Ärztinnen und Ärzte, Zahnärztinnen und Zahnärzte oder Angehörige eines anderen Heilberufs, der für die Berufsausübung oder die Führung der Berufsbezeichnung eine staatlich geregelte Ausbildung erfordert,
2. Berufspsychologinnen und Berufspsychologen mit staatlich anerkannter wissenschaftlicher Abschlussprüfung und
3. staatlich anerkannte Sozialarbeiterinnen und Sozialarbeiter oder staatlich anerkannte Sozialpädagoginnen und Sozialpädagogen

hinsichtlich der ihnen als Berufsgeheimnisträgerinnen oder Berufsgeheimnisträger von Gefangenen anvertrauten oder sonst über Gefangene bekannt gewordenen Geheimnisse auch gegenüber der Anstalt und der Aufsichtsbehörde der Schweigepflicht.

(2) Die in Absatz 1 genannten Personen haben sich gegenüber der Anstaltsleiterin oder dem Anstaltsleiter zu offenbaren, soweit dies für die Aufgabenerfüllung der Anstalt oder der Aufsichtsbehörde oder zur Abwehr von erheblichen Gefahren für Leib oder Leben von Gefangenen oder Dritten erforderlich ist.

(3) Ärztinnen und Ärzte sind gegenüber der Anstaltsleiterin oder dem Anstaltsleiter zur Offenbarung im Rahmen der allgemeinen Gesundheitsfürsorge bekannt gewordener Geheimnisse befugt, soweit dies für die Aufgabenerfüllung der Anstalt oder der Aufsichtsbehörde unerlässlich oder zur Abwehr von erheblichen Gefahren für Leib oder Leben von Gefangenen oder Dritten erforderlich ist. Sonstige Offenbarungsbefugnisse und -pflichten bleiben unberührt.

(4) Die Gefangenen sind vor der Erhebung über die nach Absatz 2 und 3 bestehenden Offenbarungspflichten zu unterrichten.

(5) Die nach den Absätzen 2 und 3 offenbarten Daten dürfen nur für den Zweck, für den sie offenbart wurden oder für den eine Offenbarung zulässig gewesen wäre, und nur unter denselben Voraussetzungen verarbeitet oder genutzt werden, unter denen eine in Absatz 1 genannte Person selbst hierzu befugt wäre. Die Anstaltsleiterin oder der Anstaltsleiter kann unter diesen Voraussetzungen die unmittelbare Offenbarung gegenüber bestimmten Bediensteten allgemein zulassen.

(6) Sofern Ärztinnen und Ärzte oder Psychologinnen und Psychologen außerhalb des Vollzugs mit der Untersuchung, Behandlung oder Betreuung von Gefangenen beauftragt werden, gilt Absatz 1 bis 3 mit der Maßgabe entsprechend, dass die beauftragten Personen auch zur Unterrichtung der oder des in der Anstalt tätigen Ärztin oder Arztes oder der oder des in der Anstalt mit der Behandlung oder Betreuung der Gefangenen betrauten Psychologin oder Psychologen befugt sind.

§ 134
aufgehoben

§ 135 Auskunft an die Betroffenen, Akteneinsicht

(1) Den Gefangenen wird Akteneinsicht gewährt, wenn eine Auskunft für die Wahrnehmung ihrer rechtlichen Interessen nicht ausreicht und sie hierfür auf die Einsichtnahme angewiesen sind.

(2) Die Auskunftserteilung und die Gewährung von Akteneinsicht unterbleiben, soweit die Auskunft oder die Einsichtnahme die ordnungsgemäße Erfüllung der Aufgaben der datenverarbeitenden Stelle oder die Erreichung des Vollzugsziels gefährden würde.

§ 136 Auskunft und Akteneinsicht zur Wahrnehmung der Aufgaben des Europäischen Ausschusses zur Verhütung von Folter und unmenschlicher oder erniedrigender Behandlung oder Strafe

Den Mitgliedern einer Delegation des Europäischen Ausschusses zur Verhütung von Folter und unmenschlicher oder erniedrigender Behandlung oder Strafe wird während des Besuchs in der Anstalt Einsicht in die Gefangenenpersonalakten, Gesundheitsakten und Krankenblätter gewährt oder Auskunft aus diesen Akten erteilt, soweit dies zur Wahrnehmung der Aufgaben des Ausschusses unerlässlich ist.

§ 137 Löschung

Die in Dateien mit Ausnahme der in Gefangenenpersonalakten, Gesundheitsakten, Therapieakten, psychologischen und pädagogischen Testunterlagen und Krankenblättern sowie Gefangenenbüchern gespeicherten personenbezogenen Daten sind spätestens zwei Jahre nach der Entlassung oder der Verlegung der Gefangenen in eine andere Anstalt zu löschen. Hiervon können bis zum Ablauf der Aufbewahrungsfrist nach § 140 die Angaben über Familienname, Vorname, Geburtsname, Geburtstag, Geburtsort, Eintritts- und Austrittsdatum der Gefangenen ausgenommen werden, soweit dies für das Auffinden der Gefangenenpersonalakte erforderlich ist.

§ 138 Löschung besonders erhobener Daten

(1) Erkennungsdienstliche Unterlagen mit Ausnahme von Lichtbildern und der Beschreibung von körperlichen Merkmalen der Straf- und Jugendstrafgefangenen, die nach § 126 Absatz 1 erkennungsdienstlich behandelt worden sind, sind nach ihrer Entlassung aus dem Vollzug unverzüglich zu löschen, sobald die Vollstreckung der richterlichen Entscheidung, die dem Vollzug zugrunde gelegen hat, abgeschlossen ist. Im Vollzug der Untersuchungshaft gilt dies bei einer nicht nur vorläufigen Einstellung des Verfahrens, einer unanfechtbaren Ablehnung der Eröffnung des Hauptverfahrens oder einem rechtskräftigen Freispruch.

(2) Mittels optisch-elektronischer Einrichtungen nach § 126 Absatz 2 erhobene Daten sind spätestens nach 72 Stunden zu löschen, soweit nicht die weitere Aufbewahrung im Einzelfall zu Beweiszwecken unerlässlich ist.

(3) Nach § 126 Absatz 3 Nummer 2 erhobene Daten sind unverzüglich zu löschen, nachdem die Personen die Anstalt verlassen haben.

(4) Nach § 126 Absatz 4 erhobene Daten sind unverzüglich zu löschen, soweit eine Verarbeitung nach § 129 Absatz 4 unzulässig ist. Die Daten sind spätestens 72 Stunden nach dem Ende des Auslesens zu löschen, soweit nicht die weitere Aufbewahrung im Einzelfall zu Beweiszwecken unerlässlich ist.

§ 139 Sperrung und Verwendungsbeschränkungen

(1) Personenbezogene Daten in den in § 137 Satz 1 genannten Dateien sind nach Ablauf von zwei Jahren seit der Entlassung oder der Verlegung der Gefangenen in eine andere Anstalt zu kennzeichnen, um ihre weitere Verarbeitung oder Nutzung einzuschränken (Sperrung).

(2) Die nach Absatz 1 gesperrten Daten dürfen nur übermittelt oder genutzt werden, soweit dies unerlässlich ist:
1. zur Verfolgung von Straftaten,
2. für die Durchführung wissenschaftlicher Forschungsvorhaben gemäß § 106,
3. zur Behebung einer bestehenden Beweisnot oder
4. zur Feststellung, Durchsetzung oder Abwehr von Rechtsansprüchen im Zusammenhang mit dem Vollzug einer Jugend- oder Freiheitsstrafe oder einer Untersuchungshaft.

(3) Die Sperrung nach Absatz 1 endet, wenn die Gefangenen erneut zum Vollzug einer Jugend- oder Freiheitsstrafe oder einer Untersuchungshaft aufgenommen werden oder die Betroffenen eingewilligt haben.

§ 140 Aufbewahrungsfristen, Fristberechnung

(1) Bei der Aufbewahrung der nach § 139 gesperrten Daten darf eine Frist von 30 Jahren nicht überschritten werden.

(2) Die Aufbewahrungsfrist beginnt mit dem auf das Jahr der aktenmäßigen Weglegung folgenden Kalenderjahr.

(3) Die Bestimmungen des Brandenburgischen Archivgesetzes bleiben unberührt.

Abschnitt 23 . Schlussbestimmungen

§ 141 inschränkung von Grundrechten

Durch dieses Gesetz werden die Rechte auf körperliche Unversehrtheit und Freiheit der Person (Artikel 2 Absatz 2 des Grundgesetzes, Artikel 8 Absatz 1 und Artikel 9 Absatz 1 der Verfassung des Landes Brandenburg), auf Unverletzlichkeit des Brief-, Post- und Fernmeldegeheimnisses (Artikel 10 Absatz 1 des Grundgesetzes, Artikel 16 Absatz 1 der Verfassung des Landes Brandenburg), auf Meinungsfreiheit (Artikel 19 Absatz 1 der Verfassung des Landes Brandenburg) und auf Datenschutz (Artikel 11 der Verfassung des Landes Brandenburg) eingeschränkt.

1 E 32

Anhang

§ 142 Übergangsregelung
Bis zum 31. Dezember 2016 ist § 25 Absatz 2 in folgender Fassung anzuwenden: „Strafgefangene, die wegen einer Straftat nach den §§ 174 bis 180 oder 182 des Strafgesetzbuches zu zeitiger Freiheitsstrafe von mehr als zwei Jahren verurteilt worden sind oder bei denen Sicherungsverwahrung angeordnet oder vorbehalten ist, sowie Jugendstrafgefangene, bei denen Sicherungsverwahrung vorbehalten ist, sind in einer sozialtherapeutischen Abteilung unterzubringen, wenn ihre Teilnahme an den dortigen Behandlungsprogrammen angezeigt ist."

§ 143 nkrafttreten, Außerkrafttreten
(1) Dieses Gesetz tritt vorbehaltlich des Absatzes 2 am 1. Juni 2013 in Kraft. Gleichzeitig treten das Brandenburgische Untersuchungshaftvollzugsgesetz vom 8. Juli 2009 (GVBl. I S. 271) und das Brandenburgische Jugendstrafvollzugsgesetz vom 18. Dezember 2007 (GVBl. I S. 348), das durch Artikel 15 des Gesetzes vom 3. April 2009 (GVBl. I S. 26, 59) geändert worden ist, außer Kraft.

(2) § 66 Absatz 3 Satz 3 tritt am Tag nach der Verkündung dieses Gesetzes in Kraft.

Bremisches Strafvollzugsgesetz (BremStVollzG)

vom 25. November 2014
(GBl. S. 639)

Abschnitt 1. Allgemeine Bestimmungen

§ 1 Anwendungsbereich

Dieses Gesetz regelt den Vollzug der Freiheitsstrafe (Vollzug) und des Strafarrests in Justizvollzugsanstalten der Freien Hansestadt Bremen (Anstalten).

1 B 4

§ 2 Ziel und Aufgabe des Vollzugs

Der Vollzug dient dem Ziel, die Gefangenen zu befähigen, künftig in sozialer Verantwortung ein Leben ohne Straftaten zu führen. Er hat die Aufgabe, die Allgemeinheit vor weiteren Straftaten zu schützen.

1 C 12, 1 C 14, 1 C 24

§ 3 Grundsätze der Vollzugsgestaltung

(1) Der Vollzug ist auf die Auseinandersetzung der Gefangenen mit ihren Straftaten und deren Folgen auszurichten.

(2) Der Vollzug wirkt von Beginn an auf die Eingliederung der Gefangenen in das Leben in Freiheit hin.

(3) Gefangene mit angeordneter oder vorbehaltener Sicherungsverwahrung sind individuell und intensiv zu betreuen, um ihre Unterbringung in der Sicherungsverwahrung entbehrlich zu machen. Soweit standardisierte Maßnahmen nicht ausreichen oder keinen Erfolg versprechen, sind individuelle Maßnahmen zu entwickeln.

(4) Das Leben im Vollzug ist den allgemeinen Lebensverhältnissen soweit wie möglich anzugleichen.

(5) Schädlichen Folgen des Freiheitsentzugs ist entgegenzuwirken.

(6) Der Bezug der Gefangenen zum gesellschaftlichen Leben ist zu wahren und zu fördern. Personen und Einrichtungen außerhalb des Vollzugs sollen in den Vollzugsalltag einbezogen werden. Den Gefangenen ist sobald wie möglich die Teilnahme am Leben in der Freiheit zu gewähren.

(7) Die unterschiedlichen Bedürfnisse der Gefangenen, insbesondere im Hinblick auf Geschlecht, Alter und Herkunft, werden bei der Vollzugsgestaltung im Allgemeinen und im Einzelfall berücksichtigt.

1 D 4, 1 D 11, 1 D 14, 1 D 15, 1 D 16, 1 D 17, 1 D 27, 13 C 5, 13 C 10, 14 A 14, 15 B 26

§ 4 Stellung der Gefangenen, Mitwirkung

(1) Die Persönlichkeit der Gefangenen ist zu achten. Ihre Selbstständigkeit im Vollzugsalltag ist soweit wie möglich zu erhalten und zu fördern.

(2) Die Gefangenen werden an der Gestaltung des Vollzugsalltags beteiligt. Vollzugliche Maßnahmen sollen ihnen erläutert werden.

(3) Zur Erreichung des Vollzugsziels bedarf es der Mitwirkung der Gefangenen. Ihre Bereitschaft hierzu ist zu wecken und zu fördern.

(4) Die Gefangenen unterliegen den in diesem Gesetz vorgesehenen Beschränkungen ihrer Freiheit. Soweit das Gesetz eine besondere Regelung nicht enthält, dürfen ihnen nur Beschränkungen auferlegt werden, die zur Aufrechterhaltung der Sicherheit oder zur Abwendung einer schwerwiegenden Störung der Ordnung der Anstalt erforderlich sind.

1 E 2, 1 E 3, 1 E 7, 1 E 10, 1 E 17, 1 E 18, 1 E 24

§ 5 Soziale Hilfe

(1) Die Gefangenen werden darin unterstützt, ihre persönlichen, wirtschaftlichen und sozialen Schwierigkeiten zu beheben. Sie sollen dazu angeregt und in die Lage versetzt werden, ihre Angelegenheiten selbst zu regeln, insbesondere eine Schuldenregulierung herbeizuführen.

(2) Die Gefangenen sollen angehalten werden, den durch die Straftat verursachten materiellen und immateriellen Schaden wieder gutzumachen.

1 D 21, 7 A 8, 7 C 1, 7 C 6, 7 C 8, 7 D 2

Abschnitt 2. Aufnahme, Diagnose, Vollzugs- und Eingliederungsplanung

§ 6 Aufnahmeverfahren

(1) Mit den Gefangenen wird unverzüglich nach der Aufnahme ein Zugangsgespräch geführt, in dem ihre gegenwärtige Lebenssituation erörtert wird und sie über ihre Rechte und Pflichten informiert werden. Ihnen wird ein Exemplar der Hausordnung ausgehändigt. Dieses Gesetz, die von ihm in Bezug genommenen Gesetze sowie die zu seiner Ausführung erlassenen Rechtsverordnungen und Verwaltungsvorschriften sind den Gefangenen auf Verlangen zugänglich zu machen.

(2) Während des Aufnahmeverfahrens dürfen andere Gefangenen nicht zugegen sein.

(3) Die Gefangenen werden alsbald ärztlich untersucht.

(4) Die Gefangenen werden dabei unterstützt, etwa notwendige Maßnahmen für hilfsbedürftige Angehörige, zur Erhaltung des Arbeitsplatzes und der Wohnung und zur Sicherung ihrer Habe außerhalb der Anstalt zu veranlassen.

(5) Bei Gefangenen, die eine Ersatzfreiheitsstrafe verbüßen, sind die Möglichkeiten der Abwendung der Vollstreckung durch freie Arbeit oder ratenweise Tilgung der Geldstrafe zu erörtern und zu fördern, um so auf eine möglichst frühzeitige Entlassung hinzuwirken.

2 A 1, 2 A 4, 2 A 5, 2 A 8, 2 A 9, 2 A 12, 2 A 13, 7 B 4, 7 B 7, 12 F 8

§ 7 Diagnoseverfahren

(1) An das Aufnahmeverfahren schließt sich zur Vorbereitung der Vollzugs- und Eingliederungsplanung das Diagnoseverfahren an.

(2) Das Diagnoseverfahren muss wissenschaftlichen Erkenntnissen genügen. Insbesondere bei Gefangenen mit angeordneter oder vorbehaltener Sicherungsverwahrung ist es von Personen mit einschlägiger wissenschaftlicher Qualifikation durchzuführen.

(3) Das Diagnoseverfahren erstreckt sich auf die Persönlichkeit, die Lebensverhältnisse, die Ursachen und Umstände der Straftat sowie alle sonstigen Gesichtspunkte, deren Kenntnis für eine zielgerichtete und wirkungsorientierte Vollzugsgestaltung und die Eingliederung der Gefangenen nach der Entlassung notwendig erscheint. Neben den Unterlagen aus der Vollstreckung und dem Vollzug vorangegangener Freiheitsentziehungen sind insbesondere auch Erkenntnisse der Gerichts- und Bewährungshilfe sowie der Führungsaufsichtsstellen einzubeziehen.

(4) Im Diagnoseverfahren werden die im Einzelfall die Straffälligkeit begünstigenden Faktoren ermittelt. Gleichzeitig sollen die Fähigkeiten der Gefangenen ermittelt werden, deren Stärkung einer erneuten Straffälligkeit entgegenwirken kann.

(5) Bei einer voraussichtlichen Vollzugsdauer bis zu einem Jahr kann das Diagnoseverfahren auf die Umstände beschränkt werden, deren Kenntnis für eine angemessene Vollzugsgestaltung unerlässlich und für die Eingliederung erforderlich ist. Unabhängig von der Vollzugsdauer gilt dies auch, wenn ausschließlich Ersatzfreiheitsstrafen zu vollziehen sind.

2 A 1, 2 B 1, 2 B 5, 2 B 6, 2 B 11, 2 B 13, 2 B 14, 2 B 17, 2 B 28, 2 B 35, 2 C 8, 7 B 1, 15 B 28

§ 8 Vollzugs- und Eingliederungsplanung

(1) Auf der Grundlage des Ergebnisses des Diagnoseverfahrens wird innerhalb der ersten drei Monate nach der Aufnahme ein Vollzugs- und Eingliederungsplan erstellt. Diese Frist verkürzt sich bei einer voraussichtlichen Vollzugsdauer von unter einem Jahr auf vier Wochen. Der Vollzugs- und Eingliederungsplan zeigt den Gefangenen bereits zu Beginn der Strafhaft unter Berücksichtigung der voraussichtlichen Vollzugsdauer die zur Erreichung des Vollzugsziels erforderlichen Maßnahmen auf. Daneben kann er weitere Hilfsangebote und Empfehlungen enthalten. Auf die Fähigkeiten, Fertigkeiten und Neigungen der Gefangenen ist Rücksicht zu nehmen.

(2) Der Vollzugs- und Eingliederungsplan sowie die darin vorgesehenen Maßnahmen werden regelmäßig alle sechs Monate, spätestens aber alle zwölf Monate überprüft und fortgeschrieben. Die Entwicklung der Gefangenen und die in der Zwischenzeit gewonnenen Erkenntnisse sind zu berücksichtigen. Die durchgeführten Maßnahmen sind zu dokumentieren.

(3) Die Vollzugs- und Eingliederungsplanung wird mit den Gefangenen erörtert. Dabei werden deren Anregungen und Vorschläge einbezogen, soweit sie der Erreichung des Vollzugsziels dienen.

(4) Zur Erstellung und Fortschreibung des Vollzugs- und Eingliederungsplans führt die Anstaltsleitung eine Konferenz mit den an der Vollzugsgestaltung maßgeblich Beteiligten durch. Standen die Gefan-

genen vor ihrer Inhaftierung unter Bewährung oder Führungsaufsicht, kann auch der für sie bislang zuständige Bewährungshelfer oder die für sie bislang zuständige Bewährungshelferin an der Konferenz beteiligt werden. Den Gefangenen wird der Vollzugs- und Eingliederungsplan in der Konferenz eröffnet und erläutert. Sie können auch darüber hinaus an der Konferenz beteiligt werden. In den Fällen des § 7 Absatz 5 kann auch ein vereinfachtes Verfahren Anwendung finden.

(5) An der Eingliederung mitwirkende Personen außerhalb des Vollzugs sind nach Möglichkeit in die Planung einzubeziehen. Sie können mit Zustimmung der Gefangenen auch an der Konferenz beteiligt werden.

(6) Werden die Gefangenen nach der Entlassung voraussichtlich unter Bewährungs- oder Führungsaufsicht gestellt, so ist dem künftig zuständigen Bewährungshelfer oder der künftig zuständigen Bewährungshelferin in den letzten zwölf Monaten vor dem voraussichtlichen Entlassungszeitpunkt die Teilnahme an der Konferenz zu ermöglichen und sind ihm oder ihr der Vollzugs- und Eingliederungsplan und seine Fortschreibungen zu übersenden.

(7) Der Vollzugs- und Eingliederungsplan und seine Fortschreibungen werden den Gefangenen ausgehändigt.

2 A 1, 2 B 4, 2 B 35, 2 C 2, 2 C 6, 2 C 7, 2 C 9, 2 C 10, 2 C 12, 2 C 14, 2 C 19, 2 C 20, 7 D 8, 10 G 2, 13 L 3, 13 L 7

§ 9 Inhalt des Vollzugs- und Eingliederungsplans

(1) Der Vollzugs- und Eingliederungsplan sowie seine Fortschreibungen enthalten insbesondere folgende Angaben:
1. Zusammenfassung der für die Vollzugs- und Eingliederungsplanung maßgeblichen Ergebnisse des Diagnoseverfahrens,
2. voraussichtlicher Entlassungszeitpunkt,
3. Unterbringung im geschlossenen oder offenen Vollzug,
4. Maßnahmen zur Förderung der Mitwirkungsbereitschaft,
5. Unterbringung in einer Wohngruppe und Teilnahme am Wohngruppenvollzug,
6. Unterbringung in einer sozialtherapeutischen Abteilung und Teilnahme an deren Behandlungsprogrammen,
7. Teilnahme an einzelnen oder gruppentherapeutischen Maßnahmen, insbesondere psychologische Intervention und Psychotherapie,
8. Teilnahme an psychiatrischen Behandlungsmaßnahmen,
9. Teilnahme an Maßnahmen zur Behandlung von Suchtmittelabhängigkeit und -missbrauch,
10. Teilnahme an Trainingsmaßnahmen zur Verbesserung der sozialen Kompetenz,
11. Teilnahme an schulischen und beruflichen Qualifizierungsmaßnahmen einschließlich Alphabetisierungs- und Deutschkursen,
12. Teilnahme an arbeitstherapeutischen Maßnahmen oder am Arbeitstraining,
13. Arbeit,
14. freies Beschäftigungsverhältnis, Selbstbeschäftigung,
15. Teilnahme an Sportangeboten und Maßnahmen zur strukturierten Gestaltung der Freizeit,
16. Ausführungen, Außenbeschäftigung,
17. Lockerungen zur Erreichung des Vollzugsziels,
18. Aufrechterhaltung, Förderung und Gestaltung von Außenkontakten,
19. Schuldnerberatung, Schuldenregulierung und Erfüllung von Unterhaltspflichten,
20. Ausgleich von Tatfolgen,
21. Maßnahmen zur Vorbereitung von Entlassung, Eingliederung und Nachsorge und
22. Frist zur Fortschreibung des Vollzugs- und Eingliederungsplans.

Bei angeordneter oder vorbehaltener Sicherungsverwahrung enthalten der Vollzugs- und Eingliederungsplan sowie seine Fortschreibungen darüber hinaus Angaben zu sonstigen Maßnahmen im Sinne des § 3 Absatz 3 Satz 2 und einer Antragstellung im Sinne des § 119a Absatz 2 Strafvollzugsgesetzes.

(2) Maßnahmen nach Absatz 1 Satz 1 Nummer 6 bis 13 und Satz 2, die nach dem Ergebnis des Diagnoseverfahrens als zur Erreichung des Vollzugsziels zwingend erforderlich erachtet werden, sind als solche zu kennzeichnen und gehen allen anderen Maßnahmen vor. Andere Maßnahmen dürfen nicht gestattet werden, soweit sie die Teilnahme an Maßnahmen nach Satz 1 beeinträchtigen würden.

(3) Spätestens ein Jahr vor dem voraussichtlichen Entlassungszeitpunkt hat die Planung zur Vorbereitung der Eingliederung zu beginnen. Anknüpfend an die bisherige Vollzugsplanung werden ab diesem Zeitpunkt die Maßnahmen nach Absatz 1 Satz 1 Nummer 21 konkretisiert oder ergänzt. Insbesondere ist Stellung zu nehmen zu:
1. Unterbringung im offenen Vollzug,
2. Unterkunft sowie Arbeit oder Ausbildung nach der Entlassung,
3. Unterstützung bei notwendigen Behördengängen und der Beschaffung der notwendigen persönlichen Dokumente,
4. Beteiligung der Bewährungshilfe und der forensischen Ambulanzen,
5. Kontaktaufnahme zu Einrichtungen der Entlassenenhilfe,
6. Fortsetzung von im Vollzug noch nicht abgeschlossenen Maßnahmen,
7. Auflagen und Weisungen für die Bewährungs- oder Führungsaufsicht in Abstimmung mit der Bewährungshilfe,
8. Vermittlung in nachsorgende Maßnahmen,
9. nachgehende Betreuung durch Vollzugsbedienstete.

1 D 23, 2 A 1, 2 C 6, 2 C 23, 2 C 25, 2 C 26, 2 C 28, 2 C 29, 2 C 31, 2 C 33, 2 C 35, 2 C 39, 4 A 3, 4 B 2, 4 D 10, 4 D 11, 4 D 12, 4 E 1, 4 E 2, 4 E 15, 4 E 18, 4 G 3, 4 G 7, 4 H 9, 5 A 13, 7 D 8, 10 G 2, 15 B 29

Abschnitt 3. Unterbringung, Verlegung

§ 10 Trennung von männlichen und weiblichen Gefangenen

Männliche und weibliche Gefangene werden getrennt untergebracht. Eine gemeinsame Unterbringung zum Zweck der medizinischen Behandlung sowie gemeinsame Maßnahmen, insbesondere zur schulischen und beruflichen Qualifizierung, sind zulässig.

13 B 1 ff, 14 A 6

§ 11 Unterbringung während der Einschlusszeiten

(1) Die Gefangenen werden in ihren Haftträumen einzeln untergebracht.
(2) Mit ihrer Zustimmung können sie gemeinsam untergebracht werden, wenn schädliche Einflüsse nicht zu befürchten sind. Bei einer Gefahr für Leben oder Gesundheit oder bei Hilfsbedürftigkeit ist die Zustimmung der gefährdeten oder hilfsbedürftigen Gefangenen zur gemeinsamen Unterbringung entbehrlich.
(3) Darüber hinaus ist eine gemeinsame Unterbringung nur vorübergehend und aus zwingenden Gründen zulässig.

2 E 1, 2 E 17, 2 E 28, 2 E 31, 2 E 32, 2 E 35

§ 12 Aufenthalt außerhalb der Einschlusszeiten

(1) Außerhalb der Einschlusszeiten dürfen sich die Gefangenen in Gemeinschaft aufhalten.
(2) Der gemeinschaftliche Aufenthalt kann eingeschränkt werden,
1. wenn ein schädlicher Einfluss auf andere Gefangene zu befürchten ist,
2. wenn es die Sicherheit oder Ordnung der Anstalt erfordert oder
3. während des Diagnoseverfahrens.

2 E 1, 2 E 4, 2 E 6, 2 E 8, 2 E 9, 2 E 10, 2 E 11, 2 E 12, 2 E 13, 2 E 15, 2 E 16, 11 I 26

§ 13 Wohngruppenvollzug

(1) Der Wohngruppenvollzug dient der Einübung sozialverträglichen Zusammenlebens, insbesondere von Toleranz sowie der Übernahme von Verantwortung für sich und andere. Er ermöglicht den dort untergebrachten Gefangenen, ihren Vollzugsalltag weitgehend selbstständig zu regeln.
(2) Eine Wohngruppe wird in einem baulich abgegrenzten Bereich eingerichtet, zu dem neben den Haftträumen weitere Räume und Einrichtungen zur gemeinsamen Nutzung gehören. Sie wird in der Regel von fest zugeordneten Bediensteten betreut.

§ 14 Unterbringung von Müttern mit Kindern

(1) Ist das Kind einer Gefangenen noch nicht drei Jahre alt, kann es mit Zustimmung des Aufenthaltsbestimmungsberechtigten in der Anstalt untergebracht werden, wenn die baulichen Gegebenheiten dies zulassen und Sicherheitsgründe nicht entgegenstehen. Vor der Unterbringung ist das Jugendamt zu hören.

(2) Die Unterbringung erfolgt auf Kosten der für das Kind Unterhaltspflichtigen. Von der Geltendmachung des Kostenersatzanspruchs kann ausnahmsweise abgesehen werden, wenn hierdurch die gemeinsame Unterbringung von Mutter und Kind gefährdet würde.

14 C 1, 14 C 4, 14 C 12

§ 15 Geschlossener und offener Vollzug

(1) Die Gefangenen werden im geschlossenen oder offenen Vollzug untergebracht. Abteilungen des offenen Vollzugs sehen keine oder nur verminderte Vorkehrungen gegen Entweichungen vor.

(2) Die Gefangenen sollen im offenen Vollzug untergebracht werden, wenn sie dessen besonderen Anforderungen genügen und namentlich nicht zu befürchten ist, dass sie sich dem Vollzug entziehen oder die Möglichkeiten des offenen Vollzugs zu Straftaten missbrauchen werden.

(3) Genügen die Gefangenen den besonderen Anforderungen der Unterbringung im offenen Vollzug nicht mehr, werden sie im geschlossenen Vollzug untergebracht.

10 A 1, 10 A 4, 10 A 7, 10 A 9, 13 C 5, 13 C 18

§ 16 Verlegung und Überstellung

(1) Die Gefangenen können abweichend vom Vollstreckungsplan in eine andere Anstalt verlegt werden, wenn die Erreichung des Vollzugsziels hierdurch gefördert wird oder wenn Gründe der Vollzugsorganisation oder andere wichtige Gründe dies erfordern.

(2) Die Gefangenen dürfen aus wichtigem Grund in eine andere Anstalt überstellt werden.

2 D 1, 2 D 6, 2 D 7, 2 D 15

Abschnitt 4. Sozialtherapie, psychologische Intervention und Psychotherapie

§ 17 Sozialtherapie

(1) Sozialtherapie dient der Verringerung einer erheblichen Gefährlichkeit der Gefangenen. Auf der Grundlage einer therapeutischen Gemeinschaft bedient sie sich insbesondere psychotherapeutischer, sozialpädagogischer und arbeitstherapeutischer Methoden, die in umfassenden Behandlungsprogrammen verbunden werden. Personen aus dem Lebensumfeld der Gefangenen außerhalb des Vollzugs können in die Behandlung einbezogen werden.

(2) Gefangene sind in einer sozialtherapeutischen Abteilung unterzubringen, wenn ihre Teilnahme an den dortigen Behandlungsprogrammen zur Verringerung ihrer erheblichen Gefährlichkeit angezeigt ist. Eine erhebliche Gefährlichkeit liegt vor, wenn schwerwiegende Straftaten gegen Leib oder Leben, die persönliche Freiheit oder gegen die sexuelle Selbstbestimmung zu erwarten sind.

(3) Andere Gefangene können in einer sozialtherapeutischen Abteilung untergebracht werden, wenn die Teilnahme an den dortigen Behandlungsprogrammen zur Erreichung des Vollzugsziels angezeigt ist.

(4) Die Unterbringung soll zu einem Zeitpunkt erfolgen, der entweder den Abschluss der Behandlung zum voraussichtlichen Entlassungszeitpunkt erwarten lässt oder die Fortsetzung der Behandlung nach der Entlassung ermöglicht. Ist Sicherungsverwahrung angeordnet oder vorbehalten, soll die Unterbringung zu einem Zeitpunkt erfolgen, der den Abschluss der Behandlung noch während des Vollzugs der Freiheitsstrafe erwarten lässt.

(5) Die Unterbringung wird beendet, wenn das Ziel der Behandlung aus Gründen, die in der Person der Gefangenen liegen, nicht erreicht werden kann.

3 A 3, 3 A 12, 3 A 15, 3 A 16, 3 A 20, 3 A 21, 3 A 23, 15 B 30

§ 18 Psychologische Intervention und Psychotherapie

Psychologische Intervention und Psychotherapie im Vollzug dienen insbesondere der Behandlung psychischer Störungen des Verhaltens und Erlebens, die in einem Zusammenhang mit der Straffälligkeit stehen. Sie werden durch systematische Anwendung psychologisch wissenschaftlich fundierter Methoden der Gesprächsführung mit einer oder mehreren Personen durchgeführt.

Abschnitt 5. Arbeitstherapeutische Maßnahmen, Arbeitstraining, schulische und berufliche Qualifizierungsmaßnahmen, Arbeit

§ 19 Arbeitstherapeutische Maßnahmen

Arbeitstherapeutische Maßnahmen dienen dazu, dass die Gefangenen Eigenschaften wie Selbstvertrauen, Durchhaltevermögen und Konzentrationsfähigkeit einüben, um sie stufenweise an die Grundanforderungen des Arbeitslebens heranzuführen.

4 Vorb. 5, 4 A 9

§ 20 Arbeitstraining

Arbeitstraining dient dazu, Gefangenen, die nicht in der Lage sind, einer regelmäßigen und erwerbsorientierten Beschäftigung nachzugehen, Fähigkeiten und Fertigkeiten zu vermitteln, die eine Eingliederung in das leistungsorientierte Arbeitsleben fördern. Die dafür vorzuhaltenden Maßnahmen sind danach auszurichten, dass sie den Gefangenen für den Arbeitsmarkt relevante Qualifikationen vermitteln.

4 Vorb. 5, 4 A 9

§ 21 Schulische und berufliche Qualifizierungsmaßnahmen

(1) Schulische und berufliche Aus- und Weiterbildung und vorberufliche Qualifizierung im Vollzug (schulische und berufliche Qualifizierungsmaßnahmen) haben das Ziel, die Fähigkeiten der Gefangenen zur Eingliederung und zur Aufnahme einer Erwerbstätigkeit nach der Haftentlassung zu vermitteln, zu verbessern oder zu erhalten. Sie werden in der Regel als Vollzeitmaßnahme durchgeführt. Bei der Festlegung von Inhalten, Methoden und Organisationsformen der Bildungsangebote werden die Besonderheiten der jeweiligen Zielgruppe berücksichtigt.

(2) Berufliche Qualifizierungsmaßnahmen sind darauf auszurichten, den Gefangenen für den Arbeitsmarkt relevante Qualifikationen zu vermitteln.

(3) Geeigneten Gefangenen soll die Teilnahme an einer schulischen oder beruflichen Ausbildung ermöglicht werden, die zu einem anerkannten Abschluss führt.

(4) Bei der Vollzugsplanung ist darauf zu achten, dass die Gefangenen Qualifizierungsmaßnahmen während ihrer Haftzeit abschließen oder danach fortsetzen können. Können Maßnahmen während der Haftzeit nicht abgeschlossen werden, trägt die Anstalt in Zusammenarbeit mit außervollzuglichen Einrichtungen dafür Sorge, dass die begonnene Qualifizierungsmaßnahme nach der Haft fortgesetzt werden kann.

(5) Nachweise über schulische und berufliche Qualifizierungsmaßnahmen dürfen keinen Hinweis auf die Inhaftierung enthalten.

4 Vorb. 5, 4 A 6, 4 A 19, 4 A 21, 4 A 23, 4 A 24, 4 E 1, 4 E 3, 4 E 6, 4 E 9, 4 E 12, 4 E 17, 4 G 13, 14 C 11

§ 22 Arbeit

Die Zuweisung von Arbeit dient dazu, die Gefangenen an ein strukturiertes Arbeitsleben heranzuführen. Die Gefangenen sind im Rahmen des § 9 Absatz 2 verpflichtet, die ihnen zugewiesene Arbeit auszuüben, soweit sie zu deren Verrichtung körperlich in der Lage sind. Es gelten die von der Anstalt festgelegten Arbeitsbedingungen.

4 Vorb. 5, 4 A 3, 4 A 6, 4 B 2, 4 B 7, 4 B 8, 4 B 11, 4 B 21

§ 23 Freies Beschäftigungsverhältnis, Selbstbeschäftigung

(1) Gefangenen, die zum Freigang im Sinne des § 38 Absatz 1 Nummer 4 zugelassen sind, soll gestattet werden, einer Arbeit, Berufsausbildung oder beruflichen Weiterbildung auf der Grundlage eines freien Beschäftigungsverhältnisses oder der Selbstbeschäftigung außerhalb der Anstalt nachzugehen, wenn die Beschäftigungsstelle geeignet ist und nicht überwiegende Gründe des Vollzugs entgegenstehen. § 40 gilt entsprechend.

(2) Das Entgelt ist der Anstalt zur Gutschrift für die Gefangenen zu überweisen.

4 Vorb. 5, 4 G 7, 4 H 2, 4 H 10, 4 H 13, 4 H 14, 4 H 19, 4 H 28, 4 I 67, 6 F 56

§ 24 Freistellung von der Arbeit

(1) Haben die Gefangenen ein halbes Jahr lang gearbeitet, so können sie beanspruchen, zehn Arbeitstage von der Arbeit freigestellt zu werden. Zeiten, in denen die Gefangenen infolge Krankheit an der Arbeitsleistung verhindert waren, werden auf das Halbjahr mit bis zu 15 Arbeitstagen angerechnet. Der Anspruch verfällt, wenn die Freistellung nicht innerhalb eines Jahres nach seiner Entstehung erfolgt ist.

(2) Auf die Zeit der Freistellung wird Langzeitausgang nach § 38 Absatz 1 Nummer 3 angerechnet, soweit er in die Arbeitszeit fällt. Gleiches gilt für einen Langzeitausgang nach § 39 Absatz 1, soweit er nicht wegen des Todes oder einer lebensgefährlichen Erkrankung naher Angehöriger erteilt worden ist.
(3) Der Zeitraum der Freistellung muss mit den betrieblichen Belangen vereinbar sein.
(4) Die Gefangenen erhalten für die Zeit der Freistellung ihr Arbeitsentgelt weiter.
(5) Urlaubsregelungen freier Beschäftigungsverhältnisse bleiben unberührt.
(6) Für Maßnahmen nach §§ 19, 20 oder 21 Absatz 1 gelten die Absätze 1 bis 5 entsprechend, sofern diese den Umfang der regelmäßigen wöchentlichen Arbeitszeit erreichen.

4 Vorb. 5, 4 C 1, 4 C 3, 4 C 4, 4 C 5, 4 C 6, 4 C 7, 4 C 14, 4 C 15, 4 C 16, 4 C 18, 4 C 23, 4 D 34, 4 D 45, 4 G 12

Abschnitt 6. Besuche, Telefongespräche, Schriftwechsel, andere Formen der Telekommunikation und Pakete

§ 25 Grundsatz

Die Gefangenen haben das Recht, mit Personen außerhalb der Anstalt im Rahmen der Bestimmungen dieses Gesetzes zu verkehren.

9 Vorb. 4, 9 A 1 ff

§ 26 Besuch

(1) Die Gefangenen dürfen regelmäßig Besuch empfangen. Die Gesamtdauer beträgt mindestens zwei Stunden im Monat, bei Besuchen von Kindern unter 14 Jahren erhöht sich die Gesamtdauer um eine weitere Stunde.
(2) Besuche von Angehörigen im Sinne des § 11 Absatz 1 Nummer 1 des Strafgesetzbuchs werden besonders unterstützt.
(3) Besuche sollen darüber hinaus zugelassen werden, wenn sie die Eingliederung der Gefangenen fördern oder persönlichen, rechtlichen oder geschäftlichen Angelegenheiten dienen, die nicht von den Gefangenen schriftlich erledigt, durch Dritte wahrgenommen oder bis zur Entlassung aufgeschoben werden können.
(4) Die Anstaltsleitung kann über Absatz 1 hinausgehend mehrstündige, unbeaufsichtigte Besuche (Langzeitbesuche) zulassen, wenn dies zur Pflege der familiären, partnerschaftlichen oder ihnen gleichzusetzender Kontakte der Gefangenen geboten erscheint und die Gefangenen hierfür geeignet sind. Ungeeignet sind in der Regel Gefangene, die zu einer Freiheitsstrafe von mindestens 2 Jahren wegen einer vorsätzlichen Straftat verurteilt sind, die sich gegen das Leben, die körperliche Unversehrtheit, die persönliche Freiheit oder die sexuelle Selbstbestimmung richtet. Langzeitbesuche, an denen Kinder unter 18 Jahren teilnehmen, werden beaufsichtigt.
(5) Besuche von Verteidigern und Verteidigerinnen sowie von Rechtsanwälten, Rechtsanwältinnen und Notaren und Notarinnen in einer die Gefangenen betreffenden Rechtssache sind zu gestatten.

9 B 19, 9 B 24

§ 27 Untersagung der Besuche

Die Anstaltsleitung kann Besuche untersagen, wenn
1. die Sicherheit oder Ordnung der Anstalt gefährdet würde,
2. bei Personen, die nicht Angehörige der Gefangenen im Sinne des § 11 Absatz 1 Nummer 1 des Strafgesetzbuchs sind, zu befürchten ist, dass sie einen schädlichen Einfluss auf die Gefangenen haben oder die Erreichung des Vollzugsziels behindern, oder
3. bei Personen, die Opfer der Straftat waren, zu befürchten ist, dass die Begegnung mit den Gefangenen einen schädlichen Einfluss auf sie hat.

9 B 34, 9 B 47

§ 28 Durchführung der Besuche

(1) Aus Gründen der Sicherheit können Besuche davon abhängig gemacht werden, dass sich die Besucher mit technischen Hilfsmitteln absuchen oder durchsuchen lassen. Eine inhaltliche Überprüfung der von Verteidigern oder Verteidigerinnen mitgeführten Schriftstücke und sonstigen Unterlagen ist nicht zulässig. § 34 Absatz 2 Satz 2 und 3 bleibt unberührt.

(2) Besuche werden regelmäßig beaufsichtigt. Über Ausnahmen entscheidet die Anstaltsleitung. Die Beaufsichtigung kann mit technischen Hilfsmitteln durchgeführt werden; die betroffenen Personen sind vorher darauf hinzuweisen.

(3) Besuche von Verteidigern oder Verteidigerinnen werden nicht beaufsichtigt.

(4) Besuche dürfen abgebrochen werden, wenn Besucher oder Gefangene gegen dieses Gesetz oder aufgrund dieses Gesetzes getroffene Anordnungen trotz Abmahnung verstoßen. Die Abmahnung unterbleibt, wenn es unerlässlich ist, den Besuch sofort abzubrechen.

(5) Gegenstände dürfen beim Besuch nicht übergeben werden. Dies gilt nicht für die bei dem Besuch der Verteidiger oder Verteidigerinnen übergebenen Schriftstücke und sonstigen Unterlagen sowie für die bei dem Besuch von Rechtsanwälten oder Notaren oder Rechtsanwältinnen oder Notarinnen zur Erledigung einer die Gefangenen betreffenden Rechtssache übergebenen Schriftstücke und sonstigen Unterlagen. Bei dem Besuch von Rechtsanwälten, Rechtsanwältinnen oder Notaren und Notarinnen kann die Übergabe aus Gründen der Sicherheit oder Ordnung der Anstalt von der Erlaubnis der Anstaltsleitung abhängig gemacht werden. § 34 Absatz 2 Satz 2 und 3 bleibt unberührt.

(6) Die Anstaltsleitung kann im Einzelfall die Nutzung einer Trennvorrichtung anordnen, wenn dies zum Schutz von Personen oder zur Verhinderung einer Übergabe von Gegenständen erforderlich ist.

9 B 71, 9 B 80, 9 B 82

§ 29 Überwachung der Gespräche

(1) Gespräche dürfen nur überwacht werden, soweit es im Einzelfall wegen einer Gefährdung der Erreichung des Vollzugsziels oder aus Gründen der Sicherheit erforderlich ist.

(2) Gespräche mit Verteidigern und Verteidigerinnen werden nicht überwacht.

9 B 78

§ 30 Telefongespräche

(1) Den Gefangenen kann gestattet werden, Telefongespräche zu führen. Telefongespräche mit Angehörigen der Gefangenen im Sinne des § 11 Absatz 1 Nummer 1 des Strafgesetzbuchs sind zu gestatten. Die Bestimmungen über den Besuch gelten entsprechend. Eine beabsichtigte Überwachung teilt die Anstalt den Gefangenen rechtzeitig vor Beginn des Telefongesprächs und den Gesprächspartnern der Gefangenen unmittelbar nach Herstellung der Verbindung mit.

(2) Die Kosten der Telefongespräche tragen die Gefangenen. Sind sie dazu nicht in der Lage, kann die Anstalt die Kosten in begründeten Fällen in angemessenem Umfang übernehmen.

(3) Der Besitz und die Benutzung von Geräten zur funkbasierten Übertragung von Informationen sind auf dem Anstaltsgelände verboten, soweit diese nicht dienstlich zugelassen sind. Die Anstaltsleitung kann abweichende Regelungen treffen.

(4) Die Anstalt darf technische Geräte betreiben, die
1. das Auffinden von Geräten zur Funkübertragung ermöglichen,
2. Geräte zur Funkübertragung zum Zwecke des Auffindens aktivieren können oder
3. Frequenzen stören oder unterdrücken, die der Herstellung oder Aufrechterhaltung unerlaubter Funkverbindungen auf dem Anstaltsgelände dienen.

Sie hat die von der Bundesnetzagentur gemäß § 55 Absatz 1 Satz 5 des Telekommunikationsgesetzes festgelegten Rahmenbedingungen zu beachten. Frequenznutzungen außerhalb des Anstaltsgeländes dürfen nicht erheblich gestört werden.

9 D 3, 9 D 12

§ 31 Schriftwechsel

(1) Die Gefangenen haben das Recht, Schreiben abzusenden und zu empfangen.

(2) Die Kosten des Schriftwechsels tragen die Gefangenen. Sind sie dazu nicht in der Lage, kann die Anstalt die Kosten in begründeten Fällen in angemessenem Umfang übernehmen.

§ 32 Untersagung des Schriftwechsels

Die Anstaltsleitung kann den Schriftwechsel mit bestimmten Personen untersagen, wenn
1. die Sicherheit oder Ordnung der Anstalt gefährdet würde,
2. bei Personen, die nicht Angehörige der Gefangenen im Sinne des § 11 Absatz 1 Nummer 1 des Strafgesetzbuchs sind, zu befürchten ist, dass der Schriftwechsel einen schädlichen Einfluss auf die Gefangenen hat oder die Erreichung des Vollzugsziels behindert oder

3. bei Personen, die Opfer der Straftat waren, zu befürchten ist, dass der Schriftwechsel einen schädlichen Einfluss auf sie hat.

9 C 9, 9 C 13

§ 33 Sichtkontrolle, Weiterleitung und Aufbewahrung von Schreiben

(1) Die Gefangenen haben das Absenden und den Empfang von Schreiben durch die Anstalt vermitteln zu lassen, soweit nichts anderes gestattet ist. Ein- und ausgehende Schreiben sind unverzüglich weiterzuleiten.

(2) Ein- und ausgehende Schreiben werden in der Regel in Anwesenheit der Gefangenen auf verbotene Gegenstände kontrolliert.

(3) Die Gefangenen haben eingehende Schreiben unverschlossen zu verwahren, sofern nichts anderes gestattet wird. Sie können sie verschlossen zu ihrer Habe geben.

9 C 23, 9 C 26

§ 34 Überwachung des Schriftwechsels

(1) Der Schriftwechsel darf nur überwacht werden, soweit es im Einzelfall wegen einer Gefährdung der Erreichung des Vollzugsziels oder aus Gründen der Sicherheit erforderlich ist.

(2) Der Schriftwechsel der Gefangenen mit ihren Verteidigern und Verteidigerinnen wird nicht überwacht. Liegt dem Vollzug eine Straftat nach § 129a, auch in Verbindung mit § 129b Absatz 1 des Strafgesetzbuchs zugrunde, gelten § 148 Absatz 2 und § 148a der Strafprozessordnung entsprechend; dies gilt nicht, wenn die Gefangenen sich im offenen Vollzug befinden oder wenn ihnen Lockerungen nach § 38 gewährt worden sind und ein Grund, der die Anstaltsleitung zum Widerruf von Lockerungen ermächtigt, nicht vorliegt. Satz 2 gilt auch, wenn eine Freiheitsstrafe wegen einer Straftat nach § 129a, auch in Verbindung mit § 129b Absatz 1 des Strafgesetzbuchs erst im Anschluss an den Vollzug der Freiheitsstrafe, der eine andere Verurteilung zugrunde liegt, zu vollstrecken ist.

(3) Nicht überwacht werden ferner Schreiben der Gefangenen an Volksvertretungen des Bundes und der Länder sowie an deren Mitglieder, soweit die Schreiben an die Anschriften dieser Volksvertretungen gerichtet sind und den Absender zutreffend angeben. Entsprechendes gilt für Schreiben an das Europäische Parlament und dessen Mitglieder, den Europäischen Gerichtshof für Menschenrechte, den Europäischen Ausschuss zur Verhütung von Folter und unmenschlicher oder erniedrigender Behandlung oder Strafe, den Ausschuss der Vereinten Nationen gegen Folter und die entsprechenden Nationalen Präventionsmechanismen, die konsularische Vertretung ihres Heimatlandes und weitere Einrichtungen, mit denen der Schriftverkehr aufgrund völkerrechtlicher Verpflichtungen der Bundesrepublik Deutschland geschützt ist. Satz 1 gilt auch für den Schriftverkehr mit den Bürgerbeauftragten der Länder und den Datenschutzbeauftragten des Bundes und der Länder. Nicht überwacht werden ferner Schreiben der Gefangenen an Gerichte, Staatsanwaltschaften und die Aufsichtsbehörde. Schreiben der in den Sätzen 1 bis 4 genannten Stellen, die an die Gefangenen gerichtet sich, werden nicht überwacht, sofern die Identität des Absenders zweifelsfrei feststeht.

9 C 23, 9 C 30, 11 M 44

§ 35 Anhalten von Schreiben

(1) Die Anstaltsleitung kann Schreiben anhalten, wenn
1. die Erreichung des Vollzugsziels oder die Sicherheit oder Ordnung der Anstalt gefährdet würde,
2. die Weitergabe in Kenntnis ihres Inhalts einen Straf- oder Bußgeldtatbestand verwirklichen würde,
3. sie grob unrichtige oder erheblich entstellende Darstellungen von Anstaltsverhältnissen oder grobe Beleidigungen enthalten,
4. sie die Eingliederung anderer Gefangener gefährden können oder
5. sie in Geheim- oder Kurzschrift, unlesbar, unverständlich oder ohne zwingenden Grund in einer fremden Sprache abgefasst sind.

(2) Ausgehenden Schreiben, die unrichtige Darstellungen enthalten, kann ein Begleitschreiben beigefügt werden, wenn die Gefangenen auf dem Absenden bestehen.

(3) Sind Schreiben angehalten worden, wird das den Gefangenen mitgeteilt. Angehaltene Schreiben werden an den Absender zurückgegeben oder, sofern dies unmöglich oder aus besonderen Gründen nicht angezeigt ist, verwahrt.

(4) Schreiben, deren Überwachung ausgeschlossen ist, dürfen nicht angehalten werden.

9 C 49 ff

§ 36 Andere Formen der Telekommunikation

Nach Zulassung anderer Formen der Telekommunikation im Sinne des Telekommunikationsgesetzes durch die Aufsichtsbehörde kann die Anstaltsleitung den Gefangenen gestatten, diese Formen auf ihre Kosten zu nutzen. Die Bestimmungen dieses Abschnitts gelten entsprechend.

5 A 31, 5 C 29, 5 C 36, 9 D 9

§ 37 Pakete

(1) Den Gefangenen kann gestattet werden, Pakete zu empfangen. Der Empfang von Paketen mit Nahrungs- und Genussmitteln ist untersagt. Die Anstalt kann Anzahl, Gewicht und Größe von Sendungen und einzelnen Gegenständen festsetzen. Über § 46 Absatz 1 Satz 2 hinaus kann sie Gegenstände und Verpackungsformen ausschließen, die einen unverhältnismäßigen Kontrollaufwand bedingen.

(2) Die Anstalt kann die Annahme von Paketen, deren Einbringung nicht gestattet ist oder die die Voraussetzungen des Absatzes 1 nicht erfüllen, ablehnen oder solche Pakete an den Absender zurücksenden.

(3) Pakete sind in Gegenwart der Gefangenen zu öffnen, an die sie adressiert sind. Mit nicht zugelassenen oder ausgeschlossenen Gegenständen ist gemäß § 49 Absatz 3 zu verfahren. Sie können auch auf Kosten der Gefangenen zurückgesandt werden.

(4) Der Empfang von Paketen kann vorübergehend versagt werden, wenn dies wegen der Gefährdung der Sicherheit oder Ordnung unerlässlich ist.

(5) Den Gefangenen kann gestattet werden, Pakete zu versenden. Der Inhalt kann aus Gründen der Sicherheit oder Ordnung überprüft werden.

(6) Die Kosten des Paketversandes tragen die Gefangenen. Sind sie dazu nicht in der Lage, kann die Anstalt die Kosten in begründeten Fällen in angemessenem Umfang übernehmen.

6 C 3, 9 E 1 ff

Abschnitt 7. Lockerungen und sonstige Aufenthalte außerhalb der Anstalt

§ 38 Lockerungen zur Erreichung des Vollzugsziels

(1) Aufenthalte außerhalb der Anstalt ohne Aufsicht (Lockerungen) können den Gefangenen zur Erreichung des Vollzugsziels gewährt werden, namentlich
1. das Verlassen der Anstalt für eine bestimmte Tageszeit in Begleitung einer von der Anstalt zugelassenen Person (begleiteter Ausgang),
2. das Verlassen der Anstalt für eine bestimmte Tageszeit ohne Begleitung (unbegleiteter Ausgang),
3. das Verlassen der Anstalt für mehrere Tage (Langzeitausgang) und
4. die regelmäßige Beschäftigung außerhalb der Anstalt (Freigang).

(2) Diese Lockerungen dürfen angeordnet werden, wenn nicht zu befürchten ist, dass die Gefangenen sich dem Vollzug der Freiheitsstrafe entziehen oder die Lockerungen zu Straftaten missbrauchen werden. Die Anordnung bedarf der Zustimmung der Gefangenen.

(3) Langzeitausgang nach Absatz 1 Nummer 3 soll in der Regel erst gewährt werden, wenn die Gefangenen sich mindestens sechs Monate im Strafvollzug befunden haben. Zu lebenslanger Freiheitsstrafe verurteilte Gefangene können einen Langzeitausgang in der Regel erst erhalten, wenn sie sich einschließlich einer vorhergehenden Untersuchungshaft oder einer anderen Freiheitsentziehung zehn Jahre im Vollzug befunden haben oder wenn sie im offenen Vollzug untergebracht sind.

(4) Durch Lockerungen wird die Vollstreckung der Freiheitsstrafe nicht unterbrochen.

4 D 43, 4 H 13, 10 B 1, 10 B 3, 10 B 4, 10 C 1, 10 C 2, 10 C 3, 10 C 12, 10 C 17, 10 C 18, 10 C 19, 10 C 20, 10 C 24, 10 C 25, 10 C 26, 10 C 29, 10 C 34, 10 C 35, 10 C 38, 10 C 39, 10 C 46, 10 C 48, 10 C 49, 10 C 58, 10 C 60, 10 C 66, 10 C 68, 10 D 3, 10 E 9

§ 39 Lockerungen aus sonstigen Gründen

(1) Lockerungen können auch aus wichtigem Anlass gewährt werden. Wichtige Anlässe sind insbesondere die Teilnahme an gerichtlichen Terminen, die medizinische Behandlung der Gefangenen sowie der Tod oder eine lebensgefährliche Erkrankung naher Angehöriger der Gefangenen.

(2) § 38 Absatz 2 und 4 gilt entsprechend.

10 B 1, 10 D 3, 10 D 4, 10 D 9

§ 40 Weisungen für Lockerungen

Für Lockerungen sind die nach den Umständen des Einzelfalles erforderlichen Weisungen zu erteilen. Bei der Ausgestaltung der Lockerungen ist auch den berechtigten Belangen der Opfer Rechnung zu tragen. Lockerungen sollen versagt werden, wenn sie im Einzelfall den berechtigten Belangen der Opfer widersprechen.

4 D 43, 4 H 12, 4 H 14, 10 B 1, 10 C 67, 10 D 9, 10 E 1, 10 E 3, 10 E 4, 10 E 10, 10 E 11

§ 41 Ausführungen, Außenbeschäftigung, Vorführung, Ausantwortung

(1) Den Gefangenen kann das Verlassen der Anstalt unter ständiger und unmittelbarer Aufsicht gestattet werden, wenn dies aus besonderen Gründen notwendig ist (Ausführung). Die Gefangenen können auch gegen ihren Willen ausgeführt werden. Liegt die Ausführung ausschließlich im Interesse der Gefangenen, können ihnen die Kosten auferlegt werden, soweit dies die Behandlung oder die Eingliederung nicht behindert.

(2) Den Gefangenen kann gestattet werden, außerhalb der Anstalt einer regelmäßigen Beschäftigung unter ständiger Aufsicht oder unter Aufsicht in unregelmäßigen Abständen (Außenbeschäftigung) nachzugehen. § 38 Absatz 2 gilt entsprechend.

(3) Auf Ersuchen eines Gerichts werden Gefangene vorgeführt, sofern ein Vorführungsbefehl vorliegt.

(4) Gefangene dürfen befristet dem Gewahrsam eines Gerichts, einer Staatsanwaltschaft oder einer Polizei-, Zoll- oder Finanzbehörde auf Antrag überlassen werden (Ausantwortung).

10 C 7, 10 C 8, 10 C 10, 10 C 38, 10 C 50, 10 D 3, 10 D 10, 10 D 11, 10 D 12, 10 D 14, 10 D 15, 10 E 3

Abschnitt 8. Vorbereitung der Eingliederung, Entlassung und nachgehende Betreuung

§ 42 Vorbereitung der Eingliederung

(1) Die Maßnahmen zur sozialen und beruflichen Eingliederung sind auf den Zeitpunkt der Entlassung in die Freiheit abzustellen. Die Gefangenen sind bei der Ordnung ihrer persönlichen, wirtschaftlichen und sozialen Angelegenheiten zu unterstützen. Dies umfasst die Vermittlung in nachsorgende Maßnahmen.

(2) Die Anstalt arbeitet frühzeitig mit Personen und Einrichtungen außerhalb des Vollzugs zusammen, insbesondere, um zu erreichen, dass die Gefangenen nach ihrer Entlassung über eine geeignete Unterkunft und eine Arbeits- oder Ausbildungsstelle verfügen. Bewährungshilfe und Führungsaufsicht beteiligen sich frühzeitig an der sozialen und beruflichen Eingliederung der Gefangenen.

(3) Haben sich die Gefangenen mindestens sechs Monate im Vollzug befunden, kann ihnen auch ein zusammenhängender Langzeitausgang bis zu sechs Monaten gewährt werden, wenn dies zur Vorbereitung der Eingliederung erforderlich ist. § 38 Absatz 2 und 4 sowie § 40 gelten entsprechend.

(4) In einem Zeitraum von sechs Monaten vor der voraussichtlichen Entlassung sind den Gefangenen die zur Vorbereitung der Eingliederung erforderlichen Lockerungen zu gewähren, sofern nicht mit hoher Wahrscheinlichkeit zu erwarten ist, dass die Gefangenen sich dem Vollzug der Freiheitsstrafe entziehen oder die Lockerungen zu Straftaten missbrauchen werden.

3 C 1, 3 C 3, 3 C 5, 3 C 6, 7 A 1, 7 B 6, 7 D 8, 10 G 2, 10 H 4, 10 H 6, 10 H 9, 10 H 10, 10 H 12, 13 I 5

§ 43 Entlassung

(1) Die Gefangenen sollen am letzten Tag ihrer Strafzeit möglichst frühzeitig, jedenfalls noch am Vormittag, entlassen werden.

(2) Fällt das Strafende auf einen Sonnabend oder Sonntag, einen gesetzlichen Feiertag, den ersten Werktag nach Ostern oder Pfingsten oder in die Zeit vom 22. Dezember bis zum 6. Januar, so können die Gefangenen an dem diesem Tag oder Zeitraum vorhergehenden Werktag entlassen werden, wenn dies gemessen an der Dauer der Strafzeit vertretbar ist und fürsorgerische Gründe nicht entgegenstehen.

(3) Der Entlassungszeitpunkt kann bis zu zwei Tage vorverlegt werden, wenn die Gefangenen zu ihrer Eingliederung hierauf dringend angewiesen sind.

(4) Bedürftigen Gefangenen kann eine Entlassungsbeihilfe in Form eines Reisekostenzuschusses, angemessener Kleidung oder einer sonstigen notwendigen Unterstützung gewährt werden.

7 D 8, 10 G 2, 10 I 2, 10 I 4, 10 I 5, 10 I 8

Anhang

§ 44 Nachgehende Betreuung
Mit Zustimmung der Anstaltsleitung können Bedienstete an der nachgehenden Betreuung Entlassener mit deren Einverständnis mitwirken, wenn ansonsten die Eingliederung gefährdet wäre. Die nachgehende Betreuung kann auch außerhalb der Anstalt erfolgen. In der Regel ist sie auf die ersten sechs Monate nach der Entlassung beschränkt.

3 E 2, 3 E 4, 3 E 5, 3 E 6, 3 E 7, 7 D 8, 7 D 23, 10 G 2

§ 45 Verbleib oder Aufnahme auf freiwilliger Grundlage
(1) Sofern es die Belegungssituation zulässt, können die Gefangenen auf Antrag ausnahmsweise vorübergehend in der Anstalt verbleiben oder wieder aufgenommen werden, wenn die Eingliederung gefährdet und ein Aufenthalt in der Anstalt aus diesem Grunde gerechtfertigt ist. Die Unterbringung erfolgt auf vertraglicher Basis.
(2) Gegen die in der Anstalt untergebrachten Entlassenen dürfen Maßnahmen des Vollzugs nicht mit unmittelbarem Zwang durchgesetzt werden.
(3) Bei Störung des Anstaltsbetriebs durch die Entlassenen oder aus vollzugsorganisatorischen Gründen kann die Unterbringung jederzeit beendet werden.

3 D 3, 3 D 4, 3 D 6, 3 D 7, 3 D 8, 10 G 2

Abschnitt 9. Grundversorgung und Freizeit

§ 46 Einbringen von Gegenständen
(1) Gegenstände dürfen durch oder für die Gefangenen nur mit Zustimmung der Anstalt eingebracht werden. Die Anstalt kann die Zustimmung verweigern, wenn die Gegenstände geeignet sind, die Sicherheit oder Ordnung der Anstalt oder die Erreichung des Vollzugsziels zu gefährden oder ihre Aufbewahrung nach Art oder Umfang offensichtlich nicht möglich ist.
(2) Das Einbringen von Nahrungs- und Genussmitteln ist nicht gestattet. Die Anstaltsleitung kann eine abweichende Regelung treffen.

6 C 11, 11 C 2, 11 C 10

§ 47 Gewahrsam an Gegenständen
(1) Die Gefangenen dürfen Gegenstände nur mit Zustimmung der Anstalt in Gewahrsam haben, annehmen oder abgeben.
(2) Ohne Zustimmung dürfen sie Gegenstände von geringem Wert an andere Gefangene weitergeben und von anderen Gefangenen annehmen; die Abgabe und Annahme dieser Gegenstände und der Gewahrsam daran können von der Zustimmung der Anstalt abhängig gemacht werden.

11 C 2, 11 C 3, 11 C 12

§ 48 Ausstattung des Haftraums
Die Gefangenen dürfen ihren Haftraum in angemessenem Umfang mit eigenen Gegenständen ausstatten oder diese dort aufbewahren. Gegenstände, die geeignet sind, die Sicherheit oder Ordnung der Anstalt, insbesondere die Übersichtlichkeit des Haftraums, oder die Erreichung des Vollzugsziels zu gefährden, dürfen nicht in den Haftraum eingebracht werden oder werden daraus entfernt.

2 F 1, 2 F 8, 2 F 9, 2 F 10, 2 F 12, 2 F 16, 2 F 17, 5 C 12, 5 C 14, 5 C 17, 5 C 18, 5 C 36, 5 D 6, 5 D 11, 5 D 14, 5 D 20, 5 D 21, 5 D 28

§ 49 Aufbewahrung und Vernichtung von Gegenständen
(1) Gegenstände, die die Gefangenen nicht im Haftraum aufbewahren dürfen oder wollen, werden von der Anstalt aufbewahrt, soweit dies nach Art und Umfang möglich ist.
(2) Den Gefangenen wird Gelegenheit gegeben, ihre Gegenstände, die sie während des Vollzugs und für ihre Entlassung nicht benötigen, zu versenden. § 37 Absatz 6 gilt entsprechend.
(3) Werden Gegenstände, deren Aufbewahrung nach Art oder Umfang nicht möglich ist, von den Gefangenen trotz Aufforderung nicht aus der Anstalt verbracht, so darf die Anstalt diese Gegenstände auf Kosten der Gefangenen außerhalb der Anstalt verwahren, verwerten oder vernichten. Für die Voraussetzungen und das Verfahren der Verwertung und Vernichtung gilt § 25 des Bremischen Polizeigesetzes entsprechend.

(4) Aufzeichnungen und andere Gegenstände, die Kenntnisse über Sicherungsvorkehrungen der Anstalt vermitteln oder Schlussfolgerungen auf diese zulassen, dürfen vernichtet oder unbrauchbar gemacht werden.

11 C 2, 11 C 13, 11 C 14, 11 C 15, 11 C 16

§ 50 Zeitungen und Zeitschriften, religiöse Schriften und Gegenstände

(1) Die Gefangenen dürfen auf eigene Kosten Zeitungen und Zeitschriften in angemessenem Umfang durch Vermittlung der Anstalt beziehen. Ausgeschlossen sind lediglich Zeitungen und Zeitschriften, deren Verbreitung mit Strafe oder Geldbuße bedroht ist. Einzelne Ausgaben können den Gefangenen vorenthalten oder entzogen werden, wenn deren Inhalte die Erreichung des Vollzugsziels oder die Sicherheit oder Ordnung der Anstalt erheblich gefährden würden.

(2) Die Gefangenen dürfen grundlegende religiöse Schriften sowie in angemessenem Umfang Gegenstände des religiösen Gebrauchs besitzen. Diese dürfen den Gefangenen nur bei grobem Missbrauch entzogen werden.

5 B 5, 5 B 6, 5 B 11, 5 B 13, 5 B 14, 5 B 15, 5 B 20, 5 B 21, 5 B 23, 5 B 24, 8 A 21, 8 A 22, 8 A 23

§ 51 Rundfunk, Informations- und Unterhaltungselektronik

(1) Der Zugang zum Rundfunk ist zu ermöglichen.

(2) Eigene Hörfunk- und Fernsehgeräte werden zugelassen, wenn nicht Gründe des § 48 Satz 2 entgegenstehen. Andere Geräte der Informations- und Unterhaltungselektronik können unter diesen Voraussetzungen zugelassen werden. Die Gefangenen können auf Mietgeräte oder auf ein Haftraummediensystem verwiesen werden. § 36 bleibt unberührt.

(3) Der Rundfunkempfang kann vorübergehend ausgesetzt oder einzelnen Gefangenen untersagt werden, wenn dies zur Aufrechterhaltung der Sicherheit oder Ordnung der Anstalt unerlässlich ist.

5 C 4, 5 C 6, 5 C 10, 5 C 12, 5 C 14, 5 C 17, 5 C 18, 5 C 22, 5 C 25, 5 C 26, 5 C 28, 5 C 29, 5 C 36, 5 D 10

§ 52 Kleidung

(1) Die Gefangenen tragen Anstaltskleidung.

(2) Die Anstaltsleitung kann eine abweichende Regelung treffen. Für Reinigung und Instandsetzung eigener Kleidung haben die Gefangenen auf ihre Kosten zu sorgen.

6 A 1, 6 A 5, 6 A 7

§ 53 Verpflegung und Einkauf

(1) Zusammensetzung und Nährwert der Anstaltsverpflegung entsprechen den Anforderungen an eine gesunde Ernährung und werden ärztlich überwacht. Auf ärztliche Anordnung wird besondere Verpflegung gewährt. Den Gefangenen ist zu ermöglichen, Speisevorschriften ihrer Religionsgemeinschaft zu befolgen.

(2) Den Gefangenen wird ermöglicht einzukaufen. Die Anstalt wirkt auf ein Angebot hin, das auf Wünsche und Bedürfnisse der Gefangenen Rücksicht nimmt. Das Verfahren des Einkaufs regelt die Anstaltsleitung. Nahrungs-, Genuss- und Körperpflegemittel können nur vom Haus- und Taschengeld, andere Gegenstände in angemessenen Umfang auch vom Eigengeld eingekauft werden.

4 I 111, 4 I 112, 6 B 4, 6 B 6, 6 B 9, 6 B 10, 6 C 5, 6 C 6, 6 C 7, 6 C 10, 11 C 17

§ 54 Freizeit

(1) Zur Ausgestaltung der Freizeit hat die Anstalt insbesondere Angebote zur sportlichen und kulturellen Betätigung und Bildungsangebote vorzuhalten. Die Anstalt stellt eine angemessen ausgestattete Bücherei zur Verfügung.

(2) Die Gefangenen sind zur Teilnahme und Mitwirkung an Angeboten der Freizeitgestaltung zu motivieren und anzuleiten.

5 A 8, 5 A 9, 5 A 12, 5 A 18, 5 A 19, 5 A 24, 5 A 25, 5 A 26, 5 A 30, 5 A 32, 5 A 38

Abschnitt 10. Vergütung, Gelder der Gefangenen und Kosten

§ 55 Vergütung und Anrechnung der Freistellung auf den Entlassungszeitpunkt

(1) Die Gefangenen erhalten eine Vergütung in Form von
1. finanzieller Anerkennung für die Teilnahme an Maßnahmen nach § 9 Absatz 1 Satz 1 Nummer 7 bis 10 und Satz 2, soweit sie nach § 9 Absatz 2 für zwingend erforderlich erachtet wurden oder Teil des Behandlungsprogramms der sozialtherapeutischen Abteilung sind,
2. Ausbildungsbeihilfe für die Teilnahme an schulischen und beruflichen Qualifizierungsmaßnahmen nach § 9 Absatz 1 Satz 1 Nummer 11 oder
3. Arbeitsentgelt für die Teilnahme an Maßnahmen nach § 9 Absatz 1 Satz 1 Nummer 12 und 13.

(2) Der Bemessung der Vergütung sind 9 Prozent der Bezugsgröße nach § 18 des Vierten Buches Sozialgesetzbuch zugrunde zu legen (Eckvergütung). Ein Tagessatz ist der 250. Teil der Eckvergütung; die Vergütung kann nach einem Stundensatz bemessen werden.

(3) Die Vergütung kann je nach Art der Maßnahme und Leistung der Gefangenen gestuft werden. Sie beträgt mindestens 60 Prozent der Eckvergütung. Der Senator für Justiz und Verfassung wird ermächtigt, in einer Rechtsverordnung Vergütungsstufen zu bestimmen.

(4) Soweit Beiträge zur Bundesagentur für Arbeit zu entrichten sind, kann vom Arbeitsentgelt oder der Ausbildungsbeihilfe ein Betrag einbehalten werden, der dem Anteil der Gefangenen am Beitrag entsprechen würde, wenn sie diese Vergütung als Arbeitnehmer erhielten.

(5) Die Höhe der Vergütung ist den Gefangenen schriftlich bekannt zu geben.

(6) Die Gefangenen, die an einer Maßnahme nach § 21 teilnehmen, erhalten hierfür nur eine Ausbildungsbeihilfe, soweit kein Anspruch auf Leistungen zum Lebensunterhalt besteht, die außerhalb des Vollzugs aus solchem Anlass gewährt werden.

(7) Haben Gefangene drei Monate lang zusammenhängend eine Tätigkeit nach den §§ 19 bis 22 ausgeübt, so erhalten sie eine Freistellung von zwei Arbeitstagen. Die Regelung des § 24 Absatz 1 bleibt unberührt. Durch Zeiten, in denen Gefangene ohne ihr Verschulden durch Krankheit, Lockerungen, Freistellung von der Arbeit oder sonstige nicht von ihnen zu vertretende Gründe an der Tätigkeit nach §§ 19 bis 22 gehindert sind, wird die Frist nach Satz 1 gehemmt. Beschäftigungszeiträume von weniger als drei Monaten bleiben unberücksichtigt.

(8) Die Gefangenen können beantragen, dass die Freistellung nach Absatz 7 in Form von Langzeitausgang gewährt wird. § 38 Absatz 2 bis 4 und § 40 gelten entsprechend.

(9) § 24 Absatz 4 gilt entsprechend.

(10) Nehmen die Gefangenen nicht innerhalb eines Jahres nach Vorliegen der Voraussetzungen die Freistellung nach Absatz 7 Satz 1 in Anspruch, so wird diese von der Anstalt auf den Entlassungszeitpunkt angerechnet. Eine Anrechnung nach Satz 1 ist ausgeschlossen,
1. bei Gefangenen, die eine lebenslange Freiheitsstrafe verbüßen oder bei denen Sicherungsverwahrung angeordnet oder vorbehalten und ein Entlassungszeitpunkt noch nicht bestimmt ist,
2. bei einer Aussetzung der Vollstreckung des Restes einer Freiheitsstrafe zur Bewährung, soweit wegen des von der Entscheidung des Gerichts bis zur Entlassung verbleibenden Zeitraums eine Anrechnung nicht mehr möglich ist,
3. wenn dies vom Gericht angeordnet wird, weil bei einer Aussetzung der Vollstreckung des Restes einer Freiheitsstrafe zur Bewährung die Lebensverhältnisse der Gefangenen oder die Wirkungen, die von der Aussetzung für sie zu erwarten sind, die Vollstreckung bis zu einem bestimmten Zeitpunkt erfordern,
4. wenn nach § 456a Absatz 1 der Strafprozessordnung von der Vollstreckung abgesehen wird oder
5. wenn die Gefangenen im Gnadenwege aus der Haft entlassen werden.

(11) Soweit eine Anrechnung nach Absatz 10 ausgeschlossen ist, erhalten die Gefangenen bei ihrer Entlassung für ihre Tätigkeit als Ausgleichsentschädigung zusätzlich 15 vom Hundert der ihnen gewährten Vergütung. Der Anspruch entsteht erst mit der Entlassung. Gefangenen, bei denen eine Anrechnung nach Absatz 10 Satz 2 Nummer 1 ausgeschlossen ist, wird die Ausgleichszahlung bereits nach Verbüßung von jeweils zehn Jahren Freiheitsstrafe zum Eigengeld nach § 57 gutgeschrieben, soweit sie nicht vor diesem Zeitpunkt entlassen werden. § 57 Absatz 4 des Strafgesetzbuches gilt entsprechend.

1 E 14, 4 Vorb. 5, 4 C 1, 4 D 6, 4 D 10, 4 D 11, 4 D 12, 4 D 13, 4 D 14, 4 D 17, 4 D 18, 4 D 19, 4 D 21, 4 D 22, 4 D 25, 4 D 31, 4 D 32, 4 D 34, 4 D 36, 4 D 39, 4 D 40, 4 D 41, 4 D 42, 4 D 43, 4 D 45, 4 D 49, 4 D 53, 4 D 54, 4 D 55, 4 D 57, 4 D 58, 4 D 59, 4 D 60, 4 D 61, 4 D 62, 4 D 64, 4 D 72, 4 G 2, 4 G 3, 4 G 7, 4 G 8, 4 G 10, 4 G 11, 4 G 13, 4 I 14, 4 I 23, 4 I 67, 4 I 133, 6 F 56

§ 56 Überbrückungsgeld

(1) Aus den in diesem Gesetz geregelten Bezügen und aus den Bezügen der Gefangenen, die in einem freien Beschäftigungsverhältnis stehen oder denen gestattet ist, sich selbst zu beschäftigen, ist ein Überbrückungsgeld zu bilden, das den notwendigen Lebensunterhalt der Gefangenen und ihrer Unterhaltsberechtigten in den ersten vier Wochen nach der Entlassung sichern soll.

(2) Das Überbrückungsgeld wird den Gefangenen bei der Entlassung in die Freiheit ausbezahlt. Die Anstalt kann es ganz oder zum Teil der Bewährungshilfe oder einer mit der Entlassenenbetreuung befassten Stelle überweisen, die darüber entscheiden, wie das Geld innerhalb der ersten vier Wochen nach der Entlassung an die Entlassenen ausbezahlt wird. Die Bewährungshilfe und die mit der Entlassenenbetreuung befasste Stelle sind verpflichtet, das Überbrückungsgeld von ihrem Vermögen gesondert zu halten. Mit Zustimmung der Gefangenen kann das Überbrückungsgeld auch an Unterhaltsberechtigte überwiesen werden.

(3) Die Anstaltsleitung kann gestatten, dass das Überbrückungsgeld für Ausgaben in Anspruch genommen wird, die der Eingliederung der Gefangenen dienen. Dies gilt auch für die Entrichtung einer Geldstrafe.

4 Vorb. 5, 4 D 26, 4 I 11, 4 I 64, 4 I 67, 4 I 78, 4 I 83, 4 I 84, 4 I 85, 4 I 87, 4 I 91, 11 C 17

§ 57 Eigengeld

(1) Das Eigengeld besteht aus den Beträgen, die die Gefangenen bei Strafantritt mitbringen und die sie während der Haftzeit erhalten, und den Teilen der Vergütung, die nicht als Hausgeld, Haftkostenbeitrag oder Überbrückungsgeld in Anspruch genommen werden.

(2) Die Gefangenen können über das Eigengeld verfügen. § 53 Absatz 2, §§ 60 und 61 bleiben unberührt.

4 Vorb. 5, 4 I 11, 4 I 101, 4 I 102, 4 I 103, 4 I 105, 4 I 112, 11 C 17

§ 58 Taschengeld

(1) Bedürftigen Gefangenen wird auf Antrag Taschengeld gewährt. Bedürftig sind Gefangene, soweit ihnen aus Hausgeld nach § 60 und Eigengeld nach § 57 monatlich ein Betrag bis zur Höhe des Taschengelds voraussichtlich nicht zur Verfügung steht. Finanzielle Anerkennungen nach § 55 Absatz 1 Nummer 1 bleiben bis zur Höhe des Taschengeldbetrages unberücksichtigt.

(2) Gefangene gelten nicht als bedürftig, wenn ihnen ein Betrag nach Absatz 1 Satz 2 deshalb nicht zur Verfügung steht, weil sie eine ihnen zugewiesene zumutbare Arbeit nicht angenommen haben oder eine ausgeübte Arbeit verschuldet verloren haben.

(3) Das Taschengeld beträgt 14 Prozent der Eckvergütung nach § 55 Absatz 2. Es wird zu Beginn des Monats im Voraus gewährt. Gehen den Gefangenen im Laufe des Monats Gelder zu, wird zum Ausgleich ein Betrag bis zur Höhe des gewährten Taschengelds einbehalten.

(4) Die Gefangenen dürfen über das Taschengeld im Rahmen der Bestimmungen dieses Gesetzes verfügen. Es wird dem Hausgeldkonto gutgeschrieben.

4 Vorb. 5, 4 I 3, 4 I 5, 4 I 10, 4 I 14, 4 I 16, 4 I 17, 4 I 18, 4 I 19, 4 I 23, 4 I 116

§ 59 Konten, Bargeld

(1) Gelder der Gefangenen werden auf Hausgeld- und Eigengeldkonten in der Anstalt geführt.

(2) Der Besitz von Bargeld in der Anstalt ist den Gefangenen nicht gestattet. Über Ausnahmen entscheidet die Anstaltsleitung.

(3) Geld in Fremdwährung wird zur Habe genommen.

4 Vorb. 5, 4 I 80, 4 I 104, 4 I 116, 4 I 117, 4 I 120

§ 60 Hausgeld

(1) Das Hausgeld wird aus drei Siebteln der in diesem Gesetz geregelten Vergütung gebildet.

(2) Für Gefangene, die aus einem freien Beschäftigungsverhältnis, aus einer Selbstbeschäftigung oder anderweitig regelmäßige Einkünfte haben, wird daraus ein angemessenes monatliches Hausgeld festgesetzt.

(3) Für Gefangene, die über Eigengeld nach § 57 verfügen und keine hinreichende Vergütung nach diesem Gesetz erhalten, gilt Absatz 2 entsprechend.

(4) Die Gefangenen dürfen über das Hausgeld im Rahmen der Bestimmungen dieses Gesetzes verfügen. Der Anspruch auf Auszahlung ist nicht übertragbar.

4 Vorb. 5, 4 I 23, 4 I 25, 4 I 27, 4 I 28, 6 C 4, 12 P 8

§ 61 Zweckgebundene Einzahlungen

Für Maßnahmen der Eingliederung, insbesondere Kosten der Gesundheitsfürsorge und der Aus- und Fortbildung, und für Maßnahmen der Pflege sozialer Beziehungen, insbesondere Telefonkosten und Fahrtkosten anlässlich Lockerungen, kann zweckgebunden Geld eingezahlt werden. Das Geld darf nur für diese Zwecke verwendet werden. Der Anspruch auf Auszahlung ist nicht übertragbar.

4 Vorb. 5, 4 I 12, 4 I 126, 4 I 127

§ 62 Haftkostenbeitrag, Kostenbeteiligung

(1) Die Anstalt erhebt von Gefangenen, die sich in einem freien Beschäftigungsverhältnis befinden, sich selbst beschäftigen oder über anderweitige regelmäßige Einkünfte verfügen, für diese Zeit einen Haftkostenbeitrag. Von Gefangenen, die sich selbst beschäftigen, kann der Haftkostenbeitrag monatlich im Voraus ganz oder teilweise gefordert werden. Vergütungen nach diesem Gesetz bleiben unberücksichtigt. Den Gefangenen muss täglich ein Tagessatz gemäß § 55 Absatz 2 Satz 2 verbleiben. Von der Geltendmachung des Anspruches ist abzusehen, soweit die Wiedereingliederung der Gefangenen hierdurch gefährdet würde.

(2) Der Haftkostenbeitrag wird in Höhe des Betrages erhoben, der nach § 17 Absatz 1 Nummer 4 des Vierten Buches Sozialgesetzbuch durchschnittlich zur Bewertung der Sachbezüge festgesetzt ist. Bei Selbstverpflegung entfallen die für die Verpflegung vorgesehenen Beträge. Für den Wert der Unterkunft ist die festgesetzte Belegungsfähigkeit maßgebend.

(3) Die Gefangenen können an den Betriebskosten der in ihrem Gewahrsam befindlichen Geräte beteiligt werden.

4 Vorb. 5, 4 H 25, 4 H 29, 4 I 41, 4 I 43, 4 I 45, 4 I 47, 4 I 49, 4 I 50, 4 I 52, 4 I 56, 5 C 32, 5 C 36

Abschnitt 11. Gesundheitsfürsorge

§ 63 Art und Umfang der medizinischen Leistungen, Kostenbeteiligung

(1) Die Gefangenen haben einen Anspruch auf notwendige, ausreichende und zweckmäßige medizinische Leistungen unter Beachtung des Grundsatzes der Wirtschaftlichkeit und unter Berücksichtigung des allgemeinen Standards der gesetzlichen Krankenversicherung. Der Anspruch umfasst auch Vorsorgeleistungen, ferner die Versorgung mit medizinischen Hilfsmitteln, soweit diese mit Rücksicht auf die Dauer des Freiheitsentzuges nicht ungerechtfertigt ist und die Hilfsmittel nicht als allgemeine Gebrauchsgegenstände des täglichen Lebens anzusehen sind.

(2) An den Kosten nach Absatz 1 können die Gefangenen in angemessenem Umfang beteiligt werden, höchstens jedoch bis zum Umfang der Beteiligung vergleichbarer gesetzlich Versicherter. Für Leistungen, die über Absatz 1 hinausgehen, können den Gefangenen die gesamten Kosten auferlegt werden.

(3) Erhalten Gefangene Leistungen nach Absatz 1 infolge einer mutwilligen Selbstverletzung, sind sie in angemessenem Umfang an den Kosten zu beteiligen. Die Kostenbeteiligung unterbleibt, wenn hierdurch die Erreichung des Vollzugszieles, insbesondere die Eingliederung der Gefangenen, gefährdet würde.

4 I 55, 6 E 1, 6 E 3, 6 F 1, 6 F 18, 6 F 19, 6 F 20, 6 F 23, 6 F 25, 6 F 28, 6 F 35, 11 J 17

§ 64 Durchführung der medizinischen Leistungen, Forderungsübergang

(1) Medizinische Diagnose, Behandlung und Versorgung kranker und hilfsbedürftiger Gefangener erfolgen in der Anstalt, erforderlichenfalls in einer hierfür besser geeigneten Anstalt oder einem Vollzugskrankenhaus, ausnahmsweise auch außerhalb des Vollzuges.

(2) Wird die Strafvollstreckung während einer Behandlung von Gefangenen unterbrochen oder beendet, so hat das Land nur diejenigen Kosten zu tragen, die bis zur Unterbrechung oder Beendigung der Strafvollstreckung angefallen sind.

(3) Gesetzliche Schadensersatzansprüche, die Gefangenen infolge einer Körperverletzung gegen Dritte zustehen, gehen insoweit auf das Land über, als den Gefangenen Leistungen nach § 63 Absatz 1 zu ge-

währen sind. Von der Geltendmachung der Ansprüche ist im Interesse Gefangener abzusehen, wenn hierdurch die Erreichung des Vollzugsziels gefährdet würde.

6 F 58, 6 F 59, 6 F 61, 6 F 65, 6 F 71, 11 J 19

§ 65 Ärztliche Behandlung zur sozialen Eingliederung

Mit Zustimmung der Gefangenen soll die Anstalt ärztliche Behandlungen, insbesondere Operationen oder prothetische Maßnahmen, durchführen lassen, die die soziale Eingliederung fördern. Die Kosten tragen die Gefangenen. Sind sie dazu nicht in der Lage, kann die Anstalt die Kosten in begründeten Fällen in angemessenem Umfang übernehmen.

4 I 55, 6 F 41, 6 F 42, 6 F 48, 6 F 50

§ 66 Gesundheitsschutz und Hygiene

(1) Die Anstalt unterstützt die Gefangenen bei der Wiederherstellung und Erhaltung ihrer körperlichen, geistigen und seelischen Gesundheit. Sie fördert das Bewusstsein für gesunde Ernährung und Lebensführung. Die Gefangenen haben die notwendigen Anordnungen zum Gesundheitsschutz und zur Hygiene zu befolgen.

(2) Den Gefangenen wird ermöglicht, sich täglich mindestens eine Stunde im Freien aufzuhalten.

6 D 1, 6 D 17, 6 D 24, 6 G 1, 6 G 6

§ 67 Krankenbehandlung während Lockerungen

(1) Während Lockerungen haben die Gefangenen einen Anspruch auf medizinische Leistungen gegen das Land nur in der für sie zuständigen Anstalt. § 39 bleibt unberührt.

(2) Der Anspruch auf Leistungen ruht, solange die Gefangenen aufgrund eines freien Beschäftigungsverhältnisses krankenversichert sind.

4 H 5, 6 F 51, 6 F 55

§ 68 Zwangsmaßnahmen auf dem Gebiet der Gesundheitsfürsorge

(1) Medizinische Untersuchung und Behandlung sowie Ernährung sind zwangsweise gegen den natürlichen Willen Gefangener nur zulässig bei
1. Lebensgefahr,
2. erheblicher Gefahr einer schwerwiegenden Schädigung der Gesundheit der Gefangenen oder
3. erheblicher Gefahr einer schwerwiegenden Schädigung der Gesundheit anderer Personen.

(2) Zwangsmaßnahmen nach Absatz 1 dürfen nur angeordnet werden, wenn
1. eine Patientenverfügung im Sinne des § 1901a Absatz 1 Satz 1 des Bürgerlichen Gesetzbuches, deren Festlegungen auf die aktuelle Lebens- und Behandlungssituation zutreffen und gegen die Durchführung der Maßnahmen gerichtet sind, nicht vorliegt,
2. erfolglos versucht worden ist, die auf Vertrauen gegründete Zustimmung der Gefangenen zu der Untersuchung, Behandlung oder Ernährung zu erwirken,
3. deren Anordnung den Gefangenen angekündigt wurde und sie über Art, Umfang, Dauer und zu erwartende Folgen und Risiken der Maßnahme in einer der Auffassungsgabe und dem Gesundheitszustand der Gefangenen angemessenen Weise durch einen Arzt oder eine Ärztin aufgeklärt wurden,
4. die Maßnahme zur Abwendung der Lebens- oder Gesundheitsgefahr geeignet, erforderlich, für die Betroffenen nicht mit unverhältnismäßigen Belastungen und Folgen verbunden ist und mildere Mittel keinen Erfolg versprechen und
5. der zu erwartende Nutzen der Maßnahme die mit der Maßnahme verbundenen Belastungen und den möglichen Schaden der Nichtbehandlung deutlich überwiegt.

(3) Zur Durchführung von Zwangsmaßnahmen in den Fällen des Absatz 1 Nummer 1 und 2 ist die Anstalt nicht berechtigt, solange von einer freien Willensbestimmung der Gefangenen ausgegangen werden kann. Liegen Anhaltspunkte vor, dass Gefangene zur Einsicht in die Notwendigkeit von medizinischen Behandlungsmaßnahmen oder zum Handeln gemäß solcher Einsicht krankheitsbedingt nicht fähig sind, hat die Anstaltsleitung bei dem zuständigen Gericht unverzüglich die Bestellung einer Betreuung von Amts wegen anzuregen. Die Entscheidung des Gerichts ist abzuwarten.

(4) Zwangsmaßnahmen nach Absatz 1 werden durch einen Arzt oder eine Ärztin angeordnet, geleitet und überwacht. Die Anordnung bedarf der Zustimmung der Anstaltsleitung. Gleiches gilt für Erklärungen der Gefangenen, die im Zusammenhang mit Zwangsmaßnahmen von Bedeutung sein können. Die Gründe

für die Anordnung der Maßnahmen nach Absatz 1, das Vorliegen der Voraussetzungen nach Absatz 2 sowie die ergriffenen Maßnahmen, einschließlich ihres Zwangscharakters, der Durchsetzungsweise, der Wirkungsüberwachung sowie der Untersuchungs- und Behandlungsverlauf sind zu dokumentieren.

(5) Anordnungen nach Absatz 4 sind den Gefangenen unverzüglich bekannt zu geben. Sie sind darüber zu belehren, dass sie gegen die Anordnung Antrag auf gerichtliche Entscheidung stellen und bei Gericht um einstweiligen Rechtsschutz ersuchen können. Mit dem Vollzug einer Anordnung ist zuzuwarten, bis die Gefangenen Gelegenheit hatten, eine gerichtliche Entscheidung herbeizuführen.

(6) Von den Anforderungen nach Absatz 2 Nummer 2 und 3, Absatz 3 Satz 3 und Absatz 5 Satz 3 kann abgesehen werden, wenn Gefahr im Verzug besteht.

(7) Zur Gewährleistung des Gesundheitsschutzes und der Hygiene ist die zwangsweise körperliche Untersuchung der Gefangenen zulässig, wenn sie nicht mit einem körperlichen Eingriff verbunden ist.

11 K 5, 11 L 1, 11 L 3, 11 L 7, 11 L 14, 11 L 15, 11 L 20, 11 L 23

§ 69 Benachrichtigungspflicht

(1) Erkranken Gefangene schwer oder versterben sie, werden die Angehörigen benachrichtigt. Dem Wunsch, auch andere Personen zu benachrichtigen, soll nach Möglichkeit entsprochen werden.

(2) Eine Benachrichtigung nach Absatz 1 Satz 1 setzt die Einwilligung der Gefangenen voraus. Kann die Einwilligung nicht erlangt werden, erfolgt die Benachrichtigung, wenn die Gefangenen einer Benachrichtigung nicht widersprochen haben und keine sonstigen Anhaltspunkte dafür bestehen, dass eine Benachrichtigung nicht angebracht ist.

6 H 1, 6 H 2, 6 H 3

Abschnitt 12. Religionsausübung

§ 70 Seelsorge

Den Gefangenen darf religiöse Betreuung durch einen Seelsorger oder eine Seelsorgerin ihrer Religionsgemeinschaft nicht versagt werden. Auf Wunsch ist ihnen zu helfen, mit einem Seelsorger oder einer Seelsorgerin in Verbindung zu treten.

8 A 14, 8 A 19

§ 71 Religiöse Veranstaltungen

(1) Die Gefangenen haben das Recht, am Gottesdienst und an anderen religiösen Veranstaltungen ihres Bekenntnisses teilzunehmen.

(2) Die Zulassung zu Gottesdiensten oder religiösen Veranstaltungen einer anderen Religionsgemeinschaft bedarf der Zustimmung des Seelsorgers oder der Seelsorgerin der Religionsgemeinschaft.

(3) Gefangene können von der Teilnahme am Gottesdienst oder anderen religiösen Veranstaltungen ausgeschlossen werden, wenn dies aus überwiegenden Gründen der Sicherheit oder Ordnung geboten ist; der Seelsorger oder die Seelsorgerin soll vorher gehört werden.

8 B 1, 8 B 18, 8 B 22

§ 72 Weltanschauungsgemeinschaften

Für Angehörige weltanschaulicher Bekenntnisse gelten § 50 Absatz 2, §§ 70 und 71 entsprechend.

8 C 1ff

Abschnitt 13. Sicherheit und Ordnung

§ 73 Grundsatz

(1) Sicherheit und Ordnung der Anstalt bilden die Grundlage des auf die Erreichung des Vollzugsziels ausgerichteten Anstaltslebens und tragen dazu bei, dass in der Anstalt ein gewaltfreies Klima herrscht.

(2) Die Pflichten und Beschränkungen, die den Gefangenen zur Aufrechterhaltung der Sicherheit oder Ordnung der Anstalt auferlegt werden, sind so zu wählen, dass sie in einem angemessenen Verhältnis zu ihrem Zweck stehen und die Gefangenen nicht mehr und nicht länger als notwendig beeinträchtigen.

11 A 4, 11 A 6, 11 A 9, 11 I 4

§ 74 Allgemeine Verhaltenspflichten

(1) Die Gefangenen sind für das geordnete Zusammenleben in der Anstalt mitverantwortlich und müssen mit ihrem Verhalten dazu beitragen. Ihr Bewusstsein hierfür ist zu entwickeln und zu stärken. Die Gefangenen sind zu einvernehmlicher Streitbeilegung zu befähigen.

(2) Die Gefangenen haben die Anordnungen der Bediensteten zu befolgen, auch wenn sie sich durch diese beschwert fühlen. Einen ihnen zugewiesenen Bereich dürfen die Gefangenen nicht ohne Erlaubnis verlassen.

(3) Die Gefangenen haben ihren Haftraum und die ihnen von der Anstalt überlassenen Sachen in Ordnung zu halten und schonend zu behandeln.

(4) Die Gefangenen haben Umstände, die eine Gefahr für das Leben oder eine erhebliche Gefahr für die Gesundheit einer Person bedeuten, unverzüglich zu melden.

11 A 4, 11 A 7, 11 B 4, 11 B 5, 11 B 6, 11 B 8, 11 B 9

§ 75 Absuchung, Durchsuchung

(1) Die Gefangenen, ihre Sachen und die Haftäume dürfen mit technischen Mitteln oder sonstigen Hilfsmitteln abgesucht und durchsucht werden. Die Durchsuchung männlicher Gefangener darf nur von Männern, die Durchsuchung weiblicher Gefangener darf nur von Frauen vorgenommen werden. Das Schamgefühl ist zu schonen.

(2) Nur bei Gefahr im Verzug oder auf Anordnung der Anstaltsleitung im Einzelfall ist es zulässig, eine mit einer Entkleidung verbundene körperliche Durchsuchung vorzunehmen. Sie darf bei männlichen Gefangenen nur in Gegenwart von Männern, bei weiblichen Gefangenen nur in Gegenwart von Frauen erfolgen. Sie ist in einem geschlossenen Raum durchzuführen. Andere Gefangene dürfen nicht anwesend sein.

(3) Die Anstaltsleitung kann allgemein anordnen, dass die Gefangenen in der Regel bei der Aufnahme, vor und nach Kontakten mit Besuchspersonen sowie vor und nach jeder Abwesenheit von der Anstalt nach Absatz 2 zu durchsuchen sind.

7 E 1, 11 D 2, 11 D 4, 11 D 5, 11 D 7, 11 D 9, 11 D 10

§ 76 Sichere Unterbringung

Gefangene können in eine Anstalt verlegt werden, die zu ihrer sicheren Unterbringung besser geeignet ist, wenn in erhöhtem Maße die Gefahr der Entweichung oder Befreiung gegeben ist oder sonst ihr Verhalten oder ihr Zustand eine Gefahr für die Sicherheit der Anstalt darstellt.

11 E 4, 13 F 2

§ 77 Maßnahmen zur Feststellung von Suchtmittelgebrauch

(1) Zur Aufrechterhaltung der Sicherheit oder Ordnung der Anstalt kann die Anstaltsleitung allgemein oder im Einzelfall Maßnahmen anordnen, die geeignet sind, den Gebrauch von Suchtmitteln festzustellen. Diese Maßnahmen dürfen nicht mit einem körperlichen Eingriff verbunden sein.

(2) Verweigern Gefangene die Mitwirkung an Maßnahmen nach Absatz 1 ohne hinreichenden Grund, ist davon auszugehen, dass Suchtmittelfreiheit nicht gegeben ist.

(3) Wird verbotener Suchtmittelgebrauch festgestellt, können die Kosten der Maßnahmen den Gefangenen auferlegt werden.

11 D 3, 11 D 12, 11 D 15, 11 D 16, 11 D 17, 11 D 18

§ 77a Überflugverbot

(1) Über dem Anstaltsgelände und in einer Entfernung von weniger als 100m von dessen Begrenzung ist der Betrieb von Flugmodellen und unbemannten Luftfahrtsystemen in einer Höhe von bis zu 150m über Grund und Wasser verboten.

(2) Für vollzugliche oder sonstige öffentliche Zwecke kann die Anstaltsleitung den Betrieb im Einzelfall gestatten.

(3) Für den Bereich außerhalb des Anstaltsgeländes kann die Gestattung auch für private Zwecke erteilt werden, wenn keine Gefährdung für die Sicherheit und Ordnung der Anstalt zu befürchten ist.

11 H 2, 11 H 5

Anhang

§ 78 Festnahmerecht
Gefangene, die entwichen sind oder sich sonst ohne Erlaubnis außerhalb der Anstalt aufhalten, können durch die Anstalt oder auf deren Veranlassung festgenommen und zurückgebracht werden. Führt die Verfolgung oder die von der Anstalt veranlasste Fahndung nicht alsbald zur Wiederergreifung, so sind die weiteren Maßnahmen der Vollstreckungsbehörde zu überlassen.

10 C 14, 11 G 2, 11 G 4

§ 79 Besondere Sicherungsmaßnahmen
(1) Gegen Gefangene können besondere Sicherungsmaßnahmen angeordnet werden, wenn nach ihrem Verhalten oder aufgrund ihres seelischen Zustandes in erhöhtem Maße die Gefahr der Entweichung, von Gewalttätigkeiten gegen Personen oder Sachen, der Selbsttötung oder der Selbstverletzung besteht.

(2) Als besondere Sicherungsmaßnahmen sind zulässig:
1. der Entzug oder die Vorenthaltung von Gegenständen,
2. die Beobachtung der Gefangenen, auch mit technischen Hilfsmitteln,
3. die Trennung von allen anderen Gefangenen (Absonderung),
4. der Entzug oder die Beschränkung des Aufenthalts im Freien,
5. die Unterbringung in einem besonders gesicherten Haftraum ohne gefährdende Gegenstände und
6. die Fesselung.

(3) Maßnahmen nach Absatz 2 Nummer 1 und 3 bis 5 sind auch zulässig, wenn die Gefahr einer Befreiung oder eine erhebliche Störung der Ordnung anders nicht vermieden oder behoben werden kann.

(4) Eine Absonderung von mehr als vierundzwanzig Stunden Dauer ist nur zulässig, wenn sie zur Abwehr einer in der Person der Gefangenen liegenden Gefahr unerlässlich ist.

(5) In der Regel dürfen Fesseln nur an den Händen oder an den Füßen angelegt werden. Im Interesse der Gefangenen kann die Anstaltsleitung eine andere Art der Fesselung anordnen. Die Fesselung wird zeitweise gelockert, soweit dies notwendig ist.

(6) Besteht die Gefahr der Entweichung, dürfen die Gefangenen bei einer Ausführung, Vorführung oder beim Transport gefesselt werden.

11 I 3, 11 I 8, 11 I 14, 11 I 27, 11 I 39, 11 I 41, 11 I 46, 11 I 50, 11 I 51, 11 I 53

§ 80 Anordnung besonderer Sicherungsmaßnahmen, Verfahren
(1) Besondere Sicherungsmaßnahmen ordnet die Anstaltsleitung an. Bei Gefahr im Verzug können auch andere Bedienstete diese Maßnahmen vorläufig anordnen; die Entscheidung der Anstaltsleitung ist unverzüglich einzuholen.

(2) Werden die Gefangenen ärztlich behandelt oder beobachtet oder bildet ihr seelischer Zustand den Anlass der besonderen Sicherungsmaßnahme, ist vorher eine ärztliche Stellungnahme einzuholen. Ist dies wegen Gefahr im Verzug nicht möglich, wird die Stellungnahme unverzüglich nachträglich eingeholt.

(3) Die Entscheidung wird den Gefangenen von der Anstaltsleitung mündlich eröffnet und mit einer kurzen Begründung schriftlich abgefasst.

(4) Besondere Sicherungsmaßnahmen sind in angemessenen Abständen daraufhin zu überprüfen, ob und in welchem Umfang sie aufrechterhalten werden müssen.

(5) Besondere Sicherungsmaßnahmen nach § 79 Absatz 2 Nummer 3, 5 und 6 sind der Aufsichtsbehörde unverzüglich mitzuteilen, wenn sie länger als drei Tage aufrechterhalten werden. Absonderung und Unterbringung im besonders gesicherten Haftraum von mehr als 30 Tagen Gesamtdauer innerhalb von zwölf Monaten bedürfen der Zustimmung der Aufsichtsbehörde.

(6) Während der Absonderung und Unterbringung im besonders gesicherten Haftraum sind die Gefangenen in besonderem Maße zu betreuen. Sind die Gefangenen darüber hinaus gefesselt, sind sie durch einen Bediensteten ständig und in unmittelbarem Sichtkontakt zu beobachten.

11 I 3, 11 I 4, 11 I 6, 11 I 7, 11 I 28, 11 I 32, 11 I 33, 11 I 34, 11 I 37, 11 I 45, 11 I 49, 11 I 55, 11 I 56, 11 I 61, 11 I 62, 11 I 63, 11 I 64

§ 81 Ärztliche Überwachung
(1) Sind die Gefangenen in einem besonders gesicherten Haftraum untergebracht oder gefesselt, sucht sie der Arzt oder die Ärztin alsbald und in der Folge möglichst täglich auf. Dies gilt nicht bei einer Fesselung während einer Ausführung, Vorführung oder eines Transportes sowie bei Bewegungen innerhalb der Anstalt.

(2) Der Arzt oder die Ärztin ist regelmäßig zu hören, solange den Gefangenen der tägliche Aufenthalt im Freien entzogen ist oder sie länger als vierundzwanzig Stunden abgesondert sind.

6 I 1, 6 I 2, 6 I 6, 6 I 7, 11 I 48, 11 I 53

Abschnitt 14. Unmittelbarer Zwang

§ 82 Begriffsbestimmungen

(1) Unmittelbarer Zwang ist die Einwirkung auf Personen oder Sachen durch körperliche Gewalt, ihre Hilfsmittel oder durch Waffen.

(2) Körperliche Gewalt ist jede unmittelbare körperliche Einwirkung auf Personen oder Sachen.

(3) Hilfsmittel der körperlichen Gewalt sind insbesondere Fesseln und Reizstoffe. Waffen sind Hieb- und Schusswaffen.

(4) Es dürfen nur dienstlich zugelassene Hilfsmittel und Waffen verwendet werden.

11 K 5, 11 K 24, 11 K 32, 11 K 37

§ 83 Allgemeine Voraussetzungen

(1) Bedienstete dürfen unmittelbaren Zwang anwenden, wenn sie Vollzugs- und Sicherungsmaßnahmen rechtmäßig durchführen und der damit verfolgte Zweck auf keine andere Weise erreicht werden kann.

(2) Gegen andere Personen als Gefangene darf unmittelbarer Zwang angewendet werden, wenn sie es unternehmen, Gefangene zu befreien oder widerrechtlich in die Anstalt einzudringen, oder wenn sie sich unbefugt darin aufhalten.

(3) Das Recht zu unmittelbarem Zwang aufgrund anderer Regelungen bleibt unberührt.

11 K 5, 11 K 8, 11 K 11, 11 K 14, 11 K 15, 11 K 16, 11 K 17, 11 K 18, 11 K 19, 11 K 20, 11 K 23, 11 K 79

§ 84 Grundsatz der Verhältnismäßigkeit

(1) Unter mehreren möglichen und geeigneten Maßnahmen des unmittelbaren Zwangs sind diejenigen zu wählen, die den Einzelnen und die Allgemeinheit voraussichtlich am wenigsten beeinträchtigen.

(2) Unmittelbarer Zwang unterbleibt, wenn ein durch ihn zu erwartender Schaden erkennbar außer Verhältnis zu dem angestrebten Erfolg steht.

11 K 5, 11 K 38

§ 85 Androhung

Unmittelbarer Zwang ist vorher anzudrohen. Die Androhung darf nur dann unterbleiben, wenn die Umstände sie nicht zulassen oder unmittelbarer Zwang sofort angewendet werden muss, um eine rechtswidrige Tat, die den Tatbestand eines Strafgesetzes erfüllt, zu verhindern oder eine gegenwärtige Gefahr abzuwenden.

11 K 5, 11 K 53, 11 K 74, 11 K 75

§ 86 Schusswaffengebrauch

(1) Schusswaffen dürfen nur gebraucht werden, wenn andere Maßnahmen des unmittelbaren Zwangs bereits erfolglos waren oder keinen Erfolg versprechen. Gegen Personen ist ihr Gebrauch nur zulässig, wenn der Zweck nicht durch Waffenwirkung gegen Sachen erreicht werden kann.

(2) Schusswaffen dürfen nur die dazu bestimmten Bediensteten gebrauchen und nur, um angriffs- oder fluchtunfähig zu machen. Ihr Gebrauch unterbleibt, wenn dadurch erkennbar Unbeteiligte mit hoher Wahrscheinlichkeit gefährdet würden.

(3) Der Gebrauch von Schusswaffen ist vorher anzudrohen. Als Androhung gilt auch ein Warnschuss. Ohne Androhung dürfen Schusswaffen nur dann gebraucht werden, wenn dies zur Abwehr einer gegenwärtigen Gefahr für Leib oder Leben erforderlich ist.

(4) Gegen Gefangene dürfen Schusswaffen gebraucht werden,
1. wenn sie eine Waffe oder ein anderes gefährliches Werkzeug trotz wiederholter Aufforderung nicht ablegen,
2. wenn sie eine Meuterei im Sinne des § 121 des Strafgesetzbuchs unternehmen oder
3. um ihre Entweichung zu vereiteln oder um sie wiederzuergreifen.

Anhang

Um die Flucht aus einer Anstalt des offenen Vollzugs zu vereiteln, dürfen keine Schusswaffen gebraucht werden.

(5) Gegen andere Personen dürfen Schusswaffen gebraucht werden, wenn sie es unternehmen, Gefangene gewaltsam zu befreien oder gewaltsam in eine Anstalt einzudringen.

11 K 5, 11 K 60, 11 K 66, 11 K 68, 11 K 69, 11 K 71, 11 K 74, 11 K 75, 11 K 83, 11 K 85, 11 K 86, 11 K 91

Abschnitt 15. Disziplinarverfahren

§ 87 Disziplinarmaßnahmen

(1) Disziplinarmaßnahmen können angeordnet werden, wenn die Gefangenen rechtswidrig und schuldhaft
1. andere Personen verbal oder tätlich angreifen,
2. Lebensmittel oder fremde Sachen zerstören oder beschädigen,
3. in sonstiger Weise gegen Strafgesetze verstoßen oder eine Ordnungswidrigkeit begehen,
4. verbotene Gegenstände in die Anstalt einbringen, sich an deren Einbringung beteiligen, sie besitzen oder weitergeben,
5. unerlaubt Betäubungsmittel oder andere berauschende Stoffe konsumieren,
6. entweichen oder zu entweichen versuchen,
7. gegen Weisungen im Zusammenhang mit der Gewährung von Lockerungen verstoßen oder
8. wiederholt oder schwerwiegend gegen sonstige Pflichten verstoßen, die ihnen durch dieses Gesetz oder aufgrund dieses Gesetzes auferlegt sind, und dadurch das geordnete Zusammenleben in der Anstalt stören.

(2) Zulässige Disziplinarmaßnahmen sind:
1. der Verweis,
2. die Beschränkung oder der Entzug des Fernsehempfangs bis zu drei Monaten,
3. die Beschränkung oder der Entzug der Gegenstände für die Freizeitbeschäftigung mit Ausnahme des Lesestoffs bis zu drei Monaten,
4. die Beschränkung oder der Entzug der Teilnahme an einzelnen Freizeitveranstaltungen bis zu drei Monaten,
5. die Beschränkung des Einkaufs bis zu drei Monaten,
6. die getrennte Unterbringung während der Freizeit bis zu vier Wochen,
7. die Kürzung des Arbeitsentgelts um zehn Prozent bis zu drei Monaten,
8. der Entzug der zugewiesenen Arbeit bis zu vier Wochen unter Wegfall der in diesem Gesetz geregelten Bezüge und
9. der Arrest bis zu vier Wochen.

(3) Arrest darf nur wegen schwerer oder wiederholter Verfehlungen verhängt werden.
(4) Mehrere Disziplinarmaßnahmen können miteinander verbunden werden.
(5) Disziplinarmaßnahmen sind auch zulässig, wenn wegen derselben Verfehlung ein Straf- oder Bußgeldverfahren eingeleitet wird.

11 M 3, 11 M 4, 11 M 5, 11 M 6, 11 M 7, 11 M 8, 11 M 9, 11 M 10, 11 M 11, 11 M 17, 11 M 18, 11 M 22, 11 M 25, 11 M 28, 11 M 31, 11 M 32, 11 M 33, 11 M 34, 11 M 35, 11 M 36, 11 M 37, 11 M 38

§ 88 Vollzug der Disziplinarmaßnahmen, Aussetzung zur Bewährung

(1) Disziplinarmaßnahmen werden in der Regel sofort vollstreckt. Die Vollstreckung ist auszusetzen, soweit es zur Gewährung eines effektiven Rechtsschutzes erforderlich ist.

(2) Disziplinarmaßnahmen können ganz oder teilweise bis zu sechs Monaten zur Bewährung ausgesetzt werden. Die Aussetzung zur Bewährung kann ganz oder teilweise widerrufen werden, wenn die Gefangenen die ihr zugrundeliegenden Erwartungen nicht erfüllen.

(3) Für die Dauer des Arrests werden die Gefangenen abgesondert. Sie können in einem besonderen Arrestraum untergebracht werden, der den Anforderungen entsprechen muss, die an einen zum Aufenthalt bei Tag und Nacht bestimmten Haftraum gestellt werden. Soweit nichts anderes angeordnet wird, ruhen die Befugnisse der Gefangenen zur Teilnahme an Maßnahmen außerhalb des Raumes, in dem Arrest vollstreckt wird, sowie die Befugnisse zur Ausstattung des Haftraums mit eigenen Gegenständen, zum Fernsehempfang und Einkauf. Gegenstände für die Freizeitbeschäftigung mit Ausnahme des Lesestoffs

sind nicht zugelassen. Die Rechte zur Teilnahme am Gottesdienst und auf Aufenthalt im Freien bleiben unberührt.

11 M 3, 11 M 44, 11 M 45, 11 M 47, 11 M 48

§ 89 Disziplinarbefugnis

(1) Disziplinarmaßnahmen ordnet die Anstaltsleitung an. Bei einer Verfehlung auf dem Weg in eine andere Anstalt zum Zweck der Verlegung ist die Leitung der Bestimmungsanstalt zuständig.

(2) Die Aufsichtsbehörde entscheidet, wenn sich die Verfehlung gegen die Anstaltsleitung richtet.

(3) Disziplinarmaßnahmen, die gegen die Gefangenen in einer anderen Anstalt oder während einer Untersuchungshaft angeordnet worden sind, werden auf Ersuchen vollstreckt. § 88 Absatz 2 bleibt unberührt.

11 M 3, 11 M 51, 11 M 52, 11 M 53

§ 90 Verfahren

(1) Der Sachverhalt ist zu klären. Hierbei sind sowohl belastende als auch entlastende Umstände zu ermitteln. Die betroffenen Gefangenen werden gehört. Sie werden darüber unterrichtet, welche Verfehlungen ihnen zur Last gelegt werden. Sie sind darauf hinzuweisen, dass es ihnen freisteht sich zu äußern oder nicht zur Sache auszusagen. Die Erhebungen werden in einer Niederschrift festgelegt; die Einlassung der Gefangenen wird vermerkt.

(2) In geeigneten Fällen können zur Abwendung von Disziplinarmaßnahmen im Wege einvernehmlicher Streitbeilegung Vereinbarungen getroffen werden. Insbesondere kommen die Wiedergutmachung des Schadens, die Entschuldigung bei Geschädigten, die Erbringung von Leistungen für die Gemeinschaft und der vorübergehende Verbleib auf dem Haftraum in Betracht. Erfüllen die Gefangenen die Vereinbarung, ist die Anordnung einer Disziplinarmaßnahme aufgrund dieser Verfehlung unzulässig.

(3) Mehrere Verfehlungen, die gleichzeitig zu beurteilen sind, werden durch eine Entscheidung geahndet.

(4) Die Anstaltsleitung soll sich vor der Entscheidung mit Personen besprechen, die maßgeblich an der Vollzugsgestaltung mitwirken. Bei Schwangeren, stillenden Müttern oder bei Gefangenen, die sich in ärztlicher Behandlung befinden, ist ein Arzt oder eine Ärztin zu hören.

(5) Vor der Entscheidung über eine Disziplinarmaßnahme erhalten die Gefangenen die Gelegenheit, sich zu dem Ergebnis der Ermittlungen zu äußern. Die Entscheidung wird den Gefangenen von der Anstaltsleitung mündlich eröffnet und mit einer kurzen Begründung schriftlich abgefasst.

(6) Bevor Arrest vollzogen wird, ist ein Arzt oder eine Ärztin zu hören. Während des Arrests stehen die Gefangenen unter ärztlicher Aufsicht. Der Vollzug unterbleibt oder wird unterbrochen, wenn ansonsten die Gesundheit der Gefangenen gefährdet würde.

11 M 3, 11 M 21, 11 M 55, 11 M 57, 11 M 58, 11 M 59, 11 M 60, 11 M 61, 14 A 14

Abschnitt 16. Aufhebung von Maßnahmen, Beschwerde

§ 91 Aufhebung von Maßnahmen

(1) Die Aufhebung von Maßnahmen zur Regelung einzelner Angelegenheiten auf dem Gebiet des Vollzugs richtet sich nach den nachfolgenden Absätzen, soweit dieses Gesetz keine abweichende Bestimmung enthält.

(2) Rechtswidrige Maßnahmen können ganz oder teilweise mit Wirkung für die Vergangenheit und die Zukunft zurückgenommen werden.

(3) Rechtmäßige Maßnahmen können ganz oder teilweise mit Wirkung für die Zukunft widerrufen werden, wenn
1. aufgrund nachträglich eingetretener oder bekannt gewordener Umstände die Maßnahmen hätten versagt werden können,
2. die Maßnahmen missbraucht werden oder
3. Weisungen nicht befolgt werden.

(4) Begünstigende Maßnahmen dürfen nach den Absätzen 2 oder 3 nur aufgehoben werden, wenn die vollzuglichen Interessen an der Aufhebung in Abwägung mit dem schutzwürdigen Vertrauen der Betroffe-

nen auf den Bestand der Maßnahmen überwiegen. Davon ist auszugehen, wenn die Aufhebung einer Maßnahme unerlässlich ist, um die Sicherheit der Anstalt zu gewährleisten.

(5) Der gerichtliche Rechtsschutz bleibt unberührt.

2 F 8, 4 A 36, 4 D 20, 4 H 16, 6 A 10, 10 D 9, 10 F 5, 10 F 7, 10 F 9, 10 F 10, 10 F 11, 10 F 12, 10 F 15, 10 F 16, 10 F 17, 10 F 19

§ 92 Beschwerderecht

(1) Die Gefangenen erhalten Gelegenheit, sich in Angelegenheiten, die sie selbst betreffen, mit Wünschen, Anregungen und Beschwerden an die Anstaltsleitung zu wenden.

(2) Besichtigen Vertreter oder Vertreterinnen der Aufsichtsbehörde die Anstalt, so ist zu gewährleisten, dass die Gefangenen sich in Angelegenheiten, die sie selbst betreffen, an diese wenden können.

(3) Die Möglichkeit der Dienstaufsichtsbeschwerde bleibt unberührt.

12 A 2, 12 A 5, 12 A 7, 12 A 9, 12 A 14, 12 A 16

Abschnitt 17. Kriminologische Forschung

§ 93 Evaluation, kriminologische Forschung

(1) Behandlungsprogramme für die Gefangenen sind auf der Grundlage wissenschaftlicher Erkenntnisse zu konzipieren, zu standardisieren und auf ihre Wirksamkeit hin zu überprüfen.

(2) Der Strafvollzug, insbesondere seine Aufgabenerfüllung und Gestaltung, die Umsetzung seiner Leitlinien sowie die Behandlungsprogramme und deren Wirkungen auf die Erreichung des Vollzugsziels, soll regelmäßig durch den kriminologischen Dienst, durch eine Hochschule oder durch eine andere Stelle wissenschaftlich begleitet und erforscht werden.

11 K 31, 16 3

Abschnitt 18. Aufbau und Organisation der Anstalten

§ 94 Anstalten

(1) Es werden Anstalten und Abteilungen eingerichtet, die den unterschiedlichen vollzuglichen Anforderungen Rechnung tragen. Insbesondere sind sozialtherapeutische Abteilungen vorzusehen.

(2) Es ist eine bedarfsgerechte Anzahl und Ausstattung von Plätzen für therapeutische Maßnahmen, schulische und berufliche Qualifizierung, Arbeitstraining und Arbeitstherapie sowie zur Ausübung von Arbeit vorzusehen. Entsprechendes gilt für Besuche, Freizeit, Sport und Seelsorge.

(3) Haft- und Funktionsräume sind zweckentsprechend auszustatten.

(4) Unterhalten private Unternehmen Betriebe in Anstalten, kann die technische und fachliche Leitung ihren Mitarbeitern übertragen werden.

3 B 3, 4 K 2, 4 K 3, 4 K 8, 4 K 9, 13 D 2, 13 D 3, 13 E 6, 14 A 9

§ 95 Festsetzung der Belegungsfähigkeit, Verbot der Überbelegung

(1) Die Aufsichtsbehörde setzt die Belegungsfähigkeit der Anstalt so fest, dass eine angemessene Unterbringung der Gefangenen gewährleistet ist. § 94 Absatz 2 ist zu berücksichtigen.

(2) Haftäume dürfen nicht mit mehr Gefangenen als zugelassen belegt werden.

(3) Ausnahmen von Absatz 2 sind nur vorübergehend und nur mit Zustimmung der Aufsichtsbehörde zulässig.

2 E 28, 13 E 15

§ 96 Anstaltsleitung

(1) Für jede Anstalt ist ein Beamter des höheren Dienstes zum hauptamtlichen Leiter zu bestellen (Anstaltsleitung). Aus besonderen Gründen kann eine Anstalt auch von einem Beamten des gehobenen Dienstes geleitet werden.

(2) Die Anstaltsleitung trägt die Verantwortung für den gesamten Vollzug und vertritt die Anstalt nach außen. Sie kann einzelne Aufgabenbereiche auf andere Bedienstete übertragen. Die Aufsichtsbehörde kann sich die Zustimmung zur Übertragung vorbehalten.

11 I 6, 11 I 57, 12 B 11, 13 K 1, 13 K 4, 13 K 6, 13 K 9, 13 K 14

§ 97 Bedienstete
(1) Die Anstalt wird mit dem für die Erreichung des Vollzugsziels und die Erfüllung ihrer Aufgaben erforderlichen Personal ausgestattet. Fortbildung sowie Praxisberatung und -begleitung für die Bediensteten sind zu gewährleisten.

(2) Für die Betreuung von Gefangenen mit angeordneter oder vorbehaltener Sicherungsverwahrung ist besonders qualifiziertes Personal vorzusehen und eine fachübergreifende Zusammenarbeit zu gewährleisten. Soweit erforderlich, sind externe Fachkräfte einzubeziehen.

11 K 8, 12 B 11, 13 J 1, 13 J 3, 13 J 4, 13 J 5

§ 98 Seelsorger und Seelsorgerinnen
(1) Seelsorger und Seelsorgerinnen werden im Einvernehmen mit der jeweiligen Religionsgemeinschaft im Hauptamt bestellt oder vertraglich verpflichtet.

(2) Wenn die geringe Anzahl der Angehörigen einer Religionsgemeinschaft eine Seelsorge nach Absatz 1 nicht rechtfertigt, ist die seelsorgerische Betreuung auf andere Weise zuzulassen.

(3) Mit Zustimmung der Anstaltsleitung darf der Anstaltsseelsorger oder die Anstaltsseelsorgerin sich freier Seelsorgehelfer und freier Seelsorgehelferinnen bedienen und diese für Gottesdienste sowie für andere religiöse Veranstaltungen von außen zuziehen.

8 C 3, 8 D 1, 8 D 2, 8 D 6, 8 D 10, 8 D 28

§ 99 Medizinische Versorgung
(1) Die ärztliche Versorgung ist sicherzustellen.

(2) Die Pflege der Kranken soll von Bediensteten ausgeführt werden, die eine Erlaubnis nach dem Krankenpflegegesetz besitzen. Solange diese nicht zur Verfügung stehen, können auch Bedienstete eingesetzt werden, die eine sonstige Ausbildung in der Krankenpflege erfahren haben.

6 D 38, 6 D 39

§ 100 Interessenvertretung der Gefangenen
Den Gefangenen soll ermöglicht werden, Vertretungen zu wählen. Diese können in Angelegenheiten von gemeinsamem Interesse, die sich ihrer Eigenart nach für eine Mitwirkung eignen, Vorschläge und Anregungen an die Anstalt herantragen. Diese sollen mit der Vertretung erörtert werden.

13 M 1, 13 M 4, 13 M 5

§ 101 Hausordnung
Die Anstaltsleitung erlässt zur Gestaltung und Organisation des Vollzugsalltags eine Hausordnung auf der Grundlage dieses Gesetzes. Die Aufsichtsbehörde kann sich die Genehmigung der Hausordnung vorbehalten.

9 B 5, 13 N 1

Abschnitt 19. Aufsicht, Vollstreckungsplan, Vollzugsgemeinschaften, Beirat

§ 102 Aufsichtsbehörde
(1) Der Senator oder die Senatorin für Justiz und Verfassung führt die Aufsicht über die Anstalt (Aufsichtsbehörde).

(2) Die Aufsichtsbehörde kann sich Entscheidungen über Verlegungen und Überstellungen vorbehalten.

2 D 10, 11 E 10, 12 C 5, 13 G 6, 13 G 7, 13 G 18, 13 H 19

§ 103 Vollstreckungsplan, Vollzugsgemeinschaften
(1) Die Aufsichtsbehörde regelt die örtliche und sachliche Zuständigkeit der Anstalten in einem Vollstreckungsplan.

(2) Im Rahmen von Vollzugsgemeinschaften kann der Vollzug auch in Vollzugseinrichtungen anderer Länder vorgesehen werden.

13 F 1, 13 H 19, 14 A 6

§ 104 Beirat

(1) Bei der Anstalt ist ein Beirat zu bilden. Die Bestellung der Mitglieder des Beirats erfolgt durch den Rechtsausschuss. Bedienstete dürfen nicht Mitglieder des Beirats sein.

(2) Die Mitglieder des Beirats wirken beratend bei der Gestaltung des Vollzugs und der Eingliederung der Gefangenen mit. Sie fördern das Verständnis für den Vollzug und seine gesellschaftliche Akzeptanz und vermitteln Kontakte zu öffentlichen und privaten Anstalten.

(3) Der Beirat steht der Anstaltsleitung, den Bediensteten und den Gefangenen als Ansprechpartner zur Verfügung.

(4) Die Mitglieder des Beirats können sich über die Unterbringung der Gefangenen und die Gestaltung des Vollzugs unterrichten und die Anstalt besichtigen. Sie können die Gefangenen in ihren Hafträumen aufsuchen. Unterhaltung und Schriftwechsel werden nicht überwacht.

(5) Die Mitglieder des Beirats sind verpflichtet, außerhalb ihres Amtes über alle Angelegenheiten, die ihrer Natur nach vertraulich sind, besonders über Namen und Persönlichkeit der Gefangenen, Verschwiegenheit zu bewahren. Dies gilt auch nach Beendigung ihres Amtes.

13 O 2, 13 O 4, 13 O 6, 13 O 7

Abschnitt 20. Vollzug des Strafarrests

§ 105 Grundsatz

(1) Für den Vollzug des Strafarrests in Anstalten gelten die Bestimmungen dieses Gesetzes entsprechend, soweit § 106 nicht Abweichendes bestimmt.

(2) § 106 Absatz 1 bis 3, 7 und 8 gilt nicht, wenn Strafarrest in Unterbrechung einer anderen freiheitsentziehenden Maßnahme vollzogen wird.

4 D 25, 15 C 1

§ 106 Besondere Bestimmungen

(1) Strafarrestierte sollen im offenen Vollzug untergebracht werden.

(2) Eine gemeinsame Unterbringung ist nur mit Einwilligung der Strafarrestierten zulässig.

(3) Besuche, Telefongespräche und Schriftwechsel dürfen nur untersagt oder überwacht werden, wenn dies aus Gründen der Sicherheit oder Ordnung der Anstalt notwendig ist.

(4) Den Strafarrestierten soll gestattet werden, einmal wöchentlich Besuch zu empfangen.

(5) Strafarrestierten dürfen eigene Kleidung tragen und eigenes Bettzeug benutzen, wenn Gründe der Sicherheit nicht entgegenstehen und sie für Reinigung, Instandsetzung und regelmäßigen Wechsel auf eigene Kosten sorgen.

(6) Sie dürfen Nahrungs- und Genussmittel sowie Mittel zur Körperpflege in angemessenem Umfang durch Vermittlung der Anstalt auf eigene Kosten erwerben.

(7) Eine mit einer Entkleidung verbundene körperliche Durchsuchung ist nur bei Gefahr im Verzug zulässig.

(8) Zur Vereitelung einer Entweichung und zur Wiederergreifung dürfen Schusswaffen nicht gebraucht werden.

2 F 4, 11 K 5, 15 C 5, 15 C 9

Abschnitt 21. Datenschutz

§ 107 Anwendung des Bremischen Datenschutzgesetzes

Das Bremische Datenschutzgesetz findet Anwendung, soweit in diesem Gesetz nichts Abweichendes geregelt ist.

§ 108 Grundsatz, Begriffsbestimmungen

(1) Die Anstalt und die Aufsichtsbehörde dürfen personenbezogene Daten verarbeiten, soweit deren Verarbeitung für vollzugliche Zwecke erforderlich ist.

(2) Vollzugliche Zwecke sind die Erreichung des Vollzugsziels, der Schutz der Allgemeinheit vor weiteren Straftaten der Gefangenen, die Aufrechterhaltung der Sicherheit und Ordnung der Anstalt sowie die Sicherung des Vollzugs.

§ 109 Erhebung von Daten über Gefangene bei Dritten
Daten über Gefangene dürfen ohne deren Kenntnis bei Dritten nur erhoben werden, wenn
1. eine Rechtsvorschrift dies vorsieht oder zwingend voraussetzt oder
2. a) die zu erfüllende Aufgabe nach Art oder Zweck eine Erhebung bei anderen Personen oder Stellen erforderlich macht oder
   b) die Erhebung bei den Gefangenen einen unverhältnismäßigen Aufwand erfordern würde und keine Anhaltspunkte dafür bestehen, dass überwiegende schutzwürdige Interessen der Gefangenen beeinträchtigt werden.

§ 110 Erhebung von Daten über andere Personen
Daten über andere Personen als die Gefangenen dürfen für vollzugliche Zwecke ohne deren Kenntnis nur erhoben werden, wenn dies unerlässlich ist und die Art der Erhebung schutzwürdige Interessen dieser Personen nicht beeinträchtigt.

§ 111 Unterrichtungspflichten
Die Betroffenen werden über eine ohne ihre Kenntnis vorgenommene Erhebung ihrer Daten unterrichtet, soweit vollzugliche Zwecke dadurch nicht gefährdet werden. Sind die Daten bei anderen Personen oder Stellen erhoben worden, kann die Unterrichtung unterbleiben, wenn
1. die Daten nach einer Rechtsvorschrift oder ihrem Wesen nach, namentlich wegen des überwiegenden berechtigten Interesses Dritter, geheim gehalten werden müssen oder
2. der Aufwand der Unterrichtung außer Verhältnis zum Schutzzweck steht und keine Anhaltspunkte dafür bestehen, dass überwiegende schutzwürdige Interessen der Betroffenen beeinträchtigt werden.

§ 112 Besondere Formen der Datenerhebung
(1) Zur Sicherung des Vollzugs und zur Aufrechterhaltung der Sicherheit oder Ordnung der Anstalt, insbesondere zur Identitätsfeststellung, sind mit Kenntnis der Gefangenen folgende erkennungsdienstliche Maßnahmen zulässig:
1. die Abnahme von Finger- und Handflächenabdrücken,
2. die Aufnahme von Lichtbildern,
3. die Feststellung und Messung äußerlicher körperlicher Merkmale,
4. die elektronische Erfassung biometrischer Merkmale des Gesichts, der Augen, der Hände, der Stimme oder der Unterschrift.

(2) Aus Gründen der Sicherheit oder Ordnung ist die Beobachtung einzelner Bereiche des Anstaltsgebäudes einschließlich des Gebäudeinneren, des Anstaltsgeländes oder der unmittelbaren Umgebung der Anstalt mit optisch-elektronischen Einrichtungen (Videoüberwachung) zulässig. Eine Aufzeichnung der Videobilder darf nur erfolgen, wenn dies aus Gründen der Sicherheit oder Ordnung oder zur Verhinderung oder Verfolgung von Straftaten sowie zur Verhinderung oder Verfolgung von Ordnungswidrigkeiten, durch welche die Sicherheit oder Ordnung der Anstalt gefährdet werden, erforderlich ist. Die Videoüberwachung ist durch geeignete Maßnahmen erkennbar zu machen, soweit ihr Zweck dadurch nicht vereitelt wird. Die Videoüberwachung von Hafträumen sowie von Toiletten und Duschräumen ist ausgeschlossen.

(3) Das Betreten des Anstaltsgeländes durch vollzugsfremde Personen kann davon abhängig gemacht werden, dass diese zur Identitätsfeststellung
1. ihren Vornamen, ihren Namen und ihre Anschrift angeben und durch amtliche Ausweise nachweisen,
2. das Auslesen der in § 5 Absatz 4 des Personalausweisgesetzes genannten Daten dulden und
3. die Erfassung biometrischer Merkmale des Gesichts, der Augen, der Hände, der Stimme oder der Unterschrift dulden, soweit dies erforderlich ist, um den Austausch von Gefangenen zu verhindern.

(4) Die Anstaltsleitung kann das Auslesen von elektronischen Datenspeichern sowie elektronischen Geräten mit Datenspeichern anordnen, die Gefangene ohne Erlaubnis besitzen, wenn konkrete Anhaltspunkte die Annahme rechtfertigen, dass dies für vollzugliche Zwecke erforderlich ist. Die Gefangenen sind bei der Aufnahme über die Möglichkeit des Auslesens von Datenspeichern zu belehren.

11 I 18

Anhang

§ 113 Übermittlung und Nutzung für weitere Zwecke

(1) Für eine Übermittlung oder Nutzung von personenbezogenen Daten stehen die Zwecke des gerichtlichen Rechtsschutzes im Zusammenhang mit diesem Gesetz den vollzuglichen Zwecken des § 108 Absatz 2 gleich.

(2) Die Übermittlung und Nutzung von personenbezogenen Daten ist über Absatz 1 hinaus auch zulässig, soweit dies
1. zur Abwehr von sicherheitsgefährdenden oder geheimdienstlichen Tätigkeiten für eine fremde Macht oder von Bestrebungen im Geltungsbereich des Grundgesetzes, die durch Anwendung von Gewalt oder darauf gerichtete Vorbereitungshandlungen
    a) gegen die freiheitliche demokratische Grundordnung, den Bestand oder die Sicherheit des Bundes oder eines Landes gerichtet sind,
    b) eine ungesetzliche Beeinträchtigung der Amtsführung der Verfassungsorgane des Bundes oder eines Landes oder ihrer Mitglieder zum Ziel haben oder
    c) auswärtige Belange der Bundesrepublik Deutschland gefährden,
2. zur Abwehr erheblicher Nachteile für das Gemeinwohl oder einer Gefahr für die öffentliche Sicherheit,
3. zur Abwehr einer schwerwiegenden Beeinträchtigung der Rechte einer anderen Person,
4. zur Verhinderung oder Verfolgung von Straftaten sowie zur Verhinderung oder Verfolgung von Ordnungswidrigkeiten, durch welche die Sicherheit oder Ordnung der Anstalt gefährdet werden oder
5. für Maßnahmen der Strafvollstreckung oder strafvollstreckungsrechtliche Entscheidungen
erforderlich ist.

12 I 8

§ 114 Datenübermittlung an öffentliche Stellen

(1) Den zuständigen öffentlichen Stellen dürfen personenbezogene Daten übermittelt werden, soweit dies für
1. die Vorbereitung und Durchführung von Maßnahmen der Gerichtshilfe, Jugendgerichtshilfe, Bewährungshilfe, Führungsaufsicht oder forensischen Ambulanzen,
2. Entscheidungen in Gnadensachen,
3. gesetzlich angeordnete Statistiken der Rechtspflege,
4. sozialrechtliche Maßnahmen,
5. die Einleitung von Hilfsmaßnahmen für Angehörige der Gefangenen im Sinne des § 11 Absatz 1 Nummer 1 des Strafgesetzbuchs,
6. dienstliche Maßnahmen der Bundeswehr im Zusammenhang mit der Aufnahme und Entlassung von Soldaten,
7. ausländerrechtliche Maßnahmen oder
8. die Durchführung der Besteuerung
erforderlich ist. Eine Übermittlung für andere Zwecke ist auch zulässig, soweit eine andere gesetzliche Bestimmung dies vorsieht und sich dabei ausdrücklich auf Daten über Gefangene bezieht.

(2) Absatz 1 gilt entsprechend, wenn sich die öffentlichen Stellen zur Erfüllung ihrer Aufgaben nichtöffentlicher Stellen bedienen und deren Mitwirkung ohne Übermittlung der Daten unmöglich oder wesentlich erschwert würde.

§ 115 Verarbeitung besonders erhobener Daten

(1) Bei der Überwachung der Besuche, der Telefongespräche, anderer Formen der Telekommunikation oder des Schriftwechsels sowie bei der Überprüfung des Inhalts von Paketen bekannt gewordene personenbezogene Daten dürfen für die in § 108 Absatz 2 und § 113 genannten Zwecke verarbeitet werden.

(2) Die aufgrund von erkennungsdienstlichen Maßnahmen nach § 112 Absatz 1 gewonnenen Daten und Unterlagen werden zu den Personalakten der Gefangenen genommen oder in personenbezogenen Dateien gespeichert. Sie dürfen nur für die in § 112 Absatz 1, § 113 Absatz 2 Nummer 4 genannten Zwecke verarbeitet oder den Vollstreckungs- und Strafverfolgungsbehörden zum Zwecke der Fahndung und Festnahme der entwichenen oder sich sonst ohne Erlaubnis außerhalb der Anstalt aufhaltenden Gefangenen übermittelt werden.

(3) Die zur Identifikation von vollzugsfremden Personen nach § 112 Absatz 3 erhobenen Daten dürfen ausschließlich verarbeitet werden

1. zum Zweck des Abgleichs beim Verlassen der Anstalt oder
2. zur Verfolgung von während des Aufenthalts in der Anstalt begangenen Straftaten; in diesem Fall können die Daten auch an Strafverfolgungsbehörden ausschließlich zum Zwecke der Verfolgung dieser Straftaten übermittelt werden.

(4) Die beim Auslesen von Datenspeichern nach § 112 Absatz 4 erhobenen Daten dürfen nur verarbeitet werden, soweit dies zu den dort genannten Zwecken erforderlich ist. Sie dürfen nicht weiterverarbeitet werden, soweit sie
1. zum Kernbereich der privaten Lebensgestaltung Dritter gehören oder
2. zum Kernbereich der privaten Lebensgestaltung Gefangener gehören und die weitere Verarbeitung nach Abwägung der in § 112 Absatz 4 genannten vollzuglichen Interessen an der Verarbeitung und der Interessen der Gefangenen an der illegalen Speicherung der Daten unzumutbar ist.

(5) Nach § 110 erhobene Daten über Personen, die nicht Gefangene sind, dürfen nur zur Erfüllung des Erhebungszwecks oder für die in § 113 Absatz 2 Nummer 1 bis 3 geregelten Zwecke oder zur Verhinderung oder Verfolgung von Straftaten von erheblicher Bedeutung verarbeitet werden.

§ 116 Mitteilung über Haftverhältnisse

(1) Die Anstalt oder die Aufsichtsbehörde darf öffentlichen oder nichtöffentlichen Stellen auf schriftlichen Antrag mitteilen, ob sich eine Person in Haft befindet und ob die Entlassung voraussichtlich innerhalb eines Jahres bevorsteht, soweit
1. die Mitteilung zur Erfüllung der in der Zuständigkeit der öffentlichen Stelle liegenden Aufgaben erforderlich ist oder
2. von nichtöffentlichen Stellen
   a) ein berechtigtes Interesse an dieser Mitteilung glaubhaft dargelegt wird und
   b) die Gefangenen kein schutzwürdiges Interesse an dem Ausschluss der Übermittlung haben.

(2) Die Mitteilung ist in der Personalakte der Gefangenen zu dokumentieren.

(3) Den Verletzten einer Straftat sowie deren Rechtsnachfolgern können darüber hinaus auf schriftlichen Antrag Auskünfte über die Entlassungsadresse oder die Vermögensverhältnisse von Gefangenen erteilt werden, wenn die Erteilung zur Feststellung oder Durchsetzung von Rechtsansprüchen im Zusammenhang mit der Straftat erforderlich ist.

(4) Die Gefangenen werden vor der Mitteilung gehört, es sei denn, es ist zu besorgen, dass dadurch die Verfolgung des Interesses der Antragsteller vereitelt oder wesentlich erschwert würde, und eine Abwägung ergibt, dass dieses Interesse das Interesse der Gefangenen an ihrer vorherigen Anhörung überwiegt. Ist die Anhörung unterblieben, werden die betroffenen Gefangenen über die Mitteilung nachträglich unterrichtet.

§ 117 Überlassung von Akten

(1) Akten dürfen nur
1. anderen Anstalten und Aufsichtsbehörden,
2. der Gerichtshilfe, der Jugendgerichtshilfe, der Bewährungshilfe, den Führungsaufsichtsstellen und den forensischen Ambulanzen,
3. den für strafvollzugs-, strafvollstreckungs- und strafrechtliche Entscheidungen zuständigen Gerichten,
4. den Strafvollstreckungs- und Strafverfolgungsbehörden und
5. dem Europäischen Ausschuss zur Verhütung von Folter und unmenschlicher oder erniedrigender Behandlung oder Strafe im Rahmen eines Besuchs der Anstalt

überlassen oder im Falle elektronischer Aktenführung in Form von Duplikaten übermittelt werden.

(2) Die Überlassung an andere öffentliche Stellen und nichtöffentliche Stellen nach § 114 Absatz 2 ist zulässig, soweit die Erteilung einer Auskunft einen unvertretbaren Aufwand erfordert oder nach Darlegung der Akteneinsicht begehrenden Stellen für die Erfüllung der Aufgabe nicht ausreicht. Entsprechendes gilt für die Überlassung von Akten an die von einer Anstalt oder Aufsichtsbehörde, einer Strafvollstreckungsbehörde oder einem Gericht mit Gutachten beauftragten Stellen.

§ 118 Kenntlichmachung in der Anstalt, Lichtbildausweise

(1) Personenbezogene Daten von Gefangenen dürfen in der Anstalt allgemein kenntlich gemacht werden, soweit dies für ein geordnetes Zusammenleben unerlässlich ist. Besondere Arten personenbezogener Daten von Gefangenen dürfen in der Anstalt nicht allgemein kenntlich gemacht werden.

(2) Die Anstalt kann die Gefangenen verpflichten, einen Lichtbildausweis mit sich zu führen, wenn dies aus Gründen der Sicherheit oder Ordnung der Anstalt erforderlich ist. Dieser ist bei der Verlegung in eine andere Anstalt oder bei der Entlassung einzuziehen oder zu vernichten.

§ 119 Offenbarungspflichten und -befugnisse der Berufsgeheimnisträger

(1) Hinsichtlich der ihnen als Berufsgeheimnisträger von Gefangenen anvertrauten oder sonst über Gefangene bekanntgewordenen Geheimnisse unterliegen

1. Ärzte oder Ärztinnen, Zahnärzte oder Zahnärztinnen oder Angehörige eines anderen Heilberufs, der für die Berufsausübung oder die Führung der Berufsbezeichnung eine staatlich geregelte Ausbildung erfordert,
2. Psychologen oder Psychologinnen mit staatlich anerkannter wissenschaftlicher Abschlussprüfung oder
3. staatlich anerkannte Sozialarbeiter oder Sozialarbeiterinnen oder staatlich anerkannte Sozialpädagogen oder Sozialpädagoginnen

auch gegenüber der Anstalt und der Aufsichtsbehörde der Schweigepflicht, soweit in den Absätzen 2 bis 6 nichts Abweichendes geregelt ist.

(2) Die in Absatz 1 genannten Personen haben sich gegenüber der Anstaltsleitung zu offenbaren, soweit dies für die Aufgabenerfüllung der Anstalt oder der Aufsichtsbehörde oder zur Abwehr von erheblichen Gefahren für Leib oder Leben von Gefangenen oder Dritten erforderlich ist.

(3) Ärzte oder Ärztinnen sind gegenüber der Anstaltsleitung zur Offenbarung ihnen im Rahmen der allgemeinen Gesundheitsfürsorge bekannt gewordener Geheimnisse verpflichtet, soweit dies für die Aufgabenerfüllung der Anstalt oder der Aufsichtsbehörde unerlässlich oder zur Abwehr von erheblichen Gefahren für Leib oder Leben von Gefangenen oder Dritten erforderlich ist. Sonstige Offenbarungsbefugnisse und -pflichten bleiben unberührt.

(4) Die Gefangenen sind vor der Erhebung über die nach Absatz 2 und 3 bestehenden Offenbarungspflichten zu unterrichten.

(5) Die nach Absatz 2 und 3 offenbarten Daten dürfen nur für den Zweck, für den sie offenbart wurden oder für den eine Offenbarung zulässig gewesen wäre, und nur unter denselben Voraussetzungen verarbeitet oder genutzt werden, unter denen eine in Absatz 1 genannte Person selbst hierzu befugt wäre. Die Anstaltsleitung kann unter diesen Voraussetzungen die unmittelbare Offenbarung gegenüber bestimmten Bediensteten allgemein zulassen.

(6) Sofern Ärzte oder Ärztinnen oder Psychologen oder Psychologinnen außerhalb des Vollzugs mit der Untersuchung, Behandlung oder Betreuung von Gefangenen beauftragt werden, gelten die Absätze 1 bis 3 mit der Maßgabe entsprechend, dass die beauftragten Personen auch zur Unterrichtung des in der Anstalt tätigen Arztes oder der in der Anstalt tätigen Ärztin oder des in der Anstalt mit der Behandlung oder Betreuung der Gefangenen betrauten Psychologen oder der in der Anstalt mit der Behandlung oder Betreuung der Gefangenen betrauten Psychologin befugt sind.

(7) Die in Absatz 1 und 6 genannten Personen haben sich gegenüber dem Europäischen Ausschuss zur Verhütung von Folter und unmenschlicher oder erniedrigender Behandlung oder Strafe im Rahmen eines Besuchs der Anstalt zu offenbaren, soweit dies zur Aufgabenerfüllung dieses Ausschusses erforderlich ist.

§ 120 Schutz der Daten in Akten und Dateien

(1) Die Bediensteten dürfen sich von personenbezogenen Daten nur Kenntnis verschaffen, soweit dies zur Erfüllung der ihnen obliegenden Aufgaben oder für die zur gemeinsamen Aufgabenerfüllung notwendige Zusammenarbeit erforderlich ist.

(2) Akten und Dateien mit personenbezogenen Daten sind durch die erforderlichen technischen und organisatorischen Maßnahmen gegen unbefugten Zugang und unbefugten Gebrauch zu schützen. Gesundheits- und Therapieakten, psychologische und pädagogische Testunterlagen und Krankenblätter sind getrennt von anderen Unterlagen zu führen und besonders zu sichern.

§ 121 Auskunft an die Betroffenen, Akteneinsicht

Die Auskunftserteilung und die Gewährung von Akteneinsicht unterbleiben, soweit die Auskunft oder die Einsichtnahme die ordnungsgemäße Erfüllung der Aufgaben der Daten verarbeitenden Stelle oder die Erreichung des Vollzugsziels gefährden würden.

§ 122 Auskunft und Akteneinsicht für wissenschaftliche Zwecke

§ 476 der Strafprozessordnung gilt mit der Maßgabe entsprechend, dass auch elektronisch gespeicherte Daten übermittelt werden können.

§ 123 Löschung

Die in Dateien mit Ausnahme der in Gefangenenpersonalakten, Gesundheitsakten, Therapieakten, psychologischen und pädagogischen Testunterlagen und Krankenblättern sowie Gefangenenbüchern gespeicherten personenbezogenen Daten sind spätestens zwei Jahre nach der Entlassung oder der Verlegung der Gefangenen in eine andere Anstalt zu löschen. Hiervon können bis zum Ablauf der Aufbewahrungsfrist nach § 126 die Angaben über Familienname, Vorname, Geburtsname, Geburtstag, Geburtsort, Eintritts- und Austrittsdatum der Gefangenen ausgenommen werden, soweit dies für das Auffinden der Gefangenenpersonalakte erforderlich ist.

§ 124 Löschung besonders erhobener Daten

(1) Erkennungsdienstliche Unterlagen mit Ausnahme von Lichtbildern und der Beschreibung von körperlichen Merkmalen der Gefangenen, die nach § 112 Absatz 1 erkennungsdienstlich behandelt worden sind, sind nach ihrer Entlassung aus dem Vollzug unverzüglich zu löschen, sobald die Vollstreckung der richterlichen Entscheidung, die dem Vollzug zugrunde gelegen hat, abgeschlossen ist.

(2) Mittels optisch-elektronischen Einrichtungen nach § 112 Absatz 2 erhobene Daten sind spätestens nach 72 Stunden zu löschen, soweit nicht die weitere Aufbewahrung im Einzelfall zu Beweiszwecken unerlässlich ist.

(3) Nach § 112 Absatz 3 Nummer 3 erhobene Daten sind unverzüglich zu löschen, nachdem die Personen die Anstalt verlassen haben.

(4) Nach § 112 Absatz 4 erhobene Daten sind unverzüglich zu löschen, soweit eine Verarbeitung nach § 115 Absatz 4 unzulässig ist. Die Daten sind spätestens 72 Stunden nach dem Ende des Auslesens zu löschen, soweit nicht die weitere Aufbewahrung im Einzelfall zu Beweiszwecken unerlässlich ist.

§ 125 Sperrung und Verwendungsbeschränkungen

(1) Personenbezogene Daten in den in § 123 Satz 1 genannten Dateien sind nach Ablauf von zwei Jahren seit der Entlassung oder der Verlegung der Gefangenen in eine andere Anstalt zu kennzeichnen, um ihre weitere Verarbeitung oder Nutzung einzuschränken (Sperrung).

(2) Die nach Absatz 1 gesperrten Daten dürfen nur übermittelt oder genutzt werden soweit dies
1. zur Verfolgung von Straftaten,
2. für die Durchführung wissenschaftlicher Forschungsvorhaben gemäß § 93,
3. zur Behebung einer bestehenden Beweisnot oder
4. zur Feststellung, Durchsetzung oder Abwehr von Rechtsansprüchen im Zusammenhang mit dem Vollzug der Freiheitsstrafe

unerlässlich ist.

(3) Die Sperrung nach Absatz 1 endet, wenn die Gefangenen erneut zum Vollzug einer Freiheitsstrafe aufgenommen werden oder die Betroffenen eingewilligt haben.

§ 126 Aufbewahrungsfristen, Fristberechnung

(1) Bei der Aufbewahrung der nach § 125 gesperrten Daten darf eine Frist von dreißig Jahren nicht überschritten werden.

(2) Die Aufbewahrungsfrist beginnt mit dem auf das Jahr der aktenmäßigen Weglegung folgenden Kalenderjahr.

(3) Die Bestimmungen des Bremischen Archivgesetzes bleiben unberührt.

Abschnitt 21a. Bußgeldvorschriften

§ 126a Bußgeldvorschriften

(1) Ordnungswidrig handelt, wer vorsätzlich oder fahrlässig Flugmodelle oder unbemannte Luftfahrtsysteme entgegen § 77a unbefugt betreibt.

Anhang

(2) Die Ordnungswidrigkeit und der Versuch einer Ordnungswidrigkeit können mit einer Geldbuße bis zu 10 000 Euro geahndet werden.

(3) Gegenstände, auf die sich die Ordnungswidrigkeit bezieht oder die zu ihrer Vorbereitung oder Begehung gebraucht oder bestimmt worden sind, können eingezogen werden. § 23 des Gesetzes über Ordnungswidrigkeiten ist anzuwenden.

(4) Sachlich zuständige Verwaltungsbehörde für die Verfolgung und Ahndung von Ordnungswidrigkeiten ist die Justizvollzugsanstalt Bremen.

11 H 6

Abschnitt 22. Schlussbestimmungen

§ 127 Einschränkung von Grundrechten

Durch dieses Gesetz werden die Grundrechte aus Artikel 2 Absatz 2 Satz 1 und 2 (körperliche Unversehrtheit und Freiheit der Person) und Artikel 10 Absatz 1 (Brief-, Post- und Fernmeldegeheimnis) des Grundgesetzes eingeschränkt.

1 E 32

§ 128 Verhältnis zum Bundesrecht

Dieses Gesetz ersetzt gemäß Artikel 125a Absatz 1 des Grundgesetzes in der Freien Hansestadt Bremen das Strafvollzugsgesetz vom 16. März 1976 (BGBl. I. S. 581, 2088, 1977 I S. 436), das zuletzt durch Artikel 7 des Gesetzes vom 25. April 2013 (BGBl. I S. 935) geändert worden ist. Die Vorschriften des Strafvollzugsgesetzes über

1. den Pfändungsschutz (§ 50 Absatz 2 Satz 5, § 51 Absatz 4 und 5, § 75 Absatz 3),
2. das gerichtliche Verfahren (§§ 109 bis 121, 50 Absatz 5 Satz 2),
3. die Unterbringung in einem psychiatrischen Krankenhaus und in einer Entziehungsanstalt (§§ 136 bis 138),
4. den Vollzug von Ordnungs-, Sicherungs-, Zwangs- und Erzwingungshaft (§§ 171 bis 175),
5. den unmittelbaren Zwang in Justizvollzugsanstalten für andere Arten des Freiheitsentzugs (§ 178) gelten fort.

4 D 25, 4 D 64, 4 I 53, 4 I 95, 12 B 1, 15 A 2

§ 129 Übergangsbestimmungen

Bis zum Inkrafttreten einer Verordnung nach § 55 Absatz 3 gilt die Strafvollzugsvergütungsordnung vom 11. Januar 1977 (BGBl. I S. 57), die durch Artikel 6 des Gesetzes vom 13. Dezember 2007 (BGBl. I S. 2894) geändert worden ist, in der jeweils geltenden Fassung, für die Anwendung des § 55 fort.

4 D 72

Gesetz über den Vollzug der Freiheitsstrafe
(Hamburgisches Strafvollzugsgesetz – HmbStVollzG)

Vom 14. Juli 2009
(GVBl. S. 257)

Teil 1. Anwendungsbereich

§ 1 Anwendungsbereich
Dieses Gesetz regelt den Vollzug der Freiheitsstrafe.

1 B 4

Teil 2. Vollzug der Freiheitsstrafe

Abschnitt 1. Grundsätze

§ 2 Aufgaben des Vollzuges
Der Vollzug dient dem Ziel, die Gefangenen zu befähigen, künftig in sozialer Verantwortung ein Leben ohne Straftaten zu führen. Gleichermaßen hat er die Aufgabe, die Allgemeinheit vor weiteren Straftaten zu schützen. Zwischen dem Vollzugsziel und der Aufgabe, die Allgemeinheit vor weiteren Straftaten zu schützen, besteht kein Gegensatz.

1 C 13, 1 C 14, 1 C 24

§ 3 Gestaltung des Vollzuges
(1) Das Leben im Vollzug ist den allgemeinen Lebensverhältnissen soweit wie möglich anzugleichen. Schädlichen Folgen des Freiheitsentzuges ist entgegenzuwirken. Der Vollzug ist von Beginn an darauf auszurichten, dass er den Gefangenen hilft, sich in das Leben in Freiheit einzugliedern.

(2) Die Belange von Sicherheit und Ordnung der Anstalt sowie die Belange der Allgemeinheit sind zu beachten. Die unterschiedlichen Lebenslagen und Bedürfnisse von weiblichen und männlichen Gefangenen werden bei der Vollzugsgestaltung und bei Einzelmaßnahmen berücksichtigt. Insbesondere ist auf die Schaffung und die Bewahrung eines gewaltfreien Klimas im Vollzug zu achten.

1 D 1, 1 D 4, 1 D 11, 1 D 14, 1 D 16, 13 C 5, 13 C 10, 14 A 15

§ 4 Grundsätze der Behandlung
Den Gefangenen werden im Rahmen eines an ihren persönlichen Erfordernissen orientierten Vollzugs- und Behandlungsprozesses alle vollzuglichen Maßnahmen und therapeutischen Programme angeboten, die geeignet sind, ihnen Chancen zur Förderung ihrer Eingliederung in ein Leben in sozialer Verantwortung ohne Straftaten zu vermitteln und ihre Fähigkeiten zur Selbsthilfe zu stärken (Behandlung). Die Behandlung dient der Prävention und dem Schutz der Opfer von Straftaten. Als Bestandteil der Behandlung sollen sich die Maßnahmen und Programme insofern auch auf die Auseinandersetzung der Gefangenen mit den eigenen Straftaten, deren Ursachen und Folgen, insbesondere für die Opfer, richten.

1 D 17, 1 E 4, 7 A 9, 7 C 1

§ 5 Stellung der Gefangenen
(1) Die Gefangenen sind verpflichtet, an der Gestaltung ihrer Behandlung und an der Erfüllung des Vollzugsziels mitzuwirken. Ihre Bereitschaft hierzu ist zu wecken und zu fördern.

(2) Die Bereitschaft zur Mitwirkung kann durch Maßnahmen der Belohnung und Anerkennung gefördert werden, bei denen die Beteiligung an Maßnahmen, wie auch besonderer Einsatz und erreichte Fortschritte angemessen zu berücksichtigen sind.

(3) Die Gefangenen unterliegen den in diesem Gesetz vorgesehenen Beschränkungen ihrer Freiheit. Soweit das Gesetz eine besondere Regelung nicht enthält, dürfen ihnen nur Beschränkungen auferlegt werden, die zur Aufrechterhaltung der Sicherheit oder zur Abwendung einer schwerwiegenden Störung der Ordnung der Anstalt unerlässlich sind.

(4) Vollzugsmaßnahmen sollen den Gefangenen erläutert werden.

1 E 2, 1 E 7, 1 E 10, 1 E 14, 1 E 24, 2 A 8, 7 A 9, 10 C 68, 11 M 3

Anhang

Abschnitt 2. Planung und Ablauf des Vollzuges

§ 6 Aufnahme

(1) Mit den Gefangenen wird unverzüglich ein Aufnahmegespräch geführt. Sie werden umgehend ärztlich untersucht.

(2) Die Gefangenen werden bei der Aufnahme
1. in einer für sie verständlichen Form über ihre Rechte und Pflichten, insbesondere über ihre Pflicht zur Mitwirkung (§ 5 Absatz 1) und über die Möglichkeiten der Aufrechterhaltung einer Sozialversicherung unterrichtet,
2. darin unterstützt, die notwendigen Maßnahmen für hilfsbedürftige Angehörige zu veranlassen und ihre Habe außerhalb der Anstalt sicherzustellen.

(3) Beim Aufnahmeverfahren dürfen andere Gefangene in der Regel nicht zugegen sein.

(4) Bei Gefangenen, die eine Ersatzfreiheitsstrafe verbüßen oder die im Anschluss an Freiheitsstrafe Ersatzfreiheitsstrafe zu verbüßen haben werden, sind die Möglichkeiten der Verkürzung der Vollstreckung durch gemeinnützige Arbeit oder ratenweise Tilgung der Geldstrafe zu erörtern und zu fördern, um so auf eine möglichst baldige Entlassung hinzuwirken.

1 E 7, 2 A 1, 2 A 5, 2 A 8, 2 A 9, 2 A 12, 7 B 6, 7 B 10, 12 F 8

§ 7 Behandlungsuntersuchung

(1) Die Behandlung der Gefangenen beginnt mit der fachkundigen Erforschung ihrer Persönlichkeit und ihrer Lebensverhältnisse (Behandlungsuntersuchung) einschließlich der in § 9 Absatz 4 des Hamburgischen Resozialisierungs- und Opferhilfegesetzes genannten Sachverhalten.

(2) Die Behandlungsuntersuchung erstreckt sich auf die Persönlichkeit, die Lebensverhältnisse, die Ursachen und Umstände der Straftat sowie alle sonstigen Gesichtspunkte, deren Kenntnis für eine zielgerichtete und wirkungsorientierte Vollzugsgestaltung und die Eingliederung der Gefangenen nach der Entlassung notwendig erscheint. Neben den vollstreckungsrechtlichen Unterlagen sind mit Zustimmung der Gefangenen insbesondere auch Erkenntnisse der Gerichts- und Bewährungshilfe sowie der Führungsaufsichtsstellen einzubeziehen.

(3) In der Behandlungsuntersuchung werden die im Einzelfall die Straffälligkeit begünstigenden Faktoren ermittelt. Gleichzeitig sollen die Fähigkeiten der Gefangenen ermittelt werden, deren Stärkung einer erneuten Straffälligkeit entgegenwirken kann.

(4) Die Untersuchung kann bei einer voraussichtlichen Vollzugsdauer bis zu einem Jahr auf die Umstände beschränkt werden, deren Kenntnis für eine angemessene Vollzugsgestaltung unerlässlich und für die Eingliederung erforderlich ist. Unabhängig von der Vollzugsdauer gilt dies auch, wenn ausschließlich Ersatzfreiheitsstrafen zu vollziehen sind.

(5) Die Ergebnisse der Untersuchung sind zu dokumentieren und mit den Gefangenen zu erörtern.

1 D 14, 2 A 1, 2 B 1, 2 B 2, 2 B 4, 2 B 5, 2 B 11, 2 B 14, 2 B 35, 2 C 8, 2 C 9, 2 C 12, 7 D 8

§ 8 Resozialisierungsplan

(1) Auf der Grundlage der Behandlungsuntersuchung wird regelmäßig innerhalb der ersten sechs Wochen nach der Aufnahme ein Resozialisierungsplan erstellt.

(2) Der Resozialisierungsplan enthält insbesondere folgende Angaben:
1. Unterbringung im geschlossenen oder offenen Vollzug,
2. Zuweisung zu Wohngruppen und Behandlungsgruppen oder -abteilungen,
3. Unterbringung in einer sozialtherapeutischen Einrichtung,
4. Teilnahme an Maßnahmen der schulischen oder beruflichen Aus- oder Weiterbildung oder Zuweisung von Arbeit,
5. besondere Hilfs- und Behandlungsmaßnahmen, insbesondere Schuldenregulierung einschließlich Unterhaltszahlungen, Schadensausgleich, Maßnahmen des Täter-Opfer-Ausgleichs, Suchtberatung, Maßnahmen des Verhaltenstrainings,
6. Lockerungen des Vollzuges,
7. Vorbereitung der Eingliederung.

Die Angaben sind in Grundzügen zu begründen.

(3) Die Gefangenen werden darin unterstützt, ihre persönlichen, wirtschaftlichen und sozialen Schwierigkeiten zu beheben. Sie sollen dazu angeregt und in die Lage versetzt werden, ihre Angelegenhei-

ten selbst zu regeln, insbesondere eine Schuldenregulierung herbeizuführen. Sie sollen angehalten werden, den durch die Straftat verursachten materiellen und immateriellen Schaden wiedergutzumachen.

(4) Der Resozialisierungsplan ist mit der Entwicklung der Gefangenen in Einklang zu halten. Er wird regelmäßig alle sechs Monate überprüft und fortgeschrieben. Bei einer Vollzugsdauer von mehr als drei Jahren verlängert sich die Frist auf zwölf Monate.

(5) Der Resozialisierungsplan und seine Fortschreibungen sind mit den Gefangenen zu erörtern. Der Resozialisierungsplan ist ihnen auszuhändigen.

(6) Zur Aufstellung und Fortschreibung des Resozialisierungsplans führt die Anstaltsleitung Konferenzen mit an der Behandlung maßgeblich Beteiligten durch. An der Behandlung maßgeblich mitwirkende Personen außerhalb des Vollzuges sollen in die Planung einbezogen werden. Sie können mit Zustimmung der Gefangenen auch an den Konferenzen beteiligt werden. Standen die Gefangenen vor ihrer Inhaftierung unter Bewährungs- oder Führungsaufsicht, kann mit Zustimmung der Gefangenen auch die für sie zuständige Bewährungshelferin oder der für sie zuständige Bewährungshelfer an der Konferenz beteiligt werden.

(7) Werden die Gefangenen nach der Entlassung voraussichtlich unter Bewährungs- oder Führungsaufsicht gestellt, so ist mit Zustimmung der Gefangenen der künftig zuständigen Bewährungshelferin oder dem künftig zuständigen Bewährungshelfer in den letzten zwölf Monaten vor dem voraussichtlichen Entlassungszeitpunkt die Teilnahme an der Konferenz zu ermöglichen und sind ihr bzw. ihm der Resozialisierungsplan und seine Fortschreibungen zu übersenden.

(8) Sofern die oder der Gefangene durch eine Fallmanagerin oder einen Fallmanager nach dem Hamburgischen Resozialisierungs- und Opferhilfegesetz betreut wird, finden die Absätze 6 und 7 entsprechende Anwendung.

1 D 21, 1 D 23, 2 A 1, 2 B 4, 2 C 2, 2 C 6, 2 C 7, 2 C 10, 2 C 14, 2 C 19, 2 C 20, 2 C 23, 2 C 25, 2 C 28, 2 C 37, 2 C 39, 4 E 1, 5 A 13, 7 A 8, 7 C 6, 7 D 8, 10 G 2, 13 L 4, 13 L 6, 13 L 7

§ 8a Opferschutz

Für besonders gefährliche Sexual- und Gewaltstraftäterinnen und Sexual- und Gewaltstraftäter wird eine Risikoeinschätzung durch eine psychologische Fachkraft erstellt. Bei der Suche und Gestaltung des sozialen Empfangsraumes nach der Entlassung sind die Schutzinteressen des Opfers einzubeziehen. Vorschläge für gerichtliche Weisungen an die oder den Betroffenen, die auch dem Schutz des Opfers dienen sollen, werden in einer Fallkonferenz der in § 30 Absatz 2 Satz 2 des Hamburgischen Resozialisierungs- und Opferhilfegesetzes genannten Stellen erörtert und dem Gericht vorgeschlagen.

§ 9 Verlegung, Überstellung, Ausantwortung

(1) Die Gefangenen dürfen abweichend vom Vollstreckungsplan in eine andere für den Vollzug der Freiheitsstrafe zuständige Anstalt verlegt werden, wenn ihre Behandlung oder ihre Eingliederung nach der Entlassung hierdurch gefördert wird oder dies aus Gründen der Vollzugsorganisation oder aus anderen wichtigen Gründen erforderlich ist.

(2) Die Gefangenen dürfen auch verlegt werden, wenn in erhöhtem Maß Fluchtgefahr gegeben ist oder sonst ihr Verhalten, ihr Zustand oder ihre Kontakte zu anderen Gefangenen eine Gefahr für die Sicherheit oder Ordnung der Anstalt darstellen und die aufnehmende Anstalt wegen der mit der Verlegung bewirkten Veränderungen der Haftverhältnisse oder wegen höherer Sicherheitsvorkehrungen zur sicheren Unterbringung der Gefangenen besser geeignet ist.

(3) Die Gefangenen dürfen aus wichtigem Grund vorübergehend in eine andere Anstalt überstellt werden.

(4) § 92 bleibt unberührt.

(5) Die Gefangenen dürfen auf begründeten Antrag befristet einer Polizeibehörde übergeben werden (Ausantwortung).

2 D 1, 2 D 6, 2 D 7, 2 D 8, 2 D 15, 10 D 3, 10 D 15, 11 E 1, 11 E 4, 11 E 5, 11 E 6, 11 E 9, 13 B 5

§ 10 Sozialtherapie

(1) Gefangene sind in einer sozialtherapeutischen Einrichtung unterzubringen, wenn sie wegen einer Straftat nach den §§ 174 bis 180 oder 182 des Strafgesetzbuchs zu einer Freiheitsstrafe von mehr als zwei Jahren verurteilt worden sind und die Behandlung in einer sozialtherapeutischen Einrichtung angezeigt ist.

(2) Andere Gefangene können mit ihrer Zustimmung in eine sozialtherapeutische Einrichtung verlegt werden, wenn die besonderen therapeutischen Mittel und sozialen Hilfen zu ihrer Behandlung angezeigt sind und die Leitung der Einrichtung zustimmt.

(3) Kann der Zweck der Behandlung aus Gründen, die in der Person von Gefangenen liegen, nicht erreicht werden, ist von einer Verlegung nach Absatz 1 oder 2 abzusehen oder die Gefangenen sind zurückzuverlegen. Über die Verlegung von Gefangenen nach Absatz 1 ist jeweils spätestens nach Ablauf von sechs Monaten neu zu entscheiden.

(4) § 9 bleibt unberührt.

3 A 12, 3 A 15, 3 A 17, 3 A 20, 3 A 23

§ 11 Geschlossener und offener Vollzug

(1) Die Gefangenen werden im geschlossenen oder offenen Vollzug untergebracht.

(2) Die Gefangenen sollen im offenen Vollzug untergebracht werden, wenn sie hierfür geeignet sind. Geeignet sind Gefangene, wenn sie den besonderen Anforderungen des offenen Vollzuges genügen, insbesondere, wenn nicht zu befürchten ist, dass sie sich dem Vollzug entziehen oder die Möglichkeiten des offenen Vollzuges zu Straftaten missbrauchen werden.

(3) Ist gegen Gefangene eine Freiheitsstrafe wegen einer Straftat nach den §§ 174 bis 180, 182 des Strafgesetzbuchs, wegen grober Gewalttätigkeit gegen Personen oder, sofern diese Straftaten als Rauschtat begangen wurden, wegen Vollrausches (§ 323a des Strafgesetzbuchs) zu vollziehen oder war dies während eines vorangegangenen Freiheitsentzuges der Fall, ist vor ihrer Verlegung in den offenen Vollzug eine schriftliche Stellungnahme einer psychologischen Fachkraft, die nicht mit den Gefangenen therapeutisch befasst ist oder war, oder ein psychiatrisches Gutachten einzuholen. Hiervon kann mit Zustimmung der Aufsichtsbehörde abgesehen werden, wenn die betroffene Freiheitsstrafe während eines vorangegangenen Freiheitsentzuges zu vollziehen war und die seither eingetretene Entwicklung der Gefangenen eine fachdienstliche Begutachtung nicht mehr erfordert.

4 H 12, 10 A 4, 10 A 7, 10 A 9, 10 A 11, 10 C 39, 10 C 41, 10 C 42, 10 C 57, 10 C 66

§ 12 Lockerungen

(1) Den Gefangenen kann als Lockerung des Vollzuges insbesondere erlaubt werden,
1. die Anstalt für eine bestimmte Tageszeit unter Aufsicht (Ausführung) zu verlassen,
2. die Anstalt für eine bestimmte Tageszeit in Begleitung einer von der Anstalt zugelassenen Person (Begleitausgang) zu verlassen,
3. die Anstalt für eine bestimmte Tageszeit ohne Aufsicht (Ausgang) zu verlassen,
4. die Anstalt für die Dauer von bis zu 24 Kalendertagen in einem Vollstreckungsjahr zu verlassen (Freistellung von der Haft),
5. außerhalb der Anstalt regelmäßig einer Beschäftigung unter Aufsicht (Außenbeschäftigung) oder ohne Aufsicht (Freigang) nachzugehen.

Die Lockerungen dürfen gewährt werden, wenn verantwortet werden kann zu erproben, dass die Gefangenen sich dem Vollzug der Freiheitsstrafe nicht entziehen oder die Lockerungen nicht zu Straftaten missbrauchen werden. Gefangenen, die sich seit mindestens fünf Jahren ununterbrochen in Freiheitsentziehung befinden, sollen darüber hinaus jährlich mindestens zwei Ausführungen gemäß Satz 1 Nummer 1 zur Erhaltung der Lebenstüchtigkeit gewährt werden, wenn nicht konkrete Anhaltspunkte die Gefahr begründen, dass die Gefangenen sich trotz Sicherungsmaßnahmen einschließlich ständiger und unmittelbarer Aufsicht dem Vollzug entziehen oder die Ausführung zu erheblichen Straftaten missbrauchen werden.§ 11 Absatz 3 gilt in den Fällen des Satzes 1 Nummern 2 bis 5 und des Satzes 3 entsprechend.

(2) Lockerungen können versagt werden, wenn die Gefangenen ihren Mitwirkungspflichten nicht nachkommen.

(3) Durch die Freistellung von der Haft wird die Strafvollstreckung nicht unterbrochen.

(4) Die Anstaltsleitung kann den Gefangenen Weisungen für Lockerungen erteilen.

(5) Bei der Entscheidung über Gewährung und Ausgestaltung der Lockerungen sind die Belange der Opfer zu berücksichtigen. § 406d Absätze 2 und 3 der Strafprozessordnung gilt entsprechend.

(6) Im Rahmen der Resozialisierungsplanung ist zu prüfen, ob vorgesehene Vollzugslockerungen mit Weisungen zur Unterbindung von Kontaktaufnahmen mit dem Opfer oder dessen Angehörigen verbunden werden sollen.

1 D 24, 1 E 7, 1 E 15, 3 E 6, 4 D 42, 4 D 43, 4 H 11, 4 H 12, 4 H 14, 4 H 20, 6 F 52, 10 B 1, 10 B 3, 10 B 4, 10 C 1, 10 C 2, 10 C 3, 10 C 6, 10 C 7, 10 C 8, 10 C 11, 10 C 12, 10 C 14, 10 C 15, 10 C 17, 10 C 18, 10 C 20, 10 C 22, 10 C 24, 10 C 25, 10 C 26, 10 C 29, 10 C 39, 10 C 41, 10 C 42, 10 C 48, 10 C 49, 10 C 50, 10 C 57, 10 C 66, 10 C 67, 10 C 68, 10 D 3, 10 E 1, 10 E 4, 10 E 9, 10 E 10, 10 E 11, 11 M 39

§ 13 Lockerungen aus wichtigem Anlass

(1) Die Anstaltsleitung kann Gefangenen aus Anlass der lebensgefährlichen Erkrankung oder des Todes von Angehörigen oder aus anderem wichtigen Anlass nach Maßgabe des § 12 Ausgang oder weitere Freistellung von der Haft gewähren, aus anderem wichtigen Anlass jedoch nur jeweils bis zu sieben Kalendertagen.

(2) Sind die Gefangenen für die Gewährung von Ausgang oder für die Freistellung von der Haft nicht geeignet, kann die Anstaltsleitung sie ausführen lassen. Die Kosten tragen die Gefangenen. Der Anspruch ist nicht geltend zu machen, wenn dies die Behandlung oder die Eingliederung behindern würde.

(3) Kranke Gefangene, bei denen auf Grund ihrer Krankheit in Kürze mit dem Tod gerechnet werden muss, können bis zur Entscheidung über einen Strafausstand von der Haft freigestellt werden, wenn nicht zu befürchten ist, dass sie die Freistellung von der Haft zu Straftaten von erheblicher Bedeutung missbrauchen werden. § 12 Absätze 3 und 4 gilt entsprechend.

4 C 16, 10 B 1, 10 D 3, 10 D 4, 10 D 7, 10 D 8, 10 D 9, 10 D 10, 10 D 12, 10 E 3

§ 14 Lockerungen aus Anlass gerichtlicher Termine

(1) Die Anstaltsleitung kann Gefangenen nach Maßgabe des § 12 Absätze 1, 3 und 4 Ausgang oder weitere Freistellung von der Haft zur Teilnahme an gerichtlichen Terminen gewähren, wenn anzunehmen ist, dass sie der Ladung folgen.

(2) Wenn Gefangene zu gerichtlichen Terminen geladen sind und Ausgang oder Freistellung von der Haft nicht gewährt wird, lässt die Anstaltsleitung sie mit ihrer Zustimmung zu den Terminen ausführen, sofern wegen Entweichungs- oder Missbrauchsgefahr (§ 12 Absatz 1 Satz 2) keine überwiegenden Gründe entgegenstehen. Sind die Gefangenen als Partei oder Beteiligte geladen, ist ihre Ausführung nur zu ermöglichen, wenn ihr persönliches Erscheinen angeordnet oder von Gesetzes wegen erforderlich ist, sonst kann sie ermöglicht werden. Die Kosten tragen die Gefangenen. Sind sie dazu nicht in der Lage, kann die Anstalt die Kosten in begründeten Fällen in angemessenem Umfang übernehmen.

(3) Auf Ersuchen eines Gerichts lässt die Anstaltsleitung die Gefangenen vorführen. Sie erteilt die erforderlichen Weisungen und entscheidet über besondere Sicherungsmaßnahmen, insbesondere über die Dauer der während der Vorführung erforderlichen Fesselung der Gefangenen.

(4) Die Anstalt unterrichtet das Gericht über das Veranlasste.

10 B 1, 10 C 38, 10 D 3, 10 D 4, 10 D 6, 10 D 8, 10 D 9, 10 D 10, 10 D 12, 10 D 13, 10 D 14, 10 E 3

§ 15 Lockerungen zur Vorbereitung der Eingliederung

(1) Um die Eingliederung vorzubereiten, sollen den Gefangenen Lockerungen gewährt werden (§ 12).

(2) Darüber hinaus können den Gefangenen nach Maßgabe des § 12 zur Vorbereitung der Eingliederung
1. innerhalb von drei Monaten vor der Entlassung weitere Freistellung von der Haft bis zu sieben Kalendertagen,
2. in einer sozialtherapeutischen Einrichtung (§ 10) weitere Freistellung von der Haft bis zu sechs Monaten vor der Entlassung,

gewährt werden. Gefangenen im offenen Vollzug, die mehrere Jahre ihrer Freiheitsstrafe im geschlossenen Vollzug verbracht haben und der längerfristigen Eingliederung bedürfen, kann nach Maßgabe des § 12 weitere Freistellung von der Haft bis zu sechs Monaten vor der Entlassung gewährt werden. In einer sozialtherapeutischen Anstalt kann zur Vorbereitung der Eingliederung in begründeten Einzelfällen nach Unterrichtung der Strafvollstreckungskammer weitere Freistellung von der Haft in eine geeignete Wohnform für einen längeren als den in Satz 1 Nummer 2 genannten Zeitraum erfolgen.

(3) Zum Freigang zugelassene Gefangene können innerhalb von neun Monaten vor der Entlassung weitere Freistellung von der Haft bis zu sechs Tagen im Monat erhalten; Absatz 2 Nummer 1 findet keine Anwendung.

(4) Die Gefangenen können in den offenen Vollzug (§ 11) verlegt werden, wenn dies der Vorbereitung der Eingliederung dient.

(5) Werden Lockerungen nach Absatz 2 Satz 1 Nummer 2 oder Satz 2 gewährt, sollen den Gefangenen Weisungen erteilt werden. Sie können insbesondere angewiesen werden, sich einer von der Anstalt bestimmten Betreuungsperson zu unterstellen und jeweils für kurze Zeit in die Anstalt zurückzukehren.

3 C 1, 3 C 6, 3 C 7, 10 C 31, 10 G 2, 10 H 3, 10 H 5, 10 H 7, 10 H 10, 10 H 11, 10 H 12, 10 H 13, 10 H 15, 13 A 2

§ 16 Vorbereitung der Eingliederung

Zur Vorbereitung der Eingliederung sind die Gefangenen bei der Ordnung ihrer persönlichen, wirtschaftlichen und sozialen Angelegenheiten zu beraten und zu unterstützen. Die Bereitschaft der Gefangenen, ihre Angelegenheiten dabei soweit wie möglich selbstständig zu regeln, ist zu wecken und zu fördern. Die Anstalt arbeitet daneben frühzeitig mit den in § 107 Absatz 1 genannten Behörden, Institutionen und Personen zusammen, um zu erreichen, dass die Eingliederung der Gefangenen gefördert wird und sie insbesondere über eine geeignete Unterbringung, eine Arbeits- oder Ausbildungsstelle und, soweit dies im Einzelfall geboten erscheint, persönliche Betreuung verfügen. Insbesondere mit der Fachstelle Übergangsmanagement, der Bewährungshilfe, den Aufsichtsstellen für die Führungsaufsicht und weiteren Stellen der Entlassenenhilfe ist frühzeitig Kontakt aufzunehmen. Die Kontaktaufnahme zu den zuständigen Fallmanagerinnen oder Fallmanagern soll in der Regel sechs Monate vor der voraussichtlichen Haftentlassung erfolgen. Die Fallmanagerinnen oder die Fallmanager leiten nach Zustimmung der betroffenen Gefangenen im Einvernehmen mit der Justizvollzugsanstalt Maßnahmen zur Planung der Eingliederung und zur praktischen Vorbereitung der Haftentlassung ein. Die Bewährungshilfe beteiligt sich nach der Beauftragung durch das zuständige Gericht an entsprechenden Maßnahmen.

7 A 1, 7 A 8, 7 A 9, 7 B 1, 7 D 8, 7 D 19, 10 G 2

§ 17 Entlassung

(1) Die Gefangenen sollen am letzten Tag ihrer Strafzeit möglichst frühzeitig, jedenfalls noch am Vormittag entlassen werden. Dies gilt auch, wenn sie auf Grund einer gerichtlichen Entscheidung oder auf Grund eines Gnadenerweises vorzeitig zu entlassen sind.

(2) Fällt das Strafende auf einen Samstag oder Sonntag, einen gesetzlichen Feiertag, den ersten Werktag nach Ostern oder Pfingsten oder in die Zeit vom 22. Dezember bis zum 6. Januar, so können die Gefangenen an dem diesem Tag oder Zeitraum vorhergehenden Werktag entlassen werden, wenn sie sich zum Zeitpunkt der beabsichtigten Entlassung mindestens einen Monat ununterbrochen im Vollzug befinden und fürsorgerische Gründe nicht entgegenstehen.

(2a) Fällt das Strafende in die Zeit vom 1. Dezember bis zum 6. Januar, so können die Gefangenen an dem diesem Zeitraum vorhergehenden Werktag entlassen werden, wenn

1. sie sich zum Zeitpunkt der beabsichtigten Entlassung mindestens drei Monate ununterbrochen im Vollzug befinden und
2. fürsorgerische Gründe nicht entgegenstehen.

Satz 1 findet keine Anwendung bei Gefangenen,

1. sofern mit dem Strafende eine Freiheitsstrafe von mindestens einem Jahr endet,
2. bei denen ein sich unmittelbar anschließender, über den 6. Januar hinausgehender Vollzug vorgemerkt ist,
3. bei denen die Vollzugsanstalt oder Vollstreckungsbehörde Kenntnis davon hat, dass mit der Ausweisung oder Abschiebung zu rechnen oder ein Auslieferungsverfahren anhängig ist,
4. die strafrechtlich verfolgt werden, weil ihnen zur Last gelegt wird, während des Vollzuges oder während einer Strafunterbrechung Straftaten begangen zu haben,
5. gegen die in der Strafhaft in den fünf Monaten vor dem in Satz 1 genannten Zeitraum ein nicht zur Bewährung ausgesetzter Arrest als Disziplinarmaßnahme verhängt wurde oder
6. die in den fünf Monaten vor dem in Satz 1 genannten Zeitraum entwichen oder aus einer Lockerung nicht oder schuldhaft verspätet zurückkehrten.

Wenn der durch gerichtliche Entscheidung nach § 57 des Strafgesetzbuchs, § 14a Absatz 2 des Wehrstrafgesetzes in der Fassung vom 24. Mai 1974 (BGBl. I S. 1214), zuletzt geändert am 30. Oktober 2017 (BGBl. I S. 3618, 3623), in der jeweils geltenden Fassung festgelegte Entlassungszeitpunkt in die Zeit vom 1. Dezember bis zum 6. Januar fällt, gelten Sätze 1 und 2 mit der Maßgabe entsprechend, dass die Gefangenen an dem Werktag entlassen werden können, der auf den Tag der Rechtskraft der gerichtlichen Entscheidung folgt, frühestens jedoch an dem vor dem 1. Dezember liegenden Werktag. Absatz 2 bleibt unberührt. Absatz 3 findet keine Anwendung.

(3) Die Entlassung kann bis zu zwei Tagen vorverlegt werden, wenn die Gefangenen zu ihrer Eingliederung hierauf angewiesen sind.

(4) Absätze 2 bis 3 gelten auch nach einer Anrechnung der Freistellung auf den Entlassungszeitpunkt (§ 40 Absatz 5 Satz 1) oder wenn eine Strafe oder Ersatzfreiheitsstrafe infolge der Vorverlegung überhaupt nicht vollzogen wird.

(5) Bedürftigen Gefangenen kann bei der Entlassung ein Zuschuss zu den Reisekosten, angemessene Kleidung und sonstige notwendige Unterstützung gewährt werden.

7 A 8, 7 D 8, 10 G 2, 10 I 2, 10 I 3, 10 I 4, 10 I 5, 10 I 6, 10 I 7, 10 I 9, 10 I 11

§ 18 Unterstützung nach der Entlassung

(1) Die Anstalt kann Gefangenen auf Antrag auch nach der Entlassung Hilfestellung gewähren, soweit diese nicht anderweitig, insbesondere nicht durch die betreuende Fallmanagerin oder den betreuenden Fallmanager oder die Bewährungshilfe sichergestellt werden kann und der Erfolg der Behandlung gefährdet erscheint.

(2) Sozialtherapeutische Einrichtungen können auf Antrag der Gefangenen eine im Vollzug begonnene Betreuung nach der Entlassung vorübergehend fortführen, soweit sie nicht anderweitig durchgeführt werden kann.

(3) Im Zuge der nachgehenden Betreuung nach Absatz 2 können Gefangene auf Antrag vorübergehend wieder in den dort genannten Einrichtungen aufgenommen werden, wenn der Erfolg ihrer Behandlung gefährdet und die Aufnahme aus diesem Grunde gerechtfertigt ist. Die Anträge der Gefangenen und die Aufnahme sind jederzeit widerruflich. Gegen die Aufgenommenen dürfen Maßnahmen des Vollzuges nicht mit unmittelbarem Zwang durchgesetzt werden. § 79 Absätze 2 und 3 bleibt unberührt.

3 D 3, 3 D 6, 3 D 7, 3 E 2, 3 E 4, 3 E 5, 3 E 6, 3 E 7, 3 E 8, 7 A 8, 7 D 8, 10 G 2

Abschnitt 3 Unterbringung und Ernährung der Gefangenen

§ 19 Unterbringung während der Arbeit und der Freizeit

(1) Die Gefangenen arbeiten in der Gemeinschaft mit anderen, soweit dies mit Rücksicht auf die Anforderungen der verfügbaren Arbeitsplätze möglich ist. Dasselbe gilt für Berufsausbildung, berufliche Weiterbildung sowie arbeitstherapeutische und sonstige Beschäftigung während der Arbeitszeit.

(2) Während der Freizeit können die Gefangenen sich in der Gemeinschaft mit anderen aufhalten. Für die Teilnahme an gemeinschaftlichen Veranstaltungen kann die Anstaltsleitung mit Rücksicht auf die räumlichen, personellen und organisatorischen Verhältnisse der Anstalt besondere Regelungen treffen.

(3) Die gemeinschaftliche Unterbringung während der Arbeitszeit und Freizeit kann eingeschränkt werden, wenn
1. die Gefangenen nach § 7 untersucht werden, aber nicht länger als zwei Monate,
2. es die Sicherheit oder Ordnung der Anstalt erfordert,
3. ein schädlicher Einfluss auf andere Gefangene zu befürchten ist oder
4. die Gefangenen zustimmen.

2 E 1, 2 E 5, 2 E 6, 2 E 8, 2 E 9, 2 E 10, 2 E 11, 2 E 12, 2 E 13, 2 E 15, 2 E 16, 11 I 26, 13 B 2

§ 20 Unterbringung während der Ruhezeit

Die Gefangenen werden während der Ruhezeit allein in ihren Haftträumen untergebracht. Sie können auch während der Ruhezeit gemeinsam untergebracht werden, wenn
1. Gefangene hilfsbedürftig sind oder eine Gefahr für Leben oder Gesundheit von Gefangenen besteht und bei einer gemeinsamen Unterbringung mit nicht hilfsbedürftigen oder gefährdeten Gefangenen diese zugestimmt haben,
2. im offenen Vollzug die räumlichen Verhältnisse der Anstalt dies erfordern.

2 E 1, 2 E 17, 2 E 23, 2 E 28, 2 E 31, 2 E 32, 2 E 36, 13 E 24

§ 21 Mütter mit Kindern

(1) Ist das Kind einer Gefangenen noch nicht fünf Jahre alt und gibt es keine Alternative, so kann es mit Zustimmung der Inhaber des Aufenthaltsbestimmungsrechts in der Anstalt untergebracht werden, in der sich seine Mutter befindet, wenn dies seinem Wohl entspricht. Vor der Unterbringung ist das Jugendamt zu hören.

(2) Die Unterbringung einschließlich der Gesundheitsfürsorge erfolgt auf Kosten der für das Kind Unterhaltspflichtigen. Von der Geltendmachung des Kostenersatzanspruchs kann abgesehen werden, wenn hierdurch die gemeinsame Unterbringung von Mutter und Kind gefährdet würde.

14 C 1, 14 C 11, 14 C 12

§ 22 Ausstattung des Haftraumes, persönlicher Besitz

(1) Die Gefangenen dürfen ihre Haftträume in angemessenem Umfang mit eigenen Sachen ausstatten. Lichtbilder nahe stehender Personen und Erinnerungsstücke von persönlichem Wert werden ihnen belassen.

(2) Vorkehrungen und Gegenstände, die die Übersichtlichkeit des Haftraumes behindern oder in anderer Weise Sicherheit oder Ordnung der Anstalt gefährden, können ausgeschlossen werden.

(3) Die Anstaltsleitung kann besondere Regelungen zum angemessenen Umfang der Haftraumausstattung und zu Art und Umfang der Vorkehrungen und Gegenstände nach Absatz 2, insbesondere zu Wertgrenzen für Armbanduhren, Schmuckgegenstände und Elektrogeräte, treffen.

2 F 1, 2 F 6, 2 F 8, 2 F 9, 2 F 10, 2 F 15, 6 A 7

§ 23 Kleidung

(1) Die Gefangenen dürfen eigene Kleidung tragen, wenn sie für Reinigung und Instandsetzung auf eigene Kosten sorgen. § 22 Absatz 2 gilt entsprechend.

(2) Die Anstaltsleitung kann das Tragen von Anstaltskleidung allgemein oder im Einzelfall anordnen, wenn dies aus Gründen der Sicherheit oder Ordnung der Anstalt erforderlich ist.

6 A 2, 6 A 7

§ 24 Verpflegung

Die Gefangenen erhalten Anstaltsverpflegung. Zusammensetzung und Nährwert der Anstaltsverpflegung werden ärztlich überwacht. Religiöse Speisegebote werden beachtet.

6 B 4, 6 B 6, 6 B 10

§ 25 Einkauf

(1) Die Gefangenen können regelmäßig aus einem von der Anstalt vermittelten Angebot einkaufen (Regeleinkauf).

(2) Die Gefangenen können in angemessenem Umfang dreimal jährlich zusätzlich zu dem Regeleinkauf einkaufen.

(3) Für die Organisation des Einkaufs und den Inhalt des Warenangebots kann die Anstaltsleitung unter Würdigung der Wünsche und Bedürfnisse der Gefangenen besondere Regelungen treffen.

(4) Gegenstände, die die Sicherheit oder Ordnung der Anstalt gefährden, können vom Einkauf ausgeschlossen werden. Auf ärztliche Anordnung kann den Gefangenen der Einkauf einzelner Nahrungs- und Genussmittel ganz oder teilweise untersagt werden, wenn zu befürchten ist, dass sie ihre Gesundheit ernsthaft gefährden. In Krankenhäusern und Krankenabteilungen kann der Einkauf einzelner Nahrungs- und Genussmittel auf ärztliche Anordnung allgemein untersagt oder eingeschränkt werden.

4 I 27, 4 I 111, 4 I 123, 6 C 6, 6 C 7, 6 C 10, 6 C 11, 6 C 13, 6 C 18

Abschnitt 4. Verkehr mit Personen außerhalb der Anstalt

§ 26 Besuch

(1) Die Gefangenen dürfen regelmäßig Besuch empfangen. Die Gesamtdauer beträgt mindestens eine Stunde im Monat.

(2) Kontakte der Gefangenen zu ihren Angehörigen im Sinne des Strafgesetzbuchs werden besonders gefördert.

(3) Besuche sollen darüber hinaus zugelassen werden, wenn sie die Behandlung oder die Eingliederung der Gefangenen fördern oder persönlichen, rechtlichen oder geschäftlichen Angelegenheiten dienen, die nicht von den Gefangenen schriftlich erledigt, durch Dritte wahrgenommen oder bis zur Entlassung der Gefangenen aufgeschoben werden können.

(4) Die Anstaltsleitung kann Besuche, deren ununterbrochene Dauer ein Mehrfaches der Gesamtdauer nach Absatz 1 Satz 2 beträgt und die in der Regel nicht überwacht werden (Langzeitbesuche), zulassen, wenn dies mit Rücksicht auf die Dauer der zu vollziehenden Freiheitsstrafe zur Behandlung der Gefangenen, insbesondere zur Förderung ihrer partnerschaftlichen oder ihnen gleichzusetzender Kontakte, geboten erscheint und die Gefangenen hierfür geeignet sind. Für die Durchführung der Langzeitbesuche kann die Anstaltsleitung mit Rücksicht auf die räumlichen, personellen und organisatorischen Verhältnisse der Anstalt besondere Regelungen treffen.

(5) Aus Gründen der Sicherheit und Ordnung der Anstalt können die Besuche davon abhängig gemacht werden, dass Besucherinnen und Besucher sich durchsuchen lassen. Für Art und Umfang der Durchsuchungen, insbesondere für den Einsatz technischer Hilfsmittel, und für den für Durchsuchungen in Betracht kommenden Personenkreis kann die Anstaltsleitung mit Rücksicht auf die Sicherheitsbedürfnisse der Anstalt besondere Regelungen treffen.

(6) Die Anstaltsleitung kann Besuche untersagen,
1. wenn die Sicherheit oder Ordnung der Anstalt gefährdet würde,
2. bei Besucherinnen und Besuchern, die nicht Angehörige der Gefangenen im Sinne des Strafgesetzbuchs sind, wenn zu befürchten ist, dass sie einen schädlichen Einfluss auf die Gefangenen haben oder ihre Eingliederung behindern würden.

9 Vorb. 4, 9 A 6, 9 B 24, 9 B 34

§ 27 Überwachung der Besuche

(1) Besuche dürfen aus Gründen der Behandlung oder der Sicherheit oder Ordnung der Anstalt überwacht werden, es sei denn, es liegen im Einzelfall Erkenntnisse dafür vor, dass es der Überwachung nicht bedarf. Die Überwachung der Besuche mit optisch-elektronischen Einrichtungen (Videobeobachtung) ist zulässig. Die Gefangenen und die Besucherinnen und Besucher sind vor dem Besuch darauf hinzuweisen.

(2) Die Unterhaltung darf nur überwacht werden, soweit dies im Einzelfall aus den in Absatz 1 Satz 1 genannten Gründen erforderlich ist. Absatz 1 Sätze 2 und 3 findet keine Anwendung.

(3) Besuche dürfen abgebrochen werden, wenn Besucherinnen und Besucher oder Gefangene gegen die Vorschriften dieses Gesetzes oder die auf Grund dieses Gesetzes getroffenen Anordnungen trotz Abmahnung verstoßen. Die Abmahnung unterbleibt, wenn es unerlässlich ist, den Besuch sofort abzubrechen.

(4) Gegenstände dürfen beim Besuch nur mit Erlaubnis übergeben werden. Die Anstaltsleitung kann im Einzelfall die Nutzung einer Trennvorrichtung anordnen, wenn dies mit Rücksicht auf die Sicherheit oder Ordnung der Anstalt zur Verhinderung einer unerlaubten Übergabe von Gegenständen erforderlich ist.

9 B 28, 9 B 71, 9 B 77, 9 B 82

§ 28 Besuche von Rechtsanwältinnen und Rechtsanwälten und Notarinnen und Notaren

(1) Besuche von Rechtsanwältinnen, Rechtsanwälten, Notarinnen und Notaren in einer die Gefangenen betreffenden Rechtssache sind zu gestatten. § 26 Absatz 5 gilt entsprechend.

(2) Besuche von Rechtsanwältinnen, Rechtsanwälten, Notarinnen und Notaren werden nicht überwacht.

(3) Beim Besuch von Rechtsanwältinnen, Rechtsanwälten, Notarinnen und Notaren mitgeführte Schriftstücke und sonstige Unterlagen dürfen übergeben werden, ihre inhaltliche Überprüfung ist nicht zulässig.

(4) Liegt dem Vollzug der Freiheitsstrafe eine Straftat nach § 129a, auch in Verbindung mit § 129b Absatz 1 des Strafgesetzbuchs zugrunde oder ist eine solche Freiheitsstrafe im Anschluss an den Vollzug einer wegen einer anderen Straftat verhängten Freiheitsstrafe zu vollziehen, gelten § 148 Absatz 2 und § 148a der Strafprozessordnung entsprechend, es sei denn, die Gefangenen befinden sich im offenen Vollzug (§ 11) oder ihnen werden Lockerungen gewährt (§ 12) und Gründe für einen Widerruf oder eine Zurücknahme der Lockerungen (§ 92 Absätze 2 und 3) liegen nicht vor.

4 B 14, 9 B 57, 9 B 85

§ 29 Schriftwechsel

(1) Die Gefangenen dürfen unbeschränkt Schreiben absenden und empfangen. Absendung und Empfang der Schreiben vermittelt die Anstalt, eingehende und ausgehende Schreiben werden unverzüglich weitergeleitet.

(2) Die Anstaltsleitung kann den Schriftwechsel mit bestimmten Personen untersagen,
1. wenn die Sicherheit oder Ordnung der Anstalt gefährdet würde,
2. bei Personen, die nicht Angehörige der Gefangenen im Sinne des Strafgesetzbuchs sind, wenn zu befürchten ist, dass der Schriftwechsel einen schädlichen Einfluss auf die Gefangenen haben oder ihre Eingliederung behindern würde.

(3) Die Kosten des Schriftwechsels tragen die Gefangenen. Sind sie dazu nicht in der Lage, kann die Anstalt sie in besonders begründeten Fällen in angemessenem Umfang übernehmen.

9 C 3, 9 C 9

§ 30 Überwachung des Schriftwechsels

(1) Der Schriftwechsel darf aus Gründen der Behandlung oder der Sicherheit oder Ordnung der Anstalt überwacht werden.

(2) Der Schriftwechsel mit Mitgliedern der Anstaltsbeiräte (§§ 114 bis 117) und mit Rechtsanwältinnen, Rechtsanwälten, Notarinnen und Notaren soweit sie von den Gefangenen mit der Vertretung einer Rechtsangelegenheit nachweislich beauftragt wurden, wird nicht überwacht. Für den Schriftwechsel mit Rechtsanwältinnen, Rechtsanwälten, Notarinnen und Notaren gilt § 28 Absatz 4 entsprechend.

(3) Nicht überwacht werden ferner Schreiben der Gefangenen
1. an Volksvertretungen des Bundes und der Länder, an das Europäische Parlament und an die Mitglieder dieser Gremien, soweit die Schreiben an die Anschriften der Gremien gerichtet sind und die Absender zutreffend angeben,
2. an den Europäischen Gerichtshof für Menschenrechte,
3. an den Europäischen Ausschuss zur Verhütung von Folter und unmenschlicher oder erniedrigender Behandlung oder Strafe,
4. an die Nationale Stelle zur Verhütung von Folter,
5. an sonstige Organisationen oder Einrichtungen, mit denen der Schriftverkehr auf Grund völkerrechtlicher Verpflichtungen der Bundesrepublik Deutschland geschützt ist,
6. an die Datenschutzbeauftragten des Bundes, der Länder und der Aufsichtsbehörde,
7. an Gerichte, Staatsanwaltschaften und die Aufsichtsbehörde (§ 111) und
8. an nicht in der Anstalt tätige Ärztinnen oder Ärzte, die nachweislich mit der Untersuchung oder Behandlung der Gefangenen befasst sind.

(4) Schreiben der in Absatz 3 genannten Stellen, die an die Gefangenen gerichtet sind, werden nicht überwacht, sofern die Identität der Absender zweifelsfrei feststeht.

9 C 23, 9 C 30, 9 C 33, 11 M 44

§ 31 Anhalten von Schreiben

(1) Die Anstaltsleitung kann Schreiben anhalten,
1. wenn durch sie das Vollzugsziel oder die Sicherheit oder Ordnung der Anstalt gefährdet würde,
2. wenn die Weitergabe in Kenntnis ihres Inhalts einen Straf- oder Bußgeldtatbestand verwirklichte,
3. wenn sie grob unrichtige oder erheblich entstellende Darstellungen von Anstaltsverhältnissen enthalten,
4. wenn sie grobe Beleidigungen enthalten,
5. wenn sie die Eingliederung anderer Gefangener gefährden können oder
6. wenn sie in Geheimschrift, unlesbar, unverständlich oder ohne zwingenden Grund in einer fremden Sprache abgefasst sind.

(2) Ausgehenden Schreiben, die unrichtige Darstellungen enthalten, kann ein Begleitschreiben beigefügt werden, wenn die Gefangenen auf der Absendung bestehen.

(3) Ist ein Schreiben angehalten worden, werden die Gefangenen unterrichtet. Angehaltene Schreiben werden an die Absender zurückgegeben oder behördlich verwahrt.

(4) Schreiben, deren Überwachung nach § 30 Absätze 2 bis 4 ausgeschlossen ist, dürfen nicht angehalten werden.

9 C 49 ff

§ 32 Telekommunikation

(1) Den Gefangenen kann gestattet werden, auf eigene Kosten Telefongespräche zu führen. Die Gespräche dürfen aus Gründen der Behandlung oder der Sicherheit oder Ordnung der Anstalt überwacht werden. Ist die Überwachung des Telefongesprächs erforderlich, ist die beabsichtigte Überwachung den Gesprächspartnern der Gefangenen durch die Anstalt oder durch die Gefangenen unmittelbar nach Herstellung der Verbindung mitzuteilen. § 30 Absatz 2 Satz 1 und Absatz 3 gilt entsprechend. Die Gefangenen sind rechtzeitig vor Beginn des Telefongesprächs über die beabsichtigte Überwachung und die Mitteilungspflicht nach Satz 3 zu unterrichten.

(2) Nach Zulassung anderer Formen der Telekommunikation im Sinne des Telekommunikationsgesetzes vom 22. Juni 2004 (BGBl. I S. 1190), zuletzt geändert am 3. Mai 2012 (BGBl. I S. 958), in der jeweils geltenden Fassung durch die Aufsichtsbehörde kann die Anstaltsleitung den Gefangenen gestatten, diese Formen auf ihre Kosten zu nutzen. Die Bestimmungen dieses Abschnitts gelten entsprechend.

(3) Auf dem Gelände der Anstalt können technische Geräte zur Störung von Frequenzen betrieben werden, die der Herstellung unerlaubter Mobilfunkverbindungen dienen. Es ist sicherzustellen, dass der Mobilfunkverkehr außerhalb des Anstaltsgeländes hierdurch nicht beeinträchtigt wird. Die von der Bundesnetzagentur gemäß § 55 Absatz 1 Satz 5 des Telekommunikationsgesetzes festgelegten Rahmenbedingungen sind zu beachten.

5 A 31, 5 C 29, 5 C 43, 9 D 9, 9 D 12

§ 33 Pakete

(1) Der Empfang von Paketen bedarf der Erlaubnis der Anstalt, welche Zeitpunkt und Höchstmenge für die Sendung und für einzelne Gegenstände festsetzen kann. § 25 Absatz 4 Satz 1 gilt entsprechend. Der Empfang von Paketen mit Nahrungs- und Genussmitteln ist nicht gestattet.

(2) Pakete sind in Gegenwart der Gefangenen zu öffnen. Ausgeschlossene Gegenstände können zu ihrer Habe genommen oder den Absendern zurückgesandt werden. Nicht ausgehändigte Gegenstände, durch die bei der Versendung oder Aufbewahrung Personen verletzt oder Sachschäden verursacht werden können, dürfen vernichtet werden. Die hiernach getroffenen Maßnahmen werden den Gefangenen eröffnet.

(3) Den Gefangenen kann gestattet werden, Pakete zu versenden. Die Anstalt kann ihren Inhalt aus Gründen der Sicherheit oder Ordnung der Anstalt überprüfen.

(4) Die Kosten des Paketverkehrs tragen die Gefangenen. Sind sie dazu nicht in der Lage, kann die Anstalt sie in besonders begründeten Fällen in angemessenem Umfang übernehmen.

6 C 3, 9 E 17

Abschnitt 5. Beschäftigung

§ 34 Beschäftigung

(1) Arbeit, arbeitstherapeutische Beschäftigung und Maßnahmen der beruflichen und schulischen Aus- und Weiterbildung (Beschäftigung) sind auf Grund ihrer zentralen Bedeutung für die Erfüllung des Eingliederungsauftrags im Strafvollzug besonders zu fördern. Sie dienen insbesondere dem Ziel, Fähigkeiten für eine Erwerbstätigkeit nach der Entlassung zu vermitteln, zu erhalten oder zu fördern.

(1a) Zur Abwendung der Vollstreckung von Ersatzfreiheitsstrafe kann nach der Tilgungsverordnung vom 11. Dezember 2012 (HmbGVBl. 2012 S. 521, 2013 S. 8) in der jeweigen Fassung auch im Vollzug gemeinnützige Arbeit geleistet werden.

(2) Die Anstalt soll den Gefangenen, sofern sie nicht Ersatzfreiheitsstrafe verbüßen, der Eingliederung förderliche Arbeit oder arbeitstherapeutische oder sonstige Beschäftigung zuweisen und dabei ihre Fähigkeiten, Fertigkeiten und Neigungen berücksichtigen. Sie soll auch im Zusammenwirken mit den Vereinigungen und Stellen des Arbeits- und Wirtschaftslebens dazu beitragen, dass die Gefangenen beruflich gefördert, beraten und vermittelt werden.

(2a) Gefangenen, die Ersatzfreiheitsstrafe verbüßen, soll die Anstalt gemeinnützige Arbeit zur Abwendung der Vollstreckung von Ersatzfreiheitsstrafe nach der Tilgungsverordnung anbieten. Steht keine Beschäftigungsmöglichkeit im Sinne des Satzes 1 zur Verfügung, soll die Anstalt Gefangenen, die Ersatzfreiheitsstrafe verbüßen, der Eingliederung förderliche Arbeit oder arbeitstherapeutische oder sonstige Beschäftigung zuweisen, wobei ihre Fähigkeiten, Fertigkeiten und Neigungen zu berücksichtigen sind. Gefangenen, die im Anschluss an Freiheitsstrafe oder Jugendstrafe Ersatzfreiheitsstrafe zu verbüßen haben, soll die Anstalt gemeinnützige Arbeit zur Abwendung der Vollstreckung von Ersatzfreiheitsstrafe nach der Tilgungsverordnung anbieten. Haben diese während der Freiheitsstrafe oder Jugendstrafe bereits eine Ausbildungsmaßnahme begonnen, kann von dem Angebot nach Satz 3 zugunsten der Weiterführung der Ausbildungsmaßnahme abgesehen werden. Dies gilt auch während der Verbüßung der Ersatzfreiheitsstrafe. Absatz 2 Satz 2 bleibt unberührt.

(3) Aus Gründen der Integration und zur Förderung der Sprachkompetenz sollen Gefangenen Deutschkurse angeboten werden.

(4) Geeigneten Gefangenen soll Gelegenheit zur Berufsausbildung, beruflichen Weiterbildung oder Teilnahme an anderen ausbildenden oder weiterbildenden Maßnahmen (Bildungsmaßnahmen) gegeben werden. Bei der beruflichen Ausbildung ist berufsbildender Unterricht vorzusehen; dies gilt auch für die berufliche Weiterbildung, soweit die Art der Maßnahme es erfordert.

(5) Sind Gefangene zu wirtschaftlich ergiebiger Arbeit nicht fähig, sollen sie arbeitstherapeutisch beschäftigt werden.

(6) Für geeignete Gefangene soll Unterricht in den zum ersten allgemeinbildenden Schulabschluss führenden Fächern oder nach Möglichkeit zur Erlangung anderer staatlich anerkannter Schulabschlüsse sowie zur Grundbildung und Berufsvorbereitung vorgesehen werden. Unterricht soll während der Arbeitszeit stattfinden.

4 Vorb. 1, 4 Vorb. 5, 4 A 2, 4 A 6, 4 A 8, 4 A 9, 4 A 13, 4 A 15, 4 A 31, 4 A 34, 4 B 10, 4 D 10, 4 D 33, 4 E 1, 4 E 2, 4 E 3, 4 E 6, 4 E 9, 4 E 12, 4 E 13, 4 E 14, 4 E 15, 4 E 17, 4 G 3, 4 J 1, 4 K 2

§ 35 Abschluss im Vollzug begonnener Bildungsmaßnahmen

(1) Die Anstalt kann Gefangenen auf schriftlichen Antrag gestatten, nach der Entlassung eine im Vollzug begonnene Bildungsmaßnahme fortzuführen und abzuschließen, soweit
1. dies anderweitig nicht möglich oder nicht zumutbar ist,
2. dies zur Eingliederung erforderlich ist,
3. der Abschluss der Maßnahme in einem engen zeitlichen Zusammenhang zum Entlassungszeitpunkt steht und
4. Gründe der Sicherheit oder Ordnung der Anstalt dem nicht entgegenstehen.

Hierzu können die Betroffenen, sofern sie es wünschen und es die Belegungssituation zulässt, über den Entlassungszeitpunkt hinaus in der Anstalt verbleiben oder vorübergehend wieder aufgenommen werden. Die Anträge auf Fortführung, Verbleib oder Wiederaufnahme sind jederzeit widerruflich. Erfolgt ein Widerruf, sind die verbliebenen oder aufgenommenen Personen unverzüglich zu entlassen.

(2) Für die Betroffenen gelten die Vorschriften dieses Gesetzes entsprechend mit der Maßgabe, dass Maßnahmen des Vollzuges nicht mit unmittelbarem Zwang durchgesetzt werden können. Das Hausrecht bleibt hiervon unberührt.

(3) Bei Gefährdung der Sicherheit oder Ordnung der Anstalt kann die Gestattung jederzeit widerrufen werden.

4 Vorb. 5, 4 A 23

§ 36 Freies Beschäftigungsverhältnis, Selbstbeschäftigung

(1) Den Gefangenen soll gestattet werden, einer Arbeit, Berufsausbildung oder beruflichen Weiterbildung auf der Grundlage eines freien Beschäftigungsverhältnisses außerhalb der Anstalt nachzugehen oder sich innerhalb oder außerhalb der Anstalt selbst zu beschäftigen, wenn sie hierfür geeignet sind, dies im Rahmen des Resozialisierungsplans dem Ziel dient, Fähigkeiten für eine Erwerbstätigkeit nach der Entlassung zu vermitteln, zu erhalten oder zu fördern und nicht überwiegende Gründe des Vollzuges entgegenstehen.

(2) § 12 Absatz 1 Satz 1 Nummer 5 und Sätze 2 und 3, Absätze 2 und 4 bleibt unberührt.

(3) Die Anstalt kann verlangen, dass ihr das Entgelt zur Gutschrift für die Gefangenen überwiesen wird.

4 Vorb. 5, 4 H 2, 4 H 10, 4 H 11, 4 H 14, 4 H 19, 4 H 20, 4 H 28, 4 I 67, 6 F 56

§ 37 Zeugnisse

Aus Zeugnissen oder Bescheinigungen über die Teilnahme an Bildungsmaßnahmen darf nicht erkennbar sein, dass sie während des Vollzuges einer Freiheitsstrafe erworben wurden.

4 Vorb. 5, 4 F 1 ff

§ 38 Arbeitspflicht

(1) Die Gefangenen sind verpflichtet, eine ihnen zugewiesene, ihren körperlichen Fähigkeiten angemessene Arbeit oder arbeitstherapeutische Beschäftigung auszuüben, zu deren Verrichtung sie auf Grund ihres Zustands in der Lage sind. Sie können zu Hilfstätigkeiten in der Anstalt verpflichtet werden. Diese Tätigkeiten sollen in der Regel nicht über drei Monate jährlich hinausgehen. Die Sätze 1 und 2 gelten nicht

für Gefangene, die die Regelaltersgrenze der gesetzlichen Rentenversicherung erreicht haben. Soweit gemeinnützige Arbeit nach § 34 Absatz 1a geleistet wird, steht dies der Erfüllung der Arbeitspflicht gleich. Die gesetzlichen Beschäftigungsverbote zum Schutz erwerbstätiger Mütter finden Anwendung.

(2) Die Teilnahme an einer Maßnahme nach § 34 Absatz 4 bedarf der Zustimmung der Gefangenen. Die Zustimmung darf nicht zur Unzeit widerrufen werden.

4 Vorb. 5, 4 B 2, 4 B 7, 4 B 10, 4 B 11, 4 B 12, 4 B 18, 4 B 19, 4 B 20, 4 B 25, 4 B 26, 4 D 10, 4 D 69, 4 E 6, 14 A 15

§ 39 Freistellung von der Arbeitspflicht

(1) Gefangene, die sechs Monate lang zusammenhängend eine Tätigkeit nach § 34 Absatz 2 oder Absatz 2a Satz 2 oder eine Hilfstätigkeit nach § 38 Absatz 1 Satz 2 ausgeübt haben, werden auf ihren Antrag hin elf Arbeitstage von der Arbeitspflicht freigestellt. Zeiten, in denen die Gefangenen infolge Krankheit an ihrer Arbeitsleistung verhindert waren, werden bis zu drei Wochen halbjährlich angerechnet. Auf die Zeit der Freistellung von der Arbeitspflicht werden Lockerungen nach § 12 Absatz 1 Satz 1 Nummer 4 angerechnet, soweit sie in die Arbeitszeit fallen.

(2) Die Freistellung von der Arbeitspflicht kann nur innerhalb von sechs Monaten nach Ablauf eines Berechnungszeitraumes in Anspruch genommen werden. Die Gesamtdauer der Freistellungen von der Arbeitspflicht innerhalb eines Jahres darf zweiundzwanzig Arbeitstage nicht übersteigen.

(3) Die Gefangenen erhalten für die Zeit der Freistellung von der Arbeitspflicht ihre zuletzt gezahlten Bezüge weiter.

(4) Urlaubsregelungen der Beschäftigungsverhältnisse außerhalb des Strafvollzuges bleiben unberührt.

4 Vorb. 5, 4 C 1, 4 C 3, 4 C 5, 4 C 6, 4 C 7, 4 C 14, 4 C 16, 4 C 18, 4 C 23, 4 D 33, 4 D 34, 4 D 45

§ 40 Vergütung der Arbeitsleistung

(1) Die Arbeitsleistung der Gefangenen wird vergütet mit einem Arbeitsentgelt und mit einer Freistellung von der Arbeit, die auch als Freistellung von der Haft genutzt oder den Entlassungszeitpunkt angerechnet werden kann. Darüber hinaus können sie auf Antrag einen Erlass von Verfahrenskosten nach Absatz 8 erhalten. Sätze 1 und 2 finden keine Anwendung in den Fällen des § 34 Absatz 2a Sätze 1 und 3.

(2) Üben die Gefangenen eine Tätigkeit nach § 34 Absatz 2 oder 3 oder eine Hilfstätigkeit nach § 38 Absatz 1 Satz 2 aus, so erhalten sie ein Arbeitsentgelt. Dies gilt auch, sofern die Gefangenen arbeitstherapeutisch beschäftigt werden und dies der Art ihrer Beschäftigung und ihrer Arbeitsleistung entspricht. Das Arbeitsentgelt
1. ist unter Zugrundelegung von 9 vom Hundert der Bezugsgröße nach § 18 des Vierten Buches Sozialgesetzbuch in der Fassung vom 23. Januar 2006 (BGBl. I S. 89, 466), zuletzt geändert am 26. August 2008 (BGBl. I S. 1728, 1730), in der jeweils geltenden Fassung zu bemessen (Eckvergütung); ein Tagessatz ist der zweihundertfünfzigste Teil der Eckvergütung; ein Stundensatz kann ermittelt werden,
2. kann je nach Leistung der Gefangenen und der Art der Arbeit gestuft werden; 75 vom Hundert der Eckvergütung dürfen nur dann unterschritten werden, wenn die Arbeitsleistungen der Gefangenen den Mindestanforderungen nicht genügen,
3. ist den Gefangenen schriftlich bekannt zu geben.

(3) Haben die Gefangenen zwei Monate lang zusammenhängend eine Tätigkeit nach § 34 Absatz 2 oder eine Hilfstätigkeit nach § 38 Absatz 1 Satz 2 ausgeübt, so werden sie auf ihren Antrag hin einen Kalendertag von der Arbeit freigestellt. § 39 bleibt unberührt, § 39 Absatz 3 gilt entsprechend. Durch Zeiten, in denen die Gefangenen ohne ihr Verschulden infolge Krankheit, Lockerungen, Freistellung von der Arbeitspflicht oder sonstiger nicht von ihnen zu vertretenden Gründe an der Arbeitsleistung gehindert sind, wird die Frist nach Satz 1 gehemmt. Beschäftigungszeiträume von weniger als zwei Monaten bleiben unberücksichtigt.

(4) Die Gefangenen können beantragen, dass die Freistellung nach Absatz 3 in Form der Freistellung von der Haft nach Maßgabe des § 12 gewährt wird. § 39 Absatz 3 gilt entsprechend.

(5) Nehmen die Gefangenen die Freistellung nach Absatz 3 oder 4 nicht innerhalb eines Jahres nach Vorliegen der Voraussetzungen in Anspruch oder kann die Freistellung nach Absatz 4 nicht gewährt werden, weil die Gefangenen hierfür nicht geeignet sind, so wird die Freistellung auf den Entlassungszeitpunkt des Gefangenen angerechnet. Eine Anrechnung ist ausgeschlossen, wenn

Anhang

1. dies durch das Gericht im Zuge einer Entscheidung über eine Aussetzung der Vollstreckung des Restes einer Freiheitsstrafe zur Bewährung angeordnet wird,
2. der Zeitraum, der nach einer Entscheidung des Gerichts über eine Aussetzung der Vollstreckung des Restes einer Freiheitsstrafe zur Bewährung bis zur Entlassung verbleibt, für eine Anrechnung zu kurz ist,
3. die Gefangenen im Gnadenwege aus der Haft entlassen werden,
4. nach § 456a Absatz 1 der Strafprozessordnung von der Vollstreckung abgesehen wird,
5. die Gefangenen eine lebenslange Freiheitsstrafe verbüßen und ein Entlassungszeitpunkt noch nicht bestimmt ist.

(6) Ist eine Anrechnung nach Absatz 5 ausgeschlossen, erhalten die Gefangenen bei ihrer Entlassung eine Ausgleichsentschädigung. Die Höhe der Ausgleichsentschädigung beträgt 15 vom Hundert des nach Absatz 2 gewährten Arbeitsentgelts oder der ihnen nach § 41 gewährten Ausbildungsbeihilfe. Der nicht verzinsliche, nicht abtretbare und nicht vererbliche Anspruch auf Auszahlung der Ausgleichsentschädigung entsteht mit der Entlassung.

(7) Ist eine Anrechnung nach Absatz 5 Satz 2 Nummer 5 ausgeschlossen, wird die Ausgleichszahlung den Gefangenen bereits nach Verbüßung von jeweils zehn Jahren der lebenslangen Freiheitsstrafe zum Eigengeld (§ 48) gutgeschrieben, sofern die Gefangenen nicht vor diesem Zeitpunkt entlassen werden; § 57 Absatz 4 des Strafgesetzbuchs gilt entsprechend.

(8) Gefangene können auf Antrag einen Erlass von Verfahrenskosten erhalten. Sie erwerben einen Anspruch auf Erlass der von ihnen zu tragenden Kosten des Strafverfahrens im Sinne von § 464a der Strafprozessordnung, soweit diese der Freien und Hansestadt Hamburg zustehen, wenn sie
1. jeweils sechs Monate zusammenhängend eine Tätigkeit nach § 34 ausgeübt haben, in Höhe der von ihnen zuletzt erzielten monatlichen Vergütung, höchstens aber fünf vom Hundert der zu tragenden Kosten, oder
2. unter Vermittlung der Anstalt von ihrer Vergütung nach § 40 Absätze 1 und 2 Schadenswiedergutmachung leisten, in Höhe der Hälfte der geleisteten Zahlungen.

4 C 1, 4 D 6, 4 D 10, 4 D 11, 4 D 17, 4 D 18, 4 D 19, 4 D 21, 4 D 22, 4 D 26, 4 D 30, 4 D 31, 4 D 32, 4 D 33, 4 D 34, 4 D 36, 4 D 39, 4 D 40, 4 D 41, 4 D 42, 4 D 43, 4 D 45, 4 D 49, 4 D 53, 4 D 54, 4 D 55, 4 D 57, 4 D 58, 4 D 59, 4 D 60, 4 D 61, 4 D 62, 4 D 64, 4 D 69, 4 G 10, 4 G 13, 4 I 10, 4 I 16, 4 I 19, 4 I 23, 4 I 67,
6 F 56

§ 41 Ausbildungsbeihilfe, Entgeltfortzahlung

(1) Nehmen die Gefangenen an einer Maßnahme der beruflichen oder schulischen Aus- und Weiterbildung teil, so erhalten sie eine Ausbildungsbeihilfe, soweit ihnen keine Leistungen zum Lebensunterhalt zustehen, die freien Personen aus solchem Anlass gewährt werden. Der Nachrang der Sozialhilfe nach § 2 Absatz 2 des Zwölften Buches Sozialgesetzbuch vom 27. Dezember 2003 (BGBl. I S. 3022, 3023), zuletzt geändert am 28. Mai 2008 (BGBl. I S. 874, 891), in der jeweils geltenden Fassung wird nicht berührt.

(2) Für die Bemessung der Ausbildungsbeihilfe gilt § 40 Absatz 2 entsprechend. Die Regelungen für die Freistellung von der Arbeitspflicht nach § 39 und für die Freistellung von der Arbeit nach § 40 Absätze 3 bis 7 sind entsprechend anzuwenden.

(3) Nehmen die Gefangenen stunden- oder tageweise an einzel- oder gruppentherapeutischen Maßnahmen, an Maßnahmen zur Behandlung von Suchtmittelabhängigkeit und -missbrauch, an Trainingsmaßnahmen zur Verbesserung der sozialen Kompetenz sowie sozialtherapeutischen Behandlungsmaßnahmen teil, so erhalten sie in Höhe des ihnen dadurch entgehenden Arbeitsentgelts gemäß § 40 Absatz 2 oder der Ausbildungsbeihilfe gemäß Absatz 2 eine Entgeltfortzahlung.

1 E 14, 4 D 6, 4 D 13, 4 D 14, 4 D 25, 4 G 2, 4 G 7, 4 G 8, 4 G 9, 4 G 10, 4 G 12, 4 G 13, 4 G 15, 4 I 23,
6 F 56

§ 42 Arbeitslosenversicherung

Soweit die Vollzugsbehörden Beiträge zur Bundesagentur für Arbeit zu entrichten haben – § 347 Nummer 3 des Dritten Buches Sozialgesetzbuch vom 24. März 1997 (BGBl. I S. 594, 595), zuletzt geändert am 26. August 2008 (BGBl. I S. 1728, 1730), in der jeweils geltenden Fassung -, können sie von dem Arbeitsentgelt oder der Ausbildungsbeihilfe einen Betrag einbehalten, der dem Anteil der Gefangenen am Beitrag entspräche, wenn sie diese Bezüge als Arbeitnehmer erhielten.

4 I 133

§ 43 Vergütungsordnung

Der Senat wird ermächtigt, durch Rechtsverordnung nähere Bestimmungen zur Vergütung nach den §§ 40 und 41 zu erlassen (Vergütungsordnung). Der Senat kann die Ermächtigung nach Satz 1 durch Rechtsverordnung auf die zuständige Behörde weiter übertragen.

4 D 71, 4 G 10

Abschnitt 6. Gelder der Gefangenen

§ 44 Grundsatz

Die Gelder der Gefangenen werden auf Hausgeldkonten, Überbrückungsgeldkonten und Eigengeldkonten der Gefangenen in der Anstalt geführt. Für Freigänger (§ 36) sind Ausnahmen mit Zustimmung der Anstaltsleitung zulässig. Die Gelder dürfen nach Maßgabe der §§ 45 bis 48 verwendet werden.

4 I 104, 4 I 107, 4 I 116, 4 I 118

§ 45 Hausgeld

(1) Das Hausgeld wird aus monatlich drei Siebteln der in diesem Gesetz geregelten Bezüge der Gefangenen (§§ 40, 41) gebildet. Es darf für den Einkauf (§ 25) oder anderweitig verwendet werden.

(2) Für Gefangene, die in einem freien Beschäftigungsverhältnis stehen oder denen gestattet ist, sich selbst zu beschäftigen (§ 36 Absatz 1), wird aus ihren Bezügen ein angemessenes Hausgeld festgesetzt.

4 I 23, 4 I 25, 4 I 27,
12 P 8

§ 46 Taschengeld

Den Gefangenen wird auf Antrag ein Taschengeld in Höhe von 14 vom Hundert der Eckvergütung (§ 40 Absatz 2 Satz 3 Nummer 1) gewährt, wenn sie ohne ihr Verschulden weder Arbeitsentgelt noch Ausbildungsbeihilfe erhalten und ihnen im laufenden Monat aus Hausgeld (§ 45) und Eigengeld (§ 48) nicht ein Betrag bis zur Höhe des Taschengeldes zur Verfügung steht und sie auch im Übrigen bedürftig sind. Es wird dem Hausgeldkonto gutgeschrieben und darf für den Einkauf (§ 25) oder anderweitig verwendet werden.

4 I 3, 4 I 4, 4 I 5, 4 I 10, 4 I 23, 4 I 116

§ 47 Überbrückungsgeld

(1) Das Überbrückungsgeld wird aus den in diesem Gesetz geregelten Bezügen (§§ 40, 41) und aus den Bezügen der Gefangenen gebildet, die in einem freien Beschäftigungsverhältnis stehen oder denen gestattet ist, sich selbst zu beschäftigen (§ 36 Absatz 1), soweit die Bezüge den Gefangenen nicht als Hausgeld zur Verfügung stehen und das Überbrückungsgeld noch nicht die angemessene Höhe erreicht hat. Die angemessene Höhe wird von der Aufsichtsbehörde (§ 111) festgesetzt.

(2) Das Überbrückungsgeld dient dem Lebensunterhalt der Gefangenen und ihrer Unterhaltsberechtigten für die ersten vier Wochen nach ihrer Entlassung. Es wird den Gefangenen bei der Entlassung in die Freiheit ausgezahlt. Die Anstalt kann es ganz oder zum Teil den Bewährungshelfern oder einer mit der Entlassenenbetreuung befassten Stelle überweisen, die darüber entscheiden, wie das Geld innerhalb der ersten vier Wochen nach der Entlassung an die Gefangenen ausgezahlt wird. Die Bewährungshelfer und die mit der Entlassenenbetreuung befasste Stelle sind verpflichtet, das Überbrückungsgeld von ihrem Vermögen gesondert zu halten. Mit Zustimmung der Gefangenen kann das Überbrückungsgeld auch den Unterhaltsberechtigten überwiesen werden.

(3) Die Gefangenen dürfen vor ihrer Entlassung nicht über das Überbrückungsgeld verfügen. Die Anstaltsleitung kann jedoch gestatten, dass das Überbrückungsgeld in Anspruch genommen wird
1. für notwendige Maßnahmen der Entlassungsvorbereitung, insbesondere zur Erlangung eines Arbeitsplatzes und einer Unterkunft,
2. bei Aufnahme eines freien Beschäftigungsverhältnisses oder einer Selbstbeschäftigung außerhalb der Anstalt in den ersten beiden Monaten zur Finanzierung der hierfür erforderlichen Mittel, insbesondere von Kleidung und Kosten zu benutzender Verkehrsmittel,
3. für Kosten der Krankenbehandlung nach § 60 Absätze 2 und 3,

wenn die Maßnahmen ohne die Inanspruchnahme des Überbrückungsgeldes gefährdet wären. Die Anstaltsleitung kann Gefangenen auch gestatten, dass das Überbrückungsgeld in Anspruch genommen wird, um die Vollstreckung von Ersatzfreiheitsstrafe zu vermeiden oder um Opfer ihrer Straftaten zu entschädigen, soweit der Zweck nach Absatz 2 Satz 1 dadurch nicht gefährdet wird.

4 I 11, 4 I 64, 4 I 67, 4 I 69, 4 I 73, 4 I 75, 4 I 78, 4 I 79, 4 I 83, 4 I 84, 4 I 85, 4 I 88

§ 48 Eigengeld

(1) Das Eigengeld wird gebildet
1. aus Bargeld, das den Gefangenen gehört und ihnen als Eigengeld gutzuschreiben ist,
2. aus Geldern, die für die Gefangenen eingezahlt werden, und
3. aus Bezügen der Gefangenen, die nicht als Hausgeld, Haftkostenbeitrag oder Überbrückungsgeld in Anspruch genommen werden.

(2) Hat das Überbrückungsgeld noch nicht die nach § 47 Absatz 1 bestimmte Höhe erreicht, so ist die Verfügung über das Eigengeld in Höhe des Unterschiedbetrages ausgeschlossen. § 47 Absatz 3 Satz 2 gilt entsprechend. Daneben kann die Anstaltsleitung die Inanspruchnahme von Eigengeld für den Einkauf (§ 25) im ersten Monat nach der Aufnahme gestatten.

(3) Hat das Überbrückungsgeld die nach § 47 Absatz 1 bestimmte Höhe erreicht, dürfen die Gefangenen über das Eigengeld verfügen, für den Einkauf (§ 25) jedoch nur, wenn sie ohne ihr Verschulden nicht über Haus- oder Taschengeld in ausreichendem Umfang verfügen und nur in angemessener Höhe.

(4) Wird für Gefangene Geld eingezahlt, das ausdrücklich für einen zusätzlichen Einkauf (§ 25 Absatz 2) bestimmt ist, ist es als zweckgebundenes Eigengeld gutzuschreiben. Zweckgebundenes Eigengeld, das nicht oder nicht in vollem Umfang für den folgenden zusätzlichen Einkauf verwendet wird, ist in Höhe des nicht verwendeten Betrages als Eigengeld nach Absatz 1 zu behandeln.

(5) Wurde den Gefangenen Bargeld als Eigengeld gutgeschrieben, das sie unerlaubt in die Anstalt eingebracht oder einzubringen versucht haben oder das sie in der Anstalt aus anderen Gründen unerlaubt im Besitz hatten, dürfen sie über das Eigengeld in Höhe des gutgeschriebenen Betrages nicht verfügen.

4 I 11, 4 I 88, 4 I 93, 4 I 101, 4 I 102, 4 I 103, 4 I 105, 4 I 112, 4 I 114, 4 I 118, 4 I 123, 6 C 3, 6 C 6, 6 C 14, 6 C 16, 6 C 18, 11 C 17

§ 49 Haftkostenbeitrag, Kostenbeteiligung

(1) Als Teil der Kosten der Vollstreckung der Rechtsfolgen einer Tat (§ 464a Absatz 1 Satz 2 der Strafprozessordnung) erhebt die Anstalt von den Gefangenen einen Haftkostenbeitrag. Ein Haftkostenbeitrag wird nicht erhoben, wenn die Gefangenen
1. Bezüge nach diesem Gesetz erhalten,
2. ohne ihr Verschulden nicht arbeiten können oder
3. nicht arbeiten, weil sie nicht zur Arbeit verpflichtet sind.

Haben Gefangene, die ohne ihr Verschulden während eines zusammenhängenden Zeitraumes von mehr als einem Monat nicht arbeiten können oder nicht arbeiten, weil sie nicht zur Arbeit verpflichtet sind, auf diese Zeit entfallende Einkünfte, so haben sie den Haftkostenbeitrag für diese Zeit bis zur Höhe der auf sie entfallenden Einkünfte zu entrichten. Den Gefangenen muss ein Betrag verbleiben, der der Eckvergütung (§ 40 Absatz 2 Satz 3 Nummer 1) entspricht. Von der Geltendmachung des Anspruchs ist abzusehen, soweit dies notwendig ist, um die Wiedereingliederung der Gefangenen in die Gemeinschaft nicht zu gefährden.

(2) Der Haftkostenbeitrag wird im Kalenderjahr in Höhe des Betrags erhoben, der nach § 17 Absatz 1 Satz 1 Nummer 4 des Vierten Buches Sozialgesetzbuch durchschnittlich zur Bewertung der Sachbezüge festgesetzt ist. Die Aufsichtsbehörde stellt den Durchschnittsbetrag für jedes Kalenderjahr nach den am 1. Oktober des vorhergehenden Jahres geltenden Bewertungen der Sachbezüge fest. Bei Selbstverpflegung entfallen die für die Verpflegung vorgesehenen Beträge. Für den Wert der Unterkunft ist die festgesetzte Belegungsfähigkeit maßgebend. Der Haftkostenbeitrag darf nicht zu Lasten des Hausgeldes und der Ansprüche unterhaltsberechtigter Angehöriger angesetzt werden.

(3) Die Gefangenen können in angemessenem Umfang an den Stromkosten beteiligt werden, die durch die Nutzung der in ihrem Besitz befindlichen Gegenstände entstehen.

4 D 30, 4 H 29, 4 I 39, 4 I 40, 4 I 43, 4 I 45, 4 I 47, 4 I 49, 4 I 50, 4 I 52, 4 I 53, 4 I 56, 4 I 57, 4 I 59, 5 C 32, 5 C 43

Abschnitt 7. Freizeit

§ 50 Allgemeines

Die Gefangenen erhalten im Rahmen der Behandlung Gelegenheit, sich in ihrer Freizeit sinnvoll zu beschäftigen. Die Teilnahme an Lehrgängen und anderen Veranstaltungen der Weiterbildung, an Freizeitgruppen, an Gruppengesprächen sowie an sportlichen und kulturellen Veranstaltungen und die Nutzung einer Bücherei soll ermöglicht werden.

5 A 6, 5 A 8, 5 A 9, 5 A 10, 5 A 11, 5 A 13, 5 A 18, 5 A 19, 5 A 27, 5 A 32, 5 A 46

§ 51 Zeitungen und Zeitschriften

(1) Die Gefangenen dürfen auf eigene Kosten Zeitungen und Zeitschriften in angemessenem Umfang durch Vermittlung der Anstalt beziehen.

(2) Ausgeschlossen sind Zeitungen und Zeitschriften, deren Verbreitung mit Strafe oder Geldbuße bedroht ist. Einzelne Ausgaben oder Teile von Zeitungen oder Zeitschriften können den Gefangenen vorenthalten werden, wenn sie das Vollzugsziel oder die Sicherheit oder Ordnung der Anstalt erheblich gefährden würden.

5 B 5, 5 B 6, 5 B 12, 5 B 13, 5 B 15, 5 B 23, 5 B 27

§ 52 Rundfunk

(1) Die Gefangenen dürfen eigene Rundfunkgeräte unter den Voraussetzungen des § 53 besitzen, soweit ihnen nicht von der Anstalt Geräte überlassen werden. Die Betriebskosten können den Gefangenen auferlegt werden. Andere Geräte der Informations- und Unterhaltungselektronik können unter diesen Voraussetzungen zugelassen werden.

(2) Der Rundfunkempfang kann vorübergehend ausgesetzt oder einzelnen Gefangenen untersagt werden, wenn dies zur Aufrechterhaltung der Sicherheit oder Ordnung der Anstalt unerlässlich ist.

(3) Ein Anspruch der Gefangenen auf Teilnahme an einem durch die Anstalt vermittelten gemeinschaftlichen Rundfunkempfang besteht nicht.

4 I 56, 4 I 57, 4 I 59, 5 C 4, 5 C 7, 5 C 10, 5 C 12, 5 C 14, 5 C 17, 5 C 22, 5 C 25, 5 C 26, 5 C 28, 5 C 32, 5 C 43, 5 D 5

§ 53 Gegenstände der Freizeitbeschäftigung

(1) Die Gefangenen dürfen in angemessenem Umfang Bücher und andere Gegenstände zur Fortbildung oder zur Freizeitbeschäftigung besitzen.

(2) Dies gilt nicht, wenn der Besitz, die Überlassung oder die Benutzung des Gegenstands das Vollzugsziel oder die Sicherheit oder Ordnung der Anstalt gefährden würde.

5 C 12, 5 C 14, 5 C 17, 5 C 43, 5 D 5, 5 D 10, 5 D 11, 5 D 14, 5 D 21, 5 D 32

Abschnitt 8. Religionsausübung

§ 54 Seelsorge

(1) Den Gefangenen darf religiöse Betreuung durch Seelsorgerinnen und Seelsorger ihrer Religionsgemeinschaft nicht versagt werden. Auf ihren Wunsch ist ihnen zu helfen, mit Seelsorgerinnen oder Seelsorgern ihrer Religionsgemeinschaft in Verbindung zu treten.

(2) Die Gefangenen dürfen grundlegende religiöse Schriften besitzen. Sie dürfen ihnen nur bei grobem Missbrauch entzogen werden.

(3) Den Gefangenen sind Gegenstände des religiösen Gebrauchs in angemessenem Umfang zu belassen.

8 A 14, 8 A 19, 8 A 21, 8 A 22, 8 A 23

§ 55 Religiöse Veranstaltungen

(1) Die Gefangenen haben das Recht, am Gottesdienst und an anderen religiösen Veranstaltungen ihres Bekenntnisses teilzunehmen.

(2) Zu dem Gottesdienst oder zu religiösen Veranstaltungen einer anderen Religionsgemeinschaft werden die Gefangenen zugelassen, wenn die Seelsorgerinnen oder Seelsorger der anderen Religionsgemeinschaft zustimmen.

(3) Die Gefangenen können von der Teilnahme am Gottesdienst oder anderen religiösen Veranstaltungen ausgeschlossen werden, wenn dies aus überwiegenden Gründen der Sicherheit oder Ordnung geboten ist; die Seelsorgerinnen oder Seelsorger sollen vorher gehört werden.

8 B 1, 8 B 18, 8 B 22

§ 56 Weltanschauungsgemeinschaften
Für Angehörige weltanschaulicher Bekenntnisse gelten §§ 54 und 55 entsprechend.

9 C 1 ff

Abschnitt 9. Gesundheitsfürsorge

§ 57 Gesundheitsuntersuchungen, Vorsorgeleistungen
(1) Die Gefangenen haben Anspruch auf Gesundheitsuntersuchungen und medizinische Vorsorgeleistungen.

(2) Weibliche Gefangene haben für ihre Kinder, die mit ihnen in der Anstalt untergebracht sind, Anspruch auf Untersuchungen zur Früherkennung von Krankheiten, die die körperliche oder geistige Entwicklung ihrer Kinder gefährden.

(3) Gefangene können sich zur Verhütung von Zahnerkrankungen einmal pro Kalenderjahr zahnärztlich untersuchen lassen.

6 E 1, 6 E 3, 6 E 7, 6 E 8

§ 58 Krankenbehandlung
Gefangene haben Anspruch auf Krankenbehandlung. Die Krankenbehandlung umfasst
1. ärztliche Behandlung einschließlich Psychotherapie,
2. zahnärztliche Behandlung,
3. Versorgung mit Zahnersatz einschließlich Zahnkronen und Suprakonstruktionen,
4. Versorgung mit Arznei-, Verband-, Heil- und Hilfsmitteln,
5. Krankenhausbehandlung,
6. Leistungen zur medizinischen Rehabilitation und ergänzende Leistungen, soweit Belange des Vollzugs dem nicht entgegenstehen.

6 F 1, 6 F 11, 6 F 12

§ 59 Versorgung mit Hilfsmitteln
Gefangene haben Anspruch auf Versorgung mit Seh- und Hörhilfen, Körperersatzstücken, orthopädischen und anderen Hilfsmitteln, sofern dies nicht mit Rücksicht auf die Kürze des verbleibenden Freiheitsentzugs ungerechtfertigt ist. Der Anspruch umfasst auch die notwendige Änderung, Instandsetzung und Ersatzbeschaffung von Hilfsmitteln sowie die Ausbildung in ihrem Gebrauch, soweit Belange des Vollzuges dem nicht entgegenstehen.

6 F 18, 6 F 19, 6 F 20, 6 F 23, 6 F 25

§ 60 Art und Umfang der Leistungen, Kostenbeteiligung
(1) Art und Umfang der Gesundheitsuntersuchungen und medizinischen Vorsorgeleistungen (§ 57), der Leistungen zur Krankenbehandlung (§ 58) und der Versorgung mit Hilfsmitteln (§ 59) entsprechen den Leistungen nach den Vorschriften des Sozialgesetzbuches und den auf Grund dieser Vorschriften getroffenen Regelungen.

(2) An den Kosten für Leistungen nach den §§ 57 bis 59 können die Gefangenen in angemessenem Umfang beteiligt werden, höchstens jedoch bis zum Umfang der Beteiligung vergleichbarer gesetzlich Versicherter.

(3) Für Leistungen, die nach Art oder Umfang über das in Absatz 1 genannte Maß hinausgehen, können den Gefangenen die gesamten Kosten auferlegt werden.

4 I 55, 4 I 88, 6 E 3, 6 F 18, 6 F 28, 6 F 29, 6 F 31, 6 F 32, 6 F 35

§ 61 Behandlung aus besonderem Anlass
Mit Zustimmung der Gefangenen soll die Anstalt ärztliche Behandlungen, insbesondere Operationen oder prothetische Maßnahmen durchführen lassen, die ihre soziale Eingliederung fördern. Die Kosten

tragen die Gefangenen. Sind sie dazu nicht in der Lage, kann die Anstalt sie in begründeten Fällen in angemessenem Umfang übernehmen.

4 I 55, 6 F 41, 6 F 42, 6 F 48, 6 F 50

§ 62 Aufenthalt im Freien
Den Gefangenen wird ermöglicht, sich täglich mindestens eine Stunde im Freien aufzuhalten, wenn die Witterung dies zulässt.

6 G 1, 6 G 4, 6 G 6

§ 63 Überstellung, Verlegung zum Zweck der Behandlung
(1) Kranke Gefangene können in das Zentralkrankenhaus der Untersuchungshaftanstalt überstellt oder in eine für die Behandlung ihrer Krankheit besser geeignete Anstalt verlegt werden.

(2) Kann die Krankheit der Gefangenen in einer Anstalt oder im Zentralkrankenhaus der Untersuchungshaftanstalt nicht erkannt oder behandelt werden oder ist es nicht möglich, die Gefangenen rechtzeitig in das Zentralkrankenhaus zu überstellen, sind sie in ein Krankenhaus außerhalb des Vollzuges zu bringen.

(3) Wird während des Aufenthaltes der Gefangenen in einem Krankenhaus außerhalb des Vollzuges die Strafvollstreckung unterbrochen, so tragen die Vollzugsbehörden die bis zum Beginn der Strafunterbrechung angefallenen Kosten.

6 F 58, 6 F 59, 6 F 61, 6 F 65, 6 F 71

§ 64 (aufgehoben)

§ 65 Behandlung während Lockerungen, freies Beschäftigungsverhältnis
(1) Während einer Freistellung von der Haft oder eines Ausgangs haben die Gefangenen gegen die Vollzugsbehörden nur einen Anspruch auf Krankenbehandlung in den für sie zuständigen Anstalten.

(2) Der Anspruch auf Leistungen nach den §§ 57 bis 59 ruht, solange die Gefangenen auf Grund eines freien Beschäftigungsverhältnisses (§ 36 Absatz 1) krankenversichert sind.

4 H 5, 6 F 51, 6 F 52, 6 F 55

§ 66 Schwangerschaft und Mutterschaft
(1) Weibliche Gefangene haben während der Schwangerschaft sowie bei und nach der Entbindung Anspruch auf ärztliche Betreuung und auf Hebammenhilfe in der Anstalt sowie auf die notwendigen Arznei-, Verband- und Heilmittel. Zur ärztlichen Betreuung gehören insbesondere Untersuchungen zur Feststellung der Schwangerschaft sowie Vorsorgeuntersuchungen einschließlich der laborärztlichen Untersuchungen.

(2) Zur Entbindung sind weibliche Gefangene in ein Krankenhaus außerhalb des Vollzuges zu bringen. Ist dies aus besonderen Gründen nicht angezeigt, so ist die Entbindung im Zentralkrankenhaus der Untersuchungshaftanstalt vorzunehmen.

(3) § 60 Absatz 1 und §§ 63 und 65 gelten entsprechend.

(4) In der Anzeige einer Geburt an das Standesamt dürfen die Anstalt als Geburtsstätte des Kindes, das Verhältnis der Anzeigenden zur Anstalt und die Inhaftierung der Mutter nicht vermerkt sein.

14 B 10

§ 67 Benachrichtigung bei Erkrankung oder Todesfall
(1) Erkranken Gefangene schwer oder versterben sie, so sind ihre Angehörigen oder die gesetzlichen Vertreter unverzüglich zu benachrichtigen.

(2) Dem Wunsch von Gefangenen, auch andere Personen zu benachrichtigen, soll nach Möglichkeit entsprochen werden.

(3) Versterben Gefangene, so gilt für die Unterrichtung von Opfern § 406d Absätze 2 und 3 der Strafprozessordnung entsprechend.

(4) Beim Tod ausländischer Staatsangehöriger ist die zuständige Auslandsvertretung zu verständigen.

6 H 1, 6 H 2

Anhang

Abschnitt 10. Sicherheit und Ordnung

§ 68 Grundsatz, Verhaltensregelungen
(1) Die Pflichten und Beschränkungen, die den Gefangenen zur Aufrechterhaltung der Sicherheit und Ordnung der Anstalt auferlegt werden, sind so zu wählen, dass sie in einem angemessenen Verhältnis zu ihrem Zweck stehen und die Gefangenen nicht mehr und nicht länger als notwendig beeinträchtigen.
(2) Die Gefangenen sind verpflichtet,
1. die Tageseinteilung der Anstalt (Arbeitszeit, Freizeit, Ruhezeit) zu beachten,
2. durch ihr Verhalten gegenüber anderen Personen, insbesondere gegenüber Vollzugsbediensteten und anderen Gefangenen, nicht das geordnete Zusammenleben zu stören,
3. Anordnungen der Bediensteten zu befolgen, auch wenn sie sich beschwert fühlen,
4. den ihnen zugewiesenen Bereich nicht ohne Erlaubnis zu verlassen,
5. ihren Haftraum und die ihnen von der Anstalt überlassenen Sachen in Ordnung zu halten und schonend zu behandeln,
6. Umstände, die eine Gefahr für das Leben oder eine erhebliche Gefahr für die Gesundheit einer Person bedeuten, unverzüglich zu melden.

5 A 2, 11 A 4, 11 A 9, 11 B 2, 11 B 4, 11 B 6, 11 B 7, 11 B 8, 11 B 9, 11 I 4, 14 B 18

§ 69 Persönlicher Gewahrsam
(1) Die Gefangenen dürfen nur Sachen in Gewahrsam haben, die ihnen von der Anstalt oder mit ihrer Zustimmung überlassen werden. Sie dürfen Sachen weder an andere Gefangene abgeben noch von anderen Gefangenen annehmen, es sei denn, es handelt sich um Sachen von offensichtlich geringem Wert. Die Anstalt kann die Abgabe, die Annahme und den Gewahrsam auch dieser Sachen von ihrer Zustimmung abhängig machen.
(2) Eingebrachte Sachen, die die Gefangenen nicht in Gewahrsam haben dürfen, sind für sie aufzubewahren, sofern dies nach Art und Umfang möglich ist. Den Gefangenen wird Gelegenheit gegeben, ihre Sachen, die sie während des Vollzugs und für ihre Entlassung nicht benötigen, abzusenden.
(3) Weigern sich Gefangene, eingebrachtes Gut, dessen Aufbewahrung nach Art und Umfang nicht möglich ist, aus der Anstalt zu verbringen, so ist die Anstalt berechtigt, diese Gegenstände auf Kosten der Gefangenen aus der Anstalt entfernen zu lassen.
(4) Aufzeichnungen und andere Gegenstände, die Kenntnisse über Sicherungsvorkehrungen der Anstalt vermitteln, dürfen von der Anstalt vernichtet oder unbrauchbar gemacht werden.

4 I 80, 4 I 118, 11 C 2, 11 C 3, 11 C 12, 11 C 13, 11 C 14, 11 C 15, 11 C 16

§ 70 Durchsuchung
(1) Zur Aufrechterhaltung der Sicherheit und Ordnung der Anstalt dürfen Gefangene, ihre Sachen und die Crafträume jederzeit durchsucht werden, die Sachen und die Crafträume auch in Abwesenheit der Gefangenen. Zur Unterstützung der Durchsuchung dürfen technische Mittel eingesetzt werden, bei der Durchsuchung der Sachen und Crafträume auch Spürhunde. Die Durchsuchung männlicher Gefangener darf nur von Männern, die Durchsuchung weiblicher Gefangener darf nur von Frauen vorgenommen werden. Das Schamgefühl ist zu schonen.
(2) Bei Gefahr im Verzug oder auf Anordnung der Anstaltsleitung im Einzelfall ist eine mit einer Entkleidung verbundene körperliche Durchsuchung zulässig. Sie darf bei männlichen Gefangenen nur in Gegenwart von Männern, bei weiblichen Gefangenen nur in Gegenwart von Frauen erfolgen und ist in einem geschlossenen Raum durchzuführen. Andere Gefangene dürfen nicht anwesend sein.
(3) Die Anstaltsleitung kann allgemein anordnen, dass Gefangene bei der Aufnahme, nach Kontakten mit Besucherinnen und Besuchern und nach jeder Abwesenheit von ihrer Unterkunft in der Anstalt nach Absatz 2 zu durchsuchen sind.

11 D 2, 11 D 4, 11 D 5, 11 D 7, 11 D 9, 11 D 10, 11 I 35

§ 71 Erkennungsdienstliche Maßnahmen
(1) Zur Sicherung des Vollzuges, zur Aufrechterhaltung der Sicherheit oder Ordnung der Anstalt oder zur Identitätsfeststellung sind mit Kenntnis der Gefangenen zulässig
1. die Aufnahme von Lichtbildern,
2. die Erfassung biometrischer Merkmale von Fingern, Händen, Gesicht und Stimme,

3. die Feststellung äußerlicher körperlicher Merkmale,
4. Körpermessungen.

(2) Die gewonnenen Unterlagen und Daten werden zu den Gefangenenpersonalakten genommen oder in personenbezogenen Dateien gespeichert. Sie können auch in kriminalpolizeilichen Sammlungen verwahrt werden.

(3) Bestehen Zweifel an der Identität einer Gefangenen oder eines Gefangenen, ergreifen die Vollzugsbehörden geeignete Maßnahmen zur Identitätsfeststellung. Sie können zu diesem Zweck Fingerabdruckdaten an das Landeskriminalamt, das Bundeskriminalamt oder das Bundesamt für Migration und Flüchtlinge übermitteln. Weichen die personenbezogenen Daten von den den Vollzugsbehörden bekannten Daten ab, teilen die angefragten Behörden den Vollzugsbehörden die abweichenden Daten mit. Die Daten dürfen auch im Wege eines automatisierten Abrufverfahrens oder einer regelmäßigen Datenübermittlung abgefragt und übermittelt werden. Der Senat kann durch Rechtsverordnung weitere Einzelheiten zur Datenerhebung und -übermittlung sowie zum Verfahren der Ersuchen regeln. Der Senat kann die Ermächtigung nach Satz 5 durch Rechtsverordnung auf die zuständige Behörde weiter übertragen.

(4) Die nach Absatz 1 erhobenen Daten dürfen von den Vollzugsbehörden im Übrigen nur für die in Absatz 1, die in § 73 Absatz 2 und in § 10 Absatz 2 Satz 1 Nummer 4, Absatz 3 Satz 1 Nummer 2 und Nummer 3 Buchstabe e des Hamburgischen Justizvollzugsdatenschutzgesetzes vom 18. Mai 2018 (HmbGVBl. S. 158) genannten Zwecke verarbeitet werden. Die Übermittlung der Unterlagen oder Daten an Polizeibehörden des Bundes oder der Länder ist auch zulässig, soweit dies zur Abwehr einer gegenwärtigen Gefahr für erhebliche Rechtsgüter innerhalb der Anstalt erforderlich ist. Die Daten dürfen ferner öffentlichen Stellen auf deren Ersuchen übermittelt werden, soweit die betroffenen Personen verpflichtet wären, eine unmittelbare Erhebung der zu übermittelnden Daten durch die empfangende Stelle zu dulden oder an einer solchen Erhebung mitzuwirken. Die ersuchende Stelle hat in ihrem Ersuchen die Rechtsgrundlage der Mitwirkungs- oder Duldungspflicht mitzuteilen. Beruht diese Pflicht auf einer Regelung gegenüber der betroffenen Person im Einzelfall, weist die ersuchende Stelle zugleich nach, dass eine entsprechende Regelung ergangen und vollziehbar ist.

(5) Die in Dateien gespeicherten personenbezogenen Daten sind spätestens drei Jahre nach der Entlassung oder Verlegung der Gefangenen in eine andere Anstalt zu löschen.

11 F 1 ff

§ 72 Feststellung von Suchtmittelmissbrauch

(1) Zur Aufrechterhaltung der Sicherheit oder Ordnung der Anstalt kann die Anstaltsleitung bei Gefangenen, bei denen der konkrete Verdacht des Suchtmittelmissbrauchs besteht, allgemein oder im Einzelfall Maßnahmen anordnen, die geeignet sind, den Suchtmittelmissbrauch festzustellen. Die Maßnahmen dürfen nicht mit einem körperlichen Eingriff verbunden sein.

(2) Wird Suchtmittelmissbrauch festgestellt, können die Kosten der Maßnahme den Gefangenen auferlegt werden.

11 D 3, 11 D 12, 11 D 15, 11 D 18

§ 73 Festnahmerecht

(1) Gefangene, die entwichen sind oder sich sonst ohne Erlaubnis außerhalb der Anstalt aufhalten, können durch die Anstalt oder auf ihre Veranlassung hin festgenommen und in die Anstalt zurückgebracht werden.

(2) Die nach diesem Gesetz erhobenen Daten dürfen den Vollstreckungs- und Strafverfolgungsbehörden übermittelt werden, soweit dies für Zwecke der Fahndung und Festnahme der entwichenen oder sich sonst ohne Erlaubnis außerhalb der Anstalt aufhaltenden Gefangenen erforderlich ist.

10 C 14, 11 G 2, 11 G 3, 11 G 4

§ 74 Besondere Sicherungsmaßnahmen

(1) Gegen Gefangene können besondere Sicherungsmaßnahmen angeordnet werden, wenn nach ihrem Verhalten oder auf Grund ihres seelischen Zustandes in erhöhtem Maß Fluchtgefahr oder die Gefahr von Gewalttätigkeiten gegen Personen oder Sachen oder die Gefahr der Selbsttötung oder der Selbstverletzung besteht.

(2) Als besondere Sicherungsmaßnahmen sind zulässig:
1. der Entzug oder die Vorenthaltung von Gegenständen,

2. die Beobachtung der Gefangenen, in besonderen Hafträumen auch mit technischen Hilfsmitteln, insbesondere auch durch den Einsatz von optisch-elektronischen Einrichtungen (§ 21 des Hamburgischen Justizvollzugsdatenschutzgesetzes),
3. die Absonderung von anderen Gefangenen,
4. der Entzug oder die Beschränkung des Aufenthalts im Freien,
5. die Unterbringung in einem besonders gesicherten Haftraum ohne gefährdende Gegenstände und
6. die Fesselung.

Eine Fesselung nach Satz 1 Nummer 6 von nach § 70 Absatz 2 entkleideten Gefangenen darf nur erfolgen, wenn und solange dies unerlässlich ist. In diesen Fällen sind besondere Maßnahmen zur Schonung des Schamgefühls zu treffen, soweit dies möglich ist.

(3) Die unausgesetzte Absonderung Gefangener (Einzelhaft) ist nur zulässig, wenn sie aus den Gründen des Absatzes 1 unerlässlich ist. Einzelhaft von mehr als drei Monaten Gesamtdauer in einem Jahr bedarf der Zustimmung der Aufsichtsbehörde. Diese Frist wird nicht dadurch unterbrochen, dass die Gefangenen am Gottesdienst oder an der Freistunde teilnehmen. Während des Vollzuges der Einzelhaft sind die Gefangenen in besonderem Maße zu betreuen.

(4) Maßnahmen nach Absatz 2 Satz 1 Nummern 1 und 3 bis 5 sind auch zulässig, wenn die Gefahr einer Befreiung oder eine erhebliche Störung der Anstaltsordnung anders nicht vermieden oder behoben werden kann.

(5) Bei einer Ausführung, Vorführung oder beim Transport ist die Fesselung auch zulässig, wenn zu befürchten ist, dass die Gefangenen sich dem Vollzug entziehen werden (einfache Fluchtgefahr).

(6) Fesseln dürfen in der Regel nur an den Händen oder an den Füßen angelegt werden. Im Interesse der Gefangenen kann die Anstaltsleitung eine andere Art der Fesselung anordnen. Eine Fixierung sämtlicher Gliedmaßen ist nur zulässig, soweit und solange eine gegenwärtige erhebliche Gefahr von Gewalttätigkeiten gegen Personen, der Selbsttötung oder der Selbstverletzung besteht und die Fixierung zur Abwehr dieser Gefahr unerlässlich ist.

11 I 3, 11 I 4, 11 I 8, 11 I 14, 11 I 19, 11 I 27, 11 I 34, 11 I 35, 11 I 36, 11 I 39, 11 I 41, 11 I 46, 11 I 49, 11 I 50, 11 I 51, 14 C 9

§ 75 Anordnungsbefugnis, Verfahren

(1) Besondere Sicherungsmaßnahmen ordnet die Anstaltsleitung an. Bei Gefahr im Verzug können auch andere Bedienstete der Anstalt diese Maßnahmen vorläufig anordnen. Die Entscheidung der Anstaltsleitung ist unverzüglich einzuholen. Eine nicht nur kurzfristige Fixierung im Sinne von § 74 Absatz 6 Satz 3 ist nur auf Grund vorheriger Anordnung durch das zuständige Gericht zulässig. Eine Fixierung ist kurzfristig, wenn sie absehbar die Dauer einer halben Stunde unterschreitet. Die gerichtliche Anordnung erfolgt auf Grund eines Antrags der Anstaltsleitung, bei Gefahr im Verzug anderer Bediensteter der Anstalt. Bei Gefahr im Verzug können auch die Anstaltsleitung oder, wenn deren Entscheidung nicht rechtzeitig eingeholt werden kann, andere Bedienstete der Anstalt eine Fixierung nach Satz 4 vorläufig anordnen; die richterliche Entscheidung ist unverzüglich nachträglich einzuholen. Die nachträgliche Einholung einer richterlichen Entscheidung gemäß Satz 7 ist nicht erforderlich, wenn bereits zu Beginn der Fixierung abzusehen ist, dass die richterliche Entscheidung erst nach Wegfall des Grundes ihrer Anordnung ergehen wird, oder die Fixierung vor Herbeiführung der Entscheidung tatsächlich beendet und auch keine Wiederholung zu erwarten ist.

(2) Die Entscheidung wird den Gefangenen von der Anstaltsleitung mündlich eröffnet und mit einer kurzen Begründung schriftlich abgefasst. Bei einer Fixierung im Sinne von § 74 Absatz 6 Satz 3 sind die Anordnung und die dafür maßgeblichen Gründe sowie der Verlauf, die Dauer, die Art der Überwachung und die Beendigung zu dokumentieren. Nach Beendigung der Fixierung sind die Gefangenen unverzüglich auf ihr Recht hinzuweisen, die Rechtmäßigkeit der durchgeführten Fixierung gerichtlich überprüfen zu lassen; auch dies ist zu dokumentieren.

(3) Besondere Sicherungsmaßnahmen sind in angemessenen Abständen daraufhin zu überprüfen, ob und in welchem Umfang sie aufrechterhalten werden müssen.

(4) Besondere Sicherungsmaßnahmen nach § 74 Absatz 2 Satz 1 Nummern 5 und 6 sind der Aufsichtsbehörde unverzüglich mitzuteilen, wenn sie länger als drei Tage aufrechterhalten werden.

7 E 1, 11 I 3, 11 I 4, 11 I 6, 11 I 7, 11 I 34, 11 I 45, 11 I 55, 11 I 56, 11 I 60, 11 I 61, 11 I 62, 11 I 64, 12 Q 1

§ 76 Ärztliche Überwachung besonderer Sicherungsmaßnahmen

(1) Werden Gefangene ärztlich behandelt oder beobachtet oder bildet ihr seelischer Zustand den Anlass für die Anordnung einer besonderen Sicherungsmaßnahme, ist vorher eine ärztliche Stellungnahme einzuholen. Ist dies wegen Gefahr im Verzug nicht möglich, wird die Stellungnahme unverzüglich nachträglich eingeholt.

(2) Sind Gefangene in einem besonders gesicherten Haftraum untergebracht oder nach § 74 Absatz 2 Satz 1 Nummer 6 gefesselt, so sucht die Anstaltsärztin oder der Anstaltsarzt sie unverzüglich und sodann im erforderlichen Umfang, mindestens jedoch täglich auf.

(3) Die Ärztin oder der Arzt sind regelmäßig zu hören, solange den Gefangenen der tägliche Aufenthalt im Freien entzogen wird oder Einzelhaft (§ 74 Absatz 3) andauert.

(4) Während der Absonderung und Unterbringung in einem besonders gesicherten Haftraum sind die Gefangenen in besonderem Maße zu betreuen. Sind die Gefangenen darüber hinaus gefesselt, sind sie durch einen Bediensteten ständig und in unmittelbarem Sichtkontakt zu beobachten, im Falle einer Fixierung im Sinne von § 74 Absatz 6 Satz 3 durch eine für die Überwachung von Fixierungen geschulte Bedienstete oder einen für die Überwachung von Fixierungen geschulten Bediensteten.

6 I 1, 6 I 2, 6 I 7, 11 I 28, 11 I 32, 11 I 33, 11 I 37, 11 I 48, 11 I 53, 11 I 63

§ 77 Ersatz von Aufwendungen

(1) Die Gefangenen sind verpflichtet, der Anstalt Aufwendungen zu ersetzen, die sie durch eine vorsätzliche oder grob fahrlässige Selbstverletzung oder Verletzung anderer Gefangener oder Beschädigung fremder Sachen verursacht haben. Ansprüche aus sonstigen Rechtsvorschriften bleiben unberührt.

(2) Bei der Geltendmachung dieser Forderungen kann auch ein den dreifachen Tagessatz der Eckvergütung nach § 40 Absatz 2 Satz 3 Nummer 1 übersteigender Teil des Hausgeldes in Anspruch genommen werden.

(3) Von der Aufrechnung oder Vollstreckung wegen der in Absatz 1 genannten Forderungen ist abzusehen, soweit hierdurch die Behandlung der Gefangenen oder ihre Eingliederung behindert würde.

4 I 27, 4 I 34, 11 J 2, 11 J 3, 11 J 4, 11 J 7, 11 J 9, 11 J 13

Abschnitt 11. Unmittelbarer Zwang

§ 78 Begriffsbestimmungen

(1) Unmittelbarer Zwang ist die Einwirkung auf Personen oder Sachen durch körperliche Gewalt, ihre Hilfsmittel und durch Waffen.

(2) Körperliche Gewalt ist jede unmittelbare körperliche Einwirkung auf Personen oder Sachen.

(3) Hilfsmittel der körperlichen Gewalt sind insbesondere Fesseln und Reizstoffe.

(4) Waffen sind die dienstlich zugelassenen Hieb- und Schusswaffen.

11 K 5, 11 K 24, 11 K 32, 11 K 37

§ 79 Voraussetzungen

(1) Bedienstete des Vollzuges dürfen unmittelbaren Zwang anwenden, wenn sie Vollzugs- und Sicherungsmaßnahmen rechtmäßig durchführen und der damit verfolgte Zweck auf andere Weise nicht erreicht werden kann.

(2) Gegen andere Personen als Gefangene darf unmittelbarer Zwang angewendet werden, wenn sie es unternehmen, Gefangene zu befreien oder in den Anstaltsbereich widerrechtlich einzudringen, oder wenn sie sich unbefugt darin aufhalten.

(3) Das Recht zu unmittelbarem Zwang auf Grund anderer Regelungen bleibt unberührt.

11 K 5, 11 K 8, 11 K 11, 11 K 14, 11 K 15, 11 K 16, 11 K 17, 11 K 18, 11 K 19, 11 K 20, 11 K 23, 11 K 79

§ 80 Grundsatz der Verhältnismäßigkeit

(1) Unter mehreren möglichen und geeigneten Maßnahmen des unmittelbaren Zwangs sind diejenigen zu wählen, die die einzelne Person und die Allgemeinheit voraussichtlich am wenigsten beeinträchtigen.

(2) Unmittelbarer Zwang unterbleibt, wenn ein durch ihn zu erwartender Schaden erkennbar außer Verhältnis zu dem angestrebten Erfolg steht.

11 K 5, 11 K 38

§ 81 Handeln auf Anordnung

(1) Wird unmittelbarer Zwang von Vorgesetzten oder sonst befugten Personen angeordnet, sind die Bediensteten verpflichtet, die Anordnung zu befolgen, es sei denn, sie verletzt die Menschenwürde oder ist nicht zu dienstlichen Zwecken erteilt worden.

(2) Die Anordnung darf nicht befolgt werden, wenn dadurch eine Straftat begangen würde. Befolgen die Bediensteten sie trotzdem, trifft sie eine Schuld nur, wenn sie erkennen oder wenn es nach den ihnen bekannten Umständen offensichtlich ist, dass dadurch eine Straftat begangen wird.

(3) Bedenken gegen die Rechtmäßigkeit der Anordnung haben die Bediensteten den Anordnenden gegenüber vorzubringen, soweit das nach den Umständen möglich ist. Abweichende Vorschriften des allgemeinen Beamtenrechts über die Mitteilung solcher Bedenken an Vorgesetzte sind nicht anzuwenden.

11 K 5, 11 K 46, 11 K 47, 11 K 48, 11 K 49, 11 K 50

§ 82 Androhung

Unmittelbarer Zwang ist vorher anzudrohen. Die Androhung darf nur unterbleiben, wenn die Umstände sie nicht zulassen oder unmittelbarer Zwang sofort angewendet werden muss, um eine rechtswidrige Tat zu verhindern, die den Tatbestand eines Strafgesetzes erfüllt, oder eine gegenwärtige Gefahr abzuwenden.

11 K 5, 11 K 53, 11 K 74, 11 K 75

§ 83 Vorschriften für den Schusswaffengebrauch

(1) Schusswaffen dürfen nur gebraucht werden, wenn andere Maßnahmen des unmittelbaren Zwangs bereits erfolglos waren oder keinen Erfolg versprechen. Gegen Personen ist ihr Gebrauch nur zulässig, wenn der Zweck nicht durch Waffenwirkung gegen Sachen erreicht wird.

(2) Schusswaffen dürfen nur die dazu bestimmten Bediensteten gebrauchen und nur, um angriffs- oder fluchtunfähig zu machen. Ihr Gebrauch unterbleibt, wenn erkennbar Unbeteiligte mit hoher Wahrscheinlichkeit gefährdet würden.

(3) Gegen Gefangene dürfen Schusswaffen gebraucht werden,
1. wenn sie eine Waffe oder ein anderes gefährliches Werkzeug trotz wiederholter Aufforderung nicht ablegen,
2. wenn sie eine Meuterei (§ 121 des Strafgesetzbuchs) unternehmen,
3. um ihre Flucht zu vereiteln oder um sie wieder zu ergreifen.

Um die Flucht aus dem offenen Vollzug zu vereiteln, dürfen Schusswaffen nicht gebraucht werden.

(4) Gegen andere Personen dürfen Schusswaffen gebraucht werden, wenn sie es unternehmen, Gefangene gewaltsam zu befreien oder gewaltsam in eine Anstalt einzudringen.

(5) Als Androhung (§ 82) des Gebrauchs von Schusswaffen gilt auch ein Warnschuss. Ohne Androhung dürfen Schusswaffen nur gebraucht werden, wenn das zur Abwehr einer gegenwärtigen Gefahr für Leib oder Leben erforderlich ist.

11 K 5, 11 K 60, 11 K 66, 11 K 68, 11 K 69, 11 K 71, 11 K 74, 11 K 75, 11 K 83, 11 K 85, 11 K 86, 11 K 91

§ 84 Zwangsmaßnahmen auf dem Gebiet der Gesundheitsfürsorge

(1) Bei Lebensgefahr, schwerwiegender Gefahr für die Gesundheit der Gefangenen oder bei schwerwiegender Gefahr für die Gesundheit anderer Personen sind medizinische Untersuchung und Behandlung sowie Ernährung gegen den natürlichen Willen der Gefangenen unter den Voraussetzungen der Absätze 2 bis 5 zulässig, wenn diese zur Einsicht in die Schwere der Krankheit und die Notwendigkeit der Maßnahme oder zum Handeln gemäß solcher Einsicht krankheitsbedingt nicht fähig sind. Bei schwerwiegender Gefahr für die Gesundheit anderer Personen sind medizinische Untersuchung und Behandlung unter den Voraussetzungen der Absätze 2 bis 5 auch gegen den freien Willen der Gefangenen zulässig.

(2) Eine Maßnahme nach Absatz 1 darf nur angeordnet werden, wenn
1. erfolglos versucht worden ist, die Zustimmung der Gefangenen zu der Untersuchung, Behandlung oder Ernährung zu erwirken,
2. die Gefangenen über Art, Umfang und Dauer der Maßnahme durch eine Ärztin oder einen Arzt aufgeklärt wurden,

3. die Maßnahme zur Abwendung der Gefahren nach Absatz 1 geeignet und erforderlich ist,
4. der von der Maßnahme erwartete Nutzen die mit der Maßnahme verbundenen Belastungen deutlich überwiegt und
5. die Maßnahme nicht mit einer erheblichen Gefahr für das Leben oder die Gesundheit der Gefangenen verbunden ist.

(3) Maßnahmen nach Absatz 1 dürfen nur auf Anordnung und unter Leitung einer Ärztin oder eines Arztes durchgeführt werden, unbeschadet der Leistung erster Hilfe für den Fall, dass eine Ärztin oder ein Arzt nicht rechtzeitig erreichbar und mit einem Aufschub Lebensgefahr verbunden ist. Die Anordnung bedarf der Zustimmung der Leitung der Anstalt und einer Ärztin oder eines Arztes, die oder der nicht in der Anstalt tätig ist. Die Gründe für die Anordnung der Maßnahme nach Absatz 1, das Vorliegen der Voraussetzungen des Absatzes 2 sowie die ergriffene Maßnahme, einschließlich ihres Zwangscharakters, der Durchsetzungsweise, der Wirkungsüberwachung sowie der Untersuchungs- und Behandlungsverlauf sind zu dokumentieren. Gleiches gilt für Erklärungen der Gefangenen, die im Zusammenhang mit Zwangsmaßnahmen von Bedeutung sein können.

(4) Anordnungen nach Absatz 3 sind den Gefangenen unverzüglich bekannt zu geben. Sie sind darüber zu belehren, dass sie gegen die Anordnung bei Gericht um einstweiligen Rechtsschutz ersuchen und auch Antrag auf gerichtliche Entscheidung stellen können. Mit dem Vollzug einer Anordnung ist zuzuwarten, bis die Gefangenen Gelegenheit hatten, eine Entscheidung im einstweiligen Rechtsschutz herbeizuführen.

(5) Von den Bestimmungen in Absatz 2 Nummern 1 und 2, Absatz 3 Satz 2 und Absatz 4 Sätze 2 und 3 kann abgesehen werden, wenn Gefahr im Verzug besteht.

(6) Zur Gewährleistung des Gesundheitsschutzes und der Hygiene ist die zwangsweise körperliche Untersuchung der Gefangenen zulässig, wenn sie nicht mit einem körperlichen Eingriff verbunden ist.

11 K 5, 11 L 1, 11 L 3, 11 L 7, 11 L 14, 11 L 15, 11 L 20, 11 L 23

Abschnitt 12. Pflichtwidrigkeiten der Gefangenen

§ 85 Disziplinarmaßnahmen

(1) Verstoßen Gefangene rechtswidrig und schuldhaft gegen Pflichten, die ihnen durch dieses Gesetz oder auf Grund dieses Gesetzes auferlegt sind, kann die Anstaltsleitung Disziplinarmaßnahmen anordnen, es sei denn, es genügt, die Gefangenen zu verwarnen. Satz 1 gilt nicht für Verstöße gegen die Mitwirkungspflichten der Gefangenen nach § 5 Absatz 1.

(2) Disziplinarmaßnahmen können angeordnet werden, wenn die Gefangenen rechtswidrig und schuldhaft
1. gegen Strafgesetze verstoßen oder eine Ordnungswidrigkeit begehen,
2. andere Personen verbal oder tätlich angreifen,
3. sich den ihnen zugewiesenen Aufgaben entziehen,
4. verbotene Gegenstände in die Anstalt einbringen,
5. sich am Einschmuggeln verbotener Gegenstände beteiligen oder sie besitzen,
6. entweichen oder zu entweichen versuchen,
7. Lebensmittel oder fremde Sachen zerstören oder beschädigen,
8. unerlaubt Betäubungsmittel oder andere berauschende Stoffe konsumieren,
9. gegen Weisungen im Zusammenhang mit der Gewährung von Lockerungen verstoßen oder
10. in sonstiger Weise wiederholt oder schwerwiegend gegen die Hausordnung verstoßen oder das geordnete Zusammenleben in der Anstalt stören.

1 E 7, 11 M 3, 11 M 4, 11 M 5, 11 M 6, 11 M 7, 11 M 8, 11 M 9, 11 M 10, 11 M 11, 11 M 12, 11 M 18, 11 M 19, 11 M 25

§ 86 Arten der Disziplinarmaßnahmen

(1) Die zulässigen Disziplinarmaßnahmen sind:
1. Verweis,
2. die Beschränkung oder der Entzug der Verfügung über das Hausgeld und des Einkaufs bis zu drei Monaten,
3. die Beschränkung oder der Entzug des Rundfunkempfangs bis zu drei Monaten,

Anhang

4. die Beschränkung oder der Entzug der Gegenstände für eine Beschäftigung in der Freizeit mit Ausnahme des Lesestoffs oder die Beschränkung oder der Entzug der Teilnahme an gemeinschaftlichen Veranstaltungen bis zu drei Monaten,
5. die getrennte Unterbringung während der Freizeit bis zu vier Wochen,
6. der Entzug der zugewiesenen Arbeit oder Beschäftigung bis zu vier Wochen unter Wegfall der in diesem Gesetz geregelten Bezüge,
7. die Beschränkung der Freistellung von der Haft gemäß § 12 Absatz 1 Satz 1 Nummer 4 und § 15 Absätze 2 und 3,
8. Arrest bis zu zwei Wochen.

(2) Arrest darf nur wegen schwerer oder mehrfach wiederholter Verfehlungen verhängt werden.
(3) Mehrere Disziplinarmaßnahmen können miteinander verbunden werden.
(4) Disziplinarmaßnahmen sind unabhängig von der Einleitung eines Straf- oder Bußgeldverfahren wegen desselben Sachverhalts zulässig.

11 M 3, 11 M 22, 11 M 25, 11 M 28, 11 M 31, 11 M 32, 11 M 33, 11 M 34, 11 M 35, 11 M 36, 11 M 37, 11 M 39, 11 M 40, 11 M 41

§ 87 Vollzug der Disziplinarmaßnahmen, Aussetzung zur Bewährung

(1) Disziplinarmaßnahmen werden in der Regel sofort vollzogen.
(2) Der Vollzug einer Disziplinarmaßnahme kann ganz oder teilweise bis zu sechs Monaten zur Bewährung ausgesetzt werden.
(3) Wird die Verfügung über das Hausgeld beschränkt oder entzogen, ist das in dieser Zeit anfallende Hausgeld dem Überbrückungsgeld gutzuschreiben. Die Festsetzung des Überbrückungsgeldes nach § 47 Absatz 1 Satz 2 ist entsprechend anzupassen.
(4) Arrest wird in Einzelhaft vollzogen. Die Gefangenen können in einem besonderen Arrestraum untergebracht werden, der den Anforderungen entsprechen muss, die an einen zum Aufenthalt bei Tag und Nacht bestimmten Haftraum gestellt werden. Soweit nichts anderes angeordnet wird, ruhen die Befugnisse der Gefangenen aus § 22, § 23 Absatz 1, §§ 25, 34 bis 36 und 51 bis 53.

4 I 73, 11 M 3, 11 M 32, 11 M 44, 11 M 45, 11 M 46, 11 M 47, 11 M 48

§ 88 Anordnungsbefugnis

(1) Disziplinarmaßnahmen ordnet die Anstaltsleitung an. Bei einer Pflichtwidrigkeit während eines Transports in eine andere Anstalt ist die Leitung der Bestimmungsanstalt zuständig. Ist die Durchführung des Disziplinarverfahrens dort nicht möglich, liegt die Disziplinarbefugnis bei der Leitung der Stammanstalt.
(2) Die Aufsichtsbehörde entscheidet, wenn sich die Pflichtwidrigkeit der Gefangenen gegen die Anstaltsleitung richtet.
(3) Disziplinarmaßnahmen, die gegen Gefangene in einer anderen Anstalt oder während einer Untersuchungshaft angeordnet worden sind, werden auf Ersuchen vollzogen. § 87 Absatz 2 bleibt unberührt.

11 M 3, 11 M 51, 11 M 52, 11 M 53

§ 89 Verfahren

(1) Der Sachverhalt ist umfassend zu klären. Die Gefangenen werden vor ihrer Anhörung über den Inhalt der ihnen zur Last gelegten Pflichtwidrigkeit und über ihr Recht, sich nicht zur Sache zu äußern, belehrt. Die Erhebungen, insbesondere die Ergebnisse der Anhörungen der Gefangenen und anderer Befragter, werden schriftlich festgehalten.
(2) In geeigneten Fällen können zur Abwendung von Disziplinarmaßnahmen im Wege einvernehmlicher Streitbeilegung Vereinbarungen getroffen werden. Insbesondere kommen die Wiedergutmachung des Schadens, die Entschuldigung bei Geschädigten, die Erbringung von Leistungen für die Gemeinschaft und der vorübergehende Verbleib auf dem Haftraum in Betracht. Erfüllen die Gefangenen die Vereinbarung, ist die Anordnung einer Disziplinarmaßnahme auf Grund dieser Verfehlung unzulässig.
(3) Bei schweren Verstößen soll die Anstaltsleitung sich vor der Entscheidung mit Personen besprechen, die bei der Behandlung der Gefangenen mitwirken.
(4) Die Entscheidung wird den Gefangenen von der Anstaltsleitung mündlich eröffnet und mit einer kurzen Begründung schriftlich abgefasst.

11 M 3, 11 M 21, 11 M 55, 11 M 57, 11 M 58, 11 M 59, 11 M 60, 11 M 61, 14 B 17

§ 90 Ärztliche Mitwirkung

(1) Vor dem Vollzug von Disziplinarmaßnahmen nach § 86 Absatz 1 Nummern 2 bis 7, die gegen Gefangene in ärztlicher Behandlung oder gegen Schwangere oder stillende Mütter angeordnet wurden, ist die Ärztin oder der Arzt zu hören. Während des Arrestes stehen die Gefangenen unter ärztlicher Aufsicht.

(2) Der Vollzug der Disziplinarmaßnahme unterbleibt oder wird unterbrochen, wenn die Gesundheit der Gefangenen gefährdet würde.

11 M 3, 11 M 59, 11 M 63

Abschnitt 13. Verfahrensregelungen

§ 91 Beschwerderecht

(1) Die Gefangenen erhalten Gelegenheit, sich mit Wünschen, Anregungen und Beschwerden in Angelegenheiten, die sie selbst betreffen, schriftlich und mündlich an die Anstaltsleitung zu wenden. Regelmäßige Sprechstunden sind einzurichten.

(2) Die Abwicklung der Sprechstunden nach Absatz 1 Satz 2 kann in Anstalten, die wegen ihrer Größe in Teilanstalten oder in mehrere eigenständige Hafthäuser gegliedert sind, auf die Leitung der Teilanstalten oder die Leitung der Hafthäuser übertragen werden.

(3) Besichtigt ein Vertreter oder eine Vertreterin der Aufsichtsbehörde die Anstalt, so ist zu gewährleisten, dass die Gefangenen sich in Angelegenheiten, die sie selbst betreffen, an sie wenden können.

(4) Die Möglichkeit der Dienstaufsichtsbeschwerde bleibt unberührt.

12 A 2, 12 A 3, 12 A 5, 12 A 7, 12 A 9, 12 A 14, 12 A 16, 14 A 15

§ 92 Anordnung, Aufhebung vollzuglicher Maßnahmen

(1) Die Anstaltsleitung kann Maßnahmen zur Regelung allgemeiner Angelegenheiten der baulichen, personellen, organisatorischen und konzeptionellen Gestaltung des Vollzuges anordnen oder mit Wirkung für die Zukunft ändern, wenn neue strukturelle oder organisatorische Entwicklungen des Vollzuges, neue Anforderungen an die (instrumentelle, administrative oder soziale) Anstaltssicherheit oder neue wissenschaftliche Erkenntnisse dies aus Gründen der Behandlung, der Aufrechterhaltung der Sicherheit oder zur Abwendung einer schwerwiegenden Störung der Ordnung der Anstalt erforderlich machen.

(2) Die Anstaltsleitung kann rechtmäßige Maßnahmen zur Regelung einzelner Angelegenheiten auf dem Gebiete des Strafvollzuges ganz oder teilweise mit Wirkung für die Zukunft widerrufen, wenn
1. sie auf Grund nachträglich eingetretener oder bekannt gewordener Umstände berechtigt wäre, die Maßnahme zu versagen,
2. sie auf Grund einer geänderten Rechtsvorschrift berechtigt wäre, die Maßnahme zu versagen und ohne den Widerruf das öffentliche Interesse gefährdet würde,
3. die Gefangenen die Maßnahme missbrauchen oder
4. die Gefangenen Weisungen nach § 12 Absatz 4 nicht nachkommen.

(3) Die Anstaltsleitung kann Maßnahmen zur Regelung einzelner Angelegenheiten auf dem Gebiete des Strafvollzuges ganz oder teilweise mit Wirkung für die Zukunft zurücknehmen, wenn die Voraussetzungen für ihre Bewilligung nicht vorgelegen haben.

2 F 8, 4 A 36, 4 D 20, 4 H 16, 5 D 32, 6 A 10, 10 A 14, 10 D 9, 10 F 5, 10 F 7, 10 F 9, 10 F 10, 10 F 11, 10 F 12, 10 F 13, 10 F 15, 10 F 16

Teil 3 Besondere Vorschriften bei angeordneter oder vorbehaltener Sicherungsverwahrung

§ 93 Aufgaben, Gestaltung des Vollzuges

(1) Bei angeordneter oder vorbehaltener Sicherungsverwahrung dient der Vollzug der Freiheitsstrafe auch dem Ziel, die Gefährlichkeit der Gefangenen für die Allgemeinheit so zu mindern, dass die Vollstreckung der Unterbringung oder deren Anordnung entbehrlich wird.

(2) Bereits im Vollzug der Freiheitsstrafe ist eine individuelle, intensive und therapiegerichtete Betreuung im Sinne von § 66c Absatz 1 Nummer 1 des Strafgesetzbuchs anzubieten. Die Bereitschaft der Gefangenen, an der Erreichung der Vollzugsziele mitzuwirken, ist fortwährend zu wecken und zu fördern. Die Motivationsmaßnahmen sind zu dokumentieren.

1 D 27, 15 B 26, 15 B 30

§ 94 Behandlungsuntersuchung

(1) An das Aufnahmeverfahren schließt sich zur Vorbereitung der Resozialisierungsplanung unverzüglich eine umfassende Behandlungsuntersuchung an.

(2) Die Behandlungsuntersuchung erstreckt sich auf alle Umstände, die für die Beurteilung der Gefährlichkeit der Gefangenen maßgeblich sind. Im Rahmen der Behandlungsuntersuchung sind die Ursachen der Straftaten, die individuellen Risikofaktoren sowie der Behandlungsbedarf, die Behandlungsfähigkeit und die Behandlungsmotivation der Gefangenen festzustellen. Gleichzeitig sollen die Fähigkeiten der Gefangenen ermittelt werden, deren Stärkung der Gefährlichkeit der Gefangenen entgegen wirkt. Erkenntnisse aus vorangegangenen Freiheitsentziehungen sind einzubeziehen.

(3) Die Behandlungsuntersuchung berücksichtigt wissenschaftliche Erkenntnisse.

(4) Die Ergebnisse der Untersuchung sind zu dokumentieren und mit den Gefangenen zu erörtern.

1 D 27, 10 G 2, 15 B 26, 15 B 29

§ 95 Resozialisierungsplan

(1) Auf der Grundlage der in der Behandlungsuntersuchung gewonnenen Erkenntnisse wird unverzüglich ein Resozialisierungsplan aufgestellt, der unter Berücksichtigung auch des Alters, der Persönlichkeit und des Entwicklungsstands die individuellen Behandlungsziele festlegt und die zu ihrer Erreichung geeigneten und erforderlichen Maßnahmen benennt. Er enthält insbesondere Angaben über

1. psychiatrische, psychotherapeutische oder sozialtherapeutische Behandlungsmaßnahmen,
2. andere Einzel- oder Gruppenbehandlungsmaßnahmen,
3. Maßnahmen zur Förderung der Behandlungsmotivation,
4. die Unterbringung in einer sozialtherapeutischen Einrichtung,
5. die Zuweisung zu Wohngruppen,
6. Art und Umfang der Beschäftigung,
7. Maßnahmen zur Gestaltung der Freizeit,
8. Maßnahmen zur Ordnung der finanziellen Verhältnisse,
9. Maßnahmen zur Ordnung der familiären Verhältnisse,
10. Maßnahmen zur Förderung von Außenkontakten,
11. Maßnahmen zur Vorbereitung eines sozialen Empfangsraums,
12. Lockerungen, Verlegung in den offenen Vollzug,
13. Vorbereitung der Eingliederung und Nachsorge.

Der Resozialisierungsplan ist in Grundzügen zu begründen.

(2) Der Resozialisierungsplan ist fortlaufend der Entwicklung der Gefangenen anzupassen und mit weiteren für die Behandlung bedeutsamen Erkenntnissen in Einklang zu halten. Der Resozialisierungsplan und die darin vorgesehenen Maßnahmen werden regelmäßig alle sechs Monate überprüft und fortgeschrieben. Die durchgeführten Maßnahmen sind zu dokumentieren.

(3) Der Resozialisierungsplan wird mit den Gefangenen erörtert. Dabei werden deren Anregungen und Vorschläge einbezogen, soweit sie der Erreichung des Resozialisierungsziels dienen. Den Gefangenen wird der Resozialisierungsplan eröffnet und erläutert. Sie können darüber hinaus an der Konferenz beteiligt werden. Der Resozialisierungsplan ist den Gefangenen auszuhändigen.

(4) § 8 Absätze 6 bis 8 findet entsprechende Anwendung.

1 D 27, 13 B 4, 15 B 26

§ 96 Behandlung, Unterbringung in einer sozialtherapeutischen Einrichtung, Freistellung von der Haft

(1) Den Gefangenen sind die zur Erreichung der Vollzugsziele erforderlichen Behandlungsmaßnahmen anzubieten. Diese haben wissenschaftlichen Erkenntnissen zu entsprechen. Soweit standardisierte Angebote nicht ausreichen oder keinen Erfolg versprechen, sind individuelle Behandlungsangebote zu entwickeln.

(2) Bei der Behandlung wirken Bedienstete verschiedener Fachrichtungen in enger Abstimmung zusammen. Soweit dies erforderlich ist, sind externe Fachkräfte einzubeziehen. Den Gefangenen sollen Bedienstete als feste Ansprechpartnerinnen bzw. Ansprechpartner zur Verfügung stehen.

(3) Ist Sicherungsverwahrung angeordnet oder vorbehalten, sind Gefangene bereits während des Vollzuges der Freiheitsstrafe in einer sozialtherapeutischen Einrichtung unterzubringen, wenn ihre Teilnahme an den dortigen Behandlungsprogrammen zur Verringerung der Gefährlichkeit für die Allgemein-

heit angezeigt ist. Die Unterbringung soll zu einem Zeitpunkt erfolgen, der den Abschluss der Behandlung während des Vollzuges der Freiheitsstrafe erwarten lässt.

(4) Die Anstalt kann den Gefangenen nach Anhörung der Vollstreckungsbehörde zur Vorbereitung der Eingliederung Freistellung von der Haft bis zu sechs Monaten gewähren. § 12 Absatz 1 Sätze 2 und 3 gilt entsprechend.

(5) § 26 Absatz 1 gilt mit der Maßgabe, dass die Gesamtdauer des Besuchs mindestens fünf Stunden im Monat beträgt.

1 D 27, 10 H 3, 10 H 10, 10 H 17, 15 B 26

§ 97 Unterstützung nach der Entlassung

(1) Die Anstalt kann früheren Gefangenen auf Antrag Hilfestellung gewähren, soweit diese nicht anderweitig, insbesondere nicht durch die betreuende Fallmanagerin oder den betreuenden Fallmanager oder die Bewährungshilfe sichergestellt werden kann und der Erfolg der Behandlung gefährdet erscheint.

(2) Frühere Gefangene können auf ihren Antrag vorübergehend in einer Anstalt des Justizvollzuges verbleiben oder wiederaufgenommen werden, wenn die Eingliederung gefährdet ist. Der Verbleib und die Aufnahme sind jederzeit widerruflich.

(3) Gegen verbliebene oder aufgenommene Personen dürfen Maßnahmen des Vollzuges nicht mit unmittelbarem Zwang durchgesetzt werden.

(4) Auf ihren Antrag sind die verbliebenen oder aufgenommenen Personen unverzüglich zu entlassen.

1 D 27, 10 G 2, 15 B 26

Teil 4. Vollzugsbehörden

Abschnitt 1. Arten und Einrichtungen der Justizvollzugsanstalten

§ 98 Justizvollzugsanstalten, Trennungsgrundsätze

(1) Der Vollzug von Freiheitsstrafen erfolgt in Justizvollzugsanstalten (Anstalten) der Freien und Hansestadt Hamburg.

(2) Freiheitsstrafe und Jugendstrafe werden in getrennten Anstalten vollzogen.

(3) Frauen und Männer werden in der Regel in getrennten Anstalten oder Abteilungen untergebracht.

(4) Von der getrennten Unterbringung nach Absatz 3 darf abgewichen werden, um die Teilnahme an Behandlungsmaßnahmen in einer anderen Anstalt oder in einer anderen Abteilung zu ermöglichen.

13 A 1, 13 A 3, 13 B 1, 13 B 6, 14 A 6, 14 D 3

§ 99 Differenzierung

(1) Es sind Haftplätze in verschiedenen Anstalten oder Abteilungen vorzusehen, die den Sicherheitserfordernissen Rechnung tragen und eine auf die Bedürfnisse des Einzelnen abgestellte Behandlung gewährleisten. Die Gliederung der Anstalten soll die Unterbringung der Gefangenen in überschaubaren Betreuungs- und Behandlungsgruppen ermöglichen.

(2) Für den Vollzug nach § 10 (Sozialtherapie) sind eigenständige Anstalten oder getrennte Abteilungen (sozialtherapeutische Einrichtung) vorzusehen.

(3) Anstalten des geschlossenen Vollzugs sehen eine sichere Unterbringung der Gefangenen vor, Anstalten oder Abteilungen des offenen Vollzugs nur verminderte Vorkehrungen gegen Entweichungen.

3 A 17, 3 B 3, 13 C 5, 13 C 15, 13 C 16, 13 C 18, 13 D 2, 13 D 3, 14 A 9

§ 100 Mütter mit Kindern

In Anstalten oder Abteilungen für Frauen sollen Einrichtungen vorgesehen werden, in denen Mütter mit ihren Kindern untergebracht werden können.

14 C 1, 14 C 12, 14 C 14

Anhang

§ 101 Größe und Gestaltung der Räume

Räume für den Aufenthalt während der Ruhe- und Freizeit sowie Gemeinschafts- und Besuchsräume sind wohnlich oder sonst ihrem Zweck entsprechend auszugestalten. Sie müssen hinreichend Luftinhalt haben und für eine gesunde Lebensführung ausreichend mit Heizung und Lüftung, Boden- und Fensterfläche ausgestattet sein.

13 E 6

§ 102 Festsetzung der Belegungsfähigkeit

Die Aufsichtsbehörde setzt die Belegungsfähigkeit für jede Anstalt so fest, dass eine angemessene Unterbringung während der Ruhezeit (§ 20) gewährleistet ist. Dabei ist zu berücksichtigen, dass eine ausreichende Anzahl von Plätzen für Arbeit, Ausbildung und Weiterbildung sowie von Räumen für Seelsorge, Freizeit, Sport, therapeutische Maßnahmen und Besuche zur Verfügung steht.

13 E 14, 13 E 18

§ 103 Verbot der Überbelegung

(1) Haftraüme dürfen nicht mit mehr Personen als zugelassen belegt werden.

(2) Ausnahmen hiervon sind nur vorübergehend und nur mit Zustimmung der Aufsichtsbehörde zulässig.

2 E 28, 13 E 21

Abschnitt 2. Organisation der Justizvollzugsanstalten

§ 104 Anstaltsleitung

(1) Die Aufsichtsbehörde bestellt für jede Anstalt eine Beamtin oder einen Beamten des höheren Dienstes zur hauptamtlichen Leiterin oder zum hauptamtlichen Leiter. Aus besonderen Gründen kann eine Anstalt auch von einer Beamtin oder einem Beamten des gehobenen Dienstes geleitet werden.

(2) Die Anstaltsleiterin oder der Anstaltsleiter trägt die Verantwortung für den gesamten Vollzug, soweit nicht bestimmte Aufgabenbereiche der Verantwortung anderer Bediensteter oder ihrer gemeinsamen Verantwortung übertragen sind, und vertritt die Anstalt nach außen.

(3) Die Befugnis, Durchsuchungen nach § 70 Absatz 2, besondere Sicherungsmaßnahmen nach § 74 und Disziplinarmaßnahmen nach § 86 anzuordnen, darf nur mit Zustimmung der Aufsichtsbehörde übertragen werden.

(4) Die Aufsichtsbehörde bestimmt die stellvertretende Anstaltsleiterin oder den stellvertretenden Anstaltsleiter.

11 I 6, 11 I 57, 11 M 50, 12 B 11, 13 K 1, 13 K 4, 13 K 6, 13 K 9, 13 K 14

§ 105 Bedienstete des Vollzuges

(1) Die Aufgaben der Anstalten werden von Vollzugsbeamten wahrgenommen. Aus besonderen Gründen können sie auch anderen Bediensteten der Anstalten sowie nebenamtlichen oder vertraglich verpflichteten Personen übertragen werden.

(2) Für jede Anstalt ist entsprechend ihrer Aufgabe die erforderliche Anzahl von Bediensteten der verschiedenen Berufsgruppen vorzusehen. Sie wirken in enger Zusammenarbeit an den Aufgaben des Vollzuges (§ 2) mit.

4 E 8, 6 D 38, 6 D 39, 11 K 8, 12 B 11, 13 I 1, 13 J 1, 13 J 3, 13 J 4

§ 106 Seelsorgerinnen, Seelsorger

(1) Seelsorgerinnen und Seelsorger werden im Einvernehmen mit der jeweiligen Religionsgemeinschaft im Hauptamt bestellt oder vertraglich verpflichtet.

(2) Wenn die geringe Anzahl der Angehörigen einer Religionsgemeinschaft eine Seelsorge nach Absatz 1 nicht rechtfertigt, ist die seelsorgerische Betreuung auf andere Weise zuzulassen.

(3) Mit Zustimmung der Anstaltsleitung dürfen die Anstaltsseelsorgerinnen und Anstaltsseelsorger freie Seelsorgehelferinnen und Seelsorgehelfer hinzuziehen und an Gottesdiensten sowie anderen religiösen Veranstaltungen Seelsorgerinnen und Seelsorger von außen beteiligen.

8 C 3, 8 D 1, 8 D 2, 8 D 6, 8 D 10, 8 D 28

§ 107 Zusammenarbeit

(1) Die Anstalten arbeiten mit der betreuenden Fallmanagerin oder dem betreuenden Fallmanager, den Behörden und Stellen der Entlassenen- und Straffälligenhilfe, der Bewährungs- und Jugendbewährungshilfe, den Aufsichtsstellen für die Führungsaufsicht, der Agentur für Arbeit Hamburg, dem Jobcenter team.arbeit.hamburg, den weiteren Trägern der Sozialversicherung und der Sozialhilfe, den Hilfeeinrichtungen anderer Behörden, den Verbänden der freien Wohlfahrtspflege sowie mit Vereinen und Personen, deren Einfluss die Eingliederung des Gefangenen fördern kann, insbesondere auch ehrenamtlich engagierten Personen, eng zusammen.

(2) Die Anstalten stellen durch geeignete organisatorische Maßnahmen sicher, dass die Bundesagentur für Arbeit die ihr obliegenden Aufgaben der Berufsberatung, Ausbildungsvermittlung und Arbeitsvermittlung durchführen kann.

4 J 7, 7 B 10, 7 D 8, 9 B 11, 13 I 5

§ 108 Konferenzen

Zur Vorbereitung wichtiger Entscheidungen im Vollzug führt die Anstaltsleitung Konferenzen mit den hieran maßgeblich Beteiligten durch. § 8 Absatz 6 bleibt unberührt.

13 L 3, 13 L 4, 13 L 6

§ 109 Gefangenenmitverantwortung

Den Gefangenen wird ermöglicht, an der Verantwortung für Angelegenheiten von gemeinsamem Interesse teilzunehmen, die sich ihrer Eigenart und der Aufgabe der Anstalt nach für ihre Mitwirkung eignen.

13 M 1, 13 M 4, 13 M 5

§ 110 Hausordnung

(1) Die Anstaltsleitung erlässt eine Hausordnung. Sie bedarf der Zustimmung der Aufsichtsbehörde.

(2) In die Hausordnung sind namentlich die Anordnungen aufzunehmen über
1. die Besuchszeiten, Häufigkeit und Dauer der Besuche,
2. die Arbeitszeit, Freizeit und Ruhezeit sowie
3. die Gelegenheit, Anträge und Beschwerden anzubringen, oder sich an eine Vertreterin oder einen Vertreter der Aufsichtsbehörde zu wenden.

(3) Die Gefangenen erhalten einen Abdruck der Hausordnung.

9 B 5, 12 A 6, 13 N 1, 13 N 2, 13 N 3

Abschnitt 3 Aufsicht über die Justizvollzugsanstalten

§ 111 Aufsichtsbehörde

Die für Justiz zuständige Behörde (Aufsichtsbehörde) führt die Dienst- und Fachaufsicht über die Anstalten.

13 G 6, 13 G 7, 13 G 18

§ 112 Vollstreckungsplan

Die Aufsichtsbehörde regelt die örtliche und sachliche Zuständigkeit der Anstalten in einem Vollstreckungsplan.

13 H 1 ff

§ 113 Evaluation, kriminologische Forschung

(1) Behandlungsprogramme für die Gefangenen sind auf der Grundlage wissenschaftlicher Erkenntnisse zu konzipieren, zu standardisieren und auf ihre Wirksamkeit hin zu überprüfen.

(2) Der Vollzug, insbesondere seine Aufgabenerfüllung und Gestaltung, die Umsetzung seiner Leitlinien sowie die Behandlungsprogramme und deren Wirkungen auf das Vollzugsziel, soll regelmäßig durch den kriminologischen Dienst, durch eine Hochschule oder durch eine andere Stelle wissenschaftlich begleitet und erforscht werden. § 476 der Strafprozessordnung gilt entsprechend mit der Maßgabe, dass auch elektronisch gespeicherte personenbezogene Daten übermittelt werden können.

16 3

Abschnitt 4. Anstaltsbeiräte

§ 114 Bildung der Anstaltsbeiräte
(1) Bei den Anstalten sind Beiräte zu bilden.
(2) Bedienstete dürfen nicht Mitglieder der Beiräte sein.
(3) Das Nähere regelt die Aufsichtsbehörde.

13 O 2

§ 115 Aufgabe
Die Mitglieder des Beirats wirken bei der Gestaltung des Vollzugs und bei der Betreuung der Gefangenen mit. Sie unterstützen die Anstaltsleitung durch Anregungen und Verbesserungsvorschläge und helfen bei der Eingliederung der Gefangenen nach der Entlassung.

13 O 3 ff

§ 116 Befugnisse
(1) Die Mitglieder des Beirats können insbesondere Wünsche, Anregungen und Beanstandungen entgegennehmen. Sie können sich über die Unterbringung, Beschäftigung, berufliche Bildung, Verpflegung, ärztliche Versorgung und Behandlung unterrichten sowie die Anstalt und ihre Einrichtungen besichtigen.
(2) Die Mitglieder des Beirats können die Gefangenen in ihren Räumen ohne Überwachung aufsuchen.

13 O 6

§ 117 Verschwiegenheitspflicht
Die Mitglieder des Beirats sind verpflichtet, außerhalb ihres Amtes über alle Angelegenheiten, die ihrer Natur nach vertraulich sind, besonders über Namen und Persönlichkeit der Gefangenen, Verschwiegenheit zu bewahren. Dies gilt auch nach Beendigung ihres Amtes.

13 O 7

§§ 118 bis 128 (aufgehoben)

Abschnitt 5. (aufgehoben)

Teil 5 Schlussvorschriften

§ 129 Einschränkung von Grundrechten
Durch dieses Gesetz werden die Grundrechte aus Artikel 2 Absatz 2 Sätze 1 und 2 (körperliche Unversehrtheit und Freiheit der Person) und Artikel 10 Absatz 1 (Brief-, Post- und Fernmeldegeheimnis) des Grundgesetzes eingeschränkt.

1 E 32

§ 130 Ersetzung und Fortgeltung von Bundesrecht
Dieses Gesetz ersetzt gemäß Artikel 125a Absatz 1 des Grundgesetzes in seinem Geltungsbereich das Strafvollzugsgesetz vom 16. März 1976 (BGBl. 1976 I S. 581, 2088, 1977 I S. 436), zuletzt geändert am 5. Dezember 2012 (BGBl. I S. 2425, 2428), mit Ausnahme der Vorschriften über
1. den Pfändungsschutz (§ 50 Absatz 2 Satz 5, § 51 Absätze 4 und 5, § 75 Absatz 3),
2. das gerichtliche Verfahren (§§ 109 bis 121),
3. die Unterbringung in einem psychiatrischen Krankenhaus und einer Entziehungsanstalt (§§ 136 bis 138),
4. den Vollzug des Strafarrestes in Justizvollzugsanstalten (§§ 167 bis 170),
5. den Vollzug von Ordnungs-, Sicherungs-, Zwangs- und Erzwingungshaft (§§ 171 bis 175) und
6. den unmittelbaren Zwang in Justizvollzugsanstalten für andere Arten des Freiheitsentzugs (§ 178).

2 F 4, 4 D 25, 4 I 53, 4 I 95, 11 K 5, 12 B 1, 15 A 2, 15 C 1, 15 C 9

Hessisches Strafvollzugsgesetz (HStVollzG)

Vom 28. Juni 2010
(GVBl. I S. 185)

Erster Abschnitt. Anwendungsbereich

§ 1 Anwendungsbereich

Dieses Gesetz regelt den Vollzug der Freiheitsstrafe in Justizvollzugsanstalten.

1 B 4

Zweiter Abschnitt. Vollzug der Freiheitsstrafe

Erster Titel. Grundsätze des Vollzugs der Freiheitsstrafe

§ 2 Ziel und Aufgaben des Vollzugs

(1) Im Vollzug der Freiheitsstrafe sollen die Gefangenen fähig werden, künftig in sozialer Verantwortung ein Leben ohne Straftaten zu führen (Vollzugsziel Resozialisierung).

(2) Aufgabe des Vollzugs ist es, den Gefangenen die zur Erreichung des Vollzugszieles erforderlichen Befähigungen zu vermitteln (Eingliederungsauftrag). Während des Vollzugs sind die Gefangenen sicher unterzubringen und zu beaufsichtigen (Sicherungsauftrag). Beides dient dem Schutz der Allgemeinheit vor weiteren Straftaten.

1 C 12, 1 C 14, 1 C 24, 5 B 28, 10 C 68

§ 3 Gestaltung des Vollzugs

(1) Das Leben im Strafvollzug ist den allgemeinen Lebensverhältnissen so weit wie möglich anzugleichen. Dabei sind die Belange der Sicherheit und Ordnung der Anstalt zu beachten.

(2) Schädlichen Folgen des Freiheitsentzugs ist entgegenzuwirken.

(3) Der Vollzug wird von Beginn an darauf ausgerichtet, den Gefangenen bei der Eingliederung in ein Leben in Freiheit ohne Straftaten zu helfen.

(4) Bei der Gestaltung des Vollzugs sind die unterschiedlichen Betreuungs- und Behandlungserfordernisse der Gefangenen, insbesondere im Hinblick auf Alter, Geschlecht und Herkunft, zu berücksichtigen.

1 D 1, 1 D 4, 1 D 11, 1 D 14, 1 D 16, 13 C 10, 13 C 12, 13 C 16, 14 A 14

§ 4 Mitwirkung der Gefangenen

Die Gefangenen sollen an Maßnahmen zu ihrer Eingliederung mitwirken. Die Bereitschaft der Gefangenen hierzu ist zu wecken und zu fördern.

1 E 2, 1 E 7, 1 E 10

§ 5 Grundsätze vollzuglicher Maßnahmen

(1) Vollzugliche Maßnahmen dienen der Aufarbeitung von Defiziten, die ursächlich für die Straffälligkeit sind, und der Entwicklung von Fähigkeiten und Fertigkeiten, die geeignet sind, auf eine künftige Lebensführung ohne Straftaten hinzuwirken. Hierzu gehört auch die gezielte Vermittlung eines an den verfassungsrechtlichen Grundsätzen ausgerichteten Werteverständnisses. Die Bereitschaft zu einer eigenverantwortlichen und gemeinschaftsfähigen Lebensführung in Achtung der Rechte anderer ist zu fördern. Die Einsicht der Gefangenen in das Unrecht der Tat und in die beim Opfer verursachten Tatfolgen soll vermittelt und durch geeignete Maßnahmen zum Ausgleich der Tatfolgen vertieft werden.

(2) Den Gefangenen sollen gezielt Maßnahmen angeboten werden, die ihnen die Möglichkeit eröffnen, sich nach Verbüßung der Strafe in die Gesellschaft einzugliedern, soweit sie solcher Maßnahmen bedürfen und solche für sich nutzen können.

(3) Kann der Zweck einer vollzuglichen Maßnahme dauerhaft nicht erreicht werden, so soll sie beendet werden. Im Übrigen gelten für den Widerruf und die Rücknahme von Maßnahmen nach diesem Gesetz

die Vorschriften der §§ 48 bis 49a des Hessischen Verwaltungsverfahrensgesetzes entsprechend, soweit dieses Gesetz keine abweichende Regelung enthält.

1 D 17, 1 D 20, 1 D 21, 1 D 23, 1 E 4, 1 E 10, 1 E 13, 2 F 8, 4 D 20, 4 H 16, 6 A 10, 10 F 5, 10 F 8, 10 F 19

§ 6 Stellung der Gefangenen

(1) Die Gefangenen unterliegen den in diesem Gesetz vorgesehenen Freiheitsbeschränkungen. Soweit das Gesetz eine besondere Regelung nicht enthält, dürfen nur Beschränkungen auferlegt werden, die zur Aufrechterhaltung der Sicherheit oder zur Abwendung einer schwerwiegenden Störung der Ordnung der Anstalt unerlässlich sind.

(2) Vollzugliche Maßnahmen sollen den Gefangenen erläutert werden.

1 E 2, 1 E 18, 1 E 24

§ 7 Einbeziehung Dritter

Die Anstalten arbeiten mit öffentlichen Stellen sowie privaten Organisationen und Personen, die der Eingliederung der Gefangenen förderlich sein können, zusammen.

4 J 2, 13 I 5

Zweiter Titel. Planung des Vollzugs

§ 8 Aufnahme

(1) Mit den Gefangenen wird unverzüglich ein Aufnahmegespräch geführt, bei dem andere Gefangene nicht zugegen sein dürfen. Dabei wird die aktuelle Lebenssituation erörtert und die Gefangenen werden über ihre Rechte und Pflichten informiert. Ihnen ist die Hausordnung sowie ein Exemplar dieses Gesetzes zugänglich zu machen. Die Gefangenen sind verpflichtet, die für die Aufnahme und die Planung des Vollzugs erforderlichen Angaben über ihre persönlichen Verhältnisse zu machen.

(2) Die Gefangenen werden alsbald ärztlich untersucht.

(3) Die Gefangenen sind dabei zu unterstützen, gegebenenfalls notwendige Maßnahmen für hilfsbedürftige Angehörige zu veranlassen sowie ihre Habe außerhalb der Anstalt sicherzustellen.

(4) Bei Gefangenen mit Ersatzfreiheitsstrafen sind die Möglichkeiten der Tilgung uneinbringlicher Geldstrafen durch gemeinnützige Arbeit oder Ratenzahlung zu erörtern und zu fördern.

2 A 1, 2 A 4, 2 A 5, 2 A 8, 2 A 9, 2 A 12, 2 A 13, 7 B 1, 7 B 4, 12 F 8

§ 9 Feststellung des Maßnahmenbedarfs

(1) Nach der Aufnahme werden den Gefangenen die Aufgaben des Vollzugs sowie die vorhandenen Beschäftigungs-, Bildungs-, Ausbildungs- und Freizeitmaßnahmen erläutert.

(2) Der Maßnahmenbedarf wird in Diagnoseverfahren ermittelt. Die Untersuchungen erstrecken sich auf die Persönlichkeit, die Lebensverhältnisse, die Entwicklung der Straffälligkeit und die Umstände der Straftat sowie alle sonstigen Umstände, deren Kenntnis für eine zielführende Vollzugsgestaltung und für die Eingliederung nach der Entlassung notwendig erscheint. Erkenntnisse der Bewährungshilfe und der Gerichtshilfe sind einzubeziehen.

(3) Die Untersuchungen können bei einer Vollzugsdauer von bis zu einem Jahr im Vollzug der Freiheitsstrafe auf die Umstände beschränkt werden, deren Kenntnis für angemessene Maßnahmen in der verbleibenden Haftzeit und für die Entlassungsvorbereitung unerlässlich ist.

2 A 1, 2 A 8, 2 B 1, 2 B 5, 2 B 11, 2 B 13, 2 B 17, 2 C 3, 2 C 8, 2 C 10, 2 C 35, 7 B 1

§ 10 Vollzugsplan

(1) Aufgrund der Untersuchungen und des festgestellten Maßnahmenbedarfs wird alsbald ein Vollzugsplan erstellt.

(2) Der Vollzugsplan wird in einer Konferenz (§ 75 Abs. 3) beraten und mit den Gefangenen erörtert. Deren Anregungen und Vorschläge werden angemessen einbezogen.

(3) Der Vollzugsplan ist mit der Entwicklung der Gefangenen und weiteren Erkenntnissen zu ihrer Persönlichkeit in Einklang zu halten und in angemessenen Abständen, zumindest im Abstand von zwölf Monaten, mit den Gefangenen zu erörtern und fortzuschreiben.

(4) Der Vollzugsplan enthält – je nach Stand des Vollzugs – insbesondere folgende Angaben:
1. Ausführungen zu den dem Vollzugsplan zugrunde liegenden Annahmen zur Entwicklung des straffälligen Verhaltens sowie des sich daraus ergebenden Maßnahmenbedarfs,
2. Art der Unterbringung im Vollzug, insbesondere die Verlegung in eine sozialtherapeutische Anstalt nach § 12,
3. Art und Umfang der Zuweisung von Arbeit, der Teilnahme an schulischen, berufsorientierenden, berufsqualifizierenden oder arbeitstherapeutischen Maßnahmen,
4. Art und Umfang der Teilnahme an therapeutischer Behandlung oder anderen Hilfsmaßnahmen,
5. Maßnahmen der Gesundheitsfürsorge,
6. Teilnahme an Freizeitmaßnahmen unter besonderer Berücksichtigung des Sports,
7. vollzugsöffnende Maßnahmen,
8. Maßnahmen zur Pflege der familiären Beziehungen und zur Gestaltung der Außenkontakte,
9. Maßnahmen zum Ausgleich von Tatfolgen,
10. Maßnahmen zur Schuldenregulierung,
11. Maßnahmen zur Vorbereitung der Entlassung.

In den Fällen des § 9 Abs. 3 kann sich der Vollzugsplan auf Angaben zu den dort genannten Umständen beschränken. Für Gefangene, die ausschließlich Ersatzfreiheitsstrafe von insgesamt bis zu 180 Tagessätzen verbüßen, kann von der Erstellung eines Vollzugsplans abgesehen werden.

(5) Den Gefangenen werden der Vollzugsplan und seine Fortschreibungen ausgehändigt.

1 D 23, 2 A 1, 2 B 4, 2 B 35, 2 C 6, 2 C 7, 2 C 8, 2 C 12, 2 C 14, 2 C 19, 2 C 23, 2 C 25, 2 C 28, 2 C 31, 4 E 1,
5 A 13, 7 C 8, 10 G 2

§ 11 Verlegung, Überstellung und Ausantwortung

(1) Die Gefangenen können abweichend vom Vollstreckungsplan (§ 71 Abs. 1) in eine andere Justizvollzugsanstalt verlegt oder überstellt werden, wenn dies
1. zur Erfüllung des Eingliederungsauftrags,
2. aus Gründen der Sicherheit und Ordnung der Anstalt,
3. aus Gründen der Vollzugsorganisation oder
4. aus anderen wichtigen Gründen

erforderlich ist.

(2) Gefangene dürfen befristet dem Gewahrsam einer Strafverfolgungsbehörde überlassen werden, wenn dies zur Erfüllung der Aufgaben dieser Behörde erforderlich ist (Ausantwortung).

2 D 1, 2 D 6, 2 D 7, 2 D 8, 2 D 15, 3 A 23, 10 D 3, 10 D 15, 11 E 1, 11 E 2, 11 E 4, 11 E 5, 11 E 6, 11 E 9, 11 E 10,
13 B 5

§ 12 Sozialtherapie

(1) Gefangene sind in eine sozialtherapeutische Anstalt zu verlegen, wenn sie wegen einer Straftat nach den §§ 174 bis 180 oder 182 des Strafgesetzbuchs verurteilt worden sind und die Behandlung in einer sozialtherapeutischen Anstalt angezeigt ist. Andere Gefangene sollen in eine sozialtherapeutische Anstalt verlegt werden, soweit deren besondere therapeutische Mittel und soziale Hilfen zur Eingliederung angezeigt sind.

(2) Für eine Verlegung nach Abs. 1 kommen insbesondere Gefangene in Betracht, die zu einer Freiheitsstrafe von mehr als zwei Jahren auch als Gesamtstrafe verurteilt sind und bei denen eine erhebliche Störung der sozialen und persönlichen Entwicklung vorliegt. Die Verlegung soll nach Möglichkeit zu einem Zeitpunkt erfolgen, der den Abschluss der Behandlung zum voraussichtlichen Entlassungszeitpunkt erwarten lässt.

(3) Die Gefangenen sind zurückzuverlegen, wenn der Zweck der Behandlung aus Gründen, die in der Person der Gefangenen liegen, nicht erreicht werden kann. § 11 bleibt unberührt.

(4) Ist eine Unterbringung in einer sozialtherapeutischen Anstalt aus Gründen, die nicht in der Person der Gefangenen liegen, nicht oder noch nicht möglich, sind anderweitige therapeutische Behandlungsmaßnahmen zu treffen.

(5) Frühere Gefangene können auf ihren Antrag vorübergehend in der sozialtherapeutischen Anstalt verbleiben oder wieder aufgenommen werden, wenn ihre Eingliederung gefährdet und ein Aufenthalt aus diesem Grund gerechtfertigt ist. § 29 Abs. 2 und 3 gilt entsprechend.

Anhang

(6) Auf Antrag soll die sozialtherapeutische Anstalt den Gefangenen auch eine nachgehende Betreuung gewähren, wenn dies ihrer besseren Eingliederung dient und die Betreuung nicht anderweitig durchgeführt werden kann.

3 A 12, 3 A 16, 3 A 17, 3 A 20, 3 A 23, 3 D 2, 3 D 3, 3 D 4, 3 D 6, 3 E 2, 3 E 4, 3 E 5, 3 E 7, 10 C 16, 10 C 49, 10 G 2

§ 13 Geschlossener Vollzug und vollzugsöffnende Maßnahmen

(1) Die Gefangenen werden grundsätzlich im geschlossenen Vollzug untergebracht. Sie können nach Maßgabe des § 71 Abs. 2 Nr. 2 im offenen Vollzug aufgenommen werden.

(2) Vollzugsöffnende Maßnahmen können zur Erfüllung des Eingliederungsauftrags gewährt werden, wenn die Gefangenen für die jeweilige Maßnahme geeignet sind, insbesondere nicht zu befürchten ist, dass sie sich dem Vollzug der Freiheitsstrafe entziehen oder die Maßnahmen zur Begehung von Straftaten oder auf andere Weise missbrauchen. Bei der Prüfung von vollzugsöffnenden Maßnahmen sind der Schutz der Allgemeinheit und die Belange des Opferschutzes in angemessener Weise zu berücksichtigen.

(3) Als vollzugsöffnende Maßnahmen kommen insbesondere in Betracht:
1. Unterbringung im offenen Vollzug,
2. regelmäßige Beschäftigung außerhalb der Anstalt unter Aufsicht von Vollzugsbediensteten (Außenbeschäftigung) oder ohne Aufsicht (Freigang),
3. Verlassen der Anstalt für eine bestimmte Zeit ohne Aufsicht von Vollzugsbediensteten (Ausgang) oder in Begleitung einer von der Anstalt bestimmten Person (Ausgang in Begleitung),
4. Freistellung aus der Haft bis zu 21 Kalendertagen in einem Vollstreckungsjahr.

Werden vollzugsöffnende Maßnahmen nach Satz 1 nicht gewährt, kann zur Erfüllung des Eingliederungsauftrags das Verlassen der Anstalt unter ständiger und unmittelbarer Aufsicht für eine bestimmte Tageszeit (Ausführung) gestattet werden. Dies ist ausgeschlossen, wenn
1. konkrete Anhaltspunkte die Gefahr begründen, dass die Gefangenen sich trotz Sicherungsmaßnahmen dem Vollzug entziehen oder die Ausführung zu Straftaten missbrauchen werden oder
2. die zur Sicherung erforderlichen Maßnahmen den Zweck der Ausführung gefährden.

Die Abs. 4 bis 6 und 8 finden auf Ausführungen nach diesem Gesetz keine Anwendung.

(4) Von vollzugsöffnenden Maßnahmen sind Gefangene ausgeschlossen, gegen die Untersuchungs-, Auslieferungs- oder Abschiebungshaft angeordnet ist.

(5) In den Fällen, in denen
1. der Vollstreckung eine Straftat im Zusammenhang mit grober Gewalttätigkeit gegen Personen oder gegen die sexuelle Selbstbestimmung nach §§ 174 bis 180, 182 des Strafgesetzbuchs zugrunde liegt oder einer früheren Vollstreckung innerhalb der letzten fünf Jahre zugrunde gelegen hat,
2. gegen Gefangene eine freiheitsentziehende Maßregel der Besserung und Sicherung angeordnet und noch nicht vollzogen oder eine solche Maßregel wegen Aussichtslosigkeit für erledigt erklärt worden ist,
3. Gefangene erheblich suchtgefährdet sind,
4. Gefangene innerhalb der letzten fünf Jahre
   a) aus dem Vollzug entwichen sind oder dies versucht haben,
   b) nicht aus vollzugsöffnenden Maßnahmen zurückgekehrt sind oder
   c) wegen einer während des Vollzugs begangenen Straftat verurteilt wurden,
5. gegen Gefangene ein Ausweisungs-, Auslieferungs-, Ermittlungs- oder Strafverfahren anhängig ist,
6. gegen Gefangene eine vollziehbare Ausweisungsverfügung besteht und sie aus der Haft abgeschoben werden sollen,

können vollzugsöffnende Maßnahmen nur gewährt werden, wenn besondere Umstände die Annahme begründen, dass eine Flucht- und Missbrauchsgefahr im Sinne von Abs. 2 Satz 1 nicht gegeben ist.

(6) Vollzugsöffnende Maßnahmen sollen in der Regel nicht gewährt werden, wenn weniger als zehn Jahre einer lebenslangen Freiheitsstrafe verbüßt oder noch mehr als 24 Monate einer zeitigen Freiheitsstrafe bis zum voraussichtlichen Entlassungszeitpunkt oder bis zum Beginn des Vollzugs einer Maßregel der Besserung und Sicherung zu vollziehen sind.

(7) Durch vollzugsöffnende Maßnahmen wird die Vollstreckung der Freiheitsstrafe nicht unterbrochen.

(8) Wenn die Anstalt erwägt, vollzugsöffnende Maßnahmen nach diesem Gesetz zu gewähren, ist in den Fällen des Abs. 5 Nr. 1 der Entscheidung in der Regel ein Sachverständigengutachten zugrunde zu

legen. In schwerwiegenden Fällen, insbesondere bei Freiheitsstrafen von über vier Jahren wegen der in Abs. 5 Nr. 1 genannten Straftaten oder in den Fällen des Abs. 5 Nr. 2, sollen der Entscheidung zwei Gutachten zugrunde gelegt werden. In den Fällen des Satz 1 und 2 kann auf vorhandene aktuelle Gutachten, die zur Frage der Eignung für vollzugsöffnende Maßnahmen Stellung nehmen, zurückgegriffen werden. Gutachten sind gegebenenfalls so rechtzeitig einzuholen, dass die Entscheidung über die vollzugsöffnende Maßnahme zum vorgesehenen Zeitpunkt getroffen werden kann.

3 C 1, 3 C 3, 4 D 42, 4 D 43, 4 H 11, 4 H 12, 4 H 14, 10 A 4, 10 A 7, 10 A 9, 10 A 11, 10 B 1, 10 B 3, 10 B 4, 10 C 2, 10 C 3, 10 C 6, 10 C 7, 10 C 10, 10 C 11, 10 C 12, 10 C 16, 10 C 17, 10 C 18, 10 C 20, 10 C 22, 10 C 23, 10 C 24, 10 C 25, 10 C 26, 10 C 29, 10 C 35, 10 C 36, 10 C 39, 10 C 41, 10 C 42, 10 C 48, 10 C 49, 10 C 50, 10 C 53, 10 C 57, 10 C 58, 10 C 59, 10 C 60, 10 C 61, 10 C 62, 10 C 63, 10 C 64, 10 C 66, 10 C 67, 10 C 68, 10 D 3, 10 D 9, 10 E 3, 10 E 9, 10 H 5, 13 C 18

§ 14 Weisungen, Rücknahme und Widerruf

(1) Für vollzugsöffnende Maßnahmen können Gefangenen Weisungen erteilt werden. Insbesondere können sie angewiesen werden,
1. Anordnungen zu befolgen, die sich auf Aufenthalt, Ausbildung, Arbeit oder Freizeit oder auf Ordnung ihrer wirtschaftlichen Verhältnisse beziehen,
2. sich zu festgesetzten Zeiten bei einer bestimmten Stelle oder Person zu melden,
3. Kontakte mit bestimmten Personen oder Gruppen zu meiden,
4. bestimmte Gegenstände nicht zu besitzen,
5. Alkohol oder andere berauschende Stoffe zu meiden,
6. in regelmäßigen Abständen Proben zur Überwachung einer Weisung nach Nr. 5 abzugeben.

(2) Vollzugsöffnende Maßnahmen können zurückgenommen werden, wenn die Voraussetzungen für ihre Bewilligung nicht vorgelegen haben.

(3) Vollzugsöffnende Maßnahmen können widerrufen werden, wenn
1. aufgrund nachträglich eingetretener Umstände die Maßnahmen hätten versagt werden können,
2. die Maßnahmen missbraucht werden oder
3. Weisungen nicht befolgt werden.

3 C 3, 3 C 7, 3 C 8, 4 D 43, 4 H 14, 4 H 16, 10 A 13, 10 A 14, 10 C 57, 10 C 58, 10 D 9, 10 E 1, 10 E 3, 10 E 4, 10 E 7, 10 E 11, 10 F 5, 10 F 6, 10 F 9, 10 F 10, 10 F 11, 10 F 12, 10 F 15, 11 M 39

§ 15 Verlassen der Anstalt aus wichtigem Anlass

(1) Aus wichtigem Anlass kann Ausgang oder zusätzlich zu der Freistellung nach § 13 Abs. 3 Nr. 4 bis zu sieben Tagen Freistellung aus der Haft gewährt werden. Die Beschränkung auf sieben Tage gilt nicht bei einer lebensgefährlichen Erkrankung oder wegen des Todes von Angehörigen. § 13 Abs. 2 und 7 sowie § 14 gelten entsprechend.

(2) Kann Ausgang oder Freistellung aus der Haft aus den in § 13 Abs. 2 genannten Gründen nicht gewährt werden, können die Gefangenen mit ihrer Zustimmung ausgeführt werden, sofern nicht die in § 13 Abs. 3 Satz 3 genannten Gründe entgegenstehen. Die Kosten der Ausführung können den Gefangenen auferlegt werden, wenn dies die Eingliederung nicht behindert.

(3) Ausführungen, insbesondere aus medizinischen Gründen oder zur Beschaffung von Ausweisdokumenten, sind auch ohne Zustimmung der Gefangenen zulässig, wenn dies aus besonderem Grund notwendig ist. Auf Ersuchen eines Gerichts erfolgt eine Vorführung.

4 C 16, 10 B 1, 10 C 38, 10 D 3, 10 D 5, 10 D 8, 10 D 9, 10 D 11, 10 D 12, 10 E 3

§ 16 Entlassungsvorbereitung

(1) Die Anstalt arbeitet frühzeitig, spätestens sechs Monate vor dem voraussichtlichen Entlassungszeitpunkt, darauf hin, dass die Gefangenen über eine geeignete Unterbringung und eine Arbeits- oder Ausbildungsstelle verfügen sowie bei Bedarf in nachsorgende Maßnahmen vermittelt werden. Hierbei arbeitet sie mit Dritten (§ 7), insbesondere der Bewährungshilfe, den Führungsaufsichtsstellen und der freien Straffälligenhilfe zum Zwecke der sozialen und beruflichen Eingliederung der Gefangenen zusammen. Die Bewährungshilfe ist zu einer solchen Zusammenarbeit schon während des Vollzugs verpflichtet, um einen bestmöglichen Übergang der Betreuung zu gewährleisten.

(2) Zur Vorbereitung der Entlassung sollen vollzugsöffnende Maßnahmen gewährt werden. § 13 Abs. 2 bis 4 und 7 sowie § 14 gelten entsprechend. Darüber hinaus können Gefangene in einer Abteilung oder Anstalt des Entlassungsvollzugs untergebracht werden.

(3) Gefangenen kann Freistellung aus der Haft zur Entlassungsvorbereitung von insgesamt bis zu drei Monaten, in den Fällen des § 12 Abs. 1 von bis zu sechs Monaten gewährt werden. § 13 Abs. 2, 4, 5 und 7 gilt entsprechend. Freistellung aus der Haft nach § 13 Abs. 3 Nr. 4 wird hierauf angerechnet. Gefangenen sind geeignete Weisungen nach § 14 Abs. 1 zu erteilen. Die Gewährung kann davon abhängig gemacht werden, dass die Überwachung erteilter Weisungen mit Einwilligung der Gefangenen durch den Einsatz elektronischer Überwachungssysteme („elektronische Fußfessel") unterstützt wird. Während der Entlassungsfreistellung werden die Gefangenen durch die Anstalt betreut.

3 C 1, 3 C 3, 3 C 5, 3 C 6, 7 A 1, 7 B 6, 7 D 8, 7 D 19, 10 E 8, 10 G 2, 10 H 3, 10 H 5, 10 H 8, 10 H 10, 10 H 12, 10 H 15, 13 A 2

§ 17 Entlassung und Hilfen

(1) Gefangene sollen am letzten Tag ihrer Strafzeit möglichst frühzeitig, jedenfalls noch am Vormittag, entlassen werden. Fällt das Strafende auf einen Sonnabend, Sonntag oder einen gesetzlichen Feiertag, den ersten Werktag nach Ostern oder Pfingsten oder in die Zeit vom 22. Dezember bis zum 2. Januar, so können Gefangene an dem diesem Tag oder Zeitraum vorhergehenden Werktag entlassen werden, wenn dies nach der Länge der Strafzeit vertretbar ist und andere Gründe nicht entgegenstehen. Der Entlassungszeitpunkt kann unbeschadet von Satz 2 bis zu zwei Tage vorverlegt werden, wenn die Gefangenen zu ihrer Eingliederung oder aus anderen dringenden Gründen hierauf angewiesen sind.

(2) Gefangenen kann auf ihren Antrag gestattet werden, bis zu zwei Tage über den Entlassungszeitpunkt hinaus in der Anstalt zu verbleiben, wenn dies unerlässlich ist, um eine geordnete Entlassung zu gewährleisten. § 29 Abs. 2 und 3 gilt entsprechend.

(3) Bedürftigen Gefangenen kann eine Entlassungsbeihilfe, insbesondere ein Reisekostenzuschuss oder angemessene Kleidung gewährt werden.

7 E 1, 10 G 2, 10 I 2, 10 I 3, 10 I 4, 10 I 5, 10 I 9, 10 I 12

Dritter Titel. Unterbringung und Versorgung der Gefangenen

§ 18 Unterbringung

(1) Während der Ruhezeit werden die Gefangenen einzeln im Haftraum untergebracht. Mit ihrer Einwilligung können sie auch während der Ruhezeit gemeinsam untergebracht werden, wenn eine schädliche Beeinflussung nicht zu befürchten ist. Auch ohne Zustimmung der Gefangenen ist eine gemeinsame Unterbringung zulässig, wenn sie hilfsbedürftig sind oder eine Gefahr für Leben oder Gesundheit besteht. Eine Belegung mit mehr als drei Gefangenen in einem Haftraum ist unzulässig. Abweichend von Satz 2 ist eine gemeinsame Unterbringung ohne Einwilligung nur vorübergehend und aus wichtigem Grund, insbesondere zur Durchführung von Baumaßnahmen, zulässig.

(2) Arbeit und Freizeit finden grundsätzlich in Gemeinschaft statt. Dies kann eingeschränkt werden, wenn
1. ein schädlicher Einfluss auf andere Gefangene zu befürchten ist,
2. die Gefangenen nach § 9 Abs. 2 untersucht werden, höchstens für zwei Monate,
3. es die Sicherheit oder Ordnung der Anstalt erfordert oder
4. die Gefangenen einwilligen.

(3) Geeignete Gefangene können aus Gründen der Behandlung unter Beachtung insbesondere der vorhandenen baulichen Gegebenheiten der Anstalt in Wohngruppen untergebracht werden.

2 B 4, 2 E 1, 2 E 5, 2 E 6, 2 E 8, 2 E 9, 2 E 10, 2 E 11, 2 E 12, 2 E 13, 2 E 15, 2 E 16, 2 E 17, 2 E 26, 2 E 31, 2 E 32, 2 E 33, 2 E 35, 2 E 37, 11 I 26

§ 19 Ausstattung des Haftraums

(1) Gefangene dürfen ihren Haftraum in angemessenem Umfang mit eigenen Gegenständen ausstatten. Die Übersichtlichkeit des Haftraums darf nicht behindert und Kontrollen nach § 46 Abs. 1 dürfen nicht unzumutbar erschwert werden.

(2) Gegenstände, deren Besitz, Überlassung oder Benutzung mit Strafe oder Geldbuße bedroht ist oder die geeignet sind, die Eingliederung oder die Sicherheit oder die Ordnung der Anstalt zu gefährden, sind ausgeschlossen.

2 F 1, 2 F 8, 2 F 9, 2 F 10, 2 F 13, 2 F 16, 5 B 11, 5 B 28, 5 C 12, 5 C 14, 5 C 17, 5 C 18, 5 C 19, 5 C 44, 5 D 11, 5 D 14, 5 D 20, 5 D 21, 5 D 22, 5 D 33, 6 A 7, 6 C 11, 8 A 25, 11 C 2, 11 C 10

§ 20 Persönlicher Besitz

(1) Gefangene dürfen Gegenstände nur mit Erlaubnis der jeweiligen Anstalt in diese einbringen, einbringen lassen, annehmen, besitzen oder abgeben. Die Erlaubnis ist, soweit dieses Gesetz nichts anderes bestimmt, bei Gegenständen im Sinne von § 19 Abs. 1 Satz 2 und Abs. 2 zu versagen, zurückzunehmen oder zu widerrufen. Sie erlischt, wenn Gefangene an Gegenständen Veränderungen vornehmen, die geeignet sind, die Sicherheit oder die Ordnung der Anstalt zu gefährden. Die Erlaubnis kann auf bestimmte Bereiche der Anstalt beschränkt werden. Die Erteilung oder das Fortbestehen einer Erlaubnis kann insbesondere bei Elektrogeräten von auf Kosten der Gefangenen vorzunehmenden Sicherheitsmaßnahmen abhängig gemacht werden. Ohne Erlaubnis dürfen sie Gegenstände von geringem Wert von anderen Gefangenen annehmen; die Anstalt kann Annahme und Besitz auch dieser Gegenstände von ihrer Erlaubnis abhängig machen oder weitere Ausnahmen zulassen.

(2) Eingebrachte Gegenstände, die Gefangene nicht in Besitz haben dürfen, sind für sie aufzubewahren, sofern dies nach Art und Umfang möglich ist. Andernfalls ist den Gefangenen Gelegenheit zu geben, die Gegenstände außerhalb der Anstalt aufbewahren zu lassen. Das Gleiche gilt für Gegenstände, die die Gefangenen während des Vollzugs und für ihre Entlassung nicht benötigen.

(3) Werden Gegenstände, deren Aufbewahrung nach Art oder Umfang nicht zumutbar ist, von den Gefangenen trotz Aufforderung nicht aus der Anstalt verbracht, so darf die Anstalt diese Gegenstände auf Kosten der Gefangenen außerhalb der Anstalt verwahren, verwerten oder vernichten. Für die Voraussetzungen und das Verfahren der Verwertung und Vernichtung gilt § 42 des Hessischen Gesetzes über die öffentliche Sicherheit und Ordnung, für die Inanspruchnahme der Kosten gilt § 52 Abs. 2 und 3 entsprechend.

2 F 17, 4 I 55, 4 I 80, 4 I 118, 5 C 32, 5 C 44, 11 C 2, 11 C 3, 11 C 4, 11 C 7, 11 C 8, 11 C 10, 11 C 12, 11 C 13, 11 C 14, 11 C 15

§ 21 Kleidung

(1) Die Gefangenen tragen Anstaltskleidung.

(2) Das Tragen eigener Kleidung kann durch die Anstaltsleitung ausnahmsweise gestattet werden. Für deren Reinigung, Instandsetzung und regelmäßigen Wechsel haben die Gefangenen selbst zu sorgen. § 19 Abs. 2 gilt entsprechend.

6 A 1, 6 A 5, 6 A 7

§ 22 Verpflegung und Einkauf

(1) Die Gefangenen erhalten Verpflegung durch die Anstalt. Zusammensetzung und Nährwert müssen den Anforderungen an eine gesunde Ernährung entsprechen und ärztlich überwacht werden. Auf ärztliche Anordnung wird besondere Verpflegung gewährt. Den Gefangenen ist zu ermöglichen, Speisevorschriften ihrer Religionsgemeinschaft zu befolgen.

(2) Die Gefangenen können von ihrem Hausgeld (§ 40), Taschengeld (§ 41) oder insoweit zweckgebundenem Eigengeld (§ 44 Abs. 2) aus einem von der Anstalt vermittelten Angebot einkaufen. Die Anstalt soll für ein Angebot sorgen, das auf Wünsche und Bedürfnisse der Gefangenen Rücksicht nimmt.

(3) Verfügen Gefangene ohne eigenes Verschulden nicht über Haus- oder Taschengeld, kann ihnen gestattet werden, in angemessenem Umfang vom Eigengeld (§ 44 Abs. 1) einzukaufen.

4 I 112, 4 I 124, 6 B 4, 6 B 6, 6 B 9, 6 B 10, 6 C 6, 6 C 10, 11 C 17

§ 23 Gesundheitsvorsorge

(1) Die Bedeutung einer gesunden Lebensführung ist den Gefangenen in geeigneter Form zu vermitteln. Die Gefangenen haben an Maßnahmen zum allgemeinen Gesundheitsschutz und zur Hygiene mitzuwirken.

(2) Die Anstalt kann Anordnungen zum Gesundheitsschutz und zur Hygiene treffen.

Anhang

(3) Den Gefangenen wird ein Aufenthalt im Freien von mindestens einer Stunde täglich ermöglicht, wenn die Witterung dem nicht zwingend entgegensteht.

6 D 1, 6 D 17, 6 D 24, 6 G 1, 6 G 4, 6 G 6

§ 24 Medizinische Versorgung

(1) Gefangene haben einen Anspruch auf notwendige, ausreichende und zweckmäßige medizinische Versorgung unter Beachtung des Grundsatzes der Wirtschaftlichkeit. Der Anspruch umfasst auch Untersuchungen zur Früherkennung von Krankheiten und Vorsorgeleistungen. Die Beurteilung der Notwendigkeit orientiert sich an der Versorgung der gesetzlich Versicherten.

(2) Der Anspruch umfasst weiter die Versorgung mit Hilfsmitteln nach § 33 des Fünften Buchs Sozialgesetzbuch, sofern dies nicht mit Rücksicht auf die Kürze des Freiheitsentzugs unangemessen ist.

(3) An den Kosten für Leistungen nach den Abs. 1 und 2 können Gefangene in angemessenem Umfang beteiligt werden, höchstens jedoch bis zum Umfang der Beteiligung vergleichbarer gesetzlich Versicherter. Für die Beteiligung an den Kosten gilt § 52 Abs. 2 Satz 2 entsprechend.

(4) Kranke oder hilfsbedürftige Gefangene können in eine zur Behandlung ihrer Krankheit oder ihrer Versorgung besser geeigneten Justizvollzugsanstalt oder in ein Justizvollzugskrankenhaus überstellt oder verlegt werden. Erforderlichenfalls können Gefangene auch in ein Krankenhaus außerhalb des Vollzugs gebracht werden.

(5) Während eines Ausgangs oder einer Freistellung nach § 13 Abs. 3 Nr. 4 oder § 16 Abs. 3 Satz 1 haben Gefangene nur einen Anspruch auf medizinische Versorgung in der für sie zuständigen Anstalt.

(6) Der Anspruch auf medizinische Versorgung ruht, solange Gefangene aufgrund eines freien Beschäftigungsverhältnisses krankenversichert sind.

(7) Wird die Strafvollstreckung während einer Behandlung von Gefangenen außerhalb einer Einrichtung des Justizvollzugs unterbrochen oder beendet, so hat die Anstalt nur die Kosten zu tragen, die bis zu diesem Zeitpunkt angefallen sind.

(8) Bei schwerer Erkrankung oder Tod von Gefangenen werden die der Anstalt bekannten nächsten Angehörigen unverzüglich benachrichtigt, im Falle der schweren Erkrankung nur, wenn die Gefangenen hierin eingewilligt haben. Dem Wunsch der Gefangenen, auch andere Personen zu benachrichtigen, soll nach Möglichkeit entsprochen werden. Die Gefangenen sind bei Aufnahme über die Möglichkeit einer Einwilligung zu belehren.

4 H 5, 4 I 34, 4 I 55, 6 E 1, 6 E 3, 6 F 1, 6 F 18, 6 F 19, 6 F 20, 6 F 35, 6 F 51, 6 F 52, 6 F 54, 6 F 55, 6 F 58, 6 F 59, 6 F 61, 6 F 65, 6 F 71, 6 H 1, 6 H 2

§ 25 Zwangsmaßnahmen auf dem Gebiet der Gesundheitsfürsorge

(1) Medizinische Untersuchung und Behandlung sowie Ernährung sind zwangsweise gegen den natürlichen Willen Gefangener nur zulässig bei
1. Lebensgefahr,
2. erheblicher Gefahr einer schwerwiegenden Schädigung der Gesundheit der Gefangenen oder
3. erheblicher Gefahr einer schwerwiegenden Schädigung der Gesundheit anderer Personen.

(2) Zwangsmaßnahmen nach Abs. 1 dürfen nur angeordnet werden, wenn
1. erfolglos versucht worden ist, die auf Vertrauen gegründete Zustimmung der Gefangenen zu der Untersuchung, Behandlung oder Ernährung zu erwirken,
2. deren Anordnung den Gefangenen angekündigt wurde und sie über Art, Umfang und Dauer der Maßnahmen durch eine Ärztin oder einen Arzt aufgeklärt wurden,
3. die Maßnahme zur Abwendung der Lebens- oder Gesundheitsgefahr geeignet, erforderlich, für die Betroffenen nicht mit unverhältnismäßigen Belastungen und Folgen verbunden ist und mildere Mittel keinen Erfolg versprechen und
4. der zu erwartende Nutzen der Maßnahmen den möglichen Schaden der Nichtbehandlung deutlich überwiegt.

(3) Zur Durchführung von Zwangsmaßnahmen in den Fällen des Abs. 1 Nr. 1 und 2 ist die Anstalt nicht berechtigt, solange von einer freien Willensbestimmung der Gefangenen ausgegangen werden kann. Liegen Anhaltspunkte vor, dass Gefangene zur Einsicht in die Notwendigkeit von medizinischen Behandlungsmaßnahmen oder zum Handeln gemäß solcher Einsicht krankheitsbedingt nicht fähig sind, hat die Anstalt bei dem zuständigen Gericht unverzüglich die Bestellung einer Betreuung von Amts wegen anzuregen. Die Entscheidung des Gerichts ist abzuwarten.

(4) Zwangsmaßnahmen nach Abs. 1 werden durch eine Ärztin oder einen Arzt angeordnet, geleitet und überwacht. Die Anordnung bedarf der Zustimmung der Anstaltsleitung. Die Gründe für die Anordnung der Maßnahmen nach Abs. 1, das Vorliegen der Voraussetzungen nach Abs. 2 sowie die ergriffenen Maßnahmen, einschließlich ihres Zwangscharakters, der Durchsetzungsweise, der Wirkungsüberwachung sowie der Untersuchungs- und Behandlungsverlauf sind zu dokumentieren.

(5) Anordnungen nach Abs. 4 sind den Gefangenen unverzüglich bekannt zu geben. Sie sind darüber zu belehren, dass sie gegen die Anordnung Antrag auf gerichtliche Entscheidung stellen und bei Gericht um einstweiligen Rechtsschutz ersuchen können. Mit dem Vollzug einer Anordnung ist zuzuwarten, bis die Gefangenen Gelegenheit hatten, eine gerichtliche Entscheidung herbeizuführen.

(6) Von den Anforderungen nach Abs. 2 Nr. 1 und 2, Abs. 3 Satz 3 und Abs. 5 Satz 3 kann abgesehen werden, wenn Gefahr im Verzug besteht.

(7) Zur Gewährleistung des Gesundheitsschutzes und der Hygiene ist die zwangsweise körperliche Untersuchung der Gefangenen zulässig, wenn sie nicht mit einem körperlichen Eingriff verbunden ist.

11 K 5, 11 L 1, 11 L 3, 11 L 7, 11 L 14, 11 L 15, 11 L 20, 11 L 23

§ 26 Soziale und psychologische Hilfe

(1) Die Beratungs-, Betreuungs- und Behandlungsmaßnahmen der Anstalt sind darauf auszurichten, Persönlichkeitsdefizite der Gefangenen, die ursächlich für die Straffälligkeit sind, abzubauen sowie sie zu befähigen, ihre persönlichen, sozialen und wirtschaftlichen Schwierigkeiten eigenständig zu bewältigen und ihre Entlassung vorzubereiten. Dazu gehört auch, den durch die Straftat verursachten Schaden wieder gut zu machen, eine Schuldenregulierung herbeizuführen und Unterhaltsverpflichtungen nachzukommen.

(2) Soweit Gefangene psychologischer oder psychotherapeutischer Behandlung oder Betreuung bedürfen, werden nach diagnostischer Abklärung die erforderlichen und geeigneten Maßnahmen durchgeführt.

7 A 1, 7 A 8, 7 C 1, 7 C 6, 7 C 8, 7 D 2

Vierter Titel. Arbeit, Ausbildung, Weiterbildung

§ 27 Arbeit, berufliche und schulische Aus- und Weiterbildung

(1) Arbeit, arbeitstherapeutische Beschäftigung und Maßnahmen der beruflichen und schulischen Aus- und Weiterbildung (Beschäftigung) sind aufgrund ihrer zentralen Bedeutung für die Erfüllung des Eingliederungsauftrags im Strafvollzug besonders zu fördern. Beschäftigung dient insbesondere dem Ziel, die Fähigkeiten und Fertigkeiten für eine regelmäßige Erwerbstätigkeit zur Sicherung des Lebensunterhalts nach der Entlassung zu vermitteln, zu fördern oder zu erhalten.

(2) Arbeitsfähige Gefangene, die das 65. Lebensjahr noch nicht vollendet haben, sind zur Arbeit oder sonstiger Beschäftigung verpflichtet, soweit gesetzliche Vorschriften nicht entgegenstehen. Die Vorschriften des Mutterschutzgesetzes vom 20. Juni 2002 (BGBl. I S. 2318), zuletzt geändert durch Gesetz vom 23. Oktober 2012 (BGBl. I S. 2246), über die Gestaltung des Arbeitsplatzes und die Beschäftigungsverbote finden entsprechende Anwendung.

(3) Die Anstalt soll Gefangenen der Eingliederung förderliche Arbeit oder arbeitstherapeutische oder sonstige Beschäftigung zuweisen und dabei ihre Fähigkeiten, Fertigkeiten und Neigungen berücksichtigen. Geeigneten Gefangenen soll eine berufliche oder schulische Aus- oder Weiterbildung oder die Teilnahme an anderen ausbildenden oder weiterbildenden Maßnahmen ermöglicht werden. Tätigkeiten nach Satz 1 und 2 sollen nicht durch Teilnahme an anderen vollzuglichen Maßnahmen unterbrochen werden.

(4) Den Gefangenen kann ausnahmsweise gestattet werden, sich selbst zu beschäftigen, wenn dies dem Ziel dient, Fähigkeiten und Fertigkeiten für eine Erwerbstätigkeit nach der Entlassung zu vermitteln, zu fördern oder zu erhalten und nicht überwiegende Gründe des Vollzugs entgegenstehen. Die Anstalt kann verlangen, dass ihr den Gefangenen zustehende Entgelte zur Gutschrift für diese überwiesen werden.

(5) Bildungsmaßnahmen haben sich an der voraussichtlichen Dauer der Inhaftierung sowie den außerhalb der Anstalt geltenden Anforderungen auszurichten. Die Gefangenen sollen nach der Entlassung auf den erworbenen Qualifikationen aufbauen können. Mit den zuständigen Stellen ist rechtzeitig zusammenzuarbeiten.

(6) Zur Vorbereitung oder Durchführung von Maßnahmen nach Abs. 3 ist Gefangenen, die nicht über ausreichende Kenntnisse der deutschen Sprache verfügen, die Teilnahme an Deutschkursen zu ermöglichen.

(7) Den Gefangenen soll nach Maßgabe des § 13 Abs. 2 und 4 bis 6 gestattet werden, einer schulischen oder beruflichen Aus- und Weiterbildung, Umschulung oder Arbeit außerhalb der Anstalt im Rahmen des Freigangs nach § 13 Abs. 3 Nr. 2 nachzugehen. Abs. 4 Satz 2 gilt entsprechend.

(8) Die Zeugnisse oder Nachweise über eine Bildungsmaßnahme dürfen keinen Hinweis auf die Inhaftierung enthalten.

(9) Haben die Gefangenen sechs Monate lang zusammenhängend eine Beschäftigung nach Abs. 3 ausgeübt, werden sie hiervon auf Antrag zehn Arbeitstage freigestellt. Dabei werden Zeiten, in denen die Gefangenen infolge Krankheit verhindert waren, bis zur Dauer von drei Wochen im halben Jahr als Beschäftigungszeiten angerechnet. Sonstige Fehlzeiten hemmen den Ablauf des Zeitraums nach Satz 1. Gefangene erhalten für die Zeit der Freistellung nach Satz 1 die zuletzt gezahlten Bezüge weiter. Der Anspruch auf Freistellung verfällt, wenn die Freistellung nicht innerhalb eines halben Jahres nach seiner Entstehung in Anspruch genommen wurde. Auf die Zeit der Freistellung nach Satz 1 wird Freistellung aus der Haft nach § 13 Abs. 3 Nr. 4 angerechnet, soweit sie in die Arbeitszeit fällt.

4 A 2, 4 A 6, 4 A 8, 4 A 9, 4 A 15, 4 A 21, 4 A 23, 4 A 31, 4 A 34, 4 B 2, 4 B 7, 4 B 8, 4 B 10, 4 B 12, 4 B 13, 4 B 14, 4 B 19, 4 B 20, 4 B 21, 4 C 1, 4 C 3, 4 C 5, 4 C 6, 4 C 7, 4 C 11, 4 C 14, 4 C 16, 4 C 18, 4 C 23, 4 D 10, 4 D 11, 4 D 25, 4 D 34, 4 D 38, 4 D 45, 4 D 69, 4 E 1, 4 E 3, 4 E 7, 4 E 8, 4 E 9, 4 E 12, 4 E 15, 4 E 23, 4 G 2, 4 G 3, 4 G 7, 4 G 8, 4 G 12, 4 G 13, 4 H 2, 4 H 8, 4 H 11, 4 H 19, 4 H 22, 4 H 23, 4 H 28, 4 I 4, 4 I 67, 4 Vorb. 1, 4 Vorb. 5, 6 F 56, 11 M 12, 14 A 14

§ 28 Ablösung

(1) Gefangene können von der zugewiesenen Beschäftigung abgelöst werden, wenn
1. sie den Anforderungen nicht gewachsen sind,
2. sie die Aufnahme oder Ausübung der Beschäftigung verweigern,
3. dies zur Erfüllung des Eingliederungsauftrags erforderlich ist oder
4. dies aus Gründen der Sicherheit oder Ordnung der Anstalt erforderlich ist.

(2) Werden Gefangene nach Abs. 1 Nr. 2 oder aufgrund ihres Verhaltens nach Abs. 1 Nr. 4 abgelöst, gelten sie für drei Monate als verschuldet ohne Beschäftigung.

4 Vorb. 5, 4 A 36, 4 E 23, 4 H 16

§ 29 Abschluss im Vollzug begonnener Bildungsmaßnahmen

(1) Die Anstalt kann Gefangenen auf Antrag gestatten, nach der Entlassung eine im Vollzug begonnene Bildungsmaßnahme fortzuführen und abzuschließen, soweit
1. dies anderweitig nicht möglich oder nicht zumutbar ist,
2. dies zur Eingliederung erforderlich ist,
3. der Abschluss der Maßnahme in einem engen zeitlichen Zusammenhang zum Entlassungszeitpunkt steht und
4. Gründe der Sicherheit oder Ordnung der Anstalt dem nicht entgegenstehen.

Hierzu können sie ausnahmsweise freiwillig über den Entlassungszeitpunkt hinaus in einer Anstalt verbleiben oder wieder aufgenommen werden, sofern es die Belegungssituation zulässt.

(2) Für diese Personen gelten die Vorschriften dieses Gesetzes entsprechend mit der Maßgabe, dass Maßnahmen des Vollzugs nicht mit unmittelbarem Zwang durchgesetzt werden können. Das Hausrecht bleibt hiervon unberührt.

(3) Bei Gefährdung der Sicherheit oder Ordnung der Anstalt kann die Gestattung jederzeit widerrufen werden.

3 D 2, 3 D 6, 4 A 23, 10 I 12

Fünfter Titel. Freizeit, Sport

§ 30 Gestaltung der freien Zeit

(1) Die Gefangenen erhalten Gelegenheit, sich in ihrer Freizeit eigenverantwortlich und sinnvoll zu beschäftigen.

(2) Die Anstalt hat eine angemessen ausgestattete Bücherei vorzuhalten. Die Gefangenen dürfen auf eigene Kosten Zeitungen und Zeitschriften in angemessenem Umfang durch Vermittlung der Anstalt be-

ziehen. § 19 Abs. 1 Satz 2 gilt entsprechend. Ausgeschlossen sind Zeitungen und Zeitschriften, deren Verbreitung mit Strafe oder Geldbuße bedroht ist. Einzelne Ausgaben oder Teile von Zeitungen oder Zeitschriften können den Gefangenen vorenthalten werden, wenn sie die Eingliederung oder die Sicherheit oder Ordnung der Anstalt erheblich gefährden.

(3) Den Gefangenen ist Gelegenheit zu geben, am Fernseh- und Hörfunkempfang teilzunehmen.

(4) Die Gefangenen dürfen eigene Hörfunk- und Fernsehgeräte sowie in angemessenem Umfang Bücher und andere Gegenstände zur Fortbildung oder zur Freizeitbeschäftigung besitzen. Andere elektronische Geräte in den Haftträumen können zu den in Satz 1 genannten Zwecken im Einzelfall zugelassen werden. Das Einbringen der in Satz 1 und 2 genannten Gegenstände wird durch die Anstalt geregelt. § 19 gilt entsprechend.

(5) Der Hörfunk- und Fernsehempfang kann vorübergehend ausgesetzt oder einzelnen Gefangenen untersagt werden, wenn dies zur Aufrechterhaltung der Sicherheit oder Ordnung der Anstalt unerlässlich ist.

5 A 6, 5 A 8, 5 A 9, 5 A 10, 5 A 11, 5 A 18, 5 A 19, 5 A 24, 5 A 25, 5 A 30, 5 A 32, 5 A 47, 5 B 5, 5 B 11, 5 B 12, 5 B 15, 5 B 23, 5 B 28, 5 C 4, 5 C 6, 5 C 10, 5 C 12, 5 C 14, 5 C 17, 5 C 18, 5 C 19, 5 C 25, 5 C 26, 5 C 31, 5 C 44, 5 D 3, 5 D 7, 5 D 10, 5 D 12, 5 D 33

§ 31 Sport

Die Gefangenen erhalten Gelegenheit, in ihrer Freizeit Sport zu treiben. Hierfür sind ausreichende Angebote vorzuhalten.

5 A 8, 5 A 19, 5 A 24, 5 A 25, 5 A 26, 5 A 30, 5 A 47

Sechster Titel. Religionsausübung und Seelsorge

§ 32 Religionsausübung und Seelsorge

(1) Den Gefangenen ist eine seelsorgerische und religiöse Betreuung durch ihre Religionsgemeinschaft zu ermöglichen. Auf ihren Wunsch ist ihnen zu helfen, mit der Seelsorge ihrer Religionsgemeinschaft in Verbindung zu treten.

(2) Den Gefangenen sind Gegenstände des religiösen Gebrauchs in angemessenem Umfang zu belassen. § 19 Abs. 1 Satz 2 gilt entsprechend. Grundlegende religiöse Schriften dürfen ihnen nur bei grobem Missbrauch entzogen werden.

(3) Die Gefangenen haben das Recht, am Gottesdienst und an anderen religiösen Veranstaltungen ihres Bekenntnisses teilzunehmen. Zu religiösen Veranstaltungen einer anderen Religionsgemeinschaft werden Gefangene zugelassen, wenn deren Seelsorgerin oder Seelsorger einwilligt. Gefangene können von der Teilnahme ausgeschlossen werden, wenn dies aus überwiegenden Gründen der Sicherheit oder Ordnung der Anstalt geboten ist; die Seelsorgerin oder der Seelsorger soll vorher gehört werden.

(4) Für Angehörige weltanschaulicher Bekenntnisse gelten die Abs. 1 bis 3 entsprechend.

8 A 14, 8 A 19, 8 A 21, 8 A 22, 8 A 23, 8 A 25, 8 B 1, 8 B 18, 8 B 22, 8 C 1 ff

Siebter Titel. Außenkontakte der Gefangenen

§ 33 Grundsätze

(1) Die Gefangenen haben im Rahmen der Vorschriften dieses Abschnitts das Recht, mit Personen außerhalb der Anstalt zu verkehren. Kontakte der Gefangenen zu ihren Angehörigen im Sinne von § 11 Abs. 1 Nr. 1 des Strafgesetzbuchs werden besonders gefördert.

(2) Die Anstaltsleitung kann den Kontakt untersagen
1. mit bestimmten Personen, wenn die Sicherheit oder Ordnung der Anstalt gefährdet würde,
2. zu Personen, die nicht Angehörige der oder des Gefangenen im Sinne des § 11 Abs. 1 Nr. 1 des Strafgesetzbuchs sind, wenn zu befürchten ist, dass sie einen schädlichen Einfluss auf die Gefangene oder den Gefangenen haben, deren Eingliederung behindern würden oder der Kontakt geeignet ist, auf eine extremistische Verhaltensweise hinzuwirken,
3. zu Opfern der Straftat, wenn zu befürchten ist, dass der Kontakt schädliche Auswirkungen auf diese hat.

(3) Besuche von und Schriftverkehr mit Verteidigerinnen und Verteidigern sind zu gewährleisten und alle Kontakte mit ihnen dürfen nicht überwacht werden. § 148 Abs. 2 und § 148a der Strafprozessordnung

gelten entsprechend. Satz 1 gilt entsprechend für bevollmächtigte Rechtsanwältinnen und Rechtsanwälte sowie Notarinnen und Notare in die Gefangenen betreffenden Rechtssachen.

(4) Nicht überwacht werden auch Kontakte mit den in § 119 Abs. 4 Satz 2 der Strafprozessordnung genannten Personen und Stellen, soweit
1. bei mündlicher Kommunikation die Identität der Kontaktperson zweifelsfrei feststeht,
2. ausgehende Schreiben an den jeweiligen Dienstsitz gerichtet sind und den Absender zutreffend angeben oder
3. bei eingehenden Schreiben begründete Zweifel an der Identität des Absenders nicht vorliegen oder auf andere Weise als durch Überwachung ausgeräumt werden können.

(5) Die Kosten für Telekommunikation sowie abgehende Schreiben und Pakete tragen die Gefangenen. Sind sie hierzu nicht in der Lage, kann die Anstalt die Kosten in begründeten Fällen in angemessenem Umfang übernehmen.

9 Vorb. 4, 9 B 34, 9 B 47, 9 B 85, 9 C 9, 9 C 13, 9 C 30, 9 C 33, 9 D 12

§ 34 Besuch

(1) Die Gefangenen dürfen regelmäßig Besuch empfangen. Die Gesamtdauer beträgt mindestens eine Stunde im Monat.

(2) Besuche sollen darüber hinaus ermöglicht werden, wenn sie der Eingliederung dienen oder zur Wahrnehmung persönlicher, familiärer, rechtlicher oder sonstiger wichtiger Angelegenheiten erforderlich sind.

(3) Aus Gründen der Sicherheit kann ein Besuch, auch in den Fällen des § 33 Abs. 3 und 4, davon abhängig gemacht werden, dass sich die Besucherin oder der Besucher absuchen oder durchsuchen lässt. § 46 Abs. 1 gilt entsprechend.

(4) Abgesehen von den Fällen des § 33 Abs. 3 und 4 dürfen Besuche aus Gründen der Sicherheit oder Ordnung der Anstalt oder aus Gründen der Behandlung offen überwacht werden; die Überwachung erstreckt sich hierbei sowohl auf die Gefangenen wie deren Besuch. Die Unterhaltung darf nur überwacht werden, soweit dies im Einzelfall aus den in Satz 1 genannten Gründen erforderlich ist, und, soweit sie besondere Kategorien personenbezogener Daten nach § 41 Nr. 15 des Hessischen Datenschutz- und Informationsfreiheitsgesetzes vom 3. Mai 2018 (GVBl. S. 82) zum Gegenstand hat, unbedingt erforderlich ist. Ein Besuch darf abgebrochen werden, wenn Beteiligte gegen die Vorschriften dieses Gesetzes oder die aufgrund dieses Gesetzes getroffenen Anordnungen trotz Ermahnung verstoßen. Dies gilt auch, wenn Verhaltensweisen von Besuchspersonen geeignet sind, einen schädlichen Einfluss auf die Gefangenen auszuüben. Einer Ermahnung bedarf es nicht, wenn es unerlässlich ist, den Besuch sofort abzubrechen. Gegenstände dürfen beim Besuch nur mit Erlaubnis übergeben werden. Dies gilt nicht für die bei dem Besuch von Verteidigerinnen und Verteidigern sowie von Personen nach § 33 Abs. 4 übergebenen Schriftstücke und sonstigen Unterlagen.

(5) Die optische Überwachung eines Besuchs kann auch durch technische Hilfsmittel erfolgen, insbesondere durch optisch-elektronische Einrichtungen (Videoüberwachung). Die Aufzeichnung und Speicherung von nach Satz 1 erhobenen Daten sind zulässig, wenn sie zum Erreichen des verfolgten Zwecks unbedingt erforderlich sind. Die betroffenen Personen sind auf Maßnahmen nach Satz 1 und 2 vorher hinzuweisen. Die Anstalt kann die Nutzung einer Trennvorrichtung anordnen, wenn dies zum Schutz von Personen oder zur Verhinderung einer Übergabe von Gegenständen erforderlich ist. Eine Erforderlichkeit ist insbesondere in der Regel anzunehmen, wenn ein Fall des § 47 Abs. 3 vorliegt oder Gefangene ausanderen Gründen im Verdacht stehen, unerlaubt Suchtmittel zu besitzen oder solche konsumiert zu haben.

9 B 59, 9 B 61, 9 B 71, 9 B 74, 9 B 77, 9 B 82, 9 B 83, 11 F 3

§ 35 Schriftwechsel

(1) Die Gefangenen haben das Recht, Schreiben abzusenden und zu empfangen. Sie haben Absendung und Empfang ihrer Schreiben durch die Anstalt vermitteln zu lassen, soweit nichts anderes gestattet ist.

(2) Abgesehen von den Fällen des § 33 Abs. 3 und 4 darf der Schriftwechsel überwacht werden, soweit es zur Erfüllung von Ziel und Aufgaben des Vollzugs der Freiheitsstrafe nach § 2, insbesondere aus Gründen der Sicherheit oder Ordnung der Anstalt oder aus Gründen der Behandlung unbedingt erforderlich ist; Gefangene sind auf entsprechende Maßnahmen bei Aufnahme hinzuweisen. Besteht der Verdacht, dass ein Schreiben, das nach § 33 Abs. 3 und 4 keiner Überwachung unterliegt, unzulässige Einlagen enthält, so

wird dieses mit Einverständnis und im Beisein der Gefangenen einer Sichtkontrolle ohne Kenntnisnahme des gedanklichen Inhalts unterzogen, andernfalls an den Absender zurückgesandt oder den Gefangenen zurückgegeben.

(3) Eingehende und ausgehende Schreiben sind umgehend, fristgebundene unverzüglich weiterzuleiten. Davon abweichend soll die Anstaltsleitung Schreiben anhalten, wenn
1. einer der in § 33 Abs. 2 genannten Gründe vorliegt,
2. der Inhalt des Schreibens einen Straf- oder Bußgeldtatbestand erfüllt oder im Falle der Weiterleitung erfüllen würde,
3. sie grob unrichtige oder erheblich entstellende Darstellungen von Anstaltsverhältnissen enthalten,
4. sie in Geheimschrift, unlesbar, unverständlich oder ohne zwingenden Grund in einer fremden Sprache abgefasst sind.

Ausgehenden Schreiben, die unrichtige Darstellungen enthalten, kann ein Begleitschreiben beigefügt werden, wenn die Gefangenen auf der Absendung bestehen. Ist ein Schreiben angehalten worden, wird das den Gefangenen mitgeteilt. Angehaltene Schreiben werden an die Absender zurückgegeben oder, sofern dies unmöglich oder aus besonderen Gründen untunlich ist, von der Anstalt verwahrt.

9 C 3, 9 C 23, 9 C 45, 9 C 52, 9 C 58

§ 36 Telekommunikation

(1) Den Gefangenen kann gestattet werden, Telefongespräche zu führen. Aus wichtigen Gründen können sie andere Kommunikationsmittel durch Vermittlung und unter Aufsicht der Anstalt nutzen.

(2) Für Telefongespräche und sonstige mündliche Kommunikation gilt § 34 Abs. 4 entsprechend. Findet danach eine Überwachung statt, so sind die Gefangenen und die anderen Gesprächsbeteiligten vor Beginn der Überwachung hierauf hinzuweisen. Für schriftliche Kommunikation gelten die Vorschriften über den Schriftwechsel entsprechend.

(3) Ist ein Telekommunikationssystem eingerichtet, kann außer in den Fällen des § 33 Abs. 3 und 4 die Teilnahme daran davon abhängig gemacht werden, dass die Gefangenen und die anderen Gesprächsbeteiligten in eine mögliche stichprobenartige Überwachung der Telekommunikation einwilligen. Die Gesprächsbeteiligten sind auf die mögliche Überwachung unmittelbar nach Herstellung der Verbindung hinzuweisen.

(4) Gefangenen ist der Besitz und Betrieb von Mobilfunkendgeräten und sonstigen Telekommunikationsanlagen auf dem Gelände der Anstalt untersagt. Die Anstalt darf technische Geräte zur Feststellung, Störung oder Unterdrückung von Frequenzen betreiben, die der Herstellung unerlaubter Telekommunikation auf dem Anstaltsgelände, insbesondere des Mobilfunkverkehrs, dienen. Frequenznutzungen außerhalb des Geländes der Anstalten dürfen nicht erheblich gestört werden.

9 D 9

§ 37 Pakete

(1) Der Empfang von Paketen bedarf der Erlaubnis der Anstalt. Sie kann Zeitpunkt und Höchstmenge für die Sendung und für einzelne Gegenstände festsetzen. Der Empfang von Paketen mit Nahrungs- und Genussmitteln ist den Gefangenen nicht gestattet. Für den Ausschluss von Gegenständen gilt § 19 Abs. 2 entsprechend. Der Empfang von Paketen kann versagt werden, wenn dies wegen Gefährdung der Sicherheit oder Ordnung der Anstalt unerlässlich ist.

(2) Pakete sind in Gegenwart der Gefangenen zu öffnen. Ausgeschlossene Gegenstände können zu ihrer Habe genommen oder dem Absender zurückgesandt werden. Sie dürfen vernichtet werden, wenn bei der Versendung oder Aufbewahrung Personen verletzt oder Sachschäden verursacht werden können oder wenn sie leicht verderblich sind. Die hiernach getroffenen Maßnahmen werden den Gefangenen eröffnet.

(3) Den Gefangenen kann gestattet werden, Pakete zu versenden. Die Anstalt kann ihren Inhalt aus Gründen der Sicherheit oder Ordnung der Anstalt überprüfen.

6 C 3, 9 E 1 ff

Achter Titel. Anerkennung für Arbeit und Ausbildung, Gelder der Gefangenen

§ 38 Vergütung von Arbeit und Ausbildung

(1) Wer eine Tätigkeit nach § 27 Abs. 3 Satz 1 ausübt, erhält Arbeitsentgelt. Gefangene, die während der Arbeitszeit ganz oder teilweise an einer Maßnahme nach § 27 Abs. 3 Satz 2 teilnehmen, erhalten hierfür

Anhang

eine Ausbildungsbeihilfe, soweit kein Anspruch auf andere Leistungen besteht, die freien Personen aus solchem Anlass zustehen.

(2) Der Bemessung der Vergütung nach Abs. 1 sind neun Prozent der Bezugsgröße nach § 18 des Vierten Buchs Sozialgesetzbuch zugrunde zu legen (Eckvergütung). Ein Tagessatz ist der zweihundertfünfzigste Teil der Eckvergütung; die Vergütung kann nach einem Stunden- oder Minutensatz bemessen werden.

(3) Die Vergütung kann je nach Art der Maßnahme und der Leistung der Gefangenen gestuft werden. Die für Strafvollstreckungs- und Strafvollzugsrecht zuständige Ministerin oder der hierfür zuständige Minister wird ermächtigt, durch Rechtsverordnung entsprechende Vergütungsstufen festzusetzen sowie die Vergütung im Zeit- oder Leistungslohn und die Gewährung von Zulagen zu regeln.

(4) Die Höhe der Ausbildungsbeihilfe oder des Arbeitsentgelts wird den Gefangenen schriftlich bekannt gegeben.

(5) Soweit Beiträge zur Arbeitslosenversicherung zu entrichten sind, soll vom Arbeitsentgelt oder der Ausbildungsbeihilfe ein Betrag einbehalten werden, der dem Anteil der Gefangenen am Beitrag entsprechen würde, wenn sie diese Bezüge als Arbeitnehmerin oder Arbeitnehmer erhielten.

4 Vorb. 5, 4 D 6, 4 D 10, 4 D 11, 4 D 17, 4 D 18, 4 D 19, 4 D 20, 4 D 21, 4 D 22, 4 D 26, 4 D 71, 4 G 2, 4 G 6, 4 G 7, 4 G 11, 4 I 23, 4 I 67, 4 I 133, 6 F 56

§ 39 Zusätzliche Anerkennung von Arbeit und Ausbildung

(1) Als zusätzliche Anerkennung neben der Vergütung nach § 38 können Gefangene auf Antrag eine
1. weitere Freistellung nach Abs. 2 Satz 1,
2. Freistellung aus der Haft nach Abs. 2 Satz 2 oder
3. Vorverlegung des Entlassungszeitpunkts nach Abs. 2 Satz 3

erhalten. Stellen die Gefangenen keinen Antrag, findet Nr. 3 Anwendung. Darüber hinaus können sie auf Antrag einen Erlass von Verfahrenskosten
1. nach Abs. 5 Nr. 1 und
2. durch Schadenswiedergutmachung nach Abs. 5 Nr. 2

erhalten.

(2) Unabhängig von einer Freistellung nach § 27 Abs. 9 erhalten Gefangene für jeweils drei Monate zusammenhängender Ausübung einer Tätigkeit nach § 27 Abs. 3 eine Freistellung von zwei Werktagen. Diese Freistellung kann in Form von Freistellung aus der Haft (§ 13 Abs. 3 Nr. 4) gewährt werden; § 13 Abs. 2 und 4 bis 7 sowie § 14 gelten entsprechend. Nicht in Anspruch genommene Freistellungstage nach Abs. 1 werden auf den Entlassungszeitpunkt angerechnet.

(3) Eine Vorverlegung nach Abs. 1 Satz 1 Nr. 3 ist ausgeschlossen, wenn
1. sie im Falle einer Aussetzung der Vollstreckung des Restes einer Freiheitsstrafe zur Bewährung wegen der von der Entscheidung des Gerichts bis zur Entlassung verbleibenden Zeit nicht mehr möglich ist,
2. dies vom Gericht nach § 454 Abs. 1 Satz 5 der Strafprozessordnung angeordnet wird,
3. nach § 456a Abs. 1 der Strafprozessordnung von der Vollstreckung abgesehen wird,
4. die Gefangenen im Gnadenwege aus der Haft entlassen werden,
5. eine lebenslange Freiheitsstrafe vollstreckt wird und ein Entlassungszeitpunkt noch nicht bestimmt ist.

(4) In den Fällen des Abs. 3 erhalten die Gefangenen bei ihrer Entlassung zusätzlich eine Ausgleichsentschädigung in Höhe von 15 vom Hundert der Bezüge, die sie für die geleistete Tätigkeit, die Grundlage für die Gewährung der Freistellungstage gewesen ist, erhalten haben. Liegt ein Fall des Abs. 3 Nr. 5 vor, wird die Ausgleichszahlung bereits nach Verbüßung von jeweils zehn Jahren der dort genannten Freiheitsentziehung zum Eigengeld gutgeschrieben, soweit die Entlassung nicht vor diesem Zeitpunkt erfolgt.

(5) Gefangene erwerben einen Anspruch auf Erlass der von ihnen zu tragenden Kosten des Strafverfahrens im Sinne von § 464a der Strafprozessordnung, soweit diese dem Land Hessen zustehen, wenn sie
1. jeweils sechs Monate zusammenhängend eine Tätigkeit nach § 27 Abs. 3 ausgeübt haben, in Höhe der von ihnen in diesem Zeitraum erzielten Vergütung, höchstens aber fünf vom Hundert der zu tragenden Kosten, oder
2. unter Vermittlung der Anstalt von ihrer Vergütung nach § 38 Schadenswiedergutmachung leisten, in Höhe der Hälfte der geleisteten Zahlungen.

(6) Für Abs. 2 Satz 1 und Abs. 5 Nr. 1 gilt § 27 Abs. 9 Satz 3 und 4 entsprechend.

4 Vorb. 5, 4 C 1, 4 D 6, 4 D 30, 4 D 31, 4 D 32, 4 D 34, 4 D 38, 4 D 40, 4 D 42, 4 D 43, 4 D 45, 4 D 49, 4 D 53, 4 D 54, 4 D 55, 4 D 57, 4 D 58, 4 D 59, 4 D 60, 4 D 61, 4 D 62, 4 D 64, 4 D 69, 4 G 13, 6 F 56

§ 40 Hausgeld

(1) Die Gefangenen erhalten von der ihnen nach § 38 zustehenden Vergütung drei Siebtel monatlich als Hausgeld.

(2) Für Gefangene, die in einem freien Beschäftigungsverhältnis stehen oder denen gestattet ist, sich selbst zu beschäftigen, wird aus ihren Bezügen oder Einkünften ein angemessenes Hausgeld festgesetzt.

4 Vorb. 5, 4 I 23, 4 I 25, 4 I 27, 12 P 8

§ 41 Taschengeld

(1) Gehen Gefangene ohne ihr Verschulden keiner Tätigkeit nach § 27 Abs. 3 nach, wird ihnen auf Antrag ein Taschengeld gewährt, soweit sie bedürftig sind.

(2) Das Taschengeld beträgt bis zu 14 vom Hundert der Vergütung nach § 38 Abs. 2, soweit ihnen in dem Monat, für den das Taschengeld beantragt wurde, aus Hausgeld und Eigengeld nicht ein Betrag bis zu dieser Höhe zur Verfügung steht.

4 Vorb. 5, 4 I 3, 4 I 4, 4 I 5, 4 I 10, 4 I 13, 4 I 16, 4 I 23

§ 42 Überbrückungsgeld

(1) Aus den in diesem Gesetz geregelten Bezügen und aus den Bezügen oder Einkünften der Gefangenen, die in einem freien Beschäftigungsverhältnis stehen oder denen gestattet ist, sich selbst zu beschäftigen, ist ein Überbrückungsgeld zu bilden, das den notwendigen Lebensunterhalt der Gefangenen und der Unterhaltsberechtigten für die ersten vier Wochen nach der Entlassung sichern soll.

(2) Das Überbrückungsgeld wird den Gefangenen bei der Entlassung in die Freiheit ausgezahlt. Liegen Anhaltspunkte dafür vor, dass Gefangene das Überbrückungsgeld nicht zweckentsprechend verwenden, kann die Anstalt es ganz oder teilweise der Bewährungshilfe zur Verwaltung für die Gefangenen in den ersten vier Wochen nach der Entlassung überlassen.

(3) Die Anstaltsleitung kann gestatten, dass das Überbrückungsgeld schon vor der Entlassung für Ausgaben in Anspruch genommen wird, die der Eingliederung der Gefangenen dienen. Eine Verwendung zur Tilgung von Ersatzfreiheitsstrafen ist zulässig.

4 Vorb. 5, 4 I 11, 4 I 64, 4 I 67, 4 I 78, 4 I 83, 4 I 87, 4 I 91

§ 43 Haftkostenbeitrag

(1) Als Teil der Kosten der Vollstreckung der Rechtsfolgen einer Tat im Sinne des § 464a Abs. 1 Satz 2 der Strafprozessordnung erhebt die Anstalt von den Gefangenen einen Haftkostenbeitrag.

(2) Ein Haftkostenbeitrag wird nicht erhoben, wenn Gefangene
1. eine Vergütung nach § 38 erhalten,
2. ohne Verschulden eine Tätigkeit nach § 27 Abs. 3 oder 4 nicht ausüben oder hierzu nicht verpflichtet sind.

Satz 1 Nr. 2 gilt nicht, wenn Gefangene eine Rente oder sonstige regelmäßige Einkünfte beziehen. Den Gefangenen ist jedoch arbeitstäglich ein Betrag in Höhe der Eckvergütung (§ 38 Abs. 2) zu belassen.

(3) Im Übrigen kann von der Erhebung eines Haftkostenbeitrags ganz oder teilweise aus besonderen Gründen abgesehen werden, insbesondere zur Förderung von Unterhaltszahlungen, Schadenswiedergutmachung, sonstiger Schuldenregulierung oder für besondere Aufwendungen zur Eingliederung.

(4) Der Haftkostenbeitrag wird in Höhe des Betrages erhoben, der nach § 17 Abs. 1 Satz 1 Nr. 4 des Vierten Buchs Sozialgesetzbuch durchschnittlich zur Bewertung der Sachbezüge festgesetzt ist. Die Aufsichtsbehörde stellt den Betrag jährlich fest.

(5) Gefangene können an den über die Grundversorgung der Anstalt hinausgehenden Kosten des Justizvollzugs angemessen beteiligt werden. Dies gilt insbesondere für die Betriebskosten der in ihrem Besitz befindlichen selbst genutzten Gegenstände und Geräte. Sie haben ferner die Kosten zu tragen, die durch die Inanspruchnahme gewünschter Leistungen der Anstalt oder von ihr vermittelter Leistungen Dritter entstehen.

4 Vorb. 5, 4 D 30, 4 H 29, 4 I 40, 4 I 43, 4 I 45, 4 I 48, 4 I 49, 4 I 56, 4 I 60, 4 I 61, 5 C 32, 5 C 44

§ 44 Eigengeld

(1) Vergütung nach § 38 oder Bezüge aus einem freien Beschäftigungsverhältnis, die nicht als Hausgeld, Haftkostenbeitrag oder Überbrückungsgeld in Anspruch genommen werden, sowie Gelder, die Gefangene in die Anstalt einbringen oder die für sie von Dritten eingebracht werden, sind als Eigengeld

gutzuschreiben. Die Gefangenen können über ihr Eigengeld verfügen, soweit dieses nicht als Überbrückungsgeld notwendig ist.

(2) Für die Gefangenen kann zweimal jährlich zu besonderen Anlässen mit Erlaubnis der Anstalt Geld zum Zweck eines Sondereinkaufs einbezahlt werden; darüber hinaus kann die Anstaltsleitung zweckgebundene Einzahlungen Dritter für Ausgaben gestatten, die dem Zugangseinkauf, der medizinischen Versorgung, der Gewährleistung der Informationsfreiheit oder der Eingliederung der Gefangenen dienen (zweckgebundenes Eigengeld).

4 Vorb. 5, 4 I 11, 4 I 12, 4 I 93, 4 I 101, 4 I 102, 4 I 103, 4 I 105, 4 I 118, 4 I 124, 6 C 3, 6 C 16, 6 C 18, 11 C 17

Neunter Titel. Sicherheit und Ordnung

§ 45 Grundsätze, Verhaltensvorschriften

(1) Sicherheit und Ordnung der Anstalt tragen maßgeblich zu einem an der Erfüllung des Eingliederungsauftrags ausgerichteten Anstaltslebens bei. Das Verantwortungsbewusstsein der Gefangenen für ein geordnetes Zusammenleben in der Anstalt ist zu wecken und zu stärken.

(2) Die Pflichten und Beschränkungen, die den Gefangenen zur Aufrechterhaltung der Sicherheit oder Ordnung der Anstalt auferlegt werden, sind so zu wählen, dass sie in einem angemessenen Verhältnis zu ihrem Zweck stehen und die Gefangenen nicht mehr und nicht länger als notwendig beeinträchtigen. Soweit es zur Gewährleistung von Sicherheit oder Ordnung der Anstalt unbedingt erforderlich ist, erfolgt eine offene optische Überwachung der Gefangenen außerhalb der Haftträume mit technischen Hilfsmitteln, insbesondere Videoüberwachung. § 34 Abs. 5 Satz 2 und 3 gilt entsprechend.

(3) Die Gefangenen haben sich nach der Tageseinteilung der Anstalt zu richten. Sie dürfen durch ihr Verhalten gegenüber Vollzugsbediensteten, Mitgefangenen und anderen Personen das geordnete Zusammenleben nicht stören.

(4) Die Gefangenen haben die Anordnungen der Vollzugsbediensteten zu befolgen. Einen ihnen zugewiesenen Bereich dürfen sie nicht ohne Erlaubnis verlassen.

(5) Die Gefangenen haben die Haftträume und die ihnen von der Anstalt überlassenen Sachen in Ordnung zu halten und schonend zu behandeln.

(6) Die Gefangenen haben Umstände, die eine erhebliche Gefahr für eine Person oder eine erhebliche Störung der Sicherheit oder Ordnung der Anstalt begründen oder darauf hindeuten, unverzüglich zu melden.

11 A 4, 11 A 6, 11 A 7, 11 A 9, 11 A 10, 11 B 2, 11 B 4, 11 B 6, 11 B 7, 11 B 8, 11 B 9, 11 F 3, 11 I 4

§ 46 Absuchung, Durchsuchung

(1) Gefangene, ihre Sachen und die Haftträume dürfen, auch mit technischen oder sonstigen Hilfsmitteln, abgesucht oder durchsucht werden. Die Durchsuchung Gefangener darf nur von Personen gleichen Geschlechts vorgenommen werden. Auf das Schamgefühl ist Rücksicht zu nehmen.

(2) Nur bei Gefahr im Verzuge oder auf Anordnung der Anstaltsleitung im Einzelfall ist es zulässig, eine mit einer Entkleidung verbundene körperliche Durchsuchung vorzunehmen. Die Untersuchung von Körperöffnungen darf nur durch den ärztlichen Dienst vorgenommen werden. Abs. 1 Satz 2 und 3 gilt entsprechend. Die Durchsuchung ist an einem Ort durchzuführen, der einen Sichtkontakt Unbeteiligter nicht zulässt. Andere Gefangene dürfen nicht anwesend sein.

(3) Abweichend von Abs. 2 Satz 1 kann die Anstaltsleitung anordnen, dass Gefangene bei der Aufnahme, vor und nach Kontakten mit Besuchspersonen sowie vor und nach jeder Abwesenheit von der Anstalt nach Abs. 2 zu durchsuchen sind; im Einzelfall unterbleibt eine Entkleidung, wenn aufgrund besonderer Umstände eine Gefahr für die Sicherheit oder Ordnung der Anstalt fernliegend erscheint.

(4) Bei der Durchsuchung von Haftträumen nach Abs. 1 Satz 1 dürfen Unterlagen, die von Gefangenen als Schreiben von Personen nach § 33 Abs. 3 und 4 gekennzeichnet sind, einer Sichtkontrolle auf verbotene Gegenstände ohne Kenntnisnahme des Inhalts unterzogen werden.

2 F 10, 11 D 2, 11 D 4, 11 D 5, 11 D 6, 11 D 7, 11 D 9, 11 D 10

§ 47 Bekämpfung des Suchtmittelmissbrauchs

(1) Zur Bekämpfung des Suchtmittelmissbrauchs werden Kontrollen durchgeführt.

(2) Eine Kontrolle kann allgemein angeordnet werden, wenn dies zur Aufrechterhaltung der Sicherheit oder Ordnung der Anstalt, zur Erfüllung des Eingliederungsauftrags oder zur Gesundheitsvorsorge

geboten ist. Gegen einzelne Gefangene kann eine Kontrolle angeordnet werden, wenn sie im Verdacht stehen, unerlaubt Suchtmittel zu besitzen oder solche konsumiert zu haben.

(3) Bei Gefangenen, die eine Mitwirkung an der Durchführung der Kontrolle ohne hinreichenden Grund verweigern, ist in der Regel davon auszugehen, dass Suchtmittelfreiheit nicht gegeben ist.

(4) Räumen Gefangene bei einem positiven Kontrollergebnis den Suchtmittelmissbrauch oder bei Verdacht der Manipulation der Probe die Manipulation nicht ein, ist eine Kontrolluntersuchung durch ein externes Fachlabor durchzuführen. Bestätigt sich das positive Kontrollergebnis oder die Manipulation der Probe, haben die Gefangenen die Kosten für die zusätzliche Untersuchung zu tragen.

11 D 3, 11 D 12, 11 D 15, 11 D 16, 11 D 17, 11 D 18

§ 48 Lichtbildausweise

Die Anstalt kann Gefangene verpflichten, einen Lichtbildausweis mit sich zu führen, wenn dies aus Gründen der Sicherheit oder Ordnung der Anstalt erforderlich ist. Der Ausweis ist bei der Entlassung oder der Verlegung in eine andere Anstalt einzuziehen und zu vernichten.

11 F 3

§ 49 Festnahmerecht

Gefangene, die entwichen sind oder sich sonst ohne Erlaubnis außerhalb der Anstalt aufhalten, können durch die Anstalt oder auf deren Veranlassung hin im Rahmen der Nacheile festgenommen und in die Anstalt zurückgeführt werden.

10 C 14, 11 G 2

§ 50 Besondere Sicherungsmaßnahmen

(1) Gegen Gefangene können besondere Sicherungsmaßnahmen angeordnet werden, wenn nach deren Verhalten oder aufgrund des seelischen Zustandes in erhöhtem Maße die Gefahr der Entweichung, von Gewalttätigkeiten gegen Personen oder Sachen oder der Selbsttötung oder der Selbstverletzung besteht.

(2) Als besondere Sicherungsmaßnahmen sind zulässig:
1. der Entzug oder die Vorenthaltung von Gegenständen,
2. die Beobachtung der Gefangenen, auch durch technische Hilfsmittel, insbesondere Videoüberwachung, soweit dies unbedingt erforderlich ist,
3. die Absonderung von anderen Gefangenen,
4. der Entzug oder die Beschränkung des Aufenthalts im Freien,
5. die Unterbringung in einem besonders gesicherten Haftraum ohne gefährdende Gegenstände und
6. die Fesselung.

(3) Maßnahmen nach Abs. 2 Nr. 1 und 3 bis 5 sind auch zulässig, wenn die Gefahr einer Befreiung oder eine sonstige erhebliche Störung der Anstaltsordnung anders nicht abgewehrt werden kann. Gleiches gilt für Maßnahmen nach Abs. 2 Nr. 1, 3 und 4, wenn Gefangene auf eine extremistische Verhaltensweise hinwirken.

(4) Bei einer Ausführung, Vorführung oder beim Transport von Gefangenen, deren Eignung für vollzugsöffnende Maßnahmen nach § 13 Abs. 3 Satz 1 nicht festgestellt ist, ist die Fesselung auch dann zulässig, wenn die vorgesehene Bewachung durch Bedienstete nicht ausreicht, die Gefahr einer Entweichung oder eines Angriffs auf Personen zu beseitigen. Eine Bewachung im Sinne des Satz 1 ist in der Regel nicht ausreichend, wenn
1. die in § 13 Abs. 6 genannten Fristen noch nicht erreicht sind,
2. aufgrund der Kurzfristigkeit der Notwendigkeit der Maßnahme, insbesondere in Fällen der medizinischen Versorgung, eine Bewertung der Gesamtumstände nicht möglich ist oder
3. die Maßnahme an einem Ort durchgeführt wird, an dem sich die tatsächlichen Verhältnisse nicht mit der erforderlichen Sicherheit vorher bestimmen lassen,

es sei denn besondere Umstände lassen im Einzelfall die in Satz 1 genannten Gefahren auch ohne Fesselung fernliegend erscheinen. Eine Fesselung ist bei Ausführungen, die der Vorbereitung der Entlassung nach § 16 Abs. 1 dienen, nur zulässig, wenn dies zur Abwehr der in Satz 1 genannten Gefahren unerlässlich ist.

(5) In der Regel dürfen Fesseln nur an den Händen oder an den Füßen angelegt werden. Im Interesse der Gefangenen kann die Anstaltsleitung eine andere Art der Fesselung anordnen.

(6) Für die Beobachtung der Gefangenen durch technische Hilfsmittel nach Abs. 2 Nr. 2 gilt § 34 Abs. 5 Satz 2 und 3 entsprechend. Eine dauerhafte Beobachtung unter Verwendung technischer Hilfsmittel ist nur zulässig, wenn und solange dies zur Abwendung der Gefahr einer Selbsttötung oder Selbstverletzung unbedingt erforderlich ist. Eine Abdunklung zur Nachtzeit ist zu gewährleisten. Das Schamgefühl ist soweit wie möglich zu schonen.

(7) Eine Absonderung von mehr als 24 Stunden ist nur zulässig, wenn dies unerlässlich ist.

(8) Während der Absonderung oder Unterbringung in einem besonders gesicherten Raum sind die Gefangenen in besonderem Maße zu betreuen. Sind die Gefangenen darüber hinaus gefesselt, sind sie ständig zu beobachten; bei einer Fesselung auf einer Fixierliege ist eine Sitzwache durchzuführen. Eine Absonderung von mehr als 30 Tagen Dauer oder mehr als drei Monaten innerhalb von zwölf Monaten bedarf der Zustimmung der Aufsichtsbehörde.

11 I 3, 11 I 4, 11 I 8, 11 I 14, 11 I 16, 11 I 17, 11 I 20, 11 I 25, 11 I 27, 11 I 28, 11 I 32, 11 I 34, 11 I 37, 11 I 39, 11 I 40, 11 I 43, 11 I 46, 11 I 47, 11 I 49, 11 I 50, 11 I 51

§ 51 Anordnung besonderer Sicherungsmaßnahmen, ärztliche Überwachung

(1) Besondere Sicherungsmaßnahmen ordnet die Anstaltsleitung an. Bei Gefahr im Verzuge können auch andere Bedienstete der Anstalt diese Maßnahmen vorläufig anordnen. Die Entscheidung der Anstaltsleitung ist unverzüglich einzuholen.

(2) Vor der Anordnung ist eine Stellungnahme des ärztlichen oder psychologischen Dienstes einzuholen, wenn hierzu begründeter Anlass besteht. Ist dies wegen Gefahr im Verzuge nicht möglich, wird die Stellungnahme unverzüglich nachträglich eingeholt. Wenn Gefangenen der tägliche Aufenthalt im Freien entzogen wird oder sie länger als 24 Stunden abgesondert sind, ist eine Stellungnahme des ärztlichen Dienstes spätestens nach drei Tagen und danach in angemessenen Abständen einzuholen.

(3) Besondere Sicherungsmaßnahmen dürfen nur so weit aufrechterhalten werden, wie es ihr Zweck erfordert. Eine Überprüfung hat in angemessenen Abständen zu erfolgen.

(4) Sind Gefangene in einem besonders gesicherten Haftraum untergebracht oder gefesselt (§ 50 Abs. 2 Nr. 5 und 6), so sucht sie der ärztliche Dienst alsbald und danach in der Regel täglich auf. Dies gilt nicht bei einer Fesselung während einer Ausführung, Vorführung oder eines Transports.

(5) Die besonderen Sicherungsmaßnahmen sind den Gefangenen zu erläutern. Die Anordnung und die Durchführung der Maßnahmen einschließlich der Beteiligung des ärztlichen oder psychologischen Dienstes sind zu dokumentieren.

(6) Besondere Sicherungsmaßnahmen nach § 50 Abs. 2 Nr. 5 und 6 sind der Aufsichtsbehörde unverzüglich zu berichten, wenn sie länger als drei Tage aufrechterhalten werden.

6 I 1, 6 I 2, 6 I 6, 6 I 7, 11 I 3, 11 I 4, 11 I 6, 11 I 7, 11 I 33, 11 I 34, 11 I 44, 11 I 45, 11 I 48, 11 I 53, 11 I 55, 11 I 56, 11 I 61, 11 I 62, 11 I 63, 11 I 64

§ 52 Ersatz von Aufwendungen

(1) Die Gefangenen sind verpflichtet, der Anstalt Aufwendungen zu ersetzen, die sie durch eine vorsätzliche oder grob fahrlässige Selbstverletzung, Verletzung anderer Personen oder Beschädigung fremder Sachen verursacht haben. Gleiches gilt, wenn Gefangene Behandlungsmaßnahmen, mit denen sie sich zuvor einverstanden erklärt haben, mutwillig in Kenntnis der Tatsache verweigern, dass die Anstalt hierfür bereits nicht mehr rückgängig zu machende Verpflichtungen eingegangen ist. Ansprüche aufgrund anderer Rechtsvorschriften bleiben unberührt.

(2) Die Anstalt kann den Anspruch durch Bescheid gegen die Gefangenen geltend machen. Bei der Geltendmachung dieser Forderungen kann auch ein den dreifachen Tagessatz der Eckvergütung (§ 38 Abs. 2) übersteigender Teil des Hausgelds (§ 40) in Anspruch genommen werden.

(3) Von der Aufrechnung oder Vollstreckung wegen der in Abs. 1 genannten Forderungen ist abzusehen, wenn hierdurch die Erfüllung des Eingliederungsauftrags gefährdet würde.

4 I 27, 4 I 34, 11 J 2, 11 J 3, 11 J 4, 11 J 6, 11 J 7, 11 J 9, 11 J 12, 11 J 13, 13 G 2

Zehnter Titel. Unmittelbarer Zwang

§ 53 Unmittelbarer Zwang

(1) Unmittelbarer Zwang ist die Einwirkung auf Personen oder Sachen durch körperliche Gewalt, ihre Hilfsmittel und durch Waffen. Körperliche Gewalt ist jede unmittelbare körperliche Einwirkung auf Perso-

nen oder Sachen. Hilfsmittel der körperlichen Gewalt sind namentlich Fesseln. Waffen sind die dienstlich zugelassenen Hieb- und Schusswaffen sowie Reizstoffe.

(2) Vollzugsbedienstete dürfen unmittelbaren Zwang anwenden, wenn sie Vollzugs- und Sicherungsmaßnahmen rechtmäßig durchführen und der damit verfolgte Zweck auf keine andere Weise erreicht werden kann. Gegen andere Personen als Gefangene darf unmittelbarer Zwang angewendet werden, wenn sie es unternehmen, Gefangene zu befreien oder in den Anstaltsbereich widerrechtlich einzudringen oder wenn sie sich unbefugt im Anstaltsbereich aufhalten. Das Recht zu unmittelbarem Zwang aufgrund anderer Regelungen bleibt unberührt.

(3) Unter mehreren möglichen und geeigneten Maßnahmen des unmittelbaren Zwangs ist diejenige zu wählen, die den Einzelnen und die Allgemeinheit voraussichtlich am wenigsten beeinträchtigt. Unmittelbarer Zwang unterbleibt, wenn ein durch ihn zu erwartender Schaden erkennbar außer Verhältnis zu dem angestrebten Erfolg steht.

(4) Unmittelbarer Zwang ist vorher anzudrohen. Von der Androhung kann abgesehen werden, wenn die Umstände sie nicht zulassen, insbesondere wenn die sofortige Anwendung des Zwangsmittels zur Abwehr einer Gefahr notwendig ist.

5 D 11, 5 D 14, 5 D 20, 5 D 21, 5 D 22, 11 K 5, 11 K 8, 11 K 11, 11 K 14, 11 K 15, 11 K 16, 11 K 17, 11 K 18, 11 K 19, 11 K 20, 11 K 23, 11 K 24, 11 K 32, 11 K 37, 11 K 38, 11 K 53, 11 K 55, 11 K 74, 11 K 75, 11 K 79

§ 54 Schusswaffengebrauch

(1) Schusswaffen dürfen gegen Gefangene nur
1. zur Abwehr eines gegenwärtigen rechtswidrigen Angriffs auf Leib oder Leben oder
2. zur Vereitelung einer Flucht oder zur Wiederergreifung

gebraucht werden, wenn andere Maßnahmen des unmittelbaren Zwanges bereits erfolglos waren oder keinen Erfolg versprechen. Sie dürfen nur von den dazu bestimmten Vollzugsbediensteten mit dem Ziel gebraucht werden, angriffs- oder fluchtunfähig zu machen. Ihr Gebrauch unterbleibt, wenn dadurch erkennbar Unbeteiligte mit hoher Wahrscheinlichkeit gefährdet würden. Der Gebrauch von Schusswaffen ist vorher anzudrohen. Als Androhung gilt auch ein Warnschuss. Ohne Androhung dürfen Schusswaffen nur dann gebraucht werden, wenn das zur Abwehr eines Angriffs nach Satz 1 Nr. 1 unerlässlich ist.

(2) Um die Flucht von Gefangenen, die im offenen Vollzug untergebracht sind, zu vereiteln, dürfen keine Schusswaffen gebraucht werden.

(3) Gegen andere Personen dürfen Schusswaffen gebraucht werden, wenn sie es unternehmen, Gefangene gewaltsam zu befreien oder gewaltsam in eine Anstalt einzudringen. Abs. 1 Satz 2 bis 6 und Abs. 2 gelten entsprechend.

11 K 5, 11 K 60, 11 K 66, 11 K 69, 11 K 71, 11 K 84, 11 K 85, 11 K 86

Elfter Titel. Disziplinarmaßnahmen

§ 55 Disziplinarmaßnahmen

(1) Disziplinarmaßnahmen können angeordnet werden, wenn Gefangene rechtswidrig und schuldhaft
1. gegen Strafgesetze verstoßen oder eine Ordnungswidrigkeit begehen,
2. die zugewiesenen Tätigkeiten nach § 27 Abs. 3 nicht ausüben,
3. ohne erforderliche Erlaubnis nach § 20 Abs. 1 Gegenstände in die Anstalt einbringen, einbringen lassen, annehmen, besitzen oder abgeben,
4. entweichen oder zu entweichen versuchen,
5. unerlaubt Betäubungsmittel oder andere berauschende Stoffe herstellen, konsumieren oder eine Kontrolle nach § 47 Abs. 2 verweigern oder manipulieren,
6. wiederholt oder schwerwiegend gegen sonstige Pflichten verstoßen, die ihnen durch dieses Gesetz oder aufgrund dieses Gesetzes auferlegt sind.

(2) Zulässige Disziplinarmaßnahmen sind
1. der Verweis,
2. der Ausschluss von gemeinsamer Freizeit bis zu vier Wochen oder von einzelnen Freizeitveranstaltungen bis zu drei Monaten,
3. die Beschränkung oder der Entzug des Fernsehempfangs bis zu drei Monaten,
4. die Beschränkung oder der Entzug von Gegenständen für eine Beschäftigung in der Freizeit bis zu drei Monaten,

Anhang

5. die Beschränkung oder der Entzug der Verfügung über das Hausgeld und des Einkaufs bis zu drei Monaten,
6. der Entzug der Arbeit bis zu vier Wochen unter Wegfall der in diesem Gesetz geregelten Bezüge,
7. die Beschränkung oder der Entzug von Ausgangsstunden bei der Gewährung von vollzugsöffnenden Maßnahmen bis zu drei Monaten und
8. Arrest bis zu zwei Wochen.

(3) In geeigneten Fällen kann von Disziplinarmaßnahmen abgesehen werden, wenn andere Maßnahmen ausreichend erscheinen. Zu berücksichtigen ist ferner eine aus demselben Anlass angeordnete besondere Sicherungsmaßnahme.

(4) Eine Disziplinarmaßnahme ist auch zulässig, wenn wegen derselben Verfehlung ein Straf- oder Bußgeldverfahren eingeleitet wird. Mehrere Disziplinarmaßnahmen können miteinander verbunden werden. Der Verweis kann auch mit der Anordnung, gemeinnützige Arbeit zu leisten, verbunden werden. Arrest darf nur wegen schwerer oder mehrfach wiederholter Verfehlungen verhängt werden.

11 M 3, 11 M 4, 11 M 8, 11 M 9, 11 M 10, 11 M 12, 11 M 17, 11 M 18, 11 M 19, 11 M 22, 11 M 25, 11 M 28, 11 M 31, 11 M 32, 11 M 33, 11 M 34, 11 M 35, 11 M 36, 11 M 37, 11 M 39, 11 M 40, 11 M 41

§ 56 Verfahren und Vollstreckung

(1) Disziplinarmaßnahmen ordnet die Anstaltsleitung an. Bei einer Verfehlung, die während der Verlegung in eine andere Vollzugsanstalt begangen wird, ist die Leitung dieser Anstalt zuständig. Wenn sich die Verfehlung gegen die Anstaltsleitung richtet, entscheidet die Aufsichtsbehörde.

(2) Im Rahmen der Sachverhaltsaufklärung sind sowohl die belastenden als auch die entlastenden Umstände zu ermitteln. Die Gefangenen werden gehört. Sie sind darauf hinzuweisen, dass es ihnen freisteht, sich zu äußern. Die Erhebungen werden in einer Niederschrift festgelegt; die Einlassung der Gefangenen wird vermerkt. Bei schweren Verstößen soll vor der Entscheidung die Konferenz (§ 75 Abs. 3) beteiligt werden. § 51 Abs. 2 Satz 1 und 2 gilt entsprechend. Die Entscheidung wird den Gefangenen mündlich eröffnet und schriftlich kurz begründet.

(3) Disziplinarmaßnahmen werden in der Regel sofort vollstreckt. Eine Disziplinarmaßnahme kann ganz oder teilweise bis zu sechs Monaten zur Bewährung ausgesetzt werden. Wird die Verfügung über das Hausgeld beschränkt oder entzogen, ist das in dieser Zeit anfallende Hausgeld dem Überbrückungsgeld hinzuzurechnen. Disziplinarmaßnahmen, die gegen Gefangene in einer anderen Vollzugsanstalt oder während einer Untersuchungshaft angeordnet worden sind, werden auf Ersuchen vollstreckt. Die Befugnis nach Satz 2 steht auch der ersuchten Anstalt zu.

(4) Für die Dauer des Arrests werden die Gefangenen abgesondert. Die Gefangenen können dazu in einem besonderen Arrestraum untergebracht werden, der den Anforderungen entsprechen muss, die an einen zum Aufenthalt bei Tag und Nacht bestimmten Haftraum gestellt werden. Soweit nichts anderes angeordnet wird, ruhen die Befugnisse der Gefangenen nach § 19 Abs. 1 Satz 1, § 22 Abs. 2 Satz 1, § 27 Abs. 1 bis 3, Abs. 4 Satz 1, Abs. 6, Abs. 7 Satz 1 und Abs. 9, § 30 Abs. 1, Abs. 2 Satz 2, Abs. 3 und Abs. 4 Satz 1 und 2 sowie § 31 Satz 1. Bevor der Arrest vollzogen wird, ist eine ärztliche Stellungnahme einzuholen. Während des Arrests stehen die Gefangenen unter ärztlicher Aufsicht. Der Vollzug des Arrests unterbleibt oder wird unterbrochen, wenn die Gesundheit der Gefangenen gefährdet würde.

4 I 73, 11 M 3, 11 M 32, 11 M 44, 11 M 45, 11 M 46, 11 M 47, 11 M 48, 11 M 51, 11 M 52, 11 M 53, 11 M 55, 11 M 57, 11 M 58, 11 M 59, 11 M 61

Zwölfter Titel. Beschwerde

§ 57 Beschwerderecht

(1) Gefangene können sich mit Wünschen, Anregungen und Beschwerden (Eingaben) in Angelegenheiten, die sie selbst betreffen, an die Anstaltsleitung wenden. Eingaben, die beleidigenden Charakter haben oder bloße Wiederholungen enthalten, brauchen nicht in der Sache beschieden zu werden. Gefangene sind über die Gründe zu unterrichten.

(2) Es ist zu gewährleisten, dass sich Gefangene in eigenen Angelegenheiten an hierfür zuständige Bedienstete der Aufsichtsbehörde, die die Anstalt aufsuchen, wenden können.

(3) Die Möglichkeit der Dienstaufsichtsbeschwerde bleibt unberührt.

12 A 2, 12 A 5, 12 A 7, 12 A 9, 12 A 14, 12 A 16

Dreizehnter Titel. Datenschutz

§ 58 Zulässigkeit der Verarbeitung personenbezogener Daten

(1) Die Anstalt und die Aufsichtsbehörde dürfen personenbezogene Daten nur verarbeiten, wenn eine Rechtsvorschrift dies vorsieht oder zwingend voraussetzt oder soweit dies für den Vollzug der Freiheitsstrafe erforderlich und im Falle der Verarbeitung besonderer Kategorien personenbezogener Daten nach § 41 Nr. 15 des Hessischen Datenschutz- und Informationsfreiheitsgesetzes unbedingt erforderlich ist. Soweit in den folgenden Vorschriften nichts Abweichendes geregelt ist, findet das Hessische Datenschutz- und Informationsfreiheitsgesetz Anwendung; dabei finden insbesondere die Vorschriften von Teil 3 des Hessische Datenschutz- und Informationsfreiheitsgesetzes auf die Datenverarbeitung durch die Anstalt oder Aufsichtsbehörde Anwendung, soweit die Datenverarbeitung zu den in § 40 des Hessischen Datenschutz- und Informationsfreiheitsgesetzes genannten Zwecken erfolgt. Bei der Verarbeitung personenbezogener Daten sind schutzwürdige Interessen der Betroffenen in jedem Fall der Verarbeitung zu berücksichtigen; sofern der Kernbereich privater Lebensgestaltung betroffen ist, darf keine Verarbeitung erfolgen.

(2) Zur Sicherung von Ziel und Aufgabe des Vollzugs der Freiheitsstrafe nach § 2, insbesondere zur Aufrechterhaltung der Sicherheit oder Ordnung der Anstalt, zur Identitätsfeststellung oder zur Aufrechterhaltung der medizinischen Versorgung und Gesundheitsfürsorge ist, soweit hierfür unbedingt erforderlich, die Verarbeitung folgender Daten von Gefangenen mit deren Kenntnis zulässig:
1. biometrische Daten von Fingern und Händen,
2. Lichtbilder,
3. Feststellungen äußerlicher körperlicher Merkmale,
4. Körpermessungen und
5. Gesundheitsdaten.

(3) Alle zur Person der Gefangenen erhobenen und für den Vollzug der Freiheitsstrafe erforderlichen Daten einschließlich derjenigen, die nach Abs. 2 Nr. 1 bis 4 erhoben worden sind, sind in eine Gefangenenpersonalakte aufzunehmen, die auch elektronisch geführt werden kann. Gesundheitsdaten und die sonstigen in § 61 Abs. 2 und 3 aufgeführten personenbezogenen Daten sind getrennt von der Gefangenenpersonalakte zu führen.

(4) Die einzelnen Vollzugsbediensteten sowie die in § 61 Abs. 3, § 76 Abs. 1 Satz 2 und 3, § 77 Abs. 1 und § 81 genannten Personen dürfen von personenbezogenen Daten nur Kenntnis erhalten, soweit dies zur Erfüllung der ihnen obliegenden Aufgabe oder für die Zusammenarbeit nach § 76 Abs. 4 erforderlich ist. Bei personenbezogenen Daten im Sinne von Abs. 2 ist über Satz 1 hinaus erforderlich, dass dies zur Erfüllung der ihnen obliegenden Aufgabe oder für die Zusammenarbeit nach § 76 Abs. 4 unbedingt erforderlich ist.

(5) Die Anstalt ist befugt, zur Aufrechterhaltung der Sicherheit oder Ordnung der Anstalt die Identität aller Personen, die Zugang zur Anstalt begehren, festzustellen. Sofern unbedingt erforderlich, ist die Anstalt berechtigt, hierzu den Abgleich biometrischer Daten vorzunehmen.

(6) Soweit dies zur Aufrechterhaltung von Sicherheit oder Ordnung der Anstalt erforderlich ist, werden Außenbereiche der Anstalt mit technischen Hilfsmitteln, insbesondere Videoüberwachung, offen überwacht, sofern keine Anhaltspunkte dafür bestehen, dass schutzwürdige Interessen der Betroffenen überwiegen. Der Umstand der Überwachung und der Name und die Kontaktdaten der Verantwortlichen sind den Betroffenen durch geeignete Maßnahmen zum frühestmöglichen Zeitpunkt kenntlich zu machen. § 34 Abs. 5 Satz 2 gilt entsprechend; darüber hinaus ist eine Speicherung nur zulässig, wenn keine Anhaltspunkte dafür bestehen, dass schutzwürdige Interessen der Betroffenen überwiegen.

§ 58a Überprüfung anstaltsfremder Personen

(1) Personen, die in der Anstalt tätig werden sollen und die zur Anstalt oder Aufsichtsbehörde nicht in einem Dienst- oder Arbeitsverhältnis stehen und nicht im Auftrag einer anderen Behörde Zugang begehren, können zu diesen Tätigkeiten nur zugelassen werden, wenn keine Sicherheitsbedenken bestehen. Die Anstalt nimmt zur Aufrechterhaltung der Sicherheit oder Ordnung der Anstalt und zur Abwendung von Gefahren hierfür mit Einwilligung der betroffenen Person eine Zuverlässigkeitsüberprüfung vor. Sie darf dazu
1. eine Auskunft nach § 41 Abs. 1 Nr. 1 des Bundeszentralregistergesetzes in der Fassung der Bekanntmachung vom 21. September 1984 (BGBl. I S. 1229, 1985 I S. 195), zuletzt geändert durch Gesetz vom 18. Juli 2017 (BGBl. I S. 2732), einholen,

2. Erkenntnisse der Polizeibehörden und, soweit im Einzelfall erforderlich, des Landesamts für Verfassungsschutz abfragen.

Ist eine Überprüfung in Eilfällen, beispielsweise bei kurzfristig notwendigen Reparaturarbeiten, nicht möglich, hat eine entsprechende Beaufsichtigung der Person bei der Tätigkeit in der Anstalt zu erfolgen. Die Vorschriften des Hessischen Sicherheitsüberprüfungsgesetzes vom 19. Dezember 2014 (GVBl. S. 364) in seiner jeweils geltenden Fassung bleiben unberührt.

(2) Abgesehen von den Fällen des § 33 Abs. 3 und 4 darf die Anstalt auch bei Personen, die die Zulassung zum Gefangenenbesuch oder zum Besuch der Anstalt begehren, zur Aufrechterhaltung der Sicherheit oder Ordnung der Anstalt mit ihrer Einwilligung eine Zuverlässigkeitsüberprüfung vornehmen. Abs. 1 Satz 3 gilt entsprechend; hierbei teilt die Anstalt den in Abs. 1 Satz 3 Nr. 2 genannten Behörden auch mit, dass und für welche Gefangenen die Person die Zulassung zum Gefangenenbesuch begehrt.

(3) Werden der Anstalt sicherheitsrelevante Erkenntnisse bekannt, wird die betroffene Person nicht oder nur unter Beschränkungen zu der Tätigkeit oder dem Besuch zugelassen. Gleiches gilt, wenn die betroffene Person eine Einwilligung in eine Zuverlässigkeitsüberprüfung verweigert.

(4) Personen nach Abs. 1 und 2 sind über die Benachrichtigung nach § 51 des Hessischen Datenschutz- und Informationsfreiheitsgesetzes hinaus über den Anlass der Zuverlässigkeitsprüfung, ihren möglichen Umfang nach Abs. 1 und 2 und über die Rechtsfolgen nach Abs. 3 mit der Einwilligungsanfrage zu belehren.

(5) Im Rahmen der Überprüfung bekannt gewordene Daten dürfen, soweit nicht aufgrund einer anderen gesetzlichen Vorschrift ihre Übermittlung gestattet oder vorgeschrieben ist, mit Ausnahme des für die Überprüfung einer Entscheidung nach Abs. 3 zuständigen Gerichts nicht an Dritte übermittelt werden.

(6) Die Zuverlässigkeitsüberprüfung ist in der Regel nach Ablauf einer Frist von fünf Jahren zu wiederholen, sofern ihre Erforderlichkeit nach Abs. 1 Satz 1 weiter besteht. Sie kann zudem wiederholt werden, wenn neue sicherheitsrelevante Erkenntnisse dies nahelegen.

§ 59 Auslesen von Datenspeichern

Elektronische Datenspeicher sowie elektronische Geräte mit Datenspeicher, die ohne Erlaubnis in die Anstalt eingebracht wurden, dürfen auf schriftliche Anordnung der Anstaltsleitung ausgelesen werden, soweit konkrete Anhaltspunkte die Annahme rechtfertigen, dass dies für die Erfüllung von Ziel und Aufgabe des Vollzugs der Freiheitsstrafe nach § 2, insbesondere zur Aufrechterhaltung der Sicherheit oder Ordnung der Anstalt, unbedingt erforderlich ist. Die Gründe sind in der Anordnung festzuhalten. Sind die Betroffenen bekannt, sind ihnen die Gründe vor dem Auslesen mitzuteilen. Die Gefangenen sind bei der Aufnahme über die Möglichkeit des Auslesens von nicht gestatteten Datenspeichern zu belehren.

§ 60 Zweckbindung und Übermittlung

(1) Personenbezogene Daten dürfen zu Zwecken, für die sie nicht erhoben oder gespeichert worden sind, nur verarbeitet, insbesondere übermittelt werden, wenn ein Fall der §§ 20 bis 27 und 44 bis 45 des Hessischen Datenschutz- und Informationsfreiheitsgesetzes vorliegt, insbesondere soweit dies
1. zu den in § 40 des Hessischen Datenschutz- und Informationsfreiheitsgesetzes genannten Zwecken,
2. in gerichtlichen Verfahren wegen Maßnahmen nach diesem Gesetz,
3. für Maßnahmen der Gerichtshilfe, Bewährungshilfe oder Führungsaufsicht,
4. zur Vorbereitung und Durchführung von Maßnahmen der Entlassungsvorbereitung und Nachsorge,
5. für Entscheidungen in Gnadensachen,
6. für sozialrechtliche Maßnahmen,
7. für die Einleitung von Hilfsmaßnahmen für Angehörige der Gefangenen (§ 11 Abs. 1 Nr. 1 des Strafgesetzbuchs),
8. für dienstliche Maßnahmen der Bundeswehr im Zusammenhang mit der Aufnahme und Entlassung von Soldaten,
9. für ausländerrechtliche Maßnahmen,
10. für die Durchführung der Besteuerung,
11. zur Ausübung von Aufsichts- und Kontrollbefugnissen sowie zu Ausbildungs- und Prüfungszwecken oder
12. für gesetzlich angeordnete Statistiken der Rechtspflege

erforderlich und bei besonderen Kategorien personenbezogener Daten nach § 41 Nr. 15 des Hessischen Datenschutz- und Informationsfreiheitsgesetzes unbedingt erforderlich ist.

(2) Bei der Überwachung der Besuche, der Telekommunikation oder des Schriftwechsels sowie bei der Überwachung des Inhalts von Paketen und dem Auslesen von Datenspeichern bekannt gewordene personenbezogene Daten dürfen über ihre Erhebung oder Speicherung hinaus nur verarbeitet, insbesondere übermittelt werden, wenn dies
1. nach Abs. 1 Nr. 1 oder 2 zulässig ist,
2. eine Rechtsvorschrift vorsieht, zwingend voraussetzt oder
3. die Wahrung der Sicherheit oder Ordnung der Anstalt oder die Erfüllung des Eingliederungsauftrags gebietet

und es unbedingt erforderlich ist. Daten nach Satz 1 sind hinsichtlich des Ursprungs ihrer Erhebung und Speicherung eindeutig zu kennzeichnen. § 4 Abs. 3 Satz 2 des Hessischen Datenschutz- und Informationsfreiheitsgesetzes bleibt unberührt.

(3) Die Anstalt oder Aufsichtsbehörde kann auf Antrag mitteilen, ob sich jemand in Haft befindet sowie ob und wann die Entlassung voraussichtlich ansteht, soweit dies nach Abs. 1 zulässig ist. Weiterhin können unter den Voraussetzungen des Satz 1 auf schriftlichen Antrag Auskünfte auch über die Vermögensverhältnisse der Gefangenen oder ihre Entlassungsadresse erteilt werden, wenn dies zur Feststellung oder Durchsetzung von Rechtsansprüchen im Zusammenhang mit der Straftat erforderlich ist. Unter den Voraussetzungen von § 406d Abs. 2 und 3 der Strafprozessordnung können Mitteilungen über die erstmalige Gewährung von vollzugsöffnenden Maßnahmen (§ 13) auch durch die Anstalt erfolgen. Die Gefangenen werden vor Mitteilungen nach Satz 1 bis 3 gehört, es sei denn, es ist zu besorgen, dass dadurch die Verfolgung des Interesses der Antragsteller vereitelt oder wesentlich erschwert werden würde. Ist die Anhörung unterblieben, werden die betroffenen Gefangenen über die Mitteilung der Anstalt oder Aufsichtsbehörde nachträglich unterrichtet.

(4) Akten mit personenbezogenen Daten dürfen nur anderen Anstalten, Aufsichtsbehörden, den für Strafvollzugs-, strafvollstreckungs- und strafrechtliche Entscheidungen zuständigen Gerichten sowie den Strafvollstreckungs- und Strafverfolgungsbehörden überlassen werden; die Überlassung an andere öffentliche Stellen ist zulässig, soweit die Erteilung einer Auskunft einen unvertretbaren Aufwand erfordert oder nach Darlegung der die Akteneinsicht begehrenden Stellen für die Erfüllung der Aufgabe nicht ausreicht. Entsprechendes gilt für die Überlassung von Akten an die von der Vollzugsbehörde mit Gutachten beauftragten Personen oder Stellen.

(5) Von der Anstalt oder der Aufsichtsbehörde übermittelte personenbezogene Daten dürfen nur zu dem Zweck verarbeitet werden, zu dessen Erfüllung sie übermittelt worden sind. Der Empfänger darf die Daten für andere Zwecke nur verarbeiten, soweit sie ihm auch für diese Zwecke hätten übermittelt werden dürfen und wenn im Falle einer Übermittlung an eine nicht öffentliche Stellen die übermittelnde Vollzugsbehörde eingewilligt hat. Die Anstalt oder Aufsichtsbehörde hat den Empfänger auf die Zweckbindung nach Satz 1 hinzuweisen und für den Fall, dass die übermittelten Daten besondere Kategorien personenbezogener Daten nach § 41 Nr. 15 des Hessischen Datenschutz- und Informationsfreiheitsgesetzes enthalten, auf diese Einstufung.

(6) Die Übermittlung von personenbezogenen Daten unterbleibt, soweit die in § 61 Abs. 2 und § 65 Abs. 4 und 6 geregelten Einschränkungen oder besondere gesetzliche Verwendungsregelungen entgegenstehen. Dies gilt nicht, wenn ein nach Abs. 1 Nr. 1 bis 3 zuständiges Gericht diese Daten anfordert oder dies zur Erfüllung der Aufgaben einer in § 119 Abs. 4 Nr. 13 der Strafprozessordnung genannten Stelle im Rahmen eines Besuchs der Anstalt erforderlich ist.

(7) Die Verantwortung für die Zulässigkeit der Übermittlung trägt die übermittelnde Anstalt oder Aufsichtsbehörde. Erfolgt die Übermittlung auf Ersuchen einer öffentlichen Stelle, trägt diese die Verantwortung. In diesem Fall prüft die übermittelnde Anstalt oder Aufsichtsbehörde nur, ob das Übermittlungsersuchen im Rahmen der Aufgaben des Empfängers liegt und die Abs. 2 und 6 der Übermittlung nicht entgegenstehen, es sei denn, dass besonderer Anlass zur Prüfung der Zulässigkeit der Übermittlung besteht.

12 I 8

§ 61 Schutz besonderer Daten

(1) Besondere Kategorien personenbezogener Daten nach § 41 Nr. 15 des Hessischen Datenschutz- und Informationsfreiheitsgesetzes, insbesondere das religiöse oder weltanschauliche Bekenntnis von Gefangenen und personenbezogene Daten, die anlässlich ärztlicher Untersuchungen erhoben worden sind, dürfen in der Anstalt nicht allgemein kenntlich gemacht werden. Andere personenbezogene Daten über die Gefangenen dürfen innerhalb der Anstalt allgemein kenntlich gemacht werden, soweit dies für ein geordnetes Zusammenleben in der Anstalt erforderlich ist.

(2) Personenbezogene Daten, die in der Anstalt tätigen Personen im Sinne von § 203 Abs. 1 Nr. 1, 2 und 5 des Strafgesetzbuchs von Gefangenen als Geheimnis anvertraut oder über Gefangene als Geheimnis sonst bekannt geworden sind, unterliegen auch gegenüber der Anstalt und der Aufsichtsbehörde der Schweigepflicht. Die in Satz 1 genannten Personen sind befugt und verpflichtet, diese Daten gegenüber der Anstaltsleitung zu offenbaren, soweit dies für die Sicherheit der Anstalt oder zur Abwehr von erheblichen Gefahren für Leben oder Gesundheit von Gefangenen oder Dritten unbedingt erforderlich ist. Eine Befugnis zur Offenbarung besteht auch, soweit es die Feststellung betrifft, ob Gefangene fähig sind, an bestimmten vollzuglichen Maßnahmen teilzunehmen oder ob sie an Behandlungsmaßnahmen teilnehmen und daran mitwirken.

(3) In Abs. 2 gelten Satz 2 und 3 entsprechend für die in § 203 Abs. 1 Nr. 1, 2, 4 und 5 des Strafgesetzbuchs genannten Personen außerhalb des Vollzugs, die mit der Untersuchung, Behandlung oder Betreuung von Gefangenen beauftragt wurden, mit der Maßgabe, dass die vorgenannten Personen lediglich zu einer Offenbarung befugt sind.

(4) Die Gefangenen sind bei der Aufnahme über die nach Abs. 2 Satz 2 und Abs. 3 bestehenden Offenbarungsbefugnisse und Offenbarungspflichten zu unterrichten.

(5) Die nach Abs. 2 und 3 offenbarten Daten dürfen nur für den Zweck, für den sie offenbart wurden oder für den eine Offenbarung zulässig gewesen wäre, und in dem hierfür unbedingt erforderlichen Umfang verarbeitet werden.

§ 62 Abruf durch die Aufsichtsbehörde, gemeinsame Datei, Einrichtung automatisierter Übermittlungs- und Abrufverfahren

(1) Zur Erfüllung ihrer Aufgaben kann die Aufsichtsbehörde Daten, die in der Anstalt gespeichert sind, abrufen.

(2) Daten über die persönlichen Verhältnisse der Gefangenen, Vollstreckungsdaten, Daten zum Vollzugsverlauf und sicherheitsrelevante Daten können in einer von der Aufsichtsbehörde eingerichteten und geführten gemeinsamen Datei gespeichert werden. Die Aufsichtsbehörde darf diese Daten, soweit erforderlich, verwenden zur übergeordneten Planung, zur Sicherung der Qualität des Vollzugs oder zur Durchführung von Einzelmaßnahmen. Für die Anstalten sind die Daten Teil der jeweiligen Gefangenenpersonalakte. Eingabe, Änderung und Löschung der Daten erfolgt jeweils durch die Anstalt, die für die Gefangene oder den Gefangenen zuständig ist. Die Übermittlung und der Abruf personenbezogener Daten aus dieser Datei zu den in § 60 Abs. 1 genannten Zwecken sind zulässig, soweit diese Form der Datenübermittlung oder des Datenabrufs unter Berücksichtigung der schutzwürdigen Belange der betroffenen Personen und der Erfüllung des Zwecks der Übermittlung angemessen ist.

(3) Für die Ausgestaltung des Verfahrens nach Abs. 2 gilt § 58 des Hessischen Datenschutz- und Informationsfreiheitsgesetzes.

(4) Durch Staatsvertrag kann mit anderen Ländern und dem Bund ein automatisierter Datenverbund nach Maßgabe der Abs. 2 und 3 eingerichtet werden.

§ 63 Datensicherung

(1) Mit der Datenverarbeitung befasste Personen dürfen personenbezogene Daten nicht unbefugt verarbeiten. Sie sind auf die bei ihrer Tätigkeit zu beachtenden Vorschriften über den Datenschutz zu unterrichten. Auf die besonderen Anforderungen bei von Verarbeitung von Daten, die aus Videoüberwachung oder aus Maßnahmen nach § 60 Abs. 2 und § 61 Abs. 1 und 2 stammen oder besondere Kategorien personenbezogener Daten nach § 41 Nr. 15 des Hessischen Datenschutz- und Informationsfreiheitsgesetzes oder den Kernbereich privater Lebensgestaltung betreffen, sind sie gesondert hinzuweisen. Das Datengeheimnis besteht auch nach der Beendigung der Tätigkeit fort.

(2) Akten und Dateien mit personenbezogenen Daten sind nach Maßgabe des § 59 des Hessischen Datenschutz- und Informationsfreiheitsgesetzes durch technische und organisatorische Maßnahmen gegen unbefugten Zugriff zu schützen. Gefangenenpersonalakten, Gesundheitsakten, Krankenblätter und sonstige in § 61 Abs. 2 und 3 aufgeführte personenbezogene Daten sind getrennt von anderen Unterlagen zu führen und besonders zu sichern.

§ 64 Information und Auskunft an die Betroffenen, Akteneinsicht

Die Betroffenen erhalten Auskunft und Information hinsichtlich der zu ihrer Person verarbeiteten Daten nach Maßgabe der §§ 50 bis 52 des Hessischen Datenschutz- und Informationsfreiheitsgesetzes, soweit die Datenverarbeitung zu den in § 40 des Hessischen Datenschutz- und Informationsfreiheitsgesetzes genannten Zwecken erfolgt; im Übrigen nach Maßgabe der §§ 31 bis 33 des Hessischen Datenschutz- und Informationsfreiheitsgesetzes. Soweit dies zur Wahrnehmung rechtlicher Interessen erforderlich ist, wird dem Betroffenen Akteneinsicht gewährt.

12 I 8

§ 65 Berichtigung, Einschränkung der Verarbeitung und Löschung

(1) Personenbezogene Daten sind nach Maßgabe der §§ 53 und 70 des Hessischen Datenschutz- und Informationsfreiheitsgesetzes zu berichtigen, zu löschen oder in der Verarbeitung einzuschränken, soweit sie zu den in § 40 des Hessischen Datenschutz- und Informationsfreiheitsgesetzes genannten Zwecken verarbeitet wurden und in den nachfolgenden Absätzen keine besonderen Regelungen getroffen sind; im Übrigen gilt § 34 des Hessischen Datenschutz- und Informationsfreiheitsgesetzes.

(2) Personenbezogene Daten, die durch den Einsatz eines elektronischen Überwachungssystems erhoben wurden oder hierbei angefallen sind, sind nach Beendigung der Maßnahme unverzüglich, Videoaufnahmen oder Ergebnisse von Maßnahmen nach § 59 spätestens 72 Stunden nach Ende des Kalendertages, an dem sie angefallen sind, zu löschen, soweit nicht zum Zeitpunkt der Entscheidung über die Löschung die weitere Aufbewahrung bei Einschränkung der Verarbeitung zu konkreten Beweiszwecken unbedingt erforderlich ist. Sind personenbezogene Daten entgegen § 58 Abs. 1 Satz 3 verarbeitet worden, sind diese unverzüglich, spätestens 24 Stunden nach Ende des Kalendertages, an dem sie angefallen sind, zu löschen. Die Tatsache der Löschung nach Satz 1 und 2 ist zu dokumentieren; die Dokumentation darf ausschließlich zu Zwecken der Datenschutzkontrolle verwendet werden und ist zu löschen, wenn sie für diese Zwecke nicht mehr erforderlich ist, spätestens jedoch am Ende des Kalenderjahres, das dem Jahr der Dokumentation folgt.

(3) Personenbezogene Daten, die in der Gefangenenpersonalakte oder in anderen zur Person der Gefangenen geführten Dateien und Akten gespeichert sind, sind spätestens fünf Jahre nach der Entlassung oder der Verlegung der Gefangenen in eine andere Anstalt zu löschen. Sonstige personenbezogene Daten, die in anderen Dateien und Akten gespeichert sind, sind, sofern ihre Speicherung nicht mehr erforderlich ist, unverzüglich, spätestens nach Ablauf von fünf Jahren ab ihrer Erhebung zu löschen.

(4) Eine Löschung personenbezogener Daten unterbleibt, soweit ihre Speicherung bei Einschränkung ihrer Verarbeitung nach
1. § 53 des Hessischen Datenschutz- und Informationsfreiheitsgesetzes, insbesondere aufgrund ärztlichen Dokumentationspflichten, oder
2. § 34 des Hessischen Datenschutz- und Informationsfreiheitsgesetzes

erfolgt. In ihrer Verarbeitung eingeschränkte Daten sind besonders zu kennzeichnen und dürfen außer bei Einwilligung der Betroffenen nur zu dem Zweck verarbeitet, insbesondere übermittelt werden, der ihrer Löschung entgegenstand. Die Einschränkung der Verarbeitung endet, wenn Gefangene erneut zum Vollzug einer Freiheitsentziehung aufgenommen werden oder die Betroffenen eingewilligt haben. Bei den in der Verarbeitung eingeschränkten personenbezogenen Daten können bis zum Ablauf der Aufbewahrungsfrist für die Gefangenenpersonalakte oder anderer zur Person der Gefangenen geführten Dateien oder Akten die Angaben über Familienname, Vorname, Geburtsname, Geburtstag, Geburtsort, Eintritts- und Austrittsdatum gespeichert werden, soweit dies für das Auffinden dieser Dateien oder Akten erforderlich ist.

(5) Die Erforderlichkeit der Löschung, auch bei in der Verarbeitung eingeschränkten personenbezogenen Daten, ist jährlich zu kontrollieren. Die Frist zur Kontrolle personenbezogener Daten, die in der Gefangenenpersonalakte oder in anderen zur Person der Gefangenen geführten Dateien und Akten gespeichert sind, beginnt mit der Entlassung oder Verlegung der Gefangenen in eine andere Anstalt, in sonstigen Fällen mit Erhebung der personenbezogenen Daten.

(6) Folgende Aufbewahrungsfristen von Dateien und Akten, soweit diese in der Verarbeitung eingeschränkt sind, dürfen nicht überschritten werden:
1. 20 Jahre bei Daten aus Gefangenenpersonalakten, Gesundheitsakten und Krankenblättern,
2. 30 Jahre bei Daten aus Gefangenenbüchern.

Dies gilt nicht, wenn konkrete Anhaltspunkte dafür vorliegen, dass die Aufbewahrung für die in Abs. 4 genannten Zwecke weiterhin erforderlich ist. Die Aufbewahrungsfrist beginnt mit dem auf das Jahr der Weglegung folgenden Kalenderjahr. Die Vorschriften des Hessischen Archivgesetzes vom 26. November 2012 (GVBl. S. 458) in seiner jeweils geltenden Fassung bleiben unberührt.

10 E 8

Dritter Abschnitt. Besondere Vorschriften für Gefangene mit angeordneter oder vorbehaltener Sicherungsverwahrung

§ 66 Grundsatz

Für Gefangene mit angeordneter oder vorbehaltener Sicherungsverwahrung gelten die Vorschriften dieses Gesetzes, soweit nachfolgend nichts anderes bestimmt ist.

1 D 27, 15 B 26

§ 67 Zusätzliche Aufgabe

Bei angeordneter oder vorbehaltener Sicherungsverwahrung dient der Vollzug auch dazu, die Gefährlichkeit der Gefangenen für die Allgemeinheit so zu minimieren, dass die Vollstreckung der Unterbringung oder deren Anordnung möglichst entbehrlich wird.

15 B 27

§ 68 Anwendung anderer Vorschriften, Ausnahmen

(1) Bereits im Vollzug der Freiheitsstrafe ist den Gefangenen eine individuelle, intensive und therapiegerichtete Betreuung im Sinne von § 66c Abs. 1 Nr. 1 des Strafgesetzbuchs einschließlich der hierzu erforderlichen Behandlungs- und Betreuungsmaßnahmen anzubieten.

(2) Die Behandlungsmaßnahmen haben wissenschaftlichen Erkenntnissen zu entsprechen. Soweit bestehende Angebote nicht ausreichen oder keinen Erfolg versprechen, sind individuell zugeschnittene Behandlungsangebote zu unterbreiten. Bei der Behandlung und Betreuung wirken Bedienstete der verschiedenen Fachrichtungen in enger Abstimmung zusammen. Soweit dies erforderlich ist, sind externe Fachkräfte einzubeziehen.

(3) Die Bereitschaft der Gefangenen zur Mitwirkung an Behandlungsmaßnahmen ist fortwährend zu wecken und zu fördern. Die Motivationsmaßnahmen sind zu dokumentieren.

(4) Die Untersuchungen nach § 9 erstrecken sich auch auf alle Umstände, die für die Beurteilung der Gefährlichkeit maßgeblich sind. Im Rahmen der Behandlungsuntersuchung sind die Ursachen der Straftaten, die individuellen Risikofaktoren sowie der Behandlungsbedarf, die Behandlungsfähigkeit und die Behandlungsmotivation der Gefangenen festzustellen. Gleichzeitig sollen die Fähigkeiten der Gefangenen ermittelt werden, deren Stärkung der Gefährlichkeit der Gefangenen entgegenwirken. Erkenntnisse aus vorangegangenen Freiheitsentziehungen sind einzubeziehen.

(5) Der Vollzugsplan enthält über § 10 Abs. 4 hinaus insbesondere Angaben über
1. psychiatrische, psychotherapeutische oder sozialtherapeutische Behandlungsmaßnahmen,
2. andere Einzel- oder Gruppenbehandlungsmaßnahmen,
3. Maßnahmen zur Förderung der Behandlungsmotivation und
4. eine gegebenenfalls erforderliche Nachsorge.

Für die Fortschreibung des Vollzugsplans ist eine angemessene Frist vorzusehen, die sechs Monate nicht übersteigen soll. An der Behandlung mitwirkende Personen außerhalb des Vollzugs sind nach Möglichkeit in die Planung einzubeziehen. Sie können mit Zustimmung der Gefangenen auch an der Konferenz nach § 75 Abs. 3 beteiligt werden.

(6) Über § 12 Abs. 1 Satz 1 hinaus sind die Gefangenen in eine sozialtherapeutische Anstalt oder Abteilung zu verlegen, wenn ihre Teilnahme an den dortigen Behandlungsprogrammen zur Verringerung ihrer Gefährlichkeit für die Allgemeinheit angezeigt ist. Die Verlegung soll zu einem Zeitpunkt erfolgen, der den Abschluss der Behandlung während des Vollzugs der Freiheitsstrafe erwarten lässt.

(7) § 12 Abs. 5 und 6 gilt entsprechend mit der Maßgabe, dass die Wiederaufnahme in der Entlassungsanstalt erfolgt.

10 G 2, 15 B 29, 15 B 30

Vierter Abschnitt. Fortentwicklung des Vollzugs, kriminologische Forschung

§ 69 Fortentwicklung des Vollzugs, kriminologische Forschung

(1) Der Strafvollzug, insbesondere die Erfüllung seiner Aufgaben (§ 2), seine Gestaltung (§ 3) und die vollzuglichen Maßnahmen (§ 5), sollen regelmäßig durch den kriminologischen Dienst in Zusammenarbeit mit Hochschulen oder anderen Stellen wissenschaftlich begleitet und erforscht werden. Die Ergebnisse dienen dem öffentlichen Interesse und sind für die Fortentwicklung des Vollzugs nutzbar zu machen.

(2) Zum Zweck der wissenschaftlichen Forschung können die Anstalten und die Aufsichtsbehörde Daten über den Strafvollzug und die eine Freiheitsstrafe verbüßenden Gefangenen verarbeiten, insbesondere erheben und an die in Abs. 1 genannten Stellen übermitteln. Dazu gehören insbesondere Angaben über
1. die Anstalten und deren Personalausstattung einschließlich Dritter nach § 7,
2. die bei der Feststellung des Maßnahmenbedarfs nach § 9 Abs. 2 ermittelten Umstände,
3. den Vollstreckungs- und Vollzugsverlauf sowie
4. die Ausgestaltung des Vollzugs, namentlich die Durchführung von vollzuglichen Maßnahmen.

(3) Für die Übermittlung personenbezogener Daten gilt § 476 der Strafprozessordnung mit der Maßgabe entsprechend, dass
1. auch elektronisch gespeicherte personenbezogene Daten übermittelt werden können und
2. besondere Kategorien personenbezogener Daten nach § 41 Nr. 15 des Hessischen Datenschutz- und Informationsfreiheitsgesetzes nur übermittelt werden, soweit dies für den Zweck nach § 476 Abs. 1 Nr. 1 der Strafprozessordnung unbedingt erforderlich ist.

(4) Die Gestaltung der Voraussetzungen für eine wissenschaftliche Begleitung obliegt der Aufsichtsbehörde.

16 3, 16 6, 16 24

Fünfter Abschnitt. Aufbau der Anstalten

§ 70 Anstalten, Trennungsgrundsätze

(1) Die Freiheitsstrafe wird in Justizvollzugsanstalten (Anstalten) vollzogen.

(2) Weibliche und männliche Gefangene werden getrennt voneinander untergebracht.

(3) Für den Vollzug nach § 12 sind sozialtherapeutische Anstalten vorzusehen. Aus besonderen Gründen können auch sozialtherapeutische Abteilungen in anderen Anstalten eingerichtet werden. Für diese Abteilungen gelten die Vorschriften über die sozialtherapeutische Anstalt entsprechend.

(4) Von der getrennten Unterbringung nach den Abs. 2 und 3 kann abgewichen werden,
1. wenn eine Zustimmung der Gefangenen vorliegt,
2. wenn die Gefangenen hilfsbedürftig sind oder für sie eine Gefahr für Leben oder Gesundheit besteht,
3. um die Teilnahme an vollzuglichen Maßnahmen zu ermöglichen oder
4. wenn dringende Gründe der Vollzugsorganisation dies vorübergehend erfordern.

3 B 3, 13 A 1, 13 B 1, 13 B 6, 14 A 6, 14 A 9, 14 D 3

§ 71 Vollstreckungsplan

(1) Die örtliche und sachliche Zuständigkeit der Anstalten wird im Vollstreckungsplan durch die Aufsichtsbehörde nach allgemeinen Merkmalen geregelt.

(2) Der Vollstreckungsplan sieht insbesondere vor, dass
1. Verurteilte in eine Einweisungsanstalt oder -abteilung eingewiesen werden; diese bestimmt unter Berücksichtigung der vollzuglichen Aufgaben nach § 2 die für den weiteren Vollzug zuständige Anstalt,
2. Verurteilte,
   a) die sich zum Zeitpunkt der Ladung zum Strafantritt auf freiem Fuß befinden,
   b) die zu Freiheitsstrafe von insgesamt nicht mehr als zwei Jahren verurteilt wurden und
   c) bei denen nach Aktenlage kein Fall von § 13 Abs. 4 und 5 anzunehmen ist, im offenen Vollzug aufgenommen werden,
3. Verurteilte im geschlossenen Vollzug aufgenommen werden, soweit kein Fall von Nr. 2 vorliegt.

(3) In den Fällen des Abs. 2 Nr. 2 prüft die Anstalt den weiteren Verbleib im offenen Vollzug anhand der in § 13 Abs. 2, 4 und 5 genannten Voraussetzungen.

(4) Werden Gefangene, die sich bei Strafantritt auf freiem Fuß befunden haben, im geschlossenen Vollzug aufgenommen und sprechen nach Maßgabe des § 13 Abs. 2 und 4 bis 6 überwiegende Anhaltspunkte für eine Eignung für den offenen Vollzug, können sie zur Vermeidung schwerwiegender Nachteile vorbehaltlich der abschließenden Entscheidung der aufnehmenden Anstalt dort untergebracht werden.

2 B 3, 10 C 36, 13 H 1, 13 H 3, 13 H 4

§ 72 Differenzierung, Gestaltung und Organisation der Anstalten

(1) Die Anstalten sind so zu gestalten und zu differenzieren, dass die Aufgaben des Vollzugs (§§ 2 und 66) gewährleistet werden. Personelle Ausstattung, sachliche Mittel und Organisation der Anstalten sind hieran auszurichten.

(2) In Anstalten des geschlossenen Vollzugs gewährleisten besondere bauliche und technische Vorkehrungen eine sichere Unterbringung der Gefangenen. Einrichtungen des offenen Vollzugs sehen nur verminderte oder keine Vorkehrungen gegen Entweichungen vor.

(3) Räume für den Aufenthalt während der Ruhe- und Freizeit sowie Gemeinschafts- und Besuchsräume müssen eine hinreichende Grundfläche und lichte Höhe haben und ausreichend mit Heizung, Lüftung und Fensterfläche ausgestattet sein. Sie sind zweckentsprechend auszugestalten.

(4) Die Aufsichtsbehörde setzt die Belegungsfähigkeit für jede Anstalt fest. Dabei ist zu berücksichtigen, dass eine ausreichende Anzahl von Plätzen für Ausbildung und Weiterbildung, Arbeit sowie von Räumen für Seelsorge, Freizeit, Sport, therapeutische Maßnahmen und Besuche zur Verfügung steht.

(5) Hafträume dürfen nicht mit mehr Personen als vorgesehen belegt werden. Ausnahmen hiervon sind nur vorübergehend und nur mit Zustimmung der Aufsichtsbehörde zulässig.

13 C 5, 13 C 16, 13 C 18, 13 D 2, 13 D 3, 13 E 6, 13 E 14, 13 E 18, 13 E 21

§ 73 Arbeitsbetriebe, Einrichtungen der schulischen und beruflichen Bildung

(1) In den Anstalten sind die notwendigen Arbeitsbetriebe sowie die erforderlichen Einrichtungen zur beruflichen und schulischen Bildung und arbeitstherapeutischen Beschäftigung vorzusehen.

(2) Bildung und Beschäftigung können auch durch nicht staatliche Stellen organisiert und durchgeführt werden.

4 K 2, 4 K 3, 4 K 7, 4 K 9

§ 74 Unterbringung von Gefangenen mit Kindern

(1) Nicht schulpflichtige Kinder von Gefangenen können mit Einwilligung der Inhaberin oder des Inhabers des Aufenthaltbestimmungsrechts mit ihnen gemeinsam in einer Justizvollzugsanstalt untergebracht werden, wenn dies dem Kindeswohl entspricht. Vor der Unterbringung ist das Jugendamt zu hören.

(2) Die Unterbringung erfolgt auf Kosten der für das Kind Unterhaltspflichtigen. Von der Geltendmachung des Kostenersatzanspruchs kann abgesehen werden, wenn hierdurch die gemeinsame Unterbringung gefährdet würde.

(3) In geeigneten Anstalten sollen Einrichtungen vorgesehen werden, in denen Gefangene mit ihren Kindern untergebracht werden können.

14 C 1, 14 C 6, 14 C 11, 14 C 12, 14 C 14

§ 75 Anstaltsleitung

(1) Die Anstaltsleitung (Anstaltsleiterin oder Anstaltsleiter) vertritt die Anstalt nach außen und trägt die Verantwortung für den gesamten Vollzug. Sie kann bestimmte Entscheidungsbefugnisse auf andere Vollzugsbedienstete oder andere Vollzugsbehörden übertragen. Die Aufsichtsbehörde kann sich die Zustimmung zur Übertragung vorbehalten.

(2) Für jede Anstalt ist eine Beamtin oder ein Beamter des höheren Dienstes zur hauptamtlichen Leitung zu bestellen. Aus besonderen Gründen kann eine Anstalt auch von einer Beamtin oder einem Beamten des gehobenen Dienstes geleitet werden.

(3) Zur Vorbereitung grundlegender Entscheidungen im Vollzug, insbesondere zur Aufstellung und Fortschreibung des Vollzugsplans und zur Entwicklung und Wahrung einheitlicher Qualitätsstandards, richtet die Anstaltsleitung Konferenzen mit den an der Betreuung und Behandlung maßgeblich Beteiligten ein.

11 I 6, 11 I 57, 12 B 11, 13 K 1, 13 K 4, 13 K 6, 13 K 14, 13 L 3, 13 L 4, 13 L 6, 13 L 7

§ 76 Vollzugsbedienstete

(1) Die Aufgaben der Anstalt werden von Vollzugsbeamtinnen und Vollzugsbeamten wahrgenommen. Aus besonderen Gründen können sie auch anderen Bediensteten sowie nebenamtlich bestellten oder vertraglich verpflichteten Personen übertragen werden. Nicht hoheitliche Aufgaben können vertraglich verpflichteten Personen übertragen werden.

(2) Für jede Anstalt ist die erforderliche Anzahl von Bediensteten, insbesondere des allgemeinen Vollzugsdienstes, des Werkdienstes, des sozialen, psychologischen, pädagogischen und medizinischen Dienstes sowie der Verwaltung vorzusehen.

(3) Das Personal muss für die Gestaltung des Vollzugs persönlich geeignet und fachlich qualifiziert sein. Fortbildungen und, soweit es die Aufgabe erfordert, auch Praxisberatung und Begleitung für die Bediensteten werden regelmäßig durchgeführt.

(4) Alle im Vollzug Tätigen arbeiten zusammen und wirken daran mit, dessen Aufgaben zu erfüllen.

4 E 8, 6 D 38, 6 D 39, 11 K 8, 12 B 11, 13 I 1, 13 J 1, 13 J 3, 13 J 4, 13 J 5

§ 77 Seelsorgerinnen und Seelsorger

(1) Die Seelsorgerin oder der Seelsorger wird im Einvernehmen mit der jeweiligen Religionsgemeinschaft im Hauptamt bestellt oder vertraglich verpflichtet.

(2) Wenn die geringe Zahl der Angehörigen einer Religionsgemeinschaft eine Seelsorge nach Abs. 1 nicht rechtfertigt, ist die seelsorgerische Betreuung auf andere Weise zu ermöglichen.

(3) Mit Zustimmung der Anstaltsleitung kann sich die Anstaltsseelsorge außenstehender Personen bedienen und sie insbesondere zur Mitwirkung an Gottesdiensten und anderen religiösen Veranstaltungen hinzuziehen.

8 C 3, 8 D 1, 8 D 2, 8 D 6, 8 D 10, 8 D 28

§ 78 Interessenvertretung der Gefangenen

Den Gefangenen soll ermöglicht werden, eine Vertretung in den Anstalten zu wählen. Diese kann in allgemeinen Angelegenheiten der Gefangenen, die sich für eine Mitwirkung eignen, Vorschläge und Anregungen an die Anstaltsleitung herantragen.

13 M 1, 13 M 4, 13 M 5

§ 79 Hausordnung

(1) Die Anstaltsleitung erlässt eine Hausordnung.

(2) In die Hausordnung sind insbesondere Regelungen aufzunehmen über Besuchszeit, Häufigkeit und Dauer des Besuchs sowie Ausbildungs- und Arbeitszeit, Freizeit und Ruhezeit.

5 A 2, 9 B 5, 13 N 1, 13 N 2

Sechster Abschnitt. Aufsicht über die Anstalten, Beiräte

§ 80 Aufsichtsbehörde

(1) Die Aufsicht über die Anstalten führt das für Strafvollstreckungs- und Strafvollzugsrecht zuständige Ministerium.

(2) Die Aufsichtsbehörde bestimmt die Leitlinien des Vollzugs und sorgt in Zusammenarbeit mit den Anstalten für die Qualitätssicherung.

(3) Soweit sich die Aufsichtsbehörde zur Ausübung der Fachaufsicht fachlicher Beratung bedient, findet § 60 Abs. 6 keine Anwendung, soweit dieser die Weitergabe von Daten nach § 61 Abs. 2 und 3 ausschließt.

13 G 6, 13 G 7, 13 G 10, 13 G 18

§ 81 Beiräte

(1) Bei den Anstalten sind ehrenamtliche Beiräte zu bilden. Vollzugsbedienstete dürfen nicht Mitglieder der Beiräte sein. Die für Strafvollstreckungs- und Strafvollzugsrecht zuständige Ministerin oder der hierfür zuständige Minister wird ermächtigt, durch Rechtsverordnung die Bestellung, die Amtszeit und die Abberufung der Mitglieder zu regeln.

(2) Der Beirat wirkt bei der Gestaltung des Vollzugs und bei der Betreuung der Gefangenen mit. Er unterstützt die Anstaltsleitung durch Anregungen und hilft bei der Erfüllung des Eingliederungsauftrags.

(3) Der Beirat kann insbesondere Wünsche, Anregungen und Beanstandungen entgegennehmen. Er kann sich über die Unterbringung, Verpflegung, ärztliche Versorgung und Behandlung, schulische und berufliche Bildung sowie Beschäftigung unterrichten. Hierzu können die Mitglieder des Beirats die Anstalt und ihre Einrichtungen besichtigen und die Gefangenen in ihren Räumen aufsuchen.

Anhang

(4) Die Mitglieder des Beirats sind, auch nach Beendigung ihrer Tätigkeit, verpflichtet, über alle im Rahmen ihrer Tätigkeit bekannt gewordenen Angelegenheiten Verschwiegenheit zu bewahren. Dies gilt nicht für Mitteilungen, die zur Erfüllung ihrer Aufgaben erforderlich sind, oder über Tatsachen, die offenkundig sind oder ihrer Bedeutung nach keiner Geheimhaltung bedürfen.

13 O 2, 13 O 6, 13 O 7

Siebter Abschnitt. Schlussvorschriften

§ 82 Einschränkung von Grundrechten

Aufgrund dieses Gesetzes können eingeschränkt werden die Grundrechte auf
1. die körperliche Unversehrtheit (Art. 2 Abs. 2 Satz 1 des Grundgesetzes und Art. 3 der Verfassung des Landes Hessen),
2. die Freiheit der Person (Art. 2 Abs. 2 Satz 2 des Grundgesetzes und Art. 5 der Verfassung des Landes Hessen) und
3. das Brief-, Post- und Fernmeldegeheimnis (Art. 10 Abs. 1 des Grundgesetzes und Art. 12 der Verfassung des Landes Hessen).

1 E 32

§ 83 Ersetzung und Fortgeltung von Bundesrecht

Dieses Gesetz ersetzt nach Art. 125a Abs. 1 Satz 2 des Grundgesetzes in seinem Geltungsbereich das Strafvollzugsgesetz vom 16. März 1976 (BGBl. I S. 581, 2088), zuletzt geändert durch Verordnung vom 31. August 2015 (BGBl. I S. 1474), mit Ausnahme der Vorschriften über
1. den Pfändungsschutz (§ 50 Abs. 2 Satz 5, § 51 Abs. 4 und 5, § 75 Abs. 3),
2. das Handeln auf Anordnung (§ 97),
3. das gerichtliche Verfahren (§§ 109 bis 121),
4. die Unterbringung in einem psychiatrischen Krankenhaus und einer Entziehungsanstalt (§§ 136 bis 138),
5. den Vollzug des Strafarrestes in Justizvollzugsanstalten (§§ 167 bis 170),
6. den Vollzug von Ordnungs-, Sicherungs-, Zwangs- und Erzwingungshaft (§§ 171 bis 175) und
7. den unmittelbaren Zwang in Justizvollzugsanstalten für andere Arten des Freiheitsentzugs (§ 178).

2 F 4, 4 D 25, 4 D 64, 4 I 53, 4 I 95, 11 K 5, 11 K 46, 12 B 1, 15 A 2, 15 C 9

§ 84 Inkrafttreten, Außerkrafttreten

Dieses Gesetz tritt am ersten Tag des vierten Monats, der auf die Verkündung folgt, in Kraft. Es tritt mit Ablauf des 31. Dezember 2020 außer Kraft.

Gesetz über den Vollzug der Freiheitsstrafe in Mecklenburg-Vorpommern (Strafvollzugsgesetz Mecklenburg-Vorpommern – StVollzG M-V)

Vom 7. Mai 2013
(GVOBl. M-V 2013, S. 322)

Abschnitt 1. Allgemeine Bestimmungen

§ 1 Anwendungsbereich

Dieses Gesetz regelt den Vollzug der Freiheitsstrafe (Vollzug) und des Strafarrests in Justizvollzugsanstalten (Anstalten).

1 B 4

§ 2 Ziel und Aufgabe des Vollzugs

Der Vollzug dient dem Ziel, die Gefangenen zu befähigen, künftig in sozialer Verantwortung ein Leben ohne Straftaten zu führen. Er hat die Aufgabe, die Allgemeinheit vor weiteren Straftaten zu schützen.

1 C 12, 1 C 14, 1 C 24

§ 3 Grundsätze der Vollzugsgestaltung

(1) Der Vollzug ist auf die Auseinandersetzung der Gefangenen mit ihren Straftaten und deren Folgen auszurichten.

(2) Der Vollzug wirkt von Beginn an auf die Eingliederung der Gefangenen in das Leben in Freiheit hin.

(3) Gefangene mit angeordneter oder vorbehaltener Sicherungsverwahrung sind individuell und intensiv zu betreuen, um ihre Unterbringung in der Sicherungsverwahrung entbehrlich zu machen. Soweit standardisierte Maßnahmen nicht ausreichen oder keinen Erfolg versprechen, sind individuelle Maßnahmen zu entwickeln.

(4) Das Leben im Vollzug ist den allgemeinen Lebensverhältnissen soweit wie möglich anzugleichen.

(5) Schädlichen Folgen des Freiheitsentzugs ist entgegenzuwirken.

(6) Der Bezug der Gefangenen zum gesellschaftlichen Leben ist zu wahren und zu fördern. Personen und Einrichtungen außerhalb des Vollzugs sollen in den Vollzugsalltag einbezogen werden. Den Gefangenen soll sobald wie möglich die Teilnahme am Leben in der Freiheit gewährt werden.

(7) Die unterschiedlichen Bedürfnisse der Gefangenen, insbesondere im Hinblick auf Geschlecht, Alter und Herkunft, werden bei der Vollzugsgestaltung im Allgemeinen und im Einzelfall berücksichtigt.

1 D 1, 1 D 4, 1 D 11, 1 D 14, 1 D 15, 1 D 16, 1 D 17, 1 D 27, 13 C 5, 13 C 10, 14 A 14, 15 B 26

§ 4 Stellung der Gefangenen, Mitwirkung

(1) Die Persönlichkeit der Gefangenen ist zu achten. Ihre Selbstständigkeit im Vollzugsalltag ist soweit wie möglich zu erhalten und zu fördern.

(2) Die Gefangenen werden an der Gestaltung des Vollzugsalltags beteiligt. Vollzugliche Maßnahmen sollen ihnen erläutert werden.

(3) Zur Erreichung des Vollzugsziels bedarf es der Mitwirkung der Gefangenen. Ihre Bereitschaft hierzu ist zu fördern.

(4) Die Gefangenen unterliegen den in diesem Gesetz vorgesehenen Beschränkungen ihrer Freiheit. Soweit das Gesetz eine besondere Regelung nicht enthält, dürfen ihnen nur Beschränkungen auferlegt werden, die zur Aufrechterhaltung der Sicherheit oder zur Abwendung einer schwerwiegenden Störung der Ordnung der Anstalt unerlässlich sind.

1 E 2, 1 E 3, 1 E 7, 1 E 10, 1 E 17, 1 E 18, 1 E 24

§ 5 Soziale Hilfe und Wiedergutmachung

Die Gefangenen werden darin unterstützt, ihre persönlichen, wirtschaftlichen und sozialen Schwierigkeiten zu beheben. Sie sollen dazu angeregt und in die Lage versetzt werden, ihre Angelegenheiten selbst zu regeln, insbesondere Schulden zu regulieren und den durch die Straftat verursachten materiellen und immateriellen Schaden wieder gutzumachen.

1 D 21, 7 A 1, 7 A 8, 7 C 1, 7 C 6, 7 C 8, 7 D 2, 7 D 8

Abschnitt 2. Aufnahme, Diagnose, Vollzugs- und Eingliederungsplanung

§ 6 Aufnahmeverfahren

(1) Mit den Gefangenen wird unverzüglich nach der Aufnahme ein Zugangsgespräch geführt, in dem ihre gegenwärtige Lebenssituation erörtert wird und sie über ihre Rechte und Pflichten informiert werden. Ihnen wird ein Exemplar der Hausordnung zur Verfügung gestellt. Dieses Gesetz, die von ihm in Bezug genommenen Gesetze sowie die zu seiner Ausführung erlassenen Rechtsverordnungen und Verwaltungsvorschriften sind den Gefangenen auf Verlangen zugänglich zu machen.

(2) Während des Aufnahmeverfahrens dürfen andere Gefangene nicht zugegen sein.

(3) Die Gefangenen werden alsbald ärztlich untersucht.

(4) Die Gefangenen werden dabei unterstützt, etwa notwendige Maßnahmen für hilfsbedürftige Angehörige, zur Erhaltung des Arbeitsplatzes und der Wohnung und zur Sicherung ihrer Habe außerhalb der Anstalt zu veranlassen.

(5) Bei Gefangenen, die eine Ersatzfreiheitsstrafe verbüßen oder zu verbüßen haben, sind die Möglichkeiten der Abwendung der Vollstreckung durch freie Arbeit oder ratenweise Tilgung der Geldstrafe zu erörtern. Es ist auf eine möglichst baldige Entlassung hinzuwirken.

2 A 1, 2 A 4, 2 A 5, 2 A 8, 2 A 9, 2 A 12, 2 A 13, 7 B 4, 7 B 7, 12 F 8

§ 7 Diagnoseverfahren

(1) An das Aufnahmeverfahren schließt sich zur Vorbereitung der Vollzugs- und Eingliederungsplanung das Diagnoseverfahren an.

(2) Das Diagnoseverfahren muss wissenschaftlichen Erkenntnissen genügen. Insbesondere bei Gefangenen mit angeordneter oder vorbehaltener Sicherungsverwahrung ist es von Personen mit einschlägiger wissenschaftlicher Qualifikation durchzuführen.

(3) Das Diagnoseverfahren erstreckt sich auf die Persönlichkeit, die Lebensverhältnisse, die Ursachen und Umstände der Straftat sowie alle sonstigen Gesichtspunkte, deren Kenntnis für eine zielgerichtete und wirkungsorientierte Vollzugsgestaltung und die Eingliederung der Gefangenen nach der Entlassung notwendig erscheint. Neben den Unterlagen aus der Vollstreckung und dem Vollzug vorangegangener Freiheitsentziehungen sind insbesondere auch Erkenntnisse der Gerichts- und Bewährungshilfe sowie der Führungsaufsichtsstelle einzubeziehen.

(4) Im Diagnoseverfahren werden die im Einzelfall die Straffälligkeit begünstigenden Faktoren ermittelt. Gleichzeitig sollen die Fähigkeiten der Gefangenen ermittelt werden, deren Stärkung einer erneuten Straffälligkeit entgegenwirken kann.

(5) Bei einer voraussichtlichen Vollzugsdauer bis zu einem Jahr kann das Diagnoseverfahren auf die Umstände beschränkt werden, deren Kenntnis für eine angemessene Vollzugsgestaltung unerlässlich und für die Eingliederung erforderlich ist. Unabhängig von der Vollzugsdauer gilt dies auch, wenn ausschließlich Ersatzfreiheitsstrafen zu vollziehen sind.

(6) Das Ergebnis des Diagnoseverfahrens wird mit den Gefangenen erörtert.

2 A 1, 2 B 1, 2 B 5, 2 B 6, 2 B 11, 2 B 13, 2 B 14, 2 B 17, 2 B 28, 2 B 35, 2 C 8, 7 B 1, 15 B 28

§ 8 Vollzugs- und Eingliederungsplanung

(1) Auf der Grundlage des Ergebnisses des Diagnoseverfahrens wird ein Vollzugs- und Eingliederungsplan erstellt. Er zeigt den Gefangenen unter Berücksichtigung der voraussichtlichen Vollzugsdauer die zur Erreichung des Vollzugsziels erforderlichen Maßnahmen auf. Daneben kann er weitere Hilfsangebote und Empfehlungen enthalten. Die Fähigkeiten, Fertigkeiten und Neigungen der Gefangenen sind zu berücksichtigen.

(2) Der Vollzugs- und Eingliederungsplan wird regelmäßig innerhalb der ersten acht Wochen nach der Aufnahme erstellt. Diese Frist verkürzt sich bei einer voraussichtlichen Vollzugsdauer von unter einem Jahr auf vier Wochen.

(3) Die Vollzugs- und Eingliederungsplanung wird mit den Gefangenen erörtert. Dabei werden deren Anregungen und Vorschläge einbezogen, soweit sie der Erreichung des Vollzugsziels dienen.

(4) Der Vollzugs- und Eingliederungsplan sowie die darin vorgesehenen Maßnahmen werden regelmäßig alle sechs Monate überprüft und fortgeschrieben. Die Entwicklung der Gefangenen und die in der Zwischenzeit gewonnenen Erkenntnisse sind zu berücksichtigen. Die durchgeführten Maßnahmen sind zu dokumentieren.

(5) Zur Erstellung und Fortschreibung des Vollzugs- und Eingliederungsplans führt der Anstaltsleiter oder die Anstaltsleiterin eine Konferenz mit den an der Vollzugsgestaltung maßgeblich Beteiligten durch. Standen die Gefangenen vor ihrer Inhaftierung unter Bewährung oder Führungsaufsicht, können auch die für sie bislang zuständigen Bewährungshelfer oder Bewährungshelferinnen an der Konferenz beteiligt werden. Den Gefangenen wird der Vollzugs- und Eingliederungsplan in der Konferenz eröffnet und erläutert.

(6) An der Eingliederung mitwirkende Personen außerhalb des Vollzugs sind nach Möglichkeit in die Planung einzubeziehen. Sie können mit Zustimmung der Gefangenen auch an der Konferenz beteiligt werden.

(7) Werden die Gefangenen nach der Entlassung voraussichtlich unter Bewährungs- oder Führungsaufsicht gestellt, so ist dem künftig zuständigen Bewährungshelfer oder der künftig zuständigen Bewährungshelferin in den letzten zwölf Monaten vor dem voraussichtlichen Entlassungszeitpunkt die Teilnahme an der Konferenz zu ermöglichen. Der Vollzugs- und Eingliederungsplan und seine Fortschreibungen sind dem künftig zuständigen Bewährungshelfer oder der zukünftig zuständigen Bewährungshelferin zu übersenden.

(8) Abschriften des Vollzugs- und Eingliederungsplans und seiner Fortschreibungen werden den Gefangenen ausgehändigt.

2 A 1, 2 B 4, 2 C 2, 2 C 6, 2 C 7, 2 C 9, 2 C 10, 2 C 12, 2 C 14, 2 C 19, 2 C 20, 7 D 8, **10** G 2, **13** L 3, **13** L 7

§ 9 Inhalt des Vollzugs- und Eingliederungsplans

(1) Der Vollzugs- und Eingliederungsplan sowie seine Fortschreibungen enthalten insbesondere folgende Angaben:
1. Zusammenfassung der für die Vollzugs- und Eingliederungsplanung maßgeblichen Ergebnisse des Diagnoseverfahrens,
2. voraussichtlicher Entlassungszeitpunkt,
3. Unterbringung im geschlossenen oder offenen Vollzug,
4. Maßnahmen zur Förderung der Mitwirkungsbereitschaft,
5. Unterbringung in einer Wohngruppe und Teilnahme am Wohngruppenvollzug,
6. Unterbringung in einer sozialtherapeutischen Abteilung und Teilnahme an deren Behandlungsprogrammen,
7. Teilnahme an einzel- oder gruppentherapeutischen Maßnahmen, insbesondere psychologische Intervention und Psychotherapie,
8. Teilnahme an psychiatrischen Behandlungsmaßnahmen,
9. Teilnahme an Maßnahmen zur Behandlung von Suchtmittelabhängigkeit und -missbrauch,
10. Teilnahme an Trainingsmaßnahmen zur Verbesserung der sozialen Kompetenz,
11. Teilnahme an schulischen und beruflichen Qualifizierungsmaßnahmen einschließlich Alphabetisierungs- und Deutschkursen,
12. Teilnahme an arbeitstherapeutischen Maßnahmen oder am Arbeitstraining,
13. Arbeit,
14. freies Beschäftigungsverhältnis, Selbstbeschäftigung,
15. Teilnahme an Sportangeboten und Maßnahmen zur strukturierten Gestaltung der Freizeit,
16. Ausführungen, Außenbeschäftigung,
17. Lockerungen zur Erreichung des Vollzugsziels,
18. Aufrechterhaltung, Förderung und Gestaltung von Außenkontakten,
19. Schuldnerberatung, Schuldenregulierung und Erfüllung von Unterhaltspflichten,
20. Ausgleich von Tatfolgen einschließlich Täter-Opfer-Ausgleich,
21. Maßnahmen zur Vorbereitung von Entlassung, Eingliederung und Nachsorge und
22. Frist zur Fortschreibung des Vollzugs- und Eingliederungsplans.

Bei angeordneter oder vorbehaltener Sicherungsverwahrung enthalten der Vollzugs- und Eingliederungsplan sowie seine Fortschreibungen darüber hinaus Angaben zu sonstigen Maßnahmen im Sinne des § 3 Absatz 3 Satz 2 und einer Antragstellung im Sinne des § 119a Absatz 2 des Strafvollzugsgesetzes des Bundes.

(2) Maßnahmen nach Absatz 1 Satz 1 Nummer 6 bis 13 und Satz 2, die nach dem Ergebnis des Diagnoseverfahrens als zur Erreichung des Vollzugsziels zwingend erforderlich erachtet werden, sind als solche zu kennzeichnen und gehen allen anderen Maßnahmen vor. Andere Maßnahmen dürfen nicht gestattet werden, soweit sie die Teilnahme an Maßnahmen nach Satz 1 beeinträchtigen würden.

(3) Spätestens ein Jahr vor dem voraussichtlichen Entlassungszeitpunkt hat die Planung zur Vorbereitung der Eingliederung zu beginnen. Anknüpfend an die bisherige Vollzugsplanung werden ab diesem Zeitpunkt die Maßnahmen nach Absatz 1 Satz 1 Nummer 21 konkretisiert oder ergänzt. Insbesondere ist Stellung zu nehmen zu:
1. Unterbringung im offenen Vollzug, Übergangseinrichtung,
2. Unterkunft sowie Arbeit oder Ausbildung nach der Entlassung,
3. Unterstützung bei notwendigen Behördengängen und der Beschaffung der notwendigen persönlichen Dokumente,
4. Beteiligung des Landesamtes für ambulante Straffälligenarbeit,
5. Kontaktaufnahme zu Einrichtungen der Entlassenenhilfe,
6. Fortsetzung von im Vollzug noch nicht abgeschlossenen Maßnahmen,
7. Anregung von Auflagen und Weisungen für die Bewährungs- oder Führungsaufsicht,
8. Vermittlung in weiterführende Betreuung,
9. nachgehender Betreuung durch Vollzugsbedienstete.

1 D 23, 2 A 1, 2 C 6, 2 C 23, 2 C 25, 2 C 26, 2 C 28, 2 C 29, 2 C 31, 2 C 33, 2 C 35, 2 C 39, 4 A 2, 4 B 2, 4 E 1, 4 E 2, 4 E 15, 4 E 18, 4 G 3, 4 G 7, 4 H 9, 4 I 110, 5 A 13, 10 G 2

Abschnitt 3. Unterbringung, Verlegung

§ 10 Trennung von männlichen und weiblichen Gefangenen
Männliche und weibliche Gefangene werden getrennt untergebracht. Gemeinsame Maßnahmen, insbesondere zur schulischen und beruflichen Qualifizierung, sind zulässig.

13 B 1, 13 B 6, 14 A 6

§ 11 Unterbringung während der Einschlusszeiten
(1) Die Gefangenen im geschlossenen Vollzug werden in ihren Hafträumen einzeln untergebracht.

(2) Mit ihrer Zustimmung können sie gemeinsam untergebracht werden, wenn schädliche Einflüsse nicht zu befürchten sind. Bei einer Gefahr für die Gesundheit oder bei Hilfsbedürftigkeit ist die Zustimmung der gefährdeten oder hilfsbedürftigen Gefangenen zur gemeinsamen Unterbringung entbehrlich.

(3) Darüber hinaus ist eine gemeinsame Unterbringung nur vorübergehend und aus zwingenden Gründen zulässig.

2 E 1, 2 E 17, 2 E 28, 2 E 31, 2 E 32, 2 E 36, 2 E 37, 11 B 3, 13 E 24

§ 12 Aufenthalt außerhalb der Einschlusszeiten
(1) Außerhalb der Einschlusszeiten dürfen sich die Gefangenen in Gemeinschaft aufhalten.

(2) Der gemeinschaftliche Aufenthalt kann eingeschränkt werden,
1. wenn ein schädlicher Einfluss auf andere Gefangene zu befürchten ist,
2. wenn es die Sicherheit oder Ordnung der Anstalt erfordert oder
3. während des Diagnoseverfahrens, jedoch nicht länger als acht Wochen.

2 E 1, 2 E 4, 2 E 6, 2 E 8, 2 E 9, 2 E 10, 2 E 11, 2 E 12, 2 E 13, 2 E 15, 2 E 16, 11 B 3, 11 I 26

§ 13 Wohngruppenvollzug
(1) Der Wohngruppenvollzug dient der Einübung sozialverträglichen Zusammenlebens, insbesondere von Toleranz sowie der Übernahme von Verantwortung für sich und andere. Er ermöglicht der dort untergebrachten Gefangenen, ihren Vollzugsalltag weitgehend selbstständig zu regeln.

(2) Eine Wohngruppe wird in einem baulich abgegrenzten Bereich mit bis zu 15 Gefangenen eingerichtet, zu dem neben den Hafträumen weitere Räume und Einrichtungen zur gemeinsamen Nutzung gehören. Sie wird in der Regel von fest zugeordneten Bediensteten betreut.

§ 14 Unterbringung von Müttern mit Kindern
(1) Ist das Kind einer Gefangenen noch nicht drei Jahre alt, kann es mit Zustimmung der Aufenthaltsbestimmungsberechtigten in der Anstalt untergebracht werden, wenn die baulichen Gegebenheiten dies zulassen und Sicherheitsgründe nicht entgegenstehen. Vor der Unterbringung ist das Jugendamt zu hören.

(2) Die Unterbringung erfolgt auf Kosten der für das Kind Unterhaltspflichtigen. Von der Geltendmachung des Kostenersatzanspruchs kann ausnahmsweise abgesehen werden, wenn hierdurch die gemeinsame Unterbringung von Mutter und Kind gefährdet würde.

14 C 1, 14 C 4, 14 C 11, 14 C 12

§ 15 Geschlossener und offener Vollzug

(1) Die Gefangenen werden im geschlossenen oder offenen Vollzug untergebracht. Abteilungen des offenen Vollzugs sehen keine oder nur verminderte Vorkehrungen gegen Entweichungen vor.

(2) Die Gefangenen sollen im offenen Vollzug untergebracht werden, wenn sie dessen besonderen Anforderungen genügen, insbesondere verantwortet werden kann zu erproben, dass sie sich dem Vollzug nicht entziehen und die Möglichkeiten des offenen Vollzugs nicht zur Begehung von Straftaten missbrauchen werden.

(3) Genügen die Gefangenen den besonderen Anforderungen des offenen Vollzugs nicht mehr, werden sie im geschlossenen Vollzug untergebracht.

10 A 4, 10 A 7, 10 A 9, 10 A 14, 13 C 5, 13 C 18

§ 16 Verlegung und Überstellung

(1) Die Gefangenen können abweichend vom Vollstreckungsplan in eine andere Anstalt verlegt werden, wenn die Erreichung des Vollzugsziels hierdurch gefördert wird oder wenn Gründe der Vollzugsorganisation oder andere wichtige Gründe dies erfordern.

(2) Die Gefangenen dürfen aus wichtigem Grund in eine andere Anstalt überstellt werden.

2 D 1, 2 D 6, 2 D 7, 2 D 15

Abschnitt 4. Sozialtherapie, psychologische Intervention und Psychotherapie

§ 17 Sozialtherapie

(1) Sozialtherapie dient der Verringerung einer erheblichen Gefährlichkeit der Gefangenen. Auf der Grundlage einer therapeutischen Gemeinschaft bedient sie sich insbesondere psychotherapeutischer, sozialpädagogischer und arbeitstherapeutischer Methoden, die in umfassenden Behandlungsprogrammen verbunden werden. Personen aus dem Lebensumfeld der Gefangenen außerhalb des Vollzugs können in die Behandlung einbezogen werden.

(2) Gefangene sind in einer sozialtherapeutischen Abteilung unterzubringen, wenn ihre Teilnahme an den dortigen Behandlungsprogrammen zur Verringerung ihrer erheblichen Gefährlichkeit angezeigt ist. Eine erhebliche Gefährlichkeit liegt vor, wenn schwerwiegende Straftaten gegen Leib oder Leben, die persönliche Freiheit oder gegen die sexuelle Selbstbestimmung zu erwarten sind.

(3) Andere Gefangene können in einer sozialtherapeutischen Abteilung untergebracht werden, wenn die Teilnahme an den dortigen Behandlungsprogrammen zur Erreichung des Vollzugsziels angezeigt ist.

(4) Die Unterbringung soll zu einem Zeitpunkt erfolgen, der entweder den Abschluss der Behandlung zum voraussichtlichen Entlassungszeitpunkt erwarten lässt oder die Fortsetzung der Behandlung nach der Entlassung ermöglicht. Ist Sicherungsverwahrung angeordnet oder vorbehalten, soll die Unterbringung zu einem Zeitpunkt erfolgen, der den Abschluss der Behandlung noch während des Vollzugs der Freiheitsstrafe erwarten lässt.

(5) Die Unterbringung wird beendet, wenn das Ziel der Behandlung aus Gründen, die in der Person der Gefangenen liegen, nicht erreicht werden kann.

3 A 3, 3 A 12, 3 A 15, 3 A 16, 3 A 20, 3 A 23, 15 B 30

§ 18 Psychologische Intervention und Psychotherapie

Psychologische Intervention und Psychotherapie im Vollzug dienen insbesondere der Behandlung psychischer Störungen des Verhaltens und Erlebens, die in einem Zusammenhang mit der Straffälligkeit stehen. Sie werden durch systematische Anwendung psychologisch wissenschaftlich fundierter Methoden der Gesprächsführung mit einer Person oder mehreren Personen durchgeführt.

Abschnitt 5. Arbeitstherapeutische Maßnahmen, Arbeitstraining, schulische und berufliche Qualifizierungsmaßnahmen, Arbeit

§ 19 Arbeitstherapeutische Maßnahmen

Arbeitstherapeutische Maßnahmen dienen dazu, dass die Gefangenen Eigenschaften wie Selbstvertrauen, Durchhaltevermögen und Konzentrationsfähigkeit einüben, um sie stufenweise an die Grundanforderungen des Arbeitslebens heranzuführen.

4 Vorb. 5, 4 A 9

§ 20 Arbeitstraining

Arbeitstraining dient dazu, Gefangenen, die nicht in der Lage sind, einer regelmäßigen und erwerbsorientierten Arbeit nachzugehen, Fähigkeiten und Fertigkeiten zu vermitteln, die eine Eingliederung in das leistungsorientierte Arbeitsleben fördern. Die in der Anstalt dafür vorzuhaltenden Maßnahmen sind danach auszurichten, dass sie den Gefangenen für den Arbeitsmarkt relevante Qualifikationen vermitteln.

4 Vorb. 5, 4 A 9

§ 21 Schulische und berufliche Qualifizierungsmaßnahmen

(1) Schulische und berufliche Aus- und Weiterbildung im Vollzug (schulische und berufliche Qualifizierungsmaßnahmen) haben das Ziel, den Gefangenen Fähigkeiten und Fertigkeiten zur Eingliederung und zur Aufnahme einer Erwerbstätigkeit nach der Entlassung zu vermitteln sowie vorhandene Fähigkeiten zu erhalten, zu fördern und weiterzuentwickeln. Sie werden in der Regel als Vollzeitmaßnahme durchgeführt. Bei der Festlegung von Inhalten, Methoden und Organisationsformen der Bildungsangebote werden die Besonderheiten der jeweiligen Zielgruppe berücksichtigt.

(2) Berufliche Qualifizierungsmaßnahmen sind darauf auszurichten, den Gefangenen für den Arbeitsmarkt relevante Qualifikationen zu vermitteln.

(3) Geeigneten Gefangenen soll die Teilnahme an einer schulischen oder beruflichen Ausbildung ermöglicht werden, die zu einem anerkannten Abschluss führt.

(4) Bei der Vollzugs- und Eingliederungsplanung ist darauf zu achten, dass die Gefangenen Qualifizierungsmaßnahmen während ihrer Haftzeit abschließen oder danach fortsetzen können. Können Maßnahmen während der Haftzeit nicht abgeschlossen werden, trägt die Anstalt in Zusammenarbeit mit außervollzuglichen Einrichtungen dafür Sorge, dass die begonnene Qualifizierungsmaßnahme nach der Haft fortgesetzt werden kann.

(5) Nachweise über schulische und berufliche Maßnahmen dürfen keinen Hinweis auf die Inhaftierung enthalten.

4 Vorb. 5, 4 A 6, 4 A 19, 4 A 21, 4 A 23, 4 A 24, 4 E 1, 4 E 3, 4 E 6, 4 E 9, 4 E 12, 4 E 17, 4 G 13

§ 22 Arbeitspflicht

Gefangene sind im Rahmen des § 9 Absatz 2 verpflichtet, die ihnen zugewiesene Arbeit auszuüben, soweit sie zu deren Verrichtung körperlich in der Lage sind. Es gelten die von der Anstalt festgelegten Arbeitsbedingungen. Im Interesse einer störungsfreien Organisation der Anstaltsbetriebe darf die Arbeit nicht zur Unzeit niedergelegt werden.

4 Vorb. 5, 4 A 2, 4 B 2, 4 B 7, 4 B 11, 4 B 21, 4 B 23

§ 23 Freies Beschäftigungsverhältnis, Selbstbeschäftigung

(1) Gefangenen, die zum Freigang (§ 38 Absatz 1 Nummer 4) zugelassen sind, soll gestattet werden, einer Arbeit, Berufsausbildung oder beruflichen Weiterbildung auf der Grundlage eines freien Beschäftigungsverhältnisses oder der Selbstbeschäftigung außerhalb der Anstalt nachzugehen, wenn die Beschäftigungsstelle geeignet ist und nicht überwiegende Gründe des Vollzugs entgegenstehen. § 40 gilt entsprechend.

(2) Das Entgelt ist der Anstalt zur Gutschrift für die Gefangenen zu überweisen.

4 Vorb. 5, 4 G 7, 4 H 2, 4 H 10, 4 H 13, 4 H 14, 4 H 19, 4 H 28, 6 F 56

§ 24 Freistellung von der Arbeit

(1) Haben die Gefangenen ein halbes Jahr lang gearbeitet, so können sie beanspruchen, zehn Arbeitstage von der Arbeit freigestellt zu werden. Zeiten, in denen die Gefangenen infolge Krankheit an der Arbeitsleistung verhindert waren, werden auf das Halbjahr mit bis zu 15 Arbeitstagen angerechnet. Der Anspruch verfällt, wenn die Freistellung nicht innerhalb eines Jahres nach seiner Entstehung erfolgt ist.

(2) Auf die Zeit der Freistellung wird Langzeitausgang (§ 38 Absatz 1 Nummer 3) angerechnet, soweit er in die Arbeitszeit fällt. Gleiches gilt für einen Langzeitausgang nach § 39 Absatz 1, soweit er nicht wegen des Todes oder einer lebensgefährlichen Erkrankung naher Angehöriger erteilt worden ist.

(3) Die Gefangenen erhalten für die Zeit der Freistellung ihr Arbeitsentgelt weiter.

(4) Urlaubsregelungen freier Beschäftigungsverhältnisse bleiben unberührt.

(5) Für Maßnahmen nach den §§ 19, 20 oder 21 Absatz 1 gelten die Absätze 1 bis 4 entsprechend, sofern diese den Umfang der regelmäßigen wöchentlichen Arbeitszeit erreichen.

4 Vorb. 5, 4 C 1, 4 C 3, 4 C 4, 4 C 5, 4 C 6, 4 C 7, 4 C 14, 4 C 16, 4 C 18, 4 C 23, 4 D 34, 4 D 38, 4 D 45,
4 G 12

Abschnitt 6. Besuche, Telefongespräche, Schriftwechsel, andere Formen der Telekommunikation und Pakete

§ 25 Grundsatz

Die Gefangenen haben das Recht, mit Personen außerhalb der Anstalt im Rahmen der Bestimmungen dieses Gesetzes zu verkehren.

9 Vorb. 4, 9 A 1 ff

§ 26 Recht auf Besuch

(1) Die Gefangenen dürfen regelmäßig Besuch empfangen. Die Gesamtdauer beträgt mindestens zwei Stunden im Monat, bei Besuchen von Kindern unter 14 Jahren erhöht sich die Gesamtdauer um weitere zwei Stunden.

(2) Besuche von Angehörigen im Sinne von § 11 Absatz 1 Nummer 1 des Strafgesetzbuchs werden besonders unterstützt.

(3) Besuche sollen darüber hinaus zugelassen werden, wenn sie die Eingliederung der Gefangenen fördern oder persönlichen, rechtlichen oder geschäftlichen Angelegenheiten dienen, die nicht von den Gefangenen schriftlich erledigt, durch Dritte wahrgenommen oder bis zur Entlassung aufgeschoben werden können.

(4) Der Anstaltsleiter oder die Anstaltsleiterin kann über Absatz 1 hinausgehend mehrstündige, unbeaufsichtigte Besuche (Langzeitbesuche) zulassen, wenn dies zur Pflege der familiären, partnerschaftlichen oder ihnen gleichzusetzender Kontakte der Gefangenen geboten erscheint und die Gefangenen hierfür geeignet sind.

(5) Besuche von Verteidigern oder Verteidigerinnen sowie von Rechtsanwälten, Rechtsanwältinnen, Notaren und Notarinnen in einer die Gefangenen betreffenden Rechtssache sind zu gestatten.

9 B 19, 9 B 24

§ 27 Untersagung der Besuche

Der Anstaltsleiter oder die Anstaltsleiterin kann Besuche untersagen, wenn
1. die Sicherheit oder Ordnung der Anstalt gefährdet würde,
2. zu befürchten ist, dass Personen, die nicht Angehörige der Gefangenen im Sinne von § 11 Absatz 1 Nummer 1 des Strafgesetzbuchs sind, einen schädlichen Einfluss auf die Gefangenen haben oder die Erreichung des Vollzugsziels behindern oder
3. zu befürchten ist, dass Personen, die Opfer der Straftat waren, durch die Begegnung mit den Gefangenen in schädlicher Weise beeinflusst werden.

9 B 34, 9 B 47

§ 28 Durchführung der Besuche

(1) Aus Gründen der Sicherheit können Besuche davon abhängig gemacht werden, dass sich die Besucher oder Besucherinnen mit technischen Hilfsmitteln absuchen oder durchsuchen lassen. Eine inhaltliche Überprüfung der von Verteidigern oder Verteidigerinnen mitgeführten Schriftstücke und sonstigen Unterlagen ist nicht zulässig. § 34 Absatz 2 Satz 2 bis 4 bleibt unberührt.

(2) Besuche werden regelmäßig beaufsichtigt. Über Ausnahmen entscheidet der Anstaltsleiter oder die Anstaltsleiterin. Die Beaufsichtigung kann mit technischen Hilfsmitteln zur optischen Überwachung durchgeführt werden, wenn die Besucher oder Besucherinnen und die Gefangenen vor dem Besuch erkennbar darauf hingewiesen werden.

(3) Besuche von Verteidigern oder Verteidigerinnen werden nicht beaufsichtigt.

(4) Besuche dürfen abgebrochen werden, wenn Besucher oder Besucherinnen oder Gefangene gegen dieses Gesetz oder aufgrund dieses Gesetzes getroffene Anordnungen trotz Abmahnung verstoßen. Die Abmahnung unterbleibt, wenn es unerlässlich ist, den Besuch sofort abzubrechen.

(5) Gegenstände dürfen beim Besuch nicht übergeben werden. Dies gilt nicht für die bei dem Besuch der Verteidiger oder Verteidigerinnen übergebenen Schriftstücke und sonstigen Unterlagen sowie für die bei dem Besuch von Rechtsanwälten, Rechtsanwältinnen, Notaren oder Notarinnen zur Erledigung einer die Gefangenen betreffenden Rechtssache übergebenen Schriftstücke und sonstigen Unterlagen. Bei dem Besuch von Rechtsanwälten, Rechtsanwältinnen, Notaren oder Notarinnen kann die Übergabe aus Gründen der Sicherheit oder Ordnung der Anstalt von der Erlaubnis des Anstaltsleiters oder der Anstaltsleiterin abhängig gemacht werden. § 34 Absatz 2 Satz 2 bis 4 bleibt unberührt.

(6) Der Anstaltsleiter oder die Anstaltsleiterin kann im Einzelfall die Nutzung einer Trennvorrichtung anordnen, wenn dies zum Schutz von Personen oder zur Verhinderung einer Übergabe von Gegenständen erforderlich ist.

9 B 71, 9 B 80, 9 B 82

§ 29 Überwachung der Gespräche

(1) Gespräche dürfen im Einzelfall akustisch überwacht werden, soweit es wegen einer Gefährdung der Erreichung des Vollzugsziels oder aus Gründen der Sicherheit erforderlich ist.

(2) Gespräche mit Verteidigern oder Verteidigerinnen werden nicht überwacht.

9 B 78

§ 30 Telefongespräche

(1) Den Gefangenen kann gestattet werden, Telefongespräche zu führen. Die Bestimmungen über den Besuch gelten entsprechend. Eine beabsichtigte Überwachung teilt die Anstalt den Gefangenen rechtzeitig vor Beginn des Telefongesprächs und den Gesprächspersonen der Gefangenen unmittelbar nach Herstellung der Verbindung mit.

(2) Die Kosten der Telefongespräche tragen die Gefangenen. Sind sie dazu nicht in der Lage, kann die Anstalt die Kosten in begründeten Fällen in angemessenem Umfang übernehmen.

(3) Der Besitz und die Benutzung von Geräten zur funkbasierten Übertragung von Informationen sind auf dem Anstaltsgelände verboten, soweit diese nicht dienstlich zugelassen sind. Der Anstaltsleiter oder die Anstaltsleiterin kann abweichende Regelungen treffen. Die Anstalt darf technische Geräte betreiben, die

1. das Auffinden von Geräten zur Funkübertragung ermöglichen,
2. Geräte zur Funkübertragung zum Zwecke des Auffindens aktivieren können oder
3. Frequenzen stören oder unterdrücken, die der Herstellung oder Aufrechterhaltung unerlaubter Funkverbindungen auf dem Anstaltsgelände dienen.

Sie hat dabei die von der Bundesnetzagentur gemäß § 55 Absatz 1 Satz 5 des Telekommunikationsgesetzes festgelegten Rahmenbedingungen zu beachten. Frequenznutzungen außerhalb des Anstaltsgeländes dürfen nicht erheblich gestört werden.

9 D 12

§ 31 Recht auf Schriftwechsel

(1) Die Gefangenen haben das Recht, Schreiben abzusenden und zu empfangen.

(2) Die Kosten des Schriftwechsels tragen die Gefangenen. Sind sie dazu nicht in der Lage, kann die Anstalt die Kosten in begründeten Fällen in angemessenem Umfang übernehmen.

9 C 1 ff

§ 32 Untersagung des Schriftwechsels

Der Anstaltsleiter oder die Anstaltsleiterin kann den Schriftwechsel mit bestimmten Personen untersagen, wenn

1. die Sicherheit oder Ordnung der Anstalt gefährdet würde,
2. zu befürchten ist, dass der Schriftwechsel bei Personen, die nicht Angehörige der Gefangenen im Sinne von § 11 Absatz 1 Nummer 1 des Strafgesetzbuchs sind, einen schädlichen Einfluss auf die Gefangenen hat oder die Erreichung des Vollzugsziels behindert oder

3. zu befürchten ist, dass Personen, die Opfer der Straftat waren, durch den Schriftwechsel mit den Gefangenen in schädlicher Weise beeinflusst werden.

9 C 9, 9 C 13

§ 33 Sichtkontrolle, Weiterleitung und Aufbewahrung von Schreiben

(1) Die Gefangenen haben das Absenden und den Empfang von Schreiben durch die Anstalt vermitteln zu lassen, soweit nichts anderes gestattet ist. Ein- und ausgehende Schreiben sind unverzüglich weiterzuleiten.

(2) Ein- und ausgehende Schreiben werden in Gegenwart der Gefangenen, an die sie adressiert oder von denen sie verfasst sind, auf verbotene Gegenstände kontrolliert.

(3) Die Gefangenen haben eingehende Schreiben unverschlossen zu verwahren, sofern nichts anderes gestattet wird. Sie können sie verschlossen zu ihrer Habe geben.

9 C 23, 9 C 26

§ 34 Überwachung des Schriftwechsels

(1) Der Schriftwechsel darf nur überwacht werden, soweit es im Einzelfall wegen einer Gefährdung der Erreichung des Vollzugsziels oder aus Gründen der Sicherheit erforderlich ist.

(2) Der Schriftwechsel der Gefangenen mit ihren Verteidigern oder Verteidigerinnen wird nicht überwacht. Liegt dem Vollzug eine Straftat nach §129a, auch in Verbindung mit § 129b Absatz 1 des Strafgesetzbuchs zu Grunde, gelten § 148 Absatz 2 und § 148a der Strafprozessordnung entsprechend. Dies gilt nicht, wenn die Gefangenen sich im offenen Vollzug befinden oder wenn ihnen Lockerungen nach § 38 gewährt worden sind und ein Grund, der den Anstaltsleiter oder die Anstaltsleiterin zur Aufhebung nach § 90 ermächtigt, nicht vorliegt. Die Sätze 2 und 3 gelten auch, wenn eine Freiheitsstrafe wegen einer Straftat nach §129a, auch in Verbindung mit § 129b Absatz 1 des Strafgesetzbuchs erst im Anschluss an den Vollzug der Freiheitsstrafe, der eine andere Verurteilung zu Grunde liegt, zu vollstrecken ist.

(3) Nicht überwacht werden ferner Schreiben der Gefangenen an Volksvertretungen des Bundes und der Länder sowie an deren Mitglieder, soweit die Schreiben an die Anschriften dieser Volksvertretungen gerichtet sind und den Absender oder die Absenderin zutreffend angeben. Entsprechendes gilt für Schreiben an das Europäische Parlament und dessen Mitglieder, den Europäischen Gerichtshof für Menschenrechte, den Europäischen Ausschuss zur Verhütung von Folter und unmenschlicher oder erniedrigender Behandlung oder Strafe, den Ausschuss der Vereinten Nationen gegen Folter, den zugehörigen Unterausschuss zur Verhütung von Folter und die entsprechenden Nationalen Präventionsmechanismen, die konsularische Vertretung ihres Heimatlandes und weitere Einrichtungen, mit denen der Schriftverkehr aufgrund völkerrechtlicher Verpflichtungen der Bundesrepublik Deutschland geschützt ist. Satz 1 gilt auch für den Schriftverkehr mit den Bürgerbeauftragten der Länder und den Datenschutzbeauftragten des Bundes und der Länder. Schreiben der in den Sätzen 1 bis 3 genannten Stellen, die an die Gefangenen gerichtet sind, werden nicht überwacht, sofern die Identität des Absenders oder der Absenderin zweifelsfrei feststeht.

9 C 23

§ 35 Anhalten von Schreiben

(1) Der Anstaltsleiter oder die Anstaltsleiterin kann Schreiben anhalten, wenn
1. die Erreichung des Vollzugsziels oder die Sicherheit oder Ordnung der Anstalt gefährdet würde,
2. die Weitergabe in Kenntnis ihres Inhalts einen Straf- oder Bußgeldtatbestand verwirklichen würde,
3. sie grob unrichtige oder erheblich entstellende Darstellungen von Anstaltsverhältnissen oder grobe Beleidigungen enthalten,
4. sie die Eingliederung anderer Gefangener gefährden können oder
5. sie in Geheim- oder Kurzschrift, unlesbar, unverständlich oder ohne zwingenden Grund in einer fremden Sprache abgefasst sind.

(2) Ausgehenden Schreiben, die unrichtige Darstellungen enthalten, kann ein Begleitschreiben beigefügt werden, wenn die Gefangenen auf das Absenden bestehen.

(3) Sind Schreiben angehalten worden, wird das den Gefangenen mitgeteilt. Angehaltene Schreiben werden an den Absender oder die Absenderin zurückgegeben oder, sofern dies unmöglich oder aus besonderen Gründen nicht angezeigt ist, verwahrt.

(4) Schreiben, deren Überwachung ausgeschlossen ist, dürfen nicht angehalten werden.

9 C 49 ff

§ 36 Andere Formen der Telekommunikation

Nach Zulassung anderer Formen der Telekommunikation im Sinne des Telekommunikationsgesetzes durch die Aufsichtsbehörde kann der Anstaltsleiter oder die Anstaltsleiterin den Gefangenen gestatten, diese Formen auf ihre Kosten zu nutzen. Die Bestimmungen dieses Abschnitts gelten entsprechend.

5 A 31, 5 C 29, 9 D 9

§ 37 Pakete

(1) Den Gefangenen kann gestattet werden, Pakete zu empfangen. Der Empfang von Paketen mit Nahrungs- und Genussmitteln ist untersagt. Die Anstalt kann Anzahl, Gewicht und Größe von Sendungen und einzelnen Gegenständen festsetzen. Über § 46 Absatz 1 Satz 2 hinaus kann sie Gegenstände und Verpackungsformen ausschließen, die einen unverhältnismäßigen Kontrollaufwand bedingen.

(2) Die Anstalt kann die Annahme von Paketen, deren Einbringung nicht gestattet ist oder die die Voraussetzungen des Absatzes 1 nicht erfüllen, ablehnen oder solche Pakete an den Absender oder die Absenderin zurücksenden.

(3) Pakete sind in Gegenwart der Gefangenen, an die sie adressiert sind, zu öffnen und zu durchsuchen. Mit nicht zugelassenen oder ausgeschlossenen Gegenständen ist gemäß § 49 Absatz 3 zu verfahren. Sie können auch auf Kosten der Gefangenen zurückgesandt werden.

(4) Der Empfang von Paketen kann vorübergehend versagt werden, wenn dies wegen der Gefährdung der Sicherheit oder Ordnung unerlässlich ist.

(5) Den Gefangenen kann gestattet werden, Pakete zu versenden. Der Inhalt kann aus Gründen der Sicherheit oder Ordnung überprüft werden.

(6) Die Kosten des Paketversandes tragen die Gefangenen. Sind sie dazu nicht in der Lage, kann die Anstalt die Kosten in begründeten Fällen in angemessenem Umfang übernehmen.

6 C 3, 9 E 1 ff

Abschnitt 7. Lockerungen und sonstige Aufenthalte außerhalb der Anstalt

§ 38 Lockerungen zur Erreichung des Vollzugsziels

(1) Aufenthalte außerhalb der Anstalt ohne Aufsicht (Lockerungen) können den Gefangenen zur Erreichung des Vollzugsziels gewährt werden, insbesondere
1. das Verlassen der Anstalt für bis zu 24 Stunden in Begleitung einer von der Anstalt zugelassenen Person (Begleitausgang),
2. das Verlassen der Anstalt für bis zu 24 Stunden ohne Begleitung (unbegleiteter Ausgang),
3. das Verlassen der Anstalt für mehrere Tage (Langzeitausgang) und
4. die regelmäßige Beschäftigung außerhalb der Anstalt (Freigang).

(2) Die Lockerungen dürfen gewährt werden, wenn verantwortet werden kann zu erproben, dass die Gefangenen sich dem Vollzug der Freiheitsstrafe nicht entziehen und die Lockerungen nicht zu Straftaten missbraucht werden.

(3) Ein Langzeitausgang nach Absatz 1 Nummer 3 soll in der Regel erst gewährt werden, wenn die Gefangenen sich mindestens sechs Monate im Strafvollzug befunden haben. Zu lebenslanger Freiheitsstrafe verurteilte Gefangene können einen Langzeitausgang erst erhalten, wenn sie sich einschließlich einer vorhergehenden Untersuchungshaft oder einer anderen Freiheitsentziehung zehn Jahre im Vollzug befunden haben oder wenn sie im offenen Vollzug untergebracht sind.

(4) Durch Lockerungen wird die Vollstreckung der Freiheitsstrafe nicht unterbrochen.

4 D 44, 4 H 13, 10 B 1, 10 B 3, 10 B 4, 10 C 1, 10 C 2, 10 C 12, 10 C 17, 10 C 18, 10 C 20, 10 C 34, 10 C 35, 10 C 38, 10 C 49, 10 C 68, 10 D 3, 10 E 9

§ 39 Lockerungen aus sonstigen Gründen

(1) Lockerungen können auch aus wichtigem Anlass gewährt werden. Wichtige Anlässe sind insbesondere die Teilnahme an gerichtlichen Terminen, die medizinische Behandlung der Gefangenen sowie der Tod oder eine lebensgefährliche Erkrankung naher Angehöriger der Gefangenen.

(2) § 38 Absatz 2 und 4 gilt entsprechend.

4 D 31, 10 B 1, 10 D 3, 10 D 4, 10 D 9

§ 40 Weisungen für Lockerungen

Für Lockerungen sind die nach den Umständen des Einzelfalles erforderlichen Weisungen zu erteilen. Bei der Ausgestaltung der Lockerungen ist nach Möglichkeit den Belangen des Opfers Rechnung zu tragen.

1 D 24, 4 D 44, 4 H 14, 10 B 1, 10 D 9, 10 E 1, 10 E 3, 10 E 10, 10 E 11

§ 41 Ausführung, Außenbeschäftigung, Vorführung, Ausantwortung

(1) Den Gefangenen kann das Verlassen der Anstalt unter ständiger und unmittelbarer Aufsicht gestattet werden, wenn dies aus besonderen Gründen notwendig ist (Ausführung). Die Gefangenen können auch gegen ihren Willen ausgeführt werden. Liegt die Ausführung ausschließlich im Interesse der Gefangenen, können ihnen die Kosten auferlegt werden, soweit dies die Behandlung oder die Eingliederung nicht behindert.

(2) Den Gefangenen kann gestattet werden, außerhalb der Anstalt einer regelmäßigen Beschäftigung unter ständiger Aufsicht oder unter Aufsicht in unregelmäßigen Abständen (Außenbeschäftigung) nachzugehen. § 38 Absatz 2 gilt entsprechend.

(3) Auf Ersuchen eines Gerichts werden Gefangene vorgeführt, sofern ein Vorführungsbefehl vorliegt.

(4) Gefangene dürfen befristet dem Gewahrsam eines Gerichts, einer Staatsanwaltschaft oder einer Polizei-, Zoll-, Ausländer- oder Finanzbehörde auf Antrag überlassen werden (Ausantwortung).

10 C 7, 10 C 8, 10 C 10, 10 C 38, 10 C 50, 10 D 3, 10 D 10, 10 D 11, 10 D 12, 10 D 14, 10 D 15, 10 E 3

Abschnitt 8. Vorbereitung der Eingliederung, Entlassung und nachgehende Betreuung

§ 42 Vorbereitung der Eingliederung

(1) Die Maßnahmen zur sozialen und beruflichen Eingliederung sind auf den Zeitpunkt der voraussichtlichen Entlassung in die Freiheit abzustellen. Die Gefangenen sind bei der Ordnung ihrer persönlichen, wirtschaftlichen und sozialen Angelegenheiten zu unterstützen. Dies umfasst die Vermittlung in weiterführende Betreuung.

(2) Die Anstalt arbeitet frühzeitig mit Personen und Einrichtungen außerhalb des Vollzugs zusammen, insbesondere, um zu erreichen, dass die Gefangenen nach ihrer Entlassung über eine geeignete Unterbringung und eine Arbeits- oder Ausbildungsstelle verfügen. Das Landesamt für ambulante Straffälligenarbeit ist ein Jahr vor dem voraussichtlichen Entlassungszeitpunkt an der sozialen und beruflichen Eingliederung der Gefangenen zu beteiligen, die nach der Entlassung voraussichtlich der Bewährungshilfe oder Führungsaufsicht unterstellt werden.

(3) Den Gefangenen können Aufenthalte in Einrichtungen außerhalb des Vollzugs (Übergangseinrichtungen) gewährt werden, wenn dies zur Vorbereitung der Eingliederung erforderlich ist. Haben sich die Gefangenen mindestens sechs Monate im Vollzug befunden, kann ihnen auch ein zusammenhängender Langzeitausgang bis zu sechs Monaten gewährt werden, wenn dies zur Vorbereitung der Eingliederung zwingend erforderlich ist. § 38 Absatz 2 und 4 sowie § 40 gelten entsprechend.

(4) In einem Zeitraum von sechs Monaten vor der voraussichtlichen Entlassung sind den Gefangenen die zur Vorbereitung der Eingliederung zwingend erforderlichen Lockerungen zu gewähren, sofern nicht mit hoher Wahrscheinlichkeit zu erwarten ist, dass die Gefangenen sich dem Vollzug der Freiheitsstrafe entziehen oder die Lockerungen zu Straftaten missbrauchen werden.

3 C 1, 3 C 2, 3 C 5, 3 C 6, 4 J 2, 7 A 1, 7 B 6, 7 D 8, 10 B 5, 10 G 2, 10 H 4, 10 H 6, 10 H 9, 10 H 10, 10 H 12, 13 A 2, 13 I 5

§ 43 Entlassung

(1) Die Gefangenen sollen am letzten Tag ihrer Strafzeit möglichst frühzeitig, jedenfalls noch am Vormittag, entlassen werden.

(2) Fällt das Strafende auf einen Sonnabend oder Sonntag, einen gesetzlichen Feiertag, den ersten Werktag nach Ostern oder Pfingsten oder in die Zeit vom 22. Dezember bis zum 6. Januar, so können die Gefangenen an dem diesem Tag oder Zeitraum vorhergehenden Werktag entlassen werden, wenn dies gemessen an der Dauer der Strafzeit vertretbar ist und fürsorgerische Gründe nicht entgegenstehen.

(3) Der Entlassungszeitpunkt kann bis zu zwei Tage vorverlegt werden, wenn die Gefangenen zu ihrer Eingliederung hierauf dringend angewiesen sind.

(4) Bedürftigen Gefangenen kann eine Entlassungsbeihilfe in Form eines Reisekostenzuschusses, angemessener Kleidung oder einer sonstigen notwendigen Unterstützung gewährt werden.

7 D 8, 7 E 1, 10 G 2, 10 I 2, 10 I 4, 10 I 5, 10 I 8

§ 44 Nachgehende Betreuung

Mit Zustimmung des Anstaltsleiters oder der Anstaltsleiterin können Bedienstete an der nachgehenden Betreuung Entlassener mit deren Einverständnis mitwirken, wenn ansonsten die Eingliederung gefährdet wäre. Die nachgehende Betreuung kann auch außerhalb der Anstalt erfolgen. In der Regel ist sie auf die ersten sechs Monate nach der Entlassung beschränkt.

3 E 2, 3 E 4, 3 E 5, 3 E 6, 3 E 7, 7 D 8, 7 D 23, 10 G 2

§ 45 Verbleib oder Aufnahme auf freiwilliger Grundlage

(1) Sofern es die Belegungssituation zulässt, können die Gefangenen auf Antrag ausnahmsweise vorübergehend in der Anstalt verbleiben oder wieder aufgenommen werden, wenn die Eingliederung gefährdet und ein Aufenthalt in der Anstalt aus diesem Grunde gerechtfertigt ist. Die Unterbringung erfolgt auf vertraglicher Basis.

(2) Gegen die in der Anstalt untergebrachten Entlassenen dürfen Maßnahmen des Vollzugs nicht mit unmittelbarem Zwang durchgesetzt werden.

(3) Bei Störung des Anstaltsbetriebes durch die Entlassenen oder aus vollzugsorganisatorischen Gründen kann die Unterbringung jederzeit beendet werden.

3 D 2, 3 D 3, 3 D 4, 3 D 6, 3 D 7, 3 D 8, 7 D 8, 10 G 2

Abschnitt 9. Grundversorgung und Freizeit

§ 46 Einbringen von Gegenständen

(1) Gegenstände dürfen durch oder für die Gefangenen nur mit Zustimmung der Anstalt eingebracht werden. Die Anstalt kann die Zustimmung verweigern, wenn die Gegenstände geeignet sind, die Sicherheit oder Ordnung der Anstalt oder die Erreichung des Vollzugsziels zu gefährden oder ihre Aufbewahrung nach Art oder Umfang offensichtlich nicht möglich ist.

(2) Das Einbringen von Nahrungs- und Genussmitteln im geschlossenen Vollzug ist nicht gestattet. Der Anstaltsleiter oder die Anstaltsleiterin kann eine abweichende Regelung treffen.

11 C 2, 11 C 10, 11 C 11

§ 47 Gewahrsam an Gegenständen

(1) Die Gefangenen dürfen Gegenstände nur mit Zustimmung der Anstalt in Gewahrsam haben, annehmen oder abgeben.

(2) Ohne Zustimmung dürfen sie Gegenstände von geringem Wert an andere Gefangene weitergeben und von anderen Gefangenen annehmen. Die Anstalt kann Abgabe und Annahme dieser Gegenstände und den Gewahrsam daran von ihrer Zustimmung abhängig machen.

11 C 2, 11 C 3, 11 C 12

§ 48 Ausstattung des Haftraums

Die Gefangenen dürfen ihren Haftraum in angemessenem Umfang mit eigenen Gegenständen ausstatten oder diese dort aufbewahren. Vorkehrungen und Gegenstände, die die Übersichtlichkeit des Haftraums behindern oder in anderer Weise Sicherheit oder Ordnung der Anstalt oder die Erreichung des Vollzugsziels gefährden, sind auszuschließen oder aus dem Haftraum zu entfernen.

2 F 1, 2 F 8, 2 F 9, 2 F 10, 2 F 12, 2 F 16, 2 F 17, 5 C 12, 5 C 14, 5 C 17, 5 C 18, 5 C 38, 5 D 6, 5 D 11, 5 D 14, 5 D 20, 5 D 21, 5 D 28

§ 49 Aufbewahrung und Vernichtung von Gegenständen

(1) Gegenstände, die die Gefangenen nicht im Haftraum aufbewahren dürfen oder wollen, werden von der Anstalt aufbewahrt, soweit dies nach Art und Umfang möglich ist.

(2) Den Gefangenen wird Gelegenheit gegeben, ihre Gegenstände, die sie während des Vollzugs und für ihre Entlassung nicht benötigen, zu versenden. § 37 Absatz 6 gilt entsprechend.

(3) Werden Gegenstände, deren Aufbewahrung nach Art oder Umfang nicht möglich ist, von den Gefangenen trotz Aufforderung nicht aus der Anstalt verbracht, so darf die Anstalt diese Gegenstände auf Kosten der Gefangenen außerhalb der Anstalt verwahren, verwerten oder vernichten. Für die Voraussetzungen und das Verfahren der Verwertung und Vernichtung gelten die Bestimmungen des Sicherheits- und Ordnungsgesetzes Mecklenburg-Vorpommern entsprechend.

(4) Aufzeichnungen und andere Gegenstände, die Kenntnisse über Sicherungsvorkehrungen der Anstalt vermitteln oder Schlussfolgerungen auf diese zulassen, dürfen vernichtet oder unbrauchbar gemacht werden.

11 C 2, 11 C 13, 11 C 14, 11 C 16

§ 50 Zeitungen und Zeitschriften, religiöse Schriften und Gegenstände

(1) Die Gefangenen dürfen auf eigene Kosten Zeitungen und Zeitschriften in angemessenem Umfang durch Vermittlung der Anstalt beziehen. Ausgeschlossen sind Zeitungen und Zeitschriften, deren Verbreitung mit Strafe oder Geldbuße bedroht ist. Einzelne Ausgaben können den Gefangenen vorenthalten oder entzogen werden, wenn deren Inhalte die Erreichung des Vollzugsziels oder die Sicherheit oder Ordnung der Anstalt erheblich gefährden würden.

(2) Die Gefangenen dürfen grundlegende religiöse Schriften sowie in angemessenem Umfang Gegenstände des religiösen Gebrauchs besitzen. Diese dürfen den Gefangenen nur bei grobem Missbrauch entzogen werden.

5 B 5, 5 B 6, 5 B 12, 5 B 13, 5 B 15, 5 B 20, 5 B 21, 5 B 23, 5 B 24, 8 A 21, 8 A 22, 8 A 23

§ 51 Rundfunk, Informations- und Unterhaltungselektronik

(1) Der Zugang zum Rundfunk ist zu ermöglichen.

(2) Eigene Hörfunk- und Fernsehgeräte werden zugelassen, wenn nicht Gründe des § 48 Satz 2 entgegenstehen und wenn feststeht, dass sie keine unzulässigen Gegenstände enthalten. Die dazu erforderliche Überprüfung und etwa notwendige Änderungen werden durch die Anstalt auf Kosten der Gefangenen veranlasst. Andere Geräte der Informations- und Unterhaltungselektronik können unter diesen Voraussetzungen zugelassen werden. § 36 bleibt unberührt.

(3) Die Gefangenen können auf Mietgeräte oder auf ein Haftraummediensystem verwiesen werden. Die Anstalt kann die Bereitstellung und den Betrieb von Empfangsanlagen, die Bereitstellung, Vermietung oder Ausgabe von Hörfunk- und Fernsehgeräten sowie von anderen Geräten der Informations- und Unterhaltungselektronik einem Dritten gestatten oder übertragen.

(4) Der Rundfunk kann vorübergehend ausgesetzt oder einzelnen Gefangenen untersagt werden, wenn dies zur Aufrechterhaltung der Sicherheit und Ordnung der Anstalt unerlässlich ist.

4 I 55, 5 C 4, 5 C 6, 5 C 10, 5 C 12, 5 C 14, 5 C 17, 5 C 18, 5 C 22, 5 C 23, 5 C 25, 5 C 26, 5 C 28, 5 C 29, 5 C 32, 5 C 38, 5 D 10

§ 52 Kleidung

(1) Die Gefangenen tragen Anstaltskleidung.

(2) Der Anstaltsleiter oder die Anstaltsleiterin kann eine abweichende Regelung treffen. Für Reinigung und Instandsetzung eigener Kleidung haben die Gefangenen auf ihre Kosten durch Vermittlung der Anstalt zu sorgen.

6 A 1, 6 A 5, 6 A 7, 6 A 9

§ 53 Verpflegung und Einkauf

(1) Zusammensetzung und Nährwert der Anstaltsverpflegung haben den Anforderungen an eine gesunde Ernährung zu entsprechen und werden ärztlich überwacht. Auf ärztliche Anordnung wird besondere Verpflegung gewährt. Den Gefangenen ist zu ermöglichen, Speisevorschriften ihrer Religionsgemeinschaft zu befolgen.

(2) Den Gefangenen wird ermöglicht einzukaufen. Die Anstalt wirkt auf ein Angebot hin, das auf Wünsche und Bedürfnisse der Gefangenen Rücksicht nimmt. Das Verfahren des Einkaufs regelt der Anstaltsleiter oder die Anstaltsleiterin. Nahrungs-, Genuss- und Körperpflegemittel können nur vom Haus- und Taschengeld, andere Gegenstände in angemessenem Umfang auch vom Eigengeld eingekauft werden.

(3) Gegenstände, die die Sicherheit oder Ordnung der Anstalt gefährden, können vom Einkauf ausgeschlossen werden. Auf ärztliche Anordnung kann den Gefangenen der Einkauf einzelner Nahrungs- und

Genussmittel ganz oder teilweise untersagt werden, wenn zu befürchten ist, dass sie die Gesundheit ernsthaft gefährden. In Krankenhäusern oder Krankenabteilungen kann der Einkauf einzelner Nahrungs- und Genussmittel auf ärztliche Anordnung allgemein untersagt oder eingeschränkt werden.

4 I 111, 4 I 112, 6 B 4, 6 B 6, 6 B 9, 6 B 10, 6 C 5, 6 C 6, 6 C 7, 6 C 10, 6 C 11, 6 C 13, 11 C 17

§ 54 Freizeit

(1) Zur Ausgestaltung der Freizeit hat die Anstalt insbesondere Angebote zur sportlichen und kulturellen Betätigung und Bildungsangebote vorzuhalten. Dies gilt auch an Wochenenden und Feiertagen. Die Anstalt stellt eine angemessen ausgestattete Bücherei zur Verfügung.

(2) Die Gefangenen sind zur Teilnahme und Mitwirkung an Angeboten der Freizeitgestaltung zu motivieren und anzuleiten.

5 A 8, 5 A 9, 5 A 12, 5 A 18, 5 A 19, 5 A 22, 5 A 24, 5 A 25, 5 A 26, 5 A 30, 5 A 32, 5 A 41

Abschnitt 10. Vergütung, Gelder der Gefangenen und Kosten

§ 55 Vergütung und Anrechnung der Freistellung auf den Entlassungszeitpunkt

(1) Es gelten folgende Vergütungsregelungen:
1. Gefangene, die an schulischen oder beruflichen Qualifizierungsmaßnahmen nach § 9 Absatz 1 Satz 1 Nummer 11 teilnehmen, erhalten Ausbildungsbeihilfe,
2. Gefangene, die an einer arbeitstherapeutischen Maßnahme oder einem Arbeitstraining nach § 9 Absatz 1 Satz 1 Nummer 12 teilnehmen oder die einer Arbeit nach § 9 Absatz 1 Satz 1 Nummer 13 nachgehen, erhalten Arbeitsentgelt,
3. Gefangene, die während der Arbeitszeit ganz oder teilweise an einer schulischen oder beruflichen Orientierungs-, Aus- und Weiterbildungsmaßnahme oder an speziellen Maßnahmen zur Förderung ihrer schulischen, beruflichen oder persönlichen Entwicklung teilnehmen und zu diesem Zweck von ihrer Maßnahme nach § 9 Absatz 1 Satz 1 Nummer 11 bis 13 freigestellt werden, erhalten ihr Arbeitsentgelt oder ihre Ausbildungsbeihilfe fort.

(2) Der Bemessung der Vergütung sind 9 Prozent der Bezugsgröße nach § 18 des Vierten Buches Sozialgesetzbuch zu Grunde zu legen (Eckvergütung). Ein Tagessatz ist der 250. Teil der Eckvergütung; die Vergütung wird nach einem Stundensatz bemessen.

(3) Die Vergütung kann je nach Art der Maßnahme und Leistung der Gefangenen gestuft werden. Sie beträgt mindestens 60 Prozent der Eckvergütung. Das für Justiz zuständige Ministerium wird ermächtigt, in einer Rechtsverordnung Vergütungsstufen zu bestimmen.

(4) Soweit Beiträge zur Bundesagentur für Arbeit zu entrichten sind, kann vom Arbeitsentgelt oder der Ausbildungsbeihilfe ein Betrag einbehalten werden, der dem Anteil der Gefangenen am Beitrag entsprechen würde, wenn sie diese Vergütung als Arbeitnehmer oder Arbeitnehmerin erhielten.

(5) Die Höhe der Vergütung ist den Gefangenen schriftlich bekannt zu geben.

(6) Die Gefangenen, die an einer Maßnahme nach § 21 teilnehmen, erhalten hierfür nur eine Ausbildungsbeihilfe, soweit kein Anspruch auf Leistungen zum Lebensunterhalt besteht, die außerhalb des Vollzugs aus solchem Anlass gewährt werden.

(7) Unabhängig von einer Freistellung nach § 24 Absatz 1 erhalten Gefangene für jeweils drei Monate zusammenhängender Ausübung einer Tätigkeit nach den §§ 19 bis 22 eine Freistellung von zwei Werktagen. Zeiträume von weniger als drei Monaten bleiben unberücksichtigt. Nehmen die Gefangenen nicht innerhalb eines Jahres nach Vorliegen der Voraussetzungen die Freistellung nach Satz 1 in Anspruch, so wird diese von der Anstalt auf den Entlassungszeitpunkt angerechnet.

(8) Eine Anrechnung nach Absatz 7 Satz 3 ist ausgeschlossen,
1. bei Gefangenen, die eine lebenslange Freiheitsstrafe verbüßen oder bei denen Sicherungsverwahrung angeordnet oder vorbehalten und ein Entlassungszeitpunkt noch nicht bestimmt ist,
2. bei einer Aussetzung der Vollstreckung des Restes einer Freiheitsstrafe zur Bewährung, soweit wegen des von der Entscheidung des Gerichts bis zur Entlassung verbleibenden Zeitraums eine Anrechnung nicht mehr möglich ist,
3. wenn dies vom Gericht angeordnet wird, weil bei einer Aussetzung der Vollstreckung des Restes einer Freiheitsstrafe zur Bewährung die Lebensverhältnisse der Gefangenen oder die Wirkungen, die von der Aussetzung für sie zu erwarten sind, die Vollstreckung bis zu einem bestimmten Zeitpunkt erfordern,

4. wenn nach § 456a Absatz 1 der Strafprozessordnung von der Vollstreckung abgesehen wird oder
5. wenn die Gefangenen im Gnadenwege aus der Haft entlassen werden.

(9) Soweit eine Anrechnung nach Absatz 8 ausgeschlossen ist, erhalten die Gefangenen bei ihrer Entlassung für ihre Tätigkeit als Ausgleichsentschädigung zusätzlich 15 vom Hundert des ihnen gewährten Arbeitsentgelts oder der ihnen gewährten Ausbildungsbeihilfe. Der Anspruch entsteht erst mit der Entlassung. Gefangenen, bei denen eine Anrechnung nach Absatz 8 Nummer 1 ausgeschlossen ist, wird die Ausgleichszahlung bereits nach Verbüßung von jeweils zehn Jahren Freiheitsstrafe zum Eigengeld (§ 56) gutgeschrieben, soweit sie nicht vor diesem Zeitpunkt entlassen werden. § 57 Absatz 4 des Strafgesetzbuchs gilt entsprechend.

1 E 14, 4 Vorb. 5, 4 C 1, 4 D 6, 4 D 10, 4 D 11, 4 D 12, 4 D 13, 4 D 14, 4 D 16, 4 D 17, 4 D 18, 4 D 19, 4 D 21, 4 D 22, 4 D 25, 4 D 26, 4 D 32, 4 D 34, 4 D 38, 4 D 39, 4 D 40, 4 D 41, 4 D 44, 4 D 45, 4 D 49, 4 D 57, 4 D 58, 4 D 59, 4 D 60, 4 D 61, 4 D 62, 4 D 64, 4 D 71, 4 G 2, 4 G 3, 4 G 7, 4 G 8, 4 G 11, 4 G 13, 4 G 14, 4 G 15, 4 I 23, 4 I 133, 6 F 56

§ 56 Eigengeld

(1) Das Eigengeld besteht aus den Beträgen, die die Gefangenen bei Strafantritt in die Anstalt mitbringen und die sie während der Haftzeit erhalten, und den Teilen der Vergütung, die nicht als Hausgeld oder Haftkostenbeitrag in Anspruch genommen werden.

(2) Die Gefangenen können über das Eigengeld verfügen, soweit dieses Maßnahmen nach § 9 Absatz 1 Satz 1 Nummer 19 bis 21 nicht entgegensteht. § 53 Absatz 2, § 59 und § 60 bleiben unberührt.

4 Vorb. 5, 4 I 101, 4 I 102, 4 I 103, 4 I 110, 4 I 112, 11 C 17

§ 57 Taschengeld

(1) Bedürftigen Gefangenen wird auf Antrag Taschengeld gewährt. Bedürftig sind Gefangene, soweit ihnen im laufenden Monat aus Hausgeld (§ 59) und Eigengeld (§ 56) ein Betrag bis zur Höhe des Taschengelds voraussichtlich nicht zur Verfügung steht. § 60 bleibt unberührt.

(2) Gefangene gelten nicht als bedürftig, wenn ihnen ein Betrag nach Absatz 1 Satz 2 deshalb nicht zur Verfügung steht, weil sie eine ihnen angebotene zumutbare Arbeit nicht angenommen haben oder eine ausgeübte Arbeit verschuldet verloren haben. Entsprechendes gilt in Bezug auf schulische und berufliche Qualifizierungsmaßnahmen.

(3) Das Taschengeld beträgt 14 Prozent der Eckvergütung (§ 55 Absatz 2). Es wird zu Beginn des Monats im Voraus gewährt. Gehen den Gefangenen im Laufe des Monats Gelder zu, wird zum Ausgleich ein Betrag bis zur Höhe des gewährten Taschengeldes einbehalten.

(4) Die Gefangenen dürfen über das Taschengeld im Rahmen der Bestimmungen dieses Gesetzes verfügen. Es wird dem Hausgeldkonto gutgeschrieben.

4 Vorb. 5, 4 I 3, 4 I 10, 4 I 12, 4 I 16, 4 I 17, 4 I 18, 4 I 19, 4 I 23, 4 I 116

§ 58 Konten, Bargeld

(1) Gelder der Gefangenen werden auf Hausgeld- und Eigengeldkonten in der Anstalt geführt.

(2) Der Besitz von Bargeld in der Anstalt ist den Gefangenen nicht gestattet. Über Ausnahmen entscheidet der Anstaltsleiter oder die Anstaltsleiterin.

4 Vorb. 5, 4 I 5, 4 I 104, 4 I 116, 4 I 117

§ 59 Hausgeld

(1) Das Hausgeld wird aus drei Siebteln der in diesem Gesetz geregelten Vergütung gebildet.

(2) Für Gefangene, die aus einem freien Beschäftigungsverhältnis, aus einer Selbstbeschäftigung oder anderweitig regelmäßige Einkünfte haben, wird daraus ein angemessenes monatliches Hausgeld festgesetzt.

(3) Für Gefangene, die über Eigengeld (§ 56) verfügen und keine hinreichende Vergütung nach diesem Gesetz erhalten, gilt Absatz 2 entsprechend.

(4) Die Gefangenen dürfen über das Hausgeld im Rahmen der Bestimmungen dieses Gesetzes verfügen. Der Anspruch auf Auszahlung ist nicht übertragbar.

4 Vorb. 5, 4 I 23, 4 I 25, 4 I 27, 4 I 28, 6 C 4, 12 P 8

§ 60 Zweckgebundene Einzahlungen

Für Maßnahmen der Eingliederung, insbesondere Kosten der Gesundheitsfürsorge und der Aus- und Fortbildung, und für Maßnahmen der Pflege sozialer Beziehungen, insbesondere Telefonkosten und Fahrtkosten anlässlich Lockerungen, kann zweckgebunden Geld eingezahlt werden. Das Geld darf nur für diese Zwecke verwendet werden. Der Anspruch auf Auszahlung ist nicht übertragbar.

4 Vorb. 5, 4 I 12, 4 I 126, 4 I 127

§ 61 Haftkostenbeitrag, Kostenbeteiligung

(1) Die Anstalt erhebt von Gefangenen, die sich in einem freien Beschäftigungsverhältnis befinden, sich selbst beschäftigen oder über anderweitige regelmäßige Einkünfte verfügen, für diese Zeit einen Haftkostenbeitrag. Von Gefangenen, die sich selbst beschäftigen, kann der Haftkostenbeitrag monatlich im Voraus ganz oder teilweise gefordert werden. Vergütungen nach diesem Gesetz bleiben unberücksichtigt. Den Gefangenen muss täglich ein Tagessatz gemäß § 55 Absatz 2 Satz 2 verbleiben. Von der Geltendmachung des Anspruchs ist abzusehen, soweit die Wiedereingliederung der Gefangenen hierdurch gefährdet würde.

(2) Der Haftkostenbeitrag wird in Höhe des Betrages erhoben, der nach § 17 Absatz 1 Nummer 4 des Vierten Buches Sozialgesetzbuch durchschnittlich zur Bewertung der Sachbezüge festgesetzt ist. Die Aufsichtsbehörde stellt den Durchschnittsbetrag für jedes Kalenderjahr nach den am 1. Oktober des vorhergehenden Jahres geltenden Bewertungen der Sachbezüge fest. Bei Selbstverpflegung entfallen die für die Verpflegung vorgesehenen Beträge. Für den Wert der Unterkunft ist die festgesetzte Belegungsfähigkeit maßgebend.

(3) Die Gefangenen können an den Betriebskosten der in ihrem Gewahrsam befindlichen Geräte beteiligt werden.

4 Vorb. 5, 4 H 25, 4 H 29, 4 I 41, 4 I 43, 4 I 45, 4 I 47, 4 I 49, 4 I 50, 4 I 52, 4 I 56, 5 C 32, 5 C 38

Abschnitt 11. Gesundheitsfürsorge

§ 62 Art und Umfang der medizinischen Leistungen, Kostenbeteiligung

(1) Die Gefangenen haben einen Anspruch auf notwendige medizinische Leistungen unter Beachtung des Grundsatzes der Wirtschaftlichkeit und unter Berücksichtigung des allgemeinen Standards der gesetzlichen Krankenversicherung. Der Anspruch umfasst auch Vorsorgeleistungen, ferner die Versorgung mit medizinischen Hilfsmitteln, soweit diese mit Rücksicht auf die Dauer des Freiheitsentzugs nicht ungerechtfertigt ist und die Hilfsmittel nicht als allgemeine Gebrauchsgegenstände des täglichen Lebens anzusehen sind.

(2) An den Kosten nach Absatz 1 können die Gefangenen in angemessenem Umfang beteiligt werden, höchstens jedoch bis zum Umfang der Beteiligung vergleichbarer gesetzlich Versicherter. Für Leistungen, die über Absatz 1 hinausgehen, können den Gefangenen die gesamten Kosten auferlegt werden.

(3) Erhalten Gefangene Leistungen nach Absatz 1 infolge einer mutwilligen Selbstverletzung, sind sie in angemessenem Umfang an den Kosten zu beteiligen. Die Kostenbeteiligung unterbleibt, wenn hierdurch die Erreichung des Vollzugsziels, insbesondere die Eingliederung der Gefangenen, gefährdet würde.

4 I 55, 6 E 1, 6 E 3, 6 F 1, 6 F 18, 6 F 19, 6 F 20, 6 F 23, 6 F 25, 6 F 28, 6 F 35, 11 J 17

§ 63 Durchführung der medizinischen Leistungen, Forderungsübergang

(1) Medizinische Diagnostik, Behandlung und Versorgung kranker und hilfsbedürftiger Gefangener erfolgen in der Anstalt, erforderlichenfalls in einer hierfür besser geeigneten Anstalt, einem Vollzugskrankenhaus oder außerhalb des Vollzugs.

(2) Wird die Strafvollstreckung während einer Behandlung von Gefangenen unterbrochen oder beendet, so hat das Land nur diejenigen Kosten zu tragen, die bis zur Unterbrechung oder Beendigung der Strafvollstreckung angefallen sind.

(3) Gesetzliche Schadensersatzansprüche, die Gefangenen gegen Dritte infolge einer Körperverletzung zustehen, gehen insoweit auf das Land über, als den Gefangenen Leistungen nach § 62 Absatz 1 zu gewähren sind. Von der Geltendmachung der Ansprüche kann aus Billigkeitsgründen abgesehen werden, insbesondere, wenn hierdurch die Erreichung des Vollzugsziels gefährdet würde.

6 F 58, 6 F 59, 6 F 61, 6 F 65, 6 F 71, 11 J 19, 11 J 20

§ 64 Ärztliche Behandlung zur sozialen Eingliederung

Mit Zustimmung der Gefangenen soll die Anstalt ärztliche Behandlungen, insbesondere Operationen oder prothetische Maßnahmen, durchführen lassen, die die soziale Eingliederung fördern. Die Kosten tragen die Gefangenen. Sind sie dazu nicht in der Lage, kann die Anstalt die Kosten in begründeten Fällen in angemessenem Umfang übernehmen.

4 I 55, 6 F 41, 6 F 42, 6 F 48, 6 F 50

§ 65 Gesundheitsschutz und Hygiene

(1) Die Anstalt unterstützt die Gefangenen bei der Wiederherstellung und Erhaltung ihrer Gesundheit. Sie fördert das Bewusstsein für gesunde Ernährung und Lebensführung. Die Gefangenen haben die notwendigen Anordnungen zum Gesundheitsschutz und zur Hygiene zu befolgen. Sie können an den Kosten für Hygienemaßnahmen angemessen beteiligt werden.

(2) Den Gefangenen wird ermöglicht, sich täglich mindestens eine Stunde im Freien aufzuhalten.

6 D 1, 6 D 17, 6 D 24, 6 G 1, 6 G 6

§ 66 Krankenbehandlung während Lockerungen

(1) Während Lockerungen haben die Gefangenen einen Anspruch auf medizinische Leistungen gegen das Land nur in der für sie zuständigen Anstalt. § 39 bleibt unberührt.

(2) Der Anspruch auf Leistungen ruht, solange die Gefangenen aufgrund eines freien Beschäftigungsverhältnisses krankenversichert sind.

4 H 5, 6 F 51, 6 F 55

§ 67 Zwangsmaßnahmen auf dem Gebiet der Gesundheitsfürsorge

(1) Medizinische Untersuchung und Behandlung sowie Ernährung sind zwangsweise nur bei Lebensgefahr, bei schwerwiegender Gefahr für die Gesundheit der Gefangenen oder bei Gefahr für die Gesundheit anderer Personen zulässig; die Maßnahmen müssen für die Beteiligten zumutbar und dürfen nicht mit erheblicher Gefahr für Leben oder Gesundheit der Gefangenen verbunden sein. Zur Durchführung der Maßnahmen ist die Anstalt nicht verpflichtet, solange von einer freien Willensbestimmung der Gefangenen ausgegangen werden kann.

(2) Zum Gesundheitsschutz und zur Hygiene ist die zwangsweise körperliche Untersuchung außer im Fall des Absatzes 1 zulässig, wenn sie nicht mit einem körperlichen Eingriff verbunden ist.

(3) Die Maßnahmen dürfen nur vom Anstaltsleiter oder von der Anstaltsleiterin auf der Grundlage einer ärztlichen Stellungnahme angeordnet werden. Durchführung und Überwachung unterstehen ärztlicher Leitung. Unberührt bleibt die Leistung erster Hilfe für den Fall, dass ein Arzt oder eine Ärztin nicht rechtzeitig erreichbar und mit einem Aufschub Lebensgefahr verbunden ist.

11 K 5, 11 L 1, 11 L 3, 11 L 7, 11 L 13, 11 L 14, 11 L 15, 11 L 20

§ 68 Benachrichtigungspflicht

Erkranken Gefangene schwer oder versterben sie, werden die Angehörigen benachrichtigt. Dem Wunsch der Gefangenen, auch andere Personen zu benachrichtigen, soll entsprochen werden.

6 H 1, 6 H 2

Abschnitt 12. Religionsausübung

§ 69 Seelsorge

Den Gefangenen darf religiöse Betreuung durch einen Seelsorger oder eine Seelsorgerin nicht versagt werden. Auf Wunsch ist ihnen zu helfen, mit einem Seelsorger oder einer Seelsorgerin in Verbindung zu treten.

8 A 14, 8 A 19, 11 I 33

§ 70 Religiöse Veranstaltungen

(1) Die Gefangenen haben das Recht, am Gottesdienst und an anderen religiösen Veranstaltungen teilzunehmen.

(2) Gefangene können von der Teilnahme am Gottesdienst oder anderen religiösen Veranstaltungen ausgeschlossen werden, wenn dies aus überwiegenden Gründen der Sicherheit oder Ordnung geboten ist; der Seelsorger oder die Seelsorgerin soll vorher gehört werden.

8 B 1, 8 B 18, 8 B 22, 8 B 23

§ 71 Weltanschauungsgemeinschaften
Für Angehörige weltanschaulicher Bekenntnisse gelten § 50 Absatz 2, § 69 und § 70 entsprechend.

8 C 1ff

Abschnitt 13. Sicherheit und Ordnung

§ 72 Grundsatz
(1) Sicherheit und Ordnung der Anstalt bilden die Grundlage des auf die Erreichung des Vollzugsziels ausgerichteten Anstaltslebens und tragen dazu bei, dass in der Anstalt ein gewaltfreies Klima herrscht.

(2) Die Pflichten und Beschränkungen, die den Gefangenen zur Aufrechterhaltung der Sicherheit oder Ordnung der Anstalt auferlegt werden, sind so zu wählen, dass sie in einem angemessenen Verhältnis zu ihrem Zweck stehen und die Gefangenen nicht mehr und nicht länger als notwendig beeinträchtigen.

11 A 4, 11 A 6, 11 A 9, 11 I 4

§ 73 Allgemeine Verhaltenspflichten
(1) Die Gefangenen sind für das geordnete Zusammenleben in der Anstalt mitverantwortlich und müssen mit ihrem Verhalten dazu beitragen. Ihr Bewusstsein hierfür ist zu entwickeln und zu stärken. Die Gefangenen sollen zu einvernehmlicher Streitbeilegung befähigt werden.

(2) Die Gefangenen haben die Anordnungen der Bediensteten zu befolgen, auch wenn sie sich durch diese beschwert fühlen. Einen ihnen zugewiesenen Bereich dürfen sie nicht ohne Erlaubnis verlassen.

(3) Die Gefangenen haben ihren Haftraum und die ihnen von der Anstalt überlassenen Sachen in Ordnung zu halten und schonend zu behandeln.

(4) Die Gefangenen haben Umstände, die eine Gefahr für das Leben oder eine erhebliche Gefahr für die Gesundheit einer Person bedeuten, unverzüglich zu melden.

11 A 4, 11 A 7, 11 B 5, 11 B 6, 11 B 7, 11 B 8, 11 B 9

§ 74 Absuchung, Durchsuchung
(1) Die Gefangenen, ihre Sachen und die Hafträume dürfen mit technischen Mitteln oder sonstigen Hilfsmitteln abgesucht und durchsucht werden. Die Durchsuchung männlicher Gefangener darf nur von Männern, die Durchsuchung weiblicher Gefangener darf nur von Frauen vorgenommen werden. Das Schamgefühl ist zu schonen.

(2) Nur bei Gefahr im Verzug oder auf Anordnung des Anstaltsleiters oder der Anstaltsleiterin im Einzelfall ist es zulässig, eine mit einer Entkleidung verbundene körperliche Durchsuchung vorzunehmen. Sie darf bei männlichen Gefangenen nur von Männern, bei weiblichen Gefangenen nur von Frauen vorgenommen werden. Sie ist in einem geschlossenen Raum durchzuführen. Andere Gefangene dürfen nicht anwesend sein.

(3) Der Anstaltsleiter oder die Anstaltsleiterin kann allgemein anordnen, dass die Gefangenen in der Regel bei der Aufnahme, nach Kontakten mit Besuchern oder Besucherinnen sowie nach jeder Abwesenheit von der Anstalt nach Absatz 2 zu durchsuchen sind.

11 D 2, 11 D 4, 11 D 7, 11 D 9, 11 D 10

§ 75 Sichere Unterbringung
Gefangene können in eine Anstalt verlegt werden, die zu ihrer sicheren Unterbringung besser geeignet ist, wenn in erhöhtem Maße die Gefahr der Entweichung oder Befreiung gegeben ist oder sonst ihr Verhalten, ihr Zustand oder ihre Kontakte zu anderen Gefangenen eine Gefahr für die Sicherheit der Anstalt darstellen.

11 E 4, 11 E 5, 13 B 5

§ 76 Maßnahmen zur Feststellung von Suchtmittelgebrauch

(1) Zur Aufrechterhaltung der Sicherheit oder Ordnung der Anstalt kann der Anstaltsleiter oder die Anstaltsleiterin allgemein oder im Einzelfall Maßnahmen anordnen, die geeignet sind, den Gebrauch von Suchtmitteln festzustellen. Diese Maßnahmen dürfen nicht mit einem körperlichen Eingriff verbunden sein.

(2) Wird verbotener Suchtmittelgebrauch festgestellt, können die Kosten der Maßnahmen den Gefangenen auferlegt werden.

11 D 3, 11 D 12, 11 D 15, 11 D 16, 11 D 18

§ 77 Festnahmerecht

Gefangene, die entwichen sind oder sich sonst ohne Erlaubnis außerhalb der Anstalt aufhalten, können durch die Anstalt oder auf deren Veranlassung festgenommen und zurückgebracht werden. Führt die Verfolgung oder die von der Anstalt veranlasste Fahndung nicht alsbald zur Wiederergreifung, so sind die weiteren Maßnahmen der Vollstreckungsbehörde zu überlassen.

10 C 14, 11 G 2, 11 G 4

§ 78 Besondere Sicherungsmaßnahmen

(1) Gegen Gefangene können besondere Sicherungsmaßnahmen angeordnet werden, wenn nach ihrem Verhalten oder aufgrund ihres seelischen Zustandes in erhöhtem Maße die Gefahr der Entweichung, von Gewalttätigkeiten gegen Personen oder Sachen, der Selbsttötung oder der Selbstverletzung besteht.

(2) Als besondere Sicherungsmaßnahmen sind zulässig:
1. der Entzug oder die Vorenthaltung von Gegenständen,
2. die Beobachtung der Gefangenen, auch mit technischen Hilfsmitteln,
3. die Trennung von allen anderen Gefangenen (Absonderung),
4. die Beschränkung des Aufenthalts im Freien,
5. die Unterbringung in einem besonders gesicherten Haftraum ohne gefährdende Gegenstände und
6. die Fesselung.

(3) Maßnahmen nach Absatz 2 Nummer 1 und 3 bis 5 sind auch zulässig, wenn die Gefahr einer Befreiung oder eine erhebliche Störung der Ordnung anders nicht vermieden oder behoben werden kann.

(4) Eine Absonderung von mehr als 24 Stunden Dauer ist nur zulässig, wenn sie zur Abwehr einer in der Person der Gefangenen liegenden Gefahr unerlässlich ist.

(5) In der Regel dürfen Fesseln nur an den Händen oder an den Füßen angelegt werden. Im Interesse der Gefangenen kann der Anstaltsleiter oder die Anstaltsleiterin eine andere Art der Fesselung anordnen. Die Fesselung wird zeitweise gelockert, soweit dies notwendig ist.

(6) Besteht die Gefahr der Entweichung, dürfen die Gefangenen bei einer Ausführung, Vorführung oder beim Transport gefesselt werden.

11 I 3, 11 I 4, 11 I 8, 11 I 14, 11 I 27, 11 I 39, 11 I 41, 11 I 46, 11 I 50, 11 I 51, 11 I 53

§ 79 Anordnung besonderer Sicherungsmaßnahmen, Verfahren

(1) Besondere Sicherungsmaßnahmen ordnet der Anstaltsleiter oder die Anstaltsleiterin an. Bei Gefahr im Verzug können auch andere Bedienstete diese Maßnahmen vorläufig anordnen; die Entscheidung des Anstaltsleiters oder der Anstaltsleiterin ist unverzüglich einzuholen.

(2) Werden die Gefangenen ärztlich behandelt oder beobachtet oder bildet ihr seelischer Zustand den Anlass der besonderen Sicherungsmaßnahme, ist vorher eine ärztliche Stellungnahme einzuholen. Ist dies wegen Gefahr im Verzug nicht möglich, wird die Stellungnahme unverzüglich nachträglich eingeholt.

(3) Die Entscheidung wird den Gefangenen mündlich eröffnet und mit einer kurzen Begründung schriftlich abgefasst.

(4) Besondere Sicherungsmaßnahmen sind in angemessenen Abständen daraufhin zu überprüfen, ob und in welchem Umfang sie aufrechterhalten werden müssen.

(5) Besondere Sicherungsmaßnahmen nach § 78 Absatz 2 Nummer 3, 5 und 6 sind der Aufsichtsbehörde unverzüglich mitzuteilen, wenn sie länger als drei Tage aufrechterhalten werden. Absonderung und Unterbringung im besonders gesicherten Haftraum an mehr als 30 Tagen innerhalb von zwölf Monaten bedürfen der Zustimmung der Aufsichtsbehörde.

(6) Während der Absonderung und Unterbringung im besonders gesicherten Haftraum sind die Gefangenen in besonderem Maße zu betreuen. Sind die Gefangenen darüber hinaus gefesselt, sind sie durch einen Bediensteten oder eine Bedienstete ständig und in unmittelbarem Sichtkontakt zu beobachten.

11 I 3, 11 I 6, 11 I 7, 11 I 28, 11 I 34, 11 I 37, 11 I 45, 11 I 49, 11 I 55, 11 I 56, 11 I 61, 11 I 62, 11 I 63, 11 I 64

§ 80 Ärztliche Überwachung

(1) Sind die Gefangenen in einem besonders gesicherten Haftraum untergebracht oder gefesselt, sucht sie der Arzt oder die Ärztin alsbald und in der Folge möglichst täglich auf. Dies gilt nicht bei einer Fesselung während einer Ausführung, Vorführung oder eines Transportes sowie bei Bewegungen innerhalb der Anstalt.

(2) Der Arzt oder die Ärztin ist regelmäßig zu hören, solange die Gefangenen länger als 24 Stunden abgesondert sind.

6 I 1, 6 I 2, 6 I 6, 6 I 7, 11 I 48, 11 I 53

Abschnitt 14. Unmittelbarer Zwang

§ 81 Begriffsbestimmungen

(1) Unmittelbarer Zwang ist die Einwirkung auf Personen oder Sachen durch körperliche Gewalt, Hilfsmittel der körperlichen Gewalt oder durch Waffen.

(2) Körperliche Gewalt ist jede unmittelbare körperliche Einwirkung auf Personen oder Sachen.

(3) Hilfsmittel der körperlichen Gewalt sind insbesondere Fesseln und Reizstoffe. Waffen sind Hieb- und Schusswaffen.

(4) Es dürfen nur dienstlich zugelassene Hilfsmittel und Waffen verwendet werden.

11 K 5, 11 K 24, 11 K 31, 11 K 32, 11 K 37

§ 82 Allgemeine Voraussetzungen

(1) Soweit es zur Durchführung rechtmäßiger Vollzugs- und Sicherungsmaßnahmen erforderlich ist, dürfen Bedienstete gegen Gefangene unmittelbaren Zwang anwenden, wenn der damit verfolgte Zweck auf keine andere Weise erreicht werden kann.

(2) Gegen andere Personen darf unmittelbarer Zwang angewendet werden, wenn sie es unternehmen, Gefangene zu befreien oder widerrechtlich in die Anstalt einzudringen, oder wenn sie sich unbefugt darin aufhalten.

(3) Das Recht zu unmittelbarem Zwang aufgrund anderer Regelungen bleibt unberührt.

11 K 5, 11 K 8, 11 K 11, 11 K 14, 11 K 15, 11 K 16, 11 K 17, 11 K 18, 11 K 19, 11 K 20, 11 K 23

§ 83 Grundsatz der Verhältnismäßigkeit

(1) Unter mehreren möglichen und geeigneten Maßnahmen des unmittelbaren Zwangs sind diejenigen zu wählen, die Einzelne und die Allgemeinheit voraussichtlich am wenigsten beeinträchtigen.

(2) Unmittelbarer Zwang unterbleibt, wenn ein durch ihn zu erwartender Schaden erkennbar außer Verhältnis zu dem angestrebten Erfolg steht.

11 K 5, 11 K 38

§ 84 Androhung

Unmittelbarer Zwang ist vorher anzudrohen. Die Androhung darf nur dann unterbleiben, wenn die Umstände sie nicht zulassen oder unmittelbarer Zwang sofort angewendet werden muss, um eine rechtswidrige Tat, die den Tatbestand eines Strafgesetzes erfüllt, zu verhindern oder eine gegenwärtige Gefahr abzuwenden.

11 K 5, 11 K 53, 11 K 74, 11 K 75

§ 85 Schusswaffengebrauch

(1) Der Gebrauch von Schusswaffen durch Bedienstete innerhalb der Anstalt ist verboten. Das Recht zum Schusswaffengebrauch durch Polizeivollzugsbedienstete bleibt davon unberührt.

(2) Außerhalb der Anstalt dürfen Schusswaffen nach Maßgabe der Absätze 3 bis 6 von den dazu bestimmten Bediensteten nur bei Aus- und Vorführungen sowie bei Gefangenentransporten gebraucht werden.

(3) Schusswaffen dürfen nur gebraucht werden, wenn andere Maßnahmen des unmittelbaren Zwangs bereits erfolglos waren oder keinen Erfolg versprechen. Gegen Personen ist ihr Gebrauch nur zulässig, wenn der Zweck nicht durch Waffenwirkung gegen Sachen erreicht werden kann und nur, um angriffs- oder fluchtunfähig zu machen. Ihr Gebrauch unterbleibt, wenn eine Gefährdung Unbeteiligter nicht ausgeschlossen werden kann.

(4) Der Gebrauch von Schusswaffen ist vorher anzudrohen. Als Androhung gilt auch ein Warnschuss. Ohne Androhung dürfen Schusswaffen nur dann gebraucht werden, wenn dies zur Abwehr einer gegenwärtigen Gefahr für Leib oder Leben erforderlich ist.

(5) Gegen Gefangene dürfen Schusswaffen gebraucht werden,
1. wenn sie eine Waffe oder ein anderes gefährliches Werkzeug trotz wiederholter Aufforderung nicht ablegen,
2. wenn sie eine Meuterei (§ 121 Strafgesetzbuch) unternehmen oder
3. um ihre Entweichung zu vereiteln oder um sie wiederzuergreifen.

(6) Gegen andere Personen dürfen Schusswaffen gebraucht werden, wenn sie es unternehmen, Gefangene gewaltsam zu befreien.

11 K 5, 11 K 60, 11 K 62, 11 K 63, 11 K 65, 11 K 66, 11 K 69, 11 K 73, 11 K 79, 11 K 83, 11 K 85, 11 K 86,
11 K 91

Abschnitt 15. Disziplinarmaßnahmen

§ 86 Disziplinarmaßnahmen

(1) Soweit andere Formen der Konfliktregelung oder eine Verwarnung nicht ausreichen, können Disziplinarmaßnahmen angeordnet werden, wenn die Gefangenen rechtswidrig und schuldhaft
1. andere Personen verbal oder tätlich angreifen,
2. Lebensmittel oder fremde Sachen zerstören oder beschädigen,
3. in sonstiger Weise gegen Strafgesetze verstoßen oder eine Ordnungswidrigkeit begehen,
4. verbotene Gegenstände in die Anstalt einbringen, sich an deren Einbringung beteiligen, sie besitzen oder weitergeben,
5. unerlaubt Betäubungsmittel oder andere berauschende Stoffe konsumieren,
6. entweichen oder zu entweichen versuchen,
7. gegen Weisungen im Zusammenhang mit der Gewährung von Lockerungen verstoßen oder
8. wiederholt oder schwerwiegend gegen sonstige Pflichten verstoßen, die ihnen durch dieses Gesetz oder aufgrund dieses Gesetzes auferlegt sind, und dadurch das geordnete Zusammenleben in der Anstalt stören.

(2) Zulässige Disziplinarmaßnahmen sind
1. der Verweis,
2. die Beschränkung oder der Entzug des Fernsehempfangs oder anderer Geräte der Informations- und Unterhaltungselektronik bis zu drei Monaten,
3. die Beschränkung oder der Entzug der Gegenstände für die Freizeitbeschäftigung mit Ausnahme des Lesestoffs bis zu drei Monaten,
4. die Beschränkung oder der Entzug des Aufenthalts in Gemeinschaft oder der Teilnahme an einzelnen Freizeitveranstaltungen bis zu drei Monaten,
5. die Beschränkung des Einkaufs bis zu drei Monaten,
6. die Kürzung des Arbeitsentgelts um 10 Prozent bis zu drei Monaten,
7. der Entzug der zugewiesenen Arbeit bis zu vier Wochen und
8. der Arrest bis zu vier Wochen.

(3) Arrest darf nur wegen schwerer oder wiederholter Verfehlungen verhängt werden.

(4) Mehrere Disziplinarmaßnahmen können miteinander verbunden werden.

(5) Disziplinarmaßnahmen sind auch zulässig, wenn wegen derselben Verfehlung ein Straf- oder Bußgeldverfahren eingeleitet wird.

11 A 10, 11 M 3, 11 M 4, 11 M 5, 11 M 6, 11 M 7, 11 M 8, 11 M 9, 11 M 10, 11 M 11, 11 M 17, 11 M 18,
11 M 19, 11 M 21, 11 M 22, 11 M 25, 11 M 28, 11 M 31, 11 M 32, 11 M 34, 11 M 35, 11 M 36, 11 M 37,
11 M 38, 11 M 40, 11 M 41

§ 87 Vollzug der Disziplinarmaßnahmen, Aussetzung zur Bewährung

(1) Disziplinarmaßnahmen werden in der Regel sofort vollstreckt.

(2) Disziplinarmaßnahmen können ganz oder teilweise bis zu sechs Monaten zur Bewährung ausgesetzt werden. Die Aussetzung zur Bewährung kann ganz oder teilweise widerrufen werden, wenn die Gefangenen die ihr zu Grunde liegenden Erwartungen nicht erfüllen.

(3) Für die Dauer des Arrests werden die Gefangenen getrennt von anderen Gefangenen untergebracht. Sie können in einem besonderen Arrestraum untergebracht werden, der den Anforderungen entsprechen muss, die an einen zum Aufenthalt bei Tag und Nacht bestimmten Haftraum gestellt werden. Soweit nichts anderes angeordnet wird, ruhen die Befugnisse der Gefangenen zur Teilnahme an Maßnahmen außerhalb des Raumes, in dem Arrest vollstreckt wird, sowie die Befugnisse zur Ausstattung des Haftraums mit eigenen Gegenständen, zum Fernsehempfang und Einkauf. Gegenstände für die Freizeitbeschäftigung mit Ausnahme des Lesestoffs sind nicht zugelassen. Die Rechte zur Teilnahme am Gottesdienst und auf Aufenthalt im Freien bleiben unberührt.

11 M 3, 11 M 44, 11 M 45, 11 M 47, 11 M 48

§ 88 Disziplinarbefugnis

(1) Disziplinarmaßnahmen ordnet der Anstaltsleiter oder die Anstaltsleiterin an. Bei einer Verfehlung auf dem Weg in eine andere Anstalt zum Zweck der Verlegung ist der Leiter oder die Leiterin der Bestimmungsanstalt zuständig.

(2) Die Aufsichtsbehörde entscheidet, wenn sich die Verfehlung gegen den Anstaltsleiter oder die Anstaltsleiterin richtet.

(3) Disziplinarmaßnahmen, die gegen die Gefangenen in einer anderen Anstalt oder während einer Untersuchungshaft angeordnet worden sind, werden auf Ersuchen vollstreckt. § 87 Absatz 2 bleibt unberührt.

11 M 3, 11 M 51, 11 M 52, 11 M 53

§ 89 Verfahren

(1) Der Sachverhalt ist zu klären. Hierbei sind sowohl belastende als auch entlastende Umstände zu ermitteln. Die betroffenen Gefangenen werden gehört. Sie werden darüber unterrichtet, welche Verfehlungen ihnen zur Last gelegt werden. Sie sind darauf hinzuweisen, dass es ihnen freisteht sich zu äußern. Die Erhebungen werden in einer Niederschrift festgelegt; die Einlassung der Gefangenen wird vermerkt.

(2) In geeigneten Fällen können zur Abwendung von Disziplinarmaßnahmen im Wege einvernehmlicher Streitbeilegung Vereinbarungen getroffen werden. Insbesondere kommen die Wiedergutmachung des Schadens, die Entschuldigung bei Geschädigten, die Erbringung von Leistungen für die Gemeinschaft und der vorübergehende Verbleib im Haftraum in Betracht. Erfüllen die Gefangenen die Vereinbarung, ist die Anordnung einer Disziplinarmaßnahme aufgrund dieser Verfehlung unzulässig.

(3) Mehrere Verfehlungen, die gleichzeitig zu beurteilen sind, werden durch eine Entscheidung geahndet.

(4) Der Anstaltsleiter oder die Anstaltsleiterin soll sich vor der Entscheidung mit Personen besprechen, die maßgeblich an der Vollzugsgestaltung mitwirken. Die Gefangenen erhalten Gelegenheit, sich ihm oder ihr gegenüber zu dem Ergebnis der Ermittlungen zu äußern. Bei Schwangeren, stillenden Müttern oder bei Gefangenen, die sich in ärztlicher Behandlung befinden, ist zusätzlich ein Arzt oder eine Ärztin zu hören.

(5) Die Entscheidung wird den Gefangenen vom Anstaltsleiter oder von der Anstaltsleiterin mündlich eröffnet und mit einer kurzen Begründung schriftlich abgefasst.

(6) Bevor Arrest vollzogen wird, ist ein Arzt oder eine Ärztin zu hören. Während des Arrests stehen die Gefangenen unter ärztlicher Aufsicht. Der Vollzug unterbleibt oder wird unterbrochen, wenn ansonsten die Gesundheit der Gefangenen gefährdet würde.

11 M 3, 11 M 21, 11 M 55, 11 M 57, 11 M 58, 11 M 59, 11 M 60, 11 M 61, 14 A 14

Abschnitt 16. Aufhebung von Maßnahmen, Beschwerde

§ 90 Aufhebung von Maßnahmen

(1) Die Aufhebung von Maßnahmen zur Regelung einzelner Angelegenheiten auf dem Gebiet des Vollzugs richtet sich nach den folgenden Absätzen, soweit dieses Gesetz keine abweichende Bestimmung enthält.

(2) Rechtswidrige Maßnahmen können ganz oder teilweise mit Wirkung für die Vergangenheit und die Zukunft zurückgenommen werden.

(3) Rechtmäßige Maßnahmen können ganz oder teilweise mit Wirkung für die Zukunft widerrufen werden, wenn
1. aufgrund nachträglich eingetretener oder bekannt gewordener Umstände die Maßnahmen hätten versagt werden können,
2. die Maßnahmen missbraucht werden oder
3. Weisungen nicht befolgt werden.

(4) Begünstigende Maßnahmen dürfen nach den Absätzen 2 oder 3 nur aufgehoben werden, wenn die vollzuglichen Interessen an der Aufhebung in Abwägung mit dem schutzwürdigen Vertrauen der Betroffenen auf den Bestand der Maßnahmen erheblich überwiegen. Davon ist auszugehen, wenn eine Maßnahme unerlässlich ist, um insbesondere die Sicherheit der Anstalt zu gewährleisten.

(5) Der gerichtliche Rechtsschutz nach Maßgabe der §§ 109 bis 121 des Strafvollzugsgesetzes des Bundes bleibt unberührt.

2 F 8, 4 A 36, 4 D 20, 4 H 16, 6 A 10, 10 A 14, 10 D 9, 10 F 5, 10 F 7, 10 F 9, 10 F 10, 10 F 11, 10 F 12, 10 F 15, 10 F 16, 10 F 17, 10 F 19

§ 91 Beschwerderecht

(1) Die Gefangenen erhalten Gelegenheit, sich in Angelegenheiten, die sie selbst betreffen, mit Wünschen, Anregungen und Beschwerden an den Anstaltsleiter oder die Anstaltsleiterin zu wenden.

(2) Besichtigen Bedienstete der Aufsichtsbehörde die Anstalt, so ist zu gewährleisten, dass die Gefangenen sich in Angelegenheiten, die sie selbst betreffen, an diese wenden können.

(3) Die Möglichkeit der Dienstaufsichtsbeschwerde bleibt unberührt.

12 A 2, 12 A 5, 12 A 7, 12 A 9, 12 A 14, 12 A 16

Abschnitt 17. Kriminologische Forschung

§ 92 Evaluation, kriminologische Forschung

(1) Behandlungsprogramme für die Gefangenen sind auf der Grundlage wissenschaftlicher Erkenntnisse zu konzipieren, zu standardisieren und auf ihre Wirksamkeit hin zu überprüfen.

(2) Der Vollzug, insbesondere seine Aufgabenerfüllung und Gestaltung, die Umsetzung seiner Leitlinien sowie die Behandlungsprogramme und deren Wirkungen auf die Erreichung des Vollzugsziels, soll regelmäßig durch den kriminologischen Dienst, durch eine Hochschule oder durch eine andere Stelle wissenschaftlich begleitet und erforscht werden.

(3) Für die Auskunft und Akteneinsicht für wissenschaftliche Zwecke gilt § 476 der Strafprozessordnung mit der Maßgabe entsprechend, dass auch elektronisch gespeicherte Daten übermittelt werden können.

16 3

Abschnitt 18. Aufbau und Organisation der Anstalten

§ 93 Anstalten

(1) Es werden Anstalten und Abteilungen eingerichtet, die den unterschiedlichen vollzuglichen Anforderungen Rechnung tragen. Insbesondere sind sozialtherapeutische Abteilungen vorzusehen.

(2) Es ist eine bedarfsgerechte Anzahl und Ausstattung von Plätzen für therapeutische Maßnahmen, schulische und berufliche Qualifizierung, Arbeitstraining und Arbeitstherapie sowie für Arbeit vorzusehen. Entsprechendes gilt für Besuche, Freizeit, Sport und Seelsorge.

(3) Haft- und Funktionsräume sind zweckentsprechend auszustatten.

(4) Unterhalten private Unternehmen Betriebe in Anstalten, kann die technische und fachliche Leitung ihrem Personal übertragen werden.

3 B 3, 4 K 2, 4 K 3, 4 K 8, 4 K 9, 13 D 2, 13 D 3, 13 E 6, 14 A 9

§ 94 Festsetzung der Belegungsfähigkeit, Verbot der Überbelegung

(1) Die Aufsichtsbehörde setzt die Belegungsfähigkeit der Anstalt so fest, dass eine angemessene Unterbringung der Gefangenen gewährleistet ist. § 93 Absatz 2 ist zu berücksichtigen.

Anhang

(2) Hafträume dürfen nicht mit mehr Gefangenen als zugelassen belegt werden.

(3) Ausnahmen von Absatz 2 sind nur vorübergehend und nur mit Zustimmung der Aufsichtsbehörde zulässig.

2 E 28, 13 E 15, 13 E 18, 13 E 21

§ 95 Anstaltsleitung

(1) Der Anstaltsleiter oder die Anstaltsleiterin trägt die Verantwortung für den gesamten Vollzug und vertritt die Anstalt nach außen. Er oder sie kann einzelne Aufgabenbereiche auf andere Bedienstete übertragen. Die Aufsichtsbehörde kann sich die Zustimmung zur Übertragung vorbehalten.

(2) Für jede Anstalt ist ein Beamter oder eine Beamtin der Laufbahngruppe 2 zweites Einstiegsamt zum hauptamtlichen Leiter oder zur hauptamtlichen Leiterin zu bestellen.

11 I 6, 11 I 57, 12 B 11, 13 K 1, 13 K 4, 13 K 6, 13 K 9, 13 K 14

§ 96 Bedienstete

(1) Die Anstalt wird mit dem für die Erreichung des Vollzugsziels und die Erfüllung ihrer Aufgaben erforderlichen Personal, insbesondere Bediensteten des allgemeinen Vollzugsdienstes und des sozialen, psychologischen und pädagogischen Dienstes ausgestattet. Fortbildung sowie Praxisberatung und -begleitung für die Bediensteten sind zu gewährleisten.

(2) Für die Betreuung von Gefangenen mit angeordneter oder vorbehaltener Sicherungsverwahrung ist besonders qualifiziertes Personal vorzusehen und eine fachübergreifende Zusammenarbeit zu gewährleisten. Soweit erforderlich, sind externe Fachkräfte einzubeziehen.

(3) Alle im Vollzug Tätigen arbeiten zusammen und wirken daran mit, dessen Aufgaben zu erfüllen.

11 K 8, 12 B 11, 13 I 1, 13 J 1, 13 J 3, 13 J 5

§ 97 Seelsorger und Seelsorgerinnen

(1) Seelsorger oder Seelsorgerinnen werden im Einvernehmen mit dem für Justiz zuständigen Ministerium durch die jeweilige Religionsgemeinschaft im Haupt- oder Nebenamt bestellt oder vertraglich verpflichtet.

(2) Wenn die geringe Anzahl der Angehörigen einer Religionsgemeinschaft eine Seelsorge nach Absatz 1 nicht rechtfertigt, ist die seelsorgerische Betreuung auf andere Weise zuzulassen.

(3) Mit Zustimmung des für Justiz zuständigen Ministeriums darf der Anstaltsseelsorger oder die Anstaltsseelsorgerin sich freier Seelsorgehelfer oder Seelsorgehelferinnen bedienen und diese für Gottesdienste sowie für andere religiöse Veranstaltungen von außen hinzuziehen.

8 C 3, 8 D 1, 8 D 2, 8 D 6, 8 D 10, 8 D 28

§ 98 Medizinische Versorgung

(1) Die ärztliche Versorgung ist sicherzustellen.

(2) Die Pflege der Kranken soll von Bediensteten ausgeführt werden, die eine Erlaubnis nach dem Krankenpflegegesetz vom 16. Juli 2003 (BGBl. I S. 1442), das zuletzt durch Artikel 35 des Gesetzes vom 6. Dezember 2011 (BGBl. I S. 2515) geändert worden ist, besitzen. Solange diese nicht zur Verfügung stehen, können auch Bedienstete eingesetzt werden, die eine sonstige Ausbildung in der Krankenpflege erfahren haben.

6 D 38, 6 D 39

§ 99 Interessenvertretung der Gefangenen

Den Gefangenen soll ermöglicht werden, Vertretungen zu wählen. Diese können in Angelegenheiten von gemeinsamem Interesse, die sich ihrer Eigenart nach für eine Mitwirkung eignen, Vorschläge und Anregungen an die Anstalt herantragen. Diese sollen mit der Vertretung erörtert werden.

13 M 1, 13 M 4, 13 M 5

§ 100 Hausordnung

Der Anstaltsleiter oder die Anstaltsleiterin erlässt zur Gestaltung und Organisation des Vollzugsalltags eine Hausordnung auf der Grundlage dieses Gesetzes. Die Aufsichtsbehörde kann sich die Genehmigung vorbehalten.

9 B 5, 13 N 1

Abschnitt 19. Aufsicht, Beirat

§ 101 Aufsichtsbehörde
(1) Das für Justiz zuständige Ministerium führt die Aufsicht über die Anstalten (Aufsichtsbehörde).
(2) Die Aufsichtsbehörde kann sich Entscheidungen über Verlegungen und Überstellungen vorbehalten.

2 D 10, 11 E 10, 12 C 5, 13 G 6, 13 G 7, 13 G 18, 13 H 19

§ 102 Vollstreckungsplan, Vollzugsgemeinschaften
(1) Die Aufsichtsbehörde regelt die örtliche und sachliche Zuständigkeit der Anstalten in einem Vollstreckungsplan.
(2) Im Rahmen von Vollzugsgemeinschaften kann der Vollzug auch in Vollzugseinrichtungen anderer Länder vorgesehen werden.

13 F 1, 13 H 19, 14 A 6

§ 103 Beirat
(1) Bei der Anstalt ist ein Beirat zu bilden. Bedienstete dürfen nicht Mitglieder des Beirats sein. Das für Justiz zuständige Ministerium wird ermächtigt, durch Rechtsverordnung das Verfahren der Bestellung des Beirats, seine Amtsdauer und die wesentlichen Punkte seiner Tätigkeit sowie die Anzahl und Entschädigung seiner Mitglieder zu regeln.
(2) Die Mitglieder des Beirats wirken beratend bei der Gestaltung des Vollzugs und der Eingliederung der Gefangenen mit. Sie fördern das Verständnis für den Vollzug und seine gesellschaftliche Akzeptanz und vermitteln Kontakte zu öffentlichen und privaten Einrichtungen.
(3) Der Beirat steht dem Anstaltsleiter oder der Anstaltsleiterin, den Bediensteten und den Gefangenen als Ansprechpartner zur Verfügung.
(4) Die Mitglieder des Beirats können sich über die Unterbringung der Gefangenen und die Gestaltung des Vollzugs unterrichten und die Anstalt besichtigen. Sie können die Gefangenen in ihren Räumen aufsuchen. Unterhaltung und Schriftwechsel werden nicht überwacht.
(5) Die Mitglieder des Beirats sind verpflichtet, außerhalb ihres Amtes über alle Angelegenheiten, die ihrer Natur nach vertraulich sind, besonders über Namen und Persönlichkeit der Gefangenen, Verschwiegenheit zu bewahren. Dies gilt auch nach Beendigung ihres Amtes.

13 O 2, 13 O 4, 13 O 6, 13 O 7

Abschnitt 20. Vollzug des Strafarrests

§ 104 Grundsatz
(1) Für den Vollzug des Strafarrests in Anstalten gelten die Bestimmungen dieses Gesetzes entsprechend, soweit § 105 nichts Abweichendes bestimmt.
(2) § 105 Absatz 1 bis 3, 7 und 8 gilt nicht, wenn Strafarrest in Unterbrechung einer anderen freiheitsentziehenden Maßnahme vollzogen wird.

4 D 25, 15 C 1

§ 105 Besondere Bestimmungen
(1) Strafarrestanten sollen im offenen Vollzug untergebracht werden.
(2) Eine gemeinsame Unterbringung ist nur mit Einwilligung der Strafarrestanten zulässig.
(3) Besuche, Telefongespräche und Schriftwechsel dürfen nur untersagt oder überwacht werden, wenn dies aus Gründen der Sicherheit oder Ordnung der Anstalt notwendig ist.
(4) Den Strafarrestanten soll gestattet werden, einmal wöchentlich Besuch zu empfangen.
(5) Strafarrestanten dürfen eigene Kleidung tragen und eigenes Bettzeug benutzen, wenn Gründe der Sicherheit nicht entgegenstehen und sie für Reinigung, Instandsetzung und regelmäßigen Wechsel auf eigene Kosten sorgen.
(6) Sie dürfen Nahrungs- und Genussmittel sowie Mittel zur Körperpflege in angemessenem Umfang durch Vermittlung der Anstalt auf eigene Kosten erwerben.
(7) Eine mit einer Entkleidung verbundene körperliche Durchsuchung ist nur bei Gefahr im Verzug zulässig.

(8) Zur Vereitelung einer Entweichung und zur Wiederergreifung dürfen Schusswaffen nicht gebraucht werden.

2 F 4, 11 K 5, 15 C 5, 15 C 9

Abschnitt 21. Datenschutz

§ 106 Anwendung des Landesdatenschutzgesetzes

Das Landesdatenschutzgesetz Mecklenburg-Vorpommern ist anzuwenden, soweit in diesem Abschnitt nichts Abweichendes geregelt ist.

§ 107 Erhebung von personenbezogenen Daten, Unterrichtungspflichten

(1) Die Anstalt und die Aufsichtsbehörde dürfen personenbezogene Daten (Daten) erheben, soweit deren Kenntnis für vollzugliche Zwecke erforderlich ist. Vollzugliche Zwecke sind die Erreichung des Vollzugsziels, der Schutz der Allgemeinheit vor weiteren Straftaten der Gefangenen, die Aufrechterhaltung der Sicherheit und Ordnung der Anstalt sowie die Sicherung des Vollzugs.

(2) Die Daten sind grundsätzlich bei den Betroffenen zu erheben. Daten über Gefangene können im Einzelfall ohne deren Kenntnis bei Dritten erhoben werden, wenn
1. eine Rechtsvorschrift dies vorsieht oder zwingend voraussetzt oder
2. a) die zu erfüllende Aufgabe nach Art oder Zweck eine Erhebung bei anderen Personen oder Stellen erforderlich macht oder
   b) die Erhebung bei den Gefangenen einen unverhältnismäßigen Aufwand erfordern würde und keine Anhaltspunkte dafür bestehen, dass überwiegende schutzwürdige Interessen der Gefangenen beeinträchtigt werden.

(3) Daten über andere Personen als die Gefangenen dürfen für vollzugliche Zwecke ohne deren Kenntnis nur erhoben werden, wenn dies unerlässlich ist und die Art der Erhebung schutzwürdige Interessen dieser Personen nicht beeinträchtigt.

(4) Die Betroffenen werden über eine ohne ihre Kenntnis vorgenommene Erhebung ihrer Daten unterrichtet, soweit vollzugliche Zwecke dadurch nicht gefährdet werden. Sind die Daten bei anderen Personen oder Stellen erhoben worden, kann die Unterrichtung unterbleiben, wenn
1. die Daten nach einer Rechtsvorschrift oder ihrem Wesen nach, namentlich wegen des überwiegenden berechtigten Interesses Dritter, geheim gehalten werden müssen oder
2. der Aufwand der Unterrichtung außer Verhältnis zum Schutzzweck steht und keine Anhaltspunkte dafür bestehen, dass überwiegende schutzwürdige Interessen der Betroffenen beeinträchtigt werden.

(5) Werden Daten statt bei den Gefangenen bei einer nicht öffentlichen Stelle erhoben, so ist die Stelle auf die Rechtsvorschrift, die zur Auskunft verpflichtet, sonst auf die Freiwilligkeit ihrer Angaben hinzuweisen.

§ 108 Besondere Formen der Datenerhebung

(1) Zur Sicherung des Vollzugs und zur Aufrechterhaltung der Sicherheit oder Ordnung der Anstalt, insbesondere zur Identitätsfeststellung, sind mit Kenntnis der Gefangenen folgende erkennungsdienstliche Maßnahmen zulässig:
1. die Abnahme von Finger- und Handflächenabdrücken,
2. die Aufnahme von Lichtbildern,
3. die Feststellung äußerlicher körperlicher Merkmale,
4. die elektronische Erfassung biometrischer Merkmale des Gesichts, der Finger und der Hände,
5. Messungen.

Die Anstalt kann die Gefangenen verpflichten, einen Lichtbildausweis mit sich zu führen, wenn dies aus Gründen der Sicherheit oder Ordnung der Anstalt erforderlich ist.

(2) Aus Gründen der Sicherheit oder Ordnung ist die Beobachtung einzelner Bereiche von Anstaltsgebäuden einschließlich des Gebäudeinneren, des Anstaltsgeländes oder der unmittelbaren Umgebung der Anstalt mit optisch-elektronischen Einrichtungen (Videoüberwachung) sowie im Einzelfall eine Aufzeichnung zulässig. Sie ist durch geeignete Maßnahmen erkennbar zu machen, soweit ihr Zweck dadurch nicht vereitelt wird. Die Videoüberwachung von Haftträumen ist ausgeschlossen, soweit in diesem Gesetz nichts Anderes bestimmt ist.

(3) Die Anstalt kann das Betreten ihres Geländes durch vollzugsfremde Personen davon abhängig machen, dass diese
1. ihren Vornamen, ihren Namen und ihre Anschrift angeben und durch amtliche Ausweise nachweisen und
2. die Erfassung biometrischer Merkmale der Hände oder der Unterschrift dulden, soweit dies erforderlich ist, um den Austausch von Gefangenen zu verhindern.

Die Einzelheiten regelt der Anstaltsleiter oder die Anstaltsleiterin.

(4) Der Anstaltsleiter oder die Anstaltsleiterin kann das Auslesen von elektronischen Datenspeichern sowie elektronischen Geräten mit Datenspeichern anordnen, die Gefangene ohne Erlaubnis besitzen, wenn konkrete Anhaltspunkte die Annahme rechtfertigen, dass dies für vollzugliche Zwecke erforderlich ist. Die Gefangenen sind bei der Aufnahme über die Möglichkeit des Auslesens von Datenspeichern zu belehren.

11 I 18

§ 109 Schutz der Daten in Akten und Dateien, Kenntlichmachung

(1) Die zu den Gefangenen erhobenen Daten werden im Buchwerk der Anstalt, in Gefangenenpersonalakten und Dateien gespeichert. Sie sind durch die erforderlichen technischen und organisatorischen Maßnahmen gegen unbefugten Zugang und unbefugten Gebrauch zu schützen. Gesundheits- und Therapieakten, psychologische und pädagogische Testunterlagen sowie Krankenblätter sind getrennt von anderen Unterlagen zu führen und besonders zu sichern.

(2) Bedienstete dürfen sich von Daten nur Kenntnis verschaffen, soweit dies zur Erfüllung der ihnen obliegenden Aufgaben oder für die zur gemeinsamen Aufgabenerfüllung notwendige Zusammenarbeit erforderlich ist.

(3) Das religiöse und weltanschauliche Bekenntnis und Daten von Gefangenen, die anlässlich ärztlicher Untersuchungen oder der Überwachung der Besuche, des Schriftwechsels, der Telekommunikation und des Paketverkehrs erhoben worden sind, dürfen in der Anstalt nicht allgemein kenntlich gemacht werden. Andere Daten von Gefangenen dürfen innerhalb der Anstalt allgemein kenntlich gemacht werden, soweit dies für ein geordnetes Zusammenleben in der Anstalt zwingend erforderlich ist.

§ 110 Speicherung, Übermittlung und Nutzung von Daten

(1) Die Anstalt und die Aufsichtsbehörde dürfen Daten speichern, übermitteln und nutzen, soweit dies für vollzugliche Zwecke erforderlich ist.

(2) Die Speicherung, Übermittlung und Nutzung von Daten ist über Absatz 1 hinaus auch zulässig, soweit dies
1. zur Abwehr von sicherheitsgefährdenden oder geheimdienstlichen Tätigkeiten für eine fremde Macht oder von Bestrebungen im Geltungsbereich des Grundgesetzes, die durch Anwendung von Gewalt oder darauf gerichtete Vorbereitungshandlungen
    a) gegen die freiheitliche demokratische Grundordnung, den Bestand oder die Sicherheit des Bundes oder eines Landes gerichtet sind,
    b) eine ungesetzliche Beeinträchtigung der Amtsführung der Verfassungsorgane des Bundes oder eines Landes oder ihrer Mitglieder zum Ziele haben oder auswärtige Belange der Bundesrepublik Deutschland gefährden,
2. zur Abwehr erheblicher Nachteile für das Gemeinwohl oder einer Gefahr für die öffentliche Sicherheit,
3. zur Abwehr einer schwerwiegenden Beeinträchtigung der Rechte einer anderen Person,
4. zur Verhinderung oder Verfolgung von Straftaten sowie zur Verhinderung oder Verfolgung von Ordnungswidrigkeiten, durch welche die Sicherheit oder Ordnung der Anstalt gefährdet werden oder
5. für Maßnahmen der Strafvollstreckung oder strafvollstreckungsrechtliche Entscheidungen

erforderlich ist.

(3) Eine Speicherung, Übermittlung oder Nutzung für andere Zwecke liegt nicht vor, soweit sie dem gerichtlichen Rechtsschutz im Zusammenhang mit diesem Gesetz oder den in § 10 Absatz 4 des Landesdatenschutzgesetzes genannten Zwecken dient.

(4) Den zuständigen öffentlichen Stellen dürfen Daten über die in den Absätzen 1 und 2 geregelten Zwecke hinaus übermittelt werden, soweit dies für
1. die Vorbereitung und Durchführung von Maßnahmen der Gerichtshilfe, Jugendgerichtshilfe, Bewährungshilfe, Führungsaufsicht oder forensischen Ambulanzen,

Anhang

2. Entscheidungen in Gnadensachen,
3. gesetzlich angeordnete Statistiken der Rechtspflege,
4. sozialrechtliche Maßnahmen,
5. die Einleitung von Hilfsmaßnahmen für Angehörige (§ 11 Absatz 1 Nummer 1 des Strafgesetzbuchs) der Gefangenen,
6. dienstliche Maßnahmen der Bundeswehr im Zusammenhang mit der Aufnahme und Entlassung von Soldaten oder Soldatinnen,
7. ausländerrechtliche Maßnahmen oder
8. die Durchführung der Besteuerung

erforderlich ist.

Eine Übermittlung für andere Zwecke ist auch zulässig, soweit eine andere gesetzliche Bestimmung dies vorsieht und sich dabei ausdrücklich auf Daten über Gefangene bezieht.

12 I 8

§ 111 Verarbeitung der durch besondere Formen der Datenerhebung erlangten Daten

(1) Bei der Überwachung der Besuche, der Telefongespräche, anderer Formen der Telekommunikation oder des Schriftwechsels sowie bei der Überprüfung des Inhaltes von Paketen bekannt gewordene personenbezogene Daten dürfen nur für die im § 107 Absatz 1 und § 110 Absatz 2 und 3 genannten Zwecke verarbeitet werden.

(2) Die aufgrund von erkennungsdienstlichen Maßnahmen nach § 108 Absatz 1 Satz 1 gewonnenen Daten und Unterlagen werden zu den Gefangenenpersonalakten genommen oder in personenbezogenen Dateien gespeichert. Sie sind an die Polizei zu übermitteln, wenn die Gefangenen nach der Haftentlassung voraussichtlich unter Führungsaufsicht stehen oder ein polizeiliches Ersuchen um Übermittlung vorliegt. Die Übermittlung erfolgt spätestens am Tag der Entlassung. Im Übrigen dürfen sie nur für die in den § 108 Absatz 1 Satz 1 und § 110 Absatz 2 Nummer 4 sowie Absatz 4 Satz 1 Nummer 1 genannten Zwecke sowie zum Zwecke der Fahndung und Festnahme entwichener oder sich sonst ohne Erlaubnis außerhalb der Anstalt aufhaltender Gefangener von den zuständigen Stellen verarbeitet und übermittelt werden.

(3) Die zur Identifikation von vollzugsfremden Personen nach § 108 Absatz 3 erhobenen Daten dürfen ausschließlich verarbeitet werden
1. zum Zweck des Abgleichs beim Verlassen der Vollzugsanstalt oder
2. zur Verfolgung von Straftaten, bei denen der Verdacht besteht, dass sie während des Aufenthalts in der Anstalt begangen wurden; in diesem Fall können die Daten auch an Strafverfolgungsbehörden ausschließlich zum Zwecke der Verfolgung dieser Straftaten übermittelt werden.

(4) Die beim Auslesen von Datenspeichern nach § 108 Absatz 4 erhobenen Daten dürfen nur verarbeitet werden, soweit dies zu den dort genannten Zwecken erforderlich ist. Sie dürfen nicht weiterverarbeitet werden, soweit sie
1. zum Kernbereich der privaten Lebensgestaltung Dritter gehören oder
2. zum Kernbereich der privaten Lebensgestaltung Gefangener gehören und die weitere Verarbeitung nach Abwägung der in § 108 Absatz 4 genannten vollzuglichen Interessen an der Verarbeitung und der Interessen der Gefangenen an der illegalen Speicherung der Daten unzumutbar ist.

(5) Nach § 107 Absatz 3 erhobene Daten über Personen, die nicht Gefangene sind, dürfen nur zur Erfüllung des Erhebungszwecks oder für die in § 110 Absatz 2 Nummer 1 bis 3 geregelten Zwecke oder zur Verhinderung oder Verfolgung von Straftaten von erheblicher Bedeutung verarbeitet werden.

9 D 15

§ 112 Mitteilung über Haftverhältnisse

(1) Die Anstalt oder die Aufsichtsbehörde darf öffentlichen und nichtöffentlichen Stellen auf schriftlichen Antrag mitteilen, ob sich eine Person in Haft befindet sowie ob und wann ihre Entlassung voraussichtlich innerhalb eines Jahres bevorsteht, soweit
1. die Mitteilung zur Erfüllung der in der Zuständigkeit der öffentlichen Stelle liegenden Aufgaben erforderlich ist oder
2. von nichtöffentlichen Stellen
    a) ein berechtigtes Interesse an dieser Mitteilung glaubhaft dargelegt wird und
    b) die Gefangenen kein schutzwürdiges Interesse an dem Ausschluss der Übermittlung haben.

(2) Der Polizei sind zur Wahrnehmung der ihr obliegenden Aufgaben durch die Anstalt oder die Aufsichtsbehörde
1. die Aufnahme von Gefangenen zum Vollzug einer Freiheitsstrafe,
2. die Verlegung von Gefangenen in eine Anstalt außerhalb des Landes,
3. Beginn und Ende eines zu gewährenden Langzeitausgangs nach § 38 Absatz 1 Nummer 3 einschließlich des angegebenen Aufenthaltsortes sowie
4. rechtzeitig, in der Regel spätestens drei Monate vor dem Entlassungszeitpunkt, jede bevorstehende Entlassung von Gefangenen in Freiheit oder eine Einrichtung außerhalb des Justizvollzugs einschließlich der Entlassungsadresse

mitzuteilen.

(3) Die Mitteilung ist in der Gefangenenpersonalakte zu dokumentieren.

(4) Den Verletzten einer Straftat sowie deren Rechtsnachfolgern können darüber hinaus auf schriftlichen Antrag Auskünfte über die Entlassungsadresse oder die Vermögensverhältnisse von Gefangenen erteilt werden, wenn die Erteilung zur Feststellung oder Durchsetzung von Rechtsansprüchen im Zusammenhang mit der Straftat erforderlich ist.

(5) Die Gefangenen werden vor der Mitteilung an nichtöffentliche Stellen oder Verletzte sowie deren Rechtsnachfolger gehört, es sei denn, es ist zu besorgen, dass dadurch die Verfolgung des Interesses des Antragstellers oder der Antragstellerin vereitelt oder wesentlich erschwert werden würde, und eine Abwägung ergibt, dass dieses Interesse das Interesse der Gefangenen an ihrer vorherigen Anhörung überwiegt. Ist die Anhörung unterblieben, werden die betroffenen Gefangenen über die Mitteilung der Anstalt nachträglich unterrichtet.

§ 113 Überlassung von Akten
(1) Akten dürfen nur
1. anderen Anstalten und Aufsichtsbehörden,
2. der Gerichtshilfe, der Jugendgerichtshilfe, der Bewährungshilfe, den Führungsaufsichtsstellen und den forensischen Ambulanzen,
3. den für strafvollzugs-, strafvollstreckungs- und strafrechtliche Entscheidungen zuständigen Gerichten und
4. den Strafvollstreckungs- und Strafverfolgungsbehörden

überlassen oder im Falle elektronischer Aktenführung in Form von Duplikaten übermittelt werden.

(2) Die Überlassung an andere öffentliche Stellen ist zulässig, soweit die Erteilung einer Auskunft einen unvertretbaren Aufwand erfordert oder nach Darlegung der Stellen, die Akteneinsicht begehren, für die Erfüllung der Aufgabe nicht ausreicht. Entsprechendes gilt für die Überlassung von Akten an die von einer Anstalt oder Aufsichtsbehörde, einer Strafvollstreckungsbehörde oder einem Gericht mit Gutachten beauftragten Stellen.

§ 114 Offenbarungspflichten der Berufsgeheimnisträger und -trägerinnen
(1)
1. Ärzte, Ärztinnen, Zahnärzte, Zahnärztinnen oder Angehörige eines anderen Heilberufs, der für die Berufsausübung oder die Führung der Berufsbezeichnung eine staatlich geregelte Ausbildung erfordert,
2. Berufspsychologen und Berufspsychologinnen mit staatlich anerkannter wissenschaftlicher Abschlussprüfung oder
3. staatlich anerkannte Sozialarbeiter und Sozialarbeiterinnen oder staatlich anerkannte Sozialpädagogen und Sozialpädagoginnen

unterliegen hinsichtlich der ihnen als Berufsgeheimnisträger von Gefangenen anvertrauten oder sonst über Gefangene bekannt gewordenen Geheimnisse auch gegenüber der Anstalt und der Aufsichtsbehörde der Schweigepflicht, soweit in den folgenden Absätzen nichts Abweichendes geregelt ist.

(2) Die in Absatz 1 genannten Personen haben sich gegenüber dem Anstaltsleiter oder der Anstaltsleiterin zu offenbaren, soweit dies für die Aufgabenerfüllung der Anstalt oder der Aufsichtsbehörde oder zur Abwehr von erheblichen Gefahren für Leib oder Leben von Gefangenen oder Dritten erforderlich ist.

(3) Ärzte und Ärztinnen sind gegenüber dem Anstaltsleiter oder der Anstaltsleiterin zur Offenbarung ihnen im Rahmen der allgemeinen Gesundheitsfürsorge bekannt gewordener Geheimnisse verpflichtet,

soweit dies für die Aufgabenerfüllung der Anstalt oder der Aufsichtsbehörde unerlässlich oder zur Abwehr von erheblichen Gefahren für Leib oder Leben von Gefangenen oder Dritten erforderlich ist. Sonstige Offenbarungsbefugnisse und -pflichten bleiben unberührt.

(4) Die Gefangenen sind vor der Erhebung der Daten über die nach den Absätzen 2 und 3 bestehenden Offenbarungspflichten zu unterrichten.

(5) Die nach den Absätzen 2 und 3 offenbarten Daten dürfen nur für den Zweck, für den sie offenbart wurden oder für den eine Offenbarung zulässig gewesen wäre, und nur unter denselben Voraussetzungen verarbeitet oder genutzt werden, unter denen eine in Absatz 1 genannte Person selbst hierzu befugt wäre. Der Anstaltsleiter oder die Anstaltsleiterin kann unter diesen Voraussetzungen die unmittelbare Offenbarung gegenüber bestimmten Bediensteten allgemein zulassen.

(6) Sofern Ärzte, Ärztinnen, Psychologen oder Psychologinnen außerhalb des Vollzugs mit der Untersuchung, Behandlung oder Betreuung von Gefangenen beauftragt werden, gelten die Absätze 1 bis 3 mit der Maßgabe entsprechend, dass die beauftragten Personen auch zur Unterrichtung der in der Anstalt tätigen Ärzte oder Ärztinnen oder der in der Anstalt mit der Behandlung der Gefangenen betrauten Psychologen oder Psychologinnen verpflichtet sind.

§ 115 Auskunft an die Betroffenen, Akteneinsicht

(1) Den Gefangenen ist auf Antrag Auskunft zu erteilen über
1. die zu ihrer Person gespeicherten Daten, auch soweit sie sich auf die Herkunft dieser Daten bezieht,
2. die Empfänger oder Kategorien von Empfängern, an die die Daten weitergegeben werden, und
3. den Zweck der Speicherung.

In dem Antrag soll die Art der Daten, über die Auskunft erteilt werden soll, näher bezeichnet werden. Sind die Daten weder automatisiert noch in nicht automatisierten Dateien gespeichert, wird die Auskunft nur erteilt, soweit die Gefangenen Angaben machen, die das Auffinden der Daten ermöglichen, und der für die Erteilung der Auskunft erforderliche Aufwand nicht außer Verhältnis zu dem von den Gefangenen geltend gemachten Informationsinteresse steht. Die Anstalt oder die Aufsichtsbehörde bestimmt das Verfahren, insbesondere die Form der Auskunftserteilung, nach pflichtgemäßem Ermessen.

(2) Absatz 1 gilt nicht für Daten, die nur deshalb gespeichert sind, weil sie aufgrund gesetzlicher, satzungsmäßiger oder vertraglicher Aufbewahrungsvorschriften nicht gelöscht werden dürfen, oder ausschließlich Zwecken der Datensicherung oder der Datenschutzkontrolle dienen und eine Auskunftserteilung einen unverhältnismäßigen Aufwand erfordern würde.

(3) Bezieht sich die Auskunftserteilung auf die Übermittlung von Daten an Behörden der Staatsanwaltschaft, an Polizeidienststellen, Verfassungsschutzbehörden, den Bundesnachrichtendienst, den Militärischen Abschirmdienst und, soweit die Sicherheit des Bundes berührt wird, andere Behörden des Bundesministeriums der Verteidigung, so ist sie nur mit Zustimmung dieser Stellen zulässig.

(4) Die Auskunftserteilung unterbleibt, soweit
1. die Auskunft die ordnungsgemäße Erfüllung der in der Zuständigkeit der verantwortlichen Stelle liegenden Aufgaben gefährden würde,
2. die Auskunft die öffentliche Sicherheit oder Ordnung gefährden oder sonst dem Wohle des Bundes oder eines Landes Nachteile bereiten würde,
3. die Daten oder die Tatsache ihrer Speicherung nach einer Rechtsvorschrift oder wegen der überwiegenden berechtigten Interessen Dritter geheim gehalten werden müssen,
4. die Daten zur Entscheidung in Gnadensachen gespeichert worden sind.

(5) Die Ablehnung der Auskunftserteilung bedarf keiner Begründung, soweit durch die Mitteilung der tatsächlichen und rechtlichen Gründe, auf die die Entscheidung gestützt wird, der mit der Auskunftsverweigerung verfolgte Zweck gefährdet würde. In diesen Fällen sind die Gefangenen darauf hinzuweisen, dass sie sich an den Landesbeauftragten oder die Landesbeauftragte für den Datenschutz wenden können.

(6) Wird den Gefangenen keine Auskunft erteilt, so ist sie auf deren Verlangen dem oder der Landesbeauftragten für den Datenschutz zu erteilen, soweit nicht die Aufsichtsbehörde im Einzelfall feststellt, dass dadurch die Sicherheit des Landes Mecklenburg-Vorpommern, eines anderen Landes oder des Bundes gefährdet würde. Die Mitteilung des oder der Landesbeauftragten für den Datenschutz an die Gefangenen darf keine Rückschlüsse auf den Erkenntnisstand der speichernden Stelle zulassen, sofern diese nicht einer weitergehenden Auskunft zustimmt.

(7) Soweit eine Auskunft für die Wahrnehmung der rechtlichen Interessen der Gefangenen nicht ausreicht und sie hierfür auf die Einsichtnahme angewiesen sind, wird Akteneinsicht gewährt.
(8) Auskunft und Akteneinsicht sind unentgeltlich.

12 I 8

§ 116 Löschung, Sperrung und Aufbewahrung
(1) Die in Dateien gespeicherten Daten sind spätestens fünf Jahre nach der Entlassung oder der Verlegung der Gefangenen in eine andere Anstalt zu löschen. Hiervon können bis zum Ablauf der Aufbewahrungsfrist nach Absatz 8 die Angaben über Familienname, Vorname, Geburtsname, Geburtstag, Geburtsort, Eintritts- und Austrittsdatum der Gefangenen ausgenommen werden, soweit dies für das Auffinden der Gefangenenpersonalakte erforderlich ist.
(2) Erkennungsdienstliche Unterlagen mit Ausnahme von Lichtbildern und der Beschreibung von körperlichen Merkmalen der Gefangenen, die nach § 108 Absatz 1 Satz 1 erkennungsdienstlich behandelt worden sind, sind nach ihrer Entlassung aus dem Vollzug unverzüglich zu vernichten, sobald die Vollstreckung der richterlichen Entscheidung, die dem Vollzug zu Grunde gelegen hat, abgeschlossen ist und die Übermittlungen nach § 111 Absatz 2 erfolgt sind.
(3) Mittels optisch-elektronischer Einrichtungen nach § 108 Absatz 2 erhobene Daten sind spätestens nach vier Wochen zu löschen, soweit nicht die weitere Aufbewahrung im Einzelfall zu Beweiszwecken unerlässlich ist.
(4) Nach § 108 Absatz 3 Nummer 2 erhobene Daten sind unverzüglich zu löschen, nachdem die Personen die Anstalt verlassen haben.
(5) Nach § 108 Absatz 4 erhobene Daten sind unverzüglich zu löschen, soweit eine Verarbeitung nach § 111 Absatz 4 unzulässig ist. Die Daten sind spätestens 72 Stunden nach dem Ende des Auslesens zu löschen, soweit nicht die weitere Aufbewahrung im Einzelfall zu Beweiszwecken unerlässlich ist.
(6) Daten in Akten sind nach Ablauf von fünf Jahren seit der Entlassung oder der Verlegung der Gefangenen in eine andere Anstalt zu kennzeichnen, um ihre weitere Verarbeitung oder Nutzung einzuschränken (Sperrung). Die Sperrung endet, wenn die Gefangenen erneut zum Vollzug einer Freiheitsstrafe aufgenommen werden oder die Betroffenen eingewilligt haben.
(7) Die nach Absatz 6 gesperrten Daten dürfen nur übermittelt oder genutzt werden, soweit dies zur
1. Verfolgung von Straftaten,
2. Durchführung wissenschaftlicher Forschungsvorhaben gemäß § 92,
3. Behebung einer bestehenden Beweisnot oder
4. Feststellung, Durchsetzung oder Abwehr von Rechtsansprüchen im Zusammenhang mit dem Vollzug einer Freiheitsstrafe unerlässlich ist.
(8) Bei der Aufbewahrung von Akten und Dateien mit nach Absatz 6 gesperrten Daten darf für Gefangenenpersonalakten, Gesundheitsakten, Therapieakten, psychologische und pädagogische Testunterlagen und Krankenblätter sowie für Gefangenenbücher eine Frist von 30 Jahren nicht überschritten werden. Die Aufbewahrungsfrist beginnt mit dem auf das Jahr der Weglegung folgenden Kalenderjahr. Die Bestimmungen des Landesarchivgesetzes Mecklenburg-Vorpommern bleiben unberührt.

Abschnitt 22. Schlussbestimmungen

§ 117 Einschränkung von Grundrechten
Durch dieses Gesetz werden die Rechte auf körperliche Unversehrtheit und Freiheit der Person (Artikel 2 Absatz 2 Satz 1 und 2 des Grundgesetzes) und auf Unverletzlichkeit des Brief-, Post- und Fernmeldegeheimnisses (Artikel 10 des Grundgesetzes) eingeschränkt.

1 E 32

§ 118 Inkrafttreten
Dieses Gesetz tritt am 1. Juni 2013 in Kraft.
Das vorstehende Gesetz wird hiermit ausgefertigt. Es ist im Gesetz- und Verordnungsblatt für Mecklenburg-Vorpommern zu verkünden.

Niedersächsisches Justizvollzugsgesetz (NJVollzG)

in der Fassung vom 8. April 2014
(Nds. GVBl. 2014, 106)

Erster Teil. Gemeinsame Bestimmungen

§ 1 Anwendungsbereich

Dieses Gesetz regelt den Vollzug der Freiheitsstrafe, der Jugendstrafe und der Untersuchungshaft in den dafür bestimmten Anstalten des Landes Niedersachsen.

1 B 1 ff

§ 2 Allgemeine Gestaltungsgrundsätze

(1) Das Leben im Vollzug soll den allgemeinen Lebensverhältnissen soweit wie möglich angepasst werden.

(2) Schädlichen Folgen des Freiheitsentzuges ist entgegenzuwirken.

(3) ¹Der Vollzug der Freiheitsstrafe und der Jugendstrafe soll die Mitarbeitsbereitschaft der Gefangenen im Vollzug fördern, ihre Eigenverantwortung stärken und ihnen helfen, sich in das Leben in Freiheit einzugliedern. ²Die Einsicht der Gefangenen in das Unrecht ihrer Straftaten und ihre Bereitschaft, für deren Folgen einzustehen, sollen geweckt und gefördert werden.

1 D 1, 1 D 4, 1 D 11, 3 D 6

§ 3 Rechtsstellung der Gefangenen

¹Die oder der Gefangene unterliegt den in diesem Gesetz vorgesehenen Beschränkungen ihrer oder seiner Freiheit. ²Soweit das Gesetz eine besondere Regelung nicht enthält, können ihr oder ihm die Beschränkungen auferlegt werden, die zur Aufrechterhaltung der Sicherheit oder Ordnung der Anstalt erforderlich sind. ³Die Sicherheit der Anstalt umfasst auch den Schutz der Allgemeinheit vor Straftaten der Gefangenen.

1 E 2, 1 E 13, 1 E 18, 1 E 25, 1 E 26, 1 E 30,
11 A 10

§ 4 Grundsatz der Verhältnismäßigkeit

¹Von mehreren möglichen und geeigneten Maßnahmen ist diejenige zu treffen, die die Gefangene oder den Gefangenen voraussichtlich am wenigsten beeinträchtigt. ²Eine Maßnahme darf nicht zu einem Nachteil führen, der zu dem erstrebten Erfolg erkennbar außer Verhältnis steht. ³Sie ist nur so lange zulässig, bis ihr Zweck erreicht ist oder nicht mehr erreicht werden kann.

11 A 4, 11 A 9, 11 K 38, 11 K 41, 11 K 42

Zweiter Teil. Vollzug der Freiheitsstrafe

Erstes Kapitel. Allgemeine Vorschriften, Grundsätze

§ 5 Vollzugsziele

¹Im Vollzug der Freiheitsstrafe sollen die Gefangenen fähig werden, künftig in sozialer Verantwortung ein Leben ohne Straftaten zu führen. ²Zugleich dient der Vollzug der Freiheitsstrafe dem Schutz der Allgemeinheit vor weiteren Straftaten.

1 C 14, 4 I 48, 4 I 63, 5 A 48, 5 B 26

§ 6 Mitwirkung der Gefangenen

(1) ¹Gefangene sollen an der Erreichung des Vollzugszieles nach § 5 Satz 1 mitwirken. ²Ihre Bereitschaft hierzu ist zu wecken und zu fördern.

(2) ¹Der oder dem Gefangenen sollen geeignete Maßnahmen angeboten werden, die sie oder ihn darin unterstützen, Verantwortung für ihre oder seine Straftat und deren Folgen zu übernehmen, sowie ihr oder ihm die Chance eröffnen, sich nach Verbüßung der Strafe in die Gesellschaft einzugliedern. ²Kann der

Zweck einer solchen Maßnahme dauerhaft nicht erreicht werden, insbesondere weil die oder der Gefangene nicht hinreichend daran mitarbeitet, so soll diese Maßnahme beendet werden.

1 D 1, 1 E 2, 1 E 4, 1 E 7, 1 E 10, 1 E 13, 7 A 9

§ 7 Vollzug der Freiheitsstrafe in Einrichtungen für den Vollzug der Jugendstrafe
Wird die Freiheitsstrafe nach den Vorschriften des Jugendgerichtsgesetzes (JGG) in einer Einrichtung für den Vollzug der Jugendstrafe vollzogen, so gelten für den Vollzug der Freiheitsstrafe die Vorschriften des Vierten Teils.

2 A 8

Zweites Kapitel. Planung und Verlauf des Vollzuges

§ 8 Aufnahme in die Anstalt
(1) Bei der Aufnahme in die Anstalt wird die oder der Gefangene über ihre oder seine Rechte und Pflichten unterrichtet.

(2) ¹Die oder der Gefangene und ihre oder seine Sachen werden durchsucht. ²Mit der oder dem Gefangenen wird unverzüglich ein Zugangsgespräch geführt. ³Sie oder er wird alsbald ärztlich untersucht.

(3) ¹Während des Aufnahmeverfahrens dürfen andere Gefangene nicht anwesend sein. ²Erfordert die Verständigung mit der oder dem aufzunehmenden Gefangenen die Zuziehung einer Dolmetscherin oder eines Dolmetschers, so ist diese unverzüglich zu veranlassen. ³Ist die sofortige Verständigung mit der oder dem aufzunehmenden Gefangenen in ihrem oder seinem Interesse oder zur Gewährleistung der Sicherheit der Anstalt erforderlich, so können andere Gefangene zur Übersetzung herangezogen werden, wenn die Zuziehung einer Dolmetscherin oder eines Dolmetschers nach Satz 2 nicht rechtzeitig möglich ist.

2 A 1, 2 A 4, 2 A 5, 2 A 9, 12 F 8

§ 9 Vollzugsplanung
(1) ¹Für die oder den Gefangenen ist eine Vollzugsplanung durchzuführen. ²Beträgt die Vollzugsdauer über ein Jahr, so ist ein Vollzugsplan zu erstellen, der Angaben mindestens über folgende Maßnahmen enthält:
1. die Unterbringung im geschlossenen oder offenen Vollzug,
2. die Verlegung in eine sozialtherapeutische Anstalt oder Abteilung,
3. die Zuweisung zu Wohn- und anderen Gruppen, die der Erreichung des Vollzugszieles nach § 5 Satz 1 dienen,
4. den Arbeitseinsatz sowie Maßnahmen der schulischen oder beruflichen Aus- oder Weiterbildung,
5. besondere Hilfs- und Therapiemaßnahmen,
6. Lockerungen des Vollzuges und
7. notwendige Maßnahmen zur Vorbereitung der Entlassung.

(2) Nach der Aufnahme werden die zur Vorbereitung der Aufstellung des Vollzugsplans notwendigen Daten zur Persönlichkeit und zu den Lebensverhältnissen der oder des Gefangenen erhoben sowie die Ursachen und Folgen ihrer oder seiner Straftaten untersucht.

(3) ¹Der Vollzugsplan ist in Einklang mit der Entwicklung der oder des Gefangenen und weiteren Erkenntnissen zur Persönlichkeit, insbesondere der Bereitschaft, an der Erreichung des Vollzugszieles nach § 5 Satz 1 mitzuarbeiten, fortzuschreiben. ²Hierfür sind im Vollzugsplan angemessene Fristen vorzusehen.

(4) Zur Vorbereitung der Aufstellung und Fortschreibung des Vollzugsplans werden Konferenzen mit den nach Auffassung der Vollzugsbehörde an der Vollzugsgestaltung maßgeblich Beteiligten durchgeführt.

(5) ¹Die Vollzugsplanung wird mit der oder dem Gefangenen erörtert. ²Erfolgt die Vollzugsplanung in Form eines Vollzugsplans, so wird ihr oder ihm dieser in schriftlicher Form ausgehändigt.

2 A 1, 2 B 1, 2 B 10, 2 B 13, 2 B 14, 2 B 16, 2 B 35, 2 C 6, 2 C 7, 2 C 12, 2 C 14, 2 C 19, 2 C 23, 2 C 25, 2 C 28, 2 C 31, 4 B 8, 4 E 1, 5 A 13, 10 G 2, 13 L 3, 13 L 7

§ 10 Verlegung, Überstellung, Ausantwortung
(1) Die oder der Gefangene kann abweichend vom Vollstreckungsplan in eine andere Anstalt verlegt werden, wenn

Anhang

1. hierdurch die Eingliederung in das Leben in Freiheit nach der Entlassung oder sonst die Erreichung des Vollzugszieles nach § 5 Satz 1 gefördert wird,
2. sich während des Vollzuges herausstellt, dass die sichere Unterbringung der oder des Gefangenen auch in einer anderen Anstalt mit geringeren Sicherheitsvorkehrungen gewährleistet ist und durch die Verlegung die Erreichung des Vollzugszieles nach § 5 Satz 1 nicht gefährdet wird,
3. ihr oder sein Verhalten oder Zustand eine Gefahr für die Sicherheit der Anstalt oder eine schwerwiegende Störung der Ordnung darstellt und diese durch die Verlegung abgewehrt wird,
4. ohne Rücksicht auf ihr oder sein Verhalten oder ihren oder seinen Zustand eine Gefahr für die Sicherheit der Anstalt oder eine schwerwiegende Störung der Ordnung nicht anders abgewehrt werden kann,
5. dies aus Gründen der Vollzugsorganisation oder aus einem anderen wichtigen Grund erforderlich ist.

(2) Die oder der Gefangene darf aus wichtigem Grund in eine andere Anstalt überstellt werden.

(3) [1]Die oder der Gefangene kann mit ihrer oder seiner Zustimmung befristet dem Gewahrsam einer anderen Behörde überlassen werden, wenn diese zur Erfüllung ihrer Aufgaben darum ersucht (Ausantwortung). [2]Die Ausantwortung ist auch ohne Zustimmung der oder des Gefangenen zulässig, wenn die ersuchende Behörde aufgrund einer Rechtsvorschrift das Erscheinen der oder des Gefangenen zwangsweise durchsetzen könnte. [3]Die Verantwortung für die Sicherung des Gewahrsams und für das Vorliegen der Voraussetzungen des Satzes 2 trägt die ersuchende Behörde.

2 D 1, 2 D 6, 2 D 7, 2 D 8, 2 D 15, 2 D 16, 10 D 3, 10 D 15, 11 E 1, 11 E 2, 11 E 4, 11 E 5, 11 E 6, 11 E 7

§ 11 Länderübergreifende Verlegungen

(1) [1]Die oder der Gefangene kann mit Zustimmung des für Justiz zuständigen Ministeriums (Fachministerium) in eine Anstalt eines anderen Landes verlegt werden, wenn die in diesem Gesetz geregelten Voraussetzungen für eine Verlegung vorliegen und die zuständige Behörde des anderen Landes der Verlegung in die dortige Anstalt zustimmt. [2]Dabei ist sicherzustellen, dass die nach diesem Gesetz erworbenen Ansprüche auf Arbeitsentgelt, Ausbildungsbeihilfe, Freistellung von der Arbeitspflicht und Ausgleichsentschädigung entweder durch das Land erfüllt oder in dem anderen Land anerkannt werden. [3]§ 40 Abs. 10 gilt entsprechend, soweit Ansprüche auf Freistellung von der Arbeitspflicht infolge der Verlegung nicht erfüllt werden können.

(2) Gefangene aus einer Anstalt eines anderen Landes können mit Zustimmung des Fachministeriums in eine Anstalt des Landes aufgenommen werden.

2 D 10, 13 H 11, 13 H 17

§ 12 Geschlossener und offener Vollzug

(1) Die oder der Gefangene wird im geschlossenen Vollzug untergebracht, wenn nicht nach dem Vollstreckungsplan eine Einweisung in den offenen Vollzug oder in eine Einweisungsanstalt oder Einweisungsabteilung vorgesehen ist.

(2) Die oder der Gefangene soll in eine Anstalt oder Abteilung des offenen Vollzuges verlegt werden, wenn sie oder er den besonderen Anforderungen des offenen Vollzuges genügt und namentlich nicht zu befürchten ist, dass sie oder er sich dem Vollzug der Freiheitsstrafe entzieht oder die Möglichkeiten des offenen Vollzuges zu Straftaten missbrauchen wird.

(3) Befindet sich eine Gefangene oder ein Gefangener im offenen Vollzug, so soll sie oder er in eine Anstalt oder Abteilung des geschlossenen Vollzuges verlegt werden, wenn sie oder er es beantragt oder den Anforderungen nach Absatz 2 nicht genügt oder es zur Erreichung des Vollzugszieles nach § 5 Satz 1 erforderlich ist.

10 A 4, 10 A 7, 10 A 9, 10 A 13, 10 A 14, 13 C 18

§ 13 Lockerungen des Vollzuges

(1) Als Lockerung des Vollzuges kann zur Erreichung des Vollzugszieles nach § 5 Satz 1 mit Zustimmung der oder des Gefangenen namentlich angeordnet werden, dass die oder der Gefangene
1. außerhalb der Anstalt regelmäßig einer Beschäftigung unter Aufsicht (Außenbeschäftigung) oder ohne Aufsicht Vollzugsbediensteter (Freigang) nachgehen darf,
2. für eine bestimmte Tageszeit die Anstalt unter Aufsicht (Ausführung) oder ohne Aufsicht Vollzugsbediensteter (Ausgang) verlassen darf oder
3. bis zu 21 Kalendertagen im Vollstreckungsjahr beurlaubt wird.

(2) Die Lockerungen nach Absatz 1 dürfen nur angeordnet werden, wenn nicht zu befürchten ist, dass die oder der Gefangene sich dem Vollzug der Freiheitsstrafe entzieht oder die Lockerungen zu Straftaten missbrauchen wird.

(3) ¹Ausgang und Freigang sollen erst angeordnet werden, wenn hinreichende Erkenntnisse über die Gefangene oder den Gefangenen vorliegen, aufgrund derer verlässlich beurteilt werden kann, ob die Voraussetzungen des Absatzes 2 im Einzelfall gegeben sind; dabei sind die Vollzugsdauer und die Länge des davon bereits verbüßten Teils zu berücksichtigen. ²Urlaub soll erst angeordnet werden, wenn sich die oder der Gefangene im Ausgang oder Freigang bewährt hat.

(4) Die oder der zu lebenslanger Freiheitsstrafe verurteilte Gefangene kann beurlaubt werden, wenn sie oder er sich einschließlich einer vorhergehenden Untersuchungshaft oder einer anderen Freiheitsentziehung zehn Jahre im Vollzug befunden hat oder wenn sie oder er in den offenen Vollzug verlegt worden ist; für Ausgang und Freigang gilt in der Regel eine Sperrfrist von acht Jahren.

(5) Der oder dem Gefangenen, die oder der sich für den offenen Vollzug eignet, aus besonderen Gründen aber in einer Anstalt oder Abteilung des geschlossenen Vollzuges untergebracht ist, können nach den für den offenen Vollzug geltenden Vorschriften Lockerungen gewährt werden.

(6) Durch den Urlaub wird die Strafvollstreckung nicht unterbrochen.

4 D 42, 4 D 43, 4 H 11, 4 H 12, 4 H 20, 10 B 1, 10 B 3, 10 B 4, 10 C 2, 10 C 12, 10 C 17, 10 C 18, 10 C 20, 10 C 22, 10 C 23, 10 C 27, 10 C 35, 10 C 37, 10 C 49, 10 C 50, 10 C 68, 10 D 3, 10 E 9

§ 14 Ausgang, Urlaub und Ausführung aus wichtigem Anlass

(1) ¹Aus wichtigem Anlass kann die oder der Gefangene Ausgang erhalten oder bis zu sieben Tagen beurlaubt werden; der Urlaub aus anderem wichtigen Anlass als wegen einer lebensgefährlichen Erkrankung oder wegen des Todes einer oder eines Angehörigen darf sieben Tage im Jahr nicht übersteigen. ²Kann Ausgang oder Urlaub aus den in § 13 Abs. 2 genannten Gründen nicht gewährt werden, so kann die Vollzugsbehörde die Gefangene oder den Gefangenen ausführen lassen.

(2) Die Lockerungen nach Absatz 1 werden nicht auf die Lockerungen nach § 13 angerechnet.

(3) ¹Der oder dem Gefangenen kann zur Teilnahme an einem gerichtlichen Termin Ausgang oder Urlaub gewährt werden, wenn anzunehmen ist, dass sie oder er der Ladung folgt. ²Kann Ausgang oder Urlaub nicht gewährt werden, so soll die oder der Gefangene mit ihrer oder seiner Zustimmung ausgeführt werden. ³Auf Ersuchen eines Gerichts oder einer Staatsanwaltschaft wird die oder der Gefangene vorgeführt.

(4) Die oder der Gefangene darf auch ohne ihre oder seine Zustimmung ausgeführt werden, wenn dies aus besonderem Grund notwendig ist.

(5) § 13 Abs. 2 und 6 sowie § 15 gelten entsprechend.

10 B 1, 10 C 38, 10 D 3, 10 D 4, 10 D 6, 10 D 8, 10 D 9, 10 D 11, 10 D 13, 10 D 14

§ 15 Weisungen, Aufhebung von Lockerungen

(1) ¹Der oder dem Gefangenen können für Lockerungen Weisungen erteilt werden. ²Dabei sind die Interessen der durch ihre oder seine Straftaten Verletzten sowie das Schutzinteresse gefährdeter Dritter zu berücksichtigen.

(2) Lockerungen können widerrufen werden, wenn die Vollzugsbehörde aufgrund nachträglich eingetretener Umstände berechtigt wäre, die Maßnahme zu versagen, die oder der Gefangene die Maßnahme missbraucht oder sie oder er den Weisungen nicht nachkommt.

(3) Lockerungen können mit Wirkung für die Zukunft zurückgenommen werden, wenn die Voraussetzungen für ihre Anordnung nicht vorgelegen haben.

4 D 43, 4 H 14, 4 H 20, 10 E 1, 10 E 10, 10 E 11, 10 F 5, 10 F 6, 10 F 9, 10 F 10, 10 F 11, 10 F 12, 10 F 15

§ 16 Begutachtung, Untersuchung

(1) ¹Die Vollzugsbehörde ordnet an, dass sich die oder der Gefangene begutachten oder körperlich untersuchen lässt, wenn dies zur Feststellung der Voraussetzungen einer Verlegung in den offenen Vollzug nach § 12 Abs. 2 oder einer Lockerung nach § 13 Abs. 2 erforderlich ist. ²Die Erforderlichkeit ist in der Regel gegeben

1. bei zu lebenslanger Freiheitsstrafe verurteilten Gefangenen,
2. bei Gefangenen, die wegen einer Straftat

a) nach den §§ 174 bis 180, 182, 211 oder 212 des Strafgesetzbuchs (StGB) oder
b) nach § 323a StGB verurteilt worden sind, soweit die im Rausch begangene Tat eine der in Buchstabe a genannten Taten ist,
oder
3. wenn Tatsachen die Annahme begründen, dass eine Abhängigkeit oder ein Missbrauch von Sucht- oder Arzneimitteln vorliegt. ³In den Fällen des Satzes 2 Nrn. 1 und 2 sollen Sachverständige verschiedener Fachrichtungen an der Begutachtung beteiligt werden.

(2) Blutentnahmen oder andere körperliche Eingriffe sind zulässig, wenn sie von einer Ärztin oder einem Arzt vorgenommen werden und ein Nachteil für die Gesundheit der oder des Gefangenen nicht zu befürchten ist.

(3) ¹Die Begutachtung oder körperliche Untersuchung bedarf der Zustimmung der oder des Gefangenen. ²Verweigert die oder der Gefangene die Zustimmung, so ist in der Regel der Schluss zu ziehen, dass die Voraussetzungen für die Verlegung in den offenen Vollzug oder die Anordnung der Lockerung nicht gegeben sind. ³Die oder der Gefangene ist hierauf bei der Anordnung nach Absatz 1 hinzuweisen.

(4) ¹Blut und sonstige Körperzellen dürfen nur für den der Anordnung zugrunde liegenden Zweck verwendet werden. ²Für einen anderen vollzuglichen Zweck dürfen sie verwendet werden, wenn ihre Entnahme auch zu diesem Zweck zulässig wäre oder wenn die oder der Gefangene zustimmt. ³Liegt eine Zustimmung der oder des Gefangenen nicht vor, so ist sie oder er über die Verwendung zu einem anderen vollzuglichen Zweck zu unterrichten. ⁴Blut und sonstige Körperzellen sind unverzüglich zu vernichten, sobald sie für Zwecke nach Satz 1 oder 2 nicht mehr benötigt werden.

(5) ¹Eine Begutachtung oder körperliche Untersuchung kann auch angeordnet werden, wenn dies für die Vorbereitung einer anderen vollzuglichen Entscheidung, insbesondere zur Abwehr einer Gefahr für die Sicherheit oder Ordnung der Anstalt, erforderlich ist. ²Die Absätze 2 bis 4 gelten entsprechend.

10 A 11, 10 C 41, 10 C 42, 10 C 43, 10 D 9

§ 17 Entlassungsvorbereitung

(1) Um die Entlassung vorzubereiten, sollen Lockerungen unter den Voraussetzungen des § 13 angeordnet werden.

(2) Eine Verlegung der oder des Gefangenen in den offenen Vollzug nach § 12 Abs. 2 soll unterbleiben, wenn diese die Vorbereitung der Entlassung beeinträchtigen würde.

(3) ¹Innerhalb von drei Monaten vor der Entlassung kann zu deren Vorbereitung Sonderurlaub bis zu einer Woche gewährt werden. ²§ 13 Abs. 2 und 6 sowie § 15 gelten entsprechend.

(4) ¹Der Freigängerin und dem Freigänger (§ 13 Abs. 1 Nr. 1) kann innerhalb von neun Monaten vor der Entlassung Sonderurlaub bis zu sechs Tagen im Monat gewährt werden. ²§ 13 Abs. 2 und 6 sowie § 15 gelten entsprechend. ³Absatz 3 Satz 1 findet keine Anwendung.

10 G 2, 10 H 3, 10 H 5, 10 H 7, 10 H 10, 10 H 11, 10 H 13

§ 18 Entlassungszeitpunkt

(1) Die oder der Gefangene soll am letzten Tag ihrer oder seiner Strafzeit möglichst frühzeitig, jedenfalls noch am Vormittag entlassen werden.

(2) Fällt das Strafende auf einen Sonnabend oder Sonntag, einen gesetzlichen Feiertag, den ersten Werktag nach Ostern oder Pfingsten oder in die Zeit vom 22. Dezember bis zum 2. Januar, so kann die oder der Gefangene an dem diesem Tag oder Zeitraum vorhergehenden Werktag entlassen werden, wenn dies nach der Länge der Strafzeit vertretbar ist und fürsorgerische Gründe nicht entgegenstehen.

(3) Der Entlassungszeitpunkt kann bis zu zwei Tagen vorverlegt werden, wenn dringende Gründe dafür vorliegen, dass die oder der Gefangene zu ihrer oder seiner Eingliederung hierauf angewiesen ist.

10 G 2, 10 I 2, 10 I 4, 10 I 5, 10 I 8

Drittes Kapitel. Unterbringung, Kleidung, Verpflegung und Einkauf

§ 19 Unterbringung während der Arbeitszeit und Freizeit

(1) ¹Gefangene arbeiten gemeinsam. ²Dasselbe gilt für schulische und berufliche Aus- und Weiterbildung sowie für arbeitstherapeutische Beschäftigung während der Arbeitszeit.

(2) Während der Freizeit kann sich die oder der Gefangene in Gemeinschaft mit anderen aufhalten.

(3) Die gemeinschaftliche Unterbringung während der Arbeitszeit und Freizeit kann eingeschränkt werden
1. bis zu einer Dauer von zwei Monaten während der Erhebung und Untersuchung nach § 9 Abs. 2,
2. wenn ein schädlicher Einfluss auf andere Gefangene zu befürchten ist oder
3. wenn es die Sicherheit oder Ordnung der Anstalt erfordert.

2 B 4, 2 E 1, 2 E 5, 2 E 6, 2 E 8, 2 E 9, 2 E 10, 2 E 11, 2 E 12, 2 E 13, 2 E 15, 2 E 16, 11 I 26, 13 B 2

§ 20 Unterbringung während der Ruhezeit

(1) ¹Die oder der Gefangene wird während der Ruhezeit allein in ihrem oder seinem Haftraum untergebracht. ²Mit ihrer oder seiner Zustimmung kann die oder der Gefangene auch gemeinsam mit anderen Gefangenen untergebracht werden, wenn eine schädliche Beeinflussung nicht zu befürchten ist.

(2) Ohne Zustimmung der betroffenen Gefangenen ist eine gemeinsame Unterbringung nur zulässig, sofern eine oder einer von ihnen hilfsbedürftig ist, für eine oder einen von ihnen eine Gefahr für Leben oder Gesundheit besteht oder die räumlichen Verhältnisse der Anstalt dies erfordern.

2 E 1, 2 E 17, 2 E 23, 2 E 28, 2 E 31, 2 E 32, 2 E 35, 13 E 24

§ 21 Ausstattung des Haftraums und persönlicher Besitz

¹Die oder der Gefangene darf ihren oder seinen Haftraum mit Erlaubnis in angemessenem Umfang mit eigenen Sachen ausstatten. ²Die Erlaubnis kann versagt oder widerrufen werden, soweit Sachen die Übersichtlichkeit des Haftraumes oder in anderer Weise die Sicherheit oder Ordnung der Anstalt beeinträchtigen.

2 F 1, 2 F 8, 2 F 9, 2 F 10, 2 F 15, 2 F 17

§ 22 Kleidung

(1) Die oder der Gefangene trägt eigene Kleidung, wenn sie oder er für Reinigung und Instandsetzung auf eigene Kosten sorgt; anderenfalls trägt sie oder er Anstaltskleidung.

(2) Die Vollzugsbehörde kann das Tragen von Anstaltskleidung allgemein oder im Einzelfall anordnen, wenn dies aus Gründen der Sicherheit oder Ordnung der Anstalt erforderlich ist.

6 A 2

§ 23 Anstaltsverpflegung

¹Gefangene sind gesund zu ernähren. ²Auf ärztliche Anordnung wird besondere Verpflegung gewährt. ³Der oder dem Gefangenen ist es zu ermöglichen, Speisevorschriften ihrer oder seiner Religionsgemeinschaft zu befolgen.

6 B 4, 6 B 6, 6 B 9, 6 B 10

§ 24 Einkauf

(1) ¹Die oder der Gefangene kann sich aus einem von der Vollzugsbehörde vermittelten Angebot Nahrungs- und Genussmittel sowie Mittel zur Körperpflege kaufen. ²Es soll für ein Angebot gesorgt werden, das auf die Wünsche und Bedürfnisse der Gefangenen Rücksicht nimmt.

(2) ¹Gegenstände, die die Sicherheit oder Ordnung der Anstalt gefährden, sind vom Einkauf ausgeschlossen. ²In Anstaltskrankenhäusern und Krankenabteilungen kann der Einkauf einzelner Nahrungs- und Genussmittel auf ärztliche Anordnung allgemein untersagt oder eingeschränkt werden.

4 I 27, 4 I 111, 6 C 6, 6 C 10, 6 C 11, 6 C 13

Viertes Kapitel. Besuche, Schriftwechsel, Telekommunikation und Pakete

§ 25 Recht auf Besuch

(1) ¹Die oder der Gefangene darf nach vorheriger Anmeldung regelmäßig Besuch empfangen. ²Die Gesamtdauer beträgt mindestens vier Stunden im Monat.

(2) ¹Besuche sollen darüber hinaus zugelassen werden, wenn sie die Erreichung des Vollzugszieles nach § 5 Satz 1 fördern oder persönlichen, rechtlichen oder geschäftlichen Angelegenheiten dienen, die nicht von der oder dem Gefangenen schriftlich erledigt, durch Dritte wahrgenommen oder bis zur Entlassung der oder des Gefangenen aufgeschoben werden können. ²Nach Satz 1 sollen auch mehrstündige unbeaufsichtigte Besuche (Langzeitbesuche) von Angehörigen im Sinne des Strafgesetzbuchs sowie von

Personen, die einen günstigen Einfluss erwarten lassen, zugelassen werden, soweit die oder der Gefangene dafür geeignet ist.

(3) ¹Bei der Festlegung der Dauer und Häufigkeit der Besuche sowie der Besuchszeiten sind auch die allgemeinen Lebensverhältnisse der Besucherinnen und Besucher, insbesondere diejenigen von Familien mit minderjährigen Kindern, zu berücksichtigen. ²Das Nähere regelt die Hausordnung.

(4) Zur Aufrechterhaltung der Sicherheit oder Ordnung der Anstalt kann der Besuch einer Person von ihrer Durchsuchung abhängig gemacht und die Anzahl der gleichzeitig zu einem Besuch zugelassenen Personen beschränkt werden.

9 A 6, 9 B 18, 9 B 19, 9 B 24, 9 B 28

§ 26 Besuchsverbot

Besuche können untersagt werden,
1. wenn die Sicherheit oder Ordnung der Anstalt gefährdet würde,
2. bei Besucherinnen und Besuchern, die nicht Angehörige der oder des Gefangenen im Sinne des Strafgesetzbuchs sind, wenn zu befürchten ist, dass sie einen schädlichen Einfluss auf die Gefangene oder den Gefangenen haben oder ihre oder seine Eingliederung behindern würden.

9 B 34

§ 27 Besuche von Verteidigerinnen, Verteidigern, Rechtsanwältinnen, Rechtsanwälten, Notarinnen und Notaren

¹Besuche von Verteidigerinnen und Verteidigern sowie von Rechtsanwältinnen, Rechtsanwälten, Notarinnen und Notaren in einer die Gefangene oder den Gefangenen betreffenden Rechtssache sind ohne Beschränkungen hinsichtlich ihrer Dauer oder Häufigkeit zulässig. ²Die regelmäßigen Besuchszeiten legt die Vollzugsbehörde im Benehmen mit der Rechtsanwaltskammer in der Hausordnung fest. ³§ 25 Abs. 4 gilt entsprechend. ⁴Eine inhaltliche Überprüfung der von der Verteidigerin oder dem Verteidiger mitgeführten Schriftstücke und sonstigen Unterlagen ist nicht zulässig. ⁵Abweichend von Satz 4 gilt § 30 Abs. 2 Sätze 2 bis 4 in den dort genannten Fällen entsprechend.

9 B 52

§ 28 Überwachung der Besuche

(1) ¹Besuche dürfen offen überwacht werden. ²Die akustische Überwachung ist nur zulässig, wenn dies im Einzelfall zur Erreichung des Vollzugszieles nach § 5 Satz 1 oder zur Aufrechterhaltung der Sicherheit oder Ordnung der Anstalt erforderlich ist.

(2) Die Vollzugsbehörde kann anordnen, dass für das Gespräch zwischen der oder dem Gefangenen und den Besucherinnen und Besuchern Vorrichtungen vorzusehen sind, die die körperliche Kontaktaufnahme sowie die Übergabe von Schriftstücken und anderen Gegenständen ausschließen, wenn dies zur Aufrechterhaltung der Sicherheit oder zur Abwendung einer schwerwiegenden Störung der Ordnung der Anstalt unerlässlich ist.

(3) ¹Ein Besuch darf nach vorheriger Androhung abgebrochen werden, wenn Besucherinnen oder Besucher oder die oder der Gefangene gegen die Vorschriften dieses Gesetzes oder die aufgrund dieses Gesetzes getroffenen Anordnungen verstoßen. ²Der Besuch kann sofort abgebrochen werden, wenn dies unerlässlich ist, um eine Gefahr für die Sicherheit der Anstalt oder einen schwerwiegenden Verstoß gegen die Ordnung der Anstalt abzuwehren.

(4) Besuche von Verteidigerinnen und Verteidigern werden nicht überwacht.

(5) ¹Gegenstände dürfen beim Besuch nur mit Erlaubnis übergeben werden. ²Dies gilt nicht für die bei dem Besuch
1. einer Verteidigerin oder eines Verteidigers oder
2. einer Rechtsanwältin, eines Rechtsanwalts, einer Notarin oder eines Notars zur Erledigung einer die Gefangene oder den Gefangenen betreffenden Rechtssache

übergebenen Schriftstücke und sonstigen Unterlagen. ³In den Fällen des Satzes 2 Nr. 2 kann die Übergabe aus Gründen der Sicherheit oder Ordnung der Anstalt von der Erteilung einer Erlaubnis abhängig gemacht werden.

(6) Abweichend von den Absätzen 4 und 5 Satz 2 Nr. 1 gilt § 30 Abs. 2 Sätze 2 bis 4 in den dort genannten Fällen entsprechend.

9 B 71, 9 B 78, 9 B 82, 9 B 83

§ 29 Recht auf Schriftwechsel

(1) ¹Die oder der Gefangene hat das Recht, Schreiben abzusenden und zu empfangen. ²In dringenden Fällen kann der oder dem Gefangenen gestattet werden, Schreiben als Telefaxe aufzugeben.

(2) Schriftwechsel mit bestimmten Personen kann untersagt werden, wenn
1. die Sicherheit oder Ordnung der Anstalt gefährdet würde oder
2. zu erwarten ist, dass der Schriftwechsel mit Personen, die nicht Angehörige der oder des Gefangenen im Sinne des Strafgesetzbuchs sind, einen schädlichen Einfluss auf die Gefangene oder den Gefangenen haben oder ihre oder seine Eingliederung behindern würde.

9 C 3, 9 C 9, 9 D 9

§ 30 Überwachung des Schriftwechsels

(1) Der Schriftwechsel darf überwacht werden, soweit es zur Erreichung des Vollzugszieles nach § 5 Satz 1 oder aus Gründen der Sicherheit oder Ordnung der Anstalt erforderlich ist.

(2) ¹Der Schriftwechsel der oder des Gefangenen mit der Verteidigerin oder dem Verteidiger wird nicht überwacht. ²Liegt dem Vollzug der Freiheitsstrafe eine Straftat nach § 129a StGB, auch in Verbindung mit § 129b Abs. 1 StGB, zugrunde, so gelten § 148 Abs. 2 und § 148a der Strafprozessordnung (StPO) entsprechend. ³Satz 2 gilt nicht, wenn sich die oder der Gefangene in einer Anstalt oder Abteilung des offenen Vollzuges befindet oder wenn ihr oder ihm Lockerungen nach § 13 Abs. 1 mit Ausnahme der Ausführung oder Sonderurlaub nach § 17 Abs. 3 gewährt worden sind und ein Grund, der die Vollzugsbehörde zum Widerruf oder zur Rücknahme ermächtigt, nicht vorliegt. ⁴Die Sätze 2 und 3 gelten auch, wenn gegen eine Gefangene oder einen Gefangenen im Anschluss an die dem Vollzug der Freiheitsstrafe zugrunde liegende Verurteilung eine Freiheitsstrafe wegen einer Straftat nach § 129a StGB, auch in Verbindung mit § 129b Abs. 1 StGB, zu vollstrecken ist.

(3) ¹Nicht überwacht werden Schreiben der oder des Gefangenen an Volksvertretungen des Bundes und der Länder sowie an deren Mitglieder, wenn die Schreiben an die Anschriften dieser Volksvertretungen gerichtet sind und die Absender zutreffend angeben. ²Entsprechendes gilt für Schreiben an das Europäische Parlament und dessen Mitglieder, den Europäischen Gerichtshof für Menschenrechte, den Europäischen Ausschuss zur Verhütung von Folter und unmenschlicher oder erniedrigender Behandlung oder Strafe und die Datenschutzbeauftragten des Bundes und der Länder. ³Schreiben der in den Sätzen 1 und 2 genannten Stellen, die an eine Gefangene oder einen Gefangenen gerichtet sind, werden nicht überwacht, wenn die Identität der Absender zweifelsfrei feststeht.

9 C 23

§ 31 Weiterleitung von Schreiben, Aufbewahrung

(1) Die oder der Gefangene hat Absendung und Empfang ihrer oder seiner Schreiben durch die Vollzugsbehörde vermitteln zu lassen, soweit nicht etwas anderes gestattet ist.

(2) Eingehende und ausgehende Schreiben sind unverzüglich weiterzuleiten.

(3) Die oder der Gefangene hat eingehende Schreiben unverschlossen zu verwahren, sofern nicht etwas anderes gestattet wird; sie oder er kann die Schreiben verschlossen zur Habe geben.

9 C 43 ff

§ 32 Anhalten von Schreiben

(1) Schreiben können angehalten werden, wenn
1. die Vollzugsziele oder die Sicherheit oder Ordnung der Anstalt gefährdet würden,
2. die Weitergabe in Kenntnis ihres Inhalts einen Straf- oder Bußgeldtatbestand verwirklichen würde,
3. sie grob unrichtige oder erheblich entstellende Darstellungen von Anstaltsverhältnissen enthalten,
4. sie grobe Beleidigungen enthalten,
5. sie die Eingliederung anderer Gefangener gefährden können oder
6. sie in Geheimschrift, unlesbar, unverständlich oder ohne zwingenden Grund in einer fremden Sprache abgefasst sind.

(2) ¹Ist ein Schreiben angehalten worden, so wird das der oder dem Gefangenen mitgeteilt. ²Angehaltene Schreiben werden an die Absender zurückgegeben oder behördlich verwahrt, sofern eine Rückgabe unmöglich oder nicht geboten ist.

(3) Schreiben, deren Überwachung nach § 30 Abs. 2 und 3 ausgeschlossen ist, dürfen nicht angehalten werden.

9 C 49 ff

§ 33 Telekommunikation

(1) ¹In dringenden Fällen soll der oder dem Gefangenen gestattet werden, Telefongespräche zu führen. ²Die §§ 26 und 28 Abs. 1 Satz 2, Abs. 3 und 4 gelten entsprechend. ³Ist eine akustische Überwachung beabsichtigt, so ist dies der Gesprächspartnerin oder dem Gesprächspartner unmittelbar nach Herstellung der Verbindung durch die Vollzugsbehörde oder die Gefangene oder den Gefangenen mitzuteilen. ⁴Die oder der Gefangene ist rechtzeitig vor Beginn der Unterhaltung über die beabsichtigte Überwachung und die Mitteilungspflicht nach Satz 3 zu unterrichten. ⁵Die Unterhaltung kann zeitversetzt überwacht und zu diesem Zweck gespeichert werden.

(2) ¹Der oder dem Gefangenen kann allgemein gestattet werden, Telefongespräche zu führen, wenn sie oder er sich mit zur Gewährleistung der Sicherheit und Ordnung der Anstalt von der Vollzugsbehörde erlassenen Nutzungsbedingungen einverstanden erklärt. ²Soweit die Nutzungsbedingungen keine abweichenden Regelungen enthalten, gilt Absatz 1 Sätze 2 bis 5 entsprechend.

(3) ¹Die Zulassung einer anderen Form der Telekommunikation in der Anstalt bedarf der Zustimmung des Fachministeriums; die oder der Gefangene hat keinen Anspruch auf Erteilung der Zustimmung. ²Hat das Fachministerium die Zustimmung erteilt, so kann die Vollzugsbehörde der oder dem Gefangenen allgemein oder im Einzelfall die Nutzung der zugelassenen Telekommunikationsform gestatten, wenn sichergestellt ist, dass hierdurch nicht die Sicherheit oder Ordnung der Anstalt gefährdet wird und sich die oder der Gefangene mit den von der Vollzugsbehörde zu diesem Zweck erlassenen Nutzungsbedingungen einverstanden erklärt. ³Soweit die Nutzungsbedingungen keine abweichenden Regelungen enthalten, gelten für Telekommunikationsformen,
1. die einem Besuch vergleichbar sind, Absatz 1 Sätze 2 bis 5,
2. die einem Schriftwechsel vergleichbar sind, § 29 Abs. 2 sowie die §§ 30 bis 32
entsprechend.

(4) ¹Durch den Einsatz technischer Mittel kann verhindert werden, dass mittels einer innerhalb der Anstalt befindlichen Mobilfunkendeinrichtung unerlaubte Telekommunikationsverbindungen hergestellt oder aufrechterhalten werden. ²Der Telekommunikationsverkehr außerhalb des räumlichen Bereichs der Anstalt darf nicht beeinträchtigt werden.

5 A 31, 5 C 29, 5 C 45, 9 D 3, 9 D 15

§ 34 Pakete

(1) ¹Die oder der Gefangene darf in angemessenem Umfang Pakete empfangen. ²Der Empfang jedes Paketes bedarf der Erlaubnis. ³Pakete dürfen Nahrungs- und Genussmittel sowie Gegenstände, die die Sicherheit oder Ordnung der Anstalt gefährden, nicht enthalten. ⁴Pakete, für die keine Erlaubnis erteilt worden ist, sollen nicht angenommen werden.

(2) ¹Angenommene Pakete sind in Gegenwart der oder des Gefangenen zu öffnen. ²Gegenstände nach Absatz 1 Satz 3 sind zur Habe zu nehmen, zurückzusenden oder, wenn es erforderlich ist, zu vernichten. ³Die Maßnahmen werden der oder dem Gefangenen mitgeteilt.

(3) Der Empfang von Paketen kann befristet untersagt werden, wenn dies wegen einer Gefährdung der Sicherheit oder Ordnung der Anstalt unerlässlich ist.

(4) ¹Der oder dem Gefangenen kann gestattet werden, Pakete zu versenden. ²Deren Inhalt kann aus Gründen der Sicherheit oder Ordnung der Anstalt überprüft werden.

6 C 3, 9 E 3

Arbeit, Aus- und Weiterbildung

§ 35 Zuweisung

(1) Arbeit, arbeitstherapeutische Beschäftigung sowie Aus- und Weiterbildung dienen insbesondere dem Ziel, Fähigkeiten für eine Erwerbstätigkeit nach der Entlassung zu vermitteln, zu erhalten oder zu fördern.

(2) ¹Die Vollzugsbehörde soll der oder dem Gefangenen wirtschaftlich ergiebige Arbeit oder, wenn dies der Vollzugsbehörde nicht möglich ist, eine angemessene Beschäftigung zuweisen und dabei ihre oder seine Fähigkeiten, Fertigkeiten und Neigungen berücksichtigen. ²Die Vollzugsbehörde kann der oder dem Gefangenen als Tätigkeit nach Satz 1 jährlich bis zu drei Monaten eine dem Anstaltsbetrieb dienende Tätigkeit (Hilfstätigkeit) zuweisen; mit Zustimmung der oder des Gefangenen kann die Hilfstätigkeit auch für einen längeren Zeitraum zugewiesen werden. ³Soweit die Vollzugsplanung dies vorsieht, soll der oder

dem Gefangenen mit ihrer oder seiner Zustimmung statt einer Tätigkeit nach Satz 1 eine geeignete aus- oder weiterbildende Maßnahme zugewiesen werden.

(3) Ist die oder der Gefangene zu wirtschaftlich ergiebiger Arbeit nicht fähig, so soll ihr oder ihm eine geeignete arbeitstherapeutische Beschäftigung zugewiesen werden.

(4) Einer oder einem Gefangenen, die oder der die Regelaltersgrenze der gesetzlichen Rentenversicherung erreicht hat, darf eine Tätigkeit nach den Absätzen 1 bis 3 nur mit ihrer oder seiner Zustimmung zugewiesen werden.

(5) ¹Die zur Zuweisung einer Tätigkeit nach Absatz 2 Satz 2 oder 3 oder nach Absatz 4 erteilte Zustimmung kann widerrufen werden, jedoch nicht zur Unzeit. ²Durch den wirksamen Widerruf erlischt die Zuweisung.

4 Vorb. 5, 4 A 2, 4 A 6, 4 A 8, 4 A 9, 4 A 13, 4 A 15, 4 A 31, 4 A 34, 4 B 10, 4 B 12, 4 B 14, 4 B 18, 4 B 19, 4 B 24, 4 B 25, 4 B 26, 4 D 10, 4 E 1, 4 E 3, 4 E 6, 4 E 9, 4 G 2, 4 K 2

§ 36 Freies Beschäftigungsverhältnis, Selbstbeschäftigung

(1) ¹Der oder dem Gefangenen soll gestattet werden, einer Arbeit oder einer beruflichen Aus- oder Weiterbildung auf der Grundlage eines freien Beschäftigungsverhältnisses außerhalb der Anstalt nachzugehen, wenn dies im Rahmen der Vollzugsplanung dem Ziel dient, Fähigkeiten für eine Erwerbstätigkeit nach der Entlassung zu vermitteln, zu erhalten oder zu fördern, und nicht überwiegende Gründe des Vollzuges entgegenstehen. ²§ 13 Abs. 1 Nr. 1, Abs. 2 und § 15 bleiben unberührt.

(2) ¹Der oder dem Gefangenen kann anstelle einer zugewiesenen Tätigkeit gestattet werden, selbständig einer Beschäftigung (Selbstbeschäftigung) nachzugehen. ²Für eine Selbstbeschäftigung außerhalb der Anstalt bleiben § 13 Abs. 1 Nr. 1, Abs. 2 und § 15 unberührt. ³Die Gestattung der Selbstbeschäftigung kann davon abhängig gemacht werden, dass die Gefangenen den Kostenbeitrag nach § 52 Abs. 1 ganz oder teilweise monatlich im Voraus entrichten.

(3) Die Vollzugsbehörde kann verlangen, dass ihr aus den Tätigkeiten nach Absatz 1 oder 2 erzielte Einkünfte der oder des Gefangenen zur Gutschrift überwiesen werden.

4 Vorb. 5, 4 G 7, 4 H 2, 4 H 10, 4 H 11, 4 H 19, 4 H 20, 4 H 25, 4 H 28, 4 I 67, 6 F 56

§ 37 Abschlusszeugnis

Aus dem Abschlusszeugnis über eine aus- oder weiterbildende Maßnahme darf die Inhaftierung nicht erkennbar sein.

4 Vorb. 5, 4 F 3

§ 38 Arbeitspflicht

(1) Die oder der Gefangene ist verpflichtet, eine ihr oder ihm zugewiesene Tätigkeit auszuüben.

(2) ¹Maßnahmen nach § 9 Abs. 1 Satz 2 Nr. 5 sind während der Arbeitszeit zuzulassen, soweit dies im Rahmen der Vollzugsplanung zur Erreichung des Vollzugszieles nach § 5 Satz 1 erforderlich ist. ²Sonstige vollzugliche Maßnahmen sollen während der Arbeitszeit zugelassen werden, soweit dies im überwiegenden Interesse der oder des Gefangenen oder aus einem anderen wichtigen Grund erforderlich ist.

4 Vorb. 5, 4 B 2, 4 B 7, 4 B 8, 4 B 10, 4 B 12, 4 D 14

§ 39 Freistellung von der Arbeitspflicht

(1) ¹Hat die oder der Gefangene ein Jahr lang eine zugewiesene Tätigkeit ausgeübt, so kann sie oder er beanspruchen, für die Dauer des jährlichen Mindesturlaubs nach § 3 Abs. 1 des Bundesurlaubsgesetzes von der Arbeitspflicht freigestellt zu werden; Zeiträume von unter einem Jahr bleiben unberücksichtigt. ²Die Freistellung kann nur innerhalb eines Jahres nach Entstehung des Freistellungsanspruchs in Anspruch genommen werden. ³Auf die Frist nach Satz 1 werden Zeiten,

1. in denen die oder der Gefangene infolge Krankheit an ihrer oder seiner Arbeitsleistung gehindert war, mit bis zu sechs Wochen jährlich,
2. in denen die oder der Gefangene Verletztengeld nach § 47 Abs. 6 des Siebten Buchs des Sozialgesetzbuchs erhalten hat,
3. in denen die oder der Gefangene nach Satz 1 oder nach § 40 Abs. 5 von der Arbeitspflicht freigestellt war,
4. die nach Absatz 3 auf die Freistellung angerechnet werden oder in denen die oder der Gefangene nach § 40 Abs. 6 beurlaubt war und

5. in denen die oder der Gefangene eine angebotene Arbeit oder angemessene Beschäftigung während des Vollzuges der vorausgehenden Untersuchungshaft ausgeübt hat,

angerechnet. ⁴Zeiten, in denen die oder der Gefangene ihrer oder seiner Arbeitspflicht aus anderen Gründen nicht nachgekommen ist, können in angemessenem Umfang angerechnet werden. ⁵Erfolgt keine Anrechnung nach Satz 3 oder 4, so wird die Frist für die Dauer der Fehlzeit gehemmt. ⁶Abweichend von Satz 5 wird die Frist durch eine Fehlzeit unterbrochen, die unter Berücksichtigung des Vollzugszieles nach § 5 Satz 1 außer Verhältnis zur bereits erbrachten Arbeitsleistung steht.

(2) Der Zeitraum der Freistellung muss mit den betrieblichen Belangen vereinbar sein.

(3) Auf die Zeit der Freistellung wird Urlaub nach § 13 oder 14 Abs. 1 angerechnet, soweit er in die Arbeitszeit fällt und nicht wegen einer lebensgefährlichen Erkrankung oder des Todes Angehöriger gewährt worden ist.

(4) ¹Der oder dem Gefangenen wird für die Zeit der Freistellung das Arbeitsentgelt oder die Ausbildungsbeihilfe fortgezahlt. ²Dabei ist der Durchschnitt der letzten drei abgerechneten Monate zugrunde zu legen.

(5) Urlaubsregelungen der Beschäftigungsverhältnisse außerhalb des Strafvollzuges bleiben unberührt.

4 Vorb. 5, 4 C 1, 4 C 3, 4 C 5, 4 C 6, 4 C 7, 4 C 8, 4 C 10, 4 C 11, 4 C 12, 4 C 14, 4 C 15, 4 C 16, 4 C 18, 4 C 19, 4 C 22, 4 C 23, 4 D 16, 4 D 34, 4 D 41, 4 D 45, 4 D 46, 4 D 63, 4 G 12

§ 40 Anerkennung von Arbeit und Beschäftigung

(1) ¹Übt die oder der Gefangene eine zugewiesene Arbeit oder angemessene Beschäftigung aus, so erhält sie oder er ein Arbeitsentgelt. ²Der Bemessung des Arbeitsentgelts sind neun vom Hundert der Bezugsgröße nach § 18 des Vierten Buchs des Sozialgesetzbuchs zugrunde zu legen (Eckvergütung).

(2) ¹Das Arbeitsentgelt kann je nach Leistung der oder des Gefangenen und der Art der Arbeit gestuft werden. ²75 vom Hundert der Eckvergütung dürfen nur dann unterschritten werden, wenn die Arbeitsleistungen der oder des Gefangenen den Mindestanforderungen nicht genügen.

(3) ¹Übt die oder der Gefangene eine arbeitstherapeutische Beschäftigung aus, so erhält sie oder er ein Arbeitsentgelt, soweit dies der Art der Beschäftigung und der Arbeitsleistung entspricht. ²Nimmt die oder der Gefangene während der Arbeitszeit an im Vollzugsplan angegebenen Maßnahmen nach § 9 Abs. 1 Satz 2 Nr. 5 teil, so erhält sie oder er für die Dauer des Ausfalls der Arbeit eine Entschädigung in Höhe des Arbeitsentgelts. ³§ 39 Abs. 4 Satz 2 gilt entsprechend.

(4) Die Höhe des Arbeitsentgeltes ist der oder dem Gefangenen schriftlich bekannt zu geben.

(5) ¹Hat die oder der Gefangene zwei Monate lang zusammenhängend eine Arbeit oder eine angemessene oder arbeitstherapeutische Beschäftigung ausgeübt, so wird sie oder er auf Antrag einen Werktag von der Arbeitspflicht freigestellt (Freistellungstag); Zeiträume von weniger als zwei Monaten bleiben unberücksichtigt. ²Die Freistellung nach § 39 bleibt unberührt. ³Durch Zeiten, in denen die oder der Gefangene wegen Krankheit, Ausführung, Ausgang, Urlaub aus der Haft, Freistellung von der Arbeitspflicht oder aus sonstigen von ihr oder ihm nicht zu vertretenden Gründen ihrer oder seiner Arbeitspflicht nicht nachkommt, wird die Frist nach Satz 1 gehemmt. ⁴Fehlzeiten, die von der oder dem Gefangenen zu vertreten sind, unterbrechen die Frist.

(6) ¹Auf Antrag kann der oder dem Gefangenen die Freistellung nach Absatz 5 in Form von Urlaub aus der Haft gewährt werden (Arbeitsurlaub). ²§ 13 Abs. 2 bis 6 und § 15 gelten entsprechend.

(7) § 39 Abs. 2 und 4 gilt entsprechend.

(8) Wird kein Antrag auf einen Freistellungstag (Absatz 5 Satz 1) oder auf Arbeitsurlaub (Absatz 6 Satz 1) gestellt oder kann Arbeitsurlaub nicht gewährt werden, so wird der Freistellungstag auf den Entlassungszeitpunkt angerechnet.

(9) Eine Anrechnung nach Absatz 8 ist ausgeschlossen,

1. soweit eine lebenslange Freiheitsstrafe vollstreckt wird oder die Unterbringung in der Sicherungsverwahrung angeordnet oder vorbehalten ist und ein Entlassungszeitpunkt noch nicht bestimmt ist,
2. bei einer Aussetzung der Vollstreckung des Restes einer Freiheitsstrafe oder einer Sicherungsverwahrung zur Bewährung, soweit wegen des von der Entscheidung des Gerichts bis zur Entlassung verbleibenden Zeitraums eine Anrechnung nicht mehr möglich ist,
3. wenn dies vom Gericht angeordnet wird, weil bei einer Aussetzung der Vollstreckung des Restes einer Freiheitsstrafe oder einer Sicherungsverwahrung zur Bewährung die Lebensverhältnisse der oder des

Gefangenen oder die Wirkungen, die von der Aussetzung für sie oder ihn zu erwarten sind, die Vollstreckung bis zu einem bestimmten Zeitpunkt erfordern,
4. wenn nach § 456a Abs. 1 StPO von der Vollstreckung abgesehen wird,
5. wenn die oder der Gefangene im Gnadenwege aus der Haft entlassen wird.

(10) ¹Soweit eine Anrechnung nach Absatz 9 ausgeschlossen ist, erhält die oder der Gefangene bei der Entlassung als Ausgleichsentschädigung zusätzlich 15 vom Hundert des Arbeitsentgelts. ²§ 39 Abs. 4 Satz 2 gilt entsprechend. ³Der Anspruch entsteht erst mit der Entlassung; vor der Entlassung ist der Anspruch nicht verzinslich, abtretbar und vererblich. ⁴Ist eine Anrechnung nach Absatz 9 Nr. 1 ausgeschlossen, so wird die Ausgleichszahlung der oder dem Gefangenen bereits nach Verbüßung von jeweils zehn Jahren der lebenslangen Freiheitsstrafe oder Freiheitsstrafe mit angeordneter oder vorbehaltener Sicherungsverwahrung zum Eigengeld gutgeschrieben, soweit sie oder er nicht vor diesem Zeitpunkt entlassen wird; § 57 Abs. 4 StGB gilt entsprechend.

4 Vorb. 5, 4 C 1, 4 D 6, 4 D 10, 4 D 11, 4 D 13, 4 D 14, 4 D 15, 4 D 16, 4 D 17, 4 D 21, 4 D 22, 4 D 26, 4 D 31, 4 D 32, 4 D 34, 4 D 36, 4 D 37, 4 D 39, 4 D 40, 4 D 41, 4 D 42, 4 D 43, 4 D 45, 4 D 46, 4 D 49, 4 D 53, 4 D 54, 4 D 55, 4 D 57, 4 D 58, 4 D 59, 4 D 60, 4 D 61, 4 D 62, 4 D 63, 4 D 64, 4 G 10, 4 G 11, 4 G 13, 4 I 67, 4 I 125, 6 F 56, 12 P 9

§ 41 Anerkennung von Aus- und Weiterbildung

¹Nimmt die oder der Gefangene an einer zugewiesenen beruflichen Aus- oder Weiterbildung oder an zugewiesenem Unterricht teil, so erhält sie oder er eine Ausbildungsbeihilfe, soweit ihr oder ihm keine Leistungen zum Lebensunterhalt zustehen, die freien Personen aus solchem Anlass gewährt werden. ²Der Nachrang der Sozialhilfe nach § 2 Abs. 2 des Zwölften Buchs des Sozialgesetzbuchs bleibt unberührt. ³Für die Ausbildungsbeihilfe gilt im Übrigen § 40 mit Ausnahme des Absatzes 3 entsprechend.

4 Vorb. 5, 4 D 6, 4 D 25, 4 D 33, 4 E 1, 4 G 2, 4 G 5, 4 G 7, 4 G 8, 4 G 9, 4 G 10, 4 G 11, 4 G 13

§ 42 Einbehaltung von Beitragsteilen

Soweit die Vollzugsbehörde Beiträge an die Bundesagentur für Arbeit zu entrichten hat, hat sie von dem Arbeitsentgelt oder der Ausbildungsbeihilfe einen Betrag einzubehalten, der dem Anteil der oder des Gefangenen am Beitrag entspräche, wenn sie oder er diese Bezüge als Arbeitnehmerin oder Arbeitnehmer erhielte.

4 Vorb. 5, 4 I 133

§ 43 Taschengeld

¹Der oder dem Gefangenen ist auf Antrag ein angemessenes Taschengeld zu gewähren, soweit sie oder er unverschuldet bedürftig ist. ²Das Taschengeld wird zu Beginn des Monats im Voraus gewährt. ³Gehen der oder dem Gefangenen im laufenden Monat Gelder zu, so werden diese bis zur Höhe des gewährten Taschengeldes einbehalten.

4 Vorb. 5, 4 I 3, 4 I 5, 4 I 10, 4 I 16, 4 I 17, 4 I 18

§ 44 Verordnungsermächtigung

Das Fachministerium wird ermächtigt, zur Durchführung der §§ 40, 41 und 43 eine Verordnung über die Vergütungsstufen sowie die Bemessung des Arbeitsentgeltes, der Ausbildungsbeihilfe und des Taschengeldes zu erlassen.

4 Vorb. 5, 4 D 72, 4 I 16

Sechstes Kapitel. Gefangenengelder und Kostenbeteiligung

§ 45 Verwaltung der Gefangenengelder

(1) ¹Die Ansprüche der oder des Gefangenen gegen das Land auf Arbeitsentgelt (§ 40), Ausbildungsbeihilfe (§ 41) und Taschengeld (§ 43) sowie die der Vollzugsbehörde nach § 36 Abs. 3 überwiesenen Ansprüche der oder des Gefangenen gegen Dritte aus einem freien Beschäftigungsverhältnis oder einer Selbstbeschäftigung werden nach Maßgabe der folgenden Bestimmungen verwaltet, zu diesem Zweck auf gesonderten Konten als Hausgeld, Überbrückungsgeld oder Eigengeld gutgeschrieben und bestehen als Geldforderungen gegen das Land fort. ²Gleiches gilt für die Ansprüche der oder des Gefangenen gegen das Land auf Auszahlung des von ihr oder ihm in den Vollzug eingebrachten Bargeldes sowie für sonstige der

Vollzugsbehörde zur Gutschrift für die oder den Gefangenen überwiesenen oder eingezahlten Gelder. ³Gelder, die der oder dem Gefangenen zur Verwendung während einer Lockerung ausgezahlt und nicht verbraucht werden, sind nach Beendigung der Lockerung dem Konto gutzuschreiben, von dem sie ausgezahlt worden sind.

(2) Die Befugnis der oder des Gefangenen, über ihre oder seine Guthaben auf den jeweiligen Konten zu verfügen, unterliegt während des Vollzuges den in diesem Kapitel geregelten Beschränkungen; Verfügungsbeschränkungen nach anderen Vorschriften dieses Gesetzes bleiben unberührt.

4 Vorb. 5, 4 I 18, 4 I 80, 4 I 101, 4 I 102, 4 I 103, 4 I 104, 4 I 116, 4 I 118, 11 C 17

§ 46 Hausgeld

(1) Als Hausgeld gutgeschrieben werden Ansprüche
1. auf Arbeitsentgelt oder Ausbildungsbeihilfe zu drei Siebteln,
2. auf Taschengeld in voller Höhe,
3. aus einem freien Beschäftigungsverhältnis oder einer Selbstbeschäftigung, die der Vollzugsbehörde zur Gutschrift für die Gefangene oder den Gefangenen überwiesen worden sind (§ 36 Abs. 3), zu einem angemessenen Teil sowie
4. aus anderen regelmäßigen Einkünften, sofern die oder der Gefangene nicht zur Arbeit verpflichtet ist, zu einem angemessenen Teil.

(2) ¹Auf das Hausgeldkonto darf bis zu zwölf Mal jährlich ein zusätzlicher Geldbetrag überwiesen oder eingezahlt werden. ²Die Summe dieser Beträge darf den zwölffachen Tagessatz der Eckvergütung nach § 40 Abs. 1 Satz 2 pro Jahr nicht übersteigen.

(3) Die Verfügung über das Guthaben auf dem Hausgeldkonto unterliegt keiner Beschränkung; es kann insbesondere für den Einkauf (§ 24) verwendet werden.

4 Vorb. 5, 4 I 19, 4 I 23, 4 I 25, 4 I 27, 4 I 30, 4 I 116, 4 I 125, 6 C 3, 6 C 6, 12 P 8

§ 47 Überbrückungsgeld

(1) ¹Als Überbrückungsgeld gutgeschrieben werden Ansprüche
1. auf Arbeitsentgelt oder Ausbildungsbeihilfe sowie
2. aus einem freien Beschäftigungsverhältnis oder einer Selbstbeschäftigung, die der Vollzugsbehörde zur Gutschrift für die oder den Gefangenen überwiesen worden sind (§ 36 Abs. 3), zu einem angemessenen Teil,

soweit sie nicht als Hausgeld gutgeschrieben werden und soweit die nach Absatz 2 Satz 2 festgesetzte Höhe noch nicht erreicht ist. ²Wird die Befugnis, über das Hausgeld zu verfügen, disziplinarisch beschränkt oder entzogen (§ 95 Abs. 1 Nr. 2), so ist das in dieser Zeit anfallende Hausgeld dem Überbrückungsgeld hinzuzurechnen, auch soweit dadurch die nach Absatz 2 Satz 2 festgesetzte Höhe überschritten wird.

(2) ¹Das Überbrückungsgeld soll den notwendigen Lebensunterhalt der oder des Gefangenen und ihrer oder seiner Unterhaltsberechtigten in den ersten vier Wochen nach der Entlassung sichern. ²Die Höhe des Überbrückungsgeldes wird von der Vollzugsbehörde festgesetzt.

(3) ¹Das Guthaben auf dem Überbrückungsgeldkonto wird der oder dem Gefangenen bei der Entlassung ausgezahlt. ²Die Vollzugsbehörde kann es auch der Bewährungshelferin oder dem Bewährungshelfer oder einer mit der Entlassenenbetreuung befassten Stelle überweisen, die darüber entscheiden, wie das Geld innerhalb der ersten vier Wochen nach der Entlassung an die Gefangene oder den Gefangenen ausgezahlt wird. ³Das Geld ist vom sonstigen Vermögen gesondert zu halten. ⁴Mit Zustimmung der oder des Gefangenen kann das Überbrückungsgeld auch den Unterhaltsberechtigten überwiesen werden.

(4) Der oder dem Gefangenen kann gestattet werden, das Guthaben auf dem Überbrückungsgeldkonto für Ausgaben zu verwenden, die ihrer oder seiner Eingliederung oder dem Ausgleich eines durch ihre oder seine Straftaten verursachten Schadens dienen.

4 Vorb. 5, 4 I 11, 4 I 64, 4 I 67, 4 I 68, 4 I 73, 4 I 75, 4 I 78, 4 I 83, 4 I 84, 4 I 85, 4 I 87, 4 I 89, 4 I 91, 11 M 32

§ 48 Eigengeld

(1) ¹Soweit Ansprüche der in § 45 Abs. 1 bezeichneten Art nicht als Hausgeld oder Überbrückungsgeld gutgeschrieben werden, werden sie als Eigengeld gutgeschrieben. ²§ 40 Abs. 10 Satz 4 bleibt unberührt.

(2) ¹Die Verwendung des Eigengeldes für den Einkauf (§ 24) ist ausgeschlossen. ²Verfügt die oder der Gefangene ohne Verschulden nicht über Hausgeld, so ist ihr oder ihm zu gestatten, in angemessenem Umfang vom Eigengeld einzukaufen.

(3) ¹Hat das Überbrückungsgeld noch nicht die nach § 47 Abs. 2 Satz 2 festgesetzte Höhe erreicht, so ist die Verfügung über das Guthaben auf dem Eigengeldkonto in Höhe des Unterschiedsbetrages ausgeschlossen. ²§ 47 Abs. 4 gilt entsprechend.

4 Vorb. 5, 4 I 11, 4 I 88, 4 I 93, 4 I 101, 4 I 102, 4 I 103, 4 I 105, 4 I 106, 4 I 112, 6 C 14, 6 C 15, 11 C 17

§ 49 Ersatzleistungen

Leistungen, die die Gefangenen als Ersatz für Arbeitsentgelt, Ausbildungsbeihilfe oder Einkünfte aus einem freien Beschäftigungsverhältnis oder einer Selbstbeschäftigung erhalten, werden wie die Leistungen behandelt, an deren Stelle sie treten.

4 Vorb. 5

§ 50 Abtretbarkeit, Pfändungsschutz

(1) Der Anspruch auf das Hausgeld ist nicht übertragbar.

(2) ¹Der Anspruch auf Auszahlung des Überbrückungsgeldes ist unpfändbar. ²Erreicht es nicht die in § 47 Abs. 2 Satz 2 festgesetzte Höhe, so ist in Höhe des Unterschiedsbetrages auch der Anspruch auf Auszahlung des Eigengeldes nach § 48 Abs. 1 unpfändbar. ³Bargeld einer oder eines entlassenen Gefangenen, das an sie oder ihn zur Erfüllung der nach Satz 1 oder 2 unpfändbaren Ansprüche ausgezahlt worden ist, ist in den ersten vier Wochen nach der Entlassung in Höhe des Überbrückungsgeldes der Pfändung nicht unterworfen.

(3) ¹Absatz 2 gilt nicht bei einer Pfändung wegen der in § 850d Abs. 1 Satz 1 der Zivilprozessordnung bezeichneten Unterhaltsansprüche. ²Der oder dem entlassenen Gefangenen ist jedoch so viel zu belassen, wie sie oder er für ihren oder seinen notwendigen Unterhalt und zur Erfüllung sonstiger gesetzlicher Unterhaltpflichten für die Zeit von der Pfändung bis zum Ablauf von vier Wochen seit der Entlassung bedarf.

4 Vorb. 5, 4 I 28, 4 I 63, 4 I 95

§ 51 Durchsetzung von Ansprüchen des Landes

(1) Zur Durchsetzung eines Anspruches des Landes nach § 93 Abs. 1 Satz 1 oder § 121 des Strafvollzugsgesetzes (StVollzG) kann die Vollzugsbehörde gegen den Anspruch auf Auszahlung des Hausgeldes aufrechnen, soweit dieser den dreifachen Tagessatz der Eckvergütung nach § 40 Abs. 1 Satz 2 übersteigt.

(2) Die Durchsetzung von Ansprüchen des Landes hat zu unterbleiben, wenn dadurch die Erreichung des Vollzugszieles nach § 5 Satz 1 behindert würde.

4 Vorb. 5, 4 I 27, 4 I 34, 11 J 12, 11 J 14, 12 P 9

§ 52 Kostenbeteiligung der Gefangenen

(1) ¹Die Vollzugsbehörde beteiligt die oder den Gefangenen an den Kosten für ihre oder seine Unterkunft und Verpflegung durch Erhebung eines Kostenbeitrages in Höhe des Betrages, der nach den Vorschriften des Vierten Buchs des Sozialgesetzbuchs durchschnittlich zur Bewertung der Sachbezüge festgesetzt ist. ²Bei Selbstverpflegung entfallen die für die Verpflegung vorgesehenen Beträge. ³Für den Wert der Unterkunft ist die festgesetzte Belegungsfähigkeit maßgebend.

(2) ¹Ein Kostenbeitrag nach Absatz 1 wird nicht erhoben, wenn die oder der Gefangene
1. Arbeitsentgelt oder Ausbildungsbeihilfe erhält oder
2. ohne Verschulden nicht arbeiten kann oder
3. nicht arbeitet, weil sie oder er nicht zur Arbeit verpflichtet ist.

²Hat die oder der Gefangene, die oder der ohne ihr oder sein Verschulden während eines zusammenhängenden Zeitraumes von mehr als einem Monat nicht arbeiten kann oder nicht arbeitet, weil sie oder er nicht zur Arbeit verpflichtet ist, auf diese Zeit entfallende Einkünfte, so hat sie oder er den Kostenbeitrag für diese Zeit bis zur Höhe der auf sie entfallenden Einkünfte zu entrichten. ³Der oder dem Gefangenen muss ein Betrag verbleiben, der der Eckvergütung nach § 40 Abs. 1 Satz 2 entspricht.

(3) ¹An den Kosten des Landes für sonstige Leistungen kann die Vollzugsbehörde die Gefangene oder den Gefangenen durch Erhebung weiterer Kostenbeiträge in angemessener Höhe beteiligen. ²Dies gilt insbesondere

Anhang

1. für Lockerungen nach § 14 Abs. 1 und 3, soweit die Teilnahme am gerichtlichen Termin im überwiegenden Interesse der oder des Gefangenen liegt,
2. für Leistungen auf dem Gebiet der Gesundheitsfürsorge, soweit das Fünfte Buch des Sozialgesetzbuchs, die Reichsversicherungsordnung und die aufgrund dieser Gesetze erlassenen Regelungen eine Kostenbeteiligung der oder des Versicherten zulassen und die besonderen Verhältnisse des Strafvollzuges einer Übertragung nicht entgegenstehen, sowie für ärztliche Behandlungen nach § 61,
3. für die Aufbewahrung, Entfernung, Verwertung oder Vernichtung eingebrachter Sachen,
4. für die Versorgung des Haftraums mit Strom für das Betreiben von Elektrogeräten, soweit diese Kosten über das zur Sicherstellung einer angemessenen Grundversorgung erforderliche Maß hinausgehen,
5. für den Schriftwechsel, die Telekommunikation und den Paketverkehr der Gefangenen sowie
6. für die Überlassung von Geräten der Unterhaltungs- und Informationselektronik.

³Die Erhebung von Kostenbeiträgen nach Satz 2 Nr. 6 ist ausgeschlossen für die Überlassung von Hörfunk- und Fernsehgeräten, wenn die oder der Gefangene auf diese Geräte verwiesen wurde und soweit hierdurch eine angemessene Grundversorgung mit Hörfunk- und Fernsehempfang sichergestellt wird. ⁴Abweichend von den Sätzen 1 und 2 ist die oder der Gefangene an den Kosten des Landes zu beteiligen, soweit sie oder er aus einem privatrechtlichen Versicherungsvertrag einen Anspruch gegen den Versicherer auf Ersatz der Kosten hat.

(4) ¹Das Fachministerium wird ermächtigt, durch Verordnung näher zu regeln, unter welchen Voraussetzungen und in welcher Höhe Kostenbeiträge nach Absatz 3 erhoben werden können. ²Für die Bemessung können pauschale Sätze festgelegt werden. ³Für einzelne Kostenbeiträge kann vorgesehen werden, dass die tatsächlich entstandenen Kosten in voller Höhe von den Gefangenen zu tragen sind.

(5) ¹Von der Erhebung von Kostenbeiträgen ist abzusehen, soweit dies notwendig ist, um das Vollzugsziel nach § 5 Satz 1 nicht zu gefährden. ²Für Zeiten, in denen die oder der Gefangene unverschuldet bedürftig ist, soll von der Erhebung von Kostenbeiträgen abgesehen werden. ³Zur Durchsetzung eines Anspruchs nach Absatz 3 kann die Vollzugsbehörde gegen den Anspruch auf Hausgeld aufrechnen. ⁴Die Durchsetzung eines Beitragsanspruchs nach Absatz 1 zu Lasten der Ansprüche unterhaltsberechtigter Angehöriger ist unzulässig.

(6) ¹Der Kostenbeitrag ist eine Justizverwaltungsabgabe, die von der Vollzugsbehörde erhoben wird. ²Für das gerichtliche Verfahren gelten die §§ 109 bis 121 Abs. 4 StVollzG entsprechend.

4 Vorb. 5, 4 D 30, 4 H 29, 4 I 34, 4 I 39, 4 I 40, 4 I 43, 4 I 45, 4 I 47, 4 I 48, 4 I 49, 4 I 50, 4 I 52, 4 I 53, 4 I 54, 4 I 55, 4 I 56, 4 I 57, 4 I 59, 4 I 62, 4 I 63, 5 C 32, 5 C 45, 6 F 35, 6 F 50, 10 D 12

Siebtes Kapitel. Religionsausübung

§ 53 Seelsorge

(1) ¹Der oder dem Gefangenen darf eine religiöse Betreuung durch eine Seelsorgerin oder einen Seelsorger ihrer oder seiner Religionsgemeinschaft nicht versagt werden. ²Auf ihren oder seinen Wunsch ist ihr oder ihm zu helfen, mit einer Seelsorgerin oder einem Seelsorger ihrer oder seiner Religionsgemeinschaft in Verbindung zu treten.

(2) ¹Die oder der Gefangene darf grundlegende religiöse Schriften besitzen. ²Sie dürfen ihr oder ihm nur bei grobem Missbrauch entzogen werden; auf Verlangen der oder des Gefangenen soll ihre oder seine Seelsorgerin oder ihr oder sein Seelsorger über den Entzug unterrichtet werden.

(3) Der oder dem Gefangenen sind sonstige Gegenstände des religiösen Gebrauchs in angemessenem Umfang zu belassen, soweit nicht überwiegende Gründe der Sicherheit der Anstalt entgegenstehen.

8 A 14, 8 A 19, 8 A 21, 8 A 22, 8 A 23, 8 A 25

§ 54 Religiöse Veranstaltungen

(1) Die oder der Gefangene hat das Recht, am Gottesdienst und an anderen religiösen Veranstaltungen ihres oder seines Bekenntnisses in der Anstalt teilzunehmen.

(2) Die oder der Gefangene wird zu dem Gottesdienst oder zu religiösen Veranstaltungen einer anderen Religionsgemeinschaft zugelassen, wenn deren Seelsorgerin oder Seelsorger zustimmt.

(3) Die oder der Gefangene kann von der Teilnahme am Gottesdienst oder anderen religiösen Veranstaltungen ausgeschlossen werden, wenn dies aus überwiegenden Gründen der Sicherheit oder Ordnung geboten ist; die Seelsorgerin oder der Seelsorger soll vorher gehört werden.

8 B 1, 8 B 18, 8 B 22

§ 55 Weltanschauungsgemeinschaften
Für Angehörige weltanschaulicher Bekenntnisse gelten die §§ 53 und 54 entsprechend.

8 C 1 ff

Achtes Kapitel. Gesundheitsfürsorge

§ 56 Allgemeine Bestimmungen
(1) Die Vollzugsbehörde sorgt für die Gesundheit der oder des Gefangenen.
(2) Die oder der Gefangene hat die notwendigen Maßnahmen zum Gesundheitsschutz und zur Hygiene zu unterstützen.

6 D 1, 6 D 17, 6 D 24, 10 C 43

§ 57 Medizinische Leistungen
(1) ¹Die oder der Gefangene hat Anspruch auf Schutzimpfungen, medizinische Vorsorgeleistungen, Gesundheitsuntersuchungen und Krankenbehandlung. ²Eine Gefangene hat für ihre Kinder, die mit ihr in der Anstalt untergebracht sind und das sechste Lebensjahr nicht vollendet haben, auch Anspruch auf Kinderuntersuchungen.
(2) ¹Krankenbehandlung umfasst
1. ärztliche Behandlung einschließlich Psychotherapie als ärztliche und psychotherapeutische Behandlung,
2. zahnärztliche Behandlung,
3. Versorgung mit Zahnersatz einschließlich Zahnkronen und Suprakonstruktionen, soweit diese nicht mit Rücksicht auf die Kürze des Freiheitsentzuges unverhältnismäßig ist, insbesondere weil die Behandlung bis zum voraussichtlichen Entlassungszeitpunkt nicht abgeschlossen werden kann,
4. Versorgung mit Arznei-, Verband- und Heilmitteln,
5. Versorgung mit Hilfsmitteln, soweit dies nicht mit Rücksicht auf die Kürze des Freiheitsentzuges unverhältnismäßig ist, und
6. Leistungen zur medizinischen Rehabilitation und ergänzende Leistungen.

²Leistungen nach Satz 1 Nrn. 5 und 6 werden nur gewährt, soweit Belange des Vollzuges nicht entgegenstehen. ³Der Anspruch auf Leistungen nach Satz 1 Nr. 5 umfasst auch die ohne Vorsatz oder grobe Fahrlässigkeit der oder des Gefangenen verursachte notwendige Änderung, Instandsetzung und Ersatzbeschaffung von Hilfsmitteln sowie die Ausbildung in ihrem Gebrauch.

(3) ¹Medizinische Vorsorgeleistungen umfassen die ärztliche Behandlung und Versorgung mit Arznei-, Verband-, Heil- und Hilfsmitteln nur nach Maßgabe des § 23 Abs. 1 des Fünften Buchs des Sozialgesetzbuchs. ²Für die Versorgung mit Hilfsmitteln gilt Absatz 2 Satz 1 Nr. 5, Sätze 2 und 3 entsprechend.

6 E 1, 6 E 3, 6 E 7, 6 F 1, 6 F 11, 6 F 12, 6 F 18, 6 F 19, 6 F 20, 6 F 25

§ 58 Krankenbehandlung bei Urlaub oder Ausgang
Während des Urlaubs oder Ausgangs hat die oder der Gefangene gegen das Land nur einen Anspruch auf Krankenbehandlung in der für sie oder ihn zuständigen Anstalt; in Notfällen wird der oder dem Gefangenen Krankenbehandlung auch in der nächstgelegenen niedersächsischen Anstalt gewährt.

6 F 51, 6 F 54

§ 59 Leistungen, Art und Umfang
¹Für Art und Umfang der in § 57 Abs. 1 genannten Leistungen gelten die Vorschriften des Fünften Buchs des Sozialgesetzbuchs und die aufgrund dieser Vorschriften getroffenen Regelungen entsprechend, soweit nicht in diesem Gesetz etwas anderes bestimmt ist. ²Nach dem Fünften Buch des Sozialgesetzbuchs von der Versorgung ausgeschlossene Arznei-, Heil- oder Hilfsmittel können der oder dem Gefangenen zur Verfügung gestellt werden, soweit dies medizinisch angezeigt ist.

6 F 18, 6 F 28, 6 F 29, 6 F 31

§ 60 Ruhen der Ansprüche
Der Anspruch auf Leistungen nach § 57 ruht, soweit die oder der Gefangene aufgrund eines freien Beschäftigungsverhältnisses krankenversichert ist.

4 H 5, 6 F 55

§ 61 Ärztliche Behandlung zur sozialen Eingliederung

Mit Zustimmung der oder des Gefangenen kann die Vollzugsbehörde ärztliche Behandlungen, namentlich Operationen oder prothetische Maßnahmen durchführen lassen, die die soziale Eingliederung fördern.

6 F 41, 6 F 42, 6 F 50

§ 62 Aufenthalt im Freien

Arbeitet die oder der Gefangene nicht im Freien, so wird ihr oder ihm täglich mindestens eine Stunde Aufenthalt im Freien ermöglicht, wenn die Witterung dies zu der festgesetzten Zeit zulässt.

6 G 1, 6 G 6

§ 63 Überstellung, Verlegung

(1) Eine kranke Gefangene oder ein kranker Gefangener kann in ein Anstaltskrankenhaus oder in eine für die Behandlung der Krankheit besser geeignete Anstalt überstellt oder verlegt werden.

(2) Kann eine Krankheit in einer Anstalt oder einem Anstaltskrankenhaus nicht erkannt oder behandelt werden oder ist es nicht möglich, die Gefangene oder den Gefangenen rechtzeitig in ein Anstaltskrankenhaus zu überstellen oder zu verlegen, so ist sie oder er in ein Krankenhaus außerhalb des Vollzuges zu bringen.

6 F 50, 6 F 58, 6 F 59, 6 F 61, 6 F 65, 6 F 71

Neuntes Kapitel. Freizeit

§ 64 Sport

Die oder der Gefangene erhält Gelegenheit, in der Freizeit Sport zu treiben.

5 A 8, 5 A 13, 5 A 18, 5 A 19, 5 A 24, 5 A 25, 5 A 26, 5 A 30, 5 A 48

§ 65 Zeitungen und Zeitschriften

(1) Die oder der Gefangene darf Zeitungen und Zeitschriften in angemessenem Umfang durch Vermittlung der Vollzugsbehörde beziehen.

(2) ¹Ausgeschlossen sind Zeitungen und Zeitschriften, deren Verbreitung mit Strafe oder Geldbuße bedroht ist. ²Einzelne Ausgaben oder Teile von Zeitungen oder Zeitschriften können der oder dem Gefangenen vorenthalten werden, wenn sie das Vollzugsziel nach § 5 Satz 1 oder die Sicherheit oder Ordnung der Anstalt erheblich gefährdeten.

5 B 5, 5 B 6, 5 B 13, 5 B 15, 5 B 23, 5 B 26

§ 66 Hörfunk und Fernsehen

(1) Der oder dem Gefangenen wird nach Maßgabe der folgenden Absätze ermöglicht, am Hörfunk- und Fernsehempfang teilzunehmen.

(2) ¹Die Vollzugsbehörde hat den Besitz eines Hörfunk- und Fernsehgerätes im Haftraum zu erlauben, wenn dadurch die Erreichung des Vollzugszieles nach § 5 Satz 1 oder die Sicherheit oder Ordnung der Anstalt nicht gefährdet wird. ²In der Erlaubnis kann die oder der Gefangene darauf verwiesen werden, anstelle eigener von der Vollzugsbehörde überlassene Geräte zu verwenden; eine solche Bestimmung kann auch nachträglich getroffen werden. ³Die Erlaubnis kann zur Erreichung des Vollzugszieles nach § 5 Satz 1 oder zur Abwehr einer Gefahr für die Sicherheit oder Ordnung der Anstalt widerrufen werden.

(3) ¹Soweit der oder dem Gefangenen ein Gerät im Haftraum nicht zur Verfügung steht, kann sie oder er am gemeinschaftlichen Hörfunk- und Fernsehempfang der Anstalt teilnehmen. ²Die Sendungen sind so auszuwählen, dass Wünsche und Bedürfnisse nach staatsbürgerlicher Information, Bildung und Unterhaltung angemessen berücksichtigt werden. ³Der Hörfunk- und Fernsehempfang soll vorübergehend ausgesetzt oder einzelnen Gefangenen vorübergehend untersagt werden, wenn dies zur Aufrechterhaltung der Sicherheit oder Ordnung der Anstalt unerlässlich ist.

5 C 4, 5 C 6, 5 C 7, 5 C 9, 5 C 10, 5 C 12, 5 C 14, 5 C 22, 5 C 28, 5 C 30, 5 C 45

§ 67 Besitz von Gegenständen zur Fortbildung oder zur Freizeitbeschäftigung

(1) ¹Die oder der Gefangene darf mit Erlaubnis der Vollzugsbehörde in angemessenem Umfang sonstige Geräte der Informations- und Unterhaltungselektronik, Bücher sowie andere Gegenstände zur Fortbil-

dung oder zur Freizeitbeschäftigung besitzen. ²Die Erlaubnis ist zu versagen, wenn die Erreichung des Vollzugszieles nach § 5 Satz 1 oder die Sicherheit oder Ordnung der Anstalt gefährdet würde. ³Die Erlaubnis kann unter den Voraussetzungen des Satzes 2 widerrufen werden.

(2) Im Übrigen gilt § 66 Abs. 2 Satz 2 für Geräte der Informations- und Unterhaltungselektronik entsprechend.

5 C 4, 5 C 25, 5 C 26, 5 C 28, 5 C 45, 5 D 5, 5 D 9, 5 D 10, 5 D 11, 5 D 14, 5 D 21, 5 D 23, 5 D 34

Zehntes Kapitel. Soziale Hilfen, durchgängige Betreuung

§ 68 Soziale Hilfen

(1) Soziale Hilfen sollen darauf gerichtet sein, die Gefangene oder den Gefangenen in die Lage zu versetzen, ihre oder seine Angelegenheiten selbst zu ordnen und zu regeln.

(2) Es ist Aufgabe der Vollzugsbehörden, darauf hinzuwirken, dass eine durchgängige Betreuung der Gefangenen sichergestellt ist, die ihnen auch nach der Entlassung hilft, in sozialer Verantwortung ein Leben ohne Straftaten zu führen.

(3) Die Zusammenarbeit mit Stellen und Personen außerhalb des Vollzuges, die besonderen Möglichkeiten dieses Gesetzes für die Entlassungsvorbereitung sowie die Hilfe zur Entlassung sind auf die durchgängige Betreuung auszurichten.

(4) ¹Die Vollzugsbehörden sollen darauf hinwirken, dass die zur durchgängigen Betreuung erforderlichen Informationen über die Gefangenen zwischen ihnen und den nach Absatz 3 zu beteiligenden Personen und Stellen außerhalb des Vollzuges ausgetauscht werden, soweit dies nach den für die jeweilige Behörde, Person oder Stelle geltenden Vorschriften über den Datenschutz zulässig ist. ²Die Vollzugsbehörden sind nach Maßgabe des Satzes 1 insbesondere verpflichtet, der für die Führungsaufsicht nach § 68a StGB zuständigen Aufsichtsstelle und den mit der Bewährungshilfe befassten Stellen die zur Vorbereitung und Durchführung der Führungsaufsicht und der Bewährungshilfe erforderlichen Informationen rechtzeitig vor der möglichen Entlassung der oder des Gefangenen zu übermitteln. ³Soweit für den Datenaustausch nach Satz 1 die Einwilligung der oder des Gefangenen erforderlich ist, soll sie oder er über die Vor- und Nachteile eines solchen Datenaustauschs aufgeklärt und ermutigt werden, die erforderliche Einwilligung zu erklären.

(5) Die Personen und Stellen außerhalb des Vollzuges, die in besonderer Weise geeignet sind, an der durchgängigen Betreuung mitzuwirken, sollen über die Vollzugsplanung unterrichtet werden und Gelegenheit erhalten, sich an der Vollzugsplanung zu beteiligen, soweit dies nach Absatz 4 zulässig ist.

4 J 2, 7 A 1, 7 A 3, 7 A 8, 7 B 6, 7 D 19, 7 D 34, 10 G 2

§ 69 Hilfen im Vollzug

(1) ¹Bei der Aufnahme wird die oder der Gefangene insbesondere dabei unterstützt, notwendige Maßnahmen für hilfsbedürftige Angehörige zu veranlassen und ihre oder seine Habe außerhalb der Anstalt sicherzustellen. ²Die oder der Gefangene ist über die Aufrechterhaltung einer Sozialversicherung zu beraten.

(2) ¹Während des Vollzuges wird die oder der Gefangene insbesondere in dem Bemühen unterstützt, ihre oder seine Rechte und Pflichten wahrzunehmen, namentlich das Wahlrecht auszuüben sowie für Unterhaltsberechtigte zu sorgen. ²Gleiches gilt für den Ausgleich eines durch ihre oder seine Straftat verursachten Schadens. ³In geeigneten Fällen sollen der oder dem Gefangenen zur Durchführung von Maßnahmen zur Wiedergutmachung der Folgen ihrer oder seiner Straftat, insbesondere eines Täter-Opfer-Ausgleichs, Stellen und Einrichtungen außerhalb des Justizvollzuges benannt werden.

(3) ¹Um die Entlassung vorzubereiten, ist die oder der Gefangene insbesondere bei der Ordnung der persönlichen, wirtschaftlichen und sozialen Angelegenheiten zu beraten. ²Die Beratung erstreckt sich auch auf die Benennung der für Sozialleistungen zuständigen Stellen. ³Die oder der Gefangene ist dabei zu unterstützen, Arbeit, Unterkunft und persönlichen Beistand für die Zeit nach der Entlassung zu finden. ⁴Bei vorzeitiger Entlassung einer oder eines Gefangenen unter Auflagen ist die Bewährungshilfe rechtzeitig zu beteiligen.

1 D 21, 1 D 23, 2 A 12, 4 J 2, 7 B 1, 7 B 4, 7 B 10, 7 C 1, 7 C 6, 7 D 8, 10 G 2

§ 70 Entlassungsbeihilfe

(1) Die oder der Gefangene erhält, soweit eigene Mittel nicht ausreichen, nach Maßgabe des Absatzes 2 eine Beihilfe zu den Reisekosten sowie eine Überbrückungsbeihilfe und erforderlichenfalls ausreichende Kleidung.

(2) ¹Bei der Bemessung der Höhe der Überbrückungsbeihilfe sind die Dauer des Freiheitsentzuges, der persönliche Arbeitseinsatz der oder des Gefangenen und die Wirtschaftlichkeit ihrer oder seiner Verfügungen über Eigengeld und Hausgeld während der Strafzeit zu berücksichtigen. ²Die Überbrückungsbeihilfe kann ganz oder teilweise auch den Unterhaltsberechtigten überwiesen werden.

(3) ¹Der Anspruch auf Beihilfe zu den Reisekosten und die ausgezahlte Reisebeihilfe sind unpfändbar. ²Für den Anspruch auf Überbrückungsbeihilfe und für Bargeld nach Auszahlung einer Überbrückungsbeihilfe an die oder den Gefangenen gilt § 50 Abs. 2 Sätze 1 und 3 und Abs. 3 entsprechend.

7 E 1, 10 G 2

Elftes Kapitel. Besondere Vorschriften für den Vollzug an weiblichen Gefangenen

§ 71 Leistungen bei Schwangerschaft und Mutterschaft

(1) ¹Bei einer Schwangeren oder einer Gefangenen, die unlängst entbunden hat, ist auf ihren Zustand Rücksicht zu nehmen. ²Die Vorschriften des Mutterschutzgesetzes über die Gestaltung des Arbeitsplatzes und das Bestehen von Beschäftigungsverboten gelten in Bezug auf die Arbeitspflicht entsprechend.

(2) ¹Die Gefangene hat während der Schwangerschaft, bei und nach der Entbindung Anspruch auf ärztliche Betreuung und auf Hebammenhilfe in der Anstalt. ²Zur ärztlichen Betreuung gehören insbesondere Untersuchungen zur Feststellung der Schwangerschaft sowie Vorsorgeuntersuchungen einschließlich der laborärztlichen Untersuchungen.

(3) Zur Entbindung ist die Schwangere in ein Krankenhaus außerhalb des Vollzuges zu bringen.

(4) Bei Schwangerschaftsbeschwerden und im Zusammenhang mit der Entbindung werden Arznei-, Verband- und Heilmittel geleistet.

(5) Für Leistungen nach den Absätzen 2 bis 4 gelten im Übrigen die Vorschriften der Reichsversicherungsordnung über Leistungen bei Schwangerschaft und Mutterschaft sowie die §§ 58, 60 und 63 entsprechend, § 58 jedoch nicht für die Entbindung.

4 B 20, 4 B 21, 14 B 2, 14 B 10, 14 B 13, 14 B 16

§ 72 Geburtsanzeige

In der Anzeige der Geburt an das Standesamt dürfen die Anstalt als Geburtsort des Kindes, das Verhältnis der anzeigenden Person zur Anstalt und die Gefangenschaft der Mutter nicht vermerkt sein.

14 B 17

§ 73 Mütter mit Kindern

(1) ¹Ist das Kind einer Gefangenen noch nicht schulpflichtig, so kann es mit Zustimmung der aufenthaltsbestimmungsberechtigten Person in der Anstalt untergebracht werden, in der sich seine Mutter befindet, wenn dies seinem Wohle dient. ²Vor der Unterbringung ist das Jugendamt zu hören.

(2) ¹Die Unterbringung erfolgt auf Kosten der für das Kind Unterhaltspflichtigen. ²Von der Geltendmachung des Kostenersatzanspruchs kann abgesehen werden, wenn hierdurch die gemeinsame Unterbringung von Mutter und Kind gefährdet würde.

14 C 1, 14 C 4, 14 C 11, 14 C 12

Zwölftes Kapitel. Sicherheit und Ordnung

§ 74 Grundsatz

Das Verantwortungsbewusstsein der oder des Gefangenen für ein geordnetes Zusammenleben in der Anstalt ist zu wecken und zu fördern.

11 A 4, 11 A 7

§ 75 Verhaltensvorschriften

(1) Die oder der Gefangene hat die rechtmäßigen Anordnungen der Vollzugsbediensteten zu befolgen.

(2) ¹Die oder der Gefangene hat sich nach der Tageseinteilung der Anstalt (Arbeitszeit, Freizeit, Ruhezeit) zu richten. ²Sie oder er darf einen zugewiesenen Bereich nicht ohne Erlaubnis verlassen. ³Sie oder er darf durch ihr oder sein Verhalten gegenüber Vollzugsbediensteten, Mitgefangenen und anderen Personen das geordnete Zusammenleben nicht stören.

(3) Der Haftraum und die von der Vollzugsbehörde überlassenen Sachen sind in Ordnung zu halten und schonend zu behandeln.

(4) Die oder der Gefangene hat Umstände, die eine Gefahr für das Leben oder eine erhebliche Gefahr für die Gesundheit einer Person bedeuten, unverzüglich zu melden.

5 A 2, 11 B 2, 11 B 4, 11 B 6, 11 B 7, 11 B 8, 11 B 9, 11 M 27

§ 76 Persönlicher Gewahrsam

(1) ¹Die oder der Gefangene darf Sachen nur mit Erlaubnis der Vollzugsbehörde in Gewahrsam haben, annehmen oder abgeben. ²Für Sachen von geringem Wert kann die Vollzugsbehörde ihre Zustimmung allgemein erteilen.

(2) ¹Eingebrachte Sachen, die die oder der Gefangene nicht in Gewahrsam haben darf, sind zu verwahren, sofern dies nach Art und Umfang möglich ist. ²Der oder dem Gefangenen wird Gelegenheit gegeben, die Sachen abzusenden, die während des Vollzuges und für die Entlassung nicht benötigt werden.

(3) ¹Weigert sich die oder der Gefangene, eingebrachte Sachen, deren Aufbewahrung nach Art und Umfang nicht möglich ist, aus der Anstalt zu entfernen, so darf die Vollzugsbehörde diese Sachen außerhalb der Anstalt verwahren oder nach Maßgabe des Satzes 2 verwerten oder vernichten. ²Für die Voraussetzungen und das Verfahren der Verwertung und Vernichtung gilt § 28 des Niedersächsischen Polizei- und Ordnungsbehördengesetzes entsprechend.

(4) Aufzeichnungen und andere Gegenstände, die Kenntnisse über Sicherungsvorkehrungen der Anstalt vermitteln, dürfen von der Vollzugsbehörde vernichtet oder unbrauchbar gemacht werden.

4 I 118, 11 C 2, 11 C 3, 11 C 8, 11 C 12, 11 C 13, 11 C 14, 11 C 15, 11 C 16

§ 77 Durchsuchung

(1) ¹Gefangene, ihre Sachen und die Haftäume dürfen durchsucht werden. ²Die Durchsuchung männlicher Gefangener darf nur von Männern, die Durchsuchung weiblicher Gefangener nur von Frauen vorgenommen werden. ³Satz 2 gilt nicht für das Absuchen mittels technischer Geräte ohne unmittelbaren körperlichen Kontakt. ⁴Das Schamgefühl ist zu schonen.

(2) ¹Nur bei Gefahr im Verzuge oder auf Anordnung der Anstaltsleiterin oder des Anstaltsleiters im Einzelfall ist es zulässig, eine mit einer Entkleidung verbundene körperliche Durchsuchung vorzunehmen. ²Sie darf bei männlichen Gefangenen nur in Gegenwart von Männern, bei weiblichen Gefangenen nur in Gegenwart von Frauen erfolgen. ³Sie ist in einem geschlossenen Raum durchzuführen. ⁴Andere Gefangene dürfen nicht anwesend sein.

(3) Die Vollzugsbehörde kann allgemein anordnen, dass Gefangene bei der Aufnahme, nach Kontakten mit Besucherinnen und Besuchern und nach jeder Abwesenheit von der Anstalt nach Absatz 2 zu durchsuchen sind.

11 D 2, 11 D 4, 11 D 7, 11 D 9, 11 D 10

§ 78 Erkennungsdienstliche Maßnahmen

(1) Zur Sicherung des Vollzuges, zur Aufrechterhaltung der Sicherheit oder Ordnung der Anstalt oder zur Identitätsfeststellung sind mit Kenntnis der oder des Gefangenen zulässig
1. die Aufnahme von Lichtbildern,
2. die Erfassung biometrischer Merkmale von Fingern, Händen, Gesicht,
3. Stimmaufzeichnungen,
4. Messungen des Körpers sowie
5. die Feststellung äußerlicher körperlicher Merkmale.

(2) ¹Die hierbei gewonnenen Unterlagen oder Daten werden zu der Gefangenenpersonalakte genommen oder mit dem Namen der oder des Gefangenen sowie deren oder dessen Aliasnamen, Geburtsdatum und Geburtsort in Dateien gespeichert. ²Sie können auch in kriminalpolizeilichen Sammlungen verwahrt

werden. ³Die nach Absatz 1 erhobenen Daten dürfen nur für die in Absatz 1, § 80 Abs. 2 und § 191 Abs. 3 Nr. 4 genannten Zwecke verarbeitet werden.

§ 79 Maßnahmen zur Identitätsfeststellung

¹Wenn es die Sicherheit oder Ordnung der Anstalt erfordert, kann die oder der Gefangene verpflichtet werden, einen Ausweis mit den in § 78 Abs. 1 genannten Daten mit sich zu führen oder eine erneute Erhebung der in § 78 Abs. 1 genannten Daten zum Zweck des Abgleichs mit nach § 78 Abs. 2 Satz 1 gespeicherten Daten zu dulden. ²Ausweise nach Satz 1 sind bei der Verlegung oder Entlassung der oder des Gefangenen zu vernichten.

11 F 3

§ 80 Festnahmerecht

(1) Eine Gefangene oder ein Gefangener, die oder der entwichen ist oder sich sonst ohne Erlaubnis außerhalb der Anstalt aufhält, kann durch die Vollzugsbehörde oder auf ihre Veranlassung hin festgenommen und in die Anstalt zurückgebracht werden.

(2) Nach § 78 Abs. 1 erhobene und nach den §§ 79 und 190 erhobene und zur Identifizierung oder Festnahme erforderliche Daten dürfen den Vollstreckungs- und Strafverfolgungsbehörden übermittelt werden, soweit dies für Zwecke der Fahndung und Festnahme der oder des entwichenen oder sich sonst ohne Erlaubnis außerhalb der Anstalt aufhaltenden Gefangenen erforderlich ist.

10 C 14, 11 G 2, 11 G 3, 11 G 4

§ 81 Besondere Sicherungsmaßnahmen

(1) Gegen eine Gefangene oder einen Gefangenen kann eine besondere Sicherungsmaßnahme angeordnet werden, wenn nach ihrem oder seinem Verhalten oder aufgrund ihres oder seines seelischen Zustandes in erhöhtem Maße Fluchtgefahr oder die Gefahr von Gewalttätigkeiten gegen Personen oder Sachen oder die Gefahr der Selbsttötung oder der Selbstverletzung besteht und wenn die Maßnahme zur Abwendung der Gefahr unerlässlich ist.

(2) Als besondere Sicherungsmaßnahmen sind zulässig:
1. der Entzug oder die Vorenthaltung von Gegenständen,
2. die Beobachtung der oder des Gefangenen, auch mit technischen Hilfsmitteln,
3. die Absonderung von anderen Gefangenen,
4. der Entzug oder die Beschränkung des Aufenthalts im Freien,
5. die Unterbringung in einem besonders gesicherten Haftraum ohne gefährdende Gegenstände und
6. die Fesselung.

(3) Eine Maßnahme nach Absatz 2 Nrn. 1 und 3 bis 5 ist auch zulässig, wenn sie zur Abwendung der Gefahr einer Befreiung oder einer erheblichen Störung der Ordnung der Anstalt unerlässlich ist.

(4) Bei einer Ausführung, Vorführung oder beim Transport ist die Fesselung auch dann zulässig, wenn konkrete Anhaltspunkte die Annahme begründen, dass die Beaufsichtigung nicht ausreicht, die Gefahr einer Flucht zu vermeiden oder zu beheben.

11 I 3, 11 I 4, 11 I 6, 11 I 8, 11 I 14, 11 I 39, 11 I 41, 11 I 46, 11 I 50

§ 81a Beobachtung

(1) Die Beobachtung mit technischen Hilfsmitteln ist nur in besonders dafür vorgesehenen Räumen und in besonders gesicherten Haftäumen (§ 81 Abs. 2 Nr. 5) zulässig.

(2) ¹Bei der Beobachtung ist das Schamgefühl der oder des Gefangenen zu schonen. ²Die Beobachtung des Toilettenbereichs ist unzulässig.

11 I 6, 11 I 17, 11 I 19

§ 82 Einzelhaft

(1) Die unausgesetzte Absonderung einer oder eines Gefangenen (Einzelhaft) ist nur zulässig, wenn dies aus Gründen, die in der Person der oder des Gefangenen liegen, unerlässlich ist.

(2) ¹Einzelhaft von mehr als drei Monaten Gesamtdauer in einem Jahr bedarf der Zustimmung des Fachministeriums. ²Diese Frist wird nicht dadurch unterbrochen, dass die oder der Gefangene am Gottesdienst oder am Aufenthalt im Freien teilnimmt.

11 I 6, 11 I 46, 11 I 49

§ 83 Fesselung

¹In der Regel dürfen Fesseln nur an den Händen oder an den Füßen angelegt werden. ²Im Interesse der oder des Gefangenen kann eine andere Art der Fesselung angeordnet werden. ³Die Fesselung wird zeitweise gelockert, soweit dies notwendig ist.

11 I 6, 11 I 50, 11 I 51, 11 I 53

§ 84 Anordnung besonderer Sicherungsmaßnahmen

(1) ¹Besondere Sicherungsmaßnahmen ordnet die Anstaltsleiterin oder der Anstaltsleiter an. ²Die Anordnung ist schriftlich zu begründen.

(2) ¹Bei Gefahr im Verzug können auch andere Justizvollzugsbedienstete besondere Sicherungsmaßnahmen vorläufig anordnen; Absatz 1 Satz 2 findet keine Anwendung. ²Die Entscheidung der Anstaltsleiterin oder des Anstaltsleiters ist unverzüglich einzuholen; Absatz 1 Satz 2 gilt entsprechend.

(3) ¹Wird eine Gefangene oder ein Gefangener ärztlich behandelt oder beobachtet oder bildet ihr oder sein seelischer Zustand den Anlass der Maßnahme, so ist vorher die Ärztin oder der Arzt zu hören. ²Ist dies wegen Gefahr im Verzuge nicht möglich, so wird die ärztliche Stellungnahme unverzüglich eingeholt.

(4) Die Anordnung ist unverzüglich zu widerrufen, wenn die Anordnungsvoraussetzungen nicht mehr vorliegen.

11 I 3, 11 I 4, 11 I 6, 11 I 7, 11 I 44, 11 I 56, 11 I 61, 11 I 62, 11 I 63, 11 I 64

§ 85 Ärztliche Überwachung

(1) ¹Eine Gefangene oder einen Gefangenen, die oder der in einem besonders gesicherten Haftraum untergebracht oder gefesselt ist (§ 81 Abs. 2 Nrn. 5 und 6), sucht die Ärztin oder der Arzt alsbald und in der Folge möglichst täglich auf. ²Dies gilt nicht bei einer Fesselung während einer Ausführung, Vorführung oder eines Transportes (§ 81 Abs. 4).

(2) Die Ärztin oder der Arzt ist regelmäßig zu hören, solange der oder dem Gefangenen der tägliche Aufenthalt im Freien entzogen wird.

6 I 1, 6 I 2, 6 I 6, 6 I 7, 11 I 53

§ 86 Ersatz von Aufwendungen

Auf den Anspruch auf Ersatz von Aufwendungen der Vollzugsbehörde, die die oder der Gefangene durch eine vorsätzliche oder grob fahrlässige Selbstverletzung oder eine Verletzung einer oder eines anderen Gefangenen verursacht hat, findet § 93 Abs. 1 Satz 1 StVollzG Anwendung.

11 J 1, 11 J 4, 11 J 9, 11 J 12

Dreizehntes Kapitel. Unmittelbarer Zwang

§ 87 Allgemeine Voraussetzungen

(1) Justizvollzugsbedienstete dürfen zur Durchsetzung von rechtmäßigen Vollzugs- und Sicherungsmaßnahmen unmittelbaren Zwang anwenden, wenn der damit verfolgte Zweck nicht auf eine andere Weise erreicht werden kann.

(2) Gegen andere Personen als Gefangene darf unmittelbarer Zwang angewendet werden, wenn sie es unternehmen, Gefangene zu befreien oder in den Anstaltsbereich widerrechtlich einzudringen, oder wenn sie sich unbefugt darin aufhalten.

(3) Das Recht zu unmittelbarem Zwang aufgrund anderer Regelungen bleibt unberührt.

11 K 5, 11 K 8, 11 K 11, 11 K 14, 11 K 15, 11 K 16, 11 K 17, 11 K 18, 11 K 19, 11 K 20, 11 K 23, 11 K 79, 14 C 16

§ 88 Begriffsbestimmungen

(1) Unmittelbarer Zwang ist die Einwirkung auf Personen oder Sachen durch körperliche Gewalt, ihre Hilfsmittel und durch Waffen.

(2) Körperliche Gewalt ist jede unmittelbare körperliche Einwirkung auf Personen oder Sachen.

(3) Hilfsmittel der körperlichen Gewalt sind insbesondere Fesseln, Diensthunde sowie Reiz- und Betäubungsstoffe.

(4) Waffen sind die dienstlich zugelassenen Hieb- und Schusswaffen.

11 K 5, 11 K 24, 11 K 32, 11 K 36, 11 K 37

§ 89 Handeln auf Anordnung

(1) Wird unmittelbarer Zwang von Vorgesetzten oder einer sonst befugten Person angeordnet, so sind Justizvollzugsbedienstete verpflichtet, ihn anzuwenden, es sei denn, die Anordnung verletzt die Menschenwürde oder ist nicht zu dienstlichen Zwecken erteilt worden.

(2) ¹Die Anordnung darf nicht befolgt werden, wenn dadurch eine Straftat begangen würde. ²Befolgen Justizvollzugsbedienstete sie trotzdem, so trifft sie eine Schuld nur, wenn sie erkennen oder wenn es nach den ihnen bekannten Umständen offensichtlich ist, dass dadurch eine Straftat begangen wird.

(3) ¹Bedenken gegen die Rechtmäßigkeit der Anordnung haben die Justizvollzugsbediensteten den Anordnenden gegenüber vorzubringen, soweit das nach den Umständen möglich ist. ²Abweichende Vorschriften des allgemeinen Beamtenrechts über die Mitteilung solcher Bedenken an Vorgesetzte (§ 36 Abs. 2 und 3 des Beamtenstatusgesetzes) sind nicht anzuwenden.

11 K 5, 11 K 46, 11 K 47, 11 K 48, 11 K 49, 11 K 50

§ 90 Androhung

¹Unmittelbarer Zwang ist vorher anzudrohen. ²Die Androhung darf nur dann unterbleiben, wenn die Umstände sie nicht zulassen oder unmittelbarer Zwang sofort angewendet werden muss, um eine rechtswidrige Tat, die den Tatbestand eines Strafgesetzes erfüllt, zu verhindern oder eine gegenwärtige Gefahr abzuwenden.

11 K 5, 11 K 53, 11 K 74, 11 K 75

§ 91 Allgemeine Vorschriften für den Schusswaffengebrauch

(1) ¹Schusswaffen dürfen nur gebraucht werden, wenn andere Maßnahmen des unmittelbaren Zwanges bereits erfolglos waren oder keinen Erfolg versprechen. ²Gegen Personen ist ihr Gebrauch nur zulässig, wenn der Zweck nicht durch Waffenwirkung gegen Sachen erreicht wird.

(2) ¹Schusswaffen dürfen nur die dazu bestimmten Justizvollzugsbediensteten gebrauchen und nur, um angriffs- oder fluchtunfähig zu machen. ²Ihr Gebrauch unterbleibt, wenn dadurch erkennbar Unbeteiligte mit hoher Wahrscheinlichkeit gefährdet würden.

(3) ¹Der Gebrauch von Schusswaffen ist vorher anzudrohen. ²Als Androhung gilt auch ein Warnschuss. ³Ohne Androhung dürfen Schusswaffen nur dann gebraucht werden, wenn das zur Abwehr einer gegenwärtigen Gefahr für Leib oder Leben erforderlich ist.

11 K 5, 11 K 60, 11 K 66, 11 K 69, 11 K 71

§ 92 Besondere Vorschriften für den Schusswaffengebrauch

(1) ¹Gegen eine Gefangene oder einen Gefangenen dürfen Schusswaffen gebraucht werden,
1. wenn sie oder er eine Waffe oder ein anderes gefährliches Werkzeug trotz wiederholter Aufforderung nicht ablegt,
2. wenn sie oder er eine Gefangenenmeuterei (§ 121 StGB) unternimmt oder
3. um ihre oder seine Flucht zu vereiteln oder um sie oder ihn wiederzuergreifen.

²Um die Flucht aus einer Anstalt oder Abteilung des offenen Vollzuges zu vereiteln, dürfen keine Schusswaffen gebraucht werden.

(2) Gegen andere Personen dürfen Schusswaffen gebraucht werden, wenn sie es unternehmen, Gefangene gewaltsam zu befreien oder gewaltsam in eine Anstalt einzudringen.

11 K 5, 11 K 60, 11 K 83, 11 K 85, 11 K 86, 11 K 91

§ 93 Zwangsmaßnahmen auf dem Gebiet der Gesundheitsfürsorge

(1) ¹Eine medizinische Untersuchung und Behandlung ist ohne Einwilligung der oder des Gefangenen zulässig, um den Erfolg eines Selbsttötungsversuches zu verhindern. ²Eine Maßnahme nach Satz 1 ist auch zulässig, wenn von einer oder einem Gefangenen eine schwerwiegende Gefahr für das Leben oder die Gesundheit einer anderen Person ausgeht, die Maßnahme verhältnismäßig ist und
1. die oder der Gefangene durch eine Ärztin oder einen Arzt über Notwendigkeit, Art, Umfang, Dauer, zu erwartende Folgen und Risiken der Maßnahme in einer ihrer oder seiner Auffassungsgabe und ihrem oder seinem Gesundheitszustand angemessenen Weise informiert wurde sowie
2. der ernsthafte und ohne Ausübung von Druck unternommene Versuch einer Ärztin oder eines Arztes, eine Einwilligung oder, wenn die oder der Gefangene zur Einsicht in das Vorliegen der Gefahr und die

Notwendigkeit der Maßnahme oder zum Handeln gemäß solcher Einsicht krankheitsbedingt nicht fähig ist, ein Einverständnis zu der Maßnahme zu erreichen, erfolglos geblieben ist.

(2) Eine medizinische Untersuchung und Behandlung sowie eine Zwangsernährung sind auch bei Lebensgefahr oder schwerwiegender Gefahr für die Gesundheit der oder des Gefangenen zulässig, soweit diese oder dieser zur Einsicht in das Vorliegen der Gefahr und die Notwendigkeit der Maßnahme oder zum Handeln gemäß solcher Einsicht krankheitsbedingt nicht fähig ist.

(3) Eine Maßnahme nach Absatz 2 darf nur angeordnet werden, wenn
1. eine Patientenverfügung im Sinne des § 1901a Abs. 1 Satz 1 des Bürgerlichen Gesetzbuchs, deren Festlegungen auf die aktuelle Lebens- und Behandlungssituation zutreffen und gegen die Durchführung der Maßnahme gerichtet sind, nicht vorliegt,
2. eine Information gemäß Absatz 1 Satz 2 Nr. 1 erfolgt ist,
3. der entsprechend Absatz 1 Satz 2 Nr. 2 unternommene Versuch, ein Einverständnis zu erreichen, erfolglos geblieben ist,
4. die Maßnahme zur Abwendung der Gefahr nach Absatz 2 geeignet, nach ihrer geplanten Art und Dauer einschließlich der Auswahl und Dosierung der Medikamente sowie der begleitenden Kontrollen erforderlich ist, weniger eingreifende Maßnahmen aussichtslos sind und
5. der von der Maßnahme erwartete Nutzen die mit der Maßnahme verbundenen Belastungen und die durch das Unterlassen der Maßnahme möglichen Schäden deutlich überwiegt.

(4) ¹Maßnahmen nach den Absätzen 1 und 2 dürfen nur auf Anordnung und unter Leitung einer Ärztin oder eines Arztes durchgeführt werden, unbeschadet der Leistung erster Hilfe für den Fall, dass eine Ärztin oder ein Arzt nicht rechtzeitig erreichbar und mit einem Aufschub Lebensgefahr verbunden ist. ²Die Anordnung bedarf in den Fällen des Absatzes 1 Satz 2 und des Absatzes 2 der Zustimmung einer Ärztin oder eines Arztes, die oder der für eine andere für den Vollzug von Freiheitsentziehungen nach diesem Gesetz bestimmte Anstalt tätig ist, und der Anstaltsleiterin oder des Anstaltsleiters. ³Die Durchführung einer Maßnahme nach den Absätzen 1 oder 2 ist unter Angabe der Gründe für ihre Anordnung, ihres Zwangscharakters, der Art und Weise ihrer Durchführung, der vorgenommenen Kontrollen und der Überwachung der Wirksamkeit zu dokumentieren. ⁴Gleiches gilt für Erklärungen der oder des Gefangenen, die im Zusammenhang mit Zwangsmaßnahmen von Bedeutung sein können.

(5) ¹Die Anordnung einer Maßnahme nach Absatz 1 Satz 2 oder Absatz 2 ist der oder dem Gefangenen vor ihrer Durchführung schriftlich bekannt zu geben. ²Dabei sind die Art und Dauer der Maßnahme einschließlich der Auswahl und Dosierung der Medikamente und der begleitenden Kontrollen sowie die Intensität der erforderlichen ärztlichen Überwachung anzugeben. ³Sie oder er ist darüber zu belehren, dass gegen die Anordnung bei Gericht um einstweiligen Rechtsschutz nachgesucht und auch Antrag auf gerichtliche Entscheidung gestellt werden kann. ⁴Mit dem Vollzug einer Anordnung ist zuzuwarten, bis die oder der Gefangene Gelegenheit hatte, eine gerichtliche Entscheidung herbeizuführen.

(6) Bei Gefahr im Verzuge finden die Bestimmungen in Absatz 1 Satz 2 Nrn. 1 und 2, Absatz 3 Nrn. 2 und 3, Absatz 4 Satz 2 und Absatz 5 keine Anwendung.

(7) ¹Die zwangsweise körperliche Untersuchung der oder des Gefangenen zum Gesundheitsschutz und zur Hygiene ist nur zulässig, wenn sie nicht mit einem körperlichen Eingriff verbunden ist. ²Sie bedarf der Anordnung einer Ärztin oder eines Arztes und ist unter deren oder dessen Leitung durchzuführen.

11 K 5, 11 L 1, 11 L 3, 11 L 7, 11 L 14, 11 L 15, 11 L 20, 11 L 23

Vierzehntes Kapitel. Disziplinarmaßnahmen

§ 94 Voraussetzungen

(1) Verstößt eine Gefangene oder ein Gefangener schuldhaft gegen Pflichten, die ihr oder ihm durch dieses Gesetz oder aufgrund dieses Gesetzes auferlegt sind, so können gegen sie oder ihn Disziplinarmaßnahmen angeordnet werden.

(2) Von einer Disziplinarmaßnahme wird abgesehen, wenn es genügt, die Gefangene oder den Gefangenen zu verwarnen.

(3) Eine Disziplinarmaßnahme ist auch zulässig, wenn wegen derselben Verfehlung ein Straf- oder Bußgeldverfahren eingeleitet wird.

11 M 3, 11 M 13, 11 M 17, 11 M 19, 11 M 25

§ 95 Arten der Disziplinarmaßnahmen

(1) Die zulässigen Disziplinarmaßnahmen sind
1. Verweis,
2. die Beschränkung oder der Entzug der Verfügung über das Hausgeld und des Einkaufs bis zu drei Monaten,
3. die Beschränkung oder der Entzug des Hörfunk- und Fernsehempfangs bis zu drei Monaten,
4. die Beschränkung oder der Entzug der Gegenstände für eine Beschäftigung in der Freizeit oder der Teilnahme an gemeinschaftlichen Veranstaltungen bis zu vier Wochen,
5. die getrennte Unterbringung während der Freizeit bis zu vier Wochen,
6. der Entzug der zugewiesenen Arbeit oder Beschäftigung bis zu vier Wochen unter Wegfall der in diesem Gesetz geregelten Bezüge,
7. Arrest bis zu vier Wochen.

(2) Arrest darf nur wegen schwerer oder mehrfach wiederholter Verfehlungen verhängt werden.

(3) Mehrere Disziplinarmaßnahmen können miteinander verbunden werden.

(4) ¹Die Maßnahmen nach Absatz 1 Nrn. 3 bis 6 sollen möglichst nur angeordnet werden, wenn die Verfehlung mit den zu beschränkenden oder zu entziehenden Befugnissen im Zusammenhang steht. ²Dies gilt nicht bei einer Verbindung mit Arrest.

11 M 3, 11 M 22, 11 M 28, 11 M 30, 11 M 31, 11 M 32, 11 M 33, 11 M 34, 11 M 35, 11 M 36, 11 M 37, 11 M 40, 11 M 41

§ 96 Vollzug der Disziplinarmaßnahmen, Aussetzung zur Bewährung

(1) Disziplinarmaßnahmen werden in der Regel sofort vollstreckt.

(2) Eine Disziplinarmaßnahme kann ganz oder teilweise bis zu sechs Monaten zur Bewährung ausgesetzt werden.

(3) ¹Arrest wird in Einzelhaft vollzogen. ²Die oder der Gefangene kann in einem besonderen Arrestraum untergebracht werden, der den Anforderungen entsprechen muss, die an einen zum Aufenthalt bei Tag und Nacht bestimmten Haftraum gestellt werden. ³Soweit nichts anderes angeordnet wird, ruhen die Befugnisse aus den §§ 21, 22, 24, 35 und 64 bis 67.

11 M 3, 11 M 44, 11 M 45, 11 M 47, 11 M 48

§ 97 Disziplinarbefugnis

(1) ¹Disziplinarmaßnahmen ordnet die Anstaltsleiterin oder der Anstaltsleiter an. ²Bei einer Verfehlung auf dem Weg in eine andere Anstalt zum Zweck der Verlegung oder Überstellung ist die Anstaltsleiterin oder der Anstaltsleiter der Bestimmungsanstalt zuständig.

(2) Das Fachministerium entscheidet, wenn sich die Verfehlung der oder des Gefangenen gegen die Anstaltsleiterin oder den Anstaltsleiter richtet.

(3) ¹Disziplinarmaßnahmen, die gegen eine Gefangene oder einen Gefangenen in einer anderen Anstalt oder während einer Untersuchungshaft angeordnet worden sind, werden auf Ersuchen vollstreckt. ²§ 96 Abs. 2 bleibt unberührt.

11 M 3, 11 M 51, 11 M 52, 11 M 53

§ 98 Verfahren

(1) ¹Der Sachverhalt ist zu klären. ²Die oder der Gefangene wird angehört. ³Vor der Anhörung wird ihr oder ihm eröffnet, welche Verfehlung ihr oder ihm zur Last gelegt wird. ⁴Gleichzeitig ist darauf hinzuweisen, dass es ihr oder ihm freisteht, sich zur Sache zu äußern oder nicht zur Sache auszusagen. ⁵Die Einlassung der oder des Gefangenen und Beweiserhebungen werden schriftlich festgehalten.

(2) ¹Bei schweren Verstößen soll die Anstaltsleiterin oder der Anstaltsleiter sich vor der Entscheidung in einer Konferenz mit Personen besprechen, die bei der Vollzugsgestaltung mitwirken. ²Vor der Anordnung einer Disziplinarmaßnahme gegen eine Gefangene oder einen Gefangenen, die oder der sich in ärztlicher Behandlung befindet, oder gegen eine Schwangere oder eine Gefangene, die unlängst entbunden hat, ist die Anstaltsärztin oder der Anstaltsarzt zu hören.

(3) ¹Die Entscheidung wird der oder dem Gefangenen von der Anstaltsleiterin oder dem Anstaltsleiter mündlich eröffnet und mit einer kurzen Begründung schriftlich abgefasst. ²Die schriftliche Begründung wird der oder dem Gefangenen auf Verlangen ausgehändigt.

11 M 3, 11 M 55, 11 M 57, 11 M 58, 11 M 59, 11 M 61

§ 99 Ärztliche Mitwirkung

(1) ¹Bevor der Arrest vollzogen wird, ist die Anstaltsärztin oder der Anstaltsarzt zu hören. ²Während des Arrestes steht die oder der Gefangene unter ärztlicher Aufsicht.

(2) Der Vollzug des Arrestes unterbleibt oder wird unterbrochen, wenn die Gesundheit der oder des Gefangenen gefährdet würde.

11 M 3

Fünfzehntes Kapitel. Aufhebung von Verwaltungsakten, Beschwerderecht, gerichtlicher Rechtsschutz

§ 100 Aufhebung von Verwaltungsakten

Für den Widerruf und die Rücknahme von Verwaltungsakten nach diesem Gesetz gelten die Vorschriften des Niedersächsischen Verwaltungsverfahrensgesetzes über den Widerruf und die Rücknahme von Verwaltungsakten entsprechend, soweit dieses Gesetz eine besondere Regelung nicht enthält.

2 F 8, 2 F 17, 4 A 36, 4 D 20, 4 H 27, 6 A 10, 10 F 5, 10 F 8, 10 F 19

§ 101 Beschwerderecht

(1) Die oder der Gefangene erhält Gelegenheit, schriftlich und mündlich Wünsche, Anregungen und Beschwerden in eigenen Angelegenheiten bei der Vollzugsbehörde vorzubringen.

(2) Es ist zu gewährleisten, dass sich die oder der Gefangene in eigenen Angelegenheiten auch an Bedienstete der Aufsichtsbehörde wenden kann, die die Anstalt besichtigen.

12 A 2, 12 A 5, 12 A 7, 12 A 9, 12 A 14, 12 A 16

§ 102 Gerichtlicher Rechtsschutz

Gegen eine Entscheidung oder sonstige Maßnahme zur Regelung einzelner Angelegenheiten oder ihre Ablehnung oder Unterlassung kann gerichtliche Entscheidung nach Maßgabe der §§ 109 bis 121 Abs. 4 StVollzG beantragt werden.

12 B 1, 12 P 9

Sechzehntes Kapitel. Sozialtherapeutische Anstalten

§ 103 Sozialtherapeutische Anstalten und Abteilungen

¹Für die sozialtherapeutische Behandlung im Vollzug sind sozialtherapeutische Anstalten oder sozialtherapeutische Abteilungen in anderen Vollzugsanstalten einzurichten. ²Für sozialtherapeutische Abteilungen gelten die Vorschriften über die sozialtherapeutischen Anstalten entsprechend.

3 B 3, 14 A 9

§ 104 Verlegung in eine sozialtherapeutische Anstalt

(1) Die oder der Gefangene, die oder der wegen
1. einer Straftat nach den §§ 174 bis 180 oder 182 StGB oder
2. eines Verbrechens gegen das Leben, die körperliche Unversehrtheit oder die persönliche Freiheit oder nach den §§ 250, 251, auch in Verbindung mit den §§ 252 und 255, StGB

verurteilt worden ist, wird in eine sozialtherapeutische Anstalt verlegt, wenn die dortige Behandlung zur Verringerung einer erheblichen Gefährlichkeit der oder des Gefangenen für die Allgemeinheit angezeigt ist.

(2) Andere Gefangene können in eine sozialtherapeutische Anstalt verlegt werden, wenn der Einsatz der besonderen therapeutischen Mittel und sozialen Hilfen der Anstalt zur Erreichung des Vollzugszieles nach § 5 Satz 1 angezeigt ist.

(3) Die Verlegung soll zu einem Zeitpunkt erfolgen, der den Abschluss der Behandlung zum voraussichtlichen Entlassungszeitpunkt erwarten lässt.

(4) ¹Die oder der Gefangene ist zurückzuverlegen, wenn der Zweck der Behandlung aus Gründen, die in der Person der oder des Gefangenen liegen, nicht erreicht werden kann. ²Die oder der Gefangene kann zurückverlegt werden, wenn sie oder er durch ihr oder sein Verhalten den Behandlungsverlauf anderer erheblich und nachhaltig stören.

(5) Die §§ 10 und 11 bleiben unberührt.

3 A 12, 3 A 15, 3 A 17, 3 A 18, 3 A 20, 3 A 23, 3 D 3, 14 A 9

§ 105 Urlaub zur Vorbereitung der Entlassung

(1) ¹Die Vollzugsbehörde kann der oder dem Gefangenen nach Anhörung der Vollstreckungsbehörde zur Vorbereitung der Entlassung Sonderurlaub bis zu sechs Monaten gewähren. ²§ 13 Abs. 2 und 6 gilt entsprechend.

(2) ¹Der oder dem Gefangenen sollen für den Urlaub Weisungen erteilt werden. ²Sie oder er kann insbesondere angewiesen werden, sich einer bestimmten Betreuungsperson zu unterstellen und jeweils für kurze Zeit in die Anstalt zurückzukehren.

(3) ¹§ 15 Abs. 2 und 3 gilt entsprechend. ²Der Urlaub wird widerrufen, wenn dies für die Behandlung der oder des Gefangenen notwendig ist.

3 C 1, 3 C 6, 3 C 7, 3 C 8, 10 G 2, 10 H 3, 10 H 10, 10 H 15, 13 A 2, 14 A 9

§ 106 Aufnahme auf freiwilliger Grundlage

(1) ¹Eine frühere Gefangene oder ein früherer Gefangener kann auf Antrag vorübergehend wieder in die sozialtherapeutische Anstalt aufgenommen werden, wenn dadurch erheblichen Straftaten der in § 104 Abs. 1 genannten Art vorgebeugt werden kann. ²Die Aufnahme ist jederzeit widerruflich.

(2) ¹Gegen die aufgenommene Person dürfen Maßnahmen des Vollzuges nicht mit unmittelbarem Zwang durchgesetzt werden. ²Im Übrigen finden die sonstigen Vorschriften dieses Teils entsprechende Anwendung.

(3) Auf ihren Antrag ist die aufgenommene Person unverzüglich zu entlassen.

3 D 3, 3 D 6, 10 G 2

Dritter Teil. Vollzug der Freiheitsstrafe bei angeordneter oder vorbehaltener Sicherungsverwahrung

§ 107 Weiteres Vollzugsziel

Bei angeordneter oder vorbehaltener Sicherungsverwahrung dient der Vollzug der Freiheitsstrafe neben den Vollzugszielen nach § 5 auch dem Ziel, die Gefährlichkeit der Gefangenen für die Allgemeinheit so zu mindern, dass die Vollstreckung der Unterbringung in der Sicherungsverwahrung oder deren Anordnung entbehrlich wird.

1 D 27, 15 B 26

§ 108 Allgemeiner Gestaltungsgrundsatz

Der Vollzug der Freiheitsstrafe ist therapiegerichtet auszugestalten.

1 D 27, 15 B 26

§ 109 Maßnahmen zur Erreichung der Vollzugsziele

(1) Abweichend von § 6 sind der oder dem Gefangenen die zur Erreichung der Vollzugsziele nach § 5 Satz 1 und § 107 erforderlichen Betreuungs- und sonstigen Maßnahmen unverzüglich anzubieten; die Bereitschaft der oder des Gefangenen, an der Erreichung der Vollzugsziele nach § 5 Satz 1 und § 107 mitzuwirken, ist fortwährend zu wecken und zu fördern.

(2) ¹Zu den Betreuungsmaßnahmen nach Absatz 1 zählen insbesondere psychiatrische, psychotherapeutische und sozialtherapeutische Behandlungsmaßnahmen. ²Behandlungsmaßnahmen müssen dem Stand der Wissenschaft entsprechen. ³Soweit standardisierte Behandlungsmaßnahmen nicht ausreichen oder keinen Erfolg versprechen, sind neue Behandlungsangebote zu entwickeln.

(3) ¹Die Betreuung der oder des Gefangenen erfolgt durch Justizvollzugsbedienstete (§ 177), die verschiedenen Fachrichtungen angehören. ²Soweit geeignete Justizvollzugsbedienstete nicht vorhanden sind oder es aus anderen Gründen zur Erreichung der Vollzugsziele nach § 5 Satz 1 und § 107 erforderlich ist, sind beauftragte Personen oder Stellen (§ 178) oder sonstige Personen einzubeziehen. ³Bei der Durchführung der Behandlungsmaßnahmen wirken die in den Sätzen 1 und 2 genannten Personen oder Stellen in der Regel in enger Abstimmung zusammen, bei der Durchführung sonstiger Maßnahmen, soweit dies erforderlich ist.

(4) Die angebotenen oder durchgeführten wesentlichen Maßnahmen sind zu dokumentieren.

1 D 27, 15 B 26

§ 110 Vollzugsplan

(1) Abweichend von § 9 Abs. 1 Satz 2 enthält der Vollzugsplan Angaben mindestens über folgende Maßnahmen:
1. psychiatrische, psychotherapeutische oder sozialtherapeutische Behandlungsmaßnahmen,
2. andere Einzel- oder Gruppenbehandlungsmaßnahmen,
3. die Verlegung in eine sozialtherapeutische Anstalt oder Abteilung,
4. die Zuweisung zu Wohn- oder anderen Gruppen, die der Erreichung der Vollzugsziele nach § 5 Satz 1 und § 107 dienen,
5. Maßnahmen, die die Bereitschaft der oder des Gefangenen zur Mitwirkung an ihrer oder seiner Behandlung wecken und fördern sollen,
6. den Arbeitseinsatz sowie Maßnahmen der schulischen oder beruflichen Aus- oder Weiterbildung,
7. die Teilnahme an Freizeitangeboten,
8. Maßnahmen zur Ordnung der persönlichen, wirtschaftlichen und sozialen Angelegenheiten,
9. Lockerungen des Vollzuges,
10. Maßnahmen zur Förderung von Außenkontakten und zur Vorbereitung eines geeigneten sozialen Empfangsraums und
11. Maßnahmen zur Vorbereitung einer möglichen Entlassung und der durchgängigen Betreuung.

(2) Die Frist zur Fortschreibung des Vollzugsplans nach § 9 Abs. 3 Satz 2 soll jeweils sechs Monate nicht übersteigen.

1 D 27, 2 C 39, 4 B 8, 15 B 26, 15 B 29

§ 111 Urlaub zur Vorbereitung einer möglichen Entlassung

¹Abweichend von § 17 Abs. 3 Satz 1 kann der oder dem Gefangenen zur Vorbereitung einer möglichen Entlassung Sonderurlaub bis zu sechs Monaten gewährt werden. ²Der oder dem Gefangenen sollen für den Sonderurlaub Weisungen erteilt werden. ³Sie oder er kann für diesen Sonderurlaub insbesondere angewiesen werden, sich einer von der Vollzugsbehörde bestimmten Betreuungsperson zu unterstellen, sich in Einrichtungen außerhalb des Vollzuges aufzuhalten und jeweils für kurze Zeit in die Anstalt zurückzukehren. ⁴Der Sonderurlaub wird widerrufen, wenn dies für die Behandlung der oder des Gefangenen notwendig ist.

1 D 27, 10 G 2, 10 H 3, 10 H 10, 10 H 17, 15 B 26

§ 111a Arbeitspflicht, Entschädigung

(1) Abweichend von § 38 Abs. 2 Satz 1 sind Maßnahmen nach § 110 Abs. 1 Nrn. 1, 2 und 5 während der Arbeitszeit zuzulassen, soweit dies im Rahmen der Vollzugsplanung zur Erreichung der Vollzugsziele nach § 5 Satz 1 oder § 107 erforderlich ist.

(2) § 40 Abs. 3 Satz 2 gilt mit der Maßgabe, dass die oder der Gefangene eine Entschädigung für die Teilnahme an einer nach Absatz 1 zugelassenen Maßnahme erhält.

1 D 27, 4 B 8, 4 D 14, 4 D 15, 15 B 26

§ 112 Verlegung in eine sozialtherapeutische Anstalt

(1) Abweichend von § 104 Abs. 1 ist eine Gefangene oder ein Gefangener in eine sozialtherapeutische Anstalt oder Abteilung zu verlegen, soweit dies zur Erreichung der Vollzugsziele nach § 5 Satz 1 und § 107 erforderlich ist.

(2) Bei der Bestimmung des voraussichtlichen Entlassungszeitpunktes nach § 104 Abs. 3 bleibt eine angeordnete oder vorbehaltene Sicherungsverwahrung außer Betracht.

1 D 27, 3 E 2, 15 B 26

§ 112a Nachgehende Betreuung

Die Vollzugsbehörde soll auf Antrag einer oder eines entlassenen Gefangenen vorübergehend Hilfestellung gewähren, soweit diese nicht durch eine andere Stelle sichergestellt ist und die Eingliederung gefährdet ist.

1 D 27, 3 E 2, 3 E 4, 3 E 5, 3 E 6, 3 E 7, 10 G 2, 15 B 26

§ 112b Verbleib und Aufnahme auf freiwilliger Grundlage

(1) ¹Eine frühere Gefangene oder ein früherer Gefangener darf auf Antrag vorübergehend in Anstalten der Landesjustizverwaltung verbleiben oder ist wieder aufzunehmen, wenn die Eingliederung gefährdet ist. ²Der Verbleib oder die Aufnahme ist jederzeit widerruflich.

(2) ¹Gegen verbliebene oder aufgenommene Person dürfen Maßnahmen des Vollzuges nicht mit unmittelbarem Zwang durchgesetzt werden. ²Im Übrigen finden die sonstigen Vorschriften dieses Teils entsprechende Anwendung.

(3) Auf ihren Antrag ist die verbliebene oder aufgenommene Person unverzüglich zu entlassen.

1 D 27, 10 G 2, 15 B 26

§ 112c Anwendung von Vorschriften des Zweiten Teils

(1) Für den Vollzug der Freiheitsstrafe bei angeordneter oder vorbehaltener Sicherungsverwahrung gelten die Vorschriften des Zweiten Teils nur, soweit in den Vorschriften dieses Teils nichts anderes bestimmt ist.

(2) Bei der Ausübung von Ermessen und der Ausfüllung von Beurteilungsspielräumen ist auch zu berücksichtigen, inwieweit die jeweilige Maßnahme geeignet ist, die Bereitschaft der oder des Gefangenen, an der Erreichung der Vollzugsziele nach § 5 Satz 1 und § 107 mitzuwirken, zu wecken und zu fördern.

Vierter Teil. Vollzug der Jugendstrafe

Erstes Kapitel. Allgemeine Vorschriften, Grundsätze

§ 113 Vollzugsziele

¹Im Vollzug der Jugendstrafe sollen die Gefangenen vor allem fähig werden, künftig in sozialer Verantwortung ein Leben ohne Straftaten zu führen. ²Der Vollzug der Jugendstrafe dient auch dem Schutz der Allgemeinheit vor weiteren Straftaten.

§ 114 Gestaltung und Mitwirkung

(1) ¹Der Vollzug ist erzieherisch zu gestalten. ²Zur Erreichung des Vollzugszieles nach § 113 Satz 1 ist die oder der Gefangene in der Entwicklung von Fähigkeiten und Fertigkeiten sowie der Bereitschaft zu einer eigenverantwortlichen und gemeinschaftsfähigen Lebensführung in Achtung der Rechte anderer zu fördern. ³Die Förderung der oder des Gefangenen ist insbesondere auf soziales Lernen und die Ausbildung von Fähigkeiten und Kenntnissen, die einer künftigen beruflichen Integration dienen, auszurichten. ⁴Auf die besonderen altersbedingten Bedürfnisse und Empfindlichkeiten der oder des Gefangenen ist Rücksicht zu nehmen.

(2) Die oder der Gefangene ist verpflichtet, an der Erreichung des Vollzugszieles nach § 113 Satz 1 mitzuwirken und die ihr oder ihm zu diesem Zweck erteilten rechtmäßigen Anordnungen der Vollzugsbehörde zu befolgen.

(3) ¹Die Rechte der Personensorgeberechtigten sind bei der Planung und Gestaltung des Vollzuges zu berücksichtigen. ²Die Vollstreckungsleiterin oder der Vollstreckungsleiter ist über die wesentlichen vollzuglichen Entscheidungen zu unterrichten.

§ 115 Ausnahme vom Jugendstrafvollzug

Wird nach den Vorschriften des Jugendgerichtsgesetzes eine Ausnahme vom Jugendstrafvollzug angeordnet, so gelten für den Vollzug der Jugendstrafe die Vorschriften des Zweiten Teils.

Zweites Kapitel. Planung und Verlauf des Vollzuges

§ 116 Aufnahme in die Anstalt

¹Die Personensorgeberechtigten und das Jugendamt werden unverzüglich von der Aufnahme unterrichtet. ²Im Übrigen gilt § 8 entsprechend.

§ 117 Erziehungs- und Förderplan

(1) ¹Für die oder den Gefangenen ist ein Erziehungs- und Förderplan unter besonderer Berücksichtigung der Gestaltungsgrundsätze nach § 114 zu erstellen. ²Der Erziehungs- und Förderplan enthält mindestens Angaben über folgende Maßnahmen:

1. die Unterbringung im geschlossenen oder offenen Vollzug,
2. die Verlegung in eine sozialtherapeutische Anstalt oder Abteilung,
3. die Zuweisung zu Wohn- und anderen Gruppen, die der Erreichung des Vollzugszieles nach § 113 Satz 1 dienen,
4. Maßnahmen der schulischen oder beruflichen Aus- oder Weiterbildung sowie den Arbeitseinsatz,
5. die Teilnahme an Freizeit- und Sportangeboten,
6. besondere Erziehungs-, Förder- und Therapiemaßnahmen,
7. Lockerungen des Vollzuges und
8. notwendige Maßnahmen zur Vorbereitung der Entlassung.

(2) Nach der Aufnahme werden die zur Vorbereitung der Aufstellung des Erziehungs- und Förderplans notwendigen Daten zur Persönlichkeit und zu den Lebensverhältnissen der oder des Gefangenen erhoben sowie die Ursachen und Folgen ihrer oder seiner Straftaten untersucht.

(3) ¹Der oder dem Gefangenen wird das Ziel ihres oder seines Aufenthalts in der Anstalt verdeutlicht. ²Der beabsichtigte Inhalt des Erziehungs- und Förderplans wird mit der oder dem Gefangenen erörtert. ³Sie oder er ist zu Anregungen und Vorschlägen zu ermutigen. ⁴Diese sollen berücksichtigt werden, soweit dies mit den Vollzugszielen des § 113 vereinbar ist.

(4) ¹Die Personensorgeberechtigten sollen im Rahmen der Vorbereitung des Erziehungs- und Förderplans Gelegenheit zu Anregungen und Vorschlägen erhalten. ²Absatz 3 Satz 4 gilt entsprechend.

(5) ¹Der Erziehungs- und Förderplan ist in Einklang mit der Entwicklung der oder des Gefangenen und weiteren Erkenntnissen zur Persönlichkeit jeweils spätestens nach vier Monaten fortzuschreiben. ²Absatz 3 Sätze 2 bis 4 und Absatz 4 gelten entsprechend.

(6) Zur Vorbereitung der Aufstellung und Fortschreibung des Erziehungs- und Förderplans werden Konferenzen mit den nach Auffassung der Vollzugsbehörde an der Vollzugsgestaltung maßgeblich Beteiligten durchgeführt.

(7) ¹Der Erziehungs- und Förderplan und seine Fortschreibungen werden mit der oder dem Gefangenen erörtert sowie den Personensorgeberechtigten auf Verlangen bekannt gegeben und mit ihnen erörtert. ²Der Erziehungs- und Förderplan wird der oder dem Gefangenen und den Personensorgeberechtigten in schriftlicher Form ausgehändigt.

§ 118 Unterrichtung über Verlegung oder Überstellung

¹Die Personensorgeberechtigten und das Jugendamt werden über die Verlegung der oder des Gefangenen unterrichtet. ²Dies gilt auch für Überstellungen, soweit dies mit Rücksicht auf die Dauer der Überstellung angezeigt ist.

§ 119 Entlassungsvorbereitung

(1) Die Personensorgeberechtigten werden von der bevorstehenden Entlassung der oder des Gefangenen unterrichtet und sollen an der Entlassungsvorbereitung beteiligt werden.

(2) ¹Außer in den Fällen des § 17 kann der oder dem Gefangenen nach Anhörung der Vollstreckungsleiterin oder des Vollstreckungsleiters auch Sonderurlaub zur Teilnahme an langfristigen Wiedereingliederungsmaßnahmen bis zu sechs Monaten gewährt werden. ²§ 13 Abs. 2 und 6 sowie § 15 Abs. 2 und 3 gelten entsprechend. ³Der oder dem Beurlaubten sollen Weisungen erteilt werden. ⁴Sie oder er kann insbesondere angewiesen werden, sich einer von der Anstalt bestimmten Betreuungsperson zu unterstellen und jeweils für kurze Zeit in die Anstalt zurückzukehren.

Drittes Kapitel. Unterbringung und Kleidung

§ 120 Unterbringung

(1) ¹Wohngruppen dienen der Förderung sozialen Lernens. ²Sie sind so zu gestalten, dass die Gefangenen vor wechselseitigen Übergriffen geschützt werden. ³Die oder der Gefangene soll in einer Wohngruppe untergebracht werden, wenn sie oder er hierfür geeignet ist.

(2) Eine Einschränkung der gemeinschaftlichen Unterbringung während der Arbeitszeit und Freizeit ist außer in den Fällen des § 19 Abs. 3 auch zulässig, wenn dies aus erzieherischen Gründen angezeigt ist.

(3) ¹Die oder der Gefangene wird während der Ruhezeit allein in ihrem oder seinem Haftraum untergebracht. ²Mit ihrer oder seiner Zustimmung kann die oder der Gefangene auch gemeinsam mit anderen

Gefangenen untergebracht werden, wenn eine schädliche Beeinflussung nicht zu befürchten ist. ³Ohne Zustimmung der betroffenen Gefangenen ist eine gemeinsame Unterbringung nur zulässig, sofern eine oder einer von ihnen hilfsbedürftig ist oder für eine oder einen von ihnen eine Gefahr für Leben oder Gesundheit besteht. ⁴Darüber hinaus ist eine gemeinsame Unterbringung nur vorübergehend aus zwingenden Gründen zulässig.

§ 121 Ausstattung des Haftraums und persönlicher Besitz

Außer in den Fällen des § 21 kann die Erlaubnis zur Ausstattung des Haftraums auch für die Sachen versagt oder widerrufen werden, die das Erreichen des Vollzugszieles nach § 113 Satz 1 gefährden.

§ 122 Kleidung

(1) Die oder der Gefangene trägt Anstaltskleidung.

(2) Die Vollzugsbehörde kann der oder dem Gefangenen erlauben, eigene Kleidung zu tragen, wenn sie oder er für Reinigung und Instandsetzung auf eigene Kosten sorgt und Belange der Sicherheit und Ordnung der Anstalt nicht entgegenstehen.

Viertes Kapitel. Besuche, Schriftwechsel, Telekommunikation und Pakete

§ 123 Besuche, Schriftwechsel, Telekommunikation und Pakete

(1) Familiäre und sonstige der Erreichung des Vollzugszieles nach § 113 Satz 1 dienliche Kontakte der oder des Gefangenen sind zu fördern, soweit eine schädliche Beeinflussung der oder des Gefangenen nicht zu befürchten ist.

(2) Abweichend von § 25 Abs. 1 Satz 2 beträgt die Gesamtdauer des Besuchs mindestens sechs Stunden im Monat.

(3) ¹Besuche sollen darüber hinaus zugelassen werden, wenn sie die Erreichung des Vollzugszieles nach § 113 Satz 1 fördern oder persönlichen, rechtlichen oder geschäftlichen Angelegenheiten dienen, die nicht von der oder dem Gefangenen schriftlich erledigt, durch Dritte wahrgenommen oder bis zur Entlassung aufgeschoben werden können. ²§ 25 Abs. 2 Satz 2 gilt entsprechend.

(4) ¹Besuche von bestimmten Personen können außer in den Fällen des § 26 auch untersagt werden, wenn die Personensorgeberechtigten es beantragen oder wenn es aus erzieherischen Gründen erforderlich ist. ²Satz 1 gilt für den Schriftwechsel, die Telekommunikation und den Paketverkehr entsprechend.

(5) ¹Besuche können außer in den Fällen des § 28 Abs. 3 auch abgebrochen werden, wenn von Besucherinnen oder Besuchern ein schädlicher Einfluss auf die oder den Gefangenen ausgeübt wird. ²Satz 1 gilt für die Telekommunikation entsprechend.

(6) ¹Für Beistände nach § 69 JGG sind die für Verteidigerinnen und Verteidiger geltenden Vorschriften dieses Gesetzes über Besuche und Schriftwechsel entsprechend anzuwenden. ²Für Besuche von Angehörigen der Gerichtshilfe, der Jugendgerichtshilfe, der Bewährungshilfe und der Führungsaufsichtsstellen gilt § 27 Sätze 1 bis 3 entsprechend.

Fünftes Kapitel. Aus- und Weiterbildung, Arbeit, Gesundheitsfürsorge und Freizeit

§ 124 Zuweisung, Arbeitspflicht

(1) Aus- und Weiterbildung, Arbeit sowie arbeitstherapeutische Beschäftigung dienen insbesondere dem Ziel, Fähigkeiten für eine Erwerbstätigkeit nach der Entlassung zu vermitteln, zu erhalten oder zu fördern.

(2) ¹Die Vollzugsbehörde soll der oder dem Gefangenen unter besonderer Berücksichtigung des § 114 Abs. 1 Satz 3 vorrangig schulische und berufliche Orientierungs-, Aus- und Weiterbildungsmaßnahmen zuweisen. ²Soweit eine solche Zuweisung nach Maßgabe des Erziehungs- und Förderplans nicht vorgesehen ist, soll die Vollzugsbehörde ihr oder ihm statt einer Tätigkeit nach Satz 1 wirtschaftlich ergiebige Arbeit oder, wenn dies der Vollzugsbehörde nicht möglich ist, eine angemessene Beschäftigung zuweisen und dabei ihre oder seine Fähigkeiten, Fertigkeiten und Neigungen berücksichtigen. ³Die Vollzugsbehörde kann der oder dem Gefangenen als Tätigkeit nach Satz 2 auch eine Hilfstätigkeit zuweisen.

(3) Ist die oder der Gefangene zu wirtschaftlich ergiebiger Arbeit nicht fähig, so soll ihr oder ihm eine geeignete arbeitstherapeutische Beschäftigung zugewiesen werden.

(4) ¹Die oder der Gefangene ist verpflichtet, eine ihr oder ihm zugewiesene Tätigkeit auszuüben. ²Maßnahmen nach § 117 Abs. 1 Satz 2 Nr. 6 sind während der Arbeitszeit zuzulassen, soweit dies im Rahmen des Erziehungs- und Förderplans zur Erreichung des Vollzugszieles nach § 113 Satz 1 erforderlich ist. ³Sonstige vollzugliche Maßnahmen sollen zugelassen werden, soweit dies im überwiegenden Interesse der oder des Gefangenen oder aus einem anderen wichtigen Grund erforderlich ist. ⁴§ 40 Abs. 3 Satz 2 gilt mit der Maßgabe, dass die oder der Gefangene eine Entschädigung für die Teilnahme an den nach Satz 2 zugelassenen vollzuglichen Maßnahmen erhält.

§ 125 Aus- und Weiterbildungsangebote

¹Schulische und berufliche Aus- und Weiterbildungsangebote sind von der Vollzugsbehörde in ausreichendem Umfang bereitzustellen und möglichst so zu gestalten, dass sie von Gefangenen auch dann sinnvoll genutzt werden können, wenn wegen der Kürze des Freiheitsentzuges ein Abschluss bis zur Entlassung nicht erreichbar ist. ²Im Rahmen der durchgängigen Betreuung ist darauf hinzuwirken, dass der oder dem Gefangenen die Fortsetzung der im Jugendstrafvollzug begonnenen Aus- oder Weiterbildungsmaßnahmen nach der Entlassung außerhalb der Anstalt ermöglicht wird.

§ 126 Freiwilliger Verbleib im Jugendstrafvollzug

(1) ¹Nach der Entlassung kann der oder dem Gefangenen im Rahmen der durchgängigen Betreuung auf Antrag gestattet werden, eine im Jugendstrafvollzug begonnene Maßnahme des Erziehungs- und Förderplans abzuschließen. ²Hierfür oder aus fürsorgerischen Gründen kann sie oder er im Einzelfall höchstens drei Monate über den Entlassungszeitpunkt hinaus in der Anstalt verbleiben, sofern es deren Belegungssituation zulässt. ³Der Antrag und die Gestattung sind jederzeit widerruflich.

(2) Maßnahmen nach Absatz 1 sind unzulässig, wenn sie nach allgemeinen Vorschriften der Zustimmung der Personensorgeberechtigten bedürften und diese nicht erteilt wird.

(3) ¹In den Fällen des Absatzes 1 dürfen Maßnahmen des Vollzuges nicht mit unmittelbarem Zwang durchgesetzt werden. ²Im Übrigen finden die sonstigen Vorschriften dieses Teils entsprechende Anwendung.

(4) Wird der Antrag widerrufen oder eine notwendige Zustimmung der Personensorgeberechtigten nicht erteilt, so ist die betroffene Person unverzüglich zu entlassen.

§ 127 Gesundheitsfürsorge

(1) Die oder der minderjährige Gefangene hat über die Ansprüche nach § 57 hinaus auch Anspruch auf Leistungen zur Verhütung von Zahnerkrankungen in entsprechender Anwendung des § 22 Abs. 1 bis 3 des Fünften Buchs des Sozialgesetzbuchs.

(2) Bei der Anwendung des § 57 Abs. 2 Satz 3 kann ein Verschulden der oder des Gefangenen im Einzelfall unberücksichtigt bleiben.

(3) ¹Vor ärztlichen Eingriffen bei der oder dem Gefangenen sind die Rechte ihrer oder seiner Personensorgeberechtigten zu beachten. ²Dies gilt insbesondere im Hinblick auf deren Aufklärung und Einwilligung.

§ 128 Freizeit, Sport

(1) Die Vollzugsbehörde hat für ein ausreichendes Freizeit- und Sportangebot zu sorgen.

(2) ¹Die oder der Gefangenen ist zur Nutzung der Freizeitangebote aufzufordern; aus erzieherischen Gründen kann sie oder er dazu verpflichtet werden. ²Sie oder er soll insbesondere an Veranstaltungen der Fortbildung, an Freizeitgruppen und Gruppengesprächen teilnehmen. ³Sie oder er soll dazu angehalten werden, eine Bücherei zu nutzen sowie den verantwortungsvollen Umgang mit neuen Medien zu erlernen, soweit dies mit der Sicherheit der Anstalt vereinbar ist.

(3) ¹Dem Sport kommt im Jugendstrafvollzug besondere Bedeutung zu. ²Die oder der Gefangene erhält Gelegenheit, das Sportangebot zu nutzen. ³Ihre oder seine Bereitschaft hierzu ist zu wecken und zu fördern.

5 A 48

Anhang

Sechstes Kapitel. Schusswaffengebrauch, Maßnahmen bei Pflichtverstößen, Beschwerderecht, gerichtlicher Rechtsschutz

§ 129 Besondere Vorschriften für den Schusswaffengebrauch

Für den Schusswaffengebrauch gegen eine Gefangene oder einen Gefangenen gilt § 92 Abs. 1 Satz 1 Nr. 1 entsprechend mit der Maßgabe, dass Schusswaffen nur zur Abwehr einer durch die Benutzung der Waffe oder des gefährlichen Werkzeugs verursachten gegenwärtigen Gefahr für Leben oder Gesundheit gebraucht werden dürfen; § 92 Abs. 1 Satz 1 Nrn. 2 und 3 findet keine Anwendung.

§ 130 Erzieherische Maßnahmen und Disziplinarmaßnahmen

(1) [1]Verstößt die oder der Gefangene schuldhaft gegen Pflichten, die ihr oder ihm durch dieses Gesetz oder aufgrund dieses Gesetzes auferlegt sind, so kann unmittelbar auf die Pflichtverletzung eine Maßnahme angeordnet werden, die geeignet ist, ihr oder ihm ihr oder sein Fehlverhalten bewusst zu machen. [2]Als Maßnahmen kommen namentlich Weisungen und Auflagen in Betracht.

(2) [1]Reichen Maßnahmen nach Absatz 1 nicht aus, so können gegen die oder den Gefangenen Disziplinarmaßnahmen angeordnet werden. [2]§ 94 Abs. 1 und 2 findet keine Anwendung. [3]§ 95 Abs. 1 Nr. 7 gilt entsprechend mit der Maßgabe, dass Arrest nur bis zu zwei Wochen zulässig ist. [4]§ 96 Abs. 2 gilt entsprechend mit der Maßgabe, dass die Aussetzung von Disziplinarmaßnahmen zur Bewährung nur bis zu drei Monaten zulässig ist.

§ 131 Beschwerderecht der Personensorgeberechtigten

§ 101 Abs. 1 gilt für die Personensorgeberechtigten der oder des Gefangenen entsprechend.

§ 131a Gerichtlicher Rechtsschutz

Gegen eine Maßnahme zur Regelung einzelner Angelegenheiten auf dem Gebiet der Jugendstrafe kann gerichtliche Entscheidung nach Maßgabe des § 92 JGG beantragt werden.

Siebtes Kapitel. Entsprechende Anwendung von Vorschriften des Zweiten und Dritten Teils

§ 132 Entsprechende Anwendung von Vorschriften des Zweiten und Dritten Teils

(1) Für den Vollzug der Jugendstrafe gelten die Vorschriften des Zweiten Teils entsprechend, soweit in den Vorschriften dieses Teils nichts anderes bestimmt ist.

(2) [1]Ist die Anordnung der Sicherungsverwahrung vorbehalten, gelten die Vorschriften des Dritten Teils entsprechend, soweit in den Vorschriften dieses Teils nichts anderes bestimmt ist. [2]§ 7 Abs. 3 JGG bleibt unberührt.

(3) Bei der Ausübung von Ermessen und der Ausfüllung von Beurteilungsspielräumen sind im Jugendstrafvollzug die Vollzugsziele nach § 113 sowie die Gestaltungsgrundsätze nach § 114 besonders zu beachten.

Fünfter Teil. Vollzug der Untersuchungshaft

Erstes Kapitel. Allgemeine Vorschriften, Grundsätze

§ 133 Zweck der Untersuchungshaft

Der Vollzug der Untersuchungshaft dient dem Zweck, den in den gesetzlichen Haftgründen zum Ausdruck kommenden Gefahren zu begegnen.

§ 134 Zuständigkeiten

(1) [1]Die Vollzugsbehörde ist für alle im Vollzug der Untersuchungshaft zu treffenden Entscheidungen und sonstigen Maßnahmen zuständig, soweit nicht die Zuständigkeit des Gerichts vorgesehen ist. [2]Das Gericht kann sich in jeder Lage des Strafverfahrens durch schriftliche Erklärung gegenüber der Vollzugsbehörde die Zuständigkeit für in deren Zuständigkeit fallende Entscheidungen und sonstige Maßnahmen allgemein oder im Einzelfall widerruflich vorbehalten.

(2) Soweit in den Vorschriften dieses Teils nichts anderes bestimmt ist, ist das Gericht zuständig für Entscheidungen und sonstige Maßnahmen, die der Abwehr einer Verdunkelungsgefahr dienen.

(3) ¹Das Gericht kann, soweit es für Entscheidungen und sonstige Maßnahmen nach den Vorschriften dieses Teils zuständig ist, seine Zuständigkeit bis zur Erhebung der öffentlichen Klage ganz oder teilweise schriftlich und widerruflich auf die Staatsanwaltschaft übertragen. ²In den Fällen des Absatzes 1 Satz 2 ist eine Übertragung ausgeschlossen.

(4) ¹Die Staatsanwaltschaft kann sich, soweit ihr die Zuständigkeit nach Absatz 3 übertragen wurde, zur Durchführung von Maßnahmen der Hilfe der Ermittlungspersonen der Staatsanwaltschaft bedienen. ²Die Ermittlungspersonen unterliegen insoweit den Weisungen der Staatsanwaltschaft. ³Die von ihnen getroffenen Maßnahmen gelten als solche der Staatsanwaltschaft.

(5) ¹Das Gericht kann, soweit es für Entscheidungen und sonstige Maßnahmen nach den Vorschriften dieses Teils zuständig ist, seine Zuständigkeit in jeder Lage des Strafverfahrens ganz oder teilweise schriftlich und widerruflich auf die Vollzugsbehörde übertragen, soweit dies der Zweck der Untersuchungshaft zulässt. ²Eine Übertragung der Zuständigkeit nach Satz 1 bedarf der widerruflichen Zustimmung der Vollzugsbehörde.

(6) ¹In dringenden Fällen kann die Staatsanwaltschaft oder die Vollzugsbehörde vorläufige Entscheidungen und sonstige Maßnahmen treffen. ²Diese bedürfen der unverzüglichen Genehmigung der zuständigen Stelle.

§ 134a Gericht, Staatsanwaltschaft und Ermittlungspersonen

(1) ¹Gericht im Sinne der Vorschriften dieses Teils ist das für die Haftprüfung (§ 117 StPO) zuständige Gericht. ²Handelt es sich bei dem Gericht nach Satz 1 nicht um ein Gericht des Landes Niedersachsen, so ist Gericht im Sinne der Vorschriften dieses Teils das Amtsgericht, in dessen Bezirk sich die oder der Gefangene in Untersuchungshaft befindet; Überstellungen berühren die gerichtliche Zuständigkeit nicht. ³Einzelne Maßnahmen trifft die oder der Vorsitzende; dies gilt nicht für Entscheidungen nach § 134 Abs. 1 Satz 2, Abs. 3 Satz 1 und Abs. 5 Satz 1.

(2) ¹Staatsanwaltschaft im Sinne der Vorschriften dieses Teils ist die Staatsanwaltschaft, die in dem der Inhaftierung der oder des Gefangenen zugrunde liegenden Strafverfahren die Ermittlungen führt. ²Handelt es sich bei der Staatsanwaltschaft nach Satz 1 nicht um eine Staatsanwaltschaft des Landes Niedersachsen, so finden die Vorschriften dieses Teils über Zuständigkeiten der Staatsanwaltschaft für Maßnahmen nach diesem Gesetz keine Anwendung.

(3) Ermittlungspersonen der Staatsanwaltschaft im Sinne der Vorschriften dieses Teils sind die in § 1 Satz 1 Nr. 2 der Verordnung über die Ermittlungspersonen der Staatsanwaltschaft vom 2. Oktober 1997 (Nds. GVBl. S. 423; 1998 S. 485), geändert durch Verordnung vom 25. Januar 2005 (Nds. GVBl. S. 46), genannten Polizeibeamtinnen und Polizeibeamten des Landes Niedersachsen; § 1 Satz 2 der Verordnung über die Ermittlungspersonen der Staatsanwaltschaft gilt insoweit entsprechend.

§ 134b Zusammenarbeit der beteiligten Stellen

¹Das Gericht, die Staatsanwaltschaft und die Vollzugsbehörde treffen ihre Entscheidungen und sonstigen Maßnahmen unter Beachtung der Belange des der Inhaftierung der oder des Gefangenen zugrunde liegenden Strafverfahrens sowie der Sicherheit und Ordnung der Anstalt. ²Sie unterrichten sich gegenseitig unverzüglich über Umstände, deren Kenntnis erforderlich ist, um die Untersuchungshaft ihrem Zweck entsprechend zu vollziehen, Möglichkeiten der Haftvermeidung zu ergreifen sowie die Sicherheit und Ordnung der Anstalt zu wahren und über Umstände, die das der Inhaftierung der oder des Gefangenen zugrunde liegende Strafverfahren betreffen können. ³Handelt es sich bei dem für die Haftprüfung (§ 117 StPO) zuständigen Gericht nicht um ein Gericht des Landes Niedersachsen oder werden die Ermittlungen in dem der Inhaftierung der oder des Gefangenen zugrunde liegenden Strafverfahren nicht von einer Staatsanwaltschaft des Landes Niedersachsen geführt, so sind auch diese Stellen entsprechend Satz 2 zu unterrichten.

§ 135 Rechtsstellung der Gefangenen

(1) Gefangene gelten als unschuldig.

(2) Soweit dieses Gesetz eine besondere Regelung nicht enthält, können der oder dem Gefangenen über § 3 Satz 2 hinaus Beschränkungen auferlegt werden, die der Zweck der Untersuchungshaft erfordert.

Anhang

Zweites Kapitel. Vollzugsverlauf

§ 136 Aufnahme in die Anstalt
Für die Aufnahme gilt § 8 entsprechend, Absatz 3 Satz 3 jedoch mit der Maßgabe, dass der Zweck der Untersuchungshaft nicht gefährdet werden darf.

§ 137 Verlegung, Überstellung, Ausantwortung
(1) ¹Die oder der Gefangene kann in eine andere Anstalt verlegt oder überstellt werden, wenn es zur Erreichung des Zwecks der Untersuchungshaft erforderlich ist. ²Im Übrigen gilt § 10 Abs. 1 Nrn. 2 bis 5 und Abs. 2 entsprechend.

(2) Vor der Entscheidung über eine Verlegung oder Überstellung soll die für die Aufnahme vorgesehene Vollzugsbehörde gehört werden.

(3) Der oder dem Gefangenen soll vor ihrer oder seiner Verlegung oder Überstellung Gelegenheit gegeben werden, Angehörige oder eine Vertrauensperson zu benachrichtigen, soweit der Zweck der Untersuchungshaft oder die Sicherheit oder Ordnung der Anstalt dadurch nicht gefährdet wird.

(4) § 10 Abs. 3 gilt entsprechend mit der Maßgabe, dass die Ausantwortung der Zustimmung des Gerichts bedarf.

§ 138 Ausführung
(1) Aus wichtigem Anlass kann die oder der Gefangene auf ihren oder seinen Antrag mit Zustimmung des Gerichts auf eigene Kosten ausgeführt werden.

(2) Die oder der Gefangene darf auch ohne ihre oder seine Zustimmung ausgeführt werden, wenn dies aus besonderem Grund notwendig ist.

§ 139 Beendigung der Untersuchungshaft
Ist die Entlassung angeordnet, so ist die oder der Gefangene unverzüglich aus der Haft zu entlassen, es sei denn, es ist in anderer Sache eine richterlich angeordnete Freiheitsentziehung zu vollziehen.

Drittes Kapitel. Verhinderung von Kontakten, Unterbringung, Kleidung und Einkauf

§ 140 Verhinderung von Kontakten
Die Vollzugsbehörde hat zu verhindern, dass die oder der Gefangene mit anderen Gefangenen und Sicherungsverwahrten in Verbindung treten kann, die der Täterschaft, Teilnahme, Begünstigung, Strafvereitelung oder Hehlerei bezüglich derselben Tat verdächtigt werden oder bereits abgeurteilt worden sind oder als Zeugen in Betracht kommen; Ausnahmen bedürfen der Zustimmung des Gerichts.

§ 141 Unterbringung
(1) ¹Die oder der Gefangene wird während der Ruhezeit allein in ihrem oder seinem Haftraum untergebracht. ²Mit ihrer oder seiner Zustimmung kann die oder der Gefangene auch gemeinsam mit anderen Gefangenen untergebracht werden, wenn eine schädliche Beeinflussung nicht zu befürchten ist. ³Ohne Zustimmung der betroffenen Gefangenen ist eine gemeinsame Unterbringung zulässig, sofern eine oder einer von ihnen hilfsbedürftig ist oder für eine oder einen von ihnen eine Gefahr für Leben oder Gesundheit besteht. ⁴Darüber hinaus ist eine gemeinsame Unterbringung nur vorübergehend aus zwingenden Gründen zulässig.

(2) Der oder dem Gefangenen wird Gelegenheit gegeben, sich außerhalb der Ruhezeit in Gemeinschaft mit anderen Gefangenen aufzuhalten.

(3) Soweit es der Zweck der Untersuchungshaft oder die Sicherheit oder Ordnung der Anstalt erfordert, kann der gemeinschaftliche Aufenthalt außerhalb der Ruhezeit ausgeschlossen oder eingeschränkt werden.

§ 142 Ausstattung des Haftraums und persönlicher Besitz, Kleidung und Einkauf
(1) Die oder der Gefangene darf ihren oder seinen Haftraum in angemessenem Umfang mit eigenen Sachen ausstatten, die ihr oder ihm mit Zustimmung oder auf Vermittlung der Vollzugsbehörde überlassen worden sind.

(2) Die oder der Gefangene darf eigene Kleidung, eigene Wäsche und eigenes Bettzeug benutzen, wenn sie oder er für Reinigung und Instandsetzung auf eigene Kosten sorgt; anderenfalls erhält sie oder er Kleidung, Wäsche oder Bettzeug von der Vollzugsbehörde.

(3) ¹Die oder der Gefangene kann sich aus einem von der Vollzugsbehörde vermittelten Angebot regelmäßig in angemessenem Umfang Nahrungs- und Genussmittel sowie Gegenstände des persönlichen Bedarfs kaufen. ²Die Ausgaben für Einkäufe sollen monatlich den 30-fachen Tagessatz der Eckvergütung (§ 40 Abs. 1 Satz 2) nicht übersteigen. ³Es soll für ein Angebot gesorgt werden, das auf Wünsche und Bedürfnisse der Gefangenen Rücksicht nimmt.

(4) ¹Soweit es der Zweck der Untersuchungshaft oder die Sicherheit oder Ordnung der Anstalt erfordert, können
1. die Rechte aus Absatz 1 eingeschränkt,
2. die Rechte aus Absatz 2 ausgeschlossen oder eingeschränkt und
3. Gegenstände vom Einkauf ausgeschlossen

werden. ²§ 24 Abs. 2 Satz 2 gilt entsprechend.

Viertes Kapitel. Besuche, Schriftwechsel, Telefongespräche und Pakete

§ 143 Recht auf Besuch, Zulassung

(1) Zum Besuch bei der oder dem Gefangenen wird nur zugelassen, wer über eine Besuchserlaubnis verfügt; im Übrigen gilt für das Recht der oder des Gefangenen auf Besuch § 25 Abs. 1 bis 3 entsprechend.

(2) ¹Über die Besuchserlaubnis entscheidet das Gericht. ²Es kann die Besuchserlaubnis versagen oder von der Befolgung von Weisungen abhängig machen, wenn es der Zweck der Untersuchungshaft oder die Sicherheit oder Ordnung der Anstalt erfordert. ³Bei nachträglichem Eintreten oder Bekanntwerden solcher Umstände kann das Gericht die Besuchserlaubnis ganz oder teilweise widerrufen oder zurücknehmen. ⁴Auch bei Vorliegen einer Besuchserlaubnis kann die Vollzugsbehörde den Besuch einer Person zur Aufrechterhaltung der Sicherheit oder Ordnung der Anstalt von ihrer Durchsuchung abhängig machen und die Zahl der gleichzeitig zu einem Besuch zugelassenen Personen beschränken; insoweit findet § 134 Abs. 1 Satz 2 keine Anwendung.

§ 144 Überwachung von Besuchen

(1) ¹Besuche dürfen offen überwacht werden. ²Die akustische Überwachung ist nur zulässig, wenn dies im Einzelfall wegen des Zwecks der Untersuchungshaft oder zur Aufrechterhaltung der Sicherheit oder Ordnung der Anstalt erforderlich ist. ³§ 28 Abs. 2 gilt entsprechend.

(2) ¹Abweichend von § 134 Abs. 5 Satz 1 ist die Übertragung der Zuständigkeit für die Entscheidung über die akustische Überwachung zur Abwehr einer Verdunkelungsgefahr auf die Vollzugsbehörde ausgeschlossen. ²Wird die Durchführung der akustischen Überwachung zur Abwehr einer Verdunkelungsgefahr auf die Vollzugsbehörde übertragen, so hat das Gericht dieser zuvor schriftlich mitzuteilen, auf welche Umstände bei der Überwachung besonders zu achten ist.

(3) Die Kosten für Übersetzungsdienste und Sachverständige, die zur Überwachung hinzugezogen werden, übernimmt die Staatskasse nur in angemessenem Umfang.

(4) ¹Gegenstände dürfen beim Besuch nur mit Erlaubnis der Vollzugsbehörde, die der Zustimmung des Gerichts bedarf, übergeben werden. ²Die Erlaubnis zur Übergabe von Nahrungs- und Genussmitteln in geringer Menge bedarf nicht der Zustimmung des Gerichts; die Vollzugsbehörde kann anordnen, dass die Nahrungs- und Genussmittel durch ihre Vermittlung beschafft werden.

(5) ¹Ein Besuch darf nach vorheriger Androhung abgebrochen werden, wenn
1. aufgrund des Verhaltens der Besucherinnen oder Besucher oder der oder des Gefangenen eine Gefährdung des Zwecks der Untersuchungshaft droht oder
2. Besucherinnen oder Besucher oder die oder der Gefangene gegen die Vorschriften dieses Gesetzes oder die aufgrund dieses Gesetzes getroffenen Anordnungen verstoßen.

²Der Besuch kann sofort abgebrochen werden, wenn dies unerlässlich ist, um den Zweck der Untersuchungshaft zu gewährleisten oder eine Gefahr für die Sicherheit der Anstalt oder einen schwerwiegenden Verstoß gegen die Ordnung der Anstalt abzuwehren. ³Über den Abbruch des Besuchs entscheidet die Stelle, die die Überwachung durchführt; insoweit findet § 134 Abs. 1 bis 5 keine Anwendung.

§ 145 Recht auf Schriftwechsel

(1) ¹Die oder der Gefangene hat das Recht, Schreiben abzusenden und zu empfangen. ²In dringenden Fällen kann der oder dem Gefangenen gestattet werden, Schreiben als Telefaxe aufzugeben.

(2) ¹Die Kosten des Schriftverkehrs trägt die oder der Gefangene. ²Bei einer oder einem bedürftigen Gefangenen kann die Vollzugsbehörde auf Antrag Kosten ganz oder teilweise übernehmen.

§ 146 Überwachung des Schriftwechsels
(1) ¹Der Schriftwechsel wird überwacht. ²§ 30 Abs. 3 gilt entsprechend.

(2) ¹Die oder der Gefangene hat Absendung und Empfang ihrer oder seiner Schreiben durch die Vollzugsbehörde vermitteln zu lassen. ²Diese leitet die Schreiben unverzüglich an die für die Überwachung ihres gedanklichen Inhalts (Textkontrolle) zuständige Stelle weiter; die Vollzugsbehörde darf von dem gedanklichen Inhalt der Schreiben keine Kenntnis nehmen.

(3) Die Textkontrolle wird vom Gericht durchgeführt; § 134 Abs. 4 und 5 findet keine Anwendung.

(4) Die Kosten für Übersetzungsdienste und Sachverständige, die zur Überwachung hinzugezogen werden, übernimmt die Staatskasse nur in angemessenem Umfang.

§ 147 Anhalten von Schreiben
(1) ¹Schreiben können vom Gericht angehalten werden, soweit es der Zweck der Untersuchungshaft oder die Sicherheit oder Ordnung einer Anstalt erfordert; § 134 Abs. 5 findet keine Anwendung. ²Im Übrigen gilt § 32 Abs. 1 Nrn. 2 bis 6 entsprechend. ³Wird ein Schreiben nicht angehalten, so ist es unverzüglich weiterzuleiten.

(2) ¹Ist ein Schreiben angehalten worden, so wird das der oder dem Gefangenen mitgeteilt. ²Hiervon kann solange abgesehen werden, wie es der Zweck der Untersuchungshaft oder die Sicherheit oder Ordnung der Anstalt erfordert.

(3) Angehaltene Schreiben werden an die Absender zurückgegeben oder von der anhaltenden Stelle verwahrt, sofern eine Rückgabe unmöglich oder nicht geboten ist.

§ 148 Telefongespräche
(1) ¹Die oder der Gefangene kann mit Erlaubnis der Vollzugsbehörde, die der Zustimmung des Gerichts bedarf, Telefongespräche durch Vermittlung der Vollzugsbehörde führen. ²Die Erlaubnis kann versagt werden, wenn der Zweck der Untersuchungshaft, die Sicherheit, die Ordnung oder die räumlichen, personellen oder organisatorischen Verhältnisse der Anstalt es erfordern.

(2) ¹Die Erlaubnis kann unter den in Absatz 1 Satz 2 genannten Voraussetzungen von der Befolgung von Weisungen abhängig gemacht werden. ²§ 143 Abs. 2 Satz 3, § 144 Abs. 1 Satz 2, Abs. 2, 3 und 5, § 145 Abs. 2 sowie § 33 Abs. 1 Sätze 3 und 4 und Abs. 4 gelten entsprechend.

§ 149 Verkehr mit Verteidigerinnen und Verteidigern, der Führungsaufsichtsstelle sowie der Bewährungs- und Gerichtshilfe
(1) ¹Die Verteidigerinnen und Verteidiger der oder des Gefangenen dürfen diese oder diesen ohne Erlaubnis, ohne Beschränkungen hinsichtlich Dauer oder Häufigkeit und unüberwacht besuchen; § 27 Satz 2 gilt entsprechend. ²Die Vollzugsbehörde kann den Besuch davon abhängig machen, dass sich die Verteidigerin oder der Verteidiger durchsuchen lässt. ³Eine Kenntnisnahme des gedanklichen Inhalts der von der Verteidigerin oder dem Verteidiger mitgeführten Schriftstücke und sonstigen Unterlagen ist unzulässig; für deren Übergabe bedürfen sie keiner Erlaubnis. ⁴Schriftwechsel ist ohne Erlaubnis, unbeschränkt und unüberwacht zulässig, insbesondere dürfen Schreiben nicht geöffnet werden. ⁵§ 148 Abs. 2 und § 148a StPO gelten fort; sie gelten für die Fälle entsprechend, dass gegen die oder den Gefangenen wegen einer Straftat nach § 129a, auch in Verbindung mit § 129b Abs. 1, StGB Überhaft vorgemerkt ist. ⁶Telefongespräche dürfen mit Erlaubnis des Gerichts durch Vermittlung der Vollzugsbehörde unüberwacht geführt werden. ⁷§ 143 Abs. 2 Sätze 2 und 3, § 145 Abs. 2 sowie § 33 Abs. 4 gelten entsprechend. ⁸Auch bei Vorliegen einer Erlaubnis kann die Vollzugsbehörde die Vermittlung des Gesprächs vorübergehend ablehnen, soweit die räumlichen, personellen und organisatorischen Verhältnisse der Anstalt es erfordern. ⁹§ 134 Abs. 1, 2, 4 und 5 findet keine Anwendung.

(2) Für den Verkehr einer oder eines Gefangenen, die oder der unter Bewährungs- oder Führungsaufsicht steht oder über die oder den ein Bericht der Gerichtshilfe angefordert ist, mit der Bewährungshelferin oder dem Bewährungshelfer, der oder dem Bediensteten der Führungsaufsichtsstelle oder der Gerichtshilfe gilt Absatz 1 entsprechend.

§ 150 Pakete

(1) Die oder der Gefangene darf mit Erlaubnis der Vollzugsbehörde, die der Zustimmung des Gerichts bedarf, in angemessenem Umfang Pakete empfangen sowie Pakete versenden.

(2) [1]Eingehende Pakete dürfen Nahrungs- und Genussmittel sowie Gegenstände, die den Zweck der Untersuchungshaft oder die Sicherheit oder Ordnung der Anstalt gefährden, nicht enthalten. [2]Pakete, für die keine Erlaubnis erteilt worden ist, sollen nicht angenommen werden. [3]Angenommene Pakete sind von der Vollzugsbehörde in Gegenwart der oder des Gefangenen zu öffnen. [4]Nahrungs- und Genussmittel sowie Gegenstände, die die Sicherheit oder Ordnung der Anstalt gefährden, sind von der Vollzugsbehörde zur Habe zu nehmen, zurückzusenden oder, wenn es erforderlich ist, zu vernichten. [5]Gegenstände, die den Zweck der Untersuchungshaft gefährden können, leitet die Vollzugsbehörde unverzüglich an das Gericht weiter. [6]Das Gericht entscheidet, ob die Gegenstände an die oder den Gefangenen ausgehändigt werden oder ob mit ihnen nach Satz 4 verfahren wird. [7]Die jeweils veranlassten Maßnahmen werden der oder dem Gefangenen von der zuständigen Stelle mitgeteilt. [8]Hiervon kann auf Anordnung des Gerichts vorübergehend abgesehen werden, soweit es der Zweck der Untersuchungshaft erfordert.

(3) [1]Der Inhalt ausgehender Pakete kann von der Vollzugsbehörde wegen des Zwecks der Untersuchungshaft oder aus Gründen der Sicherheit oder Ordnung der Anstalt überprüft werden. [2]Für Gegenstände, die die Sicherheit oder Ordnung der Anstalt gefährden, gilt Absatz 2 Satz 4 entsprechend. [3]Gegenstände, die den Zweck der Untersuchungshaft gefährden können, leitet die Vollzugsbehörde unverzüglich an das Gericht weiter. [4]Das Gericht entscheidet, ob die Gegenstände abgesendet werden oder ob mit ihnen nach Absatz 2 Satz 4 verfahren wird. [5]Absatz 2 Sätze 7 und 8 gilt entsprechend.

(4) Auf in ein- und ausgehenden Paketen enthaltene Schreiben finden abweichend von den Absätzen 2 und 3 die auch sonst für Schreiben geltenden Vorschriften dieses Teils Anwendung.

(5) Der Empfang von Paketen kann befristet untersagt werden
1. vom Gericht, wenn es der Zweck der Untersuchungshaft erfordert,
2. von der Vollzugsbehörde, wenn es wegen einer Gefährdung der Sicherheit oder Ordnung der Anstalt unerlässlich ist.

(6) Für die Kosten des Paketverkehrs gilt § 145 Abs. 2 entsprechend.

(7) § 134 Abs. 1, 2, 4 und 5 findet keine Anwendung.

§ 151 Gegenstände in Schreiben

[1]Enthält ein Schreiben offenkundig einen Gegenstand, so darf es von der Vollzugsbehörde geöffnet werden. [2]Für die Behandlung des Gegenstandes gilt § 150 Abs. 2 Sätze 4 bis 8, Abs. 3 Sätze 2 bis 4 und Abs. 7 entsprechend. [3]Auf das Schreiben finden im Übrigen die auch sonst für Schreiben geltenden Vorschriften dieses Teils Anwendung; insbesondere ist eine Textkontrolle durch die Vollzugsbehörde unzulässig.

13 G 10

Fünftes Kapitel. Beschäftigung, Bildungsmaßnahmen, Freizeit

§ 152 Beschäftigung, Bildungsmaßnahmen

(1) Die oder der Gefangene ist nicht zur Arbeit verpflichtet.

(2) Ihr oder ihm soll auf Antrag nach Möglichkeit der Vollzugsbehörde Arbeit oder eine angemessene Beschäftigung in der Anstalt angeboten werden, soweit der Zweck der Untersuchungshaft nicht entgegensteht.

(3) [1]Für die Ausübung einer angebotenen Arbeit oder angemessenen Beschäftigung erhält die oder der Gefangene ein Arbeitsentgelt. [2]§ 40 Abs. 1 Satz 2, Abs. 2 und 4 sowie die §§ 42 und 44 gelten entsprechend.

(4) [1]Einer oder einem geeigneten Gefangenen soll Gelegenheit zum Erwerb oder zur Verbesserung schulischer oder beruflicher Kenntnisse gegeben werden, soweit es die Möglichkeiten der Vollzugsbehörde und die besonderen Bedingungen der Untersuchungshaft zulassen. [2]Nimmt die oder der Gefangene an einer Maßnahme der Vollzugsbehörde nach Satz 1 teil, so gilt § 41 entsprechend.

§ 152a Freistellung

(1) [1]Hat die oder der Gefangene ein Jahr lang eine angebotene Tätigkeit ausgeübt, so kann sie oder er beanspruchen, für die Dauer des jährlichen Mindesturlaubs nach § 3 Abs. 1 des Bundesurlaubsgesetzes

freigestellt zu werden; Zeiträume von unter einem Jahr bleiben unberücksichtigt. ²Die Freistellung kann nur innerhalb eines Jahres nach Entstehung des Freistellungsanspruchs in Anspruch genommen werden. ³Auf die Frist nach Satz 1 werden Zeiten,
1. in denen die oder der Gefangene infolge Krankheit an ihrer oder seiner Arbeitsleistung gehindert war, mit bis zu sechs Wochen jährlich,
2. in denen die oder der Gefangene Verletztengeld nach § 47 Abs. 6 des Siebten Buchs des Sozialgesetzbuchs erhalten hat,
3. in denen die oder der Gefangene nach Satz 1 freigestellt war,

angerechnet. ⁴Zeiten, in denen die oder der Gefangene die angebotene Tätigkeit aus anderen Gründen nicht ausgeübt hat, können in angemessenem Umfang angerechnet werden. ⁵Erfolgt keine Anrechnung nach Satz 3 oder 4, so wird die Frist für die Dauer der Fehlzeit gehemmt.

(2) § 39 Abs. 2 und 4 gilt entsprechend.

4 C 22

§ 153 Freizeit

Für die Gestaltung der Freizeit der oder des Gefangenen gelten die §§ 64 bis 67 entsprechend mit der Maßgabe, dass die sich daraus ergebenden Rechte auch eingeschränkt oder ausgeschlossen werden können, soweit es der Zweck der Untersuchungshaft erfordert.

Sechstes Kapitel. Gesundheitsfürsorge und soziale Hilfen

§ 154 Gesundheitsfürsorge

(1) ¹Für die Gesundheitsfürsorge gelten die §§ 56, 57, 59, 62 und 63 entsprechend. ²Das Fachministerium wird ermächtigt, durch Verordnung zu regeln, unter welchen Voraussetzungen und in welcher Höhe die oder der Gefangene in entsprechender Anwendung des § 52 Abs. 3 Satz 2 Nr. 2 an den Kosten für Leistungen auf dem Gebiet der Gesundheitsfürsorge beteiligt werden kann.

(2) ¹Der oder dem Gefangenen kann nach Anhörung der Anstaltsärztin oder des Anstaltsarztes oder der Anstaltszahnärztin oder des Anstaltszahnarztes gestattet werden, auf eigene Kosten weiteren ärztlichen oder zahnärztlichen Rat hinzuzuziehen. ²Die Konsultation soll in der Anstalt erfolgen.

§ 155 Soziale Hilfen

Für soziale Hilfen gelten § 68 Abs. 1 und § 69 Abs. 1 und 2 Sätze 1 und 3 unter Berücksichtigung des Zwecks der Untersuchungshaft entsprechend mit der Maßgabe, dass sich die Hilfe auch auf die Vermeidung der weiteren Untersuchungshaft erstrecken soll.

Siebtes Kapitel. Sicherheit und Ordnung der Anstalt, unmittelbarer Zwang, Disziplinarmaßnahmen

§ 156 Sicherheit und Ordnung der Anstalt, unmittelbarer Zwang, Disziplinarmaßnahmen

(1) ¹Für die Sicherheit und Ordnung der Anstalt sowie den unmittelbaren Zwang gelten die §§ 74 bis 93 entsprechend. ²Das Gericht kann Einzelhaft zur Abwehr einer Verdunkelungsgefahr anordnen; eine Übertragung der Zuständigkeit auf die Vollzugsbehörde ist ausgeschlossen.

(2) ¹Für die Disziplinarmaßnahmen gelten die §§ 94 bis 96 Abs. 3 Satz 2 und die §§ 97 bis 99 entsprechend. ²§ 96 Abs. 3 Satz 3 gilt entsprechend mit der Maßgabe, dass die Befugnisse der oder des Gefangenen aus § 142 Abs. 1 bis 3 und den §§ 152 und 153 ruhen, soweit nichts anderes angeordnet wird.

(3) ¹Durch die Anordnung und den Vollzug einer Disziplinarmaßnahme darf die Verteidigung und die Verhandlungsfähigkeit der oder des betroffenen Gefangenen nicht beeinträchtigt werden. ²Eine Disziplinarmaßnahme kann ganz oder zum Teil auch während einer der Untersuchungshaft unmittelbar nachfolgenden Strafhaft vollzogen werden.

Achtes Kapitel. Junge Gefangene

§ 157 Anwendungsbereich

¹An jungen Gefangenen wird die Untersuchungshaft nach den Vorschriften dieses Kapitels vollzogen. ²Junge Gefangene sind zur Tatzeit Jugendliche und Heranwachsende im Sinne des Jugendgerichtsgesetzes,

die das 21. Lebensjahr noch nicht vollendet haben, sowie zur Tatzeit Heranwachsende, die 21, aber noch nicht 24 Jahre alt sind und für die nach den Vorschriften des Jugendgerichtsgesetzes der Vollzug der Untersuchungshaft nach den für den Vollzug an Jugendlichen geltenden Vorschriften angeordnet worden ist.

§ 158 Gestaltung des Vollzuges

(1) ¹Der Vollzug soll erzieherisch gestaltet werden. ²Die oder der junge Gefangene soll in der Entwicklung von Fähigkeiten und Fertigkeiten sowie in der Bereitschaft zu einer eigenverantwortlichen und gemeinschaftsfähigen Lebensführung in Achtung der Rechte anderer gefördert werden. ³Dem dienen altersgemäße Beschäftigungs-, Bildungs- und Freizeitmöglichkeiten sowie sonstige entwicklungsfördernde Maßnahmen. ⁴Die Bereitschaft zur Teilnahme ist zu wecken und zu fördern. ⁵§ 114 Abs. 1 Sätze 3 und 4 gilt entsprechend.

(2) Die oder der junge Gefangene ist verpflichtet, die ihr oder ihm aus erzieherischen Gründen erteilten rechtmäßigen Anordnungen zu befolgen.

(3) ¹Die Personensorgeberechtigten sind von der Inhaftierung, dem jeweiligen Aufenthaltsort und der bevorstehenden Entlassung zu unterrichten, soweit sie noch keine Kenntnis darüber haben; über vorübergehende Veränderungen des Aufenthaltsortes während des Vollzuges sind die Personensorgeberechtigten nur zu unterrichten, soweit dies mit Rücksicht auf die Dauer des anderweitigen Aufenthaltes der oder des jungen Gefangenen angezeigt ist. ²Sie sind auf Antrag oder bei Bedarf über grundlegende Fragen der Vollzugsgestaltung zu unterrichten; gleichzeitig soll ihnen Gelegenheit gegeben werden, hierzu Anregungen zu geben. ³Diese sind nach Möglichkeit zu berücksichtigen.

§ 159 Unterbringung

Für die Unterbringung der oder des jungen Gefangenen gilt § 120 entsprechend mit der Maßgabe, dass eine Unterbringung in einer Wohngruppe, eine gemeinschaftliche Unterbringung während der Arbeitszeit und Freizeit sowie eine gemeinsame Unterbringung während der Ruhezeit ausgeschlossen oder eingeschränkt werden können, wenn es der Zweck der Untersuchungshaft erfordert.

§ 160 Besuche, Schriftwechsel, Telefongespräche und Pakete

(1) Die Gesamtdauer des Besuchs beträgt mindestens sechs Stunden im Monat.

(2) ¹Unbeschadet der Vorschriften des Vierten Kapitels können Besuche von bestimmten Personen auch untersagt werden, wenn die Personensorgeberechtigten es beantragen oder wenn es aus erzieherischen Gründen erforderlich ist. ²Satz 1 gilt entsprechend für den Schriftwechsel, die Telefongespräche und den Paketverkehr.

(3) Für den Verkehr mit Betreuungspersonen, Erziehungsbeiständen und Personen, die Aufgaben der Jugendgerichtshilfe wahrnehmen, gilt § 149 Abs. 1 entsprechend.

§ 161 Schulische und berufliche Aus- und Weiterbildung, Arbeit, Selbstbeschäftigung

(1) ¹Die oder der junge Gefangene kann aus erzieherischen Gründen zur Teilnahme an schulischen oder beruflichen Orientierungs-, Aus- und Weiterbildungsmaßnahmen, zur Arbeit, angemessenen oder arbeitstherapeutischen Beschäftigung verpflichtet werden. ²Ihr oder ihm kann eine Selbstbeschäftigung in der Anstalt gestattet werden. ³Der Teilnahme an schulischen oder beruflichen Orientierungs-, Aus- oder Weiterbildungsmaßnahmen soll Vorrang eingeräumt werden, soweit diese Maßnahmen der künftigen beruflichen Integration der oder des jungen Gefangenen dienlich sind. ⁴§ 36 Abs. 3, § 40 Abs. 1 bis 4, §§ 41, 42 und 44 gelten entsprechend.

(2) ¹Auf einem gesonderten Konto werden für die junge Gefangene oder den jungen Gefangenen gutgeschrieben
1. vier Siebtel von Ansprüchen auf Ausbildungsbeihilfe oder Arbeitsentgelt sowie
2. ein angemessener Teil des Anspruchs aus einer Selbstbeschäftigung, der der Vollzugsbehörde zur Gutschrift für die junge Gefangene oder den jungen Gefangenen entsprechend § 36 Abs. 3 überwiesen worden ist.

²Das Guthaben wird der oder dem jungen Gefangenen bei der Entlassung ausgezahlt. ³Der Anspruch auf das Guthaben ist nicht übertragbar.

§ 162 Gesundheitsfürsorge

(1) ¹Für die Gesundheitsfürsorge der jungen Gefangenen gelten die §§ 56, 57, 59, 62 und 63 sowie § 154 Abs. 2 entsprechend. ²Das Fachministerium wird ermächtigt, durch Verordnung zu regeln, unter welchen Voraussetzungen und in welcher Höhe die oder der junge Gefangene in entsprechender Anwendung des § 52 Abs. 3 Satz 2 Nr. 2 an den Kosten für Leistungen auf dem Gebiet der Gesundheitsfürsorge beteiligt werden kann.

(2) Die oder der minderjährige Gefangene hat über die Ansprüche nach § 57 hinaus auch Anspruch auf Leistungen zur Verhütung von Zahnerkrankungen in entsprechender Anwendung des § 22 Abs. 1 bis 3 des Fünften Buchs des Sozialgesetzbuchs.

(3) Bei der Anwendung des § 57 Abs. 2 Satz 3 kann ein Verschulden der oder des jungen Gefangenen im Einzelfall unberücksichtigt bleiben.

(4) ¹Vor ärztlichen Eingriffen bei der oder dem jungen Gefangenen sind die Rechte ihrer oder seiner Personensorgeberechtigten zu beachten. ²Dies gilt insbesondere im Hinblick auf deren Aufklärung und Einwilligung.

§ 163 Besondere Vorschriften für den Schusswaffengebrauch

Für den Schusswaffengebrauch gegen eine junge Gefangene oder einen jungen Gefangenen gilt § 92 Abs. 1 Satz 1 Nr. 1 entsprechend mit der Maßgabe, dass Schusswaffen nur zur Abwehr einer durch die Benutzung der Waffe oder des gefährlichen Werkzeugs verursachten gegenwärtigen Gefahr für Leben oder Gesundheit gebraucht werden dürfen; § 92 Abs. 1 Satz 1 Nrn. 2 und 3 findet keine Anwendung.

§ 164 Erzieherische Maßnahmen und Disziplinarmaßnahmen

(1) Verstößt die oder der junge Gefangene schuldhaft gegen Pflichten, die ihr oder ihm durch dieses Gesetz oder aufgrund dieses Gesetzes auferlegt sind, so gilt § 130 Abs. 1 entsprechend.

(2) Reichen Maßnahmen nach Absatz 1 nicht aus, so können gegen die junge Gefangene oder den jungen Gefangenen Disziplinarmaßnahmen angeordnet werden.

(3) ¹Für die Disziplinarmaßnahmen gelten § 94 Abs. 3, § 95 Abs. 1 Nrn. 1 bis 6 und Abs. 2 bis 4, § 96 Abs. 1 und 3 Sätze 1 und 2, §§ 97 bis 99 sowie 156 Abs. 3 entsprechend. ²§ 95 Abs. 1 Nr. 7 gilt entsprechend mit der Maßgabe, dass Arrest nur bis zu zwei Wochen zulässig ist. ³§ 96 Abs. 2 gilt entsprechend mit der Maßgabe, dass die Aussetzung von Disziplinarmaßnahmen zur Bewährung nur bis zu drei Monaten zulässig ist. ⁴§ 96 Abs. 3 Satz 3 gilt entsprechend mit der Maßgabe, dass die Befugnisse der oder des jungen Gefangenen aus § 142 Abs. 1 bis 3 und den §§ 153 und 161 ruhen, soweit nichts anderes angeordnet wird. ⁵Die Personensorgeberechtigten sollen von der Entscheidung unterrichtet werden.

§ 165 Beschwerderecht der Personensorgeberechtigten

§ 101 Abs. 1 gilt für die Personensorgeberechtigten der oder des jungen Gefangenen entsprechend.

§ 166 Ergänzende Anwendung der Vorschriften der übrigen Kapitel dieses Teils

Die Vorschriften der übrigen Kapitel dieses Teils sind anzuwenden, soweit in diesem Kapitel nichts anderes bestimmt ist.

Neuntes Kapitel. Rechtsbehelfe

§ 167 Antrag auf gerichtliche Entscheidung

(1) ¹Gegen eier der Staatsanwaltschaft zur Regelung einzelner Angelegenheiten auf dem Gebiet des Vollzuges der Untersuchungshaft kann gerichtliche Entscheidung beantragt werden. ²Mit dem Antrag kann auch die Verpflichtung zum Erlass einer abgelehnten oder unterlassenen Maßnahme begehrt werden.

(2) Der Antrag auf gerichtliche Entscheidung ist nur zulässig, wenn die Antragstellerin oder der Antragsteller geltend macht, durch die Maßnahme oder ihre Ablehnung oder Unterlassung in ihren oder seinen Rechten verletzt zu sein.

(3) Über den Antrag entscheidet das Gericht nach § 134a Abs. 1 Sätze 1 und 2.

(4) ¹Im Übrigen finden § 111 Abs. 1, §§ 112, 114, 115, 120 und 121 Abs. 1 bis 4 StVollzG entsprechende Anwendung. ²Für den Vornahmeantrag gilt § 113 StVollzG entsprechend mit der Maßgabe, dass der Antrag

auf gerichtliche Entscheidung schon nach sechs Wochen seit dem Antrag auf Vornahme der Entscheidung gestellt werden kann.

(5) ¹Gegen die gerichtliche Entscheidung steht den Beteiligten die Beschwerde zu. ²Für das Beschwerdeverfahren gelten im Übrigen die Vorschriften der Strafprozessordnung entsprechend.

§ 168 Anfechtung gerichtlicher Entscheidungen

(1) ¹Gegen eine Maßnahme des Gerichts zur Regelung einzelner Angelegenheiten auf dem Gebiet des Vollzuges der Untersuchungshaft oder ihre Ablehnung oder Unterlassung ist die Beschwerde zulässig, wenn die Beschwerdeführerin oder der Beschwerdeführer geltend macht, durch die Maßnahme oder ihre Ablehnung oder Unterlassung in ihren oder seinen Rechten verletzt zu sein. ²Abweichend von Satz 1 steht die Beschwerde auch der Vollzugsbehörde und der Staatsanwaltschaft zu. ³Für das Beschwerdeverfahren gelten im Übrigen die Vorschriften der Strafprozessordnung entsprechend.

(2) Die Vollzugsbehörde kann bis zur Beschwerdeentscheidung die zur Wahrung der Sicherheit oder Ordnung erforderlichen Maßnahmen treffen.

Zehntes Kapitel. Ergänzende Anwendung von Vorschriften des Zweiten Teils und der Strafprozessordnung

§ 169 Ergänzende Anwendung von Vorschriften des Zweiten Teils und der Strafprozessordnung

(1) Für den Vollzug der Untersuchungshaft gelten die Vorschriften des Zweiten Teils über die Vorführung (§ 14 Abs. 3 Satz 3), die Anstaltsverpflegung (§ 23), die Gutschrift als Eigengeld (§ 48 Abs. 1 Satz 1), die Religionsausübung (§§ 53 bis 55), die Besonderheiten des Vollzuges an weiblichen Gefangenen (§§ 71 bis 73), die Aufhebung von Verwaltungsakten (§ 100) sowie die Beschwerde (§ 101) entsprechend.

(2) Bei der Ausübung von Ermessen und der Ausfüllung von Beurteilungsspielräumen sind im Untersuchungshaftvollzug der Zweck der Untersuchungshaft nach § 133 sowie die weiteren in § 134b genannten Gesichtspunkte besonders zu beachten.

(3) Auf die den Vollzug der Untersuchungshaft betreffenden gerichtlichen Entscheidungen mit Ausnahme der Entscheidungen nach § 134 Abs. 1 Satz 2, Abs. 3 Satz 1 und Abs. 5 Satz 1 finden die Vorschriften der Strafprozessordnung entsprechende Anwendung, soweit in diesem Gesetz nichts anderes bestimmt ist.

Sechster Teil. Vollzugsorganisation, Datenschutz, Übergangs- und Schlussbestimmungen

Erstes Kapitel. Vollzugsorganisation

Erster Abschnitt. Zweckbestimmung und Ausstattung der Anstalten, Unterbringung und Trennung

§ 170 Einrichtung von Anstalten und Abteilungen

(1) Die in § 1 genannten freiheitsentziehenden Maßnahmen werden in Anstalten der Landesjustizverwaltung vollzogen.

(2) Für die einzelnen Vollzugsarten (Freiheitsstrafe, Jugendstrafe, Untersuchungshaft an jungen Gefangenen und Untersuchungshaft an sonstigen Untersuchungsgefangenen), für den Vollzug an Frauen und Männern sowie für den Vollzug der Freiheitsstrafe an jungen Verurteilten sind jeweils gesonderte Anstalten oder Abteilungen einzurichten.

13 A 1, 13 A 3, 14 A 6

§ 171 Vollzug in den Anstalten und Abteilungen

(1) Der Vollzug an Frauen und Männern erfolgt in den dafür vorgesehenen gesonderten Anstalten oder Abteilungen.

(2) ¹Die einzelnen Vollzugsarten werden jeweils in den dafür bestimmten gesonderten Anstalten oder Abteilungen vollzogen. ²Abweichend von Satz 1 kann der Vollzug an einer oder einem jungen Gefangenen auch in einer Jugendarrestanstalt erfolgen. ³Darüber hinaus kann der Vollzug einer Vollzugsart in einer für eine andere Vollzugsart bestimmten Anstalt oder Abteilung erfolgen,

1. sofern eine Gefangene oder ein Gefangener hilfsbedürftig ist oder für eine oder einen von ihnen eine Gefahr für Leben oder Gesundheit besteht,
2. um einer oder einem Gefangenen die Teilnahme an vollzuglichen Maßnahmen in einer anderen Anstalt oder Abteilung zu ermöglichen,
3. aus dringenden Gründen der Vollzugsorganisation oder
4. mit Zustimmung der oder des Gefangenen.

⁴Betrifft die Abweichung von Satz 1 eine Untersuchungsgefangene oder einen Untersuchungsgefangenen, so bedarf es der Zustimmung des nach den Vorschriften des Fünften Teils zuständigen Gerichts; § 134 Abs. 3 Satz 1 und Abs. 6 gilt entsprechend.

13 B 1, 13 B 6, 14 A 6, 14 D 3

§ 172 Getrennte Unterbringung

(1) ¹Frauen und Männer sind während und außerhalb der Ruhezeit getrennt voneinander unterzubringen. ²Hiervon kann außerhalb der Ruhezeit abgewichen werden, um der oder dem Gefangenen die Teilnahme an vollzuglichen Maßnahmen in einer anderen Anstalt oder Abteilung zu ermöglichen.

(2) ¹Personen, an denen unterschiedliche Vollzugsarten zu vollziehen sind, sind während und außerhalb der Ruhezeit getrennt voneinander unterzubringen. ²Liegen die Voraussetzungen der Vorschriften des Zweiten bis Fünften Teils für eine gemeinsame Unterbringung während der Ruhezeit vor, so darf abweichend von Satz 1 eine gemeinsame Unterbringung während der Ruhezeit erfolgen,
1. sofern eine Gefangene oder ein Gefangener hilfsbedürftig ist oder für eine oder einen von ihnen eine Gefahr für Leben oder Gesundheit besteht,
2. wenn dies vorübergehend aus zwingenden Gründen der Vollzugsorganisation erforderlich ist, oder
3. mit Zustimmung der betroffenen Gefangenen.

³Liegen die Voraussetzungen der Vorschriften des Zweiten bis Fünften Teils für die gemeinschaftliche Unterbringung außerhalb der Ruhezeit vor, so darf abweichend von Satz 1 eine gemeinschaftliche Unterbringung außerhalb der Ruhezeit unter den Voraussetzungen des § 171 Abs. 2 Satz 3 erfolgen.

(3) Betrifft die Abweichung von Absatz 1 Satz 1 oder von Absatz 2 Satz 1 eine Untersuchungsgefangene oder einen Untersuchungsgefangenen, so gilt § 171 Abs. 2 Satz 4 entsprechend.

13 B 6, 14 A 6

§ 173 Gestaltung, Differenzierung und Organisation der Anstalten

¹Die Anstalten sind vom Fachministerium und von den Vollzugsbehörden so zu gestalten und zu differenzieren, dass Ziele und Aufgaben des Vollzuges gewährleistet werden. ²Personelle Ausstattung, sachliche Mittel und Organisation der Anstalten sind hieran auszurichten.

1 D 16, 13 C 5, 13 D 2, 13 D 3

§ 174 Belegungsfähigkeit und Ausgestaltung der Räume

(1) Das Fachministerium setzt die Belegungsfähigkeit sowie die Zahl der Einzel- und Gemeinschaftshafträume für jede Anstalt fest.

(2) ¹Räume für den Aufenthalt während der Ruhe- und Freizeit sowie Gemeinschafts- und Besuchsräume müssen zweckentsprechend ausgestaltet und für eine gesunde Lebensführung ausreichend mit Heizung, Lüftung, Boden- und Fensterfläche ausgestattet sein. ²In Gemeinschaftshafträumen befindliche Sanitärbereiche sind baulich vollständig abzutrennen. ³Die Größe der Gemeinschaftshafträume muss für die darin untergebrachten Gefangenen unter Berücksichtigung der Umstände des Einzelfalles zumutbar sein. ⁴Besuchsräume sind kindgerecht auszugestalten.

2 E 28, 13 E 6, 13 E 9, 13 E 10, 13 E 17

Zweiter Abschnitt. Wahrnehmung der Aufgaben der Vollzugsbehörden

§ 175 Zuständigkeit

(1) Die Anstalt ist als Vollzugsbehörde für die Entscheidungen und sonstigen Maßnahmen nach diesem Gesetz zuständig, soweit nicht etwas anderes bestimmt ist.

(2) Das Fachministerium kann bestimmte vollzugliche Aufgaben anstaltsübergreifend einer nachgeordneten Stelle übertragen.

§ 176 Anstaltsleitung

(1) ¹Die Anstaltsleiterin oder der Anstaltsleiter trägt die Verantwortung für den gesamten Vollzug in der Anstalt, vertritt die Anstalt in den ihr als Vollzugsbehörde obliegenden Angelegenheiten nach außen und regelt die Geschäftsverteilung innerhalb der Anstalt. ²Die Befugnis, eine mit einer Entkleidung verbundene körperliche Durchsuchung, besondere Sicherungsmaßnahmen und Disziplinarmaßnahmen anzuordnen, darf sie oder er nur mit Zustimmung des Fachministeriums anderen Justizvollzugsbediensteten übertragen.

(2) ¹Die Anstaltsleiterin oder der Anstaltsleiter und ihre oder seine Vertreterinnen oder Vertreter müssen hauptamtlich tätig sein und in einem öffentlich-rechtlichen Dienst- und Treueverhältnis zum Land stehen. ²Sie werden vom Fachministerium bestellt.

11 I 6, 11 I 57, 11 M 50, 12 B 11, 13 K 1, 13 K 4, 13 K 6, 13 K 9, 13 K 14

§ 177 Aufgabenwahrnehmung durch Justizvollzugsbedienstete

(1) ¹Die Wahrnehmung der Aufgaben der Vollzugsbehörden wird Justizvollzugsbeamtinnen und Justizvollzugsbeamten übertragen. ²Aus besonderen Gründen kann die Wahrnehmung der Aufgaben auch anderen Beamtinnen und Beamten, sonstigen Justizvollzugsbediensteten oder nebenamtlich in einer Anstalt beschäftigten Personen übertragen werden.

(2) ¹Im Jugendstrafvollzug und im Untersuchungshaftvollzug an jungen Gefangenen sollen Justizvollzugsbedienstete eingesetzt werden, die für den Umgang mit jungen Menschen besonders geeignet sind. ²Die Eignung ist durch entsprechende Fortbildungen zu fördern.

4 E 8, 11 K 8, 12 B 11, 13 J 1, 13 J 3, 13 J 4

§ 178 Beauftragung

¹Fachlich geeignete und zuverlässige natürliche Personen, juristische Personen des öffentlichen oder privaten Rechts oder sonstige Stellen können beauftragt werden, Aufgaben für die Vollzugsbehörde wahrzunehmen, soweit dabei keine Entscheidungen oder sonstige in die Rechte der Gefangenen oder anderer Personen eingreifende Maßnahmen zu treffen sind. ²Eine Übertragung von vollzuglichen Aufgaben zur eigenverantwortlichen Wahrnehmung ist ausgeschlossen.

4 K 7, 4 K 9, 13 J 3

§ 179 Seelsorge

(1) Seelsorgerinnen und Seelsorger werden im Einvernehmen mit der jeweiligen Religionsgemeinschaft im Hauptamt bestellt oder vertraglich verpflichtet.

(2) Wenn die geringe Zahl der Angehörigen einer Religionsgemeinschaft eine Seelsorge nach Absatz 1 nicht rechtfertigt, ist die seelsorgerische Betreuung auf andere Weise zuzulassen.

(3) Mit Zustimmung der Vollzugsbehörde dürfen die Anstaltsseelsorgerinnen und Anstaltsseelsorger freie Seelsorgehelferinnen und Seelsorgehelfer und für Gottesdienste sowie für andere religiöse Veranstaltungen Seelsorgerinnen und Seelsorger von außen zuziehen.

8 C 3, 8 D 1, 8 D 2, 8 D 6, 8 D 10, 8 D 28

§ 180 Ärztliche Versorgung

(1) Die ärztliche Versorgung ist in der Regel durch hauptberuflich in der Anstalt tätige Ärztinnen und Ärzte sicherzustellen.

(2) ¹Die Pflege der Kranken soll von Personen ausgeübt werden, die eine Erlaubnis nach dem Krankenpflegegesetz besitzen. ²Solange solche Personen nicht zur Verfügung stehen, können auch Bedienstete des allgemeinen Vollzugsdienstes eingesetzt werden, die anderweitig in der Krankenpflege ausgebildet sind.

6 D 35

§ 181 Zusammenarbeit

(1) ¹Im Strafvollzug ist insbesondere mit den Behörden und Stellen der Entlassenen- und Straffälligenhilfe, der Bewährungshilfe, den Aufsichtsstellen für die Führungsaufsicht, den Agenturen für Arbeit, den Einrichtungen für berufliche Bildung, den Trägern der Sozialversicherung und der Sozialhilfe, Gesundheits-, Ausländer- und Polizeibehörden, Sucht- und Schuldnerberatungsstellen, Ausländer- und Integrationsbeauftragten sowie Hilfeeinrichtungen anderer Behörden und den Verbänden der freien Wohl-

fahrtspflege eng zusammenzuarbeiten. ²Die Vollzugsbehörden sollen mit Personen und Vereinen zusammenarbeiten, deren Einfluss die Eingliederung der Gefangenen sowie die Durchführung von Maßnahmen zur Wiedergutmachung der Folgen ihrer Straftaten fördern kann.

(2) Im Jugendstrafvollzug ist über die in Absatz 1 Satz 1 genannten Stellen hinaus insbesondere mit Schulen und Schulbehörden, der öffentlichen und freien Jugendhilfe sowie den Jugendämtern eng zusammenzuarbeiten.

(3) Im Untersuchungshaftvollzug gelten die Absätze 1 und 2 entsprechend, soweit Zweck und Eigenart der Untersuchungshaft die Zusammenarbeit erfordern.

4 E 8, 4 J 7, 7 B 10, 13 I 5, 13 I 6, 13 I 7

§ 182 Interessenvertretung der Gefangenen

¹Den Gefangenen soll ermöglicht werden, Vertretungen zu wählen. ²Diese können in Angelegenheiten von gemeinsamem Interesse, die sich ihrer Eigenart und der Zweckbestimmung der Anstalt nach für eine Mitwirkung eignen, Vorschläge und Anregungen an die Vollzugsbehörde herantragen. ³Die Vorschläge und Anregungen sollen mit der Vertretung erörtert werden.

13 M 1, 13 M 4, 13 M 5

§ 183 Hausordnung

(1) Die Anstaltsleiterin oder der Anstaltsleiter erlässt eine Hausordnung.

(2) In die Hausordnung sind namentlich Regelungen aufzunehmen über
1. die Besuchszeiten, Häufigkeit und Dauer der Besuche,
2. die Arbeitszeit, Freizeit und Ruhezeit sowie
3. die Gelegenheit, Anträge und Beschwerden anzubringen, oder sich an eine Vertreterin oder einen Vertreter der Aufsichtsbehörde zu wenden.

(3) Ein Abdruck der Hausordnung ist allgemein zugänglich auszuhängen und auf Verlangen auszuhändigen.

2 A 8, 12 A 6, 13 N 1, 13 N 2, 13 N 3

Dritter Abschnitt. Aufsicht und Vollstreckungsplan

§ 184 Aufsicht

(1) Das Fachministerium führt die Aufsicht über die Vollzugsbehörden.

(2) ¹Es kann sich Entscheidungen über Verlegungen vorbehalten oder solche Entscheidungen oder bestimmte Aufsichtsbefugnisse auf ihm nachgeordnete Stellen übertragen. ²Im Fall der Übertragung wird das Fachministerium oberste Aufsichtsbehörde.

(3) Richterliche Entscheidungen im Rahmen des Untersuchungshaftvollzuges unterliegen nicht der Aufsicht.

2 D 10, 11 E 10, 12 C 5, 13 G 6, 13 G 7, 13 G 18, 13 H 2,
13 H 10

§ 185 Vollstreckungsplan

¹Das Fachministerium regelt die örtliche und sachliche Zuständigkeit der Vollzugsbehörden nach allgemeinen Merkmalen in einem Vollstreckungsplan. ²Der Vollstreckungsplan sieht darüber hinaus vor, in welchen Fällen die für den Strafvollzug zuständige Vollzugsbehörde durch ein Einweisungsverfahren bestimmt wird und welche Stelle in einem solchen Verfahren die Einweisungsentscheidung trifft.

2 B 3, 13 H 1, 13 H 3, 13 H 4

Vierter Abschnitt. Beiräte

§ 186 Bildung der Beiräte

(1) Bei den Anstalten sind Beiräte zu bilden.

(2) ¹Das Nähere regelt das Fachministerium durch Verordnung. ²Die Verordnung enthält insbesondere Regelungen zur Anzahl der Beiratsmitglieder sowie über deren Berufung und Abberufung. ³Justizvollzugsbedienstete sowie Bedienstete des Fachministeriums dürfen nicht Mitglied eines Beirats sein.

(3) Sind in einer Anstalt auch Sicherungsverwahrte untergebracht, so ist dies in der Verordnung nach Absatz 2 insbesondere bei der Bestimmung der Anzahl der Beiratsmitglieder zu berücksichtigen.

13 0 2

§ 187 Aufgaben und Befugnisse der Beiräte

(1) ¹Der Beirat wirkt bei der Gestaltung des Vollzuges durch Anregungen und Verbesserungsvorschläge mit. ²Er kann Gefangene unterstützen, soweit dies mit den Zielen des Vollzuges oder dem Zweck der Untersuchungshaft im Einklang steht; er kann Strafgefangenen bei der Eingliederung nach der Entlassung helfen.

(2) ¹Der Beirat kann namentlich Wünsche, Anregungen und Beanstandungen entgegennehmen. ²Er kann sich über die Unterbringung, Beschäftigung, berufliche Bildung, Verpflegung, ärztliche Versorgung, Betreuung, Förderung oder Therapie der Gefangenen unterrichten sowie die Anstalt und ihre Abteilungen besichtigen.

(3) ¹Der Beirat kann Gefangene in ihren Räumen aufsuchen. ²Aussprache und Schriftwechsel werden nicht überwacht. ³Der Besuch der oder des Untersuchungsgefangenen, das Aufsuchen in ihren oder seinen Räumen und Telefongespräche mit ihr oder ihm bedürfen der Erlaubnis des nach den Vorschriften des Fünften Teils zuständigen Gerichts. ⁴Dieses kann die Erlaubnis versagen, wenn der Zweck der Untersuchungshaft es erfordert. ⁵§ 134 Abs. 3 Satz 1 gilt entsprechend.

13 0 6

§ 188 Pflicht zur Verschwiegenheit

¹Die Mitglieder des Beirats sind verpflichtet, außerhalb ihrer Tätigkeit über alle Angelegenheiten, die ihrer Natur nach vertraulich sind, besonders über Namen und Persönlichkeit der Gefangenen, Verschwiegenheit zu bewahren. ²Dies gilt auch nach Beendigung ihrer Tätigkeit.

13 0 7

Fünfter Abschnitt. Evaluation

§ 189 Evaluation

(1) ¹Die im Vollzug eingesetzten Maßnahmen, namentlich Therapien und Methoden zur Förderung der Gefangenen, sind vom Fachministerium und den Vollzugsbehörden in Zusammenarbeit mit Einrichtungen der Forschung im Hinblick auf ihre Wirksamkeit wissenschaftlich zu überprüfen. ²Dabei sind alters- und geschlechtsspezifische Besonderheiten des Vollzuges zu berücksichtigen, soweit dies für die Aussagekraft der Untersuchung von Bedeutung ist. ³Die Ergebnisse der Überprüfung sind für die Zwecke der Strafrechtspflege nutzbar zu machen. ⁴Auf Grundlage der gewonnenen Erkenntnisse sind Konzepte für den Einsatz vollzuglicher Maßnahmen zu entwickeln und fortzuschreiben. ⁵Auch im Übrigen sind die Erfahrungen mit der Ausgestaltung des Vollzuges durch dieses Gesetz sowie der Art und Weise der Anwendung der Vorschriften dieses Gesetzes zu überprüfen.

(2) ¹Zu diesen Zwecken sind landesweit von den einzelnen Vollzugsbehörden aussagefähige und auf Vergleichbarkeit angelegte Daten zu erheben, die eine Feststellung und Bewertung der Erfolge und Misserfolge des Vollzuges, insbesondere im Hinblick auf Rückfallhäufigkeiten, sowie die gezielte Erforschung der hierfür verantwortlichen Faktoren ermöglichen. ²Entsprechende Daten für Bereiche außerhalb des räumlichen Geltungsbereiches dieses Gesetzes sind einzubeziehen und zu vergleichen, soweit solche Daten für das Fachministerium zugänglich sind. ³§ 199 gilt entsprechend.

16 3, 16 24

Zweites Kapitel. Datenschutz

§ 190 Datenerhebung

(1) ¹Personenbezogene Daten dürfen erhoben werden, soweit deren Kenntnis für die datenerhebende Stelle zur Erfüllung der ihr nach diesem Gesetz oder aufgrund dieses Gesetzes obliegenden Aufgaben erforderlich ist. ²Eine Vollzugsbehörde darf für eine andere Vollzugsbehörde die personenbezogenen Daten erheben, die für diese zur Abwehr einer Gefahr für die Sicherheit oder Ordnung der Anstalt oder für eine nach diesem Gesetz zu treffende Prognoseentscheidung erforderlich sind.

(2) ¹Personenbezogene Daten sind bei der betroffenen Person mit ihrer Kenntnis zu erheben. ²Für die Datenerhebung bei Dritten gilt § 9 Abs. 1 Satz 3 des Niedersächsischen Datenschutzgesetzes (NDSG). ³Eine Erhebung ohne Kenntnis der betroffenen Person ist zulässig, wenn andernfalls die Aufgabenerfüllung erheblich gefährdet würde oder eine Rechtsvorschrift dies vorsieht oder zwingend voraussetzt. ⁴Eine Datenerhebung durch den verdeckten Einsatz technischer Mittel ist unzulässig; unter den in Satz 3 genannten Voraussetzungen können kurzzeitig Bild- und Tonaufzeichnungen gemeinschaftlich genutzter Räume der Anstalt verdeckt angefertigt werden. ⁵Nach Satz 4 erhobene Daten sind zu löschen, wenn ihre Kenntnis für die Daten verarbeitende Stelle zur Aufgabenerfüllung nicht mehr erforderlich ist.

(3) Personenbezogene Daten über Personen, die nicht Gefangene sind, dürfen ohne ihre Kenntnis außerhalb der Anstalt nur erhoben werden, wenn die Kenntnis der Daten für Gefangene betreffende Maßnahmen, die Sicherheit der Anstalt oder die Sicherung des Vollzuges einer der in § 1 genannten freiheitsentziehenden Maßnahmen unerlässlich ist und durch die Erhebung keine überwiegenden schutzwürdigen Interessen der betroffenen Person beeinträchtigt werden.

(4) ¹Über eine ohne ihre Kenntnis vorgenommene Erhebung personenbezogener Daten wird die betroffene Person unter Angabe dieser Daten unterrichtet, soweit dadurch die ordnungsgemäße Aufgabenerfüllung durch die verantwortliche Stelle nicht gefährdet wird. ²Die Unterrichtung kann auch unterbleiben, wenn
1. die Daten nach einer Rechtsvorschrift oder ihrem Wesen nach, namentlich wegen überwiegender berechtigter Interessen Dritter, geheim gehalten werden müssen oder
2. der dadurch verursachte Aufwand außer Verhältnis zu dem Unterrichtungsinteresse der betroffenen Person steht.

(5) Für die Aufklärungs- und Hinweispflichten gilt § 9 Abs. 2 und 3 NDSG.

§ 191 Speicherung, Veränderung, Nutzung

(1) ¹Das Speichern, Verändern und Nutzen personenbezogener Daten ist zulässig, wenn es zur Erfüllung der Aufgaben nach diesem Gesetz erforderlich ist und die Daten zu diesem Zweck erhoben worden sind. ²Ist keine Erhebung vorausgegangen, so dürfen die Daten nur für Zwecke verändert und genutzt werden, für die sie erstmals gespeichert worden sind.

(2) Das Speichern, Verändern und Nutzen für andere Zwecke ist zulässig, wenn die Daten auch für die geänderten Zwecke nach diesem Gesetz hätten erhoben werden dürfen.

(3) ¹Das Speichern, Verändern und Nutzen für andere Zwecke ist auch zulässig, soweit dies
1. zur Abwehr von sicherheitsgefährdenden oder geheimdienstlichen Tätigkeiten für eine fremde Macht oder von Bestrebungen im Geltungsbereich des Grundgesetzes, die durch Anwendung von Gewalt oder darauf gerichtete Vorbereitungshandlungen
a) gegen die freiheitliche demokratische Grundordnung, den Bestand oder die Sicherheit des Bundes oder eines Landes gerichtet sind,
b) eine ungesetzliche Beeinträchtigung der Amtsführung der Verfassungsorgane des Bundes oder eines Landes oder ihrer Mitglieder zum Ziel haben oder
c) auswärtige Belange der Bundesrepublik Deutschland gefährden,
2. zur Abwehr erheblicher Nachteile für das Gemeinwohl oder einer Gefahr für die öffentliche Sicherheit,
3. zur Abwehr einer schwerwiegenden Beeinträchtigung der Rechte einer anderen Person,
4. zur Verhinderung oder Verfolgung von Ordnungswidrigkeiten, durch welche die Sicherheit oder Ordnung der Anstalt gefährdet werden, sowie von Straftaten oder
5. für Maßnahmen der Strafvollstreckung oder strafvollstreckungsrechtliche Entscheidungen

erforderlich ist. ²Nach § 190 Abs. 3 erhobene personenbezogene Daten dürfen abweichend von Satz 1 für die dort in den Nummern 1 bis 3 genannten anderen Zwecke oder zur Verhinderung oder Verfolgung von Straftaten von erheblicher Bedeutung im Sinne der Strafprozessordnung gespeichert, verändert und genutzt werden.

(4) Ein Speichern, Verändern und Nutzen für andere Zwecke liegt nicht vor, wenn dies der Durchführung von vollzugliche Maßnahmen betreffenden Verfahren des gerichtlichen Rechtsschutzes oder den in § 10 Abs. 3 NDSG genannten Zwecken dient.

12 I 8

§ 192 Datenübermittlung

(1) Die Übermittlung personenbezogener Daten an andere öffentliche Stellen ist zulässig, wenn die Übermittlung zur Erfüllung der Aufgaben der übermittelnden oder der empfangenden Stelle erforderlich ist und die Daten nach § 191 gespeichert, verändert oder genutzt werden dürfen.

(2) ¹Über die in Absatz 1 geregelten Zwecke hinaus dürfen den zuständigen öffentlichen Stellen personenbezogene Daten übermittelt werden, soweit dies für
1. Maßnahmen der Gerichtshilfe, Jugendgerichtshilfe, Bewährungshilfe oder Führungsaufsicht,
2. Entscheidungen in Gnadensachen,
3. gesetzlich angeordnete Statistiken der Rechtspflege,
4. Entscheidungen über Leistungen, die mit der Aufnahme in einer Justizvollzugsanstalt entfallen oder sich mindern,
5. die Einleitung von Hilfsmaßnahmen für Angehörige (§ 11 Abs. 1 Nr. 1 StGB) der Gefangenen,
6. dienstliche Maßnahmen der Bundeswehr im Zusammenhang mit der Aufnahme und Entlassung von Soldaten,
7. ausländerrechtliche Maßnahmen oder
8. die Durchführung der Besteuerung

erforderlich ist. ²Eine Übermittlung ist auch zulässig, soweit eine andere gesetzliche Vorschrift dies vorsieht und sich dabei ausdrücklich auf personenbezogene Daten über Gefangene bezieht.

(3) Öffentlichen und nichtöffentlichen Stellen darf die Vollzugsbehörde auf schriftlichen Antrag mitteilen, ob sich eine Person in Haft befindet sowie ob und wann ihre Entlassung voraussichtlich innerhalb eines Jahres bevorsteht, soweit
1. die Mitteilung zur Erfüllung der in der Zuständigkeit der öffentlichen Stelle liegenden Aufgaben erforderlich ist oder
2. von nichtöffentlichen Stellen ein berechtigtes Interesse an dieser Mitteilung glaubhaft dargelegt wird und die betroffene Person kein überwiegendes schutzwürdiges Interesse an dem Ausschluss der Übermittlung hat.

(4) ¹Der oder dem durch eine Straftat Verletzten können darüber hinaus auf schriftlichen Antrag Auskünfte über die Entlassungsadresse oder die Vermögensverhältnisse der oder des Strafgefangenen erteilt werden, wenn die Erteilung zur Feststellung oder Durchsetzung von Rechtsansprüchen im Zusammenhang mit der Straftat erforderlich ist. ²Ferner sind der oder dem durch eine Straftat Verletzten auf schriftlichen Antrag Auskünfte über eine Unterbringung der oder des Strafgefangenen im offenen Vollzug oder die Gewährungen von Lockerungen des Vollzuges zu erteilen, wenn sie oder er ein berechtigtes Interesse darlegt und kein überwiegendes schutzwürdiges Interesse der betroffenen Person am Ausschluss der Auskunftserteilung vorliegt; bei den in § 104 Abs. 1 genannten Straftaten bedarf es der Darlegung eines berechtigten Interesses nicht. ³Die oder der durch eine Straftat Verletzte kann sich in den Fällen des Satzes 2 der Vermittlung durch eine Opferhilfeeinrichtung bedienen. ⁴Die betroffene Person wird vor der Auskunftserteilung gehört, es sei denn, es ist zu besorgen, dass dadurch die Verfolgung der Interessen der oder des Verletzten vereitelt oder wesentlich erschwert werden würde, und eine Abwägung ergibt, dass diese Interessen das Interesse der betroffenen Person an der Anhörung überwiegt. ⁵Ist die Anhörung unterblieben, so wird die betroffene Person über die Auskunftserteilung der Vollzugsbehörde nachträglich unterrichtet.

(5) ¹Akten mit personenbezogenen Daten dürfen auch bei Vorliegen der in den vorherigen Absätzen genannten Voraussetzungen nur anderen Vollzugsbehörden, den zur Dienst- oder Fachaufsicht oder zu dienstlichen Weisungen befugten Stellen, den für strafvollzugs-, strafvollstreckungs- und strafrechtliche Entscheidungen zuständigen Gerichten sowie den Strafvollstreckungs- und Strafverfolgungsbehörden überlassen werden. ²Akten mit personenbezogenen Daten dürfen auch den durch die Europäische Konvention zur Verhütung von Folter und unmenschlicher oder erniedrigender Behandlung oder Strafe und durch das Übereinkommen der Vereinten Nationen gegen Folter und andere grausame, unmenschliche oder erniedrigende Behandlung oder Strafe legitimierten Stellen überlassen werden, soweit dies im Rahmen der Erfüllung ihrer Aufgaben unerlässlich ist; im Übrigen erhalten sie Akteneinsicht. ³Die Überlassung an andere öffentliche Stellen ist zulässig, soweit die Erteilung einer Auskunft einen unvertretbaren Aufwand erfordert oder nach Darlegung der Akteneinsicht begehrenden Stellen für die Erfüllung der Aufgabe nicht ausreicht. ⁴Entsprechendes gilt für die Überlassung von Akten an die von der Vollzugsbehörde mit Gutachten beauftragten Stellen.

(6) Sind mit personenbezogenen Daten, die nach Absatz 5 übermittelt werden dürfen, weitere personenbezogene Daten der betroffenen Person oder Dritter in Akten so verbunden, dass eine Trennung nicht

oder nur mit unvertretbarem Aufwand möglich ist, so ist die Übermittlung auch dieser Daten zulässig, soweit nicht berechtigte Interessen der betroffenen Person oder einer oder eines Dritten an deren Geheimhaltung offensichtlich überwiegen; eine Verarbeitung dieser Daten durch die empfangende Stelle ist unzulässig.

(7) ¹Die Verantwortung für die Zulässigkeit der Übermittlung trägt die übermittelnde Stelle. ²Erfolgt die Übermittlung auf Ersuchen einer öffentlichen Stelle, so trägt diese die Verantwortung. ³In diesem Fall prüft die übermittelnde Stelle nur, ob das Übermittlungsersuchen im Rahmen der Aufgaben der empfangenden Stelle liegt, es sei denn, dass besonderer Anlass zur Prüfung der Zulässigkeit der Übermittlung besteht.

§ 193 Einrichtung automatisierter Abrufverfahren

(1) ¹Die Einrichtung automatisierter Verfahren, welche die Übermittlung personenbezogener Daten zu den in § 190 Abs. 1 Satz 2, § 191 Abs. 3 und § 192 Abs. 2 genannten Zwecken durch Abruf der zuständigen öffentlichen Stellen ermöglichen, ist zulässig, soweit dies unter Berücksichtigung der schutzwürdigen Interessen der Betroffenen und der Aufgaben der beteiligten Stellen angemessen ist. ²Die Zulässigkeit des einzelnen Abrufs bestimmt sich nach den Vorschriften dieses Gesetzes.

(2) ¹Die beteiligten Stellen haben zu gewährleisten, dass die Zulässigkeit des Abrufverfahrens kontrolliert werden kann. ²Hierzu haben sie die Datenempfänger, die Art der zu übermittelnden Daten, den Zweck des Abrufs sowie die wesentlichen bei den beteiligten Stellen zu treffenden Maßnahmen zur Kontrolle der Verarbeitung schriftlich festzulegen. ³Die oder der Landesbeauftragte für den Datenschutz ist vorher zu hören.

§ 194 Zweckbindung

(1) ¹Die übermittelten personenbezogenen Daten dürfen nur zu dem Zweck verarbeitet werden, zu dessen Erfüllung sie übermittelt worden sind. ²Die empfangende Person oder Stelle darf die Daten für andere Zwecke nur verarbeiten, soweit sie ihr auch für diese Zwecke hätten übermittelt werden dürfen; die Verarbeitung zu anderen Zwecken durch nichtöffentliche Stellen bedarf der Zustimmung der übermittelnden Stelle. ³Die übermittelnde Stelle hat bei der Übermittlung an eine nichtöffentliche Person oder Stelle auf die Zweckbindung nach Satz 1 hinzuweisen.

(2) Unterliegt die empfangende Person oder Stelle nicht dem Anwendungsbereich dieses Gesetzes, so ist die Übermittlung nur zulässig, wenn nach den für sie geltenden Bestimmungen die Einhaltung der in Absatz 1 Sätze 1 und 2 geregelten Zweckbindung in vergleichbarer Weise gewährleistet ist.

§ 195 Schutz besonderer Daten

(1) ¹Das religiöse oder weltanschauliche Bekenntnis der oder des Gefangenen und personenbezogene Daten, die anlässlich ärztlicher Untersuchungen oder der Überwachung der Besuche, des Schriftwechsels, der Telekommunikation oder des Paketverkehrs erhoben worden sind, dürfen in der Anstalt nicht allgemein kenntlich gemacht werden. ²Andere personenbezogene Daten über die Gefangene oder den Gefangenen dürfen innerhalb der Anstalt allgemein kenntlich gemacht werden, soweit dies für ein geordnetes Zusammenleben in der Anstalt erforderlich ist.

(2) ¹Die in § 203 Abs. 1 Nrn. 1, 2 und 5 StGB genannten Personen unterliegen auch gegenüber der Vollzugsbehörde der Schweigepflicht über personenbezogene Daten, die ihnen von einer oder einem Gefangenen als Geheimnis anvertraut worden oder über eine Gefangene oder einen Gefangenen sonst bekannt geworden sind. ²Die in § 203 Abs. 1 Nrn. 1, 2 und 5 StGB genannten Personen haben sich gegenüber der Anstaltsleiterin oder dem Anstaltsleiter oder einer oder einem von ihr oder ihm beauftragten Justizvollzugsbediensteten zu offenbaren, soweit dies für die Aufgabenerfüllung der Vollzugsbehörde oder zur Abwehr von erheblichen Gefahren für Leib oder Leben der oder des Gefangenen oder Dritter erforderlich ist. ³Die Ärztin oder der Arzt ist zur Offenbarung von Geheimnissen, die ihr oder ihm im Rahmen der allgemeinen Gesundheitsfürsorge bekannt geworden sind, abweichend von Satz 2 nur befugt, soweit dies für die Aufgabenerfüllung der Vollzugsbehörde unerlässlich oder zur Abwehr von erheblichen Gefahren für Leib oder Leben der Gefangenen oder Dritter erforderlich ist. ⁴Sonstige Offenbarungsbefugnisse bleiben unberührt. ⁵Die oder der Gefangene ist vor der Erhebung über die nach den Sätzen 2 und 3 bestehenden Offenbarungsbefugnisse zu unterrichten.

(3) ¹Die nach Absatz 2 offenbarten Daten dürfen nur für den Zweck, für den sie offenbart wurden, verarbeitet werden. ²Für einen anderen Zweck dürfen sie nur verarbeitet werden, wenn die Voraussetzungen für die Offenbarung auch für diesen Zweck vorgelegen hätten.

(4) Sofern Ärztinnen oder Ärzte oder Psychologinnen oder Psychologen außerhalb des Vollzuges mit der Untersuchung oder Behandlung von Gefangenen beauftragt werden, gilt Absatz 2 mit der Maßgabe entsprechend, dass die beauftragte Person auch zur Unterrichtung der in der Anstalt für eine entsprechende Behandlung zuständigen Person befugt ist.

§ 196 Schutz der Daten in Akten und Dateien

(1) Die einzelnen Justizvollzugsbediensteten dürfen sich von personenbezogenen Daten nur Kenntnis verschaffen, soweit dies zur Erfüllung der ihnen obliegenden Aufgaben oder für die Zusammenarbeit mit den im Vollzug tätigen Personen oder Stellen erforderlich ist.

(2) ¹Akten und Dateien mit personenbezogenen Daten sind durch die erforderlichen technischen und organisatorischen Maßnahmen gegen unbefugten Zugang und unbefugten Gebrauch zu schützen. ²Gesundheitsakten und Krankenblätter sind getrennt von anderen Unterlagen zu führen und besonders zu sichern.

§ 197 Berichtigung, Löschung und Sperrung

(1) ¹Die in Dateien gespeicherten personenbezogenen Daten sind zwanzig Jahre nach der Entlassung der oder des Gefangenen oder ihrer oder seiner Verlegung in eine andere Anstalt zu löschen. ²Hiervon können bis zum Ablauf der Aufbewahrungsfrist für die Gefangenenpersonalakte die Angaben über Familienname, Vornamen, Geburtsname, Aliasnamen, Geburtstag, Geburtsort, Eintritts- und Austrittsdatum der Gefangenen ausgenommen werden, soweit dies für das Auffinden der Gefangenenpersonalakte erforderlich ist.

(2) ¹Personenbezogene Daten dürfen nach Ablauf von zwei Jahren seit der Entlassung der oder des Gefangenen nur noch verarbeitet werden, soweit dies
1. zur Verfolgung von Straftaten,
2. für die Durchführung wissenschaftlicher Forschungsvorhaben gemäß § 199,
3. zur Behebung einer bestehenden Beweisnot,
4. zur Feststellung, Durchsetzung oder Abwehr von Rechtsansprüchen im Zusammenhang mit dem Vollzug einer Freiheitsstrafe oder
5. zur Abwehr einer Gefahr für die Sicherheit einer Anstalt

unerlässlich ist. ²Diese Verwendungsbeschränkungen enden, wenn die oder der Gefangene erneut zum Vollzug einer der in § 1 genannten freiheitsentziehenden Maßnahme aufgenommen wird oder die betroffene Person eingewilligt hat.

(3) ¹Bei der Aufbewahrung von Akten dürfen folgende Fristen nicht überschritten werden: ²Dies gilt nicht, wenn aufgrund bestimmter Tatsachen anzunehmen ist, dass die Aufbewahrung für die in Absatz 2 Satz 1 genannten Zwecke weiterhin erforderlich ist. ³Die Aufbewahrungsfrist beginnt mit dem auf das Jahr der aktenmäßigen Weglegung folgenden Kalenderjahr.

(4) Wird festgestellt, dass unrichtige Daten übermittelt worden sind, so ist dies der Empfängerin oder dem Empfänger mitzuteilen, wenn dies zur Wahrung schutzwürdiger Interessen der betroffenen Person erforderlich ist.

(5) Im Übrigen gilt für die Berichtigung, Löschung und Sperrung personenbezogener Daten § 17 NDSG.

§ 198 Auskunft an die Betroffenen, Akteneinsicht

Die Betroffenen erhalten nach Maßgabe des § 16 NDSG Auskunft und, soweit eine Auskunft für die Wahrnehmung ihrer rechtlichen Interessen nicht ausreicht und sie hierfür auf die Einsichtnahme angewiesen sind, Akteneinsicht.

12 I 8

§ 198a Einsicht in Gesundheitsakten und Krankenblätter

(1) Die zur Fachaufsicht befugten Stellen erhalten Einsicht in die Gesundheitsakten und Krankenblätter, soweit dies im Rahmen der Erfüllung ihrer Aufgaben zur Abwehr von erheblichen Gefahren für Leib oder Leben der oder des Gefangenen oder Dritter erforderlich ist.

(2) Vertreterinnen und Vertreter der durch die Europäische Konvention zur Verhütung von Folter und unmenschlicher oder erniedrigender Behandlung oder Strafe und durch das Übereinkommen der Vereinten Nationen gegen Folter und andere grausame, unmenschliche oder erniedrigende Behandlung oder

Strafe legitimierten Stellen erhalten Einsicht in alle in einer Vollzugsbehörde geführten Gesundheitsakten und Krankenblätter, wenn Tatsachen den Verdacht von Folter, grausamer, unmenschlicher oder erniedrigender Behandlung oder Strafe in dieser Vollzugsbehörde begründen.

(3) Die oder der Gefangene ist vor der Erhebung über die nach den Absätzen 1 und 2 bestehenden Einsichtsrechte zu unterrichten.

§ 199 Auskunft und Akteneinsicht für wissenschaftliche Zwecke

Für die Auskunft und Akteneinsicht für wissenschaftliche Zwecke gilt § 476 StPO entsprechend.

16 24

§ 200 Vorrang besonderer Rechtsvorschriften; Anwendung des Niedersächsischen Datenschutzgesetzes

(1) Soweit sonstige Rechtsvorschriften dieses Gesetzes Bestimmungen über die Verarbeitung personenbezogener Daten enthalten, gehen sie den Bestimmungen dieses Kapitels vor.

(2) Die Vorschriften des Niedersächsischen Datenschutzgesetzes gelten entsprechend, soweit dieses Gesetz keine Regelungen enthält und Zweck und Eigenart des Vollzuges der in § 1 genannten freiheitsentziehenden Maßnahmen nicht entgegenstehen.

Drittes Kapitel. Übergangs- und Schlussbestimmungen

§ 201 Übergangsbestimmungen

(1) Bis für die einzelnen Vollzugsarten eine Verordnung über die Vergütungsstufen sowie die Bemessung des Arbeitsentgeltes, der Ausbildungsbeihilfe und des Taschengeldes in Kraft tritt, gelten die die jeweilige Vollzugsart betreffenden Vorschriften des Strafvollzugsgesetzes über die Bemessung des Arbeitsentgeltes und der Ausbildungsbeihilfe sowie die Strafvollzugsvergütungsordnung vom 11. Januar 1977 (BGBl. I S. 57) in der jeweils geltenden Fassung fort.

(2) Bis für die einzelnen Vollzugsarten eine Verordnung über die Erhebung von Kostenbeiträgen in Kraft tritt, gelten die die jeweilige Vollzugsart betreffenden Vorschriften des Strafvollzugsgesetzes über die Erhebung von Kosten mit Ausnahme der Vorschriften über die Erhebung eines Haftkostenbeitrags fort.

4 D 18, 4 D 19, 4 D 72, 4 I 63

§ 202 Einschränkung von Grundrechten

Durch dieses Gesetz werden die Grundrechte aus Artikel 2 Abs. 2 Sätze 1 und 2 (körperliche Unversehrtheit und Freiheit der Person), Artikel 6 Abs. 3 (Elternrecht) und Artikel 10 Abs. 1 (Brief-, Post- und Fernmeldegeheimnis) des Grundgesetzes eingeschränkt.

Gesetz zur Regelung des Vollzuges der Freiheitsstrafe in Nordrhein-Westfalen (Strafvollzugsgesetz Nordrhein-Westfalen – StVollzG NRW)

Vom 13. Januar 2015
(GV. NRW. S. 76)

Abschnitt 1. Grundsätze

§ 1 Ziel des Vollzuges
Der Vollzug der Freiheitsstrafe dient dem Ziel, Gefangene zu befähigen, künftig in sozialer Verantwortung ein Leben ohne Straftaten zu führen.

1 C 12, 1 C 14

§ 2 Grundsätze der Vollzugsgestaltung
(1) Das Leben im Vollzug ist den allgemeinen Lebensverhältnissen soweit wie möglich anzugleichen. Der Vollzug ist von Beginn an darauf auszurichten, die Gefangenen zu befähigen, sich nach der Entlassung in das Leben in Freiheit einzugliedern. Fähigkeiten der Gefangenen, die sie für ein selbstbestimmtes Leben in Freiheit und sozialer Verantwortung benötigen, sind zu stärken. Schädlichen Folgen des Freiheitsentzuges ist entgegenzuwirken.

(2) Die Persönlichkeit und die Würde der Gefangenen sind zu achten. Die unterschiedlichen Lebenslagen und Bedürfnisse der Gefangenen, insbesondere im Hinblick auf Geschlecht, Alter, Zuwanderungshintergrund, Religion, Behinderung und sexuelle Identität, werden bei der Gestaltung des Vollzuges in angemessenem Umfang berücksichtigt.

(3) Alle im Vollzug Tätigen arbeiten zusammen und wirken mit, das Ziel des Vollzuges zu erreichen.

(4) Gefangene unterliegen den in diesem Gesetz vorgesehenen Beschränkungen ihrer Freiheit. Soweit das Gesetz eine besondere Regelung nicht enthält, können ihnen Beschränkungen auferlegt werden, die zur Aufrechterhaltung der Sicherheit oder zur Abwendung einer schwerwiegenden Störung der Ordnung der Anstalt erforderlich sind.

(5) Von mehreren gleich geeigneten Maßnahmen ist diejenige zu wählen, die die Gefangenen voraussichtlich am wenigsten beeinträchtigt. Eine Maßnahme darf nicht zu einem Nachteil führen, der zu dem angestrebten Erfolg erkennbar außer Verhältnis steht. Sie ist nur so lange zulässig, bis ihr Zweck erreicht ist oder nicht mehr erreicht werden kann.

1 D 4, 1 D 11, 1 D 14, 1 E 2, 1 E 18, 11 A 10, 13 C 5, 13 C 10, 13 E 8, 14 A 16

§ 3 Behandlungsvollzug
(1) Grundlage der Erreichung des Vollzugsziels ist die Behandlung der Gefangenen. Die Behandlungsmaßnahmen sind auf die Fähigkeiten und die Entwicklung der einzelnen Gefangenen während der Haft auszurichten. Die Behandlung und die ihr zugrunde liegende Diagnostik haben wissenschaftlichen Erkenntnissen zu genügen. Die angebotenen und durchgeführten Maßnahmen und ihre Ergebnisse sind zu dokumentieren.

(2) Die Behandlung berücksichtigt den individuellen Förderbedarf der Gefangenen und umfasst namentlich Maßnahmen zum Erwerb sozialer Kompetenzen, therapeutische Angebote, schulische Förderung, die Vermittlung beruflicher Fähigkeiten und Qualifikationen, Motivations- und Beratungsangebote für Suchtkranke sowie Schuldnerberatung.

(3) Den Gefangenen soll ermöglicht werden, schulische und berufliche Qualifizierungsmaßnahmen sowie therapeutische und suchtbezogene Maßnahmen während des Vollzuges der Freiheitsstrafe abzuschließen oder nach der Entlassung fortzusetzen. Geeignete Fördermaßnahmen öffentlicher Stellen, freier Träger sowie anderer Organisationen und Personen außerhalb des Vollzuges sind frühzeitig in die Vollzugsplanung und die Behandlung einzubeziehen.

1 E 4

§ 4 Mitwirkung und Motivierung, soziale Hilfe
(1) Gefangene sollen an der Gestaltung der Behandlung und an der Erreichung des Vollzugsziels mitwirken; Art und Umfang der Behandlung werden ihnen erläutert. Die Bereitschaft der Gefangenen zur Mitwirkung an der Behandlung ist zu wecken und zu fördern. Sie sollen fortwährend an die gebotenen

Behandlungsmaßnahmen herangeführt und während ihrer Durchführung begleitet und unterstützt werden.

(2) Gefangene sollen befähigt werden, ihre Angelegenheiten eigenständig zu ordnen und zu regeln. Sie werden bei der Bewältigung ihrer persönlichen, wirtschaftlichen und sozialen Schwierigkeiten angeleitet und motiviert, angebotene Hilfe anzunehmen.

(3) Während des Vollzuges werden die Gefangenen in dem Bemühen unterstützt, ihre Rechte wahrzunehmen, und dazu angehalten, ihre Pflichten zu erfüllen, insbesondere ihr Wahlrecht auszuüben und für Unterhaltsberechtigte zu sorgen.

(4) Die Gefangenen sind über die Auswirkungen der Inhaftierung auf die Sozialversicherung und die insoweit bestehenden Mitwirkungspflichten zu beraten. Die Beratung soll sich auch auf die Benennung der für Sozialleistungen zuständigen Stellen erstrecken.

(5) Mit Gefangenen, gegen die eine Ersatzfreiheitsstrafe zu vollziehen ist, sind frühzeitig die Möglichkeiten einer Haftverkürzung zu erörtern.

1 E 2, 1 E 7, 1 E 10, 1 E 30, 4 I 91, 7 A 8, 7 A 9, 7 B 10, 7 B 12, 7 C 1

§ 5 Einbeziehung Dritter

(1) Die Anstalten arbeiten eng mit öffentlichen Stellen, freien Trägern sowie anderen Organisationen und Personen zusammen, die der Eingliederung der Gefangenen förderlich sein können. Die Anstalten wirken rechtzeitig auf einen Austausch der erforderlichen Informationen hin.

(2) Die Arbeit ehrenamtlicher Betreuerinnen und Betreuer wird unterstützt. Sie sind verpflichtet, außerhalb ihrer Tätigkeit über alle Angelegenheiten, die vertraulich sind, insbesondere über Namen und Persönlichkeit der Gefangenen, Verschwiegenheit zu bewahren. Dies gilt auch nach Beendigung ihrer Tätigkeit.

(3) Zur Förderung der Eingliederung der Gefangenen wird die Bereitstellung von Angeboten und Leistungen Dritter in den Anstalten angestrebt. Die hierfür erforderlichen Strukturen und Netzwerke sind einzurichten und fortzuentwickeln.

4 J 2, 7 A 1, 7 B 6, 7 D 8

§ 6 Sicherheit

(1) Der Vollzug der Freiheitsstrafe dient auch dem Schutz der Allgemeinheit vor weiteren Straftaten.

(2) Die Sicherheit der Bevölkerung, der Bediensteten und der übrigen Mitarbeiterinnen und Mitarbeiter sowie der Gefangenen wird erreicht durch
1. baulich-technische Vorkehrungen,
2. organisatorische Regelungen und deren Umsetzung und
3. soziale und behandlungsfördernde Strukturen.

(3) Die Sicherheitsstandards haben sich an den jeweiligen Aufgaben der Anstalten und den zu bewältigenden Gefahren zu orientieren. Der innere Aufbau der Anstalten soll eine Binnendifferenzierung ermöglichen. Bei der Festlegung der Sicherheitsstandards sind auch die besonderen Belange weiblicher und lebensälterer Gefangener sowie Gefangener mit Behinderungen einzubeziehen.

(4) Anstalten des offenen Vollzuges sehen keine oder nur verminderte Vorkehrungen gegen Entweichungen vor.

(5) Die Sicherheit in den Anstalten soll ein gewaltfreies Klima fördern und die Gefangenen vor Übergriffen Mitgefangener schützen. Ihre Fähigkeit zu gewaltfreier Konfliktlösung sowie zu einvernehmlicher Streitbeilegung ist zu entwickeln und zu stärken.

1 C 12, 1 C 24, 11 A 4, 11 A 5, 11 A 7, 11 A 11, 11 C 8, 13 C 5, 13 C 15, 13 C 18, 14 A 16

§ 7 Opferbezogene Gestaltung

(1) Die berechtigten Belange der Opfer sind bei der Gestaltung des Vollzuges, insbesondere bei vollzugsöffnenden Maßnahmen und bei der Erteilung von Weisungen sowie bei der Eingliederung und Entlassung der Gefangenen, zu berücksichtigen. Dem Schutzinteresse gefährdeter Dritter ist Rechnung zu tragen.

(2) Die Einsicht der Gefangenen in das Unrecht der Tat und deren Folgen für die Opfer soll geweckt oder vertieft werden. Die Gefangenen sollen durch geeignete Behandlungsmaßnahmen dazu angehalten werden, Verantwortung für ihre Tat zu übernehmen. Die Gefangenen sind dabei zu unterstützen, den verursachten materiellen und immateriellen Schaden auszugleichen.

(3) Maßnahmen des Opferschutzes und des Tatausgleichs sind mit dem Ziel der Eingliederung der Gefangenen in Einklang zu bringen.
(4) Für Fragen des Opferschutzes und des Tatausgleichs sollen Ansprechpartnerinnen oder Ansprechpartner in den Anstalten zur Verfügung stehen.
(5) Opfer, die sich an die Anstalten wenden, sind in geeigneter Form, auch durch die Ansprechpartnerin oder den Ansprechpartner, auf ihre Rechte nach diesem Gesetz hinzuweisen.

1 D 17, 1 D 21, 1 D 23, 1 D 24, 1 D 25, 4 I 89

Abschnitt 2. Aufnahme und Vollzugsplanung

§ 8 Aufnahme

(1) Mit neu aufgenommenen Gefangenen ist möglichst am Tag der Aufnahme ein Zugangsgespräch zu führen, in dem sie über ihre Rechte und Pflichten unterrichtet werden und ihre aktuelle Lebenssituation erörtert wird. Soweit Maßnahmen keinen Aufschub dulden, sind die Gefangenen bei ihrer Erledigung zu unterstützen. Ihnen sind die Hausordnung sowie ein Exemplar dieses Gesetzes zugänglich zu machen. Gefangene werden alsbald ärztlich untersucht.
(2) Bei der Aufnahme, der ärztlichen Untersuchung und dem Zugangsgespräch dürfen andere Gefangene nicht zugegen sein. Ausnahmen bedürfen der Einwilligung der betroffenen Gefangenen.

2 A 1, 2 A 4, 2 A 5, 2 A 8, 2 C 12, 12 F 8

§ 9 Behandlungsuntersuchung

(1) An das Aufnahmeverfahren schließt sich zur Vorbereitung der Vollzugsplanung die Behandlungsuntersuchung an. Die Diagnostik dient der Feststellung der Umstände, deren Kenntnis für eine planvolle und wirksame Behandlung und Förderung der Gefangenen im Vollzug und für die Eingliederung nach der Entlassung notwendig ist. Die Diagnostik erstreckt sich insbesondere auf die Persönlichkeit und die Lebensverhältnisse der Gefangenen, die Ursachen und Umstände der zu der Inhaftierung führenden Straftaten, die Lebenssituation bei der Entlassung und die Eignung für die Unterbringung in einer sozialtherapeutischen Einrichtung. Die Fähigkeiten und Interessen der Gefangenen sowie weitere Umstände, deren Stärkung zu einer Lebensführung ohne Straftaten beitragen kann, sollen ermittelt werden. Erkenntnisse aus dem Vollzug vorangegangener Freiheitsentziehungen sowie Erkenntnisse des ambulanten Sozialen Dienstes der Justiz sind nach Möglichkeit einzubeziehen.
(2) Art und Umfang der Behandlungsuntersuchung richten sich nach der voraussichtlichen Dauer der Freiheitsentziehung. Bei einer Vollzugsdauer von unter einem Jahr kann eine Kurzdiagnostik, auch im Wege standardisierter Verfahren, erfolgen.
(3) Der Förderbedarf der Gefangenen soll sobald wie möglich nach ihrer Aufnahme festgestellt werden. Soweit erforderlich, sind die Fachdienste frühzeitig zu beteiligen.

1 B 7, 2 A 1, 2 B 1, 2 B 5, 2 B 11, 2 B 13, 2 B 17, 2 B 29, 2 C 8, 7 B 1

§ 10 Vollzugsplan

(1) Auf der Grundlage der in der Behandlungsuntersuchung gewonnenen Erkenntnisse wird unverzüglich ein Vollzugsplan erstellt. Die zur Erreichung des Vollzugsziels geeigneten und erforderlichen Maßnahmen sind zu benennen und Perspektiven für die künftige Entwicklung der Gefangenen aufzuzeigen. Die für die Eingliederung und Entlassung zu treffenden Vorbereitungen sind frühzeitig in die Planung einzubeziehen. Der Vollzugsplan enthält regelmäßig folgende Angaben:
1. festgestellter Förder- und Behandlungsbedarf,
2. Unterbringung im geschlossenen oder offenen Vollzug,
3. Sicherungshinweise,
4. Art der Unterbringung im Vollzug, insbesondere in Wohn- oder Behandlungsgruppen oder in einer sozialtherapeutischen Einrichtung,
5. Teilnahme an therapeutischen Behandlungs- oder anderen Hilfs- oder Fördermaßnahmen,
6. Teilnahme an schulischer oder beruflicher Bildung sowie arbeitstherapeutischer Förderung,
7. Art und Umfang der Zuweisung von Arbeit,
8. Gestaltung der Freizeit und des Sports,
9. vollzugsöffnende Maßnahmen,

Anhang

10. Maßnahmen zur Pflege der familiären Kontakte und zur Gestaltung der Außenkontakte,
11. ehrenamtliche Betreuung,
12. opferbezogene Behandlungsmaßnahmen und Maßnahmen zum Ausgleich von Tatfolgen,
13. Maßnahmen zur Sicherung berechtigter Schutzinteressen von Opfern oder gefährdeten Dritten,
14. Schuldnerberatung und Schuldenregulierung,
15. Maßnahmen zur Haftverkürzung,
16. Suchtberatung,
17. voraussichtlicher Entlassungszeitpunkt,
18. Maßnahmen zur Vorbereitung der Entlassung, sonstige Maßnahmen der sozialen Eingliederung der Gefangenen nach der Entlassung und der Nachsorge sowie frühzeitige Vorlagefristen,
19. Empfehlungen zur Wahrnehmung von Angeboten und Leistungen Dritter zur Sicherung der Eingliederung nach der Entlassung und
20. Fristen zur Fortschreibung des Vollzugsplans.

(2) Der Vollzugsplan und seine Umsetzung sind regelmäßig zu überprüfen und der Entwicklung der Gefangenen anzupassen sowie mit weiteren für die Behandlung bedeutsamen Erkenntnissen in Einklang zu halten. Zur Fortschreibung des Vollzugsplans sind angemessene Fristen vorzusehen. Diese dürfen einen Zeitraum von zwölf Monaten, bei Unterbringung in einer sozialtherapeutischen Einrichtung einen Zeitraum von in der Regel sechs Monaten, nicht überschreiten. Bei einer Vollzugsdauer bis zu einem Jahr sind die Fristen entsprechend zu verkürzen.

(3) Zur Vorbereitung der Aufstellung und Fortschreibung des Vollzugsplans werden Konferenzen mit den an der Vollzugsgestaltung maßgeblich Beteiligten durchgeführt. Personen und Stellen außerhalb des Vollzuges, die an der Behandlung, der Entlassungsvorbereitung sowie der Eingliederung der Gefangenen mitwirken, sollen in die Planung einbezogen werden; mit Einwilligung der Gefangenen können sie auch an den Konferenzen beteiligt werden.

(4) Die Vollzugsplanung wird mit den Gefangenen erörtert. Deren Anliegen und Vorschläge werden angemessen berücksichtigt. Betroffenen Gefangenen kann die Teilnahme an der Vollzugsplankonferenz ermöglicht werden. Eine Ausfertigung des Vollzugsplans ist ihnen auszuhändigen.

1 D 23, **2** A 1, **2** B 34, **2** B 35, **2** C 2, **2** C 7, **2** C 10, **2** C 19, **2** C 22, **2** C 23, **2** C 25, **2** C 26, **2** C 28, **2** C 32, **2** C 35, **2** C 36, **2** C 37, **2** C 41, **4** E 1, **5** A 13, **7** C 6, **7** D 8, **10** G 2, **13** L 3, **13** L 4, **13** L 6, **13** L 7

§ 11 Verlegung, Überstellung, Ausantwortung

(1) Gefangene können abweichend vom Vollstreckungsplan in eine andere für den Vollzug der Freiheitsstrafe zuständige Anstalt verlegt werden, wenn
1. ihre Behandlung während des Vollzuges oder ihre Eingliederung nach der Entlassung hierdurch gefördert wird,
2. in erhöhtem Maße Fluchtgefahr gegeben ist oder sonst das Verhalten der Gefangenen oder ihr Zustand eine Gefahr für die Sicherheit oder Ordnung der Anstalt darstellt und die aufnehmende Anstalt zur sicheren Unterbringung der Gefangenen besser geeignet ist oder
3. die Verlegung aus Gründen der Vollzugsorganisation oder aus anderen wichtigen Gründen erforderlich ist.

(2) Im Einvernehmen mit der aufnehmenden Anstalt dürfen Gefangene aus wichtigem Grund, insbesondere zur Durchführung medizinischer Maßnahmen, zur Begutachtung oder Besuchszusammenführung, in eine andere Anstalt überstellt werden.

(3) Gefangene dürfen befristet dem Gewahrsam einer anderen Behörde überlassen werden, wenn diese Behörde ihrerseits befugt ist, Gefangene in amtlichem Gewahrsam zu halten (Ausantwortung).

(4) Vor Verlegungen und Überstellungen sind die Gefangenen anzuhören. Bei einer Gefährdung der Sicherheit kann dies auch nachgeholt werden.

2 C 14, **2** D 1, **2** D 6, **2** D 7, **2** D 8, **2** D 15, **2** D 16, **10** D 3, **10** D 15, **11** E 1, **11** E 4, **11** E 6

Abschnitt 3. Unterbringung

§ 12 Geschlossener und offener Vollzug

(1) Gefangene werden im geschlossenen oder im offenen Vollzug untergebracht. Sie sollen mit ihrer Zustimmung in einer Anstalt oder einer Abteilung des offenen Vollzuges untergebracht werden, wenn dies verantwortet werden kann, sie namentlich den besonderen Anforderungen des offenen Vollzuges genügen

und nicht zu befürchten ist, dass sie sich dem Vollzug der Freiheitsstrafe entziehen oder die besonderen Verhältnisse des offenen Vollzuges zur Begehung von Straftaten missbrauchen werden.

(2) Zur Vorbereitung der Entlassung sollen Gefangene mit ihrer Zustimmung frühzeitig in den offenen Vollzug verlegt werden. Absatz 1 Satz 2 gilt entsprechend. Die Missbrauchsgefahren sind insbesondere bei einer unmittelbar bevorstehenden Entlassung mit den Risiken einer unerprobten Entlassung abzuwägen.

(3) Kann eine Unterbringung im offenen Vollzug noch nicht verantwortet werden, sind die tragenden Gründe zu dokumentieren und den Gefangenen die noch zu erfüllenden Voraussetzungen in verständlicher Form zu vermitteln. Die Bereitschaft der Gefangenen zur Verlegung in den offenen Vollzug ist zu wecken und fortlaufend zu fördern.

(4) Im offenen Vollzug untergebrachte Gefangene sollen in den geschlossenen Vollzug verlegt werden, wenn dies zu ihrer Behandlung notwendig ist. Sie sind zu verlegen, wenn sie den Anforderungen nach Absatz 1 Satz 2 nicht entsprechen. § 11 Absatz 4 gilt entsprechend.

(5) Die Gründe für eine Verlegung in den offenen Vollzug oder eine Verlegung vom offenen in den geschlossenen Vollzug sind ebenfalls zu dokumentieren.

4 I 53, 10 A 4, 10 A 7, 10 A 8, 10 A 9, 10 A 13, 10 A 14, 10 G 2, 10 H 3, 10 H 7

§ 13 Sozialtherapie

(1) Gefangene, die wegen erheblicher Straftaten gegen die sexuelle Selbstbestimmung zu einer Freiheitsstrafe von mehr als zwei Jahren verurteilt worden sind, werden in eine sozialtherapeutische Einrichtung verlegt, wenn eine sozialtherapeutische Behandlung zur Eingliederung der Gefangenen angezeigt und erfolgversprechend ist.

(2) Andere Gefangene sollen mit ihrer Zustimmung in eine sozialtherapeutische Einrichtung verlegt werden, wenn deren Teilnahme an den dortigen Behandlungsprogrammen zu ihrer Eingliederung und zur Verringerung erheblicher Gefahren, die von den Gefangenen für die Allgemeinheit ausgehen, angezeigt und erfolgversprechend ist. Erhebliche Gefahren für die Allgemeinheit bestehen insbesondere dann, wenn auf Grund einer Störung der sozialen und persönlichen Entwicklung der oder des Gefangenen erhebliche Straftaten gegen das Leben, die körperliche Unversehrtheit, die persönliche Freiheit oder die sexuelle Selbstbestimmung zu erwarten sind.

(3) Die Verlegung und die Aufnahme in eine sozialtherapeutische Einrichtung bedürfen der Zustimmung der aufnehmenden sozialtherapeutischen Einrichtung, soweit die Entscheidung nicht von einer Einweisungsanstalt oder Einweisungsabteilung getroffen wurde.

(4) Die Bereitschaft der Gefangenen zur Teilnahme an einer sozialtherapeutischen Behandlung und zur Unterbringung in einer sozialtherapeutischen Einrichtung ist zu wecken und durch vorbereitende Maßnahmen zu fördern.

(5) Die Unterbringung soll zu einem Zeitpunkt erfolgen, der entweder den Abschluss der Behandlung zum voraussichtlichen Entlassungszeitpunkt erwarten lässt oder die Fortsetzung der Behandlung nach der Entlassung ermöglicht.

(6) Die Unterbringung der Gefangenen in der sozialtherapeutischen Einrichtung endet, wenn der Zweck der Behandlung aus Gründen, die in ihrer Person liegen, nicht erreicht werden kann.

3 A 10, 3 A 12, 3 A 18, 3 A 20, 3 A 22, 3 A 23, 3 B 3, 4 C 22

§ 14 Unterbringung und Aufenthalt

(1) Gefangene werden während der Ruhezeit in ihren Haftäumen allein untergebracht. Eine gemeinsame Unterbringung ist zulässig, wenn
1. eine Gefahr für Leben oder Gesundheit der Gefangenen besteht,
2. Gefangene hilfsbedürftig sind,
3. dies im Einzelfall aus zwingenden Gründen der Anstaltsorganisation vorübergehend erforderlich ist,
4. sich die Gefangenen im Justizvollzugskrankenhaus oder in Kranken- oder Pflegeabteilungen von Justizvollzugseinrichtungen befinden,
5. sie im offenen Vollzug untergebracht sind,
6. die Gefangenen die gemeinsame Unterbringung beantragen oder
7. die gemeinsame Unterbringung geeignet erscheint, schädlichen Folgen der Inhaftierung entgegenzuwirken,

und in den Fällen der Nummern 1 bis 6 eine schädliche Beeinflussung der Gefangenen nicht zu befürchten ist.

(2) Gefangene dürfen sich während der Arbeitszeit und der Freizeit in Gemeinschaft aufhalten. Der gemeinschaftliche Aufenthalt kann eingeschränkt werden, wenn
1. ein schädlicher Einfluss auf andere Gefangene zu befürchten ist,
2. es aus Gründen der Sicherheit oder Ordnung der Anstalt erforderlich ist oder
3. besondere Umstände der Behandlungsuntersuchung gemäß § 9 dies vorübergehend erfordern, aber nicht länger als zwei Monate.

(3) Für die Teilnahme an gemeinschaftlichen Veranstaltungen kann die Anstalt mit Rücksicht auf ihre räumlichen, personellen und organisatorischen Verhältnisse besondere Regelungen treffen.

2 B 4, 2 E 1, 2 E 4, 2 E 6, 2 E 8, 2 E 9, 2 E 10, 2 E 11, 2 E 12, 2 E 13, 2 E 15, 2 E 16, 2 E 17, 2 E 28, 2 E 31, 2 E 32, 2 E 33, 2 E 36, 2 E 37, 11 I 26, 13 E 14

§ 15 Persönlicher Bereich

(1) Gefangene tragen Anstaltskleidung. Das Tragen eigener Kleidung innerhalb der Anstalt kann gestattet werden. Bei Ausführungen und Vorführungen ist ihnen zu gestatten, eigene Kleidung zu tragen, wenn zu erwarten ist, dass sie nicht entweichen.

(2) Gefangene dürfen ihren Haftraum in angemessenem Umfang mit eigenen Sachen ausstatten. Sie dürfen nur in Gewahrsam haben, was ihnen von der Anstalt oder mit deren Erlaubnis überlassen worden ist. Gegenstände, die die Übersichtlichkeit des Haftraums behindern, eine unverhältnismäßig aufwändige Überprüfung erfordern, sonst die Sicherheit oder Ordnung der Anstalt oder die Erreichung des Vollzugsziels gefährden können, dürfen sie nicht in Gewahrsam haben.

(3) Eingebrachte Sachen, die Gefangene nicht in Gewahrsam haben dürfen, sind für sie aufzubewahren. Lassen die Verhältnisse der Anstalt eine Aufbewahrung nicht zu und weigern sich Gefangene, die Sachen zu versenden, werden diese auf Kosten der Gefangenen vernichtet, verwertet oder aus der Anstalt entfernt.

(4) Aufzeichnungen und andere Gegenstände, die Kenntnisse über Sicherungsvorkehrungen einer Anstalt vermitteln, dürfen vernichtet oder unbrauchbar gemacht werden.

2 F 1, 2 F 8, 2 F 9, 2 F 10, 2 F 12, 2 F 16, 2 F 17, 5 C 12, 5 C 14, 5 C 17, 5 C 18, 5 C 26, 5 C 31, 5 C 46, 5 D 20, 5 D 21, 5 D 35, 6 A 1, 6 A 4, 6 A 5, 6 A 7, 11 C 2, 11 C 3, 11 C 4, 11 C 5, 11 C 12, 11 C 13, 11 C 14, 11 C 15, 11 C 16, 11 F 3

§ 16 Verpflegung

(1) Gefangene erhalten Anstaltsverpflegung. Zusammensetzung und Nährwert der Anstaltsverpflegung werden ärztlich überwacht. Auf ärztliche Anordnung wird besondere Verpflegung gewährt. Gefangenen ist zu ermöglichen, Speisevorschriften ihrer Religionsgemeinschaften zu befolgen oder sich vegetarisch zu ernähren.

(2) Im offenen Vollzug untergebrachten Gefangenen kann gestattet werden, sich auf eigene Kosten selbst zu verpflegen, soweit Gründe der Sicherheit oder Ordnung der Anstalt nicht entgegenstehen.

6 B 4, 6 B 6, 6 B 9, 6 B 10

§ 17 Einkauf

(1) Gefangene dürfen von ihrem Hausgeld (§ 36) oder Taschengeld (§ 35) aus einem von der Anstalt vermittelten Angebot Nahrungs- und Genussmittel sowie Mittel zur Körperpflege einkaufen. Für ein Einkaufsangebot, das die Wünsche und Bedürfnisse der Gefangenen angemessen berücksichtigt, ist zu sorgen. Im offenen Vollzug untergebrachten Gefangenen kann der Einkauf auch ohne Vermittlung der Anstalt gestattet werden.

(2) Verfügen Gefangene ohne eigenes Verschulden nicht über Hausgeld oder Taschengeld, wird ihnen gestattet, in angemessenem Umfang vom Eigengeld (§ 38) einzukaufen.

(3) Im Einzelfall kann Gefangenen auf Antrag gestattet werden, andere als in Absatz 1 genannte Gegenstände über sichere Bezugsquellen zu erwerben.

(4) Das Recht auf Einkauf kann aus Gründen der Sicherheit oder Ordnung der Anstalt eingeschränkt werden.

4 I 111, 4 I 112, 6 C 6, 6 C 8, 6 C 10, 6 C 14, 11 C 17

Abschnitt 4. Außenkontakte

§ 18 Grundsatz

(1) Gefangene dürfen nach Maßgabe der Vorschriften dieses Abschnitts
1. regelmäßig Besuch empfangen,
2. Schreiben absenden und empfangen,
3. Einrichtungen der Telekommunikation nutzen und
4. Pakete versenden und empfangen.

(2) Der Kontakt zu Angehörigen, insbesondere zu minderjährigen Kindern der Gefangenen, und anderen Personen, von denen ein günstiger Einfluss auf die Gefangenen zu erwarten ist, wird besonders gefördert.

(3) Die Kosten des Schrift- und des Paketverkehrs sowie der Telekommunikation tragen die Gefangenen. Bei bedürftigen Gefangenen können die Kosten in angemessenem Umfang übernommen werden.

9 Vorb. 4, 9 B 19, 9 D 12

§ 19 Besuche

(1) Die Gesamtdauer der Besuche beträgt mindestens zwei Stunden im Monat. Das Nähere regelt die Anstalt.

(2) Zur besonderen Förderung der Besuche von minderjährigen Kindern der Gefangenen sollen zwei weitere Stunden zugelassen werden. Ein familiengerechter Umgang zum Wohl der minderjährigen Kinder ist zu gestatten. Bei der Ausgestaltung der Besuchsmöglichkeiten, namentlich der Besuchszeiten und der Rahmenbedingungen der Besuche, sind die Bedürfnisse der minderjährigen Kinder der Gefangenen zu berücksichtigen.

(3) Besuche sollen darüber hinaus zugelassen werden, wenn sie die Behandlung oder die Eingliederung der Gefangenen fördern oder persönlichen, rechtlichen oder geschäftlichen Angelegenheiten dienen, die von den Gefangenen nicht schriftlich oder durch Dritte wahrgenommen oder bis zur Entlassung der Gefangenen aufgeschoben werden können.

(4) Den Gefangenen können zudem mehrstündige, unbeaufsichtigte Besuche (Langzeitbesuche) ermöglicht werden, wenn dies zur Förderung oder zum Erhalt familiärer, partnerschaftlicher oder anderer gleichwertiger Kontakte der Gefangenen geboten erscheint und verantwortet werden kann.

(5) Aus Gründen der Sicherheit oder Ordnung der Anstalt kann die Zulassung einer Person zum Besuch von ihrer Durchsuchung oder einer Sicherheitsanfrage nach § 21 des Justizvollzugsdatenschutzgesetzes Nordrhein-Westfalen vom 12. Oktober 2018 (GV. NRW. S. 555) abhängig gemacht werden.

(6) Die Anstalt kann die Anzahl der gleichzeitig zum Besuch zugelassenen Personen beschränken.

9 B 19, 9 B 24, 9 B 28

§ 20 Überwachung von Besuchen

(1) Besuche werden aus Gründen der Sicherheit oder Ordnung der Anstalt oder der Behandlung optisch überwacht, es sei denn, es liegen im Einzelfall Erkenntnisse dafür vor, dass es der Überwachung nicht bedarf. Die optische Überwachung mit technischen Hilfsmitteln ist zulässig; § 24 Absatz 5 und 6 des Justizvollzugsdatenschutzgesetzes Nordrhein-Westfalen gilt entsprechend.

(2) Die Anstaltsleitung kann eine offene akustische Überwachung anordnen, wenn dies aus Gründen der Behandlung erforderlich ist oder konkrete Anhaltspunkte für eine Gefahr der Sicherheit oder Ordnung der Anstalt vorliegen. Die Anstaltsleitung kann im Einzelfall auch die Verwendung von Trennscheiben oder sonstigen Trennvorrichtungen anordnen, soweit dies zum Schutz von Personen oder zur Verhinderung einer Übergabe von Gegenständen erforderlich ist.

(3) Der Besuch kann nach Abmahnung abgebrochen werden, wenn auf Grund des Verhaltens der Besucherinnen und Besucher oder der Gefangenen die Sicherheit oder Ordnung der Anstalt gefährdet wird. Die Abmahnung unterbleibt, wenn es unerlässlich ist, den Besuch sofort abzubrechen.

(4) Gegenstände dürfen beim Besuch nur mit Erlaubnis der Anstalt übergeben werden. § 15 Absatz 2 gilt entsprechend.

9 B 71, 9 B 74, 9 B 77, 9 B 82, 9 B 83

§ 21 Schriftwechsel

(1) Die Anstalt vermittelt die Absendung und den Empfang der Schreiben der Gefangenen. Eingehende und ausgehende Schreiben sind unverzüglich weiterzuleiten.

(2) Gefangene haben eingehende Schreiben unverschlossen zu verwahren, soweit nichts anderes angeordnet ist. Sie können die Schreiben auch verschlossen zu ihrer Habe geben.

9 C 3

§ 22 Überwachung des Schriftwechsels

(1) Eingehende und ausgehende Schreiben werden durch Sichtprüfung auf verbotene Gegenstände kontrolliert.

(2) Der Schriftwechsel der Gefangenen darf inhaltlich überwacht werden, soweit dies aus Gründen der Sicherheit oder Ordnung der Anstalt oder der Behandlung erforderlich ist.

9 C 23

§ 23 Anhalten von Schreiben

(1) Schreiben können angehalten werden, wenn
1. durch die Weitergabe die Sicherheit oder Ordnung der Anstalt oder die Erreichung des Vollzugsziels gefährdet würde,
2. die Weitergabe in Kenntnis ihres Inhalts einen Straf- oder Bußgeldtatbestand verwirklichen würde,
3. sie grobe Beleidigungen enthalten,
4. sie die Eingliederung anderer Gefangener gefährden können oder
5. sie in Geheimschrift, unlesbar, unverständlich oder ohne zwingenden Grund in einer fremden Sprache abgefasst sind.

(2) Ausgehenden Schreiben, die unrichtige Darstellungen enthalten, kann ein Begleitschreiben beigefügt werden, wenn Gefangene auf der Absendung bestehen.

(3) Schreiben, die ohne zwingenden Grund in einer fremden Sprache abgefasst sind, können auf Kosten der Gefangenen übersetzt werden, wenn sie auf der Absendung oder Aushändigung bestehen.

(4) Werden Schreiben angehalten, wird dies den Gefangenen mitgeteilt. Hiervon kann aus Gründen der Sicherheit oder Ordnung der Anstalt vorübergehend abgesehen werden. Angehaltene Schreiben werden an die Absenderin oder an den Absender zurückgegeben oder, soweit dies unmöglich ist oder Gründe der Sicherheit oder Ordnung der Anstalt einer Rückgabe entgegenstehen, behördlich verwahrt.

(5) Schreiben, deren Überwachung ausgeschlossen ist, dürfen nicht angehalten werden.

9 C 67

§ 24 Telefongespräche

(1) Den Gefangenen kann gestattet werden, Telefongespräche durch Vermittlung der Anstalt zu führen, soweit es die räumlichen, personellen und organisatorischen Verhältnisse der Anstalt zulassen.

(2) Die Anstaltsleitung kann eine Überwachung der Telefongespräche aus Gründen der Sicherheit oder Ordnung der Anstalt oder der Behandlung anordnen. Eine beabsichtigte Überwachung wird den Gefangenen rechtzeitig vor Beginn des Telefongesprächs und den Gesprächspartnerinnen und Gesprächspartnern der Gefangenen unmittelbar nach Herstellung der Verbindung mitgeteilt.

(3) Ist ein Telekommunikationssystem eingerichtet, kann Gefangenen die Teilnahme daran gestattet werden, soweit diese und ihre Gesprächspartnerinnen und Gesprächspartner in eine unregelmäßige Überwachung der Telekommunikation einwilligen. Ihnen ist die beabsichtigte Überwachung unmittelbar nach Herstellung der Verbindung mitzuteilen.

(4) Für den Abbruch der Telefongespräche gilt § 20 Absatz 3 entsprechend.

9 D 1 ff

§ 25 Verbot von Besuchen, Schriftwechsel und Telefongesprächen

Besuche sowie Schriftwechsel und Telefongespräche können untersagt oder beschränkt werden, wenn im Einzelfall
1. die Sicherheit oder Ordnung der Anstalt gefährdet würde,
2. zu befürchten ist, dass der Kontakt mit Personen, die nicht Angehörige der Gefangenen gemäß § 11 Absatz 1 Nummer 1 des Strafgesetzbuches sind, einen schädlichen Einfluss auf die Gefangenen hat oder ihre Eingliederung behindert, oder
3. die Gefangenen mit Opfern von Straftaten der Gefangenen in Verbindung treten wollen und durch den Kontakt nachteilige Auswirkungen auf die Opfer oder gefährdete Dritte zu befürchten sind oder diese einer Kontaktaufnahme widersprochen haben oder

4. zu befürchten ist, dass der Kontakt Bestrebungen im Sinne des § 3 Absatz 1 in Verbindung mit Absatz 5 des Verfassungsschutzgesetzes Nordrhein-Westfalen vom 20. Dezember 1994 (GV. NRW. 1995, S. 28) in der jeweils geltenden Fassung oder entsprechende Verhaltensweisen fördert.

9 B 34, 9 B 47, 9 C 9, 9 C 13, 9 C 68

§ 26 Kontakt mit bestimmten Personen und Institutionen

(1) Besuche von Verteidigerinnen und Verteidigern sowie von Rechtsanwältinnen, Rechtsanwälten, Notarinnen und Notaren in Rechtssachen der Gefangenen sind zu gestatten. Die Zulassung dieser Personen zum Besuch kann von ihrer Durchsuchung abhängig gemacht werden, wenn dies aus Gründen der Sicherheit der Anstalt erforderlich ist. Zur Übergabe von Schriftstücken und sonstigen Unterlagen, die unmittelbar der Verteidigung dienen, bedürfen Verteidigerinnen und Verteidiger keiner Erlaubnis. Die Übergabe von Schriftstücken oder sonstigen Unterlagen durch Rechtsanwältinnen und Rechtsanwälte sowie Notarinnen und Notare kann aus Gründen der Sicherheit oder Ordnung der Anstalt von einer Erlaubnis abhängig gemacht werden.

(2) Besuche von Verteidigerinnen und Verteidigern werden nicht überwacht. Die Anstaltsleitung kann die Verwendung von Trennvorrichtungen anordnen, wenn dies zum Schutz von Personen erforderlich ist oder konkrete Anhaltspunkte für eine Gefahr der Sicherheit der Anstalt vorliegen. Eine Kenntnisnahme des gedanklichen Inhalts der von den Verteidigerinnen und Verteidigern mitgeführten Schriftstücke und sonstigen Unterlagen ist nicht zulässig. Absatz 3 Satz 3 und 4 bleibt unberührt.

(3) Schriftwechsel der Gefangenen mit ihren Verteidigerinnen und Verteidigern wird nicht überwacht. Die verschlossenen Schreiben dürfen auf verbotene Gegenstände untersucht werden. Liegt dem Vollzug der Freiheitsstrafe eine Straftat nach § 129a des Strafgesetzbuches, auch in Verbindung mit § 129b Absatz 1 des Strafgesetzbuches, zugrunde, gelten § 148 Absatz 2 und § 148a der Strafprozessordnung entsprechend; dies gilt nicht, wenn Gefangene sich im offenen Vollzug befinden, ihnen über die Ausführung (§ 53 Absatz 2 Nummer 1), den Begleitausgang (§ 53 Absatz 2 Nummer 2) oder die Außenbeschäftigung (§ 53 Absatz 2 Nummer 4) hinaus vollzugsöffnende Maßnahmen gewährt worden sind und ein Grund zum Widerruf oder zur Rücknahme vollzugsöffnender Maßnahmen nicht vorliegt. Satz 3 gilt auch, wenn gegen Gefangene im Anschluss an die dem Vollzug der Freiheitsstrafe zugrunde liegende Verurteilung eine Freiheitsstrafe wegen einer Straftat nach § 129a des Strafgesetzbuches, auch in Verbindung mit § 129b Absatz 1 des Strafgesetzbuches, zu vollstrecken ist.

(4) Absatz 3 gilt entsprechend für den Schriftwechsel der Gefangenen mit
1. dem ambulanten Sozialen Dienst der Justiz,
2. den Volksvertretungen des Bundes und der Länder sowie ihren Mitgliedern,
3. dem Bundesverfassungsgericht und dem für sie zuständigen Landesverfassungsgericht,
4. der oder dem für sie zuständigen Bürgerbeauftragten eines Landes,
5. den Datenschutzbeauftragten des Bundes und der Länder,
6. dem Europäischen Parlament sowie seinen Mitgliedern,
7. dem Europäischen Gerichtshof für Menschenrechte,
8. dem Europäischen Gerichtshof,
9. der oder dem Europäischen Datenschutzbeauftragten,
10. der oder dem Europäischen Bürgerbeauftragten,
11. dem Europäischen Ausschuss zur Verhütung von Folter und unmenschlicher oder erniedrigender Behandlung oder Strafe,
12. der Europäischen Kommission gegen Rassismus und Intoleranz,
13. dem Menschenrechtsausschuss der Vereinten Nationen,
14. den Ausschüssen der Vereinten Nationen für die Beseitigung der Rassendiskriminierung und für die Beseitigung der Diskriminierung der Frau sowie der Abteilung der Vereinten Nationen für die Gleichstellung der Geschlechter und die Stärkung der Frau,
15. dem Ausschuss der Vereinten Nationen gegen Folter, dem dazugehörigen Unterausschuss zur Verhütung von Folter und den entsprechenden Nationalen Präventionsmechanismen und
16. der oder dem Justizvollzugsbeauftragten des Landes Nordrhein-Westfalen,

wenn die Schreiben an die Anschriften dieser Stellen gerichtet sind und die Absenderin oder den Absender zutreffend angeben. Schreiben der in Satz 1 genannten Stellen, die an Gefangene gerichtet sind, dürfen nicht überwacht werden, wenn die Identität der Absenderin oder des Absenders feststeht. Die Sätze 1 und 2 gelten entsprechend für den Schriftwechsel zur Ausübung des Wahlrechts.

Anhang

(5) Absatz 1 Satz 1, Absatz 2 Satz 1, Absatz 3 Satz 3 und 4 sowie Absatz 4 gelten für Telefongespräche entsprechend.

9 B 59, 9 B 61, 9 C 23, 9 C 30

§ 27 Andere Formen der Telekommunikation

Den Gefangenen kann gestattet werden, andere von der Aufsichtsbehörde zugelassene Formen der Telekommunikation durch Vermittlung der Anstalt zu nutzen, wenn hierdurch die Sicherheit oder Ordnung der Anstalt nicht gefährdet wird. Im Übrigen finden in Abhängigkeit von der Art der Telekommunikation die Vorschriften über den Schriftwechsel, den Besuch und über Telefongespräche entsprechende Anwendung.

5 A 31, 5 C 29, 5 C 46, 9 D 9

§ 28 Pakete

(1) Der Empfang von Paketen bedarf der Erlaubnis. Vom Empfang ausgeschlossen sind Nahrungs- und Genussmittel sowie Inhalte, die geeignet sind, die Sicherheit oder Ordnung der Anstalt zu gefährden.

(2) Pakete sind in Gegenwart der Gefangenen zu öffnen, an die sie adressiert sind. Ausgeschlossene Gegenstände können zur Habe der Gefangenen genommen, der absendenden Person zurückgesandt oder, falls der Aufbewahrung oder Rücksendung besondere Gründe entgegenstehen, vernichtet werden. Über die getroffenen Maßnahmen werden die Gefangenen unterrichtet.

(3) Gefangenen kann gestattet werden, Pakete zu versenden. Ihr Inhalt kann überprüft werden. § 25 gilt entsprechend.

6 C 3

Abschnitt 5. Beschäftigung, Vergütung

§ 29 Beschäftigung, Arbeitspflicht

(1) Arbeit, arbeitstherapeutische Maßnahmen sowie schulische und berufliche Bildung (Beschäftigung) dienen insbesondere dem Ziel, Fähigkeiten und Fertigkeiten für eine regelmäßige Erwerbstätigkeit zur Sicherung des Lebensunterhaltes nach der Entlassung zu vermitteln, zu fördern und zu erhalten. Gefangene sind verpflichtet, eine ihnen zugewiesene Beschäftigung auszuüben.

(2) Beschäftigung soll die körperlichen und geistigen Fähigkeiten sowie die Interessen der Gefangenen berücksichtigen und muss zumutbar sein. Gefangenen soll möglichst wirtschaftlich ergiebige Arbeit zugewiesen werden. Sind Gefangene zu wirtschaftlich ergiebiger Arbeit nicht fähig, sollen sie arbeitstherapeutisch beschäftigt werden.

(3) Gefangene können im Vollstreckungsjahr bis zu drei Monaten zu Hilfstätigkeiten in der Anstalt verpflichtet werden, mit ihrer Zustimmung auch darüber hinaus.

(4) Haben Gefangene die Regelaltersgrenze der gesetzlichen Rentenversicherung erreicht, darf ihnen eine Beschäftigung nur mit ihrer Zustimmung zugewiesen werden.

(5) An Sonntagen und gesetzlichen Feiertagen sowie an Samstagen ruht die Arbeit, soweit nicht unaufschiebbare Arbeiten ausgeführt werden müssen. Dürfen Gefangene auf Grund ihres Bekenntnisses an bestimmten Tagen nicht arbeiten, können sie auf Wunsch von der Arbeit befreit werden.

4 Vorb. 5, 4 A 2, 4 A 6, 4 A 8, 4 A 9, 4 A 13, 4 A 14, 4 A 15, 4 A 34, 4 B 2, 4 B 7, 4 B 12, 4 B 13, 4 B 14, 4 B 19, 4 B 24, 4 D 10, 4 D 33, 4 E 3, 4 E 7

§ 30 Schulische und berufliche Bildung

(1) Geeignete Gefangene sollen Gelegenheit zur Teilnahme an schulischen und beruflichen Orientierungs-, Aus- und Weiterbildungsmaßnahmen erhalten. Sie sind in dem Bemühen zu unterstützen, einen anerkannten Abschluss oder eine anschlussfähige, für den Arbeitsmarkt relevante Teilqualifikation zu erlangen.

(2) Analphabeten sollen das Lesen und Schreiben erlernen können. Gefangenen, die der deutschen Sprache nicht ausreichend mächtig sind, sollen Deutschkurse angeboten werden.

(3) Zeugnisse und Nachweise über schulische und berufliche Bildung enthalten keine Hinweise auf eine Inhaftierung.

4 Vorb. 5, 4 A 2, 4 E 1, 4 E 2, 4 E 9, 4 E 12, 4 E 15

§ 31 Freies Beschäftigungsverhältnis, Selbstbeschäftigung

(1) Gefangenen soll gestattet werden, einer Arbeit oder beruflichen Aus- und Weiterbildungsmaßnahme auf der Grundlage eines freien Beschäftigungsverhältnisses außerhalb der Anstalt nachzugehen, wenn dies im Rahmen der Vollzugsplanung dem Ziel dient, Fähigkeiten für eine Erwerbstätigkeit nach der Entlassung zu erhalten und zu fördern, und überwiegende Gründe des Vollzuges nicht entgegenstehen. § 53 Absatz 1 und Absatz 2 Nummer 4 gilt entsprechend.

(2) Den Gefangenen kann gestattet werden, sich selbst zu beschäftigen. Absatz 1 gilt entsprechend.

(3) Die Anstalt kann verlangen, dass ihr das Entgelt zur Gutschrift für die Gefangenen überwiesen wird.

4 Vorb. 5, 4 G 7, 4 H 2, 4 H 10, 4 H 11, 4 H 18, 4 H 19, 4 H 20, 4 H 28, 4 I 67, 6 F 56

§ 32 Vergütung

(1) Gefangene, die eine zugewiesene Arbeit oder eine Hilfstätigkeit nach § 29 Absatz 3 ausüben, erhalten ein Arbeitsentgelt, welches auf Grundlage von neun Prozent der Bezugsgröße nach § 18 des Vierten Buches Sozialgesetzbuch – Gemeinsame Vorschriften für die Sozialversicherung – in der Fassung der Bekanntmachung vom 12. November 2009 (BGBl. I S. 3710, 3973; 2011 I S. 363) in der jeweils geltenden Fassung bemessen wird (Eckvergütung). Ein Tagessatz ist der zweihundertfünfzigste Teil der Eckvergütung.

(2) Gefangenen, die während der Arbeitszeit ganz oder teilweise an einer schulischen oder beruflichen Orientierungs-, Aus- und Weiterbildungsmaßnahme teilnehmen, wird Ausbildungsbeihilfe gewährt, soweit ihnen keine Leistungen zum Lebensunterhalt zustehen, die nicht inhaftierten Personen aus solchem Anlass gewährt werden. Für die Bemessung der Ausbildungsbeihilfe gilt Absatz 1 entsprechend.

(3) Gefangene, die an einer arbeitstherapeutischen Maßnahme teilnehmen, erhalten ein Arbeitsentgelt, soweit dies der Art ihrer Tätigkeit und ihrer Arbeitsleistung entspricht.

(4) Arbeitsentgelt und Ausbildungsbeihilfe können je nach Leistung der Gefangenen und der Art der Tätigkeit gestuft werden. 75 Prozent der Eckvergütung dürfen nur unterschritten werden, wenn die Leistungen Gefangener den Mindestanforderungen nicht genügen. Das Justizministerium wird ermächtigt, zur Umsetzung der Vorschriften über die Vergütung eine Rechtsverordnung über die Bemessung des Arbeitsentgeltes, die Ausbildungsbeihilfe, die anrechenbaren Arbeitszeiten, die Zeiteinheiten in Stunden oder Minuten, die Entgeltart als Zeit- oder Leistungsentgelt, die Vergütungsstufen und die Gewährung von Zulagen zu erlassen.

(4) Gefangene, die an einer arbeitstherapeutischen Maßnahme teilnehmen, erhalten ein Arbeitsentgelt, soweit dies der Art ihrer Tätigkeit und ihrer Arbeitsleistung entspricht.

(5) Soweit Beiträge zur Bundesagentur für Arbeit zu entrichten sind, soll von der Vergütung ein Betrag einbehalten werden, der dem Anteil der Gefangenen an dem Beitrag entsprechen würde, wenn sie diese Vergütung als Arbeitnehmer erhielten.

(6) Die Höhe der Vergütung ist den Gefangenen schriftlich bekannt zu geben.

4 Vorb. 5, 4 D 6, 4 D 10, 4 D 11, 4 D 17, 4 D 18, 4 D 19, 4 D 20, 4 D 21, 4 D 25, 4 D 26, 4 D 71, 4 G 2, 4 G 6, 4 G 7, 4 G 8, 4 G 10, 4 G 11, 4 G 14, 4 I 23, 4 I 133, 6 F 56

§ 33 Freistellung

(1) Gefangene, die ein Jahr lang eine zugewiesene Arbeit oder eine Hilfstätigkeit ausgeübt haben, sind innerhalb des darauffolgenden Jahres auf Antrag 20 Arbeitstage von der Arbeit freizustellen. Bei der Festsetzung des Zeitpunktes der Freistellung sind die betrieblichen Belange zu berücksichtigen.

(2) Zeiten, in denen Gefangene infolge Krankheit an der Arbeitsleistung gehindert oder nach den Absätzen 1 und 3 oder § 34 Absatz 1 von der Arbeitspflicht freigestellt waren oder Verletztengeld nach § 47 Absatz 6 des Siebten Buches Sozialgesetzbuch – Gesetzliche Unfallversicherung – (Artikel 1 des Gesetzes vom 7. August 1996, BGBl. I S. 1254) in der jeweils geltenden Fassung erhalten haben, werden auf das Jahr mit bis zu jeweils 30 Arbeitstagen angerechnet. Sonstiges Fernbleiben kann in angemessenem Umfang auf die Zeit angerechnet werden. Erfolgt eine Anrechnung nach den Sätzen 1 und 2 nicht, wird die Frist für die Dauer der Fehlzeit gehemmt, es sei denn, die Fehlzeit steht unter Berücksichtigung des Vollzugsziels außer Verhältnis zur bereits erbrachten Arbeitsleistung.

(3) Auf die Zeit der Freistellung wird Langzeitausgang (§ 53 Absatz 2 Nummer 3) angerechnet, soweit er in die Arbeitszeit fällt und nicht wegen einer lebensgefährlichen Erkrankung oder anlässlich des Todes von nahen Angehörigen erteilt worden ist.

Anhang

(4) Gefangene erhalten für die Zeit der Freistellung Arbeitsentgelt in Höhe des Durchschnitts der in den letzten drei Monaten vor der Freistellung gutgeschriebenen Bezüge.

(5) Für arbeitstherapeutische Maßnahmen sowie Bildungsmaßnahmen nach § 32 Absatz 2 gelten die Absätze 1 bis 4 entsprechend. Bei der Festsetzung des Zeitpunktes der Freistellung ist auch der Stand der Bildungsmaßnahmen zu berücksichtigen.

(6) Urlaubsregelungen aus Beschäftigungsverhältnissen außerhalb der Anstalt bleiben unberührt.

4 Vorb. 5, 4 C 1, 4 C 3, 4 C 4, 4 C 5, 4 C 6, 4 C 7, 4 C 8, 4 C 11, 4 C 12, 4 C 14, 4 C 15, 4 C 16, 4 C 18, 4 C 19, 4 C 22, 4 C 23, 4 G 12

§ 34 Anerkennung von Arbeit und Bildung, Ausgleichsentschädigung

(1) Als zusätzliche Anerkennung neben der Vergütung nach § 32 und der Freistellung nach § 33 erhalten Gefangene auf Antrag für drei Monate zusammenhängender Ausübung einer Arbeit oder einer Hilfstätigkeit unter Fortzahlung der Vergütung zwei Tage
1. Freistellung von der Arbeitspflicht oder
2. Langzeitausgang, soweit dessen Voraussetzungen vorliegen.

Stellen Gefangene keinen Antrag oder kann Langzeitausgang nicht gewährt werden, wird der Entlassungszeitpunkt vorverlegt. Dies gilt auch, wenn Gefangene die Freistellung nach Satz 1 Nummer 1 nicht innerhalb eines Jahres nach Vorliegen der Voraussetzungen in Anspruch nehmen. Durch Zeiten, in denen Gefangene ohne ihr Verschulden an der Erfüllung ihrer Arbeitspflicht gehindert sind, wird die Frist nach Satz 1 gehemmt. Beschäftigungszeiträume von unter drei Monaten bleiben unberücksichtigt. Langzeitausgang nach Satz 1 Nummer 2 wird nicht auf die Höchstdauer des Langzeitausgangs nach § 54 Absatz 1 Satz 1 angerechnet.

(2) Eine Vorverlegung des Entlassungszeitpunktes ist ausgeschlossen,
1. soweit ein Entlassungszeitpunkt auf Grund der Art der Strafe noch nicht bestimmt ist,
2. soweit bei einer Aussetzung der Vollstreckung des Restes einer Freiheitsstrafe zur Bewährung wegen des von der Entscheidung des Gerichts bis zur Entlassung verbleibenden Zeitraums eine Anrechnung nicht mehr möglich ist,
3. wenn dies vom Gericht angeordnet wird, weil bei einer Aussetzung der Vollstreckung des Restes einer Freiheitsstrafe zur Bewährung die Lebensverhältnisse der Gefangenen oder die Wirkungen, die von der Aussetzung für sie zu erwarten sind, die Vollstreckung bis zu einem bestimmten Zeitpunkt erfordern,
4. wenn nach § 456a Absatz 1 der Strafprozessordnung von der Vollstreckung abgesehen wird oder
5. wenn Gefangene im Gnadenwege aus der Haft entlassen werden.

(3) Soweit eine Vorverlegung des Entlassungszeitpunktes nach Absatz 2 ausgeschlossen ist, erhalten Gefangene bei ihrer Entlassung zusätzlich eine Ausgleichsentschädigung in Höhe von 15 Prozent der Bezüge, die sie für die geleistete Tätigkeit, die Grundlage für die Gewährung der Freistellungstage nach Absatz 1 gewesen ist, erhalten haben. Der Anspruch entsteht erst mit der Entlassung. Vor der Entlassung ist der Anspruch nicht verzinslich. Gefangenen, bei denen eine Vorverlegung nach Absatz 2 Nummer 1 ausgeschlossen ist, wird die Ausgleichszahlung bereits nach Verbüßung von zehn Jahren zum Eigengeld (§ 38) gutgeschrieben, soweit sie nicht vor diesem Zeitpunkt entlassen werden. § 57 Absatz 4 des Strafgesetzbuches gilt entsprechend.

(4) Für Gefangene, die an Bildungsmaßnahmen nach § 32 Absatz 2 teilnehmen, gelten die Absätze 1 bis 3 entsprechend.

4 Vorb. 5, 4 C 1, 4 D 6, 4 D 31, 4 D 32, 4 D 33, 4 D 34, 4 D 36, 4 D 39, 4 D 40, 4 D 41, 4 D 42, 4 D 43, 4 D 45, 4 D 49, 4 D 53, 4 D 54, 4 D 55, 4 D 57, 4 D 58, 4 D 59, 4 D 60, 4 D 61, 4 D 62, 4 D 63, 4 D 64, 4 G 13, 4 I 67, 6 F 56

Abschnitt 6. Gelder der Gefangenen, Haftkostenbeitrag

§ 35 Taschengeld

(1) Gefangenen wird während des Vollzuges der Strafe rückwirkend auf Antrag Taschengeld gewährt, soweit sie ohne ihr Verschulden bedürftig sind. Das Taschengeld beträgt 14 Prozent der Eckvergütung (§ 32 Absatz 1).

(2) Bedürftig sind Gefangene, soweit ihnen in dem Zeitraum, für den sie Taschengeld beantragen, aus Hausgeld (§ 36) und Eigengeld (§ 38) monatlich ein Betrag in Höhe des Taschengeldes nicht zur Verfügung

steht und sie eine Vergütung nach § 32 nicht beanspruchen können. Nicht verbrauchtes Taschengeld bleibt unberücksichtigt.

(3) In Ausnahmefällen, namentlich zur Überbrückung eines Zeitraumes bis zu einer erstmaligen Gewährung von Arbeitsentgelt, Ausbildungsbeihilfe oder Taschengeld, kann den Gefangenen auf Antrag vorschussweise ein Taschengeld in Höhe von bis zu 50 Prozent des üblichen Taschengeldes gewährt werden. Der Vorschuss ist mit dem ersten Arbeitsentgelt, der ersten Ausbildungsbeihilfe oder der ersten nachfolgenden Gewährung von Taschengeld zu verrechnen.

4 Vorb. 5, 4 I 3, 4 I 4, 4 I 5, 4 I 10, 4 I 12, 4 I 13, 4 I 23

§ 36 Hausgeld

(1) Gefangene dürfen monatlich über drei Siebtel ihrer in diesem Gesetz geregelten Bezüge (Hausgeld) und das Taschengeld frei verfügen.

(2) Aus den Bezügen eines freien Beschäftigungsverhältnisses, einer Selbstbeschäftigung oder anderen regelmäßigen Einkünften wird ein angemessenes Hausgeld festgesetzt.

4 Vorb. 5, 4 I 19, 4 I 23, 4 I 25, 4 I 27, 12 P 8

§ 37 Überbrückungsgeld

(1) Aus den in diesem Gesetz geregelten Bezügen und aus den Bezügen der Gefangenen, die in einem freien Beschäftigungsverhältnis stehen oder denen gestattet ist, sich selbst zu beschäftigen, ist ein Überbrückungsgeld zu bilden, das den notwendigen Lebensunterhalt der Gefangenen und ihrer Unterhaltsberechtigten für die ersten vier Wochen nach der Entlassung sichern soll. Die Höhe richtet sich nach den in § 28 des Zwölften Buches Sozialgesetzbuch – Sozialhilfe – (Artikel 1 des Gesetzes vom 27. Dezember 2003, BGBl. I S. 3022, 3023) in der jeweils geltenden Fassung festgeschriebenen Regelsätzen und soll für die Gefangenen den vierfachen und für ihre Unterhaltsberechtigten den zweifachen monatlichen Mindestbetrag nicht unterschreiten. (2) Das Überbrückungsgeld ist in angemessenen, auf den voraussichtlichen Entlassungszeitpunkt abgestimmten Teilbeträgen anzusparen, die die Anstalt festsetzt. Die Höhe der Teilbeträge ist regelmäßig zu überprüfen und bei grundlegenden Veränderungen anzupassen.

(3) Das Überbrückungsgeld wird Gefangenen bei der Entlassung zur Verfügung gestellt. Die Anstalt kann es ganz oder teilweise dem ambulanten Sozialen Dienst der Justiz oder mit Einwilligung der Gefangenen an eine andere mit der Entlassung befasste Stelle zur Verwaltung in den ersten vier Wochen nach der Entlassung überlassen, wenn diese das Geld von ihrem sonstigen Vermögen gesondert halten. Mit Einwilligung der Gefangenen kann das Überbrückungsgeld auch an Unterhaltsberechtigte überwiesen werden.

(4) Die Anstaltsleitung kann den Gefangenen gestatten, Überbrückungsgeld schon vor der Entlassung für Ausgaben in Anspruch zu nehmen, die der Eingliederung der Gefangenen, namentlich auch der Tilgung von Geldstrafen (§ 4 Absatz 5) und dem Tatausgleich (§ 7), dienen, wenn zu erwarten ist, dass bei der Entlassung in Freiheit ein Überbrückungsgeld in angemessener Höhe zur Verfügung steht.

(5) Bei Verlegungen von Gefangenen aus Bundesländern, die die Bildung eines Überbrückungsgeldes nicht vorsehen, werden Gelder, die die Gefangenen vor der Verlegung für die Sicherung des Lebensunterhaltes nach der Entlassung angespart haben, mit der Gutschrift in der Aufnahmeanstalt Überbrückungsgeld nach diesem Gesetz.

4 Vorb. 5, 4 I 11, 4 I 64, 4 I 67, 4 I 77, 4 I 78, 4 I 81, 4 I 83, 4 I 84, 4 I 85, 4 I 87, 4 I 88,
4 I 89, 4 I 91

§ 38 Eigengeld

Gefangenen sind eingebrachte, für sie eingezahlte oder überwiesene Geldbeträge sowie Bezüge, die nicht als Hausgeld, Überbrückungsgeld oder als Haftkostenbeitrag in Anspruch genommen werden, als Eigengeld gutzuschreiben. Gefangene dürfen über ihr Eigengeld verfügen, soweit dieses nicht als Überbrückungsgeld notwendig ist. § 37 Absatz 3 bleibt unberührt.

4 Vorb. 5, 4 I 11, 4 I 88, 4 I 93, 4 I 101, 4 I 102, 4 I 103, 4 I 105, 4 I 118, 6 C 15, 11 C 17

§ 39 Haftkostenbeitrag

(1) Als Teil der Kosten der Vollstreckung der Rechtsfolgen einer Tat (§ 464a Absatz 1 Satz 2 der Strafprozessordnung) erhebt die Anstalt von Gefangenen einen Haftkostenbeitrag.

Anhang

(2) Ein Haftkostenbeitrag wird nicht erhoben, wenn Gefangene
1. Bezüge nach diesem Gesetz erhalten oder
2. ohne Verschulden eine Beschäftigung nicht ausüben können oder nicht ausüben, weil sie hierzu nicht verpflichtet sind.

Satz 1 gilt nicht, wenn Gefangene eine Rente oder sonstige regelmäßige Einkünfte beziehen. Haben Gefangene, die ohne ihr Verschulden während eines zusammenhängenden Zeitraumes von mehr als einem Monat nicht arbeiten konnten oder nicht gearbeitet haben, weil sie nicht zur Arbeit verpflichtet waren, auf diese Zeit entfallende Einkünfte, so haben sie den Haftkostenbeitrag für diese Zeit bis zur Höhe der auf sie entfallenden Einkünfte zu entrichten. Ihnen ist arbeitstäglich ein Betrag in Höhe eines Tagessatzes der Eckvergütung nach § 32 Absatz 1 zu belassen.

(3) Im Übrigen kann von der Erhebung eines Haftkostenbeitrags ganz oder teilweise abgesehen werden, soweit dies notwendig ist, um die Eingliederung der Gefangenen nicht zu gefährden.

(4) Der Haftkostenbeitrag wird in Höhe des Betrages erhoben, der nach § 17 Absatz 1 Satz 1 Nummer 4 des Vierten Buches Sozialgesetzbuch durchschnittlich zur Bewertung der Sachbezüge festgesetzt ist. Das Justizministerium stellt den Betrag jährlich durch Bekanntmachung fest. Bei Selbstverpflegung entfallen die für die Verpflegung vorgesehenen Beträge. Für den Wert der Unterkunft ist die festgesetzte Belegungsfähigkeit maßgebend.

(5) Die Selbstbeschäftigung (§ 31 Absatz 2) kann davon abhängig gemacht werden, dass die Gefangenen einen Haftkostenbeitrag bis zur Höhe des in Absatz 4 genannten Satzes im Voraus entrichten.

3 D 8, 4 Vorb. 5, 4 H 25, 4 H 29, 4 I 39, 4 I 40, 4 I 43, 4 I 45, 4 I 47, 4 I 49, 4 I 50, 4 I 52

Abschnitt 7. Religionsausübung

§ 40 Seelsorge

(1) Gefangenen darf die religiöse Betreuung durch eine Seelsorgerin oder einen Seelsorger ihrer Religionsgemeinschaft nicht versagt werden. Auf Wunsch der Gefangenen ist ihnen zu helfen, mit einer Seelsorgerin oder einem Seelsorger ihrer Religionsgemeinschaft in Verbindung zu treten.

(2) Gefangene dürfen grundlegende religiöse Schriften besitzen. Sie dürfen ihnen nur bei grobem Missbrauch entzogen werden.

(3) Gefangenen sind Gegenstände des religiösen Gebrauchs in angemessenem Umfang zu belassen.

8 A 14, 8 A 19, 8 A 21, 8 A 22, 8 A 23

§ 41 Religiöse Veranstaltungen

(1) Gefangene dürfen in der Anstalt am Gottesdienst und an anderen religiösen Veranstaltungen ihres Bekenntnisses teilnehmen.

(2) Gefangene werden zu dem Gottesdienst oder zu religiösen Veranstaltungen einer anderen Religionsgemeinschaft in der Anstalt zugelassen, wenn deren Seelsorgerin oder Seelsorger zustimmt.

(3) Gefangene können von der Teilnahme am Gottesdienst oder anderen religiösen Veranstaltungen ausgeschlossen werden, wenn dies aus überwiegenden Gründen der Sicherheit oder Ordnung geboten ist. Die Anstaltsseelsorge ist zu hören.

8 B 1, 8 B 18, 8 B 22

§ 42 Weltanschauungsgemeinschaften

Für Angehörige weltanschaulicher Bekenntnisse gelten die §§ 40 und 41 entsprechend.

8 C 1 ff

Abschnitt 8. Gesundheitsfürsorge

§ 43 Gesundheitsfürsorge, Aufenthalt im Freien

(1) Für das körperliche, seelische, geistige und soziale Wohlergehen der Gefangenen ist zu sorgen. Die Bedeutung einer gesunden Ernährung und Lebensführung ist den Gefangenen in geeigneter Form zu vermitteln. Gefangene haben die notwendigen Maßnahmen zum Gesundheitsschutz und zur Hygiene zu unterstützen.

(2) Den Gefangenen wird täglich mindestens eine Stunde Aufenthalt im Freien ermöglicht, wenn die Witterung dem nicht zwingend entgegensteht.

6 D 1, 6 D 17, 6 D 24, 6 G 1, 6 G 4, 6 G 6

§ 44 Suchtmedizinische Behandlung

Für suchtkranke Gefangene sind Möglichkeiten der suchtmedizinischen Behandlung vorzuhalten.

§ 45 Medizinische Leistungen, Kostenbeteiligung

(1) Gefangene haben Anspruch auf notwendige, ausreichende und zweckmäßige medizinische Versorgung unter Beachtung des Grundsatzes der Wirtschaftlichkeit. Der Anspruch umfasst auch Untersuchungen zur Früherkennung von Krankheiten und Vorsorgeleistungen, ferner die Versorgung mit Hilfsmitteln und prothetische Leistungen, sofern diese mit Rücksicht auf die Dauer des Freiheitsentzuges gerechtfertigt und soweit Hilfsmittel nicht als allgemeine Gebrauchsgegenstände des täglichen Lebens anzusehen sind. Für Art und Umfang der Versorgung gelten die für gesetzlich Versicherte maßgeblichen Vorschriften des Sozialgesetzbuches und die auf Grund dieser Vorschriften getroffenen Regelungen entsprechend, soweit Besonderheiten des Vollzuges nicht entgegenstehen.

(2) Der Anspruch nach Absatz 1 ruht, solange Gefangene auf Grund eines freien Beschäftigungsverhältnisses krankenversichert sind.

(3) Die Gefangenen können an den Kosten für medizinische Leistungen in angemessenem Umfang beteiligt werden.

4 H 5, 4 I 55, 6 E 1, 6 E 3, 6 F 1, 6 F 18, 6 F 19, 6 F 20, 6 F 23, 6 F 25, 6 F 28, 6 F 35, 6 F 55

§ 46 Überstellung und Verlegung aus medizinischen Gründen

(1) Erkrankte Gefangene können in ein Justizvollzugskrankenhaus überstellt oder in eine für die medizinische Behandlung und Betreuung besser geeignete Anstalt verlegt werden. Satz 1 gilt entsprechend für die Unterbringung und Betreuung pflegebedürftiger Gefangener und Gefangener mit körperlichen Behinderungen.

(2) Können Krankheiten von Gefangenen in einer Anstalt oder in einem Justizvollzugskrankenhaus nicht erkannt oder behandelt werden oder ist es nicht möglich, Gefangene rechtzeitig in ein Justizvollzugskrankenhaus zu überstellen, sind sie in ein Krankenhaus außerhalb des Vollzuges zu bringen.

6 F 58, 6 F 59, 6 F 61, 6 F 65, 6 F 66, 6 F 71

§ 47 Krankenbehandlung während vollzugsöffnender Maßnahmen

Während einer vollzugsöffnenden Maßnahme haben Gefangene Anspruch auf Krankenbehandlung in der für sie zuständigen Anstalt. Ist ihnen eine Rückkehr in die zuständige Anstalt nicht zumutbar, soll die Krankenbehandlung in der nächstgelegenen Anstalt vorgenommen werden. Ist eine medizinische Notfallbehandlung in einem Krankenhaus erforderlich, trägt die zuständige Anstalt die Kosten im Umfang des § 45, wenn die Gefangenen Ansprüche aus einer Krankenversicherung nicht geltend machen können.

6 F 51, 6 F 52, 6 F 54

§ 48 Medizinische Behandlung zur sozialen Eingliederung

Mit Einwilligung der Gefangenen sollen medizinische Behandlungen, die für die Eingliederung der Gefangenen erforderlich sind, ermöglicht werden. Die Kosten tragen die Gefangenen. Sind sie dazu nicht in der Lage, kann die Anstalt die Kosten in begründeten Fällen in angemessenem Umfang übernehmen.

4 I 55, 6 F 41, 6 F 42, 6 F 48, 6 F 50

§ 49 Benachrichtigung im Krankheits- oder Todesfall

(1) Erkranken Gefangene schwer oder versterben sie, sind Angehörige oder gesetzliche Vertreterinnen oder Vertreter unverzüglich zu benachrichtigen. Im Fall schwerer Erkrankung kann von der Benachrichtigung abgesehen werden, wenn dies dem ausdrücklich erklärten Willen der Gefangenen entspricht.

(2) Dem Wunsch der Gefangenen, auch andere Personen zu benachrichtigen, soll entsprochen werden.

6 H 1, 6 H 2, 6 H 3

Abschnitt 9. Freizeit

§ 50 Gestaltung der Freizeit

Gefangene erhalten Gelegenheit, ihre Freizeit sinnvoll zu gestalten. Sie sind zur Teilnahme und Mitwirkung anzuregen. Es sind insbesondere Angebote zur kulturellen Betätigung, Bildungs- und Sportangebote sowie Angebote zur kreativen Entfaltung vorzuhalten. Die Benutzung einer bedarfsgerecht ausgestatteten Bibliothek ist zu ermöglichen.

5 A 6, 5 A 8, 5 A 9, 5 A 12, 5 A 18, 5 A 19, 5 A 24, 5 A 25, 5 A 26, 5 A 30, 5 A 32, 5 A 49

§ 51 Hörfunk und Fernsehen

(1) Der Zugang zum Hörfunk- und Fernsehempfang ist zu ermöglichen. Die Anstalt entscheidet über die Einspeisung einzelner Hörfunk- und Fernsehprogramme, soweit eine Empfangsanlage vorhanden ist. Die Wünsche und Bedürfnisse der Gefangenen sind angemessen zu berücksichtigen.

(2) Eigene Hörfunk- und Fernsehgeräte der Gefangenen können unter den Voraussetzungen des § 15 Absatz 2 zugelassen werden. Gefangene können auf ein Haftraummediensystem verwiesen werden. Der Betrieb von Empfangsanlagen und Haftraummediensystemen sowie die Ausgabe von Hörfunk- und Fernsehgeräten können auf Dritte übertragen werden. In diesen Fällen ist Gefangenen der Besitz eigener Geräte in der Regel nicht gestattet.

(3) Gefangene können an den Kosten für die Überlassung, die Überprüfung und den Betrieb von Hörfunkgeräten, Fernsehgeräten und Haftraummediensystemen sowie die Bereitstellung des Hörfunk- und Fernsehempfangs beteiligt werden.

4 I 55, 4 I 56, 5 C 4, 5 C 6, 5 C 9, 5 C 12, 5 C 14, 5 C 17, 5 C 18, 5 C 22, 5 C 23, 5 C 28, 5 C 32, 5 C 46

§ 52 Gegenstände zur Freizeitgestaltung, Zeitungen und Zeitschriften

(1) Gefangene dürfen nach Maßgabe der Anstalt in angemessenem Umfang sonstige Geräte der Informations- und Unterhaltungselektronik, Bücher sowie andere Gegenstände zur Aus- und Fortbildung oder Freizeitgestaltung besitzen. § 15 Absatz 2 und 3 gilt entsprechend.

(2) Gefangene dürfen Zeitungen und Zeitschriften durch Vermittlung der Anstalt in angemessenem Umfang auf eigene Kosten beziehen.

(3) Ausgeschlossen sind Zeitungen und Zeitschriften, deren Verbreitung mit Strafe oder Geldbuße bedroht ist. Einzelne Ausgaben oder Teile von Zeitungen oder Zeitschriften können Gefangenen vorenthalten werden, wenn sie die Sicherheit oder Ordnung der Anstalt oder das Vollzugsziel erheblich gefährden würden.

(4) Für Geräte der Informations- und Unterhaltungselektronik gilt § 51 Absatz 2 Satz 2 bis 4 und Absatz 3 entsprechend.

5 B 5, 5 B 12, 5 B 15, 5 B 23, 5 B 27, 5 C 4, 5 C 25, 5 C 26, 5 C 28, 5 C 46, 5 D 7, 5 D 10, 5 D 11, 5 D 12, 5 D 14, 5 D 16, 5 D 20, 5 D 21, 5 D 35, 11 C 3

Abschnitt 10. Vollzugsöffnende Maßnahmen

§ 53 Vollzugsöffnende Maßnahmen

(1) Mit Zustimmung der Gefangenen können vollzugsöffnende Maßnahmen gewährt werden, wenn verantwortet werden kann zu erproben, dass die Gefangenen sich dem Vollzug der Freiheitsstrafe nicht entziehen oder die vollzugsöffnenden Maßnahmen nicht zur Begehung von Straftaten missbrauchen werden. Bei der Entscheidung über die Gewährung der Maßnahmen sind die Belange der Gefangenen mit den Schutzinteressen der Allgemeinheit abzuwägen, insbesondere sind die Persönlichkeit der Gefangenen, ihr Vollzugsverhalten, die Vollzugsdauer und die Art der Maßnahme zu berücksichtigen.

(2) Als vollzugsöffnende Maßnahmen zur Erreichung des Vollzugsziels kommen namentlich in Betracht:
1. das Verlassen der Anstalt für eine bestimmte Tageszeit unter der ständigen und unmittelbaren Aufsicht von Bediensteten (Ausführung),
2. das Verlassen der Anstalt für eine bestimmte Tageszeit in Begleitung einer von der Anstalt zugelassenen Person (Begleitausgang) oder ohne Begleitung (Ausgang),
3. das Verlassen der Anstalt für mehr als einen Tag (Langzeitausgang) und
4. die regelmäßige Beschäftigung außerhalb der Anstalt unter Aufsicht Bediensteter (Außenbeschäftigung) oder ohne Aufsicht (Freigang).

(3) Können vollzugsöffnende Maßnahmen nach Absatz 2 Nummer 2 bis 4 noch nicht verantwortet werden, sind insbesondere langjährig im Vollzug befindlichen Gefangenen Ausführungen zu gewähren, um schädlichen Auswirkungen des Freiheitsentzuges frühzeitig entgegenzuwirken und ihre Lebenstüch-

tigkeit zu erhalten und zu festigen. Die Ausführungen unterbleiben, wenn die zur Sicherung erforderlichen Maßnahmen den Zweck der Ausführung gefährden.

(4) Bei Ausführungen zur Erhaltung der Lebenstüchtigkeit kann den Gefangenen, um Entweichungen entgegenzuwirken, nach Maßgabe des § 27 des Justizvollzugsdatenschutzgesetzes Nordrhein-Westfalen aufgegeben werden, die für eine elektronische Überwachung ihres Aufenthaltsortes erforderlichen technischen Mittel ständig in betriebsbereitem Zustand bei sich zu führen und deren Funktionsfähigkeit nicht zu beeinträchtigen.

(5) Kommen vollzugsöffnende Maßnahmen nicht in Betracht, sind die tragenden Gründe zu dokumentieren und den Gefangenen die noch zu erfüllenden Voraussetzungen in verständlicher Form zu vermitteln.

(6) Bei der Ausgestaltung vollzugsöffnender Maßnahmen ist den berechtigten Schutzinteressen der Opfer und gefährdeter Dritter Rechnung zu tragen.

(7) Gefangene tragen die Reisekosten, die Kosten für ihren Lebensunterhalt und andere Aufwendungen während ihres Aufenthalts außerhalb der Anstalt. Die Kosten von Ausführungen können den Gefangenen in angemessenem Umfang auferlegt werden, soweit dies die Behandlung oder die Eingliederung nicht behindert. Bedürftigen Gefangenen kann die Anstalt zu ihren Aufwendungen eine Beihilfe in angemessenem Umfang gewähren.

(8) Vollzugsöffnende Maßnahmen werden nur zum Aufenthalt im Inland gewährt.

4 D 43, 4 H 11, 4 H 12, 4 H 14, 4 H 18, 4 H 20, 6 F 52, 10 B 1, 10 B 2, 10 B 3, 10 B 4, 10 C 3, 10 C 6, 10 C 7, 10 C 8, 10 C 11, 10 C 12, 10 C 17, 10 C 18, 10 C 25, 10 C 49, 10 C 50, 10 C 53, 10 C 67, 10 D 3, 10 D 12, 10 E 1, 10 E 3, 10 E 4, 10 E 8, 10 E 9

§ 54 Langzeitausgang

(1) Langzeitausgang kann bis zu 24 Kalendertagen in einem Vollstreckungsjahr gewährt werden. Tage, an denen die Gefangenen den Langzeitausgang antreten, werden nicht mitgerechnet.

(2) Im geschlossenen Vollzug untergebrachten Gefangenen soll Langzeitausgang erst gewährt werden, wenn sie sich mindestens sechs Monate im Strafvollzug befunden haben.

(3) Langzeitausgang soll in der Regel erst gewährt werden, wenn sich Gefangene im Ausgang bewährt haben.

(4) Zu lebenslanger Freiheitsstrafe verurteilten Gefangenen kann Langzeitausgang gewährt werden, wenn sie sich einschließlich einer vorhergehenden Untersuchungshaft oder einer anderen Freiheitsentziehung mindestens zehn Jahre im Vollzug befunden haben oder sie im offenen Vollzug untergebracht sind und sich dort bewährt haben.

4 D 42, 4 D 43, 10 C 20, 10 C 22, 10 C 34, 10 C 35, 10 C 37, 10 D 8

§ 55 Vollzugsöffnende Maßnahmen aus wichtigem Anlass

(1) Vollzugsöffnende Maßnahmen nach § 53 Absatz 2 Nummer 1 bis 3 können auch aus wichtigem Anlass gewährt werden. Wichtige Anlässe sind insbesondere die Teilnahme an gerichtlichen Terminen, die medizinische Behandlung der Gefangenen sowie der Tod oder die lebensgefährliche Erkrankung naher Angehöriger der Gefangenen. § 53 Absatz 1 gilt entsprechend.

(2) Bei Ausführungen aus wichtigem Anlass gilt § 53 Absatz 4 (elektronische Aufenthaltsüberwachung) entsprechend.

(3) Ausführungen aus wichtigem Anlass sind auch ohne Zustimmung der Gefangenen zulässig, wenn dies aus besonderen Gründen notwendig ist.

(4) Langzeitausgang aus wichtigem Anlass, der nicht zur Teilnahme an gerichtlichen Terminen oder anlässlich des Todes oder der lebensgefährlichen Erkrankung naher Angehöriger gewährt wird, darf sieben Tage im Vollstreckungsjahr nicht übersteigen. Er wird nicht auf die Höchstdauer nach § 54 Absatz 1 Satz 1 angerechnet.

10 B 1, 10 B 2, 10 C 38, 10 D 3, 10 D 4, 10 D 9, 10 D 11, 10 D 12, 10 D 14

§ 56 Vorbereitung vollzugsöffnender Maßnahmen

(1) Zur Vorbereitung vollzugsöffnender Maßnahmen ist die schriftliche Stellungnahme der psychologischen oder sozialen Fachdienste einzuholen, wenn dies zur Feststellung der Voraussetzungen vollzugsöffnender Maßnahmen erforderlich ist. Der medizinische Dienst ist nur zu beteiligen, wenn eine körperliche oder sonstige medizinische Untersuchung vorzunehmen ist.

Anhang

(2) Bei Gefangenen, die zu lebenslanger Freiheitsstrafe verurteilt worden sind, und bei Gefangenen mit angeordneter oder vorbehaltener Sicherungsverwahrung soll zusätzlich eine Begutachtung durch fachlich unabhängige Sachverständige außerhalb des Vollzuges erfolgen. Eine Begutachtung ist in der Regel entbehrlich, wenn seit der letzten Begutachtung nicht mehr als zwei Jahre verstrichen sind.

4 D 43, 10 C 41, 10 C 42

§ 57 Weisungen

Für vollzugsöffnende Maßnahmen können Gefangenen Weisungen erteilt werden. Insbesondere können die Gefangenen angewiesen werden,
1. Anordnungen zu befolgen, die sich auf Aufenthalt, Ausbildung, Arbeit oder Freizeit oder die Ordnung ihrer wirtschaftlichen Verhältnisse beziehen,
2. sich zu festgesetzten Zeiten bei einer bestimmten Stelle oder Person zu melden,
3. Kontakte mit bestimmten Personen oder Gruppen oder bestimmte Orte zu meiden,
4. sich den Opfern und deren Wohnbereich nicht zu nähern,
5. bestimmte Gegenstände nicht zu besitzen,
6. Alkohol oder andere berauschende Stoffe zu meiden oder
7. Proben zur Überwachung einer Weisung nach Nummer 6 in einer Anstalt oder bei einer anderen bestimmten Stelle abzugeben.

4 H 14, 10 D 9, 10 E 1, 10 E 4, 10 E 7, 10 E 11

Abschnitt 11. Entlassung und soziale Eingliederung

§ 58 Vorbereitung der Entlassung, soziale Eingliederung

(1) Die Anstalten bereiten gemeinsam mit den Gefangenen deren Entlassung vor. Sie unterstützen die Gefangenen insbesondere bei der Beschaffung von Ausweispapieren und der Stellung von Anträgen bei Behörden. Den Gefangenen sollen Kontakte zu außervollzuglichen Organisationen und Bildungsstätten sowie Stellen und Personen ermöglicht werden, die ihnen nach der Entlassung persönliche und soziale Hilfestellung leisten können. § 4 Absatz 2 gilt entsprechend.

(2) Frühzeitig vor dem voraussichtlichen Entlassungstermin arbeiten die Anstalten mit öffentlichen Stellen, freien Trägern sowie anderen Organisationen und Personen zusammen, um insbesondere zu erreichen, dass die Gefangenen über eine geeignete Arbeit, eine angemessene Unterkunft und ein stabilisierendes soziales Umfeld verfügen. Zur Integration in den Arbeitsmarkt sollen durch die vollzugsübergreifende Zusammenarbeit die Beschäftigungsperspektiven der Gefangenen verbessert werden.

(3) Die für die Vermittlung in Hilfsangebote Dritter nach der Entlassung erforderlichen Strukturen und Netzwerke sind einzurichten und fortzuentwickeln (§ 5 Absatz 3 Satz 2). Für die Koordination der Entlassungsplanung stehen Ansprechpartnerinnen oder Ansprechpartner in den Anstalten zur Verfügung.

4 J 2, 7 A 1, 7 D 8, 10 G 2, 13 I 5

§ 59 Vollzugsöffnende Maßnahmen zur Entlassungsvorbereitung

(1) Um die Entlassung vorzubereiten, sollen vollzugsöffnende Maßnahmen gewährt werden.

(2) Gefangenen kann über § 54 Absatz 1 Satz 1 hinaus innerhalb von drei Monaten vor der voraussichtlichen Entlassung Langzeitausgang bis zu zehn Tagen gewährt werden, wenn dies zur Eingliederung der Gefangenen erforderlich ist. Gefangenen, welche die Voraussetzungen des Freigangs erfüllen, kann innerhalb von neun Monaten vor der voraussichtlichen Entlassung Langzeitausgang bis zu sechs Tagen im Monat gewährt werden. Vollzugsöffnende Maßnahmen nach den Sätzen 1 und 2 können nicht nebeneinander gewährt werden.

(3) Die Missbrauchsgefahren sind insbesondere bei einer unmittelbar bevorstehenden Entlassung mit den Risiken einer unerprobten Entlassung abzuwägen. § 53 Absatz 1, 5 bis 8 sowie §§ 56 und 57 gelten entsprechend.

3 C 3, 7 D 8, 10 C 31, 10 G 2, 10 H 3, 10 H 5, 10 H 10, 10 H 11,
10 H 13

§ 60 Entlassung, Schlussbericht

(1) Die Gefangenen sollen am Tag ihrer Entlassung möglichst frühzeitig, jedenfalls noch am Vormittag, entlassen werden.

(2) Fällt das Strafende auf einen Samstag oder Sonntag, einen gesetzlichen Feiertag, den ersten Werktag nach Ostern oder Pfingsten oder in die Zeit vom 22. Dezember bis zum 6. Januar, können Gefangene an dem diesen Tagen oder Zeiträumen vorhergehenden Werktag entlassen werden, wenn dies nach der Länge der Strafzeit vertretbar ist und fürsorgerische Gründe nicht entgegenstehen.

(3) Der Entlassungszeitpunkt kann bis zu zwei Tage vorverlegt werden, wenn dringende Gründe dafür vorliegen, dass Gefangene zu ihrer Eingliederung hierauf angewiesen sind.

(4) Die Anstalt erstellt zum Ende des Vollzuges einen an den Fähigkeiten und Entwicklungsmöglichkeiten der Gefangenen ausgerichteten Schlussbericht. Dieser enthält in standardisierter Form Angaben über den fortbestehenden Förderbedarf, namentlich eine Darstellung der Art und der Ergebnisse der angebotenen und durchgeführten Maßnahmen sowie der Angebote und Leistungen Dritter (§ 10 Absatz 1 Satz 4 Nummer 19), soweit sie für die Eingliederung der Gefangenen von Bedeutung sind.

(5) Eine Ausfertigung des Berichts ist den Gefangenen auszuhändigen. Bei angeordneter Bewährungs- oder Führungsaufsicht ist eine Ausfertigung der zuständigen Leiterin oder dem zuständigen Leiter des ambulanten Sozialen Dienstes der Justiz zuzuleiten. Mit Einwilligung der Gefangenen soll eine Ausfertigung des Berichts auch anderen Beteiligten zugeleitet werden, die an der Eingliederung der Gefangenen mitwirken.

(6) Bedürftige Gefangene erhalten bei ihrer Entlassung einen Reisekostenzuschuss sowie eine Überbrückungsbeihilfe und bei Bedarf für die Entlassung ausreichende Kleidung. Bei der Bemessung der Überbrückungsbeihilfe ist der Zeitraum zu berücksichtigen, den Gefangene benötigen, um vorrangige Hilfe in Anspruch zu nehmen.

7 D 8, 7 D 19, 7 E 1, 10 G 2, 10 I 2, 10 I 4, 10 I 5, 10 I 8

§ 61 Nachgehende Betreuung

Die Anstalt kann früheren Gefangenen bis zu sechs Monaten nach der Entlassung auf Antrag Hilfe unter Mitwirkung von Bediensteten gewähren (nachgehende Betreuung), wenn die Eingliederung gefährdet ist und die erforderliche Hilfe nicht anderweitig sichergestellt werden kann.

7 D 8, 7 D 23, 10 G 2, 11 A 4

§ 62 Aufnahme auf freiwilliger Grundlage

(1) Frühere Gefangene können innerhalb von sechs Monaten nach ihrer Entlassung auf ihren Antrag vorübergehend bis zu einem Monat wieder in die Anstalt, aus der sie zuvor entlassen worden sind, aufgenommen werden, wenn dies zur Verhinderung einer schwerwiegenden Straftat erforderlich ist. Die Aufnahme ist jederzeit widerruflich. Stellen frühere Gefangene den Antrag nach Satz 1 in einer anderen Anstalt, soll diese den Transport in die zuständige Anstalt veranlassen.

(2) Gegen aufgenommene Personen dürfen Maßnahmen des Vollzuges nicht mit unmittelbarem Zwang durchgesetzt werden.

(3) Auf ihren Antrag sind die aufgenommenen Personen unverzüglich zu entlassen.

(4) An den Kosten ihrer Unterbringung können die Aufgenommenen beteiligt werden. § 39 Absatz 3 und 4 gilt entsprechend.

3 D 6, 3 D 7, 3 D 8, 10 G 2

Abschnitt 12. Sicherheit und Ordnung

§ 63 Grundsatz, Verhaltensvorschriften

(1) Sicherheit und Ordnung bilden die Grundlage eines gewalt- und konfliktfreien Zusammenlebens in der Anstalt. Die Anstalt trifft die erforderlichen Maßnahmen, um ein Entweichen der Gefangenen zu verhindern und die Sicherheit (§ 6) zu gewährleisten. Die Anstalt ist befugt, zur Erfüllung ihrer Aufgabe die Identität aller Personen, die Zugang begehren, festzustellen.

(2) Die Gefangenen haben sich nach der Tageseinteilung der Anstalt zu richten. Sie sollen durch die Tageseinteilung auch an eine eigenverantwortliche Lebensgestaltung herangeführt werden. Sie dürfen durch ihr Verhalten gegenüber Bediensteten, anderen Gefangenen und Dritten das geordnete Miteinander in der Anstalt nicht stören.

(3) Die Gefangenen haben die Anordnungen der Bediensteten zu befolgen, auch wenn sie sich beschwert fühlen. Einen ihnen zugewiesenen Bereich dürfen sie nicht ohne Erlaubnis verlassen.

(4) Gefangene sind verpflichtet, ihren Haftraum und die ihnen von der Anstalt überlassenen Gegenstände in Ordnung zu halten und schonend zu behandeln.

(5) Die Gefangenen haben Umstände, die eine Gefahr für das Leben oder eine erhebliche Gefahr für die Gesundheit einer Person bedeuten, unverzüglich zu melden.

11 A 4, 11 A 6, 11 A 10, 11 B 2, 11 B 4, 11 B 6, 11 B 7, 11 B 8, 11 B 9, 11 F 3,
11 M 27

§ 64 Durchsuchung

(1) Gefangene, ihre Sachen und die Haftäume dürfen durchsucht werden.

(2) Die Anstaltsleitung kann allgemein anordnen, dass bei der Aufnahme, vor und nach Kontakten mit Besucherinnen oder Besuchern sowie vor und nach jeder Abwesenheit von der Anstalt eine mit einer Entkleidung verbundene körperliche Durchsuchung Gefangener durchzuführen ist, die Entkleidung im Einzelfall jedoch unterbleibt, wenn hierdurch die Sicherheit oder Ordnung der Anstalt nicht gefährdet wird. Ansonsten ist eine solche Durchsuchung nur bei Gefahr im Verzug oder auf Anordnung der Anstaltsleitung im Einzelfall zulässig.

(3) Die Durchsuchung von männlichen Gefangenen darf nur von Männern, von weiblichen Gefangenen nur von Frauen durchgeführt werden. Entkleidungen erfolgen einzeln in einem geschlossenen Raum. Bei männlichen Gefangenen dürfen nur männliche Bedienstete und bei weiblichen Gefangenen nur weibliche Bedienstete zugegen sein. Die Untersuchung von Köperöffnungen darf nur durch den ärztlichen Dienst vorgenommen werden. Das Schamgefühl ist zu schonen.

11 D 4, 11 D 7, 11 D 9, 11 D 10

§ 65 Maßnahmen zur Feststellung von Suchtmittelkonsum

(1) Zur Aufrechterhaltung der Sicherheit oder Ordnung der Anstalt können allgemein oder im Einzelfall Maßnahmen angeordnet werden, die geeignet sind, den Missbrauch von Suchtmitteln festzustellen. Diese Maßnahmen dürfen mit einem geringfügigen körperlichen Eingriff, namentlich einer Punktion der Fingerbeere zur Abnahme einer geringen Menge von Kapillarblut, verbunden sein, wenn die Gefangenen einwilligen. (2) Wird Suchtmittelmissbrauch festgestellt, können die Kosten der Maßnahmen den betroffenen Gefangenen auferlegt werden.

11 D 3, 11 D 12, 11 D 15, 11 D 16, 11 D 17, 11 D 18

§ 66
(weggefallen)

§ 67 Maßnahmen zur Verhinderung unerlaubter Telekommunikation

Auf dem Gelände der Anstalt dürfen technische Geräte zur Feststellung und Verhinderung unerlaubter Telekommunikation eingerichtet und betrieben werden. Die Telekommunikation außerhalb des Geländes der Anstalten darf nicht beeinträchtigt werden.

4 I 18, 11 H 1

§ 68
(weggefallen)

§ 69 Besondere Sicherungsmaßnahmen

(1) Gegen Gefangene können besondere Sicherungsmaßnahmen angeordnet werden, wenn nach ihrem Verhalten oder auf Grund ihres seelischen Zustandes in erhöhtem Maße die Gefahr der Entweichung, von Gewalttätigkeiten gegen Personen oder Sachen oder die Gefahr der Selbstverletzung oder Selbsttötung besteht. (2) Als besondere Sicherungsmaßnahmen sind zulässig:
1. der Entzug oder die Vorenthaltung von Gegenständen,
2. die Trennung von anderen Gefangenen (Absonderung),
3. der Entzug oder die Beschränkung des Aufenthalts im Freien,
4. die unregelmäßige oder ununterbrochene Beobachtung von Gefangenen, auch mit technischen Hilfsmitteln,
5. die Unterbringung in einem besonders gesicherten Haftraum ohne gefährdende Gegenstände und
6. die Fesselung oder Fixierung.

(3) Maßnahmen nach Absatz 2 Nummer 1 bis 3 und 5 sind auch zulässig, wenn die Gefahr einer Befreiung oder eine erhebliche Störung der Ordnung der Anstalt anders nicht abgewendet werden kann.

(4) Bei der Beobachtung nach Absatz 2 Nummer 4 ist das Schamgefühl der Gefangenen zu schonen. Nur im Ausnahmefall darf zusätzlich eine akustische Überwachung angeordnet werden. (5) Für die Dauer der seelsorglichen Betreuung sind die Beobachtung und die akustische Überwachung auf Verlangen der Seelsorgerinnen oder Seelsorger auszusetzen.

(6) Eine Absonderung von mehr als 24 Stunden Dauer ist nur zulässig, wenn sie zur Abwehr einer in der Person der Gefangenen liegenden Gefahr unerlässlich ist.

(7) Fixierungen dürfen nur angeordnet werden, wenn dies zur Abwehr einer gegenwärtigen erheblichen Selbstgefährdung oder einer von den Gefangenen ausgehenden erheblichen Gefährdung bedeutender Rechtsgüter anderer unerlässlich ist und nach dem Verhalten der Gefangenen oder auf Grund ihres seelischen Zustandes andere, weniger einschneidende Maßnahmen zur Abwendung der Gefahr nicht ausreichen.

(8) Fesseln dürfen in der Regel nur an Händen oder Füßen angelegt werden. Bei Art und Umfang der Fesselung und Fixierung sind die Gefangenen zu schonen. Die Fesselung oder Fixierung ist unverzüglich zu lockern oder zu entfernen, sobald die Gefahr nicht mehr fortbesteht oder durch mildere Mittel abgewendet werden kann.

(9) Bei einer Ausführung, Vorführung oder beim Transport ist die Fesselung auch dann zulässig, wenn die Beaufsichtigung nicht ausreicht, eine Entweichung zu verhindern.

11 I 3, 11 I 4, 11 I 8, 11 I 14, 11 I 16, 11 I 17, 11 I 19, 11 I 27, 11 I 39, 11 I 41, 11 I 46, 11 I 50, 11 I 51, 11 I 54

§ 70 Anordnung besonderer Sicherungsmaßnahmen, Verfahren

(1) Besondere Sicherungsmaßnahmen ordnet die Anstaltsleitung an. Bei Gefahr im Verzug können auch andere Bedienstete diese Maßnahmen vorläufig anordnen; die Entscheidung der Anstaltsleitung ist unverzüglich nachzuholen.

(2) Die an der Behandlung maßgeblich beteiligten Personen sind alsbald über die Anordnung zu unterrichten.

(3) Besondere Sicherungsmaßnahmen dürfen nur soweit aufrechterhalten werden, als es ihr Zweck erfordert.

(4) Den Gefangenen sollen besondere Sicherungsmaßnahmen zusammen mit der Anordnung erläutert werden. Bei einer Gefährdung der Sicherheit kann dies auch nachgeholt werden. Nach der Beendigung einer Fixierung, die nicht richterlich angeordnet worden ist, sind die Gefangenen über die Möglichkeit zu belehren, die Rechtmäßigkeit der durchgeführten Maßnahme gerichtlich überprüfen zu lassen. Die Anordnung, die hierfür maßgeblichen Gründe, Entscheidungen zur Fortdauer und die Durchführung der Maßnahmen einschließlich der Beteiligung des ärztlichen Dienstes sind zu dokumentieren. Die Dokumentationspflicht erstreckt sich bei Fixierungen auch auf die Dauer der Maßnahme, die Art der Überwachung und die Erteilung einer Belehrung nach Satz 3.

(5) Fixierungen nach § 69 Absatz 2 Nummer 6, durch die die Bewegungsfreiheit der Gefangenen absehbar nicht nur kurzfristig aufgehoben wird, bedürfen der vorherigen ärztlichen Stellungnahme und richterlichen Anordnung. Bei Gefahr im Verzug darf die Anstaltsleitung die Anordnung vorläufig treffen. Die richterliche Entscheidung und ärztliche Stellungnahme sind unverzüglich nachzuholen. Einer Antragstellung bei Gericht bedarf es nur dann nicht, wenn bereits zu Beginn der Maßnahme absehbar ist, dass die Entscheidung erst nach Wegfall des Grundes der Maßnahme ergehen wird oder die Maßnahme vor Herbeiführung der Entscheidung tatsächlich beendet und auch keine Wiederholung zu erwarten ist. Das Gericht ist unverzüglich zu unterrichten, wenn die Fixierung nach Antragstellung bei Gericht, aber vor einer gerichtlichen Entscheidung, nicht mehr erforderlich ist.

(6) Eine ununterbrochene Beobachtung von Gefangenen mit technischen Hilfsmitteln in Hafträumen, die dem Aufenthalt bei Tag und bei Nacht dienen, nach § 69 Absatz 2 Nummer 4 sowie besondere Sicherungsmaßnahmen nach § 69 Absatz 2 Nummer 5 und 6 sind der Aufsichtsbehörde unverzüglich mitzuteilen, wenn sie länger als drei Tage aufrechterhalten werden. Eine Absonderung von mehr als 30 Tagen Gesamtdauer in einem Jahr bedarf der Zustimmung der Aufsichtsbehörde. Auf Antrag der Gefangenen ist unverzüglich deren Verteidigerin oder deren Verteidiger zu benachrichtigen.

(7) Während der Absonderung, der Unterbringung in einem besonders gesicherten Haftraum ohne gefährdende Gegenstände oder der Fixierung sind die Gefangenen in besonderem Maße zu betreuen. Sind die Gefangenen fixiert, sind sie ständig und in unmittelbarem Sichtkontakt zu beobachten.

(8) Gerichtliche Zuständigkeit und gerichtliches Verfahren bei Fixierungen nach Absatz 5 richten sich nach den §§ 121a und 121b des Strafvollzugsgesetzes vom 16. März 1976 (BGBl. I S. 581, 2088; 1977 I S. 436) in der jeweils geltenden Fassung.

11 I 3, 11 I 4, 11 I 6, 11 I 7, 11 I 19, 11 I 28, 11 I 32, 11 I 33, 11 I 34, 11 I 37, 11 I 44, 11 I 49, 11 I 55, 11 I 56, 11 I 62, 11 I 64, 12 Q 1

§ 71 Medizinische und psychologische Überwachung

(1) Werden die Gefangenen ärztlich behandelt oder beobachtet oder bildet ihr seelischer Zustand den Anlass der Maßnahme, ist vor Anordnung der besonderen Sicherungsmaßnahme eine ärztliche Stellungnahme einzuholen. Ist dies wegen Gefahr im Verzug nicht möglich, wird die Stellungnahme unverzüglich nachträglich eingeholt.

(2) Der medizinische Dienst der Anstalt sucht Gefangene, die in einem besonders gesicherten Haftraum ohne gefährdende Gegenstände untergebracht oder gefesselt sind, alsbald und in der Folgezeit möglichst täglich auf. Dies gilt nicht bei einer Fesselung während einer Ausführung, Vorführung oder eines Transports. Solange Gefangenen der tägliche Aufenthalt im Freien entzogen wird oder sie länger als 24 Stunden abgesondert sind, ist der ärztliche Dienst regelmäßig zu hören.

(3) Fixierungen werden medizinisch überwacht. Die Durchführung der Fixierung sowie der Untersuchungs- und Behandlungsverlauf sind unabhängig von den Dokumentationspflichten nach § 70 Absatz 4 durch den medizinischen Dienst zu dokumentieren.

(4) In den Fällen der Absätze 2 und 3 sucht im Bedarfsfall auch der psychologische Dienst die betroffenen Gefangenen alsbald und möglichst täglich auf.

6 I 1, 6 I 2, 6 I 6, 6 I 7, 11 I 48, 11 I 53, 11 I 63

Abschnitt 13. Unmittelbarer Zwang

§ 72 Begriffsbestimmungen

(1) Unmittelbarer Zwang ist die Einwirkung auf Personen oder Sachen durch körperliche Gewalt, ihre Hilfsmittel und durch Waffen.

(2) Körperliche Gewalt ist jede unmittelbare körperliche Einwirkung auf Personen oder Sachen.

(3) Hilfsmittel der körperlichen Gewalt sind namentlich Fesseln.

(4) Waffen sind dienstlich zugelassene Hieb- und Schusswaffen sowie Reizstoffe.

11 K 5, 11 K 24, 11 K 32, 11 K 37

§ 73 Allgemeine Voraussetzungen

(1) Zur rechtmäßigen Durchführung von Vollzugs- und Sicherungsmaßnahmen darf unmittelbarer Zwang angewendet werden, soweit der damit verfolgte Zweck auf keine andere Weise erreicht werden kann.

(2) Gegen andere Personen als Gefangene darf unmittelbarer Zwang angewendet werden, wenn sie es unternehmen, Gefangene zu befreien oder in den Anstaltsbereich widerrechtlich einzudringen, oder wenn sie sich unbefugt darin aufhalten.

(3) Das Recht zu unmittelbarem Zwang auf Grund anderer Regelungen bleibt unberührt.

11 K 5, 11 K 8, 11 K 11, 11 K 14, 11 K 15, 11 K 16, 11 K 17, 11 K 18, 11 K 19, 11 K 20, 11 K 23, 11 K 79

§ 74 Grundsatz der Verhältnismäßigkeit

(1) Unter mehreren möglichen und geeigneten Maßnahmen des unmittelbaren Zwangs sind diejenigen zu wählen, die den Einzelnen und die Allgemeinheit voraussichtlich am wenigsten beeinträchtigen.

(2) Unmittelbarer Zwang unterbleibt, wenn ein durch ihn zu erwartender Schaden erkennbar außer Verhältnis zu dem angestrebten Erfolg steht.

11 K 5, 11 K 38

§ 75 Androhung

Unmittelbarer Zwang ist vorher anzudrohen. Die Androhung darf nur dann unterbleiben, wenn die Umstände sie nicht zulassen oder unmittelbarer Zwang sofort angewendet werden muss, um die Begehung einer rechtswidrigen Tat, die den Tatbestand eines Strafgesetzes erfüllt, zu verhindern oder eine gegenwärtige Gefahr abzuwenden.

11 K 5, 11 K 53, 11 K 74, 11 K 75

§ 76 Allgemeine Vorschriften für den Schusswaffengebrauch
(1) Schusswaffen dürfen nur gebraucht werden, wenn andere Maßnahmen des unmittelbaren Zwangs bereits erfolglos waren oder keinen Erfolg versprechen. Gegen Personen ist ihr Gebrauch nur zulässig, wenn der Zweck nicht durch Waffenwirkung gegen Sachen erreicht wird.

(2) Schusswaffen dürfen nur die dazu bestimmten Bediensteten gebrauchen und nur, um angriffs- oder fluchtunfähig zu machen. Ihr Gebrauch unterbleibt, wenn dadurch erkennbar Unbeteiligte mit hoher Wahrscheinlichkeit gefährdet würden.

(3) Der Gebrauch von Schusswaffen ist vorher anzudrohen. Als Androhung gilt auch ein Warnschuss. Ohne Androhung dürfen Schusswaffen nur dann gebraucht werden, wenn dies zur Abwehr einer gegenwärtigen Gefahr für Leib oder Leben erforderlich ist.

11 K 5, 11 K 60, 11 K 66, 11 K 69, 11 K 71

§ 77 Besondere Vorschriften für den Schusswaffengebrauch
(1) Gegen Gefangene dürfen Schusswaffen gebraucht werden,
1. wenn sie eine Waffe oder ein anderes gefährliches Werkzeug trotz wiederholter Aufforderung nicht ablegen,
2. wenn sie eine Meuterei (§ 121 des Strafgesetzbuches) unternehmen oder
3. um ihre Flucht zu vereiteln oder sie wieder zu ergreifen.

(2) Um die Flucht aus dem offenen Vollzug zu vereiteln, dürfen Schusswaffen nicht gebraucht werden.

(3) Gegen andere Personen dürfen Schusswaffen gebraucht werden, wenn sie es unternehmen, Gefangene gewaltsam zu befreien oder gewaltsam in eine Anstalt einzudringen.

11 K 5, 11 K 60, 11 K 83, 11 K 85, 11 K 86, 11 K 91

§ 78 Zwangsmaßnahmen zur Gefahrenabwehr auf dem Gebiet der Gesundheitsfürsorge
(1) Medizinische Untersuchung und Behandlung sowie Ernährung sind gegen den natürlichen Willen der Gefangenen nur bei gegenwärtiger Lebensgefahr sowie gegenwärtiger schwerwiegender Gefahr für die Gesundheit der Gefangenen oder anderer Personen zulässig, wenn die oder der Gefangene zur Einsicht in die Notwendigkeit der Maßnahme oder zum Handeln nach dieser Einsicht krankheitsbedingt nicht in der Lage ist. Maßnahmen nach Satz 1 dürfen nur angeordnet werden, wenn
1. erfolglos versucht worden ist, die Zustimmung der Gefangenen zu der Maßnahme zu erwirken,
2. die Anordnung der Maßnahme den Gefangenen angekündigt wurde und sie über Art, Umfang und Dauer der Maßnahme informiert wurden,
3. die Maßnahme zur Abwendung der Gefahr geeignet, in Art, Umfang und Dauer erforderlich und für die Beteiligten zumutbar ist,
4. der von der Maßnahme zu erwartende Nutzen die mit der Maßnahme verbundenen Belastungen deutlich überwiegt und
5. die Maßnahme nicht mit einer erheblichen Gefahr für das Leben der Gefangenen verbunden ist.

(2) Maßnahmen nach Absatz 1 Satz 1 werden ärztlich angeordnet, geleitet und überwacht. Die Anordnung erfolgt im Einvernehmen mit der Anstaltsleitung. Das Vorliegen der Voraussetzungen nach Absatz 1 und die ergriffenen Maßnahmen, einschließlich ihres Zwangscharakters, der Durchsetzungsweise und der Wirkungsüberwachung, sowie der Untersuchungs- und Behandlungsverlauf sind zu dokumentieren.

(3) Erfordert die Beurteilung der Gefahrenlage und die Abschätzung der Notwendigkeit einer Behandlung psychischer Erkrankungen eine angemessene Zeit der Beobachtung der Gefangenen oder droht der oder dem Gefangenen aufgrund einer anderen Erkrankung eine schwerwiegende Gesundheitsbeeinträchtigung, darf die Behandlung zwangsweise unter den weiteren Voraussetzungen der Absätze 1 und 2 nur begonnen werden, wenn
1. die Maßnahme der oder dem Gefangenen mindestens eine Woche vor ihrer Umsetzung schriftlich und mündlich unter Angabe der Gründe sowie Art, Umfang und Dauer in einer dem Gesundheitszustand entsprechenden Weise angekündigt worden ist,

Anhang

2. die oder der Gefangene über die Möglichkeit belehrt worden ist, eine gerichtliche Entscheidung nach § 109 des Strafvollzugsgesetzes herbeizuführen,
3. vor dem Eingriff durch ein von der behandelnden Einrichtung unabhängiges fachpsychiatrisches oder fachärztliches Votum bestätigt wird, dass
   a) die oder der zu behandelnde Gefangene einsichtsunfähig ist,
   b) die Vorteile des medizinischen Eingriffs gegenüber den damit verbundenen Nachteilen und Risiken deutlich überwiegen,
   c) die Maßnahme nicht mit einer erheblichen Gefahr für das Leben der oder des Gefangenen verbunden ist,
   d) eine schwerwiegende Gefahr für die Gesundheit der oder des Gefangenen droht, und
4. die Fachaufsichtsbehörde oder eine von ihr beauftragte Anstaltsärztin oder ein von ihr beauftragter Anstaltsarzt, die oder der an der Anordnung und Durchführung der Maßnahme nicht beteiligt ist, in die Maßnahme einwilligt.

Die Anordnung gilt höchstens für die Dauer von drei Monaten. Nach Ablauf dieser Zeit ist eine neue Anordnung zu treffen.

(4) Über Maßnahmen nach den Absätzen 1 und 3 sind Personensorgeberechtigte der Gefangenen unverzüglich zu unterrichten.

(5) Zur Gewährleistung des Gesundheitsschutzes und der Hygiene ist die zwangsweise körperliche Untersuchung der Gefangenen über Absatz 1 hinaus zulässig, wenn sie nicht mit einem körperlichen Eingriff verbunden ist. Duldungspflichten der Gefangenen nach Vorschriften anderer Gesetze bleiben unberührt.

11 K 5, 11 L 1, 11 L 3, 11 L 7, 11 L 12, 11 L 14, 11 L 15, 11 L 20

Abschnitt 14. Disziplinarmaßnahmen

§ 79 Voraussetzungen, Konfliktregelung

(1) Verstoßen Gefangene schuldhaft gegen Pflichten, die ihnen durch oder auf Grund dieses Gesetzes auferlegt sind, können gegen sie Disziplinarmaßnahmen angeordnet werden. Disziplinarmaßnahmen sind auch zulässig, wenn wegen derselben Verfehlung ein Straf- oder Bußgeldverfahren eingeleitet wird.

(2) Von einer Disziplinarmaßnahme wird abgesehen, wenn es genügt, die Gefangenen zu verwarnen.

(3) Zur Abwendung oder Milderung von Disziplinarmaßnahmen können im Wege einvernehmlicher Streitbeilegung Vereinbarungen getroffen werden, die insbesondere die Wiedergutmachung des Schadens, die Entschuldigung bei Geschädigten oder die Erbringung von Leistungen für die Gemeinschaft zum Inhalt haben können.

11 M 3, 11 M 13, 11 M 17, 11 M 19, 11 M 25, 11 M 45, 11 M 60

§ 80 Disziplinarmaßnahmen

(1) Als Disziplinarmaßnahmen sind zulässig:
1. Verweis,
2. Beschränkung oder Entzug der Verfügung über das Hausgeld und des Einkaufs bis zu vier Wochen,
3. Beschränkung oder Entzug der Teilnahme an gemeinsamen Veranstaltungen bis zu sechs Wochen,
4. getrennte Unterbringung während der Freizeit bis zu vier Wochen,
5. Beschränkung oder Entzug des Besitzes von Gegenständen mit Ausnahme des Lesestoffs bis zu vier Wochen,
6. Beschränkung oder Entzug des Hörfunk- oder Fernsehempfangs bis zu sechs Wochen und
7. Arrest bis zu vier Wochen.

(2) Arrest darf nur wegen schwerer oder mehrfach wiederholter Verfehlungen verhängt werden.

(3) Mehrere Disziplinarmaßnahmen können miteinander verbunden werden.

11 M 3, 11 M 22, 11 M 28, 11 M 31, 11 M 32, 11 M 34, 11 M 35, 11 M 36, 11 M 40, 11 M 41

§ 81 Verfahren

(1) Der Sachverhalt ist zu klären. Hierbei sind sowohl belastende als auch entlastende Umstände zu ermitteln. Die Gefangenen werden gehört. Sie werden darüber unterrichtet, welche Verfehlungen ihnen zur Last gelegt werden. Sie sind darauf hinzuweisen, dass es ihnen freisteht sich zu äußern oder nicht zur

Sache auszusagen. Die Äußerungen der Gefangenen und die Ergebnisse der Ermittlungen sind zu dokumentieren.

(2) Disziplinarmaßnahmen ordnet die Anstaltsleitung an. Die Aufsichtsbehörde entscheidet, wenn sich die Verfehlung Gefangener gegen die Anstaltsleiterin oder den Anstaltsleiter richtet. Bei einer Verfehlung der Gefangenen auf dem Weg in eine andere Anstalt ist die Anstaltsleitung der Bestimmungsanstalt zuständig.

(3) Die Anstaltsleitung soll sich bei schweren Verstößen vor der Entscheidung in einer Konferenz mit Personen besprechen, die maßgeblich an der Behandlung der Gefangenen mitwirken.

(4) Vor der Anordnung einer Disziplinarmaßnahme gegen Gefangene, die sich in medizinischer Behandlung befinden, oder gegen eine Schwangere oder eine Gefangene, die unlängst entbunden hat, ist der ärztliche Dienst zu hören.

(5) Disziplinarmaßnahmen sollen in einem engen zeitlichen Zusammenhang mit der Pflichtverletzung angeordnet werden. Mehrere Verfehlungen, die gleichzeitig zu beurteilen sind, werden durch eine Entscheidung geahndet.

(6) Die tragenden Gründe der Entscheidung werden schriftlich abgefasst und den Gefangenen mündlich eröffnet. Auf Verlangen ist den Gefangenen die schriftliche Begründung auszuhändigen.

11 M 3, 11 M 51, 11 M 55, 11 M 57, 11 M 58, 11 M 59, 11 M 61, 14 A 16

§ 82 Vollzug der Disziplinarmaßnahmen

(1) Disziplinarmaßnahmen werden in der Regel sofort vollstreckt. Die Vollstreckung ist auszusetzen, soweit es zur Gewährung eines effektiven Rechtsschutzes erforderlich ist.

(2) Disziplinarmaßnahmen können ganz oder teilweise bis zu sechs Monaten zur Bewährung ausgesetzt werden. Die Aussetzung zur Bewährung kann ganz oder teilweise widerrufen werden, wenn die Gefangenen erneut gegen Pflichten verstoßen.

(3) Wird die Verfügung über das Hausgeld beschränkt oder entzogen (§ 80 Absatz 1 Nummer 2), wird das in dieser Zeit anfallende Hausgeld dem Überbrückungsgeld hinzugerechnet.

(4) Bevor Arrest (§ 80 Absatz 1 Nummer 7) vollzogen wird, ist der ärztliche Dienst zu hören. Während des Arrestes stehen Gefangene unter ärztlicher Aufsicht. Der Arrest unterbleibt oder wird unterbrochen, wenn ansonsten die Gesundheit der Gefangenen gefährdet würde.

(5) Für die Dauer des Arrestes werden die Gefangenen abgesondert. Sie können in einem besonderen Arrestraum untergebracht werden, der den Anforderungen entsprechen muss, die an einen zum Aufenthalt bei Tag und Nacht bestimmten Haftraum gestellt werden. Soweit nichts anderes angeordnet ist, ruhen die Befugnisse der Gefangenen zur Beschäftigung, zur Teilnahme an Gemeinschaftsveranstaltungen, zum Einkauf, zum Fernsehempfang, zur Ausstattung des Haftraums mit persönlichen Gegenständen und zum Besitz persönlicher Gegenstände. Der Zugang zu Büchern, Zeitungen und Zeitschriften ist zu ermöglichen. Die Rechte zur Teilnahme an unaufschiebbaren Behandlungsmaßnahmen, zur Teilnahme am Gottesdienst und zum Aufenthalt im Freien nach § 43 Absatz 2 bleiben unberührt.

(6) Disziplinarmaßnahmen, die gegen Gefangene in einer anderen Anstalt oder während des Vollzuges von Untersuchungshaft angeordnet worden sind, werden auf Ersuchen vollstreckt. Absatz 2 bleibt unberührt.

4 I 73, 11 M 3, 11 M 32, 11 M 44, 11 M 45, 11 M 46, 11 M 47, 11 M 48, 11 M 52, 11 M 53

Abschnitt 15. Aufhebung von Maßnahmen, Beschwerderecht

§ 83 Widerruf, Rücknahme

(1) Die Aufhebung von Maßnahmen zur Regelung einzelner Angelegenheiten auf dem Gebiet des Vollzuges der Freiheitsstrafe richtet sich nach den nachfolgenden Absätzen, soweit dieses Gesetz keine abweichende Bestimmung enthält.

(2) Rechtswidrige Maßnahmen können ganz oder teilweise mit Wirkung für die Zukunft oder die Vergangenheit zurückgenommen werden.

(3) Rechtmäßige Maßnahmen können ganz oder teilweise mit Wirkung für die Zukunft widerrufen werden, wenn

1. auf Grund nachträglich eingetretener oder bekannt gewordener Umstände die Maßnahmen hätten unterbleiben können,

Anhang

2. die Maßnahmen missbraucht werden oder
3. Weisungen nicht befolgt werden.

(4) Begünstigende Maßnahmen nach den Absätzen 2 oder 3 dürfen nur aufgehoben werden, wenn das Interesse an der Aufhebung das schutzwürdige Vertrauen der Betroffenen auf den Bestand der Maßnahmen überwiegt.

2 F 8, 4 A 36, 4 D 20, 4 H 16, 6 A 10, 10 D 9, 10 F 5, 10 F 7, 10 F 9, 10 F 10, 10 F 11, 10 F 12, 10 F 15, 10 F 16, 10 F 19

§ 84 Beschwerderecht

Die Gefangenen erhalten Gelegenheit, sich mit Wünschen, Anregungen und Beschwerden in Angelegenheiten, die sie selbst betreffen, an die Anstaltsleitung oder die von ihr beauftragten Personen zu wenden. Die Möglichkeit, sich an die Justizvollzugsbeauftragte oder den Justizvollzugsbeauftragten des Landes Nordrhein-Westfalen zu wenden, bleibt unberührt.

12 A 2, 12 A 3, 12 A 5, 12 A 7, 12 A 14, 12 A 16

Abschnitt 16. Besondere Vorschriften für den Frauenstrafvollzug

§ 85 Trennungsgrundsatz

Weibliche Gefangene werden getrennt von männlichen Gefangenen in besonderen Anstalten oder Abteilungen einer Anstalt untergebracht. Die gemeinsame Teilnahme an Behandlungsmaßnahmen, Maßnahmen zur schulischen und beruflichen Bildung und kulturellen oder religiösen Veranstaltungen außerhalb der Haftträume ist zulässig.

13 B 1, 14 A 6, 14 A 16

§ 86 Schwangerschaft, Mutterschaft, Geburtsanzeige

(1) Die Anstalt soll im Benehmen mit den Justizbehörden und dem Jugendamt die Entlassung der Gefangenen aus der Haft vor oder unmittelbar nach der Geburt anstreben.

(2) Auf den Zustand einer Schwangeren oder einer Gefangenen, die unlängst entbunden hat, ist Rücksicht zu nehmen. Die Vorschriften des Mutterschutzgesetzes in der Fassung der Bekanntmachung vom 20. Juni 2002 (BGBl. I S. 2318) in der jeweils geltenden Fassung gelten entsprechend.

(3) Bei Schwangerschaft und Entbindung hat die Gefangene Anspruch auf medizinische Behandlung und Hebammenhilfe in der Anstalt. Zur medizinischen Behandlung während der Schwangerschaft gehören auch Untersuchungen zur Feststellung der Schwangerschaft und Vorsorgeuntersuchungen.

(4) Ist eine medizinische Behandlung in einem Krankenhaus wegen gravierender Schwangerschaftsbeschwerden während einer vollzugsöffnenden Maßnahme nach § 53 Absatz 2 erforderlich, trägt die Anstalt die Kosten, wenn der Gefangenen die Rückkehr in die Anstalt nicht zuzumuten ist und die Gefangene Ansprüche aus einer Krankenversicherung nicht geltend machen kann.

(5) Zur Entbindung ist die Schwangere in ein Krankenhaus außerhalb des Vollzuges zu bringen.

(6) Entbindet die Gefangene in einer Anstalt, dürfen in der Anzeige der Geburt an das Standesamt die Anstalt als Geburtsstätte des Kindes, das Verhältnis der anzeigenden Person zur Anstalt und die Inhaftierung der Mutter nicht vermerkt sein.

4 B 20, 4 B 21, 14 A 16, 14 B 2, 14 B 15, 14 B 17, 14 B 19

§ 87 Gefangene mit Kindern

(1) Ist das Kind einer Gefangenen noch nicht schulpflichtig, so kann es mit Zustimmung der aufenthaltsbestimmungsberechtigten Person in einer Mutter-Kind-Abteilung einer Anstalt aufgenommen werden, wenn die Gefangene für die Unterbringung dort geeignet ist, ein Platz für sie und ihr Kind zur Verfügung steht und dies dem Wohl des Kindes dient. Vor der Aufnahme ist das Jugendamt zu hören.

(2) Die Kosten der Unterbringung des Kindes einschließlich der Gesundheitsfürsorge trägt die oder der zum Unterhalt des Kindes Verpflichtete. Von der Erhebung der Kosten kann abgesehen werden, wenn hierdurch die gemeinsame Unterbringung der Gefangenen und ihres Kindes gefährdet würde.

(3) Ist das Kind in ein Krankenhaus außerhalb des Vollzuges zu bringen, kann gestattet werden, dass die Gefangene das Kind begleitet, wenn dies erforderlich ist.

14 A 16, 14 C 1, 14 C 4, 14 C 11, 14 C 12

Abschnitt 17. Sozialtherapeutische Einrichtungen

§ 88 Sozialtherapeutische Einrichtungen

(1) Sozialtherapeutische Behandlung wird in getrennten sozialtherapeutischen Anstalten oder in besonderen Abteilungen sonstiger Anstalten (sozialtherapeutische Einrichtungen) vollzogen.

(2) Der Vollzug erfolgt in überschaubaren Wohngruppen, deren Ausgestaltung an den Grundsätzen sozialtherapeutischer Behandlung auszurichten ist. Die Wohngruppen werden jeweils durch eine Mitarbeiterin oder einen Mitarbeiter des Sozialen Dienstes, eine Psychologin oder einen Psychologen und fest zugeordnete Bedienstete des allgemeinen Vollzugsdienstes betreut. Die Diagnostik soll durch Personen erfolgen, die nicht an der therapeutischen Betreuung der Gefangenen beteiligt sind.

3 A 18, 14 A 9

§ 89 Langzeitausgang zur Vorbereitung der Entlassung

(1) Gefangenen kann zur Vorbereitung der Entlassung aus einer sozialtherapeutischen Einrichtung Langzeitausgang bis zu sechs Monaten gewährt werden, insbesondere wenn ihre Unterkunft gesichert, ein Arbeits- oder Weiterbildungsplatz vorhanden und das soziale Umfeld für ihre Eingliederung förderlich ist. § 53 Absatz 1 und 5 bis 8 gilt entsprechend.

(2) Gefangenen sollen für den Langzeitausgang Weisungen (§ 57) erteilt werden. Sie sollen insbesondere angewiesen werden, sich einer von der Einrichtung bestimmten Betreuungsperson zu unterstellen und für eine bestimmte Zeit in die sozialtherapeutische Einrichtung zurückzukehren.

(3) Der Langzeitausgang wird widerrufen, wenn dies aus Gründen der Behandlung der Gefangenen erforderlich ist. § 83 bleibt unberührt.

3 A 18, 3 C 1, 3 C 6, 3 C 7, 3 C 8, 10 G 2, 10 H 3, 10 H 10, 10 H 15

§ 90 Nachgehende Betreuung, Aufnahme auf freiwilliger Grundlage

(1) Die sozialtherapeutischen Einrichtungen sollen nach Entlassung der Gefangenen die in der Einrichtung begonnene Betreuung und Behandlung auf Antrag der Gefangenen vorübergehend fortführen, wenn das Ziel der früheren Behandlung gefährdet ist und die Betreuung nicht anderweitig sichergestellt werden kann.

(2) Die nachgehende Betreuung kann in sozialtherapeutischen Nachsorgeambulanzen in den sozialtherapeutischen Einrichtungen durchgeführt werden.

(3) Eine vorübergehende Aufnahme auf freiwilliger Grundlage nach der Entlassung der Gefangenen ist zulässig, wenn das Ziel der vorangegangenen Behandlung ansonsten gefährdet ist. § 62 Absatz 1 Satz 2 und 3 und Absatz 2 bis 4 gilt entsprechend.

3 A 18, 3 D 3, 3 E 2, 3 E 4, 3 E 6, 3 E 7, 3 E 8

Abschnitt 18. Besondere Vorschriften über den Vollzug der Freiheitsstrafe bei angeordneter, vorbehaltener oder nachträglicher Sicherungsverwahrung

§ 91 Ziele des Vollzuges

Bei angeordneter oder vorbehaltener Sicherungsverwahrung dient der Vollzug der Freiheitsstrafe auch dem Ziel, die Gefahren, die von den Gefangenen für die Allgemeinheit ausgehen, so zu mindern, dass die Vollstreckung der Unterbringung oder deren Anordnung entbehrlich wird. Ist eine Unterbringung in der Sicherungsverwahrung nachträglich angeordnet worden (§§ 66c Absatz 2, 66b des Strafgesetzbuches) oder droht eine solche Anordnung (Artikel 316e, 316f Absatz 2 des Einführungsgesetzes zum Strafgesetzbuch vom 2. März 1974 (BGBl. I S. 469; 1975 I S. 1916; 1976 I S. 507) in der jeweils geltenden Fassung), gilt Satz 1 entsprechend.

1 D 27, 15 B 26

§ 92 Gestaltung des Vollzuges

(1) Den Gefangenen ist unverzüglich eine individuelle, intensive und therapiegerichtete Betreuung im Sinne von § 66c Absatz 1 Nummer 1 des Strafgesetzbuches anzubieten. §§ 9 bis 11 des Sicherungsverwahrungsvollzugsgesetzes Nordrhein-Westfalen vom 30. April 2013 (GV. NRW. S. 212) in der jeweils geltenden Fassung gelten entsprechend. In den Vollzugsplan und seine Fortschreibungen ist gesondert aufzuneh-

men, ob standardisierte Angebote ausreichen oder individuell zugeschnittene Behandlungsangebote notwendig sind und wahrgenommen werden.

(2) Die Bereitschaft der Gefangenen, an der Erreichung der Vollzugsziele mitzuwirken, ist fortwährend zu wecken und zu fördern. Die Motivationsmaßnahmen sind zu dokumentieren.

(3) Gefangene sind abweichend von § 13 in sozialtherapeutische Einrichtungen zu verlegen, wenn ihre Teilnahme an den dortigen Behandlungsprogrammen zur Verringerung der Gefahren, die von ihnen für die Allgemeinheit ausgehen, angezeigt ist. Die Verlegung erfolgt im Benehmen mit der aufnehmenden Einrichtung. Die Gefangenen sollen so frühzeitig verlegt werden, dass ein Abschluss der Behandlung noch während des Vollzuges der Freiheitsstrafe zu erwarten ist.

(4) §§ 89, 90 gelten entsprechend.

(5) Die vorzusehenden Bediensteten (§ 96 Absatz 2) sollen für die Betreuung und Behandlung von Gefangenen mit angeordneter oder vorbehaltener Sicherungsverwahrung besonders geeignet und qualifiziert sein. Eine fachübergreifende Zusammenarbeit und die erforderliche Einbeziehung externer Fachkräfte sind zu gewährleisten.

(6) Ist die Unterbringung in der Sicherungsverwahrung nachträglich angeordnet oder droht eine solche Anordnung, gelten die Absätze 1 bis 5 entsprechend.

(7) Wird gegen Gefangene im Anschluss an die Strafhaft die Sicherungsverwahrung vollzogen, werden die Guthaben der Gefangenen übertragen. Haben die Gefangenen während des Vollzuges der Freiheitsstrafe Freistellungstage nach § 34 Absatz 1 Satz 1 erworben, wird ihnen eine Ausgleichsentschädigung nach § 34 Absatz 3 schon bei Antritt der Sicherungsverwahrung zum Eigengeld gutgeschrieben.

1 D 27, 2 C 39, 10 G 2, 10 H 3, 10 H 10, 10 H 17, 15 B 26, 15 B 29, 15 B 30

Abschnitt 19. Anstalten

§ 93 Organisation der Anstalten

(1) Freiheitsstrafen werden in Anstalten der Landesjustizverwaltung vollzogen, die entsprechend ihrem Zweck und den Erfordernissen eines behandlungsorientierten Strafvollzuges auszugestalten sind und eine auf die unterschiedlichen Bedürfnisse der Gefangenen abgestimmte Behandlung gewährleisten.

(2) Für den Vollzug der Freiheitsstrafe sind Haftplätze in verschiedenen Anstalten oder Abteilungen vorzusehen, die eine dem Vollzugsziel entsprechende Behandlungsdifferenzierung ermöglichen. Neben Anstalten des geschlossenen Vollzuges sind solche des offenen Vollzuges einzurichten; in Anstalten des geschlossenen Vollzuges können Abteilungen des offenen Vollzuges eingerichtet werden.

(3) Es ist eine bedarfsgerechte Anzahl und Ausstattung von Plätzen, insbesondere für therapeutische Maßnahmen, für Maßnahmen der Beschäftigung, Freizeit, Sport, Seelsorge und Besuche, vorzusehen. Gemeinschafts- und Besuchsräume sind wohnlich und zweckentsprechend auszustatten.

(4) Anstalten sollen so gegliedert werden, dass Gefangene in überschaubaren Betreuungs- und Behandlungsgruppen zusammengefasst werden können.

(5) Die Einrichtung von Wohngruppen in baulich abgegrenzten Bereichen soll ermöglicht werden. Die Wohngruppen sollen von fest zugeordneten Bediensteten betreut werden.

3 B 3, 13 C 5, 13 C 18, 13 D 2, 13 D 3, 13 E 8

§ 94 Arbeitsbetriebe, Einrichtungen zur schulischen und beruflichen Bildung

(1) In den Anstalten sind Arbeitsbetriebe sowie Einrichtungen zur schulischen und beruflichen Bildung und zur arbeitstherapeutischen Beschäftigung in ausreichendem Umfang vorzusehen.

(2) Die Arbeitsbetriebe und Einrichtungen sind den Verhältnissen außerhalb der Anstalten anzugleichen. Die Arbeitsschutz- und Unfallverhütungsvorschriften sind zu beachten.

(3) Bildung und Beschäftigung können auch in geeigneten Einrichtungen privater Unternehmen erfolgen. In den von privaten Unternehmen unterhaltenen Betrieben und sonstigen Einrichtungen kann die technische und fachliche Leitung Angehörigen dieser Unternehmen übertragen werden.

4 K 2, 4 K 3, 4 K 5, 4 K 6, 4 K 7, 4 K 9

§ 95 Festsetzung der Belegungsfähigkeit, Verbot der Überbelegung
(1) Die Aufsichtsbehörde setzt die Belegungsfähigkeit unter Berücksichtigung von § 14 Absatz 1 und § 93 Absatz 3 für jede Anstalt fest.
(2) Hafträume dürfen nicht mit mehr Personen als zugelassen belegt werden. Ausnahmen hiervon sind nur vorübergehend aus zwingenden Gründen zulässig und sind zu dokumentieren.
2 E 28, 13 E 14

Abschnitt 20. Innerer Aufbau, Personal, Aufsicht

§ 96 Bedienstete
(1) Die Aufgaben der Anstalten werden von Vollzugsbeamtinnen und Vollzugsbeamten wahrgenommen. Aus besonderen Gründen können sie auch anderen Bediensteten der Anstalten sowie nebenamtlichen oder vertraglich verpflichteten Personen übertragen werden.
(2) Für jede Anstalt ist die erforderliche Anzahl von geeigneten und fachlich qualifizierten Bediensteten, insbesondere des medizinischen, pädagogischen, psychologischen und sozialen Dienstes, des allgemeinen Vollzugsdienstes, des Verwaltungsdienstes, des Werkdienstes sowie der Seelsorge, vorzusehen. Die Bediensteten werden fortgebildet und erhalten Praxisberatung und -begleitung sowie Gelegenheit zur Supervision.
(3) Die Zahl der Fachkräfte für sozialtherapeutische Einrichtungen ist so zu bemessen, dass eine nachgehende Betreuung früherer Gefangener gemäß §§ 90, 92 ermöglicht werden kann.
4 E 8, 11 K 8, 12 B 11, 13 J 1, 13 J 3, 13 J 4, 13 J 5

§ 97 Anstaltsleitung
(1) Für jede Anstalt ist eine Beamtin oder ein Beamter zur hauptamtlichen Leiterin oder zum hauptamtlichen Leiter zu bestellen, die oder der die Voraussetzungen der Laufbahngruppe 2, zweites Einstiegsamt, erfüllt. Aus besonderen Gründen kann eine Anstalt auch von einer Beamtin oder einem Beamten geleitet werden, die oder der die Voraussetzungen der Laufbahngruppe 2, erstes Einstiegsamt, erfüllt.
(2) Die Anstaltsleitung vertritt die Anstalt nach außen und trägt die Verantwortung für den gesamten Vollzug. Im Innenverhältnis kann sie die Verantwortung für bestimmte Aufgabenbereiche auf andere Bedienstete übertragen.
(3) Die Befugnis, die Durchsuchung nach § 64 Absatz 2, die besonderen Sicherungsmaßnahmen nach § 69 und die Disziplinarmaßnahmen nach § 80 anzuordnen, darf nur mit Zustimmung der Aufsichtsbehörde übertragen werden.
11 I 6, 11 I 57, 11 M 50, 12 B 11, 13 K 1, 13 K 6, 13 K 9, 13 K 14

§ 98 Seelsorge
(1) Seelsorgerinnen und Seelsorger werden im Einvernehmen mit der jeweiligen Religionsgemeinschaft im Hauptamt bestellt oder vertraglich verpflichtet.
(2) Wenn die geringe Zahl der Angehörigen einer Religionsgemeinschaft eine Seelsorge nach Absatz 1 nicht rechtfertigt, ist die seelsorgliche Betreuung auf andere Weise zuzulassen.
(3) Mit Zustimmung der Anstaltsleitung dürfen sich die Seelsorgerinnen und Seelsorger freier Seelsorgehelferinnen und Seelsorgehelfer bedienen und für Gottesdienste sowie für andere religiöse Veranstaltungen Seelsorgerinnen oder Seelsorger von außen hinzuziehen.
8 C 3, 8 D 1, 8 D 2, 8 D 6, 8 D 10, 8 D 28

§ 99 Medizinische Versorgung
(1) Die ärztliche Versorgung ist durch hauptamtliche Ärztinnen oder Ärzte sicherzustellen. Sie kann aus besonderen Gründen nebenamtlichen oder vertraglich verpflichteten Ärztinnen oder Ärzten übertragen werden.
(2) Die Pflege erkrankter Gefangener soll von Krankenpflegekräften im Sinne des Krankenpflegegesetzes vom 16. Juli 2003 (BGBl. I S. 1442) in der jeweils geltenden Fassung ausgeübt werden. Stehen solche Kräfte nicht zur Verfügung, können Bedienstete des Vollzuges oder sonstige Kräfte eingesetzt werden, soweit sie eine entsprechende Qualifikation besitzen.
6 D 38, 6 D 39

§ 100 Konferenzen

Zur Aufstellung und Überprüfung des Vollzugsplans sowie zur Vorbereitung anderer wichtiger Entscheidungen im Vollzug, insbesondere bei erstmaliger Gewährung von vollzugsöffnenden Maßnahmen, Verlegung in den offenen Vollzug oder bei Maßnahmen zur Entlassungsvorbereitung, führt die Anstaltsleitung Konferenzen mit den an der Behandlung maßgeblich Beteiligten durch. § 5 gilt entsprechend. Das Konferenzergebnis und die tragenden Gründe der jeweiligen Entscheidung sind zu dokumentieren.

13 L 4, 13 L 6

§ 101 Gefangenenmitverantwortung

Gefangenen wird ermöglicht, eine Vertretung zu wählen. Diese kann in Angelegenheiten von gemeinsamem Interesse, die sich ihrer Eigenart und der Aufgabe der Anstalt nach für eine Mitwirkung eignen, der Anstaltsleitung Vorschläge und Anregungen unterbreiten. Diese sollen mit der Vertretung erörtert werden.

13 M 1, 13 M 4, 13 M 5

§ 102 Hausordnung

Die Anstaltsleitung erlässt eine Hausordnung. Diese informiert in verständlicher Form namentlich über die Rechte und Pflichten der Gefangenen und enthält Erläuterungen zur Organisation des Besuchs, zur Arbeitszeit, Freizeit und Ruhezeit sowie Hinweise zu den Möglichkeiten, Anträge und Beschwerden anzubringen.

5 A 2, 9 B 5, 12 A 6, 13 N 1, 13 N 2

§ 103 Aufsichtsbehörde

(1) Das Justizministerium führt die Aufsicht über die Anstalten und sichert gemeinsam mit ihnen die Qualität des Vollzuges.

(2) An der Aufsicht über die Fachdienste sind eigene Fachkräfte zu beteiligen. Soweit die Aufsichtsbehörde nicht über eigene Fachkräfte verfügt, ist fachliche Beratung sicherzustellen.

(3) Entscheidungen über Verlegungen können einer zentralen Stelle übertragen werden.

11 E 10, 13 G 6, 13 G 7, 13 G 18, 13 H 2, 13 H 10

§ 104 Vollstreckungsplan, Einweisungsverfahren

(1) Die örtliche und sachliche Zuständigkeit der Anstalten wird durch die Aufsichtsbehörde in einem Vollstreckungsplan nach allgemeinen Merkmalen geregelt.

(2) Der Vollstreckungsplan bestimmt insbesondere, welche Anstalten und Abteilungen sozialtherapeutische Einrichtungen oder solche des offenen Vollzuges sind. Ferner legt er fest, welche Gefangenen zunächst einer Einweisungsanstalt oder Einweisungsabteilung zuzuführen sind und inwieweit Gefangene, die sich freiwillig zum Strafantritt stellen, zunächst bis zum Abschluss der Behandlungsuntersuchung in eine Anstalt oder Abteilung des offenen Vollzuges aufzunehmen sind.

2 B 3, 13 H 1, 13 H 3, 13 H 4, 13 H 5, 13 H 18

Abschnitt 21. Beiräte

§ 105 Aufgaben der Beiräte

(1) Bei den Anstalten sind Beiräte zu bilden. Bedienstete dürfen nicht Mitglieder der Beiräte sein. Bestellung, Amtszeit und Abberufung der Mitglieder regelt die Aufsichtsbehörde.

(2) Die Mitglieder der Beiräte wirken bei der Gestaltung des Vollzuges und bei der Betreuung der Gefangenen mit. Sie unterstützen die Anstaltsleitung durch Anregungen und Verbesserungsvorschläge und helfen bei der Eingliederung der Gefangenen nach der Entlassung.

13 O 2, 13 O 8

§ 106 Befugnisse

(1) Die Mitglieder der Beiräte können namentlich Wünsche, Anregungen und Beanstandungen von Gefangenen und Bediensteten entgegennehmen. Sie können die Anstalt und ihre Einrichtungen besichti-

gen sowie sich über die Unterbringung, Beschäftigung, berufliche Bildung, Verpflegung, medizinische Versorgung und Behandlung unterrichten.

(2) Die Mitglieder der Beiräte können die Gefangenen in ihren Räumen aufsuchen. Aussprache und Schriftwechsel mit ihnen werden nicht überwacht.

13 O 6

§ 107 Pflicht zur Verschwiegenheit

Die Mitglieder der Beiräte sind verpflichtet, außerhalb ihres Amtes über alle Angelegenheiten, die vertraulich sind, insbesondere über Namen und Persönlichkeit der Gefangenen, Verschwiegenheit zu bewahren. Dies gilt auch nach Beendigung ihres Amtes.

13 O 7

Abschnitt 22. Kriminologischer Dienst, Schlussbestimmungen

§ 108 Kriminologischer Dienst

(1) Dem kriminologischen Dienst obliegt es, in Zusammenarbeit mit den Einrichtungen der Forschung den Vollzug, insbesondere die Behandlungsmethoden, wissenschaftlich zu begleiten und seine Ergebnisse für die Weiterentwicklung der Behandlungs- und Eingliederungsmaßnahmen und der Leitlinien des Vollzuges nutzbar zu machen.

(2) Die Begleitforschung beinhaltet namentlich die regelmäßige Erhebung des Behandlungsbedarfs und die Auswertung des Behandlungsverlaufs. In die Bewertung sollen die Erfahrungen der Praxis und der oder des Justizvollzugsbeauftragten des Landes Nordrhein-Westfalen einfließen.

(3) § 19 des Justizvollzugsdatenschutzgesetzes Nordrhein-Westfalen gilt entsprechend.

16 3, 16 24

§ 109 Einschränkung von Grundrechten

Durch dieses Gesetz werden die Grundrechte aus Artikel 2 Absatz 2 Satz 1 und 2 (körperliche Unversehrtheit und Freiheit der Person), Artikel 5 Absatz 1 Satz 1 (Informationsfreiheit) und Artikel 10 Absatz 1 (Brief-, Post- und Fernmeldegeheimnis) des Grundgesetzes eingeschränkt.

§ 110 Ersetzung und Fortgeltung von Bundesrecht

Dieses Gesetz ersetzt nach Artikel 125a Absatz 1 Satz 2 des Grundgesetzes in seinem Geltungsbereich das Strafvollzugsgesetz vom 16. März 1976 (BGBl. I S. 581, 2088; 1977 I S. 436), das zuletzt durch Artikel 152 der Verordnung vom 31. August 2015 (BGBl. I S. 1474) geändert worden ist, mit Ausnahme der Vorschriften über
1. den Urlaub aus der Haft (§ 13 Absatz 5),
2. den Pfändungsschutz (§ 43 Absatz 11 Satz 2, § 50 Absatz 2 Satz 5, § 51 Absatz 4 und 5, § 75 Absatz 3),
3. das Festnahmerecht (§ 87),
4. den Ersatz von Aufwendungen (§ 93),
5. das Handeln auf Anordnung (§ 97),
6. das gerichtliche Verfahren (§§ 109 bis 121),
7. die Unterbringung in einem psychiatrischen Krankenhaus und einer Entziehungsanstalt (§§ 136 bis 138),
8. den Vollzug des Strafarrestes in Justizvollzugsanstalten (§§ 167 bis 170, 178 Absatz 2) und
9. den Vollzug von Ordnungs-, Sicherungs-, Zwangs- und Erzwingungshaft (§§ 171 bis 175, 178 Absatz 2).

11 J 1, 11 J 4, 11 J 9, 11 J 11, 11 J 13, 11 K 5, 11 K 46,
12 B 1, 15 A 2, 15 C 1, 15 C 9

§ 111 Übergangsvorschrift

Bis zum Inkrafttreten einer Verordnung nach § 32 Absatz 3 Satz 3 gilt die Strafvollzugsvergütungsordnung vom 11. Januar 1977 (BGBl. I S. 57), die durch Artikel 6 des Gesetzes vom 13. Dezember 2007 (BGBl. I S. 2894) geändert worden ist, fort.

Anhang

§ 112 Inkrafttreten, Berichtspflicht

(1) Dieses Gesetz tritt am ersten Tag des vierten auf die Verkündung folgenden Kalendermonats in Kraft.

(2) Die Landesregierung berichtet dem Landtag bis zum 31. Dezember 2019 über die mit diesem Gesetz gemachten Erfahrungen.

Landesjustizvollzugsgesetz (LJVollzG)

Vom 8. Mai 2013
(GVBl. S. 79)

Abschnitt 1. Allgemeine Bestimmungen

§ 1 Anwendungsbereich, allgemeine Begriffsbestimmungen

(1) Dieses Gesetz regelt den Vollzug der Freiheitsstrafe, der Jugendstrafe, der Untersuchungshaft und des Strafarrests in Justizvollzugsanstalten und Jugendstrafanstalten (Anstalten).

(2) Für den Vollzug der Haft nach § 127b Abs. 2, § 230 Abs. 2, den §§ 236 und 329 Abs. 4 Satz 1, § 412 Satz 1 und § 453c der Strafprozessordnung (StPO) sowie der einstweiligen Unterbringung nach § 275a Abs. 6 StPO gelten die Bestimmungen für den Vollzug der Untersuchungshaft entsprechend.

(3) Für den Vollzug der einstweiligen Unterbringung nach § 126a StPO gelten, soweit eine Anordnung nach § 119 Abs. 1 StPO nicht entgegensteht, das Maßregelvollzugsgesetz und die zu seiner Durchführung erlassenen Rechts- und Verwaltungsvorschriften in ihrer jeweils geltenden Fassung entsprechend.

(4) Bei Verurteilung zu einer Freiheitsstrafe, deren Vollstreckung nicht zur Bewährung ausgesetzt wird und die nicht durch Anrechnung der Untersuchungshaft bereits erledigt ist, sind die Gefangenen mit Rechtskraft des Urteils nach den Bestimmungen über den Vollzug der Freiheitsstrafe zu behandeln, soweit sich dies schon vor der Aufnahme zum Vollzug der Freiheitsstrafe durchführen lässt. Dies gilt nicht, wenn aufgrund eines anderen Haftbefehls weiterhin Untersuchungshaft zu vollziehen ist.

(5) Bei rechtskräftiger Verurteilung zu einer Jugendstrafe und bei rechtskräftiger Anordnung einer mit Freiheitsentziehung verbundenen Maßregel der Besserung und Sicherung gilt Absatz 4 sinngemäß.

(6) Gefangene im Sinne dieses Gesetzes sind Strafgefangene, Jugendstrafgefangene und Untersuchungsgefangene.

(7) Junge Untersuchungsgefangene im Sinne dieses Gesetzes sind solche, die zur Tatzeit das 21. Lebensjahr noch nicht vollendet hatten und die das 24. Lebensjahr noch nicht vollendet haben.

(8) Junge Gefangene im Sinne dieses Gesetzes sind Jugendstrafgefangene und junge Untersuchungsgefangene.

1 B 1 ff

§ 2 Ziel und Aufgabe des Vollzugs der Freiheitsstrafe und der Jugendstrafe

Der Vollzug der Freiheitsstrafe und der Jugendstrafe dient dem Ziel, die Strafgefangenen und die Jugendstrafgefangenen zu befähigen, künftig in sozialer Verantwortung ein Leben ohne Straftaten zu führen. Er hat die Aufgabe, die Allgemeinheit vor weiteren Straftaten zu schützen.

1 C 12, 1 C 14, 1 C 24

§ 3 Aufgabe des Vollzugs der Untersuchungshaft, Zusammenarbeit

(1) Der Vollzug der Untersuchungshaft hat die Aufgabe, durch sichere Unterbringung der Untersuchungsgefangenen die Durchführung eines geordneten Strafverfahrens zu gewährleisten und der Gefahr weiterer Straftaten zu begegnen.

(2) Die Anstalt, in der die Untersuchungshaft vollzogen wird, trifft die Entscheidungen nach diesem Gesetz. Sie arbeitet eng mit Gericht und Staatsanwaltschaft zusammen, um die Aufgabe des Vollzugs der Untersuchungshaft zu erfüllen und die Sicherheit und Ordnung der Anstalt zu gewährleisten.

(3) Die Anstalt hat Anordnungen nach § 119 Abs. 1 StPO zu beachten und umzusetzen.

§ 4 Stellung der Gefangenen

(1) Die Persönlichkeit und die Würde der Gefangenen sind zu achten. Ihre Selbstständigkeit im Vollzugsalltag ist so weit wie möglich zu erhalten und zu fördern.

(2) Die Gefangenen werden an der Gestaltung des Vollzugsalltags beteiligt. Vollzugliche Maßnahmen sollen ihnen erläutert werden.

(3) Die Gefangenen unterliegen den in diesem Gesetz vorgesehenen Beschränkungen ihrer Freiheit. Soweit das Gesetz eine besondere Regelung nicht enthält, dürfen ihnen nur Beschränkungen auferlegt werden, die zur Aufrechterhaltung der Sicherheit oder zur Abwendung einer schwerwiegenden Störung

der Ordnung der Anstalt oder im Vollzug der Untersuchungshaft zur Umsetzung einer Anordnung nach § 119 Abs. 1 StPO unerlässlich sind. Sie müssen in einem angemessenen Verhältnis zum Zweck der Anordnung stehen und dürfen die Gefangenen nicht mehr und nicht länger als notwendig beeinträchtigen.

1 E 2, 1 E 3, 1 E 7, 1 E 17, 1 E 18, 1 E 24

§ 5 Besondere Stellung der Untersuchungsgefangenen
Die Untersuchungsgefangenen gelten als unschuldig. Sie sind so zu behandeln, dass der Anschein vermieden wird, sie würden zur Verbüßung einer Strafe festgehalten.

§ 6 Mitwirkung im Vollzug der Freiheitsstrafe und der Jugendstrafe
(1) Zur Erreichung des Vollzugsziels bedarf es der Mitwirkung der Strafgefangenen und der Jugendstrafgefangenen. Ihre Bereitschaft hierzu ist zu wecken und zu fördern.
(2) Die Jugendstrafgefangenen sind verpflichtet, an der Erreichung des Vollzugsziels mitzuwirken.

1 E 10, 2 A 1

§ 7 Allgemeine Gestaltungsgrundsätze
(1) Das Leben im Vollzug ist den allgemeinen Lebensverhältnissen so weit wie möglich anzugleichen.
(2) Schädlichen Folgen des Freiheitsentzugs ist entgegenzuwirken. Ein besonderes Augenmerk ist auf die Verhütung von Selbsttötungen zu richten.
(3) Die unterschiedlichen Bedürfnisse der Gefangenen, insbesondere im Hinblick auf Geschlecht, Alter und Herkunft, Behinderung und sexuelle Identität, werden bei der Vollzugsgestaltung im Allgemeinen und im Einzelfall berücksichtigt.

1 D 1, 1 D 4, 1 D 11, 1 D 13, 1 D 16, 2 A 1, 13 C 5, 13 C 10, 14 A 14

§ 8 Grundsätze der Gestaltung des Vollzugs der Freiheitsstrafe und der Jugendstrafe
(1) Der Vollzug der Freiheitsstrafe und der Jugendstrafe ist auf die Auseinandersetzung der Strafgefangenen und der Jugendstrafgefangenen mit ihren Straftaten und deren Folgen auszurichten. Das Bewusstsein für den dem Opfer zugefügten Schaden soll geweckt werden.
(2) Der Vollzug der Freiheitsstrafe und der Jugendstrafe wird von Beginn an auf die Eingliederung der Strafgefangenen und der Jugendstrafgefangenen in das Leben in Freiheit ausgerichtet.
(3) Strafgefangene mit angeordneter oder vorbehaltener Sicherungsverwahrung und Jugendstrafgefangene mit vorbehaltener Sicherungsverwahrung sind individuell und intensiv zu betreuen, um ihre Unterbringung in der Sicherungsverwahrung entbehrlich zu machen. Soweit standardisierte Maßnahmen hierfür nicht ausreichen oder keinen Erfolg versprechen, sind individuell zugeschnittene Maßnahmen anzubieten.
(4) Der Bezug der Strafgefangenen und der Jugendstrafgefangenen zum gesellschaftlichen Leben ist zu wahren und zu fördern. Personen und Einrichtungen außerhalb des Vollzugs sollen in den Vollzugsalltag einbezogen werden. Strafgefangenen und Jugendstrafgefangenen ist so bald wie möglich die Teilnahme am Leben in der Freiheit zu gewähren.

1 D 1, 1 D 14, 1 D 15, 1 D 17, 1 D 27, 2 A 1, 15 B 26

§ 9 Erzieherische Gestaltung des Vollzugs der Jugendstrafe
(1) Der Vollzug der Jugendstrafe ist erzieherisch zu gestalten. Die Jugendstrafgefangenen sind in der Entwicklung ihrer Fähigkeiten und Fertigkeiten so zu fördern, dass sie zu einer eigenverantwortlichen und gemeinschaftsfähigen Lebensführung in Achtung der Rechte anderer befähigt werden.
(2) Erziehung und Förderung erfolgen durch Maßnahmen und Programme zur Entwicklung und Stärkung der Fähigkeiten und Fertigkeiten der Jugendstrafgefangenen im Hinblick auf die Erreichung des Vollzugsziels.
(3) Durch differenzierte Angebote soll auf den jeweiligen Entwicklungsstand und den unterschiedlichen Erziehungs- und Förderbedarf der Jugendstrafgefangenen eingegangen werden.
(4) Die Maßnahmen und Programme richten sich insbesondere auf die Auseinandersetzung mit den eigenen Straftaten, deren Ursachen und Folgen, schulische und berufliche Qualifizierung, soziale Integration und die verantwortliche Gestaltung des alltäglichen Zusammenlebens, der freien Zeit sowie der Außenkontakte.

(5) Die Personensorgeberechtigten sind, soweit dies möglich ist und dem Vollzugsziel nicht zuwiderläuft, in die Planung und Gestaltung des Vollzugs einzubeziehen.

2 A 1, 4 D 12, 12 I 8

§ 10 Erzieherische Gestaltung des Vollzugs der Untersuchungshaft an jungen Untersuchungsgefangenen

(1) Für den Vollzug der Untersuchungshaft an jungen Untersuchungsgefangenen gilt § 9 Abs. 1 entsprechend.

(2) Die Personensorgeberechtigten sind, soweit dies möglich ist, in die Gestaltung des Vollzugs einzubeziehen.

(3) Von der Anwendung der Bestimmungen dieses Gesetzes über junge Untersuchungsgefangene kann abgesehen werden, wenn diese volljährig sind und die erzieherische Ausgestaltung des Vollzugs für sie nicht oder nicht mehr angezeigt ist. Diese Bestimmungen können ausnahmsweise auch über die Vollendung des 24. Lebensjahres hinaus angewendet werden, wenn dies im Hinblick auf die voraussichtlich nur noch geringe Dauer der Untersuchungshaft zweckmäßig erscheint.

(4) Beschränkungen können minderjährigen Untersuchungsgefangenen auch auferlegt werden, soweit es dringend geboten ist, um sie vor einer Gefährdung ihrer Entwicklung zu bewahren.

§ 11 Soziale Hilfe

(1) Die Gefangenen werden darin unterstützt, ihre persönlichen, wirtschaftlichen und sozialen Schwierigkeiten zu beheben. Sie sollen dazu angeregt und in die Lage versetzt werden, ihre Angelegenheiten selbst zu regeln.

(2) Die Strafgefangenen und die Jugendstrafgefangenen sollen angehalten werden, den durch die Straftat verursachten materiellen und immateriellen Schaden wiedergutzumachen und eine Schuldenregulierung herbeizuführen.

(3) Die Beratung der Untersuchungsgefangenen soll die Benennung von Stellen und Einrichtungen außerhalb der Anstalt umfassen, die sich um eine Vermeidung der weiteren Untersuchungshaft bemühen. Auf Wunsch sind den Untersuchungsgefangenen Stellen und Einrichtungen zu benennen, die sie in ihrem Bestreben unterstützen können, einen Ausgleich mit dem Tatopfer zu erreichen oder auf andere Weise zur Wiedergutmachung beizutragen.

1 D 21, 7 A 1, 7 A 8, 7 C 1, 7 C 6, 7 D 8

Abschnitt 2. Aufnahme, Diagnose, Vollzugs- und Eingliederungsplanung

§ 12 Aufnahmeverfahren

(1) Mit den Gefangenen wird unverzüglich nach der Aufnahme ein Zugangsgespräch geführt, in dem ihre gegenwärtige Lebenssituation erörtert wird und sie über ihre Rechte und Pflichten in einer für sie verständlichen Form informiert werden. Ihnen wird ein Exemplar der Hausordnung ausgehändigt. Dieses Gesetz, die von ihm in Bezug genommenen Gesetze sowie die zu seiner Ausführung erlassenen Rechtsverordnungen und Verwaltungsvorschriften sind den Gefangenen auf Verlangen zugänglich zu machen.

(2) Während des Aufnahmeverfahrens dürfen andere Gefangene nicht zugegen sein.

(3) Die Gefangenen werden alsbald ärztlich untersucht.

(4) Die Gefangenen werden dabei unterstützt, etwa notwendige Maßnahmen für hilfsbedürftige Angehörige, zur Erhaltung des Arbeitsplatzes und der Wohnung und zur Sicherung ihrer Habe außerhalb der Anstalt zu veranlassen.

(5) Den Untersuchungsgefangenen ist Gelegenheit zu geben, eine Angehörige oder einen Angehörigen oder eine Vertrauensperson von der Aufnahme in die Anstalt zu benachrichtigen.

(6) Die Personensorgeberechtigen und das Jugendamt werden von der Aufnahme der jungen Gefangenen unverzüglich unterrichtet.

(7) Bei Strafgefangenen, die eine Ersatzfreiheitsstrafe verbüßen, sind die Möglichkeiten der Abwendung der Vollstreckung durch freie Arbeit oder ratenweise Tilgung der Geldstrafe zu erörtern und zu fördern, um so auf eine möglichst baldige Entlassung hinzuwirken.

2 A 4, 2 A 5, 2 A 8, 2 A 9, 2 A 12, 2 A 13, 7 B 4, 7 B 7, 7 D 8, 12 F 8

Anhang

§ 13 Diagnoseverfahren
(1) Bei Strafgefangenen und Jugendstrafgefangenen schließt sich an das Aufnahmeverfahren zur Vorbereitung der Vollzugs- und Eingliederungsplanung das Diagnoseverfahren an.

(2) Das Diagnoseverfahren muss wissenschaftlichen Erkenntnissen genügen. Insbesondere bei Strafgefangenen mit angeordneter oder vorbehaltener Sicherungsverwahrung und Jugendstrafgefangenen mit vorbehaltener Sicherungsverwahrung ist es von Personen mit einschlägiger wissenschaftlicher Qualifikation durchzuführen.

(3) Das Diagnoseverfahren erstreckt sich auf die Persönlichkeit, die Lebensverhältnisse, die Ursachen und Umstände der Straftat sowie alle sonstigen Gesichtspunkte, deren Kenntnis für eine zielgerichtete und wirkungsorientierte Vollzugsgestaltung und die Eingliederung nach der Entlassung notwendig erscheint. Neben den Unterlagen aus der Vollstreckung und dem Vollzug vorangegangener Freiheitsentziehungen sind insbesondere auch Erkenntnisse der Gerichts-, Jugendgerichts- und Bewährungshilfe sowie der Führungsaufsichtsstellen einzubeziehen.

(4) Im Diagnoseverfahren werden die im Einzelfall die Straffälligkeit begünstigenden Faktoren ermittelt. Gleichzeitig sollen die Fähigkeiten der Strafgefangenen und der Jugendstrafgefangenen ermittelt werden, deren Stärkung einer erneuten Straffälligkeit entgegenwirken kann.

(5) Im Vollzug der Freiheitsstrafe kann bei einer voraussichtlichen Vollzugsdauer bis zu einem Jahr das Diagnoseverfahren auf die Umstände beschränkt werden, deren Kenntnis für eine angemessene Vollzugsgestaltung unerlässlich und für die Eingliederung erforderlich ist.

(6) Im Vollzug der Jugendstrafe ist das Diagnoseverfahren maßgeblich auf die Ermittlung des Förder- und Erziehungsbedarfs auszurichten.

(7) Das Ergebnis des Diagnoseverfahrens wird mit den Strafgefangenen und den Jugendstrafgefangenen erörtert.

(8) Ist ausschließlich Ersatzfreiheitsstrafe zu vollziehen, findet ein Diagnoseverfahren nicht statt.
2 B 1, 2 B 5, 2 B 6, 2 B 11, 2 B 13, 2 B 14, 2 B 17, 2 B 28, 2 B 35, 2 B 36, 2 C 8, 7 B 1,
15 B 28

§ 14 Vollzugs- und Eingliederungsplanung
(1) Auf der Grundlage des Ergebnisses des Diagnoseverfahrens wird ein Vollzugs- und Eingliederungsplan erstellt. Er zeigt den Strafgefangenen und den Jugendstrafgefangenen bereits zu Beginn der Haftzeit unter Berücksichtigung der voraussichtlichen Vollzugsdauer die zur Erreichung des Vollzugsziels erforderlichen Maßnahmen auf. Daneben kann er weitere Hilfsangebote und Empfehlungen enthalten. Auf die Fähigkeiten, Fertigkeiten und Neigungen der Strafgefangenen und der Jugendstrafgefangenen ist Rücksicht zu nehmen. Stehen zur Erreichung des Vollzugsziels mehrere in gleicher Weise geeignete Maßnahmen zur Verfügung, so haben die Strafgefangenen und Jugendstrafgefangenen ein Wahlrecht.

(2) Der Vollzugs- und Eingliederungsplan wird regelmäßig innerhalb der ersten acht Wochen nach der Aufnahme erstellt. Diese Frist verkürzt sich bei einer voraussichtlichen Vollzugsdauer von unter einem Jahr auf vier Wochen. Liegt im Zeitpunkt der Aufnahme das zu vollstreckende Urteil nicht vor, so beginnt die Frist mit dem Eingang des Urteils. Ergibt sich aus den Urteilsgründen, dass eine psychologische oder psychiatrische Begutachtung erfolgt ist, beginnt die Frist erst mit dem Eingang des Gutachtens. Der Fristbeginn ist in den Gefangenenpersonalakten zu dokumentieren.

(3) Der Vollzugs- und Eingliederungsplan sowie die darin vorgesehenen Maßnahmen werden für Strafgefangene und Jugendstrafgefangene regelmäßig alle sechs Monate, spätestens aber alle zwölf Monate überprüft und fortgeschrieben. Bei Jugendstrafen von weniger als drei Jahren erfolgt die Überprüfung regelmäßig alle vier Monate. Die Entwicklung der Strafgefangenen und der Jugendstrafgefangenen und die in der Zwischenzeit gewonnenen Erkenntnisse sind zu berücksichtigen. Die durchgeführten Maßnahmen sind zu dokumentieren.

(4) Die Vollzugs- und Eingliederungsplanung wird mit den Strafgefangenen und den Jugendstrafgefangenen erörtert. Dabei werden deren Anregungen und Vorschläge einbezogen, soweit sie der Erreichung des Vollzugsziels dienen.

(5) Zur Erstellung und Fortschreibung des Vollzugs- und Eingliederungsplans führt die Anstaltsleiterin oder der Anstaltsleiter eine Konferenz mit den an der Vollzugsgestaltung maßgeblich Beteiligten durch. Standen die Strafgefangenen und die Jugendstrafgefangenen vor ihrer Inhaftierung unter Bewährung oder Führungsaufsicht, können auch die für sie bislang zuständigen Bewährungshelferinnen und Bewährungshelfer an der Konferenz beteiligt werden. Den Strafgefangenen und den Jugendstrafgefangenen wird

der Vollzugs- und Eingliederungsplan in der Konferenz eröffnet und erläutert; sie können auch darüber hinaus an der Konferenz beteiligt werden.

(6) An der Eingliederung mitwirkende Personen außerhalb des Vollzugs sind nach Möglichkeit in die Planung einzubeziehen. Sie können mit Zustimmung der Strafgefangenen und der Jugendstrafgefangenen auch an der Konferenz beteiligt werden.

(7) Werden die Strafgefangenen und die Jugendstrafgefangenen nach der Entlassung voraussichtlich unter Bewährungs- oder Führungsaufsicht gestellt, so ist den künftig zuständigen Bewährungshelferinnen und Bewährungshelfern in den letzten zwölf Monaten vor dem voraussichtlichen Entlassungszeitpunkt die Teilnahme an der Konferenz zu ermöglichen und sind ihnen der Vollzugs- und Eingliederungsplan und seine Fortschreibungen zu übersenden.

(8) Der Vollzugs- und Eingliederungsplan und seine Fortschreibungen werden den Strafgefangenen und den Jugendstrafgefangenen ausgehändigt. Im Vollzug der Jugendstrafe werden sie der Vollstreckungsleiterin oder dem Vollstreckungsleiter und auf Verlangen den Personensorgeberechtigten in Schriftform mitgeteilt.

2 B 4, 2 C 2, 2 C 6, 2 C 7, 2 C 9, 2 C 10, 2 C 12, 2 C 14, 2 C 19, 2 C 20, 3 A 3, 3 A 16, 13 L 3, 13 L 7, 14 C 1, 14 C 4

§ 15 Inhalt des Vollzugs- und Eingliederungsplans

(1) Der Vollzugs- und Eingliederungsplan enthält insbesondere folgende Angaben:
1. Zusammenfassung der für die Vollzugs- und Eingliederungsplanung maßgeblichen Ergebnisse des Diagnoseverfahrens,
2. voraussichtlicher Entlassungszeitpunkt,
3. Unterbringung im geschlossenen oder offenen Vollzug,
4. Maßnahmen zur Förderung der Mitwirkungsbereitschaft,
5. Unterbringung in einer Wohngruppe und Teilnahme am Wohngruppenvollzug,
6. Unterbringung in einer sozialtherapeutischen Abteilung und Teilnahme an deren Behandlungsprogrammen,
7. Teilnahme an einzel- oder gruppentherapeutischen Maßnahmen, insbesondere Psychotherapie,
8. Teilnahme an psychiatrischen Behandlungsmaßnahmen,
9. Teilnahme an Maßnahmen zur Behandlung von Suchtmittelabhängigkeit und -missbrauch,
10. Teilnahme an Trainingsmaßnahmen zur Verbesserung der sozialen Kompetenz,
11. Teilnahme an schulischen und beruflichen Qualifizierungsmaßnahmen einschließlich Alphabetisierungs- und Deutschkursen,
12. Teilnahme an arbeitstherapeutischen Maßnahmen oder am Arbeitstraining,
13. Arbeit,
14. freies Beschäftigungsverhältnis, Selbstbeschäftigung,
15. Teilnahme an Sportangeboten und Maßnahmen zur strukturierten Gestaltung der Freizeit,
16. Ausführungen, Außenbeschäftigung,
17. Lockerungen zur Erreichung des Vollzugsziels,
18. Aufrechterhaltung, Förderung und Gestaltung von Außenkontakten, insbesondere familiären Beziehungen,
19. Schuldnerberatung, Schuldenregulierung und Erfüllung von Unterhaltspflichten,
20. Ausgleich von Tatfolgen,
21. Maßnahmen zur Vorbereitung von Entlassung, Eingliederung und Nachsorge und
22. Frist zur Fortschreibung des Vollzugs- und Eingliederungsplans.

Bei angeordneter oder vorbehaltener Sicherungsverwahrung enthält der Vollzugs- und Eingliederungsplan darüber hinaus Angaben zu individuellen Maßnahmen im Sinne des § 8 Abs. 3 Satz 2 und einer Antragstellung im Sinne des § 119a Abs. 2 des Strafvollzugsgesetzes (StVollzG) vom 16. März 1976 (BGBl. I S. 581, 2088; 1977 I S. 436) in der jeweils geltenden Fassung.

(2) Bei Strafgefangenen sind Maßnahmen nach Absatz 1 Satz 1 Nr. 6 bis 12 und Satz 2, die nach dem Ergebnis des Diagnoseverfahrens als zur Erreichung des Vollzugsziels zwingend erforderlich erachtet werden, als solche zu kennzeichnen und gehen allen anderen Maßnahmen vor. Andere Maßnahmen dürfen nicht gestattet werden, soweit sie die Teilnahme an Maßnahmen nach Satz 1 beeinträchtigen würden.

(3) Die Jugendstrafgefangenen sind verpflichtet, an den im Vollzugs- und Eingliederungsplan als erforderlich erachteten Maßnahmen teilzunehmen. § 29 Abs. 1 Satz 1 bleibt unberührt.

Anhang

(4) Spätestens ein Jahr vor dem voraussichtlichen Entlassungszeitpunkt hat die Planung zur Vorbereitung der Eingliederung zu beginnen. Anknüpfend an die bisherige Vollzugsplanung werden ab diesem Zeitpunkt die Maßnahmen nach Absatz 1 Satz 1 Nr. 21 konkretisiert oder ergänzt. Insbesondere ist Stellung zu nehmen zu:
1. Unterbringung im offenen Vollzug, Aufenthalt in einer Übergangseinrichtung,
2. Unterkunft sowie Arbeit oder Ausbildung nach der Entlassung,
3. Unterstützung bei notwendigen Behördengängen und der Beschaffung der notwendigen persönlichen Dokumente,
4. Beteiligung der Bewährungshilfe und der Psychotherapeutischen Ambulanzen der Justiz,
5. Kontaktaufnahme zu Einrichtungen der Entlassenenhilfe,
6. Fortsetzung von im Vollzug noch nicht abgeschlossenen Maßnahmen,
7. Anregungen von Auflagen und Weisungen für die Bewährungs- oder Führungsaufsicht,
8. Vermittlung in nachsorgende Maßnahmen und
9. nachgehende Betreuung durch Bedienstete.

1 D 23, 2 C 6, 2 C 23, 2 C 25, 2 C 26, 2 C 28, 2 C 29, 2 C 30, 2 C 31, 2 C 33, 2 C 35, 2 C 39, 4 A 3, 4 D 11, 4 E 1, 4 E 2, 4 E 15, 4 E 18, 4 G 7, 4 H 9, 5 A 13, 10 G 2, 15 B 29

§ 16 Ermittlung des Förder- und Erziehungsbedarfs der jungen Untersuchungsgefangenen, Maßnahmen

(1) Nach dem Aufnahmeverfahren wird der Förder- und Erziehungsbedarf der jungen Untersuchungsgefangenen unter Berücksichtigung ihrer Persönlichkeit und ihrer Lebensverhältnisse ermittelt.

(2) In einer Konferenz mit an der Erziehung maßgeblich beteiligten Bediensteten werden der Förder- und Erziehungsbedarf erörtert und die sich daraus ergebenden Maßnahmen festgelegt. Diese werden mit den jungen Untersuchungsgefangenen besprochen und den Personensorgeberechtigten auf Verlangen mitgeteilt.

10 G 2, 16 24

Abschnitt 3. Unterbringung und Verlegung

§ 17 Trennungsgrundsätze

(1) Jeweils getrennt voneinander werden untergebracht
1. männliche und weibliche Gefangene,
2. Strafgefangene, Jugendstrafgefangene und Untersuchungsgefangene und
3. junge Untersuchungsgefangene und die übrigen Untersuchungsgefangenen.

Die Unterbringung erfolgt in eigenständigen Anstalten, zumindest in getrennten Abteilungen.

(2) Abweichend von Absatz 1 Satz 1 Nr. 2 können Untersuchungsgefangene zusammen mit Strafgefangenen untergebracht werden
1. mit Zustimmung der einzelnen Untersuchungsgefangenen,
2. zur Umsetzung einer Anordnung nach § 119 Abs. 1 StPO oder
3. aus Gründen der Sicherheit oder Ordnung der Anstalt.

Das gilt für junge Untersuchungsgefangene nur, wenn eine erzieherische Gestaltung des Vollzugs gewährleistet bleibt und schädliche Einflüsse auf die jungen Untersuchungsgefangenen nicht zu befürchten sind. Unter den Voraussetzungen der Sätze 1 und 2 können sie auch mit den übrigen Untersuchungsgefangenen und mit Jugendstrafgefangenen untergebracht werden.

(3) Über Absatz 2 hinaus können Gefangene ausnahmsweise mit solchen anderer Haftarten untergebracht werden, wenn ihre geringe Anzahl eine getrennte Unterbringung nicht zulässt und das Vollzugsziel nicht gefährdet wird. Bei jungen Gefangenen muss zudem die erzieherische Gestaltung des Vollzugs gewährleistet sein.

(4) Absatz 1 gilt nicht für eine Unterbringung zum Zwecke der medizinischen Behandlung.

(5) Gemeinsame Maßnahmen, insbesondere zur schulischen und beruflichen Qualifizierung, sind zulässig.

13 B 4, 13 B 6, 14 A 6

§ 18 Unterbringung während der Einschlusszeiten

(1) Die Gefangenen werden in ihren Hafträumen einzeln untergebracht.

(2) Mit ihrer Zustimmung können sie gemeinsam untergebracht werden, wenn schädliche Einflüsse nicht zu befürchten sind. Bei einer Gefahr für Leben oder Gesundheit oder bei Hilfsbedürftigkeit ist die Zustimmung der gefährdeten oder hilfsbedürftigen Gefangenen zur gemeinsamen Unterbringung entbehrlich.

(3) Darüber hinaus ist eine gemeinsame Unterbringung nur vorübergehend und aus zwingenden Gründen zulässig.

2 E 1, 2 E 17, 2 E 28, 2 E 31, 2 E 32, 2 E 35, 2 E 37, 13 E 24

§ 19 Aufenthalt außerhalb der Einschlusszeiten

(1) Außerhalb der Einschlusszeiten dürfen sich die Gefangenen in Gemeinschaft aufhalten.

(2) Der gemeinschaftliche Aufenthalt kann eingeschränkt werden,
1. wenn es die Sicherheit oder Ordnung der Anstalt erfordert,
2. wenn ein schädlicher Einfluss auf andere Gefangene zu befürchten ist,
3. während des Diagnoseverfahrens, aber nicht länger als acht Wochen,
4. bei jungen Gefangenen, wenn dies aus erzieherischen Gründen angezeigt ist,
5. zur Umsetzung einer Anordnung nach § 119 Abs. 1 StPO oder
6. bei jungen Untersuchungsgefangenen während der ersten zwei Wochen nach der Aufnahme.

2 E 1, 2 E 4, 2 E 8, 2 E 9, 2 E 10, 2 E 11, 2 E 12, 2 E 13, 2 E 15, 2 E 16, 11 I 26

§ 20 Wohngruppenvollzug

(1) Der Wohngruppenvollzug dient der Einübung sozialverträglichen Zusammenlebens, insbesondere von Toleranz sowie der Übernahme von Verantwortung für sich und andere. Er ermöglicht den dort untergebrachten jungen Gefangenen und Strafgefangenen, ihren Vollzugsalltag weitgehend selbstständig zu regeln.

(2) Eine Wohngruppe wird in einem baulich abgegrenzten Bereich mit bis zu 15 Personen eingerichtet, zu dem neben den Haftäumen weitere Räume und Einrichtungen zur gemeinsamen Nutzung gehören. Sie wird in der Regel von fest zugeordneten Bediensteten betreut.

(3) Geeignete junge Gefangene sollen in Wohngruppen untergebracht werden. Nicht geeignet sind in der Regel junge Gefangene, die aufgrund ihres Verhaltens nicht gruppenfähig sind.

(4) Strafgefangene können in Wohngruppen untergebracht werden.

§ 21 Unterbringung von Müttern oder Vätern mit Kindern

(1) Ein Kind kann mit Zustimmung der oder des Aufenthaltsbestimmungsberechtigten bis zur Vollendung des dritten Lebensjahres in der Anstalt untergebracht werden, in der sich seine Mutter oder sein Vater befindet, wenn die baulichen Gegebenheiten dies zulassen und Sicherheitsgründe nicht entgegenstehen. Vor der Unterbringung ist das Jugendamt zu hören.

(2) Die Unterbringung erfolgt auf Kosten der für das Kind Unterhaltspflichtigen. Von der Geltendmachung des Kostenersatzanspruchs kann ausnahmsweise abgesehen werden, wenn hierdurch die gemeinsame Unterbringung von Mutter oder Vater und Kind gefährdet würde.

14 C 1 ff

§ 22 Geschlossener und offener Vollzug

(1) Die Strafgefangenen und die Jugendstrafgefangenen werden im geschlossenen oder offenen Vollzug untergebracht. Anstalten und Abteilungen des offenen Vollzugs sehen keine oder nur verminderte Vorkehrungen gegen Entweichungen vor.

(2) Die Strafgefangenen sollen im offenen Vollzug untergebracht werden, wenn sie dessen besonderen Anforderungen genügen, namentlich nicht zu befürchten ist, dass sie sich dem Vollzug entziehen oder die Möglichkeiten des offenen Vollzugs zu Straftaten missbrauchen werden. Die Eignungsbeurteilung stützt sich bei Strafgefangenen insbesondere auf ihr Verhalten und ihre Entwicklung im Vollzug.

(3) Die Jugendstrafgefangenen sollen im offenen Vollzug untergebracht werden, wenn sie dessen besonderen Anforderungen genügen, insbesondere verantwortet werden kann zu erproben, dass sie sich dem Vollzug nicht entziehen und die Möglichkeiten des offenen Vollzugs nicht zur Begehung von Straftaten missbrauchen werden. Absatz 2 Satz 2 gilt entsprechend.

(4) Genügen die Strafgefangenen und die Jugendstrafgefangenen den besonderen Anforderungen des offenen Vollzugs nicht oder nicht mehr, werden sie im geschlossenen Vollzug untergebracht.

(5) Die Untersuchungsgefangenen werden im geschlossenen Vollzug untergebracht.

10 A 4, 10 A 7, 10 A 9, 10 A 14, 13 C 5, 13 C 18

§ 23 Verlegung und Überstellung

(1) Die Gefangenen können abweichend vom Vollstreckungsplan in eine andere Anstalt verlegt werden, wenn Gründe der Vollzugsorganisation oder andere wichtige Gründe dies erfordern. Sie dürfen aus wichtigem Grund in eine andere Anstalt überstellt werden.

(2) Darüber hinaus können die Strafgefangenen und die Jugendstrafgefangenen abweichend vom Vollstreckungsplan in eine andere Anstalt verlegt werden, wenn die Erreichung des Vollzugsziels hierdurch gefördert wird.

(3) Die Untersuchungsgefangenen können zur Umsetzung einer Anordnung nach § 119 Abs. 1 StPO verlegt oder überstellt werden.

(4) Vor einer Verlegung oder Überstellung von Untersuchungsgefangenen ist dem Gericht und der Staatsanwaltschaft Gelegenheit zur Stellungnahme zu geben. § 12 Abs. 5 gilt entsprechend.

(5) Bei jungen Gefangenen werden die Personensorgeberechtigten und das Jugendamt, bei Jugendstrafgefangenen auch die Vollstreckungsleiterin oder der Vollstreckungsleiter von der Verlegung unverzüglich unterrichtet.

2 D 1, 2 D 6, 2 D 7, 2 D 15

Abschnitt 4. Sozial- und Psychotherapie

§ 24 Sozialtherapie

(1) Sozialtherapie dient der Verringerung einer erheblichen Gefährlichkeit der Strafgefangenen und der Jugendstrafgefangenen. Auf der Grundlage einer therapeutischen Gemeinschaft bedient sie sich psychotherapeutischer, sozialpädagogischer und arbeitstherapeutischer Methoden, die in umfassenden Behandlungsprogrammen verbunden werden. Personen aus dem Lebensumfeld der Strafgefangenen und der Jugendstrafgefangenen außerhalb des Vollzugs werden in die Behandlung einbezogen.

(2) Strafgefangene und Jugendstrafgefangene sind in einer sozialtherapeutischen Abteilung unterzubringen, wenn ihre Teilnahme an den dortigen Behandlungsprogrammen zur Verringerung ihrer erheblichen Gefährlichkeit angezeigt ist. Eine erhebliche Gefährlichkeit liegt vor, wenn schwerwiegende Straftaten gegen Leib oder Leben, die persönliche Freiheit oder die sexuelle Selbstbestimmung zu erwarten sind.

(3) Im Übrigen können Strafgefangene und Jugendstrafgefangene in einer sozialtherapeutischen Abteilung untergebracht werden, wenn die Teilnahme an den dortigen Behandlungsprogrammen zur Erreichung des Vollzugsziels angezeigt ist.

(4) Die Unterbringung soll zu einem Zeitpunkt erfolgen, der entweder den Abschluss der Behandlung zum voraussichtlichen Entlassungszeitpunkt erwarten lässt oder die Fortsetzung der Behandlung nach der Entlassung ermöglicht. Ist Sicherungsverwahrung angeordnet oder vorbehalten, soll die Unterbringung zu einem Zeitpunkt erfolgen, der den Abschluss der Behandlung noch während des Vollzugs der Freiheitsstrafe oder der Jugendstrafe erwarten lässt.

(5) Die Unterbringung wird beendet, wenn das Ziel der Behandlung aus Gründen, die in der Person der Strafgefangenen oder der Jugendstrafgefangenen liegen, nicht erreicht werden kann.

3 A 12, 3 A 16, 3 A 20, 3 A 21, 3 A 23, 15 B 30

§ 25 Psychotherapie

Psychotherapie im Vollzug dient insbesondere der Behandlung psychischer Störungen des Verhaltens und Erlebens, die in einem Zusammenhang mit der Straffälligkeit stehen. Sie wird durch systematische Anwendung wissenschaftlich fundierter, psychologischer Methoden der Gesprächsführung mit einer oder mehreren Personen durchgeführt.

Abschnitt 5. Arbeitstherapeutische Maßnahmen, Arbeitstraining, schulische und berufliche Qualifizierungsmaßnahmen, Arbeit

§ 26 Arbeitstherapeutische Maßnahmen

Arbeitstherapeutische Maßnahmen dienen dazu, dass die Gefangenen Eigenschaften wie Selbstvertrauen, Durchhaltevermögen und Konzentrationsfähigkeit einüben, um sie stufenweise an die Grundanforderungen des Arbeitslebens heranzuführen.

4 Vorb. 5, 4 A 9

§ 27 Arbeitstraining

Arbeitstraining dient dazu, Gefangenen, die nicht in der Lage sind, einer regelmäßigen und erwerbsorientierten Beschäftigung nachzugehen, Fähigkeiten und Fertigkeiten zu vermitteln, die eine Eingliederung in das leistungsorientierte Arbeitsleben fördern. Die in der Anstalt dafür vorgehaltenen Maßnahmen sind danach auszurichten, dass sie den Gefangenen für den Arbeitsmarkt relevante Qualifikationen vermitteln.

4 Vorb. 5, 4 A 9

§ 28 Schulische und berufliche Qualifizierungsmaßnahmen

(1) Schulische und berufliche Aus- und Weiterbildung und vorberufliche Qualifizierung im Vollzug haben das Ziel, den Gefangenen Fähigkeiten zur Eingliederung und zur Aufnahme einer Erwerbstätigkeit nach der Entlassung zu vermitteln sowie vorhandene Fähigkeiten zu verbessern oder zu erhalten. Bei der Festlegung von Inhalten, Methoden und Organisationsformen der Bildungsangebote werden die Besonderheiten der jeweiligen Zielgruppe berücksichtigt. Schulische und berufliche Aus- und Weiterbildung werden in der Regel als Vollzeitmaßnahme durchgeführt.

(2) Die jungen Gefangenen sind vorrangig zur Teilnahme an schulischen und beruflichen Orientierungs-, Berufsvorbereitungs-, Aus- und Weiterbildungsmaßnahmen oder speziellen Maßnahmen zur Förderung ihrer schulischen, beruflichen oder persönlichen Entwicklung verpflichtet.

(3) Geeigneten Strafgefangenen und Jugendstrafgefangenen soll die Teilnahme an einer schulischen oder beruflichen Ausbildung ermöglicht werden, die zu einem anerkannten Abschluss führt.

(4) Geeigneten Untersuchungsgefangenen soll nach Möglichkeit Gelegenheit zum Erwerb oder zur Verbesserung schulischer und beruflicher Kenntnisse, auch zum Erwerb eines anerkannten Abschlusses, gegeben werden, soweit es die besonderen Bedingungen der Untersuchungshaft zulassen.

(5) Berufliche Qualifizierungsmaßnahmen sind danach auszurichten, dass sie den Gefangenen für den Arbeitsmarkt relevante Qualifikationen vermitteln.

(6) Bei der Vollzugs- und Eingliederungsplanung ist darauf zu achten, dass die Strafgefangenen und die Jugendstrafgefangenen Qualifizierungsmaßnahmen während ihrer Haftzeit abschließen oder sie nach der Inhaftierung fortsetzen können. Können Maßnahmen während der Haftzeit nicht abgeschlossen werden, trägt die Anstalt in Zusammenarbeit mit außervollzuglichen Einrichtungen dafür Sorge, dass die begonnene Qualifizierungsmaßnahme nach der Entlassung fortgesetzt werden kann.

(7) Nachweise über schulische und berufliche Qualifizierungsmaßnahmen dürfen keinen Hinweis auf die Inhaftierung enthalten.

4 Vorb. 5, 4 A 6, 4 A 19, 4 A 21, 4 A 23, 4 A 24, 4 E 1, 4 E 3, 4 E 6, 4 E 9, 4 E 12, 4 E 17

§ 29 Arbeit

(1) Den Gefangenen soll auf Antrag oder mit ihrer Zustimmung Arbeit zugewiesen werden. § 15 Abs. 2 und 3 bleibt unberührt.

(2) Nehmen die Gefangenen eine Arbeit auf, gelten die von der Anstalt festgelegten Arbeitsbedingungen. Die Arbeit darf nicht zur Unzeit niedergelegt werden.

4 Vorb. 5, 4 A 3, 4 B 22, 4 B 23

§ 30 Freies Beschäftigungsverhältnis, Selbstbeschäftigung

(1) Strafgefangenen und Jugendstrafgefangenen, die zum Freigang (§ 45 Abs. 1 Satz 1 Nr. 4) zugelassen sind, soll gestattet werden, einer Arbeit oder einer schulischen oder beruflichen Qualifizierungsmaßnahme auf der Grundlage eines freien Beschäftigungsverhältnisses oder der Selbstbeschäftigung außerhalb der Anstalt nachzugehen, wenn die Beschäftigungsstelle geeignet ist und nicht überwiegende Gründe des Vollzugs entgegenstehen. § 47 gilt entsprechend.

Anhang

(2) Die Anstalt kann verlangen, dass ihr das Entgelt zur Gutschrift für die Strafgefangenen und die Jugendstrafgefangenen überwiesen wird.

4 Vorb. 5, 4 G 7, 4 H 2, 4 H 10, 4 H 13, 4 H 14, 4 H 19, 4 H 28, 6 F 56

§ 31 Freistellung von der Arbeit

(1) Haben die Gefangenen ein halbes Jahr lang gearbeitet, so können sie beanspruchen, zehn Arbeitstage von der Arbeit freigestellt zu werden. Zeiten, in denen die Gefangenen infolge Krankheit an der Arbeitsleistung gehindert waren, werden auf das Halbjahr bis zu 15 Arbeitstagen angerechnet. Der Anspruch verfällt, wenn die Freistellung nicht innerhalb eines Jahres nach seiner Entstehung erfolgt ist.

(2) Auf die Zeit der Freistellung wird Langzeitausgang (§ 45 Abs. 1 Satz 1 Nr. 3) angerechnet, soweit er in die Arbeitszeit fällt. Gleiches gilt für einen Langzeitausgang nach § 46 Abs. 1, soweit er nicht wegen des Todes oder einer lebensgefährlichen Erkrankung naher Angehöriger erteilt worden ist.

(3) Die Gefangenen erhalten für die Zeit der Freistellung ihr Arbeitsentgelt weiter.

(4) Urlaubsregelungen freier Beschäftigungsverhältnisse bleiben unberührt.

(5) Für Maßnahmen nach § 28 Abs. 1 gelten die Absätze 1 bis 4 entsprechend, sofern diese den Umfang der regelmäßigen wöchentlichen Arbeitszeit erreichen.

4 Vorb. 5, 4 C 1, 4 C 3, 4 C 4, 4 C 5, 4 C 6, 4 C 7, 4 C 14, 4 C 16, 4 C 18, 4 C 23, 4 G 12

Abschnitt 6. Besuche, Telefongespräche, Schriftwechsel, andere Formen der Telekommunikation, Pakete

§ 32 Grundsatz

Die Gefangenen haben das Recht, mit Personen außerhalb der Anstalt im Rahmen der Bestimmungen dieses Gesetzes zu verkehren.

9 Vorb. 4

§ 33 Besuch

(1) Die Gefangenen dürfen regelmäßig Besuch empfangen. Die Gesamtdauer beträgt im Vollzug der Freiheitsstrafe und der Untersuchungshaft mindestens zwei, im Vollzug der Jugendstrafe und der Untersuchungshaft an jungen Untersuchungsgefangenen mindestens vier Stunden im Monat.

(2) Kontakte der Gefangenen zu ihren Kindern unter 18 Jahren werden besonders gefördert. Deren Besuche werden im Umfang von bis zu zwei Stunden nicht auf die Regelbesuchszeiten angerechnet.

(3) Besuche von Angehörigen im Sinne des § 11 Abs. 1 Nr. 1 des Strafgesetzbuchs (StGB) werden besonders unterstützt.

(4) Besuche sollen darüber hinaus zugelassen werden, wenn sie
1. persönlichen, rechtlichen oder geschäftlichen Angelegenheiten der Gefangenen dienen, die von diesen nicht schriftlich erledigt, durch Dritte wahrgenommen oder bis zur voraussichtlichen Entlassung aufgeschoben werden können,
2. die Eingliederung der Strafgefangenen und der Jugendstrafgefangenen fördern oder
3. die Erziehung der jungen Gefangenen fördern.

(5) Die Anstaltsleiterin oder der Anstaltsleiter kann mehrstündige, unbeaufsichtigte Besuche (Langzeitbesuche) zulassen, wenn dies der Eingliederung der Strafgefangenen und der Jugendstrafgefangenen dient und sie hierfür geeignet sind.

(6) Besuche von
1. Verteidigerinnen und Verteidigern,
2. Rechtsanwältinnen und Rechtsanwälten sowie
3. Notarinnen und Notaren

in einer die Gefangenen betreffenden Rechtssache sind zu gestatten. Dies gilt auch für Besuche von Beiständen nach § 69 des Jugendgerichtsgesetzes (JGG). Besuche nach den Sätzen 1 und 2 werden nicht auf die Regelbesuchszeiten angerechnet.

9 B 19, 9 B 24

§ 34 Untersagung der Besuche

Die Anstaltsleiterin oder der Anstaltsleiter kann Besuche untersagen, wenn
1. die Sicherheit oder Ordnung der Anstalt gefährdet würde,
2. bei Personen, die nicht Angehörige der Strafgefangenen und der jungen Gefangenen im Sinne des § 11 Abs. 1 Nr. 1 StGB sind, zu befürchten ist, dass sie einen schädlichen Einfluss auf die Strafgefangenen und die jungen Gefangenen haben oder die Erreichung des Vollzugsziels behindern,
3. bei Personen, die Opfer der Straftat waren oder im Haftbefehl als Opfer benannt werden, zu befürchten ist, dass die Begegnung mit den Gefangenen einen schädlichen Einfluss auf sie hat, oder
4. die Personensorgeberechtigten nicht einverstanden sind.

9 B 34, 9 B 47

§ 35 Durchführung der Besuche

(1) Aus Gründen der Sicherheit können Besuche davon abhängig gemacht werden, dass die Besucherinnen und Besucher sich und ihre mitgeführten Sachen mit technischen Hilfsmitteln absuchen oder durchsuchen lassen und Anordnungen zur Identitätsfeststellung nach § 24 des Landesjustizvollzugsdatenschutzgesetzes (LJVollzDSG) Folge leisten. Eine inhaltliche Überprüfung der von Verteidigerinnen, Verteidigern oder Beiständen nach § 69 JGG mitgeführten Schriftstücke und sonstigen Unterlagen ist nicht zulässig. § 41 Abs. 2 Satz 2 und 3 bleibt unberührt.

(2) Besuche werden regelmäßig beaufsichtigt. Über Ausnahmen entscheidet die Anstaltsleiterin oder der Anstaltsleiter. Die Beaufsichtigung kann mit technischen Hilfsmitteln durchgeführt werden; die betroffenen Personen sind vorher durch sprachliche und nicht sprachliche Zeichen darauf hinzuweisen. Eine Aufzeichnung findet nicht statt.

(3) Besuche von Verteidigerinnen, Verteidigern oder Beiständen nach § 69 JGG werden nicht beaufsichtigt.

(4) Besuche dürfen abgebrochen werden, wenn Besucherinnen, Besucher oder Gefangene gegen dieses Gesetz oder aufgrund dieses Gesetzes getroffene Anordnungen trotz Abmahnung verstoßen oder von den Besucherinnen und Besuchern ein schädlicher Einfluss auf junge Gefangene ausgeht. Die Abmahnung unterbleibt, wenn es unerlässlich ist, den Besuch sofort abzubrechen.

(5) Gegenstände dürfen beim Besuch nicht übergeben werden. Dies gilt nicht für die bei dem Besuch von Verteidigerinnen, Verteidigern oder Beiständen nach § 69 JGG übergebenen Schriftstücke und sonstigen Unterlagen sowie für die bei dem Besuch von Rechtsanwältinnen, Rechtsanwälten, Notarinnen oder Notaren zur Erledigung einer die Gefangenen betreffenden Rechtssache übergebenen Schriftstücke und sonstigen Unterlagen. Bei dem Besuch von Rechtsanwältinnen, Rechtsanwälten, Notarinnen oder Notaren kann die Übergabe aus Gründen der Sicherheit oder Ordnung der Anstalt von der Erlaubnis der Anstaltsleiterin oder des Anstaltsleiters abhängig gemacht werden. § 41 Abs. 2 Satz 2 und 3 bleibt unberührt.

(6) Die Anstaltsleiterin oder der Anstaltsleiter kann im Einzelfall die Nutzung einer Trennvorrichtung anordnen, wenn dies zum Schutz von Personen oder zur Verhinderung einer Übergabe von Gegenständen erforderlich ist.

9 B 71, 9 B 74, 9 B 80, 9 B 82

§ 36 Überwachung der Gespräche

(1) Gespräche dürfen überwacht werden, soweit es im Einzelfall
1. aus Gründen der Sicherheit,
2. bei Strafgefangenen und Jugendstrafgefangenen wegen einer Gefährdung der Erreichung des Vollzugsziels oder
3. bei jungen Gefangenen aus Gründen der Erziehung

erforderlich ist. Die Überwachung kann mit technischen Hilfsmitteln durchgeführt werden; die betroffenen Personen sind vorher durch sprachliche und nicht sprachliche Zeichen darauf hinzuweisen.

(2) Gespräche mit Verteidigerinnen, Verteidigern oder Beiständen nach § 69 JGG werden nicht überwacht.

9 B 78, 9 B 79

§ 37 Telefongespräche

(1) Den Gefangenen kann gestattet werden, Telefongespräche zu führen. Die Bestimmungen über den Besuch gelten entsprechend. Eine beabsichtigte Überwachung teilt die Anstalt den Gefangenen rechtzeitig

vor Beginn des Telefongesprächs und den Gesprächspartnerinnen und Gesprächspartnern der Gefangenen unmittelbar nach Herstellung der Verbindung mit.
(2) Die Kosten der Telefongespräche tragen die Gefangenen. Sind sie dazu nicht in der Lage, kann die Anstalt die Kosten in begründeten Fällen in angemessenem Umfang übernehmen.

9 D 12, 12 I 8

§ 38 Schriftwechsel
(1) Die Gefangenen haben das Recht, Schreiben abzusenden und zu empfangen.
(2) Die Kosten des Schriftwechsels tragen die Gefangenen. Sind sie dazu nicht in der Lage, kann die Anstalt die Kosten in begründeten Fällen in angemessenem Umfang übernehmen.

9 C 1 ff

§ 39 Untersagung des Schriftwechsels
Die Anstaltsleiterin oder der Anstaltsleiter kann den Schriftwechsel mit bestimmten Personen untersagen, wenn
1. die Sicherheit oder Ordnung der Anstalt gefährdet würde,
2. bei Personen, die nicht Angehörige der Strafgefangenen und der jungen Gefangenen im Sinne des § 11 Abs. 1 Nr. 1 StGB sind, zu befürchten ist, dass der Schriftwechsel einen schädlichen Einfluss auf die Strafgefangenen und die jungen Gefangenen hat oder die Erreichung des Vollzugsziels behindert,
3. bei Personen, die Opfer der Straftat waren oder im Haftbefehl als Opfer benannt werden, zu befürchten ist, dass der Schriftwechsel mit den Gefangenen einen schädlichen Einfluss auf sie hat, oder
4. die Personensorgeberechtigten nicht einverstanden sind.

9 C 9, 9 C 13

§ 40 Sichtkontrolle, Weiterleitung und Aufbewahrung von Schreiben
(1) Die Gefangenen haben das Absenden und den Empfang ihrer Schreiben durch die Anstalt vermitteln zu lassen, soweit nichts anderes gestattet ist.
(2) Ein- und ausgehende Schreiben werden auf verbotene Gegenstände kontrolliert und sind unverzüglich weiterzuleiten.
(3) Die Gefangenen haben eingehende Schreiben unverschlossen zu verwahren, sofern nichts anderes gestattet wird. Sie können sie verschlossen zu ihrer Habe geben.

9 C 23

§ 41 Überwachung des Schriftwechsels
(1) Der Schriftwechsel darf überwacht werden, soweit es im Einzelfall
1. aus Gründen der Sicherheit,
2. bei Strafgefangenen und Jugendstrafgefangenen wegen einer Gefährdung der Erreichung des Vollzugsziels oder
3. bei jungen Gefangenen aus Gründen der Erziehung

erforderlich ist.
(2) Der Schriftwechsel der Gefangenen mit ihren Verteidigerinnen, Verteidigern oder Beiständen nach § 69 JGG wird nicht überwacht. Liegt dem Vollzug der Freiheitsstrafe oder der Jugendstrafe eine Straftat nach § 129a StGB, auch in Verbindung mit § 129b Abs. 1 StGB zugrunde, gelten § 148 Abs. 2 und § 148a StPO entsprechend; dies gilt nicht, wenn die Strafgefangenen oder die Jugendstrafgefangenen sich im offenen Vollzug befinden oder wenn ihnen Lockerungen nach § 45 gewährt worden sind und ein Grund, der die Anstaltsleiterin oder den Anstaltsleiter zum Widerruf von Lockerungen ermächtigt, nicht vorliegt. Satz 2 gilt auch, wenn eine Freiheitsstrafe oder Jugendstrafe wegen einer Straftat nach § 129a StGB, auch in Verbindung mit § 129b Abs. 1 StGB, erst im Anschluss an den Vollzug der Freiheitsstrafe oder der Jugendstrafe, der eine andere Verurteilung zugrunde liegt, zu vollstrecken ist.
(3) Nicht überwacht werden ferner Schreiben der Gefangenen an Volksvertretungen des Bundes und der Länder sowie an deren Mitglieder, soweit die Schreiben an die Anschriften dieser Volksvertretungen gerichtet sind und die Absenderin oder den Absender zutreffend angeben. Entsprechendes gilt für Schreiben an das Europäische Parlament und dessen Mitglieder, den Europäischen Gerichtshof für Menschenrechte, den Europäischen Ausschuss zur Verhütung von Folter und unmenschlicher oder erniedrigender Behandlung oder Strafe, den Ausschuss der Vereinten Nationen gegen Folter, den zugehörigen Unteraus-

schuss zur Verhütung von Folter und die entsprechenden Nationalen Präventionsmechanismen, die konsularische Vertretung ihres Heimatstaates und weitere Einrichtungen, mit denen der Schriftverkehr aufgrund völkerrechtlicher Verpflichtungen der Bundesrepublik Deutschland geschützt ist. Satz 1 gilt auch für den Schriftverkehr mit den Bürgerbeauftragten der Länder und den Datenschutzbeauftragten des Bundes und der Länder. Schreiben der in den Sätzen 1 bis 3 genannten Stellen, die an die Gefangenen gerichtet sind, werden nicht überwacht, sofern die Identität der Absenderin oder des Absenders zweifelsfrei feststeht.

9 C 23, 9 C 25

§ 42 Anhalten von Schreiben
(1) Die Anstaltsleiterin oder der Anstaltsleiter kann Schreiben anhalten, wenn
(2) Ausgehenden Schreiben, die unrichtige Darstellungen enthalten, kann ein Begleitschreiben beigefügt werden, wenn die Gefangenen auf dem Absenden bestehen.
(3) Sind Schreiben angehalten worden, wird das den Gefangenen mitgeteilt. Hiervon kann im Vollzug der Untersuchungshaft abgesehen werden, wenn und solange es dessen Aufgabe erfordert. Soweit angehaltene Schreiben nicht beschlagnahmt werden, werden sie an die Absenderin oder den Absender zurückgegeben oder, sofern dies unmöglich oder aus besonderen Gründen nicht angezeigt ist, verwahrt.
(4) Schreiben, deren Überwachung ausgeschlossen ist, dürfen nicht angehalten werden.

3 C 5, 9 C 49 ff

§ 43 Andere Formen der Telekommunikation
Nach Zulassung anderer Formen der Telekommunikation im Sinne des Telekommunikationsgesetzes vom 22. Juni 2004 (BGBl. I S. 1190) in der jeweils geltenden Fassung durch die Aufsichtsbehörde (§ 112 Abs. 1) kann die Anstaltsleiterin oder der Anstaltsleiter den Gefangenen gestatten, diese Formen auf ihre Kosten zu nutzen. Die Bestimmungen dieses Abschnitts gelten entsprechend.

5 A 31, 5 C 29, 5 C 36, 9 D 9

§ 44 Pakete
(1) Den Gefangenen kann gestattet werden, Pakete zu empfangen. Der Empfang von Paketen mit Nahrungs- und Genussmitteln ist untersagt. Die Anstalt kann Anzahl, Gewicht und Größe von Sendungen und einzelnen Gegenständen festsetzen. Über § 54 Abs. 1 Satz 2 hinaus kann sie Gegenstände und Verpackungsformen ausschließen, die einen unverhältnismäßigen Kontrollaufwand bedingen.
(2) Die Anstalt kann die Annahme von Paketen, deren Einbringung nicht gestattet ist oder die die Voraussetzungen des Absatzes 1 nicht erfüllen, ablehnen oder solche Pakete an die Absenderin oder den Absender zurücksenden.
(3) Pakete sind in Gegenwart der Gefangenen zu öffnen, an die sie adressiert sind. Mit nicht zugelassenen oder ausgeschlossenen Gegenständen ist gemäß § 57 Abs. 3 zu verfahren. Sie können auch auf Kosten der Gefangenen zurückgesandt werden.
(4) Der Empfang von Paketen kann vorübergehend versagt werden, wenn dies wegen der Gefährdung der Sicherheit oder Ordnung unerlässlich ist.
(5) Den Gefangenen kann gestattet werden, Pakete zu versenden. Der Inhalt kann aus Gründen der Sicherheit oder Ordnung überprüft werden.
(6) Die Kosten des Paketversandes tragen die Gefangenen. Sind sie dazu nicht in der Lage, kann die Anstalt die Kosten in begründeten Fällen in angemessenem Umfang übernehmen.

6 C 3, 9 E 1 ff

Abschnitt 7. Lockerungen und sonstige Aufenthalte außerhalb der Anstalt

§ 45 Lockerungen zur Erreichung des Vollzugsziels
(1) Aufenthalte außerhalb der Anstalt ohne Aufsicht (Lockerungen) können den Strafgefangenen und den Jugendstrafgefangenen zur Erreichung des Vollzugsziels gewährt werden, namentlich
1. das Verlassen der Anstalt für bis zu 24 Stunden in Begleitung einer von der Anstalt zugelassenen Person (Begleitausgang),
2. das Verlassen der Anstalt für bis zu 24 Stunden ohne Begleitung (unbegleiteter Ausgang),
3. das Verlassen der Anstalt für mehrere Tage (Langzeitausgang),

4. die regelmäßige Beschäftigung außerhalb der Anstalt (Freigang) und
5. im Vollzug der Jugendstrafe die Unterbringung in besonderen Erziehungseinrichtungen.
Vor Gewährung von Lockerungen nach Satz 1 Nr. 5 wird die Vollstreckungsleiterin oder der Vollstreckungsleiter gehört.

(2) Die Lockerungen dürfen gewährt werden, wenn verantwortet werden kann zu erproben, dass die Strafgefangenen und die Jugendstrafgefangenen sich dem Vollzug der Freiheitsstrafe oder der Jugendstrafe nicht entziehen und die Lockerungen nicht zu Straftaten missbraucht werden. § 22 Abs. 2 Satz 2 gilt entsprechend. Jugendstrafgefangenen können sie versagt werden, wenn sie ihren Mitwirkungspflichten nicht nachkommen.

(3) Ein Langzeitausgang nach Absatz 1 Satz 1 Nr. 3 soll in der Regel erst gewährt werden, wenn die Strafgefangenen oder die Jugendstrafgefangenen sich mindestens sechs Monate im Vollzug der Freiheitsstrafe oder der Jugendstrafe befunden haben. Zu lebenslanger Freiheitsstrafe verurteilte Strafgefangene können einen Langzeitausgang in der Regel erst erhalten, wenn sie sich einschließlich einer vorhergehenden Untersuchungshaft oder einer anderen Freiheitsentziehung zehn Jahre im Vollzug befunden haben oder wenn sie im offenen Vollzug untergebracht sind.

(4) Durch Lockerungen wird die Vollstreckung der Freiheitsstrafe oder der Jugendstrafe nicht unterbrochen.

4 H 13, 10 B 1, 10 B 3, 10 B 4, 10 C 1, 10 C 2, 10 C 12, 10 C 17, 10 C 18, 10 C 20, 10 C 34, 10 C 35, 10 C 38, 10 C 49, 10 C 68, 10 D 3, 10 E 9

§ 46 Lockerungen aus sonstigen Gründen
(1) Lockerungen können auch aus wichtigem Anlass gewährt werden. Wichtige Anlässe sind insbesondere die Teilnahme an gerichtlichen Terminen, die medizinische Behandlung der Strafgefangenen und der Jugendstrafgefangenen sowie der Tod oder eine lebensgefährliche Erkrankung naher Angehöriger.

(2) § 45 Abs. 2 und 4 gilt entsprechend.

10 B 1, 10 D 3, 10 D 4, 10 D 9

§ 47 Weisungen für Lockerungen
Für Lockerungen sind die nach den Umständen des Einzelfalls erforderlichen Weisungen zu erteilen. Bei der Ausgestaltung der Lockerungen ist nach Möglichkeit auch den Belangen des Opfers Rechnung zu tragen.

10 B 1, 1 D 24, 4 H 14, 10 D 9, 10 E 1, 10 E 3, 10 E 10, 10 E 11

§ 48 Ausführung, Außenbeschäftigung, Vorführung, Ausantwortung
(1) Den Gefangenen kann das Verlassen der Anstalt unter ständiger und unmittelbarer Aufsicht gestattet werden, wenn dies aus besonderen Gründen notwendig ist (Ausführung). Die Gefangenen können auch gegen ihren Willen ausgeführt werden. Liegt die Ausführung ausschließlich im Interesse der Gefangenen, können ihnen die Kosten auferlegt werden; hiervon ist bei Strafgefangenen und Jugendstrafgefangenen abzusehen, soweit dies die Erreichung des Vollzugsziels, insbesondere die Eingliederung, behindert.

(2) Ausführungen zur Befolgung einer gerichtlichen Ladung sind zu ermöglichen, soweit darin das persönliche Erscheinen angeordnet ist.

(3) Vor der Gewährung einer Ausführung Untersuchungsgefangener ist dem Gericht und der Staatsanwaltschaft Gelegenheit zur Stellungnahme zu geben.

(4) Strafgefangenen und Jugendstrafgefangenen kann gestattet werden, außerhalb der Anstalt einer regelmäßigen Beschäftigung unter ständiger Aufsicht oder unter Aufsicht in unregelmäßigen Abständen (Außenbeschäftigung) nachzugehen. § 45 Abs. 2 gilt entsprechend.

(5) Auf Ersuchen eines Gerichts werden Gefangene vorgeführt, sofern ein Vorführungsbefehl vorliegt. Über Untersuchungsgefangene betreffende Vorführungsersuchen in anderen als dem der Inhaftierung zugrunde liegenden Verfahren sind das Gericht und die Staatsanwaltschaft unverzüglich zu unterrichten.

(6) Gefangene dürfen befristet dem Gewahrsam eines Gerichts, einer Staatsanwaltschaft oder einer Polizei-, Zoll- oder Finanzbehörde auf Antrag überlassen werden (Ausantwortung). Absatz 3 gilt entsprechend.

10 C 7, 10 C 8, 10 C 10, 10 C 38, 10 C 50, 10 D 3, 10 D 10, 10 D 11, 10 D 12, 10 D 13, 10 D 14, 10 D 15, 10 E 3

Abschnitt 8. Vorbereitung der Eingliederung, Entlassung und nachgehende Betreuung

§ 49 Vorbereitung der Eingliederung

(1) Die Maßnahmen zur sozialen und beruflichen Eingliederung sind auf den Zeitpunkt der voraussichtlichen Entlassung in die Freiheit abzustellen. Die Strafgefangenen und die Jugendstrafgefangenen sind bei der Ordnung ihrer persönlichen, wirtschaftlichen und sozialen Angelegenheiten zu unterstützen. Dies umfasst die Vermittlung in nachsorgende Maßnahmen.

(2) Die Anstalt arbeitet frühzeitig mit Personen und Einrichtungen außerhalb des Vollzugs zusammen, insbesondere um zu erreichen, dass die Strafgefangenen und die Jugendstrafgefangenen nach ihrer Entlassung über eine geeignete Unterbringung und eine Arbeits- oder Ausbildungsstelle verfügen. Bewährungshilfe und Führungsaufsicht beteiligen sich frühzeitig an der sozialen und beruflichen Eingliederung der Strafgefangenen und der Jugendstrafgefangenen.

(3) Den Strafgefangenen und den Jugendstrafgefangenen können Aufenthalte in Einrichtungen außerhalb des Vollzugs (Übergangseinrichtungen) gewährt werden, wenn dies zur Vorbereitung der Eingliederung erforderlich ist. Die Vollstreckungsleiterin oder der Vollstreckungsleiter ist zu hören. Haben sich die Strafgefangenen und die Jugendstrafgefangenen in der Regel mindestens sechs Monate im Vollzug befunden, kann ihnen auch ein zusammenhängender Langzeitausgang bis zu sechs Monaten gewährt werden, wenn dies zur Vorbereitung der Eingliederung erforderlich ist. § 45 Abs. 2 und 4 sowie § 47 gelten entsprechend.

(4) In einem Zeitraum von sechs Monaten vor der voraussichtlichen Entlassung sind den Strafgefangenen und den Jugendstrafgefangenen die zur Vorbereitung der Eingliederung erforderlichen Lockerungen zu gewähren, sofern nicht mit hoher Wahrscheinlichkeit zu erwarten ist, dass die Strafgefangenen und die Jugendstrafgefangenen sich dem Vollzug der Freiheitsstrafe oder der Jugendstrafe entziehen oder die Lockerungen zu Straftaten missbrauchen werden.

3 C 1, 3 C 2, 3 C 3, 3 C 5, 3 C 6, 4 J 2, 7 A 1, 7 B 6, 7 D 8, 10 B 5, 10 G 2, 10 H 4, 10 H 6, 10 H 9, 10 H 10, 10 H 12, 13 A 2, 13 I 5

§ 50 Entlassung der Strafgefangenen und der Jugendstrafgefangenen

(1) Die Strafgefangenen und die Jugendstrafgefangenen sollen am letzten Tag ihrer Strafzeit möglichst frühzeitig, jedenfalls noch am Vormittag, entlassen werden.

(2) Fällt das Strafende auf einen Sonnabend oder Sonntag, einen gesetzlichen Feiertag, den ersten Werktag nach Ostern oder Pfingsten oder in die Zeit vom 22. Dezember bis zum 6. Januar, so können die Strafgefangenen und die Jugendstrafgefangenen an dem diesem Tag oder Zeitraum vorhergehenden Werktag entlassen werden, wenn dies gemessen an der Dauer der Strafzeit vertretbar ist und fürsorgerische Gründe nicht entgegenstehen.

(3) Der Entlassungszeitpunkt kann bis zu zwei Tage vorverlegt werden, wenn die Strafgefangenen und die Jugendstrafgefangenen zu ihrer Eingliederung hierauf dringend angewiesen sind.

(4) Bedürftigen Strafgefangenen und Jugendstrafgefangenen kann eine Entlassungsbeihilfe in Form eines Reisekostenzuschusses, angemessener Kleidung oder einer sonstigen notwendigen Unterstützung gewährt werden.

7 E 1, 10 G 2, 10 I 2, 10 I 4, 10 I 5, 10 I 8

§ 51 Nachgehende Betreuung

Mit Zustimmung der Anstaltsleiterin oder des Anstaltsleiters können Bedienstete an der nachgehenden Betreuung entlassener Strafgefangener und Jugendstrafgefangener mit deren Einverständnis mitwirken, wenn ansonsten die Eingliederung gefährdet wäre. Die nachgehende Betreuung kann auch außerhalb der Anstalt erfolgen. In der Regel ist sie auf die ersten sechs Monate nach der Entlassung beschränkt.

3 E 2, 3 E 4, 3 E 5, 3 E 6, 3 E 7, 7 D 23, 10 G 2

§ 52 Verbleib oder Aufnahme auf freiwilliger Grundlage

(1) Sofern es die Belegungssituation zulässt, können die Strafgefangenen und die Jugendstrafgefangenen auf Antrag ausnahmsweise vorübergehend in der Anstalt verbleiben oder wieder aufgenommen werden, wenn die Eingliederung gefährdet und ein Aufenthalt in der Anstalt aus diesem Grund gerechtfertigt ist. Die Unterbringung erfolgt auf vertraglicher Basis.

(2) Die Jugendstrafgefangenen können ausnahmsweise nach ihrer Entlassung im Vollzug begonnene Ausbildungs- oder Behandlungsmaßnahmen fortführen, soweit diese nicht anderweitig durchgeführt werden können. Hierzu können sie vorübergehend auf vertraglicher Basis in der Anstalt untergebracht werden.

(3) Gegen die in der Anstalt untergebrachten Entlassenen dürfen Maßnahmen des Vollzugs nicht mit unmittelbarem Zwang durchgesetzt werden.

(4) Bei Störung des Anstaltsbetriebs durch die Entlassenen oder aus vollzugsorganisatorischen Gründen können die Unterbringung und die Maßnahme jederzeit beendet werden.

3 D 2, 3 D 3, 3 D 4, 3 D 6, 3 D 7, 3 D 8, 10 G 2

§ 53 Entlassung der Untersuchungsgefangenen

(1) Auf Anordnung des Gerichts oder der Staatsanwaltschaft entlässt die Anstalt die Untersuchungsgefangenen unverzüglich aus der Haft, es sei denn, es ist in anderer Sache eine richterlich angeordnete Freiheitsentziehung zu vollziehen.

(2) Aus fürsorgerischen Gründen kann den Untersuchungsgefangenen der freiwillige Verbleib in der Anstalt bis zum Vormittag des zweiten auf den Eingang der Entlassungsanordnung folgenden Werktags gestattet werden. Der freiwillige Verbleib setzt das schriftliche Einverständnis der Untersuchungsgefangenen voraus, dass die bisher bestehenden Beschränkungen aufrechterhalten bleiben.

(3) § 50 Abs. 4 gilt entsprechend.

Abschnitt 9. Grundversorgung und Freizeit

§ 54 Einbringen von Gegenständen

(1) Gegenstände dürfen durch oder für die Gefangenen nur mit Zustimmung der Anstalt eingebracht werden. Die Anstalt kann die Zustimmung verweigern, wenn die Gegenstände geeignet sind, die Sicherheit oder Ordnung der Anstalt oder die Erreichung des Vollzugsziels zu gefährden oder ihre Aufbewahrung nach Art oder Umfang offensichtlich nicht möglich ist.

(2) Das Einbringen von Nahrungs- und Genussmitteln ist nicht gestattet. Die Anstaltsleiterin oder der Anstaltsleiter kann eine abweichende Regelung treffen.

6 C 11, 11 C 2, 11 C 10

§ 55 Gewahrsam an Gegenständen

(1) Die Gefangenen dürfen Gegenstände nur mit Zustimmung der Anstalt in Gewahrsam haben, annehmen oder abgeben.

(2) Ohne Zustimmung dürfen sie Gegenstände von geringem Wert an andere Gefangene abgeben und von anderen Gefangenen annehmen; die Abgabe und Annahme dieser Gegenstände und der Gewahrsam daran können von der Zustimmung der Anstalt abhängig gemacht werden.

11 C 2, 11 C 3, 11 C 12

§ 56 Ausstattung des Haftraums

Die Gefangenen dürfen ihren Haftraum in angemessenem Umfang mit eigenen Gegenständen ausstatten oder diese dort aufbewahren. Gegenstände dürfen nicht in den Haftraum eingebracht werden oder werden aus dem Haftraum entfernt, wenn sie geeignet sind,

1. die Sicherheit oder Ordnung der Anstalt, insbesondere die Übersichtlichkeit des Haftraums, zu gefährden oder
2. bei den Strafgefangenen und den Jugendstrafgefangenen die Erreichung des Vollzugsziels zu gefährden.

2 F 1, 2 F 8, 2 F 9, 2 F 10, 2 F 12, 2 F 16, 2 F 17, 5 C 12, 5 C 14, 5 C 17, 5 C 18, 5 C 36, 5 D 6, 5 D 11, 5 D 14, 5 D 20, 5 D 21, 5 D 28

§ 57 Aufbewahrung und Vernichtung von Gegenständen

(1) Gegenstände, die die Gefangenen nicht im Haftraum aufbewahren dürfen oder wollen, werden von der Anstalt aufbewahrt, soweit dies nach Art und Umfang möglich ist.

(2) Den Gefangenen wird Gelegenheit gegeben, ihre Gegenstände, die sie während des Vollzugs und für ihre Entlassung nicht benötigen, auf ihre Kosten zu versenden. § 44 Abs. 6 gilt entsprechend.

(3) Werden Gegenstände, deren Aufbewahrung nach Art oder Umfang nicht möglich ist, von den Gefangenen trotz Aufforderung nicht aus der Anstalt verbracht, so darf die Anstalt diese Gegenstände auf Kosten der Gefangenen außerhalb der Anstalt verwahren, verwerten oder vernichten. Für die Voraussetzungen und das Verfahren der Verwertung und Vernichtung gilt § 24 des Polizei- und Ordnungsbehördengesetzes in der Fassung vom 10. November 1993 (GVBl. S. 595, BS 2012-1) in der jeweils geltenden Fassung entsprechend.

(4) Aufzeichnungen und andere Gegenstände, die Kenntnisse über Sicherungsvorkehrungen einer Anstalt vermitteln oder Schlussfolgerungen auf diese zulassen, dürfen vernichtet oder unbrauchbar gemacht werden.

11 C 2, 11 C 13, 11 C 14, 11 C 15, 11 C 16

§ 58 Religiöse Schriften und Gegenstände

Die Gefangenen dürfen grundlegende religiöse Schriften sowie in angemessenem Umfang Gegenstände des religiösen Gebrauchs besitzen. Diese dürfen Gefangenen nur bei grobem Missbrauch entzogen werden.

8 A 21, 8 A 22, 8 A 23

§ 59 Zeitungen und Zeitschriften

(1) Die Gefangenen dürfen auf eigene Kosten Zeitungen und Zeitschriften in angemessenem Umfang durch Vermittlung der Anstalt beziehen. Ausgeschlossen sind lediglich Zeitungen und Zeitschriften, deren Verbreitung mit Strafe oder Geldbuße bedroht ist.

(2) Den Strafgefangenen und den Jugendstrafgefangenen können einzelne Ausgaben vorenthalten oder entzogen werden, wenn deren Inhalte die Erreichung des Vollzugsziels oder die Sicherheit oder Ordnung der Anstalt erheblich gefährden würden.

(3) Den Untersuchungsgefangenen können Zeitungen oder Zeitschriften vorenthalten werden, wenn dies zur Umsetzung einer Anordnung nach § 119 Abs. 1 StPO erforderlich ist. Für einzelne Ausgaben gilt dies auch dann, wenn deren Inhalte die Sicherheit oder Ordnung der Anstalt erheblich gefährden würden.

5 B 5, 5 B 6, 5 B 12, 5 B 13, 5 B 14, 5 B 15, 5 B 20, 5 B 21, 5 B 23, 5 B 24

§ 60 Rundfunk, Informations- und Unterhaltungselektronik

(1) Der Zugang zum Rundfunk ist zu ermöglichen.

(2) Eigene Hörfunk- und Fernsehgeräte werden zugelassen, wenn nicht Gründe des § 56 Satz 2 oder bei jungen Gefangenen erzieherische Gründe entgegenstehen. Andere Geräte der Informations- und Unterhaltungselektronik können unter diesen Voraussetzungen zugelassen werden. Die Gefangenen können auf Mietgeräte oder auf ein Mediensystem verwiesen werden. § 43 bleibt unberührt.

(3) Der Rundfunkempfang kann vorübergehend ausgesetzt oder einzelnen Gefangenen untersagt werden, wenn dies zur Aufrechterhaltung der Sicherheit oder Ordnung der Anstalt, bei einzelnen Untersuchungsgefangenen auch zur Umsetzung einer Anordnung nach § 119 Abs. 1 StPO unerlässlich ist.

5 C 4, 5 C 6, 5 C 10, 5 C 12, 5 C 14, 5 C 17, 5 C 18, 5 C 22, 5 C 25, 5 C 26, 5 C 28, 5 C 29, 5 C 36, 5 D 10

§ 61 Kleidung

(1) Die Strafgefangenen und die Jugendstrafgefangenen tragen Anstaltskleidung. Die Anstaltsleiterin oder der Anstaltsleiter kann eine abweichende Regelung treffen.

(2) Die Untersuchungsgefangenen dürfen eigene Kleidung tragen. Dieses Recht kann eingeschränkt oder ausgeschlossen werden, soweit es zur Umsetzung einer Anordnung nach § 119 Abs. 1 StPO oder zur Gewährleistung der Sicherheit oder Ordnung der Anstalt erforderlich ist.

(3) Für Reinigung und Instandsetzung eigener Kleidung haben die Gefangenen auf ihre Kosten zu sorgen. Die Anstaltsleiterin oder der Anstaltsleiter kann anordnen, dass Reinigung und Instandsetzung nur durch Vermittlung der Anstalt erfolgen dürfen.

6 A 1, 6 A 5, 6 A 7, 6 A 9

§ 62 Verpflegung und Einkauf

(1) Zusammensetzung und Nährwert der Anstaltsverpflegung entsprechen den Anforderungen an eine gesunde Ernährung und werden ärztlich überwacht. Auf ärztliche Anordnung wird besondere Ver-

pflegung gewährt. Den Gefangenen ist zu ermöglichen, Speisevorschriften ihrer Religionsgemeinschaft zu befolgen.

(2) Den Gefangenen wird ermöglicht einzukaufen. Die Anstalt wirkt auf ein Angebot hin, das auf Wünsche und Bedürfnisse der Gefangenen Rücksicht nimmt. Den Gefangenen soll auch die Möglichkeit eröffnet werden, unmittelbar oder über Dritte Gegenstände über den Versandhandel zu beziehen. Das Verfahren des Einkaufs, einschließlich des Einkaufs über den Versandhandel, regelt die Anstaltsleiterin oder der Anstaltsleiter. Strafgefangene und Jugendstrafgefangene können Nahrungs-, Genuss- und Körperpflegemittel nur vom Haus- und Taschengeld, andere Gegenstände in angemessenem Umfang auch vom Eigengeld einkaufen.

4 I 111, 4 I 112, 6 B 4, 6 B 6, 6 B 9, 6 B 10, 6 C 5, 6 C 6, 6 C 7, 6 C 8, 6 C 10, 11 C 17

§ 63 Annehmlichkeiten im Vollzug der Untersuchungshaft

Die Untersuchungsgefangenen dürfen sich auf ihre Kosten von den §§ 56 und 58 bis 62 nicht umfasste Annehmlichkeiten verschaffen, soweit und solange die Sicherheit oder Ordnung der Anstalt nicht gefährdet wird.

§ 64 Freizeit

(1) Zur Ausgestaltung der Freizeit hat die Anstalt insbesondere Angebote zur sportlichen und kulturellen Betätigung sowie Bildungsangebote vorzuhalten. Auch an Wochenenden und gesetzlichen Feiertagen sind geeignete Angebote bereitzustellen. Die Anstalt stellt eine angemessen ausgestattete Mediathek zur Verfügung.

(2) Dem Sport kommt bei der Gestaltung des Vollzugs der Jugendstrafe und der Untersuchungshaft an jungen Untersuchungsgefangenen besondere Bedeutung zu. Für die jungen Gefangenen sind ausreichende und geeignete Angebote vorzuhalten, um ihnen eine sportliche Betätigung von mindestens zwei Stunden wöchentlich zu ermöglichen.

(3) Im Vollzug der Jugendstrafe dient der Sport auch der Erreichung des Vollzugsziels und kann zur Diagnostik und gezielten Behandlung eingesetzt werden.

5 A 8, 5 A 12, 5 A 18, 5 A 19, 5 A 22, 5 A 24, 5 A 25, 5 A 26, 5 A 30, 5 A 32, 5 A 42

Abschnitt 10. Vergütung, Gelder der Gefangenen und Kosten

§ 65 Vergütung

(1) Die Gefangenen erhalten eine Vergütung in Form von

(2) Der Bemessung der Vergütung sind 9 v. H. der Bezugsgröße nach § 18 des Vierten Buches Sozialgesetzbuch zugrunde zu legen (Eckvergütung). Ein Tagessatz ist der 250. Teil der Eckvergütung; die Vergütung kann nach einem Stundensatz bemessen werden.

(3) Die Vergütung kann je nach Art der Maßnahme und Leistung der Gefangenen gestuft werden. Sie beträgt mindestens 60 v. H. der Eckvergütung. Das für den Strafvollzug zuständige Ministerium wird ermächtigt, in einer Rechtsverordnung Vergütungsstufen zu bestimmen.

(4) Soweit Beiträge zur Bundesagentur für Arbeit zu entrichten sind, kann vom Arbeitsentgelt oder der Ausbildungsbeihilfe ein Betrag einbehalten werden, der dem Anteil der Gefangenen am Beitrag entsprechen würde, wenn sie diese Vergütung als Arbeitnehmerinnen und Arbeitnehmer erhielten.

(5) Die Höhe der Vergütung ist den Gefangenen schriftlich bekannt zu geben.

(6) Die Gefangenen, die an einer Maßnahme nach § 28 teilnehmen, erhalten hierfür nur eine Ausbildungsbeihilfe, soweit kein Anspruch auf Leistungen zum Lebensunterhalt besteht, die außerhalb des Vollzugs aus solchem Anlass gewährt werden.

1 E 14, 4 Vorb. 5, 4 D 6, 4 D 9, 4 D 10, 4 D 11, 4 D 12, 4 D 13, 4 D 14, 4 D 17, 4 D 18, 4 D 19, 4 D 21, 4 D 22, 4 D 25, 4 D 26, 4 D 71, 4 G 2, 4 G 7, 4 G 8, 4 G 10, 4 I 14, 4 I 23, 4 I 133, 6 F 56

§ 66 Eigengeld

(1) Das Eigengeld besteht aus den Beträgen, die die Gefangenen bei der Aufnahme in die Anstalt mitbringen und die sie während der Haftzeit erhalten, sowie der Vergütung, soweit diese nicht im Vollzug der Freiheitsstrafe oder der Jugendstrafe als Hausgeld oder Eingliederungsgeld und im Vollzug der Freiheitsstrafe als Haftkostenbeitrag in Anspruch genommen wird.

(2) Die Gefangenen können über das Eigengeld verfügen. § 62 Abs. 2 und die §§ 69 und 70 bleiben unberührt.

4 Vorb. 5, 4 G 11, 4 I 101, 4 I 102, 4 I 103, 4 I 112, 11 C 17

§ 67 Taschengeld

(1) Bedürftigen Strafgefangenen und Jugendstrafgefangenen wird auf Antrag Taschengeld gewährt. Bedürftig sind sie, soweit ihnen aus Hausgeld (§ 69) und Eigengeld (§ 66) monatlich ein Betrag bis zur Höhe des Taschengelds voraussichtlich nicht zur Verfügung steht. Finanzielle Anerkennungen nach § 65 Abs. 1 Nr. 1 bleiben bis zur Höhe des Taschengeldbetrags unberücksichtigt.

(2) Strafgefangene und Jugendstrafgefangene gelten als nicht bedürftig, wenn ihnen ein Betrag nach Absatz 1 Satz 2 deshalb nicht zur Verfügung steht, weil sie eine ihnen zumutbare Arbeit nicht angenommen oder eine ausgeübte Arbeit verschuldet verloren haben. Dasselbe gilt auch dann, wenn Jugendstrafgefangene eine nach § 15 Abs. 3 als erforderlich erachtete Arbeit verschuldet nicht aufgenommen oder verloren haben.

(3) Bedürftigen Untersuchungsgefangenen wird auf Antrag Taschengeld gewährt. Bedürftig sind sie, soweit ihnen im laufenden Monat ein Betrag bis zur Höhe des Taschengeldes voraussichtlich nicht aus eigenen Mitteln zur Verfügung steht.

(4) Das Taschengeld beträgt 14 v. H. der Eckvergütung (§ 65 Abs. 2). Es wird zu Beginn des Monats im Voraus gewährt. Gehen den Gefangenen im Laufe des Monats Gelder zu, wird zum Ausgleich ein Betrag bis zur Höhe des gewährten Taschengelds einbehalten.

(5) Die Gefangenen dürfen über das Taschengeld im Rahmen der Bestimmungen dieses Gesetzes verfügen.

4 Vorb. 5, 4 I 3, 4 I 5, 4 I 10, 4 I 14, 4 I 16, 4 I 17, 4 I 18, 4 I 19, 4 I 23

§ 68 Konten, Bargeld

(1) Für die Strafgefangenen und die Jugendstrafgefangenen werden Hausgeld-, Taschengeld-, Eingliederungsgeld- und Eigengeldkonten, für die Untersuchungsgefangenen nur Taschengeld- und Eigengeldkonten in der Anstalt geführt.

(2) Der Besitz von Bargeld in der Anstalt ist den Gefangenen nicht gestattet. Über Ausnahmen entscheidet die Anstaltsleiterin oder der Anstaltsleiter.

(3) Geld in Fremdwährung wird zur Habe genommen.

4 Vorb. 5, 4 I 18, 4 I 104, 4 I 116, 4 I 117, 4 I 120

§ 69 Hausgeld

(1) Das Hausgeld wird aus drei Siebteln der in diesem Gesetz geregelten Vergütung gebildet.

(2) Für Strafgefangene und Jugendstrafgefangene, die aus einem freien Beschäftigungsverhältnis, aus einer Selbstbeschäftigung oder anderweitig regelmäßige Einkünfte haben, wird daraus ein angemessenes monatliches Hausgeld festgesetzt.

(3) Für Strafgefangene und Jugendstrafgefangene, die über Eigengeld (§ 66) verfügen und keine hinreichende Vergütung nach diesem Gesetz erhalten, gilt Absatz 2 entsprechend.

(4) Die Strafgefangenen und die Jugendstrafgefangenen dürfen über das Hausgeld im Rahmen der Bestimmungen dieses Gesetzes verfügen. Der Anspruch auf Auszahlung ist nicht übertragbar.

4 Vorb. 5, 4 I 23, 4 I 25, 4 I 27, 4 I 28, 6 C 4, 12 P 8

§ 70 Zweckgebundene Einzahlungen, Eingliederungsgeld

(1) Für Maßnahmen der Eingliederung, insbesondere Kosten der Gesundheitsfürsorge und der Aus- und Fortbildung, und für Maßnahmen der Pflege sozialer Beziehungen, insbesondere Telefonkosten und Fahrtkosten anlässlich Lockerungen, kann zweckgebunden Geld eingezahlt werden. Das Geld darf nur für diese Zwecke verwendet werden. Der Anspruch auf Auszahlung ist nicht übertragbar.

(2) Die Strafgefangenen und Jugendstrafgefangenen dürfen für Zwecke der Vorbereitung der Eingliederung ein Guthaben in angemessener Höhe bilden (Eingliederungsgeld). Die Strafgefangenen und Jugendstrafgefangenen dürfen auch bereits vor der Entlassung über das Eingliederungsgeld verfügen. Das Geld darf nur für Zwecke der Vorbereitung der Eingliederung verwendet werden. Der Anspruch auf Auszahlung ist nicht übertragbar.

4 Vorb. 5, 4 I 12, 4 I 126, 4 I 127

§ 71 Haftkostenbeitrag, Kostenbeteiligung

(1) Die Anstalt erhebt von den Strafgefangenen, die sich in einem freien Beschäftigungsverhältnis befinden oder über anderweitige regelmäßige Einkünfte verfügen, für diese Zeit einen Haftkostenbeitrag. Vergütungen nach diesem Gesetz bleiben unberücksichtigt. Den Strafgefangenen muss täglich ein Tagessatz gemäß § 65 Abs. 2 Satz 2 verbleiben. Von der Geltendmachung des Anspruchs ist abzusehen, soweit die Wiedereingliederung der Strafgefangenen hierdurch gefährdet würde.

(2) Der Haftkostenbeitrag wird in Höhe des Betrages erhoben, der nach § 17 Abs. 1 Satz 1 Nr. 4 des Vierten Buches Sozialgesetzbuch durchschnittlich zur Bewertung der Sachbezüge festgesetzt ist. Bei Selbstverpflegung entfallen die für die Verpflegung vorgesehenen Beträge. Für den Wert der Unterkunft ist die festgesetzte Belegungsfähigkeit maßgebend.

(3) Die Gefangenen können an den Betriebskosten der in ihrem Gewahrsam befindlichen Geräte beteiligt werden.

4 Vorb. 5, 4 H 29, 4 I 41, 4 I 43, 4 I 45, 4 I 47, 4 I 49, 4 I 50, 4 I 52, 4 I 56, 5 C 32, 5 C 36

Abschnitt 11. Gesundheitsfürsorge

§ 72 Art und Umfang der medizinischen Leistungen, Kostenbeteiligung

(1) Die Gefangenen haben einen Anspruch auf notwendige, ausreichende und zweckmäßige medizinische Leistungen unter Beachtung des Grundsatzes der Wirtschaftlichkeit und unter Berücksichtigung des allgemeinen Standards der gesetzlichen Krankenversicherung. Der Anspruch umfasst auch Vorsorgeleistungen, ferner die Versorgung mit medizinischen Hilfsmitteln, soweit diese mit Rücksicht auf die Dauer des Freiheitsentzugs nicht ungerechtfertigt ist und die Hilfsmittel nicht als allgemeine Gebrauchsgegenstände des täglichen Lebens anzusehen sind.

(2) An den Kosten nach Absatz 1 können die Gefangenen in angemessenem Umfang beteiligt werden, höchstens jedoch bis zum Umfang der Beteiligung vergleichbarer gesetzlich Versicherter. Für Leistungen, die über Absatz 1 hinausgehen, können den Gefangenen die gesamten Kosten auferlegt werden.

(3) Erhalten die Gefangenen Leistungen nach Absatz 1 infolge einer mutwilligen Selbstverletzung, sind sie in angemessenem Umfang an den Kosten zu beteiligen. Bei den Strafgefangenen und den Jugendstrafgefangenen unterbleibt die Kostenbeteiligung, wenn hierdurch die Erreichung des Vollzugsziels, insbesondere die Eingliederung, gefährdet würde.

(4) Den Untersuchungsgefangenen soll die Anstaltsleiterin oder der Anstaltsleiter nach Anhörung des ärztlichen Dienstes der Anstalt auf ihren Antrag hin gestatten, auf ihre Kosten externen ärztlichen Rat einzuholen. Die Erlaubnis kann versagt werden, wenn die Untersuchungsgefangenen die gewählte ärztliche Vertrauensperson und den ärztlichen Dienst der Anstalt nicht wechselseitig von der Schweigepflicht entbinden oder wenn es zur Umsetzung einer Anordnung nach § 119 Abs. 1 StPO oder zur Aufrechterhaltung der Sicherheit oder Ordnung der Anstalt erforderlich ist. Die Konsultation soll in der Anstalt stattfinden.

4 I 55, 6 E 1, 6 E 3, 6 F 1, 6 F 18, 6 F 19, 6 F 20, 6 F 23, 6 F 25, 6 F 28, 6 F 35, 11 J 17

§ 73 Durchführung der medizinischen Leistungen, Forderungsübergang

(1) Medizinische Diagnose, Behandlung und Versorgung kranker und hilfsbedürftiger Gefangener erfolgen in der Anstalt, erforderlichenfalls in einer hierfür besser geeigneten Anstalt oder einem Vollzugskrankenhaus, ausnahmsweise auch außerhalb des Vollzugs. Erfolgt eine Behandlung junger Gefangener außerhalb der Anstalt, sind die Personensorgeberechtigten und das Jugendamt, im Vollzug der Jugendstrafe auch die Vollstreckungsleiterin oder der Vollstreckungsleiter zu unterrichten. Im Vollzug der Untersuchungshaft ist dem Gericht und der Staatsanwaltschaft im Falle einer Behandlung außerhalb der Anstalt nach Möglichkeit Gelegenheit zur Stellungnahme zu geben.

(2) Wird die Strafvollstreckung während einer Behandlung von Strafgefangenen oder Jugendstrafgefangenen unterbrochen oder beendet oder werden Untersuchungsgefangene während einer Behandlung aus der Haft entlassen, so hat das Land nur diejenigen Kosten zu tragen, die bis zur Unterbrechung oder Beendigung der Strafvollstreckung oder bis zur Entlassung angefallen sind.

(3) Gesetzliche Schadensersatzansprüche, die Gefangenen infolge einer Körperverletzung gegen Dritte zustehen, gehen insoweit auf das Land über, als den Gefangenen Leistungen nach § 72 Abs. 1 zu gewäh-

ren sind. Von der Geltendmachung der Ansprüche ist im Interesse Strafgefangener oder Jugendstrafgefangener abzusehen, wenn hierdurch die Erreichung des Vollzugsziels, insbesondere die Eingliederung, gefährdet würde.

6 F 58, 6 F 59, 6 F 61, 6 F 65, 6 F 71, 11 J 19

§ 74 Ärztliche Behandlung zur sozialen Eingliederung
Mit Zustimmung der Strafgefangenen oder der Jugendstrafgefangenen soll die Anstalt ärztliche Behandlungen, insbesondere Operationen oder prothetische Maßnahmen, durchführen lassen, die ihre soziale Eingliederung fördern. Die Kosten tragen die Strafgefangenen oder die Jugendstrafgefangenen. Sind sie dazu nicht in der Lage, kann die Anstalt die Kosten in begründeten Fällen in angemessenem Umfang übernehmen.

4 I 55, 6 F 41, 6 F 42, 6 F 48, 6 F 50

§ 75 Gesundheitsschutz und Hygiene
(1) Die Anstalt unterstützt die Gefangenen bei der Wiederherstellung und Erhaltung ihrer körperlichen, geistigen und seelischen Gesundheit. Sie fördert das Bewusstsein für gesunde Ernährung und Lebensführung. Die Gefangenen haben die notwendigen Anordnungen zum Gesundheitsschutz und zur Hygiene zu befolgen.

(2) Den Gefangenen wird ermöglicht, sich täglich mindestens eine Stunde im Freien aufzuhalten.

6 D 1, 6 D 17, 6 D 24, 6 G 1, 6 G 6

§ 76 Krankenbehandlung während Lockerungen
(1) Die Strafgefangenen und die Jugendstrafgefangenen haben während Lockerungen einen Anspruch auf medizinische Leistungen gegen das Land nur in der für sie zuständigen Anstalt. § 46 bleibt unberührt.

(2) Der Anspruch auf Leistungen ruht, solange die Strafgefangenen und die Jugendstrafgefangenen aufgrund eines freien Beschäftigungsverhältnisses krankenversichert sind.

4 H 5, 6 F 51, 6 F 55

§ 77 Zwangsmaßnahmen auf dem Gebiet der Gesundheitsfürsorge
(1) Eine medizinische Untersuchung und Behandlung ist ohne Einwilligung der Gefangenen zulässig, um den Erfolg eines Selbsttötungsversuchs zu verhindern. Eine Maßnahme nach Satz 1 ist auch zulässig, wenn von den Gefangenen eine schwerwiegende Gefahr für die Gesundheit einer anderen Person ausgeht und die Maßnahme verhältnismäßig ist.

(2) Eine medizinische Untersuchung und Behandlung sowie eine Zwangsernährung sind bei Lebensgefahr oder schwerwiegender Gefahr für die Gesundheit der Gefangenen zulässig, wenn diese zur Einsicht in das Vorliegen der Gefahr und die Notwendigkeit der Maßnahme oder zum Handeln gemäß solcher Einsicht krankheitsbedingt nicht fähig sind.

(3) Eine Maßnahme nach Absatz 2 darf nur angeordnet werden, wenn
1. eine Patientenverfügung im Sinne des § 1901a Abs. 1 Satz 1 des Bürgerlichen Gesetzbuchs, deren Festlegungen auf die aktuelle Lebens- und Behandlungssituation zutreffen und gegen die Durchführung der Maßnahme gerichtet sind, der Anstalt nicht vorliegt,
2. die Gefangenen durch eine Ärztin oder einen Arzt über Notwendigkeit, Art, Umfang, Dauer, zu erwartende Folgen und Risiken der Maßnahme in einer ihrer Auffassungsgabe und ihrem Gesundheitszustand angemessenen Weise aufgeklärt wurden,
3. der ernsthafte und ohne Ausübung von Druck unternommene Versuch einer Ärztin oder eines Arztes, ein Einverständnis der Gefangenen zu der Maßnahme zu erwirken, erfolglos geblieben ist,
4. die Maßnahme zur Abwendung einer Gefahr nach Absatz 2 geeignet und erforderlich ist und
5. der von der Maßnahme erwartete Nutzen die mit der Maßnahme verbundene Belastung und den durch das Unterlassen der Maßnahme möglichen Schaden deutlich überwiegt.

(4) Maßnahmen nach den Absätzen 1 und 2 dürfen nur auf Anordnung und unter Leitung einer Ärztin oder eines Arztes durchgeführt werden, unbeschadet der Leistung Erster Hilfe für den Fall, dass eine Ärztin oder ein Arzt nicht rechtzeitig erreichbar und mit einem Aufschub Lebensgefahr verbunden ist. Die Anordnung bedarf in den Fällen des Absatzes 1 Satz 2 und des Absatzes 2 der Zustimmung einer Ärztin oder eines Arztes, die oder der für eine andere Anstalt tätig ist, und der Anstaltsleiterin oder des Anstalts-

leiters. Die Gründe für die Anordnung einer Maßnahme nach Absatz 1 oder 2, in den Fällen des Absatzes 2 auch das Vorliegen der dort genannten Voraussetzungen sowie die ergriffene Maßnahme, einschließlich ihres Zwangscharakters, die Durchsetzungsweise, die Wirkungsüberwachung sowie der Untersuchungs- und Behandlungsverlauf sind zu dokumentieren. Gleiches gilt für Erklärungen der Gefangenen, die im Zusammenhang mit Zwangsmaßnahmen von Bedeutung sein können.

(5) Die Anordnung einer Maßnahme nach Absatz 1 Satz 2 oder Absatz 2 ist den Gefangenen vor Durchführung der Maßnahme schriftlich bekannt zu geben. Sie sind darüber zu belehren, dass sie gegen die Anordnung bei Gericht um einstweiligen Rechtsschutz ersuchen und auch Antrag auf gerichtliche Entscheidung stellen können. Mit dem Vollzug einer Anordnung ist zuzuwarten, bis die Gefangenen Gelegenheit hatten, eine gerichtliche Entscheidung herbeizuführen.

(6) Bei Gefahr im Verzug finden Absatz 3 Nr. 2 und 3, Absatz 4 Satz 2 und Absatz 5 keine Anwendung.

(7) Die zwangsweise körperliche Untersuchung der Gefangenen zum Gesundheitsschutz und zur Hygiene ist zulässig, wenn sie nicht mit einem körperlichen Eingriff verbunden ist. Sie bedarf der Anordnung einer Ärztin oder eines Arztes und ist unter deren oder dessen Leitung durchzuführen.

11 K 5, 11 L 1, 11 L 3, 11 L 7, 11 L 14, 11 L 15, 11 L 20, 11 L 23

§ 78 Benachrichtigungspflicht

Erkranken Gefangene schwer oder versterben sie, werden Angehörige und Personensorgeberechtigte benachrichtigt. Dem Wunsch der Gefangenen, auch andere Personen zu benachrichtigen, soll nach Möglichkeit entsprochen werden.

6 H 1, 6 H 2

Abschnitt 12. Religionsausübung

§ 79 Seelsorge

Den Gefangenen darf religiöse Betreuung durch eine Seelsorgerin oder einen Seelsorger ihrer Religionsgemeinschaft nicht versagt werden. Auf Wunsch ist ihnen zu helfen, mit einer Seelsorgerin oder einem Seelsorger in Verbindung zu treten.

8 A 14, 8 A 19

§ 80 Religiöse Veranstaltungen

(1) Die Gefangenen haben das Recht, am Gottesdienst und an anderen religiösen Veranstaltungen ihres Bekenntnisses teilzunehmen.

(2) Die Zulassung zu den Gottesdiensten oder zu religiösen Veranstaltungen einer anderen Religionsgemeinschaft bedarf der Zustimmung der Seelsorgerin oder des Seelsorgers der Religionsgemeinschaft.

(3) Gefangene können von der Teilnahme am Gottesdienst oder an anderen religiösen Veranstaltungen ausgeschlossen werden, wenn dies aus überwiegenden Gründen der Sicherheit oder Ordnung, bei Untersuchungsgefangenen auch zur Umsetzung einer Anordnung nach § 119 Abs. 1 StPO geboten ist; die Seelsorgerin oder der Seelsorger soll vorher gehört werden.

8 B 1, 8 B 18, 8 B 22

§ 81 Weltanschauungsgemeinschaften

Für Angehörige weltanschaulicher Bekenntnisse gelten die §§ 58, 79 und 80 entsprechend.

8 C 1 ff

Abschnitt 13. Sicherheit und Ordnung

§ 82 Grundsatz

(1) Sicherheit und Ordnung der Anstalt bilden die Grundlage des Anstaltslebens, das im Vollzug der Freiheitsstrafe und der Jugendstrafe auf die Erreichung des Vollzugsziels ausgerichtet ist, und tragen dazu bei, dass in der Anstalt ein gewaltfreies Klima herrscht.

(2) Die Pflichten und Beschränkungen, die den Gefangenen zur Aufrechterhaltung der Sicherheit oder Ordnung der Anstalt auferlegt werden, sind so zu wählen, dass sie in einem angemessenen Verhältnis zu ihrem Zweck stehen und die Gefangenen nicht mehr und nicht länger als notwendig beeinträchtigen.

11 A 4, 11 A 6, 11 A 9, 11 I 4

§ 83 Allgemeine Verhaltenspflichten

(1) Die Gefangenen sind für das geordnete Zusammenleben in der Anstalt mitverantwortlich und müssen mit ihrem Verhalten dazu beitragen. Auf eine einvernehmliche Streitbeilegung ist hinzuwirken.

(2) Die Gefangenen haben die Anordnungen der Bediensteten zu befolgen, auch wenn sie sich durch diese beschwert fühlen.

(3) Die Gefangenen haben ihren Haftraum und die ihnen von der Anstalt überlassenen Sachen in Ordnung zu halten und schonend zu behandeln.

(4) Die Gefangenen haben Umstände, die eine Gefahr für das Leben oder eine erhebliche Gefahr für die Gesundheit einer Person bedeuten, unverzüglich zu melden.

11 A 4, 11 A 7, 11 B 5, 11 B 6, 11 B 8, 11 B 9

§ 84 Absuchung, Durchsuchung

(1) Die Gefangenen, ihre Sachen und die Haftträume dürfen mit technischen Mitteln oder sonstigen Hilfsmitteln abgesucht und durchsucht werden. Die Durchsuchung männlicher Gefangener darf nur von Männern, die Durchsuchung weiblicher Gefangener darf nur von Frauen vorgenommen werden. Das Schamgefühl ist zu schonen.

(2) Nur bei Gefahr im Verzug oder auf Anordnung der Anstaltsleiterin oder des Anstaltsleiters im Einzelfall ist es zulässig, eine mit einer Entkleidung verbundene körperliche Durchsuchung vorzunehmen; die Untersuchung von Körperöffnungen darf nur durch den ärztlichen Dienst vorgenommen werden. Die Durchsuchung darf bei männlichen Gefangenen nur in Gegenwart von Männern, bei weiblichen Gefangenen nur in Gegenwart von Frauen erfolgen. Sie ist in einem geschlossenen Raum durchzuführen. Andere Gefangene dürfen nicht anwesend sein.

(3) Die Anstaltsleiterin oder der Anstaltsleiter kann allgemein anordnen, dass die Gefangenen in der Regel bei der Aufnahme, vor und nach Kontakten mit Besucherinnen und Besuchern sowie vor und nach jeder Abwesenheit von der Anstalt nach Absatz 2 zu durchsuchen sind.

11 D 2, 11 D 4, 11 D 7, 11 D 9, 11 D 10

§ 85 Sichere Unterbringung

Gefangene können in eine Anstalt verlegt werden, die zu ihrer sicheren Unterbringung besser geeignet ist, wenn in erhöhtem Maße die Gefahr der Entweichung oder Befreiung gegeben ist oder sonst ihr Verhalten oder ihr Zustand eine Gefahr für die Sicherheit der Anstalt darstellt. § 23 Abs. 4 und 5 gilt entsprechend.

11 E 1, 11 E 4, 13 B 5

§ 86 Maßnahmen zur Feststellung von Suchtmittelgebrauch

(1) Zur Aufrechterhaltung der Sicherheit oder Ordnung der Anstalt kann die Anstaltsleiterin oder der Anstaltsleiter allgemein oder im Einzelfall Maßnahmen anordnen, die geeignet sind, den Gebrauch von Suchtmitteln festzustellen. Diese Maßnahmen dürfen nicht mit einem körperlichen Eingriff verbunden sein.

(2) Verweigern Gefangene die Mitwirkung an Maßnahmen nach Absatz 1 ohne hinreichenden Grund, ist davon auszugehen, dass Suchtmittelfreiheit nicht gegeben ist.

(3) Wird verbotener Suchtmittelgebrauch festgestellt, können die Kosten der Maßnahmen den Gefangenen auferlegt werden.

11 D 3, 11 D 12, 11 D 15, 11 D 16, 11 D 17, 11 D 18

§ 87 Festnahmerecht

Gefangene, die entwichen sind oder sich sonst ohne Erlaubnis außerhalb der Anstalt aufhalten, können durch die Anstalt oder auf deren Veranlassung festgenommen und zurückgebracht werden. Führt die Verfolgung oder die von der Anstalt veranlasste Fahndung nicht alsbald zur Wiederergreifung, so sind die weiteren Maßnahmen der Vollstreckungsbehörde zu überlassen.

10 C 14, 11 G 2, 11 G 4

§ 88 Besondere Sicherungsmaßnahmen

(1) Gegen Gefangene können besondere Sicherungsmaßnahmen angeordnet werden, wenn nach ihrem Verhalten oder aufgrund ihres seelischen Zustandes in erhöhtem Maße die Gefahr der Entweichung, von Gewalttätigkeiten gegen Personen oder Sachen, der Selbsttötung oder der Selbstverletzung besteht.

(2) Als besondere Sicherungsmaßnahmen sind zulässig:
1. der Entzug oder die Vorenthaltung von Gegenständen,
2. die Beobachtung der Gefangenen, auch mit technischen Hilfsmitteln,
3. die Trennung von allen anderen Gefangenen (Absonderung),
4. der Entzug oder die Beschränkung des Aufenthalts im Freien,
5. die Unterbringung in einem besonders gesicherten Haftraum ohne gefährdende Gegenstände und
6. die Fesselung.

(3) Maßnahmen nach Absatz 2 Nr. 1 und 3 bis 5 sind auch zulässig, wenn die Gefahr einer Befreiung oder eine erhebliche Störung der Ordnung anders nicht vermieden oder behoben werden kann, nach Absatz 2 Nr. 4 jedoch nicht bei jungen Gefangenen.

(4) Eine Absonderung von mehr als 24 Stunden Dauer ist nur zulässig, wenn sie zur Abwehr einer in der Person der Gefangenen liegenden Gefahr unerlässlich ist.

(5) In der Regel dürfen Fesseln nur an den Händen oder an den Füßen angelegt werden. Im Interesse der Gefangenen kann die Anstaltsleiterin oder der Anstaltsleiter eine andere Art der Fesselung anordnen. Eine Fesselung, durch die die Bewegungsfreiheit aufgehoben wird (Fixierung), ist nur zulässig, soweit und solange die gegenwärtige erhebliche Gefahr von Gewalttätigkeiten gegen Personen, der Selbsttötung oder der Selbstverletzung besteht und die Fixierung zur Abwehr dieser Gefahr unerlässlich ist. Für die Fixierung ist ein Gurtsystem zu verwenden. Die Fesselung wird zeitweise gelockert, soweit dies notwendig ist.

(6) Besteht die Gefahr der Entweichung, dürfen die Gefangenen bei einer Ausführung, Vorführung oder beim Transport gefesselt werden.

11 I 3, 11 I 4, 11 I 8, 11 I 14, 11 I 23, 11 I 27, 11 I 34, 11 I 36, 11 I 37, 11 I 39, 11 I 41, 11 I 46, 11 I 50, 11 I 51, 11 I 53

§ 89 Anordnung besonderer Sicherungsmaßnahmen, Verfahren

(1) Besondere Sicherungsmaßnahmen ordnet die Anstaltsleiterin oder der Anstaltsleiter an. Bei Gefahr im Verzug können auch andere Bedienstete diese Maßnahmen vorläufig anordnen; die Entscheidung der Anstaltsleiterin oder des Anstaltsleiters ist unverzüglich einzuholen. Eine Fixierung, die nicht nur kurzfristig ist, ist auf Antrag der Anstaltsleiterin oder des Anstaltsleiters nur aufgrund vorheriger richterlicher Anordnung zulässig. Bei Gefahr im Verzug können auch die Anstaltsleiterin oder der Anstaltsleiter oder andere Bedienstete die Fixierung vorläufig anordnen; die richterliche Entscheidung ist unverzüglich einzuholen. Wurde die Fixierung vor Erlangung einer richterlichen Entscheidung beendet, so ist dies dem Gericht unverzüglich mitzuteilen.

(1a) Für die Anordnung einer Fixierung nach Absatz 1 Satz 3 ist das Amtsgericht zuständig, in dessen Bezirk die beteiligte Anstalt ihren Sitz hat. Das Verfahren richtet sich nach dem Gesetz über das Verfahren in Familiensachen und in den Angelegenheiten der freiwilligen Gerichtsbarkeit vom 17. Dezember 2008 (BGBl. I S. 2586 -2587-) in der jeweils geltenden Fassung. Für die Gerichtskosten gelten die Vorschriften über die Kostenerhebung in Angelegenheiten der freiwilligen Gerichtsbarkeit.

(2) Werden die Gefangenen ärztlich behandelt oder beobachtet oder bildet ihr seelischer Zustand den Anlass der besonderen Sicherungsmaßnahme, ist vorher eine ärztliche Stellungnahme einzuholen. Ist dies wegen Gefahr im Verzug nicht möglich, wird die Stellungnahme unverzüglich nachträglich eingeholt.

(3) Die Entscheidung wird den Gefangenen von der Anstaltsleiterin oder dem Anstaltsleiter mündlich eröffnet und mit einer kurzen Begründung schriftlich abgefasst. Bei einer Fixierung sind die Anordnung und die dafür maßgeblichen Gründe sowie der Verlauf, die Art der Überwachung und die Beendigung umfassend zu dokumentieren.

(4) Besondere Sicherungsmaßnahmen sind in angemessenen Abständen daraufhin zu überprüfen, ob und in welchem Umfang sie aufrechterhalten werden müssen.

(5) Besondere Sicherungsmaßnahmen nach § 88 Abs. 2 Nr. 3, 5 und 6 sind der Aufsichtsbehörde, im Vollzug der Untersuchungshaft auch dem Gericht und der Staatsanwaltschaft, unverzüglich mitzuteilen, wenn sie länger als drei Tage aufrechterhalten werden; eine Fixierung ist unverzüglich mitzuteilen. Auf Wunsch der Gefangenen ist unverzüglich deren Verteidigerin, Verteidiger oder Beistand nach § 69 JGG zu benachrichtigen. Absonderung und Unterbringung im besonders gesicherten Haftraum von mehr als 30 Tagen Gesamtdauer innerhalb von zwölf Monaten bedürfen der Zustimmung der Aufsichtsbehörde.

(6) Während der Absonderung, der Unterbringung im besonders gesicherten Haftraum und der Fixierung sind die Gefangenen in besonderem Maße zu betreuen. Sind die Gefangenen fixiert, sind sie durch geschulte Bedienstete ständig und in unmittelbarem Sichtkontakt zu beobachten.

(7) Nach Beendigung der Fixierung sind die Gefangenen auf ihr Recht hinzuweisen, die Rechtmäßigkeit der durchgeführten Fixierung gerichtlich überprüfen zu lassen. Der Hinweis ist aktenkundig zu machen.

11 I 3, 11 I 4, 11 I 6, 11 I 7, 11 I 28, 11 I 32, 11 I 33, 11 I 34, 11 I 45, 11 I 49, 11 I 55, 11 I 56, 11 I 60, 11 I 61, 11 I 62, 11 I 63, 11 I 64, 12 Q 1, 14 A 14

§ 90 Ärztliche Überwachung

(1) Sind die Gefangenen in einem besonders gesicherten Haftraum untergebracht oder gefesselt, sucht sie die Ärztin oder der Arzt alsbald und in der Folge täglich auf. Dies gilt nicht bei einer Fesselung während einer Ausführung, Vorführung oder eines Transportes sowie bei Bewegungen innerhalb der Anstalt.

(2) Die Ärztin oder der Arzt ist regelmäßig zu hören, solange Gefangenen der tägliche Aufenthalt im Freien entzogen ist oder sie länger als 24 Stunden abgesondert sind.

6 I 1, 6 I 2, 6 I 6, 6 I 7, 11 I 48, 11 I 53

Abschnitt 14. Unmittelbarer Zwang

§ 91 Begriffsbestimmungen

(1) Unmittelbarer Zwang ist die Einwirkung auf Personen oder Sachen durch körperliche Gewalt, ihre Hilfsmittel oder Waffen.

(2) Körperliche Gewalt ist jede unmittelbare körperliche Einwirkung auf Personen oder Sachen.

(3) Hilfsmittel der körperlichen Gewalt sind insbesondere Fesseln und Reizstoffe. Waffen sind Hieb- und Schusswaffen.

(4) Es dürfen nur dienstlich zugelassene Hilfsmittel und Waffen verwendet werden.

11 K 5, 11 K 24, 11 K 31, 11 K 32, 11 K 37

§ 92 Allgemeine Voraussetzungen

(1) Bedienstete dürfen unmittelbaren Zwang anwenden, wenn sie Vollzugs- und Sicherungsmaßnahmen rechtmäßig durchführen und der damit verfolgte Zweck auf keine andere Weise erreicht werden kann.

(2) Gegen andere Personen als Gefangene darf unmittelbarer Zwang angewendet werden, wenn sie es unternehmen, Gefangene zu befreien oder widerrechtlich in die Anstalt einzudringen, oder wenn sie sich unbefugt darin aufhalten.

(3) Das Recht zu unmittelbarem Zwang aufgrund anderer Regelungen bleibt unberührt.

11 K 5, 11 K 8, 11 K 11, 11 K 14, 11 K 15, 11 K 16, 11 K 17, 11 K 18, 11 K 19, 11 K 20, 11 K 23

§ 93 Grundsatz der Verhältnismäßigkeit

(1) Unter mehreren möglichen und geeigneten Maßnahmen des unmittelbaren Zwangs sind diejenigen zu wählen, die den Einzelnen und die Allgemeinheit voraussichtlich am wenigsten beeinträchtigen.

(2) Unmittelbarer Zwang unterbleibt, wenn ein durch ihn zu erwartender Schaden erkennbar außer Verhältnis zu dem angestrebten Erfolg steht.

11 K 5, 11 K 38

§ 94 Androhung

Unmittelbarer Zwang ist vorher anzudrohen. Die Androhung darf nur dann unterbleiben, wenn die Umstände sie nicht zulassen oder unmittelbarer Zwang sofort angewendet werden muss, um eine rechtswidrige Tat, die den Tatbestand eines Strafgesetzes erfüllt, zu verhindern oder eine gegenwärtige Gefahr abzuwenden.

11 K 5, 11 K 53, 11 K 74, 11 K 75

§ 95 Schusswaffengebrauch

(1) Der Gebrauch von Schusswaffen durch Bedienstete innerhalb der Anstalt ist verboten. Das Recht zum Schusswaffengebrauch aufgrund anderer Vorschriften durch die Polizei bleibt davon unberührt.

(2) Außerhalb der Anstalt dürfen Schusswaffen durch Bedienstete nach Maßgabe der folgenden Absätze nur gebraucht werden, wenn andere Maßnahmen des unmittelbaren Zwangs bereits erfolglos waren oder keinen Erfolg versprechen. Gegen Personen ist ihr Gebrauch nur zulässig, wenn der Zweck nicht durch Waffenwirkung gegen Sachen erreicht werden kann.

(3) Schusswaffen dürfen nur die dazu bestimmten Bediensteten gebrauchen und nur, um angriffs- oder fluchtunfähig zu machen. Ihr Gebrauch unterbleibt, wenn dadurch erkennbar Unbeteiligte mit hoher Wahrscheinlichkeit gefährdet würden.

(4) Der Gebrauch von Schusswaffen ist vorher anzudrohen. Als Androhung gilt auch ein Warnschuss. Ohne Androhung dürfen Schusswaffen nur dann gebraucht werden, wenn dies zur Abwehr einer gegenwärtigen Gefahr für Leib oder Leben erforderlich ist.

(5) Gegen Gefangene dürfen Schusswaffen gebraucht werden,
1. wenn sie eine Waffe oder ein anderes gefährliches Werkzeug trotz wiederholter Aufforderung nicht ablegen,
2. wenn sie eine Meuterei (§ 121 StGB) unternehmen oder
3. um ihre Entweichung zu vereiteln oder um sie wiederzuergreifen.

Satz 1 Nr. 2 und 3 findet auf minderjährige Gefangene keine Anwendung. Satz 1 Nr. 3 findet keine Anwendung auf Gefangene, die im offenen Vollzug untergebracht sind.

(6) Gegen andere Personen dürfen Schusswaffen gebraucht werden, wenn sie es unternehmen, Gefangene gewaltsam zu befreien.

11 K 5, 11 K 60, 11 K 62, 11 K 63, 11 K 66, 11 K 68, 11 K 69, 11 K 71, 11 K 74, 11 K 75, 11 K 79, 11 K 83, 11 K 85, 11 K 86, 11 K 90, 11 K 91

Abschnitt 15. Erzieherische Maßnahmen, Disziplinarmaßnahmen

§ 96 Erzieherische Maßnahmen

(1) Verstöße der jungen Gefangenen gegen Pflichten, die ihnen durch oder aufgrund dieses Gesetzes auferlegt sind, sind unverzüglich im erzieherischen Gespräch aufzuarbeiten. Daneben können Maßnahmen angeordnet werden, die geeignet sind, den jungen Gefangenen ihr Fehlverhalten bewusst zu machen (erzieherische Maßnahmen). Als erzieherische Maßnahmen kommen namentlich in Betracht die Erteilung von Weisungen und Auflagen, die Beschränkung oder der Entzug einzelner Gegenstände für die Freizeitbeschäftigung und der Ausschluss von gemeinsamer Freizeit oder von einzelnen Freizeitveranstaltungen bis zur Dauer einer Woche.

(2) In geeigneten Fällen können im Wege einvernehmlicher Streitbeilegung Vereinbarungen getroffen werden. Insbesondere kommen die Wiedergutmachung des Schadens, die Entschuldigung bei den Geschädigten, die Erbringung von Leistungen für die Gemeinschaft und der vorübergehende Verbleib im Haftraum in Betracht. Erfüllen die jungen Gefangenen die Vereinbarung, ist die Anordnung einer erzieherischen Maßnahme aufgrund dieser Verfehlung ausgeschlossen.

(3) Die Anstaltsleiterin oder der Anstaltsleiter legt fest, welche Bediensteten befugt sind, erzieherische Maßnahmen anzuordnen.

(4) Es sollen solche erzieherischen Maßnahmen angeordnet werden, die mit der Verfehlung in Zusammenhang stehen.

§ 97 Disziplinarmaßnahmen

(1) Disziplinarmaßnahmen können angeordnet werden, wenn die Gefangenen rechtswidrig und schuldhaft
1. andere Personen verbal oder tätlich angreifen,
2. Lebensmittel oder fremde Sachen zerstören oder beschädigen,
3. in sonstiger Weise gegen Strafgesetze verstoßen oder eine Ordnungswidrigkeit begehen,
4. verbotene Gegenstände in die Anstalt einbringen, sich an deren Einbringung beteiligen, sie besitzen oder weitergeben,
5. unerlaubt Betäubungsmittel oder andere berauschende Stoffe konsumieren,
6. entweichen oder zu entweichen versuchen,
7. gegen Weisungen im Zusammenhang mit der Gewährung von Lockerungen verstoßen,
8. gegen eine Anordnung nach § 119 Abs. 1 StPO verstoßen,

9. wiederholt oder schwerwiegend gegen sonstige Pflichten verstoßen, die ihnen durch dieses Gesetz oder aufgrund dieses Gesetzes auferlegt sind, und dadurch das geordnete Zusammenleben in der Anstalt stören oder
10. im Vollzug der Jugendstrafe sich zugewiesenen Aufgaben entziehen.

(2) Disziplinarmaßnahmen dürfen gegen junge Gefangene nur angeordnet werden, wenn erzieherische Maßnahmen nicht nach § 96 Abs. 2 Satz 3 ausgeschlossen sind oder nicht ausreichen, um ihnen das Unrecht ihrer Handlung zu verdeutlichen.

(3) Zulässige Disziplinarmaßnahmen sind
1. der Verweis,
2. die Beschränkung oder der Entzug des Fernsehempfangs bis zu drei Monaten,
3. die Beschränkung oder der Entzug der Gegenstände für die Freizeitbeschäftigung, mit Ausnahme des Lesestoffs, bis zu drei Monaten,
4. die Beschränkung oder der Entzug des Aufenthalts in Gemeinschaft oder der Teilnahme an einzelnen Freizeitveranstaltungen bis zu drei Monaten,
5. die Beschränkung des Einkaufs bis zu drei Monaten,
6. die Beschränkung oder der Entzug von Annehmlichkeiten nach § 63 bis zu drei Monaten,
7. die Kürzung des Arbeitsentgelts um 10 v. H. bis zu drei Monaten,
8. der Entzug der zugewiesenen Arbeit bis zu vier Wochen und
9. Arrest bis zu vier Wochen.

Bei jungen Gefangenen findet Satz 1 Nr. 1 keine Anwendung; Maßnahmen nach Satz 1 Nr. 2 bis 7 sind nur bis zu zwei Monaten, Maßnahmen nach Satz 1 Nr. 8 und 9 nur bis zu zwei Wochen zulässig.

(4) Arrest darf nur wegen schwerer oder wiederholter Verfehlungen verhängt werden.

(5) Mehrere Disziplinarmaßnahmen können miteinander verbunden werden.

(6) Disziplinarmaßnahmen sind auch zulässig, wenn wegen derselben Verfehlung ein Straf- oder Bußgeldverfahren eingeleitet wird.

(7) Bei der Auswahl der Disziplinarmaßnahmen im Vollzug der Untersuchungshaft sind Grund und Zweck der Haft sowie die psychischen Auswirkungen der Untersuchungshaft und des Strafverfahrens auf die Untersuchungsgefangenen zu berücksichtigen. Durch die Anordnung und den Vollzug einer Disziplinarmaßnahme dürfen im Strafverfahren die Verteidigung, die Verhandlungsfähigkeit und die Verfügbarkeit der Untersuchungsgefangenen für die Verhandlung nicht beeinträchtigt werden.

11 M 3, 11 M 4, 11 M 5, 11 M 6, 11 M 7, 11 M 8, 11 M 9, 11 M 10, 11 M 11, 11 M 17, 11 M 18, 11 M 22, 11 M 25, 11 M 28, 11 M 31, 11 M 32, 11 M 33, 11 M 34, 11 M 35, 11 M 36, 11 M 37, 11 M 38, 11 M 40, 11 M 41

§ 98 Vollzug der Disziplinarmaßnahmen, Aussetzung zur Bewährung

(1) Disziplinarmaßnahmen werden in der Regel sofort vollstreckt. Die Vollstreckung ist auszusetzen, soweit es zur Gewährung eines effektiven Rechtsschutzes erforderlich ist.

(2) Disziplinarmaßnahmen können ganz oder teilweise bis zu sechs Monaten zur Bewährung ausgesetzt werden. Die Aussetzung zur Bewährung kann ganz oder teilweise widerrufen werden, wenn Gefangene die ihr zugrunde liegenden Erwartungen nicht erfüllen.

(3) Im Vollzug der Untersuchungshaft angeordnete Disziplinarmaßnahmen können ganz oder zum Teil auch während einer der Untersuchungshaft unmittelbar nachfolgenden Haft vollstreckt werden.

(4) Für die Dauer des Arrests werden die Gefangenen getrennt von anderen Gefangenen untergebracht. Sie können in einem besonderen Arrestraum untergebracht werden, der den Anforderungen entsprechen muss, die an einen zum Aufenthalt bei Tag und Nacht bestimmten Haftraum gestellt werden. Soweit nichts anderes angeordnet wird, ruhen die Befugnisse der Gefangenen zur Ausstattung des Haftraums mit eigenen Gegenständen, zum Fernsehempfang und zum Einkauf. Gegenstände für die Freizeitbeschäftigung, mit Ausnahme des Lesestoffs, sind nicht zugelassen. Die Rechte zur Teilnahme am Gottesdienst und auf Aufenthalt im Freien bleiben unberührt.

(5) Für die jungen Gefangenen ist der Arrest erzieherisch auszugestalten.

11 M 3, 11 M 44, 11 M 45, 11 M 47, 11 M 48

§ 99 Disziplinarbefugnis

(1) Disziplinarmaßnahmen ordnet die Anstaltsleiterin oder der Anstaltsleiter an. Bei einer Verfehlung auf dem Weg in eine andere Anstalt zum Zweck der Verlegung ist die Leiterin oder der Leiter der Bestimmungsanstalt zuständig.

Anhang

(2) Die Aufsichtsbehörde entscheidet, wenn sich die Verfehlung gegen die Anstaltsleiterin oder den Anstaltsleiter richtet.

(3) Disziplinarmaßnahmen, die in einer anderen Anstalt angeordnet worden sind, werden auf Ersuchen vollstreckt. § 98 Abs. 2 bleibt unberührt.

11 M 3, 11 M 51, 11 M 52, 11 M 53

§ 100 Verfahren

(1) Der Sachverhalt ist zu klären. Hierbei sind sowohl belastende als auch entlastende Umstände zu ermitteln. Die betroffenen Gefangenen werden gehört. Sie werden darüber unterrichtet, welche Verfehlungen ihnen zur Last gelegt werden. Sie sind darauf hinzuweisen, dass es ihnen freisteht sich zu äußern. Die Erhebungen werden in einer Niederschrift festgelegt; die Einlassung der Gefangenen wird vermerkt.

(2) In geeigneten Fällen können zur Abwendung von Disziplinarmaßnahmen im Wege einvernehmlicher Streitbeilegung Vereinbarungen getroffen werden. Insbesondere kommen die Wiedergutmachung des Schadens, die Entschuldigung bei den Geschädigten, die Erbringung von Leistungen für die Gemeinschaft und der vorübergehende Verbleib im Haftraum in Betracht. Erfüllen die Gefangenen die Vereinbarung, ist die Anordnung einer Disziplinarmaßnahme aufgrund dieser Verfehlung unzulässig.

(3) Mehrere Verfehlungen, die gleichzeitig zu beurteilen sind, werden durch eine Entscheidung geahndet.

(4) Die Anstaltsleiterin oder der Anstaltsleiter soll sich vor der Entscheidung mit Personen besprechen, die an der Vollzugsgestaltung mitwirken. Bei Schwangeren, stillenden Müttern oder Gefangenen, die sich in ärztlicher Behandlung befinden, ist eine Ärztin oder ein Arzt zu hören.

(5) Vor der Entscheidung über eine Disziplinarmaßnahme erhalten die Gefangenen Gelegenheit, sich zu dem Ergebnis der Ermittlungen zu äußern. Die Entscheidung wird den Gefangenen von der Anstaltsleiterin oder vom Anstaltsleiter mündlich eröffnet und mit einer kurzen Begründung schriftlich abgefasst.

(6) Bevor Arrest vollzogen wird, ist eine Ärztin oder ein Arzt zu hören. Während des Arrests stehen die Gefangenen unter ärztlicher Aufsicht. Der Vollzug unterbleibt oder wird unterbrochen, wenn ansonsten die Gesundheit der Gefangenen oder im Vollzug der Untersuchungshaft der Fortgang des Strafverfahrens gefährdet würde.

11 M 3, 11 M 21, 11 M 55, 11 M 57, 11 M 58, 11 M 59, 11 M 60, 11 M 61

Abschnitt 16. Aufhebung von Maßnahmen, Beschwerde

§ 101 Aufhebung von Maßnahmen

(1) Die Aufhebung von Maßnahmen zur Regelung einzelner Angelegenheiten auf dem Gebiet des Vollzugs richtet sich nach den nachfolgenden Absätzen, soweit dieses Gesetz keine abweichende Bestimmung enthält.

(2) Rechtswidrige Maßnahmen können ganz oder teilweise mit Wirkung für die Vergangenheit und die Zukunft zurückgenommen werden.

(3) Rechtmäßige Maßnahmen können ganz oder teilweise mit Wirkung für die Zukunft widerrufen werden, wenn
1. aufgrund nachträglich eingetretener oder bekannt gewordener Umstände die Maßnahmen hätten unterbleiben können,
2. die Maßnahmen missbraucht werden oder
3. Weisungen nicht befolgt werden.

(4) Begünstigende Maßnahmen dürfen nach Absatz 2 oder Absatz 3 nur aufgehoben werden, wenn die vollzuglichen Interessen an der Aufhebung in Abwägung mit dem schutzwürdigen Vertrauen der Betroffenen auf den Bestand der Maßnahmen überwiegen. Davon ist auszugehen, wenn die Aufhebung der Maßnahme unerlässlich ist, um die Sicherheit der Anstalt zu gewährleisten.

(5) Der gerichtliche Rechtsschutz bleibt unberührt.

2 F 8, 4 A 36, 4 D 20, 4 H 16, 6 A 10, 10 A 14, 10 D 9, 10 F 5, 10 F 7, 10 F 9, 10 F 10, 10 F 11, 10 F 12, 10 F 15, 10 F 16, 10 F 17, 10 F 19

§ 102 Beschwerderecht

(1) Die Gefangenen erhalten Gelegenheit, sich mit Wünschen, Anregungen und Beschwerden in vollzuglichen Angelegenheiten, die sie selbst betreffen, an die Anstaltsleiterin oder den Anstaltsleiter zu wenden.

(2) Besichtigen Vertreterinnen oder Vertreter der Aufsichtsbehörde die Anstalt, so ist zu gewährleisten, dass die Gefangenen sich in vollzuglichen Angelegenheiten, die sie selbst betreffen, an diese wenden können.

(3) Die Möglichkeit der Dienstaufsichtsbeschwerde bleibt unberührt.

12 A 2, 12 A 5, 12 A 7, 12 A 9, 12 A 14, 12 A 16

Abschnitt 17. Kriminologische Forschung

§ 103 Evaluation, kriminologische Forschung

(1) Behandlungsprogramme für die Strafgefangenen und die Jugendstrafgefangenen sind auf der Grundlage wissenschaftlicher Erkenntnisse zu konzipieren, zu standardisieren und auf ihre Wirksamkeit hin zu überprüfen. Über die Ergebnisse ist dem Landtag alle fünf Jahre Bericht zu erstatten.

(2) Der Vollzug der Freiheitsstrafe und der Jugendstrafe, insbesondere seine Aufgabenerfüllung und Gestaltung, die Umsetzung seiner Leitlinien sowie die Behandlungsprogramme und deren Wirkungen auf die Erreichung des Vollzugsziels, soll regelmäßig durch den kriminologischen Dienst, durch eine Hochschule oder durch eine andere Stelle wissenschaftlich begleitet und erforscht werden.

16 3

Abschnitt 18. Aufbau und Organisation der Anstalten

§ 104 Anstalten

(1) Es werden Anstalten und Abteilungen eingerichtet, die den unterschiedlichen vollzuglichen Anforderungen Rechnung tragen. Für den Vollzug der Freiheitsstrafe und der Jugendstrafe sind insbesondere sozialtherapeutische Abteilungen vorzusehen.

(2) Es ist eine bedarfsgerechte Anzahl und Ausstattung von Plätzen für therapeutische Maßnahmen, schulische und berufliche Qualifizierung, Arbeitstraining und Arbeitstherapie sowie zur Ausübung von Arbeit vorzusehen. Gleiches gilt für Besuche, Freizeit, Sport und Seelsorge.

(3) Haft- und Funktionsräume sind zweckentsprechend auszustatten.

(4) Unterhalten private Unternehmen Betriebe in Anstalten, kann die technische und fachliche Leitung ihren Mitarbeiterinnen und Mitarbeitern übertragen werden.

3 B 3, 4 K 2, 4 K 3, 4 K 8, 4 K 9, 13 D 2, 13 D 3, 13 E 6, 14 A 9

§ 105 Festsetzung der Belegungsfähigkeit, Verbot der Überbelegung

(1) Die Aufsichtsbehörde setzt die Belegungsfähigkeit der Anstalt so fest, dass eine angemessene Unterbringung der Gefangenen gewährleistet ist. § 104 Abs. 2 ist zu berücksichtigen.

(2) Hafträume dürfen nicht mit mehr Gefangenen als zugelassen belegt werden.

(3) Ausnahmen von Absatz 2 sind nur vorübergehend und nur mit Zustimmung der Aufsichtsbehörde zulässig.

2 E 28, 13 E 15, 13 E 18, 13 E 21

§ 106 Anstaltsleitung

(1) Die Anstaltsleiterin oder der Anstaltsleiter trägt die Verantwortung für den gesamten Vollzug und vertritt die Anstalt nach außen. Sie oder er kann einzelne Aufgabenbereiche auf andere Bedienstete übertragen. Die Aufsichtsbehörde kann sich die Zustimmung zur Übertragung vorbehalten.

(2) Für jede Anstalt ist eine Beamtin oder ein Beamter des vierten Einstiegsamts zur hauptamtlichen Leiterin oder zum hauptamtlichen Leiter zu bestellen. Aus besonderen Gründen kann eine Anstalt auch von einer Beamtin oder einem Beamten des dritten Einstiegsamts geleitet werden.

11 I 6, 11 I 57, 12 B 11, 13 K 1, 13 K 4, 13 K 6, 13 K 9, 13 K 14

§ 107 Bedienstete

(1) Die Anstalt wird mit dem für die Erreichung des Vollzugsziels und die Erfüllung ihrer Aufgaben erforderlichen Personal ausgestattet. Die im Vollzug der Jugendstrafe und der Untersuchungshaft an jungen Untersuchungsgefangenen tätigen Bediensteten müssen für die erzieherische Gestaltung geeignet und qualifiziert sein.

Anhang

(2) Für die Betreuung von Strafgefangenen mit angeordneter oder vorbehaltener Sicherungsverwahrung und Jugendstrafgefangenen mit vorbehaltener Sicherungsverwahrung ist besonders qualifiziertes Personal vorzusehen und eine fachübergreifende Zusammenarbeit zu gewährleisten. Soweit erforderlich, sind externe Fachkräfte einzubeziehen.

(3) Fortbildung sowie Praxisberatung und -begleitung sind zu gewährleisten.

11 K 8, 12 B 11, 13 J 1, 13 J 3, 13 J 4, 13 J 5

§ 108 Seelsorgerinnen und Seelsorger

(1) Seelsorgerinnen und Seelsorger werden im Einvernehmen mit der jeweiligen Religionsgemeinschaft im Hauptamt bestellt oder vertraglich verpflichtet.

(2) Wenn die geringe Anzahl der Angehörigen einer Religionsgemeinschaft eine Seelsorge nach Absatz 1 nicht rechtfertigt, ist die seelsorgerische Betreuung auf andere Weise zuzulassen.

(3) Mit Zustimmung der Anstaltsleiterin oder des Anstaltsleiters darf die Seelsorgerin oder der Seelsorger sich freier Seelsorgehelferinnen und Seelsorgehelfer bedienen und diese für Gottesdienste sowie für andere religiöse Veranstaltungen von außen zuziehen.

(4) Die religiöse Betreuung von Gefangenen stellt eine sicherheitsempfindliche Tätigkeit im Sinne des § 2 Satz 1 Nr. 5des Landessicherheitsüberprüfungsgesetzes vom 8. März 2000 (GVBl. S. 70, BS 12-3) in der jeweils geltenden Fassung dar. Das Landessicherheitsüberprüfungsgesetz ist mit der Maßgabe anzuwenden, dass eine einfache Sicherheitsüberprüfung nach dessen § 10 durchzuführen ist. Einer Sicherheitsüberprüfung nach Satz 2 bedarf es in der Regel nicht, wenn die religiöse Betreuung durch eine Person erfolgen soll, die in einem Mitgliedstaat der Europäischen Union ausgebildet worden ist und innerhalb der letzten fünf Jahre ihren Aufenthalt oder Wohnsitz nicht länger als ein Jahr außerhalb des Hoheitsgebiets eines Mitgliedstaates der Europäischen Union hatte.

8 C 3, 8 D 1, 8 D 2, 8 D 6, 8 D 10, 8 D 28

§ 109 Medizinische Versorgung

(1) Die ärztliche Versorgung ist sicherzustellen.

(2) Die Pflege der Kranken soll von Bediensteten ausgeführt werden, die eine Erlaubnis nach dem Krankenpflegegesetz besitzen. Solange diese nicht zur Verfügung stehen, können auch Bedienstete eingesetzt werden, die eine sonstige Ausbildung in der Krankenpflege erfahren haben.

6 D 38, 6 D 39

§ 110 Interessenvertretung der Gefangenen

Den Gefangenen soll ermöglicht werden, Vertretungen zu wählen. Diese können in Angelegenheiten von gemeinsamem Interesse, die sich ihrer Eigenart nach für eine Mitwirkung eignen, Vorschläge und Anregungen an die Anstalt herantragen. Diese sollen mit der Vertretung erörtert werden.

13 M 1, 13 M 4, 13 M 5

§ 111 Hausordnung

Die Anstaltsleiterin oder der Anstaltsleiter erlässt zur Gestaltung und Organisation des Vollzugsalltags eine Hausordnung auf der Grundlage dieses Gesetzes. Vor deren Erlass oder Änderung beteiligt sie oder er die Interessenvertretung der Gefangenen. Die Aufsichtsbehörde kann sich die Genehmigung vorbehalten.

9 B 5, 13 N 1

Abschnitt 19. Aufsicht, Beirat

§ 112 Aufsichtsbehörde

(1) Das für den Strafvollzug zuständige Ministerium führt die Aufsicht über die Anstalten (Aufsichtsbehörde).

(2) Die Aufsichtsbehörde kann sich Entscheidungen über Verlegungen und Überstellungen vorbehalten.

2 D 10, 11 E 10, 12 C 5, 13 G 6, 13 G 7, 13 G 18, 13 H 19

§ 113 Vollstreckungsplan, Vollzugsgemeinschaften
(1) Die Aufsichtsbehörde regelt die örtliche und sachliche Zuständigkeit der Anstalten in einem Vollstreckungsplan.
(2) Im Rahmen von Vollzugsgemeinschaften kann der Vollzug auch in Vollzugseinrichtungen anderer Länder vorgesehen werden.

13 F 1, 13 H 19, 14 A 6

§ 114 Beirat
(1) Bei der Anstalt ist ein Beirat zu bilden. Bedienstete dürfen nicht Mitglieder des Beirats sein.
(2) Die Mitglieder des Beirats wirken beratend bei der Gestaltung des Vollzugs und der Eingliederung der Gefangenen mit. Sie fördern das Verständnis für den Vollzug und seine gesellschaftliche Akzeptanz und vermitteln Kontakte zu öffentlichen und privaten Einrichtungen.
(3) Der Beirat steht der Anstaltsleiterin oder dem Anstaltsleiter, den Bediensteten und den Gefangenen als Ansprechpartner zur Verfügung.
(4) Die Mitglieder des Beirats können sich über die Unterbringung der Gefangenen und die Gestaltung des Vollzugs unterrichten und die Anstalt besichtigen. Sie können die Gefangenen in ihren Räumen aufsuchen. Unterhaltung und Schriftwechsel werden nicht überwacht.
(5) Die Mitglieder des Beirats sind verpflichtet, außerhalb ihres Amtes über alle Angelegenheiten, die ihrer Natur nach vertraulich sind, besonders über Namen und Persönlichkeit der Gefangenen, Verschwiegenheit zu bewahren. Dies gilt auch nach Beendigung ihres Amtes.

13 O 2, 13 O 4, 13 O 6, 13 O 7

Abschnitt 20. Verhinderung von Mobilfunkverkehr

§ 115 Störung des Mobilfunkverkehrs
(1) Der Besitz und die Benutzung von Geräten zur funkbasierten Übertragung von Informationen sind auf dem Anstaltsgelände verboten, soweit diese nicht dienstlich zugelassen sind. Die Anstaltsleiterin oder der Anstaltsleiter kann abweichende Regelungen treffen.
(2) Die Anstalt darf technische Geräte betreiben, die
1. das Auffinden von Geräten zur Funkübertragung ermöglichen,
2. Geräte zur Funkübertragung zum Zwecke des Auffindens aktivieren können oder
3. Frequenzen stören oder unterdrücken, die der Herstellung oder Aufrechterhaltung unerlaubter Funkverbindungen auf dem Anstaltsgelände dienen.

Sie hat die von der Bundesnetzagentur gemäß § 55 Abs. 1 Satz 5 des Telekommunikationsgesetzes festgelegten Rahmenbedingungen zu beachten. Frequenznutzungen außerhalb des Anstaltsgeländes dürfen nicht erheblich gestört werden.

9 D 6

Abschnitt 21. Vollzug des Strafarrests

§ 116 Grundsatz
(1) Für den Vollzug des Strafarrests in Anstalten gelten die die Strafgefangenen betreffenden Bestimmungen dieses Gesetzes entsprechend, soweit § 117 nicht Abweichendes bestimmt.
(2) § 117 Abs. 1 bis 3, 7 und 8 gilt nicht, wenn Strafarrest in Unterbrechung einer anderen freiheitsentziehenden Maßnahme vollzogen wird.

4 D 25, 15 C 1

§ 117 Besondere Bestimmungen
(1) Strafarrestantinnen und Strafarrestanten sollen im offenen Vollzug untergebracht werden.
(2) Eine gemeinsame Unterbringung ist nur mit Einwilligung der Strafarrestantinnen und Strafarrestanten zulässig.
(3) Besuche, Telefongespräche und Schriftwechsel dürfen nur untersagt oder überwacht werden, wenn dies aus Gründen der Sicherheit oder Ordnung der Anstalt notwendig ist.
(4) Den Strafarrestantinnen und Strafarrestanten soll gestattet werden, einmal wöchentlich Besuch zu empfangen.

(5) Strafarrestantinnen und Strafarrestanten dürfen eigene Kleidung tragen und eigenes Bettzeug benutzen, wenn Gründe der Sicherheit nicht entgegenstehen und sie für Reinigung, Instandsetzung und regelmäßigen Wechsel auf eigene Kosten sorgen.

(6) Strafarrestantinnen und Strafarrestanten dürfen Nahrungs-, Genuss- und Körperpflegemittel in angemessenem Umfang durch Vermittlung der Anstalt auf eigene Kosten erwerben.

(7) Eine mit einer Entkleidung verbundene körperliche Durchsuchung ist nur bei Gefahr im Verzug zulässig.

(8) Zur Vereitelung einer Entweichung und zur Wiederergreifung dürfen Schusswaffen nicht gebraucht werden.

2 F 4, 11 K 5, 15 C 5, 15 C 9

Abschnitt 22. Schlussbestimmungen

§ 118 Verwaltungsvorschriften

Die zur Durchführung dieses Gesetzes erforderlichen Verwaltungsvorschriften erlässt das für den Strafvollzug zuständige Ministerium.

§ 119 Einschränkung von Grundrechten

Durch dieses Gesetz werden die Grundrechte aus Artikel 2 Abs. 2 Satz 1 und 2 (körperliche Unversehrtheit und Freiheit der Person) und Artikel 10 Abs. 1 (Brief-, Post- und Fernmeldegeheimnis) des Grundgesetzes eingeschränkt.

1 E 32

Gesetz über den Vollzug der Freiheitsstrafe im Saarland (Saarländisches Strafvollzugsgesetz – SLStVollzG) (Art. 1 des Gesetzes)

Vom 24. April 2013
(Amtsblatt 2013, S. 116)

Abschnitt 1. Allgemeine Bestimmungen

§ 1 Anwendungsbereich

Dieses Gesetz regelt den Vollzug der Freiheitsstrafe (Vollzug) und des Strafarrests in Justizvollzugsanstalten (Anstalten).

1 B 4

§ 2 Ziel und Aufgabe

Im Vollzug sollen die Gefangenen fähig werden, künftig in sozialer Verantwortung ein Leben ohne Straftaten zu führen (Vollzugsziel). Der Vollzug dient auch dem Schutz der Allgemeinheit vor weiteren Straftaten.

1 C 12, 1 C 14

§ 3 Grundsätze der Vollzugsgestaltung

(1) Der Vollzug ist auf die Auseinandersetzung der Gefangenen mit ihren Straftaten und deren Folgen für die Opfer auszurichten.

(2) Der Vollzug wirkt von Beginn an auf die Eingliederung der Gefangenen in das Leben in Freiheit hin.

(3) Gefangene mit angeordneter oder vorbehaltener Sicherungsverwahrung sind individuell und intensiv zu betreuen, um ihre Unterbringung in der Sicherungsverwahrung entbehrlich zu machen. Soweit standardisierte Maßnahmen nicht ausreichen oder keinen Erfolg versprechen, sind individuelle Maßnahmen zu entwickeln.

(4) Das Leben im Vollzug ist den allgemeinen Lebensverhältnissen so weit wie möglich anzugleichen.

(5) Schädlichen Folgen des Freiheitsentzugs ist entgegenzuwirken.

(6) Der Bezug der Gefangenen zum gesellschaftlichen Leben ist zu wahren und zu fördern. Personen und Einrichtungen außerhalb des Vollzugs sollen in den Vollzugsalltag einbezogen werden. Den Gefangenen ist so bald wie möglich die Teilnahme am Leben in der Freiheit zu gewähren.

(7) Die unterschiedlichen Bedürfnisse der Gefangenen, insbesondere im Hinblick auf Geschlecht, Alter und Herkunft, werden bei der Vollzugsgestaltung im Allgemeinen und im Einzelfall berücksichtigt.

1 D 1, 1 D 4, 1 D 11, 1 D 14, 1 D 15, 1 D 16, 1 D 17, 1 D 27, 13 C 5, 13 C 10, 14 A 14, 15 B 26

§ 4 Stellung der Gefangenen, Mitwirkung

(1) Die Persönlichkeit der Gefangenen ist zu achten. Ihre Selbständigkeit im Vollzugsalltag ist so weit wie möglich zu erhalten und zu fördern.

(2) Die Gefangenen werden an der Gestaltung des Vollzugsalltags beteiligt. Vollzugliche Maßnahmen sollen ihnen erläutert werden.

(3) Zur Erreichung des Vollzugsziels bedarf es der Mitwirkung der Gefangenen. Ihre Bereitschaft hierzu ist zu wecken und zu fördern.

(4) Die Gefangenen unterliegen den in diesem Gesetz vorgesehenen Beschränkungen ihrer Freiheit. Soweit das Gesetz eine besondere Regelung nicht enthält, dürfen ihnen nur Beschränkungen auferlegt werden, die zur Aufrechterhaltung der Sicherheit oder zur Abwendung einer schwerwiegenden Störung der Ordnung der Anstalt unerlässlich sind.

1 E 2, 1 E 3, 1 E 7, 1 E 10, 1 E 18, 1 E 24, 4 B 2

§ 5 Soziale Hilfe

(1) Die Gefangenen werden darin unterstützt, ihre persönlichen, wirtschaftlichen und sozialen Schwierigkeiten zu beheben. Sie sollen dazu angeregt und in die Lage versetzt werden, ihre Angelegenheiten selbst zu regeln, insbesondere eine Schuldenregulierung herbeizuführen.

Anhang

(2) Die Gefangenen sollen angehalten werden, den durch die Straftat verursachten materiellen und immateriellen Schaden wiedergutzumachen.

1 D 21, 7 A 1, 7 A 8, 7 C 1, 7 C 6, 7 C 8, 7 D 2

Abschnitt 2. Aufnahme, Diagnose und Vollzugs- und Eingliederungsplanung

§ 6 Aufnahmeverfahren

(1) Mit den Gefangenen wird unverzüglich nach der Aufnahme ein Zugangsgespräch geführt, in dem ihre gegenwärtige Lebenssituation erörtert wird und sie über ihre Rechte und Pflichten informiert werden. Ihnen wird ein Exemplar der Hausordnung ausgehändigt. Dieses Gesetz, die von ihm in Bezug genommenen Gesetze sowie die zu seiner Ausführung erlassenen Rechtsverordnungen und Verwaltungsvorschriften sind den Gefangenen auf Verlangen zugänglich zu machen.

(2) Während des Aufnahmeverfahrens dürfen andere Gefangene in der Regel nicht zugegen sein.

(3) Die Gefangenen werden alsbald ärztlich untersucht.

(4) Die Gefangenen werden dabei unterstützt, etwa notwendige Maßnahmen für hilfsbedürftige Angehörige, zur Erhaltung des Arbeitsplatzes und der Wohnung und zur Sicherung ihrer Habe außerhalb der Anstalt zu veranlassen.

(5) Bei Gefangenen, die eine Ersatzfreiheitsstrafe verbüßen, sind die Möglichkeiten der Abwendung der Vollstreckung durch freie Arbeit oder ratenweise Tilgung der Geldstrafe zu erörtern und zu fördern, um so auf eine möglichst baldige Entlassung hinzuwirken.

2 A 1, 2 A 4, 2 A 5, 2 A 8, 2 A 9, 2 A 12, 2 A 13, 7 B 4, 7 B 7, 12 F 8

§ 7 Diagnoseverfahren

(1) An das Aufnahmeverfahren schließt sich zur Vorbereitung der Vollzugs- und Eingliederungsplanung das Diagnoseverfahren an.

(2) Das Diagnoseverfahren muss wissenschaftlichen Erkenntnissen genügen. Insbesondere bei Gefangenen mit angeordneter oder vorbehaltener Sicherungsverwahrung ist es von Personen mit einschlägiger wissenschaftlicher Qualifikation durchzuführen.

(3) Das Diagnoseverfahren erstreckt sich auf die Persönlichkeit, die Lebensverhältnisse, die Ursachen und Umstände der Straftat sowie alle sonstigen Gesichtspunkte, deren Kenntnis für eine zielgerichtete und wirkungsorientierte Vollzugsgestaltung und die Eingliederung der Gefangenen nach der Entlassung notwendig erscheint. Neben den Unterlagen aus der Vollstreckung und dem Vollzug vorangegangener Freiheitsentziehungen sind insbesondere auch Erkenntnisse der Gerichts- und Bewährungshilfe sowie der Führungsaufsichtsstellen einzubeziehen.

(4) Im Diagnoseverfahren werden die im Einzelfall die Straffälligkeit begünstigenden Faktoren ermittelt. Gleichzeitig sollen die Fähigkeiten der Gefangenen ermittelt werden, deren Stärkung einer erneuten Straffälligkeit entgegenwirken kann.

(5) Bei einer voraussichtlichen Vollzugsdauer bis zu einem Jahr kann das Diagnoseverfahren auf die Umstände beschränkt werden, deren Kenntnis für eine angemessene Vollzugsgestaltung unerlässlich und für die Eingliederung erforderlich ist. Unabhängig von der Vollzugsdauer gilt dies auch, wenn ausschließlich Ersatzfreiheitsstrafen zu vollziehen sind.

(6) Das Ergebnis des Diagnoseverfahrens wird mit den Gefangenen erörtert.

2 A 1, 2 B 1, 2 B 5, 2 B 6, 2 B 11, 2 B 13, 2 B 14, 2 B 17, 2 B 28, 2 B 35, 2 C 8, 7 B 1, 15 B 28

§ 8 Vollzugs- und Eingliederungsplanung

(1) Auf der Grundlage des Ergebnisses des Diagnoseverfahrens wird ein Vollzugs- und Eingliederungsplan erstellt. Er zeigt den Gefangenen bereits zu Beginn der Strafhaft unter Berücksichtigung der voraussichtlichen Vollzugsdauer die zur Erreichung des Vollzugsziels erforderlichen Maßnahmen auf. Daneben kann er weitere Hilfsangebote und Empfehlungen enthalten. Auf die Fähigkeiten, Fertigkeiten und Neigungen der Gefangenen ist Rücksicht zu nehmen.

(2) Der Vollzugs- und Eingliederungsplan wird regelmäßig innerhalb der ersten acht Wochen nach der Aufnahme erstellt. Diese Frist verkürzt sich bei einer voraussichtlichen Vollzugsdauer von unter einem Jahr auf vier Wochen.

(3) Der Vollzugs- und Eingliederungsplan sowie die darin vorgesehenen Maßnahmen werden regelmäßig alle sechs Monate, spätestens aber alle zwölf Monate überprüft und fortgeschrieben. Die Entwick-

lung der Gefangenen und die in der Zwischenzeit gewonnenen Erkenntnisse sind zu berücksichtigen. Die durchgeführten Maßnahmen sind zu dokumentieren.

(4) Die Vollzugs- und Eingliederungsplanung wird mit den Gefangenen erörtert. Dabei werden deren Anregungen und Vorschläge einbezogen, soweit sie der Erreichung des Vollzugsziels dienen.

(5) Zur Erstellung und Fortschreibung des Vollzugs- und Eingliederungsplans führt die Anstaltsleitung eine Konferenz mit den an der Vollzugsgestaltung maßgeblich Beteiligten durch. Standen die Gefangenen vor ihrer Inhaftierung unter Bewährung oder Führungsaufsicht, kann auch die für sie bislang zuständige Bewährungshelferin oder der für sie bislang zuständige Bewährungshelfer an der Konferenz beteiligt werden. Den Gefangenen wird der Vollzugs- und Eingliederungsplan in der Konferenz eröffnet und erläutert. Sie können auch darüber hinaus an der Konferenz beteiligt werden.

(6) An der Eingliederung mitwirkende Personen außerhalb des Vollzugs sind nach Möglichkeit in die Planung einzubeziehen. Sie können mit Zustimmung der Gefangenen auch an der Konferenz beteiligt werden.

(7) Werden die Gefangenen nach der Entlassung voraussichtlich unter Bewährungs- oder Führungsaufsicht gestellt, so ist der künftig zuständigen Bewährungshelferin oder dem künftig zuständigen Bewährungshelfer in den letzten zwölf Monaten vor dem voraussichtlichen Entlassungszeitpunkt die Teilnahme an der Konferenz zu ermöglichen und sind ihr oder ihm der Vollzugs- und Eingliederungsplan und seine Fortschreibungen zu übersenden.

(8) Der Vollzugs- und Eingliederungsplan und seine Fortschreibungen werden den Gefangenen ausgehändigt.

2 A 1, 2 B 4, 2 C 2, 2 C 6, 2 C 7, 2 C 9, 2 C 10, 2 C 12, 2 C 14, 2 C 19, 2 C 20, 10 G 2, 13 L 3, 13 L 7

§ 9 Inhalt des Vollzugs- und Eingliederungsplans

(1) Der Vollzugs- und Eingliederungsplan sowie seine Fortschreibungen enthalten insbesondere folgende Angaben:
1. Zusammenfassung der für die Vollzugs- und Eingliederungsplanung maßgeblichen Ergebnisse des Diagnoseverfahrens,
2. voraussichtlicher Entlassungszeitpunkt,
3. Unterbringung im geschlossenen oder offenen Vollzug,
4. Maßnahmen zur Förderung der Mitwirkungsbereitschaft,
5. Unterbringung in einer Wohngruppe und Teilnahme am Wohngruppenvollzug,
6. Unterbringung in einer sozialtherapeutischen Abteilung und Teilnahme an anderen Behandlungsprogrammen,
7. Teilnahme an einzel- oder gruppentherapeutischen Maßnahmen, insbesondere Psychotherapie,
8. Teilnahme an psychiatrischen Behandlungsmaßnahmen,
9. Teilnahme an Maßnahmen zur Behandlung von Suchtmittelabhängigkeit und -missbrauch,
10. Teilnahme an Trainingsmaßnahmen zur Verbesserung der sozialen Kompetenz,
11. Teilnahme an schulischen und beruflichen Qualifizierungsmaßnahmen einschließlich Alphabetisierungs- und Deutschkursen,
12. Teilnahme an arbeitstherapeutischen Maßnahmen oder am Arbeitstraining,
13. Arbeit,
14. freies Beschäftigungsverhältnis, Selbstbeschäftigung,
15. Teilnahme an Sportangeboten und Maßnahmen zur strukturierten Gestaltung der Freizeit,
16. Ausführungen, Außenbeschäftigung,
17. Lockerungen zur Erreichung des Vollzugsziels,
18. Aufrechterhaltung, Förderung und Gestaltung von Außenkontakten,
19. Schuldnerberatung, Schuldenregulierung und Erfüllung von Unterhaltspflichten,
20. Ausgleich von Tatfolgen,
21. Maßnahmen zur Vorbereitung von Entlassung, Eingliederung und Nachsorge und
22. Frist zur Fortschreibung des Vollzugs- und Eingliederungsplans.

Bei angeordneter oder vorbehaltener Sicherungsverwahrung enthalten der Vollzugs- und Eingliederungsplan sowie seine Fortschreibungen darüber hinaus Angaben zu sonstigen Maßnahmen im Sinne des § 3 Absatz 3 Satz 2 und einer Antragstellung im Sinne des § 119a Absatz 2 des Gesetzes über den Vollzug der Freiheitsstrafe und der freiheitsentziehenden Maßregeln der Besserung und Sicherung (Strafvollzugsgesetz – StVollzG) vom 16. März 1976 (BGBl. I. S. 581, 2088, 1977 I S. 436), zuletzt geändert durch Artikel 4 des Gesetzes vom 5. Dezember 2012 (BGBl. I S. 2425), in der jeweils geltenden Fassung.

(2) Maßnahmen nach Absatz 1 Satz 1 Nummer 6 bis 12 und Satz 2, die nach dem Ergebnis des Diagnoseverfahrens als zur Erreichung des Vollzugsziels zwingend erforderlich erachtet werden, sind als solche zu kennzeichnen und gehen allen anderen Maßnahmen vor. Andere Maßnahmen dürfen nicht gestattet werden, soweit sie die Teilnahme an Maßnahmen nach Satz 1 beeinträchtigen würden.

(3) Spätestens ein Jahr vor dem voraussichtlichen Entlassungszeitpunkt hat die Planung zur Vorbereitung der Eingliederung zu beginnen. Anknüpfend an die bisherige Vollzugsplanung werden ab diesem Zeitpunkt die Maßnahmen nach Absatz 1 Satz 1 Nummer 21 konkretisiert oder ergänzt. Insbesondere ist Stellung zu nehmen zu:
1. Unterbringung im offenen Vollzug, Übergangseinrichtung,
2. Unterkunft sowie Arbeit oder Ausbildung nach der Entlassung,
3. Unterstützung bei notwendigen Behördengängen und der Beschaffung der notwendigen persönlichen Dokumente,
4. Beteiligung der Bewährungshilfe und der Forensischen Ambulanzen,
5. Kontaktaufnahme zu Einrichtungen der Entlassenenhilfe,
6. Fortsetzung von im Vollzug noch nicht abgeschlossenen Maßnahmen,
7. Anregung von Auflagen und Weisungen für die Bewährungs- oder Führungsaufsicht,
8. Vermittlung in nachsorgende Maßnahmen,
9. nachgehende Betreuung durch Vollzugsbedienstete.

1 D 23, 2 A 1, 2 C 6, 2 C 23, 2 C 25, 2 C 26, 2 C 28, 2 C 29, 2 C 31, 2 C 33, 2 C 35, 2 C 39, 4 A 3, 4 D 11, 4 D 12, 4 E 1, 4 E 2, 4 E 15, 4 E 18, 4 G 3, 4 G 7, 4 H 9, 5 A 13, 10 G 2, 15 B 29

Abschnitt 3. Unterbringung, Verlegung

§ 10 Trennung von männlichen und weiblichen Gefangenen
Männliche und weibliche Gefangene werden getrennt untergebracht. Gemeinsame Maßnahmen, insbesondere zur schulischen und beruflichen Qualifizierung, sind zulässig.

13 B 6, 14 A 6

§ 11 Unterbringung während der Einschlusszeiten
(1) Die Gefangenen werden in ihren Hafträumen einzeln untergebracht.

(2) Mit ihrer Zustimmung können sie gemeinsam untergebracht werden, wenn schädliche Einflüsse nicht zu befürchten sind. Bei einer Gefahr für Leben oder Gesundheit oder bei Hilfsbedürftigkeit ist die Zustimmung der gefährdeten oder hilfsbedürftigen Gefangenen zur gemeinsamen Unterbringung entbehrlich.

(3) Im offenen Vollzug können die Gefangenen auch ohne ihre Zustimmung gemeinsam untergebracht werden, wenn die räumlichen Verhältnisse der Anstalt dies erfordern.

(4) Darüber hinaus ist eine gemeinsame Unterbringung nur vorübergehend und aus zwingenden Gründen zulässig.

2 E 1, 2 E 17, 2 E 23, 2 E 28, 2 E 31, 2 E 32, 2 E 35, 2 E 36, 2 E 37, 13 E 24

§ 12 Aufenthalt außerhalb der Einschlusszeiten
(1) Außerhalb der Einschlusszeiten dürfen sich die Gefangenen in Gemeinschaft aufhalten.

(2) Der gemeinschaftliche Aufenthalt kann eingeschränkt werden,
1. wenn ein schädlicher Einfluss auf andere Gefangene zu befürchten ist,
2. wenn es die Sicherheit oder Ordnung der Anstalt erfordert oder
3. während des Diagnoseverfahrens, aber nicht länger als acht Wochen.

2 E 1, 2 E 4, 2 E 8, 2 E 9, 2 E 10, 2 E 11, 2 E 12, 2 E 13, 2 E 15, 2 E 16, 11 I 26

§ 13 Wohngruppenvollzug
(1) Der Wohngruppenvollzug dient der Einübung sozialverträglichen Zusammenlebens, insbesondere von Toleranz sowie der Übernahme von Verantwortung für sich und andere. Er ermöglicht den dort Untergebrachten, ihren Vollzugsalltag weitgehend selbständig zu regeln.

(2) Eine Wohngruppe wird in einem baulich abgegrenzten Bereich eingerichtet, zu dem neben den Haftäumen weitere Räume und Einrichtungen zur gemeinsamen Nutzung gehören. Sie wird in der Regel von fest zugeordneten Bediensteten betreut.

§ 14 Unterbringung von Müttern mit Kindern
(1) Ist das Kind einer Gefangenen noch nicht drei Jahre alt, kann es mit Zustimmung der Aufenthaltsbestimmungsberechtigten in der Anstalt untergebracht werden, wenn die baulichen Gegebenheiten dies zulassen und Sicherheitsgründe nicht entgegenstehen. Vor der Unterbringung ist das Jugendamt zu hören.
(2) Die Unterbringung erfolgt auf Kosten der für das Kind Unterhaltspflichtigen. Von der Geltendmachung des Kostenersatzanspruchs kann ausnahmsweise abgesehen werden, wenn hierdurch die gemeinsame Unterbringung von Mutter und Kind gefährdet würde.

14 C 1, 14 C 4, 14 C 11, 14 C 12

§ 15 Geschlossener und offener Vollzug
(1) Die Gefangenen werden im geschlossenen Vollzug untergebracht. Abteilungen des offenen Vollzugs sehen keine oder nur verminderte Vorkehrungen gegen Entweichungen vor.
(2) Die Gefangenen sollen im offenen Vollzug untergebracht werden, wenn sie dessen besonderen Anforderungen genügen, namentlich nicht zu befürchten ist, dass sie sich dem Vollzug entziehen oder die Möglichkeiten des offenen Vollzugs zu Straftaten missbrauchen werden.
(3) Genügen die Gefangenen den besonderen Anforderungen des offenen Vollzugs nicht mehr, werden sie im geschlossenen Vollzug untergebracht.

10 A 4, 10 A 7, 10 A 9, 13 C 5, 13 C 18

§ 16 Verlegung und Überstellung
(1) Die Gefangenen können abweichend vom Vollstreckungsplan in eine andere Anstalt verlegt werden, wenn die Erreichung des Vollzugsziels hierdurch gefördert wird oder wenn Gründe der Vollzugsorganisation oder andere wichtige Gründe dies erfordern.
(2) Die Gefangenen dürfen aus wichtigem Grund in eine andere Anstalt überstellt werden.

2 D 1, 2 D 6, 2 D 7, 2 D 15

Abschnitt 4. Sozial- und Psychotherapie

§ 17 Sozialtherapie
(1) Sozialtherapie dient der Verringerung einer erheblichen Gefährlichkeit der Gefangenen. Auf der Grundlage einer therapeutischen Gemeinschaft bedient sie sich psychotherapeutischer, sozialpädagogischer und arbeitstherapeutischer Methoden, die in umfassenden Behandlungsprogrammen verbunden werden. Personen aus dem Lebensumfeld der Gefangenen außerhalb des Vollzugs werden in die Behandlung einbezogen.
(2) Gefangene sind in einer sozialtherapeutischen Abteilung unterzubringen, wenn ihre Teilnahme an den dortigen Behandlungsprogrammen zur Verringerung ihrer erheblichen Gefährlichkeit angezeigt ist. Eine erhebliche Gefährlichkeit liegt vor, wenn schwerwiegende Straftaten gegen Leib oder Leben, die persönliche Freiheit oder gegen die sexuelle Selbstbestimmung zu erwarten sind.
(3) Andere Gefangene können in einer sozialtherapeutischen Abteilung untergebracht werden, wenn die Teilnahme an den dortigen Behandlungsprogrammen zur Erreichung des Vollzugsziels angezeigt ist.
(4) Die Unterbringung soll zu einem Zeitpunkt erfolgen, der entweder den Abschluss der Behandlung zum voraussichtlichen Entlassungszeitpunkt erwarten lässt oder die Fortsetzung der Behandlung nach der Entlassung ermöglicht. Ist Sicherungsverwahrung angeordnet oder vorbehalten, soll die Unterbringung zu einem Zeitpunkt erfolgen, der den Abschluss der Behandlung noch während des Vollzugs der Freiheitsstrafe erwarten lässt.
(5) Die Unterbringung wird beendet, wenn das Ziel der Behandlung aus Gründen, die in der Person der Gefangenen liegen, nicht erreicht werden kann.

3 A 3, 3 A 12, 3 A 15, 3 A 16, 3 A 20, 3 A 21, 3 A 23, 15 B 30

§ 18 Psychotherapie

Psychotherapie im Vollzug dient insbesondere der Behandlung psychischer Störungen des Verhaltens und Erlebens, die in einem Zusammenhang mit der Straffälligkeit stehen. Sie wird durch systematische Anwendung psychologisch wissenschaftlich fundierter Methoden der Gesprächsführung mit einer oder mehreren Personen durchgeführt.

Abschnitt 5. Arbeitstherapeutische Maßnahmen, Arbeitstraining, schulische und berufliche Qualifizierungsmaßnahmen, Arbeit

§ 19 Arbeitstherapeutische Maßnahmen

Arbeitstherapeutische Maßnahmen dienen dazu, dass die Gefangenen Eigenschaften wie Selbstvertrauen, Durchhaltevermögen und Konzentrationsfähigkeit einüben, um sie stufenweise an die Grundanforderungen des Arbeitslebens heranzuführen.

4 Vorb. 5, 4 A 9

§ 20 Arbeitstraining

Arbeitstraining dient dazu, Gefangenen, die nicht in der Lage sind, einer regelmäßigen und erwerbsorientierten Beschäftigung nachzugehen, Fähigkeiten und Fertigkeiten zu vermitteln, die eine Eingliederung in das leistungsorientierte Arbeitsleben fördern. Die in der Anstalt dafür vorzuhaltenden Maßnahmen sind danach auszurichten, dass sie den Gefangenen für den Arbeitsmarkt relevante Qualifikationen vermitteln.

4 Vorb. 5, 4 A 9

§ 21 Schulische und berufliche Qualifizierungsmaßnahmen

(1) Schulische und berufliche Aus- und Weiterbildung und vorberufliche Qualifizierung im Vollzug (schulische und berufliche Qualifizierungsmaßnahmen) haben das Ziel, die Fähigkeiten der Gefangenen zur Eingliederung und zur Aufnahme einer Erwerbstätigkeit nach der Haftentlassung zu vermitteln, zu verbessern oder zu erhalten. Sie werden in der Regel als Vollzeitmaßnahme durchgeführt. Bei der Festlegung von Inhalten, Methoden und Organisationsformen der Bildungsangebote werden die Besonderheiten der jeweiligen Zielgruppe berücksichtigt.

(2) Berufliche Qualifizierungsmaßnahmen sind darauf auszurichten, den Gefangenen für den Arbeitsmarkt relevante Qualifikationen zu vermitteln.

(3) Geeigneten Gefangenen soll die Teilnahme an einer schulischen oder beruflichen Ausbildung ermöglicht werden, die zu einem anerkannten Abschluss führt.

(4) Bei der Vollzugsplanung ist darauf zu achten, dass die Gefangenen Qualifizierungsmaßnahmen während ihrer Haftzeit abschließen oder danach fortsetzen können. Können Maßnahmen während der Haftzeit nicht abgeschlossen werden, trägt die Anstalt in Zusammenarbeit mit außervollzuglichen Einrichtungen dafür Sorge, dass die begonnene Qualifizierungsmaßnahme nach der Haft fortgesetzt werden kann.

(5) Nachweise über schulische und berufliche Qualifizierungsmaßnahmen dürfen keinen Hinweis auf die Inhaftierung enthalten.

4 Vorb. 5, 4 A 6, 4 A 19, 4 A 21, 4 A 23, 4 A 24, 4 E 1, 4 E 3, 4 E 6, 4 E 9, 4 E 12, 4 E 17

§ 22 Arbeit

Die Aufnahme von Arbeit dient dazu, die Gefangenen an ein strukturiertes Arbeitsleben heranzuführen. Die Gefangenen sind anzuhalten, eine ihnen zugewiesene Arbeit, die ihren körperlichen Fähigkeiten entspricht, auszuüben. Es gelten die von der Anstalt festgelegten Arbeitsbedingungen. Die Arbeit darf nicht zur Unzeit niedergelegt werden. § 9 Absatz 2 bleibt unberührt.

4 Vorb. 5, 4 A 3, 4 A 6, 4 B 2, 4 B 22, 4 B 23

§ 23 Freies Beschäftigungsverhältnis, Selbstbeschäftigung

(1) Gefangenen, die zum Freigang (§ 38 Absatz 1 Nummer 4) zugelassen sind, soll gestattet werden, einer Arbeit, Berufsausbildung oder beruflichen Weiterbildung auf der Grundlage eines freien Beschäftigungsverhältnisses oder der Selbstbeschäftigung außerhalb der Anstalt nachzugehen, wenn die Beschäf-

tigungsstelle geeignet ist und nicht überwiegende Gründe des Vollzugs entgegenstehen. § 40 gilt entsprechend.

(2) Das Entgelt ist der Anstalt zur Gutschrift für die Gefangenen zu überweisen.

4 Vorb. 5, 4 G 7, 4 H 2, 4 H 10, 4 H 13, 4 H 14, 4 H 19, 4 H 28, 6 F 56

§ 24 Freistellung von der Arbeit

(1) Haben die Gefangenen ein halbes Jahr lang gearbeitet, so können sie beanspruchen, zehn Arbeitstage von der Arbeit freigestellt zu werden. Zeiten, in denen die Gefangenen infolge Krankheit an der Arbeitsleistung verhindert waren, werden auf das Halbjahr mit bis zu 15 Arbeitstagen angerechnet. Der Anspruch verfällt, wenn die Freistellung nicht innerhalb eines Jahres nach seiner Entstehung erfolgt ist.

(2) Auf die Zeit der Freistellung wird Langzeitausgang (§ 38 Absatz 1 Nummer 3) angerechnet, soweit er in die Arbeitszeit fällt. Gleiches gilt für einen Langzeitausgang nach § 39 Absatz 1, soweit er nicht wegen des Todes oder einer lebensgefährlichen Erkrankung naher Angehöriger erteilt worden ist.

(3) Die Gefangenen erhalten für die Zeit der Freistellung ihr Arbeitsentgelt weiter.

(4) Urlaubsregelungen freier Beschäftigungsverhältnisse bleiben unberührt.

(5) Für Maßnahmen nach § 21 Absatz 1 gelten die Absätze 1 bis 4 entsprechend, sofern diese den Umfang der regelmäßigen wöchentlichen Arbeitszeit erreichen.

4 Vorb. 5, 4 C 1, 4 C 3, 4 C 4, 4 C 5, 4 C 6, 4 C 7, 4 C 14, 4 C 16, 4 C 18, 4 C 23, 4 G 12

Abschnitt 6. Besuche, Telefongespräche, Schriftwechsel, andere Formen der Telekommunikation und Pakete

§ 25 Grundsatz

Die Gefangenen haben das Recht, mit Personen außerhalb der Anstalt im Rahmen der Bestimmungen dieses Gesetzes zu verkehren.

9 Vorb. 4

§ 26 Besuch

(1) Die Gefangenen dürfen regelmäßig Besuch empfangen. Die Gesamtdauer beträgt mindestens eine Stunde im Monat.

(2) Besuche von Angehörigen im Sinne von § 11 Absatz 1 Nummer 1 des Strafgesetzbuchs werden besonders unterstützt. Kontakte der Gefangenen zu ihren Kindern werden besonders gefördert. Die Anstaltsleitung kann über Absatz 1 hinausgehend Besuche zulassen, wenn sie zur Pflege der familiären Kontakte der Gefangenen geboten erscheinen.

(3) Besuche sollen darüber hinaus zugelassen werden, wenn sie die Eingliederung der Gefangenen fördern oder persönlichen, rechtlichen oder geschäftlichen Angelegenheiten dienen, die nicht von den Gefangenen schriftlich erledigt, durch Dritte wahrgenommen oder bis zur Entlassung aufgeschoben werden können.

(4) Die Anstaltsleitung kann über Absatz 1 hinausgehend mehrstündige, unbeaufsichtigte Besuche (Langzeitbesuche) zulassen, wenn dies zur Pflege der familiären, partnerschaftlichen oder ihnen gleichzusetzender Kontakte der Gefangenen geboten erscheint, die Gefangenen hierfür geeignet und die notwendigen baulichen Gegebenheiten geschaffen sind.

(5) Besuche von Verteidigerinnen beziehungsweise Verteidigern sowie von Rechtsanwältinnen beziehungsweise Rechtsanwälten und Notarinnen beziehungsweise Notaren in einer die Gefangenen betreffenden Rechtssache sind zu gestatten.

9 B 19, 9 B 24

§ 27 Untersagung der Besuche

Die Anstaltsleitung kann Besuche untersagen, wenn
1. die Sicherheit oder Ordnung der Anstalt gefährdet würde,
2. bei Personen, die nicht Angehörige der Gefangenen im Sinne von § 11 Absatz 1 Nummer 1 des Strafgesetzbuchs sind, zu befürchten ist, dass sie einen schädlichen Einfluss auf die Gefangenen haben oder die Erreichung des Vollzugsziels behindern, oder
3. bei Personen, die Opfer der Straftat waren, zu befürchten ist, dass die Begegnung mit den Gefangenen einen schädlichen Einfluss auf sie hat.

9 B 34, 9 B 47

§ 28 Durchführung der Besuche

(1) Aus Gründen der Sicherheit können Besuche davon abhängig gemacht werden, dass sich die Besucher mit technischen Hilfsmitteln absuchen oder durchsuchen lassen. Eine inhaltliche Überprüfung der von Verteidigerinnen beziehungsweise Verteidigern mitgeführten Schriftstücke und sonstigen Unterlagen ist nicht zulässig. § 34 Absatz 2 Satz 2 und 3 bleibt unberührt.

(2) Besuche werden regelmäßig beaufsichtigt. Über Ausnahmen entscheidet die Anstaltsleitung. Die Beaufsichtigung kann mit technischen Hilfsmitteln durchgeführt werden; die betroffenen Personen sind vorher darauf hinzuweisen.

(3) Besuche von Verteidigerinnen beziehungsweise von Verteidigern werden nicht beaufsichtigt.

(4) Besuche dürfen abgebrochen werden, wenn Besucher oder Gefangene gegen dieses Gesetz oder aufgrund dieses Gesetzes getroffene Anordnungen trotz Abmahnung verstoßen. Die Abmahnung unterbleibt, wenn es unerlässlich ist, den Besuch sofort abzubrechen.

(5) Gegenstände dürfen beim Besuch nicht übergeben werden. Dies gilt nicht für die bei dem Besuch der Verteidigerinnen beziehungsweise Verteidigern übergebenen Schriftstücke und sonstigen Unterlagen sowie für die bei dem Besuch von Rechtsanwältinnen beziehungsweise Rechtsanwälten oder Notarinnen beziehungsweise Notaren zur Erledigung einer die Gefangenen betreffenden Rechtssache übergebenen Schriftstücke und sonstigen Unterlagen. Bei dem Besuch von Rechtsanwältinnen beziehungsweise Rechtsanwälten oder Notarinnen beziehungsweise Notaren kann die Übergabe aus Gründen der Sicherheit oder Ordnung der Anstalt von der Erlaubnis der Anstaltsleitung abhängig gemacht werden. § 34 Absatz 2 Satz 2 und 3 bleibt unberührt.

(6) Die Anstaltsleitung kann im Einzelfall die Nutzung einer Trennvorrichtung anordnen, wenn dies zum Schutz von Personen oder zur Verhinderung einer Übergabe von Gegenständen erforderlich ist.

9 B 71, 9 B 80, 9 B 82

§ 29 Überwachung der Gespräche

(1) Gespräche dürfen nur überwacht werden, soweit es im Einzelfall wegen einer Gefährdung der Erreichung des Vollzugsziels oder aus Gründen der Sicherheit erforderlich ist. Die Überwachung kann mit technischen Hilfsmitteln durchgeführt werden; die betroffenen Personen sind vorher darauf hinzuweisen.

(2) Gespräche mit Verteidigerinnen beziehungsweise Verteidigern werden nicht überwacht.

9 B 78, 9 B 79

§ 30 Telefongespräche

(1) Den Gefangenen kann gestattet werden, Telefongespräche zu führen. Die Bestimmungen über den Besuch gelten entsprechend. Eine beabsichtigte Überwachung teilt die Anstalt den Gefangenen rechtzeitig vor Beginn des Telefongesprächs und den Gesprächspartnern der Gefangenen unmittelbar nach Herstellung der Verbindung mit.

(2) Die Kosten der Telefongespräche tragen die Gefangenen. Sind sie dazu nicht in der Lage, kann die Anstalt die Kosten in begründeten Fällen in angemessenem Umfang übernehmen.

9 D 12

§ 31 Schriftwechsel

(1) Die Gefangenen haben das Recht, Schreiben abzusenden und zu empfangen.

(2) Die Kosten des Schriftwechsels tragen die Gefangenen. Sind sie dazu nicht in der Lage, kann die Anstalt die Kosten in begründeten Fällen in angemessenem Umfang übernehmen.

9 C 1 ff

§ 32 Untersagung des Schriftwechsels

Die Anstaltsleitung kann den Schriftwechsel mit bestimmten Personen untersagen, wenn
1. die Sicherheit oder Ordnung der Anstalt gefährdet würde,
2. bei Personen, die nicht Angehörige der Gefangenen im Sinne von § 11 Absatz 1 Nummer 1 des Strafgesetzbuchs sind, zu befürchten ist, dass der Schriftwechsel einen schädlichen Einfluss auf die Gefangenen hat oder die Erreichung des Vollzugsziels behindert, oder
3. bei Personen, die Opfer der Straftat waren, zu befürchten ist, dass der Schriftwechsel mit den Gefangenen einen schädlichen Einfluss auf sie hat.

9 C 9, 9 C 13

§ 33 Sichtkontrolle, Weiterleitung und Aufbewahrung von Schreiben

(1) Die Gefangenen haben das Absenden und den Empfang von Schreiben durch die Anstalt vermitteln zu lassen, soweit nichts anderes gestattet ist. Ein- und ausgehende Schreiben sind unverzüglich weiterzuleiten.

(2) Ein- und ausgehende Schreiben werden auf verbotene Gegenstände kontrolliert.

(3) Die Gefangenen haben eingehende Schreiben unverschlossen zu verwahren, sofern nichts anderes gestattet wird. Sie können sie verschlossen zu ihrer Habe geben.

9 C 23

§ 34 Überwachung des Schriftwechsels

(1) Der Schriftwechsel darf nur überwacht werden, soweit es wegen einer Gefährdung der Erreichung des Vollzugsziels oder aus Gründen der Sicherheit erforderlich ist.

(2) Der Schriftwechsel der Gefangenen mit ihren Verteidigerinnen beziehungsweise Verteidigern wird nicht überwacht. Liegt dem Vollzug eine Straftat nach § 129a, auch in Verbindung mit § 129b Absatz 1 des Strafgesetzbuchs zugrunde, gelten § 148 Absatz 2 und § 148a der Strafprozessordnung entsprechend; dies gilt nicht, wenn die Gefangenen sich im offenen Vollzug befinden oder wenn ihnen Lockerungen nach § 38 gewährt worden sind und ein Grund, der die Anstaltsleitung zum Widerruf von Lockerungen ermächtigt, nicht vorliegt. Satz 2 gilt auch, wenn eine Freiheitsstrafe wegen einer Straftat nach § 129a, auch in Verbindung mit § 129b Absatz 1 des Strafgesetzbuchs erst im Anschluss an den Vollzug der Freiheitsstrafe, der eine andere Verurteilung zugrunde liegt, zu vollstrecken ist.

(3) Nicht überwacht werden ferner Schreiben der Gefangenen an Volksvertretungen des Bundes und der Länder sowie an deren Mitglieder, soweit die Schreiben an die Anschriften dieser Volksvertretungen gerichtet sind und den Absender zutreffend angeben. Entsprechendes gilt für Schreiben an das Europäische Parlament und dessen Mitglieder, den Europäischen Gerichtshof für Menschenrechte, den Europäischen Ausschuss zur Verhütung von Folter und unmenschlicher oder erniedrigender Behandlung oder Strafe, den Ausschuss der Vereinten Nationen gegen Folter, den zugehörigen Unterausschuss zur Verhütung von Folter und die entsprechenden Nationalen Präventionsmechanismen, die konsularische Vertretung ihres Heimatlandes und weitere Einrichtungen, mit denen der Schriftverkehr aufgrund völkerrechtlicher Verpflichtungen der Bundesrepublik Deutschland geschützt ist. Satz 1 gilt auch für den Schriftverkehr mit den Bürgerbeauftragten der Länder und den Datenschutzbeauftragten des Bundes und der Länder. Schreiben der in den Sätzen 1 bis 3 genannten Stellen, die an die Gefangenen gerichtet sind, werden nicht überwacht, sofern die Identität des Absenders zweifelsfrei feststeht.

9 C 23

§ 35 Anhalten von Schreiben

(1) Die Anstaltsleitung kann Schreiben anhalten, wenn
1. die Erreichung des Vollzugsziels oder die Sicherheit oder Ordnung der Anstalt gefährdet würde,
2. die Weitergabe in Kenntnis ihres Inhalts einen Straf- oder Bußgeldtatbestand verwirklichen würde,
3. sie grob unrichtige oder erheblich entstellende Darstellungen von Anstaltsverhältnissen oder grobe Beleidigungen enthalten,
4. sie die Eingliederung anderer Gefangener gefährden können oder
5. sie in Geheim- oder Kurzschrift, unlesbar, unverständlich oder ohne zwingenden Grund in einer fremden Sprache abgefasst sind.

(2) Ausgehenden Schreiben, die unrichtige Darstellungen enthalten, kann ein Begleitschreiben beigefügt werden, wenn die Gefangenen auf dem Absenden bestehen.

(3) Sind Schreiben angehalten worden, wird das den Gefangenen mitgeteilt. Angehaltene Schreiben werden an den Absender zurückgegeben oder, sofern dies unmöglich oder aus besonderen Gründen nicht angezeigt ist, verwahrt.

(4) Schreiben, deren Überwachung ausgeschlossen ist, dürfen nicht angehalten werden.

9 C 49 ff

§ 36 Andere Formen der Telekommunikation

Nach Zulassung anderer Formen der Telekommunikation im Sinne des Telekommunikationsgesetzes durch die Aufsichtsbehörde kann die Anstaltsleitung den Gefangenen gestatten, diese Formen auf ihre Kosten zu nutzen. Die Bestimmungen dieses Abschnitts gelten entsprechend.

5 A 31, 5 C 29, 5 C 36, 9 D 9

§ 37 Pakete

(1) Den Gefangenen kann gestattet werden, Pakete zu empfangen. Der Empfang von Paketen mit Nahrungs- und Genussmitteln ist untersagt. Die Anstalt kann Anzahl, Gewicht und Größe von Sendungen und einzelnen Gegenständen festsetzen. Über § 46 Absatz 1 Satz 2 hinaus kann sie Gegenstände und Verpackungsformen ausschließen, die einen unverhältnismäßigen Kontrollaufwand bedingen.

(2) Die Anstalt kann die Annahme von Paketen, deren Einbringung nicht gestattet ist oder die die Voraussetzungen des Absatzes 1 nicht erfüllen, ablehnen oder solche Pakete an den Absender zurücksenden.

(3) Pakete sind in Gegenwart der Gefangenen zu öffnen, an die sie adressiert sind. Mit nicht zugelassenen oder ausgeschlossenen Gegenständen ist gemäß § 49 Absatz 3 zu verfahren. Sie können auch auf Kosten der Gefangenen zurückgesandt werden.

(4) Der Empfang von Paketen kann vorübergehend versagt werden, wenn dies wegen der Gefährdung der Sicherheit oder Ordnung unerlässlich ist.

(5) Den Gefangenen kann gestattet werden, Pakete zu versenden. Der Inhalt kann aus Gründen der Sicherheit oder Ordnung überprüft werden.

(6) Die Kosten des Paketversandes tragen die Gefangenen. Sind sie dazu nicht in der Lage, kann die Anstalt die Kosten in begründeten Fällen in angemessenem Umfang übernehmen.

6 C 3, 9 E 1 ff

Abschnitt 7. Lockerungen und sonstige Aufenthalte außerhalb der Anstalt

§ 38 Lockerungen zur Erreichung des Vollzugsziels

(1) Aufenthalte außerhalb der Anstalt ohne Aufsicht (Lockerungen) können den Gefangenen zur Erreichung des Vollzugsziels gewährt werden, namentlich
1. das Verlassen der Anstalt für bis zu 24 Stunden in Begleitung einer von der Anstalt zugelassenen Person (Begleitausgang),
2. das Verlassen der Anstalt für bis zu 24 Stunden ohne Begleitung (unbegleiteter Ausgang),
3. das Verlassen der Anstalt für mehrere Tage (Langzeitausgang) und
4. die regelmäßige Beschäftigung außerhalb der Anstalt (Freigang).

(2) Die Lockerungen dürfen gewährt werden, wenn verantwortet werden kann zu erproben, dass die Gefangenen sich dem Vollzug der Freiheitsstrafe nicht entziehen oder die Lockerungen nicht zu Straftaten missbrauchen werden.

(3) Ein Langzeitausgang nach Absatz 1 Satz 1 Nummer 3 soll in der Regel erst gewährt werden, wenn die Gefangenen sich mindestens sechs Monate im Strafvollzug befunden haben. Zu lebenslanger Freiheitsstrafe verurteilte Strafgefangene können einen Langzeitausgang in der Regel erst erhalten, wenn sie sich einschließlich einer vorhergehenden Untersuchungshaft oder einer anderen Freiheitsentziehung zehn Jahre im Vollzug befunden haben oder wenn sie im offenen Vollzug untergebracht sind.

(4) Durch Lockerungen wird die Vollstreckung der Freiheitsstrafe nicht unterbrochen.

(5) Lockerungen sind ausgeschlossen bei Gefangenen,
1. gegen die während des laufenden Freiheitsentzuges eine Strafe vollzogen wurde oder zu vollziehen ist, welche gemäß § 74a Gerichtsverfassungsgesetz von der Strafkammer oder gemäß § 120 Gerichtsverfassungsgesetz vom Oberlandesgericht in ersten Rechtszug verhängt worden ist,
2. gegen die Untersuchungs-, Auslieferungs- oder Abschiebungshaft angeordnet ist,
3. gegen die eine vollziehbare Ausweisungsverfügung für das Bundesgebiet besteht und die aus der Haft abgeschoben werden sollen,
4. gegen die eine freiheitsentziehende Maßregel der Besserung und Sicherung oder eine sonstige Unterbringung gerichtlich angeordnet und noch nicht vollzogen ist.

In den Fällen des Satzes 1 Nummer 1, 3 und 4 sind Ausnahmen mit Zustimmung der Aufsichtsbehörde zulässig. In den Fällen des Satzes 1 Nummer 1 ist die Vollstreckungsbehörde und in den Fällen des Satzes 1 Nummer 4 das zuständige Gericht zu hören. In den Fällen des Satzes 1 Nummer 3 bedürfen Ausnahmen des Benehmens mit der zuständigen Ausländerbehörde.

(6) Ungeeignet für Lockerungen sind in der Regel namentlich Gefangene,
1. die erheblich suchtgefährdet sind,
2. die während des laufenden Freiheitsentzuges entwichen sind, eine Flucht versucht, einen Ausbruch unternommen oder sich an einer Gefangenenmeuterei beteiligt haben,

3. die aus Lockerungen nicht freiwillig zurückgekehrt sind oder bei denen zureichende tatsächliche Anhaltspunkte dafür gegeben sind, dass sie während Lockerungen eine strafbare Handlung begangen haben,
4. gegen die ein Ausweisungs-, Auslieferungs-, Ermittlungs- oder Strafverfahren anhängig ist,
5. bei denen zu befürchten ist, dass sie einen negativen Einfluss ausüben, insbesondere die Erreichung des Vollzugszieles bei anderen Gefangenen gefährden würden.

Ausnahmen können zugelassen werden, wenn besondere Umstände vorliegen; die Gründe hierfür sind aktenkundig zu machen. In den Fällen des Satzes 1 Nummer 4 ist die zuständige Behörde zu hören.

4 H 13, 10 B 1, 10 B 3, 10 B 4, 10 C 1, 10 C 2, 10 C 3, 10 C 11, 10 C 12, 10 C 17, 10 C 18, 10 C 20, 10 C 25, 10 C 26, 10 C 35, 10 C 38, 10 C 46, 10 C 48, 10 C 49, 10 C 57, 10 C 58, 10 C 59, 10 C 60, 10 C 61, 10 C 62, 10 C 63, 10 C 64, 10 C 65, 10 C 66, 10 C 68, 10 D 3, 10 D 9, 10 E 4, 10 E 9

§ 39 Lockerungen aus sonstigen Gründen

(1) Lockerungen können auch aus wichtigem Anlass gewährt werden. Wichtige Anlässe sind insbesondere die Teilnahme an gerichtlichen Terminen, die medizinische Behandlung der Gefangenen sowie der Tod oder eine lebensgefährliche Erkrankung naher Angehöriger der Gefangenen.

(2) § 38 Absatz 2 und 4 gilt entsprechend.

10 B 1, 10 D 3, 10 D 4, 10 D 9

§ 40 Weisungen für Lockerungen

Für Lockerungen sind die nach den Umständen des Einzelfalles erforderlichen Weisungen zu erteilen. Bei der Ausgestaltung der Lockerungen ist nach Möglichkeit auch den Belangen des Opfers Rechnung zu tragen.

10 B 1, 1 D 24, 4 H 14, 10 D 9, 10 E 1, 10 E 3, 10 E 10, 10 E 11

§ 41 Ausführung, Außenbeschäftigung, Vorführung, Ausantwortung

(1) Den Gefangenen kann das Verlassen der Anstalt unter ständiger und unmittelbarer Aufsicht gestattet werden, wenn dies aus besonderen Gründen notwendig ist (Ausführung). Die Gefangenen können auch gegen ihren Willen ausgeführt werden. Liegt die Ausführung ausschließlich im Interesse der Gefangenen, können ihnen die Kosten auferlegt werden, soweit dies die Behandlung oder die Eingliederung nicht behindert.

(2) Den Gefangenen kann gestattet werden, außerhalb der Anstalt einer regelmäßigen Beschäftigung unter ständiger Aufsicht oder unter Aufsicht in unregelmäßigen Abständen (Außenbeschäftigung) nachzugehen. § 38 Absatz 2 gilt entsprechend.

(3) Auf Ersuchen eines Gerichts werden Gefangene vorgeführt, sofern ein Vorführungsbefehl vorliegt.

(4) Gefangene dürfen befristet dem Gewahrsam eines Gerichts, einer Staatsanwaltschaft oder einer Polizei-, Zoll- oder Finanzbehörde auf Antrag überlassen werden (Ausantwortung).

10 C 7, 10 C 8, 10 C 10, 10 C 38, 10 C 50, 10 D 3, 10 D 10, 10 D 11, 10 D 12, 10 D 14, 10 D 15, 10 E 3

Abschnitt 8. Vorbereitung der Eingliederung, Entlassung und nachgehende Betreuung

§ 42 Vorbereitung der Eingliederung

(1) Die Maßnahmen zur sozialen und beruflichen Eingliederung sind auf den Zeitpunkt der voraussichtlichen Entlassung in die Freiheit abzustellen. Die Gefangenen sind bei der Ordnung ihrer persönlichen, wirtschaftlichen und sozialen Angelegenheiten zu unterstützen. Dies umfasst die Vermittlung in nachsorgende Maßnahmen, die in enger Abstimmung mit dem Kompetenzzentrum der Justiz für ambulante Resozialisierung und Opferhilfe erfolgt.

(2) Die Anstalt arbeitet frühzeitig mit Personen und Einrichtungen außerhalb des Vollzugs zusammen, insbesondere um zu erreichen, dass die Gefangenen nach ihrer Entlassung über eine geeignete Unterbringung und eine Arbeits- oder Ausbildungsstelle verfügen. Bewährungshilfe und Führungsaufsicht beteiligen sich frühzeitig an der sozialen und beruflichen Eingliederung der Gefangenen.

(3) Den Gefangenen können Aufenthalte in Einrichtungen außerhalb des Vollzugs (Übergangseinrichtungen) gewährt werden, wenn dies zur Vorbereitung der Eingliederung erforderlich ist. Haben sich die Gefangenen mindestens sechs Monate im Vollzug befunden, kann ihnen auch ein zusammenhängen-

Anhang

der Langzeitausgang bis zu sechs Monaten gewährt werden, wenn dies zur Vorbereitung der Eingliederung erforderlich ist. § 38 Absatz 2 und 4 sowie § 40 gelten entsprechend.

(4) In einem Zeitraum von sechs Monaten vor der voraussichtlichen Entlassung sollen den Gefangenen die zur Vorbereitung der Eingliederung erforderlichen Lockerungen gewährt werden, sofern nicht mit hoher Wahrscheinlichkeit zu erwarten ist, dass die Gefangenen sich dem Vollzug der Freiheitsstrafe entziehen oder die Lockerungen zu Straftaten missbrauchen werden.

3 C 1, 3 C 2, 3 C 3, 3 C 5, 3 C 6, 4 J 2, 7 A 1, 7 B 6, 7 D 8, 10 B 5, 10 G 2, 10 H 4, 10 H 6, 10 H 9, 10 H 10, 10 H 12, 13 A 2, 13 I 5, 13 I 6

§ 43 Entlassung

(1) Die Gefangenen sollen am letzten Tag ihrer Strafzeit möglichst frühzeitig, jedenfalls noch am Vormittag, entlassen werden.

(2) Fällt das Strafende auf einen Sonnabend oder Sonntag, einen gesetzlichen Feiertag, den ersten Werktag nach Ostern oder Pfingsten oder in die Zeit vom 22. Dezember bis zum 6. Januar, so können die Gefangenen an dem diesem Tag oder Zeitraum vorhergehenden Werktag entlassen werden, wenn dies gemessen an der Dauer der Strafzeit vertretbar ist und fürsorgerische Gründe nicht entgegenstehen.

(3) Der Entlassungszeitpunkt kann bis zu zwei Tage vorverlegt werden, wenn die Gefangenen zu ihrer Eingliederung hierauf dringend angewiesen sind.

(4) Bedürftigen Gefangenen kann eine Entlassungsbeihilfe in Form eines Reisekostenzuschusses, angemessener Kleidung oder einer sonstigen notwendigen Unterstützung gewährt werden.

7 E 1, 10 G 2, 10 I 2, 10 I 4, 10 I 5, 10 I 8

§ 44 Nachgehende Betreuung

Mit Zustimmung der Anstaltsleitung können Bedienstete an der nachgehenden Betreuung Entlassener mit deren Einverständnis mitwirken, wenn ansonsten die Eingliederung gefährdet wäre. Die nachgehende Betreuung kann auch außerhalb der Anstalt erfolgen. In der Regel ist sie auf die ersten sechs Monate nach der Entlassung beschränkt.

3 E 2, 3 E 5, 3 E 6, 3 E 7, 7 D 23, 10 G 2

§ 45 Verbleib oder Aufnahme auf freiwilliger Grundlage

(1) Sofern es die Belegungssituation zulässt, können die Gefangenen auf Antrag ausnahmsweise vorübergehend in der Anstalt verbleiben oder wieder aufgenommen werden, wenn die Eingliederung gefährdet und ein Aufenthalt in der Anstalt aus diesem Grunde gerechtfertigt ist. Die Unterbringung erfolgt auf vertraglicher Basis.

(2) Gegen die in der Anstalt untergebrachten Entlassenen dürfen Maßnahmen des Vollzugs nicht mit unmittelbarem Zwang durchgesetzt werden.

(3) Bei Störung des Anstaltsbetriebes durch die Entlassenen oder aus vollzugsorganisatorischen Gründen kann die Unterbringung jederzeit beendet werden.

3 D 2, 3 D 3, 3 D 4, 3 D 6, 3 D 7, 3 D 8, 10 G 2

Abschnitt 9. Grundversorgung und Freizeit

§ 46 Einbringen von Gegenständen

(1) Gegenstände dürfen durch oder für die Gefangenen nur mit Zustimmung der Anstalt eingebracht werden. Die Anstalt kann die Zustimmung verweigern, wenn die Gegenstände geeignet sind, die Sicherheit oder Ordnung der Anstalt oder die Erreichung des Vollzugsziels zu gefährden oder ihre Aufbewahrung nach Art oder Umfang offensichtlich nicht möglich ist.

(2) Das Einbringen von Nahrungs- und Genussmitteln ist nicht gestattet. Die Anstaltsleitung kann eine abweichende Regelung treffen.

6 C 11, 11 C 2, 11 C 10

§ 47 Gewahrsam an Gegenständen

(1) Die Gefangenen dürfen Gegenstände nur mit Zustimmung der Anstalt in Gewahrsam haben, annehmen oder abgeben.

(2) Ohne Zustimmung dürfen sie Gegenstände von geringem Wert an andere Gefangene weitergeben und von anderen Gefangenen annehmen; die Abgabe und Annahme dieser Gegenstände und der Gewahrsam daran können von der Zustimmung der Anstalt abhängig gemacht werden.

11 C 2, 11 C 3, 11 C 12

§ 48 Ausstattung des Haftraums

Die Gefangenen dürfen ihren Haftraum in angemessenem Umfang mit eigenen Gegenständen ausstatten oder diese dort aufbewahren. Gegenstände, die geeignet sind, die Sicherheit oder Ordnung der Anstalt, insbesondere die Übersichtlichkeit des Haftraumes, oder die Erreichung des Vollzugsziels zu gefährden, dürfen nicht in den Haftraum eingebracht werden oder werden daraus entfernt.

2 F 1, 2 F 8, 2 F 9, 2 F 10, 2 F 12, 2 F 16, 2 F 17, 5 C 12, 5 C 14, 5 C 17, 5 C 18, 5 C 36, 5 D 6, 5 D 11, 5 D 14, 5 D 20, 5 D 21, 5 D 28

§ 49 Aufbewahrung und Vernichtung von Gegenständen

(1) Gegenstände, die die Gefangenen nicht im Haftraum aufbewahren dürfen oder wollen, werden von der Anstalt aufbewahrt, soweit dies nach Art und Umfang möglich ist.

(2) Den Gefangenen wird Gelegenheit gegeben, ihre Gegenstände, die sie während des Vollzugs und für ihre Entlassung nicht benötigen, zu versenden. § 37 Absatz 6 gilt entsprechend.

(3) Werden Gegenstände, deren Aufbewahrung nach Art oder Umfang nicht möglich ist, von den Gefangenen trotz Aufforderung nicht aus der Anstalt verbracht, so darf die Anstalt diese Gegenstände auf Kosten der Gefangenen außerhalb der Anstalt verwahren, verwerten oder vernichten. Für die Voraussetzungen und das Verfahren der Verwertung und Vernichtung gelten die §§ 22 bis 24 des Saarländischen Polizeigesetzes entsprechend.

(4) Aufzeichnungen und andere Gegenstände, die Kenntnisse über Sicherungsvorkehrungen der Anstalt vermitteln oder Schlussfolgerungen auf diese zulassen, dürfen vernichtet oder unbrauchbar gemacht werden.

11 C 2, 11 C 13, 11 C 14, 11 C 15, 11 C 16

§ 50 Zeitungen und Zeitschriften, religiöse Schriften und Gegenstände

(1) Die Gefangenen dürfen auf eigene Kosten Zeitungen und Zeitschriften in angemessenem Umfang durch Vermittlung der Anstalt beziehen. Ausgeschlossen sind lediglich Zeitungen und Zeitschriften, deren Verbreitung mit Strafe oder Geldbuße bedroht ist. Einzelne Ausgaben können den Gefangenen vorenthalten oder entzogen werden, wenn deren Inhalte die Erreichung des Vollzugsziels oder die Sicherheit oder Ordnung der Anstalt erheblich gefährden würden.

(2) Die Gefangenen dürfen grundlegende religiöse Schriften sowie in angemessenem Umfang Gegenstände des religiösen Gebrauchs besitzen. Diese dürfen den Gefangenen nur bei grobem Missbrauch entzogen werden.

5 B 5, 5 B 6, 5 B 11, 5 B 12, 5 B 13, 5 B 14, 5 B 15, 5 B 20, 5 B 21, 5 B 23, 5 B 24, 8 A 21, 8 A 22, 8 A 23

§ 51 Rundfunk, Informations- und Unterhaltungselektronik

(1) Der Zugang zum Rundfunk ist zu ermöglichen. Der Rundfunkempfang kann vorübergehend ausgesetzt oder einzelnen Gefangenen untersagt werden, wenn dies zur Aufrechterhaltung der Sicherheit oder Ordnung der Anstalt unerlässlich ist.

(2) Eigene Hörfunk- und Fernsehgeräte werden zugelassen, wenn nicht Gründe des § 48 Satz 2 entgegenstehen. Andere Geräte der Informations- und Unterhaltungselektronik können unter diesen Voraussetzungen zugelassen werden. Die Gefangenen können auf Mietgeräte oder auf ein Haftraummediensystem verwiesen werden. § 36 bleibt unberührt.

5 C 4, 5 C 6, 5 C 10, 5 C 12, 5 C 14, 5 C 17, 5 C 18, 5 C 22, 5 C 26, 5 C 28, 5 C 29, 5 C 36, 5 D 10

§ 52 Kleidung

(1) Die Gefangenen tragen Anstaltskleidung.

(2) Die Anstaltsleitung kann eine abweichende Regelung treffen. Für Reinigung und Instandsetzung eigener Kleidung haben die Gefangenen auf ihre Kosten zu sorgen.

6 A 1, 6 A 5, 6 A 7

§ 53 Verpflegung und Einkauf

(1) Zusammensetzung und Nährwert der Anstaltsverpflegung entsprechen den Anforderungen an eine gesunde Ernährung und werden ärztlich überwacht. Auf ärztliche Anordnung wird besondere Verpflegung gewährt. Den Gefangenen ist zu ermöglichen, Speisevorschriften ihrer Religionsgemeinschaft zu befolgen.

(2) Den Gefangenen wird ermöglicht einzukaufen. Die Anstalt wirkt auf ein Angebot hin, das auf Wünsche und Bedürfnisse der Gefangenen Rücksicht nimmt. Das Verfahren des Einkaufs regelt die Anstaltsleitung. Nahrungs-, Genuss- und Körperpflegemittel können nur vom Haus- und Taschengeld, andere Gegenstände in angemessenen Umfang auch vom Eigengeld eingekauft werden.

4 I 111, 4 I 112, 6 B 4, 6 B 6, 6 B 9, 6 B 10, 6 C 5, 6 C 6, 6 C 7, 6 C 10, 11 C 17

§ 54 Freizeit

(1) Zur Ausgestaltung der Freizeit hat die Anstalt insbesondere Angebote zur sportlichen und kulturellen Betätigung und Bildungsangebote vorzuhalten. Die Anstalt stellt eine angemessen ausgestattete Bücherei zur Verfügung.

(2) Die Gefangenen sind zur Teilnahme und Mitwirkung an Angeboten der Freizeitgestaltung zu motivieren und anzuleiten.

5 A 8, 5 A 9, 5 A 12, 5 A 18, 5 A 19, 5 A 24, 5 A 25, 5 A 26, 5 A 30, 5 A 32, 5 A 38

Abschnitt 10. Vergütung, Gelder der Gefangenen und Kosten

§ 55 Vergütung

(1) Die Gefangenen erhalten eine Vergütung in Form von
1. Ausbildungsbeihilfe für die Teilnahme an Maßnahmen nach § 9 Absatz 1 Satz 1 Nummer 11 und 12 oder
2. Arbeitsentgelt für Arbeit nach § 9 Absatz 1 Satz 1 Nummer 13.

(2) Der Bemessung der Vergütung sind 9 Prozent der Bezugsgröße nach § 18 des Vierten Buches Sozialgesetzbuch zugrunde zu legen (Eckvergütung). Ein Tagessatz ist der 250. Teil der Eckvergütung; die Vergütung kann nach einem Stundensatz bemessen werden.

(3) Die Vergütung kann je nach Art der Maßnahme und Leistung der Gefangenen gestuft werden. Sie beträgt mindestens 75 Prozent der Eckvergütung und kann nach einem Stundensatz bemessen werden. Das Ministerium der Justiz wird ermächtigt, in einer Rechtsverordnung Vergütungsstufen zu bestimmen.

(4) Soweit Beiträge zur Bundesagentur für Arbeit zu entrichten sind, kann vom Arbeitsentgelt oder der Ausbildungsbeihilfe ein Betrag einbehalten werden, der dem Anteil der Gefangenen am Beitrag entsprechen würde, wenn sie diese Vergütung als Arbeitnehmer erhielten.

(5) Die Höhe der Vergütung ist den Gefangenen schriftlich bekannt zu geben.

(6) Die Gefangenen, die an einer Maßnahme nach § 21 teilnehmen, erhalten hierfür nur eine Ausbildungsbeihilfe, soweit kein Anspruch auf Leistungen zum Lebensunterhalt besteht, die außerhalb des Vollzugs aus solchem Anlass gewährt werden.

4 Vorb. 5, 4 D 6, 4 D 9, 4 D 10, 4 D 11, 4 D 12, 4 D 19, 4 D 21, 4 D 22, 4 D 25, 4 D 26, 4 D 72, 4 G 2, 4 G 3, 4 G 7, 4 G 8, 4 G 10, 4 G 11, 4 I 23, 4 I 133, 6 F 56

§ 56 Eigengeld

(1) Das Eigengeld besteht aus den Beträgen, die die Gefangenen bei Strafantritt in die Anstalt mitbringen und die sie während der Haftzeit erhalten, und den Teilen der Vergütung, die nicht als Hausgeld oder Haftkostenbeitrag in Anspruch genommen werden.

(2) Die Gefangenen können über das Eigengeld verfügen. § 53 Absatz 2, § 59 und § 60 bleiben unberührt.

4 Vorb. 5, 4 I 101, 4 I 102, 4 I 103, 4 I 112, 11 C 17

§ 57 Taschengeld

(1) Bedürftigen Gefangenen wird auf Antrag Taschengeld gewährt. Bedürftig sind Gefangene, soweit ihnen aus Hausgeld (§ 59) und Eigengeld (§ 56) monatlich ein Betrag bis zur Höhe des Taschengelds voraussichtlich nicht zur Verfügung steht.

(2) Gefangene gelten für die Dauer von bis zu drei Monaten nicht als bedürftig, wenn ihnen ein Betrag nach Absatz 1 Satz 2 deshalb nicht zur Verfügung steht, weil sie eine ihnen angebotene zumutbare Arbeit nicht angenommen haben oder eine ausgeübte Arbeit verschuldet verloren haben.

(3) Das Taschengeld beträgt 14 Prozent der Eckvergütung (§ 55 Absatz 2). Es wird zu Beginn des Monats im Voraus gewährt. Gehen den Gefangenen im Laufe des Monats Gelder zu, wird zum Ausgleich ein Betrag bis zur Höhe des gewährten Taschengeldes einbehalten.

(4) Die Gefangenen dürfen über das Taschengeld im Rahmen der Bestimmungen dieses Gesetzes verfügen. Es wird dem Hausgeldkonto gutgeschrieben.

4 Vorb. 5, 4 I 3, 4 I 5, 4 I 9, 4 I 10, 4 I 16, 4 I 17, 4 I 18, 4 I 19, 4 I 23, 4 I 116

§ 58 Konten, Bargeld

(1) Gelder der Gefangenen werden auf Hausgeld- und Eigengeldkonten in der Anstalt geführt.

(2) Der Besitz von Bargeld in der Anstalt ist den Gefangenen nicht gestattet. Über Ausnahmen entscheidet die Anstaltsleitung.

(3) Geld in Fremdwährung wird zur Habe genommen.

4 Vorb. 5, 4 I 104, 4 I 116, 4 I 117, 4 I 120

§ 59 Hausgeld

(1) Das Hausgeld wird aus drei Siebteln der in diesem Gesetz geregelten Vergütung gebildet.

(2) Für Gefangene, die aus einem freien Beschäftigungsverhältnis, aus einer Selbstbeschäftigung oder anderweitig regelmäßige Einkünfte haben, wird daraus ein angemessenes monatliches Hausgeld festgesetzt.

(3) Für Gefangene, die über Eigengeld (§ 56) verfügen und keine hinreichende Vergütung nach diesem Gesetz erhalten, gilt Absatz 2 entsprechend.

(4) Die Gefangenen dürfen über das Hausgeld im Rahmen der Bestimmungen dieses Gesetzes verfügen. Der Anspruch auf Auszahlung ist nicht übertragbar.

4 Vorb. 5, 4 I 23, 4 I 25, 4 I 27, 4 I 28, 6 C 4, 12 P 8

§ 60 Zweckgebundene Einzahlungen

Für Maßnahmen der Eingliederung, insbesondere Kosten der Gesundheitsfürsorge und der Aus- und Fortbildung, und für Maßnahmen der Pflege sozialer Beziehungen, insbesondere Telefonkosten und Fahrtkosten anlässlich Lockerungen, kann zweckgebunden Geld eingezahlt werden. Das Geld darf nur für diese Zwecke verwendet werden. Der Anspruch auf Auszahlung ist nicht übertragbar.

4 Vorb. 5, 4 I 12, 4 I 126, 4 I 127

§ 61 Haftkostenbeitrag, Kostenbeteiligung

(1) Die Anstalt erhebt von Gefangenen, die sich in einem freien Beschäftigungsverhältnis befinden, sich selbst beschäftigen oder über anderweitige regelmäßige Einkünfte verfügen, für diese Zeit einen Haftkostenbeitrag. Von Gefangenen, die sich selbst beschäftigen, kann der Haftkostenbeitrag monatlich im Voraus ganz oder teilweise gefordert werden. Vergütungen nach diesem Gesetz bleiben unberücksichtigt. Den Gefangenen muss täglich ein Tagessatz gemäß § 55 Absatz 2 Satz 2 verbleiben. Von der Geltendmachung des Anspruchs ist abzusehen, soweit die Wiedereingliederung der Gefangenen hierdurch gefährdet würde.

(2) Der Haftkostenbeitrag wird in Höhe des Betrages erhoben, der nach § 17 Absatz 1 Nummer 4 des Vierten Buches Sozialgesetzbuch durchschnittlich zur Bewertung der Sachbezüge festgesetzt ist. Bei Selbstverpflegung entfallen die für die Verpflegung vorgesehenen Beträge. Für den Wert der Unterkunft ist die festgesetzte Belegungsfähigkeit maßgebend.

(3) Die Gefangenen können an den Betriebskosten der in ihrem Gewahrsam befindlichen Geräte beteiligt werden.

4 Vorb. 5, 4 H 25, 4 H 29, 4 I 41, 4 I 43, 4 I 45, 4 I 47, 4 I 49, 4 I 50, 4 I 52, 4 I 56, 5 C 32, 5 C 36

Abschnitt 11. Gesundheitsfürsorge

§ 62 Art und Umfang der medizinischen Leistungen, Kostenbeteiligung

(1) Die Gefangenen haben einen Anspruch auf notwendige, ausreichende und zweckmäßige medizinische Leistungen unter Beachtung des Grundsatzes der Wirtschaftlichkeit und unter Berücksichtigung

des allgemeinen Standards der gesetzlichen Krankenversicherung. Der Anspruch umfasst auch Vorsorgeleistungen, ferner die Versorgung mit medizinischen Hilfsmitteln, soweit diese mit Rücksicht auf die Dauer des Freiheitsentzugs nicht ungerechtfertigt ist und die Hilfsmittel nicht als allgemeine Gebrauchsgegenstände des täglichen Lebens anzusehen sind.

(2) An den Kosten nach Absatz 1 können die Gefangenen in angemessenem Umfang beteiligt werden, höchstens jedoch bis zum Umfang der Beteiligung vergleichbarer gesetzlich Versicherter. Für Leistungen, die über Absatz 1 hinausgehen, können den Gefangenen die gesamten Kosten auferlegt werden.

(3) Erhalten Gefangene Leistungen nach Absatz 1 infolge einer mutwilligen Selbstverletzung, sind sie in angemessenem Umfang an den Kosten zu beteiligen. Die Kostenbeteiligung unterbleibt, wenn hierdurch die Erreichung des Vollzugsziels, insbesondere die Eingliederung der Gefangenen, gefährdet würde.

4 I 55, 6 E 1, 6 E 3, 6 F 1, 6 F 18, 6 F 19, 6 F 20, 6 F 23, 6 F 25, 6 F 28, 6 F 35, 11 J 17

§ 63 Durchführung der medizinischen Leistungen, Forderungsübergang

(1) Medizinische Diagnose, Behandlung und Versorgung kranker und hilfsbedürftiger Gefangener erfolgen in der Anstalt, erforderlichenfalls in einer hierfür besser geeigneten Anstalt oder einem Vollzugskrankenhaus, ausnahmsweise auch außerhalb des Vollzugs.

(2) Wird die Strafvollstreckung während einer Behandlung von Gefangenen unterbrochen oder beendet, so hat das Land nur diejenigen Kosten zu tragen, die bis zur Unterbrechung oder Beendigung der Strafvollstreckung angefallen sind.

(3) Gesetzliche Schadensersatzansprüche, die Gefangenen infolge einer Körperverletzung gegen Dritte zustehen, gehen insoweit auf das Land über, als den Gefangenen Leistungen nach § 62 Absatz 1 zu gewähren sind. Von der Geltendmachung der Ansprüche ist im Interesse Gefangener abzusehen, wenn hierdurch die Erreichung des Vollzugsziels, insbesondere die Eingliederung, gefährdet würde.

6 F 58, 6 F 59, 6 F 61, 6 F 65, 6 F 71, 11 J 19

§ 64 Ärztliche Behandlung zur sozialen Eingliederung

Mit Zustimmung der Gefangenen soll die Anstalt ärztliche Behandlungen, insbesondere Operationen oder prothetische Maßnahmen, durchführen lassen, die die soziale Eingliederung fördern. Die Kosten tragen die Gefangenen. Sind sie dazu nicht in der Lage, kann die Anstalt die Kosten in begründeten Fällen in angemessenem Umfang übernehmen.

4 I 55, 6 F 41, 6 F 42, 6 F 48, 6 F 50

§ 65 Gesundheitsschutz und Hygiene

(1) Die Anstalt unterstützt die Gefangenen bei der Wiederherstellung und Erhaltung ihrer körperlichen, geistigen und seelischen Gesundheit. Sie fördert das Bewusstsein für gesunde Ernährung und Lebensführung. Die Gefangenen haben die notwendigen Anordnungen zum Gesundheitsschutz und zur Hygiene zu befolgen.

(2) Den Gefangenen wird ermöglicht, sich täglich mindestens eine Stunde im Freien aufzuhalten.

6 D 1, 6 D 17, 6 D 24, 6 G 1, 6 G 6

§ 66 Krankenbehandlung während Lockerungen

(1) Während Lockerungen haben die Gefangenen einen Anspruch auf medizinische Leistungen gegen das Land nur in der für sie zuständigen Anstalt. § 39 bleibt unberührt.

(2) Der Anspruch auf Leistungen ruht, solange die Gefangenen aufgrund eines freien Beschäftigungsverhältnisses krankenversichert sind.

4 H 5, 6 F 51, 6 F 55

§ 67 Zwangsmaßnahmen auf dem Gebiet der Gesundheitsfürsorge

(1) Medizinische Untersuchung und Behandlung sowie Ernährung sind zwangsweise nur bei Lebensgefahr, bei schwerwiegender Gefahr für die Gesundheit der Gefangenen oder bei Gefahr für die Gesundheit anderer Personen zulässig; die Maßnahmen müssen für die Beteiligten zumutbar und dürfen nicht mit erheblicher Gefahr für Leben oder Gesundheit der Gefangenen verbunden sein. Zur Durchführung der Maßnahmen ist die Anstalt nicht verpflichtet, solange von einer freien Willensbestimmung der Gefangenen ausgegangen werden kann.

(2) Zum Gesundheitsschutz und zur Hygiene ist die zwangsweise körperliche Untersuchung außer im Fall des Absatzes 1 zulässig, wenn sie nicht mit einem körperlichen Eingriff verbunden ist.

(3) Die Maßnahmen dürfen nur von der Anstaltsleitung auf der Grundlage einer ärztlichen Stellungnahme angeordnet werden. Durchführung und Überwachung unterstehen ärztlicher Leitung. Unberührt bleibt die Leistung Erster Hilfe für den Fall, dass eine Ärztin oder ein Arzt nicht rechtzeitig erreichbar und mit einem Aufschub Lebensgefahr verbunden ist.

11 K 5, 11 L 1, 11 L 3, 11 L 7, 11 L 13, 11 L 14, 11 L 15,
11 L 20

§ 68 Benachrichtigungspflicht
Erkranken Gefangene schwer oder versterben sie, werden die Angehörigen benachrichtigt. Dem Wunsch der Gefangenen, auch andere Personen zu benachrichtigen, soll nach Möglichkeit entsprochen werden.

6 H 1, 6 H 2

Abschnitt 12. Religionsausübung

§ 69 Seelsorge
Den Gefangenen darf religiöse Betreuung durch eine Seelsorgerin oder einen Seelsorger ihrer Religionsgemeinschaft nicht versagt werden. Auf Wunsch ist ihnen zu helfen, mit einer Seelsorgerin oder einem Seelsorger in Verbindung zu treten.

8 A 14, 8 A 19

§ 70 Religiöse Veranstaltungen
(1) Die Gefangenen haben das Recht, am Gottesdienst und an anderen religiösen Veranstaltungen ihres Bekenntnisses teilzunehmen.

(2) Die Zulassung zu Gottesdiensten oder religiösen Veranstaltungen einer anderen Religionsgemeinschaft bedarf der Zustimmung der Seelsorgerin oder des Seelsorgers der Religionsgemeinschaft.

(3) Gefangene können von der Teilnahme am Gottesdienst oder anderen religiösen Veranstaltungen ausgeschlossen werden, wenn dies aus überwiegenden Gründen der Sicherheit oder Ordnung geboten ist; die Seelsorgerin oder der Seelsorger soll vorher gehört werden.

8 B 1, 8 B 18, 8 B 22

§ 71 Weltanschauungsgemeinschaften
Für Angehörige weltanschaulicher Bekenntnisse gelten § 50 Absatz 2, § 69 und § 70 entsprechend.

8 C 1 ff

Abschnitt 13. Sicherheit und Ordnung

§ 72 Grundsatz
(1) Sicherheit und Ordnung der Anstalt bilden die Grundlage des auf die Erreichung des Vollzugsziels ausgerichteten Anstaltslebens und tragen dazu bei, dass in der Anstalt ein gewaltfreies Klima herrscht.

(2) Die Pflichten und Beschränkungen, die den Gefangenen zur Aufrechterhaltung der Sicherheit oder Ordnung der Anstalt auferlegt werden, sind so zu wählen, dass sie in einem angemessenen Verhältnis zu ihrem Zweck stehen und die Gefangenen nicht mehr und nicht länger als notwendig beeinträchtigen.

11 A 4, 11 A 6, 11 A 9, 11 I 4

§ 73 Allgemeine Verhaltenspflichten, Lichtbildausweise
(1) Die Gefangenen sind für das geordnete Zusammenleben in der Anstalt mitverantwortlich und müssen mit ihrem Verhalten dazu beitragen. Ihr Bewusstsein hierfür ist zu entwickeln und zu stärken. Die Gefangenen sind zu einvernehmlicher Streitbeilegung zu befähigen.

(2) Die Gefangenen haben die Anordnungen der Bediensteten zu befolgen, auch wenn sie sich durch diese beschwert fühlen.

(3) Die Gefangenen haben ihren Haftraum und die ihnen von der Anstalt überlassenen Sachen in Ordnung zu halten und schonend zu behandeln.

Anhang

(4) Die Gefangenen haben Umstände, die eine Gefahr für das Leben oder eine erhebliche Gefahr für die Gesundheit einer Person bedeuten, unverzüglich zu melden.

(5) Die Anstalt kann die Gefangenen verpflichten, einen Lichtbildausweis mit sich zu führen, wenn dies aus Gründen der Sicherheit oder Ordnung der Anstalt erforderlich ist. Dieser ist bei der Entlassung oder bei der Verlegung in eine andere Anstalt einzuziehen und zu vernichten.

11 A 4, 11 A 7, 11 B 1, 11 B 5, 11 B 6, 11 B 8, 11 B 9, 11 F 3

§ 74 Absuchung, Durchsuchung

(1) Die Gefangenen, ihre Sachen und die Haftträume dürfen mit technischen Mitteln oder sonstigen Hilfsmitteln abgesucht und durchsucht werden. Die Durchsuchung männlicher Gefangener darf nur von Männern, die Durchsuchung weiblicher Gefangener darf nur von Frauen vorgenommen werden. Das Schamgefühl ist zu schonen.

(2) Nur bei Gefahr im Verzug oder auf Anordnung der Anstaltsleitung im Einzelfall ist es zulässig, eine mit einer Entkleidung verbundene körperliche Durchsuchung vorzunehmen. Sie darf bei männlichen Gefangenen nur in Gegenwart von Männern, bei weiblichen Gefangenen nur in Gegenwart von Frauen erfolgen. Sie ist in einem geschlossenen Raum durchzuführen. Andere Gefangene dürfen nicht anwesend sein.

(3) Die Anstaltsleitung kann allgemein anordnen, dass die Gefangenen in der Regel bei der Aufnahme, vor und nach Kontakten mit Besuchern sowie vor und nach jeder Abwesenheit von der Anstalt nach Absatz 2 zu durchsuchen sind.

11 D 2, 11 D 4, 11 D 5, 11 D 7, 11 D 9, 11 D 10

§ 75 Sichere Unterbringung

Gefangene können in eine Anstalt verlegt werden, die zu ihrer sicheren Unterbringung besser geeignet ist, wenn in erhöhtem Maße die Gefahr der Entweichung oder Befreiung gegeben ist oder sonst ihr Verhalten oder ihr Zustand eine Gefahr für die Sicherheit der Anstalt darstellt.

11 E 4, 13 B 5

§ 76 Maßnahmen zur Feststellung von Suchtmittelgebrauch

(1) Zur Aufrechterhaltung der Sicherheit oder Ordnung der Anstalt kann die Anstaltsleitung allgemein oder im Einzelfall Maßnahmen anordnen, die geeignet sind, den Gebrauch von Suchtmitteln festzustellen. Diese Maßnahmen dürfen nicht mit einem körperlichen Eingriff verbunden sein.

(2) Verweigern Gefangene die Mitwirkung an Maßnahmen nach Absatz 1 ohne hinreichenden Grund, ist davon auszugehen, dass Suchtmittelfreiheit nicht gegeben ist.

(3) Wird verbotener Suchtmittelgebrauch festgestellt, können die Kosten der Maßnahmen den Gefangenen auferlegt werden.

11 D 3, 11 D 12, 11 D 15, 11 D 16, 11 D 17, 11 D 18

§ 77 Festnahmerecht

Gefangene, die entwichen sind oder sich sonst ohne Erlaubnis außerhalb der Anstalt aufhalten, können durch die Anstalt oder auf deren Veranlassung festgenommen und zurückgebracht werden. Führt die Verfolgung oder die von der Anstalt veranlasste Fahndung nicht alsbald zur Wiederergreifung, so sind die weiteren Maßnahmen der Vollstreckungsbehörde zu überlassen.

10 C 14, 11 G 2, 11 G 4

§ 78 Besondere Sicherungsmaßnahmen

(1) Gegen Gefangene können besondere Sicherungsmaßnahmen angeordnet werden, wenn nach ihrem Verhalten oder aufgrund ihres seelischen Zustandes in erhöhtem Maße die Gefahr der Entweichung, von Gewalttätigkeiten gegen Personen oder Sachen, der Selbsttötung oder der Selbstverletzung besteht.

(2) Als besondere Sicherungsmaßnahmen sind zulässig:
1. der Entzug oder die Vorenthaltung von Gegenständen,
2. die Beobachtung der Gefangenen, auch mit technischen Hilfsmitteln,
3. die Trennung von allen anderen Gefangenen (Absonderung),
4. der Entzug oder die Beschränkung des Aufenthalts im Freien,
5. die Unterbringung in einem besonders gesicherten Haftraum ohne gefährdende Gegenstände und
6. die Fesselung.

(3) Maßnahmen nach Absatz 2 Nummer 1 und 3 bis 5 sind auch zulässig, wenn die Gefahr einer Befreiung oder eine erhebliche Störung der Ordnung anders nicht vermieden oder behoben werden kann.

(4) Eine Absonderung von mehr als vierundzwanzig Stunden Dauer ist nur zulässig, wenn sie zur Abwehr einer in der Person der Gefangenen liegenden Gefahr unerlässlich ist.

(5) In der Regel dürfen Fesseln nur an den Händen oder an den Füßen angelegt werden. Im Interesse der Gefangenen kann die Anstaltsleitung eine andere Art der Fesselung anordnen. Die Fesselung wird zeitweise gelockert, soweit dies notwendig ist.

(6) Besteht die Gefahr der Entweichung, dürfen die Gefangenen bei einer Ausführung, Vorführung oder beim Transport gefesselt werden.

11 I 3, 11 I 4, 11 I 8, 11 I 14, 11 I 27, 11 I 39, 11 I 41, 11 I 46, 11 I 50, 11 I 51, 11 I 53

§ 79 Anordnung besonderer Sicherungsmaßnahmen, Verfahren

(1) Besondere Sicherungsmaßnahmen ordnet die Anstaltsleitung an. Bei Gefahr im Verzug können auch andere Bedienstete diese Maßnahmen vorläufig anordnen; die Entscheidung der Anstaltsleitung ist unverzüglich einzuholen.

(2) Werden die Gefangenen ärztlich behandelt oder beobachtet oder bildet ihr seelischer Zustand den Anlass der besonderen Sicherungsmaßnahme, ist vorher eine ärztliche Stellungnahme einzuholen. Ist dies wegen Gefahr im Verzug nicht möglich, wird die Stellungnahme unverzüglich nachträglich eingeholt.

(3) Die Entscheidung wird den Gefangenen von der Anstaltsleitung mündlich eröffnet und mit einer kurzen Begründung schriftlich abgefasst.

(4) Besondere Sicherungsmaßnahmen sind in angemessenen Abständen daraufhin zu überprüfen, ob und in welchem Umfang sie aufrechterhalten werden müssen.

(5) Besondere Sicherungsmaßnahmen nach § 78 Absatz 2 Nummer 3, 5 und 6 sind der Aufsichtsbehörde unverzüglich mitzuteilen, wenn sie länger als drei Tage aufrechterhalten werden. Absonderung und Unterbringung im besonders gesicherten Haftraum von mehr als 30 Tagen Gesamtdauer innerhalb von zwölf Monaten bedürfen der Zustimmung der Aufsichtsbehörde.

(6) Während der Absonderung und Unterbringung im besonders gesicherten Haftraum sind die Gefangenen in besonderem Maße zu betreuen. Sind die Gefangenen darüber hinaus gefesselt, sind sie durch eine Bedienstete oder einen Bediensteten ständig und in unmittelbarem Sichtkontakt zu beobachten.

11 I 3, 11 I 4, 11 I 6, 11 I 7, 11 I 28, 11 I 32, 11 I 33, 11 I 34, 11 I 37, 11 I 45, 11 I 49, 11 I 55, 11 I 56, 11 I 61, 11 I 62, 11 I 63, 11 I 64

§ 80 Ärztliche Überwachung

(1) Sind die Gefangenen in einem besonders gesicherten Haftraum untergebracht oder gefesselt, sucht sie die Ärztin oder der Arzt alsbald und in der Folge möglichst täglich auf. Dies gilt nicht bei einer Fesselung während einer Ausführung, Vorführung oder eines Transportes sowie bei Bewegungen innerhalb der Anstalt.

(2) Die Ärztin oder der Arzt ist regelmäßig zu hören, solange den Gefangenen der tägliche Aufenthalt im Freien entzogen ist oder sie länger als vierundzwanzig Stunden abgesondert sind.

6 I 1, 6 I 2, 6 I 6, 6 I 7, 11 I 48, 11 I 53

Abschnitt 14. Unmittelbarer Zwang

§ 81 Begriffsbestimmungen

(1) Unmittelbarer Zwang ist die Einwirkung auf Personen oder Sachen durch körperliche Gewalt, ihre Hilfsmittel oder durch Waffen.

(2) Körperliche Gewalt ist jede unmittelbare körperliche Einwirkung auf Personen oder Sachen.

(3) Hilfsmittel der körperlichen Gewalt sind insbesondere Fesseln und Reizstoffe. Waffen sind Hieb- und Schusswaffen.

(4) Es dürfen nur dienstlich zugelassene Hilfsmittel und Waffen verwendet werden.

11 K 5, 11 K 24, 11 K 31, 11 K 32, 11 K 37

§ 82 Allgemeine Voraussetzungen

(1) Bedienstete dürfen unmittelbaren Zwang anwenden, wenn sie Vollzugs- und Sicherungsmaßnahmen rechtmäßig durchführen und der damit verfolgte Zweck auf keine andere Weise erreicht werden kann.

(2) Gegen andere Personen als Gefangene darf unmittelbarer Zwang angewendet werden, wenn sie es unternehmen, Gefangene zu befreien oder widerrechtlich in die Anstalt einzudringen, oder wenn sie sich unbefugt darin aufhalten.

(3) Das Recht zu unmittelbarem Zwang aufgrund anderer Regelungen bleibt unberührt.

11 K 5, 11 K 8, 11 K 11, 11 K 14, 11 K 15, 11 K 16, 11 K 17, 11 K 18, 11 K 19, 11 K 20, 11 K 23, 11 K 79

§ 83 Grundsatz der Verhältnismäßigkeit

(1) Unter mehreren möglichen und geeigneten Maßnahmen des unmittelbaren Zwangs sind diejenigen zu wählen, die den Einzelnen und die Allgemeinheit voraussichtlich am wenigsten beeinträchtigen.

(2) Unmittelbarer Zwang unterbleibt, wenn ein durch ihn zu erwartender Schaden erkennbar außer Verhältnis zu dem angestrebten Erfolg steht.

11 K 5, 11 K 38

§ 84 Androhung

Unmittelbarer Zwang ist vorher anzudrohen. Die Androhung darf nur dann unterbleiben, wenn die Umstände sie nicht zulassen oder unmittelbarer Zwang sofort angewendet werden muss, um eine rechtswidrige Tat, die den Tatbestand eines Strafgesetzes erfüllt, zu verhindern oder eine gegenwärtige Gefahr abzuwenden.

11 K 5, 11 K 53, 11 K 74, 11 K 75

§ 85 Schusswaffengebrauch

(1) Schusswaffen dürfen nur gebraucht werden, wenn andere Maßnahmen des unmittelbaren Zwangs bereits erfolglos waren oder keinen Erfolg versprechen. Gegen Personen ist ihr Gebrauch nur zulässig, wenn der Zweck nicht durch Waffenwirkung gegen Sachen erreicht wird.

(2) Schusswaffen dürfen nur die dazu bestimmten Bediensteten gebrauchen und nur, um angriffs- oder fluchtunfähig zu machen. Ihr Gebrauch unterbleibt, wenn dadurch erkennbar Unbeteiligte mit hoher Wahrscheinlichkeit gefährdet würden.

(3) Der Gebrauch von Schusswaffen ist vorher anzudrohen. Als Androhung gilt auch ein Warnschuss. Ohne Androhung dürfen Schusswaffen nur dann gebraucht werden, wenn dies zur Abwehr einer gegenwärtigen Gefahr für Leib oder Leben erforderlich ist.

(4) Gegen Gefangene dürfen Schusswaffen gebraucht werden,
1. wenn sie eine Waffe oder ein anderes gefährliches Werkzeug trotz wiederholter Aufforderung nicht ablegen,
2. wenn sie eine Meuterei (§ 121 des Strafgesetzbuchs) unternehmen oder
3. um ihre Flucht zu vereiteln oder um sie wieder zu ergreifen.

Um die Flucht aus einer offenen Anstalt zu vereiteln, dürfen keine Schusswaffen gebraucht werden.

(5) Gegen andere Personen dürfen Schusswaffen gebraucht werden, wenn sie es unternehmen, Gefangene gewaltsam zu befreien oder gewaltsam in eine Anstalt einzudringen.

11 K 5, 11 K 60, 11 K 66, 11 K 68, 11 K 69, 11 K 71, 11 K 74, 11 K 75, 11 K 83, 11 K 85, 11 K 86, 11 K 91

Abschnitt 15. Disziplinarmaßnahmen

§ 86 Disziplinarmaßnahmen

(1) Disziplinarmaßnahmen können angeordnet werden, wenn die Gefangenen rechtswidrig und schuldhaft
1. andere Personen verbal oder tätlich angreifen,
2. Lebensmittel oder fremde Sachen zerstören oder beschädigen,
3. in sonstiger Weise gegen Strafgesetze verstoßen oder eine Ordnungswidrigkeit begehen,
4. verbotene Gegenstände in die Anstalt einbringen, sich an deren Einbringung beteiligen, sie besitzen oder weitergeben,
5. unerlaubt Betäubungsmittel oder andere berauschende Stoffe konsumieren,
6. entweichen oder zu entweichen versuchen,
7. gegen Weisungen im Zusammenhang mit der Gewährung von Lockerungen verstoßen oder

8. wiederholt oder schwerwiegend gegen sonstige Pflichten verstoßen, die ihnen durch dieses Gesetz oder aufgrund dieses Gesetzes auferlegt sind, und dadurch das geordnete Zusammenleben in der Anstalt stören.

(2) Zulässige Disziplinarmaßnahmen sind
1. der Verweis,
2. die Beschränkung oder der Entzug des Fernsehempfangs bis zu drei Monaten,
3. die Beschränkung oder der Entzug der Gegenstände für die Freizeitbeschäftigung mit Ausnahme des Lesestoffs bis zu drei Monaten,
4. die Beschränkung oder der Entzug des Aufenthalts in Gemeinschaft oder der Teilnahme an einzelnen Freizeitveranstaltungen bis zu drei Monaten,
5. die Beschränkung des Einkaufs bis zu drei Monaten,
6. die Kürzung des Arbeitsentgelts um zehn Prozent bis zu drei Monaten,
7. der Entzug der zugewiesenen Arbeit bis zu vier Wochen und
8. der Arrest bis zu vier Wochen.

(3) Arrest darf nur wegen schwerer oder wiederholter Verfehlungen verhängt werden.

(4) Mehrere Disziplinarmaßnahmen können miteinander verbunden werden.

(5) Disziplinarmaßnahmen sind auch zulässig, wenn wegen derselben Verfehlung ein Straf- oder Bußgeldverfahren eingeleitet wird.

11 M 3, 11 M 4, 11 M 5, 11 M 6, 11 M 7, 11 M 8, 11 M 9, 11 M 10, 11 M 11, 11 M 17, 11 M 18, 11 M 22, 11 M 25, 11 M 28, 11 M 31, 11 M 32, 11 M 33, 11 M 34, 11 M 35, 11 M 36, 11 M 37, 11 M 38, 11 M 40, 11 M 41

§ 87 Vollzug der Disziplinarmaßnahmen, Aussetzung zur Bewährung

(1) Disziplinarmaßnahmen werden in der Regel sofort vollstreckt. Die Vollstreckung ist auszusetzen, soweit es zur Gewährung eines effektiven Rechtsschutzes erforderlich ist.

(2) Disziplinarmaßnahmen können ganz oder teilweise bis zu sechs Monaten zur Bewährung ausgesetzt werden. Die Aussetzung zur Bewährung kann ganz oder teilweise widerrufen werden, wenn die Gefangenen die ihr zugrunde liegenden Erwartungen nicht erfüllen.

(3) Für die Dauer des Arrests werden die Gefangenen getrennt von anderen Gefangenen untergebracht. Sie können in einem besonderen Arrestraum untergebracht werden, der den Anforderungen entsprechen muss, die an einen zum Aufenthalt bei Tag und Nacht bestimmten Haftraum gestellt werden. Soweit nichts anderes angeordnet wird, ruhen die Befugnisse der Gefangenen zur Teilnahme an Maßnahmen außerhalb des Raumes, in dem Arrest vollstreckt wird, sowie die Befugnisse zur Ausstattung des Haftraums mit eigenen Gegenständen, zum Fernsehempfang und Einkauf. Gegenstände für die Freizeitbeschäftigung mit Ausnahme des Lesestoffs sind nicht zugelassen. Die Rechte zur Teilnahme am Gottesdienst und auf Aufenthalt im Freien bleiben unberührt.

11 M 3, 11 M 44, 11 M 45, 11 M 47, 11 M 48

§ 88 Disziplinarbefugnis

(1) Disziplinarmaßnahmen ordnet die Anstaltsleitung an. Bei einer Verfehlung auf dem Weg in eine andere Anstalt zum Zweck der Verlegung ist die Leitung der Bestimmungsanstalt zuständig.

(2) Die Aufsichtsbehörde entscheidet, wenn sich die Verfehlung gegen die Anstaltsleiterin oder den Anstaltsleiter richtet.

(3) Disziplinarmaßnahmen, die gegen die Gefangenen in einer anderen Anstalt oder während einer Untersuchungshaft angeordnet worden sind, werden auf Ersuchen vollstreckt. § 87 Absatz 2 bleibt unberührt.

11 M 3, 11 M 51, 11 M 52, 11 M 53

§ 89 Verfahren

(1) Der Sachverhalt ist zu klären. Hierbei sind sowohl belastende als auch entlastende Umstände zu ermitteln. Die betroffenen Gefangenen werden gehört. Sie werden darüber unterrichtet, welche Verfehlungen ihnen zur Last gelegt werden. Sie sind darauf hinzuweisen, dass es ihnen freisteht, sich zu äußern. Die Erhebungen werden in einer Niederschrift festgelegt; die Einlassung der Gefangenen wird vermerkt.

(2) In geeigneten Fällen können zur Abwendung von Disziplinarmaßnahmen im Wege einvernehmlicher Streitbeilegung Vereinbarungen getroffen werden. Insbesondere kommen die Wiedergutmachung des Schadens, die Entschuldigung bei Geschädigten, die Erbringung von Leistungen für die Gemeinschaft und

Anhang

der vorübergehende Verbleib auf dem Haftraum in Betracht. Erfüllen die Gefangenen die Vereinbarung, ist die Anordnung einer Disziplinarmaßnahme aufgrund dieser Verfehlung unzulässig.

(3) Mehrere Verfehlungen, die gleichzeitig zu beurteilen sind, werden durch eine Entscheidung geahndet.

(4) Die Anstaltsleitung soll sich vor der Entscheidung mit Personen besprechen, die maßgeblich an der Vollzugsgestaltung mitwirken. Bei Schwangeren, stillenden Müttern oder bei Gefangenen, die sich in ärztlicher Behandlung befinden, ist eine Ärztin oder ein Arzt zu hören.

(5) Vor der Entscheidung über eine Disziplinarmaßnahme erhalten die Gefangenen Gelegenheit, sich zu dem Ergebnis der Ermittlungen zu äußern. Die Entscheidung wird den Gefangenen von der Anstaltsleitung mündlich eröffnet und mit einer kurzen Begründung schriftlich abgefasst.

(6) Bevor Arrest vollzogen wird, ist eine Ärztin oder ein Arzt zu hören. Während des Arrests stehen die Gefangenen unter ärztlicher Aufsicht. Der Vollzug unterbleibt oder wird unterbrochen, wenn ansonsten die Gesundheit der Gefangenen gefährdet würde.

11 M 3, 11 M 21, 11 M 55, 11 M 57, 11 M 58, 11 M 59, 11 M 60, 11 M 61, 14 A 14

Abschnitt 16. Aufhebung von Maßnahmen, Beschwerde

§ 90 Aufhebung von Maßnahmen

(1) Die Aufhebung von Maßnahmen zur Regelung einzelner Angelegenheiten auf dem Gebiet des Vollzugs richtet sich nach den nachfolgenden Absätzen, soweit dieses Gesetz keine abweichende Bestimmung enthält.

(2) Rechtswidrige Maßnahmen können ganz oder teilweise mit Wirkung für die Vergangenheit und die Zukunft zurückgenommen werden.

(3) Rechtmäßige Maßnahmen können ganz oder teilweise mit Wirkung für die Zukunft widerrufen werden, wenn
1. aufgrund nachträglich eingetretener oder bekannt gewordener Umstände die Maßnahmen hätten unterbleiben können,
2. die Maßnahmen missbraucht werden oder
3. Weisungen nicht befolgt werden.

(4) Begünstigende Maßnahmen dürfen nach den Absätzen 2 oder 3 nur aufgehoben werden, wenn die vollzuglichen Interessen an der Aufhebung in Abwägung mit dem schutzwürdigen Vertrauen der Betroffenen auf den Bestand der Maßnahmen überwiegen. Davon ist auszugehen, wenn eine Maßnahme unerlässlich ist, um die Sicherheit der Anstalt zu gewährleisten.

(5) Der gerichtliche Rechtsschutz bleibt unberührt.

2 F 8, 4 A 36, 4 D 20, 4 H 16, 6 A 10, 10 A 14, 10 D 9, 10 F 5, 10 F 7, 10 F 9, 10 F 10, 10 F 11, 10 F 12, 10 F 15, 10 F 16, 10 F 17, 10 F 19

§ 91 Beschwerderecht

(1) Die Gefangenen erhalten Gelegenheit, sich in Angelegenheiten, die sie selbst betreffen, mit Wünschen, Anregungen und Beschwerden an die Anstaltsleitung zu wenden.

(2) Besichtigen Vertreterinnen oder Vertreter der Aufsichtsbehörde die Anstalt, so ist zu gewährleisten, dass die Gefangenen sich in Angelegenheiten, die sie selbst betreffen, an diese wenden können.

(3) Die Möglichkeit der Dienstaufsichtsbeschwerde bleibt unberührt.

12 A 2, 12 A 5, 12 A 7, 12 A 9, 12 A 14, 12 A 16

Abschnitt 17. Kriminologische Forschung

§ 92 Evaluation, kriminologische Forschung

(1) Behandlungsprogramme für die Gefangenen sind auf der Grundlage wissenschaftlicher Erkenntnisse zu konzipieren, zu standardisieren und auf ihre Wirksamkeit hin zu überprüfen.

(2) Der Strafvollzug, insbesondere seine Aufgabenerfüllung und Gestaltung, die Umsetzung seiner Leitlinien sowie die Behandlungsprogramme und deren Wirkungen auf die Erreichung des Vollzugsziels, soll regelmäßig durch den kriminologischen Dienst, durch eine Hochschule oder durch eine andere Stelle wissenschaftlich begleitet und erforscht werden. Hierbei wird eine Zusammenarbeit mit Opferschutzver-

bänden angestrebt. § 476 der Strafprozessordnung gilt mit der Maßgabe entsprechend, dass auch elektronisch gespeicherte personenbezogene Daten übermittelt werden können.

16 3

Abschnitt 18. Aufbau und Organisation der Anstalten

§ 93 Anstalten

(1) Es werden Anstalten und Abteilungen eingerichtet, die den unterschiedlichen vollzuglichen Anforderungen Rechnung tragen. Insbesondere sind sozialtherapeutische Abteilungen vorzusehen.

(2) Es ist eine bedarfsgerechte Anzahl und Ausstattung von Plätzen für therapeutische Maßnahmen, schulische und berufliche Qualifizierung, Arbeitstraining und Arbeitstherapie sowie zur Ausübung von Arbeit vorzusehen. Entsprechendes gilt für Besuche, Freizeit, Sport und Seelsorge.

(3) Haft- und Funktionsräume sind zweckentsprechend auszustatten.

(4) Unterhalten private Unternehmen Betriebe in Anstalten, kann die technische und fachliche Leitung ihren Mitarbeitern übertragen werden.

3 B 3, 4 K 2, 4 K 3, 4 K 8, 4 K 9, 13 D 2, 13 D 3, 13 E 6, 14 A 9

§ 94 Festsetzung der Belegungsfähigkeit, Verbot der Überbelegung

(1) Die Aufsichtsbehörde setzt die Belegungsfähigkeit der Anstalt so fest, dass eine angemessene Unterbringung der Gefangenen gewährleistet ist. § 93 Absatz 2 ist zu berücksichtigen.

(2) Hafträume dürfen nicht mit mehr Gefangenen als zugelassen belegt werden.

(3) Ausnahmen von Absatz 2 sind nur vorübergehend und nur mit Zustimmung der Aufsichtsbehörde zulässig.

2 E 28, 13 E 15, 13 E 18, 13 E 21

§ 95 Anstaltsleitung

(1) Die Anstaltsleiterin beziehungsweise der Anstaltsleiter trägt die Verantwortung für den gesamten Vollzug und vertritt die Anstalt nach außen. Sie beziehungsweise er kann einzelne Aufgabenbereiche auf andere Bedienstete übertragen. Die Aufsichtsbehörde kann sich die Zustimmung zur Übertragung vorbehalten.

(2) Für jede Anstalt ist eine Beamtin oder ein Beamter des höheren Dienstes zur hauptamtlichen Leiterin oder zum hauptamtlichen Leiter zu bestellen. Aus besonderen Gründen kann eine Anstalt auch von einer Beamtin oder einem Beamten des gehobenen Dienstes geleitet werden.

11 I 6, 11 I 57, 12 B 11, 13 K 1, 13 K 4, 13 K 6, 13 K 9, 13 K 14

§ 96 Bedienstete

(1) Die Anstalt wird mit dem für die Erreichung des Vollzugsziels und die Erfüllung ihrer Aufgaben erforderlichen Personal ausgestattet. Fortbildung sowie Praxisberatung und -begleitung für die Bediensteten sind zu gewährleisten.

(2) Für die Betreuung von Gefangenen mit angeordneter oder vorbehaltener Sicherungsverwahrung ist besonders qualifiziertes Personal vorzusehen und eine fachübergreifende Zusammenarbeit zu gewährleisten. Soweit erforderlich, sind externe Fachkräfte einzubeziehen.

11 K 8, 12 B 11, 13 J 1, 13 J 3, 13 J 4, 13 J 5

§ 97 Seelsorger

(1) Seelsorgerinnen oder Seelsorger werden im Einvernehmen mit der jeweiligen Religionsgemeinschaft im Hauptamt bestellt oder vertraglich verpflichtet.

(2) Wenn die geringe Anzahl der Angehörigen einer Religionsgemeinschaft eine Seelsorge nach Absatz 1 nicht rechtfertigt, ist die seelsorgerische Betreuung auf andere Weise zuzulassen.

(3) Mit Zustimmung der Anstaltsleitung darf die Anstaltsseelsorgerin beziehungsweise der Anstaltsseelsorger sich freier Seelsorgehelfer bedienen und diese für Gottesdienste sowie für andere religiöse Veranstaltungen von außen zuziehen.

8 C 3, 8 D 1, 8 D 2, 8 D 6, 8 D 10, 8 D 28

Anhang

§ 98 Medizinische Versorgung
(1) Die ärztliche Versorgung ist sicherzustellen.
(2) Die Pflege der Kranken soll von Bediensteten ausgeführt werden, die eine Erlaubnis nach dem Krankenpflegegesetz besitzen. Solange diese nicht zur Verfügung stehen, können auch Bedienstete eingesetzt werden, die eine sonstige Ausbildung in der Krankenpflege erfahren haben.

6 D 38, 6 D 39

§ 99 Interessenvertretung der Gefangenen
Den Gefangenen soll ermöglicht werden, Vertretungen zu wählen. Diese können in Angelegenheiten von gemeinsamem Interesse, die sich ihrer Eigenart nach für eine Mitwirkung eignen, Vorschläge und Anregungen an die Anstalt herantragen. Diese sollen mit der Vertretung erörtert werden.

13 M 1, 13 M 4, 13 M 5

§ 100 Hausordnung
Die Anstaltsleitung erlässt zur Gestaltung und Organisation des Vollzugsalltags eine Hausordnung auf der Grundlage dieses Gesetzes. Die Aufsichtsbehörde kann sich die Genehmigung vorbehalten.

9 B 5, 13 N 1

Abschnitt 19. Aufsicht, Beirat

§ 101 Aufsichtsbehörde
(1) Das Ministerium der Justiz führt die Aufsicht über die Anstalten (Aufsichtsbehörde).
(2) Die Aufsichtsbehörde kann sich Entscheidungen über Verlegungen und Überstellungen vorbehalten.

2 D 10, 11 E 10, 12 C 5, 13 G 6, 13 G 7, 13 G 18

§ 102 Vollstreckungsplan, Vollzugsgemeinschaften
(1) Die Aufsichtsbehörde regelt die örtliche und sachliche Zuständigkeit der Anstalten in einem Vollstreckungsplan.
(2) Im Rahmen von Vollzugsgemeinschaften kann der Vollzug auch in Vollzugseinrichtungen anderer Länder vorgesehen werden.

13 F 1, 13 H 19

§ 103 Beirat
(1) Bei der Anstalt ist ein Beirat zu bilden. Bedienstete dürfen nicht Mitglieder des Beirats sein.
(2) Die Mitglieder des Beirats wirken beratend bei der Gestaltung des Vollzugs und der Eingliederung der Gefangenen mit. Sie fördern das Verständnis für den Vollzug und seine gesellschaftliche Akzeptanz und vermitteln Kontakte zu öffentlichen und privaten Einrichtungen.
(3) Der Beirat steht der Anstaltsleitung, den Bediensteten und den Gefangenen als Ansprechpartner zur Verfügung.
(4) Die Mitglieder des Beirats können sich über die Unterbringung der Gefangenen und die Gestaltung des Vollzugs unterrichten und die Anstalt besichtigen. Sie können die Gefangenen in ihren Räumen aufsuchen. Unterhaltung und Schriftwechsel werden nicht überwacht.
(5) Die Mitglieder des Beirats sind verpflichtet, außerhalb ihres Amtes über alle Angelegenheiten, die ihrer Natur nach vertraulich sind, besonders über Namen und Persönlichkeit der Gefangenen, Verschwiegenheit zu bewahren. Dies gilt auch nach Beendigung ihres Amtes.

13 O 2, 13 O 4, 13 O 6, 13 O 7

Abschnitt 20. Vollzug des Strafarrests

§ 104 Grundsatz
(1) Für den Vollzug des Strafarrests in Anstalten gelten die Bestimmungen dieses Gesetzes entsprechend, soweit § 105 nicht Abweichendes bestimmt.
(2) § 105 Absatz 1 bis 3, 7 und 8 gilt nicht, wenn Strafarrest in Unterbrechung einer anderen freiheitsentziehenden Maßnahme vollzogen wird.

4 D 25, 15 C 1

§ 105 Besondere Bestimmungen

(1) Strafarrestanten sollen im offenen Vollzug untergebracht werden.

(2) Eine gemeinsame Unterbringung ist nur mit Einwilligung der Strafarrestanten zulässig.

(3) Besuche, Telefongespräche und Schriftwechsel dürfen nur untersagt oder überwacht werden, wenn dies aus Gründen der Sicherheit oder Ordnung der Anstalt notwendig ist.

(4) Den Strafarrestanten soll gestattet werden, einmal wöchentlich Besuch zu empfangen.

(5) Strafarrestanten dürfen eigene Kleidung tragen und eigenes Bettzeug benutzen, wenn Gründe der Sicherheit nicht entgegenstehen und sie für Reinigung, Instandsetzung und regelmäßigen Wechsel auf eigene Kosten sorgen.

(6) Sie dürfen Nahrungs- und Genussmittel sowie Mittel zur Körperpflege in angemessenem Umfang durch Vermittlung der Anstalt auf eigene Kosten erwerben.

(7) Eine mit einer Entkleidung verbundene körperliche Durchsuchung ist nur bei Gefahr im Verzug zulässig.

(8) Zur Vereitelung einer Entweichung und zur Wiederergreifung dürfen Schusswaffen nicht gebraucht werden.

2 F 4, 11 K 5, 15 C 5, 15 C 9

Abschnitt 21. Datenschutz

§ 106 Erhebung personenbezogener Daten

(1) Die Anstalt und die Aufsichtsbehörde dürfen personenbezogene Daten erheben, soweit dies für den Vollzug erforderlich ist.

(2) Personenbezogene Daten sind bei den Betroffenen zu erheben. Ohne ihre Mitwirkung dürfen sie nur erhoben werden, wenn
1. eine Rechtsvorschrift dies vorsieht oder zwingend voraussetzt oder
2. a) die zu erfüllende Verwaltungsaufgabe nach Art oder Geschäftszweck eine Erhebung bei anderen Personen oder Stellen erforderlich macht oder
   b) die Erhebung bei den Betroffenen einen unverhältnismäßigen Aufwand erfordern würde

und keine Anhaltspunkte dafür bestehen, dass überwiegende schutzwürdige Interessen der Betroffenen beeinträchtigt werden.

(3) Werden personenbezogene Daten bei den Betroffenen erhoben, so sind diese von der verantwortlichen Stelle über Folgendes zu unterrichten:
1. die Identität der verantwortlichen Stelle,
2. die Zweckbestimmungen der Datenverarbeitung und
3. die Kategorien von Empfängern nur, soweit die Betroffenen nach den Umständen des Einzelfalls nicht mit der Übermittlung an diese rechnen müssen.

Werden personenbezogene Daten bei den Betroffenen aufgrund einer Rechtsvorschrift erhoben, die zur Auskunft verpflichtet, oder ist die Erteilung der Auskunft Voraussetzung für die Gewährung von Rechtsvorteilen, so sind die Betroffenen hierauf, sonst auf die Freiwilligkeit ihrer Angaben hinzuweisen. Soweit nach den Umständen des Einzelfalles erforderlich oder auf Verlangen sind sie über die Rechtsvorschrift und über die Folgen der Verweigerung von Angaben aufzuklären.

(4) Daten über Personen, die nicht Gefangene sind, dürfen ohne ihre Mitwirkung bei Personen oder Stellen außerhalb der Anstalt oder Aufsichtsbehörde nur erhoben werden, wenn sie für die Behandlung von Gefangenen, die Sicherheit der Anstalt oder die Sicherung des Vollzugs einer Jugend- oder Freiheitsstrafe unerlässlich sind und die Art der Erhebung schutzwürdige Interessen der Betroffenen nicht beeinträchtigt.

(5) Über eine ohne ihre Kenntnis vorgenommene Erhebung personenbezogener Daten werden die Betroffenen unter Angabe dieser Daten unterrichtet, soweit der in Absatz 1 genannte Zweck dadurch nicht gefährdet wird. Sind die Daten bei anderen Personen oder Stellen erhoben worden, kann die Unterrichtung unterbleiben, wenn
1. die Daten nach einer Rechtsvorschrift oder ihrem Wesen nach, namentlich wegen des überwiegenden berechtigten Interesses Dritter, geheim gehalten werden müssen oder
2. der Aufwand der Unterrichtung außer Verhältnis zum Schutzzweck steht und keine Anhaltspunkte dafür bestehen, dass überwiegende schutzwürdige Interessen der Betroffenen beeinträchtigt werden.

(6) Werden personenbezogene Daten statt bei den Betroffenen bei einer nichtöffentlichen Stelle erhoben, so ist die Stelle auf die Rechtsvorschrift, die zur Auskunft verpflichtet, sonst auf die Freiwilligkeit ihrer Angaben hinzuweisen.

(7) Soweit es zur Sicherung des Vollzugs, zur Aufrechterhaltung der Sicherheit oder Ordnung der Anstalt oder zur Identitätsfeststellung erforderlich ist, sind mit Kenntnis der Gefangenen zulässig:
1. die Abnahme von Finger- und Handflächenabdrücken,
2. die Aufnahme von Lichtbildern,
3. die Feststellung äußerlicher körperlicher Merkmale,
4. die elektronische Erfassung biometrischer Merkmale und
5. Messungen.

(8) Die nach Absatz 7 gewonnenen Unterlagen oder Daten werden zu den Gefangenenpersonalakten genommen oder in personenbezogenen Dateien gespeichert. Sie können auch in kriminalpolizeilichen Sammlungen verwahrt werden. Die nach Absatz 7 erhobenen Daten dürfen nur für die in Absatz 1, § 77 und § 107 Absatz 2 Nummer 4 genannten Zwecke verarbeitet werden. Werden die Gefangenen entlassen oder in eine andere Anstalt verlegt, sind diese in Dateien gespeicherten personenbezogenen Daten nach spätestens zwei Jahren zu löschen.

§ 107 Speicherung, Veränderung, Nutzung und Übermittlung

(1) Das Speichern, Verändern, Nutzen und Übermitteln der nach § 106 erhobenen personenbezogenen Daten durch die Anstalt und die Aufsichtsbehörde ist zulässig, wenn es für den Vollzug erforderlich ist. Die Daten dürfen nur für die Zwecke verarbeitet werden, für die sie erhoben worden sind.

(2) Die Verarbeitung personenbezogener Daten für andere Zwecke ist zulässig, soweit dies
1. zur Abwehr von sicherheitsgefährdenden oder geheimdienstlichen Tätigkeiten für eine fremde Macht oder von Bestrebungen im Geltungsbereich des Grundgesetzes, die durch Anwendung von Gewalt oder darauf gerichtete Vorbereitungshandlungen
   a) gegen die freiheitliche demokratische Grundordnung, den Bestand oder die Sicherheit des Bundes oder eines Landes gerichtet sind,
   b) eine ungesetzliche Beeinträchtigung der Amtsführung der Verfassungsorgane des Bundes oder eines Landes oder ihrer Mitglieder zum Ziele haben oder
   c) auswärtige Belange der Bundesrepublik Deutschland gefährden,
2. zur Abwehr erheblicher Nachteile für das Gemeinwohl oder einer Gefahr für die öffentliche Sicherheit,
3. zur Abwehr einer schwerwiegenden Beeinträchtigung der Rechte einer anderen Person,
4. zur Verhinderung oder Verfolgung von Straftaten sowie zur Verhinderung oder Verfolgung von Ordnungswidrigkeiten, durch welche die Sicherheit oder Ordnung der Anstalt gefährdet werden oder
5. für Maßnahmen der Strafvollstreckung oder strafvollstreckungsrechtliche Entscheidungen
erforderlich ist.

(3) Eine Verarbeitung für andere Zwecke liegt nicht vor, soweit sie dem gerichtlichen Rechtsschutz im Zusammenhang mit diesem Gesetz oder den in § 13 Absatz 3 des Saarländischen Datenschutzgesetzes[3] genannten Zwecken dient.

(4) Über die in den Absätzen 1 und 2 geregelten Zwecke hinaus dürfen zuständigen öffentlichen Stellen personenbezogene Daten übermittelt werden, soweit dies für
1. Maßnahmen der Gerichtshilfe, Jugendgerichtshilfe, Bewährungshilfe oder Führungsaufsicht,
2. Entscheidungen in Gnadensachen,
3. gesetzlich angeordnete Statistiken der Rechtspflege,
4. sozialrechtliche Maßnahmen,
5. die Einleitung von Hilfsmaßnahmen für Angehörige (§ 11 Absatz 1 Nummer 1 des Strafgesetzbuchs) der Gefangenen,
6. dienstliche Maßnahmen der Bundeswehr im Zusammenhang mit der Aufnahme und Entlassung von Soldaten,
7. ausländerrechtliche Maßnahmen oder
8. die Durchführung der Besteuerung
erforderlich ist. Eine Übermittlung für andere Zwecke ist auch zulässig, soweit eine andere gesetzliche Bestimmung dies vorsieht und sich dabei ausdrücklich auf personenbezogene Daten über Gefangene bezieht.

(5) Die Anstalt oder die Aufsichtsbehörde darf öffentlichen oder nichtöffentlichen Stellen auf schriftlichen Antrag mitteilen, ob sich eine Person in Haft befindet sowie ob und wann ihre Entlassung voraussichtlich innerhalb eines Jahres bevorsteht, soweit
1. die Mitteilung zur Erfüllung der in der Zuständigkeit der öffentlichen Stelle liegenden Aufgaben erforderlich ist oder
2. von nichtöffentlichen Stellen ein berechtigtes Interesse an dieser Mitteilung glaubhaft dargelegt wird und die Gefangenen kein schutzwürdiges Interesse an dem Ausschluss der Übermittlung haben.

Den Verletzten einer Straftat ist auf Antrag mitzuteilen, ob erstmalig Lockerungen gewährt werden, wenn sie ein berechtigtes Interesse darlegen und kein überwiegendes schutzwürdiges Interesse der Gefangenen am Ausschluss der Mitteilung vorliegt. In den in § 395 Absatz 1 Nummer 1 bis 5 und Absatz 2 der Strafprozessordnung genannten Fällen bedarf es der Darlegung eines berechtigten Interesses nicht. Den Verletzten können darüber hinaus auf schriftlichen Antrag Auskünfte über die Entlassungsadresse oder die Vermögensverhältnisse von Gefangenen erteilt werden, wenn die Erteilung zur Feststellung oder Durchsetzung von Rechtsansprüchen im Zusammenhang mit der Straftat erforderlich ist. Die Gefangenen werden vor der Mitteilung gehört, es sei denn, es ist zu besorgen, dass dadurch die Verfolgung des Interesses der Antragsteller vereitelt oder wesentlich erschwert werden würde, und eine Abwägung ergibt, dass dieses Interesse das Interesse der Gefangenen an ihrer vorherigen Anhörung überwiegt. Ist die Anhörung unterblieben, werden die betroffenen Gefangenen über die Mitteilung der Anstalt oder Aufsichtsbehörde nachträglich unterrichtet.

(6) Akten mit personenbezogenen Daten dürfen nur anderen Anstalten, Aufsichtsbehörden, den für strafvollzugs-, strafvollstreckungs- und strafrechtliche Entscheidungen zuständigen Gerichten sowie den Strafvollstreckungs- und Strafverfolgungsbehörden überlassen werden. Die in § 406d Absatz 2 der Strafprozessordnung genannten Daten dürfen auch separat an die Strafvollstreckungsbehörde übermittelt werden. Die Überlassung an andere öffentliche Stellen ist zulässig, soweit die Erteilung einer Auskunft einen unvertretbaren Aufwand erfordert oder nach Darlegung der Akteneinsicht begehrenden Stellen für die Erfüllung der Aufgabe nicht ausreicht. Entsprechendes gilt für die Überlassung von Akten an die von der Vollzugsbehörde mit Gutachten beauftragten Stellen.

(7) Sind mit personenbezogenen Daten, die übermittelt werden dürfen, weitere personenbezogene Daten von Betroffenen oder von Dritten in Akten so verbunden, dass eine Trennung nicht oder nur mit unvertretbarem Aufwand möglich ist, so ist die Übermittlung auch dieser Daten zulässig, soweit nicht berechtigte Interessen von Betroffenen oder Dritten an deren Geheimhaltung offensichtlich überwiegen. Eine Verarbeitung dieser Daten durch die Empfänger ist unzulässig.

(8) Bei der Überwachung der Besuche oder des Schriftwechsels sowie bei der Überwachung des Inhaltes von Paketen bekannt gewordene personenbezogene Daten dürfen nur
1. für die in Absatz 2 aufgeführten Zwecke,
2. für den gerichtlichen Rechtsschutz im Zusammenhang mit diesem Gesetz,
3. zur Wahrung der Sicherheit oder Ordnung der Anstalt oder
4. nach Anhörung der Gefangenen für Zwecke der Behandlung
verarbeitet werden.

(9) Personenbezogene Daten, die nach § 106 Absatz 4 über Personen, die nicht Gefangene sind, erhoben worden sind, dürfen nur zur Erfüllung des Erhebungszwecks, für die in Absatz 2 Nummer 1 bis 3 geregelten Zwecke oder zur Verhinderung oder Verfolgung von Straftaten von erheblicher Bedeutung verarbeitet werden.

(10) Die Übermittlung von personenbezogenen Daten unterbleibt, soweit die in § 110 Absatz 2 oder § 112 Absatz 2 und 4 geregelten Einschränkungen oder besondere gesetzliche Verwendungsregelungen entgegenstehen. Nach § 106 erhobene und zur Identifizierung oder Festnahme erforderliche Daten dürfen den Vollstreckungs- und Strafverfolgungsbehörden übermittelt werden, soweit dies für Zwecke der Fahndung und Festnahme der entwichenen oder sich sonst ohne Erlaubnis außerhalb der Anstalt aufhaltenden Gefangenen erforderlich ist.

(11) Die Verantwortung für die Zulässigkeit der Übermittlung trägt die übermittelnde Anstalt oder Aufsichtsbehörde. Erfolgt die Übermittlung auf Ersuchen einer öffentlichen Stelle, trägt diese die Verantwortung. In diesem Fall prüft die übermittelnde Anstalt oder Aufsichtsbehörde nur, ob Übermittlungsersuchen im Rahmen der Aufgaben der Empfänger liegen und die Absätze 8 bis 10 der Übermittlung nicht entgegenstehen, es sei denn, dass besonderer Anlass zur Prüfung der Zulässigkeit der Übermittlung besteht.

12 I 8

§ 108 Einrichtung automatisierter Übermittlungs- und Abrufverfahren

(1) Die nach § 106 erhobenen Daten können für die Anstalt und die Aufsichtsbehörde zentral gespeichert werden.

(2) Die Einrichtung eines automatisierten Verfahrens, das die Übermittlung oder den Abruf personenbezogener Daten aus einer zentralen Datei nach § 107 Absatz 2 und 4 ermöglicht, ist zulässig, soweit diese Form der Datenübermittlung oder des Datenabrufs unter Berücksichtigung der schutzwürdigen Belange der betroffenen Personen und der Erfüllung des Zwecks der Übermittlung angemessen ist. Die für § 13 Absatz 1 Satz 3 des Bundeskriminalamtgesetzes erforderlichen personenbezogenen Daten können automatisiert übermittelt werden.

(3) Die verantwortliche Stelle hat zu gewährleisten, dass die Übermittlung und der Abruf zumindest durch geeignete Stichprobenverfahren festgestellt und überprüft werden können.

(4) Das Ministerium der Justiz bestimmt durch Rechtsverordnung die Einzelheiten der Einrichtung automatisierter Übermittlungs- und Abrufverfahren. Die Landesbeauftragte für Datenschutz und Informationsfreiheit oder der Landesbeauftragte für Datenschutz und Informationsfreiheit ist vorher zu hören. Die Rechtsverordnung hat die Datenempfänger, die Datenart und den Zweck der Abrufe festzulegen. Sie hat Maßnahmen zur Datensicherung und zur Kontrolle vorzusehen, die in einem angemessenen Verhältnis zu dem angestrebten Schutzzweck stehen.

(5) Die Landesregierung kann mit anderen Ländern und dem Bund einen Datenverbund vereinbaren, der eine automatisierte Datenübermittlung der nach § 106 erhobenen Daten ermöglicht.

§ 109 Zweckbindung

Von der Anstalt oder der Aufsichtsbehörde übermittelte personenbezogene Daten dürfen nur zu dem Zweck verarbeitet werden, zu dessen Erfüllung sie übermittelt worden sind. Die Empfänger dürfen die Daten für andere Zwecke nur verarbeiten, soweit sie ihnen auch für diese Zwecke hätten übermittelt werden dürfen und wenn im Fall einer Übermittlung an nichtöffentliche Stellen die übermittelnde Anstalt oder Aufsichtsbehörde zugestimmt hat. Die Anstalt oder die Aufsichtsbehörde hat die nichtöffentlichen Empfänger auf die Zweckbindung nach Satz 1 hinzuweisen.

§ 110 Schutz besonderer Daten

(1) Das religiöse oder weltanschauliche Bekenntnis und personenbezogene Daten von Gefangenen, die anlässlich ärztlicher Untersuchungen erhoben worden sind, dürfen in der Anstalt nicht allgemein kenntlich gemacht werden. Andere personenbezogene Daten von Gefangenen dürfen innerhalb der Anstalt allgemein kenntlich gemacht werden, soweit dies für ein geordnetes Zusammenleben in der Anstalt erforderlich ist. § 107 Absatz 8 bis 10 bleibt unberührt.

(2) Personenbezogene Daten, die
1. Ärztinnen, Ärzten, Zahnärztinnen, Zahnärzten oder Angehörigen eines anderen Heilberufs, der für die Berufsausübung oder die Führung der Berufsbezeichnung eine staatlich geregelte Ausbildung erfordert,
2. Berufspsychologinnen oder Berufspsychologen mit staatlich anerkannter wissenschaftlicher Abschlussprüfung oder
3. staatlich anerkannten Sozialarbeiterinnen oder Sozialarbeitern oder staatlich anerkannten Sozialpädagoginnen oder Sozialpädagogen

von Gefangenen als Geheimnis anvertraut oder über Gefangene sonst bekannt geworden sind, unterliegen auch gegenüber der Anstalt und der Aufsichtsbehörde der Schweigepflicht. Die in Satz 1 genannten Personen haben sich gegenüber der Anstaltsleitung zu offenbaren, soweit dies für die Aufgabenerfüllung der Anstalt oder der Aufsichtsbehörde oder zur Abwehr von erheblichen Gefahren für Leib oder Leben von Gefangenen oder Dritten erforderlich ist. Ärztinnen und Ärzte sind zur Offenbarung ihnen im Rahmen der allgemeinen Gesundheitsfürsorge bekannt gewordener Geheimnisse verpflichtet, soweit dies für die Aufgabenerfüllung der Anstalt oder der Aufsichtsbehörde unerlässlich oder zur Abwehr von erheblichen Gefahren für Leib oder Leben von Gefangenen oder Dritten erforderlich ist. Sonstige Offenbarungsbefugnisse bleiben unberührt. Die Gefangenen sind vor der Erhebung über die nach den Sätzen 2 und 3 bestehenden Offenbarungsbefugnisse zu unterrichten.

(3) Die nach Absatz 2 offenbarten Daten dürfen nur für den Zweck, für den sie offenbart wurden oder für den eine Offenbarung zulässig gewesen wäre, und nur unter denselben Voraussetzungen verarbeitet werden, unter denen eine in Absatz 2 Satz 1 genannte Person selbst hierzu befugt wäre. Die Anstaltsleitung

kann unter diesen Voraussetzungen die unmittelbare Offenbarung gegenüber bestimmten Bediensteten allgemein zulassen.

(4) Sofern Ärztinnen beziehungsweise Ärzte oder Psychologinnen beziehungsweise Psychologen außerhalb des Vollzugs mit der Untersuchung oder Behandlung von Gefangenen beauftragt werden, gilt Absatz 2 mit der Maßgabe entsprechend, dass die beauftragten Personen auch zur Unterrichtung der in der Anstalt tätigen Ärztin beziehungsweise des in der Anstalt tätigen Arztes oder der in der Anstalt mit der Behandlung der Gefangenen betrauten Psychologin beziehungsweise dem in der Anstalt mit der Behandlung der Gefangenen betrauten Psychologen befugt sind.

§ 111 Schutz der Daten in Akten und Dateien

(1) Bedienstete dürfen sich von personenbezogenen Daten nur Kenntnis verschaffen, soweit dies zur Erfüllung der ihnen obliegenden Aufgaben oder für die Zusammenarbeit nach den § 3 Absatz 6 Satz 2, § 21 Absatz 4 Satz 2 und § 42 Absatz 2 erforderlich ist.

(2) Akten und Dateien mit personenbezogenen Daten sind durch die erforderlichen technischen und organisatorischen Maßnahmen gegen unbefugten Zugang und unbefugten Gebrauch zu schützen. Gesundheitsakten und Krankenblätter sind getrennt von anderen Unterlagen zu führen und besonders zu sichern.

§ 112 Berichtigung, Löschung und Sperrung

(1) Gespeicherte personenbezogenen Daten sind spätestens zwei Jahre nach der Entlassung der Gefangenen oder der Verlegung der Gefangenen in eine andere Anstalt zu löschen. Hiervon können bis zum Ablauf der Aufbewahrungsfrist für die Gefangenenpersonalakte die Angaben über Familienname, Vorname, Geburtsname, Geburtstag, Geburtsort, Eintritts- und Austrittsdatum der Gefangenen ausgenommen werden, soweit dies für das Auffinden der Gefangenenpersonalakte erforderlich ist.

(2) Personenbezogene Daten in Akten dürfen nach Ablauf von zwei Jahren seit der Entlassung der Gefangenen nur übermittelt oder genutzt werden, soweit dies
1. zur Verfolgung von Straftaten,
2. für die Durchführung wissenschaftlicher Forschungsvorhaben nach § 92,
3. zur Behebung einer bestehenden Beweisnot oder
4. zur Feststellung, Durchsetzung oder Abwehr von Rechtsansprüchen im Zusammenhang mit dem Vollzug einer Jugend- oder Freiheitsstrafe

unerlässlich ist. Diese Verwendungsbeschränkungen enden, wenn die Gefangenen erneut zum Vollzug einer Jugend- oder Freiheitsstrafe aufgenommen werden oder die Betroffenen eingewilligt haben.

(3) Bei der Aufbewahrung von Akten mit nach Absatz 2 gesperrten Daten dürfen folgende Fristen nicht überschritten werden:
1. Gefangenenpersonalakten, Gesundheitsakten und Krankenblätter 20 Jahre,
2. Gefangenenbücher 30 Jahre.

Dies gilt nicht, wenn aufgrund bestimmter Tatsachen anzunehmen ist, dass die Aufbewahrung für die in Absatz 2 Satz 1 genannten Zwecke weiterhin erforderlich ist. Die Aufbewahrungsfrist beginnt mit dem auf das Jahr der aktenmäßigen Weglegung folgenden Kalenderjahr. Die Bestimmungen des Saarländischen Archivgesetzes bleiben unberührt.

(4) Wird festgestellt, dass unrichtige Daten übermittelt worden sind, ist dies den Empfängern mitzuteilen, wenn dies zur Wahrung schutzwürdiger Interessen der Betroffenen erforderlich ist.

(5) Im Übrigen gilt für die Berichtigung, Löschung und Sperrung personenbezogener Daten § 21 des Saarländischen Datenschutzgesetzes.

§ 113 Auslesen von Datenspeichern

(1) Elektronische Datenspeicher sowie elektronische Geräte mit Datenspeicher, die Gefangene ohne Erlaubnis des Justizvollzuges besitzen, dürfen auf einzelfallbezogene schriftliche Anordnung der Anstaltsleitung ausgelesen werden, soweit konkrete Anhaltspunkte die Annahme rechtfertigen, dass dies zu vollzuglichen Zwecken oder zu den in § 107 Absatz 2 genannten Zwecken erforderlich ist. Die so erhobenen Daten dürfen nur verarbeitet werden, soweit dies zu den in Satz 1 genannten Zwecken erforderlich ist.

(2) Die nach Absatz 1 erhobenen Daten dürfen nicht weiter verarbeitet werden, soweit sie
1. zum Kernbereich der privaten Lebensgestaltung Dritter gehören oder

2. zum Kernbereich der privaten Lebensgestaltung Gefangener gehören und die weitere Verarbeitung auch unter Berücksichtigung der in Absatz 1 genannten vollzuglichen Interessen an der Verarbeitung sowie der illegalen Speicherung der Daten unzumutbar ist.

Insoweit sind die Daten unverzüglich zu löschen. Die Tatsachen der Erfassung der Daten und der Löschung sind zu dokumentieren. Die Dokumentation darf ausschließlich für Zwecke der Datenschutzkontrolle verwendet werden. Sie ist zu löschen, wenn sie für diese Zwecke nicht mehr erforderlich ist, spätestens jedoch am Ende des Kalenderjahres, das dem Jahr der Dokumentation folgt.

(3) Die Gefangenen sind bei der Aufnahme über die Möglichkeit des Auslesens von Datenspeichern zu belehren.

§ 114 Videoüberwachung

(1) Aus Gründen der Sicherheit ist die Beobachtung einzelner Bereiche des Anstaltsgebäudes und des Anstaltsgeländes mit optisch-elektronischen Einrichtungen (Videoüberwachung) zulässig. Die Videoüberwachung der unmittelbaren Umgebung der Anstalt ist zulässig, soweit dies für die Sicherheit der Anstalt unerlässlich ist. Die Videoüberwachung von Haftträumen ist ausgeschlossen. § 78 Absatz 2 Nummer 2 bleibt unberührt.

(2) Die Videoüberwachung ist durch geeignete Maßnahmen erkennbar zu machen. Eine Speicherung der durch die Videoüberwachung erhobenen Daten ist nur zulässig, soweit dies für die Sicherheit der Anstalt unerlässlich ist. Die durch die Videoüberwachung erhobenen und gespeicherten Daten sind spätestens vier Wochen nach ihrer Erhebung zu löschen. § 107 Absatz 2 Nummer 1, 2 und 4 bleibt unberührt.

(3) Werden durch Videoüberwachung erhobene Daten einer bestimmten Person zugeordnet, ist eine Verarbeitung der Daten nur zu den in § 107 genannten Zwecken zulässig.

(4) Die Betroffenen sind über eine Verarbeitung ihrer personenbezogenen Daten zu benachrichtigen, sofern die Daten nicht innerhalb der Anstalt verbleiben und binnen vier Wochen gelöscht werden. Eine Pflicht zur Benachrichtigung besteht nicht, sofern die Betroffenen auf andere Weise Kenntnis von der Verarbeitung erlangt haben oder die Benachrichtigung einen unverhältnismäßigen Aufwand erfordert. Die Benachrichtigung kann unterbleiben, solange durch sie der Zweck der Maßnahme vereitelt würde. Die Benachrichtigung ist unverzüglich nachzuholen, sobald der Zweck der Maßnahme entfallen ist.

11 I 18

§ 115 Auskunft an die Betroffenen, Akteneinsicht

(1) Den Betroffenen ist auf Antrag Auskunft zu erteilen über
1. die zu ihrer Person gespeicherten Daten, auch soweit sie sich auf die Herkunft dieser Daten bezieht,
2. die Empfänger oder Kategorien von Empfängern, an die die Daten weitergegeben werden, und
3. den Zweck der Speicherung.

In dem Antrag soll die Art der personenbezogenen Daten, über die Auskunft erteilt werden soll, näher bezeichnet werden. Sind die personenbezogenen Daten weder automatisiert noch in nicht automatisierten Dateien gespeichert, wird die Auskunft nur erteilt, soweit die Betroffenen Angaben machen, die das Auffinden der Daten ermöglichen, und der für die Erteilung der Auskunft erforderliche Aufwand nicht außer Verhältnis zu dem von den Betroffenen geltend gemachten Informationsinteresse steht. Die Anstalt oder die Aufsichtsbehörde bestimmt das Verfahren, insbesondere die Form der Auskunftserteilung, nach pflichtgemäßem Ermessen.

(2) Absatz 1 gilt nicht für personenbezogene Daten, die nur deshalb gespeichert sind, weil sie aufgrund gesetzlicher, satzungsmäßiger oder vertraglicher Aufbewahrungsvorschriften nicht gelöscht werden dürfen, oder ausschließlich Zwecken der Datensicherung oder der Datenschutzkontrolle dienen, und bei denen eine Auskunftserteilung einen unverhältnismäßigen Aufwand erfordern würde.

(3) Bezieht sich die Auskunftserteilung auf die Übermittlung personenbezogener Daten an Behörden der Staatsanwaltschaft, an Polizeidienststellen, Verfassungsschutzbehörden, den Bundesnachrichtendienst, den Militärischen Abschirmdienst und, soweit die Sicherheit des Bundes berührt wird, andere Behörden des Bundesministeriums der Verteidigung, so ist sie nur mit Zustimmung dieser Stellen zulässig.

(4) Die Auskunftserteilung unterbleibt, soweit
1. die Auskunft die ordnungsgemäße Erfüllung der in der Zuständigkeit der verantwortlichen Stelle liegenden Aufgaben gefährden würde,
2. die Auskunft die öffentliche Sicherheit oder Ordnung gefährden oder sonst dem Wohle des Bundes oder eines Landes Nachteile bereiten würde oder

3. die Daten oder die Tatsache ihrer Speicherung nach einer Rechtsvorschrift oder wegen der überwiegenden berechtigten Interessen Dritter geheim gehalten werden müssen

und deswegen das Interesse der Betroffenen an der Auskunftserteilung zurücktreten muss.

(5) Die Ablehnung der Auskunftserteilung bedarf einer Begründung nicht, soweit durch die Mitteilung der tatsächlichen und rechtlichen Gründe, auf die die Entscheidung gestützt wird, der mit der Auskunftsverweigerung verfolgte Zweck gefährdet würde. In diesen Fällen sind die Betroffenen darauf hinzuweisen, dass sie sich an die Landesbeauftragte für Datenschutz und Informationsfreiheit oder den Landesbeauftragten für Datenschutz und Informationsfreiheit wenden können.

(6) Wird den Betroffenen keine Auskunft erteilt, so ist sie auf deren Verlangen der Landesbeauftragten für Datenschutz und Informationsfreiheit oder dem Landesbeauftragten für Datenschutz und Informationsfreiheit zu erteilen, soweit nicht die Aufsichtsbehörde im Einzelfall feststellt, dass dadurch die Sicherheit des Saarlandes, eines anderen Landes oder des Bundes gefährdet würde. Die Mitteilung der Landesbeauftragten für Datenschutz und Informationsfreiheit oder des Landesbeauftragen für Datenschutz und Informationsfreiheit an die Betroffenen darf keine Rückschlüsse auf den Erkenntnisstand der speichernden Stelle zulassen, sofern diese nicht einer weitergehenden Auskunft zustimmt.

(7) Die Auskunft nach Absatz 1 ist unentgeltlich.

(8) Soweit eine Auskunft für die Wahrnehmung der rechtlichen Interessen der Gefangenen nicht ausreicht und sie hierfür auf die Einsichtnahme angewiesen sind, wird Akteneinsicht gewährt.

12 I 8

§ 116 Anwendung des Saarländischen Datenschutzgesetzes

Die Regelungen des Saarländischen Datenschutzgesetzes über Begriffsbestimmungen (§ 3 des Saarländischen Datenschutzgesetzes), Einholung und Form der Einwilligung der Betroffenen (§ 4 Absatz 1 des Saarländischen Datenschutzgesetzes), das Datengeheimnis (§ 6 des Saarländischen Datenschutzgesetzes), die Sicherstellung des Datenschutzes (§ 7 des Saarländischen Datenschutzgesetzes), die Verfahrensbeschreibung (§ 9 des Saarländischen Datenschutzgesetzes), technische und organisatorische Maßnahmen zum Datenschutz (§ 11 des Saarländischen Datenschutzgesetzes) und über unabdingbare Rechte der Betroffenen (§ 19 des Saarländischen Datenschutzgesetzes) gelten entsprechend. Das Saarländische Datenschutzgesetz bleibt im Hinblick auf die Schadensersatz-, Straf- und Bußgeldvorschriften sowie die Bestimmungen über die Kontrolle durch die Landesbeauftragte für Datenschutz und Informationsfreiheit oder den Landesbeauftragten für Datenschutz und Informationsfreiheit unberührt.

Abschnitt 22. Schlussbestimmungen

§ 117 Einschränkung von Grundrechten

Durch dieses Gesetz werden die Rechte auf körperliche Unversehrtheit und Freiheit der Person (Artikel 2 Absatz 2 des Grundgesetzes) und auf Unverletzlichkeit des Brief-, Post- und Fernmeldegeheimnisses (Artikel 10 des Grundgesetzes) eingeschränkt.

1 E 32

§ 118 Verhältnis zum Bundesrecht

Dieses Gesetz ersetzt gemäß Artikel 125a Absatz 1 des Grundgesetzes im Saarland das Strafvollzugsgesetz. Die Vorschriften des Strafvollzugsgesetzes über
1. den Pfändungsschutz (§ 50 Absatz 2 Satz 5, § 51 Absatz 4 und 5, § 75 Absatz 3) für bis zum Inkrafttreten dieses Gesetzes gebildetes Überbrückungsgeld,
2. das gerichtliche Verfahren (§§ 109 bis 121, 50 Absatz 5 Satz 2),
3. die Unterbringung in einem psychiatrischen Krankenhaus und in einer Entziehungsanstalt (§§ 136 bis 138),
4. den Vollzug von Ordnungs-, Sicherungs-, Zwangs- und Erzwingungshaft (§§ 171 bis 175),
5. den unmittelbaren Zwang in Justizvollzugsanstalten für andere Arten des Freiheitsentzugs (§ 178)

gelten fort.

4 D 25, 4 I 53, 4 I 54, 4 I 66, 11 K 5, 12 B 1, 15 A 2

Anhang

§ 119 Übergangsbestimmungen

(1) Bis zum Inkrafttreten einer Verordnung nach § 55 Absatz 3 gilt die Verordnung über die Vergütungsstufen des Arbeitsentgelts und der Ausbildungsbeihilfe nach dem Strafvollzugsgesetz (Strafvollzugsvergütungsordnung) vom 11. Januar 1977 (BGBl. I S. 57), geändert durch Artikel 6 des Gesetzes vom 13. Dezember 2007 (BGBl. I S. 2894, 2896), in der jeweils geltenden Fassung, für die Anwendung des § 55 fort.

(2) Bei Inkrafttreten dieses Gesetzes bereits gebildetes Überbrückungsgeld kann während des Vollzuges nur für Ausgaben zur Entlassungsvorbereitung verwendet werden. Gefangene, die bereits Überbrückungsgeld über den Betrag von 1.436 Euro hinaus gebildet haben, können bis zum 31. Dezember 2013 verlangen, dass der übersteigende Betrag ihrem Eigengeld gutgeschrieben wird.

(3) Bei Inkrafttreten dieses Gesetzes bereits erworbene Freistellungstage nach § 43 Absatz 6 des Strafvollzugsgesetzes können auf Antrag der Gefangenen auf den Entlassungszeitpunkt angerechnet werden. Insoweit gelten § 43 Absatz 9 und 10 des Strafvollzugsgesetzes in entsprechender Anwendung fort.

4 D 67, 4 D 68, 4 D 72, 4 I 66

Gesetz über den Vollzug der Freiheitsstrafe und des Strafarrests im Freistaat Sachsen (Sächsisches Strafvollzugsgesetz – SächsStVollzG)

Vom 16. Mai 2013
(GVBl. 2013 Nr. 5, S. 250)

Teil 1. Allgemeine Bestimmungen

§ 1 Anwendungsbereich
Dieses Gesetz regelt den Vollzug der Freiheitsstrafe (Vollzug) und des Strafarrests in Justizvollzugsanstalten (Anstalten).

1 B 4

§ 2 Ziel und Aufgabe des Vollzugs
Der Vollzug dient dem Ziel, die Gefangenen zu befähigen, künftig in sozialer Verantwortung ein Leben ohne Straftaten zu führen. Er hat die Aufgabe, die Allgemeinheit vor weiteren Straftaten zu schützen. Dies wird durch eine zielgerichtete und wirkungsorientierte Vollzugsgestaltung sowie sichere Unterbringung und Beaufsichtigung der Gefangenen gewährleistet.

1 C 12, 1 C 14, 1 C 24

§ 3 Vollzugsgestaltung
(1) Der Vollzug ist auf die Auseinandersetzung der Gefangenen mit ihren Straftaten und deren Folgen auszurichten.

(2) Der Vollzug wirkt von Beginn an auf die Eingliederung der Gefangenen in das Leben in Freiheit hin.

(3) Gefangene mit angeordneter oder vorbehaltener Sicherungsverwahrung sind individuell und intensiv zu betreuen, um ihre Unterbringung in der Sicherungsverwahrung entbehrlich zu machen. Soweit standardisierte Maßnahmen nicht ausreichen oder keinen Erfolg versprechen, sind individuelle Maßnahmen zu entwickeln.

(4) Das Leben im Vollzug ist den allgemeinen Lebensverhältnissen soweit wie möglich anzugleichen.

(5) Schädlichen Folgen des Freiheitsentzugs ist entgegenzuwirken.

(6) Der Bezug der Gefangenen zum gesellschaftlichen Leben ist zu wahren und zu fördern. Die Belange der Familienangehörigen der Gefangenen sind bei der Vollzugsgestaltung zu berücksichtigen. Der Erhalt familiärer Bindungen ist zu unterstützen. Ehrenamtliche Mitarbeiter sowie Personen und Einrichtungen außerhalb des Vollzugs sollen in den Vollzugsalltag einbezogen werden. Den Gefangenen ist sobald wie möglich die Teilnahme am Leben in der Freiheit zu gewähren.

(7) Die unterschiedlichen Bedürfnisse der Gefangenen, insbesondere im Hinblick auf Geschlecht, Alter, Herkunft und Glauben, sowie die Bedürfnisse von Gefangenen mit Behinderung sind bei der Vollzugsgestaltung im Allgemeinen und im Einzelfall zu berücksichtigen.

1 D 1, 1 D 4, 1 D 11, 1 D 14, 1 D 15, 1 D 16, 1 D 17, 1 D 27, 13 C 5, 13 C 10, 14 A 14, 15 B 26

§ 4 Stellung der Gefangenen, Mitwirkung
(1) Die Persönlichkeit der Gefangenen ist zu achten. Ihre Selbständigkeit im Vollzugsalltag ist soweit wie möglich zu erhalten und zu fördern.

(2) Die Gefangenen werden an der Gestaltung des Vollzugsalltags beteiligt. Vollzugliche Maßnahmen sollen ihnen erläutert werden. Soweit erforderlich, wird ein Dolmetscher hinzugezogen. Mit Zustimmung der beteiligten Gefangenen kann in Ausnahmefällen für die Übersetzung auch eine andere sprachkundige Person tätig werden.

(3) Zur Erreichung des Vollzugsziels bedarf es der Mitwirkung der Gefangenen. Ihre Bereitschaft hierzu ist zu wecken und zu fördern.

(4) Die Gefangenen unterliegen den in diesem Gesetz vorgesehenen Beschränkungen ihrer Freiheit. Soweit das Gesetz eine besondere Regelung nicht enthält, dürfen ihnen nur Beschränkungen auferlegt werden, die zur Aufrechterhaltung der Sicherheit oder zur Abwendung einer schwerwiegenden Störung der Ordnung in der Anstalt unerlässlich sind.

1 E 2, 1 E 3, 1 E 7, 1 E 10, 1 E 17, 1 E 18, 1 E 24

§ 5 Soziale Hilfe

(1) Die Gefangenen werden durch die Anstalt darin unterstützt, ihre persönlichen, wirtschaftlichen, sozialen und gesundheitlichen Schwierigkeiten zu beheben. Sie sollen dazu angeregt und in die Lage versetzt werden, ihre Angelegenheiten selbst zu regeln, insbesondere eine Schuldenregulierung herbeizuführen.

(2) Die Gefangenen sollen angehalten werden, den durch die Straftat verursachten materiellen und immateriellen Schaden wiedergutzumachen. Die Einsicht der Gefangenen in ihre Verantwortung für die Tat, insbesondere für die beim Opfer verursachten Tatfolgen, soll geweckt werden.

1 D 21, 7 A 8, 7 C 1, 7 C 6, 7 C 8, 7 D 2

Teil 2. Aufnahme, Diagnose, Vollzugs- und Eingliederungsplanung

§ 6 Aufnahmeverfahren

(1) Mit den Gefangenen wird unverzüglich nach der Aufnahme ein Zugangsgespräch geführt, in dem ihre gegenwärtige Lebenssituation erörtert wird und sie über ihre Rechte und Pflichten informiert werden. Ihnen ist die Hausordnung zu erläutern und die Aushändigung eines Exemplars anzubieten. Dieses Gesetz, die von ihm in Bezug genommenen Gesetze sowie die zu seiner Ausführung erlassenen Rechtsverordnungen und veröffentlichte Verwaltungsvorschriften sind den Gefangenen auf Verlangen zugänglich zu machen.

(2) Im Zugangsgespräch ist auch zu klären, ob die Gefangenen in ihrer Obhut stehende Minderjährige ohne Betreuung und Versorgung zurückgelassen haben. In diesem Falle ist unverzüglich das zuständige Jugendamt zu unterrichten.

(3) Während des Aufnahmeverfahrens dürfen andere Gefangene nicht zugegen sein.

(4) Die Gefangenen werden unverzüglich ärztlich untersucht.

(5) Die Gefangenen werden dabei unterstützt, etwa notwendige Maßnahmen für hilfsbedürftige Angehörige, zur Erhaltung des Arbeitsplatzes und der Wohnung und zur Sicherung ihrer Vermögensgegenstände außerhalb der Anstalt zu veranlassen.

(6) Bei Gefangenen, die eine Ersatzfreiheitsstrafe verbüßen, sind die Möglichkeiten der Abwendung der Vollstreckung durch freie Arbeit oder ratenweise Tilgung der Geldstrafe zu erörtern und zu fördern, um so auf eine möglichst baldige Entlassung hinzuwirken.

2 A 1, 2 A 4, 2 A 5, 2 A 8, 2 A 9, 2 A 12, 2 A 13, 7 B 4, 7 B 7, 12 F 8, 15 B 28

§ 7 Diagnoseverfahren

(1) An das Aufnahmeverfahren schließt sich zur Vorbereitung der Vollzugs- und Eingliederungsplanung das Diagnoseverfahren an.

(2) Das Diagnoseverfahren muss wissenschaftlichen Erkenntnissen genügen. Insbesondere bei Gefangenen mit angeordneter oder vorbehaltener Sicherungsverwahrung ist es von Personen mit einschlägiger wissenschaftlicher Qualifikation durchzuführen.

(3) Das Diagnoseverfahren erstreckt sich auf die Persönlichkeit, die Lebensverhältnisse, die Ursachen und Umstände der Straftat sowie alle sonstigen Gesichtspunkte, deren Kenntnis für eine zielgerichtete und wirkungsorientierte Vollzugsgestaltung und die Eingliederung der Gefangenen nach der Entlassung erforderlich ist. Neben den Unterlagen aus der Vollstreckung und dem Vollzug vorangegangener Freiheitsentziehungen sind insbesondere auch Erkenntnisse der Gerichts- und Bewährungshilfe sowie der Führungsaufsichtsstellen einzubeziehen.

(4) Im Diagnoseverfahren werden die im Einzelfall die Straffälligkeit begünstigenden Faktoren ermittelt. Gleichzeitig sollen die Fähigkeiten der Gefangenen ermittelt werden, deren Stärkung einer erneuten Straffälligkeit entgegenwirken kann.

(5) Bei einer voraussichtlichen Vollzugsdauer von bis zu drei Monaten tritt an die Stelle des Diagnoseverfahrens in der Regel die Feststellung zur Person und zu den Lebensverhältnissen der Gefangenen.

(6) Bei einer voraussichtlichen Vollzugsdauer bis zu einem Jahr kann das Diagnoseverfahren auf die Umstände beschränkt werden, deren Kenntnis für eine angemessene Vollzugsgestaltung unerlässlich und für die Eingliederung erforderlich ist.

(7) Das Ergebnis des Diagnoseverfahrens wird mit den Gefangenen erörtert.

2 A 1, 2 B 1, 2 B 5, 2 B 6, 2 B 11, 2 B 13, 2 B 14, 2 B 17, 2 B 28, 2 B 35, 2 C 8, 7 B 1

§ 8 Vollzugs- und Eingliederungsplanung

(1) Auf der Grundlage des Ergebnisses des Diagnoseverfahrens wird ein Vollzugs- und Eingliederungsplan erstellt. In den Fällen des § 7 Absatz 6 kann sich der Vollzugs- und Eingliederungsplan auf die dort genannten Umstände beschränken. Bei einer voraussichtlichen Vollzugsdauer von bis zu drei Monaten kann von der Erstellung eines Vollzugs- und Eingliederungsplans abgesehen werden.

(2) Der Vollzugs- und Eingliederungsplan zeigt den Gefangenen bereits zu Beginn des Vollzugs unter Berücksichtigung der voraussichtlichen Vollzugsdauer die zur Erreichung des Vollzugsziels erforderlichen Maßnahmen auf. Daneben kann er weitere Hilfsangebote und Empfehlungen enthalten. Die Fähigkeiten, Fertigkeiten und Neigungen der Gefangenen sollen einbezogen werden.

(3) Der Vollzugs- und Eingliederungsplan wird regelmäßig innerhalb der ersten acht Wochen nach der Aufnahme erstellt. Diese Frist verkürzt sich bei einer voraussichtlichen Vollzugsdauer von unter einem Jahr auf vier Wochen.

(4) Der Vollzugs- und Eingliederungsplan sowie die darin vorgesehenen Maßnahmen werden regelmäßig alle sechs Monate, spätestens aber alle zwölf Monate überprüft und fortgeschrieben. Die Entwicklung der Gefangenen und die in der Zwischenzeit gewonnenen Erkenntnisse sind zu berücksichtigen. Die durchgeführten Maßnahmen sind zu dokumentieren.

(5) Die Vollzugs- und Eingliederungsplanung wird mit den Gefangenen erörtert. Dabei werden deren Anregungen und Vorschläge einbezogen, soweit sie der Erreichung des Vollzugsziels dienen.

(6) Zur Erstellung und Fortschreibung des Vollzugs- und Eingliederungsplans führt der Anstaltsleiter eine Konferenz mit den an der Vollzugsgestaltung maßgeblich Beteiligten durch. Standen die Gefangenen vor ihrer Inhaftierung unter Bewährungs- oder Führungsaufsicht, kann auch der für sie bislang zuständige Bewährungshelfer an der Konferenz beteiligt werden. Die Teilnahme des Verteidigers ist zu gestatten. Die Gefangenen sollen ebenfalls an der Konferenz beteiligt werden. Im Falle der Teilnahme wird ihnen der Vollzugs- und Eingliederungsplan eröffnet und erläutert. Im Übrigen wird ihnen der Vollzugs- und Eingliederungsplan bekanntgegeben. In den Fällen des § 7 Absatz 6 kann auch ein vereinfachtes Verfahren Anwendung finden.

(7) An der Eingliederung mitwirkende Personen außerhalb des Vollzugs sind nach Möglichkeit in die Planung einzubeziehen, soweit dies zur Eingliederung erforderlich ist. Sie können mit Zustimmung der Gefangenen auch an der Konferenz beteiligt werden.

(8) Werden die Gefangenen nach der Entlassung voraussichtlich unter Bewährungs- oder Führungsaufsicht gestellt, so ist einem Mitarbeiter der Bewährungshilfe und der Führungsaufsichtsstelle in den letzten zwölf Monaten vor dem voraussichtlichen Entlassungszeitpunkt die Teilnahme an der Konferenz zu ermöglichen. Der Vollzugs- und Eingliederungsplan und seine Fortschreibungen sind zu übersenden.

(9) Eine Abschrift des Vollzugs- und Eingliederungsplans und seiner Fortschreibungen wird den Gefangenen ausgehändigt.

1 D 17, 2 A 1, 2 B 4, 2 C 2, 2 C 6, 2 C 7, 2 C 9, 2 C 10, 2 C 12, 2 C 14, 2 C 19, 2 C 20, 7 B 1, 7 D 8, 10 G 2, 13 L 3, 13 L 7

§ 9 Inhalt des Vollzugs- und Eingliederungsplans

(1) Der Vollzugs- und Eingliederungsplan sowie seine Fortschreibungen enthalten insbesondere folgende Angaben:
1. Zusammenfassung der für die Vollzugs- und Eingliederungsplanung maßgeblichen Ergebnisse des Diagnoseverfahrens,
2. voraussichtlicher Entlassungszeitpunkt,
3. Unterbringung im geschlossenen oder offenen Vollzug oder Vollzug in freien Formen,
4. Maßnahmen zur Förderung der Mitwirkungsbereitschaft,
5. Unterbringung in einer Wohngruppe und Teilnahme am Wohngruppenvollzug,
6. Unterbringung in einer sozialtherapeutischen Abteilung und Teilnahme an deren Behandlungsprogrammen,
7. Teilnahme an einzel- oder gruppentherapeutischen Maßnahmen, insbesondere psychologische Intervention und Psychotherapie,
8. Teilnahme an psychiatrischen Behandlungsmaßnahmen,
9. Teilnahme an Maßnahmen zur Behandlung von Suchtmittelabhängigkeit und -missbrauch, einschließlich Suchtberatung,

Anhang

10. Teilnahme an Trainingsmaßnahmen zur Verbesserung der sozialen Kompetenz und familienunterstützende Angebote,
11. Teilnahme an schulischen und beruflichen Qualifizierungsmaßnahmen, einschließlich Alphabetisierungs- und Deutschkursen,
12. Teilnahme an arbeitstherapeutischen Maßnahmen oder am Arbeitstraining,
13. Arbeit,
14. freies Beschäftigungsverhältnis, Selbstbeschäftigung,
15. Teilnahme an Sportangeboten und Maßnahmen zur strukturierten Gestaltung der Freizeit,
16. Ausführungen, Außenbeschäftigung,
17. Lockerungen zur Erreichung des Vollzugsziels,
18. Aufrechterhaltung, Förderung und Gestaltung von familiären Bindungen und Außenkontakten,
19. Bildung von Überbrückungsgeld, Schuldnerberatung, Schuldenregulierung und Erfüllung von Unterhaltspflichten,
20. Ausgleich von Tatfolgen, einschließlich Täter-Opfer-Ausgleich,
21. Maßnahmen zur Vorbereitung von Entlassung, Eingliederung und Nachsorge und
22. Frist zur Fortschreibung des Vollzugs- und Eingliederungsplans.

Bei angeordneter oder vorbehaltener Sicherungsverwahrung enthalten der Vollzugs- und Eingliederungsplan sowie seine Fortschreibungen darüber hinaus Angaben zu sonstigen Maßnahmen im Sinne des § 3 Absatz 3 Satz 2 dieses Gesetzes und einer Antragstellung im Sinne des § 119a Absatz 2 des Strafvollzugsgesetzes vom 16. März 1976 (BGBl. I S. 581, 2088; 1977 I S. 436), das zuletzt durch Artikel 2 des Gesetzes vom 17. Dezember 2018 (BGBl. I S. 2571) geändert worden ist, in der jeweils geltenden Fassung.

(2) Maßnahmen nach Absatz 1 Satz 1 Nr. 6 bis 10 und Satz 2, die nach dem Ergebnis des Diagnoseverfahrens als zur Erreichung des Vollzugsziels zwingend erforderlich erachtet werden, sind als solche zu kennzeichnen und gehen allen anderen Maßnahmen vor. Auch für Maßnahmen nach Absatz 1 Satz 1 Nr. 11 und 12 kann ein Vorrang vor anderen Maßnahmen vorgesehen werden. Es ist anzustreben, die Maßnahmen nach den Sätzen 1 und 2 im Einvernehmen mit den Gefangenen festzulegen. Andere Maßnahmen dürfen nicht gestattet werden, soweit sie die Teilnahme an Maßnahmen nach den Sätzen 1 und 2 beeinträchtigen würden.

(3) Spätestens ein Jahr vor dem voraussichtlichen Entlassungszeitpunkt hat die Planung zur Vorbereitung der Eingliederung zu beginnen. Anknüpfend an die bisherige Vollzugsplanung werden ab diesem Zeitpunkt die Maßnahmen nach Absatz 1 Satz 1 Nr. 21 konkretisiert oder ergänzt. Insbesondere ist Stellung zu nehmen zu:
1. Unterbringung im offenen Vollzug, Übergangseinrichtung,
2. Unterkunft sowie Arbeit oder Ausbildung nach der Entlassung,
3. Unterstützung bei notwendigen Behördengängen und der Beschaffung der notwendigen persönlichen Dokumente,
4. Beteiligung der Bewährungshilfe, Führungsaufsichtsstelle und der forensischen Ambulanzen,
5. Kontaktaufnahme zu Einrichtungen der Entlassenenhilfe,
6. Fortsetzung von im Vollzug noch nicht abgeschlossenen Maßnahmen,
7. Anregung von Auflagen und Weisungen für die Bewährungs- oder Führungsaufsicht,
8. Vermittlung in nachsorgende Maßnahmen und
9. nachgehende Betreuung durch Vollzugsbedienstete.

1 D 23, 2 A 1, 2 C 6, 2 C 23, 2 C 25, 2 C 26, 2 C 28, 2 C 29, 2 C 31, 2 C 33, 2 C 35,
2 C 39, 4 A 3, 4 E 1, 4 E 2, 4 E 15, 4 E 18, 4 G 3, 4 G 7, 4 H 9, 4 I 97, 5 A 13,
7 D 8, 10 G 2, 15 B 29

Teil 3. Unterbringung, Verlegung

§ 10 Trennung von männlichen und weiblichen Gefangenen
Männliche und weibliche Gefangene werden getrennt untergebracht. Eine gemeinsame Unterbringung zum Zweck der medizinischen Behandlung sowie gemeinsame Maßnahmen, insbesondere zur schulischen und beruflichen Qualifizierung, sind zulässig.

13 B 6, 14 A 6

§ 11 Unterbringung während der Einschlusszeiten
(1) Die Gefangenen werden in ihren Haftäumen einzeln untergebracht.
(2) Eine gemeinsame Unterbringung ist zulässig
1. mit Zustimmung der Gefangenen, wenn schädliche Einflüsse nicht zu befürchten sind, oder
2. wenn ein Gefangener hilfsbedürftig ist oder eine Gefahr für Leben oder Gesundheit besteht.

(3) Darüber hinaus ist eine gemeinsame Unterbringung nur vorübergehend und aus zwingenden Gründen zulässig.

2 E 1, 2 E 17, 2 E 31, 2 E 32, 2 E 35, 2 E 37, 13 E 24

§ 12 Aufenthalt außerhalb der Einschlusszeiten
(1) Außerhalb der Einschlusszeiten dürfen sich die Gefangenen in Gemeinschaft aufhalten.
(2) Der gemeinschaftliche Aufenthalt kann eingeschränkt werden, wenn
1. ein schädlicher Einfluss auf andere Gefangene zu befürchten ist oder
2. es die Sicherheit oder Ordnung in der Anstalt erfordert.

2 E 1, 2 E 4, 2 E 8, 2 E 9, 2 E 10, 2 E 12, 2 E 13, 2 E 15, 2 E 16, 11 I 26

§ 13 Wohngruppenvollzug
(1) Der Wohngruppenvollzug dient der Einübung sozialverträglichen Zusammenlebens, insbesondere von Toleranz sowie der Übernahme von Verantwortung für sich und andere. Er ermöglicht den dort untergebrachten Gefangenen, ihren Vollzugsalltag weitgehend selbständig zu regeln.
(2) Eine Wohngruppe wird in einem baulich abgegrenzten Bereich mit bis zu 16 Gefangenen eingerichtet, zu dem neben den Haftäumen weitere Räume und Einrichtungen zur gemeinsamen Nutzung gehören. Sie wird in der Regel von fest zugeordneten Bediensteten betreut.

§ 14 Unterbringung von Müttern und Vätern mit Kindern
(1) Ein Kind kann mit Zustimmung der aufenthaltsbestimmungsberechtigten Person bis zur Vollendung des dritten Lebensjahres in einer Anstalt untergebracht werden, in der sich seine Mutter oder sein Vater befindet, wenn dies seinem Wohl entspricht und Sicherheitsgründe nicht entgegenstehen. Aus besonderen Gründen kann die Unterbringung auch bis zu einem halben Jahr darüber hinaus erfolgen. Vor der Unterbringung ist das Jugendamt zu hören.
(2) Die Unterbringung erfolgt auf Kosten der für das Kind Unterhaltspflichtigen.

14 C 1, 14 C 6

§ 15 Geschlossener und offener Vollzug sowie Vollzug in freien Formen
(1) Die Gefangenen werden im geschlossenen oder offenen Vollzug untergebracht.
(2) Die Gefangenen sollen im offenen Vollzug untergebracht werden, wenn sie dessen besonderen Anforderungen genügen, insbesondere nicht zu befürchten ist, dass sie sich dem Vollzug entziehen oder die Möglichkeiten des offenen Vollzugs zu Straftaten missbrauchen werden. Genügen die Gefangenen den besonderen Anforderungen des offenen Vollzugs nicht mehr, werden sie im geschlossenen Vollzug untergebracht. § 94 bleibt unberührt.
(3) Abteilungen des offenen Vollzugs sehen keine oder nur verminderte Vorkehrungen gegen Entweichungen vor.
(4) Der Vollzug kann mit der Zustimmung des Gefangenen in freien Formen durchgeführt werden. Absatz 2 gilt entsprechend.

10 A 1, 10 A 4, 10 A 7, 10 A 9, 10 A 14, 13 C 5, 13 C 18

§ 16 Verlegung und Überstellung
(1) Die Gefangenen können abweichend vom Vollstreckungsplan nach § 115 in eine andere Anstalt verlegt werden,
1. wenn die Erreichung des Vollzugsziels hierdurch gefördert wird oder
2. Gründe der Vollzugsorganisation oder andere wichtige Gründe dies erfordern.

(2) Dem Verteidiger wird die Verlegung unverzüglich mitgeteilt.
(3) Die Gefangenen dürfen aus wichtigem Grund in eine andere Anstalt überstellt werden.

2 D 1, 2 D 6, 2 D 7, 2 D 15

Anhang

Teil 4. Sozialtherapie, psychologische Intervention und Psychotherapie

§ 17 Sozialtherapie
(1) Sozialtherapie dient der Verringerung einer erheblichen Gefährlichkeit der Gefangenen. Auf der Grundlage einer therapeutischen Gemeinschaft bedient sie sich psychologischer, psychotherapeutischer, sozialpädagogischer und arbeitstherapeutischer Methoden, die in umfassenden Behandlungsprogrammen verbunden werden. Personen aus dem Lebensumfeld der Gefangenen außerhalb des Vollzugs werden in die Behandlung einbezogen.

(2) Gefangene sind in einer sozialtherapeutischen Abteilung unterzubringen, wenn ihre Teilnahme an den dortigen Behandlungsprogrammen zur Verringerung ihrer erheblichen Gefährlichkeit angezeigt ist. Eine erhebliche Gefährlichkeit liegt vor, wenn schwerwiegende Straftaten gegen Leib oder Leben, die persönliche Freiheit oder gegen die sexuelle Selbstbestimmung zu erwarten sind.

(3) Andere Gefangene können in einer sozialtherapeutischen Abteilung untergebracht werden, wenn die Teilnahme an den dortigen Behandlungsprogrammen zur Erreichung des Vollzugsziels angezeigt ist.

(4) Die Unterbringung soll zu einem Zeitpunkt erfolgen, der entweder den Abschluss der Behandlung zum voraussichtlichen Entlassungszeitpunkt erwarten lässt oder die Fortsetzung der Behandlung nach der Entlassung ermöglicht. Ist Sicherungsverwahrung angeordnet oder vorbehalten, soll die Unterbringung zu einem Zeitpunkt erfolgen, der den Abschluss der Behandlung noch während des Vollzugs der Freiheitsstrafe erwarten lässt.

(5) Die Unterbringung wird beendet, wenn das Ziel der Behandlung aus Gründen, die in der Person der Gefangenen liegen, nicht erreicht werden kann.

3 A 3, 3 A 12, 3 A 15, 3 A 16, 3 A 20, 3 A 21, 3 A 23, 14 A 9, 15 B 30

§ 18 Psychologische Intervention und Psychotherapie
Psychologische Intervention und Psychotherapie im Vollzug dienen insbesondere der Behandlung psychosozialer Faktoren und psychischer Störungen des Verhaltens und Erlebens, die in einem Zusammenhang mit der Straffälligkeit stehen. Sie werden durch systematische Anwendung wissenschaftlich fundierter psychologischer und psychotherapeutischer Methoden mit einem oder mehreren Gefangenen durchgeführt.

Teil 5. Arbeitstherapeutische Maßnahmen, Arbeitstraining, schulische und berufliche Qualifizierungsmaßnahmen, Arbeit

§ 19 Arbeitstherapeutische Maßnahmen
Arbeitstherapeutische Maßnahmen dienen dazu, dass die Gefangenen Eigenschaften wie Selbstvertrauen, Durchhaltevermögen und Konzentrationsfähigkeit einüben, um sie stufenweise an die Grundanforderungen des Arbeitslebens heranzuführen.

4 Vorb. 5, 4 A 9

§ 20 Arbeitstraining
Arbeitstraining dient dazu, Gefangenen, die nicht in der Lage sind, einer regelmäßigen und erwerbsorientierten Beschäftigung nachzugehen, Fähigkeiten und Fertigkeiten zu vermitteln, die eine Eingliederung in das leistungsorientierte Arbeitsleben fördern. Die Maßnahmen sind danach auszurichten, dass sie den Gefangenen für den Arbeitsmarkt relevante Qualifikationen vermitteln.

4 Vorb. 5, 4 A 9

§ 21 Schulische und berufliche Qualifizierungsmaßnahmen
(1) Schulische und berufliche Aus- und Weiterbildung und vorberufliche Qualifizierung im Vollzug (schulische und berufliche Qualifizierungsmaßnahmen) haben das Ziel, den Gefangenen Fähigkeiten zur Aufnahme einer Erwerbstätigkeit nach der Entlassung zu vermitteln sowie vorhandene Fähigkeiten zu erhalten und zu fördern. Sie werden in der Regel als Vollzeitmaßnahme durchgeführt. Bei der Festlegung von Inhalten, Methoden und Organisationsformen der Bildungsangebote werden die Besonderheiten der jeweiligen Zielgruppe berücksichtigt.

(2) Berufliche Qualifizierungsmaßnahmen sind darauf auszurichten, den Gefangenen für den Arbeitsmarkt relevante Qualifikationen zu vermitteln.

(3) Geeigneten Gefangenen soll die Teilnahme an einer schulischen oder beruflichen Ausbildung ermöglicht werden, die zu einem anerkannten Abschluss führt.

(4) Bei der Vollzugs- und Eingliederungsplanung ist darauf zu achten, dass die Gefangenen Qualifizierungsmaßnahmen während ihrer Haftzeit abschließen oder danach fortsetzen können. Können Maßnahmen während der Haftzeit nicht abgeschlossen werden, trägt die Anstalt in Zusammenarbeit mit außervollzuglichen Einrichtungen dafür Sorge, dass die begonnene Qualifizierungsmaßnahme nach der Haft fortgesetzt werden kann.

(5) Nachweise über schulische und berufliche Qualifizierungsmaßnahmen dürfen keinen Hinweis auf die Inhaftierung enthalten.

4 Vorb. 5, 4 A 6, 4 A 19, 4 A 21, 4 A 23, 4 A 24, 4 E 1, 4 E 3, 4 E 6, 4 E 9, 4 E 12, 4 E 17, 14 C 11, 14 C 12

§ 22 Arbeit

(1) Den Gefangenen soll nach Möglichkeit ihren Fähigkeiten angemessene Arbeit übertragen werden, soweit sie körperlich und geistig hierzu in der Lage sind.

(2) Sie wirken im Rahmen ihrer körperlichen und geistigen Fähigkeiten an Arbeiten der Versorgung, der Sauberkeit und Ordnung in der Anstalt mit.

(3) § 9 Abs. 2 bleibt unberührt. Nehmen sie eine Arbeit auf, gelten die von der Anstalt festgelegten Arbeitsbedingungen. Die Arbeit darf nicht zur Unzeit niedergelegt werden.

4 Vorb. 5, 4 A 3, 4 B 14, 4 B 22, 4 B 23

§ 23 Freies Beschäftigungsverhältnis, Selbstbeschäftigung

(1) Gefangenen, die zum Freigang nach § 38 Abs. 1 Nr. 4 zugelassen sind, soll gestattet werden, einer Arbeit, Berufsausbildung oder beruflichen Weiterbildung auf der Grundlage eines freien Beschäftigungsverhältnisses oder der Selbstbeschäftigung außerhalb der Anstalt nachzugehen, wenn die Beschäftigungsstelle geeignet ist und nicht überwiegende Gründe des Vollzugs entgegenstehen. § 40 gilt entsprechend.

(2) Das Entgelt ist der Anstalt zur Gutschrift für die Gefangenen zu überweisen.

4 Vorb. 5, 4 G 7, 4 H 2, 4 H 10, 4 H 13, 4 H 14, 4 H 19, 4 H 28, 6 F 56

§ 24 Freistellung

(1) Haben die Gefangenen ein halbes Jahr lang gearbeitet, so können sie beanspruchen, zehn Arbeitstage von der Arbeit freigestellt zu werden. Zeiten, in denen die Gefangenen infolge Krankheit an der Arbeitsleistung verhindert waren, werden auf das Halbjahr mit bis zu 15 Arbeitstagen angerechnet. Der Anspruch verfällt, wenn die Freistellung nicht innerhalb eines Jahres nach seiner Entstehung erfolgt ist.

(2) Auf die Zeit der Freistellung wird Langzeitausgang nach § 38 Abs. 1 Nr. 3 angerechnet, soweit er in die Arbeitszeit fällt. Gleiches gilt für einen Langzeitausgang nach § 39, soweit er nicht wegen des Todes oder einer lebensgefährlichen Erkrankung naher Angehöriger erteilt worden ist.

(3) Die Gefangenen erhalten für die Zeit der Freistellung ihr Arbeitsentgelt weiter.

(4) Urlaubsregelungen freier Beschäftigungsverhältnisse bleiben unberührt.

(5) Für Maßnahmen nach den §§ 19, 20 und 21 Abs. 1 gelten die Absätze 1 bis 4 entsprechend, sofern diese den Umfang der regelmäßigen wöchentlichen Arbeitszeit erreichen.

4 Vorb. 5, 4 C 1, 4 C 3, 4 C 4, 4 C 5, 4 C 6, 4 C 7, 4 C 14, 4 C 16, 4 C 18, 4 C 23, 4 G 12

Teil 6. Besuche, Telefongespräche, Schriftwechsel, andere Formen der Telekommunikation und Pakete

§ 25 Grundsatz

Die Gefangenen haben das Recht, mit Personen außerhalb der Anstalt im Rahmen der Bestimmungen dieses Gesetzes zu verkehren. Die Anstalt fördert den Kontakt mit Personen, von denen ein günstiger Einfluss erwartet werden kann.

9 Vorb. 4, 9 A 1 ff

§ 26 Besuch

(1) Die Gefangenen dürfen im Monat vier Stunden Besuch empfangen. Der jeweilige Anstaltsleiter kann längere Besuchszeiten vorsehen. Ausführungen oder Ausgänge, die der Pflege von Kontakten mit Angehörigen und Bezugspersonen dienen, können angerechnet werden.

(2) Besuche von Angehörigen im Sinne von § 11 Abs. 1 Nr. 1 des Strafgesetzbuches werden besonders unterstützt.

(3) Besuche sollen darüber hinaus zugelassen werden, wenn sie die Eingliederung der Gefangenen fördern oder persönlichen, rechtlichen oder geschäftlichen Angelegenheiten dienen, die nicht von den Gefangenen schriftlich erledigt, durch Dritte wahrgenommen oder bis zur Entlassung aufgeschoben werden können.

(4) Der Anstaltsleiter kann über Absatz 1 hinausgehend mehrstündige, unbeaufsichtigte Besuche (Langzeitbesuche) zulassen, wenn dies zur Pflege der familiären, partnerschaftlichen oder ihnen gleichzusetzender Kontakte der Gefangenen geboten erscheint und die Gefangenen hierfür geeignet sind.

(5) Besuche von Verteidigern, Rechtsanwälten und Notaren in einer die Gefangenen betreffenden Rechtssache und Besuche von Mitgliedern der Volksvertretungen des Bundes und der Länder sowie des Europäischen Parlaments sind zu gestatten.

9 B 11, 9 B 24, 9 B 64

§ 27 Untersagung der Besuche
Der Anstaltsleiter kann Besuche untersagen, wenn
1. die Sicherheit oder Ordnung in der Anstalt gefährdet würde,
2. bei Personen, die nicht Angehörige der Gefangenen im Sinne von § 11 Abs. 1 Nr. 1 des Strafgesetzbuches sind, zu befürchten ist, dass sie einen schädlichen Einfluss auf die Gefangenen haben oder die Erreichung des Vollzugsziels behindern, oder
3. bei minderjährigen Personen, die Opfer der Straftaten waren, zu befürchten ist, dass die Begegnung mit den Gefangenen einen schädlichen Einfluss auf sie hat.

9 B 34, 9 B 47

§ 28 Durchführung der Besuche
(1) Aus Gründen der Sicherheit in der Anstalt können Besuche davon abhängig gemacht werden, dass sich die Besucher durchsuchen lassen. Die Durchsuchung von Verteidigern setzt voraus, dass konkrete Anhaltspunkte für die Gefährdung der Sicherheit vorliegen.

(2) Besuche werden regelmäßig beaufsichtigt. Über Ausnahmen entscheidet der Anstaltsleiter. Die Beaufsichtigung mit technischen Mitteln ist zulässig, wenn die Besucher und die Gefangenen vor dem Besuch erkennbar darauf hingewiesen werden. Eine Aufzeichnung findet nicht statt.

(3) Besuche dürfen abgebrochen werden, wenn Besucher oder Gefangene gegen dieses Gesetz oder aufgrund dieses Gesetzes getroffene Anordnungen verstoßen.

(4) Gegenstände dürfen beim Besuch nicht übergeben werden.

(5) Besuche von Verteidigern, Rechtsanwälten und Notaren in einer die Gefangenen betreffenden Rechtssache werden nicht beaufsichtigt. Nicht beaufsichtigt werden ferner Besuche von Mitgliedern der Volksvertretungen des Bundes und der Länder, des Europäischen Parlaments, des Europäischen Gerichtshofs für Menschenrechte, des Europäischen Ausschusses zur Verhütung von Folter und unmenschlicher oder erniedrigender Behandlung oder Strafe, des Ausschusses der Vereinten Nationen gegen Folter, des zugehörigen Unterausschusses zur Verhütung von Folter und des entsprechenden Nationalen Präventionsmechanismus, der Parlamentarischen Versammlung des Europarates, der Agentur der Europäischen Union für Grundrechte, der konsularischen Vertretung der Heimatländer der Gefangenen und der weiteren Einrichtungen, mit denen der Kontakt aufgrund völkerrechtlicher Verpflichtungen der Bundesrepublik Deutschland geschützt ist. Satz 2 gilt auch für den Bundesbeauftragten für den Datenschutz und die Informationsfreiheit, den Sächsischen Datenschutzbeauftragten und andere Landesdatenschutzbeauftragte.

(6) Eine inhaltliche Überprüfung der von Verteidigern, Rechtsanwälten und Notaren beim Besuch in einer den Gefangenen betreffenden Rechtssache mitgeführten Schriftstücke, sonstigen Unterlagen und Datenträger ist nicht zulässig; Gleiches gilt beim Besuch von Mitgliedern der Volksvertretungen des Bundes und der Länder sowie des Europäischen Parlaments. Abweichend von Absatz 4 dürfen Schriftstücke oder sonstige Unterlagen den Gefangenen von ihrem Verteidiger, Rechtsanwalt oder Notar zur Erledigung in einer die Gefangenen betreffenden Rechtssache übergeben werden. Bei dem Besuch von Rechtsanwälten oder Notaren kann die Übergabe aus Gründen der Sicherheit oder Ordnung in der Anstalt von der Erlaubnis des Anstaltsleiters abhängig gemacht werden. Liegt dem Vollzug eine Straftat nach § 129a des Strafgesetzbuches, auch in Verbindung mit § 129b Absatz 1 des Strafgesetzbuches, zugrunde, gelten § 148

Absatz 2 und § 148a der Strafprozessordnung entsprechend; dies gilt nicht, wenn sich die Gefangenen im offenen Vollzug befinden, wenn der Vollzug in freien Formen durchgeführt wird oder wenn ihnen Lockerungen nach § 38 gewährt worden sind und ein Grund, der den Anstaltsleiter zur Aufhebung nach § 15 Absatz 2 oder § 94 ermächtigt, nicht vorliegt. Satz 4 gilt auch, wenn eine Freiheitsstrafe wegen einer Straftat nach § 129a des Strafgesetzbuches, auch in Verbindung mit § 129b Abs. 1 des Strafgesetzbuches erst im Anschluss an den Vollzug der Freiheitsstrafe, der eine Verurteilung wegen einer anderen Straftat zugrunde liegt, zu vollstrecken ist.

(7) Der Anstaltsleiter kann im Einzelfall die Nutzung einer Trennvorrichtung anordnen, wenn dies zum Schutz von Personen oder zur Verhinderung einer Übergabe von Gegenständen erforderlich ist.

9 B 57, 9 B 71, 9 B 74, 9 B 80, 9 B 82, 9 B 85,
11 D 10

§ 29 Überwachung der Gespräche

Gespräche dürfen nur überwacht werden, soweit es im Einzelfall wegen einer Gefährdung der Erreichung des Vollzugsziels oder aus Gründen der Sicherheit oder Ordnung in der Anstalt erforderlich ist. § 28 Abs. 5 gilt entsprechend. § 116 Abs. 3 Satz 4 bleibt unberührt.

9 B 78

§ 30 Telefongespräche

(1) Den Gefangenen kann gestattet werden, Telefongespräche zu führen. Die §§ 27 bis 29 gelten entsprechend. Darüber hinaus können Telefongespräche mit Personen, die Opfer der Straftaten waren, versagt werden. Die Anordnung der Überwachung teilt die Anstalt den Gefangenen rechtzeitig vor Beginn des Telefongesprächs und den Gesprächspartnern der Gefangenen unmittelbar nach Herstellung der Verbindung mit.

(2) Die Kosten der Telefongespräche tragen die Gefangenen. Sind sie dazu nicht in der Lage, kann die Anstalt die Kosten in begründeten Fällen in angemessenem Umfang übernehmen.

(3) Die Anstalt kann die Bereitstellung und den Betrieb von Telekommunikationsanlagen, die Bereitstellung, Vermietung oder Ausgabe von Telekommunikationsgeräten sowie von anderen Geräten der Telekommunikation einem Dritten gestatten oder übertragen.

(4) Innerhalb des Geländes der Anstalten sind der Besitz und die Benutzung von Mobilfunkendgeräten verboten. Für den offenen Vollzug kann der Anstaltsleiter abweichende Regelungen treffen.

(5) Die Anstalten dürfen technische Geräte
1. zur Auffindung von Mobilfunkendgeräten,
2. zur Aktivierung von Mobilfunkendgeräten zum Zwecke der Auffindung und
3. zur Störung von Frequenzen, die der Herstellung unerlaubter Mobilfunkverbindungen auf dem Anstaltsgelände dienen,

betreiben. Sie haben hierbei die von der Bundesnetzagentur gemäß § 55 Abs. 1 Satz 5 des Telekommunikationsgesetzes vom 22. Juni 2004 (BGBl. I S. 1190), das zuletzt durch Artikel 1 des Gesetzes vom 29. November 2018 (BGBl. I S. 2230) geändert worden ist, in der jeweils geltenden Fassung, festgelegten Rahmenbedingungen zu beachten. Der Mobilfunkverkehr außerhalb des Geländes der Anstalten darf nicht beeinträchtigt werden.

9 D 12

§ 31 Schriftwechsel

(1) Die Gefangenen haben das Recht, Schreiben abzusenden und zu empfangen.

(2) Die Kosten des Schriftwechsels tragen die Gefangenen. Sind sie dazu nicht in der Lage, kann die Anstalt die Kosten in begründeten Fällen in angemessenem Umfang übernehmen.

9 C 1 ff

§ 32 Untersagung des Schriftwechsels

Der Anstaltsleiter kann den Schriftwechsel mit bestimmten Personen untersagen, wenn
1. die Sicherheit oder Ordnung in der Anstalt gefährdet würde,
2. bei Personen, die nicht Angehörige der Gefangenen im Sinne von § 11 Abs. 1 Nr. 1 des Strafgesetzbuches sind, zu befürchten ist, dass der Schriftwechsel einen schädlichen Einfluss auf die Gefangenen hat oder die Erreichung des Vollzugsziels behindert, oder

3. bei minderjährigen Personen, die Opfer der Straftaten waren, zu befürchten ist, dass der Schriftwechsel mit den Gefangenen einen schädlichen Einfluss auf sie hat.

9 C 9, 9 C 13

§ 33 Sichtkontrolle, Weiterleitung und Aufbewahrung von Schreiben

(1) Die Gefangenen haben das Absenden und den Empfang von Schreiben durch die Anstalt vermitteln zu lassen, soweit nichts anderes gestattet ist. Ein- und ausgehende Schreiben sind unverzüglich weiterzuleiten.

(2) Ein- und ausgehende Schreiben werden auf verbotene Gegenstände kontrolliert, in der Regel in Anwesenheit des Gefangenen. Der Anstaltsleiter kann abweichende Regelungen treffen.

(3) Der Schriftwechsel der Gefangenen mit ihren Verteidigern sowie mit Rechtsanwälten und Notaren in einer die Gefangenen betreffenden Rechtssache wird nicht nach Absatz 2 kontrolliert. § 28 Abs. 6 Satz 4 und 5 gilt entsprechend.

(4) Nicht nach Absatz 2 kontrolliert werden ferner Schreiben der Gefangenen an Volksvertretungen des Bundes und der Länder sowie an deren Mitglieder, soweit die Schreiben an die Anschriften dieser Volksvertretungen gerichtet sind und den Absender zutreffend angeben. Entsprechendes gilt für Schreiben an das Europäische Parlament und dessen Mitglieder, den Europäischen Gerichtshof für Menschenrechte, den Europäischen Ausschuss zur Verhütung von Folter und unmenschlicher oder erniedrigender Behandlung oder Strafe, den Ausschuss der Vereinten Nationen gegen Folter, den zugehörigen Unterausschuss zur Verhütung von Folter und den entsprechenden Nationalen Präventionsmechanismus, die Parlamentarische Versammlung des Europarates, die Agentur der Europäischen Union für Grundrechte, die konsularische Vertretung ihres Heimatlandes und weitere Einrichtungen, mit denen der Schriftverkehr aufgrund völkerrechtlicher Verpflichtungen der Bundesrepublik Deutschland geschützt ist. Satz 1 gilt auch für den Schriftverkehr mit dem Bundesbeauftragten für den Datenschutz und die Informationsfreiheit, dem Sächsischen Datenschutzbeauftragten und anderen Landesdatenschutzbeauftragten. Nicht kontrolliert werden ferner Schreiben der Gefangenen an Gerichte, Staatsanwaltschaften und die Aufsichtsbehörde. Schreiben der in den Sätzen 1 bis 3 genannten Stellen, die an die Gefangenen gerichtet sind, werden nicht nach Absatz 2 kontrolliert, sofern die Identität des Absenders zweifelsfrei feststeht. § 116 Abs. 3 Satz 4 bleibt unberührt.

(5) Die Gefangenen haben eingegangene Schreiben unverschlossen zu verwahren, sofern nichts anderes gestattet wird. Sie können sie verschlossen zu ihrer Habe geben.

9 C 23, 9 C 26, 9 C 30, 9 C 33,
11 M 44

§ 34 Überwachung des Schriftwechsels

Der Schriftwechsel darf nur überwacht werden, soweit es wegen einer Gefährdung der Erreichung des Vollzugsziels oder aus Gründen der Sicherheit oder Ordnung in der Anstalt erforderlich ist. § 33 Abs. 3 und 4 gilt entsprechend.

9 C 23, 9 C 25

§ 35 Anhalten von Schreiben

(1) Der Anstaltsleiter kann Schreiben anhalten, wenn
1. die Erreichung des Vollzugsziels oder die Sicherheit oder Ordnung in der Anstalt gefährdet würde,
2. die Weitergabe in Kenntnis ihres Inhalts einen Straf- oder Bußgeldtatbestand verwirklichen würde,
3. sie an Opfer der Straftaten gerichtet sind,
4. sie grob unrichtige oder erheblich entstellende Darstellungen von Anstaltsverhältnissen oder grobe Beleidigungen enthalten,
5. sie die Eingliederung anderer Gefangener gefährden können oder
6. sie in Geheim- oder Kurzschrift, unlesbar, unverständlich oder ohne zwingenden Grund in einer fremden Sprache abgefasst sind.

(2) Ausgehenden Schreiben, die unrichtige Darstellungen von Anstaltsverhältnissen enthalten, kann ein Begleitschreiben beigefügt werden, wenn die Gefangenen auf dem Absenden bestehen.

(3) Sind Schreiben angehalten worden, wird das den Gefangenen mitgeteilt. Angehaltene Schreiben werden an den Absender zurückgegeben oder, sofern dies unmöglich oder aus besonderen Gründen nicht angezeigt ist, verwahrt.

(4) Schreiben, deren Kontrolle nach § 33 Abs. 3 und 4 ausgeschlossen ist, dürfen nicht angehalten werden.

9 C 68

§ 36 Andere Formen der Telekommunikation

Nach Zulassung anderer Formen der Telekommunikation im Sinne des Telekommunikationsgesetzes durch die Aufsichtsbehörde kann der Anstaltsleiter den Gefangenen gestatten, diese Formen auf ihre Kosten zu nutzen. Die Bestimmungen dieses Abschnitts gelten entsprechend.

5 A 31, 5 C 29, 5 C 39, 9 D 9

§ 37 Pakete

(1) Den Gefangenen kann gestattet werden, Pakete zu empfangen. Der Empfang von Paketen mit Nahrungs-, Genuss- und Körperpflegemitteln ist untersagt. Die Anstalt kann Anzahl, Gewicht und Größe von Sendungen und einzelnen Gegenständen festsetzen. Über § 46 Abs. 1 Satz 2 hinaus kann sie Gegenstände und Verpackungsformen ausschließen, die einen unverhältnismäßigen Kontrollaufwand bedingen.

(2) Die Anstalt kann die Annahme von Paketen, deren Einbringung nicht gestattet ist oder die die Voraussetzungen des Absatzes 1 nicht erfüllen, ablehnen oder solche Pakete an den Absender zurücksenden.

(3) Pakete sind zu öffnen und zu durchsuchen, in der Regel in Anwesenheit des Gefangenen. Mit nicht zugelassenen oder ausgeschlossenen Gegenständen ist gemäß § 49 Abs. 3 zu verfahren. Sie können auch auf Kosten der Gefangenen zurückgesandt werden.

(4) Der Empfang von Paketen kann vorübergehend versagt werden, wenn dies wegen der Gefährdung der Sicherheit oder Ordnung in der Anstalt unerlässlich ist.

(5) Den Gefangenen kann gestattet werden, Pakete zu versenden. Der Inhalt kann aus Gründen der Sicherheit oder Ordnung in der Anstalt überprüft werden. Der Versand kann untersagt werden, wenn die Sicherheit oder Ordnung in der Anstalt gefährdet würde oder ein schädlicher Einfluss auf Opfer der Straftaten zu befürchten wäre.

(6) Die Kosten des Paketversandes tragen die Gefangenen. Sind sie dazu nicht in der Lage, kann die Anstalt die Kosten in begründeten Fällen in angemessenem Umfang übernehmen.

6 C 3, 9 E 1 ff

Teil 7. Lockerungen und sonstige Aufenthalte außerhalb der Anstalt

§ 38 Lockerungen zur Erreichung des Vollzugsziels

(1) Aufenthalte außerhalb der Anstalt ohne Aufsicht (Lockerungen) sind insbesondere
1. das Verlassen der Anstalt für bis zu 24 Stunden in Begleitung einer von der Anstalt zugelassenen Person (begleiteter Ausgang),
2. das Verlassen der Anstalt für bis zu 24 Stunden ohne Begleitung (unbegleiteter Ausgang),
3. das Verlassen der Anstalt für mehrere Tage (Langzeitausgang) und
4. die regelmäßige Beschäftigung außerhalb der Anstalt (Freigang).

(2) Die Lockerungen sollen gewährt werden, wenn sie der Erreichung des Vollzugsziels dienen und verantwortet werden kann zu erproben, dass die Gefangenen sich dem Vollzug der Freiheitsstrafe nicht entziehen und die Lockerungen nicht zu Straftaten missbrauchen werden.

(3) Ein Langzeitausgang nach Absatz 1 Nr. 3 soll grundsätzlich erst gewährt werden, wenn Gefangene sich mindestens sechs Monate im Strafvollzug befunden haben oder ihre Eignung für den offenen Vollzug festgestellt wurde oder sie sich in Ausgängen nach Absatz 1 Nr. 1 und 2 bewährt haben. Zu lebenslanger Freiheitsstrafe verurteilte Gefangene können einen Langzeitausgang erst erhalten, wenn sie sich einschließlich einer vorhergehenden Untersuchungshaft oder einer anderen Freiheitsentziehung in der Regel zehn Jahre im Vollzug befunden haben oder wenn sie im offenen Vollzug untergebracht sind.

(4) Durch Lockerungen wird die Vollstreckung der Freiheitsstrafe nicht unterbrochen.

4 H 13, 10 B 1, 10 B 3, 10 B 4, 10 C 1, 10 C 2, 10 C 12, 10 C 17, 10 C 18, 10 C 20, 10 C 34, 10 C 35, 10 C 37, 10 C 38, 10 C 49, 10 C 68, 10 C 69, 10 D 3, 10 E 9

Anhang

§ 39 Lockerungen aus sonstigen Gründen

Lockerungen sollen auch aus wichtigem Anlass gewährt werden, wenn verantwortet werden kann zu erproben, dass die Gefangenen sich dem Vollzug der Freiheitsstrafe nicht entziehen und die Lockerungen nicht zu Straftaten missbrauchen werden. Wichtige Anlässe sind insbesondere die Teilnahme an gerichtlichen Terminen, die medizinische Behandlung der Gefangenen sowie der Tod oder eine lebensgefährliche Erkrankung naher Angehöriger der Gefangenen. § 38 Abs. 4 gilt entsprechend.

10 B 1, 10 D 3, 10 D 4, 10 D 9, 10 D 13

§ 40 Weisungen für Lockerungen

Für Lockerungen sind die nach den Umständen des Einzelfalles erforderlichen Weisungen zu erteilen. Bei der Ausgestaltung der Lockerungen ist nach Möglichkeit auch den Belangen des Opfers der Straftaten Rechnung zu tragen.

1 D 24, 4 H 14, 10 B 1, 10 D 9, 10 E 1, 10 E 3, 10 E 10, 10 E 11

§ 41 Ausführung, Außenbeschäftigung, Vorführung, Ausantwortung

(1) Den Gefangenen kann das Verlassen der Anstalt unter Aufsicht gestattet werden, wenn dies aus besonderen Gründen notwendig ist (Ausführung). Die Gefangenen können auch gegen ihren Willen ausgeführt werden. Liegt die Ausführung ausschließlich im Interesse der Gefangenen, können ihnen die Kosten auferlegt werden, soweit dies die Behandlung oder die Eingliederung nicht behindert oder nicht anderweitig unbillig ist.

(2) Den Gefangenen kann gestattet werden, außerhalb der Anstalt einer regelmäßigen Beschäftigung unter ständiger Aufsicht oder unter Aufsicht in unregelmäßigen Abständen (Außenbeschäftigung) nachzugehen. § 39 Satz 1 gilt entsprechend.

(3) Auf Ersuchen eines Gerichts werden Gefangene, denen Ausgang nicht gewährt werden kann, vorgeführt.

(4) Gefangene dürfen befristet der Obhut eines Gerichts, einer Staatsanwaltschaft, einer Dienststelle des Polizeivollzugsdienstes oder einer Zoll- oder Finanzbehörde überlassen werden (Ausantwortung).

10 C 7, 10 C 8, 10 C 10, 10 C 38, 10 C 50, 10 D 3, 10 D 10, 10 D 11, 10 D 12, 10 D 14, 10 D 15, 10 E 3

Teil 8. Vorbereitung der Eingliederung, Entlassung und nachgehende Betreuung

§ 42 Vorbereitung der Eingliederung

(1) Die Maßnahmen zur sozialen und beruflichen Eingliederung sind auf den Zeitpunkt der voraussichtlichen Entlassung in die Freiheit auszurichten. Die Gefangenen sind bei der Ordnung ihrer persönlichen, wirtschaftlichen und sozialen Angelegenheiten zu unterstützen. Dies umfasst die Vermittlung in nachsorgende Maßnahmen.

(2) Durch eine frühzeitige Zusammenarbeit mit Personen und Einrichtungen außerhalb des Vollzugs soll insbesondere erreicht werden, dass die Gefangenen nach ihrer Entlassung über eine geeignete Unterbringung und eine Arbeits- oder Ausbildungsstelle verfügen. Bewährungshilfe und Führungsaufsichtsstelle beteiligen sich frühzeitig an der sozialen und beruflichen Eingliederung der Gefangenen.

(3) Den Gefangenen können Aufenthalte in Einrichtungen außerhalb des Vollzugs (Übergangseinrichtungen) gewährt werden, wenn dies zur Vorbereitung der Eingliederung erforderlich ist. Haben sich die Gefangenen mindestens sechs Monate im Vollzug befunden, kann ihnen auch ein zusammenhängender Langzeitausgang bis zu sechs Monaten gewährt werden, wenn dies zur Vorbereitung der Eingliederung erforderlich ist. § 38 Abs. 2 und 4 und § 40 gelten entsprechend.

(4) In einem Zeitraum von sechs Monaten vor der voraussichtlichen Entlassung sind den Gefangenen die zur Vorbereitung der Eingliederung erforderlichen Lockerungen zu gewähren, sofern nicht mit hoher Wahrscheinlichkeit zu erwarten ist, dass die Gefangenen sich dem Vollzug der Freiheitsstrafe entziehen oder die Lockerungen zu Straftaten missbrauchen werden.

3 C 1, 3 C 2, 3 C 3, 3 C 5, 3 C 6, 4 J 2, 7 A 1, 7 D 8, 10 B 5, 10 G 2, 10 H 4, 10 H 6, 10 H 9, 10 H 10, 10 H 12, 13 A 2, 13 I 5

§ 43 Entlassung

(1) Die Gefangenen sollen am letzten Tag ihrer Strafzeit möglichst frühzeitig, jedenfalls noch am Vormittag, entlassen werden.

(2) Fällt das Strafende auf einen Sonnabend oder Sonntag, einen gesetzlichen Feiertag, den ersten Werktag nach Ostern oder Pfingsten oder in die Zeit vom 22. Dezember bis zum 2. Januar, können die Gefangenen an dem diesem Tag oder Zeitraum vorhergehenden Werktag entlassen werden, wenn dies, gemessen an der Dauer der Strafzeit, vertretbar ist und fürsorgerische Gründe nicht entgegenstehen.

(3) Der Entlassungszeitpunkt kann bis zu zwei Tage vorverlegt werden, wenn dies die Eingliederung der Gefangenen erleichtert.

(4) Bedürftigen Gefangenen kann eine Entlassungsbeihilfe in Form eines Reisekostenzuschusses, angemessener Kleidung oder einer sonstigen notwendigen Unterstützung gewährt werden.

7 E 1, 10 G 2, 10 I 2, 10 I 4, 10 I 5, 10 I 9

§ 44 Nachgehende Betreuung

Mit Zustimmung des Anstaltsleiters können Bedienstete an der nachgehenden Betreuung Entlassener mit deren Einverständnis mitwirken, wenn ansonsten die Eingliederung gefährdet wäre. Die nachgehende Betreuung kann auch außerhalb der Anstalt erfolgen. In der Regel ist sie auf die ersten sechs Monate nach der Entlassung beschränkt.

3 D 4, 3 E 2, 3 E 4, 3 E 5, 3 E 6, 3 E 7, 7 D 8, 7 D 23, 10 G 2

§ 45 Verbleib oder Aufnahme auf freiwilliger Grundlage

(1) Sofern es die Belegungssituation zulässt, können die Gefangenen auf Antrag ausnahmsweise vorübergehend in einer Anstalt verbleiben oder wieder aufgenommen werden, wenn die Eingliederung gefährdet und ein Aufenthalt in einer Anstalt aus diesem Grunde gerechtfertigt ist.

(2) Gegen die in der Anstalt untergebrachten Entlassenen dürfen Maßnahmen des Vollzugs nicht mit unmittelbarem Zwang durchgesetzt werden.

(3) Bei Störung des Anstaltsbetriebes durch die Entlassenen oder aus vollzugsorganisatorischen Gründen kann die Unterbringung jederzeit beendet werden.

3 D 2, 3 D 3, 3 D 6, 3 D 7, 10 G 2

Teil 9. Grundversorgung und Freizeit

§ 46 Einbringen von Gegenständen

(1) Gegenstände dürfen durch oder für die Gefangenen nur mit Zustimmung der Anstalt eingebracht werden. Die Anstalt kann die Zustimmung verweigern, wenn die Gegenstände geeignet sind, die Sicherheit oder Ordnung in der Anstalt oder die Erreichung des Vollzugsziels zu gefährden oder ihre Aufbewahrung nach Art oder Umfang offensichtlich nicht möglich ist.

(2) Das Einbringen von Nahrungs-, Genuss- und Körperpflegemitteln ist nicht gestattet. Der Anstaltsleiter kann eine abweichende Regelung treffen.

6 C 11, 11 C 2, 11 C 10, 11 C 11

§ 47 Gewahrsam an Gegenständen

(1) Die Gefangenen dürfen nur Gegenstände in Gewahrsam haben oder annehmen, die ihnen von der jeweiligen Anstalt oder mit deren Zustimmung überlassen werden.

(2) Ohne Erlaubnis dürfen sie Gegenstände von geringem Wert an andere Gefangene weitergeben und von anderen Gefangenen annehmen; die jeweilige Anstalt kann Abgabe und Annahme dieser Gegenstände und den Gewahrsam daran von ihrer Erlaubnis abhängig machen.

11 C 2, 11 C 3, 11 C 4, 11 C 12

§ 48 Ausstattung des Haftraums

Die Gefangenen dürfen ihren Haftraum in angemessenem Umfang mit eigenen Gegenständen ausstatten oder diese dort aufbewahren. Gegenstände, die geeignet sind, die Sicherheit oder Ordnung in der Anstalt, insbesondere die Übersichtlichkeit des Haftraumes, oder die Erreichung des Vollzugsziels zu gefährden, dürfen nicht in den Haftraum eingebracht werden oder werden daraus entfernt.

2 F 1, 2 F 8, 2 F 9, 2 F 10, 2 F 12, 2 F 16, 2 F 17, 5 C 12, 5 C 14, 5 C 17, 5 C 18, 5 C 39, 5 D 6, 5 D 11, 5 D 14, 5 D 20, 5 D 21, 5 D 28

§ 49 Aufbewahrung und Vernichtung von Gegenständen

(1) Gegenstände, die die Gefangenen nicht im Haftraum aufbewahren dürfen oder wollen, werden von der Anstalt aufbewahrt, soweit dies nach Art und Umfang möglich ist.

(2) Den Gefangenen wird Gelegenheit gegeben, ihre Gegenstände, die sie während des Vollzugs und für ihre Entlassung nicht benötigen, zu versenden. § 37 Abs. 6 gilt entsprechend.

(3) Werden eingebrachte Gegenstände, deren Aufbewahrung nach Art oder Umfang nicht möglich ist, von den Gefangenen trotz Aufforderung nicht aus der Anstalt verbracht, können diese auf Kosten der Gefangenen aus der Anstalt entfernt, außerhalb der Anstalt verwahrt, verwertet oder vernichtet werden. Für die Voraussetzungen und das Verfahren der Verwertung und Vernichtung gelten die §§ 33 und 34 Absatz 2 und 3 des Sächsischen Polizeivollzugsdienstgesetzes vom 11. Mai 2019 (SächsGVBl. S. 358), in der jeweils geltenden Fassung.

(4) Aufzeichnungen und andere Gegenstände, die Kenntnisse über Sicherungsvorkehrungen der Anstalt vermitteln oder Schlussfolgerungen auf diese zulassen, dürfen vernichtet oder unbrauchbar gemacht werden.

11 C 2, 11 C 13, 11 C 14, 11 C 15, 11 C 16

§ 50 Zeitungen und Zeitschriften, religiöse Schriften und Gegenstände

(1) Die Gefangenen dürfen auf eigene Kosten Zeitungen und Zeitschriften in angemessenem Umfang durch Vermittlung der Anstalt beziehen. Ausgeschlossen sind lediglich Zeitungen und Zeitschriften, deren Verbreitung mit Strafe oder Geldbuße bedroht ist. Einzelne Ausgaben können den Gefangenen vorenthalten oder entzogen werden, wenn deren Inhalte die Erreichung des Vollzugsziels oder die Sicherheit oder Ordnung in der Anstalt erheblich gefährden würden.

(2) Die Gefangenen dürfen grundlegende religiöse Schriften und in angemessenem Umfang Gegenstände des religiösen Gebrauchs besitzen. Diese dürfen den Gefangenen nur bei grobem Missbrauch entzogen werden.

5 B 5, 5 B 6, 5 B 12, 5 B 13, 5 B 14, 5 B 15, 5 B 20, 5 B 23, 5 B 24, 8 A 21, 8 A 22, 8 A 23

§ 51 Rundfunk, Informations- und Unterhaltungselektronik

(1) Der Zugang zum Rundfunk ist zu ermöglichen. Der Zugang zum Rundfunk kann vorübergehend ausgesetzt oder einzelnen Gefangenen untersagt werden, wenn dies zur Aufrechterhaltung der Sicherheit oder Ordnung in der Anstalt unerlässlich ist.

(2) Eigene Hörfunk- und Fernsehgeräte werden zugelassen, wenn nicht Gründe des § 48 Satz 2 entgegenstehen oder in der Anstalt Mietgeräte oder ein Haftraummediensystem zur Verfügung gestellt werden. Ein Ausschluss eigener Geräte nach Satz 1 Alternative 2 und 3 setzt zudem voraus, dass den Gefangenen für den Zugang zu einer Grundversorgung mit öffentlich-rechtlichem Rundfunk keine Kosten für die Zurverfügungstellung der Geräte berechnet werden. Andere Geräte der Informations- und Unterhaltungselektronik können unter den Voraussetzungen von Satz 1 zugelassen werden. § 36 bleibt unberührt.

(3) Die Anstalt kann die Bereitstellung und den Betrieb von Empfangsanlagen, die Bereitstellung, Vermietung oder Ausgabe von Hörfunk- und Fernsehgeräten sowie von anderen Geräten der Informations- und Unterhaltungselektronik einem Dritten gestatten oder übertragen.

5 C 4, 5 C 6, 5 C 10, 5 C 12, 5 C 14, 5 C 17, 5 C 18, 5 C 22, 5 C 23, 5 C 25, 5 C 26, 5 C 28, 5 C 29, 5 C 39, 5 D 10

§ 52 Kleidung

(1) Die Gefangenen tragen Anstaltskleidung oder eigene Kleidung. Näheres regelt der Anstaltsleiter.

(2) Für Reinigung und Instandsetzung eigener Kleidung haben die Gefangenen auf ihre Kosten zu sorgen.

6 A 2, 6 A 8

§ 53 Verpflegung und Einkauf

(1) Zusammensetzung und Nährwert der Anstaltsverpflegung hat den Anforderungen an eine gesunde Ernährung zu entsprechen. Auf ärztliche Anordnung wird besondere Verpflegung gewährt. Es soll den Gefangenen ermöglicht werden, Gebote ihrer jeweiligen Religionsgemeinschaft zu befolgen.

(2) Den Gefangenen wird ermöglicht einzukaufen. Die Anstalt wirkt auf ein Angebot hin, das auf Wünsche und Bedürfnisse der Gefangenen Rücksicht nimmt. Das Verfahren des Einkaufs regelt der Anstaltsleiter. Nahrungs-, Genuss- oder Körperpflegemittel können nur vom Haus- und Taschengeld, andere Gegenstände in angemessenem Umfang auch vom Eigengeld eingekauft werden.

(3) Den Gefangenen kann dreimal im Jahr ein weiterer Einkauf von Nahrungs-, Genuss- und Körperpflegemitteln in angemessener Höhe gestattet werden. Dazu können die Gefangenen Eigengeld verwenden. Dritten kann gestattet werden, zum Zwecke des Einkaufs nach Satz 1 Geld auf das Hausgeldkonto der Gefangenen einzuzahlen.

4 I 111, 4 I 112, 4 I 126, 6 B 4, 6 B 6, 6 B 9, 6 B 10, 6 C 3, 6 C 5, 6 C 6, 6 C 7, 6 C 10, 6 C 18, 11 C 17

§ 54 Freizeit

(1) Zur Ausgestaltung der Freizeit hat die Anstalt insbesondere Angebote zur sportlichen und kulturellen Betätigung sowie Bildungsangebote vorzuhalten. Die Anstalt stellt eine angemessen ausgestattete Bücherei zur Verfügung.

(2) Die Gefangenen sind zur Teilnahme und Mitwirkung an Angeboten der Freizeitgestaltung zu motivieren und anzuleiten.

5 A 8, 5 A 9, 5 A 12, 5 A 18, 5 A 19, 5 A 24, 5 A 25, 5 A 26, 5 A 30, 5 A 32, 5 A 38

Teil 10. Vergütung, Gelder der Gefangenen und Kosten

§ 55 Vergütung

(1) Die Gefangenen erhalten eine Vergütung in Form von
1. finanzieller Anerkennung für die Teilnahme an Maßnahmen nach § 9 Abs. 1 Satz 1 Nr. 7 bis 10 und Satz 2, soweit sie nach § 9 Abs. 2 Satz 1 für zwingend erforderlich erachtet wurden oder Teil des Behandlungsprogramms der sozialtherapeutischen Abteilung sind und die Gefangenen wegen der Teilnahme an diesen Maßnahmen keine nach den Nummern 2 oder 3 vergütete Maßnahme oder Arbeit ausüben können,
2. Ausbildungsbeihilfe für die Teilnahme an schulischen und beruflichen Qualifizierungsmaßnahmen nach § 9 Abs. 1 Satz 1 Nr. 11 oder
3. Arbeitsentgelt für arbeitstherapeutische Maßnahmen oder Arbeitstraining nach § 9 Abs. 1 Satz 1 Nr. 12 oder für Arbeit nach § 9 Abs. 1 Satz 1 Nr. 13.

(2) Der Bemessung der Vergütung sind neun Prozent der Bezugsgröße nach § 18 Abs. 1 des Vierten Buches Sozialgesetzbuch – Gemeinsame Vorschriften für die Sozialversicherung – in der Fassung der Bekanntmachung vom 12. November 2009 (BGBl. I S. 3710, 3973, 2011 I S. 363), das zuletzt durch Artikel 4 des Gesetzes vom 18. Dezember 2018 (BGBl. I S. 2651) geändert worden ist, in der jeweils geltenden Fassung, zugrunde zu legen (Eckvergütung). Ein Tagessatz ist der 250. Teil der Eckvergütung; die Vergütung kann nach einem Stundensatz bemessen werden.

(3) Die Vergütung kann je nach Art der Maßnahme und Leistung der Gefangenen gestuft werden. Sie beträgt mindestens 60 Prozent der Eckvergütung. Das Staatsministerium der Justiz wird ermächtigt, eine Rechtsverordnung über die Vergütungsstufen nach Satz 1 zu erlassen.

(4) Soweit Beiträge zur Bundesagentur für Arbeit zu entrichten sind, kann vom Arbeitsentgelt oder der Ausbildungsbeihilfe ein Betrag einbehalten werden, der dem Anteil der Gefangenen am Beitrag entsprechen würde, wenn sie diese Vergütung als Arbeitnehmer erhielten.

(5) Die Höhe der Vergütung ist den Gefangenen schriftlich bekannt zu geben.

(6) Die Gefangenen, die an einer Maßnahme nach § 21 teilnehmen, erhalten hierfür nur eine Ausbildungsbeihilfe, soweit kein Anspruch auf Leistungen zum Lebensunterhalt besteht, die außerhalb des Vollzugs aus solchem Anlass gewährt werden.

1 E 14, 4 Vorb. 5, 4 D 6, 4 D 9, 4 D 10, 4 D 11, 4 D 12, 4 D 13, 4 D 14, 4 D 17, 4 D 18, 4 D 19, 4 D 21, 4 D 22, 4 D 25, 4 D 26, 4 D 71, 4 G 2, 4 G 3, 4 G 7, 4 G 8, 4 G 10, 4 G 11, 4 G 14, 4 G 15, 4 I 14, 4 I 23, 4 I 97, 4 I 133, 6 F 56

§ 56 Eigengeld

(1) Das Eigengeld besteht aus den Beträgen, die die Gefangenen bei Strafantritt in die Anstalt mitbringen und die sie während der Haftzeit erhalten, und den Teilen der Vergütung, die nicht als Hausgeld, Haftkostenbeitrag oder Überbrückungsgeld in Anspruch genommen werden.

(2) Die Gefangenen können über das Eigengeld verfügen, soweit dieses nicht als Überbrückungsgeld notwendig ist. § 53 Abs. 2 und 3, §§ 59 und 60 bleiben unberührt.

4 Vorb. 5, 4 I 11, 4 I 97, 4 I 101, 4 I 102, 4 I 103, 4 I 105, 4 I 112, 6 C 15, 11 C 17

§ 57 Taschengeld

(1) Gefangenen, die ohne eigenes Verschulden nicht über ausreichendes Arbeitsentgelt oder über ausreichende Ausbildungsbeihilfe verfügen, wird auf Antrag ein angemessenes Taschengeld gewährt, falls sie bedürftig sind. Bedürftig sind Gefangene, soweit ihnen im laufenden Monat aus Hausgeld nach § 59 und Eigengeld nach § 56 nicht ein Betrag bis zur Höhe des Taschengeldes zur Verfügung steht. Finanzielle Anerkennungen nach § 55 Abs. 1 Nr. 1 bleiben bis zur Höhe des Taschengeldbetrages unberücksichtigt.

(2) Das Taschengeld beträgt 14 Prozent der Eckvergütung nach § 55 Abs. 2. Es kann insbesondere im ersten Monat des Vollzugs im Voraus gewährt werden. Gehen den Gefangenen im Falle der Vorauszahlung im Laufe des Monats Gelder zu, wird zum Ausgleich ein Betrag bis zur Höhe des gewährten Taschengeldes einbehalten.

(3) Der Anspruch auf Taschengeld kann für die Dauer von bis zu drei Monaten entfallen, wenn den Gefangenen ein Betrag nach Absatz 1 Satz 2 deshalb nicht zur Verfügung steht, weil sie eine ihnen angebotene zumutbare Arbeit oder Qualifizierungsmaßnahme nicht angenommen haben oder eine ausgeübte Arbeit oder Qualifizierungsmaßnahme verschuldet verloren haben.

(4) Die Gefangenen dürfen über das Taschengeld im Rahmen der Bestimmungen dieses Gesetzes verfügen. Es wird dem Hausgeldkonto gutgeschrieben.

(5) Leisten Gefangene gemeinnützige Arbeit, kann das Taschengeld angemessen erhöht werden.

4 Vorb. 5, 4 I 3, 4 I 4, 4 I 5, 4 I 9, 4 I 10, 4 I 14, 4 I 16, 4 I 17, 4 I 18, 4 I 19, 4 I 23, 4 I 116

§ 58 Konten, Bargeld

(1) Gelder der Gefangenen werden auf Hausgeld- und Eigengeldkonten in der Anstalt geführt.

(2) Der Besitz von Bargeld in der Anstalt ist den Gefangenen nicht gestattet. Über Ausnahmen entscheidet der Anstaltsleiter.

(3) Geld in Fremdwährung wird zur Habe genommen.

4 Vorb. 5, 4 I 97, 4 I 104, 4 I 116, 4 I 117, 4 I 120

§ 59 Hausgeld

(1) Das Hausgeld wird aus sechs Zehnteln der in diesem Gesetz geregelten Vergütung gebildet.

(2) Für Gefangene, die aus einem freien Beschäftigungsverhältnis, aus einer Selbstbeschäftigung oder anderweitig regelmäßige Einkünfte haben, wird daraus ein angemessenes monatliches Hausgeld festgesetzt.

(3) Für Gefangene, die über Eigengeld nach § 56 verfügen und keine hinreichende Vergütung nach diesem Gesetz erhalten, gilt Absatz 2 entsprechend.

(4) Die Gefangenen dürfen über das Hausgeld im Rahmen der Bestimmungen dieses Gesetzes verfügen. Der Anspruch auf Auszahlung ist nicht übertragbar.

4 Vorb. 5, 4 I 23, 4 I 25, 4 I 27, 4 I 28, 6 C 4, 12 P 8

§ 60 Zweckgebundene Einzahlungen

Für Maßnahmen der Eingliederung, insbesondere Kosten der Gesundheitsfürsorge und der Aus- und Fortbildung, und für Maßnahmen der Pflege sozialer Beziehungen, insbesondere Telefonkosten und Fahrtkosten anlässlich Lockerungen, kann zweckgebunden Geld eingezahlt werden. Das Geld darf nur für diese Zwecke verwendet werden. Der Anspruch auf Auszahlung ist nicht übertragbar.

4 Vorb. 5, 4 I 12, 4 I 126, 4 I 127

§ 61 Haftkostenbeitrag, Kostenbeteiligung

(1) Die Anstalt erhebt von Gefangenen, die sich in einem freien Beschäftigungsverhältnis befinden, sich selbst beschäftigen oder über anderweitige regelmäßige Einkünfte verfügen, für diese Zeit einen Haftkostenbeitrag. Von Gefangenen, die sich selbst beschäftigen, kann der Haftkostenbeitrag monatlich im Voraus ganz oder teilweise gefordert werden. Vergütungen nach § 55 Abs. 1 bleiben unberücksichtigt. Den Gefangenen muss täglich ein Tagessatz gemäß § 55 Abs. 2 Satz 2 verbleiben. Von der Geltendmachung des Anspruchs ist abzusehen, soweit die Wiedereingliederung der Gefangenen hierdurch gefährdet würde.

(2) Der Haftkostenbeitrag wird in Höhe des Betrages erhoben, der nach § 17 Abs. 1 Satz 1 Nr. 4 des Vierten Buches Sozialgesetzbuch durchschnittlich zur Bewertung der Sachbezüge festgesetzt ist. Bei Selbstverpflegung entfallen die für die Verpflegung vorgesehenen Beträge. Für den Wert der Unterkunft ist die festgesetzte Belegungsfähigkeit maßgebend.

(3) Die Gefangenen können an den Betriebskosten der in ihrem Gewahrsam befindlichen Geräte beteiligt werden.

4 Vorb. 5, 4 H 25, 4 H 29, 4 I 41, 4 I 43, 4 I 45, 4 I 47, 4 I 49, 4 I 50, 4 I 52, 4 I 56, 5 C 32,
5 C 39

§ 62 Überbrückungsgeld

(1) Den Gefangenen kann gestattet werden, ein Überbrückungsgeld in der Höhe zu bilden, die zur Vorbereitung der Entlassung erforderlich ist. Über diese Möglichkeit sind die Gefangenen frühzeitig zu informieren. Einmal gebildetes Überbrückungsgeld darf nur gemäß den Absätzen 2 und 3 verwendet werden.

(2) Das Überbrückungsgeld wird den Gefangenen so zur Verfügung gestellt, dass sie darüber vor der Entlassung für Ausgaben zur Entlassungsvorbereitung verfügen können. Das Überbrückungsgeld kann auch in Anspruch genommen werden, um die Vollstreckung von Ersatzfreiheitsstrafe zu vermeiden.

(3) Der Anstaltsleiter soll gestatten, dass Gefangene das Überbrückungsgeld zur Entschädigung von Opfern ihrer Straftaten in Anspruch nehmen können.

4 Vorb. 5, 4 I 11, 4 I 65, 4 I 66, 4 I 89, 4 I 91, 4 I 97, 4 I 98, 11 C 17

Teil 11. Gesundheitsfürsorge

§ 63 Art und Umfang der medizinischen Leistungen, Kostenbeteiligung

(1) Die Gefangenen haben einen Anspruch auf notwendige medizinische Leistungen unter Beachtung des Grundsatzes der Wirtschaftlichkeit nach dem allgemeinen Standard der gesetzlichen Krankenversicherung. Der Anspruch umfasst auch Vorsorgeleistungen, ferner die Versorgung mit medizinischen Hilfsmitteln, soweit diese mit Rücksicht auf die Dauer des Freiheitsentzugs nicht ungerechtfertigt ist und die Hilfsmittel nicht als allgemeine Gebrauchsgegenstände des täglichen Lebens anzusehen sind.

(2) An den Kosten nach Absatz 1 können die Gefangenen in angemessenem Umfang beteiligt werden, höchstens jedoch bis zum Umfang der Beteiligung vergleichbarer gesetzlich Versicherter. Für Leistungen, die über Absatz 1 hinausgehen, können den Gefangenen die gesamten Kosten auferlegt werden.

(3) Erhalten Gefangene Leistungen nach Absatz 1 infolge einer mutwilligen Selbstverletzung, sind sie in angemessenem Umfang an den Kosten zu beteiligen. Die Kostenbeteiligung unterbleibt, wenn hierdurch die Erreichung des Vollzugsziels, insbesondere die Eingliederung der Gefangenen, gefährdet würde.

4 I 55, 6 E 1, 6 E 3, 6 F 1, 6 F 18, 6 F 19, 6 F 20, 6 F 23, 6 F 25, 6 F 28, 6 F 35,
11 J 17

§ 64 Durchführung der medizinischen Leistungen, Forderungsübergang

(1) Medizinische Diagnose, Behandlung und Versorgung kranker und hilfsbedürftiger Gefangener erfolgen in der Anstalt, erforderlichenfalls in einer hierfür besser geeigneten Anstalt oder einem Vollzugskrankenhaus, ausnahmsweise auch außerhalb des Vollzugs.

(2) Wird die Strafvollstreckung während einer Behandlung von Gefangenen unterbrochen oder beendet, hat der Freistaat Sachsen nur diejenigen Kosten zu tragen, die bis zur Unterbrechung oder Beendigung der Strafvollstreckung angefallen sind.

(3) Gesetzliche Schadensersatzansprüche, die Gefangenen infolge einer Körperverletzung gegen Dritte zustehen, gehen insoweit auf das Land über, als den Gefangenen Leistungen nach § 63 Abs. 1 zu gewähren sind. Von der Geltendmachung der Ansprüche ist im Interesse Gefangener abzusehen, wenn hierdurch die Erreichung des Vollzugsziels, insbesondere die Eingliederung, gefährdet würde.

6 F 58, 6 F 59, 6 F 61, 6 F 65, 6 F 71, 11 J 19

§ 65 Ärztliche Behandlung zur sozialen Eingliederung

Mit Zustimmung der Gefangenen soll die Anstalt ärztliche Behandlungen, insbesondere Operationen oder prothetische Maßnahmen, durchführen lassen, die die soziale Eingliederung fördern. Die Kosten tragen die Gefangenen. Sind sie dazu nicht in der Lage, kann die Anstalt die Kosten in begründeten Fällen in angemessenem Umfang übernehmen.

4 I 55, 6 F 41, 6 F 42, 6 F 48, 6 F 50

§ 66 Gesundheitsschutz und Hygiene

(1) Die Anstalt unterstützt die Gefangenen bei der Wiederherstellung oder Erhaltung ihrer Gesundheit. Sie fördert das Bewusstsein für gesunde Ernährung und Lebensführung. Die Gefangenen haben die notwendigen Anordnungen zum Gesundheitsschutz und zur Hygiene zu befolgen.

(2) Den Gefangenen wird ermöglicht, sich täglich mindestens eine Stunde im Freien aufzuhalten.

(3) Der Nichtraucherschutz ist angemessen zu gewährleisten.

5 C 8, 6 D 1, 6 D 17, 6 D 24, 6 G 1, 6 G 6

§ 67 Krankenbehandlung während Lockerungen

(1) Während Lockerungen oder des Vollzugs in freien Formen haben die Gefangenen einen Anspruch auf medizinische Leistungen gegen den Freistaat Sachsen in der Regel nur in der für sie zuständigen Anstalt. § 39 bleibt unberührt.

(2) Der Anspruch auf Leistungen ruht, solange die Gefangenen aufgrund eines freien Beschäftigungsverhältnisses krankenversichert sind.

4 H 5, 6 F 51, 6 F 55

§ 68 Zwangsmaßnahmen auf dem Gebiet der Gesundheitsfürsorge

(1) Medizinische Untersuchung und Behandlung sind ohne Einwilligung der Gefangenen zulässig, um den Erfolg eines Selbsttötungsversuchs zu verhindern. Gleiches gilt für eine zwangsweise Ernährung, wenn die Gefangenen mit dem Ziel der Selbsttötung die Nahrungs- oder Flüssigkeitsaufnahme verweigern. Eine Maßnahme nach Satz 1 ist auch zulässig, wenn von Gefangenen eine Gefahr für die Gesundheit anderer Personen ausgeht.

(2) Medizinische Untersuchung und Behandlung sowie Ernährung sind zwangsweise auch bei einer Gefahr für das Leben oder einer schwerwiegenden Gefahr für die Gesundheit der Gefangenen zulässig, wenn die Gefangenen auf Grund einer psychischen Krankheit oder einer geistigen oder seelischen Behinderung die Notwendigkeit der ärztlichen Maßnahme nicht erkennen oder nicht nach dieser Einsicht handeln können und eine Patientenverfügung im Sinne des § 1901a Abs. 1 Satz 1 des Bürgerlichen Gesetzbuches, deren Festlegungen auf die aktuelle Lebens- und Behandlungssituation zutreffen und gegen die Durchführung der Maßnahmen gerichtet sind, der Anstalt nicht vorliegt.

(3) Zwangsmaßnahmen nach den Absätzen 1 und 2 dürfen nur angeordnet werden, wenn
1. erfolglos versucht worden ist, das auf Vertrauen gegründete Einverständnis der Gefangenen zu der Untersuchung, Behandlung oder Ernährung zu erwirken,
2. die Gefangenen über Notwendigkeit, Art, Umfang und Dauer der Maßnahmen durch einen Arzt aufgeklärt wurden,
3. die Maßnahmen zur Abwendung einer Gefahr geeignet und erforderlich sowie nicht mit erheblicher Gefahr für Leben oder Gesundheit der Gefangenen verbunden sind und
4. der zu erwartende Nutzen der Maßnahmen nicht außer Verhältnis zum Behandlungsrisiko steht und den möglichen Schaden der Nichtbehandlung deutlich überwiegt.

(4) Die Maßnahmen dürfen nur auf Anordnung und unter Leitung eines Arztes durchgeführt werden, unbeschadet der Leistung Erster Hilfe für den Fall, dass ein Arzt nicht rechtzeitig erreichbar ist und die Gefahr nach Absatz 1 oder Absatz 2 unmittelbar bevorsteht. Die Anordnung bedarf der Zustimmung des Anstaltsleiters. Die Verteidiger der Gefangenen sind unverzüglich zu benachrichtigen. Die Gründe und die Voraussetzungen für die Anordnung der Maßnahmen nach den Absätzen 1 und 2, die ergriffenen Maßnahmen einschließlich ihres Zwangscharakters, der Durchsetzungsweise, der Wirkungsüberwachung sowie der Untersuchungs- und Behandlungsverlauf sind zu dokumentieren.

(5) Anordnungen von Maßnahmen nach den Absätzen 1 und 2 sind den Gefangenen unverzüglich bekannt zu geben. Sie sind darüber zu belehren, dass sie gegen die Anordnung Antrag auf gerichtliche Entscheidung stellen und bei Gericht um einstweiligen Rechtsschutz ersuchen können. Mit dem Vollzug einer Anordnung ist zu warten, bis die Gefangenen Gelegenheit hatten, eine gerichtliche Entscheidung herbeizuführen.

(6) Bei Gefahr im Verzug finden die Bestimmungen in Absatz 3 Nr. 1 und 2, Absatz 4 Satz 2 sowie Absatz 5 keine Anwendung. Die Voraussetzungen nach Absatz 3 Nr. 1 und 2, Absatz 4 Satz 1 bis 3 sowie Absatz 5 Satz 2 sind unverzüglich nachzuholen.

(7) Zum Gesundheitsschutz und zur Hygiene ist die zwangsweise körperliche Untersuchung außer im Fall der Absätze 1 und 2 zulässig, wenn sie nicht mit einem körperlichen Eingriff verbunden ist. Sie bedarf der Anordnung eines Arztes und ist unter dessen Leitung durchzuführen.

11 K 5, 11 L 1, 11 L 3, 11 L 7, 11 L 14, 11 L 15, 11 L 20, 11 L 23

§ 69 Benachrichtigungspflicht

Erkranken Gefangene schwer oder versterben sie, werden die nahen Angehörigen in der Regel unverzüglich benachrichtigt. Dem Wunsch der Gefangenen, auch andere Personen zu benachrichtigen, soll nach Möglichkeit entsprochen werden.

6 H 1, 6 H 2, 6 H 4

Teil 12. Religionsausübung

§ 70 Seelsorge

Den Gefangenen darf religiöse Betreuung durch einen Seelsorger ihrer Religionsgemeinschaft nicht versagt werden. Auf Wunsch ist ihnen zu helfen, mit einem Seelsorger in Verbindung zu treten.

8 A 14, 8 A 19

§ 71 Religiöse Veranstaltungen

(1) Die Gefangenen haben das Recht, am Gottesdienst und an anderen religiösen Veranstaltungen ihres Bekenntnisses teilzunehmen.

(2) Die Zulassung zu Gottesdiensten oder religiösen Veranstaltungen einer anderen Religionsgemeinschaft bedarf der Zustimmung des Seelsorgers dieser Religionsgemeinschaft.

(3) Gefangene können von der Teilnahme am Gottesdienst oder anderen religiösen Veranstaltungen ausgeschlossen werden, wenn dies aus überwiegenden Gründen der Sicherheit oder Ordnung in der Anstalt geboten ist; der Seelsorger soll vorher gehört werden.

8 B 1, 8 B 18, 8 B 22

§ 72 Weltanschauungsgemeinschaften

Für Angehörige weltanschaulicher Bekenntnisse gelten die § 50 Abs. 2, §§ 70 und 71 entsprechend.

8 C 1 ff

Teil 13. Sicherheit und Ordnung

§ 73 Grundsatz

(1) Sicherheit und Ordnung in der Anstalt bilden die Grundlage des auf die Erreichung des Vollzugsziels ausgerichteten Anstaltslebens und tragen dazu bei, dass in der Anstalt ein gewaltfreies Klima herrscht.

(2) Die Pflichten und Beschränkungen, die den Gefangenen zur Aufrechterhaltung der Sicherheit oder Ordnung in der Anstalt auferlegt werden, müssen in einem angemessenen Verhältnis zu ihrem Zweck stehen und dürfen die Gefangenen nicht mehr und nicht länger als notwendig beeinträchtigen.

11 A 4, 11 A 6, 11 A 9, 11 D 10, 11 I 4

§ 74 Allgemeine Verhaltenspflichten

(1) Die Gefangenen sind für das geordnete Zusammenleben in der Anstalt mitverantwortlich und müssen mit ihrem Verhalten dazu beitragen. Ihr Bewusstsein hierfür ist zu entwickeln und zu stärken. Die Gefangenen sind zu einvernehmlicher Streitbeilegung zu befähigen.

(2) Die Gefangenen haben die Anordnungen der Bediensteten zu befolgen, auch wenn sie sich durch diese beschwert fühlen. Einen ihnen zugewiesenen Bereich dürfen sie nicht ohne Erlaubnis verlassen.

(3) Die Gefangenen haben ihren Haftraum und die ihnen von der Anstalt überlassenen Sachen in Ordnung zu halten und schonend zu behandeln.

(4) Die Gefangenen haben Umstände, die eine Gefahr für das Leben oder eine erhebliche Gefahr für die Gesundheit einer Person bedeuten, unverzüglich zu melden.

11 A 4, 11 A 7, 11 B 5, 11 B 6, 11 B 7, 11 B 8, 11 B 9

§ 75 Durchsuchung

(1) Die Gefangenen, ihre Sachen und die Hafträume dürfen durchsucht werden. Die Durchsuchung männlicher Gefangener darf nur von Männern, die Durchsuchung weiblicher Gefangener darf nur von Frauen vorgenommen werden. Das Schamgefühl ist zu schonen.

(2) Nur bei Gefahr im Verzug oder auf Anordnung des Anstaltsleiters im Einzelfall ist es zulässig, eine mit einer Entkleidung verbundene körperliche Durchsuchung vorzunehmen. Sie darf bei männlichen Gefangenen nicht in Gegenwart von Frauen, bei weiblichen Gefangenen nicht in Gegenwart von Männern erfolgen. Sie ist in einem geschlossenen Raum durchzuführen. Andere Gefangene dürfen nicht anwesend sein.

(3) Abweichend von Absatz 2 Satz 1 kann der Anstaltsleiter allgemein anordnen, dass bei der Aufnahme der Gefangenen, vor und nach Kontakten mit Besuchern sowie vor und nach jeder unbeaufsichtigten Abwesenheit von der Anstalt in der Regel eine mit einer Entkleidung verbundene körperliche Durchsuchung vorzunehmen ist. Dies gilt nicht bei Kontakten mit den in § 28 Abs. 5 genannten Besuchern.

(4) Die Anordnung nach Absatz 2 ist zu begründen. Durchführung und Ergebnis der Durchsuchungen nach den Absätzen 2 und 3 sind aktenkundig zu machen.

11 D 2, 11 D 4, 11 D 7, 11 D 9, 11 D 10

§ 76 Sichere Unterbringung

Gefangene können in eine Anstalt verlegt werden, die zu ihrer sicheren Unterbringung besser geeignet ist, wenn in erhöhtem Maße die Gefahr der Entweichung oder Befreiung gegeben ist oder sonst ihr Verhalten oder ihr Zustand eine Gefahr für die Sicherheit oder Ordnung in der Anstalt darstellt.

11 E 1, 11 E 4, 11 E 6, 13 B 5

§ 77 Erkennungsdienstliche Maßnahmen

(1) Zur Sicherung des Vollzugs, zur Aufrechterhaltung der Sicherheit oder Ordnung in der Anstalt oder zur Identitätsfeststellung sind mit Kenntnis des Gefangenen zulässig:
1. die Abnahme von Finger- und Handflächenabdrücken,
2. die Aufnahme von Lichtbildern,
3. die Feststellung äußerlicher körperlicher Merkmale und
4. Messungen.

(2) Die hierbei gewonnenen Unterlagen oder Daten werden zu den Gefangenenpersonalakten genommen oder in personenbezogenen Dateien gespeichert. Sie dürfen an die Polizeivollzugsbehörden des Bundes und der Länder oder Staatsanwaltschaften übermittelt werden, soweit dies für die in Absatz 1, § 82 Abs. 2 und § 96 Abs. 2 Nr. 4 genannten Zwecke erforderlich ist. Sie dürfen ferner an Ausländerbehörden übermittelt werden, soweit dies für die in § 96 Absatz 4 Satz 1 Nummer 7 genannten Zwecke erforderlich ist.

(3) Die Unterlagen und Daten sind zu vernichten, sobald die Vollstreckung der richterlichen Entscheidung, die dem Vollzug zugrunde gelegen hat, abgeschlossen ist.

11 F 1 ff

§ 78 Lichtbildausweise

Die Anstalt kann die Gefangenen verpflichten, einen Lichtbildausweis mit sich zu führen, wenn dies aus Gründen der Sicherheit oder Ordnung in der Anstalt erforderlich ist. Dieser ist bei der Entlassung oder bei der Verlegung in eine andere Anstalt einzuziehen und zu vernichten.

11 F 3

§ 79 Videoüberwachung

(1) Die optische Überwachung des Anstaltsgebäudes einschließlich des Gebäudeinneren, des Anstaltsgeländes und der unmittelbaren Umgebung der Anstalt mit technischen Mitteln (Videoüberwachung) sowie die Anfertigung von Aufzeichnungen hiervon sind zulässig, wenn dies für die Sicherheit oder Ordnung in der Anstalt erforderlich ist. Gleiches gilt für die Beobachtung während des Gefangenen-

transports. Die Videoüberwachung von Haftträumen ist ausgeschlossen, soweit in diesem Gesetz nichts anderes bestimmt ist.

(2) Auf die Videoüberwachung und die Anfertigung von Videoaufzeichnungen ist durch geeignete Maßnahmen hinzuweisen. Sie dürfen auch durchgeführt werden, wenn Dritte unvermeidbar betroffen werden. § 28 Abs. 2 Satz 4 bleibt unberührt.

(3) Von einer Verarbeitung personenbezogener Daten nach § 96 Abs. 2 sind die Betroffenen zu benachrichtigen, sofern sie nicht auf andere Weise davon Kenntnis erlangt haben oder die Benachrichtigung einen unverhältnismäßigen Aufwand erfordert. Sie kann unterbleiben, solange sie den Zweck der Maßnahme vereiteln würde.

(4) Die personenbezogenen Daten sind einen Monat nach ihrer Erhebung zu löschen, sofern nicht ihre Speicherung zu den in § 96 Abs. 2 genannten Zwecken weiterhin erforderlich ist. Sie sind unverzüglich zu löschen, soweit schutzwürdige Belange der Betroffenen einer weiteren Speicherung entgegenstehen.

11 F 3, 11 I 24

§ 80 Maßnahmen zur Feststellung von Suchtmittelgebrauch

(1) Zur Aufrechterhaltung der Sicherheit oder Ordnung in der Anstalt kann der Anstaltsleiter allgemein oder im Einzelfall Maßnahmen, insbesondere den Einsatz geeigneter technischer Verfahren und technischer Mittel, zum Nachweis des Konsums von Suchtmitteln anordnen, um deren Gebrauch festzustellen. Diese Maßnahmen dürfen nicht mit einem körperlichen Eingriff verbunden sein. Abweichend von Satz 2 sind Speicheltests unter Nutzung eines Mundschleimhautabstrichs zulässig. Die den Gefangenen entnommenen Körperzellen dürfen nur für Zwecke der der Entnahme zugrundeliegenden Maßnahme verwendet werden; sie sind unverzüglich zu vernichten, sobald sie hierfür nicht mehr erforderlich sind.

(2) Verweigern Gefangene die Mitwirkung an Maßnahmen nach Absatz 1 ohne hinreichenden Grund, ist davon auszugehen, dass Suchtmittelfreiheit nicht gegeben ist.

(3) Wird verbotener Suchtmittelgebrauch festgestellt, können die Kosten der Maßnahmen den Gefangenen auferlegt werden.

11 D 3, 11 D 12, 11 D 15, 11 D 16, 11 D 17, 11 D 18

§ 81 Auslesen von Datenspeichern

(1) Der Anstaltsleiter kann das Auslesen von Datenspeichern schriftlich anordnen, die Gefangene ohne Erlaubnis besitzen, soweit dies zur Erreichung des Vollzugsziels, zum Schutz der Allgemeinheit vor weiteren Straftaten der Gefangenen, zur Aufrechterhaltung der Sicherheit und Ordnung in der Anstalt oder zur Sicherung des Vollzugs erforderlich ist. Die Gefangenen sind bei der Aufnahme über die Möglichkeit des Auslesens von Datenspeichern zu belehren.

(2) Die beim Auslesen erhobenen personenbezogenen Daten dürfen nur verarbeitet werden, soweit dies zu den in Absatz 1 genannten Zwecken erforderlich ist. Sie dürfen nicht weiter verarbeitet werden, soweit sie zum Kernbereich der privaten Lebensgestaltung Gefangener oder Dritter gehören.

(3) Die beim Auslesen erhobenen personenbezogenen Daten sind unverzüglich zu löschen, soweit eine Verarbeitung nach Absatz 2 unzulässig ist. Die übrigen personenbezogenen Daten sind spätestens 72 Stunden nach dem Ende des Auslesens zu löschen, soweit nicht die weitere Aufbewahrung im Einzelfall zu Beweiszwecken unerlässlich ist.

11 C 5, 11 F 3

§ 82 Festnahmerecht

(1) Gefangene, die entwichen sind oder sich sonst ohne Erlaubnis außerhalb der Anstalt aufhalten, können durch die Anstalt oder auf deren Veranlassung festgenommen und zurückgebracht werden. Führt die Verfolgung oder die von der Anstalt veranlasste Fahndung nicht alsbald zur Wiederergreifung, sind die weiteren Maßnahmen der Vollstreckungsbehörde zu überlassen.

(2) Nach § 77 Abs. 1, § 96 Abs. 1 und § 97 erhobene und zur Identifizierung oder Festnahme erforderliche Daten dürfen den Vollstreckungs- und Strafverfolgungsbehörden übermittelt werden, soweit dies für Zwecke der Fahndung und Festnahme der entwichenen oder sich sonst ohne Erlaubnis außerhalb der Anstalt aufhaltenden Gefangenen erforderlich ist.

10 C 14, 11 G 2, 11 G 3, 11 G 4

Anhang

§ 83 Besondere Sicherungsmaßnahmen

(1) Gegen Gefangene können besondere Sicherungsmaßnahmen angeordnet werden, wenn nach ihrem Verhalten oder aufgrund ihres seelischen Zustandes in erhöhtem Maße die Gefahr der Entweichung, von Gewalttätigkeiten gegen Personen oder Sachen, der Selbsttötung oder der Selbstverletzung besteht.

(2) Als besondere Sicherungsmaßnahmen sind zulässig:
1. der Entzug oder die Vorenthaltung von Gegenständen,
2. die Beobachtung der Gefangenen auch mit optisch-technischen Hilfsmitteln in dafür vorgesehenen Hafträumen,
3. die Trennung von allen anderen Gefangenen (Absonderung),
4. die Beschränkung des Aufenthalts im Freien,
5. die Unterbringung in einem besonders gesicherten Haftraum ohne gefährdende Gegenstände und
6. die Fesselung.

(3) Maßnahmen nach Absatz 2 Nr. 1 und 3 bis 5 sind auch zulässig, wenn die Gefahr einer Befreiung oder eine erhebliche Störung der Ordnung anders nicht vermieden oder behoben werden kann. Maßnahmen nach Absatz 2 Nummer 1 und 3 sind darüber hinaus auch zulässig, wenn Gefangene bei anderen Personen auf Bestrebungen und Tätigkeiten im Sinne des § 2 Absatz 1 Satz 1 Nummer 1 bis 3a des Sächsischen Verfassungsschutzgesetzes vom 16. Oktober 1992 (SächsGVBl. S. 459), das zuletzt durch Artikel 3 des Gesetzes vom 17. Dezember 2013 (SächsGVBl. S. 890) geändert worden ist, in der jeweils geltenden Fassung, hinwirken.

(4) Eine Absonderung von mehr als 24 Stunden Dauer ist nur zulässig, wenn sie zur Abwehr einer in der Person der Gefangenen liegenden Gefahr unerlässlich ist.

(5) In der Regel dürfen Fesseln nur an den Händen oder an den Füßen angelegt werden. Im Interesse der Gefangenen kann der Anstaltsleiter eine andere Art der Fesselung anordnen. Die Fesselung wird zeitweise gelockert, soweit dies notwendig ist.

(6) Bei einer Ausführung, Vorführung oder beim Transport ist die Fesselung auch dann zulässig, wenn eine Gefahr der Entweichung besteht, die das nach Absatz 1 erforderliche Maß nicht erreicht.

11 I 3, 11 I 4, 11 I 8, 11 I 14, 11 I 24, 11 I 27, 11 I 39, 11 I 41, 11 I 46, 11 I 50, 11 I 51, 11 I 53, 11 I 64

§ 84 Anordnung besonderer Sicherungsmaßnahmen, Verfahren

(1) Besondere Sicherungsmaßnahmen ordnet der Anstaltsleiter an. Bei Gefahr im Verzug können auch andere Bedienstete diese Maßnahmen vorläufig anordnen; die Entscheidung des Anstaltsleiters ist unverzüglich einzuholen.

(2) Werden die Gefangenen ärztlich behandelt oder beobachtet oder bildet ihr seelischer Zustand den Anlass der besonderen Sicherungsmaßnahme, ist vorher eine ärztliche Stellungnahme einzuholen. Ist dies wegen Gefahr im Verzug nicht möglich, wird die Stellungnahme unverzüglich nachträglich eingeholt.

(3) Die Entscheidung wird den Gefangenen mündlich eröffnet und mit einer kurzen Begründung schriftlich abgefasst. Dies gilt nicht für die Fälle des § 83 Abs. 6.

(4) Besondere Sicherungsmaßnahmen sind in angemessenen Abständen daraufhin zu überprüfen, ob und in welchem Umfang sie aufrechterhalten werden müssen.

(5) Besondere Sicherungsmaßnahmen nach § 83 Abs. 2 Nr. 3, 5 und 6 sind der Aufsichtsbehörde und auf Antrag des Gefangenen seinem Verteidiger unverzüglich mitzuteilen, wenn sie länger als 48 Stunden aufrechterhalten werden. Absonderung und Unterbringung im besonders gesicherten Haftraum von jeweils mehr als 20 Tagen Gesamtdauer innerhalb von zwölf Monaten bedürfen der Zustimmung der Aufsichtsbehörde.

(6) Während der Absonderung und Unterbringung im besonders gesicherten Haftraum sind die Gefangenen in besonderem Maße zu betreuen. Sind die Gefangenen darüber hinaus gefesselt, sind sie durch einen Bediensteten ständig und in unmittelbarem Sichtkontakt zu beobachten.

11 I 3, 11 I 4, 11 I 6, 11 I 7, 11 I 28, 11 I 32, 11 I 33, 11 I 34, 11 I 37, 11 I 45, 11 I 49, 11 I 55, 11 I 56, 11 I 61, 11 I 62, 11 I 63, 11 I 64

§ 84a Einsatz optisch-technischer Hilfsmittel zur Beobachtung

(1) Der Aufsichtsbehörde und auf Antrag des Gefangenen seinem Verteidiger ist die Beobachtung mit optisch-technischen Hilfsmitteln nach § 83 Absatz 2 Nummer 2 unverzüglich mitzuteilen, wenn diese länger als 24 Stunden aufrechterhalten wird. Vor der Durchführung der optisch-technischen Beobachtung ist der Gefangene in geeigneter Weise darüber zu informieren. Es ist sicherzustellen, dass für den Gefangenen

die Durchführung der optisch-technischen Beobachtung erkennbar ist. Das Schamgefühl ist zu schonen. Die Beobachtung weiblicher Gefangener soll durch weibliche Bedienstete und die Beobachtung männlicher Gefangener soll durch männliche Bedienstete erfolgen.

(2) Die mittels optisch-technischer Hilfsmittel zulässig erhobenen Daten dürfen nur gespeichert werden (Videoaufzeichnung), wenn dies zur Erreichung des die Erhebung gestattenden Zwecks erforderlich ist. Die Daten sind spätestens nach 72 Stunden zu löschen. Eine Speicherung darüber hinaus ist nur zulässig, soweit und solange dies zur Verfolgung einer Straftat erforderlich ist.

§ 85 Ärztliche Überwachung

(1) Sind die Gefangenen in einem besonders gesicherten Haftraum untergebracht oder gefesselt, sucht sie der Arzt alsbald und in der Folge möglichst täglich auf. Dies gilt nicht bei einer Fesselung während einer Ausführung, Vorführung oder eines Transportes sowie bei Bewegungen innerhalb der Anstalt.

(2) Der Arzt ist regelmäßig zu hören, sobald die Gefangenen länger als 24 Stunden abgesondert sind.

6 I 1, 6 I 2, 6 I 6, 6 I 7, 11 I 48, 11 I 53

Teil 14. Unmittelbarer Zwang

§ 86 Begriffsbestimmungen

(1) Unmittelbarer Zwang ist die Einwirkung auf Personen oder Sachen durch einfache körperliche Gewalt, Hilfsmittel der körperlichen Gewalt oder durch Waffen.

(2) Körperliche Gewalt ist jede unmittelbare körperliche Einwirkung auf Personen oder Sachen.

(3) Hilfsmittel der körperlichen Gewalt sind insbesondere Fesseln.

(4) Waffen sind die von der Aufsichtsbehörde zugelassenen Hieb- und Schusswaffen sowie Reizstoffe.

11 K 5, 11 K 24, 11 K 32, 11 K 37

§ 87 Allgemeine Voraussetzungen

(1) Soweit es zur Durchführung von Vollzugs- oder Sicherungsmaßnahmen erforderlich ist, dürfen Bedienstete unmittelbaren Zwang anwenden. Unter mehreren möglichen und geeigneten Maßnahmen des unmittelbaren Zwangs ist diejenige zu wählen, die den Einzelnen und die Allgemeinheit voraussichtlich am wenigsten beeinträchtigt. Unmittelbarer Zwang unterbleibt, wenn ein durch ihn zu erwartender Schaden erkennbar außer Verhältnis zu dem angestrebten Erfolg steht.

(2) Gegen andere Personen als Gefangene darf unmittelbarer Zwang angewendet werden, wenn sie es unternehmen, Gefangene zu befreien oder widerrechtlich in die Anstalt einzudringen, oder wenn sie sich unbefugt darin aufhalten.

(3) Das Recht zu unmittelbarem Zwang aufgrund anderer Regelungen bleibt unberührt.

11 K 5, 11 K 8, 11 K 11, 11 K 14, 11 K 15, 11 K 16, 11 K 17, 11 K 18, 11 K 19, 11 K 20, 11 K 23, 11 K 38, 11 K 41

§ 88 Androhung

Unmittelbarer Zwang ist anzudrohen. Die Androhung darf nur unterbleiben, wenn die Umstände sie nicht zulassen oder unmittelbarer Zwang sofort angewendet werden muss, um eine rechtswidrige Tat, die den Tatbestand eines Strafgesetzes erfüllt, zu verhindern oder eine gegenwärtige Gefahr abzuwenden.

11 K 5, 11 K 53, 11 K 74, 11 K 75

§ 89 Schusswaffengebrauch

(1) Der Gebrauch von Schusswaffen durch Bedienstete ist innerhalb der Anstalt verboten. Das Recht zum Schusswaffengebrauch aufgrund anderer Vorschriften durch Polizeivollzugsbedienstete bleibt davon unberührt.

(2) Außerhalb der Anstalt dürfen Schusswaffen nur bei Gefangenentransporten sowie Aus- und Vorführungen von den dazu bestimmten Bediensteten nach Maßgabe der folgenden Absätze gebraucht werden. Ihr Gebrauch unterbleibt, wenn dadurch erkennbar Unbeteiligte mit hoher Wahrscheinlichkeit gefährdet würden.

(3) Schusswaffen dürfen nur gebraucht werden, wenn andere Maßnahmen des unmittelbaren Zwangs bereits erfolglos waren oder keinen Erfolg versprechen. Gegen Personen ist ihr Gebrauch nur zulässig, wenn der Zweck nicht durch Waffenwirkung gegen Sachen erreicht werden kann.

(4) Der Gebrauch von Schusswaffen ist vorher anzudrohen. Als Androhung gilt auch ein Warnschuss. Ohne Androhung dürfen Schusswaffen nur dann gebraucht werden, wenn dies zur Abwehr einer gegenwärtigen Gefahr für Leib oder Leben erforderlich ist.

(5) Gegen Gefangene dürfen Schusswaffen nur dann gebraucht werden,
1. wenn sie eine Waffe oder ein anderes gefährliches Werkzeug trotz wiederholter Aufforderung nicht ablegen,
2. wenn sie eine Meuterei (§ 121 des Strafgesetzbuches) unternehmen oder
3. um ihre Entweichung zu vereiteln,

und nur, um sie angriffs- oder fluchtunfähig zu machen.

(6) Gegen andere Personen dürfen Schusswaffen nur dann gebraucht werden, wenn sie es unternehmen, Gefangene gewaltsam zu befreien und nur, um sie angriffsunfähig zu machen.

11 K 5, 11 K 60, 11 K 62, 11 K 63, 11 K 65, 11 K 66, 11 K 68, 11 K 69, 11 K 71, 11 K 74, 11 K 75, 11 K 79, 11 K 83, 11 K 85, 11 K 86, 11 K 91

Teil 15. Disziplinarverfahren

§ 90 Disziplinarmaßnahmen

(1) Disziplinarmaßnahmen können angeordnet werden, wenn die Gefangenen rechtswidrig und schuldhaft
1. andere Personen verbal oder tätlich angreifen,
2. Lebensmittel oder fremde Sachen zerstören oder beschädigen,
3. in sonstiger Weise gegen Strafgesetze verstoßen oder eine Ordnungswidrigkeit begehen,
4. verbotene Gegenstände in die Anstalt einbringen, sich an deren Einbringung beteiligen, sie besitzen oder weitergeben,
5. unerlaubt Betäubungsmittel oder andere berauschende Stoffe konsumieren,
6. entweichen oder zu entweichen versuchen,
7. gegen Weisungen im Zusammenhang mit der Gewährung von Lockerungen verstoßen oder
8. wiederholt oder schwerwiegend gegen sonstige Pflichten verstoßen, die ihnen durch dieses Gesetz oder aufgrund dieses Gesetzes auferlegt sind, und dadurch das geordnete Zusammenleben in der Anstalt stören.

(2) Zulässige Disziplinarmaßnahmen sind
1. der Verweis,
2. die Beschränkung oder der Entzug des Fernsehempfangs bis zu drei Monaten,
3. die Beschränkung oder der Entzug der Gegenstände für die Freizeitbeschäftigung mit Ausnahme des Lesestoffs bis zu drei Monaten,
4. die Beschränkung oder der Entzug des Aufenthalts in Gemeinschaft oder der Teilnahme an einzelnen Freizeitveranstaltungen bis zu drei Monaten,
5. die Beschränkung oder der Entzug der Verfügung über das Hausgeld und des Einkaufs bis zu drei Monaten,
6. die Kürzung des Arbeitsentgelts um zehn Prozent bis zu drei Monaten,
7. der Entzug der übertragenen Arbeit bis zu vier Wochen und
8. die disziplinarische Trennung von bis zu zwei Wochen.

(3) Eine disziplinarische Trennung darf nur wegen schwerer oder wiederholter Verfehlungen verhängt werden.

(4) Mehrere Disziplinarmaßnahmen können miteinander verbunden werden.

(5) Disziplinarmaßnahmen sind auch zulässig, wenn wegen derselben Verfehlung ein Straf- oder Bußgeldverfahren eingeleitet wird.

11 C 4, 11 M 3, 11 M 4, 11 M 5, 11 M 6, 11 M 7, 11 M 8, 11 M 9, 11 M 10, 11 M 11, 11 M 17, 11 M 18, 11 M 22, 11 M 25, 11 M 28, 11 M 31, 11 M 32, 11 M 33, 11 M 34, 11 M 35, 11 M 36, 11 M 37, 11 M 38, 11 M 40, 11 M 41

§ 91 Vollstreckung der Disziplinarmaßnahmen, Aussetzung zur Bewährung

(1) Disziplinarmaßnahmen werden in der Regel sofort vollstreckt. Die Vollstreckung ist auszusetzen, soweit es zur Gewährung eines effektiven Rechtsschutzes erforderlich ist.

(2) Für die Dauer der disziplinarischen Trennung werden die Gefangenen getrennt von anderen Gefangenen untergebracht. Sie können in einem besonderen Haftraum untergebracht werden. Dieser muss

den Anforderungen entsprechen, die an einen zum Aufenthalt bei Tag und Nacht bestimmten Haftraum gestellt werden. Soweit nichts anderes angeordnet wird, ruhen die Befugnisse der Gefangenen zur Teilnahme an Maßnahmen außerhalb des Raumes, in dem die disziplinarische Trennung vollstreckt wird, und die Befugnisse zur Ausstattung des Haftraums mit eigenen Gegenständen, zum Fernsehempfang und zum Einkauf. Gegenstände für die Freizeitbeschäftigung mit Ausnahme des Lesestoffs sind nicht zugelassen. Die Rechte zur Teilnahme am Gottesdienst und auf Aufenthalt im Freien bleiben unberührt.

(3) Bevor eine disziplinarische Trennung vollstreckt wird, ist ein Arzt zu hören. Während der disziplinarischen Trennung stehen die Gefangenen unter ärztlicher Aufsicht. Die Vollstreckung unterbleibt oder wird unterbrochen, wenn ansonsten die Gesundheit der Gefangenen gefährdet würde.

(4) Die Verhängung einer disziplinarischen Trennung ist der Aufsichtsbehörde und auf Antrag der Gefangenen ihrem Verteidiger unverzüglich mitzuteilen, wenn diese länger als 48 Stunden vollstreckt wird.

(5) Die Vollstreckung von Disziplinarmaßnahmen kann ganz oder teilweise bis zu sechs Monaten zur Bewährung ausgesetzt werden. Die Aussetzung zur Bewährung kann mit Auflagen oder Weisungen verbunden werden. Sie kann ganz oder teilweise widerrufen werden, wenn die Gefangenen die ihr zugrundeliegenden Erwartungen nicht erfüllen.

(6) Wird die Verfügung über das Hausgeld beschränkt oder entzogen, wird der vorenthaltene Betrag dem Eigengeld gutgeschrieben.

4 I 73, 11 M 3, 11 M 32, 11 M 44, 11 M 45, 11 M 46, 11 M 47, 11 M 48, 11 M 61

§ 92 Disziplinarbefugnis

(1) Disziplinarmaßnahmen ordnet der Anstaltsleiter an. Bei einer Verfehlung auf dem Weg in eine andere Anstalt zum Zweck der Verlegung ist der Leiter der Bestimmungsanstalt zuständig.

(2) Die Aufsichtsbehörde entscheidet, wenn sich die Verfehlung gegen den Anstaltsleiter richtet.

(3) Disziplinarmaßnahmen, die gegen die Gefangenen in einer anderen Anstalt oder während einer Untersuchungshaft angeordnet worden sind, werden auf Ersuchen vollstreckt. § 91 Absatz 5 gilt entsprechend.

11 M 3, 11 M 51, 11 M 52, 11 M 53

§ 93 Verfahren

(1) Der Sachverhalt ist zu klären. Hierbei sind sowohl belastende als auch entlastende Umstände zu ermitteln. Die betroffenen Gefangenen werden gehört. Sie werden darüber unterrichtet, welche Verfehlungen ihnen zur Last gelegt werden. Sie sind darauf hinzuweisen, dass es ihnen freisteht sich zu äußern. Die Erhebungen werden in einer Niederschrift festgelegt; die Einlassung der Gefangenen wird vermerkt.

(2) In geeigneten Fällen können zur Abwendung von Disziplinarmaßnahmen im Wege einvernehmlicher Streitbeilegung Vereinbarungen getroffen werden. Insbesondere kommen die Wiedergutmachung des Schadens, die Entschuldigung bei Geschädigten, die Erbringung von Leistungen für die Gemeinschaft und der vorübergehende Verbleib im Haftraum in Betracht. Erfüllen die Gefangenen die Vereinbarung, ist die Anordnung einer Disziplinarmaßnahme aufgrund dieser Verfehlung unzulässig.

(3) Mehrere Verfehlungen, die gleichzeitig zu beurteilen sind, werden durch eine Entscheidung geahndet.

(4) Bei schweren Verfehlungen soll sich der Anstaltsleiter vor der Entscheidung mit Personen besprechen, die maßgeblich an der Vollzugsgestaltung mitwirken. Auf Antrag der Gefangenen sind ihre Verteidiger zu benachrichtigen.

(5) Vor der Anordnung von schwerwiegenden Disziplinarmaßnahmen gegen Schwangere, stillende Mütter oder bei Gefangenen, die sich in ärztlicher Behandlung befinden, ist ein Arzt zu hören.

(6) Vor der Entscheidung über eine Disziplinarmaßnahme erhalten die Gefangenen Gelegenheit, sich zu dem Ergebnis der Ermittlungen und der beabsichtigten Disziplinarmaßnahme zu äußern. Die Entscheidung wird den Gefangenen vom Anstaltsleiter mündlich eröffnet und mit einer kurzen Begründung schriftlich abgefasst.

11 M 3, 11 M 21, 11 M 55, 11 M 57, 11 M 58, 11 M 59, 11 M 60, 11 M 61, 14 A 14

Teil 16. Aufhebung von Maßnahmen, Beschwerde

§ 94 Aufhebung von Maßnahmen

(1) Die Aufhebung von Maßnahmen zur Regelung einzelner Angelegenheiten auf dem Gebiet des Vollzugs richtet sich nach den Absätzen 2 bis 4, soweit dieses Gesetz keine abweichende Bestimmung enthält.

(2) Rechtswidrige Maßnahmen können ganz oder teilweise mit Wirkung für die Vergangenheit und die Zukunft zurückgenommen werden.

(3) Rechtmäßige Maßnahmen können ganz oder teilweise mit Wirkung für die Zukunft widerrufen werden, wenn
1. aufgrund nachträglich eingetretener oder bekannt gewordener Umstände die Maßnahmen hätten versagt oder die Anordnungen hätten unterlassen werden können,
2. die Maßnahmen missbraucht werden oder
3. Weisungen nicht befolgt werden.

(4) Begünstigende Maßnahmen dürfen nach Absatz 2 oder 3 nur aufgehoben werden, wenn die vollzuglichen Interessen an der Aufhebung in Abwägung mit dem schutzwürdigen Vertrauen der Betroffenen auf den Bestand der Maßnahmen überwiegen. Davon ist insbesondere auszugehen, wenn eine Maßnahme unerlässlich ist, um die Sicherheit in der Anstalt zu gewährleisten.

(5) Der gerichtliche Rechtsschutz bleibt unberührt.

2 F 8, 4 A 36, 4 D 20, 4 H 16, 4 I 97, 6 A 10, 10 A 14, 10 D 9, 10 F 5, 10 F 7, 10 F 9, 10 F 10, 10 F 11, 10 F 12, 10 F 15, 10 F 16, 10 F 17, 10 F 19

§ 95 Beschwerderecht

(1) Die Gefangenen erhalten Gelegenheit, sich in Angelegenheiten, die sie selbst betreffen, mit Wünschen, Anregungen und Beschwerden an den Anstaltsleiter zu wenden.

(2) Besichtigen Vertreter der Aufsichtsbehörde die Anstalt, so ist zu gewährleisten, dass die Gefangenen sich in Angelegenheiten, die sie selbst betreffen, an diese wenden können.

(3) Die Möglichkeit der Dienstaufsichtsbeschwerde bleibt unberührt.

12 A 2, 12 A 5, 12 A 7, 12 A 9, 12 A 14, 12 A 16

Teil 17. Aktenführung und Datenschutz

§ 96 Verarbeitung

(1) Die Anstalt und die Aufsichtsbehörde dürfen personenbezogene Daten verarbeiten, soweit dies für die ihnen nach diesem Gesetz übertragenen Aufgaben erforderlich ist.

(2) Die Verarbeitung personenbezogener Daten für andere Zwecke ist zulässig, soweit dies
1. zur Abwehr von sicherheitsgefährdenden oder geheimdienstlichen Tätigkeiten für eine fremde Macht oder von Bestrebungen im Geltungsbereich des Grundgesetzes für die Bundesrepublik Deutschland, die durch Anwendung von Gewalt oder darauf gerichtete Vorbereitungshandlungen
   a) gegen die freiheitliche demokratische Grundordnung, den Bestand oder die Sicherheit des Bundes oder eines Landes gerichtet sind,
   b) eine ungesetzliche Beeinträchtigung der Amtsführung der Verfassungsorgane des Bundes oder eines Landes oder ihrer Mitglieder zum Ziel haben oder
   c) auswärtige Belange der Bundesrepublik Deutschland gefährden,
2. zur Abwehr erheblicher Nachteile für das Gemeinwohl oder einer Gefahr für die öffentliche Sicherheit,
3. zur Abwehr einer schwerwiegenden Beeinträchtigung der Rechte einer anderen Person,
4. zur Verhinderung oder Verfolgung von Straftaten sowie zur Verhinderung oder Verfolgung von Ordnungswidrigkeiten, durch welche die Sicherheit oder Ordnung in einer Anstalt gefährdet werden oder
5. für Maßnahmen der Strafvollstreckung oder strafvollstreckungsrechtliche Entscheidungen

erforderlich ist.

(3) Eine Verarbeitung für andere Zwecke liegt nicht vor, soweit sie dem gerichtlichen Rechtsschutz im Zusammenhang mit diesem Gesetz oder den in § 13 Abs. 3 des Sächsischen Datenschutzgesetzes vom 25. August 2003 (SächsGVBl. S. 330), das zuletzt durch Artikel 46 des Gesetzes vom 26. April 2018 (SächsGVBl. S. 198) geändert worden ist, in der jeweils geltenden Fassung, genannten Zwecken dient.

(4) Über die in den Absätzen 1 und 2 geregelten Zwecke hinaus dürfen zuständigen öffentlichen Stellen personenbezogene Daten übermittelt werden, soweit dies für
1. die Vorbereitung und Durchführung von Maßnahmen der Gerichtshilfe, Jugendgerichtshilfe, Bewährungshilfe, Führungsaufsicht oder forensischen Ambulanzen,
2. Entscheidungen in Gnadensachen,
3. gesetzlich angeordnete Statistiken der Rechtspflege,
4. sozialrechtliche Maßnahmen,
5. die Einleitung von Hilfsmaßnahmen für Angehörige der Gefangenen im Sinne des § 11 Abs. 1 Nr. 1 des Strafgesetzbuches,
6. dienstliche Maßnahmen der Bundeswehr im Zusammenhang mit der Aufnahme und Entlassung von Soldaten,
7. ausländerrechtliche Maßnahmen oder
8. die Durchführung der Besteuerung

erforderlich ist. Eine Übermittlung für andere Zwecke ist auch zulässig, soweit eine andere gesetzliche Vorschrift dies vorsieht und sich dabei ausdrücklich auf personenbezogene Daten über Gefangene bezieht.

(5) Öffentlichen und nichtöffentlichen Stellen hat die Anstalt oder die Aufsichtsbehörde auf schriftlichen Antrag mitzuteilen, ob sich eine Person in Haft befindet sowie ob und wann ihre Entlassung voraussichtlich innerhalb eines Jahres bevorsteht und wie die Entlassungsadresse lautet, soweit
1. die Mitteilung zur Erfüllung der in der Zuständigkeit der öffentlichen Stelle liegenden Aufgaben erforderlich ist oder
2. von nicht öffentlichen Stellen ein berechtigtes Interesse an dieser Mitteilung glaubhaft dargelegt wird und die Gefangenen kein schutzwürdiges Interesse an dem Ausschluss der Übermittlung haben.

Den Verletzten einer Straftat sowie deren Rechtsnachfolgern können darüber hinaus auf schriftlichen Antrag Auskünfte über die Entlassungsadresse oder die Vermögensverhältnisse von Gefangenen erteilt werden, wenn die Erteilung zur Feststellung oder Durchsetzung von Rechtsansprüchen im Zusammenhang mit der Straftat erforderlich ist. Die Gefangenen werden vor der Mitteilung gehört, es sei denn, es ist zu besorgen, dass dadurch die Verfolgung der Interessen der Antragsteller vereitelt oder wesentlich erschwert werden würde, und eine Abwägung ergibt, dass diese Interessen der Antragsteller die Interessen der Gefangenen an ihrer vorherigen Anhörung überwiegen. Ist die Anhörung unterblieben, werden die betroffenen Gefangenen über die Mitteilung der Anstalt nachträglich unterrichtet. Den Verletzten einer Straftat ist auf schriftlichen Antrag Auskunft über die Unterbringung der Gefangenen im offenen Vollzug, die Gewährung von Lockerungen des Vollzugs und von Weisungen nach § 40 Satz 2 zu erteilen, wenn sie ein berechtigtes Interesse darlegen und kein überwiegendes schutzwürdiges Interesse der Gefangenen am Ausschluss der Mitteilung vorliegt. Der Darlegung eines berechtigten Interesses bedarf es nicht, wenn der Verletzte Opfer einer Straftat war, für die in den in § 395 Abs. 1 Nr. 1 bis 5 der Strafprozessordnung genannten Fällen die Möglichkeit der Erhebung der Nebenklage besteht sowie in den Fällen des § 395 Abs. 3 der Strafprozessordnung.

(6) Bei der Überwachung der Besuche oder des Schriftwechsels sowie bei der Überwachung des Inhaltes von Paketen bekannt gewordene personenbezogene Daten dürfen nur für die in Absatz 2 aufgeführten Zwecke, für den gerichtlichen Rechtsschutz im Zusammenhang mit diesem Gesetz und im Rahmen außerordentlicher Rechtsbehelfsverfahren, zur Wahrung der Sicherheit oder Ordnung in der Anstalt oder nach Anhörung der Gefangenen zur Erreichung des Vollzugsziels verarbeitet werden.

(7) Die Übermittlung von personenbezogenen Daten unterbleibt, soweit die in § 98 Abs. 2 und § 101 Abs. 2 sowie 4 geregelten Einschränkungen oder besondere gesetzliche Verwendungsregelungen entgegenstehen.

(8) § 14 Abs. 2 des Sächsischen Datenschutzgesetzes ist mit der Maßgabe anzuwenden, dass bei der Übermittlung auf Ersuchen einer öffentlichen Stelle die Anstalt auch prüft, ob die Absätze 6 und 7 sowie § 97 Abs. 3 der Übermittlung entgegenstehen.

12 I 8

§ 97 Datenerhebung

(1) Personenbezogene Daten sind bei den Betroffenen zu erheben. Für die Erhebung ohne Mitwirkung der Betroffenen, die Erhebung bei anderen Personen oder Stellen und für die Hinweis- und Aufklärungspflichten gilt § 12 Abs. 3 bis 5 des Sächsischen Datenschutzgesetzes.

Anhang

(2) Daten über Dritte dürfen ohne ihre Kenntnis bei Personen oder Stellen außerhalb der Anstalt nur unter den Voraussetzungen des Absatzes 1 Satz 2 und nur soweit erhoben werden, wie dies für die Erreichung des Vollzugsziels der Gefangenen, die Sicherheit in der Anstalt oder die Sicherung des Vollzugs unerlässlich ist und die Art der Erhebung schutzwürdige Interessen der Betroffenen nicht beeinträchtigt.

(3) Personenbezogene Daten, die gemäß Absatz 2 über Dritte erhoben worden sind, dürfen nur zur Erfüllung des Erhebungszweckes oder für die in § 96 Abs. 2 Nr. 1 bis 4 geregelten Zwecke verarbeitet werden.

(4) Über eine ohne ihre Kenntnis vorgenommene Erhebung personenbezogener Daten werden die Betroffenen unter Angabe dieser Daten unterrichtet, soweit der in § 96 Abs. 1 genannte Zweck dadurch nicht gefährdet wird. Sind die Daten bei anderen Personen oder Stellen erhoben worden, kann die Unterrichtung unterbleiben, soweit
1. die Daten nach einer Rechtsvorschrift oder wegen des überwiegenden berechtigten Interesses von Dritten geheim gehalten werden müssen oder
2. der Aufwand der Unterrichtung außer Verhältnis zum Schutzzweck steht und keine Anhaltspunkte dafür bestehen, dass überwiegende schutzwürdige Interessen der Betroffenen beeinträchtigt werden.

(5) Im Rahmen der Bemühungen, beim Gefangenen Einsicht in die beim Opfer verursachten Tatfolgen zu wecken, dürfen weitere Daten über das Opfer nicht erhoben werden.

§ 98 Schutz besonderer Daten

(1) Mit Ausnahme des religiösen oder weltanschaulichen Bekenntnisses und personenbezogener Daten von Gefangenen, die anlässlich ärztlicher Untersuchungen erhoben worden sind, dürfen Daten von Gefangenen in der Anstalt allgemein kenntlich gemacht werden, soweit dies für ein geordnetes Zusammenleben erforderlich ist; § 96 Abs. 6 und 7 sowie § 97 Abs. 3 bleiben unberührt.

(2) Personenbezogene Daten, die
1. Ärzten, Zahnärzten oder Angehörigen eines anderen Heilberufs, der für die Berufsausübung oder die Führung der Berufsbezeichnung eine staatlich geregelte Ausbildung erfordert,
2. Berufspsychologen mit staatlich anerkannter wissenschaftlicher Abschlussprüfung oder
3. staatlich anerkannten Sozialarbeitern oder staatlich anerkannten Sozialpädagogen

von Gefangenen als Geheimnis anvertraut oder über Gefangene sonst bekannt geworden sind, unterliegen auch gegenüber der Anstalt und der Aufsichtsbehörde der Schweigepflicht. Die in Satz 1 genannten Personen haben sich gegenüber dem Anstaltsleiter zu offenbaren, soweit dies für die Aufgabenerfüllung der Anstalt oder der Aufsichtsbehörde oder zur Abwehr von erheblichen Gefahren für Leib oder Leben von Gefangenen oder Dritten erforderlich ist. Die in Satz 1 genannten Personen sind gegenüber dem Anstaltsleiter zur Offenbarung ihnen im Rahmen der allgemeinen Gesundheitsfürsorge bekannt gewordener Geheimnisse befugt, soweit dies für die Aufgabenerfüllung der Anstalt oder der Aufsichtsbehörde unerlässlich oder zur Abwehr von erheblichen Gefahren für Leib oder Leben der Gefangenen oder Dritter erforderlich ist. Sonstige Offenbarungsbefugnisse und -pflichten bleiben unberührt. Die Gefangenen sind vor der Erhebung über die nach den Sätzen 2 und 3 bestehenden Offenbarungsbefugnisse zu unterrichten.

(3) Die nach Absatz 2 offenbarten Daten dürfen nur für den Zweck, für den sie offenbart wurden oder für den eine Offenbarung zulässig gewesen wäre, und nur unter denselben Voraussetzungen verarbeitet werden, unter denen eine in Absatz 2 Satz 1 genannte Person selbst hierzu befugt wäre. Der Anstaltsleiter kann unter diesen Voraussetzungen die unmittelbare Offenbarung gegenüber bestimmten Bediensteten allgemein zulassen. Warnhinweise, die keinen Rückschluss auf konkrete Erkrankungen zulassen, sind zulässig, soweit dies zur Abwehr von erheblichen Gefahren für Leib oder Leben der Gefangenen oder Dritter erforderlich ist.

(4) Sofern die in Absatz 2 Satz 1 genannten Personen außerhalb des Vollzugs mit der Untersuchung, Behandlung oder Betreuung von Gefangenen beauftragt werden, gilt Absatz 2 mit der Maßgabe entsprechend, dass sie auch zur Unterrichtung einer in Absatz 2 Satz 1 genannten und in der Anstalt tätigen Person befugt sind.

§ 99 Zentrale Vollzugsdatei, Einrichtung automatisierter Abrufverfahren

(1) Die nach § 96 Abs. 1 und § 97 erhobenen Daten dürfen in einer zentralen Vollzugsdatei des Freistaates Sachsen verarbeitet werden, soweit dies für Zwecke der Suizidprophylaxe, der Sicherheit oder Ordnung in einer Anstalt sowie für Zwecke der Aufsichtsbehörde erforderlich ist.

(2) Die Einrichtung eines automatisierten Verfahrens, das den Abruf personenbezogener Daten aus der zentralen Vollzugsdatei des Freistaates Sachsen ermöglicht, ist zulässig, soweit dieses Verfahren unter

Berücksichtigung der schutzwürdigen Interessen der Betroffenen und der Aufgaben der beteiligten Stellen angemessen ist. § 32 Absatz 2 Satz 1 des Bundeskriminalamtgesetzes vom 1. Juni 2017 (BGBl. I S. 1354), in der jeweils geltenden Fassung, bleibt unberührt.

(3) Erfolgt die Einrichtung eines automatisierten Abrufverfahrens nach Absatz 2 für eine Laufzeit von mehr als drei Monaten, hat die zentrale Vollzugsdatei des Freistaates Sachsen bei durchschnittlich jedem zehnten Abruf den Zeitpunkt, die Angaben, die die Feststellung der abgerufenen Datensätze ermöglichen, sowie die für den Abruf verantwortliche Dienststelle für Zwecke der Datenschutzkontrolle zu protokollieren. Die protokollierten Daten dürfen nur für Zwecke der Datenschutzkontrolle, der Datensicherung oder zur Sicherstellung eines ordnungsgemäßen Betriebs der Datenverarbeitungsanlage verwendet werden, es sei denn, es liegen Anhaltspunkte dafür vor, dass ohne ihre Verwendung die Verhinderung oder Verfolgung einer schwerwiegenden Straftat gegen Leib, Leben oder Freiheit einer Person aussichtslos oder wesentlich erschwert wäre. Die Protokolldaten sind nach sechs Monaten zu löschen. Die zentrale Vollzugsdatei des Freistaates Sachsen trifft die technischen und organisatorischen Maßnahmen nach § 9 des Sächsischen Datenschutzgesetzes.

(4) Das Staatsministerium der Justiz bestimmt durch Rechtsverordnung die Einzelheiten des automatisierten Abrufverfahrens. Der Sächsische Datenschutzbeauftragte ist vorher zu hören. Die Rechtsverordnung hat den Datenempfänger, die Datenart und den Zweck des Abrufs festzulegen. Sie hat Maßnahmen zur Datensicherung und zur Kontrolle vorzusehen, die in einem angemessenen Verhältnis zu dem angestrebten Schutzzweck stehen.

(5) Die Aufsichtsbehörde darf anderen Ländern und dem Bund personenbezogene Daten nach § 96 Abs. 1 bis 4 übermitteln, soweit dies im Einzelfall zur Erfüllung ihrer Aufgaben oder der Aufgaben des Empfängers erforderlich ist.

§ 100 Akten
(1) Über jeden Gefangenen wird eine Personalakte geführt (Gefangenenpersonalakte). Sie ist vertraulich zu behandeln und vor unbefugter Einsicht zu schützen.

(2) Für jeden Gefangenen sind vom Anstaltsarzt Gesundheitsakten zu führen.

(3) Über Daten im Sinne von § 98 Abs. 2, die im Rahmen einer Therapie erhoben wurden, sind Therapieakten zu führen.

(4) Gesundheitsakten und Therapieakten sind getrennt von anderen Unterlagen zu führen und besonders zu sichern.

(5) Akten mit personenbezogenen Daten dürfen nur anderen Anstalten, den zur Dienst- oder Fachaufsicht oder zu dienstlichen Weisungen befugten Stellen, den für strafvollzugs-, strafvollstreckungs- und strafrechtliche Entscheidungen zuständigen Gerichten, den Strafvollstreckungs- und Strafverfolgungsbehörden sowie den Sozialen Diensten der Justiz, den Führungsaufsichtsstellen und forensischen Ambulanzen überlassen werden, soweit dies im Einzelfall zur Erfüllung der Aufgaben des Empfängers erforderlich ist. Entsprechendes gilt für die Überlassung von Akten an die von der Anstalt mit Gutachten beauftragten Stellen. Die Überlassung an andere öffentliche Stellen ist zulässig, soweit die Erteilung einer Auskunft einen unvertretbaren Aufwand erfordert oder nach Darlegung der Akteneinsicht begehrenden Stellen für die Erfüllung der Aufgabe nicht ausreicht.

(6) § 13 Abs. 5 des Sächsischen Datenschutzgesetzes ist entsprechend anzuwenden.

§ 101 Berichtigung, Löschung und Sperrung
(1) Die in Dateien gespeicherten personenbezogenen Daten sind spätestens zwei Jahre nach der Entlassung der Gefangenen oder der Verlegung der Gefangenen in eine andere Anstalt zu löschen. Hiervon können bis zum Ablauf der Aufbewahrungsfrist für die Gefangenenpersonalakte die Angaben über Familienname, Vorname, Geburtsname, Geburtstag, Geburtsort, Eintritts- und Austrittsdatum der Gefangenen ausgenommen werden, soweit dies für das Auffinden der Gefangenenpersonalakte erforderlich ist. § 77 Abs. 3 bleibt unberührt, soweit es sich um in Gefangenenpersonalakten gespeicherte Daten handelt.

(2) Personenbezogene Daten in Akten dürfen nach Ablauf von zwei Jahren seit der Entlassung der Gefangenen nur übermittelt oder genutzt werden, soweit dies
1. zur Verfolgung von Straftaten,
2. für die Durchführung wissenschaftlicher Forschungsvorhaben gemäß §§ 103 und 105,
3. zur Behebung einer bestehenden Beweisnot oder

Anhang

4. zur Feststellung, Durchsetzung oder Abwehr von Rechtsansprüchen im Zusammenhang mit dem Vollzug

erforderlich ist. Diese Verwendungsbeschränkungen enden, wenn die Gefangenen erneut zum Vollzug aufgenommen werden oder die Betroffenen eingewilligt haben.

(3) Bei der Aufbewahrung von Akten mit nach Absatz 2 gesperrten Daten darf für Gefangenenpersonalakten, Gesundheitsakten und Therapieakten sowie für Gefangenenbücher eine Frist von 30 Jahren nicht überschritten werden. Dies gilt nicht, wenn aufgrund bestimmter Tatsachen anzunehmen ist, dass die Aufbewahrung für die in Absatz 2 Satz 1 genannten Zwecke weiterhin erforderlich ist. Die Aufbewahrungsfrist beginnt mit dem auf das Jahr der aktenmäßigen Weglegung folgenden Kalenderjahr. Die archivrechtlichen Vorschriften des Bundes und der Länder bleiben unberührt.

(4) Die Berichtigung unrichtiger Daten richtet sich nach § 19 des Sächsischen Datenschutzgesetzes.

§ 102 Auskunft an den Betroffenen, Akteneinsicht

Der Betroffene erhält nach Maßgabe des § 18 des Sächsischen Datenschutzgesetzes Auskunft und, soweit eine Auskunft für die Wahrnehmung seiner rechtlichen Interessen nicht ausreicht und er hierfür auf die Einsichtnahme angewiesen ist, Akteneinsicht.

12 I 8, 14 A 6

§ 103 Auskunft und Akteneinsicht für wissenschaftliche Zwecke

§ 476 der Strafprozessordnung gilt mit der Maßgabe entsprechend, dass auch elektronisch gespeicherte personenbezogene Daten übermittelt werden können.

§ 104 Anwendbarkeit des Sächsischen Datenschutzgesetzes

Das Sächsische Datenschutzgesetz ist anzuwenden, soweit in diesem Gesetz nichts Abweichendes geregelt ist.

Teil 18. Kriminologische Forschung

§ 105 Evaluation, kriminologische Forschung

(1) Behandlungsprogramme für die Gefangenen sind auf der Grundlage wissenschaftlicher Erkenntnisse zu konzipieren, zu standardisieren und auf ihre Wirksamkeit hin zu überprüfen.

(2) Der Strafvollzug, insbesondere seine Aufgabenerfüllung und Gestaltung, die Umsetzung seiner Leitlinien sowie die Behandlungsprogramme und deren Wirkungen auf die Erreichung des Vollzugsziels, soll regelmäßig durch den kriminologischen Dienst, durch eine Hochschule oder durch eine andere Stelle wissenschaftlich begleitet und erforscht werden. § 476 der Strafprozessordnung gilt mit der Maßgabe entsprechend, dass auch elektronisch gespeicherte personenbezogene Daten übermittelt werden können.

16 3

Teil 19. Aufbau und Organisation der Anstalten

§ 106 Anstalten

(1) Es werden Anstalten und Abteilungen eingerichtet, die den unterschiedlichen vollzuglichen Anforderungen Rechnung tragen. Insbesondere sind sozialtherapeutische Abteilungen und Abteilungen für Gefangene, die sich erstmals im Vollzug befinden, vorzusehen.

(2) Es ist eine bedarfsgerechte Anzahl und Ausstattung von Plätzen für therapeutische Maßnahmen, schulische und berufliche Qualifizierung, Arbeitstraining und Arbeitstherapie sowie zur Ausübung von Arbeit vorzusehen. Entsprechendes gilt für Besuche, Freizeit, Sport und Seelsorge.

(3) Haft- und Funktionsräume sind zweckentsprechend auszustatten.

(4) Arbeitstherapeutische Maßnahmen, Arbeitstraining, schulische und berufliche Qualifizierungsmaßnahmen und Arbeit können auch in geeigneten privaten Einrichtungen und Betrieben erfolgen. Die technische und fachliche Leitung kann Angehörigen dieser Einrichtungen und Betriebe übertragen werden.

(5) Das Staatsministerium der Justiz bestimmt die für den Strafvollzug in freien Formen zugelassenen Einrichtungen und seine nähere Ausgestaltung. Während der Unterbringung im Strafvollzug in freien Formen besteht das Vollzugsverhältnis der Gefangenen zur jeweiligen Justizvollzugsanstalt fort.

3 B 3, 4 K 2, 4 K 3, 4 K 7, 4 K 9, 13 D 2, 13 D 3, 13 E 6

§ 107 Festsetzung der Belegungsfähigkeit, Verbot der Überbelegung

(1) Die Aufsichtsbehörde setzt die Belegungsfähigkeit der Anstalt so fest, dass eine angemessene Unterbringung der Gefangenen gewährleistet ist. § 106 Abs. 2 ist zu berücksichtigen.

(2) Haftäume dürfen nicht mit mehr Gefangenen als zugelassen belegt werden.

(3) Ausnahmen von Absatz 2 sind nur vorübergehend und nur mit Zustimmung der Aufsichtsbehörde zulässig.

12 B 11, 13 E 15, 13 E 18, 13 E 21

§ 108 Anstaltsleitung

(1) Der Anstaltsleiter trägt die Verantwortung für den gesamten Vollzug und vertritt die Anstalt nach außen. Er kann einzelne Aufgabenbereiche auf andere Bedienstete übertragen. Die Aufsichtsbehörde kann sich die Zustimmung zur Übertragung vorbehalten.

(2) Für jede Anstalt ist ein Beamter des höheren Dienstes zum hauptamtlichen Leiter zu bestellen. Aus besonderen Gründen kann eine Anstalt auch von einem Beamten des gehobenen Dienstes geleitet werden.

11 I 6, 11 I 57, 12 B 11, 13 K 1, 13 K 4, 13 K 6, 13 K 9, 13 K 14

§ 109 Bedienstete

(1) Die Aufgaben der Anstalten werden von Beamten wahrgenommen. Aus besonderen Gründen können sie auch anderen Bediensteten der Anstalten sowie nebenamtlichen oder vertraglich verpflichteten Personen übertragen werden.

(2) Die Anstalt wird mit dem für die Erreichung des Vollzugsziels erforderlichen Personal, unter anderem Sozialarbeitern, Psychologen und Pädagogen, ausgestattet. Fortbildung, Praxisberatung und -begleitung sowie die zur Qualitätssicherung erforderliche Supervision für die Bediensteten sind zu gewährleisten.

(3) Für die Betreuung von Gefangenen mit angeordneter oder vorbehaltener Sicherungsverwahrung ist besonders qualifiziertes Personal vorzusehen und eine fachübergreifende Zusammenarbeit zu gewährleisten. Soweit erforderlich, sind externe Fachkräfte einzubeziehen.

(4) Alle am Vollzug Tätigen arbeiten zusammen und wirken daran mit, die Aufgaben des Vollzugs zu erfüllen.

4 E 8, 11 K 8, 13 I 1, 13 J 5

§ 110 Seelsorger

(1) Seelsorger werden im Benehmen mit der Aufsichtsbehörde von der jeweiligen Religionsgemeinschaft bestellt.

(2) Wenn die geringe Anzahl der Angehörigen einer Religionsgemeinschaft eine Seelsorge nach Absatz 1 nicht rechtfertigt, ist die seelsorgerische Betreuung auf andere Weise zuzulassen.

(3) Mit Zustimmung des Anstaltsleiters darf der Anstaltsseelsorger sich freier Seelsorgehelfer bedienen und diese für Gottesdienste sowie für andere religiöse Veranstaltungen von außen zuziehen.

8 C 3, 8 D 1, 8 D 2, 8 D 6, 8 D 10, 8 D 28

§ 111 Medizinische Versorgung

(1) Die ärztliche Versorgung ist sicherzustellen.

(2) Die Pflege der Kranken soll von Bediensteten ausgeführt werden, die eine Erlaubnis nach dem Krankenpflegegesetz vom 16. Juli 2003 (BGBl. I S. 1442), das zuletzt durch Artikel 1a des Gesetzes vom 17. Juli 2017 (BGBl. I S. 2581) geändert worden ist, in der jeweils geltenden Fassung, besitzen. Solange diese nicht zur Verfügung stehen, können auch Bedienstete eingesetzt werden, die eine sonstige Ausbildung in der Krankenpflege erfahren haben.

6 D 38, 6 D 39

§ 112 Mitverantwortung der Gefangenen

(1) Die Gefangenen sind an der Verantwortung für Angelegenheiten von gemeinsamem Interesse zu beteiligen, die sich ihrer Eigenart und der Aufgabe der Anstalt nach für die Mitwirkung der Gefangenen eignen.

(2) Die dafür zu schaffenden Gremien sind nach demokratischen Regeln zu wählen.

(3) Mitglieder der Gremien können sich mit Vorschlägen, insbesondere zu sozialen Belangen, an den Anstaltsleiter wenden. Ausgenommen sind Angelegenheiten, die die Sicherheit in der Anstalt oder das Personal betreffen.
(4) Näheres regelt die Aufsichtsbehörde.

13 M 1, 13 M 4, 13 M 5

§ 113 Hausordnung
Der Anstaltsleiter erlässt zur Gestaltung und Organisation des Vollzugsalltags eine Hausordnung. Die Aufsichtsbehörde kann sich die Zustimmung vorbehalten.

13 N 1

Teil 20. Aufsicht, Beirat

§ 114 Aufsichtsbehörde
(1) Aufsichtsbehörde für die Anstalten ist das Staatsministerium der Justiz.
(2) Es kann sich Entscheidungen über Verlegungen und Überstellungen vorbehalten oder sie einer zentralen Stelle übertragen.

2 D 10, 11 E 10, 12 C 5, 13 G 6, 13 G 7, 13 G 18, 13 H 19

§ 115 Vollstreckungsplan, Vollzugsgemeinschaften
(1) Die Aufsichtsbehörde regelt die örtliche und sachliche Zuständigkeit der Anstalten in einem Vollstreckungsplan.
(2) Im Rahmen von Vollzugsgemeinschaften kann der Vollzug auch in Vollzugseinrichtungen anderer Länder vorgesehen werden.

13 F 1, 13 H 19

§ 116 Beirat
(1) Bei der Anstalt ist ein Beirat zu bilden. Dem Beirat gehören zwei Abgeordnete des Landtags und mindestens ein Vertreter der Kommune oder des Landkreises, in dem die jeweilige Anstalt belegen ist, sowie weitere Personen des öffentlichen Lebens an. Die Mitglieder werden von der Aufsichtsbehörde ernannt. Dies gilt nicht für die Mitglieder des Landtags, die von diesem benannt werden. Bedienstete der Anstalt dürfen nicht Mitglieder des Beirats sein. Die Amtszeit der Mitglieder des Beirats endet mit der Konstituierung des nach Ablauf der Legislaturperiode des Landtags neu zu besetzenden Beirats.
(2) Die Mitglieder des Beirats wirken bei der Gestaltung des Vollzugs und bei der Betreuung der Gefangenen beratend mit. Sie fördern das Verständnis für den Vollzug und seine gesellschaftliche Akzeptanz und vermitteln Kontakte zu öffentlichen und privaten Einrichtungen. Sie sind ebenso Ansprechpartner für den Personalrat.
(3) Die Mitglieder des Beirats können insbesondere Wünsche, Anregungen und Beanstandungen entgegennehmen. Sie können sich über die Unterbringung, Beschäftigung, berufliche Bildung, Verpflegung, ärztliche Versorgung und Behandlung unterrichten sowie die Anstalt besichtigen. Sie können die Gefangenen in ihren Räumen aufsuchen. Unterhaltung und Schriftwechsel werden nicht überwacht. Mit Zustimmung der Gefangenen kann der Anstaltsleiter dem Beirat oder einzelnen Mitgliedern aus den Gefangenenpersonalakten Mitteilungen machen oder sie Einsicht nehmen lassen, soweit dies zur Erfüllung der Aufgaben des Beirates erforderlich ist.
(4) Die Mitglieder des Beirats sind verpflichtet, außerhalb ihres Amtes über alle Angelegenheiten, die ihrer Natur nach vertraulich sind, besonders über Namen und Persönlichkeit der Gefangenen, Verschwiegenheit zu bewahren. Dies gilt auch nach Beendigung ihres Amtes.
(5) Näheres regelt die Aufsichtsbehörde.

13 O 2, 13 O 4, 13 O 6, 13 O 7

Teil 21. Vollzug des Strafarrests

§ 117 Grundsatz
(1) Für den Vollzug des Strafarrests in Anstalten gelten die Bestimmungen dieses Gesetzes entsprechend, soweit § 118 nicht Abweichendes bestimmt.

(2) § 118 Abs. 1 bis 3, 7 und 8 gilt nicht, wenn Strafarrest in Unterbrechung einer anderen freiheitsentziehenden Maßnahme vollzogen wird.

1 E 32, 4 D 25, 15 C 1

§ 118 Besondere Bestimmungen

(1) Strafarrestanten sollen im offenen Vollzug untergebracht werden.

(2) Eine gemeinsame Unterbringung mit Gefangenen ist nur mit Einwilligung der Strafarrestanten zulässig.

(3) Besuche, Telefongespräche und Schriftwechsel dürfen nur untersagt oder überwacht werden, wenn dies aus Gründen der Sicherheit oder Ordnung in der Anstalt notwendig ist. § 28 Abs. 4 bis 6, § 29 Satz 2, § 33 Abs. 3 und 4, § 34 Satz 2, § 116 Abs. 3 Satz 4 bleiben unberührt.

(4) Den Strafarrestanten soll gestattet werden, einmal wöchentlich Besuch zu empfangen.

(5) Strafarrestanten dürfen eigene Kleidung tragen und eigenes Bettzeug benutzen, wenn Gründe der Sicherheit in der Anstalt nicht entgegenstehen und sie für Reinigung, Instandsetzung und regelmäßigen Wechsel auf eigene Kosten sorgen.

(6) Sie dürfen Nahrungs-, Genuss- und Körperpflegemittel in angemessenem Umfang durch Vermittlung der Anstalt auf eigene Kosten erwerben.

(7) Eine mit einer Entkleidung verbundene körperliche Durchsuchung ist nur bei Gefahr im Verzug zulässig.

(8) Zur Vereitelung einer Entweichung dürfen Schusswaffen nicht gebraucht werden.

2 F 4, 11 K 5, 15 C 5, 15 C 9

Teil 22. Schlussbestimmungen

§ 119 Einschränkung von Grundrechten

Durch dieses Gesetz werden die nachfolgenden Grundrechte aus dem Grundgesetz für die Bundesrepublik Deutschland und aus der Verfassung des Freistaates Sachsen eingeschränkt:
1. das Recht auf körperliche Unversehrtheit nach Artikel 2 Abs. 2 Satz 1 des Grundgesetzes für die Bundesrepublik Deutschland und Artikel 16 Abs. 1 Satz 1 der Verfassung des Freistaates Sachsen,
2. die Freiheit der Person nach Artikel 2 Abs. 2 Satz 2 des Grundgesetzes für die Bundesrepublik Deutschland und Artikel 16 Abs. 1 Satz 2 der Verfassung des Freistaates Sachsen,
3. das Recht auf informationelle Selbstbestimmung nach Artikel 33 der Verfassung des Freistaates Sachsen,
4. das Brief-, Post- und Fernmeldegeheimnis nach Artikel 10 Abs. 1 des Grundgesetzes für die Bundesrepublik Deutschland und Artikel 27 Abs. 1 der Verfassung des Freistaates Sachsen sowie
5. das Recht der Freizügigkeit nach Artikel 11 Abs. 1 des Grundgesetzes für die Bundesrepublik Deutschland.

§ 120 Verhältnis zum Bundesrecht

Dieses Gesetz ersetzt gemäß Artikel 125a Abs. 1 des Grundgesetzes für die Bundesrepublik Deutschland im Freistaat Sachsen das Strafvollzugsgesetz. Die Vorschriften des Strafvollzugsgesetzes über
1. den Pfändungsschutz (§ 50 Abs. 2 Satz 5, § 51 Abs. 4 und 5, § 75 Abs. 3), den Nachrang der Sozialhilfe bei der Zahlung von Ausbildungsbeihilfe (§ 44 Abs. 1 Satz 2), das gerichtliche Verfahren (§§ 109 bis 121, 50 Abs. 5 Satz 2),
2. die entsprechende Geltung der Regelungen des Pfändungsschutzes (§ 176 Abs. 4, soweit darin auf § 51 Abs. 4 und 5 verwiesen wird),
3. die Unterbringung in einem psychiatrischen Krankenhaus und einer Entziehungsanstalt (§§ 136 bis 138),
4. den Vollzug von Ordnungs-, Sicherungs-, Zwangs- und Erzwingungshaft (§§ 171 bis 175),
5. den Vollzug von Freiheitsstrafe und Jugendhaft der Deutschen Demokratischen Republik (§ 202),
6. den unmittelbaren Zwang in Justizvollzugsanstalten für andere Arten des Freiheitsentzugs (§ 178) gelten fort.

1 B 17, 4 D 25, 4 G 9, 4 I 53, 4 I 54, 4 I 66, 4 I 98, 11 K 5, 15 A 2

Anhang

§ 121 Übergangsbestimmungen

(1) Bis zum Inkrafttreten einer Verordnung nach § 55 Abs. 3 Satz 3 gilt die Strafvollzugsvergütungsordnung vom 11. Januar 1977 (BGBl. I S. 57), die durch Artikel 6 des Gesetzes vom 13. Dezember 2007 (BGBl. I S. 2894) geändert worden ist, in der jeweils geltenden Fassung, für die Anwendung des § 55 fort. § 55 Abs. 3 Satz 2 bleibt unberührt.

(2) Bei Inkrafttreten dieses Gesetzes bereits gebildetes Überbrückungsgeld kann bis zu der sich nach § 62 Abs. 1 Satz 1 ergebenden Höhe nur nach § 62 Abs. 2 und 3 verwendet werden. Gefangene, die bereits Überbrückungsgeld darüber hinaus gebildet haben, können bis zum 30. Juni 2014 verlangen, dass der übersteigende Betrag ihrem Eigengeld gutgeschrieben wird.

(3) Für einen bei Inkrafttreten dieses Gesetzes bereits erworbenen Anspruch auf Freistellung von der Arbeit gilt § 43 Abs. 6 bis 11 des Strafvollzugsgesetzes fort.

(4) In den zum 3. Oktober 1990 bestehenden Anstalten dürfen abweichend von § 11 Abs. 1 während der Einschlusszeiten bis zu drei Gefangene gemeinsam in einem Haftraum untergebracht werden, so lange die räumlichen Verhältnisse der Anstalt dies erfordern. Gleiches gilt für die bei Inkrafttreten dieses Gesetzes bestehenden Abteilungen des offenen Vollzugs. Die Sätze 1 und 2 gelten nicht für Anstaltsbereiche, die nach Inkrafttreten dieses Gesetzes neu errichtet oder grundlegend umgebaut werden.

2 E 24, 2 E 27, 4 D 67, 4 D 71, 4 I 66

Justizvollzugsgesetzbuch Sachsen-Anhalt (JVollzGB LSA)

Vom 18. Dezember 2015
(GVBl. LSA S. 666)

Abschnitt 1. Allgemeine Bestimmungen

§ 1 Anwendungsbereich, Begriffsbestimmungen

(1) Dieses Gesetz regelt den Vollzug der Freiheitsstrafe, der Jugendstrafe, der Untersuchungshaft und des Strafarrests in Justizvollzugsanstalten und Jugendstrafanstalten (Anstalten).

(2) Für den Vollzug der Haft nach § 127b Abs. 2, § 230 Abs. 2, den §§ 236 und 329 Abs. 4 Satz 1, § 412 Satz 1 und § 453c Strafprozessordnung sowie der einstweiligen Unterbringung nach § 275a Abs. 6 der Strafprozessordnung gelten die Bestimmungen für den Vollzug der Untersuchungshaft entsprechend.

(3) Für den Vollzug der einstweiligen Unterbringung nach § 126a der Strafprozessordnung gilt, soweit eine Anordnung nach § 119 Abs. 1 der Strafprozessordnung nicht entgegensteht, das Maßregelvollzugsgesetz Sachsen-Anhalt entsprechend.

(4) Bei Verurteilung zu einer Freiheitsstrafe, deren Vollstreckung nicht zur Bewährung ausgesetzt wird und die nicht durch Anrechnung der Untersuchungshaft bereits erledigt ist, ist der Gefangene mit Rechtskraft des Urteils nach den Bestimmungen über den Vollzug der Freiheitsstrafe zu behandeln, soweit sich dies schon vor der Aufnahme zum Vollzug der Freiheitsstrafe durchführen lässt. Dies gilt nicht, wenn aufgrund eines anderen Haftbefehls weiterhin Untersuchungshaft zu vollziehen ist.

(5) Bei rechtskräftiger Verurteilung zu einer Jugendstrafe und bei rechtskräftiger Anordnung einer mit Freiheitsentziehung verbundenen Maßregel der Besserung und Sicherung gilt Absatz 4 sinngemäß.

(6) Von der Anwendung der Bestimmungen dieses Gesetzes über junge Untersuchungsgefangene kann abgesehen werden, wenn diese volljährig sind und die erzieherische Ausgestaltung des Vollzugs für sie nicht oder nicht mehr angezeigt ist. Diese Bestimmungen können ausnahmsweise auch über die Vollendung des 24. Lebensjahres hinaus angewendet werden, wenn dies im Hinblick auf die voraussichtlich nur noch geringe Dauer der Untersuchungshaft zweckmäßig erscheint.

(7) Gefangener im Sinne dieses Gesetzes sind der Strafgefangene, der Jugendstrafgefangene und der Untersuchungsgefangene.

(8) Junger Untersuchungsgefangener im Sinne dieses Gesetzes ist der, der zur Tatzeit das 21. Lebensjahr noch nicht vollendet hatte und der das 24. Lebensjahr noch nicht vollendet hat.

(9) Junger Gefangener im Sinne dieses Gesetzes sind der Jugendstrafgefangene und der junge Untersuchungsgefangene.

1 B 4

§ 2 Ziel und Aufgabe des Vollzugs der Freiheitsstrafe oder der Jugendstrafe

(1) Der Vollzug der Freiheitsstrafe oder der Jugendstrafe dient dem Ziel, den Strafgefangenen oder den Jugendstrafgefangenen zu befähigen, künftig in sozialer Verantwortung ein Leben ohne Straftaten zu führen. Der Vollzug hat die Aufgabe, die Allgemeinheit vor weiteren Straftaten zu schützen.

(2) Bei dem Strafgefangenen mit angeordneter oder vorbehaltener Sicherungsverwahrung dient der Vollzug der Freiheitsstrafe und bei dem Jugendstrafgefangenen mit vorbehaltener Sicherungsverwahrung dient der Vollzug der Jugendstrafe auch dem Ziel, die Gefährlichkeit des Strafgefangenen oder des Jugendstrafgefangenen für die Allgemeinheit so zu mindern, dass die Vollstreckung der Unterbringung oder deren Anordnung möglichst entbehrlich wird.

1 C 12, 1 C 14, 1 C 24, 4 I 48

§ 3 Aufgabe des Vollzugs der Untersuchungshaft, Zusammenarbeit

(1) Der Vollzug der Untersuchungshaft hat die Aufgabe, durch sichere Unterbringung des Untersuchungsgefangenen die Durchführung eines geordneten Strafverfahrens zu gewährleisten und der Gefahr weiterer Straftaten zu begegnen.

(2) Die Anstalt, in der die Untersuchungshaft vollzogen wird, trifft die Entscheidungen nach diesem Gesetz. Sie arbeitet eng mit Gericht und Staatsanwaltschaft zusammen, um die Aufgabe des Vollzugs der Untersuchungshaft zu erfüllen und die Sicherheit und Ordnung der Anstalt zu gewährleisten.

(3) Die Anstalt hat Anordnungen nach § 119 Abs. 1 der Strafprozessordnung zu beachten und umzusetzen.

1 D 16, 1 D 17

§ 4 Stellung des Gefangenen

(1) Die Persönlichkeit des Gefangenen ist zu achten. Seine Selbstständigkeit im Vollzugsalltag ist so weit wie möglich zu erhalten und zu fördern.

(2) Der Gefangene wird an der Gestaltung des Vollzugsalltags beteiligt. Vollzugliche Maßnahmen sollen ihm erläutert werden.

(3) Der Gefangene unterliegt den in diesem Gesetz vorgesehenen Beschränkungen seiner Freiheit. Soweit das Gesetz eine besondere Regelung nicht enthält, dürfen ihm nur Beschränkungen auferlegt werden, die zur Aufrechterhaltung der Sicherheit oder zur Abwendung einer schwerwiegenden Störung der Ordnung der Anstalt oder im Vollzug der Untersuchungshaft zur Umsetzung einer Anordnung nach § 119 Abs. 1 der Strafprozessordnung unerlässlich sind. Sie müssen in einem angemessenen Verhältnis zum Zweck der Anordnung stehen und dürfen den Gefangenen nicht mehr und nicht länger als notwendig beeinträchtigen.

1 E 2, 1 E 3, 1 E 17, 1 E 18, 1 E 24

§ 5 Besondere Stellung der Untersuchungsgefangenen

Der Untersuchungsgefangene gilt als unschuldig. Er ist so zu behandeln, dass der Anschein vermieden wird, er würde zur Verbüßung einer Strafe festgehalten.

7 C 8

§ 6 Mitwirkung im Vollzug der Freiheitsstrafe oder der Jugendstrafe

Der Strafgefangene oder der Jugendstrafgefangene ist verpflichtet, an der Erreichung des Vollzugsziels mitzuwirken. Seine Bereitschaft hierzu ist zu wecken und zu fördern. Bei dem Strafgefangenen mit angeordneter oder vorbehaltener Sicherungsverwahrung oder bei dem Jugendstrafgefangenen mit vorbehaltener Sicherungsverwahrung sind die Motivationsmaßnahmen zu dokumentieren.

1 E 10

§ 7 Allgemeine Gestaltungsgrundsätze

(1) Das Leben im Vollzug soll den allgemeinen Lebensverhältnissen so weit wie möglich angeglichen werden.

(2) Schädlichen Folgen des Freiheitsentzugs ist entgegenzuwirken. Ein besonderes Augenmerk ist auf die Verhütung von Selbsttötungen zu richten.

(3) Die unterschiedlichen Bedürfnisse des Gefangenen, insbesondere im Hinblick auf Geschlecht, Alter und Herkunft, sollen bei der Vollzugsgestaltung im Allgemeinen und im Einzelfall berücksichtigt werden.

(4) Im Vollzug der Freiheitsstrafe ist insbesondere mit den Behörden und Stellen der Entlassenen- und Straffälligenhilfe, der Bewährungshilfe, den Aufsichtsstellen für die Führungsaufsicht, den Agenturen für Arbeit, den Einrichtungen für berufliche Bildung, den Trägern der Sozialversicherung und der Sozialhilfe, Gesundheits-, Ausländer- und Polizeibehörden, Sucht- und Schuldnerberatungsstellen, Ausländer- und Integrationsbeauftragten sowie Hilfeeinrichtungen anderer Behörden und den Verbänden der freien Wohlfahrtspflege eng zusammenzuarbeiten. Die Anstalten sollen mit Personen und Vereinen, deren Einfluss die Eingliederung des Gefangenen fördern kann, zusammenarbeiten.

(5) Im Vollzug der Jugendstrafe ist über die in Absatz 4 Satz 1 genannten Stellen hinaus insbesondere mit Schulen und Schulbehörden, der öffentlichen und freien Jugendhilfe sowie den Jugendämtern eng zusammenzuarbeiten.

(6) Im Untersuchungshaftvollzug gelten die Absätze 4 und 5 entsprechend, soweit Zweck und Eigenart der Untersuchungshaft die Zusammenarbeit erfordern.

1 D 4, 1 D 11, 1 D 13, 7 B 10, 13 C 5, 13 C 9, 13 C 10, 14 A 14

§ 8 Grundsätze der Gestaltung des Vollzugs der Freiheitsstrafe oder der Jugendstrafe

(1) Der Vollzug der Freiheitsstrafe oder der Jugendstrafe ist auf die Auseinandersetzung des Strafgefangenen oder des Jugendstrafgefangenen mit seinen Straftaten und ihren Folgen auszurichten. Das Bewusstsein für den dem Opfer zugefügten Schaden soll geweckt werden.

(2) Der Vollzug der Freiheitsstrafe oder der Jugendstrafe wird von Beginn an auf die Eingliederung des Strafgefangenen oder des Jugendstrafgefangenen in das Leben in Freiheit ausgerichtet.

(3) Ist Sicherungsverwahrung angeordnet oder vorbehalten, ist bereits im Vollzug der Freiheitsstrafe oder der Jugendstrafe eine individuelle, intensive und therapeutische Betreuung im Sinne des § 66c Abs. 1 Nr. 1 des Strafgesetzbuches anzubieten. Soweit standardisierte Maßnahmen nicht ausreichen oder keinen Erfolg versprechen, sind individuelle Maßnahmen zu entwickeln und zu unterbreiten.

(4) Der Bezug des Strafgefangenen oder des Jugendstrafgefangenen zum gesellschaftlichen Leben ist zu wahren und zu fördern. Personen und Einrichtungen außerhalb des Vollzugs sollen in den Vollzugsalltag einbezogen werden, soweit dies möglich ist und dem Vollzugsziel nicht zuwiderläuft.

1 D 14, 1 D 15, 1 D 27, 15 B 26

§ 9 Erzieherische Gestaltung des Vollzugs der Jugendstrafe

(1) Der Vollzug der Jugendstrafe ist erzieherisch zu gestalten. Der Jugendstrafgefangene ist in der Entwicklung seiner Fähigkeiten und Fertigkeiten so zu fördern, dass er zu einer eigenverantwortlichen und gemeinschaftsfähigen Lebensführung in Achtung der Rechte anderer befähigt wird.

(2) Erziehung und Förderung erfolgen durch Maßnahmen und Programme zur Entwicklung und Stärkung der Fähigkeiten und Fertigkeiten des Jugendstrafgefangenen im Hinblick auf die Erreichung des Vollzugsziels.

(3) Durch differenzierte Angebote soll auf den jeweiligen Entwicklungsstand und den unterschiedlichen Erziehungs- und Förderbedarf des Jugendstrafgefangenen eingegangen werden.

(4) Die Maßnahmen und Programme richten sich insbesondere auf die Auseinandersetzung mit den eigenen Straftaten, deren Ursachen und Folgen, schulische und berufliche Qualifizierung, soziale Integration und die verantwortliche Gestaltung des alltäglichen Zusammenlebens, der freien Zeit sowie der Außenkontakte.

(5) Die Personensorgeberechtigten sind, soweit dies möglich ist und dem Vollzugsziel nicht zuwiderläuft, in die Planung und Gestaltung des Vollzugs einzubeziehen.

§ 10 Erzieherische Gestaltung des Vollzugs der Untersuchungshaft an jungen Untersuchungsgefangenen

(1) Für den Vollzug der Untersuchungshaft an jungen Untersuchungsgefangenen gilt § 9 Abs. 1 entsprechend.

(2) Die Personensorgeberechtigten sind, soweit dies möglich ist, in die Gestaltung des Vollzugs einzubeziehen.

(3) Beschränkungen können dem minderjährigen Untersuchungsgefangenen auch auferlegt werden, soweit es dringend geboten ist, um ihn vor einer Gefährdung seiner Entwicklung zu bewahren.

§ 11 Soziale Hilfe

(1) Der Gefangene wird darin unterstützt, seine persönlichen, wirtschaftlichen und sozialen Schwierigkeiten zu beheben. Er soll dazu angeregt und in die Lage versetzt werden, seine Angelegenheiten selbst zu regeln.

(2) Der Strafgefangene oder der Jugendstrafgefangene soll angehalten werden, den durch die Straftat verursachten materiellen und immateriellen Schaden wiedergutzumachen und eine Schuldenregulierung herbeizuführen.

(3) Der Gefangene soll, soweit erforderlich, über die notwendigen Maßnahmen zur Aufrechterhaltung seiner sozialversicherungsrechtlichen Ansprüche beraten werden.

(4) Die Beratung des Untersuchungsgefangenen soll die Benennung von Stellen und Einrichtungen außerhalb der Anstalt umfassen, die sich um eine Vermeidung der weiteren Untersuchungshaft bemühen. Auf Wunsch des Untersuchungsgefangenen sind ihm Stellen und Einrichtungen zu benennen, die ihn in seinem Bestreben unterstützen können, einen Ausgleich mit dem Tatopfer zu erreichen oder auf andere Weise zur Wiedergutmachung beizutragen.

1 D 21, 7 A 8, 7 B 10, 7 C 1, 7 C 6, 7 D 2

Abschnitt 2. Aufnahme, Diagnose, Vollzugs- und Eingliederungsplanung

§ 12 Aufnahmeverfahren

(1) Mit dem Gefangenen wird unverzüglich nach der Aufnahme ein Zugangsgespräch geführt, in dem seine gegenwärtige Lebenssituation erörtert wird und er über seine Rechte und Pflichten informiert wird. Ihm wird ein Exemplar der Hausordnung ausgehändigt. Dieses Gesetz, die von ihm in Bezug genommenen Gesetze sowie die zu seiner Ausführung erlassenen Verordnungen und Verwaltungsvorschriften sind dem Gefangenen auf Verlangen zugänglich zu machen.

(2) Während des Aufnahmeverfahrens dürfen andere Gefangene nicht zugegen sein.

(3) Der Gefangene wird alsbald ärztlich untersucht.

(4) Der Gefangene wird dabei unterstützt, etwa notwendige Maßnahmen für hilfsbedürftige Angehörige, zur Erhaltung des Arbeitsplatzes und der Wohnung und zur Sicherung seiner Habe außerhalb der Anstalt zu veranlassen.

(5) Dem Gefangenen ist Gelegenheit zu geben, einen Angehörigen oder eine Vertrauensperson von der Aufnahme in die Anstalt zu benachrichtigen.

(6) Die Personensorgeberechtigten und das Jugendamt werden von der Aufnahme des jungen Gefangenen unverzüglich unterrichtet.

(7) Bei dem Strafgefangenen, der eine Ersatzfreiheitsstrafe verbüßt, sind die Möglichkeiten der Abwendung der Vollstreckung durch freie Arbeit oder ratenweise Tilgung der Geldstrafe zu erörtern und zu fördern, um so auf eine möglichst baldige Entlassung hinzuwirken.

2 A 1, 2 A 4, 2 A 5, 2 A 8, 2 A 9, 2 A 13, 7 B 4, 7 B 7, 12 F 8

§ 13 Diagnoseverfahren

(1) Bei dem Strafgefangenen oder dem Jugendstrafgefangenen schließt sich an das Aufnahmeverfahren zur Vorbereitung der Vollzugs- und Eingliederungsplanung das Diagnoseverfahren an.

(2) Das Diagnoseverfahren muss wissenschaftlichen Erkenntnissen genügen. Insbesondere bei dem Strafgefangenen mit angeordneter oder vorbehaltener Sicherungsverwahrung oder bei dem Jugendstrafgefangenen mit vorbehaltener Sicherungsverwahrung ist es von Personen mit einschlägiger wissenschaftlicher Qualifikation durchzuführen.

(3) Das Diagnoseverfahren erstreckt sich auf die Persönlichkeit, die Lebensverhältnisse, die Ursachen und Umstände der Straftat sowie alle sonstigen Gesichtspunkte, deren Kenntnis für eine zielgerichtete und wirkungsorientierte Vollzugsgestaltung und die Eingliederung nach der Entlassung notwendig erscheint. Neben den Unterlagen aus der Vollstreckung und dem Vollzug vorangegangener Freiheitsentziehungen sind insbesondere auch Erkenntnisse der Gerichts-, Jugendgerichts- und Bewährungshilfe sowie der Führungsaufsichtsstellen einzubeziehen.

(4) Bei dem Strafgefangenen mit angeordneter oder vorbehaltener Sicherungsverwahrung oder bei dem Jugendstrafgefangenen mit vorbehaltener Sicherungsverwahrung erstreckt sich das Diagnoseverfahren auch auf alle Umstände, die für die Beurteilung der Gefährlichkeit maßgeblich sind.

(5) Im Diagnoseverfahren werden die im Einzelfall die Straffälligkeit begünstigenden Faktoren ermittelt. Gleichzeitig sollen die Fähigkeiten des Strafgefangenen oder des Jugendstrafgefangenen ermittelt werden, deren Stärkung einer erneuten Straffälligkeit entgegenwirken kann.

(6) Im Vollzug der Freiheitsstrafe kann bei einer voraussichtlichen Vollzugsdauer bis zu einem Jahr das Diagnoseverfahren auf die Umstände beschränkt werden, deren Kenntnis für eine angemessene Vollzugsgestaltung unerlässlich und für die Eingliederung erforderlich ist. Unabhängig von der Vollzugsdauer gilt dies auch, wenn ausschließlich Ersatzfreiheitsstrafen zu vollziehen sind.

(7) Im Vollzug der Jugendstrafe ist das Diagnoseverfahren maßgeblich auf die Ermittlung des Förder- und Erziehungsbedarfs auszurichten.

(8) Das Ergebnis des Diagnoseverfahrens wird mit dem Strafgefangenen oder dem Jugendstrafgefangenen erörtert.

2 A 1, 2 B 1, 2 B 4, 2 B 5, 2 B 6, 2 B 11, 2 B 13, 2 B 14, 2 B 17, 2 B 28, 2 B 35, 2 C 8, 7 B 1, 15 B 28

§ 14 Vollzugs- und Eingliederungsplanung

(1) Auf der Grundlage des Ergebnisses des Diagnoseverfahrens wird ein Vollzugs- und Eingliederungsplan erstellt. Er zeigt dem Strafgefangenen oder dem Jugendstrafgefangenen bereits zu Beginn der Haftzeit unter Berücksichtigung der voraussichtlichen Vollzugsdauer die zur Erreichung des Vollzugsziels

erforderlichen Maßnahmen auf. Daneben kann er weitere Hilfsangebote und Empfehlungen enthalten. Auf die Fähigkeiten, Fertigkeiten und Neigungen des Strafgefangenen oder des Jugendstrafgefangenen ist Rücksicht zu nehmen.

(2) Der Vollzugs- und Eingliederungsplan wird regelmäßig innerhalb der ersten acht Wochen nach der Aufnahme erstellt. Diese Frist verkürzt sich bei einer voraussichtlichen Vollzugsdauer von unter einem Jahr auf vier Wochen.

(3) Der Vollzugs- und Eingliederungsplan sowie die darin vorgesehenen Maßnahmen werden für den Strafgefangenen oder den Jugendstrafgefangenen regelmäßig alle sechs Monate, spätestens aber alle zwölf Monate überprüft und fortgeschrieben. Bei dem Strafgefangenen mit angeordneter oder vorbehaltener Sicherungsverwahrung oder bei dem Jugendstrafgefangenen mit vorbehaltener Sicherungsverwahrung soll die Frist sechs Monate nicht übersteigen. Bei Jugendstrafen von weniger als zwei Jahren erfolgt die Überprüfung regelmäßig alle vier Monate. Die Entwicklung des Strafgefangenen oder des Jugendstrafgefangenen und die in der Zwischenzeit gewonnenen Erkenntnisse sind zu berücksichtigen. Die durchgeführten Maßnahmen sind zu dokumentieren.

(4) Die Vollzugs- und Eingliederungsplanung wird mit dem Strafgefangenen oder dem Jugendstrafgefangenen erörtert. Dabei werden seine Anregungen und Vorschläge einbezogen, soweit sie der Erreichung des Vollzugsziels dienen.

(5) Zur Erstellung und Fortschreibung des Vollzugs- und Eingliederungsplans führt der Anstaltsleiter eine Konferenz mit den an der Vollzugsgestaltung maßgeblich Beteiligten durch. Standen der Strafgefangene oder der Jugendstrafgefangene vor seiner Inhaftierung unter Bewährung oder Führungsaufsicht, können auch die für ihn bislang zuständigen Bewährungshelfer an der Konferenz beteiligt werden. Dem Strafgefangenen oder dem Jugendstrafgefangenen wird der Vollzugs- und Eingliederungsplan in der Konferenz eröffnet und erläutert; er kann auch darüber hinaus an der Konferenz beteiligt werden.

(6) An der Eingliederung mitwirkende Personen außerhalb des Vollzugs sind nach Möglichkeit in die Planung einzubeziehen. Sie können mit Zustimmung des Strafgefangenen oder des Jugendstrafgefangenen auch an der Konferenz beteiligt werden.

(7) Wird der Strafgefangene oder der Jugendstrafgefangene nach der Entlassung voraussichtlich unter Bewährungs- oder Führungsaufsicht gestellt, so ist den künftig zuständigen Bewährungshelfern in den letzten zwölf Monaten vor dem voraussichtlichen Entlassungszeitpunkt die Teilnahme an der Konferenz zu ermöglichen und sind ihnen der Vollzugs- und Eingliederungsplan und seine Fortschreibungen zu übersenden.

(8) Der Vollzugs- und Eingliederungsplan und seine Fortschreibungen werden dem Strafgefangenen oder dem Jugendstrafgefangenen ausgehändigt. Im Vollzug der Jugendstrafe werden sie dem Vollstreckungsleiter und auf Verlangen den Personensorgeberechtigten mitgeteilt.

2 A 1, 2 C 2, 2 C 6, 2 C 7, 2 C 9, 2 C 10, 2 C 12, 2 C 14, 2 C 19, 2 C 20, 10 G 2, 13 L 3, 13 L 7

§ 15 Inhalt des Vollzugs- und Eingliederungsplans

(1) Der Vollzugs- und Eingliederungsplan sowie seine Fortschreibungen enthalten insbesondere folgende Angaben:
1. Zusammenfassung der für die Vollzugs- und Eingliederungsplanung maßgeblichen Ergebnisse des Diagnoseverfahrens,
2. voraussichtlicher Entlassungszeitpunkt,
3. Unterbringung im geschlossenen oder offenen Vollzug,
4. Unterbringung in einer Wohngruppe und Teilnahme am Wohngruppenvollzug,
5. Unterbringung in einer sozialtherapeutischen Abteilung und Teilnahme an deren Behandlungsprogrammen,
6. Maßnahmen zur Förderung der Mitwirkungsbereitschaft,
7. Teilnahme an psychiatrischen Maßnahmen,
8. Teilnahme an einzel- und gruppentherapeutischen Maßnahmen, insbesondere Psychotherapie,
9. Teilnahme an Maßnahmen zur Behandlung von Suchtmittelabhängigkeit und -missbrauch,
10. Teilnahme an Trainingsmaßnahmen zur Verbesserung der sozialen Kompetenz,
11. Teilnahme an schulischen und beruflichen Qualifizierungsmaßnahmen einschließlich Alphabetisierungs- und Deutschkursen,
12. Teilnahme an arbeitstherapeutischen Maßnahmen oder am Arbeitstraining,
13. Arbeit,

14. freies Beschäftigungsverhältnis, Selbstbeschäftigung,
15. Teilnahme an Sportangeboten und Maßnahmen zur Gestaltung der strukturierten Freizeit,
16. Lockerungen zur Erreichung des Vollzugsziels,
17. Aufrechterhaltung, Förderung und Gestaltung von Außenkontakten,
18. Schuldnerberatung, Schuldenregulierung und Erfüllung von Unterhaltspflichten,
19. Maßnahmen zur Vorbereitung von Entlassung, Eingliederung und Nachsorge und
20. Frist zur Fortschreibung des Vollzugs- und Eingliederungsplans.

Bei angeordneter oder vorbehaltener Sicherungsverwahrung enthalten der Vollzugs- und Eingliederungsplan sowie seine Fortschreibungen darüber hinaus Angaben zu individuellen Maßnahmen im Sinne des § 8 Abs. 3 Satz 2 und einer Antragstellung im Sinne des § 119a Abs. 2 des Strafvollzugsgesetzes.

(2) Die Teilnahme an Maßnahmen nach Absatz 1 Satz 1 Nrn. 5, 7 bis 12 und Satz 2 darf durch andere Maßnahmen nach Absatz 1 nicht beeinträchtigt werden.

(3) Der Strafgefangene oder der Jugendstrafgefangene ist verpflichtet, an den im Vollzugs- und Eingliederungsplan als erforderlich erachteten Maßnahmen teilzunehmen.

(4) Spätestens ein Jahr vor dem voraussichtlichen Entlassungszeitpunkt hat die Planung zur Vorbereitung der Eingliederung zu beginnen. Anknüpfend an die bisherige Vollzugsplanung werden ab diesem Zeitpunkt die Maßnahmen nach Absatz 1 Satz 1 Nr. 19 konkretisiert oder ergänzt. Insbesondere ist Stellung zu nehmen zu:
1. der Unterbringung im offenen Vollzug, Aufenthalt in einer Übergangseinrichtung,
2. der Unterkunft sowie Arbeit oder Ausbildung nach der Entlassung,
3. der Unterstützung bei notwendigen Behördengängen und der Beschaffung der notwendigen persönlichen Dokumente,
4. der Beteiligung der Bewährungshilfe und der Psychotherapeutischen Ambulanzen der Justiz,
5. der Kontaktaufnahme zu Einrichtungen der Entlassenenhilfe,
6. der Fortsetzung von im Vollzug noch nicht abgeschlossenen Maßnahmen,
7. Anregungen von Auflagen und Weisungen für die Bewährungs- oder Führungsaufsicht und
8. der Vermittlung in nachsorgende Maßnahmen.

2 A 1, 2 C 6, 2 C 23, 2 C 25, 2 C 26, 2 C 28, 2 C 29, 2 C 31, 2 C 33, 2 C 35, 2 C 39, 4 A 3, 4 B 8, 4 E 1, 4 E 2, 4 E 15, 4 E 18, 4 G 7, 4 H 9, 5 A 13, 10 C 68, 10 G 2, 15 B 29

§ 16 Ermittlung des Förder- und Erziehungsbedarfs der jungen Untersuchungsgefangenen, Maßnahmen

(1) Nach dem Aufnahmeverfahren wird der Förder- und Erziehungsbedarf des jungen Untersuchungsgefangenen unter Berücksichtigung seiner Persönlichkeit und seiner Lebensverhältnisse ermittelt.

(2) In einer Konferenz mit an der Erziehung maßgeblich beteiligten Bediensteten werden der Förder- und Erziehungsbedarf erörtert und die sich daraus ergebenden Maßnahmen festgelegt. Diese werden mit dem jungen Untersuchungsgefangenen besprochen und den Personensorgeberechtigten auf Verlangen mitgeteilt.

2 A 1

Abschnitt 3. Unterbringung, Verlegung und Überstellung, Vorführung und Ausantwortung

§ 17 Trennungsgrundsätze

(1) Jeweils getrennt voneinander werden untergebracht
1. männliche und weibliche Gefangene,
2. Strafgefangene, Jugendstrafgefangene und Untersuchungsgefangene sowie
3. junge Untersuchungsgefangene und die übrigen Untersuchungsgefangenen.

Die Unterbringung erfolgt in eigenständigen Anstalten, zumindest in getrennten Abteilungen.

(2) Abweichend von Absatz 1 Satz 1 Nr. 2 kann der Untersuchungsgefangene zusammen mit Strafgefangenen untergebracht werden
1. mit Zustimmung des Untersuchungsgefangenen,
2. zur Umsetzung einer Anordnung nach § 119 Abs. 1 der Strafprozessordnung oder
3. aus Gründen der Sicherheit oder Ordnung der Anstalt.

Das gilt für den jungen Untersuchungsgefangenen nur, wenn eine erzieherische Gestaltung des Vollzugs gewährleistet bleibt und schädliche Einflüsse auf ihn nicht zu befürchten sind. Unter den Voraussetzungen der Sätze 1 und 2 kann er auch mit den übrigen Untersuchungsgefangenen oder mit Jugendstrafgefangenen untergebracht werden.

(3) Über Absatz 2 hinaus können Gefangene ausnahmsweise mit solchen anderer Vollzugsarten untergebracht werden, wenn ihre geringe Anzahl eine getrennte Unterbringung nicht zulässt und das Vollzugsziel nicht gefährdet wird. Bei jungen Gefangenen muss zudem die erzieherische Gestaltung des Vollzugs gewährleistet sein.

(4) Absatz 1 gilt nicht für eine Unterbringung zum Zwecke der medizinischen Behandlung.

(5) Gemeinsame Maßnahmen, insbesondere zur schulischen und beruflichen Qualifizierung, sind zulässig.

13 B 1 ff, 14 A 6

§ 18 Unterbringung während der Einschlusszeiten

(1) Der Gefangene wird in seinem Haftraum einzeln untergebracht.

(2) Mit seiner Zustimmung darf er gemeinsam mit anderen Gefangenen untergebracht werden, wenn schädliche Einflüsse nicht zu befürchten sind. Bei einer Gefahr für Leben oder Gesundheit oder bei Hilfsbedürftigkeit ist die Zustimmung des gefährdeten oder des hilfsbedürftigen Gefangenen zur gemeinsamen Unterbringung entbehrlich.

(3) Darüber hinaus ist eine gemeinsame Unterbringung mit anderen Gefangenen nur vorübergehend und aus zwingenden Gründen zulässig.

2 E 1, 2 E 17, 2 E 31, 2 E 32, 2 E 35, 2 E 37

§ 19 Aufenthalt außerhalb der Einschlusszeiten

(1) Außerhalb der Einschlusszeiten darf sich der Gefangene in Gemeinschaft mit anderen Gefangenen aufhalten.

(2) Der gemeinschaftliche Aufenthalt kann eingeschränkt werden,
1. wenn es die Sicherheit oder Ordnung der Anstalt erfordert,
2. wenn ein schädlicher Einfluss auf andere Gefangene zu befürchten ist,
3. während des Diagnoseverfahrens, aber nicht länger als acht Wochen,
4. bei dem jungen Gefangenen, wenn dies aus erzieherischen Gründen angezeigt ist,
5. zur Umsetzung einer Anordnung nach § 119 Abs. 1 der Strafprozessordnung oder
6. bei dem jungen Untersuchungsgefangenen während der ersten zwei Wochen nach der Aufnahme.

2 E 1, 2 E 4, 2 E 6, 2 E 8, 2 E 9, 2 E 10, 2 E 11, 2 E 12, 2 E 13, 2 E 15, 2 E 16, 11 I 26

§ 20 Wohngruppenvollzug

(1) Der Wohngruppenvollzug dient der Einübung sozialverträglichen Zusammenlebens, insbesondere von Toleranz sowie der Übernahme von Verantwortung für sich und andere. Er ermöglicht dem dort untergebrachten jungen Gefangenen oder dem dort untergebrachten Strafgefangenen, seinen Vollzugsalltag weitgehend selbstständig zu regeln.

(2) Eine Wohngruppe wird in einem abgegrenzten Bereich eingerichtet, zu dem neben den Hafträumen weitere Räume und Einrichtungen zur gemeinsamen Nutzung gehören. Sie wird in der Regel von fest zugeordneten Bediensteten betreut.

(3) Der geeignete junge Gefangene soll in einer Wohngruppe untergebracht werden. Nicht geeignet ist in der Regel der junge Gefangene, der aufgrund seines Verhaltens nicht gruppenfähig ist.

(4) Der Strafgefangene kann in einer Wohngruppe untergebracht werden.

§ 21 Unterbringung mit Kindern

(1) Ein Kind kann mit Zustimmung des Aufenthaltsbestimmungsberechtigten bis zur Vollendung des dritten Lebensjahres in der Anstalt untergebracht werden, wenn die baulichen Gegebenheiten dies zulassen und Sicherheitsgründe nicht entgegenstehen und es dem Wohle des Kindes dient. Vor der Unterbringung ist das Jugendamt zu hören.

(2) Die Unterbringung erfolgt auf Kosten des für das Kind Unterhaltspflichtigen. Von der Geltendmachung des Kostenersatzanspruchs kann ausnahmsweise abgesehen werden, wenn hierdurch die gemeinsame Unterbringung gefährdet würde.

14 C 1, 14 C 4, 14 C 6, 14 C 11, 14 C 12

§ 22 Geschlossener und offener Vollzug

(1) Der Strafgefangene oder der Jugendstrafgefangene wird im geschlossenen oder offenen Vollzug untergebracht. Anstalten und Abteilungen des offenen Vollzugs sehen keine oder nur verminderte Vorkehrungen gegen Entweichungen vor.

(2) Der Strafgefangene oder der Jugendstrafgefangene soll im offenen Vollzug untergebracht werden, wenn er dessen besonderen Anforderungen genügt und für die Maßnahme geeignet ist, insbesondere tatsächliche Anhaltspunkte nicht die abstrakte Gefahr begründen, dass er sich dem Vollzug der Freiheitsstrafe entziehen oder die Maßnahme zur Begehung von Straftaten oder auf andere Weise missbrauchen wird. Die Unterbringung im offenen Vollzug kann versagt werden, wenn der Strafgefangene oder der Jugendstrafgefangene seiner Mitwirkungspflicht nach § 15 Abs. 3 nicht nachkommt. Bei der Prüfung von vollzugsöffnenden Maßnahmen sind der Schutz der Allgemeinheit und die Belange des Opferschutzes in angemessener Weise zu berücksichtigen. Bei der Entscheidung sind auch die Feststellungen im Urteil und die im Ermittlungs- oder Strafverfahren erstatteten Gutachten zu berücksichtigen.

(3) Für die Unterbringung im offenen Vollzug ist insbesondere der Strafgefangene oder der Jugendstrafgefangene ungeeignet,
1. der erheblich suchtgefährdet ist,
2. der während des laufenden Freiheitsentzugs entwichen ist, eine Flucht versucht, einen Ausbruch unternommen oder sich an einer Gefangenenmeuterei beteiligt hat,
3. der aus dem letzten Ausgang oder Langzeitausgang nicht freiwillig zurückgekehrt ist oder bei dem zureichende tatsächliche Anhaltspunkte dafür gegeben sind, dass er während des letzten Ausgangs oder Langzeitausgangs eine strafbare Handlung begangen hat,
4. gegen den ein Ausweisungs-, Auslieferungs-, Ermittlungs- oder Strafverfahren anhängig ist oder
5. bei dem zu befürchten ist, dass er einen negativen Einfluss ausüben, insbesondere die Erreichung des Vollzugsziels bei anderen Gefangenen gefährden würde.

(4) Ausnahmen von Absatz 3 können zugelassen werden, wenn besondere Umstände vorliegen; die Gründe hierfür sind aktenkundig zu machen. In den Fällen von Absatz 3 Nr. 4 ist die zuständige Behörde zu hören.

(5) Der Strafgefangene oder der Jugendstrafgefangene, gegen den während des laufenden Freiheitsentzugs eine Strafe wegen einer schwerwiegenden Straftat gegen die körperliche Unversehrtheit oder das Leben oder gegen die sexuelle Selbstbestimmung, mit Ausnahme der §§ 180a und 181a des Strafgesetzbuches, oder wegen Handels mit Stoffen im Sinne des Betäubungsmittelgesetzes vollzogen wurde oder zu vollziehen ist oder der im Vollzug in den begründeten Verdacht des Handels mit diesen Stoffen oder des Einbringens dieser Stoffe gekommen ist, ist für die Unterbringung im offenen Vollzug ungeeignet. Dies gilt auch für den Strafgefangenen oder den Jugendstrafgefangenen, über den Erkenntnisse vorliegen, dass er der organisierten Kriminalität zuzurechnen ist. Ausnahmen von Satz 1 und 2 können zugelassen werden, wenn besondere Umstände vorliegen; die Gründe hierfür sind aktenkundig zu machen.

(6) Genügt der Strafgefangene oder der Jugendstrafgefangene den besonderen Anforderungen des offenen Vollzugs nicht oder nicht mehr, wird er unverzüglich im geschlossenen Vollzug untergebracht.

(7) Der Untersuchungsgefangene wird im geschlossenen Vollzug untergebracht.

10 A 1, 10 A 4, 10 A 7, 10 A 9, 10 A 11, 10 A 14, 13 C 5, 13 C 18

§ 23 Verlegung, Überstellung, Vorführung und Ausantwortung

(1) Der Gefangene kann abweichend vom Vollstreckungsplan in eine andere Anstalt verlegt werden, wenn Gründe der Vollzugsorganisation oder andere wichtige Gründe dies erfordern. Er darf aus wichtigem Grund in eine andere Anstalt überstellt werden.

(2) Darüber hinaus kann der Strafgefangene oder der Jugendstrafgefangene abweichend vom Vollstreckungsplan in eine andere Anstalt verlegt werden, wenn die Erreichung des Vollzugsziels hierdurch gefördert wird.

(3) Der Untersuchungsgefangene kann zur Umsetzung einer Anordnung nach § 119 Abs. 1 der Strafprozessordnung verlegt oder überstellt werden.

(4) Der Strafgefangene oder der Jugendstrafgefangene kann unter den Voraussetzungen der Absätze 1 und 2 mit Zustimmung der Aufsichtsbehörde in eine Anstalt eines anderen Landes verlegt werden, wenn die zuständige Behörde des anderen Landes der Verlegung in die dortige Anstalt zustimmt. Ein Strafgefangener oder ein Jugendstrafgefangener aus einer Anstalt eines anderen Landes kann mit Zustimmung der Aufsichtsbehörde in eine Anstalt des Landes aufgenommen werden.

(5) Vor einer Verlegung oder Überstellung des Untersuchungsgefangenen ist dem Gericht und der Staatsanwaltschaft Gelegenheit zur Stellungnahme zu geben. Dem Untersuchungsgefangenen ist Gelegenheit zu geben, einen Angehörigen oder eine Vertrauensperson von der Verlegung oder Überstellung zu benachrichtigen.

(6) Bei dem jungen Gefangenen werden die Personensorgeberechtigten und das Jugendamt, bei dem Jugendstrafgefangenen auch der Vollstreckungsleiter von der Verlegung unverzüglich unterrichtet.

(7) Auf Ersuchen eines Gerichts wird der Gefangene vorgeführt, sofern ein Vorführungsbefehl vorliegt. Über den Untersuchungsgefangenen betreffende Vorführungsersuchen in anderen als dem der Inhaftierung zugrunde liegenden Verfahren sind das Gericht und die Staatsanwaltschaft unverzüglich zu unterrichten.

(8) Der Gefangene darf auf Antrag befristet dem Gewahrsam eines Gerichts, einer Staatsanwaltschaft oder einer Polizei-, Zoll- oder Finanzbehörde überlassen werden (Ausantwortung). § 46 Abs. 3 Satz 2 gilt entsprechend.

2 D 1, 2 D 6, 2 D 7, 2 D 10, 2 D 15, 10 D 3, 10 D 14, 10 D 15, 13 H 11

Abschnitt 4. Sozialtherapie und psychologische Behandlung im Vollzug

§ 24 Sozialtherapie

(1) Sozialtherapie dient der Verringerung einer erheblichen Gefährlichkeit des Strafgefangenen oder des Jugendstrafgefangenen. Auf der Grundlage einer therapeutischen Gemeinschaft bedient sie sich psychotherapeutischer, sozialpädagogischer und arbeitstherapeutischer Methoden, die in umfassenden Behandlungsprogrammen verbunden werden. Personen aus dem Lebensumfeld des Strafgefangenen oder des Jugendstrafgefangenen außerhalb des Vollzugs werden in die Behandlung einbezogen.

(2) Der Strafgefangene oder der Jugendstrafgefangene ist in einer sozialtherapeutischen Abteilung unterzubringen, wenn seine Teilnahme an den dortigen Behandlungsprogrammen zur Verringerung seiner erheblichen Gefährlichkeit angezeigt ist. Eine erhebliche Gefährlichkeit liegt vor, wenn schwerwiegende Straftaten gegen die körperliche Unversehrtheit, das Leben, die persönliche Freiheit oder die sexuelle Selbstbestimmung zu erwarten sind.

(3) Im Übrigen kann der Strafgefangene oder der Jugendstrafgefangene in einer sozialtherapeutischen Abteilung untergebracht werden, wenn die Teilnahme an den dortigen Behandlungsprogrammen zur Erreichung des Vollzugsziels angezeigt ist.

(4) Die Unterbringung soll zu einem Zeitpunkt erfolgen, der entweder den Abschluss der Behandlung zum voraussichtlichen Entlassungszeitpunkt erwarten lässt oder die Fortsetzung der Behandlung nach der Entlassung ermöglicht. Ist Sicherungsverwahrung angeordnet oder vorbehalten, soll die Unterbringung zu einem Zeitpunkt erfolgen, der den Abschluss der Behandlung noch während des Vollzugs der Freiheitsstrafe oder der Jugendstrafe erwarten lässt.

(5) Die Unterbringung wird beendet, wenn das Ziel der Behandlung aus Gründen, die in der Person des Strafgefangenen oder des Jugendstrafgefangenen liegen, nicht erreicht werden kann.

3 A 3, 3 A 12, 3 A 15, 3 A 16, 3 A 20, 3 A 21, 3 A 23, 15 B 30

§ 25 Psychologische Behandlung

Psychologische Behandlung dient insbesondere der Behandlung psychischer Störungen des Verhaltens und Erlebens, die in einem Zusammenhang mit der Straffälligkeit stehen. Die psychologischen Behandlungsmethoden haben sich an den wissenschaftlichen Erkenntnissen, insbesondere über die Behandlung von Straftätern, zu orientieren.

Abschnitt 5. Arbeitstherapeutische Maßnahmen, Arbeitstraining, schulische und berufliche Qualifizierungsmaßnahmen, Arbeit

§ 26 Arbeitstherapeutische Maßnahmen

Arbeitstherapeutische Maßnahmen dienen dazu, dass der Gefangene Eigenschaften wie Selbstvertrauen, Durchhaltevermögen und Konzentrationsfähigkeit einübt, um ihn stufenweise an die Grundanforderungen des Arbeitslebens heranzuführen.

4 Vorb. 5, 4 A 9, 4 A 34, 4 B 12

§ 27 Arbeitstraining

Arbeitstraining dient dazu, dem Gefangenen, der nicht in der Lage ist, einer regelmäßigen und erwerbsorientierten Beschäftigung nachzugehen, Fähigkeiten und Fertigkeiten zu vermitteln, die eine Eingliederung in das leistungsorientierte Arbeitsleben fördern. Die in der Anstalt dafür vorgehaltenen Maßnahmen sind danach auszurichten, dem Gefangenen für den Arbeitsmarkt relevante Qualifikationen zu vermitteln.

4 Vorb. 5, 4 A 34, 4 B 12

§ 28 Schulische und berufliche Qualifizierungsmaßnahmen

(1) Schulische und berufliche Aus- und Weiterbildung und vorberufliche Qualifizierung im Vollzug haben das Ziel, dem Gefangenen Fähigkeiten zur Eingliederung und zur Aufnahme einer Erwerbstätigkeit nach der Entlassung zu vermitteln sowie vorhandene Fähigkeiten zu verbessern oder zu erhalten. Bei der Festlegung von Inhalten, Methoden und Organisationsformen der Bildungsangebote werden die Besonderheiten der jeweiligen Zielgruppe berücksichtigt. Schulische und berufliche Aus- und Weiterbildung werden in der Regel als Vollzeitmaßnahme durchgeführt.

(2) Der junge Gefangene ist vorrangig zur Teilnahme an schulischen und beruflichen Orientierungs-, Berufsvorbereitungs-, Aus- und Weiterbildungsmaßnahmen oder speziellen Maßnahmen zur Förderung seiner schulischen, beruflichen oder persönlichen Entwicklung verpflichtet.

(3) Dem geeigneten Strafgefangenen oder dem geeigneten Jugendstrafgefangenen soll die Teilnahme an einer schulischen oder beruflichen Ausbildung ermöglicht werden, die zu einem anerkannten Abschluss führt.

(4) Der geeignete Untersuchungsgefangene soll nach Möglichkeit die Gelegenheit zum Erwerb oder zur Verbesserung schulischer und beruflicher Kenntnisse, auch zum Erwerb eines anerkannten Abschlusses, erhalten, soweit es die besonderen Bedingungen der Untersuchungshaft zulassen.

(5) Berufliche Qualifizierungsmaßnahmen sind danach auszurichten, dem Gefangenen für den Arbeitsmarkt relevante Qualifikationen zu vermitteln.

(6) Bei der Vollzugs- und Eingliederungsplanung ist darauf zu achten, dass der Strafgefangene oder der Jugendstrafgefangene Qualifizierungsmaßnahmen während seiner Haftzeit abschließt oder nach der Inhaftierung fortsetzen kann. Können Maßnahmen während der Haftzeit nicht abgeschlossen werden, trägt die Anstalt in Zusammenarbeit mit außervollzuglichen Einrichtungen dafür Sorge, dass die begonnene Qualifizierungsmaßnahme nach der Entlassung fortgesetzt werden kann.

(7) Nachweise über schulische und berufliche Qualifizierungsmaßnahmen dürfen keinen Hinweis auf die Inhaftierung enthalten.

4 Vorb. 5, 4 A 6, 4 A 19, 4 A 21, 4 A 23, 4 A 24, 4 E 1, 4 E 3, 4 E 6, 4 E 9, 4 E 12,
4 E 17

§ 29 Arbeit

(1) Dem Gefangenen soll wirtschaftlich ergiebige Arbeit zugewiesen und dabei seine Fähigkeiten, Fertigkeiten und Neigungen berücksichtigt werden. Ist der Gefangene zu wirtschaftlich ergiebiger Arbeit nicht fähig, soll ihm eine Maßnahme nach den §§ 26 und 27 zugewiesen werden. Die Arbeitsschutz- und Unfallverhütungsvorschriften sind zu beachten.

(2) Der Strafgefangene oder der Jugendstrafgefangene ist verpflichtet, eine ihm zugewiesene, seinen physischen und psychischen Fähigkeiten angemessene Arbeit oder Maßnahme nach den §§ 26 und 27 auszuüben, zu deren Verrichtung er aufgrund seines physischen und psychischen Zustandes in der Lage ist. Er kann jährlich bis zu drei Monaten zu Hilfstätigkeiten in der Anstalt verpflichtet werden, mit seiner Zustimmung auch darüber hinaus. Die Sätze 1 und 2 gelten nicht für
1. eine schwangere Gefangene oder
2. eine Gefangene, die entbunden hat,

soweit gesetzliche Beschäftigungsverbote zum Schutz erwerbstätiger Mütter bestehen, oder
3. für den Gefangenen, der über 65 Jahre alt ist.

(3) Nimmt der Gefangene eine Arbeit auf, gelten die von der Anstalt festgelegten Arbeitsbedingungen. Die Arbeit darf nicht zur Unzeit niedergelegt werden.

4 Vorb. 5, 4 A 13, 4 A 15, 4 A 34, 4 B 2, 4 B 7, 4 B 11, 4 B 12, 4 B 14, 4 B 19, 4 B 20,
4 B 21, 4 B 23, 4 B 24, 4 K 6, 14 A 14

§ 30 Freies Beschäftigungsverhältnis, Selbstbeschäftigung

(1) Dem Strafgefangenen oder dem Jugendstrafgefangenen, der zum Freigang zugelassen ist, soll gestattet werden, einer Arbeit oder einer schulischen oder beruflichen Qualifizierungsmaßnahme auf der Grundlage eines freien Beschäftigungsverhältnisses oder der Selbstbeschäftigung außerhalb der Anstalt nachzugehen, wenn dies im Rahmen des Vollzugs- oder Eingliederungsplans dem Ziel dient, Fähigkeiten für eine Erwerbstätigkeit nach der Entlassung zu vermitteln, zu erhalten oder zu fördern, die Beschäftigungsstelle geeignet ist und nicht überwiegende Gründe des Vollzugs entgegenstehen. § 47 gilt entsprechend.

(2) Das Entgelt ist der Anstalt zur Gutschrift für den Strafgefangenen oder den Jugendstrafgefangenen zu überweisen.

4 Vorb. 5, 4 G 7, 4 H 2, 4 H 8, 4 H 10, 4 H 13, 4 H 14, 4 H 19, 4 H 28, 4 I 67, 6 F 56

§ 31 Freistellung von der Arbeitspflicht

(1) Hat der Gefangene ein halbes Jahr lang eine ihm zugewiesene Maßnahme nach den §§ 26 und 27 oder Arbeit oder eine Hilfstätigkeit nach § 29 Abs. 2 Satz 2 ausgeübt, so kann er beanspruchen, zehn Arbeitstage von diesen Beschäftigungen freigestellt zu werden. Zeiten, in denen der Gefangene infolge Krankheit an der Arbeitsleistung gehindert war, werden auf das Halbjahr bis zu 15 Arbeitstagen angerechnet. Der Anspruch verfällt, wenn die Freistellung nicht innerhalb eines Jahres nach seiner Entstehung erfolgt ist.

(2) Der Zeitraum der Freistellung muss mit den betrieblichen Belangen vereinbar sein.

(3) Auf die Zeit der Freistellung wird bei dem Strafgefangenen oder dem Jugendstrafgefangenen der Langzeitausgang im Sinne von § 45 Abs. 1 Nr. 4 angerechnet, soweit er in die Arbeitszeit fällt. Gleiches gilt für einen Langzeitausgang nach § 46 Abs. 1, soweit er nicht wegen des Todes oder einer lebensgefährlichen Erkrankung naher Angehöriger erteilt worden ist.

(4) Der Gefangene erhält für die Zeit der Freistellung sein zuletzt gezahltes Arbeitsentgelt oder seine Ausbildungsbeihilfe weiter.

(5) Urlaubsregelungen freier Beschäftigungsverhältnisse finden Anwendung.

(6) Für Maßnahmen nach § 28 Abs. 1 gelten die Absätze 1 bis 5 entsprechend, sofern sie den Umfang der regelmäßigen wöchentlichen Arbeitszeit erreichen.

4 Vorb. 5, 4 C 1, 4 C 3, 4 C 4, 4 C 5, 4 C 6, 4 C 7, 4 C 14, 4 C 16, 4 C 18, 4 C 23, 4 G 12

Abschnitt 6. Besuche, Telefongespräche, Schriftwechsel, andere Formen der Telekommunikation, Pakete

§ 32 Grundsatz

Der Gefangene hat das Recht, mit Personen außerhalb der Anstalt im Rahmen der Bestimmungen dieses Gesetzes zu verkehren.

9 Vorb. 4

§ 33 Besuch

(1) Der Gefangene darf regelmäßig Besuch empfangen. Die Gesamtdauer beträgt im Vollzug der Freiheitsstrafe oder der Untersuchungshaft monatlich mindestens zwei, im Vollzug der Jugendstrafe oder der Untersuchungshaft an dem jungen Untersuchungsgefangenen monatlich mindestens vier Stunden.

(2) Kontakte des Gefangenen zu seinen Kindern unter 14 Jahren werden besonders gefördert. Ihre Besuche werden im Umfang von bis zu zwei Stunden nicht auf die Regelbesuchszeiten angerechnet. Bei dem jungen Gefangenen erfolgt keine Anrechnung.

(3) Besuche von Angehörigen im Sinne des § 11 Abs. 1 Nr. 1 des Strafgesetzbuches werden besonders unterstützt.

(4) Besuche sollen darüber hinaus zugelassen werden, wenn sie

1. persönlichen, rechtlichen oder geschäftlichen Angelegenheiten des Gefangenen dienen, die von ihm nicht schriftlich erledigt, durch Dritte wahrgenommen oder bis zur voraussichtlichen Entlassung aufgeschoben werden können,
2. die Eingliederung des Strafgefangenen oder des Jugendstrafgefangenen fördern oder
3. die Erziehung des jungen Gefangenen fördern.

(5) Der Anstaltsleiter kann mehrstündige, unbeaufsichtigte Besuche (Langzeitbesuche) zulassen, wenn dies der Eingliederung des Strafgefangenen oder des Jugendstrafgefangenen dient und er hierfür geeignet ist.

(6) Besuche von
1. Verteidigern,
2. Rechtsanwälten sowie
3. Notaren

in einer den Gefangenen betreffenden Rechtssache sind zu gestatten. Sie werden nicht auf die Mindestbesuchszeit nach Absatz 1 angerechnet. Dies gilt auch für Besuche von Beiständen nach § 69 des Jugendgerichtsgesetzes.

9 B 19, 9 B 24

§ 34 Untersagung der Besuche

Der Anstaltsleiter kann Besuche untersagen, wenn
1. die Sicherheit oder Ordnung der Anstalt gefährdet würde,
2. bei Personen, die nicht Angehörige des Strafgefangenen oder des jungen Gefangenen im Sinne des § 11 Abs. 1 Nr. 1 des Strafgesetzbuches sind, zu befürchten ist, dass sie einen schädlichen Einfluss auf den Strafgefangenen oder den jungen Gefangenen haben oder die Erreichung des Vollzugsziels behindern,
3. bei Personen, die Opfer der Straftat sind oder im Haftbefehl als Opfer benannt werden, zu befürchten ist, dass die Begegnung mit dem Gefangenen einen schädlichen Einfluss auf sie hat, oder
4. die Personensorgeberechtigten nicht einverstanden sind.

9 B 34, 9 B 47

§ 35 Durchführung der Besuche

(1) Aus Gründen der Sicherheit oder Ordnung können Besuche davon abhängig gemacht werden, dass der Besucher sich und seine mitgeführten Sachen mit Hilfsmitteln absuchen oder durchsuchen lässt und Anordnungen zur Identitätsfeststellung nach § 147 Folge leistet. Aus den gleichen Gründen kann die Anzahl der gleichzeitig zu einem Besuch zugelassenen Personen beschränkt werden. Eine inhaltliche Überprüfung der von Verteidigern oder Beiständen nach § 69 des Jugendgerichtsgesetzes mitgeführten Schriftstücke und sonstigen Unterlagen ist nicht zulässig. § 41 Abs. 2 Satz 2 und 3 findet Anwendung.

(2) Besuche dürfen abgebrochen werden, wenn der Besucher oder der Gefangene gegen dieses Gesetz oder gegen aufgrund dieses Gesetzes getroffene Anordnungen trotz Abmahnung verstößt oder von dem Besucher ein schädlicher Einfluss auf den Gefangenen ausgeht. Dies gilt auch bei einem Verstoß gegen eine Anordnung nach § 119 Abs. 1 der Strafprozessordnung. Die Abmahnung unterbleibt, wenn es zur Abwehr einer Gefahr für die Sicherheit oder Ordnung der Anstalt unerlässlich ist, den Besuch sofort abzubrechen.

(3) Gegenstände dürfen beim Besuch nicht übergeben werden. Dies gilt nicht für die bei dem Besuch von Verteidigern oder Beiständen nach § 69 des Jugendgerichtsgesetzes übergebenen Schriftstücke und sonstigen Unterlagen sowie für die bei dem Besuch von Rechtsanwälten oder Notaren zur Erledigung einer den Gefangenen betreffenden Rechtssache übergebenen Schriftstücke und sonstigen Unterlagen. Bei dem Besuch von Rechtsanwälten oder Notaren kann die Übergabe aus Gründen der Sicherheit oder Ordnung der Anstalt von der Erlaubnis des Anstaltsleiters abhängig gemacht werden. § 41 Abs. 2 Satz 2 und 3 findet Anwendung.

(4) Der Anstaltsleiter kann im Einzelfall die Nutzung einer Trennvorrichtung anordnen, wenn dies zum Schutz von Personen oder zur Aufrechterhaltung der Sicherheit oder Ordnung der Anstalt, insbesondere zur Verhinderung einer Übergabe von Gegenständen, erforderlich ist.

9 B 28, 9 B 80, 9 B 82, 9 B 83

§ 36 Überwachung der Besuche

(1) Besuche werden regelmäßig optisch überwacht. Über Ausnahmen entscheidet der Anstaltsleiter. Die optische Überwachung kann mit technischen Hilfsmitteln durchgeführt werden; die betroffenen Personen sind vorher sprachlich und durch Zeichen darauf hinzuweisen.

(2) Besuche werden akustisch nur überwacht, soweit es im Einzelfall
1. aus Gründen der Sicherheit,
2. bei dem Strafgefangenen oder dem Jugendstrafgefangenen wegen einer Gefährdung der Erreichung des Vollzugsziels,

3. bei dem jungen Gefangenen aus Gründen der Erziehung oder
4. zur Umsetzung einer Anordnung nach § 119 der Strafprozessordnung

erforderlich ist. Die akustische Überwachung kann mit technischen Hilfsmitteln durchgeführt werden; die betroffenen Personen sind vorher sprachlich und durch Zeichen darauf hinzuweisen.

(3) Eine Aufzeichnung der optischen und akustischen Überwachung findet nur nach Maßgabe des § 145 statt.

(4) Besuche von Verteidigern oder Beiständen nach § 69 des Jugendgerichtsgesetzes werden nicht überwacht.

9 B 71, 9 B 74, 9 B 78, 9 B 79

§ 37 Telefongespräche

(1) In dringenden Fällen soll dem Gefangenen gestattet werden, Telefongespräche zu führen. Die §§ 34, 35 Abs. 2 und § 36 Abs. 2 und 4 gelten entsprechend. Ist eine akustische Überwachung beabsichtigt, so ist dies dem Gesprächspartner unmittelbar nach Herstellung der Verbindung durch die Anstalt oder den Gefangenen mitzuteilen. Der Gefangene ist rechtzeitig vor Beginn der Unterhaltung über die beabsichtigte Überwachung und die Mitteilungspflicht nach Satz 3 zu unterrichten. Die Unterhaltung kann zeitversetzt überwacht und nach Maßgabe des § 145 verarbeitet oder genutzt werden.

(2) Dem Gefangenen kann gestattet werden, Telefongespräche zu führen, wenn er sich mit den zur Gewährleistung der Sicherheit und Ordnung der Anstalt von der Vollzugsbehörde erlassenen Nutzungsbedingungen einverstanden erklärt. Die Nutzungsbedingungen dürfen keine Regelungen enthalten, die Absatz 1 Satz 2 bis 5 entgegenstehen.

(3) Die Kosten der Telefongespräche trägt der Gefangene. Ist er dazu nicht in der Lage, kann die Anstalt die Kosten in begründeten Fällen in angemessenem Umfang übernehmen, soweit nicht ein Dritter leistungspflichtig ist.

9 D 3, 9 D 12, 9 D 15

§ 38 Schriftwechsel

(1) Der Gefangene hat das Recht, Schreiben abzusenden und zu empfangen.

(2) Die Kosten des Schriftwechsels trägt der Gefangene. Ist er dazu nicht in der Lage, kann die Anstalt die Kosten in begründeten Fällen in angemessenem Umfang übernehmen, soweit nicht ein Dritter leistungspflichtig ist.

9 C 1 ff

§ 39 Untersagung des Schriftwechsels

Der Anstaltsleiter kann den Schriftwechsel mit bestimmten Personen untersagen, wenn
1. die Sicherheit oder Ordnung der Anstalt gefährdet würde,
2. bei Personen, die nicht Angehörige des Strafgefangenen oder des jungen Gefangenen im Sinne des § 11 Abs. 1 Nr. 1 des Strafgesetzbuches sind, zu befürchten ist, dass sie einen schädlichen Einfluss auf den Strafgefangenen oder den jungen Gefangenen haben oder die Erreichung des Vollzugsziels behindern,
3. bei Personen, die Opfer der Straftat waren oder im Haftbefehl als Opfer benannt werden, zu befürchten ist, dass der Schriftwechsel mit dem Gefangenen einen schädlichen Einfluss auf sie hat, oder
4. die Personensorgeberechtigten nicht einverstanden sind.

9 C 9, 9 C 13

§ 40 Sichtkontrolle, Weiterleitung und Aufbewahrung von Schreiben

(1) Der Gefangene hat das Absenden und den Empfang seiner Schreiben durch die Anstalt vermitteln zu lassen, soweit nichts anderes gestattet ist.

(2) Ein- und ausgehende Schreiben werden auf verbotene Gegenstände kontrolliert und sind unverzüglich weiterzuleiten.

(3) Der Gefangene hat eingehende Schreiben unverschlossen zu verwahren, sofern nichts anderes gestattet wird. Er kann sie verschlossen zu seiner Habe geben.

1 D 24, 9 C 23

§ 41 Überwachung des Schriftwechsels

(1) Der Schriftwechsel darf überwacht werden, soweit es im Einzelfall
1. aus Gründen der Sicherheit oder Ordnung der Anstalt,
2. bei dem Strafgefangenen oder dem Jugendstrafgefangenen wegen einer Gefährdung der Erreichung des Vollzugsziels,
3. bei dem jungen Gefangenen aus Gründen der Erziehung oder
4. zur Umsetzung einer Anordnung nach § 119 Abs. 1 der Strafprozessordnung

erforderlich ist.

(2) Nicht überwacht werden Schreiben des Gefangenen an
1. Gerichte,
2. Staatsanwaltschaften,
3. Verteidiger, Beistände nach § 69 des Jugendgerichtsgesetzes,
4. die Aufsichtsbehörde,
5. Volksvertretungen des Bundes und der Länder, das Europäische Parlament und seine Mitglieder,
6. den Europäischen Gerichtshof für Menschenrechte,
7. den Europäischen Ausschuss zur Verhütung von Folter und unmenschlicher oder erniedrigender Behandlung oder Strafe und weitere Einrichtungen, mit denen der Schriftverkehr aufgrund völkerrechtlicher Verpflichtungen der Bundesrepublik Deutschland geschützt ist,
8. den Ausschuss der Vereinten Nationen gegen Folter, den zugehörigen Unterausschuss zur Verhütung von Folter und die entsprechenden nationalen Präventionsmechanismen,
9. den Ausschuss für Angelegenheiten der psychiatrischen Krankenversorgung,
10. den Bundesbeauftragten für den Datenschutz und die Informationsfreiheit,
11. die jeweiligen Landesbeauftragten für den Datenschutz und die Informationsfreiheit und
12. die jeweiligen Bürgerbeauftragten der Länder.

Bei ausländischen Staatsangehörigen ist ferner eine Überwachung und Beschränkung des Schriftverkehrs mit der konsularischen oder diplomatischen Vertretung des Heimatlandes nicht zulässig. Schreiben der in den Sätzen 1 bis 2 genannten Stellen, die an den Gefangenen gerichtet sind, werden nicht überwacht, sofern die Identität des Absenders zweifelsfrei feststeht. Liegt dem Vollzug eine Straftat nach § 129a, auch in Verbindung mit § 129b Abs. 1 des Strafgesetzbuches zugrunde, gelten § 148 Abs. 2 und § 148a der Strafprozessordnung entsprechend; dies gilt nicht, wenn der Gefangene sich im offenen Vollzug befindet oder ihm Lockerungen nach § 45 gewährt worden sind und ein Grund, der den Anstaltsleiter zum Widerruf von Lockerungen ermächtigt, nicht vorliegt. Satz 4 gilt auch für den Vollzug, dem eine andere Verurteilung zugrunde liegt, wenn sich daran ein Vollzug anschließt, dem eine Verurteilung wegen einer Straftat nach § 129a, auch in Verbindung mit § 129b Abs. 1 des Strafgesetzbuches zugrunde liegt.

9 C 23, 9 C 25, 9 C 30, 11 M 44

§ 42 Anhalten von Schreiben

(1) Der Anstaltsleiter kann Schreiben anhalten, wenn
1. die Sicherheit oder Ordnung der Anstalt gefährdet würde,
2. die Weitergabe in Kenntnis ihres Inhalts einen Straftatbestand oder Bußgeldtatbestand verwirklichen würde,
3. sie grob unrichtige oder erheblich entstellende Darstellungen von Anstaltsverhältnissen enthalten,
4. sie Beleidigungen, üble Nachreden oder Verleumdungen zum Nachteil eines Bediensteten der Anstalt enthalten,
5. sie in Geheimschrift oder Kurzschrift, unlesbar, unverständlich oder ohne zwingenden Grund in einer fremden Sprache abgefasst sind,
6. bei dem Strafgefangenen oder dem Jugendstrafgefangenen die Erreichung des Vollzugsziels gefährdet würde,
7. es die Aufgabe des Vollzugs der Untersuchungshaft erfordert oder
8. sie die Eingliederung anderer Strafgefangener oder anderer Jugendstrafgefangener gefährden können.

(2) Einem ausgehenden Schreiben, das unrichtige Darstellungen von Anstaltsverhältnissen enthält, kann ein Begleitschreiben beigefügt werden, wenn der Gefangene auf dem Absenden des Schreibens besteht.

(3) Ist ein Schreiben angehalten worden, wird das dem Gefangenen mitgeteilt. Hiervon kann im Vollzug der Untersuchungshaft abgesehen werden, wenn und solange es dessen Aufgabe erfordert. Soweit ein angehaltenes Schreiben nicht beschlagnahmt wird, wird es an den Absender zurückgegeben oder, sofern dies unmöglich oder aus besonderen Gründen nicht angezeigt ist, verwahrt.

(4) Schreiben, deren Überwachung ausgeschlossen ist, dürfen nicht angehalten werden.

9 C 49 ff

§ 43 Andere Formen der Telekommunikation

(1) Die Zulassung anderer Formen der Telekommunikation nach dem Telekommunikationsgesetz in der Anstalt bedarf der Zustimmung der Aufsichtsbehörde. Der Gefangene hat keinen Anspruch auf Erteilung der Zustimmung.

(2) Hat die Aufsichtsbehörde die Zustimmung erteilt, so kann die Anstalt dem Gefangenen die Nutzung der zugelassenen Telekommunikationsform gestatten, wenn sichergestellt ist, dass hierdurch nicht die Sicherheit oder Ordnung der Anstalt gefährdet wird und sich der Gefangene mit den von der Anstalt zu diesem Zweck erlassenen Nutzungsbedingungen einverstanden erklärt. Die Nutzungsbedingungen dürfen keine Regelungen enthalten, die den Vorschriften dieses Gesetzes über den Schriftwechsel, den Besuch und über Telefongespräche entgegenstehen.

5 A 31, 5 C 29, 5 C 40, 9 D 9

§ 44 Pakete

(1) Dem Gefangenen kann auf Antrag gestattet werden, Pakete zu empfangen. Der Empfang von Paketen mit Nahrungs- und Genussmitteln ist untersagt. Die Anstalt kann Anzahl, Gewicht und Größe von Sendungen und einzelnen Gegenständen festsetzen. Über § 54 Abs. 1 Satz 2 hinaus kann sie Gegenstände und Verpackungsformen ausschließen, die einen unverhältnismäßigen Kontrollaufwand bedingen.

(2) Die Anstalt kann die Annahme von Paketen, deren Einbringung nicht gestattet ist oder die die Voraussetzungen des Absatzes 1 nicht erfüllen, ablehnen oder solche Pakete an den Absender zurücksenden.

(3) Pakete sind in Gegenwart des Gefangenen zu öffnen, an den sie adressiert sind. Mit nicht zugelassenen oder ausgeschlossenen Gegenständen ist gemäß § 57 Abs. 3 zu verfahren. Sie können auch auf Kosten des Gefangenen zurückgesandt werden.

(4) Der Empfang von Paketen kann vorübergehend versagt werden, wenn dies wegen der Gefährdung der Sicherheit oder Ordnung der Anstalt unerlässlich ist.

(5) Dem Gefangenen kann gestattet werden, Pakete zu versenden. Der Inhalt wird aus Gründen der Sicherheit oder Ordnung der Anstalt in Gegenwart des Gefangenen überprüft und anschließend in seinem Beisein verschlossen.

(6) Die Kosten des Paketversandes trägt der Gefangene. Ist er dazu nicht in der Lage, kann die Anstalt die Kosten in begründeten Fällen in angemessenem Umfang übernehmen, soweit nicht ein Dritter leistungspflichtig ist.

6 C 3, 9 E 1 ff

Abschnitt 7. Lockerungen

§ 45 Lockerungen zur Erreichung des Vollzugsziels

(1) Dem Strafgefangenen oder dem Jugendstrafgefangenen können mit seiner Zustimmung Lockerungen zur Erreichung des Vollzugsziels gewährt werden, insbesondere
1. das Verlassen der Anstalt für eine bestimmte Tageszeit unter Aufsicht eines Vollzugsbediensteten (Ausführung),
2. das Verlassen der Anstalt für eine bestimmte Tageszeit in Begleitung einer von der Anstalt zugelassenen Person (Begleitausgang),
3. das Verlassen der Anstalt für eine bestimmte Tageszeit ohne Begleitung (unbegleiteter Ausgang),
4. das Verlassen der Anstalt für mehr als einen Tag (Langzeitausgang),
5. die regelmäßige Beschäftigung außerhalb der Anstalt unter ständiger Aufsicht oder unter Aufsicht eines Vollzugsbediensteten in unregelmäßigen Abständen (Außenbeschäftigung),
6. die regelmäßige Beschäftigung außerhalb der Anstalt ohne Aufsicht eines Vollzugsbediensteten (Freigang).

(2) Ausführungen dürfen gewährt werden, wenn nicht tatsächliche Anhaltspunkte mit hinreichender Wahrscheinlichkeit unter Berücksichtigung auch einer erhöhten Bewachungsdichte die konkrete Gefahr begründen, dass sich der Strafgefangene oder der Jugendstrafgefangene dem Vollzug der Freiheitsstrafe entziehen oder die Ausführungen zur Begehung von Straftaten oder auf andere Weise missbrauchen wird.

(3) Lockerungen nach Absatz 1 Nrn. 2 bis 6 dürfen gewährt werden, wenn der Strafgefangene oder der Jugendstrafgefangene für die jeweilige Maßnahme geeignet ist, insbesondere keine tatsächlichen Anhaltspunkte die abstrakte Gefahr begründen, dass er sich dem Vollzug der Freiheitsstrafe entziehen oder die Maßnahmen zur Begehung von Straftaten oder auf andere Weise missbrauchen wird. Lockerungen können versagt werden, wenn der Strafgefangene oder der Jugendstrafgefangene seiner Mitwirkungspflicht nach § 15 Abs. 3 nicht nachkommt. Bei der Prüfung von Lockerungen sind der Schutz der Allgemeinheit und die Belange des Opferschutzes in angemessener Weise zu berücksichtigen. Bei der Entscheidung sind auch die Feststellungen im Urteil und die im Ermittlungs- oder Strafverfahren erstatteten Gutachten zu berücksichtigen.

(4) Für Lockerungen ist insbesondere der Strafgefangene oder der Jugendstrafgefangene ungeeignet,
1. der erheblich suchtgefährdet ist,
2. der während des laufenden Freiheitsentzugs entwichen ist, eine Flucht versucht, einen Ausbruch unternommen oder sich an einer Gefangenenmeuterei beteiligt hat,
3. der aus dem letzten Ausgang oder Langzeitausgang nicht freiwillig zurückgekehrt ist oder bei dem zureichende tatsächliche Anhaltspunkte dafür gegeben sind, dass er während seines letzten Ausgangs oder Langzeitausgangs eine strafbare Handlung begangen hat,
4. gegen den ein Ausweisungs-, Auslieferungs-, Ermittlungs- oder Strafverfahren anhängig ist oder
5. bei dem zu befürchten ist, dass er einen negativen Einfluss ausüben, insbesondere die Erreichung des Vollzugsziels bei anderen Gefangenen gefährden würde.

(5) Ausnahmen von Absatz 4 können zugelassen werden, wenn besondere Umstände vorliegen; die Gründe hierfür sind aktenkundig zu machen. In den Fällen von Absatz 4 Nr. 4 ist die zuständige Behörde zu hören.

(6) Der Strafgefangene oder der Jugendstrafgefangene, gegen den während des laufenden Freiheitsentzugs eine Strafe wegen einer schwerwiegenden Straftat gegen die körperliche Unversehrtheit oder das Leben, gegen die sexuelle Selbstbestimmung, mit Ausnahme der §§ 180a und 181a des Strafgesetzbuches, oder wegen Handels mit Stoffen im Sinne des Betäubungsmittelgesetzes vollzogen wurde oder zu vollziehen ist oder der im Vollzug in den begründeten Verdacht des Handels mit diesen Stoffen oder des Einbringens dieser Stoffe gekommen ist, ist für Lockerungen ungeeignet. Dies gilt auch für den Strafgefangenen oder den Jugendstrafgefangenen, über den Erkenntnisse vorliegen, dass er der organisierten Kriminalität zuzurechnen ist. Ausnahmen von Satz 1 und 2 können zugelassen werden, wenn besondere Umstände vorliegen; die Gründe hierfür sind aktenkundig zu machen.

(7) Langzeitausgang soll 21 Kalendertage im Jahr nicht übersteigen und erst gewährt werden, wenn sich der Strafgefangene oder der Jugendstrafgefangene mindestens sechs Monate im Vollzug der Freiheitsstrafe oder der Jugendstrafe befunden und sich im Ausgang oder Freigang bewährt hat. Der zu lebenslanger Freiheitsstrafe verurteilte Strafgefangene kann einen Langzeitausgang in der Regel erst erhalten, wenn er sich einschließlich einer vorhergehenden Untersuchungshaft oder einer anderen Freiheitsentziehung zehn Jahre im Vollzug befunden und sich im Ausgang oder Freigang bewährt hat oder wenn er im offenen Vollzug untergebracht ist.

(8) Lockerungen werden nur zum Aufenthalt innerhalb des Geltungsbereiches des Grundgesetzes gewährt. Durch sie wird die Vollstreckung der Freiheitsstrafe oder der Jugendstrafe nicht unterbrochen.

(9) Die Gewährung von Lockerungen kann davon abhängig gemacht werden, dass die Überwachung erteilter Weisungen nach § 47 Abs. 1 Satz 2 Nrn. 1 bis 5 durch eine elektronische Aufenthaltsüberwachung unterstützt wird.

1 E 7, 4 H 13, 10 B 1, 10 B 3, 10 B 4, 10 C 1, 10 C 2, 10 C 3, 10 C 10, 10 C 12, 10 C 17, 10 C 18, 10 C 20, 10 C 22, 10 C 34, 10 C 35, 10 C 37, 10 C 38, 10 C 48, 10 C 49, 10 C 50, 10 C 53, 10 C 57, 10 C 61, 10 C 62, 10 C 63, 10 C 64, 10 C 65, 10 C 66, 10 C 68, 10 D 3, 10 D 9, 10 E 1, 10 E 3, 10 E 4, 10 E 8, 10 E 9, 10 H 12

§ 46 Lockerungen aus wichtigem Anlass

(1) Lockerungen können auch aus wichtigem Anlass gewährt werden. Wichtige Anlässe sind insbesondere die Teilnahme an gerichtlichen Terminen, die medizinische Behandlung des Strafgefangenen oder

des Jugendstrafgefangenen sowie der Tod oder eine lebensgefährliche Erkrankung naher Angehöriger. § 45 Abs. 2 bis 9 sowie die §§ 47 und 48 gelten entsprechend.

(2) Ausführungen zur Befolgung einer gerichtlichen Ladung sind zu ermöglichen, soweit darin das persönliche Erscheinen angeordnet ist.

(3) Aus den in Absatz 1 genannten Gründen kann der Untersuchungsgefangene ausgeführt werden. Vor der Gewährung einer Ausführung des Untersuchungsgefangenen ist dem Gericht und der Staatsanwaltschaft Gelegenheit zur Stellungnahme zu geben.

(4) Wird der Gefangene aus wichtigem Anlass ausgeführt und liegt diese Ausführung ausschließlich im Interesse des Gefangenen, so werden ihm dafür die Kosten auferlegt, soweit dies seine Behandlung oder Eingliederung nicht behindert und kein Dritter leistungspflichtig ist.

(5) Der Gefangene kann aus besonderen Gründen auch gegen seinen Willen ausgeführt werden.

10 B 1, 10 C 38, 10 D 3, 10 D 4, 10 D 9, 10 D 11, 10 D 12

§ 47 Weisungen für Lockerungen

(1) Für Lockerungen sind die nach den Umständen des Einzelfalls erforderlichen Weisungen zu erteilen. Insbesondere kann der Strafgefangene oder der Jugendstrafgefangene angewiesen werden,
1. Anordnungen zu befolgen, die sich auf Aufenthalt, Ausbildung, Arbeit oder Freizeit oder die Ordnung ihrer wirtschaftlichen Verhältnisse beziehen,
2. den Wohn- oder Aufenthaltsort oder einen bestimmten Bereich nicht ohne Erlaubnis zu verlassen,
3. sich nicht an bestimmten Orten aufzuhalten, insbesondere sich den Opfern und deren Wohnbereich nicht zu nähern,
4. Kontakte mit bestimmten Personen oder Gruppen zu meiden,
5. sich zu festgesetzten Zeiten bei einer bestimmten Stelle oder Person zu melden,
6. sich einer bestimmten Betreuungsperson zu unterstellen,
7. bestimmte Gegenstände nicht zu besitzen,
8. Alkohol oder andere berauschende Stoffe zu meiden,
9. Proben zur Überwachung einer Weisung nach Nummer 8 in einer Anstalt oder bei einer anderen bestimmten Stelle abzugeben oder
10. die für eine elektronische Überwachung ihres Aufenthaltsortes nach Absatz 2 erforderlichen technischen Mittel ständig in betriebsbereitem Zustand bei sich zu führen und deren Funktionsfähigkeit nicht zu beeinträchtigen.

(2) Der Anstaltsleiter kann eine elektronische Aufenthaltsüberwachung anordnen und eine Weisung nach Absatz 1 Satz 2 Nr. 10 erteilen, wenn dies erforderlich erscheint, um den Strafgefangenen oder den Jugendstrafgefangenen davon abzuhalten,
1. gegen Weisungen nach Absatz 1 Satz 2 Nrn. 1 bis 5 zu verstoßen,
2. sich dem Vollzug der Freiheitsstrafe zu entziehen oder
3. Straftaten zu begehen.

(3) Bei der Ausgestaltung der Lockerungen ist nach Möglichkeit auch den Belangen des Opfers der Straftat Rechnung zu tragen.

4 H 14, 10 B 1, 10 C 67, 10 E 1, 10 E 3, 10 E 4, 10 E 7, 10 E 8, 10 E 10, 10 H 12

§ 48 Begutachtung und Untersuchung, Zustimmung der Aufsichtsbehörde

(1) Der Anstaltsleiter ordnet an, dass sich der Strafgefangene oder der Jugendstrafgefangene nach wissenschaftlichen Standards begutachten oder körperlich untersuchen lässt, wenn dies zur Feststellung der Voraussetzungen einer Verlegung in den offenen Vollzug oder der Gewährung von Lockerungen erforderlich ist. Die Erforderlichkeit ist in der Regel gegeben
1. bei Verurteilung zu lebenslanger Freiheitsstrafe,
2. bei Verurteilungen mit angeordneter oder vorbehaltener Sicherungsverwahrung,
3. bei Verurteilungen wegen einer Straftat
   a) nach den §§ 174 bis 180, 182, 211 oder 212 des Strafgesetzbuches oder
   b) nach § 323a des Strafgesetzbuches, soweit die im Rausch begangene Tat eine der in Buchstabe a genannten Taten ist, oder
4. wenn Tatsachen die Annahme begründen, dass eine Abhängigkeit oder ein Missbrauch von Suchtmitteln oder Arzneimitteln vorliegt.

Insbesondere in den Fällen des Satzes 2 Nrn. 1 und 2 sollen Sachverständige verschiedener Fachrichtungen an der Begutachtung beteiligt werden.

(2) Blutentnahmen oder andere körperliche Eingriffe sind zulässig, wenn sie von einem Arzt vorgenommen werden und ein Nachteil für die Gesundheit des Strafgefangenen oder des Jugendstrafgefangenen nicht zu befürchten ist.

(3) Die Begutachtung oder körperliche Untersuchung bedarf der Zustimmung des Strafgefangenen oder des Jugendstrafgefangenen. Verweigert der Strafgefangene oder der Jugendstrafgefangene die Zustimmung, so ist in der Regel der Schluss zu ziehen, dass die Voraussetzungen für die Verlegung in den offenen Vollzug oder die Gewährung von Lockerungen nicht gegeben sind. Der Strafgefangene oder der Jugendstrafgefangene ist hierauf bei der Anordnung nach Absatz 1 hinzuweisen.

(4) Blut und sonstige Körperzellen dürfen nur für den der Anordnung zugrunde liegenden Zweck verwendet werden. Für einen anderen vollzuglichen Zweck dürfen sie verwendet werden, wenn ihre Entnahme auch zu diesem Zweck zulässig wäre oder wenn der Strafgefangene oder der Jugendstrafgefangene zustimmt. Liegt eine Zustimmung des Strafgefangenen oder des Jugendstrafgefangenen nicht vor, so ist er über die Verwendung zu einem anderen vollzuglichen Zweck zu unterrichten. Blut und sonstige Körperzellen sind unverzüglich zu vernichten, sobald sie für Zwecke nach Satz 1 oder 2 nicht mehr benötigt werden.

(5) Eine Begutachtung oder körperliche Untersuchung kann auch angeordnet werden, wenn dies für die Vorbereitung einer anderen vollzuglichen Entscheidung, insbesondere zur Abwehr einer Gefahr für die Sicherheit oder Ordnung der Anstalt, erforderlich ist.

(6) Die Aufsichtsbehörde kann die Verlegung des Strafgefangenen oder des Jugendstrafgefangenen in den offenen Vollzug und die Gewährung von Lockerungen, mit Ausnahme von Ausführungen, von ihrer Einwilligung abhängig machen.

10 C 39, 10 C 41, 10 C 42, 10 C 43

Abschnitt 8. Vorbereitung der Eingliederung, Entlassung und nachgehende Betreuung

§ 49 Vorbereitung der Eingliederung

(1) Die Maßnahmen zur sozialen und beruflichen Eingliederung sind auf den Zeitpunkt der voraussichtlichen Entlassung in die Freiheit abzustellen. Der Strafgefangene oder der Jugendstrafgefangene ist bei der Ordnung seiner persönlichen, wirtschaftlichen und sozialen Angelegenheiten zu unterstützen. Dies umfasst die Vermittlung in nachsorgende Maßnahmen.

(2) Die Anstalt arbeitet frühzeitig mit Personen und Einrichtungen außerhalb des Vollzugs zusammen, insbesondere um zu erreichen, dass der Strafgefangene oder der Jugendstrafgefangene nach seiner Entlassung über eine geeignete Unterbringung und eine Arbeits- oder Ausbildungsstelle verfügt. Bewährungshilfe und Führungsaufsicht beteiligen sich frühzeitig an der sozialen und beruflichen Eingliederung des Strafgefangenen oder des Jugendstrafgefangenen.

(3) Dem Strafgefangenen oder dem Jugendstrafgefangenen können Aufenthalte in Einrichtungen außerhalb des Vollzugs gewährt werden, wenn dies zur Vorbereitung der Eingliederung erforderlich ist und er hierfür geeignet ist, insbesondere keine tatsächlichen Anhaltspunkte die abstrakte Gefahr begründen, dass er sich dem Vollzug der Freiheitsstrafe oder der Jugendstrafe entziehen oder die Möglichkeiten des Aufenthaltes in diesen Einrichtungen zu Straftaten oder auf andere Weise missbrauchen wird. Hat sich der Strafgefangene oder der Jugendstrafgefangene mindestens sechs Monate im Vollzug befunden, kann ihm auch ein zusammenhängender Langzeitausgang bis zu sechs Monaten gewährt werden, wenn dies zur Vorbereitung der Eingliederung erforderlich ist. § 45 Abs. 4 bis 9 sowie die §§ 47 und 48 gelten entsprechend.

(4) In einem Zeitraum von sechs Monaten vor der voraussichtlichen Entlassung sind dem Strafgefangenen oder dem Jugendstrafgefangenen die zur Vorbereitung der Eingliederung erforderlichen Lockerungen zu gewähren, wenn er für diese Maßnahmen geeignet ist, insbesondere keine tatsächlichen Anhaltspunkte die abstrakte Gefahr begründen, dass er sich dem Vollzug der Freiheitsstrafe oder der Jugendstrafe entziehen oder die Lockerungen des Vollzugs zu Straftaten oder auf andere Weise missbrauchen wird. § 45 Abs. 4 bis 9 sowie die §§ 47 und 48 gelten entsprechend.

3 C 1, 3 C 3, 3 C 5, 3 C 6, 4 J 2, 7 A 1, 7 D 8, 7 D 39, 10 B 5, 10 G 2, 10 H 4, 10 H 6, 10 H 9, 10 H 10, 10 H 12, 13 I 5

§ 50 Entlassung des Strafgefangenen oder des Jugendstrafgefangenen

(1) Der Strafgefangene oder der Jugendstrafgefangene soll am letzten Tag seiner Strafzeit möglichst frühzeitig, jedenfalls noch am Vormittag, entlassen werden.

(2) Fällt das Strafende auf einen Sonnabend oder Sonntag, einen gesetzlichen Feiertag, den ersten Werktag nach Ostern oder Pfingsten oder in die Zeit vom 22. Dezember bis zum 6. Januar, so kann der Strafgefangene oder der Jugendstrafgefangene an dem diesem Tag oder Zeitraum vorhergehenden Werktag entlassen werden, wenn dies gemessen an der Dauer der Strafzeit vertretbar ist und Gründe der Fürsorge nicht entgegenstehen.

(3) Der Entlassungszeitpunkt kann bis zu zwei Tage vorverlegt werden, wenn der Strafgefangene oder der Jugendstrafgefangene zu seiner Eingliederung hierauf dringend angewiesen ist.

(4) Dem bedürftigen Strafgefangenen oder dem bedürftigen Jugendstrafgefangenen kann eine Entlassungsbeihilfe in Form eines Reisekostenzuschusses, angemessener Kleidung oder einer sonstigen notwendigen Unterstützung gewährt werden.

(5) Der Anspruch auf Auszahlung von Reisekostenzuschuss und sonstiger notwendiger Unterstützung in Geld ist nicht übertragbar. Er ist auch nicht auf andere Leistungen anrechenbar.

7 D 8, 7 D 39, 7 E 1, 10 G 2, 10 I 2, 10 I 4, 10 I 5, 10 I 8

§ 51 Nachgehende Betreuung

Der Anstaltsleiter kann mit Zustimmung des Bediensteten gestatten, dass der Bedienstete an der nachgehenden Betreuung eines entlassenen Strafgefangenen oder eines entlassenen Jugendstrafgefangenen mitwirkt, wenn der Strafgefangene oder der Jugendstrafgefangene zustimmt und ohne nachgehende Betreuung die Eingliederung gefährdet wäre. Die nachgehende Betreuung erfolgt nur innerhalb der ersten sechs Monate nach der Entlassung.

3 E 4, 3 E 5, 3 E 6, 3 E 7, 7 D 8, 7 D 23, 7 D 39, 10 G 2

§ 52 Verbleib oder Aufnahme auf freiwilliger Grundlage

(1) Sofern es die Belegungssituation zulässt, kann der Strafgefangene oder der Jugendstrafgefangene auf Antrag ausnahmsweise vorübergehend in der Anstalt verbleiben oder wieder aufgenommen werden, wenn die Eingliederung gefährdet und ein Aufenthalt in der Anstalt aus diesem Grund gerechtfertigt ist. Die Unterbringung erfolgt auf vertraglicher Basis. Die Kosten für die Unterbringung trägt der in der Anstalt untergebrachte Entlassene. Ist er dazu nicht in der Lage, kann die Anstalt die Kosten in begründeten Fällen in angemessenem Umfang übernehmen, soweit nicht ein Dritter leistungspflichtig ist.

(2) Der Jugendstrafgefangene kann ausnahmsweise nach seiner Entlassung eine im Vollzug begonnene Ausbildungsmaßnahme oder Behandlungsmaßnahme fortführen, soweit diese nicht anderweitig durchgeführt werden kann. Hierzu kann er vorübergehend auf vertraglicher Basis in der Anstalt untergebracht werden. Absatz 1 Satz 3 und 4 gilt entsprechend.

(3) Gegen den in der Anstalt untergebrachten Entlassenen dürfen Maßnahmen des Vollzugs nicht mit unmittelbarem Zwang durchgesetzt werden.

(4) Bei Störung des Anstaltsbetriebs durch den Entlassenen oder aus vollzugsorganisatorischen Gründen können die Unterbringung und die Maßnahme jederzeit beendet werden.

(5) Auf ihren Antrag ist die verbliebene oder aufgenommene Person unverzüglich zu entlassen.

3 D 3, 3 D 4, 3 D 6, 3 D 7, 3 D 8, 7 D 8, 7 D 39, 10 G 2

§ 53 Entlassung des Untersuchungsgefangenen

(1) Auf Anordnung des Gerichts oder der Staatsanwaltschaft entlässt die Anstalt den Untersuchungsgefangenen unverzüglich aus der Haft, es sei denn, es ist in anderer Sache eine richterlich angeordnete Freiheitsentziehung zu vollziehen.

(2) Aus Gründen der Fürsorge kann dem Untersuchungsgefangenen der freiwillige Verbleib in der Anstalt bis zum Vormittag des zweiten auf den Eingang der Entlassungsanordnung folgenden Werktags gestattet werden. Der freiwillige Verbleib setzt das schriftliche Einverständnis des Untersuchungsgefangenen voraus, dass die bisher bestehenden Beschränkungen aufrechterhalten bleiben.

(3) § 50 Abs. 4 und 5 gilt entsprechend.

7 D 8, 7 D 39

Anhang

Abschnitt 9. Persönlicher Besitz, Einkauf und Verpflegung, Freizeit

§ 54 Einbringen von Gegenständen

(1) Gegenstände dürfen durch oder für den Gefangenen nur mit Zustimmung der Anstalt eingebracht werden. Die Anstalt kann die Zustimmung verweigern, wenn die Gegenstände geeignet sind, die Sicherheit oder Ordnung der Anstalt oder die Erreichung des Vollzugsziels zu gefährden, oder ihre Aufbewahrung nach Art oder Umfang offensichtlich nicht möglich ist.

(2) Das Einbringen von Nahrungsmitteln, Genussmitteln, Kameras, Computern und technischen Geräten, insbesondere solchen mit der Möglichkeit zur Speicherung und Übertragung von Daten, ist nicht gestattet.

2 F 8, 2 F 14, 5 D 29, 11 C 2, 11 C 10, 11 C 11

§ 55 Gewahrsam an Gegenständen

(1) Der Gefangene darf Gegenstände nur mit Zustimmung der Anstalt besitzen, annehmen oder abgeben. Die Anstalt kann die Zustimmung verweigern oder widerrufen, wenn die Gegenstände die Sicherheit oder Ordnung der Anstalt oder die Erreichung des Vollzugsziels gefährden.

(2) Der Gefangene darf ohne Zustimmung der Anstalt Gegenstände von geringem Wert an andere Gefangene weitergeben und von anderen Gefangenen annehmen. Die Anstalt kann Abgabe und Annahme auch dieser Gegenstände von einer Anzeige und ihrer Zustimmung abhängig machen.

(3) Der Besitz, die Annahme und Abgabe von Kameras, Computern sowie von technischen Geräten, insbesondere solchen mit der Möglichkeit zur Speicherung und Übertragung von Daten, ist nicht gestattet.

2 F 14, 5 C 40, 5 D 29, 11 C 2, 11 C 3, 11 C 5, 11 C 7, 11 C 11, 11 C 12

§ 56 Ausstattung des Haftraums

(1) Der Gefangene darf seinen Haftraum in angemessenem Umfang mit eigenen Gegenständen ausstatten oder diese dort aufbewahren. Gegenstände dürfen nicht in den Haftraum eingebracht werden oder werden aus dem Haftraum entfernt, wenn sie geeignet sind,
1. die Sicherheit oder Ordnung der Anstalt, insbesondere die Übersichtlichkeit des Haftraums, zu gefährden oder
2. bei dem Strafgefangenen oder dem Jugendstrafgefangenen die Erreichung des Vollzugsziels zu gefährden.

(2) Die §§ 54 und 55 Abs. 3 gelten entsprechend.

2 F 1, 2 F 8, 2 F 9, 2 F 10, 2 F 12, 2 F 14, 2 F 16, 2 F 17, 5 C 12, 5 C 14, 5 C 17, 5 C 18, 5 D 6, 5 D 11, 5 D 14,
5 D 20, 5 D 21, 5 D 29

§ 57 Aufbewahrung und Vernichtung von Gegenständen

(1) Gegenstände, die der Gefangene nicht im Haftraum aufbewahren darf oder will, werden von der Anstalt aufbewahrt, soweit dies nach Art und Umfang möglich ist.

(2) Dem Gefangenen wird Gelegenheit gegeben, seine Gegenstände, die er während des Vollzugs und für seine Entlassung nicht benötigt, auf seine Kosten zu versenden.

(3) Werden Gegenstände, deren Aufbewahrung nach Art oder Umfang nicht möglich ist, von dem Gefangenen trotz Aufforderung nicht aus der Anstalt verbracht, so darf die Anstalt diese Gegenstände auf Kosten des Gefangenen außerhalb der Anstalt verwahren, verwerten oder vernichten. Für die Voraussetzungen und das Verfahren der Verwertung und Vernichtung gilt § 47 des Gesetzes über die öffentliche Sicherheit und Ordnung des Landes Sachsen-Anhalt entsprechend.

(4) Aufzeichnungen und andere Gegenstände, die Kenntnisse über Sicherungsvorkehrungen einer Anstalt vermitteln oder Schlussfolgerungen auf diese zulassen, dürfen vernichtet oder unbrauchbar gemacht werden.

11 C 2, 11 C 13, 11 C 14, 11 C 15, 11 C 16

§ 58 Zeitungen und Zeitschriften

(1) Der Gefangene darf auf eigene Kosten Zeitungen und Zeitschriften in angemessenem Umfang durch Vermittlung der Anstalt beziehen. Ausgeschlossen sind lediglich Zeitungen und Zeitschriften, deren Verbreitung mit Strafe oder Geldbuße bedroht ist.

(2) Dem Strafgefangenen oder dem Jugendstrafgefangenen können einzelne Ausgaben vorenthalten oder entzogen werden, wenn deren Inhalte die Erreichung des Vollzugsziels oder die Sicherheit oder Ordnung der Anstalt erheblich gefährden würden.

(3) Dem Untersuchungsgefangenen können Zeitungen oder Zeitschriften vorenthalten werden, wenn dies zur Umsetzung einer Anordnung nach § 119 Abs. 1 der Strafprozessordnung erforderlich ist. Für einzelne Ausgaben gilt dies auch dann, wenn deren Inhalte die Sicherheit oder Ordnung der Anstalt erheblich gefährden würden.

5 B 12, 5 B 15, 5 B 20, 5 B 21, 5 B 23, 5 B 24

§ 59 Rundfunk, Informations- und Unterhaltungselektronik

(1) Der Hörfunk- und Fernsehempfang ist zu ermöglichen. Er kann vorübergehend ausgesetzt oder dem Gefangenen untersagt werden, wenn dies zur Aufrechterhaltung der Sicherheit oder Ordnung der Anstalt, bei dem Untersuchungsgefangenen auch zur Umsetzung einer Anordnung nach § 119 Abs. 1 der Strafprozessordnung, unerlässlich ist.

(2) Der Anstaltsleiter erlaubt den Besitz eines Hörfunk- und Fernsehgerätes im Haftraum, wenn nicht Gründe des § 56 Abs. 1 Satz 2 oder bei dem jungen Gefangenen erzieherische Gründe entgegenstehen. In der Erlaubnis kann der Gefangene darauf verwiesen werden, anstelle eigener von der Anstalt überlassene Geräte zu verwenden. Eine solche Bestimmung kann auch nachträglich getroffen werden. Andere Geräte der Informations- und Unterhaltungselektronik können unter diesen Voraussetzungen zugelassen werden. Wird der Gefangene auf überlassene Geräte verwiesen, kann er nicht den Besitz eigener Geräte verlangen.

(3) Der Anstaltsleiter kann den Betrieb von Empfangsanlagen mit Zustimmung der Aufsichtsbehörde einem Dritten übertragen.

(4) Die Zulassung von anderen Geräten der Informations- und Unterhaltungselektronik nach Absatz 2 Satz 4 bedarf der Zustimmung der Aufsichtsbehörde. Diese kann allgemeine Richtlinien für die Gerätebeschaffenheit erlassen. Eine ohne Zustimmung nach Satz 1 erteilte Zulassung kann zurückgenommen werden.

5 C 4, 5 C 6, 5 C 10, 5 C 12, 5 C 14, 5 C 17, 5 C 18, 5 C 22, 5 C 23, 5 C 25, 5 C 26, 5 C 28, 5 C 40, 5 D 10,
11 C 5

§ 60 Kleidung

(1) Der Strafgefangene oder der Jugendstrafgefangene trägt Anstaltskleidung. Der Anstaltsleiter kann eine abweichende Regelung treffen.

(2) Der Untersuchungsgefangene darf eigene Kleidung tragen. Dieses Recht kann eingeschränkt oder ausgeschlossen werden, soweit es zur Umsetzung einer Anordnung nach § 119 Abs. 1 der Strafprozessordnung oder zur Gewährleistung der Sicherheit oder Ordnung der Anstalt erforderlich ist.

(3) Für Reinigung und Instandsetzung eigener Kleidung hat der Gefangene auf seine Kosten zu sorgen. Der Anstaltsleiter kann anordnen, dass Reinigung und Instandsetzung nur durch Vermittlung der Anstalt erfolgen dürfen.

6 A 1, 6 A 5, 6 A 7, 6 A 9

§ 61 Anstaltsverpflegung und Einkauf

(1) Zusammensetzung und Nährwert der Anstaltsverpflegung haben den Anforderungen an eine gesunde Ernährung zu entsprechen und werden ärztlich überwacht. Auf ärztliche Anordnung wird besondere Verpflegung gewährt. Dem Gefangenen ist zu ermöglichen, Speisevorschriften seiner Religionsgemeinschaft zu befolgen.

(2) Der Gefangene kann aus einem von der Anstalt vermittelten Angebot Nahrungs-, Genuss- und Körperpflegemittel einkaufen. Die Anstalt wirkt auf ein Angebot hin, das auf Wünsche und Bedürfnisse des Gefangenen Rücksicht nimmt.

(3) Darüber hinaus kann der Gefangene zu Weihnachten, Ostern und einem von ihm zu wählenden weiteren Zeitpunkt von insoweit zweckgebunden eingezahltem Eigengeld einkaufen. Dem Gefangenen, der nicht einer christlichen Religionsgemeinschaft angehört, kann anstelle des Weihnachtseinkaufs und des Ostereinkaufs je ein Einkauf zu einem anderen Zeitpunkt gestattet werden.

(4) Dem Gefangenen soll die Möglichkeit eröffnet werden, Gegenstände durch Vermittlung der Anstalt über den Versandhandel zu beziehen. Nahrungs- und Genussmittel sind vom Versandhandel ausgeschlossen.

Anhang

(5) Gegenstände, die geeignet sind, das Vollzugsziel oder die Sicherheit oder Ordnung der Anstalt zu gefährden, insbesondere Kameras, Computer und technische Geräte, insbesondere solche mit der Möglichkeit zur Speicherung und Übertragung von Daten, sind vom Einkauf und Versandhandel ausgeschlossen. In Anstaltskrankenhäusern und Krankenabteilungen kann der Einkauf einzelner Nahrungsmittel und Genussmittel auf ärztliche Anordnung allgemein untersagt oder eingeschränkt werden.
4 I 111, 4 I 126, 6 B 4, 6 B 6, 6 B 9, 6 B 10, 6 C 3, 6 C 6, 6 C 8, 6 C 10, 6 C 11, 6 C 12, 6 C 13, 6 C 18

§ 62 Annehmlichkeiten im Vollzug der Untersuchungshaft
Der Untersuchungsgefangene darf sich auf seine Kosten weitere Annehmlichkeiten verschaffen, die über die Annehmlichkeiten der §§ 56 und 58 bis 61 hinausgehen, soweit und solange eine Anordnung nach § 119 Abs. 1 der Strafprozessordnung dem nicht entgegensteht oder die Sicherheit oder Ordnung der Anstalt nicht gefährdet wird.

§ 63 Freizeit
(1) Zur Ausgestaltung der Freizeit hat die Anstalt insbesondere Angebote zur sportlichen und kulturellen Betätigung sowie Bildungsangebote vorzuhalten. Die Anstalt stellt eine angemessen ausgestattete Mediathek zur Verfügung.

(2) Dem Sport kommt bei der Gestaltung des Vollzugs der Jugendstrafe und der Untersuchungshaft an jungen Untersuchungsgefangenen besondere Bedeutung zu. Für den jungen Gefangenen sind ausreichende und geeignete Angebote vorzuhalten, um ihm eine sportliche Betätigung von mindestens zwei Stunden wöchentlich zu ermöglichen.

(3) Im Vollzug der Jugendstrafe dient der Sport auch der Erreichung des Vollzugsziels und kann zur Diagnostik und gezielten Behandlung eingesetzt werden.

(4) Der Gefangene ist zur Teilnahme und Mitwirkung an Angeboten der Freizeitgestaltung zu motivieren und anzuleiten.
5 A 8, 5 A 9, 5 A 12, 5 A 18, 5 A 19, 5 A 24, 5 A 25, 5 A 26, 5 A 30, 5 A 32, 5 A 43

Abschnitt 10. ergütung und Gelder des Gefangenen, Kostenbeteiligung

§ 64 Vergütung
(1) Der Gefangene erhält eine Vergütung in Form von
1. Arbeitsentgelt, soweit er eine Arbeit, eine arbeitstherapeutische Maßnahme, ein Arbeitstraining oder eine Hilfstätigkeit ausübt, oder
2. einer Ausbildungsbeihilfe, soweit er während der Arbeitszeit an schulischen und beruflichen Qualifizierungsmaßnahmen teilnimmt und kein Anspruch auf andere Leistungen besteht, die Personen außerhalb des Vollzugs aus solchem Anlass gewährt werden.

(2) Der Gefangene erhält seine Vergütung für die Dauer seiner Teilnahme an Behandlungsmaßnahmen in der Sozialtherapie weiter, soweit diese während der Arbeitszeit stattfinden oder soweit zu diesem Zweck eine Freistellung von schulischen und beruflichen Qualifizierungsmaßnahmen erfolgt.

(3) Der Bemessung der Vergütung sind 9 v. H. der Bezugsgröße nach § 18 Abs. 2 des Vierten Buches Sozialgesetzbuch zugrunde zu legen (Eckvergütung). Ein Tagessatz ist der 250. Teil der Eckvergütung; die Vergütung kann nach einem Stundensatz bemessen werden.

(4) Die Vergütung kann je nach Art der Maßnahme und Leistung des Gefangenen gestuft werden. Sie beträgt mindestens 75 v. H. der Eckvergütung.

(5) Soweit Beiträge zur Bundesagentur für Arbeit zu entrichten sind, kann vom Arbeitsentgelt oder der Ausbildungsbeihilfe ein Betrag einbehalten werden, der dem Anteil des Gefangenen am Beitrag entspräche, wenn er diese Bezüge als Arbeitnehmer erhielte.

(6) Die Höhe der Vergütung ist dem Gefangenen schriftlich bekannt zu geben.
*1 E 14, 4 Vorb. 5, 4 D 6, 4 D 10, 4 D 11, 4 D 12, 4 D 13, 4 D 14, 4 D 16, 4 D 17, 4 D 18, 4 D 19, 4 D 21, 4 D 22, 4 D 25, 4 D 26, 4 D 29, 4 G 2, 4 G 6, 4 G 7, 4 G 8, 4 G 10, 4 G 11, 4 G 15, 4 I 23, 4 I 67, 4 I 133, 6 F 56, **11** M 38*

§ 65 Taschengeld
(1) Dem Strafgefangenen oder dem Jugendstrafgefangenen wird auf Antrag Taschengeld gewährt, soweit ihm aus Hausgeld und Eigengeld monatlich ein Betrag bis zur Höhe des Taschengeldes voraussichtlich nicht zur Verfügung steht und er auch im Übrigen bedürftig ist.

(2) Der Strafgefangene oder der Jugendstrafgefangene gilt nicht als bedürftig, wenn ihm ein Betrag nach Absatz 1 deshalb nicht zur Verfügung steht, weil er eine ihm zumutbare Tätigkeit nicht angenommen oder eine ausgeübte Tätigkeit verschuldet verloren hat.

(3) Dem bedürftigen Untersuchungsgefangenen wird auf Antrag Taschengeld gewährt. Bedürftig ist er, soweit ihm im laufenden Monat ein Betrag bis zur Höhe des Taschengeldes voraussichtlich nicht aus eigenen Mitteln zur Verfügung steht.

(4) Das Taschengeld beträgt 14 v. H. der Eckvergütung. Es wird zu Beginn des Monats im Voraus gewährt. Gehen dem Gefangenen im Laufe des Monats Gelder zu, wird zum Ausgleich ein Betrag bis zur Höhe des gewährten Taschengeldes einbehalten.

(5) Der Gefangene darf über das Taschengeld im Rahmen der Bestimmungen dieses Gesetzes verfügen. Im Vollzug der Freiheitsstrafe und der Jugendstrafe wird es dem Hausgeldkonto gutgeschrieben.

4 Vorb. 5, 4 I 3, 4 I 5, 4 I 10, 4 I 17, 4 I 18, 4 I 19, 4 I 116

§ 66 Verordnungsermächtigung

Das für Justizvollzug zuständige Ministerium wird zur Durchführung der §§ 64 und 65 ermächtigt, eine Verordnung über die Vergütungsstufen sowie die Bemessung des Arbeitsentgeltes, der Ausbildungsbeihilfe und des Taschengeldes zu erlassen.

4 Vorb. 5, 4 D 71

§ 67 Verwaltung der Gefangenengelder

(1) Die Ansprüche des Gefangenen gegen das Land auf Arbeitsentgelt, Ausbildungsbeihilfe und Taschengeld sowie die der Anstalt überwiesenen Ansprüche des Gefangenen gegen Dritte aus einem freien Beschäftigungsverhältnis oder einer Selbstbeschäftigung werden nach Maßgabe der folgenden Bestimmungen verwaltet, zu diesem Zweck auf gesonderten Konten als Hausgeld, Überbrückungsgeld oder Eigengeld gutgeschrieben und bestehen als Geldforderungen gegen das Land fort. Gleiches gilt für die Ansprüche des Gefangenen gegen das Land auf Auszahlung des von ihm in den Vollzug eingebrachten Bargeldes sowie für sonstige der Anstalt zur Gutschrift für den Gefangenen überwiesenen oder eingezahlten Gelder.

(2) Für den Untersuchungsgefangenen wird nur ein Eigengeldkonto in der Anstalt geführt.

(3) Der Besitz von Bargeld in der Anstalt ist dem Gefangenen nicht gestattet. Über Ausnahmen entscheidet der Anstaltsleiter.

(4) Geld in Fremdwährung wird zur Habe genommen.

4 Vorb. 5, 4 I 16, 4 I 80, 4 I 101, 4 I 102, 4 I 104, 4 I 116, 4 I 117, 4 I 120

§ 68 Hausgeld

(1) Als Hausgeld gutgeschrieben werden Ansprüche
1. auf Arbeitsentgelt oder Ausbildungsbeihilfe zu drei Siebteln,
2. auf Taschengeld in voller Höhe sowie
3. aus einem freien Beschäftigungsverhältnis oder einer Selbstbeschäftigung, die der Anstalt zur Gutschrift für den Strafgefangenen oder den Jugendstrafgefangenen überwiesen worden sind, zu einem angemessenen Teil.

Die Summe der Beträge nach Satz 1 Nrn. 1 und 3 darf den Betrag nach Satz 1 Nr. 2 nicht unterschreiten.

(2) Für den Strafgefangenen oder den Jugendstrafgefangenen, der über Eigengeld verfügt und keine hinreichende Vergütung nach diesem Gesetz erhält, gilt Absatz 1 Satz 1 Nr. 3 und Satz 2 entsprechend.

(3) Der Strafgefangene oder der Jugendstrafgefangene darf über das Hausgeld im Rahmen der Bestimmungen dieses Gesetzes verfügen.

(4) Der Anspruch auf Auszahlung des Hausgeldes ist nicht übertragbar.

4 Vorb. 5, 4 I 23, 4 I 24, 4 I 25, 4 I 27, 4 I 28, 4 I 116, 6 C 4, 12 P 8

§ 69 Überbrückungsgeld

(1) Als Überbrückungsgeld gutgeschrieben werden Ansprüche
1. auf Arbeitsentgelt oder Ausbildungsbeihilfe,
2. aus einem freien Beschäftigungsverhältnis oder einer Selbstbeschäftigung, die der Anstalt zur Gutschrift für den Strafgefangenen oder den Jugendstrafgefangenen überwiesen worden sind, zu einem angemessenem Teil,

soweit sie nicht als Hausgeld gutgeschrieben werden und soweit die nach Absatz 2 Satz 2 festgesetzte Höhe noch nicht erreicht ist. Wird die Befugnis, über das Hausgeld zu verfügen, disziplinarisch beschränkt oder entzogen, so ist das in dieser Zeit anfallende Hausgeld dem Überbrückungsgeld hinzuzurechnen, auch soweit dadurch die nach Absatz 2 Satz 2 festgesetzte Höhe überschritten wird.

(2) Das Überbrückungsgeld soll den notwendigen Lebensunterhalt des Strafgefangenen oder des Jugendstrafgefangenen und seiner Unterhaltsberechtigten für die ersten vier Wochen nach seiner Entlassung sichern. Die Höhe des Überbrückungsgeldes wird von dem Anstaltsleiter festgesetzt.

(3) Das Guthaben auf dem Überbrückungsgeldkonto wird dem Strafgefangenen oder dem Jugendstrafgefangenen bei seiner Entlassung ausgezahlt. Der Anstaltsleiter kann es auch dem Bewährungshelfer oder einer mit der Entlassenenbetreuung befassten Stelle überweisen, die darüber entscheidet, wie das Geld innerhalb der ersten vier Wochen nach der Entlassung an den Strafgefangenen oder den Jugendstrafgefangenen ausgezahlt wird. Das Geld ist vom sonstigen Vermögen gesondert zu halten. Mit Zustimmung des Strafgefangenen oder des Jugendstrafgefangenen kann das Überbrückungsgeld auch an seine Unterhaltsberechtigten überwiesen werden.

(4) Der Anstaltsleiter kann dem Strafgefangenen oder dem Jugendstrafgefangenen gestatten, dass er das Überbrückungsgeld vor seiner Entlassung für Ausgaben in Anspruch nimmt, die seiner Eingliederung dienen.

4 Vorb. 5, 4 I 11, 4 I 64, 4 I 67, 4 I 68, 4 I 73, 4 I 75, 4 I 78, 4 I 83, 4 I 84, 4 I 85, 4 I 87, 4 I 88, 4 I 91, 11 M 32

§ 70 Eigengeld

(1) Soweit Ansprüche der in § 67 Abs. 1 bezeichneten Art nicht als Hausgeld oder Überbrückungsgeld gutgeschrieben werden, werden sie als Eigengeld gutgeschrieben.

(2) Die Verwendung des Eigengeldes für den Einkauf ist ausgeschlossen. Verfügt der Gefangene ohne Verschulden nicht über Hausgeld, so ist ihm zu gestatten, in angemessenem Umfang vom Eigengeld einzukaufen.

(3) Hat das Überbrückungsgeld noch nicht die nach § 69 Abs. 2 Satz 2 festgesetzte Höhe erreicht, so ist die Verfügung über das Guthaben auf dem Eigengeldkonto in Höhe des Unterschiedsbetrages ausgeschlossen. § 69 Abs. 4 gilt entsprechend.

4 Vorb. 5, 4 I 11, 4 I 88, 4 I 93, 4 I 101, 4 I 102, 4 I 103, 4 I 105, 4 I 106, 4 I 112, 6 C 14, 6 C 15, 11 C 17

§ 71 Zweckgebundene Einzahlungen

Für Maßnahmen der Eingliederung, insbesondere Kosten der Gesundheitsfürsorge, der Ausbildung und der Fortbildung, sowie für Maßnahmen der Pflege sozialer Beziehungen, insbesondere Telefonkosten und Fahrtkosten anlässlich von Lockerungen, sowie für den Einkauf nach § 61 Abs. 3 kann zweckgebunden Geld eingezahlt werden. Das Geld darf nur für diese Zwecke verwendet werden. Der Anspruch auf Auszahlung ist nicht übertragbar.

4 Vorb. 5, 4 I 12, 4 I 126, 4 I 127

§ 72 Haftkostenbeitrag, Kostenbeteiligung

(1) Die Anstalt erhebt von dem Strafgefangenen oder dem Jugendstrafgefangenen, der sich in einem freien Beschäftigungsverhältnis befindet oder über anderweitige regelmäßige Einkünfte verfügt, für diese Zeit einen Haftkostenbeitrag. Vergütungen nach diesem Gesetz bleiben unberücksichtigt. Dem Strafgefangenen oder dem Jugendstrafgefangenen muss täglich ein Tagessatz gemäß § 64 Abs. 3 Satz 2 verbleiben.

(2) Der Haftkostenbeitrag wird in Höhe des Betrages erhoben, der nach § 17 Abs. 1 Satz 1 Nr. 4 des Vierten Buches Sozialgesetzbuch durchschnittlich zur Bewertung der Sachbezüge festgesetzt ist. Bei Selbstverpflegung entfallen die für die Verpflegung vorgesehenen Beträge. Für den Wert der Unterkunft ist die festgesetzte Belegungsfähigkeit maßgebend.

(3) Der Gefangene wird an den Betriebs- und Energiekosten für die in seinem Gewahrsam befindlichen Geräte und an den Kosten für die Überlassung von Hörfunk- und Fernsehgeräten sowie Geräten der Informations- und Unterhaltungselektronik beteiligt.

(4) Das für Justizvollzug zuständige Ministerium wird ermächtigt, durch Verordnung näher zu regeln, unter welchen Voraussetzungen und in welcher Höhe Kostenbeiträge nach Absatz 3 erhoben werden können. Für die Bemessung können pauschale Sätze festgelegt werden. Für einzelne Kostenbeiträge kann

vorgesehen werden, dass die tatsächlich entstandenen Kosten in voller Höhe von dem Gefangenen zu tragen sind.

(5) Von der Erhebung von Kostenbeiträgen ist abzusehen, soweit dies notwendig ist, um die Erreichung des Vollzugsziels nicht zu gefährden. Für Zeiten, in denen der Gefangene unverschuldet bedürftig ist, soll von der Erhebung von Kostenbeiträgen abgesehen werden.

(6) Zur Durchsetzung eines Anspruchs nach den Absätzen 1 bis 3 kann die Anstalt gegen den Anspruch auf Auszahlung des Hausgeldes aufrechnen, soweit der Anspruch auf Auszahlung des Hausgeldes den dreifachen Tagessatz der Eckvergütung nach § 64 Abs. 3 übersteigt.

4 Vorb. 5, 4 H 29, 4 I 34, 4 I 41, 4 I 43, 4 I 45, 4 I 48, 4 I 53, 4 I 55, 4 I 56, 4 I 57, 4 I 59, 5 C 32, 5 C 40

Abschnitt 11. Gesundheitsfürsorge

§ 73 Art und Umfang der medizinischen Leistungen, Kostenbeteiligung

(1) Der Gefangene hat Anspruch auf die notwendigen, ausreichenden und zweckmäßigen medizinischen Leistungen unter Beachtung des Grundsatzes der Wirtschaftlichkeit und unter Berücksichtigung des allgemeinen Standards der gesetzlichen Krankenversicherung. Der Anspruch umfasst auch Vorsorgeleistungen, ferner die Versorgung mit medizinischen Hilfsmitteln, soweit diese mit Rücksicht auf die Dauer des Freiheitsentzugs nicht ungerechtfertigt ist und die Hilfsmittel nicht als allgemeine Gebrauchsgegenstände des täglichen Lebens anzusehen sind.

(2) An den Kosten nach Absatz 1 kann der Gefangene in angemessenem Umfang beteiligt werden, höchstens jedoch bis zum Umfang der Beteiligung vergleichbarer gesetzlich Versicherter. Für Leistungen, die über Absatz 1 hinausgehen, werden dem Gefangenen die gesamten Kosten auferlegt.

(3) Erhält der Gefangene Leistungen nach Absatz 1 infolge einer mutwilligen Selbstverletzung, wird er in angemessenem Umfang an den Kosten beteiligt.

(4) Bei dem Strafgefangenen oder dem Jugendstrafgefangenen unterbleibt die Kostenbeteiligung, wenn hierdurch die Erreichung des Vollzugsziels, insbesondere die Eingliederung, gefährdet würde.

(5) Dem Untersuchungsgefangenen soll der Anstaltsleiter nach Anhörung des ärztlichen Dienstes der Anstalt auf seinen Antrag hin gestatten, auf seine Kosten externen ärztlichen Rat einzuholen. Die Erlaubnis kann versagt werden, wenn der Untersuchungsgefangene die gewählte ärztliche Vertrauensperson und den ärztlichen Dienst der Anstalt nicht wechselseitig von der Schweigepflicht entbindet oder dies zur Umsetzung einer Anordnung nach § 119 Abs. 1 der Strafprozessordnung oder zur Aufrechterhaltung der Sicherheit oder Ordnung der Anstalt erforderlich ist. Die Konsultation soll in der Anstalt stattfinden.

4 I 55, 6 E 1, 6 E 3, 6 F 1, 6 F 18, 6 F 19, 6 F 20, 6 F 23, 6 F 25, 6 F 28, 6 F 35, 11 J 17, 11 J 18

§ 74 Durchführung der medizinischen Leistungen, Forderungsübergang

(1) Medizinische Diagnose, Behandlung und Versorgung des kranken und hilfsbedürftigen Gefangenen erfolgen in der Anstalt. Ein kranker Gefangener kann in eine hierfür besser geeignete Anstalt oder Einrichtung oder ein Vollzugskrankenhaus, ausnahmsweise auch außerhalb des Vollzugs überstellt oder verlegt werden. Erweist sich eine Maßregelvollzugseinrichtung des Landes Sachsen-Anhalt bei Vorliegen einer psychischen Erkrankung als besser geeignet für die erforderliche Behandlung und erfolgt insoweit eine Verlegung, gelten für die Zeit der dortigen Unterbringung die Vorschriften des Maßregelvollzugsgesetzes Sachsen-Anhalt. Erfolgt eine Behandlung des jungen Gefangenen außerhalb der Anstalt, sind die Personensorgeberechtigten und das Jugendamt, im Vollzug der Jugendstrafe auch der Vollstreckungsleiter zu unterrichten. Im Vollzug der Untersuchungshaft ist dem Gericht und der Staatsanwaltschaft im Falle einer Behandlung außerhalb der Anstalt nach Möglichkeit Gelegenheit zur Stellungnahme zu geben.

(2) Wird die Strafvollstreckung während einer Behandlung des Strafgefangenen oder des Jugendstrafgefangenen unterbrochen oder beendet oder wird der Untersuchungsgefangene während einer Behandlung aus der Haft entlassen, so hat das Land nur diejenigen Kosten zu tragen, die bis zur Unterbrechung oder Beendigung der Strafvollstreckung oder bis zur Entlassung angefallen sind.

(3) Gesetzliche Schadensersatzansprüche, die dem Gefangenen infolge einer Körperverletzung gegen Dritte zustehen, gehen insoweit auf das Land über, als dem Gefangenen Leistungen nach § 73 Abs. 1 zu gewähren sind. Von der Geltendmachung der Ansprüche ist im Interesse des Strafgefangenen oder des Jugendstrafgefangenen abzusehen, wenn hierdurch die Erreichung des Vollzugsziels, insbesondere die Eingliederung, gefährdet würde.

6 F 58, 6 F 59, 6 F 61, 6 F 62, 6 F 65, 6 F 71, 11 J 19

§ 75 Ärztliche Behandlung zur sozialen Eingliederung

Mit Zustimmung des Strafgefangenen oder des Jugendstrafgefangenen soll die Anstalt ärztliche Behandlungen, insbesondere Operationen oder prothetische Maßnahmen, durchführen lassen, die seine soziale Eingliederung fördern. Die Kosten trägt der Strafgefangene oder der Jugendstrafgefangene. Ist er dazu nicht in der Lage, kann die Anstalt die Kosten in begründeten Fällen in angemessenem Umfang übernehmen, soweit nicht ein Dritter leistungspflichtig ist.

4 I 55, 6 F 41, 6 F 42, 6 F 48, 6 F 50

§ 76 Gesundheitsschutz und Hygiene

(1) Die Anstalt unterstützt den Gefangenen bei der Wiederherstellung und Erhaltung seiner physischen und psychischen Gesundheit. Sie fördert das Bewusstsein für gesunde Ernährung und Lebensführung. Der Gefangene hat die notwendigen Anordnungen zum Gesundheitsschutz und zur Hygiene zu befolgen.

(2) Dem Gefangenen wird ermöglicht, sich täglich mindestens eine Stunde im Freien aufzuhalten.

6 D 1, 6 D 17, 6 D 24, 6 G 1, 6 G 6, 10 C 43

§ 77 Krankenbehandlung während der Lockerungen

(1) Der Strafgefangene oder der Jugendstrafgefangene hat während der Lockerungen einen Anspruch auf medizinische Leistungen gegen das Land nur in der für ihn zuständigen Anstalt.

(2) Der Anspruch auf Leistungen ruht, solange der Strafgefangene oder der Jugendstrafgefangene aufgrund eines freien Beschäftigungsverhältnisses krankenversichert ist.

4 H 5, 6 F 51, 6 F 55

§ 78 Zwangsmaßnahmen auf dem Gebiet der Gesundheitsfürsorge

(1) Eine medizinische Untersuchung und Behandlung ist ohne Einwilligung des Gefangenen zulässig, um den Erfolg eines Selbsttötungsversuches zu verhindern. Eine Maßnahme nach Satz 1 ist auch zulässig, wenn von einem Gefangenen eine Gefahr für die Gesundheit einer anderen Person ausgeht und die Maßnahme verhältnismäßig ist.

(2) Eine medizinische Untersuchung und Behandlung sowie Zwangsernährung sind auch bei Lebensgefahr oder schwerwiegender Gefahr für die Gesundheit des Gefangenen zulässig, soweit dieser zur Einsicht in das Vorliegen der Gefahr und die Notwendigkeit der Maßnahme oder zum Handeln gemäß solcher Einsicht krankheitsbedingt nicht fähig ist.

(3) Eine Maßnahme nach Absatz 1 darf nur angeordnet werden, wenn
1. eine Patientenverfügung im Sinne des § 1901a Abs. 1 Satz 1 des Bürgerlichen Gesetzbuchs, deren Festlegungen auf die aktuelle Lebens- und Behandlungssituation zutreffen und gegen die Durchführung der Maßnahme gerichtet sind, nicht vorliegt,
2. der Gefangene durch einen Arzt über Notwendigkeit, Art, Umfang, Dauer, zu erwartende Folgen und Risiken der Maßnahme in einer seiner Auffassungsgabe und seinem Gesundheitszustand angemessenen Weise informiert wurde,
3. der ernsthafte und ohne Ausübung von Druck unternommene Versuch eines Arztes, ein Einverständnis zu der Maßnahme zu erreichen, erfolglos geblieben ist,
4. die Maßnahme zur Abwendung der Gefahren nach Absatz 1 geeignet und erforderlich ist und
5. der von der Maßnahme erwartete Nutzen die mit der Maßnahme verbundenen Belastungen und die durch das Unterlassen der Maßnahme möglichen Schäden deutlich überwiegt.

(4) Maßnahmen nach den Absätzen 1 und 2 dürfen nur auf Anordnung und unter Leitung eines Arztes durchgeführt werden, unbeschadet der Leistung erster Hilfe für den Fall, dass ein Arzt nicht rechtzeitig erreichbar und mit einem Aufschub Lebensgefahr verbunden ist. Die Anordnung bedarf in den Fällen des Absatzes 1 Satz 2 und des Absatzes 2 der Zustimmung eines Arztes, der für eine andere Vollzugsbehörde tätig ist, und des Anstaltsleiters. Die Gründe für die Anordnung der Maßnahme nach den Absätzen 1 und 2, in den Fällen des Absatzes 2 auch das Vorliegen der dort genannten Voraussetzungen, sowie die ergriffene Maßnahme, einschließlich ihres Zwangscharakters, der Durchsetzungsweise und der Wirkungsüberwachung, sowie der Untersuchungs- und Behandlungsverlauf sind zu dokumentieren. Gleiches gilt für Erklärungen des Gefangenen, die im Zusammenhang mit Zwangsmaßnahmen von Bedeutung sein können.

(5) Maßnahmen nach Absatz 1 Satz 2 und Absatz 2 sind dem Gefangenen vor Durchführung der Maßnahme schriftlich bekannt zu geben. Er ist darüber zu belehren, dass gegen die Anordnung bei Gericht um

einstweiligen Rechtsschutz nachgesucht und auch Antrag auf gerichtliche Entscheidung gestellt werden kann. Eine Anordnung ist so lange nicht zu vollziehen, bis der Gefangene Gelegenheit hatte, eine gerichtliche Entscheidung herbeizuführen.

(6) Bei Gefahr im Verzug finden die Bestimmungen in Absatz 3 Nrn. 2 und 3, Absatz 4 Satz 2 und Absatz 5 keine Anwendung.

(7) Die zwangsweise körperliche Untersuchung des Gefangenen zum Gesundheitsschutz und zur Hygiene ist nur zulässig, wenn sie nicht mit einem körperlichen Eingriff verbunden ist. Sie bedarf der Anordnung eines Arztes und ist unter dessen Leitung durchzuführen.

11 K 5, 11 L 1, 11 L 3, 11 L 7, 11 L 14, 11 L 15, 11 L 20, 11 L 23

§ 79 Benachrichtigungspflicht

Erkrankt der Gefangene schwer oder verstirbt er, werden Angehörige und Personensorgeberechtigte unverzüglich benachrichtigt. Dem Wunsch des Gefangenen, auch andere Personen zu benachrichtigen, soll nach Möglichkeit entsprochen werden.

6 H 1, 6 H 2

Abschnitt 12. Religionsausübung

§ 80 Seelsorge

(1) Dem Gefangenen darf religiöse Betreuung durch einen Seelsorger seiner Religionsgemeinschaft nicht versagt werden. Auf Wunsch ist ihm zu helfen, mit einem Seelsorger seiner Religionsgemeinschaft in Verbindung zu treten.

(2) Der Gefangene darf grundlegende religiöse Schriften sowie in angemessenem Umfang Gegenstände des religiösen Gebrauchs besitzen. Diese dürfen ihm nur bei grobem Missbrauch entzogen werden.

8 A 14, 8 A 19, 8 A 21, 8 A 22, 8 A 23

§ 81 Religiöse Veranstaltungen

(1) Der Gefangene hat das Recht, am Gottesdienst und an anderen religiösen Veranstaltungen seines Bekenntnisses teilzunehmen.

(2) Die Zulassung zu den Gottesdiensten oder zu religiösen Veranstaltungen einer anderen Religionsgemeinschaft bedarf der Zustimmung des Seelsorgers der Religionsgemeinschaft.

(3) Der Gefangene kann von der Teilnahme am Gottesdienst oder an anderen religiösen Veranstaltungen ausgeschlossen werden, wenn dies aus überwiegenden Gründen der Sicherheit oder Ordnung, bei dem Untersuchungsgefangenen auch zur Umsetzung einer Anordnung nach § 119 Abs. 1 der Strafprozessordnung geboten ist; der Seelsorger soll vorher gehört werden.

8 B 1, 8 B 18, 8 B 22

§ 82 Weltanschauungsgemeinschaften

Für Angehörige weltanschaulicher Bekenntnisse gelten die §§ 80 und 81 entsprechend.

8 C 1 ff

Abschnitt 13. Sicherheit und Ordnung

§ 83 Grundsatz

(1) Sicherheit und Ordnung der Anstalt bilden die Grundlage für ein geordnetes Zusammenleben in der Anstalt, das im Vollzug der Freiheitsstrafe oder der Jugendstrafe auch auf die Erreichung des Vollzugsziels ausgerichtet ist, und tragen dazu bei, dass in der Anstalt ein gewaltfreies Klima herrscht.

(2) Die Pflichten und Beschränkungen, die dem Gefangenen zur Aufrechterhaltung der Sicherheit oder Ordnung der Anstalt auferlegt werden, sind so zu wählen, dass sie in einem angemessenen Verhältnis zu ihrem Zweck stehen und den Gefangenen nicht mehr und nicht länger als notwendig beeinträchtigen.

11 A 4, 11 A 6, 11 A 9, 11 I 4

§ 84 Allgemeine Verhaltenspflichten

(1) Der Gefangene ist für das geordnete Zusammenleben in der Anstalt mitverantwortlich, darf dieses nicht stören und muss mit seinem Verhalten dazu beitragen. Auf eine einvernehmliche Streitbeilegung ist hinzuwirken.

(2) Der Gefangene hat sich nach der Tageseinteilung der Anstalt zu richten und die Anordnungen der Bediensteten zu befolgen, auch wenn er sich durch diese beschwert fühlt. Einen ihm zugewiesenen Bereich darf er nicht ohne Erlaubnis verlassen.

(3) Der Gefangene hat seinen Haftraum und die ihm von der Anstalt überlassenen Sachen in Ordnung zu halten und schonend zu behandeln.

(4) Der Gefangene hat Umstände, die eine Gefahr für das Leben oder eine erhebliche Gefahr für die Gesundheit einer Person bedeuten, unverzüglich zu melden.

11 A 4, 11 A 7, 11 B 5, 11 B 6, 11 B 7, 11 B 8, 11 B 9

§ 85 Absuchung, Durchsuchung

(1) Der Gefangene, seine Sachen und sein Haftraum dürfen mit Hilfsmitteln abgesucht und durchsucht werden. Die Durchsuchung eines männlichen Gefangenen darf nur von Männern, die Durchsuchung eines weiblichen Gefangenen darf nur von Frauen vorgenommen werden. Das Schamgefühl ist zu schonen.

(2) Nur bei Gefahr im Verzug oder auf Anordnung des Anstaltsleiters im Einzelfall ist es zulässig, eine mit einer Entkleidung verbundene körperliche Durchsuchung vorzunehmen. Sie darf bei einem männlichen Gefangenen nur in Gegenwart von Männern, bei einem weiblichen Gefangenen nur in Gegenwart von Frauen erfolgen. Sie ist in einem geschlossenen Raum durchzuführen. Andere Gefangene dürfen nicht anwesend sein.

(3) Der Anstaltsleiter kann allgemein anordnen, dass der Gefangene in der Regel bei der Aufnahme, vor und nach Kontakten mit Besuchern sowie vor und nach jeder Abwesenheit von der Anstalt zu durchsuchen ist.

11 D 2, 11 D 4, 11 D 7, 11 D 9, 11 D 10

§ 86 Sichere Unterbringung

Der Gefangene kann in eine andere Anstalt verlegt werden, die zu seiner sicheren Unterbringung besser geeignet ist, solange die Gefahr der Entweichung oder Befreiung aus der Anstalt gegeben ist oder sonst sein Verhalten oder sein Zustand eine Gefahr für die Sicherheit der Anstalt darstellt. Hierzu kann die Verlegung auch zeitlich befristet werden. § 23 Abs. 4 bis 6 und § 114 Abs. 2 gelten entsprechend.

11 E 1, 11 E 2, 11 E 4, 11 E 9

§ 87 Maßnahmen zur Feststellung von Suchtmittelkonsum

(1) Zur Aufrechterhaltung der Sicherheit oder Ordnung der Anstalt kann der Anstaltsleiter allgemein oder im Einzelfall Maßnahmen anordnen, die geeignet sind, den Gebrauch von Suchtmitteln festzustellen. Diese Maßnahmen dürfen nicht mit einem körperlichen Eingriff verbunden sein.

(2) Verweigert der Gefangene die Mitwirkung an Maßnahmen nach Absatz 1 ohne hinreichenden Grund, ist davon auszugehen, dass Suchtmittelfreiheit nicht gegeben ist.

(3) Wird verbotener Suchtmittelgebrauch festgestellt, können die Kosten der Maßnahmen dem Gefangenen auferlegt werden.

11 D 3, 11 D 12, 11 D 15, 11 D 16, 11 D 17, 11 D 18

§ 88 Festnahmerecht

Der Gefangene, der entwichen ist oder sich sonst ohne Erlaubnis außerhalb der Anstalt aufhält, darf durch die Anstalt oder auf ihre Veranlassung festgenommen und zurückgebracht werden. Führt die Verfolgung oder die von der Anstalt veranlasste Fahndung nicht alsbald zur Wiederergreifung, so sind die weiteren Maßnahmen der Vollstreckungsbehörde zu überlassen.

10 C 14, 11 G 2, 11 G 4

§ 89 Besondere Sicherungsmaßnahmen

(1) Gegen den Gefangenen können besondere Sicherungsmaßnahmen angeordnet werden, wenn nach seinem Verhalten oder aufgrund seines seelischen Zustandes die Gefahr der Entweichung, von Gewalttätigkeiten gegen Personen oder Sachen, der Selbstverletzung oder der Selbsttötung besteht.

(2) Als besondere Sicherungsmaßnahmen sind zulässig:
1. der Entzug oder die Vorenthaltung von Gegenständen,
2. die Beobachtung des Gefangenen, auch mit technischen Hilfsmitteln,
3. die Trennung von allen anderen Gefangenen (Absonderung),
4. der Entzug oder die Beschränkung des Aufenthalts im Freien,
5. die Unterbringung in einem besonders gesicherten Haftraum ohne gefährdende Gegenstände,
6. die Fesselung.

(3) Mehrere besondere Sicherungsmaßnahmen können nebeneinander angeordnet werden, wenn die Gefahr nicht anders abgewendet werden kann.

(4) Maßnahmen nach Absatz 2 Nrn. 1 und 3 bis 5 sind auch zulässig, wenn die Gefahr einer Befreiung oder eine erhebliche Störung der Ordnung anders nicht vermieden oder behoben werden kann, nach Absatz 2 Nr. 4 jedoch nicht bei jungen Gefangenen.

(5) Eine Absonderung von mehr als 24 Stunden Dauer ist nur zulässig, wenn sie zur Abwehr einer in der Person des Gefangenen liegenden Gefahr unerlässlich ist.

(6) In der Regel dürfen Fesseln nur an den Händen oder an den Füßen angelegt werden. Im Interesse des Gefangenen kann der Anstaltsleiter eine andere Art der Fesselung anordnen. Die Fesselung wird zeitweise gelockert, soweit dies notwendig ist.

(7) Der Gefangene wird bei einer Ausführung, Vorführung oder beim Transport gefesselt, wenn nicht Erkenntnisse über ihn vorliegen, aufgrund derer verlässlich beurteilt werden kann, dass er sich dem weiteren Vollzug der Freiheitsstrafe, der Jugendstrafe oder der Untersuchungshaft nicht entziehen wird; dabei sind auch die Belange der Untersuchungshaft, die Vollzugsdauer und die Länge des davon bereits verbüßten Teils zu berücksichtigen.

11 I 3, 11 I 4, 11 I 5, 11 I 8, 11 I 10, 11 I 14, 11 I 27, 11 I 39, 11 I 42, 11 I 46, 11 I 50, 11 I 51, 11 I 53

§ 90 Anordnung besonderer Sicherungsmaßnahmen, Verfahren

(1) Besondere Sicherungsmaßnahmen ordnet der Anstaltsleiter an. Bei Gefahr im Verzug können auch andere Bedienstete diese Maßnahmen vorläufig anordnen; die Entscheidung des Anstaltsleiters ist unverzüglich einzuholen.

(2) Wird der Gefangene ärztlich behandelt oder beobachtet oder bildet sein seelischer Zustand den Anlass der besonderen Sicherungsmaßnahme, ist vorher eine ärztliche Stellungnahme einzuholen. Ist dies wegen Gefahr im Verzug nicht möglich, wird die Stellungnahme unverzüglich nachträglich eingeholt.

(3) Die Entscheidung wird dem Gefangenen eröffnet und mit einer kurzen Begründung schriftlich abgefasst.

(4) Besondere Sicherungsmaßnahmen dürfen nur so weit aufrechterhalten werden, wie es ihr Zweck erfordert. Sie sind in angemessenen Abständen daraufhin zu überprüfen, ob und in welchem Umfang sie aufrechterhalten werden müssen.

(5) Besondere Sicherungsmaßnahmen nach § 89 Abs. 2 Nrn. 3, 5 und 6 sind der Aufsichtsbehörde, im Vollzug der Untersuchungshaft auch dem Gericht und der Staatsanwaltschaft, unverzüglich mitzuteilen, wenn sie länger als drei Tage aufrechterhalten werden. Absonderung und Unterbringung im besonders gesicherten Haftraum von mehr als 30 Tagen Gesamtdauer innerhalb von zwölf Monaten bedürfen der Zustimmung der Aufsichtsbehörde.

(6) Während der Absonderung und Unterbringung in einem besonders gesicherten Haftraum ist der Gefangene in besonderem Maße zu betreuen. Ist er darüber hinaus gefesselt, ist er ständig und in unmittelbarem Sichtkontakt zu beobachten.

11 I 3, 11 I 4, 11 I 6, 11 I 7, 11 I 28, 11 I 32, 11 I 33, 11 I 34, 11 I 37, 11 I 44, 11 I 45, 11 I 49, 11 I 55, 11 I 56, 11 I 61, 11 I 62, 11 I 63, 11 I 64

§ 91 Ärztliche Überwachung

(1) Ist der Gefangene in einem besonders gesicherten Haftraum untergebracht oder gefesselt, sucht ihn der Arzt alsbald und in der Folge täglich auf. Dies gilt nicht bei einer Fesselung während einer Ausführung, Vorführung oder eines Transportes sowie bei Bewegungen innerhalb der Anstalt.

(2) Der Arzt ist regelmäßig zu hören, solange dem Gefangenen der tägliche Aufenthalt im Freien entzogen oder er länger als 24 Stunden abgesondert ist.

6 I 1, 6 I 2, 6 I 6, 6 I 7, 11 I 48, 11 I 53

Abschnitt 14. Unmittelbarer Zwang

§ 92 Begriffsbestimmungen

(1) Unmittelbarer Zwang ist die Einwirkung auf Personen oder Sachen durch körperliche Gewalt, durch ihre Hilfsmittel oder durch Waffen.

(2) Körperliche Gewalt ist jede unmittelbare körperliche Einwirkung auf Personen oder Sachen.

(3) Hilfsmittel der körperlichen Gewalt sind insbesondere Fesseln und Reizstoffe. Waffen sind Hieb- und Schusswaffen.

(4) Es dürfen nur dienstlich zugelassene Hilfsmittel und Waffen verwendet werden.

11 K 5, 11 K 24, 11 K 31, 11 K 32, 11 K 37

§ 93 Allgemeine Voraussetzungen

(1) Bedienstete dürfen unmittelbaren Zwang anwenden, wenn sie Vollzugs- und Sicherungsmaßnahmen rechtmäßig durchführen und der damit verfolgte Zweck auf keine andere Weise erreicht werden kann.

(2) Gegen andere Personen als den Gefangenen darf unmittelbarer Zwang angewendet werden, wenn sie es unternehmen, Gefangene zu befreien oder widerrechtlich in die Anstalt einzudringen, oder wenn sie sich unbefugt darin aufhalten.

(3) Unmittelbarer Zwang darf aufgrund anderer Rechtsvorschriften ausgeübt werden.

11 K 5, 11 K 8, 11 K 11, 11 K 14, 11 K 15, 11 K 16, 11 K 17, 11 K 18, 11 K 19, 11 K 20, 11 K 23

§ 94 Grundsatz der Verhältnismäßigkeit

(1) Unter mehreren möglichen und geeigneten Maßnahmen des unmittelbaren Zwangs sind diejenigen zu wählen, die den Einzelnen und die Allgemeinheit voraussichtlich am wenigsten beeinträchtigen.

(2) Unmittelbarer Zwang unterbleibt, wenn ein durch ihn zu erwartender Schaden erkennbar außer Verhältnis zu dem angestrebten Erfolg steht.

11 K 5, 11 K 38

§ 95 Androhung

Unmittelbarer Zwang ist vorher anzudrohen. Die Androhung darf nur dann unterbleiben, wenn die Umstände sie nicht zulassen oder unmittelbarer Zwang sofort angewendet werden muss, um eine rechtswidrige Tat, die den Tatbestand eines Strafgesetzes erfüllt, zu verhindern oder eine gegenwärtige Gefahr abzuwenden.

11 K 5, 11 K 53, 11 K 74, 11 K 75

§ 96 Schusswaffengebrauch

(1) Der Gebrauch von Schusswaffen durch Bedienstete innerhalb der Anstalt ist verboten. Satz 1 gilt nicht für Polizeivollzugsbeamte, die das Recht zum Schusswaffengebrauch aufgrund anderer Vorschriften ausüben.

(2) Außerhalb der Anstalt dürfen Schusswaffen durch Bedienstete nach Maßgabe der folgenden Absätze nur gebraucht werden, wenn andere Maßnahmen des unmittelbaren Zwangs bereits erfolglos waren oder keinen Erfolg versprechen. Gegen Personen ist ihr Gebrauch nur zulässig, wenn der Zweck nicht durch Waffenwirkung gegen Sachen erreicht werden kann.

(3) Schusswaffen dürfen nur die dazu bestimmten Bediensteten gebrauchen und nur, um angriffs- oder fluchtunfähig zu machen. Ihr Gebrauch unterbleibt, wenn dadurch erkennbar Unbeteiligte mit hoher Wahrscheinlichkeit gefährdet würden.

(4) Der Gebrauch von Schusswaffen ist vorher anzudrohen. Als Androhung gilt auch ein Warnschuss. Ohne Androhung dürfen Schusswaffen nur dann gebraucht werden, wenn dies zur Abwehr einer gegenwärtigen Gefahr für Leib oder Leben erforderlich ist.

(5) Gegen den Gefangenen dürfen Schusswaffen gebraucht werden,
1. wenn er eine Waffe oder ein anderes gefährliches Werkzeug trotz wiederholter Aufforderung nicht ablegt,
2. wenn er eine Meuterei nach § 121 des Strafgesetzbuches unternimmt oder
3. um seine Entweichung zu vereiteln oder um ihn wiederzuergreifen.

Satz 1 Nrn. 2 und 3 findet auf den minderjährigen Gefangenen oder auf eine Gefangene, die erkennbar schwanger ist, keine Anwendung. Satz 1 Nr. 3 findet keine Anwendung auf den Gefangenen, der im offenen Vollzug untergebracht ist. Satz 3 gilt nicht, wenn der Schusswaffengebrauch das einzige Mittel zur Abwehr einer gegenwärtigen Lebensgefahr ist.

(6) Gegen andere Personen dürfen Schusswaffen gebraucht werden, wenn sie es unternehmen, Gefangene gewaltsam zu befreien.

11 K 5, 11 K 60, 11 K 62, 11 K 63, 11 K 66, 11 K 68, 11 K 69, 11 K 74, 11 K 75, 11 K 79, 11 K 83, 11 K 85, 11 K 86, 11 K 87, 11 K 90, 11 K 91

Abschnitt 15. Erzieherische Maßnahmen, Disziplinarmaßnahmen

§ 97 Erzieherische Maßnahmen

(1) Verstöße des jungen Gefangenen gegen Pflichten, die ihm durch oder aufgrund dieses Gesetzes auferlegt sind, sind unverzüglich im erzieherischen Gespräch aufzuarbeiten. Daneben können erzieherische Maßnahmen angeordnet werden, die geeignet sind, dem jungen Gefangenen sein Fehlverhalten bewusst zu machen. Als erzieherische Maßnahmen kommen insbesondere die Erteilung von Weisungen und Auflagen, die Beschränkung oder der Entzug einzelner Gegenstände für die Freizeitbeschäftigung und der Ausschluss von gemeinsamer Freizeit oder von einzelnen Freizeitveranstaltungen bis zur Dauer einer Woche in Betracht.

(2) In geeigneten Fällen können im Wege einvernehmlicher Streitbeilegung Vereinbarungen getroffen werden. Insbesondere kommen die Wiedergutmachung des Schadens, die Entschuldigung bei den Geschädigten, die Erbringung von Leistungen für die Gemeinschaft und der vorübergehende Verbleib im Haftraum in Betracht. Erfüllt der junge Gefangene die Vereinbarung, ist die Anordnung einer erzieherischen Maßnahme aufgrund dieser Verfehlung ausgeschlossen.

(3) Der Anstaltsleiter legt fest, welche Bediensteten befugt sind, erzieherische Maßnahmen anzuordnen.

(4) Es sollen solche erzieherischen Maßnahmen angeordnet werden, die mit der Verfehlung in Zusammenhang stehen.

§ 98 Disziplinarmaßnahmen

(1) Disziplinarmaßnahmen können angeordnet werden, wenn der Gefangene rechtswidrig und schuldhaft
1. andere Personen verbal oder tätlich angreift,
2. Lebensmittel oder fremde Sachen zerstört oder beschädigt,
3. in sonstiger Weise gegen Strafgesetze verstößt oder eine Ordnungswidrigkeit begeht,
4. verbotene Gegenstände in die Anstalt einbringt, sich an deren Einbringung beteiligt, sie besitzt, weitergibt oder dies versucht,
5. unerlaubt Betäubungsmittel oder andere berauschende Stoffe, insbesondere Alkohol, konsumiert, herstellt, besitzt, annimmt, weitergibt oder dies versucht,
6. entweicht oder zu entweichen versucht,
7. gegen Weisungen im Zusammenhang mit der Gewährung von Lockerungen verstößt, insbesondere sich während der Lockerungen dem weiteren Vollzug der Freiheitsstrafe oder Jugendstrafe entzieht oder dies versucht,
8. gegen eine Anordnung nach § 119 Abs. 1 der Strafprozessordnung verstößt,
9. Anordnungen der Bediensteten nicht befolgt,
10. sich weigert, an einer Maßnahme nach § 87 Abs. 1 mitzuwirken,
11. durch sein Verhalten das geordnete Zusammenleben in der Anstalt stört,
12. wiederholt oder schwerwiegend gegen sonstige Pflichten verstößt, die ihm durch dieses Gesetz oder aufgrund dieses Gesetzes auferlegt sind, oder
13. sich zugewiesenen Aufgaben oder Bereichen entzieht.

Von einer Disziplinarmaßnahme wird abgesehen, wenn es genügt, den Gefangenen zu verwarnen.

(2) Disziplinarmaßnahmen dürfen gegen den jungen Gefangenen nur angeordnet werden, wenn erzieherische Maßnahmen nicht nach § 97 Abs. 2 Satz 3 ausgeschlossen sind oder nicht ausreichen, um ihm das Unrecht seiner Handlung zu verdeutlichen.

Anhang

(3) Zulässige Disziplinarmaßnahmen sind
1. der Verweis,
2. die Beschränkung oder der Entzug des Fernsehempfangs bis zu drei Monaten,
3. die Beschränkung oder der Entzug der Gegenstände für die Freizeitbeschäftigung, mit Ausnahme des Lesestoffs, bis zu drei Monaten,
4. die Beschränkung oder der Entzug des Aufenthalts in Gemeinschaft oder der Teilnahme an einzelnen Freizeitveranstaltungen bis zu drei Monaten,
5. die Beschränkung der Verfügung über das Hausgeld und des Einkaufs bis zu drei Monaten,
6. die Beschränkung oder der Entzug von Annehmlichkeiten nach § 62 bis zu drei Monaten,
7. die Kürzung der in diesem Gesetz geregelten Bezüge um 10 v. H. bis zu drei Monaten,
8. der Entzug der zugewiesenen Arbeit bis zu vier Wochen und
9. Arrest bis zu vier Wochen.

Bei dem jungen Gefangenen findet Satz 1 Nr. 1 keine Anwendung; Maßnahmen nach Satz 1 Nrn. 2 bis 7 sind nur bis zu zwei Monaten und Maßnahmen nach Satz 1 Nrn. 8 und 9 nur bis zu zwei Wochen zulässig.

(4) Arrest darf nur wegen schwerer oder mehrfach wiederholter Verfehlungen verhängt werden.

(5) Mehrere Disziplinarmaßnahmen können miteinander verbunden werden.

(6) Disziplinarmaßnahmen sind auch zulässig, wenn wegen derselben Verfehlung ein Strafverfahren oder ein Bußgeldverfahren eingeleitet wird.

(7) Bei der Auswahl der Disziplinarmaßnahmen im Vollzug der Untersuchungshaft sind Grund und Zweck der Haft sowie die psychischen Auswirkungen der Untersuchungshaft und des Strafverfahrens auf den Untersuchungsgefangenen zu berücksichtigen. Durch die Anordnung und den Vollzug einer Disziplinarmaßnahme dürfen im Strafverfahren die Verteidigung, die Verhandlungsfähigkeit und die Verfügbarkeit des Untersuchungsgefangenen für die Verhandlung nicht beeinträchtigt werden.

1 E 7, *11 C 11*, *11 M 3*, *11 M 4*, *11 M 5*, *11 M 6*, *11 M 7*, *11 M 8*, *11 M 9*, *11 M 10*, *11 M 11*, *11 M 12*, *11 M 17*, *11 M 18*, *11 M 19*, *11 M 22*, *11 M 25*, *11 M 28*, *11 M 31*, *11 M 32*, *11 M 33*, *11 M 34*, *11 M 35*, *11 M 36*, *11 M 37*, *11 M 38*, *11 M 40*, *11 M 41*

§ 99 Vollzug der Disziplinarmaßnahmen, Aussetzung zur Bewährung

(1) Disziplinarmaßnahmen werden in der Regel sofort vollstreckt. Die Vollstreckung ist auszusetzen, soweit es zur Gewährung eines effektiven Rechtsschutzes erforderlich ist.

(2) Disziplinarmaßnahmen können bis zu sechs Monaten zur Bewährung ausgesetzt werden. Die Aussetzung zur Bewährung kann widerrufen werden, wenn der Gefangene die Erwartungen, die mit der Aussetzung der Disziplinarmaßnahme verbunden sind, nicht erfüllt.

(3) Im Vollzug der Untersuchungshaft angeordnete Disziplinarmaßnahmen können auch während einer der Untersuchungshaft unmittelbar nachfolgenden Haft vollstreckt werden.

(4) Für die Dauer des Arrests wird der Gefangene getrennt von anderen Gefangenen untergebracht. Er kann in einem besonderen Arrestraum untergebracht werden, der den Anforderungen entsprechen muss, die an einen zum Aufenthalt bei Tag und Nacht bestimmten Haftraum gestellt werden. Soweit nichts anderes angeordnet wird, ruhen die Befugnisse des Gefangenen zur Ausstattung des Haftraums mit eigenen Gegenständen, zum Fernsehempfang und zum Einkauf. Gegenstände für die Freizeitbeschäftigung, mit Ausnahme des Lesestoffs, sind nicht zugelassen. Die Regelungen dieses Gesetzes zur Religionsausübung und zum Aufenthalt im Freien finden Anwendung.

(5) Für den jungen Gefangenen ist der Arrest erzieherisch auszugestalten.

11 M 3, *11 M 44*, *11 M 45*, *11 M 47*, *11 M 48*

§ 100 Disziplinarbefugnis

(1) Disziplinarmaßnahmen ordnet der Anstaltsleiter an. Bei einer Verfehlung auf dem Weg in eine andere Anstalt zum Zweck der Verlegung ist der Leiter der Bestimmungsanstalt zuständig.

(2) Die Aufsichtsbehörde entscheidet, wenn sich die Verfehlung gegen den Anstaltsleiter richtet.

(3) Disziplinarmaßnahmen, die in einer anderen Anstalt angeordnet worden sind, werden auf Ersuchen vollstreckt. § 99 Abs. 2 findet Anwendung.

11 M 3, *11 M 51*, *11 M 52*, *11 M 53*

§ 101 Verfahren

(1) Der Sachverhalt ist zu klären. Hierbei sind sowohl belastende als auch entlastende Umstände zu ermitteln. Der betroffene Gefangene wird gehört. Er wird darüber unterrichtet, welche Verfehlungen ihm zur Last gelegt werden. Er ist darauf hinzuweisen, dass es ihm freisteht sich zu äußern. Die Unterrichtung nach Satz 4, die Einlassung des Gefangenen und die Ergebnisse der Ermittlungen sind aktenkundig zu machen.

(2) In geeigneten Fällen können zur Abwendung von Disziplinarmaßnahmen im Wege einvernehmlicher Streitbeilegung Vereinbarungen getroffen werden. Insbesondere kommen die Wiedergutmachung des Schadens, die Entschuldigung bei den Geschädigten, die Erbringung von Leistungen für die Gemeinschaft und der vorübergehende Verbleib im Haftraum in Betracht. Erfüllt der Gefangene die Vereinbarung, ist die Anordnung einer Disziplinarmaßnahme aufgrund dieser Verfehlung unzulässig.

(3) Mehrere Verfehlungen, die gleichzeitig zu beurteilen sind, werden durch eine Entscheidung geahndet.

(4) Der Anstaltsleiter soll sich vor der Entscheidung mit Personen besprechen, die an der Vollzugsgestaltung mitwirken. Bei einer Gefangenen, die schwanger ist oder stillt, oder bei dem Gefangenen, der sich in ärztlicher Behandlung befindet, ist ein Arzt zu hören.

(5) Vor der Entscheidung über eine Disziplinarmaßnahme erhält der Gefangene die Gelegenheit, sich zu dem Ergebnis der Ermittlungen zu äußern. Die Entscheidung wird dem Gefangenen eröffnet und mit einer kurzen Begründung schriftlich abgefasst.

(6) Bevor Arrest vollzogen wird, ist ein Arzt zu hören. Während des Arrests steht der Gefangene unter ärztlicher Aufsicht. Der Vollzug unterbleibt oder wird unterbrochen, wenn ansonsten die Gesundheit des Gefangenen oder im Vollzug der Untersuchungshaft der Fortgang des Strafverfahrens gefährdet würde.

11 M 3, 11 M 21, 11 M 55, 11 M 57, 11 M 58, 11 M 59, 11 M 60, 11 M 61

Abschnitt 16. Aufhebung von Maßnahmen, Beschwerderecht

§ 102 Aufhebung von Maßnahmen

(1) Die Aufhebung von Maßnahmen zur Regelung einzelner Angelegenheiten auf dem Gebiet des Vollzugs richtet sich nach den nachfolgenden Absätzen, soweit dieses Gesetz keine abweichende Bestimmung enthält.

(2) Rechtswidrige Maßnahmen können, auch nachdem sie unanfechtbar geworden sind, mit Wirkung für die Vergangenheit und die Zukunft zurückgenommen werden.

(3) Rechtmäßige Maßnahmen können mit Wirkung für die Zukunft widerrufen werden, wenn

1. aufgrund nachträglich eingetretener oder bekannt gewordener Umstände die Maßnahmen hätten versagt werden können,
2. die Maßnahmen missbraucht werden oder
3. Weisungen nicht befolgt werden.

(4) Begünstigende Maßnahmen dürfen nach den Absätzen 2 oder 3 nur aufgehoben werden, wenn die vollzuglichen Interessen an der Aufhebung in Abwägung mit dem schutzwürdigen Vertrauen der Betroffenen auf den Bestand der Maßnahmen überwiegen. Davon ist auszugehen, wenn die Aufhebung der Maßnahme unerlässlich ist, um die Sicherheit oder Ordnung der Anstalt zu gewährleisten.

2 F 8, 4 A 36, 4 D 20, 4 H 16, 6 A 10, 10 D 9, 10 F 5, 10 F 7, 10 F 9, 10 F 10, 10 F 11, 10 F 12, 10 F 15, 10 F 16, 10 F 17, 10 F 19, 11 C 7

§ 103 Beschwerderecht

(1) Der Gefangene erhält die Gelegenheit, sich mit Wünschen, Anregungen und Beschwerden in vollzuglichen Angelegenheiten, die ihn selbst betreffen, an den Anstaltsleiter oder an einen von ihm beauftragten Bediensteten zu wenden. Regelmäßige Sprechstunden sind einzurichten.

(2) Besichtigen Vertreter der Aufsichtsbehörde die Anstalt, so ist zu gewährleisten, dass der Gefangene sich in vollzuglichen Angelegenheiten, die ihn selbst betreffen, an diese wenden kann.

(3) Die Möglichkeit der Dienstaufsichtsbeschwerde besteht daneben fort.

12 A 2, 12 A 3, 12 A 5, 12 A 7, 12 A 9, 12 A 14, 12 A 16

Abschnitt 17. Kriminologische Forschung

§ 104 Evaluation, Kriminologische Forschung

(1) Behandlungs-, Erziehungs- und Förderprogramme für die Strafgefangenen oder die Jugendstrafgefangenen sind auf der Grundlage wissenschaftlicher Erkenntnisse zu konzipieren, zu standardisieren und auf ihre Wirksamkeit hin zu überprüfen.

(2) Der Vollzug der Freiheitsstrafe oder der Jugendstrafe, insbesondere seine Aufgabenerfüllung und Gestaltung, die Umsetzung seiner Leitlinien sowie die Behandlungsprogramme und deren Wirkungen auf die Erreichung des Vollzugsziels, soll regelmäßig von dem kriminologischen Dienst, von einer Hochschule oder von einer anderen Stelle wissenschaftlich begleitet und erforscht werden.

(3) Zu diesen Zwecken sind landesweit von den einzelnen Vollzugsbehörden aussagefähige und auf Vergleichbarkeit angelegte Daten zu erheben, die eine Feststellung und Bewertung der Erfolge und Misserfolge des Vollzugs, insbesondere im Hinblick auf Rückfallhäufigkeiten, sowie die gezielte Erforschung der hierfür verantwortlichen Faktoren ermöglichen. Entsprechende Daten für Bereiche außerhalb des räumlichen Geltungsbereiches dieses Gesetzes sind einzubeziehen und zu vergleichen, soweit solche Daten für die Aufsichtsbehörde zugänglich sind.

14 A 9, 16 3

Abschnitt 18. Aufbau und Organisation der Anstalten

§ 105 Organisation, Gestaltung und Differenzierung der Anstalten

(1) Die Anstalten sind von der Aufsichtsbehörde und den Anstaltsleitern so zu gestalten und zu differenzieren, dass der Vollzug seine Aufgaben erfüllt und die Ziele erreicht. Personelle Ausstattung, sachliche Mittel und Organisation der Anstalten sind hieran auszurichten.

(2) Für die einzelnen Vollzugsarten sind jeweils gesonderte Anstalten oder Abteilungen einzurichten, die den unterschiedlichen vollzuglichen Anforderungen Rechnung tragen. Für den Vollzug der Freiheitsstrafe oder der Jugendstrafe sind insbesondere sozialtherapeutische Abteilungen einzurichten.

(3) Es ist eine bedarfsgerechte Anzahl und Ausstattung von Plätzen für therapeutische Maßnahmen, schulische und berufliche Qualifizierung, Arbeitstraining und Arbeitstherapie sowie zur Ausübung von Arbeit vorzusehen. Gleiches gilt für Besuche, Freizeit, Sport und Seelsorge.

(4) Räume für den Aufenthalt während der Ruhezeit und der Freizeit sowie Gemeinschaftsräume und Besuchsräume müssen zweckentsprechend ausgestaltet und für eine gesunde Lebensführung ausreichend mit Heizung, Lüftung, Bodenfläche und Fensterfläche ausgestattet sein. In Gemeinschaftshafträumen befindliche Sanitärbereiche sind baulich vollständig abzutrennen. Die Größe der Gemeinschaftshafträume muss für die darin untergebrachten Gefangenen unter Berücksichtigung der Umstände des Einzelfalls zumutbar sein.

(5) Der Vollzug an Frauen und Männern erfolgt in den dafür vorgesehenen gesonderten Anstalten oder Abteilungen.

(6) Die einzelnen Vollzugsarten werden jeweils in den dafür bestimmten gesonderten Anstalten oder Abteilungen vollzogen. Abweichend von Satz 1 kann der Vollzug einer Vollzugsart in einer für eine andere Vollzugsart bestimmten Anstalt oder Abteilung erfolgen,
1. sofern ein Gefangener hilfsbedürftig ist oder für ihn oder für andere Gefangene eine Gefahr für Leben oder Gesundheit besteht,
2. um einem Gefangenen die Teilnahme an vollzuglichen Maßnahmen in einer anderen Anstalt oder Abteilung zu ermöglichen,
3. aus erheblichen Gründen der Vollzugsorganisation oder
4. mit Zustimmung des Gefangenen.

Betrifft die Abweichung von Satz 1 einen Untersuchungsgefangenen, so bedarf es der Zustimmung des zuständigen Gerichts.

3 B 3, 4 K 2, 4 K 3, 13 D 2, 13 D 3, 13 E 6, 13 E 9, 13 J 4

§ 106 Belegungsfähigkeit

(1) Die Aufsichtsbehörde setzt die Belegungsfähigkeit der Anstalt so fest, dass eine angemessene Unterbringung der Gefangenen gewährleistet ist. § 105 Abs. 2 ist zu berücksichtigen.

(2) Hafträume dürfen nicht mit mehr Gefangenen als zugelassen belegt werden.

(3) Ausnahmen von Absatz 2 sind nur vorübergehend und nur mit Zustimmung der Aufsichtsbehörde zulässig.

13 E 15

§ 107 Anstaltsleitung

(1) Der Anstaltsleiter trägt die Verantwortung für den gesamten Vollzug, vertritt die Anstalt in den ihr als Vollzugsbehörde obliegenden Angelegenheiten nach außen und regelt die Geschäftsverteilung innerhalb der Anstalt, soweit nicht bestimmte Aufgabenbereiche der Verantwortung anderer Justizvollzugsbediensteter oder ihrer gemeinsamen Verantwortung übertragen sind.

(2) Die Befugnis, eine mit einer Entkleidung verbundene körperliche Durchsuchung, besondere Sicherungsmaßnahmen und Disziplinarmaßnahmen anzuordnen, darf nur mit Zustimmung der Aufsichtsbehörde anderen Justizvollzugsbediensteten übertragen werden.

(3) Der Anstaltsleiter und seine Vertreter müssen hauptamtlich tätig sein und in einem öffentlich-rechtlichen Dienst- und Treueverhältnis zum Land stehen. Sie werden von der Aufsichtsbehörde bestellt. Der Anstaltsleiter ist ein Beamter der Laufbahngruppe 2, zweites Einstiegsamt.

11 I 6, 11 I 57, 11 M 50, 12 B 11, 13 K 1, 13 K 4, 13 K 6, 13 K 9, 13 K 14

§ 108 Bedienstete

(1) Die Aufgaben in den Anstalten werden von Justizvollzugsbeamten wahrgenommen. Aus besonderen Gründen kann die Wahrnehmung der Aufgaben auch anderen Bediensteten der Anstalten sowie nebenamtlichen oder vertraglich verpflichteten Personen übertragen werden.

(2) Die im Vollzug der Jugendstrafe und der Untersuchungshaft an jungen Untersuchungsgefangenen tätigen Bediensteten müssen für die erzieherische Gestaltung geeignet und qualifiziert sein. Für die Betreuung von Strafgefangenen mit angeordneter oder vorbehaltener Sicherungsverwahrung oder von Jugendstrafgefangenen mit vorbehaltener Sicherungsverwahrung ist besonders qualifiziertes Personal vorzusehen und eine fachübergreifende Zusammenarbeit zu gewährleisten. Soweit erforderlich, sind externe Fachkräfte einzubeziehen. Die Eignung ist durch entsprechende Fortbildungen sowie Praxisberatungen und Praxisbegleitungen zu gewährleisten und zu fördern.

4 E 8, 11 K 8, 12 B 11, 13 J 1, 13 J 3, 13 J 4, 13 J 5

§ 109 Beauftragung

(1) Fachlich geeignete und zuverlässige natürliche Personen, juristische Personen des öffentlichen oder privaten Rechts oder sonstige Stellen können nach sorgfältiger Auswahl von der Anstalt oder der Aufsichtsbehörde beauftragt werden, nichthoheitliche Aufgaben für die Anstalt wahrzunehmen. Sie können für die Wahrnehmung hoheitlicher Aufgaben als Verwaltungshelfer herangezogen werden. Der Auftrag ist schriftlich zu erteilen und hat auch das Erfordernis der Verpflichtung des einzusetzenden Personals nach dem Verpflichtungsgesetz zu enthalten. Eine Übertragung von hoheitlichen Aufgaben zur eigenverantwortlichen Wahrnehmung ist ausgeschlossen.

(2) Bei der Auswahl des Auftragnehmers nach Absatz 1 ist auch zu berücksichtigen, ob er ausreichend Gewähr dafür bietet, dass er die für eine datenschutzgerechte Datenverarbeitung erforderlichen technischen und organisatorischen Maßnahmen zu treffen in der Lage ist. Der schriftlich erteilte Auftrag hat Angaben zu Gegenstand und Umfang der erforderlichen Datenüberlassung zu enthalten. Der Auftraggeber hat sich das Recht vorzubehalten, die Einhaltung datenschutzrechtlicher Maßnahmen zu überprüfen.

(3) Unterhalten private Unternehmen Betriebe in Anstalten, kann die technische und fachliche Leitung ihren Mitarbeitern übertragen werden.

4 E 8, 4 K 8, 4 K 9, 11 K 9, 12 B 11

§ 110 Seelsorger

(1) Seelsorger werden im Einvernehmen mit der jeweiligen Religionsgemeinschaft in der Regel im Hauptamt bestellt oder vertraglich verpflichtet.

(2) Wenn die geringe Anzahl der Angehörigen einer Religionsgemeinschaft eine Seelsorge nach Absatz 1 nicht rechtfertigt, ist die seelsorgerische Betreuung auf andere Weise zuzulassen.

(3) Mit Zustimmung des Anstaltsleiters darf der Anstaltsseelsorger sich freier Seelsorgehelfer bedienen und für Gottesdienste sowie für andere religiöse Veranstaltungen Seelsorger von außen hinzuziehen.

8 C 3, 8 D 1, 8 D 2, 8 D 6, 8 D 10, 8 D 28

§ 111 Medizinisches Personal

(1) Die ärztliche Versorgung der Gefangenen ist durch hauptamtliche Anstaltsärzte sicherzustellen. Sie kann aus besonderen Gründen nebenamtlichen oder vertraglich verpflichteten Ärzten übertragen werden.

(2) Stellt eine Katastrophenschutzbehörde den Katastrophenfall aufgrund einer drohenden oder eingetretenen Pandemielage fest oder hat die Weltgesundheitsorganisation die Pandemiestufe 6 ausgerufen, können die hauptamtlichen Anstaltsärzte zugleich als Impfärzte für die Bediensteten tätig werden.

(3) Die Pflege der Kranken soll von Bediensteten ausgeführt werden, die eine Erlaubnis nach dem Krankenpflegegesetz vom 16. Juli 2003 (BGBl. I S. 1442), zuletzt geändert durch Artikel 9 des Gesetzes vom 16. Juli 2015 (BGBl. I S. 1211, 1241), besitzen. Solange diese nicht zur Verfügung stehen, können auch Bedienstete eingesetzt werden, die eine sonstige Ausbildung in der Krankenpflege erfahren haben.

6 D 35

§ 112 Interessenvertretung der Gefangenen

Den Gefangenen soll ermöglicht werden, Vertretungen zu wählen. Diese können in Angelegenheiten von gemeinsamem Interesse, die sich ihrer Eigenart und der Zweckbestimmung der Anstalt nach für eine Mitwirkung eignen, Vorschläge und Anregungen an die Anstalt herantragen. Die Vorschläge und Anregungen sollen mit der Vertretung erörtert werden. Der Anstaltsleiter kann einen Gefangenen von der Interessenvertretung ausschließen, solange durch seine Teilnahme die Sicherheit oder Ordnung der Anstalt gefährdet wäre.

13 M 1, 13 M 4, 13 M 5, 13 M 10, 13 M 11

§ 113 Hausordnung

(1) Der Anstaltsleiter erlässt eine Hausordnung. Die Hausordnung bedarf der Zustimmung der Aufsichtsbehörde.

(2) In die Hausordnung sind insbesondere Anordnungen aufzunehmen über die
1. Besuchszeiten, Häufigkeit und Dauer der Besuche,
2. Arbeitszeit, Freizeit und Ruhezeit sowie
3. Gelegenheit, Anträge und Beschwerden anzubringen oder sich an einen Vertreter der Aufsichtsbehörde zu wenden.

(3) Ein Abdruck der Hausordnung ist allgemein zugänglich auszuhängen und dem Gefangenen auf Verlangen auszuhändigen.

5 A 2, 9 B 5, 13 N 2, 13 N 3

Abschnitt 19. Aufsicht, Beiräte

§ 114 Aufsichtsbehörde

(1) Das für Justizvollzug zuständige Ministerium führt die Aufsicht über die Anstalten (Aufsichtsbehörde).

(2) Die Aufsichtsbehörde kann sich Entscheidungen über Verlegungen und Überstellungen vorbehalten.

(3) Richterliche Entscheidungen im Rahmen des Untersuchungshaftvollzugs unterliegen nicht der Aufsicht.

2 D 10, 11 E 10, 12 C 5, 13 G 6, 13 H 19

§ 115 Vollstreckungsplan, Vollzugsgemeinschaften

(1) Die Aufsichtsbehörde regelt die örtliche und sachliche Zuständigkeit der Anstalten nach allgemeinen Merkmalen in einem Vollstreckungsplan.

(2) Im Rahmen von Vollzugsgemeinschaften kann der Vollzug auch in Vollzugseinrichtungen anderer Länder vorgesehen werden.

13 F 1, 13 H 19

§ 116 Beiräte

(1) Bei den Anstalten sind Beiräte zu bilden. Justizvollzugsbedienstete sowie Bedienstete der Aufsichtsbehörde dürfen nicht Mitglieder des Beirats sein.

(2) Die Mitglieder des Beirats wirken beratend bei der Gestaltung des Vollzugs und der Eingliederung der Gefangenen mit. Sie fördern das Verständnis für den Vollzug und seine gesellschaftliche Akzeptanz und vermitteln Kontakte zu öffentlichen und privaten Einrichtungen.

(3) Der Beirat steht dem Anstaltsleiter, den Bediensteten und den Gefangenen als Ansprechpartner zur Verfügung.

(4) Die Mitglieder des Beirats können sich über die Unterbringung der Gefangenen und die Gestaltung des Vollzugs unterrichten und die Anstalt besichtigen. Sie können die Gefangenen in ihren Räumen aufsuchen. Unterhaltung und Schriftwechsel werden nicht überwacht.

(5) Die Mitglieder des Beirats sind verpflichtet, außerhalb ihres Amtes über alle Angelegenheiten, die ihrer Natur nach vertraulich sind, besonders über Namen und Persönlichkeit der Gefangenen, Verschwiegenheit zu bewahren. Dies gilt auch nach Beendigung ihres Amtes.

(6) Das Nähere regelt die Aufsichtsbehörde durch Verordnung. Die Verordnung enthält insbesondere Regelungen zur Anzahl der Beiratsmitglieder sowie über deren Berufung und Abberufung. Befindet sich auf dem Gelände einer Anstalt auch die Einrichtung zum Vollzug der Sicherungsverwahrung, so ist dies in der Verordnung, insbesondere bei der Bestimmung der Anzahl der Beiratsmitglieder, zu berücksichtigen.

12 B 1, 13 O 2, 13 O 4, 13 O 6, 13 O 7

Abschnitt 20. Verhinderung von Mobilfunkverkehr

§ 117 Störung des Mobilfunkverkehrs

(1) Der Besitz und die Benutzung von Geräten zur funkbasierten Übertragung von Daten sind auf dem Anstaltsgelände verboten, soweit diese nicht dienstlich zugelassen sind. Für Abteilungen des offenen Vollzugs können durch die Aufsichtsbehörde Ausnahmen zugelassen werden.

(2) Die Anstalt darf technische Geräte betreiben, die
1. das Auffinden von Geräten zur funkbasierten Übertragung von Daten ermöglichen,
2. Geräte zur funkbasierten Übertragung von Daten zum Zwecke des Auffindens aktivieren können oder
3. Frequenzen stören oder unterdrücken, die der Herstellung oder Aufrechterhaltung unerlaubter Funkverbindungen auf dem Anstaltsgelände dienen.

(3) Frequenznutzungen außerhalb des Anstaltsgeländes dürfen nicht erheblich gestört werden. Die Anstalt hat die von der Bundesnetzagentur gemäß § 55 Abs. 1 Satz 5 des Telekommunikationsgesetzes festgelegten Rahmenbedingungen einzuhalten.

11 H 2, 11 H 6

§ 118 Überflugverbot

(1) Über dem Anstaltsgelände und in einer Entfernung von weniger als 100 Metern von dessen Begrenzung ist der vorsätzliche oder fahrlässige Betrieb von Flugmodellen oder unbemannten Luftfahrtsystemen in einer Höhe von bis zu 150 Metern über Grund und Wasser verboten.

(2) Für vollzugliche oder sonstige öffentliche Zwecke kann die Anstaltsleitung den Betrieb im Einzelfall gestatten.

(3) Für den Bereich außerhalb des Anstaltsgeländes kann die Gestattung auch für private Zwecke erteilt werden, wenn keine Gefährdung für die Sicherheit und Ordnung der Anstalt zu befürchten ist.

(4) § 117 Abs. 2 und 3 gilt entsprechend.

11 H 5, 11 H 6

§ 119 Bußgeldvorschriften

(1) Ordnungswidrig handelt, wer
1. entgegen § 117 Abs. 1 Satz 1 Geräte zur funkbasierten Übertragung von Daten besitzt oder benutzt oder
2. entgegen § 118 Abs. 1 vorsätzlich oder fahrlässig Flugmodelle oder unbemannte Luftfahrtsysteme über dem Anstaltsgelände oder in einer Entfernung von weniger als 100 Metern von der Begrenzung des Anstaltsgeländes unbefugt betreibt.

(2) Die Ordnungswidrigkeit und der Versuch einer Ordnungswidrigkeit kann in den Fällen des Absatzes 1 Nr. 1 mit einer Geldbuße bis zu fünfzehntausend Euro, in den Fällen des Absatzes 1 Nr. 2 mit einer Geldbuße bis zu fünfundzwanzigtausend Euro geahndet werden.

(3) Gegenstände, auf die sich die Ordnungswidrigkeit bezieht oder die zu ihrer Vorbereitung oder Begehung verwendet worden sind, können eingezogen werden. § 23 des Gesetzes über Ordnungswidrigkeiten findet Anwendung.

(4) Sachlich zuständige Verwaltungsbehörden für die Verfolgung und Ahndung von Ordnungswidrigkeiten nach Absatz 1 sind die Justizvollzugsanstalten.

1 E 32, 11 H 2, 11 H 6

Abschnitt 21. Vollzug des Strafarrests

§ 120 Grundsatz

(1) Für den Vollzug des Strafarrests in Anstalten gelten die den Strafgefangenen betreffenden Bestimmungen dieses Gesetzes entsprechend, soweit § 121 nicht Abweichendes bestimmt.

(2) § 121 Abs. 1 bis 3, 7 und 8 gilt nicht, wenn Strafarrest in Unterbrechung einer anderen freiheitsentziehenden Maßnahme vollzogen wird.

4 D 25

§ 121 Besondere Bestimmungen

(1) Der Strafarrestant soll im offenen Vollzug untergebracht werden.

(2) Eine gemeinsame Unterbringung mit Strafgefangenen oder Jugendstrafgefangenen ist nur mit Einwilligung des Strafarrestanten zulässig.

(3) Besuche, Telefongespräche und Schriftwechsel dürfen nur untersagt oder überwacht werden, wenn dies aus Gründen der Sicherheit oder Ordnung der Anstalt notwendig ist.

(4) Dem Strafarrestanten soll gestattet werden, einmal wöchentlich Besuch zu empfangen.

(5) Der Strafarrestant darf eigene Kleidung tragen und eigenes Bettzeug benutzen, wenn Gründe der Sicherheit nicht entgegenstehen und er für Reinigung, Instandsetzung und regelmäßigen Wechsel auf eigene Kosten sorgt.

(6) Der Strafarrestant darf Nahrungs-, Genuss- und Körperpflegemittel in angemessenem Umfang durch Vermittlung der Anstalt auf eigene Kosten erwerben.

(7) Eine mit einer Entkleidung verbundene körperliche Durchsuchung ist nur bei Gefahr im Verzug zulässig. § 85 Abs. 2 Satz 2 bis 4 gilt entsprechend.

(8) Zur Vereitelung einer Entweichung und zur Wiederergreifung dürfen Schusswaffen nicht gebraucht werden.

2 F 4, 11 K 5, 15 C 1, 15 C 5, 15 C 9

Abschnitt 22. Ersatz von Aufwendungen

§ 122 Ersatz von Aufwendungen

(1) Der Gefangene ist unbeschadet der Ansprüche aus sonstigen Rechtsvorschriften verpflichtet, der Anstalt Aufwendungen zu ersetzen, die er durch eine vorsätzlich oder grob fahrlässig begangene Selbstverletzung oder Verletzung anderer verursacht hat.

(2) Die Anstalt kann bei der Geltendmachung von Forderungen nach Absatz 1 oder wegen einer vorsätzlichen oder grob fahrlässigen Verletzung fremden Eigentums durch den Gefangenen gegen einen Anspruch des Gefangenen auf das Hausgeld aufrechnen, soweit der Anspruch auf das Hausgeld den dreifachen Tagessatz der Eckvergütung nach § 64 Abs. 3 übersteigt.

(3) Für die in Absatz 1 genannten Forderungen ist der ordentliche Rechtsweg gegeben.

(4) Von der Aufrechnung oder Vollstreckung wegen der in den Absätzen 1 und 2 genannten Forderungen ist abzusehen, wenn hierdurch die Wiedereingliederung des Gefangenen behindert würde.

4 I 34, 11 J 1, 11 J 2, 11 J 3, 11 J 4, 11 J 6, 11 J 7, 11 J 9, 11 J 10, 11 J 11, 11 J 13

Abschnitt 23. Datenschutz

Unterabschnitt 1. Allgemeine Bestimmungen

§ 123 Aufgabe und Zweck, Anwendungsbereich

(1) Aufgabe und Zweck der Vorschriften dieses Abschnittes ist es, bei dem Erheben, Verarbeiten und Nutzen personenbezogener Daten des Gefangenen oder sonstiger Betroffener durch die Anstalten oder die Aufsichtsbehörde im Vollzug von Freiheitsentziehungen (Datenverarbeitung im Vollzug), das Persönlichkeitsrecht des Einzelnen zu schützen und zu wahren sowie den Anstalten und der Aufsichtsbehörde die Erfüllung ihrer Aufgaben zu ermöglichen, die Sicherheit und Ordnung der Anstalten zu gewährleisten und einen Beitrag für die innere Sicherheit zu leisten.

(2) Für Personen, an denen Haft nach § 127b Abs. 2, § 230 Abs. 2, § 236, § 329 Abs. 4 Satz 1, § 412 Satz 1 oder § 453c der Strafprozessordnung vollzogen wird oder die nach § 275a Abs. 6 der Strafprozessordnung einstweilig untergebracht sind, sowie für Strafarrestanten gelten die Vorschriften dieses Abschnittes entsprechend.

§ 124 Datensparsamkeit

Die Datenverarbeitung im Vollzug ist an dem Ziel auszurichten, so wenig personenbezogene Daten wie möglich zu erheben, zu verarbeiten oder zu nutzen. Von den Möglichkeiten der Anonymisierung und Pseudonymisierung ist Gebrauch zu machen, soweit dies möglich ist und der Aufwand in einem angemessenen Verhältnis zu dem angestrebten Schutzzweck steht.

§ 125 Zulässigkeit der Datenverarbeitung im Vollzug, Einwilligung

(1) Die Anstalten und die Aufsichtsbehörde dürfen personenbezogene Daten nur erheben, verarbeiten oder nutzen, wenn der Betroffene eingewilligt hat oder dieses Gesetz oder eine andere Rechtsvorschrift dies für den Geltungsbereich dieses Gesetzes ausdrücklich erlaubt oder anordnet.

(2) Die Einwilligung ist nur wirksam, wenn sie auf der freien Entscheidung des Betroffenen beruht. Sie bedarf der Schriftform, soweit nicht ausnahmsweise wegen besonderer Umstände eine andere Form angemessen ist. Der Betroffene ist in geeigneter Weise über die Bedeutung der Einwilligung, den vorgesehenen Zweck der Datenverarbeitung im Vollzug sowie den möglichen Empfängerkreis der personenbezogenen Daten aufzuklären. Soweit nicht ausnahmsweise nach den Umständen des Einzelfalls entbehrlich, sind sie auf die Folgen einer Verweigerung der Einwilligung und die Möglichkeit des Widerrufs mit Wirkung für die Zukunft hinzuweisen. Soll die Einwilligung zusammen mit anderen Erklärungen schriftlich erteilt werden, so ist sie in der Gestaltung der Erklärung besonders hervorzuheben. Soweit besondere Arten personenbezogener Daten erhoben, verarbeitet oder genutzt werden, muss sich die Einwilligung darüber hinaus ausdrücklich auf diese Daten beziehen.

(3) Soweit der Gefangene nicht die für eine Entscheidung notwendige Einsichtsfähigkeit besitzt und der Vollzugszweck nicht gefährdet wird, steht das ihm nach diesem Gesetz zustehende Recht, informiert und gehört zu werden oder Fragen und Anträge zu stellen, seinen gesetzlichen Vertretern zu. Sind mehrere Personen berechtigt, so kann jeder von ihnen die in diesem Gesetz bestimmten Rechte allein ausüben. Sind Mitteilungen vorgeschrieben, so genügt es, wenn sie an eine oder einen von ihnen gerichtet werden.

§ 126 Datengeheimnis

Den in den Anstalten und der Aufsichtsbehörde beschäftigten Personen ist es untersagt, personenbezogene Daten unbefugt zu erheben, zu verarbeiten oder zu nutzen (Datengeheimnis). Personen, die nicht Amtsträger im Sinne des § 11 Abs. 1 Nr. 2 des Strafgesetzbuches sind, sind vor der Aufnahme ihrer Tätigkeit über die zu beachtenden Bestimmungen zu unterrichten und auf deren Einhaltung förmlich zu verpflichten. Das Datengeheimnis und die hieraus entstehenden Pflichten bestehen auch nach Beendigung der Tätigkeit fort.

Unterabschnitt 2. Erhebung

§ 127 Zulässigkeit der Datenerhebung

(1) Die Anstalten und die Aufsichtsbehörde dürfen personenbezogene Daten erheben, soweit dies für die Erfüllung der Aufgaben des Vollzugs erforderlich ist.

(2) Besondere Arten personenbezogener Daten dürfen ohne Einwilligung des Betroffenen nur erhoben werden, soweit
1. eine Rechtsvorschrift, die auf dieses Gesetz Bezug nimmt, dies vorsieht,
2. dies für die Erfüllung der Aufgaben des Vollzugs unerlässlich ist,
3. dies zum Schutz lebenswichtiger Interessen des Betroffen oder Dritter erforderlich ist, sofern der Betroffene aus physischen oder rechtlichen Gründen außerstande ist, seine Einwilligung zu erteilen,
4. dies zur Abwehr erheblicher Nachteile für das Gemeinwohl oder sonst unmittelbar drohender Gefahren für die öffentliche Sicherheit erforderlich ist oder
5. die Daten von dem Betroffenen offenkundig öffentlich gemacht wurden.

§ 128 Erhebung bei dem Betroffenen

(1) Personenbezogene Daten sind grundsätzlich bei dem Betroffenen und mit dessen Kenntnis zu erheben.

(2) Werden personenbezogene Daten bei dem Betroffenen mit dessen Kenntnis erhoben, so ist er in geeigneter Weise über den Zweck der Datenerhebung und das Bestehen von Auskunfts- und Berichtigungsrechten aufzuklären. Werden die personenbezogenen Daten aufgrund einer Rechtsvorschrift erhoben, die zur Auskunft verpflichtet, oder ist die Erteilung der Auskunft Voraussetzung für die Gewährung von Rechtsvorteilen, ist der Betroffene hierauf, sonst auf die Freiwilligkeit seiner Angaben hinzuweisen. Sind die Angaben für die Gewährung einer Leistung erforderlich, ist der Betroffene über die möglichen Folgen einer Nichtbeantwortung aufzuklären.

(3) Eine Erhebung personenbezogener Daten bei dem Betroffenen ohne dessen Kenntnis ist zulässig, wenn keine Anhaltspunkte vorliegen, dass überwiegende schutzwürdige Interessen des Betroffenen entgegenstehen.

§ 129 Erhebung von Daten über Gefangene bei Dritten

(1) Soweit die Erhebung personenbezogener Daten über Gefangene bei dem Betroffenen zulässig ist, dürfen sie auch bei Dritten erhoben werden, wenn
1. Angaben des Betroffen überprüft werden müssen, weil tatsächliche Anhaltspunkte für deren Unrichtigkeit bestehen,
2. dies zur Abwehr erheblicher Nachteile für das Gemeinwohl oder einer sonst unmittelbar drohenden Gefahr für die öffentliche Sicherheit erforderlich ist,
3. dies zur Abwehr einer schwerwiegenden Beeinträchtigung der Rechte einer anderen Person erforderlich ist,
4. offensichtlich ist, dass dies im Interesse des Betroffenen liegt, und kein Grund zu der Annahme besteht, dass er in Kenntnis des Zwecks seine Einwilligung verweigern würde,
5. sich die Erhebung auf Daten aus Akten der gerichtlichen Verfahren bezieht, die der Vollstreckung der gegenwärtigen Freiheitsentziehung zugrunde liegen oder diese sonst betreffen, oder
6. keine Anhaltspunkte dafür bestehen, dass überwiegende schutzwürdige Interessen des Betroffenen einer Erhebung ohne seine Mitwirkung entgegenstehen und
a) der Betroffene einer durch Rechtsvorschrift festgelegten Auskunftspflicht nicht nachgekommen und über die beabsichtigte Erhebung bei Dritten unterrichtet worden ist,
b) die Erhebung bei dem Betroffenen einen unverhältnismäßigen Aufwand erfordern würde oder
c) die Daten allgemein zugänglich sind.

Soweit die Erhebung personenbezogener Daten über Gefangene bei dem Betroffenen zulässig ist und er nicht die für eine Einwilligung notwendige Einsichtsfähigkeit besitzt, können personenbezogene Daten ohne seine Kenntnis auch bei seinen gesetzlichen Vertretern erhoben werden.

(2) Nicht öffentliche Stellen sind auf die Rechtsvorschrift, die zur Auskunft verpflichtet, ansonsten auf die Freiwilligkeit ihrer Angaben hinzuweisen.

§ 130 Erhebung von Daten über Personen, die nicht Gefangene sind

(1) Daten über Personen, die nicht Gefangene sind, können ohne ihre Kenntnis bei Gefangenen oder sonstigen Dritten erhoben werden, soweit dies für die Erfüllung der Aufgaben des Vollzugs unerlässlich ist und schutzwürdige Interessen des Betroffenen hierdurch nicht beeinträchtigt werden.

(2) Nicht öffentliche Stellen sind auf die Rechtsvorschrift, die zur Auskunft verpflichtet, ansonsten auf die Freiwilligkeit ihrer Angaben hinzuweisen.

Unterabschnitt 3. Speicherung und Nutzung

§ 131 Speicherung und Nutzung

(1) Die Anstalten und die Aufsichtsbehörde dürfen personenbezogene Daten, die sie zulässig erhoben haben, für die erhobenen Zwecke speichern und nutzen, soweit dies zur Erfüllung ihrer Aufgaben erforderlich ist.

(2) Die Anstalten und die Aufsichtsbehörde dürfen personenbezogene Daten, die sie zulässig erhoben haben, ohne Einwilligung des Betroffenen zu Zwecken, zu denen sie nicht erhoben wurden, nur speichern und nutzen, soweit

1. die Voraussetzungen vorliegen, die eine Erhebung von Daten nach § 129 oder § 130 bei Dritten zulassen; soweit andere Gefangene als diejenigen, deren Freiheitsentziehung ursprünglicher Anlass der Erhebung war, von der anderweitigen Verarbeitung betroffen sind, können die personenbezogenen Daten nur zu einem anderen Zweck gespeichert oder genutzt werden, wenn diese Gefangenen zuvor unter Angabe der beabsichtigten Datenverarbeitung angehört wurden und sich hieraus kein überwiegendes schutzwürdiges Interesse an einem Ausschluss der Verarbeitung der sie betreffenden personenbezogenen Daten ergeben hat,
2. dies dem gerichtlichen Rechtsschutz im Vollzug, der Wahrnehmung von Aufsichts- und Kontrollbefugnissen, der Automatisierung des Berichtswesens, der Rechnungsprüfung, der Durchführung von Organisationsuntersuchungen oder statistischen Zwecken der Anstalten und der Aufsichtsbehörde dient und überwiegende schutzwürdige Interessen des Betroffenen nicht entgegenstehen,
3. dies erforderlich ist zur Abwehr von sicherheitsgefährdenden oder geheimdienstlichen Tätigkeiten für eine fremde Macht oder von Bestrebungen in der Bundesrepublik Deutschland, die durch Anwendung von Gewalt oder darauf gerichtete Vorbereitungshandlungen
   a) gegen die freiheitliche demokratische Grundordnung, den Bestand oder die Sicherheit des Bundes oder eines Landes gerichtet sind,
   b) eine ungesetzliche Beeinträchtigung der Amtsführung der Verfassungsorgane des Bundes oder eines Landes oder ihrer Mitglieder zum Ziel haben oder
   c) auswärtige Belange der Bundesrepublik Deutschland gefährden,
4. dies zur Abwehr erheblicher Nachteile für das Gemeinwohl oder einer Gefahr für die öffentliche Sicherheit erforderlich ist,
5. dies zur Abwehr einer schwerwiegenden Beeinträchtigung der Rechte einer anderen Person erforderlich ist,
6. dies zur Verhinderung oder Verfolgung von Straftaten sowie zur Verhinderung oder Verfolgung von Ordnungswidrigkeiten, durch welche die Sicherheit oder Ordnung der Anstalt gefährdet wird, erforderlich ist oder
7. dies für Maßnahmen der Strafvollstreckung oder strafvollstreckungsrechtliche Entscheidungen hinsichtlich der Betroffenen erforderlich ist.

(3) Das Speichern oder Nutzen von zulässig erhobenen besonderen Arten personenbezogener Daten für Zwecke, zu denen sie nicht erhoben wurden, ist ohne Einwilligung des Betroffenen nur zulässig, wenn
1. ihre Erhebung auch zu diesen Zwecken zulässig wäre,
2. dies zur Verhinderung oder Verfolgung von Straftaten sowie zur Vollstreckung von Strafen oder Maßnahmen im Sinne des § 11 Abs. 1 Nr. 8 des Strafgesetzbuches oder von Erziehungsmaßregeln oder Zuchtmitteln im Sinne des Jugendgerichtsgesetzes erforderlich ist oder
3. dies zur Verhinderung oder Verfolgung von Ordnungswidrigkeiten oder zur Vollstreckung von Bußgeldentscheidungen erforderlich ist.

Soweit die erhobenen besonderen Arten personenbezogener Daten einem Amts- oder Berufsgeheimnis unterliegen und von der zur Verschwiegenheit verpflichteten Stelle in Ausübung ihrer Amts- oder Berufspflicht erlangt wurden, dürfen sie, soweit dieses Gesetz nichts anderes bestimmt, nur für den Zweck gespeichert oder genutzt werden, für den die verantwortliche Stelle sie erhalten hat.

(4) Personenbezogene Daten, die nach § 130 über Personen, die nicht Gefangene sind, erhoben wurden, dürfen nur unter den Voraussetzungen des Absatzes 1 oder des Absatzes 2 Nrn. 3 bis 5 sowie zur Verhinderung oder Verfolgung von erheblichen Straftaten gespeichert oder genutzt werden.

(5) Sind mit personenbezogenen Daten, die nach Absatz 1 oder Absatz 2 gespeichert oder genutzt werden dürfen, weitere personenbezogene Daten von Betroffenen oder von Dritten in Akten so verbunden, dass eine Trennung, Anonymisierung oder Pseudonymisierung nicht oder nur mit unvertretbarem Auf-

wand möglich ist, so ist die Speicherung auch dieser Daten zulässig, soweit nicht berechtigte Interessen des Betroffenen oder des Dritten an deren Geheimhaltung offensichtlich überwiegen. Soweit es sich um besondere Arten personenbezogener Daten handelt, ist regelmäßig von einem überwiegenden berechtigten Interesse des Betroffenen oder des Dritten auszugehen. Eine Nutzung der Daten nach den Sätzen 1 und 2 ist unzulässig.

(6) Personenbezogene Daten, die ausschließlich zu Zwecken der Datenschutzkontrolle, der Datensicherung oder zur Sicherstellung eines ordnungsgemäßen Betriebs einer Datenverarbeitungsanlage gespeichert oder genutzt werden, dürfen für andere Zwecke nur insoweit genutzt werden, als dies zur Abwehr erheblicher Gefährdungen der öffentlichen Sicherheit, insbesondere für Leben, Gesundheit oder Freiheit, erforderlich ist.

12 I 8

Unterabschnitt 4. Übermittlung
§ 132 Übermittlung an öffentliche und nicht öffentliche Stellen

(1) Die Anstalten und die Aufsichtsbehörde dürfen personenbezogene Daten, die sie zulässig erhoben haben, übermitteln, soweit dies zur Erfüllung ihrer Aufgaben erforderlich ist.

(2) Die Übermittlung von personenbezogenen Daten an nicht öffentliche Stellen ist regelmäßig erforderlich, wenn
1. sich die Anstalten oder die Aufsichtsbehörde zur Erfüllung oder Unterstützung einzelner Aufgaben in zulässiger Weise der Mitwirkung nicht öffentlicher Stellen bedienen und diese Mitwirkung ohne die Verarbeitung der durch die Anstalten oder die Aufsichtsbehörde übermittelten personenbezogenen Daten unmöglich oder wesentlich erschwert wäre oder
2. sie dazu dient, Gefangenen
    a) den Besuch von Behandlungs-, Trainings- und Bildungsmaßnahmen sowie die Beschäftigung innerhalb und außerhalb von Anstalten,
    b) die Inanspruchnahme von Leistungen der Berufsgeheimnisträger im Sinne von § 153 Abs. 2 und ihrer Hilfspersonen,
    c) den Einkauf oder
    d) die Inanspruchnahme von Telekommunikations- und Mediendienstleistungen
zu ermöglichen.

(3) Zuständigen öffentlichen Stellen dürfen die Anstalten und die Aufsichtsbehörde zulässig erhobene personenbezogene Daten für Zwecke, zu denen sie nicht erhoben wurden, übermitteln, soweit
1. eine andere gesetzliche Bestimmung dies für den Geltungsbereich dieses Gesetzes ausdrücklich erlaubt oder anordnet oder
2. dies erforderlich ist für
    a) Maßnahmen der Gerichtshilfe, Jugendgerichtshilfe, Bewährungsaufsicht oder Führungsaufsicht,
    b) Entscheidungen in Gnadensachen,
    c) gesetzlich angeordnete Statistiken der Rechtspflege,
    d) die Erfüllung von Aufgaben, die den für Sozialleistungen zuständigen Leistungsträgern durch Rechtsvorschrift übertragen worden sind,
    e) die Einleitung von Hilfsmaßnahmen für Angehörige nach § 11 Abs. 1 Nr. 1 des Strafgesetzbuches der Gefangenen,
    f) dienstliche Maßnahmen der Bundeswehr im Zusammenhang mit der Aufnahme und Entlassung von Soldaten,
    g) ausländerrechtliche Maßnahmen,
    h) die Durchführung der Besteuerung oder
    i) die Erfüllung der in § 131 Abs. 2 Nrn. 2 bis 7 genannten Zwecke.

(4) Im Vollzug der Untersuchungshaft und der Freiheitsentziehungen nach § 1 Abs. 2 unterbleiben Übermittlungen nach Absatz 3 Nr. 2, wenn der Gefangene unter Berücksichtigung der Art der Information und seiner Rechtsstellung nach § 5 ein schutzwürdiges Interesse an dem Ausschluss der Übermittlung hat.

(5) Nicht öffentlichen Stellen dürfen die Anstalten und die Aufsichtsbehörde zulässig erhobene personenbezogene Daten für Zwecke, zu denen sie nicht erhoben wurden, ohne Einwilligung des Betroffenen nur unter den Voraussetzungen des § 131 Abs. 2 Nrn. 2 bis 7 übermitteln.

(6) Die Übermittlung von zulässig erhobenen besonderen Arten personenbezogener Daten darf ohne Einwilligung des Betroffenen
1. an öffentliche Stellen nur unter den Voraussetzungen des § 131 Abs. 3 und
2. an nicht öffentliche Stellen nur unter den Voraussetzungen des § 127 Abs. 2 erfolgen.

(7) Personenbezogene Daten, die nach § 130 über Personen, die nicht Gefangene sind, erhoben wurden, dürfen nur unter den Voraussetzungen des Absatzes 1 oder für die in § 131 Abs. 2 Nrn. 3 bis 5 aufgeführten Zwecke sowie zur Verhinderung oder Verfolgung von erheblichen Straftaten übermittelt werden. Sie dürfen auch übermittelt werden, soweit dies für Zwecke der Fahndung und Festnahme eines entwichenen oder sich sonst ohne Erlaubnis außerhalb der Anstalt aufhaltenden Gefangenen erforderlich ist.

(8) Sind mit personenbezogenen Daten, die nach den Absätzen 1, 3 oder 4 übermittelt werden dürfen, weitere personenbezogene Daten von Betroffenen oder von Dritten in Akten so verbunden, dass eine Trennung, Anonymisierung oder Pseudonymisierung nicht oder nur mit unvertretbarem Aufwand möglich ist, so ist die Übermittlung auch dieser Daten zulässig, soweit nicht berechtigte Interessen des Betroffenen oder des Dritten an deren Geheimhaltung offensichtlich überwiegen. Soweit es sich um besondere Arten personenbezogener Daten handelt, ist regelmäßig von einem überwiegenden berechtigten Interesse des Betroffenen auszugehen. Eine Speicherung, Nutzung und Übermittlung dieser Daten durch die empfangende Stelle ist unzulässig.

(9) Soweit nichts anderes bestimmt ist, unterbleibt die Übermittlung personenbezogener Daten, die
1. den Anstalten oder der Aufsichtsbehörde durch Geheimnisträger im Sinne des § 153 Abs. 1 bekannt wurden oder
2. gesperrt oder unrichtig sind.

(10) Für Daten, die im Rahmen einer Maßnahme nach § 47 Abs. 2 erhoben werden, gilt § 463a Abs. 4 der Strafprozessordnung entsprechend mit der Maßgabe, dass
1. diese Daten ohne Einwilligung der betroffenen Person nur verwendet werden, soweit dies erforderlich ist zur
   a) Feststellung oder Ahndung eines Verstoßes gegen eine Weisung nach § 47 Abs. 1 Satz 2 Nrn. 1 bis 5 und 10,
   b) Wiederergreifung,
   c) Abwehr einer erheblichen gegenwärtigen Gefahr für das Leben, die körperliche Unversehrtheit, die persönliche Freiheit oder sexuelle Selbstbestimmung Dritter oder
   d) Verfolgung einer Straftat,
2. sich die Anstalt zur Verarbeitung der Daten einer öffentlichen Stelle bedienen kann, zu deren Aufgaben die elektronische Überwachung von Weisungen nach § 68b Abs. 1 Nr. 12 des Strafgesetzbuches gehört.

§ 133 Verantwortung für die Datenübermittlung

Die Verantwortung für die Zulässigkeit der Übermittlung trägt die übermittelnde Anstalt oder Aufsichtsbehörde. Erfolgt die Übermittlung auf Ersuchen einer öffentlichen Stelle, trägt diese die Verantwortung. In diesem Fall prüft die übermittelnde Anstalt oder Aufsichtsbehörde nur, ob das Übermittlungsersuchen im Rahmen der Aufgaben der empfangenden Stelle liegt und die Bestimmungen dieses Gesetzes der Übermittlung nicht entgegenstehen, es sei denn, dass besonderer Anlass zur Prüfung der Zulässigkeit der Übermittlung besteht.

§ 134 Pseudonymisierung

(1) Personenbezogene Daten, die an nicht öffentliche Stellen übermittelt werden sollen, sind vor der Übermittlung zu pseudonymisieren. Dabei ist die Gefangenenbuchnummer als Pseudonym zu verwenden, wenn nicht besondere Gründe entgegenstehen.

(2) Bei der Einbindung Dritter in den Vollzug nach § 132 Abs. 2 Nr. 2 Buchst. c und d sind die Daten stets nach Absatz 1 zu pseudonymisieren.

(3) Abweichend von den Absätzen 1 und 2 ist eine Pseudonymisierung nicht vorzunehmen, wenn zur Erfüllung des der Übermittlung zugrunde liegenden Zwecks die Kenntnis der Identitäten des Betroffenen unerlässlich ist.

§ 135 Regelmäßige Verpflichtung Dritter

(1) Personen, die bei einer nicht öffentlichen Stelle oder für eine solche Stelle Kenntnis von personenbezogenen Daten erlangen sollen, die von den Anstalten oder der Aufsichtsbehörde übermittelt wurden, sind vor Aufnahme ihrer Tätigkeit gemäß § 1 des Verpflichtungsgesetzes förmlich zu verpflichten.

(2) Personen, die nicht nach Absatz 1 förmlich verpflichtet wurden, dürfen von personenbezogenen Daten nur Kenntnis erlangen, wenn
1. die übermittelten Daten vor ihrer Übermittlung pseudonymisiert wurden,
2. die förmliche Verpflichtung vor Kenntniserlangung Leib oder Leben eines Menschen oder bedeutende Sachwerte gefährden würde und die Verpflichtung veranlasst und unverzüglich nachgeholt wird; erfolgt die Übermittlung der Daten nicht durch die Anstalten oder die Aufsichtsbehörde, so sind sie unverzüglich unter Angabe der Personalien der Kenntniserlangenden von der Übermittlung zu unterrichten, oder
3. sie Amtsträger im Sinne des § 11 Abs. 1 Nr. 2 des Strafgesetzbuches sind.

(3) Die Anstalten und die Aufsichtsbehörde stellen auf geeignete Weise sicher, dass bei nicht öffentlichen Stellen nur solche Personen Kenntnis von übermittelten personenbezogenen Daten erlangen, die zuvor nach Absatz 1 verpflichtet wurden oder die nach Absatz 2 auch ohne förmliche Verpflichtung Kenntnis von übermittelten personenbezogenen Daten erlangen dürfen.

§ 136 Mitteilung über Haftverhältnisse

(1) Die Anstalten und die Aufsichtsbehörde dürfen auf schriftlichen Antrag mitteilen, ob und gegebenenfalls in welcher Anstalt sich eine Person in Haft befindet, ob ihre Entlassung voraussichtlich innerhalb eines Jahres bevorsteht sowie, falls die Entlassung innerhalb eines Jahres bevorsteht, den vorgesehenen Entlassungstermin, soweit
1. die Mitteilung zur Erfüllung der in der Zuständigkeit der anfragenden öffentlichen Stelle liegenden Aufgaben erforderlich ist oder
2. von nicht öffentlichen Stellen ein berechtigtes Interesse an dieser Mitteilung glaubhaft dargelegt wird und die betroffenen Gefangenen kein schutzwürdiges Interesse an dem Ausschluss der Übermittlung haben.

(2) Dem Verletzten einer Straftat und seinem Rechtsnachfolger können darüber hinaus auf schriftlichen Antrag Auskünfte erteilt werden über
1. die Entlassungsadresse oder die Vermögensverhältnisse des Gefangenen, wenn die Erteilung zur Feststellung oder Durchsetzung von Rechtsansprüchen im Zusammenhang mit der Straftat erforderlich ist, oder
2. die Gewährung erstmaliger Lockerungen, wenn er ein berechtigtes Interesse darlegt und kein schutzwürdiges Interesse des Gefangenen am Ausschluss der Mitteilung vorliegt.

(3) In den Fällen des Absatzes 2 Nr. 2 bedarf es der Darlegung eines berechtigten Interesses nicht, wenn der Antragsteller Verletzter einer Straftat nach
1. den §§ 174 bis 182 des Strafgesetzbuches,
2. den §§ 211 und 212 des Strafgesetzbuches,
3. den §§ 221, 223 bis 226 und 340 des Strafgesetzbuches,
4. den §§ 232 bis 238, § 239 Abs. 3 und den §§ 239a, 239b und 240 Abs. 4 des Strafgesetzbuches oder
5. § 4 des Gewaltschutzgesetzes ist.

Satz 1 gilt entsprechend in den Fällen des § 395 Abs. 3 der Strafprozessordnung, wenn Antragsteller zur Nebenklage zugelassen wurden.

(4) Im Vollzug der Untersuchungshaft und der Freiheitsentziehungen nach § 1 Abs. 2 besteht die zulässige Mitteilung nach den Absätzen 1 und 2 in der Angabe, ob sich eine Person in der Anstalt in Untersuchungshaft befindet. Eine Übermittlung unterbleibt, wenn der Gefangene unter Berücksichtigung der Art der Information und ihrer Rechtsstellung nach § 5 ein schutzwürdiges Interesse an dem Ausschluss der Übermittlung hat.

(5) Der betroffene Gefangene wird vor der Mitteilung gehört, es sei denn, es ist zu besorgen, dass dadurch die Interessen des Antragstellers vereitelt oder wesentlich erschwert werden würden, und eine Abwägung ergibt, dass diese Interessen das Interesse des Gefangenen an seiner vorherigen Anhörung überwiegen. Ist die Anhörung unterblieben, wird der betroffene Gefangene über die Mitteilung unter Angabe des Inhalts nachträglich unterrichtet.

(6) Bei Anhörung und Unterrichtung des Gefangenen nach Absatz 5 ist auf die berechtigten Interessen des nicht öffentlichen Empfängers an der Geheimhaltung seiner Lebensumstände in besonderer Weise Rücksicht zu nehmen. Die Anschrift des Empfängers darf dem Gefangenen nicht übermittelt werden.
(7) Mitteilungen sind in der Gefangenenpersonalakte des Gefangenen zu dokumentieren.

§ 137 Datenübermittlung an die Polizei
Die Anstalten haben den für die Eingabe von Daten in das polizeiliche Informations- und Auskunftssystem zuständigen Polizeidienststellen unverzüglich den Beginn, die Unterbrechung und die Beendigung des Vollzugs, den Verbleib auf freiwilliger Grundlage, die Verlegung in eine andere Einrichtung, die Gewährung von Lockerungen, die Entlassungsadresse sowie Aktualisierungen der zur Identifizierung des Gefangenen erforderlichen personenbezogenen Daten zu übermitteln.

§ 138 Aktenüberlassung
(1) Soweit die Übermittlung der darin enthaltenen Daten zulässig ist, dürfen Akten mit personenbezogenen Daten nur
1. anderen inländischen Justizvollzugsbehörden,
2. Stellen der Gerichtshilfe, Jugendgerichtshilfe, Bewährungsaufsicht oder Führungsaufsicht,
3. den für strafvollzugs-, strafvollstreckungs- und strafrechtliche Entscheidungen zuständigen Gerichten,
4. den Strafvollstreckungs- und Strafverfolgungsbehörden,
5. den von Justizvollzugs-, Strafverfolgungs- oder Strafvollstreckungsbehörden oder von einem Gericht mit Gutachten beauftragten Stellen sowie
6. sonstigen öffentlichen Stellen, wenn die Erteilung einer Auskunft entweder einen unvertretbaren Aufwand erfordern würde oder nach Darlegung der die Akteneinsicht begehrenden Stelle die Erteilung einer Auskunft für die Erfüllung ihrer Aufgaben nicht ausreicht,

überlassen oder im Falle elektronischer Aktenführung in Form von Duplikaten übermittelt werden.
(2) Sind mit personenbezogenen Daten, die nach § 132 Abs. 1, 3 oder 4 übermittelt werden dürfen, weitere personenbezogene Daten von dem Betroffenen oder dem Dritten in Akten so verbunden, dass eine Trennung, Anonymisierung oder Pseudonymisierung nicht oder nur mit unvertretbarem Aufwand möglich ist, so ist die Übermittlung nach Absatz 1 zulässig, soweit nicht berechtigte Interessen des Betroffenen oder des Dritten an deren Geheimhaltung offensichtlich überwiegen. Soweit es sich um besondere Arten personenbezogener Daten handelt, ist regelmäßig von einem überwiegenden berechtigten Interesse des Betroffenen auszugehen. Eine Speicherung, Nutzung und Übermittlung der weiteren personenbezogenen Daten nach Satz 1 durch die empfangende Stelle ist unzulässig.

§ 139 Auskunft und Akteneinsicht für wissenschaftliche Zwecke
(1) Für die Übermittlung personenbezogener Daten in Akten an Hochschulen, andere Einrichtungen, die wissenschaftliche Forschung betreiben, und öffentliche Stellen für wissenschaftliche Zwecke gilt § 476 der Strafprozessordnung entsprechend, mit der Maßgabe, dass auch elektronisch gespeicherte personenbezogene Daten übermittelt werden können.
(2) Im Vollzug der Untersuchungshaft und der Freiheitsentziehungen nach § 1 Abs. 2 unterbleiben Übermittlungen nach Absatz 1, wenn für die übermittelnde Stelle erkennbar ist, dass der Gefangene unter Berücksichtigung der Art der Information und seiner Rechtsstellung nach § 5 ein schutzwürdiges Interesse an dem Ausschluss der Übermittlung hat.

16 24

Unterabschnitt 5. Besondere Formen der Datenverarbeitung im Vollzug

§ 140 Erkennungsdienstliche Maßnahmen
(1) Die Erhebung erkennungsdienstlicher Daten mit Kenntnis des Gefangenen durch die
1. Abnahme von Finger- und Handflächenabdrücken,
2. Aufnahme von Lichtbildern,
3. Feststellung und Messung äußerlicher körperlicher Merkmale sowie
4. Erfassung biometrischer Merkmale des Gesichts, der Augen, der Hände, der Stimme oder der Unterschrift

ist nur zulässig, soweit dies zur Erfüllung der Aufgaben des Vollzugs erforderlich ist.

Anhang

(2) Die gewonnenen erkennungsdienstlichen Unterlagen werden zu der Gefangenenpersonalakte genommen oder in personenbezogenen Dateien gespeichert. Soweit sie nicht in Form von Dateien gespeichert werden, sind sie getrennt vom übrigen Inhalt der Gefangenenpersonalakte zu verwahren.

(3) Nach Absatz 1 erhobene Daten dürfen nur genutzt werden
1. für die Zwecke, zu denen sie erhoben wurden,
2. zur Identifikation des Gefangenen, soweit dies für Zwecke der Fahndung und Festnahme des entwichenen oder sich sonst ohne Erlaubnis außerhalb der Anstalt aufhaltenden Gefangenen erforderlich ist, oder
3. für die in § 131 Abs. 2 Nr. 6 genannten Zwecke.

(4) Nach Absatz 1 erhobene Daten dürfen nur übermittelt werden an
1. die Vollstreckungs- und Strafverfolgungsbehörden, soweit dies für Zwecke der Fahndung nach und Festnahme des entwichenen oder sich sonst ohne Erlaubnis außerhalb der Anstalt aufhaltenden Gefangenen erforderlich ist,
2. die Polizeivollzugsbehörden des Bundes und der Länder, soweit dies zur Abwehr einer gegenwärtigen innerhalb der Anstalt drohenden Gefahr für erhebliche Sachwerte oder für Leib, Leben oder Freiheit von Personen erforderlich ist, sowie
3. andere öffentliche Stellen auf deren Ersuchen, soweit der Betroffene verpflichtet wäre, eine unmittelbare Erhebung der zu übermittelnden Daten durch die empfangende Stelle zu dulden oder an einer solchen Erhebung mitzuwirken; die ersuchende Stelle hat in ihrem Ersuchen die Rechtsgrundlage der Mitwirkungs- oder Duldungspflicht mitzuteilen; beruht diese Pflicht auf einer Regelung gegenüber dem Betroffenen im Einzelfall, so weist die ersuchende Stelle zugleich nach, dass eine entsprechende Regelung ergangen und vollziehbar ist.

(5) Nach Absatz 1 erhobene Daten sind nach der Entlassung des Gefangenen unverzüglich zu löschen; die Löschung ist in der Gefangenenpersonalakte zu dokumentieren.

11 F 1 ff

§ 141 Einsatz optisch-elektronischer Einrichtungen

(1) Die Anstalt darf Räume und Freiflächen mittels optisch-elektronischer Einrichtungen nur beobachten, soweit eine gesetzliche Bestimmung dies ausdrücklich für die Erfüllung der Aufgaben des Vollzugs gestattet.

(2) Jede Anstalt, die optisch-elektronische Einrichtungen einsetzt, hat ein einheitliches Konzept zur optisch-elektronischen Beobachtung der baulichen Anlagen zu erstellen. Das Konzept hat alle betriebsfähigen Einrichtungen sowie die von ihnen erfassten Bereiche in kartenmäßiger Darstellung zu enthalten und ist laufend fortzuschreiben.

(3) Bei der Planung optisch-elektronischer Einrichtungen ist sicherzustellen, dass
1. die Beobachtung nur insoweit erfolgt, als dies für die Erfüllung der Aufgaben des Vollzugs erforderlich ist, insbesondere um das Betreten bestimmter Zonen durch Unbefugte zu verhindern, und
2. den Gefangenen in der Anstalt angemessene Bereiche verbleiben, in denen sie nicht mittels optisch-elektronischer Einrichtungen beobachtet werden.

(4) Die Beobachtung mittels optisch-elektronischer Einrichtungen von Räumen und Freiflächen ist durch sprachliche und nicht sprachliche Zeichen auf eine Weise kenntlich zu machen, dass die Tatsache und die Reichweite der Beobachtung jederzeit eindeutig erkennbar sind.

§ 142 Optisch-elektronische Einrichtungen im Umfeld der Anstalt

Die Beobachtung öffentlich frei zugänglichen Raumes außerhalb der Grenzen der Anstalt mittels optisch-elektronischer Einrichtungen ist nur und so weit zulässig, wie dies aufgrund der örtlichen Gegebenheiten zur Wahrnehmung des Hausrechts oder zur Aufrechterhaltung der Sicherheit der Anstalt auch unter Berücksichtigung der Belange Dritter unerlässlich ist, insbesondere um Fluchtversuche sowie Überwürfe von Gegenständen auf das Anstaltsgelände zu verhindern.

§ 143 Optisch-elektronische Einrichtungen innerhalb der Anstalt

Die Beobachtung von Räumen und Freiflächen innerhalb der Anstalt mittels optisch-elektronischer Einrichtungen ist zulässig, soweit dies für die Erfüllung der Aufgaben des Vollzugs erforderlich ist, insbesondere um die Gefangenen zu beaufsichtigen und das Betreten bestimmter Zonen durch Unbefugte zu verhindern, und § 144 nichts anderes bestimmt.

§ 144 Optisch-elektronische Einrichtungen innerhalb von Hafträumen

(1) Die Beobachtung innerhalb von Hafträumen mittels optisch-elektronischer Einrichtungen ist ausgeschlossen, soweit nachfolgend nichts anderes bestimmt ist.

(2) Zulässig ist die optisch-elektronische Beobachtung innerhalb von besonders gesicherten Hafträumen, besonders gesicherten Räumen, Überwachungshafträumen und Überwachungsräumen, soweit dies zur Abwehr einer gegenwärtigen Gefahr für Leib oder Leben des dort untergebrachten Gefangenen erforderlich ist. Soweit die Erforderlichkeit entfällt, ist die optisch-elektronische Beobachtung unverzüglich zu beenden. Die optisch-elektronische Beobachtung ist gesondert vor der Unterbringung durch den Anstaltsleiter schriftlich anzuordnen und zu begründen; in der Anordnung ist der Umfang der optisch-elektronischen Beobachtung zu bestimmen. Die optisch-elektronische Beobachtung ist spätestens nach 72 Stunden zu beenden, sofern sie nicht durch eine neue Anordnung verlängert wird. Die Anordnung ist zu der Gefangenenpersonalakte zu nehmen.

(3) Während der Dauer der optisch-elektronischen Beobachtung ist diese für den Gefangenen kenntlich zu machen.

(4) Bei der Gestaltung der Haftträume, die optisch-elektronisch beobachtet werden, und bei der bildlichen Wiedergabe der dadurch erhobenen personenbezogenen Daten ist auf die elementaren Bedürfnisse des Gefangenen nach Wahrung seiner Intimsphäre angemessen Rücksicht zu nehmen, insbesondere sind sanitäre Einrichtungen von der Beobachtung auszunehmen; hilfsweise ist die Erkennbarkeit dieser Bereiche durch technische Maßnahmen auszuschließen.

(5) Die optisch-elektronische Beobachtung ist zu unterbrechen, wenn sie im Einzelfall vorübergehend nicht erforderlich oder die Beaufsichtigung gesetzlich ausgeschlossen ist.

11 I 4, 11 I 17, 11 I 20

§ 145 Speicherung und Dokumentation mittels optisch-elektronischer oder akustisch-elektronischer Einrichtungen erhobener Daten

(1) Die mittels optisch-elektronischer Einrichtungen zulässig erhobenen Daten dürfen nur gespeichert werden, wenn dies zur Erreichung des die Erhebung gestattenden Zwecks erforderlich ist. Sobald dieser Zweck entfällt, sind die Daten unverzüglich, spätestens nach 48 Stunden zu löschen. Eine Speicherung darüber hinaus ist nur zulässig, soweit und solange dies zur Verfolgung einer Straftat oder Ordnungswidrigkeit erforderlich ist.

(2) Für die Speicherung der mittels akustisch-elektronischer Einrichtungen zulässig erhobenen Daten gilt Absatz 1 entsprechend. Darüber hinaus ist eine Speicherung auch zulässig, soweit und solange dies zur Übermittlung der erhobenen Daten an das Gericht, das die inhaltliche Überwachung der Gespräche angeordnet hat, erforderlich ist.

(3) Abweichend von den Absätzen 1 und 2 dürfen die gemäß § 144 Abs. 2 erhobenen Daten nicht gespeichert werden.

(4) Die Datenerhebung mittels optisch-elektronischer oder akustisch-elektronischer Einrichtungen, die in den Kernbereich der privaten Lebensgestaltung Gefangener oder Dritter eingreift, ist unzulässig. Die erhobenen Daten sind unverzüglich zu löschen und Erkenntnisse über solche Daten dürfen nicht verwertet werden. Die Tatsache der Erfassung der Daten und ihrer Löschung sind zu dokumentieren.

(5) Die Verarbeitung oder Nutzung der mittels optisch-elektronischer oder akustisch-elektronischer Einrichtungen erhobenen Daten ist zu dokumentieren. Die Dokumentation darf ausschließlich für Zwecke der Datenschutzkontrolle verwendet werden. Sie ist zu löschen, wenn sie für diese Zwecke nicht mehr erforderlich ist, spätestens jedoch am Ende des Kalenderjahres, das dem Jahr der Dokumentation folgt.

9 B 74, 9 B 79, 9 D 15, 11 I 25

§ 146 Auslesen von Datenspeichern

(1) Elektronische Datenspeicher sowie elektronische Geräte mit Datenspeicher, die ohne Erlaubnis in die Anstalt eingebracht wurden, dürfen auf schriftliche Anordnung des Anstaltsleiters ausgelesen werden, soweit konkrete Anhaltspunkte die Annahme rechtfertigen, dass dies für die Erfüllung der Aufgaben des Vollzugs erforderlich ist. Die Gründe sind in der Anordnung festzuhalten. Ist der Betroffene bekannt, sind ihm die Gründe vor dem Auslesen mitzuteilen. Beim Auslesen sind seine schutzwürdigen Interessen zu berücksichtigen, insbesondere der Kernbereich privater Lebensgestaltung. Das Auslesen ist möglichst auf die Inhalte zu beschränken, die zur Erreichung der die Anordnung begründenden Zwecke erforderlich sind.

(2) Die nach Absatz 1 erhobenen Daten dürfen verarbeitet oder genutzt werden, soweit dies aus den in der Anordnung genannten Gründen erforderlich ist. Aus anderen Gründen ist die Verarbeitung oder Nutzung der Daten nur zulässig, soweit dies für die Erfüllung der Aufgaben des Vollzugs zwingend erforderlich ist und schutzwürdige Interessen des Betroffenen dem nicht entgegenstehen.

(3) Die Datenerhebung, die in den Kernbereich der privaten Lebensgestaltung Gefangener oder Dritter eingreift, ist unzulässig. Die erhobenen Daten sind unverzüglich zu löschen und Erkenntnisse über solche Daten dürfen nicht verwertet werden. Die Tatsache der Erfassung der Daten und ihrer Löschung sind zu dokumentieren. § 145 Abs. 5 gilt entsprechend.

(4) Die Gefangenen sind bei der Aufnahme über die Möglichkeit des Auslesens von nicht gestatteten Datenspeichern aktenkundig zu belehren.

§ 147 Identifikation vollzugsfremder Personen

(1) Das Betreten der Anstalt durch vollzugsfremde Personen kann davon abhängig gemacht werden, dass diese zur Identitätsfeststellung
1. ihren Vornamen, ihren Namen und ihre Anschrift angeben und durch amtliche Ausweise nachweisen und
2. die Erhebung biometrischer Merkmale des Gesichts, der Augen, der Hände, der Stimme oder der Unterschrift dulden, soweit dies erforderlich ist, um die Verwechslung und den Austausch von Gefangenen mit anderen Personen zu verhindern.

(2) Eine Verarbeitung oder Nutzung der nach Absatz 1 erhobenen Identifikationsmerkmale ist nur zulässig, soweit dies erforderlich ist zur
1. Identitätsüberprüfung beim Verlassen der Anstalt oder
2. Verfolgung von Straftaten, bei denen der Verdacht besteht, dass sie bei Gelegenheit des Aufenthalts in der Anstalt begangen wurden; die zur Strafverfolgung erforderlichen Daten können hierzu der zuständigen Strafverfolgungsbehörde übermittelt werden.

(3) Die nach Absatz 1 erhobenen Identifikationsmerkmale sind spätestens 24 Stunden nach ihrer Erhebung zu löschen, soweit sie nicht nach Absatz 2 Nr. 2 übermittelt werden dürfen; in diesem Fall sind sie unverzüglich zu übermitteln und danach zu löschen.

§ 148 Lichtbildausweise

Die Anstalt kann die Gefangenen verpflichten, einen Lichtbildausweis mit sich zu führen, wenn dies aus Gründen der Sicherheit oder Ordnung der Anstalt erforderlich ist. Dabei ist sicherzustellen, dass der Ausweis nur die zur Erreichung dieser Zwecke notwendigen Daten enthält. Der Ausweis ist bei der Entlassung oder bei der Verlegung in eine andere Anstalt einzuziehen und unverzüglich zu vernichten.

Unterabschnitt 6. Schutzanforderungen

§ 149 Zweckbindung

Empfangende Stellen dürfen die von den Anstalten oder der Aufsichtsbehörde erhaltenen personenbezogenen Daten nur zu dem Zweck speichern, nutzen und übermitteln, zu dessen Erfüllung sie übermittelt wurden. Die empfangende Stelle darf diese Daten für andere Zwecke nur speichern, nutzen und übermitteln, soweit sie ihr auch für diese Zwecke hätten überlassen werden dürfen und wenn im Fall einer Übermittlung an eine nicht öffentliche Stelle die übermittelnde Anstalt oder Aufsichtsbehörde zugestimmt hat. Die übermittelnde Anstalt oder Aufsichtsbehörde hat die empfangende nicht öffentliche Stelle auf die Zweckbindung nach Satz 1 hinzuweisen.

§ 150 Schutzvorkehrungen

(1) Personenbezogene Daten in Akten und Dateien sind durch die erforderlichen technischen und organisatorischen Maßnahmen gegen unbefugten Zugang und unbefugten Gebrauch zu schützen. Gesundheitsakten und Krankenblätter sowie Therapieakten sind getrennt von anderen Unterlagen zu führen und besonders zu sichern. Die Gefangenenpersonalakte soll zur Umsetzung von Absatz 2 in Teilakten geführt werden.

(2) Soweit in diesem Gesetz nichts anderes geregelt ist, darf sich der Bedienstete von personenbezogenen Daten nur Kenntnis verschaffen, wenn dies zur Erfüllung der ihm obliegenden Aufgaben oder für die Zusammenarbeit in der Anstalt oder zur Erreichung des Vollzugsziels erforderlich ist.

§ 151 Kenntlichmachung innerhalb der Anstalt

Personenbezogene Daten von Gefangenen dürfen innerhalb der Anstalt nur kenntlich gemacht werden, soweit dies für ein geordnetes Zusammenleben in der Anstalt erforderlich ist und Beschränkungen der Datenverarbeitung im Vollzug nicht entgegenstehen. Besondere Arten personenbezogener Daten von Gefangenen dürfen nicht kenntlich gemacht werden.

§ 152 Erkenntnisse aus Beaufsichtigungs-, Überwachungs- und Kontrollmaßnahmen

(1) Die bei der Beaufsichtigung oder der Überwachung der Besuche, der Überwachung der Telekommunikation, der Sichtkontrolle oder der Überwachung des Schriftwechsels oder der Kontrolle des Inhalts von Paketen in zulässiger Weise bekannt gewordenen personenbezogenen Daten sind in Akten und Dateien des Vollzugs sowie bei einer Übermittlung an externe Stellen eindeutig als solche zu kennzeichnen. Sie dürfen nur verarbeitet oder genutzt werden
1. mit Einwilligung des Gefangenen für Zwecke einer Behandlung,
2. zur Wahrung der Sicherheit oder Ordnung der Anstalt oder
3. für die in § 131 Abs. 2 Nrn. 2 bis 7 genannten Zwecke.

(2) Die nach Absatz 1 Satz 1 zulässig bekannt gewordenen Daten dürfen im Vollzug der Untersuchungshaft und der Freiheitsentziehungen nach § 1 Abs. 2 über die in Absatz 1 Satz 2 bezeichneten Zwecke hinaus auch verarbeitet oder genutzt werden zur
1. Abwehr von Gefährdungen der Aufgabe des Vollzugs der Untersuchungshaft oder
2. Umsetzung einer Anordnung nach § 119 der Strafprozessordnung.

(3) Soweit die in den Absätzen 1 und 2 bezeichneten Daten dem Kernbereich der privaten Lebensgestaltung unterfallen, sind sie unverzüglich zu löschen. Erkenntnisse über solche Daten dürfen nicht verwertet werden. Die Tatsache der Erfassung der Daten und ihrer Löschung sind zu dokumentieren. § 145 Abs. 5 gilt entsprechend.

Unterabschnitt 7. Schutz von Geheimnisträgern

§ 153 Geheimnisträger

(1) Die im Vollzug tätigen oder außerhalb des Vollzugs mit der Untersuchung, Behandlung oder Beratung von Gefangenen beauftragten
1. Ärzte, Zahnärzte, Apotheker und Psychologischen Psychotherapeuten oder Angehörigen eines anderen Heilberufs, der für die Berufsausübung oder die Führung der Berufsbezeichnung eine staatlich geregelte Ausbildung erfordert,
2. Diplom-Psychologen,
3. staatlich anerkannten Sozialarbeiter oder staatlich anerkannten Sozialpädagogen sowie
4. Seelsorger

unterliegen hinsichtlich der ihnen in der ausgeübten Funktion von Gefangenen anvertrauten oder sonst über Gefangene bekannt gewordenen Geheimnisse untereinander sowie gegenüber der Anstalt und der Aufsichtsbehörde der Schweigepflicht, soweit in diesem Gesetz nichts anderes bestimmt ist. Dies gilt entsprechend für ihre berufsmäßig tätigen Gehilfen und die Personen, die bei ihnen zur Vorbereitung auf den Beruf tätig sind, nicht aber gegenüber dem Berufsträger.

(2) Behandeln Geheimnisträger nach Absatz 1 Satz 1 Nrn. 1 bis 3 (Berufsgeheimnisträger) gleichzeitig oder nacheinander denselben Gefangenen, so unterliegen sie im Verhältnis zueinander nicht der Schweigepflicht und sind zur umfassenden gegenseitigen Information und Auskunft verpflichtet, soweit dies zum Zwecke einer zielgerichteten gemeinsamen Behandlung erforderlich ist und
1. eine wirksame Einwilligung des Gefangenen vorliegt oder
2. sie in Bezug auf den betreffenden Gefangenen nicht mit anderen Aufgaben im Vollzug betraut sind.

§ 154 Offenbarungspflicht

(1) Berufsgeheimnisträger haben dem Anstaltsleiter ihnen bekannte personenbezogene Daten von sich aus oder auf Befragen zu offenbaren, auch wenn sie ihnen im Rahmen des beruflichen Vertrauensverhältnisses anvertraut wurden oder sonst bekannt geworden sind, soweit
1. der Gefangene einwilligt oder
2. dies auch unter Berücksichtigung der Interessen des Gefangenen an der Geheimhaltung der personenbezogenen Daten erforderlich ist zur Abwehr

Anhang

a) einer Gefahr für das Leben eines Menschen, insbesondere zur Verhütung von Selbsttötungen,
b) einer erheblichen Gefahr für Körper oder Gesundheit eines Menschen oder
c) der Gefahr einer Straftat von erheblicher Bedeutung.

(2) Sozialarbeiter und Sozialpädagogen, die als Bedienstete im Vollzug tätig sind, haben dem Anstaltsleiter ihnen bekannte personenbezogene Daten von sich aus oder auf Befragen zu offenbaren, soweit dies für die Erfüllung der Aufgaben des Vollzugs erforderlich ist und das Interesse an der Erfüllung der Aufgaben des Vollzugs das Interesse des Gefangenen an der Geheimhaltung der personenbezogenen Daten erheblich überwiegt.

(3) Berufsgeheimnisträger außerhalb des Vollzugs können die Verpflichtung nach Absatz 1 auch gegenüber in der Anstalt beschäftigten Berufsgeheimnisträgern erfüllen.

(4) Wurde eine Einwilligung nach Absatz 1 Nr. 1 nicht den Berufsgeheimnisträgern gegenüber erklärt, so sind diese berechtigt, die Offenbarung zu verweigern, bis sie Gelegenheit zum persönlichen Gespräch mit dem Gefangenen hatten. Sie haben sich zu offenbaren, soweit der Gefangene an der Einwilligung festhält. Widerruft der Gefangene ihnen gegenüber seine Einwilligung, so ist der Widerruf aktenkundig zu machen und unverzüglich dem Anstaltsleiter mitzuteilen.

§ 155 Offenbarungsbefugnis

Die Berufsgeheimnisträger sind befugt, die ihnen im Rahmen des beruflichen Vertrauensverhältnisses anvertrauten oder sonst bekannt gewordenen personenbezogenen Daten gegenüber dem Anstaltsleiter zu offenbaren, soweit dies aus ihrer Sicht für die Erfüllung der Aufgaben des Vollzugs auch unter Berücksichtigung der Interessen des Gefangenen an der Geheimhaltung der Tatsachen unerlässlich ist.

§ 156 Unterrichtung des Gefangenen

Vor der Erhebung personenbezogener Daten ist der Gefangene durch Berufsgeheimnisträger schriftlich über die nach diesem Gesetz bestehenden Offenbarungspflichten und Offenbarungsbefugnisse zu unterrichten. Bei Einschaltung von Berufsgeheimnisträgern außerhalb der Anstalt erfolgt die Unterrichtung nach Satz 1 durch die Anstalt.

§ 157 Zweckbindung offenbarter personenbezogener Daten

(1) Die nach den §§ 154 und 155 offenbarten personenbezogenen Daten dürfen nur für den Zweck, für den sie offenbart wurden oder für den eine Offenbarung zulässig gewesen wäre, und nur unter denselben Voraussetzungen gespeichert, genutzt und übermittelt werden, unter denen Berufsgeheimnisträger selbst hierzu befugt wären.

(2) Der Anstaltsleiter kann unter diesen Voraussetzungen die unmittelbare Offenbarung gegenüber bestimmten Bediensteten allgemein zulassen.

§ 158 Zugriff auf Daten in Notfällen

Alle im Vollzug tätigen Personen dürfen sich Kenntnis auch von besonderen Arten personenbezogener Daten zu dem Zweck verschaffen, diese Daten unmittelbar und unverzüglich den zur Notfallrettung eingesetzten Personen zu übermitteln,
1. soweit der Gefangene einwilligt oder
2. sofern der Gefangene zur Einwilligung unfähig ist und die Kenntnis auch der besonderen personenbezogenen Daten zur Abwehr einer gegenwärtigen Gefahr für das Leben eines Menschen oder einer gegenwärtigen erheblichen Gefahr für die Gesundheit eines Menschen erforderlich ist.

Die Verarbeitung oder Nutzung der so erlangten Daten für andere Zwecke ist unzulässig. Die Kenntnisnahme ist in der Gefangenenpersonalakte zu dokumentieren.

Unterabschnitt 8. Unterrichtung und Akteneinsicht des Betroffenen

§ 159 Auskunft an den Betroffenen

(1) Über eine ohne seine Kenntnis vorgenommene Erhebung personenbezogener Daten wird der Betroffene unter Angabe dieser Daten unterrichtet, soweit und sobald die Erfüllung der Aufgaben des Vollzugs nicht entgegensteht.

(2) Dem Betroffenen ist im Übrigen auf Antrag Auskunft zu erteilen über
1. die zu seiner Person gespeicherten Daten, auch soweit sie sich auf die Herkunft dieser Daten beziehen,
2. die empfangenden Stellen oder Kategorien von empfangenden Stellen, an die die Daten weitergegeben werden, und
3. den Zweck der Speicherung.

In dem Antrag soll die Art der personenbezogenen Daten, über die Auskunft erteilt werden soll, näher bezeichnet werden. Sind die personenbezogenen Daten weder automatisiert noch in nicht automatisierten Dateien gespeichert, wird die Auskunft nur erteilt, soweit der Betroffene Angaben macht, die das Auffinden der Daten ermöglichen, und der für die Erteilung der Auskunft erforderliche Aufwand nicht außer Verhältnis zu dem von dem Betroffenen geltend gemachten Informationsinteresse steht. Die Anstalten und die Aufsichtsbehörde bestimmen das Verfahren, insbesondere die Form der Auskunftserteilung, nach pflichtgemäßem Ermessen.

(3) Absatz 1 gilt nicht für personenbezogene Daten, die nur deshalb gespeichert sind, weil sie aufgrund gesetzlicher, satzungsmäßiger oder vertraglicher Aufbewahrungsvorschriften nicht gelöscht werden dürfen oder ausschließlich Zwecken der Datensicherung oder der Datenschutzkontrolle dienen und eine Auskunftserteilung einen unverhältnismäßigen Aufwand erfordern würde.

(4) Bezieht sich die Auskunftserteilung auf die Übermittlung personenbezogener Daten an die Staatsanwaltschaften, Polizeidienststellen, Verfassungsschutzbehörden, den Bundesnachrichtendienst, den Militärischen Abschirmdienst und, soweit die Sicherheit des Bundes berührt wird, andere Behörden des Bundesministeriums der Verteidigung, so ist sie nur mit Zustimmung dieser Stellen zulässig.

(5) Die Auskunftserteilung unterbleibt, soweit
1. die Auskunft die ordnungsgemäße Erfüllung der in der Zuständigkeit der verantwortlichen Stelle liegenden Aufgaben gefährden würde,
2. die Auskunft die öffentliche Sicherheit oder Ordnung gefährden oder sonst dem Wohl des Bundes oder eines Landes Nachteile bereiten würde oder
3. die Daten oder die Tatsache ihrer Speicherung nach einer Rechtsvorschrift oder ihrem Wesen nach, insbesondere wegen der überwiegenden berechtigten Interessen Dritter, geheim gehalten werden müssen oder
4. der Aufwand der Auskunftserteilung außer Verhältnis zum Schutzzweck steht und deswegen das Interesse des Betroffenen an der Auskunftserteilung zurücktreten muss.

(6) Soweit im Vollzug der Untersuchungshaft und der Freiheitsentziehungen nach § 1 Abs. 2 Erkenntnisse aus dem Ermittlungsverfahren zur Gefangenenpersonalakte gelangt sind, ist die Staatsanwaltschaft vor der Auskunftserteilung zu hören. Teilt die Staatsanwaltschaft mit, dass die Auskunft die Aufgabe des Vollzugs der Untersuchungshaft gefährden würde, darf insoweit keine Auskunft erteilt werden.

(7) Die Ablehnung der Auskunftserteilung bedarf keiner Begründung, soweit durch die Mitteilung der tatsächlichen und rechtlichen Gründe, auf welche die Entscheidung gestützt wird, der mit der Auskunftsverweigerung verfolgte Zweck gefährdet würde. In diesen Fällen ist der Betroffene darauf hinzuweisen, dass er sich an den Landesbeauftragten für den Datenschutz wenden kann.

(8) Wird dem Betroffenen keine Auskunft erteilt, so ist die Auskunft auf Verlangen des Betroffenen dem Landesbeauftragten für den Datenschutz zu erteilen, soweit nicht die Aufsichtsbehörde im Einzelfall feststellt, dass dadurch die Sicherheit des Landes Sachsen-Anhalt, eines anderen Landes oder des Bundes gefährdet würde. Die Mitteilung des Landesbeauftragten für den Datenschutz an den Betroffenen darf keine Rückschlüsse auf den Erkenntnisstand der speichernden Stelle zulassen, sofern diese nicht einer weitergehenden Auskunft zustimmt.

(9) Die Auskunft ist unentgeltlich.

(10) Weitergehende Auskunftsrechte nach allgemeinen Gesetzen finden für den Bereich des Justizvollzugs keine Anwendung.

§ 160 Akteneinsichtsrecht des Betroffenen

(1) Ist dem Betroffenen Auskunft zu gewähren, erhält er auf Antrag Akteneinsicht, soweit eine Auskunft für die Wahrnehmung seiner rechtlichen Interessen nicht ausreicht und er hierfür auf die Einsichtnahme angewiesen ist. Im Vollzug der Untersuchungshaft und der Freiheitsentziehungen nach § 1 Abs. 2 gilt für das Akteneinsichtsrecht § 159 Abs. 6 entsprechend.

(2) Der Betroffene kann auf eigene Kosten bei einer Einsicht hinzuziehen
1. eine Person aus dem Kreis
   a) der Rechtsanwälte,
   b) der Notare,
   c) der gewählten Verteidiger nach § 138 Abs. 1 und 2 der Strafprozessordnung,
   d) der durch richterliche Entscheidung nach § 149 Abs. 1 oder 3 der Strafprozessordnung zugelassenen Beistände oder
   e) der Beistände nach § 69 des Jugendgerichtsgesetzes,
2. Personensorgeberechtigte sowie
3. einen für das Gebiet des Landes Sachsen-Anhalt allgemein beeidigten Dolmetscher.

Der Betroffene kann sein Akteneinsichtsrecht auch durch eine Person aus dem in Satz 1 Nrn. 1 und 2 genannten Personenkreis allein ausüben lassen. Eine Begleitung durch andere Gefangene ist unzulässig, auch wenn diese zu dem in Satz 1 genannten Personenkreis gehören.

(3) Die Akteneinsicht ist kostenlos. Bei einer Einsicht hat der Betroffene oder haben die Beauftragten gemäß Absatz 2 Satz 2 das Recht, sich aus den Akten Notizen zu machen.

(4) Dem Betroffenen und den Beauftragten gemäß Absatz 2 Satz 2 sind aus den über den Betroffenen geführten Akten auf schriftlichen Antrag Ablichtungen einzelner Dokumente, aus automatisierten Dateien Ausdrucke eines Teilbestands der Daten zu fertigen, soweit die Akten der Einsicht unterliegen und ein nachvollziehbarer Grund vorliegt. Ein solcher Grund ist insbesondere anzunehmen, wenn der Betroffene zur Geltendmachung von Rechten gegenüber Gerichten und Behörden auf Ablichtungen oder Ausdrucke angewiesen ist.

(5) Die Fertigung von Ablichtungen und Ausdrucken ist gebührenpflichtig. Die zu erwartenden Kosten sind im Voraus zu entrichten.

(6) Die Anstalten und die Aufsichtsbehörde können Auskunftsanträge als Akteneinsichtsersuchen behandeln.

(7) Zu den Akten im Sinne dieses Gesetzes zählen neben der Gefangenenpersonalakte, der Gesundheitsakte, einschließlich der Krankenblätter, und der Therapieakte auch automatisierte Dateien, die der Abwicklung des Vollzugs dienen, soweit sie in einer den papiergebundenen Akten vergleichbaren Weise nach Gefangenen geordnet geführt werden.

12 I 8

§ 161 Sperrvermerke

(1) Soweit Aktenbestandteile mit einem Sperrvermerk versehen sind, unterliegen sie nicht der Akteneinsicht. Sperrvermerke dürfen nur angebracht werden, soweit dies
1. aus medizinischen Gründen allein zum Wohl des Betroffenen,
2. zum Schutz elementarer Persönlichkeitsrechte von Berufsgeheimnisträgern,
3. zum Schutz elementarer Persönlichkeitsrechte sowie von Leib oder Leben Dritter oder
4. aufgrund einer Rechtsvorschrift, die zur Geheimhaltung verpflichtet,

und auch unter Berücksichtigung des Informationsinteresses des Betroffenen zwingend erforderlich ist. Die Sperrvermerke gemäß Satz 2 Nrn. 1 und 2 werden von den Berufsgeheimnisträgern angebracht, die die zu sperrenden Aktenbestandteile zur Akte verfügt haben; die übrigen Sperrvermerke bringt der Anstaltsleiter an.

(2) Der Grund und der Umfang der Sperrung sind in der Akte zu vermerken. Dieser Vermerk nimmt an der Sperrung teil. Gesperrte Aktenbestandteile sind gesondert von den übrigen Akten zu verwahren, soweit die Akten in Papierform geführt werden; im Übrigen sind sie besonders zu sichern.

(3) Über gespeicherte und vom Sperrvermerk umfasste eigene personenbezogene Daten ist dem Betroffenen auf gesonderten Antrag Auskunft zu erteilen, soweit seine Auskunftsansprüche nicht hinter den in Absatz 1 genannten Interessen an der Geheimhaltung oder dort genannten überwiegenden Geheimhaltungsinteressen Dritter aus zwingenden Gründen zurücktreten müssen. Die wesentlichen Gründe sind dem Betroffenen im Einzelnen mitzuteilen.

Unterabschnitt 9. Löschung, Sperrung und Berichtigung

§ 162 Löschung, Sperrung und Berichtigung

(1) Personenbezogene Daten sind zu löschen, soweit ihre weitere Speicherung nicht mehr zulässig oder

1. für die Erfüllung der Aufgaben des Vollzugs,
2. zur Verfolgung von Straftaten,
3. für die Durchführung wissenschaftlicher Forschungsvorhaben gemäß § 139 sowie
4. zur Feststellung, Durchsetzung oder Abwehr von Rechtsansprüchen im Zusammenhang mit dem Vollzug

nicht erforderlich ist.

(2) Personenbezogene Daten sind spätestens zwei Jahre nach der Entlassung des Gefangenen oder der Verlegung des Gefangenen in eine andere Anstalt zu löschen. Hiervon können bis zum Ablauf der Aufbewahrungsfrist für die Gefangenenpersonalakte die Angaben über Familienname, Vorname, Geburtsname, Geburtstag, Geburtsort, Eintritts- und Austrittsdatum des Gefangenen ausgenommen werden, soweit dies für das Auffinden der Gefangenenpersonalakte erforderlich ist.

(3) Soweit die Anstalt im Vollzug der Untersuchungshaft und der Freiheitsentziehungen nach § 1 Abs. 2 von einer nicht nur vorläufigen Einstellung des Verfahrens, einer unanfechtbaren Ablehnung der Eröffnung des Hauptverfahrens oder einem rechtskräftigen Freispruch Kenntnis erlangt, hat sie die personenbezogenen Daten des Gefangenen unverzüglich zu löschen. Darüber hinaus sind in diesen Fällen auf Antrag des Gefangenen die Stellen, die eine Mitteilung nach § 136 erhalten haben, über den Verfahrensausgang in Kenntnis zu setzen. Der Gefangene ist auf sein Antragsrecht bei der Anhörung oder der nachträglichen Unterrichtung nach § 136 Abs. 5 Satz 2 hinzuweisen.

(4) Die gespeicherten personenbezogenen Daten sind nicht zu löschen, sondern zu sperren, wenn
1. die Richtigkeit personenbezogener Daten von dem Betroffenen bestritten wird und sich weder die Richtigkeit noch die Unrichtigkeit feststellen lässt,
2. einer Löschung nach den Absätzen 1 bis 3 die Aufbewahrungsfrist einer anderen Rechtsnorm entgegensteht,
3. Grund zu der Annahme besteht, dass durch die Löschung schutzwürdige Interessen des Betroffenen oder Dritter beeinträchtigt werden können,
4. eine Löschung wegen der besonderen Art der Speicherung nicht oder nur mit unverhältnismäßig hohem Aufwand möglich ist oder
5. die Daten nur zu Zwecken der Datensicherung oder Datenschutzkontrolle gespeichert sind.

(5) Gesperrte personenbezogene Daten sind gesondert aufzubewahren. Ist dies mit einem vertretbaren Aufwand nicht möglich, sind sie besonders zu kennzeichnen.

(6) Gesperrte personenbezogene Daten dürfen nur genutzt und übermittelt werden, soweit dies ohne Sperrung nach diesem Gesetz zulässig wäre und
1. zur Verfolgung von Straftaten,
2. für die Durchführung wissenschaftlicher Forschungsvorhaben gemäß § 139,
3. zur Behebung einer bestehenden Beweisnot oder
4. zur Feststellung, Durchsetzung oder Abwehr von Rechtsansprüchen im Zusammenhang mit dem Vollzug

unerlässlich ist. Die Nutzung und Übermittlung ist unter Angabe des Nutzungszwecks oder Übermittlungsgrundes sowie der Empfänger zu dokumentieren.

(7) Die Verarbeitungsbeschränkungen gemäß Absatz 6 enden und die Sperre ist aufzuheben, wenn
1. der Betroffene eingewilligt hat oder
2. der Gefangene erneut in den Vollzug aufgenommen wird und die Daten nicht bereits gelöscht sein müssten.

(8) Nach Absatz 4 gesperrte Daten dürfen in
1. Gefangenenpersonalakten, Gesundheitsakten und Krankenblättern sowie Therapieakten nicht über zehn Jahre und
2. Gefangenenbüchern nicht über 30 Jahre

hinaus aufbewahrt werden. Für die Speicherung vergleichbarer Dateien gilt Satz 1 entsprechend. Dies gilt nicht, wenn aufgrund bestimmter Tatsachen anzunehmen ist, dass die Aufbewahrung für die in Absatz 6 genannten Zwecke weiterhin erforderlich ist. Die Aufbewahrungsfrist beginnt mit dem auf das Jahr der aktenmäßigen Weglegung folgenden Kalenderjahr.

(9) Vor der Löschung personenbezogener Daten nach Absatz 1 bis 3 oder der Löschung gesperrter personenbezogener Daten nach Absatz 4 sind Dateien und Akten mit personenbezogenen Daten nach Maßgabe des Archivgesetzes Sachsen-Anhalt dem Landesarchiv Sachsen-Anhalt anzubieten und zu übergeben.

(10) Personenbezogene Daten sind zu berichtigen, wenn sie unrichtig sind. In Akten genügt es, in geeigneter Weise kenntlich zu machen, zu welchem Zeitpunkt oder aus welchem Grund sie unrichtig waren oder unrichtig geworden sind. Die personenbezogenen Daten sind zu ergänzen, wenn der Zweck der Speicherung oder berechtigte Interessen des Betroffenen dies erfordern.

(11) Von der Berichtigung unrichtiger Daten, der Sperrung bestrittener Daten sowie der Löschung oder Sperrung wegen Unzulässigkeit der Speicherung sind die Stellen zu unterrichten, denen diese Daten übermittelt oder innerhalb der verantwortlichen Stelle weitergegeben worden sind. Die Unterrichtung kann unterbleiben, wenn sie einen unverhältnismäßigen Aufwand erfordern würde und kein Grund zu der Annahme besteht, dass dadurch schutzwürdige Interessen der Betroffenen beeinträchtigt werden.

Unterabschnitt 10. Anwendung des Datenschutzgesetzes Sachsen-Anhalt

§ 163 Anwendung des Datenschutzgesetzes Sachsen-Anhalt

Die Begriffsbestimmungen in § 2, die Regelungen im Hinblick auf die Durchführung des Datenschutzes und den Beauftragten für den Datenschutz (§§ 14 bis 14a), die unabdingbaren Rechte des Betroffenen (§ 17) und die automatisierten Verfahren mittels mobiler personenbezogener Datenträger (§ 25) des Datenschutzgesetzes Sachsen-Anhalt gelten entsprechend. Die Regelungen im Hinblick auf automatisierte Einzelentscheidungen (§ 4a), technische und organisatorische Maßnahmen (§§ 6 bis 8), den Schadensersatz (§ 18), die Anrufung des Landesbeauftragten für den Datenschutz (§ 19), die Straf- und Bußgeldvorschriften (§§ 31, 31a) sowie die Bestimmungen über die Kontrolle durch den Landesbeauftragten für den Datenschutz (§§ 22 bis 24) des Datenschutzgesetzes Sachsen-Anhalt finden Anwendung.

Abschnitt 24. Schlussbestimmungen

§ 164 Übergangsbestimmungen

(1) Für Anstalten, mit deren Errichtung vor dem 3. Oktober 1990 begonnen wurde, gilt, dass abweichend von § 18 während der Einschlusszeiten bis zu zwei Gefangene gemeinsam untergebracht werden dürfen, solange die räumlichen Verhältnisse der Anstalt dies erfordern; eine gemeinschaftliche Unterbringung ist nur bis zum Ablauf des 31. Dezember 2024 zulässig.

(2) Für die bei Inkrafttreten dieses Gesetzes bestehenden Anstalten kann die Aufsichtsbehörde abweichend von § 106 die Belegungsfähigkeit einer Anstalt nach Maßgabe des Absatzes 1 festsetzen.

(3) Abweichend von § 33 Abs. 5 sind Langzeitbesuche ausgeschlossen, wenn die räumlichen Verhältnisse der Anstalt Langzeitbesuche nicht zulassen.

(4) Bis zum Inkrafttreten einer Verordnung nach § 66 findet die Strafvollzugsvergütungsordnung vom 11. Januar 1977 (BGBl. I S. 57), geändert durch Artikel 6 des Gesetzes vom 13. Dezember 2007 (BGBl. I S. 2894, 2896), in der jeweils geltenden Fassung weiterhin Anwendung.

(5) Daten, die nach Abschnitt 23 dieses Gesetzes zu löschen oder zu sperren sind, nach dem bisher geltenden Recht jedoch gespeichert werden durften und nicht gesperrt werden brauchten, sind spätestens zum 31. Dezember 2017 zu löschen oder zu sperren.

(6) Für die bis zum Inkrafttreten des Gesetzes zur Weiterentwicklung des Justizvollzugs in Sachsen-Anhalt nach § 43 Abs. 6 des Strafvollzugsgesetzes oder § 65 Abs. 2 des Jugendstrafvollzugsgesetzes Sachsen-Anhalt erworbenen, aber noch nicht abgegoltenen Freistellungstage findet § 43 Abs. 9 bis 11 des Strafvollzugsgesetzes oder § 65 Abs. 5 bis 7 des Jugendstrafvollzugsgesetzes Sachsen-Anhalt entsprechende Anwendung.

2 E 24, 2 E 27, 4 D 67, 4 D 71, 9 B 24

§ 165 Berichtspflicht

Die Aufsichtsbehörde berichtet dem Landtag von Sachsen-Anhalt in zweijährigem Abstand, erstmals im ersten Quartal 2019, zum Vollzug der Jugendstrafe in Sachsen-Anhalt.

§ 166 Verhältnis zu Bundesrecht

Dieses Gesetz ersetzt nach Artikel 125a Abs. 1 Satz 2 des Grundgesetzes in Sachsen-Anhalt das Strafvollzugsgesetz mit Ausnahme der Bestimmungen des Strafvollzugsgesetzes über

1. den Pfändungsschutz (§ 50 Abs. 2 Satz 5, § 51 Abs. 4 und 5, § 75 Abs. 3), den Nachrang der Sozialhilfe bei der Zahlung von Ausbildungsbeihilfe (§ 44 Abs. 1 Satz 2),

2. das Handeln auf Anordnung (§ 97),
3. das gerichtliche Verfahren (§§ 109 bis 121),
4. die Unterbringung in einem psychiatrischen Krankenhaus und einer Entziehungsanstalt (§§ 136 bis 138),
5. den Vollzug von Ordnungs-, Sicherungs-, Zwangs- und Erzwingungshaft (§§ 171 bis 175) und
6. den unmittelbaren Zwang in Justizvollzugsanstalten für andere Arten des Freiheitsentzugs (§ 178).

4 D 25, 4 G 9, 4 I 53, 4 I 95, 11 K 5, 11 K 46, 15 A 2

§ 167 Einschränkung von Grundrechten
Durch dieses Gesetz werden die folgenden Grundrechte eingeschränkt:
1. das Grundrecht auf körperliche Unversehrtheit im Sinne von Artikel 2 Abs. 2 Satz 1 des Grundgesetzes und Artikel 5 Abs. 2 Satz 1 der Verfassung des Landes Sachsen-Anhalt,
2. das Grundrecht der Freiheit der Person im Sinne von Artikel 2 Abs. 2 Satz 2 des Grundgesetzes und Artikel 5 Abs. 2 Satz 2 der Verfassung des Landes Sachsen-Anhalt,
3. das Grundrecht auf Unverletzlichkeit des Briefgeheimnisses sowie des Post- und Fernmeldegeheimnisses im Sinne von Artikel 10 Abs. 1 des Grundgesetzes und Artikel 14 Abs. 1 der Verfassung des Landes Sachsen-Anhalt und
4. das Grundrecht auf den Schutz personenbezogener Daten im Sinne von Artikel 2 Abs. 1 in Verbindung mit Artikel 1 Abs. 1 des Grundgesetzes und Artikel 6 Abs. 1 Satz 1 der Verfassung des Landes Sachsen-Anhalt.

§ 168 Sprachliche Gleichstellung
Personen- und Funktionsbezeichnungen in diesem Gesetz gelten jeweils in männlicher und weiblicher Form.

Gesetz über den Vollzug der Freiheitsstrafe in Schleswig-Holstein (Landesstrafvollzugsgesetz Schleswig-Holstein – LStVollzG SH)

Vom 21. Juli 2016
(GVOBl. S. 618)

Abschnitt 1. Allgemeine Bestimmungen

§ 1 Anwendungsbereich

Dieses Gesetz regelt den Vollzug der Freiheitsstrafe (Vollzug) und des Strafarrests in Justizvollzugsanstalten (Anstalten).

1 B 4

§ 2 Ziel des Vollzuges

Der Vollzug dient dem Ziel, die weiblichen und männlichen Gefangenen zu befähigen, künftig in sozialer Verantwortung ein Leben ohne Straftaten zu führen.

1 C 12, 1 C 24

§ 3 Grundsätze der Vollzugsgestaltung

(1) Der Vollzug ist auf die Auseinandersetzung der Gefangenen mit ihren Straftaten und deren Folgen auszurichten.

(2) Der Vollzug wirkt von Beginn an auf die Eingliederung der Gefangenen in das Leben in Freiheit hin. Sämtliche Maßnahmen sind auf einen frühzeitigen Entlassungszeitpunkt hin auszurichten. Der Vollzug ermittelt zusammen mit der oder dem Gefangenen die für die Eingliederung bestehenden Hilfebedarfe, prüft die Leistungsansprüche und unterstützt die oder den Gefangenen dabei, bei den zuständigen Leistungsträgern eine Leistungsgewährung möglichst mit dem Tag der Entlassung zu erreichen.

(3) Das Leben im Vollzug ist den allgemeinen Lebensverhältnissen soweit wie möglich anzugleichen. Selbständigkeit in der Lebensgestaltung ist zu fördern.

(4) Schädlichen Folgen des Freiheitsentzugs ist entgegenzuwirken. Insbesondere bei Gefangenen mit langjährigen Freiheitsstrafen ist ihre Lebenstüchtigkeit aktiv zu erhalten.

(5) Die unterschiedlichen individuellen Erfordernisse und Bedürfnisse der Gefangenen, insbesondere im Hinblick auf Geschlecht, Alter, Herkunft und Behinderung werden bei der Vollzugsgestaltung im Allgemeinen und im Einzelfall berücksichtigt.

(6) Die Belange der Familienangehörigen der Gefangenen sind bei der Vollzugsgestaltung zu berücksichtigen. Der Erhalt familiärer und sozialer Bindungen der Gefangenen soll gefördert werden.

(7) Der Bezug der Gefangenen zum gesellschaftlichen Leben ist zu wahren und zu fördern. Personen und Einrichtungen außerhalb des Vollzuges sollen in den Vollzugsalltag einbezogen werden. Den Gefangenen ist sobald wie möglich die Teilnahme am Leben in der Freiheit zu gewähren. Therapien und Beratungen werden auch durch externe Fachkräfte durchgeführt.

(8) Alle in der Anstalt Tätigen arbeiten zusammen und wirken daran mit, das Vollzugsziel zu erreichen.

1 D 4, 1 D 11, 1 D 14, 1 D 15, 13 C 5, 13 C 10

§ 4 Stellung der Gefangenen, Mitwirkung

(1) Die Persönlichkeit der Gefangenen ist zu achten. Ihre Selbständigkeit im Vollzugsalltag ist soweit wie möglich zu erhalten und zu fördern.

(2) Die Gefangenen werden an der Gestaltung des Vollzugsalltags beteiligt. Vollzugliche Maßnahmen sollen ihnen erläutert werden.

(3) Zur Erreichung des Vollzugsziels bedarf es der Mitwirkung der Gefangenen. Ihre Bereitschaft hierzu ist zu wecken und zu fördern. Sie sollen fortwährend an die gebotenen Behandlungsmaßnahmen herangeführt und während ihrer Durchführung begleitet und unterstützt werden.

(4) Die Gefangenen unterliegen den in diesem Gesetz vorgesehenen Beschränkungen ihrer Freiheit. Soweit das Gesetz eine besondere Regelung nicht enthält, dürfen ihnen nur Beschränkungen auferlegt werden, die zur Aufrechterhaltung der Sicherheit oder zur Abwendung einer schwerwiegenden Störung der Ordnung der Anstalt unerlässlich sind.

1 E 2, 1 E 3, 1 E 7, 1 E 10, 1 E 17, 1 E 18, 1 E 24

§ 5 Sicherheit

(1) Der Vollzug der Freiheitsstrafe dient auch dem Schutz der Allgemeinheit vor weiteren Straftaten.

(2) Die Sicherheit der Bevölkerung, der Bediensteten und der übrigen Mitarbeiterinnen und Mitarbeiter sowie der Gefangenen wird erreicht durch
1. baulichtechnische Vorkehrungen,
2. organisatorische Regelungen und deren Umsetzung und
3. soziale und behandlungsfördernde Strukturen.

Die Sicherheitsmaßnahmen haben sich an den jeweiligen Aufgaben der Anstalten zu orientieren.

(3) Die Sicherheit in den Anstalten soll ein gewaltfreies Klima fördern und die Gefangenen vor Übergriffen Mitgefangener schützen. Ihre Fähigkeit zu gewaltfreier Konfliktlösung ist zu entwickeln und zu stärken.

1 C 12, 11 A 4, 11 A 5, 11 A 6, 11 A 7, 11 A 11, 11 B 5, 11 C 8

Abschnitt 2. Aufnahme, Diagnose und Vollzugsplanung

§ 6 Aufnahmeverfahren

(1) Mit den Gefangenen wird unmittelbar nach dem Eintreffen in der Anstalt im Rahmen der Erstaufnahme ein Gespräch geführt, in dem Feststellungen über Sofortmaßnahmen getroffen werden (Sofortgespräch). Mit jeder Gefangenen und jedem Gefangenen soll spätestens drei Tage nach dem Zugang ein Gespräch geführt werden, in dem ihre oder seine gegenwärtige Lebenssituation erörtert wird und sie oder er über ihre oder seine Rechte und Pflichten informiert wird (Zugangsgespräch). Ihnen wird ein Exemplar der Hausordnung ausgehändigt. Dieses Gesetz, die von ihm in Bezug genommenen Gesetze sowie die zu seiner Ausführung erlassenen Rechtsverordnungen und Verwaltungsvorschriften sind den Gefangenen auf Verlangen zugänglich zu machen.

(2) Während des Aufnahmeverfahrens dürfen andere Gefangene nicht zugegen sein. Bei sprachlichen Verständigungsschwierigkeiten, die nicht kurzfristig durch Hinzuziehung anderer Personen überwunden werden können, darf jedoch ausnahmsweise mit Einwilligung der oder des Gefangenen eine zuverlässige Gefangene oder ein zuverlässiger Gefangener hinzugezogen werden.

(3) Die Gefangenen werden spätestens nach drei Tagen ärztlich untersucht.

(4) Die Gefangenen werden dabei unterstützt, notwendige Maßnahmen für hilfsbedürftige Angehörige, zur Erhaltung des Arbeitsplatzes und der Wohnung und zur Sicherung ihrer Habe außerhalb der Anstalt zu veranlassen.

(5) Bei Gefangenen, die eine Ersatzfreiheitsstrafe verbüßen, sind die Möglichkeiten der Abwendung der Vollstreckung durch freie Arbeit oder ratenweise Tilgung der Geldstrafe zu erörtern und zu fördern, um so auf eine möglichst baldige Entlassung hinzuwirken.

(6) Die Anstalt informiert eine von der oder dem Gefangenen zu benennende Angehörige oder einen von der oder dem Gefangenen zu benennenden Angehörigen oder eine andere Person ihrer oder seiner Wahl über deren oder dessen Aufnahme, sofern die oder der Gefangene nicht darum gebeten hat, dies zu unterlassen.

2 A 1, 2 A 4, 2 A 5, 2 A 8, 2 A 9, 2 A 13, 7 B 4, 7 B 7, 12 F 8

§ 7 Diagnoseverfahren

(1) An das Aufnahmeverfahren schließt sich zur Vorbereitung der Vollzugsplanung das Diagnoseverfahren an. Das Diagnoseverfahren soll wissenschaftlichen Standards genügen.

(2) Das Diagnoseverfahren erstreckt sich auf die Persönlichkeit, die Lebensverhältnisse, die Ursachen und Umstände der Straftat sowie alle sonstigen Gesichtspunkte, deren Kenntnis für eine zielgerichtete und wirkungsorientierte Vollzugsgestaltung und die Eingliederung der Gefangenen nach der Entlassung notwendig erscheint. Neben den vollstreckungsrechtlichen Unterlagen sind insbesondere auch Erkenntnisse der Gerichts- und Bewährungshilfe sowie der Führungsaufsichtsstellen einzubeziehen.

(3) Im Diagnoseverfahren werden die die Straffälligkeit begünstigenden Faktoren ermittelt. Gleichzeitig sollen die Fähigkeiten der Gefangenen ermittelt werden, deren Stärkung einer erneuten Straffälligkeit entgegenwirken kann.

(4) Bei einer voraussichtlichen Vollzugsdauer bis zu einem Jahr kann das Diagnoseverfahren auf die Umstände beschränkt werden, deren Kenntnis für eine angemessene Vollzugsgestaltung unerlässlich ist

Anhang

und für die Eingliederung erforderlich ist. Unabhängig von der Vollzugsdauer gilt dies auch, wenn ausschließlich Ersatzfreiheitsstrafen zu vollziehen sind.

2 A 1, 2 B 1, 2 B 5, 2 B 6, 2 B 11, 2 B 13, 2 B 14, 2 B 17, 2 C 8, 7 B 1

§ 8 Vollzugs- und Eingliederungsplanung

(1) Auf der Grundlage des Ergebnisses des Diagnoseverfahrens wird ein Vollzugs- und Eingliederungsplan erstellt. Er zeigt den Gefangenen bereits zu Beginn der Strafhaft unter Berücksichtigung der voraussichtlichen Vollzugsdauer die zur Erreichung des Vollzugsziels erforderlichen Maßnahmen auf. Daneben kann er weitere Hilfsangebote und Empfehlungen enthalten. Den Fähigkeiten, Fertigkeiten und Neigungen der Gefangenen ist Rechnung zu tragen.

(2) Der Vollzugs- und Eingliederungsplan wird regelmäßig innerhalb der ersten acht Wochen nach der Aufnahme erstellt. Diese Frist verkürzt sich bei einer voraussichtlichen Vollzugsdauer von unter einem Jahr auf vier Wochen.

(3) Der Vollzugs- und Eingliederungsplan sowie die darin vorgesehenen Maßnahmen werden regelmäßig alle sechs Monate, spätestens aber alle zwölf Monate überprüft und fortgeschrieben. Die Entwicklung der Gefangenen und die in der Zwischenzeit gewonnenen Erkenntnisse sind zu berücksichtigen.

(4) Das Ergebnis des Diagnoseverfahrens und die Vollzugs- und Eingliederungsplanung wird mit den Gefangenen erörtert. Dabei werden deren Anregungen und Vorschläge einbezogen, soweit sie der Erreichung des Vollzugsziels dienen.

(5) An der Eingliederung mitwirkende Personen und Einrichtungen außerhalb des Vollzuges sowie unmittelbar betroffene Familienmitglieder sind nach Möglichkeit in die Planung einzubeziehen. Wird ein minderjähriges Kind der oder des Gefangenen durch das Jugendamt betreut, ist auch das Jugendamt in die Planung einzubeziehen. Standen die Gefangenen vor ihrer Inhaftierung unter Bewährung oder Führungsaufsicht, ist auch die oder der für sie bislang zuständige Bewährungshelferin oder Bewährungshelfer zu beteiligen.

(6) Zur Erstellung und, soweit erforderlich, zur Fortschreibung des Vollzugs- und Eingliederungsplans werden Konferenzen mit den an der Vollzugsgestaltung maßgeblich Beteiligten durchgeführt. Die Gefangenen können an der Konferenz beteiligt werden.

(7) Der Bewährungshelferin oder dem Bewährungshelfer ist Gelegenheit zur Teilnahme an der Konferenz zu geben. An der Eingliederung mitwirkende Personen außerhalb des Vollzuges können mit Zustimmung der Gefangenen auch an der Konferenz beteiligt werden.

(8) Werden die Gefangenen nach der Entlassung voraussichtlich unter Bewährungs- oder Führungsaufsicht gestellt, ist der künftig zuständigen Bewährungshelferin oder dem künftig zuständigen Bewährungshelfer in den letzten neun Monaten vor dem voraussichtlichen Entlassungszeitpunkt die Teilnahme an der Konferenz zu ermöglichen und sind ihr oder ihm der Vollzugs- und Eingliederungsplan und seine Fortschreibungen zu übersenden.

(9) Der Vollzugs- und Eingliederungsplan und seine Fortschreibungen werden den Gefangenen erläutert und ausgehändigt.

2 A 1, 2 B 4, 2 B 34, 2 B 35, 2 C 2, 2 C 6, 2 C 7, 2 C 10, 2 C 20, 10 G 2, 13 L 3, 13 L 4, 13 L 6, 13 L 7

§ 9 Inhalt des Vollzugs- und Eingliederungsplans

(1) Der Vollzugs- und Eingliederungsplan sowie seine Fortschreibungen enthalten insbesondere folgende Angaben:
1. Zusammenfassung der für die Vollzugs- und Eingliederungsplanung maßgeblichen Ergebnisse des Diagnoseverfahrens,
2. voraussichtlicher Entlassungszeitpunkt,
3. Unterbringung im geschlossenen oder offenen Vollzug,
4. Unterbringung in einer Wohngruppe,
5. Verlegung in eine sozialtherapeutische Einrichtung,
6. Verlegung in die zentrale Ausbildungsanstalt,
7. Psychotherapie,
8. Maßnahmen zur Behandlung von Suchtmittelabhängigkeit und -missbrauch, Substitution,
9. Schuldnerberatung, Schuldenregulierung und Erfüllung von Unterhaltspflichten,
10. soziale Hilfen,
11. Trainingsmaßnahmen zur Verbesserung der sozialen Kompetenz,

12. familienunterstützende Maßnahmen,
13. Ausgleich von Tatfolgen, insbesondere Täter-Opfer-Ausgleich,
14. schulische und berufliche Qualifizierungsmaßnahmen einschließlich Alphabetisierungs- und Deutschkursen,
15. arbeitstherapeutische Maßnahmen oder Arbeitstraining,
16. Arbeit,
17. freies Beschäftigungsverhältnis, Selbstbeschäftigung,
18. Aufrechterhaltung, Förderung und Gestaltung von Außenkontakten,
19. Sportangebote und Maßnahmen zur strukturierten Gestaltung der Freizeit,
20. Ausführungen, Außenbeschäftigung,
21. Lockerungen zur Erreichung des Vollzugsziels,
22. Maßnahmen zur Vorbereitung von Entlassung, Eingliederung und Nachsorge und
23. Frist zur Fortschreibung des Vollzugs- und Eingliederungsplans.

(2) Maßnahmen, die nach dem Ergebnis des Diagnoseverfahrens als zur Erreichung des Vollzugsziels zwingend erforderlich erachtet werden, sind als solche zu kennzeichnen und gehen allen anderen Maßnahmen vor. Andere Maßnahmen dürfen für diese Zeit nicht gestattet werden, soweit sie die Teilnahme an Maßnahmen nach Satz 1 beeinträchtigen würden.

(3) Spätestens neun Monate vor dem voraussichtlichen Entlassungszeitpunkt, bei kürzeren Freiheitsstrafen bereits mit der Erstellung des Vollzugs- und Eingliederungsplanes, werden die Maßnahmen nach Absatz 1 Nummer 22 konkretisiert oder ergänzt. Insbesondere ist Stellung zu nehmen zu:
1. Unterbringung im offenen Vollzug oder einer Übergangseinrichtung,
2. Unterkunft nach der Entlassung,
3. Arbeit oder Ausbildung nach der Entlassung,
4. Förderung der familiären Beziehungen,
5. Lockerungen und Ausführungen,
6. Unterstützung bei notwendigen Behördengängen und der Beschaffung der notwendigen persönlichen Dokumente,
7. Beteiligung der Bewährungshilfe und der Forensischen Ambulanzen,
8. Kontaktaufnahme zu Einrichtungen der Entlassenenhilfe,
9. Fortsetzung von im Vollzug noch nicht abgeschlossenen Maßnahmen,
10. Anregung von Auflagen und Weisungen für die Bewährungs- oder Führungsaufsicht,
11. Vermittlung in nachsorgende Maßnahmen.

Der Vollzugs- und Eingliederungsplan ist nach Bedarf, spätestens nach drei Monaten, zu überprüfen und fortzuschreiben.

2 A 1, 2 C 6, 2 C 23, 2 C 25, 2 C 26, 2 C 28, 2 C 29, 2 C 32, 4 B 8, 4 E 1, 4 E 2, 4 E 15, 4 E 18, 4 G 7, 4 H 9, 5 A 13, 10 G 2, 12 I 8

Abschnitt 3. Unterbringung, Verlegung

§ 10 Trennung von männlichen und weiblichen Gefangenen

(1) Männliche und weibliche Gefangene werden getrennt untergebracht.

(2) Gemeinsame Maßnahmen, insbesondere zur schulischen und beruflichen Qualifizierung, sind zulässig, wenn Sicherheit oder Ordnung der Anstalt nicht gefährdet oder schädliche Einflüsse nicht zu befürchten sind.

13 B 1, 14 A 6

§ 11 Unterbringung

(1) Die Gefangenen werden im geschlossenen und im offenen Vollzug in ihren Hafträumen einzeln untergebracht.

(2) Auf ihren Antrag können Gefangene gemeinsam untergebracht werden, wenn schädliche Einflüsse nicht zu befürchten sind. Der Antrag kann jederzeit widerrufen werden.

(3) Ohne Zustimmung ist eine gemeinsame Unterbringung nur vorübergehend in der Regel nicht länger als drei Monate und aus zwingenden Gründen, insbesondere zur Bewältigung von Belegungsspitzen oder von einer Nichtbelegbarkeit von Hafträumen, zulässig.

(4) Im offenen Vollzug dürfen abweichend von Absatz 1 Gefangene gemeinsam untergebracht werden, sofern die baulichen Verhältnisse dies zulassen und wenn schädliche Einflüsse nicht zu befürchten sind.

2 E 17, 2 E 28, 2 E 31, 2 E 33, 2 E 36, 2 E 37

§ 12 Aufenthalt außerhalb der Nachtzeit
Außerhalb der Nachtzeit dürfen sich die Gefangenen in Gemeinschaft aufhalten.

2 D 6, 2 D 7, 2 E 1

§ 13 Einschluss
(1) Im geschlossenen Vollzug werden die Gefangenen während der Nachtzeit eingeschlossen. Die Dauer der Nachtzeit wird durch die Aufsichtsbehörde durch Erlass bestimmt.

(2) Darüber hinaus dürfen die Gefangenen eingeschlossen werden
1. während der ersten zwei Wochen nach der Erstaufnahme,
2. wenn ein schädlicher Einfluss auf andere Gefangene zu befürchten ist oder
3. aus Gründen der Sicherheit oder Ordnung der Anstalt.

(3) Absatz 2 Nummer 2 und 3 gelten auch für den offenen Vollzug.

2 E 1, 2 E 9, 2 E 10, 2 E 11, 2 E 12, 2 E 13, 2 E 15, 2 E 30, 11 I 26

§ 14 Abteilungsvollzug
(1) Gefangene werden grundsätzlich in Abteilungen der Anstalt untergebracht. Diese sollen überschaubare Gruppen und räumliche Einheiten bilden.

(2) Die Gruppen werden in der Regel von fest zugeordneten Bediensteten betreut, die auf die unterschiedlichen Bedürfnisse der Gefangenen mit abgestimmten Vollzugsmaßnahmen eingehen können.

§ 15 Wohngruppenvollzug
(1) Der Wohngruppenvollzug dient der Einübung sozialverträglichen Zusammenlebens, insbesondere von Toleranz sowie der Übernahme von Verantwortung für sich und andere. Er ermöglicht den dort Untergebrachten, ihren Vollzugsalltag weitgehend selbstständig zu regeln.

(2) Eine Wohngruppe wird in einem baulich abgegrenzten Bereich mit bis zu 15 Gefangenen eingerichtet, zu dem neben den Hafträumen weitere Räume und Einrichtungen zur gemeinsamen Nutzung gehören. Sie wird in der Regel von fest zugeordneten Bediensteten betreut.

§ 16 Geschlossener und offener Vollzug
(1) Die Gefangenen werden im geschlossenen oder offenen Vollzug untergebracht. Abteilungen des offenen Vollzuges sehen keine oder nur verminderte Vorkehrungen gegen Entweichungen vor.

(2) Die Gefangenen sollen im offenen Vollzug untergebracht werden, wenn sie dessen besonderen Anforderungen genügen und verantwortet werden kann zu erproben, dass sie sich nicht dem Vollzug entziehen oder die Möglichkeiten des offenen Vollzuges nicht zu Straftaten missbrauchen werden.

(3) Genügen die Gefangenen den besonderen Anforderungen des offenen Vollzuges nicht mehr, werden sie im geschlossenen Vollzug untergebracht.

(4) Durch den Vollstreckungsplan kann insbesondere bei Selbststellung, bei kurzen Freiheitsstrafen und bei Ersatzfreiheitsstrafe bestimmt werden, dass die Aufnahme direkt im offenen Vollzug erfolgt.

10 A 1, 10 A 4, 10 A 7, 10 A 9, 13 C 5, 13 C 18

§ 17 Verlegung und Überstellung
(1) Die Gefangenen können abweichend vom Vollstreckungsplan in eine andere Anstalt verlegt werden, wenn die Erreichung des Vollzugsziels hierdurch gefördert wird oder wenn Gründe der Vollzugsorganisation oder andere wichtige Gründe dies erfordern.

(2) Die Gefangenen dürfen aus wichtigem Grund in eine andere Anstalt überstellt werden.

(3) Die oder der Gefangene ist vor seiner Verlegung anzuhören.

(4) Die Anstalt informiert eine von der oder dem Gefangenen zu benennende Angehörige oder einen von der oder dem Gefangenen zu benennenden Angehörigen oder eine andere Person ihrer oder seiner Wahl über deren oder dessen Aufnahme, sofern die oder der Gefangene nicht darum gebeten hat, dies zu unterlassen.

2 D 1, 2 D 15, 16 24

§ 18 Verlegung in eine sozialtherapeutische Einrichtung

(1) Gefangene sind in eine sozialtherapeutische Einrichtung zu verlegen, wenn deren besondere therapeutische Mittel zur Verringerung einer erheblichen Gefährlichkeit der oder des Gefangenen angezeigt und erfolgversprechend sind. Eine erhebliche Gefährlichkeit liegt vor, wenn schwerwiegende Straftaten gegen Leib oder Leben, die persönliche Freiheit oder gegen die sexuelle Selbstbestimmung zu erwarten sind.

(2) Andere Gefangene können in eine sozialtherapeutische Einrichtung verlegt werden, wenn deren besondere therapeutische Mittel zur Erreichung des Vollzugsziels angezeigt und erfolgversprechend sind.

(3) Vor einer Verlegung sind Bereitschaft und Fähigkeit der Gefangenen zur Teilnahme an einer sozialtherapeutischen Behandlung zu wecken und zu fördern.

(4) Die Unterbringung soll zu einem Zeitpunkt erfolgen, der entweder den Abschluss der Behandlung zum voraussichtlichen Entlassungszeitpunkt erwarten lässt oder die Fortsetzung der Behandlung nach der Entlassung ermöglicht. Ist Sicherungsverwahrung angeordnet oder vorbehalten, soll die Unterbringung zu einem Zeitpunkt erfolgen, der den Abschluss der Behandlung noch während des Vollzuges der Freiheitsstrafe erwarten lässt.

3 A 3, 3 A 10, 3 A 12, 3 A 15, 3 A 16, 3 A 20, 3 A 21, 3 A 22, 3 B 3, 15 B 30

§ 19 Verlegung in die zentrale Ausbildungsanstalt

(1) Die Gefangenen sind in die zentrale Ausbildungsanstalt zu verlegen, wenn deren besondere schulische und berufliche Qualifikationsangebote zur Förderung der beruflichen Integration angezeigt und erfolgversprechend sind.

(2) Vor einer Verlegung sind Bereitschaft und Fähigkeit der Gefangenen zur Teilnahme an den Qualifikationsangeboten zu wecken und zu fördern.

Abschnitt 4. Soziale Hilfen, Beratung und Behandlung

§ 20 Soziale Hilfen

Die Gefangenen werden darin unterstützt, ihre persönlichen, wirtschaftlichen und sozialen Schwierigkeiten zu beheben. Sie sollen dazu angeregt und in die Lage versetzt werden, ihre Angelegenheiten selbst zu regeln. Im Rahmen des Aufnahmeverfahrens werden die Gefangenen gemäß § 6 Absatz 4 unterstützt. Während des Vollzuges werden sie bei der Wahrnehmung ihrer Rechte und Pflichten unterstützt, namentlich ihr Wahlrecht auszuüben sowie für die Unterhaltsberechtigten zu sorgen und die Folgen der Straftat auszugleichen (§ 21). Für die Vorbereitung der Entlassung werden sie gemäß § 59 Absatz 1 unterstützt.

7 A 8, 7 C 1, 7 C 6

§ 21 Ausgleich von Tatfolgen

(1) Tatfolgenausgleichende Maßnahmen im Justizvollzug, insbesondere der Täter-Opfer-Ausgleich, sind ein Angebot an Geschädigte und Gefangene sowie deren Angehörige, die Straftat und ihre Folgen zu bearbeiten mit dem Ziel, eine dauerhafte Konfliktlösung zu erreichen. Die Anstalt weist die Gefangenen auf tatfolgenausgleichende Angebote hin und stellt die Vermittlung an die Mediationsstellen sicher. Die Teilnahme an tatfolgenausgleichenden Maßnahmen bedarf der Zustimmung aller Beteiligten. Sie kann jederzeit widerrufen werden.

(2) Nach Beendigung teilt die durchführende Stelle dem Vollzug das Ergebnis der Maßnahme und gegebenenfalls getroffene Wiedergutmachungsvereinbarungen schriftlich mit.

(3) Für die Durchführung tatfolgenausgleichender Maßnahmen können den Geschädigten und Angehörigen bei Bedürftigkeit auf Antrag die Erstattung von Fahrtkosten und eine Aufwandsentschädigung gewährt werden, wenn ihre Beteiligung im vollzuglichen Interesse liegt oder zur Erreichung des Vollzugsziels förderlich ist. Hierauf sind die Betroffenen hinzuweisen.

7 A 8, 7 C 1, 7 C 6

§ 22 Schuldenregulierung

Die Anstalt hält Angebote zur Beratung der Gefangenen bei der Regulierung ihrer Schulden und zur Erfüllung ihrer wirtschaftlichen Verpflichtungen, insbesondere Unterhaltspflichten, vor, um die Gefangenen in die Lage zu versetzen, ihre wirtschaftlichen Verhältnisse zu ordnen, ihren Unterhaltsverpflichtungen nachzukommen, den durch ihre Taten verursachten Schaden auszugleichen sowie ihre Schulden im Rahmen ihrer Möglichkeiten abzutragen.

7 A 8, 7 C 1, 7 C 8, 7 D 2, 7 D 8

§ 23 Suchtmittelberatung

Die Anstalt bietet Angebote zur Beratung von Suchtmittelabhängigen und Suchtgefährdeten an, um den Missbrauch von Suchtmitteln zu vermeiden, Therapiemotivation zu wecken und die Gefangenen bei der Anbahnung einer Therapie außerhalb des Vollzuges zu unterstützen. Die medizinische Behandlung und psychosoziale Begleitung von suchtmittelabhängigen Gefangenen werden vorgehalten.

7 D 8

§ 24 Familienunterstützende Angebote

(1) Familienunterstützende Angebote bieten den Gefangenen Hilfe bei der Bewältigung ihrer familiären Situation, zur Aufrechterhaltung und Pflege ihrer familiären Beziehungen sowie Unterstützung in der Wahrnehmung ihrer elterlichen Verantwortung an, unter anderem im Rahmen von Familien- und Paarberatung sowie von Väter- oder Müttertraining. Kinder und Partner der Gefangenen können in die Gestaltung einbezogen werden. In geeigneten Fällen nimmt die Anstalt Kontakt zu den zuständigen Sozialleistungsträgern auf.

(2) Im Einvernehmen mit dem Jugendamt fördert die Einrichtung den Erhalt und die Pflege der Beziehung der Gefangenen zu ihren minderjährigen Kindern, insbesondere wenn sich die Kinder in einer Fremdunterbringung befinden.

(3) Für Besuche und Kontakte im Rahmen dieser Angebote sind geeignete Räumlichkeiten vorzuhalten.

7 C 5, 7 D 8, 9 B 19, 14 A 12, 14 C 2, 14 C 17

§ 25 Soziales Training

Auf der Grundlage gruppenpädagogischer Konzepte werden soziale Trainings zur Förderung sozial angemessener Verhaltensweisen, zur Überwindung von Verhaltensproblemen, zur Einübung gewaltfreier Konfliktlösungskompetenzen und zur Ermöglichung sozialen Lernens angeboten.

7 D 8

§ 26 Psychotherapie

Psychotherapie im Vollzug dient insbesondere der Behandlung psychischer Störungen des Verhaltens und Erlebens, die in einem Zusammenhang mit der Straffälligkeit stehen oder die die Wiedereingliederung behindern könnten. Sie wird durch systematische Anwendung wissenschaftlich fundierter Methoden mit einer oder mehreren Personen durchgeführt.

7 D 8

Abschnitt 5. Sozialtherapeutischer Vollzug

§ 27 Sozialtherapeutische Einrichtungen

(1) Für den Vollzug nach § 18 sind sozialtherapeutische Einrichtungen vorzuhalten.

(2) Die sozialtherapeutischen Einrichtungen arbeiten auf der Grundlage der therapeutischen Gemeinschaft durch Integration wissenschaftlich fundierter psychotherapeutischer, sozialpädagogischer und arbeitstherapeutischer Methoden. Personen aus dem Lebensumfeld der Gefangenen innerhalb und außerhalb des Vollzuges werden in die Behandlung einbezogen. Sozialtherapeutische Einrichtungen sind so zu gliedern, dass die Gefangenen in Betreuungs- und Behandlungsgruppen untergebracht sind. Die Größe soll fachlichen Standards entsprechen.

(3) Die Teilnahme der in der Sozialtherapie untergebrachten Gefangenen an den Angeboten der Anstalt kann gestattet werden, soweit die Entwicklung der Gefangenen nicht gefährdet wird.

(4) Die fachliche Eigenständigkeit der Einrichtungen ist zu wahren. Sie werden räumlich getrennt eingerichtet. Die Mitarbeiterinnen und Mitarbeiter der Einrichtungen müssen entsprechend befähigt sein und werden der Einrichtung fest zugeordnet.

(5) Die Gefangenen tragen Privatkleidung.

14 A 9

§ 28 Beendigung

Die Sozialtherapie wird beendet, wenn das Ziel der Behandlung erreicht worden ist oder aus Gründen, die in der Person der oder des Gefangenen liegen, nicht erreicht werden kann. Beeinträchtigt die oder der Gefangene durch ihr oder sein Verhalten den Behandlungsverlauf anderer erheblich, kann die Sozialtherapie beendet werden.

3 A 23

§ 29 Therapeutische Nachsorge

(1) Aus der sozialtherapeutischen Einrichtung entlassene Gefangene können vorübergehend am therapeutischen Programm der Einrichtung weiter teilnehmen, wenn die Behandlung bis zur Entlassung nicht abgeschlossen werden konnte.

(2) Die sozialtherapeutische Einrichtung gewährleistet für ihre entlassenen Gefangenen die therapeutische Nachsorge, sofern diese angezeigt ist und nicht anderweitig sichergestellt werden kann.

3 E 2, 3 E 5, 3 E 6

§ 30 Aufnahme auf freiwilliger Grundlage

Frühere Gefangene der sozialtherapeutischen Einrichtung sollen dort auf Antrag vorübergehend wieder aufgenommen werden, wenn der Erfolg ihrer Behandlung gefährdet ist. Die Unterbringung erfolgt auf vertraglicher Basis. Im Übrigen gilt § 62 Absatz 2 und 3 entsprechend.

Abschnitt 6. Arbeitstherapeutische Maßnahmen, Arbeitstraining, schulische und berufliche Qualifizierungsmaßnahmen, Arbeit, Vergütung

§ 31 Ziel von Qualifizierung und Arbeit

Arbeitstraining und Arbeitstherapie, schulische und berufliche Aus- und Weiterbildung, vorberufliche Qualifizierung im Vollzug (schulische und berufliche Qualifizierungsmaßnahmen) und Arbeit haben insbesondere das Ziel, die Fähigkeiten der Gefangenen zur Aufnahme einer Erwerbstätigkeit nach der Haftentlassung zu vermitteln, zu verbessern oder zu erhalten.

4 Vorb. 5, 4 A 6, 4 A 8, 4 A 19, 4 E 3

§ 32 Arbeitstherapeutische Maßnahmen, Arbeitstraining

(1) Arbeitstherapeutische Maßnahmen dienen dazu, dass die Gefangenen Eigenschaften wie Selbstvertrauen, Durchhaltevermögen und Konzentrationsfähigkeit einüben, um sie stufenweise an die Grundanforderungen des Arbeitslebens heranzuführen.

(2) Arbeitstraining dient dazu, Gefangenen, die nicht in der Lage sind, einer regelmäßigen und erwerbsorientierten Beschäftigung nachzugehen, Fähigkeiten und Fertigkeiten zu vermitteln, die eine Eingliederung in das leistungsorientierte Arbeitsleben fördern. Die in der Anstalt dafür vorzuhaltenden Maßnahmen sind danach auszurichten, dass sie den Gefangenen für den Arbeitsmarkt relevante Qualifikationen vermitteln.

4 Vorb. 5, 4 A 9

§ 33 Schulische und berufliche Qualifizierungsmaßnahmen

(1) Geeigneten Gefangenen sollen schulische und berufliche Aus- und Weiterbildung und vorberufliche Qualifizierung im Vollzug (schulische und berufliche Qualifizierungsmaßnahmen) angeboten werden. Diese werden in der Regel als Vollzeitmaßnahme durchgeführt. Bei der Festlegung von Inhalten, Methoden und Organisationsformen der Bildungsangebote werden die Besonderheiten der jeweiligen Zielgruppe berücksichtigt. Die Teilnahme bedarf der Zustimmung der oder des Gefangenen. Die Zustimmung darf nicht zur Unzeit widerrufen werden.

(2) Berufliche Qualifizierungsmaßnahmen sind darauf auszurichten, den Gefangenen für den Arbeitsmarkt relevante Qualifikationen zu vermitteln.

(3) Hierfür geeigneten Gefangenen soll die Teilnahme an einer schulischen oder beruflichen Ausbildung ermöglicht werden, die zu einem anerkannten Abschluss führt.

(4) Bei der Vollzugsplanung ist darauf zu achten, dass die Gefangenen Qualifizierungsmaßnahmen während ihrer Haftzeit abschließen oder danach fortsetzen können. Können Maßnahmen während der Haftzeit nicht abgeschlossen werden, soll durch die Zusammenarbeit der Anstalt mit außervollzuglichen

Einrichtungen dafür Sorge getragen werden, dass die begonnene Qualifizierungsmaßnahme nach der Haft fortgesetzt werden kann.

(5) Bei einer Verlegung in den offenen Vollzug kann die Fortsetzung der in der Anstalt begonnenen Qualifizierungsmaßnahmen zugelassen werden, soweit Sicherheit und Ordnung nicht entgegenstehen und der Abschluss der Qualifizierungsmaßnahme nicht anderweitig gesichert werden kann.

(6) Gefangene können auf Antrag nach ihrer Entlassung eine im Vollzug begonnene Qualifizierungsmaßnahme fortführen, soweit Gründe der Sicherheit oder Ordnung der Anstalt nicht entgegenstehen und diese nicht anderweitig durchgeführt werden kann.

(7) Nachweise über schulische und berufliche Qualifizierungsmaßnahmen dürfen keinen Hinweis auf die Inhaftierung enthalten.

4 Vorb. 5, 4 A 19, 4 A 21, 4 A 23, 4 A 24, 4 B 25, 4 B 26, 4 E 1, 4 E 6, 4 E 9, 4 E 12, 4 E 17

§ 34 Zentrale Ausbildungsanstalt

(1) Für die Erlangung von allgemeinbildenden Schulabschlüssen sowie Berufsabschlüssen im dualen Ausbildungssystem wird eine zentrale Ausbildungsanstalt vorgehalten. Die gültigen Standards des für Bildung zuständigen Ministeriums sind zu gewährleisten.

(2) Qualifizierungsmaßnahmen sind modular aufzubauen, so dass abgeschlossene Teilmaßnahmen in anderen Ausbildungsstätten fortgesetzt werden können.

4 Vorb. 5, 4 A 30, 4 E 22

§ 35 Arbeit, Teilnahme an Arbeitstraining und arbeitstherapeutischen Maßnahmen

(1) Soweit die Gefangenen nicht an schulischen oder beruflichen Qualifizierungsmaßnahmen (§ 33) teilnehmen, sind sie zu Arbeit oder Teilnahme an Arbeitstraining oder arbeitstherapeutischen Maßnahmen verpflichtet, wenn und soweit sie dazu in der Lage sind. Die Zuweisung soll Fähigkeiten, Fertigkeiten und Neigungen der Gefangenen entsprechen. Die Arbeit soll wirtschaftlich ergiebig sein. Nehmen die Gefangenen eine Arbeit auf, gelten die von der Anstalt festgelegten Arbeitsbedingungen.

(2) Die Verpflichtung entfällt mit dem Erreichen des gesetzlichen Renteneintrittsalters und soweit das gesetzliche Beschäftigungsverbot zum Schutz erwerbstätiger werdender und stillender Mütter besteht.

4 Vorb. 5, 4 A 3, 4 A 13, 4 A 15, 4 B 2, 4 B 7, 4 B 11, 4 B 12, 4 B 19, 4 B 21, 14 A 16, 14 B 20

§ 36 Freies Beschäftigungsverhältnis, Selbstbeschäftigung

(1) Geeigneten Gefangenen soll gestattet werden, einer Arbeit oder Qualifizierungsmaßnahme (§ 33) auf der Grundlage eines freien Beschäftigungsverhältnisses außerhalb der Anstalt nachzugehen oder sich innerhalb oder außerhalb der Anstalt selbst zu beschäftigen, wenn die Beschäftigungsstelle geeignet ist und nicht überwiegende Gründe des Vollzuges entgegenstehen. § 57 gilt entsprechend.

(2) Das Entgelt ist der Anstalt zur Gutschrift für die Gefangenen zu überweisen.

4 Vorb. 5, 4 G 7, 4 H 2, 4 H 10, 4 H 13, 4 H 14, 4 H 19, 4 H 28, 4 I 67, 6 F 56

§ 37 Vergütung

(1) Die Gefangenen erhalten eine Vergütung in Form von
1. Arbeitsentgelt für die Teilnahme an Arbeitstraining und arbeitstherapeutischen Maßnahmen sowie für Arbeit nach § 32 und § 35 oder
2. Ausbildungsbeihilfe für die Teilnahme an schulischen und beruflichen Qualifizierungsmaßnahmen nach § 33.

(2) Der Bemessung der Vergütung sind neun Prozent der Bezugsgröße nach § 18 des Vierten Buches Sozialgesetzbuch zugrunde zu legen (Eckvergütung). Ein Tagessatz ist der 250. Teil der Eckvergütung; die Vergütung kann nach einem Stundensatz bemessen werden.

(3) Die Vergütung kann je nach Art der Maßnahme und Leistung der Gefangenen gestuft werden. Sie beträgt mindestens 60 Prozent der Eckvergütung und kann nach einem Stundensatz bemessen werden. Das für Justiz zuständige Ministerium wird ermächtigt, in einer Rechtsverordnung Vergütungsstufen zu bestimmen.

(4) Soweit Beiträge zur Bundesagentur für Arbeit zu entrichten sind, kann vom Arbeitsentgelt oder der Ausbildungsbeihilfe ein Betrag einbehalten werden, der dem Anteil der Gefangenen am Beitrag entsprechen würde, wenn sie diese Vergütung als Arbeitnehmer erhielten.

(5) Die Höhe der Vergütung ist den Gefangenen schriftlich bekannt zu geben.

(6) Die Gefangenen, die an einer Maßnahme nach § 33 teilnehmen, erhalten hierfür nur eine Ausbildungsbeihilfe, soweit kein Anspruch auf Leistungen zum Lebensunterhalt besteht, die außerhalb des Vollzuges aus solchem Anlass gewährt werden.

4 Vorb. 5, 4 D 6, 4 D 10, 4 D 11, 4 D 12, 4 D 17, 4 D 18, 4 D 19, 4 D 21, 4 D 22, 4 D 25, 4 D 26, 4 D 49, 4 D 71, 4 G 2, 4 G 7, 4 G 8, 4 G 10, 4 G 11, 4 G 13, 4 I 4, 4 I 23, 4 I 67, 4 I 133, 6 F 56

§ 38 Vergütungsfortzahlung

Nehmen die Gefangenen während der Zeit der Arbeit oder Qualifizierung an einzel- oder gruppentherapeutischen Maßnahmen, an Maßnahmen zur Behandlung von Suchtmittelabhängigkeit und -missbrauch, an Trainingsmaßnahmen zur Verbesserung der sozialen Kompetenz sowie sozialtherapeutischen Behandlungsmaßnahmen teil, erhalten sie eine Vergütungsfortzahlung in Höhe der ihnen dadurch entgehenden Vergütung gemäß § 37 Absatz 1.

1 E 14, 4 Vorb. 5, 4 D 13, 4 D 14, 4 G 15, 4 I 67, 6 F 56

§ 39 Freistellung

(1) Haben die Gefangenen ein halbes Jahr lang gearbeitet (Arbeitstherapie, Arbeitstraining oder Arbeit) oder an einer beruflichen oder schulischen Qualifizierungsmaßnahme teilgenommen, können sie beanspruchen, zehn Arbeitstage von der Arbeit freigestellt zu werden. Zeiten, in denen die Gefangenen infolge Krankheit an der Arbeitsleistung verhindert waren, werden mit bis zu 15 Arbeitstagen auf das Halbjahr angerechnet. Der Anspruch verfällt, wenn die Freistellung nicht innerhalb eines Jahres nach seiner Entstehung erfolgt ist.

(2) Auf die Zeit der Freistellung wird Langzeitausgang (§ 55 Absatz 1 Nummer 3) angerechnet, soweit er in die Arbeitszeit fällt. Gleiches gilt für einen Langzeitausgang nach § 56 Absatz 1, soweit er nicht wegen des Todes oder einer lebensgefährlichen Erkrankung naher Angehöriger erteilt worden ist.

(3) Die Gefangenen erhalten für die Zeit der Freistellung ihre zuletzt gezahlte Vergütung weiter.

(4) Urlaubsregelungen freier Beschäftigungsverhältnisse außerhalb des Vollzuges bleiben unberührt.

4 Vorb. 5, 4 C 1, 4 C 3, 4 C 5, 4 C 6, 4 C 7, 4 C 14, 4 C 16, 4 C 18, 4 C 23, 4 G 12

§ 40 Anrechnung auf den Entlassungszeitpunkt

(1) Haben Gefangene zwei Monate zusammenhängend eine Vergütung nach § 37 bezogen, verkürzt sich die Haft um zwei Tage.

(2) Eine Verkürzung nach Absatz 1 ist ausgeschlossen
1. soweit eine lebenslange Freiheitsstrafe verbüßt wird und der Entlassungszeitpunkt noch nicht bestimmt ist,
2. bei einer Aussetzung der Vollstreckung des Restes einer Freiheitsstrafe zur Bewährung, soweit wegen des von der Entscheidung des Gerichts bis zur Entlassung verbleibenden Zeitraums eine Anrechnung nicht mehr möglich ist,
3. wenn dies vom Gericht angeordnet wird, weil bei einer Aussetzung der Vollstreckung des Restes einer Freiheitsstrafe zur Bewährung die Lebensverhältnisse der oder des Gefangenen oder die Wirkungen, die von der Aussetzung für sie oder ihn zu erwarten sind, die Vollstreckung bis zu einem bestimmten Zeitpunkt erfordern,
4. wenn nach § 456a Absatz 1 Strafprozessordnung (StPO) von der Vollstreckung abgesehen wird.

(3) Soweit eine Verkürzung ausgeschlossen ist, erhält der Gefangene bei seiner Entlassung als Ausgleichsentschädigung zusätzlich 30 Prozent der ihm zustehenden Vergütung. Der Anspruch entsteht erst mit der Entlassung oder Verlegung in ein anderes Bundesland, wenn dort nach landesgesetzlicher Regelung eine Verkürzung nicht möglich ist. Vor der Entlassung oder Verlegung ist der Anspruch nicht verzinslich, nicht abtretbar und nicht vererblich. Einem Gefangenen, bei dem eine Anrechnung nach Absatz 2 Nummer 1 ausgeschlossen ist, wird die Ausgleichszahlung bereits nach Verbüßung von jeweils zehn Jahren der lebenslangen Freiheitsstrafe zum Eigengeld (§ 72) gutgeschrieben, soweit er nicht vor diesem Zeitpunkt entlassen wird; § 57 Absatz 4 des Strafgesetzbuches gilt entsprechend.

4 Vorb. 5, 4 C 1, 4 D 6, 4 D 49, 4 D 53, 4 D 54, 4 D 55, 4 D 57, 4 D 58, 4 D 59, 4 D 60, 4 D 61, 4 D 62, 4 D 66, 4 G 13, 6 F 56

Abschnitt 7. Außenkontakte

§ 41 Grundsatz

Die Gefangenen haben das Recht, mit Personen außerhalb der Anstalt im Rahmen der Bestimmungen dieses Gesetzes zu verkehren. Der Verkehr mit der Außenwelt ist zu fördern.

9 Vorb. 4, 9 A 5, 12 I 8

§ 42 Besuch

(1) Die Gefangenen dürfen regelmäßig Besuch empfangen. Die Gesamtdauer beträgt mindestens zwei Stunden im Monat.

(2) Besuche von Angehörigen im Sinne von § 11 Absatz 1 Nummer 1 Strafgesetzbuch (StGB) werden besonders unterstützt; die Gesamtdauer erhöht sich hierfür um weitere zwei Stunden. Bei Besuchen von minderjährigen Kindern der Gefangenen erhöht sich die Gesamtdauer um weitere zwei Stunden.

(3) Besuche sollen darüber hinaus zugelassen werden, wenn sie die Eingliederung der Gefangenen fördern oder persönlichen, rechtlichen oder geschäftlichen Angelegenheiten dienen, die nicht von den Gefangenen schriftlich erledigt, durch Dritte wahrgenommen oder bis zur Entlassung aufgeschoben werden können.

(4) Die Anstaltsleiterin oder der Anstaltsleiter kann über Absatz 1 und 2 hinausgehend mehrstündige, unüberwachte Besuche (Langzeitbesuche) zulassen, wenn dies zur Pflege der familiären, partnerschaftlichen oder ihnen gleichzusetzender Kontakte der Gefangenen förderlich erscheint und die Gefangenen hierfür geeignet sind.

9 B 19, 9 B 24

§ 43 Untersagung der Besuche

(1) Die Anstaltsleiterin oder der Anstaltsleiter kann Besuche untersagen, wenn
1. die Sicherheit oder Ordnung der Anstalt gefährdet würde,
2. bei Personen, die nicht Angehörige der Gefangenen im Sinne von § 11 Absatz 1 Nummer 1 StGB sind, zu befürchten ist, dass sie einen schädlichen Einfluss auf die Gefangenen haben oder die Erreichung des Vollzugsziels behindern.

(2) Bestehen gewichtige Anhaltspunkte dafür, dass durch Besuch bei der oder dem Gefangenen das Wohl eines Kindes oder einer oder eines Jugendlichen gefährdet wird, insbesondere wenn das Kind oder die oder der Jugendliche Geschädigte oder Geschädigter einer Straftat der oder des Gefangenen war, informiert die Anstaltsleiterin oder der Anstaltsleiter das zuständige Jugendamt gemäß § 8a des Achten Buches Sozialgesetzbuch und regt an, über das Familiengericht ein Kontaktverbot zu erwirken. Kann eine Entscheidung nicht rechtzeitig erlangt werden, kann die Anstaltsleiterin oder der Anstaltsleiter vorläufig Besuche untersagen.

9 B 34, 9 B 47, 9 C 13

§ 44 Durchführung der Besuche

(1) Aus Gründen der Sicherheit können Besuche davon abhängig gemacht werden, dass sich die Besucherinnen und Besucher durchsuchen oder mit technischen Hilfsmitteln absuchen lassen.

(2) Besuche werden in der Regel durch Bedienstete überwacht. Eine akustische Überwachung ist nur zulässig, soweit es im Einzelfall wegen einer Gefährdung der Erreichung des Vollzugsziels oder aus Gründen der Sicherheit erforderlich ist.

(3) Besuche dürfen abgebrochen werden, wenn Besucherinnen und Besucher oder Gefangene gegen dieses Gesetz oder aufgrund dieses Gesetzes getroffene Anordnungen trotz Abmahnung verstoßen. Die Abmahnung unterbleibt, wenn es unerlässlich ist, den Besuch sofort abzubrechen.

(4) Gegenstände dürfen beim Besuch nicht übergeben werden. Ausnahmen sind mit vorheriger Genehmigung der Anstalt zulässig.

(5) Die Anstaltsleiterin oder der Anstaltsleiter kann im Einzelfall anordnen,
1. eine Trennvorrichtung zu nutzen, wenn dies zum Schutz von Personen oder zur Verhinderung einer Übergabe von Gegenständen erforderlich ist,
2. aus Gründen der Sicherheit der Anstalt den Besuch mit optisch-elektronischen Hilfsmitteln zu überwachen; die betroffenen Personen sind vorher auf die Überwachung hinzuweisen.

9 B 71, 9 B 74, 9 B 78, 9 B 82

§ 45 Besuche von Verteidigern, Rechtsanwälten und Notaren

(1) Besuche von Verteidigerinnen und Verteidigern sowie von Rechtsanwältinnen und Rechtsanwälten und Notarinnen und Notaren in einer die Gefangenen betreffenden Rechtssache sind zu gestatten.

(2) Im Rahmen der Kontrolle gemäß § 44 Absatz 1 ist eine inhaltliche Überprüfung der von Verteidigern mitgeführten Schriftstücke und sonstigen Unterlagen nicht zulässig. § 50 Absatz 2 Satz 2 und 3 gilt entsprechend.

(3) Besuche von Verteidigerinnen und Verteidigern werden nicht überwacht.

(4) Abweichend von § 44 Absatz 4 dürfen bei Besuchen der Verteidigerinnen und Verteidiger und von Rechtsanwältinnen und Rechtsanwälten und Notarinnen und Notaren zur Erledigung einer die Gefangenen betreffenden Rechtssache Schriftstücke und sonstigen Unterlagen übergeben werden. Bei dem Besuch von Rechtsanwältinnen und Rechtsanwälten oder Notarinnen und Notaren kann die Übergabe aus Gründen der Sicherheit oder Ordnung der Anstalt von der Erlaubnis der Anstaltsleiterin oder des Anstaltsleiters abhängig gemacht werden. § 50 Absatz 2 Satz 2 und 3 bleibt unberührt.

(5) Die Anordnung einer Trennvorrichtung gemäß § 44 Absatz 5 Nummer 1 ist nur zulässig, wenn dies zum Schutz von Personen unerlässlich ist.

9 B 51 ff

§ 46 Telefongespräche

(1) Den Gefangenen kann gestattet werden, Telefongespräche zu führen. Die Bestimmungen über den Besuch gelten entsprechend. Eine beabsichtigte Überwachung teilt die Anstalt den Gefangenen rechtzeitig vor Beginn des Telefongesprächs und den Gesprächspartnern der Gefangenen unmittelbar nach Herstellung der Verbindung mit.

(2) Die Kosten der Telefongespräche tragen die Gefangenen. Sind sie dazu nicht in der Lage, kann die Anstalt die Kosten in begründeten Fällen in angemessenem Umfang übernehmen.

9 D 12

§ 47 Schriftwechsel

(1) Die Gefangenen haben das Recht, Schreiben abzusenden und zu empfangen.

(2) Die Kosten des Schriftwechsels tragen die Gefangenen. Sind sie dazu nicht in der Lage, kann die Anstalt die Kosten in begründeten Fällen in angemessenem Umfang übernehmen.

9 C 1 ff

§ 48 Untersagung des Schriftwechsels

(1) Die Anstaltsleiterin oder der Anstaltsleiter kann den Schriftwechsel mit bestimmten Personen untersagen, wenn
1. die Sicherheit oder Ordnung der Anstalt gefährdet würde,
2. bei Personen, die nicht Angehörige der Gefangenen im Sinne von § 11 Absatz 1 Nummer 1 StGB sind, zu befürchten ist, dass der Schriftwechsel einen schädlichen Einfluss auf die Gefangenen hat oder die Erreichung des Vollzugsziels behindert oder
3. dies von dem Geschädigten beantragt wird.

(2) § 43 Absatz 2 gilt entsprechend.

9 C 9, 9 C 13

§ 49 Sichtkontrolle, Weiterleitung und Aufbewahrung von Schreiben

(1) Die Gefangenen haben das Absenden und den Empfang von Schreiben durch die Anstalt vermitteln zu lassen, soweit nichts anderes gestattet ist. Ein- und ausgehende Schreiben sind unverzüglich weiterzuleiten.

(2) Ein- und ausgehende Schreiben werden auf verbotene Gegenstände kontrolliert.

(3) Die Gefangenen haben eingehende Schreiben unverschlossen zu verwahren, sofern nichts anderes gestattet wird. Sie können sie verschlossen zu ihrer Habe geben.

7 A 1, 9 C 23

§ 50 Inhaltliche Kontrolle des Schriftwechsels

(1) Der Schriftwechsel darf nur inhaltlich kontrolliert werden, soweit es im Einzelfall wegen einer Gefährdung der Erreichung des Vollzugsziels oder aus Gründen der Sicherheit erforderlich ist.

(2) Der Schriftwechsel der Gefangenen mit ihren Verteidigerinnen oder Verteidigern wird nicht inhaltlich kontrolliert. Liegt dem Vollzug eine Straftat nach § 129a StGB, auch in Verbindung mit § 129b Absatz 1 StGB zugrunde, gelten § 148 Absatz 2 und § 148a StPO entsprechend; dies gilt nicht, wenn die Gefangenen sich im offenen Vollzug befinden oder wenn ihnen Lockerungen nach § 55 gewährt worden sind und ein Grund, der die Anstaltsleiterin oder den Anstaltsleiter nach § 122 Absatz 3 zum Widerruf von Lockerungen ermächtigt, nicht vorliegt. Satz 2 gilt auch, wenn eine Freiheitsstrafe wegen einer Straftat nach § 129a StGB, auch in Verbindung mit § 129b Absatz 1 StGB erst im Anschluss an den Vollzug der Freiheitsstrafe, der eine andere Verurteilung zugrunde liegt, zu vollstrecken ist.

(3) Nicht inhaltlich kontrolliert werden ferner Schreiben der Gefangenen an
1. Gerichte und Staatsanwaltschaften,
2. die Volksvertretungen des Bundes und der Länder,
3. die Verfassungsgerichte des Bundes und der Länder,
4. Bürgerbeauftragte oder die Justizvollzugsbeauftragte oder den Justizvollzugsbeauftragten eines Landes,
5. die Bundesbeauftragte oder den Bundesbeauftragten für den Datenschutz und die Informationsfreiheit, die für die Kontrolle der Einhaltung der Vorschriften über den Datenschutz in den Ländern zuständigen Stellen der Länder und die Aufsichtsbehörden nach § 38 des Bundesdatenschutzgesetzes,
6. das Europäische Parlament,
7. den Europäischen Gerichtshof für Menschenrechte,
8. die oder den Europäischen Datenschutzbeauftragten,
9. die oder den Europäischen Bürgerbeauftragten,
10. den Europäischen Ausschuss zur Verhütung von Folter und unmenschlicher oder erniedrigender Behandlung oder Strafe,
11. den Menschenrechtsausschuss der Vereinten Nationen,
12. den Ausschuss der Vereinten Nationen gegen Folter, den zugehörigen Unterausschuss zur Verhütung von Folter und den entsprechenden Nationalen Präventionsmechanismen,
13. sonstige Organisationen oder Einrichtungen, mit denen der Schriftverkehr aufgrund völkerrechtlicher Verpflichtungen der Bundesrepublik Deutschland geschützt wird und
14. die konsularische Vertretung des Heimatstaates.

Schreiben der in Satz 1 Nummer 2 bis 14 genannten Stellen, die an die Gefangenen gerichtet sind, werden nicht überwacht, sofern die Identität der Absender zweifelsfrei feststeht. Schreiben an nicht in der Justizvollzugsanstalt tätige Ärztinnen und Ärzte, die mit der Untersuchung oder Behandlung der Gefangenen befasst sind, werden über die Anstaltsärztin oder den Anstaltsarzt vermittelt und kontrolliert.

9 C 23, 9 C 25, 9 C 30, 11 M 44

§ 51 Anhalten von Schreiben

(1) Die Anstalt kann Schreiben anhalten, wenn
1. die Erreichung des Vollzugsziels oder die Sicherheit oder Ordnung der Anstalt gefährdet würde,
2. die Weitergabe in Kenntnis ihres Inhalts einen Straf- oder Bußgeldtatbestand verwirklichen würde,
3. sie grob unrichtige oder erheblich entstellende Darstellungen von Anstaltsverhältnissen oder grobe Beleidigungen enthalten,
4. sie die Eingliederung anderer Gefangener gefährden können oder
5. sie in Geheim- oder Kurzschrift, unlesbar, unverständlich oder ohne zwingenden Grund in einer fremden Sprache abgefasst sind.

(2) Ausgehenden Schreiben, die unrichtige Darstellungen enthalten, kann ein Begleitschreiben beigefügt werden, wenn die Gefangenen auf dem Absenden bestehen.

(3) Sind Schreiben angehalten worden, wird das den Gefangenen mitgeteilt. Angehaltene Schreiben werden an die Absenderin oder den Absender zurückgegeben oder, sofern dies unmöglich oder aus besonderen Gründen nicht angezeigt ist, verwahrt.

(4) Schreiben, deren Überwachung ausgeschlossen ist, dürfen nicht angehalten werden.

9 C 49 ff

§ 52 Andere Formen der Telekommunikation

(1) Die Anstalten richten Möglichkeiten zur Nutzung anderer Formen der Telekommunikation ein.

(2) Den Gefangenen kann gestattet werden, andere Formen der Telekommunikation zu nutzen. Die Bestimmungen über den Besuch gelten entsprechend. Eine beabsichtigte Überwachung teilt die Anstalt

den Gefangenen rechtzeitig vor Beginn der Nutzung und den Gesprächspartnern unmittelbar nach Herstellung der Verbindung mit.

(3) Die Kosten tragen die Gefangenen. Sind sie dazu nicht in der Lage, kann die Anstalt die Kosten in begründeten Fällen in angemessenem Umfang übernehmen.

5 A 31, 5 C 29, 5 C 35, 9 D 9

§ 53 Pakete

(1) Den Gefangenen kann gestattet werden, Pakete zu empfangen. Der Empfang von Paketen mit Nahrungs- und Genussmitteln ist untersagt. Die Anstalt kann Anzahl, Gewicht und Größe von Sendungen und einzelnen Gegenständen festsetzen. Über § 63 Absatz 1 Satz 2 hinaus kann sie Gegenstände und Verpackungsformen ausschließen, die einen unverhältnismäßigen Kontrollaufwand bedingen.

(2) Die Anstalt kann die Annahme von Paketen, deren Einbringung nicht gestattet ist oder die die Voraussetzungen des Absatzes 1 nicht erfüllen, ablehnen oder solche Pakete an den Absender zurücksenden.

(3) Pakete sind in Gegenwart der Gefangenen zu öffnen, an die sie adressiert sind. Mit nicht zugelassenen oder ausgeschlossenen Gegenständen ist gemäß § 66 Absatz 3 zu verfahren. Sie können auch auf Kosten der Gefangenen zurückgesandt werden.

(4) Der Empfang von Paketen kann vorübergehend versagt werden, wenn dies wegen der Gefährdung der Sicherheit oder Ordnung unerlässlich ist.

(5) Den Gefangenen kann gestattet werden, Pakete zu versenden. Der Inhalt kann aus Gründen der Sicherheit oder Ordnung überprüft werden.

(6) Die Kosten des Paketversandes tragen die Gefangenen. Sind sie dazu nicht in der Lage, kann die Anstalt die Kosten in begründeten Fällen in angemessenem Umfang übernehmen.

6 C 3, 7 D 23, 9 E 1 ff

Abschnitt 8. Aufenthalte außerhalb der Anstalt, Lockerungen

§ 54 Ausführung

(1) Das Verlassen der Einrichtung unter ständiger und unmittelbarer Aufsicht (Ausführung) soll Gefangenen zur Erreichung des Vollzugsziels gestattet werden,
1. wenn dies zur Vorbereitung von Lockerungen erforderlich ist oder
2. zur Erhaltung der Lebenstüchtigkeit, wenn sie sich fünf Jahre ununterbrochen in Freiheitsentziehung befunden haben

und wenn nicht konkrete Anhaltspunkte die Gefahr begründen, dass die Gefangenen sich trotz Sicherungsmaßnahmen dem Vollzug entziehen oder die Ausführung zu erheblichen Straftaten missbrauchen werden.

(2) Unter den Voraussetzungen des Absatzes 1 Nummer 2 sollen jährlich mindestens zwei Ausführungen durchgeführt werden. Lockerungen nach § 55 werden hierauf angerechnet. Sie unterbleiben, wenn die zur Sicherung erforderlichen Maßnahmen den Zweck der Ausführungen gefährden.

(3) Darüber hinaus kann den Gefangenen aus wichtigem Anlass eine Ausführung gestattet werden. Liegt die Ausführung ausschließlich im Interesse der Gefangenen, können ihnen die Kosten auferlegt werden, soweit dies die Behandlung oder die Eingliederung nicht behindert.

(4) Die Gefangenen können auch gegen ihren Willen ausgeführt werden, wenn dies aus besonderen Gründen notwendig ist.

10 B 1, 10 C 6, 10 C 7, 10 C 8, 10 C 38, 10 C 50, 10 D 3, 10 D 11, 10 D 12, 10 E 3

§ 55 Lockerungen zur Erreichung des Vollzugsziels

(1) Aufenthalte außerhalb der Anstalt ohne Aufsicht (Lockerungen) können Gefangenen zur Erreichung des Vollzugsziels mit ihrer Zustimmung gewährt werden, insbesondere
1. das Verlassen der Anstalt für bis zu 24 Stunden in Begleitung einer von der Anstalt zugelassenen Person (Begleitausgang),
2. das Verlassen der Anstalt für bis zu 24 Stunden ohne Begleitung (unbegleiteter Ausgang),
3. das Verlassen der Anstalt für mehrere Tage bis zu 30 Tage im Vollstreckungsjahr (Langzeitausgang) und
4. die regelmäßige Beschäftigung außerhalb der Anstalt (Freigang).

(2) Die Lockerungen sollen gewährt werden, wenn verantwortet werden kann zu erproben, dass die Gefangenen sich dem Vollzug der Freiheitsstrafe nicht entziehen oder die Lockerungen nicht zu Straftaten missbrauchen werden.

(3) Durch Lockerungen wird die Vollstreckung der Freiheitsstrafe nicht unterbrochen.

4 H 13, 10 B 1, 10 B 3, 10 B 4, 10 C 1, 10 C 2, 10 C 12, 10 C 17, 10 C 18, 10 C 20, 10 C 22, 10 C 49, 10 C 68, 10 C 69, 10 D 3, 10 E 9

§ 56 Lockerungen aus wichtigen Gründen

(1) Lockerungen können auch aus wichtigem Anlass gewährt werden. Wichtige Anlässe sind insbesondere die Teilnahme an gerichtlichen Terminen, die medizinische Behandlung der Gefangenen sowie der Tod oder eine lebensgefährliche Erkrankung naher Angehöriger der Gefangenen.

(2) § 55 Absatz 2 und 3 gilt entsprechend.

10 B 1, 10 D 3, 10 D 4, 10 D 9

§ 57 Weisungen für Lockerungen

Für Lockerungen sind die nach den Umständen des Einzelfalles erforderlichen Weisungen zu erteilen. Bei der Ausgestaltung der Lockerungen ist nach Möglichkeit auch den Belangen der oder des Geschädigten Rechnung zu tragen.

4 H 14, 10 C 67, 10 D 9, 10 E 1, 10 E 3, 10 E 10, 10 E 11

§ 58 Außenbeschäftigung, Vorführung, Ausantwortung

(1) Den Gefangenen kann gestattet werden, außerhalb der Anstalt einer regelmäßigen Beschäftigung unter ständiger Aufsicht oder unter Aufsicht in unregelmäßigen Abständen (Außenbeschäftigung) nachzugehen. § 55 Absatz 2 gilt entsprechend.

(2) Auf Ersuchen eines Gerichts werden Gefangene vorgeführt, sofern ein Vorführungsbefehl vorliegt.

(3) Gefangene dürfen befristet dem Gewahrsam eines Gerichts, einer Staatsanwaltschaft oder einer Polizei-, Zoll- oder Finanzbehörde auf Antrag überlassen werden (Ausantwortung).

10 C 10, 10 D 14, 10 E 3

Abschnitt 9. Vorbereitung der Eingliederung, Entlassung und Nachsorge

§ 59 Vorbereitung der Eingliederung

(1) Die Maßnahmen zur sozialen und beruflichen Eingliederung sind auf den Zeitpunkt der voraussichtlichen Entlassung in die Freiheit abzustellen. Die Gefangenen sind bei der Ordnung ihrer persönlichen, wirtschaftlichen und sozialen Angelegenheiten zu unterstützen. Dies umfasst die Vermittlung in nachsorgende Maßnahmen.

(2) Die Anstalt arbeitet frühzeitig mit Personen und Einrichtungen außerhalb des Vollzuges zusammen, insbesondere, um zu erreichen, dass die Gefangenen nach ihrer Entlassung über eine geeignete Unterbringung und eine Arbeits- oder Ausbildungsstelle verfügen. Bewährungshilfe und Führungsaufsicht beteiligen sich frühzeitig an der sozialen und beruflichen Eingliederung der Gefangenen.

(3) Den Gefangenen können Aufenthalte in Einrichtungen außerhalb des Vollzuges (Übergangseinrichtungen) gewährt werden, wenn dies zur Vorbereitung der Eingliederung erforderlich ist. Haben sich die Gefangenen mindestens sechs Monate im Vollzug befunden, kann ihnen auch ein zusammenhängender Langzeitausgang bis zu sechs Monaten gewährt werden, wenn dies zur Vorbereitung der Eingliederung erforderlich ist. § 55 Absatz 2 und 3 sowie § 57 gelten entsprechend.

(4) In einem Zeitraum von sechs Monaten vor der voraussichtlichen Entlassung sind den Gefangenen die zur Vorbereitung der Eingliederung erforderlichen Lockerungen zu gewähren, sofern nicht mit hoher Wahrscheinlichkeit zu erwarten ist, dass die Gefangenen sich dem Vollzug der Freiheitsstrafe entziehen oder die Lockerungen zu Straftaten missbrauchen werden.

3 C 1, 3 C 2, 3 C 3, 3 C 5, 3 C 6, 7 B 6, 7 D 8, 10 B 5, 10 G 2, 10 H 4, 10 H 6, 10 H 9, 10 H 10, 10 H 12, 13 I 5

§ 60 Entlassung

(1) Die Gefangenen sollen am letzten Tag ihrer Strafzeit am Vormittag entlassen werden.

(2) Fällt das Strafende auf einen Sonnabend oder Sonntag, einen gesetzlichen Feiertag, den ersten Werktag nach Ostern oder Pfingsten oder in die Zeit vom 22. Dezember bis zum 6. Januar, können die Ge-

fangenen an dem diesem Tag oder Zeitraum vorhergehenden Werktag entlassen werden, wenn dies gemessen an der Dauer der Strafzeit vertretbar ist und fürsorgerische Gründe nicht entgegenstehen.

(3) Der Entlassungszeitpunkt kann bis zu zwei Tage vorverlegt werden, wenn die Gefangenen zu ihrer Eingliederung hierauf dringend angewiesen sind.

(4) Bedürftigen Gefangenen kann eine Entlassungsbeihilfe in Form eines Reisekostenzuschusses, angemessener Kleidung oder einer sonstigen notwendigen Unterstützung gewährt werden.

7 E 1, 10 G 2, 10 I 2, 10 I 4, 10 I 5, 10 I 8

§ 61 Nachgehende Betreuung

Mit Zustimmung der Anstaltsleiterin oder des Anstaltsleiters können im Einzelfall Bedienstete an der nachgehenden Betreuung Entlassener mit deren Einverständnis mitwirken, wenn ansonsten die Eingliederung gefährdet wäre. Die nachgehende Betreuung kann auch außerhalb der Anstalt erfolgen. In der Regel ist sie auf die ersten sechs Monate nach der Entlassung beschränkt.

3 E 2, 3 E 4, 3 E 5, 3 E 6, 3 E 7, 10 G 2

§ 62 Verbleib oder Aufnahme auf freiwilliger Grundlage

(1) Sofern es die Belegungssituation zulässt, können die Gefangenen auf Antrag ausnahmsweise vorübergehend in der Anstalt verbleiben oder wieder aufgenommen werden, wenn die Eingliederung gefährdet und ein Aufenthalt in der Anstalt aus diesem Grunde gerechtfertigt ist. Die Unterbringung erfolgt auf vertraglicher Basis.

(2) Gegen die in der Anstalt untergebrachten Entlassenen dürfen Maßnahmen des Vollzuges nicht mit unmittelbarem Zwang durchgesetzt werden.

(3) Bei Störung des Anstaltsbetriebes durch die Entlassenen oder aus vollzugsorganisatorischen Gründen kann die Unterbringung jederzeit beendet werden.

3 D 2, 3 D 3, 3 D 4, 3 D 6, 3 D 7, 3 D 8, 10 G 2

Abschnitt 10. Grundversorgung und Freizeit

§ 63 Einbringen von Gegenständen

(1) Gegenstände dürfen durch oder für die Gefangenen nur mit Zustimmung der Anstalt eingebracht werden. Die Anstalt kann die Zustimmung verweigern, wenn die Gegenstände geeignet sind, die Sicherheit oder Ordnung der Anstalt oder die Erreichung des Vollzugsziels zu gefährden oder ihre Aufbewahrung nach Art oder Umfang offensichtlich nicht möglich ist.

(2) Das Einbringen von Nahrungs- und Genussmitteln ist nicht gestattet. Die Anstaltsleiterin oder der Anstaltsleiter kann eine abweichende Regelung treffen.

6 C 11, 11 C 2, 11 C 10

§ 64 Gewahrsam an Gegenständen

(1) Die Gefangenen dürfen Gegenstände nur mit Zustimmung der Anstalt in Gewahrsam haben, annehmen oder abgeben.

(2) Ohne Zustimmung dürfen sie Gegenstände von geringem Wert an andere Gefangene weitergeben und von anderen Gefangenen annehmen; die Abgabe und Annahme dieser Gegenstände und der Gewahrsam daran können von der Zustimmung der Anstalt abhängig gemacht werden.

11 C 2, 11 C 3, 11 C 12

§ 65 Ausstattung des Haftraums

Die Gefangenen dürfen ihren Haftraum in angemessenem Umfang mit eigenen Gegenständen ausstatten oder diese dort aufbewahren. Gegenstände, die geeignet sind, die Sicherheit oder Ordnung der Anstalt, insbesondere die Übersichtlichkeit des Haftraumes, oder die Erreichung des Vollzugsziels zu gefährden, dürfen nicht in den Haftraum eingebracht werden oder werden daraus entfernt.

2 F 1, 2 F 8, 2 F 9, 2 F 10, 2 F 12, 2 F 16, 2 F 17, 5 C 12, 5 C 14, 5 C 17, 5 C 18, 5 C 35, 5 D 6, 5 D 11, 5 D 14, 5 D 20, 5 D 21, 5 D 28

Anhang

§ 66 Aufbewahrung und Vernichtung von Gegenständen

(1) Gegenstände, die die Gefangenen nicht im Haftraum aufbewahren dürfen oder wollen, werden von der Anstalt aufbewahrt, soweit dies nach Art und Umfang möglich ist.

(2) Den Gefangenen wird Gelegenheit gegeben, ihre Gegenstände, die sie während des Vollzuges und für ihre Entlassung nicht benötigen, zu versenden. § 53 Absatz 6 gilt entsprechend.

(3) Werden Gegenstände, deren Aufbewahrung nach Art oder Umfang nicht möglich ist, von den Gefangenen trotz Aufforderung nicht aus der Anstalt verbracht, darf die Anstalt diese Gegenstände auf Kosten der Gefangenen aus der Anstalt entfernen lassen.

(4) Aufzeichnungen und andere Gegenstände, die Kenntnisse über Sicherungsvorkehrungen der Anstalt vermitteln oder Schlussfolgerungen auf diese zulassen, dürfen vernichtet oder unbrauchbar gemacht werden.

11 C 2, 11 C 13, 11 C 14, 11 C 15, 11 C 16

§ 67 Zeitungen und Zeitschriften, religiöse Schriften und Gegenstände

(1) Die Gefangenen dürfen auf eigene Kosten Zeitungen und Zeitschriften in angemessenem Umfang durch Vermittlung der Anstalt beziehen. Ausgeschlossen sind lediglich Zeitungen und Zeitschriften, deren Verbreitung mit Strafe oder Geldbuße bedroht ist. Einzelne Ausgaben können den Gefangenen vorenthalten oder entzogen werden, wenn deren Inhalte die Erreichung des Vollzugsziels oder die Sicherheit oder Ordnung der Anstalt erheblich gefährden würden.

(2) Die Gefangenen dürfen grundlegende religiöse Schriften sowie in angemessenem Umfang Gegenstände des religiösen Gebrauchs besitzen. Diese dürfen den Gefangenen nur bei grobem Missbrauch entzogen werden. Die Seelsorgerin oder der Seelsorger soll vorher gehört werden.

5 B 5, 5 B 6, 5 B 12, 5 B 13, 5 B 14, 5 B 15, 5 B 20, 5 B 21, 5 B 23, 5 B 24, 8 A 21, 8 A 22, 8 A 23

§ 68 Rundfunk, Informations- und Unterhaltungselektronik

(1) Der Zugang zum Rundfunk ist zu ermöglichen.

(2) Eigene Hörfunk- und Fernsehgeräte werden zugelassen, wenn nicht Gründe des § 65 Satz 2 entgegenstehen. Andere Geräte der Informations- und Unterhaltungselektronik können unter diesen Voraussetzungen zugelassen werden. Die Gefangenen können auf Mietgeräte oder auf ein Haftraummediensystem verwiesen werden. § 52 bleibt unberührt.

5 C 4, 5 C 6, 5 C 12, 5 C 14, 5 C 17, 5 C 18, 5 C 22, 5 C 25, 5 C 26, 5 C 28, 5 C 29, 5 C 35, 5 D 10

§ 69 Kleidung

(1) Die oder der Gefangene trägt eigene Kleidung, wenn sie oder er für Reinigung und Instandsetzung auf eigene Kosten sorgt; anderenfalls trägt sie oder er Anstaltskleidung.

(2) Die Vollzugsbehörde kann das Tragen von Anstaltskleidung allgemein oder im Einzelfall anordnen, wenn dies aus Gründen der Sicherheit oder Ordnung der Anstalt erforderlich ist.

4 I 120, 6 A 2

§ 70 Verpflegung und Einkauf

(1) Zusammensetzung und Nährwert der Anstaltsverpflegung entsprechen den Anforderungen an eine gesunde Ernährung und werden ärztlich überwacht. Auf ärztliche Anordnung wird besondere Verpflegung gewährt. Den Gefangenen ist zu ermöglichen, Speisevorschriften ihrer Religionsgemeinschaft zu befolgen.

(2) Den Gefangenen wird ermöglicht einzukaufen. Die Anstalt wirkt auf ein Angebot hin, das auf Wünsche und Bedürfnisse der Gefangenen Rücksicht nimmt. Das Verfahren des Einkaufs regelt die Anstaltsleiterin oder der Anstaltsleiter. Nahrungs-, Genuss- und Körperpflegemittel können nur vom Haus- und Taschengeld, andere Gegenstände in angemessenen Umfang auch vom Eigengeld eingekauft werden.

4 I 111, 4 I 112, 6 B 4, 6 B 6, 6 B 9, 6 B 10, 6 C 5, 6 C 6, 6 C 7, 6 C 10, 11 C 17

§ 71 Freizeit

(1) Zur Ausgestaltung der Freizeit hat die Anstalt insbesondere Angebote zur sportlichen und kulturellen Betätigung und Bildungsangebote vorzuhalten. Die Anstalt stellt eine angemessen ausgestattete Bücherei zur Verfügung.

(2) Die Gefangenen sind zur Teilnahme und Mitwirkung an Angeboten der Freizeitgestaltung zu motivieren und anzuleiten.

5 A 8, 5 A 9, 5 A 12, 5 A 18, 5 A 19, 5 A 24, 5 A 25, 5 A 26, 5 A 30, 5 A 32, 5 A 38

Abschnitt 11. Gelder der Gefangenen und Kosten

§ 72 Eigengeld

(1) Das Eigengeld besteht aus den Beträgen, die die Gefangenen bei Strafantritt in die Anstalt mitbringen und die sie während der Haftzeit erhalten, und den Teilen der Vergütung, die nicht als Hausgeld, Überbrückungsgeld oder Haftkostenbeitrag in Anspruch genommen werden.

(2) Die Gefangenen können über das Eigengeld verfügen, soweit es nicht als Überbrückungsgeld notwendig ist. § 70 Absatz 2, §§ 75 und § 76 bleiben unberührt.

4 Vorb. 5, 4 I 11, 4 I 93, 4 I 101, 4 I 102, 4 I 103, 4 I 105, 4 I 112, 11 C 17

§ 73 Taschengeld

(1) Erhalten Gefangene ohne ihr Verschulden keine Vergütung, wird ihnen bei Bedürftigkeit auf Antrag ein angemessenes Taschengeld gewährt. Bedürftig sind Gefangene, soweit ihnen aus Hausgeld (§ 75) und Eigengeld (§ 72) monatlich ein Betrag bis zur Höhe des Taschengelds voraussichtlich nicht zur Verfügung steht.

(2) Ein Verschulden im Sinne von Absatz 1 liegt vor, wenn ihnen ein Betrag nach Absatz 1 Satz 2 deshalb nicht zur Verfügung steht, weil sie eine ihnen angebotene zumutbare Tätigkeit nicht angenommen haben oder eine ausgeübte Tätigkeit verschuldet verloren haben.

(3) Das Taschengeld beträgt 14 Prozent der Eckvergütung (§ 37 Absatz 2). Es wird zu Beginn des Monats im Voraus gewährt. Gehen den Gefangenen im Laufe des Monats Gelder zu, wird zum Ausgleich ein Betrag bis zur Höhe des gewährten Taschengeldes einbehalten.

(4) Gefangene dürfen über das Taschengeld im Rahmen der Bestimmungen dieses Gesetzes verfügen. Es wird dem Hausgeldkonto gutgeschrieben.

4 Vorb. 5, 4 I 3, 4 I 4, 4 I 5, 4 I 10, 4 I 17, 4 I 23, 4 I 80, 4 I 116

§ 74 Konten, Bargeld

(1) Gelder der Gefangenen werden auf Hausgeld-, Überbrückungsgeld- und Eigengeldkonten in der Anstalt geführt.

(2) Der Besitz von Bargeld in der Anstalt ist den Gefangenen nicht gestattet. Über Ausnahmen entscheidet die Anstaltsleiterin oder der Anstaltsleiter.

4 Vorb. 5, 4 I 104, 4 I 116, 4 I 117

§ 75 Hausgeld

(1) Das Hausgeld wird aus drei Siebteln der in diesem Gesetz geregelten Vergütung (§ 37) gebildet.

(2) Für Gefangene, die aus einem freien Beschäftigungsverhältnis, aus einer Selbstbeschäftigung oder anderweitig regelmäßige Einkünfte haben, wird daraus ein angemessenes monatliches Hausgeld festgesetzt.

(3) Für Gefangene, die über Eigengeld (§ 72) verfügen und keine hinreichende Vergütung nach diesem Gesetz erhalten, gilt Absatz 2 entsprechend.

(4) Die Gefangenen dürfen über das Hausgeld im Rahmen der Bestimmungen dieses Gesetzes verfügen. Der Anspruch auf Auszahlung ist nicht übertragbar.

4 Vorb. 5, 4 I 23, 4 I 25, 4 I 27, 4 I 28, 6 C 4, 12 P 8

§ 76 Zweckgebundene Einzahlungen

Für Maßnahmen der Eingliederung, insbesondere Kosten der Gesundheitsfürsorge und der Aus- und Fortbildung, und für Maßnahmen der Pflege sozialer Beziehungen, insbesondere Telefonkosten und Fahrtkosten anlässlich Lockerungen, kann zweckgebunden Geld eingezahlt werden. Das Geld darf nur für diese Zwecke verwendet werden. Der Anspruch auf Auszahlung ist nicht übertragbar.

4 Vorb. 5, 4 I 126, 4 I 127

§ 77 Überbrückungsgeld

(1) Aus den in diesem Gesetz geregelten Bezügen und aus den Bezügen der Gefangenen, die in einem freien Beschäftigungsverhältnis stehen oder denen gestattet ist, sich selbst zu beschäftigen, ist ein Überbrückungsgeld zu bilden, das den notwendigen Lebensunterhalt der Gefangenen und ihrer Unterhaltsberechtigten in den ersten vier Wochen nach der Entlassung sichern soll.

(2) Das Überbrückungsgeld wird den Gefangenen bei der Entlassung in die Freiheit ausbezahlt. Die Justizvollzugsanstalt kann es mit Zustimmung des Gefangenen ganz oder zum Teil der Bewährungshilfe oder einer mit der Entlassenenbetreuung befassten Stelle überweisen, die darüber entscheidet, wie das Geld innerhalb der ersten vier Wochen nach der Entlassung an die Entlassenen ausbezahlt wird. Die Bewährungshilfe und die mit der Entlassenenbetreuung befasste Stelle sind verpflichtet, das Überbrückungsgeld von ihrem Vermögen gesondert zu halten. Mit Zustimmung der Gefangenen kann das Überbrückungsgeld auch Unterhaltsberechtigten überwiesen werden.

(3) Das Überbrückungsgeld kann für Ausgaben der Gefangenen in Anspruch genommen werden, die ihrer Eingliederung dienen.

(4) Für den Pfändungsschutz des Überbrückungsgeldes gilt § 51 Absatz 4 und 5 Strafvollzugsgesetz (StVollzG).

4 Vorb. 5, 4 I 11, 4 I 64, 4 I 67, 4 I 78, 4 I 83, 4 I 84, 4 I 85, 4 I 87, 4 I 91, 4 I 95

§ 78 Haftkostenbeitrag, Kostenbeteiligung

(1) Die Anstalt erhebt von Gefangenen, die sich in einem freien Beschäftigungsverhältnis befinden, sich selbst beschäftigen oder über anderweitige regelmäßige Einkünfte verfügen, für diese Zeit einen Haftkostenbeitrag. Von Gefangenen, die sich selbst beschäftigen, kann der Haftkostenbeitrag monatlich im Voraus ganz oder teilweise gefordert werden. Vergütungen nach diesem Gesetz bleiben unberücksichtigt. Den Gefangenen muss täglich ein Tagessatz gemäß § 37 Absatz 2 Satz 2 verbleiben. Von der Geltendmachung des Anspruchs ist abzusehen, soweit die Wiedereingliederung der Gefangenen hierdurch gefährdet würde.

(2) Der Haftkostenbeitrag wird in Höhe des Betrages erhoben, der nach § 17 Absatz 1 Nummer 4 des Vierten Buches Sozialgesetzbuch durchschnittlich zur Bewertung der Sachbezüge festgesetzt ist. Bei Selbstverpflegung entfallen die für die Verpflegung vorgesehenen Beträge. Für den Wert der Unterkunft ist die festgesetzte Belegungsfähigkeit maßgebend.

(3) Die Gefangenen können an den Betriebskosten der in ihrem Gewahrsam befindlichen Geräte beteiligt werden.

4 Vorb. 5, 4 H 25, 4 H 29, 4 I 41, 4 I 43, 4 I 45, 4 I 49, 4 I 50, 4 I 52, 4 I 56, 5 C 32, 5 C 35

Abschnitt 12. Gesundheitsfürsorge

§ 79 Art und Umfang der medizinischen Leistungen, Kostenbeteiligung

(1) Für Art und Umfang der medizinischen Leistungen gelten die für gesetzlich Versicherte maßgeblichen Vorschriften des Fünften Buches Sozialgesetzbuch und die aufgrund dieser Vorschriften getroffenen Regelungen entsprechend. Der Anspruch umfasst auch Vorsorgeleistungen, ferner die Versorgung mit medizinischen Hilfsmitteln, soweit diese mit Rücksicht auf die Dauer des Freiheitsentzugs nicht ungerechtfertigt sind und die Hilfsmittel nicht als allgemeine Gebrauchsgegenstände des täglichen Lebens anzusehen sind.

(2) An den Kosten für Leistungen nach Absatz 1 können die Gefangenen in angemessenem Umfang beteiligt werden, höchstens jedoch bis zum Umfang der Beteiligung vergleichbarer gesetzlich Versicherter. Für Leistungen, die über Absatz 1 hinausgehen, können den Gefangenen die gesamten Kosten auferlegt werden.

(3) Erhalten Gefangene Leistungen nach Absatz 1 infolge einer mutwilligen Selbstverletzung, sind sie in angemessenem Umfang an den Kosten zu beteiligen. Die Kostenbeteiligung unterbleibt, wenn hierdurch die Erreichung des Vollzugsziels, insbesondere die Eingliederung der Gefangenen, gefährdet würde.

4 I 55, 6 E 1, 6 E 3, 6 F 1, 6 F 18, 6 F 19, 6 F 20, 6 F 23, 6 F 25, 6 F 28, 6 F 35, 11 J 17

§ 80 Durchführung der medizinischen Leistungen, Kostentragung, Forderungsübergang

(1) Ein kranker oder hilfsbedürftiger Gefangener kann in ein Anstaltskrankenhaus oder in eine für seine Untersuchung, Behandlung oder Versorgung besser geeignete Vollzugsanstalt verlegt werden. Kann

die Untersuchung, Behandlung oder Versorgung in einer Vollzugsanstalt oder einem Anstaltskrankenhaus nicht gewährleistet werden oder ist es nicht möglich, den Gefangenen rechtzeitig in ein Anstaltskrankenhaus zu verlegen, ist dieser in ein Krankenhaus außerhalb des Vollzuges zu bringen.

(2) Wird die Strafvollstreckung während einer Behandlung von Gefangenen unterbrochen oder beendet, hat das Land nur diejenigen Kosten zu tragen, die bis zur Unterbrechung oder Beendigung der Strafvollstreckung angefallen sind.

(3) Gesetzliche Schadensersatzansprüche, die Gefangenen infolge einer Körperverletzung gegen Dritte zustehen, gehen insoweit auf das Land über, als den Gefangenen Leistungen nach § 79 Absatz 1 zu gewähren sind. Von der Geltendmachung der Ansprüche ist im Interesse der Gefangenen abzusehen, wenn hierdurch die Erreichung des Vollzugsziels, insbesondere die Eingliederung, gefährdet würde.

(4) Hinsichtlich der Anhörung der oder des Gefangenen und Mitteilung an Angehörige oder andere Personen gilt § 17 Absatz 3 und 4 entsprechend.

6 F 58, 6 F 59, 6 F 61, 6 F 65, 6 F 71, 11 J 19

§ 81 Ruhen der Ansprüche

Der Anspruch auf Leistungen ruht, solange die Gefangenen aufgrund eines freien Beschäftigungsverhältnisses oder Selbstbeschäftigung krankenversichert sind.

4 H 5, 6 F 55

§ 82 Ärztliche Behandlung zur sozialen Eingliederung

Mit Zustimmung der Gefangenen soll die Anstalt ärztliche Behandlungen, insbesondere Operationen oder prothetische Maßnahmen, durchführen lassen, die die soziale Eingliederung fördern. Die Kosten tragen die Gefangenen. Sind sie dazu nicht in der Lage, kann die Anstalt die Kosten in begründeten Fällen in angemessenem Umfang übernehmen.

4 I 55, 6 F 41, 6 F 42, 6 F 48, 6 F 50

§ 83 Gesundheitsschutz und Hygiene

Die Anstalt unterstützt die Gefangenen bei der Wiederherstellung und Erhaltung ihrer körperlichen, geistigen und seelischen Gesundheit. Sie fördert das Bewusstsein für gesunde Ernährung und Lebensführung. Die Gefangenen haben die notwendigen Anordnungen zum Gesundheitsschutz und zur Hygiene zu befolgen.

6 D 1, 6 D 17, 6 D 24

§ 84 Freistunde

Den Gefangenen wird ermöglicht, sich täglich mindestens eine Stunde im Freien aufzuhalten (Freistunde), wenn die Witterung dies zu der festgesetzten Zeit zulässt.

6 G 1, 6 G 6

§ 85 Krankenbehandlung während Lockerungen

Während Lockerungen haben die Gefangenen einen Anspruch auf medizinische Leistungen gegen das Land nur in der für sie zuständigen Anstalt. § 56 bleibt unberührt.

6 F 51 ff

§ 86 Zwangsmaßnahmen auf dem Gebiet der Gesundheitsfürsorge

(1) Medizinische Untersuchungen und Behandlungen sind zwangsweise gegen den natürlichen Willen der oder des Gefangenen nur zulässig, soweit die oder der Gefangene krankheitsbedingt die Notwendigkeit der ärztlichen Maßnahme nicht erkennen oder nicht nach dieser Einsicht handeln kann und die Maßnahme erforderlich ist,
1. um eine gegenwärtige Lebensgefahr oder die gegenwärtige Gefahr einer schwerwiegenden Schädigung der Gesundheit der oder des Gefangenen abzuwenden oder
2. um die von der oder dem Gefangenen ausgehende gegenwärtige Gefahr schwerer gesundheitlicher Schädigungen Dritter abzuwenden.

(2) Bei Maßnahmen nach Absatz 1 Nummer 1 ist eine wirksame Patientenverfügung zu berücksichtigen.

(3) Eine medizinische Zwangsmaßnahme nach Absatz 1 ist nur zulässig, wenn
1. sie im Hinblick auf das Behandlungsziel Erfolg verspricht,
2. mildere Mittel aussichtslos sind und
3. sie nicht mit unzumutbaren Belastungen verbunden ist und
4. der von der Maßnahme zu erwartende Nutzen die mit der Maßnahme verbundenen Belastungen deutlich überwiegt.

Untersuchung und Behandlung müssen von einer Ärztin oder einem Arzt durchgeführt oder überwacht werden. Die Anordnung trifft die Anstaltsleiterin oder der Anstaltsleiter im Einvernehmen mit der behandelnden Ärztin oder dem behandelnden Arzt. Die Anordnungsgründe, die Aufklärung der oder des Betroffenen, die Art und Weise der Durchführung sowie die Wirkung der Behandlung sind von der behandelnden Ärztin oder dem behandelnden Arzt zu dokumentieren.

(4) Eine ärztliche Zwangsmaßnahme setzt weiterhin voraus, dass
1. eine den Verständnismöglichkeiten der oder des Gefangenen entsprechende Information über die beabsichtigte Behandlung und ihre Wirkungen vorausgegangen ist,
2. vor Beginn der Behandlung ernsthaft versucht wurde, eine auf Vertrauen gegründete, freiwillige Zustimmung der oder des Gefangenen zu erreichen,
3. das Gericht der Durchführung der Maßnahme nach Anhörung der oder des Gefangenen zugestimmt hat.

(5) Ist unverzügliches Handeln geboten, kann von den Voraussetzungen gemäß Absatz 4 Nummer 3 abgesehen werden, soweit die dadurch eintretende zeitliche Verzögerung die Abwendung der Gefahr gefährden würde.

(6) Die zwangsweise körperliche Untersuchung der Gefangenen zum Gesundheitsschutz und zur Hygiene ist zulässig, wenn sie nicht mit einem körperlichen Eingriff verbunden ist. Sie bedarf der Anordnung einer Ärztin oder eines Arztes und ist unter deren oder dessen Leitung durchzuführen.

11 K 5, 11 L 1, 11 L 3, 11 L 7, 11 L 14, 11 L 15, 11 L 20

§ 87 Benachrichtigungspflicht

Erkranken Gefangene schwer oder versterben sie, werden die Angehörigen benachrichtigt. Dem Wunsch der Gefangenen, auch andere Personen zu benachrichtigen, soll nach Möglichkeit entsprochen werden.

6 H 1, 6 H 2

Abschnitt 13. Religionsausübung

§ 88 Seelsorge

Den Gefangenen darf religiöse Betreuung durch Seelsorgerinnen oder Seelsorger ihrer Religionsgemeinschaft nicht versagt werden. Auf Wunsch ist ihnen zu helfen, mit einer Seelsorgerin oder einem Seelsorger in Verbindung zu treten.

8 A 14, 8 A 19

§ 89 Religiöse Veranstaltungen

(1) Die Gefangenen haben das Recht, am Gottesdienst und an anderen religiösen Veranstaltungen ihres Bekenntnisses teilzunehmen.

(2) Die Zulassung zu Gottesdiensten oder religiösen Veranstaltungen einer anderen Religionsgemeinschaft bedarf der Zustimmung der Seelsorgerin oder des Seelsorgers der Religionsgemeinschaft.

(3) Gefangene können von der Teilnahme am Gottesdienst oder anderen religiösen Veranstaltungen ausgeschlossen werden, wenn dies aus überwiegenden Gründen der Sicherheit oder Ordnung geboten ist; die Seelsorgerin oder der Seelsorger soll vorher gehört werden.

8 B 1, 8 B 18, 8 B 22

§ 90 Weltanschauungsgemeinschaften

Für Angehörige weltanschaulicher Bekenntnisse gelten § 67 Absatz 2, §§ 88 und § 89 entsprechend.

8 C 1 ff

Abschnitt 14. Besondere Vorschriften für den Frauenvollzug

§ 91 Unterbringung und Vollzugsgestaltung

(1) Weibliche Gefangene werden in Einrichtungen des Frauenvollzuges oder im offenen Vollzug untergebracht.

(2) Der Frauenvollzug ist fachlich selbständig.

(3) Die Gefangenen sollen im Wohngruppenvollzug untergebracht werden.

(4) Die Sicherheitsmaßnahmen (§ 5 Absatz 3) sind auf den Sicherungsbedarf der Einrichtung auszurichten.

(5) Die Mitarbeiterinnen und Mitarbeiter des Frauenvollzuges müssen entsprechend befähigt und qualifiziert sein und sind der Einrichtung fest zugeordnet.

14 A 16, 14 B 20

§ 92 Behandlungsmaßnahmen

Die Behandlungsmaßnahmen orientieren sich auch an den geschlechtsspezifischen Bedarfslagen. Die Einrichtung stellt auch über entsprechend qualifizierte externe Träger ein ausreichendes Angebot an Maßnahmen der Behandlung, Beratung und der Sozialen Hilfe gemäß §§ 20 bis § 26 sicher, die insbesondere Angebote zur Bearbeitung von Gewalt- und Missbrauchserfahrungen und von geschlechtsspezifischen Identitäts- und Rollenproblematiken umfassen.

14 A 16, 14 B 20

§ 93 Qualifizierungsmaßnahmen und Arbeit

(1) Den Gefangenen soll unter Berücksichtigung der geschlechtsspezifischen Bedarfslagen der Zugang zu Qualifizierungsmaßnahmen oder Arbeit eröffnet werden.

(2) Zur Umsetzung der Qualifizierungsmaßnahmen arbeitet die Einrichtung mit geeigneten externen Trägern zusammen.

14 A 16, 14 B 2, 14 B 20

§ 94 Schwangerschaft und Entbindung

(1) Ist die Gefangene schwanger, soll die Anstalt im Benehmen mit den Justizbehörden und dem Jugendamt die Entlassung der Gefangenen aus der Haft vor oder unmittelbar nach der Geburt anstreben.

(2) Sofern eine schwangere Gefangene noch nicht oder nicht entlassen werden kann, soll ihr die Möglichkeit einer Teilnahme an Geburtsvorbereitungskursen eröffnet werden. Die Anstalt vermittelt den Kontakt zu einer Hebamme. Die Gefangene hat während der Schwangerschaft sowie bei und nach der Entbindung Anspruch auf psychologische und pädagogische Begleitung.

(3) Auf den Zustand einer Gefangenen, die schwanger ist oder unlängst entbunden hat, ist Rücksicht zu nehmen, die Vorschriften des Mutterschutzgesetzes gelten entsprechend.

(4) Zur Entbindung ist die Schwangere in ein Krankenhaus außerhalb des Vollzuges zu bringen.

(5) Entbindet die Gefangene in einer Anstalt, dürfen in der Anzeige der Geburt an das Standesamt die Anstalt als Geburtsstätte des Kindes, das Verhältnis der anzeigenden Person zur Anstalt und die Inhaftierung der Mutter nicht vermerkt sein.

14 A 16, 14 B 2, 14 B 17, 14 B 20

Abschnitt 15. Gefangene mit angeordneter oder vorbehaltener Sicherungsverwahrung

§ 95 Vollzugsziel

Bei angeordneter oder vorbehaltener Sicherungsverwahrung dient der Vollzug der Freiheitsstrafe auch dem Ziel, die Gefährlichkeit der Gefangenen für die Allgemeinheit so zu mindern, dass die Vollstreckung der Unterbringung oder deren Anordnung möglichst entbehrlich wird.

1 D 27, 15 B 26

§ 96 Vollzugsgestaltung

(1) Bei angeordneter oder vorbehaltener Sicherungsverwahrung ist der Vollzug therapiegerichtet auszugestalten. Die Gefangenen sind individuell und intensiv zu betreuen. Fähigkeiten, die sie für ein selbstbestimmtes Leben in Freiheit und sozialer Verantwortung benötigen, sind zu erhalten und zu fördern.

(2) Die Bereitschaft der Gefangenen, an der Erreichung der Vollzugsziele mitzuwirken, ist fortwährend zu wecken und zu fördern. Die durchgeführten Behandlungs- und Motivationsmaßnahmen sind zu dokumentieren.

1 D 27, 14 B 15, 15 B 26

§ 97 Diagnoseverfahren

Das Diagnoseverfahren muss wissenschaftlichen Erkenntnissen genügen. Es ist von Personen mit einschlägiger wissenschaftlicher Qualifikation im Bereich der Diagnostik durchzuführen.

1 D 27, 2 C 39, 15 B 26, 15 B 28

§ 98 Vollzugs- und Eingliederungsplanung

Bei Gefangenen mit angeordneter oder vorbehaltener Sicherungsverwahrung oder lebenslanger Freiheitsstrafe wird der Vollzugsplan regelmäßig alle sechs Monate überprüft und fortgeschrieben. Die Entwicklung der Gefangenen und die in der Zwischenzeit gewonnenen Erkenntnisse sind zu berücksichtigen. Die durchgeführten Maßnahmen sind zu dokumentieren.

1 D 27, 2 C 39, 15 B 26

§ 99 Ausgestaltung des Vollzuges

(1) Den Gefangenen sind die zur Erreichung des Vollzugsziels im Einzelfall erforderlichen Behandlungsmaßnahmen anzubieten. Dabei finden insbesondere sozial- und psychotherapeutische, psychiatrische und sozialpädagogische Methoden Anwendung, die wissenschaftlichen Erkenntnissen entsprechen. Soweit standardisierte Angebote nicht ausreichen oder keinen Erfolg versprechen, sind individuell zugeschnittene Behandlungsangebote zu unterbreiten.

(2) Eine Unterbringung in einer therapeutischen Gemeinschaft ist vorzusehen, wenn diese zur Erreichung des Vollzugsziels angezeigt ist.

(3) Die Gefangenen sind bereits während des Vollzuges der Freiheitsstrafe in eine sozialtherapeutische Einrichtung zu verlegen, wenn ihre Teilnahme an den dortigen Behandlungsprogrammen zur Verringerung der Gefährlichkeit für die Allgemeinheit angezeigt ist. Die Verlegung soll zu einem Zeitpunkt erfolgen, der den Abschluss der Behandlung während des Vollzuges der Freiheitsstrafe erwarten lässt.

1 D 27, 2 C 39, 15 B 26

Abschnitt 16. Sicherheit und Ordnung

§ 100 Grundsatz

(1) Sicherheit und Ordnung der Anstalt bilden die Grundlage des auf die Erreichung des Vollzugsziels ausgerichteten Anstaltslebens und tragen dazu bei, dass in der Anstalt ein gewaltfreies Klima herrscht.

(2) Die Pflichten und Beschränkungen, die den Gefangenen zur Aufrechterhaltung der Sicherheit oder Ordnung der Anstalt auferlegt werden, sind so zu wählen, dass sie in einem angemessenen Verhältnis zu ihrem Zweck stehen und die Gefangenen nicht mehr und nicht länger als notwendig beeinträchtigen.

11 A 4, 11 A 6, 11 A 9, 11 I 4

§ 101 Allgemeine Verhaltenspflichten

(1) Die Gefangenen sind für das geordnete Zusammenleben in der Anstalt mitverantwortlich und müssen mit ihrem Verhalten dazu beitragen. Ihr Bewusstsein hierfür ist zu entwickeln und zu stärken.

(2) Die Gefangenen haben die Anordnungen der Bediensteten zu befolgen, auch wenn sie sich durch diese beschwert fühlen. Einen ihnen zugewiesenen Bereich dürfen sie nicht ohne Erlaubnis verlassen.

(3) Die Gefangenen haben ihren Haftraum und die ihnen von der Anstalt überlassenen Sachen in Ordnung zu halten und schonend zu behandeln.

(4) Die Gefangenen haben Umstände, die eine Gefahr für das Leben oder eine erhebliche Gefahr für die Gesundheit einer Person bedeuten, unverzüglich zu melden.

11 A 4, 11 A 7, 11 B 5, 11 B 6, 11 B 7, 11 B 8, 11 B 9

§ 102 Absuchung, Durchsuchung

(1) Die Gefangenen, ihre Sachen und die Hafträume dürfen durchsucht werden. Die Durchsuchung männlicher Gefangener darf nur von Männern, die Durchsuchung weiblicher Gefangener darf nur von Frauen vorgenommen werden. Das Schamgefühl ist zu schonen.

(2) Gefangene dürfen mit technischen Mitteln oder sonstigen Hilfsmitteln kontrolliert werden (Absuchung). Absatz 1 Satz 2 findet keine Anwendung.

(3) Die Anstaltsleiterin oder der Anstaltsleiter kann allgemein anordnen, dass die Gefangenen in der Regel bei der Aufnahme, vor und nach Kontakten mit Besucherinnen und Besuchern sowie vor und nach jeder Abwesenheit von der Anstalt mit Entkleidung zu durchsuchen sind, es sei denn im Einzelfall ist davon auszugehen, dass die oder der Gefangene nicht unerlaubt Gegenstände in die Anstalt oder aus der Anstalt schmuggelt.

(4) Die Anstaltsleiterin oder der Anstaltsleiter kann im Einzelfall eine mit Entkleidung verbundene Durchsuchung sowie eine Untersuchung der Körperöffnungen anordnen, wenn tatsächliche Anhaltspunkte dafür bestehen, dass die oder der Gefangene unter der Kleidung, an oder im Körper verbotene Gegenstände verbirgt. Bei Gefahr im Verzug können auch andere Bedienstete diese Maßnahmen vorläufig anordnen; die Entscheidung der Anstaltsleiterin oder des Anstaltsleiters ist unverzüglich einzuholen. Eine Untersuchung intimer Körperöffnungen darf nur durch eine Ärztin oder einen Arzt vorgenommen werden, bei Gefahr im Verzuge auch durch Sanitätsbedienstete.

11 D 2, 11 D 4, 11 D 9, 11 D 10

§ 103 Sichere Unterbringung

(1) Gefangene können in eine Anstalt verlegt und überstellt werden, die zu ihrer sicheren Unterbringung besser geeignet ist, wenn in erhöhtem Maße die Gefahr der Entweichung oder Befreiung gegeben ist oder sonst ihr Verhalten oder ihr Zustand eine Gefahr für die Sicherheit der Anstalt darstellt. Die Höchstdauer einer Überstellung beträgt sechs Monate.

(2) Hinsichtlich der Anhörung der oder des Gefangenen und Mitteilung an Angehörige oder andere Personen gilt § 17 Absatz 3 und 4 entsprechend.

11 E 1, 11 E 4

§ 104 Störung und Unterbindung des Mobilfunkverkehrs

Die Anstalt darf technische Geräte betreiben, die unerlaubte Mobilfunkverbindungen auf dem Anstaltsgelände unterbinden oder stören. Sie hat hierbei die von der Bundesnetzagentur gemäß § 55 Absatz 1 Satz 5 des Telekommunikationsgesetzes festgelegten Rahmenbedingungen zu beachten. Der Mobilfunkverkehr außerhalb des Geländes der Anstalt darf nicht beeinträchtigt werden.

11 H 1

§ 105 Überflugverbot

Der Betrieb unbemannter Fluggeräte über dem Anstaltsgelände in einer Höhe von bis zu 150 Metern ohne Erlaubnis der Anstaltsleitung ist verboten.

11 H 5

§ 106 Maßnahmen zur Feststellung von Suchtmittelgebrauch

(1) Zur Aufrechterhaltung der Sicherheit oder Ordnung der Anstalt kann die Anstaltsleiterin oder der Anstaltsleiter allgemein oder im Einzelfall Maßnahmen anordnen, die geeignet sind, den Gebrauch von Suchtmitteln festzustellen. Diese Maßnahmen dürfen nicht mit einem körperlichen Eingriff verbunden sein.

(2) Verweigern Gefangene die Mitwirkung an Maßnahmen nach Absatz 1 ohne hinreichenden Grund, ist davon auszugehen, dass Suchtmittelfreiheit nicht gegeben ist.

(3) Wird verbotener Suchtmittelgebrauch festgestellt, können die Kosten der Maßnahmen den Gefangenen auferlegt werden.

11 D 3, 11 D 12, 11 D 15, 11 D 16, 11 D 17, 11 D 18

§ 107 Festnahmerecht

(1) Gefangene, die entwichen sind oder sich sonst ohne Erlaubnis außerhalb der Anstalt aufhalten, können durch die Anstalt oder auf deren Veranlassung festgenommen und zurückgebracht werden. Führt

Anhang

die Verfolgung oder die von der Anstalt veranlasste Fahndung nicht alsbald zur Wiederergreifung, sind die weiteren Maßnahmen der Vollstreckungsbehörde zu überlassen.

(2) Nach §§ 5 und 20 des Justizvollzugsdatenschutzgesetzes Schleswig-Holstein vom 21. Juli 2016 (GVOBl. Schl.-H. S. 618) erhobene und zur Identifizierung oder Festnahme erforderliche Daten dürfen den Vollstreckungs- und Strafverfolgungsbehörden übermittelt werden, soweit dies für Zwecke der Fahndung und Festnahme der entwichenen oder sich sonst ohne Erlaubnis außerhalb der Anstalt aufhaltenden Gefangenen erforderlich ist.

10 C 14, 11 G 2, 11 G 3, 11 G 4

§ 108 Besondere Sicherungsmaßnahmen

(1) Gegen Gefangene können besondere Sicherungsmaßnahmen angeordnet werden, wenn nach ihrem Verhalten oder aufgrund ihres seelischen Zustandes in erhöhtem Maße die Gefahr der Entweichung, von Gewalttätigkeiten gegen Personen oder Sachen, der Selbsttötung oder der Selbstverletzung besteht und die besondere Sicherungsmaßnahme zur Abwendung der Gefahr verhältnismäßig ist.

(2) Als besondere Sicherungsmaßnahmen sind zulässig:
1. der Entzug oder die Vorenthaltung von Gegenständen,
2. die Beobachtung der Gefangenen, zusätzlich auch mit technischen Hilfsmitteln,
3. die Absonderung von anderen Gefangenen,
4. die Unterbringung in einem besonders gesicherten Haftraum ohne gefährdende Gegenstände,
5. die Fesselung und
6. die Fixierung.

(3) Maßnahmen nach Absatz 2 Nummer 1, 3 und 4 sind auch zulässig, wenn die Gefahr einer Befreiung oder eine erhebliche Störung der Ordnung anders nicht vermieden oder behoben werden kann.

(4) Im Rahmen einer Absonderung oder Unterbringung in einem besonders gesicherten Haftraum kann der Aufenthalt des oder der Gefangenen im Freien entzogen werden, wenn dies unerlässlich ist, um das Ziel der Maßnahme zu erreichen.

(5) Eine Absonderung von mehr als vierundzwanzig Stunden Dauer (Einzelhaft) ist nur zulässig, wenn sie zur Abwehr einer von der Person des Gefangenen ausgehenden Gefahr unerlässlich ist.

(6) In der Regel dürfen Fesseln nur an den Händen oder an den Füßen angelegt werden. Im Interesse der Gefangenen kann die Anstaltsleiterin oder der Anstaltsleiter eine andere Art der Fesselung anordnen. Die Fesselung wird zeitweise gelockert, soweit dies notwendig ist.

(7) Die Fixierung ist nur im Rahmen einer Unterbringung in einem besonders gesicherten Haftraum gemäß Absatz 2 Nummer 4 zulässig, wenn eine von einer oder einem Gefangenen ausgehende gegenwärtige Gefahr erheblicher Gesundheitsschädigungen an sich oder anderen trotz der Unterbringung nicht anders abgewendet werden kann. Das Vorliegen dieser Voraussetzungen ist regelmäßig zu überprüfen. Die Fixierung ist unverzüglich zu beenden, sobald die Gefahr nicht mehr besteht.

(8) Während der Absonderung oder Unterbringung im besonders gesicherten Haftraum sind die Gefangenen in besonderem Maße zu betreuen. Sind die Gefangenen darüber hinaus gefesselt oder fixiert, sind sie durch Bedienstete ständig und in unmittelbarem Sichtkontakt zu beobachten, bei einer Fixierung in unmittelbarer räumlicher Anwesenheit.

(9) Bei einer Ausführung, Vorführung oder beim Transport ist die Fesselung auch dann zulässig, wenn aus anderen Gründen als denen des Absatz 1 in erhöhtem Maße die Gefahr der Entweichung besteht. Für Fixierungen beim Transport gelten die Absätze 6 und 7 entsprechend.

11 I 3, 11 I 4, 11 I 8, 11 I 14, 11 I 20, 11 I 27, 11 I 28, 11 I 31, 11 I 32, 11 I 34, 11 I 36, 11 I 39, 11 I 41, 11 I 42, 11 I 46, 11 I 50, 11 I 51, 11 I 52, 11 I 53, 11 I 54

§ 109 Anordnung besonderer Sicherungsmaßnahmen, Verfahren

(1) Besondere Sicherungsmaßnahmen ordnet die Anstaltsleiterin oder der Anstaltsleiter an. Bei Gefahr im Verzug können auch andere Bedienstete diese Maßnahmen vorläufig anordnen; die Entscheidung der Anstaltsleiterin oder des Anstaltsleiters ist unverzüglich einzuholen.

(2) Die Entscheidung wird den Gefangenen von der Anstaltsleiterin oder dem Anstaltsleiter mündlich eröffnet und mit einer kurzen Begründung schriftlich abgefasst.

(3) Besondere Sicherungsmaßnahmen dürfen nur soweit aufrechterhalten werden, als es ihr Zweck erfordert.

11 I 3, 11 I 4, 11 I 6, 11 I 7, 11 I 44, 11 I 56, 11 I 61, 11 I 62, 11 I 64

§ 110 Berichtspflichten, Zustimmung der Aufsichtsbehörde

(1) Fesselungen und Fixierung sind der Aufsichtsbehörde unverzüglich mitzuteilen, wenn sie länger als 24 Stunden aufrechterhalten werden, Einzelhaft und die Unterbringung in einem besonders gesicherten Haftraum, wenn sie länger als drei Tage aufrechterhalten werden.

(2) Bei mehr als 30 Tagen Einzelhaft innerhalb von zwölf Monaten ist die Zustimmung der Aufsichtsbehörde erforderlich.

(3) Bei mehr als 15 Tagen Unterbringung in einem besonders gesicherten Haftraum innerhalb von zwölf Monaten ist die Zustimmung der Aufsichtsbehörde erforderlich.

11 I 28, 11 I 33, 11 I 34, 11 I 49, 11 I 52, 11 I 55

§ 111 Ärztliche Beteiligung

(1) Werden die Gefangenen ärztlich behandelt oder beobachtet oder bildet ihr seelischer Zustand den Anlass der besonderen Sicherungsmaßnahme, ist vorher eine ärztliche Stellungnahme einzuholen. Ist dies wegen Gefahr im Verzug nicht möglich, wird die Stellungnahme unverzüglich nachträglich eingeholt.

(2) Sind die Gefangenen in einem besonders gesicherten Haftraum untergebracht, gefesselt oder fixiert, sucht sie die Ärztin oder der Arzt unverzüglich und in der Folge täglich auf. Im Bedarfsfall werden die Gefangenen alsbald von einer Psychologin oder einem Psychologen aufgesucht. Satz 1 und 2 gelten nicht bei einer Fesselung während einer Ausführung, Vorführung oder eines Transportes sowie bei Bewegungen innerhalb der Anstalt.

(3) Die Ärztin oder der Arzt ist regelmäßig zu hören, solange die Gefangenen länger als vierundzwanzig Stunden abgesondert sind.

6 I 1, 6 I 2, 6 I 6, 6 I 7, 11 I 48, 11 I 53, 11 I 63

Abschnitt 17. Unmittelbarer Zwang

§ 112 Begriffsbestimmungen

(1) Unmittelbarer Zwang ist die Einwirkung auf Personen oder Sachen durch körperliche Gewalt, ihre Hilfsmittel oder durch Waffen.

(2) Körperliche Gewalt ist jede unmittelbare körperliche Einwirkung auf Personen oder Sachen.

(3) Hilfsmittel der körperlichen Gewalt sind insbesondere Fesseln und Reizstoffe. Waffen sind Hieb- und Schusswaffen.

(4) Es dürfen nur dienstlich zugelassene Hilfsmittel und Waffen verwendet werden.

11 K 5, 11 K 24, 11 K 31, 11 K 32, 11 K 37

§ 113 Allgemeine Voraussetzungen

(1) Bedienstete dürfen unmittelbaren Zwang anwenden, wenn sie Vollzugs- und Sicherungsmaßnahmen rechtmäßig durchführen und der damit verfolgte Zweck auf keine andere Weise erreicht werden kann.

(2) Gegen andere Personen als Gefangene darf unmittelbarer Zwang angewendet werden, wenn sie es unternehmen, Gefangene zu befreien oder widerrechtlich in die Anstalt einzudringen, oder wenn sie sich unbefugt darin aufhalten.

(3) Das Recht zu unmittelbarem Zwang aufgrund anderer Regelungen bleibt unberührt.

11 K 5, 11 K 8, 11 K 11, 11 K 14, 11 K 15, 11 K 16, 11 K 17, 11 K 18, 11 K 19, 11 K 20, 11 K 23

§ 114 Grundsatz der Verhältnismäßigkeit

(1) Unter mehreren möglichen und geeigneten Maßnahmen des unmittelbaren Zwangs sind diejenigen zu wählen, die den Einzelnen und die Allgemeinheit voraussichtlich am wenigsten beeinträchtigen.

(2) Unmittelbarer Zwang unterbleibt, wenn ein durch ihn zu erwartender Schaden erkennbar außer Verhältnis zu dem angestrebten Erfolg steht.

11 K 5, 11 K 38

§ 115 Androhung

Unmittelbarer Zwang ist vorher anzudrohen. Die Androhung darf nur dann unterbleiben, wenn die Umstände sie nicht zulassen oder unmittelbarer Zwang sofort angewendet werden muss, um eine rechtswidrige Tat, die den Tatbestand eines Strafgesetzes erfüllt, zu verhindern oder eine gegenwärtige Gefahr abzuwenden.

11 K 5, 11 K 53, 11 K 74, 11 K 75

§ 116 Schusswaffengebrauch

(1) Innerhalb der Anstalt dürfen Bedienstete Schusswaffen auf Anordnung der Anstaltsleiterin oder des Anstaltsleiters nur während des Nachtdienstes führen. Der Gebrauch ist nur zulässig, wenn dies zur Abwehr einer gegenwärtigen Gefahr für Leib oder Leben erforderlich ist. Das Recht zum Schusswaffengebrauch aufgrund anderer Vorschriften durch Polizeivollzugsbediensteten bleibt davon unberührt.

(2) Außerhalb der Anstalt dürfen Schusswaffen nur bei Gefangenentransporten sowie Aus- und Vorführungen von den dazu bestimmten Bediensteten nach Maßgabe der folgenden Absätze gebraucht werden. Ihr Gebrauch unterbleibt, wenn dadurch erkennbar Unbeteiligte mit hoher Wahrscheinlichkeit gefährdet würden.

(3) Schusswaffen dürfen nur gebraucht werden, wenn andere Maßnahmen des unmittelbaren Zwangs bereits erfolglos waren oder keinen Erfolg versprechen. Gegen Personen ist ihr Gebrauch nur zulässig, wenn der Zweck nicht durch Waffenwirkung gegen Sachen erreicht werden kann.

(4) Der Gebrauch von Schusswaffen ist vorher anzudrohen. Als Androhung gilt auch ein Warnschuss. Ohne Androhung dürfen Schusswaffen nur dann gebraucht werden, wenn dies zur Abwehr einer gegenwärtigen Gefahr für Leib oder Leben erforderlich ist.

(5) Gegen Gefangene dürfen Schusswaffen nur dann gebraucht werden,
1. wenn sie eine Waffe oder ein anderes gefährliches Werkzeug trotz wiederholter Aufforderung nicht ablegen oder
2. um ihre Entweichung zu vereiteln,

und nur, um sie angriffs- oder fluchtunfähig zu machen.

(6) Gegen andere Personen dürfen Schusswaffen nur dann gebraucht werden, wenn sie es unternehmen, Gefangene gewaltsam zu befreien und nur, um sie angriffsunfähig zu machen.

11 K 5, 11 K 60, 11 K 64, 11 K 65, 11 K 66, 11 K 68, 11 K 69, 11 K 71, 11 K 74, 11 K 75, 11 K 79, 11 K 83, 11 K 84, 11 K 86

Abschnitt 18. Disziplinarverfahren

§ 117 Disziplinarmaßnahmen

(1) Disziplinarmaßnahmen können angeordnet werden, wenn die Gefangenen rechtswidrig und schuldhaft
1. andere Personen verbal oder tätlich angreifen,
2. fremde Sachen zerstören oder beschädigen,
3. in sonstiger Weise gegen Strafgesetze verstoßen oder eine Ordnungswidrigkeit begehen,
4. verbotene Gegenstände in die Anstalt einbringen, sich an deren Einbringung beteiligen, sie besitzen oder weitergeben,
5. unerlaubt Betäubungsmittel oder andere berauschende Stoffe konsumieren,
6. entweichen oder zu entweichen versuchen,
7. gegen Weisungen im Zusammenhang mit der Gewährung von Lockerungen und Ausführungen verstoßen oder
8. wiederholt oder schwerwiegend gegen sonstige Pflichten verstoßen, die ihnen durch dieses Gesetz oder aufgrund dieses Gesetzes auferlegt sind, und dadurch das geordnete Zusammenleben in der Anstalt stören

und eine Konfliktschlichtung gemäß § 120 Absatz 2 nicht in Betracht kommt oder nicht erfolgreich war.

(2) Zulässige Disziplinarmaßnahmen sind
1. der Verweis,
2. die Beschränkung des Hörfunk- und Fernsehempfangs bis zu drei Monaten, der gleichzeitige Entzug jedoch nur bis zwei Wochen,
3. die Beschränkung oder der Entzug der Gegenstände für die Freizeitbeschäftigung mit Ausnahme des Lesestoffs bis zu drei Monaten,
4. die Beschränkung oder der Entzug des Aufenthalts in Gemeinschaft oder der Teilnahme an einzelnen Freizeitveranstaltungen bis zu vier Wochen,

5. die Beschränkung des Einkaufs bis zu drei Monaten,
6. die Kürzung des Arbeitsentgelts um zehn Prozent bis zu drei Monaten,
7. der Entzug der zugewiesenen Arbeit bis zu vier Wochen und
8. der Arrest bis zu vier Wochen.

(3) Arrest darf nur wegen schwerer oder wiederholter Verfehlungen verhängt werden.

(4) Mehrere Disziplinarmaßnahmen können miteinander verbunden werden.

(5) Disziplinarmaßnahmen sind auch zulässig, wenn wegen derselben Verfehlung ein Straf- oder Bußgeldverfahren eingeleitet wird.

11 M 3, 11 M 4, 11 M 5, 11 M 6, 11 M 7, 11 M 8, 11 M 9, 11 M 10, 11 M 11, 11 M 17, 11 M 18, 11 M 22, 11 M 25, 11 M 28, 11 M 31, 11 M 32, 11 M 33, 11 M 34, 11 M 35, 11 M 36, 11 M 37, 11 M 38, 11 M 40, 11 M 41

§ 118 Vollstreckung der Disziplinarmaßnahmen, Aussetzung zur Bewährung

(1) Disziplinarmaßnahmen werden in der Regel sofort vollstreckt. Die Vollstreckung ist auszusetzen, soweit es zur Gewährung eines effektiven Rechtsschutzes erforderlich ist.

(2) Disziplinarmaßnahmen können ganz oder teilweise bis zu sechs Monaten zur Bewährung ausgesetzt werden. Die Aussetzung zur Bewährung kann ganz oder teilweise widerrufen werden, wenn die Gefangenen die ihr zugrundeliegenden Erwartungen nicht erfüllen.

11 M 3, 11 M 45, 11 M 48

§ 119 Disziplinarbefugnis

(1) Disziplinarmaßnahmen ordnet die Anstaltsleiterin oder der Anstaltsleiter an. Bei einer Verfehlung auf dem Weg in eine andere Anstalt zum Zweck der Verlegung ist die Leiterin oder der Leiter der Bestimmungsanstalt zuständig.

(2) Die Aufsichtsbehörde entscheidet, wenn sich die Verfehlung gegen die Anstaltsleiterin oder den Anstaltsleiter richtet.

(3) Disziplinarmaßnahmen, die gegen die Gefangenen in einer anderen Anstalt oder während einer Untersuchungshaft angeordnet worden sind, werden auf Ersuchen vollstreckt. § 118 Absatz 2 bleibt unberührt.

11 M 3, 11 M 51, 11 M 52, 11 M 53

§ 120 Verfahren

(1) Der Sachverhalt ist zu klären. Hierbei sind sowohl belastende als auch entlastende Umstände zu ermitteln. Die betroffenen Gefangenen werden in einer ihnen verständlichen Sprache darüber unterrichtet, welche Verfehlungen ihnen zur Last gelegt werden. Sie sind darauf hinzuweisen, dass es ihnen freisteht sich zu äußern, sich von einer Verteidigerin oder einem Verteidiger vertreten zu lassen sowie Zeugen oder andere Beweismittel zu benennen oder eine einvernehmliche Streitbeilegung gemäß Absatz 2 anzustreben. Bei sprachlichen Verständigungsschwierigkeiten ist eine Dolmetscherin oder ein Dolmetscher zu bestellen. Die Erhebungen werden in einer Niederschrift festgelegt; die Einlassung der Gefangenen wird vermerkt.

(2) In geeigneten Fällen können zur Abwendung von Disziplinarmaßnahmen im Wege einvernehmlicher Streitbeilegung Vereinbarungen getroffen werden. Insbesondere kommen die Wiedergutmachung des Schadens, die Entschuldigung bei Geschädigten, die Erbringung von Leistungen für die Gemeinschaft und der vorübergehende Verbleib auf dem Haftraum in Betracht. Erfüllen die Gefangenen die Vereinbarung, ist die Anordnung einer Disziplinarmaßnahme aufgrund dieser Verfehlung unzulässig.

(3) Mehrere Verfehlungen, die gleichzeitig zu beurteilen sind, werden durch eine Entscheidung geahndet.

(4) Die Anstaltsleiterin oder der Anstaltsleiter soll sich vor der Entscheidung mit Personen besprechen, die maßgeblich an der Vollzugsgestaltung mitwirken. Bei Schwangeren, stillenden Müttern oder bei Gefangenen, die sich in ärztlicher Behandlung befinden, ist eine Ärztin oder ein Arzt zu hören. Hiervon kann abgesehen werden, wenn nur ein Verweis ausgesprochen werden soll.

(5) Vor der Entscheidung über eine Disziplinarmaßnahme erhalten die Gefangenen Gelegenheit, sich zu dem Ergebnis der Ermittlungen zu äußern. Die Entscheidung wird den Gefangenen von der Anstaltsleiterin oder Anstaltsleiter mündlich eröffnet und mit einer kurzen Begründung schriftlich abgefasst.

11 M 3, 11 M 21, 11 M 55, 11 M 57, 11 M 58, 11 M 59, 11 M 60, 11 M 61, 14 A 16

§ 121 Vollzug des Arrestes

(1) Für die Dauer des Arrests werden die Gefangenen getrennt von anderen Gefangenen untergebracht. Sie können in einem besonderen Arrestraum untergebracht werden, der den Anforderungen entsprechen muss, die an einen zum Aufenthalt bei Tag und Nacht bestimmten Haftraum gestellt werden. Soweit nichts anderes angeordnet wird, ruhen die Befugnisse der Gefangenen zur Teilnahme an Maßnahmen außerhalb des Raumes, in dem Arrest vollstreckt wird, sowie die Befugnisse zur Ausstattung des Haftraums mit eigenen Gegenständen (§ 65), zum Fernsehempfang (§ 68) und Einkauf (§ 70). Gegenstände für die Freizeitbeschäftigung mit Ausnahme des Lesestoffs sind nicht zugelassen. Die Rechte zur Teilnahme an religiösen Veranstaltungen (§ 89) und auf Aufenthalt im Freien (§ 84) bleiben unberührt.

(2) Bevor Arrest vollzogen wird, ist eine Ärztin oder ein Arzt zu hören. Während des Arrests stehen die Gefangenen unter ärztlicher Aufsicht.

(3) Der Vollzug des Arrestes unterbleibt oder wird unterbrochen, wenn die Gesundheit der Gefangenen gefährdet würde.

11 M 3, 11 M 47

Abschnitt 19. Aufhebung von Maßnahmen, Beschwerde

§ 122 Aufhebung von Maßnahmen

(1) Die Aufhebung von Maßnahmen zur Regelung einzelner Angelegenheiten auf dem Gebiet des Vollzuges richtet sich nach den nachfolgenden Absätzen, soweit dieses Gesetz keine abweichende Bestimmung enthält.

(2) Rechtswidrige Maßnahmen können ganz oder teilweise mit Wirkung für die Vergangenheit und die Zukunft zurückgenommen werden.

(3) Rechtmäßige Maßnahmen können ganz oder teilweise mit Wirkung für die Zukunft widerrufen werden, wenn
1. aufgrund nachträglich eingetretener oder bekannt gewordener Umstände die Maßnahmen hätten versagt werden können,
2. die Maßnahmen missbraucht werden oder
3. Weisungen nicht befolgt werden.

(4) Begünstigende Maßnahmen dürfen nach den Absätzen 2 oder 3 nur aufgehoben werden, wenn die vollzuglichen Interessen an der Aufhebung in Abwägung mit dem schutzwürdigen Vertrauen der Betroffenen auf den Bestand der Maßnahmen überwiegen. Davon ist auszugehen, wenn eine Maßnahme unerlässlich ist, um die Sicherheit der Anstalt zu gewährleisten.

(5) Der gerichtliche Rechtsschutz bleibt unberührt.

2 F 8, 4 A 36, 4 D 20, 4 H 16, 6 A 10, 10 A 14, 10 D 9, 10 F 5, 10 F 7, 10 F 9, 10 F 10, 10 F 11, 10 F 12,
10 F 15, 10 F 16, 10 F 17, 10 F 19

§ 123 Beschwerderecht

(1) Die Gefangenen erhalten Gelegenheit, sich in Angelegenheiten, die sie selbst betreffen, mit Wünschen, Anregungen und Beschwerden an die Anstaltsleiterin oder den Anstaltsleiter zu wenden.

(2) Besichtigen Vertreter der Aufsichtsbehörde die Anstalt, ist zu gewährleisten, dass die Gefangenen sich in Angelegenheiten, die sie selbst betreffen, an diese wenden können.

(3) Die Möglichkeit der Dienstaufsichtsbeschwerde bleibt unberührt.

12 A 2, 12 A 5, 12 A 7, 12 A 9, 12 A 14, 12 A 16

§ 124 Gerichtlicher Rechtsschutz

Für den gerichtlichen Rechtsschutz gelten die §§ 109 bis 121 StVollzG.

12 B 1

Abschnitt 20. Kriminologische Forschung

§ 125 Evaluation, kriminologische Forschung

(1) Behandlungsprogramme für die Gefangenen sind auf der Grundlage wissenschaftlicher Erkenntnisse zu konzipieren, zu standardisieren und auf ihre Wirksamkeit hin zu überprüfen.

(2) Der Strafvollzug, insbesondere seine Aufgabenerfüllung und Gestaltung, die Umsetzung seiner Leitlinien sowie die Behandlungsprogramme und deren Wirkungen auf die Erreichung des Vollzugsziels, soll regelmäßig durch eine Hochschule oder durch eine andere Stelle wissenschaftlich begleitet und erforscht werden.

16 3

Abschnitt 21. Organisation, Ausstattung und Aufbau der Anstalten

§ 126 Anstalten

Freiheitsstrafen werden in Anstalten der Landesjustizverwaltung vollzogen, die entsprechend ihrem Zweck und den Erfordernissen eines behandlungsorientierten Strafvollzuges auszugestalten sind und eine auf die unterschiedlichen Bedürfnisse der Gefangenen abgestimmte Behandlung gewährleisten.

13 A 1 ff

§ 127 Differenzierungsgebot

Für den Vollzug der Freiheitsstrafe sind Haftplätze in verschiedenen Anstalten, Einrichtungen und Abteilungen vorzusehen, die eine dem Vollzugsziel entsprechende Behandlungsdifferenzierung ermöglichen. Es sind Einrichtungen des offenen Vollzuges einzurichten. Diese können als Abteilung einer geschlossenen Anstalt gebildet werden. In den Einrichtungen des offenen Vollzuges sind die erforderlichen Behandlungs- und Betreuungsangebote vorzuhalten.

§ 128 Ausstattung

(1) Anstalten, Einrichtungen und Abteilungen sind so auszustatten, dass sie ihre jeweiligen Aufgaben erfüllen können. Es ist eine bedarfsgerechte Anzahl und Ausstattung von Plätzen, insbesondere für therapeutische Maßnahmen, schulische und berufliche Qualifizierung, Arbeitstraining und Arbeitstherapie sowie zur Ausübung von Arbeit, vorzusehen. Entsprechendes gilt für Besuche, Freizeit, Sport und Seelsorge.

(2) Haft-, Freizeit-, Gemeinschafts- und Besuchsräume sind wohnlich oder sonst ihrem Zweck entsprechend auszugestalten. Sie müssen hinreichend Luftinhalt und ausreichenden Lichteinfall haben und für eine gesunde Lebensführung ausreichend mit Heizung und Lüftung, Boden- und Fensterfläche ausgestattet sein.

13 D 2, 13 D 3, 13 E 6

§ 129 Festsetzung der Belegungsfähigkeit, Verbot der Überbelegung

(1) Die Aufsichtsbehörde setzt die Belegungsfähigkeit der Anstalt so fest, dass eine angemessene Unterbringung der Gefangenen gewährleistet ist. § 128 Absatz 1 Satz 2 ist zu berücksichtigen.

(2) Hafträume dürfen nicht mit mehr Gefangenen als zugelassen belegt werden.

(3) Ausnahmen von Absatz 2 sind nur vorübergehend und nur mit Zustimmung der Aufsichtsbehörde zulässig.

2 E 28, 13 E 15

§ 130 Einrichtungen zur schulischen und beruflichen Bildung, Arbeitsbetriebe

(1) In den Anstalten sind Einrichtungen zur schulischen und beruflichen Bildung und zur arbeitstherapeutischen Beschäftigung sowie Arbeitsbetriebe in ausreichendem Umfang vorzusehen.

(2) Die Anstalt soll im Zusammenwirken mit den Vereinigungen und Stellen des Arbeits- und Wirtschaftslebens dafür sorgen, dass jede oder jeder arbeitsfähige Gefangene wirtschaftlich ergiebige Arbeit ausüben kann, und dazu beitragen, dass sie oder er beruflich gefördert, beraten und vermittelt wird.

(3) Die Anstalt stellt durch geeignete organisatorische Maßnahmen sicher, dass Arbeitsagenturen und Jobcenter die ihnen obliegenden Aufgaben wie Berufsberatung, Ausbildungs- und Arbeitsvermittlung durchführen können.

(4) Die Arbeitsbetriebe und Einrichtungen sind den Verhältnissen außerhalb der Anstalten anzugleichen. Die Arbeitsschutz- und Unfallverhütungsvorschriften sind zu beachten.

(5) Berufliche Qualifizierung und Arbeit können auch durch externe Bildungsträger oder private Unternehmen erfolgen. In den von Externen in der Anstalt betriebenen Einrichtungen kann die technische und fachliche Leitung Angehörigen dieser Träger und Unternehmen übertragen werden.

4 J 1, 4 J 7, 4 K 2, 4 K 3, 4 K 5, 4 K 6, 4 K 7, 4 K 9

Abschnitt 22. Innerer Aufbau, Personal

§ 131 Zusammenarbeit

(1) Alle im Vollzug Tätigen arbeiten zusammen und wirken daran mit, das Vollzugsziel und die Aufgaben des Vollzuges zu erfüllen.

(2) Mit den Stellen der Bewährungs- und Gerichtshilfe, den Aufsichtsstellen für die Führungsaufsicht, den Sozialleistungsträgern, den Agenturen für Arbeit, anderen Hilfeeinrichtungen und den Trägern der sozialen Strafrechtspflege ist eng zusammenzuarbeiten. Die Vollzugsbehörden sollen mit Personen und Vereinen, deren Einfluss die Eingliederung des Gefangenen fördern kann, zusammenarbeiten.

4 J 7, 7 B 10

§ 132 Bedienstete

(1) Die Aufgaben der Anstalten werden von Vollzugsbeamtinnen und Vollzugsbeamten wahrgenommen. Sie können aus besonderen Gründen auch anderen Bediensteten der Anstalten übertragen werden.

(2) Für Bedienstete, die nicht Beamte sind, gelten die für Vollzugsbeamtinnen und -beamte geltenden Vorschriften entsprechend, soweit nicht durch Gesetz oder aufgrund eines Gesetzes etwas anderes bestimmt wird. Anstelle des Diensteides ist eine Verpflichtungserklärung nach dem Verpflichtungsgesetz vom 2. März 1974 (BGBl. I S. 469), geändert durch § 1 des Gesetzes vom 15. August 1974 (BGBl. I S 1942), abzugeben.

(3) Alle Bediensteten sind berufen, in ihren besonderen Aufgaben daran mitzuwirken, das Vollzugsziel und die Aufgaben des Vollzuges zu verwirklichen. Sie sollen durch ihr Verhalten vorbildlich wirken und so die Gefangenen nicht nur durch Anordnung, sondern durch eigenes Beispiel zur Mitarbeit im Vollzug und zu einem selbstverantwortlichen Leben hinführen.

(4) Die Anstalt wird mit dem für die Erreichung des Vollzugsziels und die Erfüllung ihrer Aufgaben erforderlichen Personal ausgestattet. Fortbildung sowie Praxisberatung und -begleitung für die Bediensteten sind zu gewährleisten.

(5) Die Zahl der Fachkräfte für sozialtherapeutische Einrichtungen ist so zu bemessen, dass eine therapeutische Nachsorge früherer Gefangener gemäß § 29 ermöglicht werden kann.

11 K 8, 11 K 64, 12 B 11, 13 J 1, 13 J 3, 13 J 4

§ 133 Erfüllung nicht-hoheitsrechtlicher Aufgaben

(1) Die Erfüllung nicht-hoheitsrechtlicher Aufgaben, insbesondere bei Qualifizierungs-, Beratungs- und Behandlungsmaßnahmen, kann externen Träger oder Personen vertraglich übertragen werden.

(2) Die gemäß Absatz 1 tätig werdenden Personen sind gemäß dem Verpflichtungsgesetz zu verpflichten.

(3) Die Anstalt trägt dafür Sorge, dass § 132 Absatz 3 und 4 Satz 2 im Rahmen der Vertragsgestaltung entsprechende Anwendung findet.

4 E 8

§ 134 Anstaltsleitung

(1) Für jede Justizvollzugsanstalt ist eine Leiterin oder ein Leiter zu bestellen.

(2) Die Anstaltsleiterin oder der Anstaltsleiter trägt die Verantwortung für den gesamten Vollzug und vertritt die Anstalt nach außen. Sie oder er kann einzelne Aufgabenbereiche auf andere Bedienstete übertragen. Die Aufsichtsbehörde kann sich die Zustimmung zur Übertragung vorbehalten.

11 I 6, 11 I 57, 12 B 11, 13 K 1, 13 K 4, 13 K 6, 13 K 9, 13 K 14

§ 135 Seelsorger

(1) Den Religionsgemeinschaften wird im Einvernehmen mit den Anstalten die Wahrnehmung der Seelsorge ermöglicht. Seelsorgerinnen und Seelsorger werden im Einvernehmen mit der jeweiligen Religionsgemeinschaft im Hauptamt bestellt oder von der Religionsgemeinschaft entsandt.

(2) Wenn die geringe Anzahl der Angehörigen einer Religionsgemeinschaft eine Seelsorge nach Absatz 1 nicht rechtfertigt, ist die seelsorgerische Betreuung auf andere Weise zuzulassen.

(3) Mit Zustimmung der Anstaltsleiterin oder des Anstaltsleiters darf die Anstaltsseelsorgerin oder der Anstaltsseelsorger sich freier Seelsorgehelfer bedienen und diese für Gottesdienste sowie für andere religiöse Veranstaltungen von außen zuziehen.

8 C 3, 8 D 1, 8 D 2, 8 D 6, 8 D 10, 8 D 28

§ 136 Medizinische Versorgung

(1) Die ärztliche Versorgung ist durch hauptamtliche Ärztinnen oder Ärzte sicherzustellen. Sie kann aus besonderen Gründen nebenamtlichen oder vertraglich verpflichteten Ärztinnen oder Ärzten übertragen werden.

(2) Die Pflege der Kranken soll von Bediensteten ausgeführt werden, die eine Erlaubnis nach dem Krankenpflegegesetz besitzen. Solange diese nicht zur Verfügung stehen, können auch Bedienstete oder externe Kräfte eingesetzt werden, die eine sonstige Qualifikation in der Krankenpflege erfahren haben.

6 D 35

§ 137 Versorgung psychisch erkrankter Gefangener; Beleihung

(1) Die medizinische Versorgung psychisch erkrankter Gefangener im Rahmen des Vollzuges der Freiheitsstrafe kann einem geeigneten psychiatrischen Krankenhaus als Aufgabe zur Erledigung in den Handlungsformen des öffentlichen Rechts unter der Aufsicht des Landes widerruflich übertragen werden. Die Aufgabenübertragung darf nur erfolgen, wenn die Einrichtung im Hinblick auf ihre personelle und sachliche Ausstattung, Organisation sowie medizinische und persönliche Betreuung der Gefangenen für die Unterbringung geeignet ist.

(2) Die Übertragung an ein privatrechtlich verfasstes Krankenhaus bedarf der Beleihung mit den für die Durchführung dieser Aufgabe erforderlichen hoheitlichen Befugnissen. Die Beleihung erfolgt durch Verwaltungsakt oder öffentlich-rechtlichen Vertrag des für Justiz zuständigen Ministeriums im Einvernehmen mit dem für Gesundheit zuständigen Ministerium. Der Verwaltungsakt oder Vertrag ist öffentlich bekannt zu geben. Das durch Verwaltungsakt begründete Rechtsverhältnis kann ergänzend durch öffentlich-rechtlichen Vertrag mit dem für Justiz zuständigen Ministerium geregelt werden. Durch den Verwaltungsakt oder den Vertrag ist sicherzustellen, dass
1. die Einrichtung im Hinblick auf ihre personelle und sachliche Ausstattung, Organisation sowie medizinische und persönliche Betreuung der Kranken für die Unterbringung und Behandlung geeignet ist,
2. der ärztlichen Leiterin oder dem ärztlichen Leiter der Einrichtung die Verantwortung für die Wahrnehmung der Aufgaben nach Absatz 1 übertragen wird und
3. der Einsatz von Personal von einem auf die persönliche und fachliche Eignung bezogenen Einwilligungsvorbehalt der ärztlichen Leiterin oder des ärztlichen Leiters abhängig ist.

Die ärztliche Leiterin oder der ärztliche Leiter der Einrichtung, die Vertretung, die verantwortliche Pflegedienstleitung und ihre Vertretung sowie weitere Ärztinnen und Ärzte mit Leitungsfunktion werden auf Vorschlag des Krankenhausträgers durch das für Justiz zuständige Ministerium im Einvernehmen mit dem für Gesundheit zuständigen Ministerium bestellt. Die Bestellung setzt die persönliche und fachliche Eignung für die Wahrnehmung der Aufgaben voraus.

(3) Die Übertragung an Krankenhäuser in öffentlich-rechtlicher Organisations- und Handlungsform kann auf Antrag ihres Trägers durch Verordnung des für Justiz zuständigen Ministeriums erfolgen.

(4) Der Umfang und die Mittel der Aufsicht über die öffentlich-rechtliche oder privatrechtlich verfasste Einrichtung nach Absatz 1 richten sich nach § 15 Absatz 2, § 16 Absatz 1 und 3 und § 18 Absatz 3 des Landesverwaltungsgesetzes. Die Bevollmächtigten der Aufsichtsbehörde (§ 141) haben ein jederzeitiges direktes Weisungsrecht auch gegenüber dem Personal. Ihnen ist jederzeit Zutritt zu den für die gemäß Absatz 1 genutzten Räumlichkeiten zu gewähren. Im Falle der Nichtbefolgung können die Bevollmächtigten bei Gefahr im Verzug die angewiesenen Maßnahmen auf Kosten der Einrichtung selbst ausführen oder ausführen lassen. Die Aufsichtsbehörde tritt dabei in die Rechte des Trägers ein und kann sich der personellen, sachlichen, baulichen und organisatorischen Ausstattung des Trägers bedienen. Der Träger ist verpflichtet sicherzustellen, dass die Selbstvornahme nicht durch Rechte Dritter beeinträchtigt wird. Im Falle eines Widerrufs der Aufgabenübertragung kann die Aufsichtsbehörde Maßnahmen unter Inanspruchnahme von Personal der Einrichtung sowie der vor dem Widerruf von ihr genutzten Räumlichkeiten und Sachmittel treffen, um die Versorgung aufrechtzuerhalten, bis diese anderweitig geregelt werden kann; für die Inanspruchnahme Dritter ist eine Entschädigung unter entsprechender Anwendung der §§ 221 bis 226 des Landesverwaltungsgesetzes zu leisten.

§ 138 Konferenzen

Zur Vorbereitung wichtiger Entscheidungen im Vollzug, in der Regel bei erstmaliger Gewährung von Lockerungen, Verlegung in den offenen Vollzug oder bei Maßnahmen zur Entlassungsvorbereitung, sind

Konferenzen mit den an der Behandlung maßgeblich Beteiligten durchzuführen. § 8 Absatz 6 und 7 gilt entsprechend.

13 L 3, 13 L 4, 13 L 6

§ 139 Interessenvertretung der Gefangenen

Den Gefangenen wird ermöglicht, Vertretungen zu wählen. Diese können in Angelegenheiten von gemeinsamem Interesse Vorschläge und Anregungen an die Anstalt unterbreiten. Diese sollen mit der Vertretung erörtert werden.

13 M 1, 13 M 4, 13 M 5

§ 140 Hausordnung

Die Anstaltsleitung erlässt eine Hausordnung. Diese informiert in verständlicher Form namentlich über die Rechte und Pflichten der Gefangenen und enthält Erläuterungen zur Organisation des Besuchs, zur Arbeitszeit, Freizeit und Ruhezeit sowie Hinweise zu den Möglichkeiten, Anträge und Beschwerden anzubringen. Die Aufsichtsbehörde kann sich die Genehmigung vorbehalten.

5 A 2, 9 B 5, 11 K 5, 13 N 1, 13 N 2

Abschnitt 23. Aufsicht, Beiräte

§ 141 Aufsichtsbehörde

(1) Das für Justiz zuständige Ministerium führt die Aufsicht über die Anstalten (Aufsichtsbehörde) und sichert gemeinsam mit ihnen die Qualität des Vollzuges. Es führt auch die Aufsicht über die Einrichtungen gemäß § 137.

(2) Die Aufsichtsbehörde kann sich Entscheidungen über Verlegungen und Überstellungen vorbehalten.

2 D 10, 11 E 10, 12 C 5, 13 G 6, 13 G 7, 13 G 18, 13 H 19

§ 142 Vollstreckungsplan, Vollzugsgemeinschaften

(1) Die Aufsichtsbehörde regelt nach allgemeinen Merkmalen durch Rechtsverordnung die örtliche und sachliche Zuständigkeit der Anstalten in einem Vollstreckungsplan.

(2) Im Rahmen von Vollzugsgemeinschaften kann der Vollzug auch in Vollzugseinrichtungen anderer Länder vorgesehen werden.

13 F 1, 13 H 19, 14 A 6

§ 143 Beirat, Landesbeirat

(1) Bei der Anstalt ist ein Beirat zu bilden. Die im Vollzug Tätigen dürfen nicht Mitglieder des Beirats sein.

(2) Die Mitglieder des Beirats wirken beratend bei der Gestaltung des Vollzuges und der Eingliederung der Gefangenen mit. Sie fördern das Verständnis für den Vollzug und seine gesellschaftliche Akzeptanz und vermitteln Kontakte zu öffentlichen und privaten Einrichtungen.

(3) Der Beirat steht der Anstaltsleiterin oder dem Anstaltsleiter, den im Vollzug Tätigen und den Gefangenen als Ansprechpartner zur Verfügung.

(4) Die Mitglieder des Beirats können sich über die Unterbringung der Gefangenen und die Gestaltung des Vollzuges unterrichten und die Anstalt besichtigen. Sie können die Gefangenen in ihren Räumen aufsuchen. Unterhaltung und Schriftwechsel werden nicht überwacht.

(5) Die Mitglieder des Beirats sind verpflichtet, außerhalb ihres Amtes über alle Angelegenheiten, die ihrer Natur nach vertraulich sind, besonders über Namen und Persönlichkeit der Gefangenen, Verschwiegenheit zu bewahren. Dies gilt auch nach Beendigung ihres Amtes.

(6) Der gemäß § 11 Bewährungs- und Gerichtshilfegesetz vom 31. Januar 1996 (GVOBl. Schl.-H. S. 274), Zuständigkeiten und Ressortbezeichnungen zuletzt ersetzt durch Verordnung vom 4. April 2013 (GVOBl. Schl.-H. S. 143), zu bildende Landesbeirat berät die Landesregierung auch in Angelegenheiten des Justizvollzuges.

13 O 2, 13 O 6, 13 O 7

Abschnitt 24. Vollzug des Strafarrests

§ 144 Grundsatz

(1) Für den Vollzug des Strafarrests in Anstalten gelten die Bestimmungen dieses Gesetzes entsprechend, soweit § 145 nicht Abweichendes bestimmt.

(2) § 145 Absatz 1 bis 3, 7 und 8 gilt nicht, wenn Strafarrest in Unterbrechung einer anderen freiheitsentziehenden Maßnahme vollzogen wird.

4 D 25, 15 C 1

§ 145 Besondere Bestimmungen

(1) Strafarrestanten sollen im offenen Vollzug untergebracht werden.

(2) Eine gemeinsame Unterbringung ist nur mit Einwilligung der Strafarrestanten zulässig.

(3) Besuche, Telefongespräche und Schriftwechsel dürfen nur untersagt oder überwacht werden, wenn dies aus Gründen der Sicherheit oder Ordnung der Anstalt notwendig ist.

(4) Den Strafarrestanten soll gestattet werden, einmal wöchentlich Besuch zu empfangen.

(5) Strafarrestanten dürfen eigene Kleidung tragen und eigenes Bettzeug benutzen, wenn Gründe der Sicherheit nicht entgegenstehen und sie für Reinigung, Instandsetzung und regelmäßigen Wechsel auf eigene Kosten sorgen.

(6) Sie dürfen Nahrungs- und Genussmittel sowie Mittel zur Körperpflege in angemessenem Umfang durch Vermittlung der Anstalt auf eigene Kosten erwerben.

(7) Eine mit einer Entkleidung verbundene körperliche Durchsuchung ist nur bei Gefahr im Verzug zulässig.

(8) Zur Vereitelung einer Entweichung und zur Wiederergreifung dürfen Schusswaffen nicht gebraucht werden.

2 F 4, 15 C 5, 15 C 9

Abschnitt 25. Ordnungswidrigkeiten

§ 146 Verstoß gegen Überflugverbot

(1) Ordnungswidrig handelt, wer vorsätzlich oder fahrlässig entgegen § 105 unbemannte Fluggeräte über dem Anstaltsgelände unbefugt betreibt.

(2) Die Ordnungswidrigkeit und der Versuch einer Ordnungswidrigkeit können mit einem Bußgeld geahndet werden.

(3) Gegenstände, auf die sich die Ordnungswidrigkeit bezieht oder die zu ihrer Vorbereitung oder Begehung verwendet worden sind, können eingezogen werden.

(4) Sachlich zuständige Verwaltungsbehörde für die Verfolgung und Ahndung einer Ordnungswidrigkeit nach Absatz 1 ist die Landespolizeibehörde, in deren örtlichem Zuständigkeitsbereich die betroffene Justizvollzugsanstalt liegt.

11 H 2, 11 H 6

Abschnitt 26. Schlussbestimmungen

§ 147 Einschränkung von Grundrechten

Durch dieses Gesetz werden die Rechte auf körperliche Unversehrtheit und Freiheit der Person (Artikel 2 Absatz 2 des Grundgesetzes) und auf Unverletzlichkeit des Brief-, Post- und Fernmeldegeheimnisses (Artikel 10 des Grundgesetzes) eingeschränkt.

1 E 32

§ 148 Übergangsregelungen

Bis zum 31. August 2021 gilt § 18 Absatz 1 Satz 1 in folgender Fassung:

„Gefangene können in eine sozialtherapeutische Einrichtung verlegt werden, wenn deren besondere therapeutische Mittel zur Verringerung einer erheblichen Gefährlichkeit der oder des Gefangenen angezeigt und erfolgversprechend sind."

Thüringer Justizvollzugsgesetzbuch (ThürJVollzGB)

Vom 27. Februar 2014
(GVBl. 2014, 13)

Erster Abschnitt. Allgemeine Bestimmungen

§ 1 Anwendungsbereich, allgemeine Begriffsbestimmungen

(1) Dieses Gesetz regelt den Vollzug der Freiheitsstrafe, der Jugendstrafe, der Untersuchungshaft und des Strafarrestes in Justizvollzugsanstalten und Jugendstrafanstalten (Anstalten).

(2) Für den Vollzug der Haft nach § 127b Abs. 2, § 230 Abs. 2, den §§ 236 und 329 Abs. 4 Satz 1, § 412 Satz 1 sowie § 453c der Strafprozessordnung (StPO) sowie der einstweiligen Unterbringung nach § 275a Abs. 6 StPO gelten die Bestimmungen für den Vollzug der Untersuchungshaft entsprechend.

(3) Für den Vollzug der einstweiligen Unterbringung nach § 126a StPO gelten, soweit eine Anordnung nach § 3 Abs. 3 nicht entgegensteht, die Bestimmungen über den Vollzug der Unterbringung nach den §§ 63 und 64 des Strafgesetzbuchs (StGB) entsprechend.

(4) Gefangene im Sinne dieses Gesetzes sind Strafgefangene, Jugendstrafgefangene und Untersuchungsgefangene.

(5) Junge Untersuchungsgefangene im Sinne dieses Gesetzes sind solche, die zur Tatzeit das 21. Lebensjahr noch nicht vollendet hatten und die das 24. Lebensjahr noch nicht vollendet haben.

(6) Junge Gefangene im Sinne dieses Gesetzes sind Jugendstrafgefangene und junge Untersuchungsgefangene.

1 B 4

§ 2 Ziel und Aufgabe des Vollzugs der Freiheits- und Jugendstrafe

(1) Der Vollzug der Freiheitsstrafe und der Jugendstrafe dient dem Ziel, die Straf- und Jugendstrafgefangenen zu befähigen, künftig in sozialer Verantwortung ein Leben ohne Straftaten zu führen. Er hat die Aufgabe, die Allgemeinheit vor weiteren Straftaten zu schützen.

(2) Bei Strafgefangenen mit angeordneter oder vorbehaltener Sicherungsverwahrung dient der Vollzug der Freiheitsstrafe und bei Jugendstrafgefangenen mit vorbehaltener Sicherungsverwahrung der Vollzug der Jugendstrafe auch dem Ziel, ihre Gefährlichkeit für die Allgemeinheit so zu mindern, dass die Vollstreckung der Unterbringung oder deren Anordnung möglichst entbehrlich wird.

1 C 12, 1 C 14, 1 C 24,
3 A 16

§ 3 Aufgabe des Vollzugs der Untersuchungshaft, Zusammenarbeit

(1) Der Vollzug der Untersuchungshaft hat die Aufgabe, durch sichere Unterbringung der Untersuchungsgefangenen die Durchführung eines geordneten Strafverfahrens zu gewährleisten und der Gefahr weiterer Straftaten zu begegnen.

(2) Die Anstalt arbeitet eng mit Gericht und Staatsanwaltschaft zusammen, um die Aufgabe des Vollzugs der Untersuchungshaft zu erfüllen und die Sicherheit und Ordnung der Anstalt zu gewährleisten.

(3) Die Anstalt hat Anordnungen nach § 119 Abs. 1 StPO zu beachten und umzusetzen.

1 D 17

§ 4 Stellung der Gefangenen

(1) Die Persönlichkeit der Gefangenen ist zu achten. Ihre Selbständigkeit im Vollzugsalltag ist so weit wie möglich zu erhalten und zu fördern.

(2) Die Gefangenen werden an der Gestaltung des Vollzugsalltags beteiligt. Vollzugliche Maßnahmen sollen ihnen erläutert werden.

(3) Die Gefangenen unterliegen den in diesem Gesetz vorgesehenen Beschränkungen ihrer Freiheit. Soweit das Gesetz eine besondere Regelung nicht enthält, dürfen ihnen nur Beschränkungen auferlegt werden, die zur Aufrechterhaltung der Sicherheit, zur Abwendung einer schwerwiegenden Störung der Ordnung der Anstalt oder zum Vollzug der Untersuchungshaft zur Umsetzung einer Anordnung nach § 119 Abs. 1 StPO unerlässlich sind. Sie müssen in einem angemessenen Verhältnis zum Zweck der An-

ordnung stehen und dürfen die Gefangenen nicht mehr und nicht länger als notwendig beeinträchtigen.

1 E 2, 1 E 3, 1 E 17, 1 E 18, 1 E 24

§ 5 Besondere Stellung der Untersuchungsgefangenen
Die Untersuchungsgefangenen gelten als unschuldig. Sie sind so zu behandeln, dass der Anschein vermieden wird, sie würden zur Verbüßung einer Strafe festgehalten.

5 C 36

§ 6 Mitwirkung im Vollzug der Freiheits- und Jugendstrafe
(1) Zur Erreichung des Vollzugsziels bedarf es der Mitwirkung der Straf- und Jugendstrafgefangenen. Ihre Bereitschaft hierzu ist zu wecken und zu fördern. Bei Strafgefangenen mit angeordneter oder vorbehaltener Sicherungsverwahrung und bei Jugendstrafgefangenen mit vorbehaltener Sicherungsverwahrung sind die Motivationsmaßnahmen zu dokumentieren.

(2) Die Jugendstrafgefangenen sind verpflichtet, an der Erreichung des Vollzugsziels mitzuwirken.

1 E 7, 1 E 10

§ 7 Allgemeine Gestaltungsgrundsätze
(1) Das Leben im Vollzug ist den allgemeinen Lebensverhältnissen soweit wie möglich anzugleichen.

(2) Schädlichen Folgen des Freiheitsentzugs ist entgegenzuwirken. Ein Schwerpunkt ist auf die Verhütung von Selbsttötungen zu richten.

(3) Die unterschiedlichen Bedürfnisse der Gefangenen, insbesondere im Hinblick auf Geschlecht, Alter und Herkunft, werden bei der Vollzugsgestaltung im Allgemeinen und im Einzelfall berücksichtigt.

1 D 4, 1 D 11, 1 D 13, 1 D 16, 13 C 5, 13 C 10, 14 A 14

§ 8 Grundsätze der Gestaltung des Vollzugs der Freiheits- und Jugendstrafe
(1) Der Vollzug der Freiheits- und Jugendstrafe ist auf die Auseinandersetzung der Straf- und Jugendstrafgefangenen mit ihren Straftaten und deren Folgen auszurichten. Das Bewusstsein für den dem Opfer zugefügten Schaden soll geweckt werden.

(2) Der Vollzug der Freiheits- und Jugendstrafe wird von Beginn an auf die Eingliederung der Straf- und Jugendstrafgefangenen in das Leben in Freiheit ausgerichtet.

(3) Ist Sicherungsverwahrung angeordnet oder vorbehalten, ist bereits im Vollzug der Freiheits- oder Jugendstrafe eine individuelle, intensive und therapiegerichtete Betreuung im Sinne des § 66c Abs. 1 Nr. 1 StGB anzubieten. Soweit standardisierte Maßnahmen nicht ausreichen oder keinen Erfolg versprechen, sind individuelle Maßnahmen zu entwickeln und zu unterbreiten.

(4) Der Bezug der Straf- und Jugendstrafgefangenen zum gesellschaftlichen Leben ist zu wahren und zu fördern. Personen und Einrichtungen außerhalb des Vollzugs sollen in den Vollzugsalltag einbezogen werden. Straf- und Jugendstrafgefangenen ist sobald wie möglich die Teilnahme am Leben in der Freiheit zu gewähren.

1 D 14, 1 D 15, 1 D 17, 1 D 27, 15 B 26

§ 9 Erzieherische Gestaltung des Vollzugs der Jugendstrafe
(1) Der Vollzug der Jugendstrafe ist erzieherisch zu gestalten. Die Jugendstrafgefangenen sind in der Entwicklung ihrer Fähigkeiten und Fertigkeiten so zu fördern, dass sie zu einer eigenverantwortlichen und gemeinschaftsfähigen Lebensführung in Achtung der Rechte anderer befähigt werden.

(2) Erziehung und Förderung erfolgen durch Maßnahmen und Programme zur Entwicklung und Stärkung der Fähigkeiten und Fertigkeiten der Jugendstrafgefangenen im Hinblick auf die Erreichung des Vollzugsziels.

(3) Durch differenzierte Angebote soll auf den jeweiligen Entwicklungsstand und den unterschiedlichen Erziehungs- und Förderbedarf der Jugendstrafgefangenen eingegangen werden.

(4) Die Maßnahmen und Programme richten sich insbesondere auf die Auseinandersetzung mit den eigenen Straftaten, deren Ursachen und Folgen, die schulische Bildung, berufliche Qualifizierung, soziale Integration und die verantwortliche Gestaltung des alltäglichen Zusammenlebens, der freien Zeit sowie der Außenkontakte.

(5) Die Personensorgeberechtigten sind, soweit dies möglich ist und dem Vollzugsziel nicht zuwiderläuft, in die Planung und Gestaltung des Vollzugs einzubeziehen.

§ 10 Erzieherische Gestaltung des Vollzugs der Untersuchungshaft an jungen Untersuchungsgefangenen

(1) Für den Vollzug der Untersuchungshaft an jungen Untersuchungsgefangenen gilt § 9 Abs. 1 entsprechend.

(2) Die Personensorgeberechtigten sind, soweit dies möglich ist, in die Gestaltung des Vollzugs einzubeziehen.

(3) Von der Anwendung der Bestimmungen dieses Gesetzes über junge Untersuchungsgefangene kann abgesehen werden, wenn diese volljährig sind und die erzieherische Ausgestaltung des Vollzugs für sie nicht oder nicht mehr angezeigt ist. Diese Bestimmungen können ausnahmsweise auch über die Vollendung des 24. Lebensjahres hinaus angewendet werden, wenn dies im Hinblick auf die voraussichtlich nur noch geringe Dauer der Untersuchungshaft zweckmäßig erscheint.

(4) Beschränkungen können minderjährigen Untersuchungsgefangenen auch auferlegt werden, soweit es dringend geboten ist, um sie vor einer Gefährdung ihrer Entwicklung zu bewahren.

§ 11 Soziale Hilfe

(1) Die Gefangenen werden darin unterstützt, ihre persönlichen, wirtschaftlichen und sozialen Schwierigkeiten zu beheben. Sie sollen dazu angeregt und in die Lage versetzt werden, ihre Angelegenheiten selbst zu regeln, insbesondere eine Schuldenregulierung herbeizuführen.

(2) Die Straf- und Jugendstrafgefangenen sollen angehalten werden, den durch die Straftat verursachten materiellen und immateriellen Schaden wiedergutzumachen.

(3) Die Gefangenen sollen, soweit erforderlich, über die notwendigen Maßnahmen zur Aufrechterhaltung ihrer sozialversicherungsrechtlichen Ansprüche beraten werden.

(4) Die Beratung der Untersuchungsgefangenen soll die Benennung von Stellen und Einrichtungen außerhalb der Anstalt umfassen, die sich um eine Vermeidung der weiteren Untersuchungshaft bemühen. Auf Wunsch sind den Untersuchungsgefangenen Stellen und Einrichtungen zu benennen, die sie in ihrem Bestreben unterstützen können, einen Ausgleich mit dem Tatopfer zu erreichen oder auf andere Weise zur Wiedergutmachung beizutragen.

7 A 1, 7 A 8, 7 B 10, 7 C 1, 7 C 6, 7 C 8

Zweiter Abschnit. Aufnahme, Diagnose und Vollzugsplanung

§ 12 Aufnahmeverfahren

(1) Mit den Gefangenen wird unverzüglich nach der Aufnahme ein Zugangsgespräch geführt, in dem ihre gegenwärtige Lebenssituation erörtert wird und sie über ihre Rechte und Pflichten informiert werden. Ihnen wird ein Exemplar der Hausordnung ausgehändigt. Dieses Gesetz, die von ihm in Bezug genommenen Gesetze sowie die zu seiner Ausführung erlassenen Rechtsverordnungen und Verwaltungsvorschriften sind den Gefangenen auf Verlangen zugänglich zu machen.

(2) Während des Aufnahmeverfahrens dürfen andere Gefangene nicht zugegen sein.

(3) Die Gefangenen werden alsbald ärztlich untersucht.

(4) Die Gefangenen werden dabei unterstützt, etwa notwendige Maßnahmen für hilfsbedürftige Angehörige, zur Erhaltung des Arbeitsplatzes und der Wohnung und zur Sicherung ihrer Habe außerhalb der Anstalt zu veranlassen.

(5) Den Gefangenen ist Gelegenheit zu geben, einen Angehörigen oder eine Vertrauensperson von der Aufnahme in die Anstalt zu benachrichtigen.

(6) Die Personensorgeberechtigten und das Jugendamt werden von der Aufnahme der jungen Gefangenen unverzüglich unterrichtet.

(7) Bei Strafgefangenen, die eine Ersatzfreiheitsstrafe verbüßen, sind die Möglichkeiten der Abwendung der Vollstreckung durch freie Arbeit oder ratenweise Tilgung der Geldstrafe zu erörtern und zu fördern, um so auf eine möglichst baldige Entlassung hinzuwirken.

1 D 21, 2 A 1, 2 A 4, 2 A 5, 2 A 8, 2 A 12, 2 A 13, 7 B 4, 7 B 7, 12 F 8

§ 13 Diagnoseverfahren

(1) Bei Straf- und Jugendstrafgefangenen schließt sich an das Aufnahmeverfahren zur Vorbereitung der Vollzugsplanung das Diagnoseverfahren an.

(2) Das Diagnoseverfahren muss wissenschaftlichen Erkenntnissen genügen. Insbesondere bei Strafgefangenen mit angeordneter oder vorbehaltener Sicherungsverwahrung und Jugendstrafgefangenen mit vorbehaltener Sicherungsverwahrung ist es von Personen mit einschlägiger wissenschaftlicher Qualifikation durchzuführen.

(3) Das Diagnoseverfahren erstreckt sich auf die Persönlichkeit, die Lebensverhältnisse, die Ursachen und Umstände der Straftat sowie alle sonstigen Gesichtspunkte, deren Kenntnis für eine zielgerichtete und wirkungsorientierte Vollzugsgestaltung und die Eingliederung nach der Entlassung notwendig erscheint. Neben den Unterlagen aus der Vollstreckung und dem Vollzug vorangegangener Freiheitsentziehungen sind insbesondere auch Erkenntnisse der Gerichts-, Jugendgerichts- und Bewährungshilfe sowie der Führungsaufsichtsstellen einzubeziehen.

(4) Bei Strafgefangenen mit angeordneter oder vorbehaltener Sicherungsverwahrung und bei Jugendstrafgefangenen mit vorbehaltener Sicherungsverwahrung erstreckt sich das Diagnoseverfahren auch auf alle Umstände, die für die Beurteilung der Gefährlichkeit maßgeblich sind.

(5) Im Diagnoseverfahren werden die im Einzelfall die Straffälligkeit begünstigenden Faktoren ermittelt. Gleichzeitig sollen die Fähigkeiten der Straf- und Jugendstrafgefangenen ermittelt werden, deren Stärkung einer erneuten Straffälligkeit entgegenwirken kann.

(6) Im Vollzug der Freiheitsstrafe kann bei einer voraussichtlichen Vollzugsdauer bis zu einem Jahr das Diagnoseverfahren auf die Umstände beschränkt werden, deren Kenntnis für eine angemessene Vollzugsgestaltung unerlässlich und für die Eingliederung erforderlich ist. Unabhängig von der Vollzugsdauer gilt dies auch, wenn ausschließlich Ersatzfreiheitsstrafen zu vollziehen sind.

(7) Im Vollzug der Jugendstrafe ist das Diagnoseverfahren maßgeblich auf die Ermittlung des Förder- und Erziehungsbedarfs auszurichten.

(8) Das Ergebnis des Diagnoseverfahrens wird mit den Straf- und Jugendstrafgefangenen erörtert.

2 A 1, 2 B 1, 2 B 5, 2 B 6, 2 B 11, 2 B 13, 2 B 14, 2 B 17, 2 B 28, 2 B 35, 2 C 8, 2 D 8, 7 B 1, 15 B 28

§ 14 Vollzugs- und Eingliederungsplanung

(1) Auf der Grundlage des Ergebnisses des Diagnoseverfahrens wird ein Vollzugs- und Eingliederungsplan erstellt. Er zeigt den Straf- und Jugendstrafgefangenen bereits zu Beginn der Haftzeit unter Berücksichtigung der voraussichtlichen Vollzugsdauer die zur Erreichung des Vollzugsziels erforderlichen Maßnahmen auf. Daneben kann er weitere Hilfsangebote und Empfehlungen enthalten. Auf die Fähigkeiten, Fertigkeiten und Neigungen der Straf- und Jugendstrafgefangenen ist Rücksicht zu nehmen.

(2) Der Vollzugs- und Eingliederungsplan wird regelmäßig innerhalb der ersten acht Wochen nach der Aufnahme erstellt. Diese Frist verkürzt sich bei einer voraussichtlichen Vollzugsdauer von unter einem Jahr auf sechs Wochen.

(3) Der Vollzugs- und Eingliederungsplan sowie die darin vorgesehenen Maßnahmen werden für Straf- und Jugendstrafgefangene regelmäßig alle sechs Monate, spätestens aber alle zwölf Monate überprüft und fortgeschrieben. Bei Strafgefangenen mit angeordneter oder vorbehaltener Sicherungsverwahrung und bei Jugendstrafgefangenen mit vorbehaltener Sicherungsverwahrung soll die Frist sechs Monate nicht übersteigen. Bei Jugendstrafen von weniger als drei Jahren erfolgt die Überprüfung regelmäßig alle vier Monate. Die Entwicklung der Straf- und Jugendstrafgefangenen und die in der Zwischenzeit gewonnenen Erkenntnisse sind zu berücksichtigen. Die durchgeführten Maßnahmen sind zu dokumentieren.

(4) Die Vollzugs- und Eingliederungsplanung wird mit den Straf- und Jugendstrafgefangenen erörtert. Dabei werden deren Anregungen und Vorschläge einbezogen, soweit sie der Erreichung des Vollzugsziels dienen.

(5) Zur Erstellung und Fortschreibung des Vollzugs- und Eingliederungsplans führt der Anstaltsleiter eine Konferenz mit den an der Vollzugsgestaltung maßgeblich Beteiligten durch. Standen die Straf- und Jugendstrafgefangenen vor ihrer Inhaftierung unter Bewährung oder Führungsaufsicht, kann auch der für sie bislang zuständige Bewährungshelfer an der Konferenz beteiligt werden. Den Straf- und Jugendstrafgefangenen wird der Vollzugs- und Eingliederungsplan in der Konferenz eröffnet und erläutert. Sie können auch darüber hinaus an der Konferenz beteiligt werden.

Anhang

(6) An der Eingliederung mitwirkende Personen außerhalb des Vollzugs sind nach Möglichkeit in die Planung einzubeziehen. Sie können mit Zustimmung der Straf- und Jugendstrafgefangenen auch an der Konferenz beteiligt werden.

(7) Werden die Straf- und Jugendstrafgefangenen nach der Entlassung voraussichtlich unter Bewährungs- oder Führungsaufsicht gestellt, so ist dem künftig zuständigen Bewährungshelfer in den letzten zwölf Monaten vor dem voraussichtlichen Entlassungszeitpunkt die Teilnahme an der Konferenz zu ermöglichen und es sind ihm der Vollzugs- und Eingliederungsplan und seine Fortschreibungen zu übersenden.

(8) Der Vollzugs- und Eingliederungsplan und seine Fortschreibungen werden den Straf- und Jugendstrafgefangenen ausgehändigt. Im Vollzug der Jugendstrafe werden sie dem Vollstreckungsleiter und auf Verlangen den Personensorgeberechtigten mitgeteilt.

2 A 1, 2 B 4, 2 C 2, 2 C 6, 2 C 7, 2 C 9, 2 C 10, 2 C 12, 2 C 14, 2 C 19, 2 C 20, 10 G 2, 13 L 3, 13 L 7

§ 15 Inhalt des Vollzugs- und Eingliederungsplans

(1) Der Vollzugs- und Eingliederungsplan sowie seine Fortschreibungen enthalten insbesondere folgende Angaben:
1. Zusammenfassung der für die Vollzugs- und Eingliederungsplanung maßgeblichen Ergebnisse des Diagnoseverfahrens,
2. voraussichtlicher Entlassungszeitpunkt,
3. Unterbringung im geschlossenen oder offenen Vollzug,
4. Maßnahmen zur Förderung der Mitwirkungsbereitschaft,
5. Unterbringung in einer Wohngruppe und Teilnahme am Wohngruppenvollzug,
6. Unterbringung in einer sozialtherapeutischen Abteilung und Teilnahme an deren Behandlungsprogrammen,
7. Teilnahme an einzel- oder gruppentherapeutischen Maßnahmen, insbesondere psychologische Intervention und Psychotherapie,
8. Teilnahme an psychiatrischen Behandlungsmaßnahmen,
9. Teilnahme an Maßnahmen zur Behandlung von Suchtmittelabhängigkeit und -missbrauch,
10. Teilnahme an Trainingsmaßnahmen zur Verbesserung der sozialen Kompetenz,
11. Teilnahme an schulischen und beruflichen Qualifizierungsmaßnahmen einschließlich Alphabetisierungs- und Deutschkursen,
12. Teilnahme an arbeitstherapeutischen Maßnahmen oder am Arbeitstraining,
13. Arbeit,
14. freies Beschäftigungsverhältnis, Selbstbeschäftigung,
15. Teilnahme an Sportangeboten und Maßnahmen zur strukturierten Gestaltung der Freizeit,
16. Ausführungen, Außenbeschäftigung,
17. Lockerungen zur Erreichung des Vollzugsziels,
18. Aufrechterhaltung, Förderung und Gestaltung von Außenkontakten,
19. Schuldnerberatung, Schuldenregulierung und Erfüllung von Unterhaltspflichten,
20. Ausgleich von Tatfolgen,
21. Maßnahmen zur Vorbereitung von Entlassung, Eingliederung und Nachsorge und
22. Frist zur Fortschreibung des Vollzugs- und Eingliederungsplans.

Bei angeordneter oder vorbehaltener Sicherungsverwahrung enthalten der Vollzugs- und Eingliederungsplan sowie seine Fortschreibungen darüber hinaus Angaben zu sonstigen Maßnahmen im Sinne des § 8 Abs. 3 Satz 2 und einer Antragstellung im Sinne des § 119a Abs. 2 des Strafvollzugsgesetzes (StVollzG).

(2) Bei Strafgefangenen sind Maßnahmen nach Absatz 1 Satz 1 Nr. 6 bis 12 und Satz 2, die nach dem Ergebnis des Diagnoseverfahrens als zur Erreichung des Vollzugsziels zwingend erforderlich erachtet werden, als solche zu kennzeichnen und gehen allen anderen Maßnahmen vor. Andere Maßnahmen dürfen nicht gestattet werden, soweit sie die Teilnahme an Maßnahmen nach Satz 1 beeinträchtigen würden.

(3) Die Jugendstrafgefangenen sind verpflichtet, an den im Vollzugs- und Eingliederungsplan als erforderlich erachteten Maßnahmen teilzunehmen.

(4) Spätestens ein Jahr vor dem voraussichtlichen Entlassungszeitpunkt hat die Planung zur Vorbereitung der Eingliederung zu beginnen. Anknüpfend an die bisherige Vollzugsplanung werden ab diesem Zeitpunkt die Maßnahmen nach Absatz 1 Satz 1 Nr. 21 konkretisiert oder ergänzt. Insbesondere ist Stellung zu nehmen zu

1. der Unterbringung im offenen Vollzug,
2. der Unterkunft sowie Arbeit oder Ausbildung nach der Entlassung,
3. der Unterstützung bei notwendigen Behördengängen und der Beschaffung der notwendigen persönlichen Dokumente,
4. der Beteiligung der Bewährungshilfe und der Forensischen Ambulanzen,
5. der Kontaktaufnahme zu Einrichtungen der Entlassenenhilfe,
6. der Fortsetzung von im Vollzug noch nicht abgeschlossenen Maßnahmen,
7. Anregungen von Auflagen und Weisungen für die Bewährungs- oder Führungsaufsicht,
8. der Vermittlung in nachsorgende Maßnahmen und
9. der nachgehenden Betreuung durch Bedienstete.

1 D 23, 2 A 1, 2 C 6, 2 C 23, 2 C 25, 2 C 26, 2 C 28, 2 C 29, 2 C 39, 4 A 3, 4 E 1, 4 E 2, 4 E 15, 4 E 18, 4 G 7, 4 H 9, 5 A 13, 10 G 2, 15 B 29

§ 16 Ermittlung des Förder- und Erziehungsbedarfs der jungen Untersuchungsgefangenen, Maßnahmen

(1) Nach dem Aufnahmeverfahren wird der Förder- und Erziehungsbedarf der jungen Untersuchungsgefangenen unter Berücksichtigung ihrer Persönlichkeit und ihrer Lebensverhältnisse ermittelt.

(2) In einer Konferenz mit an der Erziehung maßgeblich beteiligten Bediensteten werden der Förder- und Erziehungsbedarf erörtert und die sich daraus ergebenden Maßnahmen festgelegt. Diese werden mit den jungen Untersuchungsgefangenen besprochen und den Personensorgeberechtigten auf Verlangen mitgeteilt.

2 A 1

Dritter Abschnitt. Unterbringung und Verlegung

§ 17 Trennungsgrundsätze

(1) Jeweils getrennt voneinander werden untergebracht
1. männliche und weibliche Gefangene,
2. Strafgefangene, Jugendstrafgefangene und Untersuchungsgefangene sowie
3. junge Untersuchungsgefangene und die übrigen Untersuchungsgefangenen.

Die Unterbringung erfolgt in eigenständigen Anstalten, zumindest in getrennten Abteilungen.

(2) Abweichend von Absatz 1 Satz 1 Nr. 2 können Untersuchungsgefangene zusammen mit Strafgefangenen untergebracht werden
1. mit Zustimmung der jeweiligen Untersuchungsgefangenen,
2. zur Umsetzung einer Anordnung nach § 119 Abs. 1 StPO oder
3. aus Gründen der Sicherheit oder Ordnung der Anstalt.

Das gilt für junge Untersuchungsgefangene nur, wenn eine erzieherische Gestaltung des Vollzugs gewährleistet bleibt und schädliche Einflüsse auf die jungen Untersuchungsgefangenen nicht zu befürchten sind. Unter den Voraussetzungen der Sätze 1 und 2 können sie auch mit den übrigen Untersuchungsgefangenen und mit Jugendstrafgefangenen untergebracht werden.

(3) Über Absatz 2 hinaus können Gefangene ausnahmsweise mit solchen anderer Haftarten untergebracht werden, wenn ihre geringe Anzahl eine getrennte Unterbringung nicht zulässt und das Vollzugsziel nicht gefährdet wird. Bei jungen Gefangenen muss zudem die erzieherische Gestaltung des Vollzugs gewährleistet sein.

(4) Absatz 1 gilt nicht für eine Unterbringung zum Zwecke der medizinischen Behandlung.

(5) Gemeinsame Maßnahmen, insbesondere zur schulischen und beruflichen Qualifizierung, sind zulässig.

13 B 1, 14 A 6

§ 18 Unterbringung während der Einschlusszeiten

(1) Die Gefangenen werden in ihren Haftraumen einzeln untergebracht.

(2) Mit ihrer Zustimmung können sie gemeinsam untergebracht werden, wenn schädliche Einflüsse nicht zu befürchten sind. Bei einer Gefahr für Leben oder Gesundheit oder bei Hilfsbedürftigkeit ist die Zustimmung der gefährdeten oder hilfsbedürftigen Gefangenen zur gemeinsamen Unterbringung entbehrlich.

(3) Darüber hinaus ist eine gemeinsame Unterbringung nur vorübergehend und aus zwingenden Gründen zulässig.

2 E 1, 2 E 17, 2 E 31, 2 E 32, 2 E 35, 2 E 37

§ 19 Aufenthalt außerhalb der Einschlusszeiten

(1) Außerhalb der Einschlusszeiten dürfen sich die Gefangenen in Gemeinschaft aufhalten.
(2) Der gemeinschaftliche Aufenthalt kann eingeschränkt werden,
1. wenn es die Sicherheit oder Ordnung in der Anstalt erfordert,
2. wenn ein schädlicher Einfluss auf andere Gefangene zu befürchten ist,
3. während des Diagnoseverfahrens, aber nicht länger als acht Wochen,
4. bei jungen Gefangenen, wenn dies aus erzieherischen Gründen angezeigt ist,
5. zur Umsetzung einer Anordnung nach § 119 Abs. 1 StPO oder
6. bei jungen Untersuchungsgefangenen während der ersten zwei Wochen nach der Aufnahme.

2 E 1, 2 E 4, 2 E 6, 2 E 8, 2 E 9, 2 E 10, 2 E 12, 2 E 13, 2 E 15, 2 E 16, 11 I 26

§ 20 Wohngruppenvollzug

(1) Der Wohngruppenvollzug dient der Einübung sozialverträglichen Zusammenlebens, insbesondere von Toleranz sowie der Übernahme von Verantwortung für sich und andere. Er ermöglicht den dort Untergebrachten, ihren Vollzugsalltag weitgehend selbständig zu regeln.

(2) Eine Wohngruppe wird in einem baulich abgegrenzten Bereich mit bis zu 15 Personen eingerichtet, zu dem neben den Hafträumen weitere Räume und Einrichtungen zur gemeinsamen Nutzung gehören. Sie wird in der Regel von fest zugeordneten Bediensteten betreut.

(3) Geeignete junge Gefangene werden grundsätzlich in Wohngruppen untergebracht. Nicht geeignet sind in der Regel junge Gefangene, die aufgrund ihres Verhaltens nicht gruppenfähig sind. Sie sollen durch gezielte Maßnahmen zum Wohngruppenvollzug befähigt werden.

(4) Strafgefangene können in Wohngruppen untergebracht werden.

§ 21 Unterbringung von Sorgeberechtigten mit Kindern

(1) Ein Kind kann mit Zustimmung des Aufenthaltsbestimmungsberechtigten bis zur Vollendung des dritten Lebensjahres in der Anstalt untergebracht werden, in der sich ein Sorgeberechtigter befindet, wenn die baulichen Gegebenheiten dies zulassen und Sicherheitsgründe nicht entgegenstehen. Vor der Unterbringung ist das Jugendamt zu hören.

(2) Die Unterbringung erfolgt auf Kosten der für das Kind Unterhaltspflichtigen. Von der Geltendmachung des Kostenersatzanspruchs kann ausnahmsweise abgesehen werden, wenn hierdurch die gemeinsame Unterbringung von Sorgeberechtigtem und Kind gefährdet würde.

14 C 1, 14 C 4, 14 C 6, 14 C 11, 14 C 12

§ 22 Geschlossener und offener Vollzug

(1) Die Straf- und Jugendstrafgefangenen werden im geschlossenen oder offenen Vollzug untergebracht. Anstalten des offenen Vollzugs oder Abteilungen des offenen Vollzugs sehen keine oder nur verminderte Vorkehrungen gegen Entweichungen vor.

(2) Die Strafgefangenen sollen im offenen Vollzug untergebracht werden, wenn sie dessen besonderen Anforderungen genügen, namentlich nicht zu befürchten ist, dass sie sich dem Vollzug entziehen oder die Möglichkeiten des offenen Vollzugs zu Straftaten missbrauchen werden.

(3) Die Jugendstrafgefangenen sollen im offenen Vollzug untergebracht werden, wenn sie dessen besonderen Anforderungen genügen, insbesondere verantwortet werden kann, zu erproben, dass sie sich dem Vollzug nicht entziehen oder die Möglichkeiten des offenen Vollzugs nicht zur Begehung von Straftaten missbrauchen werden.

(4) Bei Straf- und Jugendstrafgefangenen, gegen die während des laufenden Freiheitsentzugs eine Strafe wegen einer schwerwiegenden Straftat gegen Leib oder Leben oder gegen die sexuelle Selbstbestimmung mit Ausnahme der §§ 180a und 181a StGB vollzogen wurde oder zu vollziehen ist, bedarf die Entscheidung, ob eine Unterbringung im offenen Vollzug verantwortet werden kann, besonders gründlicher Prüfung. Bei der Entscheidung sind auch die Feststellungen im Urteil und die im Ermittlungs- oder Strafverfahren erstatteten Gutachten zu berücksichtigen.

(5) Genügen die Straf- und Jugendstrafgefangenen den besonderen Anforderungen des offenen Vollzugs nicht mehr, werden sie im geschlossenen Vollzug untergebracht.

(6) Die Untersuchungsgefangenen werden im geschlossenen Vollzug untergebracht.

10 A 1, 10 A 4, 10 A 7, 10 A 9, 10 A 11, 10 A 14, 13 C 5, 13 C 18

§ 23 Verlegung und Überstellung

(1) Die Gefangenen können abweichend vom Vollstreckungsplan in eine andere Anstalt verlegt werden, wenn Gründe der Vollzugsorganisation oder andere wichtige Gründe dies erfordern. Sie dürfen aus wichtigem Grund in eine andere Anstalt überstellt werden.

(2) Darüber hinaus können die Straf- und Jugendstrafgefangenen abweichend vom Vollstreckungsplan in eine andere Anstalt verlegt werden, wenn die Erreichung des Vollzugsziels hierdurch gefördert wird.

(3) Die Untersuchungsgefangenen können zur Umsetzung einer Anordnung nach § 119 Abs. 1 StPO verlegt oder überstellt werden.

(4) Vor einer Verlegung oder Überstellung von Untersuchungsgefangenen ist dem Gericht und der Staatsanwaltschaft Gelegenheit zur Stellungnahme zu geben. § 12 Abs. 5 gilt entsprechend.

(5) Bei jungen Gefangenen werden die Personensorgeberechtigten und das Jugendamt, bei Jugendstrafgefangenen auch der Vollstreckungsleiter, von der Verlegung unverzüglich unterrichtet.

2 D 1, 2 D 6, 2 D 7, 2 D 15

Vierter Abschnitt. Sozial- und Psychotherapie

§ 24 Sozialtherapie

(1) Sozialtherapie dient der Verringerung einer erheblichen Gefährlichkeit der Straf- und Jugendstrafgefangenen. Auf der Grundlage einer therapeutischen Gemeinschaft bedient sie sich psychologischer, psychotherapeutischer, sozialpädagogischer und arbeitstherapeutischer Methoden, die in umfassenden Behandlungsprogrammen verbunden werden. Personen aus dem Lebensumfeld der Straf- und Jugendstrafgefangenen außerhalb des Vollzugs werden in die Behandlung einbezogen.

(2) Straf- und Jugendstrafgefangene sind in einer sozialtherapeutischen Abteilung unterzubringen, wenn ihre Teilnahme an den dortigen Behandlungsprogrammen zur Verringerung ihrer erheblichen Gefährlichkeit angezeigt ist. Eine erhebliche Gefährlichkeit liegt vor, wenn schwerwiegende Straftaten gegen Leib oder Leben, die persönliche Freiheit oder gegen die sexuelle Selbstbestimmung zu erwarten sind.

(3) Im Übrigen können Straf- und Jugendstrafgefangene in einer sozialtherapeutischen Abteilung untergebracht werden, wenn die Teilnahme an den dortigen Behandlungsprogrammen zur Erreichung des Vollzugsziels angezeigt ist.

(4) Die Unterbringung soll zu einem Zeitpunkt erfolgen, der entweder den Abschluss der Behandlung zum voraussichtlichen Entlassungszeitpunkt erwarten lässt oder die Fortsetzung der Behandlung nach der Entlassung ermöglicht. Ist Sicherungsverwahrung angeordnet oder vorbehalten, soll die Unterbringung zu einem Zeitpunkt erfolgen, der den Abschluss der Behandlung noch während des Vollzugs der Freiheitsstrafe oder Jugendstrafe erwarten lässt.

(5) Die Unterbringung wird beendet, wenn das Ziel der Behandlung aus Gründen, die in der Person des Straf- oder Jugendstrafgefangenen liegen, nicht erreicht werden kann.

3 A 3, 3 A 12, 3 A 16, 3 A 20, 3 A 21, 3 A 23, 15 B 30

§ 25 Psychologische Interventionen und Psychotherapie

Psychologische Intervention und Psychotherapie im Vollzug dienen insbesondere der Behandlung psychischer Störungen des Verhaltens und Erlebens, die in einem Zusammenhang mit der Straffälligkeit stehen. Sie wird durch systematische Anwendung wissenschaftlich fundierter psychologischer und psychotherapeutischer Methoden mit einem oder mehreren Gefangenen durchgeführt.

Anhang

Fünfter Abschnitt. Arbeitstherapeutische Maßnahmen, Arbeitstraining, schulische und berufliche Qualifizierungsmaßnahmen, Arbeit

§ 26 Arbeitstherapeutische Maßnahmen

Arbeitstherapeutische Maßnahmen dienen dazu, dass die Gefangenen Eigenschaften wie Selbstvertrauen, Durchhaltevermögen und Konzentrationsfähigkeit einüben, um sie stufenweise an die Grundanforderungen des Arbeitslebens heranzuführen.

4 Vorb. 5, 4 A 9, 4 B 12

§ 27 Arbeitstraining

Arbeitstraining dient dazu, Gefangenen, die nicht in der Lage sind, einer regelmäßigen und erwerbsorientierten Beschäftigung nachzugehen, Fähigkeiten und Fertigkeiten zu vermitteln, die eine Eingliederung in das leistungsorientierte Arbeitsleben fördern. Die in der Anstalt dafür vorgehaltenen Maßnahmen sind danach auszurichten, dass sie den Gefangenen für den Arbeitsmarkt relevante Qualifikationen vermitteln.

4 Vorb. 5, 4 A 9, 4 B 12

§ 28 Schulische und berufliche Qualifizierungsmaßnahmen

(1) Schulische und berufliche Aus- und Weiterbildung und vorberufliche Qualifizierung im Vollzug haben das Ziel, die Fähigkeiten der Gefangenen zur Eingliederung und zur Aufnahme einer Erwerbstätigkeit nach der Haftentlassung zu vermitteln, zu verbessern oder zu erhalten. Bei der Festlegung von Inhalten, Methoden und Organisationsformen der Bildungsangebote werden die Besonderheiten der jeweiligen Zielgruppe berücksichtigt. Schulische und berufliche Aus- und Weiterbildung werden in der Regel als Vollzeitmaßnahme durchgeführt.

(2) Die Jugendstrafgefangenen und minderjährigen Untersuchungsgefangenen sind vorrangig zur Teilnahme an schulischen und beruflichen Orientierungs-, Berufsvorbereitungs-, Aus- und Weiterbildungsmaßnahmen oder speziellen Maßnahmen zur Förderung ihrer schulischen, beruflichen oder persönlichen Entwicklung verpflichtet.

(3) Geeigneten Straf- und Jugendstrafgefangenen soll die Teilnahme an einer schulischen oder beruflichen Ausbildung ermöglicht werden, die zu einem anerkannten Abschluss führt.

(4) Geeigneten Untersuchungsgefangenen soll nach Möglichkeit Gelegenheit zum Erwerb oder zur Verbesserung schulischer und beruflicher Kenntnisse, auch zum Erwerb eines anerkannten Abschlusses, gegeben werden, soweit es die besonderen Bedingungen der Untersuchungshaft zulassen.

(5) Berufliche Qualifizierungsmaßnahmen sind danach auszurichten, dass sie den Gefangenen für den Arbeitsmarkt relevante Qualifikationen vermitteln.

(6) Bei der Vollzugsplanung ist darauf zu achten, dass die Straf- und Jugendstrafgefangenen Qualifizierungsmaßnahmen während ihrer Haftzeit abschließen oder sie nach der Inhaftierung fortsetzen können. Können Maßnahmen während der Haftzeit nicht abgeschlossen werden, trägt die Anstalt in Zusammenarbeit mit außervollzuglichen Einrichtungen dafür Sorge, dass die begonnene Qualifizierungsmaßnahme nach der Haft fortgesetzt werden kann.

(7) Nachweise über schulische und berufliche Qualifizierungsmaßnahmen dürfen keinen Hinweis auf die Inhaftierung enthalten.

4 Vorb. 5, 4 A 6, 4 A 19, 4 A 21, 4 A 23, 4 A 24, 4 B 13, 4 E 1, 4 E 3, 4 E 9, 4 E 12, 4 E 17

§ 29 Arbeit

(1) Die Straf- und die Jugendstrafgefangenen sind verpflichtet, eine ihnen zugewiesene, ihren körperlichen Fähigkeiten angemessene Arbeit oder sonstige Beschäftigung auszuüben, zu deren Verrichtung sie aufgrund ihres körperlichen Zustandes in der Lage sind. Sie können jährlich bis zu drei Monaten zu Hilfstätigkeiten in der Anstalt verpflichtet werden, mit ihrer Zustimmung auch darüber hinaus. § 15 Abs. 2 Satz 2 bleibt unberührt. Die Sätze 1 und 2 gelten nicht für Strafgefangene, die die Regelaltersgrenze der gesetzlichen Rentenversicherung erreicht haben, und nicht für werdende und stillende Mütter, soweit gesetzliche Beschäftigungsverbote zum Schutz erwerbstätiger Mütter bestehen.

(2) Den Untersuchungsgefangenen soll nach Möglichkeit Arbeit oder sonstige Beschäftigung angeboten werden, die ihre Fähigkeiten, Fertigkeiten und Neigungen berücksichtigt.

(3) Nehmen die Gefangenen eine Arbeit auf, gelten die von der Anstalt festgelegten Arbeitsbedingungen. Die Arbeit darf nicht zur Unzeit niedergelegt werden.

4 Vorb. 5, 4 A 3, 4 A 19, 4 A 31, 4 B 2, 4 B 7, 4 B 8, 4 B 10, 4 B 11, 4 B 12, 4 B 13, 4 B 14, 4 B 19, 4 B 21, 4 B 23, 4 B 24, 4 C 7, 4 D 10, 4 E 7, 14 A 14

§ 30 Freies Beschäftigungsverhältnis, Selbstbeschäftigung

(1) Straf- und Jugendstrafgefangenen, die zum Freigang (§ 46 Abs. 1 Satz 1 Nr. 4) zugelassen sind, soll gestattet werden, einer Arbeit oder einer schulischen oder beruflichen Qualifizierungsmaßnahme auf der Grundlage eines freien Beschäftigungsverhältnisses oder der Selbstbeschäftigung außerhalb der Anstalt nachzugehen, wenn die Beschäftigungsstelle geeignet ist und nicht überwiegende Gründe des Vollzugs entgegenstehen. § 48 gilt entsprechend.

(2) Das Entgelt ist der Anstalt zur Gutschrift für die Straf- und Jugendstrafgefangenen zu überweisen.

4 Vorb. 5, 4 G 7, 4 H 2, 4 H 10, 4 H 13, 4 H 14, 4 H 19, 4 H 28, 6 F 56

§ 31 Freistellung von der Arbeitspflicht

(1) Haben die Gefangenen ein halbes Jahr lang eine Maßnahme nach den §§ 26 und 27 oder eine zugewiesene Arbeit nach § 29 Abs. 1 Satz 1 oder eine Hilfstätigkeit nach § 29 Abs. 1 Satz 2 ausgeübt, so können sie beanspruchen, zehn Arbeitstage von diesen Beschäftigungen freigestellt zu werden. Zeiten, in denen die Gefangenen infolge Krankheit an der Arbeitsleistung verhindert waren, werden auf das Halbjahr mit bis zu 15 Arbeitstagen angerechnet. Der Anspruch verfällt, wenn die Freistellung nicht innerhalb eines halben Jahres nach seiner Entstehung erfolgt ist.

(2) Auf die Zeit der Freistellung wird bei Straf- und Jugendstrafgefangenen Langzeitausgang (§ 46 Abs. 1 Satz 1 Nr. 3) angerechnet, soweit er in die Arbeitszeit fällt. Gleiches gilt für einen Langzeitausgang nach § 47 Abs. 1, soweit er nicht wegen des Todes oder einer lebensgefährlichen Erkrankung naher Angehöriger erteilt worden ist.

(3) Die Gefangenen erhalten für die Zeit der Freistellung ihr Arbeitsentgelt weiter.

(4) Urlaubsregelungen freier Beschäftigungsverhältnisse bleiben unberührt.

(5) Für Maßnahmen nach § 28 Abs. 1 gilt Absatz 1 bis 4 entsprechend.

4 Vorb. 5, 4 C 1, 4 C 3, 4 C 5, 4 C 6, 4 C 14, 4 C 16, 4 C 18, 4 C 23, 4 D 10, 4 D 34, 4 G 12

§ 32 Freistellung von der Arbeit, Anrechnung der Freistellung auf den Entlassungszeitpunkt

(1) Die Arbeit der Straf- und Jugendstrafgefangenen wird neben der Gewährung von Arbeitsentgelt (§ 66 Abs. 1) durch Freistellung von der Arbeit (Freistellung) anerkannt, die auch als Langzeitausgang genutzt oder auf den Entlassungszeitpunkt angerechnet werden kann.

(2) Haben sie zwei Monate lang zusammenhängend eine Arbeit oder sonstige Beschäftigung ausgeübt, so werden sie auf Antrag einen Arbeitstag von der Arbeit freigestellt. § 31 bleibt unberührt. Durch Zeiten, in denen sie ohne ihr Verschulden durch Krankheit, Ausführung, Ausgang, Langzeitausgang, Freistellung von der Arbeit oder sonstige nicht von ihnen zu vertretende Gründe an der Arbeitsleistung gehindert sind, wird die Frist nach Satz 1 gehemmt. Beschäftigungszeiträume von weniger als zwei Monaten bleiben unberücksichtigt.

(3) Die Straf- und Jugendstrafgefangenen können beantragen, dass die Freistellung nach Absatz 2 in Form von Langzeitausgang gewährt wird. § 46 Abs. 2 bis 5 und § 48 gelten entsprechend.

(4) Die Straf- und Jugendstrafgefangenen erhalten für die Zeit der Freistellung von der Arbeit ihre zuletzt gezahlten Bezüge weiter.

(5) Stellen die Straf- und Jugendstrafgefangenen keinen Antrag nach Absatz 2 Satz 1 oder Absatz 3 Satz 1 oder kann die Freistellung von der Arbeit nach Maßgabe des Absatzes 3 Satz 2 nicht gewährt werden, so wird sie nach Absatz 2 Satz 1 von der Anstalt auf den Entlassungszeitpunkt der Gefangenen angerechnet.

(6) Eine Anrechnung nach Absatz 5 ist bei Strafgefangenen ausgeschlossen,
1. soweit eine lebenslange Freiheitsstrafe vollstreckt wird und ein Entlassungszeitpunkt noch nicht bestimmt ist,
2. bei einer Aussetzung der Vollstreckung des Restes einer Freiheitsstrafe zur Bewährung, soweit wegen des von der Entscheidung des Gerichts bis zur Entlassung verbleibenden Zeitraums eine Anrechnung nicht mehr möglich ist,

Anhang

3. wenn dies vom Gericht angeordnet wird, weil bei einer Aussetzung der Vollstreckung des Restes einer Freiheitsstrafe zur Bewährung die Lebensverhältnisse des Strafgefangenen oder die Wirkungen, die von der Aussetzung für ihn zu erwarten sind, die Vollstreckung bis zu einem bestimmten Zeitpunkt erfordern,
4. wenn nach § 456a Abs. 1 StPO von der Vollstreckung abgesehen wird oder
5. wenn die Strafgefangenen im Gnadenwege aus der Haft entlassen werden.

(7) Eine Anrechnung nach Absatz 5 bei Jugendstrafgefangenen ist ausgeschlossen

1. bei einer Aussetzung der Vollstreckung des Restes einer Jugendstrafe zur Bewährung, soweit wegen des von der Entscheidung des Gerichts bis zur Entlassung verbleibenden Zeitraums eine Anrechnung nicht mehr möglich ist,
2. wenn dies vom Gericht angeordnet wird, weil bei einer Aussetzung der Vollstreckung des Restes einer Jugendstrafe zur Bewährung die Lebensverhältnisse der Jugendstrafgefangenen oder die Wirkungen, die von der Aussetzung für sie zu erwarten sind, die Vollstreckung bis zu einem bestimmten Zeitpunkt erfordern,
3. wenn nach § 2 des Jugendgerichtsgesetzes (JGG) in Verbindung mit § 456a Abs. 1 StPO von der Vollstreckung abgesehen wird oder
4. wenn die Jugendstrafgefangenen im Gnadenwege aus der Haft entlassen werden.

(8) Soweit eine Anrechnung nach den Absätzen 6 und 7 ausgeschlossen ist, erhalten die Straf- und Jugendstrafgefangenen bei ihrer Entlassung für Arbeit oder sonstige Beschäftigung als Ausgleichsentschädigung zusätzlich 15 vom Hundert des Entgelts nach § 66 Abs. 3 und 4. Der Anspruch entsteht erst mit der Entlassung; vor der Entlassung ist der Anspruch nicht verzinslich, nicht abtretbar und nicht vererblich. Strafgefangenen, bei denen eine Anrechnung nach Absatz 6 Nr. 1 ausgeschlossen ist, wird die Ausgleichszahlung bereits nach Verbüßung von jeweils zehn Jahren der lebenslangen Freiheitsstrafe zum Eigengeld (§ 67) gutgeschrieben, soweit sie nicht vor diesem Zeitpunkt entlassen werden; § 57 Abs. 4 StGB gilt entsprechend.

(9) Für Straf- und Jugendstrafgefangene, die an einer Maßnahme nach § 28 teilnehmen, gelten die Absätze 1 bis 8 entsprechend.

4 Vorb. 5, 4 C 1, 4 D 6, 4 D 10, 4 D 31, 4 D 32, 4 D 33, 4 D 34, 4 D 36, 4 D 39, 4 D 40, 4 D 42, 4 D 43, 4 D 45, 4 D 49, 4 D 53, 4 D 54, 4 D 55, 4 D 57, 4 D 58, 4 D 59, 4 D 60, 4 D 61, 4 D 62, 4 G 13, 6 F 56

Sechster Abschnitt. Besuche, Telefongespräche, Schriftwechsel, andere Formen der Telekommunikation und Pakete

§ 33 Grundsatz

Die Gefangenen haben das Recht, mit Personen außerhalb der Anstalt im Rahmen der Bestimmungen dieses Gesetzes zu verkehren.

9 Vorb. 4

§ 34 Besuch

(1) Die Gefangenen dürfen regelmäßig Besuch empfangen. Die Gesamtdauer beträgt im Vollzug der Freiheitsstrafe mindestens zwei, im Vollzug der Untersuchungshaft mindestens drei, im Vollzug der Jugendstrafe und der Untersuchungshaft an jungen Untersuchungsgefangenen mindestens vier Stunden im Monat.

(2) Kontakte der Gefangenen zu ihren leiblichen Kindern und ihren Adoptivkindern unter 14 Jahren werden besonders gefördert. Deren Besuche werden im Umfang von bis zu zwei Stunden bei Straf- und Untersuchungsgefangenen nicht auf die Regelbesuchszeiten angerechnet. Bei jungen Gefangenen erfolgt keine Anrechnung.

(3) Besuche von Angehörigen im Sinne des § 11 Abs. 1 Nr. 1 StGB werden besonders unterstützt.

(4) Besuche sollen darüber hinaus zugelassen werden, wenn sie

1. persönlichen, rechtlichen oder geschäftlichen Angelegenheiten der Gefangenen dienen, die nicht von diesen schriftlich erledigt, durch Dritte wahrgenommen oder bis zur voraussichtlichen Entlassung aufgeschoben werden können,
2. die Eingliederung der Straf- und Jugendstrafgefangenen oder
3. die Erziehung der jungen Gefangenen fördern.

(5) Der Anstaltsleiter kann mehrstündige, unbeaufsichtigte Besuche (Langzeitbesuche) zulassen, wenn dies der Eingliederung der Straf- und Jugendstrafgefangenen dient und sie hierfür geeignet sind.

(6) Besuche von Verteidigern sowie von Rechtsanwälten und Notaren in einer die Gefangenen betreffenden Rechtssache sind zu gestatten. Dies gilt auch für Besuche von Beiständen nach § 69 JGG.

9 B 19, 9 B 24

§ 35 Untersagung der Besuche
Der Anstaltsleiter kann Besuche untersagen, wenn
1. die Sicherheit oder Ordnung der Anstalt gefährdet würde,
2. bei Personen, die nicht Angehörige der Strafgefangenen und jungen Gefangenen im Sinne des § 11 Abs. 1 Nr. 1 StGB sind, zu befürchten ist, dass sie einen schädlichen Einfluss auf die Strafgefangenen und jungen Gefangenen haben oder die Erreichung des Vollzugsziels behindern,
3. bei Personen, die Opfer einer Straftat des Gefangenen waren oder im Haftbefehl als Opfer benannt werden, zu befürchten ist, dass die Begegnung mit den Gefangenen einen schädlichen Einfluss auf sie hat, oder
4. die Personensorgeberechtigten nicht einverstanden sind.

9 B 34, 9 B 47

§ 36 Durchführung der Besuche
(1) Aus Gründen der Sicherheit können Besuche davon abhängig gemacht werden, dass sich die Besucher mit technischen oder sonstigen Hilfsmitteln absuchen oder durchsuchen lassen. Eine inhaltliche Überprüfung der von Verteidigern oder von Beiständen nach § 69 JGG mitgeführten Schriftstücke und sonstigen Unterlagen ist nicht zulässig. § 42 Abs. 2 Satz 2 und 3 bleibt unberührt.

(2) Besuche werden regelmäßig beaufsichtigt. Über Ausnahmen entscheidet der Anstaltsleiter. Die Beaufsichtigung kann mit technischen Hilfsmitteln durchgeführt werden; die betroffenen Personen sind vorher darauf hinzuweisen. Eine Aufzeichnung findet nicht statt.

(3) Besuche von Verteidigern und von Beiständen nach § 69 JGG werden nicht beaufsichtigt.

(4) Besuche dürfen abgebrochen werden, wenn Besucher oder Gefangene gegen dieses Gesetz oder gegen aufgrund dieses Gesetzes getroffene Anordnungen trotz Abmahnung verstoßen oder von den Besuchern ein schädlicher Einfluss auf junge Gefangene ausgeht. Dies gilt auch bei einem Verstoß gegen eine Anordnung nach § 119 Abs. 1 StPO. Die Abmahnung unterbleibt, wenn es unerlässlich ist, den Besuch sofort abzubrechen.

(5) Gegenstände dürfen beim Besuch nicht übergeben werden. Dies gilt nicht für die bei dem Besuch der Verteidiger oder der Beistände nach § 69 JGG übergebenen Schriftstücke und sonstigen Unterlagen sowie für die bei dem Besuch von Rechtsanwälten oder Notaren zur Erledigung einer die Gefangenen betreffenden Rechtssache übergebenen Schriftstücke und sonstigen Unterlagen. Bei dem Besuch von Rechtsanwälten oder Notaren kann die Übergabe aus Gründen der Sicherheit oder Ordnung der Anstalt von der Erlaubnis des Anstaltsleiters abhängig gemacht werden. § 42 Abs. 2 Satz 2 und 3 bleibt unberührt.

(6) Der Anstaltsleiter kann im Einzelfall die Nutzung einer Trennvorrichtung anordnen, wenn dies zur Verhinderung einer Übergabe von Gegenständen erforderlich ist.

9 B 71, 9 B 74, 9 B 80, 9 B 82

§ 37 Überwachung der Gespräche
(1) Gespräche dürfen überwacht werden, soweit es im Einzelfall
1. aus Gründen der Sicherheit,
2. bei den Straf- und Jugendstrafgefangenen wegen einer Gefährdung der Erreichung des Vollzugsziels,
3. bei jungen Gefangenen aus Gründen der Erziehung oder
4. zur Umsetzung einer Anordnung nach § 119 Abs. 1 StPO
erforderlich ist.

(2) Gespräche mit Verteidigern oder mit Beiständen nach § 69 JGG werden nicht überwacht.

9 B 78

§ 38 Telefongespräche
(1) Den Gefangenen kann gestattet werden, Telefongespräche zu führen. Die Bestimmungen über den Besuch gelten entsprechend. Eine beabsichtigte Überwachung teilt die Anstalt den Gefangenen rechtzeitig

vor Beginn des Telefongesprächs und den Gesprächspartnern der Gefangenen unmittelbar nach Herstellung der Verbindung mit.

(2) Die Kosten der Telefongespräche tragen die Gefangenen. Sind sie dazu nicht in der Lage, kann die Anstalt die Kosten in begründeten Fällen in angemessenem Umfang übernehmen.

9 D 12

§ 39 Schriftwechsel

(1) Die Gefangenen haben das Recht, Schreiben abzusenden und zu empfangen.

(2) Die Kosten des Schriftwechsels tragen die Gefangenen. Sind sie dazu nicht in der Lage, kann die Anstalt die Kosten in begründeten Fällen in angemessenem Umfang übernehmen.

9 C 1 ff

§ 40 Untersagung des Schriftwechsels

Der Anstaltsleiter kann den Schriftwechsel mit bestimmten Personen untersagen, wenn
1. die Sicherheit oder Ordnung der Anstalt gefährdet würde,
2. bei Personen, die nicht Angehörige der Strafgefangenen und jungen Gefangenen im Sinne des § 11 Abs. 1 Nr. 1 StGB sind, zu befürchten ist, dass sie einen schädlichen Einfluss auf die Strafgefangenen und jungen Gefangenen haben oder die Erreichung des Vollzugsziels behindern,
3. bei Personen, die Opfer der Straftat waren oder im Haftbefehl als Opfer benannt werden, zu befürchten ist, dass der Schriftwechsel mit den Gefangenen einen schädlichen Einfluss auf sie hat, oder
4. die Personensorgeberechtigten nicht einverstanden sind.

9 C 9, 9 C 13

§ 41 Sichtkontrolle, Weiterleitung und Aufbewahrung von Schreiben

(1) Die Gefangenen haben das Absenden und den Empfang ihrer Schreiben durch die Anstalt vermitteln zu lassen, soweit nichts anderes gestattet ist.

(2) Ein- und ausgehende Schreiben werden auf verbotene Gegenstände kontrolliert und sind unverzüglich weiterzuleiten.

(3) Die Gefangenen haben eingehende Schreiben unverschlossen zu verwahren, sofern nichts anderes gestattet wird. Sie können sie verschlossen zu ihrer Habe geben.

9 C 23

§ 42 Überwachung des Schriftwechsels

(1) Der Schriftwechsel darf überwacht werden, soweit es im Einzelfall
1. aus Gründen der Sicherheit,
2. bei den Straf- und Jugendstrafgefangenen wegen einer Gefährdung der Erreichung des Vollzugsziels,
3. bei jungen Gefangenen aus Gründen der Erziehung oder
4. zur Umsetzung einer Anordnung nach § 119 Abs. 1 StPO

erforderlich ist.

(2) Der Schriftwechsel der Gefangenen mit ihren Verteidigern oder Beiständen nach § 69 JGG wird nicht überwacht. Liegt dem Vollzug der Freiheits- oder Jugendstrafe eine Straftat nach § 129a StGB, auch in Verbindung mit § 129b Abs. 1 StGB, zugrunde, gelten § 148 Abs. 2 und § 148a StPO entsprechend; dies gilt nicht, wenn die Straf- oder Jugendstrafgefangenen sich im offenen Vollzug befinden oder wenn ihnen Lockerungen nach § 46 Abs. 1 gewährt worden sind und ein Grund, der den Anstaltsleiter zum Widerruf von Lockerungen ermächtigt, nicht vorliegt. Satz 2 gilt auch, wenn eine Freiheits- oder Jugendstrafe wegen einer Straftat nach § 129a StGB, auch in Verbindung mit § 129b Abs. 1 StGB, erst im Anschluss an den Vollzug der Freiheits- oder Jugendstrafe, der eine andere Verurteilung zugrunde liegt, zu vollstrecken ist.

(3) Nicht überwacht werden ferner Schreiben der Gefangenen an Volksvertretungen des Bundes und der Länder sowie an deren Mitglieder, soweit die Schreiben an die Anschriften dieser Volksvertretungen gerichtet sind und den Absender zutreffend angeben. Entsprechendes gilt für Schreiben an das Europäische Parlament und dessen Mitglieder, den Europäischen Gerichtshof für Menschenrechte, den Europäischen Ausschuss zur Verhütung von Folter und unmenschlicher oder erniedrigender Behandlung oder Strafe, den Ausschuss der Vereinten Nationen gegen Folter, den zugehörigen Unterausschuss zur Verhütung von Folter und die entsprechenden nationalen Präventionsmechanismen, die konsularische Vertretung ihres Heimatlandes und weitere Einrichtungen, mit denen der Schriftverkehr aufgrund völkerrechtli-

cher Verpflichtungen der Bundesrepublik Deutschland geschützt ist. Satz 1 gilt auch für den Schriftverkehr mit den Bürgerbeauftragten der Länder und den Datenschutzbeauftragten des Bundes und der Länder. Schreiben der in den Sätzen 1 bis 3 genannten Stellen, die an die Gefangenen gerichtet sind, werden nicht überwacht, sofern die Identität des Absenders zweifelsfrei feststeht.

9 C 23

§ 43 Anhalten von Schreiben
(1) Der Anstaltsleiter kann Schreiben anhalten, wenn
1. die Sicherheit oder Ordnung der Anstalt gefährdet würde,
2. die Weitergabe in Kenntnis ihres Inhalts einen Straf- oder Bußgeldtatbestand verwirklichen würde,
3. sie grob unrichtige oder erheblich entstellende Darstellungen von Anstaltsverhältnissen oder grobe Beleidigungen enthalten,
4. sie in Geheim- oder Kurzschrift, unlesbar, unverständlich oder ohne zwingenden Grund in einer fremden Sprache abgefasst sind,
5. bei Straf- oder Jugendstrafgefangenen die Erreichung des Vollzugsziels gefährdet würde,
6. es die Aufgabe des Vollzugs der Untersuchungshaft erfordert oder
7. sie die Eingliederung anderer Straf- und Jugendstrafgefangener gefährden können.

(2) Ausgehenden Schreiben, die unrichtige Darstellungen enthalten, kann ein Begleitschreiben beigefügt werden, wenn die Gefangenen auf dem Absenden bestehen.

(3) Sind Schreiben angehalten worden, wird das den Gefangenen mitgeteilt. Hiervon kann im Vollzug der Untersuchungshaft abgesehen werden, wenn und solange es dessen Aufgabe erfordert. Soweit angehaltene Schreiben nicht beschlagnahmt werden, werden sie an den Absender zurückgegeben oder, sofern dies unmöglich oder aus besonderen Gründen nicht angezeigt ist, verwahrt.

(4) Schreiben, deren Überwachung ausgeschlossen ist, dürfen nicht angehalten werden.

9 C 49 ff

§ 44 Andere Formen der Telekommunikation
Nach Zulassung anderer Formen der Telekommunikation im Sinne des Telekommunikationsgesetzes durch die Aufsichtsbehörde (§ 113 Abs. 1) kann der Anstaltsleiter den Gefangenen gestatten, diese Formen auf ihre Kosten zu nutzen. Die Bestimmungen dieses Abschnitts gelten entsprechend.

5 A 31, 5 C 29, 5 C 36, 9 D 9

§ 45 Pakete
(1) Den Gefangenen kann gestattet werden, Pakete zu empfangen. Der Empfang von Paketen mit Nahrungs- und Genussmitteln ist untersagt. Die Anstalt kann Anzahl, Gewicht und Größe von Sendungen und einzelnen Gegenständen festsetzen. Über § 55 Abs. 1 Satz 2 hinaus kann sie Gegenstände und Verpackungsformen ausschließen, die einen unverhältnismäßigen Kontrollaufwand bedingen.

(2) Die Anstalt kann die Annahme von Paketen, deren Einbringung nicht gestattet ist oder die die Voraussetzungen des Absatzes 1 nicht erfüllen, ablehnen oder solche Pakete an den Absender zurücksenden.

(3) Pakete sind in Gegenwart der Gefangenen zu öffnen, an die sie adressiert sind. Mit nicht zugelassenen oder ausgeschlossenen Gegenständen ist nach § 58 Abs. 3 zu verfahren. Sie können auch auf Kosten der Gefangenen zurückgesandt werden.

(4) Der Empfang von Paketen kann vorübergehend versagt werden, wenn dies wegen der Gefährdung der Sicherheit oder Ordnung unerlässlich ist.

(5) Den Gefangenen kann gestattet werden, Pakete zu versenden. Der Inhalt kann aus Gründen der Sicherheit oder Ordnung überprüft werden.

(6) Die Kosten des Paketversandes tragen die Gefangenen. Sind sie dazu nicht in der Lage, kann die Anstalt die Kosten in begründeten Fällen in angemessenem Umfang übernehmen.

6 C 3, 9 E 1 ff

Siebter Abschnitt. Lockerungen und sonstige Aufenthalte außerhalb der Anstalt

§ 46 Lockerungen zur Erreichung des Vollzugsziels
(1) Aufenthalte außerhalb der Anstalt ohne Aufsicht (Lockerungen) können den Straf- und Jugendstrafgefangenen zur Erreichung des Vollzugsziels gewährt werden, namentlich

1. das Verlassen der Anstalt für bis zu 24 Stunden in Begleitung einer von der Anstalt zugelassenen Person (Begleitausgang),
2. das Verlassen der Anstalt für bis zu 24 Stunden ohne Begleitung (unbegleiteter Ausgang),
3. das Verlassen der Anstalt für mehrere Tage (Langzeitausgang),
4. die regelmäßige Beschäftigung außerhalb der Anstalt (Freigang) und
5. im Vollzug der Jugendstrafe die Unterbringung in besonderen Erziehungseinrichtungen.

Vor Gewährung von Lockerungen nach Satz 1 Nr. 3 und 5 wird der Vollstreckungsleiter gehört.

(2) Die Lockerungen dürfen gewährt werden, wenn verantwortet werden kann, zu erproben, dass die Straf- und Jugendstrafgefangenen sich dem Vollzug der Freiheitsstrafe nicht entziehen oder die Lockerungen nicht zu Straftaten missbrauchen werden. Jugendstrafgefangenen können sie versagt werden, wenn sie ihren Mitwirkungspflichten nicht nachkommen.

(3) Bei Straf- und Jugendstrafgefangenen, gegen die während des laufenden Freiheitsentzugs eine Strafe wegen einer schwerwiegenden Straftat gegen Leib oder Leben oder gegen die sexuelle Selbstbestimmung mit Ausnahme der §§ 180a und 181a StGB vollzogen wurde oder zu vollziehen ist, bedarf die Entscheidung, ob Lockerungen gewährt werden können, besonders gründlicher Prüfung. Bei der Entscheidung sind auch die Feststellungen im Urteil und die im Ermittlungs- oder Strafverfahren erstatteten Gutachten zu berücksichtigen.

(4) Ein Langzeitausgang nach Absatz 1 Satz 1 Nr. 3 soll in der Regel erst gewährt werden, wenn die Straf- oder Jugendstrafgefangenen sich mindestens sechs Monate im Straf- oder Jugendstrafvollzug befunden haben. Zu lebenslanger Freiheitsstrafe verurteilte Strafgefangene können einen Langzeitausgang erst erhalten, wenn sie sich einschließlich einer vorhergehenden Untersuchungshaft oder einer anderen Freiheitsentziehung in der Regel zehn Jahre im Vollzug befunden haben oder wenn sie im offenen Vollzug untergebracht sind.

(5) Durch Lockerungen wird die Vollstreckung der Freiheits- oder Jugendstrafe nicht unterbrochen.

4 D 43, 4 H 13, 6 F 52, 10 B 1, 10 B 3, 10 B 4, 10 C 1, 10 C 2, 10 C 12, 10 C 17, 10 C 18, 10 C 20, 10 C 34, 10 C 35, 10 C 38, 10 C 41, 10 C 49, 10 C 57, 10 C 66, 10 C 68, 10 D 3, 10 E 9

§ 47 Lockerungen aus sonstigen Gründen

(1) Lockerungen können auch aus wichtigem Anlass gewährt werden. Wichtige Anlässe sind insbesondere die Teilnahme an gerichtlichen Terminen, die medizinische Behandlung der Straf- und Jugendstrafgefangenen sowie der Tod oder eine lebensgefährliche Erkrankung naher Angehöriger der Straf- und Jugendstrafgefangenen.

(2) § 46 Abs. 2, 3 und 5 gilt entsprechend.

10 B 1, 10 D 3, 10 D 4, 10 D 9

§ 48 Weisungen für Lockerungen

Für Lockerungen sind die nach den Umständen des Einzelfalls erforderlichen Weisungen zu erteilen. Bei der Ausgestaltung der Lockerungen ist nach Möglichkeit auch den Belangen des Opfers Rechnung zu tragen.

1 D 24, 4 D 43, 4 H 14, 10 B 1, 10 C 67, 10 D 9, 10 E 1, 10 E 3, 10 E 10, 10 E 11

§ 49 Ausführung, Außenbeschäftigung, Vorführung, Ausantwortung

(1) Den Gefangenen kann das Verlassen der Anstalt unter ständiger und unmittelbarer Aufsicht gestattet werden, wenn dies aus besonderen Gründen notwendig ist (Ausführung). Die Gefangenen können auch gegen ihren Willen ausgeführt werden. Liegt die Ausführung ausschließlich im Interesse der Gefangenen, können ihnen die Kosten auferlegt werden. Hiervon ist bei Straf- und Jugendstrafgefangenen abzusehen, soweit dies die Erreichung des Vollzugsziels, insbesondere die Eingliederung, behindert.

(2) Ausführungen zur Befolgung einer gerichtlichen Ladung sind zu ermöglichen, soweit darin das persönliche Erscheinen angeordnet ist.

(3) Vor der Gewährung einer Ausführung Untersuchungsgefangener ist dem Gericht und der Staatsanwaltschaft Gelegenheit zur Stellungnahme zu geben.

(4) Straf- und Jugendstrafgefangenen kann gestattet werden, außerhalb der Anstalt einer regelmäßigen Beschäftigung unter ständiger Aufsicht oder unter Aufsicht in unregelmäßigen Abständen (Außenbeschäftigung) nachzugehen. § 46 Abs. 2 und 3 gilt entsprechend.

(5) Auf Ersuchen eines Gerichts werden Gefangene vorgeführt, sofern ein Vorführungsbefehl vorliegt. Über Untersuchungsgefangene betreffende Vorführungsersuchen in anderen als dem der Inhaftierung zu Grunde liegenden Verfahren sind das Gericht und die Staatsanwaltschaft unverzüglich zu unterrichten.

(6) Gefangene dürfen befristet dem Gewahrsam eines Gerichts, einer Staatsanwaltschaft oder einer Polizei-, Zoll- oder Finanzbehörde auf Antrag überlassen werden (Ausantwortung). Absatz 3 gilt entsprechend.

10 C 7, 10 C 8, 10 C 10, 10 C 38, 10 C 50, 10 D 3, 10 D 10, 10 D 11, 10 D 12, 10 D 13, 10 D 14, 10 D 15, 10 E 3

Achter Abschnitt. Vorbereitung der Eingliederung, Entlassung und nachgehende Betreuung

§ 50 Vorbereitung der Eingliederung

(1) Die Maßnahmen zur sozialen und beruflichen Eingliederung sind auf den Zeitpunkt der voraussichtlichen Entlassung in die Freiheit abzustellen. Die Straf- und Jugendstrafgefangenen sind bei der Ordnung ihrer persönlichen, wirtschaftlichen und sozialen Angelegenheiten zu unterstützen. Dies umfasst die Vermittlung in nachsorgende Maßnahmen.

(2) Die Anstalt arbeitet frühzeitig mit Personen und Einrichtungen außerhalb des Vollzugs zusammen, insbesondere um zu erreichen, dass die Straf- und Jugendstrafgefangenen nach ihrer Entlassung über eine geeignete Unterbringung und eine Arbeits- oder Ausbildungsstelle verfügen. Bewährungshilfe und Führungsaufsichtstelle beteiligen sich frühzeitig an der sozialen und beruflichen Eingliederung der Straf- und Jugendstrafgefangenen.

(3) Haben sich die Straf- und Jugendstrafgefangenen mindestens sechs Monate im Vollzug befunden, kann ihnen ein zusammenhängender Langzeitausgang bis zu sechs Monaten gewährt werden, wenn dies zur Vorbereitung der Eingliederung erforderlich ist. § 46 Abs. 1 Satz 2 sowie Abs. 2, 3 und 5 sowie § 48 gelten entsprechend.

(4) In einem Zeitraum von sechs Monaten vor der voraussichtlichen Entlassung sind den Straf- und Jugendstrafgefangenen die zur Vorbereitung der Eingliederung erforderlichen Lockerungen zu gewähren, sofern nicht mit hoher Wahrscheinlichkeit zu erwarten ist, dass sie sich dem Vollzug der Freiheits- oder Jugendstrafe entziehen oder die Lockerungen zu Straftaten missbrauchen werden.

3 C 1, 3 C 3, 3 C 6, 4 J 2, 7 A 1, 7 B 6, 7 D 8, 10 G 2, 10 H 4, 10 H 6, 10 H 10, 10 H 12, 13 I 5

§ 51 Entlassung der Straf- und Jugendstrafgefangenen

(1) Die Straf- und Jugendstrafgefangenen sollen am letzten Tag ihrer Strafzeit möglichst frühzeitig, jedenfalls noch am Vormittag, entlassen werden.

(2) Fällt das Strafende auf einen Sonnabend oder Sonntag, einen gesetzlichen Feiertag, den ersten Werktag nach Ostern oder Pfingsten oder in die Zeit vom 22. Dezember bis zum 6. Januar, so können die Straf- und Jugendstrafgefangenen an dem diesem Tag oder Zeitraum vorhergehenden Werktag entlassen werden, wenn dies gemessen an der Dauer der Strafzeit vertretbar ist und Gründe der Fürsorge nicht entgegenstehen.

(3) Der Entlassungszeitpunkt kann bis zu zwei Tage vorverlegt werden, wenn die Straf- und Jugendstrafgefangenen zu ihrer Eingliederung hierauf dringend angewiesen sind.

(4) Bedürftigen Straf- und Jugendstrafgefangenen kann eine Entlassungsbeihilfe in Form eines Reisekostenzuschusses, angemessener Kleidung oder einer sonstigen notwendigen Unterstützung gewährt werden.

7 E 1, 10 G 2, 10 I 2, 10 I 4, 10 I 5, 10 I 8

§ 52 Nachgehende Betreuung

Mit Zustimmung des Anstaltsleiters können Bedienstete an der nachgehenden Betreuung entlassener Straf- und Jugendstrafgefangener mit deren Einverständnis mitwirken, wenn ansonsten die Eingliederung gefährdet wäre. Die nachgehende Betreuung kann auch außerhalb der Anstalt erfolgen. In der Regel ist sie auf die ersten sechs Monate nach der Entlassung begrenzt.

3 E 2, 3 E 4, 3 E 5, 3 E 6, 3 E 7, 7 D 23, 10 G 2

§ 53 Verbleib oder Aufnahme auf freiwilliger Grundlage

(1) Sofern es die Belegungssituation zulässt, können die Straf- und Jugendstrafgefangenen auf Antrag ausnahmsweise vorübergehend in der Anstalt verbleiben oder wieder aufgenommen werden, wenn die Eingliederung gefährdet und ein Aufenthalt in der Anstalt aus diesem Grunde gerechtfertigt ist.

(2) Die Jugendstrafgefangenen können ausnahmsweise nach ihrer Entlassung im Vollzug begonnene Ausbildungs- oder Behandlungsmaßnahmen fortführen, soweit diese nicht anderweitig durchgeführt werden können. Hierzu können sie vorübergehend in der Anstalt untergebracht werden.

(3) Die Unterbringung erfolgt auf vertraglicher Basis. Gegen die in der Anstalt untergebrachten Entlassenen dürfen Maßnahmen des Vollzugs nicht mit unmittelbarem Zwang durchgesetzt werden.

(4) Bei Störung des Anstaltsbetriebs durch die Entlassenen oder aus vollzugsorganisatorischen Gründen können die Unterbringung und die Maßnahme jederzeit beendet werden.

3 D 2, 3 D 3, 3 D 4, 3 D 6, 3 D 7, 3 D 8, 10 G 2

§ 54 Entlassung der Untersuchungsgefangenen

(1) Auf Anordnung des Gerichts oder der Staatsanwaltschaft entlässt die Anstalt die Untersuchungsgefangenen unverzüglich aus der Haft, es sei denn, es ist in anderer Sache eine richterlich angeordnete Freiheitsentziehung zu vollziehen.

(2) Aus Gründen der Fürsorge kann den Untersuchungsgefangenen der freiwillige Verbleib in der Anstalt bis zum Vormittag des zweiten auf den Eingang der Entlassungsanordnung folgenden Werktags gestattet werden. Der freiwillige Verbleib setzt das schriftliche Einverständnis der Untersuchungsgefangenen voraus, dass die bisher bestehenden Beschränkungen aufrechterhalten bleiben.

(3) § 51 Abs. 4 gilt entsprechend.

Neunter Abschnitt. Grundversorgung und Freizeit

§ 55 Einbringen von Gegenständen

(1) Gegenstände dürfen durch oder für die Gefangenen nur mit Zustimmung der Anstalt eingebracht werden. Die Anstalt kann die Zustimmung verweigern, wenn die Gegenstände geeignet sind, die Sicherheit oder Ordnung der Anstalt oder die Erreichung des Vollzugsziels zu gefährden oder ihre Aufbewahrung nach Art oder Umfang offensichtlich nicht möglich ist.

(2) Das Einbringen von Nahrungs- und Genussmitteln ist nicht gestattet. Der Anstaltsleiter kann eine abweichende Regelung treffen.

6 C 11, 11 C 2, 11 C 10

§ 56 Gewahrsam an Gegenständen

(1) Die Gefangenen dürfen Gegenstände nur mit Zustimmung der Anstalt in Gewahrsam haben, annehmen oder abgeben.

(2) Ohne Zustimmung dürfen sie Gegenstände von geringem Wert an andere Gefangene weitergeben und von anderen Gefangenen annehmen; die Abgabe und Annahme dieser Gegenstände und der Gewahrsam daran können von der Zustimmung der Anstalt abhängig gemacht werden.

11 C 2, 11 C 3, 11 C 12

§ 57 Ausstattung des Haftraums

Die Gefangenen dürfen ihren Haftraum in angemessenem Umfang mit eigenen Gegenständen ausstatten oder diese dort aufbewahren. Gegenstände dürfen nicht in den Haftraum eingebracht werden oder werden aus dem Haftraum entfernt, wenn

1. sie geeignet sind, die Sicherheit oder Ordnung der Anstalt, insbesondere die Übersichtlichkeit des Haftraumes zu gefährden oder
2. sie geeignet sind, bei den Straf- und Jugendstrafgefangenen die Erreichung des Vollzugsziels zu gefährden.

2 F 1, 2 F 8, 2 F 9, 2 F 10, 2 F 12, 2 F 16, 2 F 17, 5 C 12, 5 C 14, 5 C 17, 5 C 18, 5 D 6, 5 D 11, 5 D 14, 5 D 20, 5 D 21, 5 D 28

§ 58 Aufbewahrung und Vernichtung von Gegenständen

(1) Gegenstände, die die Gefangenen nicht im Haftraum aufbewahren dürfen oder wollen, werden von der Anstalt aufbewahrt, soweit dies nach Art und Umfang möglich ist.

(2) Den Gefangenen wird Gelegenheit gegeben, ihre Gegenstände, die sie während des Vollzugs und für ihre Entlassung nicht benötigen, auf ihre Kosten zu versenden. § 45 Abs. 6 gilt entsprechend. Geld wird ihnen als Eigengeld gutgeschrieben.

(3) Werden Gegenstände, deren Aufbewahrung nach Art oder Umfang nicht möglich ist, von den Gefangenen trotz Aufforderung nicht aus der Anstalt verbracht, so darf die Anstalt diese Gegenstände auf Kosten der Gefangenen außerhalb der Anstalt verwahren, verwerten oder vernichten. Für die Voraussetzungen und das Verfahren der Verwertung und Vernichtung gilt § 29 des Polizeiaufgabengesetzes entsprechend.

(4) Aufzeichnungen und andere Gegenstände, die Kenntnisse über Sicherungsvorkehrungen der Anstalt vermitteln oder Schlussfolgerungen auf diese zulassen, dürfen vernichtet oder unbrauchbar gemacht werden.

11 C 2, 11 C 13, 11 C 14, 11 C 15, 11 C 17

§ 59 Religiöse Schriften und Gegenstände

Die Gefangenen dürfen grundlegende religiöse Schriften sowie in angemessenem Umfang Gegenstände des religiösen Gebrauchs besitzen. Diese dürfen Gefangenen nur bei grobem Missbrauch entzogen werden.

8 A 21, 8 A 22, 8 A 23

§ 60 Zeitungen und Zeitschriften

(1) Die Gefangenen dürfen auf eigene Kosten Zeitungen und Zeitschriften in angemessenem Umfang durch Vermittlung der Anstalt beziehen. Ausgeschlossen sind lediglich Zeitungen und Zeitschriften, deren Verbreitung mit Strafe oder Geldbuße bedroht ist.

(2) Den Straf- und Jugendstrafgefangenen können einzelne Ausgaben vorenthalten oder entzogen werden, wenn deren Inhalte die Erreichung des Vollzugsziels oder die Sicherheit oder Ordnung der Anstalt erheblich gefährden würden.

(3) Den Untersuchungsgefangenen können Zeitungen oder Zeitschriften vorenthalten werden, wenn dies zur Umsetzung einer Anordnung nach § 119 Abs. 1 StPO erforderlich ist. Für einzelne Ausgaben gilt dies auch dann, wenn deren Inhalte die Sicherheit oder Ordnung der Anstalt erheblich gefährden würden.

5 B 5, 5 B 6, 5 B 12, 5 B 13, 5 B 14, 5 B 15, 5 B 20, 5 B 21, 5 B 23, 5 B 24

§ 61 Rundfunk, Informations- und Unterhaltungselektronik

(1) Der Zugang zum Rundfunk ist zu ermöglichen.

(2) Eigene Hörfunk- und Fernsehgeräte werden zugelassen, wenn nicht Gründe des § 57 Satz 2 oder bei jungen Gefangenen erzieherische Gründe entgegenstehen. Andere Geräte der Informations- und Unterhaltungselektronik können unter diesen Voraussetzungen zugelassen werden. Die Gefangenen können auf Mietgeräte oder auf ein Haftraummediensystem verwiesen werden. § 44 bleibt unberührt.

(3) Der Rundfunkempfang kann vorübergehend ausgesetzt oder einzelnen Gefangenen untersagt werden, wenn dies zur Aufrechterhaltung der Sicherheit oder Ordnung der Anstalt, bei einzelnen Untersuchungsgefangenen auch zur Umsetzung einer Anordnung nach § 119 Abs. 1 StPO unerlässlich ist.

5 C 4, 5 C 6, 5 C 10, 5 C 12, 5 C 14, 5 C 17, 5 C 18, 5 C 22, 5 C 25, 5 C 26, 5 C 28, 5 C 29, 5 C 36, 5 D 10

§ 62 Kleidung

(1) Die Straf- und Jugendstrafgefangenen tragen Anstaltskleidung. Der Anstaltsleiter kann eine abweichende Regelung treffen.

(2) Die Untersuchungsgefangenen dürfen eigene Kleidung tragen. Dieses Recht kann eingeschränkt oder ausgeschlossen werden, soweit es zur Umsetzung einer Anordnung nach § 119 Abs. 1 StPO oder zur Gewährleistung der Sicherheit oder Ordnung der Anstalt erforderlich ist.

(3) Für Reinigung und Instandsetzung eigener Kleidung haben die Gefangenen auf ihre Kosten zu sorgen. Der Anstaltsleiter kann anordnen, dass Reinigung und Instandhaltung nur durch Vermittlung der Anstalt erfolgen dürfen.

6 A 1, 6 A 5, 6 A 7, 6 A 9

Anhang

§ 63 Verpflegung und Einkauf

(1) Zusammensetzung und Nährwert der Anstaltsverpflegung entsprechen den Anforderungen an eine gesunde Ernährung und werden ärztlich überwacht. Auf ärztliche Anordnung wird besondere Verpflegung gewährt. Den Gefangenen ist zu ermöglichen, Speisevorschriften ihrer Religionsgemeinschaft zu befolgen.

(2) Den Gefangenen wird ermöglicht einzukaufen. Die Anstalt wirkt auf ein Angebot hin, das auf Wünsche und Bedürfnisse der Gefangenen Rücksicht nimmt. Das Verfahren des Einkaufs regelt der Anstaltsleiter. Straf- und Jugendstrafgefangene können Nahrungs-, Genuss- und Körperpflegemittel nur vom Haus- und Taschengeld, andere Gegenstände in angemessenem Umfang auch vom Eigengeld einkaufen.

4 I 111, 4 I 112, 6 B 4, 6 B 6, 6 B 9, 6 B 10, 6 C 5, 6 C 6, 6 C 7, 6 C 10, 11 C 17

§ 64 Annehmlichkeiten im Vollzug der Untersuchungshaft

Die Untersuchungsgefangenen dürfen sich auf ihre Kosten von den § 57 sowie §§ 59 bis 63 nicht umfasste Annehmlichkeiten verschaffen, soweit und solange weder eine Anordnung nach § 119 Abs. 1 StPO entgegensteht noch die Sicherheit oder Ordnung der Anstalt gefährdet wird.

§ 65 Freizeit

(1) Zur Ausgestaltung der Freizeit hat die Anstalt insbesondere Angebote zur sportlichen und kulturellen Betätigung und Bildungsangebote vorzuhalten. Die Anstalt stellt eine angemessen ausgestattete Bücherei zur Verfügung.

(2) Dem Sport kommt bei der Gestaltung des Vollzugs der Jugendstrafe und der Untersuchungshaft an jungen Untersuchungsgefangenen besondere Bedeutung zu. Für die jungen Gefangenen sind ausreichende und geeignete Angebote vorzuhalten, um ihnen eine sportliche Betätigung von mindestens zwei Stunden wöchentlich zu ermöglichen.

(3) Im Vollzug der Jugendstrafe dient der Sport auch der Erreichung des Vollzugsziels und kann zur Diagnostik und gezielten Behandlung eingesetzt werden.

(4) Die Gefangenen sind zur Teilnahme und Mitwirkung an Angeboten der Freizeitgestaltung zu motivieren und anzuleiten.

5 A 8, 5 A 9, 5 A 12, 5 A 18, 5 A 19, 5 A 25, 5 A 26, 5 A 30, 5 A 32, 5 A 38

Zehnter Abschnitt. Vergütung, Gelder der Gefangenen und Kosten

§ 66 Vergütung

(1) Gefangene, die eine angebotene Arbeit, arbeitstherapeutische Maßnahmen oder Arbeitstraining ausüben, erhalten Arbeitsentgelt. Gefangene, die während der Arbeitszeit ganz oder teilweise an einer schulischen oder beruflichen Bildungsmaßnahme teilnehmen, erhalten hierfür eine Ausbildungsbeihilfe, soweit kein Anspruch auf andere Leistungen besteht, die freien Personen aus solchem Anlass zustehen.

(2) Nehmen beschäftigte Gefangene während der Arbeitszeit an im Vollzugsplan festgelegten Maßnahmen nach § 15 Abs. 1 Satz 1 Nr. 7 bis 10 und Satz 2 teil, erhalten sie für deren Dauer ihr Arbeitsentgelt oder die Ausbildungsbeihilfe (Vergütung) nach Absatz 1 weiter, soweit diese Maßnahmen für die Strafgefangenen nach § 15 Abs. 2 als zwingend erforderlich, für die Jugendstrafgefangenen nach § 15 Abs. 3 als erforderlich erachtet wurden oder Teil des Behandlungsprogramms der sozialtherapeutischen Abteilung sind.

(3) Der Bemessung der Vergütung nach Absatz 1 ist der 250. Teil (Tagessatz) von 9 vom Hundert der Bezugsgröße nach § 18 des Vierten Buchs Sozialgesetzbuch (SGB IV) zugrunde zu legen (Eckvergütung).

(4) Die Vergütung kann je nach Art der Maßnahme und der Leistung der Gefangenen gestuft werden; dabei dürfen 60 vom Hundert der Eckvergütung nicht unterschritten werden. Das für Justiz zuständige Ministerium wird ermächtigt, durch Rechtsverordnung entsprechende Vergütungsstufen festzusetzen.

(5) Die Höhe der Vergütung wird den Gefangenen schriftlich bekannt gegeben.

(6) Soweit Beiträge zur Arbeitslosenversicherung zu entrichten sind, kann von der Vergütung der Betrag einbehalten werden, der dem Anteil der Gefangenen am Beitrag entsprechen würde, wenn sie die Vergütung als Arbeitnehmer erhielten.

1 E 14, 4 Vorb. 5, 4 D 6, 4 D 10, 4 D 11, 4 D 12, 4 D 13, 4 D 14, 4 D 17, 4 D 18, 4 D 21, 4 D 22, 4 D 25, 4 D 26, 4 D 33, 4 D 72, 4 G 2, 4 G 7, 4 G 8, 4 G 10, 4 G 11, 4 G 15, 4 I 23, 4 I 133, 6 F 56

§ 67 Eigengeld

(1) Das Eigengeld besteht aus den Beträgen, die die Gefangenen bei der Aufnahme in die Anstalt mitbringen und die sie während der Haftzeit erhalten, und der Vergütung, soweit diese nicht bei Straf- und Jugendstrafgefangenen als Hausgeld und bei Strafgefangenen als Haftkostenbeitrag in Anspruch genommen wird.

(2) Die Gefangenen können über das Eigengeld verfügen. § 63 Abs. 2 sowie §§ 70 und 71 bleiben unberührt.

4 Vorb. 5, 4 I 101, 4 I 102, 4 I 103, 4 I 112, 11 C 17

§ 68 Taschengeld

(1) Straf- und Jugendstrafgefangenen wird auf Antrag Taschengeld gewährt, soweit ihnen aus Hausgeld (§ 70) und Eigengeld (§ 67) monatlich ein Betrag bis zur Höhe des Taschengelds voraussichtlich nicht zur Verfügung steht und sie auch im Übrigen bedürftig sind.

(2) Straf- und Jugendstrafgefangene gelten als nicht bedürftig, wenn ihnen ein Betrag nach Absatz 1 Satz 2 deshalb nicht zur Verfügung steht, weil sie eine ihnen zugewiesene Arbeit nicht angenommen oder eine ausgeübte Arbeit verschuldet verloren haben.

(3) Bedürftigen Untersuchungsgefangenen wird auf Antrag Taschengeld gewährt. Bedürftig sind sie, soweit ihnen im laufenden Monat ein Betrag bis zur Höhe des Taschengelds voraussichtlich nicht aus eigenen Mitteln zur Verfügung steht.

(4) Das Taschengeld beträgt 14 vom Hundert der Eckvergütung (§ 66 Abs. 3). Es wird zu Beginn des Monats im Voraus gewährt. Gehen den Gefangenen im Laufe des Monats Gelder zu, wird zum Ausgleich ein Betrag bis zur Höhe des gewährten Taschengelds einbehalten.

(5) Die Gefangenen dürfen über das Taschengeld im Rahmen der Bestimmungen dieses Gesetzes verfügen. Im Vollzug der Freiheits- und Jugendstrafe wird es dem Hausgeldkonto gutgeschrieben.

4 Vorb. 5, 4 I 3, 4 I 5, 4 I 10, 4 I 16, 4 I 17, 4 I 18, 4 I 19, 4 I 23, 4 I 116

§ 69 Konten, Bargeld

(1) Für die Straf- und Jugendstrafgefangenen werden Hausgeld- und Eigengeldkonten, für die Untersuchungsgefangenen nur Eigengeldkonten in der Anstalt geführt.

(2) Der Besitz von Bargeld in der Anstalt ist den Gefangenen nicht gestattet. Über Ausnahmen entscheidet der Anstaltsleiter.

(3) Geld in Fremdwährung wird zur Habe genommen.

4 Vorb. 5, 4 I 104, 4 I 116

§ 70 Hausgeld

(1) Das Hausgeld wird aus vier Siebteln der in diesem Gesetz geregelten Vergütung gebildet.

(2) Für Straf- und Jugendstrafgefangene, die aus einem freien Beschäftigungsverhältnis, aus einer Selbstbeschäftigung oder anderweitig regelmäßige Einkünfte haben, wird daraus ein angemessenes monatliches Hausgeld festgesetzt.

(3) Für Straf- und Jugendstrafgefangene, die über Eigengeld (§ 67) verfügen und keine hinreichende Vergütung nach diesem Gesetz erhalten, gilt Absatz 2 entsprechend.

(4) Die Straf- und Jugendstrafgefangenen dürfen über das Hausgeld im Rahmen der Bestimmungen dieses Gesetzes verfügen. Der Anspruch auf Auszahlung ist nicht übertragbar.

4 Vorb. 5, 4 I 23, 4 I 25, 4 I 27, 4 I 28, 6 C 4, 12 P 8

§ 71 Zweckgebundene Einzahlungen

Für Maßnahmen der Eingliederung, insbesondere für Kosten der Gesundheitsfürsorge und der Aus- und Fortbildung, für Maßnahmen der Pflege sozialer Beziehungen, insbesondere Telefonkosten und Fahrtkosten anlässlich von Lockerungen, kann zweckgebunden Geld eingezahlt werden. Das Geld darf nur für diese Zwecke verwendet werden. Der Anspruch auf Auszahlung ist nicht übertragbar.

4 Vorb. 5, 4 I 12, 4 I 126, 4 I 127

§ 72 Haftkostenbeitrag, Kostenbeteiligung

(1) Die Anstalt erhebt von den Strafgefangenen, die sich in einem freien Beschäftigungsverhältnis befinden oder über anderweitige regelmäßige Einkünfte verfügen, für diese Zeit einen Haftkostenbeitrag.

Vergütungen nach diesem Gesetz bleiben unberücksichtigt. Den Strafgefangenen muss täglich ein Tagessatz nach § 66 Abs. 3 verbleiben. Von der Geltendmachung des Anspruchs ist abzusehen, soweit die Wiedereingliederung der Strafgefangenen hierdurch gefährdet würde.

(2) Der Haftkostenbeitrag wird in Höhe des Betrags erhoben, der nach § 17 Abs. 1 Satz 1 Nr. 4 SGB IV durchschnittlich zur Bewertung der Sachbezüge festgesetzt ist. Bei Selbstverpflegung entfallen die für die Verpflegung vorgesehenen Beträge. Für den Wert der Unterkunft ist die festgesetzte Belegungsfähigkeit maßgebend.

(3) Die Gefangenen können an den Betriebskosten der in ihrem Gewahrsam befindlichen Geräte beteiligt werden.

4 Vorb. 5, 4 H 29, 4 I 41, 4 I 43, 4 I 45, 4 I 47, 4 I 49, 4 I 50, 4 I 52, 4 I 56, 5 C 32, 5 C 36

Elfter Abschnitt. Gesundheitsfürsorge

§ 73 Art und Umfang der medizinischen Leistungen, Kostenbeteiligung

(1) Die Gefangenen haben einen Anspruch auf notwendige, ausreichende und zweckmäßige medizinische Leistungen unter Beachtung des Grundsatzes der Wirtschaftlichkeit und unter Berücksichtigung des allgemeinen Standards der gesetzlichen Krankenversicherung. Der Anspruch umfasst auch Vorsorgeleistungen, ferner die Versorgung mit Hilfsmitteln, soweit diese mit Rücksicht auf die Dauer des Freiheitsentzugs nicht ungerechtfertigt ist und die Hilfsmittel nicht als allgemeine Gebrauchsgegenstände des täglichen Lebens anzusehen sind.

(2) An den Kosten nach Absatz 1 können die Gefangenen in angemessenem Umfang beteiligt werden, höchstens jedoch bis zum Umfang der Beteiligung vergleichbarer gesetzlich Versicherter. Für Leistungen, die über Absatz 1 hinausgehen, können den Gefangenen die gesamten Kosten auferlegt werden.

(3) Erhalten die Gefangenen Leistungen nach Absatz 1 infolge einer mutwilligen Selbstverletzung, sind sie in angemessenem Umfang an den Kosten zu beteiligen. Bei den Straf- und Jugendstrafgefangenen unterbleibt die Kostenbeteiligung, wenn hierdurch die Erreichung des Vollzugsziels, insbesondere die Eingliederung, gefährdet würde.

(4) Den Untersuchungsgefangenen soll der Anstaltsleiter nach Anhörung des ärztlichen Dienstes der Anstalt auf ihren Antrag hin gestatten, auf ihre Kosten externen ärztlichen Rat einzuholen. Die Erlaubnis kann versagt werden, wenn die Untersuchungsgefangenen die gewählte ärztliche Vertrauensperson und den ärztlichen Dienst der Anstalt nicht wechselseitig von der Schweigepflicht entbinden oder wenn es zur Umsetzung einer Anordnung nach § 119 Abs. 1 StPO oder zur Aufrechterhaltung der Sicherheit oder Ordnung der Anstalt erforderlich ist. Die Konsultation soll grundsätzlich in der Anstalt stattfinden.

4 I 55, 6 E 1, 6 E 3, 6 F 1, 6 F 18, 6 F 19, 6 F 20, 6 F 23, 6 F 25, 6 F 28, 6 F 35, 11 J 17

§ 74 Durchführung der medizinischen Leistungen, Forderungsübergang

(1) Medizinische Diagnose, Behandlung und Versorgung kranker und hilfsbedürftiger Gefangener erfolgen in der Anstalt, erforderlichenfalls in einer hierfür besser geeigneten Anstalt oder einem Vollzugskrankenhaus, ausnahmsweise auch außerhalb des Vollzugs. Erfolgt eine stationäre Behandlung junger Gefangener außerhalb der Anstalt, sind die Personensorgeberechtigten und das Jugendamt, im Vollzug der Jugendstrafe auch der Vollstreckungsleiter zu unterrichten. Im Vollzug der Untersuchungshaft ist dem Gericht und der Staatsanwaltschaft im Fall einer Behandlung außerhalb der Anstalt nach Möglichkeit Gelegenheit zur Stellungnahme zu geben.

(2) Wird die Strafvollstreckung während einer Behandlung von Straf- oder Jugendstrafgefangenen unterbrochen oder beendet oder werden Untersuchungsgefangene während einer Behandlung aus der Haft entlassen, so hat das Land nur diejenigen Kosten zu tragen, die bis zur Unterbrechung oder Beendigung der Strafvollstreckung oder bis zur Entlassung angefallen sind.

(3) Gesetzliche Schadensersatzansprüche, die Gefangenen infolge einer Körperverletzung gegen Dritte zustehen, gehen insoweit auf das Land über, als den Gefangenen Leistungen nach § 73 Abs. 1 zu gewähren sind. Von der Geltendmachung der Ansprüche ist im Interesse Straf- oder Jugendstrafgefangener abzusehen, wenn hierdurch die Erreichung des Vollzugsziels, insbesondere die Eingliederung, gefährdet würde.

6 F 65, 6 F 71, 11 J 19

§ 75 Ärztliche Behandlung zur sozialen Eingliederung

Mit Zustimmung der Straf- oder Jugendstrafgefangenen soll die Anstalt ärztliche Behandlungen, insbesondere Operationen oder prothetische Maßnahmen durchführen lassen, die ihre soziale Eingliederung fördern. Die Kosten tragen die Straf- oder Jugendstrafgefangenen. Sind sie dazu nicht in der Lage, kann die Anstalt die Kosten in begründeten Fällen in angemessenem Umfang übernehmen.

4 I 55, 6 F 41, 6 F 42, 6 F 48, 6 F 50

§ 76 Gesundheitsschutz und Hygiene

(1) Die Anstalt unterstützt die Gefangenen bei der Wiederherstellung und Erhaltung ihrer körperlichen, geistigen und seelischen Gesundheit. Sie fördert das Bewusstsein für gesunde Ernährung und Lebensführung. Die Gefangenen haben die notwendigen Anordnungen zum Gesundheitsschutz und zur Hygiene zu befolgen.

(2) Den Gefangenen wird ermöglicht, sich täglich mindestens eine Stunde im Freien aufzuhalten.

6 D 1, 6 D 17, 6 D 24, 6 G 1, 6 G 6

§ 77 Krankenbehandlung während Lockerungen

(1) Die Straf- und Jugendstrafgefangenen haben während Lockerungen einen Anspruch auf medizinische Leistungen gegen das Land nur in der für sie zuständigen Anstalt.

(2) Der Anspruch auf Leistungen ruht, solange die Straf- und Jugendstrafgefangenen aufgrund eines freien Beschäftigungsverhältnisses krankenversichert sind.

4 H 5, 6 F 51, 6 F 52, 6 F 55

§ 78 Zwangsmaßnahmen auf dem Gebiet der Gesundheitsfürsorge

(1) Medizinische Untersuchung und Behandlung sowie Ernährung sind zwangsweise gegen den natürlichen Willen Gefangener nur zulässig bei
1. Lebensgefahr,
2. erheblicher Gefahr einer schwerwiegenden Schädigung der Gesundheit der Gefangenen oder
3. erheblicher Gefahr einer schwerwiegenden Schädigung der Gesundheit anderer Personen.

(2) Zwangsmaßnahmen nach Absatz 1 dürfen nur angeordnet werden, wenn
1. erfolglos versucht worden ist, die auf Vertrauen gegründete Zustimmung der Gefangenen zu der Untersuchung, Behandlung oder Ernährung zu erwirken,
2. deren Anordnung den Gefangenen angekündigt wurde und sie über Art, Umfang und Dauer der Maßnahmen durch einen Arzt aufgeklärt wurden,
3. sie zur Abwendung der Lebens- oder Gesundheitsgefahr geeignet, erforderlich, für die Betroffenen nicht mit unverhältnismäßigen Belastungen und Folgen verbunden sind und mildere Mittel keinen Erfolg versprechen und
4. der zu erwartende Nutzen den möglichen Schaden der Nichtbehandlung deutlich überwiegt.

(3) Zur Durchführung von Zwangsmaßnahmen in den Fällen des Absatzes 1 Nr. 1 und 2 ist die Anstalt nicht berechtigt, solange von einer freien Willensbestimmung der Gefangenen ausgegangen werden kann. Liegen Anhaltspunkte vor, dass Gefangene zur Einsicht in die Notwendigkeit von medizinischen Behandlungsmaßnahmen oder zum Handeln gemäß solcher Einsicht krankheitsbedingt nicht fähig sind, hat die Leitung der Anstalt bei dem zuständigen Gericht unverzüglich die Bestellung einer Betreuung von Amts wegen anzuregen. Die Entscheidung des Gerichts ist abzuwarten.

(4) Zwangsmaßnahmen nach Absatz 1 werden durch einen Arzt angeordnet, geleitet und überwacht. Die Anordnung bedarf der Zustimmung der Leitung der Anstalt. Die Gründe für die Anordnung der Maßnahmen nach Absatz 1, das Vorliegen der Voraussetzungen nach Absatz 2 sowie die ergriffenen Maßnahmen, einschließlich ihres Zwangscharakters, der Durchsetzungsweise und der Wirkungsüberwachung sowie der Untersuchungs- und Behandlungsverlauf sind zu dokumentieren.

(5) Anordnungen nach Absatz 4 sind den Gefangenen unverzüglich bekannt zu geben. Sie sind darüber zu belehren, dass sie gegen die Anordnung Antrag auf gerichtliche Entscheidung stellen und bei Gericht um einstweiligen Rechtsschutz ersuchen können. Mit dem Vollzug einer Anordnung ist zuzuwarten, bis die Gefangenen Gelegenheit hatten, eine gerichtliche Entscheidung herbeizuführen.

(6) Von den Anforderungen nach Absatz 2 Nr. 1 und 2, Absatz 3 Satz 3 und Absatz 5 Satz 3 kann abgesehen werden, wenn Gefahr im Verzug besteht.

(7) Zur Gewährleistung des Gesundheitsschutzes und der Hygiene ist die zwangsweise körperliche Untersuchung der Gefangenen zulässig, wenn sie nicht mit einem körperlichen Eingriff verbunden ist.

11 K 5, 11 L 1, 11 L 3, 11 L 7, 11 L 14, 11 L 15, 11 L 20, 11 L 23

§ 79 Benachrichtigungspflicht

Erkranken Gefangene schwer oder versterben sie, werden Angehörige und Personensorgeberechtigte benachrichtigt. Dem Wunsch der Gefangenen, auch andere Personen zu benachrichtigen, soll nach Möglichkeit entsprochen werden.

6 H 1, 6 H 2

Zwölfter Abschnitt. Religionsausübung

§ 80 Seelsorge

Den Gefangenen darf religiöse Betreuung durch einen Seelsorger ihrer Religionsgemeinschaft nicht versagt werden. Auf Wunsch ist ihnen zu helfen, mit einem Seelsorger in Verbindung zu treten.

8 A 14, 8 A 19

§ 81 Religiöse Veranstaltungen

(1) Die Gefangenen haben das Recht, am Gottesdienst und an anderen religiösen Veranstaltungen ihres Bekenntnisses teilzunehmen.

(2) Die Zulassung zu den Gottesdiensten oder zu religiösen Veranstaltungen einer anderen Religionsgemeinschaft bedarf der Zustimmung des Seelsorgers der Religionsgemeinschaft.

(3) Gefangene können von der Teilnahme am Gottesdienst oder anderen religiösen Veranstaltungen ausgeschlossen werden, wenn dies aus überwiegenden Gründen der Sicherheit oder Ordnung, bei Untersuchungsgefangenen auch zur Umsetzung einer Anordnung nach § 119 Abs. 1 StPO geboten ist; der Seelsorger soll vorher gehört werden.

8 B 1, 8 B 18, 8 B 22

§ 82 Weltanschauungsgemeinschaften

Für Angehörige weltanschaulicher Bekenntnisse gelten die §§ 59, 80 und 81 entsprechend.

8 C 1 ff

Dreizehnter Abschnitt. Sicherheit und Ordnung

§ 83 Grundsatz

(1) Sicherheit und Ordnung der Anstalt bilden die Grundlage des Anstaltslebens, das im Vollzug der Freiheits- und der Jugendstrafe auf die Erreichung des Vollzugsziels ausgerichtet ist, und tragen dazu bei, dass in der Anstalt ein gewaltfreies Klima herrscht.

(2) Die Pflichten und Beschränkungen, die den Gefangenen zur Aufrechterhaltung der Sicherheit oder Ordnung der Anstalt auferlegt werden, sind so zu wählen, dass sie in einem angemessenen Verhältnis zu ihrem Zweck stehen und die Gefangenen nicht mehr und nicht länger als notwendig beeinträchtigen.

11 A 4, 11 A 6, 11 A 9, 11 I 4

§ 84 Allgemeine Verhaltenspflichten

(1) Die Gefangenen sind für das geordnete Zusammenleben in der Anstalt mitverantwortlich und müssen mit ihrem Verhalten dazu beitragen. Auf eine einvernehmliche Streitbeilegung ist hinzuwirken.

(2) Die Gefangenen haben die Anordnungen der Bediensteten zu befolgen, auch wenn sie sich durch diese beschwert fühlen.

(3) Die Gefangenen haben ihren Haftraum und die ihnen von der Anstalt überlassenen Sachen in Ordnung zu halten und schonend zu behandeln.

(4) Die Gefangenen haben Umstände, die eine Gefahr für das Leben oder eine erhebliche Gefahr für die Gesundheit einer Person bedeuten, unverzüglich zu melden.

11 A 4, 11 A 7, 11 B 5, 11 B 6, 11 B 8, 11 B 9

§ 85 Absuchung, Durchsuchung

(1) Die Gefangenen, ihre Sachen und die Haftsräume dürfen mit technischen Mitteln oder sonstigen Hilfsmitteln abgesucht und durchsucht werden. Die Durchsuchung männlicher Gefangener darf nur von Männern, die Durchsuchung weiblicher Gefangener nur von Frauen vorgenommen werden. Das Schamgefühl ist zu schonen.

(2) Nur bei Gefahr im Verzug oder auf Anordnung des Anstaltsleiters im Einzelfall ist es zulässig, eine mit einer Entkleidung verbundene körperliche Durchsuchung vorzunehmen. Sie darf bei männlichen Gefangenen nur in Gegenwart von Männern, bei weiblichen Gefangenen nur in Gegenwart von Frauen erfolgen. Sie ist in einem geschlossenen Raum durchzuführen. Andere Gefangene dürfen nicht anwesend sein.

(3) Der Anstaltsleiter kann allgemein anordnen, dass die Gefangenen in der Regel bei der Aufnahme, vor und nach Kontakten mit Besuchern sowie vor und nach jeder Abwesenheit von der Anstalt nach Absatz 2 zu durchsuchen sind.

11 D 2, 11 D 4, 11 D 7, 11 D 9, 11 D 10

§ 86 Sichere Unterbringung

Gefangene können in eine Anstalt verlegt werden, die zu ihrer sicheren Unterbringung besser geeignet ist, wenn in erhöhtem Maße die Gefahr der Entweichung oder Befreiung gegeben ist oder sonst ihr Verhalten oder ihr Zustand eine Gefahr für die Sicherheit der Anstalt darstellt. § 23 Abs. 4 und 5 und § 113 Abs. 2 gelten entsprechend.

11 E 1, 11 E 4

§ 87 Maßnahmen zur Feststellung von Suchtmittelgebrauch

(1) Zur Aufrechterhaltung der Sicherheit oder Ordnung der Anstalt kann der Anstaltsleiter allgemein oder im Einzelfall Maßnahmen anordnen, die geeignet sind, den Gebrauch von Suchtmitteln festzustellen. Diese Maßnahmen dürfen nicht mit einem körperlichen Eingriff verbunden sein.

(2) Verweigern Gefangene die Mitwirkung an Maßnahmen nach Absatz 1 ohne hinreichenden Grund, ist davon auszugehen, dass Suchtmittelfreiheit nicht gegeben ist.

(3) Wird verbotener Suchtmittelgebrauch festgestellt, können die Kosten der Maßnahmen den Gefangenen auferlegt werden.

11 D 3, 11 D 12, 11 D 15, 11 D 16, 11 D 17, 11 D 18

§ 88 Festnahmerecht

Gefangene, die entwichen sind oder sich sonst ohne Erlaubnis außerhalb der Anstalt aufhalten, können durch die Anstalt oder auf deren Veranlassung festgenommen und zurückgebracht werden. Führt die Verfolgung oder die von der Anstalt veranlasste Fahndung nicht alsbald zur Wiederergreifung, so sind die weiteren Maßnahmen der Vollstreckungsbehörde zu überlassen.

10 C 14, 11 G 2, 11 G 4

§ 89 Besondere Sicherungsmaßnahmen

(1) Gegen Gefangene können besondere Sicherungsmaßnahmen angeordnet werden, wenn nach ihrem Verhalten oder aufgrund ihres seelischen Zustands in erhöhtem Maße die Gefahr der Entweichung, von Gewalttätigkeiten gegen Personen oder Sachen, der Selbsttötung oder der Selbstverletzung besteht.

(2) Als besondere Sicherungsmaßnahmen sind zulässig:
1. der Entzug oder die Vorenthaltung von Gegenständen,
2. die Beobachtung der Gefangenen, auch mit technischen Hilfsmitteln,
3. die Trennung von allen anderen Gefangenen (Absonderung),
4. der Entzug oder die Beschränkung des Aufenthalts im Freien,
5. die Unterbringung in einem besonders gesicherten Haftraum ohne gefährdende Gegenstände und
6. die Fesselung.

(3) Maßnahmen nach Absatz 2 Nr. 1 und 3 bis 5 sind auch zulässig, wenn die Gefahr einer Befreiung oder eine erhebliche Störung der Ordnung anders nicht vermieden oder behoben werden kann, Maßnahmen nach Absatz 2 Nr. 4 jedoch nicht bei jungen Gefangenen.

(4) Eine Absonderung von mehr als 24 Stunden Dauer ist nur zulässig, wenn sie zur Abwehr einer in der Person des Gefangenen liegenden Gefahr unerlässlich ist.

Anhang

(5) In der Regel dürfen Fesseln nur an den Händen oder an den Füßen angelegt werden. Im Interesse der Gefangenen kann der Anstaltsleiter eine andere Art der Fesselung anordnen. Die Fesselung wird zeitweise gelockert, soweit dies notwendig ist.

(6) Besteht die Gefahr der Entweichung, dürfen die Gefangenen bei einer Ausführung, Vorführung oder beim Transport gefesselt werden.

11 I 3, 11 I 4, 11 I 8, 11 I 14, 11 I 27, 11 I 39, 11 I 41, 11 I 46, 11 I 50, 11 I 51, 11 I 53

§ 90 Anordnung besonderer Sicherungsmaßnahmen, Verfahren

(1) Besondere Sicherungsmaßnahmen ordnet der Anstaltsleiter an. Bei Gefahr im Verzug können auch andere Bedienstete diese Maßnahmen vorläufig anordnen; die Entscheidung des Anstaltsleiters ist unverzüglich einzuholen.

(2) Werden Gefangene ärztlich behandelt oder beobachtet oder bildet ihr seelischer Zustand den Anlass der besonderen Sicherungsmaßnahme, ist vorher eine ärztliche Stellungnahme einzuholen. Ist dies wegen Gefahr im Verzug nicht möglich, wird die Stellungnahme unverzüglich nachträglich eingeholt.

(3) Die Entscheidung wird den Gefangenen von dem Anstaltsleiter mündlich eröffnet und mit einer kurzen Begründung schriftlich abgefasst. Die Anordnung ist aktenkundig zu machen.

(4) Besondere Sicherungsmaßnahmen sind in angemessenen Abständen daraufhin zu überprüfen, ob und in welchem Umfang sie aufrechterhalten werden müssen.

(5) Absonderung, Unterbringung im besonders gesicherten Haftraum und Fesselung sind der Aufsichtsbehörde, im Vollzug der Untersuchungshaft auch dem Gericht und der Staatsanwaltschaft, unverzüglich mitzuteilen, wenn sie länger als drei Tage aufrechterhalten werden. Eine Absonderung von mehr als 30 Tagen Dauer oder mehr als drei Monaten innerhalb von zwölf Monaten bedarf der Zustimmung der Aufsichtsbehörde.

(6) Während der Absonderung und Unterbringung im besonders gesicherten Haftraum sind die Gefangenen in besonderem Maße zu betreuen. Sind die Gefangenen darüber hinaus gefesselt, sind sie durch einen Bediensteten ständig und in unmittelbarem Sichtkontakt zu beobachten.

11 I 3, 11 I 4, 11 I 6, 11 I 7, 11 I 28, 11 I 32, 11 I 33, 11 I 34, 11 I 37, 11 I 45, 11 I 49, 11 I 55, 11 I 56, 11 I 61, 11 I 62, 11 I 63, 11 I 64

§ 91 Ärztliche Überwachung

(1) Sind die Gefangenen in einem besonders gesicherten Haftraum untergebracht oder gefesselt, sucht sie der Arzt möglichst alsbald und in der Folge täglich auf. Dies gilt nicht bei einer Fesselung während einer Ausführung, Vorführung oder eines Transportes sowie bei Bewegungen innerhalb der Anstalt.

(2) Der Arzt ist regelmäßig zu hören, solange Gefangenen der tägliche Aufenthalt im Freien entzogen ist oder sie länger als 24 Stunden abgesondert sind.

6 I 1, 6 I 2, 6 I 6, 6 I 7, 11 I 48, 11 I 53

Vierzehnter Abschnitt. Unmittelbarer Zwang

§ 92 Begriffsbestimmungen

(1) Unmittelbarer Zwang ist die Einwirkung auf Personen oder Sachen durch körperliche Gewalt, durch ihre Hilfsmittel oder durch Waffen.

(2) Körperliche Gewalt ist jede unmittelbare körperliche Einwirkung auf Personen oder Sachen.

(3) Hilfsmittel der körperlichen Gewalt sind insbesondere Fesseln. Waffen sind Hieb- und Schusswaffen sowie Reizstoffe.

(4) Es dürfen nur dienstlich zugelassene Hilfsmittel und Waffen verwendet werden.

11 K 5, 11 K 24, 11 K 31, 11 K 32, 11 K 37

§ 93 Allgemeine Voraussetzungen

(1) Bedienstete dürfen unmittelbaren Zwang anwenden, wenn sie Vollzugs- und Sicherungsmaßnahmen rechtmäßig durchführen und der damit verfolgte Zweck auf keine andere Weise erreicht werden kann.

(2) Gegen andere Personen als Gefangene darf unmittelbarer Zwang angewendet werden, wenn sie es unternehmen, Gefangene zu befreien oder widerrechtlich in die Anstalt einzudringen oder wenn sie sich unbefugt darin aufhalten.

(3) Das Recht zu unmittelbarem Zwang aufgrund anderer Regelungen bleibt unberührt.

11 K 5, 11 K 8, 11 K 11, 11 K 14, 11 K 15, 11 K 16, 11 K 17, 11 K 18, 11 K 19, 11 K 20,
11 K 23

§ 94 Grundsatz der Verhältnismäßigkeit

(1) Unter mehreren möglichen und geeigneten Maßnahmen des unmittelbaren Zwangs sind diejenigen zu wählen, die den Einzelnen und die Allgemeinheit voraussichtlich am wenigsten beeinträchtigen.

(2) Unmittelbarer Zwang unterbleibt, wenn ein durch ihn zu erwartender Schaden erkennbar außer Verhältnis zu dem angestrebten Erfolg steht.

11 K 5, 11 K 38

§ 95 Androhung

Unmittelbarer Zwang ist vorher anzudrohen. Die Androhung darf nur dann unterbleiben, wenn die Umstände sie nicht zulassen oder unmittelbarer Zwang sofort angewendet werden muss, um eine rechtswidrige Tat, die den Tatbestand eines Strafgesetzes erfüllt, zu verhindern oder eine gegenwärtige Gefahr abzuwenden.

11 K 5, 11 K 53, 11 K 74, 11 K 75

§ 96 Schusswaffengebrauch

(1) Der Gebrauch von Schusswaffen durch Bedienstete innerhalb der Anstalt ist verboten. Das Recht zum Schusswaffengebrauch aufgrund anderer Vorschriften durch Polizeivollzugsbedienstete bleibt davon unberührt.

(2) Außerhalb der Anstalt dürfen Schusswaffen durch Bedienstete nach Maßgabe der Absätze 3 bis 6 nur gebraucht werden, wenn andere Maßnahmen des unmittelbaren Zwangs bereits erfolglos waren oder keinen Erfolg versprechen. Gegen Personen ist ihr Gebrauch nur zulässig, wenn der Zweck nicht durch Waffenwirkung gegen Sachen erreicht werden kann.

(3) Schusswaffen dürfen nur die dazu bestimmten Bediensteten gebrauchen und nur, um angriffs- oder fluchtunfähig zu machen. Ihr Gebrauch unterbleibt, wenn dadurch erkennbar Unbeteiligte mit hoher Wahrscheinlichkeit gefährdet würden.

(4) Der Gebrauch von Schusswaffen ist vorher anzudrohen. Als Androhung gilt auch ein Warnschuss. Ohne Androhung dürfen Schusswaffen nur dann gebraucht werden, wenn dies zur Abwehr einer gegenwärtigen Gefahr für Leib oder Leben erforderlich ist.

(5) Gegen Gefangene dürfen Schusswaffen gebraucht werden,
1. wenn sie eine Waffe oder ein anderes gefährliches Werkzeug trotz wiederholter Aufforderung nicht ablegen,
2. wenn sie eine Meuterei (§ 121 StGB) unternehmen oder
3. um ihr Entweichen zu vereiteln oder um sie wieder zu ergreifen.

Satz 1 Nr. 2 und 3 findet auf minderjährige Gefangene keine Anwendung. Satz 1 Nr. 3 findet keine Anwendung auf Gefangene, die im offenen Vollzug untergebracht sind.

(6) Gegen andere Personen dürfen Schusswaffen gebraucht werden, wenn sie es unternehmen, Gefangene gewaltsam zu befreien.

11 K 5, 11 K 60, 11 K 62, 11 K 63, 11 K 66, 11 K 68, 11 K 69, 11 K 71, 11 K 74, 11 K 75, 11 K 79,
11 K 83, 11 K 85, 11 K 86, 11 K 90, 11 K 91

Fünfzehnter Abschnitt. Erzieherische Maßnahmen, Disziplinarmaßnahmen

§ 97 Erzieherische Maßnahmen

(1) Verstöße der jungen Gefangenen gegen Pflichten, die ihnen durch oder aufgrund dieses Gesetzes auferlegt sind, sind unverzüglich im erzieherischen Gespräch aufzuarbeiten. Daneben können Maßnahmen angeordnet werden, die geeignet sind, den jungen Gefangenen ihr Fehlverhalten bewusst zu machen (erzieherische Maßnahmen). Als erzieherische Maßnahmen kommen namentlich in Betracht die Erteilung von Weisungen und Auflagen, die Beschränkung oder der Entzug einzelner Gegenstände für die Freizeit-

beschäftigung und der Ausschluss von gemeinsamer Freizeit oder von einzelnen Freizeitveranstaltungen bis zur Dauer einer Woche.

(2) In geeigneten Fällen können im Wege einvernehmlicher Streitbeilegung Vereinbarungen getroffen werden. Insbesondere kommen die Wiedergutmachung des Schadens, die Entschuldigung beim Geschädigten, die Erbringung von Leistungen für die Gemeinschaft und der vorübergehende Verbleib im Haftraum in Betracht. Erfüllen die jungen Gefangenen die Vereinbarung, ist die Anordnung einer erzieherischen Maßnahme aufgrund dieser Verfehlung ausgeschlossen.

(3) Der Anstaltsleiter legt fest, welche Bediensteten befugt sind, erzieherische Maßnahmen anzuordnen.

(4) Es sollen solche erzieherischen Maßnahmen angeordnet werden, die mit der Verfehlung in Zusammenhang stehen.

§ 98 Disziplinarmaßnahmen

(1) Disziplinarmaßnahmen können angeordnet werden, wenn Gefangene rechtswidrig und schuldhaft
1. andere Personen verbal oder tätlich angreifen,
2. Lebensmittel oder fremde Sachen zerstören oder beschädigen,
3. in sonstiger Weise gegen Strafgesetze verstoßen oder eine Ordnungswidrigkeit begehen,
4. verbotene Gegenstände in die Anstalt einbringen, sich an deren Einbringung beteiligen, sie besitzen oder weitergeben,
5. unerlaubt Betäubungsmittel oder andere berauschende Stoffe konsumieren,
6. entweichen oder zu entweichen versuchen,
7. gegen Weisungen im Zusammenhang mit der Gewährung von Lockerungen verstoßen,
8. gegen eine Anordnung nach § 119 Abs. 1 StPO verstoßen,
9. wiederholt oder schwerwiegend gegen sonstige Pflichten verstoßen, die ihnen durch dieses Gesetz oder aufgrund dieses Gesetzes auferlegt sind, und dadurch das geordnete Zusammenleben in der Anstalt stören oder
10. sich zugewiesenen Aufgaben entziehen.

(2) Disziplinarmaßnahmen dürfen gegen junge Gefangene nur angeordnet werden, wenn erzieherische Maßnahmen nicht nach § 97 Abs. 2 Satz 3 ausgeschlossen sind oder nicht ausreichen, um ihnen das Unrecht ihrer Handlung zu verdeutlichen.

(3) Zulässige Disziplinarmaßnahmen sind
1. der Verweis,
2. die Beschränkung oder der Entzug des Fernsehempfangs bis zu drei Monaten,
3. ie Beschränkung oder der Entzug der Gegenstände für die Freizeitbeschäftigung mit Ausnahme des Lesestoffs bis zu drei Monaten,
4. die Beschränkung oder der Entzug des Aufenthalts in Gemeinschaft oder der Teilnahme an einzelnen Freizeitveranstaltungen bis zu drei Monaten,
5. die Beschränkung des Einkaufs bis zu drei Monaten,
6. die Beschränkung oder der Entzug von Annehmlichkeiten nach § 64 bis zu drei Monaten,
7. die Kürzung des Arbeitsentgelts um zehn Prozent bis zu drei Monaten,
8. der Entzug der zugewiesenen Arbeit bis zu vier Wochen und
9. Arrest bis zu vier Wochen.

Bei jungen Gefangenen findet Satz 1 Nr. 1 keine Anwendung, Maßnahmen nach Satz 1 Nr. 2 bis 7 sind nur bis zu zwei Monaten und Maßnahmen nach Satz 1 Nr. 8 und 9 nur bis zu zwei Wochen zulässig.

(4) Arrest darf nur wegen schwerer oder wiederholter Verfehlungen verhängt werden.

(5) Mehrere Disziplinarmaßnahmen können miteinander verbunden werden.

(6) Disziplinarmaßnahmen sind auch zulässig, wenn wegen derselben Verfehlung ein Straf- oder Bußgeldverfahren eingeleitet wird.

(7) Bei der Auswahl der Disziplinarmaßnahmen im Vollzug der Untersuchungshaft sind Grund und Zweck der Haft sowie die psychischen Auswirkungen der Untersuchungshaft und des Strafverfahrens auf die Untersuchungsgefangenen zu berücksichtigen. Durch die Anordnung und den Vollzug einer Disziplinarmaßnahme dürfen die Verteidigung, die Verhandlungsfähigkeit und die Verfügbarkeit der Untersuchungsgefangenen für die Verhandlung nicht beeinträchtigt werden.

11 M 3, **11** M 4, **11** M 5, **11** M 6, **11** M 7, **11** M 8, **11** M 9, **11** M 11, **11** M 17, **11** M 18, **11** M 22, **11** M 25, **11** M 28, **11** M 31, **11** M 32, **11** M 33, **11** M 34, **11** M 35, **11** M 36, **11** M 37, **11** M 38, **11** M 40, **11** M 41

§ 99 Vollzug der Disziplinarmaßnahmen, Aussetzung zur Bewährung

(1) Disziplinarmaßnahmen werden in der Regel sofort vollstreckt. Die Vollstreckung ist auszusetzen, soweit es zur Gewährung eines effektiven Rechtsschutzes erforderlich ist.

(2) Disziplinarmaßnahmen können ganz oder teilweise bis zu sechs Monaten zur Bewährung ausgesetzt werden. Die Aussetzung zur Bewährung kann ganz oder teilweise widerrufen werden, wenn Gefangene die ihr zugrunde liegenden Erwartungen nicht erfüllen.

(3) Im Vollzug der Untersuchungshaft angeordnete Disziplinarmaßnahmen können ganz oder zum Teil auch während einer der Untersuchungshaft unmittelbar nachfolgenden Haft vollstreckt werden.

(4) Für die Dauer des Arrestes werden die Gefangenen getrennt von anderen Gefangenen untergebracht. Sie können in einem besonderen Arrestraum untergebracht werden, der den Anforderungen entsprechen muss, die an einen zum Aufenthalt bei Tag und Nacht bestimmten Haftraum gestellt werden. Soweit nichts anderes angeordnet wird, ruhen die Befugnisse der Gefangenen zur Teilnahme an Maßnahmen außerhalb des Raumes, in dem der Arrest vollstreckt wird, zur Ausstattung des Haftraums mit eigenen Gegenständen, zum Fernsehempfang und Einkauf. Gegenstände für die Freizeitbeschäftigung mit Ausnahme des Lesestoffs sind nicht zugelassen. Die Rechte zur Teilnahme am Gottesdienst und auf Aufenthalt im Freien bleiben unberührt.

(5) Für die jungen Gefangenen ist der Arrest erzieherisch auszugestalten.

11 M 3, 11 M 44, 11 M 45, 11 M 47, 11 M 48

§ 100 Disziplinarbefugnis

(1) Disziplinarmaßnahmen ordnet der Anstaltsleiter an. Bei einer Verfehlung auf dem Weg in eine andere Anstalt zum Zweck der Verlegung ist der Leiter der Bestimmungsanstalt zuständig.

(2) Die Aufsichtsbehörde entscheidet, wenn sich die Verfehlung gegen den Anstaltsleiter richtet.

(3) Disziplinarmaßnahmen, die in einer anderen Anstalt angeordnet worden sind, werden auf Ersuchen vollstreckt. § 99 Abs. 2 bleibt unberührt.

11 M 3, 11 M 51, 11 M 52, 11 M 53

§ 101 Verfahren

(1) Der Sachverhalt ist zu klären. Hierbei sind sowohl belastende als auch entlastende Umstände zu ermitteln. Die betroffenen Gefangenen werden gehört. Sie werden darüber unterrichtet, welche Verfehlungen ihnen zur Last gelegt werden. Sie sind darauf hinzuweisen, dass es ihnen freisteht, sich zu äußern. Die Erhebungen werden in einer Niederschrift festgelegt; die Einlassung der Gefangenen wird vermerkt.

(2) In geeigneten Fällen können zur Abwendung von Disziplinarmaßnahmen im Wege einvernehmlicher Streitbeilegung Vereinbarungen getroffen werden. Insbesondere kommen die Wiedergutmachung des Schadens, die Entschuldigung beim Geschädigten, die Erbringung von Leistungen für die Gemeinschaft und der vorübergehende Verbleib im Haftraum in Betracht. Erfüllen die Gefangenen die Vereinbarung, ist die Anordnung einer Disziplinarmaßnahme aufgrund dieser Verfehlung unzulässig.

(3) Mehrere Verfehlungen, die gleichzeitig zu beurteilen sind, werden durch eine Entscheidung geahndet.

(4) Der Anstaltsleiter soll sich vor der Entscheidung mit Personen besprechen, die an der Vollzugsgestaltung mitwirken. Bei Schwangeren, stillenden Müttern oder bei Gefangenen, die sich in ärztlicher Behandlung befinden, ist ein Arzt zu hören.

(5) Vor der Entscheidung über eine Disziplinarmaßnahme erhalten die Gefangenen Gelegenheit, sich zu dem Ergebnis der Ermittlungen zu äußern. Die Entscheidung wird den Gefangenen vom Anstaltsleiter mündlich eröffnet und mit einer kurzen Begründung schriftlich abgefasst.

(6) Bevor Arrest vollzogen wird, ist ein Arzt zu hören. Während des Arrestes stehen die Gefangenen unter ärztlicher Aufsicht. Der Vollzug unterbleibt oder wird unterbrochen, wenn ansonsten die Gesundheit der Gefangenen oder im Vollzug der Untersuchungshaft der Fortgang des Strafverfahrens gefährdet würde.

11 M 3, 11 M 21, 11 M 55, 11 M 57, 11 M 58, 11 M 59, 11 M 60, 11 M 61,
14 A 14

Sechzehnter Abschnitt. Aufhebung von Maßnahmen, Beschwerde

§ 102 Aufhebung von Maßnahmen

(1) Die Aufhebung von Maßnahmen zur Regelung einzelner Angelegenheiten auf dem Gebiet des Vollzugs richtet sich nach den nachfolgenden Absätzen, soweit dieses Gesetz keine abweichende Bestimmung enthält.

(2) Rechtswidrige Maßnahmen können ganz oder teilweise mit Wirkung für die Vergangenheit und die Zukunft zurückgenommen werden.

(3) Rechtmäßige Maßnahmen können ganz oder teilweise mit Wirkung für die Zukunft widerrufen werden, wenn
1. aufgrund nachträglich eingetretener oder bekannt gewordener Umstände die Maßnahmen hätten versagt werden können,
2. die Maßnahmen missbraucht werden oder
3. Weisungen nicht befolgt werden.

(4) Begünstigende Maßnahmen dürfen nach den Absätzen 2 oder 3 nur aufgehoben werden, wenn die vollzuglichen Interessen an der Aufhebung nach Abwägung mit dem schutzwürdigen Vertrauen der Betroffenen auf den Bestand der Maßnahmen überwiegen. Davon ist auszugehen, wenn eine Maßnahme unerlässlich ist, um die Sicherheit der Anstalt zu gewährleisten.

(5) Der gerichtliche Rechtsschutz bleibt unberührt.

2 F 8, 4 A 36, 4 D 20, 4 H 16, 6 A 10, 10 D 9, 10 F 5, 10 F 7, 10 F 9, 10 F 10, 10 F 11, 10 F 12, 10 F 15, 10 F 16, 10 F 17, 10 F 19

§ 103 Beschwerderecht

(1) Die Gefangenen erhalten Gelegenheit, sich mit Wünschen, Anregungen und Beschwerden in vollzuglichen Angelegenheiten, die sie selbst betreffen, an den Anstaltsleiter zu wenden.

(2) Besichtigen Vertreter der Aufsichtsbehörde die Anstalt, so ist zu gewährleisten, dass die Gefangenen sich in vollzuglichen Angelegenheiten, die sie selbst betreffen, an diese wenden können.

(3) Die Möglichkeit der Dienstaufsichtsbeschwerde bleibt unberührt.

12 A 2, 12 A 7, 12 A 9, 12 A 14, 12 A 16

Siebzehnter Abschnitt. Kriminologische Forschung

§ 104 Evaluation, kriminologische Forschung

(1) Behandlungsprogramme für die Straf- und Jugendstrafgefangenen sind auf der Grundlage wissenschaftlicher Erkenntnisse zu konzipieren, zu standardisieren und auf ihre Wirksamkeit hin zu überprüfen.

(2) Der Vollzug der Freiheits- und der Jugendstrafe, insbesondere seine Aufgabenerfüllung und Gestaltung, die Umsetzung seiner Leitlinien sowie die Behandlungsprogramme und deren Wirkungen auf die Erreichung des Vollzugsziels, soll regelmäßig durch den kriminologischen Dienst, durch eine Hochschule oder durch eine andere Stelle wissenschaftlich begleitet und erforscht werden.

Achtzehnter Abschnitt. Aufbau und Organisation der Anstalten

§ 105 Anstalten

(1) Es werden Anstalten und Abteilungen eingerichtet, die den unterschiedlichen vollzuglichen Anforderungen Rechnung tragen. Für den Vollzug der Freiheits- und Jugendstrafe sind insbesondere sozialtherapeutische Abteilungen vorzusehen.

(2) Es soll eine bedarfsgerechte Anzahl und Ausstattung von Plätzen für therapeutische Maßnahmen, schulische und berufliche Qualifizierung, Arbeitstraining und Arbeitstherapie sowie zur Ausübung von Arbeit vorgesehen werden. Gleiches gilt für Besuche, Freizeit, Sport und Seelsorge.

(3) Haft- und Funktionsräume sind zweckentsprechend auszustatten.

(4) Unterhalten private Unternehmen Betriebe in Anstalten, kann die technische und fachliche Leitung ihren Mitarbeitern übertragen werden.

3 B 3, 4 K 2, 4 K 3, 4 K 8, 4 K 9, 13 D 2, 13 D 3, 13 E 6, 14 A 9

§ 106 Festsetzung der Belegungsfähigkeit, Verbot der Überbelegung

(1) Die Aufsichtsbehörde setzt die Belegungsfähigkeit der Anstalt so fest, dass eine angemessene Unterbringung der Gefangenen gewährleistet ist. § 105 Abs. 2 ist zu berücksichtigen.

(2) Haftaüme dürfen nicht mit mehr Gefangenen als zugelassen belegt werden.

(3) Ausnahmen von Absatz 2 sind nur vorübergehend und nur mit Zustimmung der Aufsichtsbehörde zulässig.

13 E 15

§ 107 Anstaltsleitung

(1) Der Anstaltsleiter trägt die Verantwortung für den gesamten Vollzug und vertritt die Anstalt nach außen. Er kann einzelne Aufgabenbereiche auf andere Bedienstete übertragen. Die Aufsichtsbehörde kann sich die Zustimmung zur Übertragung vorbehalten.

(2) Für jede Anstalt ist ein Beamter des höheren Dienstes zum hauptamtlichen Leiter zu bestellen. Aus besonderen Gründen kann eine Anstalt auch von einem Beamten des gehobenen Dienstes geleitet werden.

11 I 6, 11 I 57, 12 B 11, 13 K 1, 13 K 4, 13 K 6, 13 K 9, 13 K 14

§ 108 Bedienstete

(1) Die Aufgaben der Justizvollzugsanstalten werden von Vollzugsbeamten wahrgenommen. Aus besonderen Gründen können sie auch anderen Bediensteten der Justizvollzugsanstalten sowie nebenamtlichen oder vertraglich verpflichteten Personen übertragen werden.

(2) Die Anstalt wird mit dem für die Erreichung des Vollzugsziels und die Erfüllung ihrer Aufgaben erforderlichen Personal ausgestattet. Die im Vollzug der Jugendstrafe und der Untersuchungshaft an jungen Untersuchungsgefangenen tätigen Bediensteten müssen für die erzieherische Gestaltung geeignet und qualifiziert sein. Für jede Anstalt ist entsprechend ihrer Aufgabe die erforderliche Anzahl von Bediensteten der verschiedenen Berufsgruppen, namentlich des allgemeinen Vollzugsdienstes und des Verwaltungsdienstes sowie von Seelsorgern, Ärzten, Pädagogen, Psychologen und Sozialarbeitern vorzusehen.

(3) Für die Betreuung von Strafgefangenen mit angeordneter oder vorbehaltener Sicherungsverwahrung und Jugendstrafgefangenen mit vorbehaltener Sicherungsverwahrung ist besonders qualifiziertes Personal vorzusehen und eine fachübergreifende Zusammenarbeit zu gewährleisten. Soweit erforderlich, sind externe Fachkräfte einzubeziehen.

(4) Fortbildung sowie Praxisberatung und -begleitung sind zu gewährleisten.

4 E 8, 11 K 8, 12 B 11, 13 J 1, 13 J 3, 13 J 4, 13 J 5

§ 109 Seelsorger

(1) Seelsorger werden im Einvernehmen mit der jeweiligen Religionsgemeinschaft im Hauptamt bestellt oder vertraglich verpflichtet.

(2) Wenn die geringe Anzahl der Angehörigen einer Religionsgemeinschaft eine Seelsorge nach Absatz 1 nicht rechtfertigt, ist die seelsorgerische Betreuung auf andere Weise zuzulassen.

(3) Mit Zustimmung des Anstaltsleiters dürfen die Anstaltsseelsorger sich freier Seelsorgehelfer bedienen und diese für Gottesdienste sowie für andere religiöse Veranstaltungen von außen hinzuziehen.

8 C 3, 8 D 1, 8 D 2, 8 D 6, 8 D 10, 8 D 28

§ 110 Medizinische Versorgung

(1) Die ärztliche Versorgung ist sicherzustellen.

(2) Die Pflege der Kranken soll von Bediensteten ausgeführt werden, die eine Erlaubnis nach dem Krankenpflegegesetz besitzen. Solange diese nicht zur Verfügung stehen, können auch Bedienstete eingesetzt werden, die eine sonstige Ausbildung in der Krankenpflege erfahren haben.

6 D 38, 6 D 39

§ 111 Interessenvertretung der Gefangenen

Den Gefangenen soll ermöglicht werden, Vertretungen zu wählen. Diese können in Angelegenheiten von gemeinsamem Interesse, die sich ihrer Eigenart nach für eine Mitwirkung eignen, Vorschläge und Anregungen an die Anstalt herantragen. Diese sollen mit der Vertretung erörtert werden.

13 M 1, 13 M 4, 13 M 5

Anhang

§ 112 Hausordnung
Der Anstaltsleiter erlässt zur Gestaltung und Organisation des Vollzugsalltags eine Hausordnung auf der Grundlage dieses Gesetzes. Die Aufsichtsbehörde kann sich die Genehmigung vorbehalten.

9 B 5, 13 N 1

Neunzehnter Abschnitt. Aufsicht, Beirat

§ 113 Aufsichtsbehörde
(1) Das für den Justizvollzug zuständige Ministerium führt die Aufsicht über die Anstalten (Aufsichtsbehörde).
(2) Die Aufsichtsbehörde kann sich Entscheidungen über Verlegungen und Überstellungen vorbehalten.

11 E 10, 12 C 5, 13 G 6, 13 G 7, 13 G 18,
13 H 19

§ 114 Vollstreckungsplan, Vollzugsgemeinschaften
(1) Die Aufsichtsbehörde regelt die örtliche und sachliche Zuständigkeit der Anstalten in einem Vollstreckungsplan.
(2) Im Rahmen von Vollzugsgemeinschaften kann der Vollzug auch in Vollzugseinrichtungen anderer Länder vorgesehen werden.

13 F 1, 13 H 19, 14 A 6

§ 115 Beirat
(1) Bei der Anstalt ist ein Beirat zu bilden. Bedienstete dürfen nicht Mitglieder des Beirats sein.
(2) Die Mitglieder des Beirats wirken beratend bei der Gestaltung des Vollzugs und der Eingliederung der Gefangenen mit. Sie fördern das Verständnis für den Vollzug und seine gesellschaftliche Akzeptanz und vermitteln Kontakte zu öffentlichen und privaten Einrichtungen.
(3) Der Beirat steht dem Anstaltsleiter, den Bediensteten und den Gefangenen als Ansprechpartner zur Verfügung.
(4) Die Mitglieder des Beirats können sich über die Unterbringung der Gefangenen und die Gestaltung des Vollzugs unterrichten und die Anstalt besichtigen. Sie können die Gefangenen in ihren Räumen aufsuchen. Unterhaltung und Schriftwechsel werden nicht überwacht.
(5) Die Mitglieder des Beirats sind verpflichtet, außerhalb ihres Amtes über alle Angelegenheiten, die ihrer Natur nach vertraulich sind, besonders über Namen und Persönlichkeit der Gefangenen, Verschwiegenheit zu bewahren. Dies gilt auch nach Beendigung ihres Amtes.

13 O 2, 13 O 6, 13 O 7

Zwanzigster Abschnitt. Verhinderung von Mobilfunkverkehr

§ 116 Störung des Mobilfunkverkehrs
(1) Der Besitz und die Benutzung von Geräten zur funkbasierten Übertragung von Informationen sind auf dem Anstaltsgelände verboten, soweit diese nicht dienstlich zugelassen sind. Der Anstaltsleiter kann abweichende Regelungen treffen.
(2) Die Anstalt darf technische Geräte betreiben, die
1. das Auffinden von Geräten zur Funkübertragung ermöglichen,
2. Geräte zur Funkübertragung zum Zwecke des Auffindens aktivieren können oder
3. Frequenzen stören oder unterdrücken, die der Herstellung oder Aufrechterhaltung unerlaubter Funkverbindungen auf dem Anstaltsgelände dienen.
(3) Die Anstalt hat die von der Bundesnetzagentur nach § 55 Abs. 1 Satz 5 des Telekommunikationsgesetzes festgelegten Rahmenbedingungen zu beachten. Frequenznutzungen außerhalb des Anstaltsgeländes dürfen nicht erheblich gestört werden.

9 D 6

Einundzwanzigster Abschnitt. Vollzug des Strafarrests

§ 117 Grundsatz
(1) Für den Vollzug des Strafarrests in Anstalten gelten die Bestimmungen über den Vollzug der Freiheitsstrafe entsprechend, soweit § 118 nicht Abweichendes bestimmt.

(2) § 118 Abs. 1 bis 3, 7 und 8 gilt nicht, wenn Strafarrest in Unterbrechung einer anderen freiheitsentziehenden Maßnahme vollzogen wird.

4 D 25, 15 C 1

§ 118 Besondere Bestimmungen
(1) Strafarrestanten sollen im offenen Vollzug untergebracht werden.

(2) Eine gemeinsame Unterbringung der Strafarrestanten mit Straf- oder Jugendstrafgefangenen ist nur mit Einwilligung der Strafarrestanten zulässig.

(3) Besuche, Telefongespräche und Schriftwechsel dürfen nur untersagt oder überwacht werden, wenn dies aus Gründen der Sicherheit oder Ordnung der Anstalt notwendig ist.

(4) Den Strafarrestanten soll gestattet werden, einmal wöchentlich Besuch zu empfangen.

(5) Strafarrestanten dürfen eigene Kleidung tragen und eigenes Bettzeug benutzen, wenn Gründe der Sicherheit nicht entgegenstehen und sie für Reinigung, Instandsetzung und regelmäßigen Wechsel auf eigene Kosten sorgen.

(6) Sie dürfen Nahrungs- und Genussmittel sowie Mittel zur Körperpflege in angemessenem Umfang durch Vermittlung der Anstalt auf eigene Kosten erwerben.

(7) Eine mit einer Entkleidung verbundene körperliche Durchsuchung ist nur bei Gefahr im Verzug zulässig.

(8) Zur Vereitelung einer Entweichung und zur Wiederergreifung dürfen Schusswaffen nicht gebraucht werden.

2 F 4, 11 K 5, 15 C 5, 15 C 9

Zweiundzwanzigster Abschnitt. Datenschutz

§ 119 Anwendung des Thüringer Datenschutzgesetzes
Das Thüringer Datenschutzgesetz (ThürDSG) findet Anwendung, soweit in diesem Gesetz nicht Abweichendes geregelt ist.

§ 120 Grundsatz, Begriffsbestimmungen, elektronische Akte
(1) Die Anstalt und die Aufsichtsbehörde dürfen personenbezogene Daten verarbeiten, soweit deren Kenntnis für vollzugliche Zwecke erforderlich ist.

(2) Vollzugliche Zwecke sind die Erreichung des Vollzugsziels, der Schutz der Allgemeinheit vor weiteren Straftaten der Gefangenen, die Aufrechterhaltung der Sicherheit und Ordnung der Anstalt sowie die Sicherung des Vollzugs.

(3) Akten über Gefangene dürfen auch elektronisch geführt werden.

§ 121 Erhebung von Daten über Gefangene bei Dritten
Daten über Gefangene können ohne deren Kenntnis bei Dritten nur erhoben werden, wenn
1. eine Rechtsvorschrift dies vorsieht oder zwingend voraussetzt oder
2. a) die zu erfüllende Aufgabe nach Art oder Zweck eine Erhebung bei anderen Personen oder Stellen erforderlich macht oder
   b) die Erhebung bei den Gefangenen einen unverhältnismäßigen Aufwand erfordern würde

und keine Anhaltspunkte dafür bestehen, dass überwiegende schutzwürdige Interessen der Gefangenen beeinträchtigt werden.

§ 122 Erhebung von Daten über andere Personen
Daten über andere Personen als die Gefangenen dürfen für vollzugliche Zwecke ohne deren Kenntnis bei Personen oder Stellen außerhalb der Anstalt oder Aufsichtsbehörde nur erhoben werden, wenn dies unerlässlich ist und die Art der Erhebung schutzwürdige Interessen dieser Personen nicht beeinträchtigt.

§ 123 Unterrichtungspflichten

Die Betroffenen werden über eine ohne ihre Kenntnis vorgenommene Erhebung ihrer Daten unterrichtet, soweit vollzugliche Zwecke dadurch nicht gefährdet werden. Sind die Daten bei anderen Personen oder Stellen erhoben worden, kann die Unterrichtung unterbleiben, wenn

1. die Daten nach einer Rechtsvorschrift oder ihrem Wesen nach, namentlich wegen des überwiegenden berechtigten Interesses Dritter, geheim gehalten werden müssen oder
2. der Aufwand der Unterrichtung außer Verhältnis zum Schutzzweck steht und keine Anhaltspunkte dafür bestehen, dass überwiegende schutzwürdige Interessen der Betroffenen beeinträchtigt werden.

§ 124 Besondere Formen der Datenerhebung

(1) Zur Sicherung des Vollzugs und zur Aufrechterhaltung der Sicherheit oder Ordnung der Anstalt, insbesondere zur Identitätsfeststellung, sind mit Kenntnis der Gefangenen folgende erkennungsdienstliche Maßnahmen zulässig:

1. die Abnahme von Finger- und Handflächenabdrücken,
2. die Aufnahme von Lichtbildern,
3. die Feststellung äußerlicher körperlicher Merkmale,
4. die elektronische Erfassung biometrischer Merkmale und
5. Messungen.

(2) Aus Gründen der Sicherheit oder Ordnung ist die Beobachtung einzelner Bereiche des Anstaltsgebäudes einschließlich des Gebäudeinneren, des Anstaltsgeländes oder der unmittelbaren Umgebung der Anstalt mit optisch-elektronischen Einrichtungen (Videoüberwachung) sowie die Anfertigung von Aufzeichnungen hiervon zulässig. Sie ist durch geeignete Maßnahmen erkennbar zu machen, soweit ihr Zweck dadurch nicht vereitelt wird. Sie darf auch durchgeführt werden, wenn Dritte unvermeidbar betroffen werden. Die Videoüberwachung von Crafträumen ist ausgeschlossen. § 89 Abs. 2 Nr. 2 bleibt unberührt.

(3) Das Betreten des Anstaltsgeländes durch vollzugsfremde Personen kann davon abhängig gemacht werden, dass diese zur Identitätsfeststellung

1. ihren Vornamen, ihren Namen und ihre Anschrift angeben und durch amtliche Ausweise nachweisen und
2. die Erfassung biometrischer Merkmale des Gesichts, der Augen, der Hände, der Stimme oder der Unterschrift dulden, soweit dies erforderlich ist, um den Austausch mit Gefangenen zu verhindern.

(4) Der Anstaltsleiter kann das Auslesen von elektronischen Datenspeichern sowie elektronischen Geräten mit Datenspeichern anordnen, die Gefangene ohne Erlaubnis besitzen, wenn konkrete Anhaltspunkte die Annahme rechtfertigen, dass dies für vollzugliche Zwecke erforderlich ist. Die Gefangenen sind bei der Aufnahme über die Möglichkeit des Auslesens von Datenspeichern zu belehren.

11 I 18, 11 I 25

§ 125 Übermittlung und Nutzung für weitere Zwecke

(1) Für eine Übermittlung oder Nutzung von personenbezogenen Daten stehen die Zwecke des gerichtlichen Rechtsschutzes im Zusammenhang mit diesem Gesetz den vollzuglichen Zwecken des § 120 Abs. 2 gleich.

(2) Die Übermittlung und Nutzung von personenbezogenen Daten ist über Absatz 1 und § 120 Abs. 1 hinaus auch zulässig, soweit dies

1. zur Abwehr von sicherheitsgefährdenden oder geheimdienstlichen Tätigkeiten für eine fremde Macht oder von Bestrebungen im Geltungsbereich des Grundgesetzes, die durch Anwendung von Gewalt oder darauf gerichtete Vorbereitungshandlungen
a) gegen die freiheitliche demokratische Grundordnung, den Bestand oder die Sicherheit des Bundes oder eines Landes gerichtet sind,
b) eine ungesetzliche Beeinträchtigung der Amtsführung der Verfassungsorgane des Bundes oder eines Landes oder ihrer Mitglieder zum Ziel haben oder
c) auswärtige Belange der Bundesrepublik Deutschland gefährden,
2. zur Abwehr erheblicher Nachteile für das Gemeinwohl oder einer Gefahr für die öffentliche Sicherheit,
3. zur Abwehr einer schwerwiegenden Beeinträchtigung der Rechte einer anderen Person,
4. zur Verhinderung oder Verfolgung von Straftaten sowie zur Verhinderung oder Verfolgung von Ordnungswidrigkeiten, durch welche die Sicherheit oder Ordnung der Anstalt gefährdet werden, oder

5. für Maßnahmen der Strafvollstreckung oder strafvollstreckungsrechtliche Entscheidungen sowie für die Anordnung von Maßnahmen nach § 119 Abs. 1 StPO

erforderlich ist.

12 I 8

§ 126 Datenübermittlung an öffentliche Stellen

(1) Den zuständigen öffentlichen Stellen dürfen personenbezogene Daten übermittelt werden, soweit dies für
1. Maßnahmen der Gerichtshilfe, Jugendgerichtshilfe, Bewährungshilfe, Führungsaufsicht oder der forensischen Ambulanzen,
2. Entscheidungen in Gnadensachen,
3. gesetzlich angeordnete Statistiken der Rechtspflege,
4. sozialrechtliche Maßnahmen,
5. die Einleitung von Hilfsmaßnahmen für Angehörige der Gefangenen im Sinne des § 11 Abs. 1 Nr. 1 StGB,
6. dienstliche Maßnahmen der Bundeswehr im Zusammenhang mit der Aufnahme und Entlassung von Soldaten,
7. ausländerrechtliche Maßnahmen oder
8. die Durchführung der Besteuerung

erforderlich ist. Eine Übermittlung für andere Zwecke ist auch zulässig, soweit eine andere gesetzliche Bestimmung dies vorsieht und sich dabei ausdrücklich auf Daten über Gefangene bezieht.

(2) Absatz 1 gilt entsprechend, wenn sich die öffentlichen Stellen zur Erfüllung ihrer Aufgaben nichtöffentlicher Stellen bedienen und deren Mitwirkung ohne Übermittlung der Daten unmöglich oder wesentlich erschwert würde.

§ 127 Zweckbindung

Von der Anstalt oder der Aufsichtsbehörde übermittelte personenbezogene Daten dürfen nur zu dem Zweck verarbeitet oder genutzt werden, zu dessen Erfüllung sie übermittelt worden sind. Die Empfänger dürfen die Daten für andere Zwecke nur verarbeiten oder nutzen, soweit sie ihnen auch für diese Zwecke hätten übermittelt werden dürfen, und wenn im Fall einer Übermittlung an nicht öffentliche Stellen die übermittelnde Anstalt oder Aufsichtsbehörde zugestimmt hat. Die Anstalt oder die Aufsichtsbehörde hat die nichtöffentlichen Empfänger auf die Zweckbindung nach Satz 1 hinzuweisen.

§ 128 Verarbeitung besonders erhobener Daten

(1) Bei der Überwachung der Besuche, der Telefongespräche, anderer Formen der Telekommunikation oder des Schriftwechsels sowie bei der Überprüfung des Inhalts von Paketen bekannt gewordene personenbezogene Daten dürfen für die in § 120 Abs. 2 und § 125 genannten Zwecke verarbeitet werden.

(2) Die aufgrund von erkennungsdienstlichen Maßnahmen nach § 124 Abs. 1 gewonnenen Daten und Unterlagen werden zu den Gefangenenpersonalakten genommen oder in personenbezogenen Dateien gespeichert. Sie dürfen nur für die in § 124 Abs. 1 und § 125 Abs. 2 Nr. 4 genannten Zwecke verarbeitet oder den Vollstreckungs- und Strafverfolgungsbehörden zum Zwecke der Fahndung und Festnahme der entwichenen oder sich sonst ohne Erlaubnis außerhalb der Anstalt aufhaltenden Gefangenen übermittelt werden.

(3) Die zur Identifikation von vollzugsfremden Personen nach § 124 Abs. 3 erhobenen Daten dürfen ausschließlich verarbeitet werden
1. zum Zweck des Abgleichs beim Verlassen der Vollzugsanstalt oder
2. zur Verfolgung von während des Aufenthalts in der Anstalt begangenen Straftaten; in diesem Fall können die Daten auch an Strafverfolgungsbehörden ausschließlich zum Zwecke der Verfolgung dieser Straftaten übermittelt werden.

(4) Die beim Auslesen von Datenspeichern nach § 124 Abs. 4 erhobenen Daten dürfen nur verarbeitet werden, soweit dies zu den dort genannten Zwecken erforderlich ist. Sie dürfen nicht weiterverarbeitet werden, soweit sie
1. zum Kernbereich der privaten Lebensgestaltung Dritter gehören oder
2. zum Kernbereich der privaten Lebensgestaltung Gefangener gehören und die weitere Verarbeitung nach Abwägung der in § 124 Abs. 4 genannten vollzuglichen Interessen an der Verarbeitung und der Interessen der Gefangenen an der illegalen Speicherung der Daten unzumutbar ist.

(5) Nach § 122 erhobene Daten über Personen, die nicht Gefangene sind, dürfen nur zur Erfüllung des Erhebungszwecks oder für die in § 125 Abs. 2 Nr. 1 bis 3 geregelten Zwecke oder zur Verhinderung oder Verfolgung von Straftaten von erheblicher Bedeutung verarbeitet werden.

§ 129 Zentrale Datei, Einrichtung automatisierter Übermittlungsverfahren

(1) Die nach § 19 Abs. 2 ThürDSG bei den Betroffenen erhobenen Daten können für die Anstalt und die Aufsichtsbehörde in einer zentralen Datei gespeichert werden. Dasselbe gilt, soweit nach den §§ 121 und 122 Daten erhoben werden.

(2) Die Einrichtung eines automatisierten Verfahrens, das die Übermittlung personenbezogener Daten aus der zentralen Datei nach § 125 Abs. 2 und § 126 ermöglicht, ist zulässig, soweit diese Form der Datenübermittlung unter Berücksichtigung der schutzwürdigen Belange der betroffenen Personen und der Erfüllung des Zwecks der Übermittlung angemessen ist. Die automatisierte Übermittlung der für die Unterrichtung nach § 13 Abs. 1 Satz 3 des Bundeskriminalamtgesetzes erforderlichen personenbezogenen Daten kann auch anlassunabhängig erfolgen.

(3) Die speichernde Stelle hat zu gewährleisten, dass die Übermittlung zumindest durch geeignete Stichprobenverfahren festgestellt und überprüft werden kann.

(4) Das für den Strafvollzug zuständige Ministerium bestimmt durch Rechtsverordnung die Einzelheiten der Einrichtung automatisierter Übermittlungsverfahren. Der Landesbeauftragte für den Datenschutz und für die Informationsfreiheit ist vorher zu hören. Die Rechtsverordnung hat den Datenempfänger, die Datenart und den Zweck der Übermittlung festzulegen. Sie hat Maßnahmen zur Datensicherung und zur Kontrolle vorzusehen, die in einem angemessenen Verhältnis zu dem angestrebten Schutzzweck stehen.

(5) Das für den Strafvollzug zuständige Ministerium kann mit anderen Ländern und dem Bund einen Datenverbund vereinbaren, der eine automatisierte Datenübermittlung ermöglicht.

§ 130 Mitteilung über Haftverhältnisse

(1) Die Anstalt oder die Aufsichtsbehörde darf öffentlichen oder nichtöffentlichen Stellen auf schriftlichen Antrag mitteilen, ob sich eine Person in Haft befindet sowie ob und wann die Entlassung aus dem Vollzug einer Freiheits- oder Jugendstrafe voraussichtlich innerhalb eines Jahres bevorsteht, soweit
1. die Mitteilung zur Erfüllung der in der Zuständigkeit der öffentlichen Stelle liegenden Aufgaben erforderlich ist oder
2. von nichtöffentlichen Stellen
    a) ein berechtigtes Interesse an dieser Mitteilung glaubhaft dargelegt wird und
    b) die Gefangenen kein schutzwürdiges Interesse an dem Ausschluss der Übermittlung haben.

(2) Die Mitteilung ist in der Gefangenenpersonalakte zu dokumentieren.

(3) Den Verletzten einer Straftat sowie deren Rechtsnachfolgern können darüber hinaus auf schriftlichen Antrag Auskünfte über die Entlassungsadresse oder die Vermögensverhältnisse von Straf- und Jugendstrafgefangenen erteilt werden, wenn die Erteilung zur Feststellung oder Durchsetzung von Rechtsansprüchen im Zusammenhang mit der Straftat erforderlich ist.

(4) Die Gefangenen werden vor der Mitteilung gehört, es sei denn, es ist zu besorgen, dass dadurch die Verfolgung des Interesses der Antragsteller vereitelt oder wesentlich erschwert werden würde und eine Abwägung ergibt, dass dieses Interesse das Interesse der Gefangenen an ihrer vorherigen Anhörung überwiegt. Ist die Anhörung unterblieben, werden die betroffenen Gefangenen über die Mitteilung nachträglich unterrichtet.

(5) Bei einer nicht nur vorläufigen Einstellung des Verfahrens, einer unanfechtbaren Ablehnung der Eröffnung des Hauptverfahrens oder einem rechtskräftigen Freispruch sind auf Antrag der betroffenen Untersuchungsgefangenen die Stellen, die eine Mitteilung nach Absatz 1 Nr. 1 erhalten haben, über den Verfahrensausgang in Kenntnis zu setzen. Die betroffenen Untersuchungsgefangenen sind bei der Anhörung oder nachträglichen Unterrichtung nach Absatz 4 auf ihr Antragsrecht hinzuweisen.

§ 131 Überlassung von Akten

(1) Akten dürfen nur
1. anderen Anstalten und Aufsichtsbehörden,
2. der Gerichtshilfe, der Jugendgerichtshilfe, der Bewährungshilfe, den Führungsaufsichtsstellen und den forensischen Ambulanzen,

3. den für strafvollzugs-, strafvollstreckungs- und strafrechtliche Entscheidungen zuständigen Gerichten und
4. den Strafvollstreckungs- und Strafverfolgungsbehörden
überlassen oder im Fall elektronischer Aktenführung in Form von Duplikaten übermittelt werden.

(2) Die Überlassung an andere öffentliche Stellen und nichtöffentliche Stellen nach § 126 Abs. 2 ist zulässig, soweit die Erteilung einer Auskunft einen unvertretbaren Aufwand erfordert oder nach Darlegung der Akteneinsicht begehrenden Stellen für die Erfüllung der Aufgabe nicht ausreicht. Entsprechendes gilt für die Überlassung von Akten an die von einer Anstalt oder Aufsichtsbehörde, einer Strafvollstreckungsbehörde oder einem Gericht mit Gutachten beauftragten Stellen.

§ 132 Kenntlichmachung in der Anstalt

Mit Ausnahme des religiösen oder weltanschaulichen Bekenntnisses und der Daten von Gefangenen, die anlässlich ärztlicher Untersuchungen erhoben worden sind, dürfen Daten von Gefangenen in der Anstalt allgemein kenntlich gemacht werden, soweit dies für ein geordnetes Zusammenleben erforderlich ist.

§ 133 Offenbarungspflichten und -befugnisse der Berufsgeheimnisträger

(1) Hinsichtlich der ihnen als Berufsgeheimnisträgern von Gefangenen anvertrauten oder sonst von Gefangenen bekanntgewordene Geheimnisse auch gegenüber der Anstalt und der Aufsichtsbehörde unterliegen
1. Ärzte, Zahnärzte oder Angehörige eines anderen Heilberufs, der für die Berufsausübung oder die Führung der Berufsbezeichnung eine staatlich geregelte Ausbildung erfordert,
2. Berufspsychologen mit staatlich anerkannter wissenschaftlicher Abschlussprüfung,
3. staatlich anerkannte Sozialarbeiter oder staatlich anerkannte Sozialpädagogen,
4. Ehe-, Familien-, Erziehungs- oder Jugendberater sowie Berater für Suchtfragen in einer Beratungsstelle, die von einer Behörde oder Körperschaft, Anstalt oder Stiftung des öffentlichen Rechts anerkannt ist, und
5. Mitglieder oder Beauftragte einer anerkannten Beratungsstelle nach den §§ 3 und 8 des Schwangerschaftskonfliktgesetzes

der Schweigepflicht, soweit in den Absätzen 2 bis 6 nicht Abweichendes geregelt ist.

(2) Die in Absatz 1 genannten Personen haben sich gegenüber dem Anstaltsleiter zu offenbaren, soweit dies für die Aufgabenerfüllung der Anstalt oder der Aufsichtsbehörde oder zur Abwehr von erheblichen Gefahren für Leib oder Leben von Gefangenen oder Dritten erforderlich ist.

(3) Ärzte sind gegenüber dem Anstaltsleiter zur Offenbarung ihnen im Rahmen der allgemeinen Gesundheitsfürsorge bekannt gewordener Geheimnisse befugt, soweit dies für die Aufgabenerfüllung der Anstalt oder der Aufsichtsbehörde unerlässlich oder zur Abwehr von erheblichen Gefahren für Leib oder Leben von Gefangenen oder Dritten erforderlich ist. Sonstige Offenbarungsbefugnisse und -pflichten bleiben unberührt.

(4) Die Gefangenen sind vor der Erhebung über die nach den Absätzen 2 und 3 bestehenden Offenbarungspflichten zu unterrichten.

(5) Die nach den Absätzen 2 und 3 offenbarten Daten dürfen nur für den Zweck, für den sie offenbart wurden oder für den eine Offenbarung zulässig gewesen wäre, und nur unter denselben Voraussetzungen verarbeitet oder genutzt werden, unter denen eine in Absatz 1 genannte Person selbst hierzu befugt wäre. Der Anstaltsleiter kann unter diesen Voraussetzungen die unmittelbare Offenbarung gegenüber bestimmten Bediensteten allgemein zulassen.

(6) Sofern Ärzte oder Psychologen außerhalb des Vollzugs mit der Untersuchung, Behandlung oder Betreuung von Gefangenen beauftragt werden, gelten die Absätze 1 bis 3 mit der Maßgabe entsprechend, dass die beauftragten Personen auch zur Unterrichtung des in der Anstalt tätigen Arztes oder des in der Anstalt mit der Behandlung oder Betreuung der Gefangenen betrauten Psychologen befugt sind.

§ 134 Schutz der Daten in Akten und Dateien

(1) Die Bediensteten dürfen sich von personenbezogenen Daten nur Kenntnis verschaffen, soweit dies zur Erfüllung der ihnen obliegenden Aufgaben oder für die zur gemeinsamen Aufgabenerfüllung notwendige Zusammenarbeit erforderlich ist.

(2) Akten und Dateien mit personenbezogenen Daten sind durch die erforderlichen technischen und organisatorischen Maßnahmen gegen unbefugten Zugang und unbefugten Gebrauch zu schützen. Ge-

sundheits- und Therapieakten, psychologische und pädagogische Testunterlagen und Krankenblätter sind getrennt von anderen Unterlagen zu führen und besonders zu sichern. Im Übrigen gilt für die Art und den Umfang der Schutzvorkehrungen § 9 ThürDSG.

§ 135 Auskunft an die Betroffenen, Akteneinsicht

(1) Den Gefangenen wird Akteneinsicht gewährt, wenn eine Auskunft für die Wahrnehmung ihrer rechtlichen Interessen nicht ausreicht und sie hierfür auf die Einsichtnahme angewiesen sind.

(2) Die Auskunftserteilung und die Gewährung von Akteneinsicht unterbleiben, soweit die Auskunft oder die Einsichtnahme die ordnungsgemäße Erfüllung der Aufgaben der datenverarbeitenden Stelle oder die Erreichung des Vollzugsziels gefährden würden oder eine Anordnung nach § 119 StPO entgegensteht.

12 I 8

§ 136 Auskunft und Akteneinsicht für wissenschaftliche Zwecke

§ 476 StPO gilt mit der Maßgabe entsprechend, dass auch elektronisch gespeicherte Daten übermittelt werden können.

16 24

§ 137 Löschung

(1) Die in Dateien gespeicherten und gesperrten personenbezogenen Daten sind spätestens zum Ablauf der Aufbewahrungsfrist nach § 140 zu löschen.

(2) Erhält die Anstalt bei einem Untersuchungsgefangenen von einer nicht nur vorläufigen Einstellung des Verfahrens, einer unanfechtbaren Ablehnung der Eröffnung des Hauptverfahrens oder einem rechtskräftigen Freispruch Kenntnis, sind die in Dateien gespeicherten und gesperrten personenbezogenen Daten des Untersuchungsgefangenen spätestens zum Ende des auf die Kenntniserlangung folgenden Jahres zu löschen.

§ 138 Löschung besonders erhobener Daten

(1) Erkennungsdienstliche Unterlagen mit Ausnahme von Lichtbildern und der Beschreibung von körperlichen Merkmalen der Straf- und Jugendstrafgefangenen, die nach § 124 Abs. 1 erkennungsdienstlich behandelt worden sind, sind nach ihrer Entlassung aus dem Vollzug unverzüglich zu löschen, sobald die Vollstreckung der richterlichen Entscheidung, die dem Vollzug zugrunde gelegen hat, abgeschlossen ist. Im Vollzug der Untersuchungshaft gilt dies bei einer nicht nur vorläufigen Einstellung des Verfahrens, einer unanfechtbaren Ablehnung der Eröffnung des Hauptverfahrens oder einem rechtskräftigen Freispruch.

(2) Mittels optisch-elektronischer Einrichtungen nach § 124 Abs. 2 erhobene Daten sind spätestens nach 72 Stunden zu löschen, soweit nicht die weitere Aufbewahrung im Einzelfall zu Beweiszwecken unerlässlich ist.

(3) Nach § 124 Abs. 3 Nr. 2 erhobene Daten sind unverzüglich zu löschen, nachdem die Personen die Anstalt verlassen haben.

(4) Nach § 124 Abs. 4 erhobene Daten sind unverzüglich zu löschen, soweit eine Verarbeitung nach § 128 Abs. 4 unzulässig ist. Die Daten sind spätestens 72 Stunden nach dem Ende des Auslesens zu löschen, soweit nicht die weitere Aufbewahrung im Einzelfall zu Beweiszwecken unerlässlich ist.

§ 139 Sperrung und Verwendungsbeschränkungen

(1) Personenbezogene Daten in Akten und Dateien sind spätestens nach Ablauf von zwei Jahren seit der Entlassung oder der Verlegung der Gefangenen in eine andere Anstalt zu kennzeichnen. Ihre weitere Verarbeitung oder Nutzung ist einzuschränken (Sperrung). Die Daten sind nach Ablauf der Frist nur noch ausgewählten Bediensteten zugänglich zu machen. Einzelheiten regelt der Anstaltsleiter. Hiervon können bis zum Ablauf der Aufbewahrungsfrist nach § 140 die Angaben über Familienname, Vorname, Geburtsname, Geburtstag, Geburtsort, Eintritts- und Austrittsdatum der Gefangenen ausgenommen werden, soweit dies für das Auffinden der Gefangenenpersonalakte erforderlich ist.

(2) Die nach Absatz 1 gesperrten Daten dürfen nur übermittelt oder genutzt werden soweit dies
1. zur Verfolgung von Straftaten,
2. für die Durchführung wissenschaftlicher Forschungsvorhaben nach § 104,

3. zur Behebung einer bestehenden Beweisnot oder
4. zur Feststellung, Durchsetzung oder Abwehr von Rechtsansprüchen im Zusammenhang mit dem Vollzug einer Jugend- oder Freiheitsstrafe oder einer Untersuchungshaft

unerlässlich ist.

(3) Die Sperrung nach Absatz 1 endet, wenn die Gefangenen erneut zum Vollzug einer Jugend- oder Freiheitsstrafe oder einer Untersuchungshaft aufgenommen werden oder die Betroffenen eingewilligt haben.

(4) Erhält die Anstalt bei einem Untersuchungsgefangenen von einer nicht nur vorläufigen Einstellung des Verfahrens, einer unanfechtbaren Ablehnung der Eröffnung des Hauptverfahrens oder einem rechtskräftigen Freispruch Kenntnis, so tritt an die Stelle der in Absatz 1 Satz 1 genannten Frist eine Frist von einem Monat ab Kenntniserlangung.

§ 140 Aufbewahrungsfristen, Fristberechnung

(1) Bei der Aufbewahrung von Akten und Dateien mit nach § 139 gesperrten Daten darf für Gefangenenpersonalakten, Gesundheitsakten, Therapieakten, psychologische und pädagogische Testunterlagen und Krankenblätter sowie für Gefangenenbücher eine Frist von dreißig Jahren nicht überschritten werden.

(2) Die Aufbewahrungsfrist beginnt mit dem auf das Jahr der aktenmäßigen Weglegung folgenden Kalenderjahr.

(3) Die Bestimmungen des Thüringer Gesetzes über die Sicherung und Nutzung von Archivgut bleiben unberührt.

Dreiundzwanzigster Abschnitt. Übergangs- und Schlussbestimmungen

§ 141 Einschränkung von Grundrechten

Durch dieses Gesetz werden die nachfolgenden Grundrechte eingeschränkt:
1. das Recht auf körperliche Unversehrtheit nach Artikel 2 Abs. 2 Satz 1 des Grundgesetzes und Artikel 3 Abs. 1 Satz 1 der Verfassung des Freistaats Thüringen,
2. die Freiheit der Person nach Artikel 2 Abs. 2 Satz 2 des Grundgesetzes und Artikel 3 Abs. 1 Satz 2 der Verfassung des Freistaats Thüringen,
3. das Recht auf Schutz der personenbezogenen Daten nach Artikel 6 Abs. 2 der Verfassung des Freistaats Thüringen sowie
4. das Brief-, Post- und Fernmeldegeheimnis nach Artikel 10 Abs. 1 des Grundgesetzes und Artikel 7 Abs. 1 der Verfassung des Freistaats Thüringen.

1 E 32

§ 142 Verhältnis zu anderen Vorschriften

Dieses Gesetz ersetzt gemäß Artikel 125a Abs. 1 des Grundgesetzes in Thüringen das Strafvollzugsgesetz. Die Bestimmungen des Strafvollzugsgesetzes über
1. den Pfändungsschutz (§ 50 Abs. 2 Satz 5, § 51 Abs. 4 und 5, § 75 Abs. 3), den Nachrang der Sozialhilfe bei der Zahlung von Ausbildungsbeihilfe (§ 44 Abs. 1 Satz 2),
2. Handeln auf Anordnung (§ 97),
3. das gerichtliche Verfahren (§ 50 Abs. 5 Satz 2, §§ 109 bis 121),
4. die Unterbringung in einem psychiatrischen Krankenhaus und einer Entziehungsanstalt (§§ 136 bis 138),
5. den Vollzug von Ordnungs-, Sicherungs-, Zwangs- und Erzwingungshaft (§§ 171 bis 175),
6. den unmittelbaren Zwang in Justizvollzugsanstalten für andere Arten des Freiheitsentzugs (§ 178) sowie
7. den Vollzug von Freiheitsstrafe und Jugendhaft der Deutschen Demokratischen Republik (§ 202)

gelten fort.

4 D 25, 4 G 9, 4 I 53, 4 I 54, 4 I 66, 11 K 5, 11 K 46, 12 B 1, 15 A 2

§ 143 Übergangsbestimmungen

(1) Bis zum Inkrafttreten einer Verordnung nach § 66 Abs. 4 Satz 2 gilt die Strafvollzugsvergütungsordnung vom 11. Januar 1977 (BGBl. I S. 57) in der jeweils geltenden Fassung.

Anhang

(2) Für Anstalten, mit deren Errichtung vor dem 3. Oktober 1990 begonnen wurde, gilt, dass abweichend von § 18 während der Einschlusszeiten bis zu sechs Strafgefangene gemeinsam untergebracht werden dürfen, solange die räumlichen Verhältnisse der Anstalt dies erfordern; eine gemeinschaftliche Unterbringung von mehr als zwei Personen ist nur bis zum Ablauf des 31. Dezember 2024 zulässig.

(3) Für die bei Inkrafttreten dieses Gesetzes bestehenden Anstalten kann abweichend von § 106 die Belegungsfähigkeit einer Anstalt nach Maßgabe des Absatzes 2 festgesetzt werden.

(4) Das Überbrückungsgeld, welches von den Gefangenen bis zum Inkrafttreten dieses Gesetzes angespart wurde, ist ihnen bei ihrer Entlassung auszuzahlen. Der Anstaltsleiter kann es auch ganz oder teilweise dem Bewährungshelfer, einer mit der Entlassungsbetreuung befassten Stelle oder den Personensorgeberechtigten überweisen, die darüber entscheiden, wie das Geld innerhalb der ersten vier Wochen nach der Entlassung an den Gefangenen ausgezahlt wird. Der Bewährungshelfer, die mit der Entlassungsbetreuung befasste Stelle und die Personensorgeberechtigten sind verpflichtet, das Überbrückungsgeld von ihrem sonstigen Vermögen getrennt zu halten. Mit Zustimmung des Gefangenen kann das Überbrückungsgeld einem oder mehreren Unterhaltsberechtigten überwiesen werden.

2 E 24, 4 D 72, 4 I 66, 4 I 78, 4 I 83, 4 I 84, 4 I 85

§ 144 Gleichstellungsbestimmung
Status- und Funktionsbezeichnungen in diesem Gesetz gelten jeweils in männlicher und weiblicher Form.

§ 145 Inkrafttreten, Außerkrafttreten
Dieses Gesetz tritt am Tage nach der Verkündung in Kraft. Gleichzeitig treten
1. das Thüringer Jugendstrafvollzugsgesetz vom 20. September 2007 (GVBl. S. 221),
2. das Thüringer Untersuchungshaftvollzugsgesetz vom 8. Juli 2009 (GVBl. S. 553),
3. das Thüringer Gesetz zur Regelung des Datenschutzes und der Videoüberwachung beim Vollzug der Freiheitsstrafe und der Sicherungsverwahrung vom 8. Juli 2009 (GVBl. S. 553 -573) sowie
4. das Thüringer Strafvollzugs- und Jugendstrafvollzugsergänzungsgesetz vom 23. Mai 2013 (GVBl. S. 121)

außer Kraft.

Sachregister

A
Abendmahlsfeier 8 B 7
Abgeordnete s. Parlamentsabgeordnete
abgerichtete Hunde 11 K 30
Abhängigkeitsverhältnisse 11 B 4
Ablehnung des Richters 12 I 10
Ablösung
    Arbeit 4 A 35 ff
    Arbeitspflicht 4 B 29
    freies Beschäftigungsverhältnis 4 H 16
    Hilfstätigkeiten 4 B 17
    Unterricht 4 E 23
Abschiebung 7 E 3
Abschiebungshaft 15 D 4
    Regelausschlüsse 10 C 58
    Strafvollzugsgesetz 1 B 12
Abschlussgutachten 2 B 36
Abschlusszeugnis 4 F 3
Absonderung
    Disziplinarmaßnahme 11 M 47
    Einzelhaft 11 I 46 ff, s.a. dort
    Fesselung 11 I 37
    Sicherungsmaßnahmen, besondere 11 I 26 ff
    Verlegung 11 I 29
Absuchung
    Durchsuchung 11 D 4
    Landesgesetze 11 D 2
Abtasten 11 D 5
Abwehrstatus 1 E 1, 1 E 18 ff
actus contrarius 3 A 25
Akteneinsicht
    Behandlungsuntersuchung 2 B 36
    Krankenunterlagen 6 D 11 ff
    rechtliches Gehör 12 I 8
    Vollzugsplan 2 C 18
Akutmaßnahmen 2 A 12
Akzessorietät 11 K 5
Alkohol
    Gesundheitsfürsorge 6 D 23 ff
    Verhaltensvorschriften 11 B 4
    vollzugsöffnende Maßnahmen 10 C 61
Alleinstehende 7 B 8
allgemeine Anordnung
    Entkleidung 11 D 7, 11 D 10
    Suchtmittelkontrolle 11 D 16
Allgemeinverfügung 12 B 12
Alphabetisierungskurse 4 G 3
Amtsermittlungsgrundsatz
    Einschränkungen 12 I 3
    gerichtliche Entscheidung 12 I 2 ff
Amtshandlungen 8 B 8
Anamnese 2 B 20

Androhungspflicht 11 K 53 ff
    Ausnahmen 11 K 55 ff
    gegenwärtige Gefahr 11 K 58
    Grundsatz 11 K 54
    hindernde Umstände 11 K 56
    Schusswaffengebrauch 11 K 74 ff
    Verhinderung einer Straftat 11 K 57
    Zwangsgeld 12 O 6
    Zwangsmaßnahmen, medizinische 11 L 12
Anfechtung
    gerichtliche Entscheidung 12 I 13
    Vollzugsplan 2 C 43
Angehörige
    Außenweltkontakte 9 A 3
    Besuchsverbot 9 B 45, 9 B 49
    Schriftwechsel 9 C 12
    Soziale Hilfe 7 A 12
angemessene Beschäftigung 4 A 31 ff
    Freistellung von der Arbeit 4 D 33
    Hilfstätigkeiten 4 B 16
    Subsidiarität 4 A 32
    Zuteilung 4 A 33
Angemessenheit
    eigene Hörfunk-/Fernsehgeräte 5 C 12
    Gegenstände zur Freizeitbeschäftigung 5 D 11
    Haftraum 2 F 7
    Taschengeld 4 I 16
    Überbrückungsgeld 4 I 69
    Zeitungen/Zeitschriften 5 B 11
    Zwangsmaßnahmen, medizinische 11 L 12
Angleichungsgrundsatz
    Anstaltsverpflegung 6 B 3
    Anwendungsschwierigkeiten 1 D 5
    Arbeitsentgelt 4 D 7
    Ausprägungen, negative 1 D 6
    Ausprägungen, positive 1 D 7
    Begriff 1 D 4
    Betriebskosten 4 I 56
    Freizeit 5 A 6
    Gegenstände zur Freizeitbeschäftigung 5 D 15
    Haftkostenbeitrag 4 I 36
    Hörfunk/Fernsehen 5 C 2
    Menschenwürde 1 D 4
    Nachrangigkeit 1 D 10
    Schutz der Allgemeinheit 1 D 4
    Sicherheit/Ordnung der Anstalt 11 A 3
    Strafvollzug 1 D 1
    Unterricht 4 E 3 ff
    Vergleichsmaßstab 1 D 8
    Vorsorgeleistungen 6 E 1
    Zivilhaft 15 D 6

Sachregister

Anhalten von Schreiben 9 C 49 ff
    Anstaltsleitung 9 C 52
    Anstaltsverhältnisse 9 C 59 f
    Ausbruchspläne 9 C 56
    ausländische Inhaftierte 9 C 66
    Begleitschreiben 9 C 69
    Eingliederung anderer Gefangener 9 C 64
    erhebliche Entstellung 9 C 59 f
    Ermessen 9 C 52
    Gefährdung 9 C 54
    Geheimschrift 9 C 65
    grobe Beleidigungen 9 C 61
    grobe Unrichtigkeiten 9 C 59 f
    Information der Gefangenen 9 C 70
    Intimsphäre 9 C 62
    Meinungsäußerungsfreiheit 9 C 49
    Missstände im Vollzug 9 C 59
    Opferschutz 9 C 68
    Ordnung der Anstalt 9 C 57
    Schriftwechselüberwachung 9 C 50
    Sicherheit/Ordnung der Anstalt 9 C 54
    Sprache 9 C 65
    Tatsachenbehauptungen 9 C 63
    Übersetzung 9 C 67
Anhörung
    Disziplinarverfahren 11 M 57
    Rücknahme 10 F 18
    Widerruf 10 F 18
Anlernzeit 4 D 77
Anrechnung 4 D 58
Ansprechbarkeitsprinzip 2 B 39
Anstalt 13 A 2
Anstaltsarzt
    Angestellter 6 D 36
    Anstaltsleitung 6 D 9
    Anstaltsverpflegung 6 B 6
    Antrag auf gerichtliche Entscheidung 12 B 21
    Arresttauglichkeit 11 M 63
    Beamter 6 D 36
    Beschwerde 6 D 16
    Dienstaufsicht 6 D 36
    Disziplinarverfahren 11 M 59
    Doppelrolle 6 D 33, 11 I 65
    Entlassungsuntersuchung 6 D 6
    externe Ärzte 6 D 37
    Fachaufsicht 6 D 9, 6 D 36
    Krankenunterlagen 6 D 7
    medizinische Betreuung 6 D 5
    medizinische Versorgung 6 D 33
    Sanitätsbedienstete 6 D 8
    Zugangsuntersuchung 6 D 6
    Zwangsmaßnahmen, medizinische 11 L 20 ff
Anstaltsbeirat 13 O 1 ff
    Anstaltsbesuche 13 O 7
    Aufgabe 13 O 1, 13 O 3 ff

    Befugnisse 13 O 7
    Besuchsrecht 9 B 11
    Bildung 13 O 2
    Gemeinwesenarbeit 13 O 3
    Informationsrecht 13 O 7
    Praxisbeispiele 13 O 9
    Schriftwechselüberwachung 9 C 29, 9 C 31
    Verschwiegenheit 13 O 8
Anstaltsbücherei 5 A 32
anstaltsgebundene Schulen 4 E 8
Anstaltsgelände 11 K 14
Anstaltskleidung 6 A 1
    Außenbeschäftigung 10 C 10
Anstaltskrankenhäuser 6 F 66
Anstaltsleitung 13 K 1 ff
    Anforderungen 13 K 3
    Anhalten von Schreiben 9 C 52
    Anstaltsarzt 6 D 9
    Anzeigepflicht 13 K 7
    Aufgabenübertragung 13 K 6
    Aufnahmeverfahren 2 A 10 f
    Berichtspflicht 13 K 8
    Beschwerderecht 12 A 2 ff
    Delegation 13 K 9 ff
    Disziplinarmaßnahme 11 M 50
    eigene Kleidung 6 A 7
    Entkleidung 11 D 8, 11 D 10
    Fachdienste 13 K 13
    Festnahmerecht 11 G 1 ff, s.a. dort
    Gefangenenmitverantwortung 13 M 3
    Geschäftsverteilung 13 K 6
    hauptamtliche ~ 13 K 4
    Juristenmonopol 13 K 5
    Meldepflicht 13 K 8
    nachgehende Betreuung 3 E 5
    Schriftwechselüberwachung 9 C 21
    Seelsorger 8 D 13
    Sicherungsmaßnahmen, besondere 11 I 6, 11 I 56
    Sozialtherapie 3 A 12
    Straftaten 13 K 7
    Suchtmittelkontrolle 11 D 15
    Übertragungseinschränkungen 13 K 14
    Verantwortung 13 K 2
    Vertretung der Anstalt 13 K 6
    Weisungen 4 H 14
    Zustimmung der Aufsichtsbehörde 13 K 12
    Zustimmungserfordernis 3 A 12
    Zwangsmaßnahmen, medizinische 11 L 21
Anstaltsorganisation 1 A 20
Anstaltsverpflegung 6 B 1 ff
    Angleichungsgrundsatz 6 B 3
    Anstaltsarzt 6 B 6
    Krankenkost 6 B 9
    Menge 6 B 2

Sachregister

Nährwert **6 B** 5 ff
Qualitätskontrollen **6 B** 5
Rechtsanspruch **6 B** 1
religiöse Speisevorschriften **6 B** 10 ff
Selbstverpflegung **6 B** 4
Verpflegungsordnungen **6 B** 5
Wohngruppen **6 B** 4
Zusammensetzung **6 B** 2, **6 B** 5 ff
Anstaltswechsel 12 C 6
Antrag auf gerichtliche Entscheidung 12 B 1 ff
Allgemeinverfügung **12 B** 12
Anfechtung einer Maßnahme **12 B** 23
Anstaltsarzt **12 B** 21
Anstaltswechsel **12 C** 6
Antragsarten **12 B** 22 ff
Antragsbefugnis **12 B** 28 ff
Antragsbegründung **12 F** 4
Antragsform **12 F** 3
Antragsfrist **12 F** 2
Antragshäufung **12 B** 27
Antragsteller **12 E** 2
Arbeitsgerichte **12 B** 7
ärztliches Handeln **12 B** 21
Auflagen **12 B** 26
Aufsichtsbehörde **12 E** 2
Auslagen **12 P** 2
behördeninterne Vorgänge **12 B** 20
Beiordnung eines Rechtsanwalts **12 B** 33 ff, *s.a. dort*
Beseitigung der Maßnahme **12 B** 23
Beteiligte **12 E** 1 ff
EGGVG **12 B** 8
eigene Rechte **12 B** 30
elektronische Aktenführung **12 D** 1 ff
Entscheidungen über Geldmittel **12 B** 15
Erlass einer Maßnahme **12 B** 24
Fristversäumnis **12 F** 7 ff
Gefangenenmitverantwortung **12 B** 29, **13 M** 7
Geltungsbereich **12 B** 2 ff
gerichtliche Entscheidung **12 I** 1 ff
Jugendstrafvollzug **12 B** 3
Justizvollzugsanstalt **12 E** 2
Kompetenzkonflikte **12 C** 8
konkludentes Verhalten **12 B** 19
Kosten **12 P** 1 ff
Kostenansatzverfahren **12 P** 7
mehrstufige Vollzugsmaßnahme **12 B** 20
Meinungsäußerungen **12 B** 16
Missbrauch der Rechtspflege **12 B** 32
Organisationshaft **12 B** 4
Prozessfähigkeit **12 B** 30
prozessfremde Zwecke **12 B** 32
Realakt **12 B** 18
Rechtsbeschwerde **12 E** 3 ff, **12 J** 1 ff, *s.a. dort*
Rechtsverletzung **12 B** 30
Rechtsweggarantie **12 B** 1
Rechtswirkung nach außen **12 B** 11
Regelung einzelner Angelegenheiten **12 B** 12
Sozialgerichte **12 B** 7
Sprache **12 F** 3
Stillschweigen **12 B** 19
Strafarrest **12 B** 13
Strafsenat des OLG **12 B** 8
Streitwerthöhe **12 P** 7
Teilanfechtung **12 B** 26
Unterlassungsantrag **12 B** 25
Verbindung **12 B** 27
Verein **12 B** 29
Verlegung **12 C** 6
Verpflichtungsantrag **12 B** 24
Verwaltungsgerichte **12 B** 9
Verwaltungsvorverfahren **12 B** 31
Verwarnung **12 B** 14
Verwertung von Überwachungserkenntnissen **12 B** 16
Vollzugsbehörde **12 E** 2
Vollzugsmaßnahmen **12 B** 10
Vollzugsplan **12 B** 12
vorläufiger Rechtsschutz **12 H** 1 ff, *s.a. dort*
Vornahmeantrag **12 B** 24, **12 G** 1 ff, *s.a. dort*
Weisungen **12 B** 26
Wiedereinsetzung **12 F** 7 ff, *s.a. dort*
Ziel **12 B** 22
Zivilgerichte **12 B** 5 f
Zuständigkeit **12 C** 1 ff
Antragshäufung 12 B 27
Anwartschaftszeit 4 I 138
Äquivalenzprinzip 6 D 3
Arbeit
Ablösung **4 A** 35 ff
Anerkennung **4 D** 1
angemessene Beschäftigung **4 A** 31 ff
Arbeitsentgelt **4 D** 1 ff, **4 D** 10 ff, *s.a. dort*
Arbeitsgericht **4 A** 38
Arbeitspflicht **4 B** 1 ff, *s.a. dort*
Arbeitsunterbrechungen **4 A** 14
Arbeitszeit **4 A** 14
Arten der Beschäftigung **4 Vor** 3
Ausschluss **4 A** 35 ff
außervollzugliche Einrichtungen **4 A** 4
Begriff **4 A** 1
Behandlungskonzept **4 Vor** 2
Berufsausbildung **4 A** 2
Bildungsgebot **4 A** 18 ff, *s.a. dort*
Ermessen **4 A** 17
Erwerbstätigkeit nach der Entlassung **4 A** 6 ff, *s.a. dort*
Fähigkeiten **4 A** 15
Fertigkeiten **4 A** 15

Sachregister

freies Beschäftigungsverhältnis 4 H 1 ff,
   s.a. dort
Freiheitsentziehung 4 Vor 2
Hilfstätigkeiten 4 B 14 ff, *s.a. dort*
individuelle Voraussetzungen 4 A 15 ff
Landesgesetze 4 Vor 5
Mindestlohn 4 A 38
Neigungen 4 A 15
Niveau 4 A 14
öffentlich-rechtliches Verhältnis 4 A 38
Rangfolge 4 A 3
Recht auf Zuweisung 4 A 12
Resozialisierung 4 Vor 1
selbständige Tätigkeit 4 Vor 3
Selbstbeschäftigung 4 H 19 ff, *s.a. dort*
tarifliche Bezahlung 4 A 38
Unterbringung im Tagesablauf 2 E 2, 2 E 5 f
Unterricht 4 E 17 f
Unzeit 4 B 24
Vollzugsplan 2 C 33
Vollzugsziel 4 Vor 1
wirtschaftlich ergiebige ~ 4 A 13
Zustimmung der Gefangenen 4 B 23 ff
Zuweisung von Arbeit 4 A 12 ff
Arbeitsbeschaffung 4 J 1 ff
  Ausbildungsbetriebe 4 J 3
  Beratung 4 J 6
  Bundesagentur für Arbeit 4 J 7
  Eigenbetriebe 4 J 3
  externe Vereinigungen 4 J 4
  Förderung 4 J 6
  Sorgen für Arbeit 4 J 3
  Unternehmerbetriebe 4 J 3
  Vermittlung 4 J 6
  wirtschaftlich ergiebige Arbeit 4 J 5
Arbeitsbetriebe 4 K 1 ff
  Arbeitsschutz 4 K 6
  Eigenbetrieb 4 K 5
  Umfang, qualitativer 4 K 5
  Umfang, quantitativer 4 K 4
  Unfallverhütung 4 K 6
Arbeitsentgelt 4 D 1 ff, 4 D 10 ff
  Abrechnung 4 D 26
  Angleichungsgrundsatz 4 D 7
  arbeitstherapeutische Beschäftigung 4 D 11
  Arbeitstraining 4 D 12
  Ausbildungsbeihilfe 4 D 25, 4 G 14
  Ausfallentschädigung 4 D 93
  Ausgleichsentschädigung 4 D 53
  Behandlung 4 D 14 ff
  Berechnungsbeispiel 4 D 24
  Berechnungsmaßstab 4 D 17
  Disziplinarmaßnahme 11 M 38
  Eckvergütung 4 D 3, 4 D 5, 4 D 17
  Entgeltfortzahlung 4 D 45 ff

  Ermessen 4 D 20
  Erzwingungshaft 4 D 25
  Freistellung von der Arbeit 4 C 18
  Gegensteuerungsgrundsatz 4 D 7
  Haftarten 4 D 25
  Haftkostenbeitrag 4 I 40
  Hausgeld 4 I 23
  Hilfstätigkeiten 4 D 10
  Leistungslohn 4 D 20
  Mindestvergütung 4 D 22
  nicht-monetäre Komponente 4 D 4 ff, 4 D
    30 ff, *s.a. dort*
  Ordnungshaft 4 D 25
  Pfändbarkeit 4 D 28 f
  Rechtsanspruch 4 D 10 ff
  Resozialisierung 4 D 9
  schriftliche Mitteilung 4 D 26
  Selbstbeschäftigung 4 H 28 f
  Sicherungshaft 4 D 25
  sonstige Beschäftigung 4 D 10
  Sozialtherapie 4 D 14 ff
  Strafarrest 4 D 25
  Stundensatz 4 D 19
  Tagessatz 4 D 18
  Taschengeld 4 I 4
  tatsächlich ausgeübte Arbeit 4 D 13
  Therapiemaßnahmen 4 D 14 ff
  Überbrückungsgeld 4 I 75
  Umstufung 4 D 20
  Verfassungskonformität 4 D 8
  Vergütungsstufen 4 D 21 ff, *s.a. dort*
  Zwangshaft 4 D 25
  zweckgebundene Aufteilung 4 D 27
Arbeitsgerichte 12 B 7
Arbeitshaltung 4 D 84
Arbeitskleidung 6 A 3
Arbeitslosenversicherung 4 I 133 ff
  Anwartschaftszeit 4 I 138
  Aufnahmehilfe 7 B 12
  Beitragspflicht 4 I 134
  Bemessungsgrundlage 4 I 134
  Bezüge 4 I 136
  freies Beschäftigungsverhältnis 4 I 137
  Gefangenen-Beitragsverordnung 4 I 135
  Ungleichbehandlung 4 I 136
Arbeitslosigkeit 4 I 6
Arbeitsmarktintegration 7 D 27
Arbeitspflicht 4 B 1 ff
  Ablehnung 4 B 9
  Ablösung 4 B 29
  Arbeitszeit 4 B 22
  Ausbildungsbeihilfe 4 G 5
  Ausnahmen 4 B 19 ff
  Beschäftigungsbedingungen 4 B 22
  Einkauf 6 C 4

Fähigkeiten **4 B 7**
Freistellung von der Arbeit **4 C 1 ff**, s.a. dort
 geistige Fähigkeiten **4 B 9**
 gemeinnützige Arbeit **4 B 21**
 internationale Rechtsgrundsätze **4 B 5 f**
 körperlicher Zustand **4 B 11**
 Landesgesetze **4 B 2**
 psychischer Zustand **4 B 9**
 Schwangerschaft **14 B 5**
 sonstige Beschäftigung **4 B 10**
 Strafarrest **15 C 4**
 Vollzugsplan **4 B 8**
 Vorrang **4 B 8**
 werdende/stillende Mütter **4 B 20**
 Zustimmung der Gefangenen **4 B 23 ff**
 Zustimmungsvorbehalt **4 B 3**
Arbeitsschutz **4 K 6**
Arbeitstage
 Freistellung der Arbeit **4 C 20**
Arbeitsteilung **7 A 3**
arbeitstherapeutische Beschäftigung **4 A 9**
 Arbeitsentgelt **4 D 11**
 Einrichtungen privater Unternehmen **4 K 7**
 Erwerbstätigkeit nach der Entlassung **4 A 9**
 Freistellung von der Arbeit **4 D 33**
 Mindestvergütung **4 D 22**
 Taschengeld **4 I 14**
 Teilnahmepflicht **4 B 12**
 Vergütungsstufen **4 D 78**
Arbeitstherapie **4 A 10**
 Freistellung von der Arbeit **4 C 4**
 Gefangene **4 A 34**
 Krankenbehandlung **6 F 17**
 Mindestvergütung **4 D 22**
Arbeitstraining **4 A 9, 4 A 11**
 Arbeitsentgelt **4 D 12**
 Freistellung von der Arbeit **4 C 4, 4 D 33**
 Taschengeld **4 I 14**
 Vergütungsstufen **4 D 78**
Arbeitsunfähigkeit **4 I 6**
Arbeitsunterbrechungen **4 A 14**
Arbeitsurlaub
 Anrechnung **4 D 42**
 Entgeltfortzahlung **4 D 45 ff**
 Entlassungsvorverlegung **4 D 49 ff**
 Entlassungszeitpunkt **4 D 31**
 Ermessen **4 D 43**
 Freistellung von der Arbeit **4 D 42 ff**
 Hafturlaub **4 D 42**
 monetäres Substitut **4 D 48**
 nicht-monetäre Komponente **4 D 31**
Arbeitsverhalten **6 C 2**
Arbeitszeit **4 A 14**
 Arbeitspflicht **4 B 22**
 Ausbildungsbeihilfe **4 G 12**

 Einzelhaft **11 I 46**
 Freistellung von der Arbeit **4 C 4**
 Unterricht **4 E 17**
 Verhaltensvorschriften **11 B 2**
Arbeitszeugnis **4 K 10**
Arzneimittel
 Krankenbehandlung **6 F 14**
 Schwangerschaft **14 B 10**
ärztliche Überwachung **11 I 65 ff**
 Aufenthalt im Freien **11 I 71**
 Fesselung **11 I 70**
 Haftraum **11 I 66**
 Sanitätsbedienstete **11 I 68**
 Suizidgefahren **11 I 69**
 Unterrichtung des Arztes **11 I 67**
ärztliche Untersuchung
 Aufnahmeverfahren **2 A 9**
 Suizidgefährdung **2 A 9**
Aufbewahrung **11 C 13**
Aufenthalt im Freien **6 G 1 ff**
 ärztliche Überwachung **11 I 71**
 Beschränkung **11 I 30**
 Einzelfreistunde **11 I 30**
 Entzug **11 I 30**
 Landesgesetze **6 G 1**
 Mindestgarantie **6 G 6**
 Mindestzeit **6 G 2**
 Rechtsanspruch **6 G 3**
 Sicherungsmaßnahmen, besondere **11 I 30**
 Sportstunde **6 G 7**
 Witterung **6 G 4**
Aufgabenkonflikte **11 A 1**
Aufhebung **12 I 15**
Aufklärungspflicht **12 I 2**
Auflagen **12 B 26**
Aufnahmeabteilung **2 B 3**
Aufnahmegespräch **7 B 1**
Aufnahmehilfe **7 B 1 ff**
 Alleinstehende **7 B 8**
 Arbeitslosenversicherung **7 B 12**
 Aufnahmegespräch **7 B 1**
 besondere Lebensverhältnisse **7 B 7**
 Betreuung **7 B 4**
 Datenübermittlung **7 B 6**
 Diagnoseverfahren **7 B 1**
 Entlassungsmanagement **7 B 12**
 Gepäck **7 B 9**
 Grundsicherung **7 B 6**
 Hilfe zur Selbsthilfe **7 B 1**
 Informationsaustausch **7 B 6**
 Krankenversicherung **7 B 12**
 Lagerung des Hausrats **7 B 8**
 materielle Versorgung **7 B 2**
 Mietkaution **7 B 7**
 Pflegeversicherung **7 B 12**

Sachregister

Rechtsanspruch **7 B** 13
Rentenversicherung **7 B** 11
Sicherstellung von Gepäck **7 B** 9
Soforthilfen **7 B** 3
Sofortmaßnahmen **7 B** 4 f
Sozialhilfe **7 B** 7
Sozialversicherung **7 B** 10
Statusklärung **7 B** 12
Versicherungsschutz **7 B** 12
Wohnung **7 B** 7
Wohnungsbeschaffungskosten **7 B** 8
Zugangsgespräch **7 B** 1
Aufnahmesituation 2 A 2
Aufnahmeverfahren 2 A 1 ff
Abwesenheit anderer Gefangener **2 A** 2, **2 A** 5
Akutmaßnahmen **2 A** 12
Anstaltsleitung **2 A** 10 f
ärztliche Untersuchung **2 A** 9
Aufnahmesituation **2 A** 2
Aufnahmeverhandlung **2 A** 1
behandlungsorientierte Ausgestaltung **2 A** 1
Betreuung der Zugänge **2 A** 5
Ersatzfreiheitsstrafe **2 A** 13
Gefangene **2 A** 6
häusliche Angelegenheiten **2 A** 12
Hilfe zur Selbsthilfe **2 A** 12
Information der Gefangenen **2 A** 6 f
Intimsphäre **2 A** 5
Mitwirkung **2 A** 2
Rechten/Pflichten **2 A** 7
Rechtsschutz **2 A** 14
Screeningverfahren **2 A** 2
Subkultur **2 A** 5
Suizidgefährdung **2 A** 2
Umfang **2 A** 3
Vollzugsplan **2 C** 1
Vorstellung **2 A** 10 f
Zugangsgespräch **2 A** 2, **2 A** 4
Aufnahmeverhandlung 2 A 1
Aufsicht 15 A 18
Aufsichtsbehörde 13 G 1 ff
Anstaltsleitung **13 K** 12
Antrag auf gerichtliche Entscheidung **12 E** 2
Beschwerderecht **12 A** 5 f
besonders gesicherter Haftraum **11 I** 33
Dienstaufsicht **13 G** 1
Einzelhaft **11 I** 49
Fachaufsicht **13 G** 1
faktischer Selbsteintritt **13 G** 15
Fesselung **11 I** 34, **11 I** 55
Funktionswandel **13 G** 17
Gesundheitsfürsorge **13 G** 13
Landesgesetze **13 G** 18
Landesjustizverwaltung **13 G** 1
politische Verantwortung **13 G** 14

Rechtsaufsicht **13 G** 1
Selbsteintrittsrecht **13 G** 3
sichere Unterbringung **11 E** 10
Steuerungsinstrumente **13 G** 4
teilprivatisierte Anstalten **13 G** 2
Vollstreckungsplan **13 H** 1 ff, *s.a. dort*
vollzugsöffnende Maßnahmen **10 C** 39 f, **10 C** 59
Vollzugsplan **2 C** 21
Zustimmungsvorbehalte **13 G** 3
Auftragsforschung 16 18
Aufwendungsersatz 11 J 1 ff
Absehen von Aufrechnung **11 J** 13
Ansprüche dritter Personen **11 J** 3
Beschädigung fremder Sachen **11 J** 7 f
Eigenverletzung **11 J** 4 ff
Fremdschädigung **11 J** 19 f
Fremdverletzung **11 J** 4 ff
Hausgeld **11 J** 9
Hungerstreik **11 J** 5
Rechtswegzuweisung **11 J** 11
Selbstschädigung **11 J** 17 f
Selbstverletzungen **11 J** 2, **11 J** 5
unerlaubte Handlung **11 J** 3
Verfahren **11 J** 21
Verlegung **11 J** 16
zivilrechtlicher ~ **11 J** 2
Aufzeichnungen
Beobachtung **11 I** 25
Sicherheitsvorkehrungen **11 C** 16
Ausantwortung 2 D 15
wichtiger Anlass **10 D** 3, **10 D** 15
Ausbildungsbeihilfe 4 G 1 ff
Alphabetisierungskurse **4 G** 3
Arbeitsentgelt **4 D** 25, **4 G** 14
Arbeitspflicht **4 G** 5
Arbeitszeit **4 G** 12
Behandlung **4 G** 15
berufliche Weiterbildung **4 G** 2
Berufsausbildung **4 G** 2
Deutschkurse **4 G** 3
Fernstudien **4 G** 7
Freistellung von der Arbeit **4 C** 18
Freistellung zu Erholungszwecken **4 G** 12
Haftkostenbeitrag **4 I** 40
Hausgeld **4 I** 23
kein Anspruch **4 G** 7
Leistungen zum Lebensunterhalt **4 G** 8
Mitteilung **4 G** 11
monetäre Leistung **4 G** 10
nachrangige ~ **4 G** 8
nicht-monetäre Komponente **4 G** 13
Pfändbarkeit **4 G** 1
Qualifizierungsmaßnahmen **4 G** 2
Rechtsanspruch **4 G** 1

Sozialhilfe **4 G** 9
Taschengeld **4 I** 4
Überbrückungsgeld **4 I** 75
Umfang **4 G** 10 ff
Vergütungsordnungen **4 G** 10
Vergütungsstufen **4 D** 79 ff
Voraussetzungen **4 G** 2 ff
Zulagen **4 D** 89
Ausbildungsbetriebe 4 J 3
Ausbruchspläne 9 C 56
Ausfallentschädigung 4 D 93
Ausführung 10 C 6 ff
    Begriff **10 C** 6
    Behandlung **10 D** 12
    Dauer **10 C** 8
    eigene Kleidung **6 A** 4, **10 C** 7
    Entbindung **14 B** 14
    Erhaltung der Lebenstüchtigkeit **10 C** 6
    Fesselung **10 C** 7, **11 I** 41 ff
    Fluchtgefahr **10 C** 50
    Gruppenausführung **10 C** 7
    Kosten **10 C** 8, **10 D** 12
    langjährig Inhaftierte **10 C** 8
    Lebenstüchtigkeit **10 C** 50
    Mindestanspruch **10 C** 8
    Missbrauchsgefahr **10 C** 50
    Personalknappheit **10 C** 8
    Schusswaffengebrauch **11 K** 65
    Uniformierung **10 C** 7
    Vollzugsbedienstete **10 C** 7
    vollzugsöffnende Maßnahmen **10 B** 3
    Weisungen **10 C** 7, **10 E** 3
    wichtiger Anlass **10 D** 3, **10 D** 10
    Wiedereingliederung **10 D** 12
    zwangsweise ~ **10 C** 38
Ausgang 10 C 12 ff
    Ausgangsanlässe **10 C** 16
    Begleitausgang **10 C** 12 ff, s.a. dort
    Dauer **10 C** 17
    eigene Kleidung **10 C** 16
    Gesamtdauer **10 C** 17
    Häufigkeit **10 C** 17
    Höchstdauer **10 C** 17
    Krankenbehandlung **6 F** 51 ff
    Langzeitausgang **10 C** 18 ff, s.a. dort
    Übernachtung **10 C** 17
    unbegleiteter ~ **10 B** 3, **10 C** 12
    Verbüßungszeit **10 C** 17
    verspätete Rückkehr **10 C** 2
    vollzugsöffnende Maßnahmen **10 B** 3
Ausgleichsentschädigung
    Anrechnungsausschluss **4 D** 58
    Anspruchsentstehung **4 D** 64
    Auslieferung **4 D** 59
    Aussetzung **4 D** 57

Ausweisung **4 D** 59
Begnadigung **4 D** 60
Berechnung **4 D** 62
Berechnung, individuelle **4 D** 63
Bezüge **4 D** 64
Erhöhung des Arbeitsentgelts **4 D** 53
Formel **4 D** 62
lebenslange Freiheitsstrafe **4 D** 54
Modalitäten **4 D** 62
nicht-monetäre Komponente **4 D** 31, **4 D** 53 ff
punktgenaue Entlassung **4 D** 58
Sicherungsverwahrung **4 D** 54
Überstellung **4 D** 59, **4 D** 61
Verbüßungsdauer **4 D** 56
Verlegung **4 D** 65 ff
Wahlrecht **4 D** 62
Zehn-Jahres-Abschnitt **4 D** 55
Auslagen 12 P 2
ausländische Inhaftierte
    Anhalten von Schreiben **9 C** 66
    Entlassungsvorbereitung **7 D** 12
    Freizeitangebot **5 A** 21
    Schriftwechsel **9 C** 18
    Unterricht **4 E** 15 f
    Vollstreckung im Ausland **7 D** 13 f
    vollzugsöffnende Maßnahmen **10 C** 64
Auslandspakete 9 E 11
Auslieferungshaft 15 D 5
    Ausgleichsentschädigung **4 D** 59
    Regelausschlüsse **10 C** 58
Ausschlussfrist
    Vornahmeantrag **12 G** 3
    Wiedereinsetzung **12 F** 12
Außenbeschäftigung 10 C 9 ff
    Anstaltskleidung **10 C** 10
    Aufsicht **10 C** 10
    Beaufsichtigungsintensität **10 C** 10
    Begriff **10 C** 9
    freies Beschäftigungsverhältnis **4 H** 11
    Kosten **10 C** 11
    Rücknahme **4 H** 15
    Uniformierung **10 C** 10
    Vollzugsbedienstete **10 C** 10
    vollzugsöffnende Maßnahmen **10 B** 3
    Weisungen **4 H** 14, **10 C** 10, **10 E** 3
    Widerruf **4 H** 15
    Zustimmung der Gefangenen **4 H** 12
Außenweltkontakte 9 A 1 ff
    Angehörige **9 A** 3
    Besuche **9 B** 1 ff, s.a. dort
    Disziplinarmaßnahme **11 M** 46
    Einschränkungen **9 A** 2
    Fahrtkosten **9 A** 3
    Förderungspflicht **9 A** 3
    Gefangenenmitverantwortung **13 M** 8

Sachregister

Landesgesetze **9 A** 5 ff
Rechtsanspruch **9 A** 2
Verlegung **2 D** 6
Vollzugsbehörde **9 A** 1
Vollzugsplan **2 C** 35
Aussetzung
    Ausgleichsentschädigung **4 D** 57
    einstweilige Anordnung **12 H** 3
Aussetzungsanordnung 12 H 2
Auswahlermessen 4 A 25
Ausweis 9 B 55
Ausweisung
    Ausgleichsentschädigung **4 D** 59
    Entlassungsvorbereitung **7 D** 13 f
Ausweisungsverfügung 10 C 59
autoaggressives Verhalten 6 D 19 ff

B
Bagatellerkrankungen 6 F 13, **6 F** 32
Bargeld
    Fremdwährung **4 I** 120
    Gefangene **4 I** 117 ff
    Subkultur **4 I** 119
basale Bedürfnisse 13 C 10
Beamte 13 J 1
Bedarfsorientierung 13 C 13
Bedürfnisprinzip
    Behandlungsmethoden **2 B** 39
    Differenzierungsgrundsatz **13 C** 9 ff
Bedürftigkeit 4 I 10 ff
Beerdigung 10 D 4
Befangenheit 12 I 10
Befreiungsschuss, gezielter 11 K 78
Befristung
    Gewahrsam, persönlicher **11 C** 7
    Hilfstätigkeiten **4 B** 14
    nachgehende Betreuung **3 E** 6
Begleitausgang 10 C 12 ff
    Begleitung durch Externe **10 C** 15
    Begriff **10 C** 13
    Fluchtgefahr **10 C** 13
    Missbrauchsgefahr **10 C** 13
    Vollzugsbedienstete **10 C** 14
    vollzugsöffnende Maßnahmen **10 B** 3
Begleitschreiben 9 C 69
Begnadigung 4 D 60
Begutachtung
    Ermessen **10 C** 42
    interdisziplinäre ~ **10 C** 43
    körperliche Untersuchungen **10 C** 43
    medizinische Untersuchungen **10 C** 42
    vollzugsöffnende Maßnahmen **10 C** 41 ff
    Zustimmung der Gefangenen **10 C** 43
Behandlung
    Akten **2 B** 31

Arbeit **4 Vor** 2
Arbeitsentgelt **4 D** 14 ff
Aufnahmeverfahren **2 A** 1
Ausbildungsbeihilfe **4 G** 15
Ausführungskosten **10 D** 12
Behandlungsmethoden **2 B** 38 ff, *s.a.* dort
Behandlungsuntersuchung **2 B** 1 ff, *s.a.* dort
Belohnung **1 E** 14
Frauenstrafvollzug **14 A** 8 f
Freiwilligkeit **1 E** 9
Freizeit **5 A** 13, **5 A** 46
Gefangene **1 E** 4
Gesprächsüberwachung **9 B** 77
Hausgeld **4 I** 23
Mindestvergütung **4 D** 22
Mitwirkungspflicht **1 E** 4 ff
Motivation **1 E** 10 ff
nachgehende Betreuung **3 E** 8
psychiatrisches Krankenhaus **15 A** 16
Schriftwechselüberwachung **9 C** 28
Sicherungsverwahrung **15 B** 19
suchtkranke Gefangene **6 D** 26
Taschengeld **4 I** 14
Überbelegungsverbot **13 E** 19
Unterricht **4 E** 5
Vergütungsstufen **4 D** 85
Verlegung **2 D** 6
Behandlungsakten 2 B 31
Behandlungsbedarfe 13 C 12 ff
Behandlungserfordernisse 1 D 16
Behandlungskonferenz 13 L 5
Behandlungskonzept
    Arbeit **4 Vor** 2
    Freizeit **5 A** 6
Behandlungsmethoden 2 B 38 ff
    Ansprechbarkeitsprinzip **2 B** 39
    Bedürfnisprinzip **2 B** 39
    compliance **2 B** 40
    desistance **2 B** 40
    Good-Lives-Model **2 B** 40
    Grenzen **2 B** 40
    Kernprinzipien **2 B** 39
    Kernveränderungspraktiken **2 B** 39
    kognitiv-behaviorale Methoden **2 B** 39
    Kriminalitätsprävention **2 B** 39
    Lernstrategien **2 B** 39
    psychiatrisches Krankenhaus **15 A** 17
    Risikoprinzip **2 B** 39
    Risk-Need-Assessment **2 B** 39
Behandlungsnotwendigkeit 10 A 13
Behandlungsplan 2 C 3
Behandlungsplätze 3 A 4
Behandlungsunfähigkeit 3 A 14
Behandlungsuntersuchung 2 B 1 ff
    Abschlussgutachten **2 B** 36

Sachregister

Akteneinsicht 2 B 36
Anamnese 2 B 20
Aufnahmeabteilung 2 B 3
Behandlungs- und Rückfallforschung 2 B 17
Behandlungsakten 2 B 31
Behandlungsmethoden 2 B 38 ff
Beschränkungen, sachliche 2 B 8
Beschränkungen, zeitliche 2 B 9 ff
Beteiligte 2 B 3
Bewährungshilfe 2 B 6, 7 A 6
Datenschutz 2 B 8
Dauer 2 B 4
Eingangsdiagnostik 2 B 2
Erörterung der Behandlungsplanung 2 B 35
Erörterung der Diagnostik 2 B 35
Führungsaufsichtsstelle 2 B 6
Gefangene 2 B 34 ff
Gesamtergebnis 2 B 36
Grenzen 2 B 7 ff
Grundrechte 2 B 7
Individualisierungsprinzip 2 B 15
Informationsquellen 2 B 20
Klassifizierung 2 B 15
Mitarbeiter 2 B 5
Mitwirkung 2 B 34
Offenbarungspflicht 2 B 33
Rechtsschutz 2 B 32
Sachverständigengutachten 2 B 20
Schlussberatung 2 B 23
Schweigepflicht 2 B 33
sozialtherapeutische Anstalt 2 B 31
Sozialtherapie 2 B 29 f
Stand der wissenschaftlichen Forschung 2 B 17
standardisierte Untersuchungsverfahren 2 B 22
Testverfahren 2 B 22
Unterbringung im Tagesablauf 2 E 11
Untersuchungsstruktur 2 B 19
Verfahren 2 B 4
Verfahrensgarantien 2 B 31 f
Verhaltensbeobachtung 2 B 21
Verlaufsdiagnostik 2 B 2
Vollzugsdauer 2 B 9 ff
Vollzugsziel 2 B 2, 2 B 12
Vorgeschichte 2 B 20
wissenschaftliche Qualifikation 2 B 5
Zweck 2 B 2
Behandlungsunwilligkeit 3 A 23
Behinderung der Wiedereingliederung 9 B 44
behördeninterne Vorgänge 12 B 20
Beihilfe 10 C 25
Beiordnung eines Rechtsanwalts 12 B 33 ff
    einfache Rechtslage 12 B 37

einfache Sachlage 12 B 36
Gegenstand des Verfahrens 12 B 35
gerichtliche Kontrolle der Sicherungsverwahrung 12 N 12
gerichtliches Verfahren 12 B 39
Sicherungsverwahrung 12 B 33
Widerruf 12 B 39
Belastungserprobung 6 F 17
Belegungsfähigkeit
    Begriff 13 E 12
    Festsetzung 13 E 13
    Justizvollzugsanstalt 13 E 11 ff
    Landesgesetze 13 E 14 ff
Belehrung 10 C 26
Beleidigung
    Anhalten von Schreiben 9 C 61
    Verhaltensvorschriften 11 B 4
Beleihung 13 J 2
Belohnung
    Behandlung 1 E 14
    Soziale Hilfe 7 A 8
Benachrichtigung bei Erkrankung/Todesfall 6 H 1 ff
Beobachtung 11 I 16 ff
    Aufzeichnung 11 I 25
    besonders gesicherter Haftraum 11 I 33
    Dauerüberwachung 11 I 16
    Gesundheitsfürsorge 6 D 21
    Haftraum 11 I 19 ff
    Intimsphäre 11 I 17
    Kamera 11 I 16
    Nacht 11 I 16
    optisch-elektronische Mittel 11 I 18
    Sicherungsmaßnahmen, besondere 11 I 16 ff
    ständige ~ 11 I 17
    technische Mittel 11 I 18
Beratungshilfe
    Rechtsbehelfe 12 Vor 4
    Schuldenregulierung 7 C 13
berufliche Weiterbildung
    Ausbildungsbeihilfe 4 G 2
    Bildungsgebot 4 A 21
    Unterricht 4 E 14
Berufsausbildung
    Arbeit 4 A 2
    Ausbildungsbeihilfe 4 D 25, 4 G 2
    außervollzugliche ~ 4 A 28
    außervollzugliche Einrichtungen 4 A 4
    Bildungsgebot 4 A 20 f
    Einrichtungen privater Unternehmen 4 K 7
    freies Beschäftigungsverhältnis 4 H 3
    Informationen 4 A 5
    Lehrgang 4 A 28
    Rangfolge 4 A 3

Sachregister

Teilnahmepflicht 4 B 13
Vergütungsstufen 4 D 79 ff
Verzicht auf bedingte Entlassung 4 B 28
Weiterbildungsmaßnahme 4 A 28
Zustimmung der Gefangenen 4 B 26
Berufsgeheimnisträger 9 C 41
Beschädigung 11 M 7
Beschäftigungsbedingungen 4 B 22
Beschäftigungstage 4 D 35
Beschäftigungstherapie 4 A 10
    Gefangene 4 A 34
Bescheidungsbeschluss 12 I 19
Bescheinigung 10 C 26
Beschwerde 6 D 16
Beschwerderecht 12 A 1 ff
    Anstaltsleitung 12 A 2 ff
    Anwesenheit eines Verteidigers 12 A 4
    Aufsichtsbehörde 12 A 5 f
    Dienstaufsichtsbeschwerde 12 A 8 ff
    eigene Angelegenheiten 12 A 7
    Entscheidungen 12 A 11 ff
    Ermessen 12 A 3
    formloses ~ 12 A 8
    gerichtliche Kontrolle der Sicherungs-
       verwahrung 12 N 15
    Hausordnung 12 A 6
    Hilfe durch Mitgefangene 12 A 3
    Missbrauch 12 A 16
    Petitionsrecht 12 A 1
    Recht auf Beantwortung 12 A 14
    Sachaufsichtsbeschwerde 12 A 9
    schriftliche Beschwerde 12 A 3
    Sprache 12 A 15
    Sprechstunden 12 A 3
Besichtigungsgruppen 9 B 11
besondere Bedürfnisse 13 C 11
besonders gesicherter Haftraum 11 I 32 f
    Aufsichtsbehörde 11 I 33
    Beobachtung 11 I 33
    Verteidiger 11 I 33
Besuche 9 B 1 ff
    Besuchsrecht 9 B 1 ff
    Besuchsüberwachung 9 B 65 ff, s.a. dort
    Besuchsverbot 9 B 33 ff, s.a. dort
    Entkleidung 11 D 10
    Strafarrest 15 C 6
Besucheranzahl 9 B 18
Besuchsabbruch 9 B 83 f
Besuchsdauer 9 B 13 ff
Besuchsraum 9 B 19
Besuchsrecht 9 B 1 ff
    Anstaltsbeirat 9 B 11
    Ausweis 9 B 55
    Bedeutung 9 B 1
    Besichtigungsgruppen 9 B 11

Besprechung von Rechtssachen 9 B 53
Besucheranzahl 9 B 18
Besuchsdauer 9 B 13 ff
Besuchsraum 9 B 19
Besuchszeiten 9 B 6, 9 B 16
Bezugspersonen 9 B 21
Durchsuchung 9 B 28 ff
Einlasskontrollen 9 B 6
Gemeinschaftssprechstunden 9 B 18
Gruppenbesuche 9 B 18
Häufigkeit 9 B 16
Hausordnung 9 B 5, 9 B 16
Identitätskontrollen 9 B 6
inhaftierte Ehegatten 9 B 19
Kleidung 9 B 6
Kontaktsperregesetz 9 B 54
Langzeitbesuche 9 B 23 ff
Medien 9 B 11
menschenrechtliche Präventionsmechanis-
   men 9 B 11
Mobiltelefone 9 B 4
Notare 9 B 11, 9 B 51 ff
Organisation 9 B 4
Parlamentsabgeordnete 9 B 11
Personenkreis 9 B 9
Rechtsanspruch 9 B 7, 9 B 9
Rechtsanwälte 9 B 11, 9 B 51 ff
Regelung bestimmter Angelegenheiten 9 B 22
Sozialdienst 9 B 11
Taschen 9 B 4
therapeutische Zwecke 9 B 8
Überstellung 9 B 17
Verteidiger 9 B 11, 9 B 51 ff
Verwaltungsvorschriften 9 B 32
Vollzugshelfer 9 B 11
weiterer Besuche 9 B 20 ff
Wiedereingliederung 9 B 2
Zusammenführung Gefangener 9 B 12
Zusammensein, ungestörtes 9 B 19 ff
Besuchsüberwachung 9 B 65 ff
    Besuchsabbruch 9 B 83 f
    Gefährdung 9 B 69
    Gesprächsüberwachung 9 B 68, 9 B 75 ff
    hoheitliche Aufgabe 9 B 65 ff
    Landesgesetze 9 B 71
    Notare 9 B 88
    Polizeibeamte 9 B 67
    Rechtsanwälte 9 B 88
    Rechtsbeschränkungen 1 E 29
    Sichtkontrolle 9 B 68, 9 B 72 ff
    Stufen 9 B 68
    Trennscheiben 9 B 81 f
    Übergabe von Gegenständen 9 B 80 ff
    Verteidiger 9 B 85 ff
Besuchsverbot 9 B 33 ff

Sachregister

Angehörige 9 B 45, 9 B 49
Anstaltsleitung 9 B 33
Behinderung der Wiedereingliederung 9 B 44
Ermessen 9 B 35
frühere Mitgefangene 9 B 40
Gefährdung der Ordnung 9 B 39
generelles ~ 9 B 36
Journalisten 9 B 42
Landesgesetze 9 B 34
Medien 9 B 42
Opferschutz 9 B 46 ff
Personensorgeberechtigte 9 B 50
schädlicher Einfluss 9 B 41, 9 B 43
Sicherheit/Ordnung der Anstalt 9 B 33
verschlüsselte Verhaltensanweisungen 9 B 38
Besuchszeiten 9 B 6, 9 B 16
Betäubungsmittel
Disziplinarmaßnahme 11 M 9
Gesundheitsfürsorge 6 D 23 ff
vollzugsöffnende Maßnahmen 10 C 66
Betreuung
gerichtliche Kontrolle der Sicherungsverwahrung 12 N 4
psychiatrisches Krankenhaus 15 A 18
Betriebsferien 4 C 13
Betriebskosten 4 I 56 ff
Angleichungsgrundsatz 4 I 56
eigene Hörfunk-/Fernsehgeräte 5 C 32, 5 C 35
Ermessen 4 I 57
Gefangene 4 I 56 ff
Gegenstände zur Freizeitbeschäftigung 5 D 25
Grundbedarf 4 I 60
Pauschale 4 I 58
Stromkosten 4 I 59
Verordnungsermächtigung 4 I 59
Beurteilungsfehler 12 I 23
Bewährung 11 M 45
Bewährungshelfer 4 I 83
Bewährungshilfe
Behandlungsuntersuchung 2 B 6
Entlassungsvorbereitung 7 D 19
nachgehende Betreuung 3 E 1
Vollzugsplan 2 C 20
Bezahlfernsehen 5 C 17
Bezüge
Arbeitslosenversicherung 4 I 136
Ausgleichsentschädigung 4 D 64
Eigengeld 4 I 101, 4 I 104
Freistellung von der Arbeit 4 C 18 ff
Überbrückungsgeld 4 I 73
Bezugsgenehmigung 5 B 4

Bezugspersonen 9 B 21
Bezugsverbot 1 E 29
Bildungseinrichtungen 4 K 1 ff
Bildungsgebot 4 A 18 ff
Ausschluss 4 A 35 ff
Auswahlermessen 4 A 25
berufliche Weiterbildung 4 A 21
Berufsausbildung 4 A 20 f
Beurteilungsspielraum 4 A 25
Bildungsmaßnahmen, berufsbezogene 4 A 21
Eignung 4 A 24
Fernstudien 4 A 29
Fernunterricht 4 A 29
Förderung 4 A 22
Frauenstrafvollzug 14 A 8
Freizeit 5 A 5, 5 A 7
Gefangene 4 A 24
Motivation 4 A 27
Qualifizierungsmaßnahmen 4 A 19
Schulabschluss 4 A 20
Verlegung 4 A 26
Weiterführung nach Haftentlassung 4 A 23
Zentren zur beruflichen Bildung 4 A 30
Bindungswirkung 12 N 17
Biographiearbeit 5 A 30
Briefgeheimnis 9 C 19
Briefwahl 7 C 2
Bücherei 5 A 32
Bundesagentur für Arbeit 4 J 7
Bundesgebiet 10 C 3
Bundesgesetze 1 B 5
Bürgerbeauftragte
Rechtsbehelfe 12 Vor 3
Schriftwechselüberwachung 9 C 41

C
Cannabis 10 C 61
CD-/MP3-Player 5 C 24
Chancenvollzug 1 E 12
Chatrooms 5 C 16
Check-Up 35 6 E 4
Checklisten 7 D 3
compliance 2 B 40
Computer
Informations-/Unterhaltungselektronik 5 C 24, 5 C 27
Informationsfreiheit 5 C 3
criminogenic need principle 13 C 13

D
Datenschutz
Behandlungsuntersuchung 2 B 8
Festnahmerecht 11 G 3
Strafvollzug 1 A 20

Sachregister

Datenschutzbeauftragte 9 C 41
Datenspeicher 11 C 5
Datenübermittlung
    Aufnahmehilfe 7 B 6
    Soziale Hilfe 7 A 3
Dauermaßnahmen 12 I 13
Dauerpflichtverstoß 11 M 24
Dauerüberwachung 11 I 16
DDR-Strafen 1 B 17
Decoder
    eigene Hörfunk-/Fernsehgeräte 5 C 17
    Hörfunk/Fernsehen 5 C 9
Delegation
    Anstaltsleitung 13 K 9 ff
    Disziplinarmaßnahme 11 M 50
deliktparalleles Verhalten 2 B 26
Demonstranten 11 K 23
desistance 2 B 40
Determinationszeit 5 A 2
Deutschkurse 4 G 3
Diagnoseverfahren 2 B 1 ff
    Aufnahmehilfe 7 B 1
    deliktparalleles Verhalten 2 B 26
    Dokumentation 2 B 27
    Grenzen der Behandelbarkeit 2 B 25
    Gutachten 2 B 27
    Individualisierungsprinzip 2 B 15
    Inhalte 2 B 13 ff
    Klassifizierung 2 B 15
    Lebensverhältnisse 2 B 13
    Methoden 2 B 17 f
    Neurowissenschaften 2 B 18
    Opferinteressen 2 B 16
    Persönlichkeit 2 B 13
    Planung von Behandlungsprozessen 2 B 26
    Prognose der Rückfallgefahr 2 B 24
    protektive Faktoren 2 B 14
    Ressourcen 2 B 14
    Risikofaktoren 2 B 24
    Rückfallgefahr 2 B 24
    Sicherungsverwahrung 2 B 25, 2 B 28
    sozialer Empfangsraum 2 B 14
    Stand der wissenschaftlichen Forschung 2 B 17
    Strafrestaussetzung 2 B 25
    Unterbringung im Tagesablauf 2 E 11
    Untersuchungsstruktur 2 B 19
    Ursachen der Straftat 2 B 13
    Vollzugsgestaltung 2 B 14
    Vollzugsziel 2 B 13
    Wiedereingliederung 2 B 14
Dienst- und Vollzugsordnung 1 A 6
Dienstaufsicht
    Anstaltsarzt 6 D 36
    Aufsichtsbehörde 13 G 1

Dienstaufsichtsbeschwerde 12 A 8 ff
    Adressat 12 A 9
    Bescheidung des Gefangenen 12 A 10
    Zurückweisung 12 A 13
Dienstbesprechung 13 L 9
Differenzierungsgrundsatz 13 C 1 ff
    basale Bedürfnisse 13 C 10
    Bedarfsorientierung 13 C 13
    Bedürfnislagen 13 C 9 ff
    Behandlungsbedarfe 13 C 12 ff
    besondere Bedürfnisse 13 C 11
    criminogenic need principle 13 C 13
    Differenzierungsarten 13 C 6 ff
    Differenzierungsbegriff 13 C 2
    Einweisungsanstalten 13 C 7
    externe Differenzierung 13 C 7
    Gestaltungsgrundsatz 13 C 5
    Hintergrund 13 C 3
    Individualisierungsprinzip 13 C 13
    Integrationsgrundsatz 13 C 18
    interne Differenzierung 13 C 8
    Klassifizierungsbegriff 13 C 2
    Klassifizierungsmerkmale 13 C 6
    Landesgesetze 13 C 5
    offener Vollzug 13 C 18
    Risikoorientierung 13 C 14
    RNR Model 13 C 14
    Sicherheitserfordernisse 13 C 15 ff
    Sicherungsniveau der Anstalten 13 C 16
    Strafvollzug 1 D 16
    Vollstreckungsplan 13 C 7
Dispositionszeit 5 A 2
Disziplinarmaßnahme 11 M 1 ff
    Absonderung 11 M 47
    Anstaltsleitung 11 M 50
    Arbeitsentgelt 11 M 38
    Arrestvollzug 11 M 47
    Arten 11 M 28
    Aufenthalt in Gemeinschaft 11 M 36
    Aufgabe 11 M 1
    Aufsichtsbehörde 11 M 52
    Außenweltkontakte 11 M 46
    Aussetzung zur Bewährung 11 M 45
    berauschende Stoffe 11 M 9
    Beschädigung 11 M 7
    Betäubungsmittel 11 M 9
    Bewährung 11 M 45
    Dauerpflichtverstoß 11 M 24
    Delegation 11 M 50
    Disziplinarbefugnis 11 M 50 ff
    Disziplinarverfahren 11 M 54 ff, *s.a. dort*
    Doppelsanktionierung 11 M 25
    Einkauf 11 M 32
    einvernehmliche Streitbeilegung 11 M 21
    Entweichen 11 M 10

Entzug der Arbeit **11 M** 37
Ermessen **11 M** 19 ff
Freizeitveranstaltungen **11 M** 35
Gegenstände zur Freizeitbeschäftigung **11 M** 34
gemeinschaftliche Veranstaltungen **11 M** 35
Generalklausel **11 M** 13, **11 M** 17
Gesundheitsfürsorge **6 D** 17
getrennte Unterbringung **11 M** 36
Informationsmittel **11 M** 33
Katalogtatbestände **11 M** 4 ff
Kommunikationsverbote **11 M** 39
mehrere Verstöße **11 M** 22
nachträgliche Änderung **11 M** 42
Ordnungswidrigkeit **11 M** 6
Pflichtverstoß ohne Tatbestandskatalog **11 M** 13 ff
Pflichtverstoß, schuldhafter **11 M** 18
Rechtsgrundlagen **11 M** 3
Rechtsschutz **11 M** 26
religiöse Veranstaltungen **8 B** 18
Selbstbeschädigung **11 M** 16
Sicherheit/Ordnung der Anstalt **11 A** 10
sofortige Vollstreckung **11 M** 44
Spiegelungsprinzip **11 M** 30
Strafarrest **11 M** 40
Straftaten **11 M** 6
Subsidiarität **11 M** 2, **11 M** 19
Suchtmittelkontrolle **11 D** 17
tätlicher Angriff **11 M** 5
Überstellung **11 M** 51
verbaler Angriff **11 M** 5
Verbindung mehrerer ~n **11 M** 41
Verbot der Doppelbestrafung **11 M** 25
Verfahren *s.a.* Disziplinarverfahren
Verfügungsbeschränkung **11 M** 46
Verhältnismäßigkeit **11 M** 19, **11 M** 29, **11 M** 45
Verjährung **11 M** 23
Verlegung **11 M** 51
Verstoß gegen Lockerungsweisungen **11 M** 11
Verwarnung **11 M** 20
Vollstreckung **11 M** 43
Vollstreckung in anderer Anstalt **11 M** 53
Zerstörung **11 M** 7
zulässige ~ **11 M** 31
Zuständigkeit **11 M** 51
Disziplinarverfahren **11 M** 54 ff
Anhörung **11 M** 57
Anhörung des Arztes **11 M** 59
Anstaltsarzt **11 M** 59
Aufklärung **11 M** 55
Ermittlung **11 M** 56
Eröffnung der Entscheidung **11 M** 61

Konferenzbesprechung **11 M** 58
Streitschlichtung **11 M** 60
Verfahrensablauf **11 M** 57
Verteidiger **11 M** 57
Dokumentation
Diagnoseverfahren **2 B** 27
Sicherungsmaßnahmen, besondere **11 I** 64
Vollzugsplan **2 C** 9
Doppelsanktionierung **11 M** 25
Durchgangsgruppenraum **2 E** 19
Durchschnittsbetrag **4 I** 49
Durchsuchung **11 D** 1 ff
Absuchung **11 D** 4
Abtasten **11 D** 5
Anwesenheit **11 D** 6
Bedienstete anderen Geschlechts **11 D** 2
Besuchsrecht **9 B** 28 ff
Durchführung **11 D** 6
einfache ~ **11 D** 5
Einrichtungsgegenstände **11 D** 5
Entkleidung **11 D** 2, **11 D** 7 ff, *s.a. dort*
Gefangene **9 B** 31
Haftraum **11 D** 5
Hilfsmittel **11 D** 2, **11 D** 4
Justizbedienstete **11 D** 2
Köperöffnungen **11 D** 2
Landesgesetze **11 D** 2
Notare **9 B** 56
Quittung **11 D** 6
Räume **11 D** 5
Rechtsanwälte **9 B** 56
Rechtsbeschränkungen **1 E** 29
Rechtsschutz **11 D** 11
Sicherheitsgründe **9 B** 63
Spürhunde **11 D** 6
Strafarrest **15 C** 9
technische Mittel **11 D** 2, **11 D** 4
Unterlassungsantrag **11 D** 11
Verteidiger **9 B** 56, **9 B** 62 f
Verteidigerpost **11 D** 6
Zellenrevisionsbuch **11 D** 6
DVB-T-Empfänger **5 C** 16
DVD **5 D** 18

E
E-Mail **5 A** 31
EBook-Reader **5 C** 24
Eckvergütung
Arbeitsentgelt **4 D** 3, **4 D** 5, **4 D** 17
Taschengeld **4 I** 16
EGGVG **12 B** 7
Eheleute
Besuchsrecht **9 B** 19
Trennungsprinzip **13 B** 4
ehrverletzende Äußerung **11 B** 4

Sachregister

Eigenbetriebe
  Arbeitsbeschaffung 4 J 3
  Arbeitsbetriebe 4 K 5
eigene Hörfunk-/Fernsehgeräte 5 C 11 ff
  Angemessenheit 5 C 12
  Anzahl 5 C 17
  Ausgabe durch Dritte 5 C 22
  Ausschlussgründe 5 C 14 ff
  Betriebskosten 5 C 32, 5 C 35
  Bezahlfernsehen 5 C 17
  Chatrooms 5 C 16
  Decoder 5 C 17
  DVB-T-Empfänger 5 C 16
  Einzelfallabwägung 5 C 14
  Empfangsanlagen 5 C 23, 5 C 37
  Erlaubnismissbrauch 5 C 30
  Ermessen 5 C 12
  Fernbedienung 5 C 16
  Gefährdung des Vollzugsziels 5 C 18
  Größe 5 C 17
  Haftkostenbeitrag 5 C 32
  Haftraum 5 C 12
  Haftraummediensystem 5 C 20 ff
  Informationsfreiheit 5 C 13
  Jedermannfunk 5 C 15
  Kosten 5 C 32
  Landesgesetze 5 C 12
  landesgesetzliche Besonderheiten 5 C 33 ff
  Mietgeräte 5 C 20 ff
  Missbrauchsgefahr 5 C 15
  Missbrauchsprobleme 5 C 15
  Multifunktionalität 5 C 16
  Rechtsanspruch 5 C 12
  Rundfunkbeiträge 5 C 32
  Satellitenantenne 5 C 16
  Sicherheit/Ordnung der Anstalt 5 C 14
  Sicherheitsüberprüfung 5 C 32
  sozialtherapeutische Anstalt 5 C 18
  Timerfunktion 5 C 15
  Übersichtlichkeit des Haftraums 5 C 17
  Verlegung 5 C 31
  Versteck 5 C 16
  Vertrauensschutz 5 C 22
  Videorecorder 5 C 13
  Videotext 5 C 16
  Weckeinrichtung 5 C 15
  Widerruf 5 C 30
  WLAN Ready 5 C 16
  Zulassung 5 C 35, 5 C 38
eigene Kleidung 6 A 4 ff
  Anstaltsleitung 6 A 7
  Ausführung 6 A 4, 10 C 7
  Ausgang 10 C 16
  außerhalb der Anstalt 6 A 4
  Ermessen 6 A 7

  Genehmigung 6 A 6
  innerhalb der Anstalt 6 A 5 ff
  Langzeitausgang 10 C 25
  organisatorische Bedingungen 6 A 9
  Verpflichtungsantrag 6 A 4
  Widerruf 6 A 10
Eigengeld 4 I 101 ff, 11 C 17
  Anspruch 4 I 103
  Beschränkungen 11 C 17
  Bezüge 4 I 101, 4 I 104
  Bildung 4 I 101 f
  Eigengeldkonto 4 I 104
  eingebrachtes Geld 4 I 102
  Eingliederungsgeld 11 C 17
  Einkauf 4 I 111 f, 6 C 4, 6 C 14 ff
  freies ~ 4 I 105
  gesperrtes ~ 4 I 11, 4 I 105 ff
  Gutschriften Dritter 4 I 102
  Hausgeld 4 I 25
  Kontoauszüge 4 I 104
  Missbrauch 11 C 17
  Missbrauchsgefahr 4 I 108
  Pfändbarkeit 4 I 113 f, 7 C 17
  Rechtsweg 4 I 115
  Schuldenregulierung 7 C 17
  Subsidiarität 4 I 104
  Taschengeld 4 I 11
  Überbrückungsgeld 4 I 108, 11 C 17
  Verfügungsbeschränkungen 4 I 107, 4 I 110
  Verwendung 4 I 105 ff
  Verwendungssperre 11 C 17
  Vollzugsplan 4 I 110
Eigengeldkonto 4 I 104
Eigentumsübertragung 11 C 6
Eigenverantwortlichkeit 5 A 47
Eigenverletzung 11 J 4 ff
Eignung
  Bildungsgebot 4 A 24
  offener Vollzug 10 A 9
  Unterricht 4 E 9
  vollzugsöffnende Maßnahmen 10 C 44, 10 C 49
Einarbeitungszeit 4 D 77
Einbehalt 4 I 18
Eingangsdiagnostik 2 B 2
Eingliederungsabteilung 10 H 4, 10 H 8
Eingliederungsgeld 4 I 65, 4 I 99
  Eigengeld 11 C 17
Eingriffsgründe 11 I 8
Eingriffstatbestand 1 E 27 ff
einheitliche Rechtsprechung 12 J 5
Einkauf 6 C 1 ff
  Arbeitspflicht 6 C 4
  Arbeitsverhalten 6 C 2

Sachregister

ärztliche Anordnung 6 C 13
Ausschluss 6 C 11 ff
Disziplinarmaßnahme 11 M 32
Eigengeld 4 I 111 f, 6 C 4, 6 C 14 f
externe Bezugsquellen 6 C 8
Gegenstände zur Freizeitbeschäftigung 6 C 17
Genussmittel 6 C 5 ff
Haftraumausstattung 6 C 17
Hausgeld 4 I 27
Kontrollmöglichkeit 6 C 9
Körperpflegemittel 6 C 5
Lebenshaltung 6 C 1
Mengenbeschränkungen 6 C 12
Nahrungsmittel 6 C 5 ff
Sondereinkauf 4 I 123 f, 6 C 18
Sondergeld 6 C 3
sonstige Gegenstände 6 C 17
Sperrwirkung 6 C 15
Strafarrest 15 C 8
Zivilhaft 15 D 8
Einlagerung 11 C 15
Einlasskontrollen 9 B 6
Einrichtungsgegenstände 11 D 5
Einschlusszeiten 2 E 1
Einzelunterbringung 2 E 30
einstweilige Anordnung 12 H 3 ff
Aussetzung 12 H 3
Regelungsanordnung 12 H 4
Sicherungsanordnung 12 H 4
Vollzugsmaßnahmen 12 H 5
Einweisung 10 A 6
Einweisungsabteilungen 13 H 15
Einweisungsanstalten 13 H 7 f
Einzelfallanordnung 11 D 8
Einzelfreistunde 11 I 30
Einzelhaft 11 I 46 ff
Absonderung 11 I 46
Arbeitszeit 11 I 46
Aufsichtsbehörde 11 I 49
Beurteilungsspielraum 11 I 47
Dauer 11 I 48
Freizeit 11 I 46
Gründe 11 I 47
Isolation 11 I 46
kumulative Anordnung 11 I 47
Ruhezeit 11 I 46
Unerlässlichkeit 11 I 47
Verfahrensvorschriften 11 I 49
Einzelhaftsystem 2 E 2
Einzelpersonen 13 I 5
Einzelregulierung 7 C 9
Einzelunterbringung
Einschlusszeiten 2 E 30
gefährdete Gefangene 2 E 32

hilfsbedürftige Gefangene 2 E 32
Nachtzeit 2 E 30
Ruhezeit 2 E 30
Unterbringung zur Nachtzeit 2 E 17
Einziehung 11 H 6
Elektrogeräte 1 E 29
elektronische Aktenführung 12 D 1 ff
elektronische Aufenthaltsüberwachung
Entlassungsvorbereitung 10 E 8, 10 H 12
Langzeitausgang 10 E 8
Weisungen 10 E 3, 10 E 8
Elternzeit 14 B 7
Empfangsanlagen 5 C 23, 5 C 37
EMRK 1 A 16
Entbindung 14 B 13 ff
Ausführung 14 B 14
Fesselung 14 B 14
Haftvermeidung 14 B 15
Entgeltfortzahlung 4 D 45 ff
Entgiftungsbehandlung 6 F 47
Entkleidung
Abwesenheit anderer Gefangener 11 D 9
allgemeine Anordnung 11 D 7, 11 D 10
Anstaltsleitung 11 D 8, 11 D 10
Besuche 11 D 10
Durchsuchung 11 D 2, 11 D 7 ff
Einzelfall 11 D 7
Einzelfallanordnung 11 D 8
Gefahr im Verzug 11 D 8
Kamera 11 D 9
Körperöffnungen 11 D 9
Menschenwürde 11 D 9
Personen desselben Geschlechts 11 D 9
Rektoskopie 11 D 9
Religionsfreiheit 11 D 9
Schonung des Schamgefühls 11 D 9
Übertragung auf andere 11 D 8
Wahlrecht des Geschlechts 11 D 9
Entlassung
Entlassungszeitpunkt 10 I 1 ff, *s.a.* dort
Schuldenregulierung 7 C 8
Überbrückungsgeld 4 I 78
Entlassungsabteilung 10 H 7
Entlassungsbeihilfe 7 E 1 ff
Abschiebung 7 E 3
Antrag 7 E 13
Darlehen 7 E 3
Entlassungsziel 7 E 3
Landesgesetze 10 G 2
Rechtsanspruch 7 E 2
Reisekosten 7 E 3
Überbrückungsbeihilfe 7 E 4
Umfang 7 E 3
Unterbringung 15 A 26
Entlassungsloch 7 D 1

Sachregister

Entlassungsmanagement 7 B 12
Entlassungsuntersuchung 6 D 6
Entlassungsvorbereitung 3 C 1 ff, 10 G 1 ff
   Ablehnung 10 H 5
   Absehen von Vollstreckung 7 D 14
   Auftrag 7 D 8
   Ausweisung 7 D 13 f
   Begriff 3 C 5
   Beratungsbegriff 7 D 2
   besondere Lebensverhältnisse 7 D 4
   Beurteilungsspielraum 7 D 2
   Bewährungshilfe 7 D 19
   Checklisten 7 D 3
   Deutschen Rentenversicherung Bund 7 D 3
   durchgehende ~ 7 D 1, 7 D 22
   Eingliederungsabteilung 10 H 4, 10 H 8
   Einrichtung freier Träger 3 C 3
   elektronische Aufenthaltsüberwachung 10 E 8, 10 H 12
   Entlassungsabteilung 10 H 7
   Entlassungsloch 7 D 1
   Entlassungsvollzug 10 H 3
   Entlassungszeitpunkt 10 I 1 ff, *s.a. dort*
   faktische Inländer 7 D 13
   Frauenstrafvollzug 14 A 9
   Freigang 10 C 31
   Freigänger 10 H 12 f
   Freigängerstatus 10 H 12 f
   Führungsaufsicht 7 D 5, 7 D 18
   Gefangene des Regelvollzugs 10 H 11
   Gerichtshilfe 7 D 19
   geschlossener Vollzug 10 A 15
   Hilfe zur Selbsthilfe 7 A 9
   Integrationsfaktoren 7 D 13
   Kooperationsvereinbarung 7 D 3
   Kostenersatz 7 D 7
   Landesgesetze 10 G 2
   Langzeitausgang 10 H 10 ff
   Langzeiturlaub 3 C 3
   Leistungsfinanzierung 7 D 5
   Lockerungen 3 C 2, 3 C 6
   Merkblätter 7 D 3
   Mietkaution 7 D 6
   Mindestverbüßungszeit 10 H 4
   nachgehende Betreuung 7 D 23
   Nachhaltigkeit 7 D 4
   Nachsorgekonferenz 7 D 20
   neue Medien 7 C 18
   nichtdeutsche Strafgefangene 7 D 11 ff
   offener Vollzug 10 H 4
   Passbeschaffung 7 D 12
   Prognose 10 H 1
   Radicalisation Awareness Network 7 D 24
   Radikalisierungsprävention 7 D 24
   Rechtsanspruch 10 H 4, 10 H 6
   Rechtsberatung 7 D 2
   Rechtsextremismus 7 D 24
   Rechtshilfe 7 D 15
   Reso-Nordverbund 7 D 25
   Schlussbericht 7 D 19
   Sexualstraftäter 7 D 18
   Sicherungsverwahrung 10 H 3
   Sonderurlaub 3 C 2, 3 C 6, *s.a. dort*
   Sozialdienst 7 D 5
   Soziale Hilfe 7 A 1, 7 A 8, 7 C 1
   soziale Schwierigkeiten 7 D 4
   soziales Training 7 D 17
   Sozialleistungen 7 D 3
   Sozialleistungsträger 7 D 6
   sozialtherapeutische Anstalt 10 H 15 f
   Strafrestaussetzung 3 C 4, 7 D 19
   Südwestverbund 7 D 25
   Überbrückungsgeld 4 I 87 ff
   Übergangseinrichtungen 3 C 2, 10 H 9
   Übergangsmanagement 7 D 1, 7 D 8
   Übersichtstafeln 7 D 3
   Überstellung 7 D 14
   Überstellung ohne Zustimmung 7 D 15
   Überstellungsübereinkommen 7 D 15
   Unterstützungsmaßnahmen 7 D 1
   Urlaub 3 C 1, 3 C 6
   Verlegung 10 H 7
   vernetzte Kooperationen 7 D 19
   verzahnte ~ 7 A 8
   Violence Prevention Network 7 D 24
   Vollstreckung im Ausland 7 D 15
   Vollstreckungshilfe auf EU-Ebene 7 D 16
   vollzugsöffnende Maßnahmen 10 H 2, 10 H 5
   Vollzugsplan 2 C 40 f
   Weisungen 3 C 7, 10 E 1
   Wohnung 7 D 6
Entlassungsvorverlegung 4 D 49 ff
Entlassungszeitpunkt 10 I 1 ff
   Berechnung 10 I 1
   Landesgesetze 10 I 1
   Massen-Gnadenerweise 10 I 3, 10 I 7
   Tageszeit 10 I 4
   Verschiebung nach hinten 10 I 12
   Vollstreckungsbehörde 10 I 1
   Vorverlegung 10 I 2 f, 10 I 5 ff, *s.a. dort*
   Weihnachtsamnestie 10 I 3, 10 I 7
Entlassungsziel 7 E 3
Entlohnung 4 C 1
Entschädigung 2 E 29
Entscheidungen über Geldmittel 12 B 15
Entweichen
   Disziplinarmaßnahme 11 M 10
   Festnahmerecht 11 G 5
   Verhaltensvorschriften 11 B 7
Entweichungsquote 11 I 11

Entziehungsanstalt 15 A 21 ff
    Föderalismusreform 1 A 13
    Strafvollzugsgesetz 1 B 16
Erforderlichkeit
    Sicherungsmaßnahmen, besondere 11 I 4
    Zwangsmaßnahmen, medizinische 11 L 12
Erinnerungsstücke 2 F 6
erkennungsdienstliche Maßnahmen 11 F 1 ff
Ermessen
    Anhalten von Schreiben 9 C 52
    Arbeit 4 A 17
    Arbeitsentgelt 4 D 20
    Arbeitsurlaub 4 D 43
    Begutachtung 10 C 42
    Beschwerderecht 12 A 3
    Besuchsverbot 9 B 35
    Betriebskosten 4 I 57
    Bildungsgebot 4 A 25
    Disziplinarmaßnahme 11 M 19 ff
    eigene Hörfunk-/Fernsehgeräte 5 C 12
    eigene Kleidung 6 A 7
    Ermessensfehler 12 I 21
    Fehlzeiten 4 C 8
    Festnahmerecht 11 G 7
    freies Beschäftigungsverhältnis 4 H 8 ff
    Freizeitangebot 5 A 19
    gerichtliche Entscheidung 12 I 20 f
    Haftraum 2 F 15 f
    Informations-/Unterhaltungselektronik 5 C 26
    offener Vollzug 10 A 7
    Pakete 9 E 3
    Resozialisierung 1 C 16
    Rücknahme 10 F 17
    Selbstbeschäftigung 4 H 22 ff
    sichere Unterbringung 11 E 9
    Telefongespräche 9 D 3
    Überbrückungsgeld 4 I 68
    Vergütungsstufen 4 D 91
    Verlegung 2 D 5
    vollzugsöffnende Maßnahmen 10 C 69
    Vorverlegung 10 I 10
    Weisungen 10 E 1, 10 E 11 f
    wichtiger Anlass 10 D 13
    Widerruf 10 F 17
    Wiedereingliederungsmaßnahmen 6 F 42
    Zahnersatz 6 F 37
    Zwangsgeld 12 O 5
    Zwangsmaßnahmen, medizinische 11 L 13
Ermessensfehler 12 I 21
Ersatzfreiheitsstrafe
    Aufnahmeverfahren 2 A 13
    Überbrückungsgeld 4 I 91
Ersatzsozialisation 1 C 5
Erwachsenenbildung 4 E 4

Erwerbstätigkeit nach der Entlassung
    arbeitstherapeutische Beschäftigung 4 A 9
    arbeitstherapeutische Maßnahmen 4 A 9
    Arbeitstherapie 4 A 10
    Arbeitstraining 4 A 9, 4 A 11
    Beschäftigungstherapie 4 A 10
Erziehungsurlaub 14 B 7
Erzwingungshaft 15 D 3
    Arbeitsentgelt 4 D 25
European Prison Rules 2006 7 A 6
Evaluation 16 14
extramurale Einkünfte 4 I 46
extramuraler Schulbesuch 4 E 8
Extremisten
    Sicherungsmaßnahmen, besondere 11 I 40
    Unterbringung im Tagesablauf 2 E 12
    vollzugsöffnende Maßnahmen 10 C 66

F
Facebook 5 A 31
Fachaufsicht
    Anstaltsarzt 6 D 9, 6 D 36
    Aufsichtsbehörde 13 G 1
Fachdienste 13 K 13
Fachpersonal 6 D 33
Fähigkeiten 4 A 15
Fahrtkosten
    Außenweltkontakte 9 A 3
    Soziale Hilfe 7 A 12
faires Verfahren 12 I 6
faktische Inländer 7 D 13
Familienorientierung 14 C 17
familienunterstützende Angebote 14 A 11
familienunterstützende Maßnahmen 2 C 35
Faxverkehr 9 D 8 f
Fehlzeiten
    Ermessen 4 C 8
    Freistellung von der Arbeit 4 C 7 f
Fernbedienung 5 C 16
Fernleihe 5 A 32
Fernsehen s. Hörfunk/Fernsehen
Fernstudien
    Ausbildungsbeihilfe 4 G 7
    Bildungsgebot 4 A 29
    Zulagen 4 D 89
Fernunterricht
    Bildungsgebot 4 A 29
    Freizeitangebot 5 A 25
Fertigkeiten 4 A 15
Fesselung 11 I 34 ff
    Absonderung 11 I 37
    andere Art 11 I 51
    ärztliche Überwachung 11 I 70
    Aufsichtsbehörde 11 I 34, 11 I 55
    Ausführung 10 C 7, 11 I 41 ff

Sachregister

Dauer 11 I 54
dauergefährliche Gefangene 11 I 35
Entbindung 14 B 14
Fixierung 11 I 34, 11 I 36, 11 I 52, 12 Q 1ff, 12 R 1ff, 15 A 2f, 15 C 10, 15 D 9
Modalitäten 11 I 50
Selbstmordversuche 11 I 38
Selbstverletzungen 11 I 38
Transport 11 I 41ff
unmittelbarer Zwang 11 K 28
Verfahren 11 I 55
Verteidiger 11 I 55
Vorführung 11 I 41ff
Festnahmerecht 11 G 1ff
alsbaldige Wiederergreifung 11 G 2
Datenschutz 11 G 3
Entweichen 11 G 5
Ermessen 11 G 7
Festnahme durch Veranlassung 11 G 5
Justizbedienstete 11 G 5
Landesgesetze 11 G 2
Nacheile 11 G 2, 11 G 4ff
Nichtrückkehr 11 G 6
Polizei 11 G 5
Feststellungsantrag
gerichtliche Entscheidung 12 I 13, 12 I 18
Rechtsbeschwerde 12 J 11
Finanzierungsmanagement 7 A 5
Fixierung 11 I 34, 11 I 36
Fesselung 11 I 52, 12 Q 1ff, 12 R 1ff, 15 D 9ff
richterliche Anordnung 11 I 60
Fluchtgefahr
Ausführung 10 C 50
Begleitausgang 10 C 13
Beurteilungsspielraum 10 C 51
Entweichungsquote 11 I 11
erhöhte ~ 11 I 11
Kriterien 10 C 52
offener Vollzug 10 A 11
sichere Unterbringung 11 E 4
Sicherungsmaßnahmen, besondere 11 I 11
Verwertungsverbot 10 C 53
vollzugsöffnende Maßnahmen 10 C 33, 10 C 49
Vorverhalten 11 I 11
Weisungen 10 E 2
Fluchtversuch 10 C 62
Flugmodelle 11 H 5
Föderalismusreform 1 A 8ff
Entziehungsanstalt 1 A 13
Jugendstrafvollzug 1 A 10
psychiatrisches Krankenhaus 1 A 13
Sicherungsverwahrung 1 A 12
Soziale Hilfe 7 A 1
Strafvollzug 1 A 9

Unterbringung 1 A 13
Untersuchungshaftvollzug 1 A 11
Zivilhaft 15 D 1
Folgenbeseitigungsanspruch 12 I 17
Fortbildung 5 D 5
Fortbildung des Rechts 12 J 4
Fortschreibung 2 C 11, 2 C 43
Fortsetzungsfeststellungsantrag 12 I 18
Frauen 5 A 21
Frauenfreigang 4 H 26
Frauenkriminalität 14 A 1ff
Frauenstrafvollzug 14 A 1ff
Bedingungen 14 A 5
Behandlung 14 A 8f
Bildungsgebot 14 A 8
Entlassungsvorbereitung 14 A 9
familienunterstützende Angebote 14 A 11
Frauenanstalten 14 A 6
Frauenkriminalität 14 A 1ff
gesundheitliche Probleme 14 A 10
Jugendstrafvollzug 14 A 7
Justizvollzugsanstalt 13 D 4
Koedukation 14 A 7
kompensatorische Vollzugspraxis 14 A 12
Kriminalitätsstruktur 14 A 3
Landesgesetze 14 A 13ff
Mütter 14 A 11, 14 B 1ff, s.a. dort
Sicherungsverwahrung 14 D 1ff
sozialtherapeutische Abteilung 14 A 9
spezifische Bedürfnisse 14 A 10
Statistik 14 A 4
Strafvollzug 1 A 20
Substanzabhängige 14 A 10
Trennungsgrundsatz 14 A 16
Unterbringung mit Kindern 14 C 1ff, s.a. dort
Vollzugsgemeinschaft 14 A 6
freiberufliche Tätigkeit 4 H 19
Freibeweis 12 I 11
freies Beschäftigungsverhältnis 4 H 1ff
Ablösung 4 H 16
Antrag 4 H 8
Arbeitslosenversicherung 4 I 137
Arbeitsverhältnis 4 H 3
Außenbeschäftigung 4 H 11
außerhalb der Anstalt 4 H 6
Beendigung 4 H 17
Berufsausbildung 4 H 3
Ermessen 4 H 8ff
Freigang 4 H 11, 10 C 28
Haftkostenbeitrag 4 I 41, 4 I 43
Hausgeld 4 I 25
Inhalt 4 H 3ff
Inland 4 H 18
Krankenversicherung 4 H 5
Kündigungsschutz 4 H 2

2168

Sachregister

Lockerungen 4 H 11 ff
Mindestlohn 4 H 5
ortsüblicher Lohn 4 H 5
Qualifizierungsmaßnahmen 4 H 3
Tariflohn 4 H 5
überwiegende Gründe des Vollzugs 4 H 10
unechter Freigang 4 H 7
Vertrag 4 H 4
Vertragsverhältnis mit Dritten 4 H 1
Vollzugsplan 4 H 9
Freigang 10 C 27 ff
    abstrakte Erlaubnis 10 C 31
    Abwesenheit 10 C 32
    Beendigung 4 H 17
    Beendigung des Arbeitsverhältnisses 10 C 31
    Begriff 10 C 27
    Dauer 10 C 32
    Entlassungsvorbereitung 10 C 31
    freies Beschäftigungsverhältnis 4 H 11 ff, 10 C 28
    Kontrolldichte 10 C 29
    Rücknahme 4 H 15
    Selbstbeschäftigung 10 C 30
    unechter ~ 4 H 7, 10 C 28
    Unterbringung 10 C 32
    Verpflegung 10 C 32
    vollzugsöffnende Maßnahmen 10 B 3
    Weisungen 4 H 14, 10 C 29
    Weiterbeschäftigung 10 C 29
    Widerruf 4 H 15
    Zulassung 10 C 31
    Zustimmung der Gefangenen 4 H 12
Freigängerstatus
    Entlassungsvorbereitung 10 H 12 f
    Langzeitausgang 10 H 12 f
Freihandbibliothek 5 A 32
Freiheitsentziehung 4 Vor 2
Freiheitsstrafe 1 B 6 ff
    DDR 1 B 17
    Jugendstrafvollzug 1 B 8, 1 B 10 f, 1 B 13
    Justizvollzugsanstalt 1 B 9
    Organisationshaft 1 B 7
    Strafvollzug 1 A 20
    Zwischenhaft 1 B 7
Freistellung von der Arbeit 4 C 1 ff
    angemessene Beschäftigung 4 D 33
    anrechenbare Zeiten 4 C 7
    Anrechnung gewährten Urlaubs 4 C 16
    anteilige ~ 4 C 10
    Antrag 4 D 40
    Arbeitsentgelt 4 C 18
    Arbeitstage 4 C 20
    arbeitstherapeutische Beschäftigung 4 D 33
    Arbeitstherapie 4 C 4
    Arbeitstraining 4 C 4, 4 D 33

Arbeitsurlaub 4 D 42 ff
Arbeitszeitumfang 4 C 4
Ausbildungsbeihilfe 4 C 18
Behandlung 4 C 17
Beschäftigungstage 4 D 35
Betriebsferien 4 C 13
Bezüge 4 C 18 ff
Entgeltfortzahlung 4 D 45 ff
Entlassungsvorverlegung 4 D 49 ff
Entlohnung 4 C 1
Erholung 4 C 2
Fehlzeiten 4 C 7 f
Fehlzeiten, unverschuldete 4 D 36
Fehlzeiten, verschuldete 4 D 37
Grundregel 4 D 32
Hafturlaub 4 C 3
Hilfstätigkeiten 4 D 33
Inhalt des Freistellungsanspruchs 4 C 14 f
Kalenderjahr 4 C 6
kontinuierliche Arbeit 4 D 32
Mindestdauer der Tätigkeit 4 C 6 ff
monetäres Substitut 4 D 48
nicht zur Arbeit Verpflichtete 4 C 21
nicht-monetäre Komponente 4 D 32 ff
Rechtsanspruch 4 C 4
Umfang 4 C 14
Untersuchungshaft 4 C 22
Urlaub 4 C 2
Verfall des Anspruchs 4 C 5
Verlegung 4 D 65 ff
vollzugsexterne Beschäftigungsverhältnisse 4 C 23
weiteren Modalitäten 4 D 41
Werktage 4 C 20, 4 D 35
Zivilhaft 4 C 21
zusammenhängende Arbeit 4 D 34, 4 D 36 ff
Freistellung von der Haft 10 B 4
freiwillige Aufnahme 3 D 1 ff
    Antragssteller 3 D 4
    Beendigung des Aufenthalts 3 D 7
    Kosten 3 D 8
    Landesgesetze 10 G 2
    unmittelbarer Zwang 3 D 6
    Voraussetzungen 3 D 3
    Widerruf 3 D 5
Freiwilligkeit 1 E 9
Freizeit 5 A 1 ff
    aktuelle Lage 5 A 5
    allgemeine Regelung 5 A 9
    Angleichungsgrundsatz 5 A 6
    Ausarbeitung 5 A 12
    Begriff 5 A 2
    Behandlung 5 A 13, 5 A 46
    Behandlungskonzept 5 A 6

Sachregister

Bildungsgebot 5 A 5, 5 A 7
Bildungspotential 5 A 7
Determinanten 5 A 2
Determinationszeit 5 A 2
Dispositionszeit 5 A 2
Eigenverantwortlichkeit 5 A 47
Einzelhaft 11 I 46
Entwicklung 5 A 4
Freizeitangebot 5 A 9 ff, s.a. dort
Freizeitausschluss 5 A 34
Freizeitkonzeption 5 A 7
Freizeitkoordinator 5 A 7
Funktionen 5 A 2
Gegenstände zur Freizeitbeschäftigung 5 D 1 ff, s.a. dort
Gegensteuerungsgrundsatz 5 A 6
Gestaltungsgrundsätze 5 A 6
Grenzen der Informationsfreiheit 5 B 1
Hörfunk/Fernsehen 5 C 1 ff, s.a. dort
Informations-/Unterhaltungselektronik 5 C 5, 5 C 24 ff, s.a. dort
Informationsfreiheit 5 B 1, 5 C 1
Integrationsgrundsatz 5 A 6
Internet 5 C 3, s.a. dort
Knastkünstler 5 A 16
Kosten 5 A 35
kriminologische Bedeutung 5 A 3
Landesgesetze 5 A 8 ff
landesgesetzliche Besonderheiten 5 A 36 ff
Lollo-Parties 5 A 14
Menschenrechte 5 A 2
Motivation 5 A 42
neue Medien 5 A 44
Obligationszeit 5 A 2
Partizipation der Gefangenen 5 A 7
Pflicht zum Freizeitangebot 5 A 11
Recht zur Freizeitbeschäftigung 5 A 10
Rechtsbeistand 5 A 16
Rechtsnachteile 5 A 34
sinnvolle Beschäftigungen 5 A 45
soziales Training 5 A 49
Tagesablauf 5 A 33
Tagträumer 5 A 15
Unfähigkeit zur Freizeitgestaltung 5 A 14
Unterbringung im Tagesablauf 2 E 7 f
Vollzugsplan 2 C 34
Vorhalten von Freizeitangeboten 5 A 18 ff
Zeit-Totschlagen 5 A 17
Zeitungen/Zeitschriften 5 B 5 ff, s.a. dort
Freizeitangebot 5 A 9 ff
   Abend 5 A 22
   alte Inhaftierte 5 A 21
   Anstaltsbücherei 5 A 32
   ausländische Inhaftierte 5 A 21
   Bildungsangebote 5 A 25 ff

Biographiearbeit 5 A 30
Bücherei 5 A 32
Durchführung durch Externe 5 A 23
E-Mail 5 A 31
Ermessen 5 A 19
Facebook 5 A 31
Fernleihe 5 A 32
Fernunterricht 5 A 25
Frauen 5 A 21
Freihandbibliothek 5 A 32
Freizeitgruppen 5 A 28
Gewaltprävention 5 A 29
Gruppengespräche 5 A 29
Haftraummediensystem 5 A 31
Internet 5 A 31
Kampfsport 5 A 26
Katalog 5 A 24 ff
KnastKultur 5 A 30
Kontaktgruppen 5 A 29
Kraftsport 5 A 26
kulturelle Betätigung 5 A 30
künstlerisch-kreatives ~ 5 A 30
Langstrafenvollzug 5 A 21
Lernen in der Gruppe 5 A 29
Lesen 5 A 32
Mediathek 5 A 32
Medienkompetenz 5 A 31
Motivation 5 A 12
neue Medien 5 A 31
Pflicht zum ~ 5 A 11
Podknast.de 5 A 30
Rechtsanspruch 5 A 19
soziales Training 5 A 29
Spielfilmpädagogik 5 A 30
Sport 5 A 26
Teilnahmerecht 5 A 20
Telekommunikation 5 A 31
Theatergruppen 5 A 30
therapeutisches ~ 5 A 29
Unterricht 5 A 25
Vorhalten von ~en 5 A 18 ff
Weiterbildung 5 A 25
Wochenende 5 A 22
World Wide Web 5 A 31
Freizeitausschluss 5 A 34
Freizeitgruppen 5 A 28
Freizeitkleidung 6 A 3
Freizeitkoordinator 5 A 7
Fremdforschung 16 18
Fremdschädigung 11 J 19 f
Fremdverletzung 11 J 4 ff
Fremdwährung 4 I 120
Fristversäumnis
   Antrag auf gerichtliche Entscheidung 12 F 7 ff
   Rechtsbeschwerde 12 L 10

Lockerungen **4 H** 11ff
Mindestlohn **4 H** 5
ortsüblicher Lohn **4 H** 5
Qualifizierungsmaßnahmen **4 H** 3
Tariflohn **4 H** 5
überwiegende Gründe des Vollzugs **4 H** 10
unechter Freigang **4 H** 7
Vertrag **4 H** 4
Vertragsverhältnis mit Dritten **4 H** 1
Vollzugsplan **4 H** 9
Freigang **10 C** 27ff
   abstrakte Erlaubnis **10 C** 31
   Abwesenheit **10 C** 32
   Beendigung **4 H** 17
   Beendigung des Arbeitsverhältnisses **10 C** 31
   Begriff **10 C** 27
   Dauer **10 C** 32
   Entlassungsvorbereitung **10 C** 31
   freies Beschäftigungsverhältnis **4 H** 11ff, **10 C** 28
   Kontrolldichte **10 C** 29
   Rücknahme **4 H** 15
   Selbstbeschäftigung **10 C** 30
   unechter ~ **4 H** 7, **10 C** 28
   Unterbringung **10 C** 32
   Verpflegung **10 C** 32
   vollzugsöffnende Maßnahmen **10 B** 3
   Weisungen **4 H** 14, **10 C** 29
   Weiterbeschäftigung **10 C** 29
   Widerruf **4 H** 15
   Zulassung **10 C** 31
   Zustimmung der Gefangenen **4 H** 12
Freigängerstatus
   Entlassungsvorbereitung **10 H** 12f
   Langzeitausgang **10 H** 12f
Freihandbibliothek **5 A** 32
Freiheitsentziehung **4 Vor** 2
Freiheitsstrafe **1 B** 6ff
   DDR **1 B** 17
   Jugendstrafvollzug **1 B** 8, **1 B** 10f, **1 B** 13
   Justizvollzugsanstalt **1 B** 9
   Organisationshaft **1 B** 7
   Strafvollzug **1 A** 20
   Zwischenhaft **1 B** 7
Freistellung von der Arbeit **4 C** 1ff
   angemessene Beschäftigung **4 D** 33
   anrechenbare Zeiten **4 C** 7
   Anrechnung gewährten Urlaubs **4 C** 16
   anteilige ~ **4 C** 10
   Antrag **4 D** 40
   Arbeitsentgelt **4 C** 18
   Arbeitstage **4 C** 20
   arbeitstherapeutische Beschäftigung **4 D** 33
   Arbeitstherapie **4 C** 4
   Arbeitstraining **4 C** 4, **4 D** 33

Arbeitsurlaub **4 D** 42ff
Arbeitszeitumfang **4 C** 4
Ausbildungsbeihilfe **4 C** 18
Behandlung **4 C** 17
Beschäftigungstage **4 D** 35
Betriebsferien **4 C** 13
Bezüge **4 C** 18ff
Entgeltfortzahlung **4 D** 45ff
Entlassungsvorverlegung **4 D** 49ff
Entlohnung **4 C** 1
Erholung **4 C** 2
Fehlzeiten **4 C** 7f
Fehlzeiten, unverschuldete **4 D** 36
Fehlzeiten, verschuldete **4 D** 37
Grundregel **4 D** 32
Hafturlaub **4 C** 3
Hilfstätigkeiten **4 D** 33
Inhalt des Freistellungsanspruchs **4 C** 14f
Kalenderjahr **4 C** 6
kontinuierliche Arbeit **4 D** 32
Mindestdauer der Tätigkeit **4 C** 6ff
monetäres Substitut **4 D** 48
nicht zur Arbeit Verpflichtete **4 C** 21
nicht-monetäre Komponente **4 D** 32ff
Rechtsanspruch **4 C** 4
Umfang **4 C** 14
Untersuchungshaft **4 C** 22
Urlaub **4 C** 2
Verfall des Anspruchs **4 C** 5
Verlegung **4 D** 65ff
vollzugsexterne Beschäftigungsverhältnisse **4 C** 23
weiteren Modalitäten **4 D** 41
Werktage **4 C** 20, **4 D** 35
Zivilhaft **4 C** 21
zusammenhängende Arbeit **4 D** 34, **4 D** 36ff
Freistellung von der Haft **10 B** 4
freiwillige Aufnahme **3 D** 1ff
   Antragssteller **3 D** 4
   Beendigung des Aufenthalts **3 D** 7
   Kosten **3 D** 8
   Landesgesetze **10 G** 2
   unmittelbarer Zwang **3 D** 6
   Voraussetzungen **3 D** 3
   Widerruf **3 D** 5
Freiwilligkeit **1 E** 9
Freizeit **5 A** 1ff
   aktuelle Lage **5 A** 5
   allgemeine Regelung **5 A** 9
   Angleichungsgrundsatz **5 A** 6
   Ausarbeitung **5 A** 12
   Begriff **5 A** 2
   Behandlung **5 A** 13, **5 A** 46
   Behandlungskonzept **5 A** 6

Sachregister

Bildungsgebot 5 A 5, 5 A 7
Bildungspotential 5 A 7
Determinanten 5 A 2
Determinationszeit 5 A 2
Dispositionszeit 5 A 2
Eigenverantwortlichkeit 5 A 47
Einzelhaft 11 I 46
Entwicklung 5 A 4
Freizeitangebot 5 A 9 ff, *s.a. dort*
Freizeitausschluss 5 A 34
Freizeitkonzeption 5 A 7
Freizeitkoordinator 5 A 7
Funktionen 5 A 2
Gegenstände zur Freizeitbeschäftigung 5 D 1 ff, *s.a. dort*
Gegensteuerungsgrundsatz 5 A 6
Gestaltungsgrundsätze 5 A 6
Grenzen der Informationsfreiheit 5 B 1
Hörfunk/Fernsehen 5 C 1 ff, *s.a. dort*
Informations-/Unterhaltungselektronik 5 C 5, 5 C 24 ff, *s.a. dort*
Informationsfreiheit 5 B 1, 5 C 1
Integrationsgrundsatz 5 A 6
Internet 5 C 3, *s.a. dort*
Knastkünstler 5 A 16
Kosten 5 A 35
kriminologische Bedeutung 5 A 3
Landesgesetze 5 A 8 ff
landesgesetzliche Besonderheiten 5 A 36 ff
Lollo-Parties 5 A 14
Menschenrechte 5 A 2
Motivation 5 A 42
neue Medien 5 A 44
Obligationszeit 5 A 2
Partizipation der Gefangenen 5 A 7
Pflicht zum Freizeitangebot 5 A 11
Recht zur Freizeitbeschäftigung 5 A 10
Rechtsbeistand 5 A 16
Rechtsnachteile 5 A 34
sinnvolle Beschäftigungen 5 A 45
soziales Training 5 A 49
Tagesablauf 5 A 33
Tagträumer 5 A 15
Unfähigkeit zur Freizeitgestaltung 5 A 14
Unterbringung im Tagesablauf 2 E 7 f
Vollzugsplan 2 C 34
Vorhalten von Freizeitangeboten 5 A 18 ff
Zeit-Totschlagen 5 A 17
Zeitungen/Zeitschriften 5 B 5 ff, *s.a. dort*
Freizeitangebot 5 A 9 ff
   Abend 5 A 22
   alte Inhaftierte 5 A 21
   Anstaltsbücherei 5 A 32
   ausländische Inhaftierte 5 A 21
   Bildungsangebote 5 A 25 ff

Biographiearbeit 5 A 30
Bücherei 5 A 32
Durchführung durch Externe 5 A 23
E-Mail 5 A 31
Ermessen 5 A 19
Facebook 5 A 31
Fernleihe 5 A 32
Fernunterricht 5 A 25
Frauen 5 A 21
Freihandbibliothek 5 A 32
Freizeitgruppen 5 A 28
Gewaltprävention 5 A 29
Gruppengespräche 5 A 29
Haftraummediensystem 5 A 31
Internet 5 A 31
Kampfsport 5 A 26
Katalog 5 A 24 ff
KnastKultur 5 A 30
Kontaktgruppen 5 A 29
Kraftsport 5 A 26
kulturelle Betätigung 5 A 30
künstlerisch-kreatives ~ 5 A 30
Langstrafenvollzug 5 A 21
Lernen in der Gruppe 5 A 29
Lesen 5 A 32
Mediathek 5 A 32
Medienkompetenz 5 A 31
Motivation 5 A 12
neue Medien 5 A 31
Pflicht zum ~ 5 A 11
Podknast.de 5 A 30
Rechtsanspruch 5 A 19
soziales Training 5 A 29
Spielfilmpädagogik 5 A 30
Sport 5 A 26
Teilnahmerecht 5 A 20
Telekommunikation 5 A 31
Theatergruppen 5 A 30
therapeutisches ~ 5 A 29
Unterricht 5 A 25
Vorhalten von ~en 5 A 18 ff
Weiterbildung 5 A 25
Wochenende 5 A 22
World Wide Web 5 A 31
Freizeitausschluss 5 A 34
Freizeitgruppen 5 A 28
Freizeitkleidung 6 A 3
Freizeitkoordinator 5 A 7
Fremdforschung 16 18
Fremdschädigung 11 J 19 f
Fremdverletzung 11 J 4 ff
Fremdwährung 4 I 120
Fristversäumnis
   Antrag auf gerichtliche Entscheidung 12 F 7 ff
   Rechtsbeschwerde 12 L 10

Sachregister

Führungsaufsicht
   Entlassungsvorbereitung 7 D 5, 7 D 18
   Sexualstraftäter 7 D 18
Führungsaufsichtsstelle 2 B 6

G
Geburtsanzeige 14 B 17
Gedankenaustausch 9 C 5
Gefahr im Verzug
   Entkleidung 11 D 8
   Sicherungsmaßnahmen, besondere 11 I 61
Gefährdung 5 D 15
   Anhalten von Schreiben 9 C 54
   Besuchsüberwachung 9 B 69
   Gefährdungsvermutung 5 D 31
Gefährdungsvermutung 5 D 31
gefährliche Gegenstände 2 F 9
Gefangene 1 E 1 ff
   Abwehrstatus 1 E 1, 1 E 18 ff
   angemessene Beschäftigung 4 A 31 ff, s.a. dort
   Anstaltsverpflegung 6 B 1 ff, s.a. dort
   Arbeit 4 A 1 ff, s.a. dort
   Arbeitsbeschaffung 4 J 1 ff, s.a. dort
   Arbeitslosenversicherung 4 I 133 ff, s.a. dort
   Arbeitspflicht 4 B 1 ff, s.a. dort
   Arbeitstherapie 4 A 34
   ärztliche Überwachung 11 I 65 ff, s.a. dort
   Aufenthalt im Freien 6 G 1 ff, s.a. dort
   Aufnahmeverfahren 2 A 6, s.a. dort
   Außenweltkontakte 9 A 1 ff, s.a. dort
   Bargeld 4 I 117 ff
   Behandlung 1 E 4, s.a. dort
   Behandlungsuntersuchung 2 B 1 ff, 2 B 34 ff, s.a. dort
   Benachrichtigung bei Erkrankung/Todesfall 6 H 1 ff
   Beschäftigungstherapie 4 A 34
   Besuche 9 B 1 ff, s.a. dort
   Betriebskosten 4 I 56 ff
   Bildungsgebot 4 A 18 ff, 4 A 24, s.a. dort
   Chancenvollzug 1 E 12
   Diagnoseverfahren 2 B 1 ff, s.a. dort
   Disziplinarmaßnahme 11 M 1 ff, s.a. dort
   Durchsuchung 9 B 31, 11 D 1 ff, s.a. dort
   Eigengeld 4 I 101 ff, s.a. dort
   Eingliederungsgeld 4 I 65, 4 I 99
   Einkauf 6 C 1 ff, s.a. dort
   Entlassungsbeihilfe 7 E 1 ff, s.a. dort
   Entlassungsvorbereitung 3 C 1 ff, s.a. dort
   erkennungsdienstliche Maßnahmen 11 F 1 ff
   Faxverkehr 9 D 8 f
   Festnahmerecht 11 G 1 ff, s.a. dort
   freies Beschäftigungsverhältnis 4 H 1 ff, s.a. dort

   Freizeit 5 A 1 ff, s.a. dort
   gefährdete ~ 2 E 32
   Gesundheitsfürsorge 6 D 1 ff, s.a. dort
   Gewahrsam, persönlicher 11 C 1 ff, s.a. dort
   Grundrechte 1 E 1
   Haftkostenbeitrag 4 I 36 ff, s.a. dort
   Haftraum 2 F 1 ff, s.a. dort
   Hausgeld 4 I 22 ff, s.a. dort
   hilfsbedürftige ~ 2 E 32
   Hilfstätigkeiten 4 B 14 ff, s.a. dort
   informationelle Selbstbestimmung 11 F 3
   Integrationsstatus 1 E 1, 1 E 3 ff
   Internet 9 D 10
   Kleidung 6 A 1 ff, s.a. dort
   Konten 4 I 116
   Kosten der Krankenbehandlung 4 I 55
   Kosten der Sicherheitsüberprüfung 4 I 55
   Kostenbeteiligungen 4 I 61 ff
   Krankenversicherung 4 I 128 ff
   Landesgesetze 1 E 2
   Lichtbilder 11 F 2
   Mitwirkungspflicht 1 E 5
   Mitwirkungsrecht 1 E 17
   Motivation 1 E 10 ff
   Pakete 9 E 1 ff, s.a. dort
   Rechtsbehelfe 12 Vor 1 ff, s.a. dort
   Rechtsbeschränkungen 1 E 6, 1 E 19 ff, s.a. dort
   Religionsausübung 8 A 1 ff, s.a. dort
   Rentenversicherung 4 I 128 ff
   Resozialisierung 1 E 1
   Schriftwechsel 9 C 1 ff, s.a. dort
   Schuldenregulierung 7 C 8 ff, s.a. dort
   Selbständigkeit 1 E 3
   Selbstbeschäftigung 4 H 19 ff, s.a. dort
   sichere Unterbringung 11 E 1 ff, s.a. dort
   Sicherungsmaßnahmen, allgemeine 11 I 2
   Sicherungsmaßnahmen, besondere 11 I 3 ff, s.a. dort
   Sondergeld 4 I 121 ff
   Sozialversicherungsmitgliedschaft 4 I 131
   Taschengeld 4 I 1 ff, s.a. dort
   Telefongespräche 9 D 1 ff, s.a. dort
   Überbrückungsgeld 4 I 64 ff, s.a. dort
   Unfallversicherung 4 I 132
   Unterbringung im Tagesablauf 2 E 1 ff, s.a. dort
   Unterbringung zur Nachtzeit 2 E 17 ff, s.a. dort
   Unterhaltsbeitrag 4 I 35
   Unterricht 4 E 1 ff, s.a. dort
   Verhaltensvorschriften 11 B 1 ff, s.a. dort
   Vollstreckungsplan 2 D 1
   Vollzugsplan 2 C 1 ff, 2 C 17, s.a. dort

Sachregister

Zustimmung zur Sozialtherapie 3 A 12
Zwangstherapie 3 A 13
Gefangenen-Beitragsverordnung 4 I 135
Gefangenengemeinde 8 B 3
Gefangenenmeuterei
Schusswaffengebrauch 11 K 85
vollzugsöffnende Maßnahmen 10 C 60, 10 C 62
Gefangenenmitverantwortung 13 M 1ff
Angelegenheiten 13 M 11
Anstaltsleitung 13 M 3
Antrag auf gerichtliche Entscheidung 12 B 29, 13 M 7
Ausgestaltung 13 M 9
Außenweltkontakte 13 M 8
Einrichtungspflicht 13 M 5
Erfahrungen 13 M 12
Gefangenenzeitung 13 M 13
gemeinsames Interesse 13 M 11
Mitwirkung Außenstehender 13 M 6
soziales Lernen 13 M 1
Gefangenentelefonseelsorge 8 D 22
Gefangenentransportvorschrift 2 D 11
Gefangenenzeitschriften 5 B 7
Gefangenenzeitung 13 M 13
Gegenstände zur Freizeitbeschäftigung 5 D 1ff
Angemessenheit 5 D 11
Angleichungsgrundsatz 5 D 15
Anstaltsregelungen 5 D 12
Anstaltsverhältnisse 5 D 11
Ausschlussgründe 5 D 5, 5 D 7, 5 D 13
Auswahl 5 D 3
Besitz 5 D 1
Betriebskosten 5 D 25
Bezug 5 D 3
Disziplinarmaßnahme 11 M 34
DVD 5 D 18
Einkauf 6 C 17
elektronische Geräte 5 D 2
elektronische Unterhaltungsmedien 5 D 16
Fortbildung 5 D 5
Gefährdung 5 D 15
Gefährdung des Vollzugsziels 5 D 21
Gefährdungsvermutung 5 D 31
Gleichheitsgrundsatz 5 D 15
Haftraum 5 D 3, 5 D 6, 5 D 20
Haltung von Tieren 5 D 17
juristische Fachzeitschriften 5 D 17
Justizvollzugsanstalt 5 D 12
Kontrollaufwand 5 D 15
Kosten 5 D 25
Landesgesetze 5 D 4ff
landesrechtliche Besonderheiten 5 D 16
Missbrauchsgefahr 5 D 18
Musikinstrumente 5 D 11

nicht-elektronische Gegenstände 5 D 2, 5 D 10
pornographische Inhalte 5 D 18
Rechtsanspruch 5 D 9ff
Rechtsprechung 5 D 17ff
Ritual Knast 5 D 21
Sicherheit/Ordnung der Anstalt 5 D 14
Übersichtlichkeit des Haftraums 5 D 20
Umfunktionierung 5 D 18
Verlegung 5 D 24
Versteck 5 D 18
vollzugsfeindliche Literatur 5 D 21
Wege durch den Knast 5 D 21
Widerruf 5 D 23
Zeitungen/Zeitschriften 5 D 10
Gegensteuerungsgrundsatz 1 D 11ff
Arbeitsentgelt 4 D 7
Begriff 1 D 11, 1 D 12
Freizeit 5 A 6
Justizvollzugsanstalt 13 C 17
Misshandlung 1 D 12
Persönlichkeitsveränderungen 1 D 13
Prisonisierung 1 D 12
Strafvollzug 1 D 1
Subkultur 1 D 12
System totaler Versorgung 1 D 13
Übergriffe 1 D 12
Unterdrückung 1 D 12
Zivilhaft 15 D 6
Geheimschrift 9 C 65
Gehorsamspflicht
unmittelbarer Zwang 11 K 48
Verhaltensvorschriften 11 B 6
Geiselnahme 11 K 78
Geldstrafe
Hausgeld 4 I 28
Überbrückungsgeld 4 I 91
gemeinnützige Arbeit 4 B 21
Gemeinschaftshafträume 2 E 34
Gemeinschaftssprechstunden 9 B 18
Gemeinwesenarbeit 13 O 3
Generalklausel
Disziplinarmaßnahme 11 M 13, 11 M 17
Rechtsbeschränkungen 1 E 24ff
Generalprävention 10 C 70
Genussmittel
Ausschluss 6 C 13
Einkauf 6 C 5ff
Gewahrsam, persönlicher 11 C 11
Pakete 9 E 2, 9 E 6
Rechtsanspruch 6 C 6
Vermittlung der Anstalt 6 C 7
geordnetes Zusammenleben 11 B 4f
Gepäck 7 B 9
Gerichte 9 C 30

2172

gerichtliche Entscheidung 12 I 1ff
    Ablehnung des Richters 12 I 10
    Amtsermittlungsgrundsatz 12 I 2ff
    Anfechtungsantrag 12 I 13
    Anfechtungsumfang 12 I 15
    anwaltliche Vertretung 12 I 9
    Aufhebung 12 I 16
    Aufklärungspflicht 12 I 2
    Befangenheit 12 I 10
    Begründetheit 12 I 13
    Begründung 12 I 14
    Beistand 12 I 9
    berechtigtes Interesse 12 I 18
    Bescheidungsbeschluss 12 I 19
    Beurteilungsspielraum 12 I 23
    Dauermaßnahmen 12 I 13
    Entscheidungshilfen 12 I 24
    Erledigung 12 I 18
    Ermessensentscheidungen 12 I 20 f
    Ermessensfehler 12 I 21
    Feststellungsantrag 12 I 13, 12 I 18
    Folgenbeseitigungsanspruch 12 I 17
    Fortsetzungsfeststellungsantrag 12 I 18
    Freibeweis 12 I 11
    Nachschieben von Gründen 12 I 4
    rechtliches Gehör 12 I 6ff, s.a. dort
    Rehabilitierung 12 I 18
    Sachentscheidung 12 I 19
    schriftliches Verfahren 12 I 11
    Spruchreife 12 I 19
    Streitgegenstand 12 I 1
    unbestimmte Rechtsbegriffe 12 I 22
    Untersuchungsgrundsatz 12 I 2ff
    Verfügungsgrundsatz 12 I 1
    Verpflichtungsantrag 12 I 13
    Verwaltungsvorschriften 12 I 24
    Wiederholungsgefahr 12 I 18
    Zulässigkeit 12 I 12
gerichtliche Kontrolle der Sicherungsverwahrung 12 N 1ff, 15 B 16, 15 B 23ff
    außerordentliche Überprüfung 12 N 6ff
    Begründung 12 N 14
    Beiordnung eines Rechtsanwalts 12 N 12
    berechtigtes Interesse 12 N 7
    Beschwerderecht 12 N 15
    Beteiligte 12 N 12
    Betreuungsangebot 12 N 4
    Bindungswirkung 12 N 17
    Entscheidung 12 N 13
    fristgemäße Überprüfung 12 N 9
    Gestaltung des Verfahrens 12 N 12
    Kosten 12 P 4ff
    periodische Kontrolle 12 N 9
    Prüfprogramm 12 N 3
    Prüfungsmaßstab 12 N 4 f

    Rechtsmittel 12 N 15ff
    Überprüfungsverfahren 12 N 6ff
    Verfahren eigener Art 12 N 2
    Vollstreckungsgericht 12 N 17
    Vollzugsplan 12 N 8
    Zuständigkeit 12 N 11
Gerichtshilfe 7 D 19
Geringstbeeinträchtigung 11 K 41
Geschäftsführer 4 H 26
Geschlecht
    rechtliches ~ 13 B 5
    Trennungsprinzip 13 B 4
geschlossener Vollzug 10 A 12ff
    Behandlungsnotwendigkeit 10 A 13
    Entlassungsvorbereitung 10 A 15
    Langzeitausgang 10 C 23
    Rückverlegung 10 A 14
    Übergangsmanagement 10 A 15
    Unterbringung zur Nachtzeit 2 E 37
Gesprächsüberwachung 9 B 68
    Aufzeichnung 9 B 79
    Behandlung 9 B 77
    Besuchsüberwachung 9 B 75ff
    Gefährdung des Vollzugsziels 9 B 78
Gestaltungsgrundsätze
    Freizeit 5 A 6
    Sicherungsverwahrung 1 D 26ff, 15 B 10
    Strafvollzug 1 D 1ff
    Zeugnisse 4 F 1
Gesundheitsamt 6 D 10
Gesundheitsfürsorge 6 D 1ff
    Alkohol 6 D 23ff
    Äquivalenzprinzip 6 D 3
    Arztwahl 6 D 2
    Aufklärung 6 D 18
    autoaggressives Verhalten 6 D 19ff
    Begriff 6 D 1
    Beobachtung 6 D 21
    Betäubungsmittel 6 D 23ff
    Disziplinarmaßnahme 6 D 17
    HIV-Infektion 6 D 27ff
    Krankenbehandlung 6 F 1ff, s.a. dort
    Landesgesetze 6 D 1
    medizinische Betreuung 6 D 5ff, s.a. dort
    medizinische Versorgung 6 D 33ff, s.a. dort
    Mitwirkung des Gefangenen 6 D 17 f
    Nichtraucherschutz 6 D 32
    Passivrauchen 6 D 32
    Prävention 6 D 21
    Rechtsanspruch 6 D 3
    suchtkranke Gefangene 6 D 26
    Suizide 6 D 19 ff
    Unterbringung mit Kindern 14 C 16
    Urinproben 6 D 24 f
    Vorbeugungsmaßnahmen 6 D 17 f

Sachregister

Vorsorgeleistungen 6 E 1 ff, s.a. dort
Zwangsmaßnahmen, medizinische 11 L 1 ff,
s.a. dort
Gesundheitsschutz 11 L 15 ff
Gewahrsam, persönlicher 11 C 1 ff
   Abgabe von Gegenständen 11 C 4
   Annahme von Gegenständen 11 C 4
   Aufbewahrung 11 C 13
   Aufzeichnungen über Sicherheits-
      vorkehrungen 11 C 16
   Befristung 11 C 7
   Begriff 11 C 3
   Datenspeicher 11 C 5
   Eigentumsübertragung 11 C 6
   Einbringen von Gegenständen 11 C 9 ff
   Einlagerung 11 C 15
   Entfernung 11 C 15
   Erlaubnis 11 C 3, 11 C 12
   Genussmittel 11 C 11
   geringer Wert 11 C 12
   großer Tauschhandel 11 C 12
   In-Gewahrsam-Haben 11 C 4
   kleiner Tauschhandel 11 C 12
   Landesgesetze 11 C 2
   Nahrungsmittel 11 C 11
   Postwertzeichen 11 C 12
   Quittung 11 C 7
   Rücknahme 11 C 7
   Sicherheitsgrad der Anstalt 11 C 8
   Sicherheitsmaßnahmen 11 C 3
   Subkultur 11 C 12
   Tauschverbot 11 C 12
   Versendung 11 C 14
   Vertrauensschutz 11 C 7
   Widerruf 11 C 7
Gewaltprävention 5 A 29
Gewalttätigkeiten 11 I 12
Glaubensgemeinschaft 8 B 2
Gleichbehandlungsgebot
   Pakete 9 E 7
   Religionsausübung 8 A 2
Gleichheitsgrundsatz 5 D 15
Gleichstellung
   Unterricht 4 E 1
   Weltanschauungsgemeinschaften 8 C 1
Good-Lives-Model 2 B 40
Gottesdienste 8 B 5
großer Tauschhandel 11 C 12
Grundlohn
   Grundlohnerhöhung 4 D 74
   Grundlohnunterschreitung 4 D 77
   Vergütungsstufen 4 D 73 ff
Grundrechte
   Behandlungsuntersuchung 2 B 7
   Gefangene 1 E 1

   Rechtsbeschränkungen 1 E 32
   Strafvollzug 1 A 15
Grundsicherung
   Aufnahmehilfe 7 B 6
   Taschengeld 4 I 2
Gruppenausführung 10 C 7
Gruppenbesuche 9 B 18
Gruppengespräche 5 A 29
Gummiknüppel 11 K 33
Gutachten 2 B 27

H
Haftkostenbeitrag 4 I 36 ff
   Angleichungsgrundsatz 4 I 36
   Arbeitsentgelt 4 I 40
   Ausbildungsbeihilfe 4 I 40
   Ausnahmen 4 I 40
   Begrenzung 4 I 45
   Begriff 4 I 39
   Durchschnittsbetrag 4 I 49
   Durchschnittssätze 4 I 51
   eigene Hörfunk-/Fernsehgeräte 5 C 32
   Erhebungsverpflichtung 4 I 43 ff
   extramurale Einkünfte 4 I 46
   freies Beschäftigungsverhältnis 4 I 41, 4 I
      43
   Höhe 4 I 49 ff
   Landesgesetze 4 I 38
   Lebensunterhalt 4 I 39
   Pauschalbetrag 4 I 50
   Pfändbarkeit 4 I 53
   Resozialisierung 4 I 47
   Selbstbeschäftigung 4 H 25, 4 H 29, 4 I 41 ff
   Selbstverpflegung 4 I 52
   Stromkosten 4 I 38
   Verfahrenskosten 4 I 39
   Zuständigkeit 4 I 54
Haftkostenverzicht 4 D 30
Haftraum 2 F 1 ff
   abstrakte Gefahr 2 F 12
   Angemessenheit 2 F 7
   ärztliche Überwachung 11 I 66
   Ausstattung 2 F 3
   Ausstattungsumfang 2 F 6 ff
   Austausch gegen eigene Sachen 2 F 4
   Beobachtung 11 I 19 ff
   Beschränkungen 2 F 10, 2 F 12 ff
   Beschränkungen, nachträgliche 2 F 17
   besonders gesicherter Haftraum 11 I 32 f
   Durchsuchbarkeit 5 C 17
   Durchsuchung 11 D 5
   eigene Hörfunk-/Fernsehgeräte 5 C 12, 5 C 17
   Entfernung 2 F 17
   Erinnerungsstücke 2 F 6
   Ermessen 2 F 15 f

gefährliche Gegenstände **2 F** 9
Gegenstände einfachen Wohnkomforts **2 F** 7
Gegenstände zur Freizeitbeschäftigung **5 D** 3, **5 D** 6, **5 D** 20
gemeinsame Benutzung **2 F** 5
gemeinschaftlicher ~ **2 F** 3
Haftraumpflege **11 B** 8
Informations-/Unterhaltungselektronik **5 C** 26
Lichtbilder **2 F** 6
Nutzung **2 F** 3
Resozialisierung **2 F** 1
Sicherheit/Ordnung der Anstalt **2 F** 9
Telefongespräche **9 D** 5
Übersichtlichkeit **2 F** 10, **5 C** 17, **5 D** 20
Verhältnismäßigkeit **2 F** 16
Versteckmöglichkeiten **2 F** 10
Vogelhaltung **2 F** 9
Haftraummediensystem
eigene Hörfunk-/Fernsehgeräte **5 C** 20 ff
Freizeitangebot **5 A** 31
Informations-/Unterhaltungselektronik **5 C** 28
Haftraumpflege 11 B 8
Hafturlaub
Arbeitsurlaub **4 D** 42
Freistellung von der Arbeit **4 C** 3
Haftvermeidung 14 B 15
Häufigkeit von Besuchen 9 B 16
Hauptschule 4 E 9
Hausgeld 4 I 22 ff
Arbeitsentgelt **4 I** 23
Aufwendungsersatz **11 J** 9
Ausbildungsbeihilfe **4 I** 23
Behandlung **4 I** 23
Eigengeld **4 I** 25
Einkauf **4 I** 27
freies Beschäftigungsverhältnis **4 I** 25
Geldstrafe **4 I** 28
Hausgeldkonto **4 I** 29 f
Höhe **4 I** 23 ff
Pfändbarkeit **4 I** 31 ff
regelmäßige Einkünfte **4 I** 25
Selbstbeschäftigung **4 I** 25
Überbrückungsgeld **4 I** 73
Unterhaltsgläubiger **4 I** 31
Verfahrenskosten **4 I** 34
Verwendung **4 I** 27 ff
Hausgeldkonto 4 I 29 f
Taschengeld **4 I** 18
häusliche Angelegenheiten 2 A 12
Hausordnung 13 N 1 ff
Abdruck **13 N** 2
Begriff **13 N** 4

Beschwerderecht **12 A** 6
Besuchsrecht **9 B** 5, **9 B** 16
Rechtsberatung **13 N** 5
Rechtsbeschränkungen **1 E** 20
Regelungsbereiche **13 N** 2
Selbstbindung der Verwaltung **13 N** 2
Heilbehandlung
Verlegung **6 F** 61
Vorsorgeleistungen **6 E** 9
Heilmittel 14 B 10
Hiebwaffen 11 K 33
Hilfe zur Selbsthilfe
Aufnahmehilfe **7 B** 1
Aufnahmeverfahren **2 A** 12
Entlassungsvorbereitung **7 A** 9
Soziale Hilfe **7 A** 6, **7 A** 9, **7 C** 1
Hilfsmittel 6 F 18 ff
Begriff **6 F** 23
Behinderung **6 F** 20
Betäubungsstoffe **11 K** 36
Durchsuchung **11 D** 2
Einschränkung **6 F** 25
Erforderlichkeit **6 F** 22
fiskalischer Vorbehalt **6 F** 25
Kosten **6 F** 24
Krankenbehandlung **6 F** 13
unmittelbarer Zwang **11 K** 27 ff
vollzugliche Belange **6 F** 27
Vollzugsdauer **6 F** 25
Voraussetzungen **6 F** 20 ff
Hilfstätigkeiten 4 B 14 ff
Ablösung **4 B** 17
angemessene Beschäftigung **4 B** 16
Arbeitsentgelt **4 D** 10
Befristung **4 B** 14
Freistellung von der Arbeit **4 D** 33
Fristverlängerung **4 B** 18
Gemeinschaftsaufgaben **4 B** 15
Kalfaktorenposten **4 B** 16
Subkultur **4 B** 17
Verpflichtungsbefugnis **4 B** 14
Zustimmung der Gefangenen **4 B** 18
HIV-Infektion
Gesundheitsfürsorge **6 D** 27 ff
Prävention **6 D** 29
vollzugsöffnende Maßnahmen **10 C** 66
Hochschulstudium 4 H 26
Hörfunk/Fernsehen 5 C 1 ff
Angleichungsgrundsatz **5 C** 2
Dauer **5 C** 9
Decoder **5 C** 9
eigene Hörfunk-/Fernsehgeräte **5 C** 5, **5 C** 11 ff, s.a. dort
Einschränkungen **5 C** 10
Gemeinschafts-~ **5 C** 7 f

Sachregister

Landesgesetze **5 C** 4 ff
Programmauswahl **5 C** 9
Satellitenantenne **5 C** 9
subjektiv-öffentliches Recht **5 C** 6
Teilnahmerecht **5 C** 6 ff
Zellenlautsprecher **5 C** 8
Zimmerantenne **5 C** 9
Hunde, abgerichtete **11 K** 30
Hungerstreik
Aufwendungsersatz **11 J** 5
Zwangsmaßnahmen, medizinische **11 L** 2

I
Identitätskontrollen **9 B** 6
Importmodell **3 A** 26
Individualbeschwerde **12 Vor** 2
Individualisierungsprinzip
Behandlungsuntersuchung **2 B** 15
Differenzierungsgrundsatz **13 C** 13
informationelle Selbstbestimmung **11 F** 3
Informations-/Unterhaltungselektronik **5 C** 24 ff
Ausschlussgründe **5 C** 26
Begriff **5 C** 24
CD-/MP3-Player **5 C** 24
Computer **5 C** 24, **5 C** 27
EBook-Reader **5 C** 24
elektrische Schreibmaschine **5 C** 27
Erlaubnismissbrauch **5 C** 30
Ermessen **5 C** 26
Freizeit **5 C** 5, **5 C** 24 ff
Gefährdung des Vollzugsziels **5 C** 26
Graphikschreiber **5 C** 27
Haftraum **5 C** 26
Haftraummediensystem **5 C** 28
Kosten **5 C** 32
Landesgesetze **5 C** 25
landesgesetzliche Besonderheiten **5 C** 33 ff
Mietgeräte **5 C** 28
Missbrauchsgefahr **5 C** 27
Rechtsanspruch **5 C** 26
Rechtsprechung **5 C** 27
Sicherheit/Ordnung der Anstalt **5 C** 26
Spielkonsolen **5 C** 24, **5 C** 27
Umfunktionierung **5 C** 27
Verlegung **5 C** 31
Verplombung **5 C** 27
Versteck **5 C** 27
Walkman **5 C** 27
Widerruf **5 C** 30
Zulassung **5 C** 26
Informationsfreiheit
Computer **5 C** 3
eigene Hörfunk-/Fernsehgeräte **5 C** 13
Freizeit **5 B** 1

Zeitungen/Zeitschriften **5 B** 20
Informationsmittel **11 M** 33
Inland
freies Beschäftigungsverhältnis **4 H** 18
Langzeitausgang **10 C** 24
INSA **7 D** 26
Insolvenz **7 C** 15
InStar **7 D** 33
Integrationsdefizite **4 E** 16
Integrationsfaktoren **7 D** 13
Integrationsgrundsatz
Differenzierungsgrundsatz **13 C** 18
Freizeit **5 A** 6
Strafvollzug **1 D** 1, **1 D** 14
Integrationsstatus **1 E** 3 ff
Gefangene **1 E** 1
Integrationsstrategie **7 A** 2
Integrationsunterricht **4 E** 16
internationale Rechtsgrundsätze **4 B** 5 f
Internet **5 C** 3
Freizeitangebot **5 A** 31
Gefangene **9 D** 10
Landesgesetze **5 C** 29
Resozialisierung **7 C** 18
Intimsphäre
Anhalten von Schreiben **9 C** 62
Aufnahmeverfahren **2 A** 5
Beobachtung **11 I** 17
Isolation **11 I** 46

J
Jedermannfunk **5 C** 15
Jobscout **7 D** 27
Journalisten **9 B** 42
Jugendamt **14 C** 7
Jugendhaft **1 B** 17
Jugendhilfe **14 C** 3
Jugendstrafvollzug
Antrag auf gerichtliche Entscheidung **12 B** 3
Föderalismusreform **1 A** 10
Frauenstrafvollzug **14 A** 7
Freiheitsstrafe **1 B** 8, **1 B** 10 f, **1 B** 13
Herausgenommene **1 B** 10
Hineingenommene **1 B** 8
Jugendstrafvollzugsgesetze **1 B** 13
Justizvollzugsanstalt **1 B** 11
Landesgesetze **1 A** 19
Strafvollzugsgesetz **1 B** 13
Jugendstrafvollzugsgesetze **1 B** 13
Juristenmonopol **13 K** 5
Justizbedienstete
Bedienstete anderen Geschlechts **11 D** 2
Durchsuchung **11 D** 2
Festnahmerecht **11 G** 5

Sachregister

Selbstverantwortung 11 A 7 f
Sicherungsmaßnahmen, besondere 11 I 6 f
Justizbehörden 9 C 30
Justizvollzugsämter 13 G 9
Justizvollzugsanstalt 13 A 1 ff
    Anstalt 13 A 2
    Anstaltsbeirat 13 O 1 ff, *s.a. dort*
    Anstaltsleitung 13 K 1 ff, *s.a. dort*
    Antrag auf gerichtliche Entscheidung 12 E 2
    Aufsicht 13 G 1 ff
    Belegungsentwicklung 13 E 23 f
    Belegungsfähigkeit 13 E 11 ff
    Differenzierungsgrundsatz 13 C 1 ff, *s.a. dort*
    Einweisungsabteilungen 13 H 15
    Frauenstrafvollzug 13 D 4
    Freiheitsstrafe 1 B 9
    Gegensteuerungsgrundsatz 13 C 17
    geschlossene ~ 13 C 17
    Gestaltung 13 D 2
    Gliederung 13 D 3
    Hausordnung 13 N 1 ff, *s.a. dort*
    Jugendstrafvollzug 1 B 11
    Konferenzen 13 L 1 ff, *s.a. dort*
    Landesjustizverwaltung 13 A 3, 13 G 1
    Polizei 11 K 2
    Räume 13 E 1 ff
    Sicherungsniveau der Anstalten 13 C 16
    Strafarrest 15 C 2
    Strafvollzug 1 B 2
    Trennungsprinzip 13 B 1 ff, *s.a. dort*
    Überbelegungsverbot 13 E 18 ff, *s.a. dort*
    Überflugverbot 11 H 2 ff, *s.a. dort*
    Vollzugsgemeinschaften 13 F 1 f
    zentrale Diagnoseabteilungen 13 H 15
    Zivilhaft 15 D 2
    Zusammenarbeit 13 I 1 ff, *s.a. dort*
    Zuständigkeit 13 A 3

K
Kalenderjahr 4 C 6
Kalfaktorenposten 4 B 16
Kamera
    Beobachtung 11 I 16
    Entkleidung 11 D 9
Kampfsport 5 A 26
karitative Betreuung 8 A 16
Kernveränderungspraktiken 2 B 39
Kinder
    Besuchsraum 9 B 19
    Vorsorgeleistungen 6 E 7
Klassifizierungsbegriff 13 C 2
Klassifizierungsmerkmale 13 C 6
Kleidung 6 A 1 ff
    Anstaltskleidung 6 A 1
    Arbeitskleidung 6 A 3

Ausstattung 6 A 3
Besuchsrecht 9 B 6
eigene Kleidung 6 A 4 ff, *s.a. dort*
Freizeitkleidung 6 A 3
Privatkleidung 6 A 2
Regel-Ausnahme-Verhältnis 6 A 2
Strafarrest 15 C 7
Verpflichtungsantrag 6 A 3
Zivilhaft 15 D 8
kleiner Tauschhandel 11 C 12
KnastKultur 5 A 30
Knastkünstler 5 A 16
Koedukation 14 A 7
kognitiv-behaviorale Methoden 2 B 39
Kommunikationsverbote 11 M 39
kompensatorische Vollzugspraxis 14 A 12
Kompetenzkonflikte 12 C 8
Konferenzen 13 L 1 ff
    Arten 13 L 4
    Aufgabe 13 L 1
    Behandlungskonferenz 13 L 5
    Beteiligung von Gefangenen 13 L 7
    Bewährungshelfer 13 L 7
    Dienstbesprechung 13 L 9
    Disziplinarverfahren 11 M 58
    Entscheidungsorgane 13 L 2
    Konferenzverfassung 13 L 4
    Krisenstab 13 L 10
    Niederschrift 13 L 8
    Organisationskonferenz 13 L 4, 13 L 6
    Teilnehmerkreis 13 L 3
    Vollzugsplankonferenz 13 L 4, 13 L 7
Konfessionswechsel 8 A 19
konkludentes Verhalten 12 B 19
Kontaktgruppen 5 A 29
Kontaktsperregesetz 9 B 54
Kontaktverbot 10 E 7
Kontrollratsdirektive 1 A 5
Kooperationsvereinbarung
    Entlassungsvorbereitung 7 D 3
    Übergangsmanagement 7 D 31
körperliche Gewalt 11 K 26
Körperöffnungen
    Durchsuchung 11 D 2
    Entkleidung 11 D 9
Kosten
    Antrag auf gerichtliche Entscheidung 12 P 1 ff
    Ausführung 10 C 8, 10 D 12
    Außenbeschäftigung 10 C 11
    eigene Hörfunk-/Fernsehgeräte 5 C 32
    Freizeit 5 A 35
    Gegenstände zur Freizeitbeschäftigung 5 D 25
    gerichtliche Kontrolle der Sicherungsverwahrung 12 P 4 ff

Sachregister

Informations-/Unterhaltungselektronik 5 C 32
Krankenbehandlung 6 F 54
Langzeitausgang 10 C 25
medizinische Betreuung 6 D 15
Mütter 14 B 16
Pakete 9 E 17
Schriftwechsel 9 C 17
Schwangerschaft 14 B 16
Sicherheitsüberprüfung 5 C 32
Suchtmittelkontrolle 11 D 18
Telefongespräche 9 D 12
Unterbringung 15 A 27
Unterbringung mit Kindern 14 C 12
Wiedereingliederungsmaßnahmen 6 F 50
Zahnersatz 6 F 36 ff
Zeitungen/Zeitschriften 5 B 12

Kraftfahrzeug 10 E 9
Kraftsport 5 A 26
Krankenbehandlung 6 F 1 ff
Anspruchsinhalt 6 F 4 ff
Anstaltskrankenhäuser 6 F 66
Arbeitstherapie 6 F 17
Arzneimittel 6 F 14
ärztliche Behandlung 6 F 10 f
Ausgang 6 F 51 ff
außerhalb des Vollzugs 6 F 71 ff
Bagatellerkrankungen 6 F 13, 6 F 32
Begriff 6 F 2
Behandlungsanspruch 6 F 1
Belastungserprobung 6 F 17
externe ~ 6 F 6
Grundsatz der freien Heilfürsorge 6 F 31
Hilfsmittel 6 F 13, 6 F 18 ff, s.a. dort
innerhalb des Vollzugs 6 F 65 ff
Kosten 6 F 54
Krankengeld 6 F 9
Krankheit 6 F 3
Leistungskatalog 6 F 28 ff
Meldung 6 F 4
Notfälle 6 F 53
psychiatrisches Krankenhaus 6 F 76
Psychotherapie 6 F 11
Rehabilitation 6 F 16
Rückverlegung 6 F 69
Ruhen der Ansprüche 6 F 55 ff
Schweigepflicht 6 F 7
Sicherheitserwägungen 6 F 72
Unfälle 6 F 53
Urlaub 6 F 51 ff
Verlegung 6 F 58 ff, 6 F 62 ff
Verlegungsentscheidung 6 F 62 ff
Vollzugsbehörde 6 F 5
Wiedereingliederungsmaßnahmen 6 F 41 ff, *s.a. dort*

Wirtschaftlichkeitsvorbehalt 6 F 32
zahnärztliche Behandlung 6 F 12
Zahnersatz 6 F 34 ff, *s.a. dort*
Krankengeld 6 F 9
Krankenkost 6 B 9
Krankenpflegedienst 6 D 39
Krankenunterlagen
Anstaltsarzt 6 D 7
Einsichtsrecht 6 D 11 ff
freier Arzt 6 D 14
Verteidiger 6 D 13
Krankenversicherung
Aufnahmehilfe 7 B 12
freies Beschäftigungsverhältnis 4 H 5
Gefangene 4 I 128 ff
Leistungen 4 I 130
medizinische Betreuung 6 D 15
Krankheit 6 F 3
Krebsvorsorge 6 E 4
Kriminalitatsprävention 2 B 39
kriminologische Forschung 16 1 ff
Aufgaben kriminologischer Dienste 16 17
Auftragsforschung 16 18
besondere Personengruppen 16 10
Datenzugang 16 21 f
Defizite der wissenschaftlichen Grundlegung 16 8
Evaluation 16 14
Fortentwicklung des Strafvollzugs 16 6
Fremdforschung 16 18
kriminologische Dienste 16 1 ff
Landesgesetze 16 1
Notwendigkeit 16 1
Pflichtaufgabe 16 2
Strafvollzug 1 A 20
Untersuchungen 16 9
Vollzugsbedingungen 16 12
Vollzugspraxis 16 19
Krisenstab 13 L 10
kulturelle Betätigung 5 A 30
Kündigungsschutz 4 H 2

L

Ladung
Vollstreckungsplan 13 H 12
wichtiger Anlass 10 D 6
Landesgesetze 1 A 14
Absuchung 11 D 2
Arbeit 4 Vor 5
Arbeitspflicht 4 B 2
Aufenthalt im Freien 6 G 1
Aufsichtsbehörde 13 G 18
Außenweltkontakte 9 A 5 ff
Belegungsfähigkeit 13 E 14 ff

Benachrichtigung bei Erkrankung/Todesfall 6 H 1
Besuchsüberwachung 9 B 71
Besuchsverbot 9 B 34
Differenzierungsgrundsatz 13 C 5
Durchsuchung 11 D 2
eigene Hörfunk-/Fernsehgeräte 5 C 12
Entlassungsbeihilfe 10 G 2
Entlassungsvorbereitung 10 G 2
Festnahmerecht 11 G 2
Frauenstrafvollzug 14 A 13 ff
freiwillige Aufnahme 10 G 2
Freizeit 5 A 8 ff
Gefangene 1 E 2
Gegenstände zur Freizeitbeschäftigung 5 D 4 ff
Gehorsamspflicht 11 B 6
Gesundheitsfürsorge 6 D 1
Gewahrsam, persönlicher 11 C 2
Haftkostenbeitrag 4 I 38
Hörfunk/Fernsehen 5 C 4 ff
Informations-/Unterhaltungselektronik 5 C 25
Internet 5 C 29
Jugendstrafvollzug 1 A 19
kriminologische Forschung 16 1
Langzeitbesuche 9 B 24
Maßregelvollzug 15 A 30
Mindestverbüßungszeit 10 C 34
Mütter 14 B 18 ff
nachgehende Betreuung 3 E 2, 10 G 2
nicht-monetäre Komponente 4 D 6
offener Vollzug 10 G 2
Rechten/Pflichten 2 A 8
Resozialisierung 1 C 12
Rücknahme 10 F 5 ff
Schriftwechselüberwachung 9 C 23
Schwangerschaft 14 B 18 ff
sichere Unterbringung 11 E 1
Sicherheit/Ordnung der Anstalt 11 A 4
Sicherungsmaßnahmen, besondere 11 I 3
Sicherungsverwahrung 1 A 19, 15 B 17
Sicherungsverwahrung, drohende 15 B 26 ff
Soziale Hilfe 7 A 1, 7 C 1
sozialtherapeutische Anstalt 3 B 3
Strafvollzug 1 A 14, 1 B 4
Suchtmittelkontrolle 11 D 3, 11 D 15
Taschengeld 4 I 1
Trennscheiben 9 B 82
Trennungsprinzip 13 B 1
Überbelegungsverbot 13 E 18
Übergangsmanagement 7 D 8, 7 D 26 ff
Unterbringung mit Kindern 14 C 15 ff
Unterbringung zur Nachtzeit 2 E 23 ff
Untersuchungshaftvollzug 1 A 19

Verhaltensvorschriften 11 B 1
vollzugsöffnende Maßnahmen 10 B 3
Vollzugsplan 2 C 4 f
Weisungen 10 E 1
Widerruf 10 F 5 ff
Wohngruppen 2 C 25
Zeitungen/Zeitschriften 5 B 5
Zielkonflikt 1 C 11 ff
Landesjustizverwaltung
Anstaltsbesuche 13 G 10
Aufsichtsbehörde 13 G 1
Aufsichtsführung 13 G 8
Aufsichtspflicht 13 G 5 ff
Begriff 13 G 5
Besichtigungen 13 G 11
Fachbereiche 13 G 13
Justizvollzugsämter 13 G 9
Justizvollzugsanstalt 13 A 3
politische Verantwortung 13 G 14
sozialtherapeutische Anstalt 3 B 1
Verlegung 2 D 14
Langzeitausgang 10 C 18 ff
Antrag 10 C 19
Aufteilung 10 C 21
Beihilfe 10 C 25
Belehrung 10 C 26
Bescheinigung 10 C 26
eigene Kleidung 10 C 25
elektronische Aufenthaltsüberwachung 10 E 8
Entlassungsvorbereitung 10 H 10 ff
Erkrankung 10 C 26
Freigängerstatus 10 H 12 f
Fristberechnung 10 C 20
Gefangene des Regelvollzugs 10 H 11
geschlossener Vollzug 10 C 23
Höchstgrenze 10 C 20
Inland 10 C 24
Kosten 10 C 25
Mindestverbüßungszeit 10 C 34
nicht freiwillige Rückkehr 10 C 63
Nichtübertragung 10 C 22
Notlage 10 C 26
offener Vollzug 10 C 23
Resozialisierung 10 C 18
Sicherungsverwahrung 10 H 17
Strafunterbrechung 10 C 4
Urlaub 10 C 24
Urlaubsanschrift 10 C 24
Verbüßungszeit 10 C 19
verspätete Rückkehr 10 C 2
Vollstreckungsjahr 10 C 22
Vollzugsbedienstete 10 C 24
vollzugsöffnende Maßnahmen 10 B 4
Vollzugsziel 10 C 18

Sachregister

wichtiger Anlass **10 C** 18, **10 D** 8 f
Langzeitbesuche 9 B 23 ff
    Landesgesetze **9 B** 24
    Möglichkeit sexueller Kontakte **9 B** 25
    Raumkapazitäten **9 B** 27
Langzeiturlaub 3 C 3
Lebensgefahr 11 L 7
Lebenshaltung 6 C 1
lebenslange Freiheitsstrafe
    Ausgleichsentschädigung **4 D** 54
    Mindestverbüßungszeit **10 C** 35
    offener Vollzug **10 A** 11
    vollzugsöffnende Maßnahmen **10 C** 51
Lebensunterhalt 4 I 67
Lehrgang 4 A 28
Leistungsfinanzierung 7 D 5
Leistungslohn 4 D 20
Leistungszulagen 4 D 86 f
Leitlinienkompetenz 15 B 9
Lernstrategien 2 B 39
Lesen 5 A 32
Leserbriefe 5 B 7
Lichtbilder
    Gefangene **11 F** 2
    Haftraum **2 F** 6
Lockerungen s.a. vollzugsöffnende Maßnahmen
    Entlassungsvorbereitung **3 C** 2, **3 C** 6
    freies Beschäftigungsverhältnis **4 H** 11 ff
    psychiatrisches Krankenhaus **15 A** 17
    Resozialisierung **1 E** 16
    Selbstbeschäftigung **4 H** 20
    Sicherungsverwahrung **15 B** 21
    vollzugsöffnende Maßnahmen **10 B** 1
    Vollzugsplan **2 C** 28
Logotherapie 6 F 48
Lollo-Parties 5 A 14
Luftverkehrsordnung 11 H 3

M

Massen-Gnadenerweise 10 I 3, **10 I** 7
Maßregellösung 3 A 1, **3 A** 4
Maßregelvollzug
    Landesgesetze **15 A** 30
    Sicherungsverwahrung **15 B** 1 ff, s.a. dort
    Unterbringung s.a. dort
Mediathek 5 A 32
Mediationsstellen 7 C 6
Medien
    Besuchsrecht **9 B** 11
    Besuchsverbot **9 B** 42
Medienkompetenz 5 A 31
medizinische Betreuung 6 D 5 ff
    Anstaltsarzt **6 D** 5
    Beschwerde **6 D** 16
    Gesundheitsamt **6 D** 10

    Kontrolle **6 D** 10
    Kosten **6 D** 15
    Krankenunterlagen **6 D** 7, s.a. dort
    Krankenversicherung **6 D** 15
    Sanitätsbedienstete **6 D** 8
    Schwangerschaft **14 B** 8
    Zuständigkeit **6 D** 5
medizinische Versorgung 6 D 33 ff
    Anstaltsarzt **6 D** 33
    approbierter Mediziner **6 D** 35
    ärztliche Versorgung **6 D** 35 ff
    Fachpersonal **6 D** 33
    Krankenpflegedienst **6 D** 39
    Personalsituation **6 D** 34
Meinungsäußerungen 12 B 16
Meldepflicht 11 B 9
Menschenrechte
    Freizeit **5 A** 2
    Religionsausübung **8 A** 3
    Strafvollzug **1 A** 16
Menschenwürde
    Angleichungsgrundsatz **1 D** 4
    Entkleidung **11 D** 9
    Räume **13 E** 2
    Strafvollzug **1 A** 15
    unmittelbarer Zwang **11 K** 29
    Unterbringung zur Nachtzeit **2 E** 18
Merkblatt
    Entlassungsvorbereitung **7 D** 3
    Pakete **9 E** 4
Methodik der Sozialarbeit 7 C 1
Meuterei
    Schusswaffengebrauch **11 K** 85
    vollzugsöffnende Maßnahmen **10 C** 60, **10 C** 62
Mietgeräte
    eigene Hörfunk-/Fernsehgeräte **5 C** 20 ff
    Informations-/Unterhaltungselektronik **5 C** 28
Mietkaution
    Aufnahmehilfe **7 B** 7
    Entlassungsvorbereitung **7 D** 6
MIGRA plus 7 D 27
Mindestlohn
    Arbeit **4 A** 38
    freies Beschäftigungsverhältnis **4 H** 5
Mindestverbüßungszeit
    Ablauf **10 C** 35
    allgemeine ~ **10 C** 34
    Ausnahmefälle **10 C** 34
    Entlassungsvorbereitung **10 H** 4
    Landesgesetze **10 C** 34
    Langzeitausgang **10 C** 34
    lebenslange Freiheitsstrafe **10 C** 35
    offener Vollzug **10 C** 35

Untersuchungshaft **10 C** 34
vollzugsöffnende Maßnahmen **10 C** 33, **10 C** 34 ff
wichtiger Anlass **10 D** 9
Mindestvergütung 4 D 22
Missbrauch
Beschwerderecht **12 A** 16
Eigengeld **11 C** 17
Widerruf **10 F** 5
Missbrauchsgefahr
Ausführung **10 C** 50
Begleitausgang **10 C** 13
Beurteilungsspielraum **10 C** 51
eigene Hörfunk-/Fernsehgeräte **5 C** 15
Eigengeld **4 I** 108
Gegenstände zur Freizeitbeschäftigung **5 D** 18
Informations-/Unterhaltungselektronik **5 C** 27
Kriterien **10 C** 53
offener Vollzug **10 A** 11
salafistisch-jihadistische Einstellung **10 C** 52 f
Verwertungsverbot **10 C** 53
vollzugsöffnende Maßnahmen **10 C** 33, **10 C** 49
Vollzugsplan **2 C** 42
Weisungen **10 E** 2
Misshandlung 1 D 12
Mitarbeiter 2 B 5
Mitteilung
Arbeitsentgelt **4 D** 26
Ausbildungsbeihilfe **4 G** 11
Mitwirkung
Aufnahmeverfahren **2 A** 2
Behandlung **1 E** 4 ff
Behandlungsuntersuchung **2 B** 34
Vollzugsplan **2 C** 1
Mitwirkungspflicht
Behandlung **1 E** 4 ff
Gefangene **1 E** 5
Suchtmittelkontrolle **11 D** 17
vollzugsöffnende Maßnahmen **10 C** 49, **10 C** 68
Vollzugsplan **2 C** 29
wichtiger Anlass **10 D** 9
Mitwirkungsrecht 1 E 17
Mobilfunk 11 H 1
Mobilfunkblocker 9 D 7
Mobiltelefone
Besuchsrecht **9 B** 4
Telefongespräche **9 D** 6
Motivation
Behandlung **1 E** 10 ff
Bildungsgebot **4 A** 27
Freizeit **5 A** 42
Freizeitangebot **5 A** 12

Gefangene **1 E** 10 ff
Soziale Hilfe **7 A** 4
Sozialtherapie **3 A** 22
Vollzugsplan **2 C** 29
Musikinstrumente 5 D 11
muslimische Gefangene 8 D 27
Mütter 14 A 11, **14 B** 1 ff
Elternzeit **14 B** 7
Erziehungsurlaub **14 B** 7
Geburtsanzeige **14 B** 17
Kosten **14 B** 16
Landesgesetze **14 B** 18 ff
Schwangerschaft **14 B** 2 ff, *s.a. dort*
Unterbringung mit Kindern **14 C** 1 ff, *s.a. dort*
Versorgung schulpflichtiger Kinder **14 C** 2
Mutterschutzgesetz 14 B 3

N
Nacheile 11 G 2, **11 G** 4 ff
nachgehende Betreuung 3 E 1 ff, **7 D** 23 f
andere Betreuungsformen **3 E** 3
Anstaltsleitung **3 E** 5
Befristung **3 E** 6
Bewährungshilfe **3 E** 1, **7 D** 19 f
Fortsetzung einer Behandlung **3 E** 8
Gefährdung der Wiedereingliederung **3 E** 4
Landesgesetze **3 E** 2, **10 G** 2
Minimalniveau **3 E** 2
räumliche Vorgaben **3 E** 7
Zustimmung der Bediensteten **3 E** 5
Zustimmungserfordernis **3 E** 5
Nachhaltigkeit 7 D 4
Nachprüfung 12 J 8, **12 M** 4 f
Nachschieben von Gründen 12 I 4
Nachsorge
Sicherungsverwahrung **15 B** 15
Soziale Hilfe **7 A** 1
Vollzugsplan **2 C** 40 f
Nachsorgekonferenz 7 D 20
Nachsorgeprojekt Chance 7 D 26
Nachtdienst 11 K 67
Nachtzeit
Beobachtung **11 I** 16
Einzelunterbringung **2 E** 30
Nahrungsmittel
Ausschluss **6 C** 13
Einkauf **6 C** 5 ff
frische ~ **6 C** 10
Gewahrsam, persönlicher **11 C** 11
Pakete **9 E** 2, **9 E** 6
Rechtsanspruch **6 C** 5
Vermittlung der Anstalt **6 C** 7
Nährwert 6 B 5 ff
Nationalsozialismus 1 A 4
Neigungen 4 A 15

Sachregister

Netzwerk 7 C 1
neue Medien
    Entlassungsvorbereitung 7 C 18
    Freizeit 5 A 44
    Freizeitangebot 5 A 31
Neurowissenschaften 2 B 18
nicht-monetäre Komponente 4 D 30 ff
    Arbeitsentgelt 4 D 4 ff
    Arbeitsurlaub 4 D 31
    Ausbildungsbeihilfe 4 G 13
    Ausgleichsentschädigung 4 D 31, 4 D 53 ff,
    s.a. dort
    Freistellung von der Arbeit 4 D 32 ff, s.a. dort
    Haftkostenverzicht 4 D 30
    Landesgesetze 4 D 6
    Verfahrenskostenerlass 4 D 30, 4 D 69
    Verlegung 4 D 65 ff
Nichtraucherschutz 6 D 32
Nichtrückkehr 11 G 6
Normalvollzug 3 A 25
Notare
    Besuchsrecht 9 B 11, 9 B 51 ff
    Besuchsüberwachung 9 B 88
    Durchsuchung 9 B 56
    Schriftstücke 9 B 59
Notfälle
    Krankenbehandlung 6 F 53
    Langzeitausgang 10 C 26

O
Obligationszeit 5 A 2
Offenbarungspflicht 2 B 33
offener Vollzug 10 A 1 ff
    Bedeutung 13 C 20 f
    Begriff 10 A 1
    besondere Anforderungen 10 A 10
    Differenzierungsgrundsatz 13 C 18
    Eignungsprüfung 10 A 9
    Einweisung 10 A 6, 13 H 9
    Entlassungsvorbereitung 10 H 7
    Entwicklung 13 C 19 ff
    Ermessen 10 A 7
    Fluchtgefahr 10 A 11
    Gefangenenanzahl 10 A 5
    Landesgesetze 10 G 2
    Langzeitausgang 10 C 23
    lebenslange Freiheitsstrafe 10 A 11
    Mindestverbüßungszeit 10 C 35
    Missbrauchsgefahr 10 A 11
    Opferschutz 10 A 7
    Rechtsanspruch 10 A 7
    Regel-Ausnahme-Verhältnis 10 A 4
    Regelvollzug 10 A 4
    religiöse Veranstaltungen 8 B 11
    Schusswaffengebrauch 11 K 87 ff

    Schutz der Allgemeinheit 10 A 7
    Sozialprognose 10 A 11
    Unterbringung zur Nachtzeit 2 E 35
    Vollzugsplan 2 C 23, 10 A 3
    Zustimmung der Gefangenen 10 A 8
Öffentlichkeitsarbeit 8 D 17
Öffnungsgrundsatz
    Strafvollzug 1 D 15
    Vollzugsplan 2 C 20
Opferbelange
    Auskünfte an Verletzte 7 C 16
    Begegnung mit dem Täter 1 D 24
    Informationsinteressen 1 D 24
    Soziale Hilfe 7 C 6
    Strafvollzug 1 D 24, 1 D 25
    vollzugsöffnende Maßnahmen 10 C 67
    Weisungen 10 E 10
Opferinteressen
    Diagnoseverfahren 2 B 16
    Vollzugsplan 2 C 37
Opferschutz
    Anhalten von Schreiben 9 C 68
    Besuchsverbot 9 B 46 ff
    offener Vollzug 10 A 7
    Schriftwechsel 9 C 13
    vollzugsöffnende Maßnahmen 10 C 33, 10 C 49, 10 C 67
optisch-elektronische Mittel 11 I 18
Ordnungshaft 15 D 3
    Arbeitsentgelt 4 D 25
Ordnungsstörungen 11 E 6
Ordnungswidrigkeiten
    Disziplinarmaßnahme 11 M 6
    Überflugverbot 11 H 2, 11 H 6
    vollzugsöffnende Maßnahmen 10 C 63
Organisationsermessen 2 E 22
Organisationshaft
    Antrag auf gerichtliche Entscheidung 12 B 4
    Freiheitsstrafe 1 B 7
Organisationskonferenz 13 L 4, 13 L 6
Organisierte Kriminalität 10 C 66

P
Pakete 9 E 1 ff
    Anhalten 9 E 13
    ausgeschlossene Gegenstände 9 E 14
    Auslandspakete 9 E 11
    Ausschluss von Gegenständen 9 E 8
    Ermessen 9 E 3
    Genussmittel 9 E 2, 9 E 6
    Gleichbehandlungsgebot 9 E 7
    Höchstmengen 9 E 10
    Kontrolle 9 E 13
    Kosten 9 E 17

Merkblatt 9 E 4
Nahrungsmittel 9 E 2, 9 E 6
Paketmarke 9 E 12
Postweg 9 E 5
Versenden durch Gefangene 9 E 16
vorübergehende Untersagung 9 E 15
Zeitpunkte 9 E 9
Paketvorschriften 9 C 6
Parlamentsabgeordnete
Besuchsrecht 9 B 11
Schriftwechselüberwachung 9 C 39
Passivrauchen 6 D 32
Pauschalbetrag 4 I 50
pennsylvanisches System 2 E 2
Personalknappheit 10 C 8
Personensorgeberechtigte
Besuchsverbot 9 B 50
Schriftwechsel 9 C 15
Personenvereinigungen 9 C 7
Persönlichkeitsveränderungen 1 D 13
Petitionsrecht
Beschwerderecht 12 A 1
Rechtsbehelfe 12 Vor 3
Petitionsstellen 9 C 39
Pfändbarkeit
Arbeitsentgelt 4 D 28 f
Ausbildungsbeihilfe 4 G 1
Eigengeld 4 I 113 f, 7 C 17
Haftkostenbeitrag 4 I 53
Hausgeld 4 I 31 ff
Kontoguthaben 7 C 17
Sondergeld 4 I 127
Sozialleistungen 7 C 17
Taschengeld 4 I 20
Überbrückungsbeihilfe 7 E 12
Überbrückungsgeld 4 I 93 ff
Pflege 15 A 18
Pflegeversicherung 7 B 12
Platzgebundenheit 11 B 7
Podknast.de 5 A 30
Polizei
Amtshilfe 11 K 2
Besuchsüberwachung 9 B 67
Festnahmerecht 11 G 5
unmittelbarer Zwang 11 K 2
pornographische Inhalte
Gegenstände zur Freizeitbeschäftigung 5 D 18
Zeitungen/Zeitschriften 5 B 22
Postweg 9 E 5
Postwertzeichen 11 C 12
Prävention
HIV-Infektion 6 D 29
Nichtraucherschutz 6 D 32
Suizide 6 D 21

Prisonisierung 1 D 12
Privatinsolvenz 7 C 15
Privatisierung
Unterbringung 15 A 6 ff
Vollzugsbedienstete 13 J 1
Privatkleidung 6 A 2, s.a. eigene Kleidung
Privatsphäre 2 E 17
Programmauswahl 5 C 9
protektive Faktoren 2 B 14
Prozessfähigkeit 12 B 30
Prozesskostenhilfe 12 O 11 ff
psychiatrisches Krankenhaus 15 A 9 ff
Anordnungsvoraussetzungen 15 A 9 ff
Aufsicht 15 A 18
Behandlung 15 A 16
Behandlungsmethoden 15 A 17
Betreuung 15 A 18
Föderalismusreform 1 A 13
Gefahr künftiger Straftaten 15 A 12
Krankenbehandlung 6 F 76
Lockerungen 15 A 17
Mindestauftrag 15 A 18
Pflege 15 A 18
psychische Störung 15 A 10
Schuldunfähigkeit 15 A 11
Schutz der Allgemeinheit 15 A 20
Strafvollzugsgesetz 1 B 16
Trennung 15 A 19
zahlenmäßige Entwicklung 15 A 13
Zwangsbehandlung 15 A 16
Zweck der Maßregel 15 A 14
psychologische Behandlung 7 A 8
Psychotherapie
Krankenbehandlung 6 F 11
Wiedereingliederungsmaßnahmen 6 F 45

Q
Qualifizierungsmaßnahmen
Ausbildungsbeihilfe 4 G 2
Bildungsgebot 4 A 19
freies Beschäftigungsverhältnis 4 H 3
Qualitätskontrollen 6 B 5
Quittung
Durchsuchung 11 D 6
Gewahrsam, persönlicher 11 C 7

R
Radicalisation Awareness Network 7 D 24
Radikalisierungsprävention 7 D 24
Räume 13 E 1 ff
Ausgestaltung 13 E 5
Durchsuchung 11 D 5
Funktionsräume 13 E 7
Gemeinschaftshafträume 13 E 9
Größe 13 E 5

Sachregister

Landesgesetze 13 E 6 ff
Menschenwürde 13 E 2
Mindestbodenfläche 13 E 2
sanitäre Ausstattung 13 E 2
Realakt 12 B 18
rechtliches Gehör 12 I 6 ff
Akteneinsicht 12 I 8
Aktenvorlage an Gerichte 12 I 8
audiovisuelle Anhörung 12 I 7
faires Verfahren 12 I 6
Rechtsanspruch
Arbeitsentgelt 4 D 10 ff
Aufenthalt im Freien 6 G 3
Aufnahmehilfe 7 B 13
Ausbildungsbeihilfe 4 G 1
Außenweltkontakte 9 A 2
Besuchsrecht 9 B 7, 9 B 9
eigene Hörfunk-/Fernsehgeräte 5 C 12
Entlassungsbeihilfe 7 E 2
Entlassungsvorbereitung 10 H 4, 10 H 6
Freistellung von der Arbeit 4 C 4
Freizeitangebot 5 A 19
Gegenstände zur Freizeitbeschäftigung 5 D 9 ff
Genussmittel 6 C 6
Gesundheitsfürsorge 6 D 3
Informations-/Unterhaltungselektronik 5 C 26
Nahrungsmittel 6 C 5
offener Vollzug 10 A 7
Seelsorge 8 A 14
Soziale Hilfe 7 A 7, 7 C 1
Taschengeld 4 I 15
vollzugsöffnende Maßnahmen 10 C 69
Zahnersatz 6 F 39
Rechtsanwälte
Besuchsrecht 9 B 11, 9 B 51 ff
Besuchsüberwachung 9 B 88
Durchsuchung 9 B 56
Schriftstücke 9 B 59
Rechtsaufsicht 13 G 1
Rechtsbehelfe 12 Vor 1 ff
Antrag auf gerichtliche Entscheidung 12 B 1 ff, s.a. dort
Beratungshilfe 12 Vor 4
Beschwerderecht 12 A 1 ff, s.a. dort
Bürgerbeauftragte 12 Vor 3
Individualbeschwerde 12 Vor 2
Petitionsrecht 12 Vor 3
Rechtsbeschwerde 12 J 1 ff, s.a. dort
Sammelpetition 12 Vor 3
Strafvollzug 1 A 20
Verfassungsbeschwerde 12 Vor 2
Zwangsgeld 12 O 8
Rechtsbehelfsbelehrung 10 C 72

Rechtsbeistand 5 A 16
Rechtsberatung
Entlassungsvorbereitung 7 D 2
Hausordnung 13 N 5
Schuldenregulierung 7 C 13
Sicherheit/Ordnung der Anstalt 11 A 12
Verhaltensvorschriften 11 B 4
Rechtsbeschränkungen
allgemeine Sicherheitsvorkehrungen 1 E 31
anstaltsinterne Schriftwechsel 1 E 30
Bezugsverbot 1 E 29
Durchsuchung 1 E 29
Eingriffstatbestand 1 E 27 ff
Einheitlichkeit der Entscheidungen 1 E 21
Elektrogeräte 1 E 29
Gefangene 1 E 6, 1 E 19 ff
Generalklausel 1 E 24 ff
Gesetz 1 E 19
Grundrechte 1 E 32
Hausordnung 1 E 20
Hausrecht 1 E 31
rechtsberatende Tätigkeiten 1 E 26
Schutz der Allgemeinheit 1 E 25
Sichtspione 1 E 31
Störung der Ordnung 1 E 26
Strafvollzug 1 C 4 ff
Tätowierungen 1 E 26
Telefongespräche 1 E 29
Trennscheibe 1 E 29
Überwachung der Besuche 1 E 29
Unerlässlichkeit 1 E 30
untergesetzliche Vorschriften 1 E 20
Urinproben 1 E 29
Zitiergebot 1 E 32
Rechtsbeschwerde 12 J 1 ff
Antrag 12 L 4
Antrag auf gerichtliche Entscheidung 12 E 3 ff
aufschiebende Wirkung 12 J 13
Begründung 12 L 5 ff
Begründungsverzicht 12 M 4 f
Beschwer 12 J 3
Beschwerdeberechtigte 12 J 12
einheitliche Rechtsprechung 12 J 5
Entscheidung 12 M 1 ff
Feststellungsantrag 12 J 11
Form 12 L 8
Fortbildung des Rechts 12 J 4
Frist 12 L 2
Fristversäumnis 12 L 10
Gebotensein der Nachprüfung 12 J 8
Gesetzesverletzung 12 J 9
Hauptsacheentscheidungen 12 J 10
Nachprüfung 12 J 8, 12 M 4 f
Protokoll der Geschäftsstelle 12 L 8
Sachrüge 12 L 7

schriftliches Verfahren **12 M** 3
Spruchreife **12 M** 6 ff
StPO-Vorschriften **12 J** 14
überlange Verfahren **12 J** 15
Urkundsbeamter **12 L** 8
Verfahren **12 M** 1 ff
Verfahrensrüge **12 L** 6
Verletzung von Verfahrensprinzipien **12 J** 7
Verzögerungsrüge **12 J** 15
Wiedereinsetzung **12 L** 10
Zulässigkeit **12 J** 2 ff
Zurückverweisung **12 M** 7
Zuständigkeit **12 K** 1
Rechtsextremismus 7 D 24
Rechtshilfe 7 D 15
Rechtskontrolle 3 A 18
Rechtsmittel
    gerichtliche Kontrolle der Sicherungs-
        verwahrung **12 N** 15 ff
    vorläufiger Rechtsschutz **12 H** 9
    Wiedereinsetzung **12 F** 13
Rechtsmittelbelehrung 12 F 8
Rechtsschutz
    Aufnahmeverfahren **2 A** 14
    Behandlungsuntersuchung **2 B** 32
    Disziplinarmaßnahme **11 M** 26
    Durchsuchung **11 D** 11
    vollzugsöffnende Maßnahmen **10 C** 72
Rechtsverletzung 1 C 2
Rechtsweg
    Aufwendungsersatz **11 J** 11
    Eigengeld **4 I** 115
    Überbrückungsgeld **4 I** 96
Rechtsweggarantie 12 B 1
Regelausschlüsse 10 C 56 ff
Regelungsanordnung 12 H 4
Regelungskompetenz 11 H 4
Regelvollzug 10 A 4
Rehabilitation 6 F 16
Rehabilitierung 12 I 18
Reichsstrafgesetzbuch 1 A 2
Reihenuntersuchungen 11 L 19
Reisekosten 7 E 3
Reizstoffe
    unmittelbarer Zwang **11 K** 29
    Waffen **11 K** 35
Rektoskopie 11 D 9
Religionsausübung 8 A 1 ff
    Beschränkungen **8 A** 5
    Gegenstände des religiösen Gebrauchs **8 A** 23 f
    Gleichbehandlungsgebot **8 A** 2
    Grundrechte **8 A** 1
    Menschenrechte **8 A** 3
    Neutralität des Staates **8 A** 2

Religionsfreiheit **8 A** 1
religiöse Schriften **8 A** 21
religiöse Veranstaltungen **8 B** 1 ff,
    s.a. dort
Seelsorge **8 A** 7 ff, *s.a. dort*
Selbstbestimmungsrecht der Religions-
    gemeinschaften **8 A** 2
Weltanschauungsgemeinschaften **8 C** 1 ff,
    s.a. dort
Religionsfreiheit 8 A 1
    Entkleidung **11 D** 9
Religionsgemeinschaften 8 A 12
religiöse Schriften 8 A 21
religiöse Veranstaltungen 8 B 1 ff
    Abendmahlsfeier **8 B** 7
    Amtshandlungen **8 B** 8
    andere ~ **8 B** 13 ff
    Ausschluss **8 B** 19 ff
    außerhalb der Anstalt **8 B** 10
    Disziplinarmaßnahme **8 B** 18
    eigenes Bekenntnis **8 B** 12
    Gefangenengemeinde **8 B** 3
    Gemeinschaftsveranstaltungen **8 B** 1
    Glaubensgemeinschaft **8 B** 2
    Gottesdienste **8 B** 5
    offener Vollzug **8 B** 11
    Teilnahmerecht **8 B** 9
    Überwachung **8 B** 23
Rentenversicherung
    Aufnahmehilfe **7 B** 11
    Gefangene **4 I** 128 ff
    Leistungen **4 I** 130
    Resozialisierung **4 I** 129
Reso-Nordverbund 7 D 25
Resozialisierung 1 C 14 ff
    Achtung der Rechtsgüter anderer **1 C** 15
    Arbeit **4 Vor** 1
    Arbeitsentgelt **4 D** 9
    Begriff **1 C** 14
    Entwicklung im Vollzug **1 C** 18
    Ermessensausübung **1 C** 16
    Freiheitsentzug **1 C** 19
    Gefangene **1 E** 1
    Haftkostenbeitrag **4 I** 47
    Haftraum **2 F** 1
    Internet **7 C** 18
    Landesgesetze **1 C** 12
    Langzeitausgang **10 C** 18
    Leben ohne Straftaten **1 C** 21
    Lockerungen **1 E** 16
    neue Straftaten **1 C** 15
    Rentenversicherung **4 I** 129
    Schonklima **1 C** 19
    Schuldeinsicht **1 C** 22
    Schutz der Allgemeinheit **1 C** 25 ff

Sachregister

Sicherheit/Ordnung der Anstalt 11 A 1
Soziale Hilfe 7 A 1, 7 A 2
soziale Verantwortung 1 C 20
soziales Lernen 1 C 19
Übungsfeld 1 C 19
Unterbringung mit Kindern 14 C 5
Verwahrvollzug 1 C 19
vollzugsöffnende Maßnahmen 10 C 1,
   10 C 70
Vollzugsplan 2 C 1
Vollzugssystem 1 C 15
Vollzugsverhalten 1 C 18
Zielkonflikt 1 C 8, 1 C 25 ff
Resozialisierungsfonds 7 C 10
Ressourcen 2 B 14
Restorative Justice 7 C 6
Restverbüßungszeit 10 C 33, 10 C 36
Risikofaktoren 2 B 24
Risikoorientierung 13 C 14
Risikoprinzip 2 B 39
Risk-Need-Assessment 2 B 39
Ritual Knast 5 D 21
RNR Model 13 C 14
Rückfallforschung
   Behandlungsuntersuchung 2 B 17
   Sexualstraftäter 3 A 2
Rückfallgefahr 2 B 24
Rücknahme
   Anhörung 10 F 18
   Außenbeschäftigung 4 H 15
   Ermessen 10 F 17
   Freigang 4 H 15
   Gewahrsam, persönlicher 11 C 7
   Landesgesetze 10 F 5 ff
   rechtswidrig erlassene Maßnahmen
     10 F 15
   Sicherheit/Ordnung der Anstalt 11 A 13
   sonstige vollzugliche Maßnahmen 10 F 19 f
   Verhältnismäßigkeit 10 F 17
   Vertrauensschutz 10 F 16
   vollzugsöffnende Maßnahmen 10 F 1 ff
   Wirksamwerden 10 F 18
Rücksichtnahme
   Schwangerschaft 14 B 2
   Verhaltensvorschriften 11 B 4
Rückverlegung 2 D 9
   actus contrarius 3 A 25
   Behandlungsunwilligkeit 3 A 23
   geschlossener Vollzug 10 A 14
   Gründe in der Person 3 A 23 f
   Krankenbehandlung 6 F 69
   Normalvollzug 3 A 25
   Sozialtherapie 3 A 17, 3 A 23 ff
   Zustimmungserfordernis 3 A 25
   Zweckverfehlung 3 A 23

Ruhezeit
   Einzelhaft 11 I 46
   Einzelunterbringung 2 E 30
   Verhaltensvorschriften 11 B 2
Rundfunkbeiträge 5 C 32

S
Sachaufsichtsbeschwerde 12 A 9
Sachrüge 12 L 7
Sachverständigengutachten 2 B 20
salafistisch-jihadistische Einstellung 10 C 52 f
Sammelpetition 12 Vor 3
Sanitätsbedienstete
   ärztliche Überwachung 11 I 68
   medizinische Betreuung 6 D 8
Satellitenantenne
   eigene Hörfunk-/Fernsehgeräte 5 C 16
   Hörfunk/Fernsehen 5 C 9
Schadensausgleich 1 D 21 f
schädlicher Einfluss 9 B 43
Schlussberatung 2 B 23
Schlussbericht 7 D 19
Schlüsselzahlen 13 J 4
Schmähkritik 11 B 4
Schonklima 1 C 19
Schriftstücke
   inhaltliche Überprüfung 9 B 57, 9 B 60
   Notare 9 B 59
   Rechtsanwälte 9 B 59
   Verteidiger 9 B 58 ff, 9 B 86
Schriftwechsel 9 C 1 ff
   Angehörige 9 C 12
   Anhalten von Schreiben 9 C 49 ff, s.a. dort
   Anspruch Dritter 9 C 2
   ausländische Inhaftierte 9 C 18
   eigenes Briefpapier 9 C 4
   Gedankenaustausch 9 C 5
   interne ~ 9 C 8
   Kosten 9 C 17
   Opferschutz 9 C 13
   Paketvorschriften 9 C 6
   Personensorgeberechtigte 9 C 15
   Personenvereinigungen 9 C 7
   Schriftwechselüberwachung 9 C 19 ff,
     s.a. dort
   Sicherheit/Ordnung der Anstalt 9 C 10 f
   unbeschränkter ~ 9 C 1, 9 C 3
   Untersagungsmöglichkeiten 9 C 9 ff
   Weiterleitung 9 C 43 ff
Schriftwechselüberwachung 9 C 19 ff
   Anhalten von Schreiben 9 C 50
   Anstaltsbeirat 9 C 29, 9 C 31
   Anstaltsleitung 9 C 21
   Begriff 9 C 20
   Behandlung 9 C 28

Berufsgeheimnisträger 9 C 41
Briefgeheimnis 9 C 19
Bürgerbeauftragte 9 C 41
Datenschutzbeauftragte 9 C 41
generelle Anordnung 9 C 25
Gerichte 9 C 30
Justizbehörden 9 C 30
keine ~ 9 C 29 f
Landesgesetze 9 C 23
Organe des Menschenrechtsschutzes
    9 C 41
Parlamente 9 C 38
Parlamentsabgeordnete 9 C 39
Petitionsstellen 9 C 39
Sicherheit/Ordnung der Anstalt 9 C 24 ff
Sichtkontrolle 9 C 26
Sichtvermerk 9 C 27
Verteidiger 9 C 29, 9 C 32 ff
Schulabschluss 4 A 20
Schuld
Strafvollzug 1 C 2, 1 C 6 f
vollzugsöffnende Maßnahmen 10 C 70
Schuldeinsicht 1 C 22
Schulden-Beiheft 7 C 14
Schuldenregulierung 7 C 8 ff
Auskünfte an Verletzte 7 C 16
Bedeutung 7 C 15
Beratungshilfe 7 C 13
Beurteilungsspielraum 7 C 12
Eigengeld 7 C 17
Einzelregulierung 7 C 9
Entlassung 7 C 8
Gesamtsanierung 7 C 9
im Vollzug 7 C 14
Insolvenz 7 C 15
Pfändung 7 C 17
Privatinsolvenz 7 C 15
Rechtsberatung 7 C 13
Resozialisierungsfonds 7 C 10
Schulden-Beiheft 7 C 14
Schuldnerberatung 7 C 15
Sozialarbeit 7 C 11
Schuldnerberatung
Schuldenregulierung 7 C 15
Vollzugsplan 2 C 36
Schuldunfähigkeit 15 A 11
schulische Ausbildung 2 C 33
Schusswaffen 11 K 34
Schusswaffengebrauch 11 K 60 ff
andere Personen 11 K 91
Androhungspflicht 11 K 74 ff
Ausführung 11 K 65
außerhalb der Anstalt 11 K 62
Befreiungsschuss, gezielter 11 K 78
bewaffnete Gefangene 11 K 83

Flucht aus geschlossener Anstalt 11 K 86 ff
Gefährdung Unbeteiligter 11 K 71 f
Geiselnahme 11 K 78
innerhalb der Anstalt 11 K 63
letztes Mittel 11 K 68
Meuterei 11 K 85
Minderjährige 11 K 90
Nachtdienst 11 K 67
Notwehr/-hilfe 11 K 80
offener Vollzug 11 K 87 ff
Todesschuss, gezielter 11 K 81
Transport 11 K 65
unmittelbarer Zwang 11 K 4
Verbot 11 K 71 ff
Vollzugsbedienstete 11 K 61
Vorführung 11 K 65
Ziel 11 K 69
Zivilhaft 15 D 6
Schutz der Allgemeinheit
Angleichungsgrundsatz 1 D 4
offener Vollzug 10 A 7
psychiatrisches Krankenhaus 15 A 20
Rechtsbeschränkungen 1 E 25
Resozialisierung 1 C 25 ff
Sicherheit/Ordnung der Anstalt 11 A 5
Soziale Hilfe 7 A 1
Unterbringung 15 A 3
vollzugsöffnende Maßnahmen 10 C 33,
    10 C 49
Vollzugszeit 1 C 23
Vollzugsziel 1 C 23
weitere Straftaten 1 C 23
Zielkonflikt 1 C 8, 1 C 25 ff
Schwangerschaft 14 B 2 ff
Arbeitspflicht 14 B 5
Arzneimittel 14 B 10
Beschäftigungsmöglichkeit 14 B 4
Entbindung 14 B 13 ff
Gesundheitsfürsorge 14 B 16
Heilmittel 14 B 10
Kosten 14 B 16
Landesgesetze 14 B 18 ff
medizinische Betreuung 14 B 8
Mutterschutzgesetz 14 B 3
Rücksichtnahme 14 B 2
Schwangerschaftsabbruch 14 B 12
Soziale Hilfe 14 B 11
Untersuchungszeiten 14 B 6
Schwangerschaftsabbruch 14 B 12
Schweigepflicht
Behandlungsuntersuchung 2 B 33
Krankenbehandlung 6 F 7
Seelsorge 8 A 15
Schweigerecht 8 D 23 ff
Screeningverfahren 2 A 2

Sachregister

Seelsorge 8 A 7 ff
   Anerkennung einer Religionszugehörigkeit
     8 A 19
   Aufgaben 8 A 9
   Begriff 8 A 7
   dringende Fälle 8 A 17
   eigene Religionsgemeinschaft 8 A 19
   Einzelgespräch 8 A 15
   Gegenstände des religiösen Gebrauchs
     8 A 23 f
   Hilfe bei Kontaktaufnahme 8 A 20
   karitative Betreuung 8 A 16
   Konfessionswechsel 8 A 19
   landesgesetzliche Besonderheiten 8 A 25
   organisatorische Grundlagen 8 D 1
   Rechtsanspruch 8 A 14
   Religionsgemeinschaften 8 A 12
   religiöse Betreuung 8 A 14
   religiöse Schriften 8 A 21
   Schweigepflicht 8 A 15
   Seelsorger 8 D 1 ff, *s.a. dort*
   Selbstverständnis 8 A 8
   Vollzugsbedienstete 8 A 11
   Zielvorstellung 8 A 10
   Zwangsanwendungsverbot 8 A 18
Seelsorger 8 D 1 ff
   Abberufung 8 D 3
   Anstaltsleitung 8 D 13
   Anzahl 8 D 4
   berufsfremde Aufgaben 8 D 19
   ehrenamtlich Mitarbeitende 8 D 11
   eigener Beitrag 8 D 20
   Fachkräfte 8 D 12
   Gefangenentelefonseelsorge 8 D 22
   Hauptamt 8 D 7
   Heranziehung anderer ~ 8 D 2
   landesgesetzliche Besonderheiten 8 D 28
   Mitarbeiter 8 D 6
   muslimische Gefangene 8 D 27
   Nebenamt 8 D 8
   Öffentlichkeitsarbeit 8 D 17
   Pflichten 8 D 16
   Räume 8 D 5
   Schweigerecht 8 D 23 ff
   Seelsorgehelfer 8 D 10
   Sonderstellung 8 D 13
   Tätigkeit 8 D 18 ff
   Verwaltungssteuerung 8 D 15
   Vollzugsbedienstete 8 D 14
   von außen 8 D 9
Selbstbelastungsfreiheit 11 D 18
Selbstbeschädigung 11 M 16
Selbstbeschäftigung 4 H 19 ff
   Arbeitsentgelt 4 H 28 f
   Ausnahmefälle 4 H 24

   Beispiele 4 H 26
   Ermessen 4 H 22 ff
   externe ~ 4 H 20
   Frauenfreigang 4 H 26
   freiberufliche Tätigkeit 4 H 19
   Freigang 10 C 30
   Geschäftsführer 4 H 26
   Haftkostenbeitrag 4 H 25, 4 H 29, 4 I 41 ff
   Hausgeld 4 I 25
   Hochschulstudium 4 H 26
   Inhalt 4 H 19 ff
   innerhalb der Anstalt 4 H 21
   Lockerungen 4 H 20
   Widerruf 4 H 27
Selbstbindung der Verwaltung 2 C 42
Selbsteintrittsrecht 13 G 3
Selbstmordversuche
   Fesselung 11 I 38
   Sicherungsmaßnahmen, besondere 11 I 13
Selbstschädigung 11 J 17 f
Selbstverantwortung 11 A 7 f
Selbstverletzungen
   Aufwendungsersatz 11 J 2, 11 J 5
   Fesselung 11 I 38
   Sicherungsmaßnahmen, besondere 11 I 13
Selbstverpflegung
   Anstaltsverpflegung 6 B 4
   Haftkostenbeitrag 4 I 52
   religiöse Speisevorschriften 6 B 10 ff
Sexualstraftäter
   Behandlungsindikation 3 A 16
   Entlassungsvorbereitung 7 D 18
   Führungsaufsicht 7 D 18
   Reduzierung der Gefährlichkeit 3 A 16
   Sozialtherapie 3 A 9
   vollzugsöffnende Maßnahmen 10 C 66
   Zustimmungserfordernis 3 A 13
   Zwangstherapie 3 A 13
Sexualtherapie 6 F 46
sichere Unterbringung 11 E 1 ff
   Aufsichtsbehörde 11 E 10
   Ermessen 11 E 9
   Fluchtgefahr 11 E 4
   Fluchtverhinderung 11 E 2
   Landesgesetze 11 E 1
   Ordnungsstörungen 11 E 6
   Sicherheit 11 E 1
   Sicherheit/Ordnung der Anstalt 11 E 4
   Sphäre dieser Gefangenen 11 E 5
   Überstellung 11 E 9
   Verlegung 11 E 1, 11 E 3
   Verlegungskarussell 11 E 9
Sicherheit/Ordnung der Anstalt 11 A 1 ff
   Angleichungsgrundsatz 11 A 3
   Anhalten von Schreiben 9 C 54

Aufgabenkonflikte 11 A 1
Aufrechterhaltung 11 A 10
Begriffe 11 A 5
Beschränkungen 11 A 10
Besuchsverbot 9 B 33
dienende Funktion 11 A 4, 11 A 6
Disziplinarmaßnahme 11 A 10
eigene Hörfunk-/Fernsehgeräte 5 C 14
Einzelmaßnahmen 11 A 2
Förderung gemeinsamer Aktivitäten 11 A 8
Gegenstände zur Freizeitbeschäftigung 5 D 14
gewaltfreies Klima 11 A 6
Haftraum 2 F 9
Informations-/Unterhaltungselektronik 5 C 26
Landesgesetze 11 A 4
Ordnung 11 A 5
Pflichten 11 A 10
Rechtsberatung 11 A 12
Resozialisierung 11 A 1
Rücknahme 11 A 13
Schriftwechsel 9 C 10 f
Schriftwechselüberwachung 9 C 24 ff
Schutz der Allgemeinheit 11 A 5
Selbstverantwortung 11 A 7 f
sichere Unterbringung 11 E 4
Sicherheit 11 A 5
Sicherungsmaßnahmen, besondere 11 I 3 ff, s.a. dort
Stromzufuhr bei Nacht 11 A 12
unmittelbarer Zwang 11 K 1 ff
Unterbringung im Tagesablauf 2 E 13
Verhaltenspflicht 11 A 4
Verhaltensvorschriften 11 B 1 ff, s.a. dort
Verhältnismäßigkeit 11 A 9 ff
Widerruf 11 A 13
Zeitungen/Zeitschriften 5 B 17
Sicherheitsgrad der Anstalt 11 C 8
Sicherheitsüberprüfung 13 I 8
Sicherheitsvorkehrungen 11 C 16
Sicherungsanordnung 12 H 4
Sicherungshaft 15 D 3
Arbeitsentgelt 4 D 25
Sicherungsmaßnahmen, besondere 11 I 3 ff
Absonderung 11 I 26 ff
Anhaltspunkte 11 I 8
Anhörung des Arztes 11 I 63
Anordnungskompetenz 11 I 56 ff
Anstaltsleitung 11 I 6, 11 I 56
Aufenthalt im Freien 11 I 30
Aufhebung 11 I 56
Beobachtung 11 I 16 ff, s.a. dort
besonders gesicherter Haftraum 11 I 32 ff
Beurteilungsspielraum 11 I 8

Dokumentation 11 I 64
Eingriffsgründe 11 I 8
Einzelhaft 11 I 46 ff
Entzug/Vorenthaltung von Gegenständen 11 I 15
Erforderlichkeit 11 I 4
erhöhtes Maß an Gefahr 11 I 10 ff
Extremisten 11 I 40
Fesselung 11 I 34 ff, s.a. dort
Fluchtgefahr, erhöhte 11 I 11
Gefahr im Verzug 11 I 61
Gefahr von Gewalttätigkeiten 11 I 12
Gewalttätigkeiten 11 I 12
Justizbedienstete 11 I 6 f
kumulative Anordnung 11 I 5
Landesgesetze 11 I 3
Selbstmordversuche 11 I 13
Selbstverletzungen 11 I 13
Überprüfungspflicht 11 I 45
Verdacht 11 I 9
Verfahrensvorschriften 11 I 64
Verhältnismäßigkeit 11 I 4, 11 I 44 f
Voraussetzungen 11 I 4
Zuständigkeit 11 I 6
Zustimmung der Anstaltsleitung 11 I 62
Zweck 11 I 1
Sicherungsverwahrung 15 B 1 ff
Ausgleichsentschädigung 4 D 54
Behandlung 15 B 19
Behandlungsuntersuchung 15 B 28
Beiordnung eines Rechtsanwalts 12 B 33
Bundesverfassungsgericht 15 B 5
Diagnoseverfahren 2 B 25, 2 B 28
drohende ~ 15 B 18 ff, 15 B 26 ff
Eingrenzung 15 B 2
Entlassungsvorbereitung 10 H 3
Entwicklung 15 B 1
Föderalismusreform 1 A 12
Frauenstrafvollzug 14 D 1 ff
gerichtliche Kontrolle der ~ 12 N 1 ff, 15 B 16, 15 B 23 ff, s.a. dort
Gestaltungsgrundsätze 1 D 26 ff, 15 B 10
Landesgesetze 1 A 19, 15 B 17
Langzeitausgang 10 H 17
Leitlinienkompetenz 15 B 9
Lockerungen 15 B 21
Motivation 15 B 20
Nachsorge 15 B 15
nachträgliche ~ 15 B 3
Sozialtherapie 3 A 9, 3 A 21, 15 B 20, 15 B 30
Statistik 15 B 7 f
Strafvollzugsgesetz 1 B 15
Trennungsprinzip 13 B 3
Unterbringungsziel 15 B 10
Vollzug 1 A 19

Sachregister

vollzugsöffnende Maßnahmen **10 C** 59, **15 B** 13 ff
Vollzugsplan **2 C** 38, **15 B** 11, **15 B** 21, **15 B** 29
vorbehaltene ~ **15 B** 3
Sichtkontrolle 9 B 68, **9 B** 72 ff
   Behandlung **9 B** 73
   Schriftwechselüberwachung **9 C** 26
   technische Hilfsmittel **9 B** 74
Sichtspione 1 E 31
Sichtvermerk 9 C 27
Sondereinkauf 4 I 123 f, **6 C** 18
Sondergeld 4 I 121 ff
   Einkauf **6 C** 3
   Pfändbarkeit **4 I** 127
   Sondereinkauf **4 I** 123 f
   Zweckbindung **4 I** 126
Sonderschulunterricht 4 E 10 f
Sonderurlaub
   Entlassungsvorbereitung **3 C** 2, **3 C** 6
   Strafrestaussetzung **3 C** 4
   Weisungen **3 C** 7
   Widerruf **3 C** 8
sonstige Beschäftigung
   Arbeitsentgelt **4 D** 10
   Arbeitspflicht **4 B** 10
Sozialarbeit
   ambulante ~ **7 D** 20
   Schuldenregulierung **7 C** 11
Sozialdienst
   Besuchsrecht **9 B** 11
   Entlassungsvorbereitung **7 D** 5
   Neuorganisation **7 D** 21
   Soziale Hilfe **7 A** 3
   Übergangsmanagement **7 D** 20
Soziale Hilfe 7 A 1 ff
   aktivierender Behandlungsvollzug **7 A** 4
   Aktivierung der Gefangenen **7 A** 8
   Angehörige **7 A** 12
   Arbeitsteilung **7 A** 3
   Aufnahmehilfe **7 B** 1 ff, *s.a. dort*
   Begriff **7 A** 3, **7 C** 1
   Belohnung **7 A** 8
   Beurteilungsspielraum **7 C** 1
   beweglicher Wahlvorstand **7 C** 2
   Briefwahl **7 C** 2
   Datenübermittlung **7 A** 3
   durchgehende ~ **7 A** 1 f
   Entlassungsvorbereitung **7 A** 1, **7 A** 8, **7 C** 1
   Erfolgskontrolle **7 A** 5
   europäische Standards **7 A** 1
   europäischer Kontext **7 A** 6
   European Prison Rules 2006 **7 A** 6
   Fahrtkosten **7 A** 12
   Finanzierungsmanagement **7 A** 5

Föderalismusreform **7 A** 1
Funktion **7 A** 3
Hilfe zur Selbsthilfe **7 A** 6, **7 A** 9, **7 C** 1
individuelle ~ **7 A** 8
Integrationsstrategie **7 A** 2
justizielle Zusammenarbeit **7 A** 6
Landesgesetze **7 A** 1, **7 C** 1
lebenspraktische Hilfen **7 A** 8
Mediationsstellen **7 C** 6
Methodik der Sozialarbeit **7 C** 1
Mindestverpflichtung **7 C** 1
Motivation **7 A** 4
Nachsorge **7 A** 1
Netzwerk **7 C** 1
Opferbelange **7 C** 6
psychologische Behandlung **7 A** 8
Qualitätsmanagement **7 A** 5
Rahmenkonzept **7 A** 5
Rechtsanspruch **7 A** 7, **7 C** 1
Resozialisierung **7 A** 1, **7 A** 2
Restorative Justice **7 C** 6
Schuldenregulierung **7 C** 8 ff, *s.a. dort*
Schutz der Allgemeinheit **7 A** 1
Schwangerschaft **14 B** 11
Sozialarbeiter/Sozialpädagogen **7 A** 3
Sozialdienst **7 A** 3
Sozialhilfe **7 A** 10
Sozialstaatsprinzip **7 A** 2
Stimmabgabe **7 C** 2
Straffälligenhilfe **7 A** 5, **7 C** 5
Strafvollzugsrecht **7 A** 11
Tatausgleich **7 C** 7
Täter-Opfer-Aspekte **7 C** 6
Übergangsmanagement **7 A** 1, **7 A** 5
Unterhaltsberechtigte **7 C** 5
Unterhaltspflichten **7 C** 4 f
Verbundsystem **7 A** 3, **7 A** 5
Vollzugsgestaltung **7 A** 8
Vollzugsplan **7 A** 1
Vollzugsziel **7 A** 2
Wahlkampf **7 C** 2
Wahlrecht **7 C** 2
Weihnachtsbeihilfe **7 A** 11
Wiedergutmachung **7 C** 6
Wissensmanagement **7 A** 5
Zielvorgabe **7 A** 7 ff
soziale Schwierigkeiten 7 D 4
soziale Verantwortung 1 C 20
sozialer Empfangsraum
   Diagnoseverfahren **2 B** 14
   Vollzugsplan **2 C** 20
soziales Lernen 1 C 19
soziales Näheverhältnis 10 D 4
soziales Training
   Entlassungsvorbereitung **7 D** 17

Freizeit **5 A** 49
Freizeitangebot **5 A** 29
Wiedereingliederungsmaßnahmen **6 F** 49
soziales Verhalten **4 D** 84
Sozialgerichte **12 B** 7
Sozialhilfe
   Aufnahmehilfe **7 B** 7
   Ausbildungsbeihilfe **4 G** 9
   Soziale Hilfe **7 A** 10
   Taschengeld **4 I** 2
Sozialleistungen
   Entlassungsvorbereitung **7 D** 3
   Überbrückungsbeihilfe **7 E** 6, **7 E** 8
Sozialleistungsträger **7 D** 6
Sozialprognose **10 A** 11
Sozialstaatsprinzip
   Soziale Hilfe **7 A** 2
   Zwangsmaßnahmen, medizinische **11 L** 4
sozialtherapeutische Abteilung **3 B** 2f
   Frauenstrafvollzug **14 A** 9
sozialtherapeutische Anstalt **3 B** 1ff
   Behandlungsplätze **3 A** 4
   Behandlungsuntersuchung **2 B** 31
   eigene Hörfunk-/Fernsehgeräte **5 C** 18
   Entlassungsvorbereitung **10 H** 15f
   gesetzliche Grundlage **3 A** 1
   Gestaltung **13 D** 4
   Indikationskriterien **2 C** 25
   Landesgesetze **3 B** 3
   Landesjustizverwaltung **3 B** 1
   organisatorische Strukturen **3 A** 7
   sozialtherapeutische Abteilung **3 B** 2f
   Vollzugsplan **2 C** 25
Sozialtherapie **3 A** 1ff
   Alternativen **3 A** 26
   Anstaltsleitung **3 A** 12
   Arbeitsentgelt **4 D** 14ff
   Ausbau **3 A** 5
   Begriff **3 A** 3
   Behandlungsindikation **3 A** 16
   Behandlungsplätze **3 A** 4
   Behandlungsuntersuchung **2 B** 29f
   Entlassungsvorbereitung **3 C** 1ff, *s.a. dort*
   Erfolg **3 A** 11
   Erfolgswahrscheinlichkeit **3 A** 16
   Fallgruppen **3 A** 15ff
   freiwillige Aufnahme **3 D** 1ff, *s.a. dort*
   Gefahren für die Allgemeinheit **3 A** 18
   gesetzliche Grundlage **3 A** 1
   Importmodell **3 A** 26
   Kriterien **3 A** 7
   Maßregellösung **3 A** 1, **3 A** 4
   Motivation **3 A** 22
   nachgehende Betreuung **3 E** 1ff, *s.a. dort*
   Rechtskontrolle **3 A** 18

Reduzierung der Gefährlichkeit **3 A** 16
Rückverlegung **3 A** 17, **3 A** 23ff
Sexualstraftäter **3 A** 9, **7 D** 18
Sicherungsverwahrung **3 A** 9, **15 B** 20, **15 B** 30
Sicherungsverwahrung, anschließende **3 A** 21
sozialtherapeutische Anstalt **3 A** 1, **3 B** 1ff,
   s.a. dort
Unterbringung **3 A** 8
Vollzugslösung **3 A** 1
Vollzugsplan **2 C** 25, **3 A** 15
Vollzugsziel **3 A** 16
Vorbereitungsmaßnahmen **3 A** 10
Wohngruppen **3 A** 7
Zeitpunkt der Unterbringung **3 A** 20
Zuständigkeit **3 A** 19
Zustimmung der Gefangenen **3 A** 12
Zustimmungserfordernis **3 A** 12
Zwangstherapie **3 A** 13
Sozialversicherung **7 B** 10
Sparkonto **4 I** 79
Sparraten **4 I** 76
Spezialprävention **1 C** 2, **1 C** 5
Spiegelungsprinzip **11 M** 30
Spielfilmpädagogik **5 A** 30
Spielkonsolen **5 C** 24, **5 C** 27
Sport
   Freizeitangebot **5 A** 26
   Vollzugsplan **2 C** 34
Sprache
   Anhalten von Schreiben **9 C** 65
   Antrag auf gerichtliche Entscheidung **12 F** 3
   Beschwerderecht **12 A** 15
Sprechstunden **12 A** 3
Spruchreife
   gerichtliche Entscheidung **12 I** 19
   Rechtsbeschwerde **12 M** 6ff
Spürhunde **11 D** 6
Staatsschutzdelikte **10 C** 59
Statusklärung **7 B** 12
Steuerungsinstrumente **13 G** 4
Stillschweigen **12 B** 19
Stimmabgabe **7 C** 2
Störer **11 B** 4
Störsender **11 H** 2, **11 H** 6
Störung der Ordnung **1 E** 26
StPO-Vorschriften
   Rechtsbeschwerde **12 J** 14
   Strafvollzugsgesetz **12 O** 9f
Strafarrest **15 C** 1ff
   Anstaltsarzt **11 M** 63
   Antrag auf gerichtliche Entscheidung **12 B** 13
   Arbeitsentgelt **4 D** 25
   Arbeitspflicht **15 C** 4
   Arresttauglichkeit **11 M** 63
   Arrestvollzug **11 M** 47

Sachregister

    Besuche **15 C** 6
    Disziplinarmaßnahme **11 M** 40
    Durchsuchung **15 C** 9
    Einkauf **15 C** 8
    Justizvollzugsanstalt **15 C** 2
    Kleidung **15 C** 7
    Kriminalstrafe **15 C** 2
    ruhende Rechte **11 M** 48
    Schusswaffengebrauch **15 C** 9
    Strafvollzugsgesetz **1 B** 12
    Unterbringung **15 C** 5
Straffälligenhilfe
    Soziale Hilfe **7 A** 5, **7 C** 5
    Übergangsmanagement **7 D** 9, **7 D** 20, **7 D** 27
Strafrestaussetzung
    Diagnoseverfahren **2 B** 25
    Entlassungsvorbereitung **7 D** 19
    Sonderurlaub **3 C** 4
Strafunterbrechung **10 C** 4
Strafvollstreckung **1 B** 1
Strafvollstreckungskammer **2 D** 13
Strafvollzug **1 A** 1ff
    Achtung der Rechte anderer **1 D** 20
    Angleichungsgrundsatz **1 D** 1, **1 D** 4ff,
        s.a. dort
    Anstaltsorganisation **1 A** 20
    Anstaltsverpflegung **6 B** 1ff, s.a. dort
    Antrag auf gerichtliche Entscheidung **12 B** 1ff, s.a. dort
    Arbeit **4 A** 1ff, **4 Vor** 1ff, s.a. dort
    Arbeitsbeschaffung **4 J** 1ff, s.a. dort
    Aufenthalt im Freien **6 G** 1ff, s.a. dort
    Aufnahmeverfahren **2 A** 1ff, s.a. dort
    Aufwendungsersatz **11 J** 1ff, s.a. dort
    Auseinandersetzung mit den Tatfolgen **1 D** 19
    Auseinandersetzung mit der Straftat **1 D** 17 f
    Außenweltkontakte **9 A** 1ff, s.a. dort
    Begriff **1 B** 1
    Behandlungserfordernisse **1 D** 16
    besondere Vollzugsformen **1 A** 20
    Bundesgesetze **1 B** 5
    Datenschutz **1 A** 20
    Dienst- und Vollzugsordnung **1 A** 6
    Differenzierungsgrundsatz **1 D** 16, **13 C** 1ff,
        s.a. dort
    EMRK **1 A** 16
    Ersatzsozialisation **1 C** 5
    Föderalismusreform **1 A** 8ff, s.a. dort
    Frauenstrafvollzug **1 A** 20, **14 A** 1ff, s.a. dort
    Freiheitsstrafe **1 A** 20, **1 B** 6ff, s.a. dort
    Fremdkontrolle **12 Vor** 1
    Gefangene **1 E** 1ff, s.a. dort
    Gegensteuerungsgrundsatz **1 D** 1, **1 D** 11ff,
        s.a. dort
    geschlossener Vollzug **10 A** 12ff, s.a. dort

    Gestaltungsgrundsätze **1 D** 1ff
    Gestaltungsprinzipien **1 A** 20
    Gesundheitsfürsorge **6 D** 1ff, s.a. dort
    Grundrechte **1 A** 15
    Haftraum **2 F** 1ff, s.a. dort
    Integrationsgrundsatz **1 D** 1, **1 D** 14
    Justizvollzugsanstalt **1 B** 2
    Kleidung **6 A** 1ff, s.a. dort
    Kontrollratsdirektive **1 A** 5
    kriminologische Forschung **1 A** 20, **16** 1ff,
        s.a. dort
    Landesgesetze **1 A** 14, **1 B** 4
    Leitlinien **1 A** 15ff
    Menschenrechte **1 A** 16
    Menschenwürde **1 A** 15
    Nationalsozialismus **1 A** 4
    offener Vollzug **10 A** 1ff, s.a. dort
    Öffnungsgrundsatz **1 D** 15
    Opferbelange **1 D** 24
    opferbezogener ~ **1 C** 20, **1 D** 25
    Rechtsbehelfe **1 A** 20
    Rechtsverletzung **1 C** 2
    Reichsstrafgesetzbuch **1 A** 2
    Religionsausübung **8 A** 1ff, s.a. dort
    Schadensausgleich **1 D** 21 f
    Schuld **1 C** 2, **1 C** 6 f
    Selbstkontrolle **12 Vor** 1
    Sicherheit/Ordnung der Anstalt **11 A** 1ff,
        s.a. dort
    Soziale Hilfe **7 A** 1ff, s.a. dort
    sozialtherapeutische Anstalt **3 B** 1ff, s.a. dort
    Sozialtherapie **3 A** 1ff, s.a. dort
    Spezialprävention **1 C** 2, **1 C** 5
    statistische Angaben **1 B** 3
    Strafarrest **15 C** 1ff, s.a. dort
    Strafvollstreckung **1 B** 1
    Strafvollzugsgesetz **1 A** 1, **1 A** 7
    Strafzumessung **1 C** 2
    Täter-Opfer-Ausgleich **1 D** 23
    Unterbringung im Tagesablauf **2 E** 1ff,
        s.a. dort
    Unterbringung zur Nachtzeit **2 E** 17ff,
        s.a. dort
    Verfassung **1 A** 15
    Verlegung **2 D** 4ff, s.a. dort
    Vollstreckungsplan **2 D** 1
    Vollzugsaufgaben **1 A** 20
    Vollzugsformen **1 B** 2
    vollzugsöffnende Maßnahmen **10 B** 1ff,
        s.a. dort
    Vollzugsplan **2 C** 1ff, s.a. dort
    Vollzugsziel **1 C** 1ff, s.a. dort
    vorläufiger Rechtsschutz **12 H** 1ff, s.a. dort
    Weimarer Republik **1 A** 3
    Ziel **10 A** 1

Sachregister

Zielkonflikt **1 C 1, 1 C 8 ff**
Zivilhaft **15 D 1 ff**, *s.a. dort*
Zusammenarbeit **13 I 1 ff**, *s.a. dort*
Strafvollzugsgesetz 1 A 1, 1 A 7
   Abschiebungshaft **1 B 12**
   Entziehungsanstalt **1 B 16**
   Geltungsbereich **1 A 7**
   Jugendstrafvollzug **1 B 13**
   Jugendstrafvollzugsgesetze **1 B 13**
   Prozesskostenhilfe **12 O 11 ff**
   psychiatrisches Krankenhaus **1 B 16**
   Sicherungsverwahrung **1 B 15**
   StPO-Vorschriften **12 O 9 f**
   Strafarrest **1 B 12**
   Unterbringung **1 B 16**
   Untersuchungshaftvollzug **1 B 14**
   Verfahrensrecht **12 O 1 ff**
   Verwaltungsvorschriften **1 A 7**
   Vollstreckung von Entscheidungen **12 O 2**
   Zivilhaft **1 B 12**
   Zwangsgeld **12 O 2**
Strafzumessung 1 C 2
Streitschlichtung 11 M 60
Stromkosten
   Betriebskosten **4 I 59**
   Haftkostenbeitrag **4 I 38**
Stromzufuhr bei Nacht 11 A 12
Stundensatz 4 D 19
Subkultur
   Aufnahmeverfahren **2 A 5**
   Bargeld **4 I 119**
   Gegensteuerungsgrundsatz **1 D 12**
   Gewahrsam, persönlicher **11 C 12**
   Hilfstätigkeiten **4 B 17**
Subsidiarität
   angemessene Beschäftigung **4 A 32**
   Disziplinarmaßnahme **11 M 2, 11 M 19**
   Eigengeld **4 I 104**
   unmittelbarer Zwang **11 K 6**
   Unterbringung mit Kindern **14 C 9**
suchtkranke Gefangene
   Gesundheitsfürsorge **6 D 26**
   Vollzugsplan **2 C 32**
Suchtmittelkontrolle 11 D 3
   allgemeine Anordnung **11 D 16**
   Anstaltsleitung **11 D 15**
   Begriff **11 D 15**
   Disziplinarmaßnahme **11 D 17**
   geeignete Maßnahme **11 D 15**
   Kosten **11 D 18**
   Landesgesetze **11 D 3, 11 D 15**
   Manipulation **11 D 15**
   Mitwirkungspflicht **11 D 17**
   positive ~ **11 D 18**
   Rechtsgrundlage **11 D 12**

   Selbstbelastungsfreiheit **11 D 18**
   Urinproben **11 D 3, 11 D 12**
   Verweigerung **11 D 17**
   Verweigerung einer Mitwirkung **11 D 3**
   Weisungen **10 E 5, 10 E 7**
   Zuständigkeit **11 D 15**
   Zweck **11 D 14**
Suchttherapie 6 F 47
Südwestverbund 7 D 25
Suizidgefährdung
   ärztliche Überwachung **11 I 69**
   ärztliche Untersuchung **2 A 9**
   Aufnahmeverfahren **2 A 2**
   Gesundheitsfürsorge **6 D 19 ff**
   Zwangsmaßnahmen, medizinische **11 L 7**

T
Tagessatz 4 D 18
Tageszeit 11 B 2 f
Tagträumer 5 A 15
tarifliche Bezahlung 4 A 38
Tariflohn 4 H 5
Taschen 9 B 4
Taschengeld 4 I 1 ff
   Angemessenheit **4 I 16**
   Antrag **4 I 3**
   Arbeitsentgelt **4 I 4**
   Arbeitslosigkeit **4 I 6**
   arbeitstherapeutische Beschäftigung **4 I 14**
   Arbeitstraining **4 I 14**
   Arbeitsunfähigkeit **4 I 6**
   Auftragsmangel **4 I 6**
   Ausbildungsbeihilfe **4 I 4**
   Ausschlussdauer **4 I 8 f**
   Bedürftigkeit **4 I 10 ff**
   Behandlung **4 I 14**
   Eckvergütung **4 I 16**
   Eigengeld, gesperrtes **4 I 11**
   Einbehalt **4 I 18**
   Grundsicherung **4 I 2**
   Hausgeldkonto **4 I 18**
   Höhe **4 I 16**
   im Voraus **4 I 17**
   Landesgesetze **4 I 1**
   Mindestausstattung **4 I 1**
   nicht verbrauchtes ~ **4 I 12**
   Pfändbarkeit **4 I 20**
   Rechtsanspruch **4 I 15**
   Sozialhilfe **4 I 2**
   Überbrückungsgeld **4 I 11**
   Verfahrenskosten **4 I 20**
   Verschulden des Gefangenen **4 I 5 ff**
   Verwendung **4 I 19**
   Voraussetzungen **4 I 3**

Sachregister

Vorschuss 4 I 17
zweckgebundene Einzahlungen 4 I 12
Täter-Opfer-Ausgleich 1 D 23
Tätowierungen 1 E 26
Tatsachenbehauptungen 9 C 63
Tauschverbot 11 C 12
technische Mittel
   Beobachtung 11 I 18
   Durchsuchung 11 D 2, 11 D 4
Teilanfechtung 12 B 26
Teilnahmepflicht
   arbeitstherapeutische Beschäftigung 4 B 12
   Berufsausbildung 4 B 13
   Deutschkurse 4 E 16
   Unterricht 4 E 7
Teilnahmerecht
   Freizeitangebot 5 A 20
   Hörfunk/Fernsehen 5 C 6 ff
   religiöse Veranstaltungen 8 B 9
Teilneubauten 2 E 27
teilprivatisierte Anstalten 13 G 2
Teilzeitunterricht 4 E 17
Telefongespräche 9 D 1 ff
   Ermessen 9 D 3
   Haftraum 9 D 5
   Kosten 9 D 12
   Krisensituationen 9 D 2
   Mobilfunkblocker 9 D 7
   Mobiltelefone 9 D 6
   Organisation 9 D 5
   Rechtsbeschränkungen 1 E 29
   Telefonkabinen 9 D 5
   Überwachung 9 D 14 f
   Verteidiger 9 D 4
Telefonkabinen 9 D 5
Telekommunikation 5 A 31
Testverfahren 2 B 22
Theatergruppen 5 A 30
Timerfunktion 5 C 15
Transport
   Fesselung 11 I 41 ff
   Schusswaffengebrauch 11 K 65
Trennscheiben 9 B 81 f
   Besuchsüberwachung 9 B 81 f
   Landesgesetze 9 B 82
   Rechtsbeschränkungen 1 E 29
   Verteidiger 9 B 87
Trennungsprinzip 13 B 1 ff
   Abweichungen 13 B 6
   Eheleute 13 B 4
   Frauenstrafvollzug 14 A 16
   Geschlecht 13 B 4
   Landesgesetze 13 B 1
   rechtliches Geschlecht 13 B 5
   Sicherungsverwahrung 13 B 3

   Unterbringung 13 B 2
   Vollzugsbehörde 13 B 2

U

Überbelegungsverbot 13 E 18 ff
   Ausnahmen 13 E 21 f
   Behandlungsarbeit 13 E 19
   Landesgesetze 13 E 18
   Verlegung 13 E 20
   vorübergehende Überbelegung 13 E 22
Überbrückungsbeihilfe
   Art der ~ 7 E 4 ff
   Auszahlungsverfahren 7 E 11
   Berechnungsmethoden 7 E 9
   Dauer 7 E 10
   eigenständige Leistungseinrichtung 7 E 5
   Höhe 7 E 9
   Nachrangigkeit zu Sozialleistungen 7 E 6
   Pfändbarkeit 7 E 12
   Sozialleistungen 7 E 8
Überbrückungsgeld 4 I 64 ff
   Angemessenheit 4 I 69
   Arbeitsentgelt 4 I 75
   Ausbildungsbeihilfe 4 I 75
   Auszahlung 4 I 78 ff, 4 I 83
   Berücksichtigung Angehöriger 4 I 71
   Bewährungshelfer 4 I 83
   Bezüge 4 I 73
   Bildung 4 I 72 ff
   Eigengeld 4 I 108, 11 C 17
   Eingliederungsgeld 4 I 65
   Entlassung 4 I 78
   Entlassungsvorbereitung 4 I 87 ff
   Ermessen 4 I 68
   Ersatzfreiheitsstrafe 4 I 91
   freiwilliges ~ 4 I 65, 4 I 97 f
   Geldstrafe 4 I 91
   Hausgeld 4 I 73
   Höhe 4 I 67 ff
   Lebensunterhalt 4 I 67
   Pfändbarkeit 4 I 93 ff
   Rechtsweg 4 I 96
   Sparkonto 4 I 79
   Sparraten 4 I 76
   Taschengeld 4 I 11
   Treuhänder 4 I 84
   Unterbringung 15 A 26
   Unterhaltsberechtigte 4 I 85, 4 I 94
   Verlegung 4 I 81
   Verwendung vor der Entlassung 4 I 87 ff
   Vollzugsplan 2 C 36
   zinsbringende Anlage 4 I 80
   Zinsen 4 I 74
Überflugverbot 11 H 2 ff
   Ausnahmen 11 H 5

Einziehung 11 H 6
Flugmodelle 11 H 5
Luftverkehrsordnung 11 H 3
Ordnungswidrigkeit 11 H 2, 11 H 6
Regelungskompetenz 11 H 4
Störsender 11 H 2, 11 H 6
unbemannte Luftfahrtsysteme 11 H 5
Verstoß 11 H 6
Übergangseinrichtungen 3 C 2, 10 H 9
Übergangsmanagement
    ambulante Sozialarbeit 7 D 20
    Arbeitsmarktintegration 7 D 27
    Baden-Württemberg 7 D 26
    Bayern 7 D 27
    Berlin 7 D 28
    Brandenburg 7 D 29
    Bremen 7 D 30
    Entlassungsvorbereitung 7 D 8
    externe Schuldnerberatung 7 D 27
    geschlossener Vollzug 10 A 15
    Hamburg 7 D 31
    Hessen 7 D 32
    INSA 7 D 26
    InStar 7 D 33
    Jobscout 7 D 27
    Kooperationsvereinbarung 7 D 31
    Länderberichte 7 D 21
    Landesgesetze 7 D 8, 7 D 26 ff
    Mecklenburg-Vorpommern 7 D 33
    MIGRA plus 7 D 27
    Nachsorgeprojekt Chance 7 D 26
    Netzwerkbildung 7 D 21
    Niedersachsen 7 D 34
    Nordrhein-Westfalen 7 D 35
    Rheinland-Pfalz 7 D 36
    Saarland 7 D 37
    Sachsen 7 D 38
    Sachsen-Anhalt 7 D 39
    Schleswig-Holstein 7 D 40
    Sozialdienst 7 D 20
    Soziale Hilfe 7 A 5
    Straffälligenhilfe 7 D 9, 7 D 20, 7 D 27
    Thüringen 7 D 41
    ZAP 7 D 26
Übergriffe 1 D 12
überlange Verfahren 12 J 15
Übermaßverbot 11 K 42
Übernachtung 10 C 17
Überprüfungsfrequenz 2 C 12
Überprüfungspflicht 11 I 45
Übersichtlichkeit 2 F 10
Übersichtstafeln 7 D 3
Überstellung 2 D 15
    Ausgleichsentschädigung 4 D 59, 4 D 61
    Besuchsrecht 9 B 17

Disziplinarmaßnahme 11 M 51
Entlassungsvorbereitung 7 D 14
sichere Unterbringung 11 E 9
Überstellung ohne Zustimmung 7 D 15
Überstellungsübereinkommen 7 D 15
Umfunktionierung
    Gegenstände zur Freizeitbeschäftigung
        5 D 18
    Informations-/Unterhaltungselektronik
        5 C 27
Umschluss 2 E 8
Umständezulagen 4 D 86
Umstufung 4 D 20
unbemannte Luftfahrtsysteme 11 H 5
unechter Freigang 4 H 7
Unfallverhütung 4 K 6
Unfallversicherung 4 I 132
Uniformierung
    Ausführung 10 C 7
    Außenbeschäftigung 10 C 10
unmittelbarer Zwang 11 K 1 ff
    abgerichtete Hunde 11 K 30
    Abgrenzung 11 K 16 ff
    Abwehr bewaffneter Eindringlinge 11 K 22
    Abwehr von Demonstranten 11 K 23
    Akzessorietät 11 K 5
    Amtshilfe 11 K 2
    andere Personen 11 K 14
    Androhungspflicht 11 K 53 ff, s.a. dort
    Anstaltsgelände 11 K 14
    Anwendungsvoraussetzungen 11 K 10 ff
    Begriff 11 K 25
    Beispiele 11 K 22 f
    erkennbar unverhältnismäßiger Einsatz
        11 K 43 f
    Fesselung 11 K 28
    freiwillige Aufnahme 3 D 6
    Gehorsamspflicht 11 K 48
    Geltendmachung von Rechtsbedenken
        11 K 50
    Geringstbeeinträchtigung 11 K 41
    Handeln auf Anordnung 11 K 45
    Hilfsmittel 11 K 27 ff
    Hilfsmittel, Zulassung 11 K 31
    körperliche Gewalt 11 K 26
    Menschenwürde 11 K 29
    Polizei 11 K 2
    Rechtmäßigkeit der Maßnahme 11 K 13
    Reizstoffe 11 K 29
    Schusswaffengebrauch 11 K 4, 11 K 60 ff,
        s.a. dort
    Sicherungsmaßnahmen 11 K 12
    Störungen des Vollzuges 11 K 19
    Subsidiarität 11 K 6
    Übermaßverbot 11 K 42

Sachregister

ungeeignete Maßnahmen 11 K 40
unmögliche Maßnahmen 11 K 39
Verhaltnismäßigkeit 11 K 6, 11 K 38 ff
Vollzugsbedienstete 11 K 1 ff, 11 K 8 f
Vollzugsmaßnahmen 11 K 11
Waffen 11 K 32 ff, s.a. dort
Widerstandspflicht 11 K 49
Untätigkeitsantrag 12 G 1
Unterbringung 15 A 1 ff
  Drogenabhängige 15 A 23
  Entlassungsbeihilfe 15 A 26
  Entziehungsanstalt 15 A 21 ff
  Föderalismusreform 1 A 13
  Freigang 10 C 32
  geschlossener Vollzug 10 A 12 ff, s.a. dort
  Kosten 15 A 27
  Landesrecht 15 A 24
  Maßregelvollzug 15 A 1
  offener Vollzug 10 A 1 ff, s.a. dort
  Privatisierung 15 A 6 ff
  psychiatrisches Krankenhaus 15 A 9 ff,
    s.a. dort
  Rechtskontrolle 15 A 28
  Schutz der Allgemeinheit 15 A 3
  Sicherungsverwahrung 15 B 1 ff, s.a. dort
  Sozialtherapie 3 A 8
  Strafarrest 15 C 5
  Strafvollzugsgesetz 1 B 16
  Trennungsprinzip 13 B 2
  Überbrückungsgeld 15 A 26
  Unterbringung im Tagesablauf 2 E 1 ff,
    s.a. dort
  Unterbringung zur Nachtzeit 2 E 17 ff,
    s.a. dort
  Vollstreckung 15 A 4
  Vollzugsplan 2 C 23 ff
  Voraussetzung 15 A 3
  Zeitpunkt 3 A 20
  Zivilhaft 15 D 8
  Zweck 15 A 3
Unterbringung im Tagesablauf
  Arbeit 2 E 2, 2 E 5 f
  Behandlungsuntersuchung 2 E 11
  Diagnoseverfahren 2 E 11
  Einschlusszeiten 2 E 1
  Einschränkungen der gemeinsamen ~ 2 E 9 ff
  Einzelhaftsystem 2 E 2
  Extremisten 2 E 12
  Freizeit 2 E 7 f
  Sicherheit/Ordnung der Anstalt 2 E 13
  stationäre Behandlung 2 E 14
  Umschluss 2 E 8
Unterbringung mit Kindern 14 C 1 ff
  Alter 14 C 11
  ärztliches Attest 14 C 10

Einrichtungen 14 C 14
Familienorientierung 14 C 17
freiwillige ~ 14 C 4
Gesundheitsfürsorge 14 C 16
Jugendamt 14 C 7
Jugendhilfe 14 C 3
Kosten 14 C 12
Landesgesetze 14 C 15 ff
Resozialisierung 14 C 5
Subsidiarität 14 C 9
Väter 14 C 6
Vermeidung der Trennung 14 C 1
Wohl des Kindes 14 C 7 ff
Unterbringung zur Nachtzeit 2 E 17 ff
  Art der Unterbringung 2 E 19
  Durchgangsgruppenraum 2 E 19
  EGMR 2 E 21
  Einzelunterbringung 2 E 17, 2 E 30, s.a. dort
  Entschädigung 2 E 29
  gemeinschaftliche Unterbringung 2 E 19
  Gemeinschaftshafträume 2 E 34
  geschlossener Vollzug 2 E 37
  Landesgesetze 2 E 23 ff
  Maximalbelegung 2 E 28
  Menschenwürde 2 E 18
  offener Vollzug 2 E 35
  Organisationsermessen 2 E 22
  Privatsphäre 2 E 17
  Teilneubauten 2 E 27
  Verbot unmenschlicher Behandlung 2 E 18
  Wiedergutmachung 2 E 29
Unterdrückung 1 D 12
Unterhaltsbeitrag 4 I 35
Unterhaltsberechtigte
  Soziale Hilfe 7 C 5
  Überbrückungsgeld 4 I 85, 4 I 94
Unterhaltsgläubiger 4 I 31
Unterhaltspflichten 2 C 36
Unterhaltungselektronik s. Informations-/Unterhaltungselektronik
Unterlassungsantrag
  Antrag auf gerichtliche Entscheidung 12 B 25
  Durchsuchung 11 D 11
Unternehmerbetrieb
  anstaltsinterner ~ 4 K 9
  Arbeitsbeschaffung 4 J 3
  Arbeitszeugnis 4 K 10
  externer ~ 4 K 8
Unterricht 4 E 1 ff
  Ablösung 4 E 23
  Angleichungsgrundsatz 4 E 3 ff
  anstaltsgebundene Schulen 4 E 8
  Arbeit 4 E 17 f
  Arbeitszeit 4 E 17
  Aufnahme in laufende Lehrgänge 4 E 21

ausländische Inhaftierte 4 E 15 f
Behandlung 4 E 5
berufliche Weiterbildung 4 E 14
berufsbildender ~ 4 E 13
Deutschkurse 4 E 15 f
Eignung des Gefangenen 4 E 9
Erwachsenenbildung 4 E 4
extramuraler Schulbesuch 4 E 8
freiwilliger ~ 4 E 6
Freizeitangebot 5 A 25
Gleichstellung 4 E 1
Hauptschule 4 E 9
Integrationsdefizite 4 E 16
Integrationsunterricht 4 E 16
Lehrgangsteilnehmer 4 E 20
Organisation 4 E 19 ff
Sonderschulunterricht 4 E 10 f
Teilnahmepflicht 4 E 7
Teilzeitunterricht 4 E 17
Vollzugsplan 4 E 1, 4 E 18
Vorrang 4 E 18
Wohngruppen 4 E 20
Zentren 4 E 22
Zeugnisse 4 F 1 ff, s.a. dort
Zielgruppe 4 E 12
Unterstützungsmaßnahmen 7 D 1
Untersuchungsgrundsatz 12 I 2 ff
Untersuchungshaft
Freistellung von der Arbeit 4 C 22
Mindestverbüßungszeit 10 C 34
Regelausschlüsse 10 C 58
Untersuchungshaftvollzug
Föderalismusreform 1 A 11
Landesgesetze 1 A 19
Strafvollzugsgesetz 1 B 14
Untersuchungshaftvollzugsordnung 1 B 14
Urinproben
Gesundheitsfürsorge 6 D 24 f
Rechtsbeschränkungen 1 E 29
Suchtmittelkontrolle 11 D 3, 11 D 12
vollzugsöffnende Maßnahmen 10 C 61
Urkundsbeamter 12 L 8
Urlaub s.a. Langzeitausgang
Entlassungsvorbereitung 3 C 1, 3 C 6
Freistellung von der Arbeit 4 C 2
Krankenbehandlung 6 F 51 ff
Langzeitausgang 10 C 18 ff
vollzugsöffnende Maßnahmen 10 B 4
Urlaubsanschrift 10 C 24

V
Väter 14 C 6
Verbände der freien Wohlfahrtspflege 13 I 5
Verbindung 12 B 27
Verbot der Doppelbestrafung 11 M 25

Verbot unmenschlicher Behandlung 2 E 18
Verbundsystem 7 A 3, 7 A 5
Verbüßungszeit
Ausgang 10 C 17
Ausgleichsentschädigung 4 D 56
Langzeitausgang 10 C 19
Verdacht 11 I 9
Verein
Antrag auf gerichtliche Entscheidung 12 B 29
Zusammenarbeit 13 I 5
Verfahrenskosten
Haftkostenbeitrag 4 I 39
Hausgeld 4 I 34
Taschengeld 4 I 20
Verfahrenskostenerlass
nicht-monetäre Komponente 4 D 30, 4 D 69
Wiedergutmachung 4 D 69
Verfahrensrüge 12 L 6
Verfassungsbeschwerde 12 Vor 2
Verfügungsgrundsatz 12 I 1
Vergleichsmaßstab 1 D 8
Vergütungsstufen
Anlernzeit 4 D 77
Arbeitsentgelt 4 D 21 ff
Arbeitshaltung 4 D 84
arbeitstherapeutische Beschäftigung 4 D 78
Arbeitstraining 4 D 78
Ausbildungsbeihilfe 4 D 79 ff
Behandlung 4 D 85
Berufsausbildung 4 D 79 ff
Einarbeitungszeit 4 D 77
Ermessen 4 D 91
Grundlohn 4 D 73 ff
Grundlohnerhöhung 4 D 74
Grundlohnunterschreitung 4 D 77
Landesverordnungen 4 D 71, 4 D 73 ff
Leistungszulagen 4 D 86 f
Prämien für Verbesserungsvorschläge 4 D 90
soziales Verhalten 4 D 84
Strafvollzugsvergütungsordnung 4 D 71
Umständezulagen 4 D 86
verschiedene ~ 4 D 92
Zulagen 4 D 86
Zuordnungsermessen 4 D 91
Verhaltensbeobachtung 2 B 21
Verhaltensvorschriften 11 B 1 ff
Abhängigkeitsverhältnisse 11 B 4
Aktivitäten, politische 11 B 4
Alkohol 11 B 4
Arbeitszeit 11 B 2
Beleidigung 11 B 4
ehrverletzende Äußerung 11 B 4
Einhaltung der Tageszeit 11 B 2 f
Entweichen 11 B 7

Sachregister

Gehorsamspflicht **11 B** 6
geordnetes Zusammenleben **11 B** 4 f
Haftraumpflege **11 B** 8
Landesgesetze **11 B** 1
Meinungsäußerungen, politische **11 B** 4
Meldepflicht **11 B** 9
Platzgebundenheit **11 B** 7
Rechtsberatung **11 B** 4
rechtswidrige Anordnungen **11 B** 6
rechtswidrige Grundverfügung **11 B** 4
Rücksichtnahme **11 B** 4
Ruhezeit **11 B** 2
Schmähkritik **11 B** 4
Störer **11 B** 4
Tageszeit **11 B** 2 f
Widerstandshandlungen **11 B** 4
Verhältnismäßigkeit
Disziplinarmaßnahme **11 M** 19, **11 M** 29, **11 M** 45
Haftraum **2 F** 16
Rücknahme **10 F** 17
Sicherheit/Ordnung der Anstalt **11 A** 9 ff
Sicherungsmaßnahmen, besondere **11 I** 4, **11 I** 44 f
unmittelbarer Zwang **11 K** 6, **11 K** 38 ff
Widerruf **10 F** 17
Zwangsmaßnahmen, medizinische **11 L** 11
Verjährung 11 M 23
Verlaufsdiagnostik 2 B 2
Verlegung 2 D 4 ff
Absonderung **11 I** 29
andere Bundesländer **13 H** 11
anderes Bundesland **2 D** 10
Antrag auf gerichtliche Entscheidung **12 C** 6
Aufwendungsersatz **11 J** 16
Ausgleichsentschädigung **4 D** 65 ff
Auswirkungen **2 D** 12 f
Begriff **2 D** 4
Bildungsgebot **4 A** 26
Disziplinarmaßnahme **11 M** 51
Durchführung **2 D** 11
eigene Hörfunk-/Fernsehgeräte **5 C** 31
Entlassungsvorbereitung **10 H** 7
Erleichterung von Außenkontakten **2 D** 6
Ermessen **2 D** 5
Förderung der Behandlung **2 D** 6
Freistellung von der Arbeit **4 D** 65 ff
Gefangenentransportvorschrift **2 D** 11
Gegenstände zur Freizeitbeschäftigung **5 D** 24
gerichtliche Entscheidung **2 D** 14
Heilbehandlung **6 F** 61
Informations-/Unterhaltungselektronik **5 C** 31
Krankenbehandlung **6 F** 58 ff, **6 F** 62 ff

Landesjustizverwaltung **2 D** 14
nicht-monetäre Komponente **4 D** 65 ff
Rechtsanspruch **13 H** 13
Rückverlegung **2 D** 9
sichere Unterbringung **11 E** 1, **11 E** 3, *s.a. dort*
Sozialtherapie **3 A** 1 ff, *s.a. dort*
Strafvollstreckungskammer **2 D** 13
Überbelegungsverbot **13 E** 20
Überbrückungsgeld **4 I** 81
Verfahren **2 D** 10
Verhalten des Gefangenen **2 D** 8
Verlegung aus wichtigem Grund **2 D** 8
Verlegungskarussell **11 E** 9
Vollzugsbehörde **2 D** 5
Vollzugsorganisation **2 D** 7
Vollzugsplan **2 C** 13
Vollzugziel **2 D** 6
Weiterverlegung **2 D** 9
Wiedereingliederung nach Entlassung **2 D** 6
Zuständigkeit **2 D** 10, **13 H** 2 ff, **13 H** 10
Zweiganstalt **2 D** 4
Verlegungskarussell 11 E 9
Vermittlung der Anstalt
externe Bezugsquellen **6 C** 8
Genussmittel **6 C** 7
Nahrungsmittel **6 C** 7
Zeitungen/Zeitschriften **5 B** 4, **5 B** 9 f
Verpflegungsordnungen 6 B 5
Verpflichtungsantrag
Antrag auf gerichtliche Entscheidung **12 B** 24
eigene Kleidung **6 A** 4
gerichtliche Entscheidung **12 I** 13
Kleidung **6 A** 3
vollzugsöffnende Maßnahmen **10 C** 55
Verplombung 5 C 27
Verschwiegenheit 13 O 8
Versendung 11 C 14
Versicherungsschutz 7 B 12
Versteckmöglichkeiten
eigene Hörfunk-/Fernsehgeräte **5 C** 16
Gegenstände zur Freizeitbeschäftigung **5 D** 18
Haftraum **2 F** 10
Informations-/Unterhaltungselektronik **5 C** 27
Verteidiger
Beschwerderecht **12 A** 4
besonders gesicherter Haftraum **11 I** 33
Besuchsrecht **9 B** 11, **9 B** 51 ff
Besuchsüberwachung **9 B** 85 ff
Disziplinarverfahren **11 M** 57
Durchsuchung **9 B** 56, **9 B** 62 f
Durchsuchung aus Sicherheitsgründen **9 B** 63
Fesselung **11 I** 55

Krankenunterlagen 6 D 13
Schriftstücke 9 B 58 ff, 9 B 86
Schriftwechselüberwachung 9 C 29, 9 C 32 ff
Sonderstellung 9 B 58
Telefongespräche 9 D 4
Trennscheiben 9 B 87
Verteidigerpost 9 C 33 f
Durchsuchung 11 D 6
Vertrauensschutz
eigene Hörfunk-/Fernsehgeräte 5 C 22
Gewahrsam, persönlicher 11 C 7
Rücknahme 10 F 16
Widerruf 10 F 16
Verwahrvollzug 1 C 19
Verwaltungsgerichte 12 B 9
Verwaltungsvorverfahren 12 B 31
Verwarnung
Antrag auf gerichtliche Entscheidung 12 B 14
Disziplinarmaßnahme 11 M 20
Verweigerung der Suchtmittelkontrolle 11 D 17
Verwendungssperre 11 C 17
Verwertungsverbot
Fluchtgefahr 10 C 53
Missbrauchsgefahr 10 C 53
Verwirkung 12 F 13
Verzögerungsrüge 12 J 15
Videorecorder 5 C 13
Videotext 5 C 16
Vikariieren 15 A 11
Violence Prevention Network 7 D 24
Vogelhaltung 2 F 9
Vollstreckungsbehörde
Entlassungszeitpunkt 10 I 1
vollzugsöffnende Maßnahmen 10 C 48
Vollstreckungsgericht 12 N 17
Vollstreckungshilfe auf EU-Ebene 7 D 16
Vollstreckungsplan 2 D 1, 13 H 1 ff
Ausantwortung 2 D 15
Differenzierungsgrundsatz 13 C 7
Ladung 13 H 12
Rechte der Gefangenen 13 H 12
Überstellung 2 D 15
Verlegung 2 D 4 ff, s.a. dort
Vollzugsplan 2 C 3
Zuständigkeit 13 H 6
Vollzugsbedienstete 13 J 1 ff
Ausführung 10 C 7
Außenbeschäftigung 10 C 10
Beamte 13 J 1
Begleitausgang 10 C 14
Beleihung 13 J 2
Berufsgruppen 13 J 4
Dienstbesprechung 13 L 9

funktionelle Privatisierung 13 J 2
hoheitliche Aufgaben 13 J 1
Justizvollzugsanstalt 11 K 8
Langzeitausgang 10 C 24
private Verwaltungshelfer 13 J 2
Privatisierung 13 J 1
Schlüsselzahlen 13 J 4
Schusswaffengebrauch 11 K 61
Seelsorge 8 A 11
Seelsorger 8 D 14
unmittelbarer Zwang 11 K 1 ff, 11 K 8 f, s.a. dort
Vollzugsbehörde
Antrag auf gerichtliche Entscheidung 12 E 2
Außenweltkontakte 9 A 1
Trennungsprinzip 13 B 2
Verlegung 2 D 5
Vollzugsdauer
Behandlungsuntersuchung 2 B 9 ff
Hilfsmittel 6 F 25
Vollzugsplan 2 C 7
vollzugsfeindliche Literatur 5 D 21
Vollzugsgemeinschaften 13 F 1 f
Frauenstrafvollzug 14 A 6
Vollzugsgestaltung
Diagnoseverfahren 2 B 14
Soziale Hilfe 7 A 8
Vollzugshelfer 9 B 11
Vollzugslockerungen 1 C 9
Vollzugslösung 3 A 1
Vollzugsmaßnahmen
Antrag auf gerichtliche Entscheidung 12 B 10, s.a. dort
einstweilige Anordnung 12 H 5
unmittelbarer Zwang 11 K 11
vollzugsöffnende Maßnahmen 10 B 1 ff
Absolvierung anderer ~ 10 C 37
Alkohol 10 C 61
Aufsichtsbehörde 10 C 39 f, 10 C 59
Ausführung 10 B 3, 10 C 6 ff, s.a. dort
Ausgang 10 B 3, 10 C 12 ff, s.a. dort
ausländische Inhaftierte 10 C 64
Außenbeschäftigung 10 B 3, 10 C 9 ff, s.a. dort
Ausweisungsverfügung 10 C 59
Begleitausgang 10 B 3
Begriff 10 B 1
Begutachtung 10 C 41 ff, s.a. dort
besondere Gefangenengruppen 10 C 39
Betäubungsmittel 10 C 66
Beteiligung der Vollstreckungsbehörde 10 C 48
Bundesgebiet 10 C 3
Cannabis 10 C 61
Eignung 10 C 44, 10 C 49
Einzelfallprüfung 10 C 54

Sachregister

Entlassungsvorbereitung 10 H 2, 10 H 5
Ermessen 10 C 69
Erreichung des Vollzugsziels 10 C 68
Extremismus 10 C 66
fehlschlagende ~ 10 C 71
Fluchtgefahr 10 C 33, 10 C 49
Fluchtversuch 10 C 62
Freigang 10 B 3, 10 C 27 ff, s.a. dort
Freistellung von der Haft 10 B 4
Gefangenenmeuterei 10 C 60, 10 C 62
Generalprävention 10 C 70
Gewalttätigkeiten 10 C 66
HIV-Infektion 10 C 66
Landesgesetze 10 B 3
Langzeitausgang 10 B 8
lebenslange Freiheitsstrafe 10 C 51
Lockerungen 10 B 1
Maßregeln der Besserung/Sicherung 10 C 59
Mindestverbüßungszeit 10 C 33, 10 C 34 ff
Missbrauchgefahr 10 C 33
Missbrauchsgefahr 10 C 49
Mitwirkung anderer Stellen 10 C 47
Mitwirkungspflicht 10 C 49, 10 C 68
negativer Einfluss 10 C 65
Negativerfordernis 10 C 49
nicht freiwillige Rückkehr 10 C 63
Opferbelange 10 C 67
Opferschutz 10 C 33, 10 C 49, 10 C 67
Ordnungswidrigkeiten 10 C 63
Organisierte Kriminalität 10 C 66
Rechtsanspruch 10 C 69
Rechtsbehelfsbelehrung 10 C 72
Rechtsschutz 10 C 72
Regelausschlüsse 10 C 56 ff
Resozialisierung 10 C 1, 10 C 70
Restverbüßungszeit 10 C 33, 10 C 36
Rücknahme 10 F 1 ff
Schuld 10 C 70
Schutz der Allgemeinheit 10 C 33, 10 C 49
Sexualstraftäter 10 C 66
Sicherungsverwahrung 10 C 59, 15 B 13 ff
Staatschutzdelikte 10 C 59
Straftaten 10 C 63
Strafunterbrechung 10 C 4
suchtgefährdete Gefangene 10 C 60 f
Urinproben 10 C 61
Urlaub 10 B 4
Verpflichtungsantrag 10 C 55
verspätete Rückkehr 10 C 2
Vollzugsplan 10 C 5
Vollzugsplankonferenz 10 C 46
Vollzugsverhältnis 10 C 3
Voraussetzungen 10 C 33 ff
vorbereitende ~ 10 C 37
vorzeitige Entlassung 10 C 1

Weisungen 10 C 67, 10 E 1 ff, s.a. dort
weitere ~ 10 B 5
wichtiger Anlass 10 C 38, 10 D 1 ff, s.a. dort
Widerruf 10 F 1 ff, s.a. dort
Zeitpunkt 10 C 55
Zustimmung der Gefangenen 10 C 38
Vollzugsorganisation 2 D 7
Vollzugsplan 2 C 1 ff
Abgrenzung 2 C 3
Akteneinsicht 2 C 18
Anfechtung 2 C 43
Anhörung 2 C 17
Antrag auf gerichtliche Entscheidung 12 B 12
Arbeit 2 C 33
Arbeitspflicht 4 B 8
arbeitstherapeutische Maßnahmen 2 C 33
Aufnahmeverfahren 2 C 1
Aufsichtsbehörde 2 C 21
Ausgleich von Tatfolgen 2 C 37
Aushändigung 2 C 18 ff
Außenkontakte 2 C 35
Behandlungsplan 2 C 3
Bewährungshilfe 2 C 20, 7 A 6
Dokumentation 2 C 9
Eigengeld 4 I 110
Entlassungsvorbereitung 2 C 40 f
Entlassungszeitpunkt, vorläufiger 2 C 26
Erläuterung 2 C 19
familienunterstützende Maßnahmen 2 C 35
Fortschreibung 2 C 11, 2 C 43
freies Beschäftigungsverhältnis 4 H 9
Freizeit 2 C 34
Fristen 2 C 10
Gefangene 2 C 17
gerichtliche Kontrolle 2 C 9
Gestaltung 2 C 4
Inhalt 2 C 22 ff
Landesgesetze 2 C 2, 2 C 4 f
Lockerungen 2 C 28
Mängel 2 C 43
Mindestumfang 2 C 22
Missbrauchsgefahr 2 C 42
Mitwirkung 2 C 1
Mitwirkungspflicht 2 C 29
Motivation 2 C 29
Nachsorge 2 C 40 f
offener Vollzug 2 C 23, 10 A 3
Öffnungsgrundsatz 2 C 20
Opferinteressen 2 C 37
Orientierungsrahmen 2 C 1
psychiatrische Behandlung 2 C 31
Recht auf Vollzugsplanung 2 C 7
Regelvollzug 2 C 23
Resozialisierung 2 C 1
Schuldnerberatung 2 C 36

Sachregister

schulische Ausbildung 2 C 33
Selbstbindung der Verwaltung 2 C 42
Sicherungsverwahrung 15 B 11, 15 B 21, 15 B 29
Sicherungsverwahrung, drohende 2 C 38
Soziale Hilfe 7 A 1
sozialer Empfangsraum 2 C 20
sozialtherapeutische Anstalt 2 C 25
Sozialtherapie 2 C 25, 3 A 15
Sport 2 C 34
Suchtmittelabhängigkeit 2 C 32
therapeutische Maßnahmen 2 C 31
Überbrückungsgeld 2 C 36
Überprüfungsfrequenz 2 C 12
Unterbringung 2 C 23 ff
Unterhaltspflichten 2 C 36
Unterricht 4 E 1, 4 E 18
Verbindlichkeit 2 C 42
Verfahren 2 C 7 ff
Verlegung 2 C 13
Vollstreckungsplan 2 C 3
Vollzugsdauer 2 C 7
vollzugsöffnende Maßnahmen 10 C 5
Vollzugsplankonferenz 2 C 14 ff
Vollzugsziel 2 C 1
Wahlmöglichkeiten 2 C 29
Wiedereingliederung 2 C 20
Wohngruppen 2 C 24
Zeitplan 2 C 22
Zustimmungsvorbehalt 2 C 21
Vollzugsplankonferenz 2 C 14 ff, 13 L 4
vollzugsöffnende Maßnahmen 10 C 46
Vollzugssystem 1 C 15
Vollzugsverhältnis 10 C 3
Vollzugszeit 1 C 23
Vollzugsziel
Arbeit 4 Vor 1
Behandlungsuntersuchung 2 B 2, 2 B 12
Diagnoseverfahren 2 B 13
eigene Hörfunk-/Fernsehgeräte 5 C 18
Erwerbstätigkeit nach der Entlassung 4 A 6 ff, s.a. dort
Gegenstände zur Freizeitbeschäftigung 5 D 21
Gesprächsüberwachung 9 B 78
Informations-/Unterhaltungselektronik 5 C 26
Langzeitausgang 10 C 18
Resozialisierung 1 C 14 ff, s.a. dort
Schutz der Allgemeinheit 1 C 23 ff, s.a. dort
Soziale Hilfe 7 A 2
Sozialtherapie 3 A 16
Strafvollzug 1 C 1 ff
vollzugsöffnende Maßnahmen 10 C 68
Vollzugsplan 2 C 1

Weisungen 10 E 3
Zeitungen/Zeitschriften 5 B 18
Vorbehaltsklausel 15 D 6
Vorbeugungsmaßnahmen 6 D 17 f
Vorführung
Fesselung 11 I 41 ff
Schusswaffengebrauch 11 K 65
wichtiger Anlass 10 D 3, 10 D 14
vorläufiger Rechtsschutz 12 H 1 ff
Antrag in der Hauptsache 12 H 10
Aussetzungsanordnung 12 H 2
einstweilige Anordnung 12 H 3 ff, s.a. dort
Rechtsmittel 12 H 9
Verfahren 12 H 11
Vornahmeantrag
Antrag auf gerichtliche Entscheidung 12 B 24, 12 G 1 ff
Ausschlussfrist 12 G 3
Drei-Monatsfrist 12 G 2
Feststellung 12 G 3
Liegenlassen des Antrags 12 G 3
Untätigkeitsantrag 12 G 1
Vorschuss 4 I 17
Vorsorgeleistungen 6 E 1 ff
Angleichungsgrundsatz 6 E 1
Antrag 6 E 3
Check-Up 35 6 E 4
Früherkennung von Krankheiten 6 E 4 ff
Heilbehandlung 6 E 9
junge Gefangene 6 E 8
Kinder 6 E 7
Krebsvorsorge 6 E 4
regelmäßige Untersuchungen 6 E 1
Vorstellung 2 A 10 f
Vorverlegung
dringende Gründe 10 I 8 f
Entlassungszeitpunkt 10 I 2 f, 10 I 5 ff
Ermessen 10 I 10
Feiertag 10 I 9
rechtliche Konsequenzen 10 I 11
Wochenende 10 I 9

W

Waffen 11 K 32 ff
Gummiknüppel 11 K 33
Hiebwaffen 11 K 33
Reizstoffe 11 K 35
Schusswaffen 11 K 34
Wahlkampf 7 C 2
Wahlrecht
Ausgleichsentschädigung 4 D 62
Soziale Hilfe 7 C 2
Warenhauskatalog 5 B 7
Weckeinrichtung 5 C 15
Wege durch den Knast 5 D 21

Sachregister

Weihnachtsamnestie 10 I 3, 10 I 7
Weihnachtsbeihilfe 7 A 11
Weimarer Republik 1 A 3
Weisungen
    Antrag auf gerichtliche Entscheidung 12 B 26
    Ausführung 10 C 7, 10 E 3
    Außenbeschäftigung 4 H 14, 10 C 10, 10 E 3
    Beurteilungsspielraum 10 E 1
    elektronische Aufenthaltsüberwachung 10 E 3, 10 E 8
    Entlassungsvorbereitung 3 C 7, 10 E 1
    Entscheidung 10 E 11 f
    Ermessen 10 E 1, 10 E 11 f
    Erreichung des Vollzugsziels 10 E 3
    Fluchtgefahr 10 E 2
    Form 10 E 13
    Freigang 4 H 14, 10 C 29
    Inhalt 10 E 4
    Kontaktverbot 10 E 7
    Kraftfahrzeug 10 E 9
    Landesgesetze 10 E 1
    mehrere ~ 10 E 4
    Missbrauchsgefahr 10 E 2
    Opferbelange 10 E 10
    Sonderurlaub 3 C 7
    Suchtmittelkontrolle 10 E 5, 10 E 7
    vollzugsöffnende Maßnahmen 10 C 67, 10 E 1 ff
    Weisungskatalog 10 E 1, 10 E 4, 10 E 5 ff
    Weisungsverstoß 10 E 14
    wichtiger Anlass 10 E 3
    Zweck 10 E 2
Weisungskatalog 10 E 1, 10 E 4, 10 E 5 ff
Weisungsverstoß 10 E 14
    Widerruf 10 F 12
Weiterbildung 5 A 25
Weiterbildungsmaßnahme 4 A 28
Weiterverlegung 2 D 9
Weltanschauungsgemeinschaften 8 C 1 ff
    Beschränkungen 8 C 3
    Differenzierungen 8 C 2
    Gleichstellungsgebot 8 C 1
    weltanschauliches Bekenntnis 8 C 4
Werktage 4 C 20, 4 D 35
wichtiger Anlass 10 D 1 ff
    aufschiebbare Anlässe 10 D 4
    Ausantwortung 10 D 3, 10 D 15
    Ausführung 10 D 3, 10 D 10
    Beerdigung 10 D 4
    Begriff 10 D 4
    Beispiele 10 D 4 f
    Beschaffung von Unterlagen 10 D 5
    bevorstehender Tod 10 D 4
    Ermessen 10 D 13
    gerichtliche Termine 10 D 3, 10 D 6
    Ladung 10 D 6
    Landesgesetze 10 D 3
    Langzeitausgang 10 D 8 f
    Langzeitausgang zur Resozialisierung 10 D 7
    lebensgefährliche Erkrankung 10 D 4
    medizinische Behandlung 10 D 4
    Mindestverbüßungsfrist 10 D 9
    Mitwirkungspflicht 10 D 9
    Regelausschlüsse 10 D 9
    soziales Näheverhältnis 10 D 4
    Unterredung mit der Anwältin 10 D 5
    Vorführung 10 D 3, 10 D 14
    Weisungen 10 E 3
    wohnungsbezogene Angelegenheiten 10 D 5
    Zustimmung der Gefangenen 10 D 9
    Zwangsausführung 10 D 3, 10 D 11
Widerruf
    Änderung einer Rechtsvorschrift 10 F 13
    Anhörung 10 F 18
    Außenbeschäftigung 4 H 15
    Beiordnung eines Rechtsanwalts 12 B 39
    eigene Hörfunk-/Fernsehgeräte 5 C 30
    eigene Kleidung 6 A 10
    Ermessen 10 F 17
    Freigang 4 H 15
    freiwillige Aufnahme 3 D 5
    Gegenstände zur Freizeitbeschäftigung 5 D 23
    Gewahrsam, persönlicher 11 C 7
    Informations-/Unterhaltungselektronik 5 C 30
    Landesgesetze 10 F 5 ff
    Missbrauch der Maßnahme 10 F 5
    nachträglich eingetretene Umstände 10 F 9 f
    rechtmäßig erlassene Maßnahmen 10 F 9
    Selbstbeschäftigung 4 H 27
    Sicherheit/Ordnung der Anstalt 11 A 13
    Sonderurlaub 3 C 8
    sonstige vollzugliche Maßnahmen 10 F 19 f
    Verhältnismäßigkeit 10 F 17
    Vertrauensschutz 10 F 16
    vollzugsöffnende Maßnahmen 10 F 1 ff
    Weisungsverstoß 10 F 12
    Wirksamwerden 10 F 18
    Wirkung für die Zukunft 10 F 14
Widerstandshandlungen 11 B 4
Widerstandspflicht 11 K 49
Wiedereingliederung
    Ausführungskosten 10 D 12
    Besuchsrecht 9 B 2
    Diagnoseverfahren 2 B 14
    Heimatland 7 D 16
    Vollzugsplan 2 C 20
Wiedereingliederungsmaßnahmen 6 F 41 ff
    begleitende Maßnahmen 6 F 44 ff

Entgiftungsbehandlung **6 F** 47
Ermessen **6 F** 42
Kosten **6 F** 50
Logotherapie **6 F** 48
Psychotherapie **6 F** 45
Sexualtherapie **6 F** 46
soziales Training **6 F** 49
Suchttherapie **6 F** 47
Wiedereinsetzung
Antrag **12 F** 10
Antrag auf gerichtliche Entscheidung **12 F** 7 ff
Ausschlussfrist **12 F** 12
Rechtsbeschwerde **12 L** 10
Rechtsmittel **12 F** 13
Rechtsmittelbelehrung **12 F** 8
Verwirkung **12 F** 13
Wiedergutmachung
Soziale Hilfe **7 C** 6
Unterbringung zur Nachtzeit **2 E** 29
Verfahrenskostenerlass **4 D** 69
Wiederholungsgefahr 12 I 18
Wirtschaftlichkeitsvorbehalt 6 F 32
wissenschaftliche Qualifikation 2 B 5
Wissensmanagement 7 A 5
Witterung 6 G 4
Wochenende 5 A 22
Wohngruppen
Landesgesetze **2 C** 25
Selbstverpflegung **6 B** 4
Sozialtherapie **3 A** 7
Unterricht **4 E** 20
Vollzugsplan **2 C** 24
Wohnung
Aufnahmehilfe **7 B** 7
Entlassungsvorbereitung **7 D** 6
Wohnungsbeschaffungskosten 7 B 8
World Wide Web 5 A 31

Z
Zahnersatz 6 F 34 ff
Ermessen **6 F** 37
Härtefall **6 F** 37
Kosten **6 F** 36 ff
Rechtsanspruch **6 F** 39
Strafdauer **6 F** 40
Zuschüsse **6 F** 37
ZAP 7 D 26
Zeit-Totschlagen 5 A 17
Zeitungen/Zeitschriften 5 B 5 ff
Angemessenheit **5 B** 11
Begriff **5 B** 7
Bezug **5 B** 6 ff
Bezugsbeschränkungen **5 B** 13 ff
Bezugsgenehmigung **5 B** 4

Bezugskosten **5 B** 12
Bezugsumfang **5 B** 11
Bücher in Kopie **5 B** 7
Einzelexemplare **5 B** 8
Entzug von ~ **5 B** 21
extremistisches Gedankengut **5 B** 22
Gefährdung des Vollzugsziels **5 B** 18
Gefährdung, erhebliche **5 B** 16
Gefangenenzeitschriften **5 B** 7
Informationsfreiheit **5 B** 20
Kosten **5 B** 12
Landesgesetze **5 B** 5
landesgesetzliche Besonderheiten **5 B** 23 ff
Leserbriefe **5 B** 7
nicht zugelassene ~ **5 B** 13 ff
pornographische Inhalte **5 B** 22
Schwärzen einzelner Artikel **5 B** 20
Sicherheit/Ordnung der Anstalt **5 B** 17
Verbot, generelles **5 B** 14
Vermittlung der Anstalt **5 B** 4, **5 B** 9 f
Verwendung nach Lektüre **5 B** 11
Vorenthaltung einzelner Ausgaben **5 B** 15 ff, **5 B** 19 f
Warenhauskatalog **5 B** 7
Weitergabe **5 B** 11
Zeitungsausschnitte **5 B** 8
Zellenlautsprecher 5 C 8
Zellenrevisionsbuch 11 D 6
Zerstörung 11 M 7
Zeugnisse 4 F 1 ff
Abschlusszeugnis **4 F** 3
außervollzugliche Einrichtungen **4 F** 4
Benachteiligung **4 F** 2
Gestaltungsgrundsätze **4 F** 1
Nachweis **4 F** 3
Zielkonflikt
Abwägung **1 C** 27
Landesgesetze **1 C** 11 ff
Resozialisierung **1 C** 8, **1 C** 25 ff
Schutz der Allgemeinheit **1 C** 8, **1 C** 25 ff
Strafvollzug **1 C** 1, **1 C** 8 ff
Vollzugslockerungen **1 C** 9
Vorrang der Sicherheit **1 C** 9
Zielvorgabe 7 A 7 ff
Zimmerantenne 5 C 9
Zinsen 4 I 74
Zitiergebot 1 E 32
Zivilgerichte 12 B 5 f
Zivilhaft 15 D 1 ff
Abschiebungshaft **15 D** 4
Angleichungsgrundsatz **15 D** 6
Auslieferungshaft **15 D** 5
Einkauf **15 D** 8
Erzwingungshaft **15 D** 3
Föderalismusreform **15 D** 1

Sachregister

Freistellung von der Arbeit 4 C 21
Gegensteuerungsgrundsatz 15 D 6
gesetzliche Vollzugsgrundlage 15 D 6
Justizvollzugsanstalt 15 D 2
Kleidung 15 D 8
Ordnungshaft 15 D 3
Schusswaffengebrauch 15 D 6
Sicherungshaft 15 D 3
Strafvollzugsgesetz 1 B 12
Unterbringung 15 D 8
Vorbehaltsklausel 15 D 6
Zwangshaft 15 D 3
Zugangsgespräch 7 B 1
Aufnahmeverfahren 2 A 2, 2 A 4
Zugangsuntersuchung 6 D 6
Zulagen
Ausbildungsbeihilfe 4 D 89
Fernstudien 4 D 89
Vergütungsstufen 4 D 86
Zulassung 5 C 26
Zurückverweisung 12 M 7
Zusammenarbeit 13 I 1ff
Ablehnung der Zulassung 13 I 7
allgemeiner Vollzugsdienst 13 I 2
Anforderungsprofil 13 I 3
Anstaltspersonal 13 I 1
Antrag 13 I 7
Auswahl künftiger Mitarbeiter 13 I 2
Begriff 13 I 1
Behörden 13 I 4
Ebenen 13 I 1
Einzelpersonen 13 I 5
Gliederung der Anstalt 13 I 3
Sicherheitsüberprüfung 13 I 8
unüberwachte Aussprache 13 I 9
Verbände der freien Wohlfahrtspflege 13 I 5
Verein 13 I 5
Zuschüsse 6 F 37
Zuständigkeit
Antrag auf gerichtliche Entscheidung 12 C 1ff
Behandlungsgesichtspunkte 13 H 4
Disziplinarmaßnahme 11 M 51
Einweisungsanstalten 13 H 7f
gerichtliche Kontrolle der Sicherungsverwahrung 12 N 11
Haftkostenbeitrag 4 I 54
Justizvollzugsanstalt 13 A 3
medizinische Betreuung 6 D 5
Rechtsbeschwerde 12 K 1
Sicherungsmaßnahmen, besondere 11 I 6
Sozialtherapie 3 A 19
Suchtmittelkontrolle 11 D 15
Verlegung 2 D 10, 13 H 2ff, 13 H 10
Vollstreckungsplan 13 H 6

Zustimmung der Gefangenen
Arbeit 4 B 23ff
Arbeitspflicht 4 B 23ff
Außenbeschäftigung 4 H 12
Begutachtung 10 C 43
Berufsausbildung 4 B 26
Freigang 4 H 12
Hilfstätigkeiten 4 B 18
offener Vollzug 10 A 8
Sozialtherapie 3 A 12
vollzugsöffnende Maßnahmen 10 C 38
wichtiger Anlass 10 D 9
Zustimmungserfordernis
Behandlungsindikation 3 A 14
nachgehende Betreuung 3 E 5
Rückverlegung 3 A 25
Sozialtherapie 3 A 12
Zwangstherapie 3 A 13
Zustimmungsvorbehalt
Arbeitspflicht 4 B 3
Aufsichtsbehörde 13 G 3
Vollzugsplan 2 C 21
Zwangsanwendungsverbot 8 A 18
Zwangsausführung 10 D 3, 10 D 11
Zwangsbehandlung 15 A 16
Zwangsgeld
Androhungspflicht 12 O 6
Ermessen 12 O 5
Rechtsbehelfe 12 O 8
Strafvollzugsgesetz 12 O 2
Vollstreckungsentscheidung 12 O 5
Wiederholung 12 O 7
Zwangshaft 15 D 3
Arbeitsentgelt 4 D 25
Zwangsmaßnahmen, medizinische 11 L 1ff
Androhungspflicht 11 L 12
Angemessenheit 11 L 12
Anordnungsvorbehalt 11 L 20
Anstaltsarzt 11 L 20ff
Anstaltsleitung 11 L 21
Begriff 11 L 5
Durchführungsgefahr 11 L 11
Durchführungsvorbehalt 11 L 20
Erforderlichkeit 11 L 12
Ermessen 11 L 13
Gesundheitsschutz 11 L 15ff
Hungerstreik 11 L 2
Lebensgefahr 11 L 7
Menschenwürde 11 L 10
Reihenuntersuchungen 11 L 19
schwerwiegende Gefahr 11 L 7
Sozialstaatsprinzip 11 L 4
Suizidverhinderung 11 L 7
Verhältnismäßigkeit 11 L 11
Voraussetzungen 11 L 7ff

Sachregister

Willen des Gefangenen **11 L** 6
Willensbestimmung **11 L** 13 f
Zumutbarkeit **11 L** 10
Zwangstherapie
 Behandlungsunfähigkeit **3 A** 14

Gefangene **3 A** 13
Zweckbindung **4 I** 126
Zweiganstalt **2 D** 4
Zwischenhaft **1 B** 7